CONSOLIDAÇÃO DAS LEIS DO TRABALHO

48ª edição

Homenagem ao centenário de
Armando Casimiro Costa
1918-2014

ESTE VOLUME CONTÉM

1 — Texto da Consolidação das Leis do Trabalho, como se acha em vigor

2 — Legislação complementar sobre: adicionais de insalubridade e periculosidade, admissão e dispensa de empregados, aprendizagem, cadastro de empregados, contrato de trabalho, correção monetária, direito de greve, empregado doméstico, estagiários, FGTS, gratificação de Natal, inspeção do trabalho, processo do trabalho, PIS/PASEP, repouso remunerado, salários, profissões regulamentadas, férias, tabela de multas administrativas, salário-família, salário mínimo, salários profissionais, seguro-desemprego, trabalho do menor e da mulher, trabalho rural, trabalho temporário, vendedor-viajante e pracista, Regime Único dos Servidores Públicos, Ação Civil Pública, Estatuto da Advocacia e da OAB, Ministério Público do Trabalho, além de outros títulos

3 — Constituição da República Federativa do Brasil e Emendas Constitucionais (dispositivos sobre matéria trabalhista)

4 — Lei da Recuperação Judicial, a extrajudicial e a falência do empresário e da sociedade empresária

5 — Índice cumulativo da CLT e da legislação complementar

6 — Índice sistemático da CLT

7 — Texto do Código Civil de 2002 (dispositivos sobre relação de trabalho e aqueles aplicáveis ao Direito do Trabalho de forma subsidiária)

8 — Textos do Estatuto da Pessoa com Deficiência — Lei n. 13.146, de 6.7.2015.

9 — Texto da Convenção n. 132 da OIT

10 — Declaração Sociolaboral do Mercosul

11 — Convenção Internacional sobre os Direitos das Pessoas com Deficiência

12 — Estatuto do Estrangeiro

13 — Estatuto da Igualdade Racial

14 — Estatuto da Juventude

15 — Estatuto da Microempresa e Empresa de Pequeno Porte

16 — Esta edição contém também remissões das Súmulas, Orientações Jurisprudenciais do TST-Pleno, SDI 1 e 2, Transitórias, SDC e Precedentes Normativos referentes aos artigos da CLT

17 — Programa de Combate à Intimidação Sistemática (*Bullying*)

18 — Novo CPC — Lei n. 13.105, de 16.3.2015, com vigência a partir de 18.3.2016. Com as alterações da Lei n. 13.256, de 4.2.2016

19 — Estão incluídas nesta obra as alterações procedidas pela Lei n. 13.467, de 13.7.2017, chamada de Reforma Trabalhista, tanto em relação às normas da Consolidação das Leis do Trabalho, como também das Leis ns. 6.019 de 31.1.1974, 8.036, de 11.5.1990 e 8.112, de 24.7.1991.

— Quanto a sua vigência dispõe o art. 6º que: "Esta lei entra em vigor após decorridos cento e vinte dias de sua publicação oficial". Aplicando-se o disposto no § 1º do art. 8º da Lei Complementar n. 95, de 26.2.1998, com a redação dada pela Lei Complementar n. 107, de 26.4.2001, que diz que "A contagem do prazo para entrada em vigor das Leis que estabeleçam período de vacância far-se-á com a inclusão da data da publicação e do último dia do prazo, entrando em vigor no dia subsequente à sua consumação integral", tem-se a conclusão que o período de vacância (120 dias) termina em 10 de novembro de 2017. Assim, a Lei n. 13.467, de 13.7.2017, começa a ter vigência no dia 11 de novembro de 2017

1ª Edição — 1979
2ª Edição — 1980
3ª Edição — 1981
4ª Edição — 1982
5ª Edição — 1983
6ª Edição — 1984
7ª Edição — 1984
8ª Edição — 1985
9ª Edição — 1985
10ª Edição — 1985
11ª Edição — 1986
12ª Edição — 1987
13ª Edição — 1988
14ª Edição — 1989
15ª Edição — 1990
16ª Edição — 1991
17ª Edição — 1992
18ª Edição — 1993
19ª Edição — 1994
20ª Edição — 1995
21ª Edição — 1996
22ª Edição — 1997
23ª Edição — 1998
24ª Edição — 1999
25ª Edição — 1999
2ª Tiragem — 1999
3ª Tiragem — 1999
26ª Edição — 2000
27ª Edição — 2000
28ª Edição — 2001
2ª Tiragem — 2001
3ª Tiragem — 2001
29ª Edição — 2002
2ª Tiragem — 2002
3ª Tiragem — 2002
4ª Tiragem — 2002
30ª Edição — 2003
2ª Tiragem — 2003
3ª Tiragem — 2003
31ª Edição — 2004
2ª Tiragem — 2004
3ª Tiragem — 2004
4ª Tiragem — 2004
32ª Edição — 2005
2ª Tiragem — 2005
3ª Tiragem — 2005
4ª Tiragem — 2005
33ª Edição — 2006
2ª Tiragem — 2006
34ª Edição — 2007
35ª Edição — 2008
2ª Tiragem — 2008
36ª Edição — 2009
37ª Edição — 2010
2ª Tiragem — 2010
3ª Tiragem — 2010
38ª Edição — 2011
39ª Edição — 2012
40ª Edição — 2012
41ª Edição — 2013
42ª Edição — 2014
43ª Edição — 2014
44ª Edição — 2015
45ª Edição — 2015
46ª Edição — 2016
47ª Edição — 2017
48ª Edição — 2017

ARMANDO CASIMIRO COSTA FILHO
MANOEL CASIMIRO COSTA
MELCHÍADES RODRIGUES MARTINS
SONIA REGINA DA SILVA CLARO

CONSOLIDAÇÃO DAS LEIS DO TRABALHO

Homenagem ao centenário de
Armando Casimiro Costa
1918-2014

48ª EDIÇÃO

LTr

EDITORA LTDA.

Rua Jaguaribe, 571
CEP 01224-003
São Paulo, SP — Brasil
Fone (11) 2167-1101
www.ltr.com.br

Fechamento desta edição em 14.11.2017

Versão impressa — LTr 5851.6 — ISBN 978-85-361-9431-8

Versão digital — LTr 9264.1 — ISBN 978-85-361-9446-2

Dados Internacionais de Catalogação na Publicação (CIP)
(Câmara Brasileira do Livro, SP, Brasil)

Consolidação das Leis do Trabalho / Armando Casimiro Costa Filho... [et al.], 48. ed. — São Paulo : LTr, 2017.

Outros autores: Manoel Casimiro Costa, Melchíades Rodrigues Martins, Sonia Regina da Silva Claro

Homenagem a Armando Casimiro Costa, 1918-2014.

Bibliografia

1. Trabalho — Leis e legislação — Brasil I. Costa Filho, Armando Casimiro. II. Costa, Manoel Casimiro. III. Martins, Melchíades Rodrigues. IV. Claro, Sonia Regina da Silva

17-08910 CDU-34:331(81)(094)

Índices para catálogo sistemático:

1. Brasil : Leis trabalhistas 34:331(81)(094)

2. Consolidação das Leis do Trabalho : Brasil 34:331(81)(094)

CLT

CONSOLIDAÇÃO DAS LEIS DO TRABALHO

NOTA DA EDITORA

Esta edição da CLT contém na íntegra a Constituição Federal de 1988, conforme alterações das Emendas Constitucionais ns. 94 e 96, de 15.12.2016.

Tais dispositivos deverão ser consultados sempre que no texto da CLT os seus artigos ou parágrafos estejam com a remissão graficamente assinalada.

(exemplo: Art. 7º).

Esta compilação contém, em tipos graúdos, a Exposição de Motivos do Ministro Alexandre Marcondes Filho e o texto da CLT, como se acha em vigor.

Quanto às alterações introduzidas por Medidas Provisórias, é importante ter presente o disposto no art. 2º da Emenda Constitucional n. 32, de 11.9.01, DOU 12.9.01:

"As medidas provisórias editadas em data anterior à da publicação desta emenda continuam em vigor até que medida provisória ulterior as revogue explicitamente ou até deliberação definitiva do Congresso Nacional".

E, por força desta norma, foram incluídos nos dispositivos da CLT e da legislação complementar as alterações introduzidas pela edição e reedição de Medidas Provisórias, observada a data limite de 11.9.01.

Contém, ainda, precioso Índice Alfabético e Remissivo da CLT, elaborado por um dos compiladores desta obra, Dr. *Melchíades Rodrigues Martins*, com remissões à Constituição Federal/88 e suas Emendas, às Súmulas do STF inclusive as Vinculantes, do STJ, do TFR (atual STJ) e do TST, neste, compreendendo as Súmulas, Orientações Jurisprudenciais do TST-Pleno, da SDI 1 e 2, Transitórias, e da SDC, bem como os seus Atos e Precedentes Normativos, Instruções, Provimentos e Resoluções. Está abrangido também pelo citado Índice a legislação complementar, inclusive a do Código Civil e do Código de Processo Civil que tem pertinência com as relações de trabalho.

Também consta desta edição a Lei n. 13.467, de 13.7.17, denominada de Reforma Trabalhista, que altera a Consolidação das leis do Trabalho (CLT), aprovada pelo Decreto-Lei n. 5.452, de 1º de maio de 1943, e as Leis ns. 6.019, de 3 de janeiro de 1974, 8.036, de 11 de maio de 1990, e 8.212, de 24 de julho de 1991, a fim de adequar a legislação às novas relações de trabalho.

Finalmente, esta edição contém também remissões das Súmulas, Orientações Jurisprudenciais do TST-Pleno, SDI 1 e 2, Transitórias, SDC e Precedentes Normativos referentes aos artigos da CLT, muitas das quais serão contrariadas pelas normas advindas da Lei n. 13.467, de 13.7.17, a partir da sua vigência que se dará em 11 de novembro de 2017. Por essa razão, destacamos com o seguinte sinal (*) nos textos das SÚMULAS E ORIENTAÇÕES JURISPRUDENCIAIS DO TST (p. 940) que serão afetadas com a nova Lei Reformadora, aguardando-se que o Tribunal Superior do Trabalho venha a alterá-las adequando-se a nova realidade, ou cancelando-as ou ainda, a sua modulação, se for o caso.

A Medida Provisória n. 808, de 14 de novembro de 2017, DOU ed. extra 14 de novembro de 2017, estabelece em seu art. 2º que: O disposto na Lei n. 13.467, de 13 de julho de 2017, se aplica, na integralidade, aos contratos de trabalho vigentes.

Armando Casimiro Costa Filho

ABREVIATURAS

Ac. = Acórdão
Art. = Artigo
CC = Código Civil
CF = Constituição Federal
CJPN = Comissão de Jurisprudência e de Precedentes Normativos do Tribunal Superior do Trabalho
CLPS = Consolidação das Leis da Previdência Social
CLT = Consolidação das Leis do Trabalho
CPCGJT = Consolidação dos Provimentos da Corregedoria-Geral da Justiça do Trabalho
CNJ = Conselho Nacional de Justiça
CNMP = Conselho Nacional do Ministério Público
CNPS = Conselho Nacional de Política Salarial
CPC/15 = Novo Código de Processo Civil
CPP = Código de Processo Penal
D. = Decreto
Dec. = Decreto
DJ ou DJU = Diário da Justiça da União
DJe = Diário de Justiça Eletrônico
DL = Decreto-lei
DOU = Diário Oficial da União
DPC = Direito Processual Civil
DPT = Direito Processual do Trabalho
DT = Direito do Trabalho
ed. = editora ou edição
FGTS = Fundo de Garantia do Tempo de Serviço
INPS = Instituto Nacional de Previdência Social
IAPAS = Instituto de Administração Financeira da Previdência e Assistência Social
INAMPS = Instituto Nacional de Assistência Médica da Previdência Social
INSS = Instituto Nacional do Seguro Social
L. = Lei
LOPS = Lei Orgânica da Previdência Social
LTr = Revista Legislação do Trabalho
MP = Medida Provisória
Min. = Ministro ou Ministério
MPAS = Ministério da Previdência e Assistência Social
MTA = Ministério do Trabalho e Administração
MTb = Ministério do Trabalho
MTE = Ministério do Trabalho e Emprego
OJ = Orientação Jurisprudencial do Tribunal Superior do Trabalho
EN-SRT/ = Enunciados da Secretaria de MTE Relações do Trabalho do Ministério do Trabalho e Emprego
p. = página
PIS = Plano de Integração Social
P. = Portaria
PA-SIT/MTE = Precedente Administrativo da Secretaria de Inspeção do Trabalho do Ministério do Trabalho e Emprego
NR = Normas Regulamentadoras do MTE sobre Segurança, Acidente do Trabalho e Saúde do Trabalhador
NRR = Normas Regulamentadoras Rurais do MTE sobre Segurança, Acidente do Trabalho e Saúde do Trabalhador
PN-TST = Precedente Normativo do TST
rel. = relator
RE = Recurso extraordinário
REsp = Recurso especial
RR = Recurso repetitivo
segs. = seguintes
SINPAS = Sistema Nacional da Previdência e Assistência Social
STF = Supremo Tribunal Federal
STJ = Superior Tribunal de Justiça
v. = vide, veja
vol. = volume
TFR = Tribunal Federal de Recursos
TP = Tribunal Pleno
SDI-I = Seção de Dissídios Individuais (Subseção 1)
SDI-II = Seção de Dissídios Individuais (Subseção 2)
SDC = Seção de Dissídios Coletivos
TRT = Tribunal Regional do Trabalho
TST = Tribunal Superior do Trabalho
UJ = Uniformização de Jurisprudência

CONVENÇÕES DA ORGANIZAÇÃO INTERNACIONAL DO TRABALHO — OIT — RATIFICADAS PELO BRASIL (CONSTAM TAMBÉM AS DENUNCIADAS)

(Dados obtidos junto ao site da OIT, com o acrescentamentos dos Decretos que as ratificaram) (não publicada nesta obra) Apenas a Convenção n. 132, que trata das férias encontra-se publicada à p. 566, as demais tem por objetivo apenas a informação já que não estão publicadas nesta obra

Convenção	Título	Adoção OIT	Decreto	Ratificação — Brasil	Observação
3	Convenção relativa ao Emprego das Mulheres antes e depois do parto (Proteção à Maternidade)	1919	423	26.04.1934	Denunciada, como resultado da ratificação da Convenção n. 103 em 26.07.1961.
4	Convenção relativa ao Trabalho Noturno das Mulheres	1919	423	26.04.1934	Denunciada em 12.05.1937
5	Idade Mínima de Admissão nos Trabalhos Industriais	1919	423	26.04.1934	Denunciada, como resultado da ratificação da Convenção n. 138 em 28.06.2001.
6	Trabalho Noturno dos Menores na Indústria	1919	423	26.04.1934	
7	Convenção sobre a Idade Mínima para Admissão de Menores no Trabalho Marítimo (Revista em 1936)	1920	1.397	08.06.1936	Denunciada, como resultado da ratificação da Convenção n. 58 em 09.01.1974.
11	Direito de Sindicalização na Agricultura	1921	41.721	25.04.1957	
12	Indenização por Acidente do Trabalho na Agricultura	1921	41.721	25.04.1957	
14	Repouso Semanal na Indústria	1921	41.721	25.04.1957	
16	Exame Médico de Menores no Trabalho Marítimo	1921	1.398	08.06.1936	
19	Igualdade de Tratamento (Indenização por Acidente de Trabalho)	1925	41.721	25.04.1957	
21	Inspeção dos Emigrantes a Bordo dos Navios	1926	58.816	18.06.1965	
22	Contrato de Engajamento de Marinheiros	1926	58.817	18.06.1965	
26	Métodos de Fixação de Salários Mínimos	1928	41.721	25.04.1957	
29	Trabalho Forçado ou Obrigatório	1930	41.721	25.04.1957	
41	Convenção Relativa ao Trabalho Nocturno das Mulheres (Revista, 1934)	1934	1.396	08.06.1936	Denunciada, como resultado da ratificação da Convenção n. 89 em 24.04.1957.
42	Indenização por Enfermidade Profissional (revista)	1934	1.361	08.06.1936	
45	Emprego de Mulheres nos Trabalhos Subterrâneos das Minas	1935	3.233	22.09.1938	
52	Férias Remuneradas	1936	3.232	22.09.1938	Denunciada, como resultado da ratificação da Convenção n. 132 em 23.09.1998.
53	Certificados de Capacidade dos Oficiais da Marinha Mercante	1936	3.343	12.10.1938	
58	Idade Mínima no Trabalho Marítimo (Revista)	1936	1.397	12.10.1938	Denunciada, como resultado da ratificação da Convenção n. 138 em 26.06.2001.
80	Revisão dos Artigos Finais	1946	25.596	13.04.1948	
81	Inspeção do Trabalho na Indústria e no Comércio	1947	41.721	11.10.1989	
88	Organização do Serviço de Emprego	1948	41.721	25.04.1957	
89	Trabalho Noturno das Mulheres na Indústria (Revista)	1948	41.721	25.04.1957	
91	Férias Remuneradas dos Marítimos (Revista)	1949	66.875	18.06.1965	Denunciada, como resultado da ratificação da Convenção n. 146 em 24.09.1998.
92	Alojamento de Tripulação a Bordo (Revista)	1949	36.378	08.06.1954	
93	Convenção sobre Salários, Duração de Trabalho a Bordo e Tripulação (Revista em 1949)	1949	20	18.06.1965	A Convenção não entrou em vigor.

Convenção	Título	Adoção OIT	Decreto	Ratificação — Brasil	Observação
94	Cláusulas de Trabalho em Contratos com Órgãos Públicos	1949	58.818	18.06.1965	
95	Proteção do Salário	1949	41.721	25.04.1957	
96	Concernente aos escritórios remunerados de empregos	1949		21.06.1957	
97	Trabalhadores Migrantes (Revista)	1949	58.819	18.06.1965	
98	Direito de Sindicalização e de Negociação Coletiva	1949	33.196	18.11.1952	
99	Métodos de Fixação de Salário Mínimo na Agricultura	1951	41.721	25.04.1957	
100	Igualdade de Remuneração de Homens e Mulheres Trabalhadores por Trabalho de Igual Valor	1951	41.721	25.04.1957	
101	Férias Remuneradas na Agricultura	1952	4.721	25.04.1957	Denunciada, como resultado da ratificação da Convenção n. 132 em 23.09.1998.
102	Normas mínimas da Seguridade Social	1952		15.06.2009	
103	Amparo à Maternidade (Revista)	1952	58.820	18.06.1965	
104	Abolição das Sanções Penais no Trabalho Indígena	1955	58.821	18.06.1965	
105	Abolição do Trabalho Forçado	1957	58.822	18.06.1965	
106	Repouso Semanal no Comércio e nos Escritórios	1957	58.823	18.06.1965	
107	Populações Indígenas e Tribais	1957	58.824	18.06.1965	Denunciada, como resultado da ratificação da Convenção n. 169 em 25.07.2002.
108	Documentos de Identidade dos Marítimos	1958	58.825	05.11.1963	Denunciada, como resultado da ratificação da Convenção n. 185, em 21.01.2010
109	Convenção sobre os Salários, a Duração do Trabalho a Bordo e as Lotações (revista em 1958)	1958	70	30.11.1966	A Convenção não entrou em vigor.
110	Convenção sobre as Condições de Emprego dos Trabalhadores em Fazendas	1958	58.826	01.03.1965	Denunciada em 28.08.1970
111	Discriminação em Matéria de Emprego e Ocupação	1958	62.150	26.11.1965	
113	Exame Médico dos Pescadores	1959	58.827	01.03.1965	
115	Proteção Contra as Radiações	1960	62.151	05.09.1966	
116	Revisão dos Artigos Finais	1961	62.152	05.09.1966	
117	Objetivos e Normas Básicas da Política Social	1962	66.496	24.03.1969	
118	Igualdade de Tratamento entre Nacionais e Estrangeiros em Previdência Social	1962	66.497	24.03.1969	
119	Proteção das Máquinas	1963	1.255	16.04.1992	
120	Higiene no Comércio e nos Escritórios	1964	66.498	24.03.1969	
122	Política de Emprego	1964	66.499	24.03.1969	
124	Exame Médico dos Adolescentes para o Trabalho Subterrâneo nas Minas	1965	67.342	21.08.1970	
125	Certificados de Capacidade dos Pescadores	1966	67.341	21.08.1970	
126	Alojamento a Bordo dos Navios de Pesca	1966	2.420	12.04.1994	
127	Peso Máximo das Cargas	1967	67.339	21.08.1970	
131	Fixação de Salários Mínimos, Especialmente nos Países em Desenvolvimento	1970	89.686	04.05.1983	
132	Férias Remuneradas (Revista)	1970	3.197	23.09.1998	
133	Alojamento a Bordo de Navios (Disposições Complementares)	1970	1.257	16.04.1992	
134	Prevenção de Acidentes do Trabalho dos Marítimos	1970	3.251	25.07.1996	
135	Proteção de Representantes de Trabalhadores	1971	131	18.05.1990	
136	Proteção Contra os Riscos da Intoxicação pelo Benzeno	1971	1.253	24.03.1993	
137	Trabalho Portuário	1973	1.574	12.08.1994	
138	Idade Mínima para Admissão	1973	4.134	28.06.2001	
139	Prevenção e Controle de Riscos Profissionais Causados por Substâncias ou Agentes Cancerígenos	1974	157	27.06.1990	
140	Licença Remunerada para Estudos	1974	1.292	16.04.1992	
141	Organizações de Trabalhadores Rurais	1975	1.703	27.09.1994	
142	Desenvolvimento de Recursos Humanos	1975	98.656	24.11.1981	

Convenção	Título	Adoção OIT	Decreto	Ratificação — Brasil	Observação
144	Consultas Tripartites sobre Normas Internacionais do Trabalho	1976	2.518	27.09.1994	
145	Continuidade no Emprego do Marítimo	1976	128	18.05.1990	
146	Convenção Relativa às Férias Anuais Pagas dos Marítimos	1976	3.168	24.09.1998	
147	Normas Mínimas da Marinha Mercante	1976	447	17.01.1991	
148	Contaminação do Ar, Ruído e Vibrações	1977	93.143	14.01.1982	
151	Direito de Sindicalização e Relações de Trabalho na Administração Pública	1978	206	15.06.2010	
152	Segurança e Higiene dos Trabalhos Portuários	1979	99.534	17.05.1990	
154	Fomento à Negociação Coletiva	1981	1.256	17.09.1992	
155	Segurança e Saúde dos Trabalhadores	1981	1.254	18.05.1992	
158	Término da Relação de Trabalho por Iniciativa do Empregador	1982	1.855	05.01.1995	Denunciada em 20.11.1996
159	Reabilitação Profissional e Emprego de Pessoas Deficientes	1983	129	18.05.1990	
160	Estatísticas do Trabalho (Revista)	1985	158	02.07.1990	
161	Serviços de Saúde do Trabalho	1985	127	18.05.1990	
162	Utilização do Amianto com Segurança	1986	126	18.05.1990	
163	Bem-Estar dos Trabalhadores Marítimos no Mar e no Porto	1987	2.669	04.03.1997	
164	Proteção à Saúde e Assistência Médica aos Trabalhadores Marítimos	1987	2.671	04.03.1997	
166	Repatriação de Trabalhadores Marítimos	1987	2.670	04.03.1997	
167	Convenção sobre a Segurança e Saúde na Construção	1988	6.271	19.05.2006	
168	Promoção do Emprego e Proteção Contra o Desemprego	1988	2.682	24.03.1993	
169	Sobre Povos Indígenas e Tribais	1989	5.051	25.07.2002	
170	Segurança no Trabalho com Produtos Químicos	1990	2.657	23.12.1996	
171	Trabalho Noturno	1990	5.005	18.12.2002	
174	Convenção sobre a Prevenção de Acidentes Industriais Maiores	1993	4.085	02.08.2001	
176	Convenção sobre segurança e saúde nas minas	1995	6.270	18.05.2006	
178	Convenção Relativa à Inspeção das Condições de Vida e de Trabalho dos Trabalhadores Marítimos	1996	6.766	21.12.2007	
182	Convenção sobre Proibição das Piores Formas de Trabalho Infantil e Ação Imediata para sua Eliminação	1999	3.597	02.02.2000	
185	Convenção sobre os Documentos de Identidade da gente do mar (Revista)	2003	892	21.01.2010	
151	Relações de Trabalho na Administração Pública		7.944	06.03.2013	

CONVENÇÕES DA ORGANIZAÇÃO INTERNACIONAL DO TRABALHO — OIT — NÃO RATIFICADAS PELO BRASIL

(Dados extraídos do SITE da OIT)
(Não publicadas nesta obra)

Convenção	Título	Adoção OIT	Observação
23	Convenção Relativa ao Repatriamento dos Marítimos	1926	
63	Relativa às Estatísticas dos Salários e das Horas de Trabalho nas principais Indústrias Mineiras e Transformadoras, incluindo a Construção, e na Agricultura	1938	
77	Convenção Relativa ao Exame Médico de Aptidão para o Emprego na Indústria das Crianças e dos Adolescentes	1946	
78	Convenção Relativa ao Exame Médico de Aptidão de Crianças e Adolescentes para o Emprego em Trabalhos não Industriais	1946	
87	Liberdade Sindical e Proteção ao Direito de Sindicalização	1948	
90	Trabalho Noturno de Menores na Indústria (Revisão)	1948	
128	Prestações de Invalidez, Velhice e Sobreviventes	1967	
129	Relativa à Inspecção do Trabalho na Agricultura	1969	
143	Convenção Sobre as Imigrações Efectuadas em Condições Abusivas e Sobre a Promoção da Igualdade de Oportunidades e de Tratamento dos Trabalhadores Migrantes	1975	
149	Sobre o Emprego e Condições de Trabalho e de Vida do Pessoal de Enfermagem	1977	
156	Sobre a Igualdade de Oportunidades e de Tratamento para Homens e Mulheres Trabalhadores: Trabalhadores com Encargos de Família	1981	
157	Preservação dos Direitos em Matéria de Seguridade Social	1982	
173	Proteção dos Créditos Trabalhistas na Insolvência do Empregador	1992	
175	Sobre o Trabalho a Tempo Parcial	1994	Idioma: Português-Portugal
181	Convenção Relativa às Agências de Emprego Privadas	1997	Idioma: Português-Portugal
186	Convenção sobre Trabalho Marítimo	2006	
188	Referente ao Trabalho na Pesca	2007	
189	Convenção sobre o Trabalho Decente para as trabalhadoras e trabalhadores domésticos	2011	

ÍNDICE SISTEMÁTICO DA CONSTITUIÇÃO DA REPÚBLICA FEDERATIVA DO BRASIL

CONSTITUIÇÃO FEDERAL 1988

(5.10.1988)

(atualizada até a Emenda Constitucional n. 97, de 4.10.2017)

PREÂMBULO

Nós, representantes do povo brasileiro, reunidos em Assembleia Nacional Constituinte para instituir um Estado Democrático, destinado a assegurar o exercício dos direitos sociais e individuais, a liberdade, a segurança, o bem-estar, o desenvolvimento, a igualdade e a justiça como valores supremos de uma sociedade fraterna, pluralista e sem preconceitos, fundada na harmonia social e comprometida, na ordem interna e internacional, com a solução pacífica das controvérsias, promulgamos, sob a proteção de Deus, a seguinte CONSTITUIÇÃO DA REPÚBLICA FEDERATIVA DO BRASIL.

TÍTULO I
Dos Princípios Fundamentais

Art. 1º A República Federativa do Brasil, formada pela união indissolúvel dos Estados e Municípios e do Distrito Federal, constitui-se em Estado Democrático de Direito e tem como fundamentos:

I — a soberania;

II — a cidadania

III — a dignidade da pessoa humana;

IV — os valores sociais do trabalho e da livre-iniciativa;

V — o pluralismo político.

PARÁGRAFO ÚNICO. Todo o poder emana do povo, que o exerce por meio de representantes eleitos ou diretamente, nos termos desta Constituição.

Art. 2º São Poderes da União, independentes e harmônicos entre si, o Legislativo, o Executivo e o Judiciário.

Art. 3º Constituem objetivos fundamentais da República Federativa do Brasil:

I — construir uma sociedade livre, justa e solidária;

II — garantir o desenvolvimento nacional;

III — erradicar a pobreza e a marginalização e reduzir as desigualdades sociais e regionais;

IV — promover o bem de todos, sem preconceitos de origem, raça, sexo, cor, idade e quaisquer outras formas de discriminação.

Art. 4º A República Federativa do Brasil rege-se nas suas relações internacionais pelos seguintes princípios:

I — independência nacional;

II — prevalência dos direitos humanos;

III — autodeterminação dos povos;

IV — não intervenção;

V — igualdade entre os Estados;

VI — defesa da paz;

VII — solução pacífica dos conflitos;

VIII — repúdio ao terrorismo e ao racismo;

IX — cooperação entre os povos para o progresso da humanidade;

X — concessão de asilo político.

PARÁGRAFO ÚNICO. A República Federativa do Brasil buscará a integração econômica, política, social e cultural dos povos da América Latina, visando à formação de uma comunidade latino-americana de nações.

TÍTULO II
Dos Direitos e Garantias Fundamentais

CAPÍTULO I
Dos Direitos e Deveres Individuais e Coletivos

Art. 5º Todos são iguais perante a lei, sem distinção de qualquer natureza, garantindo-se aos brasileiros e aos estrangeiros residentes no País a inviolabilidade do direito à vida, à liberdade, à igualdade, à segurança e à propriedade, nos termos seguintes:

I — homens e mulheres são iguais em direitos e obrigações, nos termos desta Constituição;

II — ninguém será obrigado a fazer ou deixar de fazer alguma coisa senão em virtude de lei;

III — ninguém será submetido a tortura nem a tratamento desumano ou degradante;

IV — é livre a manifestação do pensamento, sendo vedado o anonimato;

V — é assegurado o direito de resposta, proporcional ao agravo, além da indenização por dano material, moral ou à imagem;

VI — é inviolável a liberdade de consciência e de crença, sendo assegurado o livre exercício dos cultos religiosos e garantida, na forma da lei, a proteção aos locais de culto e a suas liturgias;

VII — é assegurada, nos termos da lei, a prestação de assistência religiosa nas entidades civis e militares de internação coletiva;

VIII — ninguém será privado de direitos por motivo de crença religiosa ou de convicção filosófica ou política, salvo se as invocar para eximir-se de obrigação legal a todos imposta e recusar-se a cumprir prestação alternativa, fixada em lei;

IX — é livre a expressão da atividade intelectual, artística, científica e de comunicação, independentemente de censura ou licença;

X — são invioláveis a intimidade, a vida privada, a honra e a imagem das pessoas, assegurado o direito a indenização pelo dano material ou moral decorrente de sua violação;

XI — a casa é asilo inviolável do indivíduo, ninguém nela podendo penetrar sem consentimento do morador, salvo em caso de flagrante delito ou desastre, ou para prestar socorro, ou, durante o dia, por determinação judicial;

XII — é inviolável o sigilo da correspondência e das comunicações telegráficas, de dados e das comunicações telefônicas, salvo, no último caso, por ordem judicial, nas hipóteses e na forma que a lei estabelecer para fins de investigação criminal ou instrução processual penal;

XIII — é livre o exercício de qualquer trabalho, ofício ou profissão, atendidas as qualificações profissionais que a lei estabelecer;

XIV — é assegurado a todos o acesso à informação e resguardado o sigilo da fonte, quando necessário ao exercício profissional;

XV — é livre a locomoção no território nacional em tempo de paz, podendo qualquer pessoa, nos termos da lei, nele entrar, permanecer ou dele sair com seus bens;

XVI — todos podem reunir-se pacificamente, sem armas, em locais abertos ao público, independentemente de autorização, desde que não frustrem outra reunião anteriormente convocada para o mesmo local, sendo apenas exigido prévio aviso à autoridade competente;

XVII — é plena a liberdade de associação para fins lícitos, vedada a de caráter paramilitar;

XVIII — a criação de associações e, na forma da lei, a de cooperativas independem de autorização, sendo vedada a interferência estatal em seu funcionamento;

XIX — as associações só poderão ser compulsoriamente dissolvidas ou ter suas atividades suspensas por decisão judicial, exigindo-se, no primeiro caso, o trânsito em julgado;

XX — ninguém poderá ser compelido a associar-se ou a permanecer associado;

XXI — as entidades associativas, quando expressamente autorizadas, têm legitimidade para representar seus filiados judicial ou extrajudicialmente;

XXII — é garantido o direito de propriedade;

XXIII — a propriedade atenderá a sua função social;

XXIV — a lei estabelecerá o procedimento para desapropriação por necessidade ou utilidade pública, ou por interesse social, mediante justa e prévia indenização em dinheiro, ressalvados os casos previstos nesta Constituição;

XXV — no caso de iminente perigo público, a autoridade competente poderá usar de propriedade particular, assegurada ao proprietário indenização ulterior, se houver dano;

XXVI — a pequena propriedade rural, assim definida em lei, desde que trabalhada pela família, não será objeto de penhora para pagamento de débitos decorrentes de sua atividade produtiva, dispondo a lei sobre os meios de financiar o seu desenvolvimento;

XXVII — aos autores pertence o direito exclusivo de utilização, publicação ou reprodução de suas obras, transmissível aos herdeiros pelo tempo que a lei fixar;

XXVIII — são assegurados, nos termos da lei:

a) a proteção às participações individuais em obras coletivas e à reprodução da imagem e voz humanas, inclusive nas atividades desportivas;

b) o direito de fiscalização do aproveitamento econômico das obras que criarem ou de que participarem aos criadores, aos intérpretes e às respectivas representações sindicais e associativas;

XXIX — a lei assegurará aos autores de inventos industriais privilégio temporário para sua utilização, bem como proteção às criações industriais, à propriedade das marcas, aos nomes de empresas e a outros signos distintivos, tendo em vista o interesse social e o desenvolvimento tecnológico e econômico do País;

XXX — é garantido o direito de herança;

XXXI — a sucessão de bens de estrangeiros situados no País será regulada pela lei brasileira em benefício do cônjuge ou dos filhos brasileiros, sempre que não lhes seja mais favorável a lei pessoal do "de cujus";

XXXII — o Estado promoverá, na forma da lei, a defesa do consumidor;

XXXIII — todos têm direito a receber dos órgãos públicos informações de seu interesse particular, ou de interesse coletivo ou geral, que serão prestadas no prazo da lei, sob pena de responsabilidade, ressalvadas aquelas cujo sigilo seja imprescindível à segurança da sociedade e do Estado;

XXXIV — são a todos assegurados, independentemente do pagamento de taxas:

a) o direito de petição aos Poderes Públicos em defesa de direitos ou contra ilegalidade ou abuso de poder;

b) a obtenção de certidões em repartições públicas, para defesa de direitos e esclarecimento de situações de interesse pessoal;

XXXV — a lei não excluirá da apreciação do Poder Judiciário lesão ou ameaça a direito;

XXXVI — a lei não prejudicará o direito adquirido, o ato jurídico perfeito e a coisa julgada;

XXXVII — não haverá juízo ou tribunal de exceção;

XXXVIII — é reconhecida a instituição do júri, com a organização que lhe der a lei, assegurados:

a) a plenitude de defesa;

b) o sigilo das votações;

c) a soberania dos veredictos;

d) a competência para o julgamento dos crimes dolosos contra a vida;

XXXIX — não há crime sem lei anterior que o defina, nem pena sem prévia cominação legal;

XL — a lei penal não retroagirá, salvo para beneficiar o réu;

XLI — a lei punirá qualquer discriminação atentatória dos direitos e liberdades fundamentais;

XLII — a prática do racismo constitui crime inafiançável e imprescritível, sujeito à pena de reclusão, nos termos da lei;

XLIII — a lei considerará crimes inafiançáveis e insuscetíveis de graça ou anistia a prática da tortura, o tráfico ilícito de entorpecentes e drogas afins, o terrorismo e os definidos como crimes hediondos, por eles respondendo os mandantes, os executores e os que, podendo evitá-los, se omitirem; *(Regulamento)*

XLIV — constitui crime inafiançável e imprescritível a ação de grupos armados, civis ou militares, contra a ordem constitucional e o Estado Democrático;

XLV — nenhuma pena passará da pessoa do condenado, podendo a obrigação de reparar o dano e a decretação do perdimento de bens ser, nos termos da lei, estendidas aos sucessores e contra eles executadas, até o limite do valor do patrimônio transferido;

XLVI — a lei regulará a individualização da pena e adotará, entre outras, as seguintes:

a) privação ou restrição da liberdade;

b) perda de bens;

c) multa;

d) prestação social alternativa;

e) suspensão ou interdição de direitos;

XLVII — não haverá penas:

a) de morte, salvo em caso de guerra declarada, nos termos do art. 84, XIX;

b) de caráter perpétuo;

c) de trabalhos forçados;

d) de banimento;

e) cruéis;

XLVIII — a pena será cumprida em estabelecimentos distintos, de acordo com a natureza do delito, a idade e o sexo do apenado;

XLIX — é assegurado aos presos o respeito à integridade física e moral;

L — às presidiárias serão asseguradas condições para que possam permanecer com seus filhos durante o período de amamentação;

LI — nenhum brasileiro será extraditado, salvo o naturalizado, em caso de crime comum, praticado antes da naturalização, ou de comprovado envolvimento em tráfico ilícito de entorpecentes e drogas afins, na forma da lei;

LII — não será concedida extradição de estrangeiro por crime político ou de opinião;

LIII — ninguém será processado nem sentenciado senão pela autoridade competente;

LIV — ninguém será privado da liberdade ou de seus bens sem o devido processo legal;

LV — aos litigantes, em processo judicial ou administrativo, e aos acusados em geral são assegurados o contraditório e ampla defesa, com os meios e recursos a ela inerentes;

LVI — são inadmissíveis, no processo, as provas obtidas por meios ilícitos;

LVII — ninguém será considerado culpado até o trânsito em julgado de sentença penal condenatória;

LVIII — o civilmente identificado não será submetido a identificação criminal, salvo nas hipóteses previstas em lei; *(Regulamento).*

LIX — será admitida ação privada nos crimes de ação pública, se esta não for intentada no prazo legal;

LX — a lei só poderá restringir a publicidade dos atos processuais quando a defesa da intimidade ou o interesse social o exigirem;

LXI — ninguém será preso senão em flagrante delito ou por ordem escrita e fundamentada de autoridade judiciária competente, salvo nos casos de transgressão militar ou crime propriamente militar, definidos em lei;

LXII — a prisão de qualquer pessoa e o local onde se encontre serão comunicados imediatamente ao juiz competente e à família do preso ou à pessoa por ele indicada;

LXIII — o preso será informado de seus direitos, entre os quais o de permanecer calado, sendo-lhe assegurada a assistência da família e de advogado;

LXIV — o preso tem direito à identificação dos responsáveis por sua prisão ou por seu interrogatório policial;

LXV — a prisão ilegal será imediatamente relaxada pela autoridade judiciária;

LXVI — ninguém será levado à prisão ou nela mantido, quando a lei admitir a liberdade provisória, com ou sem fiança;

LXVII — não haverá prisão civil por dívida, salvo a do responsável pelo inadimplemento voluntário e inescusável de obrigação alimentícia e a do depositário infiel;

LXVIII — conceder-se-á *habeas corpus* sempre que alguém sofrer ou se achar ameaçado de sofrer violência ou coação em sua liberdade de locomoção, por ilegalidade ou abuso de poder;

LXIX — conceder-se-á mandado de segurança para proteger direito líquido e certo, não amparado por *habeas corpus* ou *habeas data*, quando o responsável pela ilegalidade ou abuso de poder for autoridade pública ou agente de pessoa jurídica no exercício de atribuições do Poder Público;

LXX — o mandado de segurança coletivo pode ser impetrado por:

a) partido político com representação no Congresso Nacional;

b) organização sindical, entidade de classe ou associação legalmente constituída e em funcionamento há pelo menos um ano, em defesa dos interesses de seus membros ou associados;

LXXI — conceder-se-á mandado de injunção sempre que a falta de norma regulamentadora torne inviável o exercício dos direitos e liberdades constitucionais e das prerrogativas inerentes à nacionalidade, à soberania e à cidadania;

LXXII — conceder-se-á *habeas data*:

a) para assegurar o conhecimento de informações relativas à pessoa do impetrante, constantes de registros ou bancos de dados de entidades governamentais ou de caráter público;

b) para a retificação de dados, quando não se prefira fazê-lo por processo sigiloso, judicial ou administrativo;

LXXIII — qualquer cidadão é parte legítima para propor ação popular que vise a anular ato lesivo ao patrimônio público ou de entidade de que o Estado participe, à moralidade administrativa, ao meio ambiente e ao patrimônio histórico e cultural, ficando o autor, salvo comprovada má-fé, isento de custas judiciais e do ônus da sucumbência;

LXXIV — o Estado prestará assistência jurídica integral e gratuita aos que comprovarem insuficiência de recursos;

LXXV — o Estado indenizará o condenado por erro judiciário, assim como o que ficar preso além do tempo fixado na sentença;

LXXVI — são gratuitos para os reconhecidamente pobres, na forma da lei: *(Vide Lei n. 7.844, de 1989)*

a) o registro civil de nascimento;

b) a certidão de óbito;

LXXVII — são gratuitas as ações de *habeas corpus* e *habeas data*, e, na forma da lei, os atos necessários ao exercício da cidadania.

LXXVIII — a todos, no âmbito judicial e administrativo, são assegurados a razoável duração do processo e os meios que garantam a celeridade de sua tramitação. *(Incluído pela Emenda Constitucional n. 45, de 2004)*

§ 1º As normas definidoras dos direitos e garantias fundamentais têm aplicação imediata.

§ 2º Os direitos e garantias expressos nesta Constituição não excluem outros decorrentes do regime e dos princípios por ela adotados, ou dos tratados internacionais em que a República Federativa do Brasil seja parte.

§ 3º Os tratados e convenções internacionais sobre direitos humanos que forem aprovados, em cada Casa do Congresso Nacional, em dois turnos, por três quintos dos votos dos respectivos membros, serão equivalentes às emendas constitucionais. *(Incluído pela Emenda Constitucional n. 45, de 2004) (Atos aprovados na forma deste parágrafo)*

§ 4º O Brasil se submete à jurisdição de Tribunal Penal Internacional a cuja criação tenha manifestado adesão. *(Incluído pela Emenda Constitucional n. 45, de 2004)*

CAPÍTULO II
Dos Direitos Sociais

Art. 6º São direitos sociais a educação, a saúde, a alimentação, o trabalho, a moradia, o transporte, o lazer, a segurança, a previdência social, a proteção à maternidade e à infância, a assistência aos desamparados, na forma desta Constituição. *(Redação dada pela Emenda Constitucional n. 90, de 2015)*

Art. 7º São direitos dos trabalhadores urbanos e rurais, além de outros que visem à melhoria de sua condição social:

I — relação de emprego protegida contra despedida arbitrária ou sem justa causa, nos termos de lei complementar, que preverá indenização compensatória, dentre outros direitos;

II — seguro-desemprego, em caso de desemprego involuntário;

III — fundo de garantia do tempo de serviço;

IV — salário mínimo, fixado em lei, nacionalmente unificado, capaz de atender a suas necessidades vitais básicas e às de sua família com moradia, alimentação, educação, saúde, lazer, vestuário, higiene, transporte e previdência social, com reajustes periódicos que lhe preservem o poder aquisitivo, sendo vedada sua vinculação para qualquer fim;

V — piso salarial proporcional à extensão e à complexidade do trabalho;

— v. Lei Complementar n. 103, de 14.7.00, p. 636

VI — irredutibilidade do salário, salvo o disposto em convenção ou acordo coletivo;

VII — garantia de salário, nunca inferior ao mínimo, para os que percebem remuneração variável;

VIII — décimo terceiro salário com base na remuneração integral ou no valor da aposentadoria;

IX — remuneração do trabalho noturno superior à do diurno;

X — proteção do salário na forma da lei, constituindo crime sua retenção dolosa;

XI — participação nos lucros, ou resultados, desvinculada da remuneração, e, excepcionalmente, participação na gestão da empresa, conforme definido em lei;

XII — salário-família pago em razão do dependente do trabalhador de baixa renda nos termos da lei; *(Redação dada pela Emenda Constitucional n. 20, de 1998)*

XIII — duração do trabalho normal não superior a oito horas diárias e quarenta e quatro semanais, facultada a compensação de horários e a redução da jornada, mediante acordo ou convenção coletiva de trabalho; *(vide Decreto-Lei n. 5.452, de 1943)*

XIV — jornada de seis horas para o trabalho realizado em turnos ininterruptos de revezamento, salvo negociação coletiva;

XV — repouso semanal remunerado, preferencialmente aos domingos;

XVI — remuneração do serviço extraordinário superior, no mínimo, em cinquenta por cento à do normal; *(Vide Decreto-lei n. 5.452, art. 59, § 1º)*

XVII — gozo de férias anuais remuneradas com, pelo menos, um terço a mais do que o salário normal;

XVIII — licença à gestante, sem prejuízo do emprego e do salário, com a duração de cento e vinte dias;

XIX — licença-paternidade, nos termos fixados em lei;

XX — proteção do mercado de trabalho da mulher, mediante incentivos específicos, nos termos da lei;

XXI — aviso prévio proporcional ao tempo de serviço, sendo no mínimo de trinta dias, nos termos da lei;

XXII — redução dos riscos inerentes ao trabalho, por meio de normas de saúde, higiene e segurança;

XXIII — adicional de remuneração para as atividades penosas, insalubres ou perigosas, na forma da lei;

XXIV — aposentadoria;

XXV — assistência gratuita aos filhos e dependentes desde o nascimento até 5 (cinco) anos de idade em creches e pré-escolas; *(Redação dada pela Emenda Constitucional n. 53, de 2006)*

XXVI — reconhecimento das convenções e acordos coletivos de trabalho;

XXVII — proteção em face da automação, na forma da lei;

XXVIII — seguro contra acidentes de trabalho, a cargo do empregador, sem excluir a indenização a que este está obrigado, quando incorrer em dolo ou culpa;

XXIX — ação, quanto aos créditos resultantes das relações de trabalho, com prazo prescricional de cinco anos para os trabalhadores urbanos e rurais, até o limite de dois anos após a extinção do contrato de trabalho; *(Redação dada pela Emenda Constitucional n. 28, de 25.5.2000)*

a) (Revogada). *(Redação dada pela Emenda Constitucional n. 28, de 25.5.2000)*

b) (Revogada). *(Redação dada pela Emenda Constitucional n. 28, de 25.5.2000)*

XXX — proibição de diferença de salários, de exercício de funções e de critério de admissão por motivo de sexo, idade, cor ou estado civil;

XXXI — proibição de qualquer discriminação no tocante a salário e critérios de admissão do trabalhador portador de deficiência;

XXXII — proibição de distinção entre trabalho manual, técnico e intelectual ou entre os profissionais respectivos;

XXXIII — proibição de trabalho noturno, perigoso ou insalubre a menores de dezoito e de qualquer trabalho a menores de dezesseis anos, salvo na condição de aprendiz, a partir de quatorze anos; *(Redação dada pela Emenda Constitucional n. 20, de 1998)*

XXXIV — igualdade de direitos entre o trabalhador com vínculo empregatício permanente e o trabalhador avulso.

PARÁGRAFO ÚNICO. São assegurados à categoria dos trabalhadores domésticos os direitos previstos nos incisos IV, VI, VII, VIII, X, XIII, XV, XVI, XVII, XVIII, XIX, XXI, XXII, XXIV, XXVI, XXX, XXXI e XXXIII e, atendidas as condições estabelecidas em lei e observada a simplificação do cumprimento das obrigações tributárias, principais e acessórias, decorrentes da relação de trabalho e suas peculiaridades, os previstos nos incisos I, II, III, IX, XII, XXV e XXVIII, bem como a sua integração à previdência social. *(Redação dada pela Emenda Constitucional n. 72, de 2013)*

Art. 8º É livre a associação profissional ou sindical, observado o seguinte:

I — a lei não poderá exigir autorização do Estado para a fundação de sindicato, ressalvado o registro no órgão competente, vedadas ao Poder Público a interferência e a intervenção na organização sindical;

II — é vedada a criação de mais de uma organização sindical, em qualquer grau, representativa de categoria profissional ou econômica, na mesma base territorial, que será definida pelos trabalhadores ou empregadores interessados, não podendo ser inferior à área de um Município;

III — ao sindicato cabe a defesa dos direitos e interesses coletivos ou individuais da categoria, inclusive em questões judiciais ou administrativas;

IV — a assembleia geral fixará a contribuição que, em se tratando de categoria profissional, será descontada em folha, para custeio do sistema confederativo da representação sindical respectiva, independentemente da contribuição prevista em lei;

V — ninguém será obrigado a filiar-se ou a manter-se filiado a sindicato;

VI — é obrigatória a participação dos sindicatos nas negociações coletivas de trabalho;

VII — o aposentado filiado tem direito a votar e ser votado nas organizações sindicais;

VIII — é vedada a dispensa do empregado sindicalizado a partir do registro da candidatura a cargo de direção ou representação sindical e, se eleito, ainda que suplente, até um ano após o final do mandato, salvo se cometer falta grave nos termos da lei.

PARÁGRAFO ÚNICO. As disposições deste artigo aplicam-se à organização de sindicatos rurais e de colônias de pescadores, atendidas as condições que a lei estabelecer.

Art. 9º É assegurado o direito de greve, competindo aos trabalhadores decidir sobre a oportunidade de exercê-lo e sobre os interesses que devam por meio dele defender.

§ 1º A lei definirá os serviços ou atividades essenciais e disporá sobre o atendimento das necessidades inadiáveis da comunidade.

§ 2º Os abusos cometidos sujeitam os responsáveis às penas da lei.

Art. 10. É assegurada a participação dos trabalhadores e empregadores nos colegiados dos órgãos públicos em que seus interesses profissionais ou previdenciários sejam objeto de discussão e deliberação.

Art. 11. Nas empresas de mais de duzentos empregados, é assegurada a eleição de um representante destes com a finalidade exclusiva de promover-lhes o entendimento direto com os empregadores.

CAPÍTULO III
Da Nacionalidade

Art. 12. São brasileiros:

I — natos:

a) os nascidos na República Federativa do Brasil, ainda que de pais estrangeiros, desde que estes não estejam a serviço de seu país;

b) os nascidos no estrangeiro, de pai brasileiro ou mãe brasileira, desde que qualquer deles esteja a serviço da República Federativa do Brasil;

c) os nascidos no estrangeiro de pai brasileiro ou de mãe brasileira, desde que sejam registrados em repartição brasileira competente ou venham a residir na República Federativa do Brasil e optem, em qualquer tempo, depois de atingida a maioridade, pela nacionalidade brasileira; *(Redação dada pela Emenda Constitucional n. 54, de 2007)*

II — naturalizados:

a) os que, na forma da lei, adquiram a nacionalidade brasileira, exigidas aos originários de países de língua portuguesa apenas residência por um ano ininterrupto e idoneidade moral;

b) os estrangeiros de qualquer nacionalidade, residentes na República Federativa do Brasil há mais de quinze anos ininterruptos e sem condenação penal, desde que requeiram a nacionalidade brasileira. *(Redação dada pela Emenda Constitucional de Revisão n. 3, de 1994)*

§ 1º Aos portugueses com residência permanente no País, se houver reciprocidade em favor de brasileiros, serão atribuídos os direitos inerentes ao brasileiro, salvo os casos previstos nesta Constituição. *(Redação dada pela Emenda Constitucional de Revisão n. 3, de 1994)*

§ 2º A lei não poderá estabelecer distinção entre brasileiros natos e naturalizados, salvo nos casos previstos nesta Constituição.

§ 3º São privativos de brasileiro nato os cargos:

I — de Presidente e Vice-Presidente da República;

II — de Presidente da Câmara dos Deputados;

III — de Presidente do Senado Federal;

IV — de Ministro do Supremo Tribunal Federal;

V — da carreira diplomática;

VI — de oficial das Forças Armadas.

VII — de Ministro de Estado da Defesa *(Incluído pela Emenda Constitucional n. 23, de 1999)*

§ 4º Será declarada a perda da nacionalidade do brasileiro que:

I — tiver cancelada sua naturalização, por sentença judicial, em virtude de atividade nociva ao interesse nacional;

II — adquirir outra nacionalidade, salvo nos casos: *(Redação dada pela Emenda Constitucional de Revisão n. 3, de 1994)*

a) de reconhecimento de nacionalidade originária pela lei estrangeira; *(Incluído pela Emenda Constitucional de Revisão n. 3, de 1994)*

b) de imposição de naturalização, pela norma estrangeira, ao brasileiro residente em estado estrangeiro, como condição para permanência em seu território ou para o exercício de direitos civis; *(Incluído pela Emenda Constitucional de Revisão n. 3, de 1994)*

Art. 13. A língua portuguesa é o idioma oficial da República Federativa do Brasil.

§ 1º São símbolos da República Federativa do Brasil a bandeira, o hino, as armas e o selo nacionais.

§ 2º Os Estados, o Distrito Federal e os Municípios poderão ter símbolos próprios.

CAPÍTULO IV
Dos Direitos Políticos

Art. 14. A soberania popular será exercida pelo sufrágio universal e pelo voto direto e secreto, com valor igual para todos, e, nos termos da lei, mediante:

I — plebiscito;

II — referendo;

III — iniciativa popular.

§ 1º O alistamento eleitoral e o voto são:

I — obrigatórios para os maiores de dezoito anos;

II — facultativos para:

a) os analfabetos;

b) os maiores de setenta anos;

c) os maiores de dezesseis e menores de dezoito anos.

§ 2º Não podem alistar-se como eleitores os estrangeiros e, durante o período do serviço militar obrigatório, os conscritos.

§ 3º São condições de elegibilidade, na forma da lei:

I — a nacionalidade brasileira;

II — o pleno exercício dos direitos políticos;

III — o alistamento eleitoral;

IV — o domicílio eleitoral na circunscrição;

V — a filiação partidária; *Regulamento*

VI — a idade mínima de:

a) trinta e cinco anos para Presidente e Vice-Presidente da República e Senador;

b) trinta anos para Governador e Vice-Governador de Estado e do Distrito Federal;

c) vinte e um anos para Deputado Federal, Deputado Estadual ou Distrital, Prefeito, Vice-Prefeito e juiz de paz;

d) dezoito anos para Vereador.

§ 4º São inelegíveis os inalistáveis e os analfabetos.

§ 5º O Presidente da República, os Governadores de Estado e do Distrito Federal, os Prefeitos e quem os houver sucedido, ou substituído no curso dos mandatos poderão ser reeleitos para um único período subsequente. *(Redação dada pela Emenda Constitucional n. 16, de 1997)*

§ 6º Para concorrerem a outros cargos, o Presidente da República, os Governadores de Estado e do Distrito Federal e os Prefeitos devem renunciar aos respectivos mandatos até seis meses antes do pleito.

§ 7º São inelegíveis, no território de jurisdição do titular, o cônjuge e os parentes consanguíneos ou afins, até o segundo grau ou por adoção, do Presidente da República, de Governador de Estado ou Território, do Distrito Federal, de Prefeito ou de quem os haja substituído dentro dos seis meses anteriores ao pleito, salvo se já titular de mandato eletivo e candidato à reeleição.

§ 8º O militar alistável é elegível, atendidas as seguintes condições:

I — se contar menos de dez anos de serviço, deverá afastar-se da atividade;

II — se contar mais de dez anos de serviço, será agregado pela autoridade superior e, se eleito, passará automaticamente, no ato da diplomação, para a inatividade.

§ 9º Lei complementar estabelecerá outros casos de inelegibilidade e os prazos de sua cessação, a fim de proteger a probidade administrativa, a moralidade para exercício de mandato considerada vida pregressa do candidato, e a normalidade e legitimidade das eleições contra a influência do poder econômico ou o abuso do exercício de função, cargo ou emprego na administração direta ou indireta. *(Redação dada pela Emenda Constitucional de Revisão n. 4, de 1994)*

§ 10. O mandato eletivo poderá ser impugnado ante a Justiça Eleitoral no prazo de quinze dias contados da diplomação, instruída a ação com provas de abuso do poder econômico, corrupção ou fraude.

§ 11. A ação de impugnação de mandato tramitará em segredo de justiça, respondendo o autor, na forma da lei, se temerária ou de manifesta má-fé.

Art. 15. É vedada a cassação de direitos políticos, cuja perda ou suspensão só se dará nos casos de:

I — cancelamento da naturalização por sentença transitada em julgado;

II — incapacidade civil absoluta;

III — condenação criminal transitada em julgado, enquanto durarem seus efeitos;

IV — recusa de cumprir obrigação a todos imposta ou prestação alternativa, nos termos do art. 5º, VIII;

V — improbidade administrativa, nos termos do art. 37, § 4º.

Art. 16. A lei que alterar o processo eleitoral entrará em vigor na data de sua publicação, não se aplicando à eleição que ocorra até um ano da data de sua vigência. *(Redação dada pela Emenda Constitucional n. 4, de 1993)*

CAPÍTULO V
Dos Partidos Políticos

Art. 17. É livre a criação, fusão, incorporação e extinção de partidos políticos, resguardados a soberania nacional, o regime democrático, o pluripartidarismo, os direitos fundamentais da pessoa humana e observados os seguintes preceitos: *Regulamento*

I — caráter nacional;

II — proibição de recebimento de recursos financeiros de entidade ou governo estrangeiros ou de subordinação a estes;

III — prestação de contas à Justiça Eleitoral;

IV — funcionamento parlamentar de acordo com a lei.

§ 1º É assegurada aos partidos políticos autonomia para definir sua estrutura interna e estabelecer regras sobre escolha, formação e duração de seus órgãos permanentes e provisórios e sobre sua organização e funcionamento e para adotar os critérios de escolha e o regime de suas coligações nas eleições majoritárias, vedada a sua celebração nas eleições proporcionais, sem obrigatoriedade de vinculação entre as candidaturas em âmbito nacional, estadual, distrital ou municipal, devendo seus estatutos estabelecer normas de disciplina e fidelidade partidária. *(Redação dada pela Emenda Constitucional n. 97, de 4.10.2017, DOU 5.10.17)*

§ 2º Os partidos políticos, após adquirirem personalidade jurídica, na forma da lei civil, registrarão seus estatutos no Tribunal Superior Eleitoral.

§ 3º Somente terão direito a recursos do fundo partidário e acesso gratuito ao rádio e à televisão, na forma da lei, os partidos políticos que alternativamente: *(Redação dada pela Emenda Constitucional n. 97, de 4.10.2017, DOU 5.10.17)*

I — obtiverem, nas eleições para a Câmara dos Deputados, no mínimo, 3% (três por cento) dos votos válidos, distribuídos em pelo menos um terço das unidades da Federação, com um mínimo de 2% (dois por cento) dos votos válidos em cada uma delas; ou *(Incluído pela Emenda Constitucional n. 97, de 4.10.2017, DOU 5.10.17)*

II — tiverem elegido pelo menos quinze Deputados Federais distribuídos em pelo menos um terço das unidades da Federação. *(Incluído pela Emenda Constitucional n. 97, de 4.10.2017, DOU 5.10.17)*

§ 4º É vedada a utilização pelos partidos políticos de organização paramilitar.

§ 5º Ao eleito por partido que não preencher os requisitos previstos no § 3º deste artigo é assegurado o mandato e facultada a filiação, sem perda do mandato, a outro partido que os tenha atingido, não sendo essa filiação considerada para fins de distribuição dos recursos do fundo partidário e de acesso gratuito ao tempo de rádio e de televisão. (NR) *(Incluído pela Emenda Constitucional n. 97, de 4.10.2017, DOU 5.10.17)*

TÍTULO III
Da Organização do Estado

CAPÍTULO I
Da Organização Político-Administrativa

Art. 18. A organização político-administrativa da República Federativa do Brasil compreende a União, os Estados, o Distrito Federal e os Municípios, todos autônomos, nos termos desta Constituição.

§ 1º Brasília é a Capital Federal.

§ 2º Os Territórios Federais integram a União, e sua criação, transformação em Estado ou reintegração ao Estado de origem serão reguladas em lei complementar.

§ 3º Os Estados podem incorporar-se entre si, subdividir-se ou desmembrar-se para se anexarem a outros, ou formarem novos Estados ou Territórios Federais, mediante aprovação da população diretamente interessada, através de plebiscito, e do Congresso Nacional, por lei complementar.

§ 4º A criação, a incorporação, a fusão e o desmembramento de Municípios, far-se-ão por lei estadual, dentro do período determinado por Lei Complementar Federal, e dependerão de consulta prévia, mediante plebiscito, às populações dos Municípios envolvidos, após divulgação dos Estudos de Viabilidade Municipal, apresentados e publicados na forma da lei. *(Redação dada pela Emenda Constitucional n. 15, de 1996)*

Art. 19. É vedado à União, aos Estados, ao Distrito Federal e aos Municípios:

I — estabelecer cultos religiosos ou igrejas, subvencioná-los, embaraçar-lhes o funcionamento ou manter com eles ou seus representantes relações de dependência ou aliança, ressalvada, na forma da lei, a colaboração de interesse público;

II — recusar fé aos documentos públicos;

III — criar distinções entre brasileiros ou preferências entre si.

CAPÍTULO II
Da União

Art. 20. São bens da União:

I — os que atualmente lhe pertencem e os que lhe vierem a ser atribuídos;

II — as terras devolutas indispensáveis à defesa das fronteiras, das fortificações e construções militares, das vias federais de comunicação e à preservação ambiental, definidas em lei;

III — os lagos, rios e quaisquer correntes de água em terrenos de seu domínio, ou que banhem mais de um Estado, sirvam de limites com outros países, ou se estendam a território estrangeiro ou dele provenham, bem como os terrenos marginais e as praias fluviais;

IV — as ilhas fluviais e lacustres nas zonas limítrofes com outros países; as praias marítimas; as ilhas oceânicas e as costeiras, excluídas, destas, as que contenham a sede de Municípios, exceto aquelas áreas afetadas ao serviço público e a unidade ambiental federal, e as referidas no art. 26, II; *(Redação dada pela Emenda Constitucional n. 46, de 2005)*

V — os recursos naturais da plataforma continental e da zona econômica exclusiva;

VI — o mar territorial;

VII — os terrenos de marinha e seus acrescidos;

VIII — os potenciais de energia hidráulica;

IX — os recursos minerais, inclusive os do subsolo;

X — as cavidades naturais subterrâneas e os sítios arqueológicos e pré-históricos;

XI — as terras tradicionalmente ocupadas pelos índios.

§ 1º É assegurada, nos termos da lei, aos Estados, ao Distrito Federal e aos Municípios, bem como a órgãos da administração direta da União, participação no resultado da exploração de petróleo ou gás natural, de recursos hídricos para fins de geração de energia elétrica e de outros recursos minerais no respectivo território, plataforma continental, mar territorial ou zona econômica exclusiva, ou compensação financeira por essa exploração.

§ 2º A faixa de até cento e cinquenta quilômetros de largura, ao longo das fronteiras terrestres, designada como faixa de fronteira, é considerada fundamental para defesa do território nacional, e sua ocupação e utilização serão reguladas em lei.

Art. 21. Compete à União:

I — manter relações com Estados estrangeiros e participar de organizações internacionais;

II — declarar a guerra e celebrar a paz;

III — assegurar a defesa nacional;

IV — permitir, nos casos previstos em lei complementar, que forças estrangeiras transitem pelo território nacional ou nele permaneçam temporariamente;

V — decretar o estado de sítio, o estado de defesa e a intervenção federal;

VI — autorizar e fiscalizar a produção e o comércio de material bélico;

VII — emitir moeda;

VIII — administrar as reservas cambiais do País e fiscalizar as operações de natureza financeira, especialmente as de crédito, câmbio e capitalização, bem como as de seguros e de previdência privada;

IX — elaborar e executar planos nacionais e regionais de ordenação do território e de desenvolvimento econômico e social;

X — manter o serviço postal e o correio aéreo nacional;

XI — explorar, diretamente ou mediante autorização, concessão ou permissão, os serviços de telecomunicações, nos termos da lei, que disporá sobre a organização dos serviços, a criação de um órgão regulador e outros aspectos institucionais; *(Redação dada pela Emenda Constitucional n. 8, de 15.8.95)*

XII — explorar, diretamente ou mediante autorização, concessão ou permissão:

a) os serviços de radiodifusão sonora, e de sons e imagens; *(Redação dada pela Emenda Constitucional n. 8, de 15.8.95:)*

b) os serviços e instalações de energia elétrica e o aproveitamento energético dos cursos de água, em articulação com os Estados onde se situam os potenciais hidroenergéticos;

c) a navegação aérea, aeroespacial e a infraestrutura aeroportuária;

d) os serviços de transporte ferroviário e aquaviário entre portos brasileiros e fronteiras nacionais, ou que transponham os limites de Estado ou Território;

e) os serviços de transporte rodoviário interestadual e internacional de passageiros;

f) os portos marítimos, fluviais e lacustres;

XIII — organizar e manter o Poder Judiciário, o Ministério Público do Distrito Federal e dos Territórios e a Defensoria Pública dos Territórios; *(Redação dada pela Emenda Constitucional n. 69, de 2012) (Produção de efeito)*

XIV — organizar e manter a polícia civil, a polícia militar e o corpo de bombeiros militar do Distrito Federal, bem como prestar assistência financeira ao Distrito Federal para a execução de serviços públicos, por meio de fundo próprio; *(Redação dada pela Emenda Constitucional n. 19, de 1998)*

XV — organizar e manter os serviços oficiais de estatística, geografia, geologia e cartografia de âmbito nacional;

XVI — exercer a classificação, para efeito indicativo, de diversões públicas e de programas de rádio e televisão;

XVII — conceder anistia;

XVIII — planejar e promover a defesa permanente contra as calamidades públicas, especialmente as secas e as inundações;

XIX — instituir sistema nacional de gerenciamento de recursos hídricos e definir critérios de outorga de direitos de seu uso; *(Regulamento)*

XX — instituir diretrizes para o desenvolvimento urbano, inclusive habitação, saneamento básico e transportes urbanos;

XXI — estabelecer princípios e diretrizes para o sistema nacional de viação;

XXII — executar os serviços de polícia marítima, aeroportuária e de fronteiras; *(Redação dada pela Emenda Constitucional n. 19, de 1998)*

XXIII — explorar os serviços e instalações nucleares de qualquer natureza e exercer monopólio estatal sobre a pesquisa, a lavra, o enriquecimento e reprocessamento, a industrialização e o comércio de minérios nucleares e seus derivados, atendidos os seguintes princípios e condições:

a) toda atividade nuclear em território nacional somente será admitida para fins pacíficos e mediante aprovação do Congresso Nacional;

b) sob regime de permissão, são autorizadas a comercialização e a utilização de radioisótopos para a pesquisa e usos médicos, agrícolas e industriais; *(Redação dada pela Emenda Constitucional n. 49, de 2006)*

c) sob regime de permissão, são autorizadas a produção, comercialização e utilização de radioisótopos de meia-vida igual ou inferior a duas horas; *(Redação dada pela Emenda Constitucional n. 49, de 2006)*

d) a responsabilidade civil por danos nucleares independe da existência de culpa; *(Redação dada pela Emenda Constitucional n. 49, de 2006)*

XXIV — organizar, manter e executar a inspeção do trabalho;

XXV — estabelecer as áreas e as condições para o exercício da atividade de garimpagem, em forma associativa.

Art. 22. Compete privativamente à União legislar sobre:

I — direito civil, comercial, penal, processual, eleitoral, agrário, marítimo, aeronáutico, espacial e do trabalho;

II — desapropriação;

III — requisições civis e militares, em caso de iminente perigo e em tempo de guerra;

IV — águas, energia, informática, telecomunicações e radiodifusão;

V — serviço postal;

VI — sistema monetário e de medidas, títulos e garantias dos metais;

VII — política de crédito, câmbio, seguros e transferência de valores;

VIII — comércio exterior e interestadual;

IX — diretrizes da política nacional de transportes;

X — regime dos portos, navegação lacustre, fluvial, marítima, aérea e aeroespacial;

XI — trânsito e transporte;

XII — jazidas, minas, outros recursos minerais e metalurgia;

XIII — nacionalidade, cidadania e naturalização;

XIV — populações indígenas;

XV — emigração e imigração, entrada, extradição e expulsão de estrangeiros;

XVI — organização do sistema nacional de emprego e condições para o exercício de profissões;

XVII — organização judiciária, do Ministério Público do Distrito Federal e dos Territórios e da Defensoria Pública dos Territórios, bem como organização administrativa destes; *(Redação dada pela Emenda Constitucional n. 69, de 2012) (Produção de efeito)*

XVIII — sistema estatístico, sistema cartográfico e de geologia nacionais;

XIX — sistemas de poupança, captação e garantia da poupança popular;

XX — sistemas de consórcios e sorteios;

XXI — normas gerais de organização, efetivos, material bélico, garantias, convocação e mobilização das polícias militares e corpos de bombeiros militares;

XXII — competência da polícia federal e das polícias rodoviária e ferroviária federais;

XXIII — seguridade social;

XXIV — diretrizes e bases da educação nacional;

XXV — registros públicos;

XXVI — atividades nucleares de qualquer natureza;

XXVII — normas gerais de licitação e contratação, em todas as modalidades, para as administrações públicas diretas, autárquicas e fundacionais da União, Estados, Distrito Federal e Municípios, obedecido o disposto no art. 37, XXI, e para as empresas públicas e sociedades de economia mista, nos termos do art. 173, § 1º, III; *(Redação dada pela Emenda Constitucional n. 19, de 1998)*

XXVIII — defesa territorial, defesa aeroespacial, defesa marítima, defesa civil e mobilização nacional;

XXIX — propaganda comercial.

PARÁGRAFO ÚNICO. Lei complementar poderá autorizar os Estados a legislar sobre questões específicas das matérias relacionadas neste artigo.

Art. 23. É competência comum da União, dos Estados, do Distrito Federal e dos Municípios:

I — zelar pela guarda da Constituição, das leis e das instituições democráticas e conservar o patrimônio público;

II — cuidar da saúde e assistência pública, da proteção e garantia das pessoas portadoras de deficiência;

III — proteger os documentos, as obras e outros bens de valor histórico, artístico e cultural, os monumentos, as paisagens naturais notáveis e os sítios arqueológicos;

IV — impedir a evasão, a destruição e a descaracterização de obras de arte e de outros bens de valor histórico, artístico ou cultural;

V — proporcionar os meios de acesso à cultura, à educação, à ciência, à tecnologia, à pesquisa e à inovação; *(Redação dada pela Emenda Constitucional n. 85, de 2015)*

VI — proteger o meio ambiente e combater a poluição em qualquer de suas formas;

VII — preservar as florestas, a fauna e a flora;

VIII — fomentar a produção agropecuária e organizar o abastecimento alimentar;

IX — promover programas de construção de moradias e a melhoria das condições habitacionais e de saneamento básico;

X — combater as causas da pobreza e os fatores de marginalização, promovendo a integração social dos setores desfavorecidos;

XI — registrar, acompanhar e fiscalizar as concessões de direitos de pesquisa e exploração de recursos hídricos e minerais em seus territórios;

XII — estabelecer e implantar política de educação para a segurança do trânsito.

PARÁGRAFO ÚNICO. Leis complementares fixarão normas para a cooperação entre a União e os Estados, o Distrito Federal e os Municípios, tendo em vista o equilíbrio do desenvolvimento e do bem-estar em âmbito nacional. *(Redação dada pela Emenda Constitucional n. 53, de 2006)*

Art. 24. Compete à União, aos Estados e ao Distrito Federal legislar concorrentemente sobre:

I — direito tributário, financeiro, penitenciário, econômico e urbanístico;

II — orçamento;

III — juntas comerciais;

IV — custas dos serviços forenses;

V — produção e consumo;

VI — florestas, caça, pesca, fauna, conservação da natureza, defesa do solo e dos recursos naturais, proteção do meio ambiente e controle da poluição;

VII — proteção ao patrimônio histórico, cultural, artístico, turístico e paisagístico;

VIII — responsabilidade por dano ao meio ambiente, ao consumidor, a bens e direitos de valor artístico, estético, histórico, turístico e paisagístico;

IX — educação, cultura, ensino, desporto, ciência, tecnologia, pesquisa, desenvolvimento e inovação; *(Redação dada pela Emenda Constitucional n. 85, de 2015)*

X — criação, funcionamento e processo do juizado de pequenas causas;

XI — procedimentos em matéria processual;

XII — previdência social, proteção e defesa da saúde;

XIII — assistência jurídica e Defensoria pública;

XIV — proteção e integração social das pessoas portadoras de deficiência;

XV — proteção à infância e à juventude;

XVI — organização, garantias, direitos e deveres das polícias civis.

§ 1º No âmbito da legislação concorrente, a competência da União limitar-se-á a estabelecer normas gerais.

§ 2º A competência da União para legislar sobre normas gerais não exclui a competência suplementar dos Estados.

§ 3º Inexistindo lei federal sobre normas gerais, os Estados exercerão a competência legislativa plena, para atender a suas peculiaridades.

§ 4º A superveniência de lei federal sobre normas gerais suspende a eficácia da lei estadual, no que lhe for contrário.

CAPÍTULO III
Dos Estados Federados

Art. 25. Os Estados organizam-se e regem-se pelas Constituições e leis que adotarem, observados os princípios desta Constituição.

§ 1º São reservadas aos Estados as competências que não lhes sejam vedadas por esta Constituição.

§ 2º Cabe aos Estados explorar diretamente, ou mediante concessão, os serviços locais de gás canalizado, na forma da lei, vedada a edição de medida provisória para a sua regulamentação. *(Redação dada pela Emenda Constitucional n. 5, de 1995)*

§ 3º Os Estados poderão, mediante lei complementar, instituir regiões metropolitanas, aglomerações urbanas e microrregiões, constituídas por agrupamentos de municípios limítrofes, para integrar a organização, o planejamento e a execução de funções públicas de interesse comum.

Art. 26. Incluem-se entre os bens dos Estados:

I — as águas superficiais ou subterrâneas, fluentes, emergentes e em depósito, ressalvadas, neste caso, na forma da lei, as decorrentes de obras da União;

II — as áreas, nas ilhas oceânicas e costeiras, que estiverem no seu domínio, excluídas aquelas sob domínio da União, Municípios ou terceiros;

III — as ilhas fluviais e lacustres não pertencentes à União;

IV — as terras devolutas não compreendidas entre as da União.

Art. 27. O número de Deputados à Assembleia Legislativa corresponderá ao triplo da representação do Estado na Câmara dos Deputados e, atingido o número de trinta e seis, será acrescido de tantos quantos forem os Deputados Federais acima de doze.

§ 1º Será de quatro anos o mandato dos Deputados Estaduais, aplicando-se-lhes as regras desta Constituição sobre sistema eleitoral, inviolabilidade, imunidades, remuneração, perda de mandato, licença, impedimentos e incorporação às Forças Armadas.

§ 2º O subsídio dos Deputados Estaduais será fixado por lei de iniciativa da Assembleia Legislativa, na razão de, no máximo, setenta e cinco por cento daquele estabelecido, em espécie, para os Deputados Federais, observado o que dispõem os arts. 39, § 4º, 57, § 7º, 150, II, 153, III, e 153, § 2º, I. *(Redação dada pela Emenda Constitucional n. 19, de 1998)*

§ 3º Compete às Assembleias Legislativas dispor sobre seu regimento interno, polícia e serviços administrativos de sua secretaria, e prover os respectivos cargos.

§ 4º A lei disporá sobre a iniciativa popular no processo legislativo estadual.

Art. 28. A eleição do Governador e do Vice-Governador de Estado, para mandato de quatro anos, realizar-se-á no primeiro domingo de outubro, em primeiro turno, e no último domingo de outubro, em segundo turno, se houver, do ano anterior ao do término do mandato de seus antecessores, e a posse ocorrerá em primeiro de janeiro do ano subsequente, observado, quanto ao mais, o disposto no art. 77. *(Redação dada pela Emenda Constitucional n. 16, de 1997)*

§ 1º Perderá o mandato o Governador que assumir outro cargo ou função na administração pública direta ou indireta, ressalvada a posse em virtude de concurso público e observado o disposto no art. 38, I, IV e V. *(Renumerado do parágrafo único, pela Emenda Constitucional n. 19, de 1998)*

§ 2º Os subsídios do Governador, do Vice-Governador e dos Secretários de Estado serão fixados por lei de iniciativa da Assembleia Legislativa, observado o que dispõem os arts. 37, XI, 39, § 4º, 150, II, 153, III, e 153, § 2º, I. *(Incluído pela Emenda Constitucional n. 19, de 1998)*

CAPÍTULO IV
Dos Municípios

Art. 29. O Município reger-se-á por lei orgânica, votada em dois turnos, com o interstício mínimo de dez dias, e aprovada por dois terços dos membros da Câmara Municipal, que a promulgará, atendidos os princípios estabelecidos nesta Constituição, na Constituição do respectivo Estado e os seguintes preceitos:

I — eleição do Prefeito, do Vice-Prefeito e dos Vereadores, para mandato de quatro anos, mediante pleito direto e simultâneo realizado em todo o País;

II — eleição do Prefeito e do Vice-Prefeito realizada no primeiro domingo de outubro do ano anterior ao término do mandato dos que devam suceder, aplicadas as regras do art. 77, no caso de Municípios com mais de duzentos mil eleitores; *(Redação dada pela Emenda Constitucional n. 16, de 1997)*

III — posse do Prefeito e do Vice-Prefeito no dia 1º de janeiro do ano subsequente ao da eleição;

IV — para a composição das Câmaras Municipais, será observado o limite máximo de: *(Redação dada pela Emenda Constitucional n. 58, de 2009) (Produção de efeito) (Vide ADIN 4307)*

a) 9 (nove) Vereadores, nos Municípios de até 15.000 (quinze mil) habitantes; *(Redação dada pela Emenda Constitucional n. 58, de 2009)*

b) 11 (onze) Vereadores, nos Municípios de mais de 15.000 (quinze mil) habitantes e de até 30.000 (trinta mil) habitantes; *(Redação dada pela Emenda Constitucional n. 58, de 2009)*

c) 13 (treze) Vereadores, nos Municípios com mais de 30.000 (trinta mil) habitantes e de até 50.000 (cinquenta mil) habitantes; *(Redação dada pela Emenda Constitucional n. 58, de 2009)*

d) 15 (quinze) Vereadores, nos Municípios de mais de 50.000 (cinquenta mil) habitantes e de até 80.000 (oitenta mil) habitantes; *(Incluída pela Emenda Constitucional n. 58, de 2009)*

e) 17 (dezessete) Vereadores, nos Municípios de mais de 80.000 (oitenta mil) habitantes e de até 120.000 (cento e vinte mil) habitantes; *(Incluída pela Emenda Constitucional n. 58, de 2009)*

f) 19 (dezenove) Vereadores, nos Municípios de mais de 120.000 (cento e vinte mil) habitantes e de até 160.000 (cento sessenta mil) habitantes; *(Incluída pela Emenda Constitucional n. 58, de 2009)*

g) 21 (vinte e um) Vereadores, nos Municípios de mais de 160.000 (cento e sessenta mil) habitantes e de até 300.000 (trezentos mil) habitantes; *(Incluída pela Emenda Constitucional n. 58, de 2009)*

h) 23 (vinte e três) Vereadores, nos Municípios de mais de 300.000 (trezentos mil) habitantes e de até 450.000 (quatrocentos e cinquenta mil) habitantes; *(Incluída pela Emenda Constitucional n. 58, de 2009)*

i) 25 (vinte e cinco) Vereadores, nos Municípios de mais de 450.000 (quatrocentos e cinquenta mil) habitantes e de até 600.000 (seiscentos mil) habitantes; *(Incluída pela Emenda Constitucional n. 58, de 2009)*

j) 27 (vinte e sete) Vereadores, nos Municípios de mais de 600.000 (seiscentos mil) habitantes e de até 750.000 (setecentos cinquenta mil) habitantes; *(Incluída pela Emenda Constitucional n. 58, de 2009)*

k) 29 (vinte e nove) Vereadores, nos Municípios de mais de 750.000 (setecentos e cinquenta mil) habitantes e de até 900.000 (novecentos mil) habitantes; *(Incluída pela Emenda Constitucional n. 58, de 2009)*

l) 31 (trinta e um) Vereadores, nos Municípios de mais de 900.000 (novecentos mil) habitantes e de até 1.050.000 (um milhão e cinquenta mil) habitantes; *(Incluída pela Emenda Constitucional n. 58, de 2009)*

m) 33 (trinta e três) Vereadores, nos Municípios de mais de 1.050.000 (um milhão e cinquenta mil) habitantes e de até 1.200.000 (um milhão e duzentos mil) habitantes; *(Incluída pela Emenda Constitucional n. 58, de 2009)*

n) 35 (trinta e cinco) Vereadores, nos Municípios de mais de 1.200.000 (um milhão e duzentos mil) habitantes e de até 1.350.000 (um milhão e trezentos e cinquenta mil) habitantes; *(Incluída pela Emenda Constitucional n. 58, de 2009)*

o) 37 (trinta e sete) Vereadores, nos Municípios de 1.350.000 (um milhão e trezentos e cinquenta mil) habitantes e de até 1.500.000 (um milhão e quinhentos mil) habitantes; *(Incluída pela Emenda Constitucional n. 58, de 2009)*

p) 39 (trinta e nove) Vereadores, nos Municípios de mais de 1.500.000 (um milhão e quinhentos mil) habitantes e de até 1.800.000 (um milhão e oitocentos mil) habitantes; *(Incluída pela Emenda Constitucional n. 58, de 2009)*

q) 41 (quarenta e um) Vereadores, nos Municípios de mais de 1.800.000 (um milhão e oitocentos mil) habitantes e de até 2.400.000 (dois milhões e quatrocentos mil) habitantes; *(Incluída pela Emenda Constitucional n. 58, de 2009)*

r) 43 (quarenta e três) Vereadores, nos Municípios de mais de 2.400.000 (dois milhões e quatrocentos mil) habitantes e de até 3.000.000 (três milhões) de habitantes; *(Incluída pela Emenda Constitucional n. 58, de 2009)*

s) 45 (quarenta e cinco) Vereadores, nos Municípios de mais de 3.000.000 (três milhões) de habitantes e de até 4.000.000 (quatro milhões) de habitantes; *(Incluída pela Emenda Constitucional n. 58, de 2009)*

t) 47 (quarenta e sete) Vereadores, nos Municípios de mais de 4.000.000 (quatro milhões) de habitantes e de até 5.000.000 (cinco milhões) de habitantes; *(Incluída pela Emenda Constitucional n. 58, de 2009)*

u) 49 (quarenta e nove) Vereadores, nos Municípios de mais de 5.000.000 (cinco milhões) de habitantes e de até 6.000.000 (seis milhões) de habitantes; *(Incluída pela Emenda Constitucional n. 58, de 2009)*

v) 51 (cinquenta e um) Vereadores, nos Municípios de mais de 6.000.000 (seis milhões) de habitantes e de até 7.000.000 (sete milhões) de habitantes; *(Incluída pela Emenda Constitucional n. 58, de 2009)*

w) 53 (cinquenta e três) Vereadores, nos Municípios de mais de 7.000.000 (sete milhões) de habitantes e de até 8.000.000 (oito milhões) de habitantes; e *(Incluída pela Emenda Constitucional n. 58, de 2009)*

x) 55 (cinquenta e cinco) Vereadores, nos Municípios de mais de 8.000.000 (oito milhões) de habitantes; *(Incluída pela Emenda Constitucional n. 58, de 2009)*

V — subsídios do Prefeito, do Vice-Prefeito e dos Secretários Municipais fixados por lei de iniciativa da Câmara Municipal, observado o que dispõem os arts. 37, XI, 39, § 4º, 150, II, 153, III, e 153, § 2º, I; *(Redação dada pela Emenda Constitucional n. 19, de 1998)*

VI — o subsídio dos Vereadores será fixado pelas respectivas Câmaras Municipais em cada legislatura para a subsequente, observado o que dispõe esta Constituição, observados os critérios estabelecidos na respectiva Lei Orgânica e os seguintes limites máximos: *(Redação dada pela Emenda Constitucional n. 25, de 2000)*

a) em Municípios de até dez mil habitantes, o subsídio máximo dos Vereadores corresponderá a vinte por cento do subsídio dos Deputados Estaduais; *(Incluído pela Emenda Constitucional n. 25, de 2000)*

b) em Municípios de dez mil e um a cinquenta mil habitantes, o subsídio máximo dos Vereadores corresponderá a trinta por cento do subsídio dos Deputados Estaduais; *(Incluído pela Emenda Constitucional n. 25, de 2000)*

c) em Municípios de cinquenta mil e um a cem mil habitantes, o subsídio máximo dos Vereadores corresponderá a quarenta por cento do subsídio dos Deputados Estaduais; *(Incluído pela Emenda Constitucional n. 25, de 2000)*

d) em Municípios de cem mil e um a trezentos mil habitantes, o subsídio máximo dos Vereadores corresponderá a cinquenta por cento do subsídio dos Deputados Estaduais; *(Incluído pela Emenda Constitucional n. 25, de 2000)*

e) em Municípios de trezentos mil e um a quinhentos mil habitantes, o subsídio máximo dos Vereadores corresponderá a sessenta por cento do subsídio dos Deputados Estaduais; *(Incluído pela Emenda Constitucional n. 25, de 2000)*

f) em Municípios de mais de quinhentos mil habitantes, o subsídio máximo dos Vereadores corresponderá a setenta e cinco por cento do subsídio dos Deputados Estaduais; *(Incluído pela Emenda Constitucional n. 25, de 2000)*

VII — o total da despesa com a remuneração dos Vereadores não poderá ultrapassar o montante de cinco por cento da receita do Município; *(Incluído pela Emenda Constitucional n. 1, de 1992)*

VIII — inviolabilidade dos Vereadores por suas opiniões, palavras e votos no exercício do mandato e na circunscrição do Município; *(Renumerado do inciso VI, pela Emenda Constitucional n. 1, de 1992)*

IX — proibições e incompatibilidades, no exercício da vereança, similares, no que couber, ao disposto nesta Constituição para os membros do Congresso Nacional e na Constituição do respectivo Estado para os membros da Assembleia Legislativa; *(Renumerado do inciso VII, pela Emenda Constitucional n. 1, de 1992)*

X — julgamento do Prefeito perante o Tribunal de Justiça; *(Renumerado do inciso VIII, pela Emenda Constitucional n. 1, de 1992)*

XI — organização das funções legislativas e fiscalizadoras da Câmara Municipal; *(Renumerado do inciso IX, pela Emenda Constitucional n. 1, de 1992)*

XII — cooperação das associações representativas no planejamento municipal; *(Renumerado do inciso X, pela Emenda Constitucional n. 1, de 1992)*

XIII — iniciativa popular de projetos de lei de interesse específico do Município, da cidade ou de bairros, através de manifestação de, pelo menos, cinco por cento do eleitorado; *(Renumerado do inciso XI, pela Emenda Constitucional n. 1, de 1992)*

XIV — perda do mandato do Prefeito, nos termos do art. 28, parágrafo único. *(Renumerado do inciso XII, pela Emenda Constitucional n. 1, de 1992)*

Art. 29-A. O total da despesa do Poder Legislativo Municipal, incluídos os subsídios dos Vereadores e excluídos os gastos com inativos, não poderá ultrapassar os seguintes percentuais, relativos ao somatório da receita tributária e das transferências previstas no § 5º do art. 153 e nos arts. 158 e 159, efetivamente realizado no exercício anterior: *(Incluído pela Emenda Constitucional n. 25, de 2000)*

I — 7% (sete por cento) para Municípios com população de até 100.000 (cem mil) habitantes; *(Redação dada pela Emenda Constituição Constitucional n. 58, de 2009) (Produção de efeito)*

II — 6% (seis por cento) para Municípios com população entre 100.000 (cem mil) e 300.000 (trezentos mil) habitantes; *(Redação dada pela Emenda Constituição Constitucional n. 58, de 2009)*

III — 5% (cinco por cento) para Municípios com população entre 300.001 (trezentos mil e um) e 500.000 (quinhentos mil) habitantes; *(Redação dada pela Emenda Constituição Constitucional n. 58, de 2009)*

IV — 4,5% (quatro inteiros e cinco décimos por cento) para Municípios com população entre 500.001 (quinhentos mil e um) e 3.000.000 (três milhões) de habitantes; *(Redação dada pela Emenda Constituição Constitucional n. 58, de 2009)*

V — 4% (quatro por cento) para Municípios com população entre 3.000.001 (três milhões e um) e 8.000.000 (oito milhões) de habitantes; *(Incluído pela Emenda Constituição Constitucional n. 58, de 2009)*

VI — 3,5% (três inteiros e cinco décimos por cento) para Municípios com população acima de 8.000.001 (oito milhões e um) habitantes. *(Incluído pela Emenda Constituição Constitucional n. 58, de 2009)*

§ 1º A Câmara Municipal não gastará mais de setenta por cento de sua receita com folha de pagamento, incluído o gasto com o subsídio de seus Vereadores. *(Incluído pela Emenda Constitucional n. 25, de 2000)*

§ 2º Constitui crime de responsabilidade do Prefeito Municipal: *(Incluído pela Emenda Constitucional n. 25, de 2000)*

I — efetuar repasse que supere os limites definidos neste artigo; *(Incluído pela Emenda Constitucional n. 25, de 2000)*

II — não enviar o repasse até o dia vinte de cada mês; ou *(Incluído pela Emenda Constitucional n. 25, de 2000)*

III — enviá-lo a menor em relação à proporção fixada na Lei Orçamentária. *(Incluído pela Emenda Constitucional n. 25, de 2000)*

§ 3º Constitui crime de responsabilidade do Presidente da Câmara Municipal o desrespeito ao § 1º deste artigo. *(Incluído pela Emenda Constitucional n. 25, de 2000)*

Art. 30. Compete aos Municípios:

I — legislar sobre assuntos de interesse local;

II — suplementar a legislação federal e a estadual no que couber;

III — instituir e arrecadar os tributos de sua competência, bem como aplicar suas rendas, sem prejuízo da obrigatoriedade de prestar contas e publicar balancetes nos prazos fixados em lei;

IV — criar, organizar e suprimir distritos, observada a legislação estadual;

V — organizar e prestar, diretamente ou sob regime de concessão ou permissão, os serviços públicos de interesse local, incluído o de transporte coletivo, que tem caráter essencial;

VI — manter, com a cooperação técnica e financeira da União e do Estado, programas de educação infantil e de ensino fundamental; *(Redação dada pela Emenda Constitucional n. 53, de 2006)*

VII — prestar, com a cooperação técnica e financeira da União e do Estado, serviços de atendimento à saúde da população;

VIII — promover, no que couber, adequado ordenamento territorial, mediante planejamento e controle do uso, do parcelamento e da ocupação do solo urbano;

IX — promover a proteção do patrimônio histórico-cultural local, observada a legislação e a ação fiscalizadora federal e estadual.

Art. 31. A fiscalização do Município será exercida pelo Poder Legislativo Municipal, mediante controle externo, e pelos sistemas de controle interno do Poder Executivo Municipal, na forma da lei.

§ 1º O controle externo da Câmara Municipal será exercido com o auxílio dos Tribunais de Contas dos Estados ou do Município ou dos Conselhos ou Tribunais de Contas dos Municípios, onde houver.

§ 2º O parecer prévio, emitido pelo órgão competente sobre as contas que o Prefeito deve anualmente prestar, só deixará de prevalecer por decisão de dois terços dos membros da Câmara Municipal.

§ 3º As contas dos Municípios ficarão, durante sessenta dias, anualmente, à disposição de qualquer contribuinte, para exame e apreciação, o qual poderá questionar-lhes a legitimidade, nos termos da lei.

§ 4º É vedada a criação de Tribunais, Conselhos ou órgãos de Contas Municipais.

CAPÍTULO V
Do Distrito Federal e dos Territórios

Seção I
Do Distrito Federal

Art. 32. O Distrito Federal, vedada sua divisão em Municípios, reger-se-á por lei orgânica, votada em dois turnos com interstício mínimo de dez dias, e aprovada por dois terços da Câmara Legislativa, que a promulgará, atendidos os princípios estabelecidos nesta Constituição.

§ 1º Ao Distrito Federal são atribuídas as competências legislativas reservadas aos Estados e Municípios.

§ 2º A eleição do Governador e do Vice-Governador, observadas as regras do art. 77, e dos Deputados Distritais coincidirá com a dos Governadores e Deputados Estaduais, para mandato de igual duração.

§ 3º Aos Deputados Distritais e à Câmara Legislativa aplica-se o disposto no art. 27.

§ 4º Lei federal disporá sobre a utilização, pelo Governo do Distrito Federal, das polícias civil e militar e do corpo de bombeiros militar.

Seção II
Dos Territórios

Art. 33. A lei disporá sobre a organização administrativa e judiciária dos Territórios.

§ 1º Os Territórios poderão ser divididos em Municípios, aos quais se aplicará, no que couber, o disposto no Capítulo IV deste Título.

§ 2º As contas do Governo do Território serão submetidas ao Congresso Nacional, com parecer prévio do Tribunal de Contas da União.

§ 3º Nos Territórios Federais com mais de cem mil habitantes, além do Governador nomeado na forma desta Constituição, haverá órgãos judiciários de primeira e segunda instância, membros do Ministério Público e defensores públicos federais; a lei disporá sobre as eleições para a Câmara Territorial e sua competência deliberativa.

CAPÍTULO VI
Da Intervenção

Art. 34. A União não intervirá nos Estados nem no Distrito Federal, exceto para:

I — manter a integridade nacional;

II — repelir invasão estrangeira ou de uma unidade da Federação em outra;

III — pôr termo a grave comprometimento da ordem pública;

IV — garantir o livre exercício de qualquer dos Poderes nas unidades da Federação;

V — reorganizar as finanças da unidade da Federação que:

a) suspender o pagamento da dívida fundada por mais de dois anos consecutivos, salvo motivo de força maior;

b) deixar de entregar aos Municípios receitas tributárias fixadas nesta Constituição, dentro dos prazos estabelecidos em lei;

VI — prover a execução de lei federal, ordem ou decisão judicial;

VII — assegurar a observância dos seguintes princípios constitucionais:

a) forma republicana, sistema representativo e regime democrático;

b) direitos da pessoa humana;

c) autonomia municipal;

d) prestação de contas da administração pública, direta e indireta.

e) aplicação do mínimo exigido da receita resultante de impostos estaduais, compreendida a proveniente de transferências, na manutenção e desenvolvimento do ensino e nas ações e serviços públicos de saúde. *(Redação dada pela Emenda Constitucional n. 29, de 2000)*

Art. 35. O Estado não intervirá em seus Municípios, nem a União nos Municípios localizados em Território Federal, exceto quando:

I — deixar de ser paga, sem motivo de força maior, por dois anos consecutivos, a dívida fundada;

II — não forem prestadas contas devidas, na forma da lei;

III — não tiver sido aplicado o mínimo exigido da receita municipal na manutenção e desenvolvimento do ensino e nas ações e serviços públicos de saúde; *(Redação dada pela Emenda Constitucional n. 29, de 2000)*

IV — o Tribunal de Justiça der provimento a representação para assegurar a observância de princípios indicados na Constituição Estadual, ou para prover a execução de lei, de ordem ou de decisão judicial.

Art. 36. A decretação da intervenção dependerá:

I — no caso do art. 34, IV, de solicitação do Poder Legislativo ou do Poder Executivo coacto ou impedido, ou de requisição do Supremo Tribunal Federal, se a coação for exercida contra o Poder Judiciário;

II — no caso de desobediência a ordem ou decisão judiciária, de requisição do Supremo Tribunal Federal, do Superior Tribunal de Justiça ou do Tribunal Superior Eleitoral;

III — de provimento, pelo Supremo Tribunal Federal, de representação do Procurador-Geral da República, na hipótese do art. 34, VII, e no caso de recusa à execução de lei federal. *(Redação dada pela Emenda Constitucional n. 45, de 2004)*

IV — *(Revogado pela Emenda Constitucional n. 45, de 2004)*

§ 1º O decreto de intervenção, que especificará a amplitude, o prazo e as condições de execução e que, se couber, nomeará o interventor, será submetido à apreciação do Congresso Nacional ou da Assembleia Legislativa do Estado, no prazo de vinte e quatro horas.

§ 2º Se não estiver funcionando o Congresso Nacional ou a Assembleia Legislativa, far-se-á convocação extraordinária, no mesmo prazo de vinte e quatro horas.

§ 3º Nos casos do art. 34, VI e VII, ou do art. 35, IV, dispensada a apreciação pelo Congresso Nacional ou pela Assembleia Legislativa, o decreto limitar-se-á a suspender a execução do ato impugnado, se essa medida bastar ao restabelecimento da normalidade.

§ 4º Cessados os motivos da intervenção, as autoridades afastadas de seus cargos a estes voltarão, salvo impedimento legal.

CAPÍTULO VII
DA ADMINISTRAÇÃO PÚBLICA

Seção I
Disposições Gerais

Art. 37. A administração pública direta e indireta de qualquer dos Poderes da União, dos Estados, do Distrito Federal e dos Municípios obedecerá aos princípios de legalidade, impessoalidade, moralidade, publicidade e eficiência e, também, ao seguinte: *(Redação dada pela Emenda Constitucional n. 19, de 1998)*

I — os cargos, empregos e funções públicas são acessíveis aos brasileiros que preencham os requisitos estabelecidos em lei, assim como aos estrangeiros, na forma da lei; *(Redação dada pela Emenda Constitucional n. 19, de 1998)*

II — a investidura em cargo ou emprego público depende de aprovação prévia em concurso público de provas ou de provas e títulos, de acordo com a natureza e a complexidade do cargo ou emprego, na forma prevista em lei, ressalvadas as nomeações para cargo em comissão declarado em lei de livre nomeação e exoneração; *(Redação dada pela Emenda Constitucional n. 19, de 1998)*

III — o prazo de validade do concurso público será de até dois anos, prorrogável uma vez, por igual período;

IV — durante o prazo improrrogável previsto no edital de convocação, aquele aprovado em concurso público de provas ou de provas e títulos será convocado com prioridade sobre novos concursados para assumir cargo ou emprego, na carreira;

V — as funções de confiança, exercidas exclusivamente por servidores ocupantes de cargo efetivo, e os cargos em comissão, a serem preenchidos por servidores de carreira nos casos, condições e percentuais mínimos previstos em lei, destinam-se apenas às atribuições de direção, chefia e assessoramento; *(Redação dada pela Emenda Constitucional n. 19, de 1998)*

VI — é garantido ao servidor público civil o direito à livre associação sindical;

VII — o direito de greve será exercido nos termos e nos limites definidos em lei específica; *(Redação dada pela Emenda Constitucional n. 19, de 1998)*

VIII — a lei reservará percentual dos cargos e empregos públicos para as pessoas portadoras de deficiência e definirá os critérios de sua admissão;

IX — a lei estabelecerá os casos de contratação por tempo determinado para atender a necessidade temporária de excepcional interesse público;

X — a remuneração dos servidores públicos e o subsídio de que trata o § 4º do art. 39 somente poderão ser fixados ou alterados por lei específica, observada a iniciativa privativa em cada caso, assegurada revisão geral anual, sempre na mesma data e sem distinção de índices; *(Redação dada pela Emenda Constitucional n. 19, de 1998) (Regulamento)*(*)

XI — a remuneração e o subsídio dos ocupantes de cargos, funções e empregos públicos da administração direta, autárquica e fundacional, dos membros de qualquer dos Poderes da União, dos Estados, do Distrito Federal e dos Municípios, dos detentores de mandato eletivo e dos demais agentes políticos e os proventos, pensões ou outra espécie remuneratória, percebidos cumulativamente ou não, incluídas as vantagens pessoais ou de qualquer outra natureza, não poderão exceder o subsídio mensal, em espécie, dos Ministros do Supremo Tribunal Federal, aplicando-se como limite, nos Municípios, o subsídio do Prefeito, e nos Estados e no Distrito Federal, o subsídio mensal do Governador no âmbito do Poder Executivo, o subsídio dos Deputados Estaduais e Distritais no âmbito do Poder Legislativo e o subsidio dos Desembargadores do Tribunal de Justiça, limitado a noventa inteiros e vinte e cinco centésimos por cento do subsídio mensal, em espécie, dos Ministros do Supremo Tribunal Federal, no âmbito do Poder Judiciário, aplicável este limite aos membros do Ministério Público, aos Procuradores e aos Defensores Públicos; *(Redação dada pela Emenda Constitucional n. 41, 19.12.2003)*

XII — os vencimentos dos cargos do Poder Legislativo e do Poder Judiciário não poderão ser superiores aos pagos pelo Poder Executivo;

XIII — é vedada a vinculação ou equiparação de quaisquer espécies remuneratórias para o efeito de remuneração de pessoal do serviço público; *(Redação dada pela Emenda Constitucional n. 19, de 1998)*

XIV — os acréscimos pecuniários percebidos por servidor público não serão computados nem acumulados para fins de concessão de acréscimos ulteriores; *(Redação dada pela Emenda Constitucional n. 19, de 1998)*

XV — o subsídio e os vencimentos dos ocupantes de cargos e empregos públicos são irredutíveis, ressalvado o disposto nos incisos XI e XIV deste artigo e nos arts. 39, § 4º, 150, II, 153, III, e 153, § 2º, I; *(Redação dada pela Emenda Constitucional n. 19, de 1998)*

XVI — é vedada a acumulação remunerada de cargos públicos, exceto, quando houver compatibilidade de horários, observado em qualquer caso o disposto no inciso XI: *(Redação dada pela Emenda Constitucional n. 19, de 1998)*

a) a de dois cargos de professor; *(Redação dada pela Emenda Constitucional n. 19, de 1998)*

b) a de um cargo de professor com outro técnico ou científico; *(Redação dada pela Emenda Constitucional n. 19, de 1998)*

c) a de dois cargos ou empregos privativos de profissionais de saúde, com profissões regulamentadas; *(Redação dada pela Emenda Constitucional n. 34, de 2001)*

XVII — a proibição de acumular estende-se a empregos e funções e abrange autarquias, fundações, empresas públicas, sociedades de economia mista, suas subsidiárias, e sociedades controladas, direta ou indiretamente, pelo poder público; *(Redação dada pela Emenda Constitucional n. 19, de 1998)*

XVIII — a administração fazendária e seus servidores fiscais terão, dentro de suas áreas de competência e jurisdição, precedência sobre os demais setores administrativos, na forma da lei;

XIX — somente por lei específica poderá ser criada autarquia e autorizada a instituição de empresa pública, de sociedade de economia mista e de fundação, cabendo à lei complementar, neste último caso, definir as áreas de sua atuação; *(Redação dada pela Emenda Constitucional n. 19, de 1998)*

XX — depende de autorização legislativa, em cada caso, a criação de subsidiárias das entidades mencionadas no inciso anterior, assim como a participação de qualquer delas em empresa privada;

XXI — ressalvados os casos especificados na legislação, as obras, serviços, compras e alienações serão contratados mediante processo de licitação pública que assegure igualdade de condições a todos os concorrentes, com cláusulas que estabeleçam obrigações de pagamento, mantidas as condições efetivas da proposta, nos termos da lei, o qual somente permitirá as exigências de qualificação técnica e econômica indispensáveis à garantia do cumprimento das obrigações. *(Regulamento)*

XXII — as administrações tributárias da União, dos Estados, do Distrito Federal e dos Municípios, atividades essenciais ao funcionamento do Estado, exercidas por servidores de carreiras específicas, terão recursos prioritários para a realização de suas atividades e atuarão de forma integrada, inclusive com o compartilhamento de cadastros e de informações fiscais, na forma da lei ou convênio. *(Incluído pela Emenda Constitucional n. 42, de 19.12.2003)*

§ 1º A publicidade dos atos, programas, obras, serviços e campanhas dos órgãos públicos deverá ter caráter educativo, informativo ou de orientação social, dela não podendo constar nomes, símbolos ou imagens que caracterizem promoção pessoal de autoridades ou servidores públicos.

§ 2º A não observância do disposto nos incisos II e III implicará a nulidade do ato e a punição da autoridade responsável, nos termos da lei.

§ 3º A lei disciplinará as formas de participação do usuário na administração pública direta e indireta, regulando especialmente: *(Redação dada pela Emenda Constitucional n. 19, de 1998)*

I — as reclamações relativas à prestação dos serviços públicos em geral, asseguradas a manutenção de serviços de atendimento ao usuário e a avaliação periódica, externa e interna, da qualidade dos serviços; *(Incluído pela Emenda Constitucional n. 19, de 1998)*

II — o acesso dos usuários a registros administrativos e a informações sobre atos de governo, observado o disposto no art. 5º, X e XXXIII; *(Incluído pela Emenda Constitucional n. 19, de 1998)*

III — a disciplina da representação contra o exercício negligente ou abusivo de cargo, emprego ou função na administração pública. *(Incluído pela Emenda Constitucional n. 19, de 1998)*

§ 4º — Os atos de improbidade administrativa importarão a suspensão dos direitos políticos, a perda da função pública, a indisponibilidade dos bens e o ressarcimento ao erário, na forma e gradação previstas em lei, sem prejuízo da ação penal cabível.

§ 5º A lei estabelecerá os prazos de prescrição para ilícitos praticados por qualquer agente, servidor ou não, que causem prejuízos ao erário, ressalvadas as respectivas ações de ressarcimento.

§ 6º As pessoas jurídicas de direito público e as de direito privado prestadoras de serviços públicos responderão pelos danos que seus agentes, nessa qualidade, causarem a terceiros, assegurado o direito de regresso contra o responsável nos casos de dolo ou culpa.

§ 7º A lei disporá sobre os requisitos e as restrições ao ocupante de cargo ou emprego da administração direta e indireta que possibilite o acesso a informações privilegiadas. *(Incluído pela Emenda Constitucional n. 19, de 1998)*

§ 8º A autonomia gerencial, orçamentária e financeira dos órgãos e entidades da administração direta e indireta poderá ser ampliada mediante contrato, a ser firmado entre seus administradores e o poder público, que tenha por objeto a fixação de metas de desempenho para o órgão ou entidade, cabendo à lei dispor sobre: *(Incluído pela Emenda Constitucional n. 19, de 1998)*

(*) V. Lei n. 10.331, de 18.12.01, DOU 19.12.01, que regulamenta o inciso X do art. 37 da Constituição, que dispõe sobre a revisão geral e anual das remunerações e subsídios dos servidores públicos federais dos Poderes Executivo, Legislativo e Judiciário da União, das autarquias e fundações públicas federais (não publicada nesta obra).

I — o prazo de duração do contrato;

II — os controles e critérios de avaliação de desempenho, direitos, obrigações e responsabilidade dos dirigentes;

III — a remuneração do pessoal.

§ 9º O disposto no inciso XI aplica-se às empresas públicas e às sociedades de economia mista, e suas subsidiárias, que receberem recursos da União, dos Estados, do Distrito Federal ou dos Municípios para pagamento de despesas de pessoal ou de custeio em geral. *(Incluído pela Emenda Constitucional n. 19, de 1998)*

§ 10. É vedada a percepção simultânea de proventos de aposentadoria decorrentes do art. 40 ou dos arts. 42 e 142 com a remuneração de cargo, emprego ou função pública, ressalvados os cargos acumuláveis na forma desta Constituição, os cargos eletivos e os cargos em comissão declarados em lei de livre nomeação e exoneração. *(Incluído pela Emenda Constitucional n. 20, de 1998)*

§ 11. Não serão computadas, para efeito dos limites remuneratórios de que trata o inciso XI do *caput* deste artigo, as parcelas de caráter indenizatório previstas em lei. *(Incluído pela Emenda Constitucional n. 47, de 2005)*

§ 12. Para os fins do disposto no inciso XI do *caput* deste artigo, fica facultado aos Estados e ao Distrito Federal fixar, em seu âmbito, mediante emenda às respectivas Constituições e Lei Orgânica, como limite único, o subsídio mensal dos Desembargadores do respectivo Tribunal de Justiça, limitado a noventa inteiros e vinte e cinco centésimos por cento do subsídio mensal dos Ministros do Supremo Tribunal Federal, não se aplicando o disposto neste parágrafo aos subsídios dos Deputados Estaduais e Distritais e dos Vereadores. *(Incluído pela Emenda Constitucional n. 47, de 2005)*

Art. 38. Ao servidor público da administração direta, autárquica e fundacional, no exercício de mandato eletivo, aplicam-se as seguintes disposições: *(Redação dada pela Emenda Constitucional n. 19, de 1998)*

I — tratando-se de mandato eletivo federal, estadual ou distrital, ficará afastado de seu cargo, emprego ou função;

II — investido no mandato de Prefeito, será afastado do cargo, emprego ou função, sendo-lhe facultado optar pela sua remuneração;

III — investido no mandato de Vereador, havendo compatibilidade de horários, perceberá as vantagens de seu cargo, emprego ou função, sem prejuízo da remuneração do cargo eletivo, e, não havendo compatibilidade, será aplicada a norma do inciso anterior;

IV — em qualquer caso que exija o afastamento para o exercício de mandato eletivo, seu tempo de serviço será contado para todos os efeitos legais, exceto para promoção por merecimento;

V — para efeito de benefício previdenciário, no caso de afastamento, os valores serão determinados como se no exercício estivesse.

Seção II
Dos Servidores Públicos

(Redação dada pela Emenda Constitucional n. 18, de 1998)

Art. 39. A União, os Estados, o Distrito Federal e os Municípios instituirão conselho de política de administração e remuneração de pessoal, integrado por servidores designados pelos respectivos Poderes. *(Redação dada pela Emenda Constitucional n. 19, de 1998) (Vide ADIN n. 2.135-4)*

§ 1º A fixação dos padrões de vencimento e dos demais componentes do sistema remuneratório observará: *(Redação dada pela Emenda Constitucional n. 19, de 1998)*

I — a natureza, o grau de responsabilidade e a complexidade dos cargos componentes de cada carreira; *(Incluído pela Emenda Constitucional n. 19, de 1998)*

II — os requisitos para a investidura; *(Incluído pela Emenda Constitucional n. 19, de 1998)*

III — as peculiaridades dos cargos. *(Incluído pela Emenda Constitucional n. 19, de 1998)*

§ 2º A União, os Estados e o Distrito Federal manterão escolas de governo para a formação e o aperfeiçoamento dos servidores públicos, constituindo-se a participação nos cursos um dos requisitos para a promoção na carreira, facultada, para isso, a celebração de convênios ou contratos entre os entes federados. *(Redação dada pela Emenda Constitucional n. 19, de 1998)*

§ 3º Aplica-se aos servidores ocupantes de cargo público o disposto no art. 7º, IV, VII, VIII, IX, XII, XIII, XV, XVI, XVII, XVIII, XIX, XX, XXII e XXX, podendo a lei estabelecer requisitos diferenciados de admissão quando a natureza do cargo o exigir. *(Incluído pela Emenda Constitucional n. 19, de 1998)*

§ 4º O membro de Poder, o detentor de mandato eletivo, os Ministros de Estado e os Secretários Estaduais e Municipais serão remunerados exclusivamente por subsídio fixado em parcela única, vedado o acréscimo de qualquer gratificação, adicional, abono, prêmio, verba de representação ou outra espécie remuneratória, obedecido, em qualquer caso, o disposto no art. 37, X e XI. *(Incluído pela Emenda Constitucional n. 19, de 1998)*

§ 5º Lei da União, dos Estados, do Distrito Federal e dos Municípios poderá estabelecer a relação entre a maior e a menor remuneração dos servidores públicos, obedecido, em qualquer caso, o disposto no art. 37, XI. *(Incluído pela Emenda Constitucional n. 19, de 1998)*

§ 6º Os Poderes Executivo, Legislativo e Judiciário publicarão anualmente os valores do subsídio e da remuneração dos cargos e empregos públicos. *(Incluído pela Emenda Constitucional n. 19, de 1998)*

§ 7º Lei da União, dos Estados, do Distrito Federal e dos Municípios disciplinará a aplicação de recursos orçamentários provenientes da economia com despesas correntes em cada órgão, autarquia e fundação, para aplicação no desenvolvimento de programas de qualidade e produtividade, treinamento e desenvolvimento, modernização, reaparelhamento e racionalização do serviço público, inclusive sob a forma de adicional ou prêmio de produtividade. *(Incluído pela Emenda Constitucional n. 19, de 1998)*

§ 8º A remuneração dos servidores públicos organizados em carreira poderá ser fixada nos termos do § 4º. *(Incluído pela Emenda Constitucional n. 19, de 1998)*

Art. 40. Aos servidores titulares de cargos efetivos da União, dos Estados, do Distrito Federal e dos Municípios, incluídas suas autarquias e fundações, é assegurado regime de previdência de caráter contributivo e solidário, mediante contribuição do respectivo ente público, dos servidores ativos e inativos e dos pensionistas, observados critérios que preservem o equilíbrio financeiro e atuarial e o disposto neste artigo. *(Redação dada pela Emenda Constitucional n. 41, 19.12.2003)*

§ 1º Os servidores abrangidos pelo regime de previdência de que trata este artigo serão aposentados, calculados os seus proventos a partir dos valores fixados na forma dos §§ 3º e 17: *(Redação dada pela Emenda Constitucional n. 41, 19.12.2003)*

I — por invalidez permanente, sendo os proventos proporcionais ao tempo de contribuição, exceto se decorrente de acidente em serviço, moléstia profissional ou doença grave, contagiosa ou incurável, na forma da lei; *(Redação dada pela Emenda Constitucional n. 41, 19.12.2003)*

II — compulsoriamente, com proventos proporcionais ao tempo de contribuição, aos 70 (setenta) anos de idade, ou aos 75 (setenta e cinco) anos de idade, na forma de lei complementar; *(Redação dada pela Emenda Constitucional n. 88, de 2015)*

III — voluntariamente, desde que cumprido tempo mínimo de dez anos de efetivo exercício no serviço público e cinco anos no cargo efetivo em que se dará a aposentadoria, observadas as seguintes condições: *(Redação dada pela Emenda Constitucional n. 20, de 15.12.1998)*

a) sessenta anos de idade e trinta e cinco de contribuição, se homem, e cinquenta e cinco anos de idade e trinta de contribuição, se mulher; *(Redação dada pela Emenda Constitucional n. 20, de 15.12.1998)*

b) sessenta e cinco anos de idade, se homem, e sessenta anos de idade, se mulher, com proventos proporcionais ao tempo de contribuição. *(Redação dada pela Emenda Constitucional n. 20, de 15.12.1998)*

§ 2º Os proventos de aposentadoria e as pensões, por ocasião de sua concessão, não poderão exceder a remuneração do respectivo servidor, no cargo efetivo em que se deu a aposentadoria ou que serviu de referência para a concessão da pensão. *(Redação dada pela Emenda Constitucional n. 20, de 15.12.1998)*

§ 3º Para o cálculo dos proventos de aposentadoria, por ocasião da sua concessão, serão consideradas as remunerações utilizadas como base para as contribuições do servidor aos regimes de previdência de que tratam este artigo e o art. 201, na forma da lei. *(Redação dada pela Emenda Constitucional n. 41, 19.12.2003)*

§ 4º É vedada a adoção de requisitos e critérios diferenciados para a concessão de aposentadoria aos abrangidos pelo regime de que trata este artigo, ressalvados, nos termos definidos em leis complementares, os casos de servidores: *(Redação dada pela Emenda Constitucional n. 47, de 2005)*

I — portadores de deficiência; *(Incluído pela Emenda Constitucional n. 47, de 2005)*

II — que exerçam atividades de risco; *(Incluído pela Emenda Constitucional n. 47, de 2005)*

III cujas atividades sejam exercidas sob condições especiais que prejudiquem a saúde ou a integridade física. *(Incluído pela Emenda Constitucional n. 47, de 2005)*

§ 5º Os requisitos de idade e de tempo de contribuição serão reduzidos em cinco anos, em relação ao disposto no § 1º, III, "a", para o professor que comprove exclusivamente tempo de efetivo exercício das funções de magistério na educação infantil e no ensino fundamental e médio. (Redação dada pela Emenda Constitucional n. 20, de 15.12.1998)

§ 6º Ressalvadas as aposentadorias decorrentes dos cargos acumuláveis na forma desta Constituição, é vedada a percepção de mais de uma aposentadoria à conta do regime de previdência previsto neste artigo. (Redação dada pela Emenda Constitucional n. 20, de 15.12.1998)

§ 7º Lei disporá sobre a concessão do benefício de pensão por morte, que será igual: (Redação dada pela Emenda Constitucional n. 41, 19.12.2003)

I — ao valor da totalidade dos proventos do servidor falecido, até o limite máximo estabelecido para os benefícios do regime geral de previdência social de que trata o art. 201, acrescido de setenta por cento da parcela excedente a este limite, caso aposentado à data do óbito; ou (Incluído pela Emenda Constitucional n. 41, 19.12.2003)

II — ao valor da totalidade da remuneração do servidor no cargo efetivo em que se deu o falecimento, até o limite máximo estabelecido para os benefícios do regime geral de previdência social de que trata o art. 201, acrescido de setenta por cento da parcela excedente a este limite, caso em atividade na data do óbito. (Incluído pela Emenda Constitucional n. 41, 19.12.2003)

§ 8º É assegurado o reajustamento dos benefícios para preservar-lhes, em caráter permanente, o valor real, conforme critérios estabelecidos em lei. (Redação dada pela Emenda Constitucional n. 41, 19.12.2003)

§ 9º O tempo de contribuição federal, estadual ou municipal será contado para efeito de aposentadoria e o tempo de serviço correspondente para efeito de disponibilidade. (Incluído pela Emenda Constitucional n. 20, de 15.12.1998)

§ 10. A lei não poderá estabelecer qualquer forma de contagem de tempo de contribuição fictício. (Incluído pela Emenda Constitucional n. 20, de 15.12.1998)

§ 11. Aplica-se o limite fixado no art. 37, XI, à soma total dos proventos de inatividade, inclusive quando decorrentes da acumulação de cargos ou empregos públicos, bem como de outras atividades sujeitas a contribuição para o regime geral de previdência social, e ao montante resultante da adição de proventos de inatividade com remuneração de cargo acumulável na forma desta Constituição, cargo em comissão declarado em lei de livre nomeação e exoneração, e de cargo eletivo. (Incluído pela Emenda Constitucional n. 20, de 15.12.1998)

§ 12. Além do disposto neste artigo, o regime de previdência dos servidores públicos titulares de cargo efetivo observará, no que couber, os requisitos e critérios fixados para o regime geral de previdência social. (Incluído pela Emenda Constitucional n. 20, de 15.12.1998)

§ 13. Ao servidor ocupante, exclusivamente, de cargo em comissão declarado em lei de livre nomeação e exoneração bem como de outro cargo temporário ou de emprego público, aplica-se o regime geral de previdência social. (Incluído pela Emenda Constitucional n. 20, de 15.12.1998)

§ 14. A União, os Estados, o Distrito Federal e os Municípios, desde que instituam regime de previdência complementar para os seus respectivos servidores titulares de cargo efetivo, poderão fixar, para o valor das aposentadorias e pensões a serem concedidas pelo regime de que trata este artigo, o limite máximo estabelecido para os benefícios do regime geral de previdência social de que trata o art. 201. (Incluído pela Emenda Constitucional n. 20, de 15.12.1998)

§ 15. O regime de previdência complementar de que trata o § 14 será instituído por lei de iniciativa do respectivo Poder Executivo, observado o disposto no art. 202 e seus parágrafos, no que couber, por intermédio de entidades fechadas de previdência complementar, de natureza pública, que oferecerão aos respectivos participantes planos de benefícios somente na modalidade de contribuição definida. (Redação dada pela Emenda Constitucional n. 41, 19.12.2003)

§ 16. Somente mediante sua prévia e expressa opção, o disposto nos §§ 14 e 15 poderá ser aplicado ao servidor que tiver ingressado no serviço público até a data da publicação do ato de instituição do correspondente regime de previdência complementar. (Incluído pela Emenda Constitucional n. 20, de 15.12.1998)

§ 17. Todos os valores de remuneração considerados para o cálculo do benefício previsto no § 3° serão devidamente atualizados, na forma da lei. (Incluído pela Emenda Constitucional n. 41, 19.12.2003)

§ 18. Incidirá contribuição sobre os proventos de aposentadorias e pensões concedidas pelo regime de que trata este artigo que superem o limite máximo estabelecido para os benefícios do regime geral de previdência social de que trata o art. 201, com percentual igual ao estabelecido para os servidores titulares de cargos efetivos. (Incluído pela Emenda Constitucional n. 41, 19.12.2003)

— V. Nota ao art. 4º, parágrafo único, I e II da EC n. 41, de 19.12.03, p. 78

§ 19. O servidor de que trata este artigo que tenha completado as exigências para aposentadoria voluntária estabelecidas no § 1º, III, a, e que opte por permanecer em atividade fará jus a um abono de permanência equivalente ao valor da sua contribuição previdenciária até completar as exigências para aposentadoria compulsória contidas no § 1º, II. (Incluído pela Emenda Constitucional n. 41, 19.12.2003)

§ 20. Fica vedada a existência de mais de um regime próprio de previdência social para os servidores titulares de cargos efetivos, e de mais de uma unidade gestora do respectivo regime em cada ente estatal, ressalvado o disposto no art. 142, § 3º, X. (Incluído pela Emenda Constitucional n. 41, 19.12.2003)

§ 21. A contribuição prevista no § 18 deste artigo incidirá apenas sobre as parcelas de proventos de aposentadoria e de pensão que superem o dobro do limite máximo estabelecido para os benefícios do regime geral de previdência social de que trata o art. 201 desta Constituição, quando o beneficiário, na forma da lei, for portador de doença incapacitante. (Incluído pela Emenda Constitucional n. 47, de 2005)

Art. 41. São estáveis após três anos de efetivo exercício os servidores nomeados para cargo de provimento efetivo em virtude de concurso público. (Redação dada pela Emenda Constitucional n. 19, de 1998)

§ 1º O servidor público estável só perderá o cargo: (Redação dada pela Emenda Constitucional n. 19, de 1998)

I — em virtude de sentença judicial transitada em julgado; (Incluído pela Emenda Constitucional n. 19, de 1998)

II — mediante processo administrativo em que lhe seja assegurada ampla defesa; (Incluído pela Emenda Constitucional n. 19, de 1998)

III — mediante procedimento de avaliação periódica de desempenho, na forma de lei complementar, assegurada ampla defesa. (Incluído pela Emenda Constitucional n. 19, de 1998)

§ 2º Invalidada por sentença judicial a demissão do servidor estável, será ele reintegrado, e o eventual ocupante da vaga, se estável, reconduzido ao cargo de origem, sem direito a indenização, aproveitado em outro cargo ou posto em disponibilidade com remuneração proporcional ao tempo de serviço. (Redação dada pela Emenda Constitucional n. 19, de 1998)

§ 3º Extinto o cargo ou declarada a sua desnecessidade, o servidor estável ficará em disponibilidade, com remuneração proporcional ao tempo de serviço, até seu adequado aproveitamento em outro cargo. (Redação dada pela Emenda Constitucional n. 19, de 1998)

§ 4º Como condição para a aquisição da estabilidade, é obrigatória a avaliação especial de desempenho por comissão instituída para essa finalidade. (Incluído pela Emenda Constitucional n. 19, de 1998)

Seção III
Dos Militares dos Estados, do Distrito Federal e dos Territórios

(Redação dada pela Emenda Constitucional n. 18, de 1998)

Art. 42 Os membros das Polícias Militares e Corpos de Bombeiros Militares, instituições organizadas com base na hierarquia e disciplina, são militares dos Estados, do Distrito Federal e dos Territórios. (Redação dada pela Emenda Constitucional n. 18, de 1998)

§ 1º Aplicam-se aos militares dos Estados, do Distrito Federal e dos Territórios, além do que vier a ser fixado em lei, as disposições do art. 14, § 8º; do art. 40, § 9º; e do art. 142, §§ 2º e 3º, cabendo a lei estadual específica dispor sobre as matérias do art. 142, § 3º, inciso X, sendo as patentes dos oficiais conferidas pelos respectivos governadores. (Redação dada pela Emenda Constitucional n. 20, de 15.12.1998)

§ 2º Aos pensionistas dos militares dos Estados, do Distrito Federal e dos Territórios aplica-se o que for fixado em lei específica do respectivo ente estatal. (Redação dada pela Emenda Constitucional n. 41, 19.12.2003)

Seção IV
Das Regiões

Art. 43. Para efeitos administrativos, a União poderá articular sua ação em um mesmo complexo geoeconômico e social, visando a seu desenvolvimento e à redução das desigualdades regionais.

§ 1º Lei complementar disporá sobre:

I — as condições para integração de regiões em desenvolvimento;

II — a composição dos organismos regionais que executarão, na forma da lei, os planos regionais, integrantes dos planos nacionais de desenvolvimento econômico e social, aprovados juntamente com estes.

§ 2º Os incentivos regionais compreenderão, além de outros, na forma da lei:

I — igualdade de tarifas, fretes, seguros e outros itens de custos e preços de responsabilidade do Poder Público;

II — juros favorecidos para financiamento de atividades prioritárias;

III — isenções, reduções ou diferimento temporário de tributos federais devidos por pessoas físicas ou jurídicas;

IV — prioridade para o aproveitamento econômico e social dos rios e das massas de água represadas ou represáveis nas regiões de baixa renda, sujeitas a secas periódicas.

§ 3º Nas áreas a que se refere o § 2º, IV, a União incentivará a recuperação de terras áridas e cooperará com os pequenos e médios proprietários rurais para o estabelecimento, em suas glebas, de fontes de água e de pequena irrigação.

TÍTULO IV
DA ORGANIZAÇÃO DOS PODERES

(Redação dada pela Emenda Constitucional n. 80, de 2014)

CAPÍTULO I
Do Poder Legislativo

Seção I
Do Congresso Nacional

Art. 44. O Poder Legislativo é exercido pelo Congresso Nacional, que se compõe da Câmara dos Deputados e do Senado Federal.

PARÁGRAFO ÚNICO. Cada legislatura terá a duração de quatro anos.

Art. 45. A Câmara dos Deputados compõe-se de representantes do povo, eleitos, pelo sistema proporcional, em cada Estado, em cada Território e no Distrito Federal.

§ 1º O número total de Deputados, bem como a representação por Estado e pelo Distrito Federal, será estabelecido por lei complementar, proporcionalmente à população, procedendo-se aos ajustes necessários, no ano anterior às eleições, para que nenhuma daquelas unidades da Federação tenha menos de oito ou mais de setenta Deputados.

§ 2º Cada Território elegerá quatro Deputados.

Art. 46. O Senado Federal compõe-se de representantes dos Estados e do Distrito Federal, eleitos segundo o princípio majoritário.

§ 1º Cada Estado e o Distrito Federal elegerão três Senadores, com mandato de oito anos.

§ 2º A representação de cada Estado e do Distrito Federal será renovada de quatro em quatro anos, alternadamente, por um e dois terços.

§ 3º Cada Senador será eleito com dois suplentes.

Art. 47. Salvo disposição constitucional em contrário, as deliberações de cada Casa e de suas Comissões serão tomadas por maioria dos votos, presente a maioria absoluta de seus membros.

Seção II
Das Atribuições do Congresso Nacional

Art. 48. Cabe ao Congresso Nacional, com a sanção do Presidente da República, não exigida esta para o especificado nos arts. 49, 51 e 52, dispor sobre todas as matérias de competência da União, especialmente sobre:

I — sistema tributário, arrecadação e distribuição de rendas;

II — plano plurianual, diretrizes orçamentárias, orçamento anual, operações de crédito, dívida pública e emissões de curso forçado;

III — fixação e modificação do efetivo das Forças Armadas;

IV — planos e programas nacionais, regionais e setoriais de desenvolvimento;

V — limites do território nacional, espaço aéreo e marítimo e bens do domínio da União;

VI — incorporação, subdivisão ou desmembramento de áreas de Territórios ou Estados, ouvidas as respectivas Assembleias Legislativas;

VII — transferência temporária da sede do Governo Federal;

VIII — concessão de anistia;

IX — organização administrativa, judiciária, do Ministério Público e da Defensoria Pública da União e dos Territórios e organização judiciária e do Ministério Público do Distrito Federal; *(Redação dada pela Emenda Constitucional n. 69, de 2012) (Produção de efeito)*

X — criação, transformação e extinção de cargos, empregos e funções públicas, observado o que estabelece o art. 84, VI, *b*; *(Redação dada pela Emenda Constitucional n. 32, de 2001)*

XI — criação e extinção de Ministérios e órgãos da administração pública; *(Redação dada pela Emenda Constitucional n. 32, de 2001)*

XII — telecomunicações e radiodifusão;

XIII — matéria financeira, cambial e monetária, instituições financeiras e suas operações;

XIV — moeda, seus limites de emissão, e montante da dívida mobiliária federal.

XV — fixação do subsídio dos Ministros do Supremo Tribunal Federal, observado o que dispõem os arts. 39, § 4º; 150, II; 153, III; e 153, § 2º, I. *(Redação dada pela Emenda Constitucional n. 41, 19.12.2003)*

Art. 49. É da competência exclusiva do Congresso Nacional:

I — resolver definitivamente sobre tratados, acordos ou atos internacionais que acarretem encargos ou compromissos gravosos ao patrimônio nacional;

II — autorizar o Presidente da República a declarar guerra, a celebrar a paz, a permitir que forças estrangeiras transitem pelo território nacional ou nele permaneçam temporariamente, ressalvados os casos previstos em lei complementar;

III — autorizar o Presidente e o Vice-Presidente da República a se ausentarem do País, quando a ausência exceder a quinze dias;

IV — aprovar o estado de defesa e a intervenção federal, autorizar o estado de sítio, ou suspender qualquer uma dessas medidas;

V — sustar os atos normativos do Poder Executivo que exorbitem do poder regulamentar ou dos limites de delegação legislativa;

VI — mudar temporariamente sua sede;

VII — fixar idêntico subsídio para os Deputados Federais e os Senadores, observado o que dispõem os arts. 37, XI, 39, § 4º, 150, II, 153, III, e 153, § 2º, I; *(Redação dada pela Emenda Constitucional n. 19, de 1998)*

VIII — fixar os subsídios do Presidente e do Vice-Presidente da República e dos Ministros de Estado, observado o que dispõem os arts. 37, XI, 39, § 4º, 150, II, 153, III, e 153, § 2º, I; *(Redação dada pela Emenda Constitucional n. 19, de 1998)*

IX — julgar anualmente as contas prestadas pelo Presidente da República e apreciar os relatórios sobre a execução dos planos de governo;

X — fiscalizar e controlar, diretamente, ou por qualquer de suas Casas, os atos do Poder Executivo, incluídos os da administração indireta;

XI — zelar pela preservação de sua competência legislativa em face da atribuição normativa dos outros Poderes;

XII — apreciar os atos de concessão e renovação de concessão de emissoras de rádio e televisão;

XIII — escolher dois terços dos membros do Tribunal de Contas da União;

XIV — aprovar iniciativas do Poder Executivo referentes a atividades nucleares;

XV — autorizar referendo e convocar plebiscito;

XVI — autorizar, em terras indígenas, a exploração e o aproveitamento de recursos hídricos e a pesquisa e lavra de riquezas minerais;

XVII — aprovar, previamente, a alienação ou concessão de terras públicas com área superior a dois mil e quinhentos hectares.

Art. 50. A Câmara dos Deputados e o Senado Federal, ou qualquer de suas Comissões, poderão convocar Ministro de Estado ou quaisquer titulares de órgãos diretamente subordinados à Presidência da República para prestarem, pessoalmente, informações sobre assunto previamente determinado, importando crime de responsabilidade a ausência sem justificação adequada. *(Redação dada pela Emenda Constitucional de Revisão n. 2, de 1994)*

§ 1º Os Ministros de Estado poderão comparecer ao Senado Federal, à Câmara dos Deputados, ou a qualquer de suas Comissões, por sua iniciativa e mediante entendimentos com a Mesa respectiva, para expor assunto de relevância de seu Ministério.

§ 2º As Mesas da Câmara dos Deputados e do Senado Federal poderão encaminhar pedidos escritos de informações a Ministros de Estado ou a qualquer das pessoas referidas no *caput* deste artigo, importando em crime de responsabilidade a recusa, ou o não atendimento, no prazo de trinta dias, bem como a prestação de informações falsas. *(Redação dada pela Emenda Constitucional de Revisão n. 2, de 1994)*

Seção III
Da Câmara dos Deputados

Art. 51. Compete privativamente à Câmara dos Deputados:

I — autorizar, por dois terços de seus membros, a instauração de processo contra o Presidente e o Vice-Presidente da República e os Ministros de Estado;

II — proceder à tomada de contas do Presidente da República, quando não apresentadas ao Congresso Nacional dentro de sessenta dias após a abertura da sessão legislativa;

III — elaborar seu regimento interno;

IV — dispor sobre sua organização, funcionamento, polícia, criação, transformação ou extinção dos cargos, empregos e funções de seus serviços, e a iniciativa de lei para fixação da respectiva remuneração, observados os parâmetros estabelecidos na lei de diretrizes orçamentárias; (Redação dada pela Emenda Constitucional n. 19, de 1998)

V — eleger membros do Conselho da República, nos termos do art. 89, VII.

Seção IV
Do Senado Federal

Art. 52. Compete privativamente ao Senado Federal:

I — processar e julgar o Presidente e o Vice-Presidente da República nos crimes de responsabilidade, bem como os Ministros de Estado e os Comandantes da Marinha, do Exército e da Aeronáutica nos crimes da mesma natureza conexos com aqueles; (Redação dada pela Emenda Constitucional n. 23, de 2.9.1999)

II — processar e julgar os Ministros do Supremo Tribunal Federal, os membros do Conselho Nacional de Justiça e do Conselho Nacional do Ministério Público, o Procurador-Geral da República e o Advogado-Geral da União nos crimes de responsabilidade; (Redação dada pela Emenda Constitucional n. 45, de 2004)

III — aprovar previamente, por voto secreto, após arguição pública, a escolha de:

a) Magistrados, nos casos estabelecidos nesta Constituição;

b) Ministros do Tribunal de Contas da União indicados pelo Presidente da República;

c) Governador de Território;

d) Presidente e diretores do banco central;

e) Procurador-Geral da República;

f) titulares de outros cargos que a lei determinar;

IV — aprovar previamente, por voto secreto, após arguição em sessão secreta, a escolha dos chefes de missão diplomática de caráter permanente;

V — autorizar operações externas de natureza financeira, de interesse da União, dos Estados, do Distrito Federal, dos Territórios e dos Municípios;

VI — fixar, por proposta do Presidente da República, limites globais para o montante da dívida consolidada da União, dos Estados, do Distrito Federal e dos Municípios;

VII — dispor sobre limites globais e condições para as operações de crédito externo e interno da União, dos Estados, do Distrito Federal e dos Municípios, de suas autarquias e demais entidades controladas pelo Poder Público federal;

VIII — dispor sobre limites e condições para a concessão de garantia da União em operações de crédito externo e interno;

IX — estabelecer limites globais e condições para o montante da dívida mobiliária dos Estados, do Distrito Federal e dos Municípios;

X — suspender a execução, no todo ou em parte, de lei declarada inconstitucional por decisão definitiva do Supremo Tribunal Federal;

XI — aprovar, por maioria absoluta e por voto secreto, a exoneração, de ofício, do Procurador-Geral da República antes do término de seu mandato;

XII — elaborar seu regimento interno;

XIII — dispor sobre sua organização, funcionamento, polícia, criação, transformação ou extinção dos cargos, empregos e funções de seus serviços, e a iniciativa de lei para fixação da respectiva remuneração, observados os parâmetros estabelecidos na lei de diretrizes orçamentárias; (Redação dada pela Emenda Constitucional n. 19, de 1998)

XIV — eleger membros do Conselho da República, nos termos do art. 89, VII.

XV — avaliar periodicamente a funcionalidade do Sistema Tributário Nacional, em sua estrutura e seus componentes, e o desempenho das administrações tributárias da União, dos Estados e do Distrito Federal e dos Municípios. (Incluído pela Emenda Constitucional n. 42, de 19.12.2003)

PARÁGRAFO ÚNICO. Nos casos previstos nos incisos I e II, funcionará como Presidente o do Supremo Tribunal Federal, limitando-se a condenação, que somente será proferida por dois terços dos votos do Senado Federal, à perda do cargo, com inabilitação, por oito anos, para o exercício de função pública, sem prejuízo das demais sanções judiciais cabíveis.

Seção V
Dos Deputados e dos Senadores

Art. 53. Os Deputados e Senadores são invioláveis, civil e penalmente, por quaisquer de suas opiniões, palavras e votos. (Redação dada pela Emenda Constitucional n. 35, de 2001)

§ 1º Os Deputados e Senadores, desde a expedição do diploma, serão submetidos a julgamento perante o Supremo Tribunal Federal. (Redação dada pela Emenda Constitucional n. 35, de 2001)

§ 2º Desde a expedição do diploma, os membros do Congresso Nacional não poderão ser presos, salvo em flagrante de crime inafiançável. Nesse caso, os autos serão remetidos dentro de vinte e quatro horas à Casa respectiva, para que, pelo voto da maioria de seus membros, resolva sobre a prisão. (Redação dada pela Emenda Constitucional n. 35, de 2001)

§ 3º Recebida a denúncia contra o Senador ou Deputado, por crime ocorrido após a diplomação, o Supremo Tribunal Federal dará ciência à Casa respectiva, que, por iniciativa de partido político nela representado e pelo voto da maioria de seus membros, poderá, até a decisão final, sustar o andamento da ação. (Redação dada pela Emenda Constitucional n. 35, de 2001)

§ 4º O pedido de sustação será apreciado pela Casa respectiva no prazo improrrogável de quarenta e cinco dias do seu recebimento pela Mesa Diretora. (Redação dada pela Emenda Constitucional n. 35, de 2001)

§ 5º A sustação do processo suspende a prescrição, enquanto durar o mandato. (Redação dada pela Emenda Constitucional n. 35, de 2001)

§ 6º Os Deputados e Senadores não serão obrigados a testemunhar sobre informações recebidas ou prestadas em razão do exercício do mandato, nem sobre as pessoas que lhes confiaram ou deles receberam informações. (Redação dada pela Emenda Constitucional n. 35, de 2001)

§ 7º A incorporação às Forças Armadas de Deputados e Senadores, embora militares e ainda que em tempo de guerra, dependerá de prévia licença da Casa respectiva. (Redação dada pela Emenda Constitucional n. 35, de 2001)

§ 8º As imunidades de Deputados ou Senadores subsistirão durante o estado de sítio, só podendo ser suspensas mediante o voto de dois terços dos membros da Casa respectiva, nos casos de atos praticados fora do recinto do Congresso Nacional, que sejam incompatíveis com a execução da medida. (Incluído pela Emenda Constitucional n. 35, de 2001)

Art. 54. Os Deputados e Senadores não poderão:

I — desde a expedição do diploma:

a) firmar ou manter contrato com pessoa jurídica de direito público, autarquia, empresa pública, sociedade de economia mista ou empresa concessionária de serviço público, salvo quando o contrato obedecer a cláusulas uniformes;

b) aceitar ou exercer cargo, função ou emprego remunerado, inclusive os de que sejam demissíveis "ad nutum", nas entidades constantes da alínea anterior;

II — desde a posse:

a) ser proprietários, controladores ou diretores de empresa que goze de favor decorrente de contrato com pessoa jurídica de direito público, ou nela exercer função remunerada;

b) ocupar cargo ou função de que sejam demissíveis "ad nutum", nas entidades referidas no inciso I, "a";

c) patrocinar causa em que seja interessada qualquer das entidades a que se refere o inciso I, "a";

d) ser titulares de mais de um cargo ou mandato público eletivo.

Art. 55. Perderá o mandato o Deputado ou Senador:

I — que infringir qualquer das proibições estabelecidas no artigo anterior;

II — cujo procedimento for declarado incompatível com o decoro parlamentar;

III — que deixar de comparecer, em cada sessão legislativa, à terça parte das sessões ordinárias da Casa a que pertencer, salvo licença ou missão por esta autorizada;

IV — que perder ou tiver suspensos os direitos políticos;

V — quando o decretar a Justiça Eleitoral, nos casos previstos nesta Constituição;

VI — que sofrer condenação criminal em sentença transitada em julgado.

§ 1º É incompatível com o decoro parlamentar, além dos casos definidos no regimento interno, o abuso das prerrogativas asseguradas a membro do Congresso Nacional ou a percepção de vantagens indevidas.

§ 2º Nos casos dos incisos I, II e VI, a perda do mandato será decidida pela Câmara dos Deputados ou pelo Senado Federal, por maioria absoluta, mediante provocação da respectiva Mesa ou de partido político representado no Congresso Nacional, assegurada ampla defesa. *(Redação dada pela Emenda Constitucional n. 76, de 2013)*

§ 3º Nos casos previstos nos incisos III a V, a perda será declarada pela Mesa da Casa respectiva, de ofício ou mediante provocação de qualquer de seus membros, ou de partido político representado no Congresso Nacional, assegurada ampla defesa.

§ 4º A renúncia de parlamentar submetido a processo que vise ou possa levar à perda do mandato, nos termos deste artigo, terá seus efeitos suspensos até as deliberações finais de que tratam os §§ 2º e 3º. *(Incluído pela Emenda Constitucional de Revisão n. 6, de 1994)*

Art. 56. Não perderá o mandato o Deputado ou Senador:

I — investido no cargo de Ministro de Estado, Governador de Território, Secretário de Estado, do Distrito Federal, de Território, de Prefeitura de Capital ou chefe de missão diplomática temporária;

II — licenciado pela respectiva Casa por motivo de doença, ou para tratar, sem remuneração, de interesse particular, desde que, neste caso, o afastamento não ultrapasse cento e vinte dias por sessão legislativa.

§ 1º O suplente será convocado nos casos de vaga, de investidura em funções previstas neste artigo ou de licença superior a cento e vinte dias.

§ 2º Ocorrendo vaga e não havendo suplente, far-se-á eleição para preenchê-la se faltarem mais de quinze meses para o término do mandato.

§ 3º Na hipótese do inciso I, o Deputado ou Senador poderá optar pela remuneração do mandato.

Seção VI
Das Reuniões

Art. 57. O Congresso Nacional reunir-se-á, anualmente, na Capital Federal, de 2 de fevereiro a 17 de julho e de 1º de agosto a 22 de dezembro. *(Redação dada pela Emenda Constitucional n. 50, de 2006)*

§ 1º As reuniões marcadas para essas datas serão transferidas para o primeiro dia útil subsequente, quando recaírem em sábados, domingos ou feriados.

§ 2º A sessão legislativa não será interrompida sem a aprovação do projeto de lei de diretrizes orçamentárias.

§ 3º Além de outros casos previstos nesta Constituição, a Câmara dos Deputados e o Senado Federal reunir-se-ão em sessão conjunta para:

I — inaugurar a sessão legislativa;

II — elaborar o regimento comum e regular a criação de serviços comuns às duas Casas;

III — receber o compromisso do Presidente e do Vice-Presidente da República;

IV — conhecer do veto e sobre ele deliberar.

§ 4º Cada uma das Casas reunir-se-á em sessões preparatórias, a partir de 1º de fevereiro, no primeiro ano da legislatura, para a posse de seus membros e eleição das respectivas Mesas, para mandato de 2 (dois) anos, vedada a recondução para o mesmo cargo na eleição imediatamente subsequente. *(Redação dada pela Emenda Constitucional n. 50, de 2006)*

§ 5º A Mesa do Congresso Nacional será presidida pelo Presidente do Senado Federal, e os demais cargos serão exercidos, alternadamente, pelos ocupantes de cargos equivalentes na Câmara dos Deputados e no Senado Federal.

§ 6º A convocação extraordinária do Congresso Nacional far-se-á: *(Redação dada pela Emenda Constitucional n. 50, de 2006)*

I — pelo Presidente do Senado Federal, em caso de decretação de estado de defesa ou de intervenção federal, de pedido de autorização para a decretação de estado de sítio e para o compromisso e a posse do Presidente e do Vice-Presidente da República;

II — pelo Presidente da República, pelos Presidentes da Câmara dos Deputados e do Senado Federal ou a requerimento da maioria dos membros de ambas as Casas, em caso de urgência ou interesse público relevante, em todas as hipóteses deste inciso com a aprovação da maioria absoluta de cada uma das Casas do Congresso Nacional. *(Redação dada pela Emenda Constitucional n. 50, de 2006)*

§ 7º Na sessão legislativa extraordinária, o Congresso Nacional somente deliberará sobre a matéria para a qual foi convocado, ressalvada a hipótese do § 8º deste artigo, vedado o pagamento de parcela indenizatória, em razão da convocação. *(Redação dada pela Emenda Constitucional n. 50, de 2006)*

§ 8º Havendo medidas provisórias em vigor na data de convocação extraordinária do Congresso Nacional, serão elas automaticamente incluídas na pauta da convocação. *(Incluído pela Emenda Constitucional n. 32, de 2001)*

Seção VII
Das Comissões

Art. 58. O Congresso Nacional e suas Casas terão comissões permanentes e temporárias, constituídas na forma e com as atribuições previstas no respectivo regimento ou no ato de que resultar sua criação.

§ 1º Na constituição das Mesas e de cada Comissão, é assegurada, tanto quanto possível, a representação proporcional dos partidos ou dos blocos parlamentares que participam da respectiva Casa.

§ 2º Às comissões, em razão da matéria de sua competência, cabe:

I — discutir e votar projeto de lei que dispensar, na forma do regimento, a competência do Plenário, salvo se houver recurso de um décimo dos membros da Casa;

II — realizar audiências públicas com entidades da sociedade civil;

III — convocar Ministros de Estado para prestar informações sobre assuntos inerentes a suas atribuições;

IV — receber petições, reclamações, representações ou queixas de qualquer pessoa contra atos ou omissões das autoridades ou entidades públicas;

V — solicitar depoimento de qualquer autoridade ou cidadão;

VI — apreciar programas de obras, planos nacionais, regionais e setoriais de desenvolvimento e sobre eles emitir parecer.

§ 3º As comissões parlamentares de inquérito, que terão poderes de investigação próprios das autoridades judiciais, além de outros previstos nos regimentos das respectivas Casas, serão criadas pela Câmara dos Deputados e pelo Senado Federal, em conjunto ou separadamente, mediante requerimento de um terço de seus membros, para a apuração de fato determinado e por prazo certo, sendo suas conclusões, se for o caso, encaminhadas ao Ministério Público, para que promova a responsabilidade civil ou criminal dos infratores.

§ 4º Durante o recesso, haverá uma Comissão representativa do Congresso Nacional, eleita por suas Casas na última sessão ordinária do período legislativo, com atribuições definidas no regimento comum, cuja composição reproduzirá, quanto possível, a proporcionalidade da representação partidária.

Seção VIII
Do Processo Legislativo

Subseção I
Disposição Geral

Art. 59. O processo legislativo compreende a elaboração de:

I — emendas à Constituição;

II — leis complementares;

III — leis ordinárias;

IV — leis delegadas;

V — medidas provisórias;

VI — decretos legislativos;

VII — resoluções.

PARÁGRAFO ÚNICO. Lei complementar disporá sobre a elaboração, redação, alteração e consolidação das leis.

Subseção II
Da Emenda à Constituição

Art. 60. A Constituição poderá ser emendada mediante proposta:

I — de um terço, no mínimo, dos membros da Câmara dos Deputados ou do Senado Federal;

II — do Presidente da República;

III — de mais da metade das Assembleias Legislativas das unidades da Federação, manifestando-se, cada uma delas, pela maioria relativa de seus membros.

§ 1º A Constituição não poderá ser emendada na vigência de intervenção federal, de estado de defesa ou de estado de sítio.

§ 2º A proposta será discutida e votada em cada Casa do Congresso Nacional, em dois turnos, considerando-se aprovada se obtiver, em ambos, três quintos dos votos dos respectivos membros.

§ 3º A emenda à Constituição será promulgada pelas Mesas da Câmara dos Deputados e do Senado Federal, com o respectivo número de ordem.

§ 4º Não será objeto de deliberação a proposta de emenda tendente a abolir:

I — a forma federativa de Estado;

II — o voto direto, secreto, universal e periódico;

III — a separação dos Poderes;

IV — os direitos e garantias individuais.

§ 5º A matéria constante de proposta de emenda rejeitada ou havida por prejudicada não pode ser objeto de nova proposta na mesma sessão legislativa.

Subseção III
Das Leis

Art. 61. A iniciativa das leis complementares e ordinárias cabe a qualquer membro ou Comissão da Câmara dos Deputados, do Senado Federal ou do Congresso Nacional, ao Presidente da República, ao Supremo Tribunal Federal, aos Tribunais Superiores, ao Procurador-Geral da República e aos cidadãos, na forma e nos casos previstos nesta Constituição.

— v. Lei Complementar n. 95, de 26.2.98 (DOU 27.2.98) que dispõe sobre a elaboração, a redação, a alteração e a consolidação das leis, conforme determina o parágrafo único do art. 59 da Constituição Federal, e estabelece normas para a consolidação dos atos normativos que menciona, bem como a Lei Complementar n. 107, de 26.4.71 (DOU 27.4.01) que a alterou.

§ 1º São de iniciativa privativa do Presidente da República as leis que:

I — fixem ou modifiquem os efetivos das Forças Armadas;

II — disponham sobre:

a) criação de cargos, funções ou empregos públicos na administração direta e autárquica ou aumento de sua remuneração;

b) organização administrativa e judiciária, matéria tributária e orçamentária, serviços públicos e pessoal da administração dos Territórios;

c) servidores públicos da União e Territórios, seu regime jurídico, provimento de cargos, estabilidade e aposentadoria; *(Redação dada pela Emenda Constitucional n. 18, de 1998)*

d) organização do Ministério Público e da Defensoria Pública da União, bem como normas gerais para a organização do Ministério Público e da Defensoria Pública dos Estados, do Distrito Federal e dos Territórios;

e) criação e extinção de Ministérios e órgãos da administração pública, observado o disposto no art. 84, VI; *(Redação dada pela Emenda Constitucional n. 32, de 2001)*

f) militares das Forças Armadas, seu regime jurídico, provimento de cargos, promoções, estabilidade, remuneração, reforma e transferência para a reserva. *(Incluída pela Emenda Constitucional n. 18, de 1998)*

§ 2º A iniciativa popular pode ser exercida pela apresentação à Câmara dos Deputados de projeto de lei subscrito por, no mínimo, um por cento do eleitorado nacional, distribuído pelo menos por cinco Estados, com não menos de três décimos por cento dos eleitores de cada um deles.

Art. 62. Em caso de relevância e urgência, o Presidente da República poderá adotar medidas provisórias, com força de lei, devendo submetê-las de imediato ao Congresso Nacional. *(Redação dada pela Emenda Constitucional n. 32, de 2001)*

§ 1º É vedada a edição de medidas provisórias sobre matéria: *(Incluído pela Emenda Constitucional n. 32, de 2001)*

I — relativa a: *(Incluído pela Emenda Constitucional n. 32, de 2001)*

a) nacionalidade, cidadania, direitos políticos, partidos políticos e direito eleitoral; *(Incluído pela Emenda Constitucional n. 32, de 2001)*

b) direito penal, processual penal e processual civil; *(Incluído pela Emenda Constitucional n. 32, de 2001)*

c) organização do Poder Judiciário e do Ministério Público, a carreira e a garantia de seus membros; *(Incluído pela Emenda Constitucional n. 32, de 2001)*

d) planos plurianuais, diretrizes orçamentárias, orçamento e créditos adicionais e suplementares, ressalvado o previsto no art. 167, § 3º; *(Incluído pela Emenda Constitucional n. 32, de 2001)*

II — que vise a detenção ou sequestro de bens, de poupança popular ou qualquer outro ativo financeiro; *(Incluído pela Emenda Constitucional n. 32, de 2001)*

III — reservada a lei complementar; *(Incluído pela Emenda Constitucional n. 32, de 2001)*

IV — já disciplinada em projeto de lei aprovado pelo Congresso Nacional e pendente de sanção ou veto do Presidente da República. *(Incluído pela Emenda Constitucional n. 32, de 2001)*

§ 2º Medida provisória que implique instituição ou majoração de impostos, exceto os previstos nos arts. 153, I, II, IV, V, e 154, II, só produzirá efeitos no exercício financeiro seguinte se houver sido convertida em lei até o último dia daquele em que foi editada. *(Incluído pela Emenda Constitucional n. 32, de 2001)*

§ 3º As medidas provisórias, ressalvado o disposto nos §§ 11 e 12 perderão eficácia, desde a edição, se não forem convertidas em lei no prazo de sessenta dias, prorrogável, nos termos do § 7º, uma vez por igual período, devendo o Congresso Nacional disciplinar, por decreto legislativo, as relações jurídicas delas decorrentes. *(Incluído pela Emenda Constitucional n. 32, de 2001)*

§ 4º O prazo a que se refere o § 3º contar-se-á da publicação da medida provisória, suspendendo-se durante os períodos de recesso do Congresso Nacional. *(Incluído pela Emenda Constitucional n. 32, de 2001)*

§ 5º A deliberação de cada uma das Casas do Congresso Nacional sobre o mérito das medidas provisórias dependerá de juízo prévio sobre o atendimento de seus pressupostos constitucionais. *(Incluído pela Emenda Constitucional n. 32, de 2001)*

§ 6º Se a medida provisória não for apreciada em até quarenta e cinco dias contados de sua publicação, entrará em regime de urgência, subsequentemente, em cada uma das Casas do Congresso Nacional, ficando sobrestadas, até que se ultime a votação, todas as demais deliberações legislativas da Casa em que estiver tramitando. *(Incluído pela Emenda Constitucional n. 32, de 2001)*

§ 7º Prorrogar-se-á uma única vez por igual período a vigência de medida provisória que, no prazo de sessenta dias, contado de sua publicação, não tiver a sua votação encerrada nas duas Casas do Congresso Nacional. *(Incluído pela Emenda Constitucional n. 32, de 2001)*

§ 8º As medidas provisórias terão sua votação iniciada na Câmara dos Deputados. *(Incluído pela Emenda Constitucional n. 32, de 2001)*

§ 9º Caberá à comissão mista de Deputados e Senadores examinar as medidas provisórias e sobre elas emitir parecer, antes de serem apreciadas, em sessão separada, pelo plenário de cada uma das Casas do Congresso Nacional. *(Incluído pela Emenda Constitucional n. 32, de 2001)*

§ 10. É vedada a reedição, na mesma sessão legislativa, de medida provisória que tenha sido rejeitada ou que tenha perdido sua eficácia por decurso de prazo. *(Incluído pela Emenda Constitucional n. 32, de 2001)*

§ 11. Não editado o decreto legislativo a que se refere o § 3º até sessenta dias após a rejeição ou perda de eficácia de medida provisória, as relações jurídicas constituídas e decorrentes de atos praticados durante sua vigência conservar-se-ão por ela regidas. *(Incluído pela Emenda Constitucional n. 32, de 2001)*

§ 12. Aprovado projeto de lei de conversão alterando o texto original da medida provisória, esta manter-se-á integralmente em vigor até que seja sancionado ou vetado o projeto. *(Incluído pela Emenda Constitucional n. 32, de 2001)*

Art. 63. Não será admitido aumento da despesa prevista:

I — nos projetos de iniciativa exclusiva do Presidente da República, ressalvado o disposto no art. 166, § 3º e § 4º;

II — nos projetos sobre organização dos serviços administrativos da Câmara dos Deputados, do Senado Federal, dos Tribunais Federais e do Ministério Público.

Art. 64. A discussão e votação dos projetos de lei de iniciativa do Presidente da República, do Supremo Tribunal Federal e dos Tribunais Superiores terão início na Câmara dos Deputados.

§ 1º O Presidente da República poderá solicitar urgência para apreciação de projetos de sua iniciativa.

§ 2º Se, no caso do § 1º, a Câmara dos Deputados e o Senado Federal não se manifestarem sobre a proposição, cada qual sucessivamente, em até quarenta e cinco dias, sobrestar-se-ão todas as demais deliberações legislativas da respectiva Casa, com exceção das que tenham prazo constitucional determinado, até que se ultime a votação. *(Redação dada pela Emenda Constitucional n. 32, de 2001)*

§ 3º A apreciação das emendas do Senado Federal pela Câmara dos Deputados far-se-á no prazo de dez dias, observado quanto ao mais o disposto no parágrafo anterior.

§ 4º Os prazos do § 2º não correm nos períodos de recesso do Congresso Nacional, nem se aplicam aos projetos de código.

Art. 65. O projeto de lei aprovado por uma Casa será revisto pela outra, em um só turno de discussão e votação, e enviado à sanção ou promulgação, se a Casa revisora o aprovar, ou arquivado, se o rejeitar.

PARÁGRAFO ÚNICO. Sendo o projeto emendado, voltará à Casa iniciadora.

Art. 66. A Casa na qual tenha sido concluída a votação enviará o projeto de lei ao Presidente da República, que, aquiescendo, o sancionará.

§ 1º Se o Presidente da República considerar o projeto, no todo ou em parte, inconstitucional ou contrário ao interesse público, vetá-lo-á total ou parcialmente, no prazo de quinze dias úteis, contados da data do recebimento, e comunicará, dentro de quarenta e oito horas, ao Presidente do Senado Federal os motivos do veto.

§ 2º O veto parcial somente abrangerá texto integral de artigo, de parágrafo, de inciso ou de alínea.

§ 3º Decorrido o prazo de quinze dias, o silêncio do Presidente da República importará sanção.

§ 4º O veto será apreciado em sessão conjunta, dentro de trinta dias a contar de seu recebimento, só podendo ser rejeitado pelo voto da maioria absoluta dos Deputados e Senadores. *(Redação dada pela Emenda Constitucional n. 76, de 2013)*

§ 5º Se o veto não for mantido, será o projeto enviado, para promulgação, ao Presidente da República.

§ 6º Esgotado sem deliberação o prazo estabelecido no § 4º, o veto será colocado na ordem do dia da sessão imediata, sobrestadas as demais proposições, até sua votação final. *(Redação dada pela Emenda Constitucional n. 32, de 2001)*

§ 7º Se a lei não for promulgada dentro de quarenta e oito horas pelo Presidente da República, nos casos dos § 3º e § 5º, o Presidente do Senado a promulgará, e, se este não o fizer em igual prazo, caberá ao Vice-Presidente do Senado fazê-lo.

Art. 67. A matéria constante de projeto de lei rejeitado somente poderá constituir objeto de novo projeto, na mesma sessão legislativa, mediante proposta da maioria absoluta dos membros de qualquer das Casas do Congresso Nacional.

Art. 68. As leis delegadas serão elaboradas pelo Presidente da República, que deverá solicitar a delegação ao Congresso Nacional.

§ 1º Não serão objeto de delegação os atos de competência exclusiva do Congresso Nacional, os de competência privativa da Câmara dos Deputados ou do Senado Federal, a matéria reservada à lei complementar, nem a legislação sobre:

I — organização do Poder Judiciário e do Ministério Público, a carreira e a garantia de seus membros;

II — nacionalidade, cidadania, direitos individuais, políticos e eleitorais;

III — planos plurianuais, diretrizes orçamentárias e orçamentos.

§ 2º A delegação ao Presidente da República terá a forma de resolução do Congresso Nacional, que especificará seu conteúdo e os termos de seu exercício.

§ 3º Se a resolução determinar a apreciação do projeto pelo Congresso Nacional, este a fará em votação única, vedada qualquer emenda.

Art. 69. As leis complementares serão aprovadas por maioria absoluta.

Seção IX
Da Fiscalização Contábil, Financeira e Orçamentária

Art. 70. A fiscalização contábil, financeira, orçamentária, operacional e patrimonial da União e das entidades da administração direta e indireta, quanto à legalidade, legitimidade, economicidade, aplicação das subvenções e renúncia de receitas, será exercida pelo Congresso Nacional, mediante controle externo, e pelo sistema de controle interno de cada Poder.

PARÁGRAFO ÚNICO. Prestará contas qualquer pessoa física ou jurídica, pública ou privada, que utilize, arrecade, guarde, gerencie ou administre dinheiros, bens e valores públicos ou pelos quais a União responda, ou que, em nome desta, assuma obrigações de natureza pecuniária. *(Redação dada pela Emenda Constitucional n. 19, de 1998)*

Art. 71. O controle externo, a cargo do Congresso Nacional, será exercido com o auxílio do Tribunal de Contas da União, ao qual compete:

I — apreciar as contas prestadas anualmente pelo Presidente da República, mediante parecer prévio que deverá ser elaborado em sessenta dias a contar de seu recebimento;

II — julgar as contas dos administradores e demais responsáveis por dinheiros, bens e valores públicos da administração direta e indireta, incluídas as fundações e sociedades instituídas e mantidas pelo Poder Público federal, e as contas daqueles que derem causa a perda, extravio ou outra irregularidade de que resulte prejuízo ao erário público;

III — apreciar, para fins de registro, a legalidade dos atos de admissão de pessoal, a qualquer título, na administração direta e indireta, incluídas as fundações instituídas e mantidas pelo Poder Público, excetuadas as nomeações para cargo de provimento em comissão, bem como a das concessões de aposentadorias, reformas e pensões, ressalvadas as melhorias posteriores que não alterem o fundamento legal do ato concessório;

IV — realizar, por iniciativa própria, da Câmara dos Deputados, do Senado Federal, de Comissão técnica ou de inquérito, inspeções e auditorias de natureza contábil, financeira, orçamentária, operacional e patrimonial, nas unidades administrativas dos Poderes Legislativo, Executivo e Judiciário, e demais entidades referidas no inciso II;

V — fiscalizar as contas nacionais das empresas supranacionais de cujo capital social a União participe, de forma direta ou indireta, nos termos do tratado constitutivo;

VI — fiscalizar a aplicação de quaisquer recursos repassados pela União mediante convênio, acordo, ajuste ou outros instrumentos congêneres, a Estado, ao Distrito Federal ou a Município;

VII — prestar as informações solicitadas pelo Congresso Nacional, por qualquer de suas Casas, ou por qualquer das respectivas Comissões, sobre a fiscalização contábil, financeira, orçamentária, operacional e patrimonial e sobre resultados de auditorias e inspeções realizadas;

VIII — aplicar aos responsáveis, em caso de ilegalidade de despesa ou irregularidade de contas, as sanções previstas em lei, que estabelecerá, entre outras cominações, multa proporcional ao dano causado ao erário;

IX — assinar prazo para que o órgão ou entidade adote as providências necessárias ao exato cumprimento da lei, se verificada ilegalidade;

X — sustar, se não atendido, a execução do ato impugnado, comunicando a decisão à Câmara dos Deputados e ao Senado Federal;

XI — representar ao Poder competente sobre irregularidades ou abusos apurados.

§ 1º No caso de contrato, o ato de sustação será adotado diretamente pelo Congresso Nacional, que solicitará, de imediato, ao Poder Executivo as medidas cabíveis.

§ 2º Se o Congresso Nacional ou o Poder Executivo, no prazo de noventa dias, não efetivar as medidas previstas no parágrafo anterior, o Tribunal decidirá a respeito.

§ 3º As decisões do Tribunal de que resulte imputação de débito ou multa terão eficácia de título executivo.

§ 4º O Tribunal encaminhará ao Congresso Nacional, trimestral e anualmente, relatório de suas atividades.

Art. 72. A Comissão mista permanente a que se refere o art. 166, §1º, diante de indícios de despesas não autorizadas, ainda que sob a forma de investimentos não programados ou de subsídios não aprovados, poderá solicitar à autoridade governamental responsável que, no prazo de cinco dias, preste os esclarecimentos necessários.

§ 1º Não prestados os esclarecimentos, ou considerados estes insuficientes, a Comissão solicitará ao Tribunal pronunciamento conclusivo sobre a matéria, no prazo de trinta dias.

§ 2º Entendendo o Tribunal irregular a despesa, a Comissão, se julgar que o gasto possa causar dano irreparável ou grave lesão à economia pública, proporá ao Congresso Nacional sua sustação.

Art. 73. O Tribunal de Contas da União, integrado por nove Ministros, tem sede no Distrito Federal, quadro próprio de pessoal e jurisdição em todo o território nacional, exercendo, no que couber, as atribuições previstas no art. 96.

§ 1º Os Ministros do Tribunal de Contas da União serão nomeados dentre brasileiros que satisfaçam os seguintes requisitos:

I — mais de trinta e cinco e menos de sessenta e cinco anos de idade;

II — idoneidade moral e reputação ilibada;

III — notórios conhecimentos jurídicos, contábeis, econômicos e financeiros ou de administração pública;

IV — mais de dez anos de exercício de função ou de efetiva atividade profissional que exija os conhecimentos mencionados no inciso anterior.

§ 2º Os Ministros do Tribunal de Contas da União serão escolhidos:

I — um terço pelo Presidente da República, com aprovação do Senado Federal, sendo dois alternadamente dentre auditores e membros do Ministério Público junto ao Tribunal, indicados em lista tríplice pelo Tribunal, segundo os critérios de antiguidade e merecimento;

II — dois terços pelo Congresso Nacional.

§ 3º Os Ministros do Tribunal de Contas da União terão as mesmas garantias, prerrogativas, impedimentos, vencimentos e vantagens dos Ministros do Superior Tribunal de Justiça, aplicando-se-lhes, quanto à aposentadoria e pensão, as normas constantes do art. 40. *(Redação dada pela Emenda Constitucional n. 20, de 1998)*

§ 4º O auditor, quando em substituição a Ministro, terá as mesmas garantias e impedimentos do titular e, quando no exercício das demais atribuições da judicatura, as de juiz de Tribunal Regional Federal.

Art. 74. Os Poderes Legislativo, Executivo e Judiciário manterão, de forma integrada, sistema de controle interno com a finalidade de:

I — avaliar o cumprimento das metas previstas no plano plurianual, a execução dos programas de governo e dos orçamentos da União;

II — comprovar a legalidade e avaliar os resultados, quanto à eficácia e eficiência, da gestão orçamentária, financeira e patrimonial nos órgãos e entidades da administração federal, bem como da aplicação de recursos públicos por entidades de direito privado;

III — exercer o controle das operações de crédito, avais e garantias, bem como dos direitos e haveres da União;

IV — apoiar o controle externo no exercício de sua missão institucional.

§ 1º Os responsáveis pelo controle interno, ao tomarem conhecimento de qualquer irregularidade ou ilegalidade, dela darão ciência ao Tribunal de Contas da União, sob pena de responsabilidade solidária.

§ 2º Qualquer cidadão, partido político, associação ou sindicato é parte legítima para, na forma da lei, denunciar irregularidades ou ilegalidades perante o Tribunal de Contas da União.

Art. 75. As normas estabelecidas nesta seção aplicam-se, no que couber, à organização, composição e fiscalização dos Tribunais de Contas dos Estados e do Distrito Federal, bem como dos Tribunais e Conselhos de Contas dos Municípios.

PARÁGRAFO ÚNICO. As Constituições estaduais disporão sobre os Tribunais de Contas respectivos, que serão integrados por sete Conselheiros.

CAPÍTULO II
DO PODER EXECUTIVO

Seção I
Do Presidente e do Vice-Presidente da República

Art. 76. O Poder Executivo é exercido pelo Presidente da República, auxiliado pelos Ministros de Estado.

Art. 77. A eleição do Presidente e do Vice-Presidente da República realizar-se-á, simultaneamente, no primeiro domingo de outubro, em primeiro turno, e no último domingo de outubro, em segundo turno, se houver, do ano anterior ao do término do mandato presidencial vigente. *(Redação dada pela Emenda Constitucional n. 16, de 1997)*

§ 1º A eleição do Presidente da República importará a do Vice-Presidente com ele registrado.

§ 2º Será considerado eleito Presidente o candidato que, registrado por partido político, obtiver a maioria absoluta de votos, não computados os em branco e os nulos.

§ 3º Se nenhum candidato alcançar maioria absoluta na primeira votação, far-se-á nova eleição em até vinte dias após a proclamação do resultado, concorrendo os dois candidatos mais votados e considerando-se eleito aquele que obtiver a maioria dos votos válidos.

§ 4º Se, antes de realizado o segundo turno, ocorrer morte, desistência ou impedimento legal de candidato, convocar-se-á, dentre os remanescentes, o de maior votação.

§ 5º Se, na hipótese dos parágrafos anteriores, remanescer, em segundo lugar, mais de um candidato com a mesma votação, qualificar-se-á o mais idoso.

Art. 78. O Presidente e o Vice-Presidente da República tomarão posse em sessão do Congresso Nacional, prestando o compromisso de manter, defender e cumprir a Constituição, observar as leis, promover o bem geral do povo brasileiro, sustentar a união, a integridade e a independência do Brasil.

PARÁGRAFO ÚNICO. Se, decorridos dez dias da data fixada para a posse, o Presidente ou o Vice-Presidente, salvo motivo de força maior, não tiver assumido o cargo, este será declarado vago.

Art. 79. Substituirá o Presidente, no caso de impedimento, e suceder-lhe-á, no de vaga, o Vice-Presidente.

PARÁGRAFO ÚNICO. O Vice-Presidente da República, além de outras atribuições que lhe forem conferidas por lei complementar, auxiliará o Presidente, sempre que por ele convocado para missões especiais.

Art. 80. Em caso de impedimento do Presidente e do Vice-Presidente, ou vacância dos respectivos cargos, serão sucessivamente chamados ao exercício da Presidência o Presidente da Câmara dos Deputados, o do Senado Federal e o do Supremo Tribunal Federal.

Art. 81. Vagando os cargos de Presidente e Vice-Presidente da República, far-se-á eleição noventa dias depois de aberta a última vaga.

§ 1º Ocorrendo a vacância nos últimos dois anos do período presidencial, a eleição para ambos os cargos será feita trinta dias depois da última vaga, pelo Congresso Nacional, na forma da lei.

§ 2º Em qualquer dos casos, os eleitos deverão completar o período de seus antecessores.

Art. 82. O mandato do Presidente da República é de quatro anos e terá início em primeiro de janeiro do ano seguinte ao da sua eleição. *(Redação dada pela Emenda Constitucional n. 16, de 1997)*

Art. 83. O Presidente e o Vice-Presidente da República não poderão, sem licença do Congresso Nacional, ausentar-se do País por período superior a quinze dias, sob pena de perda do cargo.

Seção II
Das Atribuições do Presidente da República

Art. 84. Compete privativamente ao Presidente da República:

I — nomear e exonerar os Ministros de Estado;

II — exercer, com o auxílio dos Ministros de Estado, a direção superior da administração federal;

III — iniciar o processo legislativo, na forma e nos casos previstos nesta Constituição;

IV — sancionar, promulgar e fazer publicar as leis, bem como expedir decretos e regulamentos para sua fiel execução;

V — vetar projetos de lei, total ou parcialmente;

VI — dispor, mediante decreto, sobre: *(Redação dada pela Emenda Constitucional n. 32, de 2001)*

a) organização e funcionamento da administração federal, quando não implicar aumento de despesa nem criação ou extinção de órgãos públicos; *(Incluída pela Emenda Constitucional n. 32, de 2001)*

b) extinção de funções ou cargos públicos, quando vagos; *(Incluída pela Emenda Constitucional n. 32, de 2001)*

VII — manter relações com Estados estrangeiros e acreditar seus representantes diplomáticos;

VIII — celebrar tratados, convenções e atos internacionais, sujeitos a referendo do Congresso Nacional;

IX — decretar o estado de defesa e o estado de sítio;

X — decretar e executar a intervenção federal;

XI — remeter mensagem e plano de governo ao Congresso Nacional por ocasião da abertura da sessão legislativa, expondo a situação do País e solicitando as providências que julgar necessárias;

XII — conceder indulto e comutar penas, com audiência, se necessário, dos órgãos instituídos em lei;

XIII — exercer o comando supremo das Forças Armadas, nomear os Comandantes da Marinha, do Exército e da Aeronáutica, promover seus oficiais-generais e nomeá-los para os cargos que lhes são privativos; *(Redação dada pela Emenda Constitucional n. 23, de 2.9.1999)*

XIV — nomear, após aprovação pelo Senado Federal, os Ministros do Supremo Tribunal Federal e dos Tribunais Superiores, os Governadores de Territórios, o Procurador-Geral da República, o presidente e os diretores do banco central e outros servidores, quando determinado em lei;

XV — nomear, observado o disposto no art. 73, os Ministros do Tribunal de Contas da União;

XVI — nomear os magistrados, nos casos previstos nesta Constituição, e o Advogado-Geral da União;

XVII — nomear membros do Conselho da República, nos termos do art. 89, VII;

XVIII — convocar e presidir o Conselho da República e o Conselho de Defesa Nacional;

XIX — declarar guerra, no caso de agressão estrangeira, autorizado pelo Congresso Nacional ou referendado por ele, quando ocorrida no intervalo das sessões legislativas, e, nas mesmas condições, decretar, total ou parcialmente, a mobilização nacional;

XX — celebrar a paz, autorizado ou com o referendo do Congresso Nacional;

XXI — conferir condecorações e distinções honoríficas;

XXII — permitir, nos casos previstos em lei complementar, que forças estrangeiras transitem pelo território nacional ou nele permaneçam temporariamente;

XXIII — enviar ao Congresso Nacional o plano plurianual, o projeto de lei de diretrizes orçamentárias e as propostas de orçamento previstos nesta Constituição;

XXIV — prestar, anualmente, ao Congresso Nacional, dentro de sessenta dias após a abertura da sessão legislativa, as contas referentes ao exercício anterior;

XXV — prover e extinguir os cargos públicos federais, na forma da lei;

XXVI — editar medidas provisórias com força de lei, nos termos do art. 62;

XXVII — exercer outras atribuições previstas nesta Constituição.

PARÁGRAFO ÚNICO. O Presidente da República poderá delegar as atribuições mencionadas nos incisos VI, XII e XXV, primeira parte, aos Ministros de Estado, ao Procurador-Geral da República ou ao Advogado-Geral da União, que observarão os limites traçados nas respectivas delegações.

Seção III
Da Responsabilidade do Presidente da República

Art. 85. São crimes de responsabilidade os atos do Presidente da República que atentem contra a Constituição Federal e, especialmente, contra:

I — a existência da União;

II — o livre exercício do Poder Legislativo, do Poder Judiciário, do Ministério Público e dos Poderes constitucionais das unidades da Federação;

III — o exercício dos direitos políticos, individuais e sociais;

IV — a segurança interna do País;

V — a probidade na administração;

VI — a lei orçamentária;

VII — o cumprimento das leis e das decisões judiciais.

PARÁGRAFO ÚNICO. Esses crimes serão definidos em lei especial, que estabelecerá as normas de processo e julgamento.

Art. 86. Admitida a acusação contra o Presidente da República, por dois terços da Câmara dos Deputados, será ele submetido a julgamento perante o Supremo Tribunal Federal, nas infrações penais comuns, ou perante o Senado Federal, nos crimes de responsabilidade.

§ 1º O Presidente ficará suspenso de suas funções:

I — nas infrações penais comuns, se recebida a denúncia ou queixa-crime pelo Supremo Tribunal Federal;

II — nos crimes de responsabilidade, após a instauração do processo pelo Senado Federal.

§ 2º Se, decorrido o prazo de cento e oitenta dias, o julgamento não estiver concluído, cessará o afastamento do Presidente, sem prejuízo do regular prosseguimento do processo.

§ 3º Enquanto não sobrevier sentença condenatória, nas infrações comuns, o Presidente da República não estará sujeito a prisão.

§ 4º O Presidente da República, na vigência de seu mandato, não pode ser responsabilizado por atos estranhos ao exercício de suas funções.

Seção IV
Dos Ministros de Estado

Art. 87. Os Ministros de Estado serão escolhidos dentre brasileiros maiores de vinte e um anos e no exercício dos direitos políticos.

PARÁGRAFO ÚNICO. Compete ao Ministro de Estado, além de outras atribuições estabelecidas nesta Constituição e na lei:

I — exercer a orientação, coordenação e supervisão dos órgãos e entidades da administração federal na área de sua competência e referendar os atos e decretos assinados pelo Presidente da República;

II — expedir instruções para a execução das leis, decretos e regulamentos;

III — apresentar ao Presidente da República relatório anual de sua gestão no Ministério;

IV — praticar os atos pertinentes às atribuições que lhe forem outorgadas ou delegadas pelo Presidente da República.

Art. 88. A lei disporá sobre a criação e extinção de Ministérios e órgãos da administração pública. *(Redação dada pela Emenda Constitucional n. 32, de 2001)*

Seção V
Do Conselho da República e do Conselho de Defesa Nacional

Subseção I
Do Conselho da República

Art. 89. O Conselho da República é órgão superior de consulta do Presidente da República, e dele participam:

I — o Vice-Presidente da República;

II — o Presidente da Câmara dos Deputados;

III — o Presidente do Senado Federal;

IV — os líderes da maioria e da minoria na Câmara dos Deputados;

V — os líderes da maioria e da minoria no Senado Federal;

VI — o Ministro da Justiça;

VII — seis cidadãos brasileiros natos, com mais de trinta e cinco anos de idade, sendo dois nomeados pelo Presidente da República, dois eleitos pelo Senado Federal e dois eleitos pela Câmara dos Deputados, todos com mandato de três anos, vedada a recondução.

Art. 90. Compete ao Conselho da República pronunciar-se sobre:

I — intervenção federal, estado de defesa e estado de sítio;

II — as questões relevantes para a estabilidade das instituições democráticas.

§ 1º O Presidente da República poderá convocar Ministro de Estado para participar da reunião do Conselho, quando constar da pauta questão relacionada com o respectivo Ministério.

§ 2º A lei regulará a organização e o funcionamento do Conselho da República.

Subseção II
Do Conselho de Defesa Nacional

Art. 91. O Conselho de Defesa Nacional é órgão de consulta do Presidente da República nos assuntos relacionados com a soberania nacional e a defesa do Estado democrático, e dele participam como membros natos:

I — o Vice-Presidente da República;

II — o Presidente da Câmara dos Deputados;

III — o Presidente do Senado Federal;

IV — o Ministro da Justiça;

V — o Ministro de Estado da Defesa; *(Redação dada pela Emenda Constitucional n. 23, de 1999)*

VI — o Ministro das Relações Exteriores;

VII — o Ministro do Planejamento.

VIII — os Comandantes da Marinha, do Exército e da Aeronáutica. *(Incluído pela Emenda Constitucional n. 23, de 1999)*

§ 1º Compete ao Conselho de Defesa Nacional:

I — opinar nas hipóteses de declaração de guerra e de celebração da paz, nos termos desta Constituição;

II — opinar sobre a decretação do estado de defesa, do estado de sítio e da intervenção federal;

III — propor os critérios e condições de utilização de áreas indispensáveis à segurança do território nacional e opinar sobre seu efetivo uso, especialmente na faixa de fronteira e nas relacionadas com a preservação e a exploração dos recursos naturais de qualquer tipo;

IV — estudar, propor e acompanhar o desenvolvimento de iniciativas necessárias a garantir a independência nacional e a defesa do Estado democrático.

§ 2º A lei regulará a organização e o funcionamento do Conselho de Defesa Nacional.

CAPÍTULO III
DO PODER JUDICIÁRIO

Seção I
Disposições Gerais

Art. 92. São órgãos do Poder Judiciário:

I — o Supremo Tribunal Federal;

I-A — o Conselho Nacional de Justiça; *(Incluído pela Emenda Constitucional n. 45, de 2004)*

II — o Superior Tribunal de Justiça;

II-A — o Tribunal Superior do Trabalho; *(Incluído pela Emenda Constitucional n. 92, de 2016)*

III — os Tribunais Regionais Federais e Juízes Federais;

IV — os Tribunais e Juízes do Trabalho;

V — os Tribunais e Juízes Eleitorais;

VI — os Tribunais e Juízes Militares;

VII — os Tribunais e Juízes dos Estados e do Distrito Federal e Territórios.

§ 1º O Supremo Tribunal Federal, o Conselho Nacional de Justiça e os Tribunais Superiores têm sede na Capital Federal. *(Incluído pela Emenda Constitucional n. 45, de 2004)*

§ 2º O Supremo Tribunal Federal e os Tribunais Superiores têm jurisdição em todo o território nacional. *(Incluído pela Emenda Constitucional n. 45, de 2004)*

Art. 93. Lei complementar, de iniciativa do Supremo Tribunal Federal, disporá sobre o Estatuto da Magistratura, observados os seguintes princípios:

I — ingresso na carreira, cujo cargo inicial será o de juiz substituto, mediante concurso público de provas e títulos, com a participação da Ordem dos Advogados do Brasil em todas as fases, exigindo-se do bacharel em direito, no mínimo, três anos de atividade jurídica e obedecendo-se, nas nomeações, à ordem de classificação; *(Redação dada pela Emenda Constitucional n. 45, de 2004)*

II — promoção de entrância para entrância, alternadamente, por antiguidade e merecimento, atendidas as seguintes normas:

a) é obrigatória a promoção do juiz que figure por três vezes consecutivas ou cinco alternadas em lista de merecimento;

b) a promoção por merecimento pressupõe dois anos de exercício na respectiva entrância e integrar o juiz a primeira quinta parte da lista de antiguidade desta, salvo se não houver com tais requisitos quem aceite o lugar vago;

c) aferição do merecimento conforme o desempenho e pelos critérios objetivos de produtividade e presteza no exercício da jurisdição e pela frequência e aproveitamento em cursos oficiais ou reconhecidos de aperfeiçoamento; *(Redação dada pela Emenda Constitucional n. 45, de 2004)*

d) na apuração de antiguidade, o tribunal somente poderá recusar o juiz mais antigo pelo voto fundamentado de dois terços de seus membros, conforme procedimento próprio, e assegurada ampla defesa, repetindo-se a votação até fixar-se a indicação; *(Redação dada pela Emenda Constitucional n. 45, de 2004)*

e) não será promovido o juiz que, injustificadamente, retiver autos em seu poder além do prazo legal, não podendo devolvê-los ao cartório sem o devido despacho ou decisão; *(Incluída pela Emenda Constitucional n. 45, de 2004)*

III o acesso aos tribunais de segundo grau far-se-á por antiguidade e merecimento, alternadamente, apurados na última ou única entrância; *(Redação dada pela Emenda Constitucional n. 45, de 2004)*

IV previsão de cursos oficiais de preparação, aperfeiçoamento e promoção de magistrados, constituindo etapa obrigatória do processo de vitaliciamento a participação em curso oficial ou reconhecido por escola nacional de formação e aperfeiçoamento de magistrados; *(Redação dada pela Emenda Constitucional n. 45, de 2004)*

V — o subsídio dos Ministros dos Tribunais Superiores corresponderá a noventa e cinco por cento do subsídio mensal fixado para os Ministros do Supremo Tribunal Federal e os subsídios dos demais magistrados serão fixados em lei e escalonados, em nível federal e estadual, conforme as respectivas categorias da estrutura judiciária nacional, não podendo a diferença entre uma e outra ser superior a dez por cento ou inferior a cinco por cento, nem exceder a noventa e cinco por cento do subsídio mensal dos Ministros dos Tribunais Superiores, obedecido, em qualquer caso, o disposto nos arts. 37, XI, e 39, § 4º; *(Redação dada pela Emenda Constitucional n. 19, de 1998)*

VI — a aposentadoria dos magistrados e a pensão de seus dependentes observarão o disposto no art. 40; *(Redação dada pela Emenda Constitucional n. 20, de 1998)*

VII — o juiz titular residirá na respectiva comarca, salvo autorização do tribunal; *(Redação dada pela Emenda Constitucional n. 45, de 2004)*

VIII — o ato de remoção, disponibilidade e aposentadoria do magistrado, por interesse público, fundar-se-á em decisão por voto da maioria absoluta do respectivo tribunal ou do Conselho Nacional de Justiça, assegurada ampla defesa; *(Redação dada pela Emenda Constitucional n. 45, de 2004)*

VIII-A — a remoção a pedido ou a permuta de magistrados de comarca de igual entrância atenderá, no que couber, ao disposto nas alíneas *a, b, c* e *e* do inciso II; *(Incluído pela Emenda Constitucional n. 45, de 2004)*

IX — todos os julgamentos dos órgãos do Poder Judiciário serão públicos, e fundamentadas todas as decisões, sob pena de nulidade, podendo a lei limitar a presença, em determinados atos, às próprias partes e a seus advogados, ou somente a estes, em casos nos quais a preservação do direito à intimidade do interessado no sigilo não prejudique o interesse público à informação; *(Redação dada pela Emenda Constitucional n. 45, de 2004)*

X — as decisões administrativas dos tribunais serão motivadas e em sessão pública, sendo as disciplinares tomadas pelo voto da maioria absoluta de seus membros; *(Redação dada pela Emenda Constitucional n. 45, de 2004)*

XI — nos tribunais com número superior a vinte e cinco julgadores, poderá ser constituído órgão especial, com o mínimo de onze e o máximo de vinte e cinco membros, para o exercício das atribuições administrativas e jurisdicionais delegadas da competência do tribunal pleno, provendo-se metade das vagas por antiguidade e a outra metade por eleição pelo tribunal pleno; *(Redação dada pela Emenda Constitucional n. 45, de 2004)*

XII — a atividade jurisdicional será ininterrupta, sendo vedado férias coletivas nos juízos e tribunais de segundo grau, funcionando, nos dias em que não houver expediente forense normal, juízes em plantão permanente; *(Incluído pela Emenda Constitucional n. 45, de 2004)*

XIII — o número de juízes na unidade jurisdicional será proporcional à efetiva demanda judicial e à respectiva população; *(Incluído pela Emenda Constitucional n. 45, de 2004)*

XIV — os servidores receberão delegação para a prática de atos de administração e atos de mero expediente sem caráter decisório; *(Incluído pela Emenda Constitucional n. 45, de 2004)*

XV — a distribuição de processos será imediata, em todos os graus de jurisdição. *(Incluído pela Emenda Constitucional n. 45, de 2004)*

Art. 94. Um quinto dos lugares dos Tribunais Regionais Federais, dos Tribunais dos Estados, e do Distrito Federal e Territórios será composto de membros, do Ministério Público, com mais de dez anos de carreira, e de advogados de notório saber jurídico e de reputação ilibada, com mais de dez anos de efetiva atividade profissional, indicados em lista sêxtupla pelos órgãos de representação das respectivas classes.

PARÁGRAFO ÚNICO. Recebidas as indicações, o tribunal formará lista tríplice, enviando-a ao Poder Executivo, que, nos vinte dias subsequentes, escolherá um de seus integrantes para nomeação.

Art. 95. Os juízes gozam das seguintes garantias:

I — vitaliciedade, que, no primeiro grau, só será adquirida após dois anos de exercício, dependendo a perda do cargo, nesse período, de deliberação do tribunal a que o juiz estiver vinculado, e, nos demais casos, de sentença judicial transitada em julgado;

II — inamovibilidade, salvo por motivo de interesse público, na forma do art. 93, VIII;

III — irredutibilidade de subsídio, ressalvado o disposto nos arts. 37, X e XI, 39, § 4º, 150, II, 153, III, e 153, § 2º, I. *(Redação dada pela Emenda Constitucional n. 19, de 1998)*

PARÁGRAFO ÚNICO. Aos juízes é vedado:

I — exercer, ainda que em disponibilidade, outro cargo ou função, salvo uma de magistério;

II — receber, a qualquer título ou pretexto, custas ou participação em processo;

III — dedicar-se à atividade político-partidária.

IV receber, a qualquer título ou pretexto, auxílios ou contribuições de pessoas físicas, entidades públicas ou privadas, ressalvadas as exceções previstas em lei; *(Incluído pela Emenda Constitucional n. 45, de 2004)*

V exercer a advocacia no juízo ou tribunal do qual se afastou, antes de decorridos três anos do afastamento do cargo por aposentadoria ou exoneração. *(Incluído pela Emenda Constitucional n. 45, de 2004)*

Art. 96. Compete privativamente:

I — aos tribunais:

a) eleger seus órgãos diretivos e elaborar seus regimentos internos, com observância das normas de processo e das garantias processuais das partes, dispondo sobre a competência e o funcionamento dos respectivos órgãos jurisdicionais e administrativos;

b) organizar suas secretarias e serviços auxiliares e os dos juízos que lhes forem vinculados, velando pelo exercício da atividade correicional respectiva;

c) prover, na forma prevista nesta Constituição, os cargos de juiz de carreira da respectiva jurisdição;

d) propor a criação de novas varas judiciárias;

e) prover, por concurso público de provas, ou de provas e títulos, obedecido o disposto no art. 169, parágrafo único, os cargos necessários à administração da Justiça, exceto os de confiança assim definidos em lei;

f) conceder licença, férias e outros afastamentos a seus membros e aos juízes e servidores que lhes forem imediatamente vinculados;

II — ao Supremo Tribunal Federal, aos Tribunais Superiores e aos Tribunais de Justiça propor ao Poder Legislativo respectivo, observado o disposto no art. 169:

a) a alteração do número de membros dos tribunais inferiores;

b) a criação e a extinção de cargos e a remuneração dos seus serviços auxiliares e dos juízos que lhes forem vinculados, bem como a fixação do subsídio de seus membros e dos juízes, inclusive dos tribunais inferiores, onde houver; *(Redação dada pela Emenda Constitucional n. 41, 19.12.2003)*

c) a criação ou extinção dos tribunais inferiores;

d) a alteração da organização e da divisão judiciárias;

III — aos Tribunais de Justiça julgar os juízes estaduais e do Distrito Federal e Territórios, bem como os membros do Ministério Público, nos crimes comuns e de responsabilidade, ressalvada a competência da Justiça Eleitoral.

Art. 97. Somente pelo voto da maioria absoluta de seus membros ou dos membros do respectivo órgão especial poderão os tribunais declarar a inconstitucionalidade de lei ou ato normativo do Poder Público.

Art. 98. A União, no Distrito Federal e nos Territórios, e os Estados criarão:

I — juizados especiais, providos por juízes togados, ou togados e leigos, competentes para a conciliação, o julgamento e a execução de causas cíveis de menor complexidade e infrações penais de menor potencial ofensivo, mediante os procedimentos oral e sumaríissimo, permitidos, nas hipóteses previstas em lei, a transação e o julgamento de recursos por turmas de juízes de primeiro grau;

II — justiça de paz, remunerada, composta de cidadãos eleitos pelo voto direto, universal e secreto, com mandato de quatro anos e competência para, na forma da lei, celebrar casamentos, verificar, de ofício ou em face de impugnação apresentada, o processo de habilitação e exercer atribuições conciliatórias, sem caráter jurisdicional, além de outras previstas na legislação.

§ 1º Lei federal disporá sobre a criação de juizados especiais no âmbito da Justiça Federal. *(Renumerado pela Emenda Constitucional n. 45, de 2004)*

§ 2º As custas e emolumentos serão destinados exclusivamente ao custeio dos serviços afetos às atividades específicas da Justiça. *(Incluído pela Emenda Constitucional n. 45, de 2004)*

Art. 99. Ao Poder Judiciário é assegurada autonomia administrativa e financeira.

§ 1º Os tribunais elaborarão suas propostas orçamentárias dentro dos limites estipulados conjuntamente com os demais Poderes na lei de diretrizes orçamentárias.

§ 2º O encaminhamento da proposta, ouvidos os outros tribunais interessados, compete:

I — no âmbito da União, aos Presidentes do Supremo Tribunal Federal e dos Tribunais Superiores, com a aprovação dos respectivos tribunais;

II — no âmbito dos Estados e no do Distrito Federal e Territórios, aos Presidentes dos Tribunais de Justiça, com a aprovação dos respectivos tribunais.

§ 3º Se os órgãos referidos no § 2º não encaminharem as respectivas propostas orçamentárias dentro do prazo estabelecido na lei de diretrizes orçamentárias, o Poder Executivo considerará, para fins de consolidação da proposta orçamentária anual, os valores aprovados na lei orçamentária vigente, ajustados de acordo com os limites estipulados na forma do § 1º deste artigo. *(Incluído pela Emenda Constitucional n. 45, de 2004)*

§ 4º Se as propostas orçamentárias de que trata este artigo forem encaminhadas em desacordo com os limites estipulados na forma do § 1º, o Poder Executivo procederá aos ajustes necessários para fins de consolidação da proposta orçamentária anual. *(Incluído pela Emenda Constitucional n. 45, de 2004)*

§ 5º Durante a execução orçamentária do exercício, não poderá haver a realização de despesas ou a assunção de obrigações que extrapolem os limites estabelecidos na lei de diretrizes orçamentárias, exceto se previamente autorizadas, mediante a abertura de créditos suplementares ou especiais. *(Incluído pela Emenda Constitucional n. 45, de 2004)*

Art. 100. Os pagamentos devidos pelas Fazendas Públicas Federal, Estaduais, Distrital e Municipais, em virtude de sentença judiciária, far-se-ão exclusivamente na ordem cronológica de apresentação dos precatórios e à conta dos créditos respectivos, proibida a designação de casos ou de pessoas nas dotações orçamentárias e nos créditos adicionais abertos para este fim. *(Redação dada pela Emenda Constitucional n. 62, de 2009). (Vide Emenda Constitucional n. 62, de 2009)*

§ 1º Os débitos de natureza alimentícia compreendem aqueles decorrentes de salários, vencimentos, proventos, pensões e suas complementações, benefícios previdenciários e indenizações por morte ou por invalidez, fundadas em responsabilidade civil, em virtude de sentença judicial transitada em julgado, e serão pagos com preferência sobre todos os demais débitos, exceto sobre aqueles referidos no § 2º deste artigo. *(Redação dada pela Emenda Constitucional n. 62, de 2009).*

§ 2º Os débitos de natureza alimentícia cujos titulares, originários ou por sucessão hereditária, tenham 60 (sessenta) anos de idade, ou sejam portadores de doença grave, ou pessoas com deficiência, assim definidos na forma da lei, serão pagos com preferência sobre todos os demais débitos, até o valor equivalente ao triplo fixado em lei para os fins do disposto no § 3º deste artigo, admitido o fracionamento para essa finalidade, sendo que o restante será pago na ordem cronológica de apresentação do precatório. *(Redação dada pela Emenda Constitucional n. 94, de 15.12.16, DOU 16.12.16)*

§ 3º O disposto no *caput* deste artigo relativamente à expedição de precatórios não se aplica aos pagamentos de obrigações definidas em leis como de pequeno valor que as Fazendas referidas devam fazer em virtude de sentença judicial transitada em julgado. *(Redação dada pela Emenda Constitucional n. 62, de 2009).*

§ 4º Para os fins do disposto no § 3º, poderão ser fixados, por leis próprias, valores distintos às entidades de direito público, segundo as diferentes capacidades econômicas, sendo o mínimo igual ao valor do maior benefício do regime geral de previdência social. *(Redação dada pela Emenda Constitucional n. 62, de 2009).*

§ 5º É obrigatória a inclusão, no orçamento das entidades de direito público, de verba necessária ao pagamento de seus débitos, oriundos de sentenças transitadas em julgado, constantes de precatórios judiciários apresentados até 1º de julho, fazendo-se o pagamento até o final do exercício seguinte, quando terão seus valores atualizados monetariamente. *(Redação dada pela Emenda Constitucional n. 62, de 2009).*

§ 6º As dotações orçamentárias e os créditos abertos serão consignados diretamente ao Poder Judiciário, cabendo ao Presidente do Tribunal que proferir a decisão exequenda determinar o pagamento integral e autorizar, a requerimento do credor e exclusivamente para os casos de preterimento de seu direito de precedência ou de não alocação orçamentária do valor necessário à satisfação do seu débito, o sequestro da quantia respectiva. *(Redação dada pela Emenda Constitucional n. 62, de 2009).*

§ 7º O Presidente do Tribunal competente que, por ato comissivo ou omissivo, retardar ou tentar frustrar a liquidação regular de precatórios incorrerá em crime de responsabilidade e responderá, também, perante o Conselho Nacional de Justiça. *(Incluído pela Emenda Constitucional n. 62, de 2009).*

§ 8º É vedada a expedição de precatórios complementares ou suplementares de valor pago, bem como o fracionamento, repartição ou quebra do valor da execução para fins de enquadramento de parcela do total ao que dispõe o § 3º deste artigo. *(Incluído pela Emenda Constitucional n. 62, de 2009).*

§ 9º No momento da expedição dos precatórios, independentemente de regulamentação, deles deverá ser abatido, a título de compensação, valor correspondente aos débitos líquidos e certos, inscritos ou não em dívida ativa e constituídos contra o credor original pela Fazenda Pública devedora, incluídas parcelas vincendas de parcelamentos, ressalvados aqueles cuja execução esteja suspensa em virtude de contestação administrativa ou judicial. *(Incluído pela Emenda Constitucional n. 62, de 2009).*

§ 10. Antes da expedição dos precatórios, o Tribunal solicitará à Fazenda Pública devedora, para resposta em até 30 (trinta) dias, sob pena de perda do direito de abatimento, informação sobre os débitos que preencham as condições estabelecidas no § 9º, para os fins nele previstos. *(Incluído pela Emenda Constitucional n. 62, de 2009).*

§ 11. É facultada ao credor, conforme estabelecido em lei da entidade federativa devedora, a entrega de créditos em precatórios para compra de imóveis públicos do respectivo ente federado. *(Incluído pela Emenda Constitucional n. 62, de 2009).*

§ 12. A partir da promulgação desta Emenda Constitucional, a atualização de valores de requisitórios, após sua expedição, até o efetivo pagamento, independentemente de sua natureza, será feita pelo índice oficial de remuneração básica da caderneta de poupança, e, para fins de compensação da mora, incidirão juros simples no mesmo percentual de juros incidentes sobre a caderneta de poupança, ficando excluída a incidência de juros compensatórios. *(Incluído pela Emenda Constitucional n. 62, de 2009).*

§ 13. O credor poderá ceder, total ou parcialmente, seus créditos em precatórios a terceiros, independentemente da concordância do devedor, não se aplicando ao cessionário o disposto nos §§ 2º e 3º. *(Incluído pela Emenda Constitucional n. 62, de 2009).*

§ 14. A cessão de precatórios somente produzirá efeitos após comunicação, por meio de petição protocolizada, ao tribunal de origem e à entidade devedora. *(Incluído pela Emenda Constitucional n. 62, de 2009).*

§ 15. Sem prejuízo do disposto neste artigo, lei complementar a esta Constituição Federal poderá estabelecer regime especial para pagamento de crédito de precatórios de Estados, Distrito Federal e Municípios, dispondo sobre vinculações à receita corrente líquida e forma e prazo de liquidação. *(Incluído pela Emenda Constitucional n. 62, de 2009).*

§ 16. A seu critério exclusivo e na forma de lei, a União poderá assumir débitos, oriundos de precatórios, de Estados, Distrito Federal e Municípios, refinanciando-os diretamente. *(Incluído pela Emenda Constitucional n. 62, de 2009)*

— V. Lei n. 12.919, de 24.12.13, DOU 26.12.13 (Ed. Extra) que dispõe sobre as diretrizes para a elaboração e execução da Lei Orçamentária de 2014 e dá outras providências, especificamente os arts. 24 a 32, os quais tratam de precatórios judiciários. (não publicada nesta obra)

AÇÃO DIRETA DE INCONSTITUCIONALIDADE 4.357(1) ORIGEM: ADI 4357 — SUPREMO TRIBUNAL FEDERAL — PROCED: DISTRITO FEDERAL RELATOR: MIN. AYRES BRITTO. REDATOR DO ACÓRDÃO MIN. LUIZ FUX

....

Decisão: *Prosseguindo no julgamento, o Ministro Luiz Fux concluiu seu voto declarando a inconstitucionalidade do § 15 do art. 100 e do art. 97 do ADCT. O Ministro Teori Zavascki votou no sentido da improcedência da ação. O Tribunal resolveu questão de ordem suscitada pelo Ministro Marco Aurélio no sentido de serem apreciadas em primeiro lugar as impugnações ao art. 100 da Constituição Federal, vencidos os Ministros Teori Zavascki, Gilmar Mendes, Celso de Mello e Presidente. Em seguida, o Tribunal* ***julgou procedente a ação para declarar a inconstitucionalidade da expressão "na data de expedição do precatório", contida no § 2º; os §§ 9º e 10; e das expressões "índice oficial de remuneração básica da caderneta de poupança" e "independentemente de sua natureza", constantes do § 12, todos dispositivos do art. 100 da CF, com a redação dada pela EC n. 62/2009,*** *vencidos os Ministros Gilmar Mendes, Teori Zavascki e Dias Toffoli. Votou o Presidente, Ministro Joaquim Barbosa. Em seguida, o julgamento foi suspenso. Plenário, 13.3.13.*

Decisão: *O Tribunal, por maioria e nos termos do voto do Ministro Ayres Britto (Relator), julgou parcialmente procedente a ação direta, vencidos os Ministros Gilmar Mendes, Teori Zavascki e Dias Toffoli, que a julgavam totalmente improcedente, e os Ministros Marco Aurélio e Ricardo Lewandowski, que a julgavam procedente em menor extensão. Votou o Presidente, Ministro Joaquim Barbosa. O Ministro Marco Aurélio requereu a retificação da ata da sessão anterior para fazer constar que não declarava a inconstitucionalidade da expressão "independentemente de sua natureza", contida no § 12 do art. 100 da CF. Redigirá o acórdão o Ministro Luiz Fux. Plenário, 14.3.2013.*

2.2. AÇÃO DIRETA DE INCONSTITUCIONALIDADE 4.425(2) DOU 2.4.13 ORIGEM: ADI 4.425 — SUPREMO TRIBUNAL FEDERAL — PROCED: DISTRITO FEDERAL RELATOR: MIN. AYRES BRITTO. REDATOR DO ACÓRDÃO MIN. LUIZ FUX

Decisão: *Prosseguindo no julgamento, o Ministro Luiz Fux concluiu seu voto declarando a inconstitucionalidade do § 15 do art. 100 e do art. 97 do ADCT. O Ministro Teori Zavascki votou no sentido da improcedência da ação. O Tribunal resolveu questão de ordem suscitada pelo Ministro Marco Aurélio no sentido de serem apreciadas em primeiro lugar as impugnações ao art. 100 da Constituição Federal, vencidos os Ministros Teori Zavascki, Gilmar Mendes, Celso de Mello e Presidente. Em seguida, o Tribunal* ***julgou procedente a ação para declarar a inconstitucionalidade da expressão "na data de expedição do precatório", contida no § 2º; os §§ 9º e 10; e das expressões "índice oficial de remuneração básica da caderneta de poupança" e "independentemente de sua natureza", constantes do § 12, todos dispositivos do art. 100 da CF, com a redação dada pela EC n. 62/2009,*** *vencidos os Ministros Gilmar Mendes, Teori Zavascki e Dias Toffoli. Votou o Presidente, Ministro Joaquim Barbosa. Em seguida, o julgamento foi suspenso. Plenário, 13.3.13.*

Decisão: *O Tribunal, por maioria e nos termos do voto do Ministro Ayres Britto (Relator), julgou parcialmente procedente a ação direta, vencidos os Ministros Gilmar Mendes, Teori Zavascki e Dias Toffoli, que a julgavam totalmente improcedente, e os Ministros Marco Aurélio e Ricardo Lewandowski, que a julgavam procedente em menor extensão. Votou o Presidente, Ministro Joaquim Barbosa. O Ministro Marco Aurélio requereu a retificação da ata da sessão anterior para fazer constar que não declarava a inconstitucionalidade da expressão "independentemente de sua natureza", contida no § 12 do art. 100 da CF. Redigirá o acórdão o Ministro Luiz Fux. Plenário, 14.3.2013.*

§ 17. A União, os Estados, o Distrito Federal e os Municípios aferirão mensalmente, em base anual, o comprometimento de suas respectivas receitas correntes líquidas com o pagamento de precatórios e obrigações de pequeno valor. *(Incluído pela Emenda Constitucional n. 94, de 15.12.16, DOU 16.12.16)*

§ 18. Entende-se como receita corrente líquida, para os fins de que trata o § 17, o somatório das receitas tributárias, patrimoniais, industriais, agropecuárias, de contribuições e de serviços, de transferências correntes e outras receitas correntes, incluindo as oriundas do § 1º do art. 20 da Constituição Federal, verificado no período compreendido pelo segundo mês imediatamente anterior ao de referência e os 11 (onze) meses precedentes, excluídas as duplicidades, e deduzidas: *(Incluído pela Emenda Constitucional n. 94, de 15.12.16, DOU 16.12.16)*

I — na União, as parcelas entregues aos Estados, ao Distrito Federal e aos Municípios por determinação constitucional; *(Redação dada pela Emenda Constitucional n. 94, de 15.12.16, DOU 16.12.16)*

II — nos Estados, as parcelas entregues aos Municípios por determinação constitucional; *(Incluído pela Emenda Constitucional n. 94, de 15.12.16, DOU 16.12.16)*

III — na União, nos Estados, no Distrito Federal e nos Municípios, a contribuição dos servidores para custeio de seu sistema de previdência e assistência social e as receitas provenientes da compensação financeira referida no § 9º do art. 201 da Constituição Federal. *(Incluído pela Emenda Constitucional n. 94, de 15.12.16, DOU 16.12.16)*

§ 19. Caso o montante total de débitos decorrentes de condenações judiciais em precatórios e obrigações de pequeno valor, em período de 12 (doze) meses, ultrapasse a média do comprometimento percentual da receita corrente líquida nos 5 (cinco) anos imediatamente anteriores, a parcela que exceder esse percentual poderá ser financiada, excetuada dos limites de endividamento de que tratam os incisos VI e VII do art. 52 da Constituição Federal e de quaisquer outros limites de endividamento previstos, não se aplicando a esse financiamento a vedação de vinculação de receita prevista no inciso IV do art. 167 da Constituição Federal. *(Incluído pela Emenda Constitucional n. 94, de 15.12.16, DOU 16.12.16)*

§ 20. Caso haja precatório com valor superior a 15% (quinze por cento) do montante dos precatórios apresentados nos termos do § 5º deste artigo, 15% (quinze por cento) do valor deste precatório serão pagos até o final do exercício seguinte e o restante em parcelas iguais nos cinco exercícios subsequentes, acrescidas de juros de mora e correção monetária, ou mediante acordos diretos, perante Juízos Auxiliares de Conciliação de Precatórios, com redução máxima de 40% (quarenta por cento) do valor do crédito atualizado, desde que em relação ao crédito não penda recurso ou defesa judicial e que sejam observados os requisitos definidos na regulamentação editada pelo ente federado. (NR) *(Incluído pela Emenda Constitucional n. 94, de 15.12.16, DOU 16.12.16)*

Seção II
Do Supremo Tribunal Federal

Art. 101. O Supremo Tribunal Federal compõe-se de onze Ministros, escolhidos dentre cidadãos com mais de trinta e cinco e menos de sessenta e cinco anos de idade, de notável saber jurídico e reputação ilibada.

PARÁGRAFO ÚNICO. Os Ministros do Supremo Tribunal Federal serão nomeados pelo Presidente da República, depois de aprovada a escolha pela maioria absoluta do Senado Federal.

Art. 102. Compete ao Supremo Tribunal Federal, precipuamente, a guarda da Constituição, cabendo-lhe:

I — processar e julgar, originariamente:

a) a ação direta de inconstitucionalidade de lei ou ato normativo federal ou estadual e a ação declaratória de constitucionalidade de lei ou ato normativo federal; *(Redação dada pela Emenda Constitucional n. 3, de 1993)*

b) nas infrações penais comuns, o Presidente da República, o Vice-Presidente, os membros do Congresso Nacional, seus próprios Ministros e o Procurador-Geral da República;

c) nas infrações penais comuns e nos crimes de responsabilidade, os Ministros de Estado e os Comandantes da Marinha, do Exército e da Aeronáutica, ressalvado o disposto no art. 52, I, os membros dos Tribunais Superiores, os do Tribunal de Contas da União e os chefes de missão diplomática de caráter permanente; *(Redação dada pela Emenda Constitucional n. 23, de 1999)*

d) o *habeas corpus*, sendo paciente qualquer das pessoas referidas nas alíneas anteriores; o mandado de segurança e o *habeas data* contra atos do Presidente da República, das Mesas da Câmara dos Deputados e do Senado Federal, do Tribunal de Contas da União, do Procurador-Geral da República e do próprio Supremo Tribunal Federal;

e) o litígio entre Estado estrangeiro ou organismo internacional e a União, o Estado, o Distrito Federal ou o Território;

f) as causas e os conflitos entre a União e os Estados, a União e o Distrito Federal, ou entre uns e outros, inclusive as respectivas entidades da administração indireta;

g) a extradição solicitada por Estado estrangeiro;

h) *(Revogado pela Emenda Constitucional n. 45, de 2004)*

i) o *habeas corpus*, quando o coator for Tribunal Superior ou quando o coator ou o paciente for autoridade ou funcionário cujos atos estejam sujeitos diretamente à jurisdição do Supremo Tribunal Federal, ou se trate de crime sujeito à mesma jurisdição em uma única instância; *(Redação dada pela Emenda Constitucional n. 22, de 1999)*

j) a revisão criminal e a ação rescisória de seus julgados;

l) a reclamação para a preservação de sua competência e garantia da autoridade de suas decisões;

m) a execução de sentença nas causas de sua competência originária, facultada a delegação de atribuições para a prática de atos processuais;

n) a ação em que todos os membros da magistratura sejam direta ou indiretamente interessados, e aquela em que mais da metade dos membros do tribunal de origem estejam impedidos ou sejam direta ou indiretamente interessados;

o) os conflitos de competência entre o Superior Tribunal de Justiça e quaisquer tribunais, entre Tribunais Superiores, ou entre estes e qualquer outro tribunal;

p) o pedido de medida cautelar das ações diretas de inconstitucionalidade;

q) o mandado de injunção, quando a elaboração da norma regulamentadora for atribuição do Presidente da República, do Congresso Nacional, da Câmara dos Deputados, do Senado Federal, das Mesas de uma dessas Casas Legislativas, do Tribunal de Contas da União, de um dos Tribunais Superiores, ou do próprio Supremo Tribunal Federal;

r) as ações contra o Conselho Nacional de Justiça e contra o Conselho Nacional do Ministério Público; *(Incluída pela Emenda Constitucional n. 45, de 2004)*

II — julgar, em recurso ordinário:

a) o *habeas corpus*, o mandado de segurança, o *habeas data* e o mandado de injunção decididos em única instância pelos Tribunais Superiores, se denegatória a decisão;

b) o crime político;

III — julgar, mediante recurso extraordinário, as causas decididas em única ou última instância, quando a decisão recorrida:

a) contrariar dispositivo desta Constituição;

b) declarar a inconstitucionalidade de tratado ou lei federal;

c) julgar válida lei ou ato de governo local contestado em face desta Constituição.

d) julgar válida lei local contestada em face de lei federal. *(Incluída pela Emenda Constitucional n. 45, de 2004)*

§ 1º A arguição de descumprimento de preceito fundamental, decorrente desta Constituição, será apreciada pelo Supremo Tribunal Federal, na forma da lei. *(Transformado do parágrafo único em § 1º pela Emenda Constitucional n. 3, de 17/03/93)*

§ 2º As decisões definitivas de mérito, proferidas pelo Supremo Tribunal Federal, nas ações diretas de inconstitucionalidade e nas ações declaratórias de constitucionalidade produzirão eficácia contra todos e efeito vinculante, relativamente aos demais órgãos do Poder Judiciário e à administração pública direta e indireta, nas esferas federal, estadual e municipal. *(Redação dada pela Emenda Constitucional n. 45, de 2004)*

§ 3º No recurso extraordinário o recorrente deverá demonstrar a repercussão geral das questões constitucionais discutidas no caso, nos termos da lei, a fim de que o Tribunal examine a admissão do recurso, somente podendo recusá-lo pela manifestação de dois terços de seus membros. *(Incluída pela Emenda Constitucional n. 45, de 2004)*

Art. 103. Podem propor a ação direta de inconstitucionalidade e a ação declaratória de constitucionalidade: *(Redação dada pela Emenda Constitucional n. 45, de 2004)*

I — o Presidente da República;

II — a Mesa do Senado Federal;

III — a Mesa da Câmara dos Deputados;

IV a Mesa de Assembleia Legislativa ou da Câmara Legislativa do Distrito Federal; *(Redação dada pela Emenda Constitucional n. 45, de 2004)*

V o Governador de Estado ou do Distrito Federal; *(Redação dada pela Emenda Constitucional n. 45, de 2004)*

VI — o Procurador-Geral da República;

VII — o Conselho Federal da Ordem dos Advogados do Brasil;

VIII — partido político com representação no Congresso Nacional;

IX — confederação sindical ou entidade de classe de âmbito nacional.

§ 1º O Procurador-Geral da República deverá ser previamente ouvido nas ações de inconstitucionalidade e em todos os processos de competência do Supremo Tribunal Federal.

§ 2º Declarada a inconstitucionalidade por omissão de medida para tornar efetiva norma constitucional, será dada ciência ao Poder competente para a adoção das providências necessárias e, em se tratando de órgão administrativo, para fazê-lo em trinta dias.

§ 3º Quando o Supremo Tribunal Federal apreciar a inconstitucionalidade, em tese, de norma legal ou ato normativo, citará, previamente, o Advogado-Geral da União, que defenderá o ato ou texto impugnado.

§ 4º *(Revogado pela Emenda Constitucional n. 45, de 2004)*

Art. 103-A. O Supremo Tribunal Federal poderá, de ofício ou por provocação, mediante decisão de dois terços dos seus membros, após reiteradas decisões sobre matéria constitucional, aprovar súmula que, a partir de sua publicação na imprensa oficial, terá efeito vinculante em relação aos demais órgãos do Poder Judiciário e à administração pública direta e indireta, nas esferas federal, estadual e municipal, bem como proceder à sua revisão ou cancelamento, na forma estabelecida em lei. *(Incluído pela Emenda Constitucional n. 45, de 2004)*

— V. Lei n. 11.417, de 19.12.06, DOU 20.12.06, que regulamenta o art. 103-A da Constituição Federal e altera a Lei n. 9.784, de 29 de janeiro de 1999, disciplinando a edição, a revisão e o cancelamento de enunciado de súmula vinculante pelo Supremo Tribunal Federal, e dá outras providências, p. 796.

§ 1º A súmula terá por objetivo a validade, a interpretação e a eficácia de normas determinadas, acerca das quais haja controvérsia atual entre órgãos judiciários ou entre esses e a administração pública que acarrete grave insegurança jurídica e relevante multiplicação de processos sobre questão idêntica. *(Incluído pela Emenda Constitucional n. 45, de 2004)*

§ 2º Sem prejuízo do que vier a ser estabelecido em lei, a aprovação, revisão ou cancelamento de súmula poderá ser provocada por aqueles que podem propor a ação direta de inconstitucionalidade. *(Incluído pela Emenda Constitucional n. 45, de 2004)*

§ 3º Do ato administrativo ou decisão judicial que contrariar a súmula aplicável ou que indevidamente a aplicar, caberá reclamação ao Supremo Tribunal Federal que, julgando-a procedente, anulará o ato administrativo ou cassará a decisão judicial reclamada, e determinará que outra seja proferida com ou sem a aplicação da súmula, conforme o caso. *(Incluído pela Emenda Constitucional n. 45, de 2004)*

Art. 103-B. O Conselho Nacional de Justiça compõe-se de 15 (quinze) membros com mandato de 2 (dois) anos, admitida 1 (uma) recondução, sendo: *(Redação dada pela Emenda Constitucional n. 61, de 2009)*

I — o Presidente do Supremo Tribunal Federal; *(Redação dada pela Emenda Constitucional n. 61, de 2009)*

II — um Ministro do Superior Tribunal de Justiça, indicado pelo respectivo tribunal; *(Incluído pela Emenda Constitucional n. 45, de 2004)*

III — um Ministro do Tribunal Superior do Trabalho, indicado pelo respectivo tribunal; *(Incluído pela Emenda Constitucional n. 45, de 2004)*

IV — um desembargador de Tribunal de Justiça, indicado pelo Supremo Tribunal Federal; *(Incluído pela Emenda Constitucional n. 45, de 2004)*

V — um juiz estadual, indicado pelo Supremo Tribunal Federal; *(Incluído pela Emenda Constitucional n. 45, de 2004)*

VI — um juiz de Tribunal Regional Federal, indicado pelo Superior Tribunal de Justiça; *(Incluído pela Emenda Constitucional n. 45, de 2004)*

VII — um juiz federal, indicado pelo Superior Tribunal de Justiça; *(Incluído pela Emenda Constitucional n. 45, de 2004)*

VIII — um juiz de Tribunal Regional do Trabalho, indicado pelo Tribunal Superior do Trabalho; *(Incluído pela Emenda Constitucional n. 45, de 2004)*

IX — um juiz do trabalho, indicado pelo Tribunal Superior do Trabalho; *(Incluído pela Emenda Constitucional n. 45, de 2004)*

X — um membro do Ministério Público da União, indicado pelo Procurador-Geral da República; *(Incluído pela Emenda Constitucional n. 45, de 2004)*

XI — um membro do Ministério Público estadual, escolhido pelo Procurador-Geral da República dentre os nomes indicados pelo órgão competente de cada instituição estadual; *(Incluído pela Emenda Constitucional n. 45, de 2004)*

XII — dois advogados, indicados pelo Conselho Federal da Ordem dos Advogados do Brasil; *(Incluído pela Emenda Constitucional n. 45, de 2004)*

XIII — dois cidadãos, de notável saber jurídico e reputação ilibada, indicados um pela Câmara dos Deputados e outro pelo Senado Federal. *(Incluído pela Emenda Constitucional n. 45, de 2004)*

§ 1º O Conselho será presidido pelo Presidente do Supremo Tribunal Federal e, nas suas ausências e impedimentos, pelo Vice-Presidente do Supremo Tribunal Federal. *(Redação dada pela Emenda Constitucional n. 61, de 2009)*

§ 2º Os demais membros do Conselho serão nomeados pelo Presidente da República, depois de aprovada a escolha pela maioria absoluta do Senado Federal. *(Redação dada pela Emenda Constitucional n. 61, de 2009)*

§ 3º Não efetuadas, no prazo legal, as indicações previstas neste artigo, caberá a escolha ao Supremo Tribunal Federal. *(Incluído pela Emenda Constitucional n. 45, de 2004)*

§ 4º Compete ao Conselho o controle da atuação administrativa e financeira do Poder Judiciário e do cumprimento dos deveres funcionais dos juízes, cabendo-lhe, além de outras atribuições que lhe forem conferidas pelo Estatuto da Magistratura: *(Incluído pela Emenda Constitucional n. 45, de 2004)*

I — zelar pela autonomia do Poder Judiciário e pelo cumprimento do Estatuto da Magistratura, podendo expedir atos regulamentares, no âmbito de sua competência, ou recomendar providências; *(Incluído pela Emenda Constitucional n. 45, de 2004)*

II — zelar pela observância do art. 37 e apreciar, de ofício ou mediante provocação, a legalidade dos atos administrativos praticados por membros ou órgãos do Poder Judiciário, podendo desconstituí-los, revê-los ou fixar prazo para que se adotem as providências necessárias ao exato cumprimento da lei, sem prejuízo da competência do Tribunal de Contas da União; *(Incluído pela Emenda Constitucional n. 45, de 2004)*

III — receber e conhecer das reclamações contra membros ou órgãos do Poder Judiciário, inclusive contra seus serviços auxiliares, serventias e órgãos prestadores de serviços notariais e de registro que atuem por delegação do poder público ou oficializados, sem prejuízo da competência disciplinar e correicional dos tribunais, podendo avocar processos disciplinares em curso e determinar a remoção, a disponibilidade ou a aposentadoria com subsídios ou proventos proporcionais ao tempo de serviço e aplicar outras sanções administrativas, assegurada ampla defesa; *(Incluído pela Emenda Constitucional n. 45, de 2004)*

IV — representar ao Ministério Público, no caso de crime contra a administração pública ou de abuso de autoridade; *(Incluído pela Emenda Constitucional n. 45, de 2004)*

V — rever, de ofício ou mediante provocação, os processos disciplinares de juízes e membros de tribunais julgados há menos de um ano; *(Incluído pela Emenda Constitucional n. 45, de 2004)*

VI — elaborar semestralmente relatório estatístico sobre processos e sentenças prolatadas, por unidade da Federação, nos diferentes órgãos do Poder Judiciário; *(Incluído pela Emenda Constitucional n. 45, de 2004)*

VII — elaborar relatório anual, propondo as providências que julgar necessárias, sobre a situação do Poder Judiciário no País e as atividades do Conselho, o qual deve integrar mensagem do Presidente do Supremo Tribunal Federal a ser remetida ao Congresso Nacional, por ocasião da abertura da sessão legislativa. *(Incluído pela Emenda Constitucional n. 45, de 2004)*

§ 5º O Ministro do Superior Tribunal de Justiça exercerá a função de Ministro-Corregedor e ficará excluído da distribuição de processos no Tribunal, competindo-lhe, além das atribuições que lhe forem conferidas pelo Estatuto da Magistratura, as seguintes: *(Incluído pela Emenda Constitucional n. 45, de 2004)*

I — receber as reclamações e denúncias, de qualquer interessado, relativas aos magistrados e aos serviços judiciários; *(Incluído pela Emenda Constitucional n. 45, de 2004)*

II — exercer funções executivas do Conselho, de inspeção e de correição geral; *(Incluído pela Emenda Constitucional n. 45, de 2004)*

III — requisitar e designar magistrados, delegando-lhes atribuições, e requisitar servidores de juízos ou tribunais, inclusive nos Estados, Distrito Federal e Territórios. *(Incluído pela Emenda Constitucional n. 45, de 2004)*

§ 6º Junto ao Conselho oficiarão o Procurador-Geral da República e o Presidente do Conselho Federal da Ordem dos Advogados do Brasil. *(Incluído pela Emenda Constitucional n. 45, de 2004)*

§ 7º A União, inclusive no Distrito Federal e nos Territórios, criará ouvidorias de justiça, competentes para receber reclamações e denúncias de qualquer interessado contra membros ou órgãos do Poder Judiciário, ou contra seus serviços auxiliares, representando diretamente ao Conselho Nacional de Justiça. *(Incluído pela Emenda Constitucional n. 45, de 2004)*

Seção III
Do Superior Tribunal de Justiça

Art. 104. O Superior Tribunal de Justiça compõe-se de, no mínimo, trinta e três Ministros.

PARÁGRAFO ÚNICO. Os Ministros do Superior Tribunal de Justiça serão nomeados pelo Presidente da República, dentre brasileiros com mais de trinta e cinco e menos de sessenta e cinco anos, de notável saber jurídico e reputação ilibada, depois de aprovada a escolha pela maioria absoluta do Senado Federal, sendo: *(Redação dada pela Emenda Constitucional n. 45, de 2004)*

I — um terço dentre juízes dos Tribunais Regionais Federais e um terço dentre desembargadores dos Tribunais de Justiça, indicados em lista tríplice elaborada pelo próprio Tribunal;

II — um terço, em partes iguais, dentre advogados e membros do Ministério Público Federal, Estadual, do Distrito Federal e Territórios, alternadamente, indicados na forma do art. 94.

Art. 105. Compete ao Superior Tribunal de Justiça:

I — processar e julgar, originariamente:

a) nos crimes comuns, os Governadores dos Estados e do Distrito Federal, e, nestes e nos de responsabilidade, os desembargadores dos Tribunais de Justiça dos Estados e do Distrito Federal, os membros dos Tribunais de Contas dos Estados e do Distrito Federal, os dos Tribunais Regionais Federais, dos Tribunais Regionais Eleitorais e do Trabalho, os membros dos Conselhos ou Tribunais de Contas dos Municípios e os do Ministério Público da União que oficiem perante tribunais;

b) os mandados de segurança e os *habeas data* contra ato de Ministro de Estado, dos Comandantes da Marinha, do Exército e da Aeronáutica ou do próprio Tribunal; *(Redação dada pela Emenda Constitucional n. 23, de 1999)*

c) os *habeas corpus*, quando o coator ou paciente for qualquer das pessoas mencionadas na alínea "a", ou quando o coator for tribunal sujeito à sua jurisdição, Ministro de Estado ou Comandante da Marinha, do Exército ou da Aeronáutica, ressalvada a competência da Justiça Eleitoral; *(Redação dada pela Emenda Constitucional n. 23, de 1999)*

d) os conflitos de competência entre quaisquer tribunais, ressalvado o disposto no art. 102, I, "o", bem como entre tribunal e juízes a ele não vinculados e entre juízes vinculados a tribunais diversos;

e) as revisões criminais e as ações rescisórias de seus julgados;

f) a reclamação para a preservação de sua competência e garantia da autoridade de suas decisões;

g) os conflitos de atribuições entre autoridades administrativas e judiciárias da União, ou entre autoridades judiciárias de um Estado e administrativas de outro ou do Distrito Federal, ou entre as deste e da União;

h) o mandado de injunção, quando a elaboração da norma regulamentadora for atribuição de órgão, entidade ou autoridade federal, da administração direta ou indireta, excetuados os casos de competência do Supremo Tribunal Federal e dos órgãos da Justiça Militar, da Justiça Eleitoral, da Justiça do Trabalho e da Justiça Federal;

i) a homologação de sentenças estrangeiras e a concessão de exequatur às cartas rogatórias; *(Incluída pela Emenda Constitucional n. 45, de 2004)*

II — julgar, em recurso ordinário:

a) os *habeas corpus* decididos em única ou última instância pelos Tribunais Regionais Federais ou pelos tribunais dos Estados, do Distrito Federal e Territórios, quando a decisão for denegatória;

b) os mandados de segurança decididos em única instância pelos Tribunais Regionais Federais ou pelos tribunais dos Estados, do Distrito Federal e Territórios, quando denegatória a decisão;

c) as causas em que forem partes Estado estrangeiro ou organismo internacional, de um lado, e, do outro, Município ou pessoa residente ou domiciliada no País;

III — julgar, em recurso especial, as causas decididas, em única ou última instância, pelos Tribunais Regionais Federais ou pelos tribunais dos Estados, do Distrito Federal e Territórios, quando a decisão recorrida:

a) contrariar tratado ou lei federal, ou negar-lhes vigência;

b) julgar válido ato de governo local contestado em face de lei federal; *(Redação dada pela Emenda Constitucional n. 45, de 2004)*

c) der a lei federal interpretação divergente da que lhe haja atribuído outro tribunal.

PARÁGRAFO ÚNICO. Funcionarão junto ao Superior Tribunal de Justiça: *(Redação dada pela Emenda Constitucional n. 45, de 2004)*

I — a Escola Nacional de Formação e Aperfeiçoamento de Magistrados, cabendo-lhe, dentre outras funções, regulamentar os cursos oficiais para o ingresso e promoção na carreira; *(Incluído pela Emenda Constitucional n. 45, de 2004)*

II — o Conselho da Justiça Federal, cabendo-lhe exercer, na forma da lei, a supervisão administrativa e orçamentária da Justiça Federal de primeiro e segundo graus, como órgão central do sistema e com poderes correicionais, cujas decisões terão caráter vinculante. *(Incluído pela Emenda Constitucional n. 45, de 2004)*

Seção IV
Dos Tribunais Regionais Federais e dos Juízes Federais

Art. 106. São órgãos da Justiça Federal:

I — os Tribunais Regionais Federais;

II — os Juízes Federais.

Art. 107. Os Tribunais Regionais Federais compõem-se de, no mínimo, sete juízes, recrutados, quando possível, na respectiva região e nomeados pelo Presidente da República dentre brasileiros com mais de trinta e menos de sessenta e cinco anos, sendo:

I — um quinto dentre advogados com mais de dez anos de efetiva atividade profissional e membros do Ministério Público Federal com mais de dez anos de carreira;

II — os demais, mediante promoção de juízes federais com mais de cinco anos de exercício, por antiguidade e merecimento, alternadamente.

§ 1º A lei disciplinará a remoção ou a permuta de juízes dos Tribunais Regionais Federais e determinará sua jurisdição e sede. *(Renumerado do parágrafo único, pela Emenda Constitucional n. 45, de 2004)*

§ 2º Os Tribunais Regionais Federais instalarão a justiça itinerante, com a realização de audiências e demais funções da atividade jurisdicional, nos limites territoriais da respectiva jurisdição, servindo-se de equipamentos públicos e comunitários. *(Incluído pela Emenda Constitucional n. 45, de 2004)*

§ 3º Os Tribunais Regionais Federais poderão funcionar descentralizadamente, constituindo Câmaras regionais, a fim de assegurar o pleno acesso do jurisdicionado à justiça em todas as fases do processo. *(Incluído pela Emenda Constitucional n. 45, de 2004)*

Art. 108. Compete aos Tribunais Regionais Federais:

I — processar e julgar, originariamente:

a) os juízes federais da área de sua jurisdição, incluídos os da Justiça Militar e da Justiça do Trabalho, nos crimes comuns e de responsabilidade, e os membros do Ministério Público da União, ressalvada a competência da Justiça Eleitoral;

b) as revisões criminais e as ações rescisórias de julgados seus ou dos juízes federais da região;

c) os mandados de segurança e os *habeas data* contra ato do próprio Tribunal ou de juiz federal;

d) os *habeas corpus*, quando a autoridade coatora for juiz federal;

e) os conflitos de competência entre juízes federais vinculados ao Tribunal;

II — julgar, em grau de recurso, as causas decididas pelos juízes federais e pelos juízes estaduais no exercício da competência federal da área de sua jurisdição.

Art. 109. Aos juízes federais compete processar e julgar:

I — as causas em que a União, entidade autárquica ou empresa pública federal forem interessadas na condição de autoras, rés, assistentes ou oponentes, exceto as de falência, as de acidentes de trabalho e as sujeitas à Justiça Eleitoral e à Justiça do Trabalho;

II — as causas entre Estado estrangeiro ou organismo internacional e Município ou pessoa domiciliada ou residente no País;

III — as causas fundadas em tratado ou contrato da União com Estado estrangeiro ou organismo internacional;

IV — os crimes políticos e as infrações penais praticadas em detrimento de bens, serviços ou interesse da União ou de suas entidades autárquicas ou empresas públicas, excluídas as contravenções e ressalvada a competência da Justiça Militar e da Justiça Eleitoral;

V — os crimes previstos em tratado ou convenção internacional, quando, iniciada a execução no País, o resultado tenha ou devesse ter ocorrido no estrangeiro, ou reciprocamente;

V-A — as causas relativas a direitos humanos a que se refere o § 5º deste artigo; *(Incluído pela Emenda Constitucional n. 45, de 2004)*

VI — os crimes contra a organização do trabalho e, nos casos determinados por lei, contra o sistema financeiro e a ordem econômico-financeira;

VII — os *habeas corpus*, em matéria criminal de sua competência ou quando o constrangimento provier de autoridade cujos atos não estejam diretamente sujeitos a outra jurisdição;

VIII — os mandados de segurança e os *habeas data* contra ato de autoridade federal, excetuados os casos de competência dos tribunais federais;

IX — os crimes cometidos a bordo de navios ou aeronaves, ressalvada a competência da Justiça Militar;

X — os crimes de ingresso ou permanência irregular de estrangeiro, a execução de carta rogatória, após o "exequatur", e de sentença estrangeira, após a homologação, as causas referentes à nacionalidade, inclusive a respectiva opção, e à naturalização;

XI — a disputa sobre direitos indígenas.

§ 1º As causas em que a União for autora serão aforadas na seção judiciária onde tiver domicílio a outra parte.

§ 2º As causas intentadas contra a União poderão ser aforadas na seção judiciária em que for domiciliado o autor, naquela onde houver ocorrido o ato ou fato que deu origem à demanda ou onde esteja situada a coisa, ou, ainda, no Distrito Federal.

§ 3º Serão processadas e julgadas na justiça estadual, no foro do domicílio dos segurados ou beneficiários, as causas em que forem parte instituição de previdência social e segurado, sempre que a comarca não seja sede de vara do juízo federal, e, se verificada essa condição, a lei poderá permitir que outras causas sejam também processadas e julgadas pela justiça estadual.

§ 4º Na hipótese do parágrafo anterior, o recurso cabível será sempre para o Tribunal Regional Federal na área de jurisdição do juiz de primeiro grau.

§ 5º Nas hipóteses de grave violação de direitos humanos, o Procurador-Geral da República, com a finalidade de assegurar o cumprimento de obrigações decorrentes de tratados internacionais de direitos humanos dos quais o Brasil seja parte, poderá suscitar, perante o Superior Tribunal de Justiça, em qualquer fase do inquérito ou processo, incidente de deslocamento de competência para a Justiça Federal. *(Incluído pela Emenda Constitucional n. 45, de 2004)*

Art. 110. Cada Estado, bem como o Distrito Federal, constituirá uma seção judiciária que terá por sede a respectiva Capital, e varas localizadas segundo o estabelecido em lei.

PARÁGRAFO ÚNICO. Nos Territórios Federais, a jurisdição e as atribuições cometidas aos juízes federais caberão aos juízes da justiça local, na forma da lei.

Seção V
(Redação dada pela Emenda Constitucional n. 92, de 2016)
Do Tribunal Superior do Trabalho, dos Tribunais Regionais do Trabalho e dos Juízes do Trabalho

Art. 111. São órgãos da Justiça do Trabalho:

I — o Tribunal Superior do Trabalho;

II — os Tribunais Regionais do Trabalho;

III — Juízes do Trabalho. *(Redação dada pela Emenda Constitucional n. 24, de 1999)*

§§ 1º a 3º *(Revogados pela Emenda Constitucional n. 45, de 2004)*

Art. 111-A. O Tribunal Superior do Trabalho compor-se-á de vinte e sete Ministros, escolhidos dentre brasileiros com mais de trinta e cinco anos e menos de sessenta e cinco anos, de notável saber jurídico e reputação ilibada, nomeados pelo Presidente da República após aprovação pela maioria absoluta do Senado Federal, sendo: *(Redação dada pela Emenda Constitucional n. 92, de 2016)*

I — um quinto dentre advogados com mais de dez anos de efetiva atividade profissional e membros do Ministério Público do Trabalho com mais de dez anos de efetivo exercício, observado o disposto no art. 94; *(Incluído pela Emenda Constitucional n. 45, de 2004)*

II — os demais dentre juízes dos Tribunais Regionais do Trabalho, oriundos da magistratura da carreira, indicados pelo próprio Tribunal Superior. *(Incluído pela Emenda Constitucional n. 45, de 2004)*

§ 1º A lei disporá sobre a competência do Tribunal Superior do Trabalho. *(Incluído pela Emenda Constitucional n. 45, de 2004)*

§ 2º Funcionarão junto ao Tribunal Superior do Trabalho: *(Incluído pela Emenda Constitucional n. 45, de 2004)*

I — a Escola Nacional de Formação e Aperfeiçoamento de Magistrados do Trabalho, cabendo-lhe, dentre outras funções, regulamentar os cursos oficiais para o ingresso e promoção na carreira; *(Incluído pela Emenda Constitucional n. 45, de 2004)*

II — o Conselho Superior da Justiça do Trabalho, cabendo-lhe exercer, na forma da lei, a supervisão administrativa, orçamentária, financeira e patrimonial da Justiça do Trabalho de primeiro e segundo graus, como órgão central do sistema, cujas decisões terão efeito vinculante. *(Incluído pela Emenda Constitucional n. 45, de 2004)*

§ 3º Compete ao Tribunal Superior do Trabalho processar e julgar, originariamente, a reclamação para a preservação de sua competência e garantia da autoridade de suas decisões. *(Incluído pela Emenda Constitucional n. 92, de 2016)*

Art. 112. A lei criará varas da Justiça do Trabalho, podendo, nas comarcas não abrangidas por sua jurisdição, atribuí-la aos juízes de direito, com recurso para o respectivo Tribunal Regional do Trabalho. *(Redação dada pela Emenda Constitucional n. 45, de 2004)*

Art. 113. A lei disporá sobre a constituição, investidura, jurisdição, competência, garantias e condições de exercício dos órgãos da Justiça do Trabalho. *(Redação dada pela Emenda Constitucional n. 24, de 1999)*

Art. 114. Compete à Justiça do Trabalho processar e julgar: *(Redação dada pela Emenda Constitucional n. 45, de 2004)*

I — as ações oriundas da relação de trabalho, abrangidos os entes de direito público externo e da administração pública direta e indireta da União, dos Estados, do Distrito Federal e dos Municípios; *(Incluído pela Emenda Constitucional n. 45, de 2004)*

— V. ADIn n. 3.395-6 proposta pela Associação dos Juizes Federais do Brasil — AJUFE. Nesta ação foi acolhido o pedido de liminar pelo Ministro Nelson Jobim, do Supremo Tribunal Federal, ficando suspenso, ad referendum, toda e qualquer interpretação dada ao inciso I do art. 114 da CF, na redação dada pela EC n. 45/2004, que inclua, na competência da Justiça do Trabalho, a "... apreciação... de causas que... sejam instauradas entre o Poder Público e seus servidores, a ele vinculados por típica relação de ordem estatutária ou de caráter jurídico-administrativo" (DJ 4.2.05). LTr Sup. Trab. 026/05, p. 101.

II — as ações que envolvam exercício do direito de greve; *(Incluído pela Emenda Constitucional n. 45, de 2004)*

III — as ações sobre representação sindical, entre sindicatos, entre sindicatos e trabalhadores, e entre sindicatos e empregadores; *(Incluído pela Emenda Constitucional n. 45, de 2004)*

IV — os mandados de segurança, *habeas corpus* e *habeas data*, quando o ato questionado envolver matéria sujeita à sua jurisdição; *(Incluído pela Emenda Constitucional n. 45, de 2004)*

V — os conflitos de competência entre órgãos com jurisdição trabalhista, ressalvado o disposto no art. 102, I, o; *(Incluído pela Emenda Constitucional n. 45, de 2004)*

VI — as ações de indenização por dano moral ou patrimonial, decorrentes da relação de trabalho; *(Incluído pela Emenda Constitucional n. 45, de 2004)*

VII — as ações relativas às penalidades administrativas impostas aos empregadores pelos órgãos de fiscalização das relações de trabalho; *(Incluído pela Emenda Constitucional n. 45, de 2004)*

VIII — a execução, de ofício, das contribuições sociais previstas no art. 195, I, a, e II, e seus acréscimos legais, decorrentes das sentenças que proferir; *(Incluído pela Emenda Constitucional n. 45, de 2004)*

IX — outras controvérsias decorrentes da relação de trabalho, na forma da lei. *(Incluído pela Emenda Constitucional n. 45, de 2004)*

§ 1º Frustrada a negociação coletiva, as partes poderão eleger árbitros.

§ 2º Recusando-se qualquer das partes à negociação coletiva ou à arbitragem, é facultado às mesmas, de comum acordo, ajuizar dissídio coletivo de natureza econômica, podendo a Justiça do Trabalho decidir o conflito, respeitadas as disposições mínimas legais de proteção ao trabalho, bem como as convencionadas anteriormente. *(Redação dada pela Emenda Constitucional n. 45, de 2004)*

§ 3º Em caso de greve em atividade essencial, com possibilidade de lesão do interesse público, o Ministério Público do Trabalho poderá ajuizar dissídio coletivo, competindo à Justiça do Trabalho decidir o conflito. *(Redação dada pela Emenda Constitucional n. 45, de 2004)*

Art. 115. Os Tribunais Regionais do Trabalho compõem-se de, no mínimo, sete juízes, recrutados, quando possível, na respectiva região, e nomeados pelo Presidente da República dentre brasileiros com mais de trinta e menos de sessenta e cinco anos, sendo: *(Redação dada pela Emenda Constitucional n. 45, de 2004)*

I — um quinto dentre advogados com mais de dez anos de efetiva atividade profissional e membros do Ministério Público do Trabalho com mais de dez anos de efetivo exercício, observado o disposto no art. 94; *(Redação dada pela Emenda Constitucional n. 45, de 2004)*

II — os demais, mediante promoção de juízes do trabalho por antiguidade e merecimento, alternadamente. *(Redação dada pela Emenda Constitucional n. 45, de 2004)*

§ 1º Os Tribunais Regionais do Trabalho instalarão a justiça itinerante, com a realização de audiências e demais funções de atividade jurisdicional, nos limites territoriais da respectiva jurisdição, servindo-se de equipamentos públicos e comunitários. *(Incluído pela Emenda Constitucional n. 45, de 2004)*

§ 2º Os Tribunais Regionais do Trabalho poderão funcionar descentralizadamente, constituindo Câmaras regionais, a fim de assegurar o pleno acesso do jurisdicionado à justiça em todas as fases do processo. *(Incluído pela Emenda Constitucional n. 45, de 2004)*

Art. 116. Nas Varas do Trabalho, a jurisdição será exercida por um juiz singular. *(Redação dada pela Emenda Constitucional n. 24, de 1999)*

PARÁGRAFO ÚNICO. *(Revogado pela Emenda Constitucional n. 24, de 1999)*

Art. 117. e Parágrafo único. *(Revogados pela Emenda Constitucional n. 24, de 1999)*

Seção VI
Dos Tribunais e Juízes Eleitorais

Art. 118. São órgãos da Justiça Eleitoral:

I — o Tribunal Superior Eleitoral;

II — os Tribunais Regionais Eleitorais;

III — os Juízes Eleitorais;

IV — as Juntas Eleitorais.

Art. 119. O Tribunal Superior Eleitoral compor-se-á, no mínimo, de sete membros, escolhidos:

I — mediante eleição, pelo voto secreto:

a) três juízes dentre os Ministros do Supremo Tribunal Federal;

b) dois juízes dentre os Ministros do Superior Tribunal de Justiça;

II — por nomeação do Presidente da República, dois juízes dentre seis advogados de notável saber jurídico e idoneidade moral, indicados pelo Supremo Tribunal Federal.

PARÁGRAFO ÚNICO. O Tribunal Superior Eleitoral elegerá seu Presidente e o Vice-Presidente dentre os Ministros do Supremo Tribunal Federal, e o Corregedor Eleitoral dentre os Ministros do Superior Tribunal de Justiça.

Art. 120. Haverá um Tribunal Regional Eleitoral na Capital de cada Estado e no Distrito Federal.

§ 1º Os Tribunais Regionais Eleitorais compor-se-ão:

I — mediante eleição, pelo voto secreto:

a) de dois juízes dentre os desembargadores do Tribunal de Justiça;

b) de dois juízes, dentre juízes de direito, escolhidos pelo Tribunal de Justiça;

II — de um juiz do Tribunal Regional Federal com sede na Capital do Estado ou no Distrito Federal, ou, não havendo, de juiz federal, escolhido, em qualquer caso, pelo Tribunal Regional Federal respectivo;

III — por nomeação, pelo Presidente da República, de dois juízes dentre seis advogados de notável saber jurídico e idoneidade moral, indicados pelo Tribunal de Justiça.

§ 2º O Tribunal Regional Eleitoral elegerá seu Presidente e o Vice-Presidente dentre os desembargadores.

Art. 121. Lei complementar disporá sobre a organização e competência dos tribunais, dos juízes de direito e das juntas eleitorais.

§ 1º Os membros dos tribunais, os juízes de direito e os integrantes das juntas eleitorais, no exercício de suas funções, e no que lhes for aplicável, gozarão de plenas garantias e serão inamovíveis.

§ 2º Os juízes dos tribunais eleitorais, salvo motivo justificado, servirão por dois anos, no mínimo, e nunca por mais de dois biênios consecutivos, sendo os substitutos escolhidos na mesma ocasião e pelo mesmo processo, em número igual para cada categoria.

§ 3º São irrecorríveis as decisões do Tribunal Superior Eleitoral, salvo as que contrariarem esta Constituição e as denegatórias de *habeas corpus* ou mandado de segurança.

§ 4º Das decisões dos Tribunais Regionais Eleitorais somente caberá recurso quando:

I — forem proferidas contra disposição expressa desta Constituição ou de lei;

II — ocorrer divergência na interpretação de lei entre dois ou mais tribunais eleitorais;

III — versarem sobre inelegibilidade ou expedição de diplomas nas eleições federais ou estaduais;

IV — anularem diplomas ou decretarem a perda de mandatos eletivos federais ou estaduais;

V — denegarem *habeas corpus*, mandado de segurança, *habeas data* ou mandado de injunção.

Seção VII
Dos Tribunais e Juízes Militares

Art. 122. São órgãos da Justiça Militar:

I — o Superior Tribunal Militar;

II — os Tribunais e Juízes Militares instituídos por lei.

Art. 123. O Superior Tribunal Militar compor-se-á de quinze Ministros vitalícios, nomeados pelo Presidente da República, depois de aprovada a indicação pelo Senado Federal, sendo três dentre oficiais-generais da Marinha, quatro dentre oficiais-generais do Exército, três dentre oficiais-generais da Aeronáutica, todos da ativa e do posto mais elevado da carreira, e cinco dentre civis.

PARÁGRAFO ÚNICO. Os Ministros civis serão escolhidos pelo Presidente da República dentre brasileiros maiores de trinta e cinco anos, sendo:

I — três dentre advogados de notório saber jurídico e conduta ilibada, com mais de dez anos de efetiva atividade profissional;

II — dois, por escolha paritária, dentre juízes auditores e membros do Ministério Público da Justiça Militar.

Art. 124. À Justiça Militar compete processar e julgar os crimes militares definidos em lei.

PARÁGRAFO ÚNICO. A lei disporá sobre a organização, o funcionamento e a competência da Justiça Militar.

Seção VIII
Dos Tribunais e Juízes dos Estados

Art. 125. Os Estados organizarão sua Justiça, observados os princípios estabelecidos nesta Constituição.

§ 1º A competência dos tribunais será definida na Constituição do Estado, sendo a lei de organização judiciária de iniciativa do Tribunal de Justiça.

§ 2º Cabe aos Estados a instituição de representação de inconstitucionalidade de leis ou atos normativos estaduais ou municipais em face da Constituição Estadual, vedada a atribuição da legitimação para agir a um único órgão.

§ 3º A lei estadual poderá criar, mediante proposta do Tribunal de Justiça, a Justiça Militar estadual, constituída, em primeiro grau, pelos juízes de direito e pelos Conselhos de Justiça e, em segundo grau, pelo próprio Tribunal de Justiça, ou por Tribunal de Justiça Militar nos Estados em que o efetivo militar seja superior a vinte mil integrantes. *(Redação dada pela Emenda Constitucional n. 45, de 2004)*

§ 4º Compete à Justiça Militar estadual processar e julgar os militares dos Estados, nos crimes militares definidos em lei e as ações judiciais contra atos disciplinares militares, ressalvada a competência do júri quando a vítima for civil, cabendo ao tribunal competente decidir sobre a perda do posto e da patente dos oficiais e da graduação das praças. *(Redação dada pela Emenda Constitucional n. 45, de 2004)*

§ 5º Compete aos juízes de direito do juízo militar processar e julgar, singularmente, os crimes militares cometidos contra civis e as ações judiciais contra atos disciplinares militares, cabendo ao Conselho de Justiça, sob a presidência de juiz de direito, processar e julgar os demais crimes militares. *(Incluído pela Emenda Constitucional n. 45, de 2004)*

§ 6º O Tribunal de Justiça poderá funcionar descentralizadamente, constituindo Câmaras regionais, a fim de assegurar o pleno acesso do jurisdicionado à justiça em todas as fases do processo. *(Incluído pela Emenda Constitucional n. 45, de 2004)*

§ 7º O Tribunal de Justiça instalará a justiça itinerante, com a realização de audiências e demais funções da atividade jurisdicional, nos limites territoriais da respectiva jurisdição, servindo-se de equipamentos públicos e comunitários. *(Incluído pela Emenda Constitucional n. 45, de 2004)*

Art. 126. Para dirimir conflitos fundiários, o Tribunal de Justiça proporá a criação de varas especializadas, com competência exclusiva para questões agrárias. *(Redação dada pela Emenda Constitucional n. 45, de 2004)*

PARÁGRAFO ÚNICO. Sempre que necessário à eficiente prestação jurisdicional, o juiz far-se-á presente no local do litígio.

CAPÍTULO IV
DAS FUNÇÕES ESSENCIAIS À JUSTIÇA
(Redação dada pela Emenda Constitucional n. 80, de 2014)

Seção I
Do Ministério Público

Art. 127. O Ministério Público é instituição permanente, essencial à função jurisdicional do Estado, incumbindo-lhe a defesa da ordem jurídica, do regime democrático e dos interesses sociais e individuais indisponíveis.

§ 1º São princípios institucionais do Ministério Público a unidade, a indivisibilidade e a independência funcional.

§ 2º Ao Ministério Público é assegurada autonomia funcional e administrativa, podendo, observado o disposto no art. 169, propor ao Poder Legislativo a criação e extinção de seus cargos e serviços auxiliares, provendo-os por concurso público de provas ou de provas e títulos, a política remuneratória e os planos de carreira; a lei disporá sobre sua organização e funcionamento. *(Redação dada pela Emenda Constitucional n. 19, de 1998)*

§ 3º O Ministério Público elaborará sua proposta orçamentária dentro dos limites estabelecidos na lei de diretrizes orçamentárias.

§ 4º Se o Ministério Público não encaminhar a respectiva proposta orçamentária dentro do prazo estabelecido na lei de diretrizes orçamentárias, o Poder Executivo considerará, para fins de consolidação da proposta orçamentária anual, os valores aprovados na lei orçamentária vigente, ajustados de acordo com os limites estipulados na forma do § 3º. *(Incluído pela Emenda Constitucional n. 45, de 2004)*

§ 5º Se a proposta orçamentária de que trata este artigo for encaminhada em desacordo com os limites estipulados na forma do § 3º, o Poder Executivo procederá aos ajustes necessários para fins de consolidação da proposta orçamentária anual. *(Incluído pela Emenda Constitucional n. 45, de 2004)*

§ 6º Durante a execução orçamentária do exercício, não poderá haver a realização de despesas ou a assunção de obrigações que extrapolem os limites estabelecidos na lei de diretrizes orçamentárias, exceto se previamente autorizadas, mediante a abertura de créditos suplementares ou especiais. *(Incluído pela Emenda Constitucional n. 45, de 2004)*

Art. 128. O Ministério Público abrange:

I — o Ministério Público da União, que compreende:

a) o Ministério Público Federal;

b) o Ministério Público do Trabalho;

c) o Ministério Público Militar;

d) o Ministério Público do Distrito Federal e Territórios;

II — os Ministérios Públicos dos Estados.

§ 1º O Ministério Público da União tem por chefe o Procurador-Geral da República, nomeado pelo Presidente da República dentre integrantes da carreira, maiores de trinta e cinco anos, após a aprovação de seu nome pela maioria absoluta dos membros do Senado Federal, para mandato de dois anos, permitida a recondução.

§ 2º A destituição do Procurador-Geral da República, por iniciativa do Presidente da República, deverá ser precedida de autorização da maioria absoluta do Senado Federal.

§ 3º Os Ministérios Públicos dos Estados e o do Distrito Federal e Territórios formarão lista tríplice dentre integrantes da carreira, na forma da lei respectiva, para escolha de seu Procurador-Geral, que será nomeado pelo Chefe do Poder Executivo, para mandato de dois anos, permitida uma recondução.

§ 4º Os Procuradores-Gerais nos Estados e no Distrito Federal e Territórios poderão ser destituídos por deliberação da maioria absoluta do Poder Legislativo, na forma da lei complementar respectiva.

§ 5º Leis complementares da União e dos Estados, cuja iniciativa é facultada aos respectivos Procuradores-Gerais, estabelecerão a organização, as atribuições e o estatuto de cada Ministério Público, observadas, relativamente a seus membros:

I — as seguintes garantias:

a) vitaliciedade, após dois anos de exercício, não podendo perder o cargo senão por sentença judicial transitada em julgado;

b) inamovibilidade, salvo por motivo de interesse público, mediante decisão do órgão colegiado competente do Ministério Público, pelo voto da maioria absoluta de seus membros, assegurada ampla defesa; *(Redação dada pela Emenda Constitucional n. 45, de 2004)*

c) irredutibilidade de subsídio, fixado na forma do art. 39, § 4º, e ressalvado o disposto nos arts. 37, X e XI, 150, II, 153, III, 153, § 2º, I; *(Redação dada pela Emenda Constitucional n. 19, de 1998)*

II — as seguintes vedações:

a) receber, a qualquer título e sob qualquer pretexto, honorários, percentagens ou custas processuais;

b) exercer a advocacia;

c) participar de sociedade comercial, na forma da lei;

d) exercer, ainda que em disponibilidade, qualquer outra função pública, salvo uma de magistério;

e) exercer atividade político-partidária; *(Redação dada pela Emenda Constitucional n. 45, de 2004)*

f) receber, a qualquer título ou pretexto, auxílios ou contribuições de pessoas físicas, entidades públicas ou privadas, ressalvadas as exceções previstas em lei. *(Incluída pela Emenda Constitucional n. 45, de 2004)*

§ 6º Aplica-se aos membros do Ministério Público o disposto no art. 95, parágrafo único, V. *(Incluído pela Emenda Constitucional n. 45, de 2004)*

Art. 129. São funções institucionais do Ministério Público:

I — promover, privativamente, a ação penal pública, na forma da lei;

II — zelar pelo efetivo respeito dos Poderes Públicos e dos serviços de relevância pública aos direitos assegurados nesta Constituição, promovendo as medidas necessárias a sua garantia;

III — promover o inquérito civil e a ação civil pública, para a proteção do patrimônio público e social, do meio ambiente e de outros interesses difusos e coletivos;

IV — promover a ação de inconstitucionalidade ou representação para fins de intervenção da União e dos Estados, nos casos previstos nesta Constituição;

V — defender judicialmente os direitos e interesses das populações indígenas;

VI — expedir notificações nos procedimentos administrativos de sua competência, requisitando informações e documentos para instruí-los, na forma da lei complementar respectiva;

VII — exercer o controle externo da atividade policial, na forma da lei complementar mencionada no artigo anterior;

VIII — requisitar diligências investigatórias e a instauração de inquérito policial, indicados os fundamentos jurídicos de suas manifestações processuais;

IX — exercer outras funções que lhe forem conferidas, desde que compatíveis com sua finalidade, sendo-lhe vedada a representação judicial e a consultoria jurídica de entidades públicas.

§ 1º A legitimação do Ministério Público para as ações civis previstas neste artigo não impede a de terceiros, nas mesmas hipóteses, segundo o disposto nesta Constituição e na lei.

§ 2º As funções do Ministério Público só podem ser exercidas por integrantes da carreira, que deverão residir na comarca da respectiva lotação, salvo autorização do chefe da instituição. *(Redação dada pela Emenda Constitucional n. 45, de 2004)*

§ 3º O ingresso na carreira do Ministério Público far-se-á mediante concurso público de provas e títulos, assegurada a participação da Ordem dos Advogados do Brasil em sua realização, exigindo-se do bacharel em direito, no mínimo, três anos de atividade jurídica e observando-se, nas nomeações, a ordem de classificação. *(Redação dada pela Emenda Constitucional n. 45, de 2004)*

§ 4º Aplica-se ao Ministério Público, no que couber, o disposto no art. 93. *(Redação dada pela Emenda Constitucional n. 45, de 2004)*

§ 5º A distribuição de processos no Ministério Público será imediata. *(Incluído pela Emenda Constitucional n. 45, de 2004)*

Art. 130. Aos membros do Ministério Público junto aos Tribunais de Contas aplicam-se as disposições desta seção pertinentes a direitos, vedações e forma de investidura.

Art. 130-A. O Conselho Nacional do Ministério Público compõe-se de quatorze membros nomeados pelo Presidente da República, depois de aprovada a escolha pela maioria absoluta do Senado Federal, para um mandato de dois anos, admitida uma recondução, sendo: *(Incluído pela Emenda Constitucional n. 45, de 2004)*

I — o Procurador-Geral da República, que o preside;

II — quatro membros do Ministério Público da União, assegurada a representação de cada uma de suas carreiras;

III — três membros do Ministério Público dos Estados;

IV — dois juízes, indicados um pelo Supremo Tribunal Federal e outro pelo Superior Tribunal de Justiça;

V — dois advogados, indicados pelo Conselho Federal da Ordem dos Advogados do Brasil;

VI — dois cidadãos de notável saber jurídico e reputação ilibada, indicados um pela Câmara dos Deputados e outro pelo Senado Federal.

§ 1º Os membros do Conselho oriundos do Ministério Público serão indicados pelos respectivos Ministérios Públicos, na forma da lei.

— V. Lei n. 11.372, de 28.11.2006, DOU 29.11.06, regulamenta o § 1º do art. 130-A da Constituição Federal, para dispor sobre a forma de indicação dos membros do Conselho Nacional do Ministério Público oriundos do Ministério Público e criar sua estrutura organizacional e funcional, e dá outras providências (não publicada nesta obra)

§ 2º Compete ao Conselho Nacional do Ministério Público o controle da atuação administrativa e financeira do Ministério Público e do cumprimento dos deveres funcionais de seus membros, cabendo lhe:

I — zelar pela autonomia funcional e administrativa do Ministério Público, podendo expedir atos regulamentares, no âmbito de sua competência, ou recomendar providências;

II — zelar pela observância do art. 37 e apreciar, de ofício ou mediante provocação, a legalidade dos atos administrativos praticados por membros ou órgãos do Ministério Público da União e dos Estados, podendo desconstituí-los, revê-los ou fixar prazo para que se adotem as providências necessárias ao exato cumprimento da lei, sem prejuízo da competência dos Tribunais de Contas;

III — receber e conhecer das reclamações contra membros ou órgãos do Ministério Público da União ou dos Estados, inclusive contra seus serviços auxiliares, sem prejuízo da competência disciplinar e correicional da instituição, podendo avocar processos disciplinares em curso, determinar a remoção, a disponibilidade ou a aposentadoria com subsídios ou proventos proporcionais ao tempo de serviço e aplicar outras sanções administrativas, assegurada ampla defesa;

IV — rever, de ofício ou mediante provocação, os processos disciplinares de membros do Ministério Público da União ou dos Estados julgados há menos de um ano;

V — elaborar relatório anual, propondo as providências que julgar necessárias sobre a situação do Ministério Público no País e as atividades do Conselho, o qual deve integrar a mensagem prevista no art. 84, XI.

§ 3º O Conselho escolherá, em votação secreta, um Corregedor nacional, dentre os membros do Ministério Público que o integram, vedada a recondução, competindo-lhe, além das atribuições que lhe forem conferidas pela lei, as seguintes:

I — receber reclamações e denúncias, de qualquer interessado, relativas aos membros do Ministério Público e dos seus serviços auxiliares;

II — exercer funções executivas do Conselho, de inspeção e correição geral;

III — requisitar e designar membros do Ministério Público, delegando-lhes atribuições, e requisitar servidores de órgãos do Ministério Público.

§ 4º O Presidente do Conselho Federal da Ordem dos Advogados do Brasil oficiará junto ao Conselho.

§ 5º Leis da União e dos Estados criarão ouvidorias do Ministério Público, competentes para receber reclamações e denúncias de qualquer interessado contra membros ou órgãos do Ministério Público, inclusive contra seus serviços auxiliares, representando diretamente ao Conselho Nacional do Ministério Público.

Seção II
Da Advocacia Pública

(Redação dada pela Emenda Constitucional n. 19, de 1998)

Art. 131. A Advocacia-Geral da União é a instituição que, diretamente ou através de órgão vinculado, representa a União, judicial e extrajudicialmente, cabendo-lhe, nos termos da lei complementar que dispuser sobre sua organização e funcionamento, as atividades de consultoria e assessoramento jurídico do Poder Executivo.

§ 1º A Advocacia-Geral da União tem por chefe o Advogado-Geral da União, de livre nomeação pelo Presidente da República dentre cidadãos maiores de trinta e cinco anos, de notável saber jurídico e reputação ilibada.

§ 2º O ingresso nas classes iniciais das carreiras da instituição de que trata este artigo far-se-á mediante concurso público de provas e títulos.

§ 3º Na execução da dívida ativa de natureza tributária, a representação da União cabe à Procuradoria-Geral da Fazenda Nacional, observado o disposto em lei.

Art. 132. Os Procuradores dos Estados e do Distrito Federal, organizados em carreira, na qual o ingresso dependerá de concurso público de provas e títulos, com a participação da Ordem dos Advogados do Brasil em todas as suas fases, exercerão a representação judicial e a consultoria jurídica das respectivas unidades federadas. *(Redação dada pela Emenda Constitucional n. 19, de 1998)*

PARÁGRAFO ÚNICO. Aos procuradores referidos neste artigo é assegurada estabilidade após três anos de efetivo exercício, mediante avaliação de desempenho perante os órgãos próprios, após relatório circunstanciado das corregedorias. *(Redação dada pela Emenda Constitucional n. 19, de 1998)*

Seção III
Da Advocacia
(Redação dada pela Emenda Constitucional n. 80, de 2014)

Art. 133. O advogado é indispensável à administração da justiça, sendo inviolável por seus atos e manifestações no exercício da profissão, nos limites da lei.

Seção IV
Da Defensoria Pública
(Redação dada pela Emenda Constitucional n. 80, de 2014)

Art. 134. A Defensoria Pública é instituição permanente, essencial à função jurisdicional do Estado, incumbindo-lhe, como expressão e instrumento do regime democrático, fundamentalmente, a orientação jurídica, a promoção dos direitos humanos e a defesa, em todos os graus, judicial e extrajudicial, dos direitos individuais e coletivos, de forma integral e gratuita, aos necessitados, na forma do *inciso LXXIV do art. 5º desta Constituição Federal*. *(Redação dada pela Emenda Constitucional n. 80, de 2014)*

§ 1º Lei complementar organizará a Defensoria Pública da União e do Distrito Federal e dos Territórios e prescreverá normas gerais para sua organização nos Estados, em cargos de carreira, providos, na classe inicial, mediante concurso público de provas e títulos, assegurada a seus integrantes a garantia da inamovibilidade e vedado o exercício da advocacia fora das atribuições institucionais. *(Renumerado do parágrafo único pela Emenda Constitucional n. 45, de 2004)*

§ 2º Às Defensorias Públicas Estaduais são asseguradas autonomia funcional e administrativa e a iniciativa de sua proposta orçamentária dentro dos limites estabelecidos na lei de diretrizes orçamentárias e subordinação ao disposto no art. 99, § 2º. *(Incluído pela Emenda Constitucional n. 45, de 2004)*

§ 3º Aplica-se o disposto no § 2º às Defensorias Públicas da União e do Distrito Federal. *(Incluído pela Emenda Constitucional n. 74, de 2013)*

§ 4º São princípios institucionais da Defensoria Pública a unidade, a indivisibilidade e a independência funcional, aplicando-se também, no que couber, o disposto no art. 93 e no inciso II do art. 96 desta Constituição Federal. *(Incluído pela Emenda Constitucional n. 80, de 2014)*

Art. 135. Os servidores integrantes das carreiras disciplinadas nas Seções II e III deste Capítulo serão remunerados na forma do art. 39, § 4º. *(Redação dada pela Emenda Constitucional n. 19, de 1998)*

TÍTULO V
Da Defesa do Estado e Das Instituições Democráticas

CAPÍTULO I
DO ESTADO DE DEFESA E DO ESTADO DE SÍTIO

Seção I
Do Estado de Defesa

Art. 136. O Presidente da República pode, ouvidos o Conselho da República e o Conselho de Defesa Nacional, decretar estado de defesa para preservar ou prontamente restabelecer, em locais restritos e determinados, a ordem pública ou a paz social ameaçadas por grave e iminente instabilidade institucional ou atingidas por calamidades de grandes proporções na natureza.

§ 1º O decreto que instituir o estado de defesa determinará o tempo de sua duração, especificará as áreas a serem abrangidas e indicará, nos termos e limites da lei, as medidas coercitivas a vigorarem, dentre as seguintes:

I — restrições aos direitos de:

a) reunião, ainda que exercida no seio das associações;

b) sigilo de correspondência;

c) sigilo de comunicação telegráfica e telefônica;

II — ocupação e uso temporário de bens e serviços públicos, na hipótese de calamidade pública, respondendo a União pelos danos e custos decorrentes.

§ 2º O tempo de duração do estado de defesa não será superior a trinta dias, podendo ser prorrogado uma vez, por igual período, se persistirem as razões que justificaram a sua decretação.

§ 3º Na vigência do estado de defesa:

I — a prisão por crime contra o Estado, determinada pelo executor da medida, será por este comunicada imediatamente ao juiz competente, que a relaxará, se não for legal, facultado ao preso requerer exame de corpo de delito à autoridade policial;

II — a comunicação será acompanhada de declaração, pela autoridade, do estado físico e mental do detido no momento de sua autuação;

III — a prisão ou detenção de qualquer pessoa não poderá ser superior a dez dias, salvo quando autorizada pelo Poder Judiciário;

IV — é vedada a incomunicabilidade do preso.

§ 4º Decretado o estado de defesa ou sua prorrogação, o Presidente da República, dentro de vinte e quatro horas, submeterá o ato com a respectiva justificação ao Congresso Nacional, que decidirá por maioria absoluta.

§ 5º Se o Congresso Nacional estiver em recesso, será convocado, extraordinariamente, no prazo de cinco dias.

§ 6º O Congresso Nacional apreciará o decreto dentro de dez dias contados de seu recebimento, devendo continuar funcionando enquanto vigorar o estado de defesa.

§ 7º Rejeitado o decreto, cessa imediatamente o estado de defesa.

Seção II
Do Estado de Sítio

Art. 137. O Presidente da República pode, ouvidos o Conselho da República e o Conselho de Defesa Nacional, solicitar ao Congresso Nacional autorização para decretar o estado de sítio nos casos de:

I — comoção grave de repercussão nacional ou ocorrência de fatos que comprovem a ineficácia de medida tomada durante o estado de defesa;

II — declaração de estado de guerra ou resposta a agressão armada estrangeira.

PARÁGRAFO ÚNICO. O Presidente da República, ao solicitar autorização para decretar o estado de sítio ou sua prorrogação, relatará os motivos determinantes do pedido, devendo o Congresso Nacional decidir por maioria absoluta.

Art. 138. O decreto do estado de sítio indicará sua duração, as normas necessárias a sua execução e as garantias constitucionais que ficarão suspensas, e, depois de publicado, o Presidente da República designará o executor das medidas específicas e as áreas abrangidas.

§ 1º O estado de sítio, no caso do art. 137, I, não poderá ser decretado por mais de trinta dias, nem prorrogado, de cada vez, por prazo superior; no do inciso II, poderá ser decretado por todo o tempo que perdurar a guerra ou a agressão armada estrangeira.

§ 2º Solicitada autorização para decretar o estado de sítio durante o recesso parlamentar, o Presidente do Senado Federal, de imediato, convocará extraordinariamente o Congresso Nacional para se reunir dentro de cinco dias, a fim de apreciar o ato.

§ 3º O Congresso Nacional permanecerá em funcionamento até o término das medidas coercitivas.

Art. 139. Na vigência do estado de sítio decretado com fundamento no art. 137, I, só poderão ser tomadas contra as pessoas as seguintes medidas:

I — obrigação de permanência em localidade determinada;

II — detenção em edifício não destinado a acusados ou condenados por crimes comuns;

III — restrições relativas à inviolabilidade da correspondência, ao sigilo das comunicações, à prestação de informações e à liberdade de imprensa, radiodifusão e televisão, na forma da lei;

IV — suspensão da liberdade de reunião;

V — busca e apreensão em domicílio;

VI — intervenção nas empresas de serviços públicos;

VII — requisição de bens.

PARÁGRAFO ÚNICO. Não se inclui nas restrições do inciso III a difusão de pronunciamentos de parlamentares efetuados em suas Casas Legislativas, desde que liberada pela respectiva Mesa.

Seção III
Disposições Gerais

Art. 140. A Mesa do Congresso Nacional, ouvidos os líderes partidários, designará Comissão composta de cinco de seus membros para acompanhar e fiscalizar a execução das medidas referentes ao estado de defesa e ao estado de sítio.

Art. 141. Cessado o estado de defesa ou o estado de sítio, cessarão também seus efeitos, sem prejuízo da responsabilidade pelos ilícitos cometidos por seus executores ou agentes.

PARÁGRAFO ÚNICO. Logo que cesse o estado de defesa ou o estado de sítio, as medidas aplicadas em sua vigência serão relatadas pelo Presidente da República, em mensagem ao Congresso Nacional, com especificação e justificação das providências adotadas, com relação nominal dos atingidos e indicação das restrições aplicadas.

CAPÍTULO II
DAS FORÇAS ARMADAS

Art. 142. As Forças Armadas, constituídas pela Marinha, pelo Exército e pela Aeronáutica, são instituições nacionais permanentes e regulares, organizadas com base na hierarquia e na disciplina, sob a autoridade suprema do Presidente da República, e destinam-se à defesa da Pátria, à garantia dos poderes constitucionais e, por iniciativa de qualquer destes, da lei e da ordem.

§ 1º Lei complementar estabelecerá as normas gerais a serem adotadas na organização, no preparo e no emprego das Forças Armadas.

§ 2º Não caberá *habeas corpus* em relação a punições disciplinares militares.

§ 3º Os membros das Forças Armadas são denominados militares, aplicando-se-lhes, além das que vierem a ser fixadas em lei, as seguintes disposições: *(Incluído pela Emenda Constitucional n. 18, de 1998)*

I — as patentes, com prerrogativas, direitos e deveres a elas inerentes, são conferidas pelo Presidente da República e asseguradas em plenitude aos oficiais da ativa, da reserva ou reformados, sendo-lhes privativos os títulos e postos militares e, juntamente com os demais membros, o uso dos uniformes das Forças Armadas; *(Incluído pela Emenda Constitucional n. 18, de 1998)*

II — o militar em atividade que tomar posse em cargo ou emprego público civil permanente, ressalvada a hipótese prevista no art. 37, inciso XVI, alínea "c", será transferido para a reserva, nos termos da lei; *(Redação dada pela Emenda Constitucional n. 77, de 2014)*

III — o militar da ativa que, de acordo com a lei, tomar posse em cargo, emprego ou função pública civil temporária, não eletiva, ainda que da administração indireta, ressalvada a hipótese prevista no art. 37, inciso XVI, alínea "c", ficará agregado ao respectivo quadro e somente poderá, enquanto permanecer nessa situação, ser promovido por antiguidade, contando-se-lhe o tempo de serviço apenas para aquela promoção e transferência para a reserva, sendo depois de dois anos de afastamento, contínuos ou não, transferido para a reserva, nos termos da lei; *(Redação dada pela Emenda Constitucional n. 77, de 2014)*

IV — ao militar são proibidas a sindicalização e a greve; *(Incluído pela Emenda Constitucional n. 18, de 1998)*

V — o militar, enquanto em serviço ativo, não pode estar filiado a partidos políticos; *(Incluído pela Emenda Constitucional n. 18, de 1998)*

VI — o oficial só perderá o posto e a patente se for julgado indigno do oficialato ou com ele incompatível, por decisão de tribunal militar de caráter permanente, em tempo de paz, ou de tribunal especial, em tempo de guerra; *(Incluído pela Emenda Constitucional n. 18, de 1998)*

VII — o oficial condenado na justiça comum ou militar a pena privativa de liberdade superior a dois anos, por sentença transitada em julgado, será submetido ao julgamento previsto no inciso anterior; *(Incluído pela Emenda Constitucional n. 18, de 1998)*

VIII — aplica-se aos militares o disposto no art. 7º, incisos VIII, XII, XVII, XVIII, XIX e XXV, e no art. 37, incisos XI, XIII, XIV e XV, bem como, na forma da lei e com prevalência da atividade militar, no art. 37, inciso XVI, alínea "c"; *(Redação dada pela Emenda Constitucional n. 77, de 2014)*

IX — *(Revogado pela Emenda Constitucional n. 41, de 19.12.2003)*

X — a lei disporá sobre o ingresso nas Forças Armadas, os limites de idade, a estabilidade e outras condições de transferência do militar para a inatividade, os direitos, os deveres, a remuneração, as prerrogativas e outras situações especiais dos militares, consideradas as peculiaridades de suas atividades, inclusive aquelas cumpridas por força de compromissos internacionais e de guerra. *(Incluído pela Emenda Constitucional n. 18, de 1998)*

Art. 143. O serviço militar é obrigatório nos termos da lei.

§ 1º Às Forças Armadas compete, na forma da lei, atribuir serviço alternativo aos que, em tempo de paz, após alistados, alegarem imperativo de consciência, entendendo-se como tal o decorrente de crença religiosa e de convicção filosófica ou política, para se eximirem de atividades de caráter essencialmente militar. *(Regulamento)*

§ 2º As mulheres e os eclesiásticos ficam isentos do serviço militar obrigatório em tempo de paz, sujeitos, porém, a outros encargos que a lei lhes atribuir. *(Regulamento)*

CAPÍTULO III
DA SEGURANÇA PÚBLICA

Art. 144. A segurança pública, dever do Estado, direito e responsabilidade de todos, é exercida para a preservação da ordem pública e da incolumidade das pessoas e do patrimônio, através dos seguintes órgãos:

I — polícia federal;

II — polícia rodoviária federal;

III — polícia ferroviária federal;

IV — polícias civis;

V — polícias militares e corpos de bombeiros militares.

§ 1º A polícia federal, instituída por lei como órgão permanente, organizado e mantido pela União e estruturado em carreira, destina-se a:" *(Redação dada pela Emenda Constitucional n. 19, de 1998)*

I — apurar infrações penais contra a ordem política e social ou em detrimento de bens, serviços e interesses da União ou de suas entidades autárquicas e empresas públicas, assim como outras infrações cuja prática tenha repercussão interestadual ou internacional e exija repressão uniforme, segundo se dispuser em lei;

II — prevenir e reprimir o tráfico ilícito de entorpecentes e drogas afins, o contrabando e o descaminho, sem prejuízo da ação fazendária e de outros órgãos públicos nas respectivas áreas de competência;

III — exercer as funções de polícia marítima, aeroportuária e de fronteiras; *(Redação dada pela Emenda Constitucional n. 19, de 1998)*

IV — exercer, com exclusividade, as funções de polícia judiciária da União.

§ 2º A polícia rodoviária federal, órgão permanente, organizado e mantido pela União e estruturado em carreira, destina-se, na forma da lei, ao patrulhamento ostensivo das rodovias federais. *(Redação dada pela Emenda Constitucional n. 19, de 1998)*

§ 3º A polícia ferroviária federal, órgão permanente, organizado e mantido pela União e estruturado em carreira, destina-se, na forma da lei, ao patrulhamento ostensivo das ferrovias federais. *(Redação dada pela Emenda Constitucional n. 19, de 1998)*

§ 4º Às polícias civis, dirigidas por delegados de polícia de carreira, incumbem, ressalvada a competência da União, as funções de polícia judiciária e a apuração de infrações penais, exceto as militares.

§ 5º Às polícias militares cabem a polícia ostensiva e a preservação da ordem pública; aos corpos de bombeiros militares, além das atribuições definidas em lei, incumbe a execução de atividades de defesa civil.

§ 6º As polícias militares e corpos de bombeiros militares, forças auxiliares e reserva do Exército, subordinam-se, juntamente com as polícias civis, aos Governadores dos Estados, do Distrito Federal e dos Territórios.

§ 7º A lei disciplinará a organização e o funcionamento dos órgãos responsáveis pela segurança pública, de maneira a garantir a eficiência de suas atividades.

§ 8º Os Municípios poderão constituir guardas municipais destinadas à proteção de seus bens, serviços e instalações, conforme dispuser a lei.

§ 9º A remuneração dos servidores policiais integrantes dos órgãos relacionados neste artigo será fixada na forma do § 4º do art. 39. *(Incluído pela Emenda Constitucional n. 19, de 1998)*

§ 10. A segurança viária, exercida para a preservação da ordem pública e da incolumidade das pessoas e do seu patrimônio nas vias públicas: *(Incluído pela Emenda Constitucional n. 82, de 2014)*

I — compreende a educação, engenharia e fiscalização de trânsito, além de outras atividades previstas em lei, que assegurem ao cidadão o direito à mobilidade urbana eficiente; e *(Incluído pela Emenda Constitucional n. 82, de 2014)*

II — compete, no âmbito dos Estados, do Distrito Federal e dos Municípios, aos respectivos órgãos ou entidades executivos e seus agentes de trânsito, estruturados em Carreira, na forma da lei. *(Incluído pela Emenda Constitucional n. 82, de 2014)*

TÍTULO VI
DA TRIBUTAÇÃO E DO ORÇAMENTO

CAPÍTULO I
DO SISTEMA TRIBUTÁRIO NACIONAL

Seção I
Dos Princípios Gerais

Art. 145. A União, os Estados, o Distrito Federal e os Municípios poderão instituir os seguintes tributos:

I — impostos;

II — taxas, em razão do exercício do poder de polícia ou pela utilização, efetiva ou potencial, de serviços públicos específicos e divisíveis, prestados ao contribuinte ou postos a sua disposição;

III — contribuição de melhoria, decorrente de obras públicas.

§ 1º Sempre que possível, os impostos terão caráter pessoal e serão graduados segundo a capacidade econômica do contribuinte, facultado à administração tributária, especialmente para conferir efetividade a esses objetivos, identificar, respeitados os direitos individuais e nos termos da lei, o patrimônio, os rendimentos e as atividades econômicas do contribuinte.

§ 2º As taxas não poderão ter base de cálculo própria de impostos.

Art. 146. Cabe à lei complementar:

I — dispor sobre conflitos de competência, em matéria tributária, entre a União, os Estados, o Distrito Federal e os Municípios;

II — regular as limitações constitucionais ao poder de tributar;

III — estabelecer normas gerais em matéria de legislação tributária, especialmente sobre:

a) definição de tributos e de suas espécies, bem como, em relação aos impostos discriminados nesta Constituição, a dos respectivos fatos geradores, bases de cálculo e contribuintes;

b) obrigação, lançamento, crédito, prescrição e decadência tributários;

c) adequado tratamento tributário ao ato cooperativo praticado pelas sociedades cooperativas.

d) definição de tratamento diferenciado e favorecido para as microempresas e para as empresas de pequeno porte, inclusive regimes especiais ou simplificados no caso do imposto previsto no art. 155, II, das contribuições previstas no art. 195, I e §§ 12 e 13, e da contribuição a que se refere o art. 239. *(Incluído pela Emenda Constitucional n. 42, de 19.12.2003)*

PARÁGRAFO ÚNICO. A lei complementar de que trata o inciso III, d, também poderá instituir um regime único de arrecadação dos impostos e contribuições da União, dos Estados, do Distrito Federal e dos Municípios, observado que: *(Incluído pela Emenda Constitucional n. 42, de 19.12.2003)*

I — será opcional para o contribuinte; *(Incluído pela Emenda Constitucional n. 42, de 19.12.2003)*

II — poderão ser estabelecidas condições de enquadramento diferenciadas por Estado; *(Incluído pela Emenda Constitucional n. 42, de 19.12.2003)*

III — o recolhimento será unificado e centralizado e a distribuição da parcela de recursos pertencentes aos respectivos entes federados será imediata, vedada qualquer retenção ou condicionamento; *(Incluído pela Emenda Constitucional n. 42, de 19.12.2003)*

IV — a arrecadação, a fiscalização e a cobrança poderão ser compartilhadas pelos entes federados, adotado cadastro nacional único de contribuintes. *(Incluído pela Emenda Constitucional n. 42, de 19.12.2003)*

Art. 146-A. Lei complementar poderá estabelecer critérios especiais de tributação, com o objetivo de prevenir desequilíbrios da concorrência, sem prejuízo da competência de a União, por lei, estabelecer normas de igual objetivo. *(Incluído pela Emenda Constitucional n. 42, de 19.12.2003)*

Art. 147. Competem à União, em Território Federal, os impostos estaduais e, se o Território não for dividido em Municípios, cumulativamente, os impostos municipais; ao Distrito Federal cabem os impostos municipais.

Art. 148. A União, mediante lei complementar, poderá instituir empréstimos compulsórios:

I — para atender a despesas extraordinárias, decorrentes de calamidade pública, de guerra externa ou sua iminência;

II — no caso de investimento público de caráter urgente e de relevante interesse nacional, observado o disposto no art. 150, III, "b".

PARÁGRAFO ÚNICO. A aplicação dos recursos provenientes de empréstimo compulsório será vinculada à despesa que fundamentou sua instituição.

Art. 149. Compete exclusivamente à União instituir contribuições sociais, de intervenção no domínio econômico e de interesse das categorias profissionais ou econômicas, como instrumento de sua atuação nas respectivas áreas, observado o disposto nos arts. 146, III, e 150, I e III, e sem prejuízo do previsto no art. 195, § 6º, relativamente às contribuições a que alude o dispositivo.

§ 1º Os Estados, o Distrito Federal e os Municípios instituirão contribuição, cobrada de seus servidores, para o custeio, em benefício destes, do regime previdenciário de que trata o art. 40, cuja alíquota não será inferior à da contribuição dos servidores titulares de cargos efetivos da União. *(Redação dada pela Emenda Constitucional n. 41, 19.12.2003)*

§ 2º As contribuições sociais e de intervenção no domínio econômico de que trata o *caput* deste artigo: *(Incluído pela Emenda Constitucional n. 33, de 2001)*

I — não incidirão sobre as receitas decorrentes de exportação; *(Incluído pela Emenda Constitucional n. 33, de 2001)*

II — incidirão também sobre a importação de produtos estrangeiros ou serviços; *(Redação dada pela Emenda Constitucional n. 42, de 19.12.2003)*

III — poderão ter alíquotas: *(Incluído pela Emenda Constitucional n. 33, de 2001)*

a) *ad valorem*, tendo por base o faturamento, a receita bruta ou o valor da operação e, no caso de importação, o valor aduaneiro; *(Incluído pela Emenda Constitucional n. 33, de 2001)*

b) específica, tendo por base a unidade de medida adotada. *(Incluído pela Emenda Constitucional n. 33, de 2001)*

§ 3º A pessoa natural destinatária das operações de importação poderá ser equiparada a pessoa jurídica, na forma da lei. *(Incluído pela Emenda Constitucional n. 33, de 2001)*

§ 4º A lei definirá as hipóteses em que as contribuições incidirão uma única vez. *(Incluído pela Emenda Constitucional n. 33, de 2001)*

Art. 149-A Os Municípios e o Distrito Federal poderão instituir contribuição, na forma das respectivas leis, para o custeio do serviço de iluminação pública, observado o disposto no art. 150, I e III. *(Incluído pela Emenda Constitucional n. 39, de 2002)*

PARÁGRAFO ÚNICO. É facultada a cobrança da contribuição a que se refere o *caput*, na fatura de consumo de energia elétrica. *(Incluído pela Emenda Constitucional n. 39, de 2002)*

Seção II
Das Limitações do Poder de Tributar

Art. 150. Sem prejuízo de outras garantias asseguradas ao contribuinte, é vedado à União, aos Estados, ao Distrito Federal e aos Municípios:

I — exigir ou aumentar tributo sem lei que o estabeleça;

II — instituir tratamento desigual entre contribuintes que se encontrem em situação equivalente, proibida qualquer distinção em razão de ocupação profissional ou função por eles exercida, independentemente da denominação jurídica dos rendimentos, títulos ou direitos;

III — cobrar tributos:

a) em relação a fatos geradores ocorridos antes do início da vigência da lei que os houver instituído ou aumentado;

b) no mesmo exercício financeiro em que haja sido publicada a lei que os instituiu ou aumentou;

c) antes de decorridos noventa dias da data em que haja sido publicada a lei que os instituiu ou aumentou, observado o disposto na alínea b; *(Incluído pela Emenda Constitucional n. 42, de 19.12.2003)*

IV — utilizar tributo com efeito de confisco;

V — estabelecer limitações ao tráfego de pessoas ou bens, por meio de tributos interestaduais ou intermunicipais, ressalvada a cobrança de pedágio pela utilização de vias conservadas pelo Poder Público;

VI — instituir impostos sobre:

a) patrimônio, renda ou serviços, uns dos outros;

b) templos de qualquer culto;

c) patrimônio, renda ou serviços dos partidos políticos, inclusive suas fundações, das entidades sindicais dos trabalhadores, das instituições de educação e de assistência social, sem fins lucrativos, atendidos os requisitos da lei;

d) livros, jornais, periódicos e o papel destinado a sua impressão.

e) fonogramas e videofonogramas musicais produzidos no Brasil contendo obras musicais ou literomusicais de autores brasileiros e/ou obras em geral interpretadas por artistas brasileiros bem como os suportes materiais ou arquivos digitais que os contenham, salvo na etapa de replicação industrial de mídias ópticas de leitura a laser. *(Incluída pela Emenda Constitucional n. 75, de 15.10.2013)*

§ 1º A vedação do inciso III, *b*, não se aplica aos tributos previstos nos arts. 148, I, 153, I, II, IV e V; e 154, II; e a vedação do inciso III, *c*, não se aplica aos tributos previstos nos arts. 148, I, 153, I, II, III e V; e 154, II, nem à fixação da base de cálculo dos impostos previstos nos arts. 155, III, e 156, I. *(Redação dada pela Emenda Constitucional n. 42, de 19.12.2003)*

§ 2º A vedação do inciso VI, "a", é extensiva às autarquias e às fundações instituídas e mantidas pelo Poder Público, no que se refere ao patrimônio, à renda e aos serviços, vinculados a suas finalidades essenciais ou às delas decorrentes.

§ 3º As vedações do inciso VI, "a", e do parágrafo anterior não se aplicam ao patrimônio, à renda e aos serviços, relacionados com exploração de atividades econômicas regidas pelas normas aplicáveis a empreendimentos privados, ou em que haja contraprestação ou pagamento de preços ou tarifas pelo usuário, nem exonera o promitente comprador da obrigação de pagar imposto relativamente ao bem imóvel.

§ 4º As vedações expressas no inciso VI, alíneas "b" e "c", compreendem somente o patrimônio, a renda e os serviços, relacionados com as finalidades essenciais das entidades nelas mencionadas.

Lei n. 9.532, de 10.12.1997, DOU 11.12.97
Altera a legislação tributária federal e dá outras providências

....

Art. 12. Para efeito do disposto no art. 150, inciso VI, alínea "c", da Constituição, considera-se imune a instituição de educação ou de assistência social que preste os serviços para os quais houver sido instituída e os coloque à disposição da população em geral, em caráter complementar às atividades do Estado, sem fins lucrativos.

§ 1º Não estão abrangidos pela imunidade os rendimentos e ganhos de capital auferidos em aplicações financeiras de renda fixa ou de renda variável.

§ 2º Para o gozo da imunidade, as instituições a que se refere este artigo, estão obrigadas a atender aos seguintes requisitos:

a) não remunerar, por qualquer forma, seus dirigentes pelos serviços prestados, exceto no caso de associações, fundações ou organizações da sociedade civil, sem fins lucrativos, cujos dirigentes poderão ser remunerados, desde que atuem efetivamente na gestão executiva e desde que cumpridos os requisitos previstos nos arts. 3º e 16 da Lei n. 9.790, de 23 de março de 1999, respeitados como limites máximos os valores praticados pelo mercado na região correspondente à sua área de atuação, devendo seu valor ser fixado pelo órgão de deliberação superior da entidade, registrado em ata, com comunicação ao Ministério Público, no caso das fundações; (Redação dada pela Lei n. 13.204, de 14.12.15, DOU 15.12.15)

b) aplicar integralmente seus recursos na manutenção e desenvolvimento dos seus objetivos sociais;

c) manter escrituração completa de suas receitas e despesas em livros revestidos das formalidades que assegurem a respectiva exatidão;

d) conservar em boa ordem, pelo prazo de cinco anos, contado da data da emissão, os documentos que comprovem a origem de suas receitas e a efetivação de suas despesas, bem assim a realização de quaisquer outros atos ou operações que venham a modificar sua situação patrimonial;

e) apresentar, anualmente, Declaração de Rendimentos, em conformidade com o disposto em ato da Secretaria da Receita Federal;

f) recolher os tributos retidos sobre os rendimentos por elas pagos ou creditados e a contribuição para a seguridade social relativa aos empregados, bem assim cumprir as obrigações acessórias daí decorrentes;

g) assegurar a destinação de seu patrimônio a outra instituição que atenda às condições para gozo da imunidade, no caso de incorporação, fusão, cisão ou de encerramento de suas atividades, ou a órgão público;

h) outros requisitos, estabelecidos em lei específica, relacionados com o funcionamento das entidades a que se refere este artigo.

§ 3º Considera-se entidade sem fins lucrativos a que não apresente superávit em suas contas ou, caso o apresente em determinado exercício, destine referido resultado, integralmente, à manutenção e ao desenvolvimento dos seus objetivos sociais. (Redação dada pela Lei n. 9.718, de 1998)

§ 4º A exigência a que se refere a alínea "a" do § 2º não impede: (Incluído pela Lei n. 12.868, de 2013)

I — a remuneração aos diretores não estatutários que tenham vínculo empregatício; e (Incluído pela Lei n. 12.868, de 2013)

II — a remuneração aos dirigentes estatutários, desde que recebam remuneração inferior, em seu valor bruto, a 70% (setenta por cento) do limite estabelecido para a remuneração de servidores do Poder Executivo federal. (Incluído pela Lei n. 12.868, de 2013)

§ 5º A remuneração dos dirigentes estatutários referidos no inciso II do § 4º deverá obedecer às seguintes condições: (Incluído pela Lei n. 12.868, de 2013)

I — nenhum dirigente remunerado poderá ser cônjuge ou parente até 3º (terceiro) grau, inclusive afim, de instituidores, sócios, diretores, conselheiros, benfeitores ou equivalentes da instituição de que trata o caput deste artigo; e (Incluído pela Lei n. 12.868, de 2013)

II — o total pago a título de remuneração para dirigentes, pelo exercício das atribuições estatutárias, deve ser inferior a 5 (cinco) vezes o valor correspondente ao limite individual estabelecido neste parágrafo. (Incluído pela Lei n. 12.868, de 2013)

§ 6º O disposto nos §§ 4º e 5º não impede a remuneração da pessoa do dirigente estatutário ou diretor que, cumulativamente, tenha vínculo estatutário e empregatício, exceto se houver incompatibilidade de jornadas de trabalho. (Incluído pela Lei n. 12.868, de 2013)

....

§ 5º A lei determinará medidas para que os consumidores sejam esclarecidos acerca dos impostos que incidam sobre mercadorias e serviços.

§ 6º Qualquer subsídio ou isenção, redução de base de cálculo, concessão de crédito presumido, anistia ou remissão, relativos a impostos, taxas ou contribuições, só poderá ser concedido mediante lei específica, federal, estadual ou municipal, que regule exclusivamente as matérias acima enumeradas ou o correspondente tributo ou contribuição, sem prejuízo do disposto no art. 155, § 2º, XII, *g*. *(Redação dada pela Emenda Constitucional n. 3, de 1993)*

§ 7º A lei poderá atribuir a sujeito passivo de obrigação tributária a condição de responsável pelo pagamento de imposto ou contribuição, cujo fato gerador deva ocorrer posteriormente, assegurada a imediata e preferencial restituição da quantia paga, caso não se realize o fato gerador presumido. *(Incluído pela Emenda Constitucional n. 3, de 1993)*

Art. 151. É vedado à União:

I — instituir tributo que não seja uniforme em todo o território nacional ou que implique distinção ou preferência em relação a Estado, ao Distrito Federal ou a Município, em detrimento de outro, admitida a concessão de incentivos fiscais destinados a promover o equilíbrio do desenvolvimento sócio-econômico entre as diferentes regiões do País;

II — tributar a renda das obrigações da dívida pública dos Estados, do Distrito Federal e dos Municípios, bem como a remuneração e os proventos dos respectivos agentes públicos, em níveis superiores aos que fixar para suas obrigações e para seus agentes;

III — instituir isenções de tributos da competência dos Estados, do Distrito Federal ou dos Municípios.

Art. 152. É vedado aos Estados, ao Distrito Federal e aos Municípios estabelecer diferença tributária entre bens e serviços, de qualquer natureza, em razão de sua procedência ou destino.

Seção III
Dos Impostos da União

Art. 153. Compete à União instituir impostos sobre:

I — importação de produtos estrangeiros;

II — exportação, para o exterior, de produtos nacionais ou nacionalizados;

III — renda e proventos de qualquer natureza;

IV — produtos industrializados;

V — operações de crédito, câmbio e seguro, ou relativas a títulos ou valores mobiliários;

VI — propriedade territorial rural;

VII — grandes fortunas, nos termos de lei complementar.

§ 1º É facultado ao Poder Executivo, atendidas as condições e os limites estabelecidos em lei, alterar as alíquotas dos impostos enumerados nos incisos I, II, IV e V.

§ 2º O imposto previsto no inciso III:

I — será informado pelos critérios da generalidade, da universalidade e da progressividade, na forma da lei;

§ 3º O imposto previsto no inciso IV:

I — será seletivo, em função da essencialidade do produto;

II — será não-cumulativo, compensando-se o que for devido em cada operação com o montante cobrado nas anteriores;

III — não incidirá sobre produtos industrializados destinados ao exterior.

IV — terá reduzido seu impacto sobre a aquisição de bens de capital pelo contribuinte do imposto, na forma da lei. *(Incluído pela Emenda Constitucional n. 42, de 19.12.2003)*

§ 4º O imposto previsto no inciso VI do *caput*: *(Redação dada pela Emenda Constitucional n. 42, de 19.12.2003)*

I — será progressivo e terá suas alíquotas fixadas de forma a desestimular a manutenção de propriedades improdutivas; *(Incluído pela Emenda Constitucional n. 42, de 19.12.2003)*

II — não incidirá sobre pequenas glebas rurais, definidas em lei, quando as explore o proprietário que não possua outro imóvel; *(Incluído pela Emenda Constitucional n. 42, de 19.12.2003)*

III — será fiscalizado e cobrado pelos Municípios que assim optarem, na forma da lei, desde que não implique redução do imposto ou qualquer outra forma de renúncia fiscal. *(Incluído pela Emenda Constitucional n. 42, de 19.12.2003) (Regulamento)*

§ 5º O ouro, quando definido em lei como ativo financeiro ou instrumento cambial, sujeita-se exclusivamente à incidência do imposto de que trata o inciso V do "*caput*" deste artigo, devido na operação de origem; a alíquota mínima será de um por cento, assegurada a transferência do montante da arrecadação nos seguintes termos: *(Vide Emenda Constitucional n. 3, de 1993)*

I — trinta por cento para o Estado, o Distrito Federal ou o Território, conforme a origem;

II — setenta por cento para o Município de origem.

Art. 154. A União poderá instituir:

I — mediante lei complementar, impostos não previstos no artigo anterior, desde que sejam não-cumulativos e não tenham fato gerador ou base de cálculo próprios dos discriminados nesta Constituição;

II — na iminência ou no caso de guerra externa, impostos extraordinários, compreendidos ou não em sua competência tributária, os quais serão suprimidos, gradativamente, cessadas as causas de sua criação.

Seção IV
Dos Impostos dos Estados e do Distrito Federal

Art. 155. Compete aos Estados e ao Distrito Federal instituir impostos sobre: *(Redação dada pela Emenda Constitucional n. 3, de 1993)*

I — transmissão causa mortis e doação, de quaisquer bens ou direitos; *(Redação dada pela Emenda Constitucional n. 3, de 1993)*

II — operações relativas à circulação de mercadorias e sobre prestações de serviços de transporte interestadual e intermunicipal e de comunicação, ainda que as operações e as prestações se iniciem no exterior; *(Redação dada pela Emenda Constitucional n. 3, de 1993)*

III — propriedade de veículos automotores. *(Redação dada pela Emenda Constitucional n. 3, de 1993)*

§ 1º O imposto previsto no inciso I: *(Redação dada pela Emenda Constitucional n. 3, de 1993)*

I — relativamente a bens imóveis e respectivos direitos, compete ao Estado da situação do bem, ou ao Distrito Federal

II — relativamente a bens móveis, títulos e créditos, compete ao Estado onde se processar o inventário ou arrolamento, ou tiver domicílio o doador, ou ao Distrito Federal;

III — terá competência para sua instituição regulada por lei complementar:

a) se o doador tiver domicilio ou residência no exterior;

b) se o de cujus possuía bens, era residente ou domiciliado ou teve o seu inventário processado no exterior;

IV — terá suas alíquotas máximas fixadas pelo Senado Federal;

§ 2º O imposto previsto no inciso II atenderá ao seguinte: *(Redação dada pela Emenda Constitucional n. 3, de 1993)*

I — será não-cumulativo, compensando-se o que for devido em cada operação relativa à circulação de mercadorias ou prestação de serviços com o montante cobrado nas anteriores pelo mesmo ou outro Estado ou pelo Distrito Federal;

II — a isenção ou não incidência, salvo determinação em contrário da legislação:

a) não implicará crédito para compensação com o montante devido nas operações ou prestações seguintes;

b) acarretará a anulação do crédito relativo às operações anteriores;

III — poderá ser seletivo, em função da essencialidade das mercadorias e dos serviços;

IV — resolução do Senado Federal, de iniciativa do Presidente da República ou de um terço dos Senadores, aprovada pela maioria absoluta de seus membros, estabelecerá as alíquotas aplicáveis às operações e prestações, interestaduais e de exportação;

V — é facultado ao Senado Federal:

a) estabelecer alíquotas mínimas nas operações internas, mediante resolução de iniciativa de um terço e aprovada pela maioria absoluta de seus membros;

b) fixar alíquotas máximas nas mesmas operações para resolver conflito específico que envolva interesse de Estados, mediante resolução de iniciativa da maioria absoluta e aprovada por dois terços de seus membros;

VI — salvo deliberação em contrário dos Estados e do Distrito Federal, nos termos do disposto no inciso XII, "g", as alíquotas internas, nas operações relativas à circulação de mercadorias e nas prestações de serviços, não poderão ser inferiores às previstas para as operações interestaduais;

VII — nas operações e prestações que destinem bens e serviços a consumidor final, contribuinte ou não do imposto, localizado em outro Estado, adotar-se-á a alíquota interestadual e caberá ao Estado de localização do destinatário o imposto correspondente à diferença entre a alíquota interna do Estado destinatário e a alíquota interestadual; *(Redação dada pela Emenda Constitucional n. 87, de 2015) (Produção de efeito)*

a) (revogada); *(Redação dada pela Emenda Constitucional n. 87, de 2015)*

b) (revogada); *(Redação dada pela Emenda Constitucional n. 87, de 2015)*

VIII — a responsabilidade pelo recolhimento do imposto correspondente à diferença entre a alíquota interna e a interestadual de que trata o inciso VII será atribuída: *(Redação dada pela Emenda Constitucional n. 87, de 2015) (Produção de efeito)*

a) ao destinatário, quando este for contribuinte do imposto; *(Incluído pela Emenda Constitucional n. 87, de 2015)*

b) ao remetente, quando o destinatário não for contribuinte do imposto; *(Incluído pela Emenda Constitucional n. 87, de 2015)*

IX — incidirá também:

a) sobre a entrada de bem ou mercadoria importados do exterior por pessoa física ou jurídica, ainda que não seja contribuinte habitual do imposto, qualquer que seja a sua finalidade, assim como sobre o serviço prestado no exterior, cabendo o imposto ao Estado onde estiver situado o domicílio ou o estabelecimento do destinatário da mercadoria, bem ou serviço; *(Redação dada pela Emenda Constitucional n. 33, de 2001)*

b) sobre o valor total da operação, quando mercadorias forem fornecidas com serviços não compreendidos na competência tributária dos Municípios;

X — não incidirá:

a) sobre operações que destinem mercadorias para o exterior, nem sobre serviços prestados a destinatários no exterior, assegurada a manutenção e o aproveitamento do montante do imposto cobrado nas operações e prestações anteriores; *(Redação dada pela Emenda Constitucional n. 42, de 19.12.2003)*

b) sobre operações que destinem a outros Estados petróleo, inclusive lubrificantes, combustíveis líquidos e gasosos dele derivados, e energia elétrica;

c) sobre o ouro, nas hipóteses definidas no art. 153, § 5º;

d) nas prestações de serviço de comunicação nas modalidades de radiodifusão sonora e de sons e imagens de recepção livre e gratuita; *(Incluído pela Emenda Constitucional n. 42, de 19.12.2003)*

XI — não compreenderá, em sua base de cálculo, o montante do imposto sobre produtos industrializados, quando a operação, realizada entre contribuintes e relativa a produto destinado à industrialização ou à comercialização, configure fato gerador dos dois impostos;

XII — cabe à lei complementar:

a) definir seus contribuintes;

b) dispor sobre substituição tributária;

c) disciplinar o regime de compensação do imposto;

d) fixar, para efeito de sua cobrança e definição do estabelecimento responsável, o local das operações relativas à circulação de mercadorias e das prestações de serviços;

e) excluir da incidência do imposto, nas exportações para o exterior, serviços e outros produtos além dos mencionados no inciso X, "a";

f) prever casos de manutenção de crédito, relativamente à remessa para outro Estado e exportação para o exterior, de serviços e de mercadorias;

g) regular a forma como, mediante deliberação dos Estados e do Distrito Federal, isenções, incentivos e benefícios fiscais serão concedidos e revogados.

h) definir os combustíveis e lubrificantes sobre os quais o imposto incidirá uma única vez, qualquer que seja a sua finalidade, hipótese em que não se aplicará o disposto no inciso X, *b*; *(Incluída pela Emenda Constitucional n. 33, de 2001) (Vide Emenda Constitucional n. 33, de 2001)*

i) fixar a base de cálculo, de modo que o montante do imposto a integre, também na importação do exterior de bem, mercadoria ou serviço. *(Incluída pela Emenda Constitucional n. 33, de 2001)*

§ 3º À exceção dos impostos de que tratam o inciso II do *caput* deste artigo e o art. 153, I e II, nenhum outro imposto poderá incidir sobre operações relativas a energia elétrica, serviços de telecomunicações, derivados de petróleo, combustíveis e minerais do País. *(Redação dada pela Emenda Constitucional n. 33, de 2001)*

§ 4º Na hipótese do inciso XII, *h*, observar-se-á o seguinte: *(Incluído pela Emenda Constitucional n. 33, de 2001)*

I — nas operações com os lubrificantes e combustíveis derivados de petróleo, o imposto caberá ao Estado onde ocorrer o consumo; *(Incluído pela Emenda Constitucional n. 33, de 2001)*

II — nas operações interestaduais, entre contribuintes, com gás natural e seus derivados, e lubrificantes e combustíveis não incluídos no inciso I deste parágrafo, o imposto será repartido entre os Estados de origem e de destino, mantendo-se a mesma proporcionalidade que ocorre nas operações com as demais mercadorias; *(Incluído pela Emenda Constitucional n. 33, de 2001)*

III — nas operações interestaduais com gás natural e seus derivados, e lubrificantes e combustíveis não incluídos no inciso I deste parágrafo, destinadas a não contribuinte, o imposto caberá ao Estado de origem; *(Incluído pela Emenda Constitucional n. 33, de 2001)*

IV — as alíquotas do imposto serão definidas mediante deliberação dos Estados e Distrito Federal, nos termos do § 2º, XII, *g*, observando-se o seguinte: *(Incluído pela Emenda Constitucional n. 33, de 2001)*

a) serão uniformes em todo o território nacional, podendo ser diferenciadas por produto; *(Incluído pela Emenda Constitucional n. 33, de 2001)*

b) poderão ser específicas, por unidade de medida adotada, ou *ad valorem*, incidindo sobre o valor da operação ou sobre o preço que o produto ou seu similar alcançaria em uma venda em condições de livre concorrência; *(Incluído pela Emenda Constitucional n. 33, de 2001)*

c) poderão ser reduzidas e restabelecidas, não se lhes aplicando o disposto no art. 150, III, *b*. *(Incluído pela Emenda Constitucional n. 33, de 2001)*

§ 5º As regras necessárias à aplicação do disposto no § 4º, inclusive as relativas à apuração e à destinação do imposto, serão estabelecidas mediante deliberação dos Estados e do Distrito Federal, nos termos do § 2º, XII, *g*. *(Incluído pela Emenda Constitucional n. 33, de 2001)*

§ 6º O imposto previsto no inciso III: *(Incluído pela Emenda Constitucional n. 42, de 19.12.2003)*

I — terá alíquotas mínimas fixadas pelo Senado Federal; *(Incluído pela Emenda Constitucional n. 42, de 19.12.2003)*

II — poderá ter alíquotas diferenciadas em função do tipo e utilização. *(Incluído pela Emenda Constitucional n. 42, de 19.12.2003)*

Seção V
Dos Impostos dos Municípios

Art. 156. Compete aos Municípios instituir impostos sobre:

I — propriedade predial e territorial urbana;

II — transmissão "inter vivos", a qualquer título, por ato oneroso, de bens imóveis, por natureza ou acessão física, e de direitos reais sobre imóveis, exceto os de garantia, bem como cessão de direitos a sua aquisição;

III — serviços de qualquer natureza, não compreendidos no art. 155, II, definidos em lei complementar. *(Redação dada pela Emenda Constitucional n. 3, de 1993)*

IV — *(Revogado pela Emenda Constitucional n. 3, de 1993)*

§ 1º Sem prejuízo da progressividade no tempo a que se refere o art. 182, § 4º, inciso II, o imposto previsto no inciso I poderá: *(Redação dada pela Emenda Constitucional n. 29, de 2000)*

I — ser progressivo em razão do valor do imóvel; e *(Incluído pela Emenda Constitucional n. 29, de 2000)*

II — ter alíquotas diferentes de acordo com a localização e o uso do imóvel. *(Incluído pela Emenda Constitucional n. 29, de 2000)*

§ 2º O imposto previsto no inciso II:

I — não incide sobre a transmissão de bens ou direitos incorporados ao patrimônio de pessoa jurídica em realização de capital, nem sobre a transmissão de bens ou direitos decorrente de fusão, incorporação, cisão ou extinção de pessoa jurídica, salvo se, nesses casos, a atividade preponderante do adquirente for a compra e venda desses bens ou direitos, locação de bens imóveis ou arrendamento mercantil;

II — compete ao Município da situação do bem.

§ 3º Em relação ao imposto previsto no inciso III do *caput* deste artigo, cabe à lei complementar: *(Redação dada pela Emenda Constitucional n. 37, de 2002)*

I — fixar as suas alíquotas máximas e mínimas; *(Redação dada pela Emenda Constitucional n. 37, de 2002)*

II — excluir da sua incidência exportações de serviços para o exterior. *(Incluído pela Emenda Constitucional n. 3, de 1993)*

III — regular a forma e as condições como isenções, incentivos e benefícios fiscais serão concedidos e revogados. *(Incluído pela Emenda Constitucional n. 3, de 1993)*

§ 4º *(Revogado pela Emenda Constitucional n. 3, de 1993)*

Seção VI
Da Repartição das Receitas Tributárias

Art. 157. Pertencem aos Estados e ao Distrito Federal:

I — o produto da arrecadação do imposto da União sobre renda e proventos de qualquer natureza, incidente na fonte, sobre rendimentos pagos, a qualquer título, por eles, suas autarquias e pelas fundações que instituírem e mantiverem;

II — vinte por cento do produto da arrecadação do imposto que a União instituir no exercício da competência que lhe é atribuída pelo art. 154, I.

Art. 158. Pertencem aos Municípios:

I — o produto da arrecadação do imposto da União sobre renda e proventos de qualquer natureza, incidente na fonte, sobre rendimentos pagos, a qualquer título, por eles, suas autarquias e pelas fundações que instituírem e mantiverem;

II — cinquenta por cento do produto da arrecadação do imposto da União sobre a propriedade territorial rural, relativamente aos imóveis neles situados, cabendo a totalidade na hipótese da opção a que se refere o art. 153, § 4º, III; *(Redação dada pela Emenda Constitucional n. 42, de 19.12.2003)*

III — cinquenta por cento do produto da arrecadação do imposto do Estado sobre a propriedade de veículos automotores licenciados em seus territórios;

IV — vinte e cinco por cento do produto da arrecadação do imposto do Estado sobre operações relativas à circulação de mercadorias e sobre prestações de serviços de transporte interestadual e intermunicipal e de comunicação.

PARÁGRAFO ÚNICO. As parcelas de receita pertencentes aos Municípios, mencionadas no inciso IV, serão creditadas conforme os seguintes critérios:

I — três quartos, no mínimo, na proporção do valor adicionado nas operações relativas à circulação de mercadorias e nas prestações de serviços, realizadas em seus territórios;

II — até um quarto, de acordo com o que dispuser lei estadual ou, no caso dos Territórios, lei federal.

Art. 159. A União entregará: *(Vide Emenda Constitucional n. 55, de 2007)*

I — do produto da arrecadação dos impostos sobre renda e proventos de qualquer natureza e sobre produtos industrializados, 49% (quarenta e nove por cento), na seguinte forma: *(Redação dada pela Emenda Constitucional n. 84, de 2014)*

a) vinte e um inteiros e cinco décimos por cento ao Fundo de Participação dos Estados e do Distrito Federal;

b) vinte e dois inteiros e cinco décimos por cento ao Fundo de Participação dos Municípios;

c) três por cento, para aplicação em programas de financiamento ao setor produtivo das Regiões Norte, Nordeste e Centro-Oeste, através de suas instituições financeiras de caráter regional, de acordo com os planos regionais de desenvolvimento, ficando assegurada ao semiárido do Nordeste a metade dos recursos destinados à Região, na forma que a lei estabelecer;

d) um por cento ao Fundo de Participação dos Municípios, que será entregue no primeiro decêndio do mês de dezembro de cada ano; *(Incluído pela Emenda Constitucional n. 55, de 2007)*

e) 1% (um por cento) ao Fundo de Participação dos Municípios, que será entregue no primeiro decêndio do mês de julho de cada ano; *(Incluída pela Emenda Constitucional n. 84, de 2014)*

II — do produto da arrecadação do imposto sobre produtos industrializados, dez por cento aos Estados e ao Distrito Federal, proporcionalmente ao valor das respectivas exportações de produtos industrializados.

III — do produto da arrecadação da contribuição de intervenção no domínio econômico prevista no art. 177, § 4º, 29% (vinte e nove por cento) para os Estados e o Distrito Federal, distribuídos na forma da lei, observada a destinação a que se refere o inciso II, *c*, do referido parágrafo. *(Redação dada pela Emenda Constitucional n. 44, de 2004)*

§ 1º Para efeito de cálculo da entrega a ser efetuada de acordo com o previsto no inciso I, excluir-se-á a parcela da arrecadação do imposto de renda e proventos de qualquer natureza pertencente aos Estados, ao Distrito Federal e aos Municípios, nos termos do disposto nos arts. 157, I, e 158, I.

§ 2º A nenhuma unidade federada poderá ser destinada parcela superior a vinte por cento do montante a que se refere o inciso II, devendo o eventual excedente ser distribuído entre os demais participantes, mantido, em relação a esses, o critério de partilha nele estabelecido.

§ 3º Os Estados entregarão aos respectivos Municípios vinte e cinco por cento dos recursos que receberem nos termos do inciso II, observados os critérios estabelecidos no art. 158, parágrafo único, I e II.

§ 4º Do montante de recursos de que trata o inciso III que cabe a cada Estado, vinte e cinco por cento serão destinados aos seus Municípios, na forma da lei a que se refere o mencionado inciso. *(Incluído pela Emenda Constitucional n. 42, de 19.12.2003)*

Art. 160. É vedada a retenção ou qualquer restrição à entrega e ao emprego dos recursos atribuídos, nesta seção, aos Estados, ao Distrito Federal e aos Municípios, neles compreendidos adicionais e acréscimos relativos a impostos.

PARÁGRAFO ÚNICO. A vedação prevista neste artigo não impede a União e os Estados de condicionarem a entrega de recursos: *(Redação dada pela Emenda Constitucional n. 29, de 2000)*

I — ao pagamento de seus créditos, inclusive de suas autarquias; *(Incluído pela Emenda Constitucional n. 29, de 2000)*

II — ao cumprimento do disposto no art. 198, § 2º, incisos II e III. *(Incluído pela Emenda Constitucional n. 29, de 2000)*

Art. 161. Cabe à lei complementar:

I — definir valor adicionado para fins do disposto no art. 158, parágrafo único, I;

II — estabelecer normas sobre a entrega dos recursos de que trata o art. 159, especialmente sobre os critérios de rateio dos fundos previstos em seu inciso I, objetivando promover o equilíbrio sócio-econômico entre Estados e entre Municípios;

III — dispor sobre o acompanhamento, pelos beneficiários, do cálculo das quotas e da liberação das participações previstas nos arts. 157, 158 e 159.

PARÁGRAFO ÚNICO. O Tribunal de Contas da União efetuará o cálculo das quotas referentes aos fundos de participação a que alude o inciso II.

Art. 162. A União, os Estados, o Distrito Federal e os Municípios divulgarão, até o último dia do mês subsequente ao da arrecadação, os montantes de cada um dos tributos arrecadados, os recursos recebidos, os valores de origem tributária entregues e a entregar e a expressão numérica dos critérios de rateio.

PARÁGRAFO ÚNICO. Os dados divulgados pela União serão discriminados por Estado e por Município; os dos Estados, por Município.

CAPÍTULO II
Das Finanças Públicas

Seção I
Normas Gerais

Art. 163. Lei complementar disporá sobre:

I — finanças públicas;

II — dívida pública externa e interna, incluída a das autarquias, fundações e demais entidades controladas pelo Poder Público;

III — concessão de garantias pelas entidades públicas;

IV — emissão e resgate de títulos da dívida pública;

V — fiscalização financeira da administração pública direta e indireta; *(Redação dada pela Emenda Constitucional n. 40, de 2003)*

VI — operações de câmbio realizadas por órgãos e entidades da União, dos Estados, do Distrito Federal e dos Municípios;

VII — compatibilização das funções das instituições oficiais de crédito da União, resguardadas as características e condições operacionais plenas das voltadas ao desenvolvimento regional.

Art. 164. A competência da União para emitir moeda será exercida exclusivamente pelo banco central.

§ 1º É vedado ao banco central conceder, direta ou indiretamente, empréstimos ao Tesouro Nacional e a qualquer órgão ou entidade que não seja instituição financeira.

§ 2º O banco central poderá comprar e vender títulos de emissão do Tesouro Nacional, com o objetivo de regular a oferta de moeda ou a taxa de juros.

§ 3º As disponibilidades de caixa da União serão depositadas no banco central; as dos Estados, do Distrito Federal, dos Municípios e dos órgãos ou entidades do Poder Público e das empresas por ele controladas, em instituições financeiras oficiais, ressalvados os casos previstos em lei.

Seção II
Dos Orçamentos

Art. 165. Leis de iniciativa do Poder Executivo estabelecerão:

I — o plano plurianual;

II — as diretrizes orçamentárias;

III — os orçamentos anuais.

§ 1º A lei que instituir o plano plurianual estabelecerá, de forma regionalizada, as diretrizes, objetivos e metas da administração pública federal para as despesas de capital e outras delas decorrentes e para as relativas aos programas de duração continuada.

§ 2º A lei de diretrizes orçamentárias compreenderá as metas e prioridades da administração pública federal, incluindo as despesas de capital para o exercício financeiro subsequente, orientará a elaboração da lei orçamentária anual, disporá sobre as alterações na legislação tributária e estabelecerá a política de aplicação das agências financeiras oficiais de fomento.

§ 3º O Poder Executivo publicará, até trinta dias após o encerramento de cada bimestre, relatório resumido da execução orçamentária.

§ 4º Os planos e programas nacionais, regionais e setoriais previstos nesta Constituição serão elaborados em consonância com o plano plurianual e apreciados pelo Congresso Nacional.

§ 5º A lei orçamentária anual compreenderá:

I — o orçamento fiscal referente aos Poderes da União, seus fundos, órgãos e entidades da administração direta e indireta, inclusive fundações instituídas e mantidas pelo Poder Público;

II — o orçamento de investimento das empresas em que a União, direta ou indiretamente, detenha a maioria do capital social com direito a voto;

III — o orçamento da seguridade social, abrangendo todas as entidades e órgãos a ela vinculados, da administração direta ou indireta, bem como os fundos e fundações instituídos e mantidos pelo Poder Público.

§ 6º O projeto de lei orçamentária será acompanhado de demonstrativo regionalizado do efeito, sobre as receitas e despesas, decorrente de isenções, anistias, remissões, subsídios e benefícios de natureza financeira, tributária e creditícia.

§ 7º Os orçamentos previstos no § 5º, I e II, deste artigo, compatibilizados com o plano plurianual, terão entre suas funções a de reduzir desigualdades inter-regionais, segundo critério populacional.

§ 8º A lei orçamentária anual não conterá dispositivo estranho à previsão da receita e à fixação da despesa, não se incluindo na proibição a autorização para abertura de créditos suplementares e contratação de operações de crédito, ainda que por antecipação de receita, nos termos da lei.

§ 9º Cabe à lei complementar:

I — dispor sobre o exercício financeiro, a vigência, os prazos, a elaboração e a organização do plano plurianual, da lei de diretrizes orçamentárias e da lei orçamentária anual;

II — estabelecer normas de gestão financeira e patrimonial da administração direta e indireta bem como condições para a instituição e funcionamento de fundos.

III — dispor sobre critérios para a execução equitativa, além de procedimentos que serão adotados quando houver impedimentos legais e técnicos, cumprimento de restos a pagar e limitação das programações de caráter obrigatório, para a realização do disposto no § 11 do art. 166. *(Incluído pela Emenda Constitucional n. 86, de 2015)*

Art. 166. Os projetos de lei relativos ao plano plurianual, às diretrizes orçamentárias, ao orçamento anual e aos créditos adicionais serão apreciados pelas duas Casas do Congresso Nacional, na forma do regimento comum.

§ 1º Caberá a uma Comissão mista permanente de Senadores e Deputados:

I — examinar e emitir parecer sobre os projetos referidos neste artigo e sobre as contas apresentadas anualmente pelo Presidente da República;

II — examinar e emitir parecer sobre os planos e programas nacionais, regionais e setoriais previstos nesta Constituição e exercer o acompanhamento e a fiscalização orçamentária, sem prejuízo da atuação das demais comissões do Congresso Nacional e de suas Casas, criadas de acordo com o art. 58.

§ 2º As emendas serão apresentadas na Comissão mista, que sobre elas emitirá parecer, e apreciadas, na forma regimental, pelo Plenário das duas Casas do Congresso Nacional.

§ 3º As emendas ao projeto de lei do orçamento anual ou aos projetos que o modifiquem somente podem ser aprovadas caso:

I — sejam compatíveis com o plano plurianual e com a lei de diretrizes orçamentárias;

II — indiquem os recursos necessários, admitidos apenas os provenientes de anulação de despesa, excluídas as que incidam sobre:

a) dotações para pessoal e seus encargos;

b) serviço da dívida;

c) transferências tributárias constitucionais para Estados, Municípios e Distrito Federal; ou

III — sejam relacionadas:

a) com a correção de erros ou omissões; ou

b) com os dispositivos do texto do projeto de lei.

§ 4º As emendas ao projeto de lei de diretrizes orçamentárias não poderão ser aprovadas quando incompatíveis com o plano plurianual.

§ 5º O Presidente da República poderá enviar mensagem ao Congresso Nacional para propor modificação nos projetos a que se refere este artigo enquanto não iniciada a votação, na Comissão mista, da parte cuja alteração é proposta.

§ 6º Os projetos de lei do plano plurianual, das diretrizes orçamentárias e do orçamento anual serão enviados pelo Presidente da República ao Congresso Nacional, nos termos da lei complementar a que se refere o art. 165, § 9º.

§ 7º Aplicam-se aos projetos mencionados neste artigo, no que não contrariar o disposto nesta seção, as demais normas relativas ao processo legislativo.

§ 8º Os recursos que, em decorrência de veto, emenda ou rejeição do projeto de lei orçamentária anual, ficarem sem despesas correspondentes poderão ser utilizados, conforme o caso, mediante créditos especiais ou suplementares, com prévia e específica autorização legislativa.

§ 9º As emendas individuais ao projeto de lei orçamentária serão aprovadas no limite de 1,2% (um inteiro e dois décimos por cento) da receita corrente líquida prevista no projeto encaminhado pelo Poder Executivo, sendo que a metade deste percentual será destinada a ações e serviços públicos de saúde. *(Incluído pela Emenda Constitucional n. 86, de 2015)*

§ 10. A execução do montante destinado a ações e serviços públicos de saúde previsto no § 9º, inclusive custeio, será computada para fins do cumprimento do inciso I do § 2º do art. 198, vedada a destinação para pagamento de pessoal ou encargos sociais. *(Incluído pela Emenda Constitucional n. 86, de 2015)*

§ 11. É obrigatória a execução orçamentária e financeira das programações a que se refere o § 9º deste artigo, em montante correspondente a 1,2% (um inteiro e dois décimos por cento) da receita corrente líquida realizada no exercício anterior, conforme os critérios para a execução equitativa da programação definidos na lei complementar prevista no § 9º do art. 165. *(Incluído pela Emenda Constitucional n. 86, de 2015)*

§ 12. As programações orçamentárias previstas no § 9º deste artigo não serão de execução obrigatória nos casos dos impedimentos de ordem técnica. *(Incluído pela Emenda Constitucional n. 86, de 2015)*

§ 13. Quando a transferência obrigatória da União, para a execução da programação prevista no §11 deste artigo, for destinada a Estados, ao Distrito Federal e a Municípios, independerá da adimplência do ente federativo destinatário e não integrará a base de cálculo da receita corrente líquida para fins de aplicação dos limites de despesa de pessoal de que trata o *caput* do art. 169. *(Incluído pela Emenda Constitucional n. 86, de 2015)*

§ 14. No caso de impedimento de ordem técnica, no empenho de despesa que integre a programação, na forma do § 11 deste artigo, serão adotadas as seguintes medidas: *(Incluído pela Emenda Constitucional n. 86, de 2015)*

I — até 120 (cento e vinte) dias após a publicação da lei orçamentária, o Poder Executivo, o Poder Legislativo, o Poder Judiciário, o Ministério Público e a Defensoria Pública enviarão ao Poder Legislativo as justificativas do impedimento; *(Incluído pela Emenda Constitucional n. 86, de 2015)*

II — até 30 (trinta) dias após o término do prazo previsto no inciso I, o Poder Legislativo indicará ao Poder Executivo o remanejamento da programação cujo impedimento seja insuperável; *(Incluído pela Emenda Constitucional n. 86, de 2015)*

III — até 30 de setembro ou até 30 (trinta) dias após o prazo previsto no inciso II, o Poder Executivo encaminhará projeto de lei sobre o remanejamento da programação cujo impedimento seja insuperável; *(Incluído pela Emenda Constitucional n. 86, de 2015)*

IV — se, até 20 de novembro ou até 30 (trinta) dias após o término do prazo previsto no inciso III, o Congresso Nacional não deliberar sobre o projeto, o remanejamento será implementado por ato do Poder Executivo, nos termos previstos na lei orçamentária. *(Incluído pela Emenda Constitucional n. 86, de 2015)*

§ 15. Após o prazo previsto no inciso IV do § 14, as programações orçamentárias previstas no § 11 não serão de execução obrigatória nos casos dos impedimentos justificados na notificação prevista no inciso I do § 14. *(Incluído pela Emenda Constitucional n. 86, de 2015)*

§ 16. Os restos a pagar poderão ser considerados para fins de cumprimento da execução financeira prevista no § 11 deste artigo, até o limite de 0,6% (seis décimos por cento) da receita corrente líquida realizada no exercício anterior. *(Incluído pela Emenda Constitucional n. 86, de 2015)*

§ 17. Se for verificado que a reestimativa da receita e da despesa poderá resultar no não cumprimento da meta de resultado fiscal estabelecida na lei de diretrizes orçamentárias, o montante previsto no § 11 deste artigo poderá ser reduzido em até a mesma proporção da limitação incidente sobre o conjunto das despesas discricionárias. *(Incluído pela Emenda Constitucional n. 86, de 2015)*

§ 18. Considera-se equitativa a execução das programações de caráter obrigatório que atenda de forma igualitária e impessoal às emendas apresentadas, independentemente da autoria. *(Incluído pela Emenda Constitucional n. 86, de 2015)*

Art. 167. São vedados:

I — o início de programas ou projetos não incluídos na lei orçamentária anual;

II — a realização de despesas ou a assunção de obrigações diretas que excedam os créditos orçamentários ou adicionais;

III — a realização de operações de créditos que excedam o montante das despesas de capital, ressalvadas as autorizadas mediante créditos suplementares ou especiais com finalidade precisa, aprovados pelo Poder Legislativo por maioria absoluta;

IV — a vinculação de receita de impostos a órgão, fundo ou despesa, ressalvadas a repartição do produto da arrecadação dos impostos a que se referem os arts. 158 e 159, a destinação de recursos para as ações e serviços públicos de saúde, para manutenção e desenvolvimento do ensino e para realização de atividades da administração tributária, como determinado, respectivamente, pelos arts. 198, § 2º, 212 e 37, XXII, e a prestação de garantias às operações de crédito por antecipação de receita, previstas no art. 165, § 8º, bem como o disposto no § 4º deste artigo; *(Redação dada pela Emenda Constitucional n. 42, de 19.12.2003)*

V — a abertura de crédito suplementar ou especial sem prévia autorização legislativa e sem indicação dos recursos correspondentes;

VI — a transposição, o remanejamento ou a transferência de recursos de uma categoria de programação para outra ou de um órgão para outro, sem prévia autorização legislativa;

VII — a concessão ou utilização de créditos ilimitados;

VIII — a utilização, sem autorização legislativa específica, de recursos dos orçamentos fiscal e da seguridade social para suprir necessidade ou cobrir déficit de empresas, fundações e fundos, inclusive dos mencionados no art. 165, § 5º;

IX — a instituição de fundos de qualquer natureza, sem prévia autorização legislativa.

X — a transferência voluntária de recursos e a concessão de empréstimos, inclusive por antecipação de receita, pelos Governos Federal e Estaduais e suas instituições financeiras, para pagamento de despesas com pessoal ativo, inativo e pensionista, dos Estados, do Distrito Federal e dos Municípios. *(Incluído pela Emenda Constitucional n. 19, de 1998)*

XI — a utilização dos recursos provenientes das contribuições sociais de que trata o art. 195, I, a, e II, para a realização de despesas distintas do pagamento de benefícios do regime geral de previdência social de que trata o art. 201. *(Incluído pela Emenda Constitucional n. 20, de 1998)*

§ 1º Nenhum investimento cuja execução ultrapasse um exercício financeiro poderá ser iniciado sem prévia inclusão no plano plurianual, ou sem lei que autorize a inclusão, sob pena de crime de responsabilidade.

§ 2º Os créditos especiais e extraordinários terão vigência no exercício financeiro em que forem autorizados, salvo se o ato de autorização for promulgado nos últimos quatro meses daquele exercício, caso em que, reabertos nos limites de seus saldos, serão incorporados ao orçamento do exercício financeiro subsequente.

§ 3º A abertura de crédito extraordinário somente será admitida para atender a despesas imprevisíveis e urgentes, como as decorrentes de guerra, comoção interna ou calamidade pública, observado o disposto no art. 62.

§ 4º É permitida a vinculação de receitas próprias geradas pelos impostos a que se referem os arts. 155 e 156, e dos recursos de que tratam os arts. 157, 158 e 159, I, a e b, e II, para a prestação de garantia ou contragarantia à União e para pagamento de débitos para com esta. *(Incluído pela Emenda Constitucional n. 3, de 1993)*

§ 5º A transposição, o remanejamento ou a transferência de recursos de uma categoria de programação para outra poderão ser admitidos, no âmbito das atividades de ciência, tecnologia e inovação, com o objetivo de viabilizar os resultados de projetos restritos a essas funções, mediante ato do Poder Executivo, sem necessidade da prévia autorização legislativa prevista no inciso VI deste artigo. *(Incluído pela Emenda Constitucional n. 85, de 2015)*

Art. 168. Os recursos correspondentes às dotações orçamentárias, compreendidos os créditos suplementares e especiais, destinados aos órgãos dos Poderes Legislativo e Judiciário, do Ministério Público e da Defensoria Pública, ser-lhes-ão entregues até o dia 20 de cada mês, em duodécimos, na forma da lei complementar a que se refere o art. 165, § 9º. *(Redação dada pela Emenda Constitucional n. 45, de 2004)*

Art. 169. A despesa com pessoal ativo e inativo da União, dos Estados, do Distrito Federal e dos Municípios não poderá exceder os limites estabelecidos em lei complementar.

§ 1º A concessão de qualquer vantagem ou aumento de remuneração, a criação de cargos, empregos e funções ou alteração de estrutura de carreiras, bem como a admissão ou contratação de pessoal, a qualquer título, pelos órgãos e entidades da administração direta ou indireta, inclusive fundações instituídas e mantidas pelo poder público, só poderão ser feitas: *(Renumerado do parágrafo único, pela Emenda Constitucional n. 19, de 1998)*

I — se houver prévia dotação orçamentária suficiente para atender às projeções de despesa de pessoal e aos acréscimos dela decorrentes; *(Incluído pela Emenda Constitucional n. 19, de 1998)*

II — se houver autorização específica na lei de diretrizes orçamentárias, ressalvadas as empresas públicas e as sociedades de economia mista. *(Incluído pela Emenda Constitucional n. 19, de 1998)*

§ 2º Decorrido o prazo estabelecido na lei complementar referida neste artigo para a adaptação aos parâmetros ali previstos, serão imediatamente suspensos todos os repasses de verbas federais ou estaduais aos Estados, ao Distrito Federal e aos Municípios que não observarem os referidos limites. *(Incluído pela Emenda Constitucional n. 19, de 1998)*

§ 3º Para o cumprimento dos limites estabelecidos com base neste artigo, durante o prazo fixado na lei complementar referida no *caput*, a União, os Estados, o Distrito Federal e os Municípios adotarão as seguintes providências: *(Incluído pela Emenda Constitucional n. 19, de 1998)*

I — redução em pelo menos vinte por cento das despesas com cargos em comissão e funções de confiança; *(Incluído pela Emenda Constitucional n. 19, de 1998)*

II — exoneração dos servidores não estáveis. *(Incluído pela Emenda Constitucional n. 19, de 1998) (Vide Emenda Constitucional n. 19, de 1998)*

§ 4º Se as medidas adotadas com base no parágrafo anterior não forem suficientes para assegurar o cumprimento da determinação da lei complementar referida neste artigo, o servidor estável poderá perder o cargo, desde que ato normativo motivado de cada um dos Poderes especifique a atividade funcional, o órgão ou unidade administrativa objeto da redução de pessoal. *(Incluído pela Emenda Constitucional n. 19, de 1998)*

§ 5º O servidor que perder o cargo na forma do parágrafo anterior fará jus a indenização correspondente a um mês de remuneração por ano de serviço. *(Incluído pela Emenda Constitucional n. 19, de 1998)*

§ 6º O cargo objeto da redução prevista nos parágrafos anteriores será considerado extinto, vedada a criação de cargo, emprego ou função com atribuições iguais ou assemelhadas pelo prazo de quatro anos. *(Incluído pela Emenda Constitucional n. 19, de 1998)*

§ 7º Lei federal disporá sobre as normas gerais a serem obedecidas na efetivação do disposto no § 4º. *(Incluído pela Emenda Constitucional n. 19, de 1998)*

TÍTULO VII
DA ORDEM ECONÔMICA E FINANCEIRA

CAPÍTULO I
Dos Princípios Gerais da Atividade Econômica

Art. 170. A ordem econômica, fundada na valorização do trabalho humano e na livre-iniciativa, tem por fim assegurar a todos existência digna, conforme os ditames da justiça social, observados os seguintes princípios:

I — soberania nacional;

II — propriedade privada;

III — função social da propriedade;

IV — livre concorrência;

V — defesa do consumidor;

VI — defesa do meio ambiente, inclusive mediante tratamento diferenciado conforme o impacto ambiental dos produtos e serviços e de seus processos de elaboração e prestação; *(Redação dada pela Emenda Constitucional n. 42, de 19.12.2003)*

VII — redução das desigualdades regionais e sociais;

VIII — busca do pleno emprego;

IX — tratamento favorecido para as empresas de pequeno porte constituídas sob as leis brasileiras e que tenham sua sede e administração no País. *(Redação dada pela Emenda Constitucional n. 6, de 1995)*

PARÁGRAFO ÚNICO. É assegurado a todos o livre exercício de qualquer atividade econômica, independentemente de autorização de órgãos públicos, salvo nos casos previstos em lei.

Art. 171. *(Revogado pela Emenda Constitucional n. 6, de 1995)*

Art. 172. A lei disciplinará, com base no interesse nacional, os investimentos de capital estrangeiro, incentivará os reinvestimentos e regulará a remessa de lucros.

Art. 173. Ressalvados os casos previstos nesta Constituição, a exploração direta de atividade econômica pelo Estado só será permitida quando necessária aos imperativos da segurança nacional ou a relevante interesse coletivo, conforme definidos em lei.

§ 1º A lei estabelecerá o estatuto jurídico da empresa pública, da sociedade de economia mista e de suas subsidiárias que explorem atividade econômica de produção ou comercialização de bens ou de prestação de serviços, dispondo sobre: *(Redação dada pela Emenda Constitucional n. 19, de 1998)*

I — sua função social e formas de fiscalização pelo Estado e pela sociedade; *(Incluído pela Emenda Constitucional n. 19, de 1998)*

II — a sujeição ao regime jurídico próprio das empresas privadas, inclusive quanto aos direitos e obrigações civis, comerciais, trabalhistas e tributários; *(Incluído pela Emenda Constitucional n. 19, de 1998)*

III — licitação e contratação de obras, serviços, compras e alienações, observados os princípios da administração pública; *(Incluído pela Emenda Constitucional n. 19, de 1998)*

IV — a constituição e o funcionamento dos conselhos de administração e fiscal, com a participação de acionistas minoritários; *(Incluído pela Emenda Constitucional n. 19, de 1998)*

V — os mandatos, a avaliação de desempenho e a responsabilidade dos administradores. *(Incluído pela Emenda Constitucional n. 19, de 1998)*

§ 2º As empresas públicas e as sociedades de economia mista não poderão gozar de privilégios fiscais não extensivos às do setor privado.

§ 3º A lei regulamentará as relações da empresa pública com o Estado e a sociedade.

§ 4º A lei reprimirá o abuso do poder econômico que vise à dominação dos mercados, à eliminação da concorrência e ao aumento arbitrário dos lucros.

§ 5º A lei, sem prejuízo da responsabilidade individual dos dirigentes da pessoa jurídica, estabelecerá a responsabilidade desta, sujeitando-a às punições compatíveis com sua natureza, nos atos praticados contra a ordem econômica e financeira e contra a economia popular.

Art. 174. Como agente normativo e regulador da atividade econômica, o Estado exercerá, na forma da lei, as funções de fiscalização, incentivo e planejamento, sendo este determinante para o setor público e indicativo para o setor privado.

§ 1º A lei estabelecerá as diretrizes e bases do planejamento do desenvolvimento nacional equilibrado, o qual incorporará e compatibilizará os planos nacionais e regionais de desenvolvimento.

§ 2º A lei apoiará e estimulará o cooperativismo e outras formas de associativismo.

§ 3º O Estado favorecerá a organização da atividade garimpeira em cooperativas, levando em conta a proteção do meio ambiente e a promoção econômico-social dos garimpeiros.

§ 4º As cooperativas a que se refere o parágrafo anterior terão prioridade na autorização ou concessão para pesquisa e lavra dos recursos e jazidas de minerais garimpáveis, nas áreas onde estejam atuando, e naquelas fixadas de acordo com o art. 21, XXV, na forma da lei.

Art. 175. Incumbe ao Poder Público, na forma da lei, diretamente ou sob regime de concessão ou permissão, sempre através de licitação, a prestação de serviços públicos.

PARÁGRAFO ÚNICO. A lei disporá sobre:

I — o regime das empresas concessionárias e permissionárias de serviços públicos, o caráter especial de seu contrato e de sua prorrogação, bem como as condições de caducidade, fiscalização e rescisão da concessão ou permissão;

II — os direitos dos usuários;

III — política tarifária;

IV — a obrigação de manter serviço adequado.

Art. 176. As jazidas, em lavra ou não, e demais recursos minerais e os potenciais de energia hidráulica constituem propriedade distinta da do solo, para efeito de exploração ou aproveitamento, e pertencem à União, garantida ao concessionário a propriedade do produto da lavra.

§ 1º A pesquisa e a lavra de recursos minerais e o aproveitamento dos potenciais a que se refere o "*caput*" deste artigo somente poderão ser efetuados mediante autorização ou concessão da União, no interesse nacional, por brasileiros ou empresa constituída sob as leis brasileiras e que tenha sua sede e administração no País, na forma da lei, que estabelecerá as condições específicas quando essas atividades se desenvolverem em faixa de fronteira ou terras indígenas. *(Redação dada pela Emenda Constitucional n. 6, de 1995)*

§ 2º É assegurada participação ao proprietário do solo nos resultados da lavra, na forma e no valor que dispuser a lei.

§ 3º A autorização de pesquisa será sempre por prazo determinado, e as autorizações e concessões previstas neste artigo não poderão ser cedidas ou transferidas, total ou parcialmente, sem prévia anuência do poder concedente.

§ 4º Não dependerá de autorização ou concessão o aproveitamento do potencial de energia renovável de capacidade reduzida.

Art. 177. Constituem monopólio da União:

I — a pesquisa e a lavra das jazidas de petróleo e gás natural e outros hidrocarbonetos fluidos;

II — a refinação do petróleo nacional ou estrangeiro;

III — a importação e exportação dos produtos e derivados básicos resultantes das atividades previstas nos incisos anteriores;

IV — o transporte marítimo do petróleo bruto de origem nacional ou de derivados básicos de petróleo produzidos no País, bem assim o transporte, por meio de conduto, de petróleo bruto, seus derivados e gás natural de qualquer origem;

V — a pesquisa, a lavra, o enriquecimento, o reprocessamento, a industrialização e o comércio de minérios e minerais nucleares e seus derivados, com exceção dos radioisótopos cuja produção, comercialização e utilização poderão ser autorizadas sob regime de permissão, conforme as alíneas *b* e *c* do inciso XXIII do *caput* do art. 21 desta Constituição Federal. *(Redação dada pela Emenda Constitucional n. 49, de 2006)*

§ 1º A União poderá contratar com empresas estatais ou privadas a realização das atividades previstas nos incisos I a IV deste artigo observadas as condições estabelecidas em lei. *(Redação dada pela Emenda Constitucional n. 9, de 1995)*

§ 2º A lei a que se refere o § 1º disporá sobre: *(Incluído pela Emenda Constitucional n. 9, de 1995)*

I — a garantia do fornecimento dos derivados de petróleo em todo o território nacional; *(Incluído pela Emenda Constitucional n. 9, de 1995)*

II — as condições de contratação; *(Incluído pela Emenda Constitucional n. 9, de 1995)*

III — a estrutura e atribuições do órgão regulador do monopólio da União; *(Incluído pela Emenda Constitucional n. 9, de 1995)*

§ 3º A lei disporá sobre o transporte e a utilização de materiais radioativos no território nacional. *(Renumerado de § 2º para 3º pela Emenda Constitucional n. 9, de 1995)*

§ 4º A lei que instituir contribuição de intervenção no domínio econômico relativa às atividades de importação ou comercialização de petróleo e seus derivados, gás natural e seus derivados e álcool combustível deverá atender aos seguintes requisitos: *(Incluído pela Emenda Constitucional n. 33, de 2001)*

I — a alíquota da contribuição poderá ser: *(Incluído pela Emenda Constitucional n. 33, de 2001)*

a) diferenciada por produto ou uso; *(Incluído pela Emenda Constitucional n. 33, de 2001)*

b)reduzida e restabelecida por ato do Poder Executivo, não se lhe aplicando o disposto no art. 150,III, *b*; *(Incluído pela Emenda Constitucional n. 33, de 2001)*

II — os recursos arrecadados serão destinados: *(Incluído pela Emenda Constitucional n. 33, de 2001)*

a) ao pagamento de subsídios a preços ou transporte de álcool combustível, gás natural e seus derivados e derivados de petróleo; *(Incluído pela Emenda Constitucional n. 33, de 2001)*

b) ao financiamento de projetos ambientais relacionados com a indústria do petróleo e do gás; *(Incluído pela Emenda Constitucional n. 33, de 2001)*

c) ao financiamento de programas de infraestrutura de transportes. *(Incluído pela Emenda Constitucional n. 33, de 2001)*

Art. 178. A lei disporá sobre a ordenação dos transportes aéreo, aquático e terrestre, devendo, quanto à ordenação do transporte internacional, observar os acordos firmados pela União, atendido o princípio da reciprocidade. *(Redação dada pela Emenda Constitucional n. 7, de 1995)*

PARÁGRAFO ÚNICO. Na ordenação do transporte aquático, a lei estabelecerá as condições em que o transporte de mercadorias na cabotagem e a navegação interior poderão ser feitos por embarcações estrangeiras. *(Incluído pela Emenda Constitucional n. 7, de 1995)*

Art. 179. A União, os Estados, o Distrito Federal e os Municípios dispensarão às microempresas e às empresas de pequeno porte, assim definidas em lei, tratamento jurídico diferenciado, visando a incentivá-las pela simplificação de suas obrigações administrativas, tributárias, previdenciárias e creditícias, ou pela eliminação ou redução destas por meio de lei.

Art. 180. A União, os Estados, o Distrito Federal e os Municípios promoverão e incentivarão o turismo como fator de desenvolvimento social e econômico.

Art. 181. O atendimento de requisição de documento ou informação de natureza comercial, feita por autoridade administrativa ou judiciária estrangeira, a pessoa física ou jurídica residente ou domiciliada no País dependerá de autorização do Poder competente.

CAPÍTULO II
Da Política Urbana

Art. 182. A política de desenvolvimento urbano, executada pelo Poder Público municipal, conforme diretrizes gerais fixadas em lei, tem por objetivo ordenar o pleno desenvolvimento das funções sociais da cidade e garantir o bem-estar de seus habitantes.

§ 1º O plano diretor, aprovado pela Câmara Municipal, obrigatório para cidades com mais de vinte mil habitantes, é o instrumento básico da política de desenvolvimento e de expansão urbana.

§ 2º A propriedade urbana cumpre sua função social quando atende às exigências fundamentais de ordenação da cidade expressas no plano diretor.

§ 3º As desapropriações de imóveis urbanos serão feitas com prévia e justa indenização em dinheiro.

§ 4º É facultado ao Poder Público municipal, mediante lei específica para área incluída no plano diretor, exigir, nos termos da lei federal, do proprietário do solo urbano não edificado, subutilizado ou não utilizado, que promova seu adequado aproveitamento, sob pena, sucessivamente, de:

I — parcelamento ou edificação compulsórios;

II — imposto sobre a propriedade predial e territorial urbana progressivo no tempo;

III — desapropriação com pagamento mediante títulos da dívida pública de emissão previamente aprovada pelo Senado Federal, com prazo de resgate de até dez anos, em parcelas anuais, iguais e sucessivas, assegurados o valor real da indenização e os juros legais.

Art. 183. Aquele que possuir como sua área urbana de até duzentos e cinquenta metros quadrados, por cinco anos, ininterruptamente e sem oposição, utilizando-a para sua moradia ou de sua família, adquirir-lhe-á o domínio, desde que não seja proprietário de outro imóvel urbano ou rural.

§ 1º O título de domínio e a concessão de uso serão conferidos ao homem ou à mulher, ou a ambos, independentemente do estado civil.

§ 2º Esse direito não será reconhecido ao mesmo possuidor mais de uma vez.

§ 3º Os imóveis públicos não serão adquiridos por usucapião.

CAPÍTULO III
Da Política Agrícola e Fundiária e da Reforma Agrária

Art. 184. Compete à União desapropriar por interesse social, para fins de reforma agrária, o imóvel rural que não esteja cumprindo sua função social, mediante prévia e justa indenização em títulos da dívida agrária, com cláusula de preservação do valor real, resgatáveis no prazo de até vinte anos, a partir do segundo ano de sua emissão, e cuja utilização será definida em lei.

§ 1º As benfeitorias úteis e necessárias serão indenizadas em dinheiro.

§ 2º O decreto que declarar o imóvel como de interesse social, para fins de reforma agrária, autoriza a União a propor a ação de desapropriação.

§ 3º Cabe à lei complementar estabelecer procedimento contraditório especial, de rito sumário, para o processo judicial de desapropriação.

§ 4º O orçamento fixará anualmente o volume total de títulos da dívida agrária, assim como o montante de recursos para atender ao programa de reforma agrária no exercício.

§ 5º São isentas de impostos federais, estaduais e municipais as operações de transferência de imóveis desapropriados para fins de reforma agrária.

Art. 185. São insuscetíveis de desapropriação para fins de reforma agrária:

I — a pequena e média propriedade rural, assim definida em lei, desde que seu proprietário não possua outra;

II — a propriedade produtiva.

PARÁGRAFO ÚNICO. A lei garantirá tratamento especial à propriedade produtiva e fixará normas para o cumprimento dos requisitos relativos a sua função social.

Art. 186. A função social é cumprida quando a propriedade rural atende, simultaneamente, segundo critérios e graus de exigência estabelecidos em lei, aos seguintes requisitos:

I — aproveitamento racional e adequado;

II — utilização adequada dos recursos naturais disponíveis e preservação do meio ambiente;

III — observância das disposições que regulam as relações de trabalho;

IV — exploração que favoreça o bem-estar dos proprietários e dos trabalhadores.

Art. 187. A política agrícola será planejada e executada na forma da lei, com a participação efetiva do setor de produção, envolvendo produtores e trabalhadores rurais, bem como dos setores de comercialização, de armazenamento e de transportes, levando em conta, especialmente:

I — os instrumentos creditícios e fiscais;

II — os preços compatíveis com os custos de produção e a garantia de comercialização;

III — o incentivo à pesquisa e à tecnologia;

IV — a assistência técnica e extensão rural;

V — o seguro agrícola;

VI — o cooperativismo;

VII — a eletrificação rural e irrigação;

VIII — a habitação para o trabalhador rural.

§ 1º Incluem-se no planejamento agrícola as atividades agro-industriais, agropecuárias, pesqueiras e florestais.

§ 2º Serão compatibilizadas as ações de política agrícola e de reforma agrária.

Art. 188. A destinação de terras públicas e devolutas será compatibilizada com a política agrícola e com o plano nacional de reforma agrária.

§ 1º A alienação ou a concessão, a qualquer título, de terras públicas com área superior a dois mil e quinhentos hectares a pessoa física ou jurídica, ainda que por interposta pessoa, dependerá de prévia aprovação do Congresso Nacional.

§ 2º Excetuam-se do disposto no parágrafo anterior as alienações ou as concessões de terras públicas para fins de reforma agrária.

Art. 189. Os beneficiários da distribuição de imóveis rurais pela reforma agrária receberão títulos de domínio ou de concessão de uso, inegociáveis pelo prazo de dez anos.

PARÁGRAFO ÚNICO. O título de domínio e a concessão de uso serão conferidos ao homem ou à mulher, ou a ambos, independentemente do estado civil, nos termos e condições previstos em lei.

Art. 190. A lei regulará e limitará a aquisição ou o arrendamento de propriedade rural por pessoa física ou jurídica estrangeira e estabelecerá os casos que dependerão de autorização do Congresso Nacional.

Art. 191. Aquele que, não sendo proprietário de imóvel rural ou urbano, possua como seu, por cinco anos ininterruptos, sem oposição, área de terra, em zona rural, não superior a cinquenta hectares, tornando-a produtiva por seu trabalho ou de sua família, tendo nela sua moradia, adquirir-lhe-á a propriedade.

PARÁGRAFO ÚNICO. Os imóveis públicos não serão adquiridos por usucapião.

CAPÍTULO IV
Do Sistema Financeiro Nacional

Art. 192. O sistema financeiro nacional, estruturado de forma a promover o desenvolvimento equilibrado do País e a servir aos interesses da coletividade, em todas as partes que o compõem, abrangendo as cooperativas de crédito, será regulado por leis complementares que disporão, inclusive, sobre a participação do capital estrangeiro nas instituições que o integram. *(Redação dada pela Emenda Constitucional n. 40, de 2003)*

I — (Revogado). *(Redação dada pela Emenda Constitucional n. 40, de 2003)*

II — (Revogado). *(Redação dada pela Emenda Constitucional n. 40, de 2003)*

III — (Revogado) *(Redação dada pela Emenda Constitucional n. 40, de 2003)*

a) (Revogado) *(Redação dada pela Emenda Constitucional n. 40, de 2003)*

b) (Revogado) *(Redação dada pela Emenda Constitucional n. 40, de 2003)*

IV — (Revogado) *(Redação dada pela Emenda Constitucional n. 40, de 2003)*

V — (Revogado) *(Redação dada pela Emenda Constitucional n. 40, de 2003)*

VI — (Revogado) *(Redação dada pela Emenda Constitucional n. 40, de 2003)*

VII — (Revogado) *(Redação dada pela Emenda Constitucional n. 40, de 2003)*

VIII — (Revogado) *(Redação dada pela Emenda Constitucional n. 40, de 2003)*

§ 1º (Revogado) *(Redação dada pela Emenda Constitucional n. 40, de 2003)*

§ 2º (Revogado) *(Redação dada pela Emenda Constitucional n. 40, de 2003)*

§ 3º (Revogado) *(Redação dada pela Emenda Constitucional n. 40, de 2003)*

TÍTULO VIII
Da Ordem Social

CAPÍTULO I
Disposição Geral

Art. 193. A ordem social tem como base o primado do trabalho, e como objetivo o bem-estar e a justiça sociais.

CAPÍTULO II
Da Seguridade Social

Seção I
Disposições Gerais

Art. 194. A seguridade social compreende um conjunto integrado de ações de iniciativa dos Poderes Públicos e da sociedade, destinadas a assegurar os direitos relativos à saúde, à previdência e à assistência social.

PARÁGRAFO ÚNICO. Compete ao Poder Público, nos termos da lei, organizar a seguridade social, com base nos seguintes objetivos:

I — universalidade da cobertura e do atendimento;

II — uniformidade e equivalência dos benefícios e serviços às populações urbanas e rurais;

III — seletividade e distributividade na prestação dos benefícios e serviços;

IV — irredutibilidade do valor dos benefícios;

V — equidade na forma de participação no custeio;

VI — diversidade da base de financiamento;

VII — caráter democrático e descentralizado da administração, mediante gestão quadripartite, com participação dos trabalhadores, dos empregadores, dos aposentados e do Governo nos órgãos colegiados. *(Redação dada pela Emenda Constitucional n. 20, de 1998)*

Art. 195. A seguridade social será financiada por toda a sociedade, de forma direta e indireta, nos termos da lei, mediante recursos provenientes dos orçamentos da União, dos Estados, do Distrito Federal e dos Municípios, e das seguintes contribuições sociais:

I — do empregador, da empresa e da entidade a ela equiparada na forma da lei, incidentes sobre: *(Redação dada pela Emenda Constitucional n. 20, de 1998)*

a) a folha de salários e demais rendimentos do trabalho pagos ou creditados, a qualquer título, à pessoa física que lhe preste serviço, mesmo sem vínculo empregatício; *(Incluído pela Emenda Constitucional n. 20, de 1998)*

b) a receita ou o faturamento; *(Incluído pela Emenda Constitucional n. 20, de 1998)*

c) o lucro; *(Incluído pela Emenda Constitucional n. 20, de 1998)*

II — do trabalhador e dos demais segurados da previdência social, não incidindo contribuição sobre aposentadoria e pensão concedidas pelo regime geral de previdência social de que trata o art. 201; *(Redação dada pela Emenda Constitucional n. 20, de 1998)*

III — sobre a receita de concursos de prognósticos.

IV — do importador de bens ou serviços do exterior, ou de quem a lei a ele equiparar. *(Incluído pela Emenda Constitucional n. 42, de 19.12.2003)*

§ 1º As receitas dos Estados, do Distrito Federal e dos Municípios destinadas à seguridade social constarão dos respectivos orçamentos, não integrando o orçamento da União.

§ 2º A proposta de orçamento da seguridade social será elaborada de forma integrada pelos órgãos responsáveis pela saúde, previdência social e assistência social, tendo em vista as metas e prioridades estabelecidas na lei de diretrizes orçamentárias, assegurada a cada área a gestão de seus recursos.

§ 3º A pessoa jurídica em débito com o sistema da seguridade social, como estabelecido em lei, não poderá contratar com o Poder Público nem dele receber benefícios ou incentivos fiscais ou creditícios.

§ 4º A lei poderá instituir outras fontes destinadas a garantir a manutenção ou expansão da seguridade social, obedecido o disposto no art. 154, I.

§ 5º Nenhum benefício ou serviço da seguridade social poderá ser criado, majorado ou estendido sem a correspondente fonte de custeio total.

§ 6º As contribuições sociais de que trata este artigo só poderão ser exigidas após decorridos noventa dias da data da publicação da lei que as houver instituído ou modificado, não se lhes aplicando o disposto no art. 150, III, "b".

§ 7º São isentas de contribuição para a seguridade social as entidades beneficentes de assistência social que atendam às exigências estabelecidas em lei.

§ 8º O produtor, o parceiro, o meeiro e o arrendatário rurais e o pescador artesanal, bem como os respectivos cônjuges, que exerçam suas atividades em regime de economia familiar, sem empregados permanentes, contribuirão para a seguridade social mediante a aplicação de uma alíquota sobre o resultado da comercialização da produção e farão jus aos benefícios nos termos da lei. *(Redação dada pela Emenda Constitucional n. 20, de 1998)*

§ 9º As contribuições sociais previstas no inciso I do *caput* deste artigo poderão ter alíquotas ou bases de cálculo diferenciadas, em razão da atividade econômica, da utilização intensiva de mão de obra, do porte da empresa ou da condição estrutural do mercado de trabalho. *(Redação dada pela Emenda Constitucional n. 47, de 2005)*

§ 10. A lei definirá os critérios de transferência de recursos para o sistema único de saúde e ações de assistência social da União para os Estados, o Distrito Federal e os Municípios, e dos Estados para os Municípios, observada a respectiva contrapartida de recursos. *(Incluído pela Emenda Constitucional n. 20, de 1998)*

§ 11. É vedada a concessão de remissão ou anistia das contribuições sociais de que tratam os incisos I, a, e II deste artigo, para débitos em montante superior ao fixado em lei complementar. *(Incluído pela Emenda Constitucional n. 20, de 1998)*

§ 12. A lei definirá os setores de atividade econômica para os quais as contribuições incidentes na forma dos incisos I, b; e IV do *caput*, serão não-cumulativas. *(Incluído pela Emenda Constitucional n. 42, de 19.12.2003)*

§ 13. Aplica-se o disposto no § 12 inclusive na hipótese de substituição gradual, total ou parcial, da contribuição incidente na forma do inciso I, a, pela incidente sobre a receita ou o faturamento. *(Incluído pela Emenda Constitucional n. 42, de 19.12.2003)*

Seção II
Da Saúde

Art. 196. A saúde é direito de todos e dever do Estado, garantido mediante políticas sociais e econômicas que visem à redução do risco de doença e de outros agravos e ao acesso universal e igualitário às ações e serviços para sua promoção, proteção e recuperação.

Art. 197. São de relevância pública as ações e serviços de saúde, cabendo ao Poder Público dispor, nos termos da lei, sobre sua regulamentação, fiscalização e controle, devendo sua execução ser feita diretamente ou através de terceiros e, também, por pessoa física ou jurídica de direito privado.

Art. 198. As ações e serviços públicos de saúde integram uma rede regionalizada e hierarquizada e constituem um sistema único, organizado de acordo com as seguintes diretrizes:

I — descentralização, com direção única em cada esfera de governo;

II — atendimento integral, com prioridade para as atividades preventivas, sem prejuízo dos serviços assistenciais;

III — participação da comunidade.

§ 1º O sistema único de saúde será financiado, nos termos do art. 195, com recursos do orçamento da seguridade social, da União, dos Estados, do Distrito Federal e dos Municípios, além de outras fontes. *(Parágrafo único renumerado para § 1º pela Emenda Constitucional n. 29, de 2000)*

§ 2º A União, os Estados, o Distrito Federal e os Municípios aplicarão, anualmente, em ações e serviços públicos de saúde recursos mínimos derivados da aplicação de percentuais calculados sobre: *(Incluído pela Emenda Constitucional n. 29, de 2000)*

I — no caso da União, a receita corrente líquida do respectivo exercício financeiro, não podendo ser inferior a 15% (quinze por cento); *(Redação dada pela Emenda Constitucional n. 86, de 2015)*

II — no caso dos Estados e do Distrito Federal, o produto da arrecadação dos impostos a que se refere o art. 155 e dos recursos de que tratam os arts. 157 e 159, inciso I, alínea *a*, e inciso II, deduzidas as parcelas que forem transferidas aos respectivos Municípios; *(Incluído pela Emenda Constitucional n. 29, de 2000)*

III — no caso dos Municípios e do Distrito Federal, o produto da arrecadação dos impostos a que se refere o art. 156 e dos recursos de que tratam os arts. 158 e 159, inciso I, alínea b e § 3º. *(Incluído pela Emenda Constitucional n. 29, de 2000)*

§ 3º Lei complementar, que será reavaliada pelo menos a cada cinco anos, estabelecerá: *(Incluído pela Emenda Constitucional n. 29, de 2000)*

I — os percentuais de que tratam os incisos II e III do § 2º; *(Redação dada pela Emenda Constitucional n. 86, de 2015)*

II — os critérios de rateio dos recursos da União vinculados à saúde destinados aos Estados, ao Distrito Federal e aos Municípios, e dos Estados destinados a seus respectivos Municípios, objetivando a progressiva redução das disparidades regionais; *(Incluído pela Emenda Constitucional n. 29, de 2000)*

III — as normas de fiscalização, avaliação e controle das despesas com saúde nas esferas federal, estadual, distrital e municipal; *(Incluído pela Emenda Constitucional n. 29, de 2000)*

IV — *(revogado). (Redação dada pela Emenda Constitucional n. 86, de 2015)*

§ 4º Os gestores locais do sistema único de saúde poderão admitir agentes comunitários de saúde e agentes de combate às endemias por meio de processo seletivo público, de acordo com a natureza e complexidade de suas atribuições e requisitos específicos para sua atuação. *(Incluído pela Emenda Constitucional n. 51, de 2006)*

§ 5º Lei federal disporá sobre o regime jurídico, o piso salarial profissional nacional, as diretrizes para os Planos de Carreira e a regulamentação das atividades de agente comunitário de saúde e agente de combate às endemias, competindo à União, nos termos da lei, prestar assistência financeira complementar aos Estados, ao Distrito Federal e aos Municípios, para o cumprimento do referido piso salarial. *(Redação dada pela Emenda Constitucional n. 63, de 2010) Regulamento*

§ 6º Além das hipóteses previstas no § 1º do art. 41 e no § 4º do art. 169 da Constituição Federal, o servidor que exerça funções equivalentes às de agente comunitário de saúde ou de agente de combate às endemias poderá perder o cargo em caso de descumprimento dos requisitos específicos, fixados em lei, para o seu exercício. *(Incluído pela Emenda Constitucional n. 51, de 2006)*

Art. 199. A assistência à saúde é livre à iniciativa privada.

§ 1º As instituições privadas poderão participar de forma complementar do sistema único de saúde, segundo diretrizes deste, mediante contrato de direito público ou convênio, tendo preferência as entidades filantrópicas e as sem fins lucrativos.

§ 2º É vedada a destinação de recursos públicos para auxílios ou subvenções às instituições privadas com fins lucrativos.

§ 3º É vedada a participação direta ou indireta de empresas ou capitais estrangeiros na assistência à saúde no País, salvo nos casos previstos em lei.

§ 4º A lei disporá sobre as condições e os requisitos que facilitem a remoção de órgãos, tecidos e substâncias humanas para fins de transplante, pesquisa e tratamento, bem como a coleta, processamento e transfusão de sangue e seus derivados, sendo vedado todo tipo de comercialização.

Art. 200. Ao sistema único de saúde compete, além de outras atribuições, nos termos da lei:

I — controlar e fiscalizar procedimentos, produtos e substâncias de interesse para a saúde e participar da produção de medicamentos, equipamentos, imunobiológicos, hemoderivados e outros insumos;

II — executar as ações de vigilância sanitária e epidemiológica, bem como as de saúde do trabalhador;

III — ordenar a formação de recursos humanos na área de saúde;

IV — participar da formulação da política e da execução das ações de saneamento básico;

V — incrementar, em sua área de atuação, o desenvolvimento científico e tecnológico e a inovação; *(Redação dada pela Emenda Constitucional n. 85, de 2015)*

VI — fiscalizar e inspecionar alimentos, compreendido o controle de seu teor nutricional, bem como bebidas e águas para consumo humano;

VII — participar do controle e fiscalização da produção, transporte, guarda e utilização de substâncias e produtos psicoativos, tóxicos e radioativos;

VIII — colaborar na proteção do meio ambiente, nele compreendido o do trabalho.

Seção III
Da Previdência Social

Art. 201. A previdência social será organizada sob a forma de regime geral, de caráter contributivo e de filiação obrigatória, observados critérios que preservem o equilíbrio financeiro e atuarial, e atenderá, nos termos da lei, a: *(Redação dada pela Emenda Constitucional n. 20, de 1998)*

I — cobertura dos eventos de doença, invalidez, morte e idade avançada; *(Redação dada pela Emenda Constitucional n. 20, de 1998)*

II — proteção à maternidade, especialmente à gestante; *(Redação dada pela Emenda Constitucional n. 20, de 1998)*

III — proteção ao trabalhador em situação de desemprego involuntário; *(Redação dada pela Emenda Constitucional n. 20, de 1998)*

IV — salário-família e auxílio-reclusão para os dependentes dos segurados de baixa renda; *(Redação dada pela Emenda Constitucional n. 20, de 1998)*

V — pensão por morte do segurado, homem ou mulher, ao cônjuge ou companheiro e dependentes, observado o disposto no § 2º. *(Redação dada pela Emenda Constitucional n. 20, de 1998)*

§ 1º É vedada a adoção de requisitos e critérios diferenciados para a concessão de aposentadoria aos beneficiários do regime geral de previdência social, ressalvados os casos de atividades exercidas sob condições especiais que prejudiquem a saúde ou a integridade física e quando se tratar de segurados portadores de deficiência, nos termos definidos em lei complementar. *(Redação dada pela Emenda Constitucional n. 47, de 2005)*

§ 2º Nenhum benefício que substitua o salário de contribuição ou o rendimento do trabalho do segurado terá valor mensal inferior ao salário mínimo. *(Redação dada pela Emenda Constitucional n. 20, de 1998)*

§ 3º Todos os salários de contribuição considerados para o cálculo de benefício serão devidamente atualizados, na forma da lei. *(Redação dada pela Emenda Constitucional n. 20, de 1998)*

§ 4º É assegurado o reajustamento dos benefícios para preservar-lhes, em caráter permanente, o valor real, conforme critérios definidos em lei. *(Redação dada pela Emenda Constitucional n. 20, de 1998)*

§ 5º É vedada a filiação ao regime geral de previdência social, na qualidade de segurado facultativo, de pessoa participante de regime próprio de previdência. *(Redação dada pela Emenda Constitucional n. 20, de 1998)*

§ 6º A gratificação natalina dos aposentados e pensionistas terá por base o valor dos proventos do mês de dezembro de cada ano. *(Redação dada pela Emenda Constitucional n. 20, de 1998)*

§ 7º É assegurada aposentadoria no regime geral de previdência social, nos termos da lei, obedecidas as seguintes condições: *(Redação dada pela Emenda Constitucional n. 20, de 1998)*

I — trinta e cinco anos de contribuição, se homem, e trinta anos de contribuição, se mulher; *(Incluído dada pela Emenda Constitucional n. 20, de 1998)*

II — sessenta e cinco anos de idade, se homem, e sessenta anos de idade, se mulher, reduzido em cinco anos o limite para os trabalhadores rurais de ambos os sexos e para os que exerçam suas atividades em regime de economia familiar, nestes incluídos o produtor rural, o garimpeiro e o pescador artesanal. *(Incluído dada pela Emenda Constitucional n. 20, de 1998)*

§ 8º Os requisitos a que se refere o inciso I do parágrafo anterior serão reduzidos em cinco anos, para o professor que comprove exclusivamente tempo de efetivo exercício das funções de magistério na educação infantil e no ensino fundamental e médio. *(Redação dada pela Emenda Constitucional n. 20, de 1998)*

§ 9º Para efeito de aposentadoria, é assegurada a contagem recíproca do tempo de contribuição na administração pública e na atividade privada, rural e urbana, hipótese em que os diversos regimes de previdência social se compensarão financeiramente, segundo critérios estabelecidos em lei. *(Incluído dada pela Emenda Constitucional n. 20, de 1998)*

§ 10. Lei disciplinará a cobertura do risco de acidente do trabalho, a ser atendida concorrentemente pelo regime geral de previdência social e pelo setor privado. *(Incluído dada pela Emenda Constitucional n. 20, de 1998)*

§ 11. Os ganhos habituais do empregado, a qualquer título, serão incorporados ao salário para efeito de contribuição previdenciária e consequente repercussão em benefícios, nos casos e na forma da lei. *(Incluído dada pela Emenda Constitucional n. 20, de 1998)*

§ 12. Lei disporá sobre sistema especial de inclusão previdenciária para atender a trabalhadores de baixa renda e àqueles sem renda própria que se dediquem exclusivamente ao trabalho doméstico no âmbito de sua residência, desde que pertencentes a famílias de baixa renda, garantindo-lhes acesso a benefícios de valor igual a um salário-mínimo. *(Redação dada pela Emenda Constitucional n. 47, de 2005)*

§ 13. O sistema especial de inclusão previdenciária de que trata o § 12 deste artigo terá alíquotas e carências inferiores às vigentes para os demais segurados do regime geral de previdência social. *(Incluído pela Emenda Constitucional n. 47, de 2005*

Art. 202. O regime de previdência privada, de caráter complementar e organizado de forma autônoma em relação ao regime geral de previdência social, será facultativo, baseado na constituição de reservas que garantam o benefício contratado, e regulado por lei complementar. *(Redação dada pela Emenda Constitucional n. 20, de 1998)*

§ 1º A lei complementar de que trata este artigo assegurará ao participante de planos de benefícios de entidades de previdência privada o pleno acesso às informações relativas à gestão de seus respectivos planos. *(Redação dada pela Emenda Constitucional n. 20, de 1998)*

§ 2º As contribuições do empregador, os benefícios e as condições contratuais previstas nos estatutos, regulamentos e planos de benefícios das entidades de previdência privada não integram o contrato de trabalho dos participantes, assim como, à exceção dos benefícios concedidos, não integram a remuneração dos participantes, nos termos da lei. *(Redação dada pela Emenda Constitucional n. 20, de 1998)*

§ 3º É vedado o aporte de recursos a entidade de previdência privada pela União, Estados, Distrito Federal e Municípios, suas autarquias, fundações, empresas públicas, sociedades de economia mista e outras entidades públicas, salvo na qualidade de patrocinador, situação na qual, em hipótese alguma, sua contribuição normal poderá exceder a do segurado. *(Incluído pela Emenda Constitucional n. 20, de 1998)*

§ 4º Lei complementar disciplinará a relação entre a União, Estados, Distrito Federal ou Municípios, inclusive suas autarquias, fundações, sociedades de economia mista e empresas controladas direta ou indiretamente, enquanto patrocinadoras de entidades fechadas de previdência privada, e suas respectivas entidades fechadas de previdência privada. *(Incluído pela Emenda Constitucional n. 20, de 1998)*

§ 5º A lei complementar de que trata o parágrafo anterior aplicar-se-á, no que couber, às empresas privadas permissionárias ou concessionárias de prestação de serviços públicos, quando patrocinadoras de entidades fechadas de previdência privada. *(Incluído pela Emenda Constitucional n. 20, de 1998)*

§ 6º A lei complementar a que se refere o § 4º deste artigo estabelecerá os requisitos para a designação dos membros das diretorias das entidades fechadas de previdência privada e disciplinará a inserção dos participantes nos colegiados e instâncias de decisão em que seus interesses sejam objeto de discussão e deliberação. *(Incluído pela Emenda Constitucional n. 20, de 1998)*

Seção IV
Da Assistência Social

Art. 203. A assistência social será prestada a quem dela necessitar, independentemente de contribuição à seguridade social, e tem por objetivos:

I — a proteção à família, à maternidade, à infância, à adolescência e à velhice;

II — o amparo às crianças e adolescentes carentes;

III — a promoção da integração ao mercado de trabalho;

IV — a habilitação e reabilitação das pessoas portadoras de deficiência e a promoção de sua integração à vida comunitária;

V — a garantia de um salário mínimo de benefício mensal à pessoa portadora de deficiência e ao idoso que comprovem não possuir meios de prover à própria manutenção ou de tê-la provida por sua família, conforme dispuser a lei.

Art. 204. As ações governamentais na área da assistência social serão realizadas com recursos do orçamento da seguridade social, previstos no art. 195, além de outras fontes, e organizadas com base nas seguintes diretrizes:

I — descentralização político-administrativa, cabendo a coordenação e as normas gerais à esfera federal e a coordenação e a execução dos respectivos programas às esferas estadual e municipal, bem como a entidades beneficentes e de assistência social;

II — participação da população, por meio de organizações representativas, na formulação das políticas e no controle das ações em todos os níveis.

PARÁGRAFO ÚNICO. É facultado aos Estados e ao Distrito Federal vincular a programa de apoio à inclusão e promoção social até cinco décimos por cento de sua receita tributária líquida, vedada a aplicação desses recursos no pagamento de: *(Incluído pela Emenda Constitucional n. 42, de 19.12.2003)*

I — despesas com pessoal e encargos sociais; *(Incluído pela Emenda Constitucional n. 42, de 19.12.2003)*

II — serviço da dívida; *(Incluído pela Emenda Constitucional n. 42, de 19.12.2003)*

III — qualquer outra despesa corrente não vinculada diretamente aos investimentos ou ações apoiados. *(Incluído pela Emenda Constitucional n. 42, de 19.12.2003)*

CAPÍTULO III
DA EDUCAÇÃO, DA CULTURA E DO DESPORTO

Seção I
Da Educação

Art. 205. A educação, direito de todos e dever do Estado e da família, será promovida e incentivada com a colaboração da sociedade, visando ao pleno desenvolvimento da pessoa, seu preparo para o exercício da cidadania e sua qualificação para o trabalho.

Art. 206. O ensino será ministrado com base nos seguintes princípios:

I — igualdade de condições para o acesso e permanência na escola;

II — liberdade de aprender, ensinar, pesquisar e divulgar o pensamento, a arte e o saber;

III — pluralismo de ideias e de concepções pedagógicas, e coexistência de instituições públicas e privadas de ensino;

IV — gratuidade do ensino público em estabelecimentos oficiais;

V — valorização dos profissionais da educação escolar, garantidos, na forma da lei, planos de carreira, com ingresso exclusivamente por concurso público de provas e títulos, aos das redes públicas; *(Redação dada pela Emenda Constitucional n. 53, de 2006)*

VI — gestão democrática do ensino público, na forma da lei;

VII — garantia de padrão de qualidade.

VIII — piso salarial profissional nacional para os profissionais da educação escolar pública, nos termos de lei federal. *(Incluído pela Emenda Constitucional n. 53, de 2006)*

PARÁGRAFO ÚNICO. A lei disporá sobre as categorias de trabalhadores considerados profissionais da educação básica e sobre a fixação de prazo para a elaboração ou adequação de seus planos de carreira, no âmbito da União, dos Estados, do Distrito Federal e dos Municípios. *(Incluído pela Emenda Constitucional n. 53, de 2006)*

Art. 207. As universidades gozam de autonomia didático-científica, administrativa e de gestão financeira e patrimonial, e obedecerão ao princípio de indissociabilidade entre ensino, pesquisa e extensão.

§ 1º É facultado às universidades admitir professores, técnicos e cientistas estrangeiros, na forma da lei. *(Incluído pela Emenda Constitucional n. 11, de 1996)*

§ 2º O disposto neste artigo aplica-se às instituições de pesquisa científica e tecnológica. *(Incluído pela Emenda Constitucional n. 11, de 1996)*

Art. 208. O dever do Estado com a educação será efetivado mediante a garantia de:

I — educação básica obrigatória e gratuita dos 4 (quatro) aos 17 (dezessete) anos de idade, assegurada inclusive sua oferta gratuita para todos os que a ela não tiveram acesso na idade própria; *(Redação dada pela Emenda Constitucional n. 59, de 2009) (Vide Emenda Constitucional n. 59, de 2009)*

Nota: O art. 6º da Emenda Constitucional n. 59, de 11.11.09, DOU 12.11.09, reza que "O disposto no inciso I do art. 208 da Constituição Federal deverá ser implementado progressivamente, até 2016, nos termos do Plano Nacional de Educação, com apoio técnico e financeiro da União".

II — progressiva universalização do ensino médio gratuito; *(Redação dada pela Emenda Constitucional n. 14, de 1996)*

III — atendimento educacional especializado aos portadores de deficiência, preferencialmente na rede regular de ensino;

IV — educação infantil, em creche e pré-escola, às crianças até 5 (cinco) anos de idade; *(Redação dada pela Emenda Constitucional n. 53, de 2006)*

V — acesso aos níveis mais elevados do ensino, da pesquisa e da criação artística, segundo a capacidade de cada um;

VI — oferta de ensino noturno regular, adequado às condições do educando;

VII — atendimento ao educando, em todas as etapas da educação básica, por meio de programas suplementares de material didático escolar, transporte, alimentação e assistência à saúde. *(Redação dada pela Emenda Constitucional n. 59, de 2009)*

§ 1º O acesso ao ensino obrigatório e gratuito é direito público subjetivo.

§ 2º O não-oferecimento do ensino obrigatório pelo Poder Público, ou sua oferta irregular, importa responsabilidade da autoridade competente.

§ 3º Compete ao Poder Público recensear os educandos no ensino fundamental, fazer-lhes a chamada e zelar, junto aos pais ou responsáveis, pela frequência à escola.

Art. 209. O ensino é livre à iniciativa privada, atendidas as seguintes condições:

I — cumprimento das normas gerais da educação nacional;

II — autorização e avaliação de qualidade pelo Poder Público.

Art. 210. Serão fixados conteúdos mínimos para o ensino fundamental, de maneira a assegurar formação básica comum e respeito aos valores culturais e artísticos, nacionais e regionais.

§ 1º O ensino religioso, de matrícula facultativa, constituirá disciplina dos horários normais das escolas públicas de ensino fundamental.

§ 2º O ensino fundamental regular será ministrado em língua portuguesa, assegurada às comunidades indígenas também a utilização de suas línguas maternas e processos próprios de aprendizagem.

Art. 211. A União, os Estados, o Distrito Federal e os Municípios organizarão em regime de colaboração seus sistemas de ensino.

§ 1º A União organizará o sistema federal de ensino e o dos Territórios, financiará as instituições de ensino públicas federais e exercerá, em matéria educacional, função redistributiva e supletiva, de forma a garantir equalização de oportunidades educacionais e padrão mínimo de qualidade do ensino mediante assistência técnica e financeira aos Estados, ao Distrito Federal e aos Municípios; *(Redação dada pela Emenda Constitucional n. 14, de 1996)*

§ 2º Os Municípios atuarão prioritariamente no ensino fundamental e na educação infantil. *(Redação dada pela Emenda Constitucional n. 14, de 1996)*

§ 3º Os Estados e o Distrito Federal atuarão prioritariamente no ensino fundamental e médio. *(Incluído pela Emenda Constitucional n. 14, de 1996)*

§ 4º Na organização de seus sistemas de ensino, a União, os Estados, o Distrito Federal e os Municípios definirão formas de colaboração, de modo a assegurar a universalização do ensino obrigatório. *(Redação dada pela Emenda Constitucional n. 59, de 2009)*

§ 5º A educação básica pública atenderá prioritariamente ao ensino regular. *(Incluído pela Emenda Constitucional n. 53, de 2006)*

Art. 212. A União aplicará, anualmente, nunca menos de dezoito, e os Estados, o Distrito Federal e os Municípios vinte e cinco por cento, no mínimo, da receita resultante de impostos, compreendida a proveniente de transferências, na manutenção e desenvolvimento do ensino.

§ 1º A parcela da arrecadação de impostos transferida pela União aos Estados, ao Distrito Federal e aos Municípios, ou pelos Estados aos respectivos Municípios, não é considerada, para efeito do cálculo previsto neste artigo, receita do governo que a transferir.

§ 2º Para efeito do cumprimento do disposto no "*caput*" deste artigo, serão considerados os sistemas de ensino federal, estadual e municipal e os recursos aplicados na forma do art. 213.

§ 3º A distribuição dos recursos públicos assegurará prioridade ao atendimento das necessidades do ensino obrigatório, no que se refere a universalização, garantia de padrão de qualidade e equidade, nos termos do plano nacional de educação. *(Redação dada pela Emenda Constitucional n. 59, de 2009)*

§ 4º Os programas suplementares de alimentação e assistência à saúde previstos no art. 208, VII, serão financiados com recursos provenientes de contribuições sociais e outros recursos orçamentários.

§ 5º A educação básica pública terá como fonte adicional de financiamento a contribuição social do salário-educação, recolhida pelas empresas na forma da lei. *(Redação dada pela Emenda Constitucional n. 53, de 2006)*

§ 6º As cotas estaduais e municipais da arrecadação da contribuição social do salário-educação serão distribuídas proporcionalmente ao número de alunos matriculados na educação básica nas respectivas redes públicas de ensino. *(Incluído pela Emenda Constitucional n. 53, de 2006)*

Art. 213. Os recursos públicos serão destinados às escolas públicas, podendo ser dirigidos a escolas comunitárias, confessionais ou filantrópicas, definidas em lei, que:

I — comprovem finalidade não lucrativa e apliquem seus excedentes financeiros em educação;

II — assegurem a destinação de seu patrimônio a outra escola comunitária, filantrópica ou confessional, ou ao Poder Público, no caso de encerramento de suas atividades.

§ 1º — Os recursos de que trata este artigo poderão ser destinados a bolsas de estudo para o ensino fundamental e médio, na forma da lei, para os que demonstrarem insuficiência de recursos, quando houver falta de vagas e cursos regulares da rede pública na localidade da residência do educando, ficando o Poder Público obrigado a investir prioritariamente na expansão de sua rede na localidade.

§ 2º As atividades de pesquisa, de extensão e de estímulo e fomento à inovação realizadas por universidades e/ou por instituições de educação profissional e tecnológica poderão receber apoio financeiro do Poder Público. *(Redação dada pela Emenda Constitucional n. 85, de 2015)*

Art. 214. A lei estabelecerá o plano nacional de educação, de duração decenal, com o objetivo de articular o sistema nacional de educação em regime de colaboração e definir diretrizes, objetivos, metas e estratégias de implementação para assegurar a manutenção e desenvolvimento do ensino em seus diversos níveis, etapas e modalidades por meio de ações integradas dos poderes públicos das diferentes esferas federativas que conduzam a: *(Redação dada pela Emenda Constitucional n. 59, de 2009)*

I — erradicação do analfabetismo;

II — universalização do atendimento escolar;

III — melhoria da qualidade do ensino;

IV — formação para o trabalho;

V — promoção humanística, científica e tecnológica do País.

VI — estabelecimento de meta de aplicação de recursos públicos em educação como proporção do produto interno bruto. *(Incluído pela Emenda Constitucional n. 59, de 2009)*

Seção II
Da Cultura

Art. 215. O Estado garantirá a todos o pleno exercício dos direitos culturais e acesso às fontes da cultura nacional, e apoiará e incentivará a valorização e a difusão das manifestações culturais.

§ 1º O Estado protegerá as manifestações das culturas populares, indígenas e afro-brasileiras, e das de outros grupos participantes do processo civilizatório nacional.

§ 2º A lei disporá sobre a fixação de datas comemorativas de alta significação para os diferentes segmentos étnicos nacionais.

§ 3º A lei estabelecerá o Plano Nacional de Cultura, de duração plurianual, visando ao desenvolvimento cultural do País e à integração das ações do poder público que conduzem à: *(Incluído pela Emenda Constitucional n. 48, de 2005)*

I — defesa e valorização do patrimônio cultural brasileiro; *(Incluído pela Emenda Constitucional n. 48, de 2005)*

II — produção, promoção e difusão de bens culturais; *(Incluído pela Emenda Constitucional n. 48, de 2005)*

III — formação de pessoal qualificado para a gestão da cultura em suas múltiplas dimensões; *(Incluído pela Emenda Constitucional n. 48, de 2005)*

IV — democratização do acesso aos bens de cultura; *(Incluído pela Emenda Constitucional n. 48, de 2005)*

V — valorização da diversidade étnica e regional. *(Incluído pela Emenda Constitucional n. 48, de 2005)*

Art. 216. Constituem patrimônio cultural brasileiro os bens de natureza material e imaterial, tomados individualmente ou em conjunto, portadores de referência à identidade, à ação, à memória dos diferentes grupos formadores da sociedade brasileira, nos quais se incluem:

I — as formas de expressão;

II — os modos de criar, fazer e viver;

III — as criações científicas, artísticas e tecnológicas;

IV — as obras, objetos, documentos, edificações e demais espaços destinados às manifestações artístico-culturais;

V — os conjuntos urbanos e sítios de valor histórico, paisagístico, artístico, arqueológico, paleontológico, ecológico e científico.

§ 1º O Poder Público, com a colaboração da comunidade, promoverá e protegerá o patrimônio cultural brasileiro, por meio de inventários, registros, vigilância, tombamento e desapropriação, e de outras formas de acautelamento e preservação.

§ 2º Cabem à administração pública, na forma da lei, a gestão da documentação governamental e as providências para franquear sua consulta a quantos dela necessitem.

§ 3º A lei estabelecerá incentivos para a produção e o conhecimento de bens e valores culturais.

§ 4º Os danos e ameaças ao patrimônio cultural serão punidos, na forma da lei.

§ 5º Ficam tombados todos os documentos e os sítios detentores de reminiscências históricas dos antigos quilombos.

§ 6º É facultado aos Estados e ao Distrito Federal vincular a fundo estadual de fomento à cultura até cinco décimos por cento de sua receita tributária líquida, para o financiamento de programas e projetos culturais, vedada a aplicação desses recursos no pagamento de: *(Incluído pela Emenda Constitucional n. 42, de 19.12.2003)*

I — despesas com pessoal e encargos sociais; *(Incluído pela Emenda Constitucional n. 42, de 19.12.2003)*

II — serviço da dívida; *(Incluído pela Emenda Constitucional n. 42, de 19.12.2003)*

III — qualquer outra despesa corrente não vinculada diretamente aos investimentos ou ações apoiados. *(Incluído pela Emenda Constitucional n. 42, de 19.12.2003)*

Art. 216-A. O Sistema Nacional de Cultura, organizado em regime de colaboração, de forma descentralizada e participativa, institui um processo de gestão e promoção conjunta de políticas públicas de cultura, democráticas e permanentes, pactuadas entre os entes da Federação e a sociedade, tendo por objetivo promover o desenvolvimento humano, social e econômico com pleno exercício dos direitos culturais. (*Incluído pela Emenda Constitucional n. 71, de 2012*)

§ 1º O Sistema Nacional de Cultura fundamenta-se na política nacional de cultura e nas suas diretrizes, estabelecidas no Plano Nacional de Cultura, e rege-se pelos seguintes princípios: *Incluído pela Emenda Constitucional n. 71, de 2012*

I — diversidade das expressões culturais; *Incluído pela Emenda Constitucional n. 71, de 2012*

II — universalização do acesso aos bens e serviços culturais; *Incluído pela Emenda Constitucional n. 71, de 2012*

III — fomento à produção, difusão e circulação de conhecimento e bens culturais; *Incluído pela Emenda Constitucional n. 71, de 2012*

IV — cooperação entre os entes federados, os agentes públicos e privados atuantes na área cultural; *Incluído pela Emenda Constitucional n. 71, de 2012*

V — integração e interação na execução das políticas, programas, projetos e ações desenvolvidas; *Incluído pela Emenda Constitucional n. 71, de 2012*

VI — complementaridade nos papéis dos agentes culturais; *Incluído pela Emenda Constitucional n. 71, de 2012*

VII — transversalidade das políticas culturais; *Incluído pela Emenda Constitucional n. 71, de 2012*

VIII — autonomia dos entes federados e das instituições da sociedade civil; *Incluído pela Emenda Constitucional n. 71, de 2012*

IX — transparência e compartilhamento das informações; *Incluído pela Emenda Constitucional n. 71, de 2012*

X — democratização dos processos decisórios com participação e controle social; *Incluído pela Emenda Constitucional n. 71, de 2012*

XI — descentralização articulada e pactuada da gestão, dos recursos e das ações; *Incluído pela Emenda Constitucional n. 71, de 2012*

XII — ampliação progressiva dos recursos contidos nos orçamentos públicos para a cultura. *Incluído pela Emenda Constitucional n. 71, de 2012*

§ 2º Constitui a estrutura do Sistema Nacional de Cultura, nas respectivas esferas da Federação: *Incluído pela Emenda Constitucional n. 71, de 2012*

I — órgãos gestores da cultura; *Incluído pela Emenda Constitucional n. 71, de 2012*

II — conselhos de política cultural; *Incluído pela Emenda Constitucional n. 71, de 2012*

III — conferências de cultura; *Incluído pela Emenda Constitucional n. 71, de 2012*

IV — comissões intergestores; *Incluído pela Emenda Constitucional n. 71, de 2012*

V — planos de cultura; *Incluído pela Emenda Constitucional n. 71, de 2012*

VI — sistemas de financiamento à cultura; *Incluído pela Emenda Constitucional n. 71, de 2012*

VII — sistemas de informações e indicadores culturais; *Incluído pela Emenda Constitucional n. 71, de 2012*

VIII — programas de formação na área da cultura; e *Incluído pela Emenda Constitucional n. 71, de 2012*

IX — sistemas setoriais de cultura. *Incluído pela Emenda Constitucional n. 71, de 2012*

§ 3º Lei federal disporá sobre a regulamentação do Sistema Nacional de Cultura, bem como de sua articulação com os demais sistemas nacionais ou políticas setoriais de governo. *Incluído pela Emenda Constitucional n. 71, de 2012*

§ 4º Os Estados, o Distrito Federal e os Municípios organizarão seus respectivos sistemas de cultura em leis próprias. *Incluído pela Emenda Constitucional n. 71, de 2012*

Seção III
Do Desporto

Art. 217. É dever do Estado fomentar práticas desportivas formais e não-formais, como direito de cada um, observados:

I — a autonomia das entidades desportivas dirigentes e associações, quanto a sua organização e funcionamento;

II — a destinação de recursos públicos para a promoção prioritária do desporto educacional e, em casos específicos, para a do desporto de alto rendimento;

III — o tratamento diferenciado para o desporto profissional e o não-profissional;

IV — a proteção e o incentivo às manifestações desportivas de criação nacional.

§ 1º O Poder Judiciário só admitirá ações relativas à disciplina e às competições desportivas após esgotarem-se as instâncias da justiça desportiva, regulada em lei.

§ 2º A justiça desportiva terá o prazo máximo de sessenta dias, contados da instauração do processo, para proferir decisão final.

§ 3º O Poder Público incentivará o lazer, como forma de promoção social.

CAPÍTULO IV
Da Ciência, Tecnologia e Inovação

(Redação dada pela Emenda Constitucional n. 85, de 2015)

Art. 218. O Estado promoverá e incentivará o desenvolvimento científico, a pesquisa, a capacitação científica e tecnológica e a inovação. *(Redação dada pela Emenda Constitucional n. 85, de 2015)*

§ 1º A pesquisa científica básica e tecnológica receberá tratamento prioritário do Estado, tendo em vista o bem público e o progresso da ciência, tecnologia e inovação. *(Redação dada pela Emenda Constitucional n. 85, de 2015)*

§ 2º A pesquisa tecnológica voltar-se-á preponderantemente para a solução dos problemas brasileiros e para o desenvolvimento do sistema produtivo nacional e regional.

§ 3º O Estado apoiará a formação de recursos humanos nas áreas de ciência, pesquisa, tecnologia e inovação, inclusive por meio do apoio às atividades de extensão tecnológica, e concederá aos que delas se ocupem meios e condições especiais de trabalho. *(Redação dada pela Emenda Constitucional n. 85, de 2015)*

§ 4º A lei apoiará e estimulará as empresas que invistam em pesquisa, criação de tecnologia adequada ao País, formação e aperfeiçoamento de seus recursos humanos e que pratiquem sistemas de remuneração que assegurem ao empregado, desvinculada do salário, participação nos ganhos econômicos resultantes da produtividade de seu trabalho.

§ 5º É facultado aos Estados e ao Distrito Federal vincular parcela de sua receita orçamentária a entidades públicas de fomento ao ensino e à pesquisa científica e tecnológica.

§ 6º O Estado, na execução das atividades previstas no *caput*, estimulará a articulação entre entes, tanto públicos quanto privados, nas diversas esferas de governo. *(Incluído pela Emenda Constitucional n. 85, de 2015)*

§ 7º O Estado promoverá e incentivará a atuação no exterior das instituições públicas de ciência, tecnologia e inovação, com vistas à execução das atividades previstas no *caput*. *(Incluído pela Emenda Constitucional n. 85, de 2015)*

Art. 219. O mercado interno integra o patrimônio nacional e será incentivado de modo a viabilizar o desenvolvimento cultural e sócio-econômico, o bem-estar da população e a autonomia tecnológica do País, nos termos de lei federal.

PARÁGRAFO ÚNICO. O Estado estimulará a formação e o fortalecimento da inovação nas empresas, bem como nos demais entes, públicos ou privados, a constituição e a manutenção de parques e polos tecnológicos e de demais ambientes promotores da inovação, a atuação dos inventores independentes e a criação, absorção, difusão e transferência de tecnologia. *(Incluído pela Emenda Constitucional n. 85, de 2015)*

Art. 219-A. A União, os Estados, o Distrito Federal e os Municípios poderão firmar instrumentos de cooperação com órgãos e entidades públicos e com entidades privadas, inclusive para o compartilhamento de recursos humanos especializados e capacidade instalada, para a execução de projetos de pesquisa, de desenvolvimento científico e tecnológico e de inovação, mediante contrapartida financeira ou não financeira assumida pelo ente beneficiário, na forma da lei. *(Incluído pela Emenda Constitucional n. 85, de 2015)*

Art. 219-B. O Sistema Nacional de Ciência, Tecnologia e Inovação (SNCTI) será organizado em regime de colaboração entre entes, tanto públicos quanto privados, com vistas a promover o desenvolvimento científico e tecnológico e a inovação. *(Incluído pela Emenda Constitucional n. 85, de 2015)*

§ 1º Lei federal disporá sobre as normas gerais do SNCTI. *(Incluído pela Emenda Constitucional n. 85, de 2015)*

§ 2º Os Estados, o Distrito Federal e os Municípios legislarão concorrentemente sobre suas peculiaridades. *(Incluído pela Emenda Constitucional n. 85, de 2015)*

CAPÍTULO V
Da Comunicação Social

Art. 220. A manifestação do pensamento, a criação, a expressão e a informação, sob qualquer forma, processo ou veículo não sofrerão qualquer restrição, observado o disposto nesta Constituição.

§ 1º Nenhuma lei conterá dispositivo que possa constituir embaraço à plena liberdade de informação jornalística em qualquer veículo de comunicação social, observado o disposto no art. 5º, IV, V, X, XIII e XIV.

§ 2º É vedada toda e qualquer censura de natureza política, ideológica e artística.

§ 3º Compete à lei federal:

I — regular as diversões e espetáculos públicos, cabendo ao Poder Público informar sobre a natureza deles, as faixas etárias a que não se recomendem, locais e horários em que sua apresentação se mostre inadequada;

II — estabelecer os meios legais que garantam à pessoa e à família a possibilidade de se defenderem de programas ou programações de rádio e televisão que contrariem o disposto no art. 221, bem como da propaganda de produtos, práticas e serviços que possam ser nocivos à saúde e ao meio ambiente.

§ 4º A propaganda comercial de tabaco, bebidas alcoólicas, agrotóxicos, medicamentos e terapias estará sujeita a restrições legais, nos termos do inciso II do parágrafo anterior, e conterá, sempre que necessário, advertência sobre os malefícios decorrentes de seu uso.

§ 5º Os meios de comunicação social não podem, direta ou indiretamente, ser objeto de monopólio ou oligopólio.

§ 6º A publicação de veículo impresso de comunicação independe de licença de autoridade.

Art. 221. A produção e a programação das emissoras de rádio e televisão atenderão aos seguintes princípios:

I — preferência a finalidades educativas, artísticas, culturais e informativas;

II — promoção da cultura nacional e regional e estímulo à produção independente que objetive sua divulgação;

III — regionalização da produção cultural, artística e jornalística, conforme percentuais estabelecidos em lei;

IV — respeito aos valores éticos e sociais da pessoa e da família.

Art. 222. A propriedade de empresa jornalística e de radiodifusão sonora e de sons e imagens é privativa de brasileiros natos ou naturalizados há mais de dez anos, ou de pessoas jurídicas constituídas sob as leis brasileiras e que tenham sede no País. *(Redação dada pela Emenda Constitucional n. 36, de 2002)*

§ 1º Em qualquer caso, pelo menos setenta por cento do capital total e do capital votante das empresas jornalísticas e de radiodifusão sonora e de sons e imagens deverá pertencer, direta ou indiretamente, a brasileiros natos ou naturalizados há mais de dez anos, que exercerão obrigatoriamente a gestão das atividades e estabelecerão o conteúdo da programação. *(Redação dada pela Emenda Constitucional n. 36, de 2002)*

§ 2º A responsabilidade editorial e as atividades de seleção e direção da programação veiculada são privativas de brasileiros natos ou naturalizados há mais de dez anos, em qualquer meio de comunicação social. *(Redação dada pela Emenda Constitucional n. 36, de 2002)*

§ 3º Os meios de comunicação social eletrônica, independentemente da tecnologia utilizada para a prestação do serviço, deverão observar os princípios enunciados no art. 221, na forma de lei específica, que também garantirá a prioridade de profissionais brasileiros na execução de produções nacionais. *(Incluído pela Emenda Constitucional n. 36, de 2002)*

§ 4º Lei disciplinará a participação de capital estrangeiro nas empresas de que trata o § 1º. *(Incluído pela Emenda Constitucional n. 36, de 2002)*

§ 5º As alterações de controle societário das empresas de que trata o § 1º serão comunicadas ao Congresso Nacional. *(Incluído pela Emenda Constitucional n. 36, de 2002)*

Art. 223. Compete ao Poder Executivo outorgar e renovar concessão, permissão e autorização para o serviço de radiodifusão sonora e de sons e imagens, observado o princípio da complementaridade dos sistemas privado, público e estatal.

§ 1º O Congresso Nacional apreciará o ato no prazo do art. 64, § 2º e § 4º, a contar do recebimento da mensagem.

§ 2º A não renovação da concessão ou permissão dependerá de aprovação de, no mínimo, dois quintos do Congresso Nacional, em votação nominal.

§ 3º O ato de outorga ou renovação somente produzirá efeitos legais após deliberação do Congresso Nacional, na forma dos parágrafos anteriores.

§ 4º O cancelamento da concessão ou permissão, antes de vencido o prazo, depende de decisão judicial.

§ 5º O prazo da concessão ou permissão será de dez anos para as emissoras de rádio e de quinze para as de televisão.

Art. 224. Para os efeitos do disposto neste capítulo, o Congresso Nacional instituirá, como seu órgão auxiliar, o Conselho de Comunicação Social, na forma da lei.

CAPÍTULO VI
Do Meio Ambiente

Art. 225. Todos têm direito ao meio ambiente ecologicamente equilibrado, bem de uso comum do povo e essencial à sadia qualidade de vida, impondo-se ao Poder Público e à coletividade o dever de defendê-lo e preservá- lo para as presentes e futuras gerações.

§ 1º Para assegurar a efetividade desse direito, incumbe ao Poder Público:

I — preservar e restaurar os processos ecológicos essenciais e prover o manejo ecológico das espécies e ecossistemas; *(Regulamento)*

II — preservar a diversidade e a integridade do patrimônio genético do País e fiscalizar as entidades dedicadas à pesquisa e manipulação de material genético; *(Regulamento)*

III — definir, em todas as unidades da Federação, espaços territoriais e seus componentes a serem especialmente protegidos, sendo a alteração e a supressão permitidas somente através de lei, vedada qualquer utilização que comprometa a integridade dos atributos que justifiquem sua proteção; *(Regulamento)*

IV — exigir, na forma da lei, para instalação de obra ou atividade potencialmente causadora de significativa degradação do meio ambiente, estudo prévio de impacto ambiental, a que se dará publicidade; *(Regulamento)*

V — controlar a produção, a comercialização e o emprego de técnicas, métodos e substâncias que comportem risco para a vida, a qualidade de vida e o meio ambiente; *(Regulamento)*

VI — promover a educação ambiental em todos os níveis de ensino e a conscientização pública para a preservação do meio ambiente;

VII — proteger a fauna e a flora, vedadas, na forma da lei, as práticas que coloquem em risco sua função ecológica, provoquem a extinção de espécies ou submetam os animais a crueldade. *(Regulamento)*

§ 2º Aquele que explorar recursos minerais fica obrigado a recuperar o meio ambiente degradado, de acordo com solução técnica exigida pelo órgão público competente, na forma da lei.

§ 3º As condutas e atividades consideradas lesivas ao meio ambiente sujeitarão os infratores, pessoas físicas ou jurídicas, a sanções penais e administrativas, independentemente da obrigação de reparar os danos causados.

§ 4º A Floresta Amazônica brasileira, a Mata Atlântica, a Serra do Mar, o Pantanal Mato-Grossense e a Zona Costeira são patrimônio nacional, e sua utilização far-se-á, na forma da lei, dentro de condições que assegurem a preservação do meio ambiente, inclusive quanto ao uso dos recursos naturais.

§ 5º São indisponíveis as terras devolutas ou arrecadadas pelos Estados, por ações discriminatórias, necessárias à proteção dos ecossistemas naturais.

§ 6º As usinas que operem com reator nuclear deverão ter sua localização definida em lei federal, sem o que não poderão ser instaladas.

§ 7º Para fins do disposto na parte final do inciso VII do § 1º deste artigo, não se consideram cruéis as práticas desportivas que utilizem animais, desde que sejam manifestações culturais, conforme o § 1º do art. 215 desta Constituição Federal, registradas como bem de natureza imaterial integrante do patrimônio cultural brasileiro, devendo ser regulamentadas por lei específica que assegure o bem-estar dos animais envolvidos. (NR) *(Incluído pela Emenda Constitucional n. 96, de 6.6.17, DOU 7.6.17)*

CAPÍTULO VII
Da Família, da Criança, do Adolescente, do Jovem e do Idoso

(Redação dada Pela Emenda Constitucional n. 65, de 2010)

Art. 226. A família, base da sociedade, tem especial proteção do Estado.

§ 1º O casamento é civil e gratuita a celebração.

§ 2º O casamento religioso tem efeito civil, nos termos da lei.

§ 3º Para efeito da proteção do Estado, é reconhecida a união estável entre o homem e a mulher como entidade familiar, devendo a lei facilitar sua conversão em casamento.

§ 4º Entende-se, também, como entidade familiar a comunidade formada por qualquer dos pais e seus descendentes.

§ 5º Os direitos e deveres referentes à sociedade conjugal são exercidos igualmente pelo homem e pela mulher.

§ 6º O casamento civil pode ser dissolvido pelo divórcio. *(Redação dada Pela Emenda Constitucional n. 66, de 2010)*

§ 7º Fundado nos princípios da dignidade da pessoa humana e da paternidade responsável, o planejamento familiar é livre decisão do casal, competindo ao Estado propiciar recursos educacionais e científicos para o exercício desse direito, vedada qualquer forma coercitiva por parte de instituições oficiais ou privadas.

§ 8º O Estado assegurará a assistência à família na pessoa de cada um dos que a integram, criando mecanismos para coibir a violência no âmbito de suas relações.

Art. 227. É dever da família, da sociedade e do Estado assegurar à criança, ao adolescente e ao jovem, com absoluta prioridade, o direito à vida, à saúde, à alimentação, à educação, ao lazer, à profissionalização, à cultura, à dignidade, ao respeito, à liberdade e à convivência familiar e comunitária, além de colocá-los a salvo de toda forma de negligência, discriminação, exploração, violência, crueldade e opressão. *(Redação dada Pela Emenda Constitucional n. 65, de 2010)*

§ 1º O Estado promoverá programas de assistência integral à saúde da criança, do adolescente e do jovem, admitida a participação de entidades não governamentais, mediante políticas específicas e obedecendo aos seguintes preceitos: *(Redação dada Pela Emenda Constitucional n. 65, de 2010)*

I — aplicação de percentual dos recursos públicos destinados à saúde na assistência materno-infantil;

II — criação de programas de prevenção e atendimento especializado para as pessoas portadoras de deficiência física, sensorial ou mental, bem como de integração social do adolescente e do jovem portador de deficiência, mediante o treinamento para o trabalho e a convivência, e a facilitação do acesso aos bens e serviços coletivos, com a eliminação de obstáculos arquitetônicos e de todas as formas de discriminação. *(Redação dada Pela Emenda Constitucional n. 65, de 2010)*

§ 2º A lei disporá sobre normas de construção dos logradouros e dos edifícios de uso público e de fabricação de veículos de transporte coletivo, a fim de garantir acesso adequado às pessoas portadoras de deficiência.

§ 3º O direito a proteção especial abrangerá os seguintes aspectos:

I — idade mínima de quatorze anos para admissão ao trabalho, observado o disposto no art. 7º, XXXIII;

II — garantia de direitos previdenciários e trabalhistas;

III — garantia de acesso do trabalhador adolescente e jovem à escola; *(Redação dada Pela Emenda Constitucional n. 65, de 2010)*

IV — garantia de pleno e formal conhecimento da atribuição de ato infracional, igualdade na relação processual e defesa técnica por profissional habilitado, segundo dispuser a legislação tutelar específica;

V — obediência aos princípios de brevidade, excepcionalidade e respeito à condição peculiar de pessoa em desenvolvimento, quando da aplicação de qualquer medida privativa da liberdade;

VI — estímulo do Poder Público, através de assistência jurídica, incentivos fiscais e subsídios, nos termos da lei, ao acolhimento, sob a forma de guarda, de criança ou adolescente órfão ou abandonado;

VII — programas de prevenção e atendimento especializado à criança, ao adolescente e ao jovem dependente de entorpecentes e drogas afins. *(Redação dada Pela Emenda Constitucional n. 65, de 2010)*

§ 4º A lei punirá severamente o abuso, a violência e a exploração sexual da criança e do adolescente.

§ 5º A adoção será assistida pelo Poder Público, na forma da lei, que estabelecerá casos e condições de sua efetivação por parte de estrangeiros.

§ 6º Os filhos, havidos ou não da relação do casamento, ou por adoção, terão os mesmos direitos e qualificações, proibidas quaisquer designações discriminatórias relativas à filiação.

§ 7º No atendimento dos direitos da criança e do adolescente levar-se-á em consideração o disposto no art. 204.

§ 8º A lei estabelecerá: *(Incluído Pela Emenda Constitucional n. 65, de 2010)*

I — o estatuto da juventude, destinado a regular os direitos dos jovens; *(Incluído Pela Emenda Constitucional n. 65, de 2010)*

II — o plano nacional de juventude, de duração decenal, visando à articulação das várias esferas do poder público para a execução de políticas públicas. *(Incluído Pela Emenda Constitucional n. 65, de 2010)*

Art. 228. São penalmente inimputáveis os menores de dezoito anos, sujeitos às normas da legislação especial.

Art. 229. Os pais têm o dever de assistir, criar e educar os filhos menores, e os filhos maiores têm o dever de ajudar e amparar os pais na velhice, carência ou enfermidade.

Art. 230. A família, a sociedade e o Estado têm o dever de amparar as pessoas idosas, assegurando sua participação na comunidade, defendendo sua dignidade e bem-estar e garantindo-lhes o direito à vida.

§ 1º Os programas de amparo aos idosos serão executados preferencialmente em seus lares.

§ 2º Aos maiores de sessenta e cinco anos é garantida a gratuidade dos transportes coletivos urbanos.

CAPÍTULO VIII
Dos Índios

Art. 231. São reconhecidos aos índios sua organização social, costumes, línguas, crenças e tradições, e os direitos originários sobre as terras que tradicionalmente ocupam, competindo à União demarcá-las, proteger e fazer respeitar todos os seus bens.

§ 1º São terras tradicionalmente ocupadas pelos índios as por eles habitadas em caráter permanente, as utilizadas para suas atividades produtivas, as imprescindíveis à preservação dos recursos ambientais necessários a seu bem-estar e as necessárias a sua reprodução física e cultural, segundo seus usos, costumes e tradições.

§ 2º As terras tradicionalmente ocupadas pelos índios destinam-se a sua posse permanente, cabendo-lhes o usufruto exclusivo das riquezas do solo, dos rios e dos lagos nelas existentes.

§ 3º O aproveitamento dos recursos hídricos, incluídos os potenciais energéticos, a pesquisa e a lavra das riquezas minerais em terras indígenas só podem ser efetivados com autorização do Congresso Nacional, ouvidas as comunidades afetadas, ficando-lhes assegurada participação nos resultados da lavra, na forma da lei.

§ 4º As terras de que trata este artigo são inalienáveis e indisponíveis, e os direitos sobre elas, imprescritíveis.

§ 5º É vedada a remoção dos grupos indígenas de suas terras, salvo, "ad referendum" do Congresso Nacional, em caso de catástrofe ou epidemia que ponha em risco sua população, ou no interesse da soberania do País, após deliberação do Congresso Nacional, garantido, em qualquer hipótese, o retorno imediato logo que cesse o risco.

§ 6º São nulos e extintos, não produzindo efeitos jurídicos, os atos que tenham por objeto a ocupação, o domínio e a posse das terras a que se refere este artigo, ou a exploração das riquezas naturais do solo, dos rios e dos lagos nelas existentes, ressalvado relevante interesse público da União, segundo o que dispuser lei complementar, não gerando a nulidade e a extinção direito a indenização ou a ações contra a União, salvo, na forma da lei, quanto às benfeitorias derivadas da ocupação de boa fé.

§ 7º Não se aplica às terras indígenas o disposto no art. 174, § 3º e § 4º.

Art. 232. Os índios, suas comunidades e organizações são partes legítimas para ingressar em juízo em defesa de seus direitos e interesses, intervindo o Ministério Público em todos os atos do processo.

TÍTULO IX
Das Disposições Constitucionais Gerais

Art. 233. *(Revogado pela Emenda Constitucional n. 28, de 25.5.2000)*

Art. 234. É vedado à União, direta ou indiretamente, assumir, em decorrência da criação de Estado, encargos referentes a despesas com pessoal inativo e com encargos e amortizações da dívida interna ou externa da administração pública, inclusive da indireta.

Art. 235. Nos dez primeiros anos da criação de Estado, serão observadas as seguintes normas básicas:

I — a Assembleia Legislativa será composta de dezessete Deputados se a população do Estado for inferior a seiscentos mil habitantes, e de vinte e quatro, se igual ou superior a esse número, até um milhão e quinhentos mil;

II — o Governo terá no máximo dez Secretarias;

III — o Tribunal de Contas terá três membros, nomeados, pelo Governador eleito, dentre brasileiros de comprovada idoneidade e notório saber;

IV — o Tribunal de Justiça terá sete Desembargadores;

V — os primeiros Desembargadores serão nomeados pelo Governador eleito, escolhidos da seguinte forma:

a) cinco dentre os magistrados com mais de trinta e cinco anos de idade, em exercício na área do novo Estado ou do Estado originário;

b) dois dentre promotores, nas mesmas condições, e advogados de comprovada idoneidade e saber jurídico, com dez anos, no mínimo, de exercício profissional, obedecido o procedimento fixado na Constituição;

VI — no caso de Estado proveniente de Território Federal, os cinco primeiros Desembargadores poderão ser escolhidos dentre juízes de direito de qualquer parte do País;

VII — em cada Comarca, o primeiro Juiz de Direito, o primeiro Promotor de Justiça e o primeiro Defensor Público serão nomeados pelo Governador eleito após concurso público de provas e títulos;

VIII — até a promulgação da Constituição Estadual, responderão pela Procuradoria-Geral, pela Advocacia-Geral e pela Defensoria-Geral do Estado advogados de notório saber, com trinta e cinco anos de idade, no mínimo, nomeados pelo Governador eleito e demissíveis "ad nutum";

IX — se o novo Estado for resultado de transformação de Território Federal, a transferência de encargos financeiros da União para pagamento dos servidores optantes que pertenciam à Administração Federal ocorrerá da seguinte forma:

a) no sexto ano de instalação, o Estado assumirá vinte por cento dos encargos financeiros para fazer face ao pagamento dos servidores públicos, ficando ainda o restante sob a responsabilidade da União;

b) no sétimo ano, os encargos do Estado serão acrescidos de trinta por cento e, no oitavo, dos restantes cinquenta por cento;

X — as nomeações que se seguirem às primeiras, para os cargos mencionados neste artigo, serão disciplinadas na Constituição Estadual;

XI — as despesas orçamentárias com pessoal não poderão ultrapassar cinquenta por cento da receita do Estado.

Art. 236. Os serviços notariais e de registro são exercidos em caráter privado, por delegação do Poder Público. *(Regulamento)*

§ 1º Lei regulará as atividades, disciplinará a responsabilidade civil e criminal dos notários, dos oficiais de registro e de seus prepostos, e definirá a fiscalização de seus atos pelo Poder Judiciário.

§ 2º Lei federal estabelecerá normas gerais para fixação de emolumentos relativos aos atos praticados pelos serviços notariais e de registro. *(Regulamento)*

§ 3º O ingresso na atividade notarial e de registro depende de concurso público de provas e títulos, não se permitindo que qualquer serventia fique vaga, sem abertura de concurso de provimento ou de remoção, por mais de seis meses.

Art. 237. A fiscalização e o controle sobre o comércio exterior, essenciais à defesa dos interesses fazendários nacionais, serão exercidos pelo Ministério da Fazenda.

Art. 238. A lei ordenará a venda e revenda de combustíveis de petróleo, álcool carburante e outros combustíveis derivados de matérias-primas renováveis, respeitados os princípios desta Constituição.

Art. 239. A arrecadação decorrente das contribuições para o Programa de Integração Social, criado pela Lei Complementar n. 7, de 7 de setembro de 1970, e para o Programa de Formação do Patrimônio do Servidor Público, criado pela Lei Complementar n. 8, de 3 de dezembro de 1970, passa, a partir da promulgação desta Constituição, a financiar, nos termos que a lei dispuser, o programa do seguro-desemprego e o abono de que trata o § 3º deste artigo. *(Regulamento)*

§ 1º Dos recursos mencionados no "*caput*" deste artigo, pelo menos quarenta por cento serão destinados a financiar programas de desenvolvimento econômico, através do Banco Nacional de Desenvolvimento Econômico e Social, com critérios de remuneração que lhes preservem o valor.

§ 2º Os patrimônios acumulados do Programa de Integração Social e do Programa de Formação do Patrimônio do Servidor Público são preservados, mantendo-se os critérios de saque nas situações previstas nas leis específicas, com exceção da retirada por motivo de casamento, ficando vedada a distribuição da arrecadação de que trata o "*caput*" deste artigo, para depósito nas contas individuais dos participantes.

§ 3º Aos empregados que percebam de empregadores que contribuem para o Programa de Integração Social ou para o Programa de Formação do Patrimônio do Servidor Público, até dois salários mínimos de remuneração mensal, é assegurado o pagamento de um salário mínimo anual, computado neste valor o rendimento das contas individuais, no caso daqueles que já participavam dos referidos programas, até a data da promulgação desta Constituição.

§ 4º O financiamento do seguro-desemprego receberá uma contribuição adicional da empresa cujo índice de rotatividade da força de trabalho superar o índice médio da rotatividade do setor, na forma estabelecida por lei.

Art. 240. Ficam ressalvadas do disposto no art. 195 as atuais contribuições compulsórias dos empregadores sobre a folha de salários, destinadas às entidades privadas de serviço social e de formação profissional vinculadas ao sistema sindical.

Art. 241. A União, os Estados, o Distrito Federal e os Municípios disciplinarão por meio de lei os consórcios públicos e os convênios de cooperação entre os entes federados, autorizando a gestão associada de serviços públicos, bem como a transferência total ou parcial de encargos, serviços, pessoal e bens essenciais à continuidade dos serviços transferidos. *(Redação dada pela Emenda Constitucional n. 19, de 1998)*

Art. 242. O princípio do art. 206, IV, não se aplica às instituições educacionais oficiais criadas por lei estadual ou municipal e existentes na data da promulgação desta Constituição, que não sejam total ou preponderantemente mantidas com recursos públicos.

§ 1º O ensino da História do Brasil levará em conta as contribuições das diferentes culturas e etnias para a formação do povo brasileiro.

§ 2º O Colégio Pedro II, localizado na cidade do Rio de Janeiro, será mantido na órbita federal.

Art. 243. As propriedades rurais e urbanas de qualquer região do País onde forem localizadas culturas ilegais de plantas psicotrópicas ou a exploração de trabalho escravo na forma da lei serão expropriadas e destinadas à reforma agrária e a programas de habitação popular, sem qualquer indenização ao proprietário e sem prejuízo de outras sanções previstas em lei, observado, no que couber, o disposto no art. 5º. *(Redação dada pela Emenda Constitucional n. 81, de 2014)*

PARÁGRAFO ÚNICO. Todo e qualquer bem de valor econômico apreendido em decorrência do tráfico ilícito de entorpecentes e drogas afins e da exploração de trabalho escravo será confiscado e reverterá a fundo especial com destinação específica, na forma da lei. *(Redação dada pela Emenda Constitucional n. 81, de 2014)*

Art. 244. A lei disporá sobre a adaptação dos logradouros, dos edifícios de uso público e dos veículos de transporte coletivo atualmente existentes a fim de garantir acesso adequado às pessoas portadoras de deficiência, conforme o disposto no art. 227, § 2º.

Art. 245. A lei disporá sobre as hipóteses e condições em que o Poder Público dará assistência aos herdeiros e dependentes carentes de pessoas vitimadas por crime doloso, sem prejuízo da responsabilidade civil do autor do ilícito.

Art. 246. É vedada a adoção de medida provisória na regulamentação de artigo da Constituição cuja redação tenha sido alterada por meio de emenda promulgada entre 1º de janeiro de 1995 até a promulgação desta emenda, inclusive. *(Redação dada pela Emenda Constitucional n. 32, de 2001)*

Art. 247. As leis previstas no inciso III do § 1º do art. 41 e no § 7º do art. 169 estabelecerão critérios e garantias especiais para a perda do cargo pelo servidor público estável que, em decorrência das atribuições de seu cargo efetivo, desenvolva atividades exclusivas de Estado. *(Incluído pela Emenda Constitucional n. 19, de 1998)*

PARÁGRAFO ÚNICO. Na hipótese de insuficiência de desempenho, a perda do cargo somente ocorrerá mediante processo administrativo em que lhe sejam assegurados o contraditório e a ampla defesa. *(Incluído pela Emenda Constitucional n. 19, de 1998)*

Art. 248. Os benefícios pagos, a qualquer título, pelo órgão responsável pelo regime geral de previdência social, ainda que à conta do Tesouro Nacional, e os não sujeitos ao limite máximo de valor fixado para os benefícios concedidos por esse regime observarão os limites fixados no art. 37, XI. *(Incluído pela Emenda Constitucional n. 20, de 1998)*

Art. 249. Com o objetivo de assegurar recursos para o pagamento de proventos de aposentadoria e pensões concedidas aos respectivos servidores e seus dependentes, em adição aos recursos dos respectivos tesouros, a União, os Estados, o Distrito Federal e os Municípios poderão constituir fundos integrados pelos recursos provenientes de contribuições e por bens, direitos e ativos de qualquer natureza, mediante lei que disporá sobre a natureza e administração desses fundos. *(Incluído pela Emenda Constitucional n. 20, de 1998)*

Art. 250. Com o objetivo de assegurar recursos para o pagamento dos benefícios concedidos pelo regime geral de previdência social, em adição aos recursos de sua arrecadação, a União poderá constituir fundo integrado por bens, direitos e ativos de qualquer natureza, mediante lei que disporá sobre a natureza e administração desse fundo. *(Incluído pela Emenda Constitucional n. 20, de 1998)*

Brasília, 5 de outubro de 1988.

Ulysses Guimarães, Presidente — *Mauro Benevides,* 1º Vice-Presidente — *Jorge Arbage,* 2º Vice-Presidente — *Marcelo Cordeiro,* 1º Secretário — *Mário Maia,* 2º Secretário — *Arnaldo Faria de Sá,* 3º Secretário — *Benedita da Silva,* 1º Suplente de Secretário — *Luiz Soyer,* 2º Suplente de Secretário — *Sotero Cunha,* 3º Suplente de Secretário — *Bernardo Cabral,* Relator Geral — *Adolfo Oliveira,* Relator Adjunto — *Antônio Carlos Konder Reis,* Relator Adjunto — *José Fogaça,* Relator Adjunto — *Abigail Feitosa — Acival Gomes — Adauto Pereira — Ademir Andrade — Adhemar de Barros Filho — Adroaldo Streck — Adylson Motta — Aécio de Borba — Aécio Neves — Affonso Camargo — Afif Domingos — Afonso Arinos — Afonso Sancho — Agassiz Almeida — Agripino de Oliveira Lima — Airton Cordeiro — Airton Sandoval — Alarico Abib — Albano Franco — Albérico Cordeiro — Albérico Filho — Alceni Guerra — Alcides Saldanha — Aldo Arantes — Alércio Dias — Alexandre Costa — Alexandre Puzyna — Alfredo Campos — Almir Gabriel — Aloisio Vasconcelos — Aloysio Chaves — Aloysio Teixeira — Aluizio Bezerra — Aluízio Campos — Álvaro Antônio — Álvaro Pacheco — Álvaro Valle — Alysson Paulinelli — Amaral Netto — Amaury Muller — Amilcar Moreira — Ângelo Magalhães — Anna Maria Rattes — Annibal Barcellos — Antero de Barros — Antônio Câmara — Antônio Carlos Franco — Antonio Carlos Mendes Thame — Antônio de Jesus — Antonio Ferreira — Antonio Gaspar — Antonio Mariz — Antonio Perosa — Antônio Salim Curiati — Antonio Ueno — Arnaldo Martins — Arnaldo Moraes — Arnaldo Prieto — Arnold Fioravante — Arolde de Oliveira — Artenir Werner — Artur da Távola — Asdrubal Bentes — Assis Canuto — Átila Lira — Augusto Carvalho — Áureo Mello — Basílio Villani — Benedicto Monteiro — Benito Gama — Beth Azize — Bezerra de Melo — Bocayuva Cunha — Bonifácio de Andrada — Bosco França — Brandão Monteiro — Caio Pompeu — Carlos Alberto — Carlos Alberto Caó — Carlos Benevides — Carlos Cardinal — Carlos Chiarelli — Carlos Cotta — Carlos De'Carli — Carlos Mosconi — Carlos Sant'Anna — Carlos Vinagre — Carlos Virgílio — Carrel Benevides — Cássio Cunha Lima — Célio de Castro — Celso Dourado — César Cals Neto — César Maia — Chagas Duarte — Chagas Neto — Chagas Rodrigues — Chico Humberto — Christóvam Chiaradia — Cid Carvalho — Cid Sabóia de Carvalho — Cláudio Ávila — Cleonâncio Fonseca — Costa Ferreira — Cristina Tavares — Cunha Bueno — Dálton Canabrava — Darcy Deitos — Darcy Pozza — Daso Coimbra — Davi Alves Silva — Del Bosco Amaral — Delfim Netto — Délio Braz — Denisar Arneiro — Dionisio Dal Prá — Dionísio Hage — Dirce Tutu Quadros — Dirceu Carneiro — Divaldo Suruagy — Djenal Gonçalves — Domingos Juvenil — Domingos Leonelli — Doreto Campanari — Edésio Frias — Edison Lobão — Edivaldo Motta — Edme Tavares — Edmilson Valentim — Eduardo Bonfim — Eduardo Jorge — Eduardo Moreira — Egídio Ferreira Lima — Elias Murad — Eliel Rodrigues — Eliézer Moreira — Enoc Vieira — Eraldo Tinoco — Eraldo Trindade — Erico Pegoraro — Ervin Bonkoski — Etevaldo Nogueira — Euclides Scalco — Eunice Michiles — Evaldo Gonçalves — Expedito Machado — Ézio Ferreira — Fábio Feldmann — Fábio Raunheitti — Farabulini Júnior — Fausto Fernandes — Fausto Rocha — Felipe Mendes — Feres Nader — Fernando Bezerra Coelho — Fernando Cunha — Fernando Gasparian — Fernando Gomes — Fernando Henrique Cardoso — Fernando Lyra — Fernando Santana — Fernando Velasco — Firmo de Castro — Flavio Palmier da Veiga — Flávio Rocha — Florestan Fernandes — Floriceno Paixão — França Teixeira — Francisco Amaral — Francisco Benjamim — Francisco Carneiro — Francisco Coelho — Francisco Diógenes — Francisco Dornelles — Francisco Kuster — Francisco Pinto — Francisco Rollemberg — Francisco Rossi — Francisco Sales — Furtado Leite — Gabriel Guerreiro — Gandi Jamil — Gastone Righi — Genebaldo Correia — Genésio Bernardino — Geovani Borges — Geraldo Alckmin Filho — Geraldo Bulhões — Geraldo Campos — Geraldo Fleming — Geraldo Melo — Gerson Camata — Gerson Marcondes — Gerson Peres — Gidel Dantas — Gil César — Gilson Machado — Gonzaga Patriota — Guilherme Palmeira — Gumercindo Milhomem — Gustavo de Faria — Harlan Gadelha — Haroldo Lima — Haroldo Sabóia — Hélio Costa — Hélio Duque — Hélio Manhães — Hélio Rosas — Henrique Córdova — Henrique Eduardo Alves — Heráclito Fortes — Hermes Zaneti — Hilário Braun — Homero Santos — Humberto Lucena — Humberto Souto — Iberê Ferreira — Ibsen Pinheiro — Inocêncio Oliveira — Irajá Rodrigues — Iram Saraiva — Irapuan Costa Júnior — Irma Passoni — Ismael Wanderley — Israel Pinheiro — Itamar Franco — Ivo Cersósimo — Ivo Lech — Ivo Mainardi — Ivo Vanderlinde — Jacy Scanagatta — Jairo Azi — Jairo Carneiro — Jalles Fontoura — Jamil Haddad — Jarbas Passarinho — Jayme Paliarin — Jayme Santana — Jesualdo Cavalcanti — Jesus Tajra — Joaci Góes — João Agripino — João Alves — João Calmon — João Carlos Bacelar — João Castelo — João Cunha — João da Mata — João de Deus Antunes — João Herrmann Neto — João Lobo — João Machado Rollemberg — João Menezes — João Natal — João Paulo — João Rezek — Joaquim Bevilácqua — Joaquim Francisco — Joaquim Hayckel — Joaquim Sucena — Jofran Frejat — Jonas Pinheiro — Jonival Lucas — Jorge Bornhausen — Jorge Hage — Jorge Leite — Jorge Uequed — Jorge Vianna — José Agripino — José Camargo — José Carlos Coutinho — José Carlos Grecco — José Carlos Martinez — José Carlos Sabóia — José Carlos Vasconcelos — José Costa*

— José da Conceição — José Dutra — José Egreja — José Elias — José Fernandes — José Freire — José Genoíno — José Geraldo — José Guedes — José Ignácio Ferreira — José Jorge — José Lins — José Lourenço — José Luiz de Sá — José Luiz Maia — José Maranhão — José Maria Eymael — José Maurício — José Melo — José Mendonça Bezerra — José Moura — José Paulo Bisol — José Queiroz — José Richa — José Santana de Vasconcellos — José Serra — José Tavares — José Teixeira — José Thomaz Nonô — José Tinoco — José Ulísses de Oliveira — José Viana — José Yunes — Jovanni Masini — Juarez Antunes — Júlio Campos — Júlio Costamilan — Jutahy Júnior — Jutahy Magalhães — Koyu Iha — Lael Varella — Lavoisier Maia — Leite Chaves — Lélio Souza — Leopoldo Peres — Leur Lomanto — Levy Dias — Lézio Sathler — Lídice da Mata — Louremberg Nunes Rocha — Lourival Baptista — Lúcia Braga — Lúcia Vânia — Lúcio Alcântara — Luís Eduardo — Luís Roberto Ponte — Luiz Alberto Rodrigues — Luiz Freire — Luiz Gushiken — Luiz Henrique — Luiz Inácio Lula da Silva — Luiz Leal — Luiz Marques — Luiz Salomão — Luiz Viana — Luiz Viana Neto — Lysâneas Maciel — Maguito Vilela — Maluly Neto — Manoel Castro — Manoel Moreira — Manoel Ribeiro — Mansueto de Lavor — Manuel Viana — Márcia Kubitschek — Márcio Braga — Márcio Lacerda — Marco Maciel — Marcondes Gadelha — Marcos Lima — Marcos Queiroz — Maria de Lourdes Abadia — Maria Lúcia — Mário Assad — Mário Covas — Mário de Oliveira — Mário Lima — Marluce Pinto — Matheus Iensen — Mattos Leão — Maurício Campos — Maurício Correa — Maurício Fruet — Maurício Nasser — Maurício Pádua — Maurílio Ferreira Lima — Mauro Borges — Mauro Campos — Mauro Miranda — Mauro Sampaio — Max Rosenmann — Meira Filho — Melo Freire — Mello Reis — Mendes Botelho — Mendes Canale — Mendes Ribeiro — Messias Góis — Messias Soares — Michel Temer — Milton Barbosa — Milton Lima — Milton Reis — Miraldo Gomes — Miro Teixeira — Moema São Thiago — Moysés Pimentel — Mozarildo Cavalcanti — Mussa Demes — Myrian Portella — Nabor Júnior — Naphtali Alves de Souza — Narciso Mendes — Nelson Aguiar — Nelson Carneiro — Nelson Jobim — Nelson Sabrá — Nelson Seixas — Nelson Wedekin — Nelton Friedrich — Nestor Duarte — Ney Maranhão — Nilso Sguarezi — Nilson Gibson — Nion Albernaz — Noel de Carvalho — Nyder Barbosa — Octávio Elísio — Odacir Soares — Olavo Pires — Olívio Dutra — Onofre Corrêa — Orlando Bezerra — Orlando Pacheco — Oscar Corrêa — Osmar Leitão — Osmir Lima — Osmundo Rebouças — Osvaldo Bender — Osvaldo Coelho — Osvaldo Macedo — Osvaldo Sobrinho — Oswaldo Almeida — Oswaldo Trevisan — Ottomar Pinto — Paes de Andrade — Paes Landim — Paulo Delgado — Paulo Macarini — Paulo Marques — Paulo Mincarone — Paulo Paim — Paulo Pimentel — Paulo Ramos — Paulo Roberto — Paulo Roberto Cunha — Paulo Silva — Paulo Zarzur — Pedro Canedo — Pedro Ceolin — Percival Muniz — Pimenta da Veiga — Plínio Arruda Sampaio — Plínio Martins — Pompeu de Sousa — Rachid Saldanha Derzi — Raimundo Bezerra — Raimundo Lira — Raimundo Rezende — Raquel Cândido — Raquel Capiberibe — Raul Belém — Raul Ferraz — Renan Calheiros — Renato Bernardi — Renato Johnsson — Renato Vianna — Ricardo Fiuza — Ricardo Izar — Rita Camata — Rita Furtado — Roberto Augusto — Roberto Balestra — Roberto Brant — Roberto Campos — Roberto D'Ávila — Roberto Freire — Roberto Jefferson — Roberto Rollemberg — Roberto Torres — Roberto Vital — Robson Marinho — Rodrigues Palma — Ronaldo Aragão — Ronaldo Carvalho — Ronaldo Cezar Coelho — Ronan Tito — Ronaro Corrêa — Rosa Prata — Rose de Freitas — Rospide Netto — Rubem Branquinho — Rubem Medina — Ruben Figueiró — Ruberval Pilotto — Ruy Bacelar — Ruy Nedel — Sadie Hauache — Salatiel Carvalho — Samir Achôa — Sandra Cavalcanti — Santinho Furtado — Sarney Filho — Saulo Queiroz — Sérgio Brito — Sérgio Spada — Sérgio Werneck — Severo Gomes — Sigmaringa Seixas — Sílvio Abreu — Simão Sessim — Siqueira Campos — Sólon Borges dos Reis — Stélio Dias — Tadeu França — Telmo Kirst — Teotonio Vilela Filho — Theodoro Mendes — Tito Costa — Ubiratan Aguiar — Ubiratan Spinelli — Uldurico Pinto — Valmir Campelo — Valter Pereira — Vasco Alves — Vicente Bogo — Victor Faccioni — Victor Fontana — Victor Trovão — Vieira da Silva — Vilson Souza — Vingt Rosado — Vinicius Cansanção — Virgildásio de Senna — Virgílio Galassi — Virgílio Guimarães — Vitor Buaiz — Vivaldo Barbosa — Vladimir Palmeira — Wagner Lago — Waldec Ornélas — Waldyr Pugliesi — Walmor de Luca — Wilma Maia — Wilson Campos — Wilson Martins — Ziza Valadares.

Participantes: *Álvaro Dias — Antônio Britto — Bete Mendes — Borges da Silveira — Cardoso Alves — Edivaldo Holanda — Expedito Júnior — Fadah Gattass — Francisco Dias — Geovah Amarante — Hélio Gueiros — Horácio Ferraz — Hugo Napoleão — Iturival Nascimento — Ivan Bonato — Jorge Medauar — José Mendonça de Morais — Leopoldo Bessone — Marcelo Miranda — Mauro Fecury — Neuto de Conto — Nivaldo Machado — Oswaldo Lima Filho — Paulo Almada — Prisco Viana — Ralph Biasi — Rosário Congro Neto — Sérgio Naya — Tidei de Lima.*

In Memoriam: *Alair Ferreira — Antônio Farias — Fábio Lucena — Norberto Schwantes — Virgílio Távora.*

Este texto não substitui o publicado no DOU de 5.10.1988.

TÍTULO X
ATO DAS DISPOSIÇÕES CONSTITUCIONAIS TRANSITÓRIAS

Art. 1º O Presidente da República, o Presidente do Supremo Tribunal Federal e os membros do Congresso Nacional prestarão o compromisso de manter, defender e cumprir a Constituição, no ato e na data de sua promulgação.

Art. 2º No dia 7 de setembro de 1993 o eleitorado definirá, através de plebiscito, a forma (república ou monarquia constitucional) e o sistema de governo (parlamentarismo ou presidencialismo) que devem vigorar no País. *(Vide emenda Constitucional n. 2, de 1992)*

§ 1º Será assegurada gratuidade na livre divulgação dessas formas e sistemas, através dos meios de comunicação de massa cessionários de serviço público.

§ 2º O Tribunal Superior Eleitoral, promulgada a Constituição, expedirá as normas regulamentadoras deste artigo.

Art. 3º A revisão constitucional será realizada após cinco anos, contados da promulgação da Constituição, pelo voto da maioria absoluta dos membros do Congresso Nacional, em sessão unicameral.

Art. 4º O mandato do atual Presidente da República terminará em 15 de março de 1990.

§ 1º A primeira eleição para Presidente da República após a promulgação da Constituição será realizada no dia 15 de novembro de 1989, não se lhe aplicando o disposto no art. 16 da Constituição.

§ 2º É assegurada a irredutibilidade da atual representação dos Estados e do Distrito Federal na Câmara dos Deputados.

§ 3º Os mandatos dos Governadores e dos Vice-Governadores eleitos em 15 de novembro de 1986 terminarão em 15 de março de 1991.

§ 4º Os mandatos dos atuais Prefeitos, Vice-Prefeitos e Vereadores terminarão no dia 1º de janeiro de 1989, com a posse dos eleitos.

Art. 5º Não se aplicam às eleições previstas para 15 de novembro de 1988 o disposto no art. 16 e as regras do art. 77 da Constituição.

§ 1º Para as eleições de 15 de novembro de 1988 será exigido domicílio eleitoral na circunscrição pelo menos durante os quatro meses anteriores ao pleito, podendo os candidatos que preencham este requisito, atendidas as demais exigências da lei, ter seu registro efetivado pela Justiça Eleitoral após a promulgação da Constituição.

§ 2º Na ausência de norma legal específica, caberá ao Tribunal Superior Eleitoral editar as normas necessárias à realização das eleições de 1988, respeitada a legislação vigente.

§ 3º Os atuais parlamentares federais e estaduais eleitos Vice-Prefeitos, se convocados a exercer a função de Prefeito, não perderão o mandato parlamentar.

§ 4º O número de vereadores por município será fixado, para a representação a ser eleita em 1988, pelo respectivo Tribunal Regional Eleitoral, respeitados os limites estipulados no art. 29, IV, da Constituição.

§ 5º Para as eleições de 15 de novembro de 1988, ressalvados os que já exercem mandato eletivo, são inelegíveis para qualquer cargo, no território de jurisdição do titular, o cônjuge e os parentes por consanguinidade ou afinidade, até o segundo grau, ou por adoção, do Presidente da República, do Governador de Estado, do Governador do Distrito Federal e do Prefeito que tenham exercido mais da metade do mandato.

Art. 6º Nos seis meses posteriores à promulgação da Constituição, parlamentares federais, reunidos em número não inferior a trinta, poderão requerer ao Tribunal Superior Eleitoral o registro de novo partido político, juntando ao requerimento o manifesto, o estatuto e o programa devidamente assinados pelos requerentes.

§ 1º O registro provisório, que será concedido de plano pelo Tribunal Superior Eleitoral, nos termos deste artigo, defere ao novo partido todos os direitos, deveres e prerrogativas dos atuais, entre eles o de participar, sob legenda própria, das eleições que vierem a ser realizadas nos doze meses seguintes a sua formação.

§ 2º O novo partido perderá automaticamente seu registro provisório se, no prazo de vinte e quatro meses, contados de sua formação, não obtiver registro definitivo no Tribunal Superior Eleitoral, na forma que a lei dispuser.

Art. 7º O Brasil propugnará pela formação de um tribunal internacional dos direitos humanos.

Art. 8º É concedida anistia aos que, no período de 18 de setembro de 1946 até a data da promulgação da Constituição, foram atingidos, em decorrência de motivação exclusivamente política, por atos de exceção, institucionais ou complementares, aos que foram abrangidos pelo Decreto Legislativo n. 18, de 15 de dezembro de 1961, e aos atingidos pelo Decreto-Lei n. 864, de 12 de setembro de 1969, asseguradas as promoções, na inatividade, ao cargo, emprego, posto ou graduação a que teriam direito se estivessem em serviço ativo, obedecidos os prazos de permanência em atividade previstos nas leis e regulamentos vigentes, respeitadas as características e peculiaridades das carreiras dos servidores públicos civis e militares e observados os respectivos regimes jurídicos. *(Regulamento)*

§ 1º O disposto neste artigo somente gerará efeitos financeiros a partir da promulgação da Constituição, vedada a remuneração de qualquer espécie em caráter retroativo.

§ 2º Ficam assegurados os benefícios estabelecidos neste artigo aos trabalhadores do setor privado, dirigentes e representantes sindicais que, por motivos exclusivamente políticos, tenham sido punidos, demitidos ou compelidos ao afastamento das atividades remuneradas que exerciam, bem como aos que foram impedidos de exercer atividades profissionais em virtude de pressões ostensivas ou expedientes oficiais sigilosos.

— V. Lei n. 10.559, de 13.11.02 (DOU 14.11.02) que regulamenta o art. 8º do Ato das Disposições Constitucionais Transitórias e dá outras providências (não publicada nesta obra).

§ 3º Aos cidadãos que foram impedidos de exercer, na vida civil, atividade profissional específica, em decorrência das Portarias Reservadas do Ministério da Aeronáutica n. S-50-GM5, de 19 de junho de 1964, e n. S-285-GM5 será concedida reparação de natureza econômica, na forma que dispuser lei de iniciativa do Congresso Nacional e a entrar em vigor no prazo de doze meses a contar da promulgação da Constituição.

§ 4º Aos que, por força de atos institucionais, tenham exercido gratuitamente mandato eletivo de vereador serão computados, para efeito de aposentadoria no serviço público e previdência social, os respectivos períodos.

§ 5º A anistia concedida nos termos deste artigo aplica-se aos servidores públicos civis e aos empregados em todos os níveis de governo ou em suas fundações, empresas públicas ou empresas mistas sob controle estatal, exceto nos Ministérios militares, que tenham sido punidos ou demitidos por atividades profissionais interrompidas em virtude de decisão de seus trabalhadores, bem como em decorrência do Decreto-Lei n. 1.632, de 4 de agosto de 1978, ou por motivos exclusivamente políticos, assegurada a readmissão dos que foram atingidos a partir de 1979, observado o disposto no § 1º.

Art. 9º Os que, por motivos exclusivamente políticos, foram cassados ou tiveram seus direitos políticos suspensos no período de 15 de julho a 31 de dezembro de 1969, por ato do então Presidente da República, poderão requerer ao Supremo Tribunal Federal o reconhecimento dos direitos e vantagens interrompidos pelos atos punitivos, desde que comprovem terem sido estes eivados de vício grave.

PARÁGRAFO ÚNICO. O Supremo Tribunal Federal proferirá a decisão no prazo de cento e vinte dias, a contar do pedido do interessado.

Art. 10. Até que seja promulgada a lei complementar a que se refere o art. 7º, I, da Constituição:

I — fica limitada a proteção nele referida ao aumento, para quatro vezes, da porcentagem prevista no art. 6º, "*caput*" e § 1º, da Lei n. 5.107, de 13 de setembro de 1966;

II — fica vedada a dispensa arbitrária ou sem justa causa:

a) do empregado eleito para cargo de direção de comissões internas de prevenção de acidentes, desde o registro de sua candidatura até um ano após o final de seu mandato;

b) da empregada gestante, desde a confirmação da gravidez até cinco meses após o parto. *(Vide Lei Complementar n. 146, de 2014)*

§ 1º Até que a lei venha a disciplinar o disposto no art. 7º, XIX, da Constituição, o prazo da licença-paternidade a que se refere o inciso é de cinco dias.

§ 2º Até ulterior disposição legal, a cobrança das contribuições para o custeio das atividades dos sindicatos rurais será feita juntamente com a do imposto territorial rural, pelo mesmo órgão arrecadador.

§ 3º Na primeira comprovação do cumprimento das obrigações trabalhistas pelo empregador rural, na forma do art. 233, após a promulgação da Constituição, será certificada perante a Justiça do Trabalho a regularidade do contrato e das atualizações das obrigações trabalhistas de todo o período.

Art. 11. Cada Assembleia Legislativa, com poderes constituintes, elaborará a Constituição do Estado, no prazo de um ano, contado da promulgação da Constituição Federal, obedecidos os princípios desta.

PARÁGRAFO ÚNICO. Promulgada a Constituição do Estado, caberá à Câmara Municipal, no prazo de seis meses, votar a Lei Orgânica respectiva, em dois turnos de discussão e votação, respeitado o disposto na Constituição Federal e na Constituição Estadual.

Art. 12. Será criada, dentro de noventa dias da promulgação da Constituição, Comissão de Estudos Territoriais, com dez membros indicados pelo Congresso Nacional e cinco pelo Poder Executivo, com a finalidade de apresentar estudos sobre o território nacional e anteprojetos relativos a novas unidades territoriais, notadamente na Amazônia Legal e em áreas pendentes de solução.

§ 1º No prazo de um ano, a Comissão submeterá ao Congresso Nacional os resultados de seus estudos para, nos termos da Constituição, serem apreciados nos doze meses subsequentes, extinguindo-se logo após.

§ 2º Os Estados e os Municípios deverão, no prazo de três anos, a contar da promulgação da Constituição, promover, mediante acordo ou arbitramento, a demarcação de suas linhas divisórias atualmente litigiosas, podendo para isso fazer alterações e compensações de área que atendam aos acidentes naturais, critérios históricos, conveniências administrativas e comodidade das populações limítrofes.

§ 3º Havendo solicitação dos Estados e Municípios interessados, a União poderá encarregar-se dos trabalhos demarcatórios.

§ 4º Se, decorrido o prazo de três anos, a contar da promulgação da Constituição, os trabalhos demarcatórios não tiverem sido concluídos, caberá à União determinar os limites das áreas litigiosas.

§ 5º Ficam reconhecidos e homologados os atuais limites do Estado do Acre com os Estados do Amazonas e de Rondônia, conforme levantamentos cartográficos e geodésicos realizados pela Comissão Tripartite integrada por representantes dos Estados e dos serviços técnico-especializados do Instituto Brasileiro de Geografia e Estatística.

Art. 13. É criado o Estado do Tocantins, pelo desmembramento da área descrita neste artigo, dando-se sua instalação no quadragésimo sexto dia após a eleição prevista no § 3º, mas não antes de 1º de janeiro de 1989.

§ 1º O Estado do Tocantins integra a Região Norte e limita-se com o Estado de Goiás pelas divisas norte dos Municípios de São Miguel do Araguaia, Porangatu, Formoso, Minaçu, Cavalcante, Monte Alegre de Goiás e Campos Belos, conservando a leste, norte e oeste as divisas atuais de Goiás com os Estados da Bahia, Piauí, Maranhão, Pará e Mato Grosso.

§ 2º O Poder Executivo designará uma das cidades do Estado para sua Capital provisória até a aprovação da sede definitiva do governo pela Assembleia Constituinte.

§ 3º O Governador, o Vice-Governador, os Senadores, os Deputados Federais e os Deputados Estaduais serão eleitos, em um único turno, até setenta e cinco dias após a promulgação da Constituição, mas não antes de 15 de novembro de 1988, a critério do Tribunal Superior Eleitoral, obedecidas, entre outras, as seguintes normas:

I — o prazo de filiação partidária dos candidatos será encerrado setenta e cinco dias antes da data das eleições;

II — as datas das convenções regionais partidárias destinadas a deliberar sobre coligações e escolha de candidatos, de apresentação de requerimento de registro dos candidatos escolhidos e dos demais procedimentos legais serão fixadas, em calendário especial, pela Justiça Eleitoral;

III — são inelegíveis os ocupantes de cargos estaduais ou municipais que não se tenham deles afastado, em caráter definitivo, setenta e cinco dias antes da data das eleições previstas neste parágrafo;

IV — ficam mantidos os atuais diretórios regionais dos partidos políticos do Estado de Goiás, cabendo às comissões executivas nacionais designar comissões provisórias no Estado do Tocantins, nos termos e para os fins previstos na lei.

§ 4º Os mandatos do Governador, do Vice-Governador, dos Deputados Federais e Estaduais eleitos na forma do parágrafo anterior extinguir-se-ão concomitantemente aos das demais unidades da Federação; o mandato do Senador eleito menos votado extinguir-se-á nessa mesma oportunidade, e os dos outros dois, juntamente com os dos Senadores eleitos em 1986 nos demais Estados.

§ 5º A Assembleia Estadual Constituinte será instalada no quadragésimo sexto dia da eleição de seus integrantes, mas não antes de 1º de janeiro de 1989, sob a presidência do Presidente do Tribunal Regional Eleitoral do Estado de Goiás, e dará posse, na mesma data, ao Governador e ao Vice-Governador eleitos.

§ 6º Aplicam-se à criação e instalação do Estado do Tocantins, no que couber, as normas legais disciplinadoras da divisão do Estado de Mato Grosso, observado o disposto no art. 234 da Constituição.

§ 7º Fica o Estado de Goiás liberado dos débitos e encargos decorrentes de empreendimentos no território do novo Estado, e autorizada a União, a seu critério, a assumir os referidos débitos.

Art. 14. Os Territórios Federais de Roraima e do Amapá são transformados em Estados Federados, mantidos seus atuais limites geográficos.

§ 1º A instalação dos Estados dar-se-á com a posse dos governadores eleitos em 1990.

§ 2º Aplicam-se à transformação e instalação dos Estados de Roraima e Amapá as normas e critérios seguidos na criação do Estado de Rondônia, respeitado o disposto na Constituição e neste Ato.

§ 3º O Presidente da República, até quarenta e cinco dias após a promulgação da Constituição, encaminhará à apreciação do Senado Federal os nomes dos governadores dos Estados de Roraima e do Amapá que exercerão o Poder Executivo até a instalação dos novos Estados com a posse dos governadores eleitos.

§ 4º Enquanto não concretizada a transformação em Estados, nos termos deste artigo, os Territórios Federais de Roraima e do Amapá serão beneficiados pela transferência de recursos prevista nos arts. 159, I, "a", da Constituição, e 34, § 2º, II, deste Ato.

Art. 15. Fica extinto o Território Federal de Fernando de Noronha, sendo sua área reincorporada ao Estado de Pernambuco.

Art. 16. Até que se efetive o disposto no art. 32, § 2º, da Constituição, caberá ao Presidente da República, com a aprovação do Senado Federal, indicar o Governador e o Vice-Governador do Distrito Federal.

§ 1º A competência da Câmara Legislativa do Distrito Federal, até que se instale, será exercida pelo Senado Federal.

§ 2º A fiscalização contábil, financeira, orçamentária, operacional e patrimonial do Distrito Federal, enquanto não for instalada a Câmara Legislativa, será exercida pelo Senado Federal, mediante controle externo, com o auxílio do Tribunal de Contas do Distrito Federal, observado o disposto no art. 72 da Constituição.

§ 3º Incluem-se entre os bens do Distrito Federal aqueles que lhe vierem a ser atribuídos pela União na forma da lei.

Art. 17. Os vencimentos, a remuneração, as vantagens e os adicionais, bem como os proventos de aposentadoria que estejam sendo percebidos em desacordo com a Constituição serão imediatamente reduzidos aos limites dela decorrentes, não se admitindo, neste caso, invocação de direito adquirido ou percepção de excesso a qualquer título. *(Vide Emenda Constitucional n. 41, 19.12.2003)*

§ 1º É assegurado o exercício cumulativo de dois cargos ou empregos privativos de médico que estejam sendo exercidos por médico militar na administração pública direta ou indireta.

§ 2º É assegurado o exercício cumulativo de dois cargos ou empregos privativos de profissionais de saúde que estejam sendo exercidos na administração pública direta ou indireta.

Art. 18. Ficam extintos os efeitos jurídicos de qualquer ato legislativo ou administrativo, lavrado a partir da instalação da Assembleia Nacional Constituinte, que tenha por objeto a concessão de estabilidade a servidor admitido sem concurso público, da administração direta ou indireta, inclusive das fundações instituídas e mantidas pelo Poder Público.

Art. 19. Os servidores públicos civis da União, dos Estados, do Distrito Federal e dos Municípios, da administração direta, autárquica e das fundações públicas, em exercício na data da promulgação da Constituição, há pelo menos cinco anos continuados, e que não tenham sido admitidos na forma regulada no art. 37, da Constituição, são considerados estáveis no serviço público.

§ 1º O tempo de serviço dos servidores referidos neste artigo será contado como título quando se submeterem a concurso para fins de efetivação, na forma da lei.

§ 2º O disposto neste artigo não se aplica aos ocupantes de cargos, funções e empregos de confiança ou em comissão, nem aos que a lei declare de livre exoneração, cujo tempo de serviço não será computado para os fins do "*caput*" deste artigo, exceto se se tratar de servidor.

§ 3º O disposto neste artigo não se aplica aos professores de nível superior, nos termos da lei.

Art. 20. Dentro de cento e oitenta dias, proceder-se-á à revisão dos direitos dos servidores públicos inativos e pensionistas e à atualização dos proventos e pensões a eles devidos, a fim de ajustá-los ao disposto na Constituição.

Art. 21. Os juízes togados de investidura limitada no tempo, admitidos mediante concurso público de provas e títulos e que estejam em exercício na data da promulgação da Constituição, adquirem estabilidade, observado o estágio probatório, e passam a compor quadro em extinção, mantidas as competências, prerrogativas e restrições da legislação a que se achavam submetidos, salvo as inerentes à transitoriedade da investidura.

PARÁGRAFO ÚNICO. A aposentadoria dos juízes de que trata este artigo regular-se-á pelas normas fixadas para os demais juízes estaduais.

Art. 22. É assegurado aos defensores públicos investidos na função até a data de instalação da Assembleia Nacional Constituinte o direito de opção pela carreira, com a observância das garantias e vedações previstas no art. 134, parágrafo único, da Constituição.

Art. 23. Até que se edite a regulamentação do art. 21, XVI, da Constituição, os atuais ocupantes do cargo de censor federal continuarão exercendo funções com este compatíveis, no Departamento de Polícia Federal, observadas as disposições constitucionais.

PARÁGRAFO ÚNICO. A lei referida disporá sobre o aproveitamento dos Censores Federais, nos termos deste artigo.

Art. 24. A União, os Estados, o Distrito Federal e os Municípios editarão leis que estabeleçam critérios para a compatibilização de seus quadros de pessoal ao disposto no art. 39 da Constituição e à reforma administrativa dela decorrente, no prazo de dezoito meses, contados da sua promulgação.

Art. 25. Ficam revogados, a partir de cento e oitenta dias da promulgação da Constituição, sujeito este prazo a prorrogação por lei, todos os dispositivos legais que atribuam ou deleguem a órgão do Poder Executivo competência assinalada pela Constituição ao Congresso Nacional, especialmente no que tange a:

I — ação normativa;

II — alocação ou transferência de recursos de qualquer espécie.

§ 1º Os decretos-lei em tramitação no Congresso Nacional e por este não apreciados até a promulgação da Constituição terão seus efeitos regulados da seguinte forma:

I — se editados até 2 de setembro de 1988, serão apreciados pelo Congresso Nacional no prazo de até cento e oitenta dias a contar da promulgação da Constituição, não computado o recesso parlamentar;

II — decorrido o prazo definido no inciso anterior, e não havendo apreciação, os decretos-lei alí mencionados serão considerados rejeitados;

III — nas hipóteses definidas nos incisos I e II, terão plena validade os atos praticados na vigência dos respectivos decretos-lei, podendo o Congresso Nacional, se necessário, legislar sobre os efeitos deles remanescentes.

§ 2º Os decretos-lei editados entre 3 de setembro de 1988 e a promulgação da Constituição serão convertidos, nesta data, em medidas provisórias, aplicando-se-lhes as regras estabelecidas no art. 62, parágrafo único.

Art. 26. No prazo de um ano a contar da promulgação da Constituição, o Congresso Nacional promoverá, através de Comissão mista, exame analítico e pericial dos atos e fatos geradores do endividamento externo brasileiro.

§ 1º A Comissão terá a força legal de Comissão parlamentar de inquérito para os fins de requisição e convocação, e atuará com o auxílio do Tribunal de Contas da União.

§ 2º Apurada irregularidade, o Congresso Nacional proporá ao Poder Executivo a declaração de nulidade do ato e encaminhará o processo ao Ministério Público Federal, que formalizará, no prazo de sessenta dias, a ação cabível.

Art. 27. O Superior Tribunal de Justiça será instalado sob a Presidência do Supremo Tribunal Federal.

§ 1º Até que se instale o Superior Tribunal de Justiça, o Supremo Tribunal Federal exercerá as atribuições e competências definidas na ordem constitucional precedente.

§ 2º A composição inicial do Superior Tribunal de Justiça far-se-á:

I — pelo aproveitamento dos Ministros do Tribunal Federal de Recursos;

II — pela nomeação dos Ministros que sejam necessários para completar o número estabelecido na Constituição.

§ 3º Para os efeitos do disposto na Constituição, os atuais Ministros do Tribunal Federal de Recursos serão considerados pertencentes à classe de que provieram, quando de sua nomeação.

§ 4º Instalado o Tribunal, os Ministros aposentados do Tribunal Federal de Recursos tornar-se-ão, automaticamente, Ministros aposentados do Superior Tribunal de Justiça.

§ 5º Os Ministros a que se refere o § 2º, II, serão indicados em lista tríplice pelo Tribunal Federal de Recursos, observado o disposto no art. 104, parágrafo único, da Constituição.

§ 6º Ficam criados cinco Tribunais Regionais Federais, a serem instalados no prazo de seis meses a contar da promulgação da Constituição, com a jurisdição e sede que lhes fixar o Tribunal Federal de Recursos, tendo em conta o número de processos e sua localização geográfica.

§ 7º Até que se instalem os Tribunais Regionais Federais, o Tribunal Federal de Recursos exercerá a competência a eles atribuída em todo o território nacional, cabendo-lhe promover sua instalação e indicar os candidatos a todos os cargos da composição inicial, mediante lista tríplice, podendo desta constar juízes federais de qualquer região, observado o disposto no § 9º.

§ 8º É vedado, a partir da promulgação da Constituição, o provimento de vagas de Ministros do Tribunal Federal de Recursos.

§ 9º Quando não houver juiz federal que conte o tempo mínimo previsto no art. 107, II, da Constituição, a promoção poderá contemplar juiz com menos de cinco anos no exercício do cargo.

§ 10. Compete à Justiça Federal julgar as ações nela propostas até a data da promulgação da Constituição, e aos Tribunais Regionais Federais bem como ao Superior Tribunal de Justiça julgar as ações rescisórias das decisões até então proferidas pela Justiça Federal, inclusive daquelas cuja matéria tenha passado à competência de outro ramo do Judiciário.

§ 11. São criados, ainda, os seguintes Tribunais Regionais Federais: o da 6ª Região, com sede em Curitiba, Estado do Paraná, e jurisdição nos Estados do Paraná, Santa Catarina e Mato Grosso do Sul; o da 7ª Região, com sede em Belo Horizonte, Estado de Minas Gerais, e jurisdição no Estado de Minas Gerais; o da 8ª Região, com sede em Salvador, Estado da Bahia, e jurisdição nos Estados da Bahia e Sergipe; e o da 9ª Região, com sede em Manaus, Estado do Amazonas, e jurisdição nos Estados do Amazonas, Acre, Rondônia e Roraima. *(Incluído pela Emenda Constitucional n. 73, de 2013) (Vide ADIN n. 5017, de 2013)*

Art. 28. Os juízes federais de que trata o art. 123, § 2º, da Constituição de 1967, com a redação dada pela Emenda Constitucional n. 7, de 1977, ficam investidos na titularidade de varas na Seção Judiciária para a qual tenham sido nomeados ou designados; na inexistência de vagas, proceder-se-á ao desdobramento das varas existentes.

PARÁGRAFO ÚNICO. Para efeito de promoção por antiguidade, o tempo de serviço desses juízes será computado a partir do dia de sua posse.

Art. 29. Enquanto não aprovadas as leis complementares relativas ao Ministério Público e à Advocacia-Geral da União, o Ministério Público Federal, a Procuradoria-Geral da Fazenda Nacional, as Consultorias Jurídicas dos Ministérios, as Procuradorias e Departamentos Jurídicos de autarquias federais com representação própria e os membros das Procuradorias das Universidades fundacionais públicas continuarão a exercer suas atividades na área das respectivas atribuições.

§ 1º O Presidente da República, no prazo de cento e vinte dias, encaminhará ao Congresso Nacional projeto de lei complementar dispondo sobre a organização e o funcionamento da Advocacia-Geral da União.

§ 2º Aos atuais Procuradores da República, nos termos da lei complementar, será facultada a opção, de forma irretratável, entre as carreiras do Ministério Público Federal e da Advocacia-Geral da União.

§ 3º Poderá optar pelo regime anterior, no que respeita às garantias e vantagens, o membro do Ministério Público admitido antes da promulgação da Constituição, observando-se, quanto às vedações, a situação jurídica na data desta.

§ 4º Os atuais integrantes do quadro suplementar dos Ministérios Públicos do Trabalho e Militar que tenham adquirido estabilidade nessas funções passam a integrar o quadro da respectiva carreira.

§ 5º Cabe à atual Procuradoria-Geral da Fazenda Nacional, diretamente ou por delegação, que pode ser ao Ministério Público Estadual, representar judicialmente a União nas causas de natureza fiscal, na área da respectiva competência, até a promulgação das leis complementares previstas neste artigo.

Art. 30. A legislação que criar a justiça de paz manterá os atuais juízes de paz até a posse dos novos titulares, assegurando-lhes os direitos e atribuições conferidos a estes, e designará o dia para a eleição prevista no art. 98, II, da Constituição.

Art. 31. Serão estatizadas as serventias do foro judicial, assim definidas em lei, respeitados os direitos dos atuais titulares.

Art. 32. O disposto no art. 236 não se aplica aos serviços notariais e de registro que já tenham sido oficializados pelo Poder Público, respeitando-se o direito de seus servidores.

Art. 33. Ressalvados os créditos de natureza alimentar, o valor dos precatórios judiciais pendentes de pagamento na data da promulgação da Constituição, incluído o remanescente de juros e correção monetária, poderá ser pago em moeda corrente, com atualização, em prestações anuais, iguais e sucessivas, no prazo máximo de oito anos, a partir de 1º de julho de 1989, por decisão editada pelo Poder Executivo até cento e oitenta dias da promulgação da Constituição.

PARÁGRAFO ÚNICO. Poderão as entidades devedoras, para o cumprimento do disposto neste artigo, emitir, em cada ano, no exato montante do dispêndio, títulos de dívida pública não computáveis para efeito do limite global de endividamento.

Art. 34. O sistema tributário nacional entrará em vigor a partir do primeiro dia do quinto mês seguinte ao da promulgação da Constituição, mantido, até então, o da Constituição de 1967, com a redação dada pela Emenda n. 1, de 1969, e pelas posteriores.

§ 1º Entrarão em vigor com a promulgação da Constituição os arts. 148, 149, 150, 154, I, 156, III, e 159, I, "c", revogadas as disposições em contrário da Constituição de 1967 e das Emendas que a modificaram, especialmente de seu art. 25, III.

§ 2º O Fundo de Participação dos Estados e do Distrito Federal e o Fundo de Participação dos Municípios obedecerão às seguintes determinações:

I — a partir da promulgação da Constituição, os percentuais serão, respectivamente, de dezoito por cento e de vinte por cento, calculados sobre o produto da arrecadação dos impostos referidos no art. 153, III e IV, mantidos os atuais critérios de rateio até a entrada em vigor da lei complementar a que se refere o art. 161, II;

II — o percentual relativo ao Fundo de Participação dos Estados e do Distrito Federal será acrescido de um ponto percentual no exercício financeiro de 1989 e, a partir de 1990, inclusive, à razão de meio ponto por exercício, até 1992, inclusive, atingindo em 1993 o percentual estabelecido no art. 159, I, "a";

III — o percentual relativo ao Fundo de Participação dos Municípios, a partir de 1989, inclusive, será elevado à razão de meio ponto percentual por exercício financeiro, até atingir o estabelecido no art. 159, I, "b".

§ 3º Promulgada a Constituição, a União, os Estados, o Distrito Federal e os Municípios poderão editar as leis necessárias à aplicação do sistema tributário nacional nela previsto.

§ 4º As leis editadas nos termos do parágrafo anterior produzirão efeitos a partir da entrada em vigor do sistema tributário nacional previsto na Constituição.

§ 5º Vigente o novo sistema tributário nacional, fica assegurada a aplicação da legislação anterior, no que não seja incompatível com ele e com a legislação referida nos § 3º e § 4º.

§ 6º Até 31 de dezembro de 1989, o disposto no art. 150, III, "b", não se aplica aos impostos de que tratam os arts. 155, I, "a" e "b", e 156, II e III, que podem ser cobrados trinta dias após a publicação da lei que os tenha instituído ou aumentado.

§ 7º Até que sejam fixadas em lei complementar, as alíquotas máximas do imposto municipal sobre vendas a varejo de combustíveis líquidos e gasosos não excederão a três por cento.

§ 8º Se, no prazo de sessenta dias contados da promulgação da Constituição, não for editada a lei complementar necessária à instituição do imposto de que trata o art. 155, I, "b", os Estados e o Distrito Federal, mediante convênio celebrado nos termos da Lei

Complementar n. 24, de 7 de janeiro de 1975, fixarão normas para regular provisoriamente a matéria.

§ 9º Até que lei complementar disponha sobre a matéria, as empresas distribuidoras de energia elétrica, na condição de contribuintes ou de substitutos tributários, serão as responsáveis, por ocasião da saída do produto de seus estabelecimentos, ainda que destinado a outra unidade da Federação, pelo pagamento do imposto sobre operações relativas à circulação de mercadorias incidente sobre energia elétrica, desde a produção ou importação até a última operação, calculado o imposto sobre o preço então praticado na operação final e assegurado seu recolhimento ao Estado ou ao Distrito Federal, conforme o local onde deva ocorrer essa operação.

§ 10. Enquanto não entrar em vigor a lei prevista no art. 159, I, "c", cuja promulgação se fará até 31 de dezembro de 1989, é assegurada a aplicação dos recursos previstos naquele dispositivo da seguinte maneira:

I — seis décimos por cento na Região Norte, através do Banco da Amazônia S.A.;

II — um inteiro e oito décimos por cento na Região Nordeste, através do Banco do Nordeste do Brasil S.A.;

III — seis décimos por cento na Região Centro-Oeste, através do Banco do Brasil S.A.

§ 11. Fica criado, nos termos da lei, o Banco de Desenvolvimento do Centro-Oeste, para dar cumprimento, na referida região, ao que determinam os arts. 159, I, "c", e 192, § 2º, da Constituição.

§ 12. A urgência prevista no art. 148, II, não prejudica a cobrança do empréstimo compulsório instituído, em benefício das Centrais Elétricas Brasileiras S.A. (Eletrobrás), pela Lei n. 4.156, de 28 de novembro de 1962, com as alterações posteriores.

Art. 35. O disposto no art. 165, § 7º, será cumprido de forma progressiva, no prazo de até dez anos, distribuindo-se os recursos entre as regiões macroeconômicas em razão proporcional à população, a partir da situação verificada no biênio 1986-87.

§ 1º Para aplicação dos critérios de que trata este artigo, excluem-se das despesas totais as relativas:

I — aos projetos considerados prioritários no plano plurianual;

II — à segurança e defesa nacional;

III — à manutenção dos órgãos federais no Distrito Federal;

IV — ao Congresso Nacional, ao Tribunal de Contas da União e ao Poder Judiciário;

V — ao serviço da dívida da administração direta e indireta da União, inclusive fundações instituídas e mantidas pelo Poder Público federal.

§ 2º Até a entrada em vigor da lei complementar a que se refere o art. 165, § 9º, I e II, serão obedecidas as seguintes normas:

I — o projeto do plano plurianual, para vigência até o final do primeiro exercício financeiro do mandato presidencial subsequente, será encaminhado até quatro meses antes do encerramento do primeiro exercício financeiro e devolvido para sanção até o encerramento da sessão legislativa;

II — o projeto de lei de diretrizes orçamentárias será encaminhado até oito meses e meio antes do encerramento do exercício financeiro e devolvido para sanção até o encerramento do primeiro período da sessão legislativa;

III — o projeto de lei orçamentária da União será encaminhado até quatro meses antes do encerramento do exercício financeiro e devolvido para sanção até o encerramento da sessão legislativa.

Art. 36. Os fundos existentes na data da promulgação da Constituição, excetuados os resultantes de isenções fiscais que passem a integrar patrimônio privado e os que interessem à defesa nacional, extinguir-se-ão, se não forem ratificados pelo Congresso Nacional no prazo de dois anos.

Art. 37. A adaptação ao que estabelece o art. 167, III, deverá processar-se no prazo de cinco anos, reduzindo-se o excesso à base de, pelo menos, um quinto por ano.

Art. 38. Até a promulgação da lei complementar referida no art. 169, a União, os Estados, o Distrito Federal e os Municípios não poderão despender com pessoal mais do que sessenta e cinco por cento do valor das respectivas receitas correntes.

PARÁGRAFO ÚNICO. A União, os Estados, o Distrito Federal e os Municípios, quando a respectiva despesa de pessoal exceder o limite previsto neste artigo, deverão retornar àquele limite, reduzindo o percentual excedente à razão de um quinto por ano.

Art. 39. Para efeito do cumprimento das disposições constitucionais que impliquem variações de despesas e receitas da União, após a promulgação da Constituição, o Poder Executivo deverá elaborar e o Poder Legislativo apreciar projeto de revisão da lei orçamentária referente ao exercício financeiro de 1989.

PARÁGRAFO ÚNICO. O Congresso Nacional deverá votar no prazo de doze meses a lei complementar prevista no art. 161, II.

Art. 40. É mantida a Zona Franca de Manaus, com suas características de área livre de comércio, de exportação e importação, e de incentivos fiscais, pelo prazo de vinte e cinco anos, a partir da promulgação da Constituição.

PARÁGRAFO ÚNICO. Somente por lei federal podem ser modificados os critérios que disciplinaram ou venham a disciplinar a aprovação dos projetos na Zona Franca de Manaus.

Art. 41. Os Poderes Executivos da União, dos Estados, do Distrito Federal e dos Municípios reavaliarão todos os incentivos fiscais de natureza setorial ora em vigor, propondo aos Poderes Legislativos respectivos as medidas cabíveis.

§ 1º Considerar-se-ão revogados após dois anos, a partir da data da promulgação da Constituição, os incentivos que não forem confirmados por lei.

§ 2º A revogação não prejudicará os direitos que já tiverem sido adquiridos, àquela data, em relação a incentivos concedidos sob condição e com prazo certo.

§ 3º Os incentivos concedidos por convênio entre Estados, celebrados nos termos do art. 23, § 6º, da Constituição de 1967, com a redação da Emenda Constitucional n. 1, de 17 de outubro de 1969, também deverão ser reavaliados e reconfirmados nos prazos deste artigo.

Art. 42. Durante 40 (quarenta) anos, a União aplicará dos recursos destinados à irrigação: *(Redação dada pela Emenda Constitucional n. 89, de 2015)*

I — 20% (vinte por cento) na Região Centro-Oeste; *(Redação dada pela Emenda Constitucional n. 89, de 2015)*

II — 50% (cinquenta por cento) na Região Nordeste, preferencialmente no Semiárido. *(Redação dada pela Emenda Constitucional n. 89, de 2015)*

PARÁGRAFO ÚNICO. Dos percentuais previstos nos incisos I e II do *caput*, no mínimo 50% (cinquenta por cento) serão destinados a projetos de irrigação que beneficiem agricultores familiares que atendam aos requisitos previstos em legislação específica. *(Incluído pela Emenda Constitucional n. 89, de 2015)*

Art. 43. Na data da promulgação da lei que disciplinar a pesquisa e a lavra de recursos e jazidas minerais, ou no prazo de um ano, a contar da promulgação da Constituição, tornar-se-ão sem efeito as autorizações, concessões e demais títulos atributivos de direitos minerários, caso os trabalhos de pesquisa ou de lavra não hajam sido comprovadamente iniciados nos prazos legais ou estejam inativos. *(Regulamento)*

Art. 44. As atuais empresas brasileiras titulares de autorização de pesquisa, concessão de lavra de recursos minerais e de aproveitamento dos potenciais de energia hidráulica em vigor terão quatro anos, a partir da promulgação da Constituição, para cumprir os requisitos do art. 176, § 1º.

§ 1º Ressalvadas as disposições de interesse nacional previstas no texto constitucional, as empresas brasileiras ficarão dispensadas do cumprimento do disposto no art. 176, § 1º, desde que, no prazo de até quatro anos da data da promulgação da Constituição, tenham o produto de sua lavra e beneficiamento destinado a industrialização no território nacional, em seus próprios estabelecimentos ou em empresa industrial controladora ou controlada.

§ 2º Ficarão também dispensadas do cumprimento do disposto no art. 176, § 1º, as empresas brasileiras titulares de concessão de energia hidráulica para uso em seu processo de industrialização.

§ 3º As empresas brasileiras referidas no § 1º somente poderão ter autorizações de pesquisa e concessões de lavra ou potenciais de energia hidráulica, desde que a energia e o produto da lavra sejam utilizados nos respectivos processos industriais.

Art. 45. Ficam excluídas do monopólio estabelecido pelo art. 177, II, da Constituição as refinarias em funcionamento no País amparadas pelo art. 43 e nas condições do art. 45 da Lei n. 2.004, de 3 de outubro de 1953.

Parágrafo único. Ficam ressalvados da vedação do art. 177, § 1º, os contratos de risco feitos com a Petróleo Brasileiro S.A. (Petrobrás), para pesquisa de petróleo, que estejam em vigor na data da promulgação da Constituição.

Art. 46. São sujeitos à correção monetária desde o vencimento, até seu efetivo pagamento, sem interrupção ou suspensão, os créditos junto a entidades submetidas aos regimes de intervenção ou liquidação extrajudicial, mesmo quando esses regimes sejam convertidos em falência.

PARÁGRAFO ÚNICO. O disposto neste artigo aplica-se também:

I — às operações realizadas posteriormente à decretação dos regimes referidos no "*caput*" deste artigo;

II — às operações de empréstimo, financiamento, refinanciamento, assistência financeira de liquidez, cessão ou sub-rogação de créditos ou cédulas hipotecárias, efetivação de garantia de depósitos do público ou de compra de obrigações passivas, inclusive as realizadas com recursos de fundos que tenham essas destinações;

III — aos créditos anteriores à promulgação da Constituição;

IV — aos créditos das entidades da administração pública anteriores à promulgação da Constituição, não liquidados até 1 de janeiro de 1988.

Art. 47. Na liquidação dos débitos, inclusive suas renegociações e composições posteriores, ainda que ajuizados, decorrentes de quaisquer empréstimos concedidos por bancos e por instituições financeiras, não existirá correção monetária desde que o empréstimo tenha sido concedido:

I — aos micro e pequenos empresários ou seus estabelecimentos no período de 28 de fevereiro de 1986 a 28 de fevereiro de 1987;

II — ao mini, pequenos e médios produtores rurais no período de 28 de fevereiro de 1986 a 31 de dezembro de 1987, desde que relativos a crédito rural.

§ 1º Consideram-se, para efeito deste artigo, microempresas as pessoas jurídicas e as firmas individuais com receitas anuais de até dez mil Obrigações do Tesouro Nacional, e pequenas empresas as pessoas jurídicas e as firmas individuais com receita anual de até vinte e cinco mil Obrigações do Tesouro Nacional.

§ 2º A classificação de mini, pequeno e médio produtor rural será feita obedecendo-se às normas de crédito rural vigentes à época do contrato.

§ 3º A isenção da correção monetária a que se refere este artigo só será concedida nos seguintes casos:

I — se a liquidação do débito inicial, acrescido de juros legais e taxas judiciais, vier a ser efetivada no prazo de noventa dias, a contar da data da promulgação da Constituição;

II — se a aplicação dos recursos não contrariar a finalidade do financiamento, cabendo o ônus da prova à instituição credora;

III — se não for demonstrado pela instituição credora que o mutuário dispõe de meios para o pagamento de seu débito, excluído desta demonstração seu estabelecimento, a casa de moradia e os instrumentos de trabalho e produção;

IV — se o financiamento inicial não ultrapassar o limite de cinco mil Obrigações do Tesouro Nacional;

V — se o beneficiário não for proprietário de mais de cinco módulos rurais.

§ 4º Os benefícios de que trata este artigo não se estendem aos débitos já quitados e aos devedores que sejam constituintes.

§ 5º No caso de operações com prazos de vencimento posteriores à data- limite de liquidação da dívida, havendo interesse do mutuário, os bancos e as instituições financeiras promoverão, por instrumento próprio, alteração nas condições contratuais originais de forma a ajustá-las ao presente benefício.

§ 6º A concessão do presente benefício por bancos comerciais privados em nenhuma hipótese acarretará ônus para o Poder Público, ainda que através de refinanciamento e repasse de recursos pelo banco central.

§ 7º No caso de repasse a agentes financeiros oficiais ou cooperativas de crédito, o ônus recairá sobre a fonte de recursos originária.

Art. 48. O Congresso Nacional, dentro de cento e vinte dias da promulgação da Constituição, elaborará código de defesa do consumidor.

Art. 49. A lei disporá sobre o instituto da enfiteuse em imóveis urbanos, sendo facultada aos foreiros, no caso de sua extinção, a remição dos aforamentos mediante aquisição do domínio direto, na conformidade do que dispuserem os respectivos contratos.

§ 1º Quando não existir cláusula contratual, serão adotados os critérios e bases hoje vigentes na legislação especial dos imóveis da União.

§ 2º Os direitos dos atuais ocupantes inscritos ficam assegurados pela aplicação de outra modalidade de contrato.

§ 3º A enfiteuse continuará sendo aplicada aos terrenos de marinha e seus acrescidos, situados na faixa de segurança, a partir da orla marítima.

§ 4º Remido o foro, o antigo titular do domínio direto deverá, no prazo de noventa dias, sob pena de responsabilidade, confiar à guarda do registro de imóveis competente toda a documentação a ele relativa.

Art. 50. Lei agrícola a ser promulgada no prazo de um ano disporá, nos termos da Constituição, sobre os objetivos e instrumentos de política agrícola, prioridades, planejamento de safras, comercialização, abastecimento interno, mercado externo e instituição de crédito fundiário.

Art. 51. Serão revistos pelo Congresso Nacional, através de Comissão mista, nos três anos a contar da data da promulgação da Constituição, todas as doações, vendas e concessões de terras públicas com área superior a três mil hectares, realizadas no período de 1º de janeiro de 1962 a 31 de dezembro de 1987.

§ 1º No tocante às vendas, a revisão será feita com base exclusivamente no critério de legalidade da operação.

§ 2º No caso de concessões e doações, a revisão obedecerá aos critérios de legalidade e de conveniência do interesse público.

§ 3º Nas hipóteses previstas nos parágrafos anteriores, comprovada a ilegalidade, ou havendo interesse público, as terras reverterão ao patrimônio da União, dos Estados, do Distrito Federal ou dos Municípios.

Art. 52. Até que sejam fixadas as condições do art. 192, são vedados: *(Redação dada pela Emenda Constitucional n. 40, de 2003)*

I — a instalação, no País, de novas agências de instituições financeiras domiciliadas no exterior;

II — o aumento do percentual de participação, no capital de instituições financeiras com sede no País, de pessoas físicas ou jurídicas residentes ou domiciliadas no exterior.

PARÁGRAFO ÚNICO. A vedação a que se refere este artigo não se aplica às autorizações resultantes de acordos internacionais, de reciprocidade, ou de interesse do Governo brasileiro.

Art. 53. Ao ex-combatente que tenha efetivamente participado de operações bélicas durante a Segunda Guerra Mundial, nos termos da Lei n. 5.315, de 12 de setembro de 1967, serão assegurados os seguintes direitos:

I — aproveitamento no serviço público, sem a exigência de concurso, com estabilidade;

II — pensão especial correspondente à deixada por segundo-tenente das Forças Armadas, que poderá ser requerida a qualquer tempo, sendo inacumulável com quaisquer rendimentos recebidos dos cofres públicos, exceto os benefícios previdenciários, ressalvado o direito de opção;

III — em caso de morte, pensão à viúva ou companheira ou dependente, de forma proporcional, de valor igual à do inciso anterior;

IV — assistência médica, hospitalar e educacional gratuita, extensiva aos dependentes;

V — aposentadoria com proventos integrais aos vinte e cinco anos de serviço efetivo, em qualquer regime jurídico;

VI — prioridade na aquisição da casa própria, para os que não a possuam ou para suas viúvas ou companheiras.

PARÁGRAFO ÚNICO. A concessão da pensão especial do inciso II substitui, para todos os efeitos legais, qualquer outra pensão já concedida ao ex-combatente.

Art. 54. Os seringueiros recrutados nos termos do Decreto-Lei n. 5.813, de 14 de setembro de 1943, e amparados pelo Decreto-Lei n. 9.882, de 16 de setembro de 1946, receberão, quando carentes, pensão mensal vitalícia no valor de dois salários mínimos.

§ 1º O benefício é estendido aos seringueiros que, atendendo a apelo do Governo brasileiro, contribuíram para o esforço de guerra, trabalhando na produção de borracha, na Região Amazônica, durante a Segunda Guerra Mundial.

§ 2º Os benefícios estabelecidos neste artigo são transferíveis aos dependentes reconhecidamente carentes.

§ 3º A concessão do benefício far-se-á conforme lei a ser proposta pelo Poder Executivo dentro de cento e cinquenta dias da promulgação da Constituição.

Art. 54-A. Os seringueiros de que trata o art. 54 deste Ato das Disposições Constitucionais Transitórias receberão indenização, em parcela única, no valor de R$ 25.000,00 (vinte e cinco mil reais). *(Incluído pela Emenda Constitucional n. 78, de 2014) (Vide Emenda Constitucional n. 78, de 2014)*

Art. 55. Até que seja aprovada a lei de diretrizes orçamentárias, trinta por cento, no mínimo, do orçamento da seguridade social, excluído o seguro-desemprego, serão destinados ao setor de saúde.

Art. 56. Até que a lei disponha sobre o art. 195, I, a arrecadação decorrente de, no mínimo, cinco dos seis décimos percentuais correspondentes à alíquota da contribuição de que trata o Decreto-Lei n. 1.940, de 25 de maio de 1982, alterada pelo Decreto-Lei n. 2.049, de 1º de agosto de 1983, pelo Decreto n. 91.236, de 8 de maio de 1985, e pela Lei n. 7.611, de 8 de julho de 1987, passa a integrar a receita da seguridade social, ressalvados, exclusivamente no exercício de 1988, os compromissos assumidos com programas e projetos em andamento.

Art. 57. Os débitos dos Estados e dos Municípios relativos às contribuições previdenciárias até 30 de junho de 1988 serão liquidados, com correção monetária, em cento e vinte parcelas mensais, dispensados os juros e multas sobre eles incidentes, desde que os devedores requeiram o parcelamento e iniciem seu pagamento no prazo de cento e oitenta dias a contar da promulgação da Constituição.

§ 1º O montante a ser pago em cada um dos dois primeiros anos não será inferior a cinco por cento do total do débito consolidado e atualizado, sendo o restante dividido em parcelas mensais de igual valor.

§ 2º A liquidação poderá incluir pagamentos na forma de cessão de bens e prestação de serviços, nos termos da Lei n. 7.578, de 23 de dezembro de 1986.

§ 3º Em garantia do cumprimento do parcelamento, os Estados e os Municípios consignarão, anualmente, nos respectivos orçamentos as dotações necessárias ao pagamento de seus débitos.

§ 4º Descumprida qualquer das condições estabelecidas para concessão do parcelamento, o débito será considerado vencido em sua totalidade, sobre ele incidindo juros de mora; nesta hipótese, parcela dos recursos correspondentes aos Fundos de Participação, destinada aos Estados e Municípios devedores, será bloqueada e repassada à previdência social para pagamento de seus débitos.

Art. 58. Os benefícios de prestação continuada, mantidos pela previdência social na data da promulgação da Constituição, terão seus valores revistos, a fim de que seja restabelecido o poder aquisitivo, expresso em número de salários mínimos, que tinham na data de sua concessão, obedecendo-se a esse critério de atualização até a implantação do plano de custeio e benefícios referidos no artigo seguinte.

PARÁGRAFO ÚNICO. As prestações mensais dos benefícios atualizadas de acordo com este artigo serão devidas e pagas a partir do sétimo mês a contar da promulgação da Constituição.

Art. 59. Os projetos de lei relativos à organização da seguridade social e aos planos de custeio e de benefício serão apresentados no prazo máximo de seis meses da promulgação da Constituição ao Congresso Nacional, que terá seis meses para apreciá-los.

PARÁGRAFO ÚNICO. Aprovados pelo Congresso Nacional, os planos serão implantados progressivamente nos dezoito meses seguintes.

Art. 60. Até o 14º (décimo quarto) ano a partir da promulgação desta Emenda Constitucional, os Estados, o Distrito Federal e os Municípios destinarão parte dos recursos a que se refere o *caput* do art. 212 da Constituição Federal à manutenção e desenvolvimento da educação básica e à remuneração condigna dos trabalhadores da educação, respeitadas as seguintes disposições: *(Redação dada pela Emenda Constitucional n. 53, de 2006). (Vide Emenda Constitucional n. 53, de 2006) (Vide Emenda Constitucional n. 53, de 2006)*

I — a distribuição dos recursos e de responsabilidades entre o Distrito Federal, os Estados e seus Municípios é assegurada mediante a criação, no âmbito de cada Estado e do Distrito Federal, de um Fundo de Manutenção e Desenvolvimento da Educação Básica e de Valorização dos Profissionais da Educação — FUNDEB, de natureza contábil; *(Incluído pela Emenda Constitucional n. 53, de 2006).*

II — os Fundos referidos no inciso I do *caput* deste artigo serão constituídos por 20% (vinte por cento) dos recursos a que se referem os incisos I, II e III do art. 155; o inciso II do *caput* do art. 157; os incisos II, III e IV do *caput* do art. 158; e as alíneas a e b do inciso I e o inciso II do *caput* do art. 159, todos da Constituição Federal, e distribuídos entre cada Estado e seus Municípios, proporcionalmente ao número de alunos das diversas etapas e modalidades da educação básica presencial, matriculados nas respectivas redes, nos respectivos âmbitos de atuação prioritária estabelecidos nos §§ 2º e 3º do art. 211 da Constituição Federal; *(Incluído pela Emenda Constitucional n. 53, de 2006).*

III — observadas as garantias estabelecidas nos incisos I, II, III e IV do *caput* do art. 208 da Constituição Federal e as metas de universalização da educação básica estabelecidas no Plano Nacional de Educação, a lei disporá sobre: *(Incluído pela Emenda Constitucional n. 53, de 2006).*

a) a organização dos Fundos, a distribuição proporcional de seus recursos, as diferenças e as ponderações quanto ao valor anual por aluno entre etapas e modalidades da educação básica e tipos de estabelecimento de ensino; *(Incluído pela Emenda Constitucional n. 53, de 2006).*

b) a forma de cálculo do valor anual mínimo por aluno; *(Incluído pela Emenda Constitucional n. 53, de 2006).*

c) os percentuais máximos de apropriação dos recursos dos Fundos pelas diversas etapas e modalidades da educação básica, observados os arts. 208 e 214 da Constituição Federal, bem como as metas do Plano Nacional de Educação; *(Incluído pela Emenda Constitucional n. 53, de 2006).*

d) a fiscalização e o controle dos Fundos; *(Incluído pela Emenda Constitucional n. 53, de 2006).*

e) prazo para fixar, em lei específica, piso salarial profissional nacional para os profissionais do magistério público da educação básica; *(Incluído pela Emenda Constitucional n. 53, de 2006).*

IV — os recursos recebidos à conta dos Fundos instituídos nos termos do inciso I do *caput* deste artigo serão aplicados pelos Estados e Municípios exclusivamente nos respectivos âmbitos de atuação prioritária, conforme estabelecido nos §§ 2º e 3º do art. 211 da Constituição Federal; *(Incluído pela Emenda Constitucional n. 53, de 2006).*

V — a União complementará os recursos dos Fundos a que se refere o inciso II do *caput* deste artigo sempre que, no Distrito Federal e em cada Estado, o valor por aluno não alcançar o mínimo definido nacionalmente, fixado em observância ao disposto no inciso VII do *caput* deste artigo, vedada a utilização dos recursos a que se refere o § 5º do art. 212 da Constituição Federal; *(Incluído pela Emenda Constitucional n. 53, de 2006).*

VI — até 10% (dez por cento) da complementação da União prevista no inciso V do *caput* deste artigo poderá ser distribuída para os Fundos por meio de programas direcionados para a melhoria da qualidade da educação, na forma da lei a que se refere o inciso III do *caput* deste artigo; *(Incluído pela Emenda Constitucional n. 53, de 2006).*

VII — a complementação da União de que trata o inciso V do *caput* deste artigo será de, no mínimo: *(Incluído pela Emenda Constitucional n. 53, de 2006).*

a) R$ 2.000.000.000,00 (dois bilhões de reais), no primeiro ano de vigência dos Fundos; *(Incluído pela Emenda Constitucional n. 53, de 2006).*

b) R$ 3.000.000.000,00 (três bilhões de reais), no segundo ano de vigência dos Fundos; *(Incluído pela Emenda Constitucional n. 53, de 2006).*

c) R$ 4.500.000.000,00 (quatro bilhões e quinhentos milhões de reais), no terceiro ano de vigência dos Fundos; *(Incluído pela Emenda Constitucional n. 53, de 2006).*

d) 10% (dez por cento) do total dos recursos a que se refere o inciso II do *caput* deste artigo, a partir do quarto ano de vigência dos Fundos; *(Incluído pela Emenda Constitucional n. 53, de 2006).*

VIII — a vinculação de recursos à manutenção e desenvolvimento do ensino estabelecida no art. 212 da Constituição Federal suportará, no máximo, 30% (trinta por cento) da complementação da União, considerando-se para os fins deste inciso os valores previstos no inciso VII do *caput* deste artigo; *(Incluído pela Emenda Constitucional n. 53, de 2006).*

IX — os valores a que se referem as alíneas a, b, e c do inciso VII do *caput* deste artigo serão atualizados, anualmente, a partir da promulgação desta Emenda Constitucional, de forma a preservar, em caráter permanente, o valor real da complementação da União; *(Incluído pela Emenda Constitucional n. 53, de 2006).*

X — aplica-se à complementação da União o disposto no art. 160 da Constituição Federal; *(Incluído pela Emenda Constitucional n. 53, de 2006).*

XI — o não-cumprimento do disposto nos incisos V e VII do *caput* deste artigo importará crime de responsabilidade da autoridade competente; *(Incluído pela Emenda Constitucional n. 53, de 2006).*

XII — proporção não inferior a 60% (sessenta por cento) de cada Fundo referido no inciso I do *caput* deste artigo será destinada ao pagamento dos profissionais do magistério da educação básica em efetivo exercício. *(Incluído pela Emenda Constitucional n. 53, de 2006).*

§ 1º A União, os Estados, o Distrito Federal e os Municípios deverão assegurar, no financiamento da educação básica, a melhoria da qualidade de ensino, de forma a garantir padrão mínimo definido nacionalmente. *(Redação dada pela Emenda Constitucional n. 53, de 2006).*

§ 2º O valor por aluno do ensino fundamental, no Fundo de cada Estado e do Distrito Federal, não poderá ser inferior ao praticado no âmbito do Fundo de Manutenção e Desenvolvimento do Ensino

Fundamental e de Valorização do Magistério — FUNDEF, no ano anterior à vigência desta Emenda Constitucional. *(Redação dada pela Emenda Constitucional n. 53, de 2006).*

§ 3º O valor anual mínimo por aluno do ensino fundamental, no âmbito do Fundo de Manutenção e Desenvolvimento da Educação Básica e de Valorização dos Profissionais da Educação — FUNDEB, não poderá ser inferior ao valor mínimo fixado nacionalmente no ano anterior ao da vigência desta Emenda Constitucional. *(Redação dada pela Emenda Constitucional n. 53, de 2006).*

§ 4º Para efeito de distribuição de recursos dos Fundos a que se refere o inciso I do *caput* deste artigo, levar-se-á em conta a totalidade das matrículas no ensino fundamental e considerar-se-á para a educação infantil, para o ensino médio e para a educação de jovens e adultos 1/3 (um terço) das matrículas no primeiro ano, 2/3 (dois terços) no segundo ano e sua totalidade a partir do terceiro ano. *(Redação dada pela Emenda Constitucional n. 53, de 2006).*

§ 5º A porcentagem dos recursos de constituição dos Fundos, conforme o inciso II do *caput* deste artigo, será alcançada gradativamente nos primeiros 3 (três) anos de vigência dos Fundos, da seguinte forma: *(Redação dada pela Emenda Constitucional n. 53, de 2006).*

I — no caso dos impostos e transferências constantes do inciso II do *caput* do art. 155; do inciso IV do *caput* do art. 158; e as alíneas *a* e *b* do inciso I e do inciso II do *caput* do art. 159 da Constituição Federal: *(Incluído pela Emenda Constitucional n. 53, de 2006).*

a) 16,66% (dezesseis inteiros e sessenta e seis centésimos por cento), no primeiro ano; *(Incluído pela Emenda Constitucional n. 53, de 2006).*

b) 18,33% (dezoito inteiros e trinta e três centésimos por cento), no segundo ano; *(Incluído pela Emenda Constitucional n. 53, de 2006).*

c) 20% (vinte por cento), a partir do terceiro ano; *(Incluído pela Emenda Constitucional n. 53, de 2006).*

II — no caso dos impostos e transferências constantes dos incisos I e III do *caput* do art. 155; do inciso II do *caput* do art. 157; e dos incisos II e III do *caput* do art. 158 da Constituição Federal: *(Incluído pela Emenda Constitucional n. 53, de 2006).*

a) 6,66% (seis inteiros e sessenta e seis centésimos por cento), no primeiro ano; *(Incluído pela Emenda Constitucional n. 53, de 2006).*

b) 13,33% (treze inteiros e trinta e três centésimos por cento), no segundo ano; *(Incluído pela Emenda Constitucional n. 53, de 2006).*

c) 20% (vinte por cento), a partir do terceiro ano. *(Incluído pela Emenda Constitucional n. 53, de 2006).*

§ 6º (Revogado). *(Redação dada pela Emenda Constitucional n. 53, de 2006).*

§ 7º (Revogado). *(Redação dada pela Emenda Constitucional n. 53, de 2006).*

Art. 61. As entidades educacionais a que se refere o art. 213, bem como as fundações de ensino e pesquisa cuja criação tenha sido autorizada por lei, que preencham os requisitos dos incisos I e II do referido artigo e que, nos últimos três anos, tenham recebido recursos públicos, poderão continuar a recebê-los, salvo disposição legal em contrário.

Art. 62. A lei criará o Serviço Nacional de Aprendizagem Rural (SENAR) nos moldes da legislação relativa ao Serviço Nacional de Aprendizagem Industrial (SENAI) e ao Serviço Nacional de Aprendizagem do Comércio (SENAC), sem prejuízo das atribuições dos órgãos públicos que atuam na área.

Art. 63. É criada uma Comissão composta de nove membros, sendo três do Poder Legislativo, três do Poder Judiciário e três do Poder Executivo, para promover as comemorações do centenário da proclamação da República e da promulgação da primeira Constituição republicana do País, podendo, a seu critério, desdobrar-se em tantas subcomissões quantas forem necessárias.

PARÁGRAFO ÚNICO. No desenvolvimento de suas atribuições, a Comissão promoverá estudos, debates e avaliações sobre a evolução política, social, econômica e cultural do País, podendo articular-se com os governos estaduais e municipais e com instituições públicas e privadas que desejem participar dos eventos.

Art. 64. A Imprensa Nacional e demais gráficas da União, dos Estados, do Distrito Federal e dos Municípios, da administração direta ou indireta, inclusive fundações instituídas e mantidas pelo Poder Público, promoverão edição popular do texto integral da Constituição, que será posta à disposição das escolas e dos cartórios, dos sindicatos, dos quartéis, das igrejas e de outras instituições representativas da comunidade, gratuitamente, de modo que cada cidadão brasileiro possa receber do Estado um exemplar da Constituição do Brasil.

Art. 65. O Poder Legislativo regulamentará, no prazo de doze meses, o art. 220, § 4º.

Art. 66. São mantidas as concessões de serviços públicos de telecomunicações atualmente em vigor, nos termos da lei.

Art. 67. A União concluirá a demarcação das terras indígenas no prazo de cinco anos a partir da promulgação da Constituição.

Art. 68. Aos remanescentes das comunidades dos quilombos que estejam ocupando suas terras é reconhecida a propriedade definitiva, devendo o Estado emitir-lhes os títulos respectivos.

Art. 69. Será permitido aos Estados manter consultorias jurídicas separadas de suas Procuradorias-Gerais ou Advocacias-Gerais, desde que, na data da promulgação da Constituição, tenham órgãos distintos para as respectivas funções.

Art. 70. Fica mantida atual competência dos tribunais estaduais até a mesma seja definida na Constituição do Estado, nos termos do art. 125, § 1º, da Constituição.

Art. 71. É instituído, nos exercícios financeiros de 1994 e 1995, bem assim nos períodos de 1.1.1996 a 30.6.1997 e 1.7.1997 a 31.12.1999, o Fundo Social de Emergência, com o objetivo de saneamento financeiro da Fazenda Pública Federal e de estabilização econômica, cujos recursos serão aplicados prioritariamente no custeio das ações dos sistemas de saúde e educação, incluindo a complementação de recursos de que trata o § 3º do art. 60 do Ato das Disposições Constitucionais Transitórias, benefícios previdenciários e auxílios assistenciais de prestação continuada, inclusive liquidação de passivo previdenciário, e despesas orçamentárias associadas a programas de relevante interesse econômico e social. *(Redação dada pela Emenda Constitucional n. 17, de 1997) (Vide Emenda Constitucional n. 17, de 1997)*

§ 1º Ao Fundo criado por este artigo não se aplica o disposto na parte final do inciso II do § 9º do art. 165 da Constituição. *(Renumerado do parágrafo único, pela Emenda Constitucional n. 10, de 1996)*

§ 2º O Fundo criado por este artigo passa a ser denominado Fundo de Estabilização Fiscal a partir do início do exercício financeiro de 1996. *(Incluído pela Emenda Constitucional n. 10, de 1996)*

§ 3º O Poder Executivo publicará demonstrativo da execução orçamentária, de periodicidade bimestral, no qual se discriminarão as fontes e usos do Fundo criado por este artigo. *(Incluído pela Emenda Constitucional n. 10, de 1996)*

Art. 72. Integram o Fundo Social de Emergência: *(Incluído pela Emenda Constitucional de Revisão n. 1, de 1994)*

I — o produto da arrecadação do imposto sobre renda e proventos de qualquer natureza incidente na fonte sobre pagamentos efetuados, a qualquer título, pela União, inclusive suas autarquias e fundações; *(Incluído pela Emenda Constitucional de Revisão n. 1, de 1994) (Vide Emenda Constitucional n. 17, de 1997)*

II — a parcela do produto da arrecadação do imposto sobre renda e proventos de qualquer natureza e do imposto sobre operações de crédito, câmbio e seguro, ou relativas a títulos e valores mobiliários, decorrente das alterações produzidas pela Lei n. 8.894, de 21 de junho de 1994, e pelas Leis ns. 8.849 e 8.848, ambas de 28 de janeiro de 1994, e modificações posteriores; *(Redação dada pela Emenda Constitucional n. 10, de 1996)*

III — a parcela do produto da arrecadação resultante da elevação da alíquota da contribuição social sobre o lucro dos contribuintes a que se refere o § 1º do Art. 22 da Lei n. 8.212, de 24 de julho de 1991, a qual, nos exercícios financeiros de 1994 e 1995, bem assim no período de 1º de janeiro de 1996 a 30 de junho de 1997, passa a ser de trinta por cento, sujeita a alteração por lei ordinária, mantidas as demais normas da Lei n. 7.689, de 15 de dezembro de 1988; *(Redação dada pela Emenda Constitucional n. 10, de 1996)*

IV — vinte por cento do produto da arrecadação de todos os impostos e contribuições da União, já instituídos ou a serem criados, excetuado o previsto nos incisos I, II e III, observado o disposto nos §§ 3º e 4º; *(Redação dada pela Emenda Constitucional n. 10, de 1996)*

V — a parcela do produto da arrecadação da contribuição de que trata a Lei Complementar n. 7, de 7 de setembro de 1970, devida pelas pessoas jurídicas a que se refere o inciso III deste artigo, a qual será calculada, nos exercícios financeiros de 1994 a 1995, bem assim nos períodos de 1º de janeiro de 1996 a 30 de junho de 1997 e de 1º de julho de 1997 a 31 de dezembro de 1999, mediante a aplicação da alíquota de setenta e cinco centésimos por cento, sujeita a alteração por lei ordinária posterior, sobre a receita bruta operacional, como definida na legislação do imposto sobre renda e proventos de qualquer natureza. *(Redação dada pela Emenda Constitucional n. 17, de 1997) (Vide Emenda Constitucional n. 17, de 1997)*

VI — outras receitas previstas em lei específica. *(Incluído pela Emenda Constitucional de Revisão n. 1, de 1994)*

§ 1º As alíquotas e a base de cálculo previstas nos incisos III e V aplicar-se-ão a partir do primeiro dia do mês seguinte aos noventa dias posteriores à promulgação desta Emenda. *(Incluído pela Emenda Constitucional de Revisão n. 1, de 1994)*

§ 2º As parcelas de que tratam os incisos I, II, III e V serão previamente deduzidas da base de cálculo de qualquer vinculação ou participação constitucional ou legal, não se lhes aplicando o disposto nos artigos, 159, 212 e 239 da Constituição. *(Redação dada pela Emenda Constitucional n. 10, de 1996)*

§ 3º A parcela de que trata o inciso IV será previamente deduzida da base de cálculo das vinculações ou participações constitucionais previstas nos artigos 153, § 5º, 157, II, 212 e 239 da Constituição. *(Redação dada pela Emenda Constitucional n. 10, de 1996)*

§ 4º O disposto no parágrafo anterior não se aplica aos recursos previstos nos Artigos 158, II e 159 da Constituição. *(Redação dada pela Emenda Constitucional n. 10, de 1996)*

§ 5º A parcela dos recursos provenientes do imposto sobre renda e proventos de qualquer natureza, destinada ao Fundo Social de Emergência, nos termos do inciso II deste artigo, não poderá exceder a cinco inteiros e seis décimos por cento do total do produto da sua arrecadação. *(Redação dada pela Emenda Constitucional n. 10, de 1996)*

Art. 73. Na regulação do Fundo Social de Emergência não poderá ser utilizado o instrumento previsto no inciso V do art. 59 da Constituição. *(Incluído pela Emenda Constitucional de Revisão n. 1, de 1994)*

Art. 74. A União poderá instituir contribuição provisória sobre movimentação ou transmissão de valores e de créditos e direitos de natureza financeira. *(Incluído pela Emenda Constitucional n. 12, de 1996)*

§ 1º A alíquota da contribuição de que trata este artigo não excederá a vinte e cinco centésimos por cento, facultado ao Poder Executivo reduzi-la ou restabelecê-la, total ou parcialmente, nas condições e limites fixados em lei. *(Incluído pela Emenda Constitucional n. 12, de 1996)*

§ 2º A contribuição de que trata este artigo não se aplica o disposto nos arts. 153, § 5º, e 154, I, da Constituição. *(Incluído pela Emenda Constitucional n. 12, de 1996)*

§ 3º O produto da arrecadação da contribuição de que trata este artigo será destinado integralmente ao Fundo Nacional de Saúde, para financiamento das ações e serviços de saúde. *(Incluído pela Emenda Constitucional n. 12, de 1996)*

§ 4º A contribuição de que trata este artigo terá sua exigibilidade subordinada ao disposto no art. 195, § 6º, da Constituição, e não poderá ser cobrada por prazo superior a dois anos. *(Incluído pela Emenda Constitucional n. 12, de 1996)*

Art. 75. É prorrogada, por trinta e seis meses, a cobrança da contribuição provisória sobre movimentação ou transmissão de valores e de créditos e direitos de natureza financeira de que trata o art. 74, instituída pela Lei n. 9.311, de 24 de outubro de 1996, modificada pela Lei n. 9.539, de 12 de dezembro de 1997, cuja vigência é também prorrogada por idêntico prazo. *(Incluído pela Emenda Constitucional n. 21, de 1999)*

§ 1º Observado o disposto no § 6º do art. 195 da Constituição Federal, a alíquota da contribuição será de trinta e oito centésimos por cento, nos primeiros doze meses, e de trinta centésimos, nos meses subsequentes, facultado ao Poder Executivo reduzi-la total ou parcialmente, nos limites aqui definidos. *(Incluído pela Emenda Constitucional n. 21, de 1999)*

§ 2º O resultado do aumento da arrecadação, decorrente da alteração da alíquota, nos exercícios financeiros de 1999, 2000 e 2001, será destinado ao custeio da previdência social. *(Incluído pela Emenda Constitucional n. 21, de 1999)*

§ 3º É a União autorizada a emitir títulos da dívida pública interna, cujos recursos serão destinados ao custeio da saúde e da previdência social, em montante equivalente ao produto da arrecadação da contribuição, prevista e não realizada em 1999. *(Incluído pela Emenda Constitucional n. 21, de 1999) (Vide ADIN n. 2.031-5)*

Art. 76. São desvinculados de órgão, fundo ou despesa, até 31 de dezembro de 2023, 30% (trinta por cento) da arrecadação da União relativa às contribuições sociais, sem prejuízo do pagamento das despesas do Regime Geral da Previdência Social, às contribuições de intervenção no domínio econômico e às taxas, já instituídas ou que vierem a ser criadas até a referida data. *(Redação dada pela Emenda Constitucional n. 93)*

§ 1º (Revogado). *(Redação dada pela Emenda Constitucional n. 93) Produção de efeitos*

§ 2º Excetua-se da desvinculação de que trata o *caput* a arrecadação da contribuição social do salário-educação a que se refere o § 5º do art. 212 da Constituição Federal. *(Redação dada pela Emenda Constitucional n. 68, de 2011).*

§ 3º (Revogado). *(Redação dada pela Emenda Constitucional n. 93) Produção de efeitos*

Art. 76-A. São desvinculados de órgão, fundo ou despesa, até 31 de dezembro de 2023, 30% (trinta por cento) das receitas dos Estados e do Distrito Federal relativas a impostos, taxas e multas, já instituídos ou que vierem a ser criados até a referida data, seus adicionais e respectivos acréscimos legais, e outras receitas correntes. *(Incluído dada pela Emenda Constitucional n. 93) Produção de efeitos*

PARÁGRAFO ÚNICO. Excetuam-se da desvinculação de que trata o *caput*: *(Incluído dada pela Emenda Constitucional n. 93) Produção de efeitos*

I — recursos destinados ao financiamento das ações e serviços públicos de saúde e à manutenção e desenvolvimento do ensino de que tratam, respectivamente, os incisos II e III do § 2º do art. 198 e o art. 212 da Constituição Federal; *(Incluído dada pela Emenda Constitucional n. 93) Produção de efeitos*

II — receitas que pertencem aos Municípios decorrentes de transferências previstas na Constituição Federal; *(Incluído dada pela Emenda Constitucional n. 93) Produção de efeitos*

III — receitas de contribuições previdenciárias e de assistência à saúde dos servidores; *(Incluído dada pela Emenda Constitucional n. 93) Produção de efeitos*

IV — demais transferências obrigatórias e voluntárias entre entes da Federação com destinação especificada em lei; *(Incluído dada pela Emenda Constitucional n. 93) Produção de efeitos*

V — fundos instituídos pelo Poder Judiciário, pelos Tribunais de Contas, pelo Ministério Público, pelas Defensorias Públicas e pelas Procuradorias-Gerais dos Estados e do Distrito Federal. *(Incluído dada pela Emenda Constitucional n. 93) Produção de efeitos*

Art. 76-B. São desvinculados de órgão, fundo ou despesa, até 31 de dezembro de 2023, 30% (trinta por cento) das receitas dos Municípios relativas a impostos, taxas e multas, já instituídos ou que vierem a ser criados até a referida data, seus adicionais e respectivos acréscimos legais, e outras receitas correntes. *(Incluído dada pela Emenda Constitucional n. 93) Produção de efeitos*

PARÁGRAFO ÚNICO. Excetuam-se da desvinculação de que trata o *caput*: *(Incluído dada pela Emenda Constitucional n. 93) Produção de efeitos*

I — recursos destinados ao financiamento das ações e serviços públicos de saúde e à manutenção e desenvolvimento do ensino de que tratam, respectivamente, os incisos II e III do § 2º do art. 198 e o art. 212 da Constituição Federal; *(Incluído dada pela Emenda Constitucional n. 93) Produção de efeitos*

II — receitas de contribuições previdenciárias e de assistência à saúde dos servidores; *(Incluído dada pela Emenda Constitucional n. 93) Produção de efeitos*

III — transferências obrigatórias e voluntárias entre entes da Federação com destinação especificada em lei; *(Incluído dada pela Emenda Constitucional n. 93) Produção de efeitos*

IV — fundos instituídos pelo Tribunal de Contas do Município. *(Incluído dada pela Emenda Constitucional n. 93) Produção de efeitos*

Art. 77. Até o exercício financeiro de 2004, os recursos mínimos aplicados nas ações e serviços públicos de saúde serão equivalentes: *(Incluído pela Emenda Constitucional n. 29, de 2000)*

I — no caso da União: *(Incluído pela Emenda Constitucional n. 29, de 2000)*

a) no ano 2000, o montante empenhado em ações e serviços públicos de saúde no exercício financeiro de 1999 acrescido de, no mínimo, cinco por cento; *(Incluído pela Emenda Constitucional n. 29, de 2000)*

b) do ano 2001 ao ano 2004, o valor apurado no ano anterior, corrigido pela variação nominal do Produto Interno Bruto — PIB; *(Incluído pela Emenda Constitucional n. 29, de 2000)*

II — no caso dos Estados e do Distrito Federal, doze por cento do produto da arrecadação dos impostos a que se refere o art. 155 e dos recursos de que tratam os arts. 157 e 159, inciso I, alínea *a*, e inciso II, deduzidas as parcelas que forem transferidas aos respectivos Municípios; e *(Incluído pela Emenda Constitucional n. 29, de 2000)*

III — no caso dos Municípios e do Distrito Federal, quinze por cento do produto da arrecadação dos impostos a que se refere o art. 156 e dos recursos de que tratam os arts. 158 e 159, inciso I, alínea *b* e § 3º. *(Incluído pela Emenda Constitucional n. 29, de 2000)*

§ 1º Os Estados, o Distrito Federal e os Municípios que apliquem percentuais inferiores aos fixados nos incisos II e III deverão elevá-los gradualmente, até o exercício financeiro de 2004, reduzida a diferença à razão de, pelo menos, um quinto por ano, sendo que, a partir de 2000, a aplicação será de pelo menos sete por cento. *(Incluído pela Emenda Constitucional n. 29, de 2000)*

§ 2º Dos recursos da União apurados nos termos deste artigo, quinze por cento, no mínimo, serão aplicados nos Municípios, segundo o critério populacional, em ações e serviços básicos de saúde, na forma da lei. *(Incluído pela Emenda Constitucional n. 29, de 2000)*

§ 3º Os recursos dos Estados, do Distrito Federal e dos Municípios destinados às ações e serviços públicos de saúde e os transferidos pela União para a mesma finalidade serão aplicados por meio de Fundo de Saúde que será acompanhado e fiscalizado por Conselho de Saúde, sem prejuízo do disposto no art. 74 da Constituição Federal. *(Incluído pela Emenda Constitucional n. 29, de 2000)*

§ 4º Na ausência da lei complementar a que se refere o art. 198, § 3º, a partir do exercício financeiro de 2005, aplicar-se-á à União, aos Estados, ao Distrito Federal e aos Municípios o disposto neste artigo. *(Incluído pela Emenda Constitucional n. 29, de 2000)*

Art. 78. Ressalvados os créditos definidos em lei como de pequeno valor, os de natureza alimentícia, os de que trata o art. 33 deste Ato das Disposições Constitucionais Transitórias e suas complementações e os que já tiverem os seus respectivos recursos liberados ou depositados em juízo, os precatórios pendentes na data de promulgação desta Emenda e os que decorram de ações iniciais ajuizadas até 31 de dezembro de 1999 serão liquidados pelo seu valor real, em moeda corrente, acrescido de juros legais, em prestações anuais, iguais e sucessivas, no prazo máximo de dez anos, permitida a cessão dos créditos. *(Incluído pela Emenda Constitucional n. 30, de 2000)*

§ 1º É permitida a decomposição de parcelas, a critério do credor. *(Incluído pela Emenda Constitucional n. 30, de 2000)*

§ 2º As prestações anuais a que se refere o *caput* deste artigo terão, se não liquidadas até o final do exercício a que se referem, poder liberatório do pagamento de tributos da entidade devedora. *(Incluído pela Emenda Constitucional n. 30, de 2000) (Vide Emenda Constitucional n. 62, de 2009)*

§ 3º O prazo referido no *caput* deste artigo fica reduzido para dois anos, nos casos de precatórios judiciais originários de desapropriação de imóvel residencial do credor, desde que comprovadamente único à época da imissão na posse. *(Incluído pela Emenda Constitucional n. 30, de 2000)*

§ 4º O Presidente do Tribunal competente deverá, vencido o prazo ou em caso de omissão no orçamento, ou preterição ao direito de precedência, a requerimento do credor, requisitar ou determinar o sequestro de recursos financeiros da entidade executada, suficientes à satisfação da prestação. *(Incluído pela Emenda Constitucional n. 30, de 2000)*

Art. 79. É instituído, para vigorar até o ano de 2010, no âmbito do Poder Executivo Federal, o Fundo de Combate e Erradicação da Pobreza, a ser regulado por lei complementar com o objetivo de viabilizar a todos os brasileiros acesso a níveis dignos de subsistência, cujos recursos serão aplicados em ações suplementares de nutrição, habitação, educação, saúde, reforço de renda familiar e outros programas de relevante interesse social voltados para melhoria da qualidade de vida. *(Incluído pela Emenda Constitucional n. 31, de 2000) (Vide Emenda Constitucional n. 42, de 19.12.2003) (Vide Emenda Constitucional n. 67, de 2010)*

PARÁGRAFO ÚNICO. O Fundo previsto neste artigo terá Conselho Consultivo e de Acompanhamento que conte com a participação de representantes da sociedade civil, nos termos da lei. *(Incluído pela Emenda Constitucional n. 31, de 2000)*

Art. 80. Compõem o Fundo de Combate e Erradicação da Pobreza: *(Incluído pela Emenda Constitucional n. 31, de 2000) (Vide Emenda Constitucional n. 67, de 2010)*

I — a parcela do produto da arrecadação correspondente a um adicional de oito centésimos por cento, aplicável de 18 de junho de 2000 a 17 de junho de 2002, na alíquota da contribuição social de que trata o art. 75 do Ato das Disposições Constitucionais Transitórias; *(Incluído pela Emenda Constitucional n. 31, de 2000)*

II — a parcela do produto da arrecadação correspondente a um adicional de cinco pontos percentuais na alíquota do Imposto sobre Produtos Industrializados — IPI, ou do imposto que vier a substituí-lo, incidente sobre produtos supérfluos e aplicável até a extinção do Fundo; *(Incluído pela Emenda Constitucional n. 31, de 2000)*

III — o produto da arrecadação do imposto de que trata o art. 153, inciso VII, da Constituição; *(Incluído pela Emenda Constitucional n. 31, de 2000)*

IV — dotações orçamentárias; *(Incluído pela Emenda Constitucional n. 31, de 2000)*

V- doações, de qualquer natureza, de pessoas físicas ou jurídicas do País ou do exterior; *(Incluído pela Emenda Constitucional n. 31, de 2000)*

VI — outras receitas, a serem definidas na regulamentação do referido Fundo. *(Incluído pela Emenda Constitucional n. 31, de 2000)*

§ 1º Aos recursos integrantes do Fundo de que trata este artigo não se aplica o disposto nos arts. 159 e 167, inciso IV, da Constituição, assim como qualquer desvinculação de recursos orçamentários. *(Incluído pela Emenda Constitucional n. 31, de 2000)*

§ 2º A arrecadação decorrente do disposto no inciso I deste artigo, no período compreendido entre 18 de junho de 2000 e o início da vigência da lei complementar a que se refere a art. 79, será integralmente repassada ao Fundo, preservado o seu valor real, em títulos públicos federais, progressivamente resgatáveis após 18 de junho de 2002, na forma da lei. *(Incluído pela Emenda Constitucional n. 31, de 2000)*

Art. 81. É instituído Fundo constituído pelos recursos recebidos pela União em decorrência da desestatização de sociedades de economia mista ou empresas públicas por ela controladas, direta ou indiretamente, quando a operação envolver a alienação do respectivo controle acionário a pessoa ou entidade não integrante da Administração Pública, ou de participação societária remanescente após a alienação, cujos rendimentos, gerados a partir de 18 de junho de 2002, reverterão ao Fundo de Combate e Erradicação de Pobreza. *(Incluído pela Emenda Constitucional n. 31, de 2000) (Vide Emenda Constitucional n. 67, de 2010)*

§ 1º Caso o montante anual previsto nos rendimentos transferidos ao Fundo de Combate e Erradicação da Pobreza, na forma deste artigo, não alcance o valor de quatro bilhões de reais, far-se-à complementação na forma do art. 80, inciso IV, do Ato das disposições Constitucionais Transitórias. *(Incluído pela Emenda Constitucional n. 31, de 2000)*

§ 2º Sem prejuízo do disposto no § 1º, o Poder Executivo poderá destinar ao Fundo a que se refere este artigo outras receitas decorrentes da alienação de bens da União. *(Incluído pela Emenda Constitucional n. 31, de 2000)*

§ 3º A constituição do Fundo a que se refere o *caput*, a transferência de recursos ao Fundo de Combate e Erradicação da Pobreza e as demais disposições referentes ao § 1º deste artigo serão disciplinadas em lei, não se aplicando o disposto no art. 165, § 9º, inciso II, da Constituição. *(Incluído pela Emenda Constitucional n. 31, de 2000)*

Art. 82. Os Estados, o Distrito Federal e os Municípios devem instituir Fundos de Combate à Pobreza, com os recursos de que trata este artigo e outros que vierem a destinar, devendo os referidos Fundos ser geridos por entidades que contem com a participação da sociedade civil. *(Incluído pela Emenda Constitucional n. 31, de 2000)*

§ 1º Para o financiamento dos Fundos Estaduais e Distrital, poderá ser criado adicional de até dois pontos percentuais na alíquota do Imposto sobre Circulação de Mercadorias e Serviços — ICMS, sobre os produtos e serviços supérfluos e nas condições definidas na lei complementar de que trata o art. 155, § 2º, XII, da Constituição, não se aplicando, sobre este percentual, o disposto no art. 158, IV, da Constituição. *(Redação dada pela Emenda Constitucional n. 42, de 19.12.2003)*

§ 2º Para o financiamento dos Fundos Municipais, poderá ser criado adicional de até meio ponto percentual na alíquota do Imposto sobre serviços ou do imposto que vier a substituí-lo, sobre serviços supérfluos. *(Incluído pela Emenda Constitucional n. 31, de 2000)*

Art. 83. Lei federal definirá os produtos e serviços supérfluos a que se referem os arts. 80, II, e 82, § 2º . *(Redação dada pela Emenda Constitucional n. 42, de 19.12.2003)*

Art. 84. A contribuição provisória sobre movimentação ou transmissão de valores e de créditos e direitos de natureza financeira, prevista nos arts. 74, 75 e 80, I, deste Ato das Disposições Constitucionais Transitórias, será cobrada até 31 de dezembro de 2004. *(Incluído pela Emenda Constitucional n. 37, de 2002)*

§ 1º Fica prorrogada, até a data referida no *caput* deste artigo, a vigência da *Lei n. 9.311, de 24 de outubro de 1996*, e suas alterações. *(Incluído pela Emenda Constitucional n. 37, de 2002)*

§ 2º Do produto da arrecadação da contribuição social de que trata este artigo será destinada a parcela correspondente à alíquota de: *(Incluído pela Emenda Constitucional n. 37, de 2002)*

I — vinte centésimos por cento ao Fundo Nacional de Saúde, para financiamento das ações e serviços de saúde; *(Incluído pela Emenda Constitucional n. 37, de 2002)*

II — dez centésimos por cento ao custeio da previdência social; *(Incluído pela Emenda Constitucional n. 37, de 2002)*

III — oito centésimos por cento ao Fundo de Combate e Erradicação da Pobreza, de que tratam os arts. 80 e 81 deste Ato das Disposições Constitucionais Transitórias. *(Incluído pela Emenda Constitucional n. 37, de 2002)*

§ 3º A alíquota da contribuição de que trata este artigo será de: *(Incluído pela Emenda Constitucional n. 37, de 2002)*

I — trinta e oito centésimos por cento, nos exercícios financeiros de 2002 e 2003; *(Incluído pela Emenda Constitucional n. 37, de 2002)*

II — *(Revogado pela Emenda Constitucional n. 42, de 19.12.2003)*

Art. 85. A contribuição a que se refere o art. 84 deste Ato das Disposições Constitucionais Transitórias não incidirá, a partir do trigésimo dia da data de publicação desta Emenda Constitucional, nos lançamentos: *(Incluído pela Emenda Constitucional n. 37, de 2002)*

I — em contas correntes de depósito especialmente abertas e exclusivamente utilizadas para operações de: *(Incluído pela Emenda Constitucional n. 37, de 2002) (Vide Lei n. 10.982, de 2004)*

a) câmaras e prestadoras de serviços de compensação e de liquidação de que trata o parágrafo único do art. 2º da Lei n. 10.214, de 27 de março de 2001; *(Incluído pela Emenda Constitucional n. 37, de 2002)*

b) companhias securitizadoras de que trata a Lei n. 9.514, de 20 de novembro de 1997; *(Incluído pela Emenda Constitucional n. 37, de 2002)*

c) sociedades anônimas que tenham por objeto exclusivo a aquisição de créditos oriundos de operações praticadas no mercado financeiro; *(Incluído pela Emenda Constitucional n. 37, de 2002)*

II — em contas correntes de depósito, relativos a: *(Incluído pela Emenda Constitucional n. 37, de 2002)*

a) operações de compra e venda de ações, realizadas em recintos ou sistemas de negociação de bolsas de valores e no mercado de balcão organizado; *(Incluído pela Emenda Constitucional n. 37, de 2002)*

b) contratos referenciados em ações ou índices de ações, em suas diversas modalidades, negociados em bolsas de valores, de mercadorias e de futuros; *(Incluído pela Emenda Constitucional n. 37, de 2002)*

III — em contas de investidores estrangeiros, relativos a entradas no País e a remessas para o exterior de recursos financeiros empregados, exclusivamente, em operações e contratos referidos no inciso II deste artigo. *(Incluído pela Emenda Constitucional n. 37, de 2002)*

§ 1º O Poder Executivo disciplinará o disposto neste artigo no prazo de trinta dias da data de publicação desta Emenda Constitucional. *(Incluído pela Emenda Constitucional n. 37, de 2002)*

§ 2º O disposto no inciso I deste artigo aplica-se somente às operações relacionadas em ato do Poder Executivo, dentre aquelas que constituam o objeto social das referidas entidades. *(Incluído pela Emenda Constitucional n. 37, de 2002)*

§ 3º O disposto no inciso II deste artigo aplica-se somente a operações e contratos efetuados por intermédio de instituições financeiras, sociedades corretoras de títulos e valores mobiliários, sociedades distribuidoras de títulos e valores mobiliários e sociedades corretoras de mercadorias. *(Incluído pela Emenda Constitucional n. 37, de 2002)*

Art. 86. Serão pagos conforme disposto no art. 100 da Constituição Federal, não se lhes aplicando a regra de parcelamento estabelecida no *caput* do art. 78 deste Ato das Disposições Constitucionais Transitórias, os débitos da Fazenda Federal, Estadual, Distrital ou Municipal oriundos de sentenças transitadas em julgado, que preencham, cumulativamente, as seguintes condições: *(Incluído pela Emenda Constitucional n. 37, de 2002)*

I — ter sido objeto de emissão de precatórios judiciários; *(Incluído pela Emenda Constitucional n. 37, de 2002)*

II — ter sido definidos como de pequeno valor pela lei de que trata o § 3º do art. 100 da Constituição Federal ou pelo art. 87 deste Ato das Disposições Constitucionais Transitórias; *(Incluído pela Emenda Constitucional n. 37, de 2002)*

III — estar, total ou parcialmente, pendentes de pagamento na data da publicação desta Emenda Constitucional. *(Incluído pela Emenda Constitucional n. 37, de 2002)*

§ 1º Os débitos a que se refere o *caput* deste artigo, ou os respectivos saldos, serão pagos na ordem cronológica de apresentação dos respectivos precatórios, com precedência sobre os de maior valor. *(Incluído pela Emenda Constitucional n. 37, de 2002)*

§ 2º Os débitos a que se refere o *caput* deste artigo, se ainda não tiverem sido objeto de pagamento parcial, nos termos do art. 78 deste Ato das Disposições Constitucionais Transitórias, poderão ser pagos em duas parcelas anuais, se assim dispuser a lei. *(Incluído pela Emenda Constitucional n. 37, de 2002)*

§ 3º Observada a ordem cronológica de sua apresentação, os débitos de natureza alimentícia previstos neste artigo terão precedência para pagamento sobre todos os demais. *(Incluído pela Emenda Constitucional n. 37, de 2002)*

Art. 87. Para efeito do que dispõem o § 3º do art. 100 da Constituição Federal e o art. 78 deste Ato das Disposições Constitucionais Transitórias serão considerados de pequeno valor, até que se dê a publicação oficial das respectivas leis definidoras pelos entes da Federação, observado o disposto no § 4º do art. 100 da Constituição Federal, os débitos ou obrigações consignados em precatório judiciário, que tenham valor igual ou inferior a: *(Incluído pela Emenda Constitucional n. 37, de 2002)*

I — quarenta salários-mínimos, perante a Fazenda dos Estados e do Distrito Federal; *(Incluído pela Emenda Constitucional n. 37, de 2002)*

II — trinta salários-mínimos, perante a Fazenda dos Municípios. *(Incluído pela Emenda Constitucional n. 37, de 2002)*

PARÁGRAFO ÚNICO. Se o valor da execução ultrapassar o estabelecido neste artigo, o pagamento far-se-á, sempre, por meio de precatório, sendo facultada à parte exequente a renúncia ao crédito do valor excedente, para que possa optar pelo pagamento do saldo sem o precatório, da forma prevista no § 3º do art. 100. *(Incluído pela Emenda Constitucional n. 37, de 2002)*

Art. 88. Enquanto lei complementar não disciplinar o disposto nos incisos I e III do § 3º do art. 156 da Constituição Federal, o imposto a que se refere o inciso III do *caput* do mesmo artigo: *(Incluído pela Emenda Constitucional n. 37, de 2002)*

I — terá alíquota mínima de dois por cento, exceto para os serviços a que se referem os itens 32, 33 e 34 da Lista de Serviços anexa ao Decreto-Lei n. 406, de 31 de dezembro de 1968; *(Incluído pela Emenda Constitucional n. 37, de 2002)*

II — não será objeto de concessão de isenções, incentivos e benefícios fiscais, que resulte, direta ou indiretamente, na redução da alíquota mínima estabelecida no inciso I. *(Incluído pela Emenda Constitucional n. 37, de 2002)*

Art. 89. Os integrantes da carreira policial militar e os servidores municipais do ex-Território Federal de Rondônia que, comprovadamente, se encontravam no exercício regular de suas funções prestando serviço àquele ex-Território na data em que foi transformado em Estado, bem como os servidores e os policiais militares alcançados pelo disposto no *art. 36 da Lei Complementar n. 41, de 22 de dezembro de 1981*, e aqueles admitidos regularmente nos quadros do Estado de Rondônia até a data de posse do primeiro Governador eleito, em 15 de março de 1987, constituirão, mediante opção, quadro em extinção da administração federal, assegurados os direitos e as vantagens a eles inerentes, vedado o pagamento, a qualquer título, de diferenças remuneratórias. *(Redação dada pela Emenda Constitucional n. 60, de 2009)*

§ 1º Os membros da Polícia Militar continuarão prestando serviços ao Estado de Rondônia, na condição de cedidos, submetidos às corporações da Polícia Militar, observadas as atribuições de função compatíveis com o grau hierárquico. *(Incluído pela Emenda Constitucional n. 60, de 2009)*

§ 2º Os servidores a que se refere o *caput* continuarão prestando serviços ao Estado de Rondônia na condição de cedidos, até seu aproveitamento em órgão ou entidade da administração federal direta, autárquica ou fundacional. *(Incluído pela Emenda Constitucional n. 60, de 2009)*

Art. 90. O prazo previsto no *caput* do art. 84 deste Ato das Disposições Constitucionais Transitórias fica prorrogado até 31 de dezembro de 2007. *(Incluído pela Emenda Constitucional n. 42, de 19.12.2003)*

§ 1º Fica prorrogada, até a data referida no *caput* deste artigo, a vigência da *Lei n. 9.311, de 24 de outubro de 1996*, e suas alterações. *(Incluído pela Emenda Constitucional n. 42, de 19.12.2003)*

§ 2º Até a data referida no *caput* deste artigo, a alíquota da contribuição de que trata o art. 84 deste Ato das Disposições Constitucionais Transitórias será de trinta e oito centésimos por cento. *(Incluído pela Emenda Constitucional n. 42, de 19.12.2003)*

Art. 91. A União entregará aos Estados e ao Distrito Federal o montante definido em lei complementar, de acordo com critérios, prazos e condições nela determinados, podendo considerar as exportações para o exterior de produtos primários e semi-elaborados, a relação entre as exportações e as importações, os créditos decorrentes de aquisições destinadas ao ativo permanente e a efetiva manutenção e aproveitamento do crédito do imposto a que se refere o art. 155, § 2º, X, a. *(Incluído pela Emenda Constitucional n. 42, de 19.12.2003)*

§ 1º Do montante de recursos que cabe a cada Estado, setenta e cinco por cento pertencem ao próprio Estado, e vinte e cinco por cento, aos seus Municípios, distribuídos segundo os critérios a que se refere o art. 158, parágrafo único, da Constituição. *(Incluído pela Emenda Constitucional n. 42, de 19.12.2003)*

§ 2º A entrega de recursos prevista neste artigo perdurará, conforme definido em lei complementar, até que o imposto a que se refere o art. 155, II, tenha o produto de sua arrecadação destinado predominantemente, em proporção não inferior a oitenta por cento, ao Estado onde ocorrer o consumo das mercadorias, bens ou serviços. *(Incluído pela Emenda Constitucional n. 42, de 19.12.2003)*

§ 3º Enquanto não for editada a lei complementar de que trata o *caput*, em substituição ao sistema de entrega de recursos nele previsto, permanecerá vigente o sistema de entrega de recursos previsto no art. 31 e Anexo da Lei Complementar n. 87, de 13 de setembro de 1996, com a redação dada pela Lei Complementar n. 115, de 26 de dezembro de 2002. *(Incluído pela Emenda Constitucional n. 42, de 19.12.2003)*

§ 4º Os Estados e o Distrito Federal deverão apresentar à União, nos termos das instruções baixadas pelo Ministério da Fazenda, as informações relativas ao imposto de que trata o art. 155, II, declaradas pelos contribuintes que realizarem operações ou prestações com destino ao exterior. *(Incluído pela Emenda Constitucional n. 42, de 19.12.2003)*

Art. 92. São acrescidos dez anos ao prazo fixado no art. 40 deste Ato das Disposições Constitucionais Transitórias. *(Incluído pela Emenda Constitucional n. 42, de 19.12.2003)*

Art. 92-A. São acrescidos 50 (cinquenta) anos ao prazo fixado pelo art. 92 deste Ato das Disposições Constitucionais Transitórias. *(Incluído pela Emenda Constitucional n. 83, de 2014)*

Art. 93. A vigência do disposto no art. 159, III, e § 4º, iniciará somente após a edição da lei de que trata o referido inciso III. *(Incluído pela Emenda Constitucional n. 42, de 19.12.2003)*

Art. 94. Os regimes especiais de tributação para microempresas e empresas de pequeno porte próprios da União, dos Estados, do Distrito Federal e dos Municípios cessarão a partir da entrada em vigor do regime previsto no art. 146, III, d, da Constituição. *(Incluído pela Emenda Constitucional n. 42, de 19.12.2003)*

Art. 95. Os nascidos no estrangeiro entre 7 de junho de 1994 e a data da promulgação desta Emenda Constitucional, filhos de pai brasileiro ou mãe brasileira, poderão ser registrados em repartição diplomática ou consular brasileira competente ou em ofício de registro, se vierem a residir na República Federativa do Brasil. *(Incluído pela Emenda Constitucional n. 54, de 2007)*

Art. 96. Ficam convalidados os atos de criação, fusão, incorporação e desmembramento de Municípios, cuja lei tenha sido publicada até 31 de dezembro de 2006, atendidos os requisitos estabelecidos na legislação do respectivo Estado à época de sua criação. *(Incluído pela Emenda Constitucional n. 57, de 2008).*

Art. 97. Até que seja editada a lei complementar de que trata o § 15 do art. 100 da Constituição Federal, os Estados, o Distrito Federal e os Municípios que, na data de publicação desta Emenda Constitucional, estejam em mora na quitação de precatórios vencidos, relativos às suas administrações direta e indireta, inclusive os emitidos durante o período de vigência do regime especial instituído por este artigo, farão esses pagamentos de acordo com as normas a seguir estabelecidas, sendo inaplicável o disposto no art. 100 desta Constituição Federal, exceto em seus §§ 2º, 3º, 9º, 10, 11, 12, 13 e 14, e sem prejuízo dos acordos de juízos conciliatórios já formalizados na data de promulgação desta Emenda Constitucional. *(Incluído pela Emenda Constitucional n. 62, de 2009) (Vide Emenda Constitucional n. 62, de 2009)*

§ 1º Os Estados, o Distrito Federal e os Municípios sujeitos ao regime especial de que trata este artigo optarão, por meio de ato do Poder Executivo: *(Incluído pela Emenda Constitucional n. 62, de 2009)*

I — pelo depósito em conta especial do valor referido pelo § 2º deste artigo; ou *(Incluído pela Emenda Constitucional n. 62, de 2009)*

II — pela adoção do regime especial pelo prazo de até 15 (quinze) anos, caso em que o percentual a ser depositado na conta especial a que se refere o § 2º deste artigo corresponderá, anualmente, ao saldo total dos precatórios devidos, acrescido do índice oficial de remuneração básica da caderneta de poupança e de juros simples no mesmo percentual de juros incidentes sobre a caderneta de poupança para fins de compensação da mora, excluída a incidência de juros compensatórios, diminuído das amortizações e dividido pelo número de anos restantes no regime especial de pagamento. *(Incluído pela Emenda Constitucional n. 62, de 2009)*

§ 2º Para saldar os precatórios, vencidos e a vencer, pelo regime especial, os Estados, o Distrito Federal e os Municípios devedores depositarão mensalmente, em conta especial criada para tal fim, 1/12 (um doze avos) do valor calculado percentualmente sobre as respectivas receitas correntes líquidas, apuradas no segundo mês anterior ao mês de pagamento, sendo que esse percentual, calculado no momento de opção pelo regime e mantido fixo até o final do prazo a que se refere o § 14 deste artigo, será: *(Incluído pela Emenda Constitucional n. 62, de 2009)*

I — para os Estados e para o Distrito Federal: *(Incluído pela Emenda Constitucional n. 62, de 2009)*

a) de, no mínimo, 1,5% (um inteiro e cinco décimos por cento), para os Estados das regiões Norte, Nordeste e Centro-Oeste, além do Distrito Federal, ou cujo estoque de precatórios pendentes das suas administrações direta e indireta corresponder a até 35% (trinta e cinco por cento) do total da receita corrente líquida; *(Incluído pela Emenda Constitucional n. 62, de 2009)*

b) de, no mínimo, 2% (dois por cento), para os Estados das regiões Sul e Sudeste, cujo estoque de precatórios pendentes das suas administrações direta e indireta corresponder a mais de 35% (trinta e cinco por cento) da receita corrente líquida; *(Incluído pela Emenda Constitucional n. 62, de 2009)*

II — para Municípios: *(Incluído pela Emenda Constitucional n. 62, de 2009)*

a) de, no mínimo, 1% (um por cento), para Municípios das regiões Norte, Nordeste e Centro-Oeste, ou cujo estoque de precatórios pendentes das suas administrações direta e indireta corresponder a até 35% (trinta e cinco por cento) da receita corrente líquida; *(Incluído pela Emenda Constitucional n. 62, de 2009)*

b) de, no mínimo, 1,5% (um inteiro e cinco décimos por cento), para Municípios das regiões Sul e Sudeste, cujo estoque de precatórios pendentes das suas administrações direta e indireta corresponder a mais de 35 % (trinta e cinco por cento) da receita corrente líquida. *(Incluído pela Emenda Constitucional n. 62, de 2009)*

§ 3º Entende-se como receita corrente líquida, para os fins de que trata este artigo, o somatório das receitas tributárias, patrimoniais, industriais, agropecuárias, de contribuições e de serviços, transferências correntes e outras receitas correntes, incluindo as oriundas do § 1º do art. 20 da Constituição Federal, verificado no período compreendido pelo mês de referência e os 11 (onze) meses anteriores, excluídas as duplicidades, e deduzidas: *(Incluído pela Emenda Constitucional n. 62, de 2009)*

I — nos Estados, as parcelas entregues aos Municípios por determinação constitucional; *(Incluído pela Emenda Constitucional n. 62, de 2009)*

II — nos Estados, no Distrito Federal e nos Municípios, a contribuição dos servidores para custeio do seu sistema de previdência e assistência social e as receitas provenientes da compensação financeira referida no § 9º do art. 201 da Constituição Federal. *(Incluído pela Emenda Constitucional n. 62, de 2009)*

§ 4º As contas especiais de que tratam os §§ 1º e 2º serão administradas pelo Tribunal de Justiça local, para pagamento de precatórios expedidos pelos tribunais. *(Incluído pela Emenda Constitucional n. 62, de 2009)*

§ 5º Os recursos depositados nas contas especiais de que tratam os §§ 1º e 2º deste artigo não poderão retornar para Estados, Distrito Federal e Municípios devedores. *(Incluído pela Emenda Constitucional n. 62, de 2009)*

§ 6º Pelo menos 50% (cinquenta por cento) dos recursos de que tratam os §§ 1º e 2º deste artigo serão utilizados para pagamento de precatórios em ordem cronológica de apresentação, respeitadas as preferências definidas no § 1º, para os requisitórios do mesmo ano e no § 2º do art. 100, para requisitórios de todos os anos. *(Incluído pela Emenda Constitucional n. 62, de 2009)*

§ 7º Nos casos em que não se possa estabelecer a precedência cronológica entre 2 (dois) precatórios, pagar-se-á primeiramente o precatório de menor valor. *(Incluído pela Emenda Constitucional n. 62, de 2009)*

§ 8º A aplicação dos recursos restantes dependerá de opção a ser exercida por Estados, Distrito Federal e Municípios devedores, por ato do Poder Executivo, obedecendo à seguinte forma, que poderá ser aplicada isoladamente ou simultaneamente: *(Incluído pela Emenda Constitucional n. 62, de 2009)*

I — destinados ao pagamento dos precatórios por meio do leilão; *(Incluído pela Emenda Constitucional n. 62, de 2009)*

II — destinados a pagamento a vista de precatórios não quitados na forma do § 6° e do inciso I, em ordem única e crescente de valor por precatório; *(Incluído pela Emenda Constitucional n. 62, de 2009)*

III — destinados a pagamento por acordo direto com os credores, na forma estabelecida por lei própria da entidade devedora, que poderá prever criação e forma de funcionamento de câmara de conciliação. *(Incluído pela Emenda Constitucional n. 62, de 2009)*

§ 9º Os leilões de que trata o inciso I do § 8º deste artigo: *(Incluído pela Emenda Constitucional n. 62, de 2009)*

I — serão realizados por meio de sistema eletrônico administrado por entidade autorizada pela Comissão de Valores Mobiliários ou pelo Banco Central do Brasil; *(Incluído pela Emenda Constitucional n. 62, de 2009)*

II — admitirão a habilitação de precatórios, ou parcela de cada precatório indicada pelo seu detentor, em relação aos quais não esteja pendente, no âmbito do Poder Judiciário, recurso ou impugnação de qualquer natureza, permitida por iniciativa do Poder Executivo a compensação com débitos líquidos e certos, inscritos ou não em dívida ativa e constituídos contra devedor originário pela Fazenda Pública devedora até a data da expedição do precatório, ressalvados aqueles cuja exigibilidade esteja suspensa nos termos da legislação, ou que já tenham sido objeto de abatimento nos termos do § 9º do art. 100 da Constituição Federal; *(Incluído pela Emenda Constitucional n. 62, de 2009)*

III — ocorrerão por meio de oferta pública a todos os credores habilitados pelo respectivo ente federativo devedor; *(Incluído pela Emenda Constitucional n. 62, de 2009)*

IV — considerarão automaticamente habilitado o credor que satisfaça o que consta no inciso II; *(Incluído pela Emenda Constitucional n. 62, de 2009)*

V — serão realizados tantas vezes quanto necessário em função do valor disponível; *(Incluído pela Emenda Constitucional n. 62, de 2009)*

VI — a competição por parcela do valor total ocorrerá a critério do credor, com deságio sobre o valor desta; *(Incluído pela Emenda Constitucional n. 62, de 2009)*

VII — ocorrerão na modalidade deságio, associado ao maior volume ofertado cumulado ou não com o maior percentual de deságio, pelo maior percentual de deságio, podendo ser fixado valor máximo por credor, ou por outro critério a ser definido em edital; *(Incluído pela Emenda Constitucional n. 62, de 2009)*

VIII — o mecanismo de formação de preço constará nos editais publicados para cada leilão; *(Incluído pela Emenda Constitucional n. 62, de 2009)*

IX — a quitação parcial dos precatórios será homologada pelo respectivo Tribunal que o expediu. *(Incluído pela Emenda Constitucional n. 62, de 2009)*

§ 10. No caso de não liberação tempestiva dos recursos de que tratam o inciso II do § 1º e os §§ 2º e 6º deste artigo: *(Incluído pela Emenda Constitucional n. 62, de 2009)*

I — haverá o sequestro de quantia nas contas de Estados, Distrito Federal e Municípios devedores, por ordem do Presidente do Tribunal referido no § 4º, até o limite do valor não liberado; *(Incluído pela Emenda Constitucional n. 62, de 2009)*

II — constituir-se-á, alternativamente, por ordem do Presidente do Tribunal requerido, em favor dos credores de precatórios, contra Estados, Distrito Federal e Municípios devedores, direito líquido e certo, autoaplicável e independentemente de regulamentação, à compensação automática com débitos líquidos lançados por esta contra aqueles, e, havendo saldo em favor do credor, o valor terá automaticamente poder liberatório do pagamento de tributos de Estados, Distrito Federal e Municípios devedores, até onde se compensarem; *(Incluído pela Emenda Constitucional n. 62, de 2009)*

III — o chefe do Poder Executivo responderá na forma da legislação de responsabilidade fiscal e de improbidade administrativa; *(Incluído pela Emenda Constitucional n. 62, de 2009)*

IV — enquanto perdurar a omissão, a entidade devedora: *(Incluído pela Emenda Constitucional n. 62, de 2009)*

a) não poderá contrair empréstimo externo ou interno; *(Incluído pela Emenda Constitucional n. 62, de 2009)*

b) ficará impedida de receber transferências voluntárias; *(Incluído pela Emenda Constitucional n. 62, de 2009)*

V — a União reterá os repasses relativos ao Fundo de Participação dos Estados e do Distrito Federal e ao Fundo de Participação dos Municípios, e os depositará nas contas especiais referidas no § 1º, devendo sua utilização obedecer ao que prescreve o § 5º, ambos deste artigo. *(Incluído pela Emenda Constitucional n. 62, de 2009)*

§ 11. No caso de precatórios relativos a diversos credores, em litisconsórcio, admite-se o desmembramento do valor, realizado pelo Tribunal de origem do precatório, por credor, e, por este, a habilitação do valor total a que tem direito, não se aplicando, neste caso, a regra do § 3º do art. 100 da Constituição Federal. *(Incluído pela Emenda Constitucional n. 62, de 2009)*

§ 12. Se a lei a que se refere o § 4º do art. 100 não estiver publicada em até 180 (cento e oitenta) dias, contados da data de publicação desta Emenda Constitucional, será considerado, para os fins referidos, em relação a Estados, Distrito Federal e Municípios devedores, omissos na regulamentação, o valor de: *(Incluído pela Emenda Constitucional n. 62, de 2009)*

I — 40 (quarenta) salários mínimos para Estados e para o Distrito Federal; *(Incluído pela Emenda Constitucional n. 62, de 2009)*

II — 30 (trinta) salários mínimos para Municípios. *(Incluído pela Emenda Constitucional n. 62, de 2009)*

§ 13. Enquanto Estados, Distrito Federal e Municípios devedores estiverem realizando pagamentos de precatórios pelo regime especial, não poderão sofrer sequestro de valores, exceto no caso de não liberação tempestiva dos recursos de que tratam o inciso II do § 1º e o § 2º deste artigo. *(Incluído pela Emenda Constitucional n. 62, de 2009)*

§ 14. O regime especial de pagamento de precatório previsto no inciso I do § 1º vigorará enquanto o valor dos precatórios devidos for superior ao valor dos recursos vinculados, nos termos do § 2º, ambos deste artigo, ou pelo prazo fixo de até 15 (quinze) anos, no caso da opção prevista no inciso II do § 1º. *(Incluído pela Emenda Constitucional n. 62, de 2009)*

§ 15. Os precatórios parcelados na forma do art. 33 ou do art. 78 deste Ato das Disposições Constitucionais Transitórias e ainda pendentes de pagamento ingressarão no regime especial com o valor atualizado das parcelas não pagas relativas a cada precatório, bem como o saldo dos acordos judiciais e extrajudiciais. *(Incluído pela Emenda Constitucional n. 62, de 2009)*

§ 16. A partir da promulgação desta Emenda Constitucional, a atualização de valores de requisitórios, até o efetivo pagamento, independentemente de sua natureza, será feita pelo índice oficial de remuneração básica da caderneta de poupança, e, para fins de compensação da mora, incidirão juros simples no mesmo percentual de juros incidentes sobre a caderneta de poupança, ficando excluída a incidência de juros compensatórios. *(Incluído pela Emenda Constitucional n. 62, de 2009)*

§ 17. O valor que exceder o limite previsto no § 2º do art. 100 da Constituição Federal será pago, durante a vigência do regime especial, na forma prevista nos §§ 6º e 7º ou nos incisos I, II e III do § 8º deste artigo, devendo os valores dispendidos para o atendimento do disposto no § 2º do art. 100 da Constituição Federal serem computados para efeito do § 6º deste artigo. *(Incluído pela Emenda Constitucional n. 62, de 2009)*

§ 18. Durante a vigência do regime especial a que se refere este artigo, gozarão também da preferência a que se refere o § 6º os titulares originais de precatórios que tenham completado 60 (sessenta) anos de idade até a data da promulgação desta Emenda Constitucional. *(Incluído pela Emenda Constitucional n. 62, de 2009)*

Art. 98. O número de defensores públicos na unidade jurisdicional será proporcional à efetiva demanda pelo serviço da Defensoria Pública e à respectiva população. *(Incluído pela Emenda Constitucional n. 80, de 2014)*

§ 1º No prazo de 8 (oito) anos, a União, os Estados e o Distrito Federal deverão contar com defensores públicos em todas as unidades jurisdicionais, observado o disposto no *caput* deste artigo. *(Incluído pela Emenda Constitucional n. 80, de 2014)*

§ 2º Durante o decurso do prazo previsto no § 1º deste artigo, a lotação dos defensores públicos ocorrerá, prioritariamente, atendendo as regiões com maiores índices de exclusão social e adensamento populacional. *(Incluído pela Emenda Constitucional n. 80, de 2014)*

Art. 99. Para efeito do disposto no inciso VII do § 2º do art. 155, no caso de operações e prestações que destinem bens e serviços a consumidor final não contribuinte localizado em outro Estado, o imposto correspondente à diferença entre a alíquota interna e a interestadual será partilhado entre os Estados de origem e de destino, na seguinte proporção: *(Incluído pela Emenda Constitucional n. 87, de 2015)*

I — para o ano de 2015: 20% (vinte por cento) para o Estado de destino e 80% (oitenta por cento) para o Estado de origem;

II — para o ano de 2016: 40% (quarenta por cento) para o Estado de destino e 60% (sessenta por cento) para o Estado de origem;

III — para o ano de 2017: 60% (sessenta por cento) para o Estado de destino e 40% (quarenta por cento) para o Estado de origem;

IV — para o ano de 2018: 80% (oitenta por cento) para o Estado de destino e 20% (vinte por cento) para o Estado de origem;

V — a partir do ano de 2019: 100% (cem por cento) para o Estado de destino.

Art. 100. Até que entre em vigor a lei complementar de que trata o inciso II do § 1º do art. 40 da Constituição Federal, os Ministros do Supremo Tribunal Federal, dos Tribunais Superiores e do Tribunal de Contas da União aposentar-se-ão, compulsoriamente, aos 75 (setenta e cinco) anos de idade, nas condições do art. 52 da Constituição Federal. *(Incluído pela Emenda Constitucional n. 88, de 2015)*

Art. 101. Os Estados, o Distrito Federal e os Municípios que, em 25 de março de 2015, estiverem em mora com o pagamento de seus precatórios quitarão até 31 de dezembro de 2020 seus débitos vencidos e os que vencerão dentro desse período, depositando, mensalmente, em conta especial do Tribunal de Justiça local, sob única e exclusiva administração desse, 1/12 (um doze avos) do valor calculado percentualmente sobre as respectivas receitas correntes líquidas, apuradas no segundo mês anterior ao mês de pagamento, em percentual suficiente para a quitação de seus débitos e, ainda que variável, nunca inferior, em cada exercício, à média do comprometimento percentual da receita corrente líquida no período de 2012 a 2014, em conformidade com plano de pagamento a ser anualmente apresentado ao Tribunal de Justiça local. *(Incluído pela Emenda Constitucional n. 94, de 15.12.16, DOU 16.12.16)*

§ 1º Entende-se como receita corrente líquida, para os fins de que trata este artigo, o somatório das receitas tributárias, patrimoniais, industriais, agropecuárias, de contribuições e de serviços, de transferências correntes e outras receitas correntes, incluindo as oriundas do § 1º do art. 20 da Constituição Federal, verificado no período compreendido pelo segundo mês imediatamente anterior ao de referência e os 11 (onze) meses precedentes, excluídas as duplicidades, e deduzidas: *(Incluído pela Emenda Constitucional n. 94, de 15.12.16, DOU 16.12.16)*

I — nos Estados, as parcelas entregues aos Municípios por determinação constitucional; *(Incluído pela Emenda Constitucional n. 94, de 15.12.16, DOU 16.12.16)*

II — nos Estados, no Distrito Federal e nos Municípios, a contribuição dos servidores para custeio de seu sistema de previdência e assistência social e as receitas provenientes da compensação financeira referida no § 9º do art. 201 da Constituição Federal. *(Incluído pela Emenda Constitucional n. 94, de 15.12.16, DOU 16.12.16)*

§ 2º O débito de precatórios poderá ser pago mediante a utilização de recursos orçamentários próprios e dos seguintes instrumentos: *(Incluído pela Emenda Constitucional n. 94, de 15.12.16, DOU 16.12.16)*

I — até 75% (setenta e cinco por cento) do montante dos depósitos judiciais e dos depósitos administrativos em dinheiro referentes a processos judiciais ou administrativos, tributários ou não tributários, nos quais o Estado, o Distrito Federal ou os Municípios, ou suas autarquias, fundações e empresas estatais dependentes, sejam parte; *(Incluído pela Emenda Constitucional n. 94, de 15.12.16, DOU 16.12.16)*

II — até 20% (vinte por cento) dos demais depósitos judiciais da localidade, sob jurisdição do respectivo Tribunal de Justiça, excetuados os destinados à quitação de créditos de natureza alimentícia, mediante instituição de fundo garantidor composto pela parcela restante dos depósitos judiciais, destinando-se: *(Incluído pela Emenda Constitucional n. 94, de 15.12.16, DOU 16.12.16)*

a) no caso do Distrito Federal, 100% (cem por cento) desses recursos ao próprio Distrito Federal; *(Incluído pela Emenda Constitucional n. 94, de 15.12.16, DOU 16.12.16)*

b) no caso dos Estados, 50% (cinquenta por cento) desses recursos ao próprio Estado e 50% (cinquenta por cento) a seus Municípios; *(Incluído pela Emenda Constitucional n. 94, de 15.12.16, DOU 16.12.16)*

III — contratação de empréstimo, excetuado dos limites de endividamento de que tratam os incisos VI e VII do art. 52 da Constituição Federal e de quaisquer outros limites de endividamento previstos, não se aplicando a esse empréstimo a vedação de vinculação de receita prevista no inciso IV do art. 167 da Constituição Federal." *(Incluído pela Emenda Constitucional n. 94, de 15.12.16, DOU 16.12.16)*

Art. 102. Enquanto viger o regime especial previsto nesta Emenda Constitucional, pelo menos 50% (cinquenta por cento) dos recursos que, nos termos do art. 101 deste Ato das Disposições Constitucionais Transitórias, forem destinados ao pagamento dos precatórios em mora serão utilizados no pagamento segundo a ordem cronológica de apresentação, respeitadas as preferências dos créditos alimentares, e, nessas, as relativas à idade, ao estado de saúde e à deficiência, nos termos do § 2º do art. 100 da Constituição Federal, sobre todos os demais créditos de todos os anos. *(Incluído pela Emenda Constitucional n. 94, de 15.12.16, DOU 16.12.16)*

PARÁGRAFO ÚNICO. A aplicação dos recursos remanescentes, por opção a ser exercida por Estados, Distrito Federal e Municípios, por ato do respectivo Poder Executivo, observada a ordem de preferência dos credores, poderá ser destinada ao pagamento mediante acordos diretos, perante Juízos Auxiliares de Conciliação de Precatórios, com redução máxima de 40% (quarenta por cento) do valor do crédito atualizado, desde que em relação ao crédito não penda recurso ou defesa judicial e que sejam observados os requisitos definidos na regulamentação editada pelo ente federado." *(Incluído pela Emenda Constitucional n. 94, de 15.12.16, DOU 16.12.16)*

Art. 103. Enquanto os Estados, o Distrito Federal e os Municípios estiverem efetuando o pagamento da parcela mensal devida como previsto no *caput* do art. 101 deste Ato das Disposições Constitucionais Transitórias, nem eles, nem as respectivas autarquias, fundações e empresas estatais dependentes poderão sofrer sequestro de valores, exceto no caso de não liberação tempestiva dos recursos." *(Incluído pela Emenda Constitucional n. 94, de 15.12.16, DOU 16.12.16)*

Art. 104. Se os recursos referidos no art. 101 deste Ato das Disposições Constitucionais Transitórias para o pagamento de precatórios não forem tempestivamente liberados, no todo ou em parte: *(Incluído pela Emenda Constitucional n. 94, de 15.12.16, DOU 16.12.16)*

I — o Presidente do Tribunal de Justiça local determinará o sequestro, até o limite do valor não liberado, das contas do ente federado inadimplente; *(Incluído pela Emenda Constitucional n. 94, de 15.12.16, DOU 16.12.16)*

II — o chefe do Poder Executivo do ente federado inadimplente responderá, na forma da legislação de responsabilidade fiscal e de improbidade administrativa; *(Incluído pela Emenda Constitucional n. 94, de 15.12.16, DOU 16.12.16)*

III — a União reterá os recursos referentes aos repasses ao Fundo de Participação dos Estados e do Distrito Federal e ao Fundo de Participação dos Municípios e os depositará na conta especial referida no art. 101 deste Ato das Disposições Constitucionais Transitórias, para utilização como nele previsto; *(Incluído pela Emenda Constitucional n. 94, de 15.12.16, DOU 16.12.16)*

IV — os Estados reterão os repasses previstos no parágrafo único do art. 158 da Constituição Federal e os depositarão na conta especial referida no art. 101 deste Ato das Disposições Constitucionais Transitórias, para utilização como nele previsto.

PARÁGRAFO ÚNICO. Enquanto perdurar a omissão, o ente federado não poderá contrair empréstimo externo ou interno, exceto para os fins previstos no § 2º do art. 101 deste Ato das Disposições Constitucionais Transitórias, e ficará impedido de receber transferências voluntárias. *(Incluído pela Emenda Constitucional n. 94, de 15.12.16, DOU 16.12.16)*

Art. 105. Enquanto viger o regime de pagamento de precatórios previsto no art. 101 deste Ato das Disposições Constitucionais Transitórias, é facultada aos credores de precatórios, próprios ou de terceiros, a compensação com débitos de natureza tributária ou de outra natureza que até 25 de março de 2015 tenham sido inscritos na dívida ativa dos Estados, do Distrito Federal ou dos Municípios, observados os requisitos definidos em lei própria do ente federado. *(Incluído pela Emenda Constitucional n. 94, de 15.12.16, DOU 16.12.16)*

PARÁGRAFO ÚNICO. Não se aplica às compensações referidas no *caput* deste artigo qualquer tipo de vinculação, como as transferências a outros entes e as destinadas à educação, à saúde e a outras finalidades. *(Incluído pela Emenda Constitucional n. 94, de 15.12.16, DOU 16.12.16)*

Art. 106. Fica instituído o Novo Regime Fiscal no âmbito dos Orçamentos Fiscal e da Seguridade Social da União, que vigorará por vinte exercícios financeiros, nos termos dos arts. 107 a 114 deste Ato das Disposições Constitucionais Transitórias. *(Incluído pela Emenda Constitucional n. 95, de 15.12.16, DOU 16.12.16)*

Art. 107. Ficam estabelecidos, para cada exercício, limites individualizados para as despesas primárias: *(Incluído pela Emenda Constitucional n. 95, de 15.12.16, DOU 16.12.16)*

I — do Poder Executivo; *(Incluído pela Emenda Constitucional n. 95, de 15.12.16, DOU 16.12.16)*

II — do Supremo Tribunal Federal, do Superior Tribunal de Justiça, do Conselho Nacional de Justiça, da Justiça do Trabalho, da Justiça Federal, da Justiça Militar da União, da Justiça Eleitoral e da Justiça do Distrito Federal e Territórios, no âmbito do Poder Judiciário; *(Incluído pela Emenda Constitucional n. 95, de 15.12.16, DOU 16.12.16)*

III — do Senado Federal, da Câmara dos Deputados e do Tribunal de Contas da União, no âmbito do Poder Legislativo; *(Incluído pela Emenda Constitucional n. 95, de 15.12.16, DOU 16.12.16)*

IV — do Ministério Público da União e do Conselho Nacional do Ministério Público; e *(Incluído pela Emenda Constitucional n. 95, de 15.12.16, DOU 16.12.16)*

V — da Defensoria Pública da União. *(Incluído pela Emenda Constitucional n. 95, de 15.12.16, DOU 16.12.16)*

§ 1º Cada um dos limites a que se refere o *caput* deste artigo equivalerá: *(Incluído pela Emenda Constitucional n. 95, de 15.12.16, DOU 16.12.16)*

I — para o exercício de 2017, à despesa primária paga no exercício de 2016, incluídos os restos a pagar pagos e demais operações que afetam o resultado primário, corrigida em 7,2% (sete inteiros e dois décimos por cento); e *(Incluído pela Emenda Constitucional n. 95, de 15.12.16, DOU 16.12.16)*

II — para os exercícios posteriores, ao valor do limite referente ao exercício imediatamente anterior, corrigido pela variação do Índice Nacional de Preços ao Consumidor Amplo — IPCA, publicado pelo Instituto Brasileiro de Geografia e Estatística, ou de outro índice que vier a substituí-lo, para o período de doze meses encerrado em junho do exercício anterior a que se refere a lei orçamentária. *(Incluído pela Emenda Constitucional n. 95, de 15.12.16, DOU 16.12.16)*

§ 2º Os limites estabelecidos na forma do inciso IV do *caput* do art. 51, do inciso XIII do *caput* do art. 52, do § 1º do art. 99, do § 3º do art. 127 e do § 3º do art. 134 da Constituição Federal não poderão ser superiores aos estabelecidos nos termos deste artigo. *(Incluído pela Emenda Constitucional n. 95, de 15.12.16, DOU 16.12.16)*

§ 3º A mensagem que encaminhar o projeto de lei orçamentária demonstrará os valores máximos de programação compatíveis com os limites individualizados calculados na forma do § 1º deste artigo, observados os §§ 7º a 9º deste artigo. *(Incluído pela Emenda Constitucional n. 95, de 15.12.16, DOU 16.12.16)*

§ 4º As despesas primárias autorizadas na lei orçamentária anual sujeitas aos limites de que trata este artigo não poderão exceder os valores máximos demonstrados nos termos do § 3º deste artigo. *(Incluído pela Emenda Constitucional n. 95, de 15.12.16, DOU 16.12.16)*

§ 5º É vedada a abertura de crédito suplementar ou especial que amplie o montante total autorizado de despesa primária sujeita aos limites de que trata este artigo. *(Incluído pela Emenda Constitucional n. 95, de 15.12.16, DOU 16.12.16)*

§ 6º Não se incluem na base de cálculo e nos limites estabelecidos neste artigo: *(Incluído pela Emenda Constitucional n. 95, de 15.12.16, DOU 16.12.16)*

I — transferências constitucionais estabelecidas no § 1º do art. 20, no inciso III do parágrafo único do art. 146, no § 5º do art. 153, no art. 157, nos incisos I e II do art. 158, no art. 159 e no § 6º do art. 212, as despesas referentes ao inciso XIV do *caput* do art. 21, todos da Constituição Federal, e as complementações de que tratam os incisos V e VII do *caput* do art. 60, deste Ato das Disposições Constitucionais Transitórias; *(Incluído pela Emenda Constitucional n. 95, de 15.12.16, DOU 16.12.16)*

II — créditos extraordinários a que se refere o § 3º do art. 167 da Constituição Federal; *(Incluído pela Emenda Constitucional n. 95, de 15.12.16, DOU 16.12.16)*

III — despesas não recorrentes da Justiça Eleitoral com a realização de eleições; e *(Incluído pela Emenda Constitucional n. 95, de 15.12.16, DOU 16.12.16)*

IV — despesas com aumento de capital de empresas estatais não dependentes. *(Incluído pela Emenda Constitucional n. 95, de 15.12.16, DOU 16.12.16)*

§ 7º Nos três primeiros exercícios financeiros da vigência do Novo Regime Fiscal, o Poder Executivo poderá compensar com redução equivalente na sua despesa primária, consoante os valores estabelecidos no projeto de lei orçamentária encaminhado pelo Poder Executivo no respectivo exercício, o excesso de despesas primárias em relação aos limites de que tratam os incisos II a V do *caput* deste artigo. *(Incluído pela Emenda Constitucional n. 95, de 15.12.16, DOU 16.12.16)*

§ 8º A compensação de que trata o § 7º deste artigo não excederá a 0,25% (vinte e cinco centésimos por cento) do limite do Poder Executivo. *(Incluído pela Emenda Constitucional n. 95, de 15.12.16, DOU 16.12.16)*

§ 9º Respeitado o somatório em cada um dos incisos de II a IV do *caput* deste artigo, a lei de diretrizes orçamentárias poderá dispor sobre a compensação entre os limites individualizados dos órgãos elencados em cada inciso. *(Incluído pela Emenda Constitucional n. 95, de 15.12.16, DOU 16.12.16)*

§ 10. Para fins de verificação do cumprimento dos limites de que trata este artigo, serão consideradas as despesas primárias pagas, incluídos os restos a pagar pagos e demais operações que afetam o resultado primário no exercício. *(Incluído pela Emenda Constitucional n. 95, de 15.12.16, DOU 16.12.16)*

§ 11. O pagamento de restos a pagar inscritos até 31 de dezembro de 2015 poderá ser excluído da verificação do cumprimento dos limites de que trata este artigo, até o excesso de resultado primário dos Orçamentos Fiscal e da Seguridade Social do exercício em relação à meta fixada na lei de diretrizes orçamentárias." *(Incluído pela Emenda Constitucional n. 95, de 15.12.16, DOU 16.12.16)*

Art. 108. O Presidente da República poderá propor, a partir do décimo exercício da vigência do Novo Regime Fiscal, projeto de lei complementar para alteração do método de correção dos limites a que se refere o inciso II do § 1º do art. 107 deste Ato das Disposições Constitucionais Transitórias.

PARÁGRAFO ÚNICO. Será admitida apenas uma alteração do método de correção dos limites por mandato presidencial. *(Incluído pela Emenda Constitucional n. 95, de 15.12.16, DOU 16.12.16)*

Art. 109. No caso de descumprimento de limite individualizado, aplicam-se, até o final do exercício de retorno das despesas aos respectivos limites, ao Poder Executivo ou a órgão elencado nos incisos II a V do *caput* do art. 107 deste Ato das Disposições Constitucionais Transitórias que o descumpriu, sem prejuízo de outras medidas, as seguintes vedações: *(Incluído pela Emenda Constitucional n. 95, de 15.12.16, DOU 16.12.16)*

I — concessão, a qualquer título, de vantagem, aumento, reajuste ou adequação de remuneração de membros de Poder ou de órgão, de servidores e empregados públicos e militares, exceto dos derivados de sentença judicial transitada em julgado ou de determinação legal decorrente de atos anteriores à entrada em vigor desta Emenda Constitucional; *(Incluído pela Emenda Constitucional n. 95, de 15.12.16, DOU 16.12.16)*

II — criação de cargo, emprego ou função que implique aumento de despesa; *(Incluído pela Emenda Constitucional n. 95, de 15.12.16, DOU 16.12.16)*

III — alteração de estrutura de carreira que implique aumento de despesa; *(Incluído pela Emenda Constitucional n. 95, de 15.12.16, DOU 16.12.16)*

IV — admissão ou contratação de pessoal, a qualquer título, ressalvadas as reposições de cargos de chefia e de direção que não acarretem aumento de despesa e aquelas decorrentes de vacâncias de cargos efetivos ou vitalícios; *(Incluído pela Emenda Constitucional n. 95, de 15.12.16, DOU 16.12.16)*

V — realização de concurso público, exceto para as reposições de vacâncias previstas no inciso IV; *(Incluído pela Emenda Constitucional n. 95, de 15.12.16, DOU 16.12.16)*

VI — criação ou majoração de auxílios, vantagens, bônus, abonos, verbas de representação ou benefícios de qualquer natureza em favor de membros de Poder, do Ministério Público ou da Defensoria Pública e de servidores e empregados públicos e militares; *(Incluído pela Emenda Constitucional n. 95, de 15.12.16, DOU 16.12.16)*

VII — criação de despesa obrigatória; e *(Incluído pela Emenda Constitucional n. 95, de 15.12.16, DOU 16.12.16)*

VIII — adoção de medida que implique reajuste de despesa obrigatória acima da variação da inflação, observada a preservação do poder aquisitivo referida no inciso IV do *caput* do art. 7º da Constituição Federal. *(Incluído pela Emenda Constitucional n. 95, de 15.12.16, DOU 16.12.16)*

§ 1º As vedações previstas nos incisos I, III e VI do *caput*, quando descumprido qualquer dos limites individualizados dos órgãos elencados nos incisos II, III e IV do *caput* do art. 107 deste Ato das Disposições Constitucionais Transitórias, aplicam-se ao conjunto dos órgãos referidos em cada inciso. *(Incluído pela Emenda Constitucional n. 95, de 15.12.16, DOU 16.12.16)*

§ 2º Adicionalmente ao disposto no *caput*, no caso de descumprimento do limite de que trata o inciso I do *caput* do art. 107 deste Ato das Disposições Constitucionais Transitórias, ficam vedadas: *(Incluído pela Emenda Constitucional n. 95, de 15.12.16, DOU 16.12.16)*

I — a criação ou expansão de programas e linhas de financiamento, bem como a remissão, renegociação ou refinanciamento de dívidas que impliquem ampliação das despesas com subsídios e subvenções; e *(Incluído pela Emenda Constitucional n. 95, de 15.12.16, DOU 16.12.16)*

II — a concessão ou a ampliação de incentivo ou benefício de natureza tributária. *(Incluído pela Emenda Constitucional n. 95, de 15.12.16, DOU 16.12.16)*

§ 3º No caso de descumprimento de qualquer dos limites individualizados de que trata o *caput* do art. 107 deste Ato das Disposições Constitucionais Transitórias, fica vedada a concessão da revisão geral prevista no inciso X do *caput* do art. 37 da Constituição Federal. *(Incluído pela Emenda Constitucional n. 95, de 15.12.16, DOU 16.12.16)*

§ 4º As vedações previstas neste artigo aplicam-se também a proposições legislativas." *(Incluído pela Emenda Constitucional n. 95, de 15.12.16, DOU 16.12.16)*

Art. 110. Na vigência do Novo Regime Fiscal, as aplicações mínimas em ações e serviços públicos de saúde e em manutenção e desenvolvimento do ensino equivalerão: *(Incluído pela Emenda Constitucional n. 95, de 15.12.16, DOU 16.12.16)*

I — no exercício de 2017, às aplicações mínimas calculadas nos termos do inciso I do § 2º do art. 198 e do *caput* do art. 212, da Constituição Federal; e *(Incluído pela Emenda Constitucional n. 95, de 15.12.16, DOU 16.12.16)*

II — nos exercícios posteriores, aos valores calculados para as aplicações mínimas do exercício imediatamente anterior, corrigidos na forma estabelecida pelo inciso II do § 1º do art. 107 deste Ato das Disposições Constitucionais Transitórias." *(Incluído pela Emenda Constitucional n. 95, de 15.12.16, DOU 16.12.16)*

Art. 111. A partir do exercício financeiro de 2018, até o último exercício de vigência do Novo Regime Fiscal, a aprovação e a execução previstas nos §§ 9º e 11 do art. 166 da Constituição Federal corresponderão ao montante de execução obrigatória para o exercício de 2017, corrigido na forma estabelecida pelo inciso II do § 1º do art. 107 deste Ato das Disposições Constitucionais Transitórias. *(Incluído pela Emenda Constitucional n. 95, de 15.12.16, DOU 16.12.16)*

Art. 112. As disposições introduzidas pelo Novo Regime Fiscal: *(Incluído pela Emenda Constitucional n. 95, de 15.12.16, DOU 16.12.16)*

I — não constituirão obrigação de pagamento futuro pela União ou direitos de outrem sobre o erário; e *(Incluído pela Emenda Constitucional n. 95, de 15.12.16, DOU 16.12.16)*

II — não revogam, dispensam ou suspendem o cumprimento de dispositivos constitucionais e legais que disponham sobre metas fiscais ou limites máximos de despesas." *(Incluído pela Emenda Constitucional n. 95, de 15.12.16, DOU 16.12.16)*

Art. 113. A proposição legislativa que crie ou altere despesa obrigatória ou renúncia de receita deverá ser acompanhada da estimativa do seu impacto orçamentário e financeiro. *(Incluído pela Emenda Constitucional n. 95, de 15.12.16, DOU 16.12.16)*

Art. 114. A tramitação de proposição elencada no *caput* do art. 59 da Constituição Federal, ressalvada a referida no seu inciso V, quando acarretar aumento de despesa ou renúncia de receita, será suspensa por até vinte dias, a requerimento de um quinto dos membros da Casa, nos termos regimentais, para análise de sua compatibilidade com o Novo Regime Fiscal. *(Incluído pela Emenda Constitucional n. 95, de 15.12.16, DOU 16.12.16)*

Brasília, 5 de outubro de 1988.

Ulysses Guimarães, Presidente — *Mauro Benevides*, 1º Vice-Presidente — *Jorge Arbage*, 2º Vice-Presidente — *Marcelo Cordeiro*, 1º Secretário — *Mário Maia*, 2º Secretário — *Arnaldo Faria de Sá*, 3º Secretário — *Benedita da Silva*, 1º Suplente de Secretário — *Luiz Soyer*, 2º Suplente de Secretário — *Sotero Cunha*, 3º Suplente de Secretário — *Bernardo Cabral*, Relator Geral — *Adolfo Oliveira*, Relator Adjunto — *Antônio Carlos Konder Reis*, Relator Adjunto — *José Fogaça*, Relator Adjunto — *Abigail Feitosa* — *Acival Gomes* — *Adauto Pereira* — *Ademir Andrade*

— Adhemar de Barros Filho — Adroaldo Streck — Adylson Motta — Aécio de Borba — Aécio Neves — Affonso Camargo — Afif Domingos — Afonso Arinos — Afonso Sancho — Agassiz Almeida — Agripino de Oliveira Lima — Airton Cordeiro — Airton Sandoval — Alarico Abib — Albano Franco — Albérico Cordeiro — Albérico Filho — Alceni Guerra — Alcides Saldanha — Aldo Arantes — Alércio Dias — Alexandre Costa — Alexandre Puzyna — Alfredo Campos — Almir Gabriel — Aloisio Vasconcelos — Aloysio Chaves — Aloysio Teixeira — Aluizio Bezerra — Aluízio Campos — Álvaro Antônio — Álvaro Pacheco — Álvaro Valle — Alysson Paulinelli — Amaral Netto — Amaury Muller — Amilcar Moreira — Ângelo Magalhães — Anna Maria Rattes — Annibal Barcellos — Antero de Barros — Antônio Câmara — Antônio Carlos Franco — Antonio Carlos Mendes Thame — Antônio de Jesus — Antonio Ferreira — Antonio Gaspar — Antonio Mariz — Antonio Perosa — Antônio Salim Curiati — Antonio Ueno — Arnaldo Martins — Arnaldo Moraes — Arnaldo Prieto — Arnold Fioravante — Arolde de Oliveira — Artenir Werner — Artur da Távola — Asdrubal Bentes — Assis Canuto — Átila Lira — Augusto Carvalho — Áureo Mello — Basílio Villani — Benedicto Monteiro — Benito Gama — Beth Azize — Bezerra de Melo — Bocayuva Cunha — Bonifácio de Andrada — Bosco França — Brandão Monteiro — Caio Pompeu — Carlos Alberto — Carlos Alberto Caó — Carlos Benevides — Carlos Cardinal — Carlos Chiarelli — Carlos Cotta — Carlos De'Carli — Carlos Mosconi — Carlos Sant'Anna — Carlos Vinagre — Carlos Virgílio — Carrel Benevides — Cássio Cunha Lima — Célio de Castro — Celso Dourado — César Cals Neto — César Maia — Chagas Duarte — Chagas Neto — Chagas Rodrigues — Chico Humberto — Christóvam Chiaradia — Cid Carvalho — Cid Sabóia de Carvalho — Cláudio Ávila — Cleonâncio Fonseca — Costa Ferreira — Cristina Tavares — Cunha Bueno — Dálton Canabrava — Darcy Deitos — Darcy Pozza — Daso Coimbra — Davi Alves Silva — Del Bosco Amaral — Delfim Netto — Délio Braz — Denisar Arneiro — Dionisio Dal Prá — Dionísio Hage — Dirce Tutu Quadros — Dirceu Carneiro — Divaldo Suruagy — Djenal Gonçalves — Domingos Juvenil — Domingos Leonelli — Doreto Campanari — Edésio Frias — Edison Lobão — Edivaldo Motta — Edme Tavares — Edmilson Valentim — Eduardo Bonfim — Eduardo Jorge — Eduardo Moreira — Egídio Ferreira Lima — Elias Murad — Eliel Rodrigues — Eliézer Moreira — Enoc Vieira — Eraldo Tinoco — Eraldo Trindade — Erico Pegoraro — Ervin Bonkoski — Etevaldo Nogueira — Euclides Scalco — Eunice Michiles — Evaldo Gonçalves — Expedito Machado — Ézio Ferreira — Fábio Feldmann — Fábio Raunheitti — Farabulini Júnior — Fausto Fernandes — Fausto Rocha — Felipe Mendes — Feres Nader — Fernando Bezerra Coelho — Fernando Cunha — Fernando Gasparian — Fernando Gomes — Fernando Henrique Cardoso — Fernando Lyra — Fernando Santana — Fernando Velasco — Firmo de Castro — Flavio Palmier da Veiga — Flávio Rocha — Florestan Fernandes — Floriceno Paixão — França Teixeira — Francisco Amaral — Francisco Benjamim — Francisco Carneiro — Francisco Coelho — Francisco Diógenes — Francisco Dornelles — Francisco Kuster — Francisco Pinto — Francisco Rollemberg — Francisco Rossi — Francisco Sales — Furtado Leite — Gabriel Guerreiro — Gandi Jamil — Gastone Righi — Genebaldo Correia — Genésio Bernardino — Geovani Borges — Geraldo Alckmin Filho — Geraldo Bulhões — Geraldo Campos — Geraldo Fleming — Geraldo Melo — Gerson Camata — Gerson Marcondes — Gerson Peres — Gidel Dantas — Gil César — Gilson Machado — Gonzaga Patriota — Guilherme Palmeira — Gumercindo Milhomem — Gustavo de Faria — Harlan Gadelha — Haroldo Lima — Haroldo Sabóia — Hélio Costa — Hélio Duque — Hélio Manhães — Hélio Rosas — Henrique Córdova — Henrique Eduardo Alves — Heráclito Fortes — Hermes Zaneti — Hilário Braun — Homero Santos — Humberto Lucena — Humberto Souto — Iberê Ferreira — Ibsen Pinheiro — Inocêncio Oliveira — Irajá Rodrigues — Iram Saraiva — Irapuan Costa Júnior — Irma Passoni — Ismael Wanderley — Israel Pinheiro — Itamar Franco — Ivo Cersósimo — Ivo Lech — Ivo Mainardi — Ivo Vanderlinde — Jacy Scanagatta — Jairo Azi — Jairo Carneiro — Jalles Fontoura — Jamil Haddad — Jarbas Passarinho — Jayme Paliarin — Jayme Santana — Jesualdo Cavalcanti — Jesus Tajra — Joaci Góes — João Agripino — João Alves — João Calmon — João Carlos Bacelar — João Castelo — João Cunha — João da Mata — João de Deus Antunes — João Herrmann Neto — João Lobo — João Machado Rollemberg — João Menezes — João Natal — João Paulo — João Rezek — Joaquim Bevilácqua — Joaquim Francisco — Joaquim Hayckel — Joaquim Sucena — Jofran Frejat — Jonas Pinheiro — Jonival Lucas — Jorge Bornhausen — Jorge Hage — Jorge Leite — Jorge Uequed — Jorge Vianna — José Agripino — José Camargo — José Carlos Coutinho — José Carlos Grecco — José Carlos Martinez — José Carlos Sabóia — José Carlos Vasconcelos — José Costa — José da Conceição — José Dutra — José Egreja — José Elias — José Fernandes — José Freire — José Genoíno — José Geraldo — José Guedes — José Ignácio Ferreira — José Jorge — José Lins — José Lourenço — José Luiz de Sá — José Luiz Maia — José Maranhão — José Maria Eymael — José Maurício — José Melo — José Mendonça Bezerra — José Moura — José Paulo Bisol — José Queiroz — José Richa — José Santana de Vasconcellos — José Serra — José Tavares — José Teixeira — José Thomaz Nonô — José Tinoco — José Ulísses de Oliveira — José Viana — José Yunes — Jovanni Masini — Juarez Antunes — Júlio Campos — Júlio Costamilan — Jutahy Júnior — Jutahy Magalhães — Koyu Iha — Lael Varella — Lavoisier Maia — Leite Chaves — Lélio Souza — Leopoldo Peres — Leur Lomanto — Levy Dias — Lézio Sathler — Lídice da Mata — Louremberg Nunes Rocha — Lourival Baptista — Lúcia Braga — Lúcia Vânia — Lúcio Alcântara — Luís Eduardo — Luís Roberto Ponte — Luiz Alberto Rodrigues — Luiz Freire — Luiz Gushiken — Luiz Henrique — Luiz Inácio Lula da Silva — Luiz Leal — Luiz Marques — Luiz Salomão — Luiz Viana — Luiz Viana Neto — Lysâneas Maciel — Maguito Vilela — Maluly Neto — Manoel Castro — Manoel Moreira — Manoel Ribeiro — Mansueto de Lavor — Manuel Viana — Márcia Kubitschek — Márcio Braga — Márcio Lacerda — Marco Maciel — Marcondes Gadelha — Marcos Lima — Marcos Queiroz — Maria de Lourdes Abadia — Maria Lúcia — Mário Assad — Mário Covas — Mário de Oliveira — Mário Lima — Marluce Pinto — Matheus Iensen — Mattos Leão — Maurício Campos — Maurício Correa — Maurício Fruet — Maurício Nasser — Maurício Pádua — Maurílio Ferreira Lima — Mauro Borges — Mauro Campos — Mauro Miranda — Mauro Sampaio — Max Rosenmann — Meira Filho — Melo Freire — Mello Reis — Mendes Botelho — Mendes Canale — Mendes Ribeiro — Messias Góis — Messias Soares — Michel Temer — Milton Barbosa — Milton Lima — Milton Reis — Miraldo Gomes — Miro Teixeira — Moema São Thiago — Moysés Pimentel — Mozarildo Cavalcanti — Mussa Demes — Myrian Portella — Nabor Júnior — Naphtali Alves de Souza — Narciso Mendes — Nelson Aguiar — Nelson Carneiro — Nelson Jobim — Nelson Sabrá — Nelson Seixas — Nelson Wedekin — Nelton Friedrich — Nestor Duarte — Ney Maranhão — Nilso Sguarezi — Nilson Gibson — Nion Albernaz — Noel de Carvalho — Nyder Barbosa — Octávio Elísio — Odacir Soares — Olavo Pires — Olívio Dutra — Onofre Corrêa — Orlando Bezerra — Orlando Pacheco — Oscar Corrêa — Osmar Leitão — Osmir Lima — Osmundo Rebouças — Osvaldo Bender — Osvaldo Coelho — Osvaldo Macedo — Osvaldo Sobrinho — Oswaldo Almeida — Oswaldo Trevisan — Ottomar Pinto — Paes de Andrade — Paes Landim — Paulo Delgado — Paulo Macarini — Paulo Marques — Paulo Mincarone — Paulo Paim — Paulo Pimentel — Paulo Ramos — Paulo Roberto — Paulo Roberto Cunha — Paulo Silva — Paulo Zarzur — Pedro Canedo — Pedro Ceolin — Percival Muniz — Pimenta da Veiga — Plínio Arruda Sampaio — Plínio Martins — Pompeu de Sousa — Rachid Saldanha Derzi — Raimundo Bezerra — Raimundo Lira — Raimundo Rezende — Raquel Cândido — Raquel Capiberibe — Raul Belém — Raul Ferraz — Renan Calheiros — Renato Bernardi — Renato Johnsson — Renato Vianna — Ricardo Fiuza — Ricardo Izar — Rita Camata — Rita Furtado — Roberto Augusto — Roberto Balestra — Roberto Brant — Roberto Campos — Roberto D'Ávila — Roberto Freire — Roberto Jefferson — Roberto Rollemberg — Roberto Torres — Roberto Vital — Robson Marinho — Rodrigues Palma — Ronaldo Aragão — Ronaldo Carvalho — Ronaldo Cezar Coelho — Ronan Tito — Ronaro Corrêa — Rosa Prata — Rose de Freitas — Rospide Netto — Rubem Branquinho — Rubem Medina — Ruben Figueiró — Ruberval Pilotto — Ruy Bacelar — Ruy Nedel — Sadie Hauache — Salatiel Carvalho — Samir Achôa — Sandra Cavalcanti — Santinho Furtado — Sarney Filho — Saulo Queiroz — Sérgio Brito — Sérgio Spada — Sérgio Werneck — Severo Gomes — Sigmaringa Seixas — Sílvio Abreu — Simão Sessim — Siqueira Campos — Sólon Borges dos Reis — Stélio Dias — Tadeu França — Telmo Kirst — Teotonio Vilela Filho — Theodoro Mendes — Tito Costa — Ubiratan Aguiar — Ubiratan Spinelli — Uldurico Pinto — Valmir Campelo — Valter Pereira — Vasco Alves — Vicente Bogo — Victor Faccioni — Victor Fontana — Victor Trovão — Vieira da Silva — Vilson Souza — Vingt Rosado — Vinicius Cansanção — Virgildásio de Senna — Virgílio Galassi — Virgílio Guimarães — Vitor Buaiz — Vivaldo Barbosa — Vladimir Palmeira — Wagner Lago — Waldec Ornélas — Waldyr Pugliesi — Walmor de Luca — Wilma Maia — Wilson Campos — Wilson Martins — Ziza Valadares.

Participantes: *Álvaro Dias — Antônio Britto — Bete Mendes — Borges da Silveira — Cardoso Alves — Edivaldo Holanda — Expedito Júnior — Fadah Gattass — Francisco Dias — Geovah Amarante — Hélio Gueiros — Horácio Ferraz — Hugo Napoleão — Iturival Nascimento — Ivan Bonato — Jorge Medauar — José Mendonça de Morais — Leopoldo Bessone — Marcelo Miranda — Mauro Fecury — Neuto de Conto — Nivaldo Machado — Oswaldo Lima Filho — Paulo Almada — Prisco Viana — Ralph Biasi — Rosário Congro Neto — Sérgio Naya — Tidei de Lima.*

In Memoriam: *Alair Ferreira — Antônio Farias — Fábio Lucena — Norberto Schwantes — Virgílio Távora.*

EMENDA CONSTITUCIONAL N. 19, DE 4 DE JUNHO DE 1998
(DOU 5.6.98)
ARTS. 25 A 34
Dispositivos relacionados com Servidores Públicos

....

Art. 25. Até a instituição do fundo a que se refere o inciso XIV do art. 21 da Constituição Federal, compete à União manter os atuais compromissos financeiros com a prestação de serviços públicos do Distrito Federal.

Art. 26. No prazo de dois anos da promulgação desta Emenda, as entidades da administração indireta terão seus estatutos revistos quanto à respectiva natureza jurídica, tendo em conta a finalidade e as competências efetivamente executadas.

Art. 27. O Congresso Nacional, dentro de cento e vinte dias da promulgação desta Emenda, elaborará lei de defesa do usuário de serviços públicos.

Art. 28. É assegurado o prazo de dois anos de efetivo exercício para aquisição da estabilidade aos atuais servidores em estágio probatório, sem prejuízo da avaliação a que se refere o § 4º do art. 41 da Constituição Federal.

Art. 29. Os subsídios, vencimentos, remuneração, proventos da aposentadoria e pensões e quaisquer outras espécies remuneratórias adequar-se-ão, a partir da promulgação desta Emenda, aos limites decorrentes da Constituição Federal, não se admitindo a percepção de excesso a qualquer título.

Art. 30. O projeto de lei complementar a que se refere o art. 163 da Constituição Federal será apresentado pelo Poder Executivo ao Congresso Nacional no prazo máximo de cento e oitenta dias da promulgação desta Emenda.

Art. 31. Os servidores públicos federais da administração direta e indireta, os servidores municipais e os integrantes da carreira policial militar dos ex-Territórios Federais do Amapá e de Roraima que comprovadamente encontravam-se no exercício regular de suas funções prestando serviços àqueles ex-Territórios na data em que foram transformados em Estados, os servidores e os policiais militares admitidos regularmente pelos governos dos Estados do Amapá e de Roraima no período entre a transformação e a efetiva instalação desses Estados em outubro de 1993 e, ainda, os servidores nesses Estados com vínculo funcional já reconhecido pela União integrarão, mediante opção, quadro em extinção da administração federal.

§ 1º O enquadramento referido no *caput* para os servidores ou para os policiais militares admitidos regularmente entre a transformação e a instalação dos Estados em outubro de 1993 deverá dar-se no cargo em que foram originariamente admitidos ou em cargo equivalente.

§ 2º Os integrantes da carreira policial militar a que se refere o *caput* continuarão prestando serviços aos respectivos Estados, na condição de cedidos, submetidos às disposições estatutárias a que estão sujeitas as corporações das respectivas Polícias Militares, observados as atribuições de função compatíveis com seu grau hierárquico e o direito às devidas promoções.

§ 3º Os servidores a que se refere o *caput* continuarão prestando serviços aos respectivos Estados e a seus Municípios, na condição de cedidos, até seu aproveitamento em órgão ou entidade da administração federal direta, autárquica ou fundacional. (NR) *(Redação do caput e parágrafos dada pela Emenda Constitucional n. 79, de 27.5.14, DOU 28.5.14)*

Art. 32. A Constituição Federal passa a vigorar acrescida do seguinte artigo:

> "Art. 247. As leis previstas no inciso III do § 1º do art. 41 e no § 7º do art. 169 estabelecerão critérios e garantias especiais para a perda do cargo pelo servidor público estável que, em decorrência das atribuições de seu cargo efetivo, desenvolva atividades exclusivas de Estado.
>
> PARÁGRAFO ÚNICO. Na hipótese de insuficiência de desempenho, a perda do cargo somente ocorrerá mediante processo administrativo em que lhe sejam assegurados o contraditório e a ampla defesa."

Art. 33. Consideram-se servidores não estáveis, para os fins do art. 169, § 3º, II, da Constituição Federal aqueles admitidos na administração direta, autárquica e fundacional sem concurso público de provas ou de provas e títulos após o dia 5 de outubro de 1983.

Art. 34. Esta Emenda Constitucional entra em vigor na data de sua promulgação.

Brasília, 4 de junho de 1998.

EMENDA CONSTITUCIONAL N. 20, DE 15 DE DEZEMBRO DE 1998
(DOU 16.12.98)
Dispositivos relacionados com o Direito do Trabalho

Os dispositivos relacionados com o Direito do Trabalho estão inseridos no texto da Constituição Federal (arts. 7º, XII e XXXII, 114, § 3º, 201 e 202) com exceção dos arts. 13, 14 e 15 que seguem:

....

Art. 13. Até que a lei discipline o acesso ao salário-família e auxílio-reclusão para os servidores, segurados e seus dependentes, esses benefícios serão concedidos apenas àqueles que tenham renda bruta mensal igual ou inferior a R$ 360,00 (trezentos e sessenta reais), que, até a publicação da lei, serão corrigidos pelos mesmos índices aplicados aos benefícios do regime geral de previdência social.

Art. 14. O limite máximo para o valor dos benefícios do regime geral de previdência social de que trata o art. 201 da Constituição Federal é fixado em R$ 1.200,00 (um mil e duzentos reais), devendo, a partir da data da publicação desta Emenda, ser reajustado de forma a preservar, em caráter permanente, seu valor real, atualizado pelos mesmos índices aplicados aos benefícios do regime geral de previdência social.

Art. 15. Até que a lei complementar a que se refere o art. 201, § 1º, da Constituição Federal, seja publicada, permanece em vigor o disposto nos arts. 57 e 58 da Lei n. 8.213, de 24 de julho de 1991, na redação vigente à data da publicação desta Emenda.

EMENDA CONSTITUCIONAL N. 24, DE 9 DE DEZEMBRO DE 1999

(DOU 10.12.99)

Os demais dispositivos desta Emenda estão inseridos nos arts. 111, 112, 113, 115, 116 e 117, às p. 37 e 38

....

Art. 2º É assegurado o cumprimento dos mandatos dos atuais ministros classistas temporários do Tribunal Superior do Trabalho e dos atuais juízes classistas temporários dos Tribunais Regionais do Trabalho e das Varas do Trabalho.

Art. 3º Esta Emenda Constitucional entra em vigor na data de sua publicação.

Brasília, 9 de dezembro de 1999

EMENDA CONSTITUCIONAL N. 32, DE 11 DE NOVEMBRO DE 2001

(DOU 12.9.01)

Os dispositivos relacionados com os Servidores Públicos estão inseridos no texto da Constituição Federal (arts. 48, X e 84, VI, alíneas *a* e *b*)

Art. 2º As medidas provisórias editadas em data anterior à da publicação desta emenda continuam em vigor até que medida provisória ulterior as revogue explicitamente ou até deliberação definitiva do Congresso Nacional.

Art. 3º Esta Emenda Constitucional entra em vigor na data de sua publicação.

Brasília, 11 de setembro de 2001

EMENDA CONSTITUCIONAL N. 41, DE 19 DE DEZEMBRO DE 2003

(DOU 31.12.03)

Modifica os arts. 37, 40, 42, 48, 96, 149 e 201 da Constituição Federal, revoga o inciso IX do § 3º do art. 142 da Constituição Federal e dispositivos da Emenda Constitucional n. 20, de 15 de dezembro de 1998, e dá outras providências. (Os dispositivos constitucionais que constam desta obra já foram alterados com as modificações introduzidas por esta Emenda)

....

Art. 2º Observado o disposto no art. 4º da Emenda Constitucional n. 20, de 15 de dezembro de 1998, é assegurado o direito de opção pela aposentadoria voluntária com proventos calculados de acordo com o art. 40, §§ 3º e 17, da Constituição Federal, àquele que tenha ingressado regularmente em cargo efetivo na Administração Pública direta, autárquica e fundacional, até a data de publicação daquela Emenda, quando o servidor, cumulativamente:

I — tiver cinquenta e três anos de idade, se homem, e quarenta e oito anos de idade, se mulher;

II — tiver cinco anos de efetivo exercício no cargo em que se der a aposentadoria;

III — contar tempo de contribuição igual, no mínimo, à soma de:

a) trinta e cinco anos, se homem, e trinta anos, se mulher; e

b) um período adicional de contribuição equivalente a vinte por cento do tempo que, na data de publicação daquela Emenda, faltaria para atingir o limite de tempo constante da alínea *a* deste inciso.

§ 1º O servidor de que trata este artigo que cumprir as exigências para aposentadoria na forma do *caput* terá os seus proventos de inatividade reduzidos para cada ano antecipado em relação aos limites de idade estabelecidos pelo art. 40, § 1º, III, a, e § 5º da Constituição Federal, na seguinte proporção:

I — três inteiros e cinco décimos por cento, para aquele que completar as exigências para aposentadoria na forma do *caput* até 31 de dezembro de 2005;

II — cinco por cento, para aquele que completar as exigências para aposentadoria na forma do *caput* a partir de 1º de janeiro de 2006.

§ 2º Aplica-se ao magistrado e ao membro do Ministério Público e de Tribunal de Contas o disposto neste artigo.

§ 3º Na aplicação do disposto no § 2º deste artigo, o magistrado ou o membro do Ministério Público ou de Tribunal de Contas, se homem, terá o tempo de serviço exercido até a data de publicação da Emenda Constitucional n. 20, de 15 de dezembro de 1998, contado com acréscimo de dezessete por cento, observado o disposto no § 1º deste artigo.

§ 4º O professor, servidor da União, dos Estados, do Distrito Federal e dos Municípios, incluídas suas autarquias e fundações, que, até a data de publicação da Emenda Constitucional n. 20, de 15 de dezembro de 1998, tenha ingressado, regularmente, em cargo efetivo de magistério e que opte por aposentar-se na forma do disposto no *caput*, terá o tempo de serviço exercido até a publicação daquela Emenda contado com o acréscimo de dezessete por cento, se homem, e de vinte por cento, se mulher, desde que se aposente, exclusivamente, com tempo de efetivo exercício nas funções de magistério, observado o disposto no § 1º.

§ 5º O servidor de que trata este artigo, que tenha completado as exigências para aposentadoria voluntária estabelecidas no *caput*, e que opte por permanecer em atividade, fará jus a um abono de permanência equivalente ao valor da sua contribuição previdenciária até completar as exigências para aposentadoria compulsória contidas no art. 40, § 1º, II, da Constituição Federal.

§ 6º Às aposentadorias concedidas de acordo com este artigo aplica-se o disposto no art. 40, § 8º, da Constituição Federal.

Art. 3º É assegurada a concessão, a qualquer tempo, de aposentadoria aos servidores públicos, bem como pensão aos seus dependentes, que, até a data de publicação desta Emenda, tenham cumprido todos os requisitos para obtenção desses benefícios, com base nos critérios da legislação então vigente.

§ 1º O servidor de que trata este artigo que opte por permanecer em atividade tendo completado as exigências para aposentadoria voluntária e que conte com, no mínimo, vinte e cinco anos de contribuição, se mulher, ou trinta anos de contribuição, se homem, fará jus a um abono de permanência equivalente ao valor da sua contribuição previdenciária até completar as exigências para aposentadoria compulsória contidas no art. 40, § 1º, II, da Constituição Federal.

§ 2º Os proventos da aposentadoria a ser concedida aos servidores públicos referidos no *caput*, em termos integrais ou proporcionais ao tempo de contribuição já exercido até a data de publicação desta Emenda, bem como as pensões de seus dependentes, serão calculados de acordo com a legislação em vigor à época em que foram atendidos os requisitos nela estabelecidos para a concessão desses benefícios ou nas condições da legislação vigente.

Art. 4º Os servidores inativos e os pensionistas da União, dos Estados, do Distrito Federal e dos Municípios, incluídas suas autarquias e fundações, em gozo de benefícios na data de publicação desta Emenda, bem como os alcançados pelo disposto no seu art. 3º, contribuirão para o custeio do regime de que trata o art. 40 da Constituição Federal com percentual igual ao estabelecido para os servidores titulares de cargos efetivos.

PARÁGRAFO ÚNICO. A contribuição previdenciária a que se refere o *caput* incidirá apenas sobre a parcela dos proventos e das pensões que supere:

I — cinquenta por cento do limite máximo estabelecido para os benefícios do regime geral de previdência social de que trata o art. 201 da Constituição Federal, para os servidores inativos e os pensionistas dos Estados, do Distrito Federal e dos Municípios;

II — sessenta por cento do limite máximo estabelecido para os benefícios do regime geral de previdência social de que trata o art. 201 da Constituição Federal, para os servidores inativos e os pensionistas da União.

Nota: Na apreciação das ADIns 3105 e 3128, o Tribunal Pleno, do Supremo Tribunal Federal, em 18.8.04, por unanimidade, julgou inconstitucionais as expressões "cinquenta por cento do" e "sessenta por cento do" contidas, respectivamente, nos incisos I e II do parágrafo único do art. 4º da Emenda Constitucional n. 41/2003, pelo que aplica-se, então, à hipótese do art. 4º da EC n. 41/2003 o § 18 do art. 40 do texto permanente de Constituição, introduzido pela mesma emenda constitucional. Acórdão não publicado e será redigido pelo Ministro Cezar Peluso. DJ 18.2.05.

Art. 5º O limite máximo para o valor dos benefícios do regime geral de previdência social de que trata o art. 201 da Constituição Federal é fixado em R$ 2.400,00 (dois mil e quatrocentos reais), devendo, a partir da data de publicação desta Emenda, ser reajustado de forma a preservar, em caráter permanente, seu valor real, atualizado pelos mesmos índices aplicados aos benefícios do regime geral de previdência social.

Art. 6º Ressalvado o direito de opção à aposentadoria pelas normas estabelecidas pelo art. 40 da Constituição Federal ou pelas regras estabelecidas pelo art. 2º desta Emenda, o servidor da União, dos Estados, do Distrito Federal e dos Municípios, incluídas suas autarquias e fundações, que tenha ingressado no serviço público até a data de publicação desta Emenda poderá aposentar-se com proventos integrais, que corresponderão à totalidade da remuneração do servidor no cargo efetivo em que se der a aposentadoria, na forma da lei, quando, observadas as reduções de idade e tempo de contribuição contidas no § 5º do art. 40 da Constituição Federal, vier a preencher, cumulativamente, as seguintes condições:

I — sessenta anos de idade, se homem, e cinquenta e cinco anos de idade, se mulher;

II — trinta e cinco anos de contribuição, se homem, e trinta anos de contribuição, se mulher;

III — vinte anos de efetivo exercício no serviço público; e

IV — dez anos de carreira e cinco anos de efetivo exercício no cargo em que se der a aposentadoria.

PARÁGRAFO ÚNICO. Revogado pela Emenda Constitucional n. 47, de 5.7.05, DOU 6.7.05.

Art. 6º-A O servidor da União, dos Estados, do Distrito Federal e dos Municípios, incluídas suas autarquias e fundações, que tenha ingressado no serviço público até a data de publicação desta Emenda Constitucional e que tenha se aposentado ou venha a se aposentar por invalidez permanente, com fundamento no inciso I do § 1º do art. 40 da Constituição Federal, tem direito a proventos de aposentadoria calculados com base na remuneração do cargo efetivo em que se der a aposentadoria, na forma da lei, não sendo aplicáveis as disposições constantes dos §§ 3º, 8º e 17 do art. 40 da Constituição Federal. *(Artigo acrescentado pela Emenda Constitucional n. 70, de 29.3.12, DOU 30.3.12).*

PARÁGRAFO ÚNICO. Aplica-se ao valor dos proventos de aposentadorias concedidas com base no *caput* o disposto no art. 7º desta Emenda Constitucional, observando-se igual critério de revisão às pensões derivadas dos proventos desses servidores. *(Artigo acrescentado pela Emenda Constitucional n. 70, de 29.3.12, DOU 30.3.12)*

Nota: O art. 2º da Emenda Constitucional n. 70, de 29.3.12, está assim disposto:

"Art. 2º A União, os Estados, o Distrito Federal e os Municípios, assim como as respectivas autarquias e fundações, procederão, no prazo de 180 (cento e oitenta) dias da entrada em vigor desta Emenda Constitucional, à revisão das aposentadorias, e das pensões delas decorrentes, concedidas a partir de 1º de janeiro de 2004, com base na redação dada ao § 1º do art. 40 da Constituição Federal pela Emenda Constitucional n. 20, de 15 de dezembro de 1998, com efeitos financeiros a partir da data de promulgação desta Emenda Constitucional".

Art. 7º Observado o disposto no art. 37, XI, da Constituição Federal, os proventos de aposentadoria dos servidores públicos titulares de cargo efetivo e as pensões dos seus dependentes pagos pela União, Estados, Distrito Federal e Municípios, incluídas suas autarquias e fundações, em fruição na data de publicação desta Emenda, bem como os proventos de aposentadoria dos servidores e as pensões dos dependentes abrangidos pelo art. 3º desta Emenda, serão revistos na mesma proporção e na mesma data, sempre que se modificar a remuneração dos servidores em atividade, sendo também estendidos aos aposentados e pensionistas quaisquer benefícios ou vantagens posteriormente concedidos aos servidores em atividade, inclusive quando decorrentes da transformação ou reclassificação do cargo ou função em que se deu a aposentadoria ou que serviu de referência para a concessão da pensão, na forma da lei.

Art. 8º Até que seja fixado o valor do subsídio de que trata o art. 37, XI, da Constituição Federal, será considerado, para os fins do limite fixado naquele inciso, o valor da maior remuneração atribuída por lei na data de publicação desta Emenda a Ministro do Supremo Tribunal Federal, a título de vencimento, de representação mensal e da parcela recebida em razão de tempo de serviço, aplicando-se como limite, nos Municípios, o subsídio do Prefeito, e nos Estados e no Distrito Federal, o subsídio mensal do Governador no âmbito do Poder Executivo, o subsídio dos Deputados Estaduais e Distritais no âmbito do Poder Legislativo e o subsídio dos Desembargadores do Tribunal de Justiça, limitado a noventa inteiros e vinte e cinco centésimos por cento da maior remuneração mensal de Ministro do Supremo Tribunal Federal a que se refere este artigo, no âmbito do Poder Judiciário, aplicável este limite aos membros do Ministério Público, aos Procuradores e aos Defensores Públicos.

Art. 9º Aplica-se o disposto no art. 17 do Ato das Disposições Constitucionais Transitórias aos vencimentos, remunerações e subsídios dos ocupantes de cargos, funções e empregos públicos da administração direta, autárquica e fundacional, dos membros de qualquer dos Poderes da União, dos Estados, do Distrito Federal e dos Municípios, dos detentores de mandato eletivo e dos demais agentes políticos e os proventos, pensões ou outra espécie remuneratória percebidos cumulativamente ou não, incluídas as vantagens pessoais ou de qualquer outra natureza.

Art. 10. Revogam-se o inciso IX do § 3º do art. 142 da Constituição Federal, bem como os arts. 8º e 10 da Emenda Constitucional n. 20, de 15 de dezembro de 1998.

Art. 11. Esta Emenda Constitucional entra em vigor na data de sua publicação.

Brasília, em 19 de dezembro de 2003.

Mesa da Câmara dos Deputados: Deputado João Paulo Cunha, Presidente. Deputado Inocêncio de Oliveira, 1º Vice-Presidente. Deputado Luiz Piauhylino, 2º Vice-Presidente. Deputado Geddel Vieira Lima, 1º Secretário. Deputado Severino Cavalcanti, 2º Secretário. Deputado Nilton Capixaba, 3º Secretário. Deputado Ciro Nogueira, 4º Secretário. Mesa do Senado Federal: Senador José Sarney, Presidente. Senador Paulo Paim, 1º Vice-Presidente. Senador Eduardo Siqueira Campos, 2º Vice-Presidente. Senador Romeu Tuma, 1º Secretário. Senador Alberto Silva, 2º Secretário. Senador Heráclito Fortes, 3º Secretário. Senador Sérgio Zambiasi, 4º Secretário.

EMENDA CONSTITUCIONAL N. 45, DE 8 DE DEZEMBRO DE 2004

(DOU 31.12.04)

Os demais dispositivos desta Emenda estão inseridos nos respectivos artigos pertinentes com o texto constitucional

....

Art. 3º A lei criará o Fundo de Garantia das Execuções Trabalhistas, integrado pelas multas decorrentes de condenações trabalhistas e administrativas oriundas da fiscalização do trabalho, além de outras receitas.

....

Art. 5º O Conselho Nacional de Justiça e o Conselho Nacional do Ministério Público serão instalados no prazo de cento e oitenta dias a contar da promulgação desta Emenda, devendo a indicação ou escolha de seus membros ser efetuada até trinta dias antes do termo final.

§ 1º Não efetuadas as indicações e escolha dos nomes para os Conselhos Nacional de Justiça e do Ministério Público dentro do prazo fixado no *caput* deste artigo, caberá, respectivamente, ao Supremo Tribunal Federal e ao Ministério Público da União realizá-las.

§ 2º Até que entre em vigor o Estatuto da Magistratura, o Conselho Nacional de Justiça, mediante resolução, disciplinará seu funcionamento e definirá as atribuições do Ministro-Corregedor.

Art. 6º O Conselho Superior da Justiça do Trabalho será instalado no prazo de cento e oitenta dias, cabendo ao Tribunal Superior do Trabalho regulamentar seu funcionamento por resolução, enquanto não promulgada a lei a que se refere o art. 111-A, § 2º, II.

Art. 7º O Congresso Nacional instalará, imediatamente após a promulgação desta Emenda Constitucional, comissão especial mista, destinada a elaborar, em cento e oitenta dias, os projetos de lei necessários à regulamentação da matéria nela tratada, bem como promover alterações na legislação federal objetivando tornar mais amplo o acesso à Justiça e mais célere a prestação jurisdicional.

Art. 8º As atuais súmulas do Supremo Tribunal Federal somente produzirão efeito vinculante após sua confirmação por dois terços de seus integrantes e publicação na imprensa oficial.

Art. 9º São revogados o inciso IV do art. 36; a alínea *h* do inciso I do art. 102; o § 4º do art. 103; e os §§ 1º a 3º do art. 111.

Art. 10. Esta Emenda Constitucional entra em vigor na data de sua publicação.

Brasília, em 8 de dezembro de 2004.

Mesa da Câmara dos Deputados

Deputado João Paulo Cunha, Presidente;
Deputado Inocêncio de Oliveira, 1º Vice-Presidente;
Deputado Luiz Piauhylino, 2º Vice-Presidente;
Deputado Geddel Vieira Lima, 1º Secretário;
Deputado Severino Cavalcanti, 2º Secretário;
Deputado Nilton Capixaba, 3º Secretário;
Deputado Ciro Nogueira, 4º Secretário.

Mesa do Senado Federal

Senador José Sarney, Presidente;
Senador Paulo Paim, 1º Vice-Presidente;
Senador Eduardo Siqueira Campos, 2º Vice-Presidente;
Senador Romeu Tuma, 1º Secretário;
Senador Alberto Silva, 2º Secretário;
Senador Heráclito Fortes, 3º Secretário;
Senador Sérgio Zambiasi, 4º Secretário.

EMENDA CONSTITUCIONAL N. 47, DE 5 DE JULHO DE 2005

(DOU 6.7.05)

Altera os arts. 37, 40, 195 e 201 da Constituição Federal, para dispor sobre a previdência social, e dá outras providências. Os demais dispositivos desta Emenda estão inseridos nos respectivos artigos pertinentes com o texto constitucional as Mesas da Câmara dos Deputados e do Senado Federal, nos termos do § 3º do art. 60 da Constituição Federal, promulgam a seguinte Emenda ao texto constitucional:

....

Art. 2º Aplica-se aos proventos de aposentadorias dos servidores públicos que se aposentarem na forma do *caput* do art. 6º da Emenda Constitucional n. 41, de 2003, o disposto no art. 7º da mesma Emenda.

Art. 3º Ressalvado o direito de opção à aposentadoria pelas normas estabelecidas pelo art. 40 da Constituição Federal ou pelas regras estabelecidas pelos arts. 2º e 6º da Emenda Constitucional n. 41, de 2003, o servidor da União, dos Estados, do Distrito Federal e dos Municípios, incluídas suas autarquias e fundações, que tenha ingressado no serviço público até 16 de dezembro de 1998 poderá aposentar-se com proventos integrais, desde que preencha, cumulativamente, as seguintes condições:

I — trinta e cinco anos de contribuição, se homem, e trinta anos de contribuição, se mulher;

II — vinte e cinco anos de efetivo exercício no serviço público, quinze anos de carreira e cinco anos no cargo em que se der a aposentadoria;

III — idade mínima resultante da redução, relativamente aos limites do art. 40, § 1º, inciso III, alínea *a*, da Constituição Federal, de um ano de idade para cada ano de contribuição que exceder a condição prevista no inciso I do *caput* deste artigo.

PARÁGRAFO ÚNICO. Aplica-se ao valor dos proventos de aposentadorias concedidas com base neste artigo o disposto no art. 7º da Emenda Constitucional n. 41, de 2003, observando-se igual critério de revisão às pensões derivadas dos proventos de servidores falecidos que tenham se aposentado em conformidade com este artigo.

Art. 4º Enquanto não editada a lei a que se refere o § 11 do art. 37 da Constituição Federal, não será computada, para efeito dos limites remuneratórios de que trata o inciso XI do *caput* do mesmo artigo, qualquer parcela de caráter indenizatório, assim definida pela legislação em vigor na data de publicação da Emenda Constitucional n. 41, de 2003.

Art. 5º Revoga-se o parágrafo único do art. 6º da Emenda Constitucional n. 41, de 19 de dezembro de 2003.

Art. 6º Esta Emenda Constitucional entra em vigor na data de sua publicação, com efeitos retroativos à data de vigência da Emenda Constitucional n. 41, de 2003.

Brasília, em 5 de julho de 2005.

Mesa da Câmara dos Deputados

Deputado Severino Cavalcanti, Presidente

Deputado José Thomaz Nonô, 1º Vice-Presidente

Deputado Ciro Nogueira, 2º Vice-Presidente

Deputado Inocêncio Oliveira, 1º Secretário

Deputado Eduardo Gomes, 3º Secretário

Deputado João Caldas, 4º Secretário

Mesa do Senado Federal

Senador Renan Calheiros, Presidente

Senador Tião Viana, 1º Vice-Presidente

Senador Efraim Morais, 1º Secretário

Senador Paulo Octávio, 3º Secretário

Senador Eduardo Siqueira Campos, 4º Secretário

EMENDA CONSTITUCIONAL N. 62, DE 9 DE DEZEMBRO DE 2009

(DOU 10.12.09)

Altera o art. 100 da Constituição Federal e acrescenta o art. 97 ao Ato das Disposições Constitucionais Transitórias, instituindo regime especial de pagamento de precatórios pelos Estados, Distrito Federal e Municípios

Arts 1º e 2º Os dispositivos constantes dos arts. 1º e 2º já foram inseridos nos respectivos artigos 100 da Constituição Federal e 97 do Ato das Disposições Constitucionais Transitórias.

Art. 3º A implantação do regime de pagamento criado pelo art. 97 do Ato das Disposições Constitucionais Transitórias deverá ocorrer no prazo de até 90 (noventa dias), contados da data da publicação desta Emenda Constitucional.

Art. 4º A entidade federativa voltará a observar somente o disposto no art. 100 da Constituição Federal:

I — no caso de opção pelo sistema previsto no inciso I do § 1º do art. 97 do Ato das Disposições Constitucionais Transitórias, quando o valor dos precatórios devidos for inferior ao dos recursos destinados ao seu pagamento;

II — no caso de opção pelo sistema previsto no inciso II do § 1º do art. 97 do Ato das Disposições Constitucionais Transitórias, ao final do prazo.

Art. 5º Ficam convalidadas todas as cessões de precatórios efetuadas antes da promulgação desta Emenda Constitucional, independentemente da concordância da entidade devedora.

Art. 6º Ficam também convalidadas todas as compensações de precatórios com tributos vencidos até 31 de outubro de 2009 da entidade devedora, efetuadas na forma do disposto no § 2º do art. 78 do ADCT, realizadas antes da promulgação desta Emenda Constitucional.

Art. 7º Esta Emenda Constitucional entra em vigor na data de sua publicação.

Brasília, em 9 de dezembro de 2009.

Mesa da Câmara dos Deputados

Deputado Michel Temer, Presidente

Deputado Marco Maia, 1º Vice-Presidente

Deputado Antônio Carlos Magalhães Neto, 2º Vice-Presidente

Deputado Rafael Guerra, 1º Secretário

Deputado Inocêncio Oliveira, 2º Secretário

Deputado Odair Cunha, 3º Secretário

Deputado Nelson Marquezelli, 4º Secretário

Mesa do Senado Federal

Senador Marconi Perillo, 1º Vice-Presidente, no exercício da Presidência

Senadora Serys Slhessarenko, 2ª Vice-Presidente

Senador Heráclito Fortes, 1º Secretário

Senador João Vicente Claudino, 2º Secretário

Senador Mão Santa, 3º Secretário

Senadora Patrícia Saboya, 4ª Secretária

EMENDA CONSTITUCIONAL N. 69, DE 29 DE MARÇO DE 2012

(DOU 30.3.12)

Altera os arts. 21, 22 e 48 da Constituição Federal, para transferir da União para o Distrito Federal as atribuições de organizar e manter a Defensoria Pública do Distrito Federal

As Mesas da Câmara dos Deputados e do Senado Federal, nos termos do art. 60 da Constituição Federal, promulgam a seguinte Emenda ao texto constitucional:

Art. 1º Os arts. 21, 22 e 48 da Constituição Federal passam a vigorar com a seguinte redação: Os dispositivos constantes deste artigo já foram inseridos nos respectivos artigos da Constituição Federal.

Art. 2º Sem prejuízo dos preceitos estabelecidos na Lei Orgânica do Distrito Federal, aplicam-se à Defensoria Pública do Distrito Federal os mesmos princípios e regras que, nos termos da Constituição Federal, regem as Defensorias Públicas dos Estados.

Art. 3º O Congresso Nacional e a Câmara Legislativa do Distrito Federal, imediatamente após a promulgação desta Emenda Constitucional e de acordo com suas competências, instalarão comissões especiais destinadas a elaborar, em 60 (sessenta) dias, os projetos de lei necessários à adequação da legislação infraconstitucional à matéria nela tratada.

Art. 4º Esta Emenda Constitucional entra em vigor na data de sua publicação, produzindo efeitos quanto ao disposto no art. 1º após decorridos 120 (cento e vinte) dias de sua publicação oficial.

Brasília, 29 de março de 2012.

Mesa da Câmara dos Deputados

Deputado Marco Maia, Presidente

Deputada Rose de Freitas, 1ª Vice-Presidente

Deputado Eduardo da Fonte, 2º Vice-Presidente

Deputado Eduardo Gomes, 1º Secretário

Deputado Jorge Tadeu Mudalen, 2º Secretário

Deputado Inocêncio Oliveira, 3º Secretário

Deputado Júlio Delgado, 4º Secretário

Mesa do Senado Federal

Senador José Sarney, Presidente

Senadora Marta Suplicy, 1ª Vice-Presidente

Senador Waldemir Moka, 2º Vice-Presidente

Senador Cícero Lucena, 1º Secretário

Senador João Ribeiro, 2º Secretário

Senador João Vicente Claudino, 3º Secretário

Senador Ciro Nogueira, 4º Secretário

EMENDA CONSTITUCIONAL N. 79, DE 27 DE MAIO DE 2014

(DOU 28.5.2014)

Altera o art. 31 da Emenda Constitucional n. 19, de 4 de junho de 1998, para prever a inclusão, em quadro em extinção da administração federal, de servidores e policiais militares admitidos pelos estados do Amapá e de Roraima, na fase de instalação dessas unidades federadas, e dá outras providências

As Mesas da Câmara dos Deputados e do Senado Federal, nos termos do § 3º do art. 60 da Constituição Federal, promulgam a seguinte Emenda ao texto constitucional:

Art. 1º O art. 31 da Emenda Constitucional n. 19, de 4 de junho de 1998, passa a vigorar com a seguinte redação:

"Art. 31. Os servidores públicos federais da administração direta e indireta, os servidores municipais e os integrantes da carreira policial militar dos ex-Territórios Federais do Amapá e de Roraima que comprovadamente encontravam-se no exercício regular de suas funções prestando serviços àqueles ex-Territórios na data em que foram transformados em Estados, os servidores e os policiais militares admitidos regularmente pelos governos dos Estados do Amapá e de Roraima no período entre a transformação e a efetiva instalação desses Estados em outubro de 1993 e, ainda, os servidores nesses Estados com vínculo funcional já reconhecido pela União integrarão, mediante opção, quadro em extinção da administração federal.

§ 1º O enquadramento referido no *caput* para os servidores ou para os policiais militares admitidos regularmente entre a transformação e a instalação dos Estados em outubro de 1993 deverá dar-se no cargo em que foram originariamente admitidos ou em cargo equivalente.

§ 2º Os integrantes da carreira policial militar a que se refere o *caput* continuarão prestando serviços aos respectivos Estados, na condição de cedidos, submetidos às disposições estatutárias a que estão sujeitas as corporações das respectivas Polícias Militares, observados as atribuições de função compatíveis com seu grau hierárquico e o direito às devidas promoções.

§ 3º Os servidores a que se refere o *caput* continuarão prestando serviços aos respectivos Estados e a seus Municípios, na condição de cedidos, até seu aproveitamento em órgão ou entidade da administração federal direta, autárquica ou fundacional." (NR)

Art. 2º Para fins do enquadramento disposto no *caput* do art. 31 da Emenda Constitucional n. 19, de 4 de junho de 1998, e no *caput* do art. 89 do Ato das Disposições Constitucionais Transitórias, é reconhecido o vínculo funcional, com a União, dos servidores regularmente admitidos nos quadros dos Municípios integrantes dos ex-Territórios do Amapá, de Roraima e de Rondônia em efetivo exercício na data de transformação desses ex-Territórios em Estados.

Art. 3º Os servidores dos ex-Territórios do Amapá, de Roraima e de Rondônia incorporados a quadro em extinção da União serão enquadrados em cargos de atribuições equivalentes ou assemelhadas, integrantes de planos de cargos e carreiras da União, no nível de progressão alcançado, assegurados os direitos, vantagens e padrões remuneratórios a eles inerentes.

Art. 4º Cabe à União, no prazo máximo de 180 (cento e oitenta) dias, contado a partir da data de publicação desta Emenda Constitucional, regulamentar o enquadramento de servidores estabelecido no art. 31 da Emenda Constitucional n. 19, de 4 de junho de 1998, e no art. 89 do Ato das Disposições Constitucionais Transitórias.

PARÁGRAFO ÚNICO. No caso de a União não regulamentar o enquadramento previsto no *caput*, o optante tem direito ao pagamento retroativo das diferenças remuneratórias desde a data do encerramento do prazo para a regulamentação referida neste artigo.

Art. 5º A opção para incorporação em quadro em extinção da União, conforme disposto no art. 31 da Emenda Constitucional n. 19, de 4 de junho de 1998, e no art. 89 do Ato das Disposições Constitucionais Transitórias, deverá ser formalizada pelos servidores e policiais militares interessados perante a administração, no prazo máximo de 180 (cento e oitenta) dias, contado a partir da regulamentação prevista no art. 4º.

Art. 6º Os servidores admitidos regularmente que comprovadamente se encontravam no exercício de funções policiais nas Secretarias de Segurança Pública dos ex-Territórios do Amapá, de Roraima e de Rondônia na data em que foram transformados em Estados serão enquadrados no quadro da Polícia Civil dos ex-Territórios, no prazo de 180 (cento e oitenta) dias, assegurados os direitos, vantagens e padrões remuneratórios a eles inerentes.

Art. 7º Aos servidores admitidos regularmente pela União nas Carreiras do Grupo Tributação, Arrecadação e Fiscalização de que trata a Lei n. 6.550, de 5 de julho de 1978, cedidos aos Estados do Amapá, de Roraima e de Rondônia são assegurados os mesmos direitos remuneratórios auferidos pelos integrantes das Carreiras correspondentes do Grupo Tributação, Arrecadação e Fiscalização da União de que trata a Lei n. 5.645, de 10 de dezembro de 1970.

Art. 8º Os proventos das aposentadorias, pensões, reformas e reservas remuneradas, originadas no período de outubro de 1988 a outubro de 1993, passam a ser mantidos pela União a partir da data de publicação desta Emenda Constitucional, vedado o pagamento, a qualquer título, de valores referentes a períodos anteriores a sua publicação.

Art. 9º É vedado o pagamento, a qualquer título, em virtude das alterações promovidas por esta Emenda Constitucional, de remunerações, proventos, pensões ou indenizações referentes a períodos anteriores à data do enquadramento, salvo o disposto no parágrafo único do art. 4º.

Art. 10. Esta Emenda Constitucional entra em vigor na data de sua publicação.

Brasília, em 27 de maio de 2014

Mesa da Câmara dos Deputados

Deputado HENRIQUE EDUARDO ALVES, Presidente

Deputado ARLINDO CHINAGLIA, 1º Vice-Presidente

Deputado FÁBIO FARIA, 2º Vice-Presidente

Deputado MARCIO BITTAR, 1º Secretário

Deputado SIMÃO SESSIM, 2º Secretário

Deputado MAURÍCIO QUINTELLA LESSA, 3º Secretário

Deputado ANTONIO CARLOS BIFFI, 4º Secretário

Mesa do Senado Federal

Senador RENAN CALHEIROS, Presidente

Senador JORGE VIANA, 1º Vice-Presidente

Senador ROMERO JUCÁ, 2º Vice-Presidente

Senador FLEXA RIBEIRO, 1º Secretário

Senadora ANGELA PORTELA, 2ª Secretária

Senador CIRO NOGUEIRA, 3º Secretário

Senador JOÃO VICENTE CLAUDINO, 4º Secretário

CONSOLIDAÇÃO DAS LEIS DO TRABALHO EXPOSIÇÃO DE MOTIVOS

Sr. Presidente da República:

Tenho grande honra de apresentar a Vossa Excelência o projeto definitivo de Consolidação das Leis de Proteção ao Trabalho, relevante cometimento jurídico e social, cuja redação última foi procedida, havendo sido escrupulosamente apreciadas as sugestões e emendas propostas ao anteprojeto, após uma verdadeira autocrítica, que a própria Comissão efetuou, do texto original divulgado pelo Diário Oficial de 5 de janeiro do corrente ano.

2. A Comissão cotejou e julgou cerca de dois mil reparos, observações ou comentários feitos à Consolidação.

3. Peço vênia a Vossa Excelência, preliminarmente, para ressaltar o esforço, a cultura, a inteligência com que, no desempenho da difícil incumbência, se houveram os signatários do Relatório incluso no aprofundado exame da matéria.

4. Durante quase um ano, em longas reuniões diárias entregaram-se à tarefa complexa e ilustre, com uma dedicação e um espírito público que bem demonstram o patriotismo que os inspirou. Desejo, por isso, antes de mais nada, e perante V. Exa., patentear o meu reconhecimento e a minha admiração por esses notáveis colaboradores da obra ministerial.

5. É da mais alta significação social e merece uma referência especial o interesse suscitado pela divulgação do anteprojeto.

6. Juristas e magistrados, entidades públicas, empresas privadas e associações culturais concorreram com a judiciosa reflexão de sua experiência para sugerir um ou outro retoque.

7. Revelando, não só a repercussão alcançada pelo monumento legal projetado, mas, principalmente, uma vigorosa consciência sindical — prova plena de um regime social já radicado — manifestaram-se as classes de empregadores e de empregados, através das respectivas instituições representativas. Esta foi, na realidade, a contribuição mais palpitante, trazida à Comissão, quer pelo teor original da discussão das teses, quer pela eficiência patente do sistema paritário de equilíbrio social, evidenciando-se, do contraste de interesses, sob a luz de um pensamento público de bem comum, a fórmula de composição harmônica das forças do capital e do trabalho.

8. A Consolidação corresponde a um estágio no desenvolvimento do progresso jurídico.

9. Entre a compilação ou coleção de leis e um código — que são, respectivamente, os momentos extremos de um processo de corporificação do direito — existe a consolidação, que é a fase própria da concatenação dos textos e da coordenação dos princípios, quando já se denuncia primeiro o pensamento do sistema depois de haverem sido reguladas, de modo amplo, relações sociais em determinado plano da vida política.

10. Projetada a ação do Estado em várias direções, para atender ao tratamento de situações especiais e constantes de uma mesma órbita jurídica, impõe-se, desde o instante em que se surpreende a unidade interna desses problemas, perscrutar a sua inteligência ordenadora, que será então a *ratio legis* do sistema normativo necessário.

11. Esse o significado da Consolidação, que não é uma coleção de leis, mas a sua coordenação sistematizada.

Não é apenas um engenho de arquitetura legislativa, mas uma recapitulação de valores coerentes, que resultaram de uma grande expansão legislativa, anterior, em um dado ramo de direito.

12. É o diploma do idealismo excepcional do Brasil orientado pela clarividência genial de V. Exa., reajustando o imenso e fundamental processo de sua dinâmica econômica, nas suas relações com o trabalho, aos padrões mais altos de dignidade e de humanidade da justiça social. É incontestavelmente a síntese das instituições políticas estabelecidas por V. Exa. desde o início de seu governo.

13. Empenhou-se, por isso, a Comissão, na articulação dos textos legais vigentes, na exata dedução dos princípios, na concordância essencial das regras, na unidade interna do sistema. As lacunas preenchidas propuseram-se a tornar explícitas verdades inerentes às leis anteriores. Algumas inovações aparentes não passam de necessárias consequências da Constituição. As omissões intencionalmente ocorridas restringiram-se a excluir do conjunto as leis tipicamente transitórias e que, para atender a situações de emergência decorrentes do estado de guerra, ficaram à margem dos postulados do nosso direito social.

14. O que importa salientar é ter havido a preocupação dominante de subordinação às leis preexistentes e não como se procedesse à organização de um código, para o qual se permite modernamente a originalidade inicial e onde é mesmo espontânea e essencial a livre criação do direito, sem qualquer dependência do regime vigente.

15. A Consolidação representa, portanto, em sua substância normativa e em seu título, neste ano de 1943, não um ponto de partida, nem uma adesão recente a uma doutrina, mas a maturidade de uma ordem social há mais de um decênio instituída, que já se consagrou pelos benefícios distribuídos, como também pelo julgamento da opinião pública consciente, e sob cujo espírito de equidade confraternizaram as classes na vida econômica, instaurando nesse ambiente, antes instável e incerto, os mesmos sentimentos de humanismo cristão que encheram de generosidade e de nobreza os anais da nossa vida pública e social.

16. No relatório elaborado pela Comissão respectiva, que corresponde a um prefácio admirável da obra monumental, e no qual se filia a presente exposição de motivos, encontrará Vossa Excelência minucioso e brilhante estudo das doutrinas, dos sistemas, das leis, dos regulamentos e das emendas sugeridas comprovando que a Consolidação representa um documento resultante da instituição do gênio com que Vossa Excelência vem preparando o Brasil para uma missão universal.

17. A estrutura da Consolidação e a ordenada distribuição das matérias que lhe compõem o texto evidenciam claramente não só um plano lógico como também um pensamento doutrinário.

18. A sucessiva disposição das matérias, nos Títulos e Capítulos, corresponde a uma racional precedência.

19. Assim, sem fazer injúria ao bom senso geral, exemplificarei, entretanto: o contrato individual do trabalho pressupõe a regulamentação legal de tutela do empregado, não lhe podendo ser adversa; a organização sindical pressupõe igualmente a condição de emprego ou o exercício de profissão e a constituição da empresa; o contrato coletivo de trabalho seria, por sua vez, inviável sem a prévia formação sindical das classes.

20. Essa uma distribuição em que os institutos jurídico-políticos são alinhados, não ao saber de classificações subjetivas ou sob a sugestão irrefletida de padrões quaisquer, mas sim, e verdadeiramente, de acordo com dados racionais derivados do próprio valor e da função social que lhes é essencial.

21. Para melhor compreensão, dividiu a Comissão o Título II do anteprojeto em dois Títulos, visando a tornar ainda mais intuitivo o esquema da Consolidação: ocupando-se essas duas divisões, respectivamente, "Das Normas Gerais de Tutela do Trabalho" e "Das Normas Especiais de Tutela do Trabalho", que constituem exatamente os princípios institucionais e básicos da proteção do trabalho.

22. Mais uma vez nota-se nessa concepção um ânimo de ordem que resultou de uma meditação exclusiva sobre os institutos concatenados.

23. O pormenorizado exame, nesta exposição, de todos os temas ali discutidos, importaria reproduzir, quase na íntegra, o referido relatório, com prejuízo talvez de sua harmonia e da lógica irretorquível com que se apresenta.

24. Peço licença, entretanto, para assinalar alguns aspectos principais do trabalho da Comissão.

25. No concernente à identificação profissional, há quem incorra em absoluto equívoco, ignorando o sentido exato dessa instituição jurídica.

26. Houve quem lhe apontasse apenas a utilidade de mero instrumento de contrato do trabalho, quando, na verdade, é este, embora de grande alcance, apenas um aspecto da carteira profissional, cujo caráter fundamental é o de documento de qualificação profissional, constituindo mesmo a primeira manifestação de tutela do Estado ao trabalhador, antes formalmente "desqualificado" sob o ponto de vista profissional e a seguir, com a emissão daquele título, habilitado à ocupação de um emprego ou ao exercício de uma profissão. Não há como subordinar essa criação típica do Direito Social ao papel acessório de prova do contrato de trabalho, quando, como se vê, a sua emissão antecede livremente o ajuste do emprego e agora, pela Consolidação, passará até a constituir uma condição obrigatória para o trabalho.

27. Foi, aliás, considerando a importância da carteira profissional como elemento primacial para manutenção do cadastro profissional dos trabalhadores, como título de qualificação profissional, como documento indispensável à colocação e à inscrição sindical e, finalmente, por servir de instrumento prático do contrato individual do trabalho, que a Comissão encontrou razões bastantes para reputar uma instituição fundamental de proteção do trabalhador e não admitir fosse relegada à inoperância da franquia liberal, tornando-a, então, obrigatória.

28. Em relação aos contratos de trabalho, cumpre esclarecer que a precedência das "normas" de tutela sobre os "contratos" acentuou que a ordem institucional ou estatutária prevalece sobre a concepção contratualista.

29. A análise do conteúdo da nossa legislação social provava exuberantemente a primazia do caráter institucional sobre o efeito do contrato, restrito este à objetivação do ajuste, à determinação do salário e à estipulação da natureza dos serviços e isso mesmo dentro de *standards* e sob condições preestabelecidas na lei.

30. Ressaltar essa expressão peculiar constituiria certamente uma conformação com a realidade e com a filosofia do novo Direito justificando-se assim a ênfase inicial atribuída à enumeração das normas de proteção ao trabalho, para somente em seguida ser referido o contrato individual.

31. Nem há como contestar semelhante método, desde que o Direito Social é, por definição, um complexo de normas e de instituições votadas à proteção do trabalho dependente na atividade privada.

32. Entre as inúmeras sugestões trazidas, uma houve que suscitou singular estranheza, dada a sua procedência de uma entidade representativa de empregados.

33. Objetava contra a exclusão da permissão contida no inciso final do parágrafo único do art. 4º da Lei n. 264, de 5 de outubro de 1936, e reclamava a sua incorporação à Consolidação.

34. Esse texto propositadamente omitido colidia rigorosamente com um dispositivo legal posterior — art. 12 do Decreto-lei n. 2.308, de 13 de junho de 1942 — em que se anunciava uma regra irrecusável de proteção ao trabalhador.

35. Como se tolerar, efetivamente, que possa um empregado realizar os encargos de sua função, por mais rudimentar que esta seja, durante oito horas sucessivas, sem um intervalo para repouso ou alimentação?

36. Talvez uma incompreensão tivesse surgido na consideração desse preceito legal vigente: há, na realidade, determinadas funções de supervisão e de controle, tais como as exercidas por encarregados de estações ou usinas elétricas, cujo trabalho é intermitente, não exigindo uma atenção constante e um esforço continuado, sendo benéfica, então, para esses empregados, a exclusão da hora de repouso pela redução que se dá no tempo de permanência no serviço, facilitada, por outro lado, a organização das tabelas de rodízio dos ocupantes desses cargos pelas empresas.

37. Essa hipótese, constituindo tipicamente, o caso do trabalho descontínuo, segundo a conhecida definição de *Barassi*, não se enquadra, entretanto, na determinação do citado art. 12 do Decreto-lei n. 2.308, que apenas abrange o "trabalho contínuo", conforme foi incluído à Consolidação no Capítulo "Da Duração do Trabalho", parecendo, portanto, resolvida a dúvida.

38. O trabalho dos menores, entre catorze e dezoito anos, ou tem como finalidade a preparação dos mesmos para um ofício, uma profissão, ou, então, constitui uma exploração e um aniquilamento da juventude.

39. Esse pensamento fez com que o Decreto-lei n. 3.616, de 13 de setembro de 1941, salvo nos casos excepcionais de força maior ou de interesse público, proibisse para os menores a prorrogação da duração normal de trabalho. Tal a fonte do dispositivo idêntico que se encontra na Consolidação, sem incorrer em inovação.

40. Atentando, também, nos deveres impostos aos empregadores de menores, ver-se-á que são eles obrigados a permitir a esses seus empregados a frequência às aulas, quer às de instrução primária, conforme sempre foi estabelecido, como também às de formação profissional a cargo do Serviço Nacional de Aprendizagem dos Industriários, de acordo com o estatuído pelo Decreto-lei n. 4.481, de 16 de julho de 1942.

41. Acreditamos que não se levantará mais qualquer argumento contra a razoabilíssima disposição legal de proibição da prorrogação do horário normal do trabalho dos menores, justificada não só por óbvias considerações biológicas de preservação da saúde dos adolescentes, como também por motivos educacionais irrefutáveis.

42. A clara e total definição que do contrato individual do trabalho foi dada pelo anteprojeto da Consolidação, provocou algumas divergências de mero gosto polêmico.

43. A emenda então apresentada não pôde ser aceita. Revelava, primeiramente, incompreensão do espírito institucional tantas vezes salientado nesses empreendimentos. Repetia ainda um conceito prévio e básico já formulado, qual seja, o de empregado.

44. O que os objetantes não alcançaram foi o deliberado propósito de se reconhecer a correspondência e equivalência entre a "relação de emprego" e o "contrato individual do trabalho", para os efeitos da legislação social, correspondência essa que a escola contratualista italiana nega, exigindo a expressa pactuação.

45. Na concepção do projeto, admitido, como fundamento de contrato, o acordo tácito, é lógico que a "relação de emprego" constitui o ato jurídico suficiente para provocar a objetivação das medidas tutelares que se contêm no direito do trabalho em vigor.

46. O conceito firmado na Consolidação é tanto mais justo e relevante quanto é o que se evidencia em face de contratos formalmente nulos ou substancialmente contrários à ordem pública dos preceitos da legislação de proteção ao trabalho.

47. Embora seja plenamente positivo o texto da Consolidação, diante de dúvidas, propostas, urge repetir que o projeto não feriu nenhum direito, garantindo até simples expectativas de direito, uma vez que todos os empregados bancários admitidos até a data da vigência do decreto-lei que aprovar a Consolidação terão assegurada a estabilidade em dois anos, nos termos do art. 15 do mesmo Decreto n. 24.615, de 9 de julho de 1934.

48. O que não poderia ser admitido, em uma Consolidação que se propõe a sistematizar os princípios do nosso Direito Social, era a persistência de um singular privilégio para uma categoria de trabalhadores, quando o prestígio das instituições públicas exige exatamente uma igualdade de tratamento para situações sociais idênticas.

49. Fosse uma medida de proteção especial correlata de peculiares condições de trabalho, e não teria havido a menor dúvida em se manter tal regime, conforme aliás procedeu a Comissão, conservando do estatuto profissional dos bancários todos os preceitos que lhes fossem favoráveis e suprimindo os que não se equiparassem às disposições gerais de proteção à duração de trabalho, tais como os que legitimavam a prorrogação a horas suplementares independentemente de pagamento extraordinário.

50. Houve, portanto, estrita justiça.

51. Conforme ficou esclarecido, inicialmente, a redação final que tenho a subida honra de apresentar a Vossa Excelência foi precedida de um meticuloso exame de todas as sugestões apresentadas, não constituindo menor contribuição a que cada um dos membros da Comissão procurou fazer, corrigindo e completando o anteprojeto.

52. Na revisão realizada, a Comissão assumiu uma posição censora de sua própria obra, promovendo consequentemente o aprimoramento do respectivo teor.

53. Na introdução aperfeiçoou a redação dos artigos; inseriu a definição de empregador, que integra o conceito definitivo da relação de emprego, acompanhando-a da noção legal de empregadora única dada pela Lei n. 435, de 17 de maio de 1937; removeu, outrossim, para o Capítulo pertinente, a declaração da igualdade de salário por trabalho do mesmo valor sem distinção de sexo. Foi, por outro lado, suprimida a afirmação concernente à proibição da renúncia de direitos, que entendeu a Comissão ser elementar do princípio de ordem pública, mediante o qual são nulos os atos praticados no intuito de excluir a eficácia da legislação social.

54. O Título das normas institucionais foi reconstituído em dois outros, para mais fácil apresentação dos preceitos nele contidos.

55. O Capítulo sobre a identificação profissional e os registros de empregados foi melhorando na nomenclatura, na redação e na disposição das Seções.

56. Sofreu alteração o texto que reproduziu o parágrafo único do art. 18 do Decreto n. 22.035, de 29 de outubro de 1932, eliminando-se agora da carteira profissional a averbação de notas desabonadoras, as quais, somente, quando resultarem de sentença transitada em julgado, serão inscritas no prontuário do portador da carteira.

57. Ligeiros retoques foram dados ao Capítulo sobre a duração geral do trabalho.

58. Considerou-se de justiça equiparar o regime de trabalho dos operadores das empresas de serviços telefônicos aos das que exploram serviços de telegrafia, radiotelegrafia e radiotelefonia, cujas condições de fadiga são idênticas.

59. A duração do trabalho nos serviços ferroviários foi reexaminada de acordo com sugestões do Sindicato dos Empregados Ferroviários do Rio de Janeiro, e das empresas responsáveis por esses serviços, principalmente a Companhia Paulista de Estradas de Ferro, cuja cooperação inteligente favoreceu a racionalização imprimida ao projeto, com a supressão, pela qual se batia a Comissão, do confuso e prejudicial sistema de ciclos de 96 horas em 14 dias, com duração máxima diária de 16 horas, do citado Decreto n. 279, de graves consequências para a saúde dos ferroviários.

60. As disposições destinadas à regulamentação das condições de trabalho nos serviços de estiva mereceram igual reexame, atendidas, em harmonia, as sugestões da Comissão de Marinha Mercante, do Sindicato dos Estivadores do Rio de Janeiro e do Sindicato dos Trabalhadores em Estiva de Minérios desta Capital.

61. Houve também a preocupação de atender tanto quanto possível à equiparação, pleiteada pelo Sindicato dos Operários nos Serviços Portuários de Santos, entre os serviços de estiva e os de capatazias, que realmente funcionam em necessária coordenação.

62. Uma lacuna estava a exigir, há longa data, fosse coberta na nossa legislação. Recomendado, reiteradas vezes, pelo Presidente da República, diante da insuficiência da lei geral, não se ultimara, entretanto, até o presente, o projetado Decreto-lei especial amparando as condições de trabalho em minas de subsolo. Coligindo os dados apurados pelo Departamento Nacional do Trabalho, depois de sucessivas e conclusivas investigações locais, foi constituída uma Seção prevendo as reduções do horário nos trabalhos em minas subterrâneas, trabalhos esses árduos e particularmente ruinosos para a vida dos respectivos operários.

63. Na Seção em que se regula o exercício da profissão de químico, foi adotada a indicação da Federação das Indústrias do Estado de São Paulo, no sentido de ficarem declinados os tipos de indústrias em que se torna obrigatória a admissão de um químico. De acordo com a sugestão e segundo o critério do Instituto Nacional de Tecnologia deste Ministério, ficou resolvida essa questão e homologada a orientação prática deste Ministério.

64. O Capítulo da Nacionalização do Trabalho recebeu pequenas emendas de redação, tendo sido suprimido o dispositivo do anteprojeto relativo aos cargos de chefia. Reconsiderando a matéria, verificou a Comissão que o problema, que suscitava a emenda aditiva ao anteprojeto, encontrava solução no próprio texto legal quando este disciplina que os ocupantes de funções técnicas somente ficarão à margem da proporcionalidade na falta de trabalhadores nacionais especializados. Sem gerar confusões que não haviam sido, aliás, pretendidas pelo preceito ora suprimido, o qual não continha qualquer restrição à desejada colaboração de iniciativas e de capitais estrangeiros, restará sempre no dispositivo acima referido o remédio para o governo proporcionar garantias às elites de técnicos nacionais.

65. O regime de Higiene e Segurança do Trabalho, pela revisão efetuada, adquiriu maior eficácia, por força da explícita declaração que constitui formalidade longamente seguida, da exigência de prévia verificação e aprovação das instalações dos estabelecimentos industriais para o respectivo funcionamento.

66. Estabeleceu-se, igualmente, a obrigatoriedade do uso, pelos empregados, dos equipamentos de defesa pessoal fornecidos pelos empregadores e aprovados pelas autoridades de Higiene do Trabalho.

67. Quanto aos Capítulos da proteção ao trabalho das mulheres e dos menores, as correções limitaram-se a erros de impressão, tendo sido, por outro lado, restabelecido o preceito inscrito no parágrafo único do art. 16 do antigo Decreto n. 22.042, de 3 de novembro de 1932, que, pela referência feita no § 3º do art. 16 do Decreto-lei n. 3.616, de 13 de setembro de 1941, é intuitivo concluir fora omitido, involuntariamente, neste último diploma legal.

68. Os deveres impostos aos empregadores para o efeito da habilitação profissional dos respectivos empregados menores e consubstanciados no Decreto-lei n. 4.481, de 16 de julho de 1942, corporificando normas de tutela dessa classe de empregados, cujo trabalho tem de ser orientado pelo alto escopo da educação técnica, passaram a integrar a Seção correspondente do Capítulo versando esse regime especial.

69. É oportuno salientar que a legislação social, universalmente, vem atribuindo um remarcado desvelo pelas condições de trabalho dos menores.

70. Em consonância com as convenções internacionais e as recomendações de congressos, e mesmo a estas se antecipando, o Brasil, pela pessoal inspiração de Vossa Excelência, vem realizando, através deste Ministério, uma salutar ação pública de preservação da juventude que trabalha.

71. O prosseguimento dessa política especializada é um imperativo e pareceu à Comissão dever ser assim ponderado na revisão, a que se procede, do Código de Menores, pois os seus preceitos atinentes ao trabalho foram totalmente melhorados e anexados à nossa legislação trabalhista, cujo Decreto-lei n. 3.616, consolidado agora, consagra a melhor solução de articulação e distinção entre a competência dos magistrados de menores e a das autoridades de trabalho, conferindo àqueles a plenitude das funções morais, jurisdicionais e supletivas do pátrio poder, que lhes são eminentemente reservados, e atribuindo às autoridades deste Ministério a efetivação do regime de proteção ao trabalho.

72. O Título em que se compendiam as regras constitutivas do contrato individual de trabalho careceu apenas de pequenas especificações do pensamento já expresso, acrescentando-se-lhes, entretanto, as normas pertinentes aos contratos de artistas teatrais e congêneres, oriundos da celebrada Lei Getúlio Vargas, cuja atualização vinha sendo ultimamente promovida por uma Comissão Interministerial, da qual provieram os artigos de lei aditados ao presente projeto.

73. Estatuiu a Consolidação que aos trabalhadores rurais se aplicam as regras básicas do contrato individual do trabalho, inclusive o aviso-prévio, não lhes atingindo, porém, o regime de garantias em caso de rescisão, a que não tenham dado motivo, nem o instituto da estabilidade. A essa conclusão chegou a Comissão, em voto preponderante, sob a alegação de serem imprescindíveis maiores esclarecimentos das exatas condições das classes rurais, inibidas, no momento, por falta de lei, da representação sindical dos respectivos interesses.

74. Em seu relatório, manifesta a Comissão, consequentemente e em princípio, a sua restrição quanto ao projeto do Código Rural, publicado no Diário Oficial de 16 de janeiro último, na parte referente ao Contrato de Trabalho, objeto preciso desta Consolidação e não de um Código em que, com exclusividade, deveriam ser tratados os problemas relativos à produção na agricultura e em atividades conexas.

75. A revisão dos artigos compreendidos no Título da Organização Sindical ofereceu oportunidade para pequenas adaptações, sem afetar o sistema.

76. Procedeu-se à consolidação do Decreto-lei n. 5.242, de 11 de fevereiro de 1943, que dispôs sobre a exigência da sindicalização para o exercício da função de representação social em órgão oficial bem como para o gozo de favores ou isenções tributárias.

77. Suprimiu-se a emenda constante do anteprojeto tendente à instituição do regime de tomada de contas dos sindicatos. A eficiência do sistema de controle contábil do patrimônio das entidades sindicais e o regime de recolhimento do imposto sindical, posteriormente criados pela Portaria Ministerial n. 884, de 5 de dezembro de 1942, veio indicar ser prescindível esse processo de tomada de contas, que poderia determinar a burocratização desses órgãos de classe, por todos os títulos evitável, a fim de se conservar a espontaneidade e originalidade do regime sindical.

78. A Federação das Indústrias do Estado de São Paulo propôs e foram aceitos os aumentos, de um para sete, do número máximo de membros da diretoria das entidades de grau superior, e de Cr$ 20,00 para Cr$ 30,00, a importância mínima correspondente ao imposto sindical de empregadores.

79. A Comissão de Enquadramento Sindical, dado o crescente desenvolvimento de sua atividade, teve a respectiva composição ampliada, incluindo um representante do Ministério da Agricultura na previsão da próxima sindicalização das classes rurais.

80. Ligeiros reparos foram feitos ao Capítulo do Imposto Sindical, na base do regime estabelecido pelo Decreto-lei n. 4.298, de 14 de maio de 1942, introduzindo-se apenas um artigo destinado a facultar a ação executiva, com os privilégios da Fazenda Pública, excluído o foro próprio, para a cobrança do imposto sindical, quando houver débito certificado pela autoridade competente deste Ministério.

81. Finalmente, quanto à Justiça do Trabalho, deliberou-se a exclusão de toda a parte consistente em regimento dos órgãos e serviços, bem como dos assuntos referentes à administração dos seguros sociais.

82. O julgamento dos agravos foi elevado ao seu verdadeiro nível, que é o da instância superior, necessário à adequada conceituação desses recursos e à jurídica apreciação da respectiva substância. Apurou-se, outrossim, a definição do prejulgado, estabelecendo-se a forma do seu processamento e os efeitos que gera.

83. Tais, em rápida resenha, as principais modificações operadas no anteprojeto publicado. De todas essas alterações deflui um único pensamento — o de ajustar, mais e mais, a obra constituída às diretrizes da Política Social do Governo, fixadas de maneira tão ampla e coerente no magnífico quadro das disposições legais que acabam de ser recapituladas.

84. Ao pedir a atenção de Vossa Excelência para essa notável obra de construção jurídica, afirmo, com profunda convicção e de um modo geral, que, nesta hora dramática que o mundo sofre, a Consolidação constitui um marco venerável na história de nossa civilização, demonstra a vocação brasileira pelo direito e, na escureza que envolve a humanidade, representa a expressão de uma luz que não se apagou.

Apresento a Vossa Excelência os protestos do meu mais profundo respeito.

Rio de Janeiro, 19 de abril de 1943.

Alexandre Marcondes Filho

DECRETO-LEI N. 5.452, DE 1º DE MAIO DE 1943

(DOU 9.8.1943)

APROVA A CONSOLIDAÇÃO DAS LEIS DO TRABALHO

O Presidente da República, usando da atribuição que lhe confere o art. 180 da Constituição, decreta:

Art. 1º Fica aprovada a Consolidação das Leis do Trabalho, que a este Decreto-lei acompanha, com as alterações por ela introduzidas na legislação vigente.

PARÁGRAFO ÚNICO. Continuam em vigor as disposições legais transitórias ou de emergência bem como as que não tenham aplicação em todo o território nacional.

Art. 2º O presente Decreto-lei entrará em vigor em 10 de novembro de 1943.

Rio de Janeiro, 1º de maio de 1943; 122º da Independência e 55º da República.

Getúlio Vargas

Alexandre Marcondes Filho

77. Suprimiu-se a emenda constante do anteprojeto tendente à instituição do regime de tomada de contas dos sindicatos. A eficiência do sistema de controle contábil do patrimônio das entidades sindicais e o regime de recolhimento do imposto sindical, posteriormente criados pela Portaria Ministerial n. 884, de 5 de dezembro de 1942, vêm indicar ser prescindível esse processo de tomada de contas, que poderia determinar a burocratização desses órgãos de classe, por todos os títulos evitável, a fim de se conservar a espontaneidade e originalidade do regime sindical.

78. A Federação das Indústrias do Estado de São Paulo propôs e foram aceitos os aumentos, de um para sete, do número máximo de membros da diretoria das entidades de grau superior, e de Cr$ 20,00 para Cr$ 30,00, a importância mínima correspondente ao imposto sindical de empregadores.

79. A Comissão de Enquadramento Sindical, dado o crescente desenvolvimento de suas atividades, teve a respectiva composição ampliada, incluindo um representante do Ministério da Agricultura na previsão da próxima sindicalização das classes rurais.

80. Ligeiros reparos foram feitos ao Capítulo do Imposto Sindical, na base do regime estabelecido pelo Decreto-lei n. 4.298, de 14 de maio de 1942, introduzindo-se apenas um artigo destinado a facultar a ação executiva, com os privilégios da Fazenda Pública, excluído o foro próprio, para a cobrança do imposto sindical, quando houver débito certificado pela autoridade competente deste Ministério.

81. Finalmente, quanto à Justiça do Trabalho, deliberou-se a exclusão de toda a parte consistente em regimento dos órgãos e serviços, bem como dos assuntos referentes à administração dos seguros sociais.

82. O julgamento dos agravos foi elevado ao seu verdadeiro nível, que é o da instância superior, necessário à adequada conceituação desses recursos e à jurídica apreciação da respectiva substância. Aboliu-se, outrossim, a definição do prejulgado, estabelecendo-se a forma do seu processamento e os efeitos que gera.

83. Tais são, em rápida resenha, as principais modificações operadas no anteprojeto publicado. De todas essas alterações deflui um único pensamento — o de ajustar mais e melhor a obra constituída às diretrizes da Política Social do Governo, fixadas de maneira tão eloquente e coerente no magnífico quadro das disposições legais que acabam de ser recapituladas.

84. Ao pedir a atenção de Vossa Excelência para essa notável obra de construção jurídica, afirmo, com profunda convicção e de um modo geral, que, nesta hora dramática que o mundo sofre, a Consolidação constitui um marco venerável na história de nossa civilização, demonstra a vocação brasileira pelo direito e, na escuridão que envolve a humanidade, representa a expressão de uma luz que não se apagou.

Apresento a Vossa Excelência os protestos do meu mais profundo respeito.

Rio de Janeiro, 19 de abril de 1943.

Alexandre Marcondes Filho

DECRETO-LEI N. 5.452, DE 1º DE MAIO DE 1943

(DOU 9.8.1943)

APROVA A CONSOLIDAÇÃO DAS LEIS DO TRABALHO

O Presidente da República, usando da atribuição que lhe confere o art. 180 da Constituição, decreta:

Art. 1º Fica aprovada a Consolidação das Leis do Trabalho, que a este Decreto-lei acompanha, com as alterações por ela introduzidas na legislação vigente.

Parágrafo único. Continuam em vigor as disposições legais transitórias ou de emergência, bem como as que não tenham aplicação em todo o território nacional.

Art. 2º O presente Decreto-lei entrará em vigor em 10 de novembro de 1943.

Rio de Janeiro, 1º de maio de 1943; 122º da Independência e 55º da República.

Getúlio Vargas

Alexandre Marcondes Filho

ÍNDICE SISTEMÁTICO DA CONSOLIDAÇÃO DAS LEIS DO TRABALHO

Índice Sistemático da CLT

CONSOLIDAÇÃO DAS LEIS DO TRABALHO

TÍTULO I
INTRODUÇÃO

Art. 1º Esta Consolidação estatui as normas que regulam as relações individuais e coletivas de trabalho, nela previstas.

— v. CF, art. 7º, p. 15

— v. CF, art. 22, p. 18

— v. Lei n. 7.064, de 6.12.1982, que dispõe sobre a situação de trabalhadores contratados ou transferidos para prestar serviços no exterior, p. 583

Art. 2º Considera-se empregador a empresa, individual ou coletiva, que, assumindo os riscos da atividade econômica, admite, assalaria e dirige a prestação pessoal de serviço.

⚖ TST: OJ SDI-1 Trans. n. 59

§ 1º Equiparam-se ao empregador, para os efeitos exclusivos da relação de emprego, os profissionais liberais, as instituições de beneficência, as associações recreativas ou outras instituições sem fins lucrativos, que admitirem trabalhadores como empregados.

§ 2º Sempre que uma ou mais empresas, tendo, embora, cada uma delas, personalidade jurídica própria, estiverem sob a direção, controle ou administração de outra, ou ainda quando, mesmo guardando cada uma sua autonomia, integrem grupo econômico, serão responsáveis solidariamente pelas obrigações decorrentes da relação de emprego. *(Redação dada pela Lei n. 13.467, de 13.7.2017, DOU 14.7.2017, com vigência a partir de 11.11.2017)*

⚖ TST: Súm. ns. 93, 129, 239 e 331; OJ-SDI-1 ns. 185, 191, 225, 261 e 411; SDI-1 Trans. n. 30 e 66; STJ: Súm. n. 554

— v. CF, art. 173, § 1º, inciso II, p. 49

— v. L. n. 8.036/90, art. 15, § 1º, p. 236

— v. L. n. 5.889/73, art. 3º, p. 410 em que está também transcrito o art. 25-A, da Lei n. 10.256, de 9.7.01, DOU 10.7.01, que trata do consórcio simplificado de produtores rurais

§ 3º Não caracteriza grupo econômico a mera identidade de sócios, sendo necessárias, para a configuração do grupo, a demonstração do interesse integrado, a efetiva comunhão de interesses e a atuação conjunta das empresas dele integrantes. (NR) *(Incluído pela Lei n. 13.467, de 13.7.2017, DOU 14.7.2017, com vigência a partir de 11.11.2017)*

Art. 3º Considera-se empregado toda pessoa física que prestar serviços de natureza não eventual a empregador, sob a dependência deste e mediante salário.

⚖ TST: Súm. n. 386

PARÁGRAFO ÚNICO. Não haverá distinções relativas à espécie de emprego e à condição de trabalhador, nem entre o trabalho intelectual, técnico e manual.

⚖ TST: Súm. n. 6, VII

— v. CF, art. 7º, XXXII e XXXIV, p. 15

— v. L. n. 8.036/90, art. 15, § 2º, p. 236

Art. 4º Considera-se como de serviço efetivo o período em que o empregado esteja à disposição do empregador, aguardando ou executando ordens, salvo disposição especial expressamente consignada.

⚖ TST: Súm. ns. 85, 90, 96, 118, 269, 366, 428, 429; OJ-SDI-1 Trans. n. 36; Prec. Normativo n. 31

§ 1º Computar-se-ão, na contagem de tempo de serviço, para efeito de indenização e estabilidade, os períodos em que o empregado estiver afastado do trabalho prestando serviço militar e por motivo de acidente do trabalho. *(Renumerado pela Lei n. 13.467, de 13.7.2017, DOU 14.7.2017, com vigência a partir de 11.11.2017)*

§ 2º Por não se considerar tempo à disposição do empregador, não será computado como período extraordinário o que exceder a jornada normal, ainda que ultrapasse o limite de cinco minutos previsto no § 1º do art. 58 desta Consolidação, quando o empregado, por escolha própria, buscar proteção pessoal, em caso de insegurança nas vias públicas ou más condições climáticas, bem como adentrar ou permanecer nas dependências da empresa para exercer atividades particulares, entre outras: *(Incluído pela Lei n. 13.467, de 13.7.2017, DOU 14.7.2017, com vigência a partir de 11.11.2017)*

I — práticas religiosas;

II — descanso;

III — lazer;

IV — estudo;

V — alimentação;

VI — atividades de relacionamento social;

VII — higiene pessoal;

VIII — troca de roupa ou uniforme, quando não houver obrigatoriedade de realizar a troca na empresa. (NR) *(Incisos incluídos pela Lei n. 13.467, de 13.7.2017, DOU 14.7.2017, com vigência a partir de 11.11.2017)*

Art. 5º A todo trabalho de igual valor corresponderá salário igual, sem distinção de sexo.

⚖ TST: Súm. ns. 6 e 301; OJ-SDC n. 20; STF: Súm. 202; STJ: Súm. n. 378

— v. CF, art. 5º, I e art. 7º, XXX, XXXI, XXXII e XXXIV, p. 13 e 15

Art. 6º Não se distingue entre o trabalho realizado no estabelecimento do empregador, o executado no domicílio do empregado e o realizado a distância, desde que estejam caracterizados os pressupostos da relação de emprego. *(Redação dada pela Lei n. 12.551, de 15.12.11, DOU 16.12.11)*

PARÁGRAFO ÚNICO. Os meios telemáticos e informatizados de comando, controle e supervisão se equiparam, para fins de subordinação jurídica, aos meios pessoais e diretos de comando, controle e supervisão do trabalho alheio. (NR) *(Redação dada pela Lei n. 12.551, de 15.12.11, DOU 16.12.11)*

⚖ TST: Súm. ns. 6 e 428; STF: Súm. n. 202; STJ: Súm. 378; OJ-SDI-1 n. 418

Art. 7º Os preceitos constantes da presente Consolidação, salvo quando for, em cada caso, expressamente determinado em contrário, não se aplicam:

a) aos empregados domésticos, assim considerados, de um modo geral, os que prestam serviços de natureza não econômica à pessoa ou à família, no âmbito residencial destas;

⚖ TST: Súm. n. 377

— v. CF, art. 7º, parágrafo único, p. 15

— v. Lei Complemetar n. 150, de 1.6.15, DOU 2.6.15, p. 406

CLT

b) aos trabalhadores rurais, assim considerados aqueles que, exercendo funções diretamente ligadas à agricultura e à pecuária, não sejam empregados em atividades que, pelos métodos de execução dos respectivos trabalhos ou pela finalidade de suas operações, se classifiquem como industriais ou comerciais;

TST: Súm. n. 344, 437; OJ SDI-1 ns. 38, 271, 315, 417, 419; Prec. Normativos ns. 20, 34, 50, 53, 59, 60, 62, 63, 64, 65, 68, 69, 71, 106, 107, 108, 110; STF: Súm. ns. 196, 612 e 613; STJ: Súm. 149

— v. CF, art. 7º, I a XXXIV, p. 15

— v. L. n. 5.889, 8.6.73, DOU 11.6.73, LTr 37/659, p. 410 e D. n. 73.626, 12.2.74, DOU 14.2.74, LTr 38/161, p. 411

c) aos funcionários públicos da União, dos Estados e dos Municípios e aos respectivos extranumerários em serviço nas próprias repartições; *(Redação DL 8.079, 11.10.45, DOU 13.10.45)*

TST: Súm. ns. 319, 419 e 430; SDI-1 ns. 138, 297, 308

— v. CF, art. 37, p. 21

— v. Regime Único dos Servidores Públicos, L. n. 8.112, de 11.12.90, p. 640

d) aos servidores de autarquias paraestatais, desde que sujeitos a regime próprio de proteção ao trabalho que lhes assegure situação análoga à dos funcionários públicos. *(Redação DL n. 8.079, 11.10.45, DOU 13.10.45)*

TST: Súm. ns. 58, 243, 297, 319, 390 e 430, OJ SDC n. 5, OJ SDI-1 ns. 247, 364; OJ SDI-2 ns. 10 e 26; STF: Súm. n. 679; Súm. Vinculante: 15, 16; STJ: Súm. ns. 97, 378

— v. CF, art. 37, p. 21

— v. Regime Único dos Servidores Públicos, L. n. 8.112, de 11.12.90, p. 640

Art. 8º As autoridades administrativas e a Justiça do Trabalho, na falta de disposições legais ou contratuais, decidirão, conforme o caso, pela jurisprudência, por analogia, por equidade e outros princípios e normas gerais de direito, principalmente do direito do trabalho, e, ainda, de acordo com os usos e costumes, o direito comparado, mas sempre de maneira que nenhum interesse de classe ou particular prevaleça sobre o interesse público.

TST: Súm. ns. 212, 229, 258, 291, 301, 346, 428, OJ SDI-1 Trans. n. 34, OJ SDI-2 n. 130, Prec. Normativo n. 79; STF: Súm. n. 612

§ 1º O direito comum será fonte subsidiária do direito do trabalho. *(Redação dada pela Lei n. 13.467, de 13.7.2017, DOU 14.7.2017, com vigência a partir de 11.11.2017)*

§ 2º Súmulas e outros enunciados de jurisprudência editados pelo Tribunal Superior do Trabalho e pelos Tribunais Regionais do Trabalho não poderão restringir direitos legalmente previstos nem criar obrigações que não estejam previstas em lei. *(Redação dada pela Lei n. 13.467, de 13.7.2017, DOU 14.7.2017, com vigência a partir de 11.11.2017)*

§ 3º No exame de convenção coletiva ou acordo coletivo de trabalho, a Justiça do Trabalho analisará exclusivamente a conformidade dos elementos essenciais do negócio jurídico, respeitado o disposto no art. 104 da Lei n. 10.406, de 10 de janeiro de 2002 (Código Civil), e balizará sua atuação pelo princípio da intervenção mínima na autonomia da vontade coletiva. (NR) *(Redação dada pela Lei n. 13.467, de 13.7.2017, DOU 14.7.2017, com vigência a partir de 11.11.2017)*

Art. 9º Serão nulos de pleno direito os atos praticados com o objetivo de desvirtuar, impedir ou fraudar a aplicação dos preceitos contidos na presente Consolidação.

TST: Súm. ns. 51, 77, 91, 152, 199, 230, 294, 301, 363, 430 OJ SDC n. 30; OJ SDI-1 ns. 199, 208, 244, 362, 366, OJ SDI-1 Trans. n. 40

Art. 10 Qualquer alteração na estrutura jurídica da empresa não afetará os direitos adquiridos por seus empregados.

TST: Súm. n. 304, OJ SDI-1 ns. 92, 96, 143, 202, 225, 261, 343, 408, 411, OJ SDI-1 Trans. ns. 28, 48 e 59, OJ SDI-2 n. 53; STF: Súm. n. 227

Art. 10-A O sócio retirante responde subsidiariamente pelas obrigações trabalhistas da sociedade relativas ao período em que figurou como sócio, somente em ações ajuizadas até dois anos depois de averbada a modificação do contrato, observada a seguinte ordem de preferência: *(Incluído pela Lei n. 13.467, de 13.7.2017, DOU 14.7.2017, com vigência a partir de 11.11.2017)*

I — a empresa devedora;

II — os sócios atuais; e

III — os sócios retirantes.

PARÁGRAFO ÚNICO. O sócio retirante responderá solidariamente com os demais quando ficar comprovada fraude na alteração societária decorrente da modificação do contrato. *(Parágrafo único e incisos incluídos pela Lei n. 13.467, de 13.7.2017, DOU 14.7.2017 com vigência a partir de 11.11.2017)*

Art. 11 A pretensão quanto a créditos resultantes das relações de trabalho prescreve em cinco anos para os trabalhadores urbanos e rurais, até o limite de dois anos após a extinção do contrato de trabalho. *(Redação dada pela Lei n. 13.467, de 13.7.2017, DOU 14.7.2017, com vigência a partir de 11.11.2017)*

I — (revogado); *(Lei n. 13.467, de 13.7.2017, DOU 14.7.2017, com vigência a partir de 11.11.2017)*

TST: Súm. ns. 6, IX, 62, 114, 153, 156, 199, 206, 268, 275, 294, 308, 326, 327, 350, 362, 371, 373, 382, 409 e 452; OJ SDI-1 ns. 38, 76, 83, 129, 130, 156, 175, 242, 243, 271, 344, 361, 370, 375, 392, 401, 404, 417; STF: Súm. ns. 327, 349, 403; STJ: Súm. ns. 210, 242, 278, 398, 401, 427

II — (revogado). *(Lei n. 13.467, de 13.7.2017, DOU 14.7.2017, com vigência a partir de 11.11.2017)*

TST: OJ SDI-1 ns. 38, 271, 417, 419

— v. art. 23, § 5º, da Lei n. 8.036, de 11.5.90, p. 233

§ 1º O disposto neste artigo não se aplica às ações que tenham por objeto anotações para fins de prova junto à Previdência Social. *(Redação dada pela Lei n. 9.658, de 5.6.98, DOU 8.6.98)*

— v. CF, art. 7º, XXIX, p. 15

— v. CPC/2015, arts. 59, 240 e 487

Art. 59. O registro ou a distribuição da petição inicial torna prevento o juízo.

Art. 240. A citação válida, ainda quando ordenada por juízo incompetente, induz litispendência, torna litigiosa a coisa e constitui em mora o devedor, ressalvado o disposto nos arts. 397 e 398 da Lei n. 10.406, de 10 de janeiro de 2002 (Código Civil).

§ 1º A interrupção da prescrição, operada pelo despacho que ordena a citação, ainda que proferido por juízo incompetente, retroagirá à data de propositura da ação.

§ 2º Incumbe ao autor adotar, no prazo de 10 (dez) dias, as providências necessárias para viabilizar a citação, sob pena de não se aplicar o disposto no § 1º.

§ 3º A parte não será prejudicada pela demora imputável exclusivamente ao serviço judiciário.

§ 4º O efeito retroativo a que se refere o § 1º aplica-se à decadência e aos demais prazos extintivos previstos em lei.

....

Art. 487. Haverá resolução de mérito quando o juiz:

....

II — decidir, de ofício ou a requerimento, sobre a ocorrência de decadência ou prescrição;

....

— v. CC, art. 194, revogado pela Lei n. 11.280, de 16.2.06, DOU 17.2.06)

Art. 194. O juiz não pode suprir, de ofício, a alegação de prescrição, salvo se favorecer a absolutamente incapaz (Revogado pela Lei n. 11.280, de 16.2.06, DOU 17.2.06)

§ 2º Tratando-se de pretensão que envolva pedido de prestações sucessivas decorrente de alteração ou descumprimento do pactuado, a prescrição é total, exceto quando o direito à parcela esteja também assegurado por preceito de lei. *(Incluído pela Lei n. 13.467, de 13.7.2017, DOU 14.7.2017, com vigência a partir de 11.11.2017)*

§ 3º A interrupção da prescrição somente ocorrerá pelo ajuizamento de reclamação trabalhista, mesmo que em juízo incompetente, ainda que venha a ser extinta sem resolução do mérito, produzindo efeitos apenas em relação aos pedidos idênticos. (NR) *(Incluído pela Lei n. 13.467, de 13.7.2017, DOU 14.7.2017, com vigência a partir de 11.11.2017)*

Art. 11-A Ocorre a prescrição intercorrente no processo do trabalho no prazo de dois anos. *(Incluído pela Lei n. 13.467, de 13.7.2017, DOU 14.7.2017, com vigência a partir de 11.11.2017)*

§ 1º A fluência do prazo prescricional intercorrente inicia-se quando o exequente deixa de cumprir determinação judicial no curso da execução. *(Incluído pela Lei n. 13.467, de 13.7.2017, DOU 14.7.2017, com vigência a partir de 11.11.2017)*

§ 2º A declaração da prescrição intercorrente pode ser requerida ou declarada de ofício em qualquer grau de jurisdição. *(Incluído pela Lei n. 13.467, de 13.7.2017, DOU 14.7.2017, com vigência a partir de 11.11.2017)*

Art. 12 Os preceitos concernentes ao regime de seguro social são objeto de lei especial.

— v. CF, arts. 194 a 204

— v. TST, Súm. ns. 87, 311, 401

TÍTULO II
DAS NORMAS GERAIS DE TUTELA DO TRABALHO

Capítulo I
DA IDENTIFICAÇÃO PROFISSIONAL

(V. Portaria SPPE/MTE n. 3, de 26.1.15, DOU 30.1.15, p. 266)

Seção I
DA CARTEIRA DE TRABALHO E PREVIDÊNCIA SOCIAL

⚖ STF: Súm. Vinc. n. 53; STJ: Súm. ns. 289, 290, 291

Art. 13 A Carteira de Trabalho e Previdência Social é obrigatória para o exercício de qualquer emprego, inclusive de natureza rural, ainda que em caráter temporário, e para o exercício por conta própria de atividade profissional remunerada.

⚖ TST: Súm. n. 12, OJ SDI-1 ns. 82, Prec. Normativo ns. 5, 98, 105; STF: Súm. n. 225; STJ: Súm. n. 62

§ 1º O disposto neste artigo aplica-se igualmente, a quem:

I — proprietário rural ou não, trabalhe individualmente ou em regime de economia familiar, assim entendido o trabalho dos membros da mesma família, indispensável à própria subsistência, e exercido em condições de mútua dependência e colaboração;

II — em regime de economia familiar e sem empregado, explore área não excedente do módulo rural ou de outro limite que venha a ser fixado, para cada região, pelo Ministério do Trabalho.

— O art. 4º L. n. 4.504, 30.11.64, DOU 30.11.64, dispõe: Art. 4º, II — "Propriedade Familiar" é o imóvel rural que, direta e pessoalmente explorado pelo agricultor e sua família, lhes absorva toda a força de trabalho, garantindo-lhes a subsistência e o progresso social e econômico, com área máxima fixada para cada região e tipo de exploração, e eventualmente trabalhando com a ajuda de terceiros.

§ 2º A Carteira de Trabalho e Previdência Social e respectiva Ficha de Declaração obedecerão aos modelos que o Ministério do Trabalho adotar.

§ 3º Nas localidades onde não for emitida a Carteira de Trabalho e Previdência Social poderá ser admitido, até 30 (trinta) dias, o exercício de emprego ou atividade remunerada por quem não a possua, ficando a empresa obrigada a permitir o comparecimento do empregado ao posto de emissão mais próximo.

§ 4º Na hipótese do § 3º:

I — o empregador fornecerá ao empregado, no ato da admissão, documento do qual constem a data da admissão, a natureza do trabalho, o salário e a forma de seu pagamento;

II — se o empregado ainda não possuir a carteira na data em que for dispensado, o empregador lhe fornecerá atestado de que conste o histórico da relação empregatícia. *(Redação art. e §§ L. n. 5.686, 3.8.71, DOU 3.8.71, LTr 35/643)*

⚖ TST: Súm. ns. 12, OJ-SDI-1 n. 82; STF: Súm. 225

Seção II
DA EMISSÃO DA CARTEIRA

Art. 14 A Carteira de Trabalho e Previdência Social será emitida pelas Delegacias Regionais do Trabalho ou, mediante convênio, pelos órgãos federais, estaduais e municipais da administração direta ou indireta.

PARÁGRAFO ÚNICO. Inexistindo convênio com os órgãos indicados ou na inexistência destes, poderá ser admitido convênio com sindicatos para o mesmo fim. *(Redação art. e § L. n. 5.686, 3.8.71, DOU 3.8.71, LTr 35/643)*

Art. 15 Para obtenção da Carteira de Trabalho e Previdência Social o interessado comparecerá pessoalmente ao órgão emitente, onde será identificado e prestará as declarações necessárias. *(Redação DL n. 926, 10.10.69, DOU 13.10.69, LTr 33/638)*

Art. 16 A Carteira de Trabalho e Previdência Social — CTPS, além do número, série, data de emissão e folhas destinadas às anotações pertinentes ao contrato de trabalho e as de interesse da Previdência Social, conterá:

I — fotografia, de frente, modelo 3 x 4;

II — nome, filiação, data e lugar de nascimento e assinatura;

III — nome, idade e estado civil dos dependentes;

IV — número do documento de naturalização ou data da chegada ao Brasil e demais elementos constantes da identidade de estrangeiro, quando for o caso.

PARÁGRAFO ÚNICO. A Carteira de Trabalho e Previdência Social — CTPS será fornecida mediante a apresentação de:

a) duas fotografias com as características mencionadas no inciso I;

b) qualquer documento oficial de identificação pessoal do interessado, no qual possam ser colhidos dados referentes ao nome completo, filiação, data e lugar de nascimento. *(Redação art. 16 e incisos dada pela L. n. 8.260, 12.12.91, DOU 13.12.91, LTr 56-01/104)*

Art. 17 Na impossibilidade de apresentação, pelo interessado, de documento idôneo que o qualifique, a Carteira de Trabalho e Previdência Social será fornecida com base em declarações verbais confirmadas por duas testemunhas, lavrando-se na primeira folha de anotações gerais da carteira, termo assinado pelas mesmas testemunhas.

§ 1º Tratando-se de menor de 18 anos, as declarações previstas neste artigo serão prestadas por seu responsável legal.

§ 2º Se o interessado não souber ou não puder assinar sua carteira, ela será fornecida mediante impressão digital ou assinatura a rogo. *(Redação art. e §§ DL n. 926, 10.10.69, DOU 13.10.69, LTr 33/638)*

Arts. 18 e 19 Revogados pela L. n. 7.855, 24.10.89, DOU 25.10.89, LTr 53/1418.

Art. 20 As anotações relativas a alteração do estado civil e aos dependentes do portador da Carteira de Trabalho e Previdência Social serão feitas pelo Instituto Nacional de Seguro Social (INSS) e somente em sua falta por qualquer dos órgãos emitentes. *(Redação DL n. 926, 10.10.69, DOU 13.10.69, LTr 33/638)*

Art. 21 Em caso de imprestabilidade ou esgotamento do espaço destinado a registros e anotações, o interessado deverá obter outra carteira, conservando-se o número e a série da anterior. *(Redação L. n. 5.686, 3.8.71, DOU 3.8.71, LTr 35/643)*

Arts. 22, 23 e 24 Revogados pelo DL n. 926, 10.10.69, DOU 13.10.69, LTr 33/638.

Seção III
DA ENTREGA DAS CARTEIRAS DE TRABALHO E PREVIDÊNCIA SOCIAL

Art. 25 As Carteiras de Trabalho e Previdência Social serão entregues aos interessados pessoalmente, mediante recibo.

Art. 26 Os sindicatos poderão, mediante solicitação das respectivas diretorias, incumbir-se da entrega das Carteiras de Trabalho e Previdência Social pedidas por seus associados e pelos demais profissionais da mesma classe.

PARÁGRAFO ÚNICO. Não poderão os sindicatos, sob pena das sanções previstas neste Capítulo, cobrar remuneração pela entrega das Carteiras de Trabalho e Previdência Social, cujo serviço nas respectivas sedes será fiscalizado pelas Delegacias Regionais ou órgãos autorizados. *(Redação art. e § DL n. 229, 28.2.67, DOU 28.2.67, LTr 31/137)*

— v. L. n. 8.422, 13.5.92, DOU 14.5.92 (LTr 56-06/694)

Arts. 27 e 28 Revogados pela L. n. 7.855, 24.10.89, DOU 25.10.89, LTr 53/1418.

Seção IV

DAS ANOTAÇÕES

— v. Portaria MTPS n. 3.626/91, p. 523

Art. 29 A Carteira de Trabalho e Previdência Social será obrigatoriamente apresentada, contra recibo pelo trabalhador ao empregador que o admitir, o qual terá o prazo de quarenta e oito horas para nela anotar, especificamente, a data de admissão, a remuneração e as condições especiais, se houver, sendo facultada a adoção de sistema manual, mecânico ou eletrônico, conforme instruções a serem expedidas pelo Ministério do Trabalho.

TST: Prec. Normativo n. 105

§ 1º As anotações concernentes à remuneração devem especificar o salário, qualquer que seja sua forma de pagamento, seja ele em dinheiro ou em utilidades, bem como a estimativa da gorjeta.

TST: Prec. Normativo n. 5

§ 2º As anotações na Carteira de Trabalho e Previdência Social serão feitas:

a) na data-base;

b) a qualquer tempo, por solicitação do trabalhador;

c) no caso de rescisão contratual; ou

TST: OJ SDI-1 n. 82

d) necessidade de comprovação perante a Previdência Social.

§ 3º A falta de cumprimento pelo empregador do disposto neste artigo acarretará a lavratura de auto de infração, pelo Fiscal do Trabalho, que deverá, de ofício, comunicar a falta de anotação ao órgão competente, para o fim de instaurar o processo de anotação. *(Redação L. n. 7.855, 24.10.89, DOU 25.10.89, LTr 53/1418)*

§ 4º É vedado ao empregador efetuar anotações desabonadoras à conduta do empregado em sua Carteira de Trabalho e Previdência Social.

§ 5º O descumprimento do disposto no § 4º deste artigo submeterá o empregador ao pagamento de multa prevista no art. 52 deste Capítulo. (NR) *(Parágrafos 4º e 5º acrescentados pela L. n. 10.270, de 29.8.01, DOU 30.8.01)*

TST: Súm. 12; STF: Súm. n. 225

Art. 30 Os acidentes do trabalho serão obrigatoriamente anotados pelo Instituto Nacional do Seguro Social — INSS na carteira do acidentado. *(Redação DL n. 926, 10.10.69, DOU 13.10.69, LTr 33/638)*

Art. 31 Aos portadores de Carteira de Trabalho e Previdência Social fica assegurado o direito de as apresentar aos órgãos autorizados, para o fim de ser anotado o que for cabível, não podendo ser recusada a solicitação, nem cobrado emolumento não previsto em lei. *(Redação DL n. 229, 28.2.67, DOU 28.2.67, LTr 31/137)*

Art. 32 As anotações relativas a alterações no estado civil dos portadores de Carteira de Trabalho e Previdência Social serão feitas mediante prova documental. As declarações referentes aos dependentes serão registradas nas fichas respectivas, pelo funcionário encarregado da identificação profissional, a pedido do próprio declarante, que as assinará.

PARÁGRAFO ÚNICO. As Delegacias Regionais e os órgãos autorizados deverão comunicar ao Departamento Nacional de Mão de Obra (atualmente Secretaria de Emprego e Salário) todas as alterações que anotarem nas Carteiras de Trabalho e Previdência Social. *(Redação DL n. 229, 28.2.67, DOU 28.2.67, LTr 31/137)*

STJ: Súm. n. 242

Art. 33 As anotações nas fichas de declaração e nas Carteiras de Trabalho e Previdência Social serão feitas seguidamente sem abreviaturas, ressalvando-se, no fim de cada assentamento, as emendas, entrelinhas e quaisquer circunstâncias que possam ocasionar dúvidas. *(Redação DL n. 229, 28.2.67, DOU 28.2.67, LTr 31/137)*

Art. 34 Tratando-se de serviço de profissionais de qualquer atividade, exercido por empreitada individual ou coletiva, com ou sem fiscalização da outra parte contratante, a carteira será anotada pelo respectivo sindicato profissional ou pelo representante legal de sua cooperativa.

TST: OJ-SDI-1 n. 191

Art. 35 Revogado pela L. n. 6.533, 24.5.78, DOU 25.5.78, LTr 42/714.

Seção V

DAS RECLAMAÇÕES POR FALTA OU RECUSA DE ANOTAÇÃO

Art. 36 Recusando-se a empresa a fazer as anotações a que se refere o art. 29 ou a devolver a Carteira de Trabalho e Previdência Social recebida, poderá o empregado comparecer, pessoalmente ou por intermédio de seu sindicato, perante a Delegacia Regional ou órgão autorizado, para apresentar reclamação. *(Redação DL n. 229, 28.2.67, DOU 28.2.67, LTr 31/137)*

Art. 37 No caso do art. 36, lavrado o termo de reclamação, determinar-se-á a realização de diligência para instrução do feito, observado, se for o caso, o disposto no § 2º do art. 29, notificando-se posteriormente o reclamado por carta registrada, caso persista a recusa, para que, em dia e hora previamente designados, venha prestar esclarecimentos ou efetuar as devidas anotações na Carteira de Trabalho e Previdência Social ou sua entrega.

PARÁGRAFO ÚNICO. Não comparecendo o reclamado, lavrar-se-á termo de ausência, sendo considerado revel e confesso sobre os termos da reclamação feita, devendo as anotações ser efetuadas por despacho da autoridade que tenha processado a reclamação. *(Redação art. e § DL n. 229, 28.2.67, DOU 28.2.67, LTr 31/137)*

Art. 38 Comparecendo o empregador e recusando-se a fazer as anotações reclamadas será lavrado um termo de comparecimento que deverá conter, entre outras indicações, o lugar, o dia e hora de sua lavratura, o nome e a residência do empregador, assegurando-se-lhe o prazo de 48 horas, a contar do termo, para apresentar defesa.

PARÁGRAFO ÚNICO. Findo o prazo para a defesa, subirá o processo à autoridade administrativa de primeira instância, para se ordenarem diligências, que completem a instrução do feito, ou para julgamento, se o caso estiver suficientemente esclarecido.

Art. 39 Verificando-se que as alegações feitas pelo reclamado versam sobre a não existência de relação de emprego ou sendo impossível verificar essa condição pelos meios administrativos, será o processo encaminhado à Justiça do Trabalho ficando, nesse caso, sobrestado o julgamento do auto de infração que houver sido lavrado.

§ 1º Se não houver acordo, a Vara do Trabalho, em sua sentença ordenará que a Secretaria efetue as devidas anotações uma vez transitada em julgado, e faça a comunicação à autoridade competente para o fim de aplicar a multa cabível.

§ 2º Igual procedimento observar-se-á no caso de processo trabalhista de qualquer natureza, quando for verificada a falta de anotações na Carteira de Trabalho e Previdência Social, devendo o Juiz, nesta hipótese, mandar proceder, desde logo àquelas sobre as quais não houver controvérsia. *(Redação art. e §§ DL n. 229, 28.2.67, DOU 28.2.67, LTr 31/137)*

Seção VI

DO VALOR DAS ANOTAÇÕES

Art. 40 As Carteiras de Trabalho e Previdência Social regularmente emitidas e anotadas servirão de prova nos atos em que sejam exigidas carteiras de identidade e especialmente:

I — nos casos de dissídio na Justiça do Trabalho entre a empresa e o empregado por motivo de salário, férias ou tempo de serviço;

II — perante a Previdência Social, para o efeito de declaração de dependentes;

III — para cálculo de indenização por acidente do trabalho ou moléstia profissional. *(Redação art. e incisos DL n. 229, 28.2.67, DOU 28.2.67, LTr 31/137)*

⚖ TST: Súm. n. 12; STF: Súm. n. 225

Seção VII

DOS LIVROS DE REGISTRO DE EMPREGADOS

Art. 41 Em todas as atividades será obrigatório para o empregador o registro dos respectivos trabalhadores, podendo ser adotados livros, fichas ou sistema eletrônico, conforme instruções a serem expedidas pelo Ministério do Trabalho.

PARÁGRAFO ÚNICO. Além da qualificação civil ou profissional de cada trabalhador, deverão ser anotados todos os dados relativos à sua admissão no emprego, duração e efetividade do trabalho, a férias, acidentes e demais circunstâncias que interessem à proteção do trabalhador. *(Redação L. n. 7.855, 24.10.89, DOU 25.10.89, LTr 53/1418)*

⚖ MTE: Prec. Normativo n. 24

Art. 42 Revogado pela L. n. 10.243, 19.6.01, DOU 20.6.01.

Arts. 43 e 44 Revogados pela L. n. 7.855, 24.10.89, DOU 25.10.89, LTr 53/1418.

Arts. 45 e 46 Revogados pelo DL n. 229, 28.2.67, DOU 28.2.67, LTr 31/137.

Art. 47 O empregador que mantiver empregado não registrado nos termos do art. 41 desta Consolidação ficará sujeito a multa no valor de R$ 3.000,00 (três mil reais) por empregado não registrado, acrescido de igual valor em cada reincidência. *(Redação dada pela Lei n. 13.467, de 13.7.2017, DOU 14.7.2017, com vigência a partir de 11.11.2017)*

§ 1º Especificamente quanto à infração a que se refere o *caput* deste artigo, o valor final da multa aplicada será de R$ 800,00 (oitocentos reais) por empregado não registrado, quando se tratar de microempresa ou empresa de pequeno porte. *(Renumerado pela Lei n. 13.467, de 13.7.2017, DOU 14.7.2017, com vigência a partir de 11.11.2017)*

§ 2º A infração de que trata o *caput* deste artigo constitui exceção ao critério da dupla visita. (NR) *(Incluído pela Lei n. 13.467, de 13.7.2017, DOU 14.7.2017, com vigência a partir de 11.11.2017)*

Art. 47-A Na hipótese de não serem informados os dados a que se refere o parágrafo único do art. 41 desta Consolidação, o empregador ficará sujeito à multa de R$ 600,00 (seiscentos reais) por empregado prejudicado. *(Incluído pela Lei n. 13.467, de 13.7.2017, DOU 14.7.2017, com vigência a partir de 11.11.2017)*

Art. 48 As multas previstas nesta Seção serão aplicadas pelas Delegacias Regionais do Trabalho.

O Decreto n. 6.341, de 3.1.08, alterou a denominação da Delegacia Regional do Trabalho para Superintendência Regional do Trabalho e Emprego.

Seção VIII

DAS PENALIDADES

Art. 49 Para os efeitos da emissão, substituição ou anotação de Carteira de Trabalho e Previdência Social, considerar-se-á crime de falsidade, com as penalidades previstas no art. 299 do Código Penal:

⚖ STJ: Súm. ns. 17, 62

I — fazer, no todo ou em parte, qualquer documento falso ou alterar o verdadeiro;

II — afirmar falsamente a sua própria identidade, filiação, lugar de nascimento, residência, profissão ou estado civil e beneficiários, ou atestar os de outra pessoa;

III — servir-se de documentos, por qualquer forma falsificados;

IV — falsificar, fabricando ou alterando, ou vender, usar ou possuir Carteira de Trabalho e Previdência Social assim alteradas;

V — anotar dolosamente em Carteira de Trabalho e Previdência Social ou registro de empregado, ou confessar ou declarar em juízo ou fora dele, data de admissão em emprego diversa da verdadeira. *(Redação art. e incisos DL n. 229, 28.2.67, DOU 28.2.67, LTr 31/137)*

Art. 50 Comprovando-se falsidade, quer nas declarações para emissão de Carteira de Trabalho e Previdência Social, quer nas respectivas anotações, o fato será levado ao conhecimento da autoridade que houver emitido a carteira, para fins de direito.

⚖ STJ: Súm. n. 62

Art. 51 Incorrerá em multa de valor igual a 90 (noventa) vezes o valor de referência regional aquele que, comerciante ou não, vender ou expuser à venda qualquer tipo de carteira igual ou semelhante ao tipo oficialmente adotado.

— v. Nota do art. 47

Art. 52 O extravio ou inutilização da Carteira de Trabalho e Previdência Social por culpa da empresa sujeitará esta à multa de valor igual à metade do salário mínimo regional.

— v. Nota do art. 47

Art. 53 A empresa que receber Carteira de Trabalho e Previdência Social para anotar e a retiver por mais de 48 (quarenta e oito) horas ficará sujeita à multa de valor igual à metade do salário mínimo regional.

⚖ TST: Prec. Normativo n. 98

— v. Nota do art. 47

Art. 54 A empresa que, tendo sido intimada, não comparecer para anotar a Carteira de Trabalho e Previdência Social de seu empregado, ou cujas alegações para recusa tenham sido julgadas improcedentes, ficará sujeito à multa de valor igual a 30 (trinta) vezes o valor de referência regional.

— v. Nota do art. 47

Art. 55 Incorrerá na multa de valor igual a 30 (trinta) vezes o valor de referência regional a empresa que infringir o art. 13 e seus parágrafos.

— v. Nota do art. 47

Art. 56 O sindicato que cobrar remuneração pela entrega de Carteira de Trabalho e Previdência Social ficará sujeito à multa de valor igual a 90 (noventa) vezes o valor de referência regional.

— v. Nota do art. 47

Capítulo II
DA DURAÇÃO DO TRABALHO

Seção I
DISPOSIÇÃO PRELIMINAR

Art. 57 Os preceitos deste Capítulo aplicam-se a todas as atividades, salvo as expressamente excluídas, constituindo exceções as disposições especiais, concernentes estritamente a peculiaridades profissionais constantes do Capítulo I do Título III.

⚖ TST: Súm. ns. 55, 61, 90, 96, 102, 109, 110, 112, 113, 119, 124, 143, 206, 287, 343, 346, 351, 360, 370, 391, 423, 429, 431, 444, OJ SDI-1 ns. 60, 78, 97, 178, 274, 275, 332, 358, 360, 395, 396, 403, 415, Prec. Normativo n. 31; STF: Súm. n. 675

Seção II
DA JORNADA DE TRABALHO

Art. 58 A duração normal do trabalho, para os empregados em qualquer atividade privada, não excederá de oito horas diárias, desde que não seja fixado expressamente outro limite.

⚖ TST: Súm. ns. 24, 55, 61, 85, 90, 96, 102, 109, 110, 112, 113, 119, 124, 143, 287, 346, 351, 360, 370, 391, 423, 429, 431, 444, OJ SDI-1 ns. 60, 78, 97, 178, 274, 275, 332, 358, 360, 395, 396, 403, 415, Prec. Normativo n. 31; STF: Súm. n. 675

§ 1º Não serão descontadas nem computadas como jornada extraordinária as variações de horário no registro de ponto não excedentes de cinco minutos, observado o limite máximo de dez minutos diários.

⚖ TST: Súm. n. 366 e 449

§ 2º O tempo despendido pelo empregado desde a sua residência até a efetiva ocupação do posto de trabalho e para o seu retorno, caminhando ou por qualquer meio de transporte, inclusive o fornecido pelo empregador, não será computado na jornada de trabalho, por não ser tempo à disposição do empregador. *(Redação dada pela Lei n. 13.467, de 13.7.2017, DOU 14.7.2017, com vigência a partir de 11.11.2017)*

⚖ TST: Súm. ns. 90, 320, 429, OJ-SDI-1 Trans. n. 36

§ 3º **(Revogado)**. (NR) *(Lei n. 13.467,de 13.7.2017, DOU 14.7.2017, com vigência a partir de 11.11.2017)*

Art. 58-A Considera-se trabalho em regime de tempo parcial aquele cuja duração não exceda a trinta horas semanais, sem a possibilidade de horas suplementares semanais, ou, ainda, aquele cuja duração não exceda a vinte e seis horas semanais, com a possibilidade de acréscimo de até seis horas suplementares semanais. *(Redação dada pela Lei n. 13.467, de 13.7.2017, DOU 14.7.2017, com vigência a partir de 11.11.2017)*

§ 1º O salário a ser pago aos empregados sob o regime de tempo parcial será proporcional à sua jornada, em relação aos empregados que cumprem, nas mesmas funções, tempo integral.

⚖ TST: OJ-SDI-1 n. 358

§ 2º Para os atuais empregados, a adoção do regime de tempo parcial será feita mediante opção manifestada perante a empresa, na forma prevista em instrumento decorrente de negociação coletiva. (NR) *(Artigo acrescentado pela Medida Provisória n. 2.164-41, de 24.8.01, DOU 27.8.01)*

— v. CF, art. 7º, XIII e XIV — p. 15

§ 3º As horas suplementares à duração do trabalho semanal normal serão pagas com o acréscimo de 50% (cinquenta por cento) sobre o salário-hora normal. *(Incluído pela Lei n. 13.467, de 13.7.2017, DOU 14.7.2017, com vigência a partir de 11.11.2017)*

§ 4º Na hipótese de o contrato de trabalho em regime de tempo parcial ser estabelecido em número inferior a vinte e seis horas semanais, as horas suplementares a este quantitativo serão consideradas horas extras para fins do pagamento estipulado no § 3º, estando também limitadas a seis horas suplementares semanais. *(Incluído pela Lei n. 13.467, de 13.7.2017, DOU 14.7.2017, com vigência a partir de 11.11.2017)*

§ 5º As horas suplementares da jornada de trabalho normal poderão ser compensadas diretamente até a semana imediatamente posterior à da sua execução, devendo ser feita a sua quitação na folha de pagamento do mês subsequente, caso não sejam compensadas. *(Incluído pela Lei n. 13.467, de 13.7.2017, DOU 14.7.2017, com vigência a partir de 11.11.2017)*

§ 6º É facultado ao empregado contratado sob regime de tempo parcial converter um terço do período de férias a que tiver direito em abono pecuniário. *(Incluído pela Lei n. 13.467, de 13.7.2017, DOU 14.7.2017, com vigência a partir de 11.11.2017)*

§ 7º As férias do regime de tempo parcial são regidas pelo disposto no art. 130 desta Consolidação. (NR) *(Incluído pela Lei n. 13.467, de 13.7.2017, DOU 14.7.2017, com vigência a partir de 11.11.2017)*

Art. 59 A duração diária do trabalho poderá ser acrescida de horas extras, em número não excedente de duas, por acordo individual, convenção coletiva ou acordo coletivo de trabalho. *(Redação dada pela Lei n. 13.467, de 13.7.2017, DOU 14.7.2017, com vigência a partir de 11.11.2017)*

⚖ TST: Súm. ns. 24, 45, 85, 94, 102, 109, 110, 113, 115, 118, 132, 172, 199, 226, 253, 264, 291, 340, 347, 423, 428, 429, 444, 449, OJ SDI-1 ns. 47, 233, 235, 323, 332, 394, 397, 403, 415, 420, Prec. Normativo n. 32

§ 1º A remuneração da hora extra será, pelo menos, 50% (cinquenta por cento) superior à da hora normal. *(Redação dada pela Lei n. 13.467, de 13.7.2017, DOU 14.7.2017, com vigência a partir de 11.11.2017)*

⚖ TST: Súm. ns. 63, 85, 90, 146, 199, 264, 340, OJ SDI-1 ns. 235, 242, 415

§ 2º Poderá ser dispensado o acréscimo de salário se, por força de acordo ou convenção coletiva de trabalho, o excesso de horas em um dia for compensado pela correspondente diminuição em outro dia, de maneira que não exceda, no período máximo de um ano, à soma das jornadas semanais de trabalho previstas, nem seja ultrapassado o limite máximo de dez horas diárias. *(Parágrafo com redação dada pela Medida Provisória n. 2.164-41, de 24.8.01, DOU 27.8.01)*

⚖ TST: Súm. ns. 85, 146, OJ SDI-1 ns. 323, 342, 415, Prec. Normativo ns. 68 e 87

§ 3º Na hipótese de rescisão do contrato de trabalho sem que tenha havido a compensação integral da jornada extraordinária, na forma dos §§ 2º e 5º deste artigo, o trabalhador terá direito ao pagamento das horas extras não compensadas, calculadas sobre o valor da remuneração na data da rescisão. *(Redação dada pela Lei n. 13.467, de 13.7.2017, DOU 14.7.2017, com vigência a partir de 11.11.2017)*

⚖ TST: OJ SDI-1 n. 415

§ 4º (Revogado). *(Lei n. 13.467, de 13.7.2017, DOU 14.7.2017, com vigência a partir de 11.11.2017)*

CLT

§ 5º O banco de horas de que trata o § 2º deste artigo poderá ser pactuado por acordo individual escrito, desde que a compensação ocorra no período máximo de seis meses. *(Redação dada pela Lei n. 13.467, de 13.7.2017, DOU 14.7.2017, com vigência a partir de 11.11.2017)*

§ 6º É lícito o regime de compensação de jornada estabelecido por acordo individual, tácito ou escrito, para a compensação no mesmo mês. (NR) *(Redação dada pela Lei n. 13.467, de 13.7.2017, DOU 14.7.2017, com vigência a partir de 11.11.2017)*

Art. 59-A Em exceção ao disposto no art. 59 e em leis específicas, é facultado às partes, por meio de convenção coletiva ou acordo coletivo de trabalho, estabelecer horário de trabalho de doze horas seguidas por trinta e seis horas ininterruptas de descanso, observados ou indenizados os intervalos para repouso e alimentação. *(Redação dada pela MP n. 808, de 14.11.17, DOU ed. extra 14.11.17)*

§ 1º A remuneração mensal pactuada pelo horário previsto no *caput* abrange os pagamentos devidos pelo descanso semanal remunerado e pelo descanso em feriados e serão considerados compensados os feriados e as prorrogações de trabalho noturno, quando houver, de que tratam o art. 70 e o § 5º do art. 73. *(Redação dada pela MP n. 808, de 14.11.17, DOU ed. extra 14.11.17)*

§ 2º É facultado às entidades atuantes no setor de saúde estabelecer, por meio de acordo individual escrito, convenção coletiva ou acordo coletivo de trabalho, horário de trabalho de doze horas seguidas por trinta e seis horas ininterruptas de descanso, observados ou indenizados os intervalos para repouso e alimentação. (NR) *(Redação dada pela MP n. 808, de 14.11.17, DOU ed. extra 14.11.17)*

Art. 59-B O não atendimento das exigências legais para compensação de jornada, inclusive quando estabelecida mediante acordo tácito, não implica a repetição do pagamento das horas excedentes à jornada normal diária se não ultrapassada a duração máxima semanal, sendo devido apenas o respectivo adicional. *(Incluído pela Lei n. 13.467, de 13.7.2017, DOU 14.7.2017, com vigência a partir de 11.11.2017)*

PARÁGRAFO ÚNICO. A prestação de horas extras habituais não descaracteriza o acordo de compensação de jornada e o banco de horas. *(Incluído pela Lei n. 13.467, de 13.7.2017, DOU 14.7.2017, com vigência a partir de 11.11.2017, com vigência a partir de 11.11.2017)*

Art. 60 Nas atividades insalubres, assim consideradas as constantes dos quadros mencionados no capítulo "Da Segurança e Medicina do Trabalho", ou que neles venham a ser incluídas por ato do Ministro do Trabalho, quaisquer prorrogações só poderão ser acordadas mediante licença prévia das autoridades competentes em matéria de higiene do trabalho, as quais, para esse efeito, procederão aos necessários exames locais e à verificação dos métodos e processos de trabalho, quer diretamente, quer por intermédio de autoridades sanitárias federais, estaduais e municipais, com quem entrarão em entendimento para tal fim.

— v. CF, art. 7º, XIII e XXXIII, p. 15

PARÁGRAFO ÚNICO. Excetuam-se da exigência de licença prévia as jornadas de doze horas de trabalho por trinta e seis horas ininterruptas de descanso. (NR) *(Redação dada pela Lei n. 13.467, de 13.7.2017, DOU 14.7.2017, com vigência a partir de 11.11.2017)*

Art. 61 Ocorrendo necessidade imperiosa, poderá a duração do trabalho exceder do limite legal ou convencionado, seja para fazer face a motivo de força maior, seja para atender à realização ou conclusão de serviços inadiáveis ou cuja inexecução possa acarretar prejuízo manifesto.

⚖ TST: Súm. n. 291, Prec. Normativo n. 32

— v. art. 501 e art. 4º da Lei n. 4.923, de 23.12.56, p. 517

§ 1º O excesso, nos casos deste artigo, pode ser exigido independentemente de convenção coletiva ou acordo coletivo de trabalho. *(Redação dada pela Lei n. 13.467, de 13.7.2017, DOU 14.7.2017, com vigência a partir de 11.11.2017)*

§ 2º Nos casos de excesso de horário por motivo de força maior, a remuneração da hora excedente não será inferior à da hora normal. Nos demais casos de excesso previsto neste artigo, a remuneração será, pelo menos, 50% (cinquenta por cento) superior à da hora normal, e o trabalho não poderá exceder de doze horas, desde que a lei não fixe expressamente outro limite. *(Adicional conforme CF, art. 7º, XVI)*

— v. CF, art. 7º, XIII, p. 15

§ 3º Sempre que ocorrer interrupção do trabalho, resultante de causas acidentais, ou de força maior, que determinem a impossibilidade de sua realização, a duração do trabalho poderá ser prorrogada pelo tempo necessário até o máximo de duas horas, durante o número de dias indispensáveis à recuperação do tempo perdido, desde que não exceda de dez horas diárias, em período não superior a quarenta e cinco dias por ano, sujeita essa recuperação à prévia autorização da autoridade competente.

Art. 62 Não são abrangidos pelo regime previsto neste capítulo:

I — os empregados que exercem atividade externa incompatível com a fixação de horário de trabalho, devendo tal condição ser anotada na Carteira de Trabalho e Previdência Social e no registro de empregados;

⚖ TST: OJ SDI-1 n. 332

II — os gerentes, assim considerados os exercentes de cargos de gestão, aos quais se equiparam para efeito do disposto neste artigo, os diretores e chefes de departamento e/ou filial.

⚖ TST: Súm. ns. 102, 287, 372

III — os empregados em regime de teletrabalho. *(Incluído pela Lei n. 13.467, de 13.7.2017, DOU 14.7.2017, com vigência a partir de 11.11.2017)*

PARÁGRAFO ÚNICO. O regime previsto neste capítulo será aplicável aos empregados mencionados no inciso II deste artigo, quando o salário do cargo de confiança compreendendo a gratificação de função, se houver, for inferior ao valor do respectivo salário efetivo acrescido de 40% (quarenta por cento). *(Nova redação pela L. n. 8.966, DOU 27.12.94, DOU 28.12.94)*

⚖ TST: Súm. n. 102, 287, 372

Art. 63 Não haverá distinção entre empregados e interessados, e a participação em lucros e comissões, salvo em lucros de caráter social, não exclui o participante do regime deste Capítulo.

⚖ TST: Súm. ns. 340 e 451

Art. 64 O salário-hora normal, no caso do empregado mensalista, será obtido dividindo-se o salário mensal correspondente à duração do trabalho, a que se refere o art. 58, por 30 vezes o número de horas dessa duração.

⚖ TST: Súm. ns. 124, 318, 340, 347, 431, OJ SDI-1 ns. 358, 396

PARÁGRAFO ÚNICO. Sendo o número de dias inferior a 30, adotar-se-á para o cálculo em lugar desse número, o de dias de trabalho por mês. *(Redação de acordo com a L. n. 605, 5.1.49, DOU 14.1.49, LTr 13/45)*

Art. 65 No caso do empregado diarista, o salário-hora normal será obtido dividindo-se salário diário correspondente à duração do trabalho, estabelecida no art. 58, pelo número de horas de efetivo trabalho.

⚖ TST: Súm. n. 431

Seção III

DOS PERÍODOS DE DESCANSO

Art. 66 Entre duas jornadas de trabalho haverá um período mínimo de onze horas consecutivas para descanso.

⚖ TST: Súm. ns. 96, 110, 437, 444, OJ SDI-1 n. 355

Art. 67 Será assegurado a todo empregado um descanso semanal de vinte e quatro horas consecutivas, o qual, salvo motivo de conveniência pública ou necessidade imperiosa do serviço, deverá coincidir com o domingo, no todo ou em parte.

⚖ TST: Súm. ns. 15, 27, 96, 110, 113, 146, 172, 225, 351, 360, 437, OJ SDI-1 Trans. n. 72, OJ SDI-1 n. 103, 394, 410, 420, Prec. Normativo ns. 68, 79, 87, 92; STF: Súm. ns. 201, 461

— v. CF, art. 7º, XV, p. 15

— v. L. n. 605/49 e D. n. 27.048/49, p. 558 e 560

PARÁGRAFO ÚNICO. Nos serviços que exijam trabalho aos domingos, com exceção quanto aos elencos teatrais, será estabelecida escala de revezamento, mensalmente organizada e constando de quadro sujeito à fiscalização.

Art. 68 O trabalho em domingo, seja total ou parcial, na forma do art. 67, será sempre subordinado à permissão prévia da autoridade competente em matéria de trabalho.

PARÁGRAFO ÚNICO. A permissão será concedida a título permanente nas atividades que, por sua natureza ou pela conveniência pública, devem ser exercidas aos domingos, cabendo ao Ministro do Trabalho expedir instruções em que sejam especificadas tais atividades. Nos demais casos, ela será dada sob forma transitória, com discriminação do período autorizado, o qual, de cada vez, não excederá de sessenta dias. *(V. L. n. 605/49, no apêndice e D. n. 83.842, 14.8.74 — LTr 43/1204)*

⚖ TST: Súm. ns. 146, 225, OJ SDI-1 Trans. n. 72, Prec. Normativo n. 87

Art. 69 Na regulamentação do funcionamento de atividades sujeitas ao regime deste Capítulo, os municípios atenderão aos preceitos nele estabelecidos, e as regras que venham a fixar não poderão contrariar tais preceitos nem as instruções que, para seu cumprimento, forem expedidas pelas autoridades competentes em matéria de trabalho.

Art. 70 Salvo o disposto nos arts. 68 e 69, é vedado o trabalho em dias feriados nacionais e feriados religiosos, nos termos da legislação própria. *(Redação DL n. 229, 28.2.67, DOU 28.2.67, LTr 31/137)*

⚖ TST: Súm. n. 146, OJ SDI-1 Trans. n. 72, Prec. Normativo n. 87

— v. L. n. 605/49, p. 558

Art. 71 Em qualquer trabalho contínuo, cuja duração exceda de seis horas, é obrigatória a concessão de um intervalo para repouso ou alimentação, o qual será, no mínimo, de uma hora e, salvo acordo escrito ou contrato coletivo em contrário, não poderá exceder de duas horas.

⚖ TST: Súm. ns. 360, 437, 446, OJ SDI-1 ns. 342; STF: Súm. 675

§ 1º Não excedendo de seis horas o trabalho, será, entretanto, obrigatório um intervalo de quinze minutos quando a duração ultrapassar quatro horas.

⚖ TST: OJ SDI-1 n. 178

§ 2º Os intervalos de descanso não serão computados na duração do trabalho.

⚖ TST: OJ SDI-1 n. 178

§ 3º O limite mínimo de uma hora para repouso ou refeição poderá ser reduzido por ato do Ministro do Trabalho, quando, ouvido o Departamento Nacional de Higiene e Segurança do Trabalho (DNHST) (atualmente Secretaria de Segurança e Medicina do Trabalho — SSMT), se verificar que o estabelecimento atende integralmente às exigências concernentes à organização dos refeitórios e quando os respectivos empregados não estiverem sob regime de trabalho prorrogado a horas suplementares. *(Redação DL n. 229, 28.2.67, DOU 28.2.67, LTr 31/137)*

⚖ TST: Súm. ns. 118, 437, OJ SDI-1 n. 342

§ 4º A não concessão ou a concessão parcial do intervalo intrajornada mínimo, para repouso e alimentação, a empregados urbanos e rurais, implica o pagamento, de natureza indenizatória, apenas do período suprimido, com acréscimo de 50% (cinquenta por cento) sobre o valor da remuneração da hora normal de trabalho. *(Redação dada pela Lei n. 13.467, de 13.7.2017, DOU 14.7.2017, com vigência a partir de 11.11.2017)*

⚖ TST: Súm. n. 118, 437, 446

§ 5º O intervalo expresso no *caput* poderá ser reduzido e/ou fracionado, e aquele estabelecido no § 1º poderá ser fracionado, quando compreendidos entre o término da primeira hora trabalhada e o início da última hora trabalhada, desde que previsto em convenção ou acordo coletivo de trabalho, ante a natureza do serviço e em virtude das condições especiais de trabalho a que são submetidos estritamente os motoristas, cobradores, fiscalização de campo e afins nos serviços de operação de veículos rodoviários, empregados no setor de transporte coletivo de passageiros, mantida a remuneração e concedidos intervalos para descanso menores ao final de cada viagem. *(Redação dada pela Lei n. 13.103, de 2.3.15, DOU 3.3.15)*

Art. 72 Nos serviços permanentes de mecanografia (datilografia, escrituração ou cálculo), a cada período de noventa minutos de trabalho consecutivo corresponderá um repouso de dez minutos não deduzidos da duração normal do trabalho.

⚖ TST: Súm. n. 346

Seção IV

DO TRABALHO NOTURNO

Art. 73 Salvo nos casos de revezamento semanal ou quinzenal, o trabalho noturno terá remuneração superior à do diurno e, para esse efeito, sua remuneração terá um acréscimo de 20% (vinte por cento), pelo menos, sobre a hora diurna. *(Redação art. e §§ DL n. 9.666, 28.8.46, DOU 30.8.46, LTr 10/256)*

⚖ TST: Súm. ns. 60, 65, 112, 140, 265, 354, 391, 444, OJ SDI-1 n. 97, 127, 259, 388, 395, 396; STF: Súm. ns. 213, 214, 313, 402

— v. CF, art. 7º, IX — p. 15

§ 1º A hora do trabalho noturno será computada como de 52 minutos e 30 segundos.

⚖ TST: Súm. ns. 65, 112, OJ SDI-1 n. 60, 127, 395; STF: Súm n. 214

CLT

§ 2º Considera-se noturno, para os efeitos deste artigo, o trabalho executado entre as 22 horas de um dia e as 5 horas do dia seguinte.

§ 3º O acréscimo a que se refere o presente artigo, em se tratando de empresas que não mantêm, pela natureza de suas atividades, trabalho noturno habitual, será feito tendo em vista os quantitativos pagos por trabalhos diurnos de natureza semelhante. Em relação às empresas cujo trabalho noturno decorra da natureza de suas atividades, o aumento será calculado sobre o salário mínimo geral vigente na região, não sendo devido quando exceder desse limite, já acrescido da percentagem.

STF: Súm. n. 313

§ 4º Nos horários mistos, assim entendidos os que abrangem períodos diurnos e noturnos, aplica-se às horas de trabalho noturno o disposto neste artigo e seus parágrafos.

TST: OJ SDI-1 n. 388

§ 5º Às prorrogações do trabalho noturno aplica-se o disposto neste Capítulo.

TST: Súm. ns. 60, 140, 256, 354

Seção V
DO QUADRO DE HORÁRIO

Art. 74 O horário do trabalho constará do quadro, organizado conforme modelo expedido pelo Ministro do Trabalho, e afixado em lugar bem visível. Esse quadro será discriminativo no caso de não ser o horário único para todos os empregados de uma mesma seção ou turma.

§ 1º O horário de trabalho será anotado em registro de empregados com a indicação de acordos ou contratos coletivos porventura celebrados.

§ 2º Para os estabelecimentos de mais de dez trabalhadores será obrigatória a anotação da hora de entrada e de saída, em registro manual, mecânico ou eletrônico, conforme instruções a serem expedidas pelo Ministério do Trabalho, devendo haver pré-assinalação do período de repouso. *(Redação L. n. 7.855, 24.10.89, DOU 25.10.89, LTr 53/1418)*

TST: Súm. ns. 74, 338, 340, 366, OJ-SDI-1 n. 233

§ 3º Se o trabalho for executado fora do estabelecimento, o horário dos empregados constará, explicitamente, de ficha ou papeleta em seu poder, sem prejuízo do que dispõe o § 1º deste artigo.

TST: OJ SDI-1 n. 332

Seção VI
DAS PENALIDADES

Art. 75 Os infratores dos dispositivos do presente Capítulo incorrerão na multa de 3 (três) a 300 (trezentos) valores de referência regionais, segundo a natureza da infração, sua extensão e a intenção de quem a praticou, aplicada em dobro no caso de reincidência e oposição à fiscalização ou desacato à autoridade. *(Redação L. n. 6.205, 29.4.75 c/c art. 7º L. n. 6.986, 13.4.82)*

— v. Nota do art. 47

PARÁGRAFO ÚNICO. São competentes para impor penalidades as Delegacias Regionais do Trabalho.

Capítulo II-A
DO TELETRABALHO

(Capítulo incluído pela Lei n. 13.467, de 13.7.2017, DOU 14.7.2017, com vigência partir de 11.11.2017)

Art. 75-A A prestação de serviços pelo empregado em regime de teletrabalho observará o disposto neste Capítulo.

Art. 75-B Considera-se teletrabalho a prestação de serviços preponderantemente fora das dependências do empregador, com a utilização de tecnologias de informação e de comunicação que, por sua natureza, não se constituam como trabalho externo.

PARÁGRAFO ÚNICO. O comparecimento às dependências do empregador para a realização de atividades específicas que exijam a presença do empregado no estabelecimento não descaracteriza o regime de teletrabalho.

Art. 75-C A prestação de serviços na modalidade de teletrabalho deverá constar expressamente do contrato individual de trabalho, que especificará as atividades que serão realizadas pelo empregado.

§ 1º Poderá ser realizada a alteração entre regime presencial e de teletrabalho desde que haja mútuo acordo entre as partes, registrado em aditivo contratual.

§ 2º Poderá ser realizada a alteração do regime de teletrabalho para o presencial por determinação do empregador, garantido prazo de transição mínimo de quinze dias, com correspondente registro em aditivo contratual.

Art. 75-D As disposições relativas à responsabilidade pela aquisição, manutenção ou fornecimento dos equipamentos tecnológicos e da infraestrutura necessária e adequada à prestação do trabalho remoto, bem como ao reembolso de despesas arcadas pelo empregado, serão previstas em contrato escrito.

PARÁGRAFO ÚNICO. As utilidades mencionadas no **caput** deste artigo não integram a remuneração do empregado.

Art. 75-E O empregador deverá instruir os empregados, de maneira expressa e ostensiva, quanto às precauções a tomar a fim de evitar doenças e acidentes de trabalho.

PARÁGRAFO ÚNICO. O empregado deverá assinar termo de responsabilidade comprometendo-se a seguir as instruções fornecidas pelo empregador.

Capítulo III
DO SALÁRIO MÍNIMO
(V. CF, art. 7º, IV — p. 15

Seção I
DO CONCEITO

Art. 76 Salário mínimo é a contraprestação mínima devida e paga diretamente pelo empregador a todo trabalhador, inclusive ao trabalhador rural, sem distinção de sexo, por dia normal de serviço, e capaz de satisfazer, em determinada época e região do País, as suas necessidades normais de alimentação, habitação, vestuário, higiene e transporte.

TST: Súm. ns. 199, 228, 301, 370, OJ SDI-1 ns. 47, 208, 272, 358, 393, OJ SDI-2 n. 2; STF: Súm. ns. 199, 204, 307, 467, Súmula Vinculante ns. 4, 6

— v. CF, art. 7º, IV, p. 15

— v. L. n. 8.542, de 21.12.92, art. 6º, p. 632

Art. 77 Revogado pelo art. 23, L. n. 4.589, 11.12.64 DOU 17.12.64, LTr 29/271.

— v. Nota ao art. 86

Art. 78 Quando o salário for ajustado por empreitada, ou convencionado por tarefa ou peça, será garantida ao trabalhador uma remuneração diária nunca inferior à do salário mínimo por dia normal da região, zona ou subzona (atualmente região ou sub-região).

PARÁGRAFO ÚNICO. Quando o salário mínimo mensal do empregado à comissão ou que tenha direito à percentagem for integrado por parte fixa e parte variável, ser-lhe-á sempre garantido o salário mínimo, vedado qualquer desconto em mês subsequente a título de compensação. *(§ incluído DL n. 229, 28.2.67, DOU 28.2.67, LTr 31/137)*

TST: Súm. ns. 340, 347, OJ SDI-1 ns. 235, 397; STF: Súm. n. 199

Art. 79 Revogado pelo art. 23, L. n. 4.589, 11.12.64, DOU 17.12.64, LTr 29/271.

Art. 80 Revogado pela Lei n. 10.097, de 19.12.00, DOU 20.12.00

— v. CF, art. 7º, XXXIII, p. 15

Art. 81 O salário mínimo será determinado pela fórmula Sm=a+b+c+d+e, em que "a", "b", "c", "d" e "e" representam, respectivamente, o valor das despesas diárias com alimentação, habitação, vestuário, higiene e transporte necessários à vida de um trabalhador adulto.

— v. art. 6º da L. n. 8.542/92, p. 632

§ 1º A parcela correspondente à alimentação terá um valor mínimo igual aos valores da lista de provisões, constantes dos quadros devidamente aprovados e necessários à alimentação diária do trabalhador adulto.

§ 2º Poderão ser substituídos pelos equivalentes de cada grupo, também mencionados nos quadros a que alude o parágrafo anterior, os alimentos, quando as condições da região, zona ou subzona (atualmente região ou sub-região) o aconselharem, respeitados os valores nutritivos determinados nos mesmos quadros.

§ 3º O Ministério do Trabalho fará, periodicamente, a revisão dos quadros a que se refere o § 1º deste artigo.

— v. CF, art. 7º, IV, p. 15

Art. 82 Quando o empregador fornecer, *in natura*, uma ou mais das parcelas, do salário mínimo, o salário em dinheiro será determinado pela fórmula Sd=Sm-P, em que Sd representa o salário em dinheiro, Sm o salário mínimo e P a soma dos valores daquelas parcelas na região, zona ou subzona (atualmente região ou sub-região).

TST: Súm. ns. 241, 258, 367

PARÁGRAFO ÚNICO. O salário mínimo pago em dinheiro não será inferior a 30% (trinta por cento) do salário mínimo fixado para a região, zona ou subzona (atualmente região ou sub-região).

Art. 83 É devido o salário mínimo ao trabalhador em domicílio, considerado este como o executado na habitação do empregado ou em oficina de família, por conta de empregador que o remunere.

Seção II
DAS REGIÕES, ZONAS E SUBZONAS

Art. 84 Revogado pelo DL n. 2.351, 7.8.87, DOU 10.8.87, LTr 51-9/1150 e confirmado pela Lei n. 13.467, de 13.4.17, DOU 14.7.17, com vigência a partir de 11.11.2017.

Art. 85 Revogado pelo artigo 23, L. n. 4.589, 11.12.64, DOU 11.12.64, LTr 20/271.

Art. 86 Revogado pelo DL n. 2.351, 7.8.87, DOU 10.8.87, LTr 51-9/1150 e confirmado pela Lei n. 13.467, de 13.4.17, DOU 14.7.17, com vigência a partir de 11.11.2017.

§ 1º Revogado pela L. n. 4.589, 11.12.64, DOU 17.12.64, LTr 29/271.

§§ 2º e 3º Revogados pelo DL n. 2.351, 7.8.87, DOU 10.8.87, LTr 51-9/1150.

Seção III
DA CONSTITUIÇÃO DAS COMISSÕES

Arts. 87 a 100 Revogados pela L. n. 4.589, 11.12.64, DOU 17.12.64, LTr 29/271.

Seção IV
DAS ATRIBUIÇÕES DAS COMISSÕES DE SALÁRIO MÍNIMO

Arts. 101 a 111 Revogados pela L. n. 4.589, 11.12.64, DOU 17.12.64, LTr 29/271.

Seção V
FIXAÇÃO DO SALÁRIO MÍNIMO

Arts. 112 a 115 Revogados pela L. n. 4.589, 11.12.64, DOU 17.12.64, LTr 29/271.

Art. 116 Revogado pelo DL n. 2.351, 7.8.87, DOU 10.8.87, LTr 51-9/1150.

Seção VI
DISPOSIÇÕES GERAIS

Art. 117 Será nulo de pleno direito, sujeitando o empregador às sanções do art. 120, qualquer contrato ou convenção que estipule remuneração inferior ao salário mínimo estabelecido na região, zona ou subzona em que tiver de ser cumprido.

TST: OJ SDI-1 ns. 272, 358; STF: Súm. ns. 199, 204

— v. CF, art. 7º, IV, p. 15

Art. 118 O trabalhador a quem for pago salário inferior ao mínimo terá direito, não obstante qualquer contrato ou convenção em contrário, a reclamar do empregador o complemento de seu salário mínimo estabelecido na região, zona ou subzona em que tiver de ser cumprido.

— v. CF, art. 7º, IV, p. 15

Art. 119 Prescreve em dois anos a ação para reaver a diferença, contados, para cada pagamento, da data em que o mesmo tenha sido efetuado.

TST: Súm. n. 294

— v. CF, art. 7º, XXIX, p. 15

Art. 120 Aquele que infringir qualquer dispositivo, concernente ao salário mínimo, será passível de multa de 1 (um) a 40 (quarenta) valores de referência regionais, elevada ao dobro na reincidência. *(Redação L. n. 6.205, 29.4.75 c/c art. 7º L. n. 6.986, 13.4.82)*

— v. Nota do art. 47

Art. 121 Revogado pelo DL n. 229, 28.2.67, DOU 28.2.67, LTr 31/137.

CLT

Arts. 122 e 123 Revogados pela L. n. 4.589, 11.12.64, DOU 17.12.64, LTr 29/271.

Art. 124 A aplicação dos preceitos deste Capítulo não poderá, em caso algum, ser causa determinante da redução do salário.

⚖ TST: OJ SDI-1 n. 358

Art. 125 Revogado pela L. n. 4.589, 11.12.64, DOU 17.12.64, LTr 29/271.

Art. 126 O Ministro do Trabalho expedirá as instruções necessárias à fiscalização do salário mínimo, podendo cometer essa fiscalização a qualquer dos órgãos componentes do respectivo Ministério, e, bem assim, aos fiscais do Instituto Nacional do Seguro Social — INSS, na forma da legislação em vigor.

Arts. 127 e 128 Revogados pelo DL n. 229, 28.2.67, DOU 28.2.67, LTr 31/137.

Capítulo IV
DAS FÉRIAS ANUAIS

(Redação deste Capítulo dada pelo DL n. 1.535, 13.4.77, DOU 13.4.77, LTr 41/559)

(V. Convenção n. 132, da OIT à p. 566)

Seção I
DO DIREITO A FÉRIAS E DA SUA DURAÇÃO

Art. 129 Todo empregado terá direito anualmente ao gozo de um período de férias, sem prejuízo da remuneração.

— v. CF, art. 7º, XVII, p. 15

⚖ TST: Súm. ns. 7, 10, 14, 46, 81, 89, 149, 171, 253, 261, 328, 450, OJ SDI-1 ns. 195, 394, OJ SDI-1 Trans. n. 50, Prec. Normativo ns. 100, 116; STF: Súm. ns. 198, 199, 200; STJ: Súm. 125

Art. 130 Após cada período de 12 (doze) meses de vigência do contrato de trabalho, o empregado terá direito a férias, na seguinte proporção:

⚖ TST: Súm. ns. 7, 46, 146, 149

I — 30 (trinta) dias corridos, quando não houver faltado ao serviço mais de 5 (cinco) vezes;

II — 24 (vinte e quatro) dias corridos, quando houver tido de 6 (seis) a 14 (quatorze) faltas;

III — 18 (dezoito) dias corridos, quando houver tido de 15 (quinze) a 23 (vinte e três) faltas;

IV — 12 (doze) dias corridos, quando houver tido de 24 (vinte e quatro) a 32 (trinta e duas) faltas.

§ 1º É vedado descontar, do período de férias, as faltas do empregado ao serviço.

⚖ TST: Súm. ns. 46, 89, 155

§ 2º O período das férias será computado, para todos os efeitos, como tempo de serviço.

Art. 130-A (REVOGADO) *(Lei n. 13.467, de 13.7.2017, DOU 14.7.2017, com vigência a partir de 11.11.2017)*

PARÁGRAFO ÚNICO. (REVOGADO) *(Lei n. 13.467, de 13.7.2017, DOU 14.7.2017, com vigência a partir de 11.11.2017)*

⚖ TST: Súm. ns. 89, 155

Art. 131 Não será considerada falta ao serviço, para os efeitos do artigo anterior, a ausência do empregado:

⚖ TST: Súm. ns. 46, 89, 294

I — nos casos referidos no art. 473;

II — durante o licenciamento compulsório da empregada por motivo de maternidade ou aborto, observados os requisitos para percepção do salário-maternidade custeado pela Previdência Social. *(Redação da L. n. 8.921, de 25.7.94)*;

III — por motivo de acidente de trabalho ou de enfermidade atestada pelo Instituto Nacional do Seguro Social — INSS, excetuada a hipótese do inciso IV do art. 133. *(Redação dada pela Lei n. 8.726, de 5.11.93)*;

⚖ TST: Súm. n. 46; STF: Súm. n. 198

IV — justificada pela empresa, entendendo-se como tal a que não tiver determinado o desconto do correspondente salário;

V — durante a suspensão preventiva para responder a inquérito administrativo ou de prisão preventiva, quando for impronunciado ou absolvido; e,

VI — nos dias em que não tenha havido serviço, salvo na hipótese do inciso III do art. 133.

Art. 132 O tempo de trabalho anterior à apresentação do empregado para serviço militar obrigatório será computado no período aquisitivo, desde que ele compareça ao estabelecimento dentro de 90 (noventa) dias da data em que se verificar a respectiva baixa.

Art. 133 Não terá direito a férias o empregado que, no curso do período aquisitivo:

I — deixar o emprego e não for readmitido dentro dos 60 (sessenta) dias subsequentes à sua saída;

II — permanecer em gozo de licença, com percepção de salários, por mais de 30 (trinta) dias;

⚖ TST: Súm. ns. 46, 89; STF: Súm. n. 198

III — deixar de trabalhar, com percepção do salário, por mais de 30 (trinta) dias em virtude de paralisação parcial ou total dos serviços da empresa;

IV — tiver percebido da Previdência Social prestações de acidente de trabalho ou de auxílio-doença por mais de 6 (seis) meses, embora descontínuos.

§ 1º A interrupção da prestação de serviços deverá ser anotada na Carteira de Trabalho e Previdência Social.

§ 2º Iniciar-se-á o decurso de novo período aquisitivo quando o empregado, após o implemento de qualquer das condições previstas neste artigo, retornar ao serviço.

§ 3º Para os fins previstos no inciso III deste artigo a empresa comunicará ao órgão local do Ministério do Trabalho, com antecedência mínima de quinze dias, as datas de início e fim da paralisação total ou parcial dos serviços da empresa, e, em igual prazo, comunicará, nos mesmos termos, ao sindicato representativo da categoria profissional, bem como afixará aviso nos respectivos locais de trabalho. *(incluído pela L. n. 9.016, de 30.3.95, DOU 31.3.95)*

Seção II
DA CONCESSÃO E DA ÉPOCA DAS FÉRIAS

Art. 134 As férias serão concedidas por ato do empregador, em um só período, nos 12 (doze) meses subsequentes à data em que o empregado tiver adquirido o direito.

⚖ TST: Súm. n. 7, OJ SDI-1 n. 386, Prec. Normativo n. 100

§ 1º Desde que haja concordância do empregado, as férias poderão ser usufruídas em até três períodos, sendo que um deles não poderá ser inferior a quatorze dias corridos e os demais não poderão ser inferiores a cinco dias corridos, cada um. *(Redação dada pela Lei n. 13.467, de 13.7.2017, DOU 14.7.2017, com vigência a partir de 11.11.2017)*.

§ 2º (REVOGADO). *(Lei n. 13.467, de 13.7.2017, DOU 14.7.2017, com vigência a partir de 11.11.2017*

§ 3º É vedado o início das férias no período de dois dias que antecede feriado ou dia de repouso semanal remunerado. (NR) *(Incluído pela Lei n. 13.467, de 13.7.2017, DOU 14.7.2017, com vigência a partir de 11.11.2017)*

Art. 135 A concessão de férias será participada, por escrito, ao empregado, com antecedência de, no mínimo, 30 (trinta) dias. Dessa participação o interessado dará recibo. *(Redação L. n. 7.414, de 9.12.85, DOU 10.12.85)*

TST: Prec. Normativo n. 116

§ 1º O empregado não poderá entrar no gozo das férias sem que apresente ao empregador sua CTPS, para que nela seja anotada a respectiva concessão.

§ 2º A concessão das férias será, igualmente, anotada no livro ou nas fichas de registro dos empregados.

Art. 136 A época da concessão das férias será a que melhor consulte os interesses do empregador.

§ 1º Os membros de uma família, que trabalharem no mesmo estabelecimento ou empresa, terão direito a gozar férias no mesmo período, se assim o desejarem e se disto não resultar prejuízo para o serviço.

§ 2º O empregado estudante, menor de 18 (dezoito) anos, terá direito a fazer coincidir suas férias com as férias escolares.

Art. 137 Sempre que as férias forem concedidas após o prazo de que trata o art. 134, o empregador pagará em dobro a respectiva remuneração.

TST: Súm. ns. 7, 81, 328, 450, OJ SDI-1 n. 386

§ 1º Vencido o mencionado prazo sem que o empregador tenha concedido as férias, o empregado poderá ajuizar reclamação pedindo a fixação, por sentença, da época de gozo das mesmas.

§ 2º A sentença cominará pena diária de 5% (cinco por cento) do salário mínimo da região, devida ao empregado até que seja cumprida.

§ 3º Cópia da decisão judicial transitada em julgado será remetida ao órgão local do Ministério do Trabalho, para fins de aplicação da multa de caráter administrativo.

Art. 138 Durante as férias, o empregado não poderá prestar serviços a outro empregador, salvo se estiver obrigado a fazê-lo em virtude de contrato de trabalho regularmente mantido com aquele.

Seção III
DAS FÉRIAS COLETIVAS

Art. 139 Poderão ser concedidas férias coletivas a todos os empregados de uma empresa ou de determinados estabelecimentos ou setores da empresa.

§ 1º As férias poderão ser gozadas em dois períodos anuais, desde que nenhum deles seja inferior a 10 (dez) dias corridos.

TST: Prec. Normativo n. 100

§ 2º Para os fins previstos neste artigo, o empregador comunicará ao órgão local do Ministério do Trabalho, com a antecedência mínima de 15 (quinze) dias as datas de início e fim das férias, precisando quais os estabelecimentos ou setores abrangidos pela medida.

TST: Prec. Normativo n. 116

§ 3º Em igual prazo o empregador enviará cópia da aludida comunicação aos sindicatos representativos da respectiva categoria profissional, e providenciará a afixação de aviso nos locais de trabalho.

Art. 140 Os empregados contratados há menos de 12 (doze) meses gozarão, na oportunidade, férias proporcionais, iniciando-se, então, novo período aquisitivo.

TST: Súm. ns. 199, 200

Art. 141 Quando o número de empregados contemplados com as férias coletivas for superior a 300 (trezentos), a empresa poderá promover, mediante carimbo, as anotações de que trata o art. 135, § 1º.

§ 1º O carimbo, cujo modelo será aprovado pelo Ministério do Trabalho, dispensará a referência ao período aquisitivo a que correspondem, para cada empregado, as férias concedidas.

§ 2º Adotado o procedimento indicado neste artigo, caberá à empresa fornecer ao empregado cópia visada do recibo correspondente à quitação mencionada no parágrafo único do art. 145.

§ 3º Quando da cessação do contrato de trabalho, o empregador anotará na CTPS as datas dos períodos aquisitivos correspondentes às férias coletivas gozadas pelo empregado.

Seção IV
DA REMUNERAÇÃO E DO ABONO DE FÉRIAS

Art. 142 O empregado perceberá, durante as férias, a remuneração que lhe for devida na data da sua concessão.

TST: Súm. ns. 7, 159, 253, 328, OJ SDI-1 Trans. n. 50

— v. CF, art. 7º, XVII, p. 15

§ 1º Quando o salário for pago por hora, com jornadas variáveis, apurar-se-á a média do período aquisitivo aplicando-se o valor do salário na data da concessão das férias.

STF: Súm. n. 199

§ 2º Quando o salário for pago por tarefa, tomar-se-á por base a média da produção no período aquisitivo do direito a férias, aplicando-se o valor da remuneração da tarefa na data da concessão das férias.

TST: Súm. n. 149

§ 3º Quando o salário for pago por percentagem, comissão ou viagem, apurar-se-á a média percebida pelo empregado nos 12 (doze) meses que precederem à concessão das férias.

TST: OJ SDI-1 ns. 181, 397

§ 4º A parte do salário paga em utilidades será computada de acordo com a anotação na CTPS.

§ 5º Os adicionais por trabalho extraordinário, noturno, insalubre ou perigoso serão computados no salário que servirá de base ao cálculo da remuneração das férias.

TST: Súm. n. 347

§ 6º Se, no momento das férias, o empregado não estiver percebendo o mesmo adicional do período aquisitivo, ou quando o valor deste não tiver sido uniforme, será computada a média duodecimal recebida naquele período, após a atualização das importâncias pagas, mediante incidência dos percentuais dos reajustamentos salariais supervenientes.

TST: Súm. ns. 253, 328

Art. 143 É facultado ao empregado converter 1/3 (um terço) do período de férias a que tiver direito em abono pecuniário, no valor da remuneração que lhe seria devida nos dias correspondentes.

§ 1º O abono de férias deverá ser requerido até 15 (quinze) dias antes do término do período aquisitivo.

§ 2º Tratando-se de férias coletivas, a conversão a que se refere este artigo deverá ser objeto de acordo coletivo entre o empregador e o sindicato representativo da respectiva categoria profissional, independendo de requerimento individual a concessão do abono.

§ 3º REVOGADO. (NR) *(Lei n. 13.467, de 13.7.2017, DOU 14.7.2017, com vigência a partir de 11.11.2017)*

TST: OJ-SDI-1 Trans. n. 50

Art. 144 O abono de férias de que trata o artigo anterior, bem como o concedido em virtude de cláusula do contrato de trabalho, do regulamento da empresa, de convenção ou acordo coletivo, desde que não excedente de vinte dias do salário, não integrarão a remuneração do empregado para os efeitos da legislação do trabalho. *(Redação dada pela Lei n. 9.528, de 10.12.97, DOU 11.12.97)*

STJ: Súm. n. 386

Art. 145 O pagamento da remuneração das férias e, se for o caso o do abono referido no art. 143, serão efetuados até 2 (dois) dias antes do início do respectivo período.

TST: Súm. ns. 81, 450

PARÁGRAFO ÚNICO. O empregado dará quitação do pagamento com indicação do início e do termo das férias.

Seção V
DOS EFEITOS DA CESSAÇÃO DO CONTRATO DE TRABALHO

Art. 146 Na cessação do contrato de trabalho, qualquer que seja a sua causa, será devida ao empregado a remuneração simples ou em dobro, conforme o caso, correspondente ao período de férias cujo direito tenha adquirido.

TST: Súm. ns. 7, 10, 171, 261, 328, OJ SDI-1 n. 195; STJ: Súm. n. 125

PARÁGRAFO ÚNICO. Na cessação do contrato de trabalho, após 12 (doze) meses de serviço, o empregado, desde que não haja sido demitido por justa causa, terá direito à remuneração relativa ao período incompleto de férias, de acordo com o art. 130, na proporção de 1/12 (um doze avos) por mês de serviço ou fração superior a 14 (quatorze) dias.

TST: Súm. ns. 171, 261, 328, 450, OJ SDI-1 n. 195

Art. 147 O empregado que for despedido sem justa causa, ou cujo contrato de trabalho se extinguir em prazo predeterminado, antes de completar 12 (doze) meses de serviço, terá direito à remuneração relativa ao período incompleto de férias, de conformidade com o disposto no artigo anterior.

TST: Súm. ns. 14, 171, 261, 328, 450, OJ SDI-1 n. 195

Art. 148 A remuneração das férias, ainda quando devida após a cessação do contrato de trabalho, terá natureza salarial, para os efeitos do art. 449.

— V. art. 449 e Lei n. 11.101, de 9.2.05, DOU 9.2.05, ed. extra, p. 775

STJ: Súm. n. 386, OJ SDI-1 n. 386; STF: Súm. n. 200

Seção VI
DO INÍCIO DA PRESCRIÇÃO

Art. 149 A prescrição do direito de reclamar a concessão das férias ou o pagamento da respectiva remuneração é contada do término do prazo mencionado no art. 134 ou, se for o caso, da cessação do contrato de trabalho.

Seção VII
DISPOSIÇÕES ESPECIAIS

Art. 150 O tripulante que, por determinação do armador, for transferido para o serviço de outro, terá computado, para o efeito de gozo de férias, o tempo de serviço prestado ao primeiro, ficando obrigado a concedê-las o armador em cujo serviço ele se encontra na época de gozá-las.

§ 1º As férias poderão ser concedidas, a pedido dos interessados e com aquiescência do armador, parceladamente, nos portos de escala de grande estadia do navio, aos tripulantes ali residentes.

§ 2º Será considerada grande estadia a permanência no porto por prazo excedente de seis dias.

§ 3º Os embarcadiços, para gozarem férias nas condições deste artigo, deverão pedi-las, por escrito, ao armador, antes do início da viagem, no porto de registro ou armação.

§ 4º O tripulante, ao terminar as férias, apresentar-se-á ao armador, que deverá designá-lo para qualquer de suas embarcações ou o adir a algum dos seus serviços terrestres, respeitadas a condição pessoal e a remuneração.

§ 5º Em caso de necessidade, determinada pelo interesse público, e comprovada pela autoridade competente, poderá o armador ordenar a suspensão das férias já iniciadas ou a iniciar-se, ressalvado ao tripulante o direito ao respectivo gozo posteriormente.

§ 6º O Delegado do Trabalho Marítimo poderá autorizar a acumulação de dois períodos de férias do marítimo, mediante requerimento justificado:

I — do sindicato, quando se tratar de sindicalizado;

II — da empresa, quando o empregado não for sindicalizado.

TST: OJ-SDI-1 n. 391; STF: Súm. 531

Art. 151 Enquanto não se criar um tipo especial de caderneta profissional para os marítimos, as férias serão anotadas pela Capitania do Porto na caderneta-matrícula do tripulante, na página das observações.

TST: Súm. n. 96

Art. 152 A remuneração do tripulante, no gozo de férias, será acrescida da importância correspondente à etapa que estiver vencendo.

Seção VIII
DAS PENALIDADES

Art. 153 As infrações ao disposto neste Capítulo serão punidas com multas de valor igual a 160 BTNs por empregado em situação irregular.

PARÁGRAFO ÚNICO. Em caso de reincidência, embaraço ou resistência à fiscalização, emprego de artifício ou simulação com o objetivo de fraudar a lei, a multa será aplicada em dobro. *(Redação L. n. 7.855, 24.10.89, DOU 25.10.89, LTr 53/1418)*

Capítulo V
DA SEGURANÇA E MEDICINA DO TRABALHO

Redação deste Capítulo dada pela L. n. 6.514, 22.12.77, DOU 23.12.77, LTr 42/111 — V. Port. MTb n. 3.214, 8.6.78, que aprovou as Normas Regulamentadoras deste Capítulo, LTr 42/931

— V. Lei Complementar n. 123, de 14.12.06 (Estatuto da Microempresa e da Empresa de Pequeno Porte), art. 50

— V. Decreto n. 4.085, de 15.1.02 (DOU 16.1.02) que promulga a Convenção n. 174 e Recomendação n. 181, ambas da Organização Internacional do Trabalho — OIT, que trata sobre a Prevenção de Acidentes Industriais Maiores. (não publicada nesta obra)

— (V. CF, art. 7º, XXII, p. 15)

Seção I
DISPOSIÇÕES GERAIS
(V. NR-1 DA PORT. N. 3.214/78)

Art. 154 A observância, em todos os locais de trabalho, do disposto neste Capítulo, não desobriga as empresas do cumprimento de outras disposições que, com relação à matéria, sejam incluídas em códigos de obras ou regulamentos sanitários dos Estados ou Municípios em que se situem os respectivos estabelecimentos, bem como daquelas oriundas de convenções coletivas de trabalho.

TST: Súm. ns. 39, 47, 155; STF: Súm. n. 460, 736

Art. 155 Incumbe ao órgão de âmbito nacional competente em matéria de segurança e medicina do trabalho:

I — estabelecer, nos limites de sua competência, normas sobre a aplicação dos preceitos deste Capítulo, especialmente os referidos no art. 200;

II — coordenar, orientar, controlar e supervisionar a fiscalização e as demais atividades relacionadas com a segurança e a medicina do trabalho em todo território nacional, inclusive a Campanha Nacional de Prevenção de Acidentes do Trabalho;

III — conhecer, em última instância, dos recursos, voluntários ou de ofício, das decisões proferidas pelos Delegados Regionais do Trabalho, em matéria de segurança e medicina do trabalho.

Art. 156 Compete especialmente às Delegacias Regionais do Trabalho, nos limites de sua jurisdição:

I — promover a fiscalização do cumprimento das normas de segurança e medicina do trabalho;

II — adotar as medidas que se tornem exigíveis, em virtude das disposições deste Capítulo, determinando as obras e reparos que, em qualquer local de trabalho, se façam necessárias;

III — impor as penalidades cabíveis por descumprimento das normas constantes deste Capítulo, nos termos do art. 201.

— v. L. n. 8.422/92, DOU 14.5.92 (LTr 56-06/694)

Art. 157 Cabe às empresas:

I — cumprir e fazer cumprir as normas de segurança e medicina do trabalho;

II — instruir os empregados, através de ordens de serviço, quanto às precauções a tomar no sentido de evitar acidentes do trabalho ou doenças ocupacionais;

STF: Súmula Vinculante n. 22

III — adotar as medidas que lhes sejam determinadas pelo órgão regional competente;

IV — facilitar o exercício da fiscalização pela autoridade competente.

TST: Súm. n. 289

Art. 158 Cabe aos empregados:

I — observar as normas de segurança e medicina do trabalho, inclusive as instruções de que trata o item II do artigo anterior;

II — colaborar com a empresa na aplicação dos dispositivos deste Capítulo.

PARÁGRAFO ÚNICO. Constitui ato faltoso do empregado a recusa injustificada:

a) à observância das instruções expedidas pelo empregador na forma do item II do artigo anterior;

b) ao uso dos equipamentos de proteção individual fornecidos pela empresa.

TST: Súm. n. 289

Art. 159 Mediante convênio autorizado pelo Ministério do Trabalho, poderão ser delegadas a outros órgãos federais, estaduais ou municipais atribuições de fiscalização ou orientação às empresas quanto ao cumprimento das disposições constantes deste Capítulo.

Seção II
DA INSPEÇÃO PRÉVIA E DO EMBARGO OU INTERDIÇÃO

— v. NR-2 e NR-3, da Port./MTb n. 3.214/78

— v. Portaria GM/MTE n. 40, de 14 de janeiro de 2011, DOU 17.1.11 que disciplina os procedimentos relativos aos embargos e interdições, não publicada na presente obra.

— v. Portaria GM/MTE n. 1.719, de 5.11.14, DOU 1.11.14. p. 557

Art. 160 Nenhum estabelecimento poderá iniciar suas atividades sem prévia inspeção e aprovação das respectivas instalações pela autoridade regional competente em matéria de segurança e medicina do trabalho.

§ 1º Nova inspeção deverá ser feita quando ocorrer modificação substancial nas instalações, inclusive equipamentos, que a empresa fica obrigada a comunicar, prontamente, à Delegacia Regional do Trabalho.

§ 2º É facultado às empresas solicitar prévia aprovação, pela Delegacia Regional do Trabalho, dos projetos de construção e respectivas instalações.

Art. 161 O Delegado Regional do Trabalho, à vista do laudo técnico do serviço competente que demonstre grave e iminente risco para o trabalhador, poderá interditar estabelecimento, setor de serviço, máquina ou equipamento, ou embargar obra, indicando na decisão, tomada com a brevidade que a ocorrência exigir, as providências que deverão ser adotadas para prevenção de infortúnios de trabalho.

§ 1º As autoridades federais, estaduais e municipais darão imediato apoio às medidas determinadas pelo Delegado Regional do Trabalho.

§ 2º A interdição ou embargo poderão ser requeridos pelo serviço competente da Delegacia Regional do Trabalho, e, ainda, por agente da inspeção do trabalho ou por entidade sindical.

§ 3º Da decisão do Delegado Regional do Trabalho poderão os interessados recorrer, no prazo de 10 (dez) dias, para o órgão de âmbito nacional competente em matéria de segurança e medicina do trabalho, ao qual será facultado dar efeito suspensivo ao recurso.

§ 4º Responderá por desobediência, além das medidas penais cabíveis, quem, após determinada a interdição ou embargo, ordenar ou permitir o funcionamento do estabelecimento ou de um dos seus setores, a utilização de máquina ou equipamento, ou o prosseguimento de obra, se, em consequência, resultarem danos a terceiros.

§ 5º O Delegado Regional do Trabalho, independente de recurso, e após laudo técnico do serviço competente, poderá levantar a interdição.

§ 6º Durante a paralisação dos serviços, em decorrência da interdição ou embargo, os empregados receberão os salários como se estivessem em efetivo exercício.

Seção III
DOS ÓRGÃOS DE SEGURANÇA E DE MEDICINA DO TRABALHO NAS EMPRESAS

— v. NR-4 e NR-5, da Port./MTb n. 3.214/78

Art. 162 As empresas, de acordo com normas a serem expedidas pelo Ministério do Trabalho, estarão obrigadas a manter serviços especializados em segurança e em medicina do trabalho.

PARÁGRAFO ÚNICO. As normas a que se refere este artigo estabelecerão:

CLT

a) a classificação das empresas segundo o número de empregados e a natureza do risco de suas atividades;

b) o número mínimo de profissionais especializados exigido de cada empresa, segundo o grupo em que se classifique, na forma da alínea anterior;

c) a qualificação exigida para os profissionais em questão e o seu regime de trabalho;

d) as demais características e atribuições dos serviços especializados em segurança e em medicina do trabalho, nas empresas.

Art. 163 Será obrigatória a constituição de Comissão Interna de Prevenção de Acidentes (CIPA), de conformidade com instruções expedidas pelo Ministério do Trabalho, nos estabelecimentos ou locais de obra nelas especificadas.

PARÁGRAFO ÚNICO. O Ministério do Trabalho regulamentará as atribuições, a composição e o funcionamento das CIPAs. *(NR-5 da Port./MTb n. 3.214/78)*

Art. 164 Cada CIPA será composta de representantes da empresa e dos empregados, de acordo com os critérios que vierem a ser adotados na regulamentação de que trata o parágrafo único do artigo anterior.

§ 1º Os representantes dos empregadores, titulares e suplentes, serão por eles designados.

§ 2º Os representantes dos empregados, titulares e suplentes, serão eleitos em escrutínio secreto, do qual participem, independentemente de filiação sindical, exclusivamente os empregados interessados.

TST: Prec. Normativo n. 86

§ 3º O mandato dos membros eleitos da CIPA terá a duração de 1 (um) ano, permitida uma reeleição.

§ 4º O disposto no parágrafo anterior não se aplicará ao membro suplente que, durante o seu mandato, tenha participado de menos da metade do número de reuniões da CIPA.

§ 5º O empregador designará, anualmente, dentre os seus representantes, o Presidente da CIPA e os empregados elegerão, dentre eles, o Vice-Presidente.

Art. 165 Os titulares da representação dos empregados nas CIPA(s) não poderão sofrer despedida arbitrária, entendendo-se como tal a que não se fundar em motivo disciplinar, técnico, econômico ou financeiro.

TST: Súm. n. 339, OJ SDI-1 n. 399, OJ SDI-2 n. 6, Prec. Normativo n. 86; STF: Súm. n. 676

PARÁGRAFO ÚNICO. Ocorrendo a despedida, caberá ao empregador, em caso de reclamação à Justiça do Trabalho, comprovar a existência de qualquer dos motivos mencionados neste artigo, sob pena de ser condenado a reintegrar o empregado.

— v. CF, DT, art. 10, II, *a*, p. 61

Seção IV

DO EQUIPAMENTO DE PROTEÇÃO INDIVIDUAL

— v. NR-6, da Port./MTb n. 3.214/78

Art. 166 A empresa é obrigada a fornecer aos empregados, gratuitamente, equipamento de proteção individual adequado ao risco e em perfeito estado de conservação e funcionamento, sempre que as medidas de ordem geral não ofereçam completa proteção contra os riscos de acidentes e danos à saúde dos empregados.

TST: Súm. ns. 80, 289

Art. 167 O equipamento de proteção só poderá ser posto à venda ou utilizado com a indicação do Certificado de Aprovação do Ministério do Trabalho.

Seção V

DAS MEDIDAS PREVENTIVAS DE MEDICINA DO TRABALHO

— v. NR-7 e NR-9, da Port./MTb n. 3.214/78

Art. 168 Será obrigatório exame médico, por conta do empregador, nas condições estabelecidas neste artigo e nas instruções complementares a serem expedidas pelo Ministério do Trabalho:

I — na admissão;

II — na demissão;

III — periodicamente.

§ 1º O Ministério do Trabalho baixará instruções relativas aos casos em que serão exigíveis exames:

a) por ocasião da demissão;

b) complementares.

§ 2º Outros exames complementares poderão ser exigidos, a critério médico, para apuração da capacidade ou aptidão física e mental do empregado para a função que deva exercer.

§ 3º O Ministério do Trabalho estabelecerá, de acordo com o risco da atividade e o tempo de exposição, a periodicidade dos exames médicos.

§ 4º O empregador manterá, no estabelecimento, o material necessário à prestação de primeiros socorros médicos, de acordo com o risco da atividade.

TST: Prec. Normativo n. 107

§ 5º O resultado dos exames médicos, inclusive o exame complementar, será comunicado ao trabalhador, observados os preceitos da ética médica. *(Redação L. n. 7.855, 24.10.89, DOU 25.10.89, LTr 53/1418)*

§ 6º Serão exigidos exames toxicológicos, previamente à admissão e por ocasião do desligamento, quando se tratar de motorista profissional, assegurados o direito à contraprova em caso de resultado positivo e a confidencialidade dos resultados dos respectivos exames. *(Parágrafo incluído pela Lei n. 13.103, de 2.3.15, DOU 3.3.15)*

§ 7º Para os fins do disposto no § 6º, será obrigatório exame toxicológico com janela de detecção mínima de 90 (noventa) dias, específico para substâncias psicoativas que causem dependência ou, comprovadamente, comprometam a capacidade de direção, podendo ser utilizado para essa finalidade o exame toxicológico previsto na Lei n. 9.503, de 23 de setembro de 1997 — Código de Trânsito Brasileiro, desde que realizado nos últimos 60 (sessenta) dias. (NR) *(Parágrafo incluído pela Lei n. 13.103, de 2.3.15, DOU 3.3.15)*

Art. 169 Será obrigatória a notificação das doenças profissionais e das produzidas em virtude de condições especiais de trabalho, comprovadas ou objeto de suspeita, de conformidade com as instruções expedidas pelo Ministério do Trabalho.

Seção VI

DAS EDIFICAÇÕES

— v. NR-8, da Port./MTb n. 3.214/78

Art. 170 As edificações deverão obedecer aos requisitos técnicos que garantam perfeita segurança aos que nelas trabalhem.

Art. 171 Os locais de trabalho deverão ter, no mínimo, 3 (três) metros de pé-direito, assim considerada a altura livre do piso ao teto.

PARÁGRAFO ÚNICO. Poderá ser reduzido esse mínimo desde que atendidas as condições de iluminação e conforto térmico compatíveis com a natureza do trabalho, sujeitando-se tal redução ao controle do órgão competente em matéria de segurança e medicina do trabalho.

Art. 172 Os pisos dos locais de trabalho não deverão apresentar saliências nem depressões que prejudiquem a circulação de pessoas ou a movimentação de materiais.

Art. 173 As aberturas nos pisos e paredes serão protegidas de forma que impeçam a queda de pessoas ou de objetos.

Art. 174 As paredes, escadas, rampas de acesso, passarelas, pisos, corredores, coberturas e passagens dos locais de trabalho deverão obedecer às condições de segurança e de higiene do trabalho, estabelecidas pelo Ministério do Trabalho e manter-se em perfeito estado de conservação e limpeza.

Seção VII

DA ILUMINAÇÃO

— V. NR-10 da Port./MTb n. 3.214/78

Art. 175 Em todos os locais de trabalho deverá haver iluminação adequada, natural ou artificial, apropriada à natureza da atividade.

§ 1º A iluminação deverá ser uniformemente distribuída, geral e difusa, a fim de evitar ofuscamento, reflexos incômodos, sombras e contrastes excessivos.

TST: OJ SDI-1 Trans. n. 57

— v. NR-17, da Port./MTb n. 3.214/78

§ 2º O Ministério do Trabalho estabelecerá os níveis mínimos de iluminamento a serem observados.

Seção VIII

DO CONFORTO TÉRMICO

— v. NR-17, da Port./MTb n. 3.214/78

Art. 176 Os locais de trabalho deverão ter ventilação natural, compatível com o serviço realizado.

PARÁGRAFO ÚNICO. A ventilação artificial será obrigatória sempre que a natural não preencha as condições de conforto térmico.

Art. 177 Se as condições de ambiente se tornarem desconfortáveis em virtude de instalações geradoras de frio ou de calor, será obrigatório o uso de vestimenta adequada para o trabalho em tais condições ou de capelas, anteparos, paredes duplas, isolamento térmico e recursos similares, de forma que os empregados fiquem protegidos contra as radiações térmicas.

Art. 178 As condições de conforto térmico dos locais de trabalho devem ser mantidas dentro dos limites fixados pelo Ministério do Trabalho.

Seção IX

DAS INSTALAÇÕES ELÉTRICAS

— v. NR-10, da Port./MTb n. 3.214/78

Art. 179 O Ministério do Trabalho disporá sobre as condições de segurança e as medidas especiais a serem observadas relativamente a instalações elétricas, em qualquer das fases de produção, transmissão, distribuição ou consumo de energia.

Art. 180 Somente profissional qualificado poderá instalar, operar, inspecionar ou reparar instalações elétricas.

TST: OJ SDI-1 ns. 324, 347

Art. 181 Os que trabalharem em serviços de eletricidade ou instalações elétricas devem estar familiarizados com os métodos de socorro a acidentados por choque elétrico.

Seção X

DA MOVIMENTAÇÃO, ARMAZENAGEM E MANUSEIO DE MATERIAIS

— v. NR-11 da Port./MTb n. 3.214/78

Art. 182 O Ministério do Trabalho estabelecerá normas sobre:

I — as precauções de segurança na movimentação de materiais nos locais de trabalho, os equipamentos a serem obrigatoriamente utilizados e as condições especiais a que estão sujeitas a operação e a manutenção desses equipamentos, inclusive exigências de pessoal habilitado;

II — as exigências similares relativas ao manuseio e à armazenagem de materiais, inclusive quanto às condições de segurança e higiene relativas aos recipientes e locais de armazenagem e os equipamentos de proteção individual;

III — a obrigatoriedade de indicação de carga máxima permitida nos equipamentos de transporte, dos avisos de proibição de fumar e de advertência quanto à natureza perigosa ou nociva à saúde das substâncias em movimentação ou em depósito, bem como das recomendações de primeiros socorros e de atendimento médico e símbolo de perigo, segundo padronização internacional, nos rótulos dos materiais ou substâncias armazenados ou transportados.

PARÁGRAFO ÚNICO. As disposições relativas ao transporte de materiais aplicam-se também, no que couber ao transporte de pessoas nos locais de trabalho.

TST: Prec. Normativo n. 71

Art. 183 As pessoas que trabalharem na movimentação de materiais deverão estar familiarizadas com os métodos racionais de levantamento de cargas.

Seção XI

DAS MÁQUINAS E EQUIPAMENTOS

— v. NR-12, da Port./MTb n. 3.214/78

Art. 184 As máquinas e os equipamentos deverão ser dotados de dispositivos de partida e parada e outros que se fizerem necessários para a prevenção de acidentes do trabalho, especialmente quanto ao risco de acionamento acidental.

PARÁGRAFO ÚNICO. É proibida a fabricação, a importação, a venda, a locação e o uso de máquinas e equipamentos que não atendam ao disposto neste artigo.

Art. 185 Os reparos, limpeza e ajustes somente poderão ser executados com as máquinas paradas, salvo se o movimento for indispensável à realização do ajuste.

Art. 186 O Ministério do Trabalho estabelecerá normas adicionais sobre proteção e medidas de segurança na operação de máquinas e equipamentos, especialmente quanto à proteção das partes móveis, distância entre estas, vias de acesso às máquinas e equipamentos de grandes dimensões, emprego de ferramentas, sua adequação e medidas de proteção exigidas, quando motorizadas ou elétricas.

Seção XII
DAS CALDEIRAS, FORNOS E RECIPIENTES SOB PRESSÃO

— v. NR-13 e NR-14, da Port./MTb n. 3.214/78

Art. 187 As caldeiras, equipamentos e recipientes em geral que operam sob pressão deverão dispor de válvulas e outros dispositivos de segurança, que evitem seja ultrapassada a pressão interna de trabalho compatível com a sua resistência.

PARÁGRAFO ÚNICO. O Ministério do Trabalho expedirá normas complementares quanto à segurança das caldeiras, fornos e recipientes sob pressão, especialmente quanto ao revestimento interno, à localização, à ventilação dos locais e outros meios de eliminação de gases ou vapores prejudiciais à saúde, e demais instalações ou equipamentos necessários à execução segura das tarefas de cada empregado.

STF: Súm. n. 194

Art. 188 As caldeiras serão periodicamente submetidas a inspeções de segurança, por engenheiro ou empresa especializada, inscritos no Ministério do Trabalho, de conformidade com as instruções que, para esse fim, forem expedidas.

§ 1º Toda caldeira será acompanhada de "Prontuário", com documentação original do fabricante, abrangendo, no mínimo, especificação técnica, desenhos, detalhes, provas e testes realizados durante a fabricação e a montagem, características funcionais e a pressão máxima de trabalho permitida (PMTP), esta última indicada, em local visível, na própria caldeira.

§ 2º O proprietário da caldeira deverá organizar, manter atualizado e apresentar, quando exigido pela autoridade competente, o Registro de Segurança, no qual serão anotadas, sistematicamente, as indicações das provas efetuadas, inspeções, reparos e quaisquer outras ocorrências.

§ 3º Os projetos de instalação de caldeiras, fornos e recipientes sob pressão deverão ser submetidos à aprovação prévia do órgão regional competente em matéria de segurança do trabalho.

Seção XIII
DAS ATIVIDADES INSALUBRES OU PERIGOSAS

— v. NRs-9, 15 e 16, da Port./MTb n. 3.214/78

— v. CF, art. 7º, XXII, p. 15

Art. 189 Serão consideradas atividades ou operações insalubres aquelas que, por sua natureza, condições ou métodos de trabalho, exponham os empregados a agentes nocivos à saúde, acima dos limites de tolerância fixados em razão da natureza e da intensidade do agente e do tempo de exposição aos seus efeitos.

TST: Súm. n. 448, OJ SDI-1 ns. 171, 172, 173

Art. 190 O Ministério do Trabalho aprovará o quadro das atividades e operações insalubres e adotará normas sobre os critérios de caracterização da insalubridade, os limites de tolerância aos agentes agressivos, meios de proteção e o tempo máximo de exposição do empregado a esses agentes.

TST: Súm. ns. 248, 448, OJ SDI-1 Trans. n. 57;
STF: Súm. ns. 194, 460

PARÁGRAFO ÚNICO. As normas referidas neste artigo incluirão medidas de proteção do organismo do trabalhador nas operações que produzem aerodispersóides tóxicos, irritantes, alergênicos ou incômodos.

Art. 191 A eliminação ou a neutralização da insalubridade ocorrerá:

I — com a adoção de medidas que conservem o ambiente de trabalho dentro dos limites de tolerância;

II — com a utilização de equipamentos de proteção individual ao trabalhador, que diminuam a intensidade do agente agressivo a limites de tolerância.

TST: Súm. ns. 80, 289, 448

PARÁGRAFO ÚNICO. Caberá às Delegacias Regionais do Trabalho, comprovada a insalubridade, notificar as empresas, estipulando prazos para a sua eliminação ou neutralização, na forma deste artigo.

— v. CF, art. 7º, IV, da CF. p. 15

Art. 192 O exercício de trabalho em condições insalubres, acima dos limites de tolerância estabelecidos pelo Ministério do Trabalho, assegura a percepção de adicional respectivamente de 40% (quarenta por cento), 20% (vinte por cento) e 10% (dez por cento) do salário mínimo da região, segundo se classifiquem nos graus máximo, médio e mínimo.

TST: Súm. ns. 47, 80, 139, 228, 248, 289, 293, 448, OJ SDI-1 ns. 47, 87, 103, 165, 173, 278, 345, OJ SDI-1 Trans. ns. 12, 33, 57, OJ SDI-2 n. 2, Prec. Normativo n. 106;
STF: Súm. Vinculante n. 4, Súm ns. 194, 307, 460

Art. 193 São consideradas atividades ou operações perigosas, na forma da regulamentação aprovada pelo Ministério do Trabalho e Emprego, aquelas que, por sua natureza ou métodos de trabalho, impliquem risco acentuado em virtude de exposição permanente do trabalhador a:

TST: Súm. ns. 39, 70, 132, 191, 361, 447, 453, OJ SDI-1 ns. 324, 345, 347, 402

I — inflamáveis, explosivos ou energia elétrica;

TST: Súm. n. 447

II — roubos ou outras espécies de violência física nas atividades profissionais de segurança pessoal ou patrimonial. *(Redação do caput e incisos dada pela Lei n. 12.740, de 8.12.12, DOU 10.12.12)*

§ 1º O trabalho em condições de periculosidade assegura ao empregado um adicional de 30% (trinta por cento) sobre o salário sem os acréscimos resultantes de gratificações, prêmios ou participações nos lucros da empresa.

TST: Súm. ns. 39, 70, 132, 191, 361, 364, 447, OJ SDI-1 ns. 172, 259, 279, 347, 364, 385, 402, OJ SDI-1 Trans. n. 12;
STF: Súm. n. 212

§ 2º O empregado poderá optar pelo adicional de insalubridade que porventura lhe seja devido.

§ 3º Serão descontados ou compensados do adicional outros da mesma natureza eventualmente já concedidos ao vigilante por meio de acordo coletivo. (NR) *(Acrescentado pela Lei n. 12.740, de 8.12.12, DOU 10.12.12)*

§ 4º São também consideradas perigosas as atividades de trabalhador em motocicleta. (NR). *(Acrescentado pela Lei n. 12.997, de 18 de junho de 2014. DOU 20.6.14)*

Art. 194 O direito do empregado ao adicional de insalubridade ou de periculosidade cessará com a eliminação do risco à sua saúde ou integridade física, nos termos desta Seção e das normas expedidas pelo Ministério do Trabalho.

TST: Súm. ns. 80, 248, 289

Art. 195 A caracterização e a classificação da insalubridade e da periculosidade, segundo as normas do Ministério do Trabalho, far-se-ão através de perícia a cargo de Médico do Trabalho ou Engenheiro do Trabalho, registrado no Ministério do Trabalho.

TST: Súm. n. 293, 448, OJ SDI-1 n. 165, 173, 278, 406; STF: Súm. n. 460

§ 1º É facultado às empresas e aos sindicatos das categorias profissionais interessadas requererem ao Ministério do Trabalho a realização de perícia em estabelecimento ou setor deste, com o objetivo de caracterizar e classificar ou delimitar as atividades insalubres ou perigosas.

§ 2º Arguida em juízo insalubridade ou periculosidade, seja por empregado, seja por Sindicato, em favor de grupo de associados, o juiz designará perito habilitado na forma deste artigo, e, onde não houver, requisitará perícia ao órgão competente do Ministério do Trabalho.

TST: Súm. n. 293, 453, OJ SDI-1 ns. 121, 165, 171, 172, 173 278, 406

§ 3º O disposto nos parágrafos anteriores não prejudica a ação fiscalizadora do Ministério do Trabalho, nem a realização *ex officio* da perícia.

Art. 196 Os efeitos pecuniários decorrentes do trabalho em condições de insalubridade ou periculosidade serão devidos a contar da data da inclusão da respectiva atividade nos quadros aprovados pelo Ministério do Trabalho, respeitadas as normas do art. 11.

TST: Súm. n. 248, 289, OJ SDI-1 n. 172; STF: Súm. 460

— v. CF, art. 7º, XXIX, p. 15

Art. 197 Os materiais e substâncias empregados, manipulados ou transportados nos locais de trabalho, quando perigosos ou nocivos à saúde, devem conter, no rótulo, sua composição, recomendações de socorro imediato e o símbolo de perigo correspondente, segundo a padronização internacional.

TST: Prec. Normativo n. 50

PARÁGRAFO ÚNICO. Os estabelecimentos que mantenham as atividades previstas neste artigo afixarão, nos setores de trabalho atingidos, avisos ou cartazes, com advertência quanto aos materiais e substâncias perigosos ou nocivos à saúde.

Seção XIV
DA PREVENÇÃO DA FADIGA

— v. NR-17, da Port./MTb n. 3.214/78

Art. 198 É de 60 Kg (sessenta quilogramas) o peso máximo que um empregado pode remover individualmente, ressalvadas as disposições especiais relativas ao trabalho do menor e da mulher.

PARÁGRAFO ÚNICO. Não está compreendida na proibição deste artigo a remoção de material feita por impulsão ou tração de vagonetes sobre trilhos, carros de mão ou quaisquer outros aparelhos mecânicos, podendo o Ministério do Trabalho, em tais casos, fixar limites diversos, que evitem sejam exigidos do empregado serviços superiores às suas forças.

Art. 199 Será obrigatória a colocação de assentos que assegurem postura correta ao trabalhador, capazes de evitar posições incômodas ou forçadas, sempre que a execução da tarefa exija que trabalhe sentado.

PARÁGRAFO ÚNICO. Quando o trabalho deva ser executado de pé, os empregados terão à sua disposição assentos para serem utilizados nas pausas que o serviço permitir.

Seção XV
DAS OUTRAS MEDIDAS ESPECIAIS DE PROTEÇÃO

— v. NR ns. 18 a 27 e 29 e 30 da Port./MTb n. 3.214, de 8.6.78 — LTr 42/904 e alterações subsequentes

Art. 200 Cabe ao Ministério do Trabalho estabelecer disposições complementares às normas de que trata este Capítulo, tendo em vista as peculiaridades de cada atividade ou setor de trabalho, especialmente sobre:

NRs — Normas Regulamentadoras

I — medidas de prevenção de acidentes e os equipamentos de proteção individual em obras de construção, demolição ou reparos;

II — depósitos, armazenagem e manuseio de combustíveis, inflamáveis e explosivos, bem como o trânsito e permanência nas áreas respectivas;

III — trabalho em escavações, túneis, galerias, minas e pedreiras, sobretudo quanto à prevenção de explosões, incêndios, desmoronamentos e soterramentos, eliminação de poeiras, gases etc., e facilidades de rápida saída dos empregados;

IV — proteção contra incêndio em geral e as medidas preventivas adequadas, com exigências ao especial revestimento de portas e paredes, construção de paredes contra fogo, diques e outros anteparos, assim como garantia geral de fácil circulação, corredores de acesso e saídas amplas e protegidas, com suficiente sinalização;

V — proteção contra insolação, calor, frio, umidade e ventos, sobretudo no trabalho a céu aberto, com provisão, quanto a este, de água potável, alojamento e profilaxia de endemias;

VI — proteção do trabalhador exposto a substâncias químicas nocivas, radiações ionizantes e não ionizantes, ruídos, vibrações e trepidações ou pressões anormais ao ambiente de trabalho, com especificação das medidas cabíveis para eliminação ou atenuação desses efeitos, limites máximos quanto ao tempo de exposição, à intensidade da ação ou de seus efeitos sobre o organismo do trabalhador, exames médicos obrigatórios, limites de idade, controle permanente dos locais de trabalho e das demais exigências que se façam necessárias;

TST: OJ SDI-1 n. 345

VII — higiene nos locais de trabalho, com discriminação das exigências, instalações sanitárias com separação de sexos, chuveiros, lavatórios, vestiários e armários individuais, refeitórios ou condições de conforto por ocasião das refeições, fornecimento de água potável, condições de limpeza dos locais de trabalho e modo de sua execução, tratamento de resíduos industriais;

VIII — emprego das cores nos locais de trabalho, inclusive nas sinalizações de perigo.

PARÁGRAFO ÚNICO. Tratando-se de radiações ionizantes e explosivos, as normas a que se referem este artigo serão expedidas de acordo com as resoluções a respeito adotadas pelo órgão técnico. *(V. Res. CNEN 06/73, que contém as normas básicas de proteção radiológica)*

Seção XVI
DAS PENALIDADES

Art. 201 As infrações ao disposto neste Capítulo relativas à medicina do trabalho serão punidas com multa de 30 (trinta) a 300 (trezentas) vezes o valor de referência previsto no art. 2º, parágrafo único, da Lei n. 6.205, de 29 de abril de 1975, e as concernentes à segurança do trabalho com multa de 50 (cinquenta) a 500 (quinhentas) vezes o mesmo valor. *(Redação art. 7º, L. n. 6.986, 13.4.82)*

— v. Nota do art. 47

— v. NR n. 28 — Fiscalização e Penalidades, da Portaria n. 7, de 5.10.92

PARÁGRAFO ÚNICO. Em caso de reincidência, embaraço ou resistência à fiscalização, emprego de artifício ou simulação com o objetivo de fraudar a lei, a multa será aplicada em seu valor máximo.

Arts. 202 a 223 Revogados pela L. n. 6.514, 22.12.77, DOU 23.12.77, LTr 42/111.

— A L. n. 6.514, de 22.12.77, dispõe:

"Art. 1º O Capítulo V do Título II da Consolidação das Leis do Trabalho, aprovada pelo Decreto-lei n. 5.452, de 1º de maio de 1943, passa a vigorar com a seguinte redação (Nota: os artigos alterados foram inseridos no texto da CLT):

....

Art. 2º A retroação dos efeitos pecuniários decorrentes do trabalho em condições de insalubridade ou periculosidade, de que trata o art. 196 da Consolidação das Leis do Trabalho, com a nova redação dada por esta Lei, terá como limite a data da vigência desta Lei, enquanto não decorridos dois anos da sua vigência.

Art. 3º As disposições contidas nesta Lei aplicam-se, no que couber, aos trabalhadores avulsos, às entidades ou empresas que lhes tomem o serviço e aos sindicatos representativos das respectivas categorias profissionais.

§ 1º Ao Delegado de Trabalho Marítimo ou ao Delegado Regional do Trabalho, conforme o caso, caberá promover a fiscalização do cumprimento das normas de segurança e medicina do trabalho em relação ao trabalhador avulso, adotando as medidas necessárias, inclusive as previstas na Seção II, do Capítulo V, do Título II, da Consolidação das Leis do Trabalho, com a redação que lhe for conferida pela presente Lei.

§ 2º Os exames de que tratam os §§ 1º e 3º do art. 168 da Consolidação das Leis do Trabalho, com a redação desta Lei, ficarão a cargo do Instituto Nacional de Assistência Médica da Previdência Social — INAMPS, ou dos serviços médicos das entidades sindicais correspondentes.

Art. 4º O Ministro do Trabalho relacionará os artigos do Capítulo V do Título II da Consolidação das Leis do Trabalho, cuja aplicação será fiscalizada exclusivamente por engenheiros de segurança e médicos do trabalho.

Art. 5º Esta Lei entrará em vigor na data da sua publicação, ficando revogados os arts. 202 a 223 da Consolidação das Leis do Trabalho; a Lei n. 2.573, de 15 de agosto de 1955; o Decreto-lei n. 389, de 26 de dezembro de 1968, e demais disposições em contrário.

Brasília, em 22 de dezembro de 1977; 156º da Independência e 89º da República. Ernesto Geisel — Arnaldo Prieto

TÍTULO II-A
DO DANO EXTRAPATRIMONIAL

(Título inserido pela Lei n. 13.467, de 13.7.2017, DOU 14.7.2017, com vigência a partir de 11.11.2017)

Art. 223-A Aplicam-se à reparação de danos de natureza extrapatrimonial decorrentes da relação de trabalho apenas os dispositivos deste Título.

Art. 223-B Causa dano de natureza extrapatrimonial a ação ou omissão que ofenda a esfera moral ou existencial da pessoa física ou jurídica, as quais são as titulares exclusivas do direito à reparação.

Art. 223-C A etnia, a idade, a nacionalidade, a honra, a imagem, a intimidade, a liberdade de ação, a autoestima, o gênero, a orientação sexual, a saúde, o lazer e a integridade física são os bens juridicamente tutelados inerentes à pessoa natural. (NR) *(Redação dada pela MP n. 808, de 14.11.17, DOU ed. extra 14.11.17)*

Art. 223-D A imagem, a marca, o nome, o segredo empresarial e o sigilo da correspondência são bens juridicamente tutelados inerentes à pessoa jurídica.

Art. 223-E São responsáveis pelo dano extrapatrimonial todos os que tenham colaborado para a ofensa ao bem jurídico tutelado, na proporção da ação ou da omissão.

Art. 223-F A reparação por danos extrapatrimoniais pode ser pedida cumulativamente com a indenização por danos materiais decorrentes do mesmo ato lesivo.

§ 1º Se houver cumulação de pedidos, o juízo, ao proferir a decisão, discriminará os valores das indenizações a título de danos patrimoniais e das reparações por danos de natureza extrapatrimonial.

§ 2º A composição das perdas e danos, assim compreendidos os lucros cessantes e os danos emergentes, não interfere na avaliação dos danos extrapatrimoniais.

Art. 223-G Ao apreciar o pedido, o juízo considerará:

I — a natureza do bem jurídico tutelado;

II — a intensidade do sofrimento ou da humilhação;

III — a possibilidade de superação física ou psicológica;

IV — os reflexos pessoais e sociais da ação ou da omissão;

V — a extensão e a duração dos efeitos da ofensa;

VI — as condições em que ocorreu a ofensa ou o prejuízo moral;

VII — o grau de dolo ou culpa;

VIII — a ocorrência de retratação espontânea;

IX — o esforço efetivo para minimizar a ofensa;

X — o perdão, tácito ou expresso;

XI — a situação social e econômica das partes envolvidas;

XII — o grau de publicidade da ofensa.

§ 1º Ao julgar procedente o pedido, o juízo fixará a reparação a ser paga, a cada um dos ofendidos, em um dos seguintes parâmetros, vedada a acumulação: *(Redação do parágrafo e incisos dada pela MP n. 808, de 14.11.17, DOU ed. extra 14.11.17)*

I — para ofensa de natureza leve — até três vezes o valor do limite máximo dos benefícios do Regime Geral de Previdência Social;

II — para ofensa de natureza média — até cinco vezes o valor do limite máximo dos benefícios do Regime Geral de Previdência Social;

III — para ofensa de natureza grave — até vinte vezes o valor do limite máximo dos benefícios do Regime Geral de Previdência Social; ou

IV — para ofensa de natureza gravíssima — até cinquenta vezes o valor do limite máximo dos benefícios do Regime Geral de Previdência Social.

§ 2º Se o ofendido for pessoa jurídica, a indenização será fixada com observância dos mesmos parâmetros estabelecidos no § 1º deste artigo, mas em relação ao salário contratual do ofensor.

§ 3º Na reincidência de quaisquer das partes, o juízo poderá elevar ao dobro o valor da indenização. *(Redação dada pela MP n. 808, de 14.11.17, DOU ed. extra 14.11.17)*

§ 4º Para fins do disposto no § 3º, a reincidência ocorrerá se ofensa idêntica ocorrer no prazo de até dois anos, contado do trânsito em julgado da decisão condenatória. *(Incluído pela MP n. 808, de 14.11.17, DOU ed. extra 14.11.17)*

§ 5º Os parâmetros estabelecidos no § 1º não se aplicam aos danos extrapatrimoniais decorrentes de morte. (NR) *(Incluído pela MP n. 808, de 14.11.17, DOU ed. extra 14.11.17)*

TÍTULO III
DAS NORMAS ESPECIAIS DE TUTELA DO TRABALHO

— V. Lei n. 7.853, de 24.10.89, p. 488 e Decreto n. 3.298, de 20.12.99, p. 490, que dispõem sobre a Política Nacional para a Integração da Pessoa Portadora de Deficiência e consolida as normas de proteção

— V. Resolução n. 15 da Secretaria Especial dos Direitos Humanos (CNDPD) de 8.10.03, DOU 24.10.03 que exige o cumprimento do art. 15 da Lei n. 7.853, de 24.10.89, aos Ministérios do Trabalho e Emprego, da Saúde, da Previdência Social e da Assistência Social (não publicada nesta obra)

— V. Instrução Normativa n. 29 do TST, 5.8.05, DJ 9.8.05, que dispõe sobre a prioridade na tramitação dos processos em que é parte pessoa portadora de deficiência, p. 752

Capítulo I
DAS DISPOSIÇÕES ESPECIAIS SOBRE DURAÇÃO E CONDIÇÕES DE TRABALHO

Seção I
DOS BANCÁRIOS

Art. 224 A duração normal do trabalho dos empregados em bancos, casas bancárias e Caixa Econômica Federal será de 6 (seis) horas contínuas nos dias úteis, com exceção dos sábados, perfazendo um total de 30 (trinta) horas de trabalho por semana. *(Redação L. n. 7.430, de 17.12.85, DOU 18.12.85)*

TST: Súm. ns. 55, 93, 102, 109, 113, 117, 119, 124, 199, 226, 239, 247, 257, 287, 313, 345, OJ SDI-1 ns. 16, 17, 18, 56, 123, 379, OJ SDI-1 Transitória ns. 7, 8, 25, 26, 27, 32, 34, 38, 40, 41, 46, 61, 70, 77, OJ SDI-2 n. 8, Prec. Normativo n. 10; STF: Súm. n. 19

§ 1º A duração normal do trabalho estabelecida neste artigo ficará compreendida entre sete e vinte e duas horas, assegurando-se ao empregado, no horário diário, um intervalo de quinze minutos para alimentação. *(Redação DL n. 229, 28.2.67, DOU 28.2.67, LTr 31/137)*

TST: OJ SDI-1 n. 178

§ 2º As disposições deste artigo não se aplicam aos que exercem funções de direção, gerência, fiscalização, chefia e equivalentes, ou que desempenhem outros cargos de confiança, desde que o valor da gratificação não seja inferior a um terço do salário do cargo efetivo. *(Redação DL n. 754, 11.8.69, DOU 12.8.69, LTr 33/527)*

TST: Súm. ns. 102, 109, 240, 287, OJ SDI-1 n. 17, OJ SDI-1 Trans. n. 70, OJ n. SDI-2 5

— v. Lei n. 10.556, de 13.11.02, p. 463

Art. 225 A duração normal de trabalho dos bancários poderá ser excepcionalmente prorrogada até oito horas diárias, não excedendo de quarenta horas semanais, observados os preceitos gerais sobre a duração de trabalho. *(Redação L. n. 6.637, 8.5.79, DOU 10.5.79, LTr 43/728)*

TST: Súm. n. 199, OJ SDI-1 Trans. ns. 70, 77; TRF: Súm. n. 226

Art. 226 O regime especial de 6 (seis) horas de trabalho também se aplica aos empregados de portaria e de limpeza, tais como porteiros, telefonistas de mesa, contínuos e serventes, empregados em bancos e casas bancárias.

TST: Súm. ns. 117, 119, 178, 257, OJ SDI-1 Trans. n. 77

PARÁGRAFO ÚNICO. A direção de cada banco organizará a escala de serviço do estabelecimento, de maneira a haver empregados do quadro da portaria em função, meia hora antes e até meia hora após o encerramento dos trabalhos, respeitado o limite de 6 (seis) horas diárias. *(Redação L. n. 3.488, 12.12.58, DOU 13.12.58, v. DL n. 546, 18.4.69, DOU 22.4.69, que dispõe sobre o trabalho noturno em estabelecimentos bancários, nas atividades que especifica)*

O Presidente da República, usando da atribuição que lhe confere o § 1º do art. 2º do Ato Institucional n. 5, de 13 de dezembro de 1968, decreta:

Art. 1º É permitido, inclusive à mulher, o trabalho noturno em estabelecimento bancário, para a execução de tarefa pertinente ao movimento de compensação de cheques ou à computação eletrônica, respeitado o disposto no art. 73, e seus parágrafos da Consolidação das Leis do Trabalho.

§ 1º A designação para o trabalho noturno dependerá de concordância expressa do empregado.

§ 2º O trabalho após as vinte e duas horas será realizado em turnos especiais, não podendo ultrapassar seis horas.

§ 3º É vedado aproveitar em outro horário o bancário que trabalhar no período da noite, bem como utilizar em tarefa noturna o que trabalhar durante o dia, facultada, contudo, a adoção de horário misto, na forma prevista no § 4º do precitado art. 173 da Consolidação das Leis do Trabalho.

§ 4º O disposto neste artigo poderá ser estendido, em casos especiais, à atividade bancária de outra natureza, mediante autorização do Ministro do Trabalho e Previdência Social.

Art. 2º Este Decreto-lei entrará em vigor na data de sua publicação, revogadas as disposições em contrário.

Brasília, 18 de abril de 1969; 148º da Independência e 81º da República. A. Costa e Silva — Antônio Delfim Netto — Jarbas G. Passarinho).

Seção II
DOS EMPREGADOS NOS SERVIÇOS DE TELEFONIA, DE TELEGRAFIA SUBMARINA E SUBFLUVIAL, DE RADIOTELEGRAFIA E RADIOTELEFONIA

Art. 227 Nas empresas que explorem o serviço de telefonia, telegrafia submarina ou subfluvial, de radiotelegrafia ou de radiotelefonia, fica estabelecida para os respectivos operadores a duração máxima de seis horas contínuas de trabalho por dia ou trinta e seis horas semanais. *(Redação de acordo DL n. 6.353, 20.3.44, DOU 22.3.44, LTr 8/47)*

TST: Súm. ns. 146, 178, OJ SDI-1 n. 213

§ 1º Quando, em caso de indeclinável necessidade, forem os operadores obrigados a permanecer em serviço além do período normal fixado neste artigo, a empresa pagar-lhes-á extraordinariamente o tempo excedente com acréscimo de 50% (cinquenta por cento) sobre o seu salário-hora normal.

§ 2º O trabalho aos domingos, feriados e dias santos de guarda será considerado extraordinário e obedecerá, quanto à sua execução e remuneração, ao que dispuseram empregadores e empregados em acordo, ou os respectivos sindicatos em contrato coletivo de trabalho. *(Redação §§ de acordo DL n. 6.353, 20.3.44, DOU 22.3.44, LTr 8/47)*

Art. 228 Os operadores não poderão trabalhar, de modo ininterrupto, na transmissão manual, bem como na recepção visual, auditiva, com escrita manual ou datilográfica, quando a velocidade for superior a vinte e cinco palavras por minuto.

Art. 229 Para os empregados sujeitos a horários variáveis, fica estabelecida a duração máxima de sete horas diárias de trabalho e dezessete horas de folga, deduzindo-se desse tempo vinte minutos para descanso, de cada um dos empregados, sempre que se verificar um esforço contínuo de mais de três horas.

§ 1º São considerados empregados sujeitos a horários variáveis, além dos operadores, cujas funções exijam classificação distinta, os que pertençam a seções de técnica, telefones, revisão, expedição, entrega e balcão.

CLT

§ 2º Quanto à execução e remuneração aos domingos, feriados e dias santos de guarda e às prorrogações de expediente, o trabalho dos empregados a que se refere o parágrafo anterior será regido pelo que se contém no § 1º do art. 227 desta Seção. *(Redação §§ de acordo DL n. 6.353, 20.3.44, DOU 22.3.44, LTr 8/47)*

Art. 230 A direção das empresas deverá organizar as turmas de empregados, para a execução dos seus serviços, de maneira que prevaleça, sempre, o revezamento entre os que exercem a mesma função, quer em escalas diurnas, quer em noturnas.

§ 1º Aos empregados que exerçam a mesma função será permitida, entre si, a troca de turmas, desde que isso não importe em prejuízo dos serviços, cujo chefe ou encarregado resolverá sobre a oportunidade ou possibilidade dessa medida, dentro das prescrições desta Seção.

§ 2º As empresas não poderão organizar horários que obriguem os empregados a fazer a refeição do almoço antes das 10 e depois das 13 horas e a de jantar antes das 16 e depois das 19:30 horas.

Art. 231 As disposições desta Seção não abrangem o trabalho dos operadores de radiotelegrafia embarcados em navios ou aeronaves.

Seção III

DOS MÚSICOS PROFISSIONAIS

Arts. 232 e 233 Revogados pela L. n. 3.857, 22.12.60, DOU 23.12.60, que regulamentou a profissão de músico.

STF: Súm. n. 312

Seção IV

DOS OPERADORES CINEMATOGRÁFICOS

Art. 234 A duração normal do trabalho dos operadores cinematográficos e seus ajudantes não excederá de seis horas diárias, assim distribuídas. *(Redação de acordo DL n. 6.353, 20.3.44, DOU 22.3.44, LTr 8/47)*:

a) cinco horas consecutivas de trabalho em cabina, durante o funcionamento cinematográfico;

b) um período suplementar, até o máximo de uma hora, para limpeza, lubrificação dos aparelhos de projeção, ou revisão de filmes.

PARÁGRAFO ÚNICO. Mediante remuneração adicional de 50% (cinquenta por cento) sobre o salário da hora normal e observado um intervalo de duas horas para folga, entre o período a que se refere a alínea *b* deste artigo e o trabalho em cabina de que trata a alínea *a*, poderá o trabalho dos operadores cinematográficos e seus ajudantes ter a duração prorrogada por duas horas diárias, para exibições extraordinárias. *(V. CF, art. 7º, XVI que altera o adicional de 25% para 50%)*

Art. 235 Nos estabelecimentos cujo funcionamento normal seja noturno, será facultado aos operadores cinematográficos e seus ajudantes, mediante acordo ou contrato coletivo de trabalho e com um acréscimo de 50% (cinquenta por cento) sobre o salário da hora normal, executar o trabalho em sessões diurnas extraordinárias e, cumulativamente, nas noturnas, desde que isso se verifique até três vezes por semana e entre as sessões diurnas e as noturnas haja o intervalo de uma hora, no mínimo, de descanso. *(V. CF, art. 7º, XVI, que altera o adicional de 25% para 50%)*

§ 1º A duração de trabalho cumulativo a que alude o presente artigo não poderá exceder de dez horas.

§ 2º Em seguida a cada período de trabalho haverá um intervalo de repouso no mínimo de doze horas.

Seção IV-A

DO SERVIÇO DO MOTORISTA PROFISSIONAL

(Seção acrescentada pela Lei n. 12.619, de 30.4.12, DOU 2.5.12)

(v. Lei n. 12.619, de 30.4.12, p. 457 e Deliberação n. 143, de 20.4.15, do CNH, p. 460)

(v. Portaria GM/MT n. 326, de 3.11.15, DOU 4.11.15, que dispõe sobre os procedimentos gerais para o reconhecimento dos pontos de parada e descanso em rodovias federais, de que trata a Lei n. 13.103, de 2 de março de 2015, que dispõe sobre o exercício da profissão de motorista)

Art. 235-A Os preceitos especiais desta Seção aplicam-se ao motorista profissional empregado: *(Redação do caput dada pela Lei n. 13.103, de 2.3.15, DOU 3.3.15)*

I — de transporte rodoviário coletivo de passageiros;

II — de transporte rodoviário de cargas. (NR) *(Redação dos incisos I e II dada pela Lei n. 13.103, de 2.3.15, DOU 3.3.15)*

Art. 235-B São deveres do motorista profissional empregado:

I — estar atento às condições de segurança do veículo;

II — conduzir o veículo com perícia, prudência, zelo e com observância aos princípios de direção defensiva;

III — respeitar a legislação de trânsito e, em especial, as normas relativas ao tempo de direção e de descanso controlado e registrado na forma do previsto no art. 67-E da Lei n. 9.503, de 23 de setembro de 1997 — Código de Trânsito Brasileiro; *(Redação dada pela Lei n. 13.103, de 2.3.15, DOU 3.3.15)*

IV — zelar pela carga transportada e pelo veículo;

V — colocar-se à disposição dos órgãos públicos de fiscalização na via pública;

VI — (VETADO);

VII — submeter-se a exames toxicológicos com janela de detecção mínima de 90 (noventa) dias e a programa de controle de uso de droga e de bebida alcoólica, instituído pelo empregador, com sua ampla ciência, pelo menos uma vez a cada 2 (dois) anos e 6 (seis) meses, podendo ser utilizado para esse fim o exame obrigatório previsto na Lei n. 9.503, de 23 de setembro de 1997 — Código de Trânsito Brasileiro, desde que realizado nos últimos 60 (sessenta) dias. *(Redação dada pela Lei n. 13.103, de 2.3.15, DOU 3.3.15, com sua vigência regulada no art. 13 da mesma lei)*

PARÁGRAFO ÚNICO. A recusa do empregado em submeter-se ao teste ou ao programa de controle de uso de droga e de bebida alcoólica previstos no inciso VII será considerada infração disciplinar, passível de penalização nos termos da lei. (NR) *(Redação dada pela Lei n. 13.103, de 2.3.15, DOU 3.3.15)*

Art. 235-C A jornada diária de trabalho do motorista profissional será de 8 (oito) horas, admitindo-se a sua prorrogação por até 2 (duas) horas extraordinárias ou, mediante previsão em convenção ou acordo coletivo, por até 4 (quatro) horas extraordinárias. *(Redação dada pela Lei n. 13.103, de 2.3.15, DOU 3.3.15)*

§ 1º Será considerado como trabalho efetivo o tempo em que o motorista empregado estiver à disposição do empregador, excluídos os intervalos para refeição, repouso e descanso e o tempo de espera. *(Redação dada pela Lei n. 13.103, de 2.3.15, DOU 3.3.15)*

§ 2º Será assegurado ao motorista profissional empregado intervalo mínimo de 1 (uma) hora para refeição, podendo esse período coincidir com o tempo de parada obrigatória na condução do veículo estabelecido pela Lei n. 9.503, de 23 de setembro de 1997 — Código de Trânsito Brasileiro, exceto quando se tratar do motorista profissional enquadrado no § 5º do art. 71 desta Consolidação. *(Redação dada pela Lei n. 13.103, de 2.3.15, DOU 3.3.15, com sua vigência regulada nos arts. 11, 12 e 14, da mesma lei)*

§ 3º Dentro do período de 24 (vinte e quatro) horas, são asseguradas 11 (onze) horas de descanso, sendo facultados o seu fracionamento e a coincidência com os períodos de parada obrigatória na condução do veículo estabelecida pela Lei n. 9.503, de 23 de setembro de 1997 — Código de Trânsito Brasileiro, garantidos o mínimo de 8 (oito) horas ininterruptas no primeiro período e o gozo do remanescente dentro das 16 (dezesseis) horas seguintes ao fim do primeiro período. *(Redação dada pela Lei n. 13.103, de 2.3.15, DOU 3.3.15)*

§ 4º Nas viagens de longa distância, assim consideradas aquelas em que o motorista profissional empregado permanece fora da base da empresa, matriz ou filial e de sua residência por mais de 24 (vinte e quatro) horas, o repouso diário pode ser feito no veículo ou em alojamento do empregador, do contratante do transporte, do embarcador ou do destinatário ou em outro local que ofereça condições adequadas. *(Redação dada pela Lei n. 13.103, de 2.3.15, DOU 3.3.15)*

§ 5º As horas consideradas extraordinárias serão pagas com o acréscimo estabelecido na Constituição Federal ou compensadas na forma do § 2º do art. 59 desta Consolidação. *(Redação dada pela Lei n. 13.103, de 2.3.15, DOU 3.3.15)*

§ 6º À hora de trabalho noturno aplica-se o disposto no art. 73 desta Consolidação. *(Redação dada pela Lei n. 13.103, de 2.3.15, DOU 3.3.15)*

§ 7º (VETADO)

§ 8º São considerados tempo de espera as horas em que o motorista profissional empregado ficar aguardando carga ou descarga do veículo nas dependências do embarcador ou do destinatário e o período gasto com a fiscalização da mercadoria transportada em barreiras fiscais ou alfandegárias, não sendo computados como jornada de trabalho e nem como horas extraordinárias. *(Redação dada pela Lei n. 13.103, de 2.3.15, DOU 3.3.15)*

§ 9º As horas relativas ao tempo de espera serão indenizadas na proporção de 30% (trinta por cento) do salário-hora normal. *(Redação dada pela Lei n. 13.103, de 2.3.15, DOU 3.3.15)*

§ 10. Em nenhuma hipótese, o tempo de espera do motorista empregado prejudicará o direito ao recebimento da remuneração correspondente ao salário-base diário. *(Redação dada pela Lei n. 13.103, de 2.3.15, DOU 3.3.15)*

§ 11. Quando a espera de que trata o § 8º for superior a 2 (duas) horas ininterruptas e for exigida a permanência do motorista empregado junto ao veículo, caso o local ofereça condições adequadas, o tempo será considerado como de repouso para os fins do intervalo de que tratam os §§ 2º e 3º, sem prejuízo do disposto no § 9º. *(Redação dada pela Lei n. 13.103, de 2.3.15, DOU 3.3.15)*

§ 12. Durante o tempo de espera, o motorista poderá realizar movimentações necessárias do veículo, as quais não serão consideradas como parte da jornada de trabalho, ficando garantido, porém, o gozo do descanso de 8 (oito) horas ininterruptas aludido no § 3º. *(Redação dada pela Lei n. 13.103, de 2.3.15, DOU 3.3.15)*

§ 13. Salvo previsão contratual, a jornada de trabalho do motorista empregado não tem horário fixo de início, de final ou de intervalos. *(Redação dada pela Lei n. 13.103, de 2.3.15, DOU 3.3.15)*

§ 14. O empregado é responsável pela guarda, preservação e exatidão das informações contidas nas anotações em diário de bordo, papeleta ou ficha de trabalho externo, ou no registrador instantâneo inalterável de velocidade e tempo, ou nos rastreadores ou sistemas e meios eletrônicos, instalados nos veículos, normatizados pelo Contran, até que o veículo seja entregue à empresa. *(Redação dada pela Lei n. 13.103, de 2.3.15, DOU 3.3.15)*

§ 15. Os dados referidos no § 14 poderão ser enviados a distância, a critério do empregador, facultando-se a anexação do documento original posteriormente. *(Redação dada pela Lei n. 13.103, de 2.3.15, DOU 3.3.15)*

§ 16. Aplicam-se as disposições deste artigo ao ajudante empregado nas operações em que acompanhe o motorista. (NR) *(Redação dada pela Lei n. 13.103, de 2.3.15, DOU 3.3.15)*

§ 17. O disposto no *caput* deste artigo aplica-se também aos operadores de automotores destinados a puxar ou a arrastar maquinaria de qualquer natureza ou a executar trabalhos de construção ou pavimentação e aos operadores de tratores, colheitadeiras, autopropelidos e demais aparelhos automotores destinados a puxar ou a arrastar maquinaria agrícola ou a executar trabalhos agrícolas. (NR). *(Incluído pela Lei n. 13.154, de 30.7.15, DOU 31.7.15)*

Art. 235-D Nas viagens de longa distância com duração superior a 7 (sete) dias, o repouso semanal será de 24 (vinte e quatro) horas por semana ou fração trabalhada, sem prejuízo do intervalo de repouso diário de 11 (onze) horas, totalizando 35 (trinta e cinco) horas, usufruído no retorno do motorista à base (matriz ou filial) ou ao seu domicílio, salvo se a empresa oferecer condições adequadas para o efetivo gozo do referido repouso. *(Redação dada pela Lei n. 13.103, de 2.3.15, DOU 3.3.15)*

I — revogado;

II — revogado;

III — revogado.

§ 1º É permitido o fracionamento do repouso semanal em 2 (dois) períodos, sendo um destes de, no mínimo, 30 (trinta) horas ininterruptas, a serem cumpridos na mesma semana e em continuidade a um período de repouso diário, que deverão ser usufruídos no retorno da viagem. *(Redação dada pela Lei n. 13.103, de 2.3.15, DOU 3.3.15)*

§ 2º A cumulatividade de descansos semanais em viagens de longa distância de que trata o caput fica limitada ao número de 3 (três) descansos consecutivos. *(Redação dada pela Lei n. 13.103, de 2.3.15, DOU 3.3.15)*

§ 3º O motorista empregado, em viagem de longa distância, que ficar com o veículo parado após o cumprimento da jornada normal ou das horas extraordinárias fica dispensado do serviço, exceto se for expressamente autorizada a sua permanência junto ao veículo pelo empregador, hipótese em que o tempo será considerado de espera. *(Redação dada pela Lei n. 13.103, de 2.3.15, DOU 3.3.15)*

§ 4º Não será considerado como jornada de trabalho, nem ensejará o pagamento de qualquer remuneração, o período em que o motorista empregado ou o ajudante ficarem espontaneamente no veículo usufruindo dos intervalos de repouso. *(Redação dada pela Lei n. 13.103, de 2.3.15, DOU 3.3.15)*

§ 5º Nos casos em que o empregador adotar 2 (dois) motoristas trabalhando no mesmo veículo, o tempo de repouso poderá ser feito com o veículo em movimento, assegurado o repouso mínimo de 6 (seis) horas consecutivas fora do veículo em alojamento externo ou, se na cabine leito, com o veículo estacionado, a cada 72 (setenta e duas) horas. *(Redação dada pela Lei n. 13.103, de 2.3.15, DOU 3.3.15)*

§ 6º Em situações excepcionais de inobservância justificada do limite de jornada de que trata o art. 235-C, devidamente registradas, e desde que não se comprometa a segurança rodoviária, a duração da jornada de trabalho do motorista profissional empregado poderá ser elevada pelo tempo necessário até o veículo chegar a um local seguro ou ao seu destino. *(Redação dada pela Lei n. 13.103, de 2.3.15, DOU 3.3.15)*

§ 7º Nos casos em que o motorista tenha que acompanhar o veículo transportado por qualquer meio onde ele siga embarcado e em que o veículo disponha de cabine leito ou a embarcação disponha de alojamento para gozo do intervalo de repouso diário previsto no § 3º do art. 235-C, esse tempo será considerado como tempo de descanso. *(Redação dada pela Lei n. 13.103, de 2.3.15, DOU 3.3.15)*

§ 8º Para o transporte de cargas vivas, perecíveis e especiais em longa distância ou em território estrangeiro poderão ser aplicadas regras conforme a especificidade da operação de transporte realizada, cujas condições de trabalho serão fixadas em convenção ou acordo coletivo de modo a assegurar as adequadas condições de viagem e entrega ao destino final. (NR) *(Redação dada pela Lei n. 13.103, de 2.3.15, DOU 3.3.15)*

Art. 235-E Para o transporte de passageiros, serão observados os seguintes dispositivos: *(Redação dada pela Lei n. 13.103, de 2.3.15, DOU 3.3.15)*

I — é facultado o fracionamento do intervalo de condução do veículo previsto na Lei n. 9.503, de 23 de setembro de 1997 — Código de Trânsito Brasileiro, em períodos de no mínimo 5 (cinco) minutos; *(Redação dada pela Lei n. 13.103, de 2.3.15, DOU 3.3.15)*

II — será assegurado ao motorista intervalo mínimo de 1 (uma) hora para refeição, podendo ser fracionado em 2 (dois) períodos e coincidir com o tempo de parada obrigatória na condução do veículo estabelecido pela Lei n. 9.503, de 23 de setembro de 1997 — Código de Trânsito Brasileiro, exceto quando se tratar do motorista profissional enquadrado no § 5º do art. 71 desta Consolidação; *(Redação dada pela Lei n. 13.103, de 2.3.15, DOU 3.3.15)*

III — nos casos em que o empregador adotar 2 (dois) motoristas no curso da mesma viagem, o descanso poderá ser feito com o veículo em movimento, respeitando-se os horários de jornada de trabalho, assegurado, após 72 (setenta e duas) horas, o repouso em alojamento externo ou, se em poltrona correspondente ao serviço de leito, com o veículo estacionado. *(Redação dada pela Lei n. 13.103, de 2.3.15, DOU 3.3.15)*

§ 1º (Revogado)

§ 2º (VETADO).

§ 3º (Revogado)

§ 4º (Revogado)

§ 5º (Revogado)

§ 6º (Revogado)

§ 7º (Revogado)

§ 8º (VETADO).

§ 9º (Revogado)

§ 10. (Revogado)

§ 11. (Revogado)

§ 12. (Revogado). (NR)

Art. 235-F Convenção e acordo coletivo poderão prever jornada especial de 12 (doze) horas de trabalho por 36 (trinta e seis) horas de descanso para o trabalho do motorista profissional empregado em regime de compensação. (NR) *(Redação dada pela Lei n. 13.103, de 2.3.15, DOU 3.3.15)*

Art. 235-G É permitida a remuneração do motorista em função da distância percorrida, do tempo de viagem ou da natureza e quantidade de produtos transportados, inclusive mediante oferta de comissão ou qualquer outro tipo de vantagem, desde que essa remuneração ou comissionamento não comprometa a segurança da rodovia e da coletividade ou possibilite a violação das normas previstas nesta Lei. (NR) *(Redação dada pela Lei n. 13.103, de 2.3.15, DOU 3.3.15)*

Art. 235-H (Revogado). (NR) *(Pela Lei n. 13.103, de 2.3.15, DOU 3.3.15)*

SEÇÃO V
DO SERVIÇO FERROVIÁRIO

⚖ TST: Súm. ns. 52, 67, 106; STF: Súm. n. 371; TFR: Súm. n. 180

Art. 236 No serviço ferroviário — considerado este o de transporte em estradas de ferro abertas ao tráfego público, compreendendo a administração, construção, conservação e remoção das vias férreas e seus edifícios, obras de arte, material rodante, instalações complementares e acessórias, bem como o serviço do tráfego, de telegrafia, telefonia e funcionamento de todas as instalações ferroviárias — aplicam-se os preceitos especiais constantes desta Seção.

⚖ TST: Súm. ns. 61, 67, 446, OJ SDI-1 n. 274; STF: Súm. n. 371

Art. 237 O pessoal a que se refere o artigo antecedente fica dividido nas seguintes categorias:

a) funcionários de alta administração, chefes e ajudantes de departamentos e seções, engenheiros residentes, chefes de depósitos, inspetores e demais empregados que exercem funções administrativas ou fiscalizadoras;

b) pessoal que trabalhe em lugares ou trechos determinados e cujas tarefas requeiram atenção constante; pessoal de escritório, turmas de conservação e construção da via permanente, oficinas e estações principais, inclusive os respectivos telegrafistas; pessoal de tração, lastro e revistadores;

⚖ TST: OJ SDI-1 n. 274

c) das equipagens de trens em geral;

d) pessoal cujo serviço é de natureza intermitente ou de pouca intensidade, embora com permanência prolongada nos locais de trabalho; vigias e pessoal das estações do interior, inclusive os respectivos telegrafistas.

Art. 238 Será computado como de trabalho efetivo todo o tempo em que o empregado estiver à disposição da estrada.

§ 1º Nos serviços efetuados pelo pessoal da categoria "C", não será considerado como de trabalho efetivo o tempo gasto em viagens do local ou para o local de terminação e início dos mesmos serviços.

§ 2º Ao pessoal removido ou comissionado fora da sede será contado como de trabalho normal e efetivo o tempo gasto em viagens, sem direito à percepção de horas extraordinárias.

§ 3º No caso das turmas de conservação da via permanente, o tempo efetivo do trabalho será contado desde a hora da saída da casa da turma até a hora em que cessar o serviço em qualquer ponto compreendido dentro dos limites da respectiva turma. Quando o empregado trabalhar fora dos limites da sua turma, ser-lhe-á também computado como de trabalho efetivo o tempo gasto no percurso da volta a esses limites.

§ 4º Para o pessoal da equipagem de trens, só será considerado esse trabalho efetivo, depois de chegado ao destino, o tempo em que o ferroviário estiver ocupado ou retido à disposição da Estrada. Quando, entre dois períodos de trabalho, não mediar intervalo superior a uma hora, será esse intervalo computado como de trabalho efetivo.

§ 5º O tempo concedido para refeição não se computa como de trabalho efetivo, senão para o pessoal da categoria "c", quando as refeições forem tomadas em viagem ou nas estações durante as paradas. Esse tempo não será inferior a uma hora exceto para o pessoal da referida categoria em serviço de trens.

⚖ TST: Súm. n. 446

§ 6º No trabalho das turmas encarregadas da conservação de obras de arte, linhas telegráficas ou telefônicas e edifícios, não será contado, como de trabalho efetivo, o tempo de viagem para o local do serviço, sempre que não exceder de uma hora, seja para ida ou para volta, e a Estrada fornecer os meios de locomoção, computando-se sempre o tempo excedente a esse limite. *(Redação art. e §§ alterada pela L. n. 3.970, 13.10.61, DOU 16.10.61, LTr 25/511, e restabelecida DL n. 5, 4.4.66, DOU 5.4.66, LTr 30/243)*

Nota: O art. 36, do Dec. Lei n. 4.4.1966 dispôs que "É revogada a Lei n. 3.970, de 13 de outubro de 1961 e restaurada a redação primitiva dos arts. 238 e 244 e parágrafos da Consolidação das Leis do Trabalho, aprovada pelo Decreto-lei n. 5.452, de 1º de maio de 1943". A Lei n. 8.630, de 25.2.1993, no art. 76 revogou o Decreto-lei n. 5, 4.4.1966, omitindo-se a respeito do art. 36, do Dec. Lei n. 4.4.1966, que deveria ser mantido na ordem jurídica. Os arts. 238 e 244 da CLT continuam em vigência, tanto que recentemente o TST editou a Súmula n. 446 (Resol. 193/13, DEJT 13.12.13) que faz referência expressa ao art. 238 e seu § 5º.

Art. 239 Para o pessoal da categoria "C" a prorrogação do trabalho independe de acordo ou contrato coletivo, não podendo, entretanto, exceder de doze horas, pelo que as empresas organizarão, sempre que possível, os serviços de equipagens de trens com destacamentos nos trechos das linhas de modo a ser observada a duração normal de oito horas de trabalho.

§ 1º Para o pessoal sujeito ao regime do presente artigo, depois de cada jornada de trabalho haverá um repouso de dez horas contínuas, no mínimo, observando-se, outrossim, o descanso semanal.

TST: OJ SDI-1 n. 274

§ 2º Para o pessoal da equipagem de trens, a que se refere o presente artigo, quando a empresa não fornecer alimentação, em viagem, e hospedagem, no destino, concederá uma ajuda de custo para atender a tais despesas.

§ 3º As escalas do pessoal abrangido pelo presente artigo serão organizadas de modo que não caiba a qualquer empregado, quinzenalmente, um total de horas de serviço noturno superior às de serviço diurno.

§ 4º Os períodos de trabalho do pessoal a que alude o presente artigo serão registrados em cadernetas especiais, que ficarão sempre em poder do empregado, de acordo com o modelo aprovado pelo Ministro do Trabalho.

"Portaria do MTE/GM n. 556, de 16.4.03 (DOU 22.4.03)

Faculta a adoção de sistema eletrônico para o controle de jornada do pessoal pertencente à categoria "C", a que se refere o art. 239 da Consolidação das Leis do Trabalho — CLT.

O Ministro de Estado do Trabalho e Emprego, no uso das atribuições que lhe confere o art. 913 da Consolidação das Leis do Trabalho e tendo em vista o disposto no § 4º do art. 239, do mesmo diploma legal, resolve:

Art. 1º Faculta-se a adoção de sistema eletrônico para o controle da jornada de trabalho do pessoal pertencente à categoria "C", a que se refere o art. 239 da Consolidação das Leis do Trabalho — CLT, mediante convenção ou acordo coletivo de trabalho.

§ 1º O sistema eletrônico deve permitir o registro de todos os eventos referentes à jornada do empregado, conforme a "Folha de Ponto de Categoria "C" aprovada pela Portaria n. 3.056, de 1º de março de 1972.

§ 2º A adoção de sistema eletrônico não dispensa o empregado de portar cópia do registro da jornada de trabalho, conforme § 4º do art. 239 da CLT.

Art. 2º Esta Portaria entra em vigor na data de sua publicação."

Art. 240 Nos casos de urgência ou de acidente, capazes de afetar a segurança ou regularidade do serviço, poderá a duração do trabalho ser excepcionalmente elevada a qualquer número de horas, incumbindo à Estrada zelar pela incolumidade dos seus empregados e pela possibilidade de revezamento de turmas, assegurando ao pessoal um repouso correspondente e comunicando a ocorrência ao Ministério do Trabalho dentro de dez dias da sua verificação.

PARÁGRAFO ÚNICO. Nos casos previstos neste artigo, a recusa, sem causa justificada, por parte de qualquer empregado, à execução do serviço extraordinário, será considerada falta grave.

Art. 241 As horas excedentes das do horário normal de oito horas serão pagas como serviço extraordinário na seguinte base: as duas primeiras com o acréscimo de 25% (vinte e cinco por cento) sobre o salário-hora normal; as duas subsequentes com um adicional de 50% (cinquenta por cento) e as restantes com um adicional de 75% (setenta e cinco por cento).

TST: Súm. n. 431

— v. CF, art. 7º, XVI, p. 15, que altera o adicional de 25% para 50%

PARÁGRAFO ÚNICO. Para o pessoal da categoria "C", a primeira hora será majorada de 25%, a segunda hora será paga com acréscimo de 50% e as duas subsequentes com o de 60%, salvo caso de negligência comprovada.

TST: Súm. n. 446

— v. CF, art. 7º, XVI, p. 15, que altera o adicional de 25% para 50%

Art. 242 As frações de meia hora superiores a dez minutos serão computadas como meia hora.

Art. 243 Para os empregados de estações do interior, cujo serviço for de natureza intermitente ou de pouca intensidade, não se aplicam os preceitos gerais sobre duração do trabalho, sendo-lhes, entretanto, assegurado o repouso contínuo de dez horas, no mínimo, entre dois períodos de trabalho e descanso semanal.

TST: Súm. n. 61

Art. 244 As estradas de ferro poderão ter empregados extranumerários, de sobreaviso e de prontidão, para executarem serviços imprevistos ou para substituições de outros empregados que faltem à escala organizada.

§ 1º Considera-se "extranumerário" o empregado não efetivo, candidato à efetivação, que se apresentar normalmente ao serviço, embora só trabalhe quando for necessário. O extranumerário só receberá os dias de trabalho efetivo.

§ 2º Considera-se de "sobreaviso" o empregado efetivo, que permanecer em sua própria casa, aguardando a qualquer momento o chamado para o serviço. Cada escala de "sobreaviso" será, no máximo, de vinte e quatro horas. As horas de "sobreaviso", para todos os efeitos, serão contadas à razão de 1/3 (um terço) do salário normal. *(Redação dada pelo DL n. 6.353, de 20.3.44, DOU 21.3.44)*

TST: Súm. ns. 132, 229, 428

§ 3º Considera-se de "prontidão" o empregado que ficar nas dependências da Estrada, aguardando ordens. A escala de prontidão será, no máximo, de doze horas. As horas de prontidão serão, para todos os efeitos, contadas à razão de 2/3 (dois terços) do salário-hora normal.

TST: Súm. n. 431

§ 4º Quando, no estabelecimento ou dependência em que se achar o empregado, houver facilidade de alimentação, as doze horas de prontidão, a que se refere o parágrafo anterior, poderão ser contínuas. Quando não existir essa facilidade, depois de seis horas de prontidão, haverá sempre um intervalo de uma hora para cada refeição, que não será, nesse caso, computada como de serviço.

Art. 245 O horário normal de trabalho dos cabineiros nas estações de tráfego intenso não excederá de oito horas e deverá ser dividido em dois turnos, com intervalo não inferior a uma hora de repouso, não podendo nenhum turno ter duração superior a cinco horas, com um período de descanso entre duas jornadas de trabalho de quatorze horas consecutivas.

Art. 246 O horário de trabalho dos operadores telegrafistas nas estações de tráfego intenso não excederá 6 (seis) horas diárias.

Art. 247 As estações principais, estações de tráfego intenso e estações do interior serão classificadas para cada empresa pelo Departamento Nacional de Estradas de Ferro.

Seção VI

DAS EQUIPAGENS DAS EMBARCAÇÕES DA MARINHA MERCANTE NACIONAL, DE NAVEGAÇÃO FLUVIAL E LACUSTRE, DO TRÁFEGO NOS PORTOS E DA PESCA

— V. NR-29 e NR-30, da Port./MTb n. 3.214/78

Art. 248 Entre as horas 0 e 24 de cada dia civil, o tripulante poderá ser conservado em seu posto durante oito horas, quer de modo contínuo, quer de modo intermitente.

STF: Súm. n. 531

CLT

§ 1º A exigência do serviço contínuo ou intermitente ficará a critério do comandante e, neste último caso, nunca por período menor que uma hora.

§ 2º Os serviços de quarto nas máquinas, passadiço, vigilância e outros que, consoante parecer médico, possam prejudicar a saúde do tripulante, serão executados por períodos não maiores e com intervalos não menores de quatro horas.

Art. 249 Todo o tempo de serviço efetivo, excedente de oito horas, ocupado na forma do artigo anterior, será considerado de trabalho extraordinário, sujeito à compensação a que se refere o art. 250, exceto se se tratar de trabalho executado:

TST: Súm. n. 96

a) em virtude de responsabilidade pessoal do tripulante e no desempenho de funções de direção, sendo consideradas como tais todas aquelas que a bordo se achem constituídas em um único indivíduo com responsabilidade exclusiva e pessoal;

b) na iminência de perigo, para salvaguarda ou defesa da embarcação, dos passageiros, ou da carga, a juízo exclusivo do comandante ou do responsável pela segurança a bordo;

c) por motivo de manobras ou fainas gerais que reclamem a presença, em seus postos, de todo o pessoal de bordo;

d) na navegação lacustre e fluvial, quando se destina ao abastecimento do navio ou embarcação do combustível e rancho, ou por efeito das contingências da natureza da navegação, na transposição de passos ou pontos difíceis, inclusive operações de alívio ou transbordo de carga, para obtenção de calado menor para essa transposição.

§ 1º O trabalho executado aos domingos e feriados será considerado extraordinário, salvo se se destinar:

a) ao serviço de quartos e vigilância, movimentação das máquinas e aparelhos de bordo, limpeza e higiene da embarcação, preparo de alimentação da equipagem e dos passageiros, serviço pessoal destes e, bem assim, aos socorros de urgência ao navio ou ao pessoal;

b) ao fim da navegação ou das manobras para a entrada ou saída de portos, atracação, desatracação, embarque ou desembarque de carga e passageiros.

§ 2º Não excederá de 30 (trinta) horas semanais o serviço extraordinário prestado para o tráfego nos portos.

Art. 250 As horas de trabalho extraordinário serão compensadas, segundo a conveniência do serviço, por descanso em período equivalente, no dia seguinte ou no subsequente, dentro das do trabalho normal, ou no fim da viagem, ou pelo pagamento do salário correspondente.

PARÁGRAFO ÚNICO. As horas extraordinárias de trabalho são indivisíveis, computando-se a fração de hora como hora inteira.

Art. 251 Em cada embarcação haverá um livro em que serão anotadas as horas extraordinárias de trabalho de cada tripulante, e outro, do qual constarão, devidamente circunstanciadas, as transgressões dos mesmos tripulantes.

PARÁGRAFO ÚNICO. Os livros de que trata este artigo obedecerão a modelos organizados pelo Ministério do Trabalho, serão escriturados em dia pelo comandante da embarcação e ficam sujeitos às formalidades instituídas para os livros de registro de empregados em geral.

Art. 252 Qualquer tripulante que se julgue prejudicado por ordem emanada de superior hierárquico poderá interpor recurso, em termos, perante a Delegacia do Trabalho Marítimo, por intermédio do respectivo comandante, o qual deverá encaminhá-lo com a respectiva informação dentro de cinco dias, contados de sua chegada ao porto.

Seção VII
DOS SERVIÇOS FRIGORÍFICOS

— V. NR-15, da Port./MTb n. 3.214/78

Art. 253. Para os empregados que trabalham no interior das câmaras frigoríficas e para os que movimentam mercadorias do ambiente quente ou normal para o frio e vice-versa, depois de uma hora e quarenta minutos de trabalho contínuo será assegurado um período de vinte minutos de repouso, computado esse intervalo como de trabalho efetivo.

PARÁGRAFO ÚNICO. Considera-se artificialmente frio, para os fins do presente artigo, o que for inferior, nas primeira, segunda e terceira zonas climáticas do mapa oficial do Ministério do Trabalho, a 15º (quinze graus), na quarta zona a 12º (doze graus), e nas quinta, sexta e sétima zonas a 10º (dez graus).

TST: Súm. n. 438

— v. Port./MTb n. 3.214, 8.6.78, Supl. 6.7.78, LTr 42/931

Seção VIII
DOS SERVIÇOS DE ESTIVA

Arts. 254 a 292 Revogados pela Lei n. 8.630, de 25.2.93.

— v. Lei n. 12.815, de 5.6.13, p. 715

Seção IX
(REVOGADA PELA L. N. 8.630, DE 25.2.93)

TST: Súm. n. 309, OJ SDI-1 ns. 60, 316, 402

Seção X
DO TRABALHO EM MINAS DE SUBSOLO

— V. NR-22, da Port./MTb n. 3.214/78

Art. 293 A duração normal do trabalho efetivo para os empregados em minas no subsolo não excederá de seis horas diárias ou de trinta e seis semanais.

Art. 294 O tempo despendido pelo empregado da boca da mina ao local do trabalho e vice-versa será computado para o efeito de pagamento do salário.

TST: Súm. n. 429

Art. 295 A duração normal do trabalho efetivo no subsolo poderá ser elevada até oito horas diárias ou quarenta e oito semanais, mediante acordo escrito entre empregado e empregador ou contrato coletivo de trabalho, sujeita essa prorrogação à prévia licença da autoridade competente em matéria de higiene do trabalho.

PARÁGRAFO ÚNICO. A duração normal do trabalho efetivo no subsolo poderá ser inferior a seis horas diárias, por determinação da autoridade de que trata este artigo, tendo em vista condições locais de insalubridade e os métodos e processos do trabalho adotado.

Art. 296 A remuneração da hora prorrogada será no mínimo 25% superior à da hora normal e deverá constar do acordo ou contrato coletivo de trabalho. *(Adicional conforme art. 7º, XV, da CF)*

— v. CF, art. 7º, XVI, p. 15

Art. 297 Ao empregado no subsolo será fornecida, pelas empresas exploradoras de minas, alimentação adequada à natureza do trabalho, de acordo com as instruções estabelecidas pelo Departamento Nacional de Segurança e Higiene do Trabalho (atualmente Secretaria de Segurança e Medicina do Trabalho e aprovadas pelo Ministério do Trabalho).

Art. 298 Em cada período de três horas consecutivas de trabalho, será obrigatória uma pausa de quinze minutos para repouso, a qual será computada na duração normal de trabalho efetivo.

Art. 299 Quando nos trabalhos de subsolo ocorrer acontecimentos que possam comprometer a vida ou saúde do empregado, deverá a empresa comunicar o fato imediatamente à autoridade regional do trabalho, do Ministério do Trabalho.

Art. 300 Sempre que, por motivo de saúde, for necessária a transferência do empregado, a juízo da autoridade competente em matéria de higiene e segurança (atualmente segurança e medicina) do trabalho dos serviços no subsolo para os de superfície, é a empresa obrigada a realizar essa transferência, assegurando ao transferido a remuneração atribuída ao trabalhador de superfície em serviço equivalente, respeitada a capacidade profissional do interessado.

PARÁGRAFO ÚNICO. No caso de recusa do empregado em atender a essa transferência, será ouvida a autoridade competente em matéria de higiene e segurança (atualmente segurança e medicina) do trabalho que decidirá a respeito. *(Redação art. e § L. n. 2.924, 21.10.56, DOU 24.10.56, LTr 20/424)*

Art. 301 O trabalho no subsolo somente será permitido a homens, com idade compreendida entre vinte e um e cinquenta anos, assegurada a transferência para a superfície nos termos previstos no artigo anterior.

— v. Port./MTb 3.214, 8.6.78 — NR-22, DOU 6.7.78, LTr 42/931.

Seção XI
DOS JORNALISTAS PROFISSIONAIS(*)

TST: Prec. Normativo ns. 112

Art. 302 Os dispositivos da presente Seção se aplicam aos que nas empresas jornalísticas prestem serviços como jornalistas, revisores, fotógrafos, ou na ilustração, com as exceções nela previstas.

§ 1º Entende-se como jornalista o trabalhador intelectual cuja função se estende desde a busca de informações até a redação de notícias e artigos e a organização, orientação e direção desse trabalho.

§ 2º Consideram-se empresas jornalísticas, para os fins desta Seção, aquelas que têm a seu cargo a edição de jornais, revistas, boletins e periódicos, ou a distribuição de noticiário, e, ainda, a radiodifusão em suas seções destinadas à transmissão de notícias e comentários.

TST: Prec. Normativo n. 55

Art. 303 A duração normal do trabalho dos empregados compreendidos nesta Seção não deverá exceder de cinco horas, tanto de dia como à noite.

TST: OJ-SDI-1 n. 407

(*) A legislação pertinente a esta Seção é a seguinte:
— DL n. 972, 17.10.69, DOU 21.10.69, LTr 33/653 — Dispõe sobre o exercício da profissão de jornalista;
— L. n. 5.696, 24.8.71, DOU 25.8.71, LTr 35/710 — Dispõe sobre o registro profissional de jornalista e altera a redação do § 5º do art. 8º do DL n. 972, 17.10.69;
— L. n. 6.612, 7.12.78, DOU 12.12.78, LTr 43/91 — Altera dispositivos do DL n. 972, 17.10.69, que dispõe sobre a profissão de jornalista;
— D. n. 83.284, 13.3.79, DOU 13 e 14.3.79, LTr 43/503 — Dá nova regulamentação ao DL n. 972, 17.10.69, que dispõe sobre o exercício da profissão de jornalista, em decorrência das alterações introduzidas pela L. n. 6.612, 7.12.78.

Art. 304 Poderá a duração normal do trabalho ser elevada a sete horas, mediante acordo escrito, em que se estipule aumento de ordenado, correspondente ao excesso do tempo de trabalho, em que se fixe um intervalo destinado a repouso ou a refeição.

PARÁGRAFO ÚNICO. Para atender a motivos de força maior, poderá o empregado prestar serviços por mais tempo do que aquele permitido nesta Seção. Em tais casos, porém o excesso deve ser comunicado à Divisão de Fiscalização do Departamento Nacional do Trabalho ou às Delegacias Regionais do Ministério do Trabalho, dentro de cinco dias, com a indicação expressa dos seus motivos.

Art. 305 As horas de serviço extraordinário, quer as prestadas em virtude de acordo, quer as que derivam das causas previstas no parágrafo único do artigo anterior, não poderão ser remuneradas com quantia inferior à que resulta do quociente da divisão da importância do salário mensal por 150 (cento e cinquenta), para os mensalistas, e do salário diário por 5 (cinco) para os diaristas, acrescido de, pelo menos, 50% (cinquenta por cento).

—(V. CF, art. 7º, XVI, que altera o adicional de 25% para 50%).

Art. 306 Os dispositivos dos arts. 303, 304 e 305 não se aplicam àqueles que exercem as funções de redator-chefe, secretário, subsecretário, chefe e subchefe de revisão, chefe de oficina, de ilustração e chefe de portaria.

PARÁGRAFO ÚNICO. Não se aplicam, do mesmo modo, os artigos acima referidos aos que se ocuparem unicamente em serviços externos.

Art. 307 A cada seis dias de trabalho efetivo corresponderá um dia de descanso obrigatório, que coincidirá com o domingo, salvo acordo escrito em contrário, no qual será expressamente estipulado o dia em que se deve verificar o descanso.

Art. 308 Em seguida a cada período diário de trabalho haverá um intervalo mínimo de dez horas, destinado ao repouso.

Art. 309 Será computado como de trabalho efetivo o tempo em que o empregado estiver à disposição do empregador.

Art. 310 Revogado pelo DL n. 972, 17.10.69, DOU 21.10.69, LTr 33/653.

Art. 311 Tacitamente revogado pelo art. 4º, DL n. 972, 17.10.69.

Art. 312 Tacitamente revogado pelo art. 5º, DL n. 972, 17.10.69.

Art. 313 Tacitamente revogado pelo art. 3º, § 3º, DL n. 972, 17.10.69.

Art. 314 Expressamente revogado pelo DL n. 972, 17.10.69.

Art. 315 O Governo Federal, de acordo com os governos estaduais, promoverá a criação de escolas de preparação ao jornalismo, destinadas à formação dos profissionais da imprensa.

Art. 316 A empresa jornalística que deixar de pagar pontualmente, e na forma acordada, os salários devidos a seus empregados, terá suspenso o seu funcionamento, até que se efetue o pagamento devido. *(Revogado pelo Dec.-lei n. 368, de 19.12.68, DOU 20.12.68)*

PARÁGRAFO ÚNICO. Para os efeitos do cumprimento deste artigo deverão os prejudicados reclamar contra a falta de pagamento perante a autoridade competente e, proferida a condenação, desde que a empresa não a cumpra, ou, em caso de recurso, não deposite o valor da indenização, a autoridade que proferir a condenação oficiará à autoridade competente, para a suspensão da circulação do jornal. *(Revogado pelo Dec.-lei n. 368, de 19.12.68, DOU 20.12.68)*

Em igual pena de suspensão incorrerá a empresa que deixar de recolher as contribuições devidas às instituições de previdência social. *(Revogado pelo Dec.-lei n. 368, de 19.12.68, DOU 20.12.68)*

Decreto-lei n. 368, de 19 de dezembro de 1968, DOU 20.12.68
Dispõe sobre efeitos de débitos salariais e dá outras providências.
Art. 7º As infrações descritas no Art. 1º, incisos I e II, e seu parágrafo único, sujeitam a empresa infratora a multa variável de 10 (dez) a 50% (cinquenta por cento) do débito salarial, a ser aplicada pelo Delegado Regional do Trabalho, mediante o processo previsto nos artigos 626 e seguintes da Consolidação das Leis do Trabalho, sem prejuízo da responsabilidade criminal das pessoas implicadas.

TST: Súm. n. 60

Seção XII
DOS PROFESSORES

Art. 317 O exercício remunerado do magistério, em estabelecimentos particulares de ensino, exigirá apenas habilitação legal e registro no Ministério da Educação. *(Redação L. n. 7.855, 24.10.89, DOU 25.10.89, LTr 53/1418)*

TST: OJ SDI-1 n. 65, OJ SDI-2 n. 38; STF: Súm. ns. 48, 726

Art. 318 O professor poderá lecionar em um mesmo estabelecimento por mais de um turno, desde que não ultrapasse a jornada de trabalho semanal estabelecida legalmente, assegurado e não computado o intervalo para refeição. *(Redação dada pela Lei n. 13.415, de 16.2.17, DOU 17.2.17)*

TST: OJ SDI-1 ns. 206, 393

Art. 319 Aos professores é vedado, aos domingos, a regência de aulas e o trabalho em exames.

Art. 320 A remuneração dos professores será fixada pelo número de aulas semanais, na conformidade dos horários.

TST: OJ SDI-1 ns. 244, 393, Prec. Normativo ns. 31, 78

§ 1º O pagamento far-se-á mensalmente, considerando-se para este efeito cada mês constituído de quatro semanas e meia.

TST: Súm. n. 351

§ 2º Vencido cada mês, será descontada, na remuneração dos professores, a importância correspondente ao número de aulas a que tiverem faltado.

§ 3º Não serão descontadas, no decurso de nove dias, as faltas verificadas por motivo de gala ou de luto em consequência de falecimento do cônjuge, do pai ou mãe, ou de filho.

Art. 321 Sempre que o estabelecimento de ensino tiver necessidade de aumentar o número de aulas marcado nos horários, remunerará o professor, findo cada mês, com uma importância correspondente ao número de aulas excedentes.

Art. 322 No período de exames e no de férias escolares, é assegurado aos professores o pagamento, na mesma periodicidade contratual da remuneração por eles percebida, na conformidade dos horários, durante o período de aulas. *(Redação dada pela L. n. 9.013, de 30.3.95, DOU 31.3.95)*

§ 1º Não se exigirá dos professores, no período de exames, a prestação de mais de oito horas de trabalho diário, salvo mediante o pagamento complementar de cada hora excedente pelo preço correspondente ao de uma aula.

§ 2º No período de férias, não se poderá exigir dos professores outro serviço senão o relacionado com a realização de exames.

§ 3º Na hipótese de dispensa sem justa causa, ao término do ano letivo ou no curso das férias escolares, é assegurado ao professor o pagamento a que se refere o *caput* deste artigo. *(Incluído pela L. n. 9.013, de 30.3.95, DOU 31.3.95)*

TST: Súm. n. 10

Art. 323 Não será permitido o funcionamento do estabelecimento particular de ensino que não remunere condignamente os seus professores, ou não lhes pague pontualmente a remuneração de cada mês. *(V. DL n. 368, 19.12.68, DOU 20.12.68, LTr 33/103, que dispõe sobre os efeitos dos débitos salariais)*

PARÁGRAFO ÚNICO. Compete ao Ministério da Educação e Cultura fixar os critérios para a determinação da condigna remuneração devida aos professores bem como assegurar a execução do preceito estabelecido no presente artigo.

Art. 324 Revogado pela L. n. 7.855, 24.10.89, DOU 25.10.89, LTr 53/1418.

Seção XIII
DOS QUÍMICOS(*)

Art. 325 É livre o exercício da profissão de químico em todo o território da República, observadas as condições de capacidade técnica e outras exigências previstas na presente Seção:

a) aos possuidores de diploma de químico, químico industrial, químico industrial agrícola ou engenheiro químico, concedido no Brasil, por escola oficial ou oficialmente reconhecida;

b) aos diplomados em química por instituto estrangeiro de ensino superior, que tenham, de acordo com a lei e a partir de 14 de julho de 1934, revalidado os seus diplomas;

c) aos que, ao tempo da publicação do Decreto n. 24.693, de 12 de julho de 1934, se achavam no exercício efetivo de função pública ou particular, para a qual seja exigida a qualidade de químico, e que tenham requerido o respectivo registro até a extinção do prazo fixado pelo Decreto-lei n. 2.298, de 10 de junho de 1940.

§ 1º Aos profissionais incluídos na alínea *c* deste artigo, se dará, para os efeitos da presente Seção, a denominação de "licenciados".

§ 2º O livre exercício da profissão de que trata o presente artigo só é permitido a estrangeiros, quando compreendidos:

a) nas alíneas *a* e *b*, independentemente de revalidação do diploma, se exerciam legitimamente, na República, a profissão de químico em a data da promulgação da Constituição de 1934;

b) na alínea *b*, se a seu favor militar a existência de reciprocidade internacional, admitida em lei, para o reconhecimento dos respectivos diplomas;

c) na alínea *c*, satisfeitas as condições nela estabelecidas.

(*) *A legislação pertinente a esta Seção é a seguinte:*
— L. n. 2.800, 18.6.56, DOU 25.6.56 — Cria os Conselhos Federal e Regionais de Química, dispõe sobre o exercício da profissão de químico, e dá outras providências;
— L. n. 5.530, 13.11.68, DOU 14.11.68, LTr 33/111 — Dispõe sobre o exercício da profissão de químico, pelos portadores de carteira expedida pelo Ministério do Trabalho e Previdência Social, até o advento da L. n. 2.800, de 18.6.56;
— D. n. 85.877, 7.4.81, DOU 9.4.81, LTr 45-4/501 — Estabelece normas para execução da Lei 2.800, de 18.6.56;
— L. n. 4.950-A, de 22.4.66, p. 403

§ 3º O livre exercício da profissão a brasileiros naturalizados está subordinado à prévia prestação do serviço militar, no Brasil.

§ 4º Só aos brasileiros natos é permitida a revalidação dos diplomas de químicos, expedidos por institutos estrangeiros de ensino superior. *(V. L. n. 6.192, 19.12.74, DOU 20.12.74, que vedou qualquer distinção entre brasileiros natos e naturalizados)*

Art. 326 Todo aquele que exercer ou pretender exercer as funções de químico, é obrigado ao uso da Carteira de Trabalho e Previdência Social, devendo os profissionais que se encontrarem nas condições das alíneas *a* e *b* do art. 325, registrar os seus diplomas de acordo com a legislação vigente. *(V. nota ao § 4º do art. 325)*

— V. Resolução Normativa n. 196, de 30.7.04, DOU 17.9.04, Resolução Normativa n. 222, de 20.11.09, DOU 4.12.09, do Conselho Federal de Química, que dispõe sobre a Carteira Profissional do Químico (não publicada nesta obra)

§ 1º A requisição de Carteira de Trabalho e Previdência Social para uso dos químicos, além do disposto no Capítulo "Da Identificação Profissional" somente será processada mediante apresentação dos seguintes documentos que provem:

a) ser o requerente brasileiro nato ou naturalizado, ou estrangeiro. *(V. nota ao § 4º do art. 325)*;

b) estar, se for brasileiro, de posse dos direitos civis e políticos;

c) ter diploma de químico, químico industrial, químico industrial agrícola, ou engenheiro químico, expedido por escola superior oficial ou oficializada;

d) ter, se diplomado no estrangeiro, o respectivo diploma revalidado nos termos da lei;

e) haver, o que for brasileiro naturalizado, prestado serviço militar no Brasil. *(V. nota ao § 4º do art. 325)*;

f) achar-se, o estrangeiro, ao ser promulgada a Constituição de 1934, exercendo legitimamente, na República, a profissão de químico, ou concorrer a seu favor a existência de reciprocidade internacional, admitida em lei, para o reconhecimento dos diplomas dessa especialidade.

§ 2º A requisição de que trata o parágrafo anterior deve ser acompanhada:

a) do diploma devidamente autenticado no caso da alínea *b* do artigo precedente, e com as firmas reconhecidas no país de origem e na Secretaria de Estado das Relações Exteriores, ou da respectiva certidão, bem como do título de revalidação, ou certidão respectiva, de acordo com a legislação em vigor;

b) do certificado ou atestado comprobatório de se achar o requerente, na hipótese da alínea *c* do referido artigo, ao tempo da publicação do Decreto n. 24.693, de 12 de julho de 1934, no exercício efetivo de função pública, ou particular, para a qual seja exigida a qualidade de químico, devendo esses documentos ser autenticados pelo Delegado Regional do Trabalho, quando se referirem a requerentes moradores nas capitais dos Estados, ou coletor federal, no caso de residirem os interessados nos municípios do interior;

c) de três exemplares de fotografia exigida pelo artigo 329 e de uma folha com as declarações que devem ser lançadas na Carteira de Trabalho e Previdência Social, de conformidade com o disposto nas alíneas do mesmo artigo e seu parágrafo único.

§ 3º Revogado pelo art. 15 da L. n. 2.800, 18.6.56, DOU 23.6.56.

Art. 327 Revogado pelo artigo 26 da L. n. 2.800, 18.6.56, DOU 23.6.56.

Art. 328 Só poderão ser admitidos a registro os diplomas, certificados de diplomas, cartas e outros títulos, bem como atestados e certificados que estiverem na devida forma e cujas firmas hajam sido regularmente reconhecidas por tabelião público e, sendo estrangeiros, pela Secretaria de Estado das Relações Exteriores, acompanhados estes últimos da respectiva tradução, feita por intérprete comercial brasileiro.

PARÁGRAFO ÚNICO. Revogado pelos arts. 8º, letra *e* e 12, letra *d* da L. n. 2.800, 18.6.56, DOU 23.6.56.

Art. 329 A cada inscrito, e como documento comprobatório do registro, será fornecida pelo Conselho Regional de Química uma Carteira Profissional numerada, que, além da fotografia medindo 3 por 4 centímetros, tirada de frente, com a cabeça descoberta e das impressões do polegar, conterá as declarações seguintes:

a) o nome por extenso;

b) a nacionalidade e, se estrangeiro, a circunstância de ser ou não naturalizado;

c) a data e lugar do nascimento;

d) a denominação da escola em que houver feito o curso;

e) a data da expedição do diploma e o número do registro no Conselho Regional de Química;

f) a data da revalidação do diploma, se de instituto estrangeiro;

g) a especificação, inclusive data, de outro título ou títulos de habilitação;

h) a assinatura do inscrito.

PARÁGRAFO ÚNICO. V. arts. 13 e 15 da L. n. 2.800, 18.6.56, DOU 23.6.56.

Art. 330 A Carteira Profissional, expedida nos termos desta Seção, é obrigatória para o exercício da profissão, substitui em todos os casos o diploma ou título e servirá de carteira de identidade.

Art. 331 Nenhuma autoridade poderá receber impostos relativos ao exercício profissional de químico, senão à vista da prova de que o interessado se acha registrado de acordo com a presente Seção, e essa prova será também exigida para a realização de concursos periciais e todos os outros atos oficiais que exijam capacidade técnica de químico.

Art. 332 Quem, mediante anúncios, placas, cartões comerciais ou outros meios capazes de ser identificados, se propuser ao exercício da química, em qualquer dos seus ramos, sem que esteja devidamente registrado, fica sujeito às penalidades aplicáveis ao exercício ilegal da profissão.

Art. 333 Os profissionais a que se referem os dispositivos anteriores só poderão exercer legalmente as funções de químicos depois de satisfazerem as obrigações constantes do art. 330 desta Seção.

Art. 334 O exercício da profissão de químico compreende:

a) a fabricação de produtos e subprodutos químicos em seus diversos graus de pureza;

b) a análise química, a elaboração de pareceres, atestados e projetos da especialidade e sua execução, perícia civil ou judiciária sobre essa matéria, a direção e a responsabilidade de laboratório ou departamentos químicos, de indústria e empresas comerciais;

c) o magistério nas cadeiras de química dos cursos superiores especializados em química;

d) a engenharia química.

§ 1º Aos químicos, químicos industriais e químicos industriais agrícolas que estejam nas condições estabelecidas no art. 325, alíneas *a* e *b*, compete o exercício das atividades definidas nos itens *a*, *b* e *c* deste artigo, sendo privativa dos engenheiros químicos a do item *d*.

CLT

§ 2º Aos que estiverem nas condições do art. 325, alíneas *a* e *b*, compete, como aos diplomados em medicina ou farmácia, as atividades definidas no art. 2º, alíneas *d*, *e* e *f* do Decreto n. 20.377, de 8 de setembro de 1931, cabendo aos agrônomos e engenheiros agrônomos as que se acham especificadas no art. 6º, alínea *h*, do Decreto n. 23.196, de 12 de outubro de 1933.

Art. 335 É obrigatória a admissão de químicos nos seguintes tipos de indústria:

a) de fabricação de produtos químicos;

b) que mantenham laboratório de controle químico;

c) de fabricação de produtos industriais que são obtidos por meio de reações químicas dirigidas, tais como: cimento, açúcar e álcool, vidro, curtume, massas plásticas artificiais, explosivos, derivados de carvão ou de petróleo, refinação de óleos vegetais ou minerais, sabão, celulose e derivados.

Art. 336 No preenchimento de cargos públicos, para os quais se faz mister a qualidade de químico, ressalvadas as especializações referidas no § 2º, do art. 334, a partir da data da publicação do Decreto n. 24.693, de 12 de julho de 1934, requer-se, como condição essencial, que os candidatos previamente hajam satisfeito as exigências do art. 333 desta Seção.

Art. 337 Fazem fé pública os certificados de análises químicas, pareceres, atestados, laudos de perícias e projetos relativos a essa especialidade, assinados por profissionais que satisfaçam as condições estabelecidas nas alíneas *a* e *b* do art. 325.

RESOLUÇÃO NORMATIVA N. 195, DE 14 DE ABRIL DE 2004
(DOU 19.4.04)

Regulamenta em caráter de exclusividade, os arts. 337 e 341 da CLT, e os artigos 1º, 3º e 4º alínea *i*, do Decreto n. 85.877, de 7.4.81.

O Conselho Federal de Química no uso de suas atribuições que lhe confere a alínea *f* do art. 8º da Lei n. 2.800, de 18.6.56:

Considerando que a vistoria, perícia, avaliação, arbitramento, a condução e o controle de operações e processos, e bem assim, o planejamento, projeto e especificação de equipamentos relacionados com a atividade Química, são inerentes aos Profissionais da Química, *ex vi* do Decreto n. 85.877, de 7.4.1981, que regulamenta a Lei n. 2.800, de 18.6.56;

Considerando que a operação e manutenção de equipamentos e instalações relacionados com a Química se acham capituladas dentre as atividades dos Profissionais da Química, descritas no Decreto n. 85.877, de 7.4.81;

Considerando que a manutenção adequada de vasos de pressão, tubulações e válvulas que contenham ou conduzam partículas sólidas, líquidas, vaporizadas ou gasosas exigem conhecimentos de Química;

Considerando a determinação do art. 341 do Decreto-lei n. 5.452, de 1.5.43, segundo a qual, cabe aos Químicos habilitados, a execução de todos os serviços que por sua natureza, exijam o conhecimento de Química;

Considerando que o Decreto n. 85.877/81, em seu art. 4º, alínea *i*, assegura ao Profissional da Química, o desempenho da Segurança do Trabalho, na sua área específica;

Considerando o objetivo de manter o bom nível de assistência profissional quando da necessidade de realização de testes de pressão nos equipamentos que compõem as operações unitárias da área da Química; resolve:

Art. 1º São considerados uma atividade da área da Química, os testes de pressão e outros, com qualquer tipo de material, em tubulações, válvulas, reatores e vasos de pressão em geral, presentes nas operações unitárias da área da Química, podendo somente ser executados sob a responsabilidade de Profissional da Química legalmente habilitado e registrado em Conselho Regional de Química.

Art. 2º Os profissionais a que se refere o artigo anterior são aqueles com currículo de natureza em Química Tecnológica e Engenharia Química nos termos da RN n. 36/74.

Art. 3º Os contratos de serviços que envolvam as atividades referidas no art. 1º desta Resolução devem ser registrados no Conselho Regional de Química da jurisdição a que pertencem a Empresa e o Profissional da Química responsável pela atividade.

Art. 4º Esta Resolução entrará em vigor na data de sua publicação no DOU.

Jesus Miguel Tajra Adad, Presidente do Conselho

Art. 338 É facultado aos químicos que satisfizerem as condições constantes do art. 325, alíneas *a* e *b*, o ensino da especialidade a que se dedicarem, nas escolas superiores, oficiais ou oficializadas.

PARÁGRAFO ÚNICO. Na hipótese de concurso para o provimento de cargo ou emprego público, os químicos a que este artigo se refere terão preferência, em igualdade de condições.

Art. 339 O nome do químico responsável pela fabricação dos produtos de uma fábrica, usina ou laboratório, deverá figurar nos respectivos rótulos, faturas e anúncios, compreendida entre estes últimos a legenda impressa em cartas e sobrecartas.

Art. 340 Somente os químicos habilitados, nos termos do art. 325, alíneas *a* e *b*, poderão ser nomeados *ex officio* para os exames periciais de fábricas, laboratórios e usinas e de produtos aí fabricados.

PARÁGRAFO ÚNICO. Não se acham compreendidos no artigo anterior os produtos farmacêuticos e os laboratórios de produtos farmacêuticos.

Art. 341 Cabe aos químicos habilitados, conforme estabelece o art. 325, alíneas *a* e *b*, a execução de todos os serviços que, não especificados no presente regulamento, exijam por sua natureza o conhecimento de química. (*V. art. 337, Resol. Normativa n. 195, de 14.4.2004*)

Art. 342 Revogado pelos arts. 1º, 13 e 15 da L. n. 2.800, 18.6.56, DOU 23.6.56.

Art. 343 São atribuições dos órgãos de fiscalização: (*Atualmente dos Conselhos Regionais de Química, L. n. 2.800, 18.6.56, DOU 23.6.56*)

a) examinar os documentos exigidos para o registro profissional de que trata o art. 326 e seus §§ 1º e 2º e o art. 327, proceder à respectiva inscrição e indeferir o pedido dos interessados que não satisfizerem as exigências desta Seção;

b) registrar as comunicações e contratos, a que aludem o art. 350 e seus parágrafos, e dar as respectivas baixas;

c) verificar o exato cumprimento das disposições desta Seção, realizando as investigações que forem necessárias, bem como o exame dos arquivos, livros de escrituração, folhas de pagamento, contratos e outros documentos de uso de firmas ou empresas industriais ou comerciais, em cujos serviços tome parte um ou mais profissionais que desempenhem função para a qual se deva exigir a qualidade de químico.

Art. 344 Aos sindicatos de químicos devidamente reconhecidos é facultado auxiliar a fiscalização, no tocante à observação da alínea *c* do artigo anterior. (*V. L. n. 2.800, 18.6.56, DOU 23.6.56*)

Art. 345 Verificando-se, pelos Conselhos Regionais de Química, serem falsos os diplomas ou outros títulos dessa natureza, atestados, certificados e quaisquer documentos exibidos para os fins de que trata esta Seção, incorrerão os seus autores e cúmplices nas penalidades estabelecidas em lei.

PARÁGRAFO ÚNICO. A falsificação de diploma ou outros quaisquer títulos, uma vez verificada, implicará na instauração pelo respectivo Conselho Regional de Química do processo que no caso couber. (*L. n. 2.800, 18.6.56, DOU 23.5.56*)

STJ: Súm. n. 104

Art. 346 Será suspenso do exercício de suas funções, independentemente de outras penas em que possa incorrer, o químico, inclusive o licenciado, que incidir em alguma das seguintes faltas:

a) revelar improbidade profissional, dar falso testemunho, quebrar o sigilo profissional e promover falsificações, referentes à prática de atos de que trata esta Seção;

b) concorrer com seus conhecimentos científicos para a prática de crime ou atentado contra a pátria, a ordem social ou a saúde pública;

c) deixar, no prazo marcado nesta Seção, de requerer a revalidação e registro do diploma estrangeiro, ou o seu registro profissional no Conselho Regional de Química.

PARÁGRAFO ÚNICO. O tempo de suspensão a que alude este artigo variará entre um mês e um ano, a critério do Conselho Regional de Química, após processo regular, ressalvada a ação da justiça pública.

Art. 347 Aqueles que exercerem a profissão de químico sem ter preenchido as condições do art. 325 e suas alíneas, nem promovido o seu registro, nos termos do art. 326, incorrerão na multa de 4 (quatro) a 100 (cem) valores de referência regionais, que será elevada ao dobro, no caso de reincidência. *(Redação L. n. 6.205, 29.4.75, c/c. art. 7º, L. n. 6.986, 13.4.82)*

— v. Nota do art. 47

Art. 348 Aos licenciados a que alude o § 1º do art. 325, poderão, por ato do respectivo Conselho Regional de Química, sujeito à aprovação do Conselho Federal de Química, ser cassadas as garantias asseguradas por esta Seção, desde que interrompam, por motivo de falta prevista no art. 346, a função pública ou particular em que se encontravam por ocasião da publicação do Decreto n. 24.693, de 12 de julho de 1934.

Art. 349 O número de químicos estrangeiros a serviço de particulares, empresas ou companhias não poderá exceder de 1/3 aos dos profissionais brasileiros compreendidos nos respectivos quadros.

Art. 350 O químico que assumir a direção técnica ou cargo de químico de qualquer usina, fábrica, ou laboratório industrial ou de análise, deverá, dentro de 24 horas e por escrito, comunicar essa ocorrência ao órgão fiscalizador, contraindo, desde essa data, a responsabilidade da parte técnica referente à sua profissão, assim como a responsabilidade técnica dos produtos manufaturados.

§ 1º Firmando-se contrato entre o químico e o proprietário da usina, fábrica ou laboratório, será esse documento apresentado, dentro do prazo de 30 dias, para registro, ao órgão fiscalizador.

§ 2º Comunicação idêntica à de que trata a primeira parte deste artigo fará o químico, quando deixar a direção técnica ou o cargo de químico, em cujo exercício se encontrava, a fim de ressalvar a sua responsabilidade e fazer-se o cancelamento do contrato. Em caso de falência do estabelecimento, a comunicação será feita pela firma proprietária.

Seção XIV

DAS PENALIDADES

Art. 351 Os infratores dos dispositivos do presente Capítulo incorrerão na multa de 3 (três) a 300 (trezentos) valores de referência regionais, segundo a natureza da infração, sua extensão e a intenção de quem a praticou, aplicada em dobro no caso de reincidência, oposição à fiscalização ou desacato à autoridade. *(Redação art. 7º L. n. 6.986, 13.4.82)*

— v. Nota do art. 47

PARÁGRAFO ÚNICO. São competentes para impor penalidades as autoridades de primeira instância incumbidas da fiscalização dos preceitos constantes do presente Capítulo.

Capítulo II
DA NACIONALIZAÇÃO DO TRABALHO

(V. CF, caput, art. 5º, p. 13)

— V. Resol. Normativa n. 74, de 9 de fevereiro de 2007, do CNM/MTE, que disciplina os procedimentos para a autorização de trabalho a estrangeiros, bem como dá outras providências. (DOU 13.2.07, e alterada pela Resol. Normativa n. 75, de 3.5.07, DOU 9.5.07). (não publicada nesta obra)

— V. Resol. Normativa n. 77, de 29 de janeiro de 2008 que dispõe sobre critérios para a concessão de visto temporário ou permanente, ou de autorização de permanência, ao companheiro ou companheira, em união estável, sem distinção de sexo (DOU 11.2.08) (não publicada nesta obra)

Seção I

DA PROPORCIONALIDADE DE EMPREGADOS BRASILEIROS

Art. 352 As empresas, individuais ou coletivas, que explorem serviços públicos dados em concessão, ou que exerçam atividades industriais ou comerciais, são obrigadas a manter, no quadro do seu pessoal, quando composto de três ou mais empregados, uma proporção de brasileiros não inferior à estabelecida no presente Capítulo. *(V. arts. 12 e 175 da CF/88, p. 16 e 49)*

§ 1º Sob a denominação geral de atividades industriais e comerciais compreendem-se, além de outras que venham a ser determinadas em portaria do Ministro do Trabalho, as exercidas:

a) nos estabelecimentos industriais em geral;

b) nos serviços de comunicações, de transportes terrestres, marítimos, fluviais, lacustres e aéreos;

c) nas garagens, oficinas de reparos e postos de abastecimento de automóveis e nas cocheiras;

d) na indústria da pesca;

e) nos estabelecimentos comerciais em geral;

f) nos escritórios comerciais em geral;

g) nos estabelecimentos bancários, ou de economia coletiva, nas empresas de seguros e nas de capitalização;

h) nos estabelecimentos jornalísticos, de publicidade e de radiodifusão;

i) nos estabelecimentos de ensino remunerado, excluídos os que neles trabalhem por força de voto religioso;

j) nas drogarias e farmácias;

k) nos salões de barbeiro ou cabeleireiros e de beleza;

l) nos estabelecimentos de diversões públicas, excluídos os elencos teatrais, e nos clubes esportivos;

m) nos hotéis, restaurantes, bares, e estabelecimentos congêneres;

n) nos estabelecimentos hospitalares e fisioterápicos cujos serviços sejam remunerados, excluídos os que neles trabalhem por força de voto religioso;

o) nas empresas de mineração.

§ 2º Não se acham sujeitas às obrigações da proporcionalidade as indústrias rurais, as que, em zona agrícola, se destinem ao beneficiamento ou transformação de produtos da região e as atividades industriais de natureza extrativa, salvo a mineração.

Art. 353 Equiparam-se aos brasileiros, para os fins deste Capítulo, ressalvado o exercício de profissões reservadas aos brasileiros natos ou aos brasileiros em geral, os estrangeiros que, residindo no País há mais de dez anos, tenham cônjuge ou filho brasileiro e os portugueses. *(Redação L. n. 6.651, 23.5.79, DOU 24.5.79, LTr 43/730)*

⚖ STF: Súm. n. 1

Art. 354 A proporcionalidade será de dois terços de empregados brasileiros, podendo, entretanto, ser fixada proporcionalidade inferior, em atenção às circunstâncias especiais de cada atividade, mediante ato do Poder Executivo, e depois de devidamente apurada pelo Departamento Nacional do Trabalho e pelo Serviço de Estatística da Previdência e Trabalho a insuficiência do número de brasileiros na atividade de que se tratar.

— O D. n. 69.014, 4.8.71, DOU 5.8.71, LTr 35/712, extinguiu o Serviço de Estatística da Previdência e Trabalho. Atualmente pelo D. n. 81.663, 16.5.78, DOU 17.5.78, LTr 42/708, a competência é da Secretaria de Mão de Obra

PARÁGRAFO ÚNICO. A proporcionalidade é obrigatória não só em relação à totalidade do quadro de empregados, com as exceções desta Lei, como ainda em relação à correspondente folha de salários.

Art. 355 Consideram-se como estabelecimentos autônomos, para os efeitos da proporcionalidade a ser observada, as sucursais, filiais e agências em que trabalhem três ou mais empregados.

Art. 356 Sempre que uma empresa ou indivíduo explore atividades sujeitas a proporcionalidades diferentes, observar-se-á, em relação a cada uma delas, a que lhe corresponder.

Art. 357 Não se compreendem na proporcionalidade os empregados que exerçam funções técnicas especializadas desde que, a juízo do Ministério do Trabalho, haja falta de trabalhadores nacionais.

Art. 358 Nenhuma empresa, ainda que não sujeita à proporcionalidade, poderá pagar a brasileiro que exerça função análoga, a juízo do Ministério do Trabalho, à que é exercida por estrangeiro a seu serviço, salário inferior ao deste, excetuando-se os casos seguintes:

a) quando, nos estabelecimentos que não tenham quadros de empregados organizados em carreira, o brasileiro contar menos de dois anos de serviço, e o estrangeiro mais de dois anos;

b) quando, mediante aprovação do Ministério do Trabalho, houver quadro organizado em carreira em que seja garantido o acesso por antiguidade;

c) quando o brasileiro for aprendiz, ajudante ou servente, e não o for o estrangeiro;

d) quando a remuneração resultar de maior produção, para os que trabalham à comissão ou por tarefa.

PARÁGRAFO ÚNICO. Nos casos de falta ou cessação de serviço, a dispensa do empregado estrangeiro deve preceder a de brasileiro que exerça função análoga.

Seção II

DAS RELAÇÕES ANUAIS DE EMPREGADOS

— v. D. n. 97.936/89 — p. 522 D. n. 76.900/75, que instituiu a RAIS, p. 518

— V. Portaria MTB n. 1.464, de 30 de dezembro de 2016, DOU de 2.1.2017, que aprova instruções para a declaração da Relação Anual de Informações Sociais — RAIS ano-base 2016 (não aplicada nesta obra).

Art. 359 Nenhuma empresa poderá admitir a seu serviço empregado estrangeiro sem que este exiba a carteira de identidade de estrangeiro devidamente anotada.

PARÁGRAFO ÚNICO. A empresa é obrigada a assentar no registro de empregados os dados referentes à nacionalidade de qualquer empregado estrangeiro e o número da respectiva carteira de identidade.

Art. 360 Toda empresa compreendida na enumeração do art. 352, § 1º, deste Capítulo, qualquer que seja o número de seus empregados, deve apresentar anualmente às repartições competentes do Ministério do Trabalho, de 2 de maio a 30 de junho, uma relação, em três vias, de todos os seus empregados segundo o modelo que for expedido. *(Redação alterada pelo DL n. 6.353, 20.3.44, DOU 23.3.44, LTr 8/47)*

§ 1º As relações terão, na 1ª via, o selo de três cruzeiros pela folha inicial e dois cruzeiros por folha excedente, além do selo do Fundo de Educação, e nelas será assinalada, em tinta vermelha, a modificação havida com referência à última relação apresentada. Se se tratar de nova empresa, a relação, encimada pelos dizeres — Primeira Relação — deverá ser feita dentro de 30 dias de seu registro no Departamento Nacional da Indústria e Comércio ou repartições competentes. *(O selo deixou de existir pela L. n. 3.519, 30.12.58, DOU 30.12.58)*

§ 2º A entrega das relações far-se-á diretamente às repartições competentes do Ministério do Trabalho, ou, onde não as houver, às Coletorias Federais, que as remeterão desde logo àquelas repartições. A entrega operar-se-á contra recibo especial, cuja exibição é obrigatória, em caso de fiscalização, enquanto não for devolvida ao empregador a via autenticada da declaração. *(As coletorias foram extintas pelo D. n. 63.659, 20.11.68, DOU 21.11.68)*

§ 3º Quando não houver empregado far-se-á declaração negativa.

— v. D. n. 76.900/75, que instituiu a RAIS, p. 518

Art. 361 Apurando-se, das relações apresentadas, qualquer infração, será concedido ao infrator o prazo de dez dias para defesa, seguindo-se o despacho pela autoridade competente.

Art. 362 As repartições às quais competir a fiscalização do disposto no presente Capítulo manterão fichário especial de empresas, do qual constem as anotações referentes ao respectivo cumprimento, e fornecerão aos interessados as certidões de quitação que se tornarem necessárias, no prazo de trinta dias, contados da data do pedido.

§ 1º As certidões de quitação farão prova até 30 de setembro do ano seguinte àquele a que se referiram e estarão sujeitas à taxa correspondente a 1/10 (um décimo) do valor de referência regional. Sem elas nenhum fornecimento ou contrato poderá ser feito com o Governo da União, dos Estados ou Municípios, ou com as instituições paraestatais a eles subordinadas, nem será renovada autorização à empresa estrangeira para funcionar no País. *(Taxa extinta pela L. n. 8.522, 11.12.92, DOU 14.12.92, LTr 57-01/118)*

§ 2º A primeira via da relação, depois de considerada pela repartição fiscalizadora, será remetida anualmente à Secretaria de Emprego e Salário como subsídio ao estudo das condições de mercado de trabalho, de um modo geral, e, em particular, no que se refere à mão de obra qualificada.

§ 3º A segunda via da relação será remetida pela repartição competente ao Serviço de Estatística da Previdência e Trabalho e a terceira via devolvida à empresa, devidamente autenticada.

Seção III

DAS PENALIDADES

Art. 363 O processo das infrações do presente Capítulo obedecerá ao disposto no Título "Do Processo de Multas Administrativas", no que lhe for aplicável, com observância dos modelos de auto a serem expedidos.

Art. 364 As infrações do presente Capítulo serão punidas com a multa de 6 (seis) a 600 (seiscentos) valores de referência regionais. *(Redação art. 7º, L. n. 6.986, 13.4.82)*

— v. Nota do art. 47

PARÁGRAFO ÚNICO. Em se tratando de empresa concessionária de serviço público, ou de sociedade estrangeira autorizada a funcionar no País, se a infratora, depois de multada, não atender afinal ao cumprimento do texto infringido, poderá ser-lhe cassada a concessão ou autorização.

Seção IV

DISPOSIÇÕES GERAIS

Art. 365 O presente Capítulo não derroga as restrições vigentes quanto às exigências de nacionalidade brasileira para o exercício de determinadas profissões nem as que vigoram para as faixas de fronteiras, na conformidade da respectiva legislação.

Art. 366 Enquanto não for expedida a carteira a que se refere o art. 359 deste Capítulo, valerá, a título precário, como documento hábil, uma certidão, passada pelo serviço competente do Registro de Estrangeiros, provando que o empregado requereu sua permanência nos Pais.

NOTA — O art. 132 da Lei n. 6.815, de 19.8.80, estatui: Fica o Ministro da Justiça autorizado a instituir modelo único de Cédula de Identidade para estrangeiro, portador de visto temporário ou permanente, a qual terá validade em todo o território nacional e substituirá as carteiras de identidade em vigor. (Renumerado pela Lei n. 6.964, de 9.12.81)

Art. 367 A redução a que se refere o artigo 354, enquanto o Serviço de Estatística da Previdência e Trabalho (atualmente Secretaria de Mão de Obra) não dispuser dos dados estatísticos necessários à fixação da proporcionalidade conveniente para cada atividade, poderá ser feita por ato do Ministro do Trabalho, mediante representação fundamentada da associação sindical.

PARÁGRAFO ÚNICO. O Serviço de Estatística da Previdência e Trabalho (atualmente Secretaria de Mão de Obra) deverá promover e manter em dia estudos necessários aos fins do presente Capítulo.

Seção V
DAS DISPOSIÇÕES ESPECIAIS SOBRE A NACIONALIZAÇÃO DA MARINHA MERCANTE

— v. L. n. 12.815, de 5.6.2013, p. 715

Art. 368 O comando de navio mercante nacional só poderá ser exercido por brasileiro nato. *(V. L. n. 6.192, 19.12.74, DOU 20.12.74, que vedou qualquer distinção entre brasileiros natos e naturalizados)*

Art. 369 A tripulação de navio ou embarcação nacional será constituída, pelo menos, de dois terços de brasileiros natos. *(Redação L. n. 5.683, 21.7.71, DOU 22.7.71, LTr 35/643)*

— v. nota ao art. 368 acima.

PARÁGRAFO ÚNICO. O disposto neste artigo não se aplica aos navios nacionais de pesca, sujeitos à legislação específica.

Art. 370 As empresas de navegação organizarão as relações dos tripulantes das respectivas embarcações, enviando-as no prazo a que se refere a Seção II deste Capítulo à Delegacia do Trabalho Marítimo, onde as mesmas tiverem sede.

PARÁGRAFO ÚNICO. As relações a que alude o presente artigo obedecerão, na discriminação hierárquica e funcional do pessoal embarcadiço, ao quadro aprovado pelo Regulamento das Capitanias dos Portos.

Art. 371 A presente Seção é também aplicável aos serviços de navegação fluvial e lacustre e à praticagem nas barras, portos, rios, lagos e canais.

Capítulo III
DA PROTEÇÃO DO TRABALHO DA MULHER

(V. CF, art. 5º, I e art. 7º, XX e XXX, p. 13 e 15)

— V. Decreto n. 4.377, de 13.9.02 (DOU 16.9.02) que promulga a Convenção sobre a Eliminação de Todas as Formas de Discriminação contra a Mulher, de 1979, e revoga o Decreto n. 89.460, de 20 de março de 1984. V. Revista LTr 66-9/1144

Seção I
DA DURAÇÃO, CONDIÇÕES DO TRABALHO E DA DISCRIMINAÇÃO CONTRA A MULHER

Art. 372 Os preceitos que regulam o trabalho masculino são aplicáveis ao trabalho feminino, naquilo em que não colidirem com a proteção especial instituída por este Capítulo.

PARÁGRAFO ÚNICO. (REVOGADO) *(Lei n. 13.467, de 13.7.2017, DOU 14.7.2017, com vigência a partir de 11.11.2017)*

Art. 373 A duração normal de trabalho da mulher será de oito horas diárias, exceto nos casos para os quais for fixada duração inferior.

Art. 373-A Ressalvadas as disposições legais destinadas a corrigir as distorções que afetam o acesso da mulher ao mercado de trabalho e certas especificidades estabelecidas nos acordos trabalhistas, é vedado:

I — publicar ou fazer publicar anúncio de emprego no qual haja referência ao sexo, à idade, à cor ou situação familiar, salvo quando a natureza da atividade a ser exercida, pública e notoriamente, assim o exigir;

II — recusar emprego, promoção ou motivar a dispensa do trabalho em razão de sexo, idade, cor, situação familiar ou estado de gravidez, salvo quando a natureza da atividade seja notória e publicamente incompatível;

III — considerar o sexo, a idade, a cor ou situação familiar como variável determinante para fins de remuneração, formação profissional e oportunidades de ascensão profissional;

IV — exigir atestado ou exame, de qualquer natureza, para comprovação de esterilidade ou gravidez, na admissão ou permanência no emprego;

V — impedir o acesso ou adotar critérios subjetivos para deferimento de inscrição ou aprovação em concursos, em empresas privadas, em razão de sexo, idade, cor, situação familiar ou estado de gravidez;

VI — proceder o empregador ou preposto a revistas íntimas nas empregadas ou funcionárias.

PARÁGRAFO ÚNICO. O disposto neste artigo não obsta a adoção de medidas temporárias que visem ao estabelecimento das políticas de igualdade entre homens e mulheres, em particular as que se destinam a corrigir as distorções que afetam a formação profissional, o acesso ao emprego e as condições gerais de trabalho da mulher. *(Artigo acrescentado pela Lei n. 9.799, de 26.5.99, DOU 27.5.99)*

TST: Súm. n. 392

Arts. 374 e 375 Revogados pela L. n. 7.855, 24.10.89, DOU 25.10.89, LTr 53/1418.

Art. 376 Revogado pela Lei n. 10.244, de 27.6.01, DOU 28.6.01.

Art. 377 A adoção de medidas de proteção ao trabalho das mulheres é considerada de ordem pública, não justificando, em hipótese alguma, a redução de salário.

Art. 378 Revogado pela Lei n. 7.855, de 24.10.89, DOU 25.10.89, LTr 53/1418.

Seção II
DO TRABALHO NOTURNO

Arts. 379 e 380 Revogados pela Lei n. 7.855, de 24.10.89, DOU 25.10.89, LTr 53/1418.

Art. 381 O trabalho noturno das mulheres terá salário superior ao diurno.

§ 1º Para os fins deste artigo, os salários serão acrescidos duma percentagem adicional de 20% (vinte por cento) no mínimo.

§ 2º Cada hora do período noturno de trabalho das mulheres terá cinquenta e dois minutos e trinta segundos.

Seção III

DOS PERÍODOS DE DESCANSO

Art. 382 Entre duas jornadas de trabalho, haverá um intervalo de onze horas consecutivas, no mínimo, destinado ao repouso.

Art. 383 Durante a jornada de trabalho, será concedido à empregada um período para refeição e repouso não inferior a uma hora nem superior a duas horas, salvo a hipótese prevista no art. 71, § 3º.

Art. 384 (REVOGADO) *(Lei n. 13.467, de 13.7.2017, DOU 14.7.2017, com vigência a partir de 11.11.2017)*

Art. 385 O descanso semanal será de vinte e quatro (24) horas consecutivas e coincidirá no todo ou em parte com o domingo, salvo motivo de conveniência pública ou necessidade imperiosa de serviço, a juízo da autoridade competente, na forma das disposições gerais, caso em que recairá em outro dia.

PARÁGRAFO ÚNICO. Observar-se-ão, igualmente, os preceitos da legislação geral sobre a proibição de trabalho nos feriados civis e religiosos.

— v. CF, art. 7º, XV, p. 15

— v. L. n. 605/49, p. 558

Art. 386 Havendo trabalho aos domingos, será organizada uma escala de revezamento quinzenal, que favoreça o repouso dominical.

Seção IV

DOS MÉTODOS E LOCAIS DE TRABALHO

— V. Port. n. 3.214/78 — NRs 15 e 16

Art. 387 Revogado pela L. n. 7.855, 24.10.89, DOU 25.10.89, LTr 53/1418.

Art. 388 Em virtude de exame e parecer da autoridade competente, o Ministro do Trabalho poderá estabelecer derrogações totais ou parciais às proibições a que alude o artigo anterior, quando tiver desaparecido, nos serviços considerados perigosos ou insalubres, todo e qualquer caráter perigoso ou prejudicial mediante a aplicação de novos métodos de trabalho ou pelo emprego de medidas de ordem preventiva.

— v. CF, art. 7º, XX e XXX — p. 15

Art. 389 Toda empresa é obrigada:

I — a prover os estabelecimentos de medidas concernentes à higienização dos métodos e locais de trabalho, tais como ventilação e iluminação e outros que se fizerem necessários à segurança e ao conforto das mulheres, a critério da autoridade competente;

II — a instalar bebedouros, lavatórios, aparelhos sanitários; dispor de cadeiras ou bancos em número suficiente, que permitam às mulheres trabalhar sem grande esgotamento físico;

III — a instalar vestiários com armários individuais privativos das mulheres, exceto os estabelecimentos comerciais, escritórios, bancos e atividades-afins, em que não seja exigida a troca de roupa e outros, a critério da autoridade competente em matéria de segurança e medicina do trabalho, admitindo-se como suficientes as gavetas ou escaninhos, onde possam as empregadas guardar seus pertences;

IV — a fornecer, gratuitamente, a juízo da autoridade competente, os recursos de proteção individual, tais como óculos, máscaras, luvas e roupas especiais, para a defesa dos olhos, do aparelho respiratório e da pele, de acordo com a natureza do trabalho.

§ 1º Os estabelecimentos em que trabalharem, pelo menos 30 (trinta) mulheres, com mais de 16 (dezesseis) anos de idade, terão local apropriado onde seja permitido às empregadas guardar sob vigilância e assistência os seus filhos no período de amamentação. *(V. Port. MTb n. 3.296, 3.9.86, DOU 5.9.86, LTr 50-9/1141)*

§ 2º A exigência do § 1º poderá ser suprida por meio de creches distritais mantidas, diretamente ou mediante convênios, com outras entidades públicas ou privadas, pelas próprias empresas, em regime comunitário, ou a cargo do SESI, do SESC, da LBA ou de entidades sindicais.

TST: Prec. Normativo ns. 6, 22

Art. 390 Ao empregador é vedado empregar a mulher em serviço que demande o emprego de força muscular superior a vinte (20) quilos, para o trabalho contínuo, ou vinte e cinco (25) quilos, para o trabalho ocasional.

PARÁGRAFO ÚNICO. Não está compreendida na determinação deste artigo a remoção de material feita por impulsão ou tração de vagonetes sobre trilhos, de carros de mão ou quaisquer aparelhos mecânicos.

Art. 390-A *(Vetado).*

Art. 390-B As vagas dos cursos de formação de mão de obra, ministrados por instituições governamentais, pelos próprios empregadores ou por qualquer órgão de ensino profissionalizante, serão oferecidas aos empregados de ambos os sexos.

Art. 390-C As empresas com mais de cem empregados, de ambos os sexos, deverão manter programas especiais de incentivos e aperfeiçoamento profissional da mão de obra.

Art. 390-D *(Vetado).*

Art. 390-E A pessoa jurídica poderá associar-se a entidade de formação profissional, sociedades civis, sociedades cooperativas, órgãos e entidades públicas ou entidades sindicais, bem como firmar convênios para o desenvolvimento de ações conjuntas, visando à execução de projetos relativos ao incentivo ao trabalho da mulher. *(Artigos acrescentados pela Lei n. 9.799, de 26.5.99, DOU 27.6.99)*

Seção V

DA PROTEÇÃO À MATERNIDADE

— v. CF, art. 7º, XVIII e art. 10, II, "b" do ADCT, p. 15 e 61

Art. 391 Não constitui justo motivo para a rescisão do contrato de trabalho da mulher o fato de haver contraído matrimônio ou de encontrar-se em estado de gravidez.

PARÁGRAFO ÚNICO. Não serão permitidos em regulamentos de qualquer natureza, contratos coletivos (atualmente convenções coletivas) ou individuais de trabalho, restrições ao direito da mulher ao seu emprego, por motivo de casamento ou de gravidez.

TST: Súm. n. 244, OJ-SDI-1 n. 399, OJ SDC n. 30

Art. 391-A A confirmação do estado de gravidez advindo no curso do contrato de trabalho, ainda que durante o prazo do aviso-prévio trabalhado ou indenizado, garante à empregada gestante a estabilidade provisória prevista na alínea *b* do inciso II do art. 10 do Ato das Disposições Constitucionais Transitórias. *(Redação dada pela Lei n. 12.812, 16.5.13, DOU 17.5.13)*

TST: OJ-SDI-1 n. 82

Art. 392 A empregada gestante tem direito à licença-maternidade de 120 (cento e vinte) dias, sem prejuízo do emprego e do salário.

TST: OJ-SDI-1 n. 44, Prec. Normativo n. 6

— v. CF, art. 7º, XVIII — p. 15

— v. art. 71, L. n. 8.213, de 24.7.91, DOU 25.7.91, LTr 55-08/993, p. 358

§ 1º A empregada deve, mediante atestado médico, notificar o seu empregador da data do início do afastamento do emprego, que poderá ocorrer entre o 28º (vigésimo oitavo) dia antes do parto e ocorrência deste.

TST: Súm. n. 244

§ 2º Os períodos de repouso, antes e depois do parto, poderão ser aumentados de 2 (duas) semanas cada um, mediante atestado médico.

§ 3º Em caso de parto antecipado, a mulher terá direito aos 120 (cento e vinte) dias previstos neste artigo. *(Redação do caput e parágrafos 1º a 3º pela Lei n. 10.421, de 15.4.02, DOU 16.4.02)*

§ 4º É garantido à empregada, durante a gravidez, sem prejuízo do salário e demais direitos:

I — transferência de função, quando as condições de saúde o exigirem, assegurada a retomada da função anteriormente exercida, logo após o retorno ao trabalho;

II — dispensa do horário de trabalho pelo tempo necessário para a realização de, no mínimo, seis consultas médicas e demais exames complementares. *(§ 4º e incisos com redação dada pela Lei n. 9.799, de 26.5.99, DOU 27.5.99)*

§ 5º (Vetado)(*)

Art. 392-A À empregada que adotar ou obtiver guarda judicial para fins de adoção de criança será concedida licença-maternidade nos termos do art. 392. *(Redação dada pela Lei n. 12.873, de 24.10.13, DOU 26.10.13)*

§§ 1º a 3º *(Revogados pela Lei n. 12.010, de 3.8.09, DOU 4.8.09.)*

§ 4º A licença-maternidade só será concedida mediante apresentação do termo judicial de guarda à adotante ou guardiã. *(Artigo e parágrafos acrescentados pela Lei n. 10.421, de 15.4.02, DOU 16.4.02)*

§ 5º A adoção ou guarda judicial conjunta ensejará a concessão de licença-maternidade a apenas um dos adotantes ou guardiães empregado ou empregada. (NR) *(Redação dada pela Lei n. 12.873, de 24.10.13, DOU 26.10.13)*

Art. 392-B Em caso de morte da genitora, é assegurado ao cônjuge ou companheiro empregado o gozo de licença por todo o período da licença-maternidade ou pelo tempo restante a que teria direito a mãe, exceto no caso de falecimento do filho ou de seu abandono. *(Acrescentado pela Lei n. 12.873, de 24.10.13, DOU 26.10.13) Obs.: Vigência após 90 dias da data da publicação da Lei (art. 63, II, b)*

(*) *V. Lei Complementar n. 146, de 30.6.14, DOU 30.6.14, Ed. Extra, que estende a estabilidade provisória na alínea b, do inciso II do art. 10 do Ato das Disposições Constitucionais Transitórias à trabalhadora gestante, nos casos de morte desta, a quem detiver a guarda de seu filho.*

O § 5º do art. 392, da CLT, aprovado no Projeto de Lei n. 101/2001, foi vetado pela Presidência da República, conforme as razões expostas na Mensagem n. 264, de 15.4.02, dirigida ao Presidente do Senado Federal e publicada no DOU de 16.4.02, p. 3.

Art. 392-C Aplica-se, no que couber, o disposto no art. 392-A e 392-B ao empregado que adotar ou obtiver guarda judicial para fins de adoção. *(Acrescentado pela Lei n. 12.873, de 24.10.13, DOU 26.10.13)*

Art. 393 Durante o período a que se refere o artigo 392, a mulher terá direito ao salário integral e, quando variável, calculado de acordo com a média dos 6 (seis) últimos meses de trabalho, bem como os direitos e vantagens adquiridos, sendo-lhe ainda facultado reverter à função que anteriormente ocupava.

TST: Súm. n. 244, OJ SDI-1 ns. 144, 399

Art. 394 Mediante atestado médico, à mulher grávida é facultado romper o compromisso resultante de qualquer contrato de trabalho, desde que este seja prejudicial à gestação.

Art. 394-A A empregada gestante será afastada, enquanto durar a gestação, de quaisquer atividades, operações ou locais insalubres e exercerá suas atividades em local salubre, excluído, nesse caso, o pagamento de adicional de insalubridade. *(Redação dada pela MP n. 808, de 14.11.17, DOU ed. extra 14.11.17)*

I — atividades consideradas insalubres em grau máximo, enquanto durar a gestação;

II — atividades consideradas insalubres em grau médio ou mínimo, quando apresentar atestado de saúde, emitido por médico de confiança da mulher, que recomende o afastamento durante a gestação;

III — atividades consideradas insalubres em qualquer grau, quando apresentar atestado de saúde, emitido por médico de confiança da mulher, que recomende o afastamento durante a lactação. *(Incisos incluídos pela Lei n. 13.467, de 13.7.2017, DOU 14.7.2017, com vigência a partir de 11.11.2017) (Incisos revogados pela MP n. 808, de 14.11.17, DOU ed. extra 14.11.17)*

§ 1º...

NOTA: A Lei n. 13.287, de 11.5.16, DOU 11.5.16, ed. Extra, incluiu o art. 394-A, na CLT, mas sendo vetado pela Presidência da República o seu parágrafo único que constava do Projeto de Lei, que dispunha:

"Parágrafo único. Durante o afastamento temporário previsto no *caput*, fica assegurado à empregada gestante ou lactante o pagamento integral do salário que vinha percebendo, incluindo o adicional de insalubridade".

Estas foram as razões do veto: "Ainda que meritório, o dispositivo apresenta ambiguidade que poderia ter efeito contrário ao pretendido, prejudicial à trabalhadora, na medida em que o tempo da lactação pode se estender além do período de estabilidade no emprego após o parto, e o custo adicional para o empregador poderia levá-lo à decisão de desligar a trabalhadora após a estabilidade, resultando em interpretação que redunde em eventual supressão de direitos."

A Lei n. 13.467, de 13.4.17, que altera o art. 394-A, não contempla nenhuma norma que preencha o dispositivo revogado, ou seja, como parágrafo primeiro, e muito menos se referiu a sua renumeração para parágrafo primeiro, o que se exigia mediante menção expressa em lei. Nessa conformidade, a inclusão do parágrafo primeiro na Lei reformadora, sem qualquer correlação com a legislação anterior, ficou num vazio, pois inexistiu o parágrafo primeiro no art. 394-A. Registre-se, no entanto, que o disposto no *caput* do art. 394-A abrange o que se pretendia com a inclusão do parágrafo único acima vetado pela Presidência da República.

§ 2º O exercício de atividades e operações insalubres em grau médio ou mínimo, pela gestante, somente será permitido quando ela, voluntariamente, apresentar atestado de saúde, emitido por médico de sua confiança, do sistema privado ou público de saúde, que autorize a sua permanência no exercício de suas atividades. *(Redação dada pela MP n. 808, de 14.11.17, DOU ed. extra 14.11.17)*

§ 3º A empregada lactante será afastada de atividades e operações consideradas insalubres em qualquer grau quando apresentar atestado de saúde emitido por médico de sua

CLT

confiança, do sistema privado ou público de saúde, que recomende o afastamento durante a lactação. (NR) *(Redação dada pela MP n. 808, de 14.11.17, DOU ed. extra 14.11.17)*

Art. 395 Em caso de aborto não criminoso, comprovado por atestado médico oficial, a mulher terá um repouso remunerado de duas (2) semanas, ficando-lhe assegurado o direito de retornar à função que ocupava antes de seu afastamento.

Art. 396 Para amamentar o próprio filho, até que este complete seis (6) meses de idade, a mulher terá direito, durante a jornada de trabalho, a dois descansos especiais, de meia hora cada um.

TST: Prec. Normativo n. 6

§ 1º Quando o exigir a saúde do filho, o período de seis (6) meses poderá ser dilatado, a critério da autoridade competente. *(Renumerado pela Lei n. 13.467, de 13.7.2017, DOU 14.7.2017, com vigência a partir de 11.11.2017)*

§ 2º Os horários dos descansos previstos no *caput* deste artigo deverão ser definidos em acordo individual entre a mulher e o empregador. (NR) *(Incluído pela Lei n. 13.467, de 13.7.2017, DOU 14.7.2017, com vigência a partir de 11.11.2017)*

Art. 397 O SESI, o SESC, a LBA e outras entidades públicas destinadas à assistência à infância manterão ou subvencionarão, de acordo com suas possibilidades financeiras, escolas maternais e jardins de infância, distribuídos nas zonas de maior densidade de trabalhadores, destinados especialmente aos filhos das mulheres empregadas. *(Redação DL n. 229, 28.2.67, DOU 28.2.67, LTr 31/137)*

Art. 398 Revogado pelo art. 37, DL n. 229, 28.2.67, DOU 28.2.67, LTr 31/137.

Art. 399 O Ministro do Trabalho conferirá diploma de benemerência aos empregadores que se distinguirem pela organização e manutenção de creches e de instituições de proteção aos menores em idade pré-escolar, desde que tais serviços se recomendem por sua generosidade e pela eficiência das respectivas instalações.

Art. 400 Os locais destinados à guarda dos filhos das operárias, durante o período de amamentação, deverão possuir, no mínimo, um berçário, uma saleta de amamentação, uma cozinha dietética e uma instalação sanitária.

TST: Proc. Normativo n. 22

Seção VI
DAS PENALIDADES

Art. 401 Pela infração de qualquer dispositivo deste Capítulo, será imposta ao empregador a multa de 2 (dois) a 20 (vinte) valores de referência regionais aplicada pelas Delegacias Regionais do Trabalho ou por aquelas que exerçam funções delegadas. *(Redação art. 7º, L. n. 6.986, 13.4.82)*

§ 1º A penalidade será sempre aplicada no grau máximo:

a) se ficar apurado o emprego de artifício ou simulação para fraudar a aplicação dos dispositivos deste Capítulo;

b) nos casos de reincidência.

§ 2º O processo na verificação das infrações, bem como na aplicação e cobrança das multas, será o previsto no título "Do Processo de Multas Administrativas", observadas as disposições deste artigo.

— v. Nota do art. 47

Art. 401-A *(Vetado)*

Art. 401-B *(Vetado)*

Capítulo IV
DA PROTEÇÃO DO TRABALHO DO MENOR

(V. L. n. 8.069, de 13.7.90, Estatuto da Criança e do Adolescente — arts. 60 a 69, p. 267)

— *Vide* também Portaria MPAS/SEAS n. 458, de 4.10.01 (DOU 5.10.01) que estabelece as Diretrizes e Normas do Programa de Erradicação do Trabalho Infantil — PETI, republicado no DOU de 4.4.02, por ter saído com incorreções. (não publicada nesta obra)

— V. Convenção n. 138, e Recomendação n. 146, ambas da Organização Internacional do Trabalho — OIT (Decreto n. 4.134, de 15.2.02, DOU 18.2.02) (não publicadas nesta obra)

Seção I
DISPOSIÇÕES GERAIS

Art. 402 Considera-se menor para os efeitos desta Consolidação o trabalhador de quatorze até dezoito anos. (NR) *(Redação dada pela Lei n. 10.097, de 19.12.00, DOU 20.12.00)*

— v. CF, art. 7º, XXX, XXXIII e art. 227, § 3º, p. 15 e 57

PARÁGRAFO ÚNICO. O trabalho do menor reger-se-á pelas disposições do presente Capítulo, exceto no serviço em oficinas em que trabalhem exclusivamente pessoas da família do menor e esteja este sob a direção do pai, mãe ou tutor, observado, entretanto, o disposto nos arts. 404 e 405 e na Seção II. *(Redação DL n. 229, 28.2.67, DOU 28.2.67, LTr 31/137)*

Art. 403 É proibido qualquer trabalho a menores de dezesseis anos de idade, salvo na condição de aprendiz, a partir dos quatorze anos. (NR)

PARÁGRAFO ÚNICO. O trabalho do menor não poderá ser realizado em locais prejudiciais à sua formação, ao seu desenvolvimento físico, psíquico, moral e social e em horários e locais que não permitam a frequência à escola. (NR) *(Alterado pela Lei n. 10.097, de 19.12.00, DOU de 20.12.00)*

a) revogada;

b) revogada.

Art. 404 Ao menor de 18 anos é vedado o trabalho noturno, considerado este o que for executado no período compreendido entre as 22 e as 5 horas.

— v. CF, art. 7º, XXXIII, p. 15

Art. 405 Ao menor não será permitido o trabalho:

— v. CF, art. 7º, XXXIII, p. 15

I — nos locais e serviços perigosos ou insalubres, constantes de quadro para este fim aprovado pela Secretaria de Segurança e Medicina do Trabalho. *(V. quadro referente a este artigo, à p. 199)*

II — em locais ou serviços prejudiciais à sua moralidade.

§ 1º Revogado pela Lei n. 10.097, de 19.12.00, DOU 20.12.00.

§ 2º O trabalho exercido nas ruas, praças e outros logradouros dependerá de prévia autorização do Juiz de Menores, ao qual cabe verificar se a ocupação é indispensável à sua própria subsistência ou à de seus pais, avós ou irmãos e se dessa ocupação não poderá advir prejuízo à sua formação moral.

§ 3º Considera-se prejudicial à moralidade do menor o trabalho:

a) prestado de qualquer modo, em teatros de revista, cinemas, boates, cassinos, cabarés, *dancings* e estabelecimentos análogos;

b) em empresas circenses, em funções de acrobata, saltimbanco, ginasta e outras semelhantes;

c) de produção, composição, entrega ou venda de escritos, impressos, cartazes, desenhos, gravuras, pinturas, emblemas, imagens e quaisquer outros objetos que possam, a juízo da autoridade competente, prejudicar sua formação moral;

d) consistente na venda, a varejo, de bebidas alcoólicas.

§ 4º Nas localidades em que existirem, oficialmente reconhecidas, instituições destinadas ao amparo dos menores jornaleiros, só aos que se encontrem sob o patrocínio dessas entidades será outorgada a autorização do trabalho a que alude o § 2º.

§ 5º Aplica-se ao menor o disposto no art. 390 e seu parágrafo único. *(Redação art. e §§, DL n. 229, 28.2.67, DOU 28.2.67, LTr 31/137)*

Art. 406 O Juiz de Menores poderá autorizar ao menor o trabalho a que se referem as letras *a* e *b* do § 3º do art. 405:

I — desde que a representação tenha fim educativo ou a peça de que participe não possa ser prejudicial à sua formação moral;

II — desde que se certifique ser a ocupação do menor indispensável à própria subsistência ou à de seus pais, avós ou irmãos e não advir nenhum prejuízo à sua formação moral. *(Redação DL n. 229, 28.2.67, DOU 28.2.67, LTr 31/137)*

Art. 407 Verificado pela autoridade competente que o trabalho executado pelo menor é prejudicial à sua saúde, ao seu desenvolvimento físico ou à sua moralidade, poderá ela obrigá-lo a abandonar o serviço, devendo a respectiva empresa, quando for o caso, proporcionar ao menor todas as facilidades para mudar de funções. *(V. quadro a que se refere o art. 405, I, p. 198)*

PARÁGRAFO ÚNICO. Quando a empresa não tomar as medidas possíveis e recomendadas pela autoridade competente para que o menor mude de função, configurar-se-á a rescisão do contrato de trabalho, na forma do artigo 483. *(Redação DL n. 229, 28.2.67, DOU 28.2.67, LTr 31/137)*

Art. 408 Ao responsável legal do menor é facultado pleitear a extinção do contrato de trabalho, desde que o serviço possa acarretar para ele prejuízos de ordem física ou moral. *(Redação DL n. 229, 28.2.67, DOU 28.2.67, LTr 31/137)*

Art. 409 Para maior segurança do trabalho e garantia da saúde dos menores, a autoridade fiscalizadora poderá proibir-lhes o gozo dos períodos de repouso nos locais de trabalho.

Art. 410 O Ministro do Trabalho poderá derrogar qualquer proibição decorrente do quadro a que se refere a alínea *a* do art. 405 quando se certificar haver desaparecido, parcial ou totalmente, o caráter perigoso ou insalubre que determinou a proibição.

Seção II

DA DURAÇÃO DO TRABALHO

Art. 411 A duração do trabalho do menor regular-se-á pelas disposições legais relativas à duração do trabalho em geral, com as restrições estabelecidas neste Capítulo.

Art. 412 Após cada período de trabalho efetivo, quer contínuo, quer dividido em dois turnos, haverá um intervalo de repouso não inferior a onze horas.

Art. 413 É vedado prorrogar a duração normal diária do trabalho do menor, salvo:

I — até mais 2 (duas) horas, independentemente de acréscimo salarial, mediante convenção ou acordo coletivo, nos termos do Título VI desta Consolidação, desde que o excesso de horas em um dia seja compensado pela diminuição em outro, de modo a ser observado o limite máximo de 44 (quarenta e quatro) horas semanais ou outro inferior legalmente fixado;

II — excepcionalmente, por motivo de força maior, até o máximo de 12 (doze) horas, com acréscimo salarial de, pelo menos, 25% (vinte e cinco por cento) sobre a hora normal e desde que o trabalho do menor seja imprescindível ao funcionamento do estabelecimento. *(V. CF, art. 7º, XVI — adicional de horas extras, mínimo de 50%)*

PARÁGRAFO ÚNICO. Aplica-se à prorrogação do trabalho do menor o disposto no art. 375, no parágrafo único do art. 376, no art. 378 e no art. 384 desta Consolidação. *(Redação DL n. 229, 28.2.67, DOU 28.2.67, LTr 31/137)*

Art. 414 Quando o menor de 18 anos for empregado em mais de um estabelecimento, as horas de trabalho em cada um serão totalizadas.

Seção III

DA ADMISSÃO EM EMPREGO E DA CARTEIRA DE TRABALHO E PREVIDÊNCIA SOCIAL

Arts. 415 a 417 Revogados pelo DL n. 926, 10.10.69, DOU 13.10.69, LTr 33/638, que "institui a Carteira de Trabalho e Previdência Social em substituição à Carteira Profissional, à Carteira de Trabalho do Menor e à Carteira Profissional do Trabalhador Rural".

Art. 418 Revogado pela L. n. 7.855, 24.10.89, DOU 25.10.89, LTr 53/1418.

Arts. 419 a 423 Revogados pela L. n. 5.686, de 3.8.71, DOU 3.8.71, LTr 35/643, que deu nova redação ao art. 16.

Seção IV

DOS DEVERES DOS RESPONSÁVEIS LEGAIS DE MENORES E DOS EMPREGADORES — DA APRENDIZAGEM

Art. 424 É dever dos responsáveis legais de menores, pais, mães, ou tutores, afastá-los de empregos que diminuam consideravelmente o seu tempo de estudo, reduzam o tempo de repouso necessário à sua saúde e constituição física, ou prejudiquem a sua educação moral.

Art. 425 Os empregadores de menores de 18 anos são obrigados a velar pela observância, nos seus estabelecimentos ou empresas, dos bons costumes e da decência pública, bem como das regras de segurança e medicina do trabalho. *(Redação dada pela Lei n. 6.514, de 22.12.77, DOU 23.12.77)*

Art. 426 É dever do empregador, na hipótese do art. 407, proporcionar ao menor todas as facilidades para mudar de serviço.

Art. 427 O empregador, cuja empresa ou estabelecimento ocupar menores, será obrigado a conceder-lhes o tempo que for necessário para a frequência às aulas.

PARÁGRAFO ÚNICO. Os estabelecimentos situados em lugar onde a escola estiver a maior distância que dois quilômetros, e que ocuparem, permanentemente, mais de trinta menores analfabetos, de 14 a 18 anos, serão obrigados a manter local apropriado em que lhes seja ministrada a instrução primária.

Art. 428 Contrato de aprendizagem é o contrato de trabalho especial, ajustado por escrito e por prazo determinado, em que o empregador se compromete a assegurar ao maior de 14 (quatorze) e menor de 24 (vinte e quatro) anos, inscrito em programa de aprendizagem, formação técnico-profissional metódica, compatível com o seu desenvolvimento físico, moral e psicológico, e o aprendiz, a executar com zelo e diligência, as tarefas necessárias a essa formação. *(Redação dada pela Lei n. 11.180, de 23.9.05, DOU 26.9.05)*

§ 1º A validade do contrato de aprendizagem pressupõe anotação na Carteira de Trabalho e Previdência Social, matrícula e frequência do aprendiz na escola, caso não haja concluído o ensino médio, e inscrição em programa de aprendizagem desenvolvido sob orientação de entidade qualificada em formação técnico-profissional metódica. *(Redação dada pela Lei n. 11.788, de 25.9.08, DOU 26.9.08)*

§ 2º Ao aprendiz, salvo condição mais favorável, será garantido o salário mínimo hora. (NR) *(Redação dada pela Lei n. 13.420, de 13.3.17, DOU 14.3.17)*

⚖ TST: OJ SDC n. 26; STF: Súm. n. 205

§ 3º O contrato de aprendizagem não poderá ser estipulado por mais de 2 (dois) anos, exceto quando se tratar de aprendiz portador de deficiência. *(Redação dada pela Lei n. 11.788, de 25.9.08, DOU 26.9.08)*

§ 4º A formação técnico-profissional a que se refere o *caput* deste artigo caracteriza-se por atividades teóricas e práticas, metodicamente organizadas em tarefas de complexidade progressiva desenvolvidas no ambiente de trabalho. (AC) *(Acrescentado pela Lei n. 10.097, de 19.12.00, DOU 20.12.00)*

§ 5º A idade máxima prevista no *caput* deste artigo não se aplica a aprendizes portadores de deficiência. *(Acrescentado pela Lei n. 11.180, de 23.9.05, DOU 26.9.05)*

§ 6º Para os fins do contrato de aprendizagem, a comprovação da escolaridade de aprendiz com deficiência deve considerar, sobretudo, as habilidades e competências relacionadas com a profissionalização. *(Redação dada pela Lei n. 13.146, de 6.7.2015, DOU 7.7.15, com vigência após decorridos 180 dias de sua publicação oficial)*

— NOTA: Redação antes da Lei n. 13.146, de 6.7.15: "Para os fins do contrato de aprendizagem, a comprovação da escolaridade de aprendiz portador de deficiência mental deve considerar, sobretudo, as habilidades e competências relacionadas com a profissionalização".

§ 7º Nas localidades onde não houver oferta de ensino médio para o cumprimento do disposto no § 1º deste artigo, a contratação do aprendiz poderá ocorrer sem a frequência à escola, desde que ele já tenha concluído o ensino fundamental. (NR) *(Acrescentado pela Lei n. 11.788, de 25.9.08, DOU 26.9.08)*

§ 8º Para o aprendiz com deficiência com 18 (dezoito) anos ou mais, a validade do contrato de aprendizagem pressupõe anotação na CTPS e matrícula e frequência em programa de aprendizagem desenvolvido sob orientação de entidade qualificada em formação técnico-profissional metódica. (NR) *(Acrescentado pela Lei n. 13.146, de 6.7.2015, DOU 7.7.15, com vigência após decorridos 180 dias de sua publicação oficial)*

Art. 429 Os estabelecimentos de qualquer natureza são obrigados a empregar e matricular nos cursos dos Serviços Nacionais de Aprendizagem número de aprendizes equivalente a cinco por cento, no mínimo, e quinze por cento, no máximo, dos trabalhadores existentes em cada estabelecimento, cujas funções demandem formação profissional. (NR)

a) revogada;

b) revogada

§ 1º-A. O limite fixado neste artigo não se aplica quando o empregador for entidade sem fins lucrativos, que tenha por objetivo a educação profissional. (AC)

§ 1º-B. Os estabelecimentos a que se refere o caput poderão destinar o equivalente a até 10% (dez por cento) de sua cota de aprendizes à formação técnico-profissional metódica em áreas relacionadas a práticas de atividades desportivas, à prestação de serviços relacionados à infraestrutura, incluindo as atividades de construção, ampliação, recuperação e manutenção de instalações esportivas e à organização e promoção de eventos esportivos. *(Incluído pela Lei n. 13.420, de 13.420, de 13.3.17, DOU 1º.9.17)*

§ 1º As frações de unidade, no cálculo da percentagem de que trata o *caput*, darão lugar à admissão de um aprendiz. (NR) *(Artigo e parágrafos alterados pela Lei n. 10.097, de 19.12.00, DOU 20.12.00)*

§ 2º Os estabelecimentos de que trata o *caput* ofertarão vagas de aprendizes a adolescentes usuários do Sistema Nacional de Atendimento Socioeducativo (Sinase) nas condições a serem dispostas em instrumentos de cooperação celebrados entre os estabelecimentos e os gestores dos Sistemas de Atendimento Socioeducativo locais. (NR) *(Redação dada pela Lei n. 12.594, de 18.1.12, DOU 19.1.12)*

Art. 430 Na hipótese de os Serviços Nacionais de Aprendizagem não oferecerem cursos ou vagas suficientes para atender à demanda dos estabelecimentos, esta poderá ser suprida por outras entidades qualificadas em formação técnico-profissional metódica, a saber: (NR)

I — Escolas Técnicas de Educação. (AC)

II — entidades sem fins lucrativos, que tenham por objetivo a assistência ao adolescente e à educação profissional, registradas no Conselho Municipal dos Direitos da Criança e do Adolescente. (AC)

III — entidades de prática desportiva das diversas modalidades filiadas ao Sistema Nacional do Desporto e aos Sistemas de Desporto dos Estados, do Distrito Federal e dos Municípios. *(Incluído pela Lei n. 13.420, de 13.3.17, DOU 14.3.17)*

§ 1º As entidades mencionadas neste artigo deverão contar com estrutura adequada ao desenvolvimento dos programas de aprendizagem, de forma a manter a qualidade do processo de ensino, bem como acompanhar e avaliar os resultados. (AC)

§ 2º Aos aprendizes que concluírem os cursos de aprendizagem, com aproveitamento, será concedido certificado de qualificação profissional. (AC)

§ 3º O Ministério do Trabalho fixará normas para avaliação da competência das entidades mencionadas nos incisos II e III deste artigo. *(Redação dada pela Lei n. 13.420, de 13.3.17, DOU 14.3.17)*

§ 4º As entidades mencionadas nos incisos II e III deste artigo deverão cadastrar seus cursos, turmas e aprendizes matriculados no Ministério do Trabalho. *(Incluído pela Lei n. 13.420, de 13.3.17, DOU 14.3.17)*

§ 5º As entidades mencionadas neste artigo poderão firmar parcerias entre si para o desenvolvimento dos programas de aprendizagem, conforme regulamento. (NR) *(Incluído pela Lei n. 13.420, de 13.3.17, DOU 14.3.17)*

— v. Portaria n. 615 GM/MTE, de 13.12.07, DOU 14.12.07, que cria o Cadastro Nacional de Aprendizagem, destinado à inscrição das entidades qualificadas em formação técnico-profissional metódica, relacionadas no art. 8º do Decreto n. 5.598, de 1º de dezembro de 2005, buscando promover a qualidade pedagógica e efetividade social (não publicada na presente obra)

Art. 431 A contratação do aprendiz poderá ser efetivada pela empresa onde se realizará a aprendizagem ou pelas entidades mencionadas nos incisos II e III do art. 430, caso em que não gera vínculo de emprego com a empresa tomadora dos serviços. (NR) *(Redação dada pela Lei n. 13.420, de 13.3.17, DOU 14.3.17)*

a) revogada;

b) revogada;

c) revogada.

PARÁGRAFO ÚNICO. (VETADO) *(Artigo e parágrafo alterados pela Lei n. 10.097, de 19.12.00, DOU 20.12.00)*

Art. 432 A duração do trabalho do aprendiz não excederá de seis horas diárias, sendo vedadas a prorrogação e a compensação de jornada. (NR)

§ 1º O limite previsto neste artigo poderá ser de até oito horas diárias para os aprendizes que já tiverem completado o ensino fundamental, se nelas forem computadas as horas destinadas à aprendizagem téorica. (NR)

§ 2º Revogado.

Artigo e § 1º alterados pela Lei n. 10.097, de 19.12.00, DOU 20.12.00.

Art. 433 O contrato de aprendizagem extinguir-se-á no seu termo ou quando o aprendiz completar 24 (vinte e quatro) anos, ressalvada a hipótese prevista no § 5º do art. 428 desta Consolidação, ou ainda antecipadamente nas seguintes hipóteses: NR *(Redação dada pela Lei n. 11.180, de 23.9.05, DOU 26.9.05)*

a) revogada;

b) revogada.

I — desempenho insuficiente ou inadaptação do aprendiz, salvo para o aprendiz com deficiência quando desprovido de recursos de acessibilidade, de tecnologias assistivas e de apoio necessário ao desempenho de suas atividades; *(Redação dada pela Lei n. 13.146, de 6.7.2015, DOU 7.7.15, com vigência após decorridos 180 dias de sua publicação oficial)*

— NOTA: Redação antes da Lei n. 13.146, de 6.7.15: "I — desempenho insuficiente ou inadaptação do aprendiz".

II — falta disciplinar grave; (AC)

III — ausência injustificada à escola que implique perda do ano letivo; ou (AC)

IV — a pedido do aprendiz. (AC)

PARÁGRAFO ÚNICO. (Revogado)

§ 2º Não se aplica o disposto nos arts. 479 e 480 desta Consolidação às hipóteses de extinção do contrato mencionadas neste artigo. (AC) *(Artigo e parágrafos alterados pela Lei n. 10.097, de 19.12.00, DOU 20.12.00)*

Seção V
DAS PENALIDADES

Art. 434 Os infratores das disposições deste Capítulo ficam sujeitos à multa de valor igual a 30 (trinta) valores de referência regionais, aplicada tantas vezes quantos forem os menores empregados em desacordo com a lei, não podendo, todavia, a soma das multas exceder a 150 (cento e cinquenta) vezes o valor de referência, salvo no caso de reincidência, em que este total poderá ser elevado ao dobro(**).

— v. Nota do art. 47

Art. 435 Fica sujeita à multa de valor igual a 30 (trinta) vezes o valor de referência regional e ao pagamento da emissão de nova via a empresa que fizer na Carteira do menor anotação não prevista em lei. *(A remissão deve entender-se como o art. 16, parágrafo único da CLT, com a redação dada pelo DL n. 926, de 10.10.69, DOU 13.10.69, LTr 33/638)*

— v. Nota do art. 47

Arts. 436 e 437 Revogados pela Lei n. 10.097, do 19.12.00 (DOU 20.12.00).

Art. 438 São competentes para impor as penalidades previstas neste Capítulo, os Delegados Regionais do Trabalho ou os funcionários por eles designados para tal fim. *(Redação conforme L. n. 8.422, de 13.5.92, DOU 14.5.92 [LTr 56-06/694], que conferiu às Delegacias Regionais do Trabalho as competências e atribuições dos titulares, especialmente as estabelecidas pela CLT)*

PARÁGRAFO ÚNICO. O processo, na verificação das infrações, bem como na aplicação e cobrança das multas, será o previsto no título "Do Processo de Multas Administrativas", observadas as disposições deste artigo.

Seção VI
DISPOSIÇÕES FINAIS

Art. 439 É lícito ao menor firmar recibo pelo pagamento dos salários. Tratando-se, porém, de rescisão do contrato de trabalho, é vedado ao menor de 18 anos dar, sem assistência dos seus responsáveis legais, quitação ao empregador pelo recebimento da indenização que lhe for devida.

Art. 440 Contra os menores de 18 anos não corre nenhum prazo de prescrição.

Art. 441 O quadro a que se refere o item I do art. 405 será revisto bienalmente. *(Redação DL n. 229, 28.2.67, DOU 28.2.67, LTr 31/137)*

(**) Redação dos arts. 434 a 436, DL n. 229, 28.2.67, c/c L. n. 6.205, 29.4.75, e art. 7º, L. n. 6.986, 13.4.82.

TÍTULO IV
DO CONTRATO INDIVIDUAL DO TRABALHO

Capítulo I
DISPOSIÇÕES GERAIS

Art. 442 Contrato individual de trabalho é o acordo tácito ou expresso, correspondente à relação de emprego.

TST: Súm. ns. 129, 331, II, 386, 430, OJ SDI-1 ns. 185, 191, 199, 253, 321

PARÁGRAFO ÚNICO. Qualquer que seja o ramo de atividade da sociedade cooperativa, não existe vínculo empregatício entre ela e seus associados, nem entre estes e os tomadores de serviços daquela. *(Acrescentado pela L. n. 8.949, de 9.12.94)*

Art. 442-A Para fins de contratação, o empregador não exigirá do candidato a emprego comprovação de experiência prévia por tempo superior a 6 (seis) meses no mesmo tipo de atividade. *(Acrescentado pela Lei n. 11.644, de 10.3.08, DOU 11.3.08)*

Art. 442-B A contratação do autônomo, cumpridas por este todas as formalidades legais, de forma contínua ou não, afasta a qualidade de empregado prevista no art. 3º desta Consolidação. *(Redação dada pela MP n. 808, de 14.11.17, DOU ed. extra 14.11.17)*

§ 1º É vedada a celebração de cláusula de exclusividade no contrato previsto no *caput*. *(Redação dada pela MP n. 808, de 14.11.17, DOU ed. extra 14.11.17)*

§ 2º Não caracteriza a qualidade de empregado prevista no art. 3º o fato de o autônomo prestar serviços a apenas um tomador de serviços. *(Redação dada pela MP n. 808, de 14.11.17, DOU ed. extra 14.11.17)*

§ 3º O autônomo poderá prestar serviços de qualquer natureza a outros tomadores de serviços que exerçam ou não a mesma atividade econômica, sob qualquer modalidade de contrato de trabalho, inclusive como autônomo. *(Redação dada pela MP n. 808, de 14.11.17, DOU ed. extra 14.11.17)*

§ 4º Fica garantida ao autônomo a possibilidade de recusa de realizar atividade demandada pelo contratante, garantida a aplicação de cláusula de penalidade prevista em contrato. *(Redação dada pela MP n. 808, de 14.11.17, DOU ed. extra 14.11.17)*

§ 5º Motoristas, representantes comerciais, corretores de imóveis, parceiros, e trabalhadores de outras categorias profissionais reguladas por leis específicas relacionadas a atividades compatíveis com o contrato autônomo, desde que cumpridos os requisitos do *caput*, não possuirão a qualidade de empregado prevista o art. 3º. *(Redação dada pela MP n. 808, de 14.11.17, DOU ed. extra 14.11.17)*

§ 6º Presente a subordinação jurídica, será reconhecido o vínculo empregatício. *(Redação dada pela MP n. 808, de 14.11.17, DOU ed. extra 14.11.17)*

§ 7º O disposto no *caput* se aplica ao autônomo, ainda que exerça atividade relacionada ao negócio da empresa contratante. (NR) *(Redação dada pela MP n. 808, de 14.11.17, DOU ed. extra 14.11.17)*

Art. 443 O contrato individual de trabalho poderá ser acordado tácita ou expressamente, verbalmente ou por escrito, por prazo determinado ou indeterminado, ou para prestação de trabalho intermitente. *(Redação dada pela Lei n. 13.467, de 13.7.2017, DOU 14.7.2017, com vigência a partir de 11.11.2017)*

TST: Prec. Normativo n. 20

§ 1º Considera-se como de prazo determinado o contrato de trabalho cuja vigência dependa de termo prefixado ou da execução de serviços especificados ou ainda da realização de certo acontecimento suscetível de previsão aproximada.

— v. nota ao art. 452

§ 2º O contrato por prazo determinado só será válido em se tratando:

a) de serviço cuja natureza ou transitoriedade justifique a predeterminação do prazo;

b) de atividades empresariais de caráter transitório;

c) de contrato de experiência. *(Redação do § 2º e alíneas pelo DL n. 229, 28.2.67, DOU 28.2.67, LTr 31/137)*

TST: Súm. ns. 163, 188, 212, 244, 378

§ 3º Considera-se como intermitente o contrato de trabalho no qual a prestação de serviços, com subordinação, não é contínua, ocorrendo com alternância de períodos de prestação de serviços e de inatividade, determinados em horas, dias ou meses, independentemente do tipo de atividade do empregado e do empregador, exceto para os aeronautas, regidos por legislação própria. (NR) *(Incluído pela Lei n. 13.467, de 13.7.2017, DOU 14.7.2017, com vigência a partir de 11.11.2017)*

Art. 444 As relações contratuais de trabalho podem ser objeto de livre estipulação das partes interessadas em tudo quanto não contravenha às disposições de proteção ao trabalho, aos contratos coletivos que lhes sejam aplicáveis e às decisões das autoridades competentes. *(V. nota ao art. 513)*

TST: Súm. ns. 51, 85, 91, 92, 190, 202, 288, 364, 374, 375, 423, 451, OJ SDI-1 ns 342, OJ SDI-1 Trans. ns. 72, 73

PARÁGRAFO ÚNICO. A livre estipulação a que se refere o *caput* deste artigo aplica-se às hipóteses previstas no art. 611-A desta Consolidação, com a mesma eficácia legal e preponderância sobre os instrumentos coletivos, no caso de empregado portador de diploma de nível superior e que perceba salário mensal igual ou superior a duas vezes o limite máximo dos benefícios do Regime Geral de Previdência Social. (NR) *(Incluído pela Lei n. 13.467, de 13.7.2017, DOU 14.7.2017, com vigência a partir de 11.11.2017)*

Art. 445 O contrato de trabalho por prazo determinado não poderá ser estipulado por mais de 2 (dois) anos, observada a regra do art. 451.

STF: Súm. n. 195

PARÁGRAFO ÚNICO. O contrato de experiência não poderá exceder de 90 (noventa) dias. *(Redação DL n. 229, 28.2.67, DOU 28.2.67, LTr 31/137)*

TST: Súm. ns. 163, 188

Art. 446 Revogado pela L. n. 7.855, 24.10.89, DOU 25.10.89, LTr 53/1418.

Art. 447 Na falta de acordo ou prova sobre condição essencial ao contrato verbal, esta se presume existente, como se a tivessem estatuído os interessados, na conformidade dos preceitos jurídicos adequados à sua legitimidade.

TST: Súm. n. 12

Art. 448 A mudança na propriedade ou na estrutura jurídica da empresa não afetará os contratos de trabalho dos respectivos empregados.

TST: OJ SDI-1 ns. 92, 143, 261, 343, 408, 411, OJ SDI-1 Trans. n. 48, 59

— v. art. 10, da CLT

Art. 448-A Caracterizada a sucessão empresarial ou de empregadores prevista nos arts. 10 e 448 desta Consolidação, as obrigações trabalhistas, inclusive as contraídas à época em que os empregados trabalhavam para a empresa sucedida, são de responsabilidade do sucessor. *(Incluído pela Lei n. 13.467, de 13.7.2017, DOU 14.7.2017, com vigência a partir de 11.11.2017)*

PARÁGRAFO ÚNICO. A empresa sucedida responderá solidariamente com a sucessora quando ficar comprovada fraude na transferência. *(Incluído pela Lei n. 13.467, de 13.7.2017, DOU 14.7.2017, com vigência a partir de 11.11.2017)*

Art. 449 Os direitos oriundos da existência do contrato de trabalho subsistirão em caso de falência, concordata ou dissolução da empresa.

⚖ TST: Súm. n. 173, 304, OJ SDI-1 n. 143, OJ SDI-2 n. 53; STF: Súm. n. 227

§ 1º Na falência, constituirão créditos privilegiados a totalidade dos salários devidos ao empregado e a totalidade das indenizações a que tiver direito. *(Redação L. n. 6.449, 14.10.77, DOU 18.10.77, LTr 41/1498)*

§ 2º Havendo concordata na falência, será facultado aos contratantes tornar sem efeito a rescisão do contrato de trabalho e consequente indenização, desde que o empregador pague, no mínimo, a metade dos salários que seriam devidos aos empregados durante o interregno.

— V. Lei n. 11.101, de 9.2.05, DOU 9.2.05, ed. extra, p. 816

Art. 450 Ao empregado chamado a ocupar, em comissão, interinamente, ou em substituição eventual ou temporária, cargo diverso do que exercer na empresa, serão garantidas a contagem do tempo naquele serviço, bem como volta ao cargo anterior.

⚖ TST: Súm. ns. 6, 159, 269, 372; STF: Súm. n. 24, 204

Art. 451 O contrato de trabalho por prazo determinado que, tácita ou expressamente, for prorrogado mais de uma vez, passará a vigorar sem determinação de prazo.

⚖ TST: Súm. n. 188; STF: Súm. n. 195

Art. 452 Considera-se por prazo indeterminado todo contrato que suceder, dentro de seis meses, a outro contrato por prazo determinado, salvo se a expiração deste dependeu da execução de serviços especializados ou da realização de certos acontecimentos.

⚖ TST: Súm. n. 188; STF: Súm. n. 195

— NOTA: Ao definir o contrato de prazo determinado, o § 1º do art. 443 usa a expressão "serviços especificados". Neste artigo, entretanto, empregou-se a locução "serviços especializados".

Art. 452-A O contrato de trabalho intermitente será celebrado por escrito e registrado na CTPS, ainda que previsto acordo coletivo de trabalho ou convenção coletiva, e conterá: *(Redação dada pela MP n. 808, DE 14.11.17, DOU ed. extra 14.11.2017)*

I — identificação, assinatura e domicílio ou sede das partes; *(Redação dada pela MP n. 808, DE 14.11.17, DOU ed. extra 14.11.2017)*

II — valor da hora ou do dia de trabalho, que não poderá ser inferior ao valor horário ou diário do salário mínimo, assegurada a remuneração do trabalho noturno superior à do diurno e observado o disposto no § 12; e *(Redação dada pela MP n. 808, DE 14.11.17, DOU ed. extra 14.11.2017)*

III — o local e o prazo para o pagamento da remuneração. *(Redação dada pela MP n. 808, de 14.11.17, DOU ed. extra 14.11.2017)*

§ 1º O empregador convocará, por qualquer meio de comunicação eficaz, para a prestação de serviços, informando qual será a jornada, com, pelo menos, três dias corridos de antecedência. *(Incluído pela Lei n. 13.467, de 13.7.2017, DOU 14.7.2017, com vigência a partir de 11.11.2017)*

§ 2º Recebida a convocação, o empregado terá o prazo de vinte e quatro horas para responder ao chamado, presumida, no silêncio, a recusa. *(Redação dada pela MP n. 808, de 14.11.17, DOU ed. extra 14.11.2017)*

§ 3º A recusa da oferta não descaracteriza a subordinação para fins do contrato de trabalho intermitente. *(Incluído pela Lei n. 13.467, de 13.7.2017, DOU 14.7.2017)*

§ 4º Aceita a oferta para o comparecimento ao trabalho, a parte que descumprir, sem justo motivo, pagará à outra parte, no prazo de trinta dias, multa de 50% (cinquenta por cento) da remuneração que seria devida, permitida a compensação em igual prazo. *(Incluído pela Lei n. 13.467, de 13.7.2017, DOU 14.7.2017, com vigência a partir de 11.11.2017) (Revogado pela MP n. 808, de 14.11.17, DOU ed. extra 14.11.17)*

§ 5º O período de inatividade não será considerado tempo à disposição do empregador, podendo o trabalhador prestar serviços a outros contratantes. *(Incluído pela Lei n. 13.467, de 13.7.2017, DOU 14.7.2017, com vigência a partir de 11.11.2017) (Revogado pela MP n. 808, de 14.11.17, DOU ed. extra 14.11.17)*

§ 6º Na data acordada para o pagamento, observado o disposto no § 11, o empregado receberá, de imediato, as seguintes parcelas: *(Redação dada pela MP n. 808, de 14.11.17, DOU ed. extra 14.112.17)*

I — remuneração;

II — férias proporcionais com acréscimo de um terço;

III — décimo terceiro salário proporcional;

IV — repouso semanal remunerado; e

V — adicionais legais. *(Incisos incluídos pela Lei n. 13.467, de 13.7.2017, DOU 14.7.2017, com vigência a partir de 11.11.2017)*

§ 7º O recibo de pagamento deverá conter a discriminação dos valores pagos relativos a cada uma das parcelas referidas no § 6º deste artigo. *(Incluído pela Lei n. 13.467, de 13.7.2017, DOU 14.7.2017, com vigência a partir de 11.11.2017)*

§ 8º O empregador efetuará o recolhimento da contribuição previdenciária e o depósito do Fundo de Garantia do Tempo de Serviço, na forma da lei, com base nos valores pagos no período mensal e fornecerá ao empregado comprovante do cumprimento dessas obrigações. *(Incluído pela Lei n. 13.467, de 13.7.2017, DOU 14.7.2017, com vigência a partir de 11.11.2017) (Revogado pela MP n. 808, de 14.11.17, DOU ed. extra 14.11.17)*

§ 9º A cada doze meses, o empregado adquire direito a usufruir, nos doze meses subsequentes, um mês de férias, período no qual não poderá ser convocado para prestar serviços pelo mesmo empregador. *(Incluído pela Lei n. 13.467, de 13.7.2017, DOU 14.7.2017, com vigência a partir de 11.11.2017)*

§ 10. O empregado, mediante prévio acordo com o empregador, poderá usufruir suas férias em até três períodos, nos termos dos § 1º e § 2º do art. 134. *(Incluído pela MP n. 808, de 14.11.17, DOU ed. extra 14.11.17)*

§ 11. Na hipótese de o período de convocação exceder um mês, o pagamento das parcelas a que se referem o § 6º não poderá ser estipulado por período superior a um mês, contado a partir do primeiro dia do período de prestação de serviço. *(Incluído pela MP n. 808, de 14.11.17, DOU ed. extra 14.11.17)*

§ 12. O valor previsto no inciso II do *caput* não será inferior àquele devido aos demais empregados do estabelecimento que exerçam a mesma função. *(Incluído pela MP n. 808, de 14.11.17, DOU ed. extra 14.11.17)*

§ 13. Para os fins do disposto neste artigo, o auxílio-doença será devido ao segurado da Previdência Social a partir da data do início da incapacidade, vedada a aplicação do disposto § 3º do art. 60 da Lei n. 8.213, de 1991. *(Incluído pela MP n. 808, de 14.11.17, DOU ed. extra 14.11.17)*

§ 14. O salário-maternidade será pago diretamente pela Previdência Social, nos termos do disposto no § 3º do art. 72 da Lei n. 8.213, de 1991.

CLT

§ 15. Constatada a prestação dos serviços pelo empregado, estarão satisfeitos os prazos previstos nos § 1º e § 2º. (NR) *(Incluído pela MP n. 808, de 14.11.17, DOU ed. extra 14.11.17)*

Art. 452-B É facultado às partes convencionar por meio do contrato de trabalho intermitente: *(Incluído caput e alíneas pela MP n. 808, de 14.11.17, DOU ed. extra 14.11.17)*

I — locais de prestação de serviços;

II — turnos para os quais o empregado será convocado para prestar serviços;

III — formas e instrumentos de convocação e de resposta para a prestação de serviços;

IV — formato de reparação recíproca na hipótese de cancelamento de serviços previamente agendados nos termos dos § 1º e § 2º do art. 452-A. (NR)

Art. 452-C Para fins do disposto no § 3º do art. 443, considera-se período de inatividade o intervalo temporal distinto daquele para o qual o empregado intermitente haja sido convocado e tenha prestado serviços nos termos do § 1º do art. 452- A. *(Incluído caput e §§ pela MP n. 808, de 14.11.17, DOU ed. extra 14.6.11.17)*

§ 1º Durante o período de inatividade, o empregado poderá prestar serviços de qualquer natureza a outros tomadores de serviço, que exerçam ou não a mesma atividade econômica, utilizando contrato de trabalho intermitente ou outra modalidade de contrato de trabalho.

§ 2º No contrato de trabalho intermitente, o período de inatividade não será considerado tempo à disposição do empregador e não será remunerado, hipótese em que restará descaracterizado o contrato de trabalho intermitente caso haja remuneração por tempo à disposição no período de inatividade. (NR)

Art. 452-D Decorrido o prazo de um ano sem qualquer convocação do empregado pelo empregador, contado a partir da data da celebração do contrato, da última convocação ou do último dia de prestação de serviços, o que for mais recente, será considerado rescindido de pleno direito o contrato de trabalho intermitente. (NR) *(Incluído pela MP n. 808, de 14.11.17, DOU ed. extra 14.6.11.17)*

Art. 452-E Ressalvadas as hipóteses a que se referem os art. 482 e art. 483, na hipótese de extinção do contrato de trabalho intermitente serão devidas as seguintes verbas rescisórias: *(Caput, incisos, alíneas e §§ incluídos pela MP n. 808, de 14.11.17, DOU ed. extra 14.11.17)*

I — pela metade:

a) o aviso prévio indenizado, calculado conforme o art. 452-F; e

b) a indenização sobre o saldo do Fundo de Garantia do Tempo de Serviço — FGTS, prevista no § 1º do art. 18 da Lei n. 8.036, de 11 de maio de 1990; e

II — na integralidade, as demais verbas trabalhistas.

§ 1º A extinção de contrato de trabalho intermitente permite a movimentação da conta vinculada do trabalhador no FGTS na forma do inciso I-A do art. 20 da Lei n. 8.036, de 1990, limitada a até oitenta por cento do valor dos depósitos.

§ 2º A extinção do contrato de trabalho intermitente a que se refere este artigo não autoriza o ingresso no Programa de Seguro-Desemprego. (NR)

Art. 452-F As verbas rescisórias e o aviso prévio serão calculados com base na média dos valores recebidos pelo empregado no curso do contrato de trabalho intermitente. *(Caput e §§ incluídos pela MP n. 808, de 14.11.17, DOU ed. extra 14.11.17)*

§ 1º No cálculo da média a que se refere o caput, serão considerados apenas os meses durante os quais o empregado tenha recebido parcelas remuneratórias no intervalo dos últimos doze meses ou o período de vigência do contrato de trabalho intermitente, se este for inferior.

§ 2º O aviso prévio será necessariamente indenizado, nos termos dos § 1º e § 2º do art. 487. (NR)

Art. 452-G Até 31 de dezembro de 2020, o empregado registrado por meio de contrato de trabalho por prazo indeterminado demitido não poderá prestar serviços para o mesmo empregador por meio de contrato de trabalho intermitente pelo prazo de dezoito meses, contado da data da demissão do empregado. (NR) *(Incluído pela MP n. 808, de 14.11.17, DOU ed. extra 14.11.17)*

Art. 452-H No contrato de trabalho intermitente, o empregador efetuará o recolhimento das contribuições previdenciárias próprias e do empregado e o depósito do FGTS com base nos valores pagos no período mensal e fornecerá ao empregado comprovante do cumprimento dessas obrigações, observado o disposto no art. 911-A. (NR) *(Incluído pela MP n. 808, de 14.11.17, DOU ed. extra 14.11.17)*

Art. 453 No tempo de serviço do empregado, quando readmitido, serão computados os períodos, ainda que não contínuos, em que tiver trabalhado anteriormente na empresa, salvo se houver sido despedido por falta grave, recebido indenização legal ou se aposentado espontaneamente. *(Redação L. n. 6.204, 29.4.75, DOU 30.4.75, LTr 39/570)*

⚖ TST: Súm. ns. 6, 138, OJ SDI-1 n. 361; STF: Súm. n. 215

§ 1º Na aposentadoria espontânea de empregados das empresas públicas e sociedades de economia mista é permitida sua readmissão desde que atendidos aos requisitos constantes do art. 37, inciso XVI, da Constituição, e condicionada à prestação de concurso público.

⚖ TST: Súm. n. 363, OJ SDI-1 ns. 65, 335, OJ SDI-1 Trans. ns. 62, 63, 69, OJ SDI-2 n. 10; STF: Súm. n. 685

— v. ADIn 1.770-4 , julgada pelo Plenário do STF, em 11.10.06, DJ 1.12.06, p. 65, que declarou inconstitucional este parágrafo primeiro acrescentado pela Lei n. 9.528/97

§ 2º O ato de concessão de benefício de aposentadoria a empregado que não tiver completado trinta e cinco anos de serviço, se homem, ou trinta, se mulher, importa extinção do vínculo empregatício.

— v. ADIn 1.721-3, julgada pelo Plenário do STF, em 11.10.06, DJU 29.6.07, p. 20/21 que declarou inconstitucional este parágrafo segundo acrescentado pela Lei n. 9.528, de 10.12.97, DOU 11.12.97.

— v. art. 11 da mesma lei

Art. 454 Revogado pela L. n. 9.279, de 14.5.96 que revoga a L. n. 5.772, de 21.12.71, DOU 31.12.71, LTr 36/63.

Invenção e modelo de utilidade. Propriedade, quando decorrentes do contrato de trabalho.

LEI N. 9.279 — DE 14 DE MAIO DE 1996

Regula direitos e obrigações relativos à propriedade industrial

O Presidente da República.

Faço saber que o Congresso Nacional decreta e eu sanciono a seguinte Lei:

Disposições Preliminares

Art. 1º Esta Lei regula direitos e obrigações relativos à propriedade industrial.

Art. 2º A proteção dos direitos relativos à propriedade industrial, considerado o seu interesse social e o desenvolvimento tecnológico e econômico do País, efetua-se mediante:

I — concessão de patentes de invenção e de modelo de utilidade;

II — concessão de registro de desenho industrial;

III — concessão de registro de marca;

IV — repressão às falsas indicações geográficas; e

V — repressão à concorrência desleal.

Art. 3º Aplica-se também o disposto nesta Lei:

I — ao pedido de patente ou de registro proveniente do exterior e depositado no País por quem tenha proteção assegurada por tratado ou convenção em vigor no Brasil; e

II — aos nacionais ou pessoas domiciliadas em país que assegure aos brasileiros ou pessoas domiciliadas no Brasil a reciprocidade de direitos iguais ou equivalentes.

Art. 4º As disposições dos tratados em vigor no Brasil são aplicáveis, em igualdade de condições, às pessoas físicas e jurídicas nacionais ou domiciliadas no País.

Art. 5º Consideram-se bens móveis, para os efeitos legais, os direitos de propriedade industrial.

TÍTULO I

Das Patentes

(...)

CAPÍTULO XIV

Da Invenção e do Modelo de Utilidade Realizado por Empregado ou Prestador de Serviço

Art. 88. A invenção e o modelo de utilidade pertencem exclusivamente ao empregador quando decorrerem de contrato de trabalho cuja execução ocorra no Brasil e que tenha por objeto a pesquisa ou a atividade inventiva, ou resulte esta da natureza dos serviços para os quais foi o empregado contratado.

§ 1º Salvo expressa disposição contratual em contrário, a retribuição pelo trabalho a que se refere este artigo limita-se ao salário ajustado.

§ 2º Salvo prova em contrário, consideram-se desenvolvidos na vigência do contrato a invenção ou o modelo de utilidade, cuja patente seja requerida pelo empregado até 1 (um) ano após a extinção do vínculo empregatício.

Art. 89. O empregador, titular da patente, poderá conceder ao empregado, autor de invento ou aperfeiçoamento, participação nos ganhos econômicos resultantes da exploração da patente, mediante negociação com o interessado ou conforme disposto em norma da empresa.

Parágrafo único. A participação referida neste artigo não se incorpora, a qualquer título, ao salário do empregado.

Art. 90. Pertencerá exclusivamente ao empregado a invenção ou o modelo de utilidade por ele desenvolvido, desde que desvinculado do contrato de trabalho e não decorrente da utilização de recursos, meios, dados, materiais, instalações ou equipamentos do empregador.

Art. 91. A propriedade de invenção ou de modelo de utilidade será comum, em partes iguais, quando resultar da contribuição pessoal do empregado e de recursos, dados, meios, materiais, instalações ou equipamentos do empregador, ressalvada expressa disposição contratual em contrário.

§ 1º Sendo mais de um empregado, a parte que lhes couber será dividida igualmente entre todos, salvo ajuste em contrário.

§ 2º É garantido ao empregador o direito exclusivo de licença de exploração e assegurada ao empregado a justa remuneração.

§ 3º A exploração do objeto da patente, na falta de acordo, deverá ser iniciada pelo empregador dentro do prazo de 1 (um) ano, contado da data de sua concessão, sob pena de passar à exclusiva propriedade do empregado a titularidade da patente, ressalvadas as hipóteses de falta de exploração por razões legítimas.

§ 4º No caso de cessão, qualquer dos cotitulares, em igualdade de condições, poderá exercer o direito de preferência.

Art. 92. O disposto nos artigos anteriores aplica-se, no que couber, às relações entre o trabalhador autônomo ou o estagiário e a empresa contratante e entre empresas contratantes e contratadas.

Art. 93. Aplica-se o disposto neste Capítulo, no que couber, às entidades da Administração Pública direta, indireta e fundacional, federal, estadual ou municipal.

Parágrafo único. Na hipótese do artigo 88, será assegurada ao inventor, na forma e condições previstas no estatuto ou Regimento Interno da entidade a que se refere este artigo, premiação de parcela no valor das vantagens auferidas com o pedido ou com a patente, a título de incentivo.

TÍTULO VIII

Das Disposições Transitórias e Finais

Art. 243. Esta Lei entra em vigor na data de sua publicação quanto às matérias disciplinadas nos artigos 230, 231, 232 e 239, e 1 (um) ano após sua publicação quanto aos demais artigos.

Art. 244. Revogam-se as Leis ns. 5.772, de 21 de dezembro de 1971, 6.348, de 7 de julho de 1976, os artigos 187 a 196 do Decreto-lei n. 2.848, de 7 de dezembro de 1940, os artigos 169 a 189 do Decreto-lei n. 7.903, de 27 de agosto de 1945, e as demais disposições em contrário.

Fernando Henrique Cardoso
Nelson A. Jobim
Sebastião do Rego Barros Neto
Pedro Malan
Francisco Dornelles
José Israel Vargas

LEI N. 9.609 — DE 19 DE FEVEREIRO DE 1998 — DOU 20.2.98

Dispõe sobre a proteção da propriedade intelectual de programa de computador, sua comercialização no País, e dá outras providências

....

Art. 4º Salvo estipulação em contrário, pertencerão exclusivamente ao empregador, contratante de serviços ou órgão público, os direitos relativos ao programa de computador, desenvolvido e elaborado durante a vigência de contrato ou de vínculo estatutário, expressamente destinado à pesquisa e desenvolvimento, ou em que a atividade do empregado, contratado de serviço ou servidor seja prevista, ou ainda, que decorra da própria natureza dos encargos concernentes a esses vínculos.

§ 1º Ressalvado ajuste em contrário, a compensação do trabalho ou serviço prestado limitar-se-á à remuneração ou ao salário convencionado.

§ 2º Pertencerão, com exclusividade, ao empregado, contratado de serviço ou servidor os direitos concernentes a programa de computador gerado sem relação com o contrato de trabalho, prestação de serviços ou vínculo estatutário, e sem a utilização de recursos, informações tecnológicas, segredos industriais e de negócios, materiais, instalações ou equipamentos do empregador, da empresa ou entidade com a qual o empregador mantenha contrato de prestação de serviços ou assemelhados, do contratante de serviços ou órgão público.

§ 3º O tratamento previsto neste artigo será aplicado nos casos em que o programa de computador for desenvolvido por bolsistas, estagiários e assemelhados.

Brasília, 19 de fevereiro de 1998; 177º da Independência e 110º da República.

Fernando Henrique Cardoso
José Israel Vargas

....

Art. 455 Nos contratos de subempreitada responderá o subempreiteiro pelas obrigações derivadas do contrato de trabalho que celebrar, cabendo, todavia, aos empregados, o direito de reclamação contra o empreiteiro principal pelo inadimplemento daquelas obrigações por parte do primeiro.

TST: Súm. n. 331, OJ SDI-1 ns. 191, 383, OJ SDI-1 Trans. n. 66

PARÁGRAFO ÚNICO. Ao empreiteiro principal fica ressalvada, nos termos da lei civil, ação regressiva contra o subempreiteiro e a retenção de importâncias a este devidas, para a garantia das obrigações previstas neste artigo.

Art. 456 A prova do contrato individual do trabalho será feita pelas anotações constantes da carteira profissional ou por instrumento escrito e suprida por todos os meios permitidos em direito.

TST: Súm. n. 12, 338, OJ SDI-1 n. 82, Prec. Normativo ns. 5, 105; STF: Súm. n. 225; STJ: Súm. n. 62; TFR: Súm. n. 223

PARÁGRAFO ÚNICO. À falta de prova ou inexistindo cláusula expressa a tal respeito, entender-se-á que o empregado se obrigou a todo e qualquer serviço compatível com a sua condição pessoal.

TST: Súm. ns. 212

Art. 456-A Cabe ao empregador definir o padrão de vestimenta no meio ambiente laboral, sendo lícita a inclusão no uniforme de logomarcas da própria empresa ou de empresas parceiras e de outros itens de identificação relacionados à atividade desempenhada. *(Incluído pela Lei n. 13.467, de 13.7.2017, DOU 14.7.2017, com vigência a partir de 11.11.17)*

PARÁGRAFO ÚNICO. A higienização do uniforme é de responsabilidade do trabalhador, salvo nas hipóteses em que forem necessários procedimentos ou produtos diferentes dos utilizados para a higienização das vestimentas de uso comum. *(Incluído pela Lei n. 13.467, de 13.7.2017, DOU 14.7.2017, com vigência a partir de 11.11.2017)*

Capítulo II
DA REMUNERAÇÃO

(V. CF, art. 7º, IV, V, VI, VII, VIII, X, XI, XII e XXX — art. 39, § 2º, e art. 203 — p. 15, 23 e 53)

Art. 457 Compreendem-se na remuneração do empregado, para todos os efeitos legais, além do salário devido e pago diretamente pelo empregador, como contraprestação do serviço, as gorjetas que receber.

TST: Súm. n. 354

— v. art. 28 da L. n. 8.212, 24.7.91, DOU 25.7.91, LTr 55-8/979 com as alterações subsequentes

§ 1º Integram o salário a importância fixa estipulada, as gratificações legais e de função e as comissões pagas pelo empregador. *(Redação dada pela MP n. 808, de 14.11.17, DOU ed. extra 14.11.17)*

TST: Súm. ns. 45, 46, 50, 52, 84, 91, 101, 115, 139, 152, 159, 202, 203, 225, 226, 240, 253, 318, 354, 372, 451, OJ SDI-1 ns. 181, 346, 397, OJ SDI-1 Trans. ns. 43, 45, 75; STF: Súm. ns. 207, 209, 459

§ 2º As importâncias, ainda que habituais, pagas a título de ajuda de custo, limitadas a cinquenta por cento da remuneração mensal, o auxílio-alimentação, vedado o seu pagamento em dinheiro, as diárias para viagem e os prêmios não integram a remuneração do empregado, não se incorporam ao contrato de trabalho e não constituem base de incidência de encargo trabalhista e previdenciário. *(Redação dada pela MP n. 808, de 14.11.17, DOU ed. extra 14.11.17)*

TST: Súm. ns. 101, 318

§ 3º Considera-se gorjeta não só a importância espontaneamente dada pelo cliente ao empregado, como também o valor cobrado pela empresa, como serviço ou adicional, a qualquer título, e destinado à distribuição aos empregados. *(Redação dada pela Lei n. 13.419, de 13.3.17, DOU 14.3.17)*

TST: Súm. n. 354

§ 4º Consideram-se prêmios as liberalidades concedidas pelo empregador em forma de bens, serviços ou valor em dinheiro a empregado ou a grupo de empregados, em razão de desempenho superior ao ordinariamente esperado no exercício de suas atividades. (NR) *(Redação dada pela Lei n. 13.467, de 13.7.2017, DOU 14.7.2017, com vigência a partir de 11.11.2017)*

§ 5º Inexistindo previsão em convenção ou acordo coletivo de trabalho, os critérios de rateio e distribuição da gorjeta e os percentuais de retenção previstos nos §§ 6º e 7º deste artigo serão definidos em assembleia geral dos trabalhadores, na forma do art. 612 desta Consolidação. *(Incluído pela Lei n. 13.419, de 13.3.17, DOU 14.3.17)*

§ 6º As empresas que cobrarem a gorjeta de que trata o § 3º deverão:(*)

I — para as empresas inscritas em regime de tributação federal diferenciado, lançá-la na respectiva nota de consumo, facultada a retenção de até 20% (vinte por cento) da arrecadação correspondente, mediante previsão em convenção ou acordo coletivo de trabalho, para custear os encargos sociais, previdenciários e trabalhistas derivados da sua integração à remuneração dos empregados, devendo o valor remanescente ser revertido integralmente em favor do trabalhador;

II — para as empresas não inscritas em regime de tributação federal diferenciado, lançá-la na respectiva nota de consumo, facultada a retenção de até 33% (trinta e três por cento) da arrecadação correspondente, mediante previsão em convenção ou acordo coletivo de trabalho, para custear os encargos sociais, previdenciários e trabalhistas derivados da sua integração à remuneração dos empregados, devendo o valor remanescente ser revertido integralmente em favor do trabalhador;

III — anotar na Carteira de Trabalho e Previdência Social e no contracheque de seus empregados o salário contratual fixo e o percentual percebido a título de gorjeta.

§ 7º A gorjeta, quando entregue pelo consumidor diretamente ao empregado, terá seus critérios definidos em convenção ou acordo coletivo de trabalho, facultada a retenção nos parâmetros do § 6º deste artigo.

§ 8º As empresas deverão anotar na Carteira de Trabalho e Previdência Social de seus empregados o salário fixo e a média dos valores das gorjetas referente aos últimos doze meses.

§ 9º Cessada pela empresa a cobrança da gorjeta de que trata o § 3º deste artigo, desde que cobrada por mais de doze meses, essa se incorporará ao salário do empregado, tendo como base a média dos últimos doze meses, salvo o estabelecido em convenção ou acordo coletivo de trabalho.

§ 10. Para empresas com mais de sessenta empregados, será constituída comissão de empregados, mediante previsão em convenção ou acordo coletivo de trabalho, para acompanhamento e fiscalização da regularidade da cobrança e distribuição da gorjeta de que trata o § 3º deste artigo, cujos representantes serão eleitos em assembleia geral convocada para esse fim pelo sindicato laboral e gozarão de garantia de emprego vinculada ao desempenho das funções para que foram eleitos, e, para as demais empresas, será constituída comissão intersindical para o referido fim.

§ 11. Comprovado o descumprimento do disposto nos §§ 4º, 6º, 7º e 9º deste artigo, o empregador pagará ao trabalhador prejudicado, a título de multa, o valor correspondente a 1/30 (um trinta avos) da média da gorjeta por dia de atraso, limitada ao piso da categoria, assegurados em qualquer hipótese o contraditório e a ampla defesa, observadas as seguintes regras:

I — a limitação prevista neste parágrafo será triplicada caso o empregador seja reincidente;

II — considera-se reincidente o empregador que, durante o período de doze meses, descumpre o disposto nos §§ 4º, 6º, 7º e 9º deste artigo por mais de sessenta dias. (NR)

§ 12. A gorjeta a que se refere o § 3º não constitui receita própria dos empregadores, destina-se aos trabalhadores e será distribuída segundo os critérios de custeio e de rateio definidos em convenção coletiva ou acordo coletivo de trabalho. *(Redação dada pela MP n. 808, de 14.11.17, DOU ed. extra 14.11.17)*

§ 13. Se inexistir previsão em convenção coletiva ou acordo coletivo de trabalho, os critérios de rateio e distribuição da gorjeta e os percentuais de retenção previstos nos § 14 e § 15 serão definidos em assembleia geral dos trabalhadores, na forma estabelecida no art. 612. *(Redação dada pela MP n. 808, de 14.11.17, DOU ed. extra 14.11.17)*

§ 14. As empresas que cobrarem a gorjeta de que trata o § 3º deverão: *(Redação do § e incisos dada pela MP n. 808, de 14.11.17, DOU ed. extra 14.11.17)*

I — quando inscritas em regime de tributação federal diferenciado, lançá-la na respectiva nota de consumo, facultada a retenção de até vinte por cento da arrecadação correspondente, mediante previsão em convenção coletiva ou acordo coletivo de trabalho, para custear os encargos sociais, previdenciários e trabalhistas derivados da sua integração à remuneração dos empregados, hipótese em que o valor remanescente deverá ser revertido integralmente em favor do trabalhador;

II — quando não inscritas em regime de tributação federal diferenciado, lançá-la na respectiva nota de consumo, facultada a retenção de até trinta e três por cento da arrecadação correspondente, mediante previsão em convenção coletiva ou acordo coletivo de trabalho, para custear os encargos sociais, previdenciários e trabalhistas derivados da sua integração à remuneração dos empregados, hipótese em que o valor remanescente deverá ser revertido integralmente em favor do trabalhador; e

III — anotar na CTPS e no contracheque de seus empregados o salário contratual fixo e o percentual percebido a título de gorjeta.

§ 15. A gorjeta, quando entregue pelo consumidor diretamente ao empregado, terá seus critérios definidos em convenção coletiva ou acordo coletivo de trabalho, facultada a retenção nos parâmetros estabelecidos no § 14. *(Redação dada pela MP n. 808, de 14.11.17, DOU ed. extra 14.11.17)*

§ 16. As empresas anotarão na CTPS de seus empregados o salário fixo e a média dos valores das gorjetas referente aos últimos doze meses. *(Redação dada pela MP n. 808, de 14.11.17, DOU ed. extra 14.11.17)*

§ 17. Cessada pela empresa a cobrança da gorjeta de que trata o § 3º, desde que cobrada por mais de doze meses, essa se incorporará ao salário do empregado, a qual terá como base a média dos últimos doze meses, sem prejuízo do estabelecido em convenção coletiva ou acordo coletivo de trabalho. *(Redação dada pela MP n. 808, de 14.11.17, DOU ed. extra 14.11.17)*

§ 18. Para empresas com mais de sessenta empregados, será constituída comissão de empregados, mediante previsão em convenção coletiva ou acordo coletivo de trabalho, para acompanhamento e fiscalização da regularidade da cobrança e distribuição da gorjeta de que trata o § 3º, cujos representantes serão eleitos em assembleia geral convocada para esse fim pelo sindicato laboral e gozarão de garantia de emprego vinculada ao desempenho das funções para que foram eleitos, e, para as demais empresas, será constituída comissão intersindical para o referido fim. *(Redação dada pela MP n. 808, de 14.11.17, DOU ed. extra 14.11.17)*

(*) *Caput, incisos e parágrafos incluídos pela Lei n. 13.419, de 13.3.17, DOU 14.3.17.*

§ 19. Comprovado o descumprimento ao disposto nos § 12, § 14, § 15 e § 17, o empregador pagará ao trabalhador prejudicado, a título de multa, o valor correspondente a um trinta avos da média da gorjeta por dia de atraso, limitada ao piso da categoria, assegurados, em qualquer hipótese, o princípio do contraditório e da ampla defesa. *(Redação dada pela MP n. 808, de 14.11.17, DOU ed. extra 14.11.17)*

§ 20. A limitação prevista no § 19 será triplicada na hipótese de reincidência do empregador. *(Redação dada pela MP n. 808, de 14.11.17, DOU ed. extra 14.11.17)*

§ 21. Considera-se reincidente o empregador que, durante o período de doze meses, descumprir o disposto nos § 12, § 14, § 15 e § 17 por período superior a sessenta dias. *(Redação dada pela MP n. 808, de 14.11.17, DOU ed. extra 14.11.17)*

§ 22. Consideram-se prêmios as liberalidades concedidas pelo empregador, até duas vezes ao ano, em forma de bens, serviços ou valor em dinheiro, a empregado, grupo de empregados ou terceiros vinculados à sua atividade econômica em razão de desempenho superior ao ordinariamente esperado no exercício de suas atividades. *(Redação dada pela MP n. 808, de 14.11.17, DOU ed. extra 14.11.17)*

§ 23. Incidem o imposto sobre a renda e quaisquer outros encargos tributários sobre as parcelas referidas neste artigo, exceto aquelas expressamente isentas em lei específica. (NR). *(Redação dada pela MP n. 808, de 14.11.17, DOU ed. extra 14.11.17)*

Art. 458 Além do pagamento em dinheiro, compreende-se no salário, para todos os efeitos legais, a alimentação, habitação, vestuário ou outras prestações *in natura* que a empresa, por força do contrato ou o costume, fornecer habitualmente ao empregado. Em caso algum será permitido o pagamento com bebidas alcoólicas ou drogas nocivas.

TST: Súm. ns. 133, 241, 258, 367, OJ SDI-1 ns. 123, 133, 413, Prec. Normativo n. 109

§ 1º Os valores atribuídos às prestações *in natura* deverão ser justos e razoáveis, não podendo exceder, em cada caso, os dos percentuais das parcelas componentes do salário mínimo (arts. 81 e 82).

TST: Súm. n. 258

§ 2º Para os efeitos previstos neste artigo, não serão consideradas como salário as seguintes utilidades concedidas pelo empregador:

I — vestuários, equipamentos e outros acessórios fornecidos aos empregados e utilizados no local de trabalho, para a prestação do serviço;

TST: Prec. Normativo ns. 110, 115

II — educação, em estabelecimento de ensino próprio ou de terceiros, compreendendo os valores relativos a matrícula, mensalidade, anuidade, livros e material didático;

III — transporte destinado ao deslocamento para o trabalho e retorno, em percurso servido ou não por transporte público.

TST: Súm. ns. 90, 320, Prec. Normativo n. 64

IV — assistência médica, hospitalar e odontológica, prestada diretamente ou mediante seguro-saúde;

TST: Súm. n. 440

V — seguros de vida e de acidentes pessoais;

TST: Prec. Normativo ns. 42, 84, 112

VI — previdência privada;

TST: Súm. n. 288

VII — (VETADO) (NR). *(Redação do § 2º da L. n. 10.243, de 19.6.01, DOU 20.6.01)*

VIII — o valor correspondente ao vale-cultura *(Inciso acrescentado pela Lei n. 12.761, de 27.12.12, DOU 27.12.12*

§ 3º A habitação e a alimentação fornecidas como salário-utilidade deverão atender aos fins a que se destinam e não poderão exceder, respectivamente, a 25% (vinte e cinco por cento) e 20% (vinte por cento) do salário-contratual. *(Redação da L. n. 8.860, 24.3.94, DOU 25.3.94)*

TST: Súm. ns. 241, 258, OJ SDI-1 n. 133, 413, OJ SDI-1 Trans. n. 61, Prec. Normativo ns. 34, 109

§ 4º Tratando-se de habitação coletiva, o valor do salário-utilidade a ela correspondente será obtido mediante a divisão do justo valor da habitação pelo número de co-habitantes, vedada, em qualquer hipótese, a utilização da mesma unidade residencial por mais de uma família. *(Redação da L. n. 8.860, de 24.3.94, DOU 25.3.94)*

§ 5º O valor relativo à assistência prestada por serviço médico ou odontológico, próprio ou não, inclusive o reembolso de despesas com medicamentos, óculos, aparelhos ortopédicos, próteses, órteses, despesas médico-hospitalares e outras similares, mesmo quando concedido em diferentes modalidades de planos e coberturas, não integram o salário do empregado para qualquer efeito nem o salário de contribuição, para efeitos do previsto na alínea *q* do § 9º do art. 28 da Lei n. 8.212, de 24 de julho de 1991. (NR) *(Incluído pela Lei n. 13.467, de 13.7.2017, DOU 14.7.2017, com vigência a partir de 11.11.2017)*

Art. 459 O pagamento do salário, qualquer que seja a modalidade do trabalho, não deve ser estipulado por período superior a um mês, salvo o que concerne a comissões, percentagens e gratificações. *(V. L. n. 8.716/93 — DOU 13.10.93 — LTr 57/11-1405)*

TST: OJ SDI-1 ns. 159, 172

§ 1º Quando o pagamento houver sido estipulado por mês, deverá ser efetuado, o mais tardar, até o quinto dia útil do mês subsequente ao vencido. *(Redação L. n. 7.855, 24.10.89, DOU 25.10.89, LTr 53/1418)*

TST: Súm. n. 381, Prec. Normativo ns. 65, 117

Art. 460 Na falta de estipulação do salário ou não havendo prova sobre a importância ajustada, o empregado terá direito a perceber salário igual ao daquele que, na mesma empresa, fizer serviço equivalente, ou do que for habitualmente pago para serviço semelhante.

TST: Súm. n. 6, OJ SDI-1 n. 296

Art. 461 Sendo idêntica a função, a todo trabalho de igual valor, prestado ao mesmo empregador, no mesmo estabelecimento empresarial, corresponderá igual salário, sem distinção de sexo, etnia, nacionalidade ou idade. *(Redação dada pela Lei n. 13.467, de 13.7.2017, DOU 14.7.2017, com vigência a partir de 11.11.2017)*

TST: Súm. ns. 6, 19, 127, 275, 451, 452, 455, OJ SDI-1 ns. 125, 296, 297, 353, 383, 418; STF: Súm. n. 202

§ 1º Trabalho de igual valor, para os fins deste Capítulo, será o que for feito com igual produtividade e com a mesma perfeição técnica, entre pessoas cuja diferença de tempo de serviço para o mesmo empregador não seja superior a quatro anos e a diferença de tempo na função não seja superior a dois anos. *(Redação dada pela Lei n. 13.467, de 13.7.2017, DOU 14.7.2017, com vigência a partir de 11.11.2017)*

TST: Súm. 6; STF: Súm n. 202

CLT

§ 2º Os dispositivos deste artigo não prevalecerão quando o empregador tiver pessoal organizado em quadro de carreira ou adotar, por meio de norma interna da empresa ou de negociação coletiva, plano de cargos e salários, dispensada qualquer forma de homologação ou registro em órgão público. *(Redação dada pela Lei n. 13.467, de 13.7.2017, DOU 14.7.2017, com vigência a partir de 11.11.17)*

TST: Súm. ns. 6, 19, 127, OJ SDI-1 n. 275, 418, OJ SDI-1 Trans. ns. 29, 71; TFR: Súm. n. 223

§ 3º No caso do § 2º deste artigo, as promoções poderão ser feitas por merecimento e por antiguidade, ou por apenas um destes critérios, dentro de cada categoria profissional. *(Redação dada pela Lei n. 13.467, de 13.7.2017, DOU 14.7.2017, com vigência a partir de 11.11.2017)*

TST: Súm. n. 127, 452, OJ-SDI-1 n. 418

§ 4º O trabalhador readaptado em nova função, por motivo de deficiência física ou mental atestada pelo órgão competente da Previdência Social, não servirá de paradigma para fins de equiparação salarial. *(§ 4º incluído pela L. n. 5.798, 31.8.72, DOU 4.9.72, LTr 36/829)*

STF: Súm. n. 202

§ 5º A equiparação salarial só será possível entre empregados contemporâneos no cargo ou na função, ficando vedada a indicação de paradigmas remotos, ainda que o paradigma contemporâneo tenha obtido a vantagem em ação judicial própria. *(Redação dada pela Lei n. 13.467, de 13.7.2017, DOU 14.7.2017, com vigência a partir de 11.11.2017)*

§ 6º No caso de comprovada discriminação por motivo de sexo ou etnia, o juízo determinará, além do pagamento das diferenças salariais devidas, multa, em favor do empregado discriminado, no valor de 50% (cinquenta por cento) do limite máximo dos benefícios do Regime Geral de Previdência Social. (NR) *(Redação dada pela Lei n. 13.467, de 13.7.2017, DOU 14.7.2017, com vigência a partir de 11.11.2017)*

Art. 462 Ao empregador é vedado efetuar qualquer desconto nos salários do empregado, salvo quando este resultar de adiantamentos, de dispositivos de lei ou de contrato coletivo (atualmente convenção coletiva).

TST: Súm. ns. 342, 368, 394, 401, OJ SDC n. 18, OJ SDI-1 ns. 125, 160, 187

§ 1º Em caso de dano causado pelo empregado, o desconto será lícito, desde que esta possibilidade tenha sido acordada ou na ocorrência de dolo do empregado.

TST: OJ SDI-1 n. 251, Prec. Normativo ns. 14, 118

§ 2º É vedado à empresa que mantiver armazém para venda de mercadorias aos empregados ou serviços destinados a proporcionar-lhes prestações *in natura* exercer qualquer coação ou induzimento no sentido de que os empregados se utilizem do armazém ou dos serviços.

§ 3º Sempre que não for possível o acesso dos empregados a armazéns ou serviços não mantidos pela empresa, é lícito à autoridade competente determinar a adoção de medidas adequadas, visando a que as mercadorias sejam vendidas e os serviços prestados a preços razoáveis, sem intuito de lucro e sempre em benefício dos empregados.

TST: Prec. Normativo n. 68

§ 4º Observado o disposto neste Capítulo, é vedado às empresas limitar, por qualquer forma, a liberdade dos empregados de dispor do seu salário. *(Os §§ 2º a 4º deste artigo foram incluídos pelo DL n. 229, 28.2.67, DOU 28.2.67, LTr 31/137)*

Art. 463 A prestação em espécie do salário será paga em moeda corrente do País.

TST: Prec. Normativo ns. 65, 117

PARÁGRAFO ÚNICO. O pagamento do salário realizado com inobservância deste artigo considera-se como não feito.

— v. P. 3.281, 7.12.84, DOU 12.12.84, LTr 49-1/106, que dispõe sobre o pagamento de salários por meio de cheques, p. 564

Art. 464 O pagamento do salário deverá ser efetuado contra recibo, assinado pelo empregado; em se tratando de analfabeto, mediante sua impressão digital, ou, não sendo esta possível, a seu rogo.

TST: Súm. n. 330, Prec. Normativo ns. 58, 93

PARÁGRAFO ÚNICO. Terá força de recibo o comprovante de depósito em conta bancária, aberta para esse fim em nome de cada empregado, com o consentimento deste, em estabelecimento de crédito próximo ao local de trabalho. *(Redação dada pela L. n. 9.528, de 10.12.97, DOU 11.12.97)*

Art. 465 O pagamento dos salários será efetuado em dia útil e no local do trabalho, dentro do horário do serviço ou imediatamente após o encerramento deste, salvo quando efetuado por depósito em conta bancária, observado o disposto no artigo anterior.

TST: Súm. n. 381, Prec. Normativo ns. 65, 72, 117

— v. nota ao art. 463

Art. 466 O pagamento de comissões e percentagens só é exigível depois de ultimada a transação a que se referem.

TST: Súm. ns. 13, 27, 340, OJ-SDI-1 ns. 175, 181, Prec. Normativo n. 97

§ 1º Nas transações realizadas por prestações sucessivas, é exigível o pagamento das percentagens e comissões que lhes disserem respeito proporcionalmente à respectiva liquidação.

§ 2º A cessação das relações de trabalho não prejudica a percepção das comissões e percentagens devidas na forma estabelecida por este artigo.

Art. 467 Em caso de rescisão de contrato de trabalho, havendo controvérsia sobre o montante das verbas rescisórias, o empregador é obrigado a pagar ao trabalhador, à data do comparecimento à Justiça do Trabalho, a parte incontroversa dessas verbas, sob pena de pagá-las acrescidas de cinquenta por cento. (NR) *(Redação dada pela L. n. 10.272, de 5.9.01, DOU 6.9.01)*

TST: Súm. ns. 13, 69, 173, 388, OJ SDI-1 n. 238

PARÁGRAFO ÚNICO. O disposto no *caput* não se aplica à União, aos Estados, ao Distrito Federal, aos Municípios, e às suas autarquias e fundações públicas. (NR) *(Parágrafo acrescentado pela MP 2.180-35, de 24.8.01, DOU 27.8.01)*

TST: Súm. ns. 13, 69, OJ TPleno ns. 06, 07, OJ SDI-1 n. 350

Nota: A Lei n. 10.272, de 5.9.01 (DOU 6.9.01) não fez menção ao parágrafo único deste artigo introduzido pela Medida Provisória n. 2.180-35, de 24.8.01, DOU 27.8.01.

Capítulo III
DA ALTERAÇÃO

Art. 468 Nos contratos individuais de trabalho só é lícita a alteração das respectivas condições, por mútuo consentimento, e, ainda assim, desde que não resultem, direta ou indiretamente, prejuízos ao empregado, sob pena de nulidade da cláusula infringente desta garantia.

TST: Súm. ns. 29, 51, 87, 92, 97, 152, 186, 265, 288, 326, 372, 391, OJ SDI-1 ns. 159, 244, 308, SDI-1 Trans. n. 70, 72; STF: Súm. n. 209; TFR: Súm. n. 222

§ 1º Não se considera alteração unilateral a determinação do empregador para que o respectivo empregado reverta ao cargo efetivo, anteriormente ocupado, deixando o exercício de função de confiança. *(Renumerado pela Lei n. 13.467, de 13.7.2017, DOU 14.7.2017)*

§ 2º A alteração de que trata o § 1º deste artigo, com ou sem justo motivo, não assegura ao empregado o direito à manutenção do pagamento da gratificação correspondente, que não será incorporada, independentemente do tempo de exercício da respectiva função. (NR) *(Incluído pela Lei n. 13.467, de 13.7.2017, DOU 14.7.2017, com vigência a partir de 11.11.2017)*

TST: Súm. n. 372

Art. 469 Ao empregador é vedado transferir o empregado, sem a sua anuência, para localidade diversa da que resultar do contrato, não se considerando transferência a que não acarretar necessariamente a mudança do seu domicílio.

TST: Súm. n. 29, Prec. Normativo n. 77

§ 1º Não estão compreendidos na proibição deste artigo os empregados que exerçam cargos de confiança e aqueles cujos contratos tenham como condição, implícita ou explícita, a transferência quando esta decorra de real necessidade de serviço.

TST: Súm. n. 43, OJ SDI-1 n. 113

§ 2º É lícita a transferência quando ocorrer extinção do estabelecimento em que trabalhar o empregado.

STF: Súm. n. 221

§ 3º Em caso de necessidade de serviço o empregador poderá transferir o empregado para localidade diversa da que resultar do contrato, não obstante as restrições do artigo anterior, mas, nesse caso, ficará obrigado a um pagamento suplementar, nunca inferior a 25% (vinte e cinco por cento), dos salários que o empregado percebia naquela localidade, enquanto durar essa situação. *(Redação § 1º, L. n. 6.203, 17.4.75, DOU 18.4.75, LTr 39/557, que incluiu o § 3º)*

TST: Súm. n. 29, OJ SDI-1 n. 113

Art. 470 As despesas resultantes da transferência correrão por conta do empregador. *(Redação L. n. 6.203, 17.4.75, DOU 18.4.75, LTr 39/557)*

TST: Súm. n. 29

Capítulo IV
DA SUSPENSÃO E DA INTERRUPÇÃO

Art. 471 Ao empregado, afastado do emprego, são asseguradas, por ocasião de sua volta, todas as vantagens que, em sua ausência, tenham sido atribuídas à categoria a que pertencia na empresa.

TST: Súm. n. 269

Art. 472 O afastamento do empregado em virtude das exigências do serviço militar ou de outro encargo público não constituirá motivo para a alteração ou rescisão do contrato de trabalho por parte do empregador.

TST: Súm. n. 269, Prec. Normativo n. 80; STF: Súm. ns. 10, 463

§ 1º Para que o empregado tenha direito a voltar a exercer o cargo do qual se afastou em virtude de exigências do serviço militar ou de encargo público, é indispensável que notifique o empregador dessa intenção, por telegrama ou carta registrada, dentro do prazo máximo de trinta dias, contados da data em que se verificar a respectiva baixa ou a terminação do encargo a que estava obrigado.

— v. arts. 60 e 61, L. n. 4.375, 17.8.64, DOU 3.9.64, LTr 28/717 — Lei do Serviço Militar, p. 714

§ 2º Nos contratos por prazo determinado, o tempo de afastamento, se assim acordarem as partes interessadas, não será computado na contagem do prazo para a respectiva terminação.

§§ 3º a 5º A Lei n. 8.630, de 25.2.93, DOU 26.2.93, especificamente no art. 76, revogou expressamente na sua inteireza o Decreto-lei n. 3, de 27.1.66, o qual introduzira os mencionados dispositivos na CLT, consequentemente os revogou também.

Art. 473 O empregado poderá deixar de comparecer ao serviço sem prejuízo do salário:

TST: Súm. ns. 15, 89, 155, 282, Prec. Normativo ns. 68, 95

I — até 2 (dois) dias consecutivos, em caso de falecimento do cônjuge, ascendente, descendente, irmão ou pessoa que, declarada em sua Carteira de Trabalho e Previdência Social, viva sob sua dependência econômica;

II — até 3 (três) dias consecutivos, em virtude de casamento;

III — por um dia, em caso de nascimento de filho, no decorrer da primeira semana;

— v. CF, art. 7º, XIX e art. 10, II, § 1º do ADCT, p. 15 e 61

IV — por um dia, em cada 12 (doze) meses de trabalho, em caso de doação voluntária de sangue devidamente comprovada;

V — até 2 (dois) dias consecutivos ou não, para o fim de se alistar eleitor, nos termos da lei respectiva;

VI — no período de tempo em que tiver de cumprir as exigências do Serviço Militar referidas na letra *c* do art. 65 da Lei n. 4.375, de 17 de agosto de 1964 (Lei do Serviço Militar). *(Redação art. e incisos I a V, DL n. 229, 28.2.67, DOU 28.2.67, LTr 37/137; inciso VI, DL n. 757, 12.8.69, DOU 13.8.69, LTr 33/525);*

VII — nos dias em que estiver comprovadamente realizando provas de exame vestibular para ingresso em estabelecimento de ensino superior. *(Incluído pela L. n. 9.471, de 14.7.97, DOU 15.7.97);*

TST: Prec. Normativo n. 70

VIII — pelo tempo que se fizer necessário, quando tiver que comparecer a juízo. *(Incluído pela L. n. 9.853, de 27.10.99, DOU, Seção 1, de 28.10.99)*

TST: Súm. n. 155

IX — pelo tempo que se fizer necessário, quando, na qualidade de representante de entidade sindical, estiver participando de reunião oficial de organismo internacional do qual o Brasil seja membro. (NR) *(Acrescentado pela Lei n. 11.304, de 11.5.06, DOU 12.5.06)*

X — até 2 (dois) dias para acompanhar consultas médicas e exames complementares durante o período de gravidez de sua esposa ou companheira; *(Incluído pela Lei n. 13.257, de 8.3.16, DOU 9.3.16)*

XI — por 1 (um) dia por ano para acompanhar filho de até 6 (seis) anos em consulta médica. *(Incluído pela Lei n. 13.257, de 8.3.16, DOU 9.3.16)*

Art. 474 A suspensão do empregado por mais de 30 dias consecutivos importa na rescisão injusta do contrato de trabalho.

TST: Súm. n. 77

Art. 475 O empregado que for aposentado por invalidez terá suspenso o seu contrato de trabalho durante o prazo fixado pelas leis de previdência social para a efetivação do benefício.

TST: Súm. n. 440, OJ SDI-1 n. 375

§ 1º Recuperando o empregado a capacidade de trabalho e sendo a aposentadoria cancelada, ser-lhe-á assegurado o direito à função que ocupava ao tempo da aposentadoria, facultado, porém, ao empregador, o direito de indenizá-lo por rescisão do contrato de trabalho, nos termos dos arts. 477 e 478, salvo na hipótese de ser ele portador de estabilidade, quando a indenização deverá ser paga na forma do art. 497. *(Redação deste § L. n. 4.824, 5.11.65, DOU 8.11.65, LTr 29/607)*

TST: Súm. ns. 97, 160, 440; STF: Súm. ns. 217, 219, 220

§ 2º Se o empregador houver admitido substituto para o aposentado, poderá rescindir, com este, o respectivo contrato de trabalho sem indenização, desde que tenha havido ciência inequívoca da interinidade ao ser celebrado o contrato.

STF: Súm. n. 24

Art. 476 Em caso de seguro-doença ou auxílio-enfermidade, o empregado é considerado em licença não remunerada, durante o prazo desse benefício.

TST: Súm. n. 371, OJ SDI-1 n. 375

— v. D. n. 3.048, de 6.5.99, p. 370

Art. 476-A O contrato de trabalho poderá ser suspenso, por um período de dois a cinco meses, para participação do empregado em curso ou programa de qualificação profissional oferecido pelo empregador, com duração equivalente à suspensão contratual, mediante previsão em convenção ou acordo coletivo de trabalho e aquiescência formal do empregado, observado o disposto no art. 471 desta Consolidação.

§ 1º Após a autorização concedida por intermédio de convenção ou acordo coletivo, o empregador deverá notificar o respectivo sindicato, com antecedência mínima de quinze dias da suspensão contratual.

§ 2º O contrato de trabalho não poderá ser suspenso em conformidade com o disposto no *caput* deste artigo mais de uma vez no período de dezesseis meses.

§ 3º O empregador poderá conceder ao empregado ajuda compensatória mensal, sem natureza salarial, durante o período de suspensão contratual nos termos do *caput* deste artigo, com valor a ser definido em convenção ou acordo coletivo.

§ 4º Durante o período de suspensão contratual para participação em curso ou programa de qualificação profissional, o empregado fará jus aos benefícios voluntariamente concedidos pelo empregador.

§ 5º Se ocorrer a dispensa do empregado no transcurso do período de suspensão contratual ou nos três meses subsequentes ao seu retorno ao trabalho, o empregador pagará ao empregado, além das parcelas indenizatórias previstas na legislação em vigor, multa a ser estabelecida em convenção ou acordo coletivo, sendo de, no mínimo, cem por cento sobre o valor da última remuneração mensal anterior à suspensão do contrato.

§ 6º Se durante a suspensão do contrato não for ministrado o curso ou programa de qualificação profissional, ou o empregado permanecer trabalhando para o empregador, ficará descaracterizada a suspensão, sujeitando o empregador ao pagamento imediato dos salários e dos encargos sociais referentes ao período, às penalidades cabíveis previstas na legislação em vigor, bem como às sanções previstas em convenção ou acordo coletivo.

§ 7º O prazo limite fixado no *caput* poderá ser prorrogado mediante convenção ou acordo coletivo de trabalho e aquiescência formal do empregado, desde que o empregador arque com o ônus correspondente ao valor da bolsa de qualificação profissional, no respectivo período. (NR) *(Artigo acrescentado pela MP n. 2.164-41, de 24.8.01, DOU 27.8.01):*

MP n. 2.164-41, de 24.8.01 (DOU 27.8.01):

Art. 11. Ao empregado com contrato de trabalho suspenso nos termos do disposto no art. 476-A da Consolidação das Leis do Trabalho — CLT aplica-se o disposto no art. 15, inciso II, da Lei n. 8.213, de 24 de julho de 1991.

Capítulo V
DA RESCISÃO

Art. 477 Na extinção do contrato de trabalho, o empregador deverá proceder à anotação na Carteira de Trabalho e Previdência Social, comunicar a dispensa aos órgãos competentes e realizar o pagamento das verbas rescisórias no prazo e na forma estabelecidos neste artigo. *(Redação dada pela Lei n. 13.467, de 13.7.2017, DOU 14.7.2017, com vigência a partir de 11.11.2017)*

TST: Súm. ns. 50, 54, 63, 98, 132, 139, 148, 157, 173, 305, 314, 350, 443, OJ SDI-1 ns. 42, 148, 195, 270, 341, 344, 356, 370, OJ SDI-1 Trans. n. 38, 39, 42, 67; STF: Súm. ns. 200, 459, 462

§ 1º (REVOGADO). *(Lei n. 13.467, de 13.7.2017, DOU 14.7.2017, com vigência a partir de 11.11.2017)*

TST: Súm. n. 330

§ 2º O instrumento de rescisão ou recibo de quitação, qualquer que seja a causa ou forma de dissolução do contrato, deve ter especificada a natureza de cada parcela paga ao empregado e discriminado o seu valor, sendo válida a quitação, apenas, relativamente às mesmas parcelas.

TST: Súm. n. 330, OJ SDI-1 n. 270, OJ SDI-2 n. 132

§ 3º (REVOGADO). *(Lei n. 13.467, de 13.7.2017, DOU 14.7.2017, com vigência a partir de 11.11.2017)*

§ 4º O pagamento a que fizer jus o empregado será efetuado: *(Redação dada pela Lei n. 13.467, de 13.7.2017, DOU 14.7.2017, com vigência a partir de 11.11.2017)*

I — em dinheiro, depósito bancário ou cheque visado, conforme acordem as partes; ou *(Incluído pela Lei n. 13.467, de 13.7.2017, DOU 14.7.2017, com vigência a partir de 11.11.2017)*

II — em dinheiro ou depósito bancário quando o empregado for analfabeto. *(Incluído pela Lei n. 13.467, de 13.7.2017, DOU 14.7.2017, com vigência a partir de 11.11.2017)*

§ 5º Qualquer compensação no pagamento de que trata o parágrafo anterior não poderá exceder o equivalente a um mês de remuneração do empregado. *(Redação art. e §§, L. n. 5.584, 26.6.70, DOU 29.6.70, LTr 34/521 — V. art. 38 do DL n. 2.065, 26.10.83, DOU 28.10.83, LTr 47-11/1.401)*

TST: Súm. ns. 18, 48, OJ SDI-1 n. 356

§ 6º A entrega ao empregado de documentos que comprovem a comunicação da extinção contratual aos órgãos competentes bem como o pagamento dos valores constantes do instrumento de rescisão ou recibo de quitação deverão ser efetuados até dez dias contados a partir do término do contrato. *(Redação dada pela Lei n. 13.467, de 13.7.2017, DOU 14.7.2017, com vigência a partir de 11.11.2017)*

TST: Súm. n. 330, OJ SDI-1 ns. 162, 238, 351

a) (REVOGADA); *(Lei n. 13.467, de 13.7.2017, DOU 14.7.2017, com vigência a partir de 11.11.2017)*

b) (REVOGADA). *(Lei n. 13.467, de 13.7.2017, DOU 14.7.2017, com vigência a partir de 11.11.2017)*

§ 7º (REVOGADO). *(Lei n. 13.467, de 13.7.2017, DOU 14.7.2017, com vigência a partir de 11.11.2017)*

§ 8º A inobservância do disposto no § 6º deste artigo sujeitará o infrator à multa de 160 BTN, por trabalhador, bem assim ao pagamento da multa a favor do empregado, em valor equivalente ao seu salário, devidamente corrigido pelo índice de variação do BTN, salvo quando, comprovadamente, o trabalhador der causa à mora.

TST: Súm. n. 388, OJ SDI-1 ns. 162, 238

— v. L. n. 8.177, de 1º.3.91, que extingue a BTN, a partir de 1º.2.91 e fixa o seu valor em Cr$ 126,8621

— v. L. n. 8.218, de 29.8.91 (art. 10)

— v. tb. leis posteriores que modificaram o sistema monetário (L. n. 8.697, de 27.8.93 e L. n. 8.880, de 27.5.94)

— v. L. n. 8.383, de 30.12.91, que instituiu a UFIR. Ver nota do art. 47

§ 9º (VETADO). *(Redação L. n. 7.855, 24.10.89, DOU 25.10.89, LTr 53/1418)*

§ 10. A anotação da extinção do contrato na Carteira de Trabalho e Previdência Social é documento hábil para requerer o benefício do seguro-desemprego e a movimentação da conta vinculada no Fundo de Garantia do Tempo de Serviço, nas hipóteses legais, desde que a comunicação prevista no *caput* deste artigo tenha sido realizada. (NR) *(Redação dada pela Lei n. 13.467, de 13.7.2017, DOU 14.7.2017, com vigência a partir de 11.11.2017)*

Art. 477-A As dispensas imotivadas individuais, plúrimas ou coletivas equiparam-se para todos os fins, não havendo necessidade de autorização prévia de entidade sindical ou de celebração de convenção coletiva ou acordo coletivo de trabalho para sua efetivação. *(Incluído pela Lei n. 13.467, de 13.7.2017, DOU 14.7.2017, com vigência a partir de 11.11.2017)*

Art. 477-B Plano de Demissão Voluntária ou Incentivada, para dispensa individual, plúrima ou coletiva, previsto em convenção coletiva ou acordo coletivo de trabalho, enseja quitação plena e irrevogável dos direitos decorrentes da relação empregatícia, salvo disposição em contrário estipulada entre as partes. *(Incluído pela Lei n. 13.467, de 13.7.2017, DOU 14.7.2017, com vigência a partir de 11.11.2017)*

Art. 478 A indenização devida pela rescisão de contrato por prazo indeterminado será de um mês de remuneração por ano de serviço efetivo, ou por ano e fração igual ou superior a seis meses.

TST: Súm. ns. 24, 48, 54, 60, 98, 132, 148; STF: Súm. ns. 200, 220, 459, 462

— v. CF/DT, art. 10, I, p. 61

§ 1º O primeiro ano de duração do contrato por prazo indeterminado é considerado como período de experiência, e, antes que se complete, nenhuma indenização será devida.

§ 2º Se o salário for pago por dia, o cálculo da indenização terá por base trinta (30) dias.

— v. L. n. 605/49, p. 558

§ 3º Se pago por hora, a indenização apurar-se-á na base de duzentas e quarenta (240) horas por mês.

— v. L. n. 605/49, p. 558

— v. CF, art. 7º, XIII, p. 15

§ 4º Para os empregados que trabalhem à comissão ou que tenham direito a percentagens, a indenização será calculada pela média das comissões ou percentagens percebidas nos últimos 12 (doze) meses de serviço. *(Redação deste § DL n. 229, 28.2.67, DOU 28.2.67, LTr 31/137)*

TST: OJ SDI-1 n. 397

§ 5º Para os empregados que trabalhem por tarefa ou serviço feito, a indenização será calculada na base média do tempo costumeiramente gasto pelo interessado para realização de seu serviço, calculando-se o valor do que seria feito durante trinta dias.

Art. 479 Nos contratos que tenham termo estipulado, o empregador que, sem justa causa, despedir o empregado, será obrigado a pagar-lhe, a título de indenização, e por metade, a remuneração a que teria direito até o termo do contrato.

TST: Súm. n. 125, 163

PARÁGRAFO ÚNICO. Para a execução do que dispõe o presente artigo, o cálculo da parte variável ou incerta dos salários será feito de acordo com o prescrito para o cálculo da indenização referente à rescisão dos contratos por prazo indeterminado.

Art. 480 Havendo termo estipulado, o empregado não se poderá desligar do contrato, sem justa causa, sob pena de ser obrigado a indenizar o empregador dos prejuízos que desse fato lhe resultarem.

§ 1º A indenização, porém, não poderá exceder àquela a que teria direito o empregado em idênticas condições. *(Renumerado DL n. 6.353, 20.3.44, DOU 22.3.44, LTr 8/47)*

§ 2º Revogado pela L. n. 6.533, 24.5.78, DOU 26.5.78, LTr 42/714.

Art. 481 Aos contratos por prazo determinado, que contiverem cláusula assecuratória do direito recíproco de rescisão antes de expirado o termo ajustado, aplicam-se, caso seja exercido tal direito por qualquer das partes, os princípios que regem a rescisão dos contratos por prazo indeterminado.

TST: Súm. ns. 14, 163

Art. 482 Constituem justa causa para rescisão do contrato de trabalho pelo empregador:

TST: Súm. ns. 73, 77, 212; STF: Súm. n. 316

a) ato de improbidade;

b) incontinência de conduta ou mau procedimento;

c) negociação habitual por conta própria ou alheia sem permissão do empregador e quando constituir ato de concorrência à empresa para a qual trabalha o empregado, ou for prejudicial ao serviço;

d) condenação criminal do empregado, passada em julgado, caso não tenha havido suspensão da execução da pena;

e) desídia no desempenho das respectivas funções;

f) embriaguez habitual ou em serviço;

g) violação de segredo da empresa;

h) ato de indisciplina ou de insubordinação;

i) abandono de emprego;

Súm. n. 32, 62

j) ato lesivo da honra ou da boa fama praticado no serviço contra qualquer pessoa, ou ofensas físicas, nas mesmas condições, salvo em caso de legítima defesa, própria ou de outrem;

CLT

k) ato lesivo da honra ou da boa fama ou ofensas físicas praticadas contra o empregador e superiores hierárquicos, salvo em caso de legítima defesa, própria ou de outrem;

l) prática constante de jogos de azar.

m) perda da habilitação ou dos requisitos estabelecidos em lei para o exercício da profissão, em decorrência de conduta dolosa do empregado. *(Incluído pela Lei n. 13.467, de 13.7.2017, DOU 14.7.2017, com vigência a partir de 11.11.2017)*

PARÁGRAFO ÚNICO. A Lei n. 8.630, de 25.2.93, DOU 26.2.93, especificamente no art. 76, revogou expressamente na sua inteireza o Decreto-lei n. 3, de 27.1.66, o qual introduzira o mencionado parágrafo na CLT, consequentemente o revogou também.

— ver Lei n. 10.224, de 15.5.01, DOU 16.5.01, p. 734

Art. 483 O empregado poderá considerar rescindido o contrato e pleitear a devida indenização quando:

TST: Súm. n. 13

a) forem exigidos serviços superiores às suas forças, defesos por lei, contrários aos bons costumes, ou alheios ao contrato;

b) for tratado pelo empregador ou por seus superiores hierárquicos com rigor excessivo;

c) correr perigo manifesto de mal considerável;

d) não cumprir o empregador as obrigações do contrato;

e) praticar o empregador, ou seus prepostos, contra ele ou pessoas de sua família, ato lesivo da honra e boa fama;

f) o empregador ou seus prepostos ofenderem-no fisicamente, salvo em caso de legítima defesa, própria ou de outrem;

g) o empregador reduzir o seu trabalho, sendo este por peça ou tarefa, de forma a afetar sensivelmente a importância dos salários.

§ 1º O empregado poderá suspender a prestação dos serviços ou rescindir o contrato, quando tiver de desempenhar obrigações legais, incompatíveis com a continuação do serviço.

§ 2º No caso de morte do empregador constituído em empresa individual, é facultado ao empregado rescindir o contrato de trabalho.

§ 3º Nas hipóteses das letras *d* e *g*, poderá o empregado pleitear a rescisão de seu contrato de trabalho e o pagamento das respectivas indenizações, permanecendo ou não no serviço até final decisão do processo. *(§ incluído L. n. 4.825, 5.11.65, DOU 8.11.65, LTr 29/607)*

Art. 484 Havendo culpa recíproca no ato que determinou a rescisão do contrato de trabalho, o Tribunal do Trabalho reduzirá a indenização à que seria devida em caso de culpa exclusiva do empregador, por metade.

TST: Súm. n. 14

Art. 484-A O contrato de trabalho poderá ser extinto por acordo entre empregado e empregador, caso em que serão devidas as seguintes verbas trabalhistas: *(Incluído pela Lei n. 13.467, de 13.7.2017, DOU 14.7.2017, com vigência a partir de 11.11.17)*

I — por metade: *(Incluído pela Lei n. 13.467, de 13.7.2017, DOU 14.7.2017, com vigência a partir de 11.11.2017)*

a) o aviso prévio, se indenizado; e *(Incluído pela Lei n. 13.467, de 13.7.2017, DOU 14.7.2017, com vigência a partir de 11.11.2017)*

b) a indenização sobre o saldo do Fundo de Garantia do Tempo de Serviço, prevista no § 1º do art. 18 da Lei n. 8.036, de 11 de maio de 1990; *(Incluído pela Lei n. 13.467, de 13.7.2017, DOU 14.7.2017, com vigência a partir de 11.11.2017)*

II — na integralidade, as demais verbas trabalhistas. *(Incluído pela Lei n. 13.467, de 13.7.2017, DOU 14.7.2017, com vigência a partir de 11.11.2017)*

§ 1º A extinção do contrato prevista no *caput* deste artigo permite a movimentação da conta vinculada do trabalhador no Fundo de Garantia do Tempo de Serviço na forma do inciso I-A do art. 20 da Lei n. 8.036, de 11 de maio de 1990, limitada até 80% (oitenta por cento) do valor dos depósitos. *(Incluído pela Lei n. 13.467, de 13.7.2017, DOU 14.7.2017, com vigência a partir de 11.11.2017)*

§ 2º A extinção do contrato por acordo prevista no *caput* deste artigo não autoriza o ingresso no Programa de Seguro-Desemprego. *(Incluído pela Lei n. 13.467, de 13.7.2017, DOU 14.7.2017, com vigência a partir de 11.11.2017)*

Art. 485 Quando cessar a atividade da empresa por morte do empregador, os empregados terão direito, conforme o caso, à indenização a que se referem os arts. 477 e 497.

TST: Súm. n. 44

Art. 486 No caso de paralisação temporária ou definitiva do trabalho, motivada por ato de autoridade municipal, estadual ou federal, ou pela promulgação de lei ou resolução que impossibilite a continuação da atividade, prevalecerá o pagamento da indenização, que ficará a cargo do governo responsável. *(Redação L. n. 1.530, 26.12.51, DOU 28.12.51)*

§ 1º Sempre que o empregador invocar em sua defesa o preceito do presente artigo, o Tribunal do Trabalho competente notificará a pessoa de direito público apontada como responsável pela paralisação do trabalho, para que, no prazo de 30 dias, alegue o que entender devido, passando a figurar no processo como chamada à autoria. *(Redação DL n. 6.110, 16.12.63, DOU 18.12.63)*

§ 2º Sempre que a parte interessada, firmada em documento hábil, invocar defesa baseada na disposição deste artigo e indicar qual o juiz competente, será ouvida a parte contrária, para, dentro de três dias, falar sobre essa alegação.

§ 3º Verificada qual a autoridade responsável, a Vara do Trabalho ou Juiz dar-se-á por incompetente, remetendo os autos ao Juiz privativo da Fazenda, perante o qual correrá o feito, nos termos previstos no processo comum. *(§§ 2º e 3º com redação da L. n. 1.530, 26.12.51, DOU 28.12.51)*

Capítulo VI
DO AVISO-PRÉVIO

Art. 487 Não havendo prazo estipulado, a parte que, sem justo motivo, quiser rescindir o contrato, deverá avisar a outra da sua resolução, com a antecedência mínima de:

TST: Súm. ns. 14, 44, 73, 163, 182, 230, 253, 276, 305, 348, 354, 371, 380, 441, OJ SDI-1 ns. 14, 42, 82, 83, 84, 268, 367, 394, OJ SDI-1 Trans. n. 13

I — oito dias, se o pagamento for efetuado por semana ou tempo inferior;

— v. CF, art. 7º, XXI, p. 15

II — trinta dias aos que perceberem por quinzena ou mês, ou que tenham mais de doze meses de serviço na empresa. *(Redação incisos I e II L. n. 1.530, 26.12.51, DOU 28.12.51)*

§ 1º A falta do aviso-prévio por parte do empregador dá ao empregado o direito aos salários correspondentes ao prazo do aviso, garantida sempre a integração desse período no seu tempo de serviço.

TST: Súm. n. 44, OJ SDI-1 ns. 82, 83, 367, Prec. Normativo n. 24

§ 2º A falta de aviso-prévio por parte do empregado dá ao empregador o direito de descontar os salários correspondentes ao prazo respectivo.

TST: Súm. n. 276

§ 3º Em se tratando de salário pago na base de tarefa, o cálculo, para os efeitos dos parágrafos anteriores, será feito de acordo com a média dos últimos doze meses de serviço. *(Súmula TST, no Apêndice)*

§ 4º É devido o aviso-prévio na despedida indireta. *(§ acrescido pela L. n. 7.108, 5.7.83, DOU 6.7.83, LTr 47-7/855)*

§ 5º O valor das horas extraordinárias habituais integra o aviso-prévio indenizado.

§ 6º O reajustamento salarial coletivo, determinado no curso do aviso-prévio, beneficia o empregado pré-avisado da despedida, mesmo que tenha recebido antecipadamente os salários correspondentes ao período do aviso, que integra seu tempo de serviço para todos os efeitos legais. *(Os parágrafos 5º e 6º foram a acrescentados pela Lei n. 10.218, de 11.4.01, DOU 12.4.01)*

TST: Súm. ns. 182, 253, 305, 314, 354, 369, 371, 380, 441, OJ SDI-1 n. 14, 42, 268

LEI N. 12.506, DE 11 DE OUTUBRO DE 2011 (DOU 13.10.11)

Dispõe sobre o aviso-prévio e dá outras providências.

A Presidenta da República.

Faço saber que o Congresso Nacional decreta e eu sanciono a seguinte Lei:

Art. 1º O aviso-prévio, de que trata o Capítulo VI do Título IV da Consolidação das Leis do Trabalho — CLT, aprovada pelo Decreto-lei n. 5.452, de 1º de maio de 1943, será concedido na proporção de 30 (trinta) dias aos empregados que contem até 1 (um) ano de serviço na mesma empresa.

Parágrafo único. Ao aviso-prévio previsto neste artigo serão acrescidos 3 (três) dias por ano de serviço prestado na mesma empresa, até o máximo de 60 (sessenta) dias, perfazendo um total de até 90 (noventa) dias.

Art. 2º Esta Lei entra em vigor na data de sua publicação.

Brasília, 11 de outubro de 2011; 190º da Independência e 123º da República.

DILMA ROUSSEFF
José Eduardo Cardozo
Guido Mantega
Carlos Lupi
Fernando Damata Pimentel
Miriam Belchior
Garibaldi Alves Filho
Luis Inácio Lucena Adams

Art. 488 O horário normal de trabalho do empregado, durante o prazo do aviso, e se a rescisão tiver sido promovida pelo empregador, será reduzido de duas horas diárias, sem prejuízo do salário integral.

TST: Súm. n. 230

PARÁGRAFO ÚNICO. É facultado ao empregado trabalhar sem a redução das 2 (duas) horas diárias previstas neste artigo, caso em que poderá faltar ao serviço, sem prejuízo do salário integral, por 1 (um) dia, na hipótese do inciso I, e por 7 (sete) dias corridos, na hipótese do inciso II do art. 487 desta Consolidação. *(§ acrescido pela L. n. 7.093, 25.4.83, DOU 26.4.83, LTr 47-5/625)*

Art. 489 Dado o aviso-prévio, a rescisão torna-se efetiva depois de expirado o respectivo prazo, mas, se a parte notificante reconsiderar o ato, antes de seu termo, à outra parte é facultado aceitar ou não a reconsideração.

PARÁGRAFO ÚNICO. Caso seja aceita a reconsideração ou continuando a prestação depois de expirado o prazo, o contrato continuará a vigorar, como se o aviso-prévio não tivesse sido dado.

Art. 490 O empregador que, durante o prazo do aviso-prévio dado ao empregado, praticar ato que justifique a rescisão imediata do contrato, sujeita-se ao pagamento da remuneração correspondente ao prazo do referido aviso, sem prejuízo da indenização que for devida.

Art. 491 O empregado que, durante o prazo do aviso-prévio, cometer qualquer das faltas consideradas pela lei como justas para a rescisão, perde o direito ao restante do respectivo prazo.

TST: Súm. n. 73

Capítulo VII
DA ESTABILIDADE

(V. CF, art. 7º, I — p. 15)

Art. 492 O empregado que contar mais de dez anos de serviço na mesma empresa não poderá ser despedido senão por motivo de falta grave ou circunstância de força maior, devidamente comprovadas.

TST: Súm. ns. 54, 98, 345, 348, 363, 378, OJ SDI-1 Trans. ns. 9, 42; STF: Súm. 463; Súmula Vinculante n. 1

— v. no Apêndice legislação sobre o FGTS

PARÁGRAFO ÚNICO. Considera-se como de serviço todo o tempo em que o empregado esteja à disposição do empregador.

STF: Súm. ns. 215, 463, 726

Art. 493 Constitui falta grave a prática de qualquer dos fatos a que se refere o art. 482, quando por sua repetição ou natureza representem séria violação dos deveres e obrigações do empregado.

Art. 494 O empregado acusado de falta grave poderá ser suspenso de suas funções, mas a sua despedida só se tornará efetiva após o inquérito em que se verifique a procedência da acusação.

TST: Súm. ns. 62, 77, 379, OJ SDI-2 ns. 65, 137; STF: Súm. ns. 197, 403

PARÁGRAFO ÚNICO. A suspensão, no caso deste artigo, perdurará até a decisão final do processo.

Art. 495 Reconhecida a inexistência de falta grave praticada pelo empregado, fica o empregador obrigado a readmiti-lo no serviço e a pagar-lhe os salários a que teria direito no período da suspensão.

TST: Súm. n. 138; STF: Súm. n. 215

Art. 496 Quando a reintegração do empregado estável for desaconselhável, dado o grau de incompatibilidade resultante do dissídio, especialmente quando for o empregador pessoa física, o Tribunal do Trabalho poderá converter aquela obrigação em indenização devida nos termos do artigo seguinte.

TST: Súm. ns. 28, 244, 339, OJ SDI-1 n. 399, OJ SDI-2 n. 64; STF: Súm. ns. 219, 220

Art. 497 Extinguindo-se a empresa, sem a ocorrência de motivo de força maior, ao empregado estável despedido é garantida a indenização por rescisão do contrato por prazo indeterminado, paga em dobro.

TST: Súm. ns. 339, 369; STF: Súm. n. 221

Art. 498 Em caso de fechamento do estabelecimento, filial ou agência, ou supressão necessária de atividade, sem ocorrência de motivo de força maior, é assegurado aos empregados estáveis, que ali exerçam suas funções, o direito à indenização, na forma do artigo anterior.

TST: Súm. ns. 173, 339, OJ SDI-1 n. 399; STF: Súm. n. 221

Art. 499 Não haverá estabilidade no exercício dos cargos de diretoria, gerência ou outros de confiança imediata do empregador, ressalvado o cômputo do tempo de serviço para todos os efeitos legais.

TST: Súm. n. 269

CLT

§ 1º Ao empregado garantido pela estabilidade, que deixar de exercer cargo de confiança, é assegurada, salvo no caso de falta grave, a reversão ao cargo efetivo que haja anteriormente ocupado.

§ 2º Ao empregado despedido sem justa causa, que só tenha exercido cargo de confiança e que contar mais de dez anos de serviço na mesma empresa, é garantida a indenização proporcional ao tempo de serviço nos termos dos arts. 477 e 478.

§ 3º A despedida que se verificar com o fim de obstar ao empregado a aquisição de estabilidade, sujeitará o empregador a pagamento em dobro da indenização prescrita nos arts. 477 e 478.

Art. 500 O pedido de demissão do empregado estável só será válido quando feito com a assistência do respectivo sindicato e, se não o houver, perante autoridade local competente do Ministério do Trabalho e Previdência Social ou da Justiça do Trabalho. *(Revigorado pela Lei n. 5.584, 26.6.70, DOU 29.6.70, LTr 34/521)*

TST: Súm. ns. 28, 77; STF: Súm. n. 220, 403

Capítulo VIII
DA FORÇA MAIOR

Art. 501 Entende-se como força maior todo acontecimento inevitável, em relação à vontade do empregador, e para realização do qual este não concorreu, direta ou indiretamente.

§ 1º A imprevidência do empregador exclui a razão de força maior.

§ 2º À ocorrência do motivo de força maior que não afetar substancialmente, nem for suscetível de afetar, em tais condições, a situação econômica e financeira da empresa, não se aplicam as restrições desta Lei referentes ao disposto neste Capítulo.

Art. 502 Ocorrendo motivo de força maior que determine a extinção da empresa, ou de um dos estabelecimentos em que trabalhe o empregado, é assegurada a este, quando despedido, uma indenização na forma seguinte:

I — sendo estável, nos termos dos arts. 477 e 478;

STF: Súm. n. 221

II — não tendo direito à estabilidade, metade da que seria devida em caso de rescisão sem justa causa;

III — havendo contrato por prazo determinado, aquela a que se refere o art. 479, desta Lei, reduzida igualmente à metade.

Art. 503 É lícita, em caso de força maior ou prejuízos devidamente comprovados, a redução geral dos salários dos empregados da empresa, proporcionalmente aos salários de cada um, não podendo, entretanto, ser superior a 25%, respeitado, em qualquer caso, o salário mínimo da região.

— v. CF, art. 7º, VI, p. 15

PARÁGRAFO ÚNICO. Cessados os efeitos decorrentes do motivo de força maior, é garantido o restabelecimento dos salários reduzidos.

Art. 504 Comprovada a falsa alegação do motivo de força maior, é garantida a reintegração aos empregados estáveis e aos não estáveis o complemento da indenização já percebida, assegurado a ambos o pagamento da remuneração atrasada.

Capítulo IX
DISPOSIÇÕES ESPECIAIS

Art. 505 São aplicáveis aos trabalhadores rurais os dispositivos constantes dos Capítulos I, II e VI do presente Título.

TST: Súm. n. 344, Prec. Normativo ns. 20, 34, 53, 59, 60, 62, 63, 64, 65, 68, 69, 71, 106, 107, 108, 110; STF: Súm. n. 196

Art. 506 No contrato de trabalho agrícola é lícito o acordo que estabelecer a remuneração *in natura*, contanto que seja de produtos obtidos pela exploração do negócio e não exceda de um terço do salário total do empregado.

— v. nota ao art. 505

— v. L. n. 5.889, 8.6.1973 e D. n. 73.626, 12.12.1974, p. 410/411

Art. 507 As disposições do Capítulo VII do presente Título não serão aplicáveis aos empregados em consultórios ou escritórios de profissionais liberais.

PARÁGRAFO ÚNICO. Revogado pelo art. 37 da L. n. 6.533, 24.5.78, DOU 26.5.78, LTr 42/714.

Art. 507-A Nos contratos individuais de trabalho cuja remuneração seja superior a duas vezes o limite máximo estabelecido para os benefícios do Regime Geral de Previdência Social, poderá ser pactuada cláusula compromissória de arbitragem, desde que por iniciativa do empregado ou mediante a sua concordância expressa, nos termos previstos na Lei n. 9.307, de 23 de setembro de 1996. *(Incluído pela Lei n. 13.467, de 13.7.2017, DOU 14.7.2017, com vigência a partir de 11.11.2017)*

Art. 507-B É facultado a empregados e empregadores, na vigência ou não do contrato de emprego, firmar o termo de quitação anual de obrigações trabalhistas, perante o sindicato dos empregados da categoria. *(Incluído pela Lei n. 13.467, de 13.7.2017, DOU 14.7.2017, com vigência a partir de 11.11.2017)*

PARÁGRAFO ÚNICO. O termo discriminará as obrigações de dar e fazer cumpridas mensalmente e dele constará a quitação anual dada pelo empregado, com eficácia liberatória das parcelas nele especificadas. *(Incluído pela Lei n. 13.467, de 13.7.2017, DOU 14.7.2017, com vigência a partir de 11.11.2017)*

Art. 508 Revogado pela Lei n. 12.347, de 10.12.10, DOU 13.12.10

Art. 509 Revogado pelo art. 37 da L. n. 6.533, 24.5.78, DOU 26.5.78, LTr 42/714.

Art. 510 Pela infração das proibições constantes deste Título, será imposta à empresa a multa de valor igual a 1 (um) salário mínimo regional, elevada ao dobro, no caso de reincidência, sem prejuízo das demais cominações legais. *(Redação DL n. 229, 28.2.67, c/c L. n. 6.205, 29.4.75 e art. 7º, L. n. 6.986, 13.4.82)*

— v. Nota do art. 47

TÍTULO IV-A
DA REPRESENTAÇÃO DOS EMPREGADOS

(Arts. 510-A ao Art. 510-D, incluído pela Lei n. 13.467, de 13.7.2017, DOU 14.7.2017, com vigência a partir de 11.11.2017)

Art. 510-A Nas empresas com mais de duzentos empregados, é assegurada a eleição de uma comissão para representá-los, com a finalidade de promover-lhes o entendimento direto com os empregadores.

§ 1º A comissão será composta:

I — nas empresas com mais de duzentos e até três mil empregados, por três membros;

II — nas empresas com mais de três mil e até cinco mil empregados, por cinco membros;

III — nas empresas com mais de cinco mil empregados, por sete membros.

§ 2º No caso de a empresa possuir empregados em vários Estados da Federação e no Distrito Federal, será assegurada a eleição de uma comissão de representantes dos empregados por Estado ou no Distrito Federal, na mesma forma estabelecida no § 1º deste artigo.

Art. 510-B A comissão de representantes dos empregados terá as seguintes atribuições:

I — representar os empregados perante a administração da empresa;

II — aprimorar o relacionamento entre a empresa e seus empregados com base nos princípios da boa-fé e do respeito mútuo;

III — promover o diálogo e o entendimento no ambiente de trabalho com o fim de prevenir conflitos;

IV — buscar soluções para os conflitos decorrentes da relação de trabalho, de forma rápida e eficaz, visando à efetiva aplicação das normas legais e contratuais;

V — assegurar tratamento justo e imparcial aos empregados, impedindo qualquer forma de discriminação por motivo de sexo, idade, religião, opinião política ou atuação sindical;

VI — encaminhar reivindicações específicas dos empregados de seu âmbito de representação;

VII — acompanhar o cumprimento das leis trabalhistas, previdenciárias e das convenções coletivas e acordos coletivos de trabalho.

§ 1º As decisões da comissão de representantes dos empregados serão sempre colegiadas, observada a maioria simples.

§ 2º A comissão organizará sua atuação de forma independente.

Art. 510-C A eleição será convocada, com antecedência mínima de trinta dias, contados do término do mandato anterior, por meio de edital que deverá ser fixado na empresa, com ampla publicidade, para inscrição de candidatura.

§ 1º Será formada comissão eleitoral, integrada por cinco empregados, não candidatos, para a organização e o acompanhamento do processo eleitoral, vedada a interferência da empresa e do sindicato da categoria.

§ 2º Os empregados da empresa poderão candidatar-se, exceto aqueles com contrato de trabalho por prazo determinado, com contrato suspenso ou que estejam em período de aviso prévio, ainda que indenizado.

§ 3º Serão eleitos membros da comissão de representantes dos empregados os candidatos mais votados, em votação secreta, vedado o voto por representação.

§ 4º A comissão tomará posse no primeiro dia útil seguinte à eleição ou ao término do mandato anterior.

§ 5º Se não houver candidatos suficientes, a comissão de representantes dos empregados poderá ser formada com número de membros inferior ao previsto no art. 510-A desta Consolidação.

§ 6º Se não houver registro de candidatura, será lavrada ata e convocada nova eleição no prazo de um ano.

Art. 510-D O mandato dos membros da comissão de representantes dos empregados será de um ano.

§ 1º O membro que houver exercido a função de representante dos empregados na comissão não poderá ser candidato nos dois períodos subsequentes.

§ 2º O mandato de membro de comissão de representantes dos empregados não implica suspensão ou interrupção do contrato de trabalho, devendo o empregado permanecer no exercício de suas funções.

§ 3º Desde o registro da candidatura até um ano após o fim do mandato, o membro da comissão de representantes dos empregados não poderá sofrer despedida arbitrária, entendendo-se como tal a que não se fundar em motivo disciplinar, técnico, econômico ou financeiro.

§ 4º Os documentos referentes ao processo eleitoral devem ser emitidos em duas vias, as quais permanecerão sob a guarda dos empregados e da empresa pelo prazo de cinco anos, à disposição para consulta de qualquer trabalhador interessado, do Ministério Público do Trabalho e do Ministério do Trabalho.

Art. 510-E A comissão de representantes dos empregados não substituirá a função do sindicato de defender os direitos e os interesses coletivos ou individuais da categoria, inclusive em questões judiciais ou administrativas, hipótese em que será obrigatória a participação dos sindicatos em negociações coletivas de trabalho, nos termos do incisos III e VI do *caput* do art. 8º da Constituição. (NR) *(Incluído pela MP n. 808, de 14.11.17, DOU ed. extra 14.11.17)*

CLT

TÍTULO V
DA ORGANIZAÇÃO SINDICAL

(V. CF, art. 8º e 114, III — p. 15 e 38)

— V. Portaria MTE n. 186, de 10.4.08 que dispõe sobre registro sindical, p. 312

Capítulo I
DA INSTITUIÇÃO SINDICAL

Seção I
DA ASSOCIAÇÃO EM SINDICATO

Art. 511 É lícita a associação para fins de estudo, defesa e coordenação dos seus interesses econômicos ou profissionais de todos os que, como empregadores, empregados, agentes ou trabalhadores autônomos, ou profissionais liberais, exerçam, respectivamente, a mesma atividade ou profissão ou atividades ou profissões similares ou conexas.

§ 1º A solidariedade de interesses econômicos dos que empreendem atividades idênticas, similares ou conexas, constitui o vínculo social básico que se denomina categoria econômica.

§ 2º A similitude de condições de vida oriunda da profissão ou trabalho em comum, em situação de emprego na mesma atividade econômica ou em atividades econômicas similares ou conexas, compõe a expressão social elementar compreendida como categoria profissional.

⚖ TST: OJ SDC ns. 9; STF: Súm. n. 196

§ 3º Categoria profissional diferenciada é a que se forma dos empregados que exerçam profissões ou funções diferenciadas por força de estatuto profissional especial ou em consequência de condições de vida singulares.

⚖ TST: Súm. ns. 117, 374, OJ SDC ns. 36

§ 4º Os limites de identidade, similaridade ou conexidade, fixam as dimensões dentro das quais a categoria econômica ou profissional é homogênea e a associação é natural.

Art. 512 Somente as associações profissionais constituídas para os fins e na forma do artigo anterior e registradas de acordo com o art. 558, poderão ser reconhecidas como sindicatos e investidas nas prerrogativas definidas nesta Lei.

⚖ TST: OJ SDC n. 15; STF: Súm. n. 677

Art. 513 São prerrogativas dos sindicatos:

a) representar, perante as autoridades administrativas e judiciárias, os interesses gerais da respectiva categoria ou profissão liberal ou os interesses individuais dos associados relativos à atividade ou profissão exercida;

⚖ TST: Súm. ns. 286, 330, 406, OJ SDC n. 23, OJ SDI-1 ns. 121, 325; STF: Súm. ns. 629, 630

b) celebrar contratos coletivos de trabalho. *(Nota: de acordo com o art. 20 do DL n. 229, 28.2.67, DOU 28.2.67, LTr 31/137, que deu nova redação ao Título VI, a expressão "Contratos coletivos de trabalho" foi substituída por "Convenções coletivas de trabalho")*;

c) eleger ou designar os representantes da respectiva categoria ou profissão liberal;

⚖ TST: Prec. Normativo n. 86

d) colaborar com o Estado, como órgãos técnicos e consultivos, no estudo e solução dos problemas que se relacionam com a respectiva categoria ou profissão liberal;

e) impor contribuições a todos aqueles que participam das categorias econômicas ou profissionais ou das profissões liberais representadas.

⚖ TST: Súm. n. 432; STF: Súm. n. 666; Súm. Vinculante n. 40, Prec. Normativo n. 119

PARÁGRAFO ÚNICO. Os sindicatos de empregados terão outrossim, a prerrogativa de fundar e manter agências de colocação.

Art. 514 São deveres dos sindicatos:

a) colaborar com os poderes públicos no desenvolvimento da solidariedade social;

b) manter serviços de assistência judiciária para os associados;

⚖ TST: Súm. ns. 219, 329, OJ SDC n. 16, Prec. Normativo n. 81

c) promover a conciliação nos dissídios de trabalho;

⚖ TST: OJ SDC n. 5, OJ SDI-1 n. 322

d) sempre que possível, e de acordo com as suas possibilidades, manter no seu quadro de pessoal, em convênio com entidades assistenciais ou por conta própria, um assistente social com as atribuições específicas de promover a cooperação operacional na empresa e a integração profissional na Classe. *(Alínea incluída pela L. n. 6.200, 16.4.75, DOU 17.4.75, LTr 39/557)*

PARÁGRAFO ÚNICO. Os sindicatos de empregados terão, outrossim, o dever de:

a) promover a fundação de cooperativas de consumo e de crédito;

b) fundar e manter escolas de alfabetização e pré-vocacionais.

Seção II
DO RECONHECIMENTO E INVESTIDURA SINDICAL
(V. art. 8º da CF/88, p. 15)

Art. 515 As associações profissionais deverão satisfazer os seguintes requisitos para serem reconhecidas como sindicatos:

a) reunião de um terço, no mínimo, de empresas legalmente constituídas, sob a forma individual ou de sociedade, se se tratar de associação de empregadores; ou de um terço dos que integrem a mesma categoria ou exerçam a mesma profissão liberal, se se tratar de associação de empregados ou de trabalhadores ou agentes autônomos ou de profissão liberal;

b) duração de três (3) anos para o mandato da diretoria. *(Redação desta alínea DL n. 771, 19.8.69, DOU 20.8.69, LTr 33/525)*

c) exercício do cargo de presidente por brasileiro nato, e dos demais cargos de administração e representação por brasileiros.

— v. Lei n. 6.192, 19.12.74, DOU 20.12.74, que veda qualquer distinção entre brasileiros natos e naturalizados; DL n. 941, 13.10.69, DOU 15.10.69, que em seu art. 118, dispõe: "É especialmente vedado ao estrangeiro, qualquer que seja a sua situação no país ... VIII — participar da administração ou representação de sindicatos ou associações sindicais".

PARÁGRAFO ÚNICO. O Ministro do Trabalho poderá, excepcionalmente, reconhecer como sindicato a associação cujo número de associados seja inferior ao terço a que se refere a alínea *a*.

Art. 516 Não será reconhecido mais de um sindicato representativo da mesma categoria econômica ou profissional, ou profissão liberal, em uma dada base territorial.

Art. 517 Os sindicatos poderão ser distritais, municipais, intermunicipais, estaduais e interestaduais. Excepcionalmente, e atendendo às peculiaridades de determinadas categorias ou profissões, o Ministro do Trabalho poderá autorizar o reconhecimento de sindicatos nacionais.

§ 1º O Ministro do Trabalho outorgará e delimitará a base territorial do sindicato.

§ 2º Dentro da base territorial que lhe for determinada é facultado ao sindicato instituir delegacias ou seções para melhor proteção dos associados e da categoria econômica ou profissional ou profissão liberal representada.

TST: OJ SDI-1 n. 369

Art. 518 O pedido de reconhecimento será dirigido ao Ministro do Trabalho instruído com exemplar ou cópia autenticada dos estatutos da associação.

§ 1º Os estatutos deverão conter:

a) a denominação e a sede da associação;

b) a categoria econômica ou profissional ou a profissão liberal cuja representação é requerida;

c) a afirmação de que a associação agirá como órgão de colaboração com os poderes públicos e as demais associações no sentido da solidariedade social e da subordinação dos interesses econômicos ou profissionais ao interesse nacional;

d) as atribuições, o processo eleitoral e das votações, os casos de perda de mandato e de substituição dos administradores;

TST: OJ SDC n. 35; STF: Súm. n. 677

e) o modo de constituição e administração do patrimônio social e o destino que lhe será dado no caso de dissolução;

f) as condições em que se dissolverá a associação.

§ 2º O processo de reconhecimento será regulado em instruções baixadas pelo Ministro do Trabalho.

Art. 519 A investidura sindical será conferida sempre à associação profissional mais representativa, a juízo do Ministro do Trabalho, constituindo elementos para essa apreciação, entre outros:

a) o número de associados;

b) os serviços sociais fundados e mantidos;

c) o valor do patrimônio.

Art. 520 Reconhecida como sindicato a associação profissional, ser-lhe-á expedida carta de reconhecimento assinada pelo Ministro do Trabalho, na qual será especificada a representação econômica ou profissional conferida e mencionada a base territorial outorgada.

TST: OJ SDC ns. 15, 23; STF: Súm. n. 677

PARÁGRAFO ÚNICO. O reconhecimento investe a associação nas prerrogativas do art. 513 e a obriga aos deveres do art. 514, cujo inadimplemento a sujeitará às sanções desta Lei.

Art. 521 São condições para o funcionamento do sindicato:

a) proibição de qualquer propaganda de doutrinas incompatíveis com as instituições e os interesses da nação, bem como de candidaturas a cargos eletivos estranhos ao sindicato. *(Redação desta alínea pelo DL n. 9.502, 23.7.46, DOU 27.7.46, LTr 10/250);*

b) proibição de exercício de cargo eletivo cumulativamente com o de emprego remunerado pelo sindicato ou por entidade sindical de grau superior;

c) gratuidade do exercício dos cargos eletivos;

d) proibição de quaisquer atividades não compreendidas nas finalidades mencionadas no art. 511, inclusive as de caráter político-partidárias;

TST: Prec. Normativo n. 104

e) proibição de cessão gratuita ou remunerada da respectiva sede à entidade de índole político-partidária. *(Alíneas d e e acrescidas pelo DL n. 9.502, 23.7.46, DOU 27.7.46, LTr 10/250)*

PARÁGRAFO ÚNICO. Quando, para o exercício de mandato, tiver o associado de sindicato de empregados, de trabalhadores autônomos ou de profissionais liberais, de se afastar do seu trabalho, poderá ser-lhe arbitrada pela assembleia geral uma gratificação nunca excedente da importância de sua remuneração na profissão respectiva.

Seção III
DA ADMINISTRAÇÃO DO SINDICATO

(V. art. 8º e 114, III, da CF/88, p. 15 e 38)

Art. 522 A administração do sindicato será exercida por uma diretoria constituída, no máximo, de sete e, no mínimo, de três membros e de um conselho fiscal composto de três membros, eleitos esses órgãos pela assembleia geral.

TST: Súm. n. 369, OJ SDI-1 n. 365

§ 1º A diretoria elegerá, dentre os seus membros, o presidente do sindicato.

§ 2º A competência do conselho fiscal é limitada à fiscalização da gestão financeira do sindicato.

§ 3º Constituirão atribuição exclusiva da diretoria do sindicato e dos delegados sindicais a que se refere o art. 523, a representação e a defesa dos interesses da entidade perante os poderes públicos e as empresas, salvo mandatário com poderes outorgados por procuração da diretoria, ou associado investido em representação prevista em lei. *(§ acrescido pelo DL n. 9.502, 23.7.46, DOU 27.7.46, LTr 10/250)*

Art. 523 Os delegados sindicais destinados à direção das delegacias ou seções instituídas na forma estabelecida no § 2º do art. 517 serão designados pela diretoria dentre os associados radicados no território da correspondente delegacia.

TST: OJ SDI-1 n. 369

Art. 524 Serão sempre tomadas por escrutínio secreto, na forma estatutária, as deliberações da assembleia geral concernentes aos seguintes assuntos. *(Redação L. n. 2.693, 23.12.55, DOU 29.12.55, LTr 20/54)*

TST: OJ SDC ns. 8, 28, 29, 32, 35

a) eleição de associado para representação da respectiva categoria, prevista em lei;

b) tomada e aprovação de contas da diretoria;

c) aplicação do patrimônio;

d) julgamento dos atos da diretoria, relativos a penalidades impostas a associados. *(Redação alíneas a, b, c, d, pelo DL n. 9.502, 23.7.46, DOU 27.7.46, LTr 10/250)*

e) pronunciamento sobre relações ou dissídio de trabalho. Neste caso, as deliberações da assembleia geral só serão consideradas válidas quando ela tiver sido especialmente convocada para esse fim, de acordo com as disposições dos estatutos da entidade sindical. O *quorum* para validade da assembleia será de metade mais um dos associados quites; não obtido esse *quorum* em primeira convocação, reunir-se-á a assembleia em segunda convocação com os presentes, considerando-se aprovadas as deliberações que obtiverem 2/3 (dois terços) dos votos. *(Redação alínea pela L. n. 2.693, 23.12.55, DOU 29.12.55)*

TST: OJ SDC ns. 8, 19, 28, 29, 32, 35

— v. art. 859 desta CLT

§ 1º A eleição para cargos de diretoria e conselho fiscal será realizada por escrutínio secreto, durante seis horas contínuas, pelo menos, na sede do sindicato, na de suas delegacias e seções e nos principais locais de trabalho, onde funcionarão as mesas coletoras designadas pelos Delegados Regionais do

Trabalho. *(Redação DL n. 9.502, 23.7.46, DOU 27.7.46, LTr 10/250, combinada com a L. n. 4.923, 23.12.65, DOU 29.12.65, LTr 30/91)*

— v. art. 859 desta CLT

§ 2º Concomitantemente ao término do prazo estipulado para a votação, instalar-se-á, em assembleia eleitoral pública e permanente, na sede do sindicato, a mesa apuradora, para a qual serão enviadas, imediatamente, pelos presidentes das mesas coletoras, as urnas receptoras e as atas respectivas. Será facultada a designação de mesa apuradora supletiva sempre que as peculiaridades ou conveniências do pleito a exigirem.

§ 3º A mesa apuradora será presidida por membro do Ministério Público do Trabalho ou pessoa de notória idoneidade, designada pelo procurador-geral da Justiça do Trabalho ou procuradores regionais. *(Redação §§ 2º e 3º DL n. 9.502, 23.7.46, DOU 27.7.46, LTr 10/250)*

§ 4º O pleito só será válido na hipótese de participarem da votação mais de 2/3 (dois terços) dos associados com capacidade para votar. Não obtido esse coeficiente, será realizada nova eleição dentro de 15 (quinze) dias, a qual terá validade se nela tomarem parte mais de 50% (cinquenta por cento) dos referidos associados. Na hipótese de não ter sido alcançado, na segunda votação, o coeficiente exigido, será realizado o terceiro e último pleito, cuja validade dependerá do voto de mais de 40% (quarenta por cento) dos aludidos associados, proclamando o presidente da mesa apuradora em qualquer dessas hipóteses os eleitos, os quais serão empossados automaticamente na data do término do mandato expirante, não tendo efeito suspensivo os protestos ou recursos oferecidos na conformidade da lei. *(Redação deste § pela L. n. 2.693, 23.12.55, DOU 29.12.55, LTr 20/54)*

§ 5º Não sendo atingido o coeficiente legal para a eleição o Ministério do Trabalho declarará a vacância da administração a partir do término do mandato dos membros em exercício, e designará administrador para o sindicato, realizando-se novas eleições dentro de seis meses. *(Redação deste § pelo DL n. 9.502, 22.7.46, DOU 27.7.46, LTr 10/250)*

Art. 525 É vedada a pessoas físicas ou jurídicas, estranhas ao sindicato, qualquer interferência na sua administração ou nos seus serviços. *(Redação DL n. 9.502, 22.7.46, DOU 27.7.46, LTr 10/250)*

PARÁGRAFO ÚNICO. Estão excluídos dessa proibição:

a) os delegados do Ministério do Trabalho especialmente designados pelo ministro ou por quem o represente;

b) os que, como empregados, exerçam cargos no sindicato mediante autorização da assembleia geral.

Art. 526 Os empregados do sindicato serão nomeados pela diretoria respectiva *ad referendum* da assembleia geral, não podendo recair tal nomeação nos que estiverem nas condições previstas nos itens II, IV, V, VI, VII e VIII do art. 530 e, na hipótese de o nomeado haver sido dirigente sindical, também nas do item I do mesmo artigo.

PARÁGRAFO ÚNICO. (Revogado pela Lei n. 11.295, de 9.5.06, DOU 10.5.06)

§ 2º Aplicam-se ao empregado de entidade sindical os preceitos das leis de proteção do trabalho e de previdência social, inclusive o direito de associação em sindicato. (NR) *(Acrescentado pela Lei n. 11.295, de 9.5.06, DOU 10.5.06)*

Art. 527 Na sede de cada sindicato haverá um livro de registro, autenticado pelo funcionário competente do Ministério do Trabalho, e do qual deverão constar:

TST: Prec. Normativo n. 111

a) tratando-se de sindicato de empregadores, a firma, individual ou coletiva, ou a denominação das empresas e sua sede, o nome, idade, estado civil, nacionalidade e residência dos respectivos sócios ou, em se tratando de sociedade por ações, dos diretores, bem como a indicação desses dados quanto ao sócio ou diretor que representar a empresa no sindicato;

b) tratando-se de sindicato de empregados, ou de agentes ou trabalhadores autônomos ou de profissionais liberais, além do nome, idade, estado civil, nacionalidade, profissão ou função e residência de cada associado, o estabelecimento ou lugar onde exerce a sua profissão ou função, o número e a série da respectiva Carteira de Trabalho e Previdência Social e o número de inscrição na instituição de previdência a que pertencer.

Art. 528 A Lei n. 8.630, de 25.2.93, DOU 26.2.93, especificamente no art. 76, revogou expressamente na sua inteireza o Decreto-lei n. 3, de 27.1.66, que alterava este artigo na CLT, consequentemente o revogou também.

Seção IV
DAS ELEIÇÕES SINDICAIS

(v. art. 8º e 114, III da CF/88, p. 15 e 38)

Art. 529 São condições para o exercício do direito do voto como para a investidura em cargo de administração ou representação econômica ou profissional:

a) ter o associado mais de seis meses de inscrição no quadro social e mais de dois anos de exercício da atividade ou da profissão. *(Redação alínea DL n. 8.080, 11.10.45, DOU 13.10.45)*

b) ser maior de 18 anos;

c) estar no gozo dos direitos sindicais.

PARÁGRAFO ÚNICO. É obrigatório aos associados o voto nas eleições sindicais. *(§ acrescentado pelo DL n. 229, 28.2.67, DOU 28.2.67, LTr 31/137)*

STJ: Súm. n. 4

— v. art. 8º, VII, da CF/88, p. 15

Art. 530 Não podem ser eleitos para cargos administrativos ou de representação econômica ou profissional, nem permanecer no exercício desses cargos:

I — os que não tiverem definitivamente aprovadas as suas contas de exercício em cargos de administração;

II — os que houverem lesado o patrimônio de qualquer entidade sindical;

III — os que não estiverem, desde 2 (dois) anos antes, pelo menos, no exercício efetivo da atividade ou da profissão dentro da base territorial do sindicato, ou no desempenho de representação econômica ou profissional;

IV — os que tiverem sido condenados por crime doloso enquanto persistirem os efeitos da pena;

V — os que não estiverem no gozo de seus direitos políticos;

VI — revogado pela L. n. 8.865, de 29.3.94;

VII — má conduta devidamente comprovada. *(Inciso incluído pelo DL n. 507, 18.3.69, DOU 19.3.69, LTr 33/209);*

VIII — revogado pela L. n. 8.865, de 29.3.94.

Art. 531 Nas eleições para cargos de diretoria e do conselho fiscal serão considerados eleitos os candidatos que obtiverem maioria absoluta de votos em relação ao total dos associados eleitores.

§ 1º Não concorrendo à primeira convocação maioria absoluta de eleitores, ou não obtendo nenhum dos candidatos essa maioria, proceder-se-á a nova convocação para dia posterior, sendo então considerados eleitos os candidatos que obtiverem maioria dos eleitores presentes.

§ 2º Havendo somente uma chapa registrada para as eleições, poderá a assembleia, em última convocação, ser realizada duas horas após a primeira convocação, desde que do edital respectivo conste essa advertência.

§ 3º Concorrendo mais de uma chapa, poderá o Ministério do Trabalho designar o presidente da seção eleitoral, desde que o requeiram os associados que encabeçarem as respectivas chapas. *(Redação DL n. 8.080, 11.10.45, DOU 13.10.45)*

§ 4º O Ministro do Trabalho expedirá instruções regulando o processo das eleições.

Art. 532 As eleições para a renovação da diretoria e do conselho fiscal deverão ser procedidas dentro do prazo máximo de 60 dias e mínimo de 30 dias, antes do término do mandato dos dirigentes em exercício.

§ 1º Não havendo protesto na ata da assembleia eleitoral ou recurso interposto por algum dos candidatos, dentro de 15 dias, a contar da data das eleições, a posse da diretoria eleita independerá da aprovação das eleições pelo Ministério do Trabalho.

STJ: Súm. n. 4

§ 2º Competirá à diretoria em exercício, dentro de 30 dias da realização das eleições e não tendo havido recurso, dar publicidade ao resultado do pleito, fazendo comunicação ao órgão local do Ministério do Trabalho da relação dos eleitos, com os dados pessoais de cada um e a designação da função que vai exercer.

§ 3º Havendo protesto na ata da assembleia eleitoral ou recurso interposto dentro de 15 dias da realização das eleições, competirá à diretoria em exercício encaminhar, devidamente instruído, o processo eleitoral ao órgão local do Ministério do Trabalho, que o encaminhará para decisão do Ministro de Estado. Nesta hipótese permanecerão na administração, até despacho final do processo, a diretoria e o conselho fiscal que se encontrarem em exercício.

STJ: Súm. n. 4

§ 4º Não se verificando as hipóteses previstas no parágrafo anterior, a posse da nova diretoria deverá se verificar dentro de 30 dias subsequentes ao término do mandato da anterior. *(Redação artigo e §§ DL n. 8.080, 11.10.45, DOU 13.10.45. V. arts. 18 e 24 do D. n. 81.663, 16.5.78, DOU 17.5.78, LTr 42/708)*

§ 5º Ao assumir o cargo, o eleito prestará, por escrito e solenemente, o compromisso de respeitar, no exercício do mandato, a Constituição, as leis vigentes e os estatutos da entidade. *(§ incluído pelo DL n. 229, 28.2.67, DOU 28.2.67, LTr 31/137)*

Obs.: (A Súmula n. 4, do STJ não está em sintonia com o art. 114, III da CF)

Seção V
DAS ASSOCIAÇÕES SINDICAIS DE GRAU SUPERIOR

(V. art. 8º da CF/88, p. 15)

Art. 533 Constituem associações sindicais de grau superior as federações e confederações organizadas nos termos desta Lei.

Art. 534 É facultado aos sindicatos, quando em número não inferior a 5 (cinco), desde que representem a maioria absoluta de um grupo de atividades ou profissões idênticas, similares ou conexas, organizarem-se em federação.

§ 1º Se já existir federação no grupo de atividades ou profissões em que deva ser constituída a nova entidade, a criação desta não poderá reduzir a menos de 5 (cinco) o número de sindicatos que àquela devam continuar filiados.

§ 2º As federações serão constituídas por Estados, podendo o Ministro do Trabalho autorizar a constituição de federações interestaduais ou nacionais.

STF: Súm. n. 677; TFR: Súm. n. 156

§ 3º É permitido a qualquer federação, para o fim de lhes coordenar os interesses, agrupar os sindicatos de determinado município ou região a ela filiados, mas a União não terá direito de representação das atividades ou profissões agrupadas. *(Redação art. e § 1º, L. n. 3.265, 22.9.57, DOU 24.9.57. Os anteriores 1º e 2º passaram a ser 2º e 3º, respectivamente)*

Art. 535 As confederações organizar-se-ão com o mínimo de três federações e terão sede na Capital da República.

§ 1º As confederações formadas por federações de sindicatos de empregadores denominar-se-ão: Confederação Nacional da Indústria, Confederação Nacional do Comércio, Confederação Nacional de Transportes Marítimos, Fluviais e Aéreos, Confederação Nacional de Transportes Terrestres, Confederação Nacional de Comunicações e Publicidade, Confederação Nacional das Empresas de Crédito e Confederação Nacional de Educação e Cultura.

§ 2º As confederações formadas por federações de sindicatos de empregados terão a denominação de Confederação Nacional dos Trabalhadores na Indústria, Confederação Nacional dos Trabalhadores no Comércio, Confederação Nacional dos Trabalhadores em Transportes Marítimos, Fluviais e Aéreos, Confederação Nacional dos Trabalhadores em Transportes Terrestres, Confederação Nacional dos Trabalhadores em Comunicações e Publicidade, Confederação Nacional dos Trabalhadores nas Empresas de Crédito e Confederação Nacional dos Trabalhadores em Estabelecimentos de Educação e Cultura.

§ 3º Denominar-se-á Confederação Nacional das Profissões Liberais a reunião das respectivas federações.

§ 4º As associações sindicais de grau superior da Agricultura e Pecuária serão organizadas na conformidade do que dispuser a lei que regular a sindicalização dessas atividades ou profissões.

Art. 536 Revogado pelo DL n. 229, 28.2.67, DOU 28.2.67, LTr 31/137.

Art. 537 O pedido de reconhecimento de uma federação será dirigido ao Ministro do Trabalho acompanhado de um exemplar dos respectivos estatutos e das cópias autenticadas das atas da assembleia de cada sindicato ou federação que autorizar a filiação.

§ 1º A organização das federações e confederações obedecerá às exigências contidas nas alíneas *b* e *c* do art. 515.

§ 2º A carta de reconhecimento das federações será expedida pelo Ministro do Trabalho, na qual será especificada a coordenação econômica ou profissional conferida e mencionada a base territorial outorgada.

STF: Súm. n. 677

§ 3º O reconhecimento das confederações será feito por decreto do Presidente da República.

Art. 538 A administração das federações e confederações será exercida pelos seguintes órgãos:

a) Diretoria;

b) Conselho de Representantes;

c) Conselho Fiscal.

§ 1º A Diretoria será constituída no mínimo de 3 (três) membros e de 3 (três) membros se comporá o Conselho Fiscal, os quais serão eleitos pelo Conselho de Representantes com mandato por 3 (três) anos.

§ 2º Só poderão ser eleitos os integrantes dos grupos das federações ou dos planos das confederações, respectivamente.

§ 3º O presidente da federação ou confederação será escolhido dentre os seus membros, pela Diretoria.

§ 4º O Conselho de Representantes será formado pelas delegações dos sindicatos ou das federações filiadas, constituída cada delegação de 2 (dois) membros, com mandato por 3 (três) anos, cabendo um voto a cada delegação.

§ 5º A competência do Conselho Fiscal é limitada à fiscalização da gestão financeira. *(Redação L. n. 2.693, 23.12.55, DOU 29.12.55, LTr 20/54. Os §§ 1º e 4º foram alterados pelo DL n. 771, 19.8.69, DOU 20.8.69, LTr 33/525)*

Art. 539 Para a constituição e administração das federações serão observadas, no que for aplicável, as disposições das Seções II e III do presente Capítulo.

Seção VI
DOS DIREITOS DOS EXERCENTES DE ATIVIDADES OU PROFISSÕES E DOS SINDICALIZADOS
(V. art. 8º da CF/88, p. 15)

Art. 540 A toda empresa ou indivíduo que exerçam, respectivamente, atividade ou profissão, desde que satisfaçam as exigências desta Lei, assiste o direito de ser admitido no sindicato da respectiva categoria, salvo o caso de falta de idoneidade, devidamente comprovada, com recurso para o Ministério do Trabalho.

⚖ TST: Prec. Normativo n. 119

§ 1º Perderá os direitos de associado o sindicalizado que por qualquer motivo deixar o exercício de atividade ou de profissão.

§ 2º Os associados de sindicatos de empregados, de agentes ou trabalhadores autônomos e de profissões liberais que forem aposentados, estiverem em desemprego ou falta de trabalho ou tiverem sido convocados para prestação de serviço militar, não perderão os respectivos direitos sindicais e ficarão isentos de qualquer contribuição, não podendo, entretanto, exercer cargo de **administração** sindical ou de representação econômica ou profissional.

Art. 541 Os que exercerem determinada atividade ou profissão onde não haja sindicato da respectiva categoria, ou de atividade ou profissão similar ou conexa, poderão filiar-se a sindicato de profissão idêntica, similar ou conexa, existente na localidade mais próxima.

PARÁGRAFO ÚNICO. O disposto neste artigo se aplica aos sindicatos em relação às respectivas federações, na conformidade do quadro de atividades e profissões a que se refere o art. 577.

⚖ TST: Súm. n. 374

Art. 542 De todo o ato lesivo de direitos ou contrário a esta Lei, emanado da diretoria, do conselho ou da assembleia geral da entidade sindical, poderá qualquer exercente de atividade ou profissão recorrer, dentro de 30 dias, para a autoridade competente do Ministério do Trabalho.

Art. 543 O empregado eleito para cargo de administração sindical ou representação profissional, inclusive junto a órgão de deliberação coletiva, não poderá ser impedido do exercício de suas funções, nem transferido para lugar ou mister que lhe dificulte ou torne impossível o desempenho das suas atribuições sindicais.

⚖ TST: Prec. Normativo ns. 86, 91; STF: Súm. ns. 197, 221

§ 1º O empregado perderá o mandato se a transferência for por ele solicitada ou voluntariamente aceita.

§ 2º Considera-se de licença não remunerada, salvo assentimento da empresa ou cláusula contratual, o tempo em que o empregado se ausentar do trabalho no desempenho das funções a que se refere este artigo.

⚖ TST: Prec. Normativo n. 83

§ 3º Fica vedada a dispensa do empregado sindicalizado ou associado, a partir do momento do registro de sua candidatura a cargo de direção ou representação de entidade sindical ou de associação profissional, até 1 (um) ano após o final do seu mandato, caso seja eleito, inclusive como suplente, salvo se cometer falta grave devidamente apurada nos termos desta Consolidação. *(Redação dada pela L. n. 7.543, 2.10.86, DOU 3.10.86)*

⚖ TST: Súm. ns. 369, 379, OJ SDI-1 ns. 365, 399, OJ SDI-2 ns. 65, 137, 142; STF: Súm. n. 197

— v. CF, art. 8º, inc. VIII e art. 55 da L. n. 5.764, de 16.12.71 p. 15 e 593

§ 4º Considera-se cargo de direção ou de representação sindical aquele cujo exercício ou indicação decorre de eleição prevista em lei. *(Redação deste § L. n. 7.223, 2.10.84, DOU 3.10.84, LTr 48/1283)*

§ 5º Para os fins deste artigo, a entidade sindical comunicará por escrito à empresa, dentro de 24 (vinte e quatro) horas, o dia e a hora do registro da candidatura do seu empregado e, em igual prazo, sua eleição e posse, fornecendo, outrossim, a este, comprovante no mesmo sentido. O Ministério do Trabalho fará no mesmo prazo a comunicação no caso da designação referida no final do § 4º.

⚖ TST: Súm. n. 369

§ 6º A empresa que, por qualquer modo, procurar impedir que o empregado se associe a sindicato, organize associação profissional ou sindical ou exerça os direitos inerentes à condição de sindicalizado, fica sujeita à penalidade prevista na letra "a" do art. 553, sem prejuízo da reparação a que tiver direito o empregado. *(Redação art. e §§, DL n. 229, 28.2.67, DOU 28.2.67, LTr 31/137)*

— v. L. n. 8.632, de 4.3.93, DOU 5.3.93, p. 681, LTr 57-03/38

⚖ TST: OJ SDC ns. 20

Art. 544 É livre a associação profissional ou sindical, mas ao empregado sindicalizado é assegurada, em igualdade de condições, preferência:

⚖ TST: OJ SDC n. 20

I — para admissão nos trabalhos de empresa que explore serviços públicos ou mantenha contrato com os poderes públicos;

II — para ingresso em funções públicas ou assemelhadas, em caso de cessação coletiva de trabalho, por motivo de fechamento de estabelecimento;

III — nas concorrências para aquisição de casa própria, pelo Plano Nacional de Habitação ou por intermédio de quaisquer instituições públicas;

IV — nos loteamentos urbanos ou rurais, promovidos pela União, por seus órgãos de administração direta ou indireta ou sociedades de economia mista;

V — na locação ou compra de imóveis, de propriedade de pessoa de direito público ou sociedade de economia mista, quando sob ação de despejo em tramitação judicial;

VI — na concessão de empréstimos simples concedidos pelas agências financeiras do governo ou a ele vinculadas;

VII — na aquisição de automóveis, outros veículos e instrumentos relativos ao exercício da profissão, quando financiados pelas autarquias, sociedades de economia mista ou agências financeiras do Governo;

VIII — revogado pela Lei n. 8.630/93;

IX — na concessão de bolsas de estudo para si ou para seus filhos, obedecida a legislação que regule a matéria. *(Redação DL n. 229, 28.2.67, DOU 28.2.67, LTr 31/137)*

Art. 545 Os empregadores ficam obrigados a descontar da folha de pagamento dos seus empregados, desde que por eles devidamente autorizados, as contribuições devidas ao sindicato, quando por este notificados. *(Redação dada pela Lei n. 13.467, de 13.7.2017, DOU 14.7.2017, com vigência a partir de 11.11.2017)*

⚖ TST: Súm. n. 342, OJ SDC n. 17, Prec. Normativo n. 119; STF: Súm. n. 666

PARÁGRAFO ÚNICO. O recolhimento à entidade sindical beneficiária do importe descontado deverá ser feito até o 10º (décimo) dia subsequente ao do desconto, sob pena de juros de mora no valor de 10% (dez por cento) sobre o montante retido, sem prejuízo da multa prevista no art. 553 e das cominações penais, relativas à apropriação indébita. *(Redação DL n. 925, 10.10.69, DOU 13.10.69, LTr 33/636, que acrescentou este parágrafo)*

TST: Prec. Normativo n. 41

Art. 546 Às empresas sindicalizadas é assegurada preferência, em igualdade de condições, nas concorrências para exploração de serviços públicos, bem como nas concorrências para fornecimento às repartições federais, estaduais e municipais e às entidades paraestatais.

Art. 547 É exigida a qualidade de sindicalizado para o exercício de qualquer função representativa de categoria econômica ou profissional, em órgão oficial de deliberação coletiva, bem como para o gozo de favores ou isenções tributárias, salvo em se tratando de atividades não econômicas.

— v. Parecer Normativo CST/MF n. 80, DOU 25.9.78, que, em face do Código Tributário Nacional e do Ato Complementar n. 36, considera tacitamente revogada a expressão "... bem como para o gozo de favores ou isenções tributárias, salvo em se tratando de atividades econômicas"

PARÁGRAFO ÚNICO. Antes da posse ou exercício das funções a que alude o artigo anterior ou de concessão dos favores, será indispensável comprovar a sindicalização, ou oferecer prova, mediante certidão negativa da autoridade regional do Ministério do Trabalho, de que não existe sindicato no local onde o interessado exerce a respectiva atividade ou profissão. *(Redação de acordo com a L. n. 4.923, 23.12.65, DOU 29.12.65, LTr 30/91)*

Seção VII

DA GESTÃO FINANCEIRA DO SINDICATO E SUA FISCALIZAÇÃO

(V. art. 8º da CF/88, p. 15)

Art. 548 Constituem o patrimônio das associações sindicais:

a) as contribuições devidas aos sindicatos pelos que participem das categorias econômicas ou profissionais ou das profissões liberais representadas pelas referidas entidades, sob a denominação de contribuição sindical, pagas e arrecadadas na forma do Capítulo III deste Título;

b) as contribuições dos associados, na forma estabelecida nos estatutos ou pelas assembleias gerais;

c) os bens e valores adquiridos e as rendas produzidas pelos mesmos;

d) as doações e legados;

e) as multas e outras rendas eventuais. *(Redação L. n. 6.386, 9.12.76, DOU 10.12.76, LTr 41/101)*

Art. 549 A receita dos sindicatos, federações e confederações só poderá ter aplicação na forma prevista nos respectivos orçamentos anuais, obedecidas as disposições estabelecidas na lei e nos seus estatutos.

§ 1º Para alienação, locação ou aquisição de bens imóveis, ficam as entidades sindicais obrigadas a realizar avaliação prévia pela Caixa Econômica Federal ou pelo Banco Nacional da Habitação ou, ainda, por qualquer outra organização legalmente habilitada a tal fim.

§ 2º Os bens imóveis das entidades sindicais não serão alienados sem a prévia autorização das respectivas assembleias gerais, reunidas com a presença da maioria absoluta dos associados com direito a voto ou dos Conselhos de Representantes com a maioria absoluta dos seus membros.

§ 3º Caso não seja obtido o *quorum* estabelecido no parágrafo anterior, a matéria poderá ser decidida em nova assembleia geral, reunida com qualquer número de associados com direito a voto, após o transcurso de 10 (dez) dias da primeira convocação.

§ 4º Nas hipóteses previstas nos §§ 2º e 3º a decisão somente terá validade se adotada pelo mínimo de 2/3 (dois terços) dos presentes, em escrutínio secreto.

§ 5º Da deliberação da assembleia geral, concernente à alienação de bens imóveis, caberá recurso voluntário, dentro do prazo de 15 (quinze) dias, ao Ministro do Trabalho, com efeito suspensivo.

§ 6º A venda do imóvel será efetuada pela diretoria da entidade, após a decisão da Assembleia Geral ou do Conselho de Representantes, mediante concorrência pública, com edital publicado no *Diário Oficial da União* e na imprensa diária, com antecedência mínima de 30 (trinta) dias da data de sua realização.

§ 7º Os recursos destinados ao pagamento total ou parcelado dos bens imóveis adquiridos serão consignados, obrigatoriamente, nos orçamentos anuais das entidades sindicais. *(Redação art. e §§, L. n. 6.386, 9.12.76, DOU 10.12.76, LTr 41/101)*

Art. 550 Os orçamentos das entidades sindicais serão aprovados, em escrutínio secreto, pelas respectivas Assembleias Gerais ou Conselho de Representantes, até 30 (trinta) dias antes do início do exercício financeiro a que se referem, e conterão a discriminação da receita e da despesa, na forma das instruções e modelos expedidos pelo Ministério do Trabalho.

§ 1º Os orçamentos, após a aprovação prevista no presente artigo, serão publicados, em resumo, no prazo de 30 (trinta) dias, contados da data da realização da respectiva Assembleia Geral ou da reunião do Conselho de Representantes, que os aprovou, observada a seguinte sistemática:

a) no *Diário Oficial da União* — Seção I — Parte II, os orçamentos das confederações, federações e sindicatos de base interestadual ou nacional;

b) no órgão de imprensa oficial do Estado ou Território ou jornal de grande circulação local, os orçamentos das federações estaduais e sindicatos distritais municipais, intermunicipais e estaduais.

§ 2º As dotações orçamentárias que se apresentarem insuficientes para o atendimento das despesas, ou não incluídas nos orçamentos correntes, poderão ser ajustadas ao fluxo dos gastos, mediante a abertura de créditos adicionais solicitados pela Diretoria da entidade às respectivas Assembleias Gerais ou Conselhos de Representantes, cujos atos concessórios serão publicados até o último dia do exercício correspondente, obedecida a mesma sistemática prevista no parágrafo anterior.

§ 3º Os créditos adicionais classificam-se em:

a) suplementares, os destinados a reforçar dotações alocadas no orçamento; e

b) especiais, os destinados a incluir dotações no orçamento, a fim de fazer face às despesas para as quais não se tenha consignado crédito específico.

§ 4º A abertura dos créditos adicionais depende da existência de receita para sua compensação, considerando-se, para esse efeito, desde que não comprometidos:

a) o *superavit* financeiro apurado em balanço do exercício anterior;

b) o excesso de arrecadação, assim entendido o saldo positivo da diferença entre a renda prevista e a realizada, tendo-se em conta, ainda, a tendência do exercício; e

c) a resultante da anulação parcial ou total de dotações alocadas no orçamento ou de créditos adicionais abertos no exercício.

§ 5º Para efeito orçamentário e contábil sindical, o exercício financeiro coincidirá com o ano civil, a ele pertencendo todas as receitas arrecadadas e as despesas compromissadas. *(Redação art. e §§, L. n. 6.386, 9.12.76, DOU 10.12.76, LTr 41/101)*

Art. 551 Todas as operações de ordem financeira e patrimonial serão evidenciadas pelos registros contábeis das entidades sindicais, executados sob a responsabilidade de contabilista legalmente habilitado, em conformidade com o plano de contas e as instruções baixadas pelo Ministério do Trabalho.

CLT

§ 1º A escrituração contábil a que se refere este artigo será baseada em documentos de receita e despesa, que ficarão arquivados nos serviços de contabilidade, à disposição dos órgãos responsáveis pelo acompanhamento administrativo e da fiscalização financeira da própria entidade, ou do controle que poderá ser exercido pelos órgãos da União, em face da legislação específica.

§ 2º Os documentos comprobatórios dos atos de receita e despesa, a que se refere o parágrafo anterior, poderão ser incinerados, após decorridos 5 (cinco) anos da data de quitação das contas pelo órgão competente.

§ 3º É obrigatório o uso do livro Diário, encadernado, com folhas seguidas e tipograficamente numeradas, para a escrituração, pelo método das partidas dobradas, diretamente ou por reprodução, dos atos ou operações que modifiquem ou venham a modificar a situação patrimonial da entidade, o qual conterá, respectivamente, na primeira e na última páginas, os termos de abertura e de encerramento.

§ 4º A entidade sindical que se utilizar de sistema mecânico ou eletrônico para sua escrituração contábil, poderá substituir o Diário e os livros facultativos ou auxiliares por fichas ou formulários contínuos, cujos lançamentos deverão satisfazer a todos os requisitos e normas de escrituração exigidos com relação aos livros mercantis, inclusive no que respeita a termos de abertura e de encerramento e numeração sequencial e tipográfica.

§ 5º Na escrituração por processos de fichas ou formulários contínuos, a entidade adotará livro próprio para inscrição do balanço patrimonial e da demonstração do resultado do exercício, o qual conterá os mesmos requisitos exigidos para os livros de escrituração.

§ 6º Os livros e fichas ou formulários contínuos serão obrigatoriamente submetidos a registro e autenticação das Delegacias Regionais do Trabalho localizadas na base territorial da entidade.

§ 7º As entidades sindicais manterão registro específico dos bens de qualquer natureza, de sua propriedade, em livros ou fichas próprias, que atenderão às mesmas formalidades exigidas para o livro Diário, inclusive no que se refere ao registro e autenticação da Delegacia Regional do Trabalho local.

§ 8º As contas dos administradores das entidades sindicais serão aprovadas, em escrutínio secreto, pelas respectivas Assembleias Gerais ou Conselhos de Representantes, com prévio parecer do Conselho Fiscal, cabendo ao Ministro do Trabalho estabelecer prazos e procedimentos para a sua elaboração e destinação. *(Redação art. e §§, L. n. 6.386, 9.12.76, DOU 10.12.76, LTr 41/101)*

Art. 552 Os atos que importem em malversação ou dilapidação do patrimônio das associações ou entidades sindicais ficam equiparados ao crime de peculato, julgado e punido na conformidade de legislação penal. *(Redação DL n. 925, 10.10.69, DOU 13.10.69, LTr 33/636)*

Seção VIII

DAS PENALIDADES

(V. CF, art. 8º, I, p. 15)

Art. 553 As infrações ao disposto neste Capítulo serão punidas, segundo o seu caráter e a sua gravidade, com as seguintes penalidades:

a) multa de 2 (dois) a 100 (cem) valores de referência regionais, dobrada, na reincidência;

— v. Nota do art. 47

b) suspensão de diretores por prazo não superior a trinta dias;

c) destituição de diretores ou de membros de conselho;

d) fechamento de sindicato, federação ou confederação por prazo nunca superior a seis meses;

e) cassação da carta de reconhecimento;

f) multa de 1/3 (um terço) do valor de referência regional, aplicável ao associado que deixar de cumprir sem causa justificada, o disposto no parágrafo único do art. 529.

— v. Nota do art. 47

§ 1º A imposição de penalidades aos administradores não exclui aplicação das que este artigo prevê para a associação.

§ 2º Poderá o Ministro do Trabalho determinar o afastamento preventivo de cargo ou representação sindicais de seus exercentes, com fundamento em elementos constantes de denúncia formalizada que constituam indício veemente ou início de prova bastante do fato e da autoria denunciados. *(O DL n. 925, 10.10.69, DOU 13.10.69, LTr 33/636, transformou o parágrafo único em § 1º e introduziu o § 2º)*

Art. 554 Destituída a administração, na hipótese da alínea "c" do artigo anterior, o Ministro do Trabalho nomeará um delegado para dirigir a associação e proceder, dentro do prazo de 90 dias, em assembleia geral por ele convocada e presidida, à eleição dos novos diretores e membros do Conselho Fiscal.

Art. 555 A pena de cassação da carta de reconhecimento será imposta à entidade sindical:

a) que deixar de satisfazer as condições de constituição e funcionamento estabelecidas nesta Lei;

b) que se recusar ao cumprimento de ato do Presidente da República, no uso da faculdade conferida pelo art. 536. *(Alínea tacitamente revogada pelo DL n. 229, 28.2.67, DOU 28.2.67, LTr 31/137, que revogou o art. 536);*

c) que criar obstáculos à execução da política econômica adotada pelo Governo. *(Redação DL n. 8.080, 11.10.45, DOU 13.10.45)*

Art. 556 A cassação da carta de reconhecimento da entidade sindical não importará o cancelamento de seu registro, nem, consequentemente, a sua dissolução, que se processará de acordo com as disposições da lei que regulam a dissolução das associações civis.

PARÁGRAFO ÚNICO. No caso de dissolução, por se achar a associação incursa nas leis que definem crimes contra a personalidade internacional, a estrutura e a segurança do Estado e a ordem política e social, os seus bens, pagas as dívidas decorrentes das suas responsabilidades, serão incorporados ao patrimônio da União e aplicados em obras de assistência social.

Art. 557 As penalidades de que trata o art. 553 serão impostas:

a) as das alíneas *a* e *b*, pelo Delegado Regional do Trabalho, com recurso para o Ministro de Estado. *(Redação desta alínea de acordo com o art. 31 do DL n. 229, 28.2.67, DOU 28.2.67, LTr 31/127)*

b) as demais, pelo Ministro de Estado.

§ 1º Quando se tratar de associações de grau superior, as penalidades serão impostas pelo Ministro de Estado, salvo se a pena for da cassação da carta de reconhecimento de confederação, caso em que a pena será imposta pelo Presidente da República.

§ 2º Nenhuma pena será imposta sem que seja assegurada defesa ao acusado.

Seção IX

DISPOSIÇÕES GERAIS

Art. 558 São obrigadas ao registro todas as associações profissionais constituídas por atividades ou profissões idênticas, similares ou conexas, de acordo com o art. 511 e na conformidade do quadro de atividades e profissões a que alude o Capítulo II deste Título. As associações profissionais registradas nos termos deste artigo poderão representar, perante as autoridades administrativas e judiciárias, os interesses individuais dos associados relativos à sua atividade ou profissão, sendo-lhes também extensivas as prerrogativas contidas na alínea *d* e no parágrafo único do art. 513.

§ 1º O registro a que se refere o presente artigo competirá às Delegacias Regionais do Ministério do Trabalho ou às repartições autorizadas em virtude de lei. *(Redação deste § DL n. 925, 10.10.69, DOU 13.10.69, LTr 33/636)*

§ 2º O registro das associações far-se-á mediante requerimento, acompanhado da cópia autêntica dos estatutos e da declaração do número de associados, do patrimônio e dos serviços sociais organizados.

§ 3º As alterações dos estatutos das associações profissionais não entrarão em vigor sem aprovação da autoridade que houver concedido o respectivo registro.

Art. 559 O Presidente da República, excepcionalmente e mediante proposta do Ministro do Trabalho, fundada em razões de utilidade pública poderá conceder, por decreto, às associações civis constituídas para a defesa e coordenação de interesses econômicos e profissionais e não obrigadas ao registro previsto no artigo anterior, a prerrogativa da alínea *d* do art. 513 deste Capítulo.

TST: OJ SDC ns. 15 e 23; STF: Súm. n. 677

Art. 560 Não se reputará transmissão de bens, para efeitos fiscais, a incorporação do patrimônio de uma associação profissional ao da entidade sindical, ou das entidades aludidas entre si.

STF: Súm. n. 724

Art. 561 A denominação "sindicato" é privativa das associações profissionais de primeiro grau, reconhecidas na forma desta Lei.

Art. 562 As expressões "federação" e "confederação", seguidas da designação de uma atividade econômica ou profissional, constituem denominações privativas das entidades sindicais de grau superior.

Art. 563 Revogado pelo DL n. 925, 10.10.69, DOU 13.10.69, LTr 33/636.

Art. 564 Às entidades sindicais, sendo-lhes peculiar e essencial a atribuição representativa e coordenadora das correspondentes categorias ou profissões, é vedado, direta ou indiretamente, o exercício de atividade econômica.

Art. 565 As entidades sindicais reconhecidas nos termos desta Lei não poderão filiar-se a organizações internacionais, nem com elas manter relações, sem prévia licença concedida por decreto do Presidente da República.

— v. DL n. 1.149, 28.1.71, DOU 29.1.71, LTr 35/136, que estabelece condições para a filiação de entidades sindicais brasileiras a organizações internacionais, e seu Regulamento, D. n. 68.465, 2.4.71, DOU 5.4.71, LTr 35/319

Art. 566 Não podem sindicalizar-se os servidores do Estado e os das instituições paraestatais.

PARÁGRAFO ÚNICO. Excluem-se da proibição constante deste artigo os empregados das sociedades de economia mista, da Caixa Econômica Federal e das fundações criadas ou mantidas pelo Poder Público da União, dos Estados e Municípios. *(Redação L. n. 7.449, 20.12.85, DOU 23.12.85)*

— v. art. 37, VI, da CF/88, p. 21

TST: OJ SDC n. 5

Arts. 567, 568 e 569 Revogados pelo DL ns. 229, 28.2.67, DOU 28.2.67, LTr 31/137.

Capítulo II
DO ENQUADRAMENTO SINDICAL

(V. art. 8º da CF/88, p. 15)

Art. 570 Os sindicatos constituir-se-ão, normalmente, por categorias econômicas ou profissionais específicas, na conformidade da discriminação do quadro das atividades e profissões a que se refere o art. 577, ou segundo as subdivisões que, sob proposta da Comissão do Enquadramento Sindical, de que trata o art. 576, forem criadas pelo Ministro do Trabalho.

PARÁGRAFO ÚNICO. Quando os exercentes de quaisquer atividades ou profissões se constituírem, seja pelo número reduzido, seja pela natureza mesma dessas atividades ou profissões, seja pelas afinidades existentes entre elas, em condições tais que não se possam sindicalizar eficientemente pelo critério de especificidade de categoria, é-lhes permitido sindicalizar-se pelo critério de categorias similares ou conexas, entendendo-se como tais as que se acham compreendidas nos limites de cada grupo constante do quadro de atividades e profissões.

STF: Súm. n. 196

Art. 571 Qualquer das atividades ou profissões concentradas na forma do parágrafo único do artigo anterior poderá dissociar-se do sindicato principal, formando um sindicato específico, desde que o novo sindicato, a juízo da Comissão do Enquadramento Sindical, ofereça possibilidade de vida associativa regular e de ação sindical eficiente.

Art. 572 Os sindicatos que se constituírem por categorias similares ou conexas, nos termos do parágrafo único do art. 570, adotarão denominação em que fiquem, tanto quanto possível, explicitamente mencionadas as atividades ou profissões concentradas, de conformidade com o quadro das atividades e profissões, ou se se tratar de subdivisões, de acordo com o que determinar a Comissão do Enquadramento Sindical.

PARÁGRAFO ÚNICO. Ocorrendo a hipótese do artigo anterior, o sindicato principal terá a denominação alterada, eliminando-se-lhe a designação relativa à atividade ou profissão dissociada.

Art. 573 O agrupamento dos sindicatos em federações obedecerá às mesmas regras que as estabelecidas neste Capítulo para o agrupamento das atividades e profissões em sindicato.

PARÁGRAFO ÚNICO. As federações de sindicatos de profissões liberais poderão ser organizadas independentemente do grupo básico da confederação, sempre que as respectivas profissões se acharem submetidas, por disposições de lei, a um único regulamento. *(O DL n. 229, 28.2.67, DOU 28.2.67, LTr 31/137, revogou o § 2º e renumerou o presente parágrafo)*

Art. 574 Dentro da mesma base territorial, as empresas industriais do tipo artesanal poderão constituir entidades sindicais, de primeiro e segundo graus, distintas das associações sindicais das empresas congêneres, de tipo diferente.

PARÁGRAFO ÚNICO. Compete à Comissão do Enquadramento Sindical definir, de modo genérico, com a aprovação do Ministro do Trabalho, a dimensão e os demais característicos das empresas industriais de tipo artesanal.

Art. 575 O quadro de atividades e profissões será revisto de dois em dois anos, por proposta da Comissão do Enquadramento Sindical, para o fim de ajustá-lo às condições de estrutura econômica e profissional do País.

§ 1º Antes de proceder à revisão do quadro, a Comissão deverá solicitar sugestões às entidades sindicais e às associações profissionais.

§ 2º A proposta de revisão será submetida à aprovação do Ministro do Trabalho.

Art. 576 A Comissão do Enquadramento Sindical (CES) será constituída pelo Diretor-Geral do Departamento Nacional do Trabalho (DNT) (atualmente Secretário de Relações do Trabalho) que a presidirá e pelos seguintes membros:

I — 2 (dois) representantes do Departamento Nacional do Trabalho (atualmente Secretaria de Relações do Trabalho);

CLT

II — 1 (um) representante do Departamento Nacional de Mão de Obra (atualmente Secretaria de Mão de Obra);

III — 1 (um) representante do Instituto Nacional de Tecnologia, do Ministério da Indústria e do Comércio;

IV — 1 (um) representante do Instituto Nacional de Colonização e Reforma Agrária, do Ministério da Agricultura;

V — 1 (um) representante do Ministério dos Transportes;

VI — 2 (dois) representantes das categorias econômicas; e

VII — 2 (dois) representantes das categorias profissionais. *(Redação do caput deste artigo pela L. n. 5.819, 6.11.72, DOU 7.11.72, LTr 36/943)*

§ 1º Os membros da CES serão designados pelo Ministro do Trabalho, mediante:

a) indicação dos titulares das Pastas, quanto aos representantes dos outros Ministérios;

b) indicação do respectivo Diretor-Geral, quanto ao do DNMO (indicação dos respectivos secretários quanto às Secretarias de Relações do Trabalho e de Mão de Obra);

c) eleição pelas respectivas Confederações, em conjunto, quanto aos representantes das categorias econômicas e profissionais, de acordo com as instruções que forem expedidas pelo Ministro do Trabalho.

§ 2º Cada membro terá um suplente designado juntamente com o titular.

§ 3º Será de 3 (três) anos o mandato dos representantes das categorias econômica e profissional.

§ 4º Os integrantes da Comissão perceberão a gratificação de presença que for estabelecida por decreto executivo.

§ 5º Em suas faltas ou impedimentos, o Diretor-Geral do DNT (atualmente Secretário de Relações do Trabalho) será substituído na presidência pelo Diretor-substituto do Departamento ou pelo representante deste na Comissão, nesta ordem.

§ 6º Além das atribuições fixadas no presente Capítulo e concernentes ao enquadramento sindical, individual ou coletivo, e à classificação das atividades e profissões, competirá também à CES resolver, com recurso para o Ministro do Trabalho, as dúvidas e controvérsias concernentes à organização sindical. *(Redação dos §§ 1º, 2º, 4º e 6º pelo DL n. 229, 28.2.67, DOU 28.2.67, LTr 31/137, do § 3º pelo DL n. 925, 10.10.69, DOU 13.10.69, LTr 33/636, do § 5º pelo DL n. 506, 18.3.69, DOU 19.3.69, LTr 33/209)*

Art. 577 O quadro de atividades e profissões em vigor fixará o plano básico do enquadramento sindical.

⚖ TST: OJ SDC n. 9, STF: Súm. n. 196

— v. o quadro a que este artigo se refere, p. 203

Capítulo III
DA CONTRIBUIÇÃO SINDICAL

Seção I
DA FIXAÇÃO E DO RECOLHIMENTO DA CONTRIBUIÇÃO SINDICAL
(V. art. 8º, inc. IV da CF/88, p. 15)

Os arts. 580 a 592 têm a redação dada pela L. n. 6.386, 9.12.76, DOU 10 e 17.12.76, LTr 41/101.

— v. art. 7º da Lei n. 11.648, de 31.3.08, DOU 31.3.08, ed. extra, p. 268

Art. 578 As contribuições devidas aos sindicatos pelos participantes das categorias econômicas ou profissionais ou das profissões liberais representadas pelas referidas entidades serão, sob a denominação de contribuição sindical, pagas, recolhidas e aplicadas na forma estabelecida neste Capítulo, desde que prévia e expressamente autorizadas. (NR) *(Redação dada pela Lei n. 13.467, de 13.7.2017, DOU 14.7.2017, com vigência a partir de 11.11.2017)*

⚖ TST: Prec. Normativo n. 119; STF: Súm. n. 666; STJ: Súm. n. 222, 396

Art. 579 O desconto da contribuição sindical está condicionado à autorização prévia e expressa dos que participarem de uma determinada categoria econômica ou profissional, ou de uma profissão liberal, em favor do sindicato representativo da mesma categoria ou profissão ou, inexistindo este, na conformidade do disposto no art. 591 desta Consolidação. (NR) *(Redação dada pela Lei n. 13.467, de 13.7.2017, DOU 14.7.2017, com vigência a partir de 11.11.2017)*

⚖ TST: Prec. Normativo n. 41

Art. 580 A contribuição sindical será recolhida, de uma só vez, anualmente, e consistirá:

I — na importância correspondente à remuneração de um dia de trabalho, para os empregados, qualquer que seja a forma da referida remuneração;

II — para os agentes ou trabalhadores autônomos e para os profissionais liberais, numa importância correspondente a 30% (trinta por cento) do maior valor de referência fixado pelo Poder Executivo, vigente à época em que é devida a contribuição sindical arredondada para Cr$ 1,00 (um cruzeiro) a fração porventura existente;

III — para os empregadores, numa importância proporcional ao capital social da firma ou empresa, registrado nas respectivas Juntas Comerciais ou órgãos equivalentes, mediante a aplicação de alíquotas, conforme a seguinte tabela progressiva:

CLASSES DE CAPITAL	ALÍQUOTA
1. até 150 vezes o maior valor de referência	0,8%
2. acima de 150 até 1.500 vezes o maior valor de referência	0,2%
3. acima de 1.500 até 150.000 vezes o maior valor de referência	0,1%
4. acima de 150.000 até 800.000 vezes o maior valor de referência	0,02%

— v. L. n. 8.177, de 1º.3.91, art. 3º, que extinguiu o MVR a partir de 1º.2.91; e art. 21 da L. n. 8.178, de 1º.3.91, o qual estabelece tabela de valores por Regiões e Sub-Regiões para valores constantes na legislação em vigor, expressos ou referenciados em MVR

— v. L. n. 8.383, de 30.12.91, que instituiu a UFIR como novo indexador de cálculos para fins da atualização monetária (tributos, contribuições sociais, inclusive previdenciárias, de intervenção no domínio econômico e de categorias profissionais ou econômicas)

— v. art. 47, da CLT

§ 1º A contribuição sindical prevista na tabela constante do item III deste artigo corresponderá à soma da aplicação das alíquotas sobre a porção do capital distribuído em cada classe, observados os respectivos limites.

§ 2º Para efeito do cálculo de que trata a tabela progressiva inserta no item III deste artigo, considerar-se-á o valor de referência fixado pelo Poder Executivo, vigente à data de competência da contribuição, arredondando-se para Cr$ 1,00 (um cruzeiro) a fração porventura existente.

§ 3º É fixado em 60% (sessenta por cento) do maior valor de referência, a que alude o parágrafo anterior, a contribuição mínima devida pelos empregadores, independentemente do capital social da firma ou empresa, ficando, do mesmo modo, estabelecido o capital equivalente a 800.000 (oitocentas mil) vezes o maior valor de referência para efeito do cálculo da contribuição máxima, respeitada a tabela progressiva constante do item III. *(Redação dos itens II, III e § 3º dada pela L. n. 7.047, 1.12.82, LTr 47-1/114)*

§ 4º Os agentes ou trabalhadores autônomos e os profissionais liberais, organizados em firma ou empresa, com capital social registrado, recolherão a contribuição sindical de acordo com a tabela progressiva a que se refere o item III.

§ 5º As entidades ou instituições que não estejam obrigadas ao registro de capital social, considerarão, como capital para efeito do cálculo de que trata a tabela progressiva constante do item III deste artigo, o valor resultante da aplicação do percentual de 40% (quarenta por cento) sobre o movimento econômico registrado no exercício imediatamente anterior, do que darão conhecimento à respectiva entidade sindical ou à Delegacia Regional do Trabalho, observados os limites estabelecidos no § 3º deste artigo.

§ 6º Excluem-se da regra do § 5º as entidades ou instituições que comprovarem, através de requerimento dirigido ao Ministério do Trabalho, que não exercem atividade econômica com fins lucrativos.

Art. 581 Para os fins do item III do artigo anterior as empresas atribuirão parte do respectivo capital às suas sucursais, filiais ou agências, desde que localizadas fora da base territorial da entidade sindical representativa da atividade econômica do estabelecimento principal, na proporção das correspondentes operações econômicas, fazendo a devida comunicação às Delegacias Regionais do Trabalho, conforme a localidade da sede da empresa, sucursais, filiais ou agências.

§ 1º Quando a empresa realizar diversas atividades econômicas, sem que nenhuma delas seja preponderante, cada uma dessas atividades será incorporada à respectiva categoria econômica, sendo a contribuição sindical devida à entidade sindical representativa da mesma categoria, procedendo-se, em relação às correspondentes sucursais, agências ou filiais, na forma do presente artigo.

§ 2º Entende-se por atividade preponderante a que caracterizar a unidade de produto, operação ou objetivo final, para cuja obtenção todas as demais atividades convirjam, exclusivamente, em regime de conexão funcional.

Art. 582 Os empregadores são obrigados a descontar da folha de pagamento de seus empregados relativa ao mês de março de cada ano a contribuição sindical dos empregados que autorizaram prévia e expressamente o seu recolhimento aos respectivos sindicatos. *(Redação dada pela Lei n. 13.467, de 13.7.2017, DOU 14.7.2017, com vigência a partir de 11.11.2017)*

§ 1º Considera-se um dia de trabalho, para efeito de determinação da importância a que alude o item I do art. 580, o equivalente:

a) a uma jornada normal de trabalho, se o pagamento ao empregado for feito por unidade de tempo;

b) a 1/30 (um trinta avos) da quantia percebida no mês anterior, se a remuneração for paga por tarefa, empreitada ou comissão.

§ 2º Quando o salário for pago em utilidades, ou nos casos em que o empregado receba, habitualmente, gorjetas, a contribuição sindical corresponderá a 1/30 (um trinta avos) da importância que tiver servido de base, no mês de janeiro, para a contribuição do empregado à Previdência Social.

Art. 583 O recolhimento da contribuição sindical referente aos empregados e trabalhadores avulsos será efetuado no mês de abril de cada ano, e o relativo aos agentes ou trabalhadores autônomos e profissionais liberais realizar-se-á no mês de fevereiro, observada a exigência de autorização prévia e expressa prevista no art. 579 desta Consolidação. *(Redação dada pela Lei n. 13.467, de 13.7.2017, DOU 14.7.2017, com vigência a partir de 11.11.17)*

§ 1º O recolhimento obedecerá ao sistema de guias, de acordo com as instruções expedidas pelo Ministro do Trabalho.

§ 2º O comprovante de depósito da contribuição sindical será remetido ao respectivo sindicato; na falta deste à correspondente entidade sindical de grau superior, e, se for o caso, ao Ministério do Trabalho.

⚖ TST: Prec. Normativo n. 41

Art. 584 Servirá de base para pagamento da contribuição sindical, pelos agentes ou trabalhadores autônomos e profissionais liberais, a lista de contribuintes organizada pelos respectivos sindicatos e, na falta destes, pelas federações ou confederações coordenadoras da categoria.

⚖ TST: Prec. Normativo n. 111

Art. 585 Os profissionais liberais poderão optar pelo pagamento da contribuição sindical unicamente à entidade sindical representativa da respectiva profissão, desde que a exerça, efetivamente, na firma ou empresa e como tal sejam nelas registrados.

PARÁGRAFO ÚNICO. Na hipótese referida neste artigo, à vista da manifestação do contribuinte e da exibição da prova de quitação de contribuição, dada por sindicato de profissionais liberais, o empregador deixará de efetuar, no salário do contribuinte, o desconto a que se refere o art. 582.

Art. 586 A contribuição sindical será recolhida, nos meses fixados no presente Capítulo, à Caixa Econômica Federal, ao Banco do Brasil S/A ou aos estabelecimentos bancários nacionais integrantes do sistema de arrecadação dos tributos federais, os quais, de acordo com instruções expedidas pelo Conselho Monetário Nacional, repassarão à Caixa Econômica Federal as importâncias arrecadadas.

§ 1º Integrarão a rede arrecadadora as Caixas Econômicas Estaduais, nas localidades onde inexistam os estabelecimentos previstos no *caput* deste artigo.

§ 2º Tratando-se de empregador, agentes ou trabalhadores autônomos ou profissionais liberais, o recolhimento será efetuado pelos próprios, diretamente ao estabelecimento arrecadador.

§ 3º A contribuição sindical devida pelos empregados e trabalhadores avulsos será recolhida pelo empregador e pelo sindicato, respectivamente.

Art. 587 Os empregadores que optarem pelo recolhimento da contribuição sindical deverão fazê-lo no mês de janeiro de cada ano, ou, para os que venham a se estabelecer após o referido mês, na ocasião em que requererem às repartições o registro ou a licença para o exercício da respectiva atividade. (NR) *(Redação dada pela Lei n. 13.467, de 13.7.2017, DOU 14.7.2017, com vigência a partir de 11.11.2017)*

Art. 588 A Caixa Econômica Federal manterá conta corrente intitulada "Depósitos da Arrecadação da Contribuição Sindical", em nome de cada uma das entidades sindicais beneficiadas, cabendo ao Ministério do Trabalho cientificá-las das ocorrências pertinentes à vida administrativa dessas entidades.

§ 1º Os saques na conta corrente referida no *caput* deste artigo far-se-ão mediante ordem bancária ou cheque com assinaturas conjuntas do presidente e do tesoureiro da entidade sindical.

§ 2º A Caixa Econômica Federal remeterá, mensalmente, a cada entidade sindical, um extrato da respectiva conta corrente, e, quando solicitado, aos órgãos do Ministério do Trabalho.

— A L. n. 6.386, 9.12.76, DOU 10 e 17.12.76, LTr 41/101, dispõe:

> "Art. 4º A Caixa Econômica Federal abrirá uma conta corrente especial denominada 'Conta Emprego e Salário', na qual será creditada a cota-parte de contribuição sindical prevista na Consolidação das Leis do Trabalho.
>
> § 1º Os saldos existentes no Banco do Brasil S/A, em contas da origem referida neste artigo, serão transferidos para contas idênticas a serem movimentadas na Caixa Econômica Federal.
>
> § 2º A Caixa Econômica Federal comunicará ao Tesouro Nacional, para efeito de registro e contabilização, os créditos efetuados na conta especial a que alude o caput deste artigo.
>
> § 3º Os recursos da cota-parte de contribuição sindical constituirão receita orçamentária vinculada a fundos especiais, para realização dos objetivos a cargo do 'Serviço da Conta Emprego e Salário' e do 'Fundo de Assistência ao Desempregado' do Ministério do Trabalho, na forma da legislação específica".

Art. 589 Da importância da arrecadação da contribuição sindical serão feitos os seguintes créditos pela Caixa Econômica Federal, na forma das instruções que forem expedidas pelo Ministro do Trabalho:

I — para os empregadores:

a) 5% (cinco por cento) para a confederação correspondente;

b) 15% (quinze por cento) para a federação;

c) 60% (sessenta por cento) para o sindicato respectivo; e

d) 20% (vinte por cento) para a 'Conta Especial Emprego e Salário'.

II — para os trabalhadores:

a) 5% (cinco por cento) para a confederação correspondente;

b) 10% (dez por cento) para a central sindical;

c) 15% (quinze por cento) para a federação;

d) 60% (sessenta por cento) para o sindicato respectivo; e

e) 10% (dez por cento) para a 'Conta Especial Emprego e Salário'.

III — (Revogado);

IV — (Revogado). *(Redação dos incisos I e II dada pela Lei n. 11.648, de 31.3.08, DOU 31.3.08, Ed. Extra)*

§ 1º O Sindicato de trabalhadores indicará ao Ministério do Trabalho e Emprego a central sindical a que estiver filiado como beneficiária da respectiva contribuição sindical, para fins de destinação dos créditos previstos neste artigo. *(Acrescentado pela Lei n. 11.648, de 31.3.08, DOU 31.3.08, Ed. Extra)*

§ 2º A Central sindical a que se refere a alínea *b* do inciso II do *caput* deste artigo deverá atender aos requisitos de representatividade previstos na legislação específica sobre a matéria. (NR) *(Acrescentado pela Lei n. 11.648, de 31.3.08, Ed. Extra)*

Art. 590 Inexistindo confederação, o percentual previsto no art. 589 desta Consolidação caberá à federação representativa do grupo. *(Redação dada pela Lei n. 11.648, de 31.3.08, DOU 31.3.08, Ed. Extra)*

§ 1º (Revogado).

§ 2º (Revogado).

§ 3º Não havendo sindicato, nem entidade sindical de grau superior ou central sindical, a contribuição sindical será creditada, integralmente, à 'Conta Especial Emprego e Salário'. *(Redação dada pela Lei n. 11.648, de 31.3.08, DOU 31.3.08, Ed. Extra)*

§ 4º Não havendo indicação de central sindical, na forma do § 1º do art. 589 desta Consolidação, os percentuais que lhe caberiam serão destinados à 'Conta Especial Emprego e Salário'. (NR) *(Acrescentado pela Lei n. 11.648, de 31.3.08, DOU 31.3.08, Ed. Extra)*

— V. ADI 4067-7 — STF — DOU 5.8.09

Art. 591 Inexistindo sindicato, os percentuais previstos na alínea *c* do inciso I e na alínea *d* do inciso II do *caput* do art. 589 desta Consolidação serão creditados à federação correspondente à mesma categoria econômica ou profissional. *(Redação dada pela Lei n. 11.648, de 31.3.08, DOU 31.3.08, Ed. Extra)*

PARÁGRAFO ÚNICO. Na hipótese do *caput* deste artigo, os percentuais previstos nas alíneas *a* e *b* do inciso I e nas alíneas *a* e *c* do inciso II do *caput* do art. 589 **desta Consolidação** caberão à confederação. (NR) *(Acrescentado pela Lei n. 11.648, de 31.3.08, DOU 31.3.08, Ed. Extra)*

Seção II
DA APLICAÇÃO DA CONTRIBUIÇÃO SINDICAL

(V. art. 8º da CF/88, p. 15)

Art. 592 A contribuição sindical, além das despesas vinculadas à sua arrecadação, recolhimento e controle, será aplicada pelos sindicatos, na conformidade dos respectivos estatutos, visando aos seguintes objetivos:

I — Sindicatos de empregadores e de agentes autônomos:

a) assistência técnica e jurídica;

b) assistência médica, dentária, hospitalar e farmacêutica;

c) realização de estudos econômicos e financeiros;

d) agências de colocação;

e) cooperativas;

f) bibliotecas;

g) creches;

h) congressos e conferências;

i) medidas de divulgação comercial e industrial no País, e no estrangeiro, bem como em outras tendentes a incentivar e aperfeiçoar a produção nacional;

j) feiras e exposições;

l) prevenção de acidentes do trabalho;

m) finalidades desportivas;

II — Sindicatos de empregados:

a) assistência jurídica;

b) assistência médica, dentária, hospitalar e farmacêutica;

c) assistência à maternidade;

d) agências de colocação;

e) cooperativas;

f) bibliotecas;

g) creches;

h) congressos e conferências;

i) auxílio-funeral;

j) colônias de férias e centros de recreação;

l) prevenção de acidentes do trabalho;

m) finalidades desportivas e sociais;

n) educação e formação profissional;

o) bolsas de estudo;

III — Sindicatos de profissionais liberais:

a) assistência jurídica;

b) assistência médica, dentária, hospitalar e farmacêutica;

c) assistência à maternidade;

d) bolsas de estudo;

e) cooperativas;

f) bibliotecas;

g) creches;

h) congressos e conferências;

i) auxílio-funeral;

j) colônias de férias e centros de recreação;

l) estudos técnicos e científicos;

m) finalidades desportivas e sociais;

n) educação e formação profissional;

o) prêmios por trabalhos técnicos e científicos;

IV — Sindicatos de trabalhadores autônomos:

a) assistência técnica e jurídica;

b) assistência médica, dentária, hospitalar e farmacêutica;

c) assistência à maternidade;

d) bolsas de estudo;

e) cooperativas;

f) bibliotecas;

g) creches;

h) congressos e conferências;

i) auxílio-funeral;

j) colônias de férias e centros de recreação;

l) educação e formação profissional;

m) finalidades desportivas e sociais.

§ 1º A aplicação prevista neste artigo ficará a critério de cada entidade, que para tal fim, obedecerá, sempre, às peculiaridades do respectivo grupo ou categoria, facultado ao Ministro do Trabalho permitir a inclusão de novos programas, desde que assegurados os serviços assistenciais fundamentais da entidade.

§ 2º Os sindicatos poderão destacar, em seus orçamentos anuais, até 20% (vinte por cento) dos recursos da contribuição sindical para o custeio das suas atividades administrativas, independentemente de autorização ministerial.

§ 3º O uso da contribuição sindical prevista no § 2º não poderá exceder do valor total das mensalidades sociais consignadas nos orçamentos dos sindicatos, salvo autorização expressa do Ministro do Trabalho.

Art. 593 As percentagens atribuídas às entidades sindicais de grau superior e às centrais sindicais serão aplicadas de conformidade com o que dispuserem os respectivos conselhos de representantes ou estatutos. *(Redação dada pela Lei n. 11.648, de 31.3.08, DOU 31.3.08, Ed. Extra)*

PARÁGRAFO ÚNICO. Os recursos destinados às centrais sindicais deverão ser utilizados no custeio das atividades de representação geral dos trabalhadores decorrentes de suas atribuições legais. (NR) *(Acrescentado pela Lei n. 11.648, de 31.3.08, DOU 31.3.08, Ed. Extra)*

— V. ADI 4067-7 — STF — DOU 5.8.09

Art. 594 Revogado pela L. n. 4.589, 11.12.64, DOU 17.12.64, LTr 29/271.

Seção III
DA COMISSÃO DA CONTRIBUIÇÃO SINDICAL

Arts. 595, 596 e 597 Revogados pelo art. 23 da L. n. 4.589, 11.12.64, DOU 17.12.64, LTr 29/271.

Seção IV
DAS PENALIDADES

Art. 598 Sem prejuízo da ação criminal e das penalidades previstas no art. 553, serão aplicadas multas de 3/5 (três quintos) do valor de referência a 600 (seiscentos) valores de referência regionais, pelas infrações deste Capítulo, impostas pelas Delegacias Regionais do Trabalho. *(Redação L. n. 6.205, 29.4.75 c/c art. 7º, L. n. 6.986, 13.4.82)*

— v. Nota do art. 47

PARÁGRAFO ÚNICO. A gradação da multa atenderá à natureza da infração e às condições sociais e econômicas do infrator.

Art. 599 Para os profissionais liberais, a penalidade consistirá na suspensão do exercício profissional, até a necessária quitação, e será aplicada pelos órgãos públicos ou autárquicos disciplinadores das respectivas profissões mediante comunicação das autoridades fiscalizadoras.

Art. 600 O recolhimento da contribuição sindical efetuado fora do prazo referido neste Capítulo, quando espontâneo, será acrescido da multa de 10% (dez por cento), nos trinta primeiros dias, com o adicional de 2% (dois por cento) por mês subsequente de atraso, além de juros de mora de 1% (um por cento) ao mês e correção monetária, ficando, nesse caso, o infrator isento de outra penalidade.

TST: Súm. n. 432

§ 1º O montante das cominações previstas neste artigo reverterá sucessivamente:

a) ao sindicato respectivo;

b) à federação respectiva, na ausência de sindicato;

c) à confederação respectiva, inexistindo federação.

§ 2º Na falta de sindicato ou entidade de grau superior, o montante a que alude o parágrafo precedente reverterá à conta "Emprego e Salário".

— A L. n. 6.181, 11.12.74, DOU 12.12.74, LTr 39/54, que alterou este artigo da CLT, dispõe em seus arts. 2º e 3º o seguinte:

"Art. 2º Se o contribuinte for trabalhador rural, como tal definido no artigo 1º, item I, alínea 'b', do DL n. 1.166, de 15 de abril de 1971, o recolhimento fora do prazo de contribuição sindical será acrescido de multa de 10% (dez por cento) ao ano.

Art. 3º O contribuinte que satisfizer a obrigação em atraso até 90 (noventa) dias após a vigência desta lei, ficará isento das cominações previstas no *caput* do art. 600, da Consolidação das Leis do Trabalho, na redação dada pelo artigo 1º desta lei, salvo a multa de 10% (dez por cento)."

Seção V
DISPOSIÇÕES GERAIS

Art. 601 (REVOGADO) *(Lei n. 13.467, de 13.7.2017, DOU 14.7.2017, com vigência a partir de 11.11.2017).*

Art. 602 Os empregados que não estiverem trabalhando no mês destinado ao desconto da contribuição sindical e que venham a autorizar prévia e expressamente o recolhimento serão descontados no primeiro mês subsequente ao do reinício do trabalho. *(Redação dada pela Lei n. 13.467, de 13.7.2017, DOU 14.7.2017, com vigência a partir de 11.11.2017)*

PARÁGRAFO ÚNICO. De igual forma se procederá com os empregados que forem admitidos depois daquela data e que não tenham trabalhado anteriormente nem apresentado a respectiva quitação.

Art. 603 Os empregadores são obrigados a prestar aos encarregados da fiscalização os esclarecimentos necessários ao desempenho de sua missão e a exibir-lhes, quando exigidos, na parte relativa ao pagamento de empregados, os seus livros, folhas de pagamento e outros documentos comprobatórios desses pagamentos, sob pena de multa cabível.

TST: Prec. Normativo n. 41

Art. 604 (REVOGADO) *(Lei n. 13.467, de 13.7.2017, DOU 14.7.2017, com vigência a partir de 11.11.2017).*

Art. 605 As entidades sindicais são obrigadas a promover a publicação de editais concernentes ao recolhimento da contribuição sindical, durante três dias, nos jornais de maior circulação local e até dez dias da data fixada para depósito bancário.

Art. 606 Às entidades sindicais cabe, em caso de falta de pagamento da contribuição sindical, promover a respectiva cobrança judicial, mediante ação executiva, valendo como título de dívida a certidão expedida pelas autoridades regionais do Ministério do Trabalho. *(Redação DL n. 925, 10.10.69, DOU 13.10.69, LTr 33/636, que não se referiu aos §§ 1º e 2º)*

§ 1º O Ministério do Trabalho baixará as instruções regulando a expedição das certidões a que se refere o presente artigo, das quais deverá constar a individualização do contribuinte, a indicação do débito e a designação da entidade a favor da qual é recolhida a importância da contribuição sindical, de acordo com o respectivo enquadramento sindical.

§ 2º Para os fins da cobrança judicial da contribuição sindical são extensivos às entidades sindicais, com exceção do foro especial, os privilégios da Fazenda Pública, para cobrança da dívida ativa.

Art. 607 É considerado como documento essencial ao comparecimento às concorrências públicas ou administrativas e para o fornecimento às repartições paraestatais ou autárquicas, a prova da quitação da respectiva contribuição sindical e a de recolhimento da contribuição sindical, descontada dos respectivos empregados. *(Ver Lei n. 8.666, de 21.06.93, DOU 22.06.93)*

Art. 608 As repartições federais, estaduais ou municipais não concederão registro ou licenças para funcionamento ou renovação de atividades aos estabelecimentos de empregadores e aos escritórios ou congêneres dos agentes ou trabalhadores autônomos e profissionais liberais, nem concederão alvarás de licença ou localização, sem que sejam exibidas as provas de quitação da contribuição sindical, na forma do artigo anterior.

PARÁGRAFO ÚNICO. A não observância do disposto neste artigo acarretará, de pleno direito, a nulidade dos atos nele referidos, bem como dos mencionados no art. 607. *(§ incluído pela L. n. 6.386, 9.12.76, DOU 10.12.76, LTr 41/101)*

— ver Lei n. 8.666, de 21.6.93, DOU 22.6.93

Art. 609 O recolhimento da contribuição sindical e todos os lançamentos e movimentos nas contas respectivas são isentos de selos e taxas federais, estaduais ou municipais.

Art. 610 As dúvidas no cumprimento deste Capítulo serão resolvidas pelo Diretor-Geral do Departamento Nacional do Trabalho (atualmente Secretário das Relações do Trabalho), que expedirá as instruções que se tornarem necessárias à sua execução.

TÍTULO VI
DAS CONVENÇÕES COLETIVAS DE TRABALHO

(V. CF, art. 7º, XXVI, art. 8º, VI e art. 114, § 2º, p. 15 e 38)

— Redação deste Título (arts. 611 a 625) dada pelo DL n. 229, 28.2.67, DOU 28.2.67, LTr 31/137. Posteriormente, o DL n. 424, 21.1.69, DOU 22.1.69, LTr 33/106, deu nova redação ao § 3º do art. 616. (V. DL n. 2.065, DOU 26.10.83, LTr 47-11/1401), que dispõe sobre a revisão do valor dos salários

Art. 611 Convenção Coletiva de Trabalho é o acordo de caráter normativo pelo qual dois ou mais sindicatos representativos de categorias econômicas e profissionais estipulam condições de trabalho aplicáveis, no âmbito das respectivas representações, às relações individuais de trabalho.

TST: Súm. ns. 85, 264, 277, 286

§ 1º É facultado aos sindicatos representativos de categorias profissionais celebrar Acordos Coletivos com uma ou mais empresas da correspondente categoria econômica, que estipulem condições de trabalho, aplicáveis no âmbito da empresa ou das empresas acordantes às respectivas relações de trabalho.

TST: Súm. ns. 286, 338, 374, 375, 423, 437, 444, 449, OJ SDI-1 ns. 36, 41, 123, 147, 275, 276, 342, 346, 367, 413, 418, 420, Prec. Normativo ns. 119, 120, OJ SDI-1 Trans. ns. 12, 26, 31, 49, 50, 64, 68, 72, 73

§ 2º As Federações e, na falta destas, as Confederações representativas de categorias econômicas ou profissionais poderão celebrar convenções coletivas de trabalho para reger as relações das categorias a elas vinculadas, inorganizadas em sindicatos, no âmbito de suas representações.

Art. 611-A A convenção coletiva e o acordo coletivo de trabalho, observados os incisos III e VI do *caput* do art. 8º da Constituição, têm prevalência sobre a lei quando, entre outros, dispuserem sobre: *(Redação dada pela MP n. 808, de 14.11.17, DOU ed.extra 14.11.17))*

I — pacto quanto à jornada de trabalho, observados os limites constitucionais;

II — banco de horas anual;

III — intervalo intrajornada, respeitado o limite mínimo de trinta minutos para jornadas superiores a seis horas;

IV — adesão ao Programa Seguro-Emprego (PSE), de que trata a Lei n. 13.189, de 19 de novembro de 2015;

V — plano de cargos, salários e funções compatíveis com a condição pessoal do empregado, bem como identificação dos cargos que se enquadram como funções de confiança;

VI — regulamento empresarial;

VII — representante dos trabalhadores no local de trabalho;

VIII — teletrabalho, regime de sobreaviso, e trabalho intermitente;

IX — remuneração por produtividade, incluídas as gorjetas percebidas pelo empregado, e remuneração por desempenho individual;

X — modalidade de registro de jornada de trabalho;

XI — troca do dia de feriado;

XII — enquadramento do grau de insalubridade e prorrogação de jornada em locais insalubres, incluída a possibilidade de contratação de perícia, afastada a licença prévia das autoridades competentes do Ministério do Trabalho, desde que respeitadas, na integralidade, as normas de saúde, higiene e segurança do trabalho previstas em lei ou em normas regulamentadoras do Ministério do Trabalho; *(Redação dada pela MP n. 808, de 14.11.17, DOU ed.extra 14.11.17)*

XIII — prorrogação de jornada em ambientes insalubres, sem licença prévia das autoridades competentes do Ministério do Trabalho; *(Revogado pela MP n. 808, de 14.11.17, DOU ed. extra 14.11.17)*

XIV — prêmios de incentivo em bens ou serviços, eventualmente concedidos em programas de incentivo;

XV — participação nos lucros ou resultados da empresa. *(Incisos incluídos pela Lei n. 13.467, de 13.7.2017, DOU 14.7.2017, com vigência a partir de 11.11.2017)*

§ 1º No exame da convenção coletiva ou do acordo coletivo de trabalho, a Justiça do Trabalho observará o disposto no § 3º do art. 8º desta Consolidação. *(Incluído pela Lei n. 13.467, de 13.7.2017, DOU 14.7.2017, com vigência a partir de 11.11.2017)*

§ 2º A inexistência de expressa indicação de contrapartidas recíprocas em convenção coletiva ou acordo coletivo de trabalho não ensejará sua nulidade por não caracterizar um vício do negócio jurídico. *(Incluído pela Lei n. 13.467, de 13.7.2017, DOU 14.7.2017, com vigência a partir de 11.11.2017)*

§ 3º Se for pactuada cláusula que reduza o salário ou a jornada, a convenção coletiva ou o acordo coletivo de trabalho deverão prever a proteção dos empregados contra dispensa imotivada durante o prazo de vigência do instrumento coletivo. *(Incluído pela Lei n. 13.467, de 13.7.2017, DOU 14.7.2017, com vigência a partir de 11.11.2017)*

§ 4º Na hipótese de procedência de ação anulatória de cláusula de convenção coletiva ou de acordo coletivo de trabalho, quando houver a cláusula compensatória, esta deverá ser igualmente anulada, sem repetição do indébito. *(Incluído pela Lei n. 13.467, de 13.7.2017, DOU 14.7.2017, com vigência a partir de 11.11.2017)*

§ 5º Os sindicatos subscritores de convenção coletiva ou de acordo coletivo de trabalho participarão, como litisconsortes necessários, em ação coletiva que tenha como objeto a anulação de cláusulas desses instrumentos, vedada a apreciação por ação individual. (NR) *(Redação dada pela MP n. 808, de 14.11.17, DOU ed. extra 14.11.17)*

Art. 611-B Constituem objeto ilícito de convenção coletiva ou de acordo coletivo de trabalho, exclusivamente, a supressão ou a redução dos seguintes direitos: *(Incluído pela Lei n. 13.467, de 13.7.2017, DOU 14.7.2017, com vigência a partir de 11.11.2017)*

I — normas de identificação profissional, inclusive as anotações na Carteira de Trabalho e Previdência Social;

II — seguro-desemprego, em caso de desemprego involuntário;

III — valor dos depósitos mensais e da indenização rescisória do Fundo de Garantia do Tempo de Serviço (FGTS);

IV — salário mínimo;

V — valor nominal do décimo terceiro salário;

VI — remuneração do trabalho noturno superior à do diurno;

VII — proteção do salário na forma da lei, constituindo crime sua retenção dolosa;

VIII — salário-família;

IX — repouso semanal remunerado;

X — remuneração do serviço extraordinário superior, no mínimo, em 50% (cinquenta por cento) à do normal;

XI — número de dias de férias devidas ao empregado;

XII — gozo de férias anuais remuneradas com, pelo menos, um terço a mais do que o salário normal;

XIII — licença-maternidade com a duração mínima de cento e vinte dias;

XIV — licença-paternidade nos termos fixados em lei;

XV — proteção do mercado de trabalho da mulher, mediante incentivos específicos, nos termos da lei;

XVI — aviso prévio proporcional ao tempo de serviço, sendo no mínimo de trinta dias, nos termos da lei;

XVII — normas de saúde, higiene e segurança do trabalho previstas em lei ou em normas regulamentadoras do Ministério do Trabalho;

XVIII — adicional de remuneração para as atividades penosas, insalubres ou perigosas;

XIX — aposentadoria;

XX — seguro contra acidentes de trabalho, a cargo do empregador;

XXI — ação, quanto aos créditos resultantes das relações de trabalho, com prazo prescricional de cinco anos para os trabalhadores urbanos e rurais, até o limite de dois anos após a extinção do contrato de trabalho;

XXII — proibição de qualquer discriminação no tocante a salário e critérios de admissão do trabalhador com deficiência;

XXIII — proibição de trabalho noturno, perigoso ou insalubre a menores de dezoito anos e de qualquer trabalho a menores de dezesseis anos, salvo na condição de aprendiz, a partir de quatorze anos;

XXIV — medidas de proteção legal de crianças e adolescentes;

XXV — igualdade de direitos entre o trabalhador com vínculo empregatício permanente e o trabalhador avulso;

XXVI — liberdade de associação profissional ou sindical do trabalhador, inclusive o direito de não sofrer, sem sua expressa e prévia anuência, qualquer cobrança ou desconto salarial estabelecidos em convenção coletiva ou acordo coletivo de trabalho;

XXVII — direito de greve, competindo aos trabalhadores decidir sobre a oportunidade de exercê-lo e sobre os interesses que devam por meio dele defender;

XXVIII — definição legal sobre os serviços ou atividades essenciais e disposições legais sobre o atendimento das necessidades inadiáveis da comunidade em caso de greve;

XXIX — tributos e outros créditos de terceiros;

XXX — as disposições previstas nos arts. 373-A, 390, 392, 392-A, 394, 394-A, 395, 396 e 400 desta Consolidação. *(Incisos incluídos pela Lei n. 13.467, de 13.7.2017, DOU 14.7.2017, com vigência a partir de 11.11.2017)*

PARÁGRAFO ÚNICO. Regras sobre duração do trabalho e intervalos não são consideradas como normas de saúde, higiene e segurança do trabalho para os fins do disposto neste artigo. *(Incluído pela Lei n. 13.467, de 13.7.2017, DOU 14.7.2017, com vigência a partir de 11.11.2017)*

Art. 612 Os sindicatos só poderão celebrar Convenções ou Acordos Coletivos de Trabalho, por deliberação de Assembleia Geral especialmente convocada para esse fim, consoante o disposto nos respectivos Estatutos, dependendo a validade da mesma do comparecimento e votação, em primeira convocação, de 2/3 (dois terços) dos associados da entidade, se se tratar de Convenção, e dos interessados, no caso de Acordo e, em segunda, de 1/3 (um terço) dos mesmos.

TST: OJ SDC ns. 8, 29, 35

PARÁGRAFO ÚNICO. O *quorum* de comparecimento e votação será de 1/8 (um oitavo) dos associados em segunda convocação, nas entidades sindicais que tenham mais de 5.000 (cinco mil) associados.

Art. 613 As Convenções e os Acordos deverão conter obrigatoriamente:

I — designação dos Sindicatos convenentes ou dos Sindicatos e empresas acordantes;

TST: Súm. n. 286

II — prazo de vigência;

TST: OJ SDC n. 2, OJ SDI-1 Trans. ns. 6, 49

III — categorias ou classes de trabalhadores abrangidas pelos respectivos dispositivos;

IV — condições ajustadas para reger as relações individuais de trabalho durante sua vigência;

TST: OJ SDC n. 32

V — normas para a conciliação das divergências surgidas entre os convenentes por motivos da aplicação de seus dispositivos;

VI — disposições sobre o processo de sua prorrogação e de revisão total ou parcial de seus dispositivos;

VII — direitos e deveres dos empregados e empresas;

VIII — penalidades para os Sindicatos convenentes, os empregados e as empresas, em caso de violação de seus dispositivos.

TST: Súm. ns. 286, 364, 384

PARÁGRAFO ÚNICO. As Convenções e os Acordos serão celebrados por escrito, sem emendas nem rasuras, em tantas vias quantos forem os Sindicatos convenentes ou as empresas acordantes, além de uma destinada a registro.

TST: Súm. ns. 72, 85, OJ SDC n. 32

Art. 614 Os Sindicatos convenentes ou as empresas acordantes promoverão, conjunta ou separadamente, dentro de 8 (oito) dias da assinatura da Convenção ou Acordo, o depósito de uma via do mesmo, para fins de registro e arquivo, no Departamento Nacional do Trabalho (atualmente Secretaria de Emprego e Salário), em se tratando de instrumento de caráter nacional ou interestadual, ou nos órgãos regionais do Ministério do Trabalho, nos demais casos.

TST: Súm. n. 277, OJ SDC n. 34

§ 1º As Convenções e os Acordos entrarão em vigor 3 (três) dias após a data da entrega dos mesmos no órgão referido neste artigo.

§ 2º Cópias autênticas das Convenções e dos Acordos deverão ser afixadas de modo visível, pelos Sindicatos convenentes, nas respectivas sedes e nos estabelecimentos das empresas compreendidas no seu campo de aplicação, dentro de 5 (cinco) dias da data do depósito previsto neste artigo.

TST: OJ SDI-1 n. 36

§ 3º Não será permitido estipular duração de convenção coletiva ou acordo coletivo de trabalho superior a dois anos, sendo vedada a ultratividade. (NR) *(Redação dada pela Lei n. 13.467, de 13.7.2017, DOU 14.7.2017, com vigência a partir de 11.11.2017)*

TST: OJ SDI-1 n. 322

Art. 615 O processo de prorrogação, revisão, denúncia ou revogação total ou parcial de Convenção ou Acordo ficará subordinado, em qualquer caso, à aprovação de Assembleia Geral dos Sindicatos convenentes ou partes acordantes, com observância do disposto no art. 612.

§ 1º O instrumento de prorrogação, revisão, denúncia ou revogação de Convenção ou Acordo será depositado, para fins de registro e arquivamento, na repartição em que o mesmo originariamente foi depositado, observado o disposto no art. 614.

§ 2º As modificações introduzidas em Convenção ou Acordo, por força de revisão ou de revogação parcial de suas cláusulas, passarão a vigorar 3 (três) dias após a realização do depósito previsto no § 1º.

Art. 616 Os Sindicatos representativos de categorias econômicas ou profissionais e as empresas, inclusive as que não tenham representação sindical, quando provocados, não podem recusar-se à negociação coletiva.

STF: Súm. ns. 346, 349

§ 1º Verificando-se recusa à negociação coletiva, cabe aos Sindicatos ou empresas interessadas dar ciência do fato, conforme o caso, ao Departamento Nacional do Trabalho (atualmente Secretaria de Emprego e Salário) ou aos órgãos regionais do Ministério do Trabalho, para convocação compulsória dos Sindicatos ou empresas recalcitrantes.

§ 2º No caso de persistir a recusa à negociação coletiva, pelo desatendimento às convocações feitas pelo Departamento Nacional do Trabalho (atualmente Secretaria de Emprego e Salário) ou órgãos regionais do Ministério do Trabalho, ou se malograr a negociação entabulada, é facultada aos Sindicatos ou empresas interessadas, a instauração de dissídio coletivo.

TST: OJ SDC n. 5

§ 3º Havendo convenção, acordo ou sentença normativa em vigor, o dissídio coletivo deverá ser instaurado dentro dos sessenta dias anteriores ao respectivo termo final, para que o novo instrumento possa ter vigência no dia imediato a esse termo.

TST: Prec. Normativo n. 120

§ 4º Nenhum processo de dissídio coletivo de natureza econômica será admitido sem antes se esgotarem as medidas relativas à formalização da Convenção ou Acordo correspondente.

— *De acordo com o art. 24 do D. n. 81.663, 16.5.78, DOU 17.5.78, LTr 42/708, "As Delegacias Regionais do Trabalho (DRT) têm por finalidade executar, nas áreas de suas jurisdições, as normas emanadas dos órgãos Centrais de Direção Superior, bem como fiscalizar a execução das leis e regulamentos que regem a política trabalhista e a sindical, orientando, coordenando e controlando as respectivas atividades".*

Art. 617 Os empregados de uma ou mais empresas que decidirem celebrar Acordo Coletivo de Trabalho com as respectivas empresas darão ciência de sua resolução, por escrito, ao Sindicato representativo da categoria profissional, que terá o prazo de 8 (oito) dias para assumir a direção dos entendimentos entre os interessados, devendo igual procedimento ser observado pelas empresas interessadas com relação ao Sindicato da respectiva categoria econômica.

§ 1º Expirado o prazo de 8 (oito) dias sem que o Sindicato tenha se desincumbido do encargo recebido, poderão os interessados dar conhecimento do fato à Federação a que estiver vinculado o Sindicato e, em falta dessa, à correspondente Confederação, para que, no mesmo prazo, assuma a direção dos entendimentos. Esgotado esse prazo, poderão os interessados prosseguir diretamente na negociação coletiva, até final.

§ 2º Para o fim de deliberar sobre o Acordo, a entidade sindical convocará assembleia geral dos diretamente interessados, sindicalizados ou não, nos termos do art. 612.

TST: OJ SDC ns. 8, 15, 29

Art. 618 As empresas e instituições que não estiverem incluídas no enquadramento sindical a que se refere o art. 577 desta Consolidação poderão celebrar Acordos Coletivos de Trabalho com os Sindicatos representativos dos respectivos empregados, nos termos deste Título.

TST: OJ SDC n. 9

Art. 619 Nenhuma disposição de contrato individual de trabalho que contrarie normas de Convenção ou Acordo Coletivo de Trabalho poderá prevalecer na execução do mesmo, sendo considerada nula de pleno direito.

TST: Súm. n. 85

Art. 620 As condições estabelecidas em acordo coletivo de trabalho sempre prevalecerão sobre as estipuladas em convenção coletiva de trabalho. (NR) *(Redação dada pela Lei n. 13.467, de 13.7.2017, DOU 14.7.2017, com vigência a partir de 11.11.2017)*

TST: Súm. n. 202, 437

Art. 621 As Convenções e os Acordos poderão incluir entre suas cláusulas disposição sobre a constituição e funcionamento de comissões mistas de consulta e colaboração, no plano da empresa e sobre participação nos lucros. Estas disposições mencionarão a forma de constituição, o modo de funcionamento e as atribuições das comissões, assim como o plano de participação, quando for o caso.

TST: Súm. n. 451, OJ SDI-1 Trans. n. 73

Art. 622 Os empregados e as empresas que celebrarem contratos individuais de trabalho, estabelecendo condições contrárias ao que tiver sido ajustado em Convenção ou Acordo que lhes for aplicável, serão passíveis da multa neles fixada.

PARÁGRAFO ÚNICO. A multa a ser imposta ao empregado não poderá exceder da metade daquela que, nas mesmas condições, seja estipulada para a empresa.

TST: Súm. n. 384, OJ-SDI-1 n. 54

Art. 623 Será nula de pleno direito disposição de Convenção ou Acordo que, direta ou indiretamente, contrarie proibição ou norma disciplinadora da política econômico-financeira do Governo ou concernente à política salarial vigente, não produzindo quaisquer efeitos perante autoridades e repartições públicas, inclusive para fins de revisão de preços e tarifas de mercadorias e serviços.

TST: OJ SDC ns. 16, 17, 26, 30
Prec. Normativo n. 119

PARÁGRAFO ÚNICO. Na hipótese deste artigo, a nulidade será declarada, de ofício ou mediante representação, pelo Ministro do Trabalho, ou pela Justiça do Trabalho em processo submetido ao seu julgamento.

Art. 624 A vigência de cláusula de aumento ou reajuste salarial que implique elevação de tarifas ou de preços sujeitos à fixação por autoridade pública ou repartição governamental, dependerá de prévia audiência dessa autoridade ou repartição e sua expressa declaração no tocante à possibilidade de elevação da tarifa ou do preço e quanto ao valor dessa elevação.

— v. nota ao Título VII

Art. 625 As controvérsias resultantes da aplicação de Convenção ou de Acordo celebrado nos termos deste Título serão dirimidas pela Justiça do Trabalho.

TÍTULO VI-A
DAS COMISSÕES DE CONCILIAÇÃO PRÉVIA

(Lei n. 9.958, de 12.1.2000)

— v. Portaria GM/MTE n. 329, de 14.8.02, (DOU 15.8.02), republicada em 20.8.02, que estabelece procedimentos para a instalação e o funcionamento das Comissões de Conciliação Prévia e Núcleos Intersindicais de Conciliação Trabalhista, p. 564

Art. 625-A As empresas e os sindicatos podem instituir Comissões de Conciliação Prévia, de composição paritária, com representantes dos empregados e dos empregadores, com a atribuição de tentar conciliar os conflitos individuais do trabalho.

PARÁGRAFO ÚNICO. As Comissões referidas no *caput* deste artigo poderão ser constituídas por grupos de empresas ou ter caráter intersindical.

Art. 625-B A Comissão instituída no âmbito da empresa será composta de, no mínimo, dois e, no máximo, dez membros, e observará as seguintes normas:

I — a metade de seus membros será indicada pelo empregador e a outra metade eleita pelos empregados, em escrutínio secreto, fiscalizado pelo sindicato da categoria profissional;

II — haverá na Comissão tantos suplentes quantos forem os representantes titulares;

III — o mandato dos seus membros, titulares e suplentes, é de um ano, permitida uma recondução.

§ 1º É vedada a dispensa dos representantes dos empregados membros da Comissão de Conciliação Prévia, titulares e suplentes, até um ano após o final do mandato, salvo se cometerem falta grave, nos termos da lei.

⚖ TST: Súm. n. 379; STF: Súm. ns. 197, 403

§ 2º O representante dos empregados desenvolverá seu trabalho normal na empresa, afastando-se de suas atividades apenas quando convocado para atuar como conciliador, sendo computado como tempo de trabalho efetivo o despendido nessa atividade.

Art. 625-C A Comissão instituída no âmbito do sindicato terá sua constituição e normas de funcionamento definidas em convenção ou acordo coletivo.

Art. 625-D Qualquer demanda de natureza trabalhista será submetida à Comissão de Conciliação Prévia se, na localidade da prestação de serviços, houver sido instituída a Comissão no âmbito da empresa ou do sindicato da categoria.

Nota: ADIns 2139 e 2160 – ART. 625-D DA CONSOLIDAÇÃO DAS LEIS DO TRABALHO — COMISSÃO DE CONCILIAÇÃO PRÉVIA. Concessão de liminar, conforme decisão que segue:

Decisão: Prosseguindo no julgamento, o Tribunal, por maioria e nos termos do voto do Senhor Ministro Marco Aurélio, que redigirá o acórdão, deferiu parcialmente a cautelar para dar interpretação conforme a Constituição Federal relativamente ao art. 625-D, introduzido pelo art. 1º da Lei n. 9.958, de 12 de janeiro de 2000, vencidos os Senhores Ministros Relator e Cezar Peluso. Não participaram da votação o Senhor Ministro Menezes Direito e a Senhora Ministra Ellen Gracie por sucederem aos Senhores Ministros Sepúlveda Pertence e Octavio Gallotti. Ausentes o Senhor Ministro Gilmar Mendes (Presidente), em representação do Tribunal no exterior, e o Senhor Ministro Celso de Mello, licenciado (art. 72, inciso II, da Lei Complementar n. 35/1979 — LOMAN). Presidiu o julgamento o Senhor Ministro Cezar Peluso (Vice-Presidente). Plenário, 13.05.2009.

Obs.: A liminar deferida em parte pelo Plenário do STF permite ao empregado escolher entre a conciliação (Comissão de Conciliação Prévia) e ingressar com reclamação no Judiciário Trabalhista. Portanto, o empregado não está obrigado a primeiro procurar a conciliação perante a respectiva Comissão criada pela Lei n. 9.958/00 para depois ingressar com o processo trabalhista.

§ 1º A demanda será formulada por escrito ou reduzida a termo por qualquer dos membros da Comissão, sendo entregue cópia datada e assinada pelo membro aos interessados.

§ 2º Não prosperando a conciliação, será fornecida ao empregado e ao empregador declaração da tentativa conciliatória frustrada com a descrição de seu objeto, firmada pelos membros da Comissão, que deverá ser juntada à eventual reclamação trabalhista.

§ 3º Em caso de motivo relevante que impossibilite a observância do procedimento previsto no *caput* deste artigo, será a circunstância declarada na petição inicial da ação intentada perante a Justiça do Trabalho.

§ 4º Caso exista, na mesma localidade e para a mesma categoria, Comissão de empresa e Comissão sindical, o interessado optará por uma delas para submeter a sua demanda, sendo competente aquela que primeiro conhecer do pedido.

Art. 625-E Aceita a conciliação, será lavrado termo assinado pelo empregado, pelo empregador ou seu preposto e pelos membros da Comissão, fornecendo-se cópia às partes.

PARÁGRAFO ÚNICO. O termo de conciliação é título executivo extrajudicial e terá eficácia liberatória geral, exceto quanto às parcelas expressamente ressalvadas.

⚖ TST: Súm. n. 330, OJ SDI-1 n. 270

Art. 625-F As Comissões de Conciliação Prévia têm prazo de dez dias para a realização da sessão de tentativa de conciliação a partir da provocação do interessado.

PARÁGRAFO ÚNICO. Esgotado o prazo sem a realização da sessão, será fornecida, no último dia do prazo, a declaração a que se refere o § 2º do art. 625-D.

Art. 625-G O prazo prescricional será suspenso a partir da provocação da Comissão de Conciliação Prévia, recomeçando a fluir, pelo que lhe resta, a partir da tentativa frustrada de conciliação ou do esgotamento do prazo previsto no art. 625-F.

Art. 625-H Aplicam-se aos Núcleos Intersindicais de Conciliação Trabalhista em funcionamento ou que vierem a ser criados, no que couber, as disposições previstas neste Título, desde que observados os princípios da paridade e da negociação coletiva na sua constituição. *(Dispositivos incluídos pela Lei n. 9.958, de 12.1.2000 (DOU 13.1.2000) em vigor após 90 dias da data de sua publicação, conforme art. 4º da mencionada lei)*

CLT

TÍTULO VII
DO PROCESSO DE MULTAS ADMINISTRATIVAS

— (v. CF, art. 114, III)

—(v. Portaria GM/MTb n. 290, de 11.4.97 — p. 735) (v. Portaria GM/MTE n. 112, de 20.1.12 — p. 739)

— v. Enunciados da SRT/MTE, (Portaria n. 4, de 16.9.14, (DOU 19.9.14), p. 544; e Precedentes Administrativos da SIT/MTE, Ato Declaratório n. 4, de 21.2.02, (DOU 22.02.02), Ato Declaratório n. 6, de 16.12.02 (DOU 20.12.02), p. 549 e Ato Declaratório n. 9, de 25.5.05 (DOU 27.5.05)

— v. Lei n. 9.784, de 29.1.99, DOU 1.2.99, que regula o processo administrativo no âmbito da Administração Pública Federal. (não publicada nesta obra)

— v. Decreto n. 4.552, de 27.12.02 (DOU 30.12.02) que aprova o Regulamento da Inspeção do Trabalho (não publicado nesta obra)

Capítulo I
DA FISCALIZAÇÃO, DA AUTUAÇÃO E DA IMPOSIÇÃO DE MULTAS(*)

Art. 626 Incumbe às autoridades competentes do Ministério do Trabalho, ou àquelas que exerçam funções delegadas, a fiscalização do fiel cumprimento das normas de proteção ao trabalho.

PARÁGRAFO ÚNICO. Os fiscais do Instituto Nacional do Seguro Social e das entidades paraestatais em geral, dependentes do Ministério do Trabalho serão competentes para a fiscalização a que se refere o presente artigo, na forma das instruções que forem expedidas pelo Ministro do Trabalho.

— v. L. n. 8.422, de 13.5.92

Nota: A Lei n. 10.683, de 28 de maio de 2003, que dispõe sobre a organização da presidência e dos ministérios. Alterações: itens 1 a 3. Lei n. 13.341, de 29.9.16, DOU 30.6.16, altera a Lei n. 10.683, de 28 de maio de 2003, que dispõe sobre a organização da Presidência da República e dos Ministérios, e Lei n. 11.890, de 24.12.2008, e revoga a Medida Provisória n. 717, de 16 de março de 2016. Interessa-nos as alterações pertinentes ao Ministério do Trabalho e Previdência Social, a saber:

1) MINISTÉRIO DO TRABALHO:
Conforme inciso III, do o art. 2º da referida Lei n. 13.341, de 29.9.16, o Ministério do Trabalho e Emprego ficou transformado em Ministério do Trabalho.

Por seu turno, o art. 25 coloca entre os Ministérios, o do Trabalho no inciso XIX, sendo que no art. 27 são dispostos os assuntos que constituem áreas de competência de cada Ministério e para o Ministério do Trabalho são os seguintes:

"XIX — Ministério do Trabalho: *(Redação dada pela Lei n. 13.341, de 2016)* (Produção de efeito — V. item 1.2)

a) política e diretrizes para a geração de emprego e renda e de apoio ao trabalhador; *(Redação dada pela Lei n. 13.341, de 29.9.16, DOU 30.9.16)* (Produção de efeito V. item 1.2)

b) política e diretrizes para a modernização das relações de trabalho; *(Redação dada pela Lei n. 13.341, de 29.9.16, DOU 30.9.16)* (Produção de efeito V. 1.2)

c) fiscalização do trabalho, inclusive do trabalho portuário, e aplicação das sanções previstas em normas legais ou coletivas; *(Redação dada pela Lei n. 13.341, de 29.9.16, DOU 30.9.16)* (Produção de efeito V. 1.2)

d) política salarial; *(Redação dada pela Lei n. 13.341, de 29.9.16, DOU 30.9.16)* (Produção de efeito V. 1.2)

e) formação e desenvolvimento profissional; *(Redação dada pela Lei n. 13.341, de 29.9.16, DOU 30.9.16)* (Produção de efeito V. 1.2)

f) segurança e saúde no trabalho; *(Redação dada pela Lei n. 13.341, de 29.9.16, DOU 30.9.16)* (Produção de efeito V. 1.2)

g) política de imigração; e *(Redação dada pela Lei n. 13.341, de 29.9.16, DOU 30.9.16)* (Produção de efeito V. 1.2)

h) cooperativismo e associativismo urbanos; *(Redação dada pela Lei n. 13.341, de 29.9.16, DOU 30.9.16)* (Produção de efeito V. 1.2)

1.1 Quanto à produção de efeitos é oportuna a transcrição do art. 19, da Lei em destaque, a qual se relaciona com o tema, como segue:

Art. 19. Esta Lei entra em vigor na data de sua publicação, produzindo efeitos:

I — quanto à alteração das estruturas dos órgãos abrangidos, a partir da data de entrada em vigor dos respectivos decretos de estrutura regimental; e

II — quanto às transformações, às extinções de cargos, às alterações de supervisão ministerial de entidades e às demais disposições, de imediato.

Parágrafo único. A competência sobre Previdência e Previdência Complementar será exercida, de imediato, pelo Ministério da Fazenda, com apoio das estruturas que atualmente dão suporte a elas.

2. PREVIDÊNCIA SOCIAL E PREVIDÊNCIA COMPLEMENTAR.
A Previdência Social e Previdência, na conformidade do inciso V, do art. 25 e do inciso V, do art. 27, ficaram sobre as áreas de competência do Ministério da Fazenda, a saber:

V — Ministério da Fazenda:

....

j) previdência; e

k) previdência complementar;

2.1. Transferências de órgãos e as entidades supervisionadas.
Veja-se também o disposto no art. 7º e seu parágrafo único da Lei 13.341, de 29.9.16, que se relaciona sobre transferências de órgãos e as entidades supervisionadas:

Art. 7º Ficam transferidos os órgãos e as entidades supervisionadas, no âmbito:

....

Parágrafo único. Mantidos os demais órgãos e entidades supervisionadas que lhe componham a estrutura organizacional ou que lhe estejam vinculados, ficam transferidos:

I — o Conselho de Recursos da Previdência Social, que passa a se chamar Conselho de Recursos do Seguro Social, e o Instituto Nacional do Seguro Social — INSS, do Ministério do Trabalho e Previdência Social para o Ministério do Desenvolvimento Social e Agrário;

II — a Superintendência Nacional de Previdência Complementar — PREVIC, o Conselho Nacional de Previdência Complementar e a Câmara de Recursos da Previdência Complementar para o Ministério da Fazenda;

III — o Conselho Nacional de Previdência Social e a Empresa de Tecnologia e Informações da Previdência Social — DATAPREV, que passam a se chamar, respectivamente, Conselho Nacional de Previdência e Empresa de Tecnologia e Informações da Previdência — DATAPREV, para o Ministério da Fazenda;

3. LEI N. 10.593. DENOMINAÇÃO DE AUDITOR FISCAL DO TRABALHO
A MP, ora convertida na Lei n. 10.593, de 6.12.02 (DOU 9.12.02) alterou a denominação de fiscal de trabalho e de outros servidores do Ministério do Trabalho e Emprego como segue:

Art. 10. São transformados em cargo de Auditor Fiscal do Trabalho, na Carreira Auditoria Fiscal do Trabalho, os seguintes cargos efetivos do quadro permanente do Ministério do Trabalho e Emprego:

I — Fiscal do Trabalho;

II — Assistente Social, encarregado da fiscalização do trabalho da mulher e do menor;

III — Engenheiros e Arquitetos, com a especialização prevista na Lei n. 7.410, de 27 de novembro de 1985, encarregados da fiscalização da segurança no trabalho;

IV — Médico do Trabalho, encarregado da fiscalização das condições de salubridade do ambiente do trabalho.

Art. 11. Os ocupantes do cargo de Auditor Fiscal do Trabalho têm por atribuições assegurar, em todo o território nacional:

I — o cumprimento de disposições legais e regulamentares, inclusive os relacionados à segurança e à medicina do trabalho, no âmbito das relações de trabalho e de emprego;

II — a verificação dos registros em Carteira de Trabalho e Previdência Social — CTPS, visando a redução dos índices de informalidade;

III — a verificação do recolhimento do Fundo de Garantia do Tempo de Serviço — FGTS, objetivando maximizar os índices de arrecadação;

IV — o cumprimento de acordos, convenções e contratos coletivos de trabalho celebrados entre empregados e empregadores;

V — o respeito aos acordos, tratados e convenções internacionais dos quais o Brasil seja signatário;

VI — a lavratura de auto de apreensão e guarda de documentos, materiais, livros e assemelhados, para verificação da existência de fraude e irregularidades, bem como o exame da contabilidade das empresas, não se lhes aplicando o disposto nos arts. 17 e 18 do Código Comercial.

Parágrafo único. O Poder Executivo regulamentará as atribuições privativas previstas neste artigo, podendo cometer aos ocupantes do cargo de Auditor Fiscal do Trabalho outras atribuições, desde que compatíveis com atividades de auditoria e fiscalização.

Art. 11-A. A verificação, pelo Auditor-Fiscal do Trabalho, do cumprimento das normas que regem o trabalho do empregado doméstico, no âmbito do domicílio do

---

(*) V. no Índice Cumulativo, sob o título "Inspeção do Trabalho", a remissão específica.
(*) O art. 7º da L. n. 6.986, 13.4.82, DOU 14.4.82 — LTr 46-5/628, que entrou em vigor em 29.7.82, dispôs:
"As multas por infração aos preceitos da Consolidação das Leis do Trabalho ficam elevadas em 10 (dez) vezes o seu valor".

empregador, dependerá de agendamento e de entendimento prévios entre a fiscalização e o empregador. *(Incluído pela Lei Complementar n. 150, de 1º.6.15, DOU 2.6.15)*

§ 1º A fiscalização deverá ter natureza prioritariamente orientadora. *(Incluído pela Lei Complementar n. 150, de 1º.6.15, DOU 2.6.15)*

§ 2º Será observado o critério de dupla visita para lavratura de auto de infração, salvo quando for constatada infração por falta de anotação na Carteira de Trabalho e Previdência Social ou, ainda, na ocorrência de reincidência, fraude, resistência ou embaraço à fiscalização. *(Incluído pela Lei Complementar n. 150, de 1º.6.15, 2.6.15)*

Art. 20-A. O Poder Executivo regulamentará a forma de transferência de informações entre a Secretaria da Receita Federal do Brasil e a Secretaria de Inspeção do Trabalho para o desenvolvimento coordenado das atribuições a que se referem os arts. 6º e 11 desta Lei. *(Incluído pela Lei n. 11.457, de 16.3.17, DOU 19.3.17)*

Art. 627 A fim de promover a instrução dos responsáveis no cumprimento das leis de proteção do trabalho, a fiscalização deverá observar o critério de dupla visita nos seguintes casos:

a) quando ocorrer promulgação ou expedição de novas leis, regulamentos ou instruções ministeriais, sendo que, com relação exclusivamente a esses atos, será feita apenas a instrução dos responsáveis;

b) em se realizando a primeira inspeção dos estabelecimentos ou dos locais de trabalho, recentemente inaugurados ou empreendidos.

— v. art. 3º, L. n. 7.855/89

Art. 627-A Poderá ser instaurado procedimento especial para a ação fiscal, objetivando a orientação sobre o cumprimento das leis de proteção ao trabalho, bem como a prevenção e o saneamento de infrações à legislação mediante Termo de Compromisso, na forma a ser disciplinada no Regulamento da Inspeção do Trabalho. (NR) *(Artigo acrescentado pela MP n. 2.164-41, de 24.8.01, DOU 27.8.01)*

Art. 628 Salvo o disposto nos arts. 627 e 627-A, a toda verificação em que o Auditor Fiscal do Trabalho concluir pela existência de violação de preceito legal deve corresponder, sob pena de responsabilidade administrativa, a lavratura de auto de infração. *(Redação dada pela MP n. 2.164-41, de 24.8.01, DOU 27.8.01)*

§ 1º Ficam as empresas obrigadas a possuir o livro intitulado "Inspeção do Trabalho", cujo modelo será aprovado por portaria ministerial.

— v. Port. MTPS n. 3.158/71 — LTr 35/488

§ 2º Nesse livro, registrará o agente da inspeção sua visita ao estabelecimento, declarando a data e a hora do início e término da mesma, bem como o resultado da inspeção, nele consignando, se for o caso, todas as irregularidades verificadas e as exigências feitas, com os respectivos prazos para seu atendimento, e, ainda, de modo legível, os elementos de sua identificação funcional.

§ 3º Comprovada má-fé do agente da inspeção, quanto à omissão ou lançamento de qualquer elemento no livro, responderá ele por falta grave no cumprimento do dever, ficando passível, desde logo, da pena de suspensão até 30 (trinta) dias, instaurando-se, obrigatoriamente, em caso de reincidência, inquérito administrativo.

§ 4º A lavratura de autos contra empresas fictícias e de endereços inexistentes, assim como a apresentação de falsos relatórios, constituem falta grave, punível na forma do § 3º. *(Redação art. e §§ DL n. 229, 28.2.67, DOU 28.2.67, LTr 31/137)*

Art. 629 O auto de infração será lavrado em duplicata, nos termos dos modelos e instruções expedidos, sendo uma via entregue ao infrator, contra recibo, ou ao mesmo enviada, dentro de 10 (dez) dias da lavratura, sob pena de responsabilidade, em registro postal, com franquia e recibo de volta.

§ 1º O auto não terá o seu valor probante condicionado à assinatura do infrator ou de testemunhas, e será lavrado no local da inspeção, salvo havendo motivo justificado, que será declarado no próprio auto, quando então deverá ser lavrado no prazo de 24 (vinte e quatro) horas, sob pena de responsabilidade.

§ 2º Lavrado o auto de infração, não poderá ele ser inutilizado, nem sustado o curso do respectivo processo, devendo o agente da inspeção apresentá-lo à autoridade competente, mesmo se incidir em erro.

§ 3º O infrator terá, para apresentar defesa, o prazo de 10 (dez) dias contados do recebimento do auto.

§ 4º O auto de infração será registrado com a indicação sumária de seus elementos característicos, em livro próprio que deverá existir em cada órgão fiscalizador, de modo a assegurar o controle do seu processamento. *(Redação art. e §§ DL n. 229, 28.2.67, DOU 28.2.67, LTr 31/137)*

Art. 630 Nenhum agente da inspeção poderá exercer as atribuições do seu cargo sem exibir a carteira de identidade fiscal, devidamente autenticada, fornecida pela autoridade competente.

§ 1º É proibida a outorga de identidade fiscal a quem não esteja autorizado, em razão do cargo ou função, a exercer ou praticar, no âmbito da legislação trabalhista, atos de fiscalização.

§ 2º A credencial a que se refere este artigo deverá ser devolvida para inutilização, sob as penas da lei, em casos de provimento em outro cargo público, exoneração ou demissão, bem como nos de licenciamento por prazo superior a 60 (sessenta) dias e de suspensão do exercício do cargo.

§ 3º O agente da inspeção terá livre acesso a todas as dependências dos estabelecimentos sujeitos ao regime da legislação trabalhista, sendo as empresas, por seus dirigentes ou prepostos, obrigadas a prestar-lhes os esclarecimentos necessários ao desempenho de suas atribuições legais e a exibir-lhes, quando exigidos, quaisquer documentos que digam respeito ao fiel cumprimento das normas de proteção ao trabalho.

§ 4º Os documentos sujeitos à inspeção deverão permanecer, sob as penas da lei, nos locais de trabalho, somente se admitindo, por exceção, a critério da autoridade competente, sejam os mesmos apresentados em dia e hora previamente fixados pelo agente da inspeção.

§ 5º No território do exercício de sua função, o agente da inspeção gozará de passe livre nas empresas de transportes, públicas ou privadas, mediante a apresentação da carteira de identidade fiscal.

§ 6º A inobservância do disposto nos parágrafos 3º, 4º e 5º configurará resistência ou embaraço à fiscalização e justificará a lavratura do respectivo auto de infração, cominada a multa de valor igual a 5 (cinco) vezes o valor de referência regional até 50 (cinquenta) vezes esse valor, levando-se em conta, além das circunstâncias atenuantes ou agravantes, a situação econômico-financeira do infrator e os meios a seu alcance para cumprir a lei.

— v. Nota do art. 47

§ 7º Para o efeito do disposto no § 5º, a autoridade competente divulgará, em janeiro e julho de cada ano, a relação dos agentes da inspeção titulares da carteira de identidade fiscal.

§ 8º As autoridades policiais, quando solicitadas, deverão prestar aos agentes da inspeção a assistência de que necessitarem para o fiel cumprimento de suas atribuições legais. *(Redação art. e §§ DL n. 229, 28.2.67, L. n. 6.205, 29.4.75 e art. 7º L. n. 6.986, 13.4.82)*

Art. 631 Qualquer funcionário público, federal, estadual ou municipal, ou representante legal de associação sindical, poderá comunicar à autoridade competente do Ministério do Trabalho as infrações que verificar.

PARÁGRAFO ÚNICO. De posse dessa comunicação, a autoridade competente procederá desde logo às necessárias diligências, lavrando os autos de que haja mister.

Art. 632 Poderá o autuado requerer a audiência de testemunhas e as diligências que lhe parecerem necessárias à elucidação do processo, cabendo, porém, à autoridade, julgar da necessidade de tais provas.

Art. 633 Os prazos para defesa ou recurso poderão ser prorrogados, de acordo com despacho expresso da autoridade competente, quando o autuado residir em localidade diversa daquela onde se achar essa autoridade.

Art. 634 Na falta de disposição especial, a imposição das multas incumbe às autoridades regionais competentes em matéria de trabalho, na forma estabelecida por este Título.

§ 1º A aplicação da multa não eximirá o infrator da responsabilidade em que incorrer por infração das leis penais. *(Renumerado pela Lei n. 13.467, de 13.7.2017, DOU 14.7.2017, com vigência a partir de 11.11.2017)*

§ 2º Os valores das multas administrativas expressos em moeda corrente serão reajustados anualmente pela Taxa Referencial (TR), divulgada pelo Banco Central do Brasil, ou pelo índice que vier a substituí-lo. (NR) *(Incluído pela Lei n. 13.467, de 13.7.2017, DOU 14.7.2017, com vigência a partir de 11.11.2017)*

Capítulo II
DOS RECURSOS

Art. 635 De toda decisão que impuser multa por infração das leis e disposições reguladoras do trabalho, e não havendo forma especial de processo, caberá recurso para o Diretor-Geral do Departamento ou Serviço do Ministério do Trabalho, que for competente na matéria (atualmente Secretaria de Relações do Trabalho).

PARÁGRAFO ÚNICO. As decisões serão sempre fundamentadas. *(Redação art. e §, DL n. 229, 28.2.67, DOU 28.2.67, LTr 31/137)*

Art. 636 Os recursos devem ser interpostos no prazo de 10 (dez) dias, contados do recebimento da notificação, perante a autoridade que houver imposto a multa, a qual, depois de os informar, encaminhá-los-á à autoridade de instância superior.

⚖ TST: Súm. n. 424; STF — Súmula Vinculante n. 21; STJ: Súm. n. 373

§ 1º O recurso só terá seguimento se o interessado o instruir com a prova do depósito da multa.

— Supremo Tribunal Federal (Plenário) Decisões. Ação de Descumprimento de Preceito Fundamental (Publicação determinada pela Lei n. 9.882, de 03.12.1999) Arguição de descumprimento de preceito fundamental 156 (1) Origem : ADPF — 172622 — Supremo Tribunal Federal Proced.: Distrito Federal Relator: Min. Cármen Lúcia. Arguição de descumprimento de preceito fundamental. § 1º do art. 636 da Consolidação das Leis do Trabalho: não recepção pela Constituição de 1988. Ação julgada procedente para declarar a não recepção do § 1º do art. 636 da Consolidação das Leis do Trabalho pela Constituição da República de 1988 (DOU 23.2.12)

§ 2º A notificação somente será realizada por meio de edital, publicado no órgão oficial, quando o infrator estiver em lugar incerto e não sabido.

§ 3º A notificação de que trata este artigo fixará igualmente o prazo de 10 (dez) dias para que o infrator recolha o valor da multa sob pena de cobrança executiva.

— v. art. 6º, L. n. 7.855/89, 24.10.89, DOU 25.10.89, LTr 53/1418

§ 4º As guias de depósito ou recolhimento serão emitidas em 3 (três) vias e o recolhimento da multa deverá proceder-se dentro de 5 (cinco) dias às repartições federais competentes, que escriturarão a receita a crédito do Ministério do Trabalho.

§ 5º A segunda via da guia do recolhimento será devolvida pelo infrator à repartição que a emitiu, até o sexto dia depois de sua expedição, para a averbação no processo.

§ 6º A multa será reduzida de 50% (cinquenta por cento) se o infrator, renunciando ao recurso, a recolher ao Tesouro Nacional dentro do prazo de 10 (dez) dias contados do recebimento da notificação ou da publicação do edital.

— v. L. n. 7.855/89, L. n. 8.177/91, L. n. 8.178/91, L. n. 8.218/91, L. n. 8.697/93 e L. n. 8.880/94

§ 7º Para a expedição da guia, no caso do § 6º, deverá o infrator juntar a notificação com a prova da data do seu recebimento, ou a folha do órgão oficial que publicou o edital. *(Redação art. e §§, DL n. 229, 28.2.67, DOU 28.2.67, LTr 31/137)*

Art. 637 De todas as decisões que proferirem em processos de infração das leis de proteção ao trabalho e que impliquem em arquivamento destes, observado o disposto no parágrafo único do art. 635, deverão as autoridades prolatoras recorrer de ofício para a autoridade competente de instância superior. *(Redação DL n. 229, 28.2.67, DOU 28.2.67, LTr 31/137)*

Art. 638 Ao Ministro do Trabalho é facultado avocar ao seu exame e decisão, dentro de 90 (noventa) dias do despacho final do assunto, ou no curso do processo, as questões referentes à fiscalização dos preceitos estabelecidos nesta Consolidação.

Capítulo III
DO DEPÓSITO, DA INSCRIÇÃO E DA COBRANÇA

Art. 639 Não sendo provido o recurso, o depósito se converterá em pagamento.

Art. 640 É facultado às Delegacias Regionais do Trabalho, na conformidade de instruções expedidas pelo Ministro de Estado, promover a cobrança amigável das multas antes do encaminhamento dos processos à cobrança executiva. *(Redação DL n. 229, 28.2.67, DOU 28.2.67, LTr 31/137)*

Art. 641 Não comparecendo o infrator, ou não depositando a importância da multa ou penalidade, far-se-á a competente inscrição em livro especial, existente nas repartições das quais se tiver originado a multa ou penalidade, ou de onde tenha provindo a reclamação que a determinou, sendo extraída cópia autêntica dessa inscrição e enviada às autoridades competentes para a respectiva cobrança judicial, valendo tal instrumento como título de dívida líquida e certa.

Art. 642 A cobrança judicial das multas impostas pelas autoridades administrativas do trabalho obedecerá ao disposto na legislação aplicável à cobrança da dívida ativa da União, sendo promovida, no Distrito Federal e nas capitais dos Estados em que funcionarem Tribunais Regionais do Trabalho, pela Procuradoria da Justiça do Trabalho, e, nas demais localidades, pelo Ministério Público Estadual, nos termos do Decreto-lei n. 960, de 17 de dezembro de 1938.

— v. Lei de Execução Fiscal — L. n. 6.830, de 22.9.80, p. 306

PARÁGRAFO ÚNICO. Revogado pela L. n. 1.599, 9.5.52, DOU 9.5.52, LTr 16/213.

TÍTULO VII-A
DA PROVA DE INEXISTÊNCIA DE DÉBITOS TRABALHISTAS

Art. 642-A É instituída a Certidão Negativa de Débitos Trabalhistas (CNDT), expedida gratuita e eletronicamente, para comprovar a inexistência de débitos inadimplidos perante a Justiça do Trabalho.

§ 1º O interessado não obterá a certidão quando em seu nome constar:

I — o inadimplemento de obrigações estabelecidas em sentença condenatória transitada em julgado proferida pela Justiça do Trabalho ou em acordos judiciais trabalhistas, inclusive no concernente aos recolhimentos previdenciários, a honorários, a custas, a emolumentos ou a recolhimentos determinados em lei; ou

TST: OJ SDI-1 n. 421

II — o inadimplemento de obrigações decorrentes de execução de acordos firmados perante o Ministério Público do Trabalho ou Comissão de Conciliação Prévia.

§ 2º Verificada a existência de débitos garantidos por penhora suficiente ou com exigibilidade suspensa, será expedida Certidão Positiva de Débitos Trabalhistas em nome do interessado com os mesmos efeitos da CNDT.

§ 3º A CNDT certificará a empresa em relação a todos os seus estabelecimentos, agências e filiais.

§ 4º O prazo de validade da CNDT é de 180 (cento e oitenta) dias, contado da data de sua emissão. *(Redação do caput e parágrafos dada pela Lei n. 12.440, de 7.7.11, DOU 8.7.11)*

CLT

TÍTULO VIII
DA JUSTIÇA DO TRABALHO

(V. CF, arts. 111 a 116, p. 37 e 38 e Lei n. 8.984/95, p. 321)
(V. Emenda Constitucional n. 24, de 9.12.99 e n. 45, de 8.12.04, já incluídas no texto da Constituição Federal)

Capítulo I
INTRODUÇÃO

Art. 643 Os dissídios oriundos das relações entre empregados e empregadores, bem como de trabalhadores avulsos e seus tomadores de serviços, em atividades reguladas na legislação social, serão dirimidos pela Justiça do Trabalho, de acordo com o presente título e na forma estabelecida pelo processo judiciário do trabalho. *(Redação dada pela L. n. 7.494, de 17.6.86, DOU 19.6.86)*

TST: Súm. ns. 19, 106, 189, 300, 368, 389, 392, OJ SDC ns. 5, 7, 9, OJ SDI-1 ns. 26, 138, 205; STF: Súm. n. 736; Súm. Vinculante n. 23, 40, 53; STJ: Súm. n. 33

— v. CF, art. 114, p. 38

§ 1º Revogado pela Lei Orgânica da Previdência Social, L. n. 3.807, 26.8.60, DOU 29.8.60, LTr 24/367.

§ 2º As questões referentes a acidentes do trabalho continuam sujeitas à justiça ordinária, na forma do Decreto n. 24.637, de 10 de julho de 1934, e legislação subsequente.

TST: OJ SDI-1 n. 421; STF: Súm. ns. 235 (Vide EC n. 45), 501 (Vide EC n. 45); STF: Súmula Vinculante n. 22; STJ: Súm. n. 15 (Vide EC n. 45, 89)

— v. CF, art. 109, p. 37

§ 3º A Justiça do Trabalho é competente, ainda, para processar e julgar as ações entre trabalhadores portuários e os operadores portuários ou o Órgão Gestor de Mão de Obra — OGMO decorrentes da relação de trabalho. (NR) *(Acrescentado pela MP n. 2.164-41, de 24.8.01, DOU 27.8.01)*

TST: OJ SDI-1 n. 391

Art. 644 São órgãos da Justiça do Trabalho:

a) o Tribunal Superior do Trabalho;

b) os Tribunais Regionais do Trabalho;

c) as Varas do Trabalho ou os Juízos de Direito. *(Redação DL n. 9.797, 9.9.46, DOU 11.9.46, LTr 10/260)*

— v. CF, art. 111, p. 37

Art. 645 O serviço da Justiça do Trabalho é relevante e obrigatório, ninguém dele podendo eximir-se, salvo motivo justificado.

Art. 646 Os órgãos da Justiça do Trabalho funcionarão perfeitamente coordenados, em regime de mútua colaboração, sob a orientação do presidente do Tribunal Superior do Trabalho.

Capítulo II
VARAS DO TRABALHO

pela Emenda Constitucional n. 24, de 9.12.99, (DOU 10.12.99), que extinguiu os juízes classistas temporários da composição da justiça do trabalho

Seção I
DA COMPOSIÇÃO E FUNCIONAMENTO

Art. 647 Cada Vara terá a seguinte composição:

a) um juiz do trabalho, que será seu presidente;

b) dois vogais, sendo um representante dos empregadores, e outro dos empregados.

— v. CF/88, art. 116, p. 38

PARÁGRAFO ÚNICO. Haverá um suplente para cada vogal. *(Redação DL n. 9.797, 9.9.46, DOU 11.9.46, LTr 10/260)*

Art. 648 São incompatíveis entre si, para os trabalhos da mesma Vara, os parentes consanguíneos e afins até o terceiro grau civil.

PARÁGRAFO ÚNICO. A incompatibilidade resolve-se a favor do primeiro vogal designado ou empossado, ou por sorteio, se a designação ou posse for da mesma data.

Art. 649 As Varas poderão conciliar, instruir ou julgar com qualquer número, sendo, porém, indispensável a presença do presidente, cujo voto prevalecerá em caso de empate.

§ 1º No julgamento de embargos deverão estar presentes todos os membros da Vara.

§ 2º Na execução e na liquidação das decisões funciona apenas o presidente. *(Redação art. e §§ DL n. 8.737, 19.1.46, DOU 21 e 30.1.46, LTr 10/30)*

Seção II
DA JURISDIÇÃO E COMPETÊNCIA DAS VARAS

Art. 650 A jurisdição de cada Vara do Trabalho abrange todo o território da Comarca em que tem sede, só podendo ser estendida ou restringida por lei federal.

TST: OJ SDI-1 n. 416; STJ: Súm. n. 10

PARÁGRAFO ÚNICO. As leis locais de Organização Judiciária não influirão sobre a competência de Varas do Trabalho já criadas, até que lei federal assim determine. *(Redação art. e §, L. n. 5.442, 24.5.68, DOU 28.5 e 4.6.68, LTr 32/349)*

Nota: A Lei n. 13.155, de 4.8.15, DOU 5.8.15, ed. extra, traz no seu art. 50, a seguinte disposição:

"Art. 50. Ficam os Tribunais Regionais do Trabalho, ou outro órgão definido por determinação dos próprios Tribunais, autorizados a instaurar o Regime Centralizado de Execução (Ato Trabalhista) para as entidades desportivas de que trata o § 10 do art. 27 da Lei n. 9.615, de 24 de março de 1998."

Art. 651 A competência das Varas do Trabalho é determinada pela localidade onde o empregado, reclamante ou reclamado, prestar serviços ao empregador, ainda que tenha sido contratado noutro local ou no estrangeiro.

TST: OJ SDI-2 n. 130, 139

— v. CF, art. 114 incisos e parágrafos, p. 38

§ 1º Quando for parte no dissídio agente ou viajante comercial, a competência será da Vara da localidade em que a empresa tenha agência ou filial e a esta o empregado esteja subordinado e, na falta, será competente a Vara da localização em que o empregado tenha domicílio ou a localidade mais próxima. (NR) *(Redação dada pela Lei n. 9.851, de 27.10.99, DOU Seção 1, de 28.10.99)*

§ 2º A competência das Varas do Trabalho, estabelecida neste artigo, estende-se aos dissídios ocorridos em agência ou filial no estrangeiro, desde que o empregado seja brasileiro e não haja convenção internacional dispondo em contrário.

TST: OJ SDI-1 n. 232

§ 3º Em se tratando de empregador que promova realização de atividades fora do lugar do contrato de trabalho, é assegurado ao empregado apresentar reclamação no foro da celebração do contrato ou no da prestação dos respectivos serviços.

TST: OJ SDI-2 n. 149

Art. 652 Compete às Varas do Trabalho:

a) conciliar e julgar:

I — os dissídios em que se pretenda o reconhecimento da estabilidade de empregado;

TST: OJ SDI-1 n. 399

II — os dissídios concernentes à remuneração, férias e indenizações por motivo de rescisão do contrato individual de trabalho;

TST: Súm. n. 19

III — os dissídios resultantes de contratos de empreitadas em que o empreiteiro seja operário ou artífice;

IV — os demais dissídios concernentes ao contrato individual de trabalho;

TST: Súm. ns. 300, 368, 389, 392, 454, OJ SDI-1 ns. 26, 138, 205, OJ SDI-2 n. 130; STF: Súm. n. 736; STJ: Súm. ns. 15 (Vide EC n. 45), 82, 97, 137, 165, 170, 173, 218, 222, Súm. Vinculante n. 53

V — as ações entre trabalhadores portuários e os operadores portuários ou o Órgão Gestor de Mão de Obra — OGMO decorrentes da relação de trabalho; *(Incluído pela Medida Provisória n. 2.164-41, de 2001)*

TST: OJ SDI-1 n. 391

b) processar e julgar os inquéritos para apuração de falta grave;

c) julgar os embargos opostos às suas próprias decisões;

TST: Súm. n. 419

d) impor multas e demais penalidades relativas aos atos de sua competência; *(Redação dada pelo Decreto-lei n. 6.353, de 20.3.1944)*

e) (Suprimida pelo Decreto-lei n. 6.353, de 20.3.1944)

f) decidir quanto à homologação de acordo extrajudicial em matéria de competência da Justiça do Trabalho. *(Incluído pela Lei n. 13.467, de 13.7.2017, DOU 14.7.2017, com vigência a partir de 11.11.2017)*

PARÁGRAFO ÚNICO. Terão preferência para julgamento os dissídios sobre pagamento de salário e aqueles que derivarem da falência do empregador, podendo o presidente da Vara, a pedido do interessado, constituir processo em separado, sempre que a reclamação também versar sobre outros assuntos.

Art. 653 Compete, ainda, às Varas do Trabalho:

a) requisitar às autoridades competentes a realização das diligências necessárias ao esclarecimento dos feitos sob sua apreciação, representando contra aquelas que não atenderem a tais requisições;

b) realizar as diligências e praticar os atos processuais ordenados pelos Tribunais Regionais do Trabalho ou pelo Tribunal Superior do Trabalho. *(Redação alínea DL n. 6.353, 20.3.44, DOU 22.3.44, LTr 8/47);*

c) julgar as suspeições arguidas contra os seus membros;

d) julgar as exceções de incompetência que lhes forem opostas;

e) expedir precatórias e cumprir as que lhes forem deprecadas;

TST: Súm. n. 419; STJ: Súm. n. 46

f) exercer, em geral, no interesse da Justiça do Trabalho, quaisquer outras atribuições que decorram da sua jurisdição.

Seção III

DOS PRESIDENTES DAS VARAS

Art. 654 O ingresso na magistratura do trabalho far-se-á para o cargo de juiz do trabalho substituto. As nomeações subsequentes por promoção, alternadamente, por antiguidade e merecimento. *(Redação art. e §§, DL n. 229, 28.2.67, DOU 28.2.67, LTr 31/137, exceto o § 3º e alínea "a", § 5º)*

§ 1º Nas 7ª e 8ª Regiões da Justiça do Trabalho, nas localidades fora das respectivas sedes, haverá suplentes de juiz do trabalho presidente de Vara, sem direito a acesso, nomeados pelo Presidente da República, dentre brasileiros, bacharéis em Direito, de reconhecida idoneidade moral, especializados em direito do trabalho, pelo período de 2 (dois) anos, podendo ser reconduzidos. *(V. Lei n. 7.221, de 2.10.84)*

§ 2º Os suplentes de juiz do trabalho receberão, quando em exercício, vencimentos iguais aos dos juízes que substituírem.

§ 3º Os Juízes Substitutos serão nomeados após aprovação em concurso público de provas e títulos realizado perante o Tribunal Regional do Trabalho da Região, válido por dois anos e prorrogável, a critério do mesmo órgão, por igual período, uma só vez, e organizado de acordo com as instruções expedidas pelo Tribunal Superior do Trabalho. *(Redação deste § L. n. 6.087, 16.7.74, DOU 17.7.74, LTr 38/768)*

STF: Súm. n. 478

— v. CF, art. 37, p. 21

— v. Resolução n. 75, de 12 de maio de 2009, do Conselho Nacional de Justiça, publicada no DOU de 21.5.09 e DJe n. 80/2009, de 21.5.09, que dispõe sobre os concursos públicos para ingresso na magistratura em todos os ramos do Poder Judiciário nacional (não publicada nesta obra).

— v. Resolução n. 118, do CNJ, de 3.8.10, DJ-e n. 150/10, de 18.8.10, que altera dispositivos da Resolução n. 75, de 12 de maio de 2009, que dispõe sobre os concursos públicos para ingresso na carreira da magistratura em todos os ramos do Poder Judiciário nacional.

— v. Resolução n. 208, do CNJ, de 10.11.15, DJ de 11.1.15, que altera a Resol. n. 75, de 12.5.09.

Notas: A Resolução Administrativa do TST n. 1.849, de 27 de setembro de 2016. DEJT/TST N.E 1/2016, 30.9.16, regulamenta o Concurso Nacional Unificado para Ingresso na Carreira de Magistrado de Trabalho (não publicado nesta obra)
A Resolução Administrativa do TST n. 1.861, de 28 de novembro de 2016. DEJT/TST N.E 1/2016, 30.9.16, regulamenta o Concurso Nacional Unificado para Ingresso na Carreira de Magistrado de Trabalho (não publicado nesta obra)

Notas: Ato n. 319/SEGJUD.GP, de 27 de junho de 2017 (DEJT de 27.06.2017), que altera dispositivos da Resolução Administrativa n. 1.861, de 28 de novembro de 2016, que regulamenta o Concurso Público Nacional Unificado para ingresso na carreira da Magistratura do Trabalho.

§ 4º Os candidatos inscritos só serão admitidos ao concurso após apreciação prévia, pelo Tribunal Regional do Trabalho da respectiva Região, dos seguintes requisitos:

a) idade maior de 25 (vinte e cinco) anos e menor de 45 (quarenta e cinco) anos;

b) idoneidade para o exercício das funções.

§ 5º O preenchimento dos cargos de presidente de Vara, vagos ou criados por lei, será feito dentro de cada Região:

a) pela remoção de outro presidente, prevalecendo a antiguidade no cargo, caso haja mais de um pedido, desde que a remoção tenha sido requerida dentro de quinze dias, contados da abertura da vaga, ao Presidente do Tribunal Regional, a quem caberá expedir o respectivo ato. *(Redação desta alínea, L. n. 6.090, 16.7.74, DOU 17.7.74, LTr 38/768) b)* pela promoção de substituto, cuja aceitação será facultativa, obedecido o critério alternado de antiguidade e merecimento.

§ 6º Os juízes do trabalho, presidentes de Vara, juízes substitutos e suplentes de juiz tomarão posse perante o presidente do Tribunal da respectiva Região. Nos Estados que não forem sede de Tribunal Regional do Trabalho, a posse dar-se-á perante o presidente do Tribunal de Justiça, que remeterá o termo ao Presidente do Tribunal Regional da jurisdição do empossado. Nos Territórios, a posse dar-se-á perante o presidente do Tribunal Regional do Trabalho da respectiva Região. *(Redação art. e §§, DL n. 229, 28.2.67, DOU 28.2.67, LTr 31/137)*

— v. L. n. 5.879, 23.5.73, DOU 24.5.73, LTr 37/563, que fixa normas para promoção de Juízes Presidentes de Vara

Art. 655 Os presidentes e os presidentes substitutos tomarão posse do cargo perante o presidente do Tribunal Regional da respectiva jurisdição.

§ 1º Nos Estados em que não houver sede de tribunais regionais a posse dar-se-á perante o presidente do Tribunal de Justiça, que remeterá o respectivo termo ao presidente do Tribunal Regional da jurisdição do empossado.

§ 2º Nos Territórios a posse dar-se-á perante o Juiz de Direito da Capital, que procederá na forma prevista no § 1º. *(Redação DL n. 8.737, 19.1.46, DOU 21 e 30.1.46, LTr 10/30) Em face da redação dada pelo DL n. 229, de 28.2.67 ao § 6º do artigo 654, este artigo está revogado por ser repetição do conteúdo daquele.*

Art. 656 O Juiz do Trabalho Substituto sempre que não estiver substituindo o Juiz-Presidente de Vara, poderá ser designado para atuar nas Varas do Trabalho.

§ 1º Para o fim mencionado no *caput* deste artigo, o território da Região poderá ser dividido em zonas, compreendendo a jurisdição de uma ou mais Varas, a juízo do Tribunal Regional do Trabalho respectivo.

§ 2º A designação referida no *caput* deste artigo será de atribuição do Juiz-Presidente do Tribunal Regional do Trabalho ou, não havendo disposição regimental específica, de quem este indicar.

§ 3º Os Juízes do Trabalho Substitutos quando designados ou estiverem substituindo os Juízes-Presidentes de Varas, perceberão os vencimentos destes.

§ 4º O Juiz-Presidente do Tribunal Regional do Trabalho ou, não havendo disposição regimental específica, que este indicar, fará a lotação e a movimentação dos Juízes Substitutos entre as diferentes zonas da Região na hipótese de terem sido criadas na forma do § 1º deste artigo. *(Redação do caput do art. 656 e §§ dada pela Lei n. 8.432, de 11.6.92, DOU 12.6.92, LTr 56-07/885)*

Art. 657 Os presidentes de Vara e os presidentes substitutos perceberão a remuneração ou os vencimentos fixados em lei. *(Redação DL n. 8.737, 19.1.46, DOU 21 e 30.1.46, LTr 10/30)*

STF: Súm. n. 478

Art. 658 São deveres precípuos dos presidentes das Varas além dos que decorram do exercício de sua função:

a) manter perfeita conduta pública e privada;

b) abster-se de atender a solicitações ou recomendações relativamente aos feitos que hajam sido ou tenham de ser submetidos à sua apreciação;

c) residir dentro dos limites de sua jurisdição, não podendo ausentar-se sem licença do Presidente do Tribunal Regional;

d) despachar e praticar todos os atos decorrentes de suas funções, dentro dos prazos estabelecidos, sujeitando-se ao desconto correspondente a um dia de vencimento para cada dia de retardamento. *(Redação DL n. 8.737, 19.1.46, DOU 21 e 30.1.46, LTr 10/30)*

Art. 659 Competem privativamente aos presidentes das Varas, além das que lhes forem conferidas neste Título e das decorrentes de seu cargo, as seguintes atribuições:

TST: Súm. n. 418

I — presidir às audiências das Varas;

II — executar as suas próprias decisões, as proferidas pela Vara e aquelas cuja execução lhes for deprecada;

III — dar posse aos vogais nomeados para a Vara, ao secretário e aos demais funcionários da Secretaria. *(Redação deste inciso de acordo com a L. n. 409, 25.9.48, DOU 1º.10.48)*

IV — convocar os suplentes dos vogais, no impedimento destes;

V — representar ao Presidente do Tribunal Regional da respectiva jurisdição, no caso de falta de qualquer vogal a três reuniões consecutivas, sem motivo justificado, para os fins do art. 727;

VI — despachar os recursos interpostos pelas partes, fundamentando a decisão recorrida antes da remessa ao Tribunal Regional, ou submetendo-os à decisão da Vara, no caso do art. 894;

VII — assinar as folhas de pagamento dos membros e funcionários da Vara;

VIII — apresentar ao Presidente do Tribunal Regional, até 15 de fevereiro de cada ano, o relatório dos trabalhos do ano anterior;

IX — conceder medida liminar, até decisão final do processo em reclamações trabalhistas que visem a tornar sem efeito transferência disciplinada pelos parágrafos do art. 469 desta Consolidação. *(Inciso acrescentado pela L. n. 6.203, 17.4.75, DOU 18.4.75, LTr 39/557)*

TST: OJ SDI-2 ns. 67, 142

X — conceder medida liminar, até decisão final do processo, em reclamações trabalhistas que visem reintegrar no emprego dirigente sindical afastado, suspenso ou dispensado pelo empregador. *(Inciso acrescentado pela L. n. 9.270, de 17.4.96)*

TST: OJ SDI-2 n. 67, 142

Seção IV

DOS VOGAIS DAS VARAS

(Ver Emenda Constitucional n. 24 de 9.12.99 (DOU 10.12.99)

Art. 660 Os vogais das Varas são designados pelo Presidente do Tribunal Regional da respectiva jurisdição.

Art. 661 Para o exercício da função de vogal da Vara ou suplente deste são exigidos os seguintes requisitos:

a) ser brasileiro;

b) ter reconhecida idoneidade moral;

c) ser maior de 25 (vinte e cinco) anos e ter menos de 70 (setenta) anos de idade. *(Redação das letras a e c, DL n. 229, 28.2.67, DOU 28.2.67, LTr 31/137)*

d) estar no gozo dos direitos civis e políticos;

e) estar quite com o serviço militar;

f) contar mais de dois anos de efetivo exercício na profissão e ser sindicalizado.

PARÁGRAFO ÚNICO. A prova da qualidade profissional a que se refere a alínea *f* deste artigo é feita mediante declaração do respectivo sindicato.

Art. 662 A escolha dos vogais das Varas e seus suplentes far-se-á dentre os nomes constantes das listas que, para esse efeito, forem encaminhadas pelas associações sindicais de primeiro grau ao presidente do Tribunal Regional.

§ 1º Para esse fim, cada sindicato de empregadores e de empregados, com base territorial extensiva à área de jurisdição da Vara, no todo ou em parte, procederá, na ocasião determinada pelo Presidente do Tribunal Regional, à escolha de três nomes que comporão a lista aplicando-se à eleição o disposto no art. 524 e seus §§ 1º a 3º. *(Redação deste §, L. n. 5.657, 4.6.71, DOU 8.6.71, LTr 35/495)*

§ 2º Recebidas as listas pelo presidente do Tribunal Regional, designará este, dentro de cinco dias, os nomes dos vogais e dos respectivos suplentes, expedindo para cada um deles um título, mediante a apresentação do qual será empossado.

§ 3º Dentro de quinze dias, contados da data da posse, pode ser contestada a investidura do vogal ou do suplente, por qualquer interessado, sem efeito suspensivo, por meio de representação escrita, dirigida ao presidente do Tribunal Regional.

§ 4º Recebida a contestação, o presidente do Tribunal designará imediatamente relator, o qual, se houver necessidade de ouvir testemunhas ou de proceder a quaisquer diligências, providenciará para que tudo se realize com a maior brevidade, submetendo, por fim, a contestação ao parecer do Tribunal, na primeira sessão. *(Redação deste § L. n. 2.244, 23.6.54, DOU 30.6.54)*

§ 5º Se o Tribunal julgar procedente a contestação, o presidente providenciará a designação de novo vogal ou suplente. *(Redação deste § DL n. 229, 28.2.67, DOU 28.2.67, LTr 31/137)*

§ 6º Em falta de indicação pelos sindicatos, de nomes para representantes das respectivas categorias profissionais e econômicas nas Varas do Trabalho, ou nas localidades onde não existirem sindicatos, serão esses representantes livremente designados pelo presidente do Tribunal Regional do Trabalho, observados os requisitos exigidos para o exercício de função. *(§ acrescentado pelo DL n. 229, 28.2.67, DOU 28.2.67, LTr 31/137)*

Art. 663 A investidura dos vogais das Varas e seus suplentes é de 3 (três) anos, podendo, entretanto, ser dispensado, a pedido, aquele que tiver servido, sem interrupção, durante metade desse período.

§ 1º Na hipótese da dispensa do vogal a que alude este artigo, assim como nos casos de impedimento, morte ou renúncia, sua substituição far-se-á pelo suplente, mediante convocação do presidente da Vara. *(Redação art. e § 1º, L. n. 2.244, 23.6.54, DOU 30.6.54)*

§ 2º Na falta do suplente, por impedimento, morte ou renúncia, serão designados novo vogal e o respectivo suplente, dentre os nomes constantes das listas a que se refere o art. 662, servindo os designados até o fim do período.

Art. 664 Os vogais das Varas e seus suplentes tomam posse perante o presidente da Vara em que têm de funcionar.

Art. 665 Enquanto durar sua investidura, gozam os vogais das Varas e seus suplentes das prerrogativas asseguradas aos jurados.

Art. 666 Por audiência a que comparecerem, até o máximo de vinte por mês, os vogais das Varas e seus suplentes perceberão a gratificação fixada em lei. *(Redação L. n. 4.439, 27.10.64, DOU 30.10.64)*

— v. art. 5º da Lei n. 9.655, de 2.6.98.

Art. 667 São prerrogativas dos vogais das Varas, além das referidas no art. 665:

a) tomar parte nas reuniões do tribunal a que pertençam;

b) aconselhar às partes a conciliação;

c) votar no julgamento dos feitos e nas matérias de ordem interna do tribunal, submetidas às suas deliberações;

d) pedir vista dos processos pelo prazo de vinte e quatro horas;

e) formular, por intermédio do presidente, aos litigantes, testemunhas e peritos, as perguntas que quiserem fazer, para esclarecimento do caso.

Capítulo III
DOS JUÍZOS DE DIREITO

(V. CF, art. 112)

Art. 668 Nas localidades não compreendidas na jurisdição das Varas do Trabalho, os Juízos de Direito são os órgãos de administração da Justiça do Trabalho, com a jurisdição que lhes for determinada pela lei de organização judiciária local.

STJ: Súm. ns. 10, 180

Art. 669 A competência dos Juízos de Direito, quando investidos na administração da Justiça do Trabalho, é a mesma das Varas do Trabalho, na forma da Seção II do Capítulo II.

§ 1º Nas localidades onde houver mais de um Juízo de Direito a competência é determinada, entre os juízes do cível, por distribuição ou pela divisão judiciária local, na conformidade da lei de organização respectiva.

§ 2º Quando o critério de competência da lei de organização judiciária for diverso do previsto no parágrafo anterior, será competente o juiz do cível mais antigo.

STJ: Súm. ns. 3, 10, 59, 180

Capítulo IV
DOS TRIBUNAIS REGIONAIS DO TRABALHO

(V. CF, art. 115)

(V. Lei n. 7.701/88 — p. 290)

Seção I

DA COMPOSIÇÃO E DO FUNCIONAMENTO

Art. 670 Os Tribunais Regionais compor-se-ão: 1ª Região, de 54 (cinquenta e quatro) juízes, sendo 36 (trinta e seis) togados, vitalícios, e 18 (dezoito) classistas, temporários; 2ª Região, de 94 (noventa e quatro) juízes — Lei n. 12.098, de 24.11.09, DOU 25.2.09; 3ª Região, 49 (quarenta e nove) Juízes — Lei n. 12.616, de 30.4.12, DOU 2.5.12; 4ª Região, de 48 (quarenta e oito) juízes — Lei n. 12.421, de 16.6.11, DOU 17.6.11; 5ª Região, de 29 (vinte e nove) juízes, sendo 19 (dezenove) togados, vitalícios e 10 (dez) classistas, temporários; 6ª Região, de 19 (dezenove) juízes — Lei n. 12.476, de 2.9.11, DOU 5.9.11; 7ª Região, de 14 (quatorze) juízes — Lei n. 11.999, de 29.7.09, DOU 30.7.09; 8ª Região, de 23 (vinte e três) juízes, sendo 15 (quinze) togados, vitalícios, e 8 (oito) classistas, temporários; 9ª Região, de 31 (trinta e um) juízes — Lei n. 12.481, de 2.9.11, DOU 5.9.11; 10ª Região, de 17 (dezessete) juízes, sendo 11 (onze) togados, vitalícios, e 6 (seis) classistas, temporários; 11ª Região, de 14 (quatorze) juízes, Lei n. 11.987, de 27.7.09; 12ª Região, de 18 (dezoito) juízes, sendo 12 (doze) togados, vitalícios, e 6 (seis) classistas, temporários; 13ª Região, de 10 (dez) juízes — Lei n. 12.422, de 16.6.11, DOU 17.6.11; 14ª Região, de 8 (oito) juízes, sendo 6 (seis) togados, vitalícios, e 2 (dois) classistas, temporários; 15ª Região, de 55 (cinquenta e cinco) juízes — Lei n. 12.001, de 29.7.09, juízes, sendo 24 (vinte e quatro) togados, vitalícios, e 12 (doze) classistas, temporários; 16ª Região, de 8 (oito) juízes, sendo 6 (seis) togados, vitalícios, e 2 (dois) classistas, temporários; 17ª Região, de 12 (doze) juízes, Lei n. 11.986, de 27.7.09, DOU 28.7.09; 18ª Região; 14 (quatorze) juízes — Lei n. 12.478, de 2.9.11, DOU 5.9.11; 19ª Região, de 8 (oito) juízes, sendo 6 (seis) togados, vitalícios e 2 (dois) classistas, temporários; 20ª Região, de 8 (oito) juízes, sendo 6 (seis) togados, vitalícios e 2 (dois) classistas, temporários; 21ª Região, de 10 (dez) juízes — Lei n. 12.482, de 2.9.11, DOU 5.9.11; 22ª Região, de 8 (oito) juízes, sendo 6 (seis) togados, vitalícios e 2 (dois) classistas, temporários; 23ª Região, de 8 (oito) juízes, sendo 6 (seis) togados, vitalícios e 2 (dois) classistas, tempo-

CLT

rários; 24ª Região, de 8 (oito) Juízes, sendo 6 (seis) togados, vitalícios e 2 (dois) classistas, temporários, todos nomeados pelo Presidente da República.

— A primeira redação deste artigo foi alterada pela L. n. 5.442, 24.5.68, DOU 24.5 e 26.6.68, LTr 32/349. Posteriormente sofreu várias alterações pelas Leis ns.:

— 6.241, 22.9.75, DOU 24.9.75, LTr 39/1181, que criou a 9ª Região;

— 6.635, 2.5.79, DOU 3.5.79, LTr 43/727, que alterou a composição do Tribunal da 2ª Região novamente alterada pela Lei n. 6.904, 30.4.81, DOU 30.4.81, LTr 45/620, que alterou a composição dos Tribunais da 1ª, 2ª, 4ª e 5ª Regiões;

— 6.915, 1.6.81, DOU 2.6.81, LTr 45/673, que criou a 11ª Região;

— 6.927, 7.7.81, DOU 8.7.81, LTr 45/873, que criou a 10ª Região;

— 6.928, 7.7.81, DOU 8.7.81, LTr 45/876, que criou a 12ª Região;

— 7.119, 29.8.83, DOU 31.8.83, LTr 47/1268, que alterou a composição dos Tribunais da 1ª, 2ª, 3ª, 4ª e 6ª Regiões;

— 7.324, 18.6.85, DOU 19.6.85, LTr 49/882, que criou a 13ª Região;

— 7.325, 18.6.85, DOU 19.6.85, LTr 49/885, que alterou a composição dos Tribunais da 5ª, 6ª, 8ª, 9ª e 10ª Regiões;

— 7.523, 17.7.86, DOU 18.7.86, LTr 50/1001, que criou a 14ª Região;

— 7.520, 15.7.86, DOU 17.7.86, LTr 50/1005, que criou a 15ª Região;

— 7.671, 21.9.88, DOU 22.9.88, LTr 52/1241, que criou a 16ª Região;

— 7.842, 18.10.89, DOU 19.10.89, LTr 53-11/1374, que alterou a composição da 12ª Região;

— 7.872, 8.11.89, DOU 10.11.89, LTr 53/1415, que criou a 17ª Região;

— 7.873, 9.11.89, DOU 10.11.89, LTr 53/1409, que criou a 18ª Região;

— 8.219, 29.8.91, DOU 30.8.91, LTr 55-9/1142, que criou a 19ª Região;

— 8.233, 10.9.91, DOU 11.9.91, LTr 55-10/1268, que criou a 20ª Região;

— 8.215, 25.7.91, DOU 26.7.91, LTr 55-8/1016, que criou a 21ª Região;

— 8.221, 5.9.91, DOU 6.9.91, LTr 55-10/1266, que criou a 22ª Região;

— 8.430, 8.6.92, DOU 9.6.92, LTr 56-06/699, que criou a 23ª Região;

— 8.431, 9.6.92, DOU 10.6.92, LTr 56-06/701, que criou a 24ª Região.

— 7.911, 7.12.89, DOU 11.12.89, LTr 53-12/1439, que alterou a composição da 4ª Região;

— 7.962, 21.12.89, DOU 22.12.89, LTr 54-1/91, que alterou a redação do inciso VII do art. 33 da Lei 7.729, de 16.1.89;

— 8.217, 27.8.91, DOU 28.8.91, LTr 55-9/1135, que alterou a composição da 8ª Região;

— 8.471, 7.10.92, DOU 8.10.92, LTr 45-11/1399, que alterou a composição da 6ª Região;

— 8.473, 19.10.92, DOU 20.10.92, LTr 56-11/1402, que alterou a composição da 15ª Região;

— 8.474, 20 10.92, DOU 21.10.92, LTr 56-11/1403, que alterou a composição da 10ª Região;

— 8.480, 7.11.92, DOU 11.11.92, LTr 56-12/1463, que alterou a composição da 2ª Região;

— 8.491, 20.11.92, DOU 21.11.92, LTr 56-12/1467, que alterou a composição da 4ª Região;

— 8.492, 20.11.92, DOU 21.11.92, LTr 56-12/1470, que alterou a composição da 9ª Região;

— 8.493, 20.11.92, DOU 21.11.92, LTr 56-12/1468, que alterou a composição da 5ª Região;

— 8.497, 26.11.92, DOU 27.11.92, LTr 56-12/1472, que alterou a composição do TRT da 3ª Região;

— 8.531, 15.12.92, DOU 16.12.92, LTr 56-1/126, que alterou a composição do TRT da 1ª Região;

— 8.621, 8.1.93, DOU 11.1.93, LTr 56-2/248, que alterou a composição do TRT da 12ª Região;

— 8.947, 8.12.94, DOU 9.12.94, Supl. Trab. LTr 183/1053, que alterou a composição do TRT da 8ª Região.

— v. CF, arts. 112 a 116, p. 38

§ 1º (Vetado).

§ 2º Nos Tribunais Regionais constituídos de seis ou mais juízes togados, e menos de onze, um deles será escolhido dentre advogados, um dentre membros do Ministério Público da União junto à Justiça do Trabalho e os demais dentre juízes do Trabalho, Presidentes da Vara da respectiva Região na forma prevista no parágrafo anterior.

— v. CF, art. 115, p. 38

§ 3º (Vetado).

§ 4º Os juízes classistas referidos neste artigo representarão, paritariamente, empregadores e empregados.

§ 5º Haverá um suplente para cada juiz classista.

§ 6º Os Tribunais Regionais, no respectivo regimento interno, disporão sobre a substituição de seus juízes, observados, na convocação de juízes inferiores, os critérios de livre escolha e antiguidade, alternadamente.

§ 7º Dentre os seus juízes togados, os Tribunais Regionais elegerão os respectivos Presidente e Vice-Presidente, assim como os Presidentes de Turmas, onde as houver.

§ 8º Os Tribunais Regionais da 1ª e 2ª Regiões dividir-se-ão em turmas, facultada essa divisão aos constituídos de, pelo menos, doze juízes. Cada turma se comporá de três juízes togados e dois classistas, um representante dos empregados e outro dos empregadores.

— v. L. n. 5.879, 23.5.73, DOU 24.5.73, LTr 37/563, que fixa normas para promoção de Juízes Presidentes de Vara

Art. 671 Para os trabalhos dos Tribunais Regionais existe a mesma incompatibilidade prevista no art. 648, sendo idêntica a forma de sua resolução.

Art. 672 Os Tribunais Regionais, em sua composição plena, deliberarão com a presença, além do Presidente, da metade e mais um do número de seus juízes, dos quais, no mínimo, um representante dos empregados e o outro dos empregadores.

§ 1º As Turmas somente poderão deliberar presentes, pelo menos, três dos seus juízes, entre eles os dois classistas. Para a integração desse *quorum*, poderá o presidente de uma Turma convocar juízes de outra, da classe a que pertencer o ausente ou impedido.

§ 2º Nos Tribunais Regionais, as decisões tomar-se-ão pelo voto da maioria dos juízes presentes, ressalvada, no Tribunal Pleno, a hipótese de declaração de inconstitucionalidade de lei ou ato do poder público (art. 97 da CF/88).

§ 3º O Presidente do Tribunal Regional, excetuada a hipótese de declaração de inconstitucionalidade de lei ou ato do poder público, somente terá voto de desempate. Nas sessões administrativas, o Presidente votará como os demais juízes, cabendo-lhe, ainda, o voto de qualidade.

§ 4º No julgamento de recursos contra a decisão ou despacho do Presidente, do Vice-Presidente ou do Relator, ocorrendo empate, prevalecerá a decisão ou despacho recorrido. *(Redação art. e §§, L. n. 5.442, 24.5.68, DOU 28.5 e 4.6.68, LTr 32/349)*

Art. 673 A ordem das sessões dos Tribunais Regionais será estabelecida no respectivo regimento interno.

Seção II
DA JURISDIÇÃO E COMPETÊNCIA
(V. CF, art. 112) (V. CF, art. 114, I a IX)

Art. 674 Para efeito da jurisdição dos Tribunais Regionais, o território nacional é dividido em vinte e quatro regiões seguintes:

— v. art. 670

1ª Região — Estado do Rio de Janeiro;
2ª Região — Estado de São Paulo;
3ª Região — Estado de Minas Gerais;
4ª Região — Estado do Rio Grande do Sul;
5ª Região — Estado da Bahia;
6ª Região — Estado de Pernambuco;
7ª Região — Estado do Ceará;
8ª Região — Estado do Pará e Território Federal do Amapá;
9ª Região — Estado do Paraná;
10ª Região — Distrito Federal;
11ª Região — Estado do Amazonas e Território Federal de Roraima;
12ª Região — Estado de Santa Catarina;
13ª Região — Estado da Paraíba;
14ª Região — Estados de Rondônia e Acre;
15ª Região — Campinas, Estado de São Paulo;
16ª Região — Estado do Maranhão;
17ª Região — Estado do Espírito Santo;
18ª Região — Estado de Goiás;
19ª Região — Estado de Alagoas;
20ª Região — Estado de Sergipe;
21ª Região — Estado do Rio Grande do Norte;
22ª Região — Estado do Piauí;
23ª Região — Estado de Mato Grosso;
24ª Região — Estado de Mato Grosso do Sul.

PARÁGRAFO ÚNICO. Os Tribunais têm sede nas cidades: Rio de Janeiro (1ª Região), São Paulo (2ª Região), Belo Horizonte (3ª Região), Porto Alegre (4ª Região), Salvador (5ª Região), Recife (6ª Região), Fortaleza (7ª Região), Belém (8ª Região), Curitiba (9ª Região), Brasília (10ª Região), Manaus (11ª Região), Florianópolis (12ª Região), João Pessoa (13ª Região), Porto Velho (14ª Região), Campinas (15ª Região), São Luís (16ª Região), Vitória (17ª Região), Goiânia (18ª Região), Maceió (19ª Região), Aracaju (20ª Região), Natal (21ª Região), Teresina (22ª Região), Cuiabá (23ª Região), Campo Grande (24ª Região).

— L. n. 5.839, 5.12.72, DOU 6.12.72, LTr 37/01, que deu nova redação ao art. 674 da CLT;
— LC n. 20, 1.7.74, DOU 1.7.74, que unificou os Estados de Guanabara e Rio de Janeiro, a partir de 15.3.75;
— L. n. 6.241, 22.9.75, DOU 24.9.75, LTr 39/1181, que criou a 9ª Região;
— LC n. 31, 11.10.77, DOU 12.10.77, que criou o Estado de Mato Grosso do Sul, pelo desmembramento do Estado de Mato Grosso;
— L. n. 6.915, 1.6.81, DOU 2.6.81, LTr 45/673, que criou a 11ª Região;
— L. n. 6.927, 7.7.81, DOU 8.7.81, LTr 45/873, que criou a 10ª Região;
— L. n. 6.928, 7.7.81, DOU 8.7.81, LTr 45/876, que criou a 12ª Região;
— LC n. 41, 22.12.81, DOU 23.12.81, que criou o Estado de Rondônia;
— L. n. 7.324, 18.6.85, DOU 19.6.85, LTr 49/882, que criou a 13ª Região;
— L. n. 7.523, 17.7.86, DOU 18.7.86, LTr 50/1001, que criou a 14ª Região;
— L. n. 7.520, 15.7.86, DOU 16.7.86, LTr 50/1005, que criou a 15ª Região;
— L. n. 7.671, 21.9.88, DOU 22.9.88, LTr 52/1241, que criou a 16ª Região;
— L. n. 7.872, 8.11.89, DOU 10.11.89, LTr 53/1414, que criou a 17ª Região;
— L. n. 7.873, 9.11.89, DOU 10.11.89, LTr 53/1409, que criou a 18ª Região;
— L. n. 8.219, 29.8.91, DOU 30.8.91, LTr 55-9/1142, que criou a 19ª Região;
— L. n. 8.233, 10.9.91, DOU 11.9.91, LTr 55-10/1268, que criou a 20ª Região;
— L. n. 8.215, 25.7.91, DOU 26.7.91, LTr 55-8/1016, que criou a 21ª Região;
— L. n. 8.221, 5.9.91, DOU 6.9.91, LTr 55-10/1266, que criou a 22ª Região;
— L. n. 8.430, 8.6.92, DOU 9.6.92, LTr 56-06/699, que criou a 23ª Região;
— L. n. 8.431, 9.6.92, DOU 10.6.92, LTr 56-06/701, que criou a 24ª Região.

Art. 675 Revogado pela L. n. 5.442, 24.5.68, DOU 28.5 e 4.6.68, LTr 32/349.

Art. 676 O número de regiões, a jurisdição e a categoria dos Tribunais Regionais estabelecidos nos artigos anteriores, somente podem ser alterados pelo Presidente da República.

— v. CF, art. 112, p. 38

Art. 677 A competência dos Tribunais Regionais determina-se pela forma indicada no art. 651 e seus parágrafos e, nos casos de dissídio coletivo, pelo local onde este ocorrer.

⚖ TST: Súm. ns. 192, 420, OJ SDI-2 n. 7, Prec Normativo n. 10; STF: Súm. n. 433; STJ: Súm. ns. 3, 180, 225, 236

Art. 678 Aos Tribunais Regionais, quando divididos em Turmas, compete:(*)

I — ao Tribunal Pleno, especialmente:

a) processar, conciliar e julgar originariamente os dissídios coletivos;

b) processar e julgar originariamente:

1) as revisões de sentenças normativas;

2) a extensão das decisões proferidas em dissídios coletivos;

3) os mandados de segurança;

⚖ TST: Súm. n. 425, OJ SDI-2 n. 155; STF: Súm. n. 433

4) as impugnações à investidura de vogais e seus suplentes nas Varas do Trabalho;

c) processar e julgar em última instância:

1) os recursos das multas impostas pelas Turmas;

2) as ações rescisórias das decisões das Varas do Trabalho, dos juízes de direito investidos na jurisdição trabalhista, das Turmas e de seus próprios acórdãos;

⚖ TST: Súm. ns. 192, 194, OJ SDI-2 ns. 7, 155, 157, 158; STF: Súm. ns. 252, 338, 343, 514

3) os conflitos de jurisdição entre as suas Turmas, os juízes de direito investidos na jurisdição trabalhista, as Varas do Trabalho ou entre aqueles e estas;

(*) *Há Tribunais Regionais (ex.: 2ª, 3ª e 15ª), que funcionam com Seções Especializadas e Órgãos Especiais, além de Turmas, conforme previsão legal.*

CLT

d) julgar em única ou última instância:

1) os processos e os recursos de natureza administrativa atinentes aos seus serviços auxiliares e respectivos servidores;

STF: Súm. n. 20

2) as reclamações contra atos administrativos de seu presidente ou de qualquer de seus membros, assim como dos juízes de primeira instância e de seus funcionários;

STF: Súm. ns. 433, 505

II — às Turmas:

a) julgar os recursos ordinários previstos no art. 895, alínea *a*;

STJ: Súm. n. 225

b) julgar os agravos de petição e de instrumento, estes de decisões denegatórias de recursos de sua alçada;

TST: Súm. n. 435

c) impor multas e demais penalidades relativas a atos de sua competência jurisdicional, e julgar os recursos interpostos das decisões das Varas e dos Juízes de Direito que as impuserem.

PARÁGRAFO ÚNICO. Das decisões das Turmas não caberá recurso para o Tribunal Pleno, exceto no caso do item I, alínea *c*, inciso 1, deste artigo. *(Redação art. e §§, L. n. 5.442, 24.5.68, DOU 28.5 e 4.6.68, LTr 32/349)*(**)

Art. 679 Aos Tribunais Regionais não divididos em Turmas, compete o julgamento das matérias a que se refere o artigo anterior, exceto a de que trata o inciso 1 da alínea c do item I, como os conflitos de jurisdição entre Turmas. *(Redação L. n. 5.442, 24.5.68, DOU 28.5 e 4.6.68, LTr 32/349)*

Art. 680 Compete, ainda, aos Tribunais Regionais ou suas Turmas(**):

a) determinar às Varas e aos juízes de direito a realização dos atos processuais e diligências necessárias ao julgamento dos feitos sob sua apreciação;

b) fiscalizar o cumprimento de suas próprias decisões;

c) declarar a nulidade dos atos praticados com infração de suas decisões;

d) julgar as suspeições arguidas contra seus membros;

e) julgar as exceções de incompetência que lhes forem opostas;

f) requisitar às autoridades competentes as diligências necessárias ao esclarecimento dos feitos sob apreciação, representando contra aquelas que não atenderem a tais requisições;

g) exercer, em geral, no interesse da Justiça do Trabalho, as demais atribuições que decorram de sua jurisdição. *(Redação deste art., L. n. 5.442, 24.5.68, DOU 28.5 e 4.6.68, LTr 32/349)*

(**) A L. n. 7.119, 30.8.83, DOU 31.8.83, dispõe: ...

Art. 4º Os Tribunais do Trabalho compostos de 4 (quatro) ou mais Turmas serão obrigatoriamente divididos em Grupos de Turmas.

§ 1º Na composição dos Grupos de Turmas será respeitada, sempre, a paridade da representação de empregados e empregadores.

§ 2º Os Juízes classistas que não integrarem a composição efetiva dos Grupos de Turmas funcionarão como substitutos em quaisquer delas.

§ 3º Os Grupos de Turmas terão a competência atualmente atribuída ao Tribunal Pleno, excluída a apreciação de matéria de natureza administrativa, que continuará reservada ao Tribunal Pleno.

Art. 5º O Presidente do Grupo de Turmas será um dos seus membros efetivos, eleito entre seus pares, na forma do que dispõe a Lei Orgânica da Magistratura Nacional e o Regimento Interno do Tribunal Regional respectivo.

Art. 6º Os Grupos de Turmas funcionarão com a presença de, no mínimo, a metade mais um do número de Juízes que os compõem.(Os parágrafos 1º e 2º desta lei foram revogados pela Emenda Constitucional n. 24, de 9.12.99 que extinguiu a representação classista.

Seção III
DOS PRESIDENTES DOS TRIBUNAIS REGIONAIS

Art. 681 Os presidentes e vice-presidentes dos Tribunais Regionais do Trabalho tomarão posse perante os respectivos Tribunais. *(Redação L. n. 6.320, 5.4.76, DOU 7.4.76, LTr 40/529)*

Art. 682 Competem privativamente aos presidentes dos Tribunais Regionais, além das que forem conferidas neste e no título e das decorrentes do seu cargo as seguintes atribuições:

TST: OJ T. Pleno n. 10, 12

I — revogado pela L. n. 5.442, 24.5.68, DOU 28.5 e 4.6.68, LTr 32/349;

II — designar os vogais das Varas e seus suplentes;

III — dar posse aos presidentes de Varas e presidentes substitutos, aos vogais e suplentes e funcionários do próprio Tribunal e conceder férias e licenças aos mesmos e aos vogais e suplentes das Varas;

IV — presidir às sessões do Tribunal;

V — presidir às audiências de conciliação nos dissídios coletivos;

VI — executar suas próprias decisões e as proferidas pelo Tribunal;

VII — convocar suplentes dos juízes do Tribunal, nos impedimentos destes;

VIII — representar ao presidente do Tribunal Superior do Trabalho contra os Presidentes, Vogais e Juízes representantes classistas nos casos previstos no art. 727 e seu parágrafo único;

IX — despachar os recursos interpostos pelas partes;

TST: Súm. n. 285, 390

X — requisitar às autoridades competentes, nos casos de dissídio coletivo, a força necessária, sempre que houver ameaça de perturbação da ordem;

XI — exercer correição, pelo menos uma vez por ano, sobre as Varas ou parcialmente, sempre que se fizer necessário, e solicitá-la, quando julgar conveniente, ao presidente do Tribunal de Justiça, relativamente aos juízes de Direito investidos na administração da Justiça do Trabalho;

XII — distribuir os feitos, designando os juízes que os devem relatar;

XIII — designar, dentre os funcionários do Tribunal e das Varas existentes em uma mesma localidade, o que deve exercer a função de distribuidor;

XIV — assinar as folhas de pagamento dos juízes e servidores do Tribunal.

§ 1º Na falta ou impedimento do presidente da Vara e do substituto da mesma localidade, é facultado ao presidente do Tribunal Regional designar substituto de outra localidade, observada a ordem de antiguidade entre os substitutos desimpedidos.

§ 2º Na falta ou impedimento do vogal da Vara e do respectivo suplente, é facultado ao presidente do Tribunal Regional designar suplente de outra Vara, respeitada a categoria profissional ou econômica do representante e a ordem de antiguidade dos suplentes desimpedidos. *(Redação deste art. e §§ DL n. 8.737, 19.1.46, DOU 21 e 30.1.46, LTr 10/30 e DL n. 9.797, 9.9.46, DOU 11.9.46, LTr 10/260)*

§ 3º Na falta ou impedimento de qualquer juiz representante classista e seu respectivo suplente, é facultado ao presidente do Tribunal Regional designar um dos vogais de Vara para funcionar nas sessões do Tribunal, respeitada a categoria profissional ou econômica do representante. *(§ acrescentado pela L. n. 3.440, 27.8.58, DOU 30.8.58)*

Art. 683 Na falta ou impedimento dos presidentes dos Tribunais Regionais, e como auxiliares destes, sempre que necessário, funcionarão seus substitutos.

§ 1º Nos casos de férias, por trinta dias, licença, morte ou renúncia, a convocação competirá diretamente ao presidente do Tribunal Superior do Trabalho.

§ 2º Nos demais casos, mediante convocação do próprio presidente do Tribunal ou comunicação do secretário deste, o presidente substituto assumirá imediatamente o exercício, ciente o presidente do Tribunal Superior do Trabalho. *(Redação deste art. e §§, DL n. 8.737, 19.1.46, DOU 21 e 30.1.46, LTr 10/30)*

Seção IV
DOS JUÍZES REPRESENTANTES CLASSISTAS DOS TRIBUNAIS REGIONAIS

(Ver Emenda Constitucional n. 24, de 9.12.99, DOU 10.12.99)

Art. 684 Os juízes representantes classistas dos Tribunais Regionais são designados pelo Presidente da República.

PARÁGRAFO ÚNICO. Aos juízes representantes classistas dos empregados e dos empregadores, nos Tribunais Regionais, aplicam-se as disposições do art. 661. *(A L. n. 5.442, 24.5.68, DOU 28.5 e 4.6.68, LTr 32/349, revogou o § 2º e renumerou o § 1º)*

Art. 685 A escolha dos juízes e suplentes dos Tribunais Regionais, representantes dos empregadores e empregados, é feita dentre os nomes constantes das listas para esse fim encaminhadas ao presidente do Tribunal Superior do Trabalho pelas associações sindicais de grau superior com sede nas respectivas regiões.

§ 1º Para o efeito deste artigo, o Conselho de Representantes de cada associação sindical de grau superior, na ocasião determinada pelo presidente do Tribunal Superior do Trabalho, organizará, por maioria de votos, uma lista de três nomes.

§ 2º O presidente do Tribunal Superior do Trabalho submeterá os nomes constantes das listas ao Presidente da República, por intermédio do Ministro da Justiça. *(Redação deste §, L. n. 2.244, 23.6.54, DOU 30.6.54)*

Art. 686 Suprimido pelo DL n. 9.797, 9.9.46, DOU 11.9.46, LTr 10/260.

Art. 687 Os juízes representantes classistas dos Tribunais Regionais tomam posse perante o respectivo presidente.

Art. 688 Aos juízes representantes classistas dos Tribunais Regionais aplicam-se as disposições do art. 663, sendo a nova escolha feita dentre os nomes constantes das listas a que se refere o art. 685 e, bem assim, as dos arts. 665 e 667.

Art. 689 Por sessão a que comparecerem, até o máximo de quinze por mês, perceberão os juízes representantes classistas e suplentes dos Tribunais Regionais a gratificação fixada em lei.

PARÁGRAFO ÚNICO. Os juízes representantes classistas que retiverem processos além dos prazos estabelecidos no regimento interno dos Tribunais Regionais, sofrerão, automaticamente, na gratificação mensal a que teriam direito, desconto equivalente a 1/30 por processo retido. *(Redação DL n. 8.737, 19.1.46, DOU 21 e 30.1.46, LTr 10/30)*

Capítulo V
DO TRIBUNAL SUPERIOR DO TRABALHO

(V. CF, arts. 111, 111-A e 114)
(V. Lei n. 7.701/88, p. 310)

⚖ TST: Súm. n. 190

Seção I
DISPOSIÇÕES PRELIMINARES

Art. 690 O Tribunal Superior do Trabalho, com sede na Capital da República e jurisdição em todo o território nacional, é a instância suprema da Justiça do Trabalho.

PARÁGRAFO ÚNICO. O Tribunal funciona na plenitude de sua composição ou dividido em turmas, com observância da paridade de representação de empregados e empregadores. *(Redação § L. n. 2.244, 23.6.54, DOU 30.6.54)*

Arts. 691 e 692 Suprimidos pelo DL n. 8.737, 19.1.46, DOU 21 e 30.1.46, LTr 10/30.

Seção II
DA COMPOSIÇÃO E FUNCIONAMENTO DO TRIBUNAL SUPERIOR DO TRABALHO

— v. CF, art. 111, p. 37

Art. 693 O Tribunal Superior do Trabalho compõe-se de vinte e sete juízes, com a denominação de Ministros, sendo:

a) dezessete togados e vitalícios, nomeados pelo Presidente da República, depois de aprovada a escolha pelo Senado Federal, dentre brasileiros natos, maiores de trinta e cinco anos, de notável saber jurídico e reputação ilibada;

b) dez classistas, com mandato de três anos, em representação paritária dos empregadores e dos empregados, nomeados pelo Presidente da República, de conformidade com o disposto nos §§ 2º e 3º deste artigo. *(Redação art. e alíneas L. n. 5.442, 24.5.68, DOU 28.5 e 4.6.68, LTr 32/349)*

§ 1º Dentre os juízes togados do Tribunal Superior do Trabalho, alheios aos interesses profissionais, serão eleitos o presidente, o vice-presidente e o corregedor, além dos presidentes das turmas, na forma estabelecida em seu regimento interno.

§ 2º V. art. 111 da CF/88, p. 37.

§ 3º V. art. 111 da CF/88, p. 37.

— ver arts. 111 a 116 da CF, já alterados com a Emenda Constitucional n. 24, de 9.12.99, DOU 10.12.99

Art. 694 V. art. 111, § 1º da CF/88, p. 37.

Art. 695 Suprimido pelo DL n. 9.797, 9.9.46, DOU 11.9.46, LTr 10/260.

Art. 696 Importará em renúncia o não comparecimento do membro do Tribunal, sem motivo justificado, a mais de três sessões ordinárias consecutivas. *(Redação DL n. 8.737, 19.1.46, DOU 21 e 30.1.46, LTr 10/30)*

§ 1º Ocorrendo hipótese prevista neste artigo, o presidente do tribunal comunicará imediatamente o fato ao Ministro da Justiça, a fim de que seja feita a substituição do juiz renunciante, sem prejuízo das sanções cabíveis.

— v. LC n. 35, de 14.3.79

§ 2º Para os efeitos do parágrafo anterior, a designação do substituto será feita dentre os nomes constantes das listas de que trata o § 2º do art. 693. *(Redação §§ 1º e 2º, L. n. 2.244, 23.6.54, DOU 30.6.54)*

Art. 697 Em caso de licença, superior a trinta dias, ou de vacância, enquanto não for preenchido o cargo, os Ministros

CLT

do Tribunal poderão ser substituídos mediante convocação de Juízes, de igual categoria, de qualquer dos Tribunais Regionais do Trabalho, na forma que dispuser o Regimento do Tribunal Superior do Trabalho. *(Redação L. n. 6.289, 11.12.75, DOU 12.12.75, LTr 40/73)*

Art. 698 Suprimido pelo DL n. 8.737, 19.1.46, DOU 21 e 30.1.46, LTr 10/30.

Art. 699 O Tribunal Superior do Trabalho não pode-rá deliberar, na plenitude de sua composição, senão com a presença de, pelo menos, nove de seus juízes, além do presidente.

— v. L. n. 7.701/88, p. 310

PARÁGRAFO ÚNICO. As Turmas do Tribunal, compostas de 5 (cinco) juízes, só poderão deliberar com a presença de, pelo menos, três de seus membros, além do respectivo presidente, cabendo também a este funcionar como relator ou revisor nos feitos que lhe forem distribuídos, conforme estabelecer o regimento interno. *(Redação art. e § L. n. 2.244, 23.6.54, DOU 30.6.54)*

— v. L. n. 7.701/88, p. 310

Art. 700 O Tribunal reunir-se-á em dias previamente fixados pelo presidente, o qual poderá, sempre que for necessário, convocar sessões extraordinárias. *(Redação DL n. 8.737, 19.1.46, DOU 21 e 30.1.46, LTr 10/30, combinado com DL n. 9.797, 9.9.46, DOU 11.9.46, LTr 10/260)*

— v. CF, art. 96, I, *a*

Art. 701 As sessões do Tribunal serão públicas e começarão às 14 horas, terminando às 17 horas, mas poderão ser prorrogadas pelo presidente em caso de manifesta necessidade.

§ 1º As sessões extraordinárias do Tribunal só se realizarão quando forem comunicadas aos seus membros com 24 horas, no mínimo, de antecedência.

§ 2º Nas sessões do Tribunal os debates poderão tornar-se secretos, desde que, por motivos de interesse público, assim resolver a maioria de seus membros. *(Redação DL n. 8.737, 19.1.46, DOU 21 e 30.1.46, LTr 10/30)*

Seção III
DA COMPETÊNCIA DO TRIBUNAL PLENO

Art. 702 Ao Tribunal Pleno compete: *(Redação dada pela Lei n. 2.244, de 23.6.1954) (Vide Lei 7.701, de 1988)*

I — em única instância: *(Redação dada pela Lei n. 2.244, de 23.6.1954)*

a) decidir sobre matéria constitucional, quando arguido, para invalidar lei ou ato do poder público; *(Redação dada pela Lei n. 2.244, de 23.6.1954)*

b) conciliar e julgar os dissídios coletivos que excedam a jurisdição dos Tribunais Regionais do Trabalho, bem como estender ou rever suas próprias decisões normativas, nos casos previstos em lei; *(Redação dada pela Lei n. 2.244, de 23.6.1954)*

c) homologar os acordos celebrados em dissídios de que trata a alínea anterior; *(Redação dada pela Lei n. 2.244, de 23.6.1954)*

d) julgar os agravos dos despachos do presidente, nos casos previstos em lei; *(Redação dada pela Lei n. 2.244, de 23.6.1954)*

e) julgar as suspeições arguidas contra o presidente e demais juízes do Tribunal, nos feitos pendentes de sua decisão; *(Redação dada pela Lei n. 2.244, de 23.6.1954)*

f) estabelecer ou alterar súmulas e outros enunciados de jurisprudência uniforme, pelo voto de pelo menos dois terços de seus membros, caso a mesma matéria já tenha sido decidida de forma idêntica por unanimidade em, no mínimo, dois terços das turmas em pelo menos dez sessões diferentes em cada uma delas, podendo, ainda, por maioria de dois terços de seus membros, restringir os efeitos daquela declaração ou decidir que ela só tenha eficácia a partir de sua publicação no Diário Oficial; *(Redação dada pela Lei n. 13.467, de 13.7.2017, DOU 14.7.2017, com vigência a partir de 11.11.2017)*

g) aprovar tabelas de custas emolumentos, nos termos da lei; *(Redação dada pela Lei n. 2.244, de 23.6.1954)*

h) elaborar o Regimento Interno do Tribunal e exercer as atribuições administrativas previstas em lei, ou decorrentes da Constituição Federal.

II — em última instância: *(Redação dada pela Lei n. 2.244, de 23.6.1954)*

a) julgar os recursos ordinários das decisões proferidas pelos Tribunais Regionais em processos de sua competência originária; *(Redação dada pela Lei n. 2.244, de 23.6.1954)*

b) julgar os embargos opostos às decisões de que tratam as alíneas "b" e "c" do inciso I deste artigo; *(Redação dada pela Lei n. 2.244, de 23.6.1954)*

c) julgar embargos das decisões das Turmas, quando esta divirjam entre si ou de decisão proferida pelo próprio Tribunal Pleno, ou que forem contrárias à letra de lei federal; *(Redação dada pelo Decreto-lei n. 229, de 28.2.1967)*

d) julgar os agravos de despachos denegatórios dos presidentes de turmas, em matéria de embargos na forma estabelecida no regimento interno; *(Redação dada pela Lei n. 2.244, de 23.6.1954)*

e) julgar os embargos de declaração opostos aos seus acordãos. *(Redação dada pela Lei n. 2.244, de 23.6.1954)*

§ 1º Quando adotada pela maioria de dois terços dos juízes do Tribunal Pleno, a decisão proferida nos embargos de que trata o inciso II, alínea "c", deste artigo, terá força de prejulgado, nos termos dos §§ 2º e 3º, do art. 902. *(Parágrafo incluído pela Lei n. 2.244, de 23.6.1954)*

Nota: O art. 902, da CLT, foi revogado pela Lei n. 7.033, de 5.10.82, DOU 6.10.82.

§ 2º É da competência de cada uma das turmas do Tribunal: *(Parágrafo incluído pela Lei n. 2.244, de 23.6.1954)*

a) julgar, em única instância, os conflitos de jurisdição entre Tribunais Regionais do Trabalho e os que se suscitarem entre juízes de direito ou juntas de conciliação e julgamento de regiões diferentes; *(Alínea incluída pela Lei n. 2.244, de 23.6.1954)*

b) julgar, em última instância, os recursos de revista interpostos de decisões dos Tribunais Regionais e das Juntas de Conciliação e julgamento ou juízes de dirieto, nos casos previstos em lei; *(Alínea incluída pela Lei n. 2.244, de 23.6.1954)*

c) julgar os agravos de instrumento dos despachos que denegarem a interposição de recursos ordinários ou de revista; *(Alínea incluída pela Lei n. 2.244, de 23.6.1954)*

d) julgar os embargos de declaração opostos aos seus acordaos; *(Alínea incluída pela Lei n. 2.244, de 23.6.1954)*

e) julgar as habilitações incidentes e arguições de falsidade, suspeição e outras nos casos pendentes de sua decisão. *(Alínea incluída pela Lei n. 2.244, de 23.6.1954)*

§ 3º As sessões de julgamento sobre estabelecimento ou alteração de súmulas e outros enunciados de jurisprudência deverão ser públicas, divulgadas com, no mínimo, trinta dias de antecedência, e deverão possibilitar a sustentação oral pelo Procurador-Geral do Trabalho, pelo Conselho Federal da Ordem dos Advogados do Brasil, pelo Advogado-Geral da União e por confederações sindicais ou entidades de classe de âmbito nacional. *(Incluído pela Lei n. 13.467, de 13.7.2017, DOU 14.7.2017, com vigência a partir de 11.11.2017)*

§ 4º O estabelecimento ou a alteração de súmulas e outros enunciados de jurisprudência pelos Tribunais Regionais do Trabalho deverão observar o disposto na alínea f do inciso I e no § 3º deste artigo, com rol equivalente de legitimados para sustentação oral, observada a abrangência de sua circunscrição judiciária. (NR) *(Incluído pela Lei n. 13.467, de 13.7.2017, DOU 14.7.2017, com vigência a partir de 11.11.2017)*

Seção IV
DA COMPETÊNCIA DA CÂMARA DE JUSTIÇA DO TRABALHO

Arts. 703 a 705 Suprimidos pelo DL n. 8.737, 19.1.46, DOU 21 e 30.1.46, LTr 10/30.

Seção V
DA COMPETÊNCIA DA CÂMARA DE PREVIDÊNCIA SOCIAL

Art. 706 Suprimido pelo DL n. 8.737, 19.1.46, DOU 21 e 30.1.46, LTr 10/30.

Seção VI
DAS ATRIBUIÇÕES DO PRESIDENTE DO TRIBUNAL SUPERIOR DO TRABALHO
(V. CF/88, ART. 96, I, A)

Art. 707 Compete ao presidente do Tribunal:

a) presidir às sessões do Tribunal, fixando os dias para a realização das sessões ordinárias e convocando as extraordinárias;

b) superintender todos os serviços do Tribunal;

c) expedir instruções e adotar as providências necessárias para o bom funcionamento do Tribunal e dos demais órgãos da Justiça do Trabalho;

d) fazer cumprir as decisões originárias do Tribunal, determinando aos Tribunais Regionais e aos demais órgãos da Justiça do Trabalho a realização dos atos processuais e das diligências necessárias;

e) submeter ao Tribunal os processos em que tenha de deliberar e designar, na forma do regimento interno, os respectivos relatores;

f) despachar os recursos interpostos pelas partes e os demais papéis em que deva deliberar;

g) determinar as alterações que se fizerem necessárias na lotação do pessoal da Justiça do Trabalho, fazendo remoções *ex officio* de servidores entre os Tribunais Regionais, Varas do Trabalho e outros órgãos, bem como conceder as requeridas que julgar convenientes ao serviço, respeitada a lotação de cada órgão;

h) conceder licenças e férias aos servidores do Tribunal, bem como impor-lhes as penas disciplinares que excederem da alçada das demais autoridades;

i) dar posse e conceder licença aos membros do Tribunal, bem como conceder licenças e férias aos presidentes dos Tribunais Regionais;

j) apresentar ao Ministro do Trabalho, até 31 de março de cada ano, o relatório das atividades do Tribunal e dos demais órgãos da Justiça do Trabalho.

Considerando que o TST integra o Poder Judiciário, não está mais o seu Presidente obrigado a remeter relatório de espécie alguma ao Ministério do Trabalho. V. Regimento Interno do TST

PARÁGRAFO ÚNICO. O presidente terá um secretário, por ele designado dentre os funcionários lotados no Tribunal, e será auxiliado por servidores designados nas mesmas condições. *(Redação DL n. 8.737, 19.1.46, DOU 21 e 30.1.46, LTr 10/30, de acordo com o DL n. 9.797, 9.9.46, DOU 11.9.46, LTr 10/260)*

Seção VII
DAS ATRIBUIÇÕES DO VICE-PRESIDENTE

Art. 708 Compete ao vice-presidente do Tribunal:

a) substituir o presidente e o corregedor em suas faltas e impedimentos;

b) suprimida pela L. n. 2.244, 23.6.54, DOU 30.6.54.

PARÁGRAFO ÚNICO. Na ausência do presidente e do vice-presidente, será o Tribunal presidido pelo juiz togado mais antigo, ou pelo mais idoso quando igual a antiguidade. *(Redação L. n. 2.244, 23.6.54, DOU 30.6.54)*

Seção VIII
DAS ATRIBUIÇÕES DO CORREGEDOR

Art. 709 Compete ao Corregedor, eleito dentre os Ministros togados do Tribunal Superior do Trabalho:

⚖ TST Pleno: OJ n. 5

I — exercer funções de inspeção e correição permanente com relação aos Tribunais Regionais e seus Presidentes;

II — decidir reclamações contra os atos atentatórios da boa ordem processual praticados pelos Tribunais Regionais e seus presidentes, quando inexistir recurso específico;

III — revogado pela L. n. 5.442, 24.5.68, DOU 28.5 e 4.6.68, LTr 32/349.

§ 1º Das decisões proferidas pelo Corregedor, nos casos do artigo, caberá o agravo regimental, para o Tribunal Pleno.

⚖ TST: OJ SDI-1 n. 412

§ 2º O Corregedor não integrará as Turmas do Tribunal, mas participará, com voto, das sessões do Tribunal Pleno, quando não se encontrar em correição ou em férias, embora não relate nem revise processos, cabendo-lhe, outrossim, votar em incidente de inconstitucionalidade, nos processos administrativos e nos feitos em que estiver vinculado por visto anterior à sua posse na Corregedoria. *(Redação deste artigo e § 1º, DL n. 229, 28.2.67, DOU 28.2.67, LTr 31/137, § 2º L. n. 7.121, 8.9.83, DOU 9.9.83, LTr 47-10/1274)*

Capítulo VI
DOS SERVIÇOS AUXILIARES DA JUSTIÇA DO TRABALHO

(V. CF, art. 93, XIV, p. 32)

Seção I
DA SECRETARIA DAS VARAS DO TRABALHO

Art. 710 Cada Vara terá uma secretaria, sob a direção de funcionário que o presidente designar, para exercer a função de chefe de secretaria, e que receberá, além dos vencimentos correspondentes ao seu padrão, a gratificação de função fixada em lei. *(Redação DL n. 8.737, 19.1.46, DOU 21 e 30.1.46, LTr 10/30, alterado pela L. n. 409, 25.9.48, DOU 1.10.48)*

Art. 711 Compete à secretaria das Varas:

a) o recebimento, a autuação, o andamento, a guarda e a conservação dos processos e outros papéis que lhe forem encaminhados;

b) a manutenção do protocolo de entrada e saída dos processos e demais papéis;

c) o registro das decisões;

d) a informação, às partes interessadas e seus procuradores, do andamento dos respectivos processos, cuja consulta lhes facilitará;

e) a abertura de vista dos processos às partes, na própria secretaria;

f) a contagem das custas devidas pelas partes, nos respectivos processos;

⚖ TST: OJ SDI-1 Trans. n. 74

g) o fornecimento de certidões sobre o que constar dos livros ou do arquivamento da secretaria;

h) a realização das penhoras e demais diligências processuais;

i) o desempenho dos demais trabalhos que lhe forem cometidos pelo presidente da Vara, para melhor execução dos serviços que lhe estão afetos.

Art. 712 Compete especialmente aos chefes de secretaria das Varas do Trabalho.

CLT

a) superintender os trabalhos da secretaria velando pela boa ordem do serviço;

b) cumprir e fazer cumprir as ordens emanadas do presidente e das autoridades superiores;

c) submeter a despacho e assinatura do Presidente o expediente e os papéis que devem ser por ele despachados e assinados;

d) abrir a correspondência oficial dirigida à Vara e ao seu Presidente, a cuja deliberação será submetida;

e) tomar por termo as reclamações verbais nos casos de dissídios individuais;

f) promover o rápido andamento dos processos, especialmente na fase de execução, e a pronta realização dos atos e diligências deprecadas pelas autoridades superiores;

g) secretariar as audiências da Vara, lavrando as respectivas atas;

TST: Súm. n. 30

h) subscrever as certidões e os termos processuais;

i) dar aos litigantes ciência das reclamações e demais atos processuais de que devam ter conhecimento, assinando as respectivas notificações;

j) executar os demais trabalhos que lhe forem atribuídos pelo Presidente da Vara.

PARÁGRAFO ÚNICO. Os serventuários que, sem motivo justificado, não realizarem os atos, dentro dos prazos fixados, serão descontados em seus vencimentos, em tantos dias quantos os do excesso. *(Redação DL n. 8.737, 19.1.46, DOU 21 e 30.1.46, LTr 10/30, combinado com a L. n. 409, 25.9.48, DOU 1º.10.48)*

Seção II

DOS DISTRIBUIDORES

(V. CF, art. 93, XV, p. 32)

Art. 713 Nas localidades em que existir mais de uma Vara do Trabalho haverá um distribuidor.

Art. 714 Compete ao distribuidor:

a) a distribuição, pela ordem rigorosa de entrada, e sucessivamente a cada Vara, dos feitos que, para esse fim, lhe forem apresentados pelos interessados;

b) o fornecimento, aos interessados, do recibo correspondente a cada feito distribuído;

c) a manutenção de dois fichários dos feitos distribuídos, sendo um organizado pelos nomes dos reclamantes e o outro dos reclamados, ambos por ordem alfabética;

d) o fornecimento a qualquer pessoa que o solicite, verbalmente ou por certidão, de informações sobre os feitos distribuídos;

e) a baixa na distribuição dos feitos, quando isto lhe for determinado pelos Presidentes das Varas, formando, com as fichas correspondentes, fichários à parte, cujos dados poderão ser consultados pelos interessados, mas não serão mencionados em certidões.

Art. 715 Os distribuidores são designados pelo Presidente do Tribunal Regional, dentre os funcionários das Varas e do Tribunal Regional, existentes na mesma localidade, e ao mesmo Presidente diretamente subordinados.

Seção III

DO CARTÓRIO DOS JUÍZOS DE DIREITO

(V. CF, art. 112, p. 38)

Art. 716 Os cartórios dos Juízos de Direito, investidos na administração da Justiça do Trabalho têm, para esse fim, as mesmas atribuições e obrigações conferidas na Seção I às Secretarias das Varas do Trabalho.

PARÁGRAFO ÚNICO. Nos Juízos em que houver mais de um cartório, far-se-á entre eles a distribuição alternada e sucessiva das reclamações.

Art. 717 Aos escrivães dos Juízos de Direito, investidos na administração da Justiça do Trabalho, competem especialmente as atribuições e obrigações dos chefes de Secretaria das Varas; e aos demais funcionários dos cartórios, as que couberem nas respectivas funções, dentre as que competem às secretarias das Varas, enumeradas no art. 711.

Seção IV

DAS SECRETARIAS DOS TRIBUNAIS REGIONAIS

Art. 718 Cada Tribunal Regional tem uma secretaria, sob a direção do funcionário designado para exercer a função de secretário, com a gratificação de função fixada em lei. *(Redação DL n. 8.737, 19.1.46, DOU 21 e 30.1.46, LTr 10/30, combinado com DL n. 9.797, 9.9.46, DOU 11.9.46, LTr 10/260)*

Art. 719 Competem à Secretaria dos Tribunais além das atribuições estabelecidas no art. 711, para a secretaria das Varas, mais as seguintes:

a) a conclusão dos processos ao Presidente e sua remessa, depois de despachados, aos respectivos relatores;

b) a organização e a manutenção de um fichário de jurisprudência do Tribunal, para consulta dos interessados.

PARÁGRAFO ÚNICO. No regimento interno dos Tribunais Regionais serão estabelecidas as demais atribuições, o funcionamento e a ordem dos trabalhos de suas secretarias.

Art. 720 Competem aos Secretários dos Tribunais Regionais as mesmas atribuições conferidas no art. 712 aos Chefes de Secretaria das Varas, além das que lhes forem fixadas no regimento interno dos Tribunais. *(Redação de acordo L. n. 409, 25.9.48, DOU 1.10.48)*

Seção V

DOS OFICIAIS DE JUSTIÇA E OFICIAIS DE JUSTIÇA AVALIADORES

Art. 721 Incumbe aos Oficiais de Justiça e Oficiais de Justiça Avaliadores da Justiça do Trabalho a realização dos atos decorrentes da execução dos julgados das Varas do Trabalho e dos Tribunais Regionais do Trabalho, que lhes forem cometidos pelos respectivos Presidentes.

§ 1º Para efeito de distribuição dos referidos atos, cada Oficial de Justiça ou Oficial de Justiça Avaliador funcionará perante uma Vara do Trabalho, salvo quando da existência nos Tribunais Regionais do Trabalho, de órgão específico, destinado à distribuição de mandados judiciais.

§ 2º Nas localidades onde houver mais de uma Vara, respeitado o disposto no parágrafo anterior, a atribuição para o cumprimento do ato deprecado ao Oficial de Justiça ou Oficial de Justiça Avaliador será transferida a outro Oficial, sempre que, após o decurso de 9 (nove) dias, sem razões que o justifiquem, não tiver sido cumprido o ato, sujeitando-se o serventuário às penalidades da lei.

§ 3º No caso de avaliação, terá o Oficial de Justiça Avaliador, para cumprimento do ato, o prazo previsto no art. 888.

§ 4º É facultado aos Presidentes dos Tribunais Regionais do Trabalho cometer a qualquer Oficial de Justiça ou Oficial de Justiça Avaliador a realização dos atos de execução das decisões desses Tribunais.

§ 5º Na falta ou impedimento do Oficial de Justiça ou Oficial de Justiça Avaliador, o Presidente da Vara poderá atribuir a realização do ato a qualquer serventuário. *(Redação art. e §§, L. n. 5.442, 24.5.68, DOU 28.5 e 4.6.68, LTr 32/349)*

Capítulo VII
DAS PENALIDADES

Seção I
DO "LOCKOUT" E DA GREVE

— v. CF, art. 9º, p. 16

— v. L. n. 7.783/89, p. 265

Art. 722 Os empregadores que, individual ou coletivamente, suspenderem os trabalhos dos seus estabelecimentos, sem prévia autorização do tribunal competente, ou que violarem, ou se recusarem a cumprir decisão proferida em dissídio coletivo, incorrerão nas seguintes penalidades:

a) multa de 100 a 1.000 valores de referência regionais. *(Redação L. n. 6.205, 29.4.75 c/c art. 7º, L. n. 6.986, 13.4.82)*

TST: Súm. n. 189, OJ SDC ns. 5, 10, 11, 38, Prec. Normativo n. 29; STF: Súm. n. 316, Súm. Vinculante n. 23

— v. Nota do art. 47

b) perda do cargo de representação profissional em cujo desempenho estiverem;

c) suspensão, pelo prazo de dois anos a cinco anos, do direito de serem eleitos para cargos de representação profissional.

§ 1º Se o empregador for pessoa jurídica, as penas previstas nas alíneas *b* e *c* incidirão sobre os administradores responsáveis.

§ 2º Se o empregador for concessionário de serviço público, as penas serão aplicadas em dobro. Nesse caso, se o concessionário for pessoa jurídica, o Presidente do tribunal que houver proferido a decisão poderá, sem prejuízo do cumprimento desta e da aplicação das penalidades cabíveis, ordenar o afastamento dos administradores responsáveis, sob pena de ser cassada a concessão.

§ 3º Sem prejuízo das sanções cominadas neste artigo, os empregadores ficarão obrigados a pagar os salários devidos aos seus empregados, durante o tempo de suspensão do trabalho.

Art. 723 a 725 Revogados pela Lei n. 9.842,de 7.10.99, DOU 8.10.99.

Seção II
DAS PENALIDADES CONTRA OS MEMBROS DA JUSTIÇA DO TRABALHO

Art. 726 Aquele que recusar o exercício da função de vogal de Vara ou de juiz representante classista de Tribunal Regional, sem motivo justificado, incorrerá nas seguintes penas. *(Redação de acordo com DL n. 9.797, 9.9.46, DOU 11.9.46, LTr 10/260)*

a) sendo representante de empregadores, multa de 2 (dois) a 20 (vinte) valores de referência regionais e suspensão do direito de representação profissional por dois a cinco anos;

— v. Nota do art. 47

b) sendo representante de empregados, multa de 2 (dois) valores de referência regionais e suspensão do direito de representação profissional por dois a cinco anos. *(Redação alíneas "a" e "b" L. n. 6.205, 29.4.75, c/c art. 7º, L. n. 6.986, 13.4.82)*

— v. Nota do art. 47

Art. 727 Os vogais das Varas ou juízes representantes classistas dos Tribunais Regionais, que faltarem a três reuniões ou sessões consecutivas, sem motivo justificado, perderão o cargo além de incorrerem nas penas do artigo anterior.

PARÁGRAFO ÚNICO. Se a falta for de Presidente, incorrerá ele na pena de perda do cargo, além da perda dos vencimentos correspondentes aos dias em que tiver faltado às audiências ou sessões consecutivas.

Art. 728 Aos Presidentes, membros, juízes vogais e funcionários auxiliares da Justiça do Trabalho, aplica-se o disposto no Título XI do Código Penal.

Seção III
DE OUTRAS PENALIDADES

Art. 729 O empregador que deixar de cumprir de-cisão passada em julgado sobre readmissão ou reintegração de empregado, além do pagamento dos salários deste, incorrerá na multa de 1/5 (um quinto) a 1 (um) valor de referência regional por dia, até que seja cumprida a decisão.

§ 1º O empregador que impedir ou tentar impedir que empregado seu sirva como vogal em Tribunal de Trabalho, ou que perante este preste depoimento, incorrerá na multa de 10 (dez) a 100 (cem) valores de referência regionais.

§ 2º Na mesma pena do parágrafo anterior incorrerá o empregador que dispensar seu empregado pelo fato de haver servido como vogal ou prestado depoimento como testemunha, sem prejuízo da indenização que a lei estabeleça. *(Redação art. e § 1º, L. n. 6.205, 29.4.75, c/c art. 7º L. n. 6.986, 13.4.82)*

— v. Nota do art. 47

Art. 730 Aqueles que se recusarem a depor como testemunhas, sem motivo justificado, incorrerão na multa de (um) a 10 (dez) valores de referência regionais. *(Redação L. n. 6.205, 29.4.75, c/c art. 7º, L. n. 6.986, 13.4.82)*

— v. Nota do art. 47

Art. 731 Aquele que tendo apresentado ao distribuidor reclamação verbal, não se apresentar, no prazo estabelecido no parágrafo único do art. 786, à Vara ou Juízo para fazê-la tomar por termo, incorrerá na pena de perda, pelo prazo de seis meses, do direito de reclamar perante a Justiça do Trabalho.

Art. 732 Na mesma pena do artigo anterior incorrerá o reclamante que, por duas vezes seguidas, der causa ao arquivamento de que trata o art. 844.

TST: Súm. n. 268, OJ SDI-1 n. 359

Art. 733 As infrações de disposições deste Título, para as quais não haja penalidades cominadas, serão punidas com multa de 1 (um) a 100 (cem) valores de referência regionais, elevada ao dobro na reincidência. *(Redação L. n. 6.205, 29.4.75, c/c art. 7º, L. n. 6.986, 13.4.82)*

— v. Nota do art. 47

— v. L. n. 7.855, 24.10.89, DOU 25.10.89, LTr 53-12/1.418, p. 555

Capítulo VIII
DISPOSIÇÕES GERAIS

Art. 734 Revogado com o advento da LOPS, L. n. 3.807, 26.8.60, DOU 5.9.60, LTr 24/366, alterada pela L. n. 5.890, 8.6.73, DOU 11.6.73, LTr 37/647;

— v. DL n. 72, 21.11.66, DOU 22.11 e 13.12.66, LTr 31/54, que unificou os Institutos de Previdência

Art. 735 As repartições públicas e as associações sindicais são obrigadas a fornecer aos juízes e Tribunais do Trabalho e à Procuradoria da Justiça do Trabalho as informações e os dados necessários à instrução e ao julgamento dos feitos submetidos à sua apreciação.

PARÁGRAFO ÚNICO. A recusa de informações ou dados a que se refere este artigo, por parte de funcionários públicos, importa na aplicação das penalidades previstas pelo Estatuto dos Funcionários Públicos por desobediência.

— v. L. n. 8.112/90, p. 640

TÍTULO IX
DO MINISTÉRIO PÚBLICO DO TRABALHO(*)

(V. CF, art. 128, I, b, art. 129 e art. 130-A)

Capítulo I
DISPOSIÇÕES GERAIS

Art. 736 O Ministério Público do Trabalho é constituído por agentes diretos do Poder Executivo, tendo por função zelar pela exata observância da Constituição Federal, das leis e demais atos emanados dos poderes públicos, na esfera de suas atribuições.

TST: Súm. ns. 100, VI, 407, OJ SDI-1 ns. 130, 237, 338, 350, OJ-SDI-1 Trans. n. 20; STJ: Súm. ns. 99, 189, 226

PARÁGRAFO ÚNICO. Para o exercício de suas funções, o Ministério Público do Trabalho reger-se-á pelo que estatui esta Consolidação e, na falta de disposição expressa, pelas normas que regem o Ministério Público Federal.

Lei Complementar n. 75/1993

Art. 737 O Ministério Público do Trabalho compõe-se da Procuradoria da Justiça do Trabalho e da Procuradoria da Previdência Social, aquela funcionando como órgão de coordenação entre a Justiça do Trabalho e o Ministério do Trabalho, ambas diretamente subordinadas ao Ministro de Estado. *(Redação DL n. 8.737, 19.1.46, DOU 21 e 30.1.46, LTr 10/30)*

— v. D. n. 40.359, 16.11.56, DOU 16.11.56, LTr 43/930, que aprova o Regulamento do Ministério Público do Trabalho(*)

Art. 738 Revogado pelo art. 196 da Emenda Constitucional n. 1/69.

Art. 739 Não estão sujeitos a ponto os procuradores-gerais e os procuradores.

Capítulo II
DA PROCURADORIA DA JUSTIÇA DO TRABALHO

Seção I
DA ORGANIZAÇÃO

Art. 740 A Procuradoria da Justiça do Trabalho compreende:

a) uma Procuradoria-Geral, que funcionará junto ao Tribunal Superior do Trabalho;

b) vinte e quatro Procuradorias Regionais que funcionarão junto aos Tribunais Regionais do Trabalho — *Redação desta alínea adaptada em face das Leis ns.*

— 6.241, 22.9.75, DOU 24.9.75, LTr 39/1181;

— 6.915, 1º.6.81, DOU 2.6.81, LTr 45/673;

— 6.927, 7.7.81, DOU 8.7.81, LTr 45/873;

— 6.928, 7.7.81, DOU 8.7.81, LTr 45/876;

— 7.324, 18.6.85, DOU 19.6.85, LTr 49/882;

— 7.520, 15.7.86, DOU 16.7.86, LTr 50/1005;

— 7.523, 17.7.86, DOU 18.7.86, LTr 50/1001;

— 7.671, 21.9.88, DOU 22.9.88, LTr 52/1241;

— 7.872, 8.11.89, DOU 10.11.89, LTr 53/1415;

— 7.873, 9.11.89, DOU 10.11.89, LTr 53/1409;

— 8.219, 29.8.91, DOU 30.8.91, LTr 55/1142;

— 8.233, 10.9.91, DOU 11.9.91, LTr 55/1268;

— 8.215, 25.7.91, DOU 26.7.91, LTr 55/1016;

— 8.221, 5.9.91, DOU 6.9.91, LTr 55/1266;

— 8.466, 23.9.92, DOU 24.9.92, LTr 55-10/1275;

— 8.469, 5.10.92, DOU 6.10.92, LTr 56-10/1281;

— 8.470, 5.10.92, DOU 6.10.92, LTr 56-10/1282.

Art. 741 As Procuradorias Regionais são subordinadas diretamente ao procurador-geral.

Art. 742 A Procuradoria-Geral é constituída de um procurador-geral e de procuradores.

PARÁGRAFO ÚNICO. As procuradorias regionais compõem-se de um procurador regional, auxiliado, quando necessário, por procuradores adjuntos.

Art. 743 Haverá, nas procuradorias regionais, substitutos de procurador adjunto ou, quando não houver este cargo, de procurador regional, designados previamente por decreto do Presidente da República, sem ônus para os cofres públicos.

§ 1º O substituto tomará posse perante o respectivo procurador regional, que será autoridade competente para convocá-lo.

§ 2º O Procurador Regional será substituído em suas faltas e impedimentos pelo procurador adjunto, quando houver, e, havendo mais de um, pelo que for por ele designado.

§ 3º O Procurador Adjunto será substituído, em suas faltas e impedimentos, pelo respectivo procurador substituto.

§ 4º Será dispensado, automaticamente, o substituto que não atender à convocação, salvo motivo de doença devidamente comprovada.

§ 5º Nenhum direito ou vantagem terá o substituto além do vencimento do cargo do substituído e somente durante o seu impedimento legal.

Art. 744 A nomeação do Procurador-Geral deverá recair em bacharel em ciências jurídicas e sociais, que tenha exercido, por cinco ou mais anos, cargo de Magistratura ou de Ministério Público, ou a advocacia.

Art. 745 Para a nomeação dos demais procuradores, atender-se-á aos mesmos requisitos estabelecidos no artigo anterior, reduzido a dois anos, no mínimo, o tempo de exercício.

Seção II
DA COMPETÊNCIA DA PROCURADORIA-GERAL

Art. 746 Compete à Procuradoria-Geral da Justiça do Trabalho:

TST: OJ SDI-1 ns. 130, 237, 338, 350, OJ SDI-1 Trans. n. 20; STJ: Súm. ns. 99, 189, 226

a) oficiar, por escrito, em todos os processos e questões de trabalho de competência do Tribunal Superior do Trabalho;

— A L. n. 5.584, 26.6.70, DOU 29.6.70, LTr 34/521, dispõe: "Art. 5º Para exarar parecer, terá o órgão do Ministério Público da União, junto à Justiça do Trabalho, o prazo de 8 (oito) dias, contados da data em que lhe for distribuído o processo".

b) funcionar nas sessões do mesmo Tribunal, opinando verbalmente sobre a matéria em debate e solicitando as requisições de diligências que julgar convenientes, sendo-lhe assegurado o direito de vista do processo em julgamento sempre que for suscitada questão nova, não examinada no parecer exarado;

(*) Ver Lei Complementar n. 75, de 20.5.93 (p. 321), que dispõe sobre a organização, as atribuições e o estatuto do Ministério Público da União.

CLT

c) requerer prorrogação das sessões do Tribunal, quando essa medida for necessária para que se ultime o julgamento;

d) exarar, por intermédio do procurador-geral, o seu "ciente" nos acórdãos do Tribunal;

e) proceder às diligências e inquéritos solicitados pelo Tribunal;

f) recorrer das decisões do Tribunal nos casos previstos em lei;

g) promover, perante o Juízo competente, a cobrança executiva das multas impostas pelas autoridades administrativas e judiciárias do trabalho;

h) representar às autoridades competentes contra os que não cumprirem as decisões do Tribunal;

i) prestar às autoridades do Ministério do Trabalho, as informações que lhe forem solicitadas sobre os dissídios submetidos à apreciação do Tribunal e encaminhar aos órgãos competentes cópia autenticada das decisões que por eles devam ser atendidas ou cumpridas;

j) requisitar de quaisquer autoridades inquéritos, exames periciais, diligências, certidões e esclarecimentos que se tornem necessários no desempenho de suas atribuições;

l) defender a jurisdição dos órgãos da Justiça do Trabalho;

m) suscitar conflitos de jurisdição. *(Redação art. e alíneas, DL n. 8.737, 19.1.46, DOU 21 e 30.1.46, LTr 10/30)*

Seção III

DA COMPETÊNCIA DAS PROCURADORIAS REGIONAIS

Art. 747 Compete às Procuradorias Regionais exercer, dentro da jurisdição do Tribunal Regional respectivo, as atribuições indicadas na Seção anterior.

TST: Súm. n. 407, OJ SDI-1 ns. 130, 237, 338, 350, OJ SDI-1 Trans. n. 20; STJ: Súm. ns. 99, 189, 226

Seção IV

DAS ATRIBUIÇÕES DO PROCURADOR-GERAL

Art. 748 Como chefe da Procuradoria-Geral da Justiça do Trabalho, incumbe ao Procurador-Geral:

a) dirigir os serviços da Procuradoria-Geral, orientar e fiscalizar as procuradorias regionais, expedindo as necessárias instruções;

b) funcionar nas sessões do Tribunal Superior do Trabalho, pessoalmente ou por intermédio do procurador que designar;

c) exarar o seu "ciente" nos acórdãos do Tribunal;

d) designar o procurador que o substitua nas faltas e impedimentos e o chefe da secretaria da Procuradoria;

e) apresentar, até o dia 31 de março, ao Ministro do Trabalho, relatório dos trabalhos da Procuradoria-Geral no ano anterior, com as observações e sugestões que julgar convenientes;

f) conceder férias a procuradores e demais funcionários que sirvam na Procuradoria e impor-lhes penas disciplinares, observada, quanto aos procuradores, a legislação em vigor para o Ministério Público Federal;

— v. Nota ao art. 737

g) funcionar em Juízo, em primeira instância, ou designar os procuradores que o devam fazer;

h) admitir e dispensar o pessoal extranumerário da secretaria e prorrogar o expediente remunerado dos funcionários e extranumerários. *(Redação art. e alíneas, DL n. 8.737, 19.1.46, DOU 21 e 30.1.46, LTr 10/30)*

Seção V

DAS ATRIBUIÇÕES DOS PROCURADORES

Art. 749 Incumbe aos procuradores com exercício na Procuradoria-Geral:

a) funcionar por designação do procurador-geral, nas sessões do Tribunal Superior do Trabalho;

b) desempenhar os demais encargos que lhes forem atribuídos pelo procurador-geral.

PARÁGRAFO ÚNICO. Aos procuradores é facultado, nos processos em que oficiarem, requerer ao procurador-geral as diligências e investigações necessárias. *(Redação art. e §, DL n. 8.737, 19.1.46, DOU 21 e 30.1.46, LTr 10/30)*

Seção VI

DAS ATRIBUIÇÕES DOS PROCURADORES REGIONAIS

Art. 750 Incumbe aos Procuradores Regionais:

a) dirigir os serviços da respectiva Procuradoria;

b) funcionar nas sessões do Tribunal Regional, pessoalmente ou por intermédio do procurador adjunto que designar;

c) apresentar, semestralmente, ao Procurador-Geral, um relatório das atividades da respectiva Procuradoria, bem como dados e informações sobre a administração da Justiça do Trabalho na respectiva região;

d) requerer e acompanhar perante as autoridades administrativas ou judiciárias as diligências necessárias à execução das medidas e providências ordenadas pelo Procurador-Geral;

e) prestar ao Procurador-Geral as informações necessárias sobre os feitos em andamento e consultá-lo nos casos de dúvidas;

f) funcionar em juízo, na sede do respectivo Tribunal Regional;

g) exarar o seu "ciente" nos acórdãos do Tribunal;

h) designar o Procurador que o substitua nas faltas e impedimentos e o secretário da Procuradoria. *(Redação art. e alíneas, DL n. 8.737, 19.1.46, DOU 21 e 30.1.46, LTr 10/30)*

Art. 751 Incumbe aos Procuradores Adjuntos das procuradorias regionais:

a) funcionar, por designação do Procurador Regional, nas sessões do Tribunal Regional;

b) desempenhar os demais encargos que lhes forem atribuídos pelo Procurador Regional. *(Redação art. e alíneas, DL n. 8.737, 19.1.46, DOU 21 e 30.1.46, LTr 10/30)*

Seção VII

DA SECRETARIA

Art. 752 A secretaria da Procuradoria-Geral funcionará sob a direção de um chefe designado pelo procurador--geral e terá o pessoal designado pelo Ministro do Trabalho. *(Redação DL n. 8.737, 19.1.46, DOU 21 e 30.1.46, LTr 10/30)*

Art. 753 Compete à secretaria:

a) receber, registrar e encaminhar os processos ou papéis entrados;

b) classificar e arquivar os pareceres e outros papéis;

c) prestar informações sobre os processos ou papéis sujeitos à apreciação da Procuradoria;

d) executar o expediente da Procuradoria;

e) providenciar sobre o suprimento do material necessário;

f) desempenhar os demais trabalhos que lhe forem cometidos pelo Procurador-Geral para melhor execução dos serviços a seu cargo.

Art. 754 Nas Procuradorias Regionais os trabalhos a que se refere o artigo anterior serão executados pelos funcionários para esse fim designados.

Capítulo III

DA PROCURADORIA DE PREVIDÊNCIA SOCIAL

Seção I

DA ORGANIZAÇÃO

Arts. 755 a 762 Revogados pelo DL n. 72, 21.11.66, DOU 22.11.66 e 13.12.66, LTr 31/54, que criou o INPS, transformando o Conselho Superior da Previdência Social em Conselho de Recursos da Previdência Social.

TÍTULO X
DO PROCESSO JUDICIÁRIO DO TRABALHO

(V. CF, art. 93, 112, 114, I a IX, p. 36/42 e Lei n. 8.984/95, p. 321)

(V. Resolução CSJT n. 185, de 24 de março de 2017, que dispõe sobre a padronização do uso, governança, infraestrutura, gestão do Sistema Processo Judicial Eletrônico (PJe) instalado na Justiça do Trabalho e dá outras providencias. p. 784)

Capítulo I
DISPOSIÇÕES PRELIMINARES

Art. 763 O processo da Justiça do Trabalho, no que concerne aos dissídios individuais e coletivos e à aplicação de penalidades, reger-se-á em todo o território nacional, pelas normas estabelecidas neste Título.

— v. L. n. 5.584/70, p. 305

Art. 764 Os dissídios individuais ou coletivos submetidos à apreciação da Justiça do Trabalho serão sempre sujeitos à conciliação.

§ 1º Para os efeitos deste artigo, os juízes e Tribunais do Trabalho empregarão sempre os seus bons ofícios e persuasão no sentido de uma solução conciliatória dos conflitos.

TST: Súm. ns. 190, 259, 418, OJ SDC n. 34; STF: Súm. n. 57

§ 2º Não havendo acordo, o juízo conciliatório converter-se-á obrigatoriamente em arbitral, proferindo decisão na forma prescrita neste Título.

§ 3º É lícito às partes celebrar acordo que ponha termo ao processo, ainda mesmo depois de encerrado o juízo conciliatório.

TST: Súm. ns. 100, 259, OJ SDC ns. 2, 18, 31, OJ-SDI-2 ns. 94, 132; STJ: Súm. n. 57

Art. 765 Os juízos e Tribunais do Trabalho terão ampla liberdade na direção do processo e velarão pelo andamento rápido das causas, podendo determinar qualquer diligência necessária ao esclarecimento delas.

TST: Súm. n. 418, OJ SDI-2 n. 142, OJ SDC ns. 25, 26

— A L. n. 5.584, 26.6.70, DOU 29.6.70, LTr 34/521, dispõe:

"Art. 4º Nos dissídios de alçada exclusiva das Varas e naqueles em que os empregados ou empregadores reclamarem pessoalmente, o processo poderá ser impulsionado de ofício pelo Juiz".

Art. 766 Nos dissídios sobre estipulação de salários, serão estabelecidas condições que, assegurando justos salários aos trabalhadores, permitam também justa retribuição às empresas interessadas.

TST: Súm. n. 375, OJ SDI-2 n. 39

Art. 767 A compensação, ou retenção, só poderá ser arguida como matéria de defesa. *(Redação DL n. 6.353, 20.3.44, DOU 22.3.44, LTr 8/47)*

TST: Súm. ns. 18, 48, 109, OJ SDI-1 n. 325, 356 OJ SDI-1 Trans. n. 50

Art. 768 Terá preferência em todas as fases processuais o dissídio cuja decisão tiver de ser executada perante o juízo da falência.

TST: Súm. ns. 86, 388; STF: Súm. ns. 227; STJ: Súm. ns. 219

— v. art. 449, CLT

Art. 769 Nos casos omissos, o direito processual comum será fonte subsidiária do direito processual do trabalho, exceto naquilo em que for incompatível com as normas deste Título.

TST: Súm. ns. 74, 263, 353, 387, 393, 394, 397, 400, 405, 407, 408, 415, 421, 435, OJ SDI-1 ns. 255, 310, 371, 378, 392, 421, OJ SDI-2 ns. 12, 34, 41, 54, 78, 101, 107, 124, 136, 146, 157,

— v. art. 15 do CPC/2015 que dispõe:

"Art. 15. Na ausência de normas que regulem processos eleitorais, trabalhistas ou administrativos, as disposições deste Código lhes serão aplicadas supletiva e subsidiariamente."

Capítulo II
DO PROCESSO EM GERAL

Seção I
DOS ATOS, TERMOS E PRAZOS PROCESSUAIS

Art. 770 Os atos processuais serão públicos, salvo quando o contrário determinar o interesse social, e realizar-se-ão nos dias úteis das 6 às 20 horas.

PARÁGRAFO ÚNICO. A penhora poderá realizar-se em domingo ou dia feriado, mediante autorização expressa do juiz ou presidente.

Art. 771 Os atos e termos processuais poderão ser escritos à tinta, datilografados ou a carimbo.

TST: OJ SDI-1 n. 285, OJ SDI-1 Trans. n. 52

Art. 772 Os atos e termos processuais, que devam ser assinados pelas partes interessadas, quando estas, por motivo justificado, não possam fazê-lo, serão firmados a rogo, na presença de duas testemunhas, sempre que não houver procurador legalmente constituído.

Art. 773 Os termos relativos ao movimento dos processos constarão de simples notas, datadas e rubricadas pelos Chefes de Secretaria ou escrivães. *(Redação de acordo L. n. 409, 25.9.48, DOU 1º.10.48)*

TST: OJ SDI-1 ns. 283, 284, 285, 286, 287, OJ SDI-1 Trans. n. 52

Nota: A L. n. 6.563/78 altera a denominação para Diretores da Secretaria.

Art. 774 Salvo disposição em contrário, os prazos previstos neste Título contam-se, conforme o caso, a partir da data em que for feita pessoalmente, ou recebida a notificação, daquela em que for publicado o edital no jornal oficial ou no que publicar o expediente da Justiça do Trabalho, ou, ainda, daquela em que for afixado o edital, na sede da Vara, Juízo ou Tribunal. *(Redação L. n. 2.244, 23.6.54, DOU 30.6.54)*

TST: Súm. ns. 1, 16, 30, 53, 100, 197, 387, OJ SDI-2 n. 146; STF: Súm. ns. 310, 392; STJ: Súm. ns. 106, 117, 429

PARÁGRAFO ÚNICO. Tratando-se de notificação postal, no caso de não ser encontrado o destinatário ou no de recusa de recebimento, o Correio ficará obrigado, sob pena de responsabilidade do servidor, a devolvê-la no prazo de 48 horas, ao Tribunal de origem. *(Redação parágrafo único, DL n. 8.737, 19.1.46, DOU 21 e 30.1.46, LTr 10/30)*

TST: Súm. n. 16; STJ: Súm. n. 216

Art. 775 Os prazos estabelecidos neste Título serão contados em dias úteis, com exclusão do dia do começo e inclusão do dia do vencimento. *(Redação dada pela Lei n. 13.467, de 13.7.2017, DOU 14.7.2017, com vigência a partir de 11.11.2017)*

TST: Súm. ns. 1, 100, OJ SDI-1 ns. 162, 310, OJ-SDI-2 n. 146

§ 1º Os prazos podem ser prorrogados, pelo tempo estritamente necessário, nas seguintes hipóteses: *(Renumerada pela Lei n. 13.467, de 13.467, de 13.7.2017, DOU 14.7.2017, com vigência a partir de 11.11.2017)*

I — quando o juízo entender necessário; *(Incluído pela Lei n. 13.467, de 13.467, de 13.7.2017, DOU 14.7.2017, com vigência a partir de 11.11.2017)*

II — em virtude de força maior, devidamente comprovada. *(Incluído pela Lei n. 13.467, de 13.467, de 13.7.2017, DOU 14.7.2017, com vigência a partir de 11.11.2017)*

§ 2º Ao juízo incumbe dilatar os prazos processuais e alterar a ordem de produção dos meios de prova, adequando-os às necessidades do conflito de modo a conferir maior efetividade à tutela do direito. (NR) *(Incluído pela Lei n. 13.467, de 13.467, de 13.7.2017, DOU 14.7.2017, com vigência a partir de 11.11.2017)*

TST: Súm. ns. 1, 100, 262, 385, 387; STF: Súm. n. 310

Art. 776 O vencimento dos prazos será certificado nos processos pelos escrivães ou chefes de Secretaria. *(Redação de acordo L. n. 409, 25.9.48, DOU 1º.10.48)*

TST: OJ-SDI-1 n. 284

— v. Nota ao art. 773

Art. 777 Os requerimentos e documentos apresentados, os atos e termos processuais, as petições ou razões de recursos e quaisquer outros papéis referentes aos feitos formarão os autos dos processos, os quais ficarão sob a responsabilidade dos escrivães ou chefes de Secretaria. *(Redação de acordo L. n. 409, 25.9.48, DOU 1º.10.48)*

— v. Nota ao art. 773

Art. 778 Os autos dos processos da Justiça do Trabalho não poderão sair dos cartórios ou secretarias, salvo se solicitados por advogado regularmente constituído por qualquer das partes, ou quando tiverem de ser remetidos aos órgãos competentes, em caso de recurso ou requisição. *(Redação L. n. 6.598, 1º.12.78, DOU 5.12.78, LTr 43/91)*

Art. 779 As partes, ou seus procuradores, poderão consultar, com ampla liberdade, os processos nos cartórios ou secretarias.

TST: Súm. n. 435

Art. 780 Os documentos juntos aos autos poderão ser desentranhados somente depois de findo o processo, ficando traslado.

TST: Súm. n. 8

Art. 781 As partes poderão requerer certidões dos processos em curso ou arquivados, as quais serão lavradas pelos escrivães ou chefes de Secretaria. *(Redação de acordo L. n. 409, 25.9.48, DOU 1º.10.48)*

— v. Nota ao art. 773

PARÁGRAFO ÚNICO. As certidões dos processos que correrem em segredo de justiça dependerão de despacho do juiz ou presidente.

Art. 782 São isentos de selo as reclamações, representações, requerimentos, atos e processos relativos à Justiça do Trabalho.

Seção II

DA DISTRIBUIÇÃO

(V. CF, art. 93, XV, p. 36)

Art. 783 A distribuição das reclamações será feita entre as Varas do Trabalho, ou os Juízes de Direito do Cível, nos casos previstos no art. 669, § 1º, pela ordem rigorosa de sua apresentação ao distribuidor, quando o houver.

Art. 784 As reclamações serão registradas em livro próprio, rubricado em todas as folhas pela autoridade a que estiver subordinado o distribuidor.

Art. 785 O distribuidor fornecerá ao interessado um recibo do qual constarão, essencialmente, o nome do reclamante e do reclamado, a data da distribuição, o objeto da reclamação e a Vara ou o Juízo a que coube a distribuição.

Art. 786 A reclamação verbal será distribuída antes de sua redução a termo.

PARÁGRAFO ÚNICO. Distribuída a reclamação verbal, o reclamante deverá, salvo motivo de força maior, apresentar-se no prazo de cinco dias, ao cartório ou à secretaria, para reduzi-la a termo, sob a pena estabelecida no art. 731.

Art. 787 A reclamação escrita deverá ser formulada em duas vias e desde logo acompanhada dos documentos em que se fundar.

TST: Súm. ns. 8, 263

Art. 788 Feita a distribuição, a reclamação será remetida pelo distribuidor à Vara ou Juízo competente, acompanhada do bilhete de distribuição.

Seção III

DAS CUSTAS E EMOLUMENTOS(*)

— v. Instrução Normativa n. 20, de 7.1102, do TST, p. 749

Art. 789 Nos dissídios individuais e nos dissídios coletivos do trabalho, nas ações e procedimentos de competência da Justiça do Trabalho, bem como nas demandas propostas perante a Justiça Estadual, no exercício da jurisdição trabalhista, as custas relativas ao processo de conhecimento incidirão à base de 2% (dois por cento), observado o mínimo de R$ 10,64 (dez reais e sessenta e quatro centavos) e o máximo de quatro vezes o limite máximo dos benefícios do Regime Geral de Previdência Social, e serão calculadas: *(Redação dada pela Lei n. 13.467, de 13.7.2017, DOU 14.7.2017, com vigência a partir de 11.11.2017)*

TST: Súm. ns. 25, 36, 53, 71, 86, OJ SDI-1 ns. 140, OJ SDI-1 Trans. n. 74;

— v. Instrução Normativa n. 20, de 7.11.02, do TST, p. 749

— v. Instrução Normativa n. 23, de 5.8.03, do TST, p. 750

I — quando houver acordo ou condenação, sobre o respectivo valor;

II — quando houver extinção do processo, sem julgamento do mérito, ou julgado totalmente improcedente o pedido, sobre o valor da causa;

III — no caso de procedência do pedido formulado em ação declaratória e em ação constitutiva, sobre o valor da causa;

IV — quando o valor for indeterminado, sobre o que o juiz fixar.

TST: OJ SDI-2 n. 88

(*) Todos os dispositivos desta Seção são da Lei n. 10.537, de 27.8.02, DOU 28.8.02, com vigência depois de 30 (trinta) dias de sua publicação oficial.

§ 1º As custas serão pagas pelo vencido, após o trânsito em julgado da decisão. No caso de recurso, as custas serão pagas e comprovado o recolhimento dentro do prazo recursal.

TST: Súm. ns. 25, 36, 53, 71, 86, 170, OJ SDC n. 27, OJ SDI-1 ns. 33, 71, 140, 155, 158, 217, 409, OJ SDI-1 Trans. ns. 53, OJ SDI-2 ns. 88, 148

§ 2º Não sendo líquida a condenação, o juízo arbitrar-lhe-á o valor e fixará o montante das custas processuais.

TST: OJ SDI-2 n. 88

§ 3º Sempre que houver acordo, se de outra forma não for convencionado, o pagamento das custas caberá em partes iguais aos litigantes.

§ 4º Nos dissídios coletivos, as partes vencidas responderão solidariamente pelo pagamento das custas, calculadas sobre o valor arbitrado na decisão, ou pelo Presidente do Tribunal. (NR) *(Redação do caput, incisos e parágrafos pela Lei n. 10.537, de 27.8.02, DOU 28.8.02)*

TST: OJ SDC n. 27

Art. 789-A No processo de execução são devidas custas, sempre de responsabilidade do executado e pagas ao final, de conformidade com a seguinte tabela:

I — autos de arrematação, de adjudicação e de remição: 5% (cinco por cento) sobre o respectivo valor, até o máximo de R$ 1.915,38 (um mil, novecentos e quinze reais e trinta e oito centavos);

II — atos dos oficiais de justiça, por diligência certificada:

a) em zona urbana: R$ 11,06 (onze reais e seis centavos);

b) em zona rural: R$ 22,13 (vinte e dois reais e treze centavos);

III — agravo de instrumento: R$ 44,26 (quarenta e quatro reais e vinte e seis centavos);

IV — agravo de petição: R$ 44,26 (quarenta e quatro reais e vinte e seis centavos);

V — embargos à execução, embargos de terceiro e embargos à arrematação: R$ 44,26 (quarenta e quatro reais e vinte e seis centavos);

TST: OJ SDI-1 Trans. n. 53

VI — recurso de revista: R$ 55,35 (cinquenta e cinco reais e trinta e cinco centavos);

VII — impugnação à sentença de liquidação: R$ 55,35 (cinquenta e cinco reais e trinta e cinco centavos);

VIII — despesa de armazenagem em depósito judicial por dia: 0,1% (um décimo por cento) do valor da avaliação;

IX — cálculos de liquidação realizados pelo contador do juízo sobre o valor liquidado: 0,5% (cinco décimos por cento) até o limite de R$ 638,46 (seiscentos e trinta e oito reais e quarenta e seis centavos). *(Artigo e incisos acrescentados pela Lei n. 10.537, de 27.8.02, DOU 28.8.02)*

Art. 789-B Os emolumentos serão suportados pelo Requerente, nos valores fixados na seguinte tabela:

I — autenticação de traslado de peças mediante cópia reprográfica apresentada pelas partes — por folha: R$ 0,55 (cinquenta e cinco centavos de real);

TST: OJ SDI-2 n. 91

II — fotocópia de peças — por folha: R$ 0,28 (vinte e oito centavos de real);

III — autenticação de peças — por folha: R$ 0,55 (cinquenta e cinco centavos de real);

IV — cartas de sentença, de adjudicação, de remição e de arrematação — por folha: R$ 0,55 (cinquenta e cinco centavos de real);

V — certidões — por folha: R$ 5,53 (cinco reais e cinquenta e três centavos). *(Artigo e incisos acrescentados pela Lei n. 10.537, de 27.8.02, DOU 28.8.02)*

Art. 790 Nas Varas do Trabalho, nos Juízos de Direito, nos Tribunais e no Tribunal Superior do Trabalho, a forma de pagamento das custas e emolumentos obedecerá às instruções que serão expedidas pelo Tribunal Superior do Trabalho.

§ 1º Tratando-se de empregado que não tenha obtido o benefício da justiça gratuita, ou isenção de custas, o sindicato que houver intervindo no processo responderá solidariamente pelo pagamento das custas devidas.

STF: Súm. n. 223

§ 2º No caso de não pagamento das custas, far-se-á execução da respectiva importância, segundo o procedimento estabelecido no Capítulo V deste Título.

§ 3º É facultado aos juízes, órgãos julgadores e presidentes dos tribunais do trabalho de qualquer instância conceder, a requerimento ou de ofício, o benefício da justiça gratuita, inclusive quanto a traslados e instrumentos, àqueles que perceberem salário igual ou inferior a 40% (quarenta por cento) do limite máximo dos benefícios do Regime Geral de Previdência Social. *(Redação dada pela Lei n. 13.467, de 13.7.2017, DOU 14.7.2017, com vigência a partir de 11.11.2017)*

§ 4º O benefício da justiça gratuita será concedido à parte que comprovar insuficiência de recursos para o pagamento das custas do processo. (NR) *(Incluído pela Lei n. 13.467, de 13.7.2017, DOU 14.7.2017, com vigência a partir de 11.11.2017)*

TST: OJ SDI-1 ns. 269, 304, 331; STJ: Súm n. 481

Art. 790-A São isentos do pagamento de custas, além dos beneficiários de justiça gratuita:

I — a União, os Estados, o Distrito Federal, os Municípios e respectivas autarquias e fundações públicas federais, estaduais ou municipais que não explorem atividade econômica;

TST: Súm. ns. 86, 170, OJ T. Pleno n. 11, OJ SDI-1 ns. 13, 158, 247, OJ SDI-1 Trans. n. 74; STF: Súm. ns. 178, 236;

II — o Ministério Público do Trabalho.

PARÁGRAFO ÚNICO. A isenção prevista neste artigo não alcança as entidades fiscalizadoras do exercício profissional, nem exime as pessoas jurídicas referidas no inciso I da obrigação de reembolsar as despesas judiciais realizadas pela parte vencedora. *(Artigo, incisos e parágrafo único acrescentados pela Lei n. 10.537, de 27.8.02, DOU 28.8.02)*

Art. 790-B A responsabilidade pelo pagamento dos honorários periciais é da parte sucumbente na pretensão objeto da perícia, ainda que beneficiária da justiça gratuita. *(Redação dada pela Lei n. 13.467, de 13.7.2017, DOU 14.7.2017, com vigência a partir de 11.11.2017)*

§ 1º Ao fixar o valor dos honorários periciais, o juízo deverá respeitar o limite máximo estabelecido pelo Conselho Superior da Justiça do Trabalho. *(Incluído pela Lei n. 13.467, de 13.7.2017, DOU 14.7.2017, com vigência a partir de 11.11.2017)*

§ 2º O juízo poderá deferir parcelamento dos honorários periciais. *(Incluído pela Lei n. 13.467, de 13.7.2017, DOU 14.7.2017, com vigência a partir de 11.11.2017)*

§ 3º O juízo não poderá exigir adiantamento de valores para realização de perícias. *(Incluído pela Lei n. 13.467, de 13.7.2017, DOU 14.7.2017, com vigência a partir de 11.11.2017)*

§ 4º Somente no caso em que o beneficiário da justiça gratuita não tenha obtido em juízo créditos capazes de suportar a despesa referida no *caput*, ainda que em outro processo, a União responderá pelo encargo. (NR) *(Incluído pela Lei n. 13.467, de 13.7.2017, DOU 14.7.2017, com vigência a partir de 11.11.2017)*

TST: Súm. n. 341, 457, OJ SDI-2 n. 98

CLT

Seção IV

DAS PARTES E DOS PROCURADORES

Art. 791 Os empregados e os empregadores poderão reclamar pessoalmente perante a Justiça do Trabalho e acompanhar as suas reclamações até o final.(*)

TST: Súm. n. 425

§ 1º Nos dissídios individuais os empregados e empregadores poderão fazer-se representar por intermédio do sindicato, advogado, solicitador, ou provisionado, inscrito na Ordem dos Advogados do Brasil.

TST: Súm. ns. 122, 164, 219, 286, 329, 383, 395, 406, 425, 427, 436, 456, OJ SDC n. 19, OJ SDI-1 ns. 286, 318, 319, 371, 374, OJ SDI-1 Trans. n. 65, OJ SDI-2 n. 151; STJ: Súm. ns. 226, 421

— v. CF, art. 133, p. 41

§ 2º Nos dissídios coletivos é facultada aos interessados a assistência por advogado.

TST: Súm. n. 427, OJ SDI-1 n. 421

— v. L. n. 5.584, 26.6.70, p. 305

— v. L. n. 8.906, de 4.7.94, p. 449

§ 3º A constituição de procurador com poderes para o foro em geral poderá ser efetivada, mediante simples registro em ata de audiência, a requerimento verbal do advogado interessado, com anuência da parte representada. (NR) *(Parágrafo acrescentado pela Lei n. 12.437, de 6.7.11, DOU 7.7.11)*

TST: Súm. n. 436

Art. 791-A Ao advogado, ainda que atue em causa própria, serão devidos honorários de sucumbência, fixados entre o mínimo de 5% (cinco por cento) e o máximo de 15% (quinze por cento) sobre o valor que resultar da liquidação da sentença, do proveito econômico obtido ou, não sendo possível mensurá-lo, sobre o valor atualizado da causa. *(Incluído pela Lei n. 13.467, de 13.7.2017, DOU 14.7.2017, com vigência a partir de 11.11.2017)*

§ 1º Os honorários são devidos também nas ações contra a Fazenda Pública e nas ações em que a parte estiver assistida ou substituída pelo sindicato de sua categoria. *(Incluído pela Lei n. 13.467, de 13.7.2017, DOU 14.7.2017, com vigência a partir de 11.11.2017)*

§ 2º Ao fixar os honorários, o juízo observará: *(Incluído pela Lei n. 13.467, de 13.7.2017, DOU 14.7.2017, com vigência a partir de 11.11.2017)*

I — o grau de zelo do profissional;

II — o lugar de prestação do serviço;

III — a natureza e a importância da causa;

IV — o trabalho realizado pelo advogado e o tempo exigido para o seu serviço. *(Incisos incluídos pela Lei n. 13.467, de 13.7.2017, DOU 14.7.2017, com vigência a partir de 11.11.2017)*

§ 3º Na hipótese de procedência parcial, o juízo arbitrará honorários de sucumbência recíproca, vedada a compensação entre os honorários. *(Incluído pela Lei n. 13.467, de 13.7.2017, DOU 14.7.2017, com vigência a partir de 11.11.2017)*

§ 4º Vencido o beneficiário da justiça gratuita, desde que não tenha obtido em juízo, ainda que em outro processo, créditos capazes de suportar a despesa, as obrigações decorrentes de sua sucumbência ficarão sob condição suspensiva de exigibilidade e somente poderão ser executadas se, nos dois anos subsequentes ao trânsito em julgado da decisão que as certificou, o credor demonstrar que deixou de existir a situação de insuficiência de recursos que justificou a concessão de gratuidade, extinguindo-se, passado esse prazo, tais obrigações do beneficiário. *(Incluído pela Lei n. 13.467, de 13.7.2017, DOU 14.7.2017, com vigência a partir de 11.11.2017)*

§ 5º São devidos honorários de sucumbência na reconvenção. *(Incluído pela Lei n. 13.467, de 13.7.2017, DOU 14.7.2017, com vigência a partir de 11.11.2017)*

Art. 792 (REVOGADO) *(Lei n. 13.467, de 13.7.2017, DOU 14.7.2017, com vigência a partir de 11.11.2017*

Art. 793 A reclamação trabalhista do menor de 18 anos será feita por seus representantes legais e, na falta destes, pela Procuradoria da Justiça do Trabalho, pelo sindicato, pelo Ministério Público estadual ou curador nomeado em juízo. (NR) *(Redação dada pela L. n. 10.288, de 20.9.01, DOU 21.9.01)*

TST: Súm. n. 436

Seção IV-A

DA RESPONSABILIDADE POR DANO PROCESSUAL

(Incluído pela Lei n. 13.467, de 13.7.2017, DOU 14.7.2017, com vigência a partir de 11.11.2017)

Art. 793-A Responde por perdas e danos aquele que litigar de má-fé como reclamante, reclamado ou interveniente.

Art. 793-B Considera-se litigante de má-fé aquele que:

I — deduzir pretensão ou defesa contra texto expresso de lei ou fato incontroverso;

II — alterar a verdade dos fatos;

III — usar do processo para conseguir objetivo ilegal;

IV — opuser resistência injustificada ao andamento do processo;

V — proceder de modo temerário em qualquer incidente ou ato do processo;

VI — provocar incidente manifestamente infundado;

VII — interpuser recurso com intuito manifestamente protelatório.

Art. 793-C De ofício ou a requerimento, o juízo condenará o litigante de má-fé a pagar multa, que deverá ser superior a 1% (um por cento) e inferior a 10% (dez por cento) do valor corrigido da causa, a indenizar a parte contrária pelos prejuízos que esta sofreu e a arcar com os honorários advocatícios e com todas as despesas que efetuou.

§ 1º Quando forem dois ou mais os litigantes de má-fé, o juízo condenará cada um na proporção de seu respectivo interesse na causa ou solidariamente aqueles que se coligaram para lesar a parte contrária.

§ 2º Quando o valor da causa for irrisório ou inestimável, a multa poderá ser fixada em até duas vezes o limite máximo dos benefícios do Regime Geral de Previdência Social.

§ 3º O valor da indenização será fixado pelo juízo ou, caso não seja possível mensurá-lo, liquidado por arbitramento ou pelo procedimento comum, nos próprios autos.

Art. 793-D Aplica-se a multa prevista no art. 793-C desta Consolidação à testemunha que intencionalmente alterar a verdade dos fatos ou omitir fatos essenciais ao julgamento da causa.

PARÁGRAFO ÚNICO. A execução da multa prevista neste artigo dar-se-á nos mesmos autos.

(*) *A Lei n. 10.288, de 20.9.01 previa nova redação para este artigo no seguinte teor: "Art. 791. A assistência de advogado será indispensável a partir da audiência de conciliação, se não houver acordo antes da contestação, inclusive nos dissídios coletivos". Entretanto, referida disposição foi vetada pelo Presidente da República.*

Seção V
DAS NULIDADES

Art. 794 Nos processos sujeitos à apreciação da Justiça do Trabalho só haverá nulidade quando resultar dos atos inquinados manifesto prejuízo às partes litigantes.

⚖ TST: Súm. n. 396, 427, OJ SDI-1 ns. 7, 115, 142, OJ SDI-2 n. 158

Art. 795 As nulidades não serão declaradas senão mediante provocação das partes, as quais deverão argui-las à primeira vez em que tiverem de falar em audiência ou nos autos.

⚖ TST: OJ SDI-1 ns. 335, 338, 350, OJ SDI-2 ns. 10, 149; STF: Súm. ns. 22, 23; STJ: Súm. n. 33

§ 1º Deverá, entretanto, ser declarada *ex officio* a nulidade fundada em incompetência de foro. Nesse caso, serão considerados nulos os atos decisórios.

⚖ STJ: Súm. n. 225

§ 2º O juiz ou Tribunal que se julgar incompetente determinará, na mesma ocasião, que se faça remessa do processo, com urgência, à autoridade competente, fundamentando sua decisão.

Art. 796 A nulidade não será pronunciada:

a) quando for possível suprir-se a falta ou repetir-se o ato;

b) quando arguida por quem lhe tiver dado causa.

Art. 797 O juiz ou Tribunal que pronunciar a nulidade declarará os atos a que ela se estende.

Art. 798 A nulidade do ato não prejudicará senão os posteriores que dele dependam ou sejam consequência.

Seção VI
DAS EXCEÇÕES

Art. 799 Nas causas da jurisdição da Justiça do Trabalho, somente podem ser opostas, com suspensão do feito, as exceções de suspeição ou incompetência.

⚖ TST: Súm. n. 100, VIII

§ 1º As demais exceções serão alegadas como matéria de defesa.

⚖ TST: Súm. n. 397

§ 2º Das decisões sobre exceções de suspeição e incompetência, salvo, quanto a estas, se terminativas do feito, não caberá recurso, podendo, no entanto, as partes alegá-las novamente no recurso que couber da decisão final. *(Redação art. e §§, DL n. 8.737, 19.1.46, DOU 21 e 30.1.46, LTr 10/30)*

⚖ TST: Sum. ns. 214, 414

Art. 800 Apresentada exceção de incompetência territorial no prazo de cinco dias a contar da notificação, antes da audiência e em peça que sinalize a existência desta exceção, seguir-se-á o procedimento estabelecido neste artigo. *(Redação dada pela Lei n. 13.467, de 13.7.2017, DOU 14.7.2017, com vigência a partir de 11.11.2017)*

⚖ TST: Súm. n. 100, VIII

§ 1º Protocolada a petição, será suspenso o processo e não se realizará a audiência a que se refere o art. 843 desta Consolidação até que se decida a exceção. *(Incluído pela Lei n. 13.467, de 13.7.2017, DOU 14.7.2017, com vigência a partir de 11.11.2017)*

§ 2º Os autos serão imediatamente conclusos ao juiz, que intimará o reclamante e, se existentes, os litisconsortes, para manifestação no prazo comum de cinco dias. *(Incluído pela Lei n. 13.467, de 13.7.2017, DOU 14.7.2017, com vigência a partir de 11.11.2017)*

§ 3º Se entender necessária a produção de prova oral, o juízo designará audiência, garantindo o direito de o excipiente e de suas testemunhas serem ouvidos, por carta precatória, no juízo que este houver indicado como competente. *(Incluído pela Lei n. 13.467, de 13.7.2017, DOU 14.7.2017, com vigência a partir de 11.11.2017)*

§ 4º Decidida a exceção de incompetência territorial, o processo retomará seu curso, com a designação de audiência, a apresentação de defesa e a instrução processual perante o juízo competente. (NR) *(Incluído pela Lei n. 13.467, de 13.7.2017, DOU 14.7.2017, com vigência a partir de 11.11.2017)*

Art. 801 O juiz, presidente ou vogal, é obrigado a dar-se por suspeito, e pode ser recusado, por algum dos seguintes motivos, em relação à pessoa dos litigantes:

⚖ STF: Súm. n. 252

a) inimizade pessoal;

b) amizade íntima;

c) parentesco por consanguinidade ou afinidade até o terceiro grau civil;

d) interesse particular na causa.

— v. arts. 135 e seg., CPC/1973

— v. arts. 144 e seg., CPC/2015

PARÁGRAFO ÚNICO. Se o recusante houver praticado algum ato pelo qual haja consentido na pessoa do juiz, não mais poderá alegar exceção de suspeição, salvo sobrevindo novo motivo. A suspeição não será também admitida, se do processo constar que o recusante deixou de alegá-la anteriormente, quando já a conhecia, ou que, depois de conhecida, aceitou o juiz recusado ou, finalmente, se procurou de propósito o motivo de que ela se originou.

Art. 802 Apresentada a exceção de suspeição, o juiz ou Tribunal designará audiência, dentro de 48 horas, para instrução e julgamento da exceção.

§ 1º Nas Varas e nos Tribunais Regionais, julgada procedente a exceção de suspeição, será logo convocado, para a mesma audiência ou sessão, ou para a seguinte, o suplente do membro suspeito, o qual continuará a funcionar no feito até decisão final. Proceder-se-á da mesma maneira, quando algum dos membros se declarar suspeito.

§ 2º Se se tratar de suspeição de Juiz de Direito, será este substituído na forma da organização judiciária local.

Seção VII
DOS CONFLITOS DE JURISDIÇÃO
(v. CF, arts. 102, I e 114, V, p. 34 e 38)

Art. 803 Os conflitos de jurisdição podem ocorrer entre:

⚖ TST: Súm. n. 420

a) Varas do Trabalho e Juízes de Direito investidos na administração da Justiça do Trabalho;

b) Tribunais Regionais do Trabalho;

c) Juízos e Tribunais do Trabalho e órgãos da Justiça Ordinária;

⚖ STJ: Súm. ns. 3, 170

d) revogada pelo DL n. 8.737, 19.1.46, DOU 21 e 30.1.46, LTr 10/30.

Art. 804 Dar-se-á conflito de jurisdição:

STJ: Súm. n. 59

a) quando ambas as autoridades se considerarem competentes;

b) quando ambas as autoridades se considerarem incompetentes.

Art. 805 Os conflitos de jurisdição podem ser suscitados:

a) pelos juízes e Tribunais do Trabalho;

b) pelo procurador-geral e pelos procuradores regionais da Justiça do Trabalho;

c) pela parte interessada, ou o seu representante.

Art. 806 É vedado à parte interessada suscitar conflitos de jurisdição quando já houver oposto na causa exceção de incompetência.

TST: Súm. ns. 100, 214

Art. 807 No ato de suscitar o conflito deverá a parte interessada produzir a prova de existência dele.

STJ: Súm. n. 59

Art. 808 Os conflitos de jurisdição de que trata o art. 803 serão resolvidos. *(Redação corrigida pelo DL n. 6.353, 20.3.44, DOU 22.3.44, LTr 8/47):*

TST: Súm. n. 420

a) pelos Tribunais Regionais, os suscitados entre Varas e entre Juízes de Direito, ou entre umas e outras, nas respectivas regiões;

STJ: Súm. n. 3, 10, 180

b) pelo Tribunal Superior do Trabalho, os suscitados entre Tribunais Regionais, ou entre Varas e Juízos de Direito sujeitos à jurisdição de Tribunais Regionais diferentes;

STJ: Súm. n. 236

c) revogada pelo DL n. 9.797, 9.9.46, DOU 11.9.46, LTr 10/260;

d) pelo Supremo Tribunal Federal, os suscitados entre as autoridades da Justiça do Trabalho e as da Justiça Ordinária.

— v. CF, arts. 102, letra *o* e 105 letra *d*

Art. 809 Nos conflitos de jurisdição entre as Varas e os Juízos de Direito observar-se-á o seguinte:

I — o juiz ou presidente mandará extrair dos autos as provas do conflito e, com a sua informação, remeterá o processo assim formado, no mais breve prazo possível, ao presidente do Tribunal Regional competente;

II — no Tribunal Regional, logo que der entrada o processo, o presidente determinará a distribuição do feito, podendo o relator ordenar imediatamente às Varas e aos Juízos, nos casos de conflito positivo, que sobrestejam o andamento dos respectivos processos, e solicitar, ao mesmo tempo, quaisquer informações que julgue convenientes. Seguidamente, será ouvida a Procuradoria, após o que o relator submeterá o feito a julgamento, na primeira sessão;

III — proferida a decisão será a mesma comunicada, imediatamente, às autoridades em conflito, prosseguindo no foro julgado competente.

Art. 810 Aos conflitos de jurisdição entre os Tribunais Regionais aplicar-se-ão as normas estabelecidas no artigo anterior.

Art. 811 Nos conflitos suscitados na Justiça do Trabalho entre as autoridades desta e os órgãos da Justiça Ordinária, o processo do conflito, formado de acordo com o inciso I do art. 809, será remetido diretamente ao presidente do Supremo Tribunal Federal.

— v. CF, arts. 102, letra *o* e 105, letra *d*

Art. 812 Revogado pelo DL n. 9.797, 9.9.46, DOU 11.9.46, LTr 10/260.

Seção VIII

DAS AUDIÊNCIAS

Art. 813 As audiências dos órgãos da Justiça do Trabalho serão públicas e realizar-se-ão na sede do Juízo ou Tribunal em dias úteis previamente fixados entre 8 e 18 horas, não podendo ultrapassar cinco horas seguidas, salvo quando houver matéria urgente.

§ 1º Em casos especiais, poderá ser designado outro local para a realização das audiências, mediante edital afixado na sede do Juízo ou Tribunal, com a antecedência mínima de 24 horas.

§ 2º Sempre que for necessário, poderão ser convocadas audiências extraordinárias, observado o prazo do parágrafo anterior.

Art. 814 Às audiências deverão estar presentes, comparecendo com a necessária antecedência, os escrivães ou chefes de Secretaria. *(Redação de acordo L. n. 409, 25.9.48, DOU 1º.10.48)*

— v. Nota ao art. 773

Art. 815 À hora marcada, o juiz presidente declarará aberta a audiência, sendo feita pelo chefe de Secretaria ou escrivão a chamada das partes, testemunhas e demais pessoas que devam comparecer. *(Redação de acordo L. n. 409, 25.9.48, DOU 1º.10.48)*

TST: Súm. ns. 9, 74, 122, 197, OJ SDI-1 n. 245

— v. Nota ao art. 773

PARÁGRAFO ÚNICO. Se, até 15 minutos após a hora marcada, o juiz ou presidente não houver comparecido, os presentes poderão retirar-se, devendo o ocorrido constar do livro de registro das audiências.

TST: Súm. 30, OJ SDI-1 n. 245

Art. 816 O juiz ou presidente manterá a ordem nas audiências, podendo mandar retirar do recinto os assistentes que a perturbarem.

Art. 817 O registro das audiências será feito em livro próprio, constando de cada registro os processos apreciados e a respectiva solução, bem como as ocorrências eventuais.

TST: Súm. n. 30

PARÁGRAFO ÚNICO. Do registro das audiências poderão ser fornecidas certidões às pessoas que o requererem.

Seção IX

DAS PROVAS

Art. 818 O ônus da prova incumbe:

TST: Súm. ns. 6, VIII, 16, 74, 212, 217, 254, 299, 338, 385; STF: Súm. 225

— v. art. 373 do CPC/2015
— v. art. 5º, inc. LVI da CF

I — ao reclamante, quanto ao fato constitutivo de seu direito;

II — ao reclamado, quanto à existência de fato impeditivo, modificativo ou extintivo do direito do reclamante. *(Redação do caput e incisos dada pela Lei n. 13.467, de 13.7.2017, DOU 14.7.2017, com vigência a partir de 11.11.2017)*

§ 1º Nos casos previstos em lei ou diante de peculiaridades da causa relacionadas à impossibilidade ou à excessiva dificuldade de cumprir o encargo nos termos deste artigo ou à maior facilidade de obtenção da prova do fato contrário, poderá o juízo atribuir o ônus da prova de modo diverso, desde que o faça por decisão fundamentada, caso em que deverá dar à parte a oportunidade de se desincumbir do ônus que lhe foi atribuído. *(Incluído pela Lei n. 13.467, de 13.7.2017, DOU 14.7.2017, com vigência a partir de 11.11.2017)*

§ 2º A decisão referida no § 1º deste artigo deverá ser proferida antes da abertura da instrução e, a requerimento da parte, implicará o adiamento da audiência e possibilitará provar os fatos por qualquer meio em direito admitido. *(Incluído pela Lei n. 13.467, de 13.7.2017, DOU 14.7.2017, com vigência a partir de 11.11.2017)*

§ 3º A decisão referida no § 1º deste artigo não pode gerar situação em que a desincumbência do encargo pela parte seja impossível ou excessivamente difícil. (NR) *(Incluído pela Lei n. 13.467, de 13.7.2017, DOU 14.7.2017, com vigência a partir de 11.11.2017)*

Art. 819 O depoimento das partes e testemunhas que não souberem falar a língua nacional será feito por meio de intérprete nomeado pelo juiz ou presidente.

§ 1º Proceder-se-á da forma indicada neste artigo, quando se tratar de surdo-mudo, ou de mudo que não saiba escrever.

§ 2º Em ambos os casos de que este artigo trata, as despesas correrão por conta da parte a quem interessar o depoimento.

Art. 820 As partes e testemunhas serão inquiridas pelo juiz ou presidente, podendo ser reinquiridas, por seu intermédio, a requerimento dos vogais, das partes, seus representantes ou advogados.

⚖ TST: Súm. ns. 9, 74

Art. 821 Cada uma das partes não poderá indicar mais de três testemunhas, salvo quando se tratar de inquérito, caso em que esse número poderá ser elevado a seis. *(Redação DL n. 8.737, 19.1.46, DOU 21 e 30.1.46, LTr 10/30)*

Art. 822 As testemunhas não poderão sofrer qualquer desconto pelas faltas ao serviço, ocasionadas pelo seu comparecimento para depor, quando devidamente arroladas ou convocadas.

⚖ TST: Súm. n. 155

Art. 823 Se a testemunha for funcionário civil ou militar, e tiver de depor em hora de serviço, será requisitado ao chefe da repartição para comparecer à audiência marcada.

Art. 824 O juiz ou presidente providenciará para que o depoimento de uma testemunha não seja ouvido pelas demais que tenham de depor no processo.

Art. 825 As testemunhas comparecerão à audiência independentemente de notificação ou intimação.

PARÁGRAFO ÚNICO. As que não comparecerem serão intimadas, *ex officio*, ou a requerimento da parte, ficando sujeitas a condução coercitiva, além das penalidades do art. 730, caso, sem motivo justificado, não atendam à intimação.

Art. 826 É facultado a cada uma das partes apresentar um perito ou técnico *(Revogado implicitamente pela L. n. 5.584, 26.6.70, DOU 29.6.70, LTr 34/521), que dispõe:*

⚖ TST: Súm. n. 341

"Art. 3º Os exames periciais serão realizados por perito único designado pelo Juiz, que fixará o prazo para entrega do laudo.

Parágrafo único. Permitir-se-á a cada parte a indicação de um assistente, cujo laudo terá que ser apresentado no mesmo prazo assinado para o perito, sob pena de ser desentranhado dos autos."

Art. 827 O juiz ou presidente poderá arguir os peritos compromissados ou os técnicos, e rubricará, para ser junto ao processo, o laudo que os primeiros tiverem apresentado.

⚖ TST: OJ SDI-1 ns. 165, 278

Art. 828 Toda testemunha, antes de prestar o compromisso legal, será qualificada, indicando o nome, nacionalidade, profissão, idade, residência, e, quando empregada, o tempo de serviço prestado ao empregador, ficando sujeito, em caso de falsidade, às leis penais.

PARÁGRAFO ÚNICO. Os depoimentos das testemunhas serão resumidos, por ocasião da audiência, pelo chefe de Secretaria da Vara ou funcionário para esse fim designado, devendo a súmula ser assinada pelo presidente do Tribunal e pelos depoentes. *(Redação de acordo com a L. n. 409, 25.9.48, DOU 1º.10.48. A L. n. 5.584, 26.6.70, dispõe no § 3º do art. 2º:*

"§ 3º Quando o valor fixado para a causa, na forma deste artigo, não exceder de 2 (duas) vezes o salário mínimo vigente na sede do Juízo, será dispensável o resumo dos depoimentos, devendo constar da Ata a conclusão da Junta quanto à matéria de fato")

— *v. art. 852-F (rito sumaríssimo)*

Art. 829 A testemunha que for parente até o terceiro grau civil, amigo íntimo ou inimigo de qualquer das partes, não prestará compromisso, e seu depoimento valerá como simples informação.

⚖ TST: Súm. n. 357; STJ: Súm. 165

Art. 830 O documento em cópia oferecido para prova poderá ser declarado autêntico pelo próprio advogado, sob sua responsabilidade pessoal. *(Redação dada pela Lei n. 11.925, de 17.4.09, DOU 17.4.09, Ed. Extra)*

PARÁGRAFO ÚNICO. Impugnada a autenticidade da cópia, a parte que a produziu será intimada para apresentar cópias devidamente autenticadas ou o original, cabendo ao serventuário competente proceder à conferência e certificar a conformidade entre esses documentos. (NR) *(Redação dada pela Lei n. 11.925, de 17.4.09, DOU 17.4.09, Ed. Extra)*

⚖ TST: Súm. ns. 8, 337, 415, OJ SDI-1 ns. 33, 36, 134, 158, 287, OJ SDI-1 Trans. ns. 21, 23, OJ SDI-2 ns. 76, 84, 91; STF: Súm. ns. 259, 290, 291

Seção X
DA DECISÃO E SUA EFICÁCIA

Art. 831 A decisão será proferida depois de rejeitada pelas partes a proposta de conciliação.

PARÁGRAFO ÚNICO. No caso de conciliação, o termo que for lavrado valerá como decisão irrecorrível, salvo para

(*) Os registros com franquia foram extintos com a criação da ECT.

a Previdência Social quanto às contribuições que lhe forem devidas. (NR) *(Redação da Lei n. 10.035, de 25.10.00, DOU 26.10.00)*

TST: Súm. ns. 100, V, 259, 368, 398, 403, II, 418, OJ SDI-1 n. 368, 398, OJ SDI-2 ns. 94, 132, 150

Art. 832 Da decisão deverão constar o nome das partes, o resumo do pedido e da defesa, a apreciação das provas, os fundamentos da decisão e a respectiva conclusão.

TST: Súm. n. 187, 200, 298, 304, 311, 368, 381, 459, OJ SDI-1 n. 376, OJ SDI-2 ns. 103, 144

— v. CF/88, art. 93, IX

§ 1º Quando a decisão concluir pela procedência do pedido, determinará o prazo e as condições para o seu cumprimento.

TST: OJ SDI-1 n. 262, OJ SDI-2 n. 35

§ 2º A decisão mencionará sempre as custas que devam ser pagas pela parte vencida.

TST: Súm. ns. 25, 36; STF: Súm. n. 450

§ 3º As decisões cognitivas ou homologatórias deverão sempre indicar a natureza jurídica das parcelas constantes da condenação ou do acordo homologado, inclusive o limite de responsabilidade de cada parte pelo recolhimento da contribuição previdenciária, se for o caso. (AC) *(Parágrafo acrescentado pela Lei n. 10.035, de 25.10.00, DOU 26.10.00)*

TST: Súm. ns. 368, 401, OJ SDI-1 ns. 363, 368, 376; STF: Súm. n. 688, Súm. Vinculante n. 8; STJ: Súm. ns. 362, 430

§ 4º A União será intimada das decisões homologatórias de acordos que contenham parcela indenizatória, na forma do art. 20 da Lei n. 11.033, de 21 de dezembro de 2004, facultada a interposição de recurso relativo aos tributos que lhe forem devidos. *(Redação dada pela Lei n. 11.457, de 16.3.07 (DOU 19.3.07)*

TST: Súm. n. 368

§ 5º Intimada da sentença, a União poderá interpor recurso relativo à discriminação de que trata o § 3º deste artigo. *(Acrescentado pela Lei n. 11.457, de 16.3.07, DOU 19.3.07)*

§ 6º O acordo celebrado após o trânsito em julgado da sentença ou após a elaboração dos cálculos de liquidação de sentença não prejudicará os créditos da União. *(Acrescentado pela Lei n. 11.457, de 16.3.07, DOU 19.3.07)*

TST: OJ SDI-1 n. 376

§ 7º O Ministro de Estado da Fazenda poderá, mediante ato fundamentado, dispensar a manifestação da União nas decisões homologatórias de acordos em que o montante da parcela indenizatória envolvida ocasionar perda de escala decorrente da atuação do órgão jurídico. (NR) *(Acrescentado pela Lei n. 11.457, de 16.3.07, DOU 19.3.07)*

Art. 833 Existindo na decisão evidentes erros ou enganos de escrita, de datilografia ou de cálculo, poderão os mesmos, antes da execução, ser corrigidos, *ex officio*, ou a requerimento dos interessados ou da Procuradoria da Justiça do Trabalho.

TST: OJ SDI-2 ns. 103, 136

Art. 834 Salvo nos casos previstos nesta Consolidação, a publicação das decisões e sua notificação aos litigantes, ou seus patronos, consideram-se realizadas nas próprias audiências em que forem as mesmas proferidas.

TST: Súm. ns. 30, 197, 299

Art. 835 O cumprimento do acordo ou da decisão far-se-á no prazo e condições estabelecidas.

Art. 836 É vedado aos órgãos da Justiça do Trabalho conhecer de questões já decididas, excetuados os casos expressamente previstos neste Título e a ação rescisória, que será admitida na forma do disposto no Capítulo IV do Título IX da Lei n. 5.869, de 11 de janeiro de 1973 — Código de Processo Civil, sujeita ao depósito prévio de 20% (vinte por cento) do valor da causa, salvo prova de miserabilidade jurídica do autor. (NR) *(Redação dada pela Lei n. 11.495, de 22.6.07, DOU 25.6.07, com entrada em vigor 90 (noventa) dias após a data de sua publicação, art. 2º da mesma Lei)*(*)

TST: Súm. ns. 33, 83, 99, 100, 192, 219, 259, 298, 299, 303, 353, 365, 397, 398, 399, 400, 401, 402, 403, 404, 405, 406, 407, 408, 409, 410, 411, 412, 413, OJ SDI-2 ns. 2, 4, 5, 6, 7, 8, 9, 10, 11, 12, 18, 19, 21, 23, 24, 25, 26, 30, 34, 35, 39, 41, 70, 71, 76, 78, 80, 84, 94, 97, 101, 103, 107, 112, 123, 124, 128, 131, 132, 134, 135, 136, 146, 147, 150, 151, 152, 154, 155, 157, 158; STF: Súm. ns. 249, 252, 264, 268, 304, 338, 343, 514; STJ: Súm. n. 175, 401

PARÁGRAFO ÚNICO. A execução da decisão proferida em ação rescisória far-se-á nos próprios autos da ação que lhe deu origem, e será instruída com o acórdão da rescisória e a respectiva certidão de trânsito em julgado. (NR) *(Parágrafo acrescentado pela MP n. 2.180-35, de 24.8.01, DOU 27.8.01)*

TST: OJ T. Pleno ns. 6, 7, OJ SDI-2 n. 131

Capítulo III
DOS DISSÍDIOS INDIVIDUAIS

Seção I
DA FORMA DE RECLAMAÇÃO E DA NOTIFICAÇÃO

Art. 837 Nas localidades em que houver apenas uma Vara, ou um escrivão do cível, a reclamação será apresentada diretamente à secretaria da Vara, ou ao cartório do Juízo.

STF: Súm. n. 227

Art. 838 Nas localidades em que houver mais de uma Vara ou mais de um Juízo, ou escrivão do cível, a reclamação será, preliminarmente, sujeita à distribuição, na forma do disposto no Capítulo II, Seção II, deste Título.

Art. 839 A reclamação poderá ser apresentada:

a) pelos empregados e empregadores, pessoalmente, ou por seus representantes, e pelos sindicatos de classe;

TST: Súm. ns. 122, 164, 219, 286, 395, 406, 425, OJ SDC n. 19, OJ SDI-1 ns. 7, 75, 110, 121, 200, 255, 286, 304, 318, 319, 348, 349; STJ: Súm. ns. 226, 421

b) por intermédio das Procuradorias Regionais da Justiça do Trabalho.

— v. CF, art. 133, p. 41

— v. L. n. 8.906, de 4.7.94, p. 449

Art. 840 A reclamação poderá ser escrita ou verbal.

§ 1º Sendo escrita, a reclamação deverá conter a designação do juízo, a qualificação das partes, a breve exposição dos fatos de que resulte o dissídio, o pedido, que deverá ser certo, determinado e com indicação de seu valor, a data e a assinatura do reclamante ou de seu representante. *(Redação dada pela Lei n. 13.467, de 13.7.2017, DOU 14.7.2017, com vigência a partir de 11.11.2017)*

TST: Súm. ns. 211, 263, 293, OJ SDI-1 ns. 304, 305, 348; STF: Súm. n. 254; STJ: Súm. n. 318

(*) *Art. 15 da MP n. 2.180-35, de 24.8.01, DOU 27.8.01 — "Aplica-se à ação rescisória o poder geral de cautela de que trata o art. 798 do Código de Processo Civil".*

§ 2º Se verbal, a reclamação será reduzida a termo, em duas vias datadas e assinadas pelo escrivão ou secretário, observado, no que couber, o disposto no § 1º deste artigo. *(Redação dada pela Lei n. 13.467, de 13.7.2017, DOU 14.7.2017, com vigência a partir de 11.11.2017)*

— v. L. n. 8.906/94, p. 449

§ 3º Os pedidos que não atendam ao disposto no § 1º deste artigo serão julgados extintos sem resolução do mérito. (NR) *(Incluído pela Lei n. 13.467, de 13.467, de 13.7.2017, DOU 14.7.2017, com vigência a partir de 11.11.2017)*

Art. 841 Recebida e protocolada a reclamação, o escrivão ou chefe de Secretaria, dentro de 48 horas, remeterá a segunda via da petição ou do termo, ao reclamado, notificando-o ao mesmo tempo, para comparecer à audiência de julgamento, que será a primeira desimpedida, depois de cinco dias. *(Redação de acordo com a L. n. 409, 25.9.48, DOU 1.10.48)*

TST: Súm. n. 122, OJ SDI-1 n. 245, 392; STJ: Súm. n. 117

— v. art. 773

§ 1º A notificação será feita em registro postal com franquia. Se o reclamado criar embaraços ao seu recebimento, ou não for encontrado, far-se-á a notificação por edital, inserto no jornal oficial ou no que publicar o expediente forense, ou, na falta, afixado na sede da Vara ou Juízo.(*)

TST: Súm. n. 16; STJ: Súm. ns. 414, 429

§ 2º O reclamante será notificado no ato da apresentação da reclamação ou na forma do parágrafo anterior.

§ 3º Oferecida a contestação, ainda que eletronicamente, o reclamante não poderá, sem o consentimento do reclamado, desistir da ação. (NR) *(Incluído pela Lei n. 13.467, de 13.467, de 13.7.2017, DOU 14.7.2017, com vigência a partir de 11.11.2017)*

Art. 842 Sendo várias as reclamações e havendo identidade de matéria, poderão ser acumuladas num só processo, se se tratar de empregados da mesma empresa ou estabelecimento.

TST: Súm. ns. 36, 406, OJ SDI-1 n. 188, OJ-TP n. 9; STF: Súm. n. 341, 644

Seção II
DA AUDIÊNCIA DE JULGAMENTO

Art. 843 Na audiência de julgamento deverão estar presentes o reclamante e o reclamado, independentemente do comparecimento de seus representantes, salvo nos casos de Reclamatórias Plúrimas ou Ações de Cumprimento, quando os empregados poderão fazer-se representar pelo Sindicato de sua categoria. *(Redação L. n. 6.667, 3.7.79, DOU 4.7.79, LTr 43/938)*

TST: Súm. ns. 9, 74, 122, 268, 406, 436, 456, OJ SDI-1 ns. 121, 245; STF: Súm. ns. 341, 644

§ 1º É facultado ao empregador fazer-se substituir pelo gerente, ou qualquer outro preposto que tenha conhecimento do fato, e cujas declarações obrigarão o preponente.

TST: Súm. ns. 122, 377; STF: Súm. n. 341

§ 2º Se por doença ou qualquer outro motivo ponderoso, devidamente comprovado, não for possível ao empregado comparecer pessoalmente, poderá fazer-se representar por outro empregado que pertença à mesma profissão, ou pelo seu sindicato.

TST: Súm. n. 122, OJ SDI-1 n. 245

§ 3º O preposto a que se refere o § 1º deste artigo não precisa ser empregado da parte reclamada. (NR) *(Incluído pela Lei n. 13.467, de 13.7.2017, DOU 14.7.2017, com vigência a partir de 11.11.2017)*

Art. 844 O não comparecimento do reclamante à audiência importa o arquivamento da reclamação, e o não comparecimento do reclamado importa revelia, além de confissão, quanto à matéria de fato.

TST: Súm. ns. 9, 74, 122, 268, 377, OJ SDI-1 ns. 152

§ 1º Ocorrendo motivo relevante, poderá o juiz suspender o julgamento, designando nova audiência. *(Renumerado pela Lei n. 13.467, de 13.4.2017, DOU 14.7.2017, com vigência a partir de 11.11.2017)*

§ 2º Na hipótese de ausência do reclamante, este será condenado ao pagamento das custas calculadas na forma do art. 789 desta Consolidação, ainda que beneficiário da justiça gratuita, salvo se comprovar, no prazo de quinze dias, que a ausência ocorreu por motivo legalmente justificável. *(Incluído pela Lei n. 13.467, de 13.7.2017, DOU 14.7.2017, com vigência a partir de 11.11.2017)*

§ 3º O pagamento das custas a que se refere o § 2º é condição para a propositura de nova demanda. *(Incluído pela Lei n. 13.467, de 13.7.2017, DOU 14.7.2017, com vigência a partir de 11.11.2017)*

§ 4º A revelia não produz o efeito mencionado no *caput* deste artigo se: *(Incluído pela Lei n. 13.467, de 13.7.2017, DOU 14.7.2017, com vigência a partir de 11.11.2017)*

I — havendo pluralidade de reclamados, algum deles contestar a ação;

II — o litígio versar sobre direitos indisponíveis;

III — a petição inicial não estiver acompanhada de instrumento que a lei considere indispensável à prova do ato;

IV — as alegações de fato formuladas pelo reclamante forem inverossímeis ou estiverem em contradição com prova constante dos autos. *(Incisos incluídos pela Lei n. 13.467, de 13.7.2017, DOU 14.7.2017, com vigência a partir de 11.11.2017)*

§ 5º Ainda que ausente o reclamado, presente o advogado na audiência, serão aceitos a contestação e os documentos eventualmente apresentados. (NR) *(Incluído pela Lei n. 13.467, de 13.7.2017, DOU 14.7.2017, com vigência a partir de 11.11.2017)*

— v. art. 732

Art. 845 O reclamante e o reclamado comparecerão à audiência acompanhados das suas testemunhas, apresentando, nessa ocasião, as demais provas.

TST: Súm. ns. 8, 74, 357, OJ SDI-1 n. 77

Art. 846 Aberta a audiência, o juiz ou presidente proporá a conciliação.

§ 1º Se houver acordo lavrar-se-á termo, assinado pelo presidente e pelos litigantes, consignando-se o prazo e demais condições para seu cumprimento.

TST: Súm. ns. 100, 259, 418, OJ SDI-1 ns. 94, 132, OJ SDI-2 ns. 94, 132

§ 2º Entre as condições a que se refere o parágrafo anterior, poderá ser estabelecida a de ficar a parte que não cumprir o acordo obrigada a satisfazer integralmente o pedido ou pagar uma indenização convencionada, sem prejuízo do cumprimento do acordo. *(Redação dada pela L. n. 9.022, de 5.4.95, DOU 6.4.95)*

Art. 847 Não havendo acordo, o reclamado terá vinte minutos para aduzir sua defesa, após a leitura da reclamação, quando esta não for dispensada por ambas as partes. *(Redação dada pela L. n. 9.022, de 5.4.95, DOU 6.4.95)*

TST: Súm. n. 418, OJ SDI-1 n. 350

— v. L. n. 5.584/70, p. 305

PARÁGRAFO ÚNICO. A parte poderá apresentar defesa escrita pelo sistema de processo judicial eletrônico até a audiência. (NR) *(Incluído pela Lei n. 13.467, de 13.7.2017, DOU 14.7.2017, com vigência a partir de 11.11.2017)*

Art. 848 Terminada a defesa, seguir-se-á a instrução do processo, podendo o presidente, *ex officio* ou a requerimento de qualquer Juiz temporário, interrogar os litigantes. *(Redação dada pela L. n. 9.022, de 5.4.95, DOU 6.4.95)*

§ 1º Findo o interrogatório, poderá qualquer dos litigantes retirar-se, prosseguindo a instrução com o seu representante.

§ 2º Serão, a seguir, ouvidas as testemunhas, os peritos e os técnicos, se houver.

TST: OJ SDI-1 n. 278

Art. 849 A audiência de julgamento será contínua; mas se não for possível, por motivo de força maior, concluí-la no mesmo dia, o juiz ou presidente marcará a sua continuação para a primeira desimpedida, independentemente de nova notificação.

Art. 850 Terminada a instrução, poderão as partes aduzir razões finais, em prazo não excedente de dez minutos para cada uma. Em seguida, o juiz ou presidente renovará a proposta de conciliação, e não se realizando esta, será proferida a decisão.

TST: OJ-SDI-1 n. 310

PARÁGRAFO ÚNICO. O presidente da Vara, após propor a solução do dissídio, tomará os votos dos juízes classistas e, havendo divergência entre estes, poderá desempatar ou proferir decisão que melhor atenda ao cumprimento da lei e ao justo equilíbrio entre os votos divergentes e ao interesse social.

Art. 851 Os trâmites de instrução e julgamento da reclamação serão resumidos em ata, de que constará, na íntegra, a decisão.

TST: Súm. n. 30; STF: Súm. n. 640

§ 1º Nos processos de exclusiva alçada das Varas, será dispensável a juízo do presidente, o resumo dos depoimentos, devendo constar da ata a conclusão do Tribunal quanto à matéria de fato.

— v. L. n. 5.584/70, p. 305

§ 2º A ata será, pelo presidente ou juiz, junta ao processo, devidamente assinada, no prazo improrrogável de 48 horas, contado da audiência de julgamento, e assinada pelos vogais presentes à mesma audiência. *(Redação e §§, DL n. 8.737, 19.1.46, DOU 21 e 30.1.46, LTr 10/30)*

TST: Súm. n. 30

Art. 852 Da decisão serão os litigantes notificados, pessoalmente ou por seu representante, na própria audiência. No caso de revelia, a notificação far-se-á pela forma estabelecida no § 1º do art. 841.

TST: Súm. ns. 71, 197

Seção II-A

DO PROCEDIMENTO SUMARÍSSIMO

Art. 852-A Os dissídios individuais cujo valor não exceda a quarenta vezes o salário mínimo vigente na data do ajuizamento da reclamação ficam submetidos ao procedimento sumaríssimo.

TST: Súm. ns. 71, OJ SDI-1 n. 260

PARÁGRAFO ÚNICO. Estão excluídas do procedimento sumaríssimo as demandas em que é parte a Administração Pública direta, autárquica e fundacional.

Art. 852-B Nas reclamações enquadradas no procedimento sumaríssimo:

I — o pedido deverá ser certo ou determinado e indicará o valor correspondente.

TST: Súm. ns. 211, 293; STJ: Súm. n. 318

II — não se fará citação por edital, incumbindo ao autor a correta indicação do nome e endereço do reclamado;

STJ: Súm. n. 429

III — a apreciação da reclamação deverá ocorrer no prazo máximo de quinze dias do seu ajuizamento, podendo constar de pauta especial, se necessário, de acordo com o movimento judiciário da Vara do Trabalho.

§ 1º O não atendimento, pelo reclamante, do disposto nos incisos I e II deste artigo importará no arquivamento da reclamação e condenação ao pagamento de custas sobre o valor da causa.

TST: Súm. ns. 268

§ 2º As partes e advogados comunicarão ao juízo as mudanças de endereço ocorridas no curso do processo, reputando-se eficazes as intimações enviadas ao local anteriormente indicado, na ausência de comunicação.

Art. 852-C As demandas sujeitas a rito sumaríssimo serão instruídas e julgadas em audiência única, sob a direção de juiz presidente ou substituto, que poderá ser convocado para atuar simultaneamente com o titular.

Art. 852-D O juiz dirigirá o processo com liberdade para determinar as provas a serem produzidas, considerando o ônus probatório de cada litigante, podendo limitar ou excluir as que considerar excessivas, impertinentes ou protelatórias, bem como para apreciá-las e dar especial valor às regras de experiência comum ou técnica.

Art. 852-E Aberta a sessão, o juiz esclarecerá as partes presentes sobre as vantagens da conciliação e usará os meios adequados de persuasão para a solução conciliatória do litígio, em qualquer fase da audiência.

Art. 852-F Na ata de audiência serão registrados resumidamente os atos essenciais, as afirmações fundamentais das partes e as informações úteis à solução da causa trazidas pela prova testemunhal.

Art. 852-G Serão decididos, de plano, todos os incidentes e exceções que possam interferir no prosseguimento da audiência e do processo. As demais questões serão decididas na sentença.

Art. 852-H Todas provas serão produzidas na audiência de instrução e julgamento, ainda que não requeridas previamente.

TST: Súm. ns. 341

§ 1º Sobre os documentos apresentados por uma das partes manifestar-se-á imediatamente a parte contrária, sem interrupção da audiência, salvo absoluta impossibilidade, a critério do juiz.

§ 2º As testemunhas, até o máximo de duas para cada parte, comparecerão à audiência de instrução e julgamento independentemente de intimação.

§ 3º Só será deferida intimação de testemunha que, comprovadamente convidada, deixar de comparecer. Não comparecendo a testemunha intimada, o juiz poderá determinar sua imediata condução coercitiva.

§ 4º Somente quando a prova do fato o exigir, ou for legalmente imposta, será deferida prova técnica, incumbindo ao Juiz, desde logo, fixar o prazo, o objeto da perícia e nomear perito.

§ 5º (Vetado).

§ 6º As partes serão intimadas a manifestar-se sobre o laudo, no prazo comum de cinco dias.

§ 7º Interrompida a audiência, o seu prosseguimento e a solução do processo dar-se-ão no prazo máximo de trinta dias, salvo motivo relevante justificado nos autos pelo juiz da causa.

Art. 852-I A sentença mencionará os elementos de convicção do juízo, com resumo dos fatos relevantes ocorridos em audiência, dispensado o relatório.

§ 1º O juízo adotará em cada caso a decisão que reputar mais justa e equânime, atendendo aos fins sociais da lei e as exigências do bem comum.

§ 2º (Vetado).

§ 3º As partes serão intimadas da sentença na própria audiência em que prolatada.

Dispositivos (arts. 852-A a 852-I) acrescentados pela Lei n. 9.957, de 12.1.00, (DOU 13.1.00), em vigor 60 dias da data da sua publicação.

Seção III
DO INQUÉRITO PARA APURAÇÃO DE FALTA GRAVE

Art. 853 Para a instauração do inquérito para apuração de falta grave contra empregado garantido com estabilidade, o empregador apresentará reclamação por escrito à Vara ou Juízo de Direito, dentro de 30 dias, contados da data da suspensão do empregado.

TST: Súm. ns. 28, 62, 77, 379, 396, OJ SDI-2 ns. 64, 65, 137; STF: Súm. n. 197

— v. art. 494 da CLT.

Art. 854 O processo do inquérito perante a Vara ou Juízo obedecerá às normas estabelecidas no presente Capítulo, observadas as disposições desta Seção.

Art. 855 Se tiver havido prévio reconhecimento da estabilidade do empregado, o julgamento do inquérito pela Vara ou Juízo não prejudicará a execução para pagamento dos salários devidos ao empregado, até a data da instauração do mesmo inquérito.

Seção IV
DO INCIDENTE DE DESCONSIDERAÇÃO DA PERSONALIDADE JURÍDICA
(INCLUÍDO PELA LEI N. 13.467, DE 13.7.2017, DOU 14.7.2017, COM VIGÊNCIA A PARTIR DE 11.11.2017)

Art. 855-A Aplica-se ao processo do trabalho o incidente de desconsideração da personalidade jurídica previsto nos arts. 133 a 137 da Lei n. 13.105, de 16 de março de 2015 — Código de Processo Civil.

§ 1º Da decisão interlocutória que acolher ou rejeitar o incidente:

I — na fase de cognição, não cabe recurso de imediato, na forma do § 1º do art. 893 desta Consolidação;

II — na fase de execução, cabe agravo de petição, independentemente de garantia do juízo;

III — cabe agravo interno se proferida pelo relator em incidente instaurado originariamente no tribunal.

§ 2º A instauração do incidente suspenderá o processo, sem prejuízo de concessão da tutela de urgência de natureza cautelar de que trata o art. 301 da Lei n. 13.105, de 16 de março de 2015 (Código de Processo Civil).'

CAPÍTULO III-A
DO PROCESSO DE JURISDIÇÃO VOLUNTÁRIA PARA HOMOLOGAÇÃO DE ACORDO EXTRAJUDICIAL

Art. 855-B O processo de homologação de acordo extrajudicial terá início por petição conjunta, sendo obrigatória a representação das partes por advogado.

§ 1º As partes não poderão ser representadas por advogado comum.

§ 2º Faculta-se ao trabalhador ser assistido pelo advogado do sindicato de sua categoria.

Art. 855-C O disposto neste Capítulo não prejudica o prazo estabelecido no § 6º do art. 477 desta Consolidação e não afasta a aplicação da multa prevista no § 8º art. 477 desta Consolidação.

Art. 855-D No prazo de quinze dias a contar da distribuição da petição, o juiz analisará o acordo, designará audiência se entender necessário e proferirá sentença.

Art. 855-E A petição de homologação de acordo extrajudicial suspende o prazo prescricional da ação quanto aos direitos nela especificados.

PARÁGRAFO ÚNICO. O prazo prescricional voltará a fluir no dia útil seguinte ao do trânsito em julgado da decisão que negar a homologação do acordo.

Capítulo IV
DOS DISSÍDIOS COLETIVOS

(V. CF, art. 114, II, §§ 2º e 3º)
(V. arts. 9º a 15 da Lei n. 10.192, de 14.02.01 — DOU 16.2.01, p. 639)
(V. Orientações Jurisprudenciais da SDC, do TST — Índice, p. 1024)
V. Instrução Normativa n. 26 do TST (Resol. n. 120/2003, DJ 9.10.03), que dispõe sobre a faculdade de o Ministro Presidente do Tribunal Superior do Trabalho designar audiência prévia de conciliação, no caso de pedido de efeito suspensivo a recurso ordinário interposto à decisão normativa da Justiça do Trabalho (não publicada nesta obra)

Seção I
DA INSTAURAÇÃO DA INSTÂNCIA

Art. 856 A instância será instaurada mediante representação escrita ao presidente do Tribunal. Poderá ser também instaurada por iniciativa do presidente, ou, ainda, a requerimento da Procuradoria da Justiça do Trabalho, sempre que ocorrer suspensão do trabalho.

TST: Súm. ns. 189, 190, Prec. Normativo ns. 10, 29, OJ SDC n. 3

— v. CF, art. 114, § 2º, p. 38

Art. 857 A representação para instaurar a instância em dissídio coletivo constitui prerrogativa das associações sindicais, excluídas as hipóteses aludidas no art. 856, quando ocorrer suspensão do trabalho. *(Redação DL n. 7.321, 14.2.45, DOU 16.2.45, LTr 19/57)*

TST: Súm. ns. 286, 374, 406, OJ SDC ns. 9, 15, 19, 22, 23, OJ SDI-1 ns. 121, 325; STF: Súm. n. 677

PARÁGRAFO ÚNICO. Quando não houver sindicato representativo da categoria econômica ou profissional, poderá a representação ser instaurada pelas federações correspondentes e, na falta destas, pelas confederações respectivas, no âmbito de sua representação. *(parágrafo acrescentado pela L. n. 2.693, 23.12.55, DOU 29.12.55, LTr 20/54)*

Art. 858 A representação será apresentada em tantas vias quantos forem os reclamados e deverá conter:

a) designação e qualificação dos reclamantes e dos reclamados e a natureza do estabelecimento ou do serviço;

b) os motivos do dissídio e as bases da conciliação.

TST: OJ SDC ns. 3, 5, 7, 9, 32, 35, Prec. Normativo n. 37; STF: Súm. n. 679

Art. 859 A representação dos sindicatos para instauração da instância fica subordinada à aprovação de assembleia, da qual participem os associados interessados na solução do dissídio coletivo, em primeira convocação, por maioria de 2/3 (dois terços) dos mesmos, ou, em segunda convocação, por 2/3 (dois terços) dos presentes. *(Redação DL n. 7.321, 14.2.45, DOU 16.2.45, LTr 19/57, que suprimiu o parágrafo único)*

TST: OJ SDC ns. 8, 19, 23, 28, 29, 35; STF: Súm. n. 629

Seção II

DA CONCILIAÇÃO E DO JULGAMENTO

Art. 860 Recebida e protocolada a representação, e estando na devida forma, o presidente do Tribunal designará a audiência de conciliação, dentro do prazo de dez dias, determinando a notificação dos dissidentes, com observância do disposto no art. 841.

TST: OJ SDC n. 11

PARÁGRAFO ÚNICO. Quando a instância for instaurada *ex officio*, a audiência deverá ser realizada dentro do prazo mais breve possível, após o reconhecimento do dissídio.

Art. 861 É facultado ao empregador fazer-se representar na audiência pelo gerente, ou por qualquer outro preposto que tenha conhecimento do dissídio, e por cujas declarações será sempre responsável.

TST: Súm. n. 377; STF: Súm. n. 341

Art. 862 Na audiência designada, comparecendo ambas as partes ou seus representantes, o presidente do Tribunal as convidará para se pronunciarem sobre as bases da conciliação. Caso não sejam aceitas as bases propostas, o presidente submeterá aos interessados a solução que lhe pareça capaz de resolver o dissídio.

TST: OJ SDC n. 11

Art. 863 Havendo acordo, o presidente o submeterá à homologação do Tribunal na primeira sessão.

TST: Súm. n. 190, OJ SDC ns. 2, 34; STJ: Súm. n. 57

Art. 864 Não havendo acordo, ou não comparecendo ambas as partes ou uma delas, o presidente submeterá o processo a julgamento, depois de realizadas as diligências que entender necessárias e ouvida a Procuradoria. *(Redação de acordo com a DL n. 8.737, 19.1.46, DOU 21 e 30.1.46, LTr 10/30)*

Art. 865 Sempre que, no decorrer do dissídio, houver ameaça de perturbação da ordem, o presidente requisitará à autoridade competente as providências que se tornarem necessárias.

Art. 866 Quando o dissídio ocorrer fora da sede do Tribunal, poderá o presidente, se julgar conveniente, delegar à autoridade local as atribuições de que tratam os arts. 860 e 862. Nesse caso, não havendo conciliação, a autoridade delegada encaminhará o processo ao Tribunal, fazendo exposição circunstanciada dos fatos e indicando a solução que lhe parecer conveniente.

Art. 867 Da decisão do Tribunal serão notificadas as partes, ou seus representantes, em registrado postal, com franquia, fazendo-se outrossim, a sua publicação no jornal oficial para ciência dos demais interessados.

PARÁGRAFO ÚNICO. A sentença normativa vigorará:

TST: Súm. n. 277, Prec. Normativo n. 120

a) a partir da data de sua publicação, quando ajuizado o dissídio após o prazo do art. 616, § 3º, ou, quando não existir acordo, convenção ou sentença normativa em vigor, da data do ajuizamento;

TST: Prec. Normativo n. 82

b) a partir do dia imediato ao termo final de vigência do acordo, convenção ou sentença normativa, quando ajuizado o dissídio no prazo do art. 616, § 3º. *(§ incluído DL n. 424, 21.1.69, DOU 22.1.69, LTr 33/106)*

Seção III

DA EXTENSÃO DAS DECISÕES

Art. 868 Em caso de dissídio coletivo que tenha por motivo novas condições de trabalho, e no qual figure como parte apenas uma fração de empregados de uma empresa, poderá o tribunal competente, na própria decisão, estender tais condições de trabalho, se julgar justo e conveniente, aos demais empregados da empresa que forem da mesma profissão dos dissidentes.

TST: OJ SDC n. 2

PARÁGRAFO ÚNICO. O Tribunal fixará a data em que a decisão deve entrar em execução, bem como o prazo de sua vigência, o qual não poderá ser superior a quatro anos.

TST: Súm. n. 277, OJ SDI-1 Trans. ns. 6, 49, OJ SDI-1 n. 322, Prec. Normativo n. 120; STF: Súm. n. 349

Art. 869 A decisão sobre novas condições de trabalho poderá também ser estendida a todos os empregados da mesma categoria profissional compreendida na jurisdição do Tribunal:

STF: Súm. n. 349

a) por solicitação de um ou mais empregadores, ou de qualquer sindicato destes;

b) por solicitação de um ou mais sindicatos de empregados;

c) ex officio, pelo Tribunal que houver proferido a decisão;

d) por solicitação da Procuradoria da Justiça do Trabalho.

Art. 870 Para que a decisão possa ser estendida, na forma do artigo anterior, torna-se preciso que três quartos dos empregadores e três quartos dos empregados, ou os respectivos sindicatos, concordem com a extensão da decisão.

§ 1º O Tribunal competente marcará prazo, não inferior a trinta nem superior a sessenta dias, a fim de que se manifestem os interessados.

§ 2º Ouvidos os interessados e a Procuradoria da Justiça do Trabalho, será o processo submetido ao julgamento do Tribunal.

Art. 871 Sempre que o Tribunal estender a decisão, marcará a data em que a extensão deva entrar em vigor.

Seção IV
DO CUMPRIMENTO DAS DECISÕES

Art. 872 Celebrado o acordo, ou transitada em julgado a decisão, seguir-se-á o seu cumprimento, sob as penas estabelecidas neste Título.

TST: Sum. n. 397

— v. art. 10 da Lei n. 7.701/88, p. 310

— v. Lei n. 8.984, 7.2.95, p. 321

PARÁGRAFO ÚNICO. Quando os empregadores deixarem de satisfazer o pagamento de salários, na conformidade da decisão proferida, poderão os empregados ou seus sindicatos, independentes de outorga de poderes de seus associados, juntando certidão de tal decisão, apresentar reclamação à Vara ou Juízo competente, observado o processo previsto no Capítulo II deste Título, sendo vedado, porém, questionar sobre a matéria de fato e de direito já apreciada na decisão. *(Redação deste parágrafo, L. n. 2.275, 30.7.54, DOU 2.8.54, LTr 18/273)*

TST: Sum. ns. 246, 286, 350, 384, 397, OJ SDI-1 ns. 188, 277; STJ: Súm. n. 57

Seção V
DA REVISÃO

Art. 873 Decorrido mais de um ano de sua vigência, caberá revisão das decisões que fixarem condições de trabalho, quando se tiverem modificado as circunstâncias que as ditaram, de modo que tais condições se hajam tornado injustas ou inaplicáveis.

Art. 874 A revisão poderá ser promovida por iniciativa do tribunal prolator, da Procuradoria da Justiça do Trabalho, das associações sindicais ou de empregador ou empregadores interessados no cumprimento da decisão.

PARÁGRAFO ÚNICO. Quando a revisão for promovida por iniciativa do Tribunal prolator ou Procuradoria, as associações sindicais e o empregador ou empregadores interessados serão ouvidos no prazo de trinta dias. Quando promovida por uma das partes interessadas, serão as outras ouvidas também por igual prazo.

Art. 875 A revisão será julgada pelo tribunal que tiver proferido a decisão, depois de ouvida a Procuradoria da Justiça do Trabalho.

Capítulo V
DA EXECUÇÃO

(V. CF, art. 114, VIII)

(V. Apêndice, Lei n. 6.830/80, p. 306 e Lei n. 8.009/90, p. 311)

V. Instrução Normativa n. 20, de 7.11.02, do TST, p. 749

SEÇÃO I
DAS DISPOSIÇÕES PRELIMINARES

Art. 876 As decisões passadas em julgado ou das quais não tenha havido recurso com efeito suspensivo; os acordos, quando não cumpridos; os termos de ajuste de conduta firmados perante o Ministério Público do Trabalho e os termos de conciliação firmados perante as Comissões de Conciliação Prévia serão executados pela forma estabelecida neste Capítulo (NR). *(Redação dada pela Lei n. 9.958, de 12.1.2000 (DOU 13.1.2000)*

TST: Súm. ns. 368, 454, OJ T. Pleno ns. 1, 9, 10, OJ SDI-2 ns. 53, 56; STF: Súm. ns. 150, 227, 228, Súm. Vinculante n. 53; TRT 12ª Reg. Súm. n. 1

PARÁGRAFO ÚNICO. A Justiça do Trabalho executará, de ofício, as contribuições sociais previstas na alínea *a* do inciso I e no inciso II do *caput* do art. 195 da Constituição Federal, e seus acréscimos legais, relativas ao objeto da condenação constante das sentenças que proferir e dos acordos que homologar. (NR) *(Redação dada pela Lei n. 13.467, de 13.4.2017, DOU 14.7.2017, com vigência a partir de 11.11.2017)*

TST: Súm. ns. 368 , 401, OJ SDI-1 ns. 138, 376, 398, 400; STJ: Súm. ns. 10, 425, 430, 435, 452, 458, 463

Art. 877 É competente para a execução das decisões o juiz ou presidente do tribunal que tiver conciliado ou julgado originariamente o dissídio.

TST: Súm. n. 419; STJ: Súm. ns. 10, 46

Art. 877-A É competente para a execução de título executivo extrajudicial o juiz que teria competência para o processo de conhecimento relativo à matéria. *(Artigo acrescentado pela Lei n. 9.958, de 12.1.2000 (DOU 13.1.2000)*

Art. 878 A execução será promovida pelas partes, permitida a execução de ofício pelo juiz ou pelo Presidente do Tribunal apenas nos casos em que as partes não estiverem representadas por advogado. *(Redação dada pela Lei n. 13.467, de 13.4.2017, DOU 14.7.2017, com vigência a partir de 11.11.2017)*

TST: OJ SDI-1 414, OJ T. Pleno 10; STF: Súm. n. 327

PARÁGRAFO ÚNICO. (REVOGADO). (NR) *(Lei n. 13.467, de 13.4.2017, DOU 14.7.2017)*

Art. 878-A Faculta-se ao devedor o pagamento imediato da parte que entender devida à Previdência Social, sem prejuízo da cobrança de eventuais diferenças encontradas na execução ex officio. (AC) *(Artigo acrescentado pela Lei n. 10.035, de 25.10.00, DOU 26.10.00)*

STJ: Súm. ns. 458, 463, 498

Art. 879 Sendo ilíquida a sentença exequenda, ordenar-se-á, previamente, a sua liquidação, que poderá ser feita por cálculo, por arbitramento ou por artigos.

STF: Súm. ns. 163, 254, 255; STJ: Súm. ns. 318, 498

CLT

§ 1º Na liquidação, não se poderá modificar, ou inovar, a sentença liquidanda, nem discutir matéria pertinente à causa principal.

TST: Súm. n. 211, 401, OJ T. Pleno ns. 8, OJ SDI-1 ns. 262, 300, OJ SDI-1 Trans. n. 54, OJ SDI-2 n. 35; STJ: Súm. n. 344, 490

§ 1º-A. A liquidação abrangerá, também, o cálculo das contribuições previdenciárias devidas. (AC)

TST: OJ SDI-1 n. 414; STJ: Súm n. 458

§ 1º-B. As partes deverão ser previamente intimadas para a apresentação do cálculo de liquidação, inclusive da contribuição previdenciária incidente. (AC) *(Parágrafos acrescentados pela Lei n. 10.035, de 25.10.00, DOU 26.10.00)*

TST: Súm. n. 368; STJ: Súm. n. 458

§ 2º Elaborada a conta e tornada líquida, o juízo deverá abrir às partes prazo comum de oito dias para impugnação fundamentada com a indicação dos itens e valores objeto da discordância, sob pena de preclusão. *(Redação dada pela Lei n. 13.467, de 13.7.2017, DOU 14.7.2017, com vigência a partir de 11.11.2017)*

TST: OJ T. Pleno ns. 2, 10

§ 3º Elaborada a conta pela parte ou pelos órgãos auxiliares da Justiça do Trabalho, o juiz procederá à intimação da União para manifestação, no prazo de 10 (dez) dias, sob pena de preclusão. *(Redação dada pela Lei n. 11.457, de 16.3.07, DOU 19.3.07, com vigência a partir de 11.11.2017)*

§ 4º A atualização do crédito devido à Previdência Social observará os critérios estabelecidos na legislação previdenciária. (AC) *(Parágrafo acrescentado pela Lei n. 10.035, de 25.10.00, DOU 26.10.00)*

STJ: Súm. n. 458

§ 5º O Ministro de Estado da Fazenda poderá, mediante ato fundamentado, dispensar a manifestação da União quando o valor total das verbas que integram o salário de contribuição, na forma do art. 28 da Lei n. 8.212, de 24 de julho de 1991, ocasionar perda de escala decorrente da atuação do órgão jurídico. (NR) *(Parágrafo acrescentado pela Lei n. 11.457, de 16.3.07, DOU 19.3.07)*

§ 6º Tratando-se de cálculos de liquidação complexos, o juiz poderá nomear perito para a elaboração e fixará, depois da conclusão do trabalho, o valor dos respectivos honorários com observância, entre outros, dos critérios de razoabilidade e proporcionalidade. (NR) *(Parágrafo acrescentado pela Lei n. 12.405, de 16.5.11, DOU 17.5.11)*

§ 7º A atualização dos créditos decorrentes de condenação judicial será feita pela Taxa Referencial (TR), divulgada pelo Banco Central do Brasil, conforme a Lei nº 8.177, de 1º de março de 1991. (NR) *(Incluído pela Lei n. 13.467, de 13.7.2017, DOU 14.7.2017, com vigência a partir de 11.11.2017)*

Seção II
DO MANDADO E DA PENHORA

Art. 880 Requerida a execução o juiz ou presidente do tribunal mandará expedir mandado de citação ao executado, a fim de que cumpra a decisão ou o acordo no prazo, pelo modo e sob as cominações estabelecidas, ou, quando se tratar de pagamento em dinheiro, inclusive de contribuições sociais devidas à União, para que o faça em 48 (quarenta e oito) horas, ou garanta a execução, sob pena de penhora. (NR) *(Redação da Lei n. 11.457, de 16.3.07, DOU 19.3.07)*

TST: Súm. n. 445, OJ SDI-1 ns. 398, 414; STF: Súmula Vinculante n. 25; STJ: Súm ns. 419, 425, 430, 435, 463, 478, 486

§ 1º O mandado de citação deverá conter a decisão exequenda ou o termo de acordo não cumprido.

§ 2º A citação será feita pelos oficiais de justiça.

STJ: Súm. n. 410

§ 3º Se o executado, procurado por duas vezes no espaço de 48 horas, não for encontrado, far-se-á a citação por edital, publicado no jornal oficial ou, na falta deste, afixado na sede da Vara ou Juízo, durante cinco dias.

Art. 881 No caso de pagamento da importância reclamada, será este feito perante o escrivão ou chefe de Secretaria, lavrando-se termo de quitação, em duas vias, assinadas pelo exequente, pelo executado e pelo mesmo escrivão ou chefe da Secretaria, entregando-se a segunda via ao executado e juntando-se a outra ao processo. *(Redação de acordo com a L. n. 409, 25.9.48, DOU 1º.10.48)*

— v. Nota ao art. 773

PARÁGRAFO ÚNICO. Não estando presente o exequente, será depositada a importância, mediante guia, em estabelecimento oficial de crédito ou, em falta deste, em estabelecimento bancário idôneo. *(Redação deste § L. n. 7.305, 2.4.85, DOU 3.4.85)*

Art. 882 O executado que não pagar a importância reclamada poderá garantir a execução mediante depósito da quantia correspondente, atualizada e acrescida das despesas processuais, apresentação de seguro-garantia judicial ou nomeação de bens à penhora, observada a ordem preferencial estabelecida no art. 835 da Lei n. 13.105, de 16 de março de 2015 — Código de Processo Civil. (NR) *(Redação dada pela Lei n. 13.467, de 13.7.2017, DOU 14.7.2017, com vigência a partir de 11.11.2017)*

TST: Súm. n. 128

Art. 883 Não pagando o executado, nem garantindo a execução, seguir-se-á penhora dos bens, tantos quantos bastem ao pagamento da importância da condenação, acrescida de custas e juros de mora, sendo estes, em qualquer caso, devidos a partir da data em que for ajuizada a reclamação inicial. *(Redação dada pela Lei n. 2.244, de 23.6.54, DOU 30.6.54)*

TST: Súm. ns. 187, 200, 304, 307, 311, 381, 417, 439, OJ TPleno ns. 7, 13, OJ SDI-1 ns. 87, 181, 198, 226, 300, 302, 343, 382, 400, OJ SDI-2 ns. 59, 93, 153; STJ: Súm. ns. 328, 362, 364, 375, 417, 449, 451, 486

Art. 883-A A decisão judicial transitada em julgado somente poderá ser levada a protesto, gerar inscrição do nome do executado em órgãos de proteção ao crédito ou no Banco Nacional de Devedores Trabalhistas (BNDT), nos termos da lei, depois de transcorrido o prazo de quarenta e cinco dias a contar da citação do executado, se não houver garantia do juízo. *(Redação dada pela Lei n. 13.467, de 13.7.2017, DOU 14.7.2017, com vigência a partir de 11.11.2017)*

Seção III
DOS EMBARGOS À EXECUÇÃO E DA SUA IMPUGNAÇÃO

Art. 884 Garantida a execução ou penhorados os bens, terá o executado cinco dias para apresentar embargos, cabendo igual prazo ao exequente para impugnação.

TST: Súm. ns. 114, 266, 362, 397, 419, OJ SDI-1 n. 392, OJ SDI-2 ns. 54, 76, 89, 131, 143, 156; OJ TPleno ns. 6, 7; STF: Súm. ns. 150, 327; STJ: Súm. ns. 84, 134, 195, 314, 331, 393, 406, 409, 449, 451, 487; Ex-TRF Súm. ns. 32, 33, 184

§ 1º A matéria de defesa será restrita às alegações de cumprimento da decisão ou do acordo, quitação ou prescrição da dívida.

TST: Súm. n. 114; STF: Súm. n. 327

§ 2º Se na defesa tiverem sido arroladas testemunhas, poderá o Juiz ou o Presidente do Tribunal, caso julgue necessários seus depoimentos, marcar audiência para a produção das provas, a qual deverá realizar-se dentro de cinco dias.

§ 3º Somente nos embargos à penhora poderá o executado impugnar a sentença de liquidação, cabendo ao exequente igual direito e no mesmo prazo.

§ 4º Julgar-se-ão na mesma sentença os embargos e as impugnações à liquidação apresentadas pelos credores trabalhista e previdenciário. (NR) *(Redação dada pela Lei n. 10.035, de 25.10.00, DOU 26.10.00)*

§ 5º Considera-se inexigível o título judicial fundado em lei ou ato normativo declarados inconstitucionais pelo Supremo Tribunal Federal ou em aplicação ou interpretação tidas por incompatíveis com a Constituição Federal. (NR) *(Parágrafo acrescentado pela MP n. 2.180-35, de 24.8.01, DOU 27.8.01)*

⚖ TST: OJ TPleno n. 12

— vide MP n. 2.180-35, de 24.8.01, DOU 27.8.01, art. 4º, entes públicos
— vide art. 899

§ 6º A exigência da garantia ou penhora não se aplica às entidades filantrópicas e/ou àqueles que compõem ou compuseram a diretoria dessas instituições. (NR) *(Incluído pela Lei n. 13.467, de 13.7.2017, DOU 14.7.2017, com vigência a partir de 11.11.2017)*

Seção IV
DO JULGAMENTO E DOS TRÂMITES FINAIS DA EXECUÇÃO

Art. 885 Não tendo sido arroladas testemunhas na defesa, o juiz, ou presidente, conclusos os autos, proferirá sua decisão, dentro de cinco dias, julgando subsistente ou insubsistente a penhora.

Art. 886 Se tiverem sido arroladas testemunhas, finda a sua inquirição em audiência, o escrivão ou chefe da Secretaria fará, dentro de 48 horas, conclusos os autos ao juiz, ou presidente, que proferirá sua decisão, na forma prevista no artigo anterior. *(Redação de acordo com a L. n. 409, 25.9.48, DOU 1º.10.48)*

— v. Nota ao art. 773

§ 1º Proferida a decisão, serão da mesma notificadas as partes interessadas, em registrado postal, com franquia.(*)

§ 2º Julgada subsistente a penhora, o juiz, ou presidente, mandará proceder logo a avaliação dos bens penhorados.

Art. 887 A avaliação dos bens penhorados em virtude da execução de decisão condenatória, será feita por avaliador escolhido de comum acordo pelas partes, que perceberá as custas arbitradas pelo juiz ou presidente do tribunal trabalhista, de conformidade com a tabela a ser expedida pelo Tribunal Superior do Trabalho.

§ 1º Não acordando as partes quanto à designação de avaliador, dentro de cinco dias após o despacho que determinou a avaliação, será o avaliador designado livremente pelo juiz ou presidente do Tribunal.

§ 2º Os servidores da Justiça do Trabalho não poderão ser escolhidos ou designados para servir de avaliador.

Nota: Este artigo foi tacitamente revogado pela L. n. 5.442, de 24.5.68, DOU 28.5. e 4.6.68, que deu nova redação ao art. 721.

Art. 888 Concluída a avaliação, dentro de dez dias, contados da data da nomeação do avaliador, seguir-se-á a arrematação, que será anunciada por edital afixado na sede do Juízo ou Tribunal e publicado no jornal local, se houver, com a antecedência de 20 (vinte) dias.

⚖ STF: Súm. n. 458

§ 1º A arrematação far-se-á em dia, hora e lugar anunciados e os bens serão vendidos pelo maior lance, tendo o exequente preferência para a adjudicação.

§ 2º O arrematante deverá garantir o lance com o sinal correspondente a 20% (vinte por cento) do seu valor.

§ 3º Não havendo licitante, e não requerendo o exequente a adjudicação dos bens penhorados, poderão os mesmos ser vendidos por leiloeiro nomeado pelo Juiz ou Presidente.

§ 4º Se o arrematante ou seu fiador, não pagar dentro de 24 (vinte e quatro) horas o preço da arrematação, perderá, em benefício da execução, o sinal de que trata o § 2º deste artigo, voltando à praça os bens executados. *(Redação art. e §§, L. n. 5.584, 26.6.70, DOU 29.6.70, LTr 34/521, que dispõe em seu:*

> "Art. 13. Em qualquer hipótese, a remição só será deferível ao executado se este oferecer preço igual ao valor da condenação."

Art. 889 Aos trâmites e incidentes do processo da execução são aplicáveis, naquilo em que não contravierem ao presente Título, os preceitos que regem o processo dos executivos fiscais para a cobrança judicial da dívida ativa da Fazenda Pública Federal.

⚖ TST: OJ SDI-1 ns. 138, 143;
STJ: Súm. ns. 392, 409, 414

— v. L. n. 5.869, 11.1.73, DOU 17.1.73, CPC, com a redação da L. n. 5.925, 1.10.73, DOU 2.10.73 e L. n. 6.830, 22.9.80, DOU 24.9.80, LTr 44/1307, que dispõe sobre a cobrança judicial da dívida ativa da Fazenda Nacional.

Art. 889-A Os recolhimentos das importâncias devidas, referentes às contribuições sociais, serão efetuados nas agências locais da Caixa Econômica Federal ou do Banco do Brasil S.A., por intermédio de documento de arrecadação da Previdência Social, dele se fazendo constar o número do processo. (AC) *(Acrescentado pela Lei n. 10.035, de 25.10.00, DOU 26.10.00)*

§ 1º Concedido parcelamento pela Secretaria da Receita Federal do Brasil, o devedor juntará aos autos a comprovação do ajuste, ficando a execução da contribuição social correspondente suspensa até a quitação de todas as parcelas. *(Redação dada pela Lei n. 11.457, 16.3.07, DOU 19.3.07)*

§ 2º As Varas do Trabalho encaminharão mensalmente à Secretária da Receita Federal do Brasil informações sobre os recolhimentos efetivados nos autos, salvo se outro prazo for estabelecido em regulamento. (NR) *(Redação dada pela Lei n. 11.457, 16.3.07, DOU 19.3.07)*

Seção V
DA EXECUÇÃO POR PRESTAÇÕES SUCESSIVAS

Art. 890 A execução para pagamento de prestações sucessivas far-se-á com observância das normas constantes desta Seção, sem prejuízo das demais estabelecidas neste Capítulo.

Art. 891 Nas prestações sucessivas por tempo determinado, a execução pelo não pagamento de uma prestação compreenderá as que lhe sucederem.

Art. 892 Tratando-se de prestações sucessivas, por tempo indeterminado, a execução compreenderá inicialmente as prestações devidas até a data do ingresso na execução.

⚖ TST: OJ SDI-1 n. 172

(*) *O registro com franquia foi extinto em face da reação da ECT.*

CLT

Capítulo VI
DOS RECURSOS

Art. 893 Das decisões são admissíveis os seguintes recursos:

TST: Súm. n. 435, OJ SDI-1 ns. 378, 412; STF: Súm. n. 228

I — embargos;
II — recurso ordinário;
III — recurso de revista;
IV — agravo.

§ 1º Os incidentes do processo serão resolvidos pelo próprio Juízo ou Tribunal, admitindo-se a apreciação do merecimento das decisões interlocutórias somente em recurso da decisão definitiva.

TST: Súm. n. 214

§ 2º A interposição de recurso para o Supremo Tribunal Federal não prejudicará a execução do julgado.

TST: Súm. ns. 71, 283, 303, 356, 383, 414, 421, 435, OJ SDI-2 ns. 56, 69, 152; STF: Súm. ns. 279, 281, 282, 283, 284, 287, 289, 292, 355, 356, 363, 456, 505, 528, 634, 635, 640; STJ: Súm. ns. 45, 490

— A L. n. 861, 13.10.49, DOU 21.10.49, LTr 13/553, deu nova redação ao caput, sem fazer alusão aos parágrafos 1º e 2º, que tiveram nova redação pela L. n. 8.737, 19.1.46, DOU 21 e 30.1.46, LTr 10/30.

A Lei n. 5.584/70, prescreve em seu art. 2º:

"§ 3º Quando o valor fixado para a causa, na forma deste artigo, não exceder de 2 (duas) vezes o salário mínimo vigente na sede do Juízo, será dispensável o resumo dos depoimentos, devendo constar da Ata a conclusão da Junta quanto à matéria de fato.

§ 4º Salvo se versarem sobre matéria constitucional nenhum recurso (CLT, art. 893), caberá das sentenças proferidas nos dissídios da alçada a que se refere o parágrafo anterior."

Art. 894 No Tribunal Superior do Trabalho cabem embargos, no prazo de 8 (oito) dias:

TST: Súm. ns. 23, 126, 184, 221, 283, 296, 297, 333, 337, 353, 425, 433, 458, OJ SDI-1 ns. 310, 334, 378, 389, 412, OJ SDI-1 Trans. ns. 17, 18

— v. Ato TST.SEJUD.GP n. 491, de 23.9.14, DEJT 14.11.14, p. 794

I — de decisão não unânime de julgamento que:

a) conciliar, julgar ou homologar conciliação em dissídios coletivos que excedam a competência territorial dos Tribunais Regionais do Trabalho e estender ou rever as sentenças normativas do Tribunal Superior do Trabalho, nos casos previstos em lei; e

b) (VETADO)

TST: Súm. ns. 126, 221, 333, OJ SDI-1 ns. 95, 219

II — das decisões das Turmas que divergirem entre si ou das decisões proferidas pela Seção de Dissídios Individuais, ou contrárias a súmula ou orientação jurisprudencial do Tribunal Superior do Trabalho ou súmula vinculante do Supremo Tribunal Federal. *(Redação dada pela Lei n. 13.015, de 21.7.14, DOU 22.7.14)*

TST: Súm. ns. 433, 458

Parágrafo único. (Revogado).

§ 2º A divergência apta a ensejar os embargos deve ser atual, não se considerando tal a ultrapassada por súmula do Tribunal Superior do Trabalho ou do Supremo Tribunal Federal, ou superada por iterativa e notória jurisprudência do Tribunal Superior do Trabalho. *(Redação dada pela Lei n. 13.015, de 21.7.14, DOU 22.7.14)*

§ 3º O Ministro Relator denegará seguimento aos embargos:

I — se a decisão recorrida estiver em consonância com súmula da jurisprudência do Tribunal Superior do Trabalho ou do Supremo Tribunal Federal, ou com iterativa, notória e atual jurisprudência do Tribunal Superior do Trabalho, cumprindo-lhe indicá-la; *(Redação dada pela Lei n. 13.015, de 21.7.14, DOU 22.7.14)*

II — nas hipóteses de intempestividade, deserção, irregularidade de representação ou de ausência de qualquer outro pressuposto extrínseco de admissibilidade. *(Redação dada pela Lei n. 13.015, de 21.7.14, DOU 22.7.14)*

§ 4º Da decisão denegatória dos embargos caberá agravo, no prazo de 8 (oito) dias. (NR) *(Redação dada pela Lei n. 13.015, de 21.7.14, DOU 22.7.14)*

Nota: As alterações dada pela Lei n. 13.015, de 21.7.14, DOU 22.7.14, entram em vigor 60 dias após a data de publicação da lei.

Obs.: A Lei n. 5.584/70, prescreve:

"Art. 6º Será de 8 (oito) dias o prazo para interpor e contra-arrazoar qualquer recurso (CLT, art. 893)"

Art. 895 Cabe recurso ordinário para a instância superior:

TST: Súm. ns. 153, 158, 201, 214, 246, 279, 283, 393, 434, OJ SDI-1 ns. 142, 389

I — das decisões definitivas ou terminativas das Varas e Juízos, no prazo de 8 (oito) dias; e *(Acrescentado pela Lei n. 11.925, de 17.4.09 Ed. Extra, DOU 17.04.09 e em vigor 90 dias após a publicação da lei)*

TST: Súm. ns. 283, 393, OJ SDI-1 n. 349 OJ SDI-2 n. 88

II — das decisões definitivas ou terminativas dos Tribunais Regionais, em processos de sua competência originária, no prazo de 8 (oito) dias, quer nos dissídios individuais, quer nos dissídios coletivos. *(Acrescentado pela Lei n. 11.925, de 17.4.09, DOU 17.04.09, Ed. Extra e em vigor 90 dias após a publicação da lei)*

TST: Súm. ns. 99, 100, 158, 201, 414, OJ T. Pleno n. 5, OJ SDI-2 ns. 69, 100, 148

— Parágrafos acrescentados pela Lei n. 9.957, de 12.1.2000, DOU 13.1.2000, e em vigor após 60 dias após a publicação da lei.

§ 1º Nas reclamações sujeitas ao procedimento sumaríssimo, o recurso ordinário:

I — (Vetado).

II — será imediatamente distribuído, uma vez recebido no Tribunal, devendo o relator liberá-lo no prazo máximo de dez dias, e a Secretaria do Tribunal ou Turma colocá-lo imediatamente em pauta para julgamento, sem revisor.

III — terá parecer oral do representante do Ministério Público presente à sessão de julgamento, se este entender necessário o parecer, com registro na certidão;

IV — terá acórdão consistente unicamente na certidão de julgamento, com a indicação suficiente do processo e parte dispositiva, e das razões de decidir do voto prevalente. Se a sentença for confirmada pelos próprios fundamentos, a certidão de julgamento, registrando tal circunstância, servirá de acórdão.

TST: Súm. n. 393

§ 2º Os Tribunais Regionais, divididos em Turmas, poderão designar Turma para o julgamento dos recursos ordinários interpostos das sentenças prolatadas nas demandas sujeitas ao procedimento sumaríssimo.

— vide art. 12, da MP n. 2.180-35, de 24.8.01 (DOU 27.8.01) nos seguintes termos:

Art. 12. Não estão sujeitas ao duplo grau de jurisdição obrigatório as sentenças proferidas contra a União, suas autarquias e fundações públicas, quando a respeito da controvérsia o Advogado-Geral da União ou outro órgão administrativo competente houver editado súmula ou instrução normativa determinando a não interposição de recurso voluntário.

Art. 896 Cabe Recurso de Revista para Turma do Tribunal Superior do Trabalho das decisões proferidas em grau de recurso ordinário, em dissídio individual, pelos Tribunais Regionais do Trabalho, quando:

TST: Súm. ns. 23, 126, 184, 218, 221, 266, 283, 285, 296, 297, 312, 333, 337, 422, 425, 434, 435, 442, 459, OJ SDI-1 ns. 62, 111, 118, 119, 147, 151, 219, 256, 257, 260, 334, 352, 374, 377, 389, OJ-SDI-1 Trans. n. 78; STF: Súm. ns. 283, 401

— v. Instrução Normativa, do TST n. 17, de 5.10.00, p. 749

— v. Ato TST.SEJUD.GP n. 491, de 23.9.14, DEJT 14.11.14, p. 794

a) derem ao mesmo dispositivo de lei federal interpretação diversa da que lhe houver dado outro Tribunal Regional do Trabalho, no seu Pleno ou Turma, ou a Seção de Dissídios Individuais do Tribunal Superior do Trabalho, ou contrariarem súmula de jurisprudência uniforme dessa Corte ou súmula vinculante do Supremo Tribunal Federal; *(Redação dada Lei n. 13.015, de 21.7.14, DOU 22.7.14)*

TST: Súm. ns. 71, 158, 201, 283, 356, 413, 422, 435, OJ SDI-1 ns. 260, 334, 377, OJ SDI-1 Trans. n. 79

b) derem ao mesmo dispositivo de lei estadual, Convenção Coletiva de Trabalho, Acordo Coletivo, sentença normativa ou regulamento empresarial de observância obrigatória em área territorial que exceda a jurisdição do Tribunal Regional prolator da decisão recorrida, interpretação divergente, na forma da alínea "a";

TST: Súm. n. 312, OJ SDI-1 n. 147, 219, OJ SDI-2 n. 152

c) proferidas com violação literal de disposição de lei federal ou afronta direta e literal à Constituição Federal.

TST: Súm. ns. 102, 221, 266, OJ SDI-1 ns. 257, 336

§ 1º O recurso de revista, dotado de efeito apenas devolutivo, será interposto perante o Presidente do Tribunal Regional do Trabalho, que, por decisão fundamentada, poderá recebê-lo ou denegá-lo. *(Redação dada pela Lei n. 13.015, de 21.7.14, DOU 22.7.14)*

TST: Súm. ns. 23, 192, 285, 459, OJ SDI-1 Trans. n. 78; STF: Súm. ns. 315, 401, 457

§ 1º-A. Sob pena de não conhecimento, é ônus da parte: *(Redação dada pela Lei n. 13.015, de 21.7.14, DOU 22.7.14)*

I — indicar o trecho da decisão recorrida que consubstancia o prequestionamento da controvérsia objeto do recurso de revista; *(Redação dada pela Lei n. 13.015, de 21.7.14, DOU 22.7.14)*

II — indicar, de forma explícita e fundamentada, contrariedade a dispositivo de lei, súmula ou orientação jurisprudencial do Tribunal Superior do Trabalho que conflite com a decisão regional; *(Redação dada pela Lei n. 13.015, de 21.7.14, DOU 22.7.14)*

III — expor as razões do pedido de reforma, impugnando todos os fundamentos jurídicos da decisão recorrida, inclusive mediante demonstração analítica de cada dispositivo de lei, da Constituição Federal, de súmula ou orientação jurisprudencial cuja contrariedade aponte. *(Redação dada pela Lei n. 13.015, de 21.7.14, DOU 22.7.14)*

TST: Súm. ns. 23, 192, 285, 459, OJ-SDI-1 Trans. n. 78; STF: Súm. ns. 315, 457

IV — transcrever na peça recursal, no caso de suscitar preliminar de nulidade de julgado por negativa de prestação jurisdicional, o trecho dos embargos declaratórios em que foi pedido o pronunciamento do tribunal sobre questão veiculada no recurso ordinário e o trecho da decisão regional que rejeitou os embargos quanto ao pedido, para cotejo e verificação, de plano, da ocorrência da omissão. *(Incluído pela Lei n. 13.467, de 13.7.2017, DOU 14.7.2017, com vigência a partir de 11.11.2017)*

§ 2º Das decisões proferidas pelos Tribunais Regionais do Trabalho ou por suas Turmas, em execução de sentença, inclusive em processo incidente de embargos de terceiro, não caberá Recurso de Revista, salvo na hipótese de ofensa direta e literal de norma da Constituição Federal.

§ 3º (REVOGADO). *(Lei n. 13.467, de 13.7.2017, DOU 14.7.2017, com vigência a partir de 11.11.2017)*

§ 4º (REVOGADO). *(Lei n. 13.467, de 13.7.2017, DOU 14.7.2017, com vigência a partir de 11.11.2017)*

§ 5º (REVOGADO). *(Lei n. 13.467, de 13.7.2017, DOU 14.7.2017, com vigência a partir de 11.11.2017)*

§ 6º (REVOGADO). *(Lei n. 13.467, de 13.7.2017, DOU 14.7.2017, com vigência a partir de 11.11.2017)*

§ 7º A divergência apta a ensejar o recurso de revista deve ser atual, não se considerando como tal a ultrapassada por súmula do Tribunal Superior do Trabalho ou do Supremo Tribunal Federal, ou superada por iterativa e notória jurisprudência do Tribunal Superior do Trabalho. *(Redação dada pela Lei n. 13.015, de 21.7.14, DOU 22.7.14)*

§ 8º Quando o recurso fundar-se em dissenso de julgados, incumbe ao recorrente o ônus de produzir prova da divergência jurisprudencial, mediante certidão, cópia ou citação do repositório de jurisprudência, oficial ou credenciado, inclusive em mídia eletrônica, em que houver sido publicada a decisão divergente, ou ainda pela reprodução de julgado disponível na internet, com indicação da respectiva fonte, mencionando, em qualquer caso, as circunstâncias que identifiquem ou assemelhem os casos confrontados. *(Redação dada pela Lei n. 13.015, de 21.7.14, DOU 22.7.14)*

§ 9º Nas causas sujeitas ao procedimento sumaríssimo, somente será admitido recurso de revista por contrariedade a súmula de jurisprudência uniforme do Tribunal Superior do Trabalho ou a súmula vinculante do Supremo Tribunal Federal e por violação direta da Constituição Federal. *(Redação dada Lei n. 13.015, de 21.7.14, DOU 22.7.14)*

§ 10. Cabe recurso de revista por violação a lei federal, por divergência jurisprudencial e por ofensa à Constituição Federal nas execuções fiscais e nas controvérsias da fase de execução que envolvam a Certidão Negativa de Débitos Trabalhistas (CNDT), criada pela Lei n. 12.440, de 7 de julho de 2011. *(Redação dada pela Lei n. 13.015, de 21.7.14, DOU 22.7.14)*

§ 11. Quando o recurso tempestivo contiver defeito formal que não se repute grave, o Tribunal Superior do Trabalho poderá desconsiderar o vício ou mandar saná-lo, julgando o mérito. *(Redação dada pela Lei n. 13.015, de 21.7.14, DOU 22.7.14)*

§ 12. Da decisão denegatória caberá agravo, no prazo de 8 (oito) dias. *(Redação dada pela Lei n. 13.015, de 21.7.14, DOU 22.7.14)*

§ 13. Dada a relevância da matéria, por iniciativa de um dos membros da Seção Especializada em Dissídios Individuais do Tribunal Superior do Trabalho, aprovada pela maioria dos integrantes da Seção, o julgamento a que se refere o § 3º poderá ser afeto ao Tribunal Pleno. (NR) *(Redação dada pela Lei n. 13.015, de 21.7.14, DOU 22.7.14)*

§ 14. O relator do recurso de revista poderá denegar-lhe seguimento, em decisão monocrática, nas hipóteses de intempestividade, deserção, irregularidade de representação ou de ausência de qualquer outro pressuposto extrínseco ou intrínseco de admissibilidade. (NR) *(Incluído pela Lei n. 13.467, de 13.7.2017, DOU 14.7.2017, com vigência a partir de 11.11.2017)*

Art. 896-A O Tribunal Superior do Trabalho, no recurso de revista, examinará previamente se a causa oferece transcendência com relação aos reflexos gerais de natureza econômica, política, social ou jurídica. (NR) *(Artigo acrescentado pela MP n. 2.226, de 4.9.01, DOU 5.9.01)*

Art. 2º O Tribunal Superior do Trabalho regulamentará, em seu regimento interno, o processamento da transcendência do recurso de revista, assegurada a apreciação da transcendência em sessão pública, com direito a sustentação oral e fundamentação da decisão. (Artigo da MP n. 2.226, de 4.9.01, DOU 5.9.01, que está relacionado com o art. 896-A)

§ 1º São indicadores de transcendência, entre outros: *(Incluído pela Lei n. 13.467, de 13.7.2017, DOU 14.7.2017, com vigência a partir de 11.11.2017)*

I — econômica, o elevado valor da causa; *(Incluído pela Lei n. 13.467, de 13.7.2017, DOU 14.7.2017, com vigência a partir de 11.11.2017)*

II — política, o desrespeito da instância recorrida à jurisprudência sumulada do Tribunal Superior do Trabalho ou do Supremo Tribunal Federal; *(Incluído pela Lei n. 13.467, de 13.7.2017, DOU 14.7.2017, com vigência a partir de 11.11.2017)*

III — social, a postulação, por reclamante-recorrente, de direito social constitucionalmente assegurado; *(Incluído pela Lei n. 13.467, de 13.7.2017, DOU 14.7.2017, com vigência a partir de 11.11.2017)*

IV — jurídica, a existência de questão nova em torno da interpretação da legislação trabalhista. *(Incluído pela Lei n. 13.467, de 13.7.2017, DOU 14.7.2017, com vigência a partir de 11.11.2017)*

§ 2º Poderá o relator, monocraticamente, denegar seguimento ao recurso de revista que não demonstrar transcendência, cabendo agravo desta decisão para o colegiado. *(Incluído pela Lei n. 13.467, de 13.7.2017, DOU 14.7.2017, com vigência a partir de 11.11.2017)*

§ 3º Em relação ao recurso que o relator considerou não ter transcendência, o recorrente poderá realizar sustentação oral sobre a questão da transcendência, durante cinco minutos em sessão. *(Incluído pela Lei n. 13.467, de 13.7.2017, DOU 14.7.2017, com vigência a partir de 11.11.2017)*

§ 4º Mantido o voto do relator quanto à não transcendência do recurso, será lavrado acórdão com fundamentação sucinta, que constituirá decisão irrecorrível no âmbito do tribunal. *(Incluído pela Lei n. 13.467, de 13.7.2017, DOU 14.7.2017, com vigência a partir de 11.11.2017)*

§ 5º É irrecorrível a decisão monocrática do relator que, em agravo de instrumento em recurso de revista, considerar ausente a transcendência da matéria. *(Incluído pela Lei n. 13.467, de 13.7.2017, DOU 14.7.2017, com vigência a partir de 11.11.2017)*

§ 6º O juízo de admissibilidade do recurso de revista exercido pela Presidência dos Tribunais Regionais do Trabalho limita-se à análise dos pressupostos intrínsecos e extrínsecos do apelo, não abrangendo o critério da transcendência das questões nele veiculadas. (NR) *(Incluído pela Lei n. 13.467, de 13.7.2017, DOU 14.7.2017, com vigência a partir de 11.11.2017)*

Art. 896-B Aplicam-se ao recurso de revista, no que couber, as normas da Lei n. 5.869, de 11 de janeiro de 1973 (Código de Processo Civil), relativas ao julgamento dos recursos extraordinário e especial repetitivos. *(Redação dada pela Lei n. 13.015, de 21.7.14, DOU 22.7.14)*

Art. 896-C Quando houver multiplicidade de recursos de revista fundados em idêntica questão de direito, a questão poderá ser afetada à Seção Especializada em Dissídios Individuais ou ao Tribunal Pleno, por decisão da maioria simples de seus membros, mediante requerimento de um dos Ministros que compõem a Seção Especializada, considerando a relevância da matéria ou a existência de entendimentos divergentes entre os Ministros dessa Seção ou das Turmas do Tribunal. *(Redação dada pela Lei n. 13.015, de 21.7.14, DOU 22.7.14)*

§ 1º O Presidente da Turma ou da Seção Especializada, por indicação dos relatores, afetará um ou mais recursos representativos da controvérsia para julgamento pela Seção Especializada em Dissídios Individuais ou pelo Tribunal Pleno, sob o rito dos recursos repetitivos. *(Redação dada pela Lei n. 13.015, de 21.7.14, DOU 22.7.14)*

§ 2º O Presidente da Turma ou da Seção Especializada que afetar processo para julgamento sob o rito dos recursos repetitivos deverá expedir comunicação aos demais Presidentes de Turma ou de Seção Especializada, que poderão afetar outros processos sobre a questão para julgamento conjunto, a fim de conferir ao órgão julgador visão global da questão. *(Redação dada pela Lei n. 13.015, de 21.7.14, DOU 22.7.14)*

§ 3º O Presidente do Tribunal Superior do Trabalho oficiará os Presidentes dos Tribunais Regionais do Trabalho para que suspendam os recursos interpostos em casos idênticos aos afetados como recursos repetitivos, até o pronunciamento definitivo do Tribunal Superior do Trabalho. *(Redação dada pela Lei n. 13.015, de 21.7.14, DOU 22.7.14)*

§ 4º Caberá ao Presidente do Tribunal de origem admitir um ou mais recursos representativos da controvérsia, os quais serão encaminhados ao Tribunal Superior do Trabalho, ficando suspensos os demais recursos de revista até o pronunciamento definitivo do Tribunal Superior do Trabalho. *(Redação dada pela Lei n. 13.015, de 21.7.14, DOU 22.7.14)*

§ 5º O relator no Tribunal Superior do Trabalho poderá determinar a suspensão dos recursos de revista ou de embargos que tenham como objeto controvérsia idêntica à do recurso afetado como repetitivo. *(Redação dada pela Lei n. 13.015, de 21.7.14, DOU 22.7.14)*

§ 6º O recurso repetitivo será distribuído a um dos Ministros membros da Seção Especializada ou do Tribunal Pleno e a um Ministro revisor. *(Redação dada pela Lei n. 13.015, de 21.7.14, DOU 22.7.14)*

§ 7º O relator poderá solicitar, aos Tribunais Regionais do Trabalho, informações a respeito da controvérsia, a serem prestadas no prazo de 15 (quinze) dias. *(Redação dada pela Lei n. 13.015, de 21.7.14, DOU 22.7.14)*

§ 8º O relator poderá admitir manifestação de pessoa, órgão ou entidade com interesse na controvérsia, inclusive como assistente simples, na forma da Lei n. 5.869, de 11 de janeiro de 1973 (Código de Processo Civil). *(Redação dada pela Lei n. 13.015, de 21.7.14, DOU 22.7.14)*

§ 9º Recebidas as informações e, se for o caso, após cumprido o disposto no § 7º deste artigo, terá vista o Ministério Público pelo prazo de 15 (quinze) dias. *(Redação dada pela Lei n. 13.015, de 21.7.14, DOU 22.7.14)*

§ 10. Transcorrido o prazo para o Ministério Público e remetida cópia do relatório aos demais Ministros, o processo será incluído em pauta na Seção Especializada ou no Tribunal Pleno, devendo ser julgado com preferência sobre os demais feitos. *(Redação dada pela Lei n. 13.015, de 21.7.14, DOU 22.7.14)*

§ 11. Publicado o acórdão do Tribunal Superior do Trabalho, os recursos de revista sobrestados na origem: *(Redação dada pela Lei n. 13.015, de 21.7.14, DOU 22.7.14)*

I — terão seguimento denegado na hipótese de o acórdão recorrido coincidir com a orientação a respeito da matéria no Tribunal Superior do Trabalho; ou *(Redação dada pela Lei n. 13.015, de 21.7.14, DOU 22.7.14)*

II — serão novamente examinados pelo Tribunal de origem na hipótese de o acórdão recorrido divergir da orientação do Tribunal Superior do Trabalho a respeito da matéria. *(Redação dada pela Lei n. 13.015, de 21.7.14, DOU 22.7.14)*

§ 12. Na hipótese prevista no inciso II do § 11 deste artigo, mantida a decisão divergente pelo Tribunal de origem, far-se-á o exame de admissibilidade do recurso de revista. *(Redação dada pela Lei n. 13.015, de 21.7.14, DOU 22.7.14)*

§ 13. Caso a questão afetada e julgada sob o rito dos recursos repetitivos também contenha questão constitucional, a decisão proferida pelo Tribunal Pleno não obstará o conhecimento de eventuais recursos extraordinários sobre a questão constitucional. *(Redação dada pela Lei n. 13.015, de 21.7.14, DOU 22.7.14)*

§ 14. Aos recursos extraordinários interpostos perante o Tribunal Superior do Trabalho será aplicado o procedimento previsto no art. 543-B da Lei n. 5.869, de 11 de janeiro de 1973 (Código de Processo Civil), cabendo ao Presidente do Tribunal Superior do Trabalho selecionar um ou mais recursos representativos da controvérsia e encaminhá-los ao Supremo Tribunal Federal, sobrestando os demais até o pronunciamento definitivo da Corte, na forma do § 1º do art. 543-B da Lei n. 5.869, de 11 de janeiro de 1973 (Código de Processo Civil). *(Redação dada pela Lei n. 13.015, de 21.7.14, DOU 22.7.14)*

§ 15. O Presidente do Tribunal Superior do Trabalho poderá oficiar os Tribunais Regionais do Trabalho e os Presidentes das Turmas e da Seção Especializada do Tribunal para que suspendam os processos idênticos aos selecionados como recursos representativos da controvérsia e encaminhados ao Supremo Tribunal Federal, até o seu pronunciamento definitivo. *(Redação dada pela Lei n. 13.015, de 21.7.14, DOU 22.7.14)*

§ 16. A decisão firmada em recurso repetitivo não será aplicada aos casos em que se demonstrar que a situação de fato ou de direito é distinta das presentes no processo julgado sob o rito dos recursos repetitivos. *(Redação dada pela Lei n. 13.015, de 21.7.14, DOU 22.7.14)*

§ 17. Caberá revisão da decisão firmada em julgamento de recursos repetitivos quando se alterar a situação econômica, social ou jurídica, caso em que será respeitada a segurança jurídica das relações firmadas sob a égide da decisão anterior, podendo o Tribunal Superior do Trabalho modular os efeitos da decisão que a tenha alterado. *(Redação dada pela Lei n. 13.015, de 21.7.14, DOU 22.7.14)*

Art. 897 Cabe Agravo, no prazo de 8 (oito) dias:

a) de petição, das decisões do Juiz ou Presidente, nas execuções;

TST: Súm. ns. 197, 283, 416, OJ T. Pleno n. 9, OJ SDI-1 Trans. n. 53

b) de instrumento, dos despachos que denegarem a interposição de recursos.

TST: Súm. ns. 285, 435, OJ SDI-1 ns. 132, 260, 282, 283, 284, 285, 286, 287, 374, 389, 412, OJ SDI-2 n. 56, 69, 88, 91; STF: Súm. n. 727

§ 1º O Agravo de Petição só será recebido quando o agravante delimitar, justificadamente, as matérias e os valores impugnados, permitida a execução imediata da parte remanescente até o final, nos próprios autos ou por carta de sentença.

TST: Súm. n. 416

§ 2º O Agravo de Instrumento interposto contra o despacho que não receber agravo de petição não suspende a execução da sentença.

TST: OJ SDI-1 Trans. n. 19, 23

— v. Instrução Normativa, do TST n. 16, de 5.10.00, p. 748

§ 3º Na hipótese da alínea *a* deste artigo, o agravo será julgado pelo próprio Tribunal, presidido pela autoridade recorrida, salvo se se tratar de decisão de Juiz do Trabalho de 1ª Instância ou de Juiz de Direito, quando o julgamento competirá a uma das Turmas do Tribunal Regional a que estiver subordinado o prolator da sentença, observado o disposto no art. 679, a quem este remeterá as peças necessárias para o exame da matéria controvertida, em autos apartados, ou nos próprios autos, se tiver sido determinada a extração de carta de sentença. (NR) *(Redação dada pela Lei n. 10.035, de 25.10.00, DOU 26.10.00)*

TST: OJ SDI-1 n. 282

§ 4º Na hipótese da alínea *b* deste artigo, o agravo será julgado pelo Tribunal que seria competente para conhecer o recurso cuja interposição foi denegada. *(Redação do caput e dos §§ 2º e 4º dada pela L. n. 8.432, de 11.6.92, DOU 12.6.92, LTr 55-7/855)*

TST: Súm. n. 285, OJ SDI-1 n. 282

§ 5º Sob pena de não conhecimento, as partes promoverão a formação do instrumento do agravo de modo a possibilitar, caso provido, o imediato julgamento do recurso denegado, instruindo a petição de interposição:

TST: OJ SDI-1 Trans. n. 19

I — obrigatoriamente, com cópias da decisão agravada, da certidão da respectiva intimação, das procurações outorgadas aos advogados do agravante e do agravado, da petição inicial, da contestação, da decisão originária, do depósito recursal referente ao recurso que se pretende destrancar, da comprovação do recolhimento das custas e do depósito recursal a que se refere o § 7º do art. 899 desta Consolidação; (NR) *(Redação dada pela Lei n. 12.275, de 29.6.10, DOU 29.6.10, Ed. Extra)*

TST: OJ SDI-1 ns. 110, 217, 283, 285, 374, OJ SDI-1 Trans. ns. 16, 17, 18, 19, 20, 21, 52, OJ SDI-2 n. 91; STF: Súm. ns. 288, 639

II — facultativamente, com outras peças que o agravante reputar úteis ao deslinde da matéria de mérito controvertida.

TST: OJ SDI-1 ns. 217, 286

§ 6º O agravado será intimado para oferecer resposta ao agravo e ao recurso principal, instruindo-a com as peças que considerar necessárias ao julgamento de ambos os recursos.

§ 7º Provido o agravo, a Turma deliberará sobre o julgamento do recurso principal, observando-se, se for o caso, daí em diante, o procedimento relativo a esse recurso. *(Redação dada pela Lei n. 9.756, de 17.12.98, DOU de 18.12.98 aos parágrafos 5º, 6º e 7º)*

§ 8º Quando o agravo de petição versar apenas sobre as contribuições sociais, o juiz da execução determinará a extração de cópias das peças necessárias, que serão autuadas em apartado, conforme dispõe o § 3º, parte final, e remetidas à instância superior para apreciação, após contraminuta. (AC) *(Parágrafo acrescentado pela Lei n. 10.035, de 25.10.00, DOU 26.10.00)*

Art. 897-A Caberão embargos de declaração da sentença ou acórdão, no prazo de cinco dias, devendo seu julgamento ocorrer na primeira audiência ou sessão subsequente a sua apresentação, registrada na certidão, admitido efeito modificativo da decisão nos casos de omissão e contradição no julgado e manifesto equívoco no exame dos pressupostos extrínsecos do recurso.

TST: Súm. ns. 184, 278, 297, 421, OJ SDI-1 ns. 142, 192, 377, OJ SDI-1 Trans. n. 17, OJ SDI-2 n. 41; STF: Súm. ns. 317, 356; STJ: Súm. n. 98, 211

— v. Ato TST.SEJUD.GP n. 491, de 23.9.14, DEJT 14.11.14, p. 794

§ 1º Os erros materiais poderão ser corrigidos de ofício ou a requerimento de qualquer das partes. *(Redação dada pela Lei n. 13.015, de 21.7.14, DOU 22.7.14)*

§ 2º Eventual efeito modificativo dos embargos de declaração somente poderá ocorrer em virtude da correção de vício na decisão embargada e desde que ouvida a parte contrária, no prazo de 5 (cinco) dias. *(Redação dada pela Lei n. 13.015, de 21.7.14, DOU 22.7.14)*

CLT

§ 3º Os embargos de declaração interrompem o prazo para interposição de outros recursos, por qualquer das partes, salvo quando intempestivos, irregular a representação da parte ou ausente a sua assinatura. (NR) *(Redação dada pela Lei n. 13.015, de 21.7.14, DOU 22.7.14)*

Art. 898 Das decisões proferidas em dissídio coletivo que afete empresa de serviço público, ou, em qualquer caso, das proferidas em revisão, poderão recorrer, além dos interessados, o presidente do Tribunal e a Procuradoria da Justiça do Trabalho.

TST: Súm. n. 303, OJ T. Pleno ns. 1, 10, OJ SDI-1 ns. 321, 334; STF: Súm. n. 654

— v. art. 8º, L. n. 5.584, 26.6.70, DOU 29.6.70, LTr 34/521, p. 305

Art. 899 Os recursos serão interpostos por simples petição e terão efeito meramente devolutivo, salvo as exceções previstas neste Título, permitida a execução provisória até a penhora.

TST: Súm. ns. 393, 417, 426, OJ SDI-1 n. 389; STJ: Súm. n. 490

— v. art. 13 da L. n. 7.701/88, p. 310

— v. IN/TST n. 3, p. 747

— v. art. 40, L. n. 8.177, de 1º.3.91, p. 628

— v. L. n. 8.542/92, art. 8º, § 4º, p. 632

— v. IN/TST n. 26/04, p. 751

— v. IN/TST n. 27/05, p. 751

§ 1º Sendo a condenação de valor até 10 (dez) vezes o valor de referência regional, nos dissídios individuais, só será admitido o recurso, inclusive o extraordinário, mediante prévio depósito da respectiva importância. Transitada em julgado a decisão recorrida, ordenar-se-á o levantamento imediato da importância de depósito, em favor da parte vencedora, por simples despacho do juiz.

TST: Súm. n. 161; STJ: Súm. ns. 483, 484, 490

— v. Instruções do TST editadas periodicamente fixando os valores dos depósitos para fins recursais

§ 2º Tratando-se de condenação de valor indeterminado, o depósito corresponderá ao que for arbitrado, para efeito de custas, pela Vara ou Juízo de Direito, até o limite de 10 (dez) vezes o valor de referência regional.

TST: Súm. ns. 86, 99, 128, 161, 170, 217, 245, OJ SDI-1 ns. 13, 140, 217, 264; STF: Súm. n. 240; STJ: Súm. ns. 175, 490

— v. art. 57 da CLT

— v. nota anterior

§ 3º (REVOGADO). *(Lei n. 7.033, 5.10.82, DOU 6.10.82)*

§ 4º O depósito recursal será feito em conta vinculada ao juízo e corrigido com os mesmos índices da poupança. *(Redação dada pela Lei n. 13.467, de 13.7.2017, DOU 14.7.2017, com vigência a partir de 11.11.2017)*

— v. L. n. 8.036, 11.5.90, que revogou a L. n. 7.839/89, e que revogou a L. n. 5.107/66, p. 233

§ 5º (REVOGADO). *(Lei n. 13.467, de 13.7.2017, DOU 14.7.2017, com vigência a partir de 11.11.2017)*

— v. nota do parágrafo anterior

§ 6º Quando o valor da condenação, ou o arbitrado para fins de custas, exceder o limite de 10 (dez) vezes o valor de referência da região, o depósito para fins de recursos será limitado a este valor *(Redação art. e §§ L. n. 5.442, 24.5.68, DOU 28.5 e 4.6.68, LTr 32/349)*

— v. nota ao *caput* deste artigo

§ 7º No ato de interposição do agravo de instrumento, o depósito recursal corresponderá a 50% (cinquenta por cento) do valor do depósito do recurso ao qual se pretende destrancar. (NR) *(Acrescentado pela Lei n. 12.275, de 29.6.10, DOU 29.6.10, Ed. Extra)*

§ 8º Quando o agravo de instrumento tem a finalidade de destrancar recurso de revista que se insurge contra decisão que contraria a jurisprudência uniforme do Tribunal Superior do Trabalho, consubstanciada nas suas súmulas ou em orientação jurisprudencial, não haverá obrigatoriedade de se efetuar o depósito referido no § 7º deste artigo. (NR) *(Redação dada pela Lei n. 13.015, de 21.7.14, DOU 22.7.14)*

1. Vide art. 4º, da MP n. 2.180-35, de 24.8.01, DOU 27.8.01, que acrescenta dispositivos na Lei n. 9.494, de 10.9.97.

"Art. 1º-A. Estão dispensadas de depósito prévio, para interposição de recurso, as pessoas jurídicas de direito público federais, estaduais, distritais e municipais." (NR)

"Art. 1º-B. O prazo a que se refere o caput dos arts. 730 do Código de Processo Civil, e 884 da Consolidação das Leis do Trabalho, aprovada pelo Decreto-lei n. 5.452, de 1º de maio de 1943, passa a ser de trinta dias." (NR)

"Art. 1º-C. Prescreverá em cinco anos o direito de obter indenização dos danos causados por agentes de pessoas jurídicas de direito público e de pessoas jurídicas de direito privado prestadoras de serviços públicos." (NR)

"Art. 1º-D. Não serão devidos honorários advocatícios pela Fazenda Pública nas execuções não embargadas." (NR)

"Art. 1º-E. São passíveis de revisão, pelo Presidente do Tribunal, de ofício ou a requerimento das partes, as contas elaboradas para aferir o valor dos precatórios antes de seu pagamento ao credor." (NR)

"Art. 1º-F. Nas condenações impostas à Fazenda Pública, independentemente de sua natureza e para fins de atualização monetária, remuneração do capital e compensação da mora, haverá a incidência uma única vez, até o efetivo pagamento, dos índices oficiais de remuneração básica e juros aplicados à caderneta de poupança." *(Redação dada pela Lei n. 11.960, de 2009)*

"Art. 2º-A. A sentença civil prolatada em ação de caráter coletivo proposta por entidade associativa, na defesa dos interesses e direitos dos seus associados, abrangerá apenas os substituídos que tenham, na data da propositura da ação, domicílio no âmbito da competência territorial do órgão prolator.

PARÁGRAFO ÚNICO. Nas ações coletivas propostas contra a União, os Estados, o Distrito Federal, os Municípios e suas autarquias e fundações, a petição inicial deverá obrigatoriamente estar instruída com a ata da assembleia da entidade associativa que a autorizou, acompanhada da relação nominal dos seus associados e indicação dos respectivos endereços." (NR)

"Art. 2º-B. A sentença que tenha por objeto a liberação de recurso, inclusão em folha de pagamento, reclassificação, equiparação, concessão de aumento ou extensão de vantagens a servidores da União, dos Estados, do Distrito Federal e dos Municípios, inclusive de suas autarquias e fundações, somente poderá ser executada após seu trânsito em julgado." (NR)

2. A Lei n. 11.341, de 7.8.06, (DOU 8.8.06), incluiu no parágrafo único do art. 541, do Código de Processo Civil (Lei n. 5.869/73), para admitir as decisões disponíveis em mídia eletrônica, inclusive na Internet, entre as suscetíveis de prova de divergência jurisprudencial.

"Art. 541. ....

Parágrafo único. Quando o recurso fundar-se em dissídio jurisprudencial, o recorrente fará a prova da divergência mediante certidão, cópia autenticada ou pela citação do repositório de jurisprudência, oficial ou credenciado, inclusive em mídia eletrônica, em que tiver sido publicada a decisão divergente, ou ainda pela reprodução de julgado disponível na Internet, com indicação da respectiva fonte, mencionando, em qualquer caso, as circunstâncias que identifiquem ou assemelhem os casos confrontados." (NR)

§ 9º O valor do depósito recursal será reduzido pela metade para entidades sem fins lucrativos, empregadores domésticos, microempreendedores individuais, microempresas e empresas de pequeno porte. *(Incluído pela Lei n. 13.467, de 13.7.2017. DOU 14.7.2017, com vigência a partir de 11.11.2017)*

§ 10. São isentos do depósito recursal os beneficiários da justiça gratuita, as entidades filantrópicas e as empresas em recuperação judicial. *(Incluído pela Lei n. 13.467, de 13.7.2017. DOU 14.7.2017, com vigência a partir de 11.11.2017)*

§ 11. O depósito recursal poderá ser substituído por fiança bancária ou seguro garantia judicial. (NR) *(Incluído pela Lei n. 13.467, de 13.7.2017. DOU 14.7.2017, com vigência a partir de 11.11.2017)*

Art. 900 Interposto o recurso, será notificado o recorrido para oferecer as suas razões, em prazo igual ao que tiver tido o recorrente.

TST: Súm. ns. 201, 393, OJ SDI-1 Trans. n. 32

Art. 901 Sem prejuízo dos prazos previstos neste Capítulo, terão as partes vistas dos autos em cartório ou na secretaria.

PARÁGRAFO ÚNICO. Salvo quando estiver correndo prazo comum, aos procuradores das partes será permitido ter vista dos autos fora do cartório ou secretaria. *(Parágrafo único acrescido pela L. n. 8.638, 31.3.93, DOU 1º.4.93, LTr 57-04/507)*

Art. 902 (REVOGADO). *(Lei n. 7.033, 5.10.82, DOU 6.10.82)*

Capítulo VII
DA APLICAÇÃO DAS PENALIDADES

Art. 903 As penalidades estabelecidas no Título VIII serão aplicadas pelo Juiz, ou Tribunal, que tiver de conhecer da desobediência, violação, recusa, falta ou coação, *ex officio*, ou mediante representação de qualquer interessado ou da Procuradoria da Justiça do Trabalho. *(Redação DL n. 8.737, 19.1.46, DOU 21 e 30.1.46)*

Obs.: O Decreto-lei n. 6.353, de 20.3.1944, corrigiu a redação primitiva deste artigo, para dispor "Onde se lê "nesse título", leia-se "no Título VIII". O Decreto-lei n. 8.737, de 19.1.46, não se atentou para a correção feita, fazendo referência ao título anterior, quando o certo é o Título VIII, que trata da Justiça do Trabalho. Não poderia ser o Título anterior, no qual tem como titulação "Do Ministério Público do Trabalho", isso porque, nas normas lá constantes, não existe o estabelecimento de penalidades, de forma que o correto é o Título VIII e não o do anterior. O texto acima está, portanto, com a correção feita pelo Decreto-lei n. 6.353, de 20.3.44.

Art. 904 As sanções em que incorrerem as autoridades da Justiça do Trabalho serão aplicadas pela autoridade ou Tribunal imediatamente superior, conforme o caso, *ex officio*, ou mediante representação de qualquer interessado ou da Procuradoria. *(Redação DL n. 8.737, 19.1.46, DOU 21 e 30.1.46, LTr 10/30)*

STF: Súm. ns. 267, 429, 510; STJ: Súm. n. 2

PARÁGRAFO ÚNICO. Tratando-se de membro do Tribunal Superior do Trabalho será competente para a imposição de sanções o Senado Federal. *(O DL n. 229, 28.2.67, DOU 28.2.67, LTr 31/137, transformou o § 1º em parágrafo único e eliminou o § 2º)*

— v. art. 105, da CF/88

Art. 905 Tomando conhecimento do fato imputado, o juiz ou Tribunal competente mandará notificar o acusado, para apresentar, no prazo de quinze dias, defesa por escrito.

§ 1º É facultado ao acusado, dentro do prazo estabelecido neste artigo, requerer a produção de testemunhas, até ao máximo de cinco. Nesse caso, será marcada audiência para a inquirição.

§ 2º Findo o prazo de defesa, o processo será imediatamente concluso para julgamento, que deverá ser proferido no prazo de dez dias.

Art. 906 Da imposição das penalidades, a que se refere este Capítulo, caberá recurso ordinário para o Tribunal Superior, no prazo de dez dias, salvo se a imposição resultar de dissídio coletivo, caso em que o prazo será de vinte dias.

— v. L. n. 5.584/70, art. 6º, p. 305

Art. 907 Sempre que o infrator incorrer em pena criminal far-se-á remessa das peças necessárias à autoridade competente.

Art. 908 A cobrança das multas estabelecidas neste Título será feita mediante executivo fiscal, perante o juiz competente para a cobrança de dívida ativa da Fazenda Pública Federal.

STJ: Súm. n. 392

— v. L. n. 6.830, 22.9.80, DOU 24.9.80, que dispõe sobre a cobrança da Dívida Ativa da Fazenda Pública, p. 306

PARÁGRAFO ÚNICO. A cobrança das multas será promovida, no Distrito Federal e nos Estados em que funcionarem os Tribunais Regionais, pela Procuradoria da Justiça do Trabalho, e, nos demais Estados, de acordo com o disposto no Decreto-lei n. 960, de 17 de dezembro de 1938. *(O DL n. 960 foi revogado pelo CPC, L. n. 5.869, 11.1.73, DOU 17.1.73, com a redação da L. n. 5.925, 1º.10.73, DOU 2.10.73)*

Capítulo VIII
DISPOSIÇÕES FINAIS

Art. 909 A ordem dos processos no Tribunal Superior do Trabalho será regulada em seu regimento interno.

Art. 910 Para os efeitos deste Título, equiparam-se aos serviços públicos os de utilidade pública, bem como os que forem prestados em armazéns de gêneros alimentícios, açougues, padarias, leiterias, farmácias, hospitais, minas, empresas de transportes e comunicações, bancos e estabelecimentos que interessem à segurança nacional.

CLT

TÍTULO XI
DISPOSIÇÕES FINAIS E TRANSITÓRIAS

Art. 911 Esta Consolidação entrará em vigor em 10 de novembro de 1943.

Art. 911-A O empregador efetuará o recolhimento das contribuições previdenciárias próprias e do trabalhador e o depósito do FGTS com base nos valores pagos no período mensal e fornecerá ao empregado comprovante do cumprimento dessas obrigações. *(Incluído pela MP n. 808, de 14.11.17, DOU ed. extra 14.11.17)*

§ 1º Os segurados enquadrados como empregados que, no somatório de remunerações auferidas de um ou mais empregadores no período de um mês, independentemente do tipo de contrato de trabalho, receberem remuneração inferior ao salário mínimo mensal, poderão recolher ao Regime Geral de Previdência Social a diferença entre a remuneração recebida e o valor do salário mínimo mensal, em que incidirá a mesma alíquota aplicada à contribuição do trabalhador retida pelo empregador. *(Incluído pela MP n. 808, de 14.11.17, DOU ed. extra 14.11.17)*

§ 2º Na hipótese de não ser feito o recolhimento complementar previsto no § 1º, o mês em que a remuneração total recebida pelo segurado de um ou mais empregadores for menor que o salário mínimo mensal não será considerado para fins de aquisição e manutenção de qualidade de segurado do Regime Geral de Previdência Social nem para cumprimento dos períodos de carência para concessão dos benefícios previdenciários. (NR) *(Incluído pela MP n. 808, de 14.11.17, DOU ed. extra 14.11.17)*

Art. 912 Os dispositivos de caráter imperativo terão aplicação imediata às relações iniciadas, mas não consumadas, antes da vigência desta Consolidação.

Art. 913 O Ministro do Trabalho expedirá instruções, quadros, tabelas e modelos que se tornarem necessárias à execução desta Consolidação.

⚖ TST: Súm. n. 6, OJ SDI-1 ns. 171, 345, OJ SDI-1 Trans. n. 57; STF: Súm. ns. 194, 460, 677

PARÁGRAFO ÚNICO. O Tribunal Superior do Trabalho adaptará o seu regimento interno e o dos Tribunais Regionais do Trabalho às normas contidas nesta Consolidação.

Art. 914 Continuarão em vigor os quadros, tabelas e modelos aprovados em virtude de dispositivos não alterados pela presente Consolidação.

Art. 915 Não serão prejudicados os recursos interpostos com apoio em dispositivos alterados ou cujo prazo para interposição esteja em curso à data da vigência desta Consolidação.

Art. 916 Os prazos de prescrição fixados pela presente Consolidação começarão a correr da data da vigência desta, quando menores do que os previstos pela legislação anterior.

Art. 917 O Ministro do Trabalho marcará prazo para adaptação dos atuais estabelecimentos às exigências contidas no Capítulo "Da Segurança e Medicina do Trabalho". Compete ainda àquela autoridade fixar os prazos dentro dos quais, em cada Estado, entrará em vigor a obrigatoriedade do uso da Carteira de Trabalho e Previdência Social para os atuais empregados. *(Este artigo e parágrafo único estão tacitamente revogados pelo DL n. 229, 28.2.67, DOU 28.2.67, LTr 31/137)*

PARÁGRAFO ÚNICO. O Ministro do Trabalho fixará, para cada Estado e quando julgar conveniente, o início da vigência de parte ou de todos os dispositivos contidos no Capítulo "Da Segurança e Medicina do Trabalho". *(Redação de acordo com a L. n. 6.514, 22.12.77, DOU 27.12.77, LTr 42/111, que deu nova redação aos arts. 154 a 201 desta CLT)*

Art. 918 Revogado com o advento da LOPS, L. n. 3.807, 26.8.60, DOU 5.9.60, LTr 24/367, e legislação posterior.

Art. 919 Ao empregado bancário, admitido até a data da vigência da presente Lei, fica assegurado o direito à aquisição da estabilidade nos termos do art. 15 do Decreto n. 24.615, de 9 de julho de 1934.

Art. 920 Enquanto não forem constituídas as confederações ou, na falta destas, a representação de classes, econômicas ou profissionais, que derivar da indicação desses órgãos ou dos respectivos presidentes, será suprida por equivalente designação ou eleição realizada pelas correspondentes federações.

Art. 921 As empresas que não estiverem incluídas no enquadramento sindical de que trata o art. 577 poderão firmar contratos coletivos de trabalho com os sindicatos representativos da respectiva categoria profissional.

– v. art. 618

Art. 922 O disposto no art. 301 regerá somente as relações de emprego iniciadas depois da vigência desta Consolidação. *(Este artigo foi acrescentado pelo DL n. 6.353, 20.3.44, DOU 22.3.44, LTr 8/47)*

ANEXO

Quadro a que se refere o art. 577 da Consolidação das Leis do Trabalho

CONFEDERAÇÃO NACIONAL DA INDÚSTRIA — CNI	CONFEDERAÇÃO NACIONAL DOS TRABALHADORES NA INDÚSTRIA — CNTI
1º GRUPO — INDÚSTRIAS DE ALIMENTAÇÃO	**1º GRUPO — TRABALHADORES NAS INDÚSTRIAS DE ALIMENTAÇÃO**
Atividades ou categorias econômicas	**Categorias profissionais**
Indústria do trigo Indústria do milho e da soja Indústria da mandioca	Trabalhadores na indústria do trigo, milho, soja e mandioca
Indústria do arroz	Trabalhadores na indústria do arroz
Indústria da aveia	Trabalhadores na indústria da aveia
Indústria do açúcar Indústria do açúcar de engenho Indústria da refinação de açúcar	Trabalhadores na indústria do açúcar
Indústria de torrefação e moagem de café	Trabalhadores na indústria de torrefação e moagem de café
Indústria de refinação do sal	Trabalhadores na indústria de refinação do sal
Indústria de panificação e confeitaria	Trabalhadores na indústria de panificação e confeitaria (inclusive balconistas)
Indústria de produtos de cacau e balas	Trabalhadores na indústria de produtos de cacau e balas
Indústria do mate	Trabalhadores na indústria do mate
Indústria de laticínios e produtos derivados	Trabalhadores na indústria de laticínios e produtos derivados
Indústria de massas alimentícias e biscoitos	Trabalhadores na indústria de massas alimentícias e biscoitos
Indústria de cerveja de alta fermentação Indústria de cerveja de baixa fermentação Indústria de cerveja e de bebidas em geral	Trabalhadores na indústria de cerveja e bebidas em geral
Indústria do vinho	Trabalhadores na indústria do vinho
Indústria de águas minerais	Trabalhadores na indústria de águas minerais
Indústria de azeite e óleos alimentícios	Trabalhadores na indústria do azeite e óleos alimentícios
Indústria de doces e conservas alimentícias	Trabalhadores na indústria de doces e conservas alimentícias
Indústria de carnes e derivados	Trabalhadores na indústria de carnes e derivados
Indústria do frio	Trabalhadores na indústria do frio
Indústria do fumo	Trabalhadores na indústria do fumo
Indústria da imunização e tratamento de frutas	Trabalhadores na indústria da imunização e tratamento de frutas
Indústria do beneficiamento do café (inclusive rebeneficiamento)	Trabalhadores na indústria do beneficiamento do café
Indústria de rações balanceadas	Trabalhadores na indústria de rações balanceadas
Indústria do café solúvel	Trabalhadores na indústria do café solúvel
Indústria da pesca	Trabalhadores na indústria da pesca
Indústria alimentar de congelados, supercongelados, sorvetes, concentrados e liofilizados	Trabalhadores na indústria alimentar de congelados, supercongelados, sorvetes, concentrados e liofilizados
2º GRUPO — INDÚSTRIA DO VESTUÁRIO	**2º GRUPO — TRABALHADORES NAS INDÚSTRIAS DO VESTUÁRIO**
Atividades ou categorias econômicas	**Categorias profissionais**
Indústria de calçados	Trabalhadores na indústria de calçados
Indústria do solado palmilhado	Trabalhadores na indústria de tamancos, saltos, formas de paus
Indústria de camisas para homens e roupas brancas Indústria de alfaiataria e de confecção de roupas de homem	Oficiais alfaiates, costureiras e trabalhadores na indústria de confecção de roupas
Indústria de guarda-chuvas e bengalas	Trabalhadores na indústria de guarda-chuvas e bengalas
Indústria de luvas, bolsas e peles de resguardo	Trabalhadores na indústria de luvas, bolsas e peles de resguardo
Indústria de pentes, botões e similares	Trabalhadores na indústria de pentes, botões e similares
Indústria de chapéus	Trabalhadores na indústria de chapéus
Indústria de confecção de roupas e chapéus de senhora	Trabalhadores na indústria de confecção de roupas e chapéus de senhora
Indústria de material de segurança e proteção ao trabalho	Trabalhadores na indústria de material de segurança e proteção ao trabalho

3º GRUPO — INDÚSTRIAS DA CONSTRUÇÃO E DO MOBILIÁRIO		3º GRUPO — TRABALHADORES NAS INDÚSTRIAS DA CONSTRUÇÃO E DO MOBILIÁRIO
Atividades ou categorias econômicas		**Categorias profissionais**
Indústria da construção civil (inclusive montagens industriais e engenharia consultiva)	-	Trabalhadores na indústria da construção civil (pedreiros, carpinteiros, pintores e estucadores, bombeiros hidráulicos e outros, montagens industriais e engenharia consultiva)
Indústria de olaria	-	Trabalhadores na indústria de olaria
Indústria de cal e gesso Indústria de cimento	-	Trabalhadores na indústria do cimento, cal e gesso
Indústria de ladrilhos hidráulicos e produtos de cimento	-	Trabalhadores na indústria de ladrilhos hidráulicos e produtos de cimento
Indústria de cerâmica para construção	-	Trabalhadores na indústria de cerâmica para construção
Indústria de mármores e granitos	-	Trabalhadores na indústria de mármores e granitos
Indústria de pintura, decorações, estuques e ornatos	-	Trabalhadores na indústria de pintura, decorações, estuques e ornatos
Indústria de serrarias, carpintarias, tanoarias, madeiras compensadas e laminadas, aglomerados e chapas de fibras de madeiras	-	Trabalhadores na indústria de serrarias, carpintarias, tanoarias, madeiras compensadas e laminadas, aglomerados e chapas de fibras de madeira
Indústria de marcenaria (móveis de madeira)	-	Oficiais marceneiros e trabalhadores na indústria de serrarias e de móveis de madeira
Indústria de móveis de junco e vime e de vassouras	-	Trabalhadores na indústria de móveis de junco e vime e de vassouras
Indústria de cortinados e estofos	-	Trabalhadores na indústria de cortinados e estofos
Indústria de escovas e pincéis	-	Trabalhadores na indústria de escovas e pincéis
Indústria de artefatos de cimento armado	-	Trabalhadores na indústria de artefatos de cimento armado
Indústria de instalações elétricas, gás, hidráulicas e sanitárias	-	Oficiais eletricistas e trabalhadores na indústria de instalações elétricas, gás, hidráulicas e sanitárias
Indústria da construção de estradas, pavimentação, obras de terraplenagem em geral (barragens, aeroportos, canais e engenharia consultiva)	-	Trabalhadores na indústria da construção de estradas, pavimentação, obras de terraplenagem em geral (pontes, portos, canais, barragens, aeroportos, hidrelétricas e engenharia consultiva)
Indústria de refratários	-	Trabalhadores na indústria de refratários
	-	Tratoristas (excetuados os rurais) — diferenciada

4º GRUPO — INDÚSTRIAS URBANAS		4º GRUPO — TRABALHADORES NAS INDÚSTRIAS URBANAS
Atividades ou categorias econômicas		**Categorias profissionais**
Indústria da purificação e distribuição de água	-	Trabalhadores na indústria da purificação e distribuição de água
Indústria de energia elétrica	-	Trabalhadores na indústria de energia elétrica
Indústria da produção do gás	-	Trabalhadores na indústria da produção do gás
Serviços de esgotos	-	Trabalhadores em serviços de esgotos
		Maquinistas e foguistas (de geradores termoelétricos e congêneres, exclusive marítimos) — diferenciada

5º GRUPO — INDÚSTRIAS EXTRATIVAS		5º GRUPO — TRABALHADORES NAS INDÚSTRIAS EXTRATIVAS
Atividades ou categorias econômicas		**Categorias profissionais**
Indústria da extração do ouro e metais preciosos	-	Trabalhadores na indústria da extração do ouro e metais preciosos
Indústria da extração do ferro e metais básicos	-	Trabalhadores na indústria da extração do ferro e metais básicos
Indústria da extração do carvão e da fluorita	-	Trabalhadores na indústria da extração do carvão e da fluorita
Indústria da extração de diamantes e pedras preciosas	-	Trabalhadores na indústria da extração de diamantes e pedras preciosas
Indústria da extração de mármores, calcários e pedreiras	-	Trabalhadores na indústria da extração de mármores, calcários e pedreiras
Indústria da extração de areias e barreiras	-	Trabalhadores na indústria da extração de areias e barreiras
Indústria da extração do sal	-	Trabalhadores na indústria da extração do sal
Indústria da extração do petróleo	-	Trabalhadores na indústria da extração do petróleo
Indústria da extração de madeiras	-	Trabalhadores na indústria da extração de madeiras
Indústria da extração de resinas	-	Trabalhadores na indústria da extração de resinas

5º GRUPO — INDÚSTRIAS EXTRATIVAS		5º GRUPO — TRABALHADORES NAS INDÚSTRIAS EXTRATIVAS
Atividades ou categorias econômicas		**Categorias profissionais**
Indústria da extração da lenha	-	Trabalhadores na indústria da extração da lenha
Indústria da extração da borracha	-	Trabalhadores na indústria da extração da borracha
Indústria da extração de fibras vegetais	-	Trabalhadores na indústria da extração de fibras vegetais e de cera de camaúba
Indústria da extração de óleos vegetais e animais	-	Trabalhadores na indústria da extração de óleos vegetais e animais
Indústria da extração do estanho	-	Trabalhadores na indústria da extração do estanho
Indústria da extração da pirita	-	Trabalhadores na indústria da extração da pirita
Indústria da extração de minerais não metálicos (gesso, amianto, mica, quartzo, grafite, talco, greda etc.)	-	Trabalhadores na indústria da extração de minerais não metálicos
Garimpeiros (trabalhadores autônomos)		

6º GRUPO — INDÚSTRIAS DE FIAÇÃO E TECELAGEM		6º GRUPO — TRABALHADORES NAS INDÚSTRIAS DE FIAÇÃO E TECELAGEM
Atividades ou categorias econômicas		**Categorias profissionais**
Indústria da cordoalha e estopa	-	Mestres e contramestres, pessoal de escritório e de cargos de chefia na indústria de fiação e tecelagem
Indústria da malharia e meias Indústria de fiação e tecelagem em geral Indústria de especialidades têxteis (passamanarias, rendas, tapetes)		Trabalhadores na indústria de fiação e tecelagem
Indústria de fibras artificiais e sintéticas	-	Técnicos têxteis
Indústria de tinturaria	-	Trabalhadores nas indústrias de tinturaria

7º GRUPO — INDÚSTRIAS DE ARTEFATOS DE COURO		7º GRUPO — TRABALHADORES NAS INDÚSTRIAS DE ARTEFATO DE COURO
Atividades ou categorias econômicas		**Categorias profissionais**
Indústria de curtimento de couros e peles	-	Trabalhadores na indústria do curtimento de couros e peles
Indústria de malas e artigos de viagem Indústria de correias em geral e arreios		Trabalhadores na indústria de artefatos de couro

8º GRUPO — INDÚSTRIAS DE ARTEFATOS DE BORRACHA		8º GRUPO — TRABALHADORES NAS INDÚSTRIAS DE ARTEFATOS DE BORRACHA
Atividades ou categorias econômicas		**Categorias profissionais**
Indústria de artefatos de borracha Indústria de pneumáticos e câmaras de ar para veículos		Trabalhadores na indústria de artefatos de borracha

9º GRUPO — INDÚSTRIAS DE JOALHERIA E LAPIDAÇÃO DE PEDRAS PRECIOSAS		9º GRUPO — TRABALHADORES NAS INDÚSTRIAS DE JOALHERIA E LAPIDAÇÃO DE PEDRAS PRECIOSAS
Atividades ou categorias econômicas		**Categorias profissionais**
Indústria da joalheria e ourivesaria	-	Oficiais joalheiros e ourives
Indústria da lapidação de pedras preciosas	-	Oficiais lapidários
Indústria de relojoaria	-	Trabalhadores na indústria de relojoaria e oficiais relojoeiros

10º GRUPO — INDÚSTRIAS QUÍMICAS E FARMACÊUTICAS		10º GRUPO — TRABALHADORES NAS INDÚSTRIAS QUÍMICAS E FARMACÊUTICAS
Atividades ou categorias econômicas		**Categorias profissionais**
Indústria de produtos químicos para fins industriais	-	Trabalhadores na indústria de produtos químicos para fins industriais
Indústria de produtos farmacêuticos	-	Trabalhadores na indústria de produtos farmacêuticos
Indústria de preparação de óleos vegetais e animais	-	Trabalhadores na indústria de preparação de óleos vegetais e animais
Indústria de perfumaria e artigos de toucador	-	Trabalhadores na indústria de perfumaria e artigos de toucador
Indústria de resinas sintéticas	-	Trabalhadores na indústria de resinas sintéticas
Indústria de sabão e velas	-	Trabalhadores na indústria de sabão e velas
Indústria da fabricação do álcool	-	Trabalhadores na indústria da fabricação do álcool

10º GRUPO — INDÚSTRIAS QUÍMICAS E FARMACÊUTICAS		10º GRUPO — TRABALHADORES NAS INDÚSTRIAS QUÍMICAS E FARMACÊUTICAS
Atividades ou categorias econômicas		**Categorias profissionais**
Indústria de explosivos	-	Trabalhadores na indústria de explosivos
Indústria de tintas e vernizes	-	Trabalhadores na indústria de tintas e vernizes
Indústria de fósforos	-	Trabalhadores na indústria de fósforos
Indústria de adubos e corretivos agrícolas	-	Trabalhadores na indústria de adubos e corretivos agrícolas
Indústria de defensivos agrícolas	-	Trabalhadores na indústria de defensivos agrícolas
Indústria da destilação e refinação de petróleo	-	Trabalhadores na indústria da destilação e refinação de petróleo
Indústria de material plástico (inclusive da produção de laminados plásticos)	-	Trabalhadores na indústria de material plástico (inclusive trabalhadores na indústria da produção de laminados plásticos)
Indústria de matérias-primas para inseticidas e fertilizantes	-	Trabalhadores na indústria de matérias-primas para inseticidas e fertilizantes
Indústria de abrasivos Indústria de álcalis	-	Trabalhadores na indústria de abrasivos
Indústria petroquímica	-	Trabalhadores na indústria petroquímica
Indústria de produtos de limpeza	-	Trabalhadores na indústria de produtos de limpeza
Indústria de lápis, canetas, e material, de escritório	-	Trabalhadores na indústria de lápis, canetas, e material de escritório
Indústria de defensivos animais	-	Trabalhadores na indústria de defensivos animais
Indústria de re-refino de óleos minerais (lubrificantes usados ou contaminados)	-	Trabalhadores na indústria de re-refino de óleos minerais

11º GRUPO — INDÚSTRIAS DO PAPEL, PAPELÃO E CORTIÇA		11º GRUPO — TRABALHADORES NAS INDÚSTRIAS DO PAPEL, PAPELÃO E CORTIÇA
Atividades ou categorias econômicas		**Categorias profissionais**
Indústria do papelão Indústria de cortiça Indústria de papel, celulose e pasta de madeira para papel		Trabalhadores na indústria do papel, celulose, pasta de madeira para papel, papelão e cortiça
Indústria de artefatos de papel, papelão e cortiça	-	Trabalhadores na indústria de artefatos de papel, papelão e cortiça

12º GRUPO — INDÚSTRIAS GRÁFICAS		12º GRUPO — TRABALHADORES NAS INDÚSTRIAS GRÁFICAS
Atividades ou categorias econômicas		**Categorias profissionais**
Indústria da tipografia Indústria da gravura		Oficiais gráficos (diferenciada)
Indústria da encadernação	-	Oficiais encadernadores

13º GRUPO — INDÚSTRIA DE VIDROS, CRISTAIS, ESPELHOS, CERÂMICA DE LOUÇA E PORCELANA		13º GRUPO — TRABALHADORES NAS INDÚSTRIAS DE VIDROS, CRISTAIS, ESPELHOS, CERÂMICA DE LOUÇA E PORCELANA
Atividades ou categorias econômicas		**Categorias profissionais**
Indústria de vidros e cristais planos Indústria de vidros e cristais ocos (frascos, garrafas, copos e similares) Indústria de espelhos e polimento (lapidação vidro)		Trabalhadores na indústria de vidros, cristais e, espelhos
Indústria da cerâmica, da louça de pó de pedra, da porcelana e da louça de barro	-	Trabalhadores na indústria da cerâmica, da louça de pó de pedra, da porcelana e da louça de barro
Indústria da ótica	-	Trabalhadores na indústria da ótica

14º GRUPO — INDÚSTRIAS METALÚRGICAS, MECÂNICAS E DE MATERIAL ELÉTRICO		14º GRUPO — TRABALHADORES NAS INDÚSTRIAS METALÚRGICAS, MECÂNICAS E DE MATERIAL ELÉTRICO

15º GRUPO — INDÚSTRIAS DE INSTRUMENTOS MUSICAIS E DE BRINQUEDOS		15º GRUPO — TRABALHADORES NAS INDÚSTRIAS DE INSTRUMENTOS MUSICAIS E DE BRINQUEDOS
Atividades ou categorias econômicas		**Categorias profissionais**
Indústria de instrumentos musicais	-	Trabalhadores na indústria de instrumentos musicais
Indústria de brinquedos	-	Trabalhadores na indústria de brinquedos

16º GRUPO — INDÚSTRIAS CINEMATOGRÁFICAS		16º GRUPO — TRABALHADORES NAS INDÚSTRIAS CINEMATOGRÁFICAS
Atividades ou categorias econômicas		**Categorias profissionais**
Indústria cinematográfica (inclusive laboratórios cinematográficos)	-	Trabalhadores na indústria cinematográfica (inclusive trabalhadores em laboratórios cinematográficos)

17º GRUPO — INDÚSTRIAS DE BENEFICIAMENTO		17º GRUPO — TRABALHADORES NAS INDÚSTRIAS DE BENEFICIAMENTO
Atividades ou categorias econômicas		**Categorias profissionais**
Indústria de beneficiamento de carvão	-	Trabalhadores na indústria de beneficiamento de carvão
Indústria de beneficiamento de borracha	-	Trabalhadores na indústria de beneficiamento de borracha
Indústria de beneficiamento de fibras vegetais e do descaroçamento de algodão	-	Trabalhadores na indústria de beneficiamento de fibras vegetais e do descaroçamento de algodão

18º GRUPO — INDÚSTRIA DE ARTESANATOS EM GERAL		18º GRUPO — TRABALHADORES NAS INDÚSTRIAS DE ARTESANATOS EM GERAL
Atividades ou categorias econômicas		**Categorias profissionais**
Empresas de artesanatos em geral Artesão autônomos		Empregados em empresas de artesanatos em geral

19º GRUPO — INDÚSTRIAS METALÚRGICAS, MECÂNICAS E DE MATERIAL ELÉTRICO		19º GRUPO — TRABALHADORES NAS INDÚSTRIAS METALÚRGICAS, MECÂNICAS E DE MATERIAL ELÉTRICO
Atividades ou categorias econômicas		**Categorias profissionais**
Indústria do ferro (siderurgia) Indústria de trefilação e laminação de metais ferrosos Indústria da fundição		Trabalhadores metalúrgicos (siderurgia e fundição)
Indústria de artefatos de ferro e metais em geral Indústria de serralheria Indústria da mecânica Indústria de proteção, tratamento e transformação de superfícies Indústria de máquinas Indústria de balanças, pesos e medidas Indústria de cutelaria Indústria de estamparia de metais Indústria de móveis de metal Indústria da construção naval Indústria de materiais e equipamentos rodoviários e ferroviários (compreensiva das empresas industriais fabricantes de carrocerias para ônibus e caminhões, viaturas, reboques e semirreboques; locomotivas, vagões, carros e equipamentos ferroviários, motocicletas, motonetas e veículos semelhantes) Indústria de artefatos de metais não ferrosos Indústria de geradores de vapor (caldeiras e acessórios) Indústria de parafusos, porcas, rebites e similares		Trabalhadores em oficinas mecânicas
Indústria de tratores, caminhões, ônibus, automóveis e veículos similares Indústria de lâmpadas e aparelhos elétricos de iluminação Indústria de condutores elétricos, trefilação e laminação de metais não ferrosos Indústria de aparelhos elétricos, eletrônicos e similares Indústria de aparelhos de radiotransmissão		Trabalhadores na indústria do material elétrico
Indústria de peças para automóveis e similares	-	Trabalhadores na indústria de peças para automóveis e similares
Indústria da construção aeronáutica	-	Trabalhadores na indústria de construção aeronáutica
Indústria de reparação de veículos e acessórios Indústria de funilaria		Trabalhadores na indústria de reparação de veículos e acessórios
Indústria de forjaria	-	Trabalhadores na indústria de forjaria
Indústria de refrigeração, aquecimento e tratamento de ar	-	Trabalhadores na indústria de refrigeração, aquecimento e tratamento de ar
Indústria de preparação de sucata ferrosa e não ferrosa	-	Trabalhadores na indústria de preparação de sucata ferrosa e não ferrosa
Indústria de artigos e equipamentos odontológicos, médicos e hospitalares	-	Trabalhadores na indústria de artigos e equipamentos odontológicos, médicos e hospitalares
Indústria de informática	-	Trabalhadores na indústria da informática
Indústria de rolhas metálicas	-	Trabalhadores na indústria de rolhas metálicas

CLT

CONFEDERAÇÃO NACIONAL DO COMÉRCIO		CONFEDERAÇÃO NACIONAL DOS TRABALHADORES NO COMÉRCIO
1º GRUPO — COMÉRCIO ATACADISTA		**1º GRUPO — EMPREGADOS NO COMÉRCIO**
Atividades ou categorias econômicas		**Categorias profissionais**
Comércio atacadista de algodão e outras fibras vegetais Comércio atacadista de carnes frescas e congeladas Comércio atacadista de carvão vegetal e lenha Comércio atacadista de gêneros alimentícios Comércio atacadista de tecidos, vestuário e armarinho Comércio atacadista de louças, tintas e ferragens Comércio atacadista de maquinismos em geral Comércio atacadista de materiais de construção Comércio atacadista de material elétrico Comércio atacadista de produtos químicos para indústria e lavoura Comércio atacadista de drogas e medicamentos Comércio atacadista de sacaria Comércio atacadista de pedras preciosas Comércio atacadista de joias e relógios Comércio atacadista de papel e papelão Comércio atacadista de álcool e bebidas em geral Comércio atacadista de couros e peles Comércio atacadista de frutas Comércio atacadista de artigos sanitários Comércio atacadista de vidros planos, cristais e espelhos		Empregados no comércio (preposto do comércio em geral) Empregados vendedores e viajantes do comércio (diferenciada) Classificadores de produtos de origem vegetal (diferenciada)
Comércio atacadista de minérios e pesquisas Comércio atacadista de derivados de petróleo Comércio atacadista de solventes de petróleo		Trabalhadores no comércio de minérios e derivados de petróleo (inclusive pesquisas de minérios)
Comércio atacadista de aparelhos e materiais óticos, fotográficos e cinematográficos		
Comércio atacadista de exportador		
Comércio exportador do café		
Comércio atacadista de sucata de ferro		
Comércio atacadista de bijuterias	-	Trabalhadores no comércio atacadista de bijuterias

2º — GRUPO — COMÉRCIO VAREJISTA		
Atividades ou categorias econômicas		
Lojistas do comércio (estabelecimentos de tecidos, de vestuário, adorno e acessórios, de objetos de arte, de louças finas, de cirurgia, de móveis e congêneres) Comércio varejista de gêneros alimentícios Comércio varejista de maquinismos, ferragens e tintas (utensílios e ferramentas) Comércio varejista de material médico-hospitalar científico Comércio varejista de calçados Comércio varejista de material elétrico e aparelhos eletrodomésticos Comércio varejista de veículos Comércio varejista de peças e acessórios para veículos Comércio varejista de carvão vegetal e lenha Comércio de vendedores ambulantes (trabalhadores autônomos) Comércio varejista dos feirantes Comércio varejista de frutas, verduras, flores e plantas Estabelecimentos de serviços funerários (compreensiva de casas, agências e empresas funerárias) Comércio varejista de material ótico, fotográfico e cinematográfico Comércio varejista de livros Comércio varejista de material de escritório e papelaria		Empregados no comércio (propostos do comércio em geral)
Comércio varejista de derivados de petróleo (inclusive lavagem de veículos) Comércio transportador-revendedor-retalhista de óleo diesel, óleo combustível e querosene (dissociada) Empresas distribuidoras de gás liquefeito de petróleo		Trabalhadores no comércio de minérios e derivados de petróleo (inclusive pesquisas de minérios)
Empresas de garagem, estacionamento e de limpeza e conservação de veículos	-	Empregados em empresas de garagem, estacionamento e de limpeza e conservação de veículos
Comércio varejista de carnes frescas	-	Empregados no comércio varejista de carnes frescas
Comércio varejista de produtos farmacêuticos	-	Práticos de farmácia (diferenciada)
		Propagandistas, propagandistas-vendedores e vendedores de produtos farmacêuticos (diferenciada)

3º — GRUPO — AGENTES AUTÔNOMOS DO COMÉRCIO		2º GRUPO — EMPREGADOS DE AGENTES AUTÔNOMOS DO COMÉRCIO
Atividades ou categorias econômicas		**Categorias profissionais**
Corretores de mercadorias Corretores de navios Despachantes aduaneiros Despachantes (exceto os despachantes aduaneiros) Leiloeiros Representantes comerciais Comissários e consignatários Agentes da propriedade industrial Corretores de jóias e pedras preciosas Corretores de café Empresas de arrendamento mercantil (*leasing*) Administradores de consórcios		Empregados de agentes autônomos do comércio
Empresas de assessoramento, perícias, informações e pesquisas	-	Empregados em empresas de assessoramento, perícias, informações e pesquisas
Empresas de processamento de dados	-	Empregados de empresas de processamento de dados
Empresas de segurança e vigilância	-	Empregados de empresas de segurança e vigilância
Empresas de serviços contábeis	-	Empregados de empresas de serviços contábeis
Fotógrafos profissionais autônomos (exceto fotógrafos profissionais e repórteres fotógrafos)	-	Secretárias (diferenciada)
Empresas de locação de fitas gravadas em videocassete	-	Empregados de empresas de locação de fitas gravadas em videocassete
Auto e moto escolas	-	Empregados de auto e moto escolas (inclusive instrutores)

4º GRUPO — COMÉRCIO ARMAZENADOR		3º GRUPO — TRABALHADORES NO COMÉRCIO ARMAZENADOR
Atividades ou categorias econômicas		**Categorias profissionais**
Trapiches	-	Arrumadores (trapiches, armazéns gerais e entrepostos)
Armazéns gerais (de cereais, algodão e outros produtos)	-	Auxiliares de administração de armazéns gerais
Entreposto (de carne, leite e outros produtos) Comissários e consignatários de café Comércio de café em geral (exceto varejistas)		Catadeiras e costureiras no comércio de café Auxiliares de administração no comércio do café em geral (inclusive correlatos) exceto varejistas
		Trabalhadores na movimentação de mercadorias em geral (diferenciada)

5º GRUPO — TURISMO E HOSPITALIDADE		4º GRUPO — EMPREGADOS EM TURISMO E HOSPITALIDADE
Atividades ou categorias econômicas		**Categorias profissionais**
Empresas de turismo	-	Empregados em empresas de turismo (inclusive intérpretes e guias de turismo)
Casas de diversões	-	Empregados em casas de diversões Bailarinas e dançarinas
Salões de barbeiros e cabeleireiros para homens	-	Oficiais barbeiros (inclusive aprendizes, ajudantes, manicures e empregados nos salões de cabeleireiros para homens)
Institutos de beleza e cabeleireiros de senhoras	-	Empregados em institutos de beleza e cabeleireiros de senhoras
Hotéis, restaurantes, bares e similares (estabelecimentos de hospedagem, alimentação preparada e bebidas a varejo)	-	Empregados no comércio hoteleiro e similares
Empresas exibidoras cinematográficas		Operadores cinematográficos Empregados em empresas exibidoras cinematográficas
Empresas de compra, venda, locação e administração de imóveis residenciais e comerciais	-	Empregados em empresas de compra, venda, locação e administração de imóveis residenciais e comerciais (inclusive empregados de edifícios, zeladores, porteiros, cabineiros, vigias, faxineiras, serventes e outros)
Serviços de lustradores de calçados	-	Lustradores de calçados
Empresas de asseio e conservação	-	Empregados de empresas de asseio e conservação
Instituições beneficentes, religiosas e filantrópicas	-	Empregados em instituições beneficentes, religiosas e filantrópicas
Lavanderias e similares	-	Empregados em lavanderias e similares
Empresas de conservação de elevadores	-	Empregados em empresas de conservação de elevadores

CLT

6º GRUPO — ESTABELECIMENTOS DE SERVIÇOS DE SAÚDE	5º GRUPO — EMPREGADOS EM ESTABELECIMENTOS DE SERVIÇOS DE SAÚDE
Atividades ou categorias econômicas	**Categorias profissionais**
Hospitais Clínicas Casas de saúde e laboratórios de pesquisas e análises clínicas Cooperativas de serviços médicos Bancos de sangue Estabelecimentos de duchas, massagens e fisioterapia Empresas de prótese dentária Empresas de medicina de grupo	Profissionais de enfermagem, técnicos, duchistas, massagistas e empregados em hospitais e casas de saúde, abrangendo os profissionais de enfermagem em geral, vinculados por contrato de trabalho (ressalvado o duplo enquadramento dos que também sejam "Enfermeiros"), auxiliares técnicos de serviços paramédicos, tais como técnicos de laboratório clínico, operador de raio X, de radioterapia, de cobaltoterapia, de eletroencefalografia, de eletrocardiografia, de hemoterapia, atendentes, auxiliares de serviços médicos, burocratas, massagistas, duchistas, pedicuros e empregados em hospitais, clínicas e casas de saúde, mantido, para esta categoria, o caráter de diferenciada, que lhe foi atribuído pela Portaria n. 3.005, de 05.01.70, ratificada pela Portaria n. 3.311, de 02.09.74 Técnicos de Segurança do Trabalho (diferenciada)
	6º GRUPO — TRABALHADORES EM SERVIÇOS DE SEGURANÇA DO TRABALHO
	Técnicos de Segurança do Trabalho (diferenciada)
CONFEDERAÇÃO NACIONAL DOS TRANSPORTES MARÍTIMOS, FLUVIAIS E AÉREOS	**CONFEDERAÇÃO NACIONAL DOS TRABALHADORES EM TRANSPORTES MARÍTIMOS, FLUVIAIS E AÉREOS**
1º GRUPO — EMPRESAS DE NAVEGAÇÃO MARÍTIMA E FLUVIAL	**1º GRUPO — TRABALHADORES EM TRANSPORTES MARÍTIMOS E FLUVIAIS**
Atividades ou categorias econômicas	**Categorias profissionais**
Empresas de navegação marítima Empresa de navegação de tráfego portuário (dissociada)	Oficiais de náutica da marinha mercante (práticos) Arrais e mestres de cabotagem em transportes marítimos Oficiais de máquinas da marinha mercante Comissários da marinha mercante Motoristas e condutores da marinha mercante Mecânicos da marinha mercante Conferentes de carga da marinha mercante Contramestres, marinheiros e moços em transportes marítimos Oficiais de radiocomunicações da marinha mercante Taifeiros, culinários e panificadores marítimos Foguistas da marinha mercante (inclusive carvoeiros) Médicos da marinha mercante Enfermeiros da marinha mercante Empregados em escritórios das empresas de navegação marítima Mestres e encarregados de estaleiros das empresas de navegação marítima Carpinteiros navais Eletricistas da marinha mercante Auxiliares técnicos, mestres, contramestres e encarregados artífices em estaleiros de empresa de navegação marítima
Empresas de navegação fluvial e lacustre	Arrais e mestres de cabotagem em transportes fluviais Oficinas de náutica em transportes fluviais (práticos) Oficinas de máquinas em transportes fluviais Comissários em transportes fluviais Motoristas e condutores em transportes fluviais Conferentes de carga em transportes fluviais Contramestres, marinheiros e moços em transportes fluviais Radiotelegrafistas em transportes fluviais Taifeiros, culinários e panificadores em transportes fluviais Foguistas em transportes fluviais (inclusive carvoeiros) Médicos em transportes fluviais Enfermeiros em transportes fluviais Amarradores
Estaleiros navais -	Operários navais (trabalhadores em estaleiros de navegação e calafates navais)
Agências de navegação	Empregados em escritórios das empresas de navegação fluvial Mestres e encarregados de estaleiros das empresas de navegação fluvial Operários fluviais (trabalhadores em estaleiros de navegação fluvial e calafates fluviais) Carpinteiros fluviais Escreventes em transportes fluviais
Empresas de serviços subaquáticos e afins -	Trabalhadores em atividades subaquáticas e afins (diferenciadas)

2º GRUPO — EMPRESAS AEROVIÁRIAS		**2º GRUPO — TRABALHADORES EM TRANSPORTES AÉREOS**
Atividades e categorias econômicas		**Categorias profissionais**
Empresas aeroviárias Empresas de táxi aéreo Carregadores e transportadores de bagagens em aeroportos (trabalhadores autônomos)		Aeroviários (diferenciada) Aeronautas (diferenciada) Radiotelegrafistas em empresas aeroviárias (excluídos os aeronautas e aeroviários)
Empresas de administração de aeroportos	-	Empregados em empresas de administração de aeroportos
3º GRUPO — EMPRESÁRIOS E ADMINISTRADORES DE PORTOS		**3º GRUPO — ESTIVADORES**
Atividades ou categorias econômicas		**Categorias profissionais**
Empresários e administradores de portos		Estivadores (de acordo com o Decreto-lei n. 5, de 04.06.66, art. 21, os trabalhadores de estiva e capatazia constituem categoria profissional única denominada operador de carga e descarga) Trabalhadores em estiva de minérios
Carregadores e transportadores de bagagens dos portos (trabalhadores autônomos)	-	Trabalhadores em alvarengas
4º GRUPO — EMPRESAS PRESTADORAS DE SERVIÇOS PORTUÁRIOS		**4º GRUPO — PORTUÁRIOS**
Atividades ou categorias econômicas		**Categorias profissionais**
		Trabalhadores nos serviços portuários
— V. arts. 28 a 40 da Lei n. 12.815, de 5.6.13, p. 715		Motoristas em guindastes dos portos
		Conferentes e consertadores de carga e descarga nos portos
		Vigias portuários
		Classificadores de frutas nos portos (facultativo o uso da expressão "descartadores")
Empreiteiros de serviços de bloco	-	Trabalhadores de bloco
5º GRUPO — EMPRESAS DE PESCA		**5º GRUPO — TRABALHADORES EM EMPRESAS DE PESCA**
Atividades ou categorias econômicas		**Categorias profissionais**
Armadores e pesca		Pescadores Patrões de pesca
CONFEDERAÇÃO NACIONAL DE TRANSPORTES TERRESTRES		**CONFEDERAÇÃO NACIONAL DOS TRABALHADORES EM TRANSPORTES TERRESTRES**
1º GRUPO — EMPRESAS FERROVIÁRIAS		**1º GRUPO-TRABALHADORES FERROVIÁRIOS**
Atividades ou categorias econômicas		**Categorias profissionais**
Empresas ferroviárias Carregadores e transportadores de bagagens em estações ferroviárias (trabalhadores autônomos)		Trabalhadores em empresas ferroviárias
2º GRUPO — EMPRESAS DE TRANSPORTES RODOVIÁRIOS		**2º GRUPO — TRABALHADORES EM TRANSPORTES RODOVIÁRIOS**
Atividades ou categorias econômicas		**Categorias profissionais**
Empresas de transportes de passageiros	-	Empregados em escritórios de empresas de transportes rodoviários
Empresas de transportes de carga (compreendidas das empresas de veículos de carga e das empresas de transporte interestadual de carga)		
Carregadores e transportadores de volumes de bagagens em geral, inclusive carrinhos de mão (trabalhadores autônomos)	-	Condutores de veículos rodoviários (inclusive ajudantes e carregadores, trocadores de ônibus e lavadores de automóveis) e trabalhadores em transportes urbanos de passageiros (cabos aéreos e "troley-bus") Despacho Ministerial Processo MTPS n. 312.748/70
Postos de serviço		
Condutores autônomos de veículos rodoviários		
Empresas de transporte coletivo urbano de passageiros		
Guardadores de automóveis (trabalhadores autônomos)		

CLT

2º GRUPO — EMPRESAS DE TRANSPORTES RODOVIÁRIOS		2º GRUPO — TRABALHADORES EM TRANSPORTES RODOVIÁRIOS
Atividades ou categorias econômicas		**Categorias profissionais**
Agências e estações rodoviárias		
Carregadores e transportadores de bagagens em estações rodoviárias (trabalhadores autônomos)		
Empresas de transportes de passageiros por fretamento	-	Empregados em empresas de transportes de passageiros por fretamento
Transportadores rodoviários autônomos de bens		
3º GRUPO — EMPRESAS DE CARRIS URBANOS (INCLUSIVE CABOS AÉREOS)		**3º GRUPO — TRABALHADORES EM EMPRESAS DE CARRIS URBANOS (INCLUSIVE CABOS AÉREOS)**
Atividades ou categorias econômicas		**Categorias profissionais**
Empresas de carris urbanos, "troley-bus" e cabos aéreos	-	
4º GRUPO — EMPRESAS METROVIÁRIAS		**4º GRUPO — TRABALHADORES EM EMPRESAS METROVIÁRIAS**
Atividades ou categorias econômicas		**Categorias profissionais**
Empresas de transportes metroviários	-	Trabalhadores em empresas de transportes metroviários
CONFEDERAÇÃO NACIONAL DE COMUNICAÇÕES E PUBLICIDADE		**CONFEDERAÇÃO NACIONAL DOS TRABALHADORES EM COMUNICAÇÕES E PUBLICIDADE**
1º GRUPO — EMPRESAS DE COMUNICAÇÕES		**1º GRUPO — TRABALHADORES EM EMPRESAS DE COMUNICAÇÕES**
Atividades ou categorias econômicas		**Categorias profissionais**
Empresas telegráficas terrestres Empresas telegráficas submarinas Empresas radiotelegráficas e radiotelefônicas Empresas telefônicas Empresas mensageiras		Trabalhadores em empresas de telecomunicações e operadores de mesas telefônicas (telefonistas em geral) diferenciada
2º GRUPO — EMPRESAS DE PUBLICIDADE		**2º GRUPO — TRABALHADORES EM EMPRESAS DE PUBLICIDADE**
Atividades ou categorias econômicas		**Categorias profissionais**
Agências de propaganda		Publicitários (diferenciada) Agenciadores de publicidade (diferenciada) Trabalhadores em agências de propaganda
Empresas de radiodifusão e televisão (inclusive dublagem)	-	Trabalhadores em empresas de radiodifusão e televisão (inclusive dublagem)
Agências noticiosas	-	Empregados em agências noticiosas
		Profissionais de relações públicas (diferenciada)
3º GRUPO — EMPRESAS JORNALÍSTICAS		**3º GRUPO — TRABALHADORES EM EMPRESAS JORNALÍSTICAS**
Atividades ou categorias econômicas		**Categorias profissionais**
Empresas proprietárias de jornais e revistas		Jornalistas profissionais (redatores, repórteres, revisores, fotógrafos etc.) (diferenciada) Empregados da administração das empresas proprietárias de jornais e revistas
Empresas distribuidoras de jornais e revistas	-	Vendedores de jornais e revistas (inclusive autônomos) e empregados em empresas distribuidoras de jornais e revistas
CONFEDERAÇÃO NACIONAL DAS EMPRESAS DE CRÉDITO		**CONFEDERAÇÃO NACIONAL DOS TRABALHADORES NAS EMPRESAS DE CRÉDITO**
1º GRUPO — ESTABELECIMENTOS BANCÁRIOS		**1º GRUPO — EMPREGADOS EM ESTABELECIMENTOS BANCÁRIOS**
Atividades ou categorias econômicas		**Categorias profissionais**
Bancos (inclusive Bancos de Investimentos) Casas bancárias Sociedades de crédito, financiamento e investimentos		Empregados em estabelecimentos bancários

2º GRUPO — EMPRESAS DE SEGUROS PRIVADOS E CAPITALIZAÇÃO	2º GRUPO — EMPREGADOS EM EMPRESAS DE SEGUROS PRIVADOS E CAPITALIZAÇÃO, DE AGENTES AUTÔNOMOS DE SEGUROS PRIVADOS E DE CRÉDITO E EM EMPRESAS DE PREVIDÊNCIA PRIVADA
Atividades ou categorias econômicas	**Categorias profissionais**
Empresas de capitalização Empresas de seguros	Empregados em empresas de seguros privados e capitalização

3º GRUPO — AGENTES AUTÔNOMOS DE SEGUROS PRIVADOS E DE CRÉDITO	
Atividades ou categorias econômicas	**Categorias profissionais**
Corretores de seguros e de capitalização Sociedades e corretores de fundos públicos e câmbio Empresas distribuidoras de títulos e valores mobiliários	Empregados de agentes autônomos de seguro e de crédito e de empresas distribuidoras de títulos e valores mobiliários

4º GRUPO — ENTIDADES DE PREVIDÊNCIA PRIVADA	
Atividades ou categorias econômicas	
Entidades abertas de previdência privada	
Entidades fechadas de previdência privada	

CONFEDERAÇÃO NACIONAL DE EDUCAÇÃO E CULTURA	CONFEDERAÇÃO NACIONAL DOS TRABALHADORES EM ESTABELECIMENTOS DE EDUCAÇÃO E CULTURA
1º GRUPO — ESTABELECIMENTOS DE ENSINO	**1º GRUPO — TRABALHADORES EM ESTABELECIMENTOS DE ENSINO**
Atividades ou categorias econômicas	**Categorias profissionais**
Entidades mantenedoras de estabelecimentos de ensino superior Estabelecimentos de ensino de arte Estabelecimentos de ensino de 1º e 2º graus Estabelecimentos de ensino técnico-profissional Estabelecimentos de ensino comercial	Professores (diferenciada) Auxiliares de administração escolar (empregados de estabelecimentos de ensino)

2º GRUPO — EMPRESAS DE DIFUSÃO CULTURAL E ARTÍSTICA		2º GRUPO — TRABALHADORES EM EMPRESAS DE DIFUSÃO CULTURAL E ARTÍSTICA
Atividades ou categorias econômicas		**Categorias profissionais**
Empresas editoras de livros e publicações culturais	-	Empregados de empresas editoras de livros e publicações culturais
Empresas teatrais Empresas circenses Empresas cinematográficas		Empregados de empresas teatrais e cinematográficas Artistas e técnicos em espetáculos de diversões (cenógrafos e cenotécnicos, atores teatrais, inclusive corpos corais e bailados, atores cinematográficos e trabalhadores circenses, manequins e modelos) (diferenciada)
Bibliotecas	-	Empregados de bibliotecas
Empresas de gravação de discos e fitas	-	Empregados em empresas de gravação de discos e fitas
Museus e laboratórios de pesquisas tecnológicas e científicas	-	Empregados de museus e laboratórios de pesquisas tecnológicas e científicas
Empresas de orquestras	-	Músicos profissionais (diferenciada)
Empresas de artes plásticas	-	Artistas plásticos profissionais
Empresas de artes fotográficas	-	Fotógrafos profissionais
Empresas distribuidoras cinematográficas	-	Empregados das empresas distribuidoras cinematográficas
Desenhistas (trabalhadores autônomos)	-	Empregados desenhistas, técnicos, artísticos, industriais, copistas, projetistas técnicos e auxiliares (diferenciada)
Entidades culturais, recreativas de assistência social e de orientação e formação profissional	-	Empregados em entidades culturais, recreativas, de assistência social e de orientação e formação profissional
Técnicos autônomos em reparos de rádios e televisão		

3º GRUPO — ESTABELECIMENTOS DE CULTURA FÍSICA	3º GRUPO — TRABALHADORES EM ESTABELECIMENTOS DE CULTURA FÍSICA
Atividades ou categorias econômicas	**Categorias profissionais**
Estabelecimentos de esportes terrestres Estabelecimentos de esportes aquáticos Estabelecimentos de esportes aéreos	Atletas profissionais Empregados de clubes esportivos Empregados em federações e confederações esportivas Árbitros profissionais Treinadores profissionais

4º GRUPO — ESTABELECIMENTOS HÍPICOS		4º GRUPO — TRABALHADORES EM ESTABELECIMENTOS HÍPICOS
Atividades ou categorias econômicas		**Categorias profissionais**
Clubes de hipismo e similares	-	Tratadores, jóqueis e aprendizes
Coudelarias, proprietários de cavalos de corrida e similares	-	Empregados em estabelecimentos hípicos, cavalariços e similares

— Empresa de Trabalho Temporário — Lei n. 6.019, de 3.1.74, art. 3º, p. 585

CONFEDERAÇÃO NACIONAL DAS PROFISSÕES LIBERAIS GRUPOS

1º Advogados
2º Médicos
3º Odontologistas
4º Médicos veterinários
5º Farmacêuticos
6º Engenheiros (civis, de minas, mecânicos, eletricistas, industriais e agrônomos)
7º Químicos (químicos industriais, químicos industriais agrícolas e engenheiros químicos)
8º Parteiros
9º Economistas
10º Atuários
11º Contabilistas
12º Professores (privados)
13º Escritores
14º Autores teatrais
15º Compositores artísticos, musicais e plásticos
16º Assistentes sociais
17º Jornalistas
18º Protéticos dentários
19º Bibliotecários
20º Estatísticos
21º Enfermeiros
22º Administrador
23º Arquitetos
24º Nutricionistas
25º Psicólogos
26º Geólogos
27º Fisioterapeutas, terapeutas ocupacionais, auxiliares de fisioterapia e auxiliares de terapia ocupacional
28º Zootecnistas
29º Profissionais liberais de relações públicas
30º Fonoaudiólogos
31º Sociólogos
32º Biomédicos
33º Corretores de imóveis
34º Técnicos industriais de nível médio (2º grau)
35º Técnicos agrícolas de nível médio (2º grau)
36º Tradutores

CATEGORIAS DIFERENCIADAS

V. arts. 28 a 40 da Lei n. 12.815, de 5.6.13 (trabalhadores portuários).

Aeronautas
Aeroviários
Agenciadores de publicidade
Artistas e técnicos em espetáculos de diversões (cenógrafos e cenotécnicos, atores teatrais, inclusive corpos corais e bailados, atores cinematográficos e trabalhadores circenses, manequins e modelos)
Cabineiros (ascensoristas)
Carpinteiros navais
Classificadores de produtos de origem vegetal
Condutores de veículos rodoviários (motoristas)
Empregados desenhistas técnicos, artísticos, industriais, copistas, projetistas técnicos e auxiliares
Jornalistas profissionais (redatores, repórteres, revisores, fotógrafos etc.)
Maquinistas e foguistas (de geradores termoelétricos e congêneres, exclusive marítimos)
Músicos profissionais
Oficiais gráficos
Operadores de mesas telefônicas (telefonistas em geral)
Práticos de farmácia
Professores
Profissionais de enfermagem, técnicos, duchistas, massagistas e empregados em hospitais e casas de saúde
Profissionais de relações públicas
Propagandistas, propagandistas-vendedores e vendedores de produtos farmacêuticos
Publicitários
Radiotelegrafistas (dissociada)
Radiotelegrafistas da Marinha Mercante
Secretárias
Técnicos de segurança do trabalho
Tratoristas (excetuados os rurais)
Trabalhadores em atividades subaquáticas e afins
Trabalhadores em agências de propaganda
Trabalhadores na movimentação de mercadorias em geral
Vendedores e viajantes do comércio

PORTARIA SIT/MTE N. 88, DE 28 DE ABRIL DE 2009

(DOU 29.4.2009(*))

A SECRETÁRIA DE INSPEÇÃO DO TRABALHO, no uso das atribuições que lhes são conferidas pelo inciso I do art. 405 da Consolidação das Leis do Trabalho — CLT, resolve:

— v. Decreto n. 6.481, de 12.6.08, p. 232

Art. 1º Para efeitos do art. 405, inciso I, da CLT, são considerados locais e serviços perigosos ou insalubres, proibidos ao trabalho do menor de 18 (dezoito) anos, os descritos no item I — Trabalhos Prejudiciais à Saúde e à Segurança, do Decreto n. 6.481, de 12 de junho de 2008, que publicou a Lista das Piores Formas do Trabalho Infantil.

Art. 2º Fica revogada a Portaria n. 20, de 13 de setembro de 2001, publicada no Diário Oficial da União n. 177, de 14 de setembro de 2001, Seção I, p. 46.

Art. 3º Esta Portaria entra em vigor na data de sua publicação.

RUTH BEATRIZ VASCONCELOS VILELA

I. TRABALHOS PREJUDICIAIS À SAÚDE E À SEGURANÇA

Atividade: Agricultura, Pecuária, Silvicultura e Exploração Florestal

Item	Descrição dos Trabalhos	Prováveis Riscos Ocupacionais	Prováveis Repercussões à Saúde
1.	Na direção e operação de tratores, máquinas agrícolas e esmeris, quando motorizados e em movimento	Acidentes com máquinas, instrumentos ou ferramentas perigosas	Afecções músculo-esqueléticas (bursites, tendinites, dorsalgias, sinovites, tenossinovites), mutilações, esmagamentos, fraturas
2.	No processo produtivo do fumo, algodão, sisal, cana-de-açúcar e abacaxi	Esforço físico e posturas viciosas; exposição a poeiras orgânicas e seus contaminantes, como fungos e agrotóxicos; contato com substâncias tóxicas da própria planta; acidentes com animais peçonhentos; exposição, sem proteção adequada, à radiação solar, calor, umidade, chuva e frio; acidentes com instrumentos pérfuro-cortantes	Afecções músculo-esqueléticas (bursites, tendinites, dorsalgias, sinovites, tenossinovites); pneumoconioses; intoxicações exógenas; cânceres; bissinoses; hantaviroses; urticárias; envenenamentos; intermações; queimaduras na pele; envelhecimento precoce; câncer de pele; desidratação; doenças respiratórias; ceratoses actínicas; ferimentos e mutilações; apagamento de digitais
3.	Na colheita de cítricos, pimenta malagueta e semelhantes	Esforço físico, levantamento e transporte manual de peso; posturas viciosas; exposição, sem proteção adequada, à radiação solar, calor, umidade, chuva e frio; contato com ácido da casca; acidentes com instrumentos pérfuro-cortante	Afecções músculo-esqueléticas (bursites, tendinites, dorsalgias, sinovites, tenossinovites); intermações; queimaduras na pele; envelhecimento precoce; câncer de pele; desidratação; doenças respiratórias; ceratoses actínicas; apagamento de digitais; ferimentos; mutilações
4.	No beneficiamento do fumo, sisal, castanha de caju e cana-de-açúcar	Esforço físico, levantamento e transporte de peso; exposição a poeiras orgânicas, ácidos e substâncias tóxicas	Fadiga física; afecções músculo-esqueléticas, (bursites, tendinites, dorsalgias, sinovites, tenossinovites); intoxicações agudas e crônicas; rinite; bronquite; vômitos; dermatites ocupacionais; apagamento das digitais
5.	Na pulverização, manuseio e aplicação de agrotóxicos, adjuvantes, e produtos afins, incluindo limpeza de equipamentos, descontaminação, disposição e retorno de recipientes vazios	Exposição a substâncias químicas, tais como, pesticidas e fertilizantes, absorvidos por via oral, cutânea e respiratória	Intoxicações agudas e crônicas; polineuropatias; dermatites de contato; dermatites alérgicas; osteomalácias do adulto induzidas por drogas; cânceres; arritmias cardíacas; leucemias e episódios depressivos
6.	Em locais de armazenamento ou de beneficiamento em que haja livre desprendimento de poeiras de cereais e de vegetais	Exposição a poeiras e seus contaminantes	Bissinoses; asma; bronquite; rinite alérgica; enfizema; pneumonia e irritação das vias aéreas superiores
7.	Em estábulos, cavalariças, currais, estrebarias ou pocilgas, sem condições adequadas de higienização	Acidentes com animais e contato permanente com vírus, bactérias, parasitas, bacilos e fungos	Afecções músculo-esqueléticas(bursites, tendinites, dorsalgias, sinovites, tenossinovites); contusões; tuberculose; carbúnculo; brucelose; leptospirose; tétano; psitacose; dengue; hepatites virais; dermatofitoses; candidíases; leishmanioses cutâneas e cutâneo-mucosas e blastomicoses
8.	No interior ou junto a silos de estocagem de forragem ou grãos com atmosferas tóxicas, explosivas ou com deficiência de oxigênio	Exposição a poeiras e seus contaminantes; queda de nível; explosões; baixa pressão parcial de oxigênio	Asfixia; dificuldade respiratória; asma ocupacional; pneumonia; bronquite; rinite; traumatismos; contusões e queimaduras
9.	Com sinalizador na aplicação aérea de produtos ou defensivos agrícolas	Exposição a substâncias químicas, tais como pesticidas e fertilizantes, absorvidos por via oral, cutânea e respiratória	Intoxicações exógenas agudas e crônicas; polineuropatias; dermatites; rinite; bronquite; leucemias; arritmia cardíaca; cânceres; leucemias; neurastenia e episódios depressivos.
10.	Na extração e corte de madeira	Acidentes com queda de árvores, serra de corte, máquinas e ofidismo	Afecções músculo-esqueléticas (bursites, tendinites, dorsalgias, sinovites, tenossinovites); esmagamentos; amputações; lacerações; mutilações; contusões; fraturas; envenenamento e blastomicose
11.	Em manguezais e lamaçais	Exposição à umidade; cortes; perfurações; ofidismo, e contato com excrementos	Rinite; resfriados; bronquite; envenenamentos; intoxicações exógenas; dermatites; leptospirose; hepatites virais; dermatofitoses e candidíases

Atividade: PESCA

Item	Descrição dos Trabalhos	Prováveis Riscos Ocupacionais	Prováveis Repercussões à Saúde
12.	Na cata de iscas aquáticas	Trabalho noturno; exposição à radiação solar, umidade, frio e a animais carnívoros ou peçonhentos; afogamento	Transtorno do ciclo vigília-sono; queimaduras na pele; envelhecimento precoce; hipotermia; lesões; envenenamentos; perfuração da membrana do tímpano; perda da consciência; labirintite e otite média não supurativa e apneia prolongada
13.	Na cata de mariscos	Exposição à radiação solar, chuva, frio; posturas inadequadas e movimentos repetitivos; acidentes com instrumentos pérfuro-cortantes; horário flutuante, como as marés; águas profundas	Queimaduras na pele; envelhecimento precoce; câncer de pele; desidratação; doenças respiratórias; ceratoses actínicas; hipertemia; fadiga física; dores musculares nos membros e coluna vertebral; ferimentos; fadiga; distúrbios do sono; afogamento

(*) Em complemento a referida Portaria n. 88, da SIT/MTE, de 28.4.09, transcrevemos a seguir o item I — Trabalhos Prejudiciais à Saúde e à Segurança, do Decreto n. 6.481, de 12 de junho de 2008, que publicou a Lista das Piores Formas do Trabalho Infantil

CLT

Item	Descrição dos Trabalhos	Prováveis Riscos Ocupacionais	Prováveis Repercussões à Saúde
14.	Que exijam mergulho, com ou sem equipamento	Apneia prolongada e aumento do nitrogênio circulante	Afogamento; perfuração da membrana do tímpano; perda de consciência; barotrauma; embolia gasosa; síndrome de Raynaud; acrocianose; otite barotraumática; sinusite barotraumática; labirintite e otite média não supurativa
15.	Em condições hiperbáricas	Exposição a condições hiperbáricas, sem períodos de compressão e descompressão	Morte; perda da consciência; perfuração da membrana do tímpano; intoxicação por gases (oxigênio ou nitrogênio); barotrauma; embolia gasosa; síndrome de Raynaud; acrocianose; otite barotraumática; sinusite barotraumática; labirintite; otite média não supurativa; osteonecrose asséptica e mal dos caixões (doença descompressiva

Atividade: Indústria Extrativa

Item	Descrição dos Trabalhos	Prováveis Riscos Ocupacionais	Prováveis Repercussões à Saúde
16.	Em cantarias e no preparo de cascalho	Esforço físico; posturas viciosas; acidentes com instrumentos pérfuro-cortantes; exposição a poeiras minerais, inclusive sílica	Afecções músculo-esqueléticas(bursites, tendinites, dorsalgias, sinovites, tenossinovites); DORT/LER; ferimentos e mutilações; rinite; asma; pneumoconioses; tuberculose
17.	De extração de pedras, areia e argila (retirada, corte e separação de pedras; uso de instrumentos contuso-cortantes, transporte e arrumação de pedras)	Exposição à radiação solar, chuva; exposição à sílica; levantamento e transporte de peso excessivo; posturas inadequadas e movimentos repetitivos; acidentes com instrumentos pérfuro-cortantes; condições sanitárias precárias; corpos estranhos	Queimaduras na pele; envelhecimento precoce; câncer de pele; desidratação; doenças respiratórias; hipertermia; fadiga física; dores musculares nos membros e coluna vertebral; lesões e deformidades osteomusculares; comprometimento do desenvolvimento psicomotor; ferimentos; mutilações; parasitores múltiplas e gastroenterites; ferimentos nos olhos (córnea e esclera)
18.	De extração de mármores, granitos, pedras preciosas, semipreciosas e outros minerais	Levantamento e transporte de peso excessivo; acidentes com instrumentos contudentes e pérfuro-cortantes; exposição a poeiras inorgânicas; acidentes com eletricidade e explosivos; gases asfixiantes	Fadiga física; afecções músculo-esqueléticas(bursites, tendinites, dorsalgias, sinovites, tenossinovites); esmagamentos; traumatismos; ferimentos; mutilações; queimaduras; silicose; bronquite; bronquiolite; rinite; tuberculose; asma ocupacional; enfisema; fibrose pulmonar; choque elétrico; queimaduras e mutilações; asfixia
19.	Em escavações, subterrâneos, pedreiras, garimpos, minas em subsolo e a céu aberto	Esforços físicos intensos; soterramento; exposição a poeiras inorgânicas e a metais pesados;	Afecções músculo-esqueléticas (bursites, tendinites, dorsalgias, sinovites, tenossinovites); asfixia; anóxia; hipóxia; esmagamentos; queimaduras; fraturas; silicoses; tuberculose; asma ocupacional; bronquites; enfisema pulmonar; cânceres; lesões oculares; contusões; ferimentos; alterações mentais; fadiga e estresse
20	Em locais onde haja livre desprendimento de poeiras minerais	Exposição a poeiras inorgânicas	Pneumoconioses associadas com tuberculose; asma ocupacional; rinite; silicose; bronquite e bronquiolite
21	Em salinas	Esforços físicos intensos; levantamento e transporte manual de peso; movimentos repetitivos; exposição, sem proteção adequada, à radiação solar, chuva e frio	Fadiga física; stress; afecções músculo-esqueléticas (bursites, tendinites, dorsalgias, sinovites, tenossinovites); DORT/LER; intermações; queimaduras na pele; envelhecimento precoce; câncer de pele; desidratação; doenças respiratórias; ceratoses actínicas

Atividade: Indústria de Transformação

Item	Descrição dos Trabalhos	Prováveis Riscos Ocupacionais	Prováveis Repercussões à Saúde
22.	De lixa nas fábricas de chapéu ou feltro	Acidentes com máquinas e instrumentos perigosos; exposição à poeira	Ferimentos; lacerações; mutilações; asma e bronquite
23.	De jateamento em geral, exceto em processos enclausurados	Exposição à poeira mineral	Silicose; asma; bronquite; bronquiolite; stress e alterações mentais
24.	De douração, prateação, niquelação, galvanoplastia, anodização de alumínio, banhos metálicos ou com desprendimento de fumos metálicos	Exposição a fumos metálicos (cádmio, alumínio, níquel, cromo etc.), névoas, vapores e soluções ácidas e cáusticas; exposição a altas temperaturas; umidade	Intoxicações agudas e crônicas; asma ocupacional; rinite; faringite; sinusite; bronquite; pneumonia; edema pulmonar; estomatite ulcerativa crônica; dermatite de contato; neoplasia maligna dos brônquios e pulmões; ulceração ou necrose do septo nasal; queimaduras
25.	Na operação industrial de reciclagem de papel, plástico e metal	Exposição a riscos biológicos (bactérias, vírus, fungos e parasitas), como contaminantes do material a ser reciclado, geralmente advindo de coleta de lixo	Dermatoses ocupacionais; dermatites de contato; asma; bronquite; viroses; parasitoses; cânceres
26.	No preparo de plumas e crinas	Exposição ao mercúrio e querosene, além de poeira orgânica	Transtornos da personalidade e de comportamento; episódios depressivos; neurastenia; ataxia cerebelosa; encefalopatia; transtorno extrapiramidal do movimento; gengivite crônica; estomatite ulcerativa e arritmias cardíacas
27.	Na industrialização do fumo	Exposição à nicotina	Intoxicações exógenas; tonturas e vômitos
28.	Na industrialização de cana-de-açúcar	Exposição a poeiras orgânicas	Bagaçose; asma; bronquite e pneumonite
29.	Em fundições em geral	Exposição a poeiras inorgânicas, a fumos metálicos (ferro, bronze, alumínio, chumbo, manganês e outros); exposição a altas temperaturas; esforços físicos intensos;	Intoxicações; siderose; saturnismo; beriliose; estanhose; bronquite crônica; bronquite asmática; bronquite obstrutiva; sinusite; cânceres; ulceração ou necrose do septo nasal; desidratação

Item	Descrição dos Trabalhos	Prováveis Riscos Ocupacionais	Prováveis Repercussões à Saúde
			e intermação; afecções músculo-esqueléticas (bursites, tendinites, dorsalgias, sinovites, tenossinovites)
30.	Em tecelagem	Exposição à poeira de fios e fibras mistas e sintéticas; exposição a corantes; postura inadequadas e esforços repetitivos	Bissinose; bronquite crônica; bronquite asmática; bronquite obstrutiva; sinusite; fadiga física; DORT/LER
31.	No beneficiamento de mármores, granitos, pedras preciosas, semipreciosas e outros bens minerais	Esforços físicos intensos; acidentes com máquinas perigosas e instrumentos pérfuro-cortantes; exposição a poeiras inorgânicas; acidentes com eletricidade	Afecções músculo-esqueléticas(bursites, tendinites, dorsalgias, sinovites, tenossinovites); traumatismos; ferimentos; mutilações; silicose; bronquite; bronquiolite; rinite; tuberculose; asma ocupacional; enfisema; fibrose pulmonar; choque elétrico
32.	Na produção de carvão vegetal	Exposição à radiação solar, chuva; contato com amianto; picadas de insetos e animais peçonhentos; levantamento e transporte de peso excessivo; posturas inadequadas e movimentos repetitivos; acidentes com instrumentos pérfuro-cortantes; queda de toras; exposição à vibração, explosões e desabamentos; combustão espontânea do carvão; monotonia; estresse da tensão da vigília do forno; fumaça contendo subprodutos da pirólise e combustão incompleta: ácido pirolenhoso, alcatrão, metanol, acetona, acetato, monóxido de carbono, dióxido de carbono e metano	Queimaduras na pele; envelhecimento precoce; câncer de pele; desidratação; doenças respiratórias; hipertemia; reações na pele ou generalizadas; fadiga física; dores musculares nos membros e coluna vertebral; lesões e deformidades osteomusculares; comprometimento do desenvolvimento psicomotor; DORT/LER; ferimentos; mutilações; traumatismos; lesões osteomusculares; síndromes vasculares; queimaduras; sofrimento psíquico; intoxicações agudas e crônicas
33.	Em contato com resíduos de animais deteriorados, glândulas, vísceras, sangue, ossos, couros, pelos ou dejetos de animais	Exposição a vírus, bactérias, bacilos, fungos e parasitas	Tuberculose; carbúnculo; brucelose; hepatites virais; tétano; psitacose; ornitose; dermatoses ocupacionais e dermatites de contato
34.	Na produção, processamento e manuseio de explosivos, inflamáveis líquidos, gasosos ou liquefeitos	Exposição a vapores e gases tóxicos; risco de incêndios e explosões	Queimaduras; intoxicações; rinite; asma ocupacional; dermatoses ocupacionais e dermatites de contato
35.	Na fabricação de fogos de artifícios	Exposição a incêndios, explosões, corantes de chamas (cloreto de potássio, antimônio trisulfito) e poeiras	Queimaduras; intoxicações; enfisema crônico e difuso; bronquite e asma ocupacional
36.	De direção e operação de máquinas e equipamentos elétricos de grande porte	Esforços físicos intensos e acidentes com sistemas; circuitos e condutores de energia elétrica	Afecções músculo-esqueléticas(bursites, tendinites, dorsalgias, sinovites, tenossinovites); mutilações; esmagamentos; fraturas; queimaduras; perda temporária da consciência; carbonização; parada cárdio-respiratória
37.	Em curtumes, industrialização de couros e fabricação de peles e peliças	Esforços físicos intensos; exposição a corantes, alvejantes, álcalis, desengordurantes, ácidos, alumínio, branqueadores, vírus, bactérias, bacilos, fungos e calor	Afecções músculo-esquelética(bursites, tendinites, dorsalgias, sinovites, tenossinovites); tuberculose; carbúnculo; brucelose; antrax; cânceres; rinite crônica; conjuntivite; pneumonite; dermatites de contato; dermatose ocupacional e queimaduras
38.	Em matadouros ou abatedouros em geral	Esforços físicos intensos; riscos de acidentes com animais e ferramentas pérfuro-cortantes e exposição a agentes biológicos	Afecções músculo-esqueléticas(bursites, tendinites, dorsalgias, sinovites, tenossinovites); contusões; ferimentos; tuberculose; carbúnculo; brucelose e psitacose; antrax
39.	Em processamento ou empacotamento mecanizado de carnes	Acidentes com máquinas, ferramentas e instrumentos pérfuro-cortantes; esforços repetitivos e riscos biológicos	Afecções músculo-esqueléticas(bursites, tendinites, dorsalgias, sinovites, tenossinovites); contusão; amputação; corte; DORT/LER; tuberculose; carbúnculo; brucelose; psitacose
40.	Na fabricação de farinha de mandioca	Esforços físicos intensos; acidentes com instrumentos pérfuro-cortantes; posições inadequadas; movimentos repetitivos; altas temperaturas e poeiras	Afecções músculo-esqueléticas(bursites, tendinites, dorsalgias, sinovites, tenossinovites); contusão; amputações; cortes; queimaduras; DORT/LER; cifose; escoliose; afecções respiratórias e dermatoses ocupacionais
41.	Em indústrias cerâmicas	Levantamento e transporte de peso; posturas inadequadas e movimentos repetitivos; exposição ao calor e à umidade; exposição à poeira; acidentes com máquinas e quedas	Fadiga física; dores musculares nos membros e coluna vertebral; lesões e deformidades osteomusculares; comprometimento do desenvolvimento psicomotor; desidratação; intermação; doenças respiratórias, com risco de silicose; fraturas; mutilações; choques elétricos
42.	Em olarias nas áreas de fornos ou com exposição à umidade excessiva	Levantamento e transporte de peso; posturas inadequadas e movimentos repetitivos; exposição ao calor e à umidade; exposição à poeira; acidentes com máquinas e quedas	Fadiga física; dores musculares nos membros e coluna vertebral; lesões e deformidades osteomusculares; comprometimento do desenvolvimento psicomotor; desidratação; intermação; doenças respiratórias, com risco de silicose; fraturas; mutilações; choques elétricos
43.	Na fabricação de botões e outros artefatos de nácar, chifre ou osso	Acidentes com máquinas e ferramentas pérfuro-cortantes; esforços repetitivos e vibrações, poeiras e ruídos	Contusões; perfurações; cortes; dorsalgia; cervicalgia; síndrome cervicobraquial; tendinites; bursites; DORT/LER; alterações temporária do limiar auditivo; hipoacusia e perda da audição
44.	Na fabricação de cimento ou cal	Esforços físicos intensos; exposição a poeiras (sílica); altas temperaturas; efeitos abrasivos sobre a pele	Afecções músculo-esqueléticas(bursites, tendinites, dorsalgias, sinovites, tenossinovites); silicose; asma ocupacional; bronquite; dermatites; dermatoses ocupacionais; intermação; ferimentos; mutilações; fadiga e estresse
45.	Na fabricação de colchões	Exposição a solventes orgânicos, pigmentos de chumbo, cádmio e manganês e poeiras	Encefalopatias tóxicas agudas e crônicas; hipertensão arterial; arritmias cardíacas; insuficiência renal; hipotireoidismo; anemias; dermatoses ocupacionais e irritação da pele e mucosas

CLT

Item	Descrição dos Trabalhos	Prováveis Riscos Ocupacionais	Prováveis Repercussões à Saúde
46.	Na fabricação de cortiças, cristais, esmaltes, estopas, gesso, louças, vidros ou vernizes	Esforços físicos intensos; exposição a poeiras (sílica), metais pesados, altas temperaturas, corantes e pigmentos metálicos (chumbo, cromo e outros) e calor	Afecções músculo-esqueléticas(bursites, tendinites, dorsalgias, sinovites, tenossinovites); queimaduras; catarata; silicose; asma ocupacional; bronquite; enfisema; intoxicação; dermatoses ocupacionais; intermação
47.	Na fabricação de porcelanas	Exposição a poeiras minerais e ao calor; posições inadequadas	Pneumoconioses e dermatites; fadiga física e intermação; afecções músculo-esqueléticas(bursites, tendinites, dorsalgias, sinovites, tenossinovites); DORT/LER
48.	Na fabricação de artefatos de borracha	Esforços físicos intensos; exposição a produtos químicos, antioxidantes, plastificantes, dentre outros, e ao calor	Afecções músculo-esqueléticas(bursites, tendinites, dorsalgias, sinovites, tenossinovites); câncer de bexiga e pulmão; asma ocupacional; bronquite; enfisema; intoxicação; dermatoses ocupacionais; intermação e intoxicações; queimaduras
49.	Em destilarias de álcool	Exposição a vapores de etanol, metanol e outros riscos químicos; risco de incêndios e explosões	Cânceres; dermatoses ocupacionais; dermatites de contato; intermação; asma ocupacional; bronquites; queimaduras
50.	Na fabricação de bebidas alcoólicas	Exposição a vapores de etanol e a poeira de cereais; exposição a bebidas alcoólicas, ao calor, à formação de atmosferas explosivas; incêndios e outros acidentes	Queimaduras; asfixia; tonturas; intoxicação; irritação das vias aéreas superiores; irritação da pele e mucosas; cefaleia e embriaguez
51.	No interior de resfriadores, casas de máquinas, ou junto de aquecedores, fornos ou alto-fornos	Exposição a temperaturas extremas, frio e calor	Frio; hipotermia com diminuição da capacidade física e mental; calor, hipertermia; fadiga; desidratação; desequilíbrio hidroeletrolítico e estresse
52.	Em serralherias	Exposição a poeiras metálicas tóxicas, (chumbo, arsênico cádmio), monóxido de carbono, estilhaços de metal, calor, e acidentes com máquinas e equipamentos	Neoplasia maligna dos brônquios e pulmões; bronquite; pneumonite; edema pulmonar agudo; enfisema intersticial; queimaduras; cortes; amputações; traumatismos; conjuntivite; catarata e intoxicações
53.	Em indústrias de móveis	Esforços físicos intensos; exposição à poeira de madeiras, solventes orgânicos, tintas e vernizes; riscos de acidentes com máquinas, serras e ferramentas perigosas	Afecções músculo-esqueléticas(bursites, tendinites, dorsalgias, sinovites, tenossinovites); neoplasia maligna dos brônquios e pulmões; bronquite; pneumonite; edema pulmonar agudo; enfisema intersticial; asma ocupacional; cortes; amputações; traumatismos; dermatose ocupacional; anemias; conjuntivite
54.	No beneficiamento de madeira	Esforços físicos intensos; exposição à poeira de madeiras; risco de acidentes com máquinas, serras, equipamentos e ferramentas perigosas	Afecções músculo-esqueléticas(bursites, tendinites, dorsalgias, sinovites, tenossinovites); asma ocupacional; bronquite; pneumonite; edema pulmonar agudo; enfizema intersticial; asma ocupacional; dermatose ocupacional; esmagamentos; ferimentos; amputações; mutilações; fadiga; stress e DORT/LER
55.	Com exposição a vibrações localizadas ou de corpo inteiro	Vibrações localizadas ou generalizadas	Síndrome cervicobraquial; dor articular; moléstia de Dupuytren; capsulite adesiva do ombro; bursites; epicondilite lateral; osteocondrose do adulto; doença de Kohler; hérnia de disco; artroses e aumento da pressão arterial
56.	De desmonte ou demolição de navios e embarcações em geral	Esforços físicos intensos; exposição a fumos metálicos (ferro, bronze, alumínio, chumbo e outros); uso de ferramentas pesadas; altas temperaturas	Afecções músculo-esqueléticas(bursites, tendinites, dorsalgias, sinovites, tenossinovites); asfixia; perda da consciência; fibrilação ventricular; queimaduras; fraturas; contusões; intermação; perfuração da membrana do tímpano

Atividade: Produção e Distribuição de Eletricidade, Gás e Água

Item	Descrição dos Trabalhos	Prováveis Riscos Ocupacionais	Prováveis Repercussões à Saúde
57.	Em sistemas de geração, transmissão e distribuição de energia elétrica	Exposição à energia de alta tensão; choque elétrico e queda de nível.	Eletrochoque; fibrilação ventricular; parada cárdio-respiratória; traumatismos; escoriações fraturas

Atividade: Construção

Item	Descrição dos Trabalhos	Prováveis Riscos Ocupacionais	Prováveis Repercussões à Saúde
58.	Construção civil e pesada, incluindo construção, restauração, reforma e demolição	Esforços físicos intensos; risco de acidentes por queda de nível, com máquinas, equipamentos e ferramentas; exposição à poeira de tintas, cimento, pigmentos metálicos e solventes; posições inadequadas; calor; vibrações e movimentos repetitivos	Afecções músculo-esqueléticas(bursites, tendinites, dorsalgias, sinovites, tenossinovites); mutilações; fraturas; esmagamentos; traumatismo; afecções respiratórias; dermatites de contato; intermação; síndrome cervicobraquial; dores articulares; intoxicações; polineuropatia periférica; doenças do sistema hematopoiético; leucocitose; episódios depressivos; neurastenia; dermatoses ocupacionais; DORT/LER; cortes; contusões; traumatismos

Atividade: Comércio (Reparação de Veículos Automotores Objetos Pessoais e Domésticos)

Item	Descrição dos Trabalhos	Prováveis Riscos Ocupacionais	Prováveis Repercussões à Saúde
59.	Em borracharias ou locais onde sejam feitos recapeamento ou recauchutagem de pneus	Esforços físicos intensos; exposição a produtos químicos, antioxidantes, plastificantes, entre outros, e calor	Afecções músculo-esqueléticas(bursites, tendinites, dorsalgias, sinovites, tenossinovites); queimaduras; câncer de bexiga e pulmão; asma ocupacional; bronquite; enfisema; intoxicação; dermatoses ocupacionais; intermação e intoxicações

Atividade: Transporte e Armazenagem

Item	Descrição dos Trabalhos	Prováveis Riscos Ocupacionais	Prováveis Repercussões à Saúde
60.	No transporte e armazenagem de álcool, explosivos, inflamáveis líquidos, gasosos e liquefeitos	Exposição a vapores tóxicos; risco de incêndio e explosões	Intoxicações; queimaduras; rinite e dermatites de contato
61.	Em porão ou convés de navio	Esforços físicos intensos; risco de queda de nível; isolamento, calor e outros riscos inerentes às cargas transportadas	Afecções músculo-esqueléticas(bursites, tendinites, dorsalgias, sinovites, tenossinovites); lesões; fraturas; contusões; traumatismos; fobia e transtorno do ciclo vigília-sono
62.	Em transporte de pessoas ou animais de pequeno porte	Acidentes de trânsito	Ferimentos; contusões; fraturas; traumatismos e mutilações

Atividade: Saúde e Serviços Sociais

Item	Descrição dos Trabalhos	Prováveis Riscos Ocupacionais	Prováveis Repercussões à Saúde
63.	No manuseio ou aplicação de produtos químicos, incluindo limpeza de equipamentos, descontaminação, disposição e retorno de recipientes vazios	Exposição a quimioterápicos e outras substâncias químicas de uso terapêutico	Intoxicações agudas e crônicas; polineuropatia; dermatites de contato; dermatite alérgica; osteomalácia do adulto induzida por drogas; cânceres; arritmia cardíaca; leucemias; neurastenia e episódios depressivos
64.	Em contato com animais portadores de doenças infecto-contagiosas e em postos de vacinação de animais	Exposição a vírus, bactérias, parasitas e bacilos	Tuberculose; carbúnculo; brucelose; psitacose; raiva; asma; rinite; conjuntivite; pneumonia; dermatite de contato e dermatose ocupacional
65.	Em hospitais, serviços de emergência, enfermarias, ambulatórios, postos de vacinação e outros estabelecimentos destinados ao cuidado da saúde humana, em que se tenha contato direto com os pacientes ou se manuseie objetos de uso dos pacientes não previamente esterilizados	Exposição a vírus, bactérias, parasitas e bacilos; stress psíquico e sofrimento; acidentes com material biológico	Tuberculose; AIDS; hepatite; meningite; carbúnculo; toxaplasmose; viroses, parasitoses; zoonose; pneumonias; candidíases; dermatoses; episódios depressivos e sofrimento mental
66.	Em laboratórios destinados ao preparo de soro, de vacinas e de outros produtos similares	Exposição a vírus, bactérias, parasitas, bacilos e contato com animais de laboratório	Envenenamentos; cortes; lacerações; hepatite; AIDS; tuberculose; carbúnculo; brucelose; psitacose; raiva; asma; rinite crônica; conjuntivite; zoonoses; ansiedade e sofrimento mental

Atividade: Serviços Coletivos, Sociais, Pessoais e Outros

Item	Descrição dos Trabalhos	Prováveis Riscos Ocupacionais	Prováveis Repercussões à Saúde
67.	Em lavanderias industriais	Exposição a solventes, cloro, sabões, detergentes, calor e movimentos repetitivos	Polineurites; dermatoses ocupacionais; blefarites; conjuntivites; intermação; fadiga e queimaduras
68.	Em tinturarias e estamparias	Exposição a solventes, corantes, pigmentos metálicos, calor e umidade	Hipotireoidismo; anemias; polineuropatias; encefalopatias; hipertensão arterial; arritmia cardíaca; insuficiência renal; infertilidade masculina; queimaduras; intermação e depressão do Sistema Nervoso Central.
69.	Em esgotos	Esforços físicos intensos; exposição a produtos químicos utilizados nos processos de tratamento de esgoto, tais como cloro, ozônio, sulfeto de hidrogênio e outros; riscos biológicos; espaços confinados e riscos de explosões	Afecções músculo-esqueléticas(bursites, tendinites, dorsalgias, sinovites, tenossinovites); escolioses; disfunção olfativa; alcoolismo; asma; bronquite; lesões oculares; dermatites; dermatoses; asfixia; salmoneloses; leptospirose e disfunções olfativas
70.	Na coleta, seleção e beneficiamento de lixo	Esforços físicos intensos; exposição aos riscos físicos, químicos e biológicos; exposição a poeiras tóxicas, calor; movimentos repetitivos; posições antiergonômicas	Afecções músculo-esqueléticas(bursites, tendinites, dorsalgias, sinovites, tenossinovites); ferimentos; lacerações; intermações; resfriados; DORT/LER; deformidades da coluna vertebral; infecções respiratórias; piodermites; desidratação; dermatoses ocupacionais; dermatites de contato; alcoolismo e disfunções olfativas
71.	Em cemitérios	Esforços físicos intensos; calor; riscos biológicos (bactérias, fungos, ratos e outros animais, inclusive peçonhentos); risco de acidentes e estresse psíquico	Afecções músculo-esqueléticas(bursites, tendinites, dorsalgias, sinovites, tenossinovites); ferimentos; contusões; dermatoses ocupacionais; ansiedade; alcoolismo; desidratação; câncer de pele; neurose profissional e ansiedade
72.	Em serviços externos, que impliquem em manuseio e porte de valores que coloquem em risco a sua segurança (Office-boys, mensageiros, contínuos)	Acidentes de trânsito e exposição à violência	Traumatismos; ferimentos; ansiedade e estresse
73.	Em ruas e outros logradouros públicos (comércio ambulante, guardador de carros, guardas-mirins, guias turísticos, transporte de pessoas ou animais, entre outros)	Exposição à violência, drogas, assédio sexual e tráfico de pessoas; exposição à radiação solar, chuva e frio; acidentes de trânsito; atropelamento	Ferimentos e comprometimento do desenvolvimento afetivo; dependência química; doenças sexualmente transmissíveis; atividade sexual precoce; gravidez indesejada; queimaduras na pele; envelhecimento precoce; câncer de pele; desidratação; doenças respiratórias; hipertemia; traumatismos; ferimentos
74.	Em artesanato	Levantamento e transporte de peso; manutenção de posturas inadequadas; movimentos repetitivos; acidentes com instrumentos pérfuro-cortantes; corpos estranhos; jornadas excessivas	Fadiga física; dores musculares nos membros e coluna vertebral; lesões e deformidades ostemusculares; comprometimento do desenvolvimento psicomotor; DORT/LER; ferimentos; mutilações; ferimentos nos olhos; fadiga; estresse; distúrbios do sono
75.	De cuidado e vigilância de crianças, de pessoas idosas ou doentes	Esforços físicos intensos; violência física, psicológica e abuso sexual; longas jornadas; trabalho noturno; isolamento; posições antiergonômicas; exposição a riscos biológicos.	Afecções músculo-esqueléticas (bursites, tendinites, dorsalgias, sinovites, tenossinovites); DORT/LER; ansiedade; alterações na vida familiar; síndrome do esgotamento profissional; neurose profissional; fadiga física; transtornos do ciclo vigília-sono; depressão e doenças transmissíveis.

Atividade: Serviço Doméstico

Item	Descrição dos Trabalhos	Prováveis Riscos Ocupacionais	Prováveis Repercussões à Saúde
76.	Domésticos	Esforços físicos intensos; isolamento; abuso físico, psicológico e sexual; longas jornadas de trabalho; trabalho noturno; calor; exposição ao fogo, posições antiergonômicas e movimentos repetitivos; tracionamento da coluna vertebral; sobrecarga muscular e queda de nível	Afecções músculo-esqueléticas(bursites, tendinites, dorsalgias, sinovites, tenossinovites); contusões; fraturas; ferimentos; queimaduras; ansiedade; alterações na vida familiar; transtornos do ciclo vigília-sono; DORT/LER; deformidades da coluna vertebral (lombalgias, lombociatalgias, escolioses, cifoses, lordoses); síndrome do esgotamento profissional e neurose profissional; traumatismos; tonturas e fobias

Atividade: Todas

Item	Descrição dos Trabalhos	Prováveis Riscos Ocupacionais	Prováveis Repercussões à Saúde
77.	De manutenção, limpeza, lavagem ou lubrificação de veículos, tratores, motores, componentes, máquinas ou equipamentos, em que se utilizem solventes orgânicos ou inorgânicos, óleo diesel, desengraxantes ácidos ou básicos ou outros produtos derivados de óleos minerais	Exposição a solventes orgânicos, neurotóxicos, desengraxantes, névoas ácidas e alcalinas	Dermatoses ocupacionais; encefalopatias; queimaduras; leucocitoses; elaiconiose; episódios depressivos; tremores; transtornos da personalidade e neurastenia
78.	Com utilização de instrumentos ou ferramentas perfurocontantes, sem proteção adequada capaz de controlar o risco	Perfurações e cortes	Ferimentos e mutilações
79.	Em câmaras frigoríficas	Exposição a baixas temperaturas e a variações súbitas	Hipotermia; eritema pérnio; geladura (Frostbite) com necrose de tecidos; bronquite; rinite; pneumonias
80.	Com levantamento, transporte, carga ou descarga manual de pesos, quando realizados raramente, superiores a 20 quilos, para o gênero masculino e superiores a 15 quilos para o gênero feminino; e superiores a 11 quilos para o gênero masculino e superiores a 7 quilos para o gênero feminino, quando realizados frequentemente	Esforço físico intenso; tracionamento da coluna vertebral; sobrecarga muscular	Afecções músculo-esqueléticas(bursites, tendinites, dorsalgias, sinovites, tenossinovites); lombalgias; lombociatalgias; escolioses; cifoses; lordoses; maturação precoce das epífises
81.	Ao ar livre, sem proteção adequada contra exposição à radiação solar, chuva , frio	Exposição, sem proteção adequada, à radiação solar, chuva e frio	Intermações; queimaduras na pele; envelhecimento precoce; câncer de pele; desidratação; doenças respiratórias; ceratoses actínicas; hipertemia; dermatoses; dermatites; conjuntivite; queratite; pneumonite; fadiga; intermação
82.	Em alturas superiores a 2,0 (dois) metros	Queda de nível	Fraturas; contusões; traumatismos; tonturas; fobias
83.	Com exposição a ruído contínuo ou intermitente acima do nível previsto na legislação pertinente em vigor, ou a ruído de impacto	Exposição a níveis elevados de pressão sonora	Alteração temporária do limiar auditivo; hipoacusia; perda da audição; hipertensão arterial; ruptura traumática do tímpano; alterações emocionais; alterações mentais e estresse
84.	Com exposição ou manuseio de arsênico e seus compostos, asbestos, benzeno, carvão mineral, fósforo e seus compostos, hidrocarbonetos, outros compostos de carbono, metais pesados (cádmio, chumbo, cromo e mercúrio)e seus compostos, silicatos, ácido oxálico, nítrico, sulfúrico, bromídrico, fosfórico, pícrico, álcalis cáusticos ou substâncias nocivas à saúde conforme classificação da Organização Mundial da Saúde (OMS)	Exposição aos compostos químicos acima dos limites de tolerância	Neoplasia maligna dos brônquios e pulmões; angiosarcoma do fígado; polineuropatias; encefalopatias; neoplasia maligna do estômago, laringe e pleura; mesoteliomas; asbestoses; arritmia cardíaca; leucemias; síndromes mielodisplásicas; transtornos mentais; cor pulmonale; silicose e síndrome de Caplan
85.	Em espaços confinados	Isolamento; contato com poeiras, gases tóxicos e outros contaminantes	Transtorno do ciclo vigília-sono; rinite; bronquite; irritabilidade e estresse
86.	De afiação de ferramentas e instrumentos metálicos em afiadora, rebolo ou esmeril, sem proteção coletiva contra partículas volantes	Acidentes com material cortante e com exposição a partículas metálicas cortantes desprendidas da afiadora	Ferimentos e mutilações
87.	De direção, operação, de veículos, máquinas ou equipamentos, quando motorizados e em movimento (máquinas de laminação, forja e de corte de metais, máquinas de padaria, como misturadores e cilindros de massa, máquinas de fatiar, máquinas em trabalhos com madeira, serras circulares, serras de fita e guilhotinas, esmeris, moinhos, cortadores e misturadores, equipamentos em fábricas de papel, guindastes ou outros similares)	Esforços físicos; acidentes com ferramentas e com sistemas condutores de energia elétrica	Afecções músculo-esqueléticas(bursites, tendinites, dorsalgias, sinovites, tenossinovites); mutilações; esmagamentos; fraturas; queimaduras e parada cárdio-respiratória
88.	Com exposição a radiações ionizante e não ionizantes (microondas, ultravioleta ou laser)	Exposição a radiações não ionizante e ionizante (raios X, gama, alfa e beta) em processos industriais, terapêuticos ou propedêuticos (em saúde humana ou animal) ou em prospecção; processamento, estocagem e transporte de materiais radioativos	Carcinomas baso-celular e espino-celular; neoplasia maligna da cavidade nasal, brônquios, pulmões, ossos e cartilagens articulares; sarcomas ósseos; leucemias; síndrome mielodisplásicas; anemia aplástica; hemorragias; agranulocitose; polineuropatia; blefarite; conjuntivite; catarata; gastroenterite; afecções da pele e do tecido conjuntivo relacionadas com a radiação, osteonecrose e infertilidade masculina
89.	De manutenção e reparo de máquinas e equipamentos elétricos, quando energizados	Esforços físicos intensos; exposição a acidentes com sistemas, circuitos e condutores de energia elétrica e acidentes com equipamentos e ferramentas contuso-cortantes	Afecções músculo-esqueléticas(bursites, tendinites, dorsalgias, sinovites, tenossinovites); mutilações; esmagamentos; fraturas; queimaduras; perda temporária da consciência; carbonização; parada cárdio-respiratória

DECRETO N. 3.597, DE 12 DE SETEMBRO DE 2000

(DOU 13.9.2000)

Promulga a Convenção n. 182 e a Recomendação n.190 da Organização Internacional do Trabalho (OIT) sobre a proibição das Piores Formas de Trabalho Infantil e a Ação Imediata para sua Eliminação, concluídas em Genebra, em 17 de junho de 1999

O PRESIDENTE DA REPÚBLICA

No uso da atribuição que lhe confere o art. 84, inciso VIII, da Constituição,

Considerando que a Convenção n. 182 e a Recomendação n. 190 da Organização Internacional do Trabalho (OIT) sobre a Proibição das Piores Formas de Trabalho Infantil e a Ação Imediata para sua Eliminação foram concluídas em Genebra, em 17 de junho de 1999;

Considerando que o Congresso Nacional aprovou os atos multilaterais em epígrafe por meio do Decreto Legislativo n. 178, de 14 de dezembro de 1999;

Considerando que o Governo brasileiro depositou o Instrumento de Ratificação da referida Convenção em 02 de fevereiro de 2000, passando a vigorar, para o Brasil, em 2 de fevereiro de 2001, nos termos do § 3º, de seu art. 10º;

DECRETA:

Art. 1º A Convenção n. 182 e a Recomendação n. 190 da Organização Internacional do Trabalho (OIT) sobre a Proibição das Piores Formas de Trabalho Infantil e a Ação Imediata para sua Eliminação, concluídas em Genebra, em 17 de junho de 1999, apenas por cópia a este Decreto, deverão ser executadas e cumpridas tão inteiramente como nelas se contém.

PARÁGRAFO ÚNICO. São sujeitos à aprovação do Congresso Nacional quaisquer atos que possam resultar em revisão da referida Convenção, bem como quaisquer ajustes complementares que, nos termos do art. 49, I, da Constituição, acarretem encargos ou compromissos gravosos ao patrimônio nacional.

Art. 2º Este Decreto entra em vigor na data de sua publicação.

Brasília, 12 de setembro de 2000; 179º da Independência e 112º da República.

FERNANDO HENRIQUE CARDOSO

GILBERTO COURINHO PARANHOS VELLOSO

CONVENÇÃO N. 182

Convenção sobre a Proibição das Piores Formas de Trabalho Infantil e a Ação Imediata para a sua Eliminação

A Conferência Geral da Organização Internacional do Trabalho:

Convocada em Genebra pelo Conselho de Administração da Repartição Internacional do Trabalho e reunida naquela cidade em 1º de junho de 1999 em sua octogésima sétima reunião;

CONSIDERANDO a necessidade de adotar novos instrumentos para a proibição e eliminação das piores formas de trabalho infantil, principal prioridade da ação nacional e internacional, incluídas a cooperação e a assistência internacionais, como complemento da Convenção e Recomendação sobre a idade mínima de admissão ao emprego 1973, que continuam sendo instrumentos fundamentais sobre o trabalho infantil;

CONSIDERANDO que a eliminação efetiva das piores formas de trabalho infantil requer uma ação imediata e abrangente que leve em conta importância da educação básica gratuita e a necessidade de liberar de todas essas formas de trabalho as crianças afetadas e assegurar a sua reabilitação e sua inserção social ao mesmo tempo em que são atendidas as necessidades de suas famílias;

RECORDANDO a Resolução sobre a eliminação do trabalho infantil, adotada pela Conferência Internacional do Trabalho em sua 83ª reunião, celebrada em 1996;

RECONHECENDO que o trabalho infantil é em grande parte causado pela pobreza e que a solução no longo prazo está no crescimento econômico sustentado conducente ao progresso social, em particular à mitigação da pobreza e à educação universal;

RECORDANDO a Convenção sobre Direitos da Criança adotada pela Assembleia Geral das Nações Unidas em 20 de novembro de 1989;

RECORDANDO a Declaração da OIT relativa aos princípios e direitos fundamentais no trabalho e seu seguimento, adotada pela Conferência Internacional do Trabalho em sus 86ª reunião, celebrada em 1998;

RECORDANDO que algumas das piores formas de trabalho infantil são objetos de outros instrumentos internacionais, em particular a Convenção sobre o trabalho forçado, 1930, e a Convenção suplementar das Nações Unidas sobre a abolição da escravidão, o tráfico de escravos e as instituições e práticas análogas à escravidão, 1956;

TENDO decidido adotar diversas propostas relativas ao trabalho infantil, questão que constitui o quarto ponto da agenda da reunião, e

TENDO determinado que essas propostas tornem a forma de uma convenção internacional,

ADOTA, com data de dezessete de junho de mil novecentos e noventa e nove, a seguinte Convenção, que poderá ser citada como Convenção sobre as piores formas de trabalho infantil, 1999:

Artigo 1

Todo Membro que ratifique a presente Convenção deverá adotar medidas imediatas e eficazes para assegurar a proibição e eliminação das piores formas de trabalho infantil, em caráter de urgência.

Artigo 2

Para efeitos da presente Convenção, o termo "criança" designa toda pessoa menor de 18 anos.

Artigo 3

Para efeitos da presente Convenção, a expressão "as piores formas de trabalho infantil" abrange:

a) todas as formas de escravidão ou práticas análogas à escravidão, tais como a venda e tráfico de crianças, a servidão por dívidas e a condição de servo, e o trabalho forçado ou obrigatório, inclusive o recrutamento forçado ou obrigatório de crianças para serem utilizadas em conflitos armados;

b) a utilização, o recrutamento ou a oferta de crianças para a prostituição, a produção de pornografia ou atuações pornográficas;

c) a utilização, recrutamento ou a oferta de crianças para a realização para a realização de atividades ilícitas, em particular a produção e o tráfico de entorpecentes, tais com definidos nos tratados internacionais pertinentes; e,

d) o trabalho que, por sua natureza ou pelas condições em que é realizado, é suscetível de prejudicar a saúde, a segurança ou a moral das crianças.

Artigo 4

1. Os tipos de trabalhos a que se refere o Artigo 3, *d*), deverão ser determinados pela legislação nacional ou pela autoridade competente, após consulta às organizações de empregadores e de trabalhadores interessadas e levando em consideração as normas internacionais na matéria, em particular os parágrafos 3 e 4 da Recomendação sobre as piores formas de trabalho infantil, 1999.

2. A autoridade competente, após consulta às organizações de empregados e de trabalhadores interessadas, deverá localizar os tipos de trabalho determinados conforme o parágrafo 1º deste Artigo.

3. A lista dos tipos de trabalho determinados conforme o parágrafo 1º deste artigo deverá ser examinada periodicamente e, caso necessário, revista, em consulta com às organizações de empregados e de trabalhadores interessadas.

Artigo 5

1. Todo Membro, após consulta às organizações de empregadores e de trabalhadores, deverá estabelecer ou designar mecanismos apropriados para monitorar a aplicação dos dispositivos que colocam em vigor a presente Convenção.

Artigo 6

1. Todo membro deverá elaborar e implementar programas de ação para eliminar, como medida prioritária, as piores formas de trabalho infantil.

2. Esses programas de ação deverão ser elaborados e implementados em consulta com as instituições governamentais competentes e as organizações de empregadores e de trabalhadores, levando em consideração as opiniões de outros grupos interessados, caso apropriado.

Artigo 7

1. Todo Membro deverá adotar todas as medidas necessárias para garantir a aplicação efetiva e o cumprimento dos dispositivos que colocam em vigor a presente Convenção, inclusive o estabelecimento e a aplicação de sanções penais ou outras sanções, conforme o caso.

2. Todo Membro deverá adotar, levando em consideração a importância para a eliminação de trabalho infantil, medidas eficazes e em prazo determinado, com o fim de:

a) impedir a ocupação de crianças nas piores formas de trabalho infantil;

b) prestar a assistência direta necessária e adequada para retirar as crianças das piores formas de trabalho infantil e assegurar sua reabilitação e inserção social;

c) assegurar o acesso ao ensino básico gratuito e, quando for possível e adequado, à formação profissional a todas as crianças que tenham sido retiradas das piores formas de trabalho infantil;

d) identificar as crianças que estejam particularmente expostas a riscos e entrar em contato direto com elas; e,

e) levar em consideração a situação particular das meninas.

3. Todo Membro deverá designar a autoridade competente encarregada da aplicação dos dispositivos que colocam em vigor a presente Convenção.

Artigo 8

Os Membros deverão tomar medidas apropriadas para apoiar-se reciprocamente na aplicação dos dispositivos da presente Convenção por meio de uma cooperação e/ou assistência internacionais intensificadas, as quais venham a incluir o apoio ao desenvolvimento social e econômico, aos programas de erradicação da pobreza e à educação universal.

Artigo 9

As ratificações formais da presente Convenção serão comunicadas, para registro, ao Diretor-Geral da Repartição Internacional do Trabalho.

Artigo 10

1. Esta Convenção obrigará unicamente aqueles Membros da Organização Internacional do Trabalho cujas ratificações tenham sido registradas pelo Diretor-Geral da Repartição Internacional do Trabalho.

2. Entrará em vigor 12 (doze) meses depois da data em que as ratificações de 2 (dois) dos Membros tenham sido registradas pelo Diretor-Geral.

3. A partir desse momento, esta Convenção entrará em vigor, para cada Membro, 12 (doze) meses após a data em que tenha sido registrada sua ratificação.

Artigo 11

1. Todo Membro que tenha ratificado esta Convenção poderá denunciá-la ao expirar um período de dez anos, a partir da data em que tenha entrado em vigor, mediante ata comunicada, para registro, ao Diretor-Geral da Repartição Internacional do Trabalho. A denúncia não surtirá efeito até 1 (um) ano após a data em que tenha sido registrada.

2. Todo Membro que tenha ratificado esta Convenção e que, no prazo de um ano após a expiração do período de dez anos mencionados no parágrafo precedente, não faça uso do direito de denúncia previsto neste Artigo ficará obrigado durante um novo período de dez anos, podendo, sucessivamente, denunciar esta Convenção ao expirar cada período de dez anos, nas condições previstas neste Artigo.

Artigo 12

1. O Diretor-Geral da Repartição Internacional do Trabalho notificará todos os membros da Organização Internacional do Trabalho do registro de todas as ratificações e atas de denúncia que lhe forem comunicadas pelos Membros da Organização.

2. Ao notificar os Membros da Organização do registro da segunda ratificação que lhe tenha sido comunicada, o Diretor-Geral informará os Membros da Organização sobre a data de entrada em vigor da presente Convenção.

Artigo 13

O Diretor-Geral da Repartição Internacional do Trabalho apresentará ao Secretário-Geral das Nações Unidas, para efeitos de registro e em conformidade com o artigo 102 da Carta das Nações Unidas, informação completa sobre todas as ratificações e atas de denúncia que tenha registrado de acordo com os Artigos precedentes.

Artigo 14

Sempre que julgar necessário, o Conselho de Administração da Repartição Internacional do Trabalho apresentará à Conferência Geral um relatório sobre a aplicação da Convenção e examinará a conveniência de incluir na agenda da Conferência a questão de sua revisão total ou parcial.

Artigo 15

1. Caso a Conferência adote uma nova Convenção que revise, total ou parcialmente, a presente, e a menos que a nova Convenção contenha dispositivos em contrário:

a) a ratificação, por um Membro, da nova Convenção revisora implicará *ipso jure* a denúncia imediata desta Convenção, não obstante os dispositivos contidos no artigo 11, desde que a nova Convenção revisora tenha entrado em vigor;

b) a partir da data em que entrar em vigor a nova Convenção revigora, a presente Convenção cessará de estar à ratificação pelos Membros.

2. Esta Convenção continuará em vigor em qualquer hipótese, em sua forma e conteúdo atuais, para os Membros que a tenham ratificado, mas não tenham ratificado a Convenção revisora.

Artigo 16

As versões inglesa e francesa do texto desta Convenção são igualmente autênticas.

RECOMENDAÇÃO N. 190

Recomendação sobre a Proibição das Piores Formas de Trabalho Infantil e a Ação Imediata para a sua Eliminação

A Conferência Geral da Organização Internacional do Trabalho:

Convocada em Genebra pelo Conselho de Administração da Repartição Internacional do Trabalho e reunida naquela cidade em 1º de junho de 1999, em sua octogésima sétima reunião:

Tendo adotado a Convenção sobre as piores formas de trabalho infantil, 1999;

Tendo decidido adotar diversas propostas relativas ao trabalho infantil, questão que constitui o quarto ponto da agenda da reunião, e

Tendo determinado que essas propostas tomem a forma de uma recomendação que complemente a Convenção sobre as piores formas de trabalho infantil, 1999,

Adota, nesta data de dezessete de junho de mil novecentos e noventa e nove, a seguinte Recomendação, que poderá ser citada como a Recomendação sobre as Piores Formas de Trabalho Infantil, 1999.

1. Os dispositivos da presente Recomendação complementam os da Convenção sobre as piores formas de trabalho infantil, 1999 (doravante denominada "a Convenção"), e deveriam ser aplicados em conjuntos com os mesmos.

I. Programas de Ação

1. Os programas de ação mencionados no artigo 6 da Convenção deveriam ser elaborados e implementados em caráter de urgência, em consulta com as instituições governamentais competentes e as organizações de empregadores e de trabalhadores, levando em consideração as opiniões das crianças diretamente afetadas pelas piores formas de trabalho infantil, de suas famílias e, caso apropriado, de outros grupos interessados comprometidos com os objetivos da Convenção e da presente Recomendação. Os objetivos de tais programas deveriam ser, entre outros:

a) identificar e denunciar as piores formas de trabalho infantil;

b) impedir a ocupação de crianças nas piores formas de trabalho infantil ou retirá-las dessas formas de trabalho, protegê-las de represálias e garantir sua reabilitação e inserção social através de medidas que atendam a suas necessidade educacionais, físicas e psicólogas;

c) dispensar especial atenção;

i) às crianças mais jovens;

ii) às meninas;

iii) ao problema do trabalho oculto, no qual as meninas estão particularmente expostas a riscos; e,

iv) a outros grupos de crianças que sejam especialmente vulneráveis ou tenham necessidades particulares;

d) identificar as comunidades nas quais as crianças estejam especialmente expostas a riscos, entrar em contato direto e trabalhar com elas, e

e) informar, sensibilizar e mobilizar a opinião públicas e os grupos interessados, inclusive as crianças e suas famílias.

II. Trabalho perigoso

1. Ao determinar e localizar onde se praticam os tipos de trabalho a que se refere o artigo 3, *d)* da Convenção, deveriam ser levadas em consideração, entre outras coisas:

a) os trabalhos em que a criança ficar exposta a abusos de ordem física, psicológica ou sexual;

b) os trabalhos subterrâneos, debaixo d'água, em alturas perigosas ou em locais confinados;

c) os trabalhos que se realizam com máquinas, equipamentos e ferramentas perigosos, ou que impliquem a manipulação ou transporte manual de cargas pesadas;

d) os trabalhos realizados em um meio insalubre, no qual as crianças estiverem expostas, por exemplo, a substâncias, agentes ou processos perigosos ou a temperaturas, níveis de ruído ou de vibrações prejudiciais á saúde, e

e) os trabalhos que sejam executados em condições especialmente difíceis, como os horários prolongados ou noturnos, ou trabalhos que retenham injustificadamente a criança em locais do empregador.

4. No que concerne os tipos de trabalho a que se faz referência no Artigo 3, *d)* da Convenção e no parágrafo 3 da presente Recomendação, a legislação nacional ou a autoridade competente, após consulta às organizações de empregadores e de trabalhadores interessadas, poderá autorizar o emprego ou trabalho a partir da idade de 16 anos, desde que fiquem plenamente garantidas a saúde, a segurança e a moral dessas crianças e que tenham recebido instruções ou formação profissional adequada e específica na área da atividade correspondente.

III. Aplicação

5. 1) Deveriam ser compilados e mantidos atualizados dados estatísticos e informações pormenorizadas sobre a natureza e extensão do trabalho infantil, de modo a servir de base para o estabelecimento das prioridades da ação nacional dirigida à eliminação do trabalho infantil, em particular à proibição e à eliminação de suas piores formas, em caráter de urgência.

2) Na medida do possível, essas informações e esses dados estatísticos deveriam incluir dados desagregados por sexo, faixa etária, ocupação, setor de atividade econômica, situação no emprego, frequência escolar e localização geográfica. Deveria ser levada em consideração a importância de um sistema eficaz de registros de nascimentos, que compreenda a expedição de certidões de nascimento.

3) Deveriam ser compilados e mantidos atualizados os dados pertinentes em matéria de violação das normas jurídicas nacionais sobre a proibição e a eliminação das piores formas de trabalho infantil.

6. A compilação e o processamento das informações e dos dados a que se refere o parágrafo 5 anterior deveriam ser realizados com o devido respeito ao direito à privacidade.

7. As informações compiladas conforme o disposto no parágrafo 5 anterior deveriam ser comunicadas periodicamente à Repartição Internacional do Trabalho.

8. Os Membros, após consulta às organizações de empregadores e de trabalhadores, deveriam estabelecer ou designar mecanismos nacionais apropriados para monitorar a aplicação das normas jurídicas nacionais sobre a proibição e a eliminação das piores formas de trabalho infantil.

9. Os Membros deveriam assegurar que as autoridades competentes incumbidas da aplicação das normas jurídicas nacionais sobre a proibição e eliminação das piores formas de trabalho infantil colaborem entre si e coordenem suas atividades.

10. A legislação nacional ou autoridade competente deveria determinar a quem será atribuída a responsabilidade em caso de descumprimento das normas jurídicas nacionais sobre a proibição e eliminação das piores formas de trabalho infantil.

11. Os Membros deveriam colaborar, na medida em que for compatível com a legislação nacional, com os esforços internacionais tendentes à proibição e eliminação das piores formas de trabalho infantil, em caráter de urgência, mediante:

a) a compilação e o intercâmbio de informações relativas a atos delituosos, incluídos aqueles que envolvam redes internacionais;

b) a investigação e a instauração de inquérito contra aqueles que estiverem envolvidos na venda e tráfico de crianças ou na utilização, recrutamento ou oferta de crianças para a realização de atividades ilícitas, prostituição, produção de pornografia ou atuações pornográficas; e,

c) o registro dos autores de tais delitos.

12. Os Membros deveriam adotar dispositivos com o fim de considerar atos delituosos as piores formas de trabalho infantil que são indicadas a seguir:

a) todas as formas de escravidão ou as práticas análogas à escravidão, como a venda e o tráfico de crianças, a servidão por dívidas e a condição de servo, e o trabalho forçado ou obrigatório, inclusive o recrutamento forçado ou obrigatório de crianças para serem utilizadas em conflitos armados;

b) a utilização, recrutamento ou oferta de crianças para a prostituição, a produção de pornografia ou atuações pornográficas; e,

c) a utilização, recrutamento ou oferta de criança para a realização de atividades ilícitas, em particular para a produção e tráfico de entorpecentes, tais com definidos nos tratados internacionais pertinentes, ou para a realização de atividades que impliquem o porte ou o uso ilegais de armas de fogo ou outras armas.

13. Os Membros deveriam assegurar que sejam impostas sanções, inclusive de caráter penal, quando proceda, em caso de violação das normas jurídicas nacionais sobre a proibição e a eliminação de qualquer dos tipos de trabalho a que se refere o artigo 3 *d*) da Convenção.

14, Quando apropriado, os Membros também deveriam estabelecer em caráter de urgência outras medidas penais, civis ou administrativas para garantir a aplicação efetiva das normas jurídicas nacionais sobre a proibição e eliminação das piores formas de trabalho infantil, tais como a supervisão especial das empresas que tiverem utilizado as piores formas de trabalho infantil e, nos casos de violação reiterada, a revogação temporária ou permanente das licenças para operar.

15. Dentre outras medidas voltadas para a proibição e eliminação das piores formas de trabalho infantil, poderiam ser incluídas as seguintes:

a) informar, sensibilizar e mobilizar o público em geral e, em particular, os dirigentes políticos nacionais e locais, os parlamentares e as autoridades judiciárias;

b) tornar partícipes e treinar as organizações de empregadores e trabalhadores e as organizações da sociedade civil;

c) dar formação adequada aos funcionários públicos competentes, em particular aos fiscais e aos funcionários encarregados do cumprimento da lei, bem como a outros profissionais pertinentes;

d) permitir a todo Membro que processe em seu território seus nacionais por infringir sua legislação nacional sobre a proibição e eliminação imediata das piores formas de trabalho infantil, ainda que estas infrações tenham sido cometidas fora de seu território;

e) simplificar os procedimentos judiciais e administrativos e assegurar que sejam adequados e rápidos;

f) estimular o desenvolvimento de políticas empresariais que visem à promoção dos fins da Convenção;

g) registrar e difundir as melhores práticas em matéria de eliminação do trabalho infantil;

h) difundir, nos idiomas e dialetos correspondentes, as normas jurídicas ou de outro tipo sobre o trabalho infantil;

i) prever procedimentos especiais para queixas, adotar medidas para proteger da discriminação e de represálias aqueles que denunciem legitimamente toda violação dos dispositivos da Convenção, criar serviços telefônicos de assistência e estabelecer centros de contato ou designar mediadores;

j) adotar medidas apropriadas para melhorar a infraestrutura educativa e a capacitação de professores que atendam às necessidades dos meninos e das meninas, e

k) na medida do possível, levar em conta, nos programas de ação nacionais, a necessidade de:

i) promover o emprego e a capacitação profissional dos pais e adultos das famílias das crianças que trabalham nas condições referidas na Convenção, e

ii) sensibilizar os pais sobre o problema das crianças que trabalham nessas condições.

16. Uma cooperação e/ou assistência internacional maior entre os Membros destinada a proibir e eliminar efetivamente as piores formas de trabalho infantil deveria complementar os esforços nacionais e poderia, segundo proceda, desenvolver-se e implementar-se em consulta com as organizações de empregadores e de trabalhadores. Essa cooperação e/ou assistência internacional deveria incluir:

a) a mobilização de recursos para os programas nacionais ou internacionais;

b) a assistência jurídica mutua;

c) a assistência técnica, inclusive o intercâmbio de informações, e

d) o apoio ao desenvolvimento econômico e social, aos programas de erradiação da pobreza e à educação universal.

INSTRUÇÃO NORMATIVA SIT/MTE N. 97, DE 30 DE JULHO DE 2012

(DOU 31.7.2012)

Dispõe sobre a fiscalização das condições de trabalho no âmbito dos programas de aprendizagem

A SECRETÁRIA DE INSPEÇÃO DO TRABALHO, no uso da competência prevista no inciso XIII do art. 14, do Anexo I do Decreto n. 5.063, de 3 de maio de 2004, que aprovou a estrutura regimental do Ministério do Trabalho e Emprego, resolve:

Art. 1º Estabelecer diretrizes e disciplinar a fiscalização da aprendizagem prevista no Capítulo IV do Título III da Consolidação das Leis do Trabalho — CLT, aprovada pelo Decreto-lei n. 5.452, de 1º de maio de 1943, em conformidade com o disposto no Decreto n. 5.598, de 1º de dezembro de 2005 e com a Portaria n. 723, de 23 de abril de 2012.

Seção I
Da Obrigatoriedade de Contratação de Aprendizes

Art. 2º Conforme determina o art. 429 da CLT, os estabelecimentos de qualquer natureza são obrigados a contratar e matricular aprendizes nos cursos de aprendizagem, no percentual mínimo de cinco e máximo de quinze por cento das funções que exijam formação profissional.

§ 1º Na conformação numérica de aplicação do percentual, ficam obrigados a contratar aprendizes os estabelecimentos que tenham pelo menos sete empregados contratados nas funções que demandam formação profissional, nos termos do art. 10 do Decreto n. 5.598, de 2005, devendo ser respeitado o limite máximo de quinze por cento previsto no art. 429 da CLT.

§ 2º Entende-se por estabelecimento todo complexo de bens organizado para o exercício de atividade econômica ou social do empregador, que se submeta ao regime da CLT.

§ 3º São incluídas na base de cálculo do número de aprendizes a serem contratados o total de trabalhadores existentes em cada estabelecimento, cujas funções demandem formação profissional, independentemente de serem proibidas para menores de dezoito anos, excluindo-se:

I — as funções que, em virtude de lei, exijam formação profissional de nível técnico ou superior;

II — as funções caracterizadas como cargos de direção, de gerência ou de confiança, nos termos do inciso II do art. 62 e § 2º do art. 224 da CLT;

III — os trabalhadores contratados sob o regime de trabalho temporário instituído pela Lei n. 6.019, de 3 de janeiro de 1973; e

IV — os aprendizes já contratados.

§ 4º As funções e atividades executadas por terceiros, dentro dos parâmetros legais, serão computadas para o cálculo da cota cabível à empresa prestadora de serviços.

Art. 3º Estão legalmente dispensadas do cumprimento da cota de aprendizagem:

I — as microempresas e empresas de pequeno porte, optantes ou não pelo Regime Especial Unificado de Arrecadação de Tributos e Contribuições devidos pelas Microempresas e Empresas de Pequeno Porte — Simples Nacional.

II — entidade sem fins lucrativos que tenha por objetivo a educação profissional e contrate aprendizes na forma do art. 431 da CLT.

PARÁGRAFO ÚNICO. As microempresas e empresas de pequeno porte que contratem aprendizes devem observar o limite máximo de quinze por cento estabelecido no art. 429 da CLT. *(Revogado pela Instrução Normativa SIT/MTE n. 108, de 4.6.14, DOU 5.6.14)*

Seção II
Do Contrato de Aprendizagem

Art. 4º O contrato de trabalho de aprendizagem possui natureza especial e tem por principal característica, segundo o art. 428 da CLT, o compromisso de o empregador assegurar ao maior de quatorze e menor de vinte e quatro anos, inscrito em programa de aprendizagem, formação técnico profissional metódica, compatível com o seu desenvolvimento físico, moral e psicológico, e do aprendiz de executar com zelo e diligência as tarefas necessárias a essa formação.

Legislação Complementar

Art. 5º O contrato de aprendizagem deve ser pactuado por escrito e por prazo determinado, e para sua validade exige-se:

I — registro e anotação na Carteira de Trabalho e Previdência Social — CTPS;

II — matrícula e frequência do aprendiz à escola, caso não tenha concluído o ensino médio;

III — inscrição do aprendiz em programa de aprendizagem, desenvolvido sob a orientação de entidade qualificada em formação técnico profissional metódica, quais sejam:

a) entes do Sistema Nacional de Aprendizagem;

b) escolas técnicas de educação; e

c) entidades sem fins lucrativos que tenham por objetivo a assistência ao adolescente e à educação profissional, devidamente inscritas no Cadastro Nacional de Aprendizagem e registradas no Conselho Municipal dos Direitos da Criança e do Adolescente CMDCA, quando atender a menores de dezoito anos;

IV — programa de aprendizagem desenvolvido em conformidade com as diretrizes da Portaria n. 723, de 2012;

PARÁGRAFO ÚNICO. A falta de cumprimento dos itens I a IV e demais normas que regulamentam a aprendizagem descaracteriza o contrato de aprendizagem e importa a sua nulidade, estabelecendo-se vínculo com o estabelecimento que deve cumprir a cota, conforme disposto no art. 18.

Art. 6º O contrato de aprendizagem poderá ser firmado por até dois anos, com correspondência obrigatória ao programa constante do Cadastro Nacional de Aprendizagem e deverá indicar expressamente:

I — o termo inicial e final, coincidentes com o prazo do programa de aprendizagem, exceto quando a contratação ocorrer após o início das atividades teóricas, podendo o empregador, neste caso, providenciar o registro retroativo;

II — o programa em que o aprendiz está vinculado e matriculado, com indicação da carga horária teórica e prática, e obediência aos critérios estabelecidos na Portaria n. 723, de 2012;

III — a função, a jornada diária e semanal, de acordo com a carga horária estabelecida no programa de aprendizagem, o horário de trabalho; e

IV — a remuneração pactuada.

PARÁGRAFO ÚNICO. O prazo máximo de dois anos do contrato de aprendizagem não se aplica às pessoas com deficiência, desde que o tempo adicional seja, nesses casos, fundamentado em aspectos relacionados à deficiência, vedada em qualquer caso a contratação de pessoa com deficiência na qualidade de aprendiz por prazo indeterminado.

Art. 6º-A. As Microempresas e Empresas de Pequeno Porte, conforme definidas pela Lei Complementar n. 123, de 2006, na forma do art. 179 da Constituição Federal, gozarão de tratamento privilegiado e diferenciado, garantindo-se:

I — possibilidade de iniciar o contrato de aprendizagem após o início do curso teórico, quando realizado no âmbito do Programa Nacional de Acesso ao Ensino Técnico e Emprego (PRONATEC), sem necessidade de o empregador realizar o registro retroativo do aprendiz;

II — no caso do inciso I, as horas de aulas teóricas cursadas antes do início do contrato de aprendizagem deverão ser decrescidas do cômputo total de horas do contrato de aprendizagem;

III — o jovem inscrito em curso Pronatec que deseje participar do programa de aprendizagem deve estar inscrito em itinerário formativo em área compatível com o aprendizado prático na empresa cuja carga horária teórica possua, no mínimo, 300h por fazer no momento da assinatura do contrato de aprendizagem, respeitado o § 3º do art. 10 da Portaria n. 723, de 23 de abril de 2012, do Ministério do Trabalho e Emprego. *(Artigo acrescentado pela Inst. Normativa n. SIT/MTE n. 118, de 16.1.2015, DOU 19.1.2015)*

Art. 7º A contratação de aprendizes por entidades sem fins lucrativos que tenham por objetivo a assistência ao adolescente e à educação profissional, conforme faculdade prevista no art. 431 da CLT, exige a formalização prévia de contrato ou convênio entre o estabelecimento que deve cumprir a cota e a entidade.

§ 1º Na hipótese de contratação indireta prevista no *caput*, a entidade sem fins lucrativos assume a condição de empregador de forma simultânea ao desenvolvimento do programa de aprendizagem, cabendo-lhe:

I — o cumprimento da legislação trabalhista em sua totalidade e no que concerne à aprendizagem;

II — assinar a Carteira de Trabalho e Previdência Social do aprendiz e anotar, no espaço destinado às anotações gerais, informação de que se trata de contratação decorrente de contrato firmado com estabelecimento para fins de cumprimento de sua cota;

III — promover o desenvolvimento do programa de aprendizagem constante do Cadastro Nacional de Aprendizagem;

§ 2º O estabelecimento, na contratação indireta, obriga-se a proporcionar a experiência prática para a formação técnico profissional do aprendiz e em ambiente adequado, com atenção ao disposto no art. 9º.

§ 3º O contrato ou convênio mencionado no *caput* pode conter cláusula específica com a indicação da parte responsável pela elaboração e consecução dos programas de segurança e saúde no trabalho previstos nas Normas Regulamentadoras ns. 7 e 9, aprovadas pela Portaria n. 3.214, de 8 de dezembro de 1978, para os aprendizes pertencentes à cota do estabelecimento e contratados por intermédio da entidade sem fins lucrativos.

Art. 8º A idade máxima de vinte e quatro anos é condição de extinção automática do contrato de aprendizagem, não se aplicando tal critério às pessoas com deficiência, para as quais a contratação é possível mesmo após essa idade.

Art. 9º Nos estabelecimentos em que sejam desenvolvidas atividades em ambientes ou funções proibidas a menores de dezoito anos devem ser atendidas as seguintes regras:

I — para a aprendizagem das funções proibidas para menores de dezoitos anos, devem ser contratados aprendizes da faixa etária entre dezoito e vinte e quatro anos ou aprendizes com deficiência maiores de dezoito anos.

II — excepcionalmente, é permitida a contratação de aprendizes na faixa etária entre quatorze e dezoito anos para desempenharem tais funções ou exercerem suas funções no local, desde que o empregador:

a) apresente previamente, na unidade descentralizada do MTE da circunscrição onde ocorrerem as referidas atividades, parecer técnico circunstanciado, assinado por profissional legalmente habilitado em segurança e saúde no trabalho, que ateste a não exposição a riscos que possam comprometer a saúde, a segurança e a moral dos adolescentes, o qual deve ser renovado quando houver alterações nos locais de trabalho ou nos serviços prestados; ou

b) opte pela execução das atividades práticas dos adolescentes nas instalações da própria entidade encarregada da formação técnico profissional, em ambiente protegido.

Art. 10. O contrato de aprendizagem extinguir-se-á:

I — no seu termo final;

II — quando o aprendiz completar vinte e quatro anos, observado o disposto no art. 8º;

III — antecipadamente, nas seguintes hipóteses:

a) desempenho insuficiente ou inadaptação do aprendiz, que devem ser comprovados mediante laudo de avaliação elaborado pela entidade executora da aprendizagem, a quem cabe a sua supervisão e avaliação, após consulta ao estabelecimento onde se realiza a aprendizagem;

b) falta disciplinar grave prevista no art. 482 da CLT;

c) ausência injustificada à escola que implique perda do ano letivo, comprovada por meio de declaração do estabelecimento de ensino;

d) a pedido do aprendiz;

e) fechamento da empresa em virtude de falência, encerramento das atividades da empresa e morte do empregador constituído em empresa individual.

§ 1º Não se aplica o disposto nos arts. 479 e 480 da CLT às hipóteses de extinção do contrato previstas nas alíneas do inciso III, exceto na hipótese prevista na alínea "e", em que o aprendiz fará jus, além das verbas rescisórias, à indenização prevista no art. 479 da CLT.

§ 2º A diminuição do quadro de pessoal da empresa, ainda que em razão de dificuldades financeiras ou de conjuntura econômica desfavorável, não autoriza a rescisão antecipada dos contratos de aprendizagem em curso, que devem ser cumpridos até o seu termo final.

§ 3º A contratação do aprendiz como empregado regular da empresa, após o término do contrato de aprendizagem, implica a rescisão deste em razão da hipótese prevista no inciso I do *caput*, com o consequente pagamento das verbas rescisórias devidas e assinatura de novo contrato de trabalho.

Seção III
Dos Direitos Trabalhistas

Art. 11. Ao aprendiz é garantido, preservada a condição mais benéfica:

I — o salário mínimo hora, considerado para tal fim o valor do salário mínimo nacional ou salário mínimo regional fixado em lei;

II — o piso da categoria previsto em instrumento normativo, quando houver previsão de aplicabilidade ao aprendiz; e

III — o valor pago por liberalidade do empregador, superior aos valores previstos nos incisos I e II.

PARÁGRAFO ÚNICO. O aprendiz maior de dezoito anos que labore em ambiente insalubre ou perigoso ou cuja jornada seja cumprida em horário noturno faz jus ao recebimento do respectivo adicional.

Art. 12. A duração da jornada de trabalho do aprendiz não excederá de seis horas diárias, durante a qual poderão ser desenvolvidas atividades teóricas e práticas ou apenas uma delas, dentro e no limite dos parâmetros estabelecidos no programa de aprendizagem.

§ 1º A jornada de até oito horas diárias é permitida para os aprendizes que completaram o ensino fundamental, desde que nela sejam incluídas atividades teóricas, na proporção prevista no contrato e no programa de aprendizagem.

§ 2º Ao aprendiz são vedadas, em qualquer caso, a prorrogação e a compensação da jornada de trabalho, e não se aplicam as hipóteses previstas nos incisos I e II do art. 413 da Consolidação das Leis do Trabalho.

§ 3º A fixação do horário do aprendiz deverá ser feita pela empresa em conjunto com a entidade formadora, com respeito à carga horária estabelecida no programa de aprendizagem.

§ 4º As atividades devem ser desenvolvidas em horário que não prejudique a frequência do aprendiz com idade inferior a dezoito anos à escola, nos termos do art. 427 da CLT e do inciso III do art. 63 da Lei n. 8.069, de 1990 — Estatuto da Criança e do Adolescente, devendo ser considerado, nesse caso, o tempo necessário para seu deslocamento.

§ 5º Aplica-se à jornada do aprendiz, nas atividades práticas ou teóricas, o disposto nos arts. 66 a 72 da CLT.

Art. 13. O período de férias do aprendiz deve ser definido no programa de aprendizagem, conforme estabelece a Portaria n. 723, de 2012, observado o seguinte:

I — as férias do aprendiz com idade inferior a dezoito anos devem coincidir, obrigatoriamente, com um dos períodos de férias escolares, sendo vedado o parcelamento, em conformidade com o disposto no § 2º do art. 136 e § 2º do art. 134 da CLT.

II — as férias do aprendiz com idade igual ou superior a dezoito anos devem coincidir, preferencialmente, com as férias escolares, em conformidade com o art. 25 do Decreto n. 5.598, de 2005.

Art. 14. A alíquota do depósito ao Fundo de Garantia do Tempo de Serviço — FGTS nos contratos de aprendizagem é de dois por cento da remuneração paga ou devida ao aprendiz conforme previsto no art. 15 da Lei n. 8.036, de 11 de maio de 1990.

Seção IV

Dos Programas de Aprendizagem

Art. 15. Para fins da formação técnico profissional, e nos termos dos arts. 429 e 430 da CLT, os cursos e programas de aprendizagem devem ser oferecidos preferencialmente pelos entes dos Serviços Nacionais de Aprendizagem.

PARÁGRAFO ÚNICO. Não sendo oferecidos pelos entes referidos no *caput* cursos ou vagas suficientes, ou ainda programa de aprendizagem que atenda às necessidades dos estabelecimentos, a demanda poderá ser atendida pelas seguintes entidades qualificadas em formação profissional metódica:

I — escolas técnicas de educação;

II — entidades sem fins lucrativos, que tenham por objetivo a assistência ao adolescente e à educação profissional, inscritas no Cadastro Nacional de Aprendizagem do MTE e registradas no Conselho Municipal do Direito da Criança e do Adolescente — CMDCA quando atenderem menores de dezoito anos.

Art. 16. Cabe à inspeção do trabalho verificar a insuficiência de vagas ou inexistência de cursos junto aos Serviços Nacionais de Aprendizagem, nos termos do parágrafo único do art. 13 do Decreto n. 5.598, 2005.

§ 1º Confirmada a insuficiência de vagas ou inexistência de cursos, a empresa poderá matricular os aprendizes nas escolas técnicas de educação e nas entidades sem fins lucrativos.

§ 2º O auditor fiscal do trabalho poderá utilizar os elementos de convicção que entender suficientes para comprovar a inexistência ou insuficiência de vagas a que se referem o § 1º.

Art. 17. As atividades teóricas e práticas da aprendizagem devem ser realizadas em ambientes adequados ao desenvolvimento dos respectivos programas, cabendo às empresas e às entidades responsáveis pelos cursos de aprendizagem oferecer aos aprendizes condições de segurança e saúde e acessibilidade nos ambientes de aprendizagem, observadas as disposições dos arts. 157 e 405 da CLT, do art. 29 do Decreto n. 3.298, de 20 de dezembro de 1999, do art. 2º do Decreto n. 6.481, de 12 de junho de 2008 e das Normas Regulamentadoras de Segurança e Saúde no Trabalho aprovadas pela Portaria n. 3.214, de 1978.

Seção V

Da Inspeção do Trabalho

Art. 18. A descaracterização do contrato de aprendizagem, acarreta sua nulidade e ocorre:

I — quando houver descumprimento das disposições legais e regulamentares relativas à aprendizagem;

II — na ausência de correlação entre as atividades práticas executadas pelo aprendiz e as previstas no programa de aprendizagem;

III — pela contratação de entidades sem fins lucrativos não inscritas no Cadastro Nacional de Aprendizagem ou com parâmetro em programa de aprendizagem não constante do Cadastro; e

IV — quando houver descumprimento da legislação trabalhista na execução do contrato de aprendizagem.

§ 1º Descaracterizada a aprendizagem, caberá a lavratura dos autos de infração pertinentes, e o contrato de trabalho passará a ser considerado por prazo indeterminado, com as consequências jurídicas e financeiras dele decorrentes, a incidirem sobre todo o período contratual.

§ 2º Quando a contratação for por intermédio de entidade sem fins lucrativos, o ônus cabe ao estabelecimento responsável pelo cumprimento da cota de aprendizagem, com quem o vínculo empregatício será estabelecido diretamente.

§ 3º A nulidade do contrato de aprendizagem firmado com menor de dezesseis anos implica a imediata rescisão contratual, sem prejuízo da aplicação das sanções pertinentes e do pagamento das verbas rescisórias devidas.

§ 4º O disposto no § 1º não se aplica, quanto ao vínculo, aos órgãos da Administração Pública.

Art. 19. Na fiscalização da aprendizagem, o auditor fiscal do trabalho deve verificar:

I — o cumprimento, pelos estabelecimentos, da cota prevista no art. 429 da CLT para contratação de aprendizes;

II — a adequação do contrato de aprendizagem à legislação vigente;

III — a conformação do programa de aprendizagem com as atividades desenvolvidas pelo aprendiz no estabelecimento, com observância, dentre outros aspectos, da;

a) compatibilidade do programa do curso com as funções do aprendiz;

b) supervisão da entidade sem fins lucrativos;

c) formação específica dos instrutores; e

d) compatibilidade da duração do curso com a função desempenhada

IV — a existência de vagas ou cursos nos entes do Sistema Nacional de Aprendizagem;

V — a regularidade da entidade sem fins lucrativos junto ao Cadastro Nacional de Aprendizagem e ao Conselho Municipal dos Direitos da Criança e do Adolescente;

VI — as condições ambientais da execução da aprendizagem, tanto na entidade responsável por pelo programa quanto no estabelecimento empregador

VII — a regularidade dos contratos firmados entre o estabelecimento e a entidade sem fins lucrativos;

VIII — o cumprimento da legislação trabalhista, especialmente no que diz respeito à aprendizagem, pelo estabelecimento empregador ou entidade sem fins lucrativos que assumiu a condição de empregador;

IX — a adequação do ambiente de aprendizagem às normas de proteção ao trabalho e à formação profissional prevista no programa de aprendizagem.

§ 1º Nos estabelecimentos com atividades sazonais ou com grande rotatividade de mão de obra, o auditor fiscal do trabalho deve exigir o cumprimento da cota com base no quantitativo de empregados existentes à época da fiscalização.

§ 2º A falta de cumprimento, pelas entidades sem fins lucrativos, dos incisos do *caput* e da legislação referente à aprendizagem, bem como a inadequação de seus programas ao contexto da atividade desenvolvida pelo aprendiz no que concerne à sua formação técnico profissional e irregularidades na contratação devem ser relatadas de forma circunstanciada pelo auditor fiscal do trabalho no relatório a que se refere o art. 7º da Portaria n. 723, de 2012.

Art. 20. Nas entidades sem fins lucrativos que contratam aprendizes, conforme previsto no art. 7º, o auditor fiscal do trabalho deve verificar, além do disposto no art. 19:

I — a inserção e a regularidade da entidade sem fins lucrativos empregadora no Cadastro Nacional de Aprendizagem, na forma da Portaria n. 723, de 2012;

II — a existência de programa de aprendizagem compatível com a função e atividades dos aprendizes contratados e sua adequação aos requisitos estabelecidos na Portaria n. 723, de 2012;

III — a existência de certificado de registro da entidade sem fins lucrativos no CMDCA como entidade que objetiva a assistência ao adolescente e a educação profissional, quando algum de seus cursos se destinar a aprendizes menores de dezoito anos, bem como a comprovação do depósito do programa de aprendizagem naquele Conselho;

IV — a existência de declaração de frequência do aprendiz na escola, quando esta for obrigatória;

V — contrato ou convênio firmado entre a entidade responsável por ministrar o curso de aprendizagem e o estabelecimento tomador dos serviços; e

VI — os contratos de aprendizagem firmados entre a entidade e os aprendizes.

§ 1º Dos registros e contratos de aprendizagem firmados pelas entidades sem fins lucrativos devem constar a razão social, o endereço e o número de inscrição no Cadastro Nacional de Pessoa Jurídica — CNPJ do estabelecimento responsável pelo cumprimento da cota.

§ 2º Verificada a inadequação da entidade sem fins lucrativos, na forma do art. 20, o auditor fiscal do trabalho, sem prejuízo da lavratura de autos de infrações cabíveis, deve adotar as providências previstas no art. 7º da Portaria n. 723, de 2012.

Art. 21. Os indícios de irregularidades relacionadas à segurança e saúde no trabalho devem ser informados pelo auditor fiscal do trabalho à chefia imediata, para comunicação ao setor competente a fim de ser realizada a ação fiscal pertinente.

PARÁGRAFO ÚNICO. Constatada a inadequação dos ambientes de aprendizagem às condições de proteção ao trabalho do adolescente e às condições de acessibilidade ao aprendiz com deficiência, ou divergências apuradas entre as condições reais das instalações da entidade formadora e aquelas informadas no Cadastro Nacional da Aprendizagem, o auditor fiscal do trabalho promoverá ações destinadas a regularizar a situação, sem prejuízo da lavratura de autos de infrações cabíveis, adotando, caso não sejam sanadas as irregularidades, as providências indicadas no art. 7º da Portaria n. 723, de 2012.

Seção VI

Do Planejamento da Fiscalização da Aprendizagem

Art. 22. Na elaboração do planejamento da fiscalização da contratação de aprendizes, a Superintendência Regional do Trabalho e Emprego deve observar as diretrizes expedidas pela Secretaria de Inspeção do Trabalho.

Art. 23. O planejamento da fiscalização da aprendizagem deve compreender as ações previstas nos arts. 19, 20 e 21 e ainda a fiscalização, se necessária, das entidades sem fins lucrativos que solicitarem inserção no Cadastro Nacional de Aprendizagem, nos termos dos arts. 3º e 4º da Portaria n. 723, de 2012.

§ 1º A fiscalização da aprendizagem, da execução e regularidade dos contratos de aprendizagens firmados pelos estabelecimen-

Legislação Complementar

tos e entidades sem fins lucrativos deve ser precedida de emissão de ordem de serviço específica.

§ 2º Para a fiscalização do cumprimento da obrigação de contratação de aprendizes, caberá à Superintendência Regional do Trabalho e Emprego, por meio de servidores designados pela chefia da fiscalização, identificar a oferta de cursos e vagas pelas instituições de aprendizagem e a demanda de aprendizes por parte dos empregadores.

§ 3º A oferta de cursos e vagas poderá ser verificada por meio dos programas de aprendizagem validados e inseridos Cadastro Nacional de Aprendizagem ou contatos com os entes do Sistema Nacional de Aprendizagem, escolas técnicas e entidades qualificadas em formação profissional, inclusive durante eventos e palestras promovidos pela Superintendência Regional do Trabalho e Emprego.

§ 4º A demanda potencial por aprendizes será identificada por atividade econômica, em cada município, a partir das informações disponíveis nos bancos de dados oficiais, tais como a Relação Anual de Informações Sociais — RAIS e o Cadastro Geral de Empregados e Desempregados — CAGED, ou outros sistema disponíveis aos auditores fiscais do trabalho, observado o disposto no art. 3º desta instrução normativa.

Art. 24. Para acesso ao Cadastro Nacional de Aprendizagem deve ser solicitada senha de acesso, diretamente pela Superintendência Regional do Trabalho e Emprego à Coordenação-Geral de Preparação de Mão de obra Juvenil do Departamento de Políticas de Trabalho e Emprego para a Juventude da Secretaria de Políticas Públicas de Emprego — SPPE.

Art. 25. Poderá ser adotada, sem prejuízo da ação fiscal *in loco*, a notificação para apresentação de documentos — NAD via postal — modalidade de fiscalização indireta — para convocar, individual ou coletivamente, os empregadores a apresentarem documentos, em dia e hora previamente fixados, a fim de comprovarem a regularidade da contratação de empregados aprendizes, conforme determina o art. 429 da CLT.

§ 1º No procedimento de notificação via postal poderá ser utilizado, como suporte instrumental, sistema informatizado de dados destinado a facilitar a identificação dos estabelecimentos obrigados a contratar aprendizes.

§ 2º No caso de convocação coletiva, a Superintendência Regional do Trabalho e Emprego poderá realizar, a seu critério, evento em que seja feita explanação acerca da temática da aprendizagem, visando conscientizar, orientar e esclarecer dúvidas em relação à aprendizagem.

§ 3º Caso o auditor fiscal do trabalho, no planejamento da fiscalização ou no curso desta, conclua pela ocorrência de motivo grave ou relevante que impossibilite ou dificulte a imediata contratação dos aprendizes, poderá instaurar, com a anuência da chefia imediata e desde que o estabelecimento esteja sendo fiscalizado pela primeira vez, procedimento especial para ação fiscal, nos termos do art. 27 a 30 do Regulamento da Inspeção do Trabalho — RIT, aprovado pelo Decreto n. 4.552, de 27 de dezembro de 2002, explicitando os motivos que determinaram essa medida.

§ 4º O procedimento especial para a ação fiscal poderá resultar na lavratura de termo de compromisso que estipule as obrigações assumidas pelo compromissado e os prazos para seu cumprimento.

§ 5º Durante o prazo fixado no termo, o estabelecimento compromissado poderá ser fiscalizado para verificação de seu cumprimento, sem prejuízo da ação fiscal em atributos não contemplados no referido termo.

Art. 25-A. Poderá ser adotada a fiscalização na modalidade eletrônica para ampliar a abrangência da fiscalização da aprendizagem.

§ 1º Na fiscalização eletrônica as empresas serão notificadas, via postal, para apresentar documentos em meio eletrônico que serão confrontados com dados dos sistemas oficiais do Ministério do Trabalho e Emprego, visando comprovação da efetiva contratação dos aprendizes, nos termos do art. 429 da CLT.

§ 2º A empresa sujeita à contratação de aprendizes deverá apresentar em meio eletrônico, via e-mail, os seguintes documentos:

a) imagem da ficha, folha do livro ou tela do sistema eletrônico de registro de empregados comprovando o registro do aprendiz;

b) imagem do contrato de aprendizagem firmado entre empresa e o aprendiz, com a anuência/interveniência da entidade formadora;

c) imagem da declaração de matrícula do aprendiz no curso de aprendizagem emitida pela entidade formadora;

d) comprovante em meio digital de entrega do CAGED referente à contratação dos aprendizes;

e) outros dados referentes à ação fiscal, solicitados pelo AFT notificante. (*Caput, parágrafos e alíneas acrescentado pela Instrução Normativa SIT/MTE n. 113, de 30.10.14, DOU 31.10.14)*

Art. 26. A chefia de fiscalização deve designar auditores fiscais do trabalho para realizar a fiscalização indireta, prevista no art. 25 e, quando for o caso, verificar o cumprimento dos termos de cooperação técnica firmados no âmbito do Ministério do Trabalho e Emprego.

PARÁGRAFO ÚNICO. No caso de convocação coletiva, devem ser designados auditores-fiscais do trabalho em número suficiente para o atendimento de todas as empresas notificadas.

Art. 27. Esgotada a atuação da inspeção do trabalho, sem a correção das irregularidades relativas à aprendizagem, o auditor fiscal do trabalho, sem prejuízo da lavratura de autos de infração cabíveis, deve elaborar relatório circunstanciado e encaminhá-lo à chefia imediata, a qual adotará as providências que julgar cabíveis conforme o caso.

Art. 28. Fica revogada a Instrução Normativa n. 75, de 8 de maio de 2009.

Art. 29. Esta Instrução Normativa entra em vigor na data de sua publicação.

VERA LUCIA RIBEIRO DE ALBUQUERQUE

DECRETO N. 5.598, DE 1º DE DEZEMBRO DE 2005

(DOU 2.12.2005)

Regulamenta a contratação de aprendizes e dá outras providências

O PRESIDENTE DA REPÚBLICA, no uso da atribuição que lhe confere o art. 84, inciso IV, da Constituição, e tendo em vista o disposto no Título III, Capítulo IV, Seção IV, do Decreto-lei n. 5.452, de 1º de maio de 1943. Consolidação das Leis do Trabalho, e no Livro I, Título II, Capítulo V, da Lei n. 8.069, de 13 de julho de 1990. Estatuto da Criança e do Adolescente, DECRETA:

Art. 1º Nas relações jurídicas pertinentes à contratação de aprendizes, será observado o disposto neste Decreto.

Capítulo I
Do Aprendiz

Art. 2º Aprendiz é o maior de quatorze anos e menor de vinte e quatro anos que celebra contrato de aprendizagem, nos termos do art. 428 da Consolidação das Leis do Trabalho — CLT.

PARÁGRAFO ÚNICO. A idade máxima prevista no *caput* deste artigo não se aplica a aprendizes portadores de deficiência.

Capítulo II
Do Contrato de Aprendizagem

Art. 3º Contrato de aprendizagem é o contrato de trabalho especial, ajustado por escrito e por prazo determinado não superior a dois anos, em que o empregador se compromete a assegurar ao aprendiz, inscrito em programa de aprendizagem, formação técnico profissional metódica compatível com o seu desenvolvimento físico, moral e psicológico, e o aprendiz se compromete a executar com zelo e diligência as tarefas necessárias a essa formação.

PARÁGRAFO ÚNICO. Para fins do contrato de aprendizagem, a comprovação da escolaridade de aprendiz portador de deficiência mental deve considerar, sobretudo, as habilidades e competências relacionadas com a profissionalização.

Art. 4º A validade do contrato de aprendizagem pressupõe anotação na Carteira de Trabalho e Previdência Social, matrícula e frequência do aprendiz à escola, caso não haja concluído o ensino fundamental, e inscrição em programa de aprendizagem desenvolvido sob a orientação de entidade qualificada em formação técnico profissional metódica.

Art. 5º O descumprimento das disposições legais e regulamentares importará a nulidade do contrato de aprendizagem, nos termos do art. 9º da CLT, estabelecendo-se o vínculo empregatício diretamente com o empregador responsável pelo cumprimento da cota de aprendizagem.

PARÁGRAFO ÚNICO. O disposto no *caput* não se aplica, quanto ao vínculo, a pessoa jurídica de direito público.

Capítulo III
Da Formação Técnico profissional e das Entidades Qualificadas em Formação Técnico Profissional Metódica

Seção I

Da Formação Técnico profissional

Art. 6º Entendem-se por formação técnico profissional metódica para os efeitos do contrato de aprendizagem as atividades teóricas e práticas, metodicamente organizadas em tarefas de complexidade progressiva desenvolvidas no ambiente de trabalho.

PARÁGRAFO ÚNICO. A formação técnico profissional metódica de que trata o *caput* deste artigo realiza-se por programas de aprendizagem organizados e desenvolvidos sob a orientação e responsabilidade de entidades qualificadas em formação técnico profissional metódica definidas no art. 8º deste Decreto.

Art. 7º A formação técnico profissional do aprendiz obedecerá aos seguintes princípios:

I — garantia de acesso e frequência obrigatória ao ensino fundamental;

II — horário especial para o exercício das atividades; e

III — capacitação profissional adequada ao mercado de trabalho.

PARÁGRAFO ÚNICO. Ao aprendiz com idade inferior a dezoito anos é assegurado o respeito à sua condição peculiar de pessoa em desenvolvimento.

Seção II

Das Entidades Qualificadas em Formação Técnico Profissional Metódica

Art. 8º Consideram-se entidades qualificadas em formação técnico profissional metódica:

I — os Serviços Nacionais de Aprendizagem, assim identificados:

a) Serviço Nacional de Aprendizagem Industrial — SENAI;

b) Serviço Nacional de Aprendizagem Comercial — SENAC;

c) Serviço Nacional de Aprendizagem Rural — SENAR;

d) Serviço Nacional de Aprendizagem do Transporte — SENAT; e

e) Serviço Nacional de Aprendizagem do Cooperativismo — SESCOOP;

II — as escolas técnicas de educação, inclusive as agrotécnicas; e

III — as entidades sem fins lucrativos, que tenham por objetivos a assistência ao adolescente e à educação profissional, registradas no Conselho Municipal dos Direitos da Criança e do Adolescente.

§ 1º As entidades mencionadas nos incisos deste artigo deverão contar com estrutura adequada ao desenvolvimento dos programas de aprendizagem, de forma a manter a qualidade do processo de ensino, bem como acompanhar e avaliar os resultados.

§ 2º O Ministério do Trabalho e Emprego editará, ouvido o Ministério da Educação, normas para avaliação da competência das entidades mencionadas no inciso III.

Capítulo IV

Seção I

Da Obrigatoriedade da Contratação de Aprendizes

Art. 9º Os estabelecimentos de qualquer natureza são obrigados a empregar e matricular nos cursos dos Serviços Nacionais de Aprendizagem número de aprendizes equivalente a cinco por cento, no mínimo, e quinze por cento, no máximo, dos trabalhadores existentes em cada estabelecimento, cujas funções demandem formação profissional.

§ 1º No cálculo da percentagem de que trata o *caput* deste artigo, as frações de unidade darão lugar à admissão de um aprendiz.

§ 2º Entende-se por estabelecimento todo complexo de bens organizado para o exercício de atividade econômica ou social do empregador, que se submeta ao regime da CLT.

Art. 10. Para a definição das funções que demandem formação profissional, deverá ser considerada a Classificação Brasileira de Ocupações (CBO), elaborada pelo Ministério do Trabalho e Emprego.

§ 1º Ficam excluídas da definição do *caput* deste artigo as funções que demandem, para o seu exercício, habilitação profissional de nível técnico ou superior, ou, ainda, as funções que estejam caracterizadas como cargos de direção, de gerência ou de confiança, nos termos do inciso II e do parágrafo único do art. 62 e do § 2º do art. 224 da CLT.

§ 2º Deverão ser incluídas na base de cálculo todas as funções que demandem formação profissional, independentemente de serem proibidas para menores de dezoito anos.

Art. 11. A contratação de aprendizes deverá atender, prioritariamente, aos adolescentes entre quatorze e dezoito anos, exceto quando:

I — as atividades práticas da aprendizagem ocorrerem no interior do estabelecimento, sujeitando os aprendizes à insalubridade ou à periculosidade, sem que se possa elidir o risco ou realizá-las integralmente em ambiente simulado;

II — a lei exigir, para o desempenho das atividades práticas, licença ou autorização vedada para pessoa com idade inferior a dezoito anos; e

III — a natureza das atividades práticas for incompatível com o desenvolvimento físico, psicológico e moral dos adolescentes aprendizes.

PARÁGRAFO ÚNICO. A aprendizagem para as atividades relacionadas nos incisos deste artigo deverá ser ministrada para jovens de dezoito a vinte e quatro anos.

Art. 12. Ficam excluídos da base de cálculo de que trata o *caput* do art. 9º deste Decreto os empregados que executem os serviços prestados sob o regime de trabalho temporário, instituído pela Lei n. 6.019, de 3 de janeiro de 1973, bem como os aprendizes já contratados.

PARÁGRAFO ÚNICO. No caso de empresas que prestem serviços especializados para terceiros, independentemente do local onde sejam executados, os empregados serão incluídos na base de cálculo da prestadora, exclusivamente.

Art. 13. Na hipótese de os Serviços Nacionais de Aprendizagem não oferecerem cursos ou vagas suficientes para atender à demanda dos estabelecimentos, esta poderá ser suprida por outras entidades qualificadas em formação técnico profissional metódica previstas no art 8º.

PARÁGRAFO ÚNICO. A insuficiência de cursos ou vagas a que se refere o *caput* será verificada pela inspeção do trabalho.

Art. 14. Ficam dispensadas da contratação de aprendizes:

I — as microempresas e as empresas de pequeno porte; e

II — as entidades sem fins lucrativos que tenham por objetivo a educação profissional.

Seção II

Das Espécies de Contratação do Aprendiz

Art. 15. A contratação do aprendiz deverá ser efetivada diretamente pelo estabelecimento que se obrigue ao cumprimento da cota de aprendizagem ou, supletivamente, pelas entidades sem fins lucrativos mencionadas no inciso III do art. 8º deste Decreto.

§ 1º Na hipótese de contratação de aprendiz diretamente pelo estabelecimento que se obrigue ao cumprimento da cota de aprendizagem, este assumirá a condição de empregador, devendo inscrever o aprendiz em programa de aprendizagem a ser ministrado pelas entidades indicadas no art. 8º deste Decreto.

§ 2º A contratação de aprendiz por intermédio de entidade sem fins lucrativos, para efeito de cumprimento da obrigação estabelecida no *caput* do art. 9º, somente deverá ser formalizada após a celebração de contrato entre o estabelecimento e a entidade sem fins lucrativos, no qual, dentre outras obrigações recíprocas, se estabelecerá as seguintes:

I — a entidade sem fins lucrativos, simultaneamente ao desenvolvimento do programa de aprendizagem, assume a condição de empregador, com todos os ônus dela decorrentes, assinando a Carteira de Trabalho e Previdência Social do aprendiz e anotando, no espaço destinado às anotações gerais, a informação de que o específico contrato de trabalho decorre de contrato firmado com determinado estabelecimento para efeito do cumprimento de sua cota de aprendizagem; e

II — o estabelecimento assume a obrigação de proporcionar ao aprendiz a experiência prática da formação técnico profissional metódica a que este será submetido.

Art. 16. A contratação de aprendizes por empresas públicas e sociedades de economia mista dar-se-á de forma direta, nos termos do § 1º do art. 15, hipótese em que será realizado processo seletivo mediante edital, ou nos termos do § 2º daquele artigo.

PARÁGRAFO ÚNICO. A contratação de aprendizes por órgãos e entidades da administração direta, autárquica e fundacional observará regulamento específico, não se aplicando o disposto neste Decreto.

Capítulo V
Dos Direitos Trabalhistas e Obrigações Acessórias

Seção I

Da Remuneração

Art. 17. Ao aprendiz, salvo condição mais favorável, será garantido o salário mínimo hora.

PARÁGRAFO ÚNICO. Entende-se por condição mais favorável aquela fixada no contrato de aprendizagem ou prevista em convenção ou acordo coletivo de trabalho, onde se especifique o salário mais favorável ao aprendiz, bem como o piso regional de que trata a Lei Complementar n. 103, de 14 de julho de 2000.

Seção II

Da Jornada

Art. 18. A duração do trabalho do aprendiz não excederá seis horas diárias.

§ 1º O limite previsto no *caput* deste artigo poderá ser de até oito horas diárias para os aprendizes que já tenham concluído o ensino fundamental, se nelas forem computadas as horas destinadas à aprendizagem teórica.

§ 2º A jornada semanal do aprendiz, inferior a vinte e cinco horas, não caracteriza trabalho em tempo parcial de que trata o art. 58-A da CLT.

Art. 19. São vedadas a prorrogação e a compensação de jornada.

Art. 20. A jornada do aprendiz compreende as horas destinadas às atividades teóricas e práticas, simultâneas ou não, cabendo à entidade qualificada em formação técnico profissional metódica fixá-las no plano do curso.

Art. 21. Quando o menor de dezoito anos for empregado em mais de um estabelecimento, as horas de trabalho em cada um serão totalizadas.

PARÁGRAFO ÚNICO. Na fixação da jornada de trabalho do aprendiz menor de dezoito anos, a entidade qualificada em formação técnico profissional metódica levará em conta os direitos assegurados na Lei n. 8.069, de 13 de julho de 1990.

Seção III

Das Atividades Teóricas e Práticas

Art. 22. As aulas teóricas do programa de aprendizagem devem ocorrer em ambiente físico adequado ao ensino, e com meios didáticos apropriados.

§ 1º As aulas teóricas podem se dar sob a forma de aulas demonstrativas no ambiente de trabalho, hipótese em que é vedada qualquer atividade laboral do aprendiz, ressalvado o manuseio de materiais, ferramentas, instrumentos e assemelhados.

§ 2º É vedado ao responsável pelo cumprimento da cota de aprendizagem cometer ao aprendiz atividades diversas daquelas previstas no programa de aprendizagem.

Art. 23. As aulas práticas podem ocorrer na própria entidade qualificada em formação técnico profissional metódica ou no estabelecimento contratante ou concedente da experiência prática do aprendiz.

§ 1º Na hipótese de o ensino prático ocorrer no estabelecimento, será formalmente designado pela empresa, ouvida a entidade qualificada em formação técnico profissional metódica, um empregado monitor responsável pela coordenação de exercícios práticos e acompanhamento das atividades do aprendiz no estabelecimento, em conformidade com o programa de aprendizagem.

§ 2º A entidade responsável pelo programa de aprendizagem fornecerá aos empregadores e ao Ministério do Trabalho e Emprego, quando solicitado, cópia do projeto pedagógico do programa.

§ 3º Para os fins da experiência prática segundo a organização curricular do programa de aprendizagem, o empregador que mantenha mais de um estabelecimento em um mesmo município poderá centralizar as atividades práticas correspondentes em um único estabelecimento.

§ 4º Nenhuma atividade prática poderá ser desenvolvida no estabelecimento em desacordo com as disposições do programa de aprendizagem.

Art. 23-A. O estabelecimento contratante cujas peculiaridades da atividade ou dos locais de trabalho constituam embaraço à realização das aulas práticas, além de poderem ministrá-las exclusivamente nas entidades qualificadas em formação técnico profissional, poderão requerer junto à respectiva unidade descentralizada do Ministério do Trabalho e Previdência Social a assinatura de termo de compromisso para o cumprimento da cota em entidade concedente da experiência prática do aprendiz.

§ 1º Caberá ao Ministério do Trabalho e Previdência Social definir:

I — os setores da economia em que a aula prática poderá se dar nas entidades concedentes; e

II — o processamento do pedido de assinatura de termo de compromisso.

§ 2º Consideram-se entidades concedentes da experiência prática do aprendiz:

I — órgãos públicos;

II — organizações da sociedade civil, nos termos do art. 2º da Lei n. 13.019, de 31 de julho de 2014; e

III — unidades do Sistema Nacional de Atendimento Socioeducativo — Sinase.

§ 3º Firmado o termo de compromisso com o Ministério do Trabalho e Previdência Social, o estabelecimento contratante e a entidade qualificada por ele já contratada deverão firmar conjuntamente parceria com uma das entidades concedentes para a realização das aulas práticas.

§ 4º Caberá à entidade qualificada o acompanhamento pedagógico da etapa prática.

§ 5º A seleção de aprendizes será realizada a partir do cadastro público de emprego, disponível no portal eletrônico mais emprego e deverá priorizar a inclusão de jovens e adolescentes em situação de vulnerabilidade ou risco social, tais como:

I — adolescentes egressos do sistema socioeducativo ou em cumprimento de medidas socioeducativas;

II — jovens em cumprimento de pena no sistema prisional;

III — jovens e adolescentes cujas famílias sejam beneficiárias de programas de transferência de renda;

IV — jovens e adolescentes em situação de acolhimento institucional;

V — jovens e adolescentes egressos do trabalho infantil;

VI — jovens e adolescentes com deficiência;

VII — jovens e adolescentes matriculados na rede pública de ensino, em nível fundamental, médio regular ou médio técnico, inclusive na modalidade de Educação de Jovens e Adultos; e,

VIII — jovens desempregados e com ensino fundamental ou médio concluído na rede pública.

§ 6º Os percentuais a serem cumpridos na forma alternativa e no sistema regular deverão constar do termo de compromisso firmado com o Ministério do Trabalho e Previdência Social, com vistas ao adimplemento integral da cota de aprendizagem, observados, em todos os casos, os limites previstos na Seção IV do Capítulo IV do Título III do Decreto-Lei n. 5.452, de 1º de maio de 1943 — Consolidação das Leis do Trabalho e a contratação do percentual mínimo no sistema regular. (NR)

(Inclusões do caput, parágrafos e incisos dada pelo Decreto n. 8.740, de 4.5.16, DOU 5.5.16)

Seção IV
Do Fundo de Garantia do Tempo de Serviço

Art. 24. Nos contratos de aprendizagem, aplicam-se as disposições da Lei n. 8.036, de 11 de maio de 1990.

PARÁGRAFO ÚNICO. A Contribuição ao Fundo de Garantia do Tempo de Serviço corresponderá a dois por cento da remuneração paga ou devida, no mês anterior, ao aprendiz.

Seção V
Das Férias

Art. 25. As férias do aprendiz devem coincidir, preferencialmente, com as férias escolares, sendo vedado ao empregador fixar período diverso daquele definido no programa de aprendizagem.

Seção VI
Dos Efeitos dos Instrumentos Coletivos de Trabalho

Art. 26. As convenções e acordos coletivos apenas estendem suas cláusulas sociais ao aprendiz quando expressamente previsto e desde que não excluam ou reduzam o alcance dos dispositivos tutelares que lhes são aplicáveis.

Seção VII
Do Vale-Transporte

Art. 27. É assegurado ao aprendiz o direito ao benefício da Lei n. 7.418, de 16 de dezembro de 1985, que institui o vale-transporte.

Seção VIII
Das Hipóteses de Extinção e Rescisão do Contrato de Aprendizagem

Art. 28. O contrato de aprendizagem extinguir-se-á no seu termo ou quando o aprendiz completar vinte e quatro anos, exceto na hipótese de aprendiz deficiente, ou, ainda antecipadamente, nas seguintes hipóteses:

I — desempenho insuficiente ou inadaptação do aprendiz;

II — falta disciplinar grave;

III — ausência injustificada à escola que implique perda do ano letivo; e

IV — a pedido do aprendiz.

PARÁGRAFO ÚNICO. Nos casos de extinção ou rescisão do contrato de aprendizagem, o empregador deverá contratar novo aprendiz, nos termos deste Decreto, sob pena de infração ao disposto no art. 429 da CLT.

Art. 29. Para efeito das hipóteses descritas nos incisos do art. 28 deste Decreto, serão observadas as seguintes disposições:

I — o desempenho insuficiente ou inadaptação do aprendiz referente às atividades do programa de aprendizagem será caracterizado mediante laudo de avaliação elaborado pela entidade qualificada em formação técnico profissional metódica;

II — a falta disciplinar grave caracteriza-se por quaisquer das hipóteses descritas no art. 482 da CLT; e

III — a ausência injustificada à escola que implique perda do ano letivo será caracterizada por meio de declaração da instituição de ensino.

Art. 30. Não se aplica o disposto nos arts. 479 e 480 da CLT às hipóteses de extinção do contrato mencionadas nos incisos do art. 28 deste Decreto.

Capítulo VI
Do Certificado de Qualificação Profissional de Aprendizagem

Art. 31. Aos aprendizes que concluírem os programas de aprendizagem com aproveitamento, será concedido pela entidade qualificada em formação técnico profissional metódica o certificado de qualificação profissional.

PARÁGRAFO ÚNICO. O certificado de qualificação profissional deverá enunciar o título e o perfil profissional para a ocupação na qual o aprendiz foi qualificado.

Capítulo VII
Das Disposições Finais

Art. 32. Compete ao Ministério do Trabalho e Emprego organizar cadastro nacional das entidades qualificadas em formação técnico profissional metódica e disciplinar a compatibilidade entre o conteúdo e a duração do programa de aprendizagem, com vistas a garantir a qualidade técnico profissional.

Art. 33. Este Decreto entra em vigor na data de sua publicação.

Art. 34. Revoga-se o Decreto n. 31.546, de 6 de outubro de 1952.

Brasília, 1º de dezembro de 2005; 184º da Independência e 117º da República.

LUIZ INÁCIO LULA DA SILVA
LUIZ MARINHO

PORTARIA GM/MTE N. 693, DE 23 DE MAIO DE 2017

(DOU 24.5.17)

Dispõe sobre a formação de aprendizes em entidade concedente da experiência prática do aprendiz, nos termos do art. 23-A do Decreto n. 5.598/2005, (alterado pelo Decreto n. 8.740, de 04 de maio de 2016) e dá outras providências.

O MINISTRO DE ESTADO DO TRABALHO, no uso das atribuições que lhe confere o inciso II do parágrafo único do art. 87 da Constituição Federal, e tendo em vista o disposto no § 1º do art. 23-A do Decreto n. 5.598, de 1º de dezembro de 2005, resolve:

Art. 1º Os estabelecimentos que desenvolvem atividades relacionadas aos setores econômicos elencados abaixo poderão requerer junto à respectiva unidade descentralizada do Ministério do Trabalho a assinatura de Termo de Compromisso para o cumprimento da cota em entidade concedente da experiência prática do aprendiz, nos termos do § 1º do art. 23-A do Decreto n. 5.598/2005:

I — Asseio e conservação;

II — Segurança privada;

III — Transporte de carga;

IV — Transporte de valores;

V — Transporte coletivo, urbano, intermunicipal, interestadual;

VI — Construção pesada;

VII — Limpeza urbana;

VIII — Transporte aquaviário e marítimo;

IX — Atividades agropecuárias;

X — Empresas de Terceirização de serviços;

XI — Atividades de Telemarketing;

XII — Comercialização de combustíveis; e

XII — Empresas cujas atividades desenvolvidas preponderantemente estejam previstas na lista TIP (Decreto 6.481/2008).

§1º O Ministério do Trabalho poderá acatar a solicitação de outros setores que se enquadrarem na hipótese descrita no art. 23-A, a critério da auditoria fiscal do trabalho.

Art. 2º O processamento do pedido de assinatura de termo de compromisso se dará junto à Superintendência Regional do Trabalho e Emprego da unidade da Federação que o estabelecimento estiver situado, nos termos do art. 28 do Decreto n. 4.552, de 27 de dezembro de 2002, Regulamento de Inspeção do Trabalho.

§ 1º Os percentuais a serem cumpridos na forma alternativa e no sistema regular deverão constar do termo de compromisso firmado com a auditoria fiscal do trabalho, com vistas ao adimplemento integral da cota de aprendizagem, observadas, em todos os casos, os limites previstos na Seção IV do Capítulo IV do Título II do Decreto n. 5.452, de 1º de maio de 1943 — Consolidação das Leis do Trabalho e a contratação do percentual mínimo no sistema regular.

Art. 3º Esta Portaria entra em vigor na data de sua publicação.

Ronaldo Nogueira de Oliveira

PORTARIA GM/MTE N. 723, DE 23 DE ABRIL DE 2012

(DOU 24.4.2012)

Cria o Cadastro Nacional de Aprendizagem Profissional — CNAP

— v. Portaria GM/MTE n. 651, de 14 de maio de 2013 — (DOU 15.5.13) — Concede prazo para que as entidades formadoras apliquem o disposto na Portaria n. 723, de 23 de abril de 2012. (não publicada nesta obra)

O MINISTRO DE ESTADO DO TRABALHO E EMPREGO — INTERINO, no uso das atribuições que lhe confere o inciso II do parágrafo único do art. 87 da Constituição, e tendo em vista o disposto no § 2º do art. 8º e art. 32 do Decreto n. 5.598, de 1º de dezembro de 2005, resolve:

Art. 1º Criar o Cadastro Nacional de Aprendizagem Profissional — CNAP, destinado ao cadastramento das entidades qualificadas em formação técnico profissional metódica definidas no art. 8º do Decreto n. 5.598, de 1º de dezembro de 2005.

§ 1º Para inserção no CNAP, as entidades a que se refere o inciso III do art. 8º do Decreto n. 5.598, de 2005, serão submetidas às normas de avaliação de competência previstas nesta Portaria, relativas à verificação da aptidão da entidade para ministrar programas de formação técnico profissional que permitam a inclusão de aprendizes no mercado de trabalho.

§ 2º As entidades referidas nos incisos I e II do art. 8º do Decreto n. 5.598, de 2005, devem se inscrever no CNAP, na forma do art. 3º e fornecer as informações previstas no inciso IV do art. 5º, as turmas criadas e os aprendizes nelas matriculados, e não se submetem às normas de avaliação de competência previstas nesta Portaria, referentes ao programa de aprendizagem inserido.

Art. 2º Compete à Secretaria de Políticas Públicas de Emprego — SPPE, do Ministério do Trabalho e Emprego — MTE:

I — autorizar a inserção das entidades no CNAP, após a avaliação de competência e verificação de cumprimento das regras e requisitos previstos nesta Portaria;

II — operacionalizar, sistematizar, monitorar e aperfeiçoar o CNAP e o Catálogo Nacional de Programas de Aprendizagem Profissional — CONAP;

III — orientar e padronizar a oferta de programas da aprendizagem profissional, em consonância com a Classificação Brasileira de Ocupações — CBO;

IV — efetuar a avaliação de competência das entidades qualificadas em formação técnico profissional metódica mencionadas no inciso III do art. 8º do Decreto n. 5.598, de 2005, dos programas de aprendizagem e autorizar sua inserção no CNAP; e

V — divulgar os programas de aprendizagem inseridos no CNAP na página eletrônica do MTE na rede mundial de computadores — internet, com objetivo de instrumentalizar os órgãos de fiscalização e promover informações a jovens e adolescentes, empregadores e sociedade civil, com a descrição:

a) do perfil profissional da formação;

b) da carga horária teórica e prática; e

c) da jornada diária e semanal;

VI — desenvolver procedimentos para o monitoramento e a avaliação sistemáticos da aprendizagem, com ênfase na qualidade pedagógica e na efetividade social.

Art. 3º A inscrição das entidades de que trata o art. 1º desta Portaria no CNAP, dos respectivos programas, das turmas e dos aprendizes nelas matriculados, deve ser efetuada por meio do formulário disponível na página eletrônica do MTE na internet, no endereço www.juventudeweb.mte.gov.br, que deve ser preenchido conforme as regras ali previstas e enviado eletronicamente. *(Redação dada pela Portaria GM/MTE n. 1.005, de 1º.7.13, DOU 2.7.13)*

§ 1º Os programas de aprendizagem, elaborados em consonância com as regras do Catálogo Nacional de Programas de Aprendizagem Profissional — CONAP previsto no art. 8º desta Portaria, devem ser inscritos no CNAP para avaliação da competência da entidade.

§ 2º O programa de aprendizagem inserido no CNAP tem prazo de vigência de dois anos contados a partir de sua divulgação na página eletrônica do MTE na internet.

§ 3º O prazo de vigência do programa de aprendizagem profissional pode ser prorrogado por igual período, salvo se as diretrizes forem alteradas.

Art. 4º Após a inscrição da entidade, será gerado pelo Sistema do Cadastro Nacional de Aprendizagem — CNAP o Termo de Compromisso da Entidade e o Termo de Compromisso do Programa de Aprendizagem, que devem ser assinados pelo responsável legal da entidade e entregues na unidade descentralizada do Ministério do Trabalho e Emprego mais próxima ao seu endereço.

§ 1º O Termo de Compromisso da Entidade deve ser entregue acompanhado de cópia e original, para conferência, de seu registro no Conselho Municipal dos Direitos da Criança e do Adolescente — CMDCA do município em que irá atuar. *(Redação dada pela Portaria GM/MTE n. 1.005, de 1º.7.13, DOU 2.7.13)*

§ 2º O Termo de Compromisso do Programa de Aprendizagem deve ser entregue acompanhado de comprovação de: *(Redação dada pela Portaria GM/MTE n. 1.005, de 1º.7.13, DOU 2.7.13)*

I — adequação da proposta pedagógica aos princípios e diretrizes desta Portaria;

II — existência de quadro técnico docente devidamente qualificado; e

III — estrutura adequada ao desenvolvimento dos programas de aprendizagem, nos termos do disposto no § 1º art. 430 da CLT;

IV — carteira de identidade — RG, Cadastro de Pessoa Física — CPF e certidão negativa de antecedentes criminais de seu representante legal;

V — plano de trabalho atual; e

VI — demonstrativo anual de receitas e despesas.

§ 3º Cabe à coordenação de fiscalização de aprendizagem de cada Superintendência Regional do Trabalho e Emprego — SRTE conferir a documentação encaminhada pela entidade, atestar e registrar o recebimento no CNAP e arquivá-la. *(Redação dada pela Portaria GM/MTE n. 1.005, de 1º.7.13, DOU 2.7.13)*

Art. 5º A inscrição do programa de aprendizagem deve ser feita nos moldes do art. 3º desta Portaria e a entidade deve fornecer, no mínimo, as seguintes informações:

I — público participante do programa de aprendizagem, com máximo de aprendizes por turma, perfil socioeconômico e justificativa para seu atendimento;

II — objetivos do programa de aprendizagem, com especificação do propósito das ações a serem realizadas e sua relevância para o público participante, a sociedade e o mundo do trabalho;

III — conteúdos a serem desenvolvidos, contendo os conhecimentos, habilidades e competências, sua pertinência em relação aos objetivos do programa, público participante a ser atendido e potencial de aplicação no mercado de trabalho;

IV — estrutura do programa de aprendizagem e sua duração total em horas, em função do conteúdo a ser desenvolvido e do perfil do público participante, contendo:

a) definição e ementa dos programas;

b) organização curricular em módulos, núcleos ou etapas com sinalização do caráter propedêutico ou profissionalizante de cada um deles;

c) respectivas cargas horárias teóricas e práticas, fixadas na forma dos §§ 2º e 3º do art. 10 desta Portaria, ou em exceção específica constante do CONAP relativa à ocupação objeto do programa de aprendizagem; e

d) atividades práticas da aprendizagem desenvolvidas no local da prestação dos serviços, previstas na tabela de atividades da CBO objeto do programa;

V — infraestrutura física, como equipamentos, instrumentos e instalações necessárias para as ações do programa, com adequação aos conteúdos, à duração e à quantidade e perfil dos participantes;

VI — recursos humanos: quantidade e qualificação do pessoal técnico-docente e de apoio envolvido na execução do programa de aprendizagem, adequadas ao conteúdo pedagógico, duração, quantidade e perfil dos participantes, e identificação dos mecanismos de contratação e permanência de educadores no quadro profissional, com especificação do profissional da entidade responsável pelo acompanhamento das atividades práticas dos aprendizes na empresa;

VII — mecanismos de acompanhamento e avaliação do programa de aprendizagem, mediante registro documental das atividades teóricas e práticas pela entidade formadora, com a participação do aprendiz e da empresa; e

VIII — mecanismos para propiciar a inserção dos aprendizes no mercado de trabalho após o término do contrato de aprendizagem.

Art. 6º Após o registro, pela SRTE, do recebimento da documentação de que trata o art. 4º no CNAP, a SPPE analisará a inscrição para autorização ou não da inserção da entidade no CNAP.

§ 1º A incompatibilidade dos programas de aprendizagem com as regras estabelecidas nesta Portaria será informada pela SPPE à entidade por mensagem eletrônica, e a inscrição no CNAP ficará sobrestada até a regularização da pendência.

§ 2º Durante a análise do programa de aprendizagem para inserção no CNAP, a SPPE poderá solicitar a colaboração de outros órgãos, conselhos e demais entidades envolvidos com a ocupação objeto do programa de aprendizagem ou com o seu público alvo.

§ 3º Verificada a regularidade dos dados da entidade e de pelo menos um programa de aprendizagem, a SPPE autorizará, por meio do sistema informatizado, a inserção da entidade no CNAP, que ficará apta a exercer a atividade de entidade qualificadora, e deverá informar, no CNAP, as turmas criadas e os aprendizes nelas matriculados referentes ao programa de aprendizagem inserido.

Legislação Complementar

§ 4º Os demais programas de aprendizagem devem ser elaborados e desenvolvidos pela entidade em consonância com esta Portaria e ser inscritos no CNAP para autorização de sua inclusão pela SPPE.

Art. 7º Quando identificada pela fiscalização a inadequação dos programas de aprendizagem à legislação ou a sua execução em desacordo com as informações constantes do CNAP, a chefia da inspeção do trabalho poderá solicitar à SPPE a suspensão da inserção da entidade ou a exclusão do programa daquele Cadastro.

§ 1º Os motivos que justifiquem a suspensão de entidades ou exclusão de programas de aprendizagem devem ser fundamentados em relatório de fiscalização, do qual deve ser enviada cópia à SPPE, juntamente com a solicitação prevista no *caput* deste artigo.

§ 2º A suspensão da entidade qualificadora motivada pela hipótese prevista no *caput* deste artigo abrange somente as entidades (que)* constem do referido relatório.

* (que) não consta do texto original. *(Redação dada pela Portaria GM/MTE n. 1.005, de 1.7.13, DOU 2.7.13)*

§ 3º Cabe a SPPE dar ciência do relatório às chefias de fiscalização das localidades em que forem identificadas filiais das respectivas entidades. *(Redação dada pela Portaria GM/MTE n. 1.005, de 1.7.13, DOU 2.7.13)*

Art. 8º Os programas de aprendizagem devem ser elaborados em conformidade com o Catálogo Nacional de Programas de Aprendizagem Profissional — CONAP, publicado na página eletrônica do MTE.

PARÁGRAFO ÚNICO. Cabe à SPPE revisar o CONAP e promover a publicação das alterações na página eletrônica do MTE na internet, na periodicidade necessária para contemplar a evolução técnica e tecnológica do setor produtivo e promover oportunidades de inclusão social e econômica dos adolescentes e jovens de forma sustentável e por meio do trabalho decente.

Art. 9º A formação profissional em cursos de nível inicial e técnico constantes do CONAP relaciona-se à ocupação codificada na Classificação Brasileira de Ocupações — CBO.

§ 1º O código da CBO a que se refere o *caput* deste artigo deve constar do contrato de trabalho do aprendiz e ser anotado em sua Carteira de Trabalho e Previdência Social — CTPS.

§ 2º Quando o curso for classificado no CONAP como desenvolvido na metodologia dos Arcos Ocupacionais, na CTPS do aprendiz deve constar o código da CBO com a melhor condição salarial e especificação, nas Anotações Gerais, do nome do referido Arco.

Art. 10. Além do atendimento aos arts. 2º e 3º do Decreto n. 5.154, de 23 de julho de 2004 e demais normas federais relativas à formação inicial e continuada de trabalhadores, as entidades ofertantes de programas de aprendizagem em nível de formação inicial devem se adequar ao CONAP e atender às seguintes diretrizes:

I — diretrizes gerais:

a) qualificação social e profissional adequada às demandas e diversidades dos adolescentes, em conformidade com o disposto no art. 7º, parágrafo único, do Decreto n. 5.598, de 2005;

b) início de um itinerário formativo, tendo como referência curso técnico correspondente;

c) promoção da mobilidade no mundo de trabalho pela aquisição de formação técnica geral e de conhecimentos e habilidades específicas como parte de um itinerário formativo a ser desenvolvido ao longo da vida do aprendiz;

d) contribuição para a elevação do nível de escolaridade do aprendiz;

e) garantia das adequações para a aprendizagem de pessoas com deficiência conforme estabelecem os arts. 2º e 24 da Convenção da Organização das Nações Unidas — ONU sobre os Direitos das Pessoas com Deficiência, promulgada pelo Decreto n. 6.949, de 25 de agosto de 2009, e os arts. 28 e 29 do Decreto n. 3.298, de 20 de dezembro de 1999;

f) atendimento às necessidades dos adolescentes e jovens do campo e dos centros urbanos, que exijam um tratamento diferenciado no mercado de trabalho em razão de suas especificidades ou exposição a situações de maior vulnerabilidade social, particularmente no que se refere às dimensões de gênero, raça, etnia, orientação sexual e deficiência; e

g) articulação de esforços nas áreas de educação, do trabalho e emprego, do esporte e lazer, da cultura e da ciência e tecnologia e assistência social. *(Redação dada pela Portaria GM/MTE n. 1.005, de 1.7.13, DOU 2.7.13)*

II — diretrizes curriculares:

a) desenvolvimento social e profissional do adolescente e do jovem, na qualidade de trabalhador e cidadão;

b) perfil profissional, conhecimentos e habilidades requeridas para o desempenho da ocupação objeto de aprendizagem e descritos na CBO;

c) Referências Curriculares Nacionais aprovadas pelo Conselho Nacional de Educação, quando pertinentes;

d) potencialidades do mercado local e regional de trabalho e as necessidades dos empregadores dos ramos econômicos para os quais se destina a formação profissional;

e) ingresso de pessoas com deficiência e de adolescentes e jovens em situação de vulnerabilidade social nos programas de aprendizagem, condicionado à sua capacidade de aproveitamento e não ao seu nível de escolaridade; e

f) outras demandas do mundo do trabalho, vinculadas ao empreendedorismo e à economia solidária;

III — conteúdos de formação humana e científica devidamente contextualizados:

a) comunicação oral e escrita, leitura e compreensão de textos e inclusão digital;

b) raciocínio lógico-matemático, noções de interpretação e análise de dados estatísticos;

c) diversidade cultural brasileira;

d) organização, planejamento e controle do processo de trabalho e trabalho em equipe;

e) noções de direitos trabalhistas e previdenciários, de saúde e segurança no trabalho e do Estatuto da Criança e do Adolescente — ECA;

f) direitos humanos, com enfoque no respeito à orientação sexual, raça, etnia, idade, credo religioso ou opinião política;

g) educação fiscal para o exercício da cidadania;

h) formas alternativas de geração de trabalho e renda com enfoque na juventude;

i) educação financeira e para o consumo e informações sobre o mercado e o mundo do trabalho;

j) prevenção ao uso de álcool, tabaco e outras drogas;

k) educação para a saúde sexual reprodutiva, com enfoque nos direitos sexuais e nos direitos reprodutivos e relações de gênero;

l) políticas de segurança pública voltadas para adolescentes e jovens; e

m) incentivo à participação individual e coletiva, permanente e responsável, na preservação do equilíbrio do meio ambiente, com enfoque na defesa da qualidade ambiental como um valor inseparável do exercício da cidadania.

§ 1º As dimensões teórica e prática da formação do aprendiz devem ser pedagogicamente articuladas entre si, sob a forma de itinerários formativos que possibilitem ao aprendiz o desenvolvimento da sua cidadania, a compreensão das características do mundo do trabalho, dos fundamentos técnico-científicos e das atividades técnico-tecnológicas específicas à ocupação.

§ 2º Para definição da carga horária teórica do programa de aprendizagem, a instituição deve utilizar como parâmetro a carga horária dos cursos técnicos homologados pelo Ministério da Educação — MEC, aplicando-se, no mínimo, quarenta por cento da carga horária do curso correspondente ou quatrocentas horas, o que for maior.

§ 3º A carga horária teórica deve representar no mínimo trinta por cento e, no máximo, cinquenta por cento do total de horas do programa de aprendizagem.

Art. 11. A parte teórica do programa de aprendizagem deve ser desenvolvida pela entidade formadora distribuindo-se as horas no decorrer de todo o período do contrato de forma a garantir a alternância e a complexidade progressiva das atividades práticas a serem vivenciadas no ambiente da empresa. *(Redação dada pela Portaria GM/MTE n. 1.005, de 1.7.13, DOU 2.7.13)*

§ 1º A carga horária prática do curso poderá ser desenvolvida, total ou parcialmente, em condições laboratoriais, quando essenciais à especificidade da ocupação objeto do curso, ou quando o local de trabalho não oferecer condições de segurança e saúde ao aprendiz. *(Redação dada pela Portaria GM/MTE n. 1.005, de 1.7.13, DOU 2.7.13)*

§ 2º Na elaboração da parte específica dos programas de aprendizagem, as entidades devem contemplar os conteúdos e habilidades requeridas para o desempenho das ocupações objeto da aprendizagem descritas na CBO. *(Redação dada pela Portaria GM/MTE n. 1.005, de 1.7.13, DOU 2.7.13)*

Art. 12. Os cursos de nível técnico serão reconhecidos como programas de aprendizagem profissional para efeito de cumprimento do art. 428 e seguintes da Consolidação das Leis do Trabalho — CLT, aprovada pelo Decreto-lei n. 5.452, de 1º de maio de 1943, quando ofertados por instituições de ensino devidamente regularizadas perante o respectivo órgão competente do sistema de ensino e validados de acordo com os critérios previstos nesta Portaria. *(Redação dada pela Portaria GM/MTE n. 1.005, de 1.7.13, DOU 2.7.13)*

§ 1º A critério das instituições de ensino federais ou dos órgãos competentes nos sistemas estaduais, as atividades práticas realizadas durante a vigência do contrato de aprendizagem poderão ser reconhecidas para efeitos de contagem da carga-horária de estágio obrigatório desde que explicitada tal previsão no projeto pedagógico do curso e que os termos desta equivalência constem no Termo de Compromisso firmado entre o estagiário, a instituição de ensino e a parte concedente do estágio. *(Redação dada pela Portaria GM/MTE n. 1.005, de 1.7.13, DOU 2.7.13)*

§ 2º A instituição de educação profissional e tecnológica interessada em ofertar programas na modalidade de aprendizagem profissional deverá proceder ao registro eletrônico no Cadastro Nacional de Aprendizagem do Ministério do Trabalho e Emprego. *(Redação dada pela Portaria GM/MTE n. 1.005, de 1.7.13, DOU 2.7.13)*

§ 3º A duração do programa de aprendizagem deverá coincidir com a vigência do contrato de trabalho de aprendizagem. *(Redação dada pela Portaria GM/MTE n. 1.005, de 1.7.13, DOU 2.7.13)*

§ 4º Excepcionalmente, quando o curso técnico tiver duração superior à do programa de aprendizagem, o contrato poderá ser celebrado após o início do curso, observadas as seguintes condições:

I — o início e término do contrato de aprendizagem e do programa de aprendizagem deverão coincidir com o início e término dos respectivos módulos;

II — o contrato deverá englobar o mínimo de módulo (s) que assegurarem a formação técnico profissional metódica completa, necessária para a certificação do curso de aprendizagem correspondente a uma ocupação prevista na Classificação Brasileira de Ocupações — CBO; e

III — a carga horária teórica não poderá ser inferior a quatrocentas horas. *(Redação dada pela Portaria GM/MTE n. 1.005, de 1.7.13, DOU 2.7.13)*

Art. 13. Na utilização dos Arcos Ocupacionais previstos no Anexo I desta Portaria, as entidades formadoras e empresas responsáveis pela contratação dos aprendizes devem observar as proibições de trabalho aos menores de dezoito anos nas atividades descritas na Lista das Piores Formas do Trabalho Infantil — Lista TIP, aprovada pelo Decreto n. 6.481, de 12 de junho de 2008.

Art. 14. A autorização de utilização de metodologia de educação à distância para a aprendizagem e sua inserção no CNAP restringe-se a cursos e programas em locais em que:

I — o número de aprendizes não justifique a formação de uma turma presencial;

II — sua implantação imediata não seja possível em razão de inexistência de estrutura educacional adequada para a aprendizagem; e

PARÁGRAFO ÚNICO. As propostas de programas de aprendizagem à distância serão avaliadas pelo MTE, e autorizada sua inserção no CNAP quando adequadas ao estabelecido nesta Portaria e aos termos do Anexo II. *(Redação dada pela Portaria GM/MTE n. 1.005, de 1.7.13, DOU 2.7.13)*

Art. 15. Para inserção no CNAP dos programas de aprendizagem desenvolvidos em parceria devem participar, no máximo, duas entidades que, em conjunto, inscreverão o programa no CNAP, no endereço eletrônico previsto no art. 3º, com justificativa da necessidade da parceria, detalhamento da participação e responsabilidade de cada uma das entidades e especificação das respectivas atribuições na execução do programa.

§ 1º A análise da SPPE para autorização da inserção da parceria no CNAP se fundamentará nas informações da inscrição do programa de aprendizagem e naquelas constantes do Cadastro referentes às entidades parceiras.

§ 2º A entidade parceira que assumir a condição de empregador fica responsável pelo ônus decorrente da contratação do aprendiz, sem prejuízo da responsabilidade subsidiária da outra entidade parceira e do estabelecimento responsável pelo cumprimento da cota de aprendizagem.

§ 3º A parceria não será autorizada se a participação e a responsabilidade de uma entidade limitar-se ao registro e anotação da CTPS do aprendiz.

§ 4º Em caso de constatação, pela fiscalização, de desvirtuamento da parceria para a hipótese prevista no § 3º deste artigo a aprendizagem será descaracterizada, devendo ser enviado relatório para a SPPE, nos moldes do art. 7º desta Portaria, para fins de suspensão do programa de aprendizagem feito em parceria e da autorização de inserção das entidades no CNAP.

Art. 16. A entidade qualificada em formação técnico profissional inserida no CNAP poderá desenvolver programa de aprendizagem em município diverso de sua sede, desde que apresente o respectivo CMDCA da entidade, bem como efetue a inscrição do programa no CMDCA do município em que será ministrado o programa. *(Redação dada pela Portaria GM/MTE n. 1.005, de 1.7.13, DOU 2.7.13)*

I — não exista, no município em que se situa a empresa e será desenvolvido o programa de aprendizagem, outra entidade qualificadora de formação técnico profissional com programa de aprendizagem inserido no CNAP e publicado na página do MTE na internet;

II — a matriz ou filial da entidade qualificadora, a empresa e o local de formação se localizem em municípios limítrofes ou a uma distância máxima de trinta quilômetros a partir do limite do município em que se situa a entidade qualificadora; e

III — haja facilidade de deslocamento.

Art. 17. Os contratos de aprendizagem efetuados com base em programa validados até a publicação desta Portaria devem ser executados até o seu término, sem necessidade de adequação a esta Portaria. *(Redação dada pela Portaria GM/MTE n. 1.005, de 1.7.13, DOU 2.7.13)*

— v. Portaria MTE n. 1.967, de 30.11.12, DOU 3.12.12.

Os anexos I e II a que se referem a Portaria n. 723, do GM/MTE, de 23.4.12 encontram-se publicados às páginas 63 e 64, do DOU de 2.7.13.

PARÁGRAFO ÚNICO. Os contratos de aprendizagem efetuados com base em programas validados em conformidade com a Portaria n. 615, de 2007, devem ser executados até o final de seu prazo, sem necessidade de adequação a esta Portaria.

Art. 18. Esta Portaria entra em vigor na data de sua publicação.

Art. 19. Revogam-se as Portarias ns. 615, de 13 de dezembro de 2007 e 2.755, de 23 de novembro de 2010.

Paulo Roberto dos Santos Pinto

INSTRUÇÃO NORMATIVA SIT/MTE N. 102, DE 28 DE MARÇO DE 2013

(DOU 2.4.2013)

Dispõe sobre a fiscalização do trabalho infantil e proteção ao adolescente trabalhador

— v. Instrução Normativa SIT/MTE n. 112, de 22 de outubro de 2014 (DOU 23.10.14), a qual dispõe sobre a constituição e atuação do Grupo Móvel de Fiscalização de Combate ao Trabalho Infantil — GMTI, (não publicada nesta obra).

O SECRETÁRIO DE INSPEÇÃO DO TRABALHO, no uso das atribuições previstas no inciso XIII do art. 14, do Anexo I do Decreto n. 5.063, de 3 de maio de 2004, resolve:

Art. 1º Estabelecer os procedimentos para a atuação da inspeção do trabalho no combate ao trabalho infantil e proteção ao adolescente trabalhador, de acordo com os princípios, regras e limites previstos na Constituição Federal, na Consolidação das Leis do Trabalho — CLT, aprovada pelo Decreto-lei n. 5.452, de 1º de maio de 1943, no Estatuto da Criança e do Adolescente — ECA, Lei n. 8.069, de 13 de julho de 1990, nas Convenções Internacionais ratificadas pelo Brasil e no Regulamento da Inspeção do Trabalho — RIT, aprovado pelo Decreto n. 4.552, de 27 de dezembro de 2002.

Seção I
Disposições gerais

Art. 2º Inserem-se no rol das competências institucionais de todos os Auditores Fiscais do Trabalho — AFT, as atividades de fiscalização voltadas aos temas do combate ao trabalho infantil e proteção ao adolescente trabalhador.

Art. 3º Das ações fiscais empreendidas pelas Superintendências Regionais do Trabalho e Emprego — SRTE, devem ter prioridade absoluta para atendimento aquelas relacionadas ao trabalho infantil e proteção ao adolescente trabalhador.

§ 1º As Superintendências Regionais do Trabalho e Emprego devem incluir em seu planejamento anual de fiscalização a programação de mobilizações especiais para combate ao trabalho infantil e proteção ao adolescente trabalhador, em períodos específicos, observadas as peculiaridades locais e as diretrizes emanadas da Secretaria de Inspeção do Trabalho — SIT.

§ 2º Para a realização das mobilizações e fiscalizações em datas especiais, tais como o Dia Mundial de Combate ao Trabalho Infantil, no dia doze de junho, as chefias de fiscalização do trabalho e de saúde e segurança no trabalho da SRTE deve garantir a maior participação possível dos Auditores Fiscais do Trabalho em exercício naquela regional.

Art. 4º O projeto de combate ao trabalho infantil de cada SRTE deve contemplar a promoção de articulação e integração com os órgãos e entidades que compõem a rede de proteção a crianças e adolescentes, no âmbito de cada unidade da Federação, visando à elaboração de diagnósticos e à eleição de prioridades que irão compor o planejamento anual a que se refere o § 1º do art. 3º, com a indicação de setores de atividade econômica a serem fiscalizados.

PARÁGRAFO ÚNICO. As chefias de fiscalização do trabalho e de saúde e segurança no trabalho devem buscar, junto ao Superintendente Regional do Trabalho e Emprego, garantir a infraestrutura necessária para a execução das ações do projeto de combate ao trabalho infantil, incluindo a designação de recursos humanos, técnicos e administrativos, bem como a disponibilização de materiais permanentes e outros que se fizerem necessários.

Art. 5º Ao coordenador do projeto de combate ao trabalho infantil, além das atividades elencadas no art. 11, inciso XXVII, da Portaria n. 546, de 11 de março de 2010, cabe:

I — planejar e executar as ações fiscais, com solicitação à chefia técnica imediata de presença ou participação de outros Auditores Fiscais do Trabalho;

II — atuar junto aos fóruns estaduais e municipais de combate ao trabalho infantil e proteção ao adolescente trabalhador; e

III — promover a integração e o fortalecimento da rede de proteção a crianças e adolescentes diretamente ou por Auditores Fiscais do Trabalho designados, por meio da promoção/participação em reuniões, palestras, seminários ou outras atividades, em especial as promovidas pelos demais entes da rede.

Seção II
Das ações fiscais

Art. 6º No curso da ação fiscal, o AFT deve, sem prejuízo da lavratura dos autos de infração cabíveis e demais encaminhamentos previstos nesta instrução:

I — preencher a Ficha de Verificação Física para cada criança ou adolescente encontrado em situação irregular de trabalho, independentemente da natureza da relação laboral, previsto no Anexo I;

II — determinar, quando for possível, a mudança de função dos adolescentes maiores de dezesseis anos em situação de trabalho por meio do Termo de Mudança de Função, nos termos do art. 407 da CLT, previsto no Anexo II;

III — notificar o responsável pela empresa ou local de trabalho onde a situação irregular de trabalho infantil foi encontrada, para que afaste de imediato do trabalho as crianças e os adolescentes da atividade proibida, por meio do Termo de Afastamento do Trabalho, previsto no Anexo III.

IV — notificar o responsável pela empresa ou local de trabalho onde a situação irregular de trabalho infantil foi encontrada, para efetuar o pagamento das verbas trabalhistas decorrentes do tempo de serviço laborado à criança ou ao adolescente afastado do trabalho, conforme previsto nos arts. 8º e 9º.

PARÁGRAFO ÚNICO. Caso o responsável pelo estabelecimento ou local de trabalho não atenda à determinação do AFT de mudança de função do adolescente ou não seja possível a adequação da função, fica configurada a

Legislação Complementar

rescisão indireta do contrato de trabalho, nos termos do art. 407 da CLT.

Art. 7º O AFT que realizar a ação fiscal deve encaminhar os documentos decorrentes da fiscalização à coordenação do projeto de combate ao trabalho infantil, para as providências que se fizerem necessárias, no prazo de dez dias, contados do encerramento da ação fiscal.

PARÁGRAFO ÚNICO. Para propiciar os encaminhamentos junto à rede de proteção à criança e ao adolescente, as informações relativas a crianças e adolescentes em situação de risco social ou laboral devem ser encaminhadas pelo AFT à coordenação do projeto, no prazo de cinco dias da constatação do risco.

Seção III

Do pagamento das verbas rescisórias

Art. 8º As verbas rescisórias devem ser pagas a partir do período não controverso.

§ 1º Havendo controvérsia ou divergência em relação às datas declaradas pela criança ou adolescente e o empregador, o AFT deve procurar provas e elementos de convicção que embasem a definição do período inicial ou convergência.

§ 2º Na impossibilidade de definição, por meio documental, do período inicial, deve ser considerada a data em que foi verificado o trabalho infantil.

Art. 9º Ao constatar o trabalho de crianças ou adolescentes menores de dezesseis anos que não estejam na condição de aprendiz, o AFT deve determinar o pagamento das seguintes verbas rescisórias:

I — saldo de salário;

II — férias proporcionais e vencidas, acrescidas do terço constitucional, conforme o caso;

III — décimo terceiro salário proporcional ou integral, conforme o caso; e

IV — aviso prévio indenizado.

§ 1º O pagamento das verbas rescisórias previstas no *caput* e no § 2º do art. 10 não prejudica os encaminhamentos devidos à rede de proteção à criança e ao adolescente, e o envio de relatório ao Ministério Público do Trabalho, acompanhado do Termo de Comunicação e Pedido de Providências previsto no Anexo IV.

§ 2º Independentemente do pagamento das verbas rescisórias, o AFT deve lavrar auto de infração, em virtude da proibição legal do trabalho de crianças e adolescentes menores de dezesseis anos, a não ser na condição de aprendiz, a partir dos quatorze anos.

§ 3º Para propiciar a comprovação do trabalho da criança ou do adolescente menor de 16 anos na via judicial, o Auditor Fiscal do Trabalho deve lavrar o Termo de Constatação de Tempo de Serviço, previsto no Anexo V, que deve ser entregue ao responsável legal pela criança ou adolescente, descabendo exigência de anotações na CTPS.

Art. 10. A constatação do trabalho de adolescentes com idade superior a dezesseis anos em situações legalmente proibidas, frustrada a mudança de função, configura rescisão indireta do contrato de trabalho, nos termos no art. 407 da CLT, e são devidos os mesmos direitos trabalhistas assegurados a qualquer empregado com mais de 18 anos.

§ 1º O AFT deve determinar ao responsável pela empresa ou local de trabalho a anotação do contrato na CTPS do adolescente maior de dezesseis anos, ainda que o trabalho seja proibido, devendo ser consignada a função efetivamente desempenhada.

§ 2º Quando o trabalho do adolescente iniciou-se em idade inferior a dezesseis anos e o contrato permaneceu após essa idade, aplica-se o disposto no art. 9º para o período anterior aos dezesseis anos, e o previsto no *caput* para o período posterior, devendo o AFT determinar que o fato conste nas anotações gerais da CTPS.

Art. 11. O AFT pode exigir que o pagamento das verbas rescisórias seja feito em sua presença ou solicitar aos membros da rede de proteção que assistam as crianças e adolescentes afastados, se entender que as circunstâncias justificam a adoção dessa medida.

PARÁGRAFO ÚNICO. Para recebimento das verbas rescisórias, as crianças e adolescentes devem ser acompanhados de seu responsável legal ou de autoridade competente.

Seção IV

Dos encaminhamentos

Art. 12. A coordenação do projeto de combate ao trabalho infantil, sob a supervisão de sua chefia técnica imediata, deve encaminhar à rede de proteção à criança e ao adolescente o Termo de Comunicação e Pedido de Providências, previsto no Anexo IV, acompanhado dos documentos necessários, de acordo com a avaliação do caso concreto.

PARÁGRAFO ÚNICO. Para acompanhamento dos encaminhamentos e providências solicitadas, a coordenação do projeto de combate ao trabalho infantil deve estabelecer fluxo de informações com os órgãos ou entidades pertencentes à rede de proteção à criança e ao adolescente.

Art. 13. Para fins de transparência e publicidade dos resultados obtidos pela atuação da inspeção do trabalho no combate ao trabalho infantil e proteção ao adolescente trabalhador, os dados das ações fiscais específicas de combate ao trabalho infantil, com ou sem afastamento, ou das demais ações fiscais em que resultarem o afastamento de criança ou adolescente, devem ser inseridos no Sistema de Informações sobre Focos de Trabalho Infantil — SITI, no endereço eletrônico <http://sistemasiti.mte.gov.br>.

PARÁGRAFO ÚNICO. O coordenador do projeto de combate ao trabalho infantil ou servidor por ele indicado, sob a supervisão da chefia técnica imediata, deve lançar os dados das ações fiscais referidas no *caput* até o dia dez do mês subsequente ao da ação fiscal.

Art. 14. A competência administrativa da inspeção do trabalho encerra-se com:

I — a adoção dos procedimentos específicos de ação fiscal previstos nesta instrução, que são de responsabilidade de cada AFT até a entrega dos relatórios e respectivos anexos à coordenação do projeto; e

II — o acionamento, pela coordenação do projeto, sob a supervisão da chefia técnica imediata, de outros órgãos ou entidades, em conformidade com as atribuições institucionais, bem como o acompanhamento dos encaminhamentos feitos e providências solicitadas.

Seção V

Disposições finais

Art. 15. Ficam aprovados os modelos de Ficha de Verificação Física, Termo de Mudança de Função, Termo de Afastamento do Trabalho, Termo de Pedido de Providências e Termo de Constatação Tempo de Serviço em anexo.

Art. 16. Revoga-se a Instrução Normativa n. 77, de 3 de junho de 2009.

Art. 17. Esta Instrução Normativa entra em vigor na data de sua publicação.

LUIZ FELIPE BRANDÃO DE MELLO

Obs.: Os anexos referidos na Instrução Normativa SIT/MTE n. 102/2013, encontram-se publicados às páginas 72/73 do DOU de 2.4.13.

DECRETO N. 6.481, DE 12 DE JUNHO DE 2008

(DOU 13.6.2008 e Retif. DOU 23.10.2008)

Regulamenta os arts 3º, alínea d, *e 4º da Convenção n. 182 da Organização Internacional do Trabalho (OIT) que trata da proibição das piores formas de trabalho infantil e ação imediata para sua eliminação, aprovada pelo Decreto Legislativo n. 178, de 14 de dezembro de 1999, e promulgada pelo Decreto n. 3.597, de 12 de setembro de 2000, e dá outras providências*

O PRESIDENTE DA REPÚBLICA,

No uso das atribuições que lhe confere o art. 84, inciso IV, da Constituição, e tendo em vista o disposto nos arts. 3º, alínea *d*, e 4º da Convenção n. 182 da Organização Internacional do Trabalho (OIT),

DECRETA:

Art. 1º Fica aprovada a Lista das Piores Formas de Trabalho Infantil (Lista TIP), na forma do Anexo, de acordo com o disposto nos arts. 3º, *d*, e 4º da Convenção n. 182 da Organização Internacional do Trabalho — OIT, aprovada pelo Decreto Legislativo n. 178, de 14 de dezembro de 1999 e promulgada pelo Decreto n. 3.597, de 12 de setembro de 2000.

Art. 2º Fica proibido o trabalho do menor de dezoito anos nas atividades descritas na Lista TIP, salvo nas hipóteses previstas neste decreto.

§ 1º A proibição prevista no *caput* poderá ser elidida:

I — na hipótese de ser o emprego ou trabalho, a partir da idade de dezesseis anos, autorizado pelo Ministério do Trabalho e Emprego, após consulta às organizações de empregadores e de trabalhadores interessadas, desde que fiquem plenamente garantidas a saúde, a segurança e a moral dos adolescentes; e

II — na hipótese de aceitação de parecer técnico circunstanciado, assinado por profissional legalmente habilitado em segurança e saúde no trabalho, que ateste a não exposição a riscos que possam comprometer a saúde, a segurança e a moral dos adolescentes, depositado na unidade descentralizada do Ministério do Trabalho e Emprego da circunscrição onde ocorrerem as referidas atividades.

§ 2º As controvérsias sobre a efetiva proteção dos adolescentes envolvidos em atividades constantes do parecer técnico referido no § 1º, inciso II, serão objeto de análise por órgão competente do Ministério do Trabalho e Emprego, que tomará as providências legais cabíveis.

§ 3º A classificação de atividades, locais e trabalhos prejudiciais à saúde, à segurança e à moral, nos termos da Lista TIP, não é extensiva aos trabalhadores maiores de dezoito anos.

Art. 3º Os trabalhos técnicos ou administrativos serão permitidos, desde que fora das áreas de risco à saúde, à segurança e à moral, ao menor de dezoito e maior de dezesseis anos e ao maior de quatorze e menor de dezesseis, na condição de aprendiz.

Art. 4º Para fins de aplicação das alíneas *a*, *b* e *c* do art. 3º da Convenção n. 182, da OIT, integram as piores formas de trabalho infantil:

I — todas as formas de escravidão ou práticas análogas, tais como venda ou tráfico, cativeiro ou sujeição por dívida, servidão, trabalho forçado ou obrigatório;

II — a utilização, demanda, oferta, tráfico ou aliciamento para fins de exploração sexual comercial, produção de pornografia ou atuações pornográficas;

III — a utilização, recrutamento e oferta de adolescente para outras atividades ilícitas, particularmente para a produção e tráfico de drogas; e

IV — o recrutamento forçado ou compulsório de adolescente para ser utilizado em conflitos armados.

Art. 5º A Lista TIP será periodicamente examinada e, se necessário, revista em consulta com as organizações de empregadores e de trabalhadores interessadas.

PARÁGRAFO ÚNICO. Compete ao Ministério do Trabalho e Emprego organizar os processos de exame e consulta a que se refere o *caput*.

Art. 6º Este Decreto entra em vigor noventa dias após a data de sua publicação.

Brasília, 12 de junho de 2008; 187º da Independência e 120º da República.

LUIZ INÁCIO LULA DA SILVA

CARLOS LUPI

Obs. A lista da piores formas de trabalho infantil encontra-se publicada no DOU de 13.6.08, às p. 2/6.

LEI N. 8.036, DE 11 DE MAIO DE 1990(*)

(*) Com as alterações da Lei n. 8.678/93.

(DOU 14.5.1990, Retif. 15.5.1990 — LTr 54-5/625)

Dispõe sobre o Fundo de Garantia do Tempo de Serviço e dá outras providências

O PRESIDENTE DA REPÚBLICA,

Faço saber que o Congresso Nacional decreta e eu sanciono a seguinte Lei:

Art. 1º O Fundo de Garantia do Tempo de Serviço — FGTS, instituído pela Lei n. 5.107, de 13 de setembro de 1966, passa a reger-se por esta Lei.

Art. 2º O FGTS é constituído pelos saldos das contas vinculadas a que se refere esta Lei e outros recursos a ele incorporados, devendo ser aplicados com atualização monetária e juros, de modo a assegurar a cobertura de suas obrigações.

§ 1º Constituem recursos incorporados ao FGTS, nos termos do *caput* deste artigo:

a) eventuais saldos apurados nos termos do art. 12, § 4º;

b) dotações orçamentárias específicas;

c) resultados das aplicações dos recursos do FGTS;

d) multas, correção monetária e juros moratórios devidos;

e) demais receitas patrimoniais e financeiras.

§ 2º As contas vinculadas em nome dos trabalhadores são absolutamente impenhoráveis.

Art. 3º O FGTS será regido por normas e diretrizes estabelecidas por um Conselho Curador, composto por representação de trabalhadores, empregadores e órgãos e entidades governamentais, na forma estabelecida pelo Poder Executivo. NR *(Redação dada pela MP n. 2.216-37, de 31.8.01, DOU 1º.9.01, Ed. extra). (vide Lei n. 9.649, de 25.5.98, DOU 28.5.98).*

I — Ministério do Trabalho;

II — Ministério do Planejamento e Orçamento;

III — Ministério da Fazenda;

IV — Ministério da Indústria, do Comércio e do Turismo;

V — Caixa Econômica Federal;

VI — Banco Central do Brasil. *(Redação dada pela Lei n. 9.649, de 27.5.98, DOU 28.5.98)*

§ 1º A Presidência do Conselho Curador será exercida pelo representante do Ministério do Trabalho e da Previdência Social.

§ 2º Os Ministros de Estado e os Presidentes das Entidades mencionadas neste artigo serão os membros titulares no Conselho Curador, cabendo, a cada um deles, indicar o seu respectivo suplente ao Presidente do Conselho que os nomeará. *(Redação dada pela Lei n. 9.649, de 27.5.98, DOU 28.5.98). O parágrafo 2º deste artigo está revogado pela Medida Provisória n. 2.216-37, de 31.8.01, DOU 1º.9.01). (Ed. extra).*

§ 3º Os representantes dos trabalhadores e dos empregadores e seus respectivos suplentes serão indicados pelas respectivas centrais sindicais e confederações nacionais e nomeados pelo Ministro do Trabalho e da Previdência Social, e terão mandato de 2 anos, podendo ser reconduzidos uma única vez.

§ 4º O Conselho Curador reunir-se-á ordinariamente, a cada bimestre, por convocação de seu Presidente. Esgotado esse período, não tendo ocorrido convocação, qualquer de seus membros poderá fazê-la, no prazo de quinze dias. Havendo necessidade, qualquer membro poderá convocar reunião extraordinária, na forma que vier a ser regulamentada pelo Conselho Curador.

§ 5º As decisões do Conselho serão tomadas com a presença da maioria simples de seus membros, tendo o Presidente voto de qualidade. NR *(Parágrafo alterado pela MP n. 2.216-37, de 31.8.01, DOU 1º.9.01). (Ed. extra).*

§ 6º As despesas porventura exigidas para o comparecimento às reuniões do Conselho constituirão ônus das respectivas entidades representadas.

§ 7º As ausências ao trabalho dos representantes dos trabalhadores no Conselho Curador, decorrentes das atividades desse órgão, serão abonadas, computando-se como jornada efetivamente trabalhada para todos os fins e efeitos legais.

§ 8º Competirá ao Ministério do Trabalho e da Previdência Social proporcionar ao Conselho Curador os meios necessários ao exercício de sua competência, para o que contará com uma Secretaria Executiva do Conselho Curador do FGTS.

§ 9º Aos membros do Conselho Curador, enquanto representantes dos trabalhadores, efetivos e suplentes, é assegurada a estabilidade no emprego, da nomeação até um ano após o término do mandato de representação, somente podendo ser demitidos por motivo de falta grave, regularmente comprovada através de processo sindical.

Art. 4º A gestão da aplicação do FGTS será efetuada pelo Ministério da Ação Social, cabendo à Caixa Econômica Federal — CEF o papel de Agente Operador.

Art. 5º Ao Conselho Curador do FGTS compete:

I — estabelecer as diretrizes e os programas de alocação de todos os recursos do FGTS, de acordo com os critérios definidos nesta Lei, em consonância com a política nacional de desenvolvimento urbano e as políticas setoriais de habitação popular, saneamento básico e infraestrutura urbana estabelecidas pelo Governo Federal;

II — acompanhar e avaliar a gestão econômica e financeira dos recursos, bem como os ganhos sociais e o desempenho dos programas aprovados;

III — apreciar e aprovar os programas anuais e plurianuais do FGTS;

IV — pronunciar-se sobre as contas do FGTS, antes do seu encaminhamento aos órgãos de controle interno para os fins legais;

V — adotar as providências cabíveis para a correção de atos e fatos do Ministério da Ação Social e da Caixa Econômica Federal, que prejudiquem o desempenho e o cumprimento das finalidades no que concerne aos recursos do FGTS;

VI — dirimir dúvidas quanto à aplicação das normas regulamentares, relativas ao FGTS, nas matérias de sua competência;

VII — aprovar seu regimento interno;

VIII — fixar as normas e valores de remuneração do Agente Operador e dos Agentes Financeiros;

IX — fixar critérios para parcelamento de recolhimentos em atraso;

X — fixar critério e valor de remuneração para o exercício da fiscalização;

XI — divulgar, no Diário Oficial da União, todas as decisões proferidas pelo Conselho, bem como as contas do FGTS e os respectivos pareceres emitidos.

XII — fixar critérios e condições para compensação entre créditos do empregador, decorrentes de depósitos relativos a trabalhadores não optantes, com contratos extintos, e débitos resultantes de competência em atraso, inclusive aquelas que forem objeto de composição de dívida com o FGTS. *(Redação dada pela Lei n. 9.711, de 20.11.98 — DOU 21.11.98).*

XIII — em relação ao Fundo de Investimento do Fundo de Garantia do Tempo de Serviço — FI-FGTS:

a) aprovar a política de investimento do FI-FGTS por proposta do Comitê de Investimento;

b) decidir sobre o reinvestimento ou distribuição dos resultados positivos aos cotistas do FI-FGTS, em cada exercício;

c) definir a forma de deliberação, de funcionamento e a composição do Comitê de Investimento;

d) estabelecer o valor da remuneração da Caixa Econômica Federal pela administração e gestão do FI-FGTS, inclusive a taxa de risco;

e) definir a exposição máxima de risco dos investimentos do FI-FGTS;

f) estabelecer o limite máximo de participação dos recursos do FI-FGTS por setor, por empreendimento e por classe de ativo, observados os requisitos técnicos aplicáveis;

g) estabelecer o prazo mínimo de resgate das cotas e de retorno dos recursos à conta vinculada, observado o disposto no § 19 do art. 20 desta Lei;

h) aprovar o regulamento do FI-FGTS, elaborado pela Caixa Econômica Federal; e

i) autorizar a integralização de cotas do FI-FGTS pelos trabalhadores, estabelecendo previamente os limites globais e individuais, parâmetros e condições de aplicação e resgate. (NR) *(Item XIII acrescentado pela Lei n. 11.491. de 20.6.07, DOU 21.6.07, Retificada DOU 22.6.07).*

Art. 6º Ao Ministério da Ação Social, na qualidade de gestor da aplicação do FGTS, compete:

I — praticar todos os atos necessários à gestão da aplicação do Fundo, de acordo com as diretrizes e programas estabelecidos pelo Conselho Curador;

Legislação Complementar

II — expedir atos normativos relativos à alocação dos recursos para implementação dos programas aprovados pelo Conselho Curador;

III — elaborar orçamentos anuais e plurianuais de aplicação dos recursos, discriminando-os por Unidade da Federação, submetendo-os até 31 de julho ao Conselho Curador do Fundo;

IV — acompanhar a execução dos programas de habitação popular, saneamento básico e infraestrutura urbana, decorrentes de aplicação de recursos do FGTS, implementados pela CEF;

V — submeter à apreciação do Conselho Curador as contas do FGTS;

VI — subsidiar o Conselho Curador com estudos técnicos necessários ao aprimoramento operacional dos programas de habitação popular, saneamento básico e infraestrutura urbana;

VII — definir as metas a serem alcançadas nos programas de habitação popular, saneamento básico e infraestrutura urbana.

Art. 7º À Caixa Econômica Federal, na qualidade de Agente Operador, cabe:

I — centralizar os recursos do FGTS, manter e controlar as contas vinculadas, e emitir regularmente os extratos individuais correspondentes às contas vinculadas e participar da rede arrecadadora dos recursos do FGTS;

II — expedir atos normativos referentes aos procedimentos administrativo-operacionais dos bancos depositários, dos agentes financeiros, dos empregadores e dos trabalhadores, integrantes do sistema do FGTS;

III — definir os procedimentos operacionais necessários à execução dos programas de habitação popular, saneamento básico e infraestrutura urbana, estabelecidos pelo Conselho Curador com base nas normas e diretrizes de aplicação elaboradas pelo Ministério da Ação Social;

IV — elaborar as análises jurídicas e econômico-financeira dos projetos de habitação popular, infraestrutura urbana e saneamento básico a serem financiados com recursos do FGTS;

V — emitir Certificado de Regularidade do FGTS;

VI — elaborar as contas do FGTS, encaminhando-as ao Ministério da Ação Social;

VII — implementar os atos emanados do Ministério da Ação Social relativos à alocação e aplicação dos recursos do FGTS, de acordo com as diretrizes estabelecidas pelo Conselho Curador.

VII — (Vetado). *(Incluído pela Lei n. 9.491 de 1997)*

IX — garantir aos recursos alocados ao FI-FGTS, em cotas de titularidade do FGTS, a remuneração aplicável às contas vinculadas, na forma do *caput* do art. 13 desta Lei. (NR) *(Acrescentado pela Lei n. 11.491, de 20.6.07, DOU 21.6.07, retificada no DOU de 22.6.07)*

PARÁGRAFO ÚNICO. O Ministério da Ação Social e a Caixa Econômica Federal deverão dar pleno cumprimento aos programas anuais em andamento, aprovados pelo Conselho Curador, sendo que eventuais alterações somente poderão ser processadas mediante prévia anuência daquele colegiado.

Art. 8º O Ministério da Ação Social, a Caixa Econômica Federal e o Conselho Curador do FGTS serão responsáveis pelo fiel cumprimento e observância dos critérios estabelecidos nesta Lei.

Art. 9º As aplicações com recursos do FGTS poderão ser realizadas diretamente pela Caixa Econômica Federal e pelos demais órgãos integrantes do Sistema Financeiro da Habitação — SFH, exclusivamente segundo critérios fixados pelo Conselho Curador do FGTS, em operações que preencham os seguintes requisitos: *(Redação dada pela Lei n. 10.931, de 2.8.04, DOU 3.8.04)*

I — garantias:

a) hipotecária;

b) caução de créditos hipotecários próprios, relativos a financiamentos concedidos com recursos do agente financeiro;

c) caução dos créditos hipotecários vinculados aos imóveis objeto de financiamento;

d) hipoteca sobre outros imóveis de propriedade do agente financeiro, desde que livres e desembaraçados de quaisquer ônus;

e) cessão de créditos do agente financeiro, derivados de financiamentos concedidos com recursos próprios, garantidos por penhor ou hipoteca;

f) hipoteca sobre imóvel de propriedade de terceiros;

g) seguro de crédito;

h) garantia real ou vinculação de receitas, inclusive tarifárias, nas aplicações contratadas com pessoa jurídica de direito público ou de direito privado a ela vinculada;

i) aval em nota promissória;

j) fiança pessoal;

l) alienação fiduciária de bens móveis em garantia;

m) fiança bancária;

n) outras, a critério do Conselho Curador do FGTS; *(Inciso I e alíneas com redação dada pela Lei n. 9.467, de 10.7.97, DOU 11.7.97)*

II — correção monetária igual à das contas vinculadas;

III — taxa de juros média mínima, por projeto, de três por cento ao ano;

IV — prazo máximo de trinta anos. *(Redação dada pela Lei n. 8.692/93)*

§ 1º A rentabilidade média das aplicações deverá ser suficiente à cobertura de todos os custos incorridos pelo Fundo e ainda à formação de reserva técnica para o atendimento de gastos eventuais não previstos, sendo da Caixa Econômica Federal o risco de crédito.

§ 2º Os recursos do FGTS deverão ser aplicados em habitação, saneamento básico e infraestrutura urbana. As disponibilidades financeiras devem ser mantidas em volume que satisfaça as condições de liquidez e remuneração mínima necessária à preservação do poder aquisitivo da moeda.

§ 3º O programa de aplicações deverá destinar, no mínimo, sessenta por cento para investimentos em habitação popular.

§ 4º Os projetos de saneamento básico e infraestrutura urbana, financiados com recursos do FGTS, deverão ser complementares aos programas habitacionais.

§ 5º As garantias, nas diversas modalidades discriminadas no inciso I do *caput* deste artigo, serão admitidas singular ou supletivamente, considerada a suficiência de cobertura para os empréstimos e financiamentos concedidos. *(Redação dada pela Lei n. 9.467, de 10.7.97, DOU 11.7.97)*

§ 6º Mantida a rentabilidade média de que trata o § 1º, as aplicações em habitação popular poderão contemplar sistemática de desconto, direcionada em função da renda familiar do beneficiário, onde o valor do benefício seja concedido mediante redução no valor das prestações a serem pagas pelo mutuário ou pagamento de parte da aquisição ou construção de imóvel, dentre outras, a critério do Conselho Curador do FGTS.(*)

§ 7º Os recursos necessários para a consecução da sistemática de desconto serão destacados, anualmente, do orçamento de aplicação de recursos do FGTS, constituindo reserva específica, com contabilização própria. (NR)(*)

(*) Parágrafos acrescentados pela MP n. 2.197-43, de 24.8.01, DOU 27.8.01.

§ 8º É da União o risco de crédito nas aplicações efetuadas até 1º de junho de 2001 pelos demais órgãos integrantes do Sistema Financeiro da Habitação — SFH e pelas entidades credenciadas pelo Banco Central do Brasil como agentes financeiros, sub-rogando-se nas garantias prestadas à Caixa Econômica Federal. (NR) *(Parágrafo acrescentado pela MP n. 2.196-3, de 24.8.01, DOU 25.8.01).*

Art. 10. O Conselho Curador fixará diretrizes e estabelecerá critérios técnicos para as aplicações dos recursos do FGTS, visando a:

I — exigir a participação dos contratantes de financiamentos nos investimentos a serem realizados;

II — assegurar o cumprimento, por parte dos contratantes inadimplentes, das obrigações decorrentes dos financiamentos obtidos;

III — evitar distorções na aplicação entre as regiões do País, considerando para tanto a demanda habitacional, a população e outros indicadores sociais.

Art. 11. Os depósitos feitos na rede bancária, a partir de 1º de outubro de 1989, relativos ao FGTS, serão transferidos à Caixa Econômica Federal no segundo dia útil subsequente à data em que tenham sido efetuados.

Art. 12. No prazo de um ano, a contar da promulgação desta Lei, a Caixa Econômica Federal assumirá o controle de todas as contas vinculadas, nos termos do item I do art. 7º, passando os demais estabelecimentos bancários, findo esse prazo, à condição de agentes recebedores e pagadores do FGTS, mediante recebimento de tarifa, a ser fixada pelo Conselho Curador.

§ 1º Enquanto não ocorrer a centralização prevista no *caput* deste artigo, o depósito efetuado no decorrer do mês será contabilizado no saldo da conta vinculada do trabalhador, no primeiro dia útil do mês subsequente.

§ 2º Até que a Caixa Econômica Federal implemente as disposições do *caput* deste artigo, as contas vinculadas continuarão sendo abertas em estabelecimento bancário escolhido pelo empregador, dentre os para tanto autorizados pelo Banco Central do Brasil, em nome do trabalhador.

§ 3º Verificando-se mudança de emprego, até que venha a ser implementada a centralização prevista no *caput* deste artigo, a conta vinculada será transferida para o estabelecimento bancário da escolha do novo empregador.

§ 4º Os resultados financeiros auferidos pela Caixa Econômica Federal no período entre o repasse dos bancos e o depósito nas contas vinculadas dos trabalhadores destinar-se-ão à cobertura das despesas de administração do FGTS e ao pagamento da tarifa aos bancos depositários, devendo os eventuais saldos ser incorporados ao patrimônio do Fundo nos termos do art. 2º, § 1º.

§ 5º Após a centralização das contas vinculadas na Caixa Econômica Federal, o depósito realizado no prazo regulamentar passa a integrar o saldo da conta vinculada do trabalhador a partir do dia dez do mês de sua ocorrência. O depósito realizado fora do prazo será contabilizado no saldo no dia dez subsequente após atualização monetária e capitalização de juros.

Art. 13. Os depósitos efetuados nas contas vinculadas serão corrigidos monetariamente com base nos parâmetros fixados para atualização dos saldos dos depósitos de poupança e capitalizarão juros de três por cento ao ano.

§ 1º Até que ocorra a centralização prevista no item I do art. 7º, a atualização monetária e a capitalização de juros correrão à conta do Fundo e o respectivo crédito será efetuado na conta vinculada no primeiro dia útil de cada mês, com base no saldo existente no primeiro dia útil do mês anterior, deduzidos os saques ocorridos no período.

§ 2º Após a centralização das contas vinculadas, na Caixa Econômica Federal, a atualização monetária e a capitalização de juros correrão à conta do Fundo e o respectivo crédito será efetuado na conta vinculada, no dia dez de cada mês, com base no saldo existente no dia dez do mês anterior ou no primeiro dia útil subsequente, caso o dia dez seja feriado bancário, deduzidos os saques ocorridos no período.

§ 3º Para as contas vinculadas dos trabalhadores optantes existentes à data de 22 de setembro de 1971, a capitalização dos juros dos depósitos continuará a ser feita na seguinte progressão, salvo no caso de mudança de empresa, quando a capitalização dos juros passará a ser feita à taxa de três por cento ao ano:

I — três por cento, durante os dois primeiros anos de permanência na mesma empresa;

II — quatro por cento, do terceiro ao quinto ano de permanência na mesma empresa;

III — cinco por cento, do sexto ao décimo ano de permanência na mesma empresa;

IV — seis por cento, a partir do décimo primeiro ano de permanência na mesma empresa.

§ 4º O saldo das contas vinculadas é garantido pelo Governo Federal, podendo ser instituído seguro especial para esse fim.

§ 5º O Conselho Curador autorizará a distribuição de parte do resultado positivo auferido pelo FGTS, mediante crédito nas contas vinculadas de titularidade dos trabalhadores, observadas as seguintes condições, entre outras a seu critério: *(Redação dada pela Lei n. 13.446, de 25.5.17, DOU 26.5.17)*

I — a distribuição alcançará todas as contas vinculadas que apresentarem saldo positivo em 31 de dezembro do exercício base do resultado auferido, inclusive as contas vinculadas de que trata o art. 21; *(Redação dada pela Lei n. 13.446, de 25.5.17, DOU 26.5.17)*

II — a distribuição será proporcional ao saldo de cada conta vinculada em 31 de dezembro do exercício base e deverá ocorrer até 31 de agosto do ano seguinte ao exercício de apuração do resultado; e *(Redação dada pela Lei n. 13.446, de 25.5.17, DOU 26.5.17)*

III — a distribuição do resultado auferido será de 50% (cinquenta por cento) do resultado do exercício. *(Redação dada pela Lei n. 13.446, de 25.5.17, DOU 26.5.17)*

§ 6º O valor de distribuição do resultado auferido será calculado posteriormente ao valor desembolsado com o desconto realizado no âmbito do Programa Minha Casa, Minha Vida — PMCMV, de que trata a Lei n. 11.977, de 7 de julho de 2009. *(Redação dada pela Lei n. 13.446, de 25.5.17, DOU 26.5.17)*

§ 7º O valor creditado nas contas vinculadas a título de distribuição de resultado, acrescido de juros e atualização monetária, não integrarão a base de cálculo do depósito da multa rescisória de que tratam o § 1º e o § 2º do art. 18. (NR) *(Redação dada pela Lei n. 13.446, de 25.5.17, DOU 26.5.17)*

Art. 14. Fica ressalvado o direito adquirido dos trabalhadores que, à data da promulgação da Constituição Federal de 1988, já tinham o direito à estabilidade no emprego nos termos do Capítulo V do Título IV da CLT.

§ 1º O tempo do trabalhador não optante do FGTS, anterior a 5 de outubro de 1988, em caso de rescisão sem justa causa pelo empregador, reger-se-á pelos dispositivos constantes dos arts. 477, 478 e 497 da CLT.

§ 2º O tempo de serviço anterior à atual Constituição poderá ser transacionado entre empregador e empregado, respeitado o limite mínimo de sessenta por cento da indenização prevista.

§ 3º É facultado ao empregador desobrigar-se da responsabilidade da indenização relativa ao tempo de serviço anterior à opção, depositando na conta vinculada do trabalhador, até o último dia útil do mês previsto em lei para o pagamento de salário, o valor correspondente à indenização, aplicando-se ao depósito, no que couber, todas as disposições desta Lei.

§ 4º Os trabalhadores poderão a qualquer momento optar pelo FGTS com efeito retroativo a 1º de janeiro de 1967 ou à data de sua admissão, quando posterior àquela.

Art. 15. Para os fins previstos nesta lei, todos os empregadores ficam obrigados a depositar, até o dia 7 (sete) de cada mês, em conta bancária vinculada, a importância correspondente a 8 (oito) por cento da remuneração paga ou devida, no mês anterior, a cada trabalhador, incluídas na remuneração as parcelas de que tratam os arts. 457 e 458 da CLT e a gratificação de Natal a que se refere a Lei n. 4.090, de 13 de julho de 1962, com as modificações da Lei n. 4.749, de 12 de agosto de 1965.

Nota: O art. 15 teve a sua *redação alterada pela Medida Provisória n. 680, de 6.7.15, DOU 7.7.15, conforme o seguinte teor:* "**Art. 15.** Para os fins previstos nesta Lei, todos os empregadores ficam obrigados a depositar, até o dia 7 (sete) de cada mês, em conta bancária vinculada, a importância correspondente a 8 (oito) por cento da remuneração paga ou devida, no mês anterior, a cada trabalhador, incluídas na remuneração as parcelas de que tratam os arts. 457 e 458 da CLT, a gratificação de Natal a que se refere a Lei n. 4.090, de 13 de julho de 1962, com as modificações da Lei n. 4.749, de 12 de agosto de 1965, e o valor da compensação pecuniária a ser paga no âmbito do Programa de Proteção ao Emprego — PPE".

Com a conversão da Medida Provisória n. 680, de 6.7.15, na Lei n. 13.189, de 19.11.15, DOU 20.11.15, a redação conferida pela MP não fez parte da Lei n. 13.189, dai a importância o disposto nos arts. 9º, 10 e 12 da mesma Lei:

Art. 9º A compensação pecuniária integra as parcelas remuneratórias para efeito do disposto no inciso I do art. 22 e no § 8º do art. 28 da Lei n. 8.212, de 24 de julho de 1991, e do disposto no art. 15 da Lei n. 8.036, de 11 de maio de 1990.

"Art. 10. Permanecem regidas pela Medida Provisória n. 680, de 6 de julho de 2015, as adesões ao PPE já aprovadas, aplicando-se esta Lei às solicitações de adesão ou de prorrogação em tramitação na data de sua publicação ou protocoladas a partir dessa data, sendo facultadas às empresas a prorrogação dos prazos e a adoção das demais condições previstas nesta Lei mediante aditivo ao acordo coletivo de trabalho específico.

Art. 12. Esta Lei entra em vigor na data de sua publicação, com exceção do disposto no art. 9º, quanto à Lei n. 8.212, de 24 de julho de 1991, que entra em vigor no dia 1º de novembro de 2015."

§ 1º Entende-se por empregador a pessoa física ou a pessoa jurídica de direito privado ou de direito público, da administração pública direta, indireta ou fundacional de qualquer dos Poderes, da União, dos Estados, do Distrito Federal e dos Municípios, que admitir trabalhadores a seu serviço, bem assim aquele que, regido por legislação especial, encontrar-se nessa condição ou figurar como fornecedor ou tomador de mão de obra, independente da responsabilidade solidária e/ou subsidiária a que eventualmente venha obrigar-se.

§ 2º Considera-se trabalhador toda pessoa física que prestar serviços a empregador, a locador ou tomador de mão de obra, excluídos os eventuais, os autônomos e os servidores públicos civis e militares sujeitos a regime jurídico próprio.

§ 3º Os trabalhadores domésticos poderão ter acesso ao regime do FGTS, na forma que vier a ser prevista em lei.

§ 4º Considera-se remuneração as retiradas de diretores não empregados, quando haja deliberação da empresa, garantindo-lhes os direitos decorrentes do contrato de trabalho de que trata o art. 16.(*)

§ 5º O depósito de que trata o *caput* deste artigo é obrigatório nos casos de afastamento para prestação do serviço militar obrigatório e licença por acidente do trabalho.(*)

§ 6º Não se incluem na remuneração, para os fins desta Lei, as parcelas elencadas no § 9º do art. 28 da Lei n. 8.212, de 24 de julho de 1991. (NR)(*)

(*) Parágrafos acrescentados pela Lei n. 9.711, de 20.11.98, DOU 21.11.98.

§ 7º Os contratos de aprendizagem terão a alíquota a que se refere o *caput* deste artigo reduzida para dois por cento. (AC) *(Parágrafo acrescentado pela Lei n. 10.097, de 19.12.00, DOU 20.12.00)*

Art. 16. Para efeito desta Lei, as empresas sujeitas ao regime da legislação trabalhista poderão equiparar seus diretores não empregados aos demais trabalhadores sujeitos ao regime do FGTS. Considera-se diretor aquele que exerça cargo de administração previsto em lei, estatuto ou contrato social independente da denominação do cargo.

Art. 17. Os empregadores se obrigam a comunicar mensalmente aos trabalhadores os valores recolhidos ao FGTS e repassar-lhes todas as informações sobre suas contas vinculadas recebidas da Caixa Econômica Federal ou dos bancos depositários.

Art. 18. Ocorrendo rescisão do contrato de trabalho, por parte do empregador, ficará este obrigado a depositar na conta vinculada do trabalhador no FGTS os valores relativos aos depósitos referentes ao mês da rescisão e ao imediatamente anterior, que ainda não houver sido recolhido, sem prejuízo das cominações legais.

§ 1º Na hipótese de despedida pelo empregador sem justa causa, depositará este, na conta vinculada do trabalhador no FGTS, importância igual a quarenta por cento do montante de todos os depósitos realizados na conta vinculada durante a vigência do contrato de trabalho, atualizados monetariamente e acrescidos dos respectivos juros. *(Redação dada pela L. n. 9.491, de 9.9.97, DOU 11.9.97)*

§ 2º Quando ocorrer despedida por culpa recíproca ou força maior, reconhecida pela Justiça do Trabalho, o percentual de que trata o § 1º será de vinte por cento.

§ 3º As importâncias de que trata este artigo deverão constar da documentação comprobatória do recolhimento dos valores devidos a título de rescisão do contrato de trabalho, observado o disposto no art. 477 da CLT, eximindo o empregador, exclusivamente, quanto aos valores discriminados. *(Redação dada pela L. n. 9.491, de 9.9.97, DOU 11.9.97)*

— v. Res. 28, 6.2.91, do Pres. do Conselho Curador do FGTS, p. 224

Art. 19. No caso de extinção do contrato de trabalho prevista no art. 14 desta Lei, serão observados os seguintes critérios:

I — havendo indenização a ser paga, o empregador, mediante comprovação do

Legislação Complementar

pagamento daquela, poderá sacar o saldo dos valores por ele depositados na conta individualizada do trabalhador;

II — não havendo indenização a ser paga, ou decorrido o prazo prescricional para a reclamação de direitos por parte do trabalhador, o empregador poderá levantar em seu favor o saldo da respectiva conta individualizada, mediante comprovação perante o órgão competente do Ministério do Trabalho e da Previdência Social.

Art. 19-A. É devido o depósito do FGTS na conta vinculada do trabalhador cujo contrato de trabalho seja declarado nulo nas hipóteses previstas no art. 37, § 2º, da Constituição Federal, quando mantido o direito ao salário.

PARÁGRAFO ÚNICO. O saldo existente em conta vinculada, oriundo de contrato declarado nulo até 28 de julho de 2001, nas condições do *caput*, que não tenha sido levantado até essa data, será liberado ao trabalhador a partir do mês de agosto de 2002. (NR) *(Artigo e parágrafo único acrescentados pela MP n. 2.164-41, de 24.8.01, DOU 27.8.01)*

Art. 20. A conta vinculada do trabalhador no FGTS poderá ser movimentada nas seguintes situações:

I — despedida sem justa causa, inclusive a indireta, de culpa recíproca e de força maior; *(Alterado pela MP n. 2.197-43, de 24.8.01, DOU 27.8.01)*

I-A — extinção do contrato de trabalho prevista no art. 484-A da Consolidação das Leis do Trabalho (CLT), aprovada pelo Decreto-Lei n. 5.452, de 1º de maio de 1943; *(Incluído pela Lei n. 13.467, de 13.7.17, DOU 14.3.17, com vigência a partir de 11.11.17)*

II — extinção total da empresa, fechamento de quaisquer de seus estabelecimentos, filiais ou agências, supressão de parte de suas atividades, declaração de nulidade do contrato de trabalho nas condições do art. 19-A, ou ainda falecimento do empregador individual sempre que qualquer dessas ocorrências implique rescisão de contrato de trabalho, comprovada por declaração escrita da empresa, suprida, quando for o caso por decisão judicial transitada em julgado; *(Redação dada pela MP n. 2.164-41, de 24.8.01, DOU 27.8.01)*

III — aposentadoria concedida pela Previdência Social;

IV — falecimento do trabalhador, sendo o saldo pago a seus dependentes, para esse fim habilitados perante a Previdência Social, segundo o critério adotado para a concessão de pensões por morte. Na falta de dependentes, farão jus ao recebimento do saldo da conta vinculada os seus sucessores previstos na lei civil, indicados em alvará judicial, expedido a requerimento do interessado, independente de inventário ou arrolamento;

V — pagamento de parte das prestações decorrentes de financiamento habitacional concedido no âmbito do Sistema Financeiro da Habitação — SFH, desde que:

a) o mutuário conte com o mínimo de três anos de trabalho sob o regime do FGTS, na mesma empresa ou em empresas diferentes;

b) o valor bloqueado seja utilizado, no mínimo, durante o prazo de doze meses;

c) o valor do abatimento atinja, no máximo, oitenta por cento do montante da prestação;

VI — liquidação ou amortização extraordinária do saldo devedor de financiamento imobiliário, observadas as condições estabelecidas pelo Conselho Curador, dentre elas a de que o financiamento seja concedido no âmbito do SFH e haja interstício mínimo de dois anos para cada movimentação;

VII — pagamento total ou parcial do preço de aquisição de moradia própria, ou lote urbanizado de interesse social não construído, observadas as seguintes condições: (NR) *(Redação dada pela Lei n. 11.977, de 7.7.09, DOU 8.7.09)*

a) o mutuário deverá contar com o mínimo de três anos de trabalho sob o regime do FGTS, na mesma empresa ou empresas diferentes;

b) seja a operação financiável nas condições vigentes para o SFH;

VIII — quando o trabalhador permanecer três anos ininterruptos, a partir de 1º de junho de 1990, fora do regime do FGTS, podendo o saque, neste caso, ser efetuado a partir do mês de aniversário do titular da conta. *(Redação dada pela Lei n. 8.678/93)*

IX — extinção normal do contrato a termo, inclusive o dos trabalhadores temporários regidos pela Lei n. 6.019, de 3 de janeiro de 1974;

X — suspensão total do trabalho avulso por período igual ou superior a noventa dias, comprovada por declaração do sindicato representativo da categoria profissional.

XI — quando o trabalhador ou qualquer de seus dependentes for acometido de neoplasia maligna. *(Inclusão pela L. n. 8.922, de 25.7.94)*

XII — aplicação em quotas de Fundos Mútuos de Privatização, regidos pela Lei n. 6.385, de 7 de dezembro de 1976, permitida a utilização máxima de 50% (cinquenta por cento) do saldo existente e disponível em sua conta vinculada do Fundo de Garantia do Tempo de Serviço, na data em que exercer a opção. *(Inciso acrescentado pela Lei n. 9.491, de 9.9.97)*

XIII — quando o trabalhador ou qualquer de seus dependentes for portador do vírus HIV;

XIV — quando o trabalhador ou qualquer de seus dependentes estiver em estágio terminal, em razão de doença grave, nos termos do regulamento;

XV — quando o trabalhador tiver idade igual ou superior a setenta anos. *(Incisos XIII a XV acrescentados pela MP n. 2.164-41, de 24.8.01, DOU 27.8.01)*

XVI — necessidade pessoal, cuja urgência e gravidade decorra de desastre natural, conforme disposto em regulamento, observadas as seguintes condições:

a) o trabalhador deverá ser residente em áreas comprovadamente atingidas de Município ou do Distrito Federal em situação de emergência ou em estado de calamidade pública, formalmente reconhecidos pelo Governo Federal;

b) a solicitação de movimentação da conta vinculada será admitida até 90 (noventa) dias após a publicação do ato de reconhecimento, pelo Governo Federal, da situação de emergência ou de estado de calamidade pública; e

c) o valor máximo do saque da conta vinculada será definido na forma do regulamento. *(NR: inciso acrescentado pela Lei n. 10.878, de 8.6.04, DOU 9.6.04)*

XVII — integralização de cotas do FI-FGTS, respeitado o disposto na alínea i do inciso XIII do art. 5º desta Lei, permitida a utilização máxima de 30% (trinta por cento) do saldo existente e disponível na data em que exercer a opção. *(Redação dada pela Lei n. 12.087, de 11.11.09, DOU 12.11.09)*

XVIII — quando o trabalhador com deficiência, por prescrição, necessite adquirir órtese ou prótese para promoção de acessibilidade e de inclusão social. *(Acrescentado pela Lei n. 13.146, de 6.7.5, DOU 7.7.15, com vigência após decorridos 180 dias de sua publicação oficial)*

XIX — pagamento total ou parcial do preço de aquisição de imóveis da União inscritos em regime de ocupação ou aforamento, a que se referem o art. 4º da Lei n. 13.240, de 30 de dezembro de 2015, e o art. 16-A da Lei n. 9.636, de 15 de maio de 1998, respectivamente, observadas as seguintes condições: *(Incluído pela Lei n. 13.465, de 11.7.17, DOU 8.9.17)*

a) o mutuário deverá contar com o mínimo de três anos de trabalho sob o regime do FGTS, na mesma empresa ou em empresas diferentes; *(Incluído pela Lei n. 13.465, de 11.7.17, DOU 8.9.17)*

b) seja a operação financiável nas condições vigentes para o Sistema Financeiro da Habitação (SFH) ou ainda por intermédio de parcelamento efetuado pela Secretaria do Patrimônio da União (SPU), mediante a contratação da Caixa Econômica Federal como agente financeiro dos contratos de parcelamento; *(Incluído pela Lei n. 13.465, de 11.7.17, DOU 8.9.17)*

c) sejam observadas as demais regras e condições estabelecidas para uso do FGTS. *(Incluído pela Lei n. 13.465, de 11.7.17, DOU 8.9.17)*

§ 1º A regulamentação das situações previstas nos incisos I e II assegurará que a retirada a que faz jus o trabalhador corresponda aos depósitos efetuados na conta vinculada durante o período de vigência do último contrato de trabalho, acrescida de juros e atualização monetária, deduzidos os saques.

§ 2º O Conselho Curador disciplinará o disposto no inciso V, visando a beneficiar os trabalhadores de baixa renda e preservar o equilíbrio financeiro do FGTS.

§ 3º O direito de adquirir moradia com recursos do FGTS, pelo trabalhador, só poderá ser exercido para um único imóvel.

§ 4º O imóvel objeto de utilização do FGTS somente poderá ser objeto de outra transação com recursos do Fundo, na forma que vier a ser regulamentada pelo Conselho Curador.

§ 5º O pagamento da retirada após o período previsto em regulamento, implicará atualização monetária dos valores devidos.

§ 6º Os recursos aplicados em cotas de fundos Mútuos de Privatização, referidos no inciso XII, serão destinados, nas condições aprovadas pelo CND, a aquisições de valores mobiliários, no âmbito do Programa Nacional de Desestatização, de que trata a Lei n. 9.491, de 1997, e de programas estaduais de desestatização, desde que, em ambos os casos, tais destinações sejam aprovadas pelo CND. *(Redação dada ao parágrafo pela Lei n. 9.635, de 15.5.98)*

§ 7º Ressalvadas as alienações decorrentes das hipóteses de que trata o § 8º, os valores mobiliários a que se refere o parágrafo anterior só poderão ser integralmente vendidos, pelos respectivos Fundos, seis meses após sua aquisição, podendo ser alienada em prazo inferior parcela equivalente a 10% (dez por cento) do valor adquirido, autorizada a livre aplicação do produto dessa alienação, nos termos da Lei n. 6.385, de 7 de dezembro de 1976. *(Redação dada ao parágrafo pela Lei n. 9.635, de 15.5.98)*

§ 8º As aplicações em Fundos Mútuos de Privatização e no FI-FGTS são nominativas, impenhoráveis e, salvo as hipóteses previstas nos incisos I a XI e XIII a XVI do *caput* deste artigo, indisponíveis por seus titulares. *(Redação dada pela Lei n. 11.491, de 20.6.07, DOU 21.6.07, retificada no DOU 22.6.07)*

§ 9º Decorrido o prazo mínimo de doze meses, contados da efetiva transferência das cotas para os Fundos Mútuos de Privatização, os titulares poderão optar pelo retorno para sua conta vinculada no Fundo de Garantia do Tempo de Serviço. *(Parágrafo acrescentado pela Lei n. 9.491, de 9.9.97)*

§ 10. A cada período de seis meses, os titulares das aplicações em Fundos Mútuos de Privatização poderão transferi-las para outro fundo de mesma natureza. *(Parágrafo acrescentado pela Lei n. 9.491, de 9.9.97)*

§ 11. O montante das aplicações de que trata o § 6º deste artigo ficará limitado ao valor dos créditos contra o Tesouro Nacional de que seja titular o Fundo de Garantia do Tempo de Serviço. *(Parágrafo acrescentado pela Lei n. 9.491, de 9.9.97)*

§ 12. Desde que preservada a participação individual dos cotistas, será permitida a constituição de clubes de investimento, visando a aplicação em quotas de Fundos Mútuos de Privatização. *(Parágrafo acrescentado pela Lei n. 9.491, de 9.9.97)*

§ 13. A garantia a que alude o § 4º do art. 13 desta Lei não compreende as aplicações a que se referem os incisos XII e XVII do *caput* deste artigo. *(Redação dada pela Lei n. 11.491, de 20.6.07, DOU 21.6.07, retificada no DOU 22.6.07)*

§ 14 Ficam isentos do imposto de renda:

I — a parcela dos ganhos nos Fundos Mútuos de Privatização até o limite da remuneração das contas vinculadas de que trata o art. 13 desta Lei, no mesmo período; e

II — os ganhos do FI-FGTS e do Fundo de Investimento em Cotas — FIC, de que trata o § 19 deste artigo. *(Redação dada pela Lei n. 11.491, de 20.6.07, DOU 21.6.07, retificada no DOU 22.6.07)*

§ 15 A transferência de recursos da conta do titular no Fundo de Garantia do Tempo de Serviço em razão da aquisição de ações, nos termos do inciso XII do *caput* deste artigo, ou de cotas do FI-FGTS não afetará a base de cálculo da multa rescisória de que tratam os §§ 1º e 2º do art. 18 desta Lei *(Redação dada pela Lei n. 11.491, de 20.6.07, DOU 21.6.07, retificada no DOU 22.6.07)*

§ 16. Os clubes de investimento a que se refere o § 12 poderão resgatar, durante os seis primeiros meses da sua constituição, parcela equivalente a 5% (cinco por cento) das cotas adquiridas, para atendimento de seus desembolsos, autorizada a livre aplicação do produto dessa venda, nos termos da Lei n. 6.385, de 7 de dezembro de 1976. *(Red. L. n. 9.635/98)*

§ 17. Fica vedada a movimentação da conta vinculada do FGTS nas modalidades previstas nos incisos V, VI e VII deste artigo, nas operações firmadas, a partir de 25 de junho de 1998, no caso em que o adquirente já seja proprietário ou promitente comprador de imóvel localizado no Município onde resida, bem como no caso em que o adquirente já detenha, em qualquer parte do País, pelo menos um financiamento nas condições do SFH (NR). *(Acrescentado pela MP n. 2.197-43, de 24.8.01, DOU 27.8.01)*

§ 18. É indispensável o comparecimento pessoal do titular da conta vinculada para o pagamento da retirada nas hipóteses previstas nos incisos I, II, III, VIII, IX e X deste artigo, salvo em caso de grave moléstia comprovada por perícia médica, quando será paga a procurador especialmente constituído para esse fim. (NR) *(Parágrafo acrescentado pela MP n. 2.197-43, de 24.8.01, DOU 27.8.01)*

§ 19 A integralização das cotas previstas no inciso XVII do *caput* deste artigo será realizada por meio de Fundo de Investimento em Cotas — FIC, constituído pela Caixa Econômica Federal especificamente para essa finalidade. *(Acrescentado pela Lei n. 11.491, de 20.6.07, DOU 21.6.07, retificada no DOU 22.6.07)*

§ 20. A Comissão de Valores Mobiliários estabelecerá os requisitos para a integralização das cotas referidas no § 19 deste artigo, devendo condicioná-la pelo menos ao atendimento das seguintes exigências:

I — elaboração e entrega de prospecto ao trabalhador; e

II — declaração por escrito, individual e específica, pelo trabalhador de sua ciência quanto aos riscos do investimento que está realizando. (NR) *(Acrescentado pela Lei n. 11.491, de 20.6.07, DOU 21.6.07, retificada no DOU 22.6.07)*

§ 21. As movimentações autorizadas nos incisos V e VI do *caput* serão estendidas aos contratos de participação de grupo de consórcio para aquisição de imóvel residencial, cujo bem já tenha sido adquirido pelo consorciado, na forma a ser regulamentada pelo Conselho Curador do FGTS. (NR) *(Acrescentado pela Lei n. 12.058, de 13.10.09, DOU 14.10.09)*

§ 22. Na movimentação das contas vinculadas a contrato de trabalho extinto até 31 de dezembro de 2015, ficam isentas as exigências de que trata o inciso VIII do *caput* deste artigo, podendo o saque, nesta hipótese, ser efetuado segundo cronograma de atendimento estabelecido pelo agente operador do FGTS. (NR) *(Redação dada pela Lei n. 13.446, de 25.5.17, DOU 26.5.17)*

Art. 21. Os saldos das contas não individualizadas e das contas vinculadas que se conservem ininterruptamente sem créditos de depósitos por mais de cinco anos, a partir de 1º de junho de 1990, em razão de o seu titular ter estado fora do regime do FGTS, serão incorporados ao patrimônio do Fundo, resguardado o direito do beneficiário reclamar, a qualquer tempo, a reposição do valor transferido. *(Redação dada pela Lei n. 8.678/93)*.

PARÁGRAFO ÚNICO. O valor, quando reclamado, será pago ao trabalhador acrescido da remuneração prevista no § 2º do artigo 13 desta Lei. *(Redação dada pela Lei n. 8.678/93 in LTr 57-08/1.024)*

Art. 22. O empregador que não realizar os depósitos previstos nesta Lei, no prazo fixado no art. 15, responderá pela incidência da Taxa Referencial — TR sobre a importância correspondente. (NR)

§ 1º Sobre o valor dos depósitos, acrescido da TR, incidirão, ainda, juros de mora de 0,5% a.m. (cinco décimos por cento ao mês) ou fração e multa, sujeitando-se, também, às obrigações e sanções previstas no Decreto-lei n. 368, de 19 de dezembro de 1968. (NR)

§ 2º A incidência da TR de que trata o *caput* deste artigo será cobrada por dia de atraso, tomando-se por base o índice de atualização das contas vinculadas do FGTS. (NR)

§ 2º-A A multa referida no § 1º deste artigo será cobrada nas condições que se seguem: (AC)

I — 5% (cinco por cento), no mês de vencimento da obrigação; (AC)

II — 10% (dez por cento), a partir do mês seguinte ao do vencimento da obrigação. (AC)

§ 3º Para efeito de levantamento de débito para com o FGTS, o percentual de 8% (oito por cento) incidirá sobre o valor acrescido da TR até a data da respectiva operação. (NR). *(Redação dada pela Lei n. 9.964, de 10.4.00, DOU 11.4.00)*

Art. 23. Competirá ao Ministério do Trabalho e da Previdência Social a verificação em nome da Caixa Econômica Federal, do cumprimento do disposto nesta Lei, especialmente quanto à apuração dos débitos e das infrações praticadas pelos empregadores ou tomadores de serviço, notificando-os para efetuarem e comprovarem os depósitos correspondentes e cumprirem as demais determinações legais, podendo, para tanto, contar com o concurso de outros órgãos do Governo Federal, na forma que vier a ser regulamentada.

§ 1º Constituem infrações para efeito desta Lei:

I — não depositar mensalmente o percentual referente ao FGTS, bem como os valores previstos no art. 18 desta Lei, nos prazos de que trata o § 6º do art. 477 da Consolidação das Leis do Trabalho — CLT. *(Alterado pela MP n. 2.197-43, de 24.8.01, DOU 27.8.01)*

II — omitir as informações sobre a conta vinculada do trabalhador;

III — apresentar as informações ao Cadastro Nacional do Trabalhador, dos trabalhadores beneficiários, com erros ou omissões;

IV — deixar de computar, para efeito de cálculo dos depósitos do FGTS, parcela componente da remuneração;

V — deixar de efetuar os depósitos e os acréscimos legais, após notificado pela fiscalização.

§ 2º Pela infração do disposto no § 1º deste artigo, o infrator estará sujeito às seguintes multas por trabalhador prejudicado:

a) de dois a cinco BTNs, no caso dos incisos II e III;

b) de dez a cem BTNs, no caso dos incisos I, IV e V.

§ 3º Nos casos de fraude, simulação, artifício, ardil, resistência, embaraço ou desacato à fiscalização, assim como na reincidência, a multa especificada no parágrafo anterior será duplicada, sem prejuízo das demais cominações legais.

§ 4º Os valores das multas, quando não recolhidas no prazo legal, serão atualizados monetariamente até a data de seu efetivo pagamento, através de sua conversão pelo BTN Fiscal.

§ 5º O processo de fiscalização, de autuação e de imposição de multas reger-se-á pelo disposto no Título VII da CLT, respeitado o privilégio do FGTS à prescrição trintenária.

Nota 1: O Supremo Tribunal Federal, no Recurso Extraordinário com Agravo — ARE/709212, declarou a inconstitucionalidade do § 5º, do art. 23, da Lei n. 8.036/1990, e do art. 55, do Decreto n. 99.684/1990, na parte em que ressalvam o "privilégio do FGTS à prescrição trintenária", por violarem o disposto no art. 7º, XXIX, da Carta Magna. Quanto à modulação, o Tribunal, por maioria, atribui à decisão efeitos *ex nunc*, conforme se visualiza pela decisão:

Decisão: O Tribunal, decidindo o tema 608 da Repercussão Geral, por maioria, negou provimento ao recurso, vencido o Ministro Marco Aurélio que o provia parcialmente. Também por maioria declarou a inconstitucionalidade do art. 23, § 5º, da Lei n. 8.036/1990, e do art. 55 do Decreto n. 99.684/1990, na parte em que ressalvam o "privilégio do FGTS à prescrição trintenária", haja vista violarem o disposto no art. 7º, XXIX, da Carta de 1988, vencidos os Ministros Teori Zavascki e Rosa Weber, que mantinham a jurisprudência da Corte. Quanto à modulação, o Tribunal, por maioria, atribuiu à decisão efeitos *ex nunc*, vencido o Ministro Marco Aurélio, que não modulava os efeitos. Tudo nos termos do voto do Relator. Presidiu o julgamento o Ministro Ricardo Lewandowski. Plenário, 13.11.2014. DJ/STF n. 235, de 1.12.14.

Nota 2: a L. n. 8.844, de 20.1.94, dispõe sobre a fiscalização, apuração e cobrança judicial das contribuições e multas devidas ao Fundo de Garantia do Tempo de Serviço — FGTS.

Art. 1º Compete ao Ministério do Trabalho a fiscalização e a apuração das contribuições ao Fundo de Garantia do Tempo de Serviço — FGTS, bem assim a aplicação das multas e demais encargos devidos.

PARÁGRAFO ÚNICO. A Caixa Econômica Federal — CEF e a rede arrecadadora prestarão ao Ministério do Trabalho as informações necessárias ao desempenho dessas atribuições.

Art. 2º Compete à Procuradoria-Geral da Fazenda Nacional a inscrição em Dívida Ativa dos débitos para com o Fundo de Garantia do Tempo de Serviço (FGTS), bem como, diretamente ou por intermédio da Caixa Econômica Federal, mediante convênio, a representação judicial e extrajudicial do FGTS, para a correspondente cobrança, relativamente à contribuição e às multas e demais encargos previstos na legislação respectiva.

§ 1º O Fundo de Garantia do Tempo de Serviço fica isento de custas nos processos judiciais de cobrança de seus créditos.

§ 2º As despesas, inclusive as de sucumbência, que vierem a ser incorridas pela Procuradoria-Geral da Fazenda Nacional e pela Caixa Econômica Federal, para a realização da inscrição em Dívida Ativa, do ajuizamento e do controle e acompanhamento dos processos judiciais, serão efetuadas a débito do Fundo de Garantia do Tempo de Serviço.

§ 3º Os créditos relativos ao FGTS gozam dos mesmos privilégios atribuídos aos créditos trabalhistas.

§ 4º Na cobrança judicial dos créditos do FGTS, incidirá encargo de 10% (dez por cento), que reverterá para o Fundo, para ressarcimento dos custos por ele incorridos, o qual será reduzido para 5% (cinco por cento), se o pagamento se der antes do ajuizamento da cobrança. (NR) *Redação dada pela Lei n. 9.964, de 10.4.00 (DOU 11.4.00).*

Art. 3º Esta Lei entra em vigor na data de sua publicação.

Senado Federal, em 20 de janeiro de 1994; 173º da Independência e 106º da República.

Humberto Lucena

§ 6º Quando julgado procedente o recurso interposto na forma do Título VII da CLT, os depósitos efetuados para garantia de instância serão restituídos com os valores atualizados na forma da lei.

§ 7º A rede arrecadadora e a Caixa Econômica Federal deverão prestar ao Ministério do Trabalho e da Previdência Social as informações necessárias à fiscalização.

Art. 24. Por descumprimento ou inobservância de quaisquer das obrigações que lhe compete como agente arrecadador, pagador e mantenedor do cadastro de contas vinculadas, na forma que vier a ser regulamentada pelo Conselho Curador, fica o banco depositário sujeito ao pagamento de multa equivalente a dez por cento do montante da conta do empregado, independentemente das demais cominações legais.

Art. 25. Poderá o próprio trabalhador, seus dependentes e sucessores, ou ainda o Sindicato a que estiver vinculado, acionar diretamente a empresa por intermédio da Justiça do Trabalho, para compeli-la a efetuar o depósito das importâncias devidas nos termos desta Lei.

PARÁGRAFO ÚNICO. A Caixa Econômica Federal e o Ministério do Trabalho e da Previdência Social deverão ser notificados da propositura da reclamação.

Art. 26. É competente a Justiça do Trabalho para julgar os dissídios entre os trabalhadores e os empregadores decorrentes de aplicação desta Lei, mesmo quando a Caixa Econômica Federal e o Ministério do Trabalho e da Previdência Social figurarem como litisconsortes.

PARÁGRAFO ÚNICO. Nas reclamatórias trabalhistas que objetivam o ressarcimento de parcelas relativas ao FGTS, ou que, direta ou indiretamente, impliquem essa obrigação de fazer, o juiz determinará que a empresa sucumbente proceda ao recolhimento imediato das importâncias devidas a tal título.

Art. 27. A apresentação do Certificado de Regularidade do FGTS, fornecido pela Caixa Econômica Federal, é obrigatória nas seguintes situações:

a) habilitação e licitação promovida por órgão da Administração Federal, Estadual e Municipal, Direta, Indireta ou Fundacional ou por entidade controlada direta ou indiretamente pela União, Estado e Município;

b) obtenção, por parte da União, Estados e Municípios, ou por órgãos da Administração Federal, Estadual e Municipal, Direta, Indireta ou Fundacional, ou indiretamente pela União, Estados ou Municípios, de empréstimos ou financiamentos junto a quaisquer entidades financeiras oficiais;

c) obtenção de favores creditícios, isenções, subsídios, auxílios, outorga ou concessão de serviços ou quaisquer outros benefícios concedidos por órgão da Administração Federal, Estadual e Municipal, salvo quando destinados a saldar débitos para com o FGTS;

d) transferência de domicílio para o exterior;

e) registro ou arquivamento, nos órgãos competentes, e alteração ou distrato de contrato social, de estatuto, ou de qualquer documento que implique modificação na estrutura jurídica do empregador ou na sua extinção.(*)

— (*) V. Circular n. 392, de 25.10.06, da Caixa Econômica Federal (Superintendência Nacional de Fundo de Garantia) que disciplina os procedimentos para a verificação da regularidade dos empregadores junto ao Fundo de Garantia do Tempo de Serviço — FGTS e para a concessão do Certificado de Regularidade do FGTS — CRF. (não publicada nesta obra)

— ver art. 16, § 1º da Lei n. 9.126, de 10.11.95, que diz:

§ 1º O disposto no art. 27 da Lei n. 8.036, de 11 de maio de 1990, não se aplica aos financiamentos a que se refere este artigo, quando concedidos a produtores rurais pessoas físicas.

Art. 28. São isentos de tributos federais os atos e operações necessários à aplicação desta Lei, quando praticados pela Caixa Econômica Federal, pelos trabalhadores e seus dependentes ou sucessores, pelos empregadores e pelos estabelecimentos bancários.

PARÁGRAFO ÚNICO. Aplica-se o disposto neste artigo às importâncias devidas, nos termos desta Lei, aos trabalhadores e seus dependentes ou sucessores.

Art. 29. Os depósitos em conta vinculada, efetuados nos termos desta Lei, constituirão despesas dedutíveis do lucro operacional dos empregadores e as importâncias levantadas a seu favor implicarão receita tributável.

Art. 29-A. Quaisquer créditos relativos à correção dos saldos das contas vinculadas do FGTS serão liquidados mediante lançamento pelo agente operador na respectiva conta do trabalhador. (NR) *(Artigo acrescentado pela MP n. 2.197-43, de 24.8.01, DOU 27.8.01)*

Art. 29-B. Não será cabível medida liminar em mandado de segurança, no procedimento cautelar ou em quaisquer outras ações de natureza cautelar ou preventiva, nem a tutela antecipada prevista nos arts. 273 e 461 do Código de Processo Civil que impliquem saque ou movimentação da conta vinculada do trabalhador no FGTS. (NR) *(Artigo acrescentado pela MP n. 2.197-43, de 24.8.01, DOU 27.8.01)*

Art. 29-C. Nas ações entre o FGTS e os titulares de contas vinculadas, bem como naquelas em que figurem os respectivos representantes ou substitutos processuais, não haverá condenação em honorários advocatícios. (NR) *(Artigo acrescentado pela MP n. 2.164-41, de 24.8.01, DOU 27.8.01).*

— *v. Ação Direta de Inconstitucionalidade — ADI n.* 2736, julgada procedente pelo STF no tocante a este art. 29-C, da Lei n. 8.036/90, no seguinte teor: Decisão: O Tribunal, por unanimidade e nos termos do voto do Relator, Ministro Cezar Peluso (Presidente), julgou procedente a ação direta. Ausentes, justificadamente, a Senhora Ministra Ellen Gracie e, neste julgamento, o Senhor Ministro Gilmar Mendes. Falou pelo requerente o Dr. Oswaldo Pinheiro Ribeiro Junior. Plenário, 8.9.2010.

Art. 29-D. A penhora em dinheiro, na execução fundada em título judicial em que se determine crédito complementar de saldo de conta vinculada do FGTS, será feita mediante depósito de recursos do Fundo em conta vinculada em nome do exequente, à disposição do juízo.

PARÁGRAFO ÚNICO. O valor do depósito só poderá ser movimentado, após liberação judicial, nas hipóteses previstas no art. 20 ou para reversão ao Fundo. (NR) *(Artigo acrescentado pela MP n. 2.164-41, de 24.8.01, DOU 27.8.01)*

Art. 30. Fica reduzida para um e meio por cento a contribuição devida pelas empresas ao Serviço Social do Comércio e ao Serviço Social da Indústria e dispensadas estas entidades da subscrição compulsória a que alude o art. 21 da Lei n. 4.380, de 21 de agosto de 1964.

Art. 31. O Poder Executivo expedirá o Regulamento desta Lei no prazo de sessenta dias a contar da data de sua promulgação.

Art. 32. Esta Lei entra em vigor na data de sua publicação, revogada a Lei n. 7.839, de 12 de outubro de 1989, e as demais disposições em contrário.

Brasília, em 11 de maio de 1990; 169º da Independência e 102º da República.

Fernando Collor — Zélia M. Cardoso de Mello — Antonio Magri — Margarida Procópio

REGULAMENTO DO FUNDO DE GARANTIA DO TEMPO DE SERVIÇO — FGTS

DECRETO N. 99.684, DE 8 DE NOVEMBRO DE 1990

(DOU 12.11.1990 — LTr 54-12/1460)

Consolida as normas regulamentares do Fundo de Garantia do Tempo de Serviço — FGTS

O PRESIDENTE DA REPÚBLICA, no uso da atribuição que lhe confere o art. 84, inciso IV, da Constituição, decreta:

Art. 1º Fica aprovado o Regulamento Consolidado do Fundo de Garantia do Tempo de Serviço, que com este baixa.

Art. 2º Este Decreto entra em vigor na data de sua publicação.

Art. 3º Revogam-se as disposições em contrário, em especial os Decretos ns.:

I — 59.820, de 20 de dezembro de 1966;

II — 61.405, de 28 de setembro de 1967;

III — 66.619, de 21 de maio de 1970;

IV — 66.819, de 1º de julho de 1970;

V — 66.867, de 13 de julho de 1970;

VI — 66.939, de 22 de julho de 1970;

VII — 69.265, de 22 de setembro de 1971;

VIII — 71.636, de 29 de dezembro de 1972;

IX — 72.141, de 26 de abril de 1973;

X — 73.423, de 7 de janeiro de 1974;

XI — 76.218, de 9 de setembro de 1975;

XII — 76.750, de 5 de dezembro de 1975;

XIII — 77.357, de 1º de abril de 1976;

XIV — 79.891, de 29 de junho de 1977;

XV — 84.509, de 25 de fevereiro de 1980;

XVI — 87.567, de 16 de setembro de 1982;

XVII — 90.408, de 7 de novembro de 1984;

XVIII — 92.366, de 4 de fevereiro de 1986;

XIX — 97.848, de 20 de junho de 1989; e

XX — 98.813, de 10 de janeiro de 1990.

Brasília, 8 de novembro de 1990; 169º da Independência e 102º da República.

Fernando Collor — Antonio Magri

Capítulo I
Das Disposições Preliminares

Art. 1º Nas relações jurídicas pertinentes ao Fundo de Garantia do Tempo de Serviço — FGTS será observado o disposto neste Regulamento.

Art. 2º Para os efeitos deste Regulamento considera-se:

I — empregador, a pessoa natural ou jurídica de direito, público ou privado, da Administração Pública direta, indireta ou fundacional de qualquer dos Poderes, da União, dos Estados, do Distrito Federal e dos Municípios, que admitir trabalhadores a seu serviço, bem assim aquele que, regido por legislação especial, encontrar-se nessa condição ou figurar como fornecedor ou tomador de mão de obra;

II — trabalhador, a pessoa natural que prestar serviços a empregador, excluídos os eventuais, os autônomos e os servidores públicos civis e militares sujeitos a regime jurídico próprio.

Capítulo II
Do Direito ao FGTS

Art. 3º A partir de 5 de outubro de 1988, o direito ao regime do FGTS é assegurado aos trabalhadores urbanos e rurais, exceto aos domésticos, independentemente de opção.

PARÁGRAFO ÚNICO. Os trabalhadores domésticos poderão ter acesso ao regime do FGTS, na forma que vier a ser prevista em lei.

Art. 4º A opção pelo regime de que trata este Regulamento somente é admitida para o tempo de serviço anterior a 5 de outubro de 1988, podendo os trabalhadores, a qualquer tempo, optar pelo FGTS com efeito retroativo a 1º de janeiro de 1967, ou à data de sua admissão, quando posterior.

PARÁGRAFO ÚNICO. O disposto neste artigo não se aplica ao trabalhador rural (Lei n. 5.889, de 8 de junho de 1973), bem assim àquele:

a) que tenha transacionado com o empregador o direito à indenização, quanto ao período que foi objeto da transação; ou

b) cuja indenização pelo tempo anterior à opção já tenha sido depositada na sua conta vinculada.

Art. 5º A opção com efeito retroativo será feita mediante declaração escrita do trabalhador, com indicação do período de retroação.

§ 1º O empregador, no prazo de quarenta e oito horas, fará as devidas anotações na Carteira de Trabalho e Previdência Social e no registro do trabalhador, comunicando ao banco depositário.

§ 2º O valor da conta vinculada em nome do empregador e individualizada em relação ao trabalhador, relativo ao período abrangido pela retroação, será transferido pelo banco depositário para conta vinculada em nome do trabalhador.

Art. 6º O tempo de serviço anterior à opção ou a 5 de outubro de 1988 poderá ser transacionado entre empregador e empregado, respeitado o limite mínimo de sessenta por cento da indenização simples ou em dobro, conforme o caso.

PARÁGRAFO ÚNICO. Na hipótese de que trata este artigo, a transação deverá ser homologada pelo sindicato da categoria profissional, mesmo quando não houver extinção do contrato de trabalho.

Art. 7º O direito ao FGTS se estende aos diretores não empregados de empresas públicas e sociedades controladas direta ou indiretamente pela União. *(Lei n. 6.919, de 2 de junho de 1981)*

Art. 8º As empresas sujeitas ao regime da legislação trabalhista poderão equiparar seus diretores não empregados aos demais trabalhadores sujeitos ao regime do FGTS.

PARÁGRAFO ÚNICO. Considera-se diretor aquele que exerça cargo de administração previsto em lei, estatuto ou contrato social, independentemente da denominação do cargo.

Capítulo III
Dos Efeitos da Rescisão ou Extinção do Contrato de Trabalho

Art. 9º Ocorrendo despedida sem justa causa, ainda que indireta, com culpa recíproca, por força maior ou extinção normal do contrato de trabalho a termo, inclusive a do trabalhador temporário, deverá o empregador depositar, na conta vinculada do trabalhador no FGTS, os valores relativos aos depósitos referentes ao mês da rescisão e ao imediatamente anterior, que ainda não houver sido recolhido, sem prejuízo das cominações legais cabíveis.(*)

§ 1º No caso de despedida sem justa causa, ainda que indireta, o empregador depositará, na conta vinculada do trabalhador no FGTS, importância igual a quarenta por cento do montante de todos os depósitos realizados na conta vinculada durante a vigência do contrato de trabalho, atualizados monetariamente e acrescidos dos respectivos juros, não sendo permitida, para este fim, a dedução dos saques ocorridos.(*)

§ 2º Ocorrendo despedida por culpa recíproca ou força maior, reconhecida pela Justiça do Trabalho, o percentual de que trata o parágrafo precedente será de vinte por cento.

§ 3º Na determinação da base de cálculo para a aplicação dos percentuais de que tratam os parágrafos precedentes, serão computados os valores dos depósitos relativos aos meses da rescisão e o imediatamente anterior, recolhidos na forma do *caput* deste artigo.(*)

§ 4º O recolhimento das importâncias de que trata este artigo deverá ser comprovada quando da homologação das rescisões contratuais que exijam o pagamento da multa rescisória bem como quando da habilitação ao saque, sempre que não for devida a homologação da rescisão, observado o disposto no art. 477 da Consolidação das Leis do Trabalho — CLT, eximindo o empregador, exclusivamente, quanto aos valores discriminados.(*) *(Caput e parágrafos 1º, 3º e 4º pelo Decreto n. 2.430, de 17.12.97, DOU 18.12.97)*

§ 5º Os depósitos de que tratam o *caput* e os §§ 1º e 2º deste artigo deverão ser efetuados nos seguintes prazos:

a) até o primeiro dia útil imediato ao término do contrato; ou

b) até o décimo dia, contado da data da notificação da demissão, quando da ausência do aviso prévio, indenização do mesmo ou dispensa de seu cumprimento. *(Redação dada pelo Decreto n. 2.582, de 7.5.98)*

§ 6º O empregador que não realizar os depósitos previstos neste artigo, no prazo especificado no parágrafo anterior, sujeitar-se-á às cominações previstas no art. 30.(*)

§ 7º O depósito dos valores previstos neste artigo deverá ser efetuado, obrigatoriamente, na CEF ou, nas localidades onde não existam unidades daquela empresa, nos bancos conveniados aplicando-se a estes depósitos o disposto no art. 32.(*)

§ 8º A CEF terá prazo de dez dias úteis, após o recolhimento, para atender às solicitações de saque destes valores.

§ 9º A CEF, para fins de remuneração como Agente Operador do FGTS, considerará o recolhimento desses depósitos, da multa rescisória e dos saques desses valores como movimentações distintas.(*) *(Parágrafos 6º a 9º, acrescentados pelo Decreto n. 2.430, de 17.12.97, DOU 18.12.97)*

Art. 10. Caberá ao banco depositário e, após a centralização, à Caixa Econômica Federal — CEF, prestar ao empregador, no prazo máximo de cinco dias úteis da solicitação, as informações necessárias ao cumprimento do disposto nos §§ 1º e 2º do artigo precedente.

§ 1º As informações deverão discriminar os totais de depósitos efetuados pelo empregador, acrescidos dos respectivos juros e correção monetária.

§ 2º Caberá ao empregador comprovar o efetivo depósito dos valores devidos que não tenham ingressado na conta até a data da rescisão do contrato de trabalho.

Art. 11. Fica ressalvado o direito adquirido dos trabalhadores que, em 5 de outubro de 1988, já tinham o direito à estabilidade no emprego, nos termos do Capítulo V do Título IV da CLT.

Art. 12. Ocorrendo rescisão do contrato de trabalho, para a qual não tenha o trabalhador dado causa, fica assegurado, na forma do disposto nos arts. 477 a 486 e 497 da CLT, o direito à indenização relativa ao tempo de serviço anterior a 5 de outubro de 1988, que não tenha sido objeto de opção.

Art. 13. No caso de rescisão ou extinção do contrato de trabalho de empregado que conte tempo de serviço anterior a 5 de outubro de 1988 na qualidade de não optante, o empregador poderá levantar o saldo da respectiva conta individualizada, mediante:

I — comprovação do pagamento da indenização devida, quando for o caso; ou

II — autorização do Instituto Nacional do Seguro Social — INSS, quando não houver indenização a ser paga ou houver decorrido o prazo prescricional para reclamação de direitos por parte do trabalhador.

PARÁGRAFO ÚNICO. Nas hipóteses previstas neste artigo, os recursos serão liberados no prazo de cinco dias úteis, contado da apresentação do comprovante de pagamento da indenização ou da autorização conferida pelo INSS.

Art. 14. No caso de contrato a termo, a rescisão antecipada, sem justa causa ou com culpa recíproca, equipara-se às hipóteses previstas nos §§ 1º e 2º do art. 9º, respectivamente, sem prejuízo do disposto no art. 479 da CLT.

Art. 15. Ocorrendo rescisão do contrato de trabalho, pelo empregador, por justa causa, o trabalhador demitido somente terá direito ao saque de sua conta vinculada nas hipóteses previstas nos incisos III a VIII do art. 35.

Art. 16. Equipara-se a extinção normal do contrato a termo o término do mandato do diretor não empregado (arts. 7º e 8º) não reconduzido.

Capítulo IV
Das Contas

Art. 17. As importâncias creditadas nas contas vinculadas em nome dos trabalhadores são impenhoráveis.

Art. 18. O saldo das contas vinculadas é garantido pelo Governo Federal, podendo ser instituído seguro especial para esse fim.

Art. 19. Os depósitos efetuados nas contas vinculadas serão corrigidos monetariamente com base nos parâmetros fixados para atualização dos saldos dos depósitos de poupança e capitalizarão juros de três por cento ao ano.

§ 1º A correção monetária e os juros correrão à conta do FGTS.

§ 2º Para as contas vinculadas dos trabalhadores optantes, existentes em 22 de setembro de 1971, a capitalização dos juros dos depósitos continuará a ser feita levando-se em conta o período de permanência na mesma empresa, na seguinte progressão:

a) três por cento, durante os dois primeiros anos;

b) quatro por cento, do terceiro ao quinto ano;

c) cinco por cento, do sexto ao décimo ano;

d) seis por cento, a partir do décimo primeiro ano.

§ 3º O disposto no parágrafo precedente deixará de ser aplicado quando o trabalhador mudar de empresa, hipótese em que a capitalização dos juros passará a ser feita à taxa de três por cento ao ano.

Art. 20. O crédito da atualização monetária e dos juros será efetuado na conta do trabalhador:

I — no primeiro dia útil de cada mês, com base no saldo existente no primeiro dia útil do mês anterior, até que ocorra a centralização das contas na CEF; e

II — no dia 10 de cada mês, com base no saldo existente no dia 10 do mês anterior, após a centralização prevista neste artigo.

§ 1º O saldo existente no mês anterior será utilizado como base para o cálculo dos juros e da atualização monetária após a dedução dos saques ocorridos no período, exceto os efetuados no dia do crédito.

§ 2º Caso no dia 10 não haja expediente bancário, considerar-se-á o primeiro dia útil subsequente, tanto para a realização do crédito quanto para a definição do saldo-base.

Art. 21. Até o dia 14 de maio de 1991, a CEF assumirá o controle de todas as contas vinculadas, passando os demais estabelecimentos bancários, findo esse prazo, à condição de agentes recebedores e pagadores do FGTS, mediante recebimento de tarifa a ser fixada pelo Conselho Curador.

§ 1º Até que a CEF implemente as disposições deste artigo, a conta vinculada continuará sendo aberta em nome do trabalhador, em estabelecimento bancário escolhido pelo empregador.

§ 2º Verificando-se mudança de emprego, a conta vinculada será transferida para o estabelecimento bancário da escolha do novo empregador.

Art. 22. A partir do segundo mês após a centralização das contas na CEF, fica assegurado ao trabalhador o direito de receber, bimestralmente, extrato informativo da conta vinculada.

PARÁGRAFO ÚNICO. A qualquer tempo a CEF, mediante solicitação, fornecerá ao trabalhador informações sobre sua conta vinculada.

Art. 23. O banco depositário é responsável pelos lançamentos efetuados nas contas vinculadas durante o período em que estiveram sob sua administração.

Art. 24. Por ocasião da centralização na CEF, caberá ao banco depositário emitir o último extrato das contas vinculadas sob sua responsabilidade, que deverá conter, inclusive, o registro dos valores transferidos e a discriminação dos depósitos efetuados na vigência do último contrato de trabalho.

Art. 25. Após a centralização das contas na CEF o saldo de conta não individualizada e de conta vinculada sem depósito há mais de cinco anos será incorporado ao patrimônio do FGTS, resguardado o direito do beneficiário de reclamar, a qualquer tempo, a reposição do valor transferido, mediante comprovação de ter a conta existido.

Art. 26. A empresa anotará na Carteira de Trabalho e Previdência Social o nome e endereço da agência do banco depositário.

PARÁGRAFO ÚNICO. Após a centralização das contas na CEF, a empresa ficará desobrigada da anotação de que trata este artigo.

Capítulo V
Dos Depósitos

Art. 27. O empregador, ainda que entidade filantrópica, é obrigado a depositar, até o dia 7 de cada mês, em conta bancária vinculada, a importância correspondente a oito por cento da remuneração paga ou devida no mês anterior, a cada trabalhador, incluídas as parcelas de que tratam os arts. 457 e 458 da CLT e a gratificação de Natal a que se refere a Lei n. 4.090, de 13 de julho de 1962, com as modificações da Lei n. 4.749, de 12 de agosto de 1965.

PARÁGRAFO ÚNICO. Não integram a base de cálculo para incidência do percentual de que trata este artigo:

a) a contribuição do empregador para o Vale-Transporte (Decreto n. 95.247, de 17 de novembro de 1987); e

b) os gastos efetuados com bolsas de aprendizagem (Lei n. 8.069, de 13 de julho de 1990, art. 64).

Art. 28. O depósito na conta vinculada do FGTS é obrigatório também nos casos de interrupção do contrato de trabalho prevista em lei, tais como:

I — prestação de serviço militar;

II — licença para tratamento de saúde de até quinze dias;

III — licença por acidente de trabalho;

IV — licença à gestante; e

V — licença-paternidade.

PARÁGRAFO ÚNICO. Na hipótese deste artigo, a base de cálculo será revista sempre que ocorrer aumento geral na empresa ou na categoria profissional a que pertencer o trabalhador.

Art. 29. O depósito a que se refere o art. 27 é devido, ainda, quando o empregado passar a exercer cargo de diretoria, gerência ou outro de confiança imediata do empregador.

Art. 30. O empregador que não realizar os depósitos previstos no prazo fixado no art. 27 sujeitar-se-á às obrigações e sanções previstas nos arts. 50 a 52 e responderá:

I — pela atualização monetária da importância correspondente;

II — pelos juros de mora de um por cento ao mês e multa de vinte por cento, incidentes sobre o valor atualizado.

§ 1º A atualização monetária será cobrada por dia de atraso, tomando-se por base os índices de variação do Bônus do Tesouro Nacional Fiscal (BTN Fiscal) ou, na falta deste, do título a que vier a sucedê-lo, ou ainda, a critério do Conselho Curador, por outro indicador da inflação diária.

§ 2º Se o débito for pago até o último dia útil do mês em que o depósito deveria ter sido efetuado, a multa será reduzida para dez por cento.

§ 3º O disposto neste artigo se aplica aos depósitos decorrentes de determinação judicial.

Art. 31. Até a centralização das contas na CEF, a apropriação na conta vinculada, para fins de atualização monetária e capitalização de juros, será feita:

I — no primeiro dia útil do mês subsequente, quando o depósito ocorrer no próprio mês em que se tornou devido;

II — no primeiro dia útil do mês do depósito, quando este ocorrer no mês subsequente àquele em que se tornou devido; e

III — no primeiro dia útil do mês do depósito, quando este ocorrer a partir do segundo mês subsequente ao em que se tornou devido, atualizado monetariamente e acrescido de juros, contados da data em que a apropriação deveria ter sido feita.

Art. 32. Os depósitos relativos ao FGTS, efetuados na rede bancária, serão transferidos à CEF no segundo dia útil subsequente à data em que tenham sido efetuados.

Art. 33. Os empregadores deverão comunicar mensalmente aos trabalhadores os valores recolhidos ao FGTS e repassar-lhes todas as informações, recebidas da CEF ou dos bancos depositários, sobre as respectivas contas vinculadas.

Art. 34. Os depósitos em conta vinculada constituirão despesas dedutíveis do lucro operacional dos empregadores e as importâncias levantadas a seu favor, receita tributável (Lei n. 8.036, de 11 de maio de 1990).

Capítulo VI
Dos Saques

Art. 35. A conta vinculada do trabalhador no FGTS poderá ser movimentada nas seguintes situações:

I — despedida sem justa causa, inclusive a indireta, de culpa recíproca e por força maior, comprovada com o depósito dos valores de que tratam os §§ 1º e 2º do art. 9º;(*)

II — extinção da empresa, fechamento de quaisquer de seus estabelecimentos, filiais ou agências, supressão de parte de suas atividades, ou, ainda, falecimento do empregador individual, sempre que qualquer dessas ocorrências implique rescisão do contrato de trabalho, comprovada por declaração escrita da empresa, suprida, quando for o caso, por decisão judicial transitada em julgado;

III — aposentadoria concedida pela Previdência Social;

IV — falecimento do trabalhador;

V — pagamento de parte das prestações decorrentes de financiamento habitacional concedido no âmbito do Sistema Financeiro da Habitação — SFH, desde que:

a) o mutuário conte com o mínimo de três anos de trabalho sob o regime do FGTS, na mesma empresa ou em empresas diferentes;

b) o valor bloqueado seja utilizado, no mínimo, durante o prazo de doze meses; e

c) o valor de cada parcela a ser movimentada não exceda a oitenta por cento do montante da prestação;

VI — liquidação ou amortização extraordinária do saldo devedor de financiamento imobiliário concedido no âmbito do SFH, desde que haja interstício mínimo de dois anos para cada movimentação, sem prejuízo de outras condições estabelecidas pelo Conselho Curador;

VII — pagamento total ou parcial do preço de aquisição de moradia própria, observadas as seguintes condições:

a) conte o mutuário com o mínimo de três anos de trabalho sob o regime do FGTS, na mesma empresa ou empresas diferentes; e

b) seja a operação financiada pelo SFH ou, se realizada fora do Sistema, preencha os requisitos para ser por ele financiada;

VIII — quando permanecer três anos ininterruptos, a partir de 14 de maio de 1990, sem crédito de depósitos;

— v. L. n. 8.036, de 11.5.90, art. 20, VIII, com a redação da L. n. 8.678, de 13.7.93

IX — extinção normal do contrato a termo, inclusive o dos trabalhadores temporários regidos pela Lei n. 6.019, de 1974; *(Redação dada pelo Decreto n. 5.860, de 26.7.06, DOU 27.7.06)*

X — suspensão do trabalho avulso por período igual ou superior a noventa dias; *(Redação dada pelo Decreto n. 5.860, de 26.7.06, DOU 27.7.06)*

XI — quando o trabalhador ou qualquer de seus dependentes for acometido de neoplasia maligna; *(Acrescentado pelo Decreto n. 5.860, de 26.7.06, DOU 27.7.06)*

XII — aplicação, na forma individual ou por intermédio de Clubes de Investimento — CI-FGTS, em cotas de Fundos Mútuos de Privatização — FMP-FGTS, conforme disposto no inciso XII do art. 20 da Lei n. 8.036, de 11 de maio de 1990; *(Redação dada pelo Decreto n. 5.860, de 26.7.06, DOU 27.7.06)*

XIII — quando o trabalhador ou qualquer de seus dependentes for portador do vírus HIV; *(Acrescentado pelo Decreto n. 5.860, de 26.7.06, DOU 27.7.06)* e

XIV — quando o trabalhador ou qualquer de seus dependentes estiver em estágio terminal, em razão de doença grave. *(Acrescentado pelo Decreto n. 5.860, de 26.7.06, DOU 27.7.06)*

§ 1º Os depósitos em conta vinculada em nome de aposentado, em razão de novo vínculo empregatício, poderão ser sacados também no caso de rescisão do contrato de trabalho a seu pedido.

§ 2º Nas hipóteses previstas nos incisos I e II, o trabalhador somente poderá sacar os valores relativos ao último contrato de trabalho.

§ 3º O Conselho Curador disciplinará o disposto no inciso V, visando a beneficiar os trabalhadores de baixa renda e a preservar o equilíbrio financeiro do FGTS.

§ 4º A garantia a que alude o art. 18 deste Regulamento não compreende as aplicações a que se refere o inciso XII deste artigo.(*)

(*) Obs.: Redação conforme publicação do Dec. n. 2.430, de 17.12.97, DOU de 18.12.97.

§ 5º Os recursos automaticamente transferidos da conta do titular no FGTS em razão da aquisição de ações, bem como os ganhos ou perdas dela decorrentes, observado o disposto na parte final do § 1º do art. 9º, não afetarão a base de cálculo da indenização de que tratam os § § 1º e 2º do art. 9º deste Regulamento.(*)

§ 6º Os resgates de cotas dos FMP-FGTS e dos CI-FGTS, para os casos previstos nos incisos I a IV e VI a X deste artigo, somente poderão ocorrer com autorização prévia do Agente Operador do FGTS. (NR) *(Redação dada pelo Decreto n. 5.860, de 26.7.06, DOU 27.7.06)*

§ 7º Nos casos previstos nos incisos IV, VI e VII, o resgate de cotas implicará retorno à conta vinculada do trabalhador do valor resultante da aplicação.(*)

§ 8º O limite de cinquenta por cento a que se refere o inciso XII deste artigo será observado a cada aplicação e após deduzidas as utilizações anteriores que não tenham retornado ao FGTS, de modo que o somatório dos saques da espécie, atualizados, não poderá ser superior à metade do saldo atual da respectiva conta.(*)

§ 9º Na movimentação das contas vinculadas a contrato de trabalho extinto até 31 de dezembro de 2015, de que trata o § 22 do art. 20 da Lei n. 8.036, de 11 de maio de 1990, o cronograma de atendimento, o critério, a forma e a data limite de pagamento serão estabelecidos pelo Agente Operador do FGTS, não podendo exceder 31 de julho de 2017, sendo permitido o crédito automático para a conta poupança de titularidade do trabalhador previamente aberta na Caixa Econômica Federal, desde que o trabalhador não se manifeste negativamente. *(Incluído pelo Decreto n. 8.989, de 14.2.17, DOU 15.2.17)*

§ 10. Na hipótese do crédito automático de que trata o § 9º, o trabalhador poderá, até 31 de agosto de 2017, solicitar o desfazimento do crédito ou a transferência do valor para outra instituição financeira, independentemente do pagamento de qualquer tarifa, conforme procedimento a ser definido pelo Agente Operador do FGTS. (NR) *(Incluído pelo Decreto n. 8.989, de 14.2.17, DOU 15.2.17)*

Art. 36. O saque poderá ser efetuado mediante:

I — apresentação do recibo de quitação das verbas rescisórias, nos casos dos incisos I e II do artigo precedente;

II — apresentação de documento expedido pelo Instituto Nacional do Seguro Social — INSS que:

a) declare a condição de inativo, no caso de aposentadoria; ou

b) contenha a identificação e a data de nascimento de cada dependente, no caso de falecimento do trabalhador;

III — requerimento dirigido ao agente financeiro, nas hipóteses dos incisos V e VI, ou ao banco arrecadador, nos casos dos incisos VII e VIII, todos do artigo anterior;

IV — apresentação de cópia do instrumento contratual, no caso de contrato a termo;

V — declaração do sindicato representativo da categoria profissional, no caso de suspensão do trabalho avulso por período igual ou superior a noventa dias; *(Redação dada pelo Decreto n. 5.860, de 26.7.06, DOU 27.7.06)*

VI — comprovação da rescisão e da sua condição de aposentado, no caso do § 1º do art. 35; *(Redação dada pelo Decreto n. 5.860, de 26.7.06, DOU 27.7.06)*

VII — requerimento formal do trabalhador ao Administrador do FMP-FGTS, ou do CI-FGTS, ou por meio de outra forma estabelecida pelo Agente Operador do FGTS, no caso previsto no inciso XII do art. 35, garantida, sempre, a aquiescência do titular da conta vinculada; e *(Redação dada pelo Decreto n. 5.860, de 26.7.06, DOU 27.7.06)*

VIII — atestado de diagnóstico assinado por médico, devidamente identificado por seu registro profissional, emitido na conformidade das normas dos Conselhos Federal e Regional de Medicina, com identificação de patologia consignada no Código Internacional de Doenças — CID, e descritivo dos sintomas ou do histórico patológico pelo qual se identifique que o trabalhador ou dependente seu é portador de neoplasia maligna, do vírus HIV ou que caracterize estágio terminal de vida em razão de doença grave, nos casos dos incisos XI, XIII e XIV do art. 35. *(Acrescentado pelo Decreto n. 5.860, de 26.7.06, DOU 27.7.06)*

PARÁGRAFO ÚNICO. A apresentação dos documentos de que tratam os incisos I e IV do *caput* deste artigo poderá ser suprida pela comunicação para fins de autorização da movimentação da conta vinculada do trabalhador, realizada com uso de certificação digital e em conformidade com os critérios estabelecidos pelo Agente Operador do FGTS. (NR)

Art. 37. O saque de recursos na conta vinculada incluirá, obrigatoriamente, os valores nela depositados no mês do evento, mesmo que ainda não tenham sido creditados.

Art. 38. O saldo da conta vinculada do trabalhador que vier a falecer será pago a seu dependente, para esse fim habilitado perante a Previdência Social, independentemente de autorização judicial.

§ 1º Havendo mais de um dependente habilitado, o pagamento será feito de acordo com os critérios adotados pela Previdência Social para a concessão de pensão por morte.

§ 2º As cotas atribuídas a menores ficarão depositadas em caderneta de poupança e, salvo autorização judicial, só serão disponíveis após o menor completar dezoito anos.

§ 3º Na falta de dependentes, farão jus ao recebimento do saldo da conta vinculada os sucessores do trabalhador, na forma prevista no Código Civil, indicados em alvará judicial, expedido a requerimento do interessado, independentemente de inventário ou arrolamento.

Art. 39. O direito de utilizar os recursos creditados em conta vinculada em nome do trabalhador não poderá ser exercido simultaneamente para a aquisição de mais de um imóvel.

Art. 40. O imóvel, adquirido com a utilização do FGTS, somente poderá ser objeto de outra operação com recursos do Fundo na forma que vier a ser disciplinada pelo Conselho Curador.

Art. 41. A solicitação de saque da conta vinculada será atendida no prazo de cinco dias úteis, quando o documento for entregue na agência onde o empregador tenha efetuado o depósito do FGTS.

§ 1º Compete à CEF expedir instruções fixando prazo para os casos em que a entrega do documento não ocorra na agência mantenedora da conta ou quando o sacador solicitar que o saque seja liberado em outra agência, ou, ainda, quando o sacador optar pelo saque após o crédito de juros e atualização monetária relativos ao mês em que se verificar o pedido.

§ 2º Decorrido o prazo, sobre o valor do saque incidirá atualização monetária com base nos índices de variação do BTN Fiscal, ou outro que vier a sucedê-lo, ou, ainda, a critério do Conselho Curador, por outro indicador da inflação diária.

§ 3º No caso de valor aplicado em FMP-FGTS, e para os fins previstos nos incisos IV, VI e VII do art. 35, o prazo de cinco dias contar-se-á a partir do retorno do valor resultante da aplicação à conta vinculada e não da data da solicitação. *(Acrescentado pelo Dec. n. 2.430, de 17.12.97, DOU 18.12.97)*

Art. 42. A movimentação da conta vinculada do FGTS por menor de dezoito anos dependerá da assistência do responsável legal.

Capítulo VII
Do Certificado de Regularidade

Art. 43. A regularidade da situação do empregador perante o FGTS será comprovada pelo Certificado de Regularidade do FGTS, com validade em todo o território nacional, a ser fornecido pela CEF, mediante solicitação.

Art. 44. A apresentação do Certificado de Regularidade do FGTS é obrigatória para:

I — habilitação em licitação promovida por órgãos da Administração Pública direta, indireta ou fundacional e por empresas controladas direta ou indiretamente pela União, pelos Estados, pelo Distrito Federal e pelos Municípios;

II — obtenção de empréstimos ou financiamentos junto a quaisquer instituições financeiras públicas, por parte de órgãos e entidades da Administração Pública direta, indireta ou fundacional, bem assim empresas controladas direta ou indiretamente pela União, pelos Estados, pelo Distrito Federal e pelos Municípios;

III — obtenção de favores creditícios, isenções, subsídios, auxílios, outorga ou concessão de serviços ou quaisquer outros benefícios concedidos por órgão da Administração Pública Federal, dos Estados, do Distrito Federal e dos Municípios, salvo quando destinados a saldar débitos para com o FGTS;

IV — transferência de domicílio para o exterior; e

V — registro ou arquivamento, nos órgãos competentes, de alteração ou distrato de contrato social, de estatuto, ou de qualquer documento que implique modificação na estrutura jurídica do empregador ou na extinção da empresa.

Art. 45. Para obter o Certificado de Regularidade, o empregador deverá satisfazer as seguintes condições:

I — estar em dia com as obrigações para com o FGTS; e

II — estar em dia com o pagamento de prestação de empréstimos lastreados em recursos do FGTS.

Art. 46. O Certificado de Regularidade terá validade de até seis meses contados da data da sua emissão.

§ 1º No caso de parcelamento de débito, a validade será de trinta dias.

§ 2º Havendo antecipação no pagamento de parcelas, o Certificado terá validade igual ao período correspondente às prestações antecipadas, observado o prazo máximo de seis meses.

Capítulo VIII
Das Infrações e das Penalidades

Art. 47. Constituem infrações à Lei n. 8.036, de 1990:

I — não depositar mensalmente a parcela referente ao FGTS;

II — omitir informações sobre a conta vinculada do trabalhador;

III — apresentar informações ao Cadastro Nacional do Trabalhador, dos trabalhadores beneficiários, com erros ou omissões;

IV — deixar de computar, para efeito de cálculo dos depósitos do FGTS, parcela componente da remuneração;

V — deixar de efetuar os depósitos com os acréscimos legais, após notificado pela fiscalização.

PARÁGRAFO ÚNICO. Por trabalhador prejudicado o infrator estará sujeito às seguintes multas:

a) de dois a cinco BTNs, nos casos dos incisos II e III; e

Legislação Complementar

b) de dez a cem BTNs, nos casos dos incisos I, IV e V.

Art. 48. Nos casos de fraude, simulação, artifício, ardil, resistência, embaraço ou desacato à fiscalização, assim como na reincidência, a multa especificada no artigo anterior será duplicada, sem prejuízo das demais cominações legais.

Art. 49. Os valores das multas, quando não recolhidas no prazo legal, serão atualizadas monetariamente pelo BTN Fiscal até a data de seu efetivo pagamento.

Art. 50. O empregador em mora para com o FGTS não poderá, sem prejuízo de outras disposições legais (Decreto-lei n. 368, de 14 de dezembro de 1968, art. 1º):

I — pagar honorário, gratificação, *pro labore*, ou qualquer tipo de retribuição ou retirada a seus diretores, sócios, gerentes ou titulares de firma individual; e

II — distribuir quaisquer lucros, bonificações, dividendos ou interesses a seus sócios, titulares, acionistas, ou membros de órgãos dirigentes, fiscais ou consultivos.

Art. 51. O empregador em mora contumaz com o FGTS não poderá receber qualquer benefício de natureza fiscal, tributária ou financeira, por parte de órgão da União, dos Estados, do Distrito Federal ou dos Municípios, ou de que estes participem (Decreto-lei n. 368, de 1968, art. 2º).

§ 1º Considera-se mora contumaz o não pagamento de valores devidos ao FGTS por período igual ou superior a três meses, sem motivo grave ou relevante, excluídas as causas pertinentes ao risco do empreendimento.

§ 2º Não se incluem na proibição deste artigo as operações destinadas à liquidação dos débitos existentes para com o FGTS, o que deverá ser expressamente consignado em documento firmado pelo responsável legal da empresa, como justificação do crédito.

Art. 52. Pela infração ao disposto nos incisos I e II do art. 50, os diretores, sócios, gerentes, membros de órgãos fiscais ou consultivos, titulares de firma individual ou quaisquer outros dirigentes de empresa estão sujeitos à pena de detenção de um mês a um ano (Decreto-lei n. 368, de 1968, art. 4º).

PARÁGRAFO ÚNICO. Apurada a infração prevista neste artigo, a autoridade competente do INSS representará, sob pena de responsabilidade, ao Ministério Público, para a instauração da competente ação penal.

Art. 53. Por descumprimento ou inobservância de qualquer das obrigações que lhe compete como agente arrecadador, pagador ou mantenedor do cadastro de contas vinculadas, na forma que vier a ser disciplinada pelo Conselho Curador, fica o banco depositário sujeito ao pagamento de multa equivalente a dez por cento do montante da conta do empregado, independentemente das demais cominações legais.

Capítulo IX
Da Fiscalização

Art. 54. Compete ao Ministério do Trabalho e da Previdência Social — MTPS, por intermédio do INSS, exercer a fiscalização do cumprimento do disposto na Lei n. 8.036, de 1990, de acordo com este regulamento e os arts. 626 a 642 da CLT, especialmente quanto à apuração dos débitos e das infrações praticadas pelos empregadores.

— v. L. n. 8.844, de 20.1.94, vide art. 23, da Lei n. 8.036/90, p. 233

Art. 55. O processo de fiscalização, de autuação e de imposição de multas reger-se-á pelo disposto no Título VII da CLT, respeitado o privilégio do FGTS à prescrição trintenária.

Nota: Artigo considerado inconstitucional pelo Supremo Tribunal Federal na ARE/709212, Rel. Min. Gilmar Mendes, DJ/STF n. 235, de 1.12.14, conforme nota constante no art. 23, § 5º, da Lei n. 8.036/90. A prescrição passou a ser regida, na forma do art. 7º, XXIX, da CF, sendo que, quanto à modulação, o Tribunal, por maioria, atribuiu à decisão efeitos *ex nunc*.

Art. 56. A penalidade de multa será aplicada pelo Gerente de Atendimento de Relações de Emprego, do INSS, mediante decisão fundamentada, lançada em processo administrativo, assegurada ampla defesa ao autuado.

PARÁGRAFO ÚNICO. Na fixação da penalidade a autoridade administrativa levará em conta as circunstâncias e consequências da infração, bem como ser o infrator primário ou reincidente, a sua situação econômico-financeira e os meios ao seu alcance para cumprir a lei.

Art. 57. Quando julgado procedente o recurso interposto na forma do art. 636 da CLT, os depósitos efetuados para garantia de instância serão restituídos com os valores atualizados na forma da Lei.

Art. 58. A rede arrecadadora e a CEF deverão prestar ao MTPS as informações necessárias à fiscalização.

Capítulo X
Do Fundo e do seu Exercício Financeiro

Art. 59. O FGTS é constituído pelos saldos das contas vinculadas e outros recursos a ele incorporados.

PARÁGRAFO ÚNICO. Constituem recursos incorporados ao FGTS:

a) eventuais saldos apurados nos termos do art. 68;

b) dotações orçamentárias específicas;

c) resultados de aplicações;

d) multas, correção monetária e juros moratórios auferidos; e

e) outras receitas patrimoniais e financeiras.

Art. 60. O exercício financeiro do FGTS será de 1º de janeiro a 31 de dezembro.

§ 1º No final de cada exercício financeiro será realizado balanço anual do FGTS.

§ 2º As contas do FGTS serão escrituradas em registros contábeis próprios.

Capítulo XI
Da Aplicação dos Recursos

Art. 61. As aplicações com recursos do FGTS poderão ser realizadas diretamente pela CEF, pelos demais órgãos integrantes do SFH e pelas entidades para esse fim credenciadas pelo Banco Central do Brasil como agentes financeiros, exclusivamente segundo critérios fixados pelo Conselho Curador, mediante operações em que sejam assegurados:

I — garantia real;

II — correção monetária igual à das contas vinculadas;

III — taxa de juros média mínima, por projeto, de três por cento ao ano; e

IV — prazo máximo de retorno de vinte e cinco anos.

§ 1º A rentabilidade média das aplicações deverá ser suficiente à cobertura de todos os custos incorridos pelo Fundo e ainda à formação de reserva técnica para o atendimento de gastos eventuais não previstos, sendo da CEF o risco de crédito.

§ 2º Os recursos do FGTS deverão ser aplicados em habitação, saneamento básico e infraestrutura urbana, sem prejuízo das disponibilidades financeiras que deverão ser mantidas em volume que satisfaça às condições de liquidez e à remuneração mínima necessária à preservação do poder aquisitivo da moeda.

§ 3º O programa de aplicações deverá destinar, no mínimo, sessenta por cento para investimentos em habitação popular.

§ 4º O Conselho Curador definirá o conceito de habitação popular considerando, em especial, a renda das famílias a serem atendidas.

§ 5º Os projetos de saneamento básico e infraestrutura urbana, financiados com recursos do FGTS, deverão ser complementares aos programas habitacionais.

§ 6º Nos financiamentos concedidos à pessoa jurídica de direito público será exigida garantia real ou vinculação de receitas.

Art. 62. O Conselho Curador fixará diretrizes e estabelecerá critérios técnicos para as aplicações dos recursos do FGTS, de forma que sejam:

I — exigida a participação dos contratantes de financiamentos nos investimentos a serem realizados;

II — assegurado o cumprimento, por parte dos contratantes, das obrigações decorrentes dos financiamentos obtidos; e

III — evitadas distorções na aplicação entre as regiões do País, considerando para tanto a demanda habitacional, a população e outros indicadores sociais.

Capítulo XII
Do Conselho Curador do FGTS

Art. 63. O FGTS será regido segundo normas e diretrizes estabelecidas por um Conselho Curador.

Art. 64. Ao Conselho Curador compete:

I — estabelecer as diretrizes e os programas de alocação de todos os recursos do FGTS, de acordo com os critérios definidos na Lei n. 8.036, de 1990, em consonância com a política nacional de desenvolvimento urbano e as políticas setoriais de habitação popular, saneamento básico e infraestrutura urbana estabelecidas pelo Governo Federal;

II — apreciar e aprovar os programas anuais e plurianuais do FGTS;

III — acompanhar e avaliar a gestão econômica e financeira dos recursos, bem como os ganhos sociais e o desempenho dos programas aprovados;

IV — pronunciar-se sobre as contas do FGTS, antes do seu encaminhamento aos órgãos de controle interno;

V — adotar as providências cabíveis para a correção de atos do MAS e da CEF, que prejudiquem o desempenho e o cumprimento das finalidades a que se destinam os recursos do FGTS;

VI — dirimir dúvidas quanto à aplicação das normas regulamentares, relativas ao FGTS, nas matérias de sua competência;

VII — fixar as normas e valores de remuneração do Agente Operador e dos agentes financeiros;

VIII — fixar critérios para o parcelamento de recolhimentos em atraso;

IX — fixar critérios e valor de remuneração da entidade ou órgão encarregado da fiscalização;

X — divulgar, no Diário Oficial da União, todas as decisões proferidas pelo Conselho, bem como as contas do FGTS e os respectivos pareceres emitidos; e

XI — aprovar seu regimento interno.

Art. 65. O Conselho Curador do FGTS, presidido pelo Ministro de Estado do Trabalho e da Previdência Social, tem a seguinte composição:

I — Ministro de Estado da Economia, Fazenda e Planejamento;

II — Ministro de Estado da Ação Social;

III — Presidente do Banco Central do Brasil;

IV — Presidente da Caixa Econômica Federal;

V — três representantes dos trabalhadores; e

VI — três representantes dos empregadores.

§ 1º Os representantes dos trabalhadores e dos empregadores, bem como os seus suplentes, serão indicados pelas respectivas centrais sindicais e confederações nacionais e nomeados pelo Ministro de Estado do Trabalho e da Previdência Social, com mandato de dois anos, permitida a recondução uma vez.

§ 2º Os presidentes das entidades referidas nos incisos III e IV indicarão seus suplentes ao Presidente do Conselho Curador, que os nomeará.

§ 3º O Conselho Curador reunir-se-á ordinariamente, a cada bimestre, mediante convocação de seu Presidente. Esgotado esse período, não tendo ocorrido convocação, qualquer de seus membros poderá fazê-la, no prazo de quinze dias. Havendo necessidade, qualquer membro poderá convocar reunião extraordinária, na forma do Regimento Interno.

§ 4º As decisões do Conselho Curador serão tomadas por maioria simples, com a presença de, no mínimo, sete de seus membros, tendo o Presidente voto de qualidade.

§ 5º As despesas necessárias para o comparecimento às reuniões do Conselho Curador constituirão ônus das respectivas entidades representadas.

§ 6º As ausências ao trabalho dos representantes dos trabalhadores no Conselho Curador, decorrentes das atividades desse órgão, serão abonadas, computando-se como jornada efetivamente trabalhada para todos os fins e efeitos legais.

§ 7º Competirá ao MTPS proporcionar, ao Conselho Curador, os meios necessários ao exercício de sua competência, para o que contará com uma Secretaria Executiva do Conselho Curador do FGTS.

§ 8º Aos membros efetivos do Conselho Curador e aos seus suplentes, enquanto representantes dos trabalhadores, é assegurada a estabilidade no emprego, da nomeação até um ano após o término do mandato, somente podendo ser demitidos por motivo de falta grave, regularmente comprovada.

§ 9º As funções de membro do Conselho Curador não serão remuneradas, sendo o seu exercício considerado serviço relevante.

Capítulo XIII
Do Gestor da Aplicação do FGTS

Art. 66. Ao Ministério do Planejamento e Orçamento, na qualidade de Gestor da aplicação dos recursos do FGTS, compete:

I — praticar todos os atos necessários à gestão da aplicação do FGTS, de acordo com as diretrizes e programas estabelecidos pelo Conselho Curador;

II — expedir atos normativos relativos à alocação dos recursos para implementação dos programas aprovados pelo Conselho Curador;

III — definir as metas a serem alcançadas pelos programas de habitação popular, saneamento básico e infraestrutura urbana;

IV — estabelecer os critérios, procedimentos e parâmetros básicos para análise, seleção, contratação, acompanhamento e avaliação dos projetos a serem financiados com recursos do FGTS, com observância dos objetivos da política nacional de desenvolvimento urbano e das políticas setoriais de habitação popular, saneamento básico e infraestrutura urbana, estabelecidas pelo Governo Federal;

V — definir as prioridades, a metodologia e os parâmetros básicos que nortearão a elaboração dos orçamentos e planos plurianuais de aplicação dos recursos do FGTS;

VI — elaborar orçamentos anuais e planos plurianuais de aplicação dos recursos, discriminando-os por unidade da Federação e submetendo-os, até 31 de julho de cada ano, ao Conselho Curador;

VII — acompanhar a execução dos programas de habitação popular, saneamento básico e infraestrutura urbana, decorrentes da aplicação dos recursos do FGTS, implementadas pelo Agente Operador;

VIII — subsidiar o Conselho Curador com estudos técnicos necessários ao aprimoramento dos programas de habitação popular, saneamento e infraestrutura urbana;

IX — submeter ao Conselho Curador as contas do FGTS.

PARÁGRAFO ÚNICO. O Gestor da aplicação poderá firmar convênios com os Governos dos Estados e do Distrito Federal para, por intermédio e instâncias colegiadas constituídas de representantes do governo estadual, dos governos municipais, quando houver, e da sociedade civil, em igual número, enquadrar, hierarquizar os pleitos de operações de crédito com recursos do FGTS. *(Redação dada pelo Dec. n. 1.522, de 13.6.95, DOU 14.6.95)*

Capítulo XIV
Do Agente Operador do FGTS

Art. 67. Cabe à CEF, na qualidade de Agente Operador do FGTS:

I — centralizar os recursos do FGTS, participar da rede incumbida de sua arrecadação, manter e controlar as contas vinculadas e emitir regularmente os extratos individuais correspondentes;

II — definir os procedimentos operacionais necessários à execução dos programas de habitação popular, saneamento básico e infraestrutura urbana e ao cumprimento das resoluções do Conselho Curador e dos atos normativos do Gestor da aplicação do FGTS;

III — expedir atos normativos referentes aos procedimentos administrativos e operacionais dos bancos depositários, dos agentes financeiros e promotores, dos tomadores dos recursos, dos empregadores e dos trabalhadores, integrantes do sistema do FGTS;

IV — analisar, sob os aspectos jurídico e de viabilidade técnica, econômica e financeira, os projetos de habitação popular, infraestrutura urbana e saneamento básico a serem financiados com recursos do FGTS;

V — avaliar o desempenho e a capacidade econômico-financeira dos agentes envolvidos nas operações de crédito com recursos do FGTS;

VI — conceder os créditos para as operações previamente selecionadas e hierarquizadas, desde que consideradas viáveis, de acordo com o disposto no inciso IV deste artigo, responsabilizando-se pelo acompanhamento de sua execução e zelando pela correta aplicação dos recursos;

VII — formalizar convênios com a rede bancária para recebimento e pagamento do FGTS, em conformidade com o disposto pelo Conselho Curador;

VIII — celebrar convênios e contratos, visando à aplicação de recursos do FGTS, em conformidade com o disposto pelo Conselho Curador;

IX — elaborar as contas do FGTS, encaminhando-as ao Gestor da aplicação;

X — implementar os atos do Gestor relativos à alocação e à aplicação dos recursos do FGTS, de acordo com as diretrizes estabelecidas pelo Conselho Curador;

XI — emitir Certificado de Regularidade do FGTS;

XII — apresentar relatórios gerenciais periódicos e, sempre que solicitadas, outras informações, com a finalidade de proporcionar ao Gestor da aplicação e ao Conselho Curador meios para avaliar o desempenho dos programas, nos seus aspectos físico, econômico-financeiro, social e institucional, e sua conformidade com as diretrizes governamentais; *(Este artigo foi alterado pelo Dec. n. 1.522, de 13.6.95, DOU 14.6.95)*

XIII — expedir atos normativos referentes aos procedimentos administrativo-operacionais a serem observados pelos agentes administradores dos FMP-FGTS e dos CI-FGTS, no que se refere às questões relacionadas ao cadastramento, ao fluxo de informações das movimentações e a resgates de cotas;(*)

XIV — determinar aos administradores dos FMP-FGTS e dos CI-FGTS o retorno das aplicações ao FGTS, nos casos de falecimento do titular, de aquisição de casa própria, de amortização ou liquidação de saldo devedor de financiamento do SFH e para o cumprimento de ordem judicial.(*) *(Acrescentados pelo Dec. n. 2.430, de 17.12.97, DOU 18.12.97)*

Art. 68. Os resultados financeiros auferidos pela CEF, no período entre o repasse dos bancos e o depósito nas contas vinculadas dos trabalhadores, destinar-se-ão à cobertura das despesas de administração do FGTS e ao pagamento da tarifa aos bancos depositários, devendo os eventuais saldos ser incorporados ao patrimônio do Fundo, nos termos do art. 59, parágrafo único, alínea *a*.

Capítulo XV
Das Disposições Gerais

Art. 69. É competente a Justiça do Trabalho para julgar os dissídios entre os trabalhadores e os empregadores, decorrentes da aplicação da Lei n. 8.036, de 1990, mesmo quando a União e a CEF figurarem como litisconsortes.

PARÁGRAFO ÚNICO. Nas reclamatórias trabalhistas que objetivem o ressarcimento de parcelas relativas ao FGTS, ou que, direta ou indiretamente, impliquem essa obrigação, o juiz determinará que a empresa sucumbente proceda ao recolhimento imediato das importâncias devidas a tal título.

Art. 70. Poderá o próprio trabalhador, seus dependentes e sucessores, ou, ainda, o sindicato a que estiver vinculado, acionar diretamente a empresa para compeli-la a efetuar o depósito das importâncias devidas nos termos da Lei n. 8.036, de 1990.

PARÁGRAFO ÚNICO. A União e a CEF deverão ser notificadas da propositura da reclamação.

Art. 71. São isentos de tributos federais os atos e operações necessários à aplicação da Lei n. 8.036, de 1990, quando praticados pela CEF, pelos trabalhadores e seus dependentes ou sucessores, pelos empregadores e pelos estabelecimentos bancários.

PARÁGRAFO ÚNICO. Aplica-se o disposto neste artigo às importâncias devidas, nos termos da Lei n. 8.036, de 1990, aos trabalhadores e seus dependentes ou sucessores.

Art. 72. É facultado à entidade sindical representar os trabalhadores junto ao empregador, ao banco depositário ou à CEF, para obtenção de informações relativas ao FGTS.

Art. 73. É facultado ao empregador desobrigar-se da responsabilidade da indenização relativa ao tempo de serviço anterior à opção, depositando na conta vinculada do trabalhador, até o último dia útil do mês previsto em lei para o pagamento de salário, o valor correspondente à indenização, aplicando-se ao depósito, no que couber, as disposições da Lei n. 8.036, de 1990, e deste Regulamento.

Capítulo XVI
Das Disposições Finais e Transitórias

Art. 74. O MAS, a CEF e o Conselho Curador serão responsáveis pelo fiel cumprimento e observância dos critérios estabelecidos na Lei n. 8.036, de 1990, e neste regulamento.

Art. 75. O Conselho Curador expedirá os atos necessários para que seja resguardada a integridade dos direitos do trabalhador, notadamente no que se refere à atualização dos respectivos créditos e à exata informação, quando da centralização das contas do FGTS na CEF.

Art. 76. Os trabalhadores admitidos a termo e os temporários, cujos contratos se extinguiram durante a vigência da Lei n. 7.839, de 12 de outubro de 1989, poderão movimentar suas contas vinculadas relativas a esses contratos, cabendo aos então empregadores fornecer os documentos necessários para o levantamento dos respectivos valores.

Art. 77. O disposto no art. 7º se aplica aos diretores não empregados das autarquias em regime especial e fundações sob supervisão ministerial (Lei n. 6.919, de 1981).

Art. 78. O MAS e a CEF deverão dar pleno cumprimento aos programas anuais em andamento, aprovados pelo Conselho Curador, sendo que eventuais alterações somente poderão ser processadas mediante prévia anuência daquele colegiado.

Art. 79. Até que se cumpra o disposto no art. 29 do Ato das Disposições Constitucionais Transitórias, cabe à Procuradoria-Geral da Fazenda Nacional promover a execução judicial dos créditos da União decorrentes da aplicação de penalidades previstas na Lei n. 8.036, de 1990.

RESOLUÇÃO CC/FGTS N. 28, DE 6 DE FEVEREIRO DE 1991

(DOU 13.2.1991)

Esclarece que, nos casos de despedida sem justa causa, o empregador deve pagar diretamente ao trabalhador importância igual a quarenta por cento do montante de todos os depósitos realizados na conta vinculada durante a vigência do contrato de trabalho, atualizados monetariamente e acrescidos dos respectivos juros, não sendo permitida a dedução dos saques ocorridos

O CONSELHO CURADOR DO FUNDO DE GARANTIA DO TEMPO DE SERVIÇO — FGTS, com base no inciso VI do art. 5º da Lei n. 8.036, de 11 de maio de 1990;

Considerando controvérsia gerada em face à redação do § 1º do art. 9º do Decreto n. 99.684, de 8 de novembro de 1990, que regulamenta a Lei n. 8.036, de 11 de maio de 1990, com manifestações discrepantes emanadas de renomados juristas;

Considerando o elevado número de denúncias encaminhadas a diversos sindicatos sobre prejuízos financeiros causados aos trabalhadores demitidos em decorrência de interpretação restritiva do citado artigo;

Considerando a iminência e premência dos sindicatos buscarem a reparação dos danos pela via judicial, fato que, indiscutivelmente, acarretará inúmeros transtornos para a gestão do FGTS;

Considerando que o Decreto n. 99.684 incorpora diversas sugestões do Conselho Curador do FGTS, dentre estas a sistemática de cálculo da multa rescisória de 40% (quarenta por cento) e 20% (vinte por cento) e a forma de atualização de todos os depósitos efetuados na conta vinculada do trabalhador, resolve:

I — Esclarecer que, segundo o disposto no art. 18 da Lei n. 8.036, de 11 de maio de 1990, e no art. 9º do Decreto n. 99.684, de 8 de novembro de 1990, no caso de despedida sem justa causa, ainda que indireta, o empregador deve pagar diretamente ao trabalhador importância igual a quarenta por cento do montante de todos os depósitos realizados na conta vinculada durante a vigência do contrato de trabalho, atualizados monetariamente e acrescidos dos respectivos juros, não sendo permitida a dedução dos saques ocorridos.

II — Reiterar que, quando não for possível atualizar os valores de todos os depósitos efetuados, a base de cálculo para efeito de aplicação dos percentuais de quarenta e vinte por cento devidos, respectivamente, em caso de despedida sem justa causa, ainda que indireta, e despedida por culpa recíproca ou força maior será o equivalente a oito por cento da última remuneração, multiplicado pelo número de meses em que perdurou o contrato de trabalho.

III — Esta Resolução entra em vigor na data de sua publicação, revogadas as disposições em contrário.

ANTÔNIO ROGÉRIO MAGRI
Presidente

RESOLUÇÃO CC/FGTS N. 48, DE 18 DE SETEMBRO DE 1991

(DOU 24.9.1991)

Dispõe sobre a participação das entidades sindicais na fiscalização do FGTS

O CONSELHO CURADOR DO FUNDO DE GARANTIA DO TEMPO DE SERVIÇO — FGTS, na forma do artigo 5º da Lei n. 8.036, de 11 de maio de 1990;

Considerando as dimensões do País, o reduzido número de agentes fiscalizadores e a grande quantidade de empresas a serem fiscalizadas quanto aos depósitos do FGTS, que são feitos em cerca de 25 milhões de contas vinculadas;

Considerando os indícios de que vem crescendo o número de empresas inadimplentes para com o FGTS;

Considerando que, em face destas circunstâncias, é necessário buscar a parceria e a colaboração das entidades sindicais para que a ação fiscalizadora do Estado seja mais eficaz e fique mais protegido o direito dos trabalhadores ao FGTS, resolve:

I — Estimular as entidades sindicais de trabalhadores a colaborarem no controle dos depósitos nas contas vinculadas de seus representados, exercitando a faculdade que o art. 72 do Decreto n. 99.684/90, lhes assegura de, independentemente de procuração, obter informações relativas ao FGTS junto ao empregador, ao banco depositário ou à Caixa Econômica Federal.

II — Esclarecer que, não obtidas as informações referidas no item anterior ou, se obtidas, for constatado débito do empregador, a entidade sindical poderá escolher qualquer das seguintes providências, de forma sucessiva ou concomitante:

a) formular denúncia à fiscalização do trabalho, para os fins do art. 23 da Lei n. 8.036/90;

b) ingressar com reclamação trabalhista contra o empregador inadimplente, perante a Justiça do Trabalho, na condição de substituto processual, assegurada no art. 25 da Lei n. 8.036/90.

III — A faculdade da entidade sindical de obter as informações referidas no item I não abrange os atos de gestão ou de aplicação dos recursos do FGTS.

IV — Esta Resolução entra em vigor na data de sua publicação, revogadas as disposições em contrário.

JOÃO DE LIMA TEIXEIRA FILHO
Presidente em exercício

RESOLUÇÃO CC/FGTS N. 64, DE 17 DE DEZEMBRO DE 1991

(DOU 13.1.1992)

Estabelece multa para o empregador que não repassar aos empregados os extratos das contas vinculadas já centralizadas na CEF e dá outras providências

O CONSELHO CURADOR DO FUNDO DE GARANTIA DO TEMPO DE SERVIÇO — FGTS, na forma do art. 5º da Lei n. 8.036, de 11 de maio de 1990, resolve:

I — O empregador que, no prazo de 72 horas, não repassar aos empregados os extratos de contas vinculadas encaminhados pela Caixa Econômica Federal — CEF, relativamente às contas já centralizadas, fica sujeito à multa de Cr$ 860,00 (oitocentos e sessenta cruzeiros) a Cr$ 2.150,00 (dois mil, cento e cinquenta cruzeiros), em favor do trabalhador prejudicado, a ser cobrada judicialmente, pelo interessado ou pelo respectivo sindicato profissional, na condição de substituto processual.

II — O valor da multa, cuja fixação a Justiça do Trabalho decidirá de acordo com a intensidade e reincidência da falta, será reajustado mensalmente pela variação do índice de remuneração básica dos depósitos de poupança.

III — Aplica-se o disposto no item anterior aos extratos encaminhados pelos bancos depositários aos empregadores, relativamente às contas ainda não centralizadas na CEF.

IV — Ficam suspensos os efeitos do item II da Resolução n. 49, de 12 de novembro de 1991, até posterior deliberação.

V — Esta Resolução entra em vigor na data de sua publicação.

JOÃO DE LIMA TEIXEIRA FILHO
Presidente em exercício

LEI N. 10.555, DE 13 DE NOVEMBRO DE 2002

(DOU 14.11.2002)

Autoriza condições especiais para o crédito de valores iguais ou inferiores a R$ 100,00, de que trata a Lei Complementar n. 110, de 29 de junho de 2001, e dá outras providências

Faço saber que o Presidente da República adotou a Medida Provisória n. 55, de 2002, que o Congresso Nacional aprovou, e eu, Ramez Tebet, Presidente da Mesa do Congresso Nacional, para os efeitos do disposto no art. 62 da Constituição Federal, com a redação dada pela Emenda Constitucional n. 32, de 2001, promulgo a seguinte Lei:

Art. 1º Fica a Caixa Econômica Federal autorizada a creditar em contas vinculadas específicas do Fundo de Garantia do Tempo de Serviço — FGTS, a expensas do próprio Fundo, os valores do complemento de atualização monetária de que trata o art. 4º da Lei Complementar n. 110, de 29 de junho de 2001, cuja importância, em 10 de julho de 2001, seja igual ou inferior a R$ 100,00 (cem reais).

§ 1º A adesão de que trata o art. 4º da Lei Complementar n. 110, de 2001, em relação às contas a que se refere o *caput*, será caracterizada no ato de recebimento do valor creditado na conta vinculada, dispensada a comprovação das condições de saque previstas no art. 20 da Lei n. 8.036, de 11 de maio de 1990.

§ 2º Caso a adesão não se realize até o final do prazo regulamentar para o seu exercício, o crédito será imediatamente revertido ao FGTS.

Art. 2º O titular de conta vinculada do FGTS, com idade igual ou superior a sessenta anos ou que vier a completar essa idade a qualquer tempo, fará jus ao crédito do complemento de atualização monetária de que trata a Lei Complementar n. 110, de 2001, com a redução nela prevista, em parcela única, desde que tenha firmado o termo de adesão de que trata o art. 6º da mencionada Lei Complementar. *(NR) (Redação dada pela Lei n 10.936(*), de 12.8.04, DOU 13.8.04)*

Art. 2º-A. O beneficiário de titular de conta vinculada do FGTS, falecido, terá direito ao crédito do complemento de atualização monetária de que trata a Lei Complementar n. 110, de 2001, com a redução nela prevista, em parcela única, desde que tenha sido firmado pelo beneficiário ou pelo próprio titular o termo de adesão de que trata o art. 6º da mencionada Lei Complementar. *(NR) — (Acrescentado pela Lei n 10.936 (*), de 12.8.04, DOU 13.8.04)*

Obs: Os arts. 3º e 4º da Lei n. 10.936 dispõem:

Art. 3º O titular de que trata o art. 2º da Lei n. 10.555, de 2002, terá direito ao crédito nele referido no mês seguinte ao de publicação desta Lei ou no mês subsequente ao que completar sessenta anos.

Art. 4º O beneficiário de que trata o art. 2º-A da Lei n. 10.555, de 2002, terá direito ao crédito nele referido após trinta dias da publicação desta Lei ou de falecimento do titular da conta vinculada do FGTS.

Art. 3º Esta Lei entra em vigor na data de sua publicação.

Congresso Nacional, em 13 de novembro de 2002; 181º da Independência e 114º da República.

SENADOR RAMEZ TEBET
Presidente da Mesa do Congresso Nacional

LEI N. 8.406, DE 9 DE JANEIRO DE 1992

(DOU 10.1.1992)

Dispõe sobre a publicação de informações relativas ao Fundo de Garantia do Tempo de Serviço — FGTS pelo Ministério do Trabalho e da Previdência Social e pela Caixa Econômica Federal

O PRESIDENTE DA REPÚBLICA,

Faço saber que o Congresso Nacional decreta e eu sanciono a seguinte Lei:

Art. 1º O Ministério do Trabalho e da Previdência Social — MTPS elaborará e imprimirá, após aprovação pelo Conselho Curador do Fundo de Garantia do Tempo de Serviço — FGTS, manual com as informações básicas acerca do Fundo, discriminando especialmente:

I — definição dos objetivos do Fundo;

II — possibilidades de utilização dos recursos depositados;

III — responsáveis pela administração do Fundo e pelas informações a ele relativas;

IV — faculdade que tem o trabalhador, ou seus dependentes e sucessores, ou ainda o sindicato de sua categoria profissional para denunciar:

a) o empregador omisso no cumprimento da legislação relativa ao Fundo;

b) o estabelecimento bancário pela omissão na liberação dos recursos e na prestação das informações devidas na forma da legislação pertinente.

V — faculdade para acionar judicialmente a empresa ou o banco omisso;

VI — documentos de que dispõe o trabalhador para acompanhar e fiscalizar os pagamentos das contribuições devidas ao Fundo.

PARÁGRAFO ÚNICO. O manual a que se refere este artigo será distribuído pelo Ministério do Trabalho e da Previdência Social no momento da emissão da Carteira de Trabalho e Previdência Social.

Art. 2º O verso do extrato do Fundo de Garantia do Tempo de Serviço, fornecido pela Caixa Econômica Federal a cada trabalhador por força da Lei n. 8.036, de 11 de maio de 1990, deverá conter informações atualizadas, especialmente quanto:

I — às hipóteses de saques;

II — aos critérios para atualização dos recursos;

III — aos procedimentos para o levantamento dos depósitos.

PARÁGRAFO ÚNICO. Até que seja concluída a centralização das contas do FGTS na Caixa Econômica Federal, os extratos contendo as informações atualizadas serão fornecidos pelos respectivos bancos depositários.

Art. 3º Esta Lei entra em vigor na data de sua publicação.

Art. 4º Revogam-se disposições em contrário.

Brasília, 9 de janeiro de 1992; 171º da Independência e 104º da República.

FERNANDO COLLOR
MARCÍLIO MARQUES MOREIRA
ANTÔNIO MAGRI

LEI N. 11.491, DE 20 DE JUNHO DE 2007

(DOU 21.6.07, Retificada DOU 22.6.2007)

Institui o Fundo de Investimento do Fundo de Garantia do Tempo de Serviço — FI-FGTS, altera a Lei n. 8.036, de 11 de maio de 1990, e dá outras providências

— v. Resolução n. 545, de 11.12.07 (DOU 12.12.07), do Conselho Curador do Fundo de Garantia do Tempo de Serviço — FGTS que constitui o Comitê de Investimento do Fundo de Investimento do Fundo de Garantia do Tempo de Serviço — FI-FGTS e dá outras providências. (não publicada nesta obra)

— v. Resolução n. 553, de 20 de dezembro de 2007 (DOU 24.12.07), do Conselho Curador do Fundo de Garantia por Tempo de Serviço — FGTS que aprova o regulamento do Fundo de investimento do Fundo de Garantia do Tempo de Serviço — FI-FGTS. (não publicada nesta obra)

— v. Resolução n. 563, de 6 de maio de 2008 (DOU 11.6.08), do Conselho Curador do Fundo de Garantia do Tempo de Serviço que aprova alteração do Regulamento do Fundo de Investimento do Fundo de Garantia do Tempo de Serviço — FI-FGTS e dá outras providências (não publicada nesta obra)

O PRESIDENTE DA REPÚBLICA,

Faço saber que o Congresso Nacional decreta e eu sanciono a seguinte Lei:

Art. 1º Fica criado o Fundo de Investimento do Fundo de Garantia do Tempo de Serviço — FI-FGTS, caracterizado pela aplicação de recursos do FGTS, destinado a investimentos em empreendimentos dos setores de aeroportos, energia, rodovia, ferrovia, hidrovia, porto e saneamento, de acordo com as diretrizes, critérios e condições que dispuser o Conselho Curador do FGTS. (NR) *(Redação dada pela Lei n. 12.873, de 24.10.13, DOU 25.10.13)*

§ 1º O FI-FGTS terá patrimônio próprio, segregado do patrimônio do FGTS, e será disciplinado por instrução da Comissão de Valores Mobiliários — CVM.

§ 2º A administração e a gestão do FI-FGTS serão da Caixa Econômica Federal, na qualidade de Agente Operador do FGTS, cabendo ao Comitê de Investimento — CI, a ser constituído pelo Conselho Curador do FGTS, a aprovação dos investimentos.

§ 3º Na hipótese de extinção do FI-FGTS, o seu patrimônio total será distribuído aos cotistas na proporção de suas participações, observado o disposto no inciso VIII do *caput* do art. 7º e no § 8º do art. 20, ambos da Lei n. 8.036, de 11 de maio de 1990, com a redação dada por esta Lei.

Art. 2º Fica autorizada a aplicação de R$ (5.000.000.000,00 cinco bilhões de reais) do patrimônio líquido do FGTS para integralização de cotas do FI-FGTS.

PARÁGRAFO ÚNICO. Após a aplicação integral dos recursos de que trata o *caput* deste artigo, poderá a Caixa Econômica Federal propor ao Conselho Curador do FGTS a aplicação sucessiva de parcelas adicionais de até R$ 5.000.000.000,00 (cinco bilhões de reais) cada, até ser atingido o valor limite equivalente a 80% (oitenta por cento) do patrimônio líquido do FGTS registrado em 31 de dezembro do exercício anterior àquele em que se der a autorização para a integralização das cotas. *(Redação dada pela Lei n. 12.087, de 11.11.09, DOU 12.11.09)*

Art. 3º A Lei n. 8.036, de 11 de maio de 1990, passa a vigorar com as seguintes alterações: *(As alterações já foram inseridas no texto da respectiva lei)*

Art. 4º (VETADO)

Art. 5º Esta Lei entra em vigor na data de sua publicação.

Brasília, 20 de junho de 2007; 186º da Independência e 119º da República.

LUIZ INÁCIO LULA DA SILVA,
TARSO GENRO,
GUIDO MANTEGA,
FERNANDO HADDAD E
JOSÉ ANTONIO DIAS TOFFOLI

PORTARIA GM/MTE N. 854, DE 25 DE JUNHO DE 2015

(DOU 26.6.2015)

Aprova normas para a organização e tramitação dos processos de multas administrativas e de Notificação de Débito de Fundo de Garantia do Tempo de Serviço e/ou Contribuição Social.

O MINISTRO DE ESTADO DO TRABALHO E EMPREGO, no uso de suas atribuições legais; e considerando a necessidade de expedir instruções para a execução do disposto no Título VII da Consolidação das Leis do Trabalho, e tendo em vista o disposto na Lei n. 9.784, de 29 de janeiro de 1999, bem como o § 1º do art. 23 da Lei n. 8.036, de 11 de maio de 1990, resolve:

Capítulo I
Da Organização do Processo

Art. 1º Os processos administrativos de aplicação de multas e de notificação de débito do fundo de garantia e da contribuição social iniciar-se-ão com a lavratura do auto de infração e a emissão da notificação de débito de fundo de garantia do tempo de serviço e da contribuição social, respectivamente.

Art. 2º Na organização e instrução do processo administrativo, serão observados os seguintes procedimentos:

I — os autos de infração e as notificações de débito serão protocolizados no setor competente;

II — cada auto de infração ou notificação de débito originará um processo administrativo;

III — o número de protocolo será sempre o mesmo, ainda quando o processo seja remetido a outro órgão ou instância superior;

IV — as informações, despachos, termos, pareceres, documentos e demais peças do processo serão dispostos em ordem cronológica da entrada no processo, devendo ter suas páginas numeradas sequencialmente e rubricadas;

V — a remissão a qualquer documento constante de outro processo em tramitação no âmbito do MTE far-se-á mediante a indicação do número do processo e do número da folha em que se encontra, além da transcrição do teor ou juntada da cópia;

VI — nas informações e despachos, cuidar-se-á para que:

a) a escrita seja legível e em vernáculo;

b) a redação seja clara, concisa, precisa e a linguagem isenta de agressão e parcialidade;

c) conste se houve defesa e se esta foi apresentada dentro ou fora do prazo previsto.

VII — a conclusão das informações ou despachos conterá:

a) a denominação da unidade em que tem exercício o servidor, permitida a abreviatura;

b) data;

c) assinatura ou chancela eletrônica e nome do servidor com o cargo ou função.

VIII — Será disponibilizado para consulta, na página oficial do MTE, o trâmite processual de todos os processos de auto de infração.

Art. 3º Serão cancelados do processo, pela autoridade competente, expressões consideradas descorteses ou injuriosas.

Art. 4º Os atos e termos procedimentais, quando a lei não prescrever forma determinada, conterão somente o indispensável a sua finalidade.

Art. 5º Os atos do processo realizados pela administração, observadas as normas de segurança e controle de uso dispostos nesta Portaria, poderão ser subscritos por chancela eletrônica, a critério do Chefe da Unidade de Multas e Recursos das Superintendências Regionais do Trabalho e Emprego e do Secretário de Inspeção do Trabalho.

§ 1º A chancela eletrônica deverá ser a reprodução exata de assinatura de próprio punho e descrição do nome e cargo do agente competente, com o emprego de recursos da informática.

§ 2º Fica vedada a utilização da chancela eletrônica para outros fins que não aqueles previstos no *caput* deste artigo.

Art. 6º Compete à Chefia da Unidade de Multas e Recursos, na primeira instância decisória, solicitar a prévia habilitação e o cadastramento da chancela eletrônica junto ao Coordenador-Geral de Recursos, bem assim requerer o imediato cancelamento, desativação ou substituição, na hipótese de afastamento ou impedimento do titular da chancela.

Art. 7º Compete ao Coordenador-Geral de Recursos, na segunda instância decisória, solicitar a prévia habilitação e o cadastramento da chancela eletrônica junto ao Secretário da Inspeção do Trabalho, bem assim requerer o imediato cancelamento, desativação ou substituição, na hipótese de afastamento ou impedimento do titular da chancela.

PARÁGRAFO ÚNICO. Para a chancela eletrônica serão habilitados apenas 02 (dois) titulares para cada unidade organizacional, devendo o responsável por cada uma destas indicar o autógrafo principal, que constará dos atos expedidos pelo sistema informatizado, salvo nas hipóteses de afastamento ou impedimento do titular, quando haverá substituição pelo autógrafo secundário.

Art. 8º Para implantação da chancela eletrônica, as imagens colhidas para os fins do § 1º, do art. 5º, serão repassadas pela Secretaria de Inspeção do Trabalho ao serviço de informática, ao qual compete, na operacionalização da chancela eletrônica, a adoção de medidas de segurança que confiram o restrito e o seguro manuseio dos autógrafos, estando expressamente vedado o uso destes para fins diversos daqueles relativos aos atos processuais regulados nesta portaria.

Art. 9º Compete ao titular da chancela zelar pela sua correta utilização, devendo comunicar imediatamente, por escrito, à chefia imediata quaisquer irregularidades identificadas.

Art. 10. A indevida utilização da chancela caracterizará infração funcional, a ser apurada em processo administrativo disciplinar, sem prejuízo de responsabilidade penal e civil, conforme o caso.

Capítulo II
Do Auto de infração e da notificação de débito de Fundo de Garantia do Tempo de Serviço e da contribuição social

Seção I
Disposições Gerais

Art. 11. O auto de infração e a notificação de débito terão suas características definidas em modelo oficial e serão preenchidos de forma indelével.

Art. 12. O auto de infração e a notificação de débito não terão seu valor probante condicionado à assinatura do infrator e de testemunhas e serão lavrados no local da inspeção, salvo motivo justificado.

PARÁGRAFO ÚNICO. Considera-se local da inspeção:

I — o local de trabalho fiscalizado;

II — as unidades do Ministério do Trabalho e Emprego;

III — qualquer outro local previamente designado pelo Auditor Fiscal do Trabalho — AFT para a exibição de documentos por parte do empregador.

Art. 13. Poderão ser apreendidos pelo AFT, conforme disciplinado pela Secretaria de Inspeção do Trabalho, quaisquer papéis e documentos que constituam prova material da infração.

Seção II
Do auto de infração

Art. 14. O auto de infração será lavrado em 03 (três) vias conforme modelos e instruções emitidos pelo Ministério do Trabalho e Emprego e conterá, essencialmente, os seguintes elementos:

I — nome, inscrição, endereço e CEP do autuado constantes dos cadastros de pessoa física ou jurídica da Secretaria da Receita Federal do Brasil;

II — código de atividade segundo a Classificação Nacional de Atividades Econômicas — CNAE e número total de empregados de todos os estabelecimentos do autuado;

III — ementa da autuação e seu código;

IV — narrativa clara e precisa do fato caracterizado como infração, com referência às circunstâncias pertinentes, relacionando, quando tecnicamente possível, pelo menos um empregado em situação ou atividade irregular, exceto quando a lei cominar multa per capita, hipótese em que deverão ser relacionados todos os empregados em situação ou atividade irregular e o local onde ocorreu o fato, se diverso do citado no inciso I;

V — capitulação do fato mediante citação expressa do dispositivo legal infringido;

VI — elementos de convicção;

VII — ciência do prazo para apresentação de defesa e indicação do local para sua entrega;

VIII — local e data;

IX — assinatura e identificação do AFT autuante contendo nome e número de sua Carteira de Identidade Fiscal — CIF;

X — assinatura e identificação do autuado, seu representante ou preposto.

§ 1º O AFT poderá anexar ao auto de infração elementos probatórios da situação identificada, tais como cópias de documentos, fotografias e vídeos.

§ 2º Em todos os autos de infração lavrados em ação fiscal onde houver a constatação de trabalho em condições análogas às de escravo deverá conter a seguinte informação: "Diante da decisão administrativa final de procedência do auto de infração ou do conjunto de autos de infração que caracterize submissão de trabalhadores à condição análoga à de escravo estará o autuado sujeito a ter seu nome incluído em listas ou cadastros de empresas, conforme preceitos estabelecidos na Lei n. 12.527, de 18 de novembro de 2011.".

Art. 15. A omissão ou incorreção no auto de infração não acarretará sua nulidade, quando do processo constarem elementos suficientes para a caracterização da falta.

§ 1º Quando se tratar de omissão ou erro na capitulação da infração, caberá ao Chefe da Unidade de Multas e Recursos, mediante despacho saneador e antes do julgamento, corrigir a irregularidade, concedendo novo prazo à autuada para apresentar defesa.

§ 2º A constatação de mais de um tipo de irregularidade acarretará a lavratura de autos de infração distintos.

Seção III
Da Notificação de Débito de FGTS e da Contribuição Social

Art. 16. Constatado que o depósito devido ao FGTS e/ou contribuição social não foi efetuado, ou foi efetuado a menor, será expedida contra o infrator a notificação de débito de FGTS e/ou contribuição social, sem prejuízo da lavratura dos autos de infração que couberem.

Art. 17. A notificação de débito de FGTS e/ou contribuição social será emitida em 03 (três) vias e será regulada nos modelos e instruções emitidos pelo Ministério do Trabalho e Emprego, devendo conter, essencialmente, os seguintes elementos:

I — nome, inscrição, endereço e CEP do autuado constantes dos cadastros de pessoa física ou jurídica da Secretaria da Receita Federal do Brasil;

II — prazo de 10 (dez) dias para recolhimento do débito ou apresentação de defesa;

III — indicação discriminativa dos débitos, por mês e ano de competência;

IV — ciência do prazo para apresentação de defesa e indicação do local para sua entrega;

V — local e data da lavratura;

VI — assinatura e identificação do notificado, seu representante ou preposto;

VII — assinatura e identificação do AFT notificante contendo nome e CIF.

Seção IV
Da Destinação das Vias e da Entrega do Auto de Infração e da Notificação de Débito

Art. 18. O auto de infração e a notificação de débito terão a seguinte destinação:

a) uma via será entregue no protocolo da unidade de exercício do AFT para instauração do processo administrativo, em até dois dias úteis contados de sua lavratura;

b) uma via será entregue ao empregador ou seu preposto;

c) uma via será destinada ao AFT emitente.

§ 1º Atendendo a peculiaridades ou circunstâncias locais, ou ainda a programas especiais de fiscalização, a via prevista na alínea "a" deverá ser entregue na sede onde se encontra circunscrito o empregador ou na Secretaria de Inspeção do Trabalho.

§ 2º Havendo deslocamento do AFT para fora de seu município de exercício, a entrega no protocolo ocorrerá em até dois dias úteis após o seu retorno.

§ 3º Os documentos fiscais citados acima serão preferencialmente entregues pelo AFT ao empregador ou seu representante ou preposto, podendo ser enviados por via postal com comprovante de recebimento.

§ 4º Em caso de recusa no recebimento do documento fiscal, seja pessoalmente ou por via postal, deverá tal fato ser informado no processo, a fim de que o empregador seja notificado por meio de edital a ser publicado no Diário Oficial da União.

Capítulo III
Da Competência

Art. 19. O julgamento do processo compete:

I — em primeira instância, aos Superintendentes Regionais do Trabalho e Emprego;

II — em segunda instância, ao Coordenador-Geral de Recursos.

Art. 20. O Superintendente Regional do Trabalho e Emprego poderá delegar matéria e poderes referentes a este normativo aos seguintes agentes administrativos:

I — Chefe da Unidade de Multas e Recursos;

II — Gerentes Regionais de Trabalho e Emprego;

III — Chefias de Fiscalização ou da Inspeção do Trabalho;

IV — demais servidores das Unidades de Multas e Recursos;

V — parte de sua competência a outros titulares, desde que servidores efetivos do órgão, quando for conveniente, em razão de circunstâncias de índole técnica, social, econômica, jurídica ou territorial.

PARÁGRAFO ÚNICO. É vedada delegação de competência nas hipóteses do art. 13 da Lei n. 9.784, de 29 de janeiro de 1999.

Art. 21. Compete exclusivamente aos AFT a análise dos processos e emissão de pareceres para a motivação de decisão de auto de infração e de notificação de débito de FGTS e/ou contribuição social.

Capítulo IV
Da Ciência ao Autuado e ao Notificado

Art. 22. O autuado e o notificado serão cientificados das decisões, por escrito, mantendo-se cópia no processo, podendo a ciência ser feita:

I — pessoalmente;

II — por via postal, com aviso de recebimento, ou outro meio que assegure a ciência do interessado;

III — por meio de publicação oficial, quando o interessado estiver em local incerto e não sabido, não for encontrado ou recusar-se a receber o documento.

PARÁGRAFO ÚNICO. A notificação pode ser feita ao representante ou preposto do interessado.

Art. 23. Considera-se feita a notificação:

I — pessoal, na data da ciência do interessado;

II — por via postal com aviso de recebimento ou outro meio que assegure a ciência do interessado, na data do seu recebimento;

III — por publicação oficial, 10 (dez) dias após sua publicação.

§ 1º No caso de envio postal em que o destinatário não houver preenchido a data de entrega no Aviso de Recebimento — AR será utilizada, para caracterizar a data de ciência da decisão, a data informada pela Empresa de Correios e Telégrafos.

§ 2º Todas as notificações dos autos de infração lavrados em ação fiscal onde houver a constatação de trabalho em condições análogas às de escravo deverá conter a seguinte informação: "Diante da decisão administrativa final de procedência do auto de infração ou do conjunto de autos de infração que caracterize submissão de trabalhadores à condição análoga à de escravo estará o autuado sujeito a ter seu nome incluído em listas ou cadastros de empresas, conforme preceitos estabelecidos na Lei n. 12.527 de 18 de novembro de 2011.".

Capítulo V
Dos Prazos

Art. 24. Os prazos começam a correr a partir da data da cientificação oficial, excluindo-se da contagem o dia do começo e incluindo-se o do vencimento.

§ 1º Considera-se prorrogado o prazo até o primeiro dia útil seguinte se o vencimento cair em dia em que não houver expediente ou este for encerrado antes da hora normal.

§ 2º Os prazos expressos em dias contam-se de modo contínuo.

Art. 25. Salvo motivo de força maior devidamente comprovado, os prazos processuais não se suspendem.

Capítulo VI
Do Processo em Primeira Instância

Seção I
Início do Processo

Art. 26. O processo terá início com a protocolização ou inserção eletrônica em sistema informatizado do auto de infração ou da notificação de débito.

PARÁGRAFO ÚNICO. Após a protocolização serão identificados como de tramitação prioritária, com andamento imediato, independente da ordem cronológica de entrada, os processos decorrentes de fiscalização de trabalho em condições análogas às de escravo.

Seção II
Da Reincidência

Art. 27. Será considerado reincidente o empregador infrator que for autuado por infração ao mesmo dispositivo legal, antes de decorridos 02 (dois) anos da imposição de penalidade.

Seção III
Da Defesa

Art. 28. A defesa, formalizada por escrito e instruída com documentos que a fundamentarem, será apresentada no endereço indicado no auto de infração ou notificação de débito, no prazo de 10 (dez) dias, contados do recebimento do auto de infração ou da notificação de débito.

§ 1º Cada auto de infração ou notificação de débito ensejará a apresentação de uma defesa.

§ 2º A defesa poderá ser remetida via postal para o endereço indicado no auto de infração ou notificação de débito no mesmo prazo do *caput*, sendo considerada a data de postagem como a de sua apresentação.

§ 3º Não será conhecido pela autoridade a defesa que não atenda aos requisitos:

I — tempestividade;

II — legitimidade e representação.

Art. 29. A defesa mencionará:

I — a autoridade a quem é dirigida;

II — a qualificação do interessado;

III — os motivos de fato e de direito em que se fundamentar;

IV — as diligências que o interessado pretende que sejam efetuadas.

§ 1º Os documentos apresentados em meio papel juntamente com a defesa poderão, a critério da Chefia da Unidade de Multas e Recursos, ser escaneados e gravados em mídia digital que será replicada em duas, sendo uma anexada ao processo e outra mantida como cópia de segurança na repartição, com devolução dos papéis apresentados pelo defendente.

§ 2º O servidor que efetuar a digitalização dos documentos, ao anexar a mídia digital, declarará aqueles que foram apresentados em originais e os que foram apresentados em cópias autenticadas.

§ 3º As provas e documentos, se apresentadas por cópia, deverão ser autenticadas.

§ 4º O documento em cópia oferecido para prova poderá ser declarado autêntico pelo próprio advogado, sob sua responsabilidade pessoal.

§ 5º No caso de apresentação de cópias simples estas serão analisadas como elementos informativos.

§ 6º A defesa deverá ser assinada e indicar o número do auto de infração ou notificação de débito a que se refere, fazendo-se acompanhar de documentos que comprovem a legitimidade do signatário. Quando assinada por procurador legalmente constituído, será acompanhada também da respectiva procuração, que, por sua vez, se particular, deverá conter os requisitos estabelecidos no art. 654 do Código Civil.

§ 7º No caso do mandante ser pessoa jurídica é necessário que esta apresente nos autos documentação a fim de comprovar tal qualidade.

§ 8º O não atendimento às formalidades de que tratam os §§ 6º e 7º deste artigo resultará no não conhecimento da defesa, equivalendo à sua não apresentação.

Seção IV
Das Diligências e Saneamento

Art. 30. A autoridade competente determinará de ofício, ou a requerimento do interessado, a realização de diligências necessárias à apuração dos fatos, indeferindo as que considerar procrastinatórias.

Seção V
Da Decisão

Art. 31. A decisão será fundamentada, clara, precisa e objetiva, e evitará o uso de expressões vagas, códigos ou siglas, a fim de que o interessado possa, de pronto, dar-lhe cumprimento ou requerer o que couber.

Art. 32. A decisão poderá ser:

I — pela procedência total;

II — pela procedência parcial;

III — pela improcedência.

Art. 33. O interessado será cientificado:

I — das decisões do processo que resultem em imposição de deveres, ônus, sanções ou restrição ao exercício de direitos;

II — dos despachos de saneamento ou diligência, quando forem acrescentadas informações que possam influir no seu direito de defesa, sendo-lhe reaberto o prazo de defesa.

Art. 34. As inexatidões materiais, devidas a lapso manifesto, a erros de escrita ou de cálculos, existentes na decisão, poderão ser corrigidas de ofício ou a requerimento do interessado, por mera declaração.

Seção VI
Do Cumprimento das Decisões

Art. 35. A Superintendência Regional do Trabalho e Emprego dará ciência da decisão ao autuado ou notificado para recolher o valor da multa administrativa ou do débito para com o FGTS e/ou contribuição social, no prazo de 10 (dez) dias.

§ 1º A guia de recolhimento de multa obedecerá ao modelo e instruções próprias do formulário DARF, devendo obrigatoriamente conter o número do processo no campo denominado número de referência e o CNPJ do estabelecimento autuado, sendo utilizados os seguintes códigos:

a) 0289 — Multas da Legislação Trabalhista;

b) 2877 — Relação Anual de Informações Sociais — RAIS, Seguro-Desemprego e Cadastro Permanente de Admissão e Dispensa — CAGED;

c) 9207 — Contribuição Social Rescisória.

§ 2º A multa administrativa será reduzida de 50% (cinquenta por cento) se o infrator, renunciando ao recurso, a recolher no prazo de 10 (dez) dias contados do recebimento da notificação, da decisão ou da publicação do edital, observando a contagem de prazo estabelecida no art. 24 da presente Portaria.

§ 3º As guias de recolhimento do FGTS obedecerão aos modelos e instruções expedidas pela Caixa Econômica Federal.

§ 4º A existência de confissão de dívida que observe as formalidades previstas pelos órgãos competentes e que abranja integralmente o débito notificado caracteriza a procedência da notificação de débito o do termo de retificação, encerrando o contencioso administrativo com o respectivo envio do processo à Caixa Econômica Federal.

Capítulo VII
Dos Recursos

Seção I
Do Recurso Voluntário

Art. 36. Da decisão que impuser multa administrativa ou julgar procedente total ou parcialmente a notificação de débito, caberá recurso à Coordenação-Geral de Recursos, no prazo de 10 (dez) dias, contados da notificação da decisão.

Art. 37. O recurso será interposto perante a autoridade que houver imposto a multa ou julgado a notificação de débito e conterá os mesmos requisitos da defesa, no que couber.

PARÁGRAFO ÚNICO. Não será conhecido pela autoridade de primeira instância o recurso que não atenda aos requisitos:

I — tempestividade;

II — legitimidade e representação.

Art. 38. O processo conhecido deverá ser encaminhado na Superintendência Regional do Trabalho e Emprego para análise do recurso, e após ser devidamente instruído, será imediatamente encaminhado à Coordenação-Geral de Recursos da Secretaria de Inspeção do Trabalho.

Seção II
Do Recurso de Ofício

Art. 39. De toda decisão de improcedência ou procedência parcial do processo, a autoridade regional prolatora recorrerá de ofício à autoridade competente de instância superior.

Capítulo VIII
Do Processo em Segunda Instância

Art. 40. Aplica-se às decisões de segunda instância o estabelecido nos arts. 31, 32, 33 e 34 desta norma.

Art. 41. Proferida a decisão de segunda instância, os autos serão devolvidos à Superintendência Regional do Trabalho e Emprego para ciência do interessado, quando couber, e para o seu cumprimento, observado, se for o caso, o disposto no art. 42 e 43.

Capítulo IX
Dos Processos de Auto de Infração e Notificação de Débito de Fundo de Garantia do Tempo de Serviço e da Contribuição Social Discutidos na Esfera Judicial

Art. 42. A propositura, pelo administrado, de ação anulatória ou declaratória de nulidade de auto de infração ou notificação de débito importa em renúncia ao direito de se manifestar na esfera administrativa, com consequente desistência do recurso ou defesa interposto, causando o encerramento do contencioso administrativo.

§ 1º No caso descrito no *caput* deverá a autoridade competente, certificar nos autos esta situação e encaminhá-lo à Procuradoria-Geral da Fazenda Nacional ou à Caixa Econômica Federal, conforme seja o caso de auto de infração ou notificação de débito.

§ 2º Caso haja decisão judicial determinando a suspensão do feito não será aplicado o disposto no *caput*, devendo tal situação ser certificada no processo.

Capítulo X
Da Dívida para com o Fundo de Garantia do Tempo de Serviço — FGTS e Contribuição Social e da Cobrança das Multas Administrativas

Art. 43. O processo de notificação de débito com atendimento às formalidades legais será encaminhado à Caixa Econômica Federal, órgão este por convênio firmado com a Procuradoria da Fazenda Nacional o responsável pela inscrição em Dívida Ativa da União, após esgotados os prazos recursais para notificações de débito julgadas procedentes no todo ou em parte.

Art. 44. O processo de multas administrativas com atendimento às formalidades legais será encaminhado à Procuradoria da Fazenda Nacional após decisão definitiva que julgou pela procedência total ou parcial do auto de infração.

Capítulo XI
Das Disposições Gerais

Art. 45. Ao Coordenador-Geral de Recursos compete resolver os casos omissos desta Portaria.

Art. 46. Esta Portaria entra em vigor na data de sua publicação, exceção feita ao procedimento de chancela eletrônica, que entrará em vigor no prazo de 120 dias

Art. 47. Fica revogada a Portaria n. 148, de 25 de janeiro de 1996, e a Instrução Normativa n. 5, de 1996.

Manoel Dias

ATO DECLARATÓRIO EXECUTIVO (SRF) N. 14, DE 2 DE JUNHO DE 2015

(DOU 5.6.2015)

Dispõe sobre os procedimentos a serem observados para o preenchimento da Guia de Recolhimento do Fundo de Garantia do Tempo de Serviço e Informações à Previdência Social (GFIP), pelas cooperativas de trabalho, referente a contribuição previdenciária sobre montante da remuneração recebida em decorrência de serviço prestado a pessoas físicas ou jurídicas.

O COORDENADOR-GERAL DE ARRECADAÇÃO E COBRANÇA, no uso da atribuição que lhe confere o inciso III do art. 312 do Regimento Interno da Secretaria da Receita Federal do Brasil, aprovado pela Portaria MF n. 203, de 14 de maio de 2012, e tendo em vista o disposto no art. 21 da Lei n. 8.212, de 24 de julho de 1991, e no Anexo Único da Instrução Normativa RFB n. 880, de 16 de outubro de 2008, declara:

Art. 1º A contribuição previdenciária devida pelo cooperado sobre o montante de remuneração recebida ou creditada em decorrência de serviço prestado a contratante por intermédio de cooperativa de trabalho, de que trata o art. 1º do Ato Declaratório Interpretativo RFB n. 5, de 25 de maio de 2015, será retida e arrecadada por essa cooperativa em consonância ao § 1º do art. 4º da Lei n. 10.666, de 8 de maio de 2003, e ao inciso III do art. 216 da Instrução Normativa RFB n. 971, de 13 de novembro de 2009.

§ 1º A cooperativa de trabalho preencherá a Guia de Recolhimento do Fundo de Garantia do Tempo de Serviço e Informações à Previdência Social (GFIP) relativa a seus cooperados com indicação das categorias abaixo, para as quais o Sistema Empresa de Recolhimento do Fundo de Garantia do Tempo de Serviço e Informações à Previdência Social (Sefip) utiliza a alíquota de 20% (vinte por cento) para cálculo do desconto da contribuição previdenciária devida:

I — código 24: Contribuinte individual — Cooperado que presta serviços a entidade beneficente de assistência social isenta da cota patronal ou a pessoa física, por intermédio da cooperativa de trabalho; ou

II — código 25: Contribuinte individual — Transportador cooperado que presta serviços a entidade beneficente de assistência social isenta da cota patronal ou a pessoa física, por intermédio da cooperativa de trabalho.

§ 2º O procedimento descrito neste artigo aplica-se à contribuição previdenciária sobre a remuneração dos cooperados pelos serviços prestados a quaisquer pessoas, físicas ou jurídicas, isentas ou não da cota patronal.

Art. 2º Este Ato Declaratório Executivo entra em vigor na data de sua publicação no Diário Oficial da União, produzindo efeitos desde a publicação do Ato Declaratório Interpretativo RFB n. 5, de 25 de maio de 2015

João Paulo R. F. Martins da Silva

PORTARIA MTE N. 60, DE 4 DE FEVEREIRO DE 1999

(DOU 8.2.1999)

FGTS — Multa rescisória pelo empregador

O MINISTRO DE ESTADO DO TRABALHO E EMPREGO, no uso de suas atribuições legais, e considerando a necessidade de adotar medidas que visem a preservação do direito do trabalhador de movimentar sua conta vinculada do FGTS, diante do não recolhimento da multa rescisória pelo empregador, resolve:

Art. 1º O agente homologador, ao constatar o não recolhimento pelo empregador da multa rescisória de que trata o art. 18 da Lei n. 8.036, de 11 de maio de 1990, que deve ser depositada na conta vinculada do FGTS do trabalhador, na hipótese de despedida sem justa causa, inclusive a indireta, de culpa recíproca e de força maior, deverá adverti-lo quanto aos prazos e às penalidades a que está sujeito, em conformidade com o disposto no art. 477 da Consolidação das Leis do Trabalho — CLT e no art. 23 da Lei n. 8.036/90.

§ 1º Caso o empregador não efetue o referido depósito na conta vinculada do FGTS do trabalhador, a homologação será efetuada com ressalva, relatando-se o fato no Termo de Rescisão do Contrato de Trabalho — TRCT.

§ 2º Na homologação realizada na Delegacia Regional do Trabalho — DRT, a não exibição do comprovante do referido depósito ensejará imediata lavratura de auto de infração para fins de imposição de multa.

§ 3º Em se tratando de homologação realizada pelo Sindicato e na hipótese de ocorrência do previsto no § 1º, será encaminhada denúncia à DRT, para a adoção das devidas providências.

§ 4º O TRCT, contendo a ressalva quanto ao não recolhimento da referida multa rescisória, é documento comprobatório para efeito de movimentação da conta vinculada pelo trabalhador perante o agente operador do FGTS, além dos demais requisitos exigidos pelas normas em vigor.

Art. 2º No caso de rescisão do contrato de trabalho com menos de um ano, sem justa causa, inclusive a indireta, de culpa recíproca e de força maior, diante do não recolhimento da multa rescisória, a DRT, por solicitação do trabalhador ou mediante comunicado do agente operador do FGTS sobre a referida ocorrência, adotará os procedimentos de fiscalização cabíveis para apuração da infração denunciada, sem prejuízo da movimentação da conta vinculada do FGTS pelo trabalhador.

Art. 3º Esta Portaria entra em vigor na data de sua publicação, revogadas as disposições em contrário.

FRANCISCO DORNELLES

LEI N. 8.678, DE 13 DE JULHO DE 1993

(DOU 14.7.1993)

Dispõe sobre a concessão de benefício no pagamento da modalidade de saque do Fundo de Garantia do Tempo de Serviço — FGTS, prevista no art. 20, inciso VIII, da Lei n. 8.036, de 11 de maio de 1990, e dá outras providências

O PRESIDENTE DA REPÚBLICA,

Faço saber que o Congresso Nacional decreta e eu sanciono a seguinte Lei:

Art. 1º Fica instituída, a título de bonificação, taxa adicional de juros de 3% (três por cento) ao ano à remuneração dos valores disponíveis nas contas vinculadas do Fundo de Garantia do Tempo de Serviço — FGTS que hajam permanecido sem crédito de depósito por 3 (três) anos ininterruptos, a vigorar no período de 17 de maio de 1993 até 30 (trinta) dias após o término do cronograma de pagamento, instituído pelo Conselho Curador do FGTS para essas contas.

Art. 2º Os recursos necessários ao cumprimento do estabelecido no artigo anterior serão obtidos pela Caixa Econômica Federal através do incremento compensatório da taxa de juros cobrada nas operações de crédito financiadas com recursos do FGTS.

Art. 3º O Conselho Curador do FGTS baixará as instruções complementares necessárias ao cumprimento desta Lei, inclusive quanto aos critérios de cálculo da remuneração *pro rata*, quando for o caso.

Art. 4º O inciso VIII do art. 20, e o art. 21 da Lei n. 8.036, de 11 de maio de 1990, passam a vigorar com a seguinte redação: *(Já incluído na Lei n. 8.036/90).*

Art. 5º Fica o Poder Executivo autorizado a publicar a versão consolidada da Lei n. 8.036, de 1990.

Art. 6º Esta Lei entra em vigor na data de sua publicação.

Art. 7º Revogam-se o § 1º do art. 6º da Lei n. 8.162, de 8 de janeiro de 1991, e demais disposições em contrário.

Brasília, 13 de julho de 1993, 172º da Independência e 105º da República.

ITAMAR FRANCO

INSTRUÇÃO NORMATIVA GM/MTE N. 99, DE 23 DE AGOSTO DE 2012

(DOU 24.8.2012 E RETIF. 30.8.2012)

Dispõe sobre a fiscalização do Fundo de Garantia do Tempo de Serviço — FGTS e das contribuições sociais instituídas pela Lei Complementar n. 110, de 29 de junho de 2001

A SECRETÁRIA DE INSPEÇÃO DO TRABALHO, no exercício da competência prevista nos incisos VI e XIII do art. 1º, do Anexo VI, da Portaria n. 483, de 15 de setembro de 2004 e tendo em vista o disposto no art. 1º da Lei n. 8.844, de 20 de janeiro de 1994, art. 23 da Lei n. 8.036, de 11 de maio de 1990, art. 54 do Decreto n. 99.684, de 8 de novembro de 1990, art. 3º da Lei Complementar n. 110, de 29 de junho de 2001, no art. 6º do Decreto n. 3.914, de 11 de setembro de 2001, no art. 31 da Lei n. 9.491, de 9 de setembro de 1997 e no art. 9º do Decreto n. 2.430, de 17 de dezembro de 1997, resolve:

Art. 1º O Auditor Fiscal do Trabalho — AFT, na fiscalização do Fundo de Garantia do Tempo de Serviço — FGTS e das Contribuições Sociais — CS, deve observar o disposto nesta instrução normativa.

Capítulo I
Da Fiscalização

Art. 2º Cabe à Secretaria de Inspeção do Trabalho — SIT definir os projetos nos quais deve ser obrigatória, em todas as ações fiscais, a inclusão dos atributos relacionados à verificação de regularidade dos recolhimentos do FGTS, das CS e da formalização do vínculo de emprego nas ordens de serviço — OS.

§ 1º O período mínimo a ser fiscalizado deve ter como início e término, respectivamente, a primeira competência não inspecionada e a penúltima competência exigível, definida por ocasião do encerramento da ação fiscal, facultando-se ao AFT atingir até a última.

§ 2º Se durante a ação fiscal o AFT constatar indício de débito não notificado, a fiscalização deve retroagir a outros períodos, para fins de levantamento de débito.

§ 3º Na fiscalização na modalidade indireta, o período mínimo a ser fiscalizado pode ter como início a competência mais antiga com indício de débito apurado nos sistemas informatizados, limitando a competência final à existência de documentos ou de informações nas bases de dados disponibilizadas à fiscalização. *(Redação dada pela Instrução Normativa SIT n. 106, de 23.4.14, DOU 24.4.14)*

Art. 3º O AFT deve notificar o empregador, por meio de Notificação para Apresentação de Documentos — NAD, para apresentar livros e documentos necessários ao desenvolvimento da ação fiscal, inclusive a apresentação em mídia e formatos acessíveis à fiscalização, arquivos digitais, em meio magnético ou eletrônico, quando mantidos pelo empregador e quando entender serem necessários ao exercício de suas atribuições legais.

§ 1º O AFT deve observar o critério da dupla visita para a lavratura de autos de infração, na forma do art. 627 da Consolidação das Leis do Trabalho — CLT, aprovada pelo Decreto-lei n. 5.452, de 1º de maio de 1943, do art. 6º, § 3º, da Lei n. 7.855, de 24 de outubro de 1989, e do art. 55, § 1º, da Lei Complementar n. 123, de 14 de dezembro de 2006, não se aplicando este critério para a emissão das notificações de débito.

§ 2º Em caso de fiscalização de empregador que adote controle único e centralizado de documentos sujeitos à inspeção do trabalho, o AFT deve solicitar a comprovação da regularidade dos recolhimentos do FGTS e CS por estabelecimento, nos termos dos arts. 18 a 24 desta instrução normativa.

§ 3º O controle único e centralizado de documentos é aquele efetuado em apenas um estabelecimento da empresa, ressalvados os documentos que, obrigatoriamente, devam permanecer em cada local de trabalho.

§ 4º O termo empregador refere-se também àquele a quem a lei determinar a obrigação do recolhimento.

Art. 4º O AFT pode examinar livros contábeis, fiscais e outros documentos de suporte à escrituração das empresas, assim como apreender documentos, arquivos digitais, materiais, livros e assemelhados, para a verificação da existência de fraudes e irregularidades, mediante termo lavrado de acordo com a Instrução Normativa n. 89, de 2 de março de 2011.

PARÁGRAFO ÚNICO. Caso constate indícios de fraude, o AFT, sem prejuízo da ação fiscal, deve informá-los à chefia imediata, por meio de relatório.

Capítulo II
Do FGTS e da Contribuição Social sobre a Remuneração Mensal do Trabalhador do Procedimento de Verificação do Recolhimento

Art. 5º O AFT deve verificar o recolhimento do FGTS e da CS incidentes sobre a remuneração paga ou devida aos trabalhadores, nos seguintes percentuais, estabelecidos em lei:

I — FGTS, à alíquota de oito por cento;

II — Contribuição Social prevista no art. 2º da Lei Complementar n. 110, de 2001, à alíquota de cinco décimos por cento.

Legislação Complementar

§ 1º Na verificação do recolhimento do FGTS prevista no inciso I, o AFT deve observar ainda os seguintes percentuais:

a) nos contratos de aprendizagem previstos no art. 428 da CLT, o percentual de dois por cento;

b) no período de fevereiro de 1998 a janeiro de 2003, o percentual de dois por cento a oito por cento nos contratos por prazo determinado instituídos pela Lei n. 9.601, de 21 de janeiro de 1998.

§ 2º É devido o depósito do FGTS, excluída a indenização compensatória, na conta vinculada do trabalhador, cujo contrato de trabalho seja declarado nulo, nos termos do art. 37, § 2º, da Constituição Federal, quando reconhecido o direito à percepção do salário.

Art. 6º A verificação a que se refere o art. 5º deve ser realizada inclusive nas hipóteses em que o trabalhador se afaste do serviço, por força de lei ou de acordo, mas continue percebendo remuneração ou contando o tempo de afastamento como de serviço efetivo, tais como:

I — serviço militar obrigatório;

II — primeiros quinze dias de licença para tratamento de saúde, exceto no caso de concessão de novo benefício decorrente da mesma doença, dentro de sessenta dias contados da cessação do benefício anterior, de acordo com o previsto no § 3º do art. 75 do Decreto n. 3.048, de 6 de maio de 1999;

III — licença por acidente de trabalho;

IV — licença-maternidade;

V — licença-paternidade;

VI — gozo de férias;

VII — exercício de cargo de confiança; e

VIII — demais casos de ausências remuneradas.

Art. 7º Para verificação da CS mensal, deve ser considerado o período de janeiro de 2002 a dezembro de 2006, observando-se ainda as hipóteses de isenção previstas no § 1º do art. 2º da Lei Complementar n. 110, de 2001.

§ 1º Para a apuração do benefício da isenção previsto no inciso I do § 1º do art. 2º da Lei Complementar n. 110, de 2001, deve ser considerado o limite de um milhão e duzentos mil reais de faturamento anual, independentemente da receita bruta exigida para inscrição no Sistema Integrado de Pagamento de Impostos e Contribuições das Microempresas e Empresas de Pequeno Porte — SIMPLES.

§ 2º Descaracteriza a isenção qualquer documentação que comprove faturamento superior ao limite estabelecido no § 1º.

Da Identificação da Base de Cálculo

Art. 8º Consideram-se de natureza salarial, para fins do disposto no art. 5º, as seguintes parcelas, além de outras identificadas pelo caráter de contraprestação do trabalho:

I — o salário-base, inclusive as prestações *in natura*;

II — as horas extras;

III — os adicionais de insalubridade, periculosidade e do trabalho noturno;

IV — o adicional por tempo de serviço;

V — o adicional por transferência de localidade de trabalho;

VI — o salário-família, no que exceder o valor legal obrigatório;

VII — o abono ou gratificação de férias, desde que excedente a vinte dias do salário, concedido em virtude de cláusula contratual, de regulamento da empresa, ou de convenção ou acordo coletivo;

VIII — o valor de um terço do abono constitucional das férias;

IX — as comissões;

X — as diárias para viagem, pelo seu valor global, quando excederem a cinquenta por cento da remuneração do empregado, desde que não haja prestação de contas do montante gasto;

XI — as etapas, no caso dos marítimos;

XII — as gorjetas;

XIII — a gratificação de natal, seu valor proporcional e sua parcela incidente sobre o aviso prévio indenizado, inclusive na extinção de contrato a prazo certo e de safra, e a gratificação periódica contratual, pelo seu duodécimo;

XIV — as gratificações ajustadas, expressa ou tacitamente, tais como de produtividade, de balanço, de função ou por exercício de cargo de confiança;

XV — as retiradas de diretores não empregados, quando haja deliberação da empresa, garantindo-lhes os direitos decorrentes do contrato de trabalho;

XVI — o valor a título de licença-prêmio;

XVII — o valor pelo repouso semanal remunerado;

XVIII — o valor pelos domingos e feriados civis e religiosos trabalhados, bem como o valor relativo à dobra em razão de feriados trabalhados, não compensados;

XIX — o valor a título de aviso prévio, trabalhado ou indenizado;

XX — o valor a título de quebra de caixa.

XXI — o valor do tempo de reserva, nos termos do § 6º do art. 235-E da CLT.

PARÁGRAFO ÚNICO. As contribuições mencionadas no art. 5º também incidirão sobre:

I — o valor contratual mensal da remuneração do empregado afastado na forma do art. 6º desta IN, inclusive sobre a parte variável, calculada segundo os critérios previstos na CLT e na legislação esparsa, atualizada sempre que ocorrer aumento geral na empresa ou para a categoria;

II — o valor da remuneração paga pela entidade de classe ao empregado licenciado para desempenho de mandato sindical, idêntico ao que perceberia caso não licenciado, inclusive com as variações salariais ocorridas durante o licenciamento, obrigatoriamente informadas pelo empregador à respectiva entidade.

III — o salário contratual e o adicional de transferência devido ao empregado contratado no Brasil transferido para prestar serviço no exterior;

IV — a remuneração percebida pelo empregado ao passar a exercer cargo de diretoria, gerência ou outro cargo de confiança imediata do empregador, salvo se a do cargo efetivo for maior;

V — remuneração paga a empregado estrangeiro, em atividade no Brasil, independentemente do local em que for realizado o pagamento.

Art. 9º Não integram a remuneração, para fins do disposto no art. 5º:

I — participação do empregado nos lucros ou resultados da empresa, quando paga ou creditada de acordo com a Lei n. 10.101, de 19 de dezembro de 2000;

II — abono correspondente à conversão de um terço das férias em pecúnia e seu respectivo adicional constitucional;

III — abono ou gratificação de férias, concedido em virtude de contrato de trabalho, de regulamento da empresa, de convenção ou acordo coletivo de trabalho, cujo valor não exceda a vinte dias do salário;

IV — o valor correspondente ao pagamento da dobra da remuneração de férias concedidas após o prazo legal;

V — importâncias recebidas a título de férias indenizadas e o respectivo adicional constitucional;

VI — indenização por tempo de serviço anterior a 5 de outubro de 1988, de empregado não optante pelo FGTS;

VII — indenização relativa à dispensa de empregado no período de trinta dias que antecede sua data-base, de acordo com o disposto no art. 9º da Lei n. 7.238, de 29 de outubro de 1984;

VIII — indenização por despedida sem justa causa do empregado nos contratos com termo estipulado de que trata o art. 479 da CLT, bem como na indenização prevista na alínea *f* do art. 12 da Lei n. 6.019, de 3 de janeiro de 1974;

IX — indenização do tempo de serviço do safrista, quando do término normal do contrato de que trata o art. 14 da Lei n. 5.889, de 8 de junho de 1973;

X — indenização recebida a título de incentivo à demissão;

XI — indenização de quarenta por cento sobre o montante de todos os depósitos de FGTS realizados na conta vinculada do trabalhador.

XII — indenização relativa à licença-prêmio;

XIII — ajuda de custo, em parcela única, recebida exclusivamente em decorrência de mudança de localidade de trabalho do empregado, na forma do art. 470 da CLT;

XIV — ajuda de custo, em caso de transferência permanente, e o adicional mensal, em caso de transferência provisória, recebidos pelo aeronauta nos termos da Lei n. 5.929, de 30 de outubro de 1973;

XV — diárias para viagem, desde que não excedam a cinquenta por cento da remuneração mensal percebida pelo empregado;

XVI — valor da bolsa de aprendizagem, garantida ao adolescente até quatorze anos de idade, de acordo com o disposto no art. 64 da Lei n. 8.069, de 13 de julho de 1990, vigente até 15 de dezembro de 1998, em face da promulgação da Emenda Constitucional n. 20;

XVII — valor da bolsa ou outra forma de contraprestação, quando paga ao estagiário nos termos da Lei n. 11.788, de 25 de setembro de 2008;

XVIII — cotas do salário-família e demais benefícios pagos pela Previdência Social, nos termos e limites legais, salvo o salário-maternidade e o auxílio-doença decorrente de acidente do trabalho;

XIX — parcela in natura recebida de acordo com o Programa de Alimentação do Trabalhador — PAT, instituído pela Lei n. 6.321, de 14 de abril de 1976;

XX — vale-transporte, nos termos e limites legais, bem como transporte fornecido pelo empregador para deslocamento ao trabalho e retorno, em percurso servido ou não por transporte público;

XXI — valor da multa paga ao trabalhador em decorrência do atraso na quitação das parcelas rescisórias;

XXII — importâncias recebidas a título de ganhos eventuais e abonos expressamente desvinculados do salário por força de lei;

XXIII — abono do Programa de Integração Social — PIS e do Programa de Assistência ao Servidor Público — PASEP;

XXIV — valores correspondentes a transporte, alimentação e habitação fornecidos pelo empregador ao empregado contratado para trabalhar em localidade distante de sua residência, em canteiro de obras ou local que, por força da atividade, exija deslocamento e estada, observadas as normas de proteção estabelecidas pelo MTE;

XXV — importância paga ao empregado a título de complementação ao valor do auxílio-doença, desde que este direito seja extensivo à totalidade dos empregados da empresa;

XXVI — parcelas destinadas à assistência ao empregado da agroindústria canavieira, de que trata o art. 36 da Lei n. 4.870, de 1º de dezembro de 1965;

XXVII — valor das contribuições efetivamente pagas pelo empregador a título de previdência privada;

XXVIII — valor relativo a assistência médica, hospitalar e odontológica, prestada diretamente pelo empregador ou mediante seguro-saúde;

XXIX — valor correspondente a vestuários, equipamentos e outros acessórios fornecidos ao empregado e utilizados no local de trabalho para prestação dos serviços;

XXX — ressarcimento de despesas pelo uso de veículo do empregado, quando devidamente comprovadas;

XXXI — valor relativo à concessão de educação, em estabelecimento de ensino do empregador ou de terceiros, compreendendo valores relativos a matrícula, mensalidade, anuidade, livros e material didático;

XXXII — valores recebidos em decorrência da cessão de direitos autorais;

XXXIII — auxílio-creche pago em conformidade com a legislação trabalhista, para ressarcimento de despesas devidamente comprovadas com crianças de até 6 (seis) anos de idade;

XXXIV — auxílio-babá, limitado ao salário mínimo, pago em conformidade com a legislação trabalhista e condicionado a comprovação do registro na Carteira de Trabalho e Previdência Social — CTPS, para ressarcimento de despesas de remuneração e contribuição previdenciária de empregado que cuide de crianças de até 6 (seis) anos de idade;

XXXV — valor das contribuições efetivamente pagas pelo empregador a título de prêmio de seguro de vida e de acidentes pessoais; e

XXXVI — o valor do tempo de espera, nos termos do § 9º do art. 235-C da CLT.

Da Forma e Prazo do Recolhimento

Art. 10. Na verificação a que se refere o art. 5º, o AFT deve observar se o recolhimento foi efetuado até o dia sete do mês subsequente ao da competência devida, em conta vinculada do empregado, por meio de guia ou procedimento específico estabelecido pela Caixa Econômica Federal — CAIXA.

§ 1º Quando o vencimento do prazo mencionado no *caput* ocorrer em dia não útil, o recolhimento deve ser efetuado no dia útil imediatamente anterior.

§ 2º Considera-se competência devida dos recolhimentos previstos no art. 5º:

I — o mês e o ano a que se refere a remuneração;

II — o período de gozo das férias, observada a proporcionalidade do número de dias em cada mês;

III — o mês e o ano em que é paga ou devida cada parcela da gratificação natalina, como também o mês e o ano da complementação da gratificação, para efeito de recolhimento complementar.

Art. 11. O AFT deve observar que na vigência de legislação anterior, o recolhimento do FGTS estava sujeito aos seguintes prazos:

I — até o último dia do mês subsequente ao vencido, no período de 1º de janeiro de 1967 a 20 de junho de 1989, de acordo com a Lei n. 5.107, de 13 de setembro de 1966;

II — até o último dia do expediente bancário do primeiro decêndio de cada mês, referente ao mês anterior, no período de 21 de junho de 1989 a 12 de outubro de 1989, nos termos da Lei n. 7.794, de 10 de julho de 1989;

III — até o quinto dia útil do mês subsequente ao vencido, no período de 13 de outubro de 1989 a 13 de maio de 1990, conforme previsto na Lei n. 7.839, de 12 de outubro de 1989, considerado o sábado como dia útil para efeito de contagem, a partir da vigência da Instrução Normativa n. 01, de 7 de novembro de 1989.

Capítulo III
Do FGTS e da Contribuição Social na Rescisão ou Extinção do Contrato de Trabalho

Da Verificação de Recolhimento e da Identificação da Base de Cálculo

Art. 12. No caso de despedida sem justa causa, rescisão indireta do contrato de trabalho, rescisão antecipada de contrato a termo por iniciativa do empregador, inclusive do contrato de trabalho temporário, o AFT deve verificar o recolhimento do FGTS e da CS incidentes sobre o montante de todos os depósitos devidos ao FGTS na vigência do contrato de trabalho, atualizados monetariamente e acrescidos dos respectivos juros remuneratórios, não se deduzindo, para este fim, os saques ocorridos:

I — FGTS, à alíquota de quarenta por cento;

II — Contribuição Social prevista no art. 1º da Lei Complementar n. 110, de 2001, à alíquota de dez por cento.

§ 1º O percentual de que trata o inciso I será de vinte por cento na ocorrência de despedida por culpa recíproca ou força maior, reconhecidas pela Justiça do Trabalho.

§ 2º Os empregadores domésticos estão isentos da contribuição de que trata o inciso II.

§ 3º O disposto no inciso I não se aplica aos contratos celebrados de acordo com a Lei n. 9.601, de 1998, exceto se convencionado pelas partes.

§ 4º Ocorrendo despedida sem justa causa, ainda que indireta, com culpa recíproca, por força maior, extinção normal ou antecipada do contrato de trabalho a termo, inclusive a do trabalhador temporário e daquele contratado na forma da Lei n. 9.601, de 1998, o AFT deve verificar o recolhimento do FGTS e da CS, mencionado no art. 5º, referente ao mês da rescisão e ao imediatamente anterior.

Art. 13. Integram a base de cálculo das contribuições mencionadas no art. 12 os valores dos recolhimentos relativos ao mês da rescisão e ao imediatamente anterior, bem como o complemento da atualização monetária devido na data da rescisão contratual, previsto no art. 4º da Lei Complementar n. 110, de 2001.

Da Forma e Prazo de Recolhimento

Art. 14. Na verificação do valor devido na rescisão contratual, o AFT deve observar se o depósito foi efetuado em conta vinculada do trabalhador, por meio de guia ou procedimento específico estabelecido pela CAIXA, nos seguintes prazos:

I — até o primeiro dia útil imediato ao término do contrato ou do efetivo desligamento do empregado dispensado sem justa causa e com aviso prévio trabalhado;

II — até o décimo dia corrido, a contar do dia imediatamente posterior ao do efetivo desligamento do empregado dispensado sem justa causa, com indenização, ausência ou dispensa de cumprimento do aviso prévio, ou em caso de rescisão antecipada de contrato de trabalho por prazo determinado, inclusive do trabalho temporário.

§ 1º O recolhimento incidente sobre a remuneração do mês anterior e do mês da rescisão do contrato deve ser efetuado na forma do art. 10, caso o prazo ali previsto seja anterior aos consignados neste artigo.

§ 2º O prazo para o recolhimento previsto no inciso II não será aplicado na rescisão antecipada de contrato de trabalho por prazo determinado, que ocorrer nos dez dias que antecederem ao término regular do contrato, hipótese em que deve ser observado o prazo previsto no inciso I.

Da Sistemática para Distribuição de Valor Rescisório Recolhido a Menor

Art. 15. Ao verificar que o valor recolhido é menor que a soma das parcelas declaradas na guia de recolhimento rescisório, o AFT deve adotar a sistemática de distribuição de valores de acordo com a seguinte ordem de prioridade:

I — percentual devido a título de contribuição para o FGTS relativo à:

a) multa rescisória;

b) percentual incidente sobre o aviso prévio indenizado;

c) percentual incidente sobre a remuneração do mês da rescisão; e

d) percentual incidente sobre a remuneração do mês anterior ao da rescisão;

II — juros e atualização monetária — JAM devidos na conta vinculada do empregado, relativos aos percentuais incidentes sobre as parcelas seguintes, em ordem de prioridade:

a) remuneração do mês anterior ao da rescisão;

b) remuneração do mês da rescisão;

c) aviso prévio indenizado; e

d) multa rescisória.

III — alíquota de cinco décimos por cento devida a título de Contribuição Social Mensal — CSM, observando-se a ordem de prioridade do inciso II, exceto alínea *d*;

IV — alíquota de dez por cento, devida na rescisão, a título de Contribuição Social Rescisória — CSR;

V — parcela resultante da diferença entre os acréscimos legais e o JAM, observando-se a ordem de prioridade do inciso II;

VI — parcela relativa aos acréscimos legais referentes à contribuição mencionada no inciso III, observando-se a ordem de prioridade do inciso II, exceto alínea *d;*

VII — parcela relativa aos acréscimos legais referentes à contribuição mencionada no inciso IV.

PARÁGRAFO ÚNICO. Para efeito do disposto neste artigo, considera-se:

I — JAM: a soma dos valores devidos pela aplicação dos juros remuneratórios da conta vinculada do empregado com atualização pela taxa referencial — TR, na forma da lei;

II — acréscimos legais: a soma da atualização pela TR com os juros de mora e multa de mora, na forma da lei.

Art. 16. Após a aplicação do disposto no art. 15, o AFT, a fim de apurar o débito, deve confrontar os valores distribuídos com os valores devidos pelo empregador.

Capítulo IV
Do Levantamento de Débito

Art. 17. Ao constatar irregularidade, o AFT deve proceder ao levantamento do débito, individualizado por empregado, e emitir a notificação respectiva para que o empregador recolha a importância devida.

PARÁGRAFO ÚNICO. Os sistemas informatizados à disposição da fiscalização do trabalho devem ser utilizados para a verificação da regularidade dos recolhimentos de FGTS e CS.

Do Procedimento em Empresas com Estabelecimentos Filiais

Art. 18. Nas empresas com mais de um estabelecimento, localizados em diferentes Unidades da Federação — UF, o levantamento do débito do FGTS e das CS, relativo a todos os estabelecimentos, deve ser efetuado preferencialmente pela Superintendência Regional do Trabalho e Emprego — SRTE com competência sobre a localidade da matriz da empresa.

Art. 19. Ao constatar a existência de débito em estabelecimento filial ou equivalente, localizado fora da UF da matriz, o AFT deve comunicá-la à chefia imediata e solicitar à SRTE competente, ou seja, em cuja circunscrição esteja localizada a matriz, por meio do Sistema Federal de Inspeção do Trabalho — SFIT, autorização para o levantamento do débito na forma do art. 18.

§ 1º As chefias imediatas das SRTE envolvidas devem informar aos coordenadores dos projetos do FGTS a existência de débito, para fins de inclusão no planejamento da fiscalização.

§ 2º O levantamento efetuado na forma centralizada deve conter demonstrativo do débito discriminado por estabelecimento.

§ 3º Recebida a solicitação referida no *caput*, a SRTE competente deve autorizar ou negar a solicitação no prazo de dez dias, a contar da informação no SFIT.

§ 4º Negada a solicitação, a SRTE competente deve iniciar a ação fiscal em dez dias, a contar da informação no SFIT.

§ 5º Autorizado o levantamento do débito, a SRTE solicitante deve iniciar a ação fiscal no prazo máximo de dez dias.

§ 6º No caso de omissão da SRTE competente, a SRTE solicitante deve iniciar a ação fiscal no prazo do § 5º.

Art. 20. Para o levantamento do débito, a chefia competente, ou quem esta designar, deve programar a ação fiscal considerando a complexidade da apuração, tais como, o porte do empregador, a distribuição geográfica dos estabelecimentos envolvidos, além de outros fatores que entender como relevantes, podendo para tanto designar mais de um AFT.

Art. 21. Independentemente da solicitação prevista no art. 19, o AFT deve emitir notificação de débito quando este for originado de remuneração paga a empregados sem registro, parcelas não declaradas, ou decorrentes de irregularidades específicas do estabelecimento fiscalizado.

Art. 22. Caso a fiscalização não se inicie nos prazos estabelecidos no art. 19 e não havendo outra solicitação em andamento, a SIT deve indicar a SRTE que procederá ao levantamento centralizado, podendo, inclusive, designar AFT de outras unidades.

Art. 23. No levantamento de débito para empresa com todos os estabelecimentos localizados na mesma UF aplicam-se, no que couber, as disposições dos arts. 18 a 21, devendo a solicitação ser dirigida ao chefe de fiscalização da SRTE.

Art. 24. A ação fiscal para o levantamento do débito na forma do art. 18 não impede a lavratura de autos de infração por infrações constatadas em quaisquer dos estabelecimentos fiscalizados.

Do Procedimento em Tomadores de Serviço

Art. 25. Ao constatar ser irregular o fornecimento de mão de obra, atribuindo-se ao tomador do serviço a responsabilidade pelo vínculo empregatício dos trabalhadores, o AFT deve expedir a notificação de débito de FGTS e CS contra o tomador.

PARÁGRAFO ÚNICO. Os depósitos de FGTS e CS eventualmente realizados pelo prestador de serviços, decorrentes dos contratos de trabalho a que se refere o *caput*, devem ser abatidos do débito apurado.

Do Procedimento em Grupos Econômicos

Art. 26. Caso o AFT constate que o empregador, objeto da ação fiscal, é devedor de FGTS e/ou CS e integra grupo econômico nos termos do § 2º do art. 2º da CLT, os depósitos eventualmente realizados por outros empregadores integrantes deste grupo, relativos ao mesmo contrato de trabalho, devem ser abatidos do débito apurado, quando pertinentes.

§ 1º Se, em razão do procedimento descrito no *caput*, for constatada a existência de débito de FGTS e/ou CS em empregador integrante do grupo econômico situado em outra unidade da federação, ou em outra circunscrição na mesma unidade, o AFT deve informar tal fato à sua chefia imediata, para comunicação à unidade regional do MTE competente e a devida apuração.

§ 2º O relatório circunstanciado deve conter fundamentação quanto à caracterização da existência do grupo econômico, bem como dele deve constar a qualificação dos demais integrantes do grupo.

Do Procedimento em Órgãos Públicos

Art. 27. O AFT deve verificar o recolhimento das contribuições mencionadas nos artigos 5º e 12 relativamente aos servidores de entes da Administração Pública, cujo regime de trabalho seja regidos pela CLT, notificando-os na forma do art. 3º.

§ 1º Quando for constatada a inexistência de documentos e de quaisquer registros que possibilitem o levantamento, o débito deve ser arbitrado com base em dados contidos na dotação específica do orçamento do órgão ou na forma prevista nos arts. 30 e 31.

§ 2º Caso o ente público se negue a apresentar os documentos solicitados, o AFT deve informar à chefia imediata, para fins de comunicação ao Tribunal de Contas, ao Ministério Público Federal, ao Ministério Público Estadual, ao Ministério Público do Trabalho, sem prejuízo da lavratura dos respectivos autos de infração.

Do Procedimento Frente a Confissões de Dívida na Caixa Econômica Federal

Art. 28. Nas ações fiscais em que se constatar a existência de confissão de dívida junto à CAIXA, o AFT deve emitir, no Sistema AUDITOR, o Relatório de Auditoria de Débito Confessado — RAC, independentemente da existência de parcelamento concedido.

§ 1º O AFT deve consultar a existência de confissão de dívida ainda não auditada, no período a que se refere o art. 2º, inclusive junto aos sistemas informatizados disponíveis à fiscalização do trabalho.

§ 2º O RAC contemplará a identificação do empregador, a situação verificada e demais observações relativas à auditoria.

§ 3º O RAC não exime o AFT da emissão de notificação de débito, na forma do art. 17, ainda que o débito tenha sido corretamente confessado e que haja parcelamento formalizado.

§ 4º Na notificação deve ser incluído o débito existente no momento de sua emissão, confessado ou não.

§ 5º A confissão de débito apresentada pelo empregador perante a Caixa Econômica Federal — CAIXA, durante o andamento da ação fiscal, não prejudica a emissão da notificação de débito.

Art. 29. Para fins do disposto no art. 28, a fiscalização do trabalho deve utilizar os dados enviados pela CAIXA, em arquivo digital, relativos às confissões de débito por ela recebidas, acompanhadas das informações necessárias à auditagem do débito, de acordo com o disposto no parágrafo único do art. 1º da Lei n. 8.844, de 1994.

Dos Procedimentos Especiais

Art. 30. Havendo documentação que, embora incompleta, propicie a identificação de empregados em situação irregular, proceder-se-á ao levantamento por recomposição de folha de pagamento, utilizando-se dados declarados em sistemas informatizados.

Art. 31. Não sendo possível a recomposição da folha de pagamento, o levantamento do débito será efetuado por arbitramento, optando-se pelo critério mais favorável ao empregado, dentre os quais:

a) a remuneração paga ao empregado em meses anteriores ou posteriores;

b) a remuneração paga a outros empregados da mesma empresa que exerçam ou exerciam função equivalente ou semelhante;

c) o piso salarial da categoria profissional;

d) o salário profissional;

e) o piso salarial previsto na Lei Complementar n. 103, de 14 de julho de 2000;

f) o salário mínimo nacional.

Art. 32. Considera-se não quitado o FGTS pago diretamente ao empregado, à exceção dos pagamentos efetuados até 15 de fevereiro de 1998, relativos ao mês da rescisão, ao imediatamente anterior e à indenização compensatória.

Art. 33. No período de vigência da Unidade Real de Valor — URV, de março de 1994 a junho de 1994, o valor apurado deverá ser convertido em Cruzeiro Real, com base na URV do dia cinco do mês subsequente ao da competência, se recolhido no prazo, ou na URV do dia sete do mês subsequente, se recolhido fora do prazo, conforme determina o parágrafo único do art. 32 da Lei n. 8.880, de 27 de maio de 1994.

Art. 34. Caso o empregador não esteja inscrito no Cadastro Nacional da Pessoa Jurídica — CNPJ, a identificação se fará pelo Cadastro de Pessoas Físicas — CPF, cabendo, em ambos os casos, informar o Cadastro Específico do INSS — CEI, caso existente.

Art. 35. A individualização do valor devido ou recolhido de FGTS na conta vinculada do empregado consiste obrigação do empregador.

Art. 36. A apresentação de Certificado de Regularidade do FGTS — CRF pelo empregador não inibe o levantamento e a emissão da notificação de débito.

PARÁGRAFO ÚNICO. Ao constatar débito relativo ao período abrangido pelo CRF, o AFT deve comunicar o fato à chefia imediata, que deve dar ciência do fato à CAIXA.

Capítulo V
Da Notificação de Débito do Fundo de Garantia e da Contribuição Social

Art. 37. O AFT deve emitir Notificação de Débito do Fundo de Garantia e da Contribuição Social — NDFC, quando for constatado débito por falta de recolhimento ou recolhimento a menor das contribuições mencionadas nos arts. 5º e 12.

PARÁGRAFO ÚNICO. O valor do débito deve ser atualizado pela TR até a data da emissão da NDFC e representado na moeda atual, com especificação dos valores históricos devidos, segundo os padrões monetários à época vigentes.

Art. 38. Integram a NDFC os seguintes relatórios:

I — Relatório inicial que discrimina o débito total notificado, correspondente à totalização dos débitos de recolhimento mensal e rescisório;

II — Débito Mensal do FGTS por Competência;

III — Débito Mensal do FGTS por Empregado;

IV — Débito Mensal de Contribuição Social;

V — Débito Rescisório por Data de Vencimento;

VI — Débito Rescisório por Empregado;

VII — Recomposição do Saldo Rescisório;

VIII — Guias de Recolhimento Analisadas;

IX — Relação de Empregados; e

X — Relatório Circunstanciado.

§ 1º Na inexistência de dados para sua composição, alguns relatórios relacionados no *caput* podem ser suprimidos.

§ 2º O Relatório Circunstanciado deve conter as seguintes informações, além de outras que propiciem a reconstituição do débito a qualquer tempo:

I — indicação do período auditado, devendo incluir todas as competências verificadas;

II — indicação de débito: original ou débito complementar aos valores anteriormente notificados;

III — indicação da forma do levantamento de débito: centralizado ou não, nos termos do art. 18 e seguintes;

IV — relação dos estabelecimentos envolvidos na auditoria, a saber: matriz e todas as filiais e CEI vinculado, inclusive aqueles em que não se constatou débito. *(Redação dada pela Instrução Normativa SIT/MTE n. 115, de 19.11.14, DOU 20.11.14)*

V — manifestação expressa do AFT a respeito da caracterização de sucessão trabalhista ou de grupo econômico, e dos motivos que o levaram a concluir por uma ou outra situação;

VI — relação dos documentos examinados, das fontes de consulta a sistemas informatizados, inclusive manifestação expressa do AFT a respeito da obtenção de informações do empregador por meio magnético ou digital;

VII — descrição dos procedimentos utilizados para o levantamento do débito e demais ocorrências, tais como recomposição e arbitramento de bases de incidência;

VIII — identificação dos corresponsáveis existentes na data da emissão da NDFC, com nome, endereço completo e número do CPF, incluindo os demais responsáveis do período abrangido pela notificação, devendo neste campo ser citadas as pessoas jurídicas componentes do grupo econômico constatado, se for o caso;

IX — indicação, com número e capitulação, dos autos de infração correlatos com o débito notificado, incluindo os lavrados por afronta ao art. 630 da CLT; e

X — relato de que o empregador exerce suas atividades em endereço diverso do que consta do cadastro oficial, que não seja o local de prestação de serviços a tomadores.

§ 3º Quanto aos débitos do FGTS, decorrentes da rescisão contratual de empregados afastados até 15 de fevereiro de 1998:

I — os relativos ao mês da rescisão e ao imediatamente anterior, quando vencidos antes do prazo de pagamento das verbas rescisórias, deverão ser notificados; e

II — os relativos à multa rescisória, ao mês da rescisão e ao imediatamente anterior, quando vencidos no prazo da rescisão, não serão objeto de notificação.

Dos Procedimentos Gerais

Art. 39. Para o levantamento do débito, o AFT deve lançar no sistema AUDITOR todos os recolhimentos quitados pelo empregador, estejam eles individualizados ou não.

§ 1º A liquidez dos valores notificados será definida na data de apuração indicada pelo AFT que lavrou a notificação.

§ 2º O interstício entre a data da apuração, definida pelo AFT que lavrou a notificação, e a data da emissão da Notificação não pode ser superior a 30 (trinta) dias. *(Redação dada pela Instrução Normativa n. 120, de 25 de agosto de 2015, DOU 26.8.15)*

§ 3º Não serão considerados, para fins de abatimento no débito, os recolhimentos efetuados sem a necessária individualização.

§ 4º O FGTS regularmente depositado na conta vinculada do trabalhador em decorrência de reclamatória trabalhista deve ser considerado para fins de abatimento no débito. *(Acrescentado pela Instrução Normativa SIT/MTE n. 115, de 19.11.14, DOU 20.11.14)*

§ 5º O recolhimento fundiário referido no parágrafo quarto, quando efetuado por meio de guia única que contemple mais de uma competência, deve ser abatido do débito priorizando-se as competências mais antigas dentre as reclamadas. *(Acrescentado pela Instrução Normativa SIT/MTE n. 115, de 19.11.14, DOU 20.11.14)*

§ 6º A multa rescisória, quando contemplada em recolhimento descrito no parágrafo anterior, será a última parcela fundiária a ser abatida do levantamento de débito. *(Acrescentado pela Instrução Normativa SIT/MTE n. 115, de 19.11.14, DOU 20.11.14)*

§ 7º O FGTS depositado na conta vinculada do trabalhador em decorrência de reclamatória trabalhista, quando recolhido por meio de guias que especifiquem o valor respectivo a cada competência, deve ser assim abatido. *(Acrescentado pela Instrução Normativa SIT/MTE n. 115, de 19.11.14, DOU 20.11.14)*

Art. 40. O débito de FGTS ou das CS apurado na forma dos arts. 5º e 12, resultante da incidência sobre parcela de remuneração que não conste em folha de pagamento, ou não declarada como base de cálculo, deve ensejar a emissão de notificação de débito em separado.

Art. 41. A notificação de débito, bem como os anexos que porventura a acompanham, devem conter a comprovação do recebimento pelo empregador ou seu preposto, com identificação legível.

Art. 42. Os documentos que serviram de base para o levantamento do débito do FGTS e das CS devem ser datados e rubricados pelo AFT, salvo os oficiais e aqueles em que, pela sua forma, tal providência não seja possível.

PARÁGRAFO ÚNICO. As guias de recolhimento do FGTS e das CS devem ser relacionadas na notificação de débito, dispensando-se o procedimento previsto no *caput*.

Art. 43. O levantamento de débito do FGTS e das CS pode ser feito, a critério do AFT, no local que oferecer melhores condições para a execução da ação fiscal.

Art. 44. A notificação de débito deve ser expedida em três vias, com a seguinte destinação:

I — primeira via: instauração do processo;

II — segunda via: empregador; e

III — terceira via: AFT.

§ 1º A primeira via deve ser protocolizada na unidade de exercício do AFT dentro de quarenta e oito horas contadas da data da entrega ao empregador, salvo nos casos de fiscalização fora de sua unidade de exercício, hipótese em que deve ser protocolizada quando o AFT a ela retornar.

§ 2º O AFT deve entregar a notificação de débito ao empregador ou ao seu preposto, assim entendido como aquele que atendeu a fiscalização, prestando informações ou apresentando documentos, mediante recibo no campo próprio, com identificação legível do recebedor.

§ 3º A notificação pode ser expedida em arquivo digital e entregue ao notificado mediante Termo de Recebimento gerado obrigatoriamente pelo sistema AUDITOR.

§ 4º O Termo de Recebimento deve conter a identificação do notificado, as características do arquivo digital, o local, a data do recebimento, as assinaturas do AFT notificante e do empregador notificado ou seu preposto e as informações que possibilitam o download do arquivo digital pela internet.

§ 5º O Termo de Recebimento, formalizado nos termos do § 4º, comprova que o empregador foi notificado, para todos os efeitos legais, e deve ser protocolizado juntamente com a notificação, a qual pode constar do processo administrativo em mídia não regravável.

§ 6º O Termo de Recebimento e o relatório inicial da notificação, necessariamente impressos, devem acompanhar cada via da notificação sempre que esta for expedida em arquivo digital.

§ 7º Havendo recusa no recebimento da notificação de débito ou qualquer motivo que impeça os procedimentos previstos nos §§ 1º e 6º, a segunda via deve ser entregue, com a devida justificativa, juntamente com a primeira, ao setor responsável, para remessa postal.

Do Termo de Retificação

Art. 45. Para inclusão, exclusão ou alteração de dados ou valores na notificação de débito, deve ser emitido Termo de Retificação pelo AFT que emitiu a notificação.

§ 1º O Termo de Retificação deve ser emitido até o momento da remessa do processo para análise, ou quando o processo for encaminhado ao AFT para esse fim, o que pode ocorrer em qualquer fase do processo, mediante requerimento fundamentado.

§ 2º O débito retificado deve ser atualizado até a data da emissão da notificação que lhe deu origem, sendo vedada a dedução de depósitos do FGTS e/ou CS quando efetuados após essa data, bem como a inclusão de competências fora do período auditado.

§ 3º Do Termo de Retificação deve constar a informação de reabertura do prazo legal para defesa do notificado, salvo se emitido em razão de encaminhamento da unidade competente pela tramitação do processo e não resultar em majoração do débito total notificado, inserção de novas competências e/ou empregados envolvidos, hipóteses em que o trâmite do processo retomará a partir da fase em que se encontrava.

§ 4º O Termo de Retificação deve ser expedido em três vias, com a seguinte destinação:

I — primeira via: juntada ao respectivo processo de notificação de débito, não originando novo processo administrativo;

II — segunda via: empregador, podendo ser entregue ao setor competente para remessa via postal;

III — terceira via: AFT.

§ 5º O Termo de Retificação deve ser emitido quando a correção:

I — alterar a identificação ou qualificação dos corresponsáveis e estabelecimentos envolvidos; ou

II — alterar dados ou valores que impliquem na modificação do débito.

§ 6º As correções que não envolvam as situações referidas no § 6º devem constar de documento juntado ao processo, prescindindo da emissão do Termo de Retificação.

§ 7º O Termo de Retificação pode ser expedido em arquivo digital, aplicando-se as regras do art. 44.

§ 8º Deverão ser emitidos turnos de Ordem de Serviço Administrativa — OSAD's ao AFT que for encaminhado processo para emissão de Termo de Retificação de Débito, em quantidade a ser determinada pela chefia imediata, no momento do encaminhamento do processo, levando em consideração a complexidade da retificação a ser promovida e mediante prazo para conclusão dos trabalhos, que não poderá ultrapassar 60 (sessenta) dias. *(Incluído dada pela Instrução Normativa SIT n. 127, de 30.9.16, DOU 13.10.16)*

Art. 46. A chefia imediata deve designar outro AFT para emissão do Termo de Retificação, se ocorrer a impossibilidade ou impedimento de emissão pelo AFT que emitiu a notificação, decorrentes dos seguintes motivos:

I — aposentadoria;

II — falecimento;

III — exoneração;

IV — remoção;

V — afastamento legal superior a 90 (noventa) dias;

VI — outras situações devidamente justificadas.

Art. 47. O Termo de Retificação referente à notificação de débito mensal ou rescisório, emitida antes da vigência desta Instrução Normativa, deve ser elaborado nos moldes da notificação de origem e não pode ser utilizada a forma digital.

Do Termo de Alteração do Débito

Art. 48. Deve ser emitido Termo de Alteração do Débito — TAD pelo AFT analista para alteração de valores que decorrer de interpretação sobre a incidência do FGTS ou da Contribuição Social em relação à base de cálculo utilizada pelo AFT que emitiu a notificação, resultando em proposta de procedência parcial. *(Redação dada pela Instrução Normativa SIT n. 127, de 30.9.16, DOU 13.10.16)*

§ 1º Quando, a critério do AFT analista, os elementos constantes dos autos forem insuficientes para a emissão do TAD, o processo deve ser remetido ao AFT que emitiu a notificação para que este preste as informações solicitadas pelo AFT analista.

§ 2º A constatação de recolhimentos ou individualizações efetuados até o dia anterior à data de apuração e que não foram considerados pelo AFT que emitiu a notificação ensejará a remessa do processo para emissão de Termo de Retificação, após o que o trâmite do processo retornará à fase em que se encontrava. *(Redação dada pela Instrução Normativa SIT n. 106, de 23.4.14, DOU 24.4.14).*

§ 3º Na ocorrência simultânea das hipóteses previstas no *caput* e no § 2º, o Termo de Retificação precederá à emissão do TAD.

§ 4º A emissão do TAD não renovará o prazo para defesa nem pode majorar o débito total notificado, sendo vedada a inserção de novas competências e/ou empregados envolvidos, hipóteses em que se procederá na forma do art. 45.

§ 5º O débito alterado será atualizado até a data da emissão da notificação que lhe deu origem, sendo vedada a dedução de depósitos do FGTS e/ou CS, quando efetuados após a data da apuração do débito.

§ 6º O TAD acompanhará necessariamente o relatório de análise que fundamentará a decisão, devendo ser juntado ao respectivo processo de notificação de débito.

§ 7º Quando restarem comprovados equívocos que não envolvam valores, a alteração constará apenas do relatório de análise, não ensejando a emissão de TAD.

§ 8º O TAD pode ser expedido em arquivo digital, hipótese em que o analista deve disponibilizar as vias para o processo e para remessa ao empregador, aplicando-se, no que couber, as regras do art. 44.

Art. 49. Não se aplica o disposto no art. 48 na ocorrência de erro quanto à identificação do empregador notificado, devendo a notificação de débito ser arquivada por nulidade.

PARÁGRAFO ÚNICO. Considera-se erro quanto à pessoa do notificado a indicação, na notificação, do nome da pessoa física ou jurídica e número de inscrição, CPF ou CNPJ, diversos dos do empregador fiscalizado.

Art. 50. Aplica-se ao TAD o disposto no art. 47.

Do Procedimento para Apuração de Mora do FGTS

Art. 51. O AFT deve apresentar à sua chefia o relatório circunstanciado de que trata o art. 5º da Portaria n. 1.061, de 1º de novembro de 1996, para dar cumprimento ao disposto no Decreto-lei n. 368, de 19 de dezembro de 1968, e no art. 22, § 1º, da Lei n. 8.036, de 1990 sempre que constatar débito de FGTS, por período:

I — igual ou superior a três meses, independentemente da comprovação de retiradas pelos sócios;

II — inferior a três meses, quando comprovada retirada pelos sócios.

PARÁGRAFO ÚNICO. O procedimento de apuração de mora do FGTS deve ser instaurado quando a ação fiscal decorrer de denúncia de empregado ou de entidade sindical da respectiva categoria profissional.

Capítulo VI
Da Lavratura dos Autos de Infração

Art. 52. As infrações às obrigações relativas ao recolhimento do FGTS e das CS ensejam a lavratura de autos de infração distintos.

Art. 53. Os autos de infração lavrados pelo não recolhimento das CS, ou seu recolhimento após o vencimento do prazo sem os acréscimos legais, deverão ser capitulados como a seguir:

I — rescisória: art. 1º da Lei Complementar n. 110, de 2001;

II — mensal: art. 2º da Lei Complementar n. 110, de 2001.

PARÁGRAFO ÚNICO. Os autos de infração lavrados nos termos do *caput* devem conter, no histórico, o valor atualizado do débito das CS notificadas e o número da respectiva notificação de débito.

Capítulo VII
Da Fiscalização Indireta

Art. 54. Sem prejuízo da fiscalização direta, pode ser adotado o procedimento de fiscalização indireta prevista na Instrução Normativa n. 105, de 15 de abril de 2014, visando à verificação dos recolhimentos do FGTS e da CS. *(Redação dada pela Instrução Normativa SIT n. 106, de 23.4.14, DOU 24.4.14)*

PARÁGRAFO ÚNICO. O cruzamento e análise de dados declarados pelo empregador em programa de tratamento das informações deve abranger, no mínimo, os últimos 5 (cinco) anos, observada a data da última fiscalização realizada no atributo FGTS, se mais recente. *(Redação dada pela Instrução Normativa SIT n. 106, de 23.4.14, DOU 24.4.14)*

Art. 55. A fiscalização indireta eletrônica deve atingir, preferencialmente, empregadores com indício de débito estabelecidos em localidades menos atingidas pela fiscalização direta. *(Redação dada pela Instrução Normativa SIT n. 106, de 23.4.14, DOU 24.4.14).*

Art. 56. Na fiscalização indireta eletrônica devem ser notificados, por meio de Notificação para Comprovação do Cumprimento de Obrigações Trabalhistas — NCO, os empregadores com indício de débito, para comprovar a regularidade do recolhimento do FGTS e da CS, no prazo estabelecido na notificação. *(Redação dada pela Instrução Normativa SIT n. 106, de 23.4.14, DOU 24.4.14)*

Art. 57. A notificação emitida deve ser encaminhada via postal com Aviso de Recebimento — AR, ou outro meio que assegure a comprovação do recebimento, e conter, necessariamente:

I — a identificação do empregador;

II — os documentos necessários à verificação de regularidade do FGTS, mensal e rescisório;

III — a indicação do período a ser fiscalizado.

§ 1º Na fiscalização indireta presencial a Notificação para Apresentação de Documentos — NAD deve conter, ainda, a data, hora e local para comparecimento.

§ 2º Na fiscalização indireta eletrônica a NCO deve conter, ainda:

I — o prazo final para o cumprimento da notificação.

II — a indicação do correio eletrônico institucional a ser utilizado pelo empregador para informar as datas de quitação do FGTS e da CS e para prestar outros esclarecimentos.

III — a solicitação, no mínimo, dos seguintes documentos: folhas de pagamento analíticas em meio digital, das competências com indício de débito, preferencialmente no formato texto, os arquivos "SEFIP.RE" e "GRRF.RE".

IV — informação de que os documentos digitais enviados somente serão considerados recebidos se houver uma confirmação de recebimento do órgão fiscalizador. *(Redação do caput, §§ e incisos dada pela Instrução Normativa SIT n. 106, de 23.4.14, DOU 24.4.14)*

Art. 57-A. Na fiscalização indireta eletrônica, se houver a quitação integral do débito do FGTS e da CS no prazo estabelecido para cumprimento da notificação, o empregador fica dispensado de exibir documentos digitais à fiscalização, devendo informar apenas a data da quitação dos débitos. *(Redação dada pela Instrução Normativa SIT n. 106, de 23.4.14, DOU 24.4.14)*

Art. 58. Constatando-se que não houve a quitação, o AFT deverá emitir a Notificação de Débito do Fundo de Garantia e da Contribuição Social — NDFC e lavrar os autos de infração, adotando, como base de apuração, os valores constantes dos documentos apresentados e, na sua ausência ou inexatidão, os dados declarados em sistemas informatizados, como RAIS ou guias declaratórias do FGTS, na forma prevista nessa Instrução Normativa. *(Redação dada pela Instrução Normativa SIT n. 106, de 23.4.14, DOU 24.4.14)*

PARÁGRAFO ÚNICO. O relatório circunstanciado da NDFC conterá a informação de todos os eventos que motivaram sua lavratura, em especial os relacionados ao cumprimento da notificação. *(Redação dada pela Instrução Normativa SIT n. 106, de 23.4.14, DOU 24.4.14)*

Art. 58-A. Devem ser observadas as disposições contidas na Instrução Normativa n. 105, de 15 de abril de 2014. *(Redação dada pela Instrução Normativa SIT n. 106, de 23.4.14, DOU 24.4.14)*

Art. 59. Caso o empregador, regularmente notificado, não compareça no dia e hora determinados, o AFT deve lavrar auto de infração capitulado no art. 630, §§ 3º ou 4º, da CLT, e adotar procedimento visando à apuração dos débitos e a emissão de correspondente notificação, se for o caso, conforme planejamento da fiscalização.

PARÁGRAFO ÚNICO. Na hipótese de devolução da NAD, o setor competente pode novamente notificar o empregador ou encaminhar o procedimento para a fiscalização direta.

Art. 60. Considera-se fiscalização indireta, ainda, a decorrente de comunicação emitida para que a empresa efetue a regularização de indício de débito apurado pelos sistemas informatizados disponíveis, sem necessidade de haver o comparecimento da empresa às unidades descentralizadas do MTE.

PARÁGRAFO ÚNICO. Confirmado o recebimento da comunicação, nos termos do § 2º do art. 56, e não sendo constatada a regularização até o prazo estipulado, deve ser adotado procedimento visando à apuração dos débitos e à emissão de correspondente notificação, se for o caso, conforme planejamento da fiscalização.

Capítulo VIII
Do Procedimento Administrativo

Art. 61. Os documentos apresentados em fase de defesa ou recurso devem ser apreciados pela autoridade competente apenas no momento da decisão, independentemente do número de vezes que o notificado se manifestar no processo.

PARÁGRAFO ÚNICO. A quitação ou individualização operada a partir da data da apuração do débito, prevista no art. 39, será apreciada pela CAIXA, cabendo ao MTE apreciar apenas aquela ocorrida em data anterior à data de apuração. *(Redação dada pela Instrução Normativa n. 120, de 25 de agosto de 2015, DOU 26.8.15)*

Art. 62. Os recolhimentos que impliquem quitação integral do débito e a confissão ou o parcelamento que abranjam integralmente a notificação, ocorridos após a data de apuração da notificação, confirmam sua procedência, operando o encerramento do contencioso administrativo.

Art. 63. Previamente ao envio dos autos para análise, em etapa de saneamento, bem como nas outras fases do procedimento administrativo, o AFT que emitiu a notificação pode-se determinar diligências complementares a fim de prestar informações ou corrigir a notificação de débito, mediante Termo de Retificação.

§ 1º Na etapa de saneamento prévio à análise, a unidade de multas e recursos deve verificar, dentre outros aspectos formais, o atendimento da composição estrutural da notificação de débito, prevista no art. 38, não dispensando a futura análise dessa verificação.

Art. 64. O planejamento da fiscalização deve priorizar o andamento das fiscalizações e dos processos administrativos de empregadores em fase de falência, liquidação judicial ou extrajudicial.

Art. 64-A. Os recolhimentos que impliquem quitação integral do débito e a confissão ou o parcelamento que abranjam integralmente a notificação, ocorridos a partir da data de apuração da notificação, confirmam sua procedência, operando o encerramento do contencioso administrativo. *(Redação dada pela Instrução Normativa SIT n. 106, de 23.4.14, DOU 24.4.14)*

Art. 65. Encerrada a tramitação administrativa no âmbito do MTE, o processo deve ser remetido para cobrança do débito, podendo ser reapreciado somente em caso de nulidade, erro material ou apresentação de provas de quitação operada em data anterior à da apuração do débito, prevista no art. 39.

Capítulo IX
Das Disposições Finais

Art. 66. Os casos omissos serão resolvidos pela Secretária de Inspeção do Trabalho, mediante provocação de qualquer Superintendência Regional do Trabalho e Emprego — SRTE.

Art. 67. As disposições desta instrução aplicam-se às microempresas e empresas de pequeno porte naquilo em que não forem incompatíveis com as disposições legais especiais.

Art. 68. Fica revogada a Instrução Normativa n. 84, de 13 de julho de 2010.

Art. 69. Esta Instrução Normativa entra em vigor em 10 de setembro de 2012.

VERA LUCIA RIBEIRO DE ALBUQUERQUE

RESOLUÇÃO CC/FGTS N. 339, DE 26 DE ABRIL DE 2000

(DOU 5.5.2000)

Dispõe sobre sistemática de ajuste para valores recolhidos a menor na guia de recolhimento rescisório do FGTS e informações à Previdência Social — GRFP

O CONSELHO CURADOR DO FUNDO DE GARANTIA DO TEMPO DE SERVIÇO — FGTS, tendo em vista o disposto no inciso VI do art. 5º da Lei n. 8.036/90 e no inciso VI do art. 64 do Regulamento Consolidado do FGTS, aprovado pelo Decreto n. 99.684, de 8 novembro de 1990,

Considerando orientações emanadas deste Conselho quanto à inibição de ocorrências de natureza devedora;

Considerando o art. 18 da Lei n. 8.036/90, alterado pelo art. 31 da Lei n. 9.491/97, que obriga o empregador a depositar em conta vinculada do trabalhador no FGTS os valores relativos aos depósitos referentes ao mês da rescisão, ao imediatamente anterior, que ainda não houver sido recolhido, e a multa rescisória, quando devida;

Considerando o disposto no § 5º, art. 12, da Lei n. 8.036/90, notadamente quanto à apropriação nas contas vinculadas dos depósitos realizados fora do prazo regulamentar;

Considerando que se tem verificado preenchimento incorreto do campo valor total a recolher da Guia de Recolhimento Rescisório do FGTS e Informações à Previdência Social — GRFP, resultando em recolhimento menor do que o devido;

Considerando a necessidade de priorizar o crédito dos valores devidos ao trabalhador, em detrimento dos encargos devidos ao FGTS, nos recolhimentos rescisórios efetuados pelas empresas, resolve:

1. Autorizar o Agente Operador a implementar sistemática para tratamento da GRFP, ajustando os valores devidos com os efetivamente recolhidos pela empresa, na forma e ordem, a seguir indicadas:

a) a diferença será abatida, primeiramente, dos encargos devidos ao FGTS, deduzida a parcela de Juros e Atualização Monetária — JAM relativa à conta vinculada, se houver, incidente sobre o valor da Multa Rescisória;

*a.*1) em seguida, dos encargos devidos ao FGTS, deduzida a parcela de JAM relativa à conta vinculada, se houver, incidente sobre o valor de depósito das Verbas Indenizatórias;

*a.*2) havendo ainda diferença entre o valor recolhido e o devido, será abatida dos encargos devidos ao FGTS, deduzida a parcela de JAM, relativa à conta vinculada, se houver, incidente sobre o valor do depósito do mês da rescisão;

*a.*3) se ainda assim não for suficiente, será abatida dos encargos devidos ao FGTS, deduzida a parcela de JAM, relativa à conta vinculada, se houver, incidente sobre o valor do depósito do mês anterior à rescisão;

b) quando for o caso, o ajuste deverá prosseguir com o abatimento na rubrica de Juros e Atualização Monetária — JAM, incidente sobre as parcelas indicadas no item anterior, observada, ainda a mesma ordem de prioridade;

c) ocorrendo a possibilidade do valor recolhido não ser suficiente para cobrir os valores da parcela Depósito, o ajuste deverá ser feito observando a seguinte ordem:

*c.*1) Mês Anterior à Rescisão;

*c.*2) Mês da Rescisão;

*c.*3) Verbas Indenizatórias;

*c.*4) e por último, na Multa Rescisória.

2. Determinar ao Agente Operador do FGTS que somente efetue a cobrança dos encargos devidos ao FGTS, cujos recolhimentos tenham sido objeto de ajuste diminutivo, de diferença em valor acima de R$ 10,00 (Dez reais);

2.1. Não se aplica o dispositivo acima quando o ajuste se referir a valores devidos ao trabalhador, que terá a cobrança efetuada, seja qual for o valor ajustado.

3. Determinar ao Agente Operador do FGTS que elabore e apresente a este Conselho, estratificação dos valores ajustados, por mês e UF.

4. Autorizar o Agente Operador do FGTS a adotar as medidas necessárias à cobrança administrativa e judicial, utilizando o documento de recolhimento rescisório, das diferenças decorrentes dos ajustes aqui tratados.

4.1. O Agente Operador do FGTS regulamentará o disposto neste item no prazo de até 60 dias após a data da publicação desta Resolução.

5. Determinar ao Agente Operador do FGTS que retifique os ajustes realizados com base na sistemática anterior, observando os critérios definidos nesta Resolução.

6 Esta Resolução entrará em vigor 60 dias após a data de sua publicação, revogando-se as disposições em contrário.

FRANCISCO DORNELLES,
Presidente do Conselho

LEI COMPLEMENTAR N. 110, DE 29 DE JUNHO DE 2001

(DOU 30.6.2001)

Institui contribuições sociais, autoriza créditos de complementos de atualização monetária em contas vinculadas do Fundo de Garantia do Tempo de Serviço — FGTS e dá outras providências

— v. Lei n. 10.555, de 13.11.02, que autoriza condições especiais para o crédito de valores iguais ou inferiores a R$ 100,00, de que trata a Lei Complementar n. 110, de 29.06.01, e dá outras providências, p. 244

— v. Instrução Normativa n. 25, do MTE/SIT, de 20.12.01, (DOU 27.12.01), que baixa instruções para a fiscalização do Fundo de Garantia do Tempo de Serviço — FGTS e das Contribuições Sociais instituídas pela Lei Complementar n. 110, de 29.6.01

O PRESIDENTE DA REPÚBLICA,

Faço saber que o Congresso Nacional decreta e eu sanciono a seguinte Lei Complementar:

Art. 1º Fica instituída contribuição social devida pelos empregadores em caso de despedida de empregado sem justa causa, à alíquota de dez por cento sobre o montante de todos os depósitos devidos, referentes ao Fundo de Garantia do Tempo de Serviço — FGTS, durante a vigência do contrato de trabalho, acrescido das remunerações aplicáveis às contas vinculadas. *(Vide ADIn 2556-2 e ADIn 2.568-6)*

PARÁGRAFO ÚNICO. Ficam isentos da contribuição social instituída neste artigo os empregadores domésticos.

Art. 2º Fica instituída contribuição social devida pelos empregadores, à alíquota de cinco décimos por cento sobre a remuneração devida, no mês anterior, a cada trabalhador, incluídas as parcelas de que trata o art. 15 da Lei n. 8.036, de 11 de maio de 1990.

§ 1º Ficam isentas da contribuição social instituída neste artigo:

I — as empresas inscritas no Sistema Integrado de Pagamento de Impostos e Contribuições das Microempresas e Empresas de Pequeno Porte — SIMPLES, desde que o faturamento anual não ultrapasse o limite de R$ 1.200.000,00 (um milhão e duzentos mil reais); *(Vide ADIn 2556-2 e ADIn 2.568-6)*

II — as pessoas físicas, em relação à remuneração de empregados domésticos; e

III — as pessoas físicas, em relação à remuneração de empregados rurais, desde que sua receita bruta anual não ultrapasse o limite de R$ 1.200.000,00 (um milhão e duzentos mil reais).

§ 2º A contribuição será devida pelo prazo de sessenta meses, a contar de sua exigibilidade.

Art. 3º Às contribuições sociais de que tratam os arts. 1º e 2º aplicam-se as disposições da Lei n. 8.036, de 11 de maio de 1990, e da Lei n. 8.844, de 20 de janeiro de 1994, inclusive quanto a sujeição passiva e equiparações, prazo de recolhimento, administração, fiscalização, lançamento, consulta, cobrança, garantias, processo administrativo de determinação e exigência de créditos tributários federais. *(Vide ADIn 2556-2 e ADIn 2.568-6)*

§ 1º As contribuições sociais serão recolhidas na rede arrecadadora e transferidas à Caixa Econômica Federal, na forma do art. 11 da Lei n. 8.036, de 11 de maio de 1990, e as respectivas receitas serão incorporadas ao FGTS.

§ 2º A falta de recolhimento ou o recolhimento após o vencimento do prazo sem os acréscimos previstos no art. 22 da Lei n. 8.036, de 11 de maio de 1990, sujeitarão o infrator à multa de setenta e cinco por cento, calculada sobre a totalidade ou a diferença da contribuição devida.

§ 3º A multa será duplicada na ocorrência das hipóteses previstas no art. 23, § 3º, da Lei n. 8.036, de 11 de maio de 1990, sem prejuízo das demais cominações legais.

Art. 4º Fica a Caixa Econômica Federal autorizada a creditar nas contas vinculadas do FGTS, a expensas do próprio Fundo, o complemento de atualização monetária resultante da aplicação, cumulativa, dos percentuais de dezesseis inteiros e sessenta e quatro centésimos por cento e de quarenta e quatro inteiros e oito décimos por cento, sobre os saldos das contas mantidas, respectivamente, no período de 1º de dezembro de 1988 a 28 de fevereiro de 1989 e durante o mês de abril de 1990, desde que:

I — o titular da conta vinculada firme o Termo de Adesão de que trata esta Lei Complementar;

II — até o sexagésimo terceiro mês a partir da data de publicação desta Lei Complementar, estejam em vigor as contribuições sociais de que tratam os arts. 1º e 2º; *(Vide ADIn 2.556-2 e ADIn 2.568-6)* e

III — a partir do sexagésimo quarto mês da publicação desta Lei Complementar, permaneça em vigor a contribuição social de que trata o art. 1º. *(Vide ADIn 2556-2 e ADIn 2.568-6)*

PARÁGRAFO ÚNICO. O disposto nos arts. 9º, II, e 22, § 2º, da Lei n. 8.036, de 11 de maio de 1990, não se aplica, em qualquer hipótese, como decorrência da efetivação do crédito de complemento de atualização monetária de que trata o *caput* deste artigo.

Art. 5º O complemento de que trata o art. 4º será remunerado até o dia 10 do mês subsequente ao da publicação desta Lei Complementar, com base nos mesmos critérios de remuneração utilizados para as contas vinculadas.

PARÁGRAFO ÚNICO. O montante apurado na data a que se refere o *caput* será remunerado, a partir do dia 11 do mês subsequente ao da publicação desta Lei Complementar, com base na Taxa Referencial — TR, até que seja creditado na conta vinculada do trabalhador.

Art. 6º O Termo de Adesão a que se refere o inciso I do art. 4º, a ser firmado no prazo e na forma definidos em Regulamento, conterá:

I — a expressa concordância do titular da conta vinculada com a redução do complemento de que trata o art. 4º, acrescido da remuneração prevista no *caput* do art. 5º, nas seguintes proporções:

a) zero por cento sobre o total do complemento de atualização monetária de valor até R$ 2.000,00 (dois mil reais);

b) oito por cento sobre o total do complemento de atualização monetária de valor de R$ 2.000,01 (dois mil reais e um centavo) a R$ 5.000,00 (cinco mil reais);

c) doze por cento sobre o total do complemento de atualização monetária de valor de R$ 5.000,01 (cinco mil reais e um centavo) a R$ 8.000,00 (oito mil reais);

d) quinze por cento sobre o total do complemento de atualização monetária de valor acima de R$ 8.000,00 (oito mil reais);

II — a expressa concordância do titular da conta vinculada com a forma e os prazos do crédito na conta vinculada, especificados a seguir:

a) complemento de atualização monetária no valor total de R$ 1.000,00 (um mil reais), até junho de 2002, em uma única parcela, para os titulares de contas vinculadas que tenham firmado o Termo de Adesão até o último dia útil do mês imediatamente anterior;

b) complemento de atualização monetária no valor total de R$ 1.000,01 (um mil reais e um centavo) a R$ 2.000,00 (dois mil reais), em duas parcelas semestrais, com o primeiro crédito em julho de 2002, sendo a primeira parcela de R$ 1.000,00 (um mil reais), para os titulares de contas vinculadas que tenham firmado o Termo de Adesão até o último dia útil do mês imediatamente anterior;

c) complemento de atualização monetária no valor total de R$ 2.000,01 (dois mil reais e um centavo) a R$ 5.000,00 (cinco mil reais), em cinco parcelas semestrais, com o primeiro crédito em janeiro de 2003, para os titulares de contas vinculadas que tenham firmado o Termo de Adesão até o último dia útil do mês imediatamente anterior;

d) complemento de atualização monetária no valor total de R$ 5.000,01 (cinco mil reais e um centavo) a R$ 8.000,00 (oito mil reais), em sete parcelas semestrais, com o primeiro crédito em julho de 2003, para os titulares de contas vinculadas que tenham firmado o Termo de Adesão até o último dia útil do mês imediatamente anterior;

e) complemento de atualização monetária no valor total acima de R$ 8.000,00 (oito mil reais), em sete parcelas semestrais, com o primeiro crédito em janeiro de 2004, para os titulares de contas vinculadas que tenham firmado o Termo de Adesão até o último dia útil do mês imediatamente anterior; e

III — declaração do titular da conta vinculada, sob as penas da lei, de que não está nem ingressará em juízo discutindo os complementos de atualização monetária relativos a junho de 1987, ao período de 1º de dezembro de 1988 a 28 de fevereiro de 1989, a abril e maio de 1990 e a fevereiro de 1991.

§ 1º No caso da alínea *b* do inciso I, será creditado valor de R$ 2.000,00 (dois mil reais), quando a aplicação do percentual de redução resultar em quantia inferior a este.

§ 2º No caso da alínea *c* do inciso I, será creditado valor de R$ 4.600,00 (quatro mil e seiscentos reais), quando a aplicação do percentual de redução resultar em quantia inferior a este.

§ 3º No caso da alínea *d* do inciso I será creditado valor de R$ 7.040,00 (sete mil e quarenta reais), quando a aplicação do percentual de redução resultar em quantia inferior a este.

§ 4º Para os trabalhadores que vierem a firmar seus termos de adesão após as datas previstas nas alíneas *a* a *d* do inciso II, os créditos em suas contas vinculadas iniciar-se-ão no mês subsequente ao da assinatura do Termo de Adesão, observadas as demais regras constantes nesses dispositivos, quanto a valores, número e periodicidade de pagamento de parcelas.

§ 5º As faixas de valores mencionadas no inciso II do *caput* serão definidas pelos complementos a que se refere o art. 4º, acrescidos da remuneração prevista no *caput* do art. 5º, antes das deduções de que tratam o inciso I do *caput* e os §§ 1º e 2º.

§ 6º O titular da conta vinculada fará jus ao crédito de que trata o inciso II do *caput* deste artigo, em uma única parcela, até junho de 2002, disponível para imediata movimentação a partir desse mês, nas seguintes situações:

I — na hipótese de o titular ou qualquer de seus dependentes for acometido de neoplasia maligna, nos termos do inciso XI do art. 20 da Lei n. 8.036, de 11 de maio de 1990;

II — quando o titular ou qualquer de seus dependentes for portador do vírus HIV;

III — se o trabalhador, com crédito de até R$ 2.000,00 (dois mil reais), for aposentado por invalidez, em função de acidente do trabalho ou doença profissional, ou aposentado maior de sessenta e cinco anos de idade;

IV — quando o titular ou qualquer de seus dependentes for acometido de doença terminal.

§ 7º O complemento de atualização monetária de valor total acima de R$ 2.000,00 (dois mil reais) poderá, a critério do titular da conta vinculada, ser resgatado mediante entrega, em julho de 2002, ou nos seis meses seguintes, no caso de adesões que se efetuarem até dezembro de 2002, de documento de quitação com o FGTS autorizando a compra de título, lastreado nas receitas decorrentes das contribuições instituídas pelos arts. 1º e 2º desta Lei Complementar, de valor de face equivalente ao valor do referido complemento nos termos e condições estabelecidas pelo Conselho Monetário Nacional — CMN.

Art. 7º Ao titular da conta vinculada que se encontre em litígio judicial visando ao pagamento dos complementos de atualização monetária relativos a junho de 1987, dezembro de 1988 a fevereiro de 1989, abril e maio de 1990 e fevereiro de 1991, é facultado receber, na forma do art. 4º, os créditos de que trata o art. 6º, firmando transação a ser homologada no juízo competente.

Art. 8º A movimentação da conta vinculada, no que se refere ao crédito do complemento de atualização monetária, observará as condições previstas no art. 20 da Lei n. 8.036, de 11 de maio de 1990, inclusive nos casos em que o direito do titular à movimentação da conta tenha sido implementado em data anterior à da publicação desta Lei Complementar.

Art. 9º As despesas com as obrigações decorrentes dos montantes creditados na forma do art. 6º poderão ser diferidas contabilmente, para apropriação no resultado do balanço do FGTS, no prazo de até quinze anos, a contar da publicação desta Lei Complementar.

Art. 10. Os bancos que, no período de dezembro de 1988 a março de 1989 e nos meses de abril e maio de 1990, eram depositários das contas vinculadas do FGTS, ou seus sucessores, repassarão à Caixa Econômica Federal, até 31 de janeiro de 2002, as informações cadastrais e financeiras necessárias ao cálculo do complemento de atualização monetária de que trata o art. 4º.

§ 1º A Caixa Econômica Federal estabelecerá a forma e o cronograma dos repasses das informações de que trata o *caput* deste artigo.

§ 2º Pelo descumprimento dos prazos e das demais obrigações estipuladas com base neste artigo, os bancos de que trata o *caput* sujeitam-se ao pagamento de multa equivalente a dez por cento do somatório dos saldos das contas das quais eram depositários, remunerados segundo os mesmos critérios previstos no art. 5º.

§ 3º Os órgãos responsáveis pela auditoria integrada do FGTS examinarão e homologarão, no prazo de sessenta dias, a contar da publicação desta Lei Complementar, o aplicativo a ser utilizado na validação das informações de que trata este artigo.

Art. 11. A Caixa Econômica Federal, até 30 de abril de 2002, divulgará aos titulares de contas vinculadas os respectivos valores dos complementos de atualização monetária a que têm direito, com base nas informações cadastrais e financeiras de que trata o art. 10.

Art. 12. O Tesouro Nacional fica subsidiariamente obrigado à liquidação dos valores a que se refere o art. 4º, nos prazos e nas condições estabelecidos nos arts. 5º e 6º, até o montante da diferença porventura ocorrida entre o valor arrecadado pelas contribuições sociais de que tratam os arts. 1º e 2º e aquele necessário ao resgate dos compromissos assumidos.

Art. 13. As leis orçamentárias anuais referentes aos exercícios de 2001, 2002 e 2003 assegurarão destinação integral ao FGTS de valor equivalente à arrecadação das contribuições de que tratam os arts. 1º e 2º desta Lei Complementar.

Art. 14. Esta Lei Complementar entra em vigor na data de sua publicação, produzindo efeitos:

I — noventa dias a partir da data inicial de sua vigência, relativamente à contribuição social de que trata o art. 1º;

II — a partir do primeiro dia do mês seguinte ao nonagésimo dia da data de início de sua vigência, no tocante à contribuição social de que trata o art. 2º.

Brasília, 29 de junho de 2001; 180º da Independência e 113º da República.

FERNANDO HENRIQUE CARDOSO
PEDRO MALAN
FRANCISCO DORNELLES

DECRETO N. 3.913, DE 11 DE SETEMBRO DE 2001

(DOU 12.9.2001)

Dispõe sobre a apuração e liquidação dos complementos de atualização monetária de saldos de contas vinculadas do Fundo de Garantia do Tempo de Serviço — FGTS, de que trata a Lei Complementar n. 110, de 29 de junho de 2001

O PRESIDENTE DA REPÚBLICA, no uso da atribuição que lhe confere o art. 84, inciso IV, da Constituição e tendo em vista as disposições contidas na Lei Complementar n. 110, de 29 de junho de 2001,

Decreta:

Art. 1º Este Decreto regulamenta a forma de apuração dos complementos de atualização monetária das contas vinculadas do Fundo de Garantia do Tempo de Serviço — FGTS, de que trata a *Lei Complementar n. 110, de 29 de junho de 2001,* relativos aos saldos mantidos no período de 1º de dezembro de 1988 a 28 de fevereiro de 1989 e no mês de abril de 1990, a forma e os prazos para lançamento dos respectivos créditos nas contas vinculadas e a forma de adesão às condições de resgate dos referidos créditos.

Art. 2º A Caixa Econômica Federal calculará o complemento de atualização monetária relativo ao período de 1º de dezembro de 1988 a 28 de fevereiro de 1989, inclusive, e ao mês de abril de 1990, com base nos percentuais:

I — de dezesseis inteiros e sessenta e quatro centésimos por cento, referente ao índice de janeiro de 1989, sobre o saldo mantido na conta vinculada no período de 1º de dezembro de 1988 a 28 de fevereiro de 1989, inclusive;

II — de quarenta e quatro inteiros e oito décimos por cento, referente ao índice de abril de 1990, sobre o saldo mantido no mês de abril de 1990;

III — de dezesseis inteiros e sessenta e quatro centésimos por cento e de quarenta e quatro inteiros e oito décimos por cento, cumulativos, sobre os saldos mantidos, respectivamente, no período de 1º de dezembro de 1988 a 28 de fevereiro de 1989, inclusive, e no mês de abril de 1990.

§ 1º O valor calculado na forma do *caput,* com a remuneração prevista no art. 5º e com a redução cabível especificada no inciso I do art. 6º, ambos da *Lei Complementar n. 110, de 2001,* será, a partir de 1º de maio de 2002, registrado na conta vinculada do trabalhador que tenha manifestado sua adesão às condições de resgate estabelecidas na Lei Complementar n. 110, de 2001, mediante assinatura do Termo de Adesão, para ser creditado nas condições, forma e prazos previstos neste Decreto.

§ 2º O valor do complemento de atualização monetária, após o seu registro na conta vinculada do trabalhador, efetuado segundo o disposto no § 1º, integra a base de cálculo das multas rescisórias de que tratam os §§ 1º e 2º do *art. 18 da Lei n. 8.036, de 11 de maio de 1990.*

Art. 3º A adesão às condições de resgate dos complementos de atualização monetária, estabelecidas na Lei Complementar n. 110, de 2001, deverá ser manifestada em Termo de Adesão próprio, nos moldes dos formulários aprovados em portaria conjunta da Advocacia-Geral da União e do Ministério do Trabalho e Emprego.

§ 1º Mantido o conteúdo constante dos formulários do Termo de Adesão, as adesões poderão ser manifestadas por meios magnéticos ou eletrônicos, inclusive mediante teleprocessamento, na forma estabelecida em ato normativo do Agente Operador do FGTS.

§ 2º O titular de conta vinculada poderá, a partir de 5 de novembro de 2001, manifestar sua adesão às condições de resgate do complemento de atualização monetária previstas na Lei Complementar n. 110, de 2001, independentemente do conhecimento prévio do valor do complemento.

§ 3º A critério do Agente Operador do FGTS e mediante ampla divulgação prévia, o início do processo de adesão poderá ser antecipado.

Art. 4º O titular da conta vinculada manifestará, no Termo de Adesão, sua concordância:

I — com a redução do complemento de que trata o art. 2º, remunerado até o dia 10 do mês de julho de 2001 com base nos mesmos critérios de remuneração das contas vinculadas, nas seguintes proporções:

a) zero por cento sobre o total do complemento de atualização monetária de valor até R$ 2.000,00 (dois mil reais);

b) oito por cento sobre o total do complemento de atualização monetária de valor de R$ 2.000,01 (dois mil reais e um centavo) a R$ 5.000,00 (cinco mil reais), assegurado o crédito mínimo de R$ 2.000,00 (dois mil reais), quando a aplicação do percentual de redução resultar em quantia inferior a esse valor;

c) doze por cento sobre o total do complemento de atualização monetária de valor de R$ 5.000,01 (cinco mil reais e um centavo) a R$ 8.000,00 (oito mil reais), assegurado o crédito mínimo de R$ 4.600,00 (quatro mil e seiscentos reais), quando a aplicação do percentual de redução resultar em quantia inferior a esse valor;

d) quinze por cento sobre o total do complemento de atualização monetária de valor acima de R$ 8.000,00 (oito mil reais), assegurado o crédito mínimo de R$ 7.040,00 (sete mil e quarenta reais), quando a aplicação do percentual de redução resultar em quantia inferior a esse valor;

II — com a forma e os prazos do crédito na conta vinculada, consoante as seguintes especificações:

a) o complemento de atualização monetária no valor total de até R$ 1.000,00 (mil reais), será creditado até 30 de junho de 2002, em uma única parcela, para os titulares de contas vinculadas que tenham firmado o Termo de Adesão até o dia 31 de maio de 2002;

b) o complemento de atualização monetária no valor total de R$ 1.000,01 (mil reais e um centavo) a R$ 2.000,00 (dois mil reais), será creditado em duas parcelas semestrais, ocorrendo o crédito da primeira parcela, no valor de R$ 1.000,00 (mil reais), até 31 de julho de 2002, para os titulares de contas vinculadas que tenham firmado o Termo de Adesão até o dia 28 de junho de 2002;

c) o complemento de atualização monetária no valor total de R$ 2.000,01 (dois mil reais e um centavo) a R$ 5.000,00 (cinco mil reais), definido antes da dedução de que trata o inciso I, alínea *b,* será creditado em cinco parcelas semestrais, a partir de janeiro de 2003, para os titulares de contas vinculadas que tenham firmado o Termo de Adesão até o dia 30 de dezembro de 2002;

d) o complemento de atualização monetária no valor total de R$ 5.000,01 (cinco mil reais e um centavo), a R$ 8.000,00 (oito mil reais), definido antes da dedução de que trata o inciso I, alínea *c,* será creditado em sete parcelas semestrais, a partir de julho de 2003, para os titulares de contas vinculadas que tenham firmado o Termo de Adesão até o dia 30 de junho de 2003;

e) o complemento de atualização monetária no valor total acima de R$ 8.000,00 (oito mil reais), definido antes da dedução de que trata o inciso I, alínea *d,* será creditado em sete parcelas semestrais, a partir de janeiro de 2004, para os titulares de contas vinculadas que tenham firmado o Termo de Adesão até o dia 30 de dezembro de 2003;

III — em firmar, sob as penas da lei, declaração de que não está discutindo em juízo, nem ingressará em juízo para discutir, complementos de atualização monetária do FGTS relativos a junho de 1987, ao período de 1º de dezembro de 1988 a 28 de fevereiro de 1989, a abril e maio de 1990 e a fevereiro de 1991;

IV — em desistir de ação judicial que tenha interposto, inclusive na condição de litisconsorte, para pleitear o pagamento de complementos de atualização monetária citados no inciso III, conformando-se, por transação a ser homologada em juízo, com as condições estabelecidas neste Decreto.

§ 1º Nos casos em que a adesão dependa de transação, serão consideradas como datas de adesão, para os efeitos das alíneas *a* a *e* do inciso II, as datas em que os titulares de contas vinculadas firmarem o Termo de Adesão, independentemente da homologação judicial da transação, que deverá ser requerida mesmo depois de efetuado o crédito na conta. (NR) *(Redação dada pelo Decreto n. 4.777, de 11.7.03, DOU 14.7.03).*

§ 2º Para os trabalhadores que vierem a firmar seus termos de adesão após as datas previstas nas alíneas *a* a *d* do inciso II, os créditos em suas contas vinculadas iniciar-se-ão no mês subsequente ao da assinatura do Termo de Adesão, observadas as demais regras constantes nesses dispositivos, quanto a valores, número e periodicidade de pagamento de parcelas.

§ 3º A data final para assinatura do Termo de Adesão é 30 de dezembro de 2003.

§ 4º Na ocorrência de óbito do titular da conta vinculada, o Termo de Adesão será firmado por todos os seus dependentes, habilitados perante a Previdência Social para a concessão de pensões por morte e, na falta de dependentes, por todos os seus sucessores previstos na lei civil, indicados em alvará judicial, expedido a requerimento do interessado, independentemente de inventário ou arrolamento.

Art. 5º O titular da conta vinculada fará jus ao crédito de que trata o inciso II do art. 4º deste Decreto, em uma única parcela, até junho de 2002, disponível para imediata movimentação a partir desse mês, nas hipóteses de o titular:

I — ou qualquer de seus dependentes ser acometido de neoplasia maligna;

II — ou qualquer de seus dependentes ser portador do vírus HIV;

III — com crédito de até R$ 2.000,00 (dois mil reais), ser aposentado por invalidez em função de acidente de trabalho ou doença profissional, ou ser aposentado maior de sessenta e cinco anos de idade;

IV — de o titular ou qualquer de seus dependentes ser acometido de doença terminal.

PARÁGRAFO ÚNICO. Para efeito do inciso IV, apresentar-se-á diagnóstico médico claramente descritivo que, em face dos sintomas ou do histórico patológico, caracterize o estágio terminal de vida em razão da doença grave consignada no Código Internacional de Doenças — CID que acometa o trabalhador ou qualquer de seus dependentes, assinado por médico devidamente identificado por seu registro profissional e emitido na conformidade das normas dos Conselhos Federal e Regional de Medicina. (NR) *(Redação dada pelo Decreto n. 5.860, de 26.7.06, DOU 27.7.06)*

Art. 6º A movimentação da conta vinculada, relativamente ao crédito do complemento de atualização monetária, que não se enquadre nas hipóteses do art. 5º, observará as condições previstas no *art. 20 da Lei n. 8.036, de 1990.*

§ 1º As hipóteses de movimentação da conta vinculada previstas nos incisos I, II, III, IV, VIII, IX, X e XI do art. 20 da Lei n. 8.036, de 1990, e na *Lei n. 7.670, de 8 de setembro de 1988,* ocorridas anteriormente à data da edição da Lei Complementar n. 110, de 2001, autorizam o saque do complemento de atualização monetária após o crédito na conta vinculada.

§ 2º Após o crédito do complemento de atualização monetária na conta vinculada, nas condições do inciso II do art. 4º, será permitida a sua utilização para a amortização ou quitação de saldo devedor de financiamento de moradia própria no âmbito do Sistema Financeiro da Habitação, inclusive na modalidade de Carta de Crédito do FGTS, mediante encontro de contas, atendidas as condições do *art. 20 da Lei n. 8.036, de 1990.*

Art. 7º Os saques de que tratam o art. 5º e o § 1º do art. 6º poderão ser processados mediante transferência do valor correspondente para conta corrente do titular da conta vinculada, com a autorização deste.

Art. 8º A critério do titular da conta vinculada, o complemento de atualização monetária, de valor total superior a R$ 2.000,00 (dois mil reais), computada a dedução de que trata o inciso I do art. 4º, poderá ser resgatado mediante entrega, em julho de 2002, ou nos seis meses seguintes, no caso de adesões que se efetuarem até dezembro de 2002, de documento de quitação com o FGTS em que se autoriza a compra de título, lastreado nas receitas decorrentes das contribuições instituídas pelos arts. 1º e 2º da Lei Complementar n. 110, de 2001, de valor de face equivalente ao valor do referido complemento, nos termos e condições estabelecidas pelo Conselho Monetário Nacional — CMN.

Art. 9º O Agente Operador do FGTS, observadas as normas legais e regulamentares:

I — estabelecerá, em ato normativo, os procedimentos operacionais relativos ao exercício da adesão de que trata o art. 3º e à efetivação dos créditos nas contas vinculadas; e

II — promoverá, antes de iniciar o processo de adesão, ampla divulgação sobre os procedimentos, meios e forma de adesão, e distribuição dos respectivos formulários.

Art. 10. Este Decreto entra em vigor na data de sua publicação.

Brasília, 11 de setembro de 2001; 180º da Independência e 113º da República.

FERNANDO HENRIQUE CARDOSO
PEDRO MALAN
FRANCISCO DORNELLES
GILMAR FERREIRA MENDES

Obs.: Os formulários do termo de adesão foram aprovados pela Portaria Interministerial n. 65 (MTE e AGU), de 12.9.01, DOU 14.9.01, conforme modelo constante nos Anexos I e II da referida Portaria. (não publicada nesta obra).

DECRETO N. 3.914, DE 11 DE SETEMBRO DE 2001

(DOU 12.9.2001)

Dispõe sobre a regulamentação das contribuições sociais instituídas pela Lei Complementar n. 110, de 29 de junho de 2001

O PRESIDENTE DA REPÚBLICA, no uso da atribuição que lhe confere o art. 84, inciso IV, da Constituição,

Decreta:

Art. 1º Este Decreto dispõe sobre a regulamentação da contribuição social devida por despedida de empregado sem justa causa e da contribuição social incidente sobre a remuneração mensal do trabalhador, instituídas pelos *arts. 1º e 2º da Lei Complementar n. 110, de 29 de junho de 2001.*

Art. 2º A contribuição social que tem por fato gerador a despedida de empregado sem justa causa é devida em relação às despedidas que ocorrerem a partir de 28 de setembro de 2001, inclusive.

§ 1º A base de cálculo da contribuição é o montante dos depósitos do Fundo de Garantia do Tempo de Serviço — FGTS, acrescidos das remunerações previstas no *art. 13 da Lei n. 8.036, de 11 de maio de 1990, bem como nos arts. 11 da Lei n. 7.839, de 12 de outubro de 1989, e 3º e 4º da Lei n. 5.107, de 13 de setembro de 1966,* enquanto vigentes, devidos durante a vigência do contrato de trabalho.

§ 2º O valor do complemento de atualização monetária de que trata o art. 4º, com a remuneração prevista no art. 5º e com a redução cabível especificada no inciso I do art. 6º, todos da Lei Complementar n. 110, de 2001, que esteja registrado, na data da rescisão do contrato de trabalho, na conta vinculada do trabalhador que tenha firmado o Termo de Adesão a que se refere o art. 4º, inciso I, da mesma Lei Complementar, integra a base de cálculo da contribuição de que trata este artigo.

§ 3º O valor da contribuição será determinado pela aplicação da alíquota de dez por cento sobre o valor da base de cálculo especificada nos §§ 1º e 2º.

§ 4º A contribuição deve ser paga nos seguintes prazos:

I — até o primeiro dia útil imediato ao término do contrato, no caso em que o empregador concede o aviso prévio nos termos do art. 487 da Consolidação das Leis do Trabalho — CLT; ou

II — até o décimo dia, contado da data da notificação da demissão, quando da ausência do aviso prévio, indenização do mesmo ou dispensa de seu cumprimento.

§ 5º Os empregadores domésticos ficam isentos da contribuição social de que trata este artigo.

Art. 3º A contribuição social incidente sobre a remuneração do trabalhador é devida a partir da remuneração relativa ao mês de outubro de 2001 até a remuneração relativa ao mês de setembro de 2006.

§ 1º A contribuição incide sobre a remuneração paga ou devida, no mês anterior, a cada trabalhador.

§ 2º A base de cálculo da contribuição é o valor da remuneração paga ou devida a cada trabalhador, computadas as parcelas de que trata o *art. 15 da Lei n. 8.036, de 1990.*

§ 3º O valor do pagamento antecipado de remuneração ou de gratificação de Natal integra a base de cálculo da contribuição social relativa ao mês em que ocorrer o pagamento antecipado.

§ 4º O valor da contribuição será determinado pela aplicação da alíquota de cinco décimos por cento sobre a base de cálculo especificada nos §§ 2º e 3º.

§ 5º A contribuição incidente sobre a remuneração paga ou devida em cada mês deve ser paga até o dia 7 do mês subsequente ou, não havendo expediente bancário no dia 7, até o último dia útil que o anteceder.

§ 6º Ficam isentas da contribuição social de que trata este artigo:

I — as empresas inscritas no Sistema Integrado de Pagamento de Impostos e Contribuições das Microempresas e Empresas de Pequeno Porte — SIMPLES, desde que o faturamento anual não ultrapasse o limite de R$ 1.200.000,00 (um milhão e duzentos mil reais);

II — as pessoas físicas, em relação à remuneração de empregados domésticos; e

III — as pessoas físicas, em relação à remuneração de empregados rurais, desde que sua receita bruta anual não ultrapasse o limite de R$ 1.200.000,00 (um milhão e duzentos mil reais).

§ 7º Para os fins do disposto no § 6º, poderão ser utilizadas informações constantes dos cadastros administrados pela Secretaria da Receita Federal, na forma estabelecida em convênio.

Art. 4º O sujeito passivo das contribuições sociais de que trata este Decreto é o empregador, considerado como tal a pessoa física ou a pessoa jurídica de direito privado ou de direito público, da administração pública direta, indireta ou fundacional de qualquer dos Poderes, da União, dos Estados, do Distrito Federal e dos Municípios, que admitir trabalhadores a seu serviço, bem assim aquele que, regido por legislação especial, encontrar-se nessa condição ou figurar como fornecedor ou tomador de mão de obra, independente da responsabilidade solidária ou subsidiária a que eventualmente venha obrigar-se.

PARÁGRAFO ÚNICO. Para os efeitos deste Decreto, considera-se empregado ou trabalhador toda pessoa física que prestar serviços a empregador, a locador ou tomador de mão de obra, excluídos os eventuais, os autônomos e os servidores públicos civis e militares sujeitos a regime jurídico próprio.

Art. 5º O pagamento das contribuições sociais de que trata este Decreto fora dos prazos estabelecidos sujeita o infrator aos acréscimos previstos no *art. 22 da Lei n. 8.036, de 1990, e nos §§ 2º e 3º do art. 3º da Lei Complementar n. 110, de 2001.*

Art. 6º A exigência fiscal da contribuição social, que não tenha sido paga por iniciativa do contribuinte, será formalizada em notificação de débito, lavrada por Auditor fiscal do Trabalho ou pela Repartição competente do Ministério do Trabalho e Emprego, nos termos de ato normativo do Ministro de Trabalho e Emprego.

Art. 7º As contribuições sociais de que trata este Decreto, inclusive os acréscimos legais correspondentes, serão pagos na rede bancária arrecadadora do FGTS, na forma a ser estabelecida pelo Agente Operador do FGTS.

§ 1º Os valores recolhidos pela rede bancária serão transferidos à Caixa Econômica Federal no segundo dia útil subsequente à data em que tenham sido recolhidos.

§ 2º A Caixa Econômica Federal procederá ao registro das receitas, relativas às contribuições sociais que lhe forem transferidas pela rede bancária, no Sistema Integrado de Administração Financeira do Governo Federal — SIAFI, na forma regulada pelo Ministério da Fazenda.

Art. 8º A falta de pagamento das contribuições de que trata este Decreto resultará no impedimento da emissão, pela Caixa Econômica Federal, do Certificado de Regularidade do FGTS, sem prejuízo das demais cominações legais cabíveis.

Art. 9º O Ministério do Trabalho e Emprego expedirá as normas para disciplinar os procedimentos de administração das contribuições sociais de que trata este Decreto.

Art. 10. Este Decreto entra em vigor na data de sua publicação.

Brasília, 11 de setembro de 2001; 180º da Independência e 113º da República.

FERNANDO HENRIQUE CARDOSO
PEDRO MALAN
FRANCISCO DORNELLES

DECRETO N. 5.113, DE 22 DE JUNHO DE 2004

(DOU 23.6.2004)

Regulamenta o art. 20, inciso XVI, da Lei n. 8.036, de 11 de maio de 1990, que dispõe sobre o Fundo de Garantia do Tempo de Serviço — FGTS, e dá outras providências

O PRESIDENTE DA REPÚBLICA, no uso da atribuição que lhe confere o art. 84, inciso IV, da Constituição, e tendo em vista o disposto no art. 20, inciso XVI, da Lei n. 8.036, de 11 de maio de 1990, decreta:

Art. 1º O titular de conta vinculada do Fundo de Garantia do Tempo de Serviço — FGTS que resida em área do Distrito Federal ou de Município, em situação de emergência ou estado de calamidade pública objeto de decreto do respectivo Governo, poderá movimentar a referida conta por motivo de necessidade pessoal, cuja urgência e gravidade decorram de desastre natural.

§ 1º Para os fins da movimentação de que trata este artigo, o decreto municipal ou do Distrito Federal que declare a situação de emergência ou o estado de calamidade pública deverá ser publicado no prazo máximo de trinta dias, contados do primeiro dia útil seguinte ao da ocorrência do desastre natural.

§ 2º A movimentação da conta vinculada de que trata o *caput* só poderá ocorrer após o reconhecimento da situação de emergência ou do estado de calamidade pública em portaria do Ministro de Estado da Integração Nacional.

§ 3º A solicitação de movimentação será admitida até noventa dias da publicação do ato de reconhecimento de que trata o § 2º.

Art. 2º Para os fins do disposto neste Decreto, considera-se desastre natural:

I — vendavais ou tempestades;

II — vendavais muito intensos ou ciclones extratropicais;

III — vendavais extremamente intensos, furacões, tufões ou ciclones tropicais;

IV — tornados e trombas d'água;

V — precipitações de granizos;

VI — enchentes ou inundações graduais;

VII — enxurradas ou inundações bruscas;

VIII — alagamentos; e

IX — inundações litorâneas provocadas pela brusca invasão do mar.

PARÁGRAFO ÚNICO. Para fins do disposto no inciso XVI do *caput* do art. 20 da Lei n. 8.036, de 11 de maio de 1990, considera-se também como natural o desastre decorrente do rompimento ou colapso de barragens que ocasione movimento de massa, com danos a unidades residenciais. *(Alteração dada pelo Decreto n. 8.572, de 13.11.15, DOU ed. extra 13.11.15)*

Art. 3º A comprovação da área atingida de que trata o *caput* do art. 1º será realizada mediante fornecimento à Caixa Econômica Federal, pelo Município ou pelo Distrito Federal, de declaração das áreas atingidas por desastres naturais, que deverá conter a descrição da área no seguinte padrão:

I — nome do distrito, cidade e unidade da Federação, caso todas as unidades residenciais existentes no distrito tenham sido atingidas;

II — nome do bairro, cidade e unidade da Federação, caso todas as unidades residenciais existentes no bairro tenham sido atingidas;

III — nome do logradouro, bairro ou distrito, cidade e unidade da Federação, caso a área atingida se restrinja às unidades residenciais existentes naquele logradouro; ou

IV — identificação da unidade residencial, nome do logradouro, bairro ou distrito, cidade e unidade da Federação, caso a área atingida se restrinja à determinada unidade residencial.

§ 1º Para elaboração da declaração referida no *caput*, deverá ser observada a avaliação realizada pelos órgãos de defesa civil municipal e do Distrito Federal.

§ 2º A declaração referida no *caput* deverá conter a identificação do Município atingido pelo desastre natural, as informações relativas ao decreto municipal ou do Distrito Federal e à portaria do Ministro de Estado da Integração Nacional que reconheceu a situação de emergência ou o estado de calamidade pública, e a Codificação de Desastre, Ameaças e Riscos — CODAR.

Art. 4º O valor do saque será equivalente ao saldo existente na conta vinculada, na data da solicitação, limitado à quantia correspondente a R$ 6.220,00 (seis mil duzentos e vinte reais), por evento caracterizado como desastre natural, desde que o intervalo entre uma movimentação e outra não seja inferior a doze meses." (NR) *(Redação dada pelo Decreto n. 7.664, de 11 de janeiro de 2012, DOU 12.01.12)*

Art. 5º O titular da conta vinculada que não dispuser de meios para comprovação do endereço residencial poderá fazê-la com apresentação de declaração emitida pelo Governo municipal ou do Distrito Federal.

Art. 6º A Caixa Econômica Federal expedirá, no prazo de até dez dias contados da data de publicação deste Decreto, atos normativos referentes aos procedimentos administrativos e operacionais a serem observados para a movimentação de que trata o art. 1º.

Art. 7º Este Decreto entra em vigor na data da sua publicação.

Art. 8º Fica revogado o Decreto n. 5.014, de 12 de março de 2004.

Brasília, 22 de junho de 2004; 183º da Independência e 116º da República.

LUIZ INÁCIO LULA DA SILVA
ANTONIO PALOCCI FILHO
RICARDO JOSÉ RIBEIRO BERZOINI
CIRO FERREIRA GOMES
OLÍVIO DE OLIVEIRA DUTRA

LEI N. 6.858, DE 24 DE NOVEMBRO DE 1980

(DOU 25 e 26.11.1980 — LTr 44/1512)

Dispõe sobre o pagamento aos dependentes ou sucessores, de valores não recebidos em vida pelos respectivos titulares

O PRESIDENTE DA REPÚBLICA,

Faço saber que o Congresso Nacional decreta e eu sanciono a seguinte Lei:

Art. 1º Os valores devidos pelos empregadores aos empregados e os montantes das contas individuais do Fundo de Garantia do Tempo de Serviço e do Fundo de Participação PIS-PASEP, não recebidos em vida pelos respectivos titulares, serão pagos, em quotas iguais, aos dependentes habilitados perante a Previdência Social ou na forma da legislação específica dos servidores civis e militares, e, na sua falta, aos sucessores previstos na lei civil, indicados em alvará judicial, independentemente de inventário ou arrolamento.

§ 1º As quotas atribuídas a menores ficarão depositadas em caderneta de poupança, rendendo juros e correção monetária, e só serão disponíveis após o menor completar 18 (dezoito) anos, salvo autorização do Juiz para aquisição do imóvel destinado à residência do menor e de sua família ou para dispêndio necessário à subsistência e educação do menor.

§ 2º Inexistindo dependentes ou sucessores, os valores de que trata este artigo reverterão em favor, respectivamente, do Fundo de Previdência e Assistência Social, do Fundo de Garantia do Tempo de Serviço ou do Fundo de Participação PIS-PASEP, conforme se tratar de quantias devidas pelo empregador ou de contas de FGTS e do Fundo PIS-PASEP.

Art. 2º O disposto nesta Lei se aplica às restituições relativas ao imposto de renda e outros tributos, recolhidos por pessoa física, e, não existindo outros bens sujeitos a inventário, aos saldos bancários e de contas de cadernetas de poupança e fundos de investimento de valor até 500 (quinhentas) Obrigações Reajustáveis do Tesouro Nacional.

PARÁGRAFO ÚNICO. Na hipótese de inexistirem dependentes ou sucessores do titular, os valores referidos neste artigo reverterão em favor do Fundo de Previdência e Assistência Social.

Art. 3º Esta Lei entrará em vigor na data de sua publicação.

Art. 4º Revogam-se as disposições em contrário.

Brasília, em 24 de novembro de 1980; 159º da Independência e 92º da República.

JOÃO FIGUEIREDO
IBRAHIM ABI ACKEL
ERNANE GALVÊAS
HÉLIO BELTRÃO

DECRETO N. 85.845, DE 26 DE MARÇO DE 1981

(DOU 27.3.1981 — LTr 45-4/487)

Regulamenta a Lei n. 6.858, de 24 de novembro de 1980, que dispõe sobre o pagamento, aos dependentes ou sucessores, de valores não recebidos em vida pelos respectivos titulares

O PRESIDENTE DA REPÚBLICA, usando da atribuição que lhe confere o art. 81, item III, da Constituição e tendo em vista o disposto na Lei n. 6.858, de 24 de novembro de 1980, e no Decreto n. 83.740, de 18 de julho de 1979, que instituiu o Programa Nacional de Desburocratização, decreta:

Art. 1º Os valores discriminados no parágrafo único deste artigo, não recebidos em vida pelos respectivos titulares, serão pagos, em quotas iguais aos seus dependentes habilitados na forma do art. 2º.

PARÁGRAFO ÚNICO. O disposto neste Decreto aplica-se aos seguintes valores:

I — quantias devidas a qualquer título pelos empregadores a seus empregados em decorrência de relação de emprego;

II — quaisquer valores devidos, em razão de cargo ou emprego, pela União, Estado, Distrito Federal, Territórios, Municípios e suas autarquias, aos respectivos servidores;

III — saldos das contas individuais do Fundo de Garantia do Tempo de Serviço e do Fundo de Participação PIS/PASEP;

IV — restituições relativas ao imposto de renda e demais tributos recolhidos por pessoas físicas;

V — saldos de contas bancárias, saldos de cadernetas de poupança e saldos de contas de fundos de investimentos, desde que não ultrapassem o valor de 500 (quinhentas) Obrigações Reajustáveis do Tesouro Nacional e não existam, na sucessão, outros bens sujeitos a inventário.

Art. 2º A condição de dependente habilitado será declarada em documento fornecido pela instituição de Previdência ou, se for o caso, pelo órgão encarregado, na forma da legislação própria, do processamento do benefício por morte.

PARÁGRAFO ÚNICO. Da declaração constarão obrigatoriamente, o nome completo, a filiação, a data de nascimento de cada um dos interessados e o respectivo grau de parentesco ou relação de dependência com o falecido.

Art. 3º À vista da apresentação da declaração de que trata o art. 2º, o pagamento das quantias devidas será feito aos dependentes do falecido pelo empregador, repartição, entidade, órgão ou unidade civil ou militar, estabelecimento bancário, fundo de participação ou, em geral, por pessoa física ou jurídica, a quem caiba efetuar o pagamento.

Art. 4º A inexistência de outros bens sujeitos a inventário, para os fins do item V, parágrafo único, do art. 1º, será comprovada por meio de declaração, conforme modelo anexo, firmada

Legislação Complementar

pelos interessados perante a instituição onde esteja depositada a quantia a receber.

§ 1º As declarações feitas nos termos deste artigo ter-se-ão por verdadeiras até prova em contrário.

§ 2º A falsa declaração sujeitará o declarante às sanções previstas no Código Penal e demais cominações legais aplicáveis.

§ 3º Verificada, a qualquer tempo, a existência de fraude ou falsidade na declaração, será dado conhecimento do fato à autoridade competente, dentro de 5 (cinco) dias, para instauração de processo criminal.

Art. 5º Na falta de dependentes, farão jus ao recebimento das quotas de que trata o art. 1º deste Decreto os sucessores do titular, previstos na lei civil, indicados em alvará judicial, expedido a requerimento do interessado, independentemente de inventário ou arrolamento.

Art. 6º As quotas a que se refere o art. 1º, atribuídas a menores, ficarão depositadas em caderneta de poupança, rendendo juros e correção monetária, e só serão disponíveis após o menor completar 18 (dezoito) anos, salvo autorização do juiz para aquisição de imóvel destinado à residência do menor e de sua família ou para dispêndio necessário à subsistência e educação do menor.

Art. 7º Inexistindo dependentes ou sucessores, os valores de que trata o parágrafo do art. 1º reverterão em favor, respectivamente, do Fundo de Previdência e Assistência Social, do Fundo de Garantia do Tempo de Serviço ou do Fundo de Participação PIS/PASEP, conforme se tratar de quantias devidas pelo empregador ou de contas de FGTS e do Fundo PIS/PASEP.

Art. 8º Caberá ao Banco Central do Brasil, ao Banco Nacional da Habitação, à Caixa Econômica Federal, ao Banco do Brasil S/A e aos demais órgãos e entidades da Administração Federal, Estadual e Municipal, nas respectivas áreas de competência, orientar e fiscalizar o cumprimento deste Decreto pelas pessoas físicas e jurídicas responsáveis pelo pagamento dos valores de que trata o art. 1º.

Art. 9º Ao Ministro Extraordinário para a Desburocratização caberá acompanhar e coordenar a execução do disposto neste Decreto, assim como dirimir as dúvidas suscitadas na sua aplicação.

Art. 10. Este Decreto entrará em vigor na data de sua publicação.

Art. 11. Revogam-se as disposições em contrário.

Brasília, em 26 de março de 1981; 160º da Independência e 93º da República.

JOÃO FIGUEIREDO

HÉLIO BELTRÃO

MODELO

DECLARAÇÃO DE INEXISTÊNCIA DE BENS A INVENTARIAR

Nos termos do art. 3º, do Decreto n. ..... de .... de março de 1981, ...
....
(nome completo)

.................., ..., ...
nacionalidade) (estado civil) (profissão)

.............., residente na ....
(endereço completo, cidade, Estado)

.............................., portador da ....
....
(documento oficial de identificação e órgão expedidor)

declara que ....
(nome completo do falecido)

já falecido, não deixou outros bens a serem inventariados, além do saldo (da conta bancária, da caderneta de poupança ou conta do fundo de investimento, conforme o caso) no ...., no valor
(nome da instituição depositária)

de Cr$.......... (..............................).
(por extenso)

A presente declaração é feita sob as penas da lei, ciente, portanto, o declarante de que, em caso de falsidade, ficará sujeito às sanções previstas no Código Penal e às demais cominações legais aplicáveis.

....
(local e data)

....
(assinatura)

A declaração acima foi assinada em minha presença.

....
(local e data)

....
(assinatura)

Observação: A validade da declaração independe de formulário especial, sendo lícita, inclusive a declaração manuscrita pelo interessado.

LEI N. 13.043, DE 13 DE NOVEMBRO DE 2014

(DOU 14.11.2014)

Dispõe sobre os fundos de índice de renda fixa, sobre a responsabilidade tributária na integralização de cotas de fundos ou clubes de investimento por meio da entrega de ativos financeiros, sobre a tributação das operações de empréstimos de ativos financeiros e sobre a isenção de imposto sobre a renda na alienação de ações de empresas pequenas e médias; prorroga o prazo de que trata a Lei n. 12.431, de 24 de junho de 2011; altera as Leis ns. 10.179, de 6 de fevereiro de 2001, 12.431, de 24 de junho de 2011, 9.718, de 27 de novembro de 1998, 10.637, de 30 de dezembro de 2002, 10.833, de 29 de dezembro de 2003, 12.996, de 18 de junho de 2014, 11.941, de 27 de maio de 2009, 12.249, de 11 de junho de 2010, 10.522, de 19 de julho de 2002, 12.546, de 14 de dezembro de 2011, 11.774, de 17 de setembro de 2008, 12.350, de 20 de dezembro de 2010, 9.430, de 27 de dezembro de 1996, 11.977, de 7 de julho de 2009, 12.409, de 25 de maio de 2011, 5.895, de 19 de junho de 1973, 11.948, de 16 de junho de 2009, 12.380, de 10 de janeiro de 2011, 12.087, de 11 de novembro de 2009, 12.712, de 30 de agosto de 2012, 12.096, de 24 de novembro de 2009, 11.079, de 30 de dezembro de 2004, 11.488, de 15 de junho de 2007, 6.830, de 22 de setembro de 1980, 9.532, de 10 de dezembro de 1997, 11.196, de 21 de novembro de 2005, 10.147, de 21 de dezembro de 2000, 12.860, de 11 de setembro de 2013, 9.393, de 19 de dezembro de 1996, 9.250, de 26 de dezembro de 1995, 12.598, de 21 de março de 2012, 12.715, de 17 de setembro de 2012, 11.371, de 28 de novembro de 2006, 9.481, de 13 de agosto de 1997, 12.688, de 18 de julho de 2012, 12.101, de 27 de novembro de 2009, 11.438, de 29 de dezembro de 2006, 11.478, de 29 de maio de 2007, 12.973, de 13 de maio de 2014, 11.033, de 21 de dezembro de 2004, 9.782, de 26 de janeiro de 1999, 11.972, de 6 de julho de 2009, 5.991, de 17 de dezembro de 1973, 10.406, de 10 de janeiro de 2002, 9.514, de 20 de novembro de 1997, 11.775, de 17 de setembro de 2008, 10.150, de 21 de dezembro de 2000, e 10.865, de 30 de abril de 2004, e o Decreto-lei n. 911, de 1º de outubro de 1969; revoga dispositivos do Decreto-lei n. 1.569, de 8 de agosto de 1977, das Leis ns. 5.010, de 30 de maio de 1966, e 8.666, de 21 de junho de 1993, da Medida Provisória n. 2.158-35, de 24 de agosto de 2001, e do Decreto-lei n. 1.598, de 26 de dezembro de 1977; e dá outras providências.

....

Seção IX

Do Fundo de Garantia do Tempo de Serviço — FGTS

Art. 45. Não serão inscritos em Dívida Ativa os débitos de um mesmo devedor com o Fundo de Garantia do Tempo de Serviço — FGTS cujo valor consolidado seja igual ou inferior a R$ 1.000,00 (mil reais).

Art. 46. Não serão ajuizadas execuções fiscais para a cobrança de débitos de um mesmo devedor com o FGTS cujo valor consolidado seja igual ou inferior a R$ 20.000,00 (vinte mil reais).

PARÁGRAFO ÚNICO. Entende-se por valor consolidado o resultante da atualização do débito originário, somado aos encargos e acréscimos legais ou contratuais, vencidos até a data da apuração.

Art. 47. Ficam cancelados os débitos com o FGTS inscritos em Dívida Ativa de valor consolidado igual ou inferior a R$ 100,00 (cem reais).

Art. 48. O Procurador da Fazenda Nacional requererá o arquivamento, sem baixa na distribuição, das execuções fiscais de débitos com o FGTS, cujo valor consolidado seja igual ou inferior a R$ 20.000,00 (vinte mil reais), desde que não conste dos autos garantia, integral ou parcial, útil à satisfação do crédito.

Art. 49. O disposto nesta Seção não prejudica o direito conferido ao trabalhador de buscar a satisfação do crédito fundiário de que é titular, qualquer que seja o valor, mediante o ajuizamento de reclamação trabalhista, nos termos do art. 25 da Lei n. 8.036, de 11 de maio de 1990.

....

CIRCULAR N. 696, DE 27 DE OUTUBRO DE 2015

(DOU 28.10.2015)

Estabelece os procedimentos de contingência referentes a obrigatoriedade de recolhimento do FGTS pelo empregador doméstico.

A Caixa Econômica Federal — CAIXA, na qualidade de Agente Operador do Fundo de Garantia do Tempo de Serviço — FGTS, no uso das atribuições que lhe são conferidas pelo art. 7º, inciso II, da Lei n. 8.036/90, de 11.5.1990, e de acordo com o Regulamento

Consolidado do FGTS, aprovado pelo Decreto n. 99.684/90, de 8.11.1990 e alterado pelo Decreto n. 1.522/95, de 13.6.1995, em consonância com a Lei n. 9.012/95, de 11.3.1995, a Lei Complementar n. 110/01, de 29.6.2001, regulamentada pelos Decretos n. 3.913/01 e 3.914/01, de 11.9.2001, e a Lei Complementar n. 150, de 1º.6.2015, resolve:

1. Dispor sobre a contingência do recolhimento do Fundo de Garantia do Tempo de Serviço (FGTS), de que trata o parágrafo único do art. 32 da LC n. 150/2015, para o contrato de trabalho doméstico, considerando a obrigatoriedade da inclusão a partir da competência 10/2015, observadas as disposições da Resolução do Conselho Curador do FGTS n. 780, de 24.9.2015.

2. Na impossibilidade de utilização do eSocial para realização do recolhimento unificado, devido pelo empregador doméstico, a CAIXA acatará o recolhimento específico do FGTS por meio da GRF Internet Doméstico disponível no portal eSocial (www.esocial.gov.br).

2.1 O recolhimento específico do FGTS viabilizará o recolhimento mensal das seguintes parcelas incidentes sobre a folha de pagamento:

(a) 8% (oito por cento) de recolhimento para o FGTS; e

(b) 3,2% (três inteiros e dois décimos por cento) destinada ao pagamento da indenização compensatória da perda do emprego, sem justa causa, por culpa recíproca, na forma do art. 22 da Lei Complementar n. 150/2015.

2.1.1 Os depósitos do FGTS definidos nas alíneas (a) e (b) incidem sobre a remuneração paga ou devida no mês anterior, a cada empregado, incluída a remuneração do 13º salário correspondente a gratificação de natal, observadas as demais orientações contidas na Circular CAIXA n. 694/2015, inclusive quanto a data de vencimento que ocorre até o dia 7 do mês seguinte ao da competência, relativo aos fatos geradores ocorridos no mês anterior, antecipando-se para o dia útil imediatamente anterior na hipótese em que não houver expediente bancário no dia 07.

3. Nas rescisões de contrato de trabalho do trabalhador doméstico, o empregador observa as seguintes orientações:

3.1 Para recolhimento rescisório referente as rescisões ocorridas até a disponibilização do evento de desligamento e DAE Rescisório, o empregador deve utilizar-se da GRRF Internet Doméstico no portal eSocial (www.esocial.gov.br) observadas demais orientações de geração da GRRF contidas no Manual de Orientação ao Empregador — Recolhimentos Mensais e Rescisórios ao FGTS e das Contribuições Sociais disponível no endereço www.caixa.gov.br, download, FGTS — Manuais Operacionais e na Circular CAIXA n. 694/2015, inclusive quanto a data de vencimento.

4. Esta Circular entra em vigor na data de sua publicação.

Fabio Ferreira Cleto
Vice-Presidente

DECRETO N. 2.067, DE 12 DE NOVEMBRO DE 1996

(DOU 13.11.1996)

Promulga o protocolo de cooperação e assistência jurisdicional em matéria civil, comercial, trabalhista e administrativa — MERCOSUL

O PRESIDENTE DA REPÚBLICA, no uso das atribuições que lhe confere o art. 84, inciso VIII, da Constituição, e

Considerando que o Protocolo de Cooperação e Assistência Jurisdicional em Matéria Civil, Comercial, Trabalhista e Administrativa foi assinado pelo Brasil em 27 de junho de 1992, no âmbito do MERCOSUL;

Considerando que o Protocolo de Cooperação e Assistência Jurisdicional em Matéria Civil, Comercial, Trabalhista e Administrativa foi oportunamente submetido ao Congresso Nacional, que o aprovou por meio do Decreto Legislativo n. 55, de 19 de abril de 1995;

Considerando que o ato em tela entrou em vigor internacional em 17 de março de 1996;

Considerando que o Governo brasileiro depositou a Carta de Ratificação do instrumento em epígrafe em 16 de fevereiro de 1996, passando o mesmo a vigorar, para o Brasil em 17 de março de 1996, na forma de seu Artigo 33, decreta:

Art. 1º O Protocolo de Cooperação e Assistência Jurisdicional em Matéria Civil, Comercial, Trabalhista e Administrativa, assinado em Las Leñas, em 27 de junho de 1992, apenso por cópia ao presente Decreto, deverá ser executado e cumprido tão inteiramente como nele se contém.

Art. 2º O presente Decreto entra em vigor na data de sua publicação.

Fernando Henrique Cardoso
Luiz Felipe Lampreia

ANEXO AO DECRETO N. 2.067, DE 12 DE NOVEMBRO DE 1996

Protocolo de Cooperação e Assistência Jurisdicional em Matéria Civil, Comercial, Trabalhista e Administrativa

Os Governos da República Argentina, da República Federativa do Brasil, da República do Paraguai e da República Oriental do Uruguai,

Considerando que o Mercado Comum do Sul — MERCOSUL, previsto no Tratado de Assunção, assinado em 26 de março de 1991, implica o compromisso dos Estados-Partes de harmonizar suas legislações nas matérias pertinentes para obter o fortalecimento do processo de integração;

Desejosos de promover e intensificar a cooperação jurisdicional em matéria civil, comercial, trabalhista e administrativa, a fim de assim contribuir para o desenvolvimento de suas relações de integração com base nos princípios do respeito à soberania nacional e à igualdade de direitos e interesses recíprocos;

Convencidos de que este Protocolo contribuirá para o tratamento equitativo dos cidadãos e residentes permanentes dos Estados-Partes do Tratado de Assunção e lhes facilitará o livre acesso à jurisdição nos referidos Estados para a defesa de seus direitos e interesses;

Conscientes da importância de que se reveste, para o processo de integração dos Estados-Partes, a adoção de instrumentos comuns que consolidem a segurança jurídica e tenham como finalidade atingir os objetivos do Tratado de Assunção, acordam:

Capítulo I
Cooperação e Assistência Jurisdicional

Artigo 1

Os Estados-Partes comprometem-se a prestar assistência mútua e ampla cooperação jurisdicional em matéria civil, comercial, trabalhista e administrativa. A assistência jurisdicional se estenderá aos procedimentos administrativos em que se admitam recursos perante os tribunais.

Capítulo II
Autoridades Centrais

Artigo 2

Para os efeitos do presente Protocolo, cada Estado-Parte indicará uma Autoridade Central encarregada de receber e dar andamento às petições de assistência jurisdicional em matéria civil, comercial, trabalhista e administrativa. Para tanto, as Autoridades Centrais se comunicarão diretamente entre si, permitindo a intervenção de outras autoridades respectivamente competentes, sempre que seja necessário.

Os Estados-Partes, ao depositarem os instrumentos de ratificação do presente Protocolo, comunicarão essa providência ao Governo depositário, o qual dela dará conhecimento aos demais Estados-Partes.

A Autoridade Central poderá ser substituída em qualquer momento, devendo o Estado-Parte comunicar o fato, no mais breve prazo possível, ao Governo depositário do presente Protocolo, para que dê conhecimento aos demais Estados-Partes da substituição efetuada.

Capítulo III
Igualdade no Tratamento Processual

Artigo 3

Os cidadãos e os residentes permanentes de um dos Estados-Partes gozarão, nas mesmas condições dos cidadãos e residentes permanentes do outro Estado-Parte, do livre acesso à jurisdição desse Estado para a defesa de seus direitos e interesses.

O parágrafo anterior aplicar-se-á às pessoas jurídicas constituídas, autorizadas ou registradas conforme as leis de qualquer dos Estados-Partes.

Artigo 4

Nenhuma caução ou depósito, qualquer que seja sua denominação, poderá ser imposto em razão da qualidade de cidadão ou residente permanente de outro Estado-Parte.

O parágrafo precedente se aplicará às pessoas jurídicas constituídas, autorizadas ou registradas conforme as leis de qualquer dos Estados-Partes.

Capítulo IV
Cooperação em Atividades de Simples Trâmite e Probatórias

Artigo 5

Cada Estado-Parte deverá enviar às autoridades jurisdicionais do outro Estado, segundo o previsto no Artigo 2, carta rogatória em matéria civil, comercial, trabalhista ou administrativa, quando tenha por objeto:

a) diligências de simples trâmite, tais como citações, intimações, citações com prazo definido, notificações ou outras semelhantes;

b) recebimento ou obtenção de provas.

Artigo 6

As cartas rogatórias deverão conter:

a) denominação e domicílio do órgão jurisdicional requerente;

b) individualização do expediente, com especificação do objeto e natureza do juízo e do nome e domicílio das partes;

c) cópia da petição inicial e transcrição da decisão que ordena a expedição da carta rogatória;

d) nome e domicílio do procurador da parte solicitante no Estado requerido, se houver;

e) indicação do objeto da carta rogatória, com o nome e o domicílio do destinatário da medida;

f) informação sobre o prazo de que dispõe a pessoa afetada pela medida para cumprir-se a cooperação solicitada;

Legislação Complementar

g) descrição das formas ou procedimentos especiais com que haverá de cumprir-se a cooperação solicitada;

h) qualquer outra informação que facilite o cumprimento da carta rogatória.

Artigo 7

No caso de ser solicitado o recebimento de provas, a carta rogatória deverá também conter:

a) descrição do assunto que facilite a diligência probatória;

b) nome e domicílio de testemunhas ou outras pessoas ou instituições que devam intervir;

c) texto dos interrogatórios e documentos necessários.

Artigo 8

A carta rogatória deverá ser cumprida de ofício pela autoridade jurisdicional competente do Estado requerido, e somente poderá denegar-se quando a medida solicitada, por sua natureza, atente contra os princípios de ordem pública do Estado requerido.

O referido cumprimento não implicará o reconhecimento da jurisdição internacional do Juiz do qual emana.

Artigo 9

A autoridade jurisdicional requerida terá competência para conhecer das questões que sejam suscitadas quando do cumprimento da diligência solicitada.

Caso a autoridade jurisdicional requerida se declare incompetente para proceder à tramitação da carta rogatória, remeterá de ofício os documentos e os antecedentes do caso à autoridade jurisdicional competente do seu Estado.

Artigo 10

As cartas rogatórias e os documentos que as acompanham deverão redigir-se no idioma da autoridade requerente e serão acompanhadas de uma tradução para o idioma da autoridade requerida.

Artigo 11

A autoridade requerida poderá, atendendo à solicitação da autoridade requerente, informar o lugar e a data em que a medida solicitada será cumprida, a fim de permitir que a autoridade requerente, as partes interessadas ou seus respectivos representantes possam comparecer e exercer as faculdades autorizadas pela legislação da Parte requerida.

A referida comunicação deverá efetuar-se, com a devida antecedência, por intermédio das Autoridades Centrais dos Estados-Partes.

Artigo 12

A autoridade jurisdicional encarregada do cumprimento de uma carta rogatória aplicará sua lei interna no que se refere aos procedimentos.

Não obstante, a carta rogatória poderá ter, mediante pedido da autoridade requerente, tramitação especial, admitindo-se o cumprimento de formalidades adicionais na diligência da carta rogatória, sempre que isso não seja incompatível com a ordem pública do Estado requerido.

O cumprimento da carta rogatória deverá efetuar-se sem demora.

Artigo 13

Ao diligenciar a carta rogatória, a autoridade requerida aplicará os meios processuais coercitivos previstos na sua legislação interna, nos casos e na medida em que deva fazê-lo para cumprir uma carta precatória das autoridades de seu próprio Estado, ou um pedido apresentado com o mesmo fim por uma parte interessada.

Artigo 14

Os documentos que comprovem o cumprimento da carta rogatória serão transmitidos por intermédio das Autoridades Centrais.

Quando a carta rogatória não tiver sido cumprida integralmente ou em parte, este fato e as razões do não cumprimento deverão ser comunicados de imediato à autoridade requerente, utilizando-se o meio assinalado no parágrafo anterior.

Artigo 15

O cumprimento da carta rogatória não poderá acarretar reembolso de nenhum tipo de despesa, exceto quando sejam solicitados meios probatórios que ocasionem custos especiais, ou sejam designados peritos para intervir na diligência. Em tais casos, deverão ser registrados no texto da carta rogatória os dados da pessoa que, no Estado requerido, procederá ao pagamento das despesas e honorários devidos.

Artigo 16

Quando os dados relativos ao domicílio do destinatário da ação ou da pessoa citada forem incompletos ou inexatos, a autoridade requerida deverá esgotar todos os meios para atender ao pedido. Para tanto, poderá também solicitar ao Estado requerente os dados complementares que permitam a identificação e a localização da referida pessoa.

Artigo 17

Os trâmites pertinentes para o cumprimento da carta rogatória não exigirão necessariamente a intervenção da parte solicitante, devendo ser praticados de ofício pela autoridade jurisdicional competente do Estado requerido.

Capítulo V
Reconhecimento e Execução de Sentenças e de Laudos Arbitrais

Artigo 18

As disposições do presente Capítulo serão aplicáveis ao reconhecimento e à execução das sentenças e dos laudos arbitrais pronunciados nas jurisdições dos Estados-Partes em matéria civil, comercial, trabalhista e administrativa, e serão igualmente aplicáveis às sentenças em matéria de reparação de danos e restituição de bens pronunciadas na esfera penal.

Artigo 19

O pedido de reconhecimento e execução de sentenças e de laudos arbitrais por parte das autoridades jurisdicionais será tramitado por via de cartas rogatórias e por intermédio da Autoridade Central.

Artigo 20

As sentenças e os laudos arbitrais a que se refere o artigo anterior terão eficácia extraterritorial nos Estados-Partes quando reunirem as seguintes condições:

a) que venham revestidos das formalidades externas necessárias para que sejam considerados autênticos no Estado de origem;

b) que estejam, assim como os documentos anexos necessários, devidamente traduzidos para o idioma oficial do Estado em que se solicita seu reconhecimento e execução;

c) que emanem de um órgão jurisdicional ou arbitral competente, segundo as normas do Estado requerido sobre jurisdição internacional;

d) que a parte contra a qual se pretende executar a decisão tenha sido devidamente citada e tenha garantido o exercício de seu direito de defesa;

e) que a decisão tenha força de coisa julgada e/ou executória no Estado em que foi ditada;

f) que claramente não contrariem os princípios de ordem pública do Estado em que se solicita seu reconhecimento e/ou execução.

Os requisitos das alíneas *a, c, d, e* e *f* devem estar contidos na cópia autêntica da sentença ou do laudo arbitral.

Artigo 21

A parte que, em juízo, invoque uma sentença ou um laudo arbitral de um dos Estados-Partes deverá apresentar cópia autêntica da sentença ou do laudo arbitral com os requisitos do artigo precedente.

Artigo 22

Quando se tratar de uma sentença ou de um laudo arbitral entre as mesmas partes, fundamentado nos mesmos fatos, e que tenha o mesmo objeto de outro processo judicial ou arbitral no Estado requerido, seu reconhecimento e sua executoriedade dependerão de que a decisão não seja incompatível com outro pronunciamento anterior ou simultâneo proferido no Estado requerido.

Do mesmo modo não se reconhecerá nem se procederá à execução, quando se houver iniciado um procedimento entre as mesmas partes, fundamentado nos mesmos fatos e sobre o mesmo objeto, perante qualquer autoridade jurisdicional da parte requerida, anteriormente à apresentação da demanda perante a autoridade jurisdicional que teria pronunciado a decisão da qual haja solicitação de reconhecimento.

Artigo 23

Se uma sentença ou um laudo arbitral não puder ter eficácia em sua totalidade, a autoridade jurisdicional competente do Estado requerido poderá admitir sua eficácia parcial mediante pedido da Parte interessada.

Artigo 24

Os procedimentos, inclusive a competência dos respectivos órgãos jurisdicionais, para fins de reconhecimento e execução das sentenças ou dos laudos arbitrais, serão regidos pela lei do Estado requerido.

Capítulo VI
Dos Instrumentos Públicos e Outros Documentos

Artigo 25

Os instrumentos públicos emanados de um Estado-Parte terão no outro a mesma força probatória que seus próprios instrumentos públicos.

Artigo 26

Os documentos emanados de autoridades jurisdicionais ou outras autoridades de um dos Estados-Partes, assim como as escrituras públicas e os documentos que certifiquem a validade, a data e a veracidade da assinatura ou a conformidade com o original, e que sejam tramitados por intermédio da Autoridade Central, ficam isentos de toda legalização, certificação ou formalidade análoga quando devam ser apresentados no território do outro Estado-Parte.

Artigo 27

Cada Estado-Parte remeterá, por intermédio da Autoridade Central, a pedido de outro Estado-Parte e para fins exclusivamente públicos, os traslados ou certidões dos assentos dos registros de estado civil, sem nenhum custo.

Capítulo VII
Informação do Direito Estrangeiro

Artigo 28

As Autoridades Centrais dos Estados-Partes fornecer-se-ão mutuamente, a título de cooperação judicial, e desde que não se oponham às disposições de sua ordem pública, informações em matéria civil, comercial, trabalhista, administrativa e de direito internacional privado, sem despesa alguma.

Artigo 29

A informação a que se refere o artigo anterior poderá também ser prestada perante a jurisdição do outro Estado, por meio de documentos fornecidos pelas autoridades diplomáticas ou consulares do Estado-Parte de cujo direito se trata.

Artigo 30

O Estado que fornecer as informações sobre o sentido do alcance legal de seu direito não será responsável pela opinião emitida, nem estará obrigado a aplicar seu direito, segundo a resposta fornecida.

O Estado que receber as citadas informações não estará obrigado a aplicar, ou fazer aplicar, o direito estrangeiro segundo o conteúdo da resposta recebida.

Capítulo VIII
Consultas e Solução de Controvérsias

Artigo 31

As Autoridades Centrais dos Estados-Partes realizarão consultas nas oportunidades que lhes sejam mutuamente convenientes com a finalidade de facilitar a aplicação do presente Protocolo.

Artigo 32

Os Estados-Partes numa controvérsia sobre a interpretação, a aplicação ou o não cumprimento das disposições deste Protocolo, procurarão resolvê-la mediante negociações diplomáticas diretas.

Se, mediante tais negociações, não se chegar a um acordo ou se tal controvérsia for solucionada apenas parcialmente, aplicar-se-ão os procedimentos previstos no Protocolo de Brasília para a Solução de Controvérsias quando este entrar em vigor e enquanto não for adotado um Sistema Permanente de Solução de Controvérsias para o Mercado Comum do Sul.

Capítulo IX
Disposições Finais

Artigo 33

O presente Protocolo, parte integrante do Tratado de Assunção, entrará em vigor 30 (trinta) dias após a data de depósito do segundo instrumento de ratificação, e será aplicado provisoriamente a partir da data de sua assinatura.

Artigo 34

A adesão por parte de um Estado ao Tratado de Assunção implicará, *ipso iure*, a adesão ao presente Protocolo.

Artigo 35

O presente Protocolo não restringirá as disposições das convenções que anteriormente tiverem sido assinadas sobre a mesma matéria entre os Estados-Partes, desde que não o contradigam.

Artigo 36

O Governo da República do Paraguai será o depositário do presente Protocolo e dos instrumentos de ratificação, e enviará cópias devidamente autenticadas dos mesmos aos Governos dos demais Estados-Partes.

Da mesma maneira, o Governo da República do Paraguai notificará aos Governos dos outros Estados-Partes a data da entrada em vigor deste Protocolo e a data de depósito dos instrumentos de ratificação.

Feito no Vale de Las Leñas, Departamento de Malargüe, Província de Mendoza, República Argentina, aos 27 dias do mês de junho de 1992, em um original, nos idiomas espanhol e português, sendo ambos os textos igualmente autênticos.

Pelo Governo da República Argentina.

Pelo Governo da República do Paraguai.

Pelo Governo da República Federativa do Brasil.

Pelo Governo da República Oriental do Uruguai.

DECLARAÇÃO SOCIOLABORAL DO MERCOSUL

OS CHEFES DE ESTADO DOS ESTADOS-PARTES DO MERCADO COMUM DO SUL

Considerando que os Estados-Partes do MERCOSUL reconhecem nos termos do Tratado de Assunção (1991), que a ampliação das atuais dimensões de seus mercados nacionais, por meio da integração, constitui condição fundamental para acelerar os processos de desenvolvimento econômico com justiça social;

Considerando que os Estados-Partes declaram, no mesmo Tratado, a disposição de promover a modernização de suas economias para ampliar a oferta de bens e serviços disponíveis e, em consequência, melhorar as condições de vida de seus habitantes;

Considerando que os Estados-Partes, além de membros da Organização Internacional do Trabalho (OIT), ratificaram as principais convenções que garantem os direitos essenciais dos trabalhadores, e adotam em larga medida as recomendações orientadas para a promoção do emprego de qualidade, das condições saudáveis de trabalho, do diálogo social e do bem-estar dos trabalhadores;

Considerando, ademais, que os Estados-Partes apoiaram a "Declaração da OIT relativa a princípios e direitos fundamentais no trabalho" (1998), que reafirma o compromisso dos Membros de respeitar, promover e colocar em prática os direitos e obrigações expressos nas convenções reconhecidas como fundamentais dentro e fora da Organização;

Considerando que os Estados-Partes estão comprometidos com as declarações, pactos, protocolos e outros tratados que integram o patrimônio jurídico da Humanidade, entre os quais a Declaração Universal dos Direitos Humanos (1948), o Pacto Internacional dos Direitos Civis e Políticos (1966), o Pacto Internacional dos Direitos Econômicos, Sociais e Culturais (1966), a Declaração Americana de Direitos e Obrigações do Homem (1948), a Carta Interamericana de Garantias Sociais (1948), a Carta da Organização dos Estados Americanos — OEA (1948), a Convenção Americana de Direitos Humanos sobre Direitos Econômicos, Sociais e Culturais (1988);

Considerando que diferentes fóruns internacionais, entre os quais a Cúpula de Copenhague (1995), têm enfatizado a necessidade de se instituir mecanismos de acompanhamento e avaliação dos componentes sociais da mundialização da economia, a fim de assegurar a harmonia entre progresso econômico e bem-estar social;

Considerando que a adesão dos Estados-Partes aos princípios da democracia política e do Estado de Direito e do respeito irrestrito aos direitos civis e políticos da pessoa humana constitui base irrenunciável do projeto de integração;

Considerando que a integração envolve aspectos e efeitos sociais cujo reconhecimento implica a necessidade de prever, analisar e solucionar os diferentes problemas gerados, neste âmbito, por essa mesma integração;

Considerando que os Ministros do Trabalho do MERCOSUL têm manifestado, em suas reuniões, que a integração regional não pode confinar-se à esfera comercial e econômica, mas deve abranger a temática social, tanto no que diz respeito à adequação dos marcos regulatórios trabalhistas às novas realidades configuradas por essa mesma integração e pelo processo de globalização da economia quanto ao reconhecimento de um patamar mínimo de direitos dos trabalhadores no âmbito do MERCOSUL, correspondente às convenções fundamentais da OIT;

Considerando a decisão dos Estados-Partes de consubstanciar em um instrumento comum os progressos já alcançados na dimensão social do processo de integração e alicerçar os avanços futuros e constantes no campo social, sobretudo mediante a ratificação e cumprimento das principais convenções da OIT;

ADOTAM OS SEGUINTES PRINCÍPIOS E DIREITOS NA ÁREA DO TRABALHO, QUE PASSAM A CONSTITUIR A "DECLARAÇÃO SOCIOLABORAL DO MERCOSUL", SEM PREJUÍZO DE OUTROS QUE A PRÁTICA NACIONAL OU INTERNACIONAL DOS ESTADOS PARTES TENHA INSTAURADO OU VENHA A INSTAURAR:

DIREITOS INDIVIDUAIS

Não discriminação

Art. 1º Todo trabalhador tem garantida a igualdade efetiva de direitos, tratamento e oportunidade no emprego e ocupação, sem distinção ou exclusão por motivo de raça, origem nacional, cor, sexo ou orientação sexual, idade, credo, opinião política ou sindical, ideologia, posição econômica ou qualquer outra condição social ou familiar, em conformidade com as disposições legais vigentes.

Os Estados-Partes comprometem-se a garantir a vigência deste princípio de não discriminação. Em particular, comprometem-se a realizar ações destinadas a eliminar a discriminação no que tange aos grupos em situação desvantajosa no mercado de trabalho.

Promoção da igualdade

Art. 2º As pessoas portadoras de necessidades especiais serão tratadas de forma digna e não discriminatória favorecendo-se sua inserção social e no mercado de trabalho.

Os Estados-Partes comprometem-se a adotar medidas efetivas, especialmente no que se refere à educação, formação, readaptação e orientação profissional, à adequação dos ambientes de trabalho e ao acesso aos bens e serviços coletivos, a fim de assegurar que as pessoas portadoras de necessidades especiais tenham a possibilidade de desempenhar uma atividade produtiva.

Art. 3º Os Estados-Partes comprometem-se a garantir, mediante a legislação e práticas trabalhistas, a igualdade de tratamento e oportunidades entre mulheres e homens.

Trabalhadores migrantes e fronteiriços

Art. 4º Todo trabalhador migrante, independentemente de sua nacionalidade, tem direito à ajuda, informação, proteção e igualdade de direitos e condições de trabalho reconhecidos aos nacionais do país em que estiver exercendo suas atividades, em conformidade com a legislação profissional de cada país.

Os Estados-Partes comprometem-se a adotar medidas tendentes ao estabelecimento de normas e procedimentos comuns relativos à circulação dos trabalhadores nas zonas de fronteira e a levar a cabo as ações necessárias para melhorar as oportunidades de emprego e as condições de trabalho e de vida destes trabalhadores.

Eliminação do trabalho forçado

Art. 5º Toda pessoa tem direito ao trabalho livre e a exercer qualquer ofício ou profissão, de acordo com as disposições nacionais vigentes.

Os Estados-Partes comprometem-se a eliminar toda forma de trabalho ou serviço exigido a um indivíduo sob a ameaça de uma pena qualquer e para o qual dito indivíduo não se ofereça voluntariamente.

Ademais, comprometem-se a adotar medidas para garantir a abolição de toda utilização de mão de obra que propicie, autorize ou tolere o trabalho forçado ou obrigatório.

De modo especial, suprime-se toda forma de trabalho forçado ou obrigatório que possa utilizar-se:

a. como meio de coerção ou de educação política ou como castigo por não ter ou expressar o trabalhador determinadas opiniões políticas, ou por manifestar oposição ideológica à ordem política, social ou econômica estabelecida;

b. como método de mobilização e utilização da mão de obra com fins de fomento econômico;

c. como medida de disciplina no trabalho;

d. como castigo por haver participado em greves;

e. como medida de discriminação racial, social, nacional ou religiosa.

Trabalho infantil e de menores

Art. 6º A idade mínima de admissão ao trabalho será aquela estabelecida conforme as legislações nacionais dos Estados-Partes, não podendo ser inferior àquela em que cessa a escolaridade obrigatória.

Os Estados-Partes comprometem-se a adotar políticas e ações que conduzam à abolição do trabalho infantil e à elevação progressiva da idade mínima para ingressar no mercado de trabalho.

O trabalho dos menores será objeto de proteção especial pelos Estados-Partes, especialmente no que concerne à idade mínima para o ingresso no mercado de trabalho e a outras medidas que possibilitem seu pleno desenvolvimento físico, intelectual, profissional e moral.

A jornada de trabalho para esses menores, limitada conforme as legislações nacionais, não admitirá sua extensão mediante a realização de horas extras nem em horários noturnos.

O trabalho dos menores não deverá realizar-se em um ambiente insalubre, perigoso ou imoral, que possa afetar o pleno desenvolvimento de suas faculdades físicas, mentais e morais.

A idade de admissão a um trabalho com alguma das características antes assinaladas não poderá ser inferior a 18 anos.

Direitos dos empregadores

Art. 7º O empregador tem o direito de organizar e dirigir econômica e tecnicamente a empresa, em conformidade com as legislações e as práticas nacionais.

DIREITOS COLETIVOS

Liberdade de associação

Art. 8º Todos os empregadores e trabalhadores têm o direito de constituir as organizações que considerem convenientes, assim como de afiliar-se a essas organizações, em conformidade com as legislações nacionais vigentes.

Os Estados-Partes comprometem-se a assegurar, mediante dispositivos legais, o direito à livre associação, abstendo-se de qualquer ingerência na criação e gestão das organizações constituídas, além de reconhecer sua legitimidade na representação e na defesa dos interesses de seus membros.

Liberdade sindical

Art. 9º Os trabalhadores deverão gozar de adequada proteção contra todo ato de discriminação tendente a menoscabar a liberdade sindical com relação a seu emprego.

Deverá garantir-se:

a. a liberdade de filiação, de não filiação e desfiliação, sem que isto comprometa o ingresso em um emprego ou sua continuidade no mesmo; b. evitar demissões ou prejuízos a um trabalhador por causa de sua filiação sindical ou de sua participação em atividades sindicais; c. o direito de ser representado sindicalmente, de acordo com a legislação, acordos e convenções coletivos de trabalho em vigor nos Estados-Partes.

Negociação coletiva

Art. 10. Os empregadores ou suas organizações e as organizações ou representações de trabalhadores têm direito de negociar e celebrar convenções e acordos coletivos para regular as condições de trabalho, em conformidade com as legislações e práticas nacionais.

Greve

Art. 11. Todos os trabalhadores e as organizações sindicais têm garantido o exercício do direito de greve, conforme as disposições nacionais vigentes. Os mecanismos de prevenção ou solução de conflitos ou a regulação deste direito não poderão impedir seu exercício ou desvirtuar sua finalidade.

Promoção e desenvolvimento de procedimentos preventivos e de autocomposição de conflitos

Art. 12. Os Estados-Partes comprometem-se a propiciar e desenvolver formas preventivas e alternativas de autocomposição dos conflitos individuais e coletivos de trabalho, fomentando a utilização de procedimentos independentes e imparciais de solução de controvérsias.

Diálogo social

Art. 13. Os Estados-Partes comprometem-se a fomentar o diálogo social nos âmbitos nacional e regional, instituindo mecanismos efetivos de consulta permanente entre representantes dos governos, dos empregadores e dos trabalhadores, a fim de garantir, mediante o consenso social, condições favoráveis ao crescimento econômico sustentável e com justiça social da região e a melhoria das condições de vida de seus povos.

OUTROS DIREITOS

Fomento do emprego

Art. 14. Os Estados-Partes comprometem-se a promover o crescimento econômico, a ampliação dos mercados interno e regional e a executar políticas ativas referentes ao fomento e criação do emprego, de modo a elevar o nível de vida e corrigir os desequilíbrios sociais e regionais.

Proteção dos desempregados

Art. 15. Os Estados-Partes comprometem-se a instituir, manter e melhorar mecanismos de proteção contra o desemprego, compatíveis com as legislações e as condições internas de cada país, a fim de garantir a subsistência dos trabalhadores afetados pela desocupação involuntária e ao mesmo tempo facilitar o acesso a serviços de recolocação e a programas de requalificação profissional que facilitem seu retorno a uma atividade produtiva.

Formação profissional e desenvolvimento de recursos humanos

Art. 16. Todo trabalhador tem direito à orientação, à formação e à capacitação profissional.

Os Estados-Partes comprometem-se a instituir, com as entidades envolvidas que voluntariamente assim o desejem, serviços e programas de formação ou orientação profissional contínua e permanente, de maneira a permitir aos trabalhadores obter as qualificações exigidas para o desempenho de uma atividade produtiva, aperfeiçoar e reciclar os conhecimentos e habilidades, considerando fundamentalmente as modificações resultantes do progresso técnico.

Os Estados-Partes obrigam-se ademais a adotar medidas destinadas a promover a articulação entre os programas e serviços de orientação e formação profissional, por um lado, e os serviços públicos de emprego e de proteção dos desempregados, por outro, com o objetivo de melhorar as condições de inserção laboral dos trabalhadores.

Os Estados-Partes comprometem-se a garantir a efetiva informação sobre os mercados de trabalho e sua difusão tanto a nível nacional como regional.

Saúde e segurança no trabalho

Art. 17. Todo trabalhador tem o direito de exercer suas atividades em um ambiente de trabalho sadio e seguro, que preserve sua saúde física e mental e estimule seu desenvolvimento e desempenho profissional.

Os Estados-Partes comprometem-se a formular, aplicar e atualizar em forma permanente e em cooperação com as organizações de empregadores e de trabalhadores, políticas e programas em matéria de saúde e segurança dos trabalhadores e do meio ambiente de trabalho, a fim de prevenir os acidentes de trabalho e as enfermidades profissionais, promovendo condições ambientais propícias para o desenvolvimento das atividades dos trabalhadores.

Inspeção do trabalho

Art. 18. Todo trabalhador tem direito a uma proteção adequada no que se refere às condições e ao ambiente de trabalho.

Os Estados-Partes comprometem-se a instituir e a manter serviços de inspeção do trabalho, com o propósito de controlar em todo o seu território o cumprimento das disposições normativas que dizem respeito à proteção dos trabalhadores e às condições de segurança e saúde no trabalho.

Seguridade social

Art. 19. Os trabalhadores do MERCOSUL têm direito à seguridade social, nos níveis e condições previstos nas respectivas legislações nacionais.

Os Estados-Partes comprometem-se a garantir uma rede mínima de amparo social que proteja seus habitantes frente à contingência de riscos sociais, enfermidades, velhice, invalidez e morte, buscando coordenar as políticas na área social, de forma a suprimir eventuais discriminações derivadas da origem nacional dos beneficiários.

APLICAÇÃO E SEGUIMENTO

Art. 20. Os Estados-Partes comprometem-se a respeitar os direitos fundamentais inscritos nesta Declaração e a promover sua aplicação em conformidade com a legislação e as práticas nacionais e as convenções e acordos coletivos. Para tanto, recomendam instituir, como parte integrante desta Declaração, uma Comissão Sociolaboral, órgão tripartite, auxiliar do Grupo Mercado Comum, que terá caráter promocional e não sancionador, dotado de instâncias nacionais e regional, com o objetivo de fomentar e acompanhar a aplicação do instrumento. A Comissão Sociolaboral Regional manifestar-se-á por consenso dos três setores, e terá as seguintes atribuições e responsabilidades:

a. examinar, comentar e encaminhar as memórias preparadas pelos Estados-Partes, decorrentes dos compromissos desta Declaração; b. formular planos, programas de ação e recomendações tendentes a fomentar a aplicação e o cumprimento da Declaração; c. examinar observações e consultas sobre dificuldades e incorreções na aplicação e cumprimento dos dispositivos contidos na Declaração; d. examinar dúvidas sobre a aplicação dos termos da Declaração e propor esclarecimentos; e. elaborar análises e relatórios sobre a aplicação e o cumprimento da Declaração; f. examinar e apresentar as propostas de modificação do texto da Declaração e lhes dar o encaminhamento pertinente.

As formas e mecanismos de encaminhamento dos assuntos acima listados serão definidos pelo regulamento interno da Comissão Sociolaboral Regional.

Art. 21. A Comissão Sociolaboral Regional deverá reunir-se ao menos uma vez ao ano para analisar as memórias oferecidas pelos Estados-Partes e preparar relatório a ser elevado ao Grupo Mercado Comum.

Art. 22. A Comissão Sociolaboral Regional redigirá, por consenso e no prazo de seis meses, a contar da data de sua instituição, seu próprio regulamento interno e o das comissões nacionais, devendo submetê-los ao Grupo Mercado Comum para aprovação.

Art. 23. Os Estados-Partes deverão elaborar, por intermédio de seus Ministérios do Trabalho e em consulta às organizações mais representativas de empregadores e de trabalhadores, memórias anuais, contendo:

a. o relato das alterações ocorridas na legislação ou na prática nacional relacionadas à implementação dos enunciados desta Declaração; e b. o relato dos avanços realizados na promoção desta Declaração e das dificuldades enfrentadas em suas aplicação.

Art. 24. Os Estados-Partes concordam que esta Declaração, tendo em vista seu caráter dinâmico e o avanço do processo de integração sub-regional, será objeto de revisão, decorridos dois anos de sua adoção, com base na experiência acumulada no curso de sua aplicação ou nas propostas e subsídios formulados pela Comissão Sociolaboral ou por outros agentes.

Art. 25. Os Estados-Partes ressaltam que esta Declaração e seu mecanismo de seguimento não poderão ser invocados nem utilizados para outros fins que os neles previstos, vedada, em particular, sua aplicação a questões comerciais, econômicas e financeiras.

Feita na Cidade do Rio de Janeiro, aos dez de dezembro de mil novecentos e noventa e oito, nas versões espanhola e portuguesa, de igual teor.

CARLOS SAUL MENEM
FERNANDO HENRIQUE CARDOSO
RAUL ALBERTO CUBAS GRAU
JULIO MARIA SANGUINETTI

LEI N. 7.783, DE 28 DE JUNHO DE 1989

(DOU 29.6.1989 — LTr 53/880)

Dispõe sobre o exercício do direito de greve, define as atividades essenciais, regula o atendimento das necessidades inadiáveis da comunidade, e dá outras providências

— (V. CF, art. 114, II e § 3º)

O PRESIDENTE DA REPÚBLICA,

Faço saber que o Congresso Nacional decreta e eu sanciono a seguinte Lei:

Art. 1º É assegurado o direito de greve, competindo aos trabalhadores decidir sobre a oportunidade de exercê-lo e sobre os interesses que devam por meio dele defender.

PARÁGRAFO ÚNICO. O direito de greve será exercido na forma estabelecida nesta Lei.

Art. 2º Para os fins desta Lei, considera-se legítimo exercício do direito de greve a suspensão coletiva, temporária e pacífica, total ou parcial, de prestação pessoal de serviços a empregador.

Art. 3º Frustrada a negociação ou verificada a impossibilidade de recurso via arbitral, é facultada a cessação coletiva do trabalho.

PARÁGRAFO ÚNICO. A entidade patronal correspondente ou os empregadores diretamente interessados serão notificados, com antecedência mínima de 48 (quarenta e oito) horas, da paralisação.

Art. 4º Caberá à entidade sindical correspondente convocar, na forma do seu estatuto, assembleia geral que definirá as reivindicações da categoria e deliberará sobre a paralisação coletiva da prestação de serviços.

§ 1º O estatuto da entidade sindical deverá prever as formalidades de convocação e o *quorum* para a deliberação, tanto da deflagração quanto da cessação da greve.

§ 2º Na falta de entidade sindical, a assembleia geral dos trabalhadores interessados deliberará para os fins previstos no *caput*, constituindo comissão de negociação.

Art. 5º A entidade sindical ou comissão especialmente eleita representará os interesses dos trabalhadores nas negociações ou na Justiça do Trabalho.

Art. 6º São assegurados aos grevistas, dentre outros direitos:

I — o emprego de meios pacíficos tendentes a persuadir ou aliciar os trabalhadores a aderirem à greve;

II — a arrecadação de fundos e a livre divulgação do movimento.

§ 1º Em nenhuma hipótese, os meios adotados por empregados e empregadores poderão violar ou constranger os direitos e garantias fundamentais de outrem.

§ 2º É vedado às empresas adotar meios para constranger o empregado ao comparecimento ao trabalho, bem como capazes de frustrar a divulgação do movimento.

§ 3º As manifestações e atos de persuasão utilizados pelos grevistas não poderão impedir o acesso ao trabalho nem causar ameaça ou dano à propriedade ou pessoa.

Art. 7º Observadas as condições previstas nesta Lei, a participação em greve suspende o contrato de trabalho, devendo as relações obrigacionais durante o período ser regidas pelo acordo, convenção, laudo arbitral ou decisão da Justiça do Trabalho.

PARÁGRAFO ÚNICO. É vedada a rescisão de contrato de trabalho durante a greve, bem como a contratação de trabalhadores substitutos, exceto na ocorrência das hipóteses previstas nos arts. 9º e 14.

Art. 8º A Justiça do Trabalho, por iniciativa de qualquer das partes ou do Ministério Público do Trabalho, decidirá sobre a procedência, total ou parcial, ou improcedência das reivindicações, cumprindo ao Tribunal publicar, de imediato, o competente acórdão.

Art. 9º Durante a greve, o sindicato ou a comissão de negociação, mediante acordo com a entidade patronal ou diretamente com o empregador, manterá em atividade equipes de empregados com o propósito de assegurar os serviços cuja paralisação resulte em prejuízo irreparável, pela deterioração irreversível de bens, máquinas e equipamentos, bem como a manutenção daqueles essenciais à retomada das atividades da empresa quando da cessação do movimento.

PARÁGRAFO ÚNICO. Não havendo acordo, é assegurado ao empregador, enquanto perdurar a greve, o direito de contratar diretamente os serviços necessários a que se refere este artigo.

Art. 10. São considerados serviços ou atividades essenciais:

I — tratamento e abastecimento de água, produção e distribuição de energia elétrica, gás e combustíveis;

II — assistência médica e hospitalar;

III — distribuição e comercialização de medicamentos e alimentos;

IV — funerários;

V — transporte coletivo;

VI — captação e tratamento de esgoto e lixo;

VII — telecomunicações;

VIII — guarda, uso e controle de substâncias radioativas, equipamentos e materiais nucleares;

IX — processamento de dados ligados a serviços essenciais;

X — controle de tráfego aéreo;

XI — compensação bancária.

Art. 11. Nos serviços ou atividades essenciais, os sindicatos, os empregadores e os trabalhadores ficam obrigados de comum acordo, a garantir, durante a greve, a prestação dos serviços indispensáveis ao atendimento das necessidades inadiáveis da comunidade.

PARÁGRAFO ÚNICO. São necessidades inadiáveis da comunidade aquelas que, não atendidas, coloquem em perigo iminente a sobrevivência, a saúde ou a segurança da população.

Art. 12. No caso da inobservância do disposto no artigo anterior, o Poder Público assegurará a prestação dos serviços indispensáveis.

Art. 13. Na greve em serviços ou atividades essenciais, ficam as entidades sindicais ou os trabalhadores, conforme o caso, obrigados a comunicar a decisão aos empregadores e aos usuários com antecedência mínima de 72 (setenta e duas) horas da paralisação.

Art. 14. Constitui abuso do direito de greve a inobservância das normas contidas na presente Lei, bem como a manutenção da paralisação após a celebração de acordo, convenção ou decisão da Justiça do Trabalho.

PARÁGRAFO ÚNICO. Na vigência de acordo, convenção ou sentença normativa não constitui abuso do exercício do direito de greve a paralisação que:

I — tenha por objetivo exigir o cumprimento da cláusula ou condição;

II — seja motivada pela superveniência de fato novo ou acontecimento imprevisto que modifique substancialmente a relação de trabalho.

Art. 15. A responsabilidade pelos atos praticados, ilícitos ou crimes cometidos, no curso da greve, será apurada, conforme o caso, segundo a legislação trabalhista, civil ou penal.

PARÁGRAFO ÚNICO. Deverá o Ministério Público, de ofício, requisitar a abertura do competente inquérito e oferecer denúncia quando houver indício da prática de delito.

Art. 16. Para os fins previstos no art. 37, inciso VII, da Constituição, lei complementar definirá os termos e os limites em que o direito de greve poderá ser exercido.

Art. 17. Fica vedada a paralisação das atividades, por iniciativa do empregador, com o objetivo de frustrar negociação ou dificultar o atendimento de reivindicações dos respectivos empregados *(lockout)*.

PARÁGRAFO ÚNICO. A prática referida no *caput* assegura aos trabalhadores o direito à percepção dos salários durante o período de paralisação.

Art. 18. Ficam revogados a Lei n. 4.330, de 1º de junho de 1964, o Decreto-lei n. 1.632, de 4 de agosto de 1978, e demais disposições em contrário.

Art. 19. Esta Lei entra em vigor na data de sua publicação.

Brasília, em 28 de junho de 1989; 168º da Independência e 101º da República.

JOSÉ SARNEY
OSCAR DIAS CORRÊA
DOROTHÉA WERNECK

PORTARIA SPPE/MTE N. 3, DE 26 DE JANEIRO DE 2015

(DOU 30.1.2015)

Dispõe sobre os procedimentos para emissão de Carteira de Trabalho e Previdência Social (CTPS) para brasileiros.

— V. Portaria n. 4, de 26.1.15, DOU 30.1.15, que dispõe sobre os procedimentos para emissão de Carteira de Trabalho e Previdência Social (CTPS) para estrangeiros (Não publicada nesta obra)

A SECRETÁRIA DE POLÍTICAS PÚBLICAS DE EMPREGO — SUBSTITUTA, no uso das atribuições que lhe conferem os arts. 10 e 28 do Anexo I ao Decreto n. 5.063, de 3 de maio de 2004, com as redações dadas pelo Decreto n. 6.341, de 3 de janeiro de 2008 e Decreto n. 7.015, de 24 de novembro de 2009 e considerando o disposto nos arts. 1º e 48 do Anexo V à Portaria n. 483, de 15 de setembro de 2004, e

Considerando a Portaria n. 369, de 2013, deste Ministério do Trabalho e Emprego (MTE), que regulamenta a emissão de descentralização de Carteira de Trabalho e Previdência Social (CTPS), prevista no art. 14, do Decreto-lei n. 5.452, de 1943, que aprova a Consolidação das Leis do Trabalho (CLT);

Considerando a implantação da versão 3.0 do Sistema Informatizado da Carteira de Trabalho e Previdência Social (CTPSWEB), que moderniza a emissão de CTPS pelos postos emissores do documento; e

Considerando a necessidade de atualização das normas utilizadas pelos órgãos emissores de CTPS para brasileiro, resolve:

Art. 1º O atendimento ao cidadão interessado na solicitação de Carteira de Trabalho e Previdência Social (CTPS) para brasileiro será feita pelas Superintendências, Gerências e Agências Regionais do Trabalho e Emprego e, mediante a celebração de Acordo de Cooperação Técnica, pelos órgãos e entidades estaduais e municipais da Administração direta e indireta do Poder Executivo.

§ 1º A CTPS somente poderá ser solicitada pelo próprio interessado nos postos de atendimento do Ministério do Trabalho e Emprego (MTE) e de seus conveniados, conforme previsão contida no art. 15 do Decreto-lei n. 5.452, de 1943, que aprova a Consolidação das Leis do Trabalho (CLT).

§ 2º A CTPS será entregue ao interessado pessoalmente, mediante identificação digital, no prazo máximo de até 15 (quinze) dias úteis, contados a partir da data constante no protocolo de atendimento.

§ 3º Caso não haja no Sistema Informatizado de emissão de CTPS (CTPSWEB) a imagem da digital, o emissor deverá fazer constar no respectivo sistema a entrega do documento após a assinatura do recibo.

§ 4º Excepcionalmente, a CTPS poderá ser entregue a terceiro, mediante apresentação de procuração pública, registrada em cartório, específica para retirada da Carteira.

§ 5º O Acordo de Cooperação Técnica, de que trata o *caput* desse artigo, será regulamentado por norma específica.

Art. 2º A CTPS será fornecida mediante a apresentação dos seguintes documentos:

I — Documento oficial de identificação civil que contenha nome do interessado; data, município e estado de nascimento; filiação; nome e número do documento com órgão emissor e data de emissão;

II — Cadastro de Pessoa Física (CPF);

III — Comprovante de residência com CEP;

IV — Certidão de Nascimento ou Casamento para comprovação obrigatória do estado civil;

§ 1º Excepcionalmente, nos casos em que houver impeditivo operacional para emitir o documento informatizado, deverá ser exigido à apresentação de (01) uma foto 3X4, fundo branco, com ou sem data, colorida e recente, que identifique plenamente o solicitante.

§ 2º Todos os documentos apresentados pelo interessado devem estar legíveis, em bom estado de conservação, serem originais, admitindo-se, excepcionalmente, a apresentação de cópias dos documentos, desde que estejam autenticadas em cartório.

§ 3º No caso de o solicitante ainda não possuir o CPF, a Superintendência, Gerência ou Agência Regional do Trabalho e Emprego expedirá o número do CPF no ato do atendimento, desde que o interessado apresente o Titulo de eleitor e haja a aprovação da Receita Federal.

Art. 3º A emissão de 2ª via de CTPS far-se-á mediante apresentação dos documentos constantes no art. 2º desta Portaria, além de documentação complementar e obrigatória para os casos especificados abaixo:

§ 1º No caso da emissão de 2ª Via por motivo de roubo, furto, extravio ou perda:

I — Boletim de ocorrência policial;

II — Comprovação obrigatória, por parte do interessado, do número da CTPS anterior, que pode ser feita por meio de um dos seguintes documentos:

a) cópia da ficha de registro de empregado com carimbo do CNPJ da empresa;

b) extrato do PIS/PASEP ou FGTS;

c) requerimento do seguro desemprego;

d) termo de rescisão do contrato de trabalho, homologado pelo Ministério do Trabalho e Emprego, ou pelo Ministério Público, ou pela Defensoria Pública, ou pelo Sindicato de classe, ou por um juiz de paz.

§ 2º No caso da emissão de via de Continuação da CTPS, apresentar a CTPS anterior, onde deverá ser comprovado o preenchimento total dos espaços de pelo menos um dos campos. Os campos ainda não esgotados devem ser inutilizados com carimbo próprio, antes da devolução do documento ao trabalhador.

§ 3º No caso da emissão de 2ª via por Inutilização da via anterior:

I — apresentar a CTPS anterior inutilizada;

II — apresentar comprovante do numero da CTPS inutilizada, caso ele não esteja legível no próprio documento apresentado.

§ 4º Será inutilizada a CTPS que apresentar emendas, rasuras, falta ou substituição de fotografia; não contiver a data de expedição do documento, assinatura do emissor; assinatura do interessado, salvo exceções previstas no § 2º, do art. 5º, e na alínea *b* e *c*, inciso II, do art. 6º desta Portaria.

§ 5º Não é considerado motivo para emissão de 2ª via de CTPS a alegação de:

a) substituição do modelo manual para o informatizado;

b) atualização exclusiva de fotografia do documento;

Art. 4º Com base na Lei n. 12.037, de 1º de outubro de 2011, a CTPS será aceita como documento de identificação civil.

§ 1º para identificação civil, só será aceita a CTPS modelo informatizado;

§ 2º não será aceita, para identificação civil, a CTPS anterior de brasileiro que foi emitida em caráter temporário;

Art. 5º A CTPS não será emitida para menor de quatorze anos ou para falecido, exceto nos casos que houver ordem ou autorização judicial, sendo obrigatório o lançamento no sistema informatizado de emissão (CTPSWEB) e a anotação do número do mandado judicial no campo de anotações gerais da CTPS;

Art. 6º Na impossibilidade da apresentação dos documentos listados no art. 2º, desta Portaria, devido aos casos de calamidade pública e mediante autorização da Coordenação de Identificação de Registro Profissional (CIRP), a CTPS será excepcionalmente emitida com validade máxima e improrrogável de 90 (noventa) dias, com base em declarações verbais do interessado, firmadas por duas testemunhas, fazendo-se constar o fato na primeira folha de "Anotações Gerais", consoante o disposto no art. 17 da Consolidação das Leis do Trabalho — CLT e seus parágrafos, utilizando-se para isto modelo próprio de carimbo.

PARÁGRAFO ÚNICO. A CTPS, emitida nas condições prevista no *caput* deste artigo, só pode ser feita uma única vez para o mesmo interessado, exceto se for decretado novo estado de calamidade pública no seu local de residência.

Art. 7º No caso de o interessado encontrar-se hospitalizado ou cerceado de sua liberdade por motivo de prisão, é necessário o deslocamento do emissor para a coleta dos dados imprescindíveis para emissão da CTPS, observando o seguinte:

§ 1º Se o interessado hospitalizado estiver inconsciente, a CTPS somente será emitida quando houver ordem ou autorização judicial, sendo obrigatório o lançamento no sistema informatizado de emissão (CTPSWEB) e a anotação do número do mandado judicial no campo de anotações gerais da CTPS;

§ 2º Na impossibilidade de recolher a assinatura e coletar a impressão digital do interessado hospitalizado, deve-se emitir a CTPS com impedimentos de assinatura e digital.

§ 3º A emissão de CTPS para detento só será feita mediante assinatura de convênio do posto de atendimento do MTE com órgão competente e/ou na condição de mutirões previamente acordados e oficializados;

Art. 8º As imagens colhidas para a confecção da CTPS devem obedecer às seguintes especificações:

I — Da fotografia:

a) deve retratar o busto do requerente (cabeça, pescoço e parte do tórax do indivíduo), na medida de 3cm x 4cm;

b) não pode estampar o fotografado de perfil, ou com traje que sugira estar desnudo ou com a face coberta por cabelos, véu ou óculos escuros; trajando chapéu, boné, bandana ou qualquer outro objeto que encubra a cabeça, de modo a interferir na perfeita visualização das características do rosto do requerente, com exceção para os casos que for observado hábito e cultura religiosa ou deficiência visual;

c) não deve conter qualquer objeto pessoal ou estampa que faça apologia às drogas, ao racismo, à violência ou a qualquer outro fato que atente contra a paz social.

II — Da Assinatura:

a) não pode conter rasuras;

b) quando o interessado não souber assinar a sua CTPS, deverá ser lançada no campo "Assinatura do Titular" a expressão "Não alfabetizado";

c) quando o interessado estiver impedido de assinar, deverá ser lançada no campo "Assinatura do Titular" a expressão "vide anotações gerais" e fazer constar a observação no espaço próprio.

III — Da digital:

a) será colhida a impressão digital do polegar direito do interessado. Na sua falta colhe-se a impressão digital do polegar esquerdo e na falta de ambos colhe-se a impressão digital de qualquer dedo da mão, fazendo-se o registro no campo das anotações gerais, identificando-se inclusive o dedo utilizado;

b) na impossibilidade temporária ou permanente de coletar a impressão digital do interessado, deve-se efetuar no campo a ela destinado, o lançamento "vide anotações gerais" e fazer constar a observação no espaço próprio.

Art. 9º As anotações referentes às alterações de identidade de titulares de CTPS, devidamente comprovada por prova documental, podem ser efetuadas pelos postos emissores do documento, conforme *caput* e Parágrafo único do art. 32, da CLT.

§ 1º São consideradas alterações de identidade:

I — alteração da data de nascimento, por decisão judicial;

II — alteração de nome em virtude de mudança do estado civil (casamento, separação, divórcio, viuvez);

III — alteração de nome, em virtude de mudança de sexo;

IV — alteração voluntaria de nome, por decisão judicial; e

V — inclusão/alteração do nome do pai e/ou mãe; bem como alteração, inclusão ou exclusão do nome ou sobrenomes do titular da CTPS em virtude de adoção, negativa/reconhecimento de maternidade ou de paternidade.

§ 2º As alterações de que trata o *caput* desse artigo serão efetuadas na página destinada a alteração de identidade da CTPS, não sendo, portanto, motivo de emissão de nova via do documento, com exceção dos motivos constantes nos itens III e IV.

Art. 10. A personalização da Carteira de Trabalho e Previdência Social (CTPS) será feita, exclusivamente, pelas Superintendências, Gerências e Agências Regionais do Trabalho e Emprego.

Art. 11. Quando da emissão de 2ª via de CTPS, é obrigatório o lançamento do número e série das Carteiras anteriores do interessado, no sistema de emissão informatizado (CTPSWEB) e a anotação, em campo específico da CTPS.

Art. 12. A CTPS para índio deverá ser emitida como a qualquer outro brasileiro, sem discriminação, na conformidade do disposto na Lei n. 6.001/73, assegurados todos os direitos e garantias das leis trabalhistas e previdenciárias.

Art. 13. Ao artesão, devidamente habilitado, será aposto quando da emissão ou apresentação da Carteira de Trabalho e Previdência Social — CTPS, o carimbo regulamentado através da Portaria n. 2, de 3 de abril de 1987, do Ministério do Trabalho e Emprego, na forma que a legislação dispuser.

Art. 14. Até o dia 05 (cinco) do mês subsequente, as Gerências e Agências Regionais do Trabalho e Emprego e os Postos Conveniados não informatizados deverão encaminhar à Superintendência de seu Estado, devidamente preenchido, o Relatório de Emissão de CTPS do mês anterior.

Art. 15. Os casos omissos e as dúvidas surgidas na aplicação desta Portaria serão orientados por Instruções Normativas e/ou solucionados pela Coordenação de Identificação de Registro Profissional (CIRP).

Art. 16. Esta Portaria entra em vigor na data da sua publicação, revogadas as disposições em contrário, em especial a Portaria n. 1, de 28 de Janeiro de 1997, art. 4º da Portaria n. 210, de 29 de abril de 2008, desta Secretaria de Políticas Públicas e Emprego.

Sinara Neves Ferreira

PORTARIA MTE N. 210, DE 29 DE ABRIL DE 2008

(DOU 30.4.2008)

O MINISTRO DE ESTADO DO TRABALHO E EMPREGO, no uso da atribuição que lhe confere o art. 87, parágrafo único, inciso II, da Constituição Federal, e tendo em vista o disposto no § 2º do art. 13 da Consolidação das Leis do Trabalho — CLT, aprovada pelo Decreto-lei n. 5.452, de 1º de maio de 1943, resolve:

Art. 1º A Carteira de Trabalho e Previdência Social — CTPS Informatizada será confeccionada segundo as disposições desta Portaria.

Art. 2º A CTPS Informatizada terá capa na cor azul e conterá na segunda contracapa do documento a letra do Hino Nacional Brasileiro.

§ 1º Será incorporado à CTPS Informatizada código de barras no padrão "2/5 interleaved," com o número do PIS do trabalhador.

§ 2º O número de páginas da CTPS Informatizada será de 34 páginas, na seguinte disposição:

I — páginas 01 e 02 — identificação do trabalhador;

II — página 03 — alteração de identidade;

III — páginas 04 e 05 — profissões regulamentadas;

IV — página 06 — dados pessoais do trabalhador e carteiras anteriores;

V — páginas 07 a 16 — contrato de trabalho;

VI — páginas 17 e 18 — alterações de salário;

VII — páginas 19 e 20 — anotações de férias;

VIII — páginas 21 a 29 — anotações gerais;

IX — página 30 — anotações para uso do Ministério do Trabalho e Emprego — MTE; e

X — páginas 31 a 34 — anotações para uso da Previdência Social — Instituto Nacional do Seguro Social — INSS.

§ 3º Integrará a CTPS Informatizada um cartão denominado Cartão de Identificação do Trabalhador — CIT.

Art. 3º O CIT conterá as seguintes informações:

I — nome do solicitante;

II — filiação e data de nascimento;

III — Número e série da CTPS;

IV — naturalidade;

V — número do Cadastro de Pessoa Física — CPF, do Ministério da Fazenda;

VI — número da CI e órgão expedidor ou n. certidão nascimento;

VII — número do PIS/PASEP;

VIII — assinatura, Impressão digital e foto do solicitante;

IX — data de expedição do CIT; e

X — assinatura eletrônica do Ministro de Estado do Trabalho e Emprego.

Art. 4º Já introduzido na Portaria n. 1, de 28 de janeiro de 1997. *(Revogado pela Portaria SPPE/MTE n. 3, de 26.1.2015, DOU 30.1.2015)*

Art. 5º Esta Portaria entra em vigor na data de sua publicação.

Carlos Lupi

LEI N. 8.069, DE 13 DE JULHO DE 1990

(DOU 16.7.1990)

Dispõe sobre o Estatuto da Criança e do Adolescente

— v. Portaria MPAS/SEAS n. 458, de 4.10.01 (DOU 5.10.01) que estabelece as Diretrizes e Normas do Programa de Erradicação do Trabalho Infantil — PETI (não publicada nesta obra)

....

Subseção II

Da Guarda

Art. 33. A guarda obriga a prestação de assistência material, moral e educacional à criança ou adolescente, conferindo a seu detentor o direito de opor-se a terceiros, inclusive aos pais. *(Vide Lei n. 12.010, de 2009) Vigência*

....

§ 3º A guarda confere à criança ou adolescente a condição de dependente, para todos os fins e efeitos de direito, inclusive previdenciários.

TÍTULO II

Capítulo V

Do Direito à Profissionalização e à Proteção no Trabalho

Art. 60. É proibido qualquer trabalho a menores de 14 (quatorze) anos de idade, salvo na condição de aprendiz.

Art. 61. A proteção ao trabalho dos adolescentes é regulada por legislação especial, sem prejuízo do disposto nesta Lei.

Art. 62. Considera-se aprendizagem a formação técnico profissional ministrada segundo as diretrizes e bases da legislação de educação em vigor.

Art. 63. A formação técnico profissional obedecerá aos seguintes princípios:

I — garantia de acesso e frequência obrigatória ao ensino regular;

II — atividade compatível com o desenvolvimento do adolescente;

III — horário especial para o exercício das atividades.

Art. 64. Ao adolescente até 14 (quatorze) anos de idade é assegurada bolsa de aprendizagem.

Art. 65. Ao adolescente aprendiz, maior de 14 (quatorze) anos, são assegurados os direitos trabalhistas e previdenciários.

Art. 66. Ao adolescente portador de deficiência é assegurado trabalho protegido.

Art. 67. Ao adolescente empregado, aprendiz, em regime familiar de trabalho, aluno de escola técnica, assistido em entidade governamental ou não governamental, é vedado trabalho:

I — noturno, realizado entre as 22:00 (vinte e duas) horas de um dia e as 5:00 (cinco) horas do dia seguinte;

II — perigoso, insalubre ou penoso;

III — realizado em locais prejudiciais à sua formação e ao seu desenvolvimento físico, psíquico, moral e social;

IV — realizado em horários e locais que não permitam a frequência à escola.

Art. 68. O programa social que tenha por base o trabalho educativo, sob responsabilidade de entidade governamental ou não governamental sem fins lucrativos, deverá assegurar ao adolescente que dele participe condições de capacitação para o exercício de atividade regular remunerada.

§ 1º Entende-se por trabalho educativo a atividade laboral em que as exigências pedagógicas relativas ao desenvolvimento pessoal e social do educando prevalecem sobre o aspecto produtivo.

§ 2º A remuneração que o adolescente recebe pelo trabalho efetuado ou a participação na venda dos produtos de seu trabalho não desfigura o caráter educativo.

Art. 69. O adolescente tem direito à profissionalização e à proteção no trabalho, observados os seguintes aspectos, entre outros:

I — respeito à condição peculiar de pessoa em desenvolvimento;

II — capacitação profissional adequada ao mercado de trabalho.

....

Art. 70-B. As entidades, públicas e privadas, que atuem nas áreas a que se refere o art. 71, dentre outras, devem contar, em seus quadros, com pessoas capacitadas a reconhecer e comunicar ao Conselho Tutelar suspeitas ou casos de maus-tratos praticados contra crianças e adolescentes. *(Acrescentado pela Lei n. 13.046, de 1.12.14, DOU 2.12.14)*

PARÁGRAFO ÚNICO. São igualmente responsáveis pela comunicação de que trata este artigo, as pessoas encarregadas, por razão de cargo, função, ofício, ministério, profissão ou ocupação, do cuidado, assistência ou guarda de crianças e adolescentes, punível, na forma deste Estatuto, o injustificado retardamento ou omissão, culposos ou dolosos. *(Acrescentado pela Lei n. 13.046, de 1.12.14, DOU 2.12.14)*

....

Art. 94-A. As entidades, públicas ou privadas, que abriguem ou recepcionem crianças e adolescentes, ainda que em caráter temporário, devem ter, em seus quadros, profissionais capacitados a reconhecer e reportar ao Conselho Tutelar suspeitas ou ocorrências de maus-tratos. *(Acrescentado pela Lei n. 13.046, de 1.12.14, DOU 2.12.14)*

....

Do Conselho Tutelar

Capítulo I
Disposições Gerais

Art. 131. O Conselho Tutelar é órgão permanente e autônomo, não jurisdicional, encarregado pela sociedade de zelar pelo cumprimento dos direitos da criança e do adolescente, definidos nesta Lei.

Art. 132. Em cada Município e em cada Região Administrativa do Distrito Federal haverá, no mínimo, 1 (um) Conselho Tutelar como órgão integrante da administração pública local, composto de 5 (cinco) membros, escolhidos pela população local para mandato de 4 (quatro) anos, permitida 1 (uma) recondução, mediante novo processo de escolha. *(Redação dada pela Lei n. 12.696, de 25.7.12, DOU 26.7.12)*

Art. 133. Para a candidatura a membro do Conselho Tutelar, serão exigidos os seguintes requisitos:

I — reconhecida idoneidade moral;

II — idade superior a vinte e um anos;

III — residir no município.

Art. 134. Lei municipal ou distrital disporá sobre o local, dia e horário de funcionamento do Conselho Tutelar, inclusive quanto à remuneração dos respectivos membros, aos quais é assegurado o direito a: *(Redação dada pela Lei n. 12.696, de 25.7.12, DOU 26.7.12)*

I — cobertura previdenciária; *(Incluído pela Lei n. 12.696, de 25.7.12, DOU 26.7.12)*

II — gozo de férias anuais remuneradas, acrescidas de 1/3 (um terço) do valor da remuneração mensal; *(Incluído pela Lei n. 12.696, de 25.7.12, DOU 26.7.12)*

III — licença-maternidade; *(Incluído pela Lei n. 12.696, de 25.7.12, DOU 26.7.12)*

IV — licença-paternidade; *(Incluído pela Lei n. 12.696, de 25.7.12, DOU 26.7.12)*

V — gratificação natalina. *(Incluído pela Lei n. 12.696, de 25.7.12, DOU 26.7.12)*

PARÁGRAFO ÚNICO. Constará da lei orçamentária municipal e da do Distrito Federal previsão dos recursos necessários ao funcionamento do Conselho Tutelar e à remuneração e formação continuada dos conselheiros tutelares. *(Redação dada pela Lei n. 12.696, de 25.7.12, DOU 26.7.12)*

Art. 135. O exercício efetivo da função de conselheiro constituirá serviço público relevante e estabelecerá presunção de idoneidade moral. *(Redação dada pela Lei n. 12.696, de 25.7.12, DOU 26.7.12)*

....

Art. 136. ....

....

XII — promover e incentivar, na comunidade e nos grupos profissionais, ações de divulgação e treinamento para o reconhecimento de sintomas de maus-tratos em crianças e adolescentes. *(Incluído pela Lei n. 13.046, de 1.12.14, DOU 2.12.14)*

LEI N. 7.316, DE 28 DE MAIO DE 1985

(DOU 30.5.1985 — LTr 49-6/686)

Atribui às entidades sindicais que integram a confederação nacional das profissões liberais, o mesmo poder de representação dos sindicatos representativos das categorias profissionais diferenciadas, nas ações individuais e coletivas de competência da Justiça do Trabalho

— (V. CF, art. 114, III)

O PRESIDENTE DA REPÚBLICA,

Faço saber que o Congresso Nacional decreta e eu sanciono a seguinte lei:

Art. 1º Nas ações individuais e coletivas de competência da Justiça do Trabalho, as entidades sindicais que integram a Confederação Nacional das Profissões Liberais terão o mesmo poder de representação dos trabalhadores empregados atribuído, pela legislação em vigor, aos sindicatos representativos das categorias profissionais diferenciadas.

Art. 2º Esta Lei entra em vigor na data de sua publicação.

Art. 3º Revogam-se as disposições em contrário.

Brasília, em 28 de maio de 1985; 164º da Independência e 97º da República.

JOSÉ SARNEY
ALMIR PAZZIANOTTO

LEI N. 11.648, DE 31 DE MARÇO DE 2008

(DOU 31.3.2008, ED. EXTRA)

Dispõe sobre o reconhecimento formal das centrais sindicais para os fins que especifica, altera a Consolidação das Leis do Trabalho — CLT, aprovada pelo Decreto-lei n. 5.452, de 1º de maio de 1943, e dá outras providências

— v. Portaria GM/MTE n. 1.718, de 5 de novembro de 2014, (DOU 6.11.14) que cria o grupo de trabalho denominado GT aferição e dá outras providências, (não publicada nesta obra).

O PRESIDENTE DA REPÚBLICA,

Faço saber que o Congresso Nacional decreta e eu sanciono a seguinte Lei:

Art. 1º A central sindical, entidade de representação geral dos trabalhadores, constituída em âmbito nacional, terá as seguintes atribuições e prerrogativas:

I — coordenar a representação dos trabalhadores por meio das organizações sindicais a ela filiadas; e

II — participar de negociações em fóruns, colegiados de órgãos públicos e demais espaços de diálogo social que possuam composição tripartite, nos quais estejam em discussão assuntos de interesse geral dos trabalhadores.

PARÁGRAFO ÚNICO. Considera-se central sindical, para os efeitos do disposto nesta Lei, a entidade associativa de direito privado composta por organizações sindicais de trabalhadores.

Art. 2º Para o exercício das atribuições e prerrogativas a que se refere o inciso II do *caput* do art. 1º desta Lei, a central sindical deverá cumprir os seguintes requisitos:

I — filiação de, no mínimo, 100 (cem) sindicatos distribuídos nas 5 (cinco) regiões do País;

II — filiação em pelo menos 3 (três) regiões do País de, no mínimo, 20 (vinte) sindicatos em cada uma;

III — filiação de sindicatos em, no mínimo, 5 (cinco) setores de atividade econômica; e

IV — filiação de sindicatos que representem, no mínimo, 7% (sete por cento) do total de empregados sindicalizados em âmbito nacional.

PARÁGRAFO ÚNICO. O índice previsto no inciso IV do *caput* deste artigo será de 5% (cinco por cento) do total de empregados sindicalizados em âmbito nacional no período de 24 (vinte e quatro) meses a contar da publicação desta Lei.

Art. 3º A indicação pela central sindical de representantes nos fóruns tripartites, conselhos e colegiados de órgãos públicos a que se refere o inciso II do *caput* do art. 1º desta Lei será em número proporcional ao índice de representatividade previsto no inciso IV do *caput* do art. 2º desta Lei, salvo acordo entre centrais sindicais.

§ 1º O critério de proporcionalidade, bem como a possibilidade de acordo entre as centrais, previsto no *caput* deste artigo não poderá prejudicar a participação de outras centrais sindicais que atenderem aos requisitos estabelecidos no art. 2º desta Lei.

§ 2º A aplicação do disposto no *caput* deste artigo deverá preservar a paridade de representação de trabalhadores e empregadores em qualquer organismo mediante o qual sejam levadas a cabo as consultas.

Art. 4º A aferição dos requisitos de representatividade de que trata o art. 2º desta Lei será realizada pelo Ministério do Trabalho e Emprego.

§ 1º O Ministro de Estado do Trabalho e Emprego, mediante consulta às centrais sindicais, poderá baixar instruções para disciplinar os procedimentos necessários à aferição dos requisitos de representatividade, bem como para alterá-los com base na análise dos índices de sindicalização dos sindicatos filiados às centrais sindicais.

§ 2º Ato do Ministro de Estado do Trabalho e Emprego divulgará, anualmente, relação das centrais sindicais que atendem aos requisitos de que trata o art. 2º desta Lei, indicando seus índices de representatividade.

Art. 5º Os arts. 589, 590, 591 e 593 da Consolidação das Leis do Trabalho — CLT, aprovada pelo Decreto-lei n. 5.452, de 1º de maio de 1943, passam a vigorar com a seguinte redação:

Nota: Artigos inseridos na CLT

Art. 6º (vetado)

Art. 7º Os arts. 578 a 610 da Consolidação das Leis do Trabalho — CLT, aprovada pelo Decreto-lei n. 5.452, de 1º de maio de 1943, vigorarão até que a lei venha a disciplinar a contribuição negocial, vinculada ao exercício efetivo da negociação coletiva e à aprovação em assembleia geral da categoria.

Art. 8º Esta Lei entra em vigor na data de sua publicação.

Brasília, 31 de março de 2008; 187º da Independência e 120º da República.

Luiz Inácio Lula da Silva
Tarso Genro
Carlos Lupi

INSTRUÇÃO NORMATIVA MTE N. 2, DE 22 DE DEZEMBRO DE 2014

(DOU 23.12.2014)

Revoga a Instrução Normativa n. 5 de 20 de dezembro de 2013, e estabelece novas regras e procedimentos relacionados à aferição dos índices de representatividade das Centrais Sindicais no âmbito do GT Aferição.

O MINISTRO DE ESTADO DO TRABALHO E EMPREGO, no uso das atribuições legais que lhe confere o art. 87, do parágrafo único, inciso II da Constituição e tendo em vista o disposto no § 1º do art. 4º da Lei n. 11.648, de 31 de março de 2008 e no parágrafo único do art. 1º da Portaria n. 1.718, de 5 de novembro de 2014, resolve:

Art. 1º Para fins de aferição dos índices de representatividade das centrais sindicais serão considerados o número de sindicalizados dos sindicatos constantes nos seguintes documentos:

I — solicitações eletrônicas de registro sindical (SC), de complemento de registro (CR) e de complemento de alteração (CA) validadas no ano anterior ao de início do ano de referência;

II — solicitações eletrônicas de atualizações de diretorias (SD) e solicitações de atualização sindical (SR), transmitidas para o sítio do MTE até o dia 30 de novembro e protocoladas até o dia 15 de dezembro do ano anterior e validadas até 20 de janeiro do ano de início do ano de referência, com exceção das solicitações já aferidas no ano anterior.

§ 1º As solicitações eletrônicas transmitidas até 30 de novembro, protocoladas até 15 de dezembro e não decididas até 20 de janeiro, por deficiência nos dados ou na documentação apresentada pela entidade sindical, serão consideradas na aferição do ano de referência seguinte.

§ 2º Excepcionalmente, para aferição no ano de 2015, serão consideradas todas as solicitações eletrônicas de atualizações de diretorias e de filiação a entidades de grau superior (SD) e solicitações de atualização sindical (SR) transmitidas e protocoladas até 31 de dezembro de 2014, além das solicitações previstas no inciso I deste artigo.

Art. 2º Não serão considerados, para fins de alteração do número de sindicalizados, as atas e documentos apresentados em sede de SD que façam referência à troca de membros de diretoria ainda vigente, sem a composição de uma nova diretoria mediante eleição.

PARÁGRAFO ÚNICO. Somente serão aceitas para fins de aferição atas retificadoras apresentadas no curso da análise e validação da SD de diretoria.

Art. 3º Será considerado, em ordem de preferência, nos dados da ata de eleição e apuração de votos da diretoria, registrada em cartório, o número de:

I — sindicalizados;

II — sindicalizados aptos a votar;

III — sindicalizados votantes.

PARÁGRAFO ÚNICO. Para os processos protocolados no Ministério anteriores à entrada em vigor da Portaria n. 2, de 22 de fevereiro de 2013 (atualizações sindicais — SR) e para os processos anteriores à entrada em vigor da Portaria n. 326, de 1º de março de 2013 (registro sindical e alteração estatutária) serão considerados o número de sindicalizados dos sindicatos constantes das atas de eleição e/ou apuração, da lista de presença da assembleia de eleição e/ou apuração e, nos casos de ausência desses itens, o número de membros dirigentes eleitos.

Art. 4º Participarão do Grupo de Trabalho — GT criado especificamente para os trabalhos de aferição do índice de representatividade, as centrais sindicais cadastradas no SIRT que atenderam a pelo menos 2 (dois) requisitos constantes do art. 2º da Lei n. 11.648/2008, relativo à aferição do ano anterior.

Art. 5º Serão considerados para fins de apuração do índice de representatividade das centrais sindicais, os dados eleitorais constantes do CNES.

§ 1º A Secretaria de Relações do Trabalho SRT, por meio da Coordenação de Informações Sindicais — CIS fornecerá mensalmente às centrais sindicais integrantes do GT, arquivo eletrônico extraído do CNES com os dados das solicitações validadas no período, para fins de conhecimento.

§ 2º A central interessada deverá solicitar em até 15 (quinze) dias após o envio do arquivo mensal pelo CIS, pedido formal onde deverão ser indicados os processos a serem levados para verificação pelo GT.

§ 3º Trimestralmente, será agendada reunião do GT a que se refere o art. 4º, com a finalidade de discussão e verificação dos processos que as centrais indicarem.

§ 4º Excepcionalmente, para o ano de 2014, as reuniões do GT previstas no § 3º deste artigo serão agendadas na medida em que os processos forem sendo disponibilizados pelo CIS, sem prejuízo da data prevista no art. 7º.

Art. 6º Na verificação dos processos pelo GT, havendo divergência de posicionamento de seus membros acerca das informações constantes das atas em relação aos dados informados no CNES, cada representante de central sindical proferirá seu posicionamento sobre o caso em questão, devendo prevalecer o posicionamento da maioria simples, e não havendo posição majoritária serão registrados o posicionamento de cada central e levada à decisão final pelo Ministério.

Art. 7º O encerramento dos trabalhos de verificação dos dados eleitorais validados no CNES, a serem utilizados na apuração dos percentuais de representatividade anual de cada central sindical, deverá ocorrer até o dia 15 de fevereiro do ano de início do ano de referência.

PARÁGRAFO ÚNICO. Excepcionalmente para efeitos da aferição referente ao ano de referência relativo ao período de 1º de abril de 2015 a 31 de março de 2016, o encerramento dos trabalhos a que se refere o *caput* deste artigo deverá ocorrer até o dia 30 de abril de 2015. *(Acrescentado pela IN MTE n. 1, de 31.3.15, DOU 9.4.15)*

Art. 8º Após o encerramento dos trabalhos poderá qualquer central sindical integrante do GT interpor recurso administrativo em face do resultado final apurado, no prazo de 10 (dez) dias, a partir da publicação do extrato do relatório final do GT no Diário Oficial da União.

PARÁGRAFO ÚNICO. Quando o objeto do recurso versar sobre o número de trabalhadores sindicalizados da entidade sindical, este deverá ser instruído com provas materiais, tais como, cópia das guias de recolhimento da contribuição sindical recolhidas no ano anterior ao do ano de referência, quando exigida por lei, recebidas pela entidade sindical nos termos do § 2º do art. 583 da CLT, entre outras.

Art. 9º Esta Instrução Normativa entra em vigor na data de sua publicação.

Art. 10. Revoga-se a Instrução Normativa n. 5, de 20 de dezembro de 2013.

Manoel Dias

PORTARIA MTE N. 984, DE 26 DE NOVEMBRO DE 2008

(DOU 27.11.2008)

Dispõe sobre o cadastro de entidades sindicais especiais

O MINISTRO DO TRABALHO E EMPREGO, no uso das suas atribuições legais e tendo em vista o disposto no art. 87, parágrafo único, inciso II e no art. 8º, da Constituição Federal e na Súmula n. 677, do Supremo Tribunal Federal, resolve:

Art. 1º Fica instituído, no âmbito do Ministério do Trabalho e Emprego — MTE, o Cadastro de Entidades Sindicais Especiais — CESE, para fins de inscrição das entidades sindicais que não representam categorias profissionais ou econômicas, mas que representam os grupos mencionados no inciso VII e Parágrafo único do art. 8º da Constituição Federal.

PARÁGRAFO ÚNICO. A inscrição no CESE possui efeito meramente cadastral, sem gerar os efeitos previstos nos incisos II, IV, VI e VIII do art. 8º da Constituição Federal, art. 477, e Títulos V, VI e VI-A da Consolidação das Leis do Trabalho, aprovada pelo Decreto-lei n. 5.452, de 1º de maio de 1943.

Art. 2º Os pedidos de inscrição de entidades sindicais especiais no CESE observarão os procedimentos administrativos previstos nesta Portaria.

Art. 3º O interessado deverá protocolizar, para formação de processo administrativo, unicamente na sede do MTE, sendo vedada a remessa via postal, os seguintes documentos:

I — requerimento assinado pelo representante legal da entidade;

II — edital de convocação dos membros da representação pleiteada para a assembleia geral de fundação ou ratificação da fundação da entidade, do qual constem a área de abrangência e representação pretendidas, publicado no Diário Oficial da União com antecedência mínima de cinco dias da realização da assembleia;

III — atas da assembleia geral de fundação da entidade e da última eleição, apuração e posse da diretoria, com a indicação do número de filiados na data da eleição, número do Cadastro Pessoas Físicas — CPF dos representantes legais da entidade requerente;

IV — lista de presença das assembleias de fundação da entidade e da última eleição da diretoria;

V — estatuto social, aprovado em assembleia geral e registrado em cartório, que deverá conter os elementos identificadores da representação pretendida, em especial o grupo representado e a área de abrangência;

Legislação Complementar

VI — certidão de inscrição do solicitante no Cadastro Nacional de Pessoa jurídica — CNPJ, com natureza jurídica específica; e

VII — comprovante de endereço em nome da entidade.

Art. 4º A Secretaria de Relações do Trabalho — SRT efetuará a conferência e análise dos documentos que acompanham o pedido de inscrição de entidades sindicais especiais, para verificação de sua regularidade.

PARÁGRAFO ÚNICO. Com base na análise dos documentos, a SRT proporá o arquivamento do pedido ou a concessão da inscrição ao Ministro do Trabalho, a quem caberá a decisão final acerca do pedido.

Art. 5º Concedida a inscrição, o Secretário de Relações do Trabalho expedirá Certidão de Inscrição no CESE, em que serão anotados os dados da entidade.

Art. 6º Os documentos relacionados nesta Portaria serão apresentados em originais, cópias autenticadas ou cópias simples, desde que apresentadas juntamente com os originais para conferência e visto do servidor.

Art. 7º As entidades sindicais especiais deverão manter seu cadastro no CESE atualizado no que se refere a dados cadastrais, diretoria e filiação a Centrais Sindicais, conforme instruções expedidas pela SRT.

Art. 8º Caso haja decisão judicial relativa a assuntos de inscrição de entidades sindicais especiais, caberá aos interessados promover as diligências necessárias junto ao Poder Judiciário, a fim de que o MTE seja notificado.

Art. 9º Esta Portaria entra em vigor na data de sua publicação.

Carlos Lupi

PORTARIA GM/MTE N. 291, DE 30 DE MARÇO DE 2017

(DOU 31.3.2017)

Aprova instruções para aferição e dos requisitos de representatividade das centrais e dá outras

O MINISTRO DE ESTADO DO TRABALHO, no uso das atribuições legais que lhe confere o art. 87, parágrafo único, inciso II, da Constituição e tendo em vista o disposto no § 1º do art. 4º da Lei n. 11.648, de 31 de março de 2008,

Resolve:

Art. 1º Para fins de verificação da representatividade, as centrais sindicais deverão se cadastrar no Sistema Integrado de Relações do Trabalho — SIRT, devendo seu cadastro ser atualizado, de acordo com instruções expedidas pela Secretaria de Relações do Trabalho — SRT.

PARÁGRAFO ÚNICO. Para o cadastramento e atualização do cadastro no SIRT, a central sindical deverá protocolar, na sede do Ministério do Trabalho, os seguintes documentos:

I — atos constitutivos registrados em cartório;

II — comprovante de posse da diretoria e duração do mandato;

III — indicação dos dirigentes com nome, cargo e número do Cadastro de Pessoas Físicas — CPF;

IV — informação do representante legal junto ao MTb;

V — indicação do tipo de diretoria, se singular ou colegiada;

VI — Certidão do Cadastro Nacional da Pessoa Jurídica — CNPJ, no Ministério da Fazenda; e

VII — comprovante de endereço em nome da entidade.

Art. 2º As entidades que pretendam a aquisição das atribuições e prerrogativas de central sindical, a que se refere o inciso II do art. 1º da Lei n. 11.648, de 2008, deverão atender aos requisitos constantes do art. 2º da referida Lei.

§ 1º Para a verificação do atendimento dos requisitos previstos nos incisos I e II do art. 2º da Lei n. 11.648, de 2008, utilizar-se-á como parâmetro as declarações de filiação de sindicatos à central sindical informadas no Cadastro Nacional de Entidades Sindicais — CNES.

§ 2º Para análise do cumprimento do previsto no inciso III do art. 2º da Lei n. 11.648, de 2008, serão utilizados como parâmetros de pesquisa os dados do CNES e da Classificação Nacional de Atividades Econômicas — CNAE, apurados pelo Departamento Intersindical de Estatística e Estudos Socioeconômico — DIEESE, Dados do SIAPE, do Tribunal de Contas da União e dos Tribunais de Contas Estaduais.

§ 3º A aferição do índice previsto no inciso IV do art. 2º da Lei n. 11.648/2008 será realizada anualmente pelo Ministério do Trabalho, podendo utilizar as informações da RAIS — Relação Anual de Informações Sociais, cujos dados já foram disponibilizados; CAGED — Cadastro Geral de Empregados e Desempregados; FGTS — Fundo de Garantia do Tempo de Serviço; Contribuição Sindical Obrigatória, CNES — Cadastro Nacional das Entidades Sindicais, bancos de dados oficiais relativos aos servidores públicos da União, Estados, Municípios e Distrito Federal, ou outro cadastro público que contenha informações necessárias à aferição. *(Redação do parágrafo dada pela Portaria GM/MTB n. 524, de 12.4.17, DOU 13.4.17).*

§ 4º A aferição do índice previsto no § 2º do art. 4º da Lei 11.648 de 2008 gerará seus efeitos a partir de 1º de abril e se encerrará no dia 31 de março do ano seguinte, período esse definido como ano de referência.

§ 5º Excepcionalmente, para os efeitos da aferição das centrais sindicais no ano de referência de 2016 o prazo para a realização da aferição será dia 14 de julho de 2017. *(Redação do parágrafo dada pela Portaria GM/MTB n. 719, de 25.5.17, DOU 26.5.17)*

Art. 3º O índice de representatividade será calculado utilizando-se a seguinte fórmula: IR = TTC/TSN x 100, onde:

IR = índice de representatividade;

TTC = total de trabalhadores filiados aos sindicatos integrantes da estrutura organizativa da central sindical.

TSN = total de trabalhadores sindicalizados em âmbito nacional.

§ 1º Quando se tratar de categoria de profissionais liberais, trabalhadores avulsos, autônomos ou rurais, será considerado para fins de cálculo do TTC do total de sindicalizados constantes no CNES.

§ 2º Poderá ser cadastrada no Sistema Integrado de Relações do Trabalho — SIRT central sindical específica para o setor público.

§ 3º Para a central sindical do setor público será utilizado como parâmetro para atendimento do inciso IV do art. 2º da Lei n. 11.648/2008 o total de servidores públicos sindicalizados em âmbito nacional, considerando o quadro IV/A do anexo único desta portaria.

§ 4º Fica vedado a filiação de sindicatos do setor privado em central sindical do setor público.

§ 5º As centrais sindicais do setor público e privado seguem as regras gerais da Lei n. 11.648/2008.

Art. 4º O Ministério do Trabalho divulgará anualmente, no mês de março do correspondente ano, a relação das centrais sindicais que atenderem aos requisitos de que trata o art. 2º da Lei n. 11.648, de 2008.

PARÁGRAFO ÚNICO. Às centrais sindicais que atenderem aos requisitos do art. 2º da Lei n. 11.648, de 2008, será fornecido Certificado de Representatividade (CR), publicado no Diário Oficial da União e no sítio eletrônico do Ministério do Trabalho.

Art. 5º As centrais reconhecidas pelo Ministério do Trabalho indicarão em número proporcional ao índice de representatividade os representantes para a participação dos fóruns tripartites, conselhos e colegiado de órgãos públicos a que se refere o inciso II do *caput* do art. 1º da Lei n. 11.648/2008.

Art. 6º A aferição dos requisitos de representatividade gerará efeitos financeiros na distribuição dos recursos da contribuição sindical, conforme previsto nos arts. 589 a 593 da Consolidação das Leis do Trabalho, relativamente aos recolhimentos efetuados na rede bancária no curso do ano de referência. *(Artigo acrescentado pela Portaria GB/MTB n. 524, de 12.4.17, DOU 13.4.17)*

Art. 7º Na impossibilidade da publicação do resultado da aferição até a data prevista nesta portaria o Ministério do Trabalho apurará e enviará as informações sobre o montante devido às entidades que cumpriram os requisitos de representatividade, para que a Caixa Econômica Federal proceda ao repasse dos percentuais previstos nos arts. 589 e 590 da Consolidação das Leis do Trabalho.

PARÁGRAFO ÚNICO. A Coordenação-Geral do Fundo de Amparo ao Trabalhador comunicará à Caixa Econômica Federal sobre o montante a ser repassado mensalmente a cada central.

Art. 8º A Caixa Econômica Federal encaminhará ao Ministério do Trabalho, até o dia 10 de cada mês, arquivo com as informações referentes às Guias de Recolhimento da Contribuição Sindical Urbana, recolhidas no mês anterior, juntamente com a relação atualizada das entidades sindicais titulares das contas referidas no art. 588 da Consolidação das Leis do Trabalho, em meio magnético, contendo CNPJ, Razão Social, Código Sindical e valor recolhido no exercício. *(Artigo acrescentado pela Portaria GM/MTB n. 524, de 12.4.17, DOU 13.4.17)*

Art. 9º O Cadastro Nacional de Entidades Sindicais — CNES conterá critérios de classificação de representação, que passam a vigorar conforme Anexo Único desta Portaria. *(Artigo acrescentado pela Portaria MTB n. 524, de 12.4.17, DOU 13.4.17)*

Art. 10. Fica revogada a Portaria n. 1.717, de 2014, publicada no DOU n. 215, de 06.11.2014, p. 74. *(Artigo acrescentado pela Portaria GM/MTB n. 524 de 12.4.17, DOU 13.4.17).*

Art. 11º Esta Portaria entra em vigor na data de sua publicação. *(Antigo artigo 6º renumerado pela Portaria GM/MTB N. 524 DE 12.4.17, DOU 13.4.17)*

Ronaldo Nogueira de Oliveira

Nota: o Anexo único acha-se publicado no DOU de 13.4.17, p. 246.

LEI N. 11.699, DE 13 DE JUNHO DE 2008

(DOU 16.6.2008)

Dispõe sobre as colônias, federações e confederação nacional dos pescadores, regulamentando o parágrafo único do art. 8º da Constituição Federal e revoga dispositivo do Decreto-lei n. 221, de 28 de fevereiro de 1967

— v. Portaria n. 547, de 11.3.10, DOU 12.3.10, que estabelece, no âmbito do Ministério do Trabalho e Emprego — MTE, o Cadastro Especial de Colônias de Pescados — CECP, em face do disposto no parágrafo único do art. 8º da Constituição e no art. 1º da Lei n. 11.699, de 13 de junho de 2008

O PRESIDENTE DA REPÚBLICA,

Faço saber que o Congresso Nacional decreta e eu sanciono a seguinte Lei:

Art. 1º As Colônias de Pescadores, as Federações Estaduais e a Confederação Nacional dos Pescadores ficam reconhecidas como órgãos de classe dos trabalhadores do setor artesanal da pesca, com forma e natureza jurídica próprias, obedecendo ao princípio da livre organização previsto no art. 8º da Constituição Federal.

PARÁGRAFO ÚNICO. (VETADO)

Art. 2º Cabe às Colônias, às Federações Estaduais e à Confederação Nacional dos Pescadores a defesa dos direitos e interesses da categoria, em juízo ou fora dele, dentro de sua jurisdição.

Art. 3º Às Colônias de Pescadores regularmente constituídas serão assegurados os seguintes direitos:

I — plena autonomia e soberania de suas Assembleias Gerais;

II — (VETADO)

III — (VETADO)

IV — representar, perante os órgãos públicos, contra quaisquer ações de pesca predatória e de degradação do meio ambiente;

V — (VETADO)

VI — (VETADO)

VII — faculdade de montagem de bens e serviços para o desenvolvimento profissional, econômico e social das comunidades pesqueiras.

Art. 4º É livre a associação dos trabalhadores no setor artesanal da pesca no seu órgão de classe, comprovando os interessados sua condição no ato da admissão.

Art. 5º As Colônias de Pescadores são autônomas, sendo expressamente vedado ao Poder Público, bem como às Federações e à Confederação a interferência e a intervenção na sua organização.

PARÁGRAFO ÚNICO. São vedadas à Confederação Nacional dos Pescadores a interferência e a intervenção na organização das Federações Estaduais de Pescadores.

Art. 6º As Colônias de Pescadores são criadas em assembleias de fundação convocadas para esse fim pelos trabalhadores do setor pesqueiro artesanal da sua base territorial.

Art. 7º As Colônias de Pescadores, constituídas na forma da legislação vigente após feita a respectiva publicação e registrados os documentos no cartório de títulos e documentos, adquirem personalidade jurídica, tornando-se aptas a funcionar.

Art. 8º As Federações têm por atribuição representar os trabalhadores no setor artesanal de pesca, em âmbito estadual, e a Confederação, em âmbito nacional.

Art. 9º As Colônias de Pescadores, as Federações Estaduais e a Confederação Nacional dos Pescadores providenciarão e aprovarão os estatutos, nos termos desta Lei.

Art. 10. Esta Lei entra em vigor na data de sua publicação.

Art. 11. Revoga-se o art. 94 do Decreto-lei n. 221, de 28 de fevereiro de 1967.

Brasília, 13 de junho de 2008; 187º da Independência e 120º da República.

LUIZ INÁCIO LULA DA SILVA
LUIZ PAULO TELES FERREIRA BARRETO
ANDRÉ PEIXOTO FIGUEIREDO LIMA
PAULO BERNARDO SILVA
CARLOS MINC

PORTARIA SRT/MTE N. 2, DE 22 DE FEVEREIRO DE 2013

(DOU 25.2.2013)

Revoga a Portaria n. 1, de 19 de abril de 2005 e dá outras providências

O SECRETÁRIO DE RELAÇÕES DO TRABALHO, no uso das atribuições que lhe conferem o art. 1º, inciso VI, do Anexo VII, da Portaria n. 483, de 15 de setembro de 2004, e o art. 3º da Portaria n. 197, de 18 de abril de 2005, ambas do Ministro de Estado do Trabalho e Emprego, resolve:

Art. 1º Disciplinar os procedimentos para a atualização dos dados das entidades sindicais no Cadastro Nacional de Entidades Sindicais — CNES, do Ministério do Trabalho e Emprego — MTE.

Art. 2º A atualização dos dados relativos às entidades sindicais registradas no MTE tem o objetivo de dotar o Ministério de instrumentos eficazes de coleta, tratamento, gestão, distribuição e publicidade de informações.

§ 1º A atualização das informações sindicais não modificará a situação jurídica da entidade sindical perante o MTE.

§ 2º As entidades com pedido de alteração estatutária em tramitação no MTE deverão solicitar a atualização das informações sindicais de acordo com a última representação deferida pelo MTE.

Art. 3º A entidade sindical deverá acessar o sistema do CNES, disponível no endereço eletrônico www.mte.gov.br, utilizando-se de certificação digital, e fornecer as informações necessárias para a emissão do formulário de solicitação de atualização sindical (SR).

§ 1º O requerimento eletrônico emitido por meio do CNES, assinado pelo representante legal da entidade ou por procurador legalmente constituído, deverá ser protocolado na Superintendência Regional do Trabalho e Emprego — SRTE ou Gerências da Unidade da Federação — UF onde se localiza a sede da entidade (em se tratando de abrangência municipal, intermunicipal ou estadual) ou no protocolo da sede do Ministério em Brasília (quando se tratar de entidade interestadual ou nacional), acompanhado dos seguintes documentos:

I — estatuto social da entidade, registrado em cartório, no qual conste a atual representação de seu registro ou de alteração estatutária deferidos pelo MTE;

II — ata de eleição e apuração de votos da diretoria, registrada em cartório, com a indicação da forma de eleição, do número de sindicalizados, do número de sindicalizados aptos a votar, do número de votantes, das chapas concorrentes com a respectiva votação, dos votos brancos e nulos, do resultado do processo eleitoral, acompanhada de lista de presença dos votantes. (NR) *(alterada pela Portaria SRT n. 4, de 28 de maio de 2013, DOU 29.5.2013)*

III — ata de posse da diretoria, registrada em cartório, com a indicação de data do início e término do mandato, devendo constar, sobre os dirigentes eleitos:

a) nome completo;

b) número de inscrição no Cadastro Nacional da Pessoa Física — CPF;

c) função dos dirigentes;

d) número de inscrição no Programa de Integração Social/Programa de Formação do Patrimônio do Servidor Público — PIS/PASEP, quando de entidades laborais;

e) número de inscrição no Cadastro Nacional da Pessoa Jurídica — CNPJ da empresa representada, quando de entidades patronais;

f) número de inscrição no conselho profissional, quando de entidades de profissionais liberais; e

g) número de inscrição na Prefeitura Municipal, quando se tratar de entidades de trabalhadores autônomos, ou de profissionais liberais, na inexistência do respectivo conselho profissional.

IV — no caso de entidade laboral, cópia das páginas da Carteira de Trabalho e Previdência Social — CTPS onde conste:

a) nome e foto do empregado;

b) razão social e CNPJ do atual ou último empregador; e

c) contrato de trabalho vigente ou o último.

V — documento comprobatório do registro sindical ou alteração estatutária expedido pelo MTE (cópia da carta sindical ou publicação do deferimento do registro no Diário Oficial da União), ressalvada ao interessado a utilização da faculdade prevista no art. 37 da Lei n. 9.784, de 1999. (NR); *(Redação dada pela Portaria SRT/MTE n. 8, de 17.10.14, DOU 20.10.14)*

VI — comprovante de endereço em nome da entidade sindical;

VII — recibos de entrega da Relação Anual de Informações Sociais — RAIS entregue pela entidade sindical, relativos aos últimos cinco anos-base anteriores ao do pedido de atualização sindical, assim como os referentes às RAIS retificadoras, quando houver; e

VIII — comprovante de inscrição e de situação cadastral do solicitante no CNPJ, no qual deverá constar a data de abertura e a natureza jurídica de Entidade Sindical.

§ 2º No caso de entidades rurais, os documentos listados no inciso III, alíneas *d* e *e*, poderão ser substituídos pelo número da Declaração de Aptidão ao Pronaf — DAP expedida pelo Ministério do Desenvolvimento Agrário — MDS, pelo número de inscrição no Cadastro de Segurados Especiais do Instituto Nacional de Seguridade Social — INSS ou de inscrição no Cadastro do Instituto Nacional de Colonização e Reforma Agrária — INCRA.

§ 3º Não atendido o disposto no inciso I do § 1º desta Portaria, a entidade deverá apresentar estatuto social ratificado pela categoria, registrado em cartório, nos termos da representação deferida pelo MTE.

§ 4º A ata de eleição e apuração de votos do último processo eleitoral e a ata de posse da atual diretoria podem, eventualmente, ser apresentados em um único documento.

§ 5º Os documentos relacionados nesta Portaria serão apresentados em originais, cópias autenticadas ou cópias simples, estas últimas apresentadas juntamente com os originais para conferência e visto do servidor

§ 6º A utilização da certificação digital a que se refere o *caput* deste artigo, será de uso obrigatório para as solicitações iniciadas no sistema CNES a partir de 2 de abril de 2013.

§ 7º Havendo indicação de filiação e/ou desfiliação à entidade de grau superior ou a central sindical, deverá ser apresentada ata da assembleia, de reunião de direção ou do conselho de representantes que decidiu pela filiação e/ou desfiliação, devidamente registrada no cartório da comarca da sede da entidade requerente. *(Acrescentado pela Portaria SRT/MTE n. 8, de 17.10.14, DOU 20.10.14)*

§ 8º Os estatutos sociais e as atas deverão estar registrados no cartório da sede da entidade requerente. *(Acrescentado pela Portaria SRT/MTE n. 8, de 17.10.14, DOU 20.10.14)*

§ 9º Não será admitida a apresentação dos documentos de que tratam os incisos I a VIII do § 1º do art. 3º, por fax, via postal, correio eletrônico ou outro meio que não os estabelecidos nesta Portaria. *(Acrescentado pela Portaria SRT/MTE n. 8, de 17.10.14, DOU 20.10.14)*

§ 10 Os documentos listados na alínea *d* a *g* do inciso III do art. 3º, inciso IV e § 2º do mesmo artigo, poderão ser substituídos por outros que comprovem ser o dirigente integrante da categoria representada pela entidade, devendo estes serem atestados pelo servidor. *(Acrescentado pela Portaria SRT/MTE n. 8, de 17.10.14, DOU 20.10.14)*

Art. 4º Os pedidos de atualização das informações sindicais assim como os documentos apresentados serão analisados pelas Seções de Relações do Trabalho das SRTEs ou pela SRT, quando for o caso.

§ 1º A SRTE ou a SRT decidirão fundamentadamente por meio de Nota Técnica pela validação ou não da solicitação, de acordo com a documentação protocolada pela entidade e também no mérito, nos termos desta Portaria, sendo anotado tal ato no sistema CNES.

§ 2º Após a decisão de que trata o parágrafo anterior, os autos do processo deverão ser remetidos à SRT, para fins de arquivamento.

§ 3º Na análise de que trata este artigo, verificada a insuficiência ou irregularidade dos documentos apresentados pela entidade requerente, a SRT a notificará uma única vez para, no prazo improrrogável de 20 (vinte dias), contados do recebimento da notificação, atender às exigências desta Portaria. *(Acrescentado pela Portaria SRT/MTE n. 8, de 17.10.14, DOU 20.10.14)*

Art. 4º-A Aplica-se a esta Portaria, no que couber, o disposto no art. 49 da Portaria n. 326/2013, no que couber. *(Acrescentado pela Portaria SRT/MTE n. 8, de 17.10.14, DOU 20.10.14)*

Art. 5º Revoga-se a Portaria n. 01, de 19 de abril de 2005.

Art. 6º Esta Portaria entra em vigor na data de sua publicação.

MANOEL MESSIAS NASCIMENTO MELO

PORTARIA GM/MTE N. 188, DE 29 DE JANEIRO DE 2014(*)

(DOU 18.2.2014 — Republicação)

— v. Portaria GM/MTE n. 376, de 21.3.14, DOU 24.3.14, que suspende os efeitos da Portaria GM/MTE n. 188, cujo texto consta ao final desta Portaria.

Dispõe sobre as transferências de valores dos recursos da arrecadação da Contribuição Sindical entre as entidades sindicais e a Conta Especial Emprego Salário estabelecidas nos arts. 590 e 591 da Consolidação das Leis Trabalhistas — CLT

O MINISTRO DE ESTADO DO TRABALHO E EMPREGO, no uso das suas atribuições legais e tendo em vista o disposto no art. 87, parágrafo único, inciso II, da Constituição, no Título V da Consolidação das Leis do Trabalho, aprovada pelo Decreto-lei n. 5.452, de 1º de maio de 1943, resolve:

Art. 1º Os procedimentos relacionados com a distribuição de valores arrecadados quando da inexistência de entidade sindical no sistema sindical brasileiro, será regulamentado nos termos desta Portaria.

Art. 2º Da importância da arrecadação da contribuição sindical serão feitos os seguintes créditos pela Caixa Econômica Federal, para as entidades representantes de empregados e empregadores:

a) 60% para o sindicato respectivo;

b) 15% para a federação;

c) 5% para confederação correspondente; e

d) 20% para Conta Especial Emprego e Salário.

PARÁGRAFO ÚNICO. O Sindicato dos trabalhadores indicará ao Ministério do Trabalho e Emprego a central sindical a que estiver filiado, que fará jus a 10% (dez por cento) dos créditos da repartição da Contribuição Sindical inseridas na letra *d*, do art. 2º, sem prejuízo da observância dos critérios de representatividade previstos na legislação específica sobre a matéria.

Art. 3º Inexistindo sindicato representativo da categoria profissional ou econômica, o valor arrecadado a título de contribuição sindical será repassado da seguinte forma:

a) 60% para a federação;

b) 20% para a confederação correspondente; e

c) 20% para Conta Especial Emprego e Salário.

Art. 4º Inexistindo sindicato e federação, simultaneamente, a repartição da contribuição sindical ocorrerá da seguinte forma:

a) 20% para a confederação; e

b) 80% para Conta Especial Emprego e Salário.

Art. 5º Inexistindo sindicato e confederação, simultaneamente, a repartição da contribuição sindical ocorrerá da seguinte forma:

a) 80% para a Federação; e

b) 20% para Conta Especial Emprego e Salário.

Art. 6º Inexistindo federação, o valor deverá ser repassado da seguinte forma:

a) 60% para o sindicato;

b) 5% para a confederação; e

c) 35% para a Conta Especial Emprego e Salário.

Art. 7º Inexistindo federação e confederação, simultaneamente, o repasse dos valores arrecadados a título de contribuição sindical ocorrerá da seguinte forma:

a) 60% para o sindicato; e

b) 40% para a Conta Especial Emprego e Salário.

Art. 8º Inexistindo confederação, o montante arrecado a título de contribuição sindical será repassado da seguinte forma:

a) 60% para o sindicato;

b) 20% para a federação; e

c) 20% para a Conta Especial Emprego e Salário.

Art. 9º Não havendo sindicato, nem entidade sindical de grau superior, ou central sindical, a contribuição sindical será creditada, integralmente, à Conta Especial Emprego e Salário.

Art. 10. Esta Portaria entra em vigor em 1º março de 2014.

MANOEL DIAS

(*) Republicada por ter saído, no DOU n. 21, de 30.1.2014, Seção 1, p. 118, com incorreções no original.

PORTARIA MTE N. 376, DE 21 DE MARÇO DE 2014

(DOU 24.3.2014)

O MINISTRO DE ESTADO DO TRABALHO E EMPREGO no uso das atribuições que lhes confere o art. 87 da Constituição, resolve:

Art. 1º Suspender os efeitos da Portaria n. 188, de 29 de janeiro de 2014, publicada no Diário Oficial da União n. 21, de 30 de janeiro de 2014, Seção 1, p. 118.

Art. 2º Esta portaria entra em vigor na data de sua publicação.

MANOEL DIAS

LEI N. 12.998, DE 18 DE JUNHO DE 2014

(DOU 20.6.2014)

....

Capítulo XX
Dos Condutores De Ambulâncias

....

Art. 28. Assegura-se aos condutores de ambulâncias o direito de associação sindical na forma do § 3º do art. 511 da Consolidação das Leis do Trabalho — CLT, aprovada pelo Decreto-lei n. 5.452, de 1º de maio de 1943.

....

LEI N. 11.788, DE 25 DE SETEMBRO DE 2008

(DOU 26.9.2008)

Dispõe sobre o estágio de estudantes; altera a redação do art. 428 da Consolidação das Leis do Trabalho — CLT, aprovada pelo Decreto-lei n. 5.452, de 10 de maio de 1943, e a Lei n. 9.394, de 20 de dezembro de 1996; revoga as Leis ns. 6.494, de 7 de dezembro de 1977, e 8.859, de 23 de março de 1994, o parágrafo único do art. 82 da Lei n. 9.394, de 20 de dezembro de 1996, e o art. 60 da Medida Provisória n. 2.164-41, de 24 de agosto de 2001; e dá outras providências

O PRESIDENTE DA REPÚBLICA,

Faço saber que o Congresso Nacional decreta e eu sanciono a seguinte Lei:

Capítulo I
Da Definição, Classificação e Relações de Estágio

Art. 1º Estágio é ato educativo escolar supervisionado, desenvolvido no ambiente de trabalho, que visa à preparação para o trabalho produtivo de educandos que estejam frequentando o ensino regular em instituições de educação superior, de educação profissional, de ensino médio, da educação especial e dos anos finais do ensino fundamental, na modalidade profissional da educação de jovens e adultos.

§ 1º O estágio faz parte do projeto pedagógico do curso, além de integrar o itinerário formativo do educando.

§ 2º O estágio visa ao aprendizado de competências próprias da atividade profissional e à contextualização curricular, objetivando o desenvolvimento do educando para a vida cidadã e para o trabalho.

Art. 2º O estágio poderá ser obrigatório ou não obrigatório, conforme determinação das diretrizes curriculares da etapa, modalidade e área de ensino e do projeto pedagógico do curso.

§ 1º Estágio obrigatório é aquele definido como tal no projeto do curso, cuja carga horária é requisito para aprovação e obtenção de diploma.

§ 2º Estágio não obrigatório é aquele desenvolvido como atividade opcional, acrescida à carga horária regular e obrigatória.

§ 3º As atividades de extensão, de monitorias e de iniciação científica na educação superior, desenvolvidas pelo estudante, somente poderão ser equiparadas ao estágio em caso de previsão no projeto pedagógico do curso.

Art. 3º O estágio, tanto na hipótese do § 1º do art. 2º desta Lei quanto na prevista no § 2º do mesmo dispositivo, não cria vínculo empregatício de qualquer natureza, observados os seguintes requisitos:

I — matrícula e frequência regular do educando em curso de educação superior, de educação profissional, de ensino médio, da educação especial e nos anos finais do ensino fundamental, na modalidade profissional da educação de jovens e adultos e atestados pela instituição de ensino;

II — celebração de termo de compromisso entre o educando, a parte concedente do estágio e a instituição de ensino;

III — compatibilidade entre as atividades desenvolvidas no estágio e aquelas previstas no termo de compromisso.

§ 1º O estágio, como ato educativo escolar supervisionado, deverá ter acompanhamento efetivo pelo professor orientador da instituição de ensino e por supervisor da parte concedente, comprovado por vistos nos relatórios referidos no inciso IV do *caput* do art. 7º desta Lei e por menção de aprovação final.

§ 2º O descumprimento de qualquer dos incisos deste artigo ou de qualquer obrigação contida no termo de compromisso caracteriza vínculo de emprego do educando com a parte concedente do estágio para todos os fins da legislação trabalhista e previdenciária.

Art. 4º A realização de estágios, nos termos desta Lei, aplica-se aos estudantes estrangeiros regularmente matriculados em cursos superiores no País, autorizados ou reconhecidos, observado o prazo do visto temporário de estudante, na forma da legislação aplicável.

Art. 5º As instituições de ensino e as partes cedentes de estágio podem, a seu critério, recorrer a serviços de agentes de integração públicos e privados, mediante condições acordadas em instrumento jurídico apropriado, devendo ser observada, no caso de contratação com recursos públicos, a legislação que estabelece as normas gerais de licitação.

§ 1º Cabe aos agentes de integração, como auxiliares no processo de aperfeiçoamento do instituto do estágio:

I — identificar oportunidades de estágio;

II — ajustar suas condições de realização;

III — fazer o acompanhamento administrativo;

IV — encaminhar negociação de seguros contra acidentes pessoais;

V — cadastrar os estudantes.

§ 2º É vedada a cobrança de qualquer valor dos estudantes, a título de remuneração pelos serviços referidos nos incisos deste artigo.

§ 3º Os agentes de integração serão responsabilizados civilmente se indicarem estagiários para a realização de atividades não compatíveis com a programação curricular estabelecida para cada curso, assim como estagiários matriculados em cursos ou instituições para as quais não há previsão de estágio curricular.

Art. 6º O local de estágio pode ser selecionado a partir de cadastro de partes cedentes, organizado pelas instituições de ensino ou pelos agentes de integração.

Capítulo II
Da Instituição de Ensino

Art. 7º São obrigações das instituições de ensino, em relação aos estágios de seus educandos:

I — celebrar termo de compromisso com o educando ou com seu representante ou assistente legal, quando ele for absoluta ou relativamente incapaz, e com a parte concedente, indicando as condições de adequação do estágio à proposta pedagógica do curso, à etapa e modalidade da formação escolar do estudante e ao horário e calendário escolar;

II — avaliar as instalações da parte concedente do estágio e sua adequação à formação cultural e profissional do educando;

III — indicar professor orientador, da área a ser desenvolvida no estágio, como responsável pelo acompanhamento e avaliação das atividades do estagiário;

IV — exigir do educando a apresentação periódica, em prazo não superior a 6 (seis) meses, de relatório das atividades;

V — zelar pelo cumprimento do termo de compromisso, reorientando o estagiário para outro local em caso de descumprimento de suas normas;

VI — elaborar normas complementares e instrumentos de avaliação dos estágios de seus educandos;

VII — comunicar à parte concedente do estágio, no início do período letivo, as datas de realização de avaliações escolares ou acadêmicas.

PARÁGRAFO ÚNICO. O plano de atividades do estagiário, elaborado em acordo das 3 (três) partes a que se refere o inciso II do *caput* do art. 3º desta Lei, será incorporado ao termo de compromisso por meio de aditivos à medida que for avaliado, progressivamente, o desempenho do estudante.

Art. 8º É facultado às instituições de ensino celebrar com entes públicos e privados convênio de concessão de estágio, nos quais se explicitem o processo educativo compreendido nas atividades programadas para seus educandos e as condições de que tratam os arts. 6º a 14 desta Lei.

PARÁGRAFO ÚNICO. A celebração de convênio de concessão de estágio entre a instituição de ensino e a parte concedente não dispensa a celebração do termo de compromisso de que trata o inciso II do *caput* do art. 3º desta Lei.

Capítulo III
Da Parte Concedente

Art. 9º As pessoas jurídicas de direito privado e os órgãos da administração pública direta, autárquica e fundacional de qualquer dos Poderes da União, dos Estados, do Distrito Federal e dos Municípios, bem como profissionais liberais de nível superior devidamente registrados em seus respectivos conselhos de fiscalização profissional, podem oferecer estágio, observadas as seguintes obrigações:

I — celebrar termo de compromisso com a instituição de ensino e o educando, zelando por seu cumprimento;

II — ofertar instalações que tenham condições de proporcionar ao educando atividades de aprendizagem social, profissional e cultural;

III — indicar funcionário de seu quadro de pessoal, com formação ou experiência profissional na área de conhecimento desenvolvida no curso do estagiário, para orientar e supervisionar até 10 (dez) estagiários simultaneamente;

IV — contratar em favor do estagiário seguro contra acidentes pessoais, cuja apólice seja compatível com valores de mercado, conforme fique estabelecido no termo de compromisso;

V — por ocasião do desligamento do estagiário, entregar termo de realização do estágio com indicação resumida das atividades desenvolvidas, dos períodos e da avaliação de desempenho;

VI — manter à disposição da fiscalização documentos que comprovem a relação de estágio;

VII — enviar à instituição de ensino, com periodicidade mínima de 6 (seis) meses, relatório de atividades, com vista obrigatória ao estagiário.

PARÁGRAFO ÚNICO. No caso de estágio obrigatório, a responsabilidade pela contratação do seguro de que trata o inciso IV do *caput* deste artigo poderá, alternativamente, ser assumida pela instituição de ensino.

Capítulo IV
Do Estagiário

Art. 10. A jornada de atividade em estágio será definida de comum acordo entre a instituição de ensino, a parte concedente e o aluno estagiário ou seu representante legal, devendo constar do termo de compromisso ser compatível com as atividades escolares e não ultrapassar:

I — 4 (quatro) horas diárias e 20 (vinte) horas semanais, no caso de estudantes de educação especial e dos anos finais do ensino fundamental, na modalidade profissional de educação de jovens e adultos;

II — 6 (seis) horas diárias e 30 (trinta) horas semanais, no caso de estudantes do ensino superior, da educação profissional de nível médio e do ensino médio regular.

§ 1º O estágio relativo a cursos que alternam teoria e prática, nos períodos em que não estão programadas aulas presenciais, poderá ter jornada de até 40 (quarenta) horas semanais, desde que isso esteja previsto no projeto pedagógico do curso e da instituição de ensino.

§ 2º Se a instituição de ensino adotar verificações de aprendizagem periódicas ou finais, nos períodos de avaliação, a carga horária do estágio será reduzida pelo menos à metade, segundo estipulado no termo de compromisso, para garantir o bom desempenho do estudante.

Art. 11. A duração do estágio, na mesma parte concedente, não poderá exceder 2 (dois) anos, exceto quando se tratar de estagiário portador de deficiência.

Art. 12. O estagiário poderá receber bolsa ou outra forma de contraprestação que venha a ser acordada, sendo compulsória a sua concessão, bem como a do auxílio-transporte, na hipótese de estágio não obrigatório.

§ 1º A eventual concessão de benefícios relacionados a transporte, alimentação e saúde, entre outros, não caracteriza vínculo empregatício.

§ 2º Poderá o educando inscrever-se e contribuir como segurado facultativo do Regime Geral de Previdência Social.

Art. 13. É assegurado ao estagiário, sempre que o estágio tenha duração igual ou superior a 1 (um) ano, período de recesso de 30 (trinta) dias, a ser gozado preferencialmente durante suas férias escolares.

§ 1º O recesso de que trata este artigo deverá ser remunerado quando o estagiário receber bolsa ou outra forma de contraprestação.

§ 2º Os dias de recesso previstos neste artigo serão concedidos de maneira proporcional, nos casos de o estágio ter duração inferior a 1 (um) ano.

Art. 14. Aplica-se ao estagiário a legislação relacionada à saúde e segurança no trabalho, sendo sua implementação de responsabilidade da parte concedente do estágio.

Capítulo V
Da Fiscalização

Art. 15. A manutenção de estagiários em desconformidade com esta Lei caracteriza vínculo de emprego do educando com a parte concedente do estágio para todos os fins da legislação trabalhista e previdenciária.

§ 1º A instituição privada ou pública que reincidir na irregularidade de que trata este artigo ficará impedida de receber estagiários por 2 (dois) anos, contados da data da decisão definitiva do processo administrativo correspondente.

§ 2º A penalidade de que trata o § 1º deste artigo limita-se à filial ou agência em que for cometida a irregularidade.

Capítulo VI
Das Disposições Gerais

Art. 16. O termo de compromisso deverá ser firmado pelo estagiário ou com seu representante ou assistente legal e pelos representantes legais da parte concedente e da instituição de ensino, vedada a atuação dos agentes de integração a que se refere o art. 5º desta Lei como representante de qualquer das partes.

Art. 17. O número máximo de estagiários em relação ao quadro de pessoal das entidades concedentes de estágio deverá atender às seguintes proporções:

I — de 1 (um) a 5 (cinco) empregados: 1 (um) estagiário;

II — de 6 (seis) a 10 (dez) empregados: até 2 (dois) estagiários;

III — de 11 (onze) a 25 (vinte e cinco) empregados: até 5 (cinco) estagiários;

IV — acima de 25 (vinte e cinco) empregados: até 20% (vinte por cento) de estagiários.

§ 1º Para efeito desta Lei, considera-se quadro de pessoal o conjunto de trabalhadores empregados existentes no estabelecimento do estágio.

§ 2º Na hipótese de a parte concedente contar com várias filiais ou estabelecimentos, os quantitativos previstos nos incisos deste artigo serão aplicados a cada um deles.

§ 3º Quando o cálculo do percentual disposto no inciso IV do *caput* deste artigo resultar em fração, poderá ser arredondado para o número inteiro imediatamente superior.

§ 4º Não se aplica o disposto no *caput* deste artigo aos estágios de nível superior e de nível médio profissional.

§ 5º Fica assegurado às pessoas portadoras de deficiência o percentual de 10% (dez por cento) das vagas oferecidas pela parte concedente do estágio.

Art. 18. A prorrogação dos estágios contratados antes do início da vigência desta Lei apenas poderá ocorrer se ajustada às suas disposições.

Art. 19. O art. 428 da Consolidação das Leis do Trabalho — CLT, aprovada pelo Decreto-lei n. 5.452, de 1º de maio de 1943, passa a vigorar com as seguintes alterações: (já incluso no respectivo artigo)

Art. 20. O art. 82 da Lei n. 9.394, de 20 de dezembro de 1996, passa a vigorar com a seguinte redação:

"Art. 82. Os sistemas de ensino estabelecerão as normas de realização de estágio em sua jurisdição, observada a lei federal sobre a matéria.

Parágrafo único. (Revogado)." (NR)

Art. 21. Esta Lei entra em vigor na data de sua publicação.

Art. 22. Revogam-se as Leis ns. 6.494, de 7 de dezembro de 1977, e 8.859, de 23 de março de 1994, o parágrafo único do art. 82 da Lei n. 9.394, de 20 de dezembro de 1996, e o art. 6º da Medida Provisória n. 2.164-41, de 24 de agosto de 2001.

Brasília, 25 de setembro de 2008; 187º da Independência e 120º da República.

LUIZ INÁCIO LULA DA SILVA
FERNANDO HADDAD
ANDRÉ PEIXOTO FIGUEIREDO LIMA

LEI N. 4.090, DE 13 DE JULHO DE 1962

(DOU 26.7.1962 — LTr 26/392)

— (V. CF, art. 7º, VIII — p. 15)

— (V. Multas Administrativas, art. 3º, I, L. n. 7.855, 24.10.89, DOU 25.10.89, LTr 53/1418)

Institui a gratificação de natal para os trabalhadores

O PRESIDENTE DA REPÚBLICA,

Faço saber que o Congresso Nacional decreta e eu sanciono a seguinte Lei:

Art. 1º No mês de dezembro de cada ano, a todo empregado será paga, pelo empregador, uma gratificação salarial independentemente da remuneração a que fizer jus.

§ 1º A gratificação corresponderá a 1/12 (um doze avos) da remuneração devida em dezembro, por mês de serviço, do ano correspondente.

§ 2º A fração igual ou superior a 15 (quinze) dias de trabalho será havida como mês integral para os efeitos do parágrafo anterior.

§ 3º A gratificação será proporcional:

I — na extinção dos contratos a prazo, entre estes incluídos os de safra, ainda que a relação de emprego haja findado antes de dezembro; e

II — na cessação da relação de emprego resultante da aposentadoria do trabalhador, ainda que verificada antes de dezembro. *Parágrafo incluído pela L. n. 9.011, de 30.3.95, DOU 31.3.95).*

Art. 2º As faltas legais e justificadas ao serviço não serão deduzidas para os fins previstos no parágrafo 1º do art. 1º, desta Lei.

Art. 3º Ocorrendo rescisão sem justa causa, do contrato de trabalho, o empregado receberá a gratificação devida nos termos dos parágrafos 1º e 2º do art. 1º desta Lei, calculada sobre a remuneração do mês da rescisão.

Art. 4º Esta Lei entrará em vigor na data de sua publicação, revogadas as disposições em contrário.

Brasília, 13 de julho de 1962; 141º da Independência e 74º da República.

JOÃO GOULART
FRANCISCO BROCHADO DA ROCHA
HERMES LIMA

LEI N. 4.749, DE 12 DE AGOSTO DE 1965

(DOU 13.8.1965 — LTr 29/401)

Dispõe sobre o pagamento da gratificação prevista na Lei n. 4.090, de 13 de julho de 1962

— (V. CF, art. 7º, VIII — p. 15)

O PRESIDENTE DA REPÚBLICA,

Faço saber que o Congresso Nacional decreta e eu sanciono a seguinte Lei:

Art. 1º A gratificação salarial instituída pela Lei n. 4.090, de 13 de julho de 1962, será paga pelo empregador até o dia 20 de dezembro de cada ano, compensada a importância que, a título de adiantamento, o empregado houver recebido na forma do artigo seguinte.

PARÁGRAFO ÚNICO. (Vetado).

Art. 2º Entre os meses de fevereiro e novembro de cada ano, o empregador pagará, como adiantamento da gratificação referida no artigo precedente, de uma só vez, metade do salário recebido pelo respectivo empregado no mês anterior.

§ 1º O empregador não estará obrigado a pagar o adiantamento, no mesmo mês, a todos os seus empregados.

§ 2º O adiantamento será pago ao ensejo das férias do empregado, sempre que este o requerer no mês de janeiro do correspondente ano.

Art. 3º Ocorrendo a extinção do contrato de trabalho antes do pagamento de que trata o art. 1º desta Lei, o empregador poderá compensar o adiantamento mencionado com a gratificação devida nos termos do art. 3º da Lei n. 4.090, de 13 de julho de 1962, e, se não bastar, com outro crédito de natureza trabalhista que possua o respectivo empregado.

Art. 4º As contribuições devidas ao Instituto Nacional de Previdência e Social, que incidem sobre a gratificação salarial referida nesta Lei, ficam sujeitas ao limite estabelecido na legislação da Previdência Social.

Art. 5º Aplica-se, no corrente ano, a regra estatuída no art. 2º desta Lei, podendo o empregado usar da faculdade estatuída no seu § 2º no curso dos primeiros trinta dias de vigência desta Lei.

Art. 6º O Poder Executivo, no prazo de trinta dias, adaptará o Regulamento aprovado pelo Decreto n. 1.881, de 14 de dezembro de 1962, aos preceitos desta Lei.

Art. 7º Esta Lei entra em vigor na data de sua publicação.

Art. 8º Revogam-se as disposições em contrário.

Brasília, 12 de agosto de 1965; 144º da Independência e 77º da República.

H. CASTELLO BRANCO
ARNALDO SÜSSEKIND

DECRETO N. 57.155, DE 3 DE NOVEMBRO DE 1965

(DOU 4.11.1965 — LTr 29/525)

Expede nova regulamentação da Lei n. 4.090, de 13 de julho de 1962, que instituiu a gratificação de natal para os trabalhadores, com as alterações introduzidas pela Lei n. 4.749, de 12 de agosto de 1965

O PRESIDENTE DA REPÚBLICA, usando da atribuição que lhe confere o art. 87, item I, da Constituição, e tendo em vista o disposto no art. 6º da Lei n. 4.749, de 12 de agosto de 1965, decreta:

Art. 1º O pagamento da gratificação salarial, instituída pela Lei n. 4.090, de 13 de julho de 1962, com as alterações constantes da Lei n. 4.749, de 12 de agosto de 1965, será efetuado pelo empregador até o dia 20 de dezembro de cada ano, tomando-se por base a remuneração devida nesse mês, de acordo com o tempo de serviço do empregado no ano em curso.

PARÁGRAFO ÚNICO. A gratificação corresponderá a 1/12 (um doze avos) da remuneração devida em dezembro, por mês de serviço, do ano correspondente, sendo que a fração igual ou superior a 15 (quinze) dias de trabalho será havida como mês integral.

Art. 2º Para os empregados que recebem salário variável a qualquer título, a gratificação será calculada na base de 1/11 (um onze avos) da soma das importâncias variáveis devidas nos meses trabalhados até novembro de cada ano. A essa gratificação se somará a que corresponder à parte do salário contratual fixo.

PARÁGRAFO ÚNICO. Até o dia 10 de janeiro de cada ano, computada a parcela do mês de dezembro, o cálculo da gratificação será revisto para 1/12 (um doze avos) do total devido no ano anterior, processando-se a correção do valor da respectiva gratificação com o pagamento ou compensação das possíveis diferenças.

Art. 3º Entre os meses de fevereiro e novembro de cada ano, o empregador pagará, como adiantamento da gratificação, de uma só vez, metade do salário recebido pelo empregado no mês anterior.

§ 1º Tratando-se de empregados que recebam apenas salário variável, a qualquer título, o adiantamento será calculado na base da soma das importâncias variáveis devidas nos meses trabalhados até o anterior àquele em que se realizar o mesmo adiantamento.

§ 2º O empregador não estará obrigado a pagar o adiantamento no mesmo mês a todos os seus empregados.

§ 3º A importância que o empregado houver recebido a título de adiantamento será deduzida do valor da gratificação devida.

§ 4º Nos casos em que o empregado for admitido no curso do ano, ou, durante este, não permanecer à disposição do empregador durante todos os meses, o adiantamento corresponderá à metade de 1/12 (um doze avos) da remuneração, por mês de serviço ou fração superior a 15 (quinze) dias.

Art. 4º O adiantamento será pago ao ensejo das férias do empregado, sempre que este o requerer no mês de janeiro do correspondente ano.

Art. 5º Quando parte da remuneração for paga em utilidades, o valor da quantia efetivamente descontada e correspondente a essas será computado para fixação da respectiva gratificação.

Art. 6º As faltas legais e as justificadas ao serviço não serão deduzidas para os fins previstos no art. 2º deste Decreto.

Art. 7º Ocorrendo a extinção do contrato de trabalho, salvo na hipótese de rescisão com justa causa, o empregado receberá a gratificação devida, nos termos do art. 1º, calculada sobre a remuneração do respectivo mês.

PARÁGRAFO ÚNICO. Se a extinção do contrato de trabalho ocorrer antes do pagamento de que trata o art. 1º, o empregador poderá compensar o adiantamento mencionado no art. 3º, com o valor da gratificação devida na hipótese de rescisão.

Art. 8º As contribuições devidas aos Institutos de Aposentadoria e Pensões que incidem sobre a gratificação salarial serão descontadas levando-se em conta o seu valor total e sobre este aplicando-se o limite estabelecido na Previdência Social.

PARÁGRAFO ÚNICO. O desconto, na forma deste artigo, incidirá sobre o pagamento da gratificação efetuada no mês de dezembro.

Art. 9º O presente Decreto entrará em vigor na data de sua publicação, revogadas as disposições em contrário.

Brasília, 3 de novembro de 1965; 144º da Independência e 77º da República.

H. CASTELLO BRANCO
ARNALDO SÜSSEKIND

LEI N. 1.060, DE 5 DE FEVEREIRO DE 1950

(DOU 8.4.1974 — LTr 38/555)

Estabelece normas para a concessão de assistência judiciária aos necessitados

— v. Lei n. 5.584, de 26.6.70, p. 275
— v. Lei n. 7.115, de 29.8.83, p. 310
— v. Art. 789, §§ 1º e 3º e 790-B, da CLT

O PRESIDENTE DA REPÚBLICA,

Faço saber que o Congresso Nacional decreta e eu sanciono a seguinte Lei:

Art. 1º Os poderes públicos federal e estadual, independentemente da colaboração que possam receber dos municípios e da Ordem dos Advogados do Brasil — OAB, concederão assistência judiciária aos necessitados, nos termos desta lei. (VETADO) *(Redação da Lei n. 7.510, 4.7.86, DOU 7.7.86)*

Art. 2º *(Revogado pela Lei n. 13.105, de 16.3.2015, DOU 17.3.2015)*

Art. 3º *(Revogado pela Lei n. 13.105, de 16.3.2015, DOU 17.3.2015)*

Art. 4º *(Revogado pela Lei n. 13.105, de 16.3.2015, DOU 17.3.2015)*

Art. 5º O juiz, se não tiver fundadas razões para indeferir o pedido, deverá julgá-lo de plano, motivando ou não o deferimento dentro do prazo de setenta e duas horas.

§ 1º Deferido o pedido, o juiz determinará que o serviço de assistência judiciária, organizado e mantido pelo Estado, onde houver, indique, no prazo de dois dias úteis, o advogado que patrocinará a causa do necessitado.

§ 2º Se no Estado não houver serviço de assistência judiciária, por ele mantido, caberá a indicação à Ordem dos Advogados, por suas Seções estaduais, ou Subseções municipais.

§ 3º Nos municípios em que não existem Subseções da Ordem dos Advogados do Brasil, o próprio juiz fará a nomeação do advogado que patrocinará a causa dos necessitados.

§ 4º Será preferido para a defesa da causa o advogado que o interessado indicar e que declare aceitar o encargo.

§ 5º Nos Estados onde a Assistência Judiciária seja organizada e por eles mantida, o Defensor Público, ou quem exerça cargo equivalente, será intimado pessoalmente de todos os atos do processo em ambas as Instâncias, contando-lhes em dobro todos os prazos. *(Parágrafo acrescentado pela Lei n. 7.871, de 8.11.89)*

Art. 6º *(Revogado pela Lei n. 13.105, de 16.3.2015, DOU 17.3.2015)*

Art. 7º *(Revogado pela Lei n. 13.105, de 16.3.2015, DOU 17.3.2015)*

Art. 8º Ocorrendo as circunstâncias mencionadas no artigo anterior, poderá o Juiz, ex officio, decretar a revogação dos benefícios, ouvida a parte interessada dentro de quarenta e oito horas improrrogáveis.

Art. 9º Os benefícios da assistência judiciária compreendem todos os atos do processo até decisão final do litígio, em todas as instâncias.

Art. 10. São individuais e concedidos em cada caso ocorrente os benefícios de assistência judiciária, que se não transmitem a cessionário de direito e se extinguem pela morte do beneficiário, podendo, entretanto, ser concedidos os herdeiros que continuarem a demanda e que necessitarem de tais favores, na forma estabelecida nesta lei.

Art. 11. *(Revogado pela Lei n. 13.105, de 16.3.2015, DOU 17.3.2015)*

Art. 12. *(Revogado pela Lei n. 13.105, de 16.3.2015, DOU 17.3.2015)*

Art. 13. Se o assistido puder atender, em parte, as despesas do processo, o juiz mandará pagar as custas que serão rateadas entre os que tiverem direito ao seu recebimento.

Art. 14. Os profissionais liberais designados para o desempenho do encargo de defensor ou de perito, conforme o caso, salvo justo motivo previsto em lei ou, na sua omissão, a critério da autoridade judiciária competente, são obrigados ao respectivo cumprimento, sob pena de multa de Cr$ 1.000,00 (mil cruzeiros) a Cr$ 10.000,00 (dez mil cruzeiros), sujeita ao reajustamento estabelecido na Lei n. 6.205, de 29 de abril de 1975, sem prejuízo da sanção disciplinar cabível.

§ 1º Na falta de indicação pela assistência ou pela própria parte, o Juiz solicitará a do órgão de classe respectivo.

§ 2º A multa prevista neste artigo reverterá em benefício do profissional que assumir o encargo da causa. *(Redação deste artigo e parágrafos, dada pela Lei n. 6.465, 14.11.77, DOU 16.11.77)*

Art. 15. São motivos para a recusa do mandato pelo advogado designado ou nomeado:

1º) estar impedido de exercer a advocacia;

2º) ser procurador constituído pela parte contrária ou ter com ela relações profissionais de interesse atual;

3º) ter necessidade de se ausentar da sede do Juízo para atender a outro mandato anteriormente outorgado ou para defender interesses próprios inadiáveis;

4º) já haver manifestado por escrito sua opinião contrária ao direito que o necessitado pretende pleitear;

5º) haver dado à parte contrária parecer escrito sobre a contenda.

PARÁGRAFO ÚNICO. A recusa será solicitada ao juiz, que, de plano a concederá temporária ou definitivamente, ou a denegará.

Art. 16. Se o advogado, ao comparecer em juízo, não exibir o instrumento do mandato outorgado pelo assistido, o juiz determinará que se exarem na ata da audiência os termos da referida outorga.

PARÁGRAFO ÚNICO. O instrumento de mandato não será exigido, quando a parte for representada em juízo por advogado integrante de entidade de direito público incumbido, na forma da lei, de prestação de assistência judiciária gratuita, ressalvados:

a) os atos previstos no art. 38 do Código de Processo Civil;

b) o requerimento de abertura de inquérito por crime de ação privada, a proposição de ação penal privada ou o oferecimento de representação por crime de ação pública condicionada. *(Parágrafo incluído pela Lei n. 6.248, 8.10.75, DOU 9.10.75)*

Art. 17. *(Revogado pela Lei n. 13.105, de 16.3.2015, DOU 17.3.2015)*

Art. 18. Os acadêmicos de direito, a partir da 4ª série, poderão ser indicados pela assistência judiciária, ou nomeados pelo juiz para auxiliar o patrocínio das causas dos necessitados, ficando sujeitos às mesmas obrigações impostas por esta lei aos advogados.

Art. 19. Esta Lei entrará em vigor trinta dias depois de sua publicação no Diário Oficial da União, revogadas as disposições em contrário.

Rio de Janeiro, 5 de fevereiro de 1950; 129º da Independência e 62º da República.

EURICO GASPAR DUTRA
ADROALDO MESQUITA DA COSTA

Legislação Complementar

LEI N. 13.300, DE 23 DE JUNHO DE 2016

(DOU 24.6.2016)

Disciplina o processo e o julgamento dos mandados de injunção individual e coletivo e dá outras providências.

O VICE-PRESIDENTE DA REPÚBLICA, no exercício do cargo de PRESIDENTE DA REPÚBLICA

Faço saber que o Congresso Nacional decreta e eu sanciono a seguinte Lei:

Art. 1º Esta Lei disciplina o processo e o julgamento dos mandados de injunção individual e coletivo, nos termos do inciso LXXI do art. 5º da Constituição Federal.

Art. 2º Conceder-se-á mandado de injunção sempre que a falta total ou parcial de norma regulamentadora torne inviável o exercício dos direitos e liberdades constitucionais e das prerrogativas inerentes à nacionalidade, à soberania e à cidadania.

PARÁGRAFO ÚNICO. Considera-se parcial a regulamentação quando forem insuficientes as normas editadas pelo órgão legislador competente.

Art. 3º São legitimados para o mandado de injunção, como impetrantes, as pessoas naturais ou jurídicas que se afirmam titulares dos direitos, das liberdades ou das prerrogativas referidos no art. 2º e, como impetrado, o Poder, o órgão ou a autoridade com atribuição para editar a norma regulamentadora.

Art. 4º A petição inicial deverá preencher os requisitos estabelecidos pela lei processual e indicará, além do órgão impetrado, a pessoa jurídica que ele integra ou aquela a que está vinculado.

§ 1º Quando não for transmitida por meio eletrônico, a petição inicial e os documentos que a instruem serão acompanhados de tantas vias quantos forem os impetrados.

§ 2º Quando o documento necessário à prova do alegado encontrar-se em repartição ou estabelecimento público, em poder de autoridade ou de terceiro, havendo recusa em fornecê-lo por certidão, no original, ou em cópia autêntica, será ordenada, a pedido do impetrante, a exibição do documento no prazo de 10 (dez) dias, devendo, nesse caso, ser juntada cópia à segunda via da petição.

§ 3º Se a recusa em fornecer o documento for do impetrado, a ordem será feita no próprio instrumento da notificação.

Art. 5º Recebida a petição inicial, será ordenada:

I — a notificação do impetrado sobre o conteúdo da petição inicial, devendo-lhe ser enviada a segunda via apresentada com as cópias dos documentos, a fim de que, no prazo de 10 (dez) dias, preste informações;

II — a ciência do ajuizamento da ação ao órgão de representação judicial da pessoa jurídica interessada, devendo-lhe ser enviada cópia da petição inicial, para que, querendo, ingresse no feito.

Art. 6º A petição inicial será desde logo indeferida quando a impetração for manifestamente incabível ou manifestamente improcedente.

PARÁGRAFO ÚNICO. Da decisão de relator que indeferir a petição inicial, caberá agravo, em 5 (cinco) dias, para o órgão colegiado competente para o julgamento da impetração.

Art. 7º Findo o prazo para apresentação das informações, será ouvido o Ministério Público, que opinará em 10 (dez) dias, após o que, com ou sem parecer, os autos serão conclusos para decisão.

Art. 8º Reconhecido o estado de mora legislativa, será deferida a injunção para:

I — determinar prazo razoável para que o impetrado promova a edição da norma regulamentadora;

II — estabelecer as condições em que se dará o exercício dos direitos, das liberdades ou das prerrogativas reclamados ou, se for o caso, as condições em que poderá o interessado promover ação própria visando a exercê-los, caso não seja suprida a mora legislativa no prazo determinado.

PARÁGRAFO ÚNICO. Será dispensada a determinação a que se refere o inciso I do *caput* quando comprovado que o impetrado deixou de atender, em mandado de injunção anterior, ao prazo estabelecido para a edição da norma.

Art. 9º A decisão terá eficácia subjetiva limitada às partes e produzirá efeitos até o advento da norma regulamentadora.

§ 1º Poderá ser conferida eficácia *ultra partes* ou *erga omnes* à decisão, quando isso for inerente ou indispensável ao exercício do direito, da liberdade ou da prerrogativa objeto da impetração.

§ 2º Transitada em julgado a decisão, seus efeitos poderão ser estendidos aos casos análogos por decisão monocrática do relator.

§ 3º O indeferimento do pedido por insuficiência de prova não impede a renovação da impetração fundada em outros elementos probatórios.

Art. 10. Sem prejuízo dos efeitos já produzidos, a decisão poderá ser revista, a pedido de qualquer interessado, quando sobrevierem relevantes modificações das circunstâncias de fato ou de direito.

PARÁGRAFO ÚNICO. A ação de revisão observará, no que couber, o procedimento estabelecido nesta Lei.

Art. 11. A norma regulamentadora superveniente produzirá efeitos *ex nunc* em relação aos beneficiados por decisão transitada em julgado, salvo se a aplicação da norma editada lhes for mais favorável.

PARÁGRAFO ÚNICO. Estará prejudicada a impetração se a norma regulamentadora for editada antes da decisão, caso em que o processo será extinto sem resolução de mérito.

Art. 12. O mandado de injunção coletivo pode ser promovido:

I — pelo Ministério Público, quando a tutela requerida for especialmente relevante para a defesa da ordem jurídica, do regime democrático ou dos interesses sociais ou individuais indisponíveis;

II — por partido político com representação no Congresso Nacional, para assegurar o exercício de direitos, liberdades e prerrogativas de seus integrantes ou relacionados com a finalidade partidária;

III — por organização sindical, entidade de classe ou associação legalmente constituída e em funcionamento há pelo menos 1 (um) ano, para assegurar o exercício de direitos, liberdades e prerrogativas em favor da totalidade ou de parte de seus membros ou associados, na forma de seus estatutos e desde que pertinentes a suas finalidades, dispensada, para tanto, autorização especial;

IV — pela Defensoria Pública, quando a tutela requerida for especialmente relevante para a promoção dos direitos humanos e a defesa dos direitos individuais e coletivos dos necessitados, na forma do inciso LXXIV do art. 5º da Constituição Federal.

PARÁGRAFO ÚNICO. Os direitos, as liberdades e as prerrogativas protegidos por mandado de injunção coletivo são os pertencentes, indistintamente, a uma coletividade indeterminada de pessoas ou determinada por grupo, classe ou categoria.

Art. 13. No mandado de injunção coletivo, a sentença fará coisa julgada limitadamente às pessoas integrantes da coletividade, do grupo, da classe ou da categoria substituídos pelo impetrante, sem prejuízo do disposto nos §§ 1º e 2º do art. 9º.

Parágrafo único. O mandado de injunção coletivo não induz litispendência em relação aos individuais, mas os efeitos da coisa julgada não beneficiarão o impetrante que não requerer a desistência da demanda individual no prazo de 30 (trinta) dias a contar da ciência comprovada da impetração coletiva.

Art. 14. Aplicam-se subsidiariamente ao mandado de injunção as normas do mandado de segurança, disciplinado pela Lei n. 12.016, de 7 de agosto de 2009, e do Código de Processo Civil, instituído pela Lei n. 5.869, de 11 de janeiro de 1973, e pela Lei n. 13.105, de 16 de março de 2015, observado o disposto em seus arts. 1.045 e 1.046.

Art. 15. Esta Lei entra em vigor na data de sua publicação.

Brasília, 23 de junho de 2016; 195º da Independência e 128º da República.

MICHEL TEMER
ALEXANDRE DE MORAES
FÁBIO MEDINA OSÓRIO

LEI N. 12.016, DE 7 DE AGOSTO DE 2009

(DOU 10.8.2009)

Disciplina o mandado de segurança individual e coletivo e dá outras providências

O PRESIDENTE DA REPÚBLICA,

Faço saber que o Congresso Nacional decreta e eu sanciono a seguinte Lei:

Art. 1º Conceder-se-á mandado de segurança para proteger direito líquido e certo, não amparado por *habeas corpus* ou *habeas data*, sempre que, ilegalmente ou com abuso de poder, qualquer pessoa física ou jurídica sofrer violação ou houver justo receio de sofrê-la por parte de autoridade, seja de que categoria for e sejam quais forem as funções que exerça.

§ 1º Equiparam-se às autoridades, para os efeitos desta Lei, os representantes ou órgãos de partidos políticos e os administradores de entidades autárquicas, bem como os dirigentes de pessoas jurídicas ou as pessoas naturais no exercício de atribuições do poder público, somente no que disser respeito a essas atribuições.

§ 2º Não cabe mandado de segurança contra os atos de gestão comercial praticados pelos administradores de empresas públicas, de sociedade de economia mista e de concessionárias de serviço público.

§ 3º Quando o direito ameaçado ou violado couber a várias pessoas, qualquer delas poderá requerer o mandado de segurança.

Art. 2º Considerar-se-á federal a autoridade coatora se as consequências de ordem patrimonial do ato contra o qual se requer o mandado houverem de ser suportadas pela União ou entidade por ela controlada.

Art. 3º O titular de direito líquido e certo decorrente de direito, em condições idênticas, de terceiro poderá impetrar mandado de segurança a favor do direito originário, se o seu titular não o fizer, no prazo de 30 (trinta) dias, quando notificado judicialmente.

PARÁGRAFO ÚNICO. O exercício do direito previsto no *caput* deste artigo submete-se ao prazo fixado no art. 23 desta Lei, contado da notificação.

Art. 4º Em caso de urgência, é permitido, observados os requisitos legais, impetrar mandado de segurança por telegrama, radiograma, fax ou outro meio eletrônico de autenticidade comprovada.

§ 1º Poderá o juiz, em caso de urgência, notificar a autoridade por telegrama, radiograma ou outro meio que assegure a autenticidade do documento e a imediata ciência pela autoridade.

§ 2º O texto original da petição deverá ser apresentado nos 5 (cinco) dias úteis seguintes.

§ 3º Para os fins deste artigo, em se tratando de documento eletrônico, serão observadas as regras da Infraestrutura de Chaves Públicas Brasileira — ICP-Brasil.

Art. 5º Não se concederá mandado de segurança quando se tratar:

I — de ato do qual caiba recurso administrativo com efeito suspensivo, independentemente de caução;

II — de decisão judicial da qual caiba recurso com efeito suspensivo;

III — de decisão judicial transitada em julgado.

PARÁGRAFO ÚNICO. (VETADO)

Art. 6º A petição inicial, que deverá preencher os requisitos estabelecidos pela lei processual, será apresentada em 2 (duas) vias com os documentos que instruírem a primeira reproduzidos na segunda e indicará, além da autoridade coatora, a pessoa jurídica que esta integra, à qual se acha vinculada ou da qual exerce atribuições.

§ 1º No caso em que o documento necessário à prova do alegado se ache em repartição ou estabelecimento público ou em poder de autoridade que se recuse a fornecê-lo por certidão ou de terceiro, o juiz ordenará, preliminarmente, por ofício, a exibição desse documento em original ou em cópia autêntica e marcará, para o cumprimento da ordem, o prazo de 10 (dez) dias. O escrivão extrairá cópias do documento para juntá-las à segunda via da petição.

§ 2º Se a autoridade que tiver procedido dessa maneira for a própria coatora, a ordem far-se-á no próprio instrumento da notificação.

§ 3º Considera-se autoridade coatora aquela que tenha praticado o ato impugnado ou da qual emane a ordem para a sua prática.

§ 4º (VETADO)

§ 5º Denega-se o mandado de segurança nos casos previstos pelo art. 267 da Lei n. 5.869, de 11 de janeiro de 1973 — Código de Processo Civil.

§ 6º O pedido de mandado de segurança poderá ser renovado dentro do prazo decadencial, se a decisão denegatória não lhe houver apreciado o mérito.

Art. 7º Ao despachar a inicial, o juiz ordenará:

I — que se notifique o coator do conteúdo da petição inicial, enviando-lhe a segunda via apresentada com as cópias dos documentos, a fim de que, no prazo de 10 (dez) dias, preste as informações;

II — que se dê ciência do feito ao órgão de representação judicial da pessoa jurídica interessada, enviando-lhe cópia da inicial sem documentos, para que, querendo, ingresse no feito;

III — que se suspenda o ato que deu motivo ao pedido, quando houver fundamento relevante e do ato impugnado puder resultar a ineficácia da medida, caso seja finalmente deferida, sendo facultado exigir do impetrante caução, fiança ou depósito, com o objetivo de assegurar o ressarcimento à pessoa jurídica.

§ 1º Da decisão do juiz de primeiro grau que conceder ou denegar a liminar caberá agravo de instrumento, observado o disposto na Lei n. 5.869, de 11 de janeiro de 1973 — Código de Processo Civil.

§ 2º Não será concedida medida liminar que tenha por objeto a compensação de créditos tributários, a entrega de mercadorias e bens provenientes do exterior, a reclassificação ou equiparação de servidores públicos e a concessão de aumento ou a extensão de vantagens ou pagamento de qualquer natureza.

§ 3º Os efeitos da medida liminar, salvo se revogada ou cassada, persistirão até a prolação da sentença.

§ 4º Deferida a medida liminar, o processo terá prioridade para julgamento.

§ 5º As vedações relacionadas com a concessão de liminares previstas neste artigo se estendem à tutela antecipada a que se referem os arts. 273 e 461 da Lei n. 5.869, de 11 de janeiro de 1973 — Código de Processo Civil.

Art. 8º Será decretada a perempção ou caducidade da medida liminar *ex officio* ou a requerimento do Ministério Público quando, concedida a medida, o impetrante criar obstáculo ao normal andamento do processo ou deixar de promover, por mais de 3 (três) dias úteis, os atos e as diligências que lhe cumprirem.

Art. 9º As autoridades administrativas, no prazo de 48 (quarenta e oito) horas da notificação da medida liminar, remeterão ao Ministério ou órgão a que se acham subordinadas e ao Advogado-Geral da União ou a quem tiver a representação judicial da União, do Estado, do Município ou da entidade apontada como coatora cópia autenticada do mandado notificatório, assim como indicações e elementos outros necessários às providências a serem tomadas para a eventual suspensão da medida e defesa do ato apontado como ilegal ou abusivo de poder.

Art. 10. A inicial será desde logo indeferida, por decisão motivada, quando não for o caso de mandado de segurança ou lhe faltar algum dos requisitos legais ou quando decorrido o prazo legal para a impetração.

§ 1º Do indeferimento da inicial pelo juiz de primeiro grau caberá apelação e, quando a competência para o julgamento do mandado de segurança couber originariamente a um dos tribunais, do ato do relator caberá agravo para o órgão competente do tribunal que integre.

§ 2º O ingresso de litisconsorte ativo não será admitido após o despacho da petição inicial.

Art. 11. Feitas as notificações, o serventuário em cujo cartório corra o feito juntará aos autos cópia autêntica dos ofícios endereçados ao coator e ao órgão de representação judicial da pessoa jurídica interessada, bem como a prova da entrega a estes ou da sua recusa em aceitá-los ou dar recibo e, no caso do art. 4º desta Lei, a comprovação da remessa.

Art. 12. Findo o prazo a que se refere o inciso I do *caput* do art. 7º desta Lei, o juiz ouvirá o representante do Ministério Público, que opinará, dentro do prazo improrrogável de 10 (dez) dias.

PARÁGRAFO ÚNICO. Com ou sem o parecer do Ministério Público, os autos serão conclusos ao juiz, para a decisão, a qual deverá ser necessariamente proferida em 30 (trinta) dias.

Art. 13. Concedido o mandado, o juiz transmitirá em ofício, por intermédio do oficial do juízo, ou pelo correio, mediante correspondência com aviso de recebimento, o inteiro teor da sentença à autoridade coatora e à pessoa jurídica interessada.

PARÁGRAFO ÚNICO. Em caso de urgência, poderá o juiz observar o disposto no art. 4º desta Lei.

Art. 14. Da sentença, denegando ou concedendo o mandado, cabe apelação.

§ 1º Concedida a segurança, a sentença estará sujeita obrigatoriamente ao duplo grau de jurisdição.

§ 2º Estende-se à autoridade coatora o direito de recorrer.

§ 3º A sentença que conceder o mandado de segurança pode ser executada provisoriamente, salvo nos casos em que for vedada a concessão da medida liminar.

§ 4º O pagamento de vencimentos e vantagens pecuniárias assegurados em sentença concessiva de mandado de segurança a servidor público da administração direta ou autárquica federal, estadual e municipal somente será efetuado relativamente às prestações que se vencerem a contar da data do ajuizamento da inicial.

Art. 15. Quando, a requerimento de pessoa jurídica de direito público interessada ou do Ministério Público e para evitar grave lesão à ordem, à saúde, à segurança e à economia públicas, o presidente do tribunal ao qual couber o conhecimento do respectivo recurso suspender, em decisão fundamentada, a execução da liminar e da sentença, dessa decisão caberá agravo, sem efeito suspensivo, no prazo de 5 (cinco) dias, que será levado a julgamento na sessão seguinte à sua interposição.

§ 1º Indeferido o pedido de suspensão ou provido o agravo a que se refere o *caput* deste artigo, caberá novo pedido de suspensão ao presidente do tribunal competente para conhecer de eventual recurso especial ou extraordinário.

§ 2º É cabível também o pedido de suspensão a que se refere o § 1º deste artigo, quando negado provimento a agravo de instrumento interposto contra a liminar a que se refere este artigo.

§ 3º A interposição de agravo de instrumento contra liminar concedida nas ações movidas contra o poder público e seus agentes não prejudica nem condiciona o julgamento do pedido de suspensão a que se refere este artigo.

§ 4º O presidente do tribunal poderá conferir ao pedido efeito suspensivo liminar se constatar, em juízo prévio, a plausibilidade do direito invocado e a urgência na concessão da medida.

§ 5º As liminares cujo objeto seja idêntico poderão ser suspensas em uma única decisão, podendo o presidente do tribunal estender os efeitos da suspensão a liminares supervenientes, mediante simples aditamento do pedido original.

Art. 16. Nos casos de competência originária dos tribunais, caberá ao relator a instrução do processo, sendo assegurada a defesa oral na sessão do julgamento.

PARÁGRAFO ÚNICO. Da decisão do relator que conceder ou denegar a medida liminar caberá agravo ao órgão competente do tribunal que integre.

Art. 17. Nas decisões proferidas em mandado de segurança e nos respectivos recursos, quando não publicado, no prazo de 30 (trinta) dias, contado da data do julgamento, o acórdão será substituído pelas respectivas notas taquigráficas, independentemente de revisão.

Art. 18. Das decisões em mandado de segurança proferidas em única instância pelos tribunais cabe recurso especial e extraordinário, nos casos legalmente previstos, e recurso ordinário, quando a ordem for denegada.

Art. 19. A sentença ou o acórdão que denegar mandado de segurança, sem decidir o mérito, não impedirá que o requerente, por ação própria, pleiteie os seus direitos e os respectivos efeitos patrimoniais.

Art. 20. Os processos de mandado de segurança e os respectivos recursos terão prioridade sobre todos os atos judiciais, salvo *habeas corpus*.

§ 1º Na instância superior, deverão ser levados a julgamento na primeira sessão que se seguir à data em que forem conclusos ao relator.

§ 2º O prazo para a conclusão dos autos não poderá exceder de 5 (cinco) dias.

Art. 21. O mandado de segurança coletivo pode ser impetrado por partido político com representação no Congresso Nacional, na defesa de seus interesses legítimos relativos a seus integrantes ou à finalidade partidária, ou por organização sindical, entidade de classe ou associação legalmente constituída e em funcionamento há, pelo menos, 1 (um) ano, em defesa de direitos líquidos e certos da totalidade, ou de parte, dos seus membros ou associados, na forma dos seus estatutos e desde que pertinentes às suas finalidades, dispensada, para tanto, autorização especial.

PARÁGRAFO ÚNICO. Os direitos protegidos pelo mandado de segurança coletivo podem ser:

I — coletivos, assim entendidos, para efeito desta Lei, os transindividuais, de natureza indivisível, de que seja titular grupo ou categoria de pessoas ligadas entre si ou com a parte contrária por uma relação jurídica básica;

II — individuais homogêneos, assim entendidos, para efeito desta Lei, os decorrentes de origem comum e da atividade ou situação específica da totalidade ou de parte dos associados ou membros do impetrante.

Art. 22. No mandado de segurança coletivo, a sentença fará coisa julgada limitadamente aos membros do grupo ou categoria substituídos pelo impetrante.

§ 1º O mandado de segurança coletivo não induz litispendência para as ações individuais, mas os efeitos da coisa julgada não beneficiarão o impetrante a título individual se não requerer a desistência de seu mandado de segurança no prazo de 30 (trinta) dias a contar da ciência comprovada da impetração da segurança coletiva.

§ 2º No mandado de segurança coletivo, a liminar só poderá ser concedida após a audiência do representante judicial da pessoa jurídica de direito público, que deverá se pronunciar no prazo de 72 (setenta e duas) horas.

Art. 23. O direito de requerer mandado de segurança extinguir-se-á decorridos 120 (cento e vinte) dias, contados da ciência, pelo interessado, do ato impugnado.

Art. 24. Aplicam-se ao mandado de segurança os arts. 46 a 49 da Lei n. 5.869, de 11 de janeiro de 1973 — Código de Processo Civil.

Art. 25. Não cabem, no processo de mandado de segurança, a interposição de embargos infringentes e a condenação ao pagamento dos honorários advocatícios, sem prejuízo da aplicação de sanções no caso de litigância de má-fé.

Art. 26. Constitui crime de desobediência, nos termos do art. 330 do Decreto-lei n. 2.848, de 7 de dezembro de 1940, o não cumprimento das decisões proferidas em mandado de segurança, sem prejuízo das sanções administrativas e da aplicação da Lei n. 1.079, de 10 de abril de 1950, quando cabíveis.

Art. 27. Os regimentos dos tribunais e, no que couber, as leis de organização judiciária deverão ser adaptados às disposições desta Lei no prazo de 180 (cento e oitenta) dias, contado da sua publicação.

Art. 28. Esta Lei entra em vigor na data de sua publicação.

Art. 29. Revogam-se as Leis ns. 1.533, de 31 de dezembro de 1951, 4.166, de 4 de dezembro de 1962, 4.348, de 26 de junho de 1964, 5.021, de 9 de junho de 1966; o art. 3º da Lei n. 6.014, de 27 de dezembro de 1973, o art. 1º da Lei n. 6.071, de 3 de julho de 1974, o art. 12 da Lei n. 6.978, de 19 de janeiro de 1982, e o art. 2º da Lei n. 9.259, de 9 de janeiro de 1996.

Brasília, 7 de agosto de 2009; 188º da Independência e 121º da República.

LUIZ INÁCIO LULA DA SILVA
TARSO GENRO
JOSÉ ANTONIO DIAS TOFFOLI

LEI N. 4.725, DE 13 DE JULHO DE 1965

(DOU 13.7.1965)

— v. CF, art. 114, II, §§ 2º e 3º

Estabelece normas para o processo dos dissídios coletivos, e dá outras providências

Art. 1º A Justiça do Trabalho, no processo dos dissídios coletivos, entre categorias profissionais e econômicas, observará as normas previstas na CLT (arts. 856 a 874), com as alterações subsequentes e as constantes desta lei.

....

Art. 6º Os recursos das decisões proferidas nos dissídios coletivos terão efeito meramente devolutivo.

— v. art. 14, da Lei n. 10.192, de 14.02.01, DOU 16.02.01, p. 639

§ 1º O Presidente do Tribunal Superior do Trabalho poderá dar efeito suspensivo ao recurso, a requerimento do recorrente, em petição fundamentada. Do despacho caberá agravo para o Pleno, no prazo de 5 (cinco) dias, de conformidade com o disposto no Regimento Interno do Tribunal.

§ 2º O Tribunal *ad quem* deverá julgar o recurso no prazo de 60 (sessenta) dias, improrrogavelmente.

§ 3º O provimento do recurso não importará na restituição dos salários ou vantagens pagos, em execução do julgado. *(Redação dada pela Lei n. 4.903/65).*

....

Art. 10. Os ajustamentos de salário fixados em decisões da Justiça do Trabalho, aprovados em julgamento de dissídios coletivos ou em acordos homologados, serão aplicados, automaticamente, nas mesmas condições estabelecidas para os integrantes das categorias profissionais litigantes ou interessadas, aos empregados das próprias entidades suscitantes e suscitadas, observadas as peculiaridades que lhe sejam inerentes, ficando, desde logo, autorizado o reajustamento das respectivas verbas orçamentárias.

....

Art. 13. Esta lei entrará em vigor na data de sua publicação, revogadas as disposições em contrário.

Brasília, 13 de julho de 1965. 144º da Independência e 77º da República

H. CASTELLO BRANCO

DECRETO-LEI N. 779, DE 21 DE AGOSTO DE 1969

(DOU 25.8.1969 — LTr 33/530)

— (V. CF, art. 114, I — p. 38)

— v. Art. 790-A, da CLT

Dispõe sobre a aplicação de normas processuais trabalhistas à União federal, aos estados, municípios, Distrito Federal e autarquias ou fundações de direito público que não explorem atividade econômica

O PRESIDENTE DA REPÚBLICA, usando das atribuições que lhe confere o § 1º do art. 2º do Ato Institucional n. 5, de 13 de dezembro de 1968, decreta:

Art. 1º Nos processos perante a Justiça do Trabalho constituem privilégio da União, dos Estados, do Distrito Federal, dos Municípios e das autarquias ou fundações de direito público federais, estaduais ou municipais que não explorem atividade econômica:

I — a presunção relativa de validade dos recibos de quitação ou pedidos de demissão de seus empregados ainda que não homologados nem submetidos à assistência mencionada nos §§ 1º, 2º e 3º do art. 477 da Consolidação das Leis do Trabalho;

II — o quádruplo do prazo fixado no art. 841, *in fine*, da Consolidação das Leis do Trabalho;

III — o prazo em dobro para recurso;

IV — a dispensa de depósitos para interposição de recurso;

V — o recurso ordinário *ex officio* das decisões que lhe sejam total ou parcialmente contrárias;

VI — o pagamento de custas a final, salvo quanto à União Federal, que não as pagará.

Art. 2º O disposto no artigo anterior aplica-se aos processos em curso, mas não acarretará a restituição de depósitos ou custas pagas para efeito de recurso até decisão passada em julgado.

Art. 3º Este Decreto-lei entra em vigor na data de sua publicação, revogadas as disposições em contrário.

Brasília, 21 de agosto de 1969; 148º da Independência e 81º da República.

A. COSTA E SILVA
LUÍS ANTONIO DA GAMA E SILVA
JARBAS G. PASSARINHO

LEI N. 10.173, DE 9 DE JANEIRO DE 2001

(DOU 10.1.2001)

Altera a Lei n. 5.869, de 11 de janeiro de 1973 — Código de Processo Civil, para dar prioridade de tramitação aos procedimentos judiciais em que figure como parte pessoa com idade igual ou superior a sessenta e cinco anos

O PRESIDENTE DA REPÚBLICA,

Faço saber que o Congresso Nacional decreta e eu sanciono a seguinte Lei:

Art. 1º A Lei n. 5.869, de 11 de janeiro de 1973 — Código de Processo Civil, passa a vigorar acrescida dos seguintes artigos:

Art. 1.211-A. Os procedimentos judiciais em que figure como parte ou interessado pessoa com idade igual ou superior a 60 (sessenta) anos, ou portadora de doença grave, terão prioridade na tramitação em todas as instâncias. (NR)

Parágrafo único. Vetado *(Alterado pela Lei n. 12.008, de 29.7.09, DOU 30.7.09)*

Art. 1.211-B. A pessoa interessada na obtenção do benefício, juntando prova de sua condição, deverá requerê-lo à autoridade judiciária competente para decidir o feito, que determinará ao cartório do juízo as providências a serem cumpridas.

§ 1º Deferida a prioridade, os autos receberão identificação própria que evidencie o regime de tramitação prioritária. *(Alterado pela Lei n. 12.008, de 29.7.09, DOU 30.7.09)*

§§ 2º e 3º — (Vetados)

Art. 1.211-C. Concedida a prioridade, essa não cessará com a morte do beneficiado, estendendo-se em favor do cônjuge supérstite, companheiro ou companheira, em união estável. (NR) *(Alterado pela Lei n. 12.008, de 29.7.09, DOU 30.7.09).*

Art. 2º Esta Lei entra em vigor no prazo de sessenta dias a partir da data de sua publicação.

Brasília, 9 de janeiro de 2001; 180º da Independência e 113º da República.

FERNANDO HENRIQUE CARDOSO
JOSÉ GREGORI

LEI N. 10.741, DE 1º DE OUTUBRO DE 2003

(DOU 3.10.2003)

— (V. Lei n. 10.173, de 9.1.01, p. 278)

Dispõe sobre o Estatuto do Idoso e dá outras providências

O PRESIDENTE DA REPÚBLICA,

Faço saber que o Congresso Nacional decreta e eu sanciono a seguinte Lei:

TÍTULO I
Disposições Preliminares

Art. 1º É instituído o Estatuto do Idoso, destinado a regular os direitos assegurados às pessoas com idade igual ou superior a 60 (sessenta) anos.

Art. 2º O idoso goza de todos os direitos fundamentais inerentes à pessoa humana, sem prejuízo da proteção integral de que trata esta Lei, assegurando-se-lhe, por lei ou por outros meios, todas as oportunidades e facilidades, para preservação de sua saúde física e mental e seu aperfeiçoamento moral, intelectual, espiritual e social, em condições de liberdade e dignidade.

Art. 3º É obrigação da família, da comunidade, da sociedade e do Poder Público assegurar ao idoso, com absoluta prioridade, a efetivação do direito à vida, à saúde, à alimentação, à educação, à cultura, ao esporte, ao lazer, ao trabalho, à cidadania, à liberdade, à dignidade, ao respeito e à convivência familiar e comunitária.

§ 1º A garantia de prioridade compreende: *(Renumerado pela Lei n. 13.466, de 12.7.17, DOU 13.7.17)*

I — atendimento preferencial imediato e individualizado junto aos órgãos públicos e privados prestadores de serviços à população;

II — preferência na formulação e na execução de políticas sociais públicas específicas;

III — destinação privilegiada de recursos públicos nas áreas relacionadas com a proteção ao idoso;

IV — viabilização de formas alternativas de participação, ocupação e convívio do idoso com as demais gerações;

V — priorização do atendimento do idoso por sua própria família, em detrimento do atendimento asilar, exceto dos que não a possuam ou careçam de condições de manutenção da própria sobrevivência;

VI — capacitação e reciclagem dos recursos humanos nas áreas de geriatria e gerontologia e na prestação de serviços aos idosos;

VII — estabelecimento de mecanismos que favoreçam a divulgação de informações de caráter educativo sobre os aspectos biopsicossociais de envelhecimento;

VIII — garantia de acesso à rede de serviços de saúde e de assistência social locais.

IX — prioridade no recebimento da restituição do Imposto de Renda. (NR) *(Acrescentado pela Lei n. 11.765, de 5.8.08, DOU 6.8.08)*

§ 2º Dentre os idosos, é assegurada prioridade especial aos maiores de oitenta anos, atendendo-se suas necessidades sempre preferencialmente em relação aos demais idosos. (NR) *(Incluído pela Lei n. 13.466, de 12.7.17, DOU 13.7.17)*

Art. 4º Nenhum idoso será objeto de qualquer tipo de negligência, discriminação, violência, crueldade ou opressão, e todo atentado aos seus direitos, por ação ou omissão, será punido na forma da lei.

§ 1º É dever de todos prevenir a ameaça ou violação aos direitos do idoso.

§ 2º As obrigações previstas nesta Lei não excluem da prevenção outras decorrentes dos princípios por ela adotados.

Art. 5º A inobservância das normas de prevenção importará em responsabilidade à pessoa física ou jurídica nos termos da lei.

Art. 6º Todo cidadão tem o dever de comunicar à autoridade competente qualquer forma de violação a esta Lei que tenha testemunhado ou de que tenha conhecimento.

Art. 7º Os Conselhos Nacional, Estaduais, do Distrito Federal e Municipais do Idoso, previstos na Lei n. 8.842, de 4 de janeiro de 1994, zelarão pelo cumprimento dos direitos do idoso, definidos nesta Lei.

TÍTULO II
Dos Direitos Fundamentais

Capítulo I
Do direito à vida

Art. 8º O envelhecimento é um direito personalíssimo e a sua proteção um direito social, nos termos desta Lei e da legislação vigente.

Art. 9º É obrigação do Estado, garantir à pessoa idosa a proteção à vida e à saúde, mediante efetivação de políticas sociais públicas que permitam um envelhecimento saudável e em condições de dignidade.

Capítulo II
Do direito à liberdade, ao respeito e à dignidade

Art. 10. É obrigação do Estado e da sociedade, assegurar à pessoa idosa a liberdade, o respeito e a dignidade, como pessoa humana e sujeito de direitos civis, políticos, individuais e sociais, garantidos na Constituição e nas leis.

§ 1º O direito à liberdade compreende, entre outros, os seguintes aspectos:

I — faculdade de ir, vir e estar nos logradouros públicos e espaços comunitários, ressalvadas as restrições legais;

II — opinião e expressão;

III — crença e culto religioso;

IV — prática de esportes e de diversões;

V — participação na vida familiar e comunitária;

VI — participação na vida política, na forma da lei;

VII — faculdade de buscar refúgio, auxílio e orientação.

§ 2º O direito ao respeito consiste na inviolabilidade da integridade física, psíquica e moral, abrangendo a preservação da imagem, da identidade, da autonomia, de valores, ideias e crenças, dos espaços e dos objetos pessoais.

§ 3º É dever de todos zelar pela dignidade do idoso, colocando-o a salvo de qualquer tratamento desumano, violento, aterrorizante, vexatório ou constrangedor.

....

Capítulo VI
Da profissionalização e do trabalho

Art. 26. O idoso tem direito ao exercício de atividade profissional, respeitadas suas condições físicas, intelectuais e psíquicas.

Art. 27. Na admissão do idoso em qualquer trabalho ou emprego, é vedada a discriminação e a fixação de limite máximo de idade, inclusive para concursos, ressalvados os casos em que a natureza do cargo o exigir.

PARÁGRAFO ÚNICO. O primeiro critério de desempate em concurso público será a idade, dando-se preferência ao de idade mais elevada.

Art. 28. O Poder Público criará e estimulará programas de:

I — profissionalização especializada para os idosos, aproveitando seus potenciais e habilidades para atividades regulares e remuneradas;

II — preparação dos trabalhadores para a aposentadoria, com antecedência mínima de 1 (um) ano, por meio de estímulo a novos projetos sociais, conforme seus interesses, e de esclarecimento sobre os direitos sociais e de cidadania;

III — estímulo às empresas privadas para admissão de idosos ao trabalho.

Capítulo VII
Da Previdência Social

Art. 29. Os benefícios de aposentadoria e pensão do Regime Geral da Previdência Social observarão, na sua concessão, critérios de cálculo que preservem o valor real dos salários sobre os quais incidiram contribuição, nos termos da legislação vigente.

PARÁGRAFO ÚNICO. Os valores dos benefícios em manutenção serão reajustados na mesma data de reajuste do salário mínimo, *pro rata*, de acordo com suas respectivas datas de início ou do seu último reajustamento, com base em percentual definido em regulamento, observados os critérios estabelecidos pela Lei n. 8.213, de 24 de julho de 1991.

Art. 30. A perda da condição de segurado não será considerada para a concessão da aposentadoria por idade, desde que a pessoa conte com, no mínimo, o tempo de contribuição correspondente ao exigido para efeito de carência na data de requerimento do benefício.

PARÁGRAFO ÚNICO. O cálculo do valor do benefício previsto no *caput* observará o disposto no *caput* e § 2º do art. 3º da Lei n. 9.876, de 26 de novembro de 1999, ou, não havendo salários de contribuição recolhidos a partir da competência de julho de 1994, o disposto no art. 35 da Lei n. 8.213, de 1991.

Art. 31. O pagamento de parcelas relativas a benefícios, efetuado com atraso por responsabilidade da Previdência Social, será atualizado pelo mesmo índice utilizado para os reajustamentos dos benefícios do Regime Geral de Previdência Social, verificado no período compreendido entre o mês que deveria ter sido pago e o mês do efetivo pagamento.

Art. 32. O Dia Mundial do Trabalho, 1º de Maio, é a data-base dos aposentados e pensionistas.

Capítulo VIII
Da Assistência Social

Art. 33. A assistência social aos idosos será prestada, de forma articulada, conforme os princípios e diretrizes previstos na Lei Orgânica da Assistência Social, na Política Nacional do Idoso, no Sistema Único de Saúde e demais normas pertinentes.

Art. 34. Aos idosos, a partir de 65 (sessenta e cinco) anos, que não possuam meios para prover sua subsistência, nem de tê-la provida por sua família, é assegurado o benefício mensal de 1 (um) salário-mínimo, nos termos da Lei Orgânica da Assistência Social — Loas. *(Vide Decreto n. 6.214, de 26.9.07, não publicada nesta obra)*

Parágrafo único. O benefício já concedido a qualquer membro da família nos termos do *caput* não será computado para os fins do cálculo da renda familiar *per capita* a que se refere a Loas.

Art. 35. Todas as entidades de longa permanência, ou casa-lar, são obrigadas a firmar contrato de prestação de serviços com a pessoa idosa abrigada.

§ 1º No caso de entidades filantrópicas, ou casa-lar, é facultada a cobrança de participação do idoso no custeio da entidade.

§ 2º O Conselho Municipal do Idoso ou o Conselho Municipal da Assistência Social estabelecerá a forma de participação prevista no § 1º, que não poderá exceder a 70% (setenta por cento) de qualquer benefício previdenciário ou de assistência social percebido pelo idoso.

§ 3º Se a pessoa idosa for incapaz, caberá a seu representante legal firmar o contrato a que se refere o caput deste artigo.

Art. 36. O acolhimento de idosos em situação de risco social, por adulto ou núcleo familiar, caracteriza a dependência econômica, para os efeitos legais.

....

TÍTULO V
Do acesso à justiça

Capítulo I
Disposições gerais

Art. 69. Aplica-se, subsidiariamente, às disposições deste Capítulo, o procedimento sumário previsto no Código de Processo Civil, naquilo que não contrarie os prazos previstos nesta Lei.

Art. 70. O Poder Público poderá criar Varas especializadas e exclusivas do idoso.

Art. 71. É assegurada prioridade na tramitação dos processos e procedimentos e na execução dos atos e diligências judiciais em que figure como parte ou interveniente pessoa com idade igual ou superior a 60 (sessenta) anos, em qualquer instância.

§ 1º O interessado na obtenção da prioridade a que alude este artigo, fazendo prova de sua idade, requererá o benefício à autoridade judiciária competente para decidir o feito, que determinará as providências a serem cumpridas, anotando-se essa circunstância em local visível nos autos do processo.

§ 2º A prioridade não cessará com a morte do beneficiado, estendendo-se em favor do cônjuge supérstite, companheiro ou companheira, com união estável, maior de 60 (sessenta) anos.

§ 3º A prioridade se estende aos processos e procedimentos na Administração Pública, empresas prestadoras de serviços públicos e instituições financeiras, ao atendimento preferencial junto à Defensoria Pública da União, dos Estados e do Distrito Federal em relação aos Serviços de Assistência Judiciária.

§ 4º Para o atendimento prioritário será garantido ao idoso o fácil acesso aos assentos e caixas, identificados com a destinação a idosos em local visível e caracteres legíveis.

§ 5º Dentre os processos de idosos, dar-se-á prioridade especial aos maiores de oitenta anos. (NR) *(Incluído pela Lei n. 13.466, de 12.7.2017, DOU 13.7.2017)*

....

Art. 117. O Poder Executivo encaminhará ao Congresso Nacional projeto de lei revendo os critérios de concessão do Benefício de Prestação Continuada previsto na Lei Orgânica da Assistência Social, de forma a garantir que o acesso ao direito seja condizente com o estágio de desenvolvimento socioeconômico alcançado pelo País.

Art. 118. Esta Lei entra em vigor decorridos 90 (noventa) dias da sua publicação, ressalvado o disposto no *caput* do art. 36, que vigorará a partir de 1º de janeiro de 2004.

Brasília, 1º de outubro de 2003; 182º da Independência e 115º da República.

LUIZ INÁCIO LULA DA SILVA
MÁRCIO THOMAZ BASTOS
ANTONIO PALOCCI FILHO
RUBEM FONSECA FILHO
HUMBERTO SÉRGIO COSTA LIMA
GUIDO MANTEGA
RICARDO JOSÉ RIBEIRO BERZOINI
BENEDITA SOUZA DA SILVA SAMPAIO
ÁLVARO AUGUSTO RIBEIRO COSTA

LEI N. 10.770, DE 21 DE NOVEMBRO DE 2003

(DOU 24.11.2003)

— v. CF, art. 112

Dispõe sobre a criação de Varas do trabalho nas regiões da justiça do trabalho, define jurisdições e dá outras providências

....

Art. 28. Cabe a cada Tribunal Regional do Trabalho, no âmbito de sua Região, mediante ato próprio, alterar e estabelecer a jurisdição das Varas do Trabalho, bem como transferir-lhes a sede de um Município para outro, de acordo com a necessidade de agilização da prestação jurisdicional trabalhista.

....

Art. 31. Esta Lei entra em vigor na data de sua publicação.

Brasília, 21 de novembro de 2003; 182º da Independência e 115º da República.

LUIZ INÁCIO LULA DA SILVA
MÁRCIO THOMAZ BASTOS
ANTONIO PALOCCI FILHO
EVA MARIA CELLA DAL CHIAVON
GUIDO MANTEGA

LEI N. 12.852, DE 5 DE AGOSTO DE 2013

(DOU 6.8.2013)

Institui o Estatuto da Juventude e dispõe sobre os direitos dos jovens, os princípios e diretrizes das políticas públicas de juventude e o Sistema Nacional de Juventude — Sinajuve

A PRESIDENTA DA REPÚBLICA,

Faço saber que o Congresso Nacional decreta e eu sanciono a seguinte Lei:

TÍTULO I
Dos Direitos e das Políticas Públicas de Juventude

Capítulo I
Dos Princípios e Diretrizes das Políticas Públicas de Juventude

Art. 1º Esta Lei institui o Estatuto da Juventude e dispõe sobre os direitos dos jovens, os princípios e diretrizes das políticas públicas de juventude e o Sistema Nacional de Juventude — SINAJUVE.

§ 1º Para os efeitos desta Lei, são consideradas jovens as pessoas com idade entre 15 (quinze) e 29 (vinte e nove) anos de idade.

§ 2º Aos adolescentes com idade entre 15 (quinze) e 18 (dezoito) anos aplica-se a Lei n. 8.069, de 13 de julho de 1990 — Estatuto da Criança e do Adolescente, e, excepcionalmente, este Estatuto, quando não conflitar com as normas de proteção integral do adolescente.

Seção I
Dos Princípios

Art. 2º O disposto nesta Lei e as políticas públicas de juventude são regidos pelos seguintes princípios:

I — promoção da autonomia e emancipação dos jovens;

II — valorização e promoção da participação social e política, de forma direta e por meio de suas representações;

III — promoção da criatividade e da participação no desenvolvimento do País;

IV — reconhecimento do jovem como sujeito de direitos universais, geracionais e singulares;

V — promoção do bem-estar, da experimentação e do desenvolvimento integral do jovem;

VI — respeito à identidade e à diversidade individual e coletiva da juventude;

VII — promoção da vida segura, da cultura da paz, da solidariedade e da não discriminação; e

VIII — valorização do diálogo e convívio do jovem com as demais gerações.

PARÁGRAFO ÚNICO. A emancipação dos jovens a que se refere o inciso I do *caput* refere-se à trajetória de inclusão, liberdade e participação do jovem na vida em sociedade, e não ao instituto da emancipação disciplinado pela Lei n. 10.406, de 10 de janeiro de 2002 — Código Civil.

Seção II
Diretrizes Gerais

Art. 3º Os agentes públicos ou privados envolvidos com políticas públicas de juventude devem observar as seguintes diretrizes:

I — desenvolver a intersetorialidade das políticas estruturais, programas e ações;

II — incentivar a ampla participação juvenil em sua formulação, implementação e avaliação;

III — ampliar as alternativas de inserção social do jovem, promovendo programas que priorizem o seu desenvolvimento integral e participação ativa nos espaços decisórios;

IV — proporcionar atendimento de acordo com suas especificidades perante os órgãos públicos e privados prestadores de serviços à população, visando ao gozo de direitos simultaneamente nos campos da saúde, educacional, político, econômico, social, cultural e ambiental;

V — garantir meios e equipamentos públicos que promovam o acesso à produção cultural, à prática esportiva, à mobilidade territorial e à fruição do tempo livre;

VI — promover o território como espaço de integração;

VII — fortalecer as relações institucionais com os entes federados e as redes de órgãos, gestores e conselhos de juventude;

VIII — estabelecer mecanismos que ampliem a gestão de informação e produção de conhecimento sobre juventude;

IX — promover a integração internacional entre os jovens, preferencialmente no âmbito da América Latina e da África, e a cooperação internacional;

X — garantir a integração das políticas de juventude com os Poderes Legislativo e Judiciário, com o Ministério Público e com a Defensoria Pública; e

XI — zelar pelos direitos dos jovens com idade entre 18 (dezoito) e 29 (vinte e nove) anos privados de liberdade e egressos do sistema prisional, formulando políticas de educação e trabalho, incluindo estímulos à sua reinserção social e laboral, bem como criando e estimulando oportunidades de estudo e trabalho que favoreçam o cumprimento do regime semiaberto.

Capítulo II
Dos Direitos dos Jovens

Seção I
Do Direito à Cidadania, à Participação Social e Política e à Representação Juvenil

Art. 4º O jovem tem direito à participação social e política e na formulação, execução e avaliação das políticas públicas de juventude.

PARÁGRAFO ÚNICO. Entende-se por participação juvenil:

I — a inclusão do jovem nos espaços públicos e comunitários a partir da sua concepção como pessoa ativa, livre, responsável e digna de ocupar uma posição central nos processos políticos e sociais;

II — o envolvimento ativo dos jovens em ações de políticas públicas que tenham por objetivo o próprio benefício, o de suas comunidades, cidades e regiões e o do País;

III — a participação individual e coletiva do jovem em ações que contemplem a defesa dos direitos da juventude ou de temas afetos aos jovens; e

IV — a efetiva inclusão dos jovens nos espaços públicos de decisão com direito a voz e voto.

Art. 5º A interlocução da juventude com o poder público pode realizar-se por intermédio de associações, redes, movimentos e organizações juvenis.

PARÁGRAFO ÚNICO. É dever do poder público incentivar a livre associação dos jovens.

Art. 6º São diretrizes da interlocução institucional juvenil:

I — a definição de órgão governamental específico para a gestão das políticas públicas de juventude;

II — o incentivo à criação de conselhos de juventude em todos os entes da Federação.

PARÁGRAFO ÚNICO. Sem prejuízo das atribuições do órgão governamental específico para a gestão das políticas públicas de juventude e dos conselhos de juventude com relação aos direitos previstos neste Estatuto, cabe ao órgão governamental de gestão e aos conselhos dos direitos da criança e do adolescente a interlocução institucional com adolescentes de idade entre 15 (quinze) e 18 (dezoito) anos.

Seção II
Do Direito à Educação

Art. 7º O jovem tem direito à educação de qualidade, com a garantia de educação básica, obrigatória e gratuita, inclusive para os que a ela não tiveram acesso na idade adequada.

§ 1º A educação básica será ministrada em língua portuguesa, assegurada aos jovens indígenas e de povos e comunidades tradicionais a utilização de suas línguas maternas e de processos próprios de aprendizagem.

§ 2º É dever do Estado oferecer aos jovens que não concluíram a educação básica programas na modalidade da educação de jovens e adultos, adaptados às necessidades e especificidades da juventude, inclusive no período noturno, ressalvada a legislação educacional específica.

§ 3º São assegurados aos jovens com surdez o uso e o ensino da Língua Brasileira de Sinais — LIBRAS, em todas as etapas e modalidades educacionais.

§ 4º É assegurada aos jovens com deficiência a inclusão no ensino regular em todos os níveis e modalidades educacionais, incluindo o atendimento educacional especializado, observada a acessibilidade a edificações, transportes, espaços, mobiliários, equipamentos, sistemas e meios de comunicação e assegurados os recursos de tecnologia assistiva e adaptações necessárias a cada pessoa.

§ 5º A Política Nacional de Educação no Campo contemplará a ampliação da oferta de educação para os jovens do campo, em todos os níveis e modalidades educacionais.

Art. 8º O jovem tem direito à educação superior, em instituições públicas ou privadas, com variados graus de abrangência do saber ou especialização do conhecimento, observadas as regras de acesso de cada instituição.

§ 1º É assegurado aos jovens negros, indígenas e alunos oriundos da escola pública o acesso ao ensino superior nas instituições públicas por meio de políticas afirmativas, nos termos da lei.

§ 2º O poder público promoverá programas de expansão da oferta de educação superior nas instituições públicas, de financiamento estudantil e de bolsas de estudos nas instituições privadas, em especial para jovens com deficiência, negros, indígenas e alunos oriundos da escola pública.

Art. 9º O jovem tem direito à educação profissional e tecnológica, articulada com os diferentes níveis e modalidades de educação, ao trabalho, à ciência e à tecnologia, observada a legislação vigente.

Art. 10. É dever do Estado assegurar ao jovem com deficiência o atendimento educacional especializado gratuito, preferencialmente, na rede regular de ensino.

Art. 11. O direito ao programa suplementar de transporte escolar de que trata o art. 4º da Lei n. 9.394, de 20 de dezembro de 1996, será progressivamente estendido ao jovem estudante do ensino fundamental, do ensino médio e da educação superior, no campo e na cidade.

§ 1º (VETADO).

§ 2º (VETADO).

Art. 12. É garantida a participação efetiva do segmento juvenil, respeitada sua liberdade de organização, nos conselhos e instâncias deliberativas de gestão democrática das escolas e universidades.

Art. 13. As escolas e as universidades deverão formular e implantar medidas de democratização do acesso e permanência, inclusive programas de assistência estudantil, ação afirmativa e inclusão social para os jovens estudantes.

Seção III
Do Direito à Profissionalização, ao Trabalho e à Renda

Art. 14. O jovem tem direito à profissionalização, ao trabalho e à renda, exercido em condições de liberdade, equidade e segurança, adequadamente remunerado e com proteção social.

Art. 15. A ação do poder público na efetivação do direito do jovem à profissionalização, ao trabalho e à renda contempla a adoção das seguintes medidas:

I — promoção de formas coletivas de organização para o trabalho, de redes de economia solidária e da livre associação;

II — oferta de condições especiais de jornada de trabalho por meio de:

a) compatibilização entre os horários de trabalho e de estudo;

b) oferta dos níveis, formas e modalidades de ensino em horários que permitam a compatibilização da frequência escolar com o trabalho regular;

III — criação de linha de crédito especial destinada aos jovens empreendedores;

IV — atuação estatal preventiva e repressiva quanto à exploração e precarização do trabalho juvenil;

V — adoção de políticas públicas voltadas para a promoção do estágio, aprendizagem e trabalho para a juventude;

VI — apoio ao jovem trabalhador rural na organização da produção da agricultura familiar e dos empreendimentos familiares rurais, por meio das seguintes ações:

a) estímulo à produção e à diversificação de produtos;

b) fomento à produção sustentável baseada na agroecologia, nas agroindústrias familiares, na integração entre lavoura, pecuária e floresta e no extrativismo sustentável;

c) investimento em pesquisa de tecnologias apropriadas à agricultura familiar e aos empreendimentos familiares rurais;

d) estímulo à comercialização direta da produção da agricultura familiar, aos empreendimentos familiares rurais e à formação de cooperativas;

e) garantia de projetos de infraestrutura básica de acesso e escoamento de produção, priorizando a melhoria das estradas e do transporte;

f) promoção de programas que favoreçam o acesso ao crédito, à terra e à assistência técnica rural;

VII — apoio ao jovem trabalhador com deficiência, por meio das seguintes ações:

a) estímulo à formação e à qualificação profissional em ambiente inclusivo;

b) oferta de condições especiais de jornada de trabalho;

c) estímulo à inserção no mercado de trabalho por meio da condição de aprendiz.

Art. 16. O direito à profissionalização e à proteção no trabalho dos adolescentes com idade entre 15 (quinze) e 18 (dezoito) anos de idade será regido pelo disposto na Lei n. 8.069, de 13 de julho de 1990 — Estatuto da Criança e do Adolescente, e em leis específicas, não se aplicando o previsto nesta Seção.

Seção IV
Do Direito à Diversidade e à Igualdade

Art. 17. O jovem tem direito à diversidade e à igualdade de direitos e de oportunidades e não será discriminado por motivo de:

I — etnia, raça, cor da pele, cultura, origem, idade e sexo;

II — orientação sexual, idioma ou religião;

III — opinião, deficiência e condição social ou econômica.

Art. 18. A ação do poder público na efetivação do direito do jovem à diversidade e à igualdade contempla a adoção das seguintes medidas:

I — adoção, nos âmbitos federal, estadual, municipal e do Distrito Federal, de programas governamentais destinados a assegurar a igualdade de direitos aos jovens de todas as

Legislação Complementar

raças e etnias, independentemente de sua origem, relativamente à educação, à profissionalização, ao trabalho e renda, à cultura, à saúde, à segurança, à cidadania e ao acesso à justiça;

II — capacitação dos professores dos ensinos fundamental e médio para a aplicação das diretrizes curriculares nacionais no que se refere ao enfrentamento de todas as formas de discriminação;

III — inclusão de temas sobre questões étnicas, raciais, de deficiência, de orientação sexual, de gênero e de violência doméstica e sexual praticada contra a mulher na formação dos profissionais de educação, de saúde e de segurança pública e dos operadores do direito;

IV — observância das diretrizes curriculares para a educação indígena como forma de preservação dessa cultura;

V — inclusão, nos conteúdos curriculares, de informações sobre a discriminação na sociedade brasileira e sobre o direito de todos os grupos e indivíduos a tratamento igualitário perante a lei; e

VI — inclusão, nos conteúdos curriculares, de temas relacionados à sexualidade, respeitando a diversidade de valores e crenças.

Seção V
Do Direito à Saúde

Art. 19. O jovem tem direito à saúde e à qualidade de vida, considerando suas especificidades na dimensão da prevenção, promoção, proteção e recuperação da saúde de forma integral.

Art. 20. A política pública de atenção à saúde do jovem será desenvolvida em consonância com as seguintes diretrizes:

I — acesso universal e gratuito ao Sistema Único de Saúde — SUS e a serviços de saúde humanizados e de qualidade, que respeitem as especificidades do jovem;

II — atenção integral à saúde, com especial ênfase ao atendimento e à prevenção dos agravos mais prevalentes nos jovens;

III — desenvolvimento de ações articuladas entre os serviços de saúde e os estabelecimentos de ensino, a sociedade e a família, com vistas à prevenção de agravos;

IV — garantia da inclusão de temas relativos ao consumo de álcool, tabaco e outras drogas, à saúde sexual e reprodutiva, com enfoque de gênero e dos direitos sexuais e reprodutivos nos projetos pedagógicos dos diversos níveis de ensino;

V — reconhecimento do impacto da gravidez planejada ou não, sob os aspectos médico, psicológico, social e econômico;

VI — capacitação dos profissionais de saúde, em uma perspectiva multiprofissional, para lidar com temas relativos à saúde sexual e reprodutiva dos jovens, inclusive com deficiência, e ao abuso de álcool, tabaco e outras drogas pelos jovens;

VII — habilitação dos professores e profissionais de saúde e de assistência social para a identificação dos problemas relacionados ao uso abusivo e à dependência de álcool, tabaco e outras drogas e o devido encaminhamento aos serviços assistenciais e de saúde;

VIII — valorização das parcerias com instituições da sociedade civil na abordagem das questões de prevenção, tratamento e reinserção social dos usuários e dependentes de álcool, tabaco e outras drogas;

IX — proibição de propagandas de bebidas contendo qualquer teor alcoólico com a participação de pessoa com menos de 18 (dezoito) anos de idade;

X — veiculação de campanhas educativas relativas ao álcool, ao tabaco e a outras drogas como causadores de dependência; e

XI — articulação das instâncias de saúde e justiça na prevenção do uso e abuso de álcool, tabaco e outras drogas, inclusive esteróides anabolizantes e, especialmente, *crack*.

Seção VI
Do Direito à Cultura

Art. 21. O jovem tem direito à cultura, incluindo a livre criação, o acesso aos bens e serviços culturais e a participação nas decisões de política cultural, à identidade e diversidade cultural e à memória social.

Art. 22. Na consecução dos direitos culturais da juventude, compete ao poder público:

I — garantir ao jovem a participação no processo de produção, reelaboração e fruição dos bens culturais;

II — propiciar ao jovem o acesso aos locais e eventos culturais, mediante preços reduzidos, em âmbito nacional;

III — incentivar os movimentos de jovens a desenvolver atividades artístico-culturais e ações voltadas à preservação do patrimônio histórico;

IV — valorizar a capacidade criativa do jovem, mediante o desenvolvimento de programas e projetos culturais;

V — propiciar ao jovem o conhecimento da diversidade cultural, regional e étnica do País;

VI — promover programas educativos e culturais voltados para a problemática do jovem nas emissoras de rádio e televisão e nos demais meios de comunicação de massa;

VII — promover a inclusão digital dos jovens, por meio do acesso às novas tecnologias da informação e comunicação;

VIII — assegurar ao jovem do campo o direito à produção e à fruição cultural e aos equipamentos públicos que valorizem a cultura camponesa; e

IX — garantir ao jovem com deficiência acessibilidade e adaptações razoáveis.

PARÁGRAFO ÚNICO. A aplicação dos incisos I, III e VIII do *caput* deve observar a legislação específica sobre o direito à profissionalização e à proteção no trabalho dos adolescentes.

Art. 23. É assegurado aos jovens de até 29 (vinte e nove) anos pertencentes a famílias de baixa renda e aos estudantes, na forma do regulamento, o acesso a salas de cinema, cineclubes, teatros, espetáculos musicais e circenses, eventos educativos, esportivos, de lazer e entretenimento, em todo o território nacional, promovidos por quaisquer entidades e realizados em estabelecimentos públicos ou particulares, mediante pagamento da metade do preço do ingresso cobrado do público em geral.

§ 1º Terão direito ao benefício previsto no *caput* os estudantes regularmente matriculados nos níveis e modalidades de educação e ensino previstos no Título V da Lei n. 9.394, de 20 de dezembro de 1996 — Lei de Diretrizes e Bases da Educação Nacional, que comprovem sua condição de discente, mediante apresentação, no momento da aquisição do ingresso e na portaria do local de realização o evento, da Carteira de Identificação Estudantil — CIE.

§ 2º A CIE será expedida preferencialmente pela Associação Nacional de Pós-Graduandos, pela União Nacional dos Estudantes, pela União Brasileira dos Estudantes Secundaristas e por entidades estudantis estaduais e municipais a elas filiadas.

§ 3º É garantida a gratuidade na expedição da CIE para estudantes pertencentes a famílias de baixa renda, nos termos do regulamento.

§ 4º As entidades mencionadas no § 2º deste artigo deverão tornar disponível, para eventuais consultas pelo poder público e pelos estabelecimentos referidos no *caput*, banco de dados com o nome e o número de registro dos estudantes portadores da Carteira de Identificação Estudantil, expedida nos termos do § 3º deste artigo.

§ 5º A CIE terá validade até o dia 31 de março do ano subsequente à data de sua expedição.

§ 6º As entidades mencionadas no § 2º deste artigo são obrigadas a manter o documento comprobatório do vínculo do aluno com o estabelecimento escolar, pelo mesmo prazo de validade da respectiva Carteira de Identificação Estudantil.

§ 7º Caberá aos órgãos públicos competentes federais, estaduais, municipais e do Distrito Federal a fiscalização do cumprimento do disposto neste artigo e a aplicação das sanções cabíveis, nos termos do regulamento.

§ 8º Os benefícios previstos neste artigo não incidirão sobre os eventos esportivos de que tratam as Leis ns. 12.663, de 5 de junho de 2012, e 12.780, de 9 de janeiro de 2013.

§ 9º Considera-se de baixa renda, para os fins do disposto no *caput*, a família inscrita no Cadastro Único para Programas Sociais do Governo Federal — CadÚnico cuja renda mensal seja de até 2 (dois) salários mínimos.

§ 10. A concessão do benefício da meia-entrada de que trata o *caput* é limitada a 40% (quarenta por cento) do total de ingressos disponíveis para cada evento.

Art. 24. O poder público destinará, no âmbito dos respectivos orçamentos, recursos financeiros para o fomento dos projetos culturais destinados aos jovens e por eles produzidos.

Art. 25. Na destinação dos recursos do Fundo Nacional da Cultura — FNC, de que trata a Lei n. 8.313, de 23 de dezembro de 1991, serão consideradas as necessidades específicas dos jovens em relação à ampliação do acesso à cultura e à melhoria das condições para o exercício do protagonismo no campo da produção cultural.

PARÁGRAFO ÚNICO. As pessoas físicas ou jurídicas poderão optar pela aplicação de parcelas do imposto sobre a renda a título de doações ou patrocínios, de que trata a Lei n. 8.313, de 23 de dezembro de 1991, no apoio a projetos culturais apresentados por entidades juvenis legalmente constituídas há, pelo menos, 1 (um) ano.

Seção VII
Do Direito à Comunicação e à Liberdade de Expressão

Art. 26. O jovem tem direito à comunicação e à livre expressão, à produção de conteúdo, individual e colaborativo, e ao acesso às tecnologias de informação e comunicação.

Art. 27. A ação do poder público na efetivação do direito do jovem à comunicação e à liberdade de expressão contempla a adoção das seguintes medidas:

I — incentivar programas educativos e culturais voltados para os jovens nas emissoras de rádio e televisão e nos demais meios de comunicação de massa;

II — promover a inclusão digital dos jovens, por meio do acesso às novas tecnologias de informação e comunicação;

III — promover as redes e plataformas de comunicação dos jovens, considerando a acessibilidade para os jovens com deficiência;

IV — incentivar a criação e manutenção de equipamentos públicos voltados para a promoção do direito do jovem à comunicação; e

V — garantir a acessibilidade à comunicação por meio de tecnologias assistivas e adaptações razoáveis para os jovens com deficiência.

Seção VIII
Do Direito ao Desporto e ao Lazer

Art. 28. O jovem tem direito à prática desportiva destinada a seu pleno desenvolvimento, com prioridade para o desporto de participação.

PARÁGRAFO ÚNICO. O direito à prática desportiva dos adolescentes deverá considerar sua condição peculiar de pessoa em desenvolvimento.

Art. 29. A política pública de desporto e lazer destinada ao jovem deverá considerar:

I — a realização de diagnóstico e estudos estatísticos oficiais acerca da educação física e dos desportos e dos equipamentos de lazer no Brasil;

II — a adoção de lei de incentivo fiscal para o esporte, com critérios que priorizem a juventude e promovam a equidade;

III — a valorização do desporto e do paradesporto educacional;

IV — a oferta de equipamentos comunitários que permitam a prática desportiva, cultural e de lazer.

Art. 30. Todas as escolas deverão buscar pelo menos um local apropriado para a prática de atividades poliesportivas.

Seção IX
Do Direito ao Território e à Mobilidade

Art. 31. O jovem tem direito ao território e à mobilidade, incluindo a promoção de políticas públicas de moradia, circulação e equipamentos públicos, no campo e na cidade.

PARÁGRAFO ÚNICO. Ao jovem com deficiência devem ser garantidas a acessibilidade e as adaptações necessárias.

Art. 32. No sistema de transporte coletivo interestadual, observar-se-á, nos termos da legislação específica:

I — a reserva de 2 (duas) vagas gratuitas por veículo para jovens de baixa renda;

II — a reserva de 2 (duas) vagas por veículo com desconto de 50% (cinquenta por cento), no mínimo, no valor das passagens, para os jovens de baixa renda, a serem utilizadas após esgotadas as vagas previstas no inciso I.

PARÁGRAFO ÚNICO. Os procedimentos e os critérios para o exercício dos direitos previstos nos incisos I e II serão definidos em regulamento.

Art. 33. A União envidará esforços, em articulação com os Estados, o Distrito Federal e os Municípios, para promover a oferta de transporte público subsidiado para os jovens, com prioridade para os jovens em situação de pobreza e vulnerabilidade, na forma do regulamento.

Seção X
Do Direito à Sustentabilidade e ao Meio Ambiente

Art. 34. O jovem tem direito à sustentabilidade e ao meio ambiente ecologicamente equilibrado, bem de uso comum do povo, essencial à sadia qualidade de vida, e o dever de defendê-lo e preservá-lo para a presente e as futuras gerações.

Art. 35. O Estado promoverá, em todos os níveis de ensino, a educação ambiental voltada para a preservação do meio ambiente e a sustentabilidade, de acordo com a Política Nacional do Meio Ambiente.

Art. 36. Na elaboração, na execução e na avaliação de políticas públicas que incorporem a dimensão ambiental, o poder público deverá considerar:

I — o estímulo e o fortalecimento de organizações, movimentos, redes e outros coletivos de juventude que atuem no âmbito das questões ambientais e em prol do desenvolvimento sustentável;

II — o incentivo à participação dos jovens na elaboração das políticas públicas de meio ambiente;

III — a criação de programas de educação ambiental destinados aos jovens; e

IV — o incentivo à participação dos jovens em projetos de geração de trabalho e renda que visem ao desenvolvimento sustentável nos âmbitos rural e urbano.

PARÁGRAFO ÚNICO. A aplicação do disposto no inciso IV do *caput* deve observar a legislação específica sobre o direito à profissionalização e à proteção no trabalho dos adolescentes.

Seção XI
Do Direito à Segurança Pública e ao Acesso à Justiça

Art. 37. Todos os jovens têm direito de viver em um ambiente seguro, sem violência, com garantia da sua incolumidade física e mental, sendo-lhes asseguradas a igualdade de oportunidades e facilidades para seu aperfeiçoamento intelectual, cultural e social.

Art. 38. As políticas de segurança pública voltadas para os jovens deverão articular ações da União, dos Estados, do Distrito Federal e dos Municípios e ações não governamentais, tendo por diretrizes:

I — a integração com as demais políticas voltadas à juventude;

II — a prevenção e enfrentamento da violência;

III — a promoção de estudos e pesquisas e a obtenção de estatísticas e informações relevantes para subsidiar as ações de segurança pública e permitir a avaliação periódica dos impactos das políticas públicas quanto às causas, às consequências e à frequência da violência contra os jovens;

IV — a priorização de ações voltadas para os jovens em situação de risco, vulnerabilidade social e egressos do sistema penitenciário nacional;

V — a promoção do acesso efetivo dos jovens à Defensoria Pública, considerando as especificidades da condição juvenil; e

VI — a promoção do efetivo acesso dos jovens com deficiência à justiça em igualdade de condições com as demais pessoas, inclusive mediante a provisão de adaptações processuais adequadas a sua idade.

TÍTULO II
Do Sistema Nacional de Juventude

Capítulo I
Do Sistema Nacional de Juventude — SINAJUVE

Art. 39. É instituído o Sistema Nacional de Juventude — SINAJUVE, cujos composição, organização, competência e funcionamento serão definidos em regulamento.

Art. 40. O financiamento das ações e atividades realizadas no âmbito do Sinajuve será definido em regulamento.

Capítulo II
Das Competências

Art. 41. Compete à União:

I — formular e coordenar a execução da Política Nacional de Juventude;

II — coordenar e manter o Sinajuve;

III — estabelecer diretrizes sobre a organização e o funcionamento do Sinajuve;

IV — elaborar o Plano Nacional de Políticas de Juventude, em parceria com os Estados, o Distrito Federal, os Municípios e a sociedade, em especial a juventude;

V — convocar e realizar, em conjunto com o Conselho Nacional de Juventude, as Conferências Nacionais de Juventude, com intervalo máximo de 4 (quatro) anos;

VI — prestar assistência técnica e suplementação financeira aos Estados, ao Distrito Federal e aos Municípios para o desenvolvimento de seus sistemas de juventude;

VII — contribuir para a qualificação e ação em rede do Sinajuve em todos os entes da Federação;

VIII — financiar, com os demais entes federados, a execução das políticas públicas de juventude;

IX — estabelecer formas de colaboração com os Estados, o Distrito Federal e os Municípios para a execução das políticas públicas de juventude; e

X — garantir a publicidade de informações sobre repasses de recursos para financiamento das políticas públicas de juventude aos conselhos e gestores estaduais, do Distrito Federal e municipais.

Art. 42. Compete aos Estados:

I — coordenar, em âmbito estadual, o Sinajuve;

II — elaborar os respectivos planos estaduais de juventude, em conformidade com o Plano Nacional, com a participação da sociedade, em especial da juventude;

III — criar, desenvolver e manter programas, ações e projetos para a execução das políticas públicas de juventude;

IV — convocar e realizar, em conjunto com o Conselho Estadual de Juventude, as Conferências Estaduais de Juventude, com intervalo máximo de 4 (quatro) anos;

V — editar normas complementares para a organização e o funcionamento do Sinajuve, em âmbito estadual e municipal;

VI — estabelecer com a União e os Municípios formas de colaboração para a execução das políticas públicas de juventude; e

VII — cofinanciar, com os demais entes federados, a execução de programas, ações e projetos das políticas públicas de juventude.

PARÁGRAFO ÚNICO. Serão incluídos nos censos demográficos dados relativos à população jovem do País.

Art. 43. Compete aos Municípios:

I — coordenar, em âmbito municipal, o Sinajuve;

II — elaborar os respectivos planos municipais de juventude, em conformidade com os respectivos Planos Nacional e Estadual, com a participação da sociedade, em especial da juventude;

III — criar, desenvolver e manter programas, ações e projetos para a execução das políticas públicas de juventude;

IV — convocar e realizar, em conjunto com o Conselho Municipal de Juventude, as Conferências Municipais de Juventude, com intervalo máximo de 4 (quatro) anos;

V — editar normas complementares para a organização e funcionamento do Sinajuve, em âmbito municipal;

VI — cofinanciar, com os demais entes federados, a execução de programas, ações e projetos das políticas públicas de juventude; e

VII — estabelecer mecanismos de cooperação com os Estados e a União para a execução das políticas públicas de juventude.

PARÁGRAFO ÚNICO. Para garantir a articulação federativa com vistas ao efetivo cumprimento das políticas públicas de juventude, os Municípios podem instituir os consórcios de que trata a Lei n. 11.107, de 6 de abril de 2005, ou qualquer outro instrumento jurídico adequado, como forma de compartilhar responsabilidades.

Art. 44. As competências dos Estados e Municípios são atribuídas, cumulativamente, ao Distrito Federal.

Capítulo III
Dos Conselhos de Juventude

Art. 45. Os conselhos de juventude são órgãos permanentes e autônomos, não jurisdicionais, encarregados de tratar das políticas públicas de juventude e da garantia do exercício dos direitos do jovem, com os seguintes objetivos:

I — auxiliar na elaboração de políticas públicas de juventude que promovam o amplo exercício dos direitos dos jovens estabelecidos nesta Lei;

II — utilizar instrumentos de forma a buscar que o Estado garanta aos jovens o exercício dos seus direitos;

III — colaborar com os órgãos da administração no planejamento e na implementação das políticas de juventude;

IV — estudar, analisar, elaborar, discutir e propor a celebração de instrumentos de cooperação, visando à elaboração de programas, projetos e ações voltados para a juventude;

V — promover a realização de estudos relativos à juventude, objetivando subsidiar o planejamento das políticas públicas de juventude;

VI — estudar, analisar, elaborar, discutir e propor políticas públicas que permitam e garantam a integração e a participação do jovem nos processos social, econômico, político e cultural no respectivo ente federado;

VII — propor a criação de formas de participação da juventude nos órgãos da administração pública;

VIII — promover e participar de seminários, cursos, congressos e eventos correlatos para o debate de temas relativos à juventude;

IX — desenvolver outras atividades relacionadas às políticas públicas de juventude.

§ 1º A lei, em âmbito federal, estadual, do Distrito Federal e municipal, disporá sobre a organização, o funcionamento e a composição dos conselhos de juventude, observada a participação da sociedade civil mediante critério, no mínimo, paritário com os representantes do poder público.

§ 2º (VETADO).

Art. 46. São atribuições dos conselhos de juventude:

I — encaminhar ao Ministério Público notícia de fato que constitua infração administrativa ou penal contra os direitos do jovem garantidos na legislação;

II — encaminhar à autoridade judiciária os casos de sua competência;

III — expedir notificações;

IV — solicitar informações das autoridades públicas;

V — assessorar o Poder Executivo local na elaboração dos planos, programas, projetos, ações e proposta orçamentária das políticas públicas de juventude.

Art. 47. Sem prejuízo das atribuições dos conselhos de juventude com relação aos direitos previstos neste Estatuto, cabe aos conselhos de direitos da criança e do adolescente deliberar e controlar as ações em todos os níveis relativas aos adolescentes com idade entre 15 (quinze) e 18 (dezoito) anos.

Art. 48. Esta Lei entra em vigor após decorridos 180 (cento e oitenta) dias de sua publicação oficial.

Brasília, 5 de agosto de 2013; 192º da Independência e 125º da República.

DILMA ROUSSEFF
José Eduardo Cardozo
Antonio de Aguiar Patriota
Guido Mantega
César Borges
Aloizio Mercadante
Manoel Dias
Alexandre Rocha Santos Padilha
Miriam Belchior
Paulo Bernardo Silva
Tereza Campello
Marta Suplicy
Izabella Mônica Vieira Teixeira
Aldo Rebelo
Gilberto José Spier Vargas
Aguinaldo Ribeiro
Gilberto Carvalho
Luís Inácio Lucena Adams
Luiza Helena de Bairros
Eleonora Menicucci de Oliveira
Maria do Rosário Nunes

DECRETO N. 8.537, DE 5 DE OUTUBRO DE 2015

(DOU 6.10.15)

Regulamenta a Lei n. 12.852, de 5 de agosto de 2013, e a Lei n. 12.933, de 26 de dezembro de 2013, para dispor sobre o benefício da meia-entrada para acesso a eventos artístico-culturais e esportivos e para estabelecer os procedimentos e os critérios para a reserva de vagas a jovens de baixa renda nos veículos do sistema de transporte coletivo interestadual.

A PRESIDENTA DA REPÚBLICA, no uso das atribuições que lhe conferem o art. 84, *caput*, incisos IV e VI, alínea "a", da Constituição, e tendo em vista o disposto no art. 23 e no art. 32 da Lei n. 12.852, de 5 de agosto de 2013, e na Lei n. 12.933, de 26 de dezembro de 2013,

DECRETA:

Art. 1º Este Decreto regulamenta o benefício da meia-entrada para acesso a eventos artístico-culturais e esportivos por jovens de baixa renda, por estudantes e por pessoas com deficiência e estabelece os procedimentos e os critérios para a reserva de vagas a jovens de baixa renda nos veículos do sistema de transporte coletivo interestadual.

Art. 2º Para os efeitos deste Decreto, considera-se:

I — jovem de baixa renda — pessoa com idade entre quinze e vinte e nove anos que pertence à família com renda mensal de até dois salários mínimos, inscrita no Cadastro Único para Programas Sociais do Governo Federal — CadÚnico;

II — estudante — pessoa regularmente matriculada em instituição de ensino, pública ou privada, nos níveis e modalidades previstos no Título V da Lei n. 9.394, de 20 de dezembro de 1996 — Lei de Diretrizes e Bases da Educação Nacional;

III — pessoa com deficiência — pessoa que possui impedimento de longo prazo de natureza física, mental, intelectual ou sensorial, o qual, em interação com uma ou mais barreiras, pode obstruir sua participação plena e efetiva na sociedade em igualdade de condições com outras pessoas;

IV — acompanhante — aquele que acompanha a pessoa com deficiência, o qual pode ou não desempenhar as funções de atendente pessoal;

V — Identidade Jovem — documento que comprova a condição de jovem de baixa renda;

VI — Carteira de Identificação Estudantil — CIE — documento que comprova a condição de estudante regularmente matriculado nos níveis e modalidades de educação e ensino previstos no Título V da Lei n. 9.394, de 1996, conforme modelo único nacionalmente padronizado, com certificação digital e que pode ter cinquenta por cento de características locais;

VII — eventos artístico-culturais e esportivos — exibições em cinemas, cineclubes e teatros, espetáculos musicais, de artes cênicas e circenses, eventos educativos, esportivos, de lazer e de entretenimento, promovidos por quaisquer entidades e realizados em estabelecimentos públicos ou particulares mediante cobrança de ingresso;

VIII — ingresso — documento, físico ou eletrônico, que possibilita o acesso individual e pessoal a eventos artístico-culturais e esportivos, vendido por estabelecimentos ou entidades produtoras ou promotoras do evento;

IX — venda ao público em geral — venda acessível a qualquer interessado indiscriminadamente, mediante pagamento do valor cobrado;

X — transporte interestadual de passageiros — transporte que atende mercados com origem e destino em Estados distintos, ou entre Estados e o Distrito Federal;

XI — serviço de transporte regular — serviço público delegado para execução de transporte interestadual de passageiros, operado por veículos do tipo rodoviário, ferroviário ou aquaviário, entre dois pontos terminais, aberto ao público em geral, com esquema operacional aprovado pela Agência Nacional de Transportes Terrestres — ANTT ou pela Agência Nacional de Transportes Aquaviários — Antaq;

XII — serviço do tipo rodoviário — serviço de transporte que transita por estrada ou por rodovia municipal, estadual, distrital ou federal e que permite o transporte de bagagem em compartimento específico;

XIII — serviço do tipo aquaviário — serviço de transporte que transita por rios, lagos, lagoas e baías e que opera linhas regulares, inclusive travessias;

XIV — serviço do tipo ferroviário — serviço de transporte que transita por ferrovias municipais, estaduais, distrital ou federal em linhas regulares;

XV — linha regular — serviço de transporte coletivo de passageiros executado em uma ligação de dois pontos terminais, aberto ao público em geral, de natureza regular e permanente, com itinerário definido no ato de sua delegação ou outorga;

XVI — seção — serviço realizado em trecho do itinerário de linha do serviço de transporte, com fracionamento do preço de passagem; e

XVII — bilhete de viagem do jovem — documento, físico ou eletrônico, que comprove o contrato de transporte gratuito ou com desconto de cinquenta por cento ao jovem de baixa renda, fornecido pela empresa prestadora do serviço de transporte, para possibilitar o ingresso do beneficiário no veículo, observado o disposto em Resolução da ANTT e da Antaq.

Seção I

Da meia-entrada para acesso a eventos artístico-culturais e esportivos

Art. 3º Os estudantes terão direito ao benefício da meia-entrada mediante a apresentação da CIE no momento da aquisição do ingresso e na portaria ou na entrada do local de realização do evento.

§ 1º A CIE será expedida por:

I — Associação Nacional de Pós-Graduandos — ANPG;

II — União Nacional dos Estudantes — UNE;

III — União Brasileira dos Estudantes Secundaristas — Ubes;

IV — entidades estaduais e municipais filiadas às entidades previstas nos incisos I a III;

V — Diretórios Centrais dos Estudantes — DCE; e

VI — Centros e Diretórios Acadêmicos, de nível médio e superior.

§ 2º Observado o disposto no § 2º do art. 1º da Lei n. 12.933, de 2013, deverão constar os seguintes elementos na CIE:

I — nome completo e data de nascimento do estudante;

II — foto recente do estudante;

III — nome da instituição de ensino na qual o estudante esteja Matriculado;

IV — grau de escolaridade; e

V — data de validade até o dia 31 de março do ano subsequente ao de sua expedição.

§ 3º No ato de solicitação da CIE, o estudante deverá apresentar documento de identificação com foto expedido por órgão público e válido em todo território nacional e comprovante de matrícula correspondente ao ano letivo a que se refere o pedido.

§ 4º É vedada a cobrança de taxa de expedição da CIE para jovens estudantes de baixa renda, mediante comprovação dos requisitos estabelecidos no inciso I do *caput* do art. 2º.

§ 5º Os custos da expedição da CIE para jovens estudantes de baixa renda serão arcados pela instituição que a expedir.

§ 6º A CIE gratuita será idêntica à emitida a título oneroso e deverá ser expedida no mesmo prazo e por todos os locais credenciados para a sua expedição.

Art. 4º As entidades mencionadas nos incisos do § 1º do art. 3º deverão manter o documento comprobatório do vínculo do aluno com a instituição de ensino e disponibilizar banco de dados com o nome e o número de registro dos estudantes portadores da CIE, pelo mesmo prazo de validade da CIE, para eventuais consultas pelo Poder Público, estabelecimentos, produtoras e promotoras de eventos.

§ 1º É vedada a guarda de dados pessoais, após o vencimento do prazo de validade da CIE.

§ 2º Ficam assegurados o sigilo e a proteção de dados pessoais apurados no banco de dados referido no *caput*, sob responsabilidade das entidades mencionadas, vedada sua utilização para fins estranhos aos previstos neste Decreto.

Art. 5º Os jovens de baixa renda terão direito ao benefício da meia-entrada mediante a apresentação, no momento da aquisição do ingresso e na portaria ou na entrada do local de realização do evento, da Identidade Jovem acompanhada de documento de identificação com foto expedido por órgão público e válido em todo o território nacional.

§ 1º A Secretaria-Geral da Presidência da República, por meio da Secretaria Nacional de Juventude, emitirá a Identidade Jovem, conforme ato do Ministro de Estado Chefe da Secretaria-Geral da Presidência da República.

§ 2º A emissão de que trata o § 1º contará com o apoio do Ministério do Desenvolvimento Social e Combate à Fome.

Art. 6º As pessoas com deficiência terão direito ao benefício da meia-entrada mediante a apresentação, no momento da aquisição do ingresso e na portaria ou na entrada do local de realização do evento:

I — do cartão de Benefício de Prestação Continuada da Assistência Social da pessoa com deficiência; ou

II — de documento emitido pelo Instituto Nacional do Seguro Social — INSS que ateste a aposentadoria de acordo com os critérios estabelecidos na Lei Complementar n. 142, de 8 de maio de 2013.

§ 1º Os documentos de que tratam os incisos I e II do *caput* deverão estar acompanhados de documento de identificação com foto expedido por órgão público e válido em todo o território nacional.

§ 2º Os documentos previstos nos incisos I e II do *caput* serão substituídos, conforme regulamento, quando for instituída a avaliação da deficiência prevista no § 1º do art. 2º da Lei n. 13.146, de 6 de julho de 2015, para fins da meia-entrada.

§ 3º Quando a pessoa com deficiência necessitar de acompanhamento, ao seu acompanhante também se aplica o direito ao benefício previsto no *caput*.

§ 4º Enquanto não for instituída a avaliação de que trata o § 2º, com a identificação da necessidade ou não de acompanhante para cada caso, o benefício de que trata o § 3º será concedido mediante declaração da necessidade de acompanhamento pela pessoa com deficiência ou, na sua impossibilidade, por seu acompanhante, no momento da aquisição do ingresso e na portaria ou na entrada do local de realização do evento.

Art. 7º O valor do ingresso de meia-entrada deve equivaler à metade do preço do ingresso cobrado para a venda ao público em geral.

§ 1º O benefício previsto no *caput* não é cumulativo com outras promoções e convênios.

§ 2º O benefício previsto no *caput* não é cumulativo com vantagens vinculadas à aquisição do ingresso por associado de entidade de prática desportiva, como sócio torcedor ou equivalente e com a oferta de ingressos de que trata o inciso X do *caput* do art. 4º da Lei n. 13.155, de 4 de agosto de 2015.

Art. 8º A concessão do benefício da meia-entrada aplica-se a todas as categorias de ingressos disponíveis para venda ao público em geral.

§ 1º A regra estabelecida no *caput* aplica-se a ingressos para camarotes, áreas e cadeiras especiais, se vendidos de forma individual e pessoal.

§ 2º O benefício previsto no *caput* não se aplica ao valor dos serviços adicionais eventualmente oferecidos em camarotes, áreas e cadeiras especiais.

Art. 9º A concessão do benefício da meia-entrada aos beneficiários fica assegurada em quarenta por cento do total de ingressos disponíveis para venda ao público em geral, em cada evento.

PARÁGRAFO ÚNICO. Os ingressos destinados exclusivamente à venda para associados de entidades de prática desportiva, como sócio torcedor ou equivalente, não serão considerados para cálculo do percentual de que trata o *caput*.

Art. 10. Os ingressos de meia-entrada, no percentual de que trata o *caput* do art. 9º, deverão ser reservados aos beneficiários a partir do início das vendas até quarenta e oito horas antes de cada evento, com disponibilidade em todos os pontos de venda de ingresso, sejam eles físicos ou virtuais.

§ 1º Após o prazo estipulado no *caput*, a venda deverá ser realizada conforme demanda, contemplando o público em geral e os beneficiários da meia-entrada, até limite de que trata o art. 9º.

§ 2º A venda de ingressos iniciada após o prazo estipulado no *caput* seguirá a regra do § 1º.

§ 3º No caso de eventos realizados em estabelecimentos com capacidade superior a dez mil pessoas, o prazo de que trata o *caput* será de setenta e duas horas.

Art. 11. Os estabelecimentos, as produtoras e as promotoras de eventos disponibilizarão, de forma clara, precisa e ostensiva, as seguintes informações:

I — em todos os pontos de venda de ingresso, sejam eles físicos ou virtuais, e na portaria ou na entrada do local de realização do evento:

a) as condições estabelecidas para o gozo da meia-entrada, com a transcrição do art. 1º da Lei n. 12.933, de 2013; e

b) os telefones dos órgãos de fiscalização; e

II — em todos os pontos de venda de ingresso, sejam eles físicos ou virtuais:

a) o número total de ingressos e o número de ingressos disponíveis aos beneficiários da meia-entrada de que trata este Decreto e, se for o caso, com a especificação por categoria de ingresso; e

b) o aviso de que houve o esgotamento dos ingressos disponíveis aos beneficiários da meia-entrada de que trata este Decreto, incluindo formatos acessíveis a pessoas com deficiência sensoriais.

PARÁGRAFO ÚNICO. Na ausência das informações previstas no inciso II do *caput*, será garantido ao jovem de baixa renda, aos estudantes, às pessoas com deficiência e ao seu acompanhante, quando necessário, o benefício da meia-entrada, independentemente do percentual referido no *caput* do art. 9º.

Art. 12. Os estabelecimentos, as produtoras e as promotoras de eventos deverão elaborar relatório da venda de ingressos após o encerramento das vendas, com indicação dos ingressos vendidos como meia-entrada.

PARÁGRAFO ÚNICO. O relatório de que trata o *caput* deverá ser mantido pelo prazo de trinta dias, contado da data da realização de cada evento, em sítio eletrônico ou em meio físico.

Seção II

Reserva de vagas a jovens de baixa renda nos veículos do sistema de transporte coletivo interestadual

Art. 13. Na forma definida no art. 32 da Lei n. 12.852, de 5 de agosto de 2013, ao jovem de baixa renda serão reservadas duas vagas gratuitas em cada veículo, comboio ferroviário ou embarcação do serviço convencional de transporte interestadual de passageiros e duas vagas com desconto de cinquenta por cento, no mínimo, no valor das passagens, a serem utilizadas depois de esgotadas as vagas gratuitas.

§ 1º Para fins do disposto no *caput*, incluem-se na condição de serviço de transporte convencional:

I — os serviços de transporte rodoviário interestadual de passageiros, prestado em veículo de características básicas, com ou sem sanitários, em linhas regulares;

II — os serviços de transporte ferroviário interestadual de passageiros, em linhas regulares; e

III — os serviços de transporte aquaviário interestadual, abertos ao público, realizados em rios, lagos, lagoas e baías, que operam linhas regulares, inclusive travessias.

§ 2º Para fazer uso das vagas gratuitas ou com desconto de cinquenta por cento previstas no *caput*, o beneficiário deverá solicitar um único bilhete de viagem do jovem, nos pontos de venda da transportadora, com antecedência mínima de três horas em relação ao horário de partida do ponto inicial da linha do serviço de transporte, podendo solicitar a emissão do bilhete de viagem de retorno, observados os procedimentos da venda de bilhete de passagem.

§ 3º Na existência de seções, nos pontos de seção devidamente autorizados para embarque de passageiros, a reserva de assentos deverá estar disponível até o horário definido para o ponto inicial da linha, conforme previsto no § 2º.

§ 4º Após o prazo estipulado no § 2º, caso os assentos reservados não tenham sido objeto de concessão do benefício de que trata este Decreto, as empresas prestadoras dos serviços poderão colocá-los à venda.

§ 5º Enquanto os bilhetes dos assentos referidos no § 4º não forem comercializados, continuarão disponíveis para o exercício do benefício da gratuidade e da meia-passagem.

§ 6º O jovem deverá comparecer ao terminal de embarque até trinta minutos antes da hora marcada para o início da viagem, sob pena de perda do benefício.

§ 7º O bilhete de viagem do jovem é nominal e intransferível e deverá conter referência ao benefício obtido, seja a gratuidade, seja o desconto de cinquenta por cento do valor da passagem.

Art. 14. No ato da solicitação do bilhete de viagem do jovem, o interessado deverá apresentar a Identidade Jovem acompanhada de documento de identificação com foto expedido por órgão público e válido em todo território nacional.

PARÁGRAFO ÚNICO. Quando o benefício não for concedido, as empresas prestadoras dos serviços de transporte deverão emitir ao solicitante documento que indicará a data, a hora, o local e o motivo da recusa.

Art. 15. O beneficiário não poderá fazer reserva em mais de um horário para o mesmo dia e mesmo destino ou para horários e dias cuja realização da viagem se demonstre impraticável e caracterize domínio de reserva de lugares, em detrimento de outros beneficiários.

Art. 16. O bilhete de viagem do jovem será emitido pela empresa prestadora do serviço, em conformidade com a legislação tributária e com os regulamentos da ANTT e da Antaq.

PARÁGRAFO ÚNICO. As empresas prestadoras dos serviços de transporte deverão informar à ANTT e à Antaq a movimentação de usuários titulares do benefício, por seção e por situação, na periodicidade e na forma definida por estas Agências em regulamento.

Art. 17. O jovem de baixa renda titular do benefício a que se refere o art. 13 terá assegurado os mesmos direitos garantidos aos demais passageiros.

PARÁGRAFO ÚNICO. Não estão incluídas no benefício as tarifas de utilização dos terminais, de pedágio e as despesas com alimentação.

Art. 18. O jovem de baixa renda está sujeito aos procedimentos de identificação de passageiros ao se apresentar para embarque, de acordo com o estabelecido pela ANTT e pela Antaq.

Art. 19. Além dos benefícios previstos no art. 13, fica facultada às empresas prestadoras de serviços de transporte a concessão ao jovem de baixa renda do desconto mínimo de cinquenta por cento do valor da passagem para os demais assentos disponíveis do veículo, comboio ferroviário ou da embarcação do serviço de transporte interestadual de passageiros.

Art. 20. As empresas prestadoras dos serviços de transporte disponibilizarão em todos os pontos de venda de passagens, sejam eles físicos ou virtuais, cópia do art. 32 da Lei n. 12.852, de 2013, e deste Decreto.

Art. 21. O benefício de que trata o art. 13 será disciplinado em resolução específica pela ANTT e pela Antaq, assegurada a disponibilização de relatório de vagas gratuitas e vagas com desconto concedidas.

Seção III

Disposições Finais

Art. 22. O descumprimento das disposições previstas no art. 23 e no art. 32 da Lei n. 12.852, de 2013, na Lei n. 12.933, de 2013, e neste Decreto sujeita os estabelecimentos, produtoras e promotoras responsáveis pelos eventos culturais e esportivos e as empresas prestadoras dos serviços de transporte às sanções administrativas estabelecidas no Capítulo VII do Título I da Lei n. 8.078, de 11 de setembro de 1990, e no art. 78-A e seguintes da Lei n. 10.233, de 5 de junho de 2001, sem prejuízo das demais sanções previstas em lei.

Art. 23. A emissão irregular ou fraudulenta de carteiras estudantis sujeita a entidade emissora às sanções previstas no parágrafo único do art. 3º da Lei n. 12.933, de 2013, sem prejuízo das demais sanções previstas em lei ou das sanções aplicáveis aos responsáveis pela irregularidade ou fraude.

Art. 24. A fiscalização do cumprimento do disposto na Lei n. 12.933, de 2013, e neste Decreto será exercida em todo território nacional pelos órgãos públicos competentes federais, estaduais, municipais e distrital, conforme área de atuação.

Art. 25. Aplicam-se as seguintes regras transitórias aos eventos realizados após a entrada em vigor deste Decreto, mas que tiveram ingressos vendidos, total ou parcialmente, antes da referida vigência:

I — os meios de comprovação aceitos pelos estabelecimentos, produtoras e promotoras para compra de ingresso com benefício da meia-entrada, antes da vigência deste Decreto, não podem ser recusados para acesso aos eventos, na portaria ou no local de entrada; e

II — o percentual de quarenta por cento de que trata o art. 9º poderá ser calculado sobre o total de ingressos disponibilizados para venda ao público em geral ou apenas sobre o número restante de ingressos disponíveis após a entrada em vigor deste Decreto, o que for mais benéfico aos estabelecimentos, produtoras e promotoras.

Art. 26. Os relatórios de que tratam o art. 12 e o art. 21 devem ser disponibilizados apenas para os eventos e viagens que forem realizados após a entrada em vigor deste Decreto.

Art. 27. Os órgãos competentes deverão adotar as medidas necessárias para disponibilizar, a partir de 31 de março de 2016, a Identidade Jovem e o bilhete de viagem do jovem, para fins de percepção do benefício de que tratam os art. 5º e art. 13.

Art. 28. Este Decreto entra em vigor no dia 1º de dezembro de 2015.

Brasília, 5 de outubro de 2015; 194º da Independência e 127º da República.

DILMA ROUSSEFF

Antônio Carlos Rodrigues

João Luiz Silva Ferreira

George Hilton

LEI N. 13.445, DE 24 DE MAIO DE 2017

(DOU 25.5.2017)

Institui a Lei de Migração.

O PRESIDENTE DA REPÚBLICA Faço saber que o Congresso Nacional decreta e eu sanciono a seguinte Lei:

Capítulo I
Disposições Preliminares

Seção I

Disposições Gerais

Art. 1º Esta Lei dispõe sobre os direitos e os deveres do migrante e do visitante, regula a sua entrada e estada no País e estabelece princípios e diretrizes para as políticas públicas para o emigrante.

§ 1º Para os fins desta Lei, considera-se:

I — (VETADO);

II — imigrante: pessoa nacional de outro país ou apátrida que trabalha ou reside e se estabelece temporária ou definitivamente no Brasil;

III — emigrante: brasileiro que se estabelece temporária ou definitivamente no exterior;

IV — residente fronteiriço: pessoa nacional de país limítrofe ou apátrida que conserva a sua residência habitual em município fronteiriço de país vizinho;

V — visitante: pessoa nacional de outro país ou apátrida que vem ao Brasil para estadas de curta duração, sem pretensão de se estabelecer temporária ou definitivamente no território nacional;

VI — apátrida: pessoa que não seja considerada como nacional por nenhum Estado, segundo a sua legislação, nos termos da Convenção sobre o Estatuto dos Apátridas, de 1954, promulgada pelo Decreto n. 4.246, de 22 de maio de 2002, ou assim reconhecida pelo Estado brasileiro.

§ 2º (VETADO).

Art. 2º Esta Lei não prejudica a aplicação de normas internas e internacionais específicas sobre refugiados, asilados, agentes e pessoal diplomático ou consular, funcionários de organização internacional e seus familiares.

Seção II

Dos Princípios e das Garantias

Art. 3º A política migratória brasileira rege-se pelos seguintes princípios e diretrizes:

I — universalidade, indivisibilidade e interdependência dos direitos humanos;

II — repúdio e prevenção à xenofobia, ao racismo e a quaisquer formas de discriminação;

III — não criminalização da migração;

IV — não discriminação em razão dos critérios ou dos procedimentos pelos quais a pessoa foi admitida em território nacional;

V — promoção de entrada regular e de regularização documental;

VI — acolhida humanitária;

VII — desenvolvimento econômico, turístico, social, cultural, esportivo, científico e tecnológico do Brasil;

VIII — garantia do direito à reunião familiar;

IX — igualdade de tratamento e de oportunidade ao migrante e a seus familiares;

X — inclusão social, laboral e produtiva do migrante por meio de políticas públicas;

XI — acesso igualitário e livre do migrante a serviços, programas e benefícios sociais, bens públicos, educação, assistência jurídica integral pública, trabalho, moradia, serviço bancário e seguridade social;

XII — promoção e difusão de direitos, liberdades, garantias e obrigações do migrante;

XIII — diálogo social na formulação, na execução e na avaliação de políticas migratórias e promoção da participação cidadã do migrante;

XIV — fortalecimento da integração econômica, política, social e cultural dos povos da América Latina, mediante constituição de espaços de cidadania e de livre circulação de pessoas;

XV — cooperação internacional com Estados de origem, de trânsito e de destino de movimentos migratórios, a fim de garantir efetiva proteção aos direitos humanos do migrante;

XVI — integração e desenvolvimento das regiões de fronteira e articulação de políticas públicas regionais capazes de garantir efetividade aos direitos do residente fronteiriço;

XVII — proteção integral e atenção ao superior interesse da criança e do adolescente migrante;

XVIII — observância ao disposto em tratado;

XIX — proteção ao brasileiro no exterior;

XX — migração e desenvolvimento humano no local de origem, como direitos inalienáveis de todas as pessoas;

XXI — promoção do reconhecimento acadêmico e do exercício profissional no Brasil, nos termos da lei; e

XXII — repúdio a práticas de expulsão ou de deportação coletivas.

Art. 4º Ao migrante é garantida no território nacional, em condição de igualdade com os nacionais, a inviolabilidade do direito à vida, à liberdade, à igualdade, à segurança e à propriedade, bem como são assegurados:

I — direitos e liberdades civis, sociais, culturais e econômicos;

II — direito à liberdade de circulação em território nacional;

III — direito à reunião familiar do migrante com seu cônjuge ou companheiro e seus filhos, familiares e dependentes;

IV — medidas de proteção a vítimas e testemunhas de crimes e de violações de direitos;

V — direito de transferir recursos decorrentes de sua renda e economias pessoais a outro país, observada a legislação aplicável;

VI — direito de reunião para fins pacíficos;

VII — direito de associação, inclusive sindical, para fins lícitos;

VIII — acesso a serviços públicos de saúde e de assistência social e à previdência social, nos termos da lei, sem discriminação em razão da nacionalidade e da condição migratória;

IX — amplo acesso à justiça e à assistência jurídica integral gratuita aos que comprovarem insuficiência de recursos;

X — direito à educação pública, vedada a discriminação em razão da nacionalidade e da condição migratória;

XI — garantia de cumprimento de obrigações legais e contratuais trabalhistas e de aplicação das normas de proteção ao trabalhador, sem discriminação em razão da nacionalidade e da condição migratória;

XII — isenção das taxas de que trata esta Lei, mediante declaração de hipossuficiência econômica, na forma de regulamento;

XIII — direito de acesso à informação e garantia de confidencialidade quanto aos dados pessoais do migrante, nos termos da Lei n. 12.527, de 18 de novembro de 2011;

XIV — direito a abertura de conta bancária;

XV — direito de sair, de permanecer e de reingressar em território nacional, mesmo enquanto pendente pedido de autorização de residência, de prorrogação de estada ou de transformação de visto em autorização de residência; e

XVI — direito do imigrante de ser informado sobre as garantias que lhe são asseguradas para fins de regularização migratória.

§ 1º Os direitos e as garantias previstos nesta Lei serão exercidos em observância ao disposto na Constituição Federal, independentemente da situação migratória, observado o disposto no § 4º deste artigo, e não excluem outros decorrentes de tratado de que o Brasil seja parte.

§ 2º (VETADO).

§ 3º (VETADO).

§ 4º (VETADO).

Capítulo II
Da Situação Documental do Migrante e do Visitante

Seção I
Dos Documentos de Viagem

Art. 5º São documentos de viagem:

I — passaporte;

II — laissez-passer;

III — autorização de retorno;

IV — salvo-conduto;

V — carteira de identidade de marítimo;

VI — carteira de matrícula consular;

VII — documento de identidade civil ou documento estrangeiro equivalente, quando admitidos em tratado;

VIII — certificado de membro de tripulação de transporte aéreo; e

IX — outros que vierem a ser reconhecidos pelo Estado brasileiro em regulamento.

§ 1º Os documentos previstos nos incisos I, II, III, IV, V, VI e IX, quando emitidos pelo Estado brasileiro, são de propriedade da União, cabendo a seu titular a posse direta e o uso regular.

§ 2º As condições para a concessão dos documentos de que trata o § 1º serão previstas em regulamento.

Seção II
Dos Vistos

Subseção I
Disposições Gerais

Art. 6º O visto é o documento que dá a seu titular expectativa de ingresso em território nacional.

PARÁGRAFO ÚNICO. (VETADO).

Art. 7º O visto será concedido por embaixadas, consulados-gerais, consulados, vice-consulados e, quando habilitados pelo órgão competente do Poder Executivo, por escritórios comerciais e de representação do Brasil no exterior.

PARÁGRAFO ÚNICO. Excepcionalmente, os vistos diplomático, oficial e de cortesia poderão ser concedidos no Brasil.

Art. 8º Poderão ser cobrados taxas e emolumentos consulares pelo processamento do visto.

Art. 9º Regulamento disporá sobre:

I — requisitos de concessão de visto, bem como de sua simplificação, inclusive por reciprocidade;

II — prazo de validade do visto e sua forma de contagem;

III — prazo máximo para a primeira entrada e para a estada do imigrante e do visitante no País;

IV — hipóteses e condições de dispensa recíproca ou unilateral de visto e de taxas e emolumentos consulares por seu processamento; e

V — solicitação e emissão de visto por meio eletrônico.

PARÁGRAFO ÚNICO. A simplificação e a dispensa recíproca de visto ou de cobrança de taxas e emolumentos consulares por seu processamento poderão ser definidas por comunicação diplomática.

Art. 10. Não se concederá visto:

I — a quem não preencher os requisitos para o tipo de visto pleiteado;

II — a quem comprovadamente ocultar condição impeditiva de concessão de visto ou de ingresso no País; ou

III — a menor de 18 (dezoito) anos desacompanhado ou sem autorização de viagem por escrito dos responsáveis legais ou de autoridade competente.

Art. 11. Poderá ser denegado visto a quem se enquadrar em pelo menos um dos casos de impedimento definidos nos incisos I, II, III, IV e IX do art. 45.

PARÁGRAFO ÚNICO. A pessoa que tiver visto brasileiro denegado será impedida de ingressar no País enquanto permanecerem as condições que ensejaram a denegação.

Subseção II
Dos Tipos de Visto

Art. 12. Ao solicitante que pretenda ingressar ou permanecer em território nacional poderá ser concedido visto:

I — de visita;

II — temporário;

III — diplomático;

IV — oficial;

V — de cortesia.

Subseção III
Do Visto de Visita

Art. 13. O visto de visita poderá ser concedido ao visitante que venha ao Brasil para estada de curta duração, sem intenção de estabelecer residência, nos seguintes casos:

I — turismo;

II — negócios;

III — trânsito;

IV — atividades artísticas ou desportivas; e

V — outras hipóteses definidas em regulamento.

§ 1º É vedado ao beneficiário de visto de visita exercer atividade remunerada no Brasil.

§ 2º O beneficiário de visto de visita poderá receber pagamento do governo, de empregador brasileiro ou de entidade privada a título de diária, ajuda de custo, cachê, pró-labore ou outras despesas com a viagem, bem como concorrer a prêmios, inclusive em dinheiro, em competições desportivas ou em concursos artísticos ou culturais.

§ 3º O visto de visita não será exigido em caso de escala ou conexão em território nacional, desde que o visitante não deixe a área de trânsito internacional.

Subseção IV
Do Visto Temporário

Art. 14. O visto temporário poderá ser concedido ao imigrante que venha ao Brasil com o intuito de estabelecer residência por tempo determinado e que se enquadre em pelo menos uma das seguintes hipóteses:

I — o visto temporário tenha como finalidade:

a) pesquisa, ensino ou extensão acadêmica;

b) tratamento de saúde;

c) acolhida humanitária;

d) estudo;

e) trabalho;

f) férias-trabalho;

g) prática de atividade religiosa ou serviço voluntário;

h) realização de investimento ou de atividade com relevância econômica, social, científica, tecnológica ou cultural;

i) reunião familiar;

j) atividades artísticas ou desportivas com contrato por prazo determinado;

II — o imigrante seja beneficiário de tratado em matéria de vistos;

III — outras hipóteses definidas em regulamento.

§ 1º O visto temporário para pesquisa, ensino ou extensão acadêmica poderá ser concedido ao imigrante com ou sem vínculo empregatício com a instituição de pesquisa ou de ensino brasileira, exigida, na hipótese de vínculo, a comprovação de formação superior compatível ou equivalente reconhecimento científico.

§ 2º O visto temporário para tratamento de saúde poderá ser concedido ao imigrante e a seu acompanhante, desde que o imigrante comprove possuir meios de subsistência suficientes.

§ 3º O visto temporário para acolhida humanitária poderá ser concedido ao apátrida ou ao nacional de qualquer país em situação de grave ou iminente instabilidade institucional, de conflito armado, de calamidade de grande proporção, de desastre ambiental ou de grave violação de direitos humanos ou de direito internacional humanitário, ou em outras hipóteses, na forma de regulamento.

§ 4º O visto temporário para estudo poderá ser concedido ao imigrante que pretenda vir ao Brasil para frequentar curso regular ou

Legislação Complementar

realizar estágio ou intercâmbio de estudo ou de pesquisa.

§ 5º Observadas as hipóteses previstas em regulamento, o visto temporário para trabalho poderá ser concedido ao imigrante que venha exercer atividade laboral, com ou sem vínculo empregatício no Brasil, desde que comprove oferta de trabalho formalizada por pessoa jurídica em atividade no País, dispensada esta exigência se o imigrante comprovar titulação em curso de ensino superior ou equivalente.

§ 6º O visto temporário para férias-trabalho poderá ser concedido ao imigrante maior de 16 (dezesseis) anos que seja nacional de país que conceda idêntico benefício ao nacional brasileiro, em termos definidos por comunicação diplomática.

§ 7º Não se exigirá do marítimo que ingressar no Brasil em viagem de longo curso ou em cruzeiros marítimos pela costa brasileira o visto temporário de que trata a alínea "e" do inciso I do *caput*, bastando a apresentação da carteira internacional de marítimo, nos termos de regulamento.

§ 8º É reconhecida ao imigrante a quem se tenha concedido visto temporário para trabalho a possibilidade de modificação do local de exercício de sua atividade laboral.

§ 9º O visto para realização de investimento poderá ser concedido ao imigrante que aporte recursos em projeto com potencial para geração de empregos ou de renda no País.

§ 10. (VETADO).

Subseção V
Dos Vistos Diplomático, Oficial e de Cortesia

Art. 15. Os vistos diplomático, oficial e de cortesia serão concedidos, prorrogados ou dispensados na forma desta Lei e de regulamento.

PARÁGRAFO ÚNICO. Os vistos diplomático e oficial poderão ser transformados em autorização de residência, o que importará cessação de todas as prerrogativas, privilégios e imunidades decorrentes do respectivo visto.

Art. 16. Os vistos diplomático e oficial poderão ser concedidos a autoridades e funcionários estrangeiros que viajem ao Brasil em missão oficial de caráter transitório ou permanente, representando Estado estrangeiro ou organismo internacional reconhecido.

§ 1º Não se aplica ao titular dos vistos referidos no *caput* o disposto na legislação trabalhista brasileira.

§ 2º Os vistos diplomático e oficial poderão ser estendidos aos dependentes das autoridades referidas no *caput*.

Art. 17. O titular de visto diplomático ou oficial somente poderá ser remunerado por Estado estrangeiro ou organismo internacional, ressalvado o disposto em tratado que contenha cláusula específica sobre o assunto.

PARÁGRAFO ÚNICO. O dependente de titular de visto diplomático ou oficial poderá exercer atividade remunerada no Brasil, sob o amparo da legislação trabalhista brasileira, desde que seja nacional de país que assegure reciprocidade de tratamento ao nacional brasileiro, por comunicação diplomática.

Art. 18. O empregado particular titular de visto de cortesia somente poderá exercer atividade remunerada para o titular de visto diplomático, oficial ou de cortesia ao qual esteja vinculado, sob o amparo da legislação trabalhista brasileira.

PARÁGRAFO ÚNICO. O titular de visto diplomático, oficial ou de cortesia será responsável pela saída de seu empregado do território nacional.

Seção III
Do Registro e da Identificação Civil do Imigrante e dos Detentores de Vistos Diplomático, Oficial e de Cortesia

Art. 19. O registro consiste na identificação civil por dados biográficos e biométricos, e é obrigatório a todo imigrante detentor de visto temporário ou de autorização de residência.

§ 1º O registro gerará número único de identificação que garantirá o pleno exercício dos atos da vida civil.

§ 2º O documento de identidade do imigrante será expedido com base no número único de identificação.

§ 3º Enquanto não for expedida identificação civil, o documento comprobatório de que o imigrante a solicitou à autoridade competente garantirá ao titular o acesso aos direitos disciplinados nesta Lei.

Art. 20. A identificação civil de solicitante de refúgio, de asilo, de reconhecimento de apatridia e de acolhimento humanitário poderá ser realizada com a apresentação dos documentos de que o imigrante dispuser.

Art. 21. Os documentos de identidade emitidos até a data de publicação desta Lei continuarão válidos até sua total substituição.

Art. 22. A identificação civil, o documento de identidade e as formas de gestão da base cadastral dos detentores de vistos diplomático, oficial e de cortesia atenderão a disposições específicas previstas em regulamento.

Capítulo III
Da Condição Jurídica do Migrante e do Visitante

Seção I
Do Residente Fronteiriço

Art. 23. A fim de facilitar a sua livre circulação, poderá ser concedida ao residente fronteiriço, mediante requerimento, autorização para a realização de atos da vida civil.

PARÁGRAFO ÚNICO. Condições específicas poderão ser estabelecidas em regulamento ou tratado.

Art. 24. A autorização referida no *caput* do art. 23 indicará o Município fronteiriço no qual o residente estará autorizado a exercer os direitos a ele atribuídos por esta Lei.

§ 1º O residente fronteiriço detentor da autorização gozará das garantias e dos direitos assegurados pelo regime geral de migração desta Lei, conforme especificado em regulamento.

§ 2º O espaço geográfico de abrangência e de validade da autorização será especificado no documento de residente fronteiriço.

Art. 25. O documento de residente fronteiriço será cancelado, a qualquer tempo, se o titular:

I — tiver fraudado documento ou utilizado documento falso para obtê-lo;

II — obtiver outra condição migratória;

III — sofrer condenação penal; ou

IV — exercer direito fora dos limites previstos na autorização.

Seção II
Da Proteção do Apátrida e da Redução da Apatridia

Art. 26. Regulamento disporá sobre instituto protetivo especial do apátrida, consolidado em processo simplificado de naturalização.

§ 1º O processo de que trata o *caput* será iniciado tão logo seja reconhecida a situação de apatridia.

§ 2º Durante a tramitação do processo de reconhecimento da condição de apátrida, incidem todas as garantias e mecanismos protetivos e de facilitação da inclusão social relativos à Convenção sobre o Estatuto dos Apátridas de 1954, promulgada pelo Decreto n. 4.246, de 22 de maio de 2002, à Convenção relativa ao Estatuto dos Refugiados, promulgada pelo Decreto n. 50.215, de 28 de janeiro de 1961, e à Lei n. 9.474, de 22 de julho de 1997.

§ 3º Aplicam-se ao apátrida residente todos os direitos atribuídos ao migrante relacionados no art. 4º.

§ 4º O reconhecimento da condição de apátrida assegura os direitos e garantias previstos na Convenção sobre o Estatuto dos Apátridas, de 1954, promulgada pelo Decreto n. 4.246, de 22 de maio de 2002, bem como outros direitos e garantias reconhecidos pelo Brasil.

§ 5º O processo de reconhecimento da condição de apátrida tem como objetivo verificar se o solicitante é considerado nacional pela legislação de algum Estado e poderá considerar informações, documentos e declarações prestadas pelo próprio solicitante e por órgãos e organismos nacionais e internacionais.

§ 6º Reconhecida a condição de apátrida, nos termos do inciso VI do § 1º do art. 1º, o solicitante será consultado sobre o desejo de adquirir a nacionalidade brasileira.

§ 7º Caso o apátrida opte pela naturalização, a decisão sobre o reconhecimento será encaminhada ao órgão competente do Poder Executivo para publicação dos atos necessários à efetivação da naturalização no prazo de 30 (trinta) dias, observado o art. 65.

§ 8º O apátrida reconhecido que não opte pela naturalização imediata terá a autorização de residência outorgada em caráter definitivo.

§ 9º Caberá recurso contra decisão negativa de reconhecimento da condição de apátrida.

§ 10. Subsistindo a denegação do reconhecimento da condição de apátrida, é vedada a devolução do indivíduo para país onde sua vida, integridade pessoal ou liberdade estejam em risco.

§ 11. Será reconhecido o direito de reunião familiar a partir do reconhecimento da condição de apátrida.

§ 12. Implica perda da proteção conferida por esta Lei:

I — a renúncia;

II — a prova da falsidade dos fundamentos invocados para o reconhecimento da condição de apátrida; ou

III — a existência de fatos que, se fossem conhecidos por ocasião do reconhecimento, teriam ensejado decisão negativa.

Seção III
Do Asilado

Art. 27. O asilo político, que constitui ato discricionário do Estado, poderá ser diplomático ou territorial e será outorgado como instrumento de proteção à pessoa.

PARÁGRAFO ÚNICO. Regulamento disporá sobre as condições para a concessão e a manutenção de asilo.

Art. 28. Não se concederá asilo a quem tenha cometido crime de genocídio, crime contra a humanidade, crime de guerra ou crime de agressão, nos termos do Estatuto de Roma do Tribunal Penal Internacional, de 1998, promulgado pelo Decreto n. 4.388, de 25 de setembro de 2002.

Art. 29. A saída do asilado do País sem prévia comunicação implica renúncia ao asilo.

Seção IV
Da Autorização de Residência

Art. 30. A residência poderá ser autorizada, mediante registro, ao imigrante, ao residente fronteiriço ou ao visitante que se enquadre em uma das seguintes hipóteses:

I — a residência tenha como finalidade:

a) pesquisa, ensino ou extensão acadêmica;

b) tratamento de saúde;

c) acolhida humanitária;

d) estudo;

e) trabalho;

f) férias-trabalho;

g) prática de atividade religiosa ou serviço voluntário;

h) realização de investimento ou de atividade com relevância econômica, social, científica, tecnológica ou cultural;

i) reunião familiar;

II — a pessoa:

a) seja beneficiária de tratado em matéria de residência e livre circulação;

b) seja detentora de oferta de trabalho;

c) já tenha possuído a nacionalidade brasileira e não deseje ou não reúna os requisitos para readquiri-la;

d) (VETADO);

e) seja beneficiária de refúgio, de asilo ou de proteção ao apátrida;

f) seja menor nacional de outro país ou apátrida, desacompanhado ou abandonado, que se encontre nas fronteiras brasileiras ou em território nacional;

g) tenha sido vítima de tráfico de pessoas, de trabalho escravo ou de violação de direito agravada por sua condição migratória;

h) esteja em liberdade provisória ou em cumprimento de pena no Brasil;

III — outras hipóteses definidas em regulamento.

§ 1º Não se concederá a autorização de residência a pessoa condenada criminalmente no Brasil ou no exterior por sentença transitada em julgado, desde que a conduta esteja tipificada na legislação penal brasileira, ressalvados os casos em que:

I — a conduta caracterize infração de menor potencial ofensivo;

II — (VETADO); ou

III — a pessoa se enquadre nas hipóteses previstas nas alíneas "b", "c" e "i" do inciso I e na alínea "a" do inciso II do *caput* deste artigo.

§ 2º O disposto no § 1º não obsta progressão de regime de cumprimento de pena, nos termos da Lei nº 7.210, de 11 de julho de 1984, ficando a pessoa autorizada a trabalhar quando assim exigido pelo novo regime de cumprimento de pena.

§ 3º Nos procedimentos conducentes ao cancelamento de autorização de residência e no recurso contra a negativa de concessão de autorização de residência devem ser respeitados o contraditório e a ampla defesa.

Art. 31. Os prazos e o procedimento da autorização de residência de que trata o art. 30 serão dispostos em regulamento, observado o disposto nesta Lei.

§ 1º Será facilitada a autorização de residência nas hipóteses das alíneas "a" e "e" do inciso I do art. 30 desta Lei, devendo a deliberação sobre a autorização ocorrer em prazo não superior a 60 (sessenta) dias, a contar de sua solicitação.

§ 2º Nova autorização de residência poderá ser concedida, nos termos do art. 30, mediante requerimento.

§ 3º O requerimento de nova autorização de residência após o vencimento do prazo da autorização anterior implicará aplicação da sanção prevista no inciso II do art. 109.

§ 4º O solicitante de refúgio, de asilo ou de proteção ao apátrida fará jus a autorização provisória de residência até a obtenção de resposta ao seu pedido.

§ 5º Poderá ser concedida autorização de residência independentemente da situação migratória.

Art. 32. Poderão ser cobradas taxas pela autorização de residência.

Art. 33. Regulamento disporá sobre a perda e o cancelamento da autorização de residência em razão de fraude ou de ocultação de condição impeditiva de concessão de visto, de ingresso ou de permanência no País, observado procedimento administrativo que garanta o contraditório e a ampla defesa.

Art. 34. Poderá ser negada autorização de residência com fundamento nas hipóteses previstas nos incisos I, II, III, IV e IX do art. 45.

Art. 35. A posse ou a propriedade de bem no Brasil não confere o direito de obter visto ou autorização de residência em território nacional, sem prejuízo do disposto sobre visto para realização de investimento.

Art. 36. O visto de visita ou de cortesia poderá ser transformado em autorização de residência, mediante requerimento e registro, desde que satisfeitos os requisitos previstos em regulamento.

Seção V
Da Reunião Familiar

Art. 37. O visto ou a autorização de residência para fins de reunião familiar será concedido ao imigrante:

I — cônjuge ou companheiro, sem discriminação alguma;

II — filho de imigrante beneficiário de autorização de residência, ou que tenha filho brasileiro ou imigrante beneficiário de autorização de residência;

III — ascendente, descendente até o segundo grau ou irmão de brasileiro ou de imigrante beneficiário de autorização de residência; ou

IV — que tenha brasileiro sob sua tutela ou guarda.

PARÁGRAFO ÚNICO. (VETADO).

Capítulo IV
Da Entrada e da Saída do Território Nacional

Seção I
Da Fiscalização Marítima, Aeroportuária e de Fronteira

Art. 38. As funções de polícia marítima, aeroportuária e de fronteira serão realizadas pela Polícia Federal nos pontos de entrada e de saída do território nacional.

PARÁGRAFO ÚNICO. É dispensável a fiscalização de passageiro, tripulante e estafe de navio em passagem inocente, exceto quando houver necessidade de descida de pessoa a terra ou de subida a bordo do navio.

Art. 39. O viajante deverá permanecer em área de fiscalização até que seu documento de viagem tenha sido verificado, salvo os casos previstos em lei.

Art. 40. Poderá ser autorizada a admissão excepcional no País de pessoa que se encontre em uma das seguintes condições, desde que esteja de posse de documento de viagem válido:

I — não possua visto;

II — seja titular de visto emitido com erro ou omissão;

III — tenha perdido a condição de residente por ter permanecido ausente do País na forma especificada em regulamento e detenha as condições objetivas para a concessão de nova autorização de residência;

IV — (VETADO); ou

V — seja criança ou adolescente desacompanhado de responsável legal e sem autorização expressa para viajar desacompanhado, independentemente do documento de viagem que portar, hipótese em que haverá imediato encaminhamento ao Conselho Tutelar ou, em caso de necessidade, a instituição indicada pela autoridade competente.

PARÁGRAFO ÚNICO. Regulamento poderá dispor sobre outras hipóteses excepcionais de admissão, observados os princípios e as diretrizes desta Lei.

Art. 41. A entrada condicional, em território nacional, de pessoa que não preencha os requisitos de admissão poderá ser autorizada mediante a assinatura, pelo transportador ou por seu agente, de termo de compromisso de custear as despesas com a permanência e com as providências para a repatriação do viajante.

Art. 42. O tripulante ou o passageiro que, por motivo de força maior, for obrigado a interromper a viagem em território nacional poderá ter seu desembarque permitido mediante termo de responsabilidade pelas despesas decorrentes do transbordo.

Art. 43. A autoridade responsável pela fiscalização contribuirá para a aplicação de medidas sanitárias em consonância com o Regulamento Sanitário Internacional e com outras disposições pertinentes

Seção II
Do Impedimento de Ingresso

Art. 44. (VETADO).

Art. 45. Poderá ser impedida de ingressar no País, após entrevista individual e mediante ato fundamentado, a pessoa:

I — anteriormente expulsa do País, enquanto os efeitos da expulsão vigorarem;

II — condenada ou respondendo a processo por ato de terrorismo ou por crime de genocídio, crime contra a humanidade, crime de guerra ou crime de agressão, nos termos definidos pelo Estatuto de Roma do Tribunal Penal Internacional, de 1998, promulgado pelo Decreto n. 4.388, de 25 de setembro de 2002;

III — condenada ou respondendo a processo em outro país por crime doloso passível de extradição segundo a lei brasileira;

IV — que tenha o nome incluído em lista de restrições por ordem judicial ou por compromisso assumido pelo Brasil perante organismo internacional;

V — que apresente documento de viagem que:

a) não seja válido para o Brasil;

b) esteja com o prazo de validade vencido; ou

c) esteja com rasura ou indício de falsificação;

VI — que não apresente documento de viagem ou documento de identidade, quando admitido;

VII — cuja razão da viagem não seja condizente com o visto ou com o motivo alegado para a isenção de visto;

VIII — que tenha, comprovadamente, fraudado documentação ou prestado informação falsa por ocasião da solicitação de visto; ou

IX — que tenha praticado ato contrário aos princípios e objetivos dispostos na Constituição Federal.

PARÁGRAFO ÚNICO. Ninguém será impedido de ingressar no País por motivo de raça, religião, nacionalidade, pertinência a grupo social ou opinião política.

Capítulo V
Das Medidas de Retirada Compulsória

Seção I
Disposições Gerais

Art. 46. A aplicação deste Capítulo observará o disposto na Lei n. 9.474, de 22 de julho de 1997, e nas disposições legais, tratados, instrumentos e mecanismos que tratem da proteção aos apátridas ou de outras situações humanitárias.

Art. 47. A repatriação, a deportação e a expulsão serão feitas para o país de nacionalidade ou de procedência do migrante ou do visitante, ou para outro que o aceite, em observância aos tratados dos quais o Brasil seja parte.

Art. 48. Nos casos de deportação ou expulsão, o chefe da unidade da Polícia Federal poderá representar perante o juízo federal, respeitados, nos procedimentos judiciais, os direitos à ampla defesa e ao devido processo legal.

Seção II
Da Repatriação

Art. 49. A repatriação consiste em medida administrativa de devolução de pessoa em situação de impedimento ao país de procedência ou de nacionalidade.

§ 1º Será feita imediata comunicação do ato fundamentado de repatriação à empresa transportadora e à autoridade consular do país de procedência ou de nacionalidade do migrante ou do visitante, ou a quem o representa.

§ 2º A Defensoria Pública da União será notificada, preferencialmente por via eletrônica, no caso do § 4º deste artigo ou quando a repatriação imediata não seja possível.

§ 3º Condições específicas de repatriação podem ser definidas por regulamento ou tratado, observados os princípios e as garantias previstos nesta Lei.

§ 4º Não será aplicada medida de repatriação à pessoa em situação de refúgio ou de apatridia, de fato ou de direito, ao menor de 18 (dezoito) anos desacompanhado ou separado de sua família, exceto nos casos em que se demonstrar favorável para a garantia de seus direitos ou para a reintegração a sua família de origem, ou a quem necessite de acolhimento humanitário, nem, em qualquer caso, medida de devolução para país ou região que possa apresentar risco à vida, à integridade pessoal ou à liberdade da pessoa.

§ 5º (VETADO).

Seção III
Da Deportação

Art. 50. A deportação é medida decorrente de procedimento administrativo que consiste na retirada compulsória de pessoa que se encontre em situação migratória irregular em território nacional.

§ 1º A deportação será precedida de notificação pessoal ao deportando, da qual constem, expressamente, as irregularidades verificadas e prazo para a regularização não inferior a 60 (sessenta) dias, podendo ser prorrogado, por igual período, por despacho fundamentado e mediante compromisso de a pessoa manter atualizadas suas informações domiciliares.

§ 2º A notificação prevista no § 1º não impede a livre circulação em território nacional, devendo o deportando informar seu domicílio e suas atividades.

§ 3º Vencido o prazo do § 1º sem que se regularize a situação migratória, a deportação poderá ser executada.

§ 4º A deportação não exclui eventuais direitos adquiridos em relações contratuais ou decorrentes da lei brasileira.

§ 5º A saída voluntária de pessoa notificada para deixar o País equivale ao cumprimento da notificação de deportação para todos os fins.

§ 6º O prazo previsto no § 1º poderá ser reduzido nos casos que se enquadrem no inciso IX do art. 45.

Art. 51. Os procedimentos conducentes à deportação devem respeitar o contraditório e a ampla defesa e a garantia de recurso com efeito suspensivo.

§ 1º A Defensoria Pública da União deverá ser notificada, preferencialmente por meio eletrônico, para prestação de assistência ao deportando em todos os procedimentos administrativos de deportação.

§ 2º A ausência de manifestação da Defensoria Pública da União, desde que prévia e devidamente notificada, não impedirá a efetivação da medida de deportação.

Art. 52. Em se tratando de apátrida, o procedimento de deportação dependerá de prévia autorização da autoridade competente.

Art. 53. Não se procederá à deportação se a medida configurar extradição não admitida pela legislação brasileira.

Seção IV
Da Expulsão

Art. 54. A expulsão consiste em medida administrativa de retirada compulsória de migrante ou visitante do território nacional, conjugada com o impedimento de reingresso por prazo determinado.

§ 1º Poderá dar causa à expulsão a condenação com sentença transitada em julgado relativa à prática de:

I — crime de genocídio, crime contra a humanidade, crime de guerra ou crime de agressão, nos termos definidos pelo Estatuto de Roma do Tribunal Penal Internacional, de 1998, promulgado pelo Decreto n. 4.388, de 25 de setembro de 2002; ou

II — crime comum doloso passível de pena privativa de liberdade, consideradas a gravidade e as possibilidades de ressocialização em território nacional.

§ 2º Caberá à autoridade competente resolver sobre a expulsão, a duração do impedimento de reingresso e a suspensão ou a revogação dos efeitos da expulsão, observado o disposto nesta Lei.

§ 3º O processamento da expulsão em caso de crime comum não prejudicará a progressão de regime, o cumprimento da pena, a suspensão condicional do processo, a comutação da pena ou a concessão de pena alternativa, de indulto coletivo ou individual, de anistia ou de quaisquer benefícios concedidos em igualdade de condições ao nacional brasileiro.

§ 4º O prazo de vigência da medida de impedimento vinculada aos efeitos da expulsão será proporcional ao prazo total da pena aplicada e nunca será superior ao dobro de seu tempo.

Art. 55. Não se procederá à expulsão quando:

I — a medida configurar extradição inadmitida pela legislação brasileira;

II — o expulsando:

a) tiver filho brasileiro que esteja sob sua guarda ou dependência econômica ou socioafetiva ou tiver pessoa brasileira sob sua tutela;

b) tiver cônjuge ou companheiro residente no Brasil, sem discriminação alguma, reconhecido judicial ou legalmente;

c) tiver ingressado no Brasil até os 12 (doze) anos de idade, residindo desde então no País;

d) for pessoa com mais de 70 (setenta) anos que resida no País há mais de 10 (dez) anos, considerados a gravidade e o fundamento da expulsão; ou

e) (VETADO).

Art. 56. Regulamento definirá procedimentos para apresentação e processamento de pedidos de suspensão e de revogação dos efeitos das medidas de expulsão e de impedimento de ingresso e permanência em território nacional.

Art. 57. Regulamento disporá sobre condições especiais de autorização de residência para viabilizar medidas de ressocialização a migrante e a visitante em cumprimento de penas aplicadas ou executadas em território nacional.

Art. 58. No processo de expulsão serão garantidos o contraditório e a ampla defesa.

§ 1º A Defensoria Pública da União será notificada da instauração de processo de expulsão, se não houver defensor constituído.

§ 2º Caberá pedido de reconsideração da decisão sobre a expulsão no prazo de 10 (dez) dias, a contar da notificação pessoal do expulsando.

Art. 59. Será considerada regular a situação migratória do expulsando cujo processo esteja pendente de decisão, nas condições previstas no art. 55.

Art. 60. A existência de processo de expulsão não impede a saída voluntária do expulsando do País.

Seção V
Das Vedações

Art. 61. Não se procederá à repatriação, à deportação ou à expulsão coletivas.

PARÁGRAFO ÚNICO. Entende-se por repatriação, deportação ou expulsão coletiva aquela que não individualiza a situação migratória irregular de cada pessoa.

Art. 62. Não se procederá à repatriação, à deportação ou à expulsão de nenhum indivíduo quando subsistirem razões para acreditar que a medida poderá colocar em risco a vida ou a integridade pessoal.

Capítulo VI
Da Opção de Nacionalidade e da Naturalização

Seção I
Da Opção de Nacionalidade

Art. 63. O filho de pai ou de mãe brasileiro nascido no exterior e que não tenha sido registrado em repartição consular poderá, a qualquer tempo, promover ação de opção de nacionalidade.

PARÁGRAFO ÚNICO. O órgão de registro deve informar periodicamente à autoridade competente os dados relativos à opção de nacionalidade, conforme regulamento.

Seção II
Das Condições da Naturalização

Art. 64. A naturalização pode ser:

I — ordinária;

II — extraordinária;

III — especial; ou

IV — provisória.

Art. 65. Será concedida a naturalização ordinária àquele que preencher as seguintes condições:

I — ter capacidade civil, segundo a lei brasileira;

II — ter residência em território nacional, pelo prazo mínimo de 4 (quatro) anos;

III — comunicar-se em língua portuguesa, consideradas as condições do naturalizando; e

IV — não possuir condenação penal ou estiver reabilitado, nos termos da lei.

Art. 66. O prazo de residência fixado no inciso II do *caput* do art. 65 será reduzido para, no mínimo, 1 (um) ano se o naturalizando preencher quaisquer das seguintes condições:

I — (VETADO);

II — ter filho brasileiro;

III — ter cônjuge ou companheiro brasileiro e não estar dele separado legalmente ou de fato no momento de concessão da naturalização;

IV — (VETADO);

V — haver prestado ou poder prestar serviço relevante ao Brasil; ou

VI — recomendar-se por sua capacidade profissional, científica ou artística.

PARÁGRAFO ÚNICO. O preenchimento das condições previstas nos incisos V e VI do *caput* será avaliado na forma disposta em regulamento.

Art. 67. A naturalização extraordinária será concedida a pessoa de qualquer nacionalidade fixada no Brasil há mais de 15 (quinze) anos ininterruptos e sem condenação penal, desde que requeira a nacionalidade brasileira.

Art. 68. A naturalização especial poderá ser concedida ao estrangeiro que se encontre em uma das seguintes situações:

I — seja cônjuge ou companheiro, há mais de 5 (cinco) anos, de integrante do Serviço Exterior Brasileiro em atividade ou de pessoa a serviço do Estado brasileiro no exterior; ou

II — seja ou tenha sido empregado em missão diplomática ou em repartição consular do Brasil por mais de 10 (dez) anos ininterruptos.

Art. 69. São requisitos para a concessão da naturalização especial:

I — ter capacidade civil, segundo a lei brasileira;

II — comunicar-se em língua portuguesa, consideradas as condições do naturalizando; e

III — não possuir condenação penal ou estiver reabilitado, nos termos da lei.

Art. 70. A naturalização provisória poderá ser concedida ao migrante criança ou adolescente que tenha fixado residência em território nacional antes de completar 10 (dez) anos de idade e deverá ser requerida por intermédio de seu representante legal.

PARÁGRAFO ÚNICO. A naturalização prevista no *caput* será convertida em definitiva se o naturalizando expressamente assim o requerer no prazo de 2 (dois) anos após atingir a maioridade.

Art. 71. O pedido de naturalização será apresentado e processado na forma prevista pelo órgão competente do Poder Executivo, sendo cabível recurso em caso de denegação.

§ 1º No curso do processo de naturalização, o naturalizando poderá requerer a tradução ou a adaptação de seu nome à língua portuguesa.

§ 2º Será mantido cadastro com o nome traduzido ou adaptado associado ao nome anterior.

Art. 72. No prazo de até 1 (um) ano após a concessão da naturalização, deverá o naturalizado comparecer perante a Justiça Eleitoral para o devido cadastramento.

Seção III
Dos Efeitos da Naturalização

Art. 73. A naturalização produz efeitos após a publicação no Diário Oficial do ato de naturalização.

Art. 74. (VETADO).

Seção IV
Da Perda da Nacionalidade

Art. 75. O naturalizado perderá a nacionalidade em razão de condenação transitada em julgado por atividade nociva ao interesse nacional, nos termos do inciso I do § 4º do art. 12 da Constituição Federal.

PARÁGRAFO ÚNICO. O risco de geração de situação de apatridia será levado em consideração antes da efetivação da perda da nacionalidade.

Seção V
Da Reaquisição da Nacionalidade

Art. 76. O brasileiro que, em razão do previsto no inciso II do § 4º do art. 12 da Constituição Federal, houver perdido a nacionalidade, uma vez cessada a causa, poderá readquiri-la ou ter o ato que declarou a perda revogado, na forma definida pelo órgão competente do Poder Executivo.

Capítulo VII
Do Emigrante

Seção I
Das Políticas Públicas para os Emigrantes

Art. 77. As políticas públicas para os emigrantes observarão os seguintes princípios e diretrizes:

I — proteção e prestação de assistência consular por meio das representações do Brasil no exterior;

II — promoção de condições de vida digna, por meio, entre outros, da facilitação do registro consular e da prestação de serviços consulares relativos às áreas de educação, saúde, trabalho, previdência social e cultura;

III — promoção de estudos e pesquisas sobre os emigrantes e as comunidades de brasileiros no exterior, a fim de subsidiar a formulação de políticas públicas;

IV — atuação diplomática, nos âmbitos bilateral, regional e multilateral, em defesa dos direitos do emigrante brasileiro, conforme o direito internacional

V — ação governamental integrada, com a participação de órgãos do governo com atuação nas áreas temáticas mencionadas nos incisos I, II, III e IV, visando a assistir as comunidades brasileiras no exterior; e

VI — esforço permanente de desburocratização, atualização e modernização do sistema de atendimento, com o objetivo de aprimorar a assistência ao emigrante.

Seção II
Dos Direitos do Emigrante

Art. 78. Todo emigrante que decida retornar ao Brasil com ânimo de residência poderá introduzir no País, com isenção de direitos de importação e de taxas aduaneiras, os bens novos ou usados que um viajante, em compatibilidade com as circunstâncias de sua viagem, puder destinar para seu uso ou consumo pessoal e profissional, sempre que, por sua quantidade, natureza ou variedade, não permitam presumir importação ou exportação com fins comerciais ou industriais.

Art. 79. Em caso de ameaça à paz social e à ordem pública por grave ou iminente instabilidade institucional ou de calamidade de grande proporção na natureza, deverá ser prestada especial assistência ao emigrante pelas representações brasileiras no exterior.

Art. 80. O tripulante brasileiro contratado por embarcação ou armadora estrangeira, de cabotagem ou a longo curso e com sede ou filial no Brasil, que explore economicamente o mar territorial e a costa brasileira terá direito a seguro a cargo do contratante, válido para todo o período da contratação, conforme o disposto no Registro de Embarcações Brasileiras (REB), contra acidente de trabalho, invalidez total ou parcial e morte, sem prejuízo de benefícios de apólice mais favorável vigente no exterior.

Capítulo VIII
Das Medidas de Cooperação

Seção I
Da Extradição

Art. 81. A extradição é a medida de cooperação internacional entre o Estado brasileiro e outro Estado pela qual se concede ou solicita a entrega de pessoa sobre quem recaia condenação criminal definitiva ou para fins de instrução de processo penal em curso.

§ 1º A extradição será requerida por via diplomática ou pelas autoridades centrais designadas para esse fim.

§ 2º A extradição e sua rotina de comunicação serão realizadas pelo órgão competente do Poder Executivo em coordenação com as autoridades judiciárias e policiais competentes.

Art. 82. Não se concederá a extradição quando:

I — o indivíduo cuja extradição é solicitada ao Brasil for brasileiro nato;

II — o fato que motivar o pedido não for considerado crime no Brasil ou no Estado requerente;

III — o Brasil for competente, segundo suas leis, para julgar o crime imputado ao extraditando;

IV — a lei brasileira impuser ao crime pena de prisão inferior a 2 (dois) anos;

V — o extraditando estiver respondendo a processo ou já houver sido condenado ou absolvido no Brasil pelo mesmo fato em que se fundar o pedido;

VI — a punibilidade estiver extinta pela prescrição, segundo a lei brasileira ou a do Estado requerente;

VII — o fato constituir crime político ou de opinião;

VIII — o extraditando tiver de responder, no Estado requerente, perante tribunal ou juízo de exceção; ou

IX — o extraditando for beneficiário de refúgio, nos termos da Lei n. 9.474, de 22 de julho de 1997, ou de asilo territorial.

§ 1º A previsão constante do inciso VII do *caput* não impedirá a extradição quando o fato constituir, principalmente, infração à lei penal comum ou quando o crime comum, conexo ao delito político, constituir o fato principal.

§ 2º Caberá à autoridade judiciária competente a apreciação do caráter da infração.

§ 3º Para determinação da incidência do disposto no inciso I, será observada, nos casos de aquisição de outra nacionalidade por naturalização, a anterioridade do fato gerador da extradição.

§ 4º O Supremo Tribunal Federal poderá deixar de considerar crime político o atentado contra chefe de Estado ou quaisquer autoridades, bem como crime contra a humanidade, crime de guerra, crime de genocídio e terrorismo.

§ 5º Admite-se a extradição de brasileiro naturalizado, nas hipóteses previstas na Constituição Federal.

Art. 83. São condições para concessão da extradição:

I — ter sido o crime cometido no território do Estado requerente ou serem aplicáveis ao extraditando as leis penais desse Estado; e

II — estar o extraditando respondendo a processo investigatório ou a processo penal ou ter sido condenado pelas autoridades judiciárias do Estado requerente a pena privativa de liberdade.

Art. 84. Em caso de urgência, o Estado interessado na extradição poderá, previamente ou conjuntamente com a formalização do pedido extradicional, requerer, por via diplomática ou por meio de autoridade central do Poder Executivo, prisão cautelar com o objetivo de assegurar a executoriedade da medida de extradição que, após exame da presença dos pressupostos formais de admissibilidade exigidos nesta Lei ou em tratado, deverá representar à autoridade judicial competente, ouvido previamente o Ministério Público Federal.

§ 1º O pedido de prisão cautelar deverá conter informação sobre o crime cometido e deverá ser fundamentado, podendo ser apresentado por correio, fax, mensagem eletrônica ou qualquer outro meio que assegure a comunicação por escrito.

§ 2º O pedido de prisão cautelar poderá ser transmitido à autoridade competente para extradição no Brasil por meio de canal estabelecido com o ponto focal da Organização Internacional de Polícia Criminal (Interpol) no País, devidamente instruído com a documentação comprobatória da existência de ordem de prisão proferida por Estado estrangeiro, e, em caso de ausência de tratado, com a promessa de reciprocidade recebida por via diplomática.

§ 3º Efetivada a prisão do extraditando, o pedido de extradição será encaminhado à autoridade judiciária competente.

§ 4º Na ausência de disposição específica em tratado, o Estado estrangeiro deverá formalizar o pedido de extradição no prazo de 60 (sessenta) dias, contado da data em que tiver sido cientificado da prisão do extraditando.

§ 5º Caso o pedido de extradição não seja apresentado no prazo previsto no § 4º, o extraditando deverá ser posto em liberdade, não se admitindo novo pedido de prisão cautelar pelo mesmo fato sem que a extradição tenha sido devidamente requerida.

§ 6º A prisão cautelar poderá ser prorrogada até o julgamento final da autoridade judiciária competente quanto à legalidade do pedido de extradição.

Art. 85. Quando mais de um Estado requerer a extradição da mesma pessoa, pelo mesmo fato, terá preferência o pedido daquele em cujo território a infração foi cometida.

§ 1º Em caso de crimes diversos, terá preferência, sucessivamente:

I — o Estado requerente em cujo território tenha sido cometido o crime mais grave, segundo a lei brasileira;

II — o Estado que em primeiro lugar tenha pedido a entrega do extraditando, se a gravidade dos crimes for idêntica;

III — o Estado de origem, ou, em sua falta, o domiciliar do extraditando, se os pedidos forem simultâneos.

§ 2º Nos casos não previstos nesta Lei, o órgão competente do Poder Executivo decidirá sobre a preferência do pedido, priorizando o Estado requerente que mantiver tratado de extradição com o Brasil.

§ 3º Havendo tratado com algum dos Estados requerentes, prevalecerão suas normas no que diz respeito à preferência de que trata este artigo.

Art. 86. O Supremo Tribunal Federal, ouvido o Ministério Público, poderá autorizar prisão albergue ou domiciliar ou determinar que o extraditando responda ao processo de extradição em liberdade, com retenção do documento de viagem ou outras medidas cautelares necessárias, até o julgamento da extradição ou a entrega do extraditando, se pertinente, considerando a situação administrativa migratória, os antecedentes do extraditando e as circunstâncias do caso.

Art. 87. O extraditando poderá entregar-se voluntariamente ao Estado requerente, desde que o declare expressamente, esteja assistido por advogado e seja advertido de que tem direito ao processo judicial de extradição e à proteção que tal direito encerra, caso em que o pedido será decidido pelo Supremo Tribunal Federal.

Art. 88. Todo pedido que possa originar processo de extradição em face de Estado estrangeiro deverá ser encaminhado ao órgão competente do Poder Executivo diretamente pelo órgão do Poder Judiciário responsável pela decisão ou pelo processo penal que a fundamenta.

§ 1º Compete a órgão do Poder Executivo o papel de orientação, de informação e de avaliação dos elementos formais de admissibilidade dos processos preparatórios para encaminhamento ao Estado requerido.

§ 2º Compete aos órgãos do sistema de Justiça vinculados ao processo penal gerador de pedido de extradição a apresentação de todos os documentos, manifestações e demais elementos necessários para o processamento do pedido, inclusive suas traduções oficiais.

§ 3º O pedido deverá ser instruído com cópia autêntica ou com o original da sentença condenatória ou da decisão penal proferida, conterá indicações precisas sobre o local, a data, a natureza e as circunstâncias do fato criminoso e a identidade do extraditando e será acompanhado de cópia dos textos legais sobre o crime, a competência, a pena e a prescrição.

§ 4º O encaminhamento do pedido de extradição ao órgão competente do Poder Executivo confere autenticidade aos documentos.

Art. 89. O pedido de extradição originado de Estado estrangeiro será recebido pelo órgão competente do Poder Executivo e, após exame da presença dos pressupostos formais de admissibilidade exigidos nesta Lei ou em tratado, encaminhado à autoridade judiciária competente.

PARÁGRAFO ÚNICO. Não preenchidos os pressupostos referidos no *caput*, o pedido será arquivado mediante decisão fundamentada, sem prejuízo da possibilidade de renovação do pedido, devidamente instruído, uma vez superado o óbice apontado.

Art. 90. Nenhuma extradição será concedida sem prévio pronunciamento do Supremo Tribunal Federal sobre sua legalidade e procedência, não cabendo recurso da decisão.

Art. 91. Ao receber o pedido, o relator designará dia e hora para o interrogatório do extraditando e, conforme o caso, nomear-lhe-á curador ou advogado, se não o tiver.

§ 1º A defesa, a ser apresentada no prazo de 10 (dez) dias contado da data do interrogatório, versará sobre a identidade da pessoa reclamada, defeito de forma de documento apresentado ou ilegalidade da extradição.

§ 2º Não estando o processo devidamente instruído, o Tribunal, a requerimento do órgão do Ministério Público Federal correspondente, poderá converter o julgamento em diligência para suprir a falta.

§ 3º Para suprir a falta referida no § 2º, o Ministério Público Federal terá prazo improrrogável de 60 (sessenta) dias, após o qual o pedido será julgado independentemente da diligência.

§ 4º O prazo referido no § 3º será contado da data de notificação à missão diplomática do Estado requerente.

Art. 92. Julgada procedente a extradição e autorizada a entrega pelo órgão competente do Poder Executivo, será o ato comunicado por via diplomática ao Estado requerente, que, no prazo de 60 (sessenta) dias da comunicação, deverá retirar o extraditando do território nacional.

Art. 93. Se o Estado requerente não retirar o extraditando do território nacional no prazo previsto no art. 92, será ele posto em liberdade, sem prejuízo de outras medidas aplicáveis.

Art. 94. Negada a extradição em fase judicial, não se admitirá novo pedido baseado no mesmo fato.

Art. 95. Quando o extraditando estiver sendo processado ou tiver sido condenado, no Brasil, por crime punível com pena privativa de liberdade, a extradição será executada somente depois da conclusão do processo ou do cumprimento da pena, ressalvadas as hipóteses de liberação antecipada pelo Poder Judiciário e de determinação da transferência da pessoa condenada.

§ 1º A entrega do extraditando será igualmente adiada se a efetivação da medida puser em risco sua vida em virtude de enfermidade grave comprovada por laudo médico oficial.

§ 2º Quando o extraditando estiver sendo processado ou tiver sido condenado, no Brasil, por infração de menor potencial ofensivo, a entrega poderá ser imediatamente efetivada.

Art. 96. Não será efetivada a entrega do extraditando sem que o Estado requerente assuma o compromisso de:

I — não submeter o extraditando a prisão ou processo por fato anterior ao pedido de extradição;

II — computar o tempo da prisão que, no Brasil, foi imposta por força da extradição;

III — comutar a pena corporal, perpétua ou de morte em pena privativa de liberdade, respeitado o limite máximo de cumprimento de 30 (trinta) anos;

IV — não entregar o extraditando, sem consentimento do Brasil, a outro Estado que o reclame;

V — não considerar qualquer motivo político para agravar a pena; e

VI — não submeter o extraditando a tortura ou a outros tratamentos ou penas cruéis, desumanos ou degradantes.

Art. 97. A entrega do extraditando, de acordo com as leis brasileiras e respeitado o direito de terceiro, será feita com os objetos e instrumentos do crime encontrados em seu poder.

PARÁGRAFO ÚNICO. Os objetos e instrumentos referidos neste artigo poderão ser entregues independentemente da entrega do extraditando.

Art. 98. O extraditando que, depois de entregue ao Estado requerente, escapar à ação da Justiça e homiziar-se no Brasil, ou por ele transitar, será detido mediante pedido feito diretamente por via diplomática ou pela Interpol e novamente entregue, sem outras formalidades.

Art. 99. Salvo motivo de ordem pública, poderá ser permitido, pelo órgão competente do Poder Executivo, o trânsito no território nacional de pessoa extraditada por Estado estrangeiro, bem como o da respectiva guarda, mediante apresentação de documento comprobatório de concessão da medida.

Seção II
Da Transferência de Execução da Pena

Art. 100. Nas hipóteses em que couber solicitação de extradição executória, a autoridade competente poderá solicitar ou autorizar a transferência de execução da pena, desde que observado o princípio do *non bis in idem*.

PARÁGRAFO ÚNICO. Sem prejuízo do disposto no Decreto-Lei n. 2.848, de 7 de dezembro de 1940 (Código Penal), a transferência de execução da pena será possível quando preenchidos os seguintes requisitos:

I — o condenado em território estrangeiro for nacional ou tiver residência habitual ou vínculo pessoal no Brasil;

II — a sentença tiver transitado em julgado;

III — a duração da condenação a cumprir ou que restar para cumprir for de, pelo menos, 1 (um) ano, na data de apresentação do pedido ao Estado da condenação;

IV — o fato que originou a condenação constituir infração penal perante a lei de ambas as partes; e

V — houver tratado ou promessa de reciprocidade.

Art. 101. O pedido de transferência de execução da pena de Estado estrangeiro será requerido por via diplomática ou por via de autoridades centrais.

§ 1º O pedido será recebido pelo órgão competente do Poder Executivo e, após exame da presença dos pressupostos formais de admissibilidade exigidos nesta Lei ou em tratado, encaminhado ao Superior Tribunal de Justiça para decisão quanto à homologação.

§ 2º Não preenchidos os pressupostos referidos no § 1º, o pedido será arquivado mediante decisão fundamentada, sem prejuízo da possibilidade de renovação do pedido, devidamente instruído, uma vez superado o óbice apontado.

Art. 102. A forma do pedido de transferência de execução da pena e seu processamento serão definidos em regulamento.

PARÁGRAFO ÚNICO. Nos casos previstos nesta Seção, a execução penal será de competência da Justiça Federal.

Seção III
Da Transferência de Pessoa Condenada

Art. 103. A transferência de pessoa condenada poderá ser concedida quando o pedido se fundamentar em tratado ou houver promessa de reciprocidade.

§ 1º O condenado no território nacional poderá ser transferido para seu país de nacionalidade ou país em que tiver residência habitual ou vínculo pessoal, desde que expresse interesse nesse sentido, a fim de cumprir pena a ele imposta pelo Estado brasileiro por sentença transitada em julgado.

§ 2º A transferência de pessoa condenada no Brasil pode ser concedida juntamente com a aplicação de medida de impedimento de reingresso em território nacional, na forma de regulamento.

Art. 104. A transferência de pessoa condenada será possível quando preenchidos os seguintes requisitos:

I — o condenado no território de uma das partes for nacional ou tiver residência habitual ou vínculo pessoal no território da outra parte que justifique a transferência;

II — a sentença tiver transitado em julgado;

III — a duração da condenação a cumprir ou que restar para cumprir for de, pelo menos, 1 (um) ano, na data de apresentação do pedido ao Estado da condenação;

IV — o fato que originou a condenação constituir infração penal perante a lei de ambos os Estados;

V — houver manifestação de vontade do condenado ou, quando for o caso, de seu representante; e

VI — houver concordância de ambos os Estados.

Art. 105. A forma do pedido de transferência de pessoa condenada e seu processamento serão definidos em regulamento.

§ 1º Nos casos previstos nesta Seção, a execução penal será de competência da Justiça Federal.

§ 2º Não se procederá à transferência quando inadmitida a extradição.

§ 3º (VETADO).

Capítulo IX
Das Infrações e das Penalidades Administrativas

Art. 106. Regulamento disporá sobre o procedimento de apuração das infrações administrativas e seu processamento e sobre a fixação e a atualização das multas, em observância ao disposto nesta Lei.

Art. 107. As infrações administrativas previstas neste Capítulo serão apuradas em processo administrativo próprio, assegurados o contraditório e a ampla defesa e observadas as disposições desta Lei.

§ 1º O cometimento simultâneo de duas ou mais infrações importará cumulação das sanções cabíveis, respeitados os limites estabelecidos nos incisos V e VI do art. 108.

§ 2º A multa atribuída por dia de atraso ou por excesso de permanência poderá ser convertida em redução equivalente do período de autorização de estada para o visto de visita, em caso de nova entrada no País.

Art. 108. O valor das multas tratadas neste Capítulo considerará:

I — as hipóteses individualizadas nesta Lei;

II — a condição econômica do infrator, a reincidência e a gravidade da infração;

III — a atualização periódica conforme estabelecido em regulamento;

IV — o valor mínimo individualizável de R$ 100,00 (cem reais);

V — o valor mínimo de R$ 100,00 (cem reais) e o máximo de R$ 10.000,00 (dez mil reais) para infrações cometidas por pessoa física;

VI — o valor mínimo de R$ 1.000,00 (mil reais) e o máximo de R$ 1.000.000,00 (um milhão de reais) para infrações cometidas por pessoa jurídica, por ato infracional.

Art. 109. Constitui infração, sujeitando o infrator às seguintes sanções:

I — entrar em território nacional sem estar autorizado:

Sanção: deportação, caso não saia do País ou não regularize a situação migratória no prazo fixado;

II — permanecer em território nacional depois de esgotado o prazo legal da documentação migratória:

Sanção: multa por dia de excesso e deportação, caso não saia do País ou não regularize a situação migratória no prazo fixado;

III — deixar de se registrar, dentro do prazo de 90 (noventa) dias do ingresso no País, quando for obrigatória a identificação civil:

Sanção: multa;

IV — deixar o imigrante de se registrar, para efeito de autorização de residência, dentro do prazo de 30 (trinta) dias, quando orientado a fazê-lo pelo órgão competente:

Sanção: multa por dia de atraso;

V — transportar para o Brasil pessoa que esteja sem documentação migratória regular:

Sanção: multa por pessoa transportada;

VI — deixar a empresa transportadora de atender a compromisso de manutenção da estada ou de promoção da saída do território nacional de quem tenha sido autorizado a ingresso condicional no Brasil por não possuir a devida documentação migratória:

Sanção: multa;

VII — furtar-se ao controle migratório, na entrada ou saída do território nacional:

Sanção: multa.

Art. 110. As penalidades aplicadas serão objeto de pedido de reconsideração e de recurso, nos termos de regulamento.

PARÁGRAFO ÚNICO. Serão respeitados o contraditório, a ampla defesa e a garantia de recurso, assim como a situação de hipossuficiência do migrante ou do visitante.

Capítulo X
Disposições Finais e Transitórias

Art. 111. Esta Lei não prejudica direitos e obrigações estabelecidos por tratados vigentes no Brasil e que sejam mais benéficos ao migrante e ao visitante, em particular os tratados firmados no âmbito do Mercosul.

Art. 112. As autoridades brasileiras serão tolerantes quanto ao uso do idioma do residente fronteiriço e do imigrante quando eles se dirigirem a órgãos ou repartições públicas para reclamar ou reivindicar os direitos decorrentes desta Lei.

Art. 113. As taxas e emolumentos consulares são fixados em conformidade com a tabela anexa a esta Lei.

§ 1º Os valores das taxas e emolumentos consulares poderão ser ajustados pelo órgão competente da administração pública federal, de forma a preservar o interesse nacional ou a assegurar a reciprocidade de tratamento.

§ 2º Não serão cobrados emolumentos consulares pela concessão de:

I — vistos diplomáticos, oficiais e de cortesia; e

II — vistos em passaportes diplomáticos, oficiais ou de serviço, ou equivalentes, mediante reciprocidade de tratamento a titulares de documento de viagem similar brasileiro.

§ 3º Não serão cobrados taxas e emolumentos consulares pela concessão de vistos ou para a obtenção de documentos para regularização migratória aos integrantes de grupos vulneráveis e indivíduos em condição de hipossuficiência econômica.

§ 4º (VETADO).

Art. 114. Regulamento poderá estabelecer competência para órgãos do Poder Executivo disciplinarem aspectos específicos desta Lei.

Art. 115. O Decreto-Lei n. 2.848, de 7 de dezembro de 1940 (Código Penal), passa a vigorar acrescido do seguinte art. 232-A:

"Promoção de migração ilegal

Art. 232-A. Promover, por qualquer meio, com o fim de obter vantagem econômica, a entrada ilegal de estrangeiro em território nacional ou de brasileiro em país estrangeiro:

Pena — reclusão, de 2 (dois) a 5 (cinco) anos, e multa.

§ 1º Na mesma pena incorre quem promover, por qualquer meio, com o fim de obter vantagem econômica, a saída de estrangeiro do território nacional para ingressar ilegalmente em país estrangeiro.

§ 2º A pena é aumentada de 1/6 (um sexto) a 1/3 (um terço) se:

I — o crime é cometido com violência; ou

II — a vítima é submetida a condição desumana ou degradante.

§ 3º A pena prevista para o crime será aplicada sem prejuízo das correspondentes às infrações conexas."

Art. 116. (VETADO).

Art. 117. O documento conhecido por Registro Nacional de Estrangeiro passa a ser denominado Registro Nacional Migratório.

Art. 118. (VETADO).

Art. 119. O visto emitido até a data de entrada em vigor desta Lei poderá ser utilizado até a data prevista de expiração de sua validade, podendo ser transformado ou ter seu prazo de estada prorrogado, nos termos de regulamento.

Art. 120. A Política Nacional de Migrações, Refúgio e Apatridia terá a finalidade de coordenar e articular ações setoriais implementadas pelo Poder Executivo federal em regime de cooperação com os Estados, o Distrito Federal e os Municípios, com participação de organizações da sociedade civil, organismos internacionais e entidades privadas, conforme regulamento.

§ 1º Ato normativo do Poder Executivo federal poderá definir os objetivos, a organização e a estratégia de coordenação da Política Nacional de Migrações, Refúgio e Apatridia.

§ 2º Ato normativo do Poder Executivo federal poderá estabelecer planos nacionais e outros instrumentos para a efetivação dos objetivos desta Lei e a coordenação entre órgãos e colegiados setoriais.

§ 3º Com vistas à formulação de políticas públicas, deverá ser produzida informação quantitativa e qualitativa, de forma sistemática, sobre os migrantes, com a criação de banco de dados.

Art. 121. Na aplicação desta Lei, devem ser observadas as disposições da Lei n. 9.474, de 22 de julho de 1997, nas situações que envolvam refugiados e solicitantes de refúgio.

Art. 122. A aplicação desta Lei não impede o tratamento mais favorável assegurado por tratado em que a República Federativa do Brasil seja parte.

Art. 123. Ninguém será privado de sua liberdade por razões migratórias, exceto nos casos previstos nesta Lei.

Art. 124. Revogam-se:

I — a Lei n. 818, de 18 de setembro de 1949; e

II — a Lei n. 6.815, de 19 de agosto de 1980 (Estatuto do Estrangeiro).

Art. 125. Esta Lei entra em vigor após decorridos 180 (cento e oitenta) dias de sua publicação oficial.

Brasília, 24 de maio de 2017; 196º da Independência e 129º da República.

MICHEL TEMER

Osmar Serraglio

Aloysio Nunes Ferreira Filho

Henrique Meirelles

Eliseu Padilha

Sergio Westphalen Etchegoyen 26/05/2017

Grace Maria Fernandes Mendonça

DECRETO N. 840, DE 22 DE JUNHO DE 1993

Dispõe sobre a organização e o funcionamento do Conselho Nacional de Imigração e dá outras providências

O PRESIDENTE DA REPÚBLICA, no uso das atribuições que lhe confere o art. 84, incisos IV e VI, da Constituição, e tendo em vista o disposto nos arts. 16, inciso VIII, letra d, e 19, inciso VII, letra b, da Lei n. 8.490, de 19 de novembro de 1992,

DECRETA:

Art. 1º Ao Conselho Nacional de Imigração, órgão de deliberação coletiva, integrante do Ministério do Trabalho, nos termos da Lei n. 8.490, de 19 de novembro de 1992, compete:

I — formular a política de imigração;

II — coordenar e orientar as atividades de imigração;

III — efetuar o levantamento periódico das necessidades de mão de obra estrangeira qualificada, para admissão em caráter permanente ou temporário;

IV — definir as regiões de que trata o art. 18 da Lei n. 6.815, de 19 de agosto de 1980, e elaborar os respectivos planos de imigração;

V — promover ou fornecer estudos de problemas relativos à imigração;

VI — estabelecer normas de seleção de imigrantes, visando proporcionar mão de obra especializada aos vários setores da economia nacional e captar recursos para setores específicos;

VII — dirimir as dúvidas e solucionar os casos omissos, no que diz respeito a imigrantes;

VIII — opinar sobre alteração da legislação relativa à imigração, quando proposta por qualquer órgão do Poder Executivo;

IX — elaborar seu regimento interno, que deverá ser submetido à aprovação do Ministro de Estado do Trabalho.

Art. 2º O Conselho Nacional de Imigração terá a seguinte composição: *(Redação dada pelo Dec. n. 3.574, de 23.8.2000)*

I — um representante de cada Ministério a seguir indicado: *(Redação dada pelo Dec. n. 3.574, de 23.8.2000)*

a) do Trabalho e Emprego, que o presidirá; *(Alínea incluída pelo Dec. n. 3.574, de 23.8.2000)*

b) da Justiça; *(Alínea incluída pelo Dec. n. 3.574, de 23.8.2000)*

c) das Relações Exteriores; *(Alínea incluída pelo Dec. n. 3.574, de 23.8.2000)*

d) da Agricultura e do Abastecimento; *(Alínea incluída pelo Dec. n. 3.574, de 23.8.2000)*

e) da Ciência e Tecnologia; *(Alínea incluída pelo Dec. n. 3.574, de 23.8.2000)*

f) do Desenvolvimento, Indústria e Comércio Exterior; *(Alínea incluída pelo Dec. n. 3.574, de 23.8.2000)*

g) da Saúde; *(Alínea incluída pelo Dec. n. 3.574, de 23.8.2000)*

h) da Educação; *(Alínea incluída pelo Dec. n. 3.574, de 23.8.2000)*

II — cinco representantes dos trabalhadores; *(Redação dada pelo Dec. n. 3.574, de 23.8.2000)*

III — cinco representantes dos empregadores; *(Redação dada pelo Dec. n. 3.574, de 23.8.2000)*

IV — um representante da comunidade científica e tecnológica. *(Redação dada pelo Dec. n. 3.574, de 23.8.2000)*

PARÁGRAFO ÚNICO. Os membros do Conselho e os respectivos suplentes serão designados mediante indicação: *(Redação dada pelo Dec. n. 3.574, de 23.8.2000)*

I — dos respectivos Ministros de Estado, no caso do inciso I, alíneas *b* a *h*; *(Redação dada pelo Dec. n. 3.574, de 23.8.2000)*

II — das Centrais Sindicais, no caso do inciso II; *(Redação dada pelo Dec. n. 3.574, de 23.8.2000)*

III — das Confederações Nacionais da Indústria, do Comércio, do Transporte, da Agricultura e das Instituições Financeiras, no caso do inciso III; *(Inciso incluído pelo Dec. n. 3.574, de 23.8.2000)*

IV — da Sociedade Brasileira para o Progresso da Ciência, no caso do inciso IV. (NR) *(Redação dada pelo Dec. n. 3.574, de 23.8.2000)*

Art. 3º A participação no Conselho Nacional de Imigração não dará direito à percepção de qualquer remuneração e será considerada relevante serviço público.

Art. 4º O Conselho Nacional de Imigração deliberará por meio de resoluções.

Art. 5º O apoio técnico e administrativo aos trabalhos do conselho será prestado pelo Ministério do Trabalho.

Art. 6º Revoga-se o Decreto n. 662, de 29 de setembro de 1992.

Art. 7º Este decreto entra em vigor na data de sua publicação.

Brasília, 22 de junho de 1993, 172º da Independência e 105º da República.

ITAMAR FRANCO

WALTER BARELLI

DECRETO N. 86.715, DE 10 DE DEZEMBRO DE 1981

(DOU 11.12.1981)

Regulamenta a Lei n. 6.815, de 19 de agosto de 1980, que define a situação jurídica do estrangeiro no Brasil, cria o Conselho Nacional de Imigração e dá outras providências

O PRESIDENTE DA REPÚBLICA, usando da atribuição que lhe confere o art. 81, item III, da Constituição,

DECRETA:

Art. 1º Este Decreto regulamenta a situação jurídica do estrangeiro no Brasil, definida na Lei n. 6.815, de 19 de agosto de 1980, e dispõe sobre a composição e atribuições do Conselho Nacional de Imigração.

TÍTULO I

Da admissão, entrada e impedimento

Capítulo I
Da Admissão

Seção I
Do Visto Consular

Art. 2º A admissão do estrangeiro no território nacional far-se-á mediante a concessão de visto:

I — de trânsito;

II — de turista;

III — temporário;

IV — permanente;

V — de cortesia;

VI — oficial; e

VII — diplomático.

§ 1º Os vistos serão concedidos no exterior, pelas Missões diplomáticas, Repartições consulares de carreira, Vice-Consulados e, quando autorizados pela Secretaria de Estado das Relações Exteriores, pelos Consulados honorários.

§ 2º A Repartição consular de carreira, o Vice-Consulado e o Consulado honorário somente poderão conceder visto de cortesia, oficial e diplomático, quando autorizados pela Secretaria de Estado das Relações Exteriores.

§ 3º No caso de suspensão de relações diplomáticas e consulares, os vistos de entrada no Brasil poderão ser concedidos por Missão diplomática ou Repartição consular do país encarregado dos interesses brasileiros.

Art. 3º A concessão de visto poderá estender-se a dependente legal do estrangeiro, satisfeitas as exigências do art. 5º e comprovada a dependência.

PARÁGRAFO ÚNICO. A comprovação de dependência far-se-á através da certidão oficial respectiva ou, na impossibilidade de sua apresentação, por documento idôneo, a critério da autoridade consular.

Art. 4º O apátrida, para a obtenção de visto, deverá apresentar, além dos documentos exigidos neste Regulamento, prova oficial de que poderá regressar ao país de residência ou de procedência, ou ingressar em outro país, salvo impedimento avaliado pelo Ministério das Relações Exteriores.

Art. 5º Não se concederá visto ao estrangeiro:

I — menor de dezoito anos, desacompanhado do responsável legal ou sem a sua autorizaçao expressa;

II — considerado nocivo à ordem pública ou aos interesses nacionais;

III — anteriormente expulso do País, salvo se a expulsão tiver sido revogada;

IV — condenado ou processado em outro país por crime doloso, passível de extradição segundo a lei brasileira; ou

V — que não satisfaça as condições de saúde estabelecidas pelo Ministério da Saúde.

PARÁGRAFO ÚNICO. Nos casos de recusa de visto, nas hipóteses previstas nos Itens II e V deste artigo, a autoridade consular anotará os dados de qualificação de que dispuser e comunicará o motivo da recusa à Secretaria de Estado das Relações Exteriores que, a respeito, expedirá circular a todas as autoridades consulares brasileiras no exterior e dará conhecimento ao Departamento de Polícia Federal do Ministério da Justiça e à Secretaria de Imigração do Ministério do Trabalho.

Art. 6º A autoridade Consular, ao conceder visto, consignará, no documento de viagem do interessado, o prazo de validade para sua utilização.

Art. 7º A autoridade consular examinará, por todos os meios ao seu alcance, a autenticidade e a legalidade dos documentos que lhe forem apresentados.

PARÁGRAFO ÚNICO. Os documentos que instruírem os pedidos de visto deverão ser apresentados em português, admitidos, também, os idiomas inglês, francês e espanhol.

Art. 8º O visto é individual e no documento de viagem serão apostos tantos vistos quantos forem os seus beneficiários.

§ 1º A solicitação do visto será feita pelo interessado em formulário próprio.

§ 2º O pedido dirá respeito a uma só pessoa, admitindo-se a inclusão de menores de dezoito anos no formulário de um dos progenitores, quando viajarem na companhia destes.

Art. 9º Ao conceder o visto, a autoridade consular anotará, no documento de viagem, a sua classificação e o prazo de estada do estrangeiro no Brasil.

PARÁGRAFO ÚNICO. Nos casos de concessão de visto temporário ou permanente, a referida autoridade entregará ao estrangeiro cópia do formulário do pedido respectivo, autenticada, para os fins previstos no § 7º do art. 23, § 2º do art. 27 e § 1º do art. 58.

Art. 10. O estrangeiro, natural de país limítrofe, poderá ser admitido no Brasil, observado o disposto no art. 37.

Art. 11. O passaporte, ou documento equivalente, não poderá ser visado se não for válido para o Brasil.

PARÁGRAFO ÚNICO. Consideram-se como equivalentes ao passaporte o "laissez-passer", o salvo conduto, a permissão de reingresso e outros documentos de viagem emitidos por governo estrangeiro ou organismo internacional reconhecido pelo Governo brasileiro.

Art. 12. O tipo de passaporte estrangeiro, o cargo ou a função do seu titular não determinam, necessariamente, o tipo de visto a ser concedido pela autoridade brasileira, no exterior ou no Brasil.

Art. 13. O Ministério das Relações Exteriores realizará as investigações necessárias à apuração de fraudes praticadas no exterior quanto ao visto consular e dará conhecimento de suas conclusões ao Ministério da Justiça.

Subseção I
Do Visto de Trânsito

Art. 14. O visto de trânsito poderá ser concedido ao estrangeiro que, para atingir o país de destino, tenha de entrar em território nacional.

Art. 15. Para obter visto de trânsito, o estrangeiro deverá apresentar:

I — passaporte ou documento equivalente;

II — certificado internacional de imunização, quando necessário; e

III — bilhete de viagem para o país de destino.

§ 1º Do documento de viagem deverá constar, se necessário, o visto aposto pelo representante do país de destino.

§ 2º Os documentos exigidos neste artigo deverão ser apresentados pelo estrangeiro aos órgãos federais competentes, no momento da entrada no território nacional.

Art. 16. Na hipótese de interrupção de viagem contínua de estrangeiro em trânsito, aplicar-se-á o disposto no art. 42.

Subseção II
Do Visto de Turista

Art. 17. O visto de turista poderá ser concedido ao estrangeiro que venha ao Brasil em caráter recreativo ou de visita, assim considerado aquele que não tenha finalidade imigratória, nem intuito de exercício de atividade remunerada.

Art. 18. Para obter o visto de turista, o estrangeiro deverá apresentar:

I — passaporte ou documento equivalente;

II — certificado internacional de imunização, quando necessário; e

III — prova de meios de subsistência ou bilhete de viagem que o habilite a entrar no território nacional e dele sair.

§ 1º Para os fins deste artigo, admitem-se, como prova de meios de subsistência, extrato de conta bancária, carta de crédito ou outros documentos que atestem a posse de recursos financeiros, a juízo da autoridade consular.

§ 2º O estrangeiro, titular do visto de turista, deverá apresentar aos órgãos federais competentes os documentos previstos neste artigo, ao entrar no território nacional.

Art. 19. Cabe ao Ministério das Relações Exteriores indicar os países cujos nacionais gozam de isenção do visto de turista.

PARÁGRAFO ÚNICO. O Departamento Consular e Jurídico do Ministério das Relações Exteriores enviará ao Departamento de Polícia Federal do Ministério da Justiça relação atualizada dos países cujos nacionais estejam isentos do visto de turista.

Art. 20. O turista isento de visto, nos termos do artigo anterior, deverá apresentar aos órgãos federais competentes, no momento da entrada no território nacional:

I — passaporte, documento equivalente ou carteira de identidade, esta quando admitida;

II — certificado internacional de imunização, quando necessário.

§ 1º Em caso de dúvida quanto à legitimidade da condição de turista, o Departamento de Polícia Federal poderá exigir prova de meios de subsistência e bilhete de viagem que o habilite a sair do País.

§ 2º Para os fins do disposto no parágrafo anterior, entende-se como prova de meios de subsistência a posse de numerário ou carta de crédito.

Art. 21. O prazo de estada do turista poderá ser reduzido, em cada caso, a critério do Departamento de Polícia Federal.

Subseção III
Do Visto Temporário

Art. 22. O visto temporário poderá ser concedido ao estrangeiro que pretenda vir ao Brasil:

I — em viagem cultural ou sem missão de estudos;

II — em viagem de negócios;

III — na condição de artista ou desportista;

IV — na condição de estudante;

V — na condição de cientista, professor, técnico ou profissional de outra categoria, sob regime de contrato ou a serviço do Governo brasileiro;

VI — na condição de correspondente de jornal, revista, rádio, televisão ou agência noticiosa estrangeira; *(Redação dada pelo Decreto n. 8.757, de 10.5.16, DOU 11.5.16)*

VII — na condição de ministro de confissão religiosa ou membro de instituto de vida consagrada e de congregação ou ordem religiosa; e *(Redação dada pelo Decreto n. 8.757, de 10.5.16, DOU 11.5.16)*

VIII — na condição de beneficiário de bolsa vinculada a projeto de pesquisa, desenvolvimento e inovação concedida por órgão ou agência de fomento. *(Incluído pelo Decreto n. 8.757, de 10.5.16, DOU 11.5.16)*

Art. 23. Para obter visto temporário, o estrangeiro deverá apresentar:

I — passaporte ou documento equivalente;

II — certificado internacional de imunização, quando necessário;

III — *(Revogado pelo Decreto n. 87, de 15.4.1991)*

IV — prova de meios de subsistência; e

V — atestado de antecedentes penais ou documento equivalente, este a critério da autoridade consular.

§ 1º Os vistos temporários de que tratam os incisos I e VII do *caput* do art. 22 só poderão ser obtidos, exceto em caso de força maior, na jurisdição consular em que o interessado tenha mantido residência pelo prazo mínimo de um ano imediatamente anterior ao pedido. *(Redação dada pelo Decreto n. 8.757, de 10.5.16, DOU 11.5.16)*

§ 2º Nos casos de que tratam os itens III e V do artigo anterior, só será concedido visto, pelo respectivo Consulado no exterior, se o estrangeiro for parte em contrato de trabalho visado pela Secretaria de Imigração do Ministério do Trabalho, salvo no caso de comprovada prestação de serviço ao Governo brasileiro.

§ 3º *(Revogado pelo Decreto n. 87, de 15.4.1991)*

§ 4º A prova de meios de subsistência a que alude o item IV deste artigo, será feita:

I — no caso de viagem cultural ou missão de estudos, mediante a apresentação de convite ou indicação de entidade cultural ou científica, oficial ou particular, ou a exibição de documento idôneo que, a critério da autoridade consular, justifique a viagem do interessado e especifique o prazo de estada e a natureza da função;

II — no caso de viagem de negócios, por meio de declaração da empresa ou entidade a que estiver vinculado o estrangeiro, ou de pessoa idônea, a critério da autoridade consular;

III — no caso de estudante, por meio de documento que credencie o estrangeiro como beneficiário de bolsa de estudos ou convênio cultural celebrado pelo Brasil; se o candidato não se encontrar numa dessas condições, a autoridade consular competente exigir-lhe-á prova de que dispõe de recursos suficientes para manter-se no Brasil;

IV — no caso de ministro de confissão religiosa, membro de instituto de vida consagrada ou de congregação ou ordem religiosa, mediante compromisso da entidade no Brasil, responsável por sua manutenção e saída do território nacional.

§ 5º A Secretaria de Imigração do Ministério do Trabalho encaminhará cópia dos contratos, que visar, aos Departamentos Consular e Jurídico do Ministério das Relações Exteriores e Federal de Justiça do Ministério da Justiça.

§ 6º Independentemente da apresentação do documento de que trata o § 2º deste artigo, poderá ser exigida pela autoridade consular, nos casos dos itens III e V do art. 22, a prova da condição profissional atribuída ao interessado, salvo na hipótese de prestação de serviço ao Governo brasileiro.

§ 7º No momento da entrada no território nacional, o estrangeiro, titular do visto temporário, deverá apresentar, aos órgãos federais competentes, os documentos previstos no item I deste artigo e no parágrafo único do art. 9º. *(Redação dada pelo Decreto n. 87, de 15.4.1991)*

§ 8º Nos casos de que trata o inciso V do *caput* do art. 22, somente será concedido visto se solicitado no prazo de seis meses, contado da data da autorização de trabalho expedida pelo Ministério do Trabalho e Previdência Social. *(Incluído pelo Decreto n. 8.757, de 10.5.16, DOU 11.5.16)*

Art. 23-A. Será concedido o visto aos seus familiares e dependentes legais, maiores de dezesseis anos, independentemente de proposta de trabalho prévia e em nome próprio, quando houver concessão do visto ao estrangeiro de que trata o inciso V do *caput* do art. 22, nos termos autorizados pelo Ministério do Trabalho e Previdência Social. *(Incluído pelo Decreto n. 8.757, de 10.5.16, DOU 11.5.16)*

PARÁGRAFO ÚNICO. A prorrogação do visto do titular implica a prorrogação do visto dos dependentes. *(Incluído pelo Decreto n. 8.757, de 10.5.16, DOU 11.5.16)*

Art. 23-B. Ato do Conselho Nacional de Imigração estabelecerá condições simplificadas para a concessão de visto temporário de que trata o inciso V do *caput* do art. 22, no caso de capacidades profissionais estratégicas para o País. *(Incluído pelo Decreto n. 8.757, de 10.5.16, DOU 11.5.16)*

PARÁGRAFO ÚNICO. Na hipótese prevista no *caput*, o Ministério do Trabalho e Previdência Social poderá autorizar a expedição do visto condicionado à apresentação de contrato de trabalho no prazo de até seis meses após o ingresso do titular do visto no País. *(Incluído pelo Decreto n. 8.757, de 10.5.16, DOU 11.5.16)*

Art. 24. O Departamento Consular e Jurídico do Ministério das Relações Exteriores dará ciência, à Secretaria de Imigração do Ministério do Trabalho, da concessão dos vistos de que trata o § 2º do artigo anterior.

Art. 25. Os prazos de estada no Brasil para os titulares de visto temporário serão os seguintes:

I — no caso de viagem cultural ou missão de estudos, até dois anos;

II — no caso de viagem de negócios, até noventa dias;

III — para artista ou desportista, até noventa dias;

IV — para estudante, até um ano;

V — para cientista, professor, técnico ou profissional de outra categoria, sob regime de contrato ou a serviço do Governo brasileiro, até dois anos;

VI — para correspondente de jornal, revista, rádio, televisão, ou agência noticiosa estrangeira, até quatro anos;

VII — para ministro de confissão religiosa, membro de instituto de vida consagrada ou de congregação ou ordem religiosa, até um ano.

Subseção IV
Do Visto Permanente

Art. 26. O visto permanente poderá ser concedido ao estrangeiro que se pretenda fixar, definitivamente no Brasil.

Art. 27. Para obter visto permanente o estrangeiro deverá satisfazer as exigências de caráter especial, previstas nas normas de seleção de imigrantes, estabelecidas pelo Conselho Nacional de Imigração, e apresentar:

I — passaporte ou documento equivalente;

II — certificado internacional de imunização, quando necessário;

III — *(Revogado pelo Decreto n. 87, de 15.4.1991)*

IV — atestado de antecedentes penais ou documento equivalente, a critério da autoridade consular;

V — prova de residência;

VI — certidão de nascimento ou de casamento; e

VII — contrato de trabalho visado pela Secretaria de Imigração do Ministério do Trabalho, quando for o caso.

§ 1º O visto permanente só poderá ser obtido, salvo no caso de força maior, na jurisdição consular em que o interessado tenha mantido residência pelo prazo mínimo de um ano imediatamente anterior ao pedido.

§ 2º O estrangeiro, titular do visto permanente, deverá apresentar, aos órgãos federais competentes, ao entrar no território nacional, os documentos referidos no item I deste artigo e no parágrafo único do art. 9º. *(Redação dada pelo Decreto n. 87, de 15.4.1991)*

§ 3º *(Revogado pelo Decreto n. 740, de 3.2.1993)*

Art. 28. A concessão do visto permanente poderá ficar condicionada, por prazo não superior a cinco anos, ao exercício de atividade certa e à fixação em região determinada do território nacional.

PARÁGRAFO ÚNICO. A autoridade consular anotará à margem do visto a atividade a ser exercida pelo estrangeiro e a região em que se deva fixar.

Seção II
Do Exame de Saúde

Art. 29. *(Revogado pelo Decreto n. 87, de 15.4.1991)*

Art. 30. *(Revogado pelo Decreto n. 87, de 15.4.1991)*

Art. 31. *(Revogado pelo Decreto n. 87, de 15.4.1991)*

Art. 32. *(Revogado pelo Decreto n. 87, de 15.4.1991)*

Art. 33. *(Revogado pelo Decreto n. 87, de 15.4.1991)*

Art. 34. *(Revogado pelo Decreto n. 87, de 15.4.1991)*

Art. 35. *(Revogado pelo Decreto n. 87, de 15.4.1991)*

Capítulo II
Da Entrada

Art. 36. Para a entrada do estrangeiro no território nacional, será exigido visto concedido na forma deste Regulamento, salvo as exceções legais.

PARÁGRAFO ÚNICO. No caso de força maior devidamente comprovada, o Departamento de Polícia Federal poderá autorizar a entrada do estrangeiro no território nacional, ainda que esgotado o prazo de validade para utilização do visto.

Art. 37. Ao natural de país limítrofe, domiciliado em cidade contígua ao território nacional, respeitados os interesses da segurança nacional, poder-se-á permitir a entrada nos municípios fronteiriços a seu respectivo país, desde que apresente carteira de identidade válida, emitida por autoridade competente do seu país.

Art. 38. O estrangeiro, ao entrar no território nacional, será fiscalizado pela Polícia Federal, pelo Departamento da Receita Federal e, quando for o caso, pelo órgão competente do Ministério da Saúde, no local de entrada, devendo apresentar os documentos previstos neste regulamento. *(Redação dada pelo Decreto n. 87, de 15.4.1991)*

§ 1º No caso de entrada por via terrestre, a fiscalização far-se-á no local reservado, para esse fim, aos órgãos referidos neste artigo.

§ 2º Em se tratando de entrada por via marítima, a fiscalização será feita a bordo, no porto de desembarque.

§ 3º Quando a entrada for por via aérea, a fiscalização será feita no aeroporto do local de destino do passageiro, ou ocorrendo a transformação do voo internacional em doméstico, no lugar onde a mesma se der, a critério do Departamento de Polícia Federal do Ministério da Justiça, ouvidas a Divisão Nacional de Vigilância Sanitária de Portos, Aeroportos e Fronteiras do Ministério da Saúde e a Secretaria da Receita Federal do Ministério da Fazenda.

Art. 39. Quando o visto consular omitir a sua classificação ou ocorrer engano, o Departamento de Polícia Federal poderá permitir a entrada do estrangeiro, retendo o seu documento de viagem e fornecendo-lhe comprovante.

PARÁGRAFO ÚNICO. O Departamento de Polícia Federal encaminhará o documento de viagem ao Ministério das Relações Exteriores, para classificação ou correção.

Art. 40. Havendo dúvida quanto à dispensa de visto, no caso de titular de passaporte diplomático, oficial ou de serviço, o Departamento de Polícia Federal consultará o Ministério das Relações Exteriores, para decidir sobre a entrada do estrangeiro.

Art. 41. O Departamento de Polícia Federal do Ministério da Justiça poderá permitir a entrada condicional de estrangeiro impedido na forma do artigo 53, mediante autorização escrita da Divisão Nacional de Vigilância Sanitária de Portos, Aeroportos e Fronteiras, do Ministério da Saúde.

Art. 42. Quando a viagem contínua do estrangeiro tiver que ser interrompida por impossibilidade de transbordo imediato ou por motivo imperioso, o transportador, ou seu agente, dará conhecimento do fato ao Departamento de Polícia Federal, por escrito.

PARÁGRAFO ÚNICO. O Departamento de Polícia Federal, se julgar procedente os motivos alegados, determinará o local em que o mesmo deva permanecer e as condições a serem observadas por ele e pelo transportador, não devendo o prazo de estada exceder ao estritamente necessário ao prosseguimento da viagem.

Art. 43. O Departamento de Polícia Federal poderá permitir o transbordo ou desembarque de tripulante que, por motivo imperioso, seja obrigado a interromper a viagem no território nacional.

PARÁGRAFO ÚNICO. O transportador, ou seu agente, para os fins deste artigo, dará conhecimento prévio do fato ao Departamento de Polícia Federal, fundamentadamente e por escrito, assumindo a responsabilidade pelas despesas decorrentes do transbordo ou desembarque.

Art. 44. Poderá ser permitido o transbordo do clandestino, se requerido pelo transportador, ou seu agente, que assumirá a responsabilidade pelas despesas dele decorrentes.

Art. 45. Nas hipóteses previstas nos arts. 42 e 43, quando o transbordo ou desembarque for solicitado por motivo de doença, deverá esta ser comprovada pela autoridade de saúde.

Art. 46. Quando se tratar de transporte aéreo, relativamente ao transbordo de passageiro e tripulante e ao desembarque deste, aplicar-se-ão as normas e recomendações contidas em anexo à Convenção de Aviação Civil Internacional.

Art. 47. O transportador ou seu agente responderá, a qualquer tempo, pela manutenção e demais despesas do passageiro em viagem contínua ou do tripulante que não estiver presente por ocasião da saída do meio de transporte, bem como pela retirada dos mesmos do território nacional.

PARÁGRAFO ÚNICO. Para efeito do disposto neste artigo, o Departamento de Polícia Federal exigirá termo de compromisso, assinada pelo transportador ou seu agente.

Art. 48. Nenhum estrangeiro procedente do exterior poderá afastar-se do local de entrada e inspeção sem que o seu documento de viagem e o cartão de entrada e saída hajam sido visados pelo Departamento de Polícia Federal.

Art. 49. Nenhum tripulante estrangeiro, de embarcação marítima de curso internacional, poderá desembarcar no território nacional, ou descer à terra, durante a permanência da embarcação no porto, sem a apresentação da carteira de identidade de marítimo prevista em Convenção da Organização Internacional do Trabalho.

PARÁGRAFO ÚNICO. A carteira de identidade, de que trata este artigo, poderá ser substituída por documento de viagem que atribua ao titular a condição de marítimo.

Art. 50. Não poderá ser resgatado no Brasil, sem prévia autorização do Departamento de Polícia Federal, o bilhete de viagem do estrangeiro que tenha entrado no território nacional na condição de turista ou em trânsito.

Capítulo III
Do Impedimento

Art. 51. Além do disposto no art. 26 da Lei n. 6.815, de 19 de agosto de 1980, não poderá, ainda, entrar no território nacional quem:

I — não apresentar documento de viagem ou carteira de identidade, quando admitida;

II — apresentar documente de viagem:

a) que não seja válido para o Brasil;

b) que esteja com o prazo de validade vencido;

c) que esteja com rasura ou indício de falsificação;

d) com visto consular concedido sem a observância das condições previstas na Lei n. 6.815, de 19 de agosto de 1980, e neste Regulamento.

PARÁGRAFO ÚNICO. O impedimento será anotado pelo Departamento de Polícia Federal do Ministério da Justiça no documento de viagem do estrangeiro, ouvida a Divisão Nacional de Vigilância Sanitária de Portos, Aeroportos e Fronteiras do Ministério da Saúde, quando for o caso.

Art. 52. *(Revogado pelo Decreto n. 87, de 15.4.1991)*

Art. 53. O impedimento por motivo de saúde será oposto ou suspenso pela autoridade de saúde.

§ 1º A autoridade de saúde comunicará ao Departamento de Polícia Federal a necessidade da entrada condicional do estrangeiro, titular de visto temporário ou permanente, no caso de documentação médica insuficiente ou quando julgar indicada a complementação de exames médicos para esclarecimento de diagnóstico.

§ 2º O estrangeiro, nos casos previstos no parágrafo anterior, não poderá deixar a localidade de entrada sem a complementação dos exames médicos a que estiver sujeito, cabendo ao Departamento de Polícia Federal reter o seu documento de viagem e fixar o local onde deva permanecer.

§ 3º A autoridade de saúde dará conhecimento de sua decisão, por escrito, ao Departamento de Polícia Federal, para as providências cabíveis.

Art. 54. O Departamento de Polícia Federal anotará no documento de viagem as razões do impedimento definitivo e aporá sobre o visto consular o carimbo de impedido.

Art. 55. A empresa transportadora responde, a qualquer tempo, pela saída do clandestino e do impedido.

§ 1º Na impossibilidade de saída imediata do impedido, o Departamento de Polícia Federal poderá permitir a sua entrada condicional, fixando-lhe o prazo de estada e o local em que deva permanecer.

§ 2º Na impossibilidade de saída imediata do clandestino, o Departamento de Polícia Federal o manterá sob custódia pelo prazo máximo de trinta dias, prorrogável por igual período.

§ 3º A empresa transportadora, ou seu agente, nos casos dos parágrafos anteriores, firmará termo de responsabilidade, perante o Departamento de Polícia Federal, que assegure a manutenção do estrangeiro.

TÍTULO II

Da condição de asilado

Art. 55-A. Ficam transferidas ao Departamento de Migrações da Secretaria Nacional de Justiça e Cidadania do Ministério da Justiça todas as competências atribuídas neste Decreto ao Departamento Federal de Justiça do Ministério da Justiça. *(Incluído pelo Decreto n. 8.757, de 10.5.16, DOU 11.5.16)*

Art. 56. Concedido o asilo, o Departamento Federal de Justiça lavrará termo no qual serão fixados o prazo de estada do asilado no Brasil e, se for o caso, as condições adicionais aos deveres que lhe imponham o Direito Internacional e a legislação vigente, às quais ficará sujeito.

PARÁGRAFO ÚNICO. O Departamento Federal de Justiça encaminhará cópia do termo de que trata este artigo ao Departamento de Polícia Federal, para fins de registro.

Art. 57. O asilado, que desejar sair do País e nele reingressar sem renúncia à sua condição, deverá obter autorização prévia do Ministro da Justiça, através do Departamento Federal de Justiça.

TÍTULO III

Do registro e suas alterações

Capítulo I
Do Registro

Art. 58. O estrangeiro admitido na condição de permanente, de temporário (art. 22, I e de IV a VII), ou de asilado, é obrigado a registrar-se no Departamento de Polícia Federal, dentro dos trinta dias seguintes à entrada ou à concessão do asilo e a identificar-se pelo sistema datiloscópico, observado o disposto neste Regulamento.

§ 1º O registro processar-se-á mediante apresentação do documento de viagem que identifique o registrando, bem como da cópia do formulário do pedido de visto consular brasileiro, ou de certificado consular do país da nacionalidade, este quando ocorrer transformação de visto.

§ 2º Constarão do formulário de registro as indicações seguintes: nome, filiação, cidade e país de nascimento, nacionalidade, data do nascimento, sexo, estado civil, profissão, grau de instrução, local e data da entrada no Brasil, espécie e número do documento de viagem, número e classificação do visto consular, data e local de sua concessão, meio de transporte utilizado, bem como os dados relativos aos filhos menores, e locais de residência, trabalho e estudo.

§ 3º O registro somente será efetivado se comprovada a entrada legal do estrangeiro no País, após a concessão do visto consular respectivo.

§ 4º Quando a documentação apresentada omitir qualquer dado de sua qualificação civil, o registrando deverá apresentar certidões do registro de nascimento ou de casamento, certificado consular ou justificação judicial.

§ 5º O registro do estrangeiro, que houver obtido transformação do visto oficial ou diplomático em temporário ou permanente, só será efetivado após a providência referida no parágrafo único do art. 73.

§ 6º O estudante, beneficiário de convênio cultural, deverá, ainda, registrar-se no Ministério das Relações Exteriores, mediante a apresentação do documento de identidade fornecido pelo Departamento de Polícia Federal. *(Revogado pelo Decreto n. 8.757, de 10.5.16, DOU 11.5.16)*

Art. 59. O nome e a nacionalidade do estrangeiro, para efeito de registro, serão os constantes do documento de viagem.

§ 1º Se o documento de viagem consignar o nome de forma abreviada, o estrangeiro deverá comprovar a sua grafia por extenso, com documento hábil.

§ 2º Se a nacionalidade foi consignada por organismo internacional ou por autoridade de terceiro país, ela só será anotada no registro à vista da apresentação de documento hábil ou de confirmação da autoridade diplomática ou consular competente.

§ 3º Se o documento de viagem omitir a nacionalidade do titular será ele registrado:

I — como apátrida, em caso de ausência de nacionalidade;

II — como de nacionalidade indefinida, caso ela não possa ser comprovada na forma do parágrafo anterior.

Art. 60. Ao estrangeiro registrado, inclusive ao menor em idade escolar, será fornecido documento de identidade.

PARÁGRAFO ÚNICO. Ocorrendo as hipóteses dos arts. 18, 37 § 2º e 97 da Lei n. 6.815, de 19 de agosto de 1980, deverá o documento de identidade delas fazer menção.

Art. 61. O titular de visto diplomático, oficial ou de cortesia, cujo prazo de estada no País seja superior a noventa dias, deverá providenciar seu registro no Ministério das Relações Exteriores.

§ 1º O estrangeiro, titular de passaporte diplomático, oficial ou de serviço que haja entrado no Brasil ao amparo de acordo de dispensa de visto, deverá, igualmente, proceder ao registro mencionado neste artigo, sempre que sua estada no Brasil deva ser superior a noventa dias.

§ 2º O registro será procedido em formulário próprio instituído pelo Ministério das Relações Exteriores.

§ 3º Ao estrangeiro de que trata este artigo, o Ministério das Relações Exteriores fornecerá documento de identidade próprio.

Art. 62. O estrangeiro, natural de país limítrofe, domiciliado em localidade contígua ao território nacional, cuja entrada haja sido permitida mediante a apresentação de carteira de identidade e que pretenda exercer atividade remunerada ou frequentar estabelecimento de ensino em município fronteiriço ao local de sua residência, respeitados os interesses da segurança nacional, será cadastrado pelo Departamento de Polícia Federal e receberá documento especial que o identifique e caracterize sua condição.

PARÁGRAFO ÚNICO. O cadastro será feito mediante os seguintes documentos:

I — carteira de identidade oficial emitida pelo seu país;

II — prova de naturalidade; *(Revogado pelo Decreto n. 8.757, de 10.5.16, DOU 11.5.16)*

III — prova de residência em localidade do seu país contígua ao território nacional;

IV — declaração de pretensão de emprego, ou de frequentar estabelecimento de ensino, conforme o caso; e *(Redação dada pelo Decreto n. 8.757, de 10.5.16, DOU 11.5.16)*

V — prova de que não possui antecedentes criminais em seu país.

Art. 63. A Delegacia Regional do Trabalho, ao fornecer a Carteira de Trabalho e Previdência Social, nas hipóteses previstas no parágrafo único do art. 60, quando for o caso, e no art. 62, nela aporá o carimbo que caracterize as restrições de sua validade ao Município, onde o estrangeiro haja sido cadastrado pelo Departamento de Polícia Federal.

Capítulo II
Da Prorrogação do Prazo de Estada

Art. 64. Compete ao Ministério da Justiça a prorrogação dos prazos de estada do turista, do temporário e do asilado e ao Ministério das Relações Exteriores, a do titular de visto de cortesia, oficial ou diplomático.

PARÁGRAFO ÚNICO. O pedido de prorrogação será iniciado junto ao Ministério do Trabalho e Previdência Social nos casos de vistos temporários sob regime de contrato ou a serviço do Governo brasileiro que, em caso de deferimento, encaminhará o pedido ao Ministério da Justiça. *(Redação dada pelo Decreto n. 8.757, de 10.5.16, DOU 11.5.16)*

Seção I

Da Prorrogação da Estada do Turista

Art. 65. A prorrogação do prazo de estada do turista não excederá a noventa dias, podendo ser cancelada a critério do Departamento de Polícia Federal.

§ 1º A prorrogação poderá ser concedida pelo Departamento de Polícia Federal, quando solicitada antes de expirado o prazo inicialmente autorizado, mediante prova de:

I — pagamento da taxa respectiva;

II — posse de numerário para se manter no País.

§ 2º A prorrogação será anotada no documento de viagem ou, se admitida a carteira de identidade, no cartão de entrada e saída.

Seção II

Da Prorrogação da Estada de Temporário

Art. 66. O prazo de estada do titular de visto temporário poderá ser prorrogado pelo Ministério da Justiça, observado o disposto na legislação trabalhista, ouvido o Ministério do Trabalho e Emprego, quando for o caso. (NR) *(Redação dada pelo Decreto n. 8.374, de 11.12.14, DOU 12.12.14)*

Legislação Complementar

I — pelo Departamento de Polícia Federal, nos casos dos itens II e III do art. 22; *(Revogado pelo Decreto n. 8.374, de 11.12.14, DOU 12.12.14)*

II — pelo Departamento Federal de Justiça, nas demais hipóteses, observado o disposto na legislação trabalhista, ouvida a Secretaria de Imigração do Ministério do Trabalho, quando for o caso. *(Revogado pelo Decreto n. 8.374, de 11.12.14, DOU 12.12.14)*

§ 1º A prorrogação será concedida na mesma categoria em que estiver classificado o estrangeiro e não poderá ultrapassar os limites previstos no art. 25.

§ 2º A apresentação do pedido não impede, necessariamente, as medidas a cargo do Departamento de Polícia Federal destinadas a promover a retirada do estrangeiro que exceder o prazo de estada.

Art. 67. O pedido de prorrogação de estada do temporário deverá ser formulado antes do término do prazo concedido anteriormente e será instruído com:

I — cópia do documento de viagem; *(Redação dada pelo Decreto n. 8.757, de 10.5.16, DOU 11.5.16)*

II — prova:

a) de registro de temporário; *(Revogado pelo Decreto n. 8.757, de 10.5.16, DOU 11.5.16)*

b) de meios próprios de subsistência;

c) do motivo da prorrogação solicitada.

§ 1º A prova de meios de subsistência nas hipóteses do art. 22 será feita:

I — no caso do item I, mediante a renovação de convite ou indicação de entidade cultural ou científica, oficial ou particular, ou a exibição de documento idôneo que justifique o pedido e especifique o prazo de estada e a natureza da função;

II — no caso do item II, com documento que ateste a idoneidade financeira;

III — no caso dos incisos III e V do *caput*, com o instrumento de prorrogação do contrato inicial ou com novo contrato de trabalho; *(Redação dada pelo Decreto n. 8.757, de 10.5.16, DOU 11.5.16)*

IV — no caso do item IV, mediante apresentação de escritura de assunção de compromisso de manutenção, salvo hipótese de estudante convênio;

V — no caso do item VI, mediante declaração de entidade a que estiver vinculado o estrangeiro e que justifique a necessidade e o prazo da prorrogação;

VI — no caso do item VII, mediante compromisso de manutenção da entidade a que estiver vinculado.

§ 2º No caso de estudante, o pedido deverá, também, ser instruído com a prova do aproveitamento escolar e da garantia de matricula.

§ 3º O pedido de prorrogação de que trata o item II do artigo anterior deverá ser apresentado até trinta dias antes do término do prazo de estada concedido. *(Revogado pelo Decreto n. 8.757, de 10.5.16, DOU 11.5.16)*

§ 4º O pedido de prorrogação de que trata o *caput* poderá ser apresentado diretamente ao Ministério da Justiça ou ao órgão local do Departamento de Polícia Federal. *(Redação dada pelo Decreto n. 8.757, de 10.5.16, DOU 11.5.16)*

§ 5º Nas hipóteses do inciso III do § 1º, o órgão que conceder a prorrogação dará ciência do fato ao Ministério do Trabalho e Previdência Social. *(Redação dada pelo Decreto n. 8.757, de 10.5.16, DOU 11.5.16)*

§ 6º A apresentação do pedido assegurará a regularidade migratória até a decisão final. *(Redação dada pelo Decreto n. 8.757, de 10.5.16, DOU 11.5.16)*

Seção III
Da Prorrogação do Estado do Asilado

Art. 68. A prorrogação do prazo de estada do asilado será concedida pelo Departamento Federal de Justiça.

Capítulo III
Da Transformação dos Vistos

Art. 69. Os titulares dos vistos de que tratam os itens V e VII do art. 22, poderão obter sua transformação para permanente, desde que preencham as condições para a sua concessão.

PARÁGRAFO ÚNICO. *(Revogado pelo Decreto n. 740, de 3.2.1993)*

Art. 69-A. O titular de visto temporário previsto no art. 22, exceto o de turista, a critério do Conselho Nacional de Imigração, poderá solicitar ao Ministério do Trabalho e Previdência Social a autorização para transformação de sua condição migratória para temporária de trabalho, nos termos do inciso V do *caput* do art. 22, atendidos os mesmos requisitos do § 2º do art. 23. *(Incluído pelo Decreto n. 8.757, de 10.5.16, DOU 11.5.16)*

Art. 70. Compete ao Departamento Federal de Justiça conceder a transformação:

I — em permanente, dos vistos referidos no art. 69;

II — dos vistos diplomático ou oficial em:

a) temporário de que tratam os itens I a VI do art. 22;

b) permanente.

§ 1º O pedido deverá ser apresentado no mínimo trinta dias antes do término do prazo de estada, perante o Ministério da Justiça ou o órgão do Departamento de Polícia Federal. *(Redação dada pelo Decreto n. 8.374, de 11.12.14, DOU 12.12.14)*

§ 2º A transformação só será concedida se o requerente satisfizer as condições para a concessão do visto permanente.

§ 3º *(Revogado pelo Decreto n. 87, de 15.4.1991)*

§ 4º O Ministério da Justiça comunicará a transformação concedida: *(Redação dada pelo Decreto n. 8.374, de 11.12.14, DOU 12.12.14)*

I — ao Ministério do Trabalho e Emprego, no caso do inciso I do *caput;* e *(Redação dada pelo Decreto n. 8.374, de 11.12.14, DOU 12.12.14)*

II — ao Ministério das Relações Exteriores, no caso do inciso II do *caput.* (NR) *(Redação dada pelo Decreto n. 8.374, de 11.12.14, DOU 12.12.14)*

III — em visto temporário previsto no inciso IV do *caput* do art. 22, do visto de turista. *(Incluído pelo Decreto n. 8.757, de 10.5.16, DOU 11.5.16)*

Art. 71. A saída do estrangeiro do território nacional, por prazo não superior a noventa dias, não prejudicará o processamento ou o deferimento do pedido de permanência.

PARÁGRAFO ÚNICO. O disposto neste artigo não assegura o retorno do estrangeiro ao Brasil sem obtenção do visto consular, quando exigido.

Art. 72. Do despacho que denegar a transformação ou a prorrogação do visto, caberá pedido de reconsideração. (NR) *(Redação dada pelo Decreto n. 8.374, de 11.12.14, DOU 12.12.14)*

§ 1º O pedido deverá conter os fundamentos de fato e de direito e as respectivas provas, e será apresentado ao órgão do Departamento de Polícia Federal, onde houver sido autuada a inicial, no prazo de quinze dias, contados da publicação, no Diário Oficial da União, do despacho denegatório.

§ 2º O Departamento de Polícia Federal fornecerá ao requerente comprovante da interposição do pedido de reconsideração.

Art. 73. Concedida a transformação do visto, o estrangeiro deverá efetuar o registro, no Departamento de Polícia Federal, no prazo de noventa dias, contado da data da ciência do deferimento do pedido. (NR) *(Redação dada pelo Decreto n. 8.374, de 11.12.14, DOU 12.12.14)*

PARÁGRAFO ÚNICO. O registro do estrangeiro que tenha obtido a transformação na hipótese do item II do art. 70, somente será efetuado mediante a apresentação ao Departamento de Polícia Federal do documento de viagem com o visto diplomático ou oficial cancelado pelo Ministério das Relações Exteriores.

Art. 74. Compete ao Departamento Consular e Jurídico do Ministério das Relações Exteriores conceder a transformação, para oficial ou diplomático, do visto de trânsito, turista, temporário ou permanente.

§ 1º O disposto neste artigo se aplica, também, ao estrangeiro que entrar no território nacional isento de visto de turista.

§ 2º O Departamento Consular e Jurídico do Ministério das Relações Exteriores comunicará ao Departamento de Polícia Federal do Ministério da Justiça a transformação concedida, fornecendo os dados de qualificação do estrangeiro, inclusive o número e a data de registro de que trata o art. 58.

Art. 75. O pedido de transformação de visto não impede a aplicação, pelo Departamento de Polícia Federal, do disposto no art. 98, se o estrangeiro ultrapassar o prazo legal de estada no território nacional.

Capítulo IV
Da Alteração de Assentamentos

Art. 76. Compete ao Ministro da Justiça autorizar a alteração de assentamentos constantes do registro de estrangeiro.

Art. 77. O pedido de alteração de nome, dirigido ao Ministro da Justiça, será instruído com certidões obtidas nas Unidades da Federação onde o estrangeiro haja residido:

I — dos órgãos corregedores das Polícias Federal e Estadual;

II — dos Cartórios de Protestos de Títulos;

III — dos Cartórios de distribuição de ações nas Justiças Federal e Estadual;

IV — das Fazendas Federal, Estadual e Municipal.

§ 1º O pedido será apresentado ao órgão do Departamento de Polícia Federal do local de residência do interessado, devendo o órgão que o receber anexar-lhe cópia do registro, e proceder a investigação sobre o comportamento do requerente.

§ 2º Cumprido o disposto no parágrafo anterior, o Departamento de Polícia Federal remeterá o processo ao Departamento Federal de Justiça que emitirá parecer, encaminhando-o ao Ministro da Justiça.

Art. 78. A expressão nome, para os fins de alteração de assentamento do registro, compreende o prenome e os apelidos de família.

§ 1º Poderá ser averbado no registro o nome abreviado usado pelo estrangeiro como firma comercial registrada ou em qualquer atividade profissional.

§ 2º Os erros materiais serão corrigidos de ofício.

Art. 79. Independem da autorização de que trata o art. 76 as alterações de assentamento do nome do estrangeiro resultantes de:

I — casamento realizado perante autoridade brasileira;

II — sentença de anulação e nulidade de casamento, divórcio, separação judicial, proferidas por autoridade brasileira;

III — legitimação por subsequente casamento;

IV — sentença de desquite ou divórcio proferidas por autoridade estrangeira, desde que homologadas pelo Supremo Tribunal Federal.

Art. 80. O estrangeiro, que adquirir nacionalidade diversa da constante do registro, deverá, nos noventa dias seguintes, requerer averbação da nova nacionalidade em seus assentamentos.

§ 1º O pedido de averbação será instruído com documento de viagem, certificado fornecido pela autoridade diplomática ou consular, ou documento que atribua ao estrangeiro a nacionalidade alegada e, quando for o caso, com a prova da perda da nacionalidade constante do registro.

§ 2º Observar-se-á, quanto ao pedido de averbação, o disposto nos §§ 1º e 2º do art. 77, excluída a investigação sobre o comportamento do requerente.

§ 3º Ao apátrida que adquirir nacionalidade e ao estrangeiro que perder a constante do seu registro aplica-se o disposto neste artigo.

Capítulo V
Da Atualização do Registro

Art. 81. O estrangeiro registrado é obrigado a comunicar ao Departamento de Polícia Federal a mudança do seu domicílio ou da sua residência, nos trinta dias imediatamente seguintes à sua efetivação.

§ 1º A comunicação poderá ser feita, preferencialmente, por meio digital, ou pessoalmente ou por correio, com aviso de recebimento, e dela deverão constar obrigatoriamente o nome do estrangeiro, o número do documento de identidade e o lugar onde foi emitido, acompanhada de comprovante da nova residência ou domicílio. *(Redação dada pelo Decreto n. 8.757, de 10.5.16, DOU 11.5.16)*

§ 2º Quando a mudança de residência ou de domicílio se efetuar de uma para outra Unidade da Federação, a comunicação será feita pessoalmente ao órgão do Departamento de Polícia Federal, do local da nova residência ou novo domicílio. *(Revogado pelo Decreto n. 8.757, de 10.5.16, DOU 11.5.16)*

§ 3º Ocorrendo a hipótese prevista no parágrafo anterior, o órgão que receber a comunicação requisitará cópia do registro respectivo, para processamento da inscrição do estrangeiro e informará ao que procedeu ao registro os fatos posteriores ocorridos. *(Revogado pelo Decreto n. 8.757, de 10.5.16, DOU 11.5.16)*

§ 4º Ato do Departamento da Polícia Federal disporá sobre a comunicação digital de que trata o § 1º. *(Incluído pelo Decreto n. 8.757, de 10.5.16, DOU 11.5.16)*

Art. 82. As entidades de que tratam os arts. 45 a 47 da Lei n. 6.815, de 19 de agosto de 1980, remeterão, ao Departamento de Polícia Federal, os dados ali referidos.

Art. 83. A admissão de estrangeiro a serviço de entidade pública ou privada, ou a matrícula em estabelecimento de ensino de qualquer grau, só se efetivará se o mesmo estiver devidamente registrado ou cadastrado.

§ 1º O protocolo fornecido pelo Departamento de Polícia Federal substitui, para os fins deste artigo, pelo prazo de até cento e oitenta dias, contado da data de sua emissão, os documentos de identidade previstos nos art. 60 e art. 62. *(Incluído pelo Decreto n. 8.757, de 10.5.16, DOU 11.5.16)*

§ 2º As entidades, a que se refere este artigo, remeterão ao Departamento de Polícia Federal, os dados de identificação do estrangeiro, à medida que ocorrer o término do contrato de trabalho, sua rescisão ou prorrogação, bem como a suspensão ou cancelamento da matrícula e a conclusão do curso.

§ 3º O Departamento de Polícia Federal, quando for o caso, dará conhecimento dos dados referidos no parágrafo anterior à Secretaria de Imigração do Ministério do Trabalho.

Art. 84. Os dados a que se referem os arts. 82 e 83 serão fornecidos em formulário próprio a ser instituído pelo Departamento de Polícia Federal.

Capítulo VI
Do Cancelamento e do Restabelecimento de Registro

Seção I
Do Cancelamento do Registro

Art. 85. O estrangeiro terá o registro cancelado pelo Departamento de Polícia Federal:

I — se obtiver naturalização brasileira;

II — se tiver decretada sua expulsão;

III — se requerer sua saída do território nacional em caráter definitivo, renunciando expressamente ao direito de retorno a que se refere o art. 90;

IV — se permanecer ausente do Brasil, por prazo superior a dois anos;

V — se, portador de visto temporário ou permanente, obtiver a transformação dos mesmos para oficial ou diplomático;

VI — se houver transgressão dos artigos 18, 37, § 2º ou 99 a 101 da Lei n. 6.815, de 19 de agosto de 1980;

VII — se temporário ou asilado, no término do prazo de estada no território nacional.

Art. 86. Na hipótese prevista no item III do artigo anterior, o estrangeiro deverá instruir o pedido com a documentação prevista no art. 77 e anexar-lhe o documento de identidade emitido pelo Departamento de Polícia Federal.

PARÁGRAFO ÚNICO. Deferido o pedido e efetivado o cancelamento, o estrangeiro será notificado para deixar o território nacional dentro de trinta dias.

Art. 87. O Departamento de Polícia Federal comunicará o cancelamento de registro à Secretaria de Imigração do Ministério do Trabalho, quando for o caso.

Seção II
Do Restabelecimento de Registro

Art. 88. O registro poderá ser restabelecido pelo Departamento de Polícia Federal, se o estrangeiro:

I — tiver cancelada ou anulada a naturalização concedida, desde que não tenha sido decretada a sua expulsão;

II — tiver a expulsão revogada;

III — retornar ao território nacional com visto temporário ou permanente.

§ 1º Em caso de retorno ao território nacional, pedido de restabelecimento de registro deverá ser feito no prazo de trinta dias, a contar da data do reingresso.

§ 2º Na hipótese do item III do art. 85, se o cancelamento do registro houver importado em isenção de ônus fiscal ou financeiro, o pedido deverá ser instruído com o comprovante da satisfação destes encargos.

§ 3º O restabelecimento implicará a emissão de novo documento de identidade do qual conste, também, quando for o caso, a data de reingresso do estrangeiro no território nacional.

§ 4º Se, ao regressar ao território nacional, o estrangeiro fixar residência em Unidade da Federação diversa daquela em que foi anteriormente registrado, a emissão do novo documento de identidade será precedida da requisição de cópia do registro para inscrição. *(Revogado pelo Decreto n. 8.757, de 10.5.16, DOU 11.5.16)*

§ 5º No caso de estrangeiro que retorne ao Brasil com outro nome ou nacionalidade, o restabelecimento do registro somente se procederá após o cumprimento do disposto nos arts. 77 e 80.

TÍTULO IV
Da saída e do retorno

Art. 89. No momento de deixar o território nacional, o estrangeiro deverá apresentar ao Departamento de Polícia Federal o documento de viagem e o cartão de entrada e saída.

PARÁGRAFO ÚNICO. O Departamento de Polícia Federal consignará nos documentos de que trata este artigo a data em que o estrangeiro deixar o território nacional.

Art. 90. O estrangeiro registrado como permanente, que se ausentar do Brasil, poderá regressar independentemente de visto se o fizer dentro de dois anos a contar da data em que tiver deixado o território nacional, observado o disposto no parágrafo único do artigo anterior.

PARÁGRAFO ÚNICO. Findo o prazo a que se refere este artigo, o reingresso no País, como permanente, dependerá da concessão de novo visto.

Art. 91. O estrangeiro registrado como temporário, nos casos dos itens I e IV a VII do art. 22, que se ausentar do Brasil, poderá regressar independentemente do novo visto, se o fizer dentro do prazo fixado no documento de identidade emitido pelo Departamento de Polícia Federal.

Art. 92. O estrangeiro titular de visto consular de turista ou temporário (art. 22, II, e III), que se ausentar do Brasil, poderá regressar independentemente de novo visto, se o fizer dentro do prazo de estada no território nacional, fixado no visto.

Art. 93. O prazo de validade do visto temporário a que se refere o art. 22, inciso II, será fixado pelo Ministério das Relações Exteriores e não excederá o período de cinco anos, podendo proporcionar ao titular do visto múltiplas entradas no País, com estadas não excedentes a noventa dias, prorrogáveis por igual período, totalizando, no máximo, 180 dias por ano. *(Redação dada pelo Decreto n. 1.455, de 13.4.1995)*

PARÁGRAFO ÚNICO. Na fixação do prazo de validade do visto, permissivo de múltiplas entradas, o Ministério das Relações Exteriores observará o princípio da reciprocidade de tratamento. *(Incluído pelo Decreto n. 1.455, de 13.4.1995)*

TÍTULO V
Do documento de viagem para estrangeiro

Art. 94. O Departamento de Polícia Federal poderá conceder passaporte para estrangeiro nas seguintes hipóteses:

I — ao apátrida e ao de nacionalidade indefinida;

II — ao nacional de país que não tenha representação diplomática ou consular no Brasil, nem representante de outro país encarregado de protegê-lo;

III — ao asilado ou ao refugiado, como tal admitido no Brasil;

IV — ao cônjuge, companheiro ou viúvo de brasileiro que haja perdido a nacionalidade originária em virtude de casamento ou união estável. *(Redação dada pelo Decreto n. 8.757, de 10.5.16, DOU 11.5.16)*

§ 1º A concessão de passaporte dependerá de prévia consulta:

a) ao Ministério das Relações Exteriores, no caso do item II;

b) ao Departamento Federal de Justiça, no caso do item III.

§ 2º As autoridades consulares brasileiras poderão conceder passaporte, no exterior, ao estrangeiro mencionado no item IV.

Art. 95. O "laissez-passer" poderá ser concedido no Brasil pelo Departamento de Polícia Federal, e, no exterior, pelas Missões diplomáticas ou Repartições Consulares brasileiras.

PARÁGRAFO ÚNICO. A concessão, no exterior, de "laissez-passer" a estrangeiro registrado no Brasil dependerá de prévia audiência:

I — do Departamento de Polícia Federal, no caso de permanente ou temporário;

II — do Departamento Federal de Justiça, no caso de asilado.

Art. 96. *(Revogado pelo Decreto n. 5.978, de 2006)*

§ 1º *(Revogado pelo Decreto n. 5.978, de 2006)*

§ 2º *(Revogado pelo Decreto n. 5.978, de 2006)*

Art. 97. *(Revogado pelo Decreto n. 5.978, de 2006)*

TÍTULO VI
Da deportação

Art. 98. Nos casos de entrada ou estada irregular, o estrangeiro, notificado pelo Departamento de Polícia Federal, deverá retirar-se do território nacional:

I — no prazo improrrogável de oito dias, por infração ao disposto nos arts. 18, 21, § 2º, 24, 26, § 1º, 37, § 2º, 64, 98 a 101, §§ 1º ou 2º do art. 104 ou arts. 105 e 125, II da Lei n. 6.815, de 19 de agosto de 1980;

II — no prazo improrrogável de três dias, no caso de entrada irregular, quando não configurado o dolo.

§ 1º Descumpridos os prazos fixados neste artigo, o Departamento de Polícia Federal promoverá a imediata deportação do estrangeiro.

§ 2º Desde que conveniente aos interesses nacionais, a deportação far-se-á independentemente da fixação dos prazos de que tratam os incisos I e II deste artigo.

Art. 99. Ao promover a deportação, o Departamento de Polícia Federal lavrará termo, encaminhando cópia ao Departamento Federal de Justiça.

TÍTULO VII
Da expulsão

Art. 100. O procedimento para a expulsão de estrangeiro do território nacional obedecerá às normas fixadas neste Título.

Art. 101. Os órgãos do Ministério Público remeterão ao Ministério da Justiça, de ofício, até trinta dias após o trânsito em julgado, cópia da sentença condenatória de estrangeiro, autor de crime doloso ou de qualquer crime contra a segurança nacional, a ordem política ou social, a economia popular, a moralidade ou a saúde pública, assim como da folha de antecedentes penais constantes dos autos.

PARÁGRAFO ÚNICO. O Ministro da Justiça, recebidos os documentos mencionados neste artigo, determinará a instauração de inquérito para expulsão do estrangeiro.

Art. 102. Compete ao Ministro da Justiça, de ofício ou acolhendo solicitação fundamentada, determinar ao Departamento de Policia Federal a instauração de inquérito para a expulsão de estrangeiro.

Art. 103. A instauração de inquérito para a expulsão do estrangeiro será iniciada mediante Portaria.

§ 1º O expulsando será notificado da instauração do inquérito e do dia e hora fixados para o interrogatório, com antecedência mínima de dois dias úteis.

§ 2º Se o expulsando não for encontrado, será notificado por edital, com o prazo de dez dias, publicado duas vezes, no Diário Oficial da União, valendo a notificação para todos os atos do inquérito.

§ 3º Se o expulsando estiver cumprindo prisão judicial, seu comparecimento, será requisitado à autoridade competente.

§ 4º Comparecendo, o expulsando será qualificado, interrogado, identificado e fotografado, podendo nessa oportunidade indicar defensor e especificar as provas que desejar produzir.

§ 5º Não comparecendo o expulsando, proceder-se-á sua qualificação indireta.

§ 6º Será nomeado defensor dativo, ressalvada ao expulsando a faculdade de substituí-lo, por outro de sua confiança:

I — se o expulsando não indicar defensor;

II — se o indicado não assumir a defesa da causa;

III — se notificado, pessoalmente ou por edital, o expulsando não comparecer para os fins previstos no § 4º.

§ 7º Cumprido o disposto nos parágrafos anteriores, ao expulsando e ao seu defensor será dada vista dos autos, em cartório, para a apresentação de defesa no prazo único de seis dias, contados da ciência do despacho respectivo.

§ 8º Encerrada a instrução do inquérito, deverá ser este remetido ao Departamento Federal de Justiça, no prazo de doze dias, acompanhado de relatório conclusivo.

Art. 104. Nos casos de infração contra a segurança nacional, a ordem política ou social e a economia popular, assim como nos casos de comércio, posse ou facilitação de uso indevido de substância entorpecente ou que determine dependência física ou psíquica, ou de desrespeito a proibição especialmente prevista em lei para estrangeiro, o inquérito será sumário e não excederá o prazo de quinze dias, assegurado ao expulsando o procedimento previsto no artigo anterior, reduzidos os prazos à metade.

Art. 105. Recebido o inquérito, será este anexado ao processo respectivo, devendo o Departamento Federal de Justiça encaminhá-lo com parecer ao Ministro da Justiça, que o submeterá à decisão do Presidente da República, quando for o caso.

Art. 106. Publicado o decreto de expulsão, o Departamento de Polícia Federal do Ministério da Justiça remeterá, ao Departamento Consular e Jurídico do Ministério das Relações Exteriores, os dados de qualificação do expulsando.

Art. 107. Caberá pedido de reconsideração do ato expulsório, no prazo de dez dias, contado da data de notificação do interessado ou de seu defensor, pessoalmente ou por meio de publicação no Diário Oficial da União. *(Redação dada pelo Decreto n. 8.757, de 10.5.16, DOU 11.5.16)*

§ 1º O pedido, dirigido ao Presidente da República, conterá os fundamentos de fato e de direito com as respectivas provas e processar-se-á junto ao Departamento Federal de Justiça do Ministério da Justiça.

§ 2º Ao receber o pedido, o Departamento Federal de Justiça emitirá parecer sobre seu cabimento e procedência, encaminhando o processo ao Ministro da Justiça, que o submeterá ao Presidente da República.

Art. 108. Ao efetivar o ato expulsório, o Departamento de Polícia Federal lavrará o termo respectivo, encaminhando cópia ao Departamento Federal de Justiça.

Art. 109. O estrangeiro que permanecer em regime de liberdade vigiada, no lugar que lhe for determinado por ato do Ministro da Justiça, ficará sujeito às normas de comportamento estabelecidas pelo Departamento de Polícia Federal.

TÍTULO VIII
Da extradição

Art. 110. Compete ao Departamento de Polícia Federal, por determinação do Ministro da Justiça:

I — efetivar a prisão do extraditando;

II — proceder à sua entrega ao Estado ao qual houver sido concedida a extradição.

PARÁGRAFO ÚNICO. Da entrega do extraditando será lavrado termo, com remessa de copia ao Departamento Federal de Justiça.

TÍTULO IX
Dos direitos e deveres do estrangeiro

Art. 111. O estrangeiro admitido na condição de temporário, sob regime de contrato, só poderá exercer atividade junto à entidade pela qual foi contratado na oportunidade da concessão do visto.

§ 1º Se o estrangeiro pretender exercer atividade junto a entidade diversa daquela para a qual foi contratado deverá requerer autorização ao Ministério do Trabalho e Previdência Social, mediante pedido fundamentado e instruído com: *(Redação dada pelo Decreto n. 8.757, de 10.5.16, DOU 11.5.16)*

I — prova de registro como temporário;

II — cópia de contrato que gerou a concessão do visto consular; *(Revogado pelo Decreto n. 8.757, de 10.5.16, DOU 11.5.16)*

III — anuência expressa da entidade, pela qual foi inicialmente contratado, para o candidato prestar serviços a outra empresa; e *(Revogado pelo Decreto n. 8.757, de 10.5.16, DOU 11.5.16)*

IV — contrato firmado com a nova entidade. *(Redação dada pelo Decreto n. 8.757, de 10.5.16, DOU 11.5.16)*

§ 2º Após análise, o Ministério do Trabalho e Previdência Social encaminhará o pedido já instruído ao Ministério da Justiça para decisão. *(Redação dada pelo Decreto n. 8.757, de 10.5.16, DOU 11.5.16)*

§ 3º A autorização de que trata este antigo só por exceção e motivadamente será concedida.

Art. 112. O estrangeiro admitido no território nacional na condição de permanente, para o desempenho de atividade profissional certa, e a fixação em região determinada, não poderá, dentro do prazo que lhe for fixado na oportunidade da concessão ou da transformação do visto, mudar de domicílio nem de atividade profissional, ou exerce-la fora daquela região.

§ 1º As condições a que se refere este artigo só excepcionalmente poderão ser modificadas, mediante autorização do Departamento Federal de Justiça do Ministério da Justiça, ouvida a Secretaria de Imigração do Ministério do Trabalho, quando necessário.

§ 2º O pedido do estrangeiro, no caso do parágrafo anterior, deverá ser instruído com as provas das razões alegadas.

Art. 113. No exame da conveniência das excepcionalidades referidas nos artigos anteriores, a Secretaria de Imigração do Ministério do Trabalho considerará as condições do mercado de trabalho da localidade na qual se encontra o estrangeiro e daquela para onde deva transferir-se.

Art. 114. O estrangeiro registrado é obrigado a comunicar ao Departamento de Polícia Federal a mudança de seu domicílio ou residência, observado o disposto no art. 81.

Art. 115. O estrangeiro, que perder a nacionalidade constante do registro por ter adquirido outra, deverá requerer retificação ou averbação da nova nacionalidade na forma disciplinada no art. 80.

Art. 116. Ao estrangeiro que tenha entrado no Brasil na condição de turista ou em trânsito é proibido o engajamento como tripulante em porto brasileiro, salvo em navio de bandeira do seu país, por viagem não redonda, a requerimento do transportador ou seu agente, mediante autorização do Departamento de Polícia Federal.

PARÁGRAFO ÚNICO. O embarque do estrangeiro como tripulante será obstado se:

I — for contratado para engajamento em navio de outra bandeira que não seja a de seu país;

II — constar do contrato de trabalho cláusula que fixe seu término em porto brasileiro;

III — A embarcação em que for engajado tiver que fazer escala em outro porto, antes de deixar as águas brasileiras.

Art. 117. É lícito aos estrangeiros associarem-se para fins culturais, religiosos, recreativos, beneficentes ou de assistência, filiarem-se a clubes sociais e desportivos, e a quaisquer outras entidades com iguais fins, bem como participarem de reunião comemorativa de datas nacionais ou acontecimentos de significação patriótica.

§ 1º As entidades mencionadas neste artigo, se constituídas de mais da metade de associados estrangeiros, somente poderão funcionar mediante autorização do Ministro da Justiça.

§ 2º O pedido de autorização, previsto no parágrafo anterior, será dirigido ao Ministro da Justiça, através do Departamento Federal de Justiça, e conterá:

I — cópia autêntica dos estatutos;

II — indicação de fundo social;

III — nome, naturalidade, nacionalidade, idade e estado civil dos membros da administração, e forma de sua representação judicial e extrajudicial;

IV — designação da sede social e dos locais habituais de reunião ou prestação de serviços;

V — relação nominal dos associados e respectivas nacionalidades;

VI — prova do registro, de que trata o art. 58, na hipótese de associado e dirigente estrangeiros;

VII — relação com o nome, sede, diretores ou responsáveis por jornal, revista, boletim ou outro orgão de publicidade.

§ 3º Qualquer alteração dos estatutos ou da administração, bem como das sedes e domicílios, a que se refere o parágrafo anterior, deverá ser comunicada ao Departamento Federal de Justiça, no prazo de trinta dias.

Art. 118. O Departamento Federal de Justiça manterá livro especial, destinado ao registro das entidades autorizadas a funcionar e no qual serão averbadas as alterações posteriores.

TÍTULO X
Da naturalização

Art. 119. O estrangeiro que pretender naturalizar-se deverá formular petição do Ministro da Justiça, declarando o nome por extenso, naturalidade, nacionalidade, filiação, sexo, estado civil, dia, mês e ano de nascimento, profissão, lugares onde haja residido anteriormente no Brasil e no exterior, se satisfaz o requisito a que alude o item VII do art. 112 da Lei n. 6.815, de 19 de agosto de 1980, e se deseja ou não traduzir ou adaptar o seu nome a língua portuguesa, devendo instruí-la com os seguintes documentos:

I — cópia autêntica da cédula de identidade para estrangeiro permanente;

II — atestado policial de residência contínua no Brasil, pelo prazo mínimo de quatro anos; *(Revogado pelo Decreto n. 8.757, de 10.5.16, DOU 11.5.16)*

III — atestado policial de antecedentes passado pelo órgão competente do lugar de sua residência no Brasil;

IV — prova de exercício de profissão ou documento hábil que comprove a posse de bens suficientes à manutenção própria e da família;

V — atestado de saúde; *(Redação dada pelo Decreto n. 8.757, de 10.5.16, DOU 11.5.16)*

VI — certidões ou atestados que provem, quando for o caso, as condições do art. 113 da Lei n. 6.815, de 19 de agosto de 1980;

VII — certidão negativa do Imposto de Renda, exceto se estiver nas condições previstas nas alíneas *b* e *c* do § 2º deste artigo.

§ 1º Se a cédula de identidade omitir qualquer dado relativo a qualificação do naturalizando, deverá ser apresentado outro documento oficial que o comprove.

§ 2º Ter-se-á como satisfeita a exigência do item IV, se o naturalizando:

a) perceber proventos de aposentadoria;

b) sendo estudante, de até vinte e cinco anos de idade, viver na dependência de ascendente, irmão ou tutor;

c) se for cônjuge de brasileiro ou tiver a sua subsistência provida por ascendente ou descendente possuidor de recursos bastantes à satisfação do dever legal de prestar alimentos.

§ 3º Quando exigida residência contínua por quatro anos para a naturalização, não obstarão o seu deferimento às viagens do naturalizando ao exterior, se determinadas por motivo relevante, a critério do Ministro da Justiça, e se a soma dos períodos de duração delas não ultrapassar de dezoito meses.

§ 4º Dispensar-se-á o requisito de residência, a que se refere o item II deste artigo, exigindo-se apenas a estada no Brasil por trinta dias, quando se tratar:

a) de cônjuge estrangeiro casado há mais de cinco anos com diplomata brasileiro em atividade; ou

b) de estrangeiro que, empregado em Missão diplomática ou em Repartição consular do Brasil, contar mais de dez anos de serviços ininterruptos.

§ 5º Será dispensado o requisito referido no item V deste artigo, se o estrangeiro residir no País há mais de dois anos.

§ 6º Aos nacionais portugueses não se exigirá o requisito do item IV deste artigo, e, quanto ao item II, bastará a residência ininterrupta por um ano.

§ 7º O requerimento para naturalização será assinado pelo naturalizando, mas, se for de nacionalidade portuguesa, poderá sê-lo por mandatário com poderes especiais.

Art. 120. O estrangeiro admitido no Brasil até a idade de cinco anos, radicado definitivamente no território nacional, poderá, até dois anos após atingida a maioridade, requerer naturalização, mediante petição, instruída com:

I — cédula de identidade para estrangeiro permanente;

II — atestado policial de residência contínua no Brasil, desde a entrada; e

III — atestado policial de antecedentes, passado pelo serviço competente do lugar de residência no Brasil.

Art. 121. O estrangeiro admitido no Brasil durante os primeiros cinco anos de vida, estabelecido definitivamente no território nacional, poderá, enquanto menor, requerer, por intermédio de seu representante legal, a emissão de certificado provisório de naturalização, instruindo o pedido com:

I — prova do dia de ingresso no território nacional;

II — prova da condição de permanente;

III — certidão de nascimento ou documento equivalente;

IV — prova de nacionalidade; e

V — atestado policial de antecedentes, passado pelo serviço competente do lugar de residência no Brasil, se maior de dezoito anos. *(Revogado pelo Decreto n. 8.757, de 10.5.16, DOU 11.5.16)*

Art. 122. O naturalizado na forma do artigo anterior que pretender confirmar a intenção de continuar brasileiro, deverá manifestá-la ao Ministro da Justiça, até dois anos após atingir a maioridade, mediante petição, instruída com:

I — a cópia autêntica da cédula de identidade; e

II — o original do certificado provisório de naturalização.

Art. 123. O estrangeiro que tenha vindo residir no Brasil, antes de atingida a maioridade e haja feito curso superior em estabelecimento nacional de ensino, poderá, até um ano depois da formatura, requerer a naturalização, mediante pedido instruído com os seguintes documentos:

I — cédula de identidade para estrangeiro permanente;

II — atestado policial de residência contínua no Brasil desde a entrada; e

III — atestado policial de antecedentes passado pelo serviço competente do lugar de residência no Brasil.

Art. 124. Os estrangeiros a que se referem as alíneas *a* e *b* do § 4º do art. 119, deverão instruir o pedido de naturalização:

I — no caso da alínea *a*, com a prova do casamento, devidamente autorizado pelo Governo brasileiro;

II — no caso da alínea *b*, com documentos fornecidos pelo Ministério das Relações Exteriores que provem estar o naturalizando em efetivo exercício, contar mais de dez anos de serviços ininterruptos e se recomendar a naturalização;

III — em ambos os casos, estando o candidato no exterior, ainda com:

a) documento de identidade em fotocópia autêntica ou pública forma vertida, se não grafada em português;

b) documento que comprove a estada no Brasil por trinta dias;

c) atestado de saúde; *(Redação dada pelo Decreto n. 8.757, de 10.5.16, DOU 11.5.16)*

d) três planilhas datiloscópicas tiradas no órgão competente do local de residência ou na repartição consular brasileira, quando inexistir registro do estrangeiro no Brasil, ou não puder comprovar ter sido registrado como estrangeiro no território nacional. *(Revogado pelo Decreto n. 8.757, de 10.5.16, DOU 11.5.16)*

PARÁGRAFO ÚNICO. A autorização de que trata o item I não será exigida se o casamento tiver ocorrido antes do ingresso do cônjuge brasileiro na carreira diplomática.

Art. 125. A petição de que tratam os arts. 119, 120, 122 e 123, dirigida ao Ministro da Justiça, será apresentada ao órgão local do Departamento de Polícia Federal.

§ 1º No caso do art. 121, a petição poderá ser apresentada diretamente ao Departamento Federal de Justiça, dispensadas as providências de que trata o § 3º deste artigo.

§ 2º Nos casos do art. 124, a petição poderá ser apresentada à autoridade consular brasileira, que a remeterá, através do Ministério das Relações Exteriores, ao Departamento Federal de Justiça, para os fins deste artigo.

§ 3º O órgão, de Departamento de Polícia Federal, ao processar o pedido:

I — fará a remessa da planilha datiloscópica do naturalizando ao Instituto Nacional de Identificação, solicitando a remessa da sua folha de antecedentes;

II — investigará a sua conduta;

III — opinará sobre a conveniência da naturalização;

IV — certificará se o requerente lê e escreve a língua portuguesa, considerada a sua condição;

V — anexará ao processo boletim de sindicância em formulário próprio.

§ 4º A solicitação, de que trata o item I do parágrafo anterior, deverá ser atendida dentro de trinta dias.

§ 5º O processo, com a folha de antecedentes, ou sem ela, deverá ultimar-se em noventa dias, findos os quais será encaminhado ao

Departamento Federal de Justiça, sob pena de apuração de responsabilidade do servidor culpado pela demora.

Art. 126. Recebido o processo, o Diretor-Geral do Departamento Federal de Justiça determinará o arquivamento do pedido, se o naturalizando não satisfizer, conforme o caso, a qualquer das condições previstas nos arts. 112 e 116 da Lei n. 6.815, de 19 de agosto de 1980.

§ 1º Do despacho que determinar o arquivamento do processo, caberá pedido de reconsideração, no prazo de trinta dias contados da publicação do ato no "Diário Oficial da União".

§ 2º Mantido o arquivamento, caberá recurso ao Ministro da Justiça no mesmo prazo do parágrafo anterior.

Art. 127. Não ocorrendo a hipótese prevista no artigo anterior, ou se provido do recurso sem decisão final concedendo a naturalização, o Diretor-Geral do Departamento Federal de Justiça, se o entender necessário, poderá determinar outras diligências.

§ 1º O Departamento Federal de Justiça dará ciência ao naturalizando das exigências a serem por ele cumpridas, no prazo que lhe for fixado.

§ 2º Se o naturalizando não cumprir o despacho no prazo fixado, ou não justificar a omissão, o pedido será arquivado e só poderá ser renovado com o cumprimento de todas as exigências do art. 119.

§ 3º Se a diligência independer do interessado, o órgão a que for requisitada deverá cumpri-la dentro de trinta dias, sob pena de apuração da responsabilidade do servidor.

Art. 128. Publicada a Portaria de Naturalização no Diário Oficial da União, o Departamento Federal de Justiça emitirá certificado relativo a cada naturalizando.

§ 1º O certificado, emitido preferencialmente em meio eletrônico, será remetido ao juiz federal do Município em que o interessado tenha domicílio, para a sua entrega. *(Redação dada pelo Decreto n. 8.757, de 10.5.16, DOU 11.5.16)*

§ 2º Onde houver mais de um juiz federal, a entrega será feita pelo da Primeira Vara.

§ 3º Quando não houver juiz federal na cidade em que tiverem domicílio os interessados, a entrega será feita através do juiz ordinário da comarca e, na sua falta, pelo da comarca mais próxima.

§ 4º Se o interessado, no curso do processo, mudar de domicílio, poderá requerer lhe seja efetuada a entrega do certificado pelo juiz competente da cidade onde passou a residir.

§ 5º O Ministério da Justiça manterá registros das naturalizações concedidas. *(Incluído pelo Decreto n. 8.757, de 10.5.16, DOU 11.5.16)*

Art. 129. A entrega do certificado constará de termo lavrado no livro audiência, assinado pelo juiz e pelo naturalizado, devendo este:

I — demonstrar que conhece a língua portuguesa, segundo a sua condição, pela leitura de trechos da Constituição; *(Revogado pelo Decreto n. 8.757, de 10.5.16, DOU 11.5.16)*

II — declarar, expressamente, que renuncia à nacionalidade anterior; *(Revogado pelo Decreto n. 8.757, de 10.5.16, DOU 11.5.16)*

III — assumir o compromisso de bem cumprir os deveres de brasileiro.

§ 1º Ao naturalizado de nacionalidade portuguesa não se aplica o disposto no item I deste artigo.

§ 2º Serão anotados no certificado a data em que o naturalizado prestou compromisso, bem como a circunstância de haver sido lavrado o respectivo termo.

§ 3º O Juiz comunicará ao Departamento Federal de Justiça a data de entrega do certificado.

§ 4º O Departamento Federal de Justiça comunicará ao órgão encarregado do alistamento militar e ao Departamento de Polícia Federal as naturalizações concedidas, logo sejam anotadas no livro próprio as entregas dos respectivos certificados.

Art. 130. O certificado de naturalização, nas hipóteses dos art. 121 e art. 122, será disponibilizado pelo Departamento de Migrações da Secretaria Nacional de Justiça e Cidadania do Ministério da Justiça, preferencialmente por meio de sistema eletrônico de informação ou enviado por correspondência ao interessado ou ao seu representante legal, conforme o caso. *(Redação dada pelo Decreto n. 8.757, de 10.5.16, DOU 11.5.16)*

Art. 131. A entrega do certificado aos naturalizados, a que se refere o art. 124, poderá ser feita pelo Chefe da Missão diplomática ou Repartição consular brasileira no país onde estejam residindo, observadas as formalidades previstas no artigo anterior.

Art. 132. O ato de naturalização ficará sem efeito se a entrega do certificado não for solicitada pelo naturalizado, no prazo de doze meses, contados da data da sua publicação, salvo motivo de força maior devidamente comprovado perante o Ministro da Justiça.

PARÁGRAFO ÚNICO. Decorrido o prazo a que se refere este artigo, deverá o certificado ser devolvido ao Diretor-Geral do Departamento Federal de Justiça, para arquivamento, anotando-se a circunstância no respectivo registro.

Art. 133. O processo, iniciado com o pedido de naturalização, será encerrado com a entrega solene do certificado, na forma prevista nos arts. 129 a 131.

§ 1º No curso do processo de naturalização, qualquer do povo poderá impugná-la, desde que o faça fundamentadamente.

§ 2º A impugnação, por escrito, será dirigida ao Ministro da Justiça e suspenderá o curso do processo até sua apreciação final.

Art. 134. Suspender-se-á a entrega do certificado, quando verificada pelas autoridades federais ou estaduais mudança nas condições que autorizavam a naturalização.

TÍTULO XI

Do procedimento para apuração das infrações

Art. 135. As infrações previstas no art. 125 da Lei n. 6.815, de 19 de agosto de 1980, punidas com multa, serão apuradas em processo administrativo, que terá por base o respectivo auto.

Art. 136. É competente para lavrar o auto de infração o agente de órgão incumbido de aplicar este Regulamento.

§ 1º O auto deverá relatar, circunstanciadamente, a infração e o seu enquadramento.

§ 2º Depois de assinado pelo agente que o lavrar, o auto será submetido à assinatura do infrator, ou de seu representante legal que assistir à lavratura.

§ 3º Se o infrator, ou seu representante legal, não puder ou não quiser assinar o auto, o fato será nele certificado.

Art. 137. Lavrado o auto de infração, será o infrator notificado para apresentar defesa escrita, no prazo de cinco dias úteis, a contar da notificação.

PARÁGRAFO ÚNICO. Findo o prazo e certificada a apresentação ou não da defesa, o processo será julgado, sendo o infrator notificado da decisão proferida.

Art. 138. Da decisão que impuser penalidade, o infrator poderá interpor recurso à instância imediatamente superior no prazo de cinco dias úteis, contados da notificação.

§ 1º O recurso somente será admitido se o recorrente depositar o valor da multa aplicada, em moeda corrente, ou prestar caução ou fiança idônea.

§ 2º Recebido o recurso e prestadas as informações pelo recorrido, o processo será remetido à instância imediatamente superior no prazo de três dias úteis.

§ 3º Proferida a decisão final, o processo será devolvido dentro de três dias úteis à repartição de origem para:

I — provido o recurso, autorizar o levantamento da importância depositada, da caução ou da fiança;

II — negado provimento ao recurso, autorizar o recolhimento da importância da multa ao Tesouro Nacional.

Art. 139. No caso de não interposição ou não admissão de recurso, o processo será encaminhado à Procuradoria da Fazenda Nacional, para a apuração e inscrição da dívida.

Art. 140. A saída do infrator do território nacional não interromperá o curso do processo.

Art. 141. Verificado pelo Ministério do Trabalho que o empregador mantém a seu serviço estrangeiro em situação irregular, ou impedido de exercer atividade remunerada, o fato será comunicado ao Departamento de Polícia Federal do Ministério da Justiça, para as providências cabíveis.

TÍTULO XII

Do Conselho Nacional de Imigração

Art. 142. O Conselho Nacional de Imigração, órgão de deliberação coletiva, vinculado ao Ministério do Trabalho, terá sede na Capital Federal.

Art. 143. O Conselho Nacional de Imigração é integrado por um representante do Ministério do Trabalho, que o presidirá, um do Ministério da Justiça, um do Ministério das Relações Exteriores, um do Ministério da Agricultura, um do Ministério da Saúde, um do Ministério da Indústria e do Comércio e um do Conselho Nacional de Desenvolvimento Científico e Tecnológico, todos nomeados pelo Presidente da República, por indicação dos respectivos Ministros de Estado.

PARÁGRAFO ÚNICO. A Secretaria-Geral do Conselho de Segurança Nacional manterá um observador junto ao Conselho Nacional de Imigração.

Art. 144. O Conselho Nacional de Imigração terá as seguintes atribuições:

I — orientar e coordenar as atividades de imigração;

II — formular objetivos para a elaboração da política imigratória;

III — estabelecer normas de seleção de imigrantes, visando proporcionar mão de obra especializada aos vários setores da economia nacional e à captação de recursos para setores específicos;

IV — promover ou fomentar estudo de problemas relativos à imigração;

V — definir as regiões de que trata o art. 18 da Lei n. 6.815, de 19 de agosto de 1980, e elaborar os respectivos planos de imigração;

VI — efetuar o levantamento periódico das necessidades de mão de obra estrangeira qualificada, para admissão em caráter permanente ou temporário;

VII — dirimir as dúvidas e solucionar os casos omissos, no que respeita à admissão de imigrantes;

VIII — opinar sobre alteração da legislação relativa à imigração, proposta por órgão federal;

IX — elaborar o seu Regimento Interno, a ser submetido à aprovação do Ministro do Trabalho.

PARÁGRAFO ÚNICO. As deliberações do Conselho Nacional de Imigração serão fixadas por meio de Resoluções.

Art. 145. Este Decreto entra em vigor na data da sua publicação.

Brasília, 10 de dezembro, de 1981; 160º da Independência e 93º da República.

JOÃO FIGUEIREDO
IBRAHIM ABI-ACKEL
R. S GUERREIRO
MURILO MACÊDO
WALDIR MENDES ARCOVERDE
DANILO VENTURINI

RESOLUÇÃO NORMATIVA CNI N. 103, DE 16 DE MAIO DE 2013

(DOU 17.5.2013)

Disciplina a concessão de autorização de trabalho para obtenção de visto temporário a estrangeiro para trabalho no Brasil nas férias relativas a período acadêmico em instituição de ensino no exterior

O CONSELHO NACIONAL DE IMIGRAÇÃO, instituído pela Lei n. 6.815, de 19 de agosto de 1980 e organizado pela Lei n. 10.683, de 28 de maio de 2003, no uso das atribuições que lhe confere o Decreto n. 840, de 22 de junho de 1993, resolve:

Art. 1º O Ministério do Trabalho e Emprego poderá conceder autorização de trabalho para obtenção do visto temporário previsto no art. 13, inciso V da Lei n. 6.815, de 19 de agosto de 1980, ao estrangeiro matriculado em curso de pós-graduação em instituição de ensino no exterior que pretenda vir ao Brasil para trabalho em entidade empregadora estabelecida no País, no período de férias letivas.

§ 1º O trabalho a que se refere o *caput* não se vincula à realização de estágio ou intercâmbio profissional.

§ 2º O prazo de validade do visto será de até noventa dias, improrrogável, vedada a sua transformação em permanente.

Art. 2º A concessão do visto de que trata esta Resolução Normativa dependerá de prévia autorização do Ministério do Trabalho e Emprego, que deve ser solicitada pela entidade empregadora no Brasil com a apresentação dos seguintes documentos:

I — comprovação de matrícula do estrangeiro em curso de mestrado ou doutorado ou pós-graduação com no mínimo 360 horas, no exterior;

II — contrato de trabalho por prazo determinado, a tempo parcial ou integral, celebrado pela empresa requerente com o estrangeiro chamado;

III — demais documentos exigidos pelo Ministério do Trabalho e Emprego para a autorização de Trabalho.

Art. 3º Esta Resolução Normativa entra em vigor na data de sua publicação.

PAULO SÉRGIO DE ALMEIDA
Presidente do Conselho

RESOLUÇÃO NORMATIVA CNI N. 104, DE 16 DE MAIO DE 2013

DOU 17.5.2013

Disciplina os procedimentos para a autorização de trabalho a estrangeiros, bem como dá outras providências

O CONSELHO NACIONAL DE IMIGRAÇÃO, instituído pela Lei n. 6.815, de 19 de agosto de 1980 e organizado pela Lei n. 10.683, de 28 de maio de 2003, no uso das atribuições que lhe confere o Decreto n. 840, de 22 de junho de 1993, resolve:

Art. 1º A pessoa jurídica ou física interessada na vinda de trabalhador estrangeiro, em caráter permanente ou temporário, deverá solicitar autorização de trabalho junto à Coordenação-Geral de Imigração do Ministério do Trabalho e Emprego, mediante a apresentação de requerimento, conforme "Formulário de Requerimento de Autorização de Trabalho" em anexo, assinado e encaminhado por seu representante legal, ou procurador, instruído com os seguintes documentos, ou seus equivalentes, quando cabível:

I — Requerente:

a) ato legal que rege a pessoa jurídica devidamente registrada no órgão competente ou identidade, no caso de pessoa física;

b) ato de eleição ou de nomeação de seu representante legal devidamente registrado no órgão competente;

c) cópia do cartão do Cadastro Nacional da Pessoa Jurídica — CNPJ, ou do cartão do Cadastro de Pessoa Física — CPF;

d) procuração quando a requerente se fizer representar por procurador;

e) comprovante original de recolhimento da taxa individual de imigração; e

f) outros documentos previstos em Resoluções do Conselho Nacional de Imigração.

II — Candidato:

a) cópia de página do passaporte que contenha o número, nome, data de nascimento, nacionalidade e fotografia do estrangeiro; e

b) outros documentos previstos em razão de Resoluções do Conselho Nacional de Imigração.

III — Contrato de trabalho por prazo determinado, ou indeterminado, devidamente assinado pelas partes, conforme modelos anexos.

§ 1º Os documentos serão apresentados, caso possível, em meio digital, pela rede mundial de computadores, desde que preservadas as garantias de segurança de sua autenticidade, nos termos da Lei.

§ 2º Os documentos previstos neste artigo, uma vez apresentados e digitalizados, comporão cadastro eletrônico da requerente junto à Coordenação-Geral de Imigração, sendo dispensável sua apresentação em novos pedidos subsequentes, salvo em caso de atualização.

§ 3º O reconhecimento de firma não será exigível, salvo nos casos previstos em lei.

Art. 2º A ausência de documento ou falha na instrução do processo, acarretará o seu sobrestamento para cumprimento de exigência, pelo prazo de trinta dias, contados da data de ciência do interessado, sob pena de indeferimento do pedido.

PARÁGRAFO ÚNICO. A notificação de qualquer ato administrativo ou de decisão exarada pela Coordenação-Geral de Imigração será efetuada preferencialmente por meio eletrônico que assegure a certeza da ciência do interessado, podendo ainda ser realizada, se necessário, por ciência do processo, por via postal com Aviso de Recebimento — AR ou por telegrama.

Art. 3º Concluída a instrução do processo, a Coordenação-Geral de Imigração decidirá quanto à autorização em até o prazo estabelecido na Lei n. 9.784, de 29 de janeiro de 1999, prorrogável por igual período, mediante justificativa expressa.

§ 1º Denegada a autorização de trabalho caberá pedido de reconsideração dirigido à autoridade que proferiu a decisão, no prazo estabelecido em lei, contados da data de publicação no Diário Oficial da União.

§ 2º O pedido de reconsideração deverá ser acompanhado da taxa de imigração em dobro.

§ 3º Se a autoridade não reconsiderar a decisão no prazo legal, o pedido será recebido como recurso e será encaminhado de ofício à autoridade superior para decisão.

Art. 4º A Coordenação-Geral de Imigração fica autorizada a chamar à ordem o processo e cancelar a autorização de trabalho quando verificado o não cumprimento de qualquer cláusula contratual ou descumprimento de disposições legais, cabendo recurso no prazo estipulado por esta Resolução Normativa.

Art. 5º As hipóteses de transferência do estrangeiro para outra empresa do mesmo grupo econômico, ou mudança de função e/ou agregamento de outras atividades àquelas originalmente desempenhadas pelo estrangeiro, obrigam a pessoa contratante apenas a comunicar e justificar o ato ao Ministério do Trabalho e Emprego no prazo máximo de até quinze dias após a sua ocorrência, apresentando aditivo ao contrato de trabalho, quando cabível.

Art. 6º Os documentos produzidos fora do país deverão estar consularizados e traduzidos, na forma da legislação em vigor.

§ 1º A Coordenação-Geral de Imigração fica autorizada a conceder prazo de até 60 dias para apresentação da consularização e tradução, nos termos da Lei, de documento produzido no exterior, sem que tal prazo obste o processo de decisão de pedido de autorização de trabalho a estrangeiro.

§ 2º A não apresentação da consularização e tradução, nos termos da Lei, de documento produzido no exterior no prazo previsto no parágrafo anterior, resultará no cancelamento da autorização de trabalho do estrangeiro e comunicação ao Ministério da Justiça.

Art. 7º A pessoa física ou jurídica chamante informará à Coordenação-Geral de Imigração o término do vínculo com o estrangeiro antes do prazo final da autorização de trabalho concedida para fins de cancelamento.

§ 1º O pedido de cancelamento de autorização de trabalho será efetuado por simples comunicação eletrônica do representante legal da pessoa chamante, ou procurador, conforme correio eletrônico informado no Formulário de Requerimento de Autorização de Trabalho.

§ 2º Em caso de novo pedido de autorização de trabalho a estrangeiro que ainda conte com autorização anterior vigente, a Coordenação-Geral de Imigração providenciará o cancelamento automático da autorização anteriormente concedida em caso de deferimento do novo pedido.

§ 3º Os cancelamentos de autorizações de trabalho, após processados, serão comunicados ao Ministério da Justiça, sendo dispensável sua publicação em Diário Oficial.

Art. 8º A Resolução Normativa n. 62, de 8 de dezembro de 2004 passa a vigorar acrescida dos seguintes artigos:

"Art. 2º-A. Quando se tratar de chamada de dirigente, com poderes de representação geral, em instituições financeiras e demais instituições autorizadas a funcionar pelo Banco Central do Brasil — BACEN, a requerente deverá apresentar carta de anuência do BACEN, quanto à indicação do estrangeiro para o cargo."

"Art. 2º-B Quando se tratar de chamada de representante legal de sociedade estrangeira de exploração de transporte aéreo e de serviços acessórios, a requerente deverá apresentar instrumento público de procuração delegando poderes ao estrangeiro e carta de homologação da nomeação do representante no Brasil, ou de seu substituto, expedida pela Agência Nacional de Aviação Civil — ANAC."

Art. 9º Esta Resolução Normativa entra em vigor na data de sua publicação.

Art. 10. Fica revogada a Resolução Normativa n. 74, de 9 de fevereiro 2007.

PAULO SÉRGIO DE ALMEIDA

Obs.: Os anexos referidos na Resolução n. 104, do Conselho Nacional de Imigração constam da página 201 do DOU de 17.5.2013, com retificação no DOU de 21.5.2013.

RESOLUÇÃO NORMATIVA CNI N. 108, DE 12 DE FEVEREIRO DE 2014

(DOU 18.2.2014)

Dispõe sobre a concessão de visto temporário ou permanente e permanência definitiva a título de reunião familiar

O CONSELHO NACIONAL DE IMIGRAÇÃO, instituído pela Lei n. 6.815, de 19 de agosto de 1980 e organizado pela Lei n. 10.683, de 28 de maio de 2003, no uso das atribuições que lhe confere o Decreto n. 840, de 22 de junho de 1993, resolve:

Art. 1º O Ministério das Relações Exteriores poderá conceder visto temporário ou permanente, a título de reunião familiar, aos dependentes de cidadão brasileiro ou de estrangeiro temporário ou permanente no Brasil.

PARÁGRAFO ÚNICO. As solicitações de visto de que trata esta Resolução Normativa deverão ser apresentadas às Missões diplomáticas, Repartições consulares de carreira ou Vice-consulados.

Art. 2º Para o efeito do disposto nesta Resolução, consideram- se dependentes:

I — descendentes menores de 18 anos, ou de qualquer idade, quando comprovada a incapacidade de prover o próprio sustento;

II — ascendentes ou descendentes, desde que demonstrada a necessidade de amparo pelo interessado;

III — irmão, neto ou bisneto se órfão, solteiro e menor de 18 anos, ou de qualquer idade, quando comprovada a incapacidade de prover o próprio sustento; e

IV — cônjuge ou companheiro ou companheira, em união estável, sem distinção de sexo, de cidadão brasileiro ou de estrangeiro temporário ou permanente no Brasil.

§ 1º Os dependentes a que se referem os incisos I e III do *caput* deste artigo, que estejam inscritos em curso de graduação ou pós-graduação, serão assim considerados até o ano calendário em que completarem 24 anos, desde que seja concedida igualdade de tratamento a brasileiro no país de origem do estrangeiro.

§ 2º Equiparam-se aos descendentes, a que se refere o inciso I do *caput* deste artigo, o enteado e o menor que, por determinação judicial ou de autoridade competente, se encontrem sob guarda ou tutela de cidadão brasileiro ou estrangeiro temporário ou permanente no Brasil, ou ainda de seu cônjuge, companheiro ou companheira.

§ 3º Para a obtenção de visto temporário ou permanente de que tratam os incisos I a III do *caput* deste artigo deverão ser apresentados às Missões diplomáticas, Repartições consulares de carreira ou Vice-consulados os seguintes documentos:

I — certidão de nascimento, decisão judicial ou outro documento que comprove a relação familiar, emitido por autoridade brasileira ou estrangeira;

II — atestado de antecedentes penais, quando cabível; e

III — declaração de compromisso de manutenção, subsistência e saída do território nacional, em favor do chamado, com firma reconhecida em cartório ou em Repartição consular de carreira.

Art. 3º Os casos de incapacidade de provimento do próprio sustento, de que tratam os incisos I e III, do *caput* do art. 2º desta Resolução, deverão ser comprovados por meio de decisão judicial ou de órgão competente no país de residência do chamado.

PARÁGRAFO ÚNICO. Em caso de enfermidade, deverá ser apresentado laudo médico emitido no local de residência do chamado.

Art. 4º O Ministério das Relações Exteriores levará em consideração, para configurar o amparo previsto no inciso II, do *caput* do art. 2º, desta Resolução, ao menos um dos seguintes aspectos:

I — não dispor o interessado de renda suficiente para prover o próprio sustento e comprovar a remessa regular de recursos para sua manutenção e sobrevivência;

II — não possuir o interessado descendentes ou colaterais em primeiro ou segundo grau que possam prover sua própria subsistência no país de residência; e

III — necessitar o interessado de assistência, em virtude de enfermidade comprovada por laudo médico.

Art. 5º Poderá ser concedido visto permanente ou permanência definitiva ao estrangeiro que possua filho brasileiro que esteja sob sua guarda e dele dependa economicamente.

PARÁGRAFO ÚNICO. O disposto neste artigo aplica-se, também, ao estrangeiro que possua a guarda judicial ou a tutela de brasileiro.

Art. 6º Para a obtenção de visto temporário ou permanente com base em casamento, deverão ser apresentados às Missões diplomáticas, Repartições consulares de carreira ou Vice-consulados os seguintes documentos:

I — certidão de casamento brasileira ou estrangeira consularizada;

II — atestado de antecedentes penais, quando cabível; e

III — declaração de compromisso de manutenção, subsistência e saída do território nacional, em favor do interessado, com firma reconhecida em cartório ou Repartição consular de carreira.

Art. 7º Para a obtenção de visto temporário ou permanente com base em união estável, sem distinção de sexo, deverão ser apresentados às Missões diplomáticas, Repartições consulares de carreira ou Vice-consulados os documentos elencados nos incisos II e III do art. 6º desta Resolução, bem como um dos seguintes documentos:

I — atestado de união estável emitido por autoridade competente do país de procedência do chamado; ou

II — comprovação de união estável emitida por juízo competente no Brasil ou autoridade correspondente no exterior.

Art. 8º Na ausência dos documentos a que se refere o art. 7º desta Resolução, a comprovação de união estável poderá ser feita mediante apresentação dos seguintes documentos:

I — certidão ou documento similar emitido por autoridade de registro civil nacional, ou equivalente estrangeiro;

II — declaração, sob as penas da lei, de duas pessoas que atestem a existência da união estável; e

III — no mínimo, um dos seguintes documentos:

a) comprovação de dependência emitida por autoridade fiscal ou órgão correspondente à Receita Federal;

b) certidão de casamento religioso;

c) disposições testamentárias registradas junto a cartório brasileiro ou autoridade competente no exterior que comprovem o vínculo;

d) apólice de seguro de vida ou plano de saúde em que conste um dos interessados como instituidor do seguro e, o outro, como beneficiário;

e) escritura de compra e venda, registrada em cartório de registro de imóveis ou perante autoridade competente no exterior, quando aplicável, onde os interessados constem como proprietários, ou contrato de locação de imóvel em que ambos figurem como locatários;

f) conta bancária conjunta;

g) certidão de nascimento de filho estrangeiro do casal.

PARÁGRAFO ÚNICO. Para efeito do disposto nas alíneas *b* a *f* do inciso III deste artigo, será exigido o tempo mínimo de um ano.

Art. 9º O Ministério da Justiça poderá conceder a permanência temporária ou definitiva de que trata esta Resolução Normativa.

Art. 10. Ficam revogadas as Resoluções Normativas n. 36, de 28 de setembro de 1999, e n. 77, de 29 de janeiro de 2008.

Art. 11. Esta Resolução Normativa entra em vigor 30 dias após a data de sua publicação.

PAULO SÉRGIO DE ALMEIDA

RESOLUÇÃO NORMATIVA CNI N. 94, DE 16 DE MARÇO DE 2011

(DOU 14.4.2011)

Disciplina a concessão de visto a estrangeiro, estudante ou recém-formado, que venha ao Brasil no âmbito de programa de intercâmbio profissional

O CONSELHO NACIONAL DE IMIGRAÇÃO, instituído pela Lei n. 6.815, de 19 de agosto de 1980 e organizado pela Lei n. 10.683, de 28 de maio de 2003, no uso das atribuições que lhe confere o Decreto n. 840, de 22 de junho de 1993, resolve:

Art. 1º O Ministério do Trabalho e Emprego poderá conceder autorização de trabalho para obtenção do visto temporário previsto no art. 13, inciso V da Lei n. 6.815, de 19 de agosto de 1980, ao estrangeiro que pretenda vir ao Brasil para participar de programa de intercâmbio profissional com entidade empregadora estabelecida no País.

§ 1º Considera-se intercâmbio profissional, para efeito desta Resolução Normativa, a experiência de aprendizado sociolaboral internacional realizada em ambiente de trabalho com vistas ao aprimoramento da formação acadêmica inicial ou continuada objetivando a troca de conhecimentos e experiências culturais e profissionais.

§ 2º O prazo de validade do visto será de até um ano, improrrogável, circunstância que constará da Cédula de Identidade do Estrangeiro.

Art. 2º A concessão do visto de que trata esta Resolução Normativa dependerá de prévia autorização do Ministério do Trabalho e Emprego, que deve ser solicitada pela entidade empregadora no Brasil com a apresentação dos seguintes documentos:

I — comprovação de matrícula em curso de graduação ou pós-graduação ou certificado de conclusão há menos de 01 (um) ano;

II — contrato de trabalho temporário a tempo parcial ou integral com o estrangeiro chamado;

III — termo de compromisso entre o estrangeiro e a entidade empregadora, com participação de entidade brasileira de intercâmbio interveniente, onde constem os termos do programa de intercâmbio;

IV — demais documentos exigidos pelo Ministério do Trabalho e Emprego para a autorização de trabalho.

Art. 3º O Ministério do Trabalho e Emprego poderá indeferir o pedido:

I — se restar caracterizado indício de interesse da empresa em efetuar mera substituição da mão de obra nacional por profissionais estrangeiros; e

II — se for constatado que o mesmo tratamento não é dispensado aos brasileiros no país de origem do interessado.

Art. 4º Os documentos emitidos no exterior deverão estar legalizados por repartição consular brasileira e traduzidos por tradutor juramentado no Brasil.

Art. 5º Esta Resolução Normativa entra em vigor na data de sua publicação.

Paulo Sérgio de Almeida

RESOLUÇÃO NORMATIVA CNI N. 121, DE 8 DE MARÇO DE 2016

(DOU 18.3.16)

Disciplina a concessão de autorização de trabalho a estrangeiro na condição de atleta profissional, definido em lei

O CONSELHO NACIONAL DE IMIGRAÇÃO, instituído pela Lei n. 6.815, de 19 de agosto de 1980 e organizado pela Lei n. 10.683, de 28 de maio de 2003, no uso das atribuições que lhe confere o Decreto n. 840, de 22 de junho de 1993, resolve:

Art. 1º Ao atleta profissional, definido em lei, que pretenda vir ao Brasil, contratado com vínculo empregatício, por entidade de prática desportiva, pessoa jurídica de direito privado, poderá ser concedida autorização de trabalho e visto temporário, de que trata o inciso V do artigo 13 da Lei n. 6.815, de 19 de agosto de 1980, nos termos do artigo 46, da Lei n. 9.615 de 24 de março de 1998, alterado pela Lei n. 12.395, de 16 de março de 2011.

PARÁGRAFO ÚNICO. O pedido de autorização de trabalho deverá ser formulado pela entidade interessada junto ao Ministério do Trabalho e Previdência Social, acompanhado dos seguintes documentos:

I — formulário de requerimento de autorização de trabalho, conforme modelo aprovado em Resolução Normativa do Conselho Nacional de Imigração;

II — formulário de dados da requerente e do candidato, conforme modelo anexo;

III — ato legal, devidamente registrado no órgão competente, que rege a pessoa jurídica;

IV — ato de eleição ou de nomeação de seu representante legal devidamente registrado no órgão competente;

V — cópia do cartão do Cadastro Nacional da Pessoa Jurídica — CNPJ, ou documento equivalente, expedido pela Secretaria da Receita Federal;

VI — procuração quando a requerente se fizer representar por procurador;

VII — comprovante original de recolhimento da taxa individual de imigração do candidato e dependentes;

VIII — cópia de página do passaporte que contenha o número, nome, data de nascimento, nacionalidade e fotografia do estrangeiro; e

IX — contrato especial de trabalho desportivo, do qual deverá constar:

a) qualificação e assinatura das partes contratantes;

b) remuneração pactuada;

c) compromisso de repatriação do estrangeiro chamado, bem como de seus dependentes ao final de sua estada; e

d) prazo de vigência não inferior a três meses nem superior a cinco anos, com início contado a partir da data de chegada do trabalhador ao Brasil.

Art. 2º O visto temporário de que trata o *caput* do art. 1º desta Resolução Normativa poderá ser prorrogado uma única vez, no limite do prazo de até cinco anos.

Art. 3º Esta Resolução Normativa entra em vigor na data de sua publicação.

Art. 4º Fica revogada a Resolução Normativa n. 76, de 03 de maio de 2007.

Paulo Sérgio de Almeida,
Presidente do Conselho

LEI N. 5.584, DE 26 DE JUNHO DE 1970

(DOU 29.6.1970 — LTr 34/521)

Dispõe sobre normas de direito processual do trabalho, altera dispositivos da Consolidação das Leis do Trabalho, disciplina a concessão e prestação de assistência judiciária na Justiça do Trabalho, e dá outras providências

O PRESIDENTE DA REPÚBLICA,

Faço saber que o Congresso Nacional decreta e eu sanciono a seguinte Lei:

Art. 1º Nos processos perante a Justiça do Trabalho, observar-se-ão os princípios estabelecidos nesta Lei.

Art. 2º Nos dissídios individuais, proposta a conciliação, e não havendo acordo, o Presidente da Junta ou o Juiz, antes de passar à instrução da causa, fixar-lhe-á o valor para a determinação da alçada, se este for indeterminado no pedido.

§ 1º Em audiência, ao aduzir razões finais, poderá qualquer das partes impugnar o valor fixado e, se o juiz o mantiver, pedir revisão da decisão, no prazo de 48 (quarenta e oito) horas, ao Presidente do Tribunal Regional.

§ 2º O pedido de revisão, que não terá efeito suspensivo, deverá ser instruído com a petição inicial e a Ata da Audiência, em cópia autenticada pela Secretaria da Junta, e será julgado em 48 (quarenta e oito) horas, a partir do seu recebimento, pelo Presidente do Tribunal Regional.

§ 3º Quando o valor fixado para a causa, na forma deste artigo, não exceder de 2 (duas) vezes o salário mínimo vigente na sede do Juízo, será dispensável o resumo dos depoimentos, devendo constar da Ata a conclusão da Junta quanto à matéria de fato.

§ 4º Salvo se versarem sobre matéria constitucional, nenhum recurso caberá das sentenças proferidas nos dissídios da alçada a que se refere o parágrafo anterior, considerado, para esse fim, o valor do salário mínimo à data do ajuizamento da ação. *(Redação L. n. 7.402, 5.11.85, DOU 6.11.85).*

Art. 3º Os exames periciais serão realizados por perito único, designado pelo Juiz, que fixará o prazo para entrega do laudo.

PARÁGRAFO ÚNICO. Permitir-se-á a cada parte a indicação de um assistente, cujo laudo terá que ser apresentado no mesmo prazo assinado para o perito, sob pena de ser desentranhado dos autos.

Art. 4º Nos dissídios de alçada exclusiva das Juntas e naqueles em que os empregados ou empregadores reclamarem pessoalmente, o processo poderá ser impulsionado de ofício pelo Juiz.

Art. 5º Para exarar parecer, terá o órgão do Ministério Público da União, junto à Justiça do Trabalho, um prazo de 8 (oito) dias, contados da data em que lhe for distribuído o processo.

Art. 6º Será de 8 (oito) dias o prazo para interpor e contra-arrazoar qualquer recurso (CLT, art. 893).

Art. 7º A comprovação do depósito da condenação (CLT, art. 899, §§ 1º a 5º) terá que ser feita dentro do prazo para a interposição do recurso, sob pena de ser este considerado deserto.

Art. 8º Das decisões proferidas nos dissídios coletivos poderá a União interpor recurso, o qual será sempre recebido no efeito suspensivo quanto à parte que exceder o índice fixado pela política salarial do Governo.

Art. 9º No Tribunal Superior do Trabalho, quando o pedido do recorrente contrariar súmula de jurisprudência uniforme deste Tribunal já compendiada, poderá o Relator negar prosseguimento ao recurso, indicando a correspondente súmula. *(Redação dada pela Lei n. 7.033, de 5.10.82.*

Art. 10. O art. 477, da Consolidação das Leis do Trabalho, alterado pela Lei n. 5.562, de 12.12.68, e pelo Decreto-lei n. 766, de 15.8.69, passa a vigorar com a seguinte redação: *(Os artigos da CLT já estão com a redação dada por esta lei).*

Art. 11. O art. 500, da Consolidação das Leis do Trabalho, revogado pela Lei n. 5.562, de 12.12.1968, passa a vigorar com a seguinte redação: *(Os artigos da CLT já estão com a redação dada por esta lei).*

Art. 12. O art. 888, da Consolidação das Leis do Trabalho, passa a vigorar com a seguinte redação: *(Os artigos da CLT já estão com a redação dada por esta lei).*

Art. 13. Em qualquer hipótese, a remição só será deferível ao executado se este oferecer preço igual ao valor da condenação.

Da Assistência Judiciária

— v. Lei n. 1.060, de 5.2.50, p. 275

— v. arts. 790, § 3º e 790-B da CLT

Art. 14. Na Justiça do Trabalho, a assistência judiciária a que se refere a Lei n. 1.060, de 5 de fevereiro de 1950, será prestada pelo Sindicato da categoria profissional a que pertencer o trabalhador.

§ 1º A assistência é devida a todo aquele que perceber salário igual ou inferior ao dobro do mínimo legal, ficando assegurado igual benefício ao trabalhador de maior salário, uma vez provado que sua situação econômica não lhe permite demandar, sem prejuízo do sustento próprio ou da família.

§ 2º A situação econômica do trabalhador será comprovada em atestado fornecido pela autoridade local do Ministério do Trabalho e Previdência Social, mediante diligência sumária, que não poderá exceder de 48 (quarenta e oito) horas.

— v. Lei n. 7.115, de 29.8.83, p. 310

§ 3º Não havendo no local a autoridade referida no parágrafo anterior, o atestado deverá ser expedido pelo Delegado de Polícia da circunscrição onde resida o empregado.

Art. 15. Para auxiliar no patrocínio das causas, observados os arts. 50 e 72 da Lei n. 4.215, de 27 de abril de 1963, poderão ser designados pelas Diretorias dos Sindicatos, Acadêmicos de Direito, a partir da 4ª série, comprovadamente matriculados em estabelecimentos de ensino oficial ou sob fiscalização do Governo Federal.

Art. 16. Os honorários do advogado, pagos pelo vencido, reverterão em favor do Sindicato assistente.

Art. 17. Quando, nas respectivas comarcas, não houver Juntas de Conciliação e Julgamento ou não existir Sindicato da categoria profissional do trabalhador, é atribuído aos Promotores Públicos ou Defensores Públicos o encargo de prestar a assistência judiciária prevista nesta Lei.

PARÁGRAFO ÚNICO. Na hipótese prevista neste artigo, a importância proveniente da condenação nas despesas processuais será recolhida ao Tesouro do respectivo Estado.

Art. 18. A assistência judiciária, nos termos da presente Lei, será prestada ao trabalhador ainda que não seja associado do respectivo Sindicato.

Art. 19. Os diretores de Sindicatos que, sem comprovado motivo de ordem financeira, deixarem de dar cumprimento às disposições desta Lei, ficarão sujeitos à penalidade prevista no art. 553, alínea *a*, da Consolidação das Leis do Trabalho.

Art. 20. Esta Lei entra em vigor na data de sua publicação, revogadas as disposições em contrário.

Brasília, 26 de junho de 1970; 149º da Independência e 82º da República.

Emílio G. Médici
Alfredo Buzaid
Júlio Barata

LEI N. 6.830, DE 22 DE SETEMBRO DE 1980

(DOU 24.9.1980 — LTr 44/1307)

Dispõe sobre a cobrança judicial da dívida ativa da fazenda pública e dá outras providências

Art. 1º A execução judicial para cobrança da Dívida Ativa da União, dos Estados, do Distrito Federal, dos Municípios e respectivas autarquias será regida por esta lei e, subsidiariamente, pelo Código de Processo Civil.

Art. 2º Constitui Dívida Ativa da Fazenda Pública aquela definida como tributária ou não tributária na Lei n. 4.320, de 17 de março de 1964, com as alterações posteriores, que estatui normas gerais de direito financeiro para elaboração e controle dos orçamentos e balanços da União, dos Estados, dos Municípios e do Distrito Federal.

§ 1º Qualquer valor, cuja cobrança seja atribuída por lei às entidades de que trata o art. 1º, será considerado Dívida Ativa da Fazenda Pública.

§ 2º A Dívida Ativa da Fazenda Pública, compreendendo a tributária e a não tributária, abrange atualização monetária, juros e multa de mora e demais encargos previstos em lei ou contrato.

§ 3º A inscrição, que se constitui no ato de controle administrativo da legalidade, será feita pelo órgão competente para apurar a liquidez e certeza do crédito e suspenderá a prescrição, para todos os efeitos de direito, por 180 dias ou até a distribuição da execução fiscal, se esta ocorrer antes de findo aquele prazo.

§ 4º A Dívida Ativa da União será apurada e inscrita na Procuradoria da Fazenda Nacional.

§ 5º O Termo de Inscrição de Dívida Ativa deverá conter:

I — o nome do devedor, dos corresponsáveis e, sempre que conhecido, o domicílio ou residência de um e de outros;

II — o valor originário da dívida, bem como o termo inicial e a forma de calcular os juros de mora e demais encargos previstos em lei ou contrato;

III — a origem, a natureza e o fundamento legal ou contratual da dívida;

IV — a indicação se for o caso, de estar a dívida sujeita à atualização monetária, bem como o respectivo fundamento legal e o termo inicial para o cálculo;

V — a data e o número da inscrição, no Registro de Dívida Ativa; e

VI — o número do processo administrativo ou do auto de infração, se neles estiver apurado o valor da dívida.

§ 6º A Certidão de Dívida Ativa conterá os mesmos elementos do Termo de Inscrição e será autenticada pela autoridade competente.

§ 7º O Termo de Inscrição e a Certidão de Dívida Ativa poderão ser preparados e numerados por processo manual, mecânico ou eletrônico.

§ 8º Até a decisão de primeira instância, a Certidão de Dívida Ativa poderá ser emendada ou substituída, assegurada ao executado a devolução do prazo para embargos.

§ 9º O prazo para a cobrança das contribuições previdenciárias continua a ser o estabelecido no art. 144 da Lei n. 3.807, de 26 de agosto de 1960.

Art. 3º A Dívida Ativa regularmente inscrita goza da presunção de certeza e liquidez.

PARÁGRAFO ÚNICO. A presunção a que se refere este artigo é relativa e pode ser ilidida por prova inequívoca, a cargo do executado ou de terceiro, a quem aproveite.

Art. 4º A execução fiscal poderá ser promovida contra:

I — o devedor;

II — o fiador;

III — o espólio;

IV — a massa;

V — o responsável, nos termos da lei, por dívida tributária ou não, de pessoas físicas ou pessoas jurídicas de direito privado; e

VI — os sucessores a qualquer título.

§ 1º Ressalvado o disposto no art. 31, o síndico, o comissário, o liquidante, o inventariante e o administrador, nos casos de falência, concordata, liquidação, inventário, insolvência ou concurso de credores, se, antes de garantidos os créditos da Fazenda Pública, alienarem ou derem em garantia quaisquer dos bens administrados, respondem, solidariamente, pelo valor desses bens.

§ 2º À Dívida Ativa da Fazenda Pública, de qualquer natureza, aplicam-se as normas relativas à responsabilidade prevista na legislação tributária, civil e comercial.

§ 3º Os responsáveis, inclusive as pessoas indicadas no § 1º deste artigo, poderão nomear bens livres e desembaraçados do devedor, tantos quantos bastem para pagar a dívida. Os bens dos responsáveis ficarão, porém, sujeitos à execução, se os do devedor forem insuficientes à satisfação da dívida.

§ 4º Aplica-se à Dívida Ativa da Fazenda Pública de natureza não tributária o disposto nos arts. 186 e 188 a 192 do Código Tributário Nacional.

Art. 5º A competência para processar e julgar a execução da Dívida Ativa da Fazenda Pública exclui a de qualquer outro juízo, inclusive o da falência, da concordata, da liquidação, da insolvência ou do inventário.

Art. 6º A petição inicial indicará apenas:

I — o juiz a quem é dirigida;

II — o pedido; e

III — o requerimento para a citação.

§ 1º A petição inicial será instruída com a Certidão da Dívida Ativa, que dela fará parte integrante, como se estivesse transcrita.

§ 2º A petição inicial e a Certidão de Dívida Ativa poderão constituir um único documento, preparado inclusive por processo eletrônico.

§ 3º A produção de provas pela Fazenda Pública independe de requerimento na petição inicial.

§ 4º O valor da causa será o da dívida constante da certidão, com os encargos legais.

Art. 7º O despacho do Juiz que deferir a inicial importa em ordem para:

I — citação, pelas sucessivas modalidades previstas no art. 8º,

II — penhora, se não for paga a dívida, nem garantida a execução, por meio de depósito, fiança ou seguro garantia; (NR) *(Redação dada pela Lei n. 13.043, de 13.11.14, DOU 14.11.14)*

III — arresto, se o executado não tiver domicílio ou dele se ocultar;

IV — registro da penhora ou do arresto, independentemente do pagamento de custas ou outras despesas, observado o disposto no art. 14; e

V — avaliação dos bens penhorados ou arrestados.

Art. 8º O executado será citado para, no prazo de 5 (cinco) dias, pagar a dívida com os juros e multa de mora e encargos indicados na Certidão de Dívida Ativa, ou garantir a execução, observadas as seguintes normas:

I — a citação será feita pelo correio, com aviso de recepção, se a Fazenda Pública não a requerer por outra forma;

II — a citação pelo correio considera-se feita na data da entrega da carta no endereço do executado; ou, se a data for omitida, no aviso de recepção, 10 (dez) dias após a entrega da carta à agência postal;

III — se o aviso de recepção não retornar no prazo de 15 (quinze) dias da entrega da carta à agência postal, a citação será feita por Oficial de Justiça ou por edital;

IV — o edital de citação será afixado na sede do Juízo, publicado uma só vez no órgão oficial, gratuitamente, como expediente judiciário, com o prazo de 30 (trinta) dias, e conterá, apenas, a indicação da exequente, o nome do devedor e dos corresponsáveis, a quantia devida, a natureza da dívida, a data e o número da inscrição no Registro da Dívida Ativa, o prazo e o endereço da sede do Juízo.

§ 1º O executado ausente do País será citado por edital, com prazo de 60 (sessenta) dias.

§ 2º O despacho do Juiz, que ordenar a citação, interrompe a prescrição.

Art. 9º Em garantia da execução, pelo valor da dívida, juros e multa de mora e encargos indicados na Certidão da Dívida Ativa, o executado poderá:

I — efetuar depósito em dinheiro, à ordem do Juízo em estabelecimento oficial de crédito, que assegure atualização monetária;

II — oferecer fiança bancária ou seguro garantia; *(Redação dada pela Lei n. 13.043, de 13.11.14, DOU 14.11.14)*

III — nomear bens à penhora, observada a ordem do art. 11; ou

IV — indicar à penhora bens oferecidos por terceiros e aceitos pela Fazenda Pública.

§ 1º O executado só poderá indicar e o terceiro oferecer bem imóvel à penhora com o consentimento expresso do respectivo cônjuge.

§ 2º Juntar-se-á aos autos a prova do depósito, da fiança bancária, do seguro garantia ou da penhora dos bens do executado ou de terceiros. *(Redação dada pela Lei n. 13.043, de 13.11.14, DOU 14.11.14)*

§ 3º A garantia da execução, por meio de depósito em dinheiro, fiança bancária ou seguro garantia, produz os mesmos efeitos da penhora. *(Redação dada pela Lei n. 13.043, de 13.11.14, DOU 14.11.14)*

§ 4º Somente o depósito em dinheiro, na forma do art. 32, faz cessar a responsabilidade pela atualização monetária e juros de mora.

§ 5º A fiança bancária prevista no inciso II obedecerá às condições preestabelecidas pelo Conselho Monetário Nacional.

§ 6º O executado poderá pagar parcela da dívida, que julgar incontroversa, e garantir a execução do saldo devedor.

Art. 10. Não ocorrendo o pagamento, nem a garantia da execução de que trata o art. 9º, a penhora poderá recair em qualquer bem do executado, exceto os que a lei declare absolutamente impenhoráveis.

Art. 11. A penhora ou arresto de bens obedecerá à seguinte ordem:

I — dinheiro;

II — título da dívida pública, bem como título de crédito, que tenha cotação em bolsa;

III — pedras e metais preciosos;

IV — imóveis;

V — navios e aeronaves;

VI — veículos;

VII — móveis ou semoventes; e

VIII — direitos e ações.

§ 1º Excepcionalmente, a penhora poderá recair sobre estabelecimento comercial, industrial ou agrícola, bem como em plantações ou edifícios em construção.

§ 2º A penhora efetuada em dinheiro será convertida no depósito de que trata o inciso I do art. 9º.

§ 3º O Juiz ordenará a remoção do bem penhorado para depósito judicial, particular ou da Fazenda Pública exequente, sempre que esta o requerer, em qualquer fase do processo.

Art. 12. Na execução fiscal, far-se-á a intimação da penhora ao executado, mediante publicação, no órgão oficial, do ato de juntada do termo ou do auto de penhora.

§ 1º Nas Comarcas do interior dos Estados, a intimação poderá ser feita pela remessa de cópia do termo ou do auto de penhora, pelo correio, na forma estabelecida no art. 8º, I e II, para a citação.

§ 2º Se a penhora recair sobre imóvel, far-se-á a intimação ao cônjuge, observadas as normas previstas para a citação.

§ 3º Far-se-á a intimação da penhora pessoalmente ao executado se, na citação feita pelo correio, o aviso de recepção não contiver a assinatura do próprio executado, ou de seu representante legal.

Art. 13. O termo ou auto de penhora conterá, também, a avaliação dos bens penhorados, efetuada por quem o lavrar.

§ 1º Impugnada a avaliação, pelo executado, ou pela Fazenda Pública, antes de publicado o edital de leilão, o juiz, ouvida a outra parte, nomeará avaliador oficial para proceder a nova avaliação dos bens penhorados.

§ 2º Se não houver, na Comarca, avaliador oficial ou este não puder apresentar o laudo de avaliação no prazo de 15 (quinze) dias, será nomeada pessoa ou entidade habilitada, a critério do Juiz.

§ 3º Apresentado o laudo, o Juiz decidirá de plano sobre a avaliação.

Art. 14. O Oficial de Justiça entregará contrafé e cópia do termo ou do auto de penhora ou arresto, com a ordem de registro de que trata o art. 7º, IV:

I — no Ofício próprio se o bem for imóvel ou a ele equiparado;

II — na repartição competente para emissão de certificado de registro, se for veículo;

III — na Junta Comercial, na Bolsa de Valores, e na sociedade comercial, se forem ações, debênture, parte beneficiária, cota ou qualquer outro título, crédito ou direito societário nominativo.

Art. 15. Em qualquer fase do processo, será deferida pelo Juiz:

I — ao executado, a substituição da penhora por depósito em dinheiro, fiança bancária ou seguro garantia; (NR) e *(Redação dada pela Lei n. 13.043, de 13.11.14, DOU 14.11.14)*

II — à Fazenda Pública, a substituição dos bens penhorados por outros, independentemente da ordem enumerada no art. 11, bem como o reforço da penhora insuficiente.

Art. 16. O executado oferecerá embargos, no prazo de 30 (trinta) dias, contados:

I — do depósito;

II — da juntada da prova da fiança bancária ou do seguro garantia; (NR) *(Redação dada pela Lei n. 13.043, de 13.11.14, DOU 14.11.14)*

III — da intimação da penhora.

§ 1º Não são admissíveis embargos do executado antes de garantida a execução.

§ 2º No prazo dos embargos, o executado deverá alegar toda matéria útil à defesa, requerer provas e juntar aos autos os documentos e rol de testemunhas, até três, ou, a critério do Juiz, até o dobro desse limite.

§ 3º Não será admitida reconvenção, nem compensação, e as exceções, salvo as de suspeição, incompetência e impedimentos, serão arguidas como matéria preliminar e serão processadas e julgadas com os embargos.

Art. 17. Recebidos os embargos, o Juiz mandará intimar a Fazenda, para impugná-los no prazo de 30 (trinta) dias, designando, em seguida, audiência de instrução e julgamento.

PARÁGRAFO ÚNICO. Não se realizará audiência, se os embargos versarem sobre matéria de direito ou, sendo de direito e de fato, a prova for exclusivamente documental, caso em que o Juiz proferirá a sentença no prazo de 30 (trinta) dias.

Art. 18. Caso não sejam oferecidos os embargos, a Fazenda Pública manifestar-se-á sobre a garantia da execução.

Art. 19. Não sendo embargada a execução ou sendo rejeitados os embargos, no caso de garantia prestada por terceiro, será este intimado, sob pena de contra ele prosseguir a execução nos próprios autos, para, no prazo de 15 (quinze) dias:

I — remir o bem, se a garantia for real; ou

II — pagar o valor da dívida, juros e multa de mora e demais encargos, indicados na Certidão de Dívida Ativa, pelos quais se obrigou, se a garantia for fidejussória.

Art. 20. Na execução por carta, os embargos do executado serão oferecidos no Juízo deprecado, que os remeterá ao juízo deprecante, para instrução e julgamento.

PARÁGRAFO ÚNICO. Quando os embargos tiverem por objeto vícios ou irregularidades de atos do próprio juízo deprecado, caber-lhe-á unicamente o julgamento dessa matéria.

Art. 21. Na hipótese de alienação antecipada dos bens penhorados, o produto será depositado em garantia da execução, nos termos previstos no art. 9º, inciso I.

Art. 22. A arrematação será precedida de edital, afixado no local do costume, na sede do Juízo, e publicado, em resumo, uma só vez, gratuitamente, como expediente judiciário, no órgão oficial.

§ 1º O prazo entre as datas de publicação do edital e do leilão não poderá ser superior a 30 (trinta), nem inferior a 10 (dez) dias.

§ 2º O representante judicial da Fazenda Pública será intimado, pessoalmente, da realização do leilão, com a antecedência prevista no parágrafo anterior.

Art. 23. A alienação de quaisquer bens penhorados será feita em leilão público, no lugar designado pelo Juiz.

§ 1º A Fazenda Pública e o executado poderão requerer que os bens sejam leiloados englobadamente ou em lotes que indicarem.

§ 2º Cabe ao arrematante o pagamento da comissão do leiloeiro e demais despesas indicadas no edital.

Art. 24. A Fazenda Pública poderá adjudicar os bens penhorados:

I — antes do leilão, pelo preço da avaliação, se a execução não for embargada ou se rejeitados os embargos;

II — findo o leilão: a) se não houver licitante, pelo preço da avaliação; b) havendo licitantes, com preferência, em igualdade de condições com a melhor oferta, no prazo de 30 (trinta) dias.

PARÁGRAFO ÚNICO. Se o preço da avaliação ou o valor da melhor oferta for superior ao dos créditos da Fazenda Pública, a adjudicação somente será deferida pelo Juiz, se a diferença for depositada, pela exequente, à ordem do Juízo, no prazo de 30 (trinta) dias.

Art. 25. Na execução fiscal, qualquer intimação ao representante judicial da Fazenda Pública será feita pessoalmente.

PARÁGRAFO ÚNICO. A intimação de que trata este artigo poderá ser feita mediante vista dos autos, com imediata remessa ao representante judicial da Fazenda Pública, pelo cartório ou secretaria.

Art. 26. Se, antes da decisão de primeira instância, a inscrição de Dívida Ativa for, a qualquer título, cancelada, a execução fiscal será extinta, sem qualquer ônus para as partes.

Art. 27. As publicações de atos processuais poderão ser feitas resumidamente ou reunir num só texto os de diferentes processos.

PARÁGRAFO ÚNICO. As publicações farão sempre referência ao número do processo no respectivo Juízo e ao número da correspondente inscrição da Dívida Ativa, bem como ao nome das partes e de seus advogados, suficientes para a sua identificação.

Art. 28. O Juiz, a requerimento das partes, poderá por conveniência da unidade da garantia da execução, ordenar a reunião de processos contra o mesmo devedor.

PARÁGRAFO ÚNICO. Na hipótese deste artigo, os processos serão redistribuídos ao Juízo de primeira distribuição.

Art. 29. A cobrança judicial da Dívida Ativa da Fazenda Pública não é sujeita a concurso de credores ou habilitação em falência, concordata, liquidação, inventário ou arrolamento.

PARÁGRAFO ÚNICO. O concurso de preferência somente se verifica entre pessoas jurídicas de direito público, na seguinte ordem:

I — União e suas autarquias;

II — Estados, Distrito Federal e Territórios e suas autarquias, conjuntamente e *pro rata*;

III — Municípios e suas autarquias, conjuntamente e *pro rata*.

Art. 30. Sem prejuízo dos privilégios especiais sobre determinados bens, que sejam previstos em lei, responde pelo pagamento da Dívida Ativa da Fazenda Pública a totalidade dos bens e das rendas, de qualquer origem ou natureza, do sujeito passivo, seu espólio ou sua massa, inclusive os gravados por ônus real ou cláusula de inalienabilidade ou impenhorabilidade, seja qual for a data da constituição do ônus ou da cláusula, excetuados unicamente os bens e rendas que a lei declara absolutamente impenhoráveis.

Art. 31. Nos processos de falência, concordata, liquidação, inventário, arrolamento ou concurso de credores, nenhuma alienação será judicialmente autorizada sem a prova de quitação da Dívida Ativa ou a concordância da Fazenda Pública.

Art. 32. Os depósitos judiciais em dinheiro serão obrigatoriamente feitos:

I — na Caixa Econômica Federal, de acordo com o Decreto-lei n. 1.737, de 20 de dezembro de 1979, quando relacionados com a execução fiscal proposta pela União ou suas autarquias;

II — na Caixa Econômica ou no banco oficial da unidade federativa, ou à sua falta, na Caixa Econômica Federal, quando relacionados com execução fiscal proposta pelo Estado, Distrito Federal, Municípios e suas autarquias.

§ 1º Os depósitos de que trata este artigo estão sujeitos à atualização monetária, segundo os índices estabelecidos para os débitos tributários federais.

§ 2º Após o trânsito em julgado da decisão, o depósito, monetariamente atualizado, será devolvido ao depositante ou entregue à Fazenda Pública, mediante ordem do Juízo competente.

Art. 33. O Juízo, do Ofício, comunicará à repartição competente da Fazenda Pública, para fins de averbação no Registro da Dívida Ativa, a decisão final, transitada em julgado, que der por improcedente a execução, total ou parcialmente.

Art. 34. Das sentenças de primeira instância proferidas em execuções de valor igual ou inferior a 50 (cinquenta) Obrigações Reajustáveis do Tesouro Nacional — ORTNs, só se admitirão embargos infringentes e de declaração.

§ 1º Para os efeitos deste artigo, considerar-se-á o valor da dívida monetariamente atualizado e acrescido de multa e juros de mora e demais encargos legais, na data da distribuição.

§ 2º Os embargos infringentes, instruídos, ou não, com documentos novos, serão deduzidos, no prazo de 10 (dez) dias perante o mesmo Juízo, em petição fundamentada.

§ 3º Ouvido o embargado, no prazo de 10 (dez) dias, serão os autos conclusos ao Juiz, que, dentro de 20 (vinte) dias, os rejeitará ou reformará a sentença.

Art. 35. Nos processos regulados por esta lei, poderá ser dispensada a audiência de revisor, no julgamento das apelações.

Art. 36. Compete à Fazenda Pública, baixar normas sobre o recolhimento da Dívida Ativa respectiva, em juízo ou fora dele, e aprovar, inclusive, os modelos de documentos de arrecadação.

Art. 37. O Auxiliar de Justiça que, por ação ou omissão, culposa ou dolosa, prejudicar a execução, será responsabilizado, civil, penal e administrativamente.

PARÁGRAFO ÚNICO. O Oficial de Justiça deverá efetuar, em 10 (dez) dias, as diligências que lhe forem ordenadas, salvo motivo de força maior devidamente justificado perante o Juízo.

Art. 38. A discussão judicial da Dívida Ativa da Fazenda Pública só é admissível em execução, na forma desta lei, salvo as hipóteses de mandado de segurança, ação de repetição do indébito ou ação anulatória do ato declarativo da dívida, esta precedida do depósito preparatório do valor do débito, monetariamente corrigido e acrescido dos juros e multa de mora e demais encargos.

PARÁGRAFO ÚNICO. A propositura, pelo contribuinte, da ação prevista neste artigo importa em renúncia ao poder de recorrer na esfera administrativa e desistência do recurso acaso interposto.

Art. 39. A Fazenda Pública não está sujeita ao pagamento de custas e emolumentos. A prática dos atos judiciais de seu interesse independerá de preparo ou de prévio depósito.

PARÁGRAFO ÚNICO. Se vencida, a Fazenda Pública ressarcirá o valor das despesas feitas pela parte contrária.

Art. 40. O Juiz suspenderá o curso da execução, enquanto não for localizado o devedor ou encontrados bens sobre os quais possa recair a penhora, e, nesses casos, não correrá o prazo da prescrição.

§ 1º Suspenso o curso da execução, será aberta vista dos autos ao representante judicial da Fazenda Pública.

§ 2º Decorrido o prazo máximo de 1 (um) ano, sem que seja localizado o devedor ou encontrados bens penhoráveis, o Juiz ordenará o arquivamento dos autos.

§ 3º Encontrados que sejam, a qualquer tempo, o devedor ou os bens, serão desarquivados os autos para prosseguimento da execução.

§ 4º Se da decisão que ordenar o arquivamento tiver decorrido o prazo prescricional, o juiz, depois de ouvida a Fazenda Pública, poderá, de ofício, reconhecer a prescrição intercorrente e decretá-la de imediato. (NR) *(Parágrafo acrescentado pela Lei n. 11.051, de 29.12.04, DOU 30.12.04)*

§ 5º A manifestação prévia da Fazenda Pública prevista no § 4º deste artigo será dispensada no caso de cobranças judiciais cujo valor seja inferior ao mínimo fixado por ato do Ministro de Estado da Fazenda. (NR) — *(Parágrafo acrescentado pela Lei n. 11.960, de 29.6.09, DOU 30.6.09)*

Art. 41. O processo administrativo correspondente à inscrição da Dívida Ativa, à execução fiscal ou à ação proposta contra a Fazenda Pública será mantido na repartição competente, dele se extraindo as cópias autenticadas ou certidões que forem requeridas pelas partes ou requisitadas pelo Juiz ou pelo Ministério Público.

PARÁGRAFO ÚNICO. Mediante requisição do Juiz à repartição competente, com dia e hora previamente marcados, poderá o processo administrativo ser exibido na sede do Juízo, pelo funcionário para esse fim designado, lavrando o serventuário termo da ocorrência, com indicação, se for o caso, das peças a serem trasladadas.

Art. 42. Revogadas as disposições em contrário, esta lei entrará em vigor 90 (noventa) dias após a data de sua publicação.

Brasília, 22 de setembro de 1980; 159º da Independência e 92º da República.

JOÃO FIGUEIREDO
IBRAHIM ABI-ACKEL
ERNANE GALVÊAS
HÉLIO BELTRÃO

PORTARIA CONJUNTA PGFN/MTPS N. 1, DE 10 DE MARÇO DE 2016

(DOU 11.3.2016)

Estabelece normas para a remessa de débitos para com o Fundo de Garantia do Tempo de Serviço — FGTS originários de notificações lavradas por auditores fiscais do trabalho do Ministério do Trabalho e Previdência Social para fins de inscrição em Dívida Ativa pela Procuradoria-Geral da Fazenda Nacional — PGFN.

O PROCURADOR-GERAL DA FAZENDA NACIONAL E O MINISTRO DE ESTADO DO TRABALHO E PREVIDÊNCIA SOCIAL, com amparo, respectivamente, no Decreto-Lei n. 147, de 3 de fevereiro de 1967, no inciso XIII do art. 82 do Regimento Interno da Procuradoria-Geral da Fazenda Nacional — PGFN, aprovado pela Portaria MF n. 36, de 24 de janeiro de 2014, e no inciso XXI do art. 27 da Lei n. 10.683, de 28 de maio de 2003, com redação dada pela Medida Provisória n. 696, de 2015,

Resolvem:

Art. 1º Para a inscrição em Dívida Ativa, bem como a cobrança administrativa e judicial dos valores devidos ao FGTS (contribuição social instituída pela Lei Complementar n. 110, de 29 de junho de 2001 e contribuição de FGTS instituída pela Lei n. 8.036, de 11 de maio de 1990), os processos administrativos originários de notificações lavradas pelos auditores fiscais do trabalho do Ministério do Trabalho e Previdência Social que versem sobre débitos para com o FGTS serão remetidos às respectivas unidades regionais da Caixa Econômica Federal — (Gerência de Filial de FGTS — GIFUG) pelas unidades descentralizadas do Ministério do Trabalho e Previdência Social — MTPS, em até 90 (noventa) dias, contados do prazo final concedido ao devedor para efetuar o respectivo pagamento.

§ 1º Para aplicação do disposto no *caput* deste artigo, considerar-se-á como prazo final concedido para pagamento a data prevista na notificação encaminhada ao autuado cientificando-o da importância a ser paga em razão de decisão definitiva, assim entendida aquela não mais sujeita a impugnação ou recurso na esfera administrativa.

§ 2º Os processos administrativos serão remetidos pelas unidades descentralizadas do MTPS às unidades regionais da Caixa Econômica Federal (GIFUG) situadas na mesma localidade, de acordo com a abrangência territorial de cada GIFUG.

§ 3º A remessa de processos administrativos pelas unidades descentralizadas do MTPS para as GIFUG será realizada uma vez a cada mês, podendo ocorrer em intervalo diferente, desde que prévia e consensualmente acordada entre as unidades da PGFN e do MTPS diretamente envolvidas.

§ 4º Processos administrativos decorrentes de notificações de débitos para com o FGTS oficialmente consideradas como de atendimento prioritário no âmbito do MTPS serão previamente identificados e encaminhados à GIFUG respectiva em prazos específicos e inferiores ao previsto no *caput* desse artigo.

§ 5º No caso do parágrafo anterior, a PGFN, por meio das GIFUG, dará tratamento prioritário ao controle de legalidade dos débitos encaminhados para inscrição em Dívida Ativa.

§ 6º Processos administrativos decorrentes de notificações de débitos para com o FGTS de grandes devedores, nos termos da Portaria PGFN n. 359, de 6 de maio de 2014, receberão o mesmo tratamento prioritário e identificação previstos nos parágrafos deste artigo.

§ 7º Serão indicados representantes, ao final de cada ano, pelos órgãos locais do MTPS e da PGFN, para o estabelecimento do fluxo de encaminhamento de processos para o exercício seguinte naquela regional, mediante a elaboração de um cronograma, de preferência anual, estabelecendo as previsões de encaminhamento, conforme determinação contida nos parágrafos anteriores.

§ 8º O processo administrativo não será objeto de remessa para inscrição em Dívida Ativa quando o valor total consolidado de débitos já definitivamente constituídos em face do mesmo devedor não superar o montante de R$ 1.000,00 (um mil reais), nos termos do art. 45 da Lei n. 13.043, de 13 de novembro de 2014.

§ 9º A PGFN, por meio das GIFUG, terá como objetivo o prazo de 90 (noventa) dias, contados do recebimento do respectivo processo administrativo, para exercer o controle de legalidade, desde que não importe em prescrição, ressalvado o disposto no § 2º do art. 22 do Decreto-Lei 147, de 3 de fevereiro de 1967.

Art. 2º As unidades descentralizadas do MTPS instruirão os processos administrativos, que serão remetidos às GIFUG com demonstrativo de débito, na forma do Anexo I, contendo os seguintes campos e informações:

I — informações sobre o processo administrativo:

a) número do processo administrativo;

b) número da notificação de débito; e

c) unidade descentralizada do MTPS responsável;

II — identificação do devedor:

a) nome do devedor principal e do corresponsável, se estiver configurada hipótese de corresponsabilidade;

b) número de inscrição no Cadastro Nacional de Pessoas Jurídicas — CNPJ ou no Cadastro de Pessoas Físicas — CPF do devedor; e

c) endereço completo do devedor;

III — dados relativos ao débito:

a) número e data da lavratura da notificação de débito;

b) capitulação legal da notificação de débito;

c) valor do principal;

d) valor dos juros de mora;

e) valor da multa de mora;

f) valor dos pagamentos eventualmente realizados, com as respectivas datas de arrecadação;

g) saldo atualizado na data da emissão do demonstrativo;

h) base legal dos juros de mora;

i) base legal da multa de mora;

j) base legal da corresponsabilidade, se for o caso;

k) forma e data da notificação;

l) data de vencimento do prazo para pagamento;

m) data da constituição definitiva do crédito; e

n) relação dos empregados abrangidos pela notificação, bem como o valor devido a cada um, no caso de a notificação ter sido lavrada sob a vigência da Instrução Normativa SIT n. 99, de 23 de agosto de 2012.

§ 1º Considera-se data de início do prazo para pagamento o primeiro dia útil seguinte à data em que o autuado foi notificado para pagar o débito apurado.

§ 2º No caso de notificação por edital, considerar-se-á notificado o devedor no 10º (décimo) dia contado da data de publicação do edital no Diário Oficial da União.

§ 3º Considera-se data de vencimento do prazo para pagamento o 10º (décimo) dia, contado a partir da data de início do prazo para pagamento do débito apurado.

§ 4º Os prazos só se iniciam ou vencem em dia de expediente normal na unidade descentralizada do MTPS, excluindo-se o dia da notificação e incluindo-se o dia do vencimento.

§ 5º A constituição definitiva do crédito ocorre quando a decisão se torna irrecorrível na esfera administrativa.

Art. 3º A unidade responsável do MTPS deverá consolidar todos os débitos definitivamente constituídos em face de um mesmo devedor, ainda que apurados em processos administrativos diversos, a fim de verificar a sua compatibilidade com o limite mínimo para inscrição em Dívida Ativa, previsto no § 8º do art. 1º.

§ 1º A unicidade do devedor deverá ser aferida através da utilização de seu CNPJ raiz.

§ 2º O limite mínimo de R$ 1.000 (um mil reais) será apurado em relação a cada espécie de débito (contribuições de FGTS instituídas pela Lei n. 8.036, de 1990 e contribuição social instituída pela Lei Complementar n. 110, de 2001).

§ 3º A consolidação em face de um mesmo devedor deverá ser obtida mediante a soma dos valores do principal, dos juros e da multa de mora, de todos os débitos definitivamente constituídos.

§ 4º Alcançado o valor mínimo para inscrição em Dívida Ativa, mediante a consolidação de débitos apurados em processos administrativos distintos, a unidade responsável do MTPS deverá providenciar a reunião das notificações em lote único, encaminhando-as em conjunto e de forma identificada à GIFUG competente.

§ 5º A unidade responsável do MTPS deverá anexar, ao final de cada processo administrativo que compuser a sistemática descrita no parágrafo anterior, demonstrativo próprio do lote, além daquele tratado no art. 2º, denominado "Demonstrativo de lote de débitos reunidos para alcance do valor mínimo de inscrição", na forma do Anexo II, e nele informará os seguintes dados:

I) número do lote, o qual deverá ser reproduzido em todas as páginas do demonstrativo;

II) identificação completa do devedor e de seu endereço;

III) quantidade de processos administrativos enviados de acordo com a sistemática de consolidação;

IV) número dos processos administrativos e das respectivas notificações abrangidas pela consolidação;

V) todas as informações sobre os débitos, apurados em cada um dos processos administrativos considerados, conforme delineado no inciso III do art. 2º;

VI) valor total do lote, decorrente da consolidação dos valores apurados nos processos administrativos considerados.

Art. 4º A Secretaria de Inspeção do Trabalho — SIT enviará semestralmente à Coordenação-Geral da Dívida Ativa da União — CDA/PGFN arquivo eletrônico de relatório gerencial consolidado para o período, contendo o número de processos administrativos, de notificações de débitos encaminhados para inscrição, por unidade do MTPS, informando ainda o valor total dos débitos remetidos.

Art. 5º A SIT enviará mensalmente à CDA/PGFN arquivo eletrônico com a relação de notificações lavradas no mês em face de pessoas físicas ou jurídicas que nunca tenham sido autuadas por débitos de FGTS, desde que o valor total devido, apurado na notificação, seja igual ou superior a R$ 100.000,00 (cem mil reais).

Art. 6º A CDA/PGFN enviará semestralmente à SIT arquivo eletrônico de relatório gerencial consolidado para o período e por unidade da PGFN, contendo a quantidade de débitos, de processos administrativos, de inscrições realizadas (mês a mês) e de execuções fiscais ajuizadas, informando ainda o valor total inscrito, consolidado, ajuizado e o valor total arrecadado.

Art. 7º Sendo necessário o retorno de processo administrativo que se encontre na PGFN ou na GIFUG ao órgão de origem para a adoção de providências, deverá o mesmo ser devolvido para a unidade descentralizada do MTPS que anteriormente o encaminhou.

§ 1º Se a necessidade citada no *caput* operar-se em decorrência, direta ou indireta, de ordem e/ou decisão judiciais, específicas para aquele mesmo processo administrativo e/ou o crédito que o abranger, a PGFN, por meio da GIFUG correspondente, deverá encaminhá-lo à unidade descentralizada do MTPS em prazo suficiente para análise e resposta, que, por sua vez, deverá restituí-lo no prazo necessário ao cumprimento da diligência.

§ 2º No caso de retorno de processo administrativo para a prática de ato decorrente do controle de legalidade, a unidade descentralizada do MTPS deverá se pautar pelo prazo máximo de 60 (sessenta) dias, contados do efetivo recebimento, considerando, todavia, dentre outros fatores, a indispensável atenção aos prazos prescricionais eventualmente envolvidos e ao tempo necessário para o exercício de novo controle de legalidade pela PGFN, por meio da GIFUG.

Art. 8º As unidades da PGFN, atuando na representação judicial do FGTS, especialmente na defesa de créditos ainda não inscritos em Dívida Ativa, solicitarão subsídios às unidades descentralizadas do MTPS, que deverão prestá-los no prazo assinalado pelo Procurador da Fazenda Nacional responsável pelo acompanhamento da medida judicial que justificou o pedido de informações.

Art. 9º A Procuradoria-Geral da Fazenda Nacional e o Ministério do Trabalho e Previdência Social, por suas unidades centrais e descentralizadas, juntamente com as GIFUG, adotarão uma contínua e respeitosa relação de cooperação, que promova e zele pela eficiência no trato e na recuperação dos créditos devidos ao FGTS, realizando, para tanto, uma constante avaliação do fluxo tratado nesta Portaria, mediante a promoção de reuniões periódicas para o estabelecimento de metas, cronogramas e análise de procedimentos.

Art. 10. A Procuradoria-Geral da Fazenda Nacional e o Ministério do Trabalho e Previdência Social iniciarão, no prazo de 90 (noventa) dias, a contar da publicação da presente Portaria, procedimentos que possibilitem a transmissão eletrônica das informações dos créditos ora tratados, empreendendo, para tanto, todos os esforços nesse sentido, inclusive considerando a hipótese de implementação parcial, regional e/ou progressiva, das respectivas rotinas tecnológicas.

Art. 11. Esta Portaria entra em vigor na data de sua publicação.

Miguel Soldatelli Rossetto
Ministro de Estado do Trabalho e Previdência Social

Fabrício da Soller
Procurador-Geral da Fazenda Nacional

LEI N. 7.115, DE 29 DE AGOSTO DE 1983

(DOU 30.8.1983 — LTr 47-10/1267)

Dispõe sobre prova documental nos casos que indica e dá outras providências

— v. Lei n. 1.060, de 5.2.50, p. 275

O PRESIDENTE DA REPÚBLICA,

Faço saber que o Congresso Nacional decreta e eu sanciono a seguinte Lei:

Art. 1º A declaração destinada a fazer prova de vida, residência, pobreza, dependência econômica, homonímia ou bons antecedentes, quando firmada pelo próprio interesse ou por procurador bastante, e sob as penas da Lei, presume-se verdadeira.

PARÁGRAFO ÚNICO. O disposto neste artigo não se aplica para fins de prova em processo penal.

Art. 2º Se comprovadamente falsa a declaração, sujeitar-se-á o declarante às sanções civis, administrativas e criminais previstas na legislação aplicável.

Art. 3º A declaração mencionará expressamente a responsabilidade do declarante.

Art. 4º Esta Lei entra em vigor na data de sua publicação.

Art. 5º Revogam-se as disposições em contrário.

Brasília, em 29 de março de 1983; 162º da Independência e 95º da República.

João de Figueiredo
Ibrahim Abi-Ackel
Hélio Beltrão

LEI N. 7.701, DE 21 DE DEZEMBRO DE 1988

(DOU 22.12.1988)

Dispõe sobre a especialização de Turmas dos Tribunais do Trabalho em processos coletivos e dá outras providências

(Vide art. 896 da CLT com a redação dada pela Lei n. 13.015, de 21.7.2014)

— v. CF, arts. 111, 111-A, 112, 113, 114 e 115

O PRESIDENTE DA REPÚBLICA,

Faço saber que o Congresso Nacional decreta e eu sanciono a seguinte Lei:

Art. 1º O Tribunal Superior do Trabalho, nos processos de sua competência, será dividido em Turmas e seções especializadas para a conciliação e julgamento de dissídios coletivos de natureza econômica ou jurídica e de dissídios individuais, respeitada a paridade da representação classista.

PARÁGRAFO ÚNICO. O Regimento Interno do Tribunal disporá sobre a constituição e o funcionamento de cada uma das seções especializadas do Tribunal Superior do Trabalho, bem como sobre o número, composição e funcionamento das respectivas Turmas do Tribunal. Caberá ao Presidente do Tribunal Superior do Trabalho presidir os atos de julgamento das seções especializadas, delas participando o Vice-Presidente e o Corregedor-Geral, este quando não estiver ausente em função corregedora.

Art. 2º Compete à seção especializada em dissídios coletivos, ou seção normativa:

I — originariamente:

a) conciliar e julgar os dissídios coletivos que excedam a jurisdição dos Tribunais Regionais do Trabalho e estender ou rever suas próprias sentenças normativas, nos casos previstos em lei;

b) homologar as conciliações celebradas nos dissídios coletivos de que trata a alínea anterior;

c) julgar as ações rescisórias propostas contra suas sentenças normativas;

d) julgar os mandados de segurança contra os atos praticados pelo Presidente do Tribunal ou por qualquer dos Ministros integrantes da seção especializada em processo de dissídio coletivo; e

e) julgar os conflitos de competência entre Tribunais Regionais do Trabalho em processos de dissídio coletivo.

II — em última instância julgar:

a) os recursos ordinários interpostos contra as decisões proferidas pelos Tribunais Regionais do Trabalho em dissídios coletivos de natureza econômica ou jurídica;

b) os recursos ordinários interpostos contra as decisões proferidas pelos Tribunais Regionais do Trabalho em ações rescisórias e mandados de segurança pertinentes a dissídios coletivos;

c) os Embargos Infringentes interpostos contra decisão não unânime proferida em processo de dissídio coletivo de sua competência originária, salvo se a decisão atacada estiver em consonância com procedente jurisprudencial do Tribunal Superior do Trabalho ou da Súmula de sua jurisprudência predominante;

d) os Embargos de Declaração opostos aos seus acórdãos e os Agravos Regimentais pertinentes aos dissídios coletivos;

e) as suspeições arguidas contra o Presidente e demais Ministros que integram a seção, nos feitos pendentes de sua decisão; e

f) os Agravos de Instrumento interpostos contra despacho denegatório de recurso ordinário nos processos de sua competência.

Art. 3º Compete à Seção de Dissídios Individuais julgar:

I — originariamente:

a) as ações rescisórias propostas contra decisões das Turmas do Tribunal Superior do Trabalho e suas próprias, inclusive as anteriores à especialização em seções; e

b) os mandados de segurança de sua competência originária, na forma da lei;

II — em única instância:

a) os agravos regimentais interpostos em dissídios individuais; e

b) os conflitos de competência entre Tribunais Regionais e aqueles que envolvem Juízes de Direito investidos da jurisdição trabalhista e Juntas de Conciliação e Julgamento em processos de dissídio individual.

III — em última instância:

a) os recursos ordinários interpostos contra decisões dos Tribunais Regionais em processos de dissídio individual de sua competência originária;

b) os embargos das decisões das Turmas que divergirem entre si, ou das decisões proferidas pela Seção de Dissídios Individuais; (NR) *(Redação dada pela Lei n. 11.496, de 22.6.06, DOU 25.6.07, com entrada em vigor 90 (noventa) dias após a data de sua publicação, art. 3º, da mesma Lei)*

c) os agravos regimentais de despachos denegatórios dos Presidentes das Turmas, em matéria de embargos, na forma estabelecida no Regimento Interno;

d) os Embargos de Declaração opostos aos seus acórdãos;

e) as suspeições arguidas contra o Presidente e demais Ministros que integram a seção nos feitos pendentes de julgamento; e

f) os Agravos de Instrumento interpostos contra despacho denegatório de recurso ordinário em processo de sua competência.

Art. 4º É da competência do Tribunal Pleno do Tribunal Superior do Trabalho:

a) a declaração de inconstitucionalidade ou não de lei ou de ato normativo do Poder Público;

b) aprovar os enunciados da Súmula da jurisprudência predominante em dissídios individuais;

c) julgar os incidentes de uniformização da jurisprudência em dissídios individuais;

d) aprovar os precedentes da jurisprudência predominante em dissídios coletivos;

e) aprovar as tabelas de custas e emolumentos, nos termos da lei; e

f) elaborar o Regimento Interno do Tribunal e exercer as atribuições administrativas previstas em lei ou na Constituição Federal.

Art. 5º As Turmas do Tribunal Superior do Trabalho terão, cada uma, a seguinte competência:

a) julgar os Recursos de Revista interpostos de decisões dos Tribunais Regionais do Trabalho, nos casos previstos em lei;

b) julgar, em última instância, os Agravos de Instrumento dos despachos de Presidente de Tribunal Regional que denegarem seguimento a Recurso de Revista, explicitando em que efeito a Revista deve ser processada, caso providos;

c) julgar, em última instância, os agravos regimentais; e

d) julgar os Embargos de Declaração opostos aos seus acórdãos.

Art. 6º Os Tribunais Regionais do Trabalho que funcionarem divididos em Grupos de Turmas promoverão a especialização de um deles com a competência exclusiva para a conciliação e julgamento de dissídios coletivos, na forma prevista no *caput* do art. 1º desta Lei.

PARÁGRAFO ÚNICO. O Regimento Interno disporá sobre a constituição e funcionamento do Grupo Normativo, bem como dos demais Grupos de Turmas do Tribunal Regional do Trabalho.

Art. 7º Das decisões proferidas pelo Grupo Normativo dos Tribunais Regionais do Trabalho, caberá recurso ordinário para o Tribunal Superior do Trabalho.

§ 1º O Juiz relator ou o redator designado disporá de 10 (dez) dias para redigir o acórdão.

§ 2º Não publicado o acórdão nos 20 (vinte) dias subsequentes ao julgamento, poderá qualquer dos litigantes ou o Ministério Público do Trabalho interpor recurso ordinário, fundado, apenas, na certidão de julgamento, inclusive com pedido de efeito suspensivo, pagas as custas, se for o caso. Publicado o acórdão, reabrir-se-á o prazo para o aditamento do recurso interposto.

§ 3º Interposto o recurso na forma do parágrafo anterior, deverão os recorrentes comunicar o fato à Corregedoria-Geral, para as providências legais cabíveis.

§ 4º Publicado o acórdão, quando as partes serão consideradas intimadas, seguir-se-á o procedimento recursal como previsto em lei, com a intimação pessoal do Ministério Público, por qualquer dos seus procuradores.

§ 5º Formalizado o acordo pelas partes e homologado pelo Tribunal, não caberá qualquer recurso, salvo por parte do Ministério Público.

§ 6º A sentença normativa poderá ser objeto de ação de cumprimento a partir do 20º (vigésimo) dia subsequente ao do julgamento, fundada no acórdão ou na certidão de julgamento, salvo se concedido efeito suspensivo pelo Presidente do Tribunal Superior do Trabalho.

Art. 8º O disposto no art. 7º e respectivos parágrafos desta Lei aplica-se aos demais Tribunais Regionais do Trabalho não divididos em Grupos de Turmas.

Art. 9º O efeito suspensivo deferido pelo Presidente do Tribunal Superior do Trabalho terá eficácia pelo prazo improrrogável de 120 (cento e vinte) dias contados da publicação, salvo se o recurso ordinário for julgado antes do término do prazo.

Art. 10. Nos dissídios coletivos de natureza econômica ou jurídica de competência originária ou recursal da seção normativa do Tribunal Superior do Trabalho, a sentença poderá ser objeto de ação de cumprimento com a publicação da certidão de julgamento.

Art. 11. Nos processos de dissídio coletivo, o Ministério Público emitirá parecer escrito, ou protestará pelo pronunciamento oral, na audiência ou sessão de julgamento.

Art. 12. O art. 896 da Consolidação das Leis do Trabalho — CLT, aprovada pelo Decreto-lei n. 5.452, de 1º de maio de 1943, passa a ter a seguinte redação: *(O art. 896 da CLT já está com a redação conferida por esta lei).*

Art. 13. O depósito recursal de que trata o art. 899 e seus parágrafos da Consolidação das Leis do Trabalho fica limitado, no recurso ordinário, a 20 (vinte) vezes o valor de referência e, no de revista, a 40 (quarenta) vezes o referido valor de referência. Será considerado valor de referência aquele vigente à data da interposição do recurso, devendo ser complementado o valor total de 40 (quarenta) valores, no caso de revista.

— v. art. 40, da Lei n. 8.177, de 1.3.91 (DOU 4.3.91), p. 628

— v. IN n. 03/93 do TST, p. 747

Art. 14. O Regimento Interno dos Tribunais Regionais do Trabalho deverá dispor sobre a Súmula da respectiva jurisprudência predominante e sobre o incidente de uniformização, inclusive os pertinentes às leis estaduais e normas coletivas.

Art. 15. Esta Lei entra em vigor na data de sua publicação.

Art. 16. Revogam-se as disposições em contrário da Consolidação das Leis do Trabalho e da legislação especial.

Brasília, em 21 de dezembro de 1988; 167º da Independência e 100º da República.

JOSÉ SARNEY

JOSÉ FERNANDO CIRNE LIMA EICHENBERG

LEI N. 7.716, DE 5 DE JANEIRO DE 1989

(DOU 6.1.1989 — LTr 53-2/225)

Define os crimes resultantes de preconceito de raça ou de cor

O PRESIDENTE DA REPÚBLICA,

Faço saber que o Congresso Nacional decreta e eu sanciono a seguinte Lei:

Art. 1º Serão punidos, na forma desta Lei, os crimes resultantes de discriminação ou preconceito de raça, cor, etnia, religião ou procedência nacional. *(Alterado pela L. n. 9.459, de 13.5.97, DOU 14.5.97).*

Art. 2º (Vetado).

Art. 3º Impedir ou obstar o acesso de alguém, devidamente habilitado, a qualquer cargo da Administração Direta ou Indireta, bem como das concessionárias de serviços públicos.

Pena: reclusão de dois a cinco anos.

PARÁGRAFO ÚNICO. Incorre na mesma pena quem, por motivo de discriminação de raça, cor, etnia, religião ou procedência nacional, obstar a promoção funcional. (NR) *(Redação dada pela Lei n. 12.288, de 20.7.10, DOU 21.7.10)*

Art. 4º Negar ou obstar emprego em empresa privada.

Pena: reclusão de dois a cinco anos.

§ 1º Incorre na mesma pena quem, por motivo de discriminação de raça ou de cor ou práticas resultantes do preconceito de descendência ou origem nacional ou étnica:

I — deixar de conceder os equipamentos necessários ao empregado em igualdade de condições com os demais trabalhadores;

II — impedir a ascensão funcional do empregado ou obstar outra forma de benefício profissional;

III — proporcionar ao empregado tratamento diferenciado no ambiente de trabalho, especialmente quanto ao salário.

§ 2º Ficará sujeito às penas de multa e de prestação de serviços à comunidade, incluindo atividades de promoção da igualdade racial, quem, em anúncios ou qualquer outra forma de recrutamento de trabalhadores, exigir aspectos de aparência próprios de raça ou etnia para emprego cujas atividades não justifiquem essas exigências. (NR) *(Redação dos §§ e incisos dada pela Lei n. 12.288, de 20.7.10, DOU 21.7.10)*

Art. 5º Recusar ou impedir acesso a estabelecimento comercial, negando-se a servir, atender ou receber cliente ou comprador.

Pena: reclusão de um a três anos.

Art. 6º Recusar, negar ou impedir a inscrição ou ingresso de aluno em estabelecimento de ensino público ou privado de qualquer grau.

Pena: reclusão de três a cinco anos.

PARÁGRAFO ÚNICO. Se o crime for praticado contra menor de dezoito anos a pena é agravada de 1/3 (um terço).

Art. 7º Impedir o acesso ou recusar hospedagem em hotel, pensão, estalagem, ou qualquer estabelecimento similar.

Pena: reclusão de três a cinco anos.

Art. 8º Impedir o acesso ou recusar atendimento em restaurantes, bares, confeitarias, ou locais semelhantes abertos ao público.

Pena: reclusão de um a três anos.

Art. 9º Impedir o acesso ou recusar atendimentos em estabelecimentos esportivos, casas de diversões, ou clubes sociais abertos ao público.

Pena: reclusão de um a três anos.

Art. 10. Impedir o acesso ou recusar atendimento em salões de cabeleireiros, barbearias, termas ou casas de massagem ou estabelecimentos com as mesmas finalidades.

Pena: reclusão de um a três anos.

Art. 11. Impedir o acesso às entradas sociais em edifícios públicos ou residenciais e elevadores ou escada de acesso aos mesmos.

Pena: reclusão de um a três anos.

Art. 12. Impedir o acesso ou uso de transportes públicos, como aviões, navios, barcas, barcos, ônibus, trens, metrô ou qualquer outro meio de transporte concedido.

Pena: reclusão de um a três anos.

Art. 13. Impedir ou obstar o acesso de alguém ao serviço em qualquer ramo das Forças Armadas.

Pena: reclusão de dois a quatro anos.

Art. 14. Impedir ou obstar, por qualquer meio ou forma, o casamento ou convivência familiar e social.

Pena: reclusão de dois a quatro anos.

Art. 15. (Vetado).

Art. 16. Constitui efeito da condenação a perda do cargo ou função pública, para o servidor público, e a suspensão do funcionamento do estabelecimento particular por prazo não superior a três meses.

Art. 17. (Vetado).

Art. 18. Os efeitos de que tratam os arts. 16 e 17 desta Lei não são automáticos, devendo ser motivadamente declarados na sentença.

Art. 19. (Vetado).

Art. 20. Praticar, induzir ou incitar a discriminação ou preconceito de raça, cor, etnia, religião ou procedência nacional.

Pena: reclusão de um a três anos e multa.

§ 1º Fabricar, comercializar, distribuir ou veicular símbolos, emblemas, ornamentos, distintivos ou propaganda que utilizem a cruz suástica ou gamada, para fins de divulgação do nazismo:

Pena: reclusão de dois a cinco anos e multa.

§ 2º Se qualquer dos crimes previstos no *caput* é cometido por intermédio dos meios de comunicação social ou publicação de qualquer natureza:

Pena: reclusão de dois a cinco anos e multa.

§ 3º No caso do parágrafo anterior, o juiz poderá determinar, ouvido o Ministério Público ou a pedido deste, ainda antes do inquérito policial, sob pena de desobediência:

I — o recolhimento imediato ou a busca e apreensão dos exemplares do material respectivo;

II — a cessação das respectivas transmissões radiofônicas, televisivas, eletrônicas ou da publicação por qualquer meio; *(Redação dada pela Lei n. 12.735, de 30.11.12, DOU 3.12.12)*

III — a interdição das respectivas mensagens ou páginas de informação na rede mundial de computadores. *(Redação dada pela Lei n. 12.288, de 20.7.10, DOU 21.7.10)*

§ 4º Na hipótese do § 2º, constitui efeito da condenação, após o trânsito em julgado da decisão, a destruição do material apreendido. *(Alterado pela L. n. 9.459, de 14.5.97, DOU 14.5.97).*

Art. 21. Esta Lei entra em vigor na data de sua publicação. *(Renumerado pela Lei n. 8.081, de 21.9.1990)*

Art. 22. Revogam-se as disposições em contrário. *(Renumerado pela Lei n. 8.081, de 21.9.1990)*

Brasília, 5 de janeiro de 1989; 168º da Independência e 101º da República.

JOSÉ SARNEY

PAULO BROSSARD

LEI N. 8.009, DE 29 DE MARÇO DE 1990

(DOU 30.3.1990 — LTr 54-6/681)

Dispõe sobre a impenhorabilidade do bem de família

Faço saber que o PRESIDENTE DA REPÚBLICA adotou a Medida Provisória n. 143, de 1990, que o Congresso Nacional aprovou, e eu, Nelson Carneiro, Presidente do Senado Federal, para os efeitos do disposto no parágrafo único do art. 62 da Constituição Federal, promulgo a seguinte Lei:

Art. 1º O imóvel residencial próprio do casal, ou da entidade familiar, é impenhorável e não responderá por qualquer tipo de dívida civil, comercial, fiscal, previdenciária ou de outra natureza, contraída pelos cônjuges ou pelos pais ou filhos que sejam seus proprietários e nele residam, salvo nas hipóteses previstas nesta Lei.

PARÁGRAFO ÚNICO. A impenhorabilidade compreende o imóvel sobre o qual se assentam a construção, as plantações, as benfeitorias de qualquer natureza e todos os equipamentos, inclusive os de uso profissional, ou móveis que guarnecem a casa, desde que quitados.

Art. 2º Excluem-se da impenhorabilidade os veículos de transporte, obras de arte e adornos suntuosos.

PARÁGRAFO ÚNICO. No caso de imóvel locado, a impenhorabilidade aplica-se aos bens móveis quitados que guarneçam a residência e que sejam de propriedade do locatário, observado o disposto neste artigo.

Art. 3º A impenhorabilidade é oponível em qualquer processo de execução civil, fiscal, previdenciária, trabalhista ou de outra natureza, salvo se movido:

I — em razão dos créditos de trabalhadores da própria residência e das respectivas contribuições previdenciárias; *(Revogado pela LC n. 150, de 1.6.15, DOU 2.6.15)*

II — pelo titular do crédito decorrente do financiamento destinado à construção ou à aquisição do imóvel, no limite dos créditos e acréscimos constituídos em função do respectivo contrato;

III — pelo credor da pensão alimentícia, resguardados os direitos, sobre o bem, do seu coproprietário que, com o devedor, integre união estável ou conjugal, observadas as hipóteses em que ambos responderão pela dívida; *(Redação dada pelka Lei n. 13.144, de 6.7.15, DOU 7.7.15)*

IV — para cobrança de impostos, predial ou territorial, taxas e contribuições devidas em função do imóvel familiar;

V — para execução de hipoteca sobre o imóvel oferecido como garantia real pelo casal ou pela entidade familiar;

VI — por ter sido adquirido com produto de crime ou para execução de sentença penal condenatória a ressarcimento, indenização ou perdimento de bens;

VII — por obrigação decorrente de fiança concedida em contrato de locação. *(Inciso acrescentado pela Lei n. 8.245, de 18.10.91).*

Art. 4º Não se beneficiará do disposto nesta Lei aquele que, sabendo-se insolvente, adquire de má-fé imóvel mais valioso para transferir a residência familiar anterior desfazendo-se ou não da moradia antiga.

§ 1º Neste caso poderá o juiz, na respectiva ação do credor, transferir a impenhorabilidade para a moradia familiar anterior, ou anular-lhe a venda, liberando a mais valiosa para execução ou concurso, conforme a hipótese.

§ 2º Quando a residência familiar constituir-se em imóvel rural, a impenhorabilidade restringir-se-á à sede de moradia, com os respectivos bens móveis, e nos casos do art. 5º, inciso XXVI, da Constituição, à área limitada como pequena propriedade rural.

Art. 5º Para os efeitos de impenhorabilidade, de que trata esta Lei, considera-se residência um único imóvel utilizado pelo casal ou pela entidade familiar para moradia permanente.

PARÁGRAFO ÚNICO. Na hipótese de o casal ou entidade familiar, ser possuidor de vários imóveis utilizados como residência, a impenhorabilidade recairá sobre o de menor valor, salvo se outro tiver sido registrado, para esse fim, no Registro de Imóveis e na forma do art. 70 do Código Civil.

Art. 6º São canceladas as execuções suspensas pela Medida Provisória n. 143, de 8 de março de 1990, que deu origem a esta Lei.

Art. 7º Esta Lei entra em vigor na data de sua publicação.

Art. 8º Revogam-se as disposições em contrário.

Senado Federal, em 29 de março de 1990; 169º da Independência e 102º da República.

NELSON CARNEIRO

LEI N. 8.073, DE 30 DE JULHO DE 1990

(DOU 31.7.1990)

Substituição processual estabelece a política nacional de salários e dá outras providências

O PRESIDENTE DA REPÚBLICA,

Faço saber que o Congresso Nacional decreta e eu sanciono a seguinte Lei:

Art. 1º *(Vetado).*

Art. 2º *(Vetado).*

Art. 3º As entidades sindicais poderão atuar como substitutos processuais dos integrantes da categoria.

PARÁGRAFO ÚNICO. *(Vetado).*

Art. 4º Esta Lei entra em vigor na data de sua publicação.

Art. 5º Revogam-se as disposições em contrário.

Brasília, em 30 de julho de 1990; 169º da Independência e 102º da República.

FERNANDO COLLOR
ZÉLIA M. CARDOSO DE MELLO
ANTÔNIO MAGRI

PORTARIA GM/MTE N. 186, DE 10 DE ABRIL DE 2008

(DOU 14.4.2008)

Dispõe sobre pedido de registro sindical

O MINISTRO DE ESTADO DO TRABALHO E EMPREGO, no uso das suas atribuições legais e tendo em vista o disposto no art. 87, parágrafo único, inciso II, da Constituição, no Título V da Consolidação das Leis do Trabalho, aprovada pelo Decreto-lei n. 5.452, de 1º de maio de 1943, e na Súmula n. 677, do Supremo Tribunal Federal, resolve:

Art. 1º Os pedidos de registro sindical no Ministério do Trabalho e Emprego — MTE observarão os procedimentos administrativos previstos nesta Portaria.

Capítulo I
Dos Pedidos de Registro Sindical e de Alteração Estatutária

Seção I
Da solicitação e análise dos pedidos

Art. 2º Para a solicitação de registro, a entidade sindical deverá acessar o Sistema do Cadastro Nacional de Entidades Sindicais — CNES, disponível no endereço eletrônico www.mte.gov.br, e seguir as instruções ali constantes para a emissão do formulário de pedido de registro.

§ 1º Após a transmissão dos dados e confirmação do envio eletrônico do pedido, o interessado deverá protocolizar, para formação de processo administrativo, unicamente na Superintendência Regional do Trabalho e Emprego — SRTE da unidade da Federação onde se localiza a sede da entidade sindical, sendo vedada a remessa via postal, os seguintes documentos:

I — requerimento original gerado pelo Sistema, assinado pelo representante legal da entidade;

II — edital de convocação dos membros da categoria para a assembleia geral de fundação ou ratificação de fundação da entidade, do qual conste a indicação nominal de todos os municípios, estados e categorias pretendidas, publicado, simultaneamente, no Diário Oficial da União e em jornal de grande circulação diária na base territorial, com antecedência mínima de dez dias da realização da assembleia para as entidades com base municipal, intermunicipal ou estadual e de trinta dias para as entidades com base interestadual ou nacional;

III — ata da assembleia geral de fundação da entidade e eleição, apuração e posse da diretoria, com a indicação do nome completo e número do Cadastro Pessoas Físicas — CPF dos representantes legais da entidade requerente, acompanhada de lista contendo o nome completo e assinatura dos presentes;

IV — estatuto social, aprovado em assembleia geral e registrado em cartório, que deverá conter os elementos identificadores da representação pretendida, em especial a categoria ou categorias representadas e a base territorial;

V — comprovante original de pagamento da Guia de Recolhimento da União — GRU, relativo ao custo das publicações no Diário Oficial da União, conforme indicado em portaria ministerial, devendo-se utilizar as seguintes referências: UG 380918, Gestão 00001 e Código de recolhimento 68888-6, referência 38091800001-3947;

VI — certidão de inscrição do solicitante no Cadastro Nacional de Pessoa jurídica — CNPJ, com natureza jurídica específica; e

VII — comprovante de endereço em nome da entidade.

§ 2º O processo será encaminhado preliminarmente à Seção de Relações do Trabalho da SRTE, para efetuar a conferência dos documentos que acompanham o pedido de registro sindical e encaminhá-lo, por meio de despacho, à Coordenação-Geral de Registro Sindical da Secretaria de Relações do Trabalho — CGRS para fins de análise.

Art. 3º A entidade sindical que pretenda registrar alteração estatutária referente a categoria e/ou base territorial, deverá estar com cadastro ativo no CNES e protocolizar na SRTE do local onde se encontre sua sede, os seguintes documentos, além dos previstos nos incisos V, VI e VII do § 1º do art. 2º desta Portaria, vedada a remessa via postal ou o protocolo na sede do Ministério do Trabalho e Emprego: *(Redação dada pela Portaria n. 2.451, de 2.12.11, DOU 5.12.11)*

I — requerimento original gerado pelo Sistema, assinado pelo representante legal da entidade: *(Redação dada pela Portaria n. 2.451, de 2.12.11, DOU 5.12.11)*

II — edital de convocação dos membros das categorias representada e pretendida para a assembleia geral de alteração estatutária da entidade, do qual conste a indicação nominal de todos os municípios, estados e categorias pretendidas, publicado, simultaneamente, no Diário Oficial da União e em jornal de grande circulação diária na base territorial, com antecedência mínima de dez dias da realização da assembleia para as entidades com base municipal, intermunicipal ou estadual e de trinta dias para as entidades com base interestadual ou nacional;

III — ata da assembleia geral de alteração estatutária da entidade e eleição, apuração e posse da diretoria, com a indicação do nome completo e número do Cadastro Pessoas Físicas — CPF dos representantes legais da entidade requerente, acompanhada de lista contendo o nome completo e assinatura dos presentes; e

IV — estatuto social, aprovado em assembleia geral e registrado em cartório, do qual deverá constar a base e categoria ao final representada.

§ 1º As fusões ou incorporações de entidades sindicais são consideradas alterações estatutárias. *(Renumerado como parágrafo primeiro pela Portaria n. 2.451, de 2.12.11, DOU 5.12.11)*

§ 2º A solicitação de registro de alteração estatutária deverá ser preenchida no Sistema do Cadastro Nacional de Entidades Sindicais — CNES, disponível no endereço eletrônico www.mte.gov.br. *(Acrescentado pela Portaria n. 2.451, de 2.12.11, DOU 5.12.11)*

§ 3º Não será permitida a tramitação de mais de uma solicitação de registro de alteração estatutária simultaneamente. *(Acrescentado pela Portaria n. 2.451, de 2.12.11, DOU 5.12.11)*

Art. 4º Os pedidos de registro sindical ou de alteração estatutária serão analisados na CGRS, que verificará se os representados constituem categoria, nos termos da Lei, bem como a existência, no CNES, de outras entidades sindicais representantes da mesma categoria, na mesma base territorial da entidade requerente.

Art. 5º O pedido será arquivado pelo Secretário de Relações do Trabalho, com base em análise fundamentada da CGRS nos seguintes casos:

I — não caracterização de categoria econômica ou profissional para fins de organização sindical, nos termos da legislação pertinente;

II — insuficiência ou irregularidade dos documentos apresentados, na forma dos arts. 2º, 3º e 22, quando a entidade requerente, dentro do prazo de vinte dias, após notificada, não suprir a insuficiência ou a irregularidade; (NR) *(Redação dada pela Portaria MTE n. 414, de 7.4.15, DOU 9.4.15)*

III — coincidência total de categoria e base territorial do sindicato postulante com sindicato registrado no CNES;

IV — quando a base territorial requerida englobar o local da sede de sindicato, registrado no CNES, representante de idêntica categoria; e

V — quando o pedido for protocolado em desconformidade com o § 1º do art. 2º.

§ 1º Nos pedidos de registro e de alteração estatutária de federações e confederações, será motivo de arquivamento, ainda, a falta de preenchimento dos requisitos previstos no Capítulo IV desta Portaria.

§ 2º A análise de que trata o inciso I deste artigo deverá identificar todos os elementos exigidos por Lei para a caracterização de categoria econômica, profissional ou específica.

Seção II
Da publicação do pedido

Art. 6º Após a verificação, pela CGRS, da regularidade dos documentos apresentados e a análise de que tratam os arts. 4º e 5º, o pedido de registro sindical ou de alteração estatutária será publicado no Diário Oficial da União, para fins de publicidade e abertura de prazo para impugnações.

Art. 7º Quando for constatada a existência de dois ou mais pedidos de registro ou alteração estatutária com coincidência total ou parcial de base territorial e categoria, proceder-se-á da seguinte forma:

I — caso ambos tenham protocolizados com a documentação completa, deve-se publicar pela ordem de data do protocolo do pedido; e

II — nos pedidos de registro ou de alteração estatutária, anteriores a esta Portaria, que tenham sido protocolizados com a documentação incompleta, deverá ser publicado primeiramente aquele que, em primeiro lugar, protocolizar a documentação completa.

PARÁGRAFO ÚNICO. Nos casos descritos neste artigo, se as partes interessadas estiverem discutindo o conflito de representação na via judicial, os processos ficarão suspensos, nos termos do art. 16.

Art. 8º Serão publicadas no Diário Oficial da União e devidamente certificadas no processo as decisões de arquivamento, das quais poderá o interessado apresentar recurso administrativo, na forma do Capítulo XV da Lei n. 9.784, de 29 de janeiro de 1999.

Capítulo II
Das Impugnações

Seção I
Da publicação e dos requisitos para impugnações

Art. 9º Publicado o pedido de registro sindical ou de alteração estatutária, a entidade sindical de mesmo grau, registrada no CNES, que entenda coincidentes sua representação e a do requerente, poderá apresentar impugnação, no prazo de trinta dias, contado da data da publicação de que trata art. 6º, diretamente no protocolo do Ministério do Trabalho e Emprego, sendo vedada impugnação por qualquer outro meio, devendo instruí-la com os seguintes documentos, além dos previstos nos incisos V, VI e VII do § 1º do art. 2º desta Portaria:

I — requerimento, que deverá indicar claramente o objeto do conflito e configurar a coincidência de base territorial e de categoria;

II — documento comprobatório do registro sindical expedido pelo MTE, com identificação da base territorial e da categoria representada, ressalvada ao interessado a utilização da faculdade prevista no art. 37 da Lei n. 9.784, de 1999;

III — estatuto social atualizado, aprovado em assembleia geral da categoria;

IV — ata de apuração de votos do último processo eleitoral;

V — ata de posse da atual diretoria; e

VI — formulário de atualização sindical extraído do endereço eletrônico www.mte.gov.br, devidamente preenchido e assinado.

§ 1º A entidade sindical impugnante que estiver com suas informações atualizadas no CNES fica dispensada da apresentação dos documentos previstos nos incisos III a VI do *caput* deste artigo.

§ 2º Não serão aceitas impugnações coletivas, apresentadas por meio do mesmo documento por um impugnante a mais de um pedido ou por vários impugnantes ao mesmo pedido.

Seção II
Da análise dos pedidos de impugnação

Art. 10. As impugnações serão submetidas ao procedimento previsto na Seção III deste Capítulo, exceto nos seguintes casos, em que serão arquivadas pelo Secretário de Relações do Trabalho, após análise da CGRS:

I — inobservância do prazo previsto no *caput* do art. 9º;

II — ausência de registro sindical do impugnante, exceto se seu pedido de registro ou alteração estatutária já houver sido publicado no Diário Oficial da União, mesmo que se encontre sobrestado, conforme § 5º do art. 13;

III — apresentação por diretoria de sindicato com mandato vencido;

IV — inexistência de comprovante de pagamento da taxa de publicação;

V — não coincidência de base territorial e categoria entre impugnante e impugnado;

VI — impugnação apresentada por entidade de grau diverso da entidade impugnada, salvo por mandato;

VII — na hipótese de desmembramento, que ocorre quando a base territorial do impugnado é menor que a do impugnante, desde que não englobe o município da sede do sindicato impugnante e não haja coincidência de categoria específica;

VIII — na ocorrência de dissociação de categorias ecléticas, similares ou conexas, para a formação de entidade com representação de categoria mais específica;

IX — ausência ou irregularidade de qualquer dos documentos previstos no art. 9º; e

X — perda do objeto da impugnação, ocasionada pela retificação do pedido da entidade impugnada.

§ 1º A decisão de arquivamento será fundamentada e publicada no Diário Oficial da União, dela cabendo recurso administrativo, na forma do Capítulo XV da Lei n. 9.784, de 1999.

§ 2º O pedido de desistência de impugnação somente será admitido por meio de documentos originais, protocolizados neste Ministério, devidamente assinados pelo representante legal da entidade com mandato válido, vedada a sua apresentação por fax ou e-mail, devendo sua legalidade ser analisada pela CGRS antes da decisão do Secretário de Relações do Trabalho.

Seção III
Da autocomposição

Art. 11. A CGRS deverá informar ao Secretário de Relações do Trabalho as impugnações não arquivadas, na forma do art. 10, para notificação das partes com vistas à autocomposição.

Art. 12. Serão objeto do procedimento previsto nesta Seção:

I — os pedidos de registro impugnados, cujas impugnações não tenham sido arquivadas nos termos do art. 10; e

II — os casos previstos no inciso II do art. 7º.

Art. 13. Serão notificados, na forma do § 3º do art. 26 da Lei n. 9.784, de 1999, os representantes legais das entidades impugnantes e impugnadas, para comparecimento a reunião destinada à autocomposição, que será realizada no âmbito da SRT ou da Superintendência Regional do Trabalho e Emprego da sede da entidade impugnada, com antecedência mínima de quinze dias da data da reunião.

§ 1º O Secretário de Relações do Trabalho ou o servidor por ele designado iniciará o procedimento previsto no *caput* deste artigo, convidando as partes para se pronunciarem sobre as bases de uma possível conciliação.

§ 2º Será lavrada ata circunstanciada da reunião, assinada por todos os presentes com poder de decisão, da qual conste o resultado da tentativa de acordo.

§ 3º As ausências serão consignadas pelo servidor responsável pelo procedimento e atestadas pelos demais presentes à reunião.

§ 4º O acordo entre as partes fundamentará a concessão do registro ou da alteração estatutária pleiteada, que será concedido após a apresentação de cópia do estatuto social das entidades, registrado em cartório, com as modificações decorrentes do acordo, cujos termos serão anotados no registro de todas as entidades envolvidas no CNES, na forma do Capítulo V.

§ 5º Não havendo acordo entre as partes, o pedido ficará sobrestado até que a Secretaria de Relações do Trabalho seja notificada do inteiro teor de acordo judicial ou extrajudicial ou decisão judicial que decida a controvérsia.

§ 6º Considerar-se-á dirimido o conflito quando a entidade impugnada retirar, de seu estatuto, o objeto da controvérsia claramente definido, conforme disposto no inciso I do art. 9º.

§ 7º O pedido de registro será arquivado se a entidade impugnada, devidamente notificada, não comparecer à reunião prevista neste artigo.

§ 8º Será arquivada a impugnação e concedido o registro sindical ou de alteração estatutária se a única entidade impugnante, devidamente notificada, não comparecer à reunião prevista neste artigo.

§ 9º Havendo mais de uma impugnação, serão arquivadas as impugnações das entidades que não compareceram à reunião, mantendo-se o procedimento em relação às demais entidades impugnantes presentes.

§ 10. As reuniões de que trata este artigo serão públicas, devendo a pauta respectiva ser publicada em local visível, acessível aos interessados, com antecedência mínima de cinco dias da data da sua realização.

Capítulo III
Do Registro

Seção I
Da concessão

Art. 14. O registro sindical ou de alteração estatutária será concedido com fundamento em análise técnica da SRT, nas seguintes situações:

I — decorrido o prazo previsto no art. 9º sem que tenham sido apresentadas impugnações ao pedido;

II — arquivamento das impugnações, nos termos do art. 10;

III — acordo entre as partes; e

IV — determinação judicial dirigida ao Ministério do Trabalho e Emprego.

Art. 15. A concessão de registro sindical ou de alteração estatutária será publicada no Diário Oficial da União, cujos dados serão incluídos no CNES, os quais deverão ser permanentemente atualizados, na forma das instruções expedidas pela Secretaria de Relações do Trabalho.

PARÁGRAFO ÚNICO. A SRT expedirá, após a publicação da concessão do registro ou da alteração estatutária, certidão com os dados constantes do CNES.

Seção II
Da suspensão dos pedidos

Art. 16. Os processos de registro ou de alteração estatutária ficarão suspensos, neles não se praticando quaisquer atos, nos seguintes casos:

I — por determinação judicial;

II — na hipótese prevista no parágrafo único do art. 7º;

III — durante o procedimento disposto na Seção III do Capítulo II;

IV — no período compreendido entre o acordo previsto no § 4º do art. 13 e a entrega, na SRT, dos respectivos estatutos sociais com as alterações decorrentes do acordo firmado entre as partes;

V — quando as entidades que tiveram seus registros anotados, na forma do Capítulo V, deixarem de enviar, no prazo previsto no § 2º do art. 25, novo estatuto social, registrado em cartório, com a representação sindical devidamente atualizada; e

VI — na redução, pela federação ou confederação, do número mínimo legal de entidades filiadas, conforme previsto no § 3º do art. 20; e

VII — se o interessado deixar de promover os atos que lhe competem, no prazo de trinta dias, após regularmente notificado para sanear eventuais irregularidades.

Seção III
Do cancelamento

Art. 17. O registro sindical ou a alteração estatutária somente será cancelado nos seguintes casos:

I — por ordem judicial que determine ao Ministério do Trabalho e Emprego o cancelamento do registro, fundada na declaração de ilegitimidade da entidade para representar a categoria ou de nulidade dos seus atos constitutivos;

II — administrativamente, se constatado vício de legalidade no processo de concessão, assegurados ao interessado o contraditório e a ampla defesa, bem como observado o prazo decadencial previsto no art. 53 da Lei n. 9.784, de 1999;

III — a pedido da própria entidade, nos termos do art. 18; e

IV — na ocorrência de fusão ou incorporação entre duas ou mais entidades, devidamente comprovadas com a apresentação do registro em cartório e após a publicação do registro da nova entidade.

Art. 18. Quando a forma de dissolução da entidade sindical não estiver prevista em seu estatuto social, o pedido de cancelamento do registro no CNES deverá ser instruído com os seguintes documentos:

I — edital de convocação de assembleia específica da categoria para fins de deliberação acerca do cancelamento do registro sindical, publicado na forma do inciso II do §1º do art. 2º desta Portaria; e

II — ata de assembleia da categoria da qual conste como pauta a dissolução da entidade e a autorização do cancelamento do registro sindical.

Art. 19. O cancelamento do registro de entidade sindical deverá ser publicado no Diário Oficial da União e será anotado, juntamente com o motivo, no CNES, cabendo o custeio da publicação ao interessado, se for a pedido, em conformidade com o custo da publicação previsto em portaria específica deste Ministério.

Capítulo IV
Das Entidades de Grau Superior

Seção I
Da formação e do registro

Art. 20. Para pleitear registro no CNES, as federações e confederações deverão organizar-se na forma dos arts. 534 e 535 da Consolidação das Leis do Trabalho, aprovada pelo Decreto-lei n. 5.452, de 1º de maio de 1943 e das leis específicas.

§ 1º Para o registro sindical ou de alteração estatutária, a federação deverá comprovar ter sido constituída por, no mínimo, cinco sindicatos registrados no CNES.

§ 2º A confederação deverá comprovar, para fins de registro sindical ou de alteração estatutária, ser formada pelo número mínimo de três federações registradas no CNES.

§ 3º O requisito do número mínimo de filiados para a constituição de entidades de grau superior previsto na CLT deverá ser mantido pela entidade respectiva.

§ 4º A inobservância do §3º deste artigo importará na suspensão do registro da entidade sindical de grau superior até que seja suprida a exigência legal, garantida à entidade atingida pela restrição manifestação prévia, no prazo de dez dias, contado da intimação realizada para essa finalidade.

Art. 21. A filiação de uma entidade de grau inferior a mais de uma entidade de grau superior não poderá ser considerada para fins de composição do número mínimo previsto em lei para a criação ou manutenção de uma federação ou confederação.

PARÁGRAFO ÚNICO. As entidades de grau superior coordenam o somatório das entidades a elas filiadas, devendo, sempre que possível, sua denominação corresponder fielmente a sua representatividade.

Art. 22. Os pedidos de registro sindical e de alterações estatutárias de federações e confederações serão instruídos com os seguintes documentos, além dos previstos nos incisos V, VI e VII do § 1º do art. 2º desta Portaria:

I — requerimento original gerado pelo Sistema, assinado pelo representante legal da entidade. *(Redação dada pela Portaria n. 2.451, de 2.12.11, DOU 5.12.11)*

II — estatutos das entidades que pretendam criar a federação ou confederação, registrado em cartório, contendo autorização para criação de entidade de grau superior, ou editais de convocação de assembleia geral específica para autorização de entidade de grau superior, publicado no Diário Oficial da União com antecedência mínima de trinta dias da data da assembleia;

III — edital de convocação dos conselhos de representantes das entidades fundadoras da entidade de grau superior, para assembleia geral de ratificação da fundação da entidade, publicado no Diário Oficial da União com antecedência mínima de trinta dias da data da assembleia, do qual conste a ratificação da fundação, a filiação das entidades e a aprovação do estatuto;

IV — ata da assembleia geral de ratificação de fundação da entidade constando a eleição, apuração e posse da diretoria, com a indicação do nome completo e número do Cadastro Pessoas Físicas — CPF dos representantes legais da entidade requerente, acompanhada de lista contendo o nome completo e assinatura dos presentes;

V — estatuto social, aprovado em assembleia geral e registrado em cartório;

VI — comprovante de registro sindical no CNES das entidades fundadoras da entidade de grau superior; e

VII — nas alterações estatutárias de entidade superior, o objeto da alteração deverá constar do edital e da ata da assembleia geral.

Art. 22-A. Para atualização dos dados cadastrais aplica-se às entidades de grau superior o disposto nos art. 36 a 38 da Portaria n. 326/2013-MTE. *(Acrescentado pela Portaria MTE n. 414, de 7.4.15, DOU 9.4.15)*

Art. 22-B. Os estatutos sociais e as atas previstos nesta Portaria deverão estar registrados no cartório da comarca da sede da entidade requerente. *(Acrescentado pela Portaria MTE n. 414, de 7.4.15, DOU 9.4.15)*

Seção II
Das impugnações

Art. 23. Os pedidos de registro ou de alteração estatutária de federações e confederações poderão ser objeto de impugnação por entidades do mesmo grau cujas entidades filiadas constem da formação da nova entidade.

§ 1º A análise das impugnações, na forma da Seção II do Capítulo II, verificará se a criação da nova entidade ou a alteração estatutária viola o princípio da unicidade sindical e, ainda, se reduz o número mínimo de entidades filiadas necessário à manutenção de entidade registrada no CNES.

§ 2º Configurar-se-á conflito de representação sindical entre entidades de grau superior quando houver a coincidência entre a base territorial dos sindicatos ou federações fundadoras da nova entidade com os filiados da entidade preexistente.

Art. 24. Na verificação do conflito de representação, será realizado o procedimento previsto na Seção III do Capítulo II.

PARÁGRAFO ÚNICO. Na ocorrência de redução de número mínimo de filiados da entidade de grau superior, o processo de registro sindical ficará suspenso, até que conste do CNES nova filiação de entidade de grau inferior, que componha o número mínimo previsto na CLT.

Capítulo V
Da Anotação no CNES

Art. 25. Quando a publicação de concessão de registro sindical ou de alteração estatutária no Diário Oficial da União implicar exclusão de categoria ou base territorial de entidade sindical registrada no CNES, a modificação será anotada no registro da entidade preexistente, para que conste, de forma atualizada, a sua representação.

§ 1º A entidade sindical cuja categoria ou base territorial for atingida pela restrição poderá apresentar manifestação escrita, no prazo de dez dias, contado da publicação de que trata o *caput* deste artigo, exceto se atuar como impugnante no processo de registro sindical ou de alteração estatutária.

§ 2º A anotação no CNES será publicada no Diário Oficial da União, devendo a entidade que tiver seu cadastro anotado juntar, em trinta dias, novo estatuto social do qual conste sua representação devidamente atualizada, sob pena de suspensão do processo de registro sindical, nos termos do inciso V do art. 16.

Art. 26. Para a fiel correspondência entre o trâmite dos processos de registro sindical e de alteração estatutária e os dados do CNES, neste serão anotados todos os atos praticados no curso dos processos.

PARÁGRAFO ÚNICO. Será procedida a anotação no CNES, após trinta dias da apresentação do estatuto retificado, no registro da entidade que celebrou acordo com base no procedimento previsto na Seção III do Capítulo II, permanecendo suspenso o registro da entidade que não cumpriu o disposto no inciso IV do art. 16.

Capítulo VI
Disposições Finais

Art. 27. Os documentos previstos no § 1º do art. 2º serão conferidos pelas Seções de Relações do Trabalho das Superintendências Regionais do Trabalho no prazo máximo de trinta dias da data de recebimento do processo.

PARÁGRAFO ÚNICO. Os documentos relacionados nesta Portaria serão apresentados em originais ou cópias, desde que apresentadas juntamente com os originais para conferência e visto do servidor.

Art. 28. Os processos administrativos de registro sindical e de alteração estatutária deverão ser concluídos no prazo máximo de cento e oitenta dias, ressalvada a hipótese de atraso devido a providências a cargo do interessado, devidamente justificadas nos autos.

Art. 29. As entidades sindicais deverão manter seu cadastro no CNES atualizado no que se refere a dados cadastrais, diretoria e filiação a entidades de grau superior, conforme instruções constantes do endereço eletrônico www.mte.gov.br.

Art. 30. A contagem dos prazos previstos nesta Portaria será feita na forma prevista no Capítulo XVI da Lei n. 9.784, de 1999.

Art. 31. A SRT deverá providenciar a publicação, no Diário Oficial da União, dos atos relativos aos pedidos de registro sindical e de alteração estatutária, tais como arquivamento, admissibilidade de impugnação, suspensão, cancelamento, concessão e anotação no CNES.

Art. 32. Caberá aos interessados promover as diligências necessárias junto ao Poder Judiciário, a fim de que o Ministério do Trabalho e Emprego seja notificado para cumprimento de decisão judicial.

Art. 33. Esta Portaria entra em vigor na data de sua publicação e se aplica a todos os processos em curso neste Ministério.

Art. 34. Revoga-se a Portaria n. 343, de 4 de maio de 2000.

CARLOS LUPI

PORTARIA N. 1.062, DE 12 DE SETEMBRO DE 2016

(DOU 13.9.16)

Altera a Portaria n. 1.744, de 13 de novembro de 2014, publicada no Diário Oficial da União n. 221, Seção I, p. 202, de 14 de novembro de 2014 que dispõe sobre as certidões sindicais no âmbito do Ministério do Trabalho.

O MINISTRO DE ESTADO DO TRABALHO, no uso das suas atribuições legais e tendo em vista o disposto no art. 87, parágrafo único, inciso II, da Constituição, no Título V da Consolidação das Leis do Trabalho, aprovada pelo Decreto-Lei n. 5.452, de 1º de maio de 1943, e na Súmula n. 677, do Supremo Tribunal Federal, resolve:

Art. 1º Aprovar, na forma dos Anexos I e II desta Portaria, os modelos de certidões de registro sindical expedidas pela Secretaria de Relações do Trabalho.

§ 1º A certidão de que trata o Anexo I será disponibilizada eletronicamente no sítio do Ministério do Trabalho.

§ 2º Nas hipóteses de requerimento da entidade sindical ou de deferimento do registro a certidão a que se refere o Anexo II será expedida em papel cartão.

Art. 2º Fica revogada a Portaria n. 2.003, de 19 de agosto de 2010.

Art. 3º Esta Portaria entra em vigor na data de sua publicação.

RONALDO NOGUEIRA DE OLIVEIRA

ANEXO I
MINISTÉRIO DO TRABALHO
SECRETARIA DE RELAÇÕES DO TRABALHO

CERTIDÃO

Código de Validação: XXXX-XXXX-XXXX--XXXX

O SECRETÁRIO DE RELAÇÕES DO TRABALHO, no uso das atribuições conferidas pelo inciso VIII do art. 17 do Anexo I, do Decreto n. 5.063, de 3 de maio de 2004 e o disposto na Portaria n. ____, de ___/___/___, certifica para fins de direito, que consta no Cadastro Nacional de Entidades Sindicais — CNES, o registro sindical referente ao Processo de n. (à Carta Sindical assentada no) ____________, do (a) ____________, inscrição no CNPJ n. ____________, para representar a(s) categoria (s) ____________, na(s) base(s) territorial(is) ____________, com abrangência ____________.

Certifica, ainda, que se encontra informada junto ao CNES a seguinte diretoria com mandato válido até ___/___/___.

MEMBROS DIRIGENTES

NOME — FUNÇÃO ____________

— ____________

____________ — ____________

Brasília, ___/___/___.

Certidão gerada eletronicamente em ___/___/___ às ___:___:___

Secretaria de Relações do Trabalho

A verificação da autenticidade desta Certidão poderá ser feita por meio do código XXXXXXXXXXXX-XXXX, no endereço <http://www3.mte.gov.br/sistemas/cnes/validarcertidao> Atenção: qualquer rasura ou emenda invalidará este documento.

ANEXO II
MINISTÉRIO DO TRABALHO
SECRETARIA DE RELAÇÕES DO TRABALHO

CERTIDÃO

O SECRETÁRIO DE RELAÇÕES DO TRABALHO, no uso das atribuições conferidas pelo inciso VIII do art. 17 do Anexo I, do Decreto n. 5.063, de 3 de maio de 2004 e o disposto na Portaria n. ____, de ___/___/___, certifica para fins de direito, que consta no Cadastro Nacional de Entidades Sindicais — CNES, o registro sindical referente ao Processo de n. (à carta Sindical assentada no) ____________, do(a) ____________, inscrição no CNPJ n. ____________, para representar a(s) categoria (s) ____________, na(s) base(s) territorial (is) ____________, com abrangência ____________.

Certifica, ainda, que se encontra informada junto ao CNES a seguinte diretoria com mandato válido até ___/___/___.

MEMBROS DIRIGENTES

NOME — FUNÇÃO ____________

- ____________

- ____________

Eu, ____________

____ Chefe do Serviço de Apoio e Arquivo da Coordenação-Geral de Registro Sindical, a conferi.

Brasília, ___/___/___.

Certifico.

Coordenador-Geral de Registro Sindical

Dou fé.

Secretário de Relações do Trabalho

PORTARIA GM/MTE N. 326, DE 1º DE MARÇO DE 2013

(DOU 4.3.2013 retificada 11.3.2013 e 14.6.2013)

Dispõe sobre os pedidos de registro das entidades sindicais de primeiro grau no Ministério do Trabalho e Emprego

O MINISTRO DE ESTADO DO TRABALHO E EMPREGO, no uso das suas atribuições legais e tendo em vista o disposto no art. 87, parágrafo único, inciso II, da Constituição, no Título V da Consolidação das Leis do Trabalho, aprovada pelo Decreto-lei n. 5.452, de 1º de maio de 1943, e na Súmula n. 677, do Supremo Tribunal Federal, resolve:

Art. 1º Os procedimentos administrativos relacionados com o registro de entidades sindicais de primeiro grau no Ministério do Trabalho e Emprego — MTE serão os previstos nesta Portaria.

TÍTULO I
Dos pedidos

Capítulo I
Dos sindicatos

Seção I
Da solicitação de registro sindical

Art. 2º Para a solicitação de registro sindical a entidade deverá possuir certificado digital e acessar o Sistema do Cadastro Nacional de Entidades Sindicais — CNES, disponível no endereço eletrônico www.mte.gov.br, e seguir as instruções ali constantes para a emissão do requerimento de registro, após a transmissão eletrônica dos dados.

Art. 3º Após a transmissão eletrônica dos dados, o interessado deverá protocolizar na Superintendência Regional do Trabalho e Emprego — SRTE ou Gerências da Unidade da Federação onde se localiza a sede da entidade sindical, os seguintes documentos, no prazo de trinta dias:

I — requerimento original gerado pelo Sistema, transmitido por certificação digital e assinado pelo representante legal da entidade;

II — edital de convocação dos membros da categoria para assembleia geral de fundação ou ratificação de fundação da entidade, do qual conste o nome e o endereço do subscritor, para correspondência, bem como indicação nominal de todos os municípios, Estados e categoria ou categorias pretendidas, publicado no Diário Oficial da União — DOU e em jornal de grande circulação na base territorial, que deverá atender também ao seguinte:

a) intervalo entre as publicações no DOU e em jornal de grande circulação não superior a cinco dias;

b) publicação com antecedência mínima de vinte dias da realização da assembleia, para as entidades com base municipal, intermunicipal ou estadual, e de quarenta e cinco dias para as entidades com base interestadual ou nacional, contados a partir da última publicação;

c) publicação em todas as Unidades da Federação — UF, quando se tratar de entidade com abrangência nacional, e nos respectivos Estados abrangidos, quando se tratar de entidade interestadual.

III — ata da assembleia geral de fundação ou de ratificação de fundação da entidade, onde deverá constar a base territorial, a categoria profissional ou econômica pretendida, acompanhada de lista de presença contendo a finalidade da assembleia, a data, o horário e o local de realização e, ainda, o nome completo, o número de registro no Cadastro de Pessoas Físicas — CPF, razão social do empregador, se for o caso, e assinatura dos presentes;

IV — ata de eleição e apuração de votos da diretoria, com a indicação da forma de eleição, número de votantes, chapas concorrentes com a respectiva votação, votos brancos e nulos e o resultado do processo eleitoral;

V — ata de posse da diretoria, com a indicação da data de início e término do mandato, devendo constar, sobre o dirigente eleito:

a) nome completo;

b) número de inscrição no CPF;

c) função dos dirigentes da entidade requerente;

d) o número de inscrição no Programa de Integração Social ou no Programa de Formação do Patrimônio do Servidor Público — PIS/Pasep, quando se tratar de entidades laborais;

e) o número de inscrição no Cadastro Nacional da Pessoa Jurídica — CNPJ da empresa representada, quando de entidades patronais;

f) o número de inscrição no respectivo conselho profissional, quando de entidades de profissionais liberais; e

g) o número de inscrição na prefeitura municipal, quando de entidades de trabalhadores autônomos ou de profissionais liberais, na hipótese de inexistência do respectivo conselho profissional.

VI — no caso de dirigente de entidade laboral, cópia das páginas da Carteira de Trabalho e Previdência Social — CTPS onde conste:

a) o nome e foto do empregado;

b) a razão social e CNPJ do atual ou último empregador; e

c) o contrato de trabalho vigente ou, no caso dos aposentados, o último que comprove ser membro da categoria. *(Redação dada pela Portaria GM/MTE n. 671, de 20.5.15, DOU 21.5.15)*

VII — estatuto social, aprovado em assembleia geral, que deverá conter objetivamente a categoria e a base territorial pretendida, não sendo aceitos os termos como afins, conexos e similares, entre outros;

VIII — comprovante de pagamento da Guia de Recolhimento da União — GRU, relativo ao custo das publicações no DOU, conforme indicado em portaria específica, devendo nele constar a razão social e o CNPJ da entidade requerente e utilizar as seguintes referências: UG 380918, Gestão 00001 e Código de recolhimento 68888-6, referência 38091800001-3947;

IX — comprovante de inscrição do solicitante no CNPJ, com natureza jurídica de Entidade Sindical;

X — comprovante de endereço em nome da entidade; e

XI — qualificação do subscritor ou subscritores do edital a que se refere o inciso II, contendo:

a) nome completo;

b) número de inscrição no CPF;

c) número de inscrição no PIS/Pasep, no caso de entidade laboral;

d) número de inscrição no CNPJ, quando se tratar de entidades patronais;

e) número de inscrição no conselho profissional, quando se tratar de entidades de profissionais liberais; e

f) número de inscrição na prefeitura municipal, quando se tratar de entidades de trabalhadores autônomos ou de profissionais liberais, na hipótese de inexistência do respectivo conselho profissional.

§ 1º No caso de entidades rurais, os documentos listados no inciso V, alíneas *d* e *e*, e inciso XI, alíneas *c* e *d*, poderão ser substituídos pelo número da Declaração de Aptidão ao Programa Nacional de Fortalecimento da Agricultura Familiar — DAP/Pronaf expedida pelo Ministério do Desenvolvimento Agrário — MDA, pelo número da inscrição no Cadastro de Segurados Especiais do Instituto Nacional de Seguridade Social — INSS ou de inscrição no Cadastro do Instituto Nacional de Colonização e Reforma Agrária — Incra.

§ 2º Não sendo apresentados os documentos no prazo a que se refere este artigo, o requerimento eletrônico será automaticamente cancelado e o interessado deverá refazer o requerimento.

§ 3º Os documentos não previstos nesta Portaria que possam comprovar que o dirigente faz parte da categoria deverá ser objeto de consulta ao Conselho de Relações do Trabalho — CRT, por meio de Nota Técnica, antes de sua validação por enunciado. (NR) *(Redação dada pela Portaria GM/MTE n. 671, de 20.5.15, DOU 21.5.15)*

Subseção I
Da fusão

Art. 4º Será considerada fusão, para os fins de registro sindical, a união de duas ou mais entidades sindicais destinadas à formação de uma nova com a finalidade de suceder-lhes em direitos e obrigações, e resultará na soma das bases e categorias dessas entidades.

PARÁGRAFO ÚNICO. O deferimento da solicitação de fusão importará no cancelamento dos registros sindicais preexistentes.

Art. 5º Para a solicitação de fusão os sindicatos interessados deverão proceder na forma do art. 2º e 3º, *caput* e incisos I, V, VI, VIII e IX do art. 3º, com a juntada dos documentos a seguir:

I — editais de convocação de assembleia geral específica de cada sindicato, para autorização da fusão, publicados com intervalo não superior a cinco dias no DOU e em jornal de grande circulação nas respectivas bases territoriais, com a antecedência mínima prevista nos estatutos de cada entidade;

II — edital de convocação conjunta dos membros das categorias, subscrito pelos representantes legais dos respectivos sindicatos, para a assembleia geral de fusão, do qual conste a indicação nominal de todos os municípios, Estados e categorias a serem fundidas, publicados na forma do inciso II do art. 3º;

III — ata das assembleias gerais que autorizaram e que decidiram pela fusão, respeitados os quóruns estatutários, acompanhadas das respectivas listas de presença, contendo finalidade, data, horário e local de realização e, ainda, o nome completo, número do CPF, a razão social do empregador, se for o caso, e a assinatura dos presentes;

IV — ata de eleição e apuração de votos da diretoria, com a indicação da forma de eleição, do número de sindicalizados, do número de sindicalizados aptos a votar, do número de votantes, das chapas concorrentes com a respectiva votação, dos votos brancos e nulos, do resultado do processo eleitoral, acompanhada de lista de presença dos votantes. (NR) *(Redação dada pela Portaria GM/MTE n. 837, de 13 de junho de 2013, DOU 14.6.13)*

V — estatuto social, aprovado na assembleia geral a que se refere o inciso II deste artigo, que deverá conter as categorias e base territorial objeto da fusão, não sendo aceitos termos como afins, conexos e similares, entre outros; e

VI — comprovante de endereço em nome da nova entidade.

PARÁGRAFO ÚNICO. Não havendo previsão estatutária de prazo mínimo para convocação das assembleias de que trata o inciso II deste artigo, deverão ser observados os prazos previstos na alínea *b* do inciso II do art. 3º desta Portaria.

Seção II
Da solicitação de registro de alteração estatutária

Art. 6º Para os fins de registro sindical será considerado registro de alteração estatutária aquele que se refira à mudança na categoria e/ou na base territorial da entidade sindical.

§ 1º O sindicato que pretenda registrar alteração estatutária deverá, antes, proceder à atualização cadastral nos termos desta Portaria.

§ 2º As alterações estatutárias de denominação da entidade sindical deverão seguir os procedimentos descritos nos arts. 37 e 38 desta Portaria. (NR) *(Redação dada pela Portaria GM/MTE n. 671, de 20.5.15, DOU 21.5.15)*

Art. 7º Para a solicitação de registro de alteração estatutária, o sindicato deverá possuir certificação digital e acessar o Sistema do CNES, disponível no endereço eletrônico www.mte.gov.br, e seguir as instruções ali constantes para a emissão do requerimento de registro de alteração estatutária, após a transmissão eletrônica dos dados.

Art. 8º Após a transmissão eletrônica dos dados, o sindicato deverá protocolizar na SRTE da UF onde se localiza a sede da entidade sindical ou nas Gerências, além dos previstos nos incisos I e VIII do art. 3º, os seguintes documentos:

I — edital de convocação dos membros das categorias e bases representadas e pretendidas para a assembleia geral de alteração estatutária, publicado no DOU e em jornal de grande circulação na base territorial, devendo constar a indicação nominal de todos os municípios, Estados e categorias pretendidas e atender ao seguinte:

a) intervalo entre as publicações no DOU e em jornal de grande circulação não superior a cinco dias;

b) publicação com antecedência mínima de vinte dias da realização da assembleia, para as entidades com base municipal, intermunicipal ou estadual, e de quarenta e cinco dias para as entidades com base interestadual ou nacional, contados a partir da última publicação; e

c) publicação em cada UF, quando se tratar de entidade com abrangência nacional, e nos respectivos Estados abrangidos, quando se tratar de entidade interestadual.

II — ata da assembleia geral de alteração estatutária ou de ratificação, onde deverá constar a base territorial, a categoria profissional ou econômica pretendida, acompanhada de lista de presença contendo finalidade, data, horário e local de realização e, ainda, o nome completo, número de inscrição no CPF, razão social do empregador, se for o caso, e assinatura dos presentes; e (NR) *(Redação dada pela Portaria GM/MTE n. 837, de 13 de junho de 2013 — DOU 14.6.13)*

III — estatuto social, aprovado na assembleia geral a que se refere o inciso II deste artigo, que deverá conter, objetivamente, a categoria e a base territorial da nova representação.

Subseção I
Da incorporação

Art. 9º Considera-se incorporação, para fins de registro sindical, a alteração estatutária pela qual uma ou mais entidades sindicais são absorvidas por outra com o objetivo de lhes suceder em direitos e obrigações, permanecendo apenas o registro sindical da entidade incorporadora.

PARÁGRAFO ÚNICO. O deferimento da solicitação de incorporação implicará no cancelamento dos registros sindicais das entidades incorporadas.

Art. 10. Para a solicitação de incorporação os sindicatos interessados deverão proceder na forma do art. 3º, *caput* e incisos I, V, VI e VIII, do art. 7º e 8º, *caput* com a juntada dos documentos a seguir:

I — editais de convocação de assembleia geral específica de cada sindicato, para autorização da incorporação, publicados, com intervalo não superior a cinco dias, no DOU e em jornal de grande circulação nas respectivas bases territoriais, com a antecedência mínima prevista nos estatutos de cada entidade;

II — edital de convocação conjunta dos membros das categorias, subscrito pelos representantes legais dos respectivos sindicatos, para a assembleia geral de incorporação, do qual conste a indicação nominal de todos os municípios, Estados e categorias objeto da incorporação, publicados na forma do inciso I do art. 8º;

III — ata das assembleias gerais que autorizaram e que decidiram pela incorporação, respeitados os quóruns estatutários, acompanhadas das respectivas listas de presença, contendo finalidade, data, horário e local de realização e, ainda, o nome completo, número do CPF, razão social do empregador, se for o caso, e assinatura dos presentes;

IV — ata de eleição e apuração de votos da nova diretoria, com a indicação da forma de eleição, número de sindicalizados, do número de sindicalizados aptos a votar, do número de votantes, das chapas concorrentes com a respectiva votação, dos votos brancos e nulos e do resultado do processo eleitoral; acompanhada de lista de presença dos votantes; e

V — estatuto social, aprovado na assembleia geral a que se refere o inciso III deste artigo, que deverá conter, objetivamente, a categoria e a base territorial da nova representação.

PARÁGRAFO ÚNICO. Não havendo previsão estatutária de prazo mínimo para convocação das assembleias de que trata o inciso I deste artigo, deverão ser observados os prazos previstos na alínea "b" do inciso I do art. 8º.

Capítulo II
Da análise e da decisão

Seção I
Da análise

Art. 11. Os pedidos de registro, após verificado pela SRTE se os processos estão instruídos com os documentos exigidos nos termos dos arts. 3º, 5º, 8º e 10, conforme o tipo de solicitação, e se atendem ao disposto no art. 42, serão encaminhados à Secretaria de Relações do Trabalho — SRT, por meio de Nota Técnica, no prazo máximo de 90 (noventa) dias, contados da data de entrada no protocolo, para fins de análise. *(Redação dada pela Portaria GM/MTE n. 671, de 20.5.15, DOU 21.5.15)*

§ 1º Verificada irregularidade e/ou insuficiência a SRTE deverá notificar a entidade para no prazo máximo de 20 (vinte) dias, improrrogáveis, sanear o processo. *(Redação dada pela Portaria GM/MTE n. 671, de 20.5.15, DOU 21.5.15)*

§ 2º Esgotado o prazo previsto no parágrafo anterior, estando o processo saneado ou não, este deverá ser encaminhado à SRT, para fins de análise. (NR) *(Redação dada pela Portaria GM/MTE n. 671, de 20.5.15, DOU 21.5.15)*

Art. 12. A Coordenação-Geral de Registro Sindical — CGRS, da SRT, fará a análise de mérito dos processos recebidos, conforme distribuição cronológica, na seguinte ordem: *(Redação dada pela Portaria GM/MTE n. 671, de 20.5.15, DOU 21.5.15)*

I — o cumprimento das exigências previstas nos arts. 3º, 5º, 8º ou 10, conforme o caso;

II — a adequação da categoria pleiteada à definição prevista no art. 511 da CLT;

III — a existência, no CNES, de outras entidades sindicais representantes da mesma categoria, em base territorial coincidente com a da entidade requerente; e

IV — nos casos de fusão e incorporação sobre se a representação da entidade resultante corresponde à soma da representação das entidades preexistentes.

§ 1º Na análise de que trata este artigo, verificada irregularidade nos documentos apresentados pela entidade requerente, a SRT a notificará uma única vez para, no prazo improrrogável de 20 (vinte) dias, contados do recebimento da notificação, atender às exigências desta Portaria, exceto na fase de recurso administrativo. *(Redação dada pela Portaria GM/MTE n. 671, de 20.5.15, DOU 21.5.15)*

§ 2º A SRT verificará mensalmente a existência, no Sistema do CNES, de documentação recebida e não enviada para o exame a que se refere o artigo desta Portaria, e requisitará o envio da documentação, se for o caso.

§ 3º A hipótese prevista no § 1º não se aplica a irregularidades ou insuficiência de documentos que impliquem na publicação de novos editais de convocação dos membros da categoria, nas hipóteses previstas nos arts. 3º, 5º, 8º ou 10. *(Redação dada pela Portaria GM/MTE n. 671, de 20.5.15, DOU 21.5.15)*

§ 4º Os processos anteriores à Portaria n. 186, de 10 de abril de 2008 sem movimentação há pelo menos 1 (um) ano, serão analisados desde que o Sindicato apresente ata de assembleia de ratificação. (NR) *(Redação dada pela Portaria GM/MTE n. 671, de 20.5.15, DOU 21.5.15)*

Art. 13. Apresentados os documentos exigidos por esta Portaria e suscitada dúvida técnica sobre a caracterização da categoria pleiteada, a SRT encaminhará de imediato análise técnica fundamentada ao Conselho de Relações do Trabalho — CRT, para manifestação na primeira reunião subsequente.

PARÁGRAFO ÚNICO. Recebida a recomendação do CRT, o Secretário de Relações do Trabalho decidirá de forma fundamentada sobre a caracterização da categoria e determinará o prosseguimento da análise do processo de registro sindical.

Art. 14. Quando da verificação de que trata o inciso III do art. 12 constatar-se a existência de conflito parcial de representação, considerar-se-á regular o pedido para fins de publicação, salvo se a base territorial requerida englobar o local da sede de sindicato representante da mesma categoria registrado no CNES. *(Redação dada pela Portaria GM/MTPS n. 592, de 10.5.16, DOU 11.5.16)*

Art. 15. Quando for constatada a existência de dois ou mais pedidos de registro ou de registro de alteração estatutária com coincidência total ou parcial de base territorial e/ou categoria, proceder-se-á da seguinte forma:

I — caso ambos tenham protocolizado a documentação completa, deve-se publicar o pedido pela ordem de data de seu protocolo; ou

II — nos pedidos de registro sindical ou de registro de alteração estatutária, protocolizados com a documentação incompleta, deverá ser publicado, primeiramente, aquele que completar a documentação.

Seção II
Da publicação

Art. 16. Após a análise de que trata o art. 12, e constatada a regularidade do pedido de registro sindical ou de registro de alteração estatutária, a SRT o publicará no DOU, para fins de publicidade e abertura de prazo para impugnações.

Seção III
Das Impugnações

Subseção I
Dos requisitos para impugnação

Art. 17. Publicado o pedido de registro sindical ou de registro de alteração estatutária, a entidade sindical de mesmo grau registrada no CNES e a entidade com o processo de pedido de registro sindical publicado no DOU, mesmo que se encontre sobrestado, poderá

Legislação Complementar

apresentar impugnação, no prazo de trinta dias, contado da data da publicação de que trata art. 16, nos termos da Lei n. 9.784, de 1999, diretamente no Protocolo Geral da Sede do MTE, devendo instruí-la com o comprovante previsto no inciso VIII do art. 3º e com os seguintes documentos:

I — requerimento, que deverá identificar, por meio do CNPJ, a entidade ou entidades conflitantes, indicar a coincidência existente de base territorial e/ou de categoria e se o conflito se encontra no registro ou no pedido em trâmite.

II — documento comprobatório do registro sindical expedido pelo MTE ou comprovante de publicação do pedido de registro, ressalvada ao interessado a utilização da faculdade prevista no art. 37 da Lei n. 9.784, de 1999;

III — estatuto social que comprove a existência do conflito identificado, nos termos do inciso I deste artigo;

IV — atas de eleição e apuração de votos da diretoria e de posse, na forma do inciso III do art. 38; e

V — cópia do requerimento de atualização sindical, extraído do endereço eletrônico www.mte.gov.br, devidamente preenchido, assinado e protocolizado no MTE, quando a entidade sindical possuir registro deferido.

§ 1º A entidade impugnante que estiver com suas informações atualizadas no CNES fica dispensada da apresentação dos documentos previstos nos incisos II, III, IV e V deste artigo. (NR) *(Redação dada pela Portaria GM/MTE n. 671, de 20.5.15, DOU 21.5.15)*

§ 2º As impugnações deverão ser individuais e se referirem a um único pedido de registro.

Subseção II
Da análise das impugnações

Art. 18. As impugnações serão arquivadas pelo Secretário de Relações do Trabalho, após análise pela CGRS, nas seguintes hipóteses:

I — inobservância do prazo previsto no *caput* do art. 17;

II — insuficiência ou irregularidade dos documentos apresentados, na forma do art. 17;

III — não coincidência de base territorial e categoria entre as entidades indicadas como conflitantes;

IV — perda do objeto da impugnação, ocasionada pela retirada do conflito;

V — desistência da impugnação pelo impugnante;

VI — se o impugnante alegar conflito preexistente ao objeto da alteração estatutária;

VII — se apresentada por diretoria de sindicato com mandato vencido, exceto quando, no momento da impugnação, a entidade comprovar ter protocolizado a atualização de dados de Diretoria, e esta atualização ter sido validada;

VIII — quando o impugnante deixar de apresentar comprovante de pagamento da taxa de publicação; ou

IX — na hipótese de impugnação apresentada por entidade de grau diverso da entidade impugnada, salvo por mandato.

X — caso o Ministério do Trabalho seja notificado da resolução do(s) conflito(s) por meio do acordo a que se refere o art. 20. (NR) *(Redação dada pela Portaria GM/MTE n. 1.043, de 4.9.17, DOU 5.9.17)*

§ 1º Na hipótese da invalidação da atualização de diretoria tratada no inciso VII, a impugnação será arquivada.

§ 2º A mudança de sede de entidade sindical preexistente ocorrida após a assembleia de fundação da nova entidade não será considerada para fins de conflito de sede.

Art. 19. *(Revogado pela Portaria GM/MTE n. 1.043, de 4.9.17, DOU 5.9.17)*

§ 1º *(Revogado pela Portaria GM/MTE n. 1.043, de 4.9.17, DOU 5.9.17)*

§ 2º *(Revogado pela Portaria GM/MTE n. 1.043, de 4.9.17, DOU 5.9.17)*

Art. 20. As impugnações que não forem arquivadas, conforme disposto no art. 18 serão remetidas ao procedimento de mediação previsto na Seção IV. (NR) *(Redação dada pela Portaria GM/MTE n. 1.043, de 4.9.17, DOU 5.9.17)*

Art. 21. O pedido de desistência de impugnação, devidamente fundamentado, assinado por representante legal da entidade impugnante, somente será acolhido se em original com firma reconhecida, acompanhado da ata da assembleia ou da ata da reunião de diretoria ou do conselho de representantes, que decidiu pela desistência, e apresentado diretamente no protocolo geral da sede do MTE. (NR) *(Redação dada pela Portaria GM/MTE n. 671, de 20.5.15, DOU 21.5.15)*

Seção IV
Da Solução de Conflitos

Art. 22. Para os fins desta Portaria, considera-se mediação o procedimento destinado à solução dos conflitos de representação sindical, com o auxílio de um servidor, que funcionará como mediador, para coordenar as reuniões e discussões entre os interessados, buscando solução livremente acordada pelas partes.

Art. 23. Os representantes legais das entidades conflitantes serão notificados, com antecedência mínima de quinze dias da data da reunião, na forma do § 3º do art. 26 da Lei n. 9.784, de 1999, para comparecimento na reunião destinada à mediação, que será realizada no âmbito da SRT ou da SRTE da sede da entidade impugnada.

§ 1º Não comparecendo pessoalmente, o representante legal poderá designar procurador que deverá apresentar procuração, com poderes específicos para discussão e decisão, com firma reconhecida.

§ 2º O servidor designado iniciará o procedimento previsto no *caput* deste artigo, convidando as partes para se pronunciarem sobre as bases de um possível acordo.

§ 3º Será lavrada ata da reunião, obrigatoriamente assinada pelo servidor e por representante legal de todas as partes envolvidas presentes, da qual conste, além das eventuais ausências, o resultado da tentativa de acordo.

§ 4º Na hipótese de acordo entre as partes, na ata deverá constar objetivamente a representação de cada entidade envolvida resultante do acordo e o prazo para apresentação, ao MTE, de estatutos que contenham os elementos identificadores da nova representação.

§ 5º Ausentes o impugnante e/ou o impugnado, por motivo de caso fortuito ou de força maior devidamente comprovado, será remarcada a reunião.

§ 6º As reuniões de que trata este artigo serão públicas, devendo a pauta respectiva ser publicada no local de sua realização e no sítio do MTE com antecedência mínima de dez dias da data da sua realização.

§ 7º Deverá ser juntada ao procedimento, além da ata a que se refere o § 3º, lista contendo nome completo, número do CPF e assinatura dos demais presentes na reunião.

§ 8º Considerar-se-á dirimido o conflito quando for retirado o objeto da controvérsia, conforme disposto no inciso IV do art. 18.

§ 9º Encerrado o processo de mediação e não havendo acordo ou ausentes quaisquer dos interessados, o processo do impugnado ficará suspenso pelo período máximo de 180 (cento e oitenta) dias, contados a partir da publicação. (NR) *(Redação dada pela Portaria GM/MTE n. 1.043, de 4.9.17, DOU 5.9.17)*

§ 10. Esgotado o prazo previsto no parágrafo anterior e o Ministério não seja notificado acerca do acordo, o processo do impugnado será arquivado. (NR) *(Redação dada pela Portaria GM/MTE n. 1.043, de 4.9.17, DOU 5.9.17)*

Art. 24. A qualquer tempo, entidades sindicais envolvidas em conflito de representação poderão solicitar à SRT, ou às SRTE e Gerências da realização de mediação.

Seção V
Do deferimento, do indeferimento e do arquivamento

Art. 25. O pedido de registro sindical ou de registro de alteração estatutária será deferido, com fundamento em análise técnica realizada na SRT, às entidades que estiverem com dados atualizados, nos termos desta Portaria, e comprovado o pagamento de GRU, relativo ao custo da publicação no DOU, conforme indicado em portaria ministerial, nas seguintes situações:

I — decorrido o prazo previsto no art. 17 sem que tenham sido apresentadas impugnações ao pedido;

II — arquivamento de todas as impugnações, na forma do art. 18;

III — se a entidade impugnada resolver o(s) conflito(s) por meio de acordo, nos termos do art. 20. (NR) *(Redação dada pela Portaria GM/MTE n. 1.043, de 4.9.17, DOU 5.9.17)*

IV — após a apresentação do estatuto social da entidade ou das entidades, com as modificações decorrentes do acordo entre os conflitantes;

V — determinação judicial dirigida ao MTE;

PARÁGRAFO ÚNICO. Não tendo cumprido o disposto no *caput* deste artigo, no que se refere à atualização dos dados cadastrais e comprovação do pagamento da GRU, relativo ao custo da publicação no DOU, a CGRS oficiará a entidade para apresentação dos documentos necessários no prazo de trinta dias do recebimento do ofício, sob pena de indeferimento do pedido.

Art. 26. O Secretário de Relações do Trabalho indeferirá o pedido de registro sindical ou o registro de alteração estatutária, com base em análise fundamentada da CGRS, nos seguintes casos:

I — não caracterização da categoria pleiteada, nos termos do art.13;

II — coincidência total de categoria e base territorial do sindicato postulante com sindicato registrado no CNES;

III — quando a base territorial requerida englobar o local da sede de sindicato registrado no CNES, representante de idêntica categoria;

Art. 27. O Secretário de Relações do Trabalho arquivará o pedido de registro sindical ou o registro de alteração estatutária, com base em análise fundamentada da CGRS, nos seguintes casos:

I — insuficiência ou irregularidade dos documentos apresentados, na forma dos arts. 3º, 5º, 8º ou 10, quando a entidade requerente, dentro do prazo assinalado no § 1º do art. 12, não suprir a insuficiência ou a irregularidade;

II — quando o pedido for protocolizado em desconformidade com o *caput* dos arts. 3º ou 8º, conforme o caso;

III — se a entidade impugnada, nos termos do art. 19, não realizar a assembleia ou se a categoria não ratificar o desmembramento ou dissociação; e

IV — se o interessado deixar de promover os atos que lhe competem, no prazo de noventa dias, caso não haja prazo específico que trate do assunto, após regularmente notificado; e

V — a pedido da entidade requerente.

VI — a pedido da entidade quando houver mais de um processo em trâmite. *(Redação dada pela Portaria GM/MTPS n. 592, de 10.5.16, DOU 11.5.16).*

§ 1º Nos casos de desistência previstos no inciso V deste artigo aplica-se o previsto no parágrafo único e incisos do art. 34, salvo na ocorrência de erro material. *(Renumerado pela Portaria GM/MTPS n. 592, de 10.5.16, DOU 11.5.16).*

§ 2º O pedido de desistência do processo previsto no inciso VI deverá ser fundamentado, assinado pelo representante legal da entidade, em original com firma reconhecida, acompanhado da ata da assembleia ou da ata da reunião de diretoria ou do conselho de representantes, que decidiu pela desistência, no prazo de 30 (trinta) dias do recebimento da notificação, sob pena de arquivamento do processo em análise. *(Redação dada pela Portaria GM/MTPS n. 592, de 10.5.16, DOU 11.5.16).*

§ 3º Havendo desistência do processo mais antigo, o requerente perderá a precedência na análise em relação aos pedidos anteriores protocolados por outras entidades. *(Redação dada pela Portaria GM/MTPS n. 592, de 10.5.16, DOU 11.5.16).*

§ 4º Os documentos deverão ser protocolizados na Superintendência Regional do Trabalho e Emprego — SRTE ou Gerências da Unidade da Federação onde se localiza a sede da entidade sindical requerente. *(Redação dada pela Portaria GM/MTPS n. 592, de 10.5.16, DOU 11.5.16).*

Seção VI
Da Suspensão
(Título alterado pela Portaria GM/MTE n. 837, de 13 de junho de 2013 — DOU 14.6.13)

Art. 28. Os processos de pedidos de registro sindical ou de registro de alteração estatutária ficarão suspensos, neles não se praticando quaisquer atos, nos seguintes casos:

I — por determinação judicial dirigida ao MTE;

II — durante o procedimento de mediação previsto nos arts. 22 a 24;

III — no período compreendido entre o acordo firmado no procedimento de mediação e a entrega, na SRT, dos respectivos estatutos sociais com as alterações decorrentes do acordo firmado entre as partes;

IV — durante o prazo previsto para resolução dos conflitos, conforme prazo previsto no art. 20; (NR) *(Redação dada pela Portaria GM/MTE n. 1.043, de 4.9.17, DOU 5.9.17)*

V — após avaliados os fatos recebidos por meio de notificação de órgãos públicos competentes que comunicam a existência de procedimento de investigação que vise apurar a legitimidade de assembleia sindical destinada a instituir, alterar ou extinguir atos constitutivos de entidade sindical. *(Redação dada pela Portaria GM/MTE n. 671, de 20.5.15, DOU 21.5.15)*

VI — enquanto o CRT estiver verificando a caracterização ou não da categoria, nos termos do art. 13. (NR) *(Redação dada pela Portaria GM/MTE n. 671, de 20.5.15, DOU 21.5.15)*

TÍTULO II
Do registro

Capítulo I
Da inclusão e anotações no CNES

Art. 29. Após a publicação do deferimento do pedido de registro sindical ou de registro de alteração estatutária, a SRT incluirá os dados cadastrais da entidade no CNES e expedirá a respectiva certidão.

Art. 30. Quando a publicação de deferimento de registro sindical ou de registro de alteração estatutária resultar na exclusão de categoria e/ou de base territorial de entidade sindical registrada no CNES, a modificação será anotada imediatamente no registro da entidade preexistente, para que conste, de forma atualizada, a sua representação.

§ 1º A entidade sindical atingida por publicação de deferimento de registro sindical ou de registro de alteração estatutária com conflito parcial de representação será notificada para que apresente, no prazo de 60 dias, novo estatuto social com sua representação atualizada.

§ 2º Não juntado novo estatuto social, na forma do parágrafo anterior, o registro sindical será suspenso, nos termos do inciso II do art. 33.

Art. 31. Publicado o deferimento de registro sindical ou de registro de alteração estatutária, com base em acordo firmado nos procedimentos de mediação previstos nesta Portaria, será imediatamente procedida a alteração no CNES da entidade ou entidades sindicais que celebraram o acordo.

Art. 32. Para a fiel correspondência entre o trâmite dos processos de registro sindical e de registro de alteração estatutária e os dados do CNES, neste serão anotados todos os atos praticados no curso dos processos.

Capítulo II
Da suspensão e do cancelamento do registro sindical

Seção I
Da Suspensão

Art. 33. O registro sindical da entidade será suspenso quando:

I — houver determinação judicial dirigida ao MTE.

II — tiver seu registro anotado, na forma do art. 30, e deixar de enviar, no prazo previsto em seu § 1º, novo estatuto social com a representação sindical devidamente atualizada; e

III — celebrado acordo, com base no procedimento de mediação, deixar de apresentar estatuto social retificado, decorrido o prazo acordado entre as partes, salvo se a categoria, em assembleia, não homologar o acordo firmado.

IV — enquanto não comprovar estar em situação regular junto aos órgãos de registros públicos, decorridos os 90 (noventa) dias contados da notificação. (NR) *(Redação dada pela Portaria GM/MTE n. 671, de 20.5.15, DOU 21.5.15)*

Seção II
Do Cancelamento

Art. 34. O registro sindical ou o registro de alteração estatutária será cancelado nos seguintes casos:

I — por ordem judicial dirigida ao MTE;

II — administrativamente, se constatado vício de legalidade no processo de deferimento, assegurados ao interessado o contraditório e a ampla defesa, bem como observado o prazo decadencial, conforme disposições contidas nos arts. 53 e 54 da Lei n. 9.784, de 1999;

III — a pedido da própria entidade, nos casos de sua dissolução, observadas as disposições estatutárias ou a pedido de terceiros quando comprovada a situação de dissolvida ou nula junto ao cartório; *(Redação dada pela Portaria GM/MTE n. 671, de 20.5.15, DOU 21.5.15)*

V — após notificada, quando tiver a sua inscrição no CNPJ com a situação Baixada ou Nula. (NR) *(Redação dada pela Portaria GM/MTE n. 671, de 20.5.15, DOU 21.5.15)*

PARÁGRAFO ÚNICO. Quando a forma de dissolução da entidade sindical não estiver prevista em seu estatuto social, o pedido de cancelamento do registro no CNES deverá ser instruído com os seguintes documentos:

I — edital de convocação dos membros da categoria para a assembleia geral específica com a finalidade de deliberar acerca do cancelamento do registro sindical, publicado nos termos do inciso II do art. 3º desta Portaria; e

II — ata de assembleia geral específica da categoria para fins de deliberação acerca da autorização para o cancelamento do registro sindical, entre outros assuntos deliberados, acompanhada de lista de presença contendo a finalidade da assembleia, data, horário e local de realização e, ainda, o nome completo, número de inscrição no CPF, número de inscrição no CNPJ, no caso de representantes de entidades patronais, e assinatura dos presentes.

Art. 35. O cancelamento do registro de entidade sindical deverá ser publicado no DOU e anotado, juntamente com o motivo, no CNES, cabendo o custeio da publicação ao interessado, se for a pedido, em conformidade com o custo da publicação previsto em portaria específica.

Capítulo III
Da atualização dos dados cadastrais

Art. 36. As entidades sindicais deverão manter atualizados no CNES o endereço, a denominação, os dados de diretoria e, quando houver, os dados de filiação.

Art. 37. Para a atualização, a entidade deverá possuir certificação digital, acessar o Sistema do CNES, disponível no endereço eletrônico www.mte.gov.br, e seguir as instruções ali constantes para a emissão do requerimento de atualização, após a transmissão eletrônica dos dados.

Art. 38. Após a transmissão eletrônica dos dados, o interessado deverá protocolizar o requerimento original na SRTE ou Gerências da UF onde se localiza a sede da entidade — em se tratando entidade de abrangência municipal, intermunicipal ou estadual — ou no protocolo geral da sede do MTE, em Brasília — quando se tratar de entidade de abrangência interestadual ou nacional — no prazo máximo de 30 (trinta) dias, sob pena de invalidação, acompanhado dos seguintes documentos, conforme a modalidade a ser atualizada: *(Redação dada pela Portaria GM/MTE n. 671, de 20.5.15, DOU 21.5.15)*

I — de localização - comprovante de endereço em nome da entidade, e o estatuto social no caso de mudança do município sede; *(Redação dada pela Portaria GM/MTE n. 671, de 20.5.15, DOU 21.5.15)*

II — de denominação — ata da assembleia que decidiu pela alteração da denominação, acompanhada de estatuto atualizado;

III — de diretoria — Ata de eleição e apuração de votos da diretoria e ata de posse, na forma do inciso V e VI do art. 3º e do inciso IV do art. 5º; e (NR) *(Redação dada pela Portaria GM/MTE n. 837, de 13.6.13, DOU 14.6.13)*

IV — havendo indicação de filiação e/ou desfiliação a entidade de grau superior ou a central sindical deverá ser apresentada a ata da assembleia ou da reunião de direção ou do conselho de representantes, que decidiu pela filiação e/ou desfiliação. *(Redação dada pela Portaria GM/MTE n. 671, de 20.5.15, DOU 21.5.15)*

§ 1º Na hipótese tratada no inciso II deste artigo, verificada a correspondência da denominação com a representação deferida pelo MTE a solicitação será validada e efetuada a publicação nos termos do art. 45, § 2º, desta portaria e, não havendo correspondência esta será invalidada. *(Redação dada pela Portaria GM/MTE n. 671, de 20.5.15, DOU 21.5.15)*

§ 2º O pedido será deferido e a solicitação validada caso não haja impugnação.

§ 3º Os pedidos de atualização de denominação deverão ser analisados no âmbito da SRT. (NR) *(Redação dada pela Portaria GM/MTE n. 671, de 20.5.15, DOU 21.5.15)*

Art. 39. Na hipótese de emancipação de município, a entidade sindical preexistente na área emancipada deverá promover atualização do estatuto e solicitar a modificação do seu cadastro por meio de requerimento protocolado na SRTE ou Gerências da unidade da Federação onde se localiza a sua sede, juntando ata da assembleia, nos termos do estatuto vigente, acompanhada de lista dos presentes, estatuto social e cópia da Lei Estadual que regulamentou a criação do município emancipado.

PARÁGRAFO ÚNICO. Após o decurso do prazo de três anos, a contar da emancipação do município, caso a entidade sindical preexistente não tenha procedido na forma descrita no *caput*, o acréscimo da base territorial deverá ocorrer por meio de pedido de registro de alteração estatutária, na forma do art. 8º desta portaria.

TÍTULO III
Das disposições gerais

Art. 40. É dispensável a assinatura manuscrita nos requerimentos, quando o titular ou o responsável pelo certificado digital for a pessoa indicada pela entidade sindical como seu representante no CNES.

Art. 41. Na hipótese de dissociação e/ou de desmembramento, os editais a que se refere esta Portaria deverão expressar tal interesse, com a indicação do CNPJ e da razão social de todas as entidades atingidas.

I — Considera-se dissociação o processo pelo qual uma entidade sindical com representação de categoria mais específica se forma a partir de entidade sindical com representação de categorias ecléticas, similares ou conexas;

II — Será considerado desmembramento, o destacamento da base territorial de sindicato preexistente.

Art. 42. Os documentos relacionados nesta Portaria serão apresentados em originais, cópias autenticadas ou cópias simples, exceção feita aos comprovantes de pagamento da GRU, relativo ao custo das publicações no DOU, que deverão ser apresentados em original. *(Redação dada pela Portaria MET n. 1.061, de 12.9.16, DOU 13.9.16)*

§ 1º Os estatutos sociais e as atas deverão, ainda, estar registrados no cartório da comarca da sede da entidade requerente.

§ 2º Não será admitida a apresentação dos documentos de que trata o *caput*, por fax, via postal, correio eletrônico ou outro meio que não os estabelecidos nesta Portaria.

§ 3º As assembleias de que faz menção esta Portaria deverão ser realizadas sempre no perímetro urbano do município e em local de livre acesso aos membros da categoria. *(Redação dada pela Portaria GM/MTE n. 671, de 20.5.15, DOU 21.5.15)*

§ 4º Na hipótese do cartório não liberar, comprovadamente, a documentação mencionada no § 2º em tempo hábil para protocolo no MTE, a entidade poderá solicitar a abertura de um novo prazo, juntando comprovante que justifique a impossibilidade de atendimento ao prazo inicial. (NR) *(Redação dada pela Portaria GM/MTE n. 671, de 20.5.15, DOU 21.5.15)*

Art. 43. Os processos administrativos de registro sindical e de registro de alteração estatutária deverão ser concluídos no prazo máximo de 1 (um) ano, contados do recebimento dos autos na CGRS, ressalvados os prazos para a prática de atos a cargo do interessado, devidamente justificados nos autos. (NR) *(Redação dada pela Portaria GM/MTE n. 1.043, de 4.9.17, DOU 5.9.17)*

Art. 44. A contagem dos prazos previstos nesta Portaria será feita na forma prevista no Capítulo XVI da Lei n. 9.784, de 1999, ressalvadas as disposições em contrário.

Art. 45. Serão lançados em ordem cronológica no CNES e juntados aos autos do pedido de registro todos os atos referentes ao processo.

§ 1º Todas as decisões administrativas serão realizadas com base em análise técnica da CGRS.

§ 2º As decisões de abertura de prazo para impugnação, arquivamento de impugnação, encaminhamento para mediação, suspensão, deferimento, indeferimento e revisão desses atos serão publicadas pela Secretaria de Relações do Trabalho no DOU. (NR) *(Redação dada pela Portaria GM/MTE n. 1.043, de 4.9.17, DOU 5.9.17)*

§ 3º Das decisões poderá o interessado apresentar recurso administrativo, na forma do Capítulo XV da Lei n. 9.784, de 29 de janeiro de 1999. *(Redação dada pela Portaria GM/MTE n. 671, de 20.5.15, DOU 21.5.15)*

§ 4º *(Revogado pela Portaria MTE n. 1.061, de 12.9.16, DOU 13.9.16)*

Art. 46. Caberá aos interessados promover as diligências necessárias junto ao Poder Judi-ciário a fim de que o MTE seja notificado para cumprimento de decisão judicial.

PARÁGRAFO ÚNICO. Se uma decisão judicial com trânsito em julgado repercutir sobre o registro sindical existente no CNES, ainda que uma autoridade do MTE ou a União não tenham participado do processo judicial, a entidade interessada poderá juntar ao processo administrativo de registro sindical certidão original de inteiro teor do processo judicial, expedida pelo Poder Judiciário, para fins de análise e decisão.

Art. 47. Não será permitida a tramitação simultânea de mais de uma solicitação de registro sindical, de registro de alteração estatutária, de fusão ou de incorporação, de uma mesma entidade.

PARÁGRAFO ÚNICO. Em caso de novo pedido de registro ou alteração estatutária da mesma entidade, deverá ser observado o trâmite do pedido de desistência previsto no art. 27. *(Incluído pela Portaria GM/MTPS n. 592, de 10.5.16, DOU 11.5.16)*

Art. 48. Na fusão ou incorporação de entidades sindicais, a publicação do cancelamento do registro das entidades envolvidas ocorrerá simultaneamente com a publicação do deferimento do pedido.

Art. 49. Quando da aplicação dos dispositivos desta Portaria ensejar dúvida de cunho técnico ou jurídico, o Secretário de Relações do Trabalho expedirá enunciado que expresse o entendimento da Secretaria sobre o tema, que vinculará as decisões administrativas sobre a matéria no âmbito deste Órgão.

§1º A edição do enunciado em registro sindical será objeto de processo administrativo específico, que contará com manifestação técnica e jurídica, quando for o caso, e será concluída por decisão administrativa;

§ 2º Quando a edição do enunciado de que trata o *caput* deste artigo demandar a solução de dúvida de natureza jurídica, os autos deverão ser enviados a Consultoria Jurídica, para pronunciamento, nos termos regimentais;

§ 3º Aprovado o enunciado administrativo, a SRT promoverá a sua publicação e ampla divulgação, inclusive, no sítio eletrônico do MTE.

TÍTULO IV
Das disposições transitórias

Art. 50. Os procedimentos de pedidos de registro e de alteração estatutária de entidades de grau superior continuam a ser regidos pela Portaria n. 186, de 10 de abril de 2008.

Art. 51. As disposições desta Portaria aplicam-se a todos os processos em curso neste Ministério.

Art. 52. Esta Portaria entra em vigor 30 dias após a sua publicação.

CARLOS DAUDT BRIZOLA

PORTARIA MTE N. 1.277, DE 31 DE DEZEMBRO DE 2003

(DOU 6.1.2004)

Dispõe sobre os estatutos das entidades sindicais em face do art. 2.031 da Lei n. 10.406, de 10 de janeiro de 2002 (Novo Código Civil)

O MINISTRO DE ESTADO DO TRABALHO E EMPREGO, no uso das suas atribuições e,

Considerando o disposto no art 8º, inciso I da Constituição Federal que estabelece: "a lei não poderá exigir autorização do Estado para a fundação de sindicato, ressalvado o registro no órgão competente, vedadas ao Poder público a interferência e a intervenção na organização do sindicato;

Considerando que o Supremo Tribunal Federal, em sua Súmula n. 677, publicada no Diário de Justiça de 9 de outubro de 2003, estabeleceu que o Ministério do Trabalho é órgão competente para o registro das entidades sindicais a que se refere o inciso I do art. 8º da Constituição Federal, nos seguintes termos: "até que lei venha a dispor a respeito, incumbe ao Ministério do Trabalho proceder ao registro das entidades sindicais e zelar pela observância do princípio da unicidade";

Considerando o disposto no art. 2.031 da Lei n. 10.406, de 10 de janeiro de 2002 (Novo Código Civil), segundo o qual "as associações, sociedades e fundações, constituídas na forma das leis anteriores, terão prazo de 1 (um) ano para se adaptarem às disposições deste Código, a partir de sua vigência.

Nota: Referido artigo passou a ter a seguinte disposição pela Lei n. 11.127, 28.6.05, DOU 29.6.05: "Art. 2.031. As associações, sociedades e fundações, constituídas na forma das leis anteriores, bem como os empresários, deverão se adaptar às disposições deste Código até 11 de janeiro de 2007.

Considerando a iminência do término do prazo a que se refere o art. 2.031 da Lei n. 10.406, de 2002, que se dará em 11 de janeiro de 2004, e a necessidade de orientação das entidades sindicais quanto à eventual adequação de seus estatutos aos termos desse artigo;

Considerando a existência na legislação trabalhista de normas específicas concernentes à organização sindical, dispostas no Título V do Decreto-lei n. 5.452, de 10 de maio de 1943 (Consolidação das Leis do Trabalho);

Considerando, finalmente, a singularidade do sindicato como ente associativo, resolve:

Art. 1º A personalidade jurídica sindical decorre de registro no Ministério do Trabalho e Emprego.

Art. 2º As entidades sindicais registradas no Ministério do Trabalho e Emprego não estão obrigadas a promover em seus estatutos as adaptações a que se refere o art. 2.031 da Lei n. 10.406, de 2002 (Novo Código Civil).

Art. 3º Esta portaria entra em vigor na data de sua publicação.

JAQUES WAGNER

LEI N. 7.627, DE 10 DE NOVEMBRO DE 1987

(DOU 11.11.1987)

Dispõe sobre a eliminação de autos findos nos órgãos da justiça do trabalho e dá outras providências

Art. 1º Fica facilitado aos Tribunais do Trabalho determinar a eliminação, por incineração, destruição mecânica ou por outro meio adequado, de autos findos há mais de 5 (cinco) anos, contado o prazo da data do arquivamento do processo.

Art. 2º A eliminação de autos findos nos termos do disposto no artigo anterior, será decidida pelo Tribunal Pleno, mediante proposta circunstanciada do seu Presidente.

PARÁGRAFO ÚNICO. Os feitos arquivados nas Juntas de Conciliação e Julgamento poderão ser eliminados, atendidas as mesmas condições, mediante proposta do respectivo Titular, aprovado pelo Pleno do Tribunal a que estiver o órgão subordinado.

Art. 3º Deliberada a eliminação, o Presidente do Tribunal, para conhecimento dos interessados, fará publicar a decisão em órgão oficial de imprensa, por 2 (duas) vezes, com prazo de 60 (sessenta) dias.

§ 1º É lícito às partes interessadas requerer, às suas expensas, o desentranhamento dos documentos que juntaram aos autos, certidões ou cópias de peças do processo ou a microfilmagem total ou parcial do mesmo.

§ 2º Se, a juízo da autoridade competente, houver, nos autos, documentos de valor histórico, serão eles recolhidos em arquivo próprio, no Tribunal respectivo.

Art. 4º Esta Lei entra em vigor na data de sua publicação.

Art. 5º Revogam-se as disposições em contrário.

Brasília, em 10 de novembro de 1987; 166º da Independência e 99º da República.

José Sarney

LEI N. 8.984, DE 7 DE FEVEREIRO DE 1995

(DOU 8.2.1995)

Estende a competência da Justiça do Trabalho (art. 114 da Constituição Federal)

— v. CF, art. 114

O PRESIDENTE DA REPÚBLICA,

Faço saber que o Congresso Nacional decreta e eu sanciono a seguinte Lei:

Art. 1º Compete à Justiça do Trabalho conciliar e julgar os dissídios que tenham origem no cumprimento de convenções coletivas de trabalho ou acordos coletivos de trabalho mesmo quando ocorram entre sindicatos ou entre sindicato de trabalhadores e empregador.

Art. 2º Esta Lei entra em vigor na data de sua publicação.

Art. 3º Revogam-se as disposições em contrário.

Brasília, 7 de fevereiro de 1995; 174º da Independência e 107º da República.

Fernando Henrique Cardoso
Nelson Jobim

LEI N. 9.099, DE 26 DE SETEMBRO DE 1995

(DOU 27.9.1995)

Dispõe sobre os Juizados Especiais Cíveis e criminais e dá outras providências

....

Art. 9º ....

....

§ 4º O réu, sendo pessoa jurídica ou titular de firma individual, poderá ser representado por preposto credenciado, munido de carta de preposição com poderes para transigir, sem haver necessidade de vínculo empregatício. (NR) *(Redação dada pela Lei n. 12.137, de 18.12.09, DOU 21.12.09).*

LEI N. 9.800, DE 26 DE MAIO DE 1999

(DOU 27.5.1999)

Permite às partes a utilização de sistema de transmissão de dados para a prática de atos processuais

O PRESIDENTE DA REPÚBLICA,

Faço saber que o Congresso Nacional decreta e eu sanciono a seguinte Lei:

Art. 1º É permitida às partes a utilização de sistema de transmissão de dados e imagens tipo fac-símile ou outro similar, para a prática de atos processuais que dependam de petição escrita.

Art. 2º A utilização de sistema de transmissão de dados e imagens não prejudica o cumprimento dos prazos, devendo os originais ser entregues em juízo, necessariamente, até cinco dias da data de seu término.

PARÁGRAFO ÚNICO. Nos atos não sujeitos a prazo, os originais deverão ser entregues, necessariamente, até cinco dias da data da recepção do material.

Art. 3º Os juízes poderão praticar atos de sua competência à vista de transmissões efetuadas na forma desta Lei, sem prejuízo do disposto no artigo anterior.

Art. 4º Quem fizer uso de sistema de transmissão torna-se responsável pela qualidade e fidelidade do material transmitido, e por sua entrega ao órgão judiciário.

PARÁGRAFO ÚNICO. Sem prejuízo de outras sanções, o usuário do sistema será considerado litigante de má-fé se não houver perfeita concordância entre o original remetido pelo fac-símile e o original entregue em juízo.

Art. 5º O disposto nesta Lei não obriga a que os órgãos judiciários disponham de equipamentos para recepção.

Art. 6º Esta Lei entra em vigor trinta dias após a data de sua publicação.

Brasília, 26 de maio de 1999; 178º da Independência e 111º da República.

Fernando Henrique Cardoso
Renan Calheiros

LEI COMPLEMENTAR N. 75, DE 20 DE MAIO DE 1993

(DOU 21.5.1993 — LTr 57-06/663)

— v. CF, arts. 128, 129 e 130-A

Dispõe sobre a organização, as atribuições e o estatuto do Ministério Público da União capítulo pertinente ao Ministério Público do Trabalho

....

Capítulo II

Seção I

Da Competência, dos Órgãos e da Carreira

Art. 83. Compete ao Ministério Público do Trabalho o exercício das seguintes atribuições junto aos órgãos da Justiça do Trabalho:

I — promover as ações que lhe sejam atribuídas pela Constituição Federal e pelas leis trabalhistas;

II — manifestar-se em qualquer fase do processo trabalhista, acolhendo solicitação do juiz ou por sua iniciativa, quando entender existente interesse público que justifique a intervenção;

III — promover a ação civil pública no âmbito da Justiça do Trabalho, para defesa de interesses coletivos, quando desrespeitados os direitos sociais constitucionalmente garantidos;

IV — propor as ações cabíveis para declaração de nulidade de cláusula de contrato, acordo coletivo ou convenção coletiva que viole as liberdades individuais ou coletivas ou os direitos individuais indisponíveis dos trabalhadores;

V — propor as ações necessárias à defesa dos direitos e interesses dos menores, incapazes e índios, decorrentes das relações de trabalho;

VI — recorrer das decisões da Justiça do Trabalho, quando entender necessário, tanto nos processos em que for parte, como naqueles em que oficiar como fiscal da lei, bem como pedir revisão dos Enunciados da Súmula de Jurisprudência do Tribunal Superior do Trabalho;

VII — funcionar nas sessões dos Tribunais Trabalhistas, manifestando-se verbalmente sobre a matéria em debate, sempre que entender necessário, sendo-lhe assegurado o direito de vista dos processos em julgamento, podendo solicitar as requisições e diligências que julgar convenientes;

VIII — instaurar instância em caso de greve, quando a defesa da ordem jurídica ou o interesse público assim o exigir;

IX — promover ou participar da instrução e conciliação em dissídios decorrentes da paralisação de serviços de qualquer natureza, oficiando obrigatoriamente nos processos, manifestando sua concordância ou discordância, em eventuais acordos firmados antes da homologação, resguardado o direito de recorrer em caso de violação à lei e à Constituição Federal;

X — promover mandado de injunção, quando a competência for da Justiça do Trabalho;

XI — atuar como árbitro, se assim for solicitado pelas partes, nos dissídios de competência da Justiça do Trabalho;

XII — requerer as diligências que julgar convenientes para o correto andamento dos processos e para a melhor solução das lides trabalhistas;

XIII — intervir obrigatoriamente em todos os feitos nos segundo e terceiro graus de jurisdição da Justiça do Trabalho, quando a parte for pessoa jurídica de Direito Público, Estado estrangeiro ou organismo internacional.

Art. 84. Incumbe ao Ministério Público do Trabalho, no âmbito das suas atribuições, exercer as funções institucionais previstas nos Capítulos I, II, III e IV do Título I, especialmente:

I — integrar os órgãos colegiados previstos no § 1º do art. 6º, que lhes sejam pertinentes;

II — instaurar inquérito civil e outros procedimentos administrativos, sempre que cabíveis, para assegurar a observância dos direitos sociais dos trabalhadores;

III — requisitar à autoridade administrativa federal competente, dos órgãos de proteção ao trabalho, a instauração de procedimentos administrativos, podendo acompanhá-los e produzir provas;

IV — ser cientificado pessoalmente das decisões proferidas pela Justiça do Trabalho, nas causas em que o órgão tenha intervindo ou emitido parecer escrito;

V — exercer outras atribuições que lhe forem conferidas por lei, desde que compatíveis com sua finalidade.

Art. 85. São órgãos do Ministério Público do Trabalho:

I — o Procurador-Geral do Trabalho;

II — o Colégio de Procuradores do Trabalho;

III — o Conselho Superior do Ministério Público do Trabalho;

IV — a Câmara de Coordenação e Revisão do Ministério Público do Trabalho;

V — a Corregedoria do Ministério Público do Trabalho;

VI — os Subprocuradores-Gerais do Trabalho;

VII — os Procuradores Regionais do Trabalho;

VIII — os Procuradores do Trabalho.

Art. 86. A carreira do Ministério Público do Trabalho será constituída pelos cargos de Subprocurador-Geral do Trabalho, Procurador Regional do Trabalho e Procurador do Trabalho.

PARÁGRAFO ÚNICO. O cargo inicial da carreira é o de Procurador do Trabalho e o do último nível o de Subprocurador-Geral do Trabalho.

Seção II
Do Procurador-Geral do Trabalho

Art. 87. O Procurador-Geral do Trabalho é o Chefe do Ministério Público do Trabalho.

Art. 88. O Procurador-Geral do Trabalho será nomeado pelo Procurador-Geral da República, dentre integrantes da Instituição, com mais de trinta e cinco anos de idade e de cinco anos de carreira, integrantes de lista tríplice escolhida mediante voto plurinominal, facultativo e secreto, pelo Colégio de Procuradores para um mandato de dois anos, permitida uma recondução, observado o mesmo processo. Caso não haja número suficiente de candidatos com mais de cinco anos na carreira, poderá concorrer à lista tríplice quem contar mais de dois anos na carreira.

PARÁGRAFO ÚNICO. A exoneração do Procurador-Geral do Trabalho, antes do término do mandato, será proposta ao Procurador-Geral da República pelo Conselho Superior, mediante deliberação obtida com base em voto secreto de dois terços de seus integrantes.

Art. 89. O Procurador-Geral do Trabalho designará, dentre os Subprocuradores-Gerais do Trabalho, o Vice-Procurador-Geral do Trabalho, que o substituirá em seus impedimentos. Em caso de vacância, exercerá o cargo o Vice-Presidente do Conselho Superior, até o seu provimento definitivo.

Art. 90. Compete ao Procurador-Geral do Trabalho exercer as funções atribuídas ao Ministério Público do Trabalho junto ao Plenário do Tribunal Superior do Trabalho, propondo as ações cabíveis e manifestando-se nos processos de sua competência.

Art. 91. São atribuições do Procurador-Geral do Trabalho:

I — representar o Ministério Público do Trabalho;

II — integrar, como membro nato, e presidir o Colégio de Procuradores do Trabalho, o Conselho Superior do Ministério Público do Trabalho e a Comissão de Concurso;

III — nomear o Corregedor-Geral do Ministério Público do Trabalho, segundo lista tríplice formada pelo Conselho Superior;

IV — designar um dos membros e o Coordenador da Câmara de Coordenação e Revisão do Ministério Público do Trabalho;

V — designar, observados os critérios da lei e os estabelecidos pelo Conselho Superior, os ofícios em que exercerão suas funções os membros do Ministério Público do Trabalho;

VI — designar o Chefe da Procuradoria Regional do Trabalho dentre os Procuradores Regionais do Trabalho lotados na respectiva Procuradoria Regional;

VII — decidir, em grau de recurso, os conflitos de atribuição entre os órgãos do Ministério Público do Trabalho;

VIII — determinar a abertura de correição, sindicância ou inquérito administrativo;

IX — determinar a instauração de inquérito ou processo administrativo contra servidores dos serviços auxiliares;

X — decidir processo disciplinar contra membro da carreira ou servidor dos serviços auxiliares, aplicando as sanções que sejam de sua competência;

XI — decidir, atendendo a necessidade do serviço, sobre:

a) remoção a pedido ou por permuta;

b) alteração parcial da lista bienal de designações.

XII — autorizar o afastamento de membros do Ministério Público do Trabalho, ouvido o Conselho Superior, nos casos previstos em lei;

XIII — dar posse aos membros do Ministério Público do Trabalho;

XIV — designar membro do Ministério Público do Trabalho para:

a) funcionar nos órgãos em que a participação da Instituição seja legalmente prevista, ouvido o Conselho Superior;

b) integrar comissões técnicas ou científicas, relacionadas às funções da Instituição, ouvido o Conselho Superior;

c) assegurar a continuidade dos serviços, em caso de vacância, afastamento temporário, ausência, impedimento ou suspeição do titular, na inexistência ou falta do substituto designado.

XV — homologar, ouvido o Conselho Superior, o resultado do concurso para ingresso na carreira;

XVI — fazer publicar aviso de existência de vaga, na lotação e na relação bienal de designações;

XVII — propor ao Procurador-Geral da República, ouvido o Conselho Superior, a criação e extinção de cargos da carreira e dos ofícios em que devam ser exercidas suas funções;

XVIII — elaborar a proposta orçamentária do Ministério Público do Trabalho, submetendo-a, para aprovação, ao Conselho Superior;

XIX — encaminhar ao Procurador-Geral da República a proposta orçamentária do Ministério Público do Trabalho, após sua aprovação pelo Conselho Superior;

XX — organizar a prestação de contas do exercício anterior, encaminhando-a ao Procurador-Geral da República;

XXI — praticar atos de gestão administrativa, financeira e de pessoal;

XXII — elaborar o relatório de atividades do Ministério Público do Trabalho;

XXIII — coordenar as atividades do Ministério Público do Trabalho;

XXIV — exercer outras atribuições previstas em lei.

Art. 92. As atribuições do Procurador-Geral do Trabalho, previstas no artigo anterior, poderão ser delegadas:

I — ao Coordenador da Câmara de Coordenação e Revisão, as dos incisos XIV, alínea *c*, e XXIII;

II — aos Chefes das Procuradorias Regionais do Trabalho nos Estados e no Distrito Federal, as dos incisos I, XIV, alínea *c*, XXI e XXIII.

Seção III
Do Colégio de Procuradores do Trabalho

Art. 93. O Colégio de Procuradores do Trabalho, presidido pelo Procurador-Geral do Trabalho, é integrado por todos os membros da carreira em atividade no Ministério Público do Trabalho.

Art. 94. São atribuições do Colégio de Procuradores do Trabalho:

I — elaborar, mediante voto plurinominal, facultativo e secreto, a lista tríplice para a escolha do Procurador-Geral do Trabalho;

II — elaborar, mediante voto plurinominal, facultativo e secreto, a lista sêxtupla para a composição do Tribunal Superior do Trabalho, sendo elegíveis os membros do Ministério Público do Trabalho com mais de dez anos na carreira, tendo mais de trinta e cinco e menos de sessenta e cinco anos de idade;

III — elaborar, mediante voto plurinominal, facultativo e secreto, a lista sêxtupla para os Tribunais Regionais do Trabalho, dentre os Procuradores com mais de dez anos de carreira;

IV — eleger, dentre os Subprocuradores-Gerais do Trabalho e mediante voto plurinominal, facultativo e secreto, quatro membros do Conselho Superior do Ministério Público do Trabalho.

§ 1º Para os fins previstos nos incisos deste artigo, prescindir-se-á de reunião do Colégio de Procuradores, procedendo-se segundo dispuser o seu Regimento Interno, exigido o voto da maioria absoluta dos eleitores.

§ 2º Excepcionalmente, em caso de interesse relevante da Instituição, o Colégio de Procuradores reunir-se-á em local designado pelo Procurador-Geral do Trabalho, desde que convocado por ele ou pela maioria de seus membros.

§ 3º O Regimento Interno do Colégio de Procuradores do Trabalho disporá sobre seu funcionamento.

Seção IV
Do Conselho Superior do Ministério Público do Trabalho

Art. 95. O Conselho Superior do Ministério Público do Trabalho, presidido pelo Procurador-Geral do Trabalho, tem a seguinte composição:

I — o Procurador-Geral do Trabalho e o Vice-Procurador Geral do Trabalho, que o integram como membros natos;

II — quatro Subprocuradores-Gerais do Trabalho, eleitos para um mandato de dois anos, pelo Colégio de Procuradores do Trabalho, mediante voto plurinominal, facultativo e secreto, permitida uma reeleição;

III — quatro Subprocuradores-Gerais do Trabalho, eleitos para um mandato de dois anos, por seus pares, mediante voto plurinominal, facultativo e secreto, permitida uma reeleição.

§ 1º Serão suplentes dos membros de que tratam os incisos II e III os demais votados, em ordem decrescente, observados os critérios gerais de desempate.

§ 2º O Conselho Superior elegerá o seu Vice-Presidente, que substituirá o Presidente em seus impedimentos e em caso de vacância.

Art. 96. O Conselho Superior do Ministério Público do Trabalho reunir-se-á ordinariamente, uma vez por mês, em dia previamente fixado e, extraordinariamente, quando convocado pelo Procurador-Geral do Trabalho ou por proposta da maioria absoluta de seus membros.

Art. 97. Salvo disposição em contrário, as deliberações do Conselho Superior serão tomadas por maioria de votos, presente a maioria absoluta dos seus membros.

§ 1º Em caso de empate, prevalecerá o voto do Presidente, exceto em matéria de sanções, caso em que prevalecerá a solução mais favorável ao acusado.

§ 2º As deliberações do Conselho Superior serão publicadas no Diário da Justiça, exceto quando o Regimento Interno determinar sigilo.

Art. 98. Compete ao Conselho Superior do Ministério Público do Trabalho:

I — exercer o poder normativo no âmbito do Ministério Público do Trabalho, observados os princípios desta Lei Complementar, especialmente para elaborar e aprovar:

a) o seu Regimento Interno, o do Colégio de Procuradores do Trabalho e o da Câmara de Coordenação e Revisão do Ministério Público do Trabalho;

b) as normas e as instruções para o concurso de ingresso na carreira;

c) as normas sobre as designações para os diferentes ofícios do Ministério Público do Trabalho;

d) os critérios para distribuição de procedimentos administrativos e quaisquer outros feitos no Ministério Público do Trabalho;

e) os critérios de promoção por merecimento na carreira;

f) o procedimento para avaliar o cumprimento das condições do estágio probatório.

II — indicar os integrantes da Câmara de Coordenação e Revisão do Ministério Público do Trabalho;

III — propor a exoneração do Procurador-Geral do Trabalho;

IV — destituir, por iniciativa do Procurador-Geral do Trabalho e pelo voto de dois terços de seus membros, antes do término do mandato, o Corregedor-Geral;

V — elaborar a lista tríplice destinada à promoção por merecimento;

VI — elaborar a lista tríplice para Corregedor-Geral do Ministério Público do Trabalho;

VII — aprovar a lista de antiguidade do Ministério Público do Trabalho e decidir sobre as reclamações a ela concernentes;

VIII — indicar o membro do Ministério Público do Trabalho para promoção por antiguidade, observado o disposto no art. 93, II, alínea *d*, da Constituição Federal;

IX — opinar sobre a designação de membro do Ministério Público do Trabalho para:

a) funcionar nos órgãos em que a participação da Instituição seja legalmente prevista;

b) integrar comissões técnicas ou científicas relacionadas às funções da Instituição.

X — opinar sobre o afastamento temporário de membro do Ministério Público do Trabalho;

XI — autorizar a designação, em caráter excepcional, de membros do Ministério Público do Trabalho, para exercício de atribuições processuais perante juízos, tribunais ou ofícios diferentes dos estabelecidos para cada categoria;

XII — determinar a realização de correições e sindicâncias e apreciar os relatórios correspondentes;

XIII — determinar a instauração de processos administrativos em que o acusado seja membro do Ministério Público do Trabalho, apreciar seus relatórios e propor as medidas cabíveis;

XIV — determinar o afastamento do exercício de suas funções, de membro do Ministério Público do Trabalho, indiciado ou acusado em processo disciplinar, e o seu retorno;

XV — designar a comissão de processo administrativo em que o acusado seja membro do Ministério Público do Trabalho;

XVI — decidir sobre o cumprimento do estágio probatório por membro do Ministério Público do Trabalho, encaminhando cópia da decisão ao Procurador-Geral da República, quando for o caso, para ser efetivada sua exoneração;

XVII — decidir sobre remoção e disponibilidade de membro do Ministério Público do Trabalho, por motivo de interesse público;

XVIII — autorizar, pela maioria absoluta de seus membros, que o Procurador-Geral da República ajuíze a ação de perda de cargo contra membro vitalício do Ministério Público do Trabalho, nos casos previstos em lei;

XIX — opinar sobre os pedidos de reversão de membro da carreira;

XX — aprovar a proposta de lei para o aumento do número de cargos da carreira e dos ofícios;

XXI — deliberar sobre a realização de concurso para o ingresso na carreira, designar os membros da Comissão de Concurso e opinar sobre a homologação dos resultados;

XXII — aprovar a proposta orçamentária que integrará o projeto de orçamento do Ministério Público da União;

XXIII — exercer outras funções atribuídas em lei.

§ 1º Aplicam-se ao Procurador-Geral e aos demais membros do Conselho Superior as normas processuais em geral, pertinentes aos impedimentos e suspeição dos membros do Ministério Público.

§ 2º As deliberações relativas aos incisos I, alíneas *a* e *e*, XI, XIII, XIV, XV e XVII somente poderão ser tomadas com o voto favorável de dois terços dos membros do Conselho Superior.

Seção V
Da Câmara de Coordenação e Revisão do Ministério Público do Trabalho

Art. 99. A Câmara de Coordenação e Revisão do Ministério Público do Trabalho é um órgão de coordenação, de integração e de revisão do exercício funcional na Instituição.

Art. 100. A Câmara de Coordenação e Revisão do Ministério Público do Trabalho será organizada por ato normativo, e o Regimento Interno, que disporá sobre seu funcionamento, será elaborado pelo Conselho Superior.

Art. 101. A Câmara de Coordenação e Revisão do Ministério Público do Trabalho será composta por três membros do Ministério Público do Trabalho, sendo um indicado pelo Procurador-Geral do Trabalho e dois pelo Conselho Superior do Ministério Público do Trabalho, juntamente com seus suplentes, para um mandato de dois anos, sempre que possível, dentre integrantes do último grau da carreira.

Art. 102. Dentre os integrantes da Câmara de Coordenação e Revisão, um deles será designado pelo Procurador-Geral para a função executiva de Coordenador.

Art. 103. Compete à Câmara de Coordenação e Revisão do Ministério Público do Trabalho:

I — promover a integração e a coordenação dos órgãos institucionais do Ministério Público do Trabalho, observado o princípio da independência funcional;

II — manter intercâmbio com órgãos ou entidades que atuem em áreas afins;

III — encaminhar informações técnico-jurídicas aos órgãos institucionais do Ministério Público do Trabalho;

IV — resolver sobre a distribuição especial de feitos e procedimentos, quando a matéria, por sua natureza ou relevância, assim o exigir;

V — resolver sobre a distribuição especial de feitos, que por sua contínua reiteração, devam receber tratamento uniforme;

VI — decidir os conflitos de atribuição entre os órgãos do Ministério Público do Trabalho.

PARÁGRAFO ÚNICO. A competência fixada nos incisos IV e V será exercida segundo critérios objetivos previamente estabelecidos pelo Conselho Superior.

Seção VI
Da Corregedoria do Ministério Público do Trabalho

Art. 104. A Corregedoria do Ministério Público do Trabalho, dirigida pelo Corregedor-Geral, é o órgão fiscalizador das atividades funcionais e da conduta dos membros do Ministério Público.

Art. 105. O Corregedor-Geral será nomeado pelo Procurador-Geral do Trabalho dentre os Subprocuradores Gerais do Trabalho, integrantes de lista tríplice elaborada pelo Conselho Superior, para mandato de dois anos, renovável uma vez.

§ 1º Não poderão integrar a lista tríplice os membros do Conselho Superior.

§ 2º Serão suplentes do Corregedor-Geral os demais integrantes da lista tríplice, na ordem em que os designar o Procurador-Geral.

§ 3º O Corregedor-Geral poderá ser destituído, por iniciativa do Procurador-Geral, antes do término do mandato, pelo voto de dois terços dos membros do Conselho Superior.

Art. 106. Incumbe ao Corregedor-Geral do Ministério Público:

I — participar, sem direito a voto, das reuniões do Conselho Superior;

II — realizar, de ofício ou por determinação do Procurador-Geral ou do Conselho Superior, correições e sindicâncias, apresentando os respectivos relatórios;

III — instaurar inquérito contra integrante da carreira e propor ao Conselho Superior a instauração do processo administrativo consequente;

IV — acompanhar o estágio probatório dos membros do Ministério Público do Trabalho;

V — propor ao Conselho Superior a exoneração de membro do Ministério Público do Trabalho que não cumprir as condições do estágio probatório.

Seção VII
Dos Subprocuradores-Gerais do Trabalho

Art. 107. Os Subprocuradores-Gerais do Trabalho serão designados para oficiar junto ao Tribunal Superior do Trabalho e nos ofícios na Câmara de Coordenação e Revisão.

PARÁGRAFO ÚNICO. A designação de Subprocurador-Geral do Trabalho para oficiar em órgãos jurisdicionais diferentes do previsto para a categoria dependerá de autorização do Conselho Superior.

Art. 108. Cabe aos Subprocuradores-Gerais do Trabalho, privativamente, o exercício das funções de:

I — Corregedor-Geral do Ministério Público do Trabalho;

II — Coordenador da Câmara de Coordenação e Revisão do Ministério Público do Trabalho.

Art. 109. Os Subprocuradores-Gerais do Trabalho serão lotados nos ofícios na Procuradoria-Geral do Trabalho.

Seção VIII
Dos Procuradores Regionais do Trabalho

Art. 110. Os Procuradores Regionais do Trabalho serão designados para oficiar junto aos Tribunais Regionais do Trabalho.

PARÁGRAFO ÚNICO. Em caso de vaga ou de afastamento de Subprocurador-Geral do Trabalho por prazo superior a trinta dias, poderá ser convocado pelo Procurador-Geral, mediante aprovação do Conselho Superior, Procurador Regional do Trabalho para substituição.

Art. 111. Os Procuradores Regionais do Trabalho serão lotados nos ofícios nas Procuradorias Regionais do Trabalho nos Estados e no Distrito Federal.

Seção IX
Dos Procuradores do Trabalho

Art. 112. Os Procuradores do Trabalho serão designados para funcionar junto aos Tribunais Regionais do Trabalho e, na forma das leis processuais, nos litígios trabalhistas que envolvam, especialmente, interesses de menores e incapazes.

PARÁGRAFO ÚNICO. A designação de Procurador do Trabalho para oficiar em órgãos jurisdicionais diferentes dos previstos para a categoria dependerá de autorização do Conselho Superior.

Art. 113. Os Procuradores do Trabalho serão lotados nos ofícios nas Procuradorias Regionais do Trabalho nos Estados e no Distrito Federal.

Seção X
Das Unidades de Lotação e de Administração

Art. 114. Os ofícios na Procuradoria-Geral do Trabalho e nas Procuradorias Regionais do Trabalho nos Estados e no Distrito Federal são unidades de lotação e de administração do Ministério Público do Trabalho.

Art. 115. A estrutura básica das unidades de lotação e de administração será organizada por regulamento, nos termos da lei.

....

Art. 294. Esta lei complementar entra em vigor na data de sua publicação.

Art. 295. Revogam-se as disposições em contrário.

Brasília, 20 de maio de 1993; 172º da Independência e 105º da República.

Itamar Franco
Maurício Corrêa

LEI N. 7.347, DE 24 DE JULHO DE 1985

(DOU 25.7.1985)

Disciplina a ação civil pública de responsabilidade por danos causados ao meio ambiente, ao consumidor, a bens e direitos de valor artístico, estético, histórico, turístico e paisagístico (vetado), e dá outras providências

O PRESIDENTE DA REPÚBLICA,

Faço saber que o Congresso Nacional decreta e eu sanciono a seguinte Lei:

Art. 1º Regem-se pelas disposições desta Lei, sem prejuízo da ação popular, as ações de responsabilidade por danos morais e patrimoniais causados: *(Redação dada pela Lei n. 12.529, de 30.11.11, DOU 1.12.11).*

I — ao meio ambiente;

II — ao consumidor;

III — a bens e direitos de valor artístico, estético, histórico, turístico e paisagístico;

IV — a qualquer outro interesse difuso ou coletivo. *(Redação dada pela Lei n. 8.078 de 11.9.90, DOU 12.9.90, Ed. Extra)*

V — por infração da ordem econômica; *(Redação dada pela Lei n. 12.529, de 30.11.11, (DOU 1.12.11).*

VI — à ordem urbanística. *(Acrescentado pela Medida provisória n. 2.180-35, de 24.8.01, DOU 27.8.11)*

VII — à honra e à dignidade de grupos raciais, étnicos ou religiosos. *(Redação dada pela Lei n. 12.966, de 24.4.14, DOU 25.4.14 e Retif. DOU 5.5.14)*

VIII — ao patrimônio público e social. *(Redação dada pela Lei n. 13.004, de 24.6.2014, DOU 25.6.14)*

PARÁGRAFO ÚNICO. Não será cabível ação civil pública para veicular pretensões que envolvam tributos, contribuições previdenciárias, o Fundo de Garantia do Tempo de Serviço — FGTS ou outros fundos de natureza institucional cujos beneficiários podem ser individualmente determinados. *(Incluído pela Medida Provisória n. 2.180-35, de 2001)*

Art. 2º As ações previstas nesta Lei serão propostas no foro do local onde ocorrer o dano, cujo Juízo terá competência funcional para processar e julgar a causa.

PARÁGRAFO ÚNICO. A propositura da ação prevenirá a jurisdição do juízo para todas as ações posteriomente intentadas que possuam a mesma causa de pedir ou o mesmo objeto. *(NR) (Parágrafo acrescentado pela MP n. 2.180-35, de 24.8.01, DOU 27.8.01)*

Art. 3º A ação civil poderá ter por objeto a condenação em dinheiro, ou o cumprimento de obrigação de fazer ou não fazer.

Art. 4º Poderá ser ajuizada ação cautelar para os fins desta Lei, objetivando, inclusive, evitar dano ao patrimônio público e social, ao meio ambiente, ao consumidor, à honra e à dignidade de grupos raciais, étnicos ou religiosos, à ordem urbanística ou aos bens e direitos de valor artístico, estético, histórico, turístico e paisagístico. *(Redação dada pela Lei n. 13.004, de 24.6.2014, DOU 25.6.14)*

Art. 5º Têm legitimidade para propor a ação principal e a ação cautelar:

I — o Ministério Público;

II — a Defensoria Pública;

III — a União, os Estados, o Distrito Federal e os Municípios;

IV — a autarquia, empresa pública, fundação ou sociedade de economia mista;

V — a associação que, concomitantemente:

a) esteja constituída há pelo menos 1 (um) ano nos termos da lei civil;

b) inclua, entre suas finalidades institucionais, a proteção ao patrimônio público e social, ao meio ambiente, ao consumidor, à ordem econômica, à livre concorrência, aos direitos de grupos raciais, étnicos ou religiosos ou ao patrimônio artístico, estético, histórico, turístico e paisagístico. *(Redação dada pela Lei n. 13.004, de 24.6.2014, DOU 25.6.14)*

§ 1º O Ministério Público, se não intervier no processo como parte, atuará obrigatoriamente como fiscal da lei.

§ 2º Fica facultado ao Poder Público e a outras associações legitimadas nos termos deste artigo habilitar-se como litisconsortes de qualquer das partes.

§ 3º Em caso de desistência infundada ou abandono da ação por associação legitimada, o Ministério Público ou outro legitimado assumirá a titularidade ativa. *(Redação dada pela Lei n. 8.078, 11.9.90, DOU 12.9.90)*

§ 4º O requisito da pré-constituição poderá ser dispensado pelo juiz, quando haja manifesto interesse social evidenciado pela dimensão ou característica do dano, ou pela relevância do bem jurídico a ser protegido. *(Acrescentado pela Lei n. 8.078, de 11.9.90, DOU 12.9.90)*

§ 5º Admitir-se-á o litisconsórcio facultativo entre os Ministérios Públicos da União, do Distrito Federal e dos Estados na defesa dos interesses e direitos de que cuida esta lei. *(Acrescentado pela Lei n. 8.078, de 11.9.90, DOU 12.9.90)*

§ 6º Os órgãos públicos legitimados poderão tomar dos interessados compromisso de ajustamento de sua conduta às exigências legais, mediante cominações, que terá eficácia de título executivo extrajudicial. *(Acrescentado pela Lei n. 8.078, de 11.9.90, DOU 12.9.90)*

Art. 6º Qualquer pessoa poderá e o servidor público deverá provocar a iniciativa do Ministério Público, ministrando-lhe informações sobre fatos que constituam objeto da ação civil e indicando-lhe os elementos de convicção.

Art. 7º Se, no exercício de suas funções, os Juízes e Tribunais tiverem conhecimento de fatos que possam ensejar a propositura da ação civil, remeterão peças ao Ministério Público para as providências cabíveis.

Art. 8º Para instruir a inicial, o interessado poderá requerer às autoridades competentes as certidões e informações que julgar necessárias, a serem fornecidas no prazo de 15 (quinze) dias.

§ 1º O Ministério Público poderá instaurar, sob sua presidência, inquérito civil, ou requisitar, de qualquer organismo público ou particular, certidões, informações, exames ou perícias, no prazo que assinalar, o qual não poderá ser inferior a 10 (dez) dias úteis.

§ 2º Somente nos casos em que a lei impuser sigilo, poderá ser negada certidão ou informação, hipótese em que a ação poderá ser proposta desacompanhada daqueles documentos, cabendo ao Juiz requisitá-los.

Art. 9º Se o órgão do Ministério Público, esgotadas todas as diligências, se convencer da inexistência de fundamento para a propositura da ação civil, promoverá o arquivamento dos autos do inquérito civil ou das peças informativas, fazendo-o fundamentadamente.

§ 1º Os autos do inquérito civil ou das peças de informação arquivadas serão remetidos, sob pena de se incorrer em falta grave, no prazo de 3 (três) dias, ao Conselho Superior do Ministério Público.

§ 2º Até que, em sessão do Conselho Superior do Ministério Público, seja homologada ou rejeitada a promoção de arquivamento, poderão as associações legitimadas apresentar razões escritas ou documentos, que serão juntados aos autos do inquérito ou anexados às peças de informação.

§ 3º A promoção de arquivamento será submetida a exame de deliberação do Conselho Superior do Ministério Público, conforme dispuser o seu Regimento.

§ 4º Deixando o Conselho Superior de homologar a promoção de arquivamento, designará, desde logo, outro órgão do Ministério Público para o ajuizamento da ação.

Art. 10. Constitui crime, punido com pena de reclusão de 1 (um) a 3 (três) anos, mais multa de 10 (dez) a 1.000 (mil) Obrigações Reajustáveis do Tesouro Nacional — ORTNs, a recusa, o retardamento ou a omissão de dados técnicos indispensáveis à propositura da ação civil, quando requisitados pelo Ministério Público.

Art. 11. Na ação que tenha por objeto o cumprimento de obrigação de fazer ou não fazer, o Juiz determinará o cumprimento da prestação da atividade devida ou a cessação da atividade nociva, sob pena de execução específica, ou de cominação de multa diária, se esta for suficiente ou compatível, independentemente de requerimento do autor.

Art. 12. Poderá o Juiz conceder mandado liminar, com ou sem justificação prévia, em decisão sujeita a agravo.

§ 1º A requerimento de pessoa jurídica de direito público interessada, e para evitar grave lesão à ordem, à saúde, à segurança e à economia pública, poderá o Presidente do Tribunal a que competir o conhecimento do respectivo recurso suspender a execução da liminar, em decisão fundamentada, da qual caberá agravo para uma das turmas julgadoras, no prazo de 5 (cinco) dias a partir da publicação do ato.

§ 2º A multa cominada liminarmente só será exigível do réu após o trânsito em julgado da decisão favorável ao autor, mas será devida desde o dia em que se houver configurado o descumprimento.

Art. 13. Havendo condenação em dinheiro, a indenização pelo dano causado reverterá a um fundo gerido por um Conselho Federal ou por Conselhos Estaduais de que participarão necessariamente o Ministério Público e representantes da comunidade, sendo seus recursos destinados à reconstituição dos bens lesados.

§ 1º Enquanto o fundo não for regulamentado, o dinheiro ficará depositado em estabelecimento oficial de crédito, em conta com correção monetária. *(Renumerada pela Lei n. 12.288, de 20.7.10, DOU 21.7.10)*

§ 2º Havendo acordo ou condenação com fundamento em dano causado por ato de discriminação étnica nos termos do disposto no art. 1º desta Lei, a prestação em dinheiro reverterá diretamente ao fundo de que trata o *caput* e será utilizada para ações de promoção da igualdade étnica, conforme definição do Conselho Nacional de Promoção da Igualdade Racial, na hipótese de extensão nacional, ou dos Conselhos de Promoção de Igualdade Racial estaduais ou locais, nas hipóteses de danos com extensão regional ou local, respectivamente. (NR) *(Redação dada pela Lei n. 12.288, de 20.7.10, DOU 21.7.10)*.

Art. 14. O Juiz poderá conferir efeito suspensivo aos recursos, para evitar dano irreparável à parte.

Art. 15. Decorridos 60 (sessenta) dias do trânsito em julgado da sentença condenatória, sem que a associação autora lhe promova a execução, deverá fazê-lo o Ministério Público, facultada igual iniciativa aos demais legitimados(*).

Art. 16. A sentença civil fará coisa julgada *erga omnes*, nos limites da competência territorial do órgão prolator, exceto se o pedido for julgado improcedente por insuficiência de provas, hipótese em que qualquer legitimado poderá intentar outra ação com idêntico fundamento, valendo-se de nova prova. *(Alterado pela Lei n. 9.494, de 10.9.97, DOU 11.9.97)*.

Art. 17. Em caso de litigância de má-fé, a associação autora e os diretores responsáveis pela propositura da ação serão solidariamente condenados em honorários advocatícios e ao décuplo das custas, sem prejuízo da responsabilidade por perdas e danos. *(Lei n. 8.078/90, art. 115, que deu esta redação ao art. 17, da Lei n. 7.347/85). (Redação com a retificação feita no DOU de 10.1.07)*

Art. 18. Nas ações de que trata esta Lei não haverá adiantamento de custas, emolumentos, honorários periciais e quaisquer outras despesas, nem condenação da associação autora, salvo comprovada má-fé, em honorários de advogado, custas e despesas processuais(*).

Art. 19. Aplica-se à ação civil pública, prevista nesta Lei, o Código de Processo Civil, aprovado pela Lei n. 5.869, de 11 de janeiro de 1973, naquilo em que não contrarie suas disposições.

Art. 20. O fundo de que trata o art. 13 desta Lei será regulamentado pelo Poder Executivo no prazo de 90 (noventa) dias(*).

Art. 21. Aplicam-se à defesa dos direitos e interesses difusos, coletivos e individuais, no que for cabível, os dispositivos do Título III da lei que instituiu o Código de Defesa do Consumidor(*).

Art. 22. Esta Lei entra em vigor na data de sua publicação.

Art. 23. Revogam-se as disposições em contrário.

Brasília, em 24 de julho de 1985; 164º da Independência e 97º da República.

JOSÉ SARNEY
FERNANDO LYRA

(*) Redação dada pela Lei n. 8.078, de 11.9.90.

LEI N. 8.078, DE 11 DE SETEMBRO DE 1990

(DOU 12.9.1990)

Dispõe sobre a proteção do consumidor e dá outras providências

O PRESIDENTE DA REPÚBLICA,

Faço saber que o Congresso Nacional decreta e eu sanciono a seguinte Lei:

TÍTULO I

Os Direitos do Consumidor

Capítulo I
Disposições Gerais

Art. 1º O presente Código estabelece normas de proteção e defesa do consumidor, de ordem pública e interesse social, nos termos dos arts. 5º, inciso XXXII, 170, inciso V, da Constituição Federal e art. 48 de suas Disposições Transitórias.

....

Art. 6º São direitos básicos do consumidor:

....

....

VIII — a facilitação da defesa de seus direitos, inclusive com a inversão do ônus da prova, a seu favor, no processo civil, quando, a critério do juiz, for verossímil a alegação ou quando for ele hipossuficiente, segundo as regras ordinárias de experiências;

TÍTULO III

Da Defesa do Consumidor em Juízo

Capítulo I
Disposições Gerais

Art. 81. A defesa dos interesses e direitos dos consumidores e das vítimas poderá ser exercida em Juízo individualmente, ou a título coletivo.

PARÁGRAFO ÚNICO. A defesa coletiva será exercida quando se tratar de:

I — interesses ou direitos difusos, assim entendidos, para efeitos deste Código, os transindividuais, de natureza indivisível, de que sejam titulares pessoas indeterminadas e ligadas por circunstâncias de fato;

II — interesses ou direitos coletivos, assim entendidos, para efeitos deste Código, os transindividuais de natureza indivisível de que seja titular grupo, categoria ou classe de pessoas ligadas entre si ou com parte contrária por uma relação jurídica-base;

III — interesses ou direitos individuais homogêneos, assim entendidos os decorrentes de origem comum.

Art. 82. Para fins do art. 81, parágrafo único, são legitimados concorrentemente:

I — o Ministério Público;

II — a União, os Estados, os Municípios e o Distrito Federal;

III — as entidades e órgãos da Administração Pública, Direta ou Indireta, ainda que sem personalidade jurídica, especificamente destinados à defesa dos interesses e direitos protegidos por este Código;

IV — as associações legalmente constituídas há pelo menos 1 (um) ano e que incluam entre seus fins institucionais a defesa dos interesses e direitos protegidos por este Código, dispensada a autorização assemblear.

§ 1º O requisito da pré-constituição pode ser dispensado pelo Juiz, nas ações previstas no artigo 91 e seguintes, quando haja manifesto interesse social evidenciado pela dimensão ou característica do dano, ou pela relevância do bem jurídico a ser protegido.

§ 2º *(Vetado)*.

§ 3º *(Vetado)*. *(Redação dada pela Lei n. 9.008, de 21.3.95)*.

Art. 83. Para a defesa dos direitos e interesses protegidos por este Código são admissíveis todas as espécies de ações capazes de propiciar sua adequada e efetiva tutela.

PARÁGRAFO ÚNICO. *(Vetado)*.

Art. 84. Na ação que tenha por objeto o cumprimento da obrigação de fazer ou não fazer, o Juiz concederá a tutela específica da obrigação ou determinará providências que assegurem o resultado prático equivalente ao do adimplemento.

§ 1º A conversão da obrigação em perdas e danos somente será admissível se por elas optar o autor ou se impossível a tutela específica ou a obtenção do resultado prático correspondente.

§ 2º A indenização por perdas e danos se fará sem prejuízo da multa (art. 287 do Código de Processo Civil).

§ 3º Sendo relevante o fundamento da demanda e havendo justificado receio de ineficácia do provimento final, é lícito ao Juiz conceder a tutela liminarmente ou após justificação prévia, citado o réu.

§ 4º O Juiz poderá, na hipótese do § 3º ou na sentença, impor multa diária ao réu, independentemente de pedido do autor, se for suficiente ou compatível com a obrigação, fixando prazo razoável para o cumprimento do preceito.

§ 5º Para a tutela específica ou para a obtenção do resultado prático equivalente, poderá o Juiz determinar as medidas necessárias, tais como busca e apreensão, remoção de coisas e pessoas, desfazimento de obra, impedimento de atividade nociva, além de requisição de força policial.

Art. 85. *(Vetado)*.

Art. 86. *(Vetado)*.

Art. 87. Nas ações coletivas de que trata este Código não haverá adiantamento de custas, emolumentos, honorários periciais e quaisquer outras despesas, nem condenação da associação autora, salvo comprovada má-fé, em honorário de advogados, custas e despesas processuais.

PARÁGRAFO ÚNICO. Em caso de litigância de má-fé, a associação autora e os diretores responsáveis pela propositura da ação serão solidariamente condenados em honorários advocatícios e ao décuplo das custas, sem prejuízo da responsabilidade por perdas e danos.

Art. 88. Na hipótese do artigo 13, parágrafo único deste Código, a ação de regresso poderá ser ajuizada em processo autônomo, facultada a possibilidade de prosseguir-se nos mesmos autos, vedada a denunciação da lide.

Art. 89. *(Vetado)*.

Art. 90. Aplicam-se às ações previstas neste Título as normas do Código de Processo Civil e da Lei n. 7.347, de 24 de junho de 1985, inclusive no que respeita ao inquérito civil, naquilo que não contrariar suas disposições.

Capítulo II
Das Ações Coletivas para a Defesa de Interesses Individuais Homogêneos

Art. 91. Os legitimados de que trata o art. 82 poderão propor, em nome próprio e no interesse das vítimas ou seus sucessores, ação civil coletiva de responsabilidade pelos danos individualmente sofridos, de acordo com o disposto nos artigos seguintes. *(Redação dada pela Lei n. 9.008, de 21.3.95).*

Art. 92. O Ministério Público, se não ajuizar a ação, atuará sempre como fiscal da lei.

PARÁGRAFO ÚNICO. *(Vetado).*

Art. 93. Ressalvada a competência da Justiça Federal, é competente para a causa a justiça local:

I — no foro do lugar onde ocorreu ou deva ocorrer o dano, quando de âmbito local;

II — no foro da Capital do Estado ou no Distrito Federal, para os danos de âmbito nacional ou regional, aplicando-se as regras do Código de Processo Civil aos casos de competência concorrente.

Art. 94. Proposta a ação, será publicado edital no órgão oficial, a fim de que os interessados possam intervir no processo como litisconsortes, sem prejuízo de ampla divulgação pelos meios de comunicação social por parte dos órgãos de defesa do consumidor.

Art. 95. Em caso de procedência do pedido, a condenação será genérica, fixando a responsabilidade do réu pelos danos causados.

Art. 96. *(Vetado).*

Art. 97. A liquidação e a execução de sentença poderão ser promovidas pela vítima e seus sucessores, assim como pelos legitimados de que trata o art. 82.

PARÁGRAFO ÚNICO. *(Vetado).*

Art. 98. A execução poderá ser coletiva, sendo promovida pelos legitimados de que trata o art. 82, abrangendo as vítimas cujas indenizações já tiverem sido fixadas em sentença de liquidação, sem prejuízo do ajuizamento de outras execuções.

§ 1º A execução coletiva far-se-á com base em certidão das sentenças de liquidação, da qual deverá constar a ocorrência ou não do trânsito em julgado.

§ 2º É competente para a execução, o Juízo:

I — da liquidação da sentença ou da ação condenatória, no caso de execução individual;

II — da ação condenatória, quando coletiva a execução. *(Redação dada pela Lei n. 9.008, de 21.3.95).*

Art. 99. Em caso de concurso de créditos decorrentes de condenação prevista na Lei n. 7.347, de 24 de julho de 1985, e de indenizações pelos prejuízos individuais resultantes do mesmo evento danoso, estas terão preferência no pagamento.

PARÁGRAFO ÚNICO. Para efeito do disposto neste artigo, a destinação da importância recolhida ao Fundo criado pela Lei n. 7.347, de 24 de julho de 1985, ficará sustada enquanto pendentes de decisão de segundo grau as ações de indenização pelos danos individuais, salvo na hipótese de o patrimônio do devedor ser manifestamente suficiente para responder pela integralidade das dívidas.

Art. 100. Decorrido o prazo de 1 (um) ano sem habilitação de interessados em número compatível com a gravidade do dano, poderão os legitimados do art. 82 promover a liquidação e execução da indenização devida.

PARÁGRAFO ÚNICO. O produto da indenização devida reverterá para o Fundo criado pela Lei n. 7.347, de 24 de julho de 1985.

Capítulo III
Das Ações de Responsabilidade do Fornecedor de Produtos e Serviços

Art. 101. Na ação de responsabilidade civil do fornecedor de produtos e serviços, sem prejuízo do disposto nos Capítulos I e II deste Título, serão observadas as seguintes normas:

I — a ação pode ser proposta no domicílio do autor;

II — o réu que houver contratado seguro de responsabilidade poderá chamar ao processo o segurador, vedada a integração do contraditório pelo Instituto de Resseguros do Brasil. Nesta hipótese, a sentença que julgar procedente o pedido condenará o réu nos termos do art. 80 do Código de Processo Civil. Se o réu houver sido declarado falido, o síndico será intimado a informar a existência de seguro de responsabilidade facultando-se, em caso afirmativo, o ajuizamento de ação de indenização diretamente contra o segurador, vedada a denunciação da lide ao Instituto de Resseguros do Brasil e dispensado o litisconsórcio obrigatório com este.

Art. 102. Os legitimados a agir na forma deste Código poderão propor ação visando compelir o Poder Público competente a proibir, em todo o Território Nacional, a produção, divulgação, distribuição ou venda, ou a determinar alteração na composição, estrutura, fórmula ou acondicionamento de produto, cujo uso ou consumo regular se revele nocivo ou perigoso à saúde pública e à incolumidade pessoal.

§ 1º *(Vetado).*

§ 2º *(Vetado).*

Capítulo IV
Da Coisa Julgada

Art. 103. Nas ações coletivas de que trata este Código, a sentença fará coisa julgada:

I — *erga omnes*, exceto se o pedido for julgado improcedente por insuficiência de provas, hipótese em que qualquer legitimado poderá intentar outra ação, com idêntico fundamento, valendo-se de nova prova, na hipótese do inciso I, do parágrafo único, do art. 81;

II — *ultra partes*, mas limitadamente ao grupo, categoria ou classe, salvo improcedência por insuficiência de provas, nos termos do inciso anterior, quando se tratar da hipótese prevista no inciso II, do parágrafo único, do art. 81;

III — *erga omnes*, apenas no caso de procedência do pedido, para beneficiar todas as vítimas e seus sucessores, na hipótese do inciso III, no parágrafo único, do art. 81.

§ 1º Os efeitos da coisa julgada previstos nos incisos I e II não prejudicarão interesses e direitos individuais dos integrantes da coletividade, do grupo, categoria ou classe.

§ 2º Na hipótese prevista no inciso III, em caso de improcedência do pedido, os interessados que não tiverem intervindo no processo como litisconsortes poderão propor ação de indenização a título individual.

§ 3º Os efeitos da coisa julgada de que cuida o art. 16, combinado com o art. 13 da Lei n. 7.347, de 24 de julho de 1985, não prejudicarão as ações de indenização por danos pessoalmente sofridos, propostas individualmente ou na forma prevista neste Código, mas, se procedente o pedido, beneficiarão as vítimas e seus sucessores que poderão proceder à liquidação e à execução, nos termos dos arts. 96 a 99.

§ 4º Aplica-se o disposto no parágrafo anterior à sentença penal condenatória.

Art. 104. As ações coletivas, previstas nos incisos I e II, do parágrafo único, do art. 81, não induzem litispendência para as ações individuais, mas os efeitos da coisa julgada *erga omnes* ou *ultra partes* a que aludem os incisos II e III do artigo anterior não beneficiarão os autores das ações individuais, se não for requerida sua suspensão no prazo de 30 (trinta) dias, a contar da ciência nos autos do ajuizamento da ação coletiva.

....

Art. 117. Acrescente-se à Lei n. 7.347, de 24 de julho de 1985, o seguinte dispositivo, renumerando-se os seguintes:

"Art. 21. Aplicam-se à defesa dos direitos e interesses difusos, coletivos e individuais, no que for cabível, os dispositivos do Título III da lei que instituiu o Código de Defesa do Consumidor."

....

Brasília, em 11 de setembro de 1990, 169º da Independência e 102º da República.

FERNANDO COLLOR

LEI COMPLEMENTAR N. 123, DE 14 DE DEZEMBRO DE 2006

(Republicação em atendimento ao disposto no art. 5º da Lei Complementar n. 139, de 10 de novembro de 2011 — DOU 6.3.2012)

(Ver Leis Complementar ns. 127, de 14 de agosto de 2007, 128, de 19 de dezembro de 2008 e 139, de 10 de novembro de 2011 e 155, de 27 de outubro de 2016)

Institui o Estatuto Nacional da microempresa e da empresa de pequeno porte; altera dispositivos das Leis n. 8.212 e 8.213, ambas de 24 de julho de 1991, da Consolidação das Leis do Trabalho — CLT, aprovada pelo Decreto-lei n. 5.452, de 1º de maio de 1943, da Lei n. 10.189, de 14 de fevereiro de 2001, da Lei Complementar n. 63, de 11 de janeiro de 1990; e revoga as Leis n. 9.317, de 5 de dezembro de 1996, e 9.841, de 5 de outubro de 1999

— V. Lei Complementar n. 155, de 27.10.16, DOU 28.10.16, especificamente os artigos 10 e 11. No art. 10 estão as normas da Lei Complementar n. 123, de 14.12.16 que foram revogadas e no art. 11, as normas da Lei Complementar n. 155/2016, que entram em vigor na data sua publicação (inciso I), as que entram em vigor a partir de janeiro de 2017, (inciso II) e a partir de 1 de janeiro de 2018 (III). Nos anexos da Lei Complementar n. 155, de 27.10.16, constam também as alterações procedidas com as respectivas vigências. Os anexos referidos não estão publicados na presente obra.

O PRESIDENTE DA REPÚBLICA

Faço saber que o Congresso Nacional decreta e eu sanciono a seguinte Lei Complementar:

Capítulo I
Disposições Preliminares

Art. 1º Esta Lei Complementar estabelece normas gerais relativas ao tratamento diferenciado e favorecido a ser dispensado às microempresas e empresas de pequeno porte no âmbito dos Poderes da União, dos Estados, do Distrito Federal e dos Municípios, especialmente no que se refere:

I — à apuração e recolhimento dos impostos e contribuições da União, dos Estados, do Distrito Federal e dos Municípios, mediante regime único de arrecadação, inclusive obrigações acessórias;

II — ao cumprimento de obrigações trabalhistas e previdenciárias, inclusive obrigações acessórias;

III — ao acesso a crédito e ao mercado, inclusive quanto à preferência nas aquisições de bens e serviços pelos Poderes Públicos, à tecnologia, ao associativismo e às regras de inclusão.

IV — ao cadastro nacional único de contribuintes a que se refere o inciso IV do parágrafo único do art. 146, *in fine*, da Constituição Federal. *(Incluído pela Lei Complementar n. 147, de 7.8.14, DOU 8.8.14)*

§ 1º Cabe ao Comitê Gestor do Simples Nacional (CGSN) apreciar a necessidade de revisão, a partir de 1º de janeiro de 2015, dos valores expressos em moeda nesta Lei Complementar.

§ 2º (VETADO).

§ 3º Ressalvado o disposto no Capítulo IV, toda nova obrigação que atinja as microempresas e empresas de pequeno porte deverá apresentar, no instrumento que a instituiu, especificação do tratamento diferenciado, simplificado e favorecido para cumprimento. *(Incluído pela Lei Complementar n. 147, de 7.8.14, DOU 8.8.14)*

§ 4º Na especificação do tratamento diferenciado, simplificado e favorecido de que trata o § 3º, deverá constar prazo máximo, quando forem necessários procedimentos adicionais, para que os órgãos fiscalizadores cumpram as medidas necessárias à emissão de documentos, realização de vistorias e atendimento das demandas realizadas pelas microempresas e empresas de pequeno porte com o objetivo de cumprir a nova obrigação. *(Incluído pela Lei Complementar n. 147, de 7.8.14, DOU 8.8.14)*

§ 5º Caso o órgão fiscalizador descumpra os prazos estabelecidos na especificação do tratamento diferenciado e favorecido, conforme o disposto no § 4º, a nova obrigação será inexigível até que seja realizada visita para fiscalização orientadora e seja reiniciado o prazo para regularização. *(Incluído pela Lei Complementar n. 147, de 7.8.14, DOU 8.8.14)*

§ 6º A ausência de especificação do tratamento diferenciado, simplificado e favorecido ou da determinação de prazos máximos, de acordo com os §§ 3º e 4º, tornará a nova obrigação inexigível para as microempresas e empresas de pequeno porte. *(Incluído pela Lei Complementar n. 147, de 7.8.14, DOU 8.8.14)*

§ 7º A inobservância do disposto nos §§ 3º a 6º resultará em atentado aos direitos e garantias legais assegurados ao exercício profissional da atividade empresarial. *(Incluído pela Lei Complementar n. 147, de 7.8.14, DOU 8.8.14)*

Art. 2º O tratamento diferenciado e favorecido a ser dispensado às microempresas e empresas de pequeno porte de que trata o art. 1º desta Lei Complementar será gerido pelas instâncias a seguir especificadas:

I — Comitê Gestor do Simples Nacional, vinculado ao Ministério da Fazenda, composto por 4 (quatro) representantes da Secretaria da Receita Federal do Brasil, como representantes da União, 2 (dois) dos Estados e do Distrito Federal e 2 (dois) dos Municípios, para tratar dos aspectos tributários; e

II — Fórum Permanente das Microempresas e Empresas de Pequeno Porte, com a participação dos órgãos federais competentes e das entidades vinculadas ao setor, para tratar dos demais aspectos, ressalvado o disposto no inciso III do *caput* deste artigo;

III — Comitê para Gestão da Rede Nacional para Simplificação do Registro e da Legalização de Empresas e Negócios — CGSIM, vinculado à Secretaria da Micro e Pequena Empresa da Presidência da República, composto por representantes da União, dos Estados e do Distrito Federal, dos Municípios e demais órgãos de apoio e de registro empresarial, na forma definida pelo Poder Executivo, para tratar do processo de registro e de legalização de empresários e de pessoas jurídicas. *(Redação pela Lei Complementar n. 147, de 7.8.14, DOU 8.8.14)*

§ 1º Os Comitês de que tratam os incisos I e III do *caput* deste artigo serão presididos e coordenados por representantes da União.

§ 2º Os representantes dos Estados e do Distrito Federal nos Comitês referidos nos incisos I e III do *caput* deste artigo serão indicados pelo Conselho Nacional de Política Fazendária — CONFAZ e os dos Municípios serão indicados, um pela entidade representativa das Secretarias de Finanças das Capitais e outro pelas entidades de representação nacional dos Municípios brasileiros.

§ 3º As entidades de representação referidas no inciso III do *caput* e no § 2º deste artigo serão aquelas regularmente constituídas há pelo menos 1 (um) ano antes da publicação desta Lei Complementar.

§ 4º Os Comitês de que tratam os incisos I e III do *caput* deste artigo elaborarão seus regimentos internos mediante resolução.

§ 5º O Fórum referido no inciso II do *caput* deste artigo tem por finalidade orientar e assessorar a formulação e coordenação da política nacional de desenvolvimento das microempresas e empresas de pequeno porte, bem como acompanhar e avaliar a sua implantação, sendo presidido e coordenado pela Secretaria da Micro e Pequena Empresa da Presidência da República. *(Redação dada pela Lei n. 12.792, de 2013)*

§ 6º Ao Comitê de que trata o inciso I do *caput* deste artigo compete regulamentar a opção, exclusão, tributação, fiscalização, arrecadação, cobrança, dívida ativa, recolhimento e demais itens relativos ao regime de que trata o art. 12 desta Lei Complementar, observadas as demais disposições desta Lei Complementar.

§ 7º Ao Comitê de que trata o inciso III do *caput* deste artigo compete, na forma da lei, regulamentar a inscrição, cadastro, abertura, alvará, arquivamento, licenças, permissão, autorização, registros e demais itens relativos à abertura, legalização e funcionamento de empresários e de pessoas jurídicas de qualquer porte, atividade econômica ou composição societária.

§ 8º Os membros dos Comitês de que tratam os incisos I e III do *caput* deste artigo serão designados, respectivamente, pelos Ministros de Estado da Fazenda e da Secretaria da Micro e Pequena Empresa da Presidência da República, mediante indicação dos órgãos e entidades vinculados. *(Redação pela Lei Complementar n. 147, de 7.8.14, DOU 8.8.14)*

§ 9º O CGSN poderá determinar, com relação à microempresa e à empresa de pequeno porte optante pelo Simples Nacional, a forma, a periodicidade e o prazo: *(Incluído pela Lei Complementar n. 147, de 7.8.14, DOU 8.8.14)*

I — de entrega à Secretaria da Receita Federal do Brasil — RFB de uma única declaração com dados relacionados a fatos geradores, base de cálculo e valores da contribuição para a Seguridade Social devida sobre a remuneração do trabalho, inclusive a descontada dos trabalhadores a serviço da empresa, do Fundo de Garantia do Tempo de Serviço — FGTS e outras informações de interesse do Ministério do Trabalho e Emprego — MTE, do Instituto Nacional do Seguro Social — INSS e do Conselho Curador do FGTS, observado o disposto no § 7º deste artigo; e *(Incluído pela Lei Complementar n. 147, de 7.8.14, DOU 8.8.14)*

II — do recolhimento das contribuições descritas no inciso I e do FGTS. *(Incluído pela Lei Complementar n. 147, de 7.8.14, DOU 8.8.14)*

§ 10. O recolhimento de que trata o inciso II do § 9º deste artigo poderá se dar de forma unificada relativamente aos tributos apurados na forma do Simples Nacional. *(Incluído pela Lei Complementar n. 147, de 7.8.14, DOU 8.8.14)*

§ 11. A entrega da declaração de que trata o inciso I do § 9º substituirá, na forma regulamentada pelo CGSN, a obrigatoriedade de entrega de todas as informações, formulários e declarações a que estão sujeitas as demais empresas ou equiparados que contratam trabalhadores, inclusive relativamente ao recolhimento do FGTS, à Relação Anual de Informações Sociais e ao Cadastro Geral de Empregados e Desempregados. *(Incluído pela Lei Complementar n. 147, de 7.8.14, DOU 8.8.14)*

§ 12. Na hipótese de recolhimento do FGTS na forma do inciso II do § 9º deste artigo, deve-se assegurar a transferência dos recursos e dos elementos identificadores do recolhimento ao gestor desse fundo para crédito na conta vinculada do trabalhador. *(Incluído pela Lei Complementar n. 147, de 7.8.14, DOU 8.8.14)*

§ 13. O documento de que trata o inciso I do § 9º tem caráter declaratório, constituindo instrumento hábil e suficiente para a exigência dos tributos, contribuições e dos débitos fundiários que não tenham sido recolhidos resultantes das informações nele prestadas. *(Incluído pela Lei Complementar n. 147, de 7.8.14, DOU 8.8.14)*

Capítulo II
Da Definição de Microempresa e de Empresa de Pequeno Porte

Art. 3º Para os efeitos desta Lei Complementar, consideram-se microempresas ou empresas de pequeno porte, a sociedade empresária, a sociedade simples, a empresa individual de responsabilidade limitada e o empresário a que se refere o art. 966 da Lei n. 10.406, de 10 de janeiro de 2002 (Código Civil), devidamente registrados no Registro de Empresas Mercantis ou no Registro Civil de Pessoas Jurídicas, conforme o caso, desde que:

I — no caso da microempresa, aufira, em cada ano-calendário, receita bruta igual ou inferior a R$ 360.000,00 (trezentos e sessenta mil reais); e

II — no caso de empresa de pequeno porte, aufira, em cada ano-calendário, receita bruta superior a R$ 360.000,00 (trezentos e sessenta mil reais) e igual ou inferior a R$ 4.800.000,00 (quatro milhões e oitocentos mil reais). *(Redação dada pela Lei Complementar n. 155, de 27.10.16, DOU 28.10.16)*

§ 1º Considera-se receita bruta, para fins do disposto no *caput* deste artigo, o produto da venda de bens e serviços nas operações de conta própria, o preço dos serviços prestados e o resultado nas operações em conta alheia, não incluídas as vendas canceladas e os descontos incondicionais concedidos.

§ 2º No caso de início de atividade no próprio ano-calendário, o limite a que se refere o *caput* deste artigo será proporcional ao número de meses em que a microempresa ou a empresa de pequeno porte houver exercido atividade, inclusive as frações de meses.

§ 3º O enquadramento do empresário ou da sociedade simples ou empresária como microempresa ou empresa de pequeno porte bem como o seu desenquadramento não implicarão alteração, denúncia ou qualquer restrição em relação a contratos por elas anteriormente firmados.

§ 4º Não poderá se beneficiar do tratamento jurídico diferenciado previsto nesta Lei Complementar, incluído o regime de que trata o art. 12 desta Lei Complementar, para nenhum efeito legal, a pessoa jurídica:

I — de cujo capital participe outra pessoa jurídica;

II — que seja filial, sucursal, agência ou representação, no País, de pessoa jurídica com sede no exterior;

III — de cujo capital participe pessoa física que seja inscrita como empresário ou seja sócia de outra empresa que receba tratamento jurídico diferenciado nos termos desta Lei Complementar, desde que a receita bruta global ultrapasse o limite de que trata o inciso II do *caput* deste artigo;

IV — cujo titular ou sócio participe com mais de 10% (dez por cento) do capital de outra empresa não beneficiada por esta Lei Complementar, desde que a receita bruta global ultrapasse o limite de que trata o inciso II do *caput* deste artigo;

Legislação Complementar

V — cujo sócio ou titular seja administrador ou equiparado de outra pessoa jurídica com fins lucrativos, desde que a receita bruta global ultrapasse o limite de que trata o inciso II do *caput* deste artigo;

VI — constituída sob a forma de cooperativas, salvo as de consumo;

VII — que participe do capital de outra pessoa jurídica;

VIII — que exerça atividade de banco comercial, de investimentos e de desenvolvimento, de caixa econômica, de sociedade de crédito, financiamento e investimento ou de crédito imobiliário, de corretora ou de distribuidora de títulos, valores mobiliários e câmbio, de empresa de arrendamento mercantil, de seguros privados e de capitalização ou de previdência complementar;

IX — resultante ou remanescente de cisão ou qualquer outra forma de desmembramento de pessoa jurídica que tenha ocorrido em um dos 5 (cinco) anos-calendário anteriores;

X — constituída sob a forma de sociedade por ações.

XI — cujos titulares ou sócios guardem, cumulativamente, com o contratante do serviço, relação de pessoalidade, subordinação e habitualidade. *(Incluído pela Lei Complementar n. 147, de 7.8.14, DOU 8.8.14)*

§ 5º O disposto nos incisos IV e VII do § 4º deste artigo não se aplica à participação no capital de cooperativas de crédito, bem como em centrais de compras, bolsas de subcontratação, no consórcio referido no art. 50 desta Lei Complementar e na sociedade de propósito específico prevista no art. 56 desta Lei Complementar, e em associações assemelhadas, sociedades de interesse econômico, sociedades de garantia solidária e outros tipos de sociedade, que tenham como objetivo social a defesa exclusiva dos interesses econômicos das microempresas e empresas de pequeno porte.

§ 6º Na hipótese de a microempresa ou empresa de pequeno porte incorrer em alguma das situações previstas nos incisos do § 4º, será excluída do tratamento jurídico diferenciado previsto nesta Lei Complementar, bem como do regime de que trata o art. 12, com efeitos a partir do mês seguinte ao que incorrida a situação impeditiva.

§ 7º Observado o disposto no § 2º deste artigo, no caso de início de atividades, a microempresa que, no ano-calendário, exceder o limite de receita bruta anual previsto no inciso I do *caput* deste artigo passa, no ano-calendário seguinte, à condição de empresa de pequeno porte.

§ 8º Observado o disposto no § 2º deste artigo, no caso de início de atividades, a empresa de pequeno porte que, no ano-calendário, não ultrapassar o limite de receita bruta anual previsto no inciso I do *caput* deste artigo passa, no ano-calendário seguinte, à condição de microempresa.

§ 9º A empresa de pequeno porte que, no ano-calendário, exceder o limite de receita bruta anual previsto no inciso II do *caput* deste artigo fica excluída, no mês subsequente à ocorrência do excesso, do tratamento jurídico diferenciado previsto nesta Lei Complementar, incluído o regime de que trata o art. 12, para todos os efeitos legais, ressalvado o disposto nos §§ 9º-A, 10 e 12.

§ 9º-A. Os efeitos da exclusão prevista no § 9º dar-se-ão no ano-calendário subsequente se o excesso verificado em relação à receita bruta não for superior a 20% (vinte por cento) do limite referido no inciso II do *caput*.

§ 10. A empresa de pequeno porte que no decurso do ano-calendário de início de atividade ultrapassar o limite proporcional de receita bruta de que trata o § 2º estará excluída do tratamento jurídico diferenciado previsto nesta Lei Complementar, bem como do regime de que trata o art. 12 desta Lei Complementar, com efeitos retroativos ao início de suas atividades.

§ 11. Na hipótese de o Distrito Federal, os Estados e os respectivos Municípios adotarem um dos limites previstos nos incisos I e II do *caput* do art. 19 e no art. 20, caso a receita bruta auferida pela empresa durante o ano-calendário de início de atividade ultrapasse 1/12 (um doze avos) do limite estabelecido multiplicado pelo número de meses de funcionamento nesse período, a empresa não poderá recolher o ICMS e o ISS na forma do Simples Nacional, relativos ao estabelecimento localizado na unidade da federação que os houver adotado, com efeitos retroativos ao início de suas atividades.

§ 12. A exclusão de que trata o § 10 não retroagirá ao início das atividades se o excesso verificado em relação à receita bruta não for superior a 20% (vinte por cento) do respectivo limite referido naquele parágrafo, hipótese em que os efeitos da exclusão dar-se-ão no ano-calendário subsequente.

§ 13. O impedimento de que trata o § 11 não retroagirá ao início das atividades se o excesso verificado em relação à receita bruta não for superior a 20% (vinte por cento) dos respectivos limites referidos naquele parágrafo, hipótese em que os efeitos do impedimento ocorrerão no ano-calendário subsequente.

§ 14. Para fins de enquadramento como microempresa ou empresa de pequeno porte, poderão ser auferidas receitas no mercado interno até o limite previsto no inciso II do *caput* ou no § 2º, conforme o caso, e, adicionalmente, receitas decorrentes da exportação de mercadorias ou serviços, inclusive quando realizada por meio de comercial exportadora ou da sociedade de propósito específico prevista no art. 56 desta Lei Complementar, desde que as receitas de exportação também não excedam os referidos limites de receita bruta anual. *(Redação dada pela Lei Complementar n. 147, de 7.8.14, DOU 8.8.14)*

§ 15. Na hipótese do § 14, para fins de determinação da alíquota de que trata o § 1º do art. 18, da base de cálculo prevista em seu § 3º e das majorações de alíquotas previstas em seus §§ 16, 16-A, 17 e 17-A, serão consideradas separadamente as receitas brutas auferidas no mercado interno e aquelas decorrentes da exportação. *(Redação dada pela Lei Complementar n. 147, de 7.8.14, DOU 8.8.14)*

§ 16. O disposto neste artigo será regulamentado por resolução do CGSN. *(Incluído pela Lei Complementar n. 147, de 7.8.14, DOU 8.8.14)*

§ 17. (VETADO). *(Incluído pela Lei Complementar n. 155, de 27.10.16, DOU 28.10.16)*

§ 18. (VETADO). *(Incluído pela Lei Complementar n. 155, de 27.10.16, DOU 28.10.16)*

Art. 3º-A. Aplica-se ao produtor rural pessoa física e ao agricultor familiar conceituado na Lei n. 11.326, de 24 de julho de 2006, com situação regular na Previdência Social e no Município que tenham auferido receita bruta anual até o limite de que trata o inciso II do *caput* do art. 3º o disposto nos arts. 6º e 7º, nos Capítulos V a X, na Seção IV do Capítulo XI e no Capítulo XII desta Lei Complementar, ressalvadas as disposições da Lei n. 11.718, de 20 de junho de 2008. *(Incluído pela Lei Complementar n. 147, de 7.8.14, DOU 8.8.14)*

PARÁGRAFO ÚNICO. A equiparação de que trata o *caput* não se aplica às disposições do Capítulo IV desta Lei Complementar. *(Incluído pela Lei Complementar n. 147, de 7.8.14, DOU 8.8.14)*

Art. 3º-B. Os dispositivos desta Lei Complementar, com exceção dos dispostos no Capítulo IV, são aplicáveis a todas as microempresas e empresas de pequeno porte, assim definidas pelos incisos I e II do *caput* e § 4º do art. 3º, ainda que não enquadradas no regime tributário do Simples Nacional, por vedação ou por opção. *(Incluído pela Lei Complementar n. 147, de 7.8.14, DOU 8.8.14)*

Capítulo III
Da Inscrição e da Baixa

Art. 4º Na elaboração de normas de sua competência, os órgãos e entidades envolvidos na abertura e fechamento de empresas, dos 3 (três) âmbitos de governo, deverão considerar a unicidade do processo de registro e de legalização de empresários e de pessoas jurídicas, para tanto devendo articular as competências próprias com aquelas dos demais membros, e buscar, em conjunto, compatibilizar e integrar procedimentos, de modo a evitar a duplicidade de exigências e garantir a linearidade do processo, da perspectiva do usuário.

§ 1º O processo de abertura, registro, alteração e baixa da microempresa e empresa de pequeno porte, bem como qualquer exigência para o início de seu funcionamento, deverão ter trâmite especial e simplificado, preferencialmente eletrônico, opcional para o empreendedor, observado o seguinte: *(Redação dada pela Lei Complementar n. 147, de 7.8.14, DOU 8.8.14)*

I — poderão ser dispensados o uso da firma, com a respectiva assinatura autógrafa, o capital, requerimentos, demais assinaturas, informações relativas ao estado civil e regime de bens, bem como remessa de documentos, na forma estabelecida pelo CGSIM; e

II — (Revogado). *(Redação dada pela Lei Complementar n. 147, de 7.8.14, DOU 8.8.14)*

§ 2º (REVOGADO)

§ 3º Ressalvado o disposto nesta Lei Complementar, ficam reduzidos a 0 (zero) todos os custos, inclusive prévios, relativos à abertura, à inscrição, ao registro, ao funcionamento, ao alvará, à licença, ao cadastro, às alterações e procedimentos de baixa e encerramento e aos demais itens relativos ao Microempreendedor Individual, incluindo os valores referentes a taxas, a emolumentos e a demais contribuições relativas aos órgãos de registro, de licenciamento, sindicais, de regulamentação, de anotação de responsabilidade técnica, de vistoria e de fiscalização do exercício de profissões regulamentadas. *(Redação dada pela Lei Complementar n. 147, de 7.8.14, DOU 8.8.14)*

§ 3º-A. O agricultor familiar, definido conforme a Lei n. 11.326, de 24 de julho de 2006, e identificado pela Declaração de Aptidão ao Pronaf — DAP física ou jurídica, bem como o MEI e o empreendedor de economia solidária ficam isentos de taxas e outros valores relativos à fiscalização da vigilância sanitária. *(Incluído pela Lei Complementar n. 147, de 7.8.14, DOU 8.8.14)*

§ 4º No caso do MEI, de que trata o art. 18-A desta Lei Complementar, a cobrança associativa ou oferta de serviços privados relativos aos atos de que trata o § 3º deste artigo somente poderá ser efetuada a partir de demanda prévia do próprio MEI, firmado por meio de contrato com assinatura autógrafa, observando-se que: *(Incluído pela Lei Complementar n. 147, de 7.8.14, DOU 8.8.14)*

I — para a emissão de boletos de cobrança, os bancos públicos e privados deverão exigir das instituições sindicais e associativas autorização prévia específica a ser emitida pelo CGSIM; *(Incluído pela Lei Complementar n. 147, de 7.8.14, DOU 8.8.14)*

II — o desrespeito ao disposto neste parágrafo configurará vantagem ilícita pelo induzimento ao erro em prejuízo do MEI, aplicando-se as sanções previstas em lei. *(Incluído pela Lei Complementar n. 147, de 7.8.14, DOU 8.8.14)*

§ 5º (VETADO). (NR) *(Incluído pela Lei Complementar n. 147, de 7.8.14, DOU 8.8.14)*

§ 6º Na ocorrência de fraude no registro do Microempreendedor Individual — MEI feito por terceiros, o pedido de baixa deve ser feito por meio exclusivamente eletrônico, com efeitos retroativos à data de registro, na forma a ser regulamentada pelo CGSIM, não sendo aplicáveis os efeitos do § 1º do art. 29 desta

Lei Complementar. *(Incluído pela Lei Complementar n. 155, de 27.10.16, DOU 28.10.16)*

Art. 5º Os órgãos e entidades envolvidos na abertura e fechamento de empresas, dos 3 (três) âmbitos de governo, no âmbito de suas atribuições, deverão manter à disposição dos usuários, de forma presencial e pela rede mundial de computadores, informações, orientações e instrumentos, de forma integrada e consolidada, que permitam pesquisas prévias às etapas de registro ou inscrição, alteração e baixa de empresários e pessoas jurídicas, de modo a prover ao usuário certeza quanto à documentação exigível e quanto à viabilidade do registro ou inscrição.

PARÁGRAFO ÚNICO. As pesquisas prévias à elaboração de ato constitutivo ou de sua alteração deverão bastar a que o usuário seja informado pelos órgãos e entidades competentes:

I — da descrição oficial do endereço de seu interesse e da possibilidade de exercício da atividade desejada no local escolhido;

II — de todos os requisitos a serem cumpridos para obtenção de licenças de autorização de funcionamento, segundo a atividade pretendida, o porte, o grau de risco e a localização; e

III — da possibilidade de uso do nome empresarial de seu interesse.

Art. 6º Os requisitos de segurança sanitária, metrologia, controle ambiental e prevenção contra incêndios, para os fins de registro e legalização de empresários e pessoas jurídicas, deverão ser simplificados, racionalizados e uniformizados pelos órgãos envolvidos na abertura e fechamento de empresas, no âmbito de suas competências.

§ 1º Os órgãos e entidades envolvidos na abertura e fechamento de empresas que sejam responsáveis pela emissão de licenças e autorizações de funcionamento somente realizarão vistorias após o início de operação do estabelecimento, quando a atividade, por sua natureza, comportar grau de risco compatível com esse procedimento.

§ 2º Os órgãos e entidades competentes definirão, em 6 (seis) meses, contados da publicação desta Lei Complementar, as atividades cujo grau de risco seja considerado alto e que exigirão vistoria prévia.

§ 3º Na falta de legislação estadual, distrital ou municipal específica relativa à definição do grau de risco da atividade aplicar-se-á resolução do CGSIM. *(Incluído pela Lei Complementar n. 147, de 7.8.14, DOU 8.8.14)*

§ 4º A classificação de baixo grau de risco permite ao empresário ou à pessoa jurídica a obtenção do licenciamento de atividade mediante o simples fornecimento de dados e a substituição da comprovação prévia do cumprimento de exigências e restrições por declarações do titular ou responsável. *(Incluído pela Lei Complementar n. 147, de 7.8.14, DOU 8.8.14)*

§ 5º O disposto neste artigo não é impeditivo da inscrição fiscal. *(Incluído pela Lei Complementar n. 147, de 7.8.14, DOU 8.8.14)*

Art. 7º Exceto nos casos em que o grau de risco da atividade seja considerado alto, os Municípios emitirão Alvará de Funcionamento Provisório, que permitirá o início de operação do estabelecimento imediatamente após o ato de registro.

PARÁGRAFO ÚNICO. Nos casos referidos no *caput* deste artigo, poderá o Município conceder Alvará de Funcionamento Provisório para o microempreendedor individual, para microempresas e para empresas de pequeno porte:

I — instaladas em área ou edificação desprovidas de regulação fundiária e imobiliária, inclusive habite-se; ou *(Incluído pela Lei Complementar n. 147, de 7.8.14, DOU 8.8.14)*

II — em residência do microempreendedor individual ou do titular ou sócio da microempresa ou empresa de pequeno porte, na hipótese em que a atividade não gere grande circulação de pessoas.

Art. 8º Será assegurado aos empresários e pessoas jurídicas: *(Redação dada pela Lei Complementar n. 147, de 7.8.14, DOU 8.8.14)*

I — entrada única de dados e documentos; *(Incluído pela Lei Complementar n. 147, de 7.8.14, DOU 8.8.14)*

II — processo de registro e legalização integrado entre os órgãos e entes envolvidos, por meio de sistema informatizado que garanta: *(Incluído pela Lei Complementar n. 147, de 7.8.14, DOU 8.8.14)*

a) sequenciamento das seguintes etapas: consulta prévia de nome empresarial e de viabilidade de localização, registro empresarial, inscrições fiscais e licenciamento de atividade; *(Incluído pela Lei Complementar n. 147, de 7.8.14, DOU 8.8.14)*

b) criação da base nacional cadastral única de empresas; *(Incluído pela Lei Complementar n. 147, de 7.8.14, DOU 8.8.14)*

III — identificação nacional cadastral única que corresponderá ao número de inscrição no Cadastro Nacional de Pessoas Jurídicas — CNPJ. *(Incluído pela Lei Complementar n. 147, de 7.8.14, DOU 8.8.14)*

§ 1º O sistema de que trata o inciso II do *caput* deve garantir aos órgãos e entidades integrados: *(Incluído pela Lei Complementar n. 147, de 7.8.14, DOU 8.8.14)*

I — compartilhamento irrestrito dos dados da base nacional única de empresas; *(Incluído pela Lei Complementar n. 147, de 7.8.14, DOU 8.8.14)*

II — autonomia na definição das regras para comprovação do cumprimento de exigências nas respectivas etapas do processo. *(Incluído pela Lei Complementar n. 147, de 7.8.14, DOU 8.8.14)*

§ 2º A identificação nacional cadastral única substituirá para todos os efeitos as demais inscrições, sejam elas federais, estaduais ou municipais, após a implantação do sistema a que se refere o inciso II do *caput*, no prazo e na forma estabelecidos pelo CGSIM. *(Incluído pela Lei Complementar n. 147, de 7.8.14, DOU 8.8.14)*

§ 3º É vedado aos órgãos e entidades integrados ao sistema informatizado de que trata o inciso II do *caput* o estabelecimento de exigências não previstas em lei. *(Incluído pela Lei Complementar n. 147, de 7.8.14, DOU 8.8.14)*

§ 4º A coordenação do desenvolvimento e da implantação do sistema de que trata o inciso II do *caput* ficará a cargo do CGSIM. *(Incluído pela Lei Complementar n. 147, de 7.8.14, DOU 8.8.14)*

Art. 9º O registro dos atos constitutivos, de suas alterações e extinções (baixas), referentes a empresários e pessoas jurídicas em qualquer órgão dos 3 (três) âmbitos de governo ocorrerá independentemente da regularidade de obrigações tributárias, previdenciárias ou trabalhistas, principais ou acessórias, do empresário, da sociedade, dos sócios, dos administradores ou de empresas de que participem, sem prejuízo das responsabilidades do empresário, dos titulares, dos sócios ou dos administradores por tais obrigações, apuradas antes ou após o ato de extinção. *(Redação dada pela Lei Complementar n. 147, de 7.8.14, DOU 8.8.14)*

§ 1º O arquivamento, nos órgãos de registro, dos atos constitutivos de empresários, de sociedades empresárias e de demais equiparados que se enquadrarem como microempresa ou empresa de pequeno porte bem como o arquivamento de suas alterações são dispensados das seguintes exigências:

I — certidão de inexistência de condenação criminal, que será substituída por declaração do titular ou administrador, firmada sob as penas da lei, de não estar impedido de exercer atividade mercantil ou a administração de sociedade, em virtude de condenação criminal;

II — prova de quitação, regularidade ou inexistência de débito referente a tributo ou contribuição de qualquer natureza.

§ 2º Não se aplica às microempresas e às empresas de pequeno porte o disposto no § 2º do art. 1º da Lei n. 8.906, de 4 de julho de 1994.

§ 3º (Revogado). *(Redação dada pela Lei Complementar n. 147, de 7.8.14, DOU 8.8.14)*

§ 4º A baixa do empresário ou da pessoa jurídica não impede que, posteriormente, sejam lançados ou cobrados tributos, contribuições e respectivas penalidades, decorrentes da falta do cumprimento de obrigações ou da prática comprovada e apurada em processo administrativo ou judicial de outras irregularidades praticadas pelos empresários, pelas pessoas jurídicas ou por seus titulares, sócios ou administradores. *(Redação dada pela Lei Complementar n. 147, de 7.8.14, DOU 8.8.14)*

§ 5º A solicitação de baixa do empresário ou da pessoa jurídica importa responsabilidade solidária dos empresários, dos titulares, dos sócios e dos administradores no período da ocorrência dos respectivos fatos geradores. *(Redação dada pela Lei Complementar n. 147, de 7.8.14, DOU 8.8.14)*

§ 6º Os órgãos referidos no *caput* deste artigo terão o prazo de 60 (sessenta) dias para efetivar a baixa nos respectivos cadastros.

§ 7º Ultrapassado o prazo previsto no § 6º deste artigo sem manifestação do órgão competente, presumir-se-á a baixa dos registros das microempresas e a das empresas de pequeno porte.

§ 8º (Revogado). *(Redação dada pela Lei Complementar n. 147, de 7.8.14, DOU 8.8.14)*

§ 9º (Revogado). *(Redação dada pela Lei Complementar n. 147, de 7.8.14, DOU 8.8.14)*

§ 10. (Revogado). *(Redação dada pela Lei Complementar n. 147, de 7.8.14, DOU 8.8.14)*

§ 11. (Revogado). *(Redação dada pela Lei Complementar n. 147, de 7.8.14, DOU 8.8.14)*

§ 12. (Revogado). *(Redação dada pela Lei Complementar n. 147, de 7.8.14, DOU 8.8.14)*

Art. 10. Não poderão ser exigidos pelos órgãos e entidades envolvidos na abertura e fechamento de empresas, dos 3 (três) âmbitos de governo:

I — excetuados os casos de autorização prévia, quaisquer documentos adicionais aos requeridos pelos órgãos executores do Registro Público de Empresas Mercantis e Atividades Afins e do Registro Civil de Pessoas Jurídicas;

II — documento de propriedade ou contrato de locação do imóvel onde será instalada a sede, filial ou outro estabelecimento, salvo para comprovação do endereço indicado;

III — comprovação de regularidade de prepostos dos empresários ou pessoas jurídicas com seus órgãos de classe, sob qualquer forma, como requisito para deferimento de ato de inscrição, alteração ou baixa de empresa, bem como para autenticação de instrumento de escrituração.

Art. 11. Fica vedada a instituição de qualquer tipo de exigência de natureza documental ou formal, restritiva ou condicionante, pelos órgãos envolvidos na abertura e fechamento de empresas, dos 3 (três) âmbitos de governo, que exceda o estrito limite dos requisitos pertinentes à essência do ato de registro, alteração ou baixa da empresa.

Capítulo IV
Dos Tributos e Contribuições

Seção I
Da Instituição e Abrangência

Art. 12. Fica instituído o Regime Especial Unificado de Arrecadação de Tributos e Contribuições devidos pelas Microempresas e Empresas de Pequeno Porte — Simples Nacional.

PARÁGRAFO ÚNICO. (VETADO). *(Lei Complementar n. 155, de 27.10.16, DOU 28.10.16)*

Art. 13. O Simples Nacional implica o recolhimento mensal, mediante documento único de arrecadação, dos seguintes impostos e contribuições:

I — Imposto sobre a Renda da Pessoa Jurídica — IRPJ;

II — Imposto sobre Produtos Industrializados — IPI, observado o disposto no inciso XII do § 1º deste artigo;

III — Contribuição Social sobre o Lucro Líquido — CSLL;

IV — Contribuição para o Financiamento da Seguridade Social — COFINS, observado o disposto no inciso XII do § 1º deste artigo;

V — Contribuição para o PIS/Pasep, observado o disposto no inciso XII do § 1º deste artigo;

VI — Contribuição Patronal Previdenciária — CPP para a Seguridade Social, a cargo da pessoa jurídica, de que trata o art. 22 da Lei n. 8.212, de 24 de julho de 1991, exceto no caso da microempresa e da empresa de pequeno porte que se dedique às atividades de prestação de serviços referidas no § 5º-C do art. 18 desta Lei Complementar;

VII — Imposto sobre Operações Relativas à Circulação de Mercadorias e Sobre Prestações de Serviços de Transporte Interestadual e Intermunicipal e de Comunicação — ICMS;

VIII — Imposto sobre Serviços de Qualquer Natureza — ISS.

§ 1º O recolhimento na forma deste artigo não exclui a incidência dos seguintes impostos ou contribuições, devidos na qualidade de contribuinte ou responsável, em relação aos quais será observada a legislação aplicável às demais pessoas jurídicas:

I — Imposto sobre Operações de Crédito, Câmbio e Seguro, ou Relativas a Títulos ou Valores Mobiliários — IOF;

II — Imposto sobre a Importação de Produtos Estrangeiros — II;

III — Imposto sobre a Exportação, para o Exterior, de Produtos Nacionais ou Nacionalizados — IE;

IV — Imposto sobre a Propriedade Territorial Rural — ITR;

V — Imposto de Renda, relativo aos rendimentos ou ganhos líquidos auferidos em aplicações de renda fixa ou variável;

VI — Imposto de Renda relativo aos ganhos de capital auferidos na alienação de bens do ativo permanente;

VII — Contribuição Provisória sobre Movimentação ou Transmissão de Valores e de Créditos e Direitos de Natureza Financeira — CPMF;

VIII — Contribuição para o Fundo de Garantia do Tempo de Serviço — FGTS;

IX — Contribuição para manutenção da Seguridade Social, relativa ao trabalhador;

X — Contribuição para a Seguridade Social, relativa à pessoa do empresário, na qualidade de contribuinte individual;

XI — Imposto de Renda relativo aos pagamentos ou créditos efetuados pela pessoa jurídica a pessoas físicas;

XII — Contribuição para o PIS/Pasep, Cofins e IPI incidentes na importação de bens e serviços;

XIII — ICMS devido:

a) nas operações sujeitas ao regime de substituição tributária, tributação concentrada em uma única etapa (monofásica) e sujeitas ao regime de antecipação do recolhimento do imposto com encerramento de tributação, envolvendo combustíveis e lubrificantes; energia elétrica; cigarros e outros produtos derivados do fumo; bebidas; óleos e azeites vegetais comestíveis; farinha de trigo e misturas de farinha de trigo; massas alimentícias; açúcares; produtos lácteos; carnes e suas preparações; preparações à base de cereais; chocolates; produtos de padaria e da indústria de bolachas e biscoitos; sorvetes e preparados para fabricação de sorvetes em máquinas; cafés e mates, seus extratos, essências e concentrados; preparações para molhos e molhos preparados; preparações de produtos vegetais; rações para animais domésticos; veículos automotivos e automotores, suas peças, componentes e acessórios; pneumáticos; câmaras de ar e protetores de borracha; medicamentos e outros produtos farmacêuticos para uso humano ou veterinário; cosméticos; produtos de perfumaria e de higiene pessoal; papéis; plásticos; canetas e malas; cimentos; cal e argamassas; produtos cerâmicos; vidros; obras de metal e plástico para construção; telhas e caixas d'água; tintas e vernizes; produtos eletrônicos, eletroeletrônicos e eletrodomésticos; fios; cabos e outros condutores; transformadores elétricos e reatores; disjuntores; interruptores e tomadas; isoladores; para-raios e lâmpadas; máquinas e aparelhos de ar-condicionado; centrifugadores de uso doméstico; aparelhos e instrumentos de pesagem de uso doméstico; extintores; aparelhos ou máquinas de barbear; máquinas de cortar o cabelo ou de tosquiar; aparelhos de depilar, com motor elétrico incorporado; aquecedores elétricos de água para uso doméstico e termômetros; ferramentas; álcool etílico; sabões em pó e líquidos para roupas; detergentes; alvejantes; esponjas; palhas de aço e amaciantes de roupas; venda de mercadorias pelo sistema porta a porta; nas operações sujeitas ao regime de substituição tributária pelas operações anteriores; e nas prestações de serviços sujeitas aos regimes de substituição tributária e de antecipação de recolhimento do imposto com encerramento de tributação; *(Redação dada pele Lei Complementar n. 147, de 7.8.14, DOU 8.8.14)*

b) por terceiro, a que o contribuinte se ache obrigado, por força da legislação estadual ou distrital vigente;

c) na entrada, no território do Estado ou do Distrito Federal, de petróleo, inclusive lubrificantes e combustíveis líquidos e gasosos dele derivados, bem como energia elétrica, quando não destinados à comercialização ou industrialização;

d) por ocasião do desembaraço aduaneiro;

e) na aquisição ou manutenção em estoque de mercadoria desacobertada de documento fiscal;

f) na operação ou prestação desacobertada de documento fiscal;

g) nas operações com bens ou mercadorias sujeitas ao regime de antecipação do recolhimento do imposto, nas aquisições em outros Estados e Distrito Federal:

1. com encerramento da tributação, observado o disposto no inciso IV do § 4º do art. 18 desta Lei Complementar;

2. sem encerramento da tributação, hipótese em que será cobrada a diferença entre a alíquota interna e a interestadual, sendo vedada a agregação de qualquer valor;

h) nas aquisições em outros Estados e no Distrito Federal de bens ou mercadorias, não sujeitas ao regime de antecipação do recolhimento do imposto, relativo à diferença entre a alíquota interna e a interestadual;

XIV — ISS devido:

a) em relação aos serviços sujeitos à substituição tributária ou retenção na fonte;

b) na importação de serviços;

XV — demais tributos de competência da União, dos Estados, do Distrito Federal ou dos Municípios, não relacionados nos incisos anteriores.

§ 1º-A. Os valores repassados aos profissionais de que trata a Lei n. 12.592, de 18 de janeiro de 2012, contratados por meio de parceria, nos termos da legislação civil, não integrarão a receita bruta da empresa contratante para fins de tributação, cabendo ao contratante a retenção e o recolhimento dos tributos devidos pelo contratado. *(Incluído pela Lei Complementar n. 155, de 27.10.16, DOU 28.10.16)*

§ 2º Observada a legislação aplicável, a incidência do imposto de renda na fonte, na hipótese do inciso V do § 1º deste artigo, será definitiva.

§ 3º As microempresas e empresas de pequeno porte optantes pelo Simples Nacional ficam dispensadas do pagamento das demais contribuições instituídas pela União, inclusive as contribuições para as entidades privadas de serviço social e de formação profissional vinculadas ao sistema sindical, de que trata o art. 240 da Constituição Federal, e demais entidades de serviço social autônomo.

§ 4º (VETADO).

§ 5º A diferença entre a alíquota interna e a interestadual de que tratam as alíneas g e h do inciso XIII do § 1º deste artigo será calculada tomando-se por base as alíquotas aplicáveis às pessoas jurídicas não optantes pelo Simples Nacional.

§ 6º O Comitê Gestor do Simples Nacional:

I — disciplinará a forma e as condições em que será atribuída à microempresa ou empresa de pequeno porte optante pelo Simples Nacional a qualidade de substituta tributária; e

II — poderá disciplinar a forma e as condições em que será estabelecido o regime de antecipação do ICMS previsto na alínea g do inciso XIII do § 1º deste artigo.

§ 7º O disposto na alínea *a* do inciso XIII do § 1º será disciplinado por convênio celebrado pelos Estados e pelo Distrito Federal, ouvidos o CGSN e os representantes dos segmentos econômicos envolvidos. *(Incluído pela Lei Complementar n. 147, de 7.8.14, DOU 8.8.14)*

§ 8º Em relação às bebidas não alcoólicas, massas alimentícias, produtos lácteos, carnes e suas preparações, preparações à base de cereais, chocolates, produtos de padaria e da indústria de bolachas e biscoitos, preparações para molhos e molhos preparados, preparações de produtos vegetais, telhas e outros produtos cerâmicos para construção e detergentes, aplica-se o disposto na alínea *a* do inciso XIII do § 1º aos fabricados em escala industrial relevante em cada segmento, observado o disposto no § 7º. *(Incluído pela Lei Complementar n. 147, de 7.8.14, DOU 8.8.14)*

Art. 13-A. Para efeito de recolhimento do ICMS e do ISS no Simples Nacional, o limite máximo de que trata o inciso II do *caput* do art. 3º será de R$ 3.600.000,00 (três milhões e seiscentos mil reais), observado o disposto nos §§ 11, 13, 14 e 15 do mesmo artigo, nos §§ 17 e 17-A do art. 18 e no § 4º do art. 19. *(Incluído pela Lei Complementar n. 155, de 27.10.16, DOU 28.10.16. Em vigor na data de sua publicação. Efeitos, a partir 1º.1.18.)*

Art. 14. Consideram-se isentos do imposto de renda, na fonte e na declaração de ajuste do beneficiário, os valores efetivamente pagos ou distribuídos ao titular ou sócio da microempresa ou empresa de pequeno porte optante pelo Simples Nacional, salvo os que corresponderem a pró-labore, aluguéis ou serviços prestados.

§ 1º A isenção de que trata o *caput* deste artigo fica limitada ao valor resultante da aplicação dos percentuais de que trata o art. 15 da Lei n. 9.249, de 26 de dezembro de 1995, sobre a receita bruta mensal, no caso de antecipação de fonte, ou da receita bruta total anual, tratando-se de declaração de ajuste, subtraído do valor devido na forma do Simples Nacional no período.

§ 2º O disposto no § 1º deste artigo não se aplica na hipótese de a pessoa jurídica manter escrituração contábil e evidenciar lucro superior àquele limite.

Art. 15. (VETADO).

Art. 16. A opção pelo Simples Nacional da pessoa jurídica enquadrada na condição de microempresa e empresa de pequeno porte dar-se-á na forma a ser estabelecida em ato do Comitê Gestor, sendo irretratável para todo o ano-calendário.

§ 1º Para efeito de enquadramento no Simples Nacional, considerar-se-á microempresa ou empresa de pequeno porte aquela cuja receita bruta no ano-calendário anterior ao da opção esteja compreendida dentro dos limites previstos no art. 3º desta Lei Complementar.

§ 1º-A. A opção pelo Simples Nacional implica aceitação de sistema de comunicação eletrônica, destinado, dentre outras finalidades, a:

I — cientificar o sujeito passivo de quaisquer tipos de atos administrativos, incluídos os relativos ao indeferimento de opção, à exclusão do regime e a ações fiscais;

II — encaminhar notificações e intimações; e

III — expedir avisos em geral.

§ 1º-B. O sistema de comunicação eletrônica de que trata o § 1º-A será regulamentado pelo CGSN, observando-se o seguinte:

I — as comunicações serão feitas, por meio eletrônico, em portal próprio, dispensando-se a sua publicação no Diário Oficial e o envio por via postal;

II — a comunicação feita na forma prevista no *caput* será considerada pessoal para todos os efeitos legais;

III — a ciência por meio do sistema de que trata o § 1º-A com utilização de certificação digital ou de código de acesso possuirá os requisitos de validade;

IV — considerar-se-á realizada a comunicação no dia em que o sujeito passivo efetivar a consulta eletrônica ao teor da comunicação; e

V — na hipótese do inciso IV, nos casos em que a consulta se dê em dia não útil, a comunicação será considerada como realizada no primeiro dia útil seguinte.

§ 1º-C. A consulta referida nos incisos IV e V do § 1º-B deverá ser feita em até 45 (quarenta e cinco) dias contados da data da disponibilização da comunicação no portal a que se refere o inciso I do § 1º-B, ou em prazo superior estipulado pelo CGSN, sob pena de ser considerada automaticamente realizada na data do término desse prazo.

§ 1º-D. Enquanto não editada a regulamentação de que trata o § 1º-B, os entes federativos poderão utilizar sistemas de comunicação eletrônica, com regras próprias, para as finalidades previstas no § 1º-A, podendo a referida regulamentação prever a adoção desses sistemas como meios complementares de comunicação.

§ 2º A opção de que trata o *caput* deste artigo deverá ser realizada no mês de janeiro, até o seu último dia útil, produzindo efeitos a partir do primeiro dia do ano-calendário da opção, ressalvado o disposto no § 3º deste artigo.

§ 3º A opção produzirá efeitos a partir da data do início de atividade, desde que exercida nos termos, prazo e condições a serem estabelecidos no ato do Comitê Gestor a que se refere o *caput* deste artigo.

§ 4º Serão consideradas inscritas no Simples Nacional, em 1º de julho de 2007, as microempresas e empresas de pequeno porte regularmente optantes pelo regime tributário de que trata a Lei n. 9.317, de 5 de dezembro de 1996, salvo as que estiverem impedidas de optar por alguma vedação imposta por esta Lei Complementar.

§ 5º O Comitê Gestor regulamentará a opção automática prevista no § 4º deste artigo.

§ 6º O indeferimento da opção pelo Simples Nacional será formalizado mediante ato da Administração Tributária segundo regulamentação do Comitê Gestor.

Seção II
Das Vedações ao Ingresso no Simples Nacional

Art. 17. Não poderão recolher os impostos e contribuições na forma do Simples Nacional a microempresa ou a empresa de pequeno porte:

I — que explore atividade de prestação cumulativa e contínua de serviços de assessoria creditícia, gestão de crédito, seleção e riscos, administração de contas a pagar e a receber, gerenciamento de ativos (*asset management*), compras de direitos creditórios resultantes de vendas mercantis a prazo ou de prestação de serviços (*factoring*);

II — que tenha sócio domiciliado no exterior;

III — de cujo capital participe entidade da administração pública, direta ou indireta, federal, estadual ou municipal;

IV — (REVOGADO)

V — que possua débito com o Instituto Nacional do Seguro Social — INSS, ou com as Fazendas Públicas Federal, Estadual ou Municipal, cuja exigibilidade não esteja suspensa;

VI — que preste serviço de transporte intermunicipal e interestadual de passageiros, exceto quando na modalidade fluvial ou quando possuir características de transporte urbano ou metropolitano ou realizar-se sob fretamento contínuo em área metropolitana para o transporte de estudantes ou trabalhadores; *(Redação dada pela Lei Complementar n. 147, de 7.8.14, DOU 8.8.14)*

VII — que seja geradora, transmissora, distribuidora ou comercializadora de energia elétrica;

VIII — que exerça atividade de importação ou fabricação de automóveis e motocicletas;

IX — que exerça atividade de importação de combustíveis;

X — que exerça atividade de produção ou venda no atacado de:

a) cigarros, cigarrilhas, charutos, filtros para cigarros, armas de fogo, munições e pólvoras, explosivos e detonantes;

b) bebidas não alcoólicas a seguir descritas: *(Redação dada pela Lei Complementar n. 155, de 27.10.16, DOU 28.10.16)*

I — (REVOGADO) *(Revogado pela LC n. 155, de 27.10.56, DOU 28.10.16. Em vigor na data da sua publicação. Efeitos, a partir de 1º.1.18.)*

1 — alcoólicas; *(Redação dada pela Lei Complementar n. 155, de 27.10.16, DOU 28.10.16)* Vigência

2. (Revogado); *(Redação dada pela Lei Complementar n. 147, de 7.8.14, DOU 8.8.14)*

3. (Revogado); *(Redação dada pela Lei Complementar n. 147, de 7.8.14, DOU 8.8.14)*

4 — cervejas sem álcool;

c) bebidas alcoólicas, exceto aquelas produzidas ou vendidas no atacado por: *(Incluído pela Lei Complementar n. 155, de 27.10.16, DOU 28.10.16. Em vigor na data de sua publicação. Efeitos, a partir 1º.1.18.)*

1. micro e pequenas cervejarias; *(Incluído pela Lei Complementar n. 155, de 27.10.16, DOU 28.10.16)*

2. micro e pequenas vinícolas; *(Incluído pela Lei Complementar n. 155, de 27.10.16, DOU 28.10.16)*

3. produtores de licores; *(Incluído pela Lei Complementar n. 155, de 27.10.16, DOU 28.10.16)*

4. micro e pequenas destilarias; *(Incluído pela Lei Complementar n. 155, de 27.10.16, DOU 28.10.16)*

XI — (Revogado); *(Redação dada pela Lei Complementar n. 147, de 7.8.14, DOU 8.8.14)*

XII — que realize cessão ou locação de mão de obra;

XIII — (Revogado); *(Redação dada pela Lei Complementar n. 147, de 7.8.14, DOU 8.8.14)*

XIV — que se dedique ao loteamento e à incorporação de imóveis.

XV — que realize atividade de locação de imóveis próprios, exceto quando se referir a prestação de serviços tributados pelo ISS.

XVI — com ausência de inscrição ou com irregularidade em cadastro fiscal federal, municipal ou estadual, quando exigível.

§ 1º As vedações relativas a exercício de atividades previstas no *caput* deste artigo não se aplicam às pessoas jurídicas que se dediquem exclusivamente às atividades referidas nos §§ 5º-B a 5º-E do art. 18 desta Lei Complementar, ou as exerçam em conjunto com outras atividades que não tenham sido objeto de vedação no *caput* deste artigo.

I — (REVOGADO)

II — (REVOGADO)

III — (REVOGADO)

IV — (REVOGADO)

V — (REVOGADO)

VI — (REVOGADO)

VII — (REVOGADO)

VIII — (REVOGADO)

IX — (REVOGADO)

X — (REVOGADO)

XI — (REVOGADO)

XII — (REVOGADO)

XIII — (REVOGADO)

XIV — (REVOGADO)

XV — (REVOGADO)

XVI — (REVOGADO)

XVII — (REVOGADO)

XVIII — (REVOGADO)

XIX — (REVOGADO)

XX — (REVOGADO)

XXI — (REVOGADO)

XXII — (VETADO);

XXIII — (REVOGADO)

XXIV — (REVOGADO)

XXV — (REVOGADO)

XXVI — (REVOGADO)

XXVII — (REVOGADO)

XXVIII — (VETADO).

§ 2º Também poderá optar pelo Simples Nacional a microempresa ou empresa de pequeno porte que se dedique à prestação de outros serviços que não tenham sido objeto de vedação expressa neste artigo, desde que não incorra em nenhuma das hipóteses de vedação previstas nesta Lei Complementar.

§ 3º (VETADO).

§ 4º Na hipótese do inciso XVI do *caput*, deverá ser observado, para o MEI, o disposto no art. 4º desta Lei Complementar.

§ 5º As empresas que exerçam as atividades previstas nos itens da alínea *c* do inciso X do *caput* deste artigo deverão obrigatoriamente ser registradas no Ministério da Agricultura, Pecuária e Abastecimento e obedecerão também à regulamentação da Agência Nacional de Vigilância Sanitária e da Secretaria da Receita Federal do Brasil quanto à produção e à comercialização de bebidas alcoólicas. *(Incluído pela Lei Complementar n. 155, de 27.10.16, DOU 28.10.16. Em vigor na data de sua publicação. Efeitos, a partir 1º.1.18.)*

Seção III
Das Alíquotas e Base de Cálculo

Art. 18. O valor devido mensalmente pela microempresa ou empresa de pequeno porte optante pelo Simples Nacional será determinado mediante aplicação das alíquotas efetivas, calculadas a partir das alíquotas nominais constantes das tabelas dos Anexos I a V desta Lei Complementar, sobre a base de cálculo de que trata o § 3º deste artigo, observado o disposto no § 15 do art. 3º. *(Redação dada pela Lei Complementar n. 155, de 27.10.16, DOU 28.10.16)*

§ 1º Para efeito de determinação da alíquota nominal, o sujeito passivo utilizará a receita bruta acumulada nos doze meses anteriores ao do período de apuração. *(Redação dada pela Lei Complementar n. 155, de 27.10.16, DOU 28.10.16)*

§ 1º A. A alíquota efetiva é o resultado de:

$\frac{RBT12 \times Aliq - PD}{RBT12}$, em que

I — RBT12: receita bruta acumulada nos doze meses anteriores ao período de apuração; *(Incluído pela Lei Complementar n. 155, de 27.10.16, DOU 28.10.16)*

II — Aliq: alíquota nominal constante dos Anexos I a V desta Lei Complementar; *(Incluído pela Lei Complementar n. 155, de 27.10.16, DOU 28.10.16)*

III — PD: parcela a deduzir constante dos Anexos I a V desta Lei Complementar. *(Incluído pela Lei Complementar n. 155, de 27.10.16, DOU 28.10.16)*

§ 1º-B. Os percentuais efetivos de cada tributo serão calculados a partir da alíquota efetiva, multiplicada pelo percentual de repartição constante dos Anexos I a V desta Lei Complementar, observando-se que: *(Incluído pela Lei Complementar n. 155, de 27.10.16, DOU 28.10.16)*

I — o percentual efetivo máximo destinado ao ISS será de 5% (cinco por cento), transferindo-se eventual diferença, de forma proporcional, aos tributos federais da mesma faixa de receita bruta anual; *(Incluído pela Lei Complementar n. 155, de 27.10.16, DOU 28.10.16)*

II — eventual diferença centesimal entre o total dos percentuais e a alíquota efetiva será transferida para o tributo com maior percentual de repartição na respectiva faixa de receita bruta. *(Incluído pela Lei Complementar n. 155, de 27.10.16, DOU 28.10.16)*

§ 1º-C. Na hipótese de transformação, extinção, fusão ou sucessão dos tributos referidos nos incisos IV e V do art. 13, serão mantidas as alíquotas nominais e efetivas previstas neste artigo e nos Anexos I a V desta Lei Complementar, e lei ordinária disporá sobre a repartição dos valores arrecadados para os tributos federais, sem alteração no total dos percentuais de repartição a eles devidos, e mantidos os percentuais de repartição destinados ao ICMS e ao ISS. *(Incluído pela Lei Complementar n. 155, de 27.10.16, DOU 28.10.16)*

§ 2º Em caso de início de atividade, os valores de receita bruta acumulada constantes dos Anexos I a V desta Lei Complementar devem ser proporcionalizados ao número de meses de atividade no período. *(Redação dada pela Lei Complementar n. 155, de 27.10.16, DOU 28.10.16)*

§ 3º Sobre a receita bruta auferida no mês incidirá a alíquota efetiva determinada na forma do *caput* e dos §§ 1º, 1º-A e 2º deste artigo, podendo tal incidência se dar, à opção do contribuinte, na forma regulamentada pelo Comitê Gestor, sobre a receita recebida no mês, sendo essa opção irretratável para todo o ano-calendário. *(Redação dada pela Lei Complementar n. 155, de 27.10.16, DOU 28.10.16)*

§ 4º O contribuinte deverá considerar, destacadamente, para fim de pagamento, as receitas decorrentes da: *(Redação dada pela Lei Complementar n. 147, de 7.8.14, DOU 8.8.14)*

I — revenda de mercadorias, que serão tributadas na forma do Anexo I desta Lei Complementar; *(Redação dada pela Lei Complementar n. 147, de 7.8.14, DOU 8.8.14)*

II — venda de mercadorias industrializadas pelo contribuinte, que serão tributadas na forma do Anexo II desta Lei Complementar; *(Redação dada pela Lei Complementar n. 147, de 7.8.14, DOU 8.8.14)*

III — prestação de serviços de que trata o § 5º-B deste artigo e dos serviços vinculados à locação de bens imóveis e corretagem de imóveis desde que observado o disposto no inciso XV do art. 17, que serão tributados na forma do Anexo III desta Lei Complementar; *(Redação dada pela Lei Complementar n. 147, de 7.8.14, DOU 8.8.14)*

IV — prestação de serviços de que tratam os §§ 5º-C a 5º-F e 5º-I deste artigo, que serão tributadas na forma prevista naqueles parágrafos; *(Redação dada pela Lei Complementar n. 147, de 7.8.14, DOU 8.8.14)*

V — locação de bens móveis, que serão tributadas na forma do Anexo III desta Lei Complementar, deduzida a parcela correspondente ao ISS; *(Redação dada pela Lei Complementar n. 147, de 7.8.14, DOU 8.8.14)*

VI — atividade com incidência simultânea de IPI e de ISS, que serão tributadas na forma do Anexo II desta Lei Complementar, deduzida a parcela correspondente ao ICMS e acrescida a parcela correspondente ao ISS prevista no Anexo III desta Lei Complementar; *(Incluído pela Lei Complementar n. 147, de 7.8.14, DOU 8.8.14)*

VII — comercialização de medicamentos e produtos magistrais produzidos por manipulação de fórmulas: *(Incluído pela Lei Complementar n. 147, de 7.8.14, DOU 8.8.14)*

a) sob encomenda para entrega posterior ao adquirente, em caráter pessoal, mediante prescrições de profissionais habilitados ou indicação pelo farmacêutico, produzidos no próprio estabelecimento após o atendimento inicial, que serão tributadas na forma do Anexo III desta Lei Complementar; *(Incluído pela Lei Complementar n. 147, de 7.8.14, DOU 8.8.14)*

b) nos demais casos, quando serão tributadas na forma do Anexo I desta Lei Complementar. *(Incluído pela Lei Complementar n. 147, de 7.8.14, DOU 8.8.14)*

§ 4º-A. O contribuinte deverá segregar, também, as receitas: *(Incluído pela Lei Complementar n. 147, de 7.8.14, DOU 8.8.14)*

I — decorrentes de operações ou prestações sujeitas à tributação concentrada em uma única etapa (monofásica), bem como, em relação ao ICMS, que o imposto já tenha sido recolhido por substituto tributário ou por antecipação tributária com encerramento de tributação; *(Incluído pela Lei Complementar n. 147, de 7.8.14, DOU 8.8.14)*

II — sobre as quais houve retenção de ISS na forma do § 6º deste artigo e § 4º do art. 21 desta Lei Complementar, ou, na hipótese do § 22-A deste artigo, seja devido em valor fixo ao respectivo município; *(Incluído pela Lei Complementar n. 147, de 7.8.14, DOU 8.8.14)*

III — sujeitas à tributação em valor fixo ou que tenham sido objeto de isenção ou redução de ISS ou de ICMS na forma prevista nesta Lei Complementar; *(Incluído pela Lei Complementar n. 147, de 7.8.14, DOU 8.8.14)*

IV — decorrentes da exportação para o exterior, inclusive as vendas realizadas por meio de comercial exportadora ou da sociedade de propósito específico prevista no art. 56 desta Lei Complementar; *(Incluído pela Lei Complementar n. 147, de 7.8.14, DOU 8.8.14)*

V — sobre as quais o ISS seja devido a Município diverso do estabelecimento prestador, quando será recolhido no Simples Nacional. *(Incluído pela Lei Complementar n. 147, de 7.8.14, DOU 8.8.14)*

§ 5º As atividades industriais serão tributadas na forma do Anexo II desta Lei Complementar..

I — (REVOGADO)

II — (REVOGADO)

III — (REVOGADO)

IV — (REVOGADO)

V — (REVOGADO)

VI — (REVOGADO)

VII — (REVOGADO).

§ 5º-A. (Revogado). *(Redação dada pela Lei Complementar n. 147, de 7.8.14, DOU 8.8.14)*

§ 5º-B Sem prejuízo do disposto no § 1º do art. 17 desta Lei Complementar, serão tributadas na forma do Anexo III desta Lei Complementar as seguintes atividades de prestação de serviços:

I — creche, pré-escola e estabelecimento de ensino fundamental, escolas técnicas, profissionais e de ensino médio, de línguas estrangeiras, de artes, cursos técnicos de pilotagem, preparatórios para concursos, gerenciais e escolas livres, exceto as previstas nos incisos II e III do § 5º-D deste artigo;

II — agência terceirizada de correios;

III — agência de viagem e turismo;

IV — centro de formação de condutores de veículos automotores de transporte terrestre de passageiros e de carga;

V agência lotérica;

VI — (REVOGADO)

VII — (REVOGADO)

VIII — (REVOGADO)

IX — serviços de instalação, de reparos e de manutenção em geral, bem como de usinagem, solda, tratamento e revestimento em metais;

X — (REVOGADO)

XI — (REVOGADO)

XII — (REVOGADO)

XIII — transporte municipal de passageiros;

XIV — escritórios de serviços contábeis, observado o disposto nos §§ 22-B e 22-C deste artigo.

XV — produções cinematográficas, audiovisuais, artísticas e culturais, sua exibição ou apresentação, inclusive no caso de música, literatura, artes cênicas, artes visuais, cinematográficas e audiovisuais.

XVI — fisioterapia; *(Incluído pela Lei Complementar n. 147, de 7.8.14, DOU 8.8.14)*

XVII — corretagem de seguros. *(Incluído pela Lei Complementar n. 147, de 7.8.14, DOU 8.8.14)*

XVIII — arquitetura e urbanismo; *(Incluído pela Lei Complementar n. 155, de 27.10.16, DOU 28.10.16)*

XIX — medicina, inclusive laboratorial, e enfermagem; *(Incluído pela Lei Complementar n. 155, de 27.10.16, DOU 28.10.16)*

XX — odontologia e prótese dentária; *(Incluído pela Lei Complementar n. 155, de 27.10.16, DOU 28.10.16)*

XXI — psicologia, psicanálise, terapia ocupacional, acupuntura, podologia, fonoaudiologia, clínicas de nutrição e de vacinação e bancos de leite. *(Incluído pela Lei Complementar n. 155, de 27.10.16, DOU 28.10.16)*

§ 5º-C Sem prejuízo do disposto no § 1º do art. 17 desta Lei Complementar, as atividades de prestação de serviços seguintes serão tributadas na forma do Anexo IV desta Lei Complementar, hipótese em que não estará incluída no Simples Nacional a contribuição prevista no inciso VI do *caput* do art. 13 desta Lei Complementar, devendo ela ser recolhida segundo a legislação prevista para os demais contribuintes ou responsáveis:

I — construção de imóveis e obras de engenharia em geral, inclusive sob a forma de subempreitada, execução de projetos e serviços de paisagismo, bem como decoração de interiores;

II — (REVOGADO)

III — (REVOGADO)

IV — (REVOGADO)

V — (REVOGADO)

VI — serviço de vigilância, limpeza ou conservação.

VII — serviços advocatícios. *(Incluído pela Lei Complementar n. 147, de 7.8.14, DOU 8.8.14)*

§ 5º-D. Sem prejuízo do disposto no § 1º do art. 17 desta Lei Complementar, as seguintes atividades de prestação de serviços serão tributadas na forma do Anexo III desta Lei Complementar: *(Redação dada pela Lei Complementar n. 155, de 27.10.16, DOU 28.10.16)*

I — administração e locação de imóveis de terceiros; *(Redação dada pela Lei Complementar n. 147, de 7.8.14, DOU 8.8.14)*

II — academias de dança, de capoeira, de ioga e de artes marciais;

III — academias de atividades físicas, desportivas, de natação e escolas de esportes;

IV — elaboração de programas de computadores, inclusive jogos eletrônicos, desde que desenvolvidos em estabelecimento do optante;

V — licenciamento ou cessão de direito de uso de programas de computação;

VI — planejamento, confecção, manutenção e atualização de páginas eletrônicas, desde que realizados em estabelecimento do optante;

VII — (REVOGADO)

VIII — (REVOGADO)

IX — empresas montadoras de estandes para feiras;

X — (REVOGADO)

XI — (REVOGADO)

XII — laboratórios de análises clínicas ou de patologia clínica;

XIII — serviços de tomografia, diagnósticos médicos por imagem, registros gráficos e métodos óticos, bem como ressonância magnética;

XIV — serviços de prótese em geral.

§ 5º-E. Sem prejuízo do disposto no § 1º do art. 17 desta Lei Complementar, as atividades de prestação de serviços de comunicação e de transportes interestadual e intermunicipal de cargas, e de transportes autorizados no inciso VI do *caput* do art. 17, inclusive na modalidade fluvial, serão tributadas na forma do Anexo III, deduzida a parcela correspondente ao ISS e acrescida a parcela correspondente ao ICMS prevista no Anexo I. *(Redação dada pela Lei Complementar n. 147, de 7.8.14, DOU 8.8.14)*

§ 5º-F. As atividades de prestação de serviços referidas no § 2º do art. 17 desta Lei Complementar serão tributadas na forma do Anexo III desta Lei Complementar, salvo se, para alguma dessas atividades, houver previsão expressa de tributação na forma dos Anexos IV ou V desta Lei Complementar. *(Redação dada pela Lei Complementar n. 155, de 27.10.16, DOU 28.10.16)*

§ 5º-G. (Revogado). *(Redação dada pela Lei Complementar n. 147, de 7.8.14, DOU 8.8.14)*

§ 5º-H. A vedação de que trata o inciso XII do *caput* do art. 17 desta Lei Complementar não se aplica às atividades referidas no § 5º-C deste artigo.

§ 5º-I. Sem prejuízo do disposto no § 1º do art. 17 desta Lei Complementar, as seguintes atividades de prestação de serviços serão tributadas na forma do Anexo V desta Lei Complementar: *(Redação dada pela Lei Complementar n. 155, de 27.10.16, DOU 28.10.16)*

I — (REVOGADO); *(Incluído pela Lei Complementar n. 147, de 7.8.14, DOU 8.8.14) (Vide Lei Complementar n. 155, de 27.10.16, DOU 28.10.16)* Vigência

II — (REVOGADO); *(Incluído pela Lei Complementar n. 147, de 7.8.14, DOU 8.8.14)*

III — (REVOGADO); *(Incluído pela Lei Complementar n. 147, de 7.8.14, DOU 8.8.14) (Vide Lei Complementar n. 155, de 27.10.16, DOU 28.10.16)* Vigência

IV — (REVOGADO); *(Incluído pela Lei Complementar n. 147, de 7.8.14, DOU 8.8.14) (Vide Lei Complementar n. 155, de 27.10.16, DOU 28.10.16)* Vigência

V — serviços de comissaria, de despachantes, de tradução e de interpretação; *(Incluído pela Lei Complementar n. 147, de 7.8.14, DOU 8.8.14)*

VI — engenharia, medição, cartografia, topografia, geologia, geodésia, testes, suporte e análises técnicas e tecnológicas, pesquisa, design, desenho e agronomia; *(Redação dada pela Lei Complementar n. 155, de 27.10.16, DOU 28.10.16)*

VII — representação comercial e demais atividades de intermediação de negócios e serviços de terceiros; *(Incluído pela Lei Complementar n. 147, de 7.8.14, DOU 8.8.14)*

VIII — perícia, leilão e avaliação; *(Incluído pela Lei Complementar n. 147, de 7.8.14, DOU 8.8.14)*

IX — auditoria, economia, consultoria, gestão, organização, controle e administração; *(Incluído pela Lei Complementar n. 147, de 7.8.14, DOU 8.8.14)*

X — jornalismo e publicidade; *(Incluído pela Lei Complementar n. 147, de 7.8.14, DOU 8.8.14)*

XI — agenciamento, exceto de mão de obra; *(Incluído pela Lei Complementar n. 147, de 7.8.14, DOU 8.8.14)*

XII — outras atividades do setor de serviços que tenham por finalidade a prestação de serviços decorrentes do exercício de atividade intelectual, de natureza técnica, científica, desportiva, artística ou cultural, que constitua profissão regulamentada ou não, desde que não sujeitas à tributação na forma dos Anexos III ou IV desta Lei Complementar. *(Redação dada pela Lei Complementar n. 155, de 27.10.16, DOU 28.10.16)*

§ 5º-J. As atividades de prestação de serviços a que se refere o § 5º-I serão tributadas na forma do Anexo III desta Lei Complementar caso a razão entre a folha de salários e a receita bruta da pessoa jurídica seja igual ou superior a 28% (vinte e oito por cento). *(Incluído pela Lei Complementar n. 155, de 27.10.16, DOU 28.10.16)*

§ 5º-K. Para o cálculo da razão a que se referem os §§ 5º-J e 5º-M, serão considerados, respectivamente, os montantes pagos e auferidos nos doze meses anteriores ao período de apuração para fins de enquadramento no regime tributário do Simples Nacional. *(Incluído pela Lei Complementar n. 155, de 27.10.16, DOU 28.10.16)*

§ 5º-L. (VETADO). *(Incluído pela Lei Complementar n. 155, de 27.10.16, DOU 28.10.16)*

§ 5º-M. Quando a relação entre a folha de salários e a receita bruta da microempresa ou da empresa de pequeno porte for inferior a 28% (vinte e oito por cento), serão tributadas na forma do Anexo V desta Lei Complementar as atividades previstas: *(Incluído pela Lei Complementar n. 155, de 27.10.16, DOU 28.10.16)*

I — nos incisos XVI, XVIII, XIX, XX e XXI do § 5º-B deste artigo; *(Incluído pela Lei Complementar n. 155, de 27.10.16, DOU 28.10.16)*

II — no § 5º-D deste artigo. *(Incluído pela Lei Complementar n. 155, de 27.10.16, DOU 28.10.16)*

§ 6º No caso dos serviços previstos no § 2º do art. 6º da Lei Complementar n. 116, de 31 de julho de 2003, prestados pelas microempresas e pelas empresas de pequeno porte, o tomador do serviço deverá reter o montante correspondente na forma da legislação do município onde estiver localizado, observado o disposto no §4º do art. 21 desta Lei Complementar.

§ 7º A sociedade de propósito específico de que trata o art. 56 desta Lei Complementar que houver adquirido mercadorias de microempresa ou empresa de pequeno porte que seja sua sócia, bem como a empresa comercial exportadora que houver adquirido mercadorias ou serviços de empresa optante pelo Simples Nacional, com o fim específico de exportação para o exterior, que, no prazo de 180 (cento e oitenta) dias, contado da data da emissão da nota fiscal pela vendedora, não comprovar o seu embarque para o exterior ficará sujeita ao pagamento de todos os impostos e contribuições que deixaram de ser pagos pela empresa vendedora, acrescidos de juros de mora e multa, de mora ou de ofício, calculados na forma da legislação relativa à cobrança do tributo não pago, aplicável à sociedade de propósito específico ou à própria comercial exportadora. *(Redação dada pela Lei Complementar n. 147, de 7.8.14, DOU 8.8.14)*

§ 8º Para efeito do disposto no § 7º deste artigo, considera-se vencido o prazo para o pagamento na data em que a empresa vendedora deveria fazê-lo, caso a venda houvesse sido efetuada para o mercado interno.

§ 9º Relativamente à contribuição patronal previdenciária, devida pela vendedora, a sociedade de propósito específico de que trata o art. 56 desta Lei Complementar ou a comercial exportadora deverão recolher, no prazo previsto no § 8º deste artigo, o valor correspondente a 11% (onze por cento) do valor das mercadorias não exportadas nos termos do § 7º deste artigo.

§ 10. Na hipótese do § 7º deste artigo, a sociedade de propósito específico de que trata o art. 56 desta Lei Complementar ou a empresa comercial exportadora não poderão deduzir do montante devido qualquer valor a título de crédito de Imposto sobre Produtos Industrializados — IPI da Contribuição para o PIS/PASEP ou da COFINS, decorrente da aquisição das mercadorias e serviços objeto da incidência.

§ 11. Na hipótese do § 7º deste artigo, a sociedade de propósito específico ou a empresa comercial exportadora deverão pagar, também, os impostos e contribuições devidos nas vendas para o mercado interno, caso, por qualquer forma, tenham alienado ou utilizado as mercadorias.

§ 12. Na apuração do montante devido no mês relativo a cada tributo, para o contribuinte que apure receitas mencionadas nos incisos I a III e V do § 4º-A deste artigo, serão consideradas as reduções relativas aos tributos já recolhidos, ou sobre os quais tenha havido tributação monofásica, isenção, redução ou, no caso do ISS, que o valor tenha sido objeto de retenção ou seja devido diretamente ao Município. *(Redação dada pela Lei Complementar n. 147, de 7.8.14, DOU 8.8.14)*

§ 13. Para efeito de determinação da redução de que trata o § 12 deste artigo, as receitas serão discriminadas em comerciais, industriais ou de prestação de serviços, na forma dos Anexos I, II, III, IV e V desta Lei Complementar. *(Redação dada pela Lei Complementar n. 155, de 27.10.16, DOU 28.10.16)*

§ 14. A redução no montante a ser recolhido no Simples Nacional relativo aos valores das receitas decorrentes da exportação de que trata o inciso IV do § 4º-A deste artigo corresponderá tão somente às alíquotas efetivas relativas à Cofins, à Contribuição para o PIS/Pasep, ao IPI, ao ICMS e ao ISS, apuradas com base nos Anexos I a V desta Lei Complementar. *(Redação dada pela Lei Complementar n. 155, de 27.10.16, DOU 28.10.16)*

I — (Revogado); *(Redação dada pela Lei Complementar n. 147, de 7.8.14, DOU 8.8.14)*

II — (Revogado). *(Redação dada pela Lei Complementar n. 147, de 7.8.14, DOU 8.8.14)*

§ 15. Será disponibilizado sistema eletrônico para realização do cálculo simplificado do valor mensal devido referente ao Simples Nacional.

§ 15-A. As informações prestadas no sistema eletrônico de cálculo de que trata o § 15:

I — têm caráter declaratório, constituindo confissão de dívida e instrumento hábil e suficiente para a exigência dos tributos e contribuições que não tenham sido recolhidos resultantes das informações nele prestadas; e

II — deverão ser fornecidas à Secretaria da Receita Federal do Brasil até o vencimento do prazo para pagamento dos tributos devidos no Simples Nacional em cada mês, relativamente aos fatos geradores ocorridos no mês anterior.

§ 16. Na hipótese do § 12 do art. 3º, a parcela de receita bruta que exceder o montante determinado no § 10 daquele artigo estará sujeita às alíquotas máximas previstas nos Anexos I a V desta Lei Complementar, proporcionalmente, conforme o caso. *(Redação dada pela Lei Complementar n. 155, de 27.10.16, DOU 28.10.16)*

§ 16-A. O disposto no § 16 aplica-se, ainda, às hipóteses de que trata o § 9º do art. 3º, a partir do mês em que ocorrer o excesso do limite da receita bruta anual e até o mês anterior aos efeitos da exclusão.

§ 17. Na hipótese do § 13 do art. 3º, a parcela de receita bruta que exceder os montantes determinados no § 11 daquele artigo estará sujeita, em relação aos percentuais aplicáveis ao ICMS e ao ISS, às alíquotas máximas correspondentes a essas faixas previstas nos Anexos I a V desta Lei Complementar, proporcionalmente, conforme o caso. *(Redação dada pela Lei Complementar n. 155, de 27.10.16, DOU 28.10.16)*

§ 17-A. O disposto no § 17 aplica-se, ainda, à hipótese de que trata o § 1º do art. 20, a partir do mês em que ocorrer o excesso do limite da receita bruta anual e até o mês anterior aos efeitos do impedimento.

§ 18. Os Estados, o Distrito Federal e os Municípios, no âmbito das respectivas competências, poderão estabelecer, na forma definida pelo Comitê Gestor, independentemente da receita bruta recebida no mês pelo contribuinte, valores fixos mensais para o recolhimento do ICMS e do ISS devido por microempresa que aufira receita bruta, no ano-calendário anterior, de até o limite máximo previsto na segunda faixa de receitas brutas anuais constantes dos Anexos I a VI, ficando a microempresa sujeita a esses valores durante todo o ano-calendário, ressalvado o disposto no § 18-A. *(Redação dada pela Lei Complementar n. 147, de 7.8.14, DOU 8.8.14)*

§ 18-A. A microempresa que, no ano-calendário, exceder o limite de receita bruta previsto no § 18 fica impedida de recolher o ICMS ou o ISS pela sistemática de valor fixo, a partir do mês subsequente à ocorrência do excesso, sujeitando-se à apuração desses tributos na forma das demais empresas optantes pelo Simples Nacional. *(Incluído pela Lei Complementar n. 147, de 7.8.14, DOU 8.8.14)*

§ 19. Os valores estabelecidos no § 18 deste artigo não poderão exceder a 50% (cinquenta por cento) do maior recolhimento possível do tributo para a faixa de enquadramento prevista na tabela do *caput* deste artigo, respeitados os acréscimos decorrentes do tipo de atividade da empresa estabelecidos no § 5º deste artigo.

§ 20. Na hipótese em que o Estado, o Município ou o Distrito Federal concedam isenção ou redução do ICMS ou do ISS devido por microempresa ou empresa de pequeno porte, ou ainda determine recolhimento de valor fixo para esses tributos, na forma do § 18 deste artigo, será realizada redução proporcional ou ajuste do valor a ser recolhido, na forma definida em resolução do Comitê Gestor.

§ 20-A. A concessão dos benefícios de que trata o § 20 deste artigo poderá ser realizada:

I — mediante deliberação exclusiva e unilateral do Estado, do Distrito Federal ou do Município concedente;

II — de modo diferenciado para cada ramo de atividade.

§ 20-B. A União, os Estados e o Distrito Federal poderão, em lei específica destinada à ME ou EPP optante pelo Simples Nacional, estabelecer isenção ou redução de COFINS, Contribuição para o PIS/PASEP e ICMS para produtos da cesta básica, discriminando a abrangência da sua concessão. *(Incluído pela Lei Complementar n. 147, de 7.8.14, DOU 8.8.14)*

§ 21. O valor a ser recolhido na forma do disposto no § 20 deste artigo, exclusivamente na hipótese de isenção, não integrará o montante a ser partilhado com o respectivo Município, Estado ou Distrito Federal.

§ 22. (REVOGADO)

§ 22-A. A atividade constante do inciso XIV do § 5º-B deste artigo recolherá o ISS em valor fixo, na forma da legislação municipal.

§ 22-B. Os escritórios de serviços contábeis, individualmente ou por meio de suas entidades representativas de classe, deverão:

I — promover atendimento gratuito relativo à inscrição, à opção de que trata o art. 18-A desta Lei Complementar e à primeira declaração anual simplificada da microempresa individual, podendo, para tanto, por meio de suas entidades representativas de classe, firmar convênios e acordos com a União, os Estados, o Distrito Federal e os Municípios, por intermédio dos seus órgãos vinculados;

II — fornecer, na forma estabelecida pelo Comitê Gestor, resultados de pesquisas quantitativas e qualitativas relativas às microempresas e empresas de pequeno porte optantes pelo Simples Nacional por eles atendidas;

III — promover eventos de orientação fiscal, contábil e tributária para as microempresas e empresas de pequeno porte optantes pelo Simples Nacional por eles atendidas.

§ 22-C. Na hipótese de descumprimento das obrigações de que trata o § 22-B deste artigo, o escritório será excluído do Simples Nacional, com efeitos a partir do mês subsequente ao do descumprimento, na forma regulamentada pelo Comitê Gestor.

§ 23. Da base de cálculo do ISS será abatido o material fornecido pelo prestador dos serviços previstos nos itens 7.02 e 7.05 da lista de serviços anexa à Lei Complementar n. 116, de 31 de julho de 2003.

§ 24. Para efeito de aplicação do § 5º-K, considera-se folha de salários, incluídos encargos, o montante pago, nos doze meses anteriores ao período de apuração, a título de remunerações a pessoas físicas decorrentes do trabalho, acrescido do montante efetivamente recolhido a título de contribuição patronal previdenciária e FGTS, incluídas as retiradas de pró-labore. *(Redação dada pela Lei Complementar n. 155, de 27.10.16, DOU 28.10.16)*

§ 25. Para efeito do disposto no § 24 deste artigo, deverão ser consideradas tão somente as remunerações informadas na forma prevista no inciso IV do *caput* do art. 32 da Lei n. 8.212, de 24 de julho de 1991.

§ 26. Não são considerados, para efeito do disposto no § 24, valores pagos a título de aluguéis e de distribuição de lucros, observado o disposto no § 1º do art. 14.

§ 27. (VETADO). *(Lei Complementar n. 155, de 27.10.16, DOU 28.10.16)*

Art. 18-A. O Microempreendedor Individual — MEI poderá optar pelo recolhimento dos impostos e contribuições abrangidos pelo Simples Nacional em valores fixos mensais, independentemente da receita bruta por ele auferida no mês, na forma prevista neste artigo.

§ 1º Para os efeitos desta Lei Complementar, considera-se MEI o empresário individual que se enquadre na definição do art. 966 da Lei n. 10.406, de 10 de janeiro de 2002 — Código Civil, ou o empreendedor que exerça as atividades de industrialização, comercialização e prestação de serviços no âmbito rural, que tenha auferido receita bruta, no ano-calendário anterior, de até R$ 81.000,00 (oitenta e um mil reais), que seja optante pelo Simples Nacional e que não esteja impedido de optar pela sistemática prevista neste artigo. *(Redação dada pela Lei Complementar n. 155, de 27.10.16, DOU 28.10.16)*

§ 2º No caso de início de atividades, o limite de que trata o § 1º será de R$ 6.750,00 (seis mil, setecentos e cinquenta reais) multiplicados pelo número de meses compreendido entre o início da atividade e o final do respectivo ano-calendário, consideradas as frações de meses como um mês inteiro. *(Redação dada pela Lei Complementar n. 155, de 27.10.16, DOU 28.10.16)*

§ 3º Na vigência da opção pela sistemática de recolhimento prevista no *caput* deste artigo:

I — não se aplica o disposto no § 18 do art. 18 desta Lei Complementar;

II — não se aplica a redução prevista no § 20 do art. 18 desta Lei Complementar ou qualquer dedução na base de cálculo;

III — não se aplicam as isenções específicas para as microempresas e empresas de pequeno porte concedidas pelo Estado, Município ou Distrito Federal a partir de 1º de julho de 2007 que abranjam integralmente a faixa de receita bruta anual até o limite previsto no § 1º;

IV — a opção pelo enquadramento como Microempreendedor Individual importa opção pelo recolhimento da contribuição referida no inciso X do § 1º do art. 13 desta Lei Complementar na forma prevista no § 2º do art. 21 da Lei n. 8.212, de 24 de julho de 1991;

V — o MEI, com receita bruta anual igual ou inferior a R$ 81.000,00 (oitenta e um mil reais), recolherá, na forma regulamentada pelo Comitê Gestor, valor fixo mensal correspondente à soma das seguintes parcelas: *(Redação dada pela Lei Complementar n. 155, de 27.10.16, DOU 28.10.16)*

a) R$ 45,65 (quarenta e cinco reais e sessenta e cinco centavos), a título da contribuição prevista no inciso IV deste parágrafo;

b) R$ 1,00 (um real), a título do imposto referido no inciso VII do *caput* do art. 13 desta Lei Complementar, caso seja contribuinte do ICMS; e

c) R$ 5,00 (cinco reais), a título do imposto referido no inciso VIII do *caput* do art. 13 desta Lei Complementar, caso seja contribuinte do ISS;

VI — sem prejuízo do disposto nos §§ 1º a 3º do art. 13, o MEI terá isenção dos tributos referidos nos incisos I a VI do *caput* daquele artigo, ressalvado o disposto no art. 18-C.

§ 4º Não poderá optar pela sistemática de recolhimento prevista no *caput* deste artigo o MEI:

I — cuja atividade seja tributada na forma dos Anexos V ou VI desta Lei Complementar, salvo autorização relativa a exercício de atividade isolada na forma regulamentada pelo CGSN; *(Redação dada pela Lei Complementar n. 147, de 7.8.14, DOU 8.8.14)*

II — que possua mais de um estabelecimento;

III — que participe de outra empresa como titular, sócio ou administrador; ou

IV — que contrate empregado. *(Vide Lei Complementar n. 155, de 27.10.16, DOU 28.10.16)* Vigência

§ 4º-A. Observadas as demais condições deste artigo, poderá optar pela sistemática de recolhimento prevista no *caput* o empresário individual que exerça atividade de comercialização e processamento de produtos de natureza extrativista.

§ 4º-B. O CGSN determinará as atividades autorizadas a optar pela sistemática de recolhimento de que trata este artigo, de forma a evitar a fragilização das relações de trabalho, bem como sobre a incidência do ICMS e do ISS.

§ 5º A opção de que trata o *caput* deste artigo dar-se-á na forma a ser estabelecida em ato do Comitê Gestor, observando-se que:

I — será irretratável para todo o ano-calendário;

II — deverá ser realizada no início do ano-calendário, na forma disciplinada pelo Comitê Gestor, produzindo efeitos a partir do primeiro dia do ano-calendário da opção, ressalvado o disposto no inciso III;

III — produzirá efeitos a partir da data do início de atividade desde que exercida nos termos, prazo e condições a serem estabelecidos em ato do Comitê Gestor a que se refere o *caput* deste parágrafo.

§ 6º O desenquadramento da sistemática de que trata o *caput* deste artigo será realizado de ofício ou mediante comunicação do MEI.

§ 7º O desenquadramento mediante comunicação do MEI à Secretaria da Receita Federal do Brasil — RFB dar-se-á:

I — por opção, que deverá ser efetuada no início do ano-calendário, na forma disciplinada pelo Comitê Gestor, produzindo efeitos a partir de 1º de janeiro do ano-calendário da comunicação;

II — obrigatoriamente, quando o MEI incorrer em alguma das situações previstas no § 4º deste artigo, devendo a comunicação ser efetuada até o último dia útil do mês subsequente àquele em que ocorrida a situação de vedação, produzindo efeitos a partir do mês subsequente ao da ocorrência da situação impeditiva;

III — obrigatoriamente, quando o MEI exceder, no ano-calendário, o limite de receita bruta previsto no § 1º deste artigo, devendo a comunicação ser efetuada até o último dia útil do mês subsequente àquele em que ocorrido o excesso, produzindo efeitos:

a) a partir de 1º de janeiro do ano-calendário subsequente ao da ocorrência do excesso, na hipótese de não ter ultrapassado o referido limite em mais de 20% (vinte por cento);

b) retroativamente a 1º de janeiro do ano-calendário da ocorrência do excesso, na hipótese de ter ultrapassado o referido limite em mais de 20% (vinte por cento);

IV — obrigatoriamente, quando o MEI exceder o limite de receita bruta previsto no § 2º deste artigo, devendo a comunicação ser efetuada até o último dia útil do mês subsequente àquele em que ocorrido o excesso, produzindo efeitos:

a) a partir de 1º de janeiro do ano-calendário subsequente ao da ocorrência do excesso, na hipótese de não ter ultrapassado o referido limite em mais de 20% (vinte por cento);

b) retroativamente ao início de atividade, na hipótese de ter ultrapassado o referido limite em mais de 20% (vinte por cento).

§ 8º O desenquadramento de ofício dar-se-á quando verificada a falta de comunicação de que trata o § 7º deste artigo.

§ 9º O Empresário Individual desenquadrado da sistemática de recolhimento prevista no *caput* deste artigo passará a recolher os tributos devidos pela regra geral do Simples Nacional a partir da data de início dos efeitos do desenquadramento, ressalvado o disposto no § 10 deste artigo.

§ 10. Nas hipóteses previstas nas alíneas a dos incisos III e IV do § 7º deste artigo, o MEI deverá recolher a diferença, sem acréscimos, em parcela única, juntamente com a da apuração do mês de janeiro do ano-calendário subsequente ao do excesso, na forma a ser estabelecida em ato do Comitê Gestor.

§ 11. O valor referido na alínea *a* do inciso V do § 3º deste artigo será reajustado, na forma prevista em lei ordinária, na mesma data de reajustamento dos benefícios de que trata a Lei n. 8.213, de 24 de julho de 1991, de forma a manter equivalência com a contribuição de que trata o § 2º do art. 21 da Lei n. 8.212, de 24 de julho de 1991.

§ 12. Aplica-se ao MEI que tenha optado pela contribuição na forma do § 1º deste artigo o disposto no § 4º do art. 55 e no § 2º do art. 94, ambos da Lei n. 8.213, de 24 de julho de 1991, exceto se optar pela complementação da contribuição previdenciária a que se refere o § 3º do art. 21 da Lei n. 8.212, de 24 de julho de 1991.

§ 13. O MEI está dispensado, ressalvado o disposto no art. 18-C desta Lei Complementar, de:

I — atender o disposto no inciso IV do *caput* do art. 32 da Lei n. 8.212, de 24 de julho de 1991;

II — apresentar a Relação Anual de Informações Sociais (Rais); e

III — declarar ausência de fato gerador para a Caixa Econômica Federal para emissão da Certidão de Regularidade Fiscal perante o FGTS.

§ 14. O Comitê Gestor disciplinará o disposto neste artigo.

§ 15. A inadimplência do recolhimento do valor previsto na alínea "a" do inciso V do § 3º tem como consequência a não contagem da competência em atraso para fins de carência para obtenção dos benefícios previdenciários respectivos.

§ 15-A. Ficam autorizados os Estados, o Distrito Federal e os Municípios a promover a remissão dos débitos decorrentes dos valores previstos nas alíneas *b* e *c* do inciso V do § 3º, inadimplidos isolada ou simultaneamente. *(Incluído pela Lei Complementar n. 147, de 7.8.14, DOU 8.8.14)*

§ 15-B. O MEI poderá ter sua inscrição automaticamente cancelada após período de 12 (doze) meses consecutivos sem recolhimento ou declarações, independentemente de qualquer notificação, devendo a informação ser publicada no Portal do Empreendedor, na forma regulamentada pelo CGSIM. *(Incluído pela Lei Complementar n. 147, de 7.8.14, DOU 8.8.14)*

§ 16. O CGSN estabelecerá, para o MEI, critérios, procedimentos, prazos e efeitos diferenciados para desenquadramento da sistemática de que trata este artigo, cobrança, inscrição em dívida ativa e exclusão do Simples Nacional.

§ 16-A. A baixa do MEI via portal eletrônico dispensa a comunicação aos órgãos da administração pública. *(Incluído pela Lei Complementar n. 155, de 27.10.16, DOU 28.10.16)*

§ 17. A alteração de dados no CNPJ informada pelo empresário à Secretaria da Receita Federal do Brasil equivalerá à comunicação obrigatória de desenquadramento da sistemática de recolhimento de que trata este artigo, nas seguintes hipóteses:

I — alteração para natureza jurídica distinta de empresário individual a que se refere o art. 966 da Lei n. 10.406, de 10 de janeiro de 2002 (Código Civil);

II — inclusão de atividade econômica não autorizada pelo CGSN;

III — abertura de filial.

§ 18. Os Municípios somente poderão realizar o cancelamento da inscrição do MEI caso tenham regulamentação própria de classificação de risco e o respectivo processo simplificado de inscrição e legalização, em conformidade com esta Lei Complementar e com as resoluções do CGSIM. *(Incluído pela Lei Complementar n. 147, de 7.8.14, DOU 8.8.14)*

§ 19. Fica vedada aos conselhos representativos de categorias econômicas a exigência de obrigações diversas das estipuladas nesta Lei Complementar para inscrição do MEI em seus quadros, sob pena de responsabilidade. *(Incluído pela Lei Complementar n. 147, de 7.8.14, DOU 8.8.14)*

§ 19-A. O MEI inscrito no conselho profissional de sua categoria na qualidade de pessoa física é dispensado de realizar nova inscrição no mesmo conselho na qualidade de empresário individual. *(Incluído pela Lei Complementar n. 155, de 27.10.16, DOU 28.10.16)*

§ 19-B. São vedadas aos conselhos profissionais, sob pena de responsabilidade, a exigência de inscrição e a execução de qualquer tipo de ação fiscalizadora quando a ocupação do MEI não exigir registro profissional da pessoa física. *(Incluído pela Lei Complementar n. 155, de 27.10.16, DOU 28.10.16)*

§ 20. Os documentos fiscais das microempresas e empresas de pequeno porte poderão ser emitidos diretamente por sistema nacional informatizado e pela internet, sem custos para o empreendedor, na forma regulamentada pelo Comitê Gestor do Simples Nacional. *(Incluído pela Lei Complementar n. 147, de 7.8.14, DOU 8.8.14)*

§ 21. Assegurar-se-á o registro nos cadastros oficiais ao guia de turismo inscrito como MEI. *(Incluído pela Lei Complementar n. 147, de 7.8.14, DOU 8.8.14)*

§ 22. Fica vedado às concessionárias de serviço público o aumento das tarifas pagas pelo MEI por conta da modificação da sua condição de pessoa física para pessoa jurídica. *(Incluído pela Lei Complementar n. 147, de 7.8.14, DOU 8.8.14)*

§ 23. (VETADO). *(Incluído pela Lei Complementar n. 147, de 7.8.14, DOU 8.8.14)*

§ 24. Aplica-se ao MEI o disposto no inciso XI do § 4º do art. 3º. *(Incluído pela Lei Complementar n. 147, de 7.8.14, DOU 8.8.14)*

§ 25. O MEI poderá utilizar sua residência como sede do estabelecimento, quando não for indispensável a existência de local próprio para o exercício da atividade. *(Incluído pela Lei Complementar n. 154, de 18.4.16, DOU 19.4.16)*

Art. 18-B. A empresa contratante de serviços executados por intermédio do MEI mantém, em relação a esta contratação, a obrigatoriedade de recolhimento da contribuição a que se refere o inciso III do *caput* e o § 1º do art. 22 da Lei n. 8.212, de 24 de julho de 1991, e o cumprimento das obrigações acessórias relativas à contratação de contribuinte individual. *(Vide Lei Complementar n. 147, de 7.8.14, DOU 8.8.14)*

§ 1º Aplica-se o disposto neste artigo exclusivamente em relação ao MEI que for contratado para prestar serviços de hidráulica, eletricidade, pintura, alvenaria, carpintaria e de manutenção ou reparo de veículos. *(Redação dada pela Lei Complementar n. 147, de 7.8.14, DOU 8.8.14)*

§ 2º O disposto no *caput* e no § 1º não se aplica quando presentes os elementos da relação de emprego, ficando a contratante sujeita a todas as obrigações dela decorrentes, inclusive trabalhistas, tributárias e previdenciárias.

Art. 18-C. Observado o disposto no *caput* e nos §§ 1º a 25 do art. 18-A desta Lei Complementar, poderá enquadrar-se como MEI o empresário individual ou o empreendedor que exerça as atividades de industrialização, comercialização e prestação de serviços no âmbito rural que possua um único empregado que receba exclusivamente um salário mínimo ou o piso salarial da categoria profissional. *(Redação dada pela Lei Complementar n. 155, de 27.10.16, DOU 28.10.16)*

§ 1º Na hipótese referida no *caput*, o MEI:

I — deverá reter e recolher a contribuição previdenciária relativa ao segurado a seu serviço na forma da lei, observados prazo e condições estabelecidos pelo CGSN;

II — é obrigado a prestar informações relativas ao segurado a seu serviço, na forma estabelecida pelo CGSN; e

III — está sujeito ao recolhimento da contribuição de que trata o inciso VI do *caput* do art. 13, calculada à alíquota de 3% (três por cento) sobre o salário de contribuição previsto no *caput*, na forma e prazos estabelecidos pelo CGSN.

§ 2º Para os casos de afastamento legal do único empregado do MEI, será permitida a contratação de outro empregado, inclusive por prazo determinado, até que cessem as condições do afastamento, na forma estabelecida pelo Ministério do Trabalho e Emprego.

§ 3º O CGSN poderá determinar, com relação ao MEI, a forma, a periodicidade e o prazo:

I — de entrega à Secretaria da Receita Federal do Brasil de uma única declaração com dados relacionados a fatos geradores, base de cálculo e valores dos tributos previstos nos arts. 18-A e 18-C, da contribuição para a Seguridade Social descontada do empregado e do Fundo de Garantia do Tempo de Serviço (FGTS), e outras informações de interesse do Ministério do Trabalho e Emprego, do Instituto Nacional do Seguro Social (INSS) e do Conselho Curador do FGTS, observado o disposto no § 7º do art. 26;

II — do recolhimento dos tributos previstos nos arts. 18-A e 18-C, bem como do FGTS e da contribuição para a Seguridade Social descontada do empregado.

§ 4º A entrega da declaração única de que trata o inciso I do § 3º substituirá, na forma regulamentada pelo CGSN, a obrigatoriedade de entrega de todas as informações, formulários e declarações a que estão sujeitas as demais empresas ou equiparados que contratam empregados, inclusive as relativas ao recolhimento do FGTS, à Relação Anual de Informações Sociais (Rais) e ao Cadastro Geral de Empregados e Desempregados (Caged).

§ 5º Na hipótese de recolhimento do FGTS na forma do inciso II do § 3º, deve-se assegurar a transferência dos recursos e dos elementos identificadores do recolhimento ao gestor desse fundo para crédito na conta vinculada do trabalhador.

§ 6º O documento de que trata o inciso I do § 3º deste artigo tem caráter declaratório, constituindo instrumento hábil e suficiente para a exigência dos tributos e dos débitos fundiários que não tenham sido recolhidos resultantes das informações nele prestadas. *(Incluído pela Lei Complementar n. 147, de 7.8.14, DOU 8.8.14)*

Art. 18-D. A tributação municipal do imposto sobre imóveis prediais urbanos deverá assegurar tratamento mais favorecido ao MEI para realização de sua atividade no mesmo local em que residir, mediante aplicação da menor alíquota vigente para aquela localidade, seja residencial ou comercial, nos termos da lei, sem prejuízo de eventual isenção ou imunidade existente. *(Incluído pela Lei Complementar n. 147, de 7.8.14, DOU 8.8.14)*

Art. 18-E. O instituto do MEI é uma política pública que tem por objetivo a formalização de pequenos empreendimentos e a inclusão social e previdenciária. *(Incluído pela Lei Complementar n. 147, de 7.8.14, DOU 8.8.14)*

§ 1º A formalização de MEI não tem caráter eminentemente econômico ou fiscal. *(Incluído pela Lei Complementar n. 147, de 7.8.14, DOU 8.8.14)*

§ 2º Todo benefício previsto nesta Lei Complementar aplicável à microempresa estende-se ao MEI sempre que lhe for mais favorável. *(Incluído pela Lei Complementar n. 147, de 7.8.14, DOU 8.8.14)*

§ 3º O MEI é modalidade de microempresa. *(Incluído pela Lei Complementar n. 147, de 7.8.14, DOU 8.8.14)*

§ 4º É vedado impor restrições ao MEI relativamente ao exercício de profissão ou participação em licitações, em função da sua natureza jurídica, inclusive por ocasião da contratação dos serviços previstos no § 1º do art. 18-B desta Lei Complementar. *(Redação dada pela Lei Complementar n. 155, de 27.10.16, DOU 28.10.16)*

§ 5º O empreendedor que exerça as atividades de industrialização, comercialização e prestação de serviços no âmbito rural que efetuar seu registro como MEI não perderá a condição de segurado especial da Previdência Social. *(Incluído pela Lei Complementar n. 155, de 27.10.16, DOU 28.10.16)*

§ 6º O disposto no § 5º e o licenciamento simplificado de atividades para o empreendedor que exerça as atividades de industrialização, comercialização e prestação de serviços no âmbito rural serão regulamentados pelo CGSIM em até cento e oitenta dias. *(Incluído pela Lei Complementar n. 155, de 27.10.16, DOU 28.10.16)*

§ 7º O empreendedor que exerça as atividades de industrialização, comercialização e prestação de serviços no âmbito rural manterá todas as suas obrigações relativas à condição de produtor rural ou de agricultor familiar. *(Incluído pela Lei Complementar n. 155, de 27.10.16, DOU 28.10.16)*

Art. 19. Sem prejuízo da possibilidade de adoção de todas as faixas de receita previstas nos Anexos I a V desta Lei Complementar, os Estados cuja participação no Produto Interno Bruto brasileiro seja de até 1% (um por cento) poderão optar pela aplicação de sublimite para efeito de recolhimento do ICMS na forma do Simples Nacional nos respectivos territórios, para empresas com receita bruta anual de até R$ 1.800.000,00 (um milhão e oitocentos mil reais). *(Redação dada pela Lei Complementar n. 155, de 27.10.16, DOU 28.10.16)*

I — os Estados cuja participação no Produto Interno Bruto brasileiro seja de até 1% (um por cento) poderão optar pela aplicação, em seus respectivos territórios, das faixas de receita bruta anual até 35% (trinta e cinco por cento), ou até 50% (cinquenta por cento), ou até 70% (setenta por cento) do limite previsto no inciso II do *caput* do art. 3º; *(Vide Lei Complementar n. 155, de 27.10.16, DOU 28.10.16)* Vigência

II — os Estados cuja participação no Produto Interno Bruto brasileiro seja de mais de 1% (um por cento) e de menos de 5% (cinco por cento) poderão optar pela aplicação, em seus respectivos territórios, das faixas de receita bruta anual até 50% (cinquenta por cento) ou até 70% (setenta por cento) do limite previsto no inciso II do *caput* do art. 3º; e *(Vide Lei Complementar n. 155, de 27.10.16, DOU 28.10.16)* Vigência

III — os Estados cuja participação no Produto Interno Bruto brasileiro seja igual ou superior a 5% (cinco por cento) ficam obrigados a adotar todas as faixas de receita bruta anual. *(Vide Lei Complementar n. 155, de 27.10.16, DOU 28.10.16)* Vigência

§ 1º A participação no Produto Interno Bruto brasileiro será apurada levando em conta o último resultado divulgado pelo Instituto Brasileiro de Geografia e Estatística ou outro órgão que o substitua.

§ 2º A opção prevista no *caput* produzirá efeitos somente para o ano-calendário subsequente, salvo deliberação do CGSN. *(Redação dada pela Lei Complementar n. 155, de 27.10.16, DOU 28.10.16)*

§ 3º O disposto neste artigo aplica-se ao Distrito Federal.

§ 4º Para os Estados que não tenham adotado sublimite na forma do *caput* e para aqueles cuja participação no Produto Interno Bruto brasileiro seja superior a 1% (um por cento), para efeito de recolhimento do ICMS e do ISS, observar-se-á obrigatoriamente o sublimite no valor de R$ 3.600.000,00 (três milhões e seiscentos mil reais). *(Incluído pela Lei Complementar n. 155, de 27.10.16, DOU 28.10.16)*

Art. 20. A opção feita na forma do art. 19 desta Lei Complementar pelos Estados importará adoção do mesmo limite de receita bruta anual para efeito de recolhimento na forma do ISS dos Municípios nele localizados, bem como para o do ISS devido no Distrito Federal.

§ 1º A empresa de pequeno porte que ultrapassar os limites a que se referem o *caput* e o § 4º do art. 19 estará automaticamente impedida de recolher o ICMS e o ISS na forma do Simples Nacional, a partir do mês subsequente àquele em que tiver ocorrido o excesso, relativamente aos seus estabelecimentos localizados na unidade da Federação que os houver adotado, ressalvado o disposto nos §§ 11 e 13 do art. 3º. *(Redação dada pela Lei Complementar n. 155, de 27.10.16, DOU 28.10.16)*

§ 1º-A. Os efeitos do impedimento previsto no § 1º ocorrerão no ano-calendário subsequente se o excesso verificado não for superior a 20% (vinte por cento) dos limites referidos.

§ 2º O disposto no § 1º deste artigo não se aplica na hipótese de o Estado ou de o Distrito Federal adotarem, compulsoriamente ou por opção, a aplicação de faixa de receita bruta superior à que vinha sendo utilizada no ano-calendário em que ocorreu o excesso da receita bruta.

§ 3º Na hipótese em que o recolhimento do ICMS ou do ISS não esteja sendo efetuado por meio do Simples Nacional por força do disposto neste artigo e no art. 19 desta Lei Complementar, as faixas de receita do Simples Nacional superiores àquela que tenha sido objeto de opção pelos Estados ou pelo Distrito Federal sofrerão, para efeito de recolhimento do Simples Nacional, redução da alíquota efetiva desses impostos, apurada de acordo com os Anexos I a V desta Lei Complementar, conforme o caso. *(Redação dada pela Lei Complementar n. 155, de 27.10.16, DOU 28.10.16)*

§ 4º O Comitê Gestor regulamentará o disposto neste artigo e no art. 19 desta Lei Complementar.

Seção IV

Do Recolhimento dos Tributos Devidos

Art. 21. Os tributos devidos, apurados na forma dos arts. 18 a 20 desta Lei Complementar, deverão ser pagos:

I — por meio de documento único de arrecadação, instituído pelo Comitê Gestor;

II — (REVOGADO)

III — enquanto não regulamentado pelo Comitê Gestor, até o último dia útil da primeira quinzena do mês subsequente àquele a que se referir;

IV — em banco integrante da rede arrecadadora do Simples Nacional, na forma regulamentada pelo Comitê Gestor.

§ 1º Na hipótese de a microempresa ou a empresa de pequeno porte possuir filiais, o recolhimento dos tributos do Simples Nacional dar-se-á por intermédio da matriz.

§ 2º Poderá ser adotado sistema simplificado de arrecadação do Simples Nacional, inclusive sem utilização da rede bancária, mediante requerimento do Estado, Distrito Federal ou Município ao Comitê Gestor.

§ 3º O valor não pago até a data do vencimento sujeitar-se-á à incidência de encargos legais na forma prevista na legislação do imposto sobre a renda.

§ 4º A retenção na fonte de ISS das microempresas ou das empresas de pequeno porte optantes pelo Simples Nacional somente será permitida se observado o disposto no art. 3º da Lei Complementar n. 116, de 31 de julho de 2003, e deverá observar as seguintes normas:

I — a alíquota aplicável na retenção na fonte deverá ser informada no documento fiscal e corresponderá à alíquota efetiva de ISS a que a microempresa ou a empresa de pequeno porte estiver sujeita no mês anterior ao da prestação; *(Redação dada pela Lei Complementar n. 155, de 27.10.16, DOU 28.10.16)*

II — na hipótese de o serviço sujeito à retenção ser prestado no mês de início de atividades da microempresa ou da empresa de pequeno porte, deverá ser aplicada pelo tomador a alíquota efetiva de 2% (dois por cento); *(Redação dada pela Lei Complementar n. 155, de 27.10.16, DOU 28.10.16)*

III — na hipótese do inciso II deste parágrafo, constatando-se que houve diferença entre a alíquota utilizada e a efetivamente apurada, caberá à microempresa ou empresa de pequeno porte prestadora dos serviços efetuar o recolhimento dessa diferença no mês subsequente ao do início de atividade em guia própria do Município;

IV — na hipótese de a microempresa ou empresa de pequeno porte estar sujeita à tributação do ISS no Simples Nacional por valores fixos mensais, não caberá a retenção a que se refere o *caput* deste parágrafo;

V — na hipótese de a microempresa ou a empresa de pequeno porte não informar a alíquota de que tratam os incisos I e II deste parágrafo no documento fiscal, aplicar-se-á a alíquota efetiva de 5% (cinco por cento); *(Redação dada pela Lei Complementar n. 155, de 27.10.16, DOU 28.10.16)*

VI — não será eximida a responsabilidade do prestador de serviços quando a alíquota do ISS informada no documento fiscal for inferior à devida, hipótese em que o recolhimento dessa diferença será realizado em guia própria do Município;

VII — o valor retido, devidamente recolhido, será definitivo, não sendo objeto de partilha com os municípios, e sobre a receita de prestação de serviços que sofreu a retenção não haverá incidência de ISS a ser recolhido no Simples Nacional.

§ 4º-A. Na hipótese de que tratam os incisos I e II do § 4º, a falsidade na prestação dessas informações sujeitará o responsável, o titular, os sócios ou os administradores da microempresa e da empresa de pequeno porte, juntamente com as demais pessoas que para ela concorrerem, às penalidades previstas na legislação criminal e tributária.

§ 5º O CGSN regulará a compensação e a restituição dos valores do Simples Nacional recolhidos indevidamente ou em montante superior ao devido.

§ 6º O valor a ser restituído ou compensado será acrescido de juros obtidos pela aplicação da taxa referencial do Sistema Especial de Liquidação e de Custódia (Selic) para títulos federais, acumulada mensalmente, a partir do mês subsequente ao do pagamento indevido ou a maior que o devido até o mês anterior ao da compensação ou restituição, e de 1% (um por cento) relativamente ao mês em que estiver sendo efetuada.

§ 7º Os valores compensados indevidamente serão exigidos com os acréscimos moratórios de que trata o art. 35.

§ 8º Na hipótese de compensação indevida, quando se comprove falsidade de declaração apresentada pelo sujeito passivo, o contribuinte estará sujeito à multa isolada aplicada no percentual previsto no inciso I do *caput* do art. 44 da Lei n. 9.430, de 27 de dezembro de 1996, aplicado em dobro, e terá como base de cálculo o valor total do débito indevidamente compensado.

§ 9º É vedado o aproveitamento de créditos não apurados no Simples Nacional, inclusive de natureza não tributária, para extinção de débitos do Simples Nacional.

§ 10. Os créditos apurados no Simples Nacional não poderão ser utilizados para extinção de outros débitos para com as Fazendas Públicas, salvo por ocasião da compensação de ofício oriunda de deferimento em processo de restituição ou após a exclusão da empresa do Simples Nacional.

§ 11. No Simples Nacional, é permitida a compensação tão somente de créditos para extinção de débitos para com o mesmo ente federado e relativos ao mesmo tributo.

§ 12. Na restituição e compensação no Simples Nacional serão observados os prazos de decadência e prescrição previstos na Lei n. 5.172, de 25 de outubro de 1966 (Código Tributário Nacional).

§ 13. É vedada a cessão de créditos para extinção de débitos no Simples Nacional.

§ 14. Aplica-se aos processos de restituição e de compensação o rito estabelecido pelo CGSN.

§ 15. Compete ao CGSN fixar critérios, condições para rescisão, prazos, valores mínimos de amortização e demais procedimentos para parcelamento dos recolhimentos em atraso dos débitos tributários apurados no Simples Nacional, observado o disposto no § 3º deste artigo e no art. 35 e ressalvado o disposto no § 19 deste artigo. *(Vide Lei Complementar n. 155, de 27.10.16, DOU 28.10.16)*

§ 16. Os débitos de que trata o § 15 poderão ser parcelados em até 60 (sessenta) parcelas mensais, na forma e condições previstas pelo CGSN. *(Vide Lei Complementar n. 155, de 27.10.16, DOU 28.10.16)*

§ 17. O valor de cada prestação mensal, por ocasião do pagamento, será acrescido de juros equivalentes à taxa referencial do Sistema Especial de Liquidação e de Custódia (Selic) para títulos federais, acumulada mensalmente, calculados a partir do mês subsequente ao da consolidação até o mês anterior ao do pagamento, e de 1% (um por cento) relativamente ao mês em que o pagamento estiver sendo efetuado, na forma regulamentada pelo CGSN. *(Vide Lei Complementar n. 155, de 27.10.16, DOU 28.10.16)*

§ 18. Será admitido reparcelamento de débitos constantes de parcelamento em curso ou que tenha sido rescindido, podendo ser incluídos novos débitos, na forma regulamentada pelo CGSN. *(Vide Lei Complementar n. 155, de 27.10.16, DOU 28.10.16)*

§ 19. Os débitos constituídos de forma isolada por parte de Estado, do Distrito Federal ou de Município, em face de ausência de aplicativo para lançamento unificado, relativo a tributo de sua competência, que não estiverem inscritos em Dívida Ativa da União, poderão ser parcelados pelo ente responsável pelo lançamento de acordo com a respectiva legislação, na forma regulamentada pelo CGSN. *(Vide Lei Complementar n. 155, de 27.10.16, DOU 28.10.16)*

§ 20. O pedido de parcelamento deferido importa confissão irretratável do débito e configura confissão extrajudicial. *(Vide Lei Complementar n. 155, de 27.10.16, DOU 28.10.16)*

§ 21. Serão aplicadas na consolidação as reduções das multas de lançamento de ofício previstas na legislação federal, conforme regulamentação do CGSN. *(Vide Lei Complementar n. 155, de 27.10.16, DOU 28.10.16)*

§ 22. O repasse para os entes federados dos valores pagos e da amortização dos débitos parcelados será efetuado proporcionalmente ao valor de cada tributo na composição da dívida consolidada. *(Vide Lei Complementar n. 155, de 27.10.16, DOU 28.10.16)*

§ 23. No caso de parcelamento de débito inscrito em dívida ativa, o devedor pagará custas, emolumentos e demais encargos legais. *(Vide Lei Complementar n. 155, de 27.10.16, DOU 28.10.16)*

§ 24. Implicará imediata rescisão do parcelamento e remessa do débito para inscrição em dívida ativa ou prosseguimento da execução, conforme o caso, até deliberação do CGSN, a falta de pagamento: *(Vide Lei Complementar n. 155, de 27.10.16, DOU 28.10.16)*

I — de 3 (três) parcelas, consecutivas ou não; ou

II — de 1 (uma) parcela, estando pagas todas as demais.

§ 25. O documento previsto no inciso I do *caput* deste artigo deverá conter a partilha discriminada de cada um dos tributos abrangidos pelo Simples Nacional, bem como os valores destinados a cada ente federado. *(Incluído pela Lei Complementar n. 155, de 27.10.16, DOU 28.10.16)*

Art. 21-A. A inscrição de microempresa ou empresa de pequeno porte no Cadastro Informativo dos créditos não quitados do setor público federal — CADIN, somente ocorrerá mediante notificação prévia com prazo para contestação. *(Incluído pela Lei Complementar n. 147, de 7.8.14, DOU 8.8.14)*

Art. 21-B. Os Estados e o Distrito Federal deverão observar, em relação ao ICMS, o prazo mínimo de 60 (sessenta) dias, contado a partir do primeiro dia do mês do fato gerador da obrigação tributária, para estabelecer a data de vencimento do imposto devido por substituição tributária, tributação concentrada em uma única etapa (monofásica) e por antecipação tributária com ou sem encerramento de tributação, nas hipóteses em que a responsabilidade recair sobre operações ou prestações subsequentes, na forma regulamentada pelo Comitê Gestor. *(Incluído pele Lei Complementar n. 147, de 7.8.14, DOU 8.8.14)*

Seção V
Do Repasse do Produto da Arrecadação

Art. 22. O Comitê Gestor definirá o sistema de repasses do total arrecadado, inclusive encargos legais, para o:

I — Município ou Distrito Federal, do valor correspondente ao ISS;

II — Estado ou Distrito Federal, do valor correspondente ao ICMS;

III — Instituto Nacional do Seguro Social, do valor correspondente à Contribuição para manutenção da Seguridade Social.

PARÁGRAFO ÚNICO. Enquanto o Comitê Gestor não regulamentar o prazo para o repasse previsto no inciso II do *caput* deste artigo, esse será efetuado nos prazos estabelecidos nos convênios celebrados no âmbito do colegiado a que se refere a alínea g do inciso XII do § 2º do art. 155 da Constituição Federal.

Seção VI
Dos Créditos

Art. 23. As microempresas e as empresas de pequeno porte optantes pelo Simples Nacional não farão jus à apropriação nem transferirão créditos relativos a impostos ou contribuições abrangidos pelo Simples Nacional.

§ 1º As pessoas jurídicas e aquelas a elas equiparadas pela legislação tributária não optantes pelo Simples Nacional terão direito a crédito correspondente ao ICMS incidente sobre as suas aquisições de mercadorias de microempresa ou empresa de pequeno porte optante pelo Simples Nacional, desde que destinadas à comercialização ou industrialização e observado, como limite, o ICMS efetivamente devido pelas optantes pelo Simples Nacional em relação a essas aquisições.

§ 2º A alíquota aplicável ao cálculo do crédito de que trata o § 1º deste artigo deverá ser informada no documento fiscal e corresponderá ao percentual de ICMS previsto nos Anexos I ou II desta Lei Complementar para a faixa de receita bruta a que a microempresa ou a empresa de pequeno porte estiver sujeita no mês anterior ao da operação.

§ 3º Na hipótese de a operação ocorrer no mês de início de atividades da microempresa ou empresa de pequeno porte optante pelo Simples Nacional, a alíquota aplicável ao cálculo do crédito de que trata o § 1º deste artigo corresponderá ao percentual de ICMS referente à menor alíquota prevista nos Anexos I ou II desta Lei Complementar.

§ 4º Não se aplica o disposto nos §§ 1º a 3º deste artigo quando:

I — a microempresa ou empresa de pequeno porte estiver sujeita à tributação do ICMS no Simples Nacional por valores fixos mensais;

II — a microempresa ou a empresa de pequeno porte não informar a alíquota de que trata o § 2º deste artigo no documento fiscal;

III — houver isenção estabelecida pelo Estado ou Distrito Federal que abranja a faixa de receita bruta a que a microempresa ou a empresa de pequeno porte estiver sujeita no mês da operação.

IV — o remetente da operação ou prestação considerar, por opção, que a alíquota determinada na forma do *caput* e dos §§ 1º e 2º do art. 18 desta Lei Complementar deverá incidir sobre a receita recebida no mês.

§ 5º Mediante deliberação exclusiva e unilateral dos Estados e do Distrito Federal, poderá ser concedido às pessoas jurídicas e àquelas a elas equiparadas pela legislação tributária não optantes pelo Simples Nacional crédito correspondente ao ICMS incidente sobre os insumos utilizados nas mercadorias adquiridas de indústria optante pelo Simples Nacional, sendo vedado o estabelecimento de diferenciação no valor do crédito em razão da procedência dessas mercadorias.

§ 6º O Comitê Gestor do Simples Nacional disciplinará o disposto neste artigo.

Art. 24. As microempresas e as empresas de pequeno porte optantes pelo Simples Nacional não poderão utilizar ou destinar qualquer valor a título de incentivo fiscal.

§ 1º Não serão consideradas quaisquer alterações em bases de cálculo, alíquotas e percentuais ou outros fatores que alterem o valor de imposto ou contribuição apurado na forma do Simples Nacional, estabelecidas pela União, Estado, Distrito Federal ou Município, exceto as previstas ou autorizadas nesta Lei Complementar. *(Redação dada pela Lei Complementar n. 155, de 27.10.16, DOU 28.10.16)*

§ 2º (VETADO). *(Incluído pela Lei Complementar n. 155, de 27.10.16, DOU 28.10.16)*

Seção VII

Das Obrigações Fiscais Acessórias

Art. 25. A microempresa ou empresa de pequeno porte optante pelo Simples Nacional deverá apresentar anualmente à Secretaria da Receita Federal do Brasil declaração única e simplificada de informações socioeconômicas e fiscais, que deverá ser disponibilizada aos órgãos de fiscalização tributária e previdenciária, observados prazo e modelo aprovados pelo CGSN e observado o disposto no § 15-A do art. 18.

§ 1º A declaração de que trata o *caput* deste artigo constitui confissão de dívida e instrumento hábil e suficiente para a exigência dos tributos e contribuições que não tenham sido recolhidos resultantes das informações nela prestadas.

§ 2º A situação de inatividade deverá ser informada na declaração de que trata o *caput* deste artigo, na forma regulamentada pelo Comitê Gestor.

§ 3º Para efeito do disposto no § 2º deste artigo, considera-se em situação de inatividade a microempresa ou a empresa de pequeno porte que não apresente mutação patrimonial e atividade operacional durante todo o ano-calendário.

§ 4º A declaração de que trata o *caput* deste artigo, relativa ao MEI definido no art. 18-A desta Lei Complementar, conterá, para efeito do disposto no art. 3º da Lei Complementar n. 63, de 11 de janeiro de 1990, tão somente as informações relativas à receita bruta total sujeita ao ICMS, sendo vedada a instituição de declarações adicionais em decorrência da referida Lei Complementar.

§ 5º A declaração de que trata o *caput*, a partir das informações relativas ao ano-calendário de 2012, poderá ser prestada por meio da declaração de que trata o § 15-A do art. 18 desta Lei Complementar, na periodicidade e prazos definidos pelo CGSN. *(Incluído pela Lei Complementar n. 147, de 7.8.14, DOU 8.8.14)*

Art. 26. As microempresas e empresas de pequeno porte optantes pelo Simples Nacional ficam obrigadas a:

I — emitir documento fiscal de venda ou prestação de serviço, de acordo com instruções expedidas pelo Comitê Gestor;

II — manter em boa ordem e guarda os documentos que fundamentaram a apuração dos impostos e contribuições devidos e o cumprimento das obrigações acessórias a que se refere o art. 25 desta Lei Complementar enquanto não decorrido o prazo decadencial e não prescritas eventuais ações que lhes sejam pertinentes.

§ 1º O MEI fará a comprovação da receita bruta mediante apresentação do registro de vendas ou de prestação de serviços na forma estabelecida pelo CGSN, ficando dispensado da emissão do documento fiscal previsto no inciso I do *caput*, ressalvadas as hipóteses de emissão obrigatória previstas pelo referido Comitê.

I — (REVOGADO)

II — (REVOGADO)

III — (REVOGADO)

§ 2º As demais microempresas e as empresas de pequeno porte, além do disposto nos incisos I e II do *caput* deste artigo, deverão, ainda, manter o livro-caixa em que será escriturada sua movimentação financeira e bancária.

§ 3º A exigência de declaração única a que se refere o *caput* do art. 25 desta Lei Complementar não desobriga a prestação de informações relativas a terceiros.

§ 4º É vedada a exigência de obrigações tributárias acessórias relativas aos tributos apurados na forma do Simples Nacional além daquelas estipuladas pelo CGSN e atendidas por meio do Portal do Simples Nacional, bem como, o estabelecimento de exigências adicionais e unilaterais pelos entes federativos, exceto os programas de cidadania fiscal. *(Redação dada pela Lei Complementar n. 147, de 7.8.14, DOU 8.8.14)*

§ 4º-A. A escrituração fiscal digital ou obrigação equivalente não poderá ser exigida da microempresa ou empresa de pequeno porte optante pelo Simples Nacional, salvo se, cumulativamente, houver: *(Incluído pela Lei Complementar n. 147, de 7.8.14, DOU 8.8.14)*

I — autorização específica do CGSN, que estabelecerá as condições para a obrigatoriedade; *(Incluído pela Lei Complementar n. 147, de 7.8.14, DOU 8.8.14)*

II — disponibilização por parte da administração tributária estipulante de aplicativo gratuito para uso da empresa optante. *(Incluído pela Lei Complementar n. 147, de 7.8.14, DOU 8.8.14)*

§ 4º-B. A exigência de apresentação de livros fiscais em meio eletrônico aplicar-se-á somente na hipótese de substituição da entrega em meio convencional, cuja obrigatoriedade tenha sido prévia e especificamente estabelecida pelo CGSN. *(Incluído pela Lei Complementar n. 147, de 7.8.14, DOU 8.8.14)*

§ 4º-C. Até a implantação de sistema nacional uniforme estabelecido pelo CGSN com compartilhamento de informações com os entes federados, permanece válida norma publicada por ente federado até o primeiro trimestre de 2014 que tenha veiculado exigência vigente de a microempresa ou empresa de pequeno porte apresentar escrituração fiscal digital ou obrigação equivalente. *(Incluído pela Lei Complementar n. 147, de 7.8.14, DOU 8.8.14)*

§ 5º As microempresas e empresas de pequeno porte ficam sujeitas à entrega de declaração eletrônica que deva conter os dados referentes aos serviços prestados ou tomados de terceiros, na conformidade do que dispuser o Comitê Gestor.

§ 6º Na hipótese do § 1º deste artigo:

I — deverão ser anexados ao registro de vendas ou de prestação de serviços, na forma regulamentada pelo Comitê Gestor, os documentos fiscais comprobatórios das entradas de mercadorias e serviços tomados referentes ao período, bem como os documentos fiscais relativos às operações ou prestações realizadas eventualmente emitidos;

II — será obrigatória a emissão de documento fiscal nas vendas e nas prestações de serviços realizadas pelo MEI para destinatário cadastrado no Cadastro Nacional da Pessoa Jurídica (CNPJ), ficando dispensado desta emissão para o consumidor final.

§ 7º Cabe ao CGSN dispor sobre a exigência da certificação digital para o cumprimento de obrigações principais e acessórias por parte da microempresa, inclusive o MEI, ou empresa de pequeno porte optante pelo Simples Nacional, inclusive para o recolhimento do FGTS.

§ 8º O CGSN poderá disciplinar sobre a disponibilização, no portal do SIMPLES Nacional, de documento fiscal eletrônico de venda ou de prestação de serviço para o MEI, microempresa ou empresa de pequeno porte optante pelo Simples Nacional. *(Incluído pela Lei Complementar n. 147, de 7.8.14, DOU 8.8.14)*

§ 9º O desenvolvimento e a manutenção das soluções de tecnologia, capacitação e orientação aos usuários relativas ao disposto no § 8º, bem como as demais relativas ao Simples Nacional, poderão ser apoiadas pelo Serviço Brasileiro de Apoio às Micro e Pequenas Empresas — SEBRAE. *(Incluído pela Lei Complementar n. 147, de 7.8.14, DOU 8.8.14)*

§ 10. O ato de emissão ou de recepção de documento fiscal por meio eletrônico estabelecido pelas administrações tributárias, em qualquer modalidade, de entrada, de saída ou de prestação, na forma estabelecida pelo CGSN, representa sua própria escrituração fiscal e elemento suficiente para a fundamentação e a constituição do crédito tributário. *(Incluído pela Lei Complementar n. 147, de 7.8.14, DOU 8.8.14)*

§ 11. Os dados dos documentos fiscais de qualquer espécie podem ser compartilhados entre as administrações tributárias da União, Estados, Distrito Federal e Municípios e, quando emitidos por meio eletrônico, na forma estabelecida pelo CGSN, a microempresa ou empresa de pequeno porte optante pelo Simples Nacional fica desobrigada de transmitir seus dados às administrações tributárias. *(Incluído pela Lei Complementar n. 147, de 7.8.14, DOU 8.8.14)*

§ 12. As informações a serem prestadas relativas ao ICMS devido na forma prevista nas alíneas *a*, *g* e *h* do inciso XIII do § 1º do art. 13 serão fornecidas por meio de aplicativo único. *(Incluído pela Lei Complementar n. 147, de 7.8.14, DOU 8.8.14)*

§ 13. Fica estabelecida a obrigatoriedade de utilização de documentos fiscais eletrônicos estabelecidos pelo Confaz nas operações e prestações relativas ao ICMS efetuadas por microempresas e empresas de pequeno porte nas hipóteses previstas nas alíneas *a*, *g* e *h* do inciso XIII do § 1º do art. 13. *(Incluído pela Lei Complementar n. 147, de 7.8.14, DOU 8.8.14)*

§ 14. Os aplicativos necessários ao cumprimento do disposto nos §§ 12 e 13 deste artigo serão disponibilizados, de forma gratuita, no portal do Simples Nacional. *(Incluído pela Lei Complementar n. 147, de 7.8.14, DOU 8.8.14)*

§ 15. O CGSN regulamentará o disposto neste artigo. *(Incluído pela Lei Complementar n. 147, de 7.8.14, DOU 8.8.14)*

Art. 27. As microempresas e empresas de pequeno porte optantes pelo Simples Nacional poderão, opcionalmente, adotar contabilidade simplificada para os registros e controles das operações realizadas, conforme regulamentação do Comitê Gestor.

Seção VIII

Da Exclusão do Simples Nacional

Art. 28. A exclusão do Simples Nacional será feita de ofício ou mediante comunicação das empresas optantes.

PARÁGRAFO ÚNICO. As regras previstas nesta seção e o modo de sua implementação serão regulamentados pelo Comitê Gestor.

Art. 29. A exclusão de ofício das empresas optantes pelo Simples Nacional dar-se-á quando:

I — verificada a falta de comunicação de exclusão obrigatória;

II — for oferecido embaraço à fiscalização, caracterizado pela negativa não justificada de exibição de livros e documentos a que estiverem obrigadas, bem como pelo não fornecimento de informações sobre bens, movimentação financeira, negócio ou atividade que estiverem intimadas a apresentar, e nas demais hipóteses que autorizam a requisição de auxílio da força pública;

III — for oferecida resistência à fiscalização, caracterizada pela negativa de acesso ao estabelecimento, ao domicílio fiscal ou a qualquer outro local onde desenvolvam suas atividades ou se encontrem bens de sua propriedade;

IV — a sua constituição ocorrer por interpostas pessoas;

V — tiver sido constatada prática reiterada de infração ao disposto nesta Lei Complementar;

VI — a empresa for declarada inapta, na forma dos arts. 81 e 82 da Lei n. 9.430, de 27 de dezembro de 1996, e alterações posteriores;

VII — comercializar mercadorias objeto de contrabando ou descaminho;

VIII — houver falta de escrituração do livro-caixa ou não permitir a identificação da movimentação financeira, inclusive bancária;

IX — for constatado que durante o ano-calendário o valor das despesas pagas supera em 20% (vinte por cento) o valor de ingressos de recursos no mesmo período, excluído o ano de início de atividade;

X — for constatado que durante o ano-calendário o valor das aquisições de mercadorias para comercialização ou industrialização, ressalvadas hipóteses justificadas de aumento de estoque, for superior a 80% (oitenta por cento) dos ingressos de recursos no mesmo período, excluído o ano de início de atividade;

XI — houver descumprimento reiterado da obrigação contida no inciso I do *caput* do art. 26;

XII — omitir de forma reiterada da folha de pagamento da empresa ou de documento de informações previsto pela legislação previdenciária, trabalhista ou tributária, segurado empregado, trabalhador avulso ou contribuinte individual que lhe preste serviço.

§ 1º Nas hipóteses previstas nos incisos II a XII do *caput* deste artigo, a exclusão produzirá efeitos a partir do próprio mês em que incorridas, impedindo a opção pelo regime diferenciado e favorecido desta Lei Complementar pelos próximos 3 (três) anos-calendário seguintes.

§ 2º O prazo de que trata o § 1º deste artigo será elevado para 10 (dez) anos caso seja constatada a utilização de artifício, ardil ou qualquer outro meio fraudulento que induza ou mantenha a fiscalização em erro, com o fim de suprimir ou reduzir o pagamento de tributo apurável segundo o regime especial previsto nesta Lei Complementar.

§ 3º A exclusão de ofício será realizada na forma regulamentada pelo Comitê Gestor, cabendo o lançamento dos tributos e contribuições apurados aos respectivos entes tributantes.

§ 4º (REVOGADO)

§ 5º A competência para exclusão de ofício do Simples Nacional obedece ao disposto no art. 33, e o julgamento administrativo, ao disposto no art. 39, ambos desta Lei Complementar.

§ 6º Nas hipóteses de exclusão previstas no *caput*, a notificação:

I — será efetuada pelo ente federativo que promoveu a exclusão; e

II — poderá ser feita por meio eletrônico, observada a regulamentação do CGSN.

§ 7º (REVOGADO)

§ 8º A notificação de que trata o § 6º aplica-se ao indeferimento da opção pelo Simples Nacional.

§ 9º Considera-se prática reiterada, para fins do disposto nos incisos V, XI e XII do *caput*:

I — a ocorrência, em 2 (dois) ou mais períodos de apuração, consecutivos ou alternados, de idênticas infrações, inclusive de natureza acessória, verificada em relação aos últimos 5 (cinco) anos-calendário, formalizadas por intermédio de auto de infração ou notificação de lançamento; ou

II — a segunda ocorrência de idênticas infrações, caso seja constatada a utilização de artifício, ardil ou qualquer outro meio fraudulento que induza ou mantenha a fiscalização em erro, com o fim de suprimir ou reduzir o pagamento de tributo.

Art. 30. A exclusão do Simples Nacional, mediante comunicação das microempresas ou das empresas de pequeno porte, dar-se-á:

I — por opção;

II — obrigatoriamente, quando elas incorrerem em qualquer das situações de vedação previstas nesta Lei Complementar; ou

III — obrigatoriamente, quando ultrapassado, no ano-calendário de início de atividade, o limite proporcional de receita bruta de que trata o § 2º do art. 3º;

IV — obrigatoriamente, quando ultrapassado, no ano-calendário, o limite de receita bruta previsto no inciso II do *caput* do art. 3º, quando não estiver no ano-calendário de início de atividade.

§ 1º A exclusão deverá ser comunicada à Secretaria da Receita Federal:

I — na hipótese do inciso I do *caput* deste artigo, até o último dia útil do mês de janeiro;

II — na hipótese do inciso II do *caput* deste artigo, até o último dia útil do mês subsequente àquele em que ocorrida a situação de vedação;

III — na hipótese do inciso III do *caput*:

a) até o último dia útil do mês seguinte àquele em que tiver ultrapassado em mais de 20% (vinte por cento) o limite proporcional de que trata o § 10 do art. 3º; ou

b) até o último dia útil do mês de janeiro do ano-calendário subsequente ao de início de atividades, caso o excesso seja inferior a 20% (vinte por cento) do respectivo limite;

IV — na hipótese do inciso IV do *caput*:

a) até o último dia útil do mês subsequente à ultrapassagem em mais de 20% (vinte por cento) do limite de receita bruta previsto no inciso II do *caput* do art. 3º; ou

b) até o último dia útil do mês de janeiro do ano-calendário subsequente, na hipótese de não ter ultrapassado em mais de 20% (vinte por cento) o limite de receita bruta previsto no inciso II do *caput* do art. 3º.

§ 2º A comunicação de que trata o *caput* deste artigo dar-se-á na forma a ser estabelecida pelo Comitê Gestor.

§ 3º A alteração de dados no CNPJ, informada pela ME ou EPP à Secretaria da Receita Federal do Brasil, equivalerá à comunicação obrigatória de exclusão do Simples Nacional nas seguintes hipóteses:

I — alteração de natureza jurídica para Sociedade Anônima, Sociedade Empresária em Comandita por Ações, Sociedade em Conta de Participação ou Estabelecimento, no Brasil, de Sociedade Estrangeira;

II — inclusão de atividade econômica vedada à opção pelo Simples Nacional;

III — inclusão de sócio pessoa jurídica;

IV — inclusão de sócio domiciliado no exterior;

V — cisão parcial; ou

VI — extinção da empresa.

Art. 31. A exclusão das microempresas ou das empresas de pequeno porte do Simples Nacional produzirá efeitos:

I — na hipótese do inciso I do *caput* do art. 30 desta Lei Complementar, a partir de 1º de janeiro do ano-calendário subsequente, ressalvado o disposto no § 4º deste artigo;

II — na hipótese do inciso II do *caput* do art. 30 desta Lei Complementar, a partir do mês seguinte da ocorrência da situação impeditiva;

III — na hipótese do inciso III do *caput* do art. 30 desta Lei Complementar:

a) desde o início das atividades;

b) a partir de 1º de janeiro do ano-calendário subsequente, na hipótese de não ter ultrapassado em mais de 20% (vinte por cento) o limite proporcional de que trata o § 10 do art. 3º;

IV — na hipótese do inciso V do *caput* do art. 17 desta Lei Complementar, a partir do ano-calendário subsequente ao da ciência da comunicação da exclusão;

V — na hipótese do inciso IV do *caput* do art. 30:

a) a partir do mês subsequente à ultrapassagem em mais de 20% (vinte por cento) do limite de receita bruta previsto no inciso II do art. 3º;

b) a partir de 1º de janeiro do ano-calendário subsequente, na hipótese de não ter ultrapassado em mais de 20% (vinte por cento) o limite de receita bruta previsto no inciso II do art. 3º.

§ 1º Na hipótese prevista no inciso III do *caput* do art. 30 desta Lei Complementar, a microempresa ou empresa de pequeno porte não poderá optar, no ano-calendário subsequente ao do início de atividades, pelo Simples Nacional.

§ 2º Na hipótese dos incisos V e XVI do *caput* do art. 17, será permitida a permanência da pessoa jurídica como optante pelo Simples Nacional mediante a comprovação da regularização do débito ou do cadastro fiscal no prazo de até 30 (trinta) dias contados a partir da ciência da comunicação da exclusão.

§ 3º O CGSN regulamentará os procedimentos relativos ao impedimento de recolher o ICMS e o ISS na forma do Simples Nacional, em face da ultrapassagem dos limites estabelecidos na forma dos incisos I ou II do art. 19 e do art. 20.

§ 4º No caso de a microempresa ou a empresa de pequeno porte ser excluída do Simples Nacional no mês de janeiro, na hipótese do inciso I do *caput* do art. 30 desta Lei Complementar, os efeitos da exclusão dar-se-ão nesse mesmo ano.

§ 5º Na hipótese do inciso II do *caput* deste artigo, uma vez que o motivo da exclusão deixe de existir, havendo a exclusão retroativa de ofício no caso do inciso I do *caput* do art. 29 desta Lei Complementar, o efeito desta dar-se-á a partir do mês seguinte ao da ocorrência da situação impeditiva, limitado, porém, ao último dia do ano-calendário em que a referida situação deixou de existir.

Art. 32. As microempresas ou as empresas de pequeno porte excluídas do Simples Nacional sujeitar-se-ão, a partir do período em que se processarem os efeitos da exclusão, às normas de tributação aplicáveis às demais pessoas jurídicas.

§ 1º Para efeitos do disposto no *caput* deste artigo, na hipótese da alínea a do inciso III do *caput* do art. 31 desta Lei Complementar, a microempresa ou a empresa de pequeno porte desenquadrada ficará sujeita ao pagamento da totalidade ou diferença dos respectivos impostos e contribuições, devidos de conformidade com as normas gerais de incidência, acrescidos, tão somente, de juros de mora, quando efetuado antes do início de procedimento de ofício.

§ 2º Para efeito do disposto no *caput* deste artigo, o sujeito passivo poderá optar pelo recolhimento do imposto de renda e da Contribuição Social sobre o Lucro Líquido na forma do lucro presumido, lucro real trimestral ou anual.

§ 3º Aplica-se o disposto no *caput* e no § 1º em relação ao ICMS e ao ISS à empresa impedida de recolher esses impostos na forma do

Simples Nacional, em face da ultrapassagem dos limites a que se referem os incisos I e II do *caput* do art. 19, relativamente ao estabelecimento localizado na unidade da federação que os houver adotado.

Seção IX
Da Fiscalização

Art. 33. A competência para fiscalizar o cumprimento das obrigações principais e acessórias relativas ao Simples Nacional e para verificar a ocorrência das hipóteses previstas no art. 29 desta Lei Complementar é da Secretaria da Receita Federal e das Secretarias de Fazenda ou de Finanças do Estado ou do Distrito Federal, segundo a localização do estabelecimento, e, tratando-se de prestação de serviços incluídos na competência tributária municipal, a competência será também do respectivo Município.

§ 1º As Secretarias de Fazenda ou Finanças dos Estados poderão celebrar convênio com os Municípios de sua jurisdição para atribuir a estes a fiscalização a que se refere o *caput* deste artigo.

§ 1º-A. Dispensa-se o convênio de que trata o § 1º na hipótese de ocorrência de prestação de serviços sujeita ao ISS por estabelecimento localizado no Município.

§ 1º-B. A fiscalização de que trata o *caput*, após iniciada, poderá abranger todos os demais estabelecimentos da microempresa ou da empresa de pequeno porte, independentemente da atividade por eles exercida ou de sua localização, na forma e condições estabelecidas pelo CGSN.

§ 1º-C. As autoridades fiscais de que trata o *caput* têm competência para efetuar o lançamento de todos os tributos previstos nos incisos I a VIII do art. 13, apurados na forma do Simples Nacional, relativamente a todos os estabelecimentos da empresa, independentemente do ente federado instituidor.

§ 1º-D. A competência para autuação por descumprimento de obrigação acessória é privativa da administração tributária perante a qual a obrigação deveria ter sido cumprida.

§ 2º Na hipótese de a microempresa ou empresa de pequeno porte exercer alguma das atividades de prestação de serviços previstas no § 5º-C do art. 18 desta Lei Complementar, caberá à Secretaria da Receita Federal do Brasil a fiscalização da Contribuição para a Seguridade Social, a cargo da empresa, de que trata o art. 22 da Lei no 8.212, de 24 de julho de 1991.

§ 3º O valor não pago, apurado em procedimento de fiscalização, será exigido em lançamento de ofício pela autoridade competente que realizou a fiscalização.

§ 4º O Comitê Gestor disciplinará o disposto neste artigo.

Seção X
Da Omissão de Receita

Art. 34. Aplicam-se à microempresa e à empresa de pequeno porte optantes pelo Simples Nacional todas as presunções de omissão de receita existentes nas legislações de regência dos impostos e contribuições incluídos no Simples Nacional.

§ 1º É permitida a prestação de assistência mútua e a permuta de informações entre a Fazenda Pública da União e as dos Estados, do Distrito Federal e dos Municípios, relativas às microempresas e às empresas de pequeno porte, para fins de planejamento ou de execução de procedimentos fiscais ou preparatórios. *(Incluído pela Lei Complementar n. 155, de 27.10.16, DOU 28.10.16)*

§ 2º (VETADO). *(Incluído pela Lei Complementar n. 155, de 27.10.16, DOU 28.10.16)*

§ 3º Sem prejuízo de ação fiscal individual, as administrações tributárias poderão utilizar procedimento de notificação prévia visando à autorregularização, na forma e nos prazos a serem regulamentados pelo CGSN, que não constituirá início de procedimento fiscal. *(Incluído pela Lei Complementar n. 155, de 27.10.16, DOU 28.10.16)*

§ 4º (VETADO). *(Incluído pela Lei Complementar n. 155, de 27.10.16, DOU 28.10.16)*

Seção XI
Dos Acréscimos Legais

Art. 35. Aplicam-se aos impostos e contribuições devidos pela microempresa e pela empresa de pequeno porte, inscritas no Simples Nacional, as normas relativas aos juros e multa de mora e de ofício previstas para o imposto de renda, inclusive, quando for o caso, em relação ao ICMS e ao ISS.

Art. 36. A falta de comunicação, quando obrigatória, da exclusão da pessoa jurídica do Simples Nacional, nos prazos determinados no § 1º do art. 30 desta Lei Complementar, sujeitará a pessoa jurídica a multa correspondente a 10% (dez por cento) do total dos impostos e contribuições devidos de conformidade com o Simples Nacional no mês que anteceder o início dos efeitos da exclusão, não inferior a R$ 200,00 (duzentos reais), insuscetível de redução.

Art. 36-A. A falta de comunicação, quando obrigatória, do desenquadramento do microempreendedor individual da sistemática de recolhimento prevista no art. 18-A desta Lei Complementar nos prazos determinados em seu § 7º sujeitará o microempreendedor individual a multa no valor de R$ 50,00 (cinquenta reais), insusceptível de redução.

Art. 37. A imposição das multas de que trata esta Lei Complementar não exclui a aplicação das sanções previstas na legislação penal, inclusive em relação a declaração falsa, adulteração de documentos e emissão de nota fiscal em desacordo com a operação efetivamente praticada, a que estão sujeitos o titular ou sócio da pessoa jurídica.

Art. 38. O sujeito passivo que deixar de apresentar a Declaração Simplificada da Pessoa Jurídica a que se refere o art. 25 desta Lei Complementar, no prazo fixado, ou que a apresentar com incorreções ou omissões, será intimado a apresentar declaração original, no caso de não-apresentação, ou a prestar esclarecimentos, nos demais casos, no prazo estipulado pela autoridade fiscal, na forma definida pelo Comitê Gestor, e sujeitar-se-á às seguintes multas:

I — de 2% (dois por cento) ao mês-calendário ou fração, incidentes sobre o montante dos tributos e contribuições informados na Declaração Simplificada da Pessoa Jurídica, ainda que integralmente pago, no caso de falta de entrega da declaração ou entrega após o prazo, limitada a 20% (vinte por cento), observado o disposto no § 3º deste artigo;

II — de R$ 100,00 (cem reais) para cada grupo de 10 (dez) informações incorretas ou omitidas.

§ 1º Para efeito de aplicação da multa prevista no inciso I do *caput* deste artigo, será considerado como termo inicial o dia seguinte ao término do prazo originalmente fixado para a entrega da declaração e como termo final a data da efetiva entrega ou, no caso de não-apresentação, da lavratura do auto de infração.

§ 2º Observado o disposto no § 3º deste artigo, as multas serão reduzidas:

I — à metade, quando a declaração for apresentada após o prazo, mas antes de qualquer procedimento de ofício;

II — a 75% (setenta e cinco por cento), se houver a apresentação da declaração no prazo fixado em intimação.

§ 3º A multa mínima a ser aplicada será de R$ 200,00 (duzentos reais).

§ 4º Considerar-se-á não entregue a declaração que não atender às especificações técnicas estabelecidas pelo Comitê Gestor.

§ 5º Na hipótese do § 4º deste artigo, o sujeito passivo será intimado a apresentar nova declaração, no prazo de 10 (dez) dias, contados da ciência da intimação, e sujeitar-se-á à multa prevista no inciso I do *caput* deste artigo, observado o disposto nos §§ 1º a 3º deste artigo.

§ 6º A multa mínima de que trata o § 3º deste artigo a ser aplicada ao Microempreendedor Individual na vigência da opção de que trata o art. 18-A desta Lei Complementar será de R$ 50,00 (cinquenta reais).

Art. 38-A. O sujeito passivo que deixar de prestar as informações no sistema eletrônico de cálculo de que trata o § 15 do art. 18, no prazo previsto no § 15-A do mesmo artigo, ou que as prestar com incorreções ou omissões, será intimado a fazê-lo, no caso de não apresentação, ou a prestar esclarecimentos, nos demais casos, no prazo estipulado pela autoridade fiscal, na forma definida pelo CGSN, e sujeitar-se-á às seguintes multas, para cada mês de referência:

I — de 2% (dois por cento) ao mês-calendário ou fração, a partir do primeiro dia do quarto mês do ano subsequente à ocorrência dos fatos geradores, incidentes sobre o montante dos impostos e contribuições decorrentes das informações prestadas no sistema eletrônico de cálculo de que trata o § 15 do art. 18, ainda que integralmente pago, no caso de ausência de prestação de informações ou sua efetuação após o prazo, limitada a 20% (vinte por cento), observado o disposto no § 2º deste artigo; e

II — de R$ 20,00 (vinte reais) para cada grupo de 10 (dez) informações incorretas ou omitidas.

§ 1º Para efeito de aplicação da multa prevista no inciso I do *caput*, será considerado como termo inicial o primeiro dia do quarto mês do ano subsequente à ocorrência dos fatos geradores e como termo final a data da efetiva prestação ou, no caso de não prestação, da lavratura do auto de infração.

§ 2º A multa mínima a ser aplicada será de R$ 50,00 (cinquenta reais) para cada mês de referência.

§ 3º Aplica-se ao disposto neste artigo o disposto nos §§ 2º, 4º e 5º do art. 38.

§ 4º O CGSN poderá estabelecer data posterior à prevista no inciso I do *caput* e no § 1º.

Art. 38-B. As multas relativas à falta de prestação ou à incorreção no cumprimento de obrigações acessórias para com os órgãos e entidades federais, estaduais, distritais e municipais, quando em valor fixo ou mínimo, e na ausência de previsão legal de valores específicos e mais favoráveis para MEI, microempresa ou empresa de pequeno porte, terão redução de: *(Incluído pela Lei Complementar n. 147, de 7.8.14, DOU 8.8.14)*

I — 90% (noventa por cento) para os MEI; *(Incluído pela Lei Complementar n. 147, de 7.8.14, DOU 8.8.14)*

II — 50% (cinquenta por cento) para as microempresas ou empresas de pequeno porte optantes pelo Simples Nacional. *(Incluído pela Lei Complementar n. 147, de 7.8.14, DOU 8.8.14)*

PARÁGRAFO ÚNICO. As reduções de que tratam os incisos I e II do *caput* não se aplicam na: *(Incluído pela Lei Complementar n. 147, de 7.8.14, DOU 8.8.14)*

I — hipótese de fraude, resistência ou embaraço à fiscalização; *(Incluído pela Lei Complementar n. 147, de 7.8.14, DOU 8.8.14)*

II — ausência de pagamento da multa no prazo de 30 (trinta) dias após a notificação. *(Incluído pela Lei Complementar n. 147, de 7.8.14, DOU 8.8.14)*

Seção XII
Do Processo Administrativo Fiscal

Art. 39. O contencioso administrativo relativo ao Simples Nacional será de competência do órgão julgador integrante da estrutura administrativa do ente federativo que efetuar o lançamento, o indeferimento da opção ou a exclusão de ofício, observados os dispositivos legais atinentes aos processos administrativos fiscais desse ente.

§ 1º O Município poderá, mediante convênio, transferir a atribuição de julgamento exclusivamente ao respectivo Estado em que se localiza.

§ 2º No caso em que o contribuinte do Simples Nacional exerça atividades incluídas no campo de incidência do ICMS e do ISS e seja apurada omissão de receita de que não se consiga identificar a origem, a autuação será feita utilizando a maior alíquota prevista nesta Lei Complementar, e a parcela autuada que não seja correspondente aos tributos e contribuições federais será rateada entre Estados e Municípios ou Distrito Federal.

§ 3º Na hipótese referida no § 2º deste artigo, o julgamento caberá ao Estado ou ao Distrito Federal.

§ 4º A intimação eletrônica dos atos do contencioso administrativo observará o disposto nos §§ 1º-A a 1º-D do art. 16.

§ 5º A impugnação relativa ao indeferimento da opção ou à exclusão poderá ser decidida em órgão diverso do previsto no *caput*, na forma estabelecida pela respectiva administração tributária.

§ 6º Na hipótese prevista no § 5º, o CGSN poderá disciplinar procedimentos e prazos, bem como, no processo de exclusão, prever efeito suspensivo na hipótese de apresentação de impugnação, defesa ou recurso.

Art. 40. As consultas relativas ao Simples Nacional serão solucionadas pela Secretaria da Receita Federal, salvo quando se referirem a tributos e contribuições de competência estadual ou municipal, que serão solucionadas conforme a respectiva competência tributária, na forma disciplinada pelo Comitê Gestor.

Seção XIII
Do Processo Judicial

Art. 41. Os processos relativos a impostos e contribuições abrangidos pelo Simples Nacional serão ajuizados em face da União, que será representada em juízo pela Procuradoria-Geral da Fazenda Nacional, observado o disposto no § 5º deste artigo.

§ 1º Os Estados, Distrito Federal e Municípios prestarão auxílio à Procuradoria-Geral da Fazenda Nacional, em relação aos tributos de sua competência, na forma a ser disciplinada por ato do Comitê Gestor.

§ 2º Os créditos tributários oriundos da aplicação desta Lei Complementar serão apurados, inscritos em Dívida Ativa da União e cobrados judicialmente pela Procuradoria-Geral da Fazenda Nacional, observado o disposto no inciso V do § 5º deste artigo.

§ 3º Mediante convênio, a Procuradoria-Geral da Fazenda Nacional poderá delegar aos Estados e Municípios a inscrição em dívida ativa estadual e municipal e a cobrança judicial dos tributos estaduais e municipais a que se refere esta Lei Complementar.

§ 4º Aplica-se o disposto neste artigo aos impostos e contribuições que não tenham sido recolhidos resultantes das informações prestadas:

I — no sistema eletrônico de cálculo dos valores devidos no Simples Nacional de que trata o § 15 do art. 18;

II — na declaração a que se refere o art. 25.

§ 5º Excetuam-se do disposto no *caput* deste artigo:

I — os mandados de segurança nos quais se impugnem atos de autoridade coatora pertencente a Estado, Distrito Federal ou Município;

II — as ações que tratem exclusivamente de tributos de competência dos Estados, do Distrito Federal ou dos Municípios, as quais serão propostas em face desses entes federativos, representados em juízo por suas respectivas procuradorias;

III — as ações promovidas na hipótese de celebração do convênio de que trata o § 3º deste artigo;

IV — o crédito tributário decorrente de auto de infração lavrado exclusivamente em face de descumprimento de obrigação acessória, observado o disposto no § 1º-D do art. 33;

V — o crédito tributário relativo ao ICMS e ao ISS de que tratam as alíneas *b* e *c* do inciso V do § 3º do art. 18-A desta Lei Complementar. *(Redação dada pela Lei Complementar n. 147, de 7.8.14, DOU 8.8.14)*

CAPÍTULO V

(Redação dada pela Lei Complementar n. 147, de 7.8.14, DOU 8.8.14)

Do Acesso aos Mercados

Seção I
Das Aquisições Públicas

Art. 42. Nas licitações públicas, a comprovação de regularidade fiscal e trabalhista das microempresas e das empresas de pequeno porte somente será exigida para efeito de assinatura do contrato. *(Redação dada pela Lei Complementar n. 155, de 27.10.16, DOU 28.10.16)*

Art. 43. As microempresas e as empresas de pequeno porte, por ocasião da participação em certames licitatórios, deverão apresentar toda a documentação exigida para efeito de comprovação de regularidade fiscal e trabalhista, mesmo que esta apresente alguma restrição. *(Redação dada pela Lei Complementar n. 155, de 27.10.16, DOU 28.10.16)*

§ 1º Havendo alguma restrição na comprovação da regularidade fiscal e trabalhista, será assegurado o prazo de cinco dias úteis, cujo termo inicial corresponderá ao momento em que o proponente for declarado vencedor do certame, prorrogável por igual período, a critério da administração pública, para regularização da documentação, para pagamento ou parcelamento do débito e para emissão de eventuais certidões negativas ou positivas com efeito de certidão negativa. *(Redação dada pela Lei Complementar n. 155, de 27.10.16, DOU 28.10.16)*

§ 2º A não-regularização da documentação, no prazo previsto no § 1º deste artigo, implicará decadência do direito à contratação, sem prejuízo das sanções previstas no art. 81 da Lei n. 8.666, de 21 de junho de 1993, sendo facultado à Administração convocar os licitantes remanescentes, na ordem de classificação, para a assinatura do contrato, ou revogar a licitação.

Art. 44. Nas licitações será assegurada, como critério de desempate, preferência de contratação para as microempresas e empresas de pequeno porte.

§ 1º Entende-se por empate aquelas situações em que as propostas apresentadas pelas microempresas e empresas de pequeno porte sejam iguais ou até 10% (dez por cento) superiores à proposta mais bem classificada.

§ 2º Na modalidade de pregão, o intervalo percentual estabelecido no § 1º deste artigo será de até 5% (cinco por cento) superior ao melhor preço.

Art. 45. Para efeito do disposto no art. 44 desta Lei Complementar, ocorrendo o empate, proceder-se-á da seguinte forma:

I — a microempresa ou empresa de pequeno porte mais bem classificada poderá apresentar proposta de preço inferior àquela considerada vencedora do certame, situação em que será adjudicado em seu favor o objeto licitado;

II — não ocorrendo a contratação da microempresa ou empresa de pequeno porte, na forma do inciso I do *caput* deste artigo, serão convocadas as remanescentes que porventura se enquadrem na hipótese dos §§ 1º e 2º do art. 44 desta Lei Complementar, na ordem classificatória, para o exercício do mesmo direito;

III — no caso de equivalência dos valores apresentados pelas microempresas e empresas de pequeno porte que se encontrem nos intervalos estabelecidos nos §§ 1º e 2º do art. 44 desta Lei Complementar, será realizado sorteio entre elas para que se identifique aquela que primeiro poderá apresentar melhor oferta.

§ 1º Na hipótese da não-contratação nos termos previstos no *caput* deste artigo, o objeto licitado será adjudicado em favor da proposta originalmente vencedora do certame.

§ 2º O disposto neste artigo somente se aplicará quando a melhor oferta inicial não tiver sido apresentada por microempresa ou empresa de pequeno porte.

§ 3º No caso de pregão, a microempresa ou empresa de pequeno porte mais bem classificada será convocada para apresentar nova proposta no prazo máximo de 5 (cinco) minutos após o encerramento dos lances, sob pena de preclusão.

Art. 46. A microempresa e a empresa de pequeno porte titular de direitos creditórios decorrentes de empenhos liquidados por órgãos e entidades da União, Estados, Distrito Federal e Município não pagos em até 30 (trinta) dias contados da data de liquidação poderão emitir cédula de crédito microempresarial.

PARÁGRAFO ÚNICO. *(Revogado pela Lei Complementar n. 147, de 7.8.14, DOU 8.8.14)*

Art. 47. Nas contratações públicas da administração direta e indireta, autárquica e fundacional, federal, estadual e municipal, deverá ser concedido tratamento diferenciado e simplificado para as microempresas e empresas de pequeno porte objetivando a promoção do desenvolvimento econômico e social no âmbito municipal e regional, a ampliação da eficiência das políticas públicas e o incentivo à inovação tecnológica. *(Redação dada pela Lei Complementar n. 147, de 7.8.14, DOU 8.8.14)*

PARÁGRAFO ÚNICO. No que diz respeito às compras públicas, enquanto não sobrevier legislação estadual, municipal ou regulamento específico de cada órgão mais favorável à microempresa e empresa de pequeno porte, aplica-se a legislação federal. *(Incluído pela Lei Complementar n. 147, de 7.8.14, DOU 8.8.14)*

Art. 48. Para o cumprimento do disposto no art. 47 desta Lei Complementar, a administração pública: *(Redação dada pela Lei Complementar n. 147, de 7.8.14, DOU 8.8.14)*

I — deverá realizar processo licitatório destinado exclusivamente à participação de microempresas e empresas de pequeno porte nos itens de contratação cujo valor seja de até R$ 80.000,00 (oitenta mil reais); *(Redação dada pela Lei Complementar n. 147, de 7.8.14, DOU 8.8.14)*

II — poderá, em relação aos processos licitatórios destinados à aquisição de obras e serviços, exigir dos licitantes a subcontratação de microempresa ou empresa de pequeno porte; *(Redação dada pela Lei Complementar n. 147, de 7.8.14, DOU 8.8.14)*

III — deverá estabelecer, em certames para aquisição de bens de natureza divisível, cota de até 25% (vinte e cinco por cento) do objeto para a contratação de microempresas e empresas de pequeno porte. *(Redação dada pela Lei Complementar n. 147, de 7.8.14, DOU 8.8.14)*

§ 1º (Revogado). *(Redação dada pela Lei Complementar n. 147, de 7.8.14, DOU 8.8.14)*

§ 2º Na hipótese do inciso II do *caput* deste artigo, os empenhos e pagamentos do órgão ou entidade da administração pública poderão ser destinados diretamente às microempresas e empresas de pequeno porte subcontratadas.

§ 3º Os benefícios referidos no *caput* deste artigo poderão, justificadamente, estabelecer a prioridade de contratação para as microempresas e empresas de pequeno porte sediadas local ou regionalmente, até o limite de 10% (dez por cento) do melhor preço válido. *(Incluído pela Lei Complementar n. 147, de 7.8.14, DOU 8.8.14)*

Art. 49. Não se aplica o disposto nos arts. 47 e 48 desta Lei Complementar quando:

I — (Revogado); *(Redação dada pela Lei Complementar n. 147, de 7.8.14, DOU 8.8.14)*

II — não houver um mínimo de 3 (três) fornecedores competitivos enquadrados como microempresas ou empresas de pequeno porte sediados local ou regionalmente e capazes de cumprir as exigências estabelecidas no instrumento convocatório;

III — o tratamento diferenciado e simplificado para as microempresas e empresas de pequeno porte não for vantajoso para a administração pública ou representar prejuízo ao conjunto ou complexo do objeto a ser contratado;

IV — a licitação for dispensável ou inexigível, nos termos dos arts. 24 e 25 da Lei n. 8.666, de 21 de junho de 1993, excetuando-se as dispensas tratadas pelos incisos I e II do art. 24 da mesma Lei, nas quais a compra deverá ser feita preferencialmente de microempresas e empresas de pequeno porte, aplicando-se o disposto no inciso I do art. 48. *(Redação dada pela Lei Complementar n. 147, de 7.8.14, DOU 8.8.14)*

Seção II

(Redação dada pela Lei Complementar n. 147, de 7.8.14, DOU 8.8.14)

Acesso ao Mercado Externo

Art. 49-A. A microempresa e a empresa de pequeno porte beneficiárias do SIMPLES usufruirão de regime de exportação que contemplará procedimentos simplificados de habilitação, licenciamento, despacho aduaneiro e câmbio, na forma do regulamento. *(Incluído pela Lei Complementar n. 147, de 7.8.14, DOU 8.8.14)*

PARÁGRAFO ÚNICO. As pessoas jurídicas prestadoras de serviço de logística internacional, quando contratadas pelas empresas descritas nesta Lei Complementar, estão autorizadas a realizar atividades relativas a licenciamento administrativo, despacho aduaneiro, consolidação e desconsolidação de carga e a contratar seguro, câmbio, transporte e armazenagem de mercadorias, objeto da prestação do serviço, de forma simplificada e por meio eletrônico, na forma de regulamento. *(Redação dada pela Lei Complementar n. 155, de 27.10.16, DOU 28.10.16)*

Art. 49-B. (VETADO). *(Incluído pela Lei Complementar n. 155, de 27.10.16, DOU 28.10.16)*

Capítulo VI
Da Simplificação das Relações de Trabalho

Seção I

Da Segurança e da Medicina do Trabalho

Art. 50. As microempresas e as empresas de pequeno porte serão estimuladas pelo poder público e pelos Serviços Sociais Autônomos a formar consórcios para acesso a serviços especializados em segurança e medicina do trabalho.

Seção II

Das Obrigações Trabalhistas

Art. 51. As microempresas e as empresas de pequeno porte são dispensadas:

I — da afixação de Quadro de Trabalho em suas dependências;

II — da anotação das férias dos empregados nos respectivos livros ou fichas de registro;

III — de empregar e matricular seus aprendizes nos cursos dos Serviços Nacionais de Aprendizagem;

IV — da posse do livro intitulado "Inspeção do Trabalho"; e

V — de comunicar ao Ministério do Trabalho e Emprego a concessão de férias coletivas.

Art. 52. O disposto no art. 51 desta Lei Complementar não dispensa as microempresas e as empresas de pequeno porte dos seguintes procedimentos:

I — anotações na Carteira de Trabalho e Previdência Social — CTPS;

II — arquivamento dos documentos comprobatórios de cumprimento das obrigações trabalhistas e previdenciárias, enquanto não prescreverem essas obrigações;

III — apresentação da Guia de Recolhimento do Fundo de Garantia do Tempo de Serviço e Informações à Previdência Social — GFIP;

IV — apresentação das Relações Anuais de Empregados e da Relação Anual de Informações Sociais — RAIS e do Cadastro Geral de Empregados e Desempregados — CAGED.

PARÁGRAFO ÚNICO. (VETADO).

Art. 53. (REVOGADO)

Seção III

Do Acesso à Justiça do Trabalho

Art. 54. É facultado ao empregador de microempresa ou de empresa de pequeno porte fazer-se substituir ou representar perante a Justiça do Trabalho por terceiros que conheçam dos fatos, ainda que não possuam vínculo trabalhista ou societário.

Capítulo VII
Da Fiscalização Orientadora

Art. 55. A fiscalização, no que se refere aos aspectos trabalhista, metrológico, sanitário, ambiental, de segurança, de relações de consumo e de uso e ocupação do solo das microempresas e das empresas de pequeno porte, deverá ser prioritariamente orientadora quando a atividade ou situação, por sua natureza, comportar grau de risco compatível com esse procedimento. *(Redação dada pela Lei Complementar n. 155, de 27.10.16, DOU 28.10.16. Em vigor na data de sua publicação. Efeitos, a partir 1º.1.18.)*

§ 1º Será observado o critério de dupla visita para lavratura de autos de infração, salvo quando for constatada infração por falta de registro de empregado ou anotação da Carteira de Trabalho e Previdência Social — CTPS, ou, ainda, na ocorrência de reincidência, fraude, resistência ou embaraço à fiscalização.

§ 2º (VETADO).

§ 3º Os órgãos e entidades competentes definirão, em 12 (doze) meses, as atividades e situações cujo grau de risco seja considerado alto, as quais não se sujeitarão ao disposto neste artigo.

§ 4º O disposto neste artigo não se aplica ao processo administrativo fiscal relativo a tributos, que se dará na forma dos arts. 39 e 40 desta Lei Complementar.

§ 5º O disposto no § 1º aplica-se à lavratura de multa pelo descumprimento de obrigações acessórias relativas às matérias do *caput*, inclusive quando previsto seu cumprimento de forma unificada com matéria de outra natureza, exceto a trabalhista. *(Incluído pela Lei Complementar n. 147, de 7.8.14, DOU 8.8.14)*

§ 6º A inobservância do critério de dupla visita implica nulidade do auto de infração lavrado sem cumprimento ao disposto neste artigo, independentemente da natureza principal ou acessória da obrigação. *(Incluído pela Lei Complementar n. 147, de 7.8.14, DOU 8.8.14)*

§ 7º Os órgãos e entidades da administração pública federal, estadual, distrital e municipal deverão observar o princípio do tratamento diferenciado, simplificado e favorecido por ocasião da fixação de valores decorrentes de multas e demais sanções administrativas. *(Incluído pela Lei Complementar n. 147, de 7.8.14, DOU 8.8.14)*

§ 8º A inobservância do disposto no *caput* deste artigo implica atentado aos direitos e garantias legais assegurados ao exercício profissional da atividade empresarial. *(Incluído pela Lei Complementar n. 147, de 7.8.14, DOU 8.8.14)*

§ 9º O disposto no *caput* deste artigo não se aplica a infrações relativas à ocupação irregular da reserva de faixa não edificável, de área destinada a equipamentos urbanos, de áreas de preservação permanente e nas faixas de domínio público das rodovias, ferrovias e dutovias ou de vias e logradouros públicos. *(Incluído pela Lei Complementar n. 147, de 7.8.14, DOU 8.8.14)*

Capítulo VIII
do Associativismo

Seção Única

Da Sociedade de Propósito Específico formada por Microempresas e Empresas de pequeno porte optantes pelo Simples Nacional

Art. 56. As microempresas ou as empresas de pequeno porte poderão realizar negócios de compra e venda de bens e serviços para os mercados nacional e internacional, por meio de sociedade de propósito específico, nos termos e condições estabelecidos pelo Poder Executivo federal. *(Redação dada pela Lei Complementar n. 147, de 7.8.14, DOU 8.8.14)*

§ 1º Não poderão integrar a sociedade de que trata o *caput* deste artigo pessoas jurídicas não optantes pelo Simples Nacional.

§ 2º A sociedade de propósito específico de que trata este artigo:

I — terá seus atos arquivados no Registro Público de Empresas Mercantis;

II — terá por finalidade realizar:

a) operações de compras para revenda às microempresas ou empresas de pequeno porte que sejam suas sócias;

b) operações de venda de bens adquiridos das microempresas e empresas de pequeno porte que sejam suas sócias para pessoas jurídicas que não sejam suas sócias;

III — poderá exercer atividades de promoção dos bens referidos na alínea b do inciso II deste parágrafo;

IV — apurará o imposto de renda das pessoas jurídicas com base no lucro real, devendo manter a escrituração dos livros Diário e Razão;

V — apurará a Cofins e a Contribuição para o PIS/Pasep de modo não-cumulativo;

VI — exportará, exclusivamente, bens a ela destinados pelas microempresas e empresas de pequeno porte que dela façam parte;

VII — será constituída como sociedade limitada;

VIII — deverá, nas revendas às microempresas ou empresas de pequeno porte que sejam suas sócias, observar preço no mínimo igual ao das aquisições realizadas para revenda; e

IX — deverá, nas revendas de bens adquiridos de microempresas ou empresas de pequeno porte que sejam suas sócias, observar preço no mínimo igual ao das aquisições desses bens.

§ 3º A aquisição de bens destinados à exportação pela sociedade de propósito específico não gera direito a créditos relativos a impostos ou contribuições abrangidos pelo Simples Nacional.

§ 4º A microempresa ou a empresa de pequeno porte não poderá participar simultaneamente de mais de uma sociedade de propósito específico de que trata este artigo.

§ 5º A sociedade de propósito específico de que trata este artigo não poderá:

I — ser filial, sucursal, agência ou representação, no País, de pessoa jurídica com sede no exterior;

II — ser constituída sob a forma de cooperativas, inclusive de consumo;

III — participar do capital de outra pessoa jurídica;

IV — exercer atividade de banco comercial, de investimentos e de desenvolvimento, de caixa econômica, de sociedade de crédito, financiamento e investimento ou de crédito imobiliário, de corretora ou de distribuidora de títulos, valores mobiliários e câmbio, de empresa de arrendamento mercantil, de seguros privados e de capitalização ou de previdência complementar;

V — ser resultante ou remanescente de cisão ou qualquer outra forma de desmembramento de pessoa jurídica que tenha ocorrido em um dos 5 (cinco) anos-calendário anteriores;

VI — exercer a atividade vedada às microempresas e empresas de pequeno porte optantes pelo Simples Nacional.

§ 6º A inobservância do disposto no § 4º deste artigo acarretará a responsabilidade solidária das microempresas ou empresas de pequeno porte sócias da sociedade de propósito específico de que trata este artigo na hipótese em que seus titulares, sócios ou administradores conhecessem ou devessem conhecer tal inobservância.

§ 7º O Poder Executivo regulamentará o disposto neste artigo até 31 de dezembro de 2008.

§ 8º (VETADO). *(Incluído pela Lei Complementar n. 155, de 27.10.16, DOU 28.10.16)*

Capítulo IX
Do Estímulo ao Crédito e à Capitalização

Seção I
Disposições Gerais

Art. 57. O Poder Executivo federal proporá, sempre que necessário, medidas no sentido de melhorar o acesso das microempresas e empresas de pequeno porte aos mercados de crédito e de capitais, objetivando a redução do custo de transação, a elevação da eficiência alocativa, o incentivo ao ambiente concorrencial e a qualidade do conjunto informacional, em especial o acesso e portabilidade das informações cadastrais relativas ao crédito.

Art. 58. Os bancos comerciais públicos e os bancos múltiplos públicos com carteira comercial, a Caixa Econômica Federal e o Banco Nacional do Desenvolvimento Econômico e Social — BNDES manterão linhas de crédito específicas para as microempresas e para as empresas de pequeno porte, vinculadas à reciprocidade social, devendo o montante disponível e suas condições de acesso ser expressos nos respectivos orçamentos e amplamente divulgados. *(Redação dada pela Lei Complementar n. 155, de 27.10.16, DOU 28.10.16)*

§ 1º As instituições mencionadas no *caput* deste artigo deverão publicar, juntamente com os respectivos balanços, relatório circunstanciado dos recursos alocados às linhas de crédito referidas no *caput* e daqueles efetivamente utilizados, consignando, obrigatoriamente, as justificativas do desempenho alcançado. *(Redação dada pela Lei Complementar n. 155, de 27.10.16, DOU 28.10.16)*

§ 2º O acesso às linhas de crédito específicas previstas no *caput* deste artigo deverá ter tratamento simplificado e ágil, com divulgação ampla das respectivas condições e exigências. *(Incluído pela Lei Complementar n. 147, de 7.8.14, DOU 8.8.14)*

§ 3º (VETADO). *(Incluído pela Lei Complementar n. 155, de 27.10.16, DOU 28.10.16)*

§ 4º O Conselho Monetário Nacional — CMN regulamentará o percentual mínimo de direcionamento dos recursos de que trata o *caput*, inclusive no tocante aos recursos de que trata a alínea *b* do inciso III do art. 10 da Lei n. 4.595, de 31 de dezembro de 1964. *(Incluído pela Lei Complementar n. 155, de 27.10.16, DOU 28.10.16)*

Art. 58-A. Os bancos públicos e privados não poderão contabilizar, para cumprimento de metas, empréstimos realizados a pessoas físicas, ainda que sócios de empresas, como disponibilização de crédito para microempresas e empresas de pequeno porte. *(Incluído pela Lei Complementar n. 147, de 7.8.14, DOU 8.8.14)*

Art. 59. As instituições referidas no *caput* do art. 58 desta Lei Complementar devem se articular com as respectivas entidades de apoio e representação das microempresas e empresas de pequeno porte, no sentido de proporcionar e desenvolver programas de treinamento, desenvolvimento gerencial e capacitação tecnológica.

Art. 60. (VETADO).

Art. 60-A. Poderá ser instituído Sistema Nacional de Garantias de Crédito pelo Poder Executivo, com o objetivo de facilitar o acesso das microempresas e empresas de pequeno porte a crédito e demais serviços das instituições financeiras, o qual, na forma de regulamento, proporcionará a elas tratamento diferenciado, favorecido e simplificado, sem prejuízo de atendimento a outros públicos-alvo.

PARÁGRAFO ÚNICO. O Sistema Nacional de Garantias de Crédito integrará o Sistema Financeiro Nacional.

Art. 60-B. Os fundos garantidores de risco de crédito empresarial que possuam participação da União na composição do seu capital atenderão, sempre que possível, as operações de crédito que envolvam microempresas e empresas de pequeno porte, definidas na forma do art. 3º desta Lei. *(Incluído pela Lei Complementar n. 147, de 7.8.14, DOU 8.8.14)*

Art. 60-C. (VETADO). *(Incluído pela Lei Complementar n. 147, de 7.8.14, DOU 8.8.14)*

Art. 61. Para fins de apoio creditício às operações de comércio exterior das microempresas e das empresas de pequeno porte, serão utilizados os parâmetros de enquadramento ou outros instrumentos de alta significância para as microempresas, empresas de pequeno porte exportadoras segundo o porte de empresas, aprovados pelo Mercado Comum do Sul — MERCOSUL.

Art. 61-A. Para incentivar as atividades de inovação e os investimentos produtivos, a sociedade enquadrada como microempresa ou empresa de pequeno porte, nos termos desta Lei Complementar, poderá admitir o aporte de capital, que não integrará o capital social da empresa. *(Incluído pela Lei Complementar n. 155, de 27.10.16, DOU 28.10.16. Em vigor na data de sua publicação. Efeitos, a partir 1º.1.18.)*

§ 1º As finalidades de fomento a inovação e investimentos produtivos deverão constar do contrato de participação, com vigência não superior a sete anos. *(Incluído pela Lei Complementar n. 155, de 27.10.16, DOU 28.10.16. Em vigor na data de sua publicação. Efeitos, a partir 1º.1.18.)*

§ 2º O aporte de capital poderá ser realizado por pessoa física ou por pessoa jurídica, denominadas investidor-anjo. *(Incluído pela Lei Complementar n. 155, de 27.10.16, DOU 28.10.16. Em vigor na data de sua publicação. Efeitos, a partir 1º.1.18.)*

§ 3º A atividade constitutiva do objeto social é exercida unicamente por sócios regulares, em seu nome individual e sob sua exclusiva responsabilidade. *(Incluído pela Lei Complementar n. 155, de 27.10.16, DOU 28.10.16. Em vigor na data de sua publicação. Efeitos, a partir 1º.1.18.)*

§ 4º O investidor-anjo: *(Incluído pela Lei Complementar n. 155, de 27.10.16, DOU 28.10.16. Em vigor na data de sua publicação. Efeitos, a partir 1º.1.18.)*

I — não será considerado sócio nem terá qualquer direito a gerência ou voto na administração da empresa; *(Incluído pela Lei Complementar n. 155, de 27.10.16, DOU 28.10.16. Em vigor na data de sua publicação. Efeitos, a partir 1º.1.18.)*

II — não responderá por qualquer dívida da empresa, inclusive em recuperação judicial, não se aplicando a ele o art. 50 da Lei n. 10.406, de 10 de janeiro de 2002 — Código Civil; *(Incluído pela Lei Complementar n. 155, de 27.10.16, DOU 28.10.16. Em vigor na data de sua publicação. Efeitos, a partir 1º.1.18.)*

III — será remunerado por seus aportes, nos termos do contrato de participação, pelo prazo máximo de cinco anos. *(Incluído pela Lei Complementar n. 155, de 27.10.16, DOU 28.10.16. Em vigor na data de sua publicação. Efeitos, a partir 1º.1.18.)*

§ 5º Para fins de enquadramento da sociedade como microempresa ou empresa de pequeno porte, os valores de capital aportado não são considerados receitas da sociedade. *(Incluído pela Lei Complementar n. 155, de 27.10.16, DOU 28.10.16)*

§ 6º Ao final de cada período, o investidor-anjo fará jus à remuneração correspondente aos resultados distribuídos, conforme contrato de participação, não superior a 50% (cinquenta por cento) dos lucros da sociedade enquadrada como microempresa ou empresa de pequeno porte. *(Incluído pela Lei Complementar n. 155, de 27.10.16, DOU 28.10.16)*

§ 7º O investidor-anjo somente poderá exercer o direito de resgate depois de decorridos, no mínimo, dois anos do aporte de capital, ou prazo superior estabelecido no contrato de participação, e seus haveres serão pagos na forma do art. 1.031 da Lei n. 10.406, de 10 de janeiro de 2002 — Código Civil, não podendo ultrapassar o valor investido devidamente corrigido. *(Incluído pela Lei Complementar n. 155, de 27.10.16, DOU 28.10.16. Em vigor na data de sua publicação. Efeitos, a partir 1º.1.18.)*

§ 8º O disposto no § 7º deste artigo não impede a transferência da titularidade do aporte para terceiros. *(Incluído pela Lei Complementar n. 155, de 27.10.16, DOU 28.10.16. Em vigor na data de sua publicação. Efeitos, a partir 1º.1.18.)*

§ 9º A transferência da titularidade do aporte para terceiro alheio à sociedade dependerá do consentimento dos sócios, salvo estipulação contratual expressa em contrário. *(Incluído pela Lei Complementar n. 155, de 27.10.16, DOU 28.10.16. Em vigor na data de sua publicação. Efeitos, a partir 1º.1.18.)*

§ 10. O Ministério da Fazenda poderá regulamentar a tributação sobre retirada do capital investido. *(Incluído pela Lei Complementar n. 155, de 27.10.16, DOU 28.10.16. Em vigor na data de sua publicação. Efeitos, a partir 1º.1.18.)*

Art. 61-B. A emissão e a titularidade de aportes especiais não impedem a fruição do Simples Nacional. *(Incluído pela Lei Complementar n. 155, de 27.10.16, DOU 28.10.16. Em vigor na data de sua publicação. Efeitos, a partir 1º.1.18.)*

Art. 61-C. Caso os sócios decidam pela venda da empresa, o investidor-anjo terá direito de preferência na aquisição, bem como direito de venda conjunta da titularidade do aporte de capital, nos mesmos termos e condições que forem ofertados aos sócios regulares. *(Incluído pela Lei Complementar n. 155, de 27.10.16, DOU 28.10.16. Em vigor na data de sua publicação. Efeitos, a partir 1º.1.18.)*

Art. 61-D. Os fundos de investimento poderão aportar capital como investidores-anjos em microempresas e empresas de pequeno porte. *(Incluído pela Lei Complementar n. 155, de 27.10.16, DOU 28.10.16. Em vigor na data de sua publicação. Efeitos, a partir 1º.1.18.)*

Seção II
Das Responsabilidades do Banco Central do Brasil

Art. 62. O Banco Central do Brasil disponibilizará dados e informações das instituições financeiras integrantes do Sistema Financeiro Nacional, inclusive por meio do Sistema de Informações de Crédito — SCR, de modo a ampliar o acesso ao crédito para microempresas e empresas de pequeno porte e fomentar a competição bancária. *(Redação dada pela Lei Complementar n. 147, de 7.8.14, DOU 8.8.14)*

§ 1º O disposto no *caput* deste artigo alcança a disponibilização de dados e informações específicas relativas ao histórico de relacionamento bancário e creditício das microempresas e das empresas de pequeno porte, apenas aos próprios titulares.

§ 2º O Banco Central do Brasil poderá garantir o acesso simplificado, favorecido e diferenciado dos dados e informações constantes no § 1º deste artigo aos seus respectivos interessados, podendo a instituição optar por realizá-lo por meio das instituições financeiras, com as quais o próprio cliente tenha relacionamento.

Seção III

Das Condições de Acesso aos Depósitos Especiais do Fundo de Amparo ao Trabalhador — FAT

Art. 63. O CODEFAT poderá disponibilizar recursos financeiros por meio da criação de programa específico para as cooperativas de crédito de cujos quadros de cooperados participem microempreendedores, empreendedores de microempresa e empresa de pequeno porte bem como suas empresas.

PARÁGRAFO ÚNICO. Os recursos referidos no *caput* deste artigo deverão ser destinados exclusivamente às microempresas e empresas de pequeno porte.

Seção IV

(VETADO)

(Incluído pela Lei Complementar n. 155, de 27.10.16, DOU 28.10.16)

Capítulo X

Do Estímulo à Inovação

Seção I

Disposições Gerais

Art. 64. Para os efeitos desta Lei Complementar considera-se:

I — inovação: a concepção de um novo produto ou processo de fabricação, bem como a agregação de novas funcionalidades ou características ao produto ou processo que implique melhorias incrementais e efetivo ganho de qualidade ou produtividade, resultando em maior competitividade no mercado;

II — agência de fomento: órgão ou instituição de natureza pública ou privada que tenha entre os seus objetivos o financiamento de ações que visem a estimular e promover o desenvolvimento da ciência, da tecnologia e da inovação;

III — Instituição Científica e Tecnológica — ICT: órgão ou entidade da administração pública que tenha por missão institucional, dentre outras, executar atividades de pesquisa básica ou aplicada de caráter científico ou tecnológico;

IV — núcleo de inovação tecnológica: núcleo ou órgão constituído por uma ou mais ICT com a finalidade de gerir sua política de inovação;

V — instituição de apoio: instituições criadas sob o amparo da Lei n. 8.958, de 20 de dezembro de 1994, com a finalidade de dar apoio a projetos de pesquisa, ensino e extensão e de desenvolvimento institucional, científico e tecnológico.

VI — instrumentos de apoio tecnológico para a inovação: qualquer serviço disponibilizado presencialmente ou na internet que possibilite acesso a informações, orientações, bancos de dados de soluções de informações, respostas técnicas, pesquisas e atividades de apoio complementar desenvolvidas pelas instituições previstas nos incisos II a V deste artigo. *(Incluído pela Lei Complementar n. 147, de 7.8.14, DOU 8.8.14)*

Seção II

Do Apoio à Inovação

Art. 65. A União, os Estados, o Distrito Federal e os Municípios, e as respectivas agências de fomento, as ICT, os núcleos de inovação tecnológica e as instituições de apoio manterão programas específicos para as microempresas e para as empresas de pequeno porte, inclusive quando estas revestirem a forma de incubadoras, observando-se o seguinte:

I — as condições de acesso serão diferenciadas, favorecidas e simplificadas;

II — o montante disponível e suas condições de acesso deverão ser expressos nos respectivos orçamentos e amplamente divulgados.

§ 1º As instituições deverão publicar, juntamente com as respectivas prestações de contas, relatório circunstanciado das estratégias para maximização da participação do segmento, assim como dos recursos alocados às ações referidas no *caput* deste artigo e aqueles efetivamente utilizados, consignando, obrigatoriamente, as justificativas do desempenho alcançado no período.

§ 2º As pessoas jurídicas referidas no *caput* deste artigo terão por meta a aplicação de, no mínimo, 20% (vinte por cento) dos recursos destinados à inovação para o desenvolvimento de tal atividade nas microempresas ou nas empresas de pequeno porte.

§ 3º Os órgãos e entidades integrantes da administração pública federal, estadual e municipal atuantes em pesquisa, desenvolvimento ou capacitação tecnológica terão por meta efetivar suas aplicações, no percentual mínimo fixado neste artigo, em programas e projetos de apoio às microempresas ou às empresas de pequeno porte, transmitindo ao Ministério da Ciência, Tecnologia e Inovação, no primeiro trimestre de cada ano, informação relativa aos valores alocados e a respectiva relação percentual em relação ao total dos recursos destinados para esse fim. *(Redação dada pela Lei Complementar n. 147, de 7.8.14, DOU 8.8.14)*

§ 4º Ficam autorizados a reduzir a 0 (zero) as alíquotas dos impostos e contribuições a seguir indicados, incidentes na aquisição, ou importação, de equipamentos, máquinas, aparelhos, instrumentos, acessórios, sobressalentes e ferramentas que os acompanhem, na forma definida em regulamento, quando adquiridos, ou importados, diretamente por microempresas ou empresas de pequeno porte para incorporação ao seu ativo imobilizado:

I — a União, em relação ao IPI, à Cofins, à Contribuição para o PIS/Pasep, à Cofins-Importação e à Contribuição para o PIS/Pasep-Importação; e

II — os Estados e o Distrito Federal, em relação ao ICMS.

§ 5º A microempresa ou empresa de pequeno porte, adquirente de bens com o benefício previsto no § 4º deste artigo, fica obrigada, nas hipóteses previstas em regulamento, a recolher os impostos e contribuições que deixaram de ser pagos, acrescidos de juros e multa, de mora ou de ofício, contados a partir da data da aquisição, no mercado interno, ou do registro da declaração de importação — DI, calculados na forma da legislação que rege a cobrança do tributo não pago.

§ 6º Para efeito da execução do orçamento previsto neste artigo, os órgãos e instituições poderão alocar os recursos destinados à criação e ao custeio de ambientes de inovação, incluindo incubadoras, parques e centros vocacionais tecnológicos, laboratórios metrológicos, de ensaio, de pesquisa ou apoio ao treinamento, bem como custeio de bolsas de extensão e remuneração de professores, pesquisadores e agentes envolvidos nas atividades de apoio tecnológico complementar. *(Incluído pela Lei Complementar n. 147, de 7.8.14, DOU 8.8.14)*

Art. 66. No primeiro trimestre do ano subsequente, os órgãos e entidades a que alude o art. 67 desta Lei Complementar transmitirão ao Ministério da Ciência e Tecnologia relatório circunstanciado dos projetos realizados, compreendendo a análise do desempenho alcançado.

Art. 67. Os órgãos congêneres ao Ministério da Ciência e Tecnologia estaduais e municipais deverão elaborar e divulgar relatório anual indicando o valor dos recursos recebidos, inclusive por transferência de terceiros, que foram aplicados diretamente ou por organizações vinculadas, por Fundos Setoriais e outros, no segmento das microempresas e empresas de pequeno porte, retratando e avaliando os resultados obtidos e indicando as previsões de ações e metas para ampliação de sua participação no exercício seguinte.

Seção III

Do Apoio à Certificação

(Incluído pela Lei Complementar n. 155, de 27.10.16, DOU 28.10.16)

Art. 67-A. O órgão competente do Poder Executivo disponibilizará na internet informações sobre certificação de qualidade de produtos e processos para microempresas e empresas de pequeno porte.

PARÁGRAFO ÚNICO. Os órgãos da administração direta e indireta e as entidades certificadoras privadas, responsáveis pela criação, regulação e gestão de processos de certificação de qualidade de produtos e processos, deverão, sempre que solicitados, disponibilizar ao órgão competente do Poder Executivo informações referentes a procedimentos e normas aplicáveis aos processos de certificação em seu escopo de atuação.

Capítulo XI

Das Regras Civis e Empresariais

Seção I

Das Regras Civis

Subseção I

Do Pequeno Empresário

Art. 68. Considera-se pequeno empresário, para efeito de aplicação do disposto nos arts. 970 e 1.179 da Lei n. 10.406, de 10 de janeiro de 2002 (Código Civil), o empresário individual caracterizado como microempresa na forma desta Lei Complementar que aufira receita bruta anual até o limite previsto no § 1º do art. 18-A.

Subseção II

(VETADO).

Art. 69. (VETADO).

Seção II

Das Deliberações Sociais e da Estrutura Organizacional

Art. 70. As microempresas e as empresas de pequeno porte são desobrigadas da realização de reuniões e assembleias em qualquer das situações previstas na legislação civil, as quais serão substituídas por deliberação representativa do primeiro número inteiro superior à metade do capital social.

§ 1º O disposto no *caput* deste artigo não se aplica caso haja disposição contratual em contrário, caso ocorra hipótese de justa causa que enseje a exclusão de sócio ou caso um ou mais sócios ponham em risco a continuidade da empresa em virtude de atos de inegável gravidade.

§ 2º Nos casos referidos no § 1º deste artigo, realizar-se-á reunião ou assembleia de acordo com a legislação civil.

Art. 71. Os empresários e as sociedades de que trata esta Lei Complementar, nos termos da legislação civil, ficam dispensados da publicação de qualquer ato societário.

Seção III

Do Nome Empresarial

Art. 72. As microempresas e as empresas de pequeno porte, nos termos da legislação civil, acrescentarão à sua firma ou denominação as expressões "Microempresa" ou "Empresa de Pequeno Porte", ou suas respectivas abreviações, "ME" ou "EPP", conforme o caso, sendo facultativa a inclusão do objeto da sociedade. *(Vide Lei Complementar n. 155, de 27.10.16, DOU 28.10.16)* Vigência

Seção IV
Do Protesto de Títulos

Art. 73. O protesto de título, quando o devedor for microempresário ou empresa de pequeno porte, é sujeito às seguintes condições:

I — sobre os emolumentos do tabelião não incidirão quaisquer acréscimos a título de taxas, custas e contribuições para o Estado ou Distrito Federal, carteira de previdência, fundo de custeio de atos gratuitos, fundos especiais do Tribunal de Justiça, bem como de associação de classe, criados ou que venham a ser criados sob qualquer título ou denominação, ressalvada a cobrança do devedor das despesas de correio, condução e publicação de edital para realização da intimação;

II — para o pagamento do título em cartório, não poderá ser exigido cheque de emissão de estabelecimento bancário, mas, feito o pagamento por meio de cheque, de emissão de estabelecimento bancário ou não, a quitação dada pelo tabelionato de protesto será condicionada à efetiva liquidação do cheque;

III — o cancelamento do registro de protesto, fundado no pagamento do título, será feito independentemente de declaração de anuência do credor, salvo no caso de impossibilidade de apresentação do original protestado;

IV — para os fins do disposto no *caput* e nos incisos I, II e III do *caput* deste artigo, o devedor deverá provar sua qualidade de microempresa ou de empresa de pequeno porte perante o tabelionato de protestos de títulos, mediante documento expedido pela Junta Comercial ou pelo Registro Civil das Pessoas Jurídicas, conforme o caso;

V — quando o pagamento do título ocorrer com cheque sem a devida provisão de fundos, serão automaticamente suspensos pelos cartórios de protesto, pelo prazo de 1 (um) ano, todos os benefícios previstos para o devedor neste artigo, independentemente da lavratura e registro do respectivo protesto.

Art. 73-A. São vedadas cláusulas contratuais relativas à limitação da emissão ou circulação de títulos de crédito ou direitos creditórios originados de operações de compra e venda de produtos e serviços por microempresas e empresas de pequeno porte. *(Incluído pela Lei Complementar n. 147, de 7.8.14, DOU 8.8.14)*

Capítulo XII
Do Acesso à Justiça

Seção I
Do Acesso aos Juizados Especiais

Art. 74. Aplica-se às microempresas e às empresas de pequeno porte de que trata esta Lei Complementar o disposto no § 1º do art. 8º da Lei n. 9.099, de 26 de setembro de 1995, e no inciso I do *caput* do art. 6º da Lei n. 10.259, de 12 de julho de 2001, as quais, assim como as pessoas físicas capazes, passam a ser admitidas como proponentes de ação perante o Juizado Especial, excluídos os cessionários de direito de pessoas jurídicas.

Art. 74-A. O Poder Judiciário, especialmente por meio do Conselho Nacional de Justiça — CNJ, e o Ministério da Justiça implementarão medidas para disseminar o tratamento diferenciado e favorecido às microempresas e empresas de pequeno porte em suas respectivas áreas de competência. *(Incluído pela Lei Complementar n. 147, de 7.8.14, DOU 8.8.14)*

Seção II
Da Conciliação Prévia, Mediação e Arbitragem

Art. 75. As microempresas e empresas de pequeno porte deverão ser estimuladas a utilizar os institutos de conciliação prévia, mediação e arbitragem para solução dos seus conflitos.

§ 1º Serão reconhecidos de pleno direito os acordos celebrados no âmbito das comissões de conciliação prévia.

§ 2º O estímulo a que se refere o *caput* deste artigo compreenderá campanhas de divulgação, serviços de esclarecimento e tratamento diferenciado, simplificado e favorecido no tocante aos custos administrativos e honorários cobrados.

Seção III
Das Parcerias

Art. 75-A. Para fazer face às demandas originárias do estímulo previsto nos arts. 74 e 75 desta Lei Complementar, entidades privadas, públicas, inclusive o Poder Judiciário, poderão firmar parcerias entre si, objetivando a instalação ou utilização de ambientes propícios para a realização dos procedimentos inerentes a busca da solução de conflitos.

Art. 75-B. (VETADO). *(Incluído pela Lei Complementar n. 155, de 27.10.16, DOU 28.10.16)*

Capítulo XIII
Do Apoio e da Representação

Art. 76. Para o cumprimento do disposto nesta Lei Complementar, bem como para desenvolver e acompanhar políticas públicas voltadas às microempresas e empresas de pequeno porte, o poder público, em consonância com o Fórum Permanente das Microempresas e Empresas de Pequeno Porte, sob a coordenação da Secretaria da Micro e Pequena Empresa da Presidência da República, deverá incentivar e apoiar a criação de fóruns com participação dos órgãos públicos competentes e das entidades vinculadas ao setor. *(Redação dada pela Lei n. 12.792, de 2013)*

PARÁGRAFO ÚNICO. A Secretaria da Micro e Pequena Empresa da Presidência da República coordenará com as entidades representativas das microempresas e empresas de pequeno porte a implementação dos fóruns regionais nas unidades da federação. *(Redação dada pela Lei n. 12.792, de 2013)*

Art. 76-A. As instituições de representação e apoio empresarial deverão promover programas de sensibilização, de informação, de orientação e apoio, de educação fiscal, de regularidade dos contratos de trabalho e de adoção de sistemas informatizados e eletrônicos, como forma de estímulo à formalização de empreendimentos, de negócios e empregos, à ampliação da competitividade e à disseminação do associativismo entre as microempresas, os microempreendedores individuais, as empresas de pequeno porte e equiparados. *(Incluído pela Lei Complementar n. 147, de 7.8.14, DOU 8.8.14)*

Capítulo XIV
Disposições Finais e Transitórias

Art. 77. Promulgada esta Lei Complementar, o Comitê Gestor expedirá, em 30 (trinta) meses, as instruções que se fizerem necessárias à sua execução.

§ 1º O Ministério do Trabalho e Emprego, a Secretaria da Receita Federal, a Secretaria da Receita Previdenciária, os Estados, o Distrito Federal e os Municípios deverão editar, em 1 (um) ano, as leis e demais atos necessários para assegurar o pronto e imediato tratamento jurídico diferenciado, simplificado e favorecido às microempresas e às empresas de pequeno porte.

§ 2º A administração direta e indireta federal, estadual e municipal e as entidades paraestatais acordarão, no prazo previsto no § 1º deste artigo, as providências necessárias à adaptação dos respectivos atos normativos ao disposto nesta Lei Complementar.

§ 3º (VETADO).

§ 4º O Comitê Gestor regulamentará o disposto no inciso I do § 6º do art. 13 desta Lei Complementar até 31 de dezembro de 2008.

§ 5º A partir de 1º de janeiro de 2009, perderão eficácia as substituições tributárias que não atenderem à disciplina estabelecida na forma do § 4º deste artigo.

§ 6º O Comitê de que trata o inciso III do *caput* do art. 2º desta Lei Complementar expedirá, até 31 de dezembro de 2009, as instruções que se fizerem necessárias relativas a sua competência.

Art. 78. (REVOGADO)

Art. 79. Será concedido, para ingresso no Simples Nacional, parcelamento, em até 100 (cem) parcelas mensais e sucessivas, dos débitos com o Instituto Nacional do Seguro Social — INSS, ou com as Fazendas Públicas federal, estadual ou municipal, de responsabilidade da microempresa ou empresa de pequeno porte e de seu titular ou sócio, com vencimento até 30 de junho de 2008.

§ 1º O valor mínimo da parcela mensal será de R$ 100,00 (cem reais), considerados isoladamente os débitos para com a Fazenda Nacional, para com a Seguridade Social, para com a Fazenda dos Estados, dos Municípios ou do Distrito Federal.

§ 2º Esse parcelamento alcança inclusive débitos inscritos em dívida ativa.

§ 3º O parcelamento será requerido à respectiva Fazenda para com a qual o sujeito passivo esteja em débito.

§ 3º-A O parcelamento deverá ser requerido no prazo estabelecido em regulamentação do Comitê Gestor.

§ 4º Aplicam-se ao disposto neste artigo as demais regras vigentes para parcelamento de tributos e contribuições federais, na forma regulamentada pelo Comitê Gestor.

§ 5º (VETADO)

§ 6º (VETADO)

§ 7º (VETADO)

§ 8º (VETADO)

§ 9º O parcelamento de que trata o *caput* deste artigo não se aplica na hipótese de reingresso de microempresa ou empresa de pequeno porte no Simples Nacional.

Art. 79-A. (VETADO)

Art. 79-B. Excepcionalmente para os fatos geradores ocorridos em julho de 2007, os tributos apurados na forma dos arts. 18 a 20 desta Lei Complementar deverão ser pagos até o último dia útil de agosto de 2007.

Art. 79-C. A microempresa e a empresa de pequeno porte que, em 30 de junho de 2007, se enquadravam no regime previsto na Lei n. 9.317, de 5 de dezembro de 1996, e que não ingressaram no regime previsto no art. 12 desta Lei Complementar sujeitar-se-ão, a partir de 1º de julho de 2007, às normas de tributação aplicáveis às demais pessoas jurídicas.

§ 1º Para efeito do disposto no *caput* deste artigo, o sujeito passivo poderá optar pelo recolhimento do Imposto sobre a Renda da Pessoa Jurídica — IRPJ e da Contribuição Social sobre o Lucro Líquido — CSLL na forma do lucro real, trimestral ou anual, ou do lucro presumido.

§ 2º A opção pela tributação com base no lucro presumido dar-se-á pelo pagamento, no vencimento, do IRPJ e da CSLL devidos, correspondente ao 3º (terceiro) trimestre de 2007 e, no caso do lucro real anual, com o pagamento do IRPJ e da CSLL relativos ao mês de julho de 2007 com base na estimativa mensal.

Art. 79-D. Excepcionalmente, para os fatos geradores ocorridos entre 1º de julho de 2007 e 31 de dezembro de 2008, as pessoas jurídicas que exerçam atividade sujeita simultaneamente à incidência do IPI e do ISS deverão recolher o ISS diretamente ao Município em que este imposto é devido até o último dia útil de fevereiro de 2009, aplicando-se, até esta data, o disposto no parágrafo único do art. 100 da Lei n. 5.172, de 25 de outubro de 1966 — Código Tributário Nacional — CTN.

Art. 79-E. A empresa de pequeno porte optante pelo Simples Nacional em 31 de dezembro de 2017 que durante o ano-calendário de 2017 auferir receita bruta total anual entre R$ 3.600.000,01 (três milhões, seiscentos mil reais e um centavo) e R$ 4.800.000,00 (quatro milhões e oitocentos mil reais) continuará automaticamente incluída no Simples Nacional com efeitos a partir de 1º de janeiro de 2018, ressalvado o direito de exclusão por comunicação da optante. *(Redação dada pela Lei Complementar n. 155, de 27.10.16, DOU 28.10.16)*

Art. 80. O art. 21 da Lei n. 8.212, de 24 de julho de 1991, fica acrescido dos seguintes §§ 2º e 3º, passando o parágrafo único a vigorar como § 1º:

"Art. 21. ....

§ 2º É de 11% (onze por cento) sobre o valor correspondente ao limite mínimo mensal do salário de contribuição a alíquota de contribuição do segurado contribuinte individual que trabalhe por conta própria, sem relação de trabalho com empresa ou equiparado, e do segurado facultativo que optarem pela exclusão do direito ao benefício de aposentadoria por tempo de contribuição.

§ 3º O segurado que tenha contribuído na forma do § 2º deste artigo e pretenda contar o tempo de contribuição correspondente para fins de obtenção da aposentadoria por tempo de contribuição ou da contagem recíproca do tempo de contribuição a que se refere o art. 94 da Lei n. 8.213, de 24 de julho de 1991, deverá complementar a contribuição mensal mediante o recolhimento de mais 9% (nove por cento), acrescido dos juros moratórios de que trata o disposto no art. 34 desta Lei." (NR)

Art. 81. O art. 45 da Lei n. 8.212, de 24 de julho de 1991, passa a vigorar com as seguintes alterações:

"Art. 45. ....

§ 2º Para apuração e constituição dos créditos a que se refere o § 1º deste artigo, a Seguridade Social utilizará como base de incidência o valor da média aritmética simples dos maiores salários de contribuição, reajustados, correspondentes a 80% (oitenta por cento) de todo o período contributivo decorrido desde a competência julho de 1994.

..

§ 4º Sobre os valores apurados na forma dos §§ 2º e 3º deste artigo incidirão juros moratórios de 0,5% (zero vírgula cinco por cento) ao mês, capitalizados anualmente, limitados ao percentual máximo de 50% (cinquenta por cento), e multa de 10% (dez por cento).

..

§ 7º A contribuição complementar a que se refere o § 3º do art. 21 desta Lei será exigida a qualquer tempo, sob pena de indeferimento do benefício." (NR)

Art. 82. A Lei n. 8.213, de 24 de julho de 1991, passa a vigorar com as seguintes alterações:

Art. 9º ....

§ 1º O Regime Geral de Previdência Social — RGPS garante a cobertura de todas as situações expressas no art. 1º desta Lei, exceto as de desemprego involuntário, objeto de lei específica, e de aposentadoria por tempo de contribuição para o trabalhador de que trata o § 2º do art. 21 da Lei n. 8.212, de 24 de julho de 1991 ...." (NR)

"Art. ....

I — ....

c) aposentadoria por tempo de contribuição; ....

§ 3º O segurado contribuinte individual, que trabalhe por conta própria, sem relação de trabalho com empresa ou equiparado, e o segurado facultativo que contribuam na forma do § 2º do art. 21 da Lei n. 8.212, de 24 de julho de 1991, não farão jus à aposentadoria por tempo de contribuição." (NR)

"Art. 55. ....

§ 4º Não será computado como tempo de contribuição, para efeito de concessão do benefício de que trata esta subseção, o período em que o segurado contribuinte individual ou facultativo tiver contribuído na forma do § 2º do art. 21 da Lei n. 8.212, de 24 de julho de 1991, salvo se tiver complementado as contribuições na forma do § 3º do mesmo artigo." (NR)

Art. 83. O art. 94 da Lei n. 8.213, de 24 de julho de 1991, fica acrescido do seguinte § 2º, passando o parágrafo único a vigorar como § 1º:

"Art. 94. ....

§ 2º Não será computado como tempo de contribuição, para efeito dos benefícios previstos em regimes próprios de previdência social, o período em que o segurado contribuinte individual ou facultativo tiver contribuído na forma do § 2º do art. 21 da Lei n. 8.212, de 24 de julho de 1991, salvo se complementadas as contribuições na forma do § 3º do mesmo artigo." (NR)

Art. 84. O art. 58 da Consolidação das Leis do Trabalho — CLT, aprovada pelo Decreto-lei n. 5.452, de 1º de maio de 1943, passa a vigorar acrescido do seguinte § 3º:

"Art. 58. ....

§ 3º Poderão ser fixados, para as microempresas e empresas de pequeno porte, por meio de acordo ou convenção coletiva, em caso de transporte fornecido pelo empregador, em local de difícil acesso ou não servido por transporte público, o tempo médio despendido pelo empregado, bem como a forma e a natureza da remuneração." (NR)

Art. 85. (VETADO).

Art. 85-A. Caberá ao Poder Público Municipal designar Agente de Desenvolvimento para a efetivação do disposto nesta Lei Complementar, observadas as especificidades locais.

§ 1º A função de Agente de Desenvolvimento caracteriza-se pelo exercício de articulação das ações públicas para a promoção do desenvolvimento local e territorial, mediante ações locais ou comunitárias, individuais ou coletivas, que visem ao cumprimento das disposições e diretrizes contidas nesta Lei Complementar, sob supervisão do órgão gestor local responsável pelas políticas de desenvolvimento.

§ 2º O Agente de Desenvolvimento deverá preencher os seguintes requisitos:

I — residir na área da comunidade em que atuar;

II — haver concluído, com aproveitamento, curso de qualificação básica para a formação de Agente de Desenvolvimento; e

III — possuir formação ou experiência compatível com a função a ser exercida; *(Redação dada pela Lei Complementar n. 147, de 7.8.14, DOU 8.8.14)*

IV — ser preferencialmente servidor efetivo do Município. *(Redação dada pela Lei Complementar n. 147, de 7.8.14, DOU 8.8.14)*

§ 3º A Secretaria da Micro e Pequena Empresa da Presidência da República juntamente com as entidades municipalistas e de apoio e representação empresarial prestarão suporte aos referidos agentes na forma de capacitação, estudos e pesquisas, publicações, promoção de intercâmbio de informações e experiências. (NR)

Art. 86. As matérias tratadas nesta Lei Complementar que não sejam reservadas constitucionalmente a lei complementar poderão ser objeto de alteração por lei ordinária.

Art. 87. O § 1º do art. 3º da Lei Complementar n. 63, de 11 de janeiro de 1990, passa a vigorar com a seguinte redação:

"Art. 3º ....

§ 1º O valor adicionado corresponderá, para cada Município:

I — ao valor das mercadorias saídas, acrescido do valor das prestações de serviços, no seu território, deduzido o valor das mercadorias entradas, em cada ano civil;

II — nas hipóteses de tributação simplificada a que se refere o parágrafo único do art. 146 da Constituição Federal, e, em outras situações, em que se dispensem os controles de entrada, considerar-se-á como valor adicionado o percentual de 32% (trinta e dois por cento) da receita bruta. ...." (NR)

Art. 87-A. Os Poderes Executivos da União, Estados, Distrito Federal e Municípios expedirão, anualmente, até o dia 30 de novembro, cada um, em seus respectivos âmbitos de competência, decretos de consolidação da regulamentação aplicável relativamente às microempresas e empresas de pequeno porte. *(Redação dada pela Lei Complementar n. 147, de 7.8.14, DOU 8.8.14)*

Art. 88. Esta Lei Complementar entra em vigor na data de sua publicação, ressalvado o regime de tributação das microempresas e empresas de pequeno porte, que entra em vigor em 1º de julho de 2007.

Art. 89. Ficam revogadas, a partir de 1º de julho de 2007, a Lei n. 9.317, de 5 de dezembro de 1996, e a Lei n. 9.841, de 5 de outubro de 1999.

Brasília, 14 de dezembro de 2006; 185º da Independência e 118º da República.

LUIZ INÁCIO LULA DA SILVA
GUIDO MANTEGA
LUIZ MARINHO
LUIZ FERNANDO FURLAN
DILMA ROUSSEFF

RESOLUÇÃO CODEFAT N. 134, DE 13 DE JUNHO DE 2017

(DOU 16.6.2017)

Dispõe sobre o parcelamento previsto no art. 9º da Lei Complementar n. 155, de 27 de outubro de 2016, destinado ao Microempreendedor Individual.

O COMITÊ GESTOR DO SIMPLES NACIONAL, no uso das competências que lhe conferem a Lei Complementar n. 123, de 14 de dezembro de 2006, o Decreto n. 6.038, de 7 de fevereiro de 2007, e o Regimento Interno aprovado pela Resolução CGSN n. 1, de 19 de março de 2007, resolve:

Art. 1º Os débitos apurados na forma do Sistema de Recolhimento em Valores Fixos Mensais dos Tributos abrangidos pelo Simples Nacional — SIMEI, pelo Microempreendedor Individual (MEI), poderão ser parcelados pela Secretaria da Receita Federal do Brasil (RFB), respeitadas as disposições constantes desta Resolução, observando-se que:

I — o número máximo de parcelas será de até 120 (cento e vinte), mensais e sucessivas; *(Lei Complementar n. 155, de 2016, art. 9º, caput)*

II — poderão ser parcelados débitos vencidos até a competência de maio/2016; *(Lei Complementar n. 155, de 2016, art. 9º, caput)*

III — o valor de cada parcela mensal, por ocasião do pagamento, será acrescido de juros equivalentes à taxa referencial do Sistema Especial de Liquidação e de Custódia — Selic para títulos federais, acumulada mensalmente, calculados a partir do mês subsequente ao da consolidação até o mês anterior ao do pagamento, e de 1% (um por cento) relativamente ao mês em que o pagamento estiver sendo efetuado; *(Lei Complementar n. 155, de 2016, art. 9º, § 8º)*

IV — o pedido de parcelamento deferido importa confissão irretratável do débito, configura confissão extrajudicial e condiciona o sujeito passivo à aceitação plena e irretratável de todas as condições estabelecidas nesta Resolução; *(Lei Complementar n. 123, de 2006, art. 21, § 20)*

V — na concessão do parcelamento serão observados os arts. 45, 46, 47, 49, 50, 51, 52, inciso III, e 54 da Resolução CGSN n. 94, de 29 de novembro de 2011;

VII — a critério do MEI, poderão ser parcelados débitos não exigíveis, para fins da contagem da carência de que trata o § 15 do art. 18-A da Lei Complementar n. 123, de 2006.

§ 1º É condição para o parcelamento de que trata esta Resolução a apresentação da Declaração Anual Simplificada para o Microempreendedor Individual (DASN-SIMEI) relativa aos respectivos períodos de apuração. *(Lei Complementar n. 155, de 2016, art. 9º, § 9º)*

§ 2º O pedido de parcelamento de que trata esta Resolução independerá de apresentação de garantia. *(Lei Complementar n. 155, de 2016, art. 9º, § 2º)*

§ 3º A dívida objeto do parcelamento será consolidada na data de seu requerimento e será dividida pelo número de prestações que forem indicadas pelo sujeito passivo, não podendo cada prestação mensal ser inferior a R$ 50,00 (cinquenta reais). *(Lei Complementar n. 155, de 2016, art. 9º, § 9º)*

§ 4º O parcelamento poderá ser solicitado no período de 90 (noventa) dias a partir da sua disponibilização indicada na respectiva normatização específica, no sítio eletrônico da Receita Federal do Brasil. *(Lei Complementar n. 155, de 2016, art. 9º, caput e § 9º)*

Art. 2º A RFB poderá editar normas complementares relativas ao parcelamento, observando-se as disposições desta Resolução. *(Lei Complementar n. 155, de 2016, art. 9º, § 9º)*

Art. 3º Esta Resolução entra em vigor na data de sua publicação.

JORGE ANTONIO DEHER RACHID,
Presidente do Comitê

LEI COMPLEMENTAR N. 155, DE 27 DE OUTUBRO DE 2016

(DOU 28.10.2016)

Altera a Lei Complementar n. 123, de 14 de dezembro de 2006, para reorganizar e simplificar a metodologia de apuração do imposto devido por optantes pelo Simples Nacional; altera as Leis ns. 9.613, de 3 de março de 1998, 12.512, de 14 de outubro de 2011, e 7.998, de 11 de janeiro de 1990; e revoga dispositivo da Lei n. 8.212, de 24 de julho de 1991.

Nota: As alterações procedidas na Lei Complementar n. 123, de 14.12.06 e na Lei n. 7.998, de 11.1.90 já estão inseridas nas respectivas leis. Quanto à Lei n. 8.212, de 24.7.91, a alteração que seria "feita (VII — a alínea *d* do inciso I do art. 47) foi vetada pelo Presidente da República" São estas as razões do veto: "A exigência constante do dispositivo que se pretende revogar não se dirige somente às microempresas e empresas de pequeno porte, destinatárias da norma sob sanção, e sim a todas as modalidades de sociedades empresariais. Assim, a eventual revogação trará embaraços à Administração Tributária, na medida em que tornará regular o fechamento de qualquer sociedade empresária em débito com o fisco, com impactos prejudiciais à Fazenda Pública"."

....

Art. 9º Poderão ser parcelados em até cento e vinte meses os débitos vencidos até a competência do mês de maio de 2016 e apurados na forma do Regime Especial Unificado de Arrecadação de Tributos e Contribuições devidos pelas Microempresas e Empresas de Pequeno Porte — Simples Nacional, de que trata a Lei Complementar n. 123, de 14 de dezembro de 2006. Produção de efeito

§ 1º O disposto neste artigo aplica-se aos créditos constituídos ou não, com exigibilidade suspensa ou não, parcelados ou não e inscritos ou não em dívida ativa do respectivo ente federativo, mesmo em fase de execução fiscal já ajuizada.

§ 2º O pedido de parcelamento previsto no caput deste artigo deverá ser apresentado em até noventa dias contados a partir da regulamentação deste artigo, podendo esse prazo ser prorrogado ou reaberto por igual período pelo Comitê Gestor do Simples Nacional — CGSN, e independerá de apresentação de garantia.

§ 3º A dívida objeto do parcelamento será consolidada na data de seu requerimento e será dividida pelo número de prestações que forem indicadas pelo sujeito passivo, não podendo cada prestação mensal ser inferior a R$ 300,00 (trezentos reais) para microempresas e empresas de pequeno porte.

§ 4º Até o mês anterior ao da consolidação dos parcelamentos de que trata o *caput*, o devedor é obrigado a calcular e a recolher mensalmente a parcela equivalente ao maior valor entre:

I — o montante dos débitos objeto do parcelamento dividido pelo número de prestações pretendidas;

II — os valores constantes no § 3º deste artigo.

§ 5º Por ocasião da consolidação, será exigida a regularidade de todas as prestações devidas desde o mês da adesão até o mês anterior ao da conclusão da consolidação dos débitos parcelados.

§ 6º Poderão ainda ser parcelados, na forma e nas condições previstas nesta Lei Complementar, os débitos parcelados de acordo com os §§ 15 a 24 do art. 21 da Lei Complementar n. 123, de 14 de dezembro de 2006.

§ 7º O pedido de parcelamento de que trata o § 2º deste artigo implicará desistência compulsória e definitiva do parcelamento anterior, sem restabelecimento dos parcelamentos rescindidos caso não seja efetuado o pagamento da primeira prestação.

§ 8º O valor de cada prestação mensal, por ocasião do pagamento, será acrescido de juros equivalentes à taxa referencial do Sistema Especial de Liquidação e de Custódia — SELIC para títulos federais, acumulada mensalmente, calculados a partir do mês subsequente ao da consolidação até o mês anterior ao do pagamento, e de 1% (um por cento) relativamente ao mês em que o pagamento estiver sendo efetuado.

§ 9º Compete ao CGSN a regulamentação do parcelamento disposto neste artigo.

Art. 10. Revogam-se a partir de 1º de janeiro de 2018:

I — o item 1 da alínea *b* do inciso X do art. 17 da Lei Complementar n. 123, de 14 de dezembro de 2006;

II — os incisos I, III e IV do § 5º-I do art. 18 da Lei Complementar n. 123, de 14 de dezembro de 2006;

III — o inciso IV do § 4º do art. 18-A da Lei Complementar n. 123, de 14 de dezembro de 2006;

IV — os incisos I, II e III do art. 19 da Lei Complementar n. 123, de 14 de dezembro de 2006;

V — o art. 72 da Lei Complementar n. 123, de 14 de dezembro de 2006;

VI — o Anexo VI da Lei Complementar n. 123, de 14 de dezembro de 2006;

VII — (VETADO).

Art. 11. Esta Lei Complementar entra em vigor na data de sua publicação, produzindo efeitos:

I — na data de sua publicação, com relação ao art. 9º desta Lei Complementar;

II — a partir de 1º de janeiro de 2017, com relação aos arts. 61-A, 61-B, 61-C e 61-D da Lei Complementar n. 123, de 14 de dezembro de 2006;

III — a partir de 1º de janeiro de 2018, quanto aos demais dispositivos.

Brasília, 27 de outubro de 2016; 195º da Independência e 128º da República.

INSTRUÇÃO NORMATIVA SIT/MTE N. 72, DE 5 DE DEZEMBRO 2007

(DOU 6.12.2007)

Orienta os Auditores Fiscais do Trabalho quanto a procedimentos a serem adotados na fiscalização, para que seja dispensado às microempresas e empresas de pequeno porte o tratamento diferenciado de que trata a Lei Complementar n. 123, de 14 de dezembro de 2006

A SECRETÁRIA DE INSPEÇÃO DO TRABALHO, no exercício de sua competência, prevista no art. 14, XIII do Decreto n. 5.063, de 3 de maio de 2004, e de acordo com o disposto no art. 23, inciso IV do Regulamento da Inspeção do Trabalho, aprovado pelo Decreto n. 4.552, de 27 de dezembro de 2002, resolve:

Art. 1º Consideram-se microempresa o empresário, a pessoa jurídica ou a ela equiparada que aufira, em cada ano calendário, receita bruta igual ou inferior a R$ 240.000 (duzentos e quarenta mil reais) e empresa de pequeno porte aquela cuja receita bruta seja superior a R$ 240.000 (duzentos e quarenta mil reais) e inferior a R$ 2.400.000,00 (dois milhões e quatrocentos mil reais).

PARÁGRAFO ÚNICO. Não receberão tratamento diferenciado aqueles empregadores que se enquadrem nas hipóteses mencionadas no art. 3º, § 4º da Lei Complementar n. 123, de dezembro de 2006.

Art. 2º O Auditor fiscal do Trabalho deverá verificar o porte econômico do empregador mediante consulta ao Cadastro Nacional de Pessoa Jurídica — CNPJ, por intermédio do sistema informatizado AUDITOR, para averiguar a existência de condição de microempresa ou empresa de pequeno porte.

Art. 3º Na ação, o Auditor Fiscal do Trabalho — AFT dispensará às microempresas e às empresas de pequeno porte tratamento diferenciado, mediante a adoção do critério de dupla visita para a lavratura de autos de infração, salvo quando constatada infração por falta de registro de empregado ou anotação da Carteira de Trabalho e Previdência Social — CTPS, ou, ainda, na ocorrência de reincidência, fraude, resistência ou embaraço à fiscalização.

Art. 4º Caso a condição de microempresa ou empresa de pequeno porte beneficiária de tratamento diferenciado esteja demonstrada e confirmada na primeira visita, o AFT deverá se abster de notificar o empregador para apresentar documentos relativos às obrigações mencionadas no art. 5º.

Art. 5º As microempresas e empresas de pequeno porte são dispensadas das seguintes obrigações:

I — art. 74 *caput* da Consolidação das Leis do Trabalho — CLT: afixação de Quadro de Horário de Trabalho em suas dependências;

II — art. 135, § 2º da CLT: anotação das férias dos empregados nos respectivos livros ou fichas de registro;

III — Art. 429 da CLT: empregar e matricular aprendizes nos cursos de aprendizagem;

IV — Art. 628 § 1º da CLT: possuir livro intitulado "Inspeção do Trabalho"; e

V — Art. 139 § 2º da CLT: comunicar ao Ministério do Trabalho e Emprego a concessão de férias coletivas.

Art. 6º Esta Instrução Normativa entra em vigor na data de sua publicação.

RUTH BEATRIZ VASCONCELOS VILELA

LEI N. 9.424, DE 24 DE DEZEMBRO DE 1996

(DOU 26.12.1996)

Dispõe sobre o fundo de manutenção e desenvolvimento do ensino fundamental e de valorização do magistério, na forma prevista no art. 60, § 7º, do Ato das Disposições Constitucionais Transitórias, e dá outras providências

....

Art. 15. O Salário-Educação, previsto no art. 212, § 5º, da Constituição Federal e devido pelas empresas, na forma em que vier a ser disposto em regulamento, é calculado com base na alíquota de 2,5% (dois e meio por cento) sobre o total de remunerações pagas ou creditadas, a qualquer título, aos segurados empregados, assim definidos no art. 12, inciso I, da Lei n. 8.212, de 24 de julho de 1991.

§ 1º O montante da arrecadação do Salário-Educação, após a dedução de 1% (um por cento) em favor do Instituto Nacional do Seguro Social — INSS, calculado sobre o valor por ele arrecadado, será distribuído pelo Fundo Nacional de Desenvolvimento da Educação — FNDE, observada, em 90% (noventa por cento) de seu valor, a arrecadação realizada em cada Estado e no Distrito Federal, em quotas, da seguinte forma:(...) *(Redação dada pela Lei n. 10.832, de 29.12.03, DOU 30.12.03)*

I — Quota Federal, correspondente a um terço do montante de recursos, que será destinada ao FNDE e aplicada no financiamento de programas e projetos voltados para a universalização do ensino fundamental, de forma a propiciar a redução dos desníveis socioeducacionais existentes entre Municípios, Estados, Distrito Federal e regiões brasileiras;

II — Quota Estadual e Municipal, correspondente a 2/3 (dois terços) do montante de recursos, que será creditada mensal e automaticamente em favor das Secretarias de Educação dos Estados, do Distrito Federal e dos Municípios para financiamento de programas, projetos e ações do ensino fundamental. (...) (NR) *(Redação dada pela Lei n. 10.832, de 29.12.03, DOU 30.12.03)*

§ 2º (Vetado).

§ 3º Os alunos regularmente atendidos, na data da edição desta Lei, como beneficiários da aplicação realizada pelas empresas contribuintes, no ensino fundamental dos seus empregados e dependentes, à conta de deduções da contribuição social do Salário-Educação, na forma da legislação em vigor, terão, a partir de 1º de janeiro de 1997, o benefício assegurado, respeitadas as condições em que foi concedido, e vedados novos ingressos nos termos do art. 212, § 5º, da Constituição Federal.

....

Brasília, 24 de dezembro de 1996; 175º da Independência e 108º da República.

Fernando Henrique Cardoso
Paulo Renato Souza

LEI N. 9.766, DE 18 DE DEZEMBRO DE 1998

(DOU 19.12.1998)

Altera a legislação que rege o salário-educação, e dá outras providências o presidente da república

Faço saber que o Congresso Nacional decreta e eu sanciono a seguinte Lei:

Art. 1º A contribuição social do Salário-Educação, a que se refere o art. 15 da Lei n. 9.424, de 24 de dezembro de 1996, obedecerá aos mesmos prazos e condições, e sujeitar-se-á às mesmas sanções administrativas ou penais e outras normas relativas às contribuições sociais e demais importâncias devidas à Seguridade Social, ressalvada a competência do Fundo Nacional de Desenvolvimento da Educação (FNDE), sobre a matéria.

§ 1º Estão isentas do recolhimento da contribuição social do Salário-Educação:

I — a União, os Estados, o Distrito Federal e os Municípios, bem como suas respectivas autarquias e fundações;

II — as instituições públicas de ensino de qualquer grau;

III — as escolas comunitárias, confessionais ou filantrópicas, devidamente registradas e reconhecidas pelo competente órgão de educação, que atendam ao disposto no inciso II do art. 55 da Lei n. 8.212, de 24 de julho de 1991;

IV — as organizações de fins culturais que, para este fim, vierem a ser definidas em regulamento;

V — as organizações hospitalares e de assistência social, desde que atendam, cumulativamente, aos requisitos estabelecidos nos incisos I a V do art. 55 da Lei n. 8.212, de 1991.

§ 2º Integram a receita do Salário-Educação os acréscimos legais a que estão sujeitos os contribuintes em atraso.

§ 3º Entende-se por empresa, para fins de incidência da contribuição social do Salário-Educação, qualquer firma individual ou sociedade que assume o risco de atividade econômica, urbana ou rural, com fins lucrativos ou não, bem como as empresas e demais entidades públicas ou privadas, vinculadas à Seguridade Social.

Art. 2º A Quota Estadual e Municipal do Salário-Educação, de que trata o § 1º e seu inciso II do art. 15 da Lei n. 9.424, de 24 de dezembro de 1996, será integralmente redistribuída entre o Estado e seus Municípios de forma proporcional ao número de alunos matriculados no ensino fundamental nas respectivas redes de ensino, conforme apurado pelo censo educacional realizado pelo Ministério da Educação. (NR) *(Redação dada pela Lei n. 10.832, de 29.12.03, DOU 30.12.03)*

Art. 3º O Salário-Educação não tem caráter remuneratório na relação de emprego e não se vincula, para nenhum efeito, ao salário ou à remuneração percebida pelos empregados das empresas contribuintes.

Art. 4º A contribuição do Salário-Educação será recolhida ao Instituto Nacional do Seguro Social (INSS) ou ao FNDE.

PARÁGRAFO ÚNICO. O INSS reterá, do montante por ele arrecadado, a importância equivalente a um por cento, a título de taxa de administração, creditando o restante no Banco do Brasil S.A., em favor do FNDE, para os fins previstos no art. 15, § 1º, da Lei n. 9.424, de 1996.

Art. 5º A fiscalização da arrecadação do Salário-Educação será realizada pelo INSS, ressalvada a competência do FNDE sobre a matéria.

PARÁGRAFO ÚNICO. Para efeito da fiscalização prevista neste artigo, seja por parte do INSS, seja por parte do FNDE, não se aplicam as disposições legais excludentes ou limitativas do direito de examinar livros, arquivos, documentos, papéis e efeitos comerciais ou fiscais, dos comerciantes, empresários, industriais ou produtores, ou da obrigação destes de exibi-los.

Art. 6º As disponibilidades financeiras dos recursos gerenciados pelo FNDE, inclusive os arrecadados à conta do Salário-Educação, poderão ser aplicadas por intermédio de instituição financeira pública federal, na forma que vier a ser estabelecida pelo seu Conselho Deliberativo.

Art. 7º O Ministério da Educação e do Desporto fiscalizará, por intermédio do FNDE, a aplicação dos recursos provenientes do Salário-Educação, na forma do regulamento e das instruções que para este fim forem baixadas por aquela Autarquia, vedada sua destinação ao pagamento de pessoal.

> Nota: A Lei n. 11.494, de 20.6.2007, DOU 22.6.2007, altera este artigo, que passa a vigorar com a seguinte redação:
>
> "Art. 7º Compete ao FNDE, aos órgãos de controle interno do Poder Executivo e ao Tribunal de Contas da União, nos limite de suas atribuições, a fiscalização da aplicação da quota federal da contribuição social do salário-educação." Referido artigo não faz parte da Lei n. 11.494, de 20.6.07, que converteu a Medida Provisória n. 339, de 28.12.06, na mencionada lei.

Art. 8º Os recursos do Salário-Educação podem ser aplicados na educação especial, desde que vinculada ao ensino fundamental público.

> Nota: A Medida Provisória n. 339, de 28.12.2006, DOU 29.12.2006, altera este artigo, que passa a vigorar com a seguinte redação:
>
> "Art. 8º Para os fins do disposto no § 5º do art. 212 da Constituição, desta Lei, da Lei n. 9.424, de 24 de dezembro de 1996, e das demais disposições aplicáveis, os recursos do salário-educação serão destinados à educação básica pública, incluindo educação especial e a educação de jovens e adultos na modalidade presencial com avaliação no processo, desde que vinculadas à rede pública de ensino." Referido artigo não faz parte da Lei n. 11.494, de 20.6.07, que converteu a Medida Provisória n. 339, de 28.12.06, na mencionada lei.

Art. 9º O Poder Executivo regulamentará esta Lei, no prazo de sessenta dias da data de sua publicação.

> Nota: A Medida Provisória n. 339, de 28.12.2006, DOU 29.12.2006, altera este artigo, que passa a vigorar com a seguinte redação:
>
> "Art. 9º É vedada a utilização dos recursos do salário-educação para o pagamento de pessoal e alimentação escolar, ou qualquer outra forma de assistência social, ressalvadas as despesas desta natureza no âmbito de programas de educação de jovens e adultos na modalidade presencial com avaliação no processo instituídos pelo Governo Federal. (NR)" Referido artigo não faz parte da Lei n. 11.494, de 20.6.07, que converteu a Medida Provisória n. 339, de 28.12.06, na mencionada lei.

Art. 10. Ficam convalidados os atos praticados com base na Medida Provisória n. 1.607-24, de 19 de novembro de 1998.

Art. 11. Esta Lei entra em vigor na data de sua publicação.

Art. 12. Revoga-se a Lei n. 8.150, de 28 de dezembro de 1990.

Brasília, 18 de dezembro de 1998; 177º da Independência e 110º da República.

Fernando Henrique Cardoso
Paulo Renato Souza

DECRETO N. 6.003, DE 28 DE DEZEMBRO DE 2006

(DOU 29.12.2006)

Regulamenta a arrecadação, a fiscalização e a cobrança da contribuição social do salário-educação, a que se referem o art. 212, § 5º, da Constituição, e as Leis ns. 9.424, de 24 de dezembro de 1996, e 9.766, de 18 de dezembro de 1998, e dá outras providências.

O PRESIDENTE DA REPÚBLICA, no uso da atribuição que lhe confere o art. 84, inciso IV, da Constituição, e tendo em vista o disposto no art. 9º da Lei n. 9.766, de 18 de dezembro de 1998,

DECRETA:

Disposições Gerais

Art. 1º A contribuição social do salário-educação obedecerá aos mesmos prazos, condições, sanções e privilégios relativos às contribuições sociais e demais importâncias devidas à Seguridade Social, aplicando-se-lhe, no que for cabível, as disposições legais e demais atos normativos atinentes às contribuições previdenciárias, ressalvada a competência do Fundo Nacional de Desenvolvimento da Educação — FNDE, sobre a matéria.

§ 1º A contribuição a que se refere este artigo será calculada com base na alíquota de dois inteiros e cinco décimos por cento, incidente sobre o total da remuneração paga ou creditada, a qualquer título, aos segurados empregados, ressalvadas as exceções legais, e será arrecadada, fiscalizada e cobrada pela Secretaria da Receita Previdenciária.

§ 2º Entende-se por empregado, para fins do disposto neste Decreto, as pessoas físicas a que se refere o art. 12, inciso I, da Lei n. 8.212, de 24 de julho de 1991.

§ 3º Para os fins previstos no art. 3º da Lei n. 11.098, de 13 de janeiro de 2005, o FNDE é tratado como terceiro, equiparando-se às demais entidades e fundos para os quais a Secretaria da Receita Previdenciária realiza atividades de arrecadação, fiscalização e cobrança de contribuições.

Art. 2º São contribuintes do salário-educação as empresas em geral e as entidades públicas e privadas vinculadas ao Regime Geral da Previdência Social, entendendo-se como tais, para fins desta incidência, qualquer firma individual ou sociedade que assuma o risco de atividade econômica, urbana ou rural, com fins lucrativos ou não, bem assim a sociedade de economia mista, a empresa pública e demais sociedades instituídas e mantidas pelo Poder Público, nos termos do art. 173, § 2º, da Constituição.

PARÁGRAFO ÚNICO. São isentos do recolhimento da contribuição social do salário-educação:

I — a União, os Estados, o Distrito Federal, os Municípios e suas respectivas autarquias e fundações;

II — as instituições públicas de ensino de qualquer grau;

III — as escolas comunitárias, confessionais ou filantrópicas, devidamente registradas e reconhecidas pelo competente órgão de educação, e que atendam ao disposto no inciso II do art. 55 da Lei n. 8.212, de 1991;

IV — as organizações de fins culturais que, para este fim, vierem a ser definidas em regulamento;

V — as organizações hospitalares e de assistência social, desde que atendam, cumulativamente, aos requisitos estabelecidos nos incisos I a V do art. 55 da Lei n. 8.212, de 1991;

Art. 3º Cabe à Procuradoria-Geral Federal a representação judicial e extrajudicial do FNDE, inclusive a inscrição dos respectivos créditos em dívida ativa.

Art. 4º Integram a receita da contribuição social do salário-educação os acréscimos legais a que estão sujeitos os contribuintes em atraso.

Art. 5º A contribuição social do salário-educação não tem caráter remuneratório na relação de emprego e não se vincula, para nenhum efeito, ao salário ou à remuneração percebida pelos empregados das empresas contribuintes.

Art. 6º Do montante arrecadado na forma do art. 1º deste Decreto será deduzida a remuneração da Secretaria da Receita Previdenciária, correspondente a um por cento, conforme previsto no art. 15, § 1º, da Lei n. 9.424, de 24 de dezembro de 1996.

Art. 7º A Secretaria da Receita Previdenciária enviará ao FNDE as informações necessárias ao acompanhamento da arrecadação, fiscalização e repasse da contribuição social do salário-educação, inclusive quanto à sua participação nos parcelamentos e nos créditos inscritos em dívida ativa.

§ 1º Para fins do disposto no *caput* deste artigo, deverão ser encaminhados ao FNDE, em meio magnético ou eletrônico, os arquivos contendo as informações da Guia de Recolhimento do FGTS e Informações à Previdência Social — GFIP e Guia da Previdência Social — GPS, bem assim outras informações necessárias ao efetivo controle da arrecadação.

§ 2º Além das informações previstas no § 1º, deverão ser encaminhados mensalmente ao FNDE dados consolidados da arrecadação do salário-educação, discriminados por natureza de receita e por unidade da federação.

§ 3º A Secretaria da Receita Previdenciária prestará contas, anualmente, ao Conselho Deliberativo do FNDE, dos resultados da arrecadação da contribuição social do salário-educação, nos termos do art. 58 da Lei Complementar n. 101, de 4 de maio de 2000.

Art. 8º A Secretaria da Receita Previdenciária disponibilizará ao FNDE, na Conta Única do Tesouro Nacional, o valor total arrecadado a título de salário-educação, na forma do art. 1º, deduzindo a remuneração a que se refere o art. 6º.

§ 1º A apuração de todos os valores arrecadados a título de salário-educação, inclusive os provenientes de créditos constituídos, incluídos ou não em parcelamentos, será feita a partir do primeiro dia útil do mês subsequente ao da arrecadação, devendo o montante apurado ser disponibilizado ao FNDE até o dia 10 do mesmo mês.

§ 2º O valor devido a título de salário-educação, arrecadado em decorrência do Programa de Recuperação Fiscal REFIS, deverá ser disponibilizado ao FNDE até o dia 20 do mês subsequente ao da arrecadação.

Art. 9º O montante recebido na forma do art. 8º será distribuído pelo FNDE, observada, em noventa por cento de seu valor, a arrecadação realizada em cada Estado e no Distrito Federal, em quotas, da seguinte forma:

I — quota federal, correspondente a um terço do montante dos recursos, será destinada ao FNDE e aplicada no financiamento de programas e projetos voltados para a universalização da educação básica, de forma a propiciar a redução dos desníveis socioeducacionais existentes entre Municípios, Estados, Distrito Federal e regiões brasileiras;

II — quota estadual e municipal, correspondente a dois terços do montante dos recursos, será creditada mensal e automaticamente em favor das Secretarias de Educação dos Estados, do Distrito Federal e em favor dos Municípios para financiamento de programas, projetos e ações voltadas para a educação básica.

§ 1º A quota estadual e municipal da contribuição social do salário-educação será integralmente redistribuída entre o Estado e seus Municípios de forma proporcional ao número de alunos matriculados na educação básica das respectivas redes de ensino no exercício anterior ao da distribuição, conforme apurado pelo censo educacional realizado pelo Ministério da Educação.

§ 2º O repasse da quota a que se refere o inciso II, decorrente da arrecadação recebida pelo FNDE até o dia 10 de cada mês, será efetuado até o vigésimo dia do mês do recebimento.

§ 3º O repasse da quota a que se refere o inciso II, decorrente da arrecadação recebida no FNDE após o dia 10 de cada mês, será efetuado até o vigésimo dia do mês subsequente ao do recebimento.

§ 4º Os dez por cento restantes do montante da arrecadação do salário-educação serão aplicados pelo FNDE em programas, projetos e ações voltadas para a universalização da educação básica, nos termos do § 5º do art. 212 da Constituição.

Art. 10. As ações fiscais e demais procedimentos tendentes à verificação da regularidade fiscal relativa ao salário-educação, inclusive para fins de expedição da certidão negativa de débito a que se refere o art. 257 do Decreto n. 3.048, de 6 de maio de 1999, serão realizados pela Secretaria da Receita Previdenciária, à qual competirá a expedição do documento.

§ 1º Sem prejuízo da competência prevista no art. 1º, § 1º, o FNDE poderá monitorar e fiscalizar o cumprimento das obrigações relativas ao salário-educação e, constatada inobservância de qualquer dispositivo, representará à Secretaria da Receita Previdenciária para as devidas providências.

§ 2º A partir da vigência deste Decreto, os contribuintes com mais de um estabelecimento e que estavam, até então, obrigados ao recolhimento direto do salário-educação por força do Decreto n. 4.943, de 30 de dezembro de 2003, deverão eleger como estabelecimento centralizador o mesmo que já houver sido informado para esse fim à Secretaria da Receita Previdenciária e manter nele toda a documentação de interesse da fiscalização, inclusive a relativa ao Sistema de Manutenção do Ensino Fundamental — SME.

§ 3º Os Auditores Fiscais da Secretaria da Receita Previdenciária e os técnicos do FNDE têm livre acesso à documentação necessária à consecução dos objetivos previstos neste artigo, não se aplicando para estes fins as disposições legais excludentes ou limitativas do direito de examinar livros, arquivos, documentos, papéis e efeitos comerciais ou fiscais dos comerciantes, empresários, industriais ou produtores, ou da obrigação destes de exibi-los.

Disposições Transitórias

Art. 11. O recolhimento da contribuição social do salário-educação será feito da seguinte forma:

I — os créditos relativos a competências de 01/2007 em diante, exclusivamente à Secretaria da Receita Previdenciária, por meio da GPS, juntamente com as contribuições previdenciárias e demais contribuições devidas a terceiros;

II — os créditos relativos a competências anteriores a 01/2007, não recolhidos no prazo regulamentar e pendentes de constituição, exclusivamente à Secretaria da Receita Previdenciária, por GPS com código de pagamento específico para o salário-educação;

III — os créditos relativos a competências anteriores a 01/2007, já constituídos pelo FNDE, exclusivamente por meio do Comprovante de Arrecadação Direta CAD, até que se complete o processo de migração para a Secretaria da Receita Previdenciária, das bases necessárias à apropriação dos respectivos recebimentos, na forma que vier a ser estabelecida no ato de que trata o art. 12.

§ 1º Fica mantida a competência do FNDE sobre os créditos por ele constituídos, incluídos ou não em parcelamentos, relativos a competências anteriores a 01/2007, até que ocorra a migração para a Secretaria da Receita Previdenciária das bases de que trata o inciso III.

§ 2º Depois de concluída a migração a que se refere o inciso III, os créditos já constituídos pelo FNDE, incluídos ou não em parcelamentos, relativos a competências anteriores a 01/2007, serão recolhidos exclusivamente à Secretaria da Receita Previdenciária, por GPS, com código de pagamento específico para o salário-educação.

§ 3º Para o cumprimento do disposto no inciso I, o contribuinte informará na GFIP código de terceiros ímpar, cuja composição inclui o salário-educação, e para cumprimento do disposto nos incisos II e III e no § 2º não fará qualquer alteração nas GFIP já entregues, relativas àquelas competências, uma vez que as informações nelas contidas serviram de base para o repasse a terceiros da contribuição correspondente.

§ 4º Nos lançamentos de créditos de salário-educação relativos a competências anteriores a 01/2007 observar-se-á o disposto no art. 144 do Código Tributário Nacional, inclusive quanto ao preenchimento da GFIP, que deverá consignar código de terceiros par, que exclui o salário-educação de sua composição.

§ 5º O código de pagamento específico para o salário-educação a que se referem o inciso II e o § 2º será divulgado, com a devida antecedência, pelo FNDE, aos contribuintes sujeitos ao recolhimento direto daquela contribuição.

Art. 12. Os processos administrativo-fiscais decorrentes dos créditos a que se refere o inciso III do art. 11 serão transferidos para a Secretaria da Receita Previdenciária, na forma e prazo que vierem a ser definidos em ato conjunto a ser baixado pelo FNDE e por aquela Secretaria.

Disposições Finais

Art. 13. A Secretaria da Receita Previdenciária e a Procuradoria-Geral Federal ficam autorizadas, observada a área de competência, a baixar ato normativo para operacionalização das ações decorrentes deste Decreto.

Art. 14. Este Decreto entra em vigor na data de sua publicação.

Art. 15. Ficam revogados os Decretos ns. 3.142, de 16 de agosto de 1999, e 4.943, de 30 de dezembro de 2003.

Brasília, 28 de dezembro de 2006; 185º da Independência e 118º da República.

LUIZ INÁCIO LULA DA SILVA
FERNANDO HADDAD
NELSON MACHADO

LEI N. 8.212, DE 24 DE JULHO DE 1991

Dispositivos mais diretamente relacionados com o Direito do Trabalho

(DOU 25.7.1991 E REPUB. 11.4.1996 E 14.8.1998)
(Alterações decorrentes da Lei n. 11.941, de 27.5.09 DOU 28.5.09, art. 26)

Dispõe sobre a Organização da Seguridade Social, institui plano de custeio, e dá outras providências

— v. Portaria n. 204, de 10.7.08, DOU 11.7.08 que dispõe sobre a emissão do Certificado de Regularidade Previdenciária — CRP e dá outras providências. (não publicada nesta obra)

— v. Instrução Normativa do INSS n. 77, de 21.1.15, DOU 22.1.15, que estabelece rotinas para agilizar e uniformizar o reconhecimento de direitos dos segurados e beneficiários da Previdência Social, com observância dos princípios estabelecidos nos art. 37 da Constituição Federal. Referida Instrução (não publicada nesta obra, contém 806 artigos e acha-se publicada às p. 32 a 80, do DOU de 22.1.15)

Da Lei Orgânica da Seguridade Social

TÍTULO I
Conceituação e Princípios Constitucionais

Art. 1º A Seguridade Social compreende um conjunto integrado de ações de iniciativa dos poderes públicos e da sociedade, destinado a assegurar o direito relativo à saúde, à previdência e à assistência social.

PARÁGRAFO ÚNICO. A Seguridade Social obedecerá aos seguintes princípios e diretrizes:

a) universalidade da cobertura e do atendimento;

b) uniformidade e equivalência dos benefícios e serviços às populações urbanas e rurais;

c) seletividade e distributividade na prestação dos benefícios e serviços;

d) irredutibilidade do valor dos benefícios;

e) equidade na forma de participação no custeio;

f) diversidade da base de financiamento;

g) caráter democrático e descentralizado da gestão administrativa com a participação da comunidade, em especial de trabalhadores, empresários e aposentados.

TÍTULO II
Da Saúde

Art. 2º A Saúde é direito de todos e dever do Estado, garantido mediante políticas sociais e econômicas que visem à redução do risco de doença e de outros agravos e ao acesso universal e igualitário às ações e serviços para sua promoção, proteção e recuperação.

PARÁGRAFO ÚNICO. As atividades de saúde são de relevância pública e sua organização obedecerá aos seguintes princípios e diretrizes:

a) acesso universal e igualitário;

b) provimento das ações e serviços através de rede regionalizada e hierarquizada, integrados em sistema único;

c) descentralização, com direção única em cada esfera de governo;

d) atendimento integral, com prioridade para as atividades preventivas;

e) participação da comunidade na gestão, fiscalização e acompanhamento das ações e serviços de saúde;

f) participação da iniciativa privada na assistência à saúde, obedecidos os preceitos constitucionais.

TÍTULO III
Da Previdência Social

Art. 3º A Previdência Social tem por fim assegurar aos seus beneficiários meios indispensáveis de manutenção, por motivo de incapacidade, idade avançada, tempo de serviço, desemprego involuntário, encargos de família e reclusão ou morte daqueles de quem dependiam economicamente.

PARÁGRAFO ÚNICO. A organização da Previdência Social obedecerá aos seguintes princípios e diretrizes:

a) universalidade de participação nos planos previdenciários, mediante contribuição;

b) valor da renda mensal dos benefícios, substitutos do salário de contribuição ou do rendimento do trabalho do segurado, não inferior ao do salário mínimo;

c) cálculo dos benefícios considerando-se os salários de contribuição, corrigidos monetariamente;

d) preservação do valor real dos benefícios;

e) previdência complementar facultativa, custeada por contribuição adicional.

TÍTULO IV
Da Assistência Social

Art. 4º A Assistência Social é a política social que provê o atendimento das necessidades básicas, traduzidas em proteção à família, à maternidade, à infância, à adolescência, à velhice e à pessoa portadora de deficiência, independentemente de contribuição à Seguridade Social.

PARÁGRAFO ÚNICO. A organização da Assistência Social obedecerá às seguintes diretrizes:

a) descentralização político-administrativa;

b) participação da população na formulação e controle das ações em todos os níveis.

....

TÍTULO VI
Do Financiamento da Seguridade Social

INTRODUÇÃO

Art. 10. A Seguridade Social será financiada por toda sociedade, de forma direta e indireta, nos termos do art. 195 da Constituição Federal e desta Lei, mediante recursos provenientes da União, dos Estados, do Distrito Federal, dos Municípios e de contribuições sociais.

Art. 11. No âmbito federal, o orçamento da Seguridade Social é composto das seguintes receitas:

I — receitas da União;

II — receitas das contribuições sociais;

III — receitas de outras fontes.

PARÁGRAFO ÚNICO. Constituem contribuições sociais:

a) as das empresas, incidentes sobre a remuneração paga ou creditada aos segurados a seu serviço; *(Vide art. 104 da lei n. 11.196, de 21.11.05, DOU 22.11.05)*

b) as dos empregadores domésticos;

c) as dos trabalhadores, incidentes sobre o seu salário de contribuição; *(art. 104 da Lei n. 11.196, de 21.11.05, DOU 22.11.05)*

d) as das empresas, incidentes sobre faturamento e lucro;

e) as incidentes sobre a receita de concursos de prognósticos.

Capítulo I
Dos Contribuintes

Seção I
Dos Segurados

Art. 12. São segurados obrigatórios da Previdência Social as seguintes pessoas físicas:

I — como empregado:

a) aquele que presta serviço de natureza urbana ou rural à empresa, em caráter não eventual, sob sua subordinação e mediante remuneração, inclusive como diretor empregado;

b) aquele que, contratado por empresa de trabalho temporário, definida em legislação específica, presta serviço para atender a necessidade transitória de substituição de pessoal regular e permanente ou a acréscimo extraordinário de serviços de outras empresas;

c) o brasileiro ou estrangeiro domiciliado e contratado no Brasil para trabalhar como empregado em sucursal ou agência de empresa nacional no exterior;

d) aquele que presta serviço no Brasil a missão diplomática ou a repartição consular de carreira estrangeira e a órgãos a ela subordinados, ou a membros dessas missões e repartições, excluídos o não brasileiro sem residência permanente no Brasil e o brasileiro amparado pela legislação previdenciária do país da respectiva missão diplomática ou repartição consular;

e) o brasileiro civil que trabalha para a União, no exterior, em organismos oficiais brasileiros ou internacionais dos quais o Brasil seja membro efetivo, ainda que lá domiciliado e contratado, salvo se segurado na forma da legislação vigente do país do domicílio;

f) o brasileiro ou estrangeiro domiciliado e contratado no Brasil para trabalhar como empregado em empresa domiciliada no exterior, cuja maioria do capital votante pertença a empresa brasileira de capital nacional;

g) o servidor público ocupante de cargo em comissão, sem vínculo efetivo com a União,

Autarquias, inclusive em regime especial, e Fundações Públicas Federais; *(Alínea acrescentada pela Lei n. 8.647, de 13.4.93, DOU 14.4.93)*

h) *(Execução suspensa pela Resolução do Senado Federal n. 26, de 2005)*

i) o empregado de organismo oficial internacional ou estrangeiro em funcionamento no Brasil, salvo quando coberto por regime próprio de previdência social; *(Acrescentado pela Lei n. 9.876, de 26.11.99, DOU 29.11.99, ed. extra)*

j) o exercente de mandato eletivo federal, estadual ou municipal, desde que não vinculado a regime próprio de previdência social; *(Acrescentado pela Lei n. 10.887, de 18.6.04, DOU 21.6.04)*

II — como empregado doméstico: aquele que presta serviço de natureza contínua a pessoa ou família, no âmbito residencial desta, em atividades sem fins lucrativos;

III — *(Revogado pela Lei n. 9.876, de 26.11.99, DOU 29.11.99, ed. extra).*

IV — *(Revogado pela Lei n. 9.876, de 26.11.99, DOU 29.11.99, ed. extra).*

V — como contribuinte individual: *(Redação dada pela Lei n. 9.876, de 26.11.99, DOU 29.11.99, ed. extra)*

a) a pessoa física, proprietária ou não, que explora atividade agropecuária, a qualquer título, em caráter permanente ou temporário, em área superior a 4 (quatro) módulos fiscais; ou, quando em área igual ou inferior a 4 (quatro) módulos fiscais ou atividade pesqueira, com auxílio de empregados ou por intermédio de prepostos; ou ainda nas hipóteses dos §§ 10 e 11 deste artigo; *(Redação dada pela Lei n. 11.718, de 20.6.08, DOU 23.6.08).*

b) a pessoa física, proprietária ou não, que explora atividade de extração mineral — garimpo, em caráter permanente ou temporário, diretamente ou por intermédio de prepostos, com ou sem o auxílio de empregados, utilizados a qualquer título, ainda que de forma não contínua; *(Redação dada pela Lei n. 9.876, de 26.11.99, DOU 29.11.99, ed. extra)*

c) o ministro de confissão religiosa e o membro de instituto de vida consagrada, de congregação ou de ordem religiosa; *(Redação dada pela Lei n. 10.403, de 8.1.02, DOU 9.1.02)*

d) revogada; *(Redação dada pela Lei n. 9.876, de 26.11.99, DOU 29.11.99, ed. extra)*

e) o brasileiro civil que trabalha no exterior para organismo oficial internacional do qual o Brasil é membro efetivo, ainda que lá domiciliado e contratado, salvo quando coberto por regime próprio de previdência social; *(Redação dada pela Lei n. 9.876, de 26.11.99, DOU 29.11.99, ed. extra)*

f) o titular de firma individual urbana ou rural, o diretor não empregado e o membro de conselho de administração de sociedade anônima, o sócio solidário, o sócio de indústria, o sócio gerente e o sócio cotista que recebam remuneração decorrente de seu trabalho em empresa urbana ou rural, e o associado eleito para cargo de direção em cooperativa, associação ou entidade de qualquer natureza ou finalidade, bem como o síndico ou administrador eleito para exercer atividade de direção condominial, desde que recebam remuneração; *(Acrescentado pela Lei n. 9.876, de 26.11.99, DOU 29.11.99, ed. extra)*

g) quem presta serviço de natureza urbana ou rural, em caráter eventual, a uma ou mais empresas, sem relação de emprego; *(Acrescentado pela Lei n. 9.876, de 26.11.99, DOU 29.11.99, ed. extra)*

h) a pessoa física que exerce, por conta própria, atividade econômica de natureza urbana, com fins lucrativos ou não; *(Acrescentado pela Lei n. 9.876, de 26.11.99, DOU 29.11.99, ed. extra)*

VI — como trabalhador avulso: quem presta, a diversas empresas, sem vínculo empregatício, serviços de natureza urbana ou rural definidos no regulamento;

VII — como segurado especial: a pessoa física residente no imóvel rural ou em aglomerado urbano ou rural próximo a ele que, individualmente ou em regime de economia familiar, ainda que com o auxílio eventual de terceiros a título de mútua colaboração, na condição de: *(Redação dada pela Lei n. 11.718, de 20.6.08, DOU 23.6.08)*

a) produtor, seja proprietário, usufrutuário, possuidor, assentado, parceiro ou meeiro outorgados, comodatário ou arrendatário rurais, que explore atividade: *(Acrescentado pela Lei n. 11.718, de 20.6.08, DOU 23.6.08)*

1. agropecuária em área de até 4 (quatro) módulos fiscais; ou *(Acrescentado pela Lei n. 11.718, de 20.6.08, DOU 23.6.08)*

2. de seringueiro ou extrativista vegetal que exerça suas atividades nos termos do inciso XII do *caput* do art. 2º da Lei n. 9.985, de 18 de julho de 2000, e faça dessas atividades o principal meio de vida; *(Acrescentado pela Lei n. 11.718, de 20.6.08, DOU 23.6.08)*

b) pescador artesanal ou a este assemelhado, que faça da pesca profissão habitual ou principal meio de vida; e *(Acrescentado pela Lei n. 11.718, de 20.6.08, DOU 23.6.08)*

c) cônjuge ou companheiro, bem como filho maior de 16 (dezesseis) anos de idade ou a este equiparado, do segurado de que tratam as alíneas *a* e *b* deste inciso, que, comprovadamente, trabalhem com o grupo familiar respectivo. *(Acrescentado pela Lei n. 11.718, de 20.6.08, DOU 23.6.08)*

§ 1º Entende-se como regime de economia familiar a atividade em que o trabalho dos membros da família é indispensável à própria subsistência e ao desenvolvimento socioeconômico do núcleo familiar e é exercido em condições de mútua dependência e colaboração, sem a utilização de empregados permanentes. *(Redação dada pela Lei n. 11.718, de 20.6.08, DOU 23.6.08)*

§ 2º Todo aquele que exercer, concomitantemente, mais de uma atividade remunerada sujeita ao Regime Geral de Previdência Social é obrigatoriamente filiado em relação a cada uma delas.

§ 3º (Revogado): *(Redação dada pela Lei n. 11.718, de 20.6.08, DOU 23.6.08)*

I — (revogado); *(Redação dada pela Lei n. 11.718, de 20.6.08, DOU 23.6.08)*

II — (revogado). *(Redação dada pela Lei n. 11.718, de 20.6.08, DOU 23.6.08)*

§ 4º O aposentado pelo Regime Geral de Previdência Social-RGPS que estiver exercendo ou que voltar a exercer atividade abrangida por este Regime é segurado obrigatório em relação a essa atividade, ficando sujeito às contribuições de que trata esta Lei, para fins de custeio da Seguridade Social. *(Parágrafo acrescentado pela Lei n. 9.032, de 28.4.95, DOU 29.4.95)*

§ 5º O dirigente sindical mantém, durante o exercício do mandato eletivo, o mesmo enquadramento no Regime Geral de Previdência Social-RGPS de antes da investidura. *(Parágrafo acrescentado pela Lei n. 9.528, de 10.12.97, DOU 11.12.97)*

§ 6º Aplica-se o disposto na alínea *g* do inciso I do *caput* ao ocupante de cargo de Ministro de Estado, de Secretário Estadual, Distrital ou Municipal, sem vínculo efetivo com a União, Estados, Distrito Federal e Municípios, suas autarquias, ainda que em regime especial, e fundações. *(Acrescentado pela Lei n. 9.876, de 26.11.99, DOU 29.11.99, ed. extra)*

§ 7º Para serem considerados segurados especiais, o cônjuge ou companheiro e os filhos maiores de 16 (dezesseis) anos ou os a estes equiparados deverão ter participação ativa nas atividades rurais do grupo familiar. *(Acrescentado pela Lei n. 11.718, de 20.6.08, DOU 23.6.08)*

§ 8º O grupo familiar poderá utilizar-se de empregados contratados por prazo determinado ou trabalhador de que trata a alínea *g* do inciso V do *caput* deste artigo, à razão de no máximo 120 (cento e vinte) pessoas por dia no ano civil, em períodos corridos ou intercalados ou, ainda, por tempo equivalente em horas de trabalho, não sendo computado nesse prazo o período de afastamento em decorrência da percepção de auxílio-doença. *(Redação dada pela Lei n. 12.873, de 24.10.13, DOU 25.10.13)*

§ 9º Não descaracteriza a condição de segurado especial: *(Acrescentado pela Lei n. 11.718, de 20.6.08, DOU 23.6.08)*

I — a outorga, por meio de contrato escrito de parceria, meação ou comodato, de até 50% (cinquenta por cento) de imóvel rural cuja área total não seja superior a 4 (quatro) módulos fiscais, desde que outorgante e outorgado continuem a exercer a respectiva atividade, individualmente ou em regime de economia familiar; *(Incluído pela Lei n. 11.718, de 20.6.08, DOU 23.6.08))*

II — a exploração da atividade turística da propriedade rural, inclusive com hospedagem, por não mais de 120 (cento e vinte) dias ao ano; *(Incluído pela Lei n. 11.718, de 20.6.08, DOU 23.6.08)*

III — a participação em plano de previdência complementar instituído por entidade classista a que seja associado, em razão da condição de trabalhador rural ou de produtor rural em regime de economia familiar; *(Acrescentado pela Lei n. 11.718, de 20.6.08, DOU 23.6.08)*

IV — ser beneficiário ou fazer parte de grupo familiar que tem algum componente que seja beneficiário de programa assistencial oficial de governo; *(Acrescentado pela Lei n. 11.718, de 20.6.08, DOU 23.6.08)*

V — a utilização pelo próprio grupo familiar, na exploração da atividade, de processo de beneficiamento ou industrialização artesanal, na forma do § 11 do art. 25 desta Lei; e *(Acrescentado pela Lei n. 11.718, de 20.6.08, DOU 23.6.08)*

VI — a associação em cooperativa agropecuária ou de crédito rural; e *(Redação dada pela Lei n. 13.183, de 4.11.15, DOU 5.11.15)*

VII — a incidência do Imposto Sobre Produtos Industrializados — IPI sobre o produto das atividades desenvolvidas nos termos do § 14 deste artigo. *(Incluído pela Lei n. 12.873, de 24.10.13, DOU 25.10.2013) (Produção de efeito)*

§ 10. Não é segurado especial o membro de grupo familiar que possuir outra fonte de rendimento, exceto se decorrente de: *(Acrescentado pela Lei n. 11.718, de 20.6.08, DOU 23.6.08)*

I — benefício de pensão por morte, auxílio-acidente ou auxílio-reclusão, cujo valor não supere o do menor benefício de prestação continuada da Previdência Social; *(Acrescentado pela Lei n. 11.718, de 20.6.08, DOU 23.6.08)*

II — benefício previdenciário pela participação em plano de previdência complementar instituído nos termos do inciso IV do § 9º deste artigo; *(Acrescentado pela Lei n. 11.718, de 20.6.08, DOU 23.6.08)*

III — exercício de atividade remunerada em período não superior a 120 (cento e vinte) dias, corridos ou intercalados, no ano civil, observado o disposto no § 13 deste artigo; *(Redação dada pela Lei n. 12.873, de 24.10.13, DOU 25.10.13)*

IV — exercício de mandato eletivo de dirigente sindical de organização da categoria de trabalhadores rurais; *(Acrescentado pela Lei n. 11.718, de 20.6.08, DOU 23.6.08.*

V — exercício de mandato de vereador do município onde desenvolve a atividade rural, ou de dirigente de cooperativa rural constituída exclusivamente por segurados especiais, observado o disposto no § 13 deste artigo; *(Acrescentado pela Lei n. 11.718, de 20.6.08, DOU 23.6.08)*

VI — parceria ou meação outorgada na forma e condições estabelecidas no inciso I do § 9º deste artigo; *(Acrescentado pela Lei n. 11.718, de 20.6.08, DOU 23.6.08)*

VII — atividade artesanal desenvolvida com matéria-prima produzida pelo respectivo grupo familiar, podendo ser utilizada matéria-prima de outra origem, desde que a renda mensal obtida na atividade não exceda ao menor benefício de prestação continuada da Previdência Social; e *(Acrescentado pela Lei n. 11.718, de 20.6.08, DOU 23.6.08)*

VIII — atividade artística, desde que em valor mensal inferior ao menor benefício de prestação continuada da Previdência Social. *(Acrescentado Lei n. 11.718, de 20.6.08, DOU 23.6.08)*

§ 11. O segurado especial fica excluído dessa categoria: *(Acrescentado pela Lei n. 11.718, de 20.6.08, DOU 23.6.08)*

I — a contar do primeiro dia do mês em que: *(Acrescentado pela Lei n. 11.718, de 20.6.08, DOU 23.6.08)*

a) deixar de satisfazer as condições estabelecidas no inciso VII do *caput* deste artigo, sem prejuízo do disposto no art. 15 da Lei n. 8.213, de 24 de julho de 1991, ou exceder qualquer dos limites estabelecidos no inciso I do § 9º deste artigo; *(Acrescentado pela Lei n. 11.718, de 20.6.08, DOU 23.6.08)*

b) enquadrar-se em qualquer outra categoria de segurado obrigatório do Regime Geral de Previdência Social, ressalvado o disposto nos incisos III, V, VII e VIII do § 10 e no § 14 deste artigo, sem prejuízo do disposto no art. 15 da Lei n. 8.213, de 24 de julho de 1991; *(Redação dada pela Lei n. 12.873, de 24.10.13, DOU 25.10.13)*

c) tornar-se segurado obrigatório de outro regime previdenciário; e *(Redação dada pela Lei n. 12.873, de 24.10.13, DOU 25.10.13)*

d) participar de sociedade empresária, de sociedade simples, como empresário individual ou como titular de empresa individual de responsabilidade limitada em desacordo com as limitações impostas pelo § 14 deste artigo; *(Acrescentado pela Lei n. 12.873, de 24.10.13, DOU 25.10.13)*

II — a contar do primeiro dia do mês subsequente ao da ocorrência, quando o grupo familiar a que pertence exceder o limite de: *(Acrescentado pela Lei n. 11.718, de 20.6.08, DOU 23.6.08)*

a) utilização de trabalhadores nos termos do § 8º deste artigo; *(Incluído pela Lei n. 11.718, de 20.6.08, DOU 23.6.08)*

b) dias em atividade remunerada estabelecidos no inciso III do § 10 deste artigo; e *(Acrescentado pela Lei n. 11.718, de 20.6.08, DOU 23.6.08)*

c) dias de hospedagem a que se refere o inciso II do § 9º deste artigo. *(Acrescentado pela Lei n. 11.718, de 20.6.08, DOU 23.6.08)*

§ 12. Aplica-se o disposto na alínea *a* do inciso V do *caput* deste artigo ao cônjuge ou companheiro do produtor que participe da atividade rural por este explorada. *(Acrescentado pela Lei n. 11.718, de 20.6.08, DOU 23.6.08)*

§ 13. O disposto nos incisos III e V do § 10 e no § 14 deste artigo não dispensa o recolhimento da contribuição devida em relação ao exercício das atividades de que tratam os referidos dispositivos. *(Redação dada pela Lei n. 12.873, de 24.10.13, DOU 25.10.13)*

§ 14. A participação do segurado especial em sociedade empresária, em sociedade simples, como empresário individual ou como titular de empresa individual de responsabilidade limitada de objeto ou âmbito agrícola, agroindustrial ou agroturístico, considerada microempresa nos termos da Lei Complementar n. 123, de 14 de dezembro de 2006, não o exclui de tal categoria previdenciária, desde que, mantido o exercício da sua atividade rural na forma do inciso VII do *caput* e do § 1º, a pessoa jurídica componha-se apenas de segurados de igual natureza e sedie-se no mesmo Município ou em Município limítrofe àquele em que eles desenvolvam suas atividades. *(Acrescentado pela Lei n. 12.873, de 24.10.13, DOU 25.10.13)*

§ 15. (VETADO). *(Incluído pela Lei n. 12.873, de 24.10.13, DOU 25.10.13)*

Art. 13. O servidor civil ocupante de cargo efetivo ou o militar da União, dos Estados, do Distrito Federal ou dos Municípios, bem como o das respectivas autarquias e fundações, são excluídos do Regime Geral de Previdência Social consubstanciado nesta Lei, desde que amparados por regime próprio de previdência social. *(Redação dada pela Lei n. 9.876, de 26.11.99, DOU 29.11.99, ed. extra)*

§ 1º Caso o servidor ou o militar venham a exercer, concomitantemente, uma ou mais atividades abrangidas pelo Regime Geral de Previdência Social, tornar-se-ão segurados obrigatórios em relação a essas atividades. *(Acrescentado pela Lei n. 9.876, de 26.11.99, DOU 29.11.99, ed. extra)*

§ 2º Caso o servidor ou o militar, amparados por regime próprio de previdência social, sejam requisitados para outro órgão ou entidade cujo regime previdenciário não permita a filiação nessa condição, permanecerão vinculados ao regime de origem, obedecidas as regras que cada ente estabeleça acerca de sua contribuição. *(Acrescentado pela Lei n. 9.876, de 26.11.99, DOU 29.11.99, ed. extra)*

Art. 14. É segurado facultativo o maior de 14 (quatorze) anos de idade que se filiar ao Regime Geral de Previdência Social, mediante contribuição, na forma do art. 21, desde que não incluído nas disposições do art. 12.

Seção II

Da Empresa e do Empregador Doméstico

Art. 15. Considera-se:

I — empresa — a firma individual ou sociedade que assume o risco de atividade econômica urbana ou rural, com fins lucrativos ou não, bem como os órgãos e entidades da administração pública direta, indireta e fundacional;

II — empregador doméstico — a pessoa ou família que admite a seu serviço, sem finalidade lucrativa, empregado doméstico.

PARÁGRAFO ÚNICO. Equiparam-se a empresa, para os efeitos desta Lei, o contribuinte individual e a pessoa física na condição de proprietário ou dono de obra de construção civil, em relação a segurado que lhe presta serviço, bem como a cooperativa, a associação ou a entidade de qualquer natureza ou finalidade, a missão diplomática e a repartição consular de carreira estrangeiras. (NR) *(Redação dada pela Lei n. 13.202, de 8.12.15, DOU 9.12.15)*

Capítulo II
Da Contribuição da União

Art. 16. A contribuição da União é constituída de recursos adicionais do Orçamento Fiscal, fixados obrigatoriamente na lei orçamentária anual.

PARÁGRAFO ÚNICO. A União é responsável pela cobertura de eventuais insuficiências financeiras da Seguridade Social, quando decorrentes do pagamento de benefícios de prestação continuada da Previdência Social, na forma da Lei Orçamentária Anual.

Art. 17. Para pagamento dos encargos previdenciários da União, poderão contribuir os recursos da Seguridade Social referidos na alínea *d* do Parágrafo único do art. 11 desta Lei, na forma da Lei Orçamentária anual, assegurada a destinação de recursos para as ações desta Lei de Saúde e Assistência Social. *(Redação dada pela Lei n. 9.711, de 20.11.98, DOU 21.11.98)*

Art. 18. Os recursos da Seguridade Social referidos nas alíneas *a*, *b*, *c* e *d* do Parágrafo único do art. 11 desta Lei poderão contribuir, a partir do exercício de 1992, para o financiamento das despesas com pessoal e administração geral apenas do Instituto Nacional do Seguro Social-INSS, do Instituto Nacional de Assistência Médica da Previdência Social-INAMPS, da Fundação Legião Brasileira de Assistência-LBA e da Fundação Centro Brasileira para Infância e Adolescência.

Art. 19. O Tesouro Nacional repassará mensalmente recursos referentes às contribuições mencionadas nas alíneas *d* e *e* do Parágrafo único do art. 11 desta Lei, destinados à execução do Orçamento da Seguridade Social. *(Redação dada pela Lei n. 9.711, de 20.11.98, DOU 21.11.98)*

§ 1º Decorridos os prazos referidos no *caput* deste artigo, as dotações a serem repassadas sujeitar-se-ão a atualização monetária segundo os mesmos índices utilizados para efeito de correção dos tributos da União.

§ 2º Os recursos oriundos da majoração das contribuições previstas nesta Lei ou da criação de novas contribuições destinadas à Seguridade Social somente poderão ser utilizados para atender as ações nas áreas de saúde, previdência e assistência social.

Capítulo III
Da Contribuição do Segurado

Seção I

Da Contribuição dos Segurados Empregado, Empregado Doméstico e Trabalhador Avulso

Art. 20. A contribuição do empregado, inclusive o doméstico, e a do trabalhador avulso é calculada mediante a aplicação da correspondente alíquota sobre o seu salário de contribuição mensal, de forma não cumulativa, observado o disposto no art. 28, de acordo com a seguinte tabela: *(Redação dada pela Lei n. 9.032, de 28.4.95, DOU 29.4.95)*

Salário de contribuição	Alíquota em %
até 249,80	8,00
de 249,81 até 416,33	9,00
de 416,34 até 832,66	11,00

(Valores e alíquotas dados pela Lei n. 9.129, de 20.11.95)

§ 1º Os valores do salário de contribuição serão reajustados, a partir da data de entrada em vigor desta Lei, na mesma época e com os mesmos índices que os do reajustamento dos benefícios de prestação continuada da Previdência Social. *(Redação dada pela Lei n. 8.620, de 5.1.93, DOU 6.1.93)*

§ 2º O disposto neste artigo aplica-se também aos segurados empregados e trabalhadores avulsos que prestem serviços a microempresas. *(Parágrafo acrescentado pela Lei n. 8.620, de 5.1.93, DOU 6.1.93)*

Seção II

Da Contribuição dos Segurados Contribuinte Individual e Facultativo

(Redação dada pela Lei n. 9.876, de 26.11.99, DOU 29.11.99, ed. extra)

Art. 21. A alíquota de contribuição dos segurados, contribuinte individual e facultativo será de vinte por cento sobre o respectivo salário de contribuição.

I — revogado;

II — revogado.

§ 1º Os valores do salário de contribuição serão reajustados, a partir da data de entrada em vigor desta Lei, na mesma época e com os mesmos índices que os do reajustamento dos benefícios de prestação continuada da Previdência Social. *(Redação dada pela Lei n. 9.711, de 20.11.98, DOU 21.11.98) (Renumerado pela Lei Complementar n. 123, de 14.12.06, DOU 15.12.06)*

§ 2º No caso de opção pela exclusão do direito ao benefício de aposentadoria por tempo de contribuição, a alíquota de contribuição incidente sobre o limite mínimo mensal do salário de contribuição será de: *(Redação dada pela Lei n. 12.470, de 31.8.11, DOU 1º.9.11)*

I — 11% (onze por cento), no caso do segurado contribuinte individual, ressalvado o disposto no inciso II, que trabalhe por conta própria, sem relação de trabalho com empresa ou equiparado e do segurado facultativo, observado o disposto na alínea *b* do inciso II deste parágrafo; *(Acrescentado pela Lei n. 12.470, de 31.8.11, DOU 1º.9.11)*

II — 5% (cinco por cento): *(Acrescentado pela Lei n. 12.470, de 31.8.11, DOU 1º.9.11)*

a) no caso do microempreendedor individual, de que trata o art. 18-A da Lei Complementar n. 123, de 14 de dezembro de 2006; e *(Acrescentado pela Lei n. 12.470, de 31.8.11, DOU 1º.9.11)*

b) do segurado facultativo sem renda própria que se dedique exclusivamente ao trabalho doméstico no âmbito de sua residência, desde que pertencente a família de baixa renda. *(Incluído pela Lei n. 12.470, de 31.8.11, DOU 1º.9.11)*

§ 3º O segurado que tenha contribuído na forma do § 2º deste artigo e pretenda contar o tempo de contribuição correspondente para fins de obtenção da aposentadoria por tempo de contribuição ou da contagem recíproca do tempo de contribuição a que se refere o *art. 94 da Lei n. 8.213, de 24 de julho de 1991*, deverá complementar a contribuição mensal mediante recolhimento, sobre o valor correspondente ao limite mínimo mensal do salário de contribuição em vigor na competência a ser complementada, da diferença entre o percentual pago e o de 20% (vinte por cento), acrescido dos juros moratórios de que trata o § 3º do art. 5º da Lei n. 9.430, de 27 de dezembro de 1996. *(Redação dada pela Lei n. 12.470, de 31.8.11, DOU 1º.9.11)*

§ 4º Considera-se de baixa renda, para os fins do disposto na alínea *b* do inciso II do § 2º deste artigo, a família inscrita no Cadastro Único para Programas Sociais do Governo Federal — CadÚnico cuja renda mensal seja de até 2 (dois) salários mínimos. *(Redação dada pela Lei n. 12.470, de 31.8.11, DOU 1º.9.11)*

§ 5º A contribuição complementar a que se refere o § 3º deste artigo será exigida a qualquer tempo, sob pena de indeferimento do benefício. *(Incluído pela Lei n. 12.507, de 11.10.11, DOU 13.10.11)*

Capítulo IV
Da Contribuição da Empresa

Art. 22. A contribuição a cargo da empresa, destinada à Seguridade Social, além do disposto no art. 23, é de:

I — vinte por cento sobre o total das remunerações pagas, devidas ou creditadas a qualquer título, durante o mês, aos segurados empregados e trabalhadores avulsos que lhe prestem serviços, destinadas a retribuir o trabalho, qualquer que seja a sua forma, inclusive as gorjetas, os ganhos habituais sob a forma de utilidades e os adiantamentos decorrentes de reajuste salarial, quer pelos serviços efetivamente prestados, quer pelo tempo à disposição do empregador ou tomador de serviços, nos termos da lei ou do contrato ou, ainda, de convenção ou acordo coletivo de trabalho ou sentença normativa. *(Redação dada pela Lei n. 9.876, de 1999) (vide Lei n. 13.189, de 13.11.15)*

Nota 1: O inciso I, do art. 22 da Lei n. 8.212, de 24.7.91, teve a sua redação alterada pela Medida Provisória n. 680, de 6.7.15, DOU 7.7.15, conforme o seguinte teor: "I — vinte por cento sobre o total das remunerações pagas, devidas ou creditadas a qualquer título, durante o mês, aos segurados empregados e trabalhadores avulsos que lhe prestem serviços, destinadas a retribuir o trabalho, qualquer que seja a sua forma, inclusive as gorjetas, o valor da compensação pecuniária a ser paga no âmbito do Programa de Proteção ao Emprego — PPE, os ganhos habituais sob a forma de utilidades e os adiantamentos decorrentes de reajuste salarial, quer pelos serviços efetivamente prestados, quer pelo tempo à disposição do empregador ou tomador de serviços, nos termos da lei ou do contrato ou, ainda, de convenção ou acordo coletivo de trabalho ou sentença normativa. (Redação dada pela Medida Provisória n. 680, de 6.7.15, DOU 7.7.15)"

Com a conversão da Medida Provisória n. 680, de 6.7.15, na Lei n. 13.189, de 19.11.15, DOU 20.11.15, a redação dada pela MP não fez parte da Lei n. 13.189, daí a importância do disposto nos arts. 9º, 10 e 12 da mesma Lei:

Art. 9º A compensação pecuniária integra as parcelas remuneratórias para efeito do disposto no inciso I do art. 22 e no § 8º do art. 28 da Lei n. 8.212, de 24 de julho de 1991, e do disposto no art. 15 da Lei n. 8.036, de 11 de maio de 1990.

"Art. 10. Permanecem regidas pela Medida Provisória n. 680, de 6 de julho de 2015, as adesões ao PPE já aprovadas, aplicando-se esta Lei às solicitações de adesão ou de prorrogação em tramitação na data de sua publicação ou protocoladas a partir dessa data, sendo facultadas às empresas a prorrogação dos prazos e a adoção das demais condições previstas nesta Lei mediante aditivo ao acordo coletivo de trabalho específico.

Art. 12. Esta Lei entra em vigor na data de sua publicação, com exceção do disposto no art. 9º, quanto à Lei n. 8.212, de 24 de julho de 1991, que entra em vigor no dia 1º de novembro de 2015."

Nota 2: A mesma observação se faz com a letra "d" do § 8º do art. 28, da mesma Lei n. 8.212, e que ficou excluído da Lei n. 13.189, e que tinha a seguinte redação: "d) o valor da compensação pecuniária a ser paga no âmbito do Programa de Proteção ao Emprego — PPE; *(Incluído pela Medida Provisória n. 680, de 6.7.15, DOU 7.7.15)*

II — para o financiamento do benefício previsto nos *arts. 57* e *58 da Lei n. 8.213, de 24 de julho de 1991*, e daqueles concedidos em razão do grau de incidência de incapacidade laborativa decorrente dos riscos ambientais do trabalho, sobre o total das remunerações pagas ou creditadas, no decorrer do mês, aos segurados empregados e trabalhadores avulsos: *(Redação dada pela Lei n. 9.732, de 1.12.98, DOU 14.12.98)*

a) 1% (um por cento) para as empresas em cuja atividade preponderante o risco de acidentes do trabalho seja considerado leve;

b) 2% (dois por cento) para as empresas em cuja atividade preponderante esse risco seja considerado médio;

c) 3% (três por cento) para as empresas em cuja atividade preponderante esse risco seja considerado grave.

III — vinte por cento sobre o total das remunerações pagas ou creditadas a qualquer título, no decorrer do mês, aos segurados contribuintes individuais que lhe prestem serviços; *(Acrescentado pela Lei n. 9.876, e 26.11.99, DOU 29.11.99, ed. extra)*

IV — quinze por cento sobre o valor bruto da nota fiscal ou fatura de prestação de serviços, relativamente a serviços que lhe são prestados por cooperados por intermédio de cooperativas de trabalho. *(Acrescentado pela Lei n. 9.876, de 26.11.99, DOU 29.11.99, ed. extra)*

§ 1º No caso de bancos comerciais, bancos de investimentos, bancos de desenvolvimento, caixas econômicas, sociedades de crédito, financiamento e investimento, sociedades de crédito imobiliário, sociedades corretoras, distribuidoras de títulos e valores mobiliários, empresas de arrendamento mercantil, cooperativas de crédito, empresas de seguros privados e de capitalização, agentes autônomos de seguros privados e de crédito e entidades de previdência privada abertas e fechadas, além das contribuições referidas neste artigo e no art. 23, é devida a contribuição adicional de dois vírgula cinco por cento sobre a base de cálculo definida nos incisos I e III deste artigo. *(Redação dada pela Lei n. 9.876, de 26.11.99, DOU 29.11.99) (Vide Medida Provisória n. 2.158-35, de 2001)*

§ 2º Não integram a remuneração as parcelas de que trata o § 9º do art. 28.

§ 3º O Ministério do Trabalho e da Previdência Social poderá alterar, com base nas estatísticas de acidentes do trabalho, apuradas em inspeção, o enquadramento de empresas para efeito da contribuição a que se refere o inciso II deste artigo, a fim de estimular investimentos em prevenção de acidentes.

§ 4º O Poder Executivo estabelecerá, na forma da lei, ouvido o Conselho Nacional da Seguridade Social, mecanismos de estímulo às empresas que se utilizem de empregados portadores de deficiências física, sensorial e/ou mental com desvio do padrão médio.

§ 5º *(Revogado pela Lei n. 10.256, de 9.7.01, DOU 10.7.01)*

§ 6º A contribuição empresarial da associação desportiva que mantém equipe de futebol profissional destinada à Seguridade Social, em substituição à prevista nos incisos I e II deste artigo, corresponde a cinco por cento da receita bruta, decorrente dos espetáculos desportivos de que participem em todo território nacional em qualquer modalidade desportiva, inclusive jogos internacionais, e de qualquer forma de patrocínio, licenciamento de uso de marcas e símbolos, publicidade, propaganda e de transmissão de espetáculos desportivos. *(Parágrafo acrescentado pela Lei n. 9.528, de 10.12.97, 11.12.97)*

§ 7º Caberá à entidade promotora do espetáculo a responsabilidade de efetuar o desconto de cinco por cento da receita bruta decorrente dos espetáculos desportivos e o respectivo recolhimento ao Instituto Nacional do Seguro Social, no prazo de até dois dias úteis após a realização do evento. *(Parágrafo acrescentado pela Lei n. 9.528, de 10.12.97, DOU 11.12.97)*

§ 8º Caberá à associação desportiva que mantém equipe de futebol profissional informar à entidade promotora do espetáculo desportivo todas as receitas auferidas no evento, discriminando-as detalhadamente. *(Parágrafo acrescentado pela Lei n. 9.528, de 10.12.97, DOU 11.12.97)*

§ 9º No caso de a associação desportiva que mantém equipe de futebol profissional receber recursos de empresa ou entidade, a título de patrocínio, licenciamento de uso de marcas e símbolos, publicidade, propaganda e transmissão de espetáculos, esta última ficará com a responsabilidade de reter e recolher o percentual de cinco por cento da receita bruta decorrente do evento, inadmitida qualquer dedução, no prazo estabelecido na alínea *b*, inciso I, do art. 30 desta Lei. *(Parágrafo acrescentado pela Lei n. 9.528, de 10.12.97, DOU 11.12.97)*

§ 10. Não se aplica o disposto nos §§ 6º ao 9º às demais associações desportivas, que devem contribuir na forma dos incisos I e II deste artigo e do art. 23 desta Lei. *(Parágrafo acrescentado pela Lei n. 9.528, de 10.12.97, DOU 11.12.97)*

§ 11. O disposto nos §§ 6º ao 9º deste artigo aplica-se à associação desportiva que mantenha equipe de futebol profissional e atividade econômica organizada para a produção e circulação de bens e serviços e que se organize regularmente, segundo um dos tipos regulados nos arts. 1.039 a 1.092 da Lei n. 10.406, de 10 de janeiro de 2002 — Código Civil. *(Redação dada pela Lei n. 11.345, de 14.9.06, DOU 15.9.06)*

§ 11-A. O disposto no § 11 deste artigo aplica-se apenas às atividades diretamente relacionadas com a manutenção e administração de equipe profissional de futebol, não se estendendo às outras atividades econômicas exercidas pelas referidas sociedades empresariais beneficiárias. *(Incluído pela Lei n. 11.505, de 18.7.07, DOU 19.7.07)*

§ 12. (VETADO) *(Incluído pela Lei n. 10.170, de 29.12.00, DOU 30.12.00, ed. extra)*

§ 13. Não se considera como remuneração direta ou indireta, para os efeitos desta Lei, os valores despendidos pelas entidades religiosas e instituições de ensino vocacional com ministro de confissão religiosa, membros de instituto de vida consagrada, de congregação ou de ordem religiosa em face do seu mister religioso ou para sua subsistência desde que fornecidos em condições que independam da natureza e da quantidade do trabalho executado. *(Acrescentado pela Lei n. 10.170, de 29.12.00, DOU 30.12.00, ed. extra)*

§ 14. Para efeito de interpretação do § 13 deste artigo: *(Acrescentado pela Lei n. 13.137, de 19.6.2015, DOU ed. extra de 22.6.05).*

I — os critérios informadores dos valores despendidos pelas entidades religiosas e instituições de ensino vocacional aos ministros de confissão religiosa, membros de vida consagrada, de congregação ou de ordem religiosa não são taxativos e sim exemplificativos; *(Acrescentado pela Lei n. 13.137, de 19.6.2015, DOU ed. extra de 22.6.05).*

II — os valores despendidos, ainda que pagos de forma e montante diferenciados, em pecúnia ou a título de ajuda de custo de moradia, transporte, formação educacional, vinculados exclusivamente à atividade religiosa não configuram remuneração direta ou indireta. (NR) *(Acrescentado pela Lei n. 13.137, de 19.6.2015, DOU ed. extra de 22.6.05).*

§ 15. Na contratação de serviços de transporte rodoviário de carga ou de passageiro, de serviços prestados com a utilização de trator, máquina de terraplenagem, colheitadeira e assemelhados, a base de cálculo da contribuição da empresa corresponde a 20% (vinte por cento) do valor da nota fiscal, fatura ou recibo, quando esses serviços forem prestados por condutor autônomo de veículo rodoviário, auxiliar de condutor autônomo de veículo rodoviário, bem como por operador de máquinas. (NR) *(Redação dada pela Lei n. 13.202, de 8.12.15, DOU 9.12.15)*

Art. 22-A. A contribuição devida pela agroindústria, definida, para os efeitos desta Lei, como sendo o produtor rural pessoa jurídica cuja atividade econômica seja a industrialização de produção própria ou de produção própria e adquirida de terceiros, incidente sobre o valor da receita bruta proveniente da comercialização da produção, em substituição às previstas nos incisos I e II do art. 22 desta Lei, é de: *(Acrescentado pela Lei n. 10.256, de 9.7.01, DOU 10.7.01)*

I — dois vírgula cinco por cento destinados à Seguridade Social; *(Acrescentado pela Lei n. 10.256, de 9.7.01, DOU 10.7.01)*

II — zero vírgula um por cento para o financiamento do benefício previsto nos arts. 57 e 58 da Lei n. 8.213, de 24 de julho de 1991, e daqueles concedidos em razão do grau de incidência de incapacidade para o trabalho decorrente dos riscos ambientais da atividade. *(Acrescentado pela Lei n. 10.256, de 9.7.01, DOU 10.7.01)*

§ 1º (VETADO) *(Acrescentado pela Lei n. 10.256, de 9.7.01, DOU 10.7.01)*

§ 2º O disposto neste artigo não se aplica às operações relativas à prestação de serviços a terceiros, cujas contribuições previdenciárias continuam sendo devidas na forma do art. 22 desta Lei. *(Acrescentado pela Lei n. 10.256, de 9.7.01, DOU 10.7.01)*

§ 3º Na hipótese do § 2º, a receita bruta correspondente aos serviços prestados a terceiros será excluída da base de cálculo da contribuição de que trata o *caput*. *(Acrescentado pela Lei n. 10.256, de 9.7.01, DOU 9.7.01)*

§ 4º O disposto neste artigo não se aplica às sociedades cooperativas e às agroindústrias de piscicultura, carcinicultura, suinocultura e avicultura. *(Acrescentado pela Lei n. 10.256, de 9.7.01, DOU 10.7.01)*

§ 5º O disposto no inciso I do art. 3º da Lei n. 8.315, de 23 de dezembro de 1991, não se aplica ao empregador de que trata este artigo, que contribuirá com o adicional de zero vírgula vinte e cinco por cento da receita bruta proveniente da comercialização da produção, destinado ao Serviço Nacional de Aprendizagem Rural (SENAR). *(Acrescentado pela Lei n. 10.256, de 9.7.01, DOU 10.7.01)*

§ 6º Não se aplica o regime substitutivo de que trata este artigo à pessoa jurídica que, relativamente à atividade rural, se dedique apenas ao florestamento e reflorestamento como fonte de matéria-prima para industrialização própria mediante a utilização de processo industrial que modifique a natureza química da madeira ou a transforme em pasta celulósica. *(Acrescentado pela Lei n. 10.684, de 30.5.03, DOU 31.5.03, ed. extra)*

§ 7º Aplica-se o disposto no § 6º ainda que a pessoa jurídica comercialize resíduos vegetais ou sobras ou partes da produção, desde que a receita bruta decorrente dessa comercialização represente menos de um por cento de sua receita bruta proveniente da comercialização da produção. *(Acrescentado pela Lei n. 10.684, de 30.5.03, DOU 31.5.03, ed. extra)*

Art. 22-B. As contribuições de que tratam os incisos I e II do art. 22 desta Lei são substituídas, em relação à remuneração paga, devida ou creditada ao trabalhador rural contratado pelo consórcio simplificado de produtores rurais de que trata o art. 25-A, pela contribuição dos respectivos produtores rurais, calculada na forma do art. 25 desta Lei. *(Acrescentado pela Lei n. 10.256, de 9.7.01, DOU 10.7.01)*

Art. 23. As contribuições a cargo da empresa provenientes do faturamento e do lucro, destinadas à Seguridade Social, além do disposto no art. 22, são calculadas mediante a aplicação das seguintes alíquotas:

I — 2% (dois por cento) sobre sua receita bruta, estabelecida segundo o disposto no *§ 1º do art. 1º do Decreto-lei n. 1.940, de 25 de maio de 1982*, com a redação dada pelo *art. 22, do Decreto-lei n. 2.397, de 21 de dezembro de 1987*, e alterações posteriores;

II — 10% (dez por cento) sobre o lucro líquido do período-base, antes da provisão para o Imposto de Renda, ajustado na forma do *art. 2º da Lei n. 8.034, de 12 de abril de 1990*.

§ 1º No caso das instituições citadas no § 1º do art. 22 desta Lei, a alíquota da contribuição prevista no inciso II é de 15% (quinze por cento).

§ 2º O disposto neste artigo não se aplica às pessoas de que trata o art. 25.

Capítulo V
Da Contribuição do Empregador Doméstico

Art. 24. A contribuição do empregador doméstico incidente sobre o salário de contribuição do empregado doméstico a seu serviço é de:

I — 8% (oito por cento); e

II — 0,8% (oito décimos por cento) para o financiamento do seguro contra acidentes de trabalho. (NR) *(Redação do caput e incisos dada pela Lei n. 13.202, de 8.12.15, DOU 9.12.15)*

PARÁGRAFO ÚNICO. Presentes os elementos da relação de emprego doméstico, o empregador doméstico não poderá contratar microempreendedor individual de que trata o *art. 18-A da Lei Complementar n. 123, de 14 de dezembro de 2006*, sob pena de ficar sujeito a todas as obrigações dela decorrentes, inclusive trabalhistas, tributárias e previdenciárias. *(Incluído pela Lei n. 12.470, de 31.8.11, DOU 1.9.11)*

Capítulo VI
Da Contribuição do Produtor Rural e do Pescador

(Alterado pela Lei n. 8.398, de 7.1.92)

Art. 25. A contribuição do empregador rural pessoa física, em substituição à contribuição de que tratam os incisos I e II do art. 22, e a do segurado especial, referidos, respectivamente, na alínea a do inciso V e no inciso VII do art. 12 desta Lei, destinada à Seguridade Social, é de: *(Redação dada pela Lei n. 10.256, de 9.7.01, DOU 10.7.01)*

I — 2% da receita bruta proveniente da comercialização da sua produção; *(Redação dada pela Lei n. 9.528, de 10.12.97, DOU 11.12.97)*

II — 0,1% da receita bruta proveniente da comercialização da sua produção para financiamento das prestações por acidente do trabalho. *(Redação dada pela Lei n. 9.528, de 10.12.97, DOU 11.12.97)*

§ 1º O segurado especial de que trata este artigo, além da contribuição obrigatória referida no *caput*, poderá contribuir, facultativamente, na forma do art. 21 desta Lei. *(Redação dada pela Lei n. 8.540, de 22.12.92, de 23.12.92)*

§ 2º A pessoa física de que trata a alínea *a* do inciso V do art. 12 contribui, também, obrigatoriamente, na forma do art. 21 desta Lei. *(Redação dada pela Lei n. 8.540, de 22.12.92, DOU 23.12.92)*

§ 3º Integram a produção, para os efeitos deste artigo, os produtos de origem animal ou vegetal, em estado natural ou submetidos a processos de beneficiamento ou industrialização rudimentar, assim compreendidos, entre outros, os processos de lavagem, limpeza, descaroçamento, pilagem, descascamento, lenhamento, pasteurização, resfriamento, secagem, fermentação, embalagem, cristalização, fundição, carvoejamento, cozimento, destilação, moagem, torrefação, bem como os subprodutos e os resíduos obtidos através desses processos. *(Parágrafo acrescentado pela Lei n. 8.540, de 22.12.92, DOU 23.12.92)*

§ 4º (Revogado). *(Redação dada pela Lei n. 11.718, de 20.6.08, DOU 23.6.08)*

§ 5º *(VETADO na Lei n. 8.540, de 22.12.92, DOU 23.12.92)*

§ 6º *(Revogado pela Lei n. 10.256, de 9.7.01, DOU 10.7.01)*

§ 7º *(Revogado pela Lei n. 10.256, de 9.7.01, DOU 10.7.01)*

§ 8º *(Revogado pela Lei n. 10.256, de 9.7.01, DOU 10.7.01)*

§ 9º (VETADO) *(Incluído pela Lei n. 10.256, de 9.7.01, DOU 10.7.01)*

§ 10. Integra a receita bruta de que trata este artigo, além dos valores decorrentes da comercialização da produção relativa aos produtos a que se refere o § 3º deste artigo, a receita proveniente: *(Acrescentado pela Lei n. 11.718, de 20.6.08, DOU 23.6.08)*

I — da comercialização da produção obtida em razão de contrato de parceria ou meação de parte do imóvel rural; *(Acrescentado pela Lei n. 11.718, de 20.6.08, DOU 23.6.08)*

II — da comercialização de artigos de artesanato de que trata o inciso VII do § 10 do art. 12 desta Lei; *(Acrescentado pela Lei n. 11.718, de 20.6.08, DOU 23.6.08)*

III — de serviços prestados, de equipamentos utilizados e de produtos comercializados no imóvel rural, desde que em atividades turística e de entretenimento desenvolvidas no próprio imóvel, inclusive hospedagem, alimentação, recepção, recreação e atividades pedagógicas, bem como taxa de visitação e serviços especiais; *(Acrescentado pela Lei n. 11.718, de 20.6.08, DOU 33.6.08)*

IV — do valor de mercado da produção rural dada em pagamento ou que tiver sido trocada por outra, qualquer que seja o motivo ou finalidade; e *(Acrescentado pela Lei n. 11.718, de 20.6.08, DOU 23.6.08)*

V — de atividade artística de que trata o inciso VIII do § 10 do art. 12 desta Lei. *(Acrescentado pela Lei n. 11.718, de 20.6.08, DOU 23.6.08)*

§ 11. Considera-se processo de beneficiamento ou industrialização artesanal aquele realizado diretamente pelo próprio produtor rural pessoa física, desde que não esteja sujeito à incidência do Imposto Sobre Produtos Industrializados — IPI. *(Acrescentado pela Lei n. 11.718, de 20.6.08, DOU 23.6.08)*

Art. 25-A. Equipara-se ao empregador rural pessoa física o consórcio simplificado de produtores rurais, formado pela união de produtores rurais pessoas físicas, que outorgar a um deles poderes para contratar, gerir e demitir trabalhadores para prestação de serviços, exclusivamente, aos seus integrantes, mediante documento registrado em cartório de títulos e documentos. *(Acrescentado pela Lei n. 10.256, de 9.7.01, DOU 10.7.01)*

§ 1º O documento de que trata o *caput* deverá conter a identificação de cada produtor, seu endereço pessoal e o de sua propriedade rural, bem como o respectivo registro no Instituto Nacional de Colonização e Reforma Agrária — INCRA ou informações relativas a parceria, arrendamento ou equivalente e a matrícula no Instituto Nacional do Seguro Social — INSS de cada um dos produtores rurais. *(Acrescentado pela Lei n. 10.256, de 9.7.01, DOU 10.7.01)*

§ 2º O consórcio deverá ser matriculado no INSS em nome do empregador a quem hajam sido outorgados os poderes, na forma do regulamento. *(Acrescentado pela Lei n. 10.256, de 9.7.01, DOU 10.7.01)*

§ 3º Os produtores rurais integrantes do consórcio de que trata o *caput* serão responsáveis solidários em relação às obrigações previdenciárias. *(Acrescentado pela Lei n. 10.256, de 9.7.01, DOU 10.7.01)*

§ 4º (VETADO) *(Incluído pela Lei n. 10.256, de 9.7.01, DOU 10.7.01)*

....

Capítulo IX
Do Salário de Contribuição

Art. 28. Entende-se por salário de contribuição:

I — para o empregado e trabalhador avulso: a remuneração auferida em uma ou mais empresas, assim entendida a totalidade dos rendimentos pagos, devidos ou creditados a qualquer título, durante o mês, destinados a retribuir o trabalho, qualquer que seja a sua forma, inclusive as gorjetas, os ganhos habituais sob a forma de utilidades e os adiantamentos decorrentes de reajuste salarial, quer pelos serviços efetivamente prestados, quer pelo tempo à disposição do empregador ou tomador de serviços nos termos da lei ou do contrato ou, ainda, de convenção ou acordo coletivo de trabalho ou sentença normativa; *(Redação dada pela Lei n. 9.528, de 10.12.97, DOU 11.12.97)*

II — para o empregado doméstico: a remuneração registrada na Carteira de Trabalho e Previdência Social, observadas as normas a serem estabelecidas em regulamento para comprovação do vínculo empregatício e do valor da remuneração;

III — para o contribuinte individual: a remuneração auferida em uma ou mais empresas ou pelo exercício de sua atividade por conta própria, durante o mês, observado o limite máximo a que se refere o § 5º; *(Redação dada pela Lei n. 9.876, de 26.9.99, DOU 29.9.99, ed. extra)*

IV — para o segurado facultativo: o valor por ele declarado, observado o limite máximo a que se refere o § 5º. *(Acrescentado pela Lei n. 9.876, de 26.9.99, DOU 29.9.99, ed. extra)*

§ 1º Quando a admissão, a dispensa, o afastamento ou a falta do empregado ocorrer no curso do mês, o salário de contribuição será proporcional ao número de dias de trabalho efetivo, na forma estabelecida em regulamento.

§ 2º O salário-maternidade é considerado salário de contribuição.

§ 3º O limite mínimo do salário de contribuição corresponde ao piso salarial, legal ou normativo, da categoria ou, inexistindo este, ao salário mínimo, tomado no seu valor mensal, diário ou horário, conforme o ajustado e o tempo de trabalho efetivo durante o mês. *(Redação dada pela Lei n. 9.528, de 10.12.97, DOU 11.12.97)*

§ 4º O limite mínimo do salário de contribuição do menor aprendiz corresponde à sua remuneração mínima definida em lei.

§ 5º O limite máximo do salário de contribuição é de Cr$ 170.000,00 (cento e setenta mil cruzeiros), reajustado a partir da data da entrada em vigor desta Lei, na mesma época e com os mesmos índices que os do reajustamento dos benefícios de prestação continuada da Previdência Social.

§ 6º No prazo de 180 (cento e oitenta) dias, a contar da data de publicação desta Lei, o Poder Executivo encaminhará ao Congresso Nacional projeto de lei estabelecendo a previdência complementar, pública e privada, em especial para os que possam contribuir acima do limite máximo estipulado no parágrafo anterior deste artigo.

§ 7º O décimo terceiro salário (gratificação natalina) integra o salário de contribuição, exceto para o cálculo de benefício, na forma estabelecida em regulamento. *(Redação dada pela Lei n. 8.870, de 15.4.94, DOU 16.4.94)*

§ 8º (Revogado). *(Vigência. Lei n. 13.467, de 13.7.17, DOU 14.7.17)*

a) (revogado). *(Vigência. Lei n. 13.467, de 13.7.17, DOU 14.7.17)*

b) *(VETADA na Lei n. 9.528, de 10.12.97, DOU 11.12.97)*

c) *(Revogado pela Lei n. 9.711, de 20.11.98, DOU 21.11.98)*

§ 9º Não integram o salário de contribuição para os fins desta Lei, exclusivamente: *(Redação dada pela Lei n. 9.528, de 10.12.97, DOU 11.12.97)*

a) os benefícios da previdência social, nos termos e limites legais, salvo o salário-maternidade; *(Redação dada pela Lei n. 9.528, de 10.12.97, DOU 11.12.97)*

b) as ajudas de custo e o adicional mensal recebidos pelo aeronauta nos termos da Lei n. 5.929, de 30 de outubro de 1973;

c) a parcela *in natura* recebida de acordo com os programas de alimentação aprovados pelo Ministério do Trabalho e da Previdência Social, nos termos da Lei n. 6.321, de 14 de abril de 1976;

d) as importâncias recebidas a título de férias indenizadas e respectivo adicional constitucional, inclusive o valor correspondente à dobra da remuneração de férias de que trata o art. 137 da Consolidação das Leis do Trabalho-CLT; *(Redação dada pela Lei n. 9.528, de 10.12.97, DOU 11.12.97)*

e) as importâncias: *(Alínea alterada e itens de 1 a 5 acrescentados pela Lei n. 9.528, de 10.12.97, DOU 11.12.97)*

1. previstas no inciso I do art. 10 do Ato das Disposições Constitucionais Transitórias;

2. relativas à indenização por tempo de serviço, anterior a 5 de outubro de 1988, do empregado não optante pelo Fundo de Garantia do Tempo de Serviço-FGTS;

3. recebidas a título da indenização de que trata o art. 479 da CLT;

4. recebidas a título da indenização de que trata o art. 14 da Lei n. 5.889, de 8 de junho de 1973;

5. recebidas a título de incentivo à demissão;

6. recebidas a título de abono de férias na forma dos arts. 143 e 144 da CLT; *(Redação dada pela Lei n. 9.711, de 20.11.98, DOU 21.11.98)*

7. recebidas a título de ganhos eventuais e os abonos expressamente desvinculados do salário; *(Redação dada pela Lei n. 9.711, de 20.11.98, DOU 21.11.98)*

8. recebidas a título de licença-prêmio indenizada; *(Redação dada pela Lei n. 9.711, de 20.11.98, DOU 21.11.98, ed. extra)*

9. recebidas a título da indenização de que trata o art. 9º da Lei n. 7.238, de 29 de outubro de 1984; *(Redação dada pela Lei n. 9.711, de 20.11.98, DOU 21.11.98, ed. extra)*

f) a parcela recebida a título de vale-transporte, na forma da legislação própria;

g) a ajuda de custo, em parcela única, recebida exclusivamente em decorrência de mudança de local de trabalho do empregado, na forma do art. 470 da CLT; *(Redação dada pela Lei n. 9.528, de 10.12.97, DOU 11.12.97)*

h) as diárias para viagens; *(Redação dada pela Lei n. 13.467, de 13.7.17, DOU 14.7.17 — Vigência)*

i) a importância recebida a título de bolsa de complementação educacional de estagiário, quando paga nos termos da Lei n. 6.494, de 7 de dezembro de 1977;

j) a participação nos lucros ou resultados da empresa, quando paga ou creditada de acordo com lei específica;

l) o abono do Programa de Integração Social-PIS e do Programa de Assistência ao Servidor Público-PASEP; *(Alínea acrescentada pela Lei n. 9.528, de 10.12.97, de DOU 11.12.97)*

m) os valores correspondentes a transporte, alimentação e habitação fornecidos pela empresa ao empregado contratado para trabalhar em localidade distante da de sua residência, em canteiro de obras ou local que, por força da atividade, exija deslocamento e estada, observadas as normas de proteção estabelecidas pelo Ministério do Trabalho; *(Alínea acrescentada pela Lei n. 9.528, de 10.12.97, de 11.12.97)*

n) a importância paga ao empregado a título de complementação ao valor do auxílio-doença, desde que este direito seja extensivo à totalidade dos empregados da empresa; *(Alínea acrescentada pela Lei n. 9.528, de 10.12.97, DOU 11.12.97)*

o) as parcelas destinadas à assistência ao trabalhador da agroindústria canavieira, de que trata o art. 36 da Lei n. 4.870, de 1º de dezembro de 1965; *(Alínea acrescentada pela Lei n. 9.528, de 10.12.97, DOU de 11.12.97)*

p) o valor das contribuições efetivamente pago pela pessoa jurídica relativo a programa de previdência complementar, aberto ou fechado, desde que disponível à totalidade de seus empregados e dirigentes, observados, no que couber, os arts. 9º e 468 da CLT; *(Alínea acrescentada pela Lei n. 9.528, de 10.12.97, DOU 11.12.97)*

q) o valor relativo à assistência prestada por serviço médico ou odontológico, próprio da empresa ou por ela conveniado, inclusive o reembolso de despesas com medicamentos, óculos, aparelhos ortopédicos, próteses, órteses, despesas médico-hospitalares e outras similares; *(Lei n. 13.467, de 13.7.17, DOU 14.7.17 — Vigência a partir de 11.11.17)*

r) o valor correspondente a vestuários, equipamentos e outros acessórios fornecidos ao empregado e utilizados no local do trabalho para prestação dos respectivos serviços; *(Alínea acrescentada pela Lei n. 9.528, de 10.12.97, DOU 11.12.97)*

s) o ressarcimento de despesas pelo uso de veículo do empregado e o reembolso creche pago em conformidade com a legislação trabalhista, observado o limite máximo de seis anos de idade, quando devidamente comprovadas as despesas realizadas; *(Alínea acrescentada pela Lei n. 9.528, de 10.12.97, DOU 11.12.97)*

t) o valor relativo a plano educacional, ou bolsa de estudo, que vise à educação básica de empregados e seus dependentes e, desde que vinculada às atividades desenvolvidas pela empresa, à educação profissional e tecnológica de empregados, nos termos da Lei n. 9.394, de 20 de dezembro de 1996, e: *(Redação dada pela Lei n. 12.513, de 26.10.11, DOU 27.11.11)*

....

z) os prêmios e os abonos. *(Vigência. Lei n. 13.467, de 13.7.17, DOU 14.7.17)*

1. não seja utilizado em substituição de parcela salarial; e *(Incluído pela Lei n. 12.513, de 26.10.11, DOU 27.10.11)*

2. o valor mensal do plano educacional ou bolsa de estudo, considerado individualmente, não ultrapasse 5% (cinco por cento) da remuneração do segurado a que se destina ou o valor correspondente a uma vez e meia o valor do limite mínimo mensal do salário de contribuição, o que for maior; *(Incluído pela Lei n. 12.513, de 26.10.11, DOU 27.10.11)*

u) a importância recebida a título de bolsa de aprendizagem garantida ao adolescente até quatorze anos de idade, de acordo com o disposto no art. 64 da Lei n. 8.069, de 13 de julho de 1990; *(Alínea acrescentada pela Lei n. 9.528, de 10.12.97, DOU 11.12.97)*

v) os valores recebidos em decorrência da cessão de direitos autorais; *(Alínea acrescentada pela Lei n. 9.528, de 10.12.97, DOU 11.12.97)*

x) o valor da multa prevista no § 8º do art. 477 da CLT. *(Alínea acrescentada pela Lei n. 9.528, de 10.12.97, DOU 11.12.97)*

y) o valor correspondente ao vale-cultura. *(Incluído pela Lei n. 12.761, de 27.12.12, DOU 27.12.12)*

§ 10. Considera-se salário de contribuição, para o segurado empregado e trabalhador avulso, na condição prevista no § 5º do art. 12, a remuneração efetivamente auferida na entidade sindical ou empresa de origem. *(Parágrafo acrescentado pela Lei n. 9.528, de 10.12.97, DOU 11.12.97)*

§ 11. Considera-se remuneração do contribuinte individual que trabalha como condutor autônomo de veículo rodoviário, como auxiliar de condutor autônomo de veículo rodoviário, em automóvel cedido em regime de colaboração, nos termos da Lei n. 6.094, de 30 de agosto de 1974, como operador de trator, máquina de terraplenagem, colheitadeira e assemelhados, o montante correspondente a 20% (vinte por cento) do valor bruto do frete, carreto, transporte de passageiros ou do serviço prestado, observado o limite máximo a que se refere o § 5º. (NR) *(Acrescentado pela Lei n. 13.203, de 8.12.15, DOU 9.12.15)*

Art. 29. *(Revogado pela Lei n. 9.876, de 26.9.99, DOU 26.9.99)*

Capítulo X
Da Arrecadação e Recolhimento das Contribuições

Art. 30. A arrecadação e o recolhimento das contribuições ou de outras importâncias devidas à Seguridade Social obedecem às seguintes normas: *(Redação dada pela Lei n. 8.620, de 5.1.93, DOU 6.1.93)*

I — a empresa é obrigada a:

a) arrecadar as contribuições dos segurados empregados e trabalhadores avulsos a seu serviço, descontando-as da respectiva remuneração;

b) recolher os valores arrecadados na forma da alínea *a* deste inciso, a contribuição a que se refere o inciso IV do art. 22 desta Lei, assim como as contribuições a seu cargo incidentes sobre as remunerações pagas, devidas ou creditadas, a qualquer título, aos segurados empregados, trabalhadores avulsos e contribuintes individuais a seu serviço até o dia 20 (vinte) do mês subsequente ao da competência; *(Redação dada pela Lei n. 11.933, de 28.4.99, DOU 29.4.09)*

c) recolher as contribuições de que tratam os incisos I e II do art. 23, na forma e prazos

Legislação Complementar

definidos pela legislação tributária federal vigente;

II — os segurados contribuinte individual e facultativo estão obrigados a recolher sua contribuição por iniciativa própria, até o dia quinze do mês seguinte ao da competência; *(Redação dada pela Lei n. 9.876, de 26.1999, DOU 26.9.11)*

III — a empresa adquirente, consumidora ou consignatária ou a cooperativa são obrigadas a recolher a contribuição de que trata o art. 25 até o dia 20 (vinte) do mês subsequente ao da operação de venda ou consignação da produção, independentemente de essas operações terem sido realizadas diretamente com o produtor ou com intermediário pessoa física, na forma estabelecida em regulamento; *(Redação dada pela Lei n. 11.933, de 28.4.99, DOU 29.4.99)*.

IV — a empresa adquirente, consumidora ou consignatária ou a cooperativa ficam sub-rogadas nas obrigações da pessoa física de que trata a alínea *a* do inciso V do art. 12 e do segurado especial pelo cumprimento das obrigações do art. 25 desta Lei, independentemente de as operações de venda ou consignação terem sido realizadas diretamente com o produtor ou com intermediário pessoa física, exceto no caso do inciso X deste artigo, na forma estabelecida em regulamento; *(Redação dada pela Lei n. 9.528, de 10.12.97, DOU 11.12.97)*

V — o empregador doméstico é obrigado a arrecadar e a recolher a contribuição do segurado empregado a seu serviço, assim como a parcela a seu cargo, até o dia 7 do mês seguinte ao da competência; *(Redação dada pela Lei Complementar n. 150, de 1.6.15, DOU 2.6.15)*

VI — o proprietário, o incorporador definido na Lei n. 4.591, de 16 de dezembro de 1964, o dono da obra ou condômino da unidade imobiliária, qualquer que seja a forma de contratação da construção, reforma ou acréscimo, são solidários com o construtor, e estes com a subempreiteira, pelo cumprimento das obrigações para com a Seguridade Social, ressalvado o seu direito regressivo contra o executor ou contratante da obra e admitida a retenção de importância a este devida para garantia do cumprimento dessas obrigações, não se aplicando, em qualquer hipótese, o benefício de ordem; *(Redação dada pela Lei n. 9.528, de 10.12.97, DOU 11.12.97)*

VII — exclui-se da responsabilidade solidária perante a Seguridade Social o adquirente de prédio ou unidade imobiliária que realizar a operação com empresa de comercialização ou incorporador de imóveis, ficando estes solidariamente responsáveis com o construtor;

VIII — nenhuma contribuição à Seguridade Social é devida se a construção residencial unifamiliar, destinada ao uso próprio, de tipo econômico, for executada sem mão de obra assalariada, observadas as exigências do regulamento;

IX — as empresas que integram grupo econômico de qualquer natureza respondem entre si, solidariamente, pelas obrigações decorrentes desta Lei;

X — a pessoa física de que trata a alínea *a* do inciso V do art. 12 e o segurado especial são obrigados a recolher a contribuição de que trata o art. 25 desta Lei no prazo estabelecido no inciso III deste artigo, caso comercializem a sua produção: *(Inciso alterado e alíneas acrescentadas pela Lei n. 9.528, de 10.12.97, DOU 11.12.97)*

a) no exterior;

b) diretamente, no varejo, ao consumidor pessoa física;

c) à pessoa física de que trata a alínea *a* do inciso V do art. 12;

d) ao segurado especial;

XI — aplica-se o disposto nos incisos III e IV deste artigo à pessoa física não produtor rural que adquire produção para venda no varejo a consumidor pessoa física. *(Inciso acrescentado pela Lei n. 9.528, de 10.12.97, DOU 11.12.97)*

XII — sem prejuízo do disposto no inciso X do *caput* deste artigo, o produtor rural pessoa física e o segurado especial são obrigados a recolher, diretamente, a contribuição incidente sobre a receita bruta proveniente: *(Incluído pela Lei n. 11.718, de 20.6.08, DOU 23.6.08)*

a) da comercialização de artigos de artesanato elaborados com matéria-prima produzida pelo respectivo grupo familiar; *(Incluído pela Lei n. 11.718, de 20.6.08, DOU 23.6.08)*

b) de comercialização de artesanato ou do exercício de atividade artística, observado o disposto nos incisos VII e VIII do § 10 do art. 12 desta Lei; e *(Acrescentado pela Lei n. 11.718, de 20.6.08, DOU 23.6.08)*

c) de serviços prestados, de equipamentos utilizados e de produtos comercializados no imóvel rural, desde que em atividades turística e de entretenimento desenvolvidas no próprio imóvel, inclusive hospedagem, alimentação, recepção, recreação e atividades pedagógicas, bem como taxa de visitação e serviços especiais; *(Acrescentado pela Lei n. 11.718, de 20.6.08, DOU 23.6.08)*

XIII — o segurado especial é obrigado a arrecadar a contribuição de trabalhadores a seu serviço e a recolhê-la no prazo referido na alínea *b* do inciso I do *caput* deste artigo. *(Acrescentado pela Lei n. 11.718, de 20.6.08, DOU 23.6. 08)*

§ 1º *(Revogado pela Lei n. 9.032, de 28.4.95, DOU 29.4.95).*

§ 2º Se não houver expediente bancário nas datas indicadas: *(Redação dada pela Lei n. 11.933, 28.4.09, DOU 29.4.09)*

I — no inciso II do *caput*, o recolhimento deverá ser efetuado até o dia útil imediatamente posterior; e *(Redação dada pela Lei n. 13.203, de 8.12.15, DOU 9.12.15)*

II — na alínea *b* do inciso I e nos incisos III, V, X e XIII do *caput*, até o dia útil imediatamente anterior. *(Redação dada pela Lei n. 13.203, de 8.12.15, DOU 9.12.15)*

§ 3º Aplica-se à entidade sindical e à empresa de origem o disposto nas alíneas *a* e *b* do inciso I, relativamente à remuneração do segurado referido no § 5º do art. 12. *(Parágrafo acrescentado pela Lei n. 9.528, de 10.12.97, DOU 11.12.97)*

§ 4º Na hipótese de o contribuinte individual prestar serviço a uma ou mais empresas, poderá deduzir, da sua contribuição mensal, quarenta e cinco por cento da contribuição da empresa, efetivamente recolhida ou declarada, incidente sobre a remuneração que esta lhe tenha pago ou creditado, limitada a dedução a nove por cento do respectivo salário de contribuição. *(Acrescentado pela Lei n. 9.876, de 26.11.99, DOU 29.11.99, ed. extra)*

§ 5º Aplica-se o disposto no § 4º ao cooperado que prestar serviço a empresa por intermédio de cooperativa de trabalho. *(Acrescentado pela Lei n. 9.876, de 26.11.99, DOU 29.11.99)*

§ 6º *(Revogado pela Lei n. 13.202, de 8.12.15, DOU 9.12.15)*

§ 7º A empresa ou cooperativa adquirente, consumidora ou consignatária da produção fica obrigada a fornecer ao segurado especial cópia do documento fiscal de entrada da mercadoria, para fins de comprovação da operação e da respectiva contribuição previdenciária. *(Acrescentado pela Lei n. 11.718, de 20.6.08, DOU 23.6.08)*

§ 8º Quando o grupo familiar a que o segurado especial estiver vinculado não tiver obtido, no ano, por qualquer motivo, receita proveniente de comercialização de produção deverá comunicar a ocorrência à Previdência Social, na forma do regulamento. *(Acrescentado pela Lei n. 11.718, de 20.6.08, DOU 23.6.08)*

§ 9º Quando o segurado especial tiver comercializado sua produção do ano anterior exclusivamente com empresa adquirente, consignatária ou cooperativa, tal fato deverá ser comunicado à Previdência Social pelo respectivo grupo familiar. *(Incluído pela Lei n. 11.718, de 20.6.08, DOU 23.6.08)*

Art. 31. A empresa contratante de serviços executados mediante cessão de mão de obra, inclusive em regime de trabalho temporário, deverá reter 11% (onze por cento) do valor bruto da nota fiscal ou fatura de prestação de serviços e recolher, em nome da empresa cedente da mão de obra, a importância retida até o dia 20 (vinte) do mês subsequente ao da emissão da respectiva nota fiscal ou fatura, ou até o dia útil imediatamente anterior se não houver expediente bancário naquele dia, observado o disposto no § 5º do art. 33 desta Lei. *(Redação dada pela Lei n. 11.933, de 28.4.99, DOU 29.4.09) (Produção de efeitos)*

§ 1º O valor retido de que trata o *caput* deste artigo, que deverá ser destacado na nota fiscal ou fatura de prestação de serviços, poderá ser compensado por qualquer estabelecimento da empresa cedente da mão de obra, por ocasião do recolhimento das contribuições destinadas à Seguridade Social devidas sobre a folha de pagamento dos seus segurados. *(Redação dada pela Lei n. 11.941, de 27.5.09, DOU 28.5.09)*

§ 2º Na impossibilidade de haver compensação integral na forma do parágrafo anterior, o saldo remanescente será objeto de restituição. *(Redação dada pela Lei n. 9.711, de 20.1198, DOU 21.11.98)*

§ 3º Para os fins desta Lei, entende-se como cessão de mão de obra a colocação à disposição do contratante, em suas dependências ou nas de terceiros, de segurados que realizem serviços contínuos, relacionados ou não com a atividade-fim da empresa, quaisquer que sejam a natureza e a forma de contratação. *(Redação dada pela Lei n. 9.711, de 20.11.98, DOU 21.11.98)*

§ 4º Enquadram-se na situação prevista no parágrafo anterior, além de outros estabelecidos em regulamento, os seguintes serviços: *(Redação dada pela Lei n. 9.711, de 20.11.98, DOU 21.11.98)*

I — limpeza, conservação e zeladoria; *(Acrescentado pela Lei n. 9.711, de 20.11.98, DOU 21.11.98)*

II — vigilância e segurança; *(Acrescentado pela Lei n. 9.711, de 20.11.98, DOU 21.11.98)*

III — empreitada de mão de obra; *(Acrescentado pela Lei n. 9.711, de 20.11.98, DOU 21.11.98).*

IV — contratação de trabalho temporário na forma da Lei n. 6.019, de 3 de janeiro de 1974. *(Acrescentado pela Lei n. 9.711, de 20.11.98, DOU 21.11.98)*

§ 5º O cedente da mão de obra deverá elaborar folhas de pagamento distintas para cada contratante. *(Acrescentado pela Lei n. 9.711, de 20.11.98, DOU 21.11.98)*

§ 6º Em se tratando de retenção e recolhimento realizados na forma do *caput* deste artigo, em nome de consórcio, de que tratam os arts. 278 e 279 da Lei n. 6.404, de 15 de dezembro de 1976, aplica-se o disposto em todo este artigo, observada a participação de cada uma das empresas consorciadas, na forma do respectivo ato constitutivo. *(Incluído pela Lei n. 11.941, de 27.5.09, DOU 28.5.09)*

Art. 32. A empresa é também obrigada a:

I — preparar folhas de pagamento das remunerações pagas ou creditadas a todos os segurados a seu serviço, de acordo com os padrões e normas estabelecidos pelo órgão competente da Seguridade Social;

II — lançar mensalmente em títulos próprios de sua contabilidade, de forma discriminada, os fatos geradores de todas as contribuições, o montante das quantias descontadas, as contribuições da empresa e os totais recolhidos;

III — prestar à Secretaria da Receita Federal do Brasil todas as informações cadastrais, financeiras e contábeis de seu interesse, na forma por ela estabelecida, bem como os esclarecimentos necessários à fiscalização; *(Redação dada pela Lei n. 11.941, de 27.5.09, DOU 28.5.09)*

IV — declarar à Secretaria da Receita Federal do Brasil e ao Conselho Curador do Fundo de Garantia do Tempo de Serviço — FGTS, na forma, prazo e condições estabelecidos por esses órgãos, dados relacionados a fatos geradores, base de cálculo e valores devidos da contribuição previdenciária e outras informações de interesse do INSS ou do Conselho Curador do FGTS; *(Redação dada pela Lei n. 11.941, de 27.5.09, DOU 28.5.09)*

V — (VETADO) *(Incluído pela Lei n. 10.403, de 8.1.02, DOU 9.1.02)*

VI — comunicar, mensalmente, aos empregados, por intermédio de documento a ser definido em regulamento, os valores recolhidos sobre o total de sua remuneração ao INSS. *(Incluído pela Lei n. 12.692, de 24.7.12, DOU 25.7.12)*

§ 1º (Revogado). *(Redação dada pela Lei n. 11.941, de 27.5.09, DOU 28.5.09)*

§ 2º A declaração de que trata o inciso IV do *caput* deste artigo constitui instrumento hábil e suficiente para a exigência do crédito tributário, e suas informações comporão a base de dados para fins de cálculo e concessão dos benefícios previdenciários. *(Redação dada pela Lei n. 11.941, de 27.5.09, DOU 28.5.09)*

§ 3º (Revogado). *(Redação dada pela Lei n. 11.941, 27.5.09, DOU 28.5.09)*

§ 4º (Revogado). *(Redação dada pela Lei n. 11.941, de 27.5.09, DOU 28.5.09)*

§ 5º (Revogado). *(Redação dada pela Lei n. 11.941, de 27.5.09, DOU 28.5.09)*

§ 6º (Revogado). *(Redação dada pela Lei n. 11.941, de 27.5.09, DOU 28.5.09)*

§ 7º (Revogado). *(Redação dada pela Lei n. 11.941, de 27.5.09, DOU 28.5.09)*

§ 8º (Revogado). *(Redação dada pela Lei n. 11.941, de 27.5.09, DOU 28.5.09)*

§ 9º A empresa deverá apresentar o documento a que se refere o inciso IV do *caput* deste artigo ainda que não ocorram fatos geradores de contribuição previdenciária, aplicando-se, quando couber, a penalidade prevista no art. 32-A desta Lei.

§ 10. O descumprimento do disposto no inciso IV do *caput* deste artigo impede a expedição da certidão de prova de regularidade fiscal perante a Fazenda Nacional. *(Redação dada pela Lei n. 11.941, de 27.5.09, DOU 28.5.09)*

§ 11. Em relação aos créditos tributários, os documentos comprobatórios do cumprimento das obrigações de que trata este artigo devem ficar arquivados na empresa até que ocorra a prescrição relativa aos créditos decorrentes das operações a que se refiram. *(Redação dada pela Lei n. 11.941, de 27.5.09, DOU 28.5.09)*

§ 12. (VETADO). *(Incluído pela Lei n. 12.692, de 24.7.12, DOU 25.7.12)*

Art. 32-A. O contribuinte que deixar de apresentar a declaração de que trata o inciso IV do *caput* do art. 32 desta Lei no prazo fixado ou que a apresentar com incorreções ou omissões será intimado a apresentá-la ou a prestar esclarecimentos e sujeitar-se-á às seguintes multas: *(Acrescentado pela Lei n. 11.941, de 27.5.09, DOU 28.5.09)*

I — de R$ 20,00 (vinte reais) para cada grupo de 10 (dez) informações incorretas ou omitidas; e *(Acrescentado pela Lei n. 11.941, de 27.5.09, DOU 28.5.09)*

II — de 2% (dois por cento) ao mês calendário ou fração, incidentes sobre o montante das contribuições informadas, ainda que integralmente pagas, no caso de falta de entrega da declaração ou entrega após o prazo, limitada a 20% (vinte por cento), observado o disposto no § 3º deste artigo. *(Acrescentado pela Lei n. 11.941, de 27.5.09, DOU 28.5.09)*

§ 1º Para efeito de aplicação da multa prevista no inciso II do *caput* deste artigo, será considerado como termo inicial o dia seguinte ao término do prazo fixado para entrega da declaração e como termo final a data da efetiva entrega ou, no caso de não apresentação, a data da lavratura do auto de infração ou da notificação de lançamento. *(Acrescentado pela Lei n. 11.941, de 27.5.09, DOU 28.5.09)*

§ 2º Observado o disposto no § 3º deste artigo, as multas serão reduzidas: *(Acrescentado pela Lei n. 11.941, de 27.5.09, DOU 28.5.09)*

I — à metade, quando a declaração for apresentada após o prazo, mas antes de qualquer procedimento de ofício; ou *(Acrescentado pela Lei n. 11.941, de 27.5.09, DOU 28.5.09)*

II — a 75% (setenta e cinco por cento), se houver apresentação da declaração no prazo fixado em intimação. *(Acrescentado pela Lei n. 11.941, de 27.5.09, DOU 28.5.09)*

§ 3º A multa mínima a ser aplicada será de: *(Acrescentado pela Lei n. 11.941, de 27.5.09, DOU 28.5.09)*

I — R$ 200,00 (duzentos reais), tratando-se de omissão de declaração sem ocorrência de fatos geradores de contribuição previdenciária; e *(Acrescentado pela Lei n. 11.941, de 27.5.09, DOU 28.5.09)*

II — R$ 500,00 (quinhentos reais), nos demais casos. *(Acrescentado pela Lei n. 11.941, 27.5.09, DOU 28.5.09)*

Nota: Vide abaixo, os arts. 48 a 50, da Lei n. 13.097, de 19.1.15, (DOU 20.1.15), os quais se referem a este art. 32-A:

Art. 48. O disposto no art. 32-A da Lei n. 8.212, de 24 de julho de 1991, deixa de produzir efeitos em relação aos fatos geradores ocorridos no período de 27 de maio de 2009 a 31 de dezembro de 2013, no caso de entrega de declaração sem ocorrência de fatos geradores de contribuição previdenciária.

Art. 49. Ficam anistiadas as multas previstas no art. 32-A da Lei n. 8.212, de 24 de julho de 1991, lançadas até a publicação desta Lei, desde que a declaração de que trata o inciso IV do *caput* do art. 32 da Lei n. 8.212, de 24 de julho de 1991, tenha sido apresentada até o último dia do mês subsequente ao previsto para a entrega.

Art. 50. O disposto nos arts. 48 e 49 não implica restituição ou compensação de quantias pagas.

Art. 32-B. Os órgãos da administração direta, as autarquias, as fundações e as empresas públicas da União, dos Estados, do Distrito Federal e dos Municípios, cujas Normas Gerais de Direito Financeiro para elaboração e controle dos orçamentos estão definidas pela Lei n. 4.320, de 17 de março de 1964, e pela Lei Complementar n. 101, de 4 de maio de 2000, ficam obrigados, na forma estabelecida pela Secretaria da Receita Federal do Brasil do Ministério da Fazenda, a apresentar: *(Incluído pela Lei n. 12.810, de 15.5.13, DOU 16.5.13)*

I — a contabilidade entregue ao Tribunal de Controle Externo; e *(Incluído pela Lei n. 12.810, de 15.5.13, DOU 16.5.13)*

II — a folha de pagamento. *(Incluído pela Lei n. 12.810, de 15.5.13, DOU 16.5.13)*

PARÁGRAFO ÚNICO. As informações de que trata o *caput* deverão ser apresentadas até o dia 30 de abril do ano seguinte ao encerramento do exercício. *(Incluído pela Lei n. 12.810, de 15.5.13, DOU 16.5.13))*

Art. 32-C. *(Vide Lei n. 12.873, de 24.10.13, DOU 25.10.13) (Vigência)*

Art. 33. À Secretaria da Receita Federal do Brasil compete planejar, executar, acompanhar e avaliar as atividades relativas à tributação, à fiscalização, à arrecadação, à cobrança e ao recolhimento das contribuições sociais previstas no parágrafo único do art. 11 desta Lei, das contribuições incidentes a título de substituição e das devidas a outras entidades e fundos. *(Redação dada pela Lei n. 11.941, de 27.5.09, DOU 28.5.09)*

§ 1º É prerrogativa da Secretaria da Receita Federal do Brasil, por intermédio dos Auditores Fiscais da Receita Federal do Brasil, o exame da contabilidade das empresas, ficando obrigados a prestar todos os esclarecimentos e informações solicitados o segurado e os terceiros responsáveis pelo recolhimento das contribuições previdenciárias e das contribuições devidas a outras entidades e fundos. *(Redação dada pela Lei n. 11.941, de 27.5.09, DOU 28.5.09)*

§ 2º A empresa, o segurado da Previdência Social, o serventuário da Justiça, o síndico ou seu representante, o comissário e o liquidante de empresa em liquidação judicial ou extrajudicial são obrigados a exibir todos os documentos e livros relacionados com as contribuições previstas nesta Lei. *(Redação dada pela Lei n. 11.941, de 27.5.09, DOU 28.5.09)*

§ 3º Ocorrendo recusa ou sonegação de qualquer documento ou informação, ou sua apresentação deficiente, a Secretaria da Receita Federal do Brasil pode, sem prejuízo da penalidade cabível, lançar de ofício a importância devida. *(Redação dada pela Lei n. 11.941, de 27.5.09, DOU 28.5.09)*

§ 4º Na falta de prova regular e formalizada pelo sujeito passivo, o montante dos salários pagos pela execução de obra de construção civil pode ser obtido mediante cálculo da mão de obra empregada, proporcional à área construída, de acordo com critérios estabelecidos pela Secretaria da Receita Federal do Brasil, cabendo ao proprietário, dono da obra, condômino da unidade imobiliária ou da empresa corresponsável o ônus da prova em contrário. *(Redação dada pela Lei n. 11.941, de 27.5.09, DOU 28.5.09)*

§ 5º O desconto de contribuição e de consignação legalmente autorizadas sempre se presume feito oportuna e regularmente pela empresa a isso obrigada, não lhe sendo lícito alegar omissão para se eximir do recolhimento, ficando diretamente responsável pela importância que deixou de receber ou arrecadou em desacordo com o disposto nesta Lei.

§ 6º Se, no exame da escrituração contábil e de qualquer outro documento da empresa, a fiscalização constatar que a contabilidade não registra o movimento real de remuneração dos segurados a seu serviço, do faturamento e do lucro, serão apuradas, por aferição indireta, as contribuições efetivamente devidas, cabendo à empresa o ônus da prova em contrário.

§ 7º O crédito da seguridade social é constituído por meio de notificação de lançamento, de auto de infração e de confissão de valores devidos e não recolhidos pelo contribuinte. *(Redação dada pela Lei n. 11.941, de 27.5.09, DOU 28.5.09)*

§ 8º Aplicam-se às contribuições sociais mencionadas neste artigo as presunções legais de omissão de receita previstas nos §§ 2º e 3º do art. 12 do Decreto-lei n. 1.598, de 26 de dezembro de 1977, e nos arts. 40, 41 e 42 da Lei n. 9.430, de 27 de dezembro de 1996. *(Acrescentado pela Lei n. 11.941, 27.5.09, DOU 28.5.09)*

Art. 34. *(Revogado pela Lei n. 11.941, de 27.5.09, DOU 28.5.09)*

Art. 35. Os débitos com a União decorrentes das contribuições sociais previstas nas alíneas *a*, *b* e *c* do parágrafo único do art. 11 desta Lei, das contribuições instituídas a título de substituição e das contribuições devidas a terceiros, assim entendidas outras entidades e fundos, não pagos nos prazos previstos em legislação, serão acrescidos de multa de mora e juros de mora, nos termos do art. 61 da Lei n. 9.430, de 27 de dezembro de 1996. *(Redação dada pela Lei n. 11.941, 27.5.09, DOU 28.5.09)*

I — (revogado): *(Redação dada pela Lei n. 11.941, de 27.5.09, DOU 28.5.09)*

a) (revogada); *(Redação dada pela Lei n. 11.941, de 27.5.09, DOU 28.5.09)*

b) (revogada); *(Redação dada pela Lei n. 11.941, de 27.5.09, DOU 28.5.09)*

c) (revogada); *(Redação dada pela Lei n. 11.941, de 27.5.09, DOU 28.5.09)*

II — (revogado): *(Redação dada pela Lei n. 11.941, de 27.5.09, DOU 28.5.09)*

a) (revogada); *(Redação dada pela Lei n. 11.941, de 27.5.09, DOU 28.5.09)*

b) (revogada); *(Redação dada pela Lei n. 11.941, de 27.5.09, DOU 28.5.09)*

c) (revogada); *(Redação dada pela Lei n. 11.941, de 27.5.09, DOU 28.5.09)*

d) (revogada); *(Redação dada pela Lei n. 11.941, de 27.5.09, DOU 28.5.09)*

III — (revogado): *(Redação dada pela Lei n. 11.941, de 27.5.09, DOU 28.5.09)*

a) (revogada); *(Redação dada pela Lei n. 11.941, de 27.5.09, DOU 28.5.09)*

b) (revogada); *(Redação dada pela Lei n. 11.941, de 27.5.09, DOU 28.5.09)*

c) (revogada); *(Redação dada pela Lei n. 11.941, de 27.5.09, DOU 28.5.09)*

d) (revogada). *(Redação dada pela Lei n. 11.941, de 27.5.09, DOU 28.5.09)*

§ 1º (Revogado). *(Redação dada pela Lei n. 11.941, de 27.5.09, DOU 28.5.09)*

§ 2º (Revogado). *(Redação dada pela Lei n. 11.941, de 27.5.09, DOU 28.5.09)*

§ 3º (Revogado). *(Redação dada pela Lei n. 11.941, de 27.5.09, DOU 28.5.09)*

§ 4º (Revogado). *(Redação dada pela Lei n. 11.941, de 27.5.09, DOU 28.5.09)*

Art. 35-A. Nos casos de lançamento de ofício relativos às contribuições referidas no art. 35 desta Lei, aplica-se o disposto no art. 44

da Lei n. 9.430, de 27 de dezembro de 1996. *(Acrescentada pela Lei n. 11.941, de 27.5.09, DOU 28.5.09)*

Art. 36. *(Revogado pela Lei n. 8.218, de 29.8.91, 30.8.91)*

Art. 37. Constatado o não recolhimento total ou parcial das contribuições tratadas nesta Lei, não declaradas na forma do art. 32 desta Lei, a falta de pagamento de benefício reembolsado ou o descumprimento de obrigação acessória, será lavrado auto de infração ou notificação de lançamento. *(Redação dada pela Lei n. 11.941, de 27.5.09, DOU 28.5.09)*

§ 1º (Revogado). *(Redação dada pela Lei n. 11.941, de 27.5.09, DOU 28.5.09)*

§ 2º (Revogado) *(Redação dada pela Lei n. 11.941, de 27.5.09, DOU 28.5.09)*

Art. 38. *(Revogado pela Lei n. 11.941, de 27.5.09, DOU 28.5.09)*

Art. 39. O débito original e seus acréscimos legais, bem como outras multas previstas em lei, constituem dívida ativa da União, promovendo-se a inscrição em livro próprio daquela resultante das contribuições de que tratam as alíneas *a*, *b* e *c* do parágrafo único do art. 11 desta Lei. *(Redação dada pela Lei n. 11.457, de 16.3.07, DOU 19.3.07)*

§ 1º *(Revogado pela Lei n. 11.501, de 11.7.07, DOU 12.7.07)*

§ 2º É facultado aos órgãos competentes, antes de ajuizar a cobrança da dívida ativa de que trata o *caput* deste artigo, promover o protesto de título dado em garantia, que será recebido pro solvendo. *(Redação dada pela Lei n. 11.457, de 16.3.07, DOU 19.3.07)*

§ 3º Serão inscritas como dívida ativa da União as contribuições que não tenham sido recolhidas ou parceladas resultantes das informações prestadas no documento a que se refere o inciso IV do art. 32 desta Lei. *(Redação dada pela Lei n. 11.457, de 16.3.07, DOU 19.3.07)*

Art. 40. (VETADO).

Art. 41. *(Revogado pela Lei n. 11.941, de 27.5.09, DOU 28.5.09)*

Art. 42. Os administradores de autarquias e fundações públicas, criadas e mantidas pelo Poder Público, de empresas públicas e de sociedades de economia mista sujeitas ao controle da União, dos Estados, do Distrito Federal ou dos Municípios, que se encontrarem em mora, por mais de 30 (trinta) dias, no recolhimento das contribuições previstas nesta Lei, tornam-se solidariamente responsáveis pelo respectivo pagamento, ficando ainda sujeitos às proibições do art. 1º e às sanções dos arts. 4º e 7º do Decreto-lei n. 368, de 19 de dezembro de 1968.

Art. 43. Nas ações trabalhistas de que resultar o pagamento de direitos sujeitos à incidência de contribuição previdenciária, o juiz, sob pena de responsabilidade, determinará o imediato recolhimento das importâncias devidas à Seguridade Social. *(Redação dada pela Lei n. 8.620, de 5.1.93, DOU 6.1.93)*

§ 1º Nas sentenças judiciais ou nos acordos homologados em que não figurarem, discriminadamente, as parcelas legais relativas às contribuições sociais, estas incidirão sobre o valor total apurado em liquidação de sentença ou sobre o valor do acordo homologado. *(Incluído pela Lei n. 11.941, de 27.5.09, DOU 28.5.09)*

§ 2º Considera-se ocorrido o fato gerador das contribuições sociais na data da prestação do serviço. *(Incluído pela Lei n. 11.941, de 27.5.09, DOU 28.5.09)*

§ 3º As contribuições sociais serão apuradas mês a mês, com referência ao período da prestação de serviços, mediante a aplicação de alíquotas, limites máximos do salário de contribuição e acréscimos legais moratórios vigentes relativamente a cada uma das competências abrangidas, devendo o recolhimento ser efetuado no mesmo prazo em que devam ser pagos os créditos encontrados em liquidação de sentença ou em acordo homologado, sendo que nesse último caso o recolhimento será feito em tantas parcelas quantas as previstas no acordo, nas mesmas datas em que sejam exigíveis e proporcionalmente a cada uma delas. *(Incluído pela Lei n. 11.941, de 27.5.09, DOU 28.5.09)*

§ 4º No caso de reconhecimento judicial da prestação de serviços em condições que permitam a aposentadoria especial após 15 (quinze), 20 (vinte) ou 25 (vinte e cinco) anos de contribuição, serão devidos os acréscimos de contribuição de que trata o § 6º do art. 57 da Lei n. 8.213, de 24 de julho de 1991. *(Acrescentado pela Lei n. 11.941, de 27.5.09, DOU 28.5.09)*

§ 5º Na hipótese de acordo celebrado após ter sido proferida decisão de mérito, a contribuição será calculada com base no valor do acordo. *(Acrescentado pela Lei n. 11.941, de 27.5.09, DOU 28.5.09)*

§ 6º Aplica-se o disposto neste artigo aos valores devidos ou pagos nas Comissões de Conciliação Prévia de que trata a Lei n. 9.958, de 12 de janeiro de 2000. *(Acrescentado pela Lei n. 11.941, de 27.5.09, DOU 28.5.09)*

Art. 44. *(Revogado pela Lei n. 11.501, de 11.7.07, DOU 12.7.07)*

Art. 45. *(Revogado pela Lei Complementar n. 128, de 19.12.08, DOU 22.12.08)*

Art. 45-A. O contribuinte individual que pretenda contar como tempo de contribuição, para fins de obtenção de benefício no Regime Geral de Previdência Social ou de contagem recíproca do tempo de contribuição, período de atividade remunerada alcançada pela decadência deverá indenizar o INSS. *(Incluído pela Lei Complementar n. 128, de 19.12.08, DOU 22.12.08)*

§ 1º O valor da indenização a que se refere o *caput* deste artigo e o § 1º do art. 55 da Lei n. 8.213, de 24 de julho de 1991, corresponderá a 20% (vinte por cento): *(Incluído pela Lei Complementar n. 128, de 19.12.08, DOU 22.12.08)*

I — da média aritmética simples dos maiores salários de contribuição, reajustados, correspondentes a 80% (oitenta por cento) de todo o período contributivo decorrido desde a competência julho de 1994; ou *(Incluído pela Lei Complementar n. 128, de 19.12.08, DOU 22.12.08)*

II — da remuneração sobre a qual incidem as contribuições para o regime próprio de previdência social a que estiver filiado o interessado, no caso de indenização para fins da contagem recíproca de que tratam os arts. 94 a 99 da Lei n. 8.213, de 24 de julho de 1991, observados o limite máximo previsto no art. 28 e o disposto em regulamento. *(Incluído pela Lei Complementar n. 128, de 19.12.08, DOU 22.12.08)*

§ 2º Sobre os valores apurados na forma do § 1º deste artigo incidirão juros moratórios de 0,5% (cinco décimos por cento) ao mês, capitalizados anualmente, limitados ao percentual máximo de 50% (cinquenta por cento), e multa de 10% (dez por cento). *(Incluído pela Lei Complementar n. 128, de 19.12.08, DOU 22.12.08)*

§ 3º O disposto no § 1º deste artigo não se aplica aos casos de contribuições em atraso não alcançadas pela decadência do direito de a Previdência constituir o respectivo crédito, obedecendo-se, em relação a elas, as disposições aplicadas às empresas em geral. *(Incluído pela Lei Complementar n. 128, de 19.12.08, DOU 22.12.08)*

Art. 46. *(Revogado pela Lei Complementar n. 128, de 19.12.08, DOU 22.12.08)*

....

Art. 80. Fica o Instituto Nacional do Seguro Social — INSS obrigado a:

I — enviar às empresas e aos seus segurados, quando solicitado, extrato relativo ao recolhimento das suas contribuições; *(Redação pela Lei n. 12.692, de 24.7.12, DOU 25.7.12)*

II — *(Revogado pela Lei n. 11.941, de 27.5.09, DOU 28.5.09)*

III — emitir e enviar aos beneficiários o Aviso de Concessão de Benefício, além da memória de cálculo do valor dos benefícios concedidos;

IV — reeditar versão atualizada, nos termos do Plano de Benefícios, da Carta dos Direitos dos Segurados;

V — divulgar, com a devida antecedência, através dos meios de comunicação, alterações porventura realizadas na forma de contribuição das empresas e segurados em geral;

VI — descentralizar, progressivamente, o processamento eletrônico das informações, mediante extensão dos programas de informatização de postos de atendimento e de Regiões Fiscais.

VII — disponibilizará ao público, inclusive por meio de rede pública de transmissão de dados, informações atualizadas sobre as receitas e despesas do regime geral de previdência social, bem como os critérios e parâmetros adotados para garantir o equilíbrio financeiro e atuarial do regime. *(Incluído pela Lei n. 10.887, de 18.6.04, DOU 21.6.04)*

....

Art. 91. Mediante requisição da Seguridade Social, a empresa é obrigada a descontar, da remuneração paga aos segurados a seu serviço, a importância proveniente de dívida ou responsabilidade por eles contraída junto à Seguridade Social, relativa a benefícios pagos indevidamente.

....

Art. 104. Esta Lei entrará em vigor na data de sua publicação.

Art. 105. Revogam-se as disposições em contrário.

Brasília, em 24 de julho de 1991; 170º da Independência e 103º da República.

FERNANDO COLLOR
ANTONIO MAGRI

LEI N. 8.213, DE 24 DE JULHO DE 1991

(DOU 25.7.91 — REEDITADA EM 11.4.1996)

Dispositivos mais diretamente relacionados com o Direito do Trabalho

Dispõe sobre os planos de benefícios da Previdência Social e dá outras providências(*)

— v. Lei n. 9.983, de 14.7.00, p. 369

— v. Instrução Normativa do INSS n. 77, de 21.1.15, DOU 22.1.15, que estabelece rotinas para agilizar e uniformizar o reconhecimento de direitos dos segurados e beneficiários da Previdência Social, com observância dos princípios estabelecidos nos art. 37 da Constituição Federal. Referida Instrução (não publicada nesta obra, contém 806 artigos e acha-se publicada às p. 32 a 80, do DOU de 22.1.15)

Art. 1º A Previdência Social, mediante contribuição, tem por fim assegurar aos seus beneficiários meios indispensáveis de manutenção, por motivo de incapacidade, desemprego involuntário, idade avançada, tempo de serviço, encargos familiares e prisão ou morte daqueles de quem dependiam economicamente.

Art. 2º A Previdência Social rege-se pelos seguintes princípios e objetivos:

I — universalidade de participação nos planos previdenciários;

II — uniformidade e equivalência dos benefícios e serviços às populações urbanas e rurais;

III — seletividade e distributividade na prestação dos benefícios;

IV — cálculo dos benefícios considerando-se os salários de contribuição corrigidos monetariamente;

V — irredutibilidade do valor dos benefícios de forma a preservar-lhes o poder aquisitivo;

VI — valor da renda mensal dos benefícios substitutos do salário de contribuição ou do rendimento do trabalho do segurado não inferior ao do salário mínimo;

VII — previdência complementar facultativa, custeada por contribuição adicional;

VIII — caráter democrático e descentralizado da gestão administrativa, com a participação do governo e da comunidade, em especial de trabalhadores em atividade, empregadores e aposentados.

PARÁGRAFO ÚNICO. A participação referida no inciso VIII deste artigo será efetivada a nível federal, estadual e municipal.

Art. 3º Fica instituído o Conselho Nacional de Previdência Social — CNPS, órgão superior de deliberação colegiada, que terá como membros:

....

§ 7º Aos membros do CNPS, enquanto representantes dos trabalhadores em atividade, titulares e suplentes, é assegurada a estabilidade no emprego, da nomeação até um ano após o término do mandato de representação, somente podendo ser demitidos por motivo de falta grave, regularmente comprovada através de processo judicial.

....

DO REGIME GERAL DE PREVIDÊNCIA SOCIAL

Capítulo I
Dos Beneficiários

Art. 10. Os beneficiários do Regime Geral de Previdência Social classificam-se como segurados e dependentes, nos termos das Seções I e II deste capítulo.

Seção I
Dos Segurados

Art. 11. São segurados obrigatórios da Previdência Social as seguintes pessoas físicas: *(Redação dada pela Lei n. 8.647, de 13.4.93, DOU 14.4.93)*

I — como empregado: *(Redação dada pela Lei n. 8.647, de 13.4.93, DOU 14.4.93)*

a) aquele que presta serviço de natureza urbana ou rural à empresa, em caráter não eventual, sob sua subordinação e mediante remuneração, inclusive como diretor empregado;

b) aquele que, contratado por empresa de trabalho temporário, definida em legislação específica, presta serviço para atender a necessidade transitória de substituição de pessoal regular e permanente ou a acréscimo extraordinário de serviços de outras empresas;

c) o brasileiro ou o estrangeiro domiciliado e contratado no Brasil para trabalhar como empregado em sucursal ou agência de empresa nacional no exterior;

d) aquele que presta serviço no Brasil a missão diplomática ou a repartição consular de carreira estrangeira e a órgãos a elas subordinados, ou a membros dessas missões e repartições, excluídos o não brasileiro sem residência permanente no Brasil e o brasileiro amparado pela legislação previdenciária do país da respectiva missão diplomática ou repartição consular;

e) o brasileiro civil que trabalha para a União, no exterior, em organismos oficiais brasileiros ou internacionais dos quais o Brasil seja membro efetivo, ainda que lá domiciliado e contratado, salvo se segurado na forma da legislação vigente do país do domicílio;

f) o brasileiro ou estrangeiro domiciliado e contratado no Brasil para trabalhar como empregado em empresa domiciliada no exterior, cuja maioria do capital votante pertença a empresa brasileira de capital nacional;

g) o servidor público ocupante de cargo em comissão, sem vínculo efetivo com a União, Autarquias, inclusive em regime especial, e Fundações Públicas Federais. *(Incluída pela Lei n. 8.647, de 13.4.93, DOU 14.4.93)*

h) o exercente de mandato eletivo federal, estadual ou municipal, desde que não vinculado a regime próprio de previdência social; *(Incluída pela Lei n. 9.506, de 30.10.97, DOU 31.10.97)*

i) o empregado de organismo oficial internacional ou estrangeiro em funcionamento no Brasil, salvo quando coberto por regime próprio de previdência social; *(Incluída pela Lei n. 9.876, de 26.11.99, DOU 29.11.99 e Retif. DOU 16.12.99)*

j) o exercente de mandato eletivo federal, estadual ou municipal, desde que não vinculado a regime próprio de previdência social; *(Incluído pela Lei n. 10.887, de 8.6.04, DOU 21.6.04)*

II — como empregado doméstico: aquele que presta serviço de natureza contínua a pessoa ou família, no âmbito residencial desta, em atividades sem fins lucrativos;

III — *(Revogado pela Lei n. 9.876, de 26.11.99, DOU 29.11.99 e Retif. DOU 16.12.99)*

IV — *(Revogado pela Lei n. 9.876, de 26.11.99, DOU 29.11.99 e Retif. DOU 16.12.99)*

a) *(Revogado pela Lei n. 9.876, de 26.11.99, DOU 29.11.99 e Retif. DOU 16.12.99)*

b) *(Revogado pela Lei n. 9.876, de 26.11.99, DOU 29.11.99 e Retif. DOU 16.12.99)*

V — como contribuinte individual: *(Redação dada pela Lei n. 9.876, de 26.11.1999)*

a) a pessoa física, proprietária ou não, que explora atividade agropecuária, a qualquer título, em caráter permanente ou temporário, em área superior a 4 (quatro) módulos fiscais; ou, quando em área igual ou inferior a 4 (quatro) módulos fiscais ou atividade pesqueira, com auxílio de empregados ou por intermédio de prepostos; ou ainda nas hipóteses dos §§ 9º e 10 deste artigo; *(Redação dada pela Lei n. 11.718, de 20.6.08, DOU 23.6.08)*

b) a pessoa física, proprietária ou não, que explora atividade de extração mineral — garimpo, em caráter permanente ou temporário, diretamente ou por intermédio de prepostos, com ou sem o auxílio de empregados, utilizados a qualquer título, ainda que de forma não contínua; *(Redação dada pela Lei n. 9.876, de 26.11.99, DOU 29.11.99 e Retif. DOU 16.12.99)*

c) o ministro de confissão religiosa e o membro de instituto de vida consagrada, de congregação ou de ordem religiosa; *(Redação dada pela Lei n. 10.403, de 8.1.02, DOU 9.1.02)*

d) *(Revogado pela Lei n. 9.876, de 26.11.99, DOU 29.11.99 e Retif. DOU 16.12.99))*

e) o brasileiro civil que trabalha no exterior para organismo oficial internacional do qual o Brasil é membro efetivo, ainda que lá domiciliado e contratado, salvo quando coberto por regime próprio de previdência social; *(Redação dada pela Lei n. 9.876, de 26.11.99, DOU 29.11.99 e Retif. DOU 16.12.99)*

f) o titular de firma individual urbana ou rural, o diretor não empregado e o membro de conselho de administração de sociedade anônima, o sócio solidário, o sócio de indústria, o sócio gerente e o sócio cotista que recebam remuneração decorrente de seu trabalho em empresa urbana ou rural, e o associado eleito para cargo de direção em cooperativa, associação ou entidade de qualquer natureza ou finalidade, bem como o síndico ou administrador eleito para exercer atividade de direção condominial, desde que recebam remuneração; *(Incluído pela Lei n. 9.876, de 26.11.99, DOU 29.11.99 e Retif. DOU 6.12.99)*

g) quem presta serviço de natureza urbana ou rural, em caráter eventual, a uma ou mais empresas, sem relação de emprego; *(Incluído pela Lei n. 9.876, de 26.11.99, DOU 29.11.99 e Retif. DOU 6.12.99)*

h) a pessoa física que exerce, por conta própria, atividade econômica de natureza urbana, com fins lucrativos ou não; *(Incluído pela Lei n. 9.876, de 26.11.99, DOU 29.11.99 e Retif. DOU 6.12.99)*

VI — como trabalhador avulso: quem presta, a diversas empresas, sem vínculo empregatício, serviço de natureza urbana ou rural definidos no Regulamento;

VII — como segurado especial: a pessoa física residente no imóvel rural ou em aglomerado urbano ou rural próximo a ele que, individualmente ou em regime de economia familiar, ainda que com o auxílio eventual de terceiros, na condição de: *(Redação dada pela Lei n. 11.718, de 19.6.08, DOU 20.6.08)*

a) produtor, seja proprietário, usufrutuário, possuidor, assentado, parceiro ou meeiro outorgados, comodatário ou arrendatário rurais, que explore atividade: *(Incluído pela Lei n. 11.718, de 19.6.08, DOU 20.6.08)*

1. agropecuária em área de até 4 (quatro) módulos fiscais; *(Incluído pela Lei n. 11.718, de 19.6.08, DOU 20.6.08)*

2. de seringueiro ou extrativista vegetal que exerça suas atividades nos termos do inciso XII do *caput* do art. 2º da Lei n. 9.985, de 18 de julho de 2000, e faça dessas atividades o principal meio de vida; *(Incluído pela Lei n. 11.718, de 19.6.08, DOU 20.6.08)*

b) pescador artesanal ou a este assemelhado que faça da pesca profissão habitual ou principal meio de vida; e *(Incluído pela Lei n. 11.718, de 19.6.08, DOU 20.6.08)*

c) cônjuge ou companheiro, bem como filho maior de 16 (dezesseis) anos de idade ou a este equiparado, do segurado de que tratam as alíneas *a* e *b* deste inciso, que, comprovadamente, trabalhem com o grupo familiar respectivo. *(Incluído pela Lei n. 11.718, de 19.6.08, DOU 20.6.08)*

§ 1º Entende-se como regime de economia familiar a atividade em que o trabalho dos membros da família é indispensável à própria subsistência e ao desenvolvimento socioeconômico do núcleo familiar e é exercido em condições de mútua dependência e colaboração, sem a utilização de empregados permanentes. *(Redação dada pela Lei n. 11.718, de 19.6.08, DOU 20.6.08)*

§ 2º Todo aquele que exercer, concomitantemente, mais de uma atividade remunerada sujeita ao Regime Geral de Previdência Social é obrigatoriamente filiado em relação a cada uma delas.

§ 3º O aposentado pelo Regime Geral de Previdência Social — RGPS que estiver exercendo ou que voltar a exercer atividade abrangida por este Regime é segurado obrigatório em relação a essa atividade, ficando sujeito às contribuições de que trata a Lei n. 8.212, de 24 de julho de 1991, para fins de custeio da Seguridade Social. *(Incluído pela Lei n. 9.032, de 28.4.95, DOU 29.4.95)*

§ 4º O dirigente sindical mantém, durante o exercício do mandato eletivo, o mesmo enquadramento no Regime Geral de Previdência Social-RGPS de antes da investidura. *(Incluído pela Lei n. 9.528, de 10.12.97, DOU 11.12.97)*

§ 5º Aplica-se o disposto na alínea *g* do inciso I do *caput* ao ocupante de cargo de Ministro de Estado, de Secretário Estadual, Distrital ou Municipal, sem vínculo efetivo com a União, Estados, Distrito Federal e Municípios, suas autarquias, ainda que em regime especial, e fundações. *(Incluído pela Lei n. 9.876, de 26.11.99, DOU 29.11.99 e Retif. DOU 6.12.99)*

§ 6º Para serem considerados segurados especiais, o cônjuge ou companheiro e os filhos maiores de 16 (dezesseis) anos ou os a estes equiparados deverão ter participação ativa nas atividades rurais do grupo familiar. *(Incluído pela Lei n. 11.718, de 19.6.08, DOU 20.6.08)*

§ 7º O grupo familiar poderá utilizar-se de empregados contratados por prazo determinado ou de trabalhador de que trata a alínea *g* do inciso V do *caput*, à razão de no máximo 120 (cento e vinte) pessoas por dia no ano civil, em períodos corridos ou intercalados ou, ainda, por tempo equivalente em horas de trabalho, não sendo computado nesse prazo o período de afastamento em decorrência da percepção de auxílio-doença. *(Redação dada pela Lei n. 12.873, 24.10.13, DOU 25.10.13)*

§ 8º Não descaracteriza a condição de segurado especial: *(Incluído pela Lei n. 11.718, de 19.6.08, DOU 20.6.08)*

I — a outorga, por meio de contrato escrito de parceria, meação ou comodato, de até 50% (cinquenta por cento) de imóvel rural cuja área total não seja superior a 4 (quatro) módulos fiscais, desde que outorgante e outorgado continuem a exercer a respectiva atividade, individualmente ou em regime de economia familiar; *(Incluído pela Lei n. 11.718, de 19.6.08, DOU 20.6.08)*

II — a exploração da atividade turística da propriedade rural, inclusive com hospedagem, por não mais de 120 (cento e vinte) dias ao ano; *(Incluído pela Lei n. 11.718, de 19.6.08, DOU 20.6.08)*

Legislação Complementar

III — a participação em plano de previdência complementar instituído por entidade classista a que seja associado em razão da condição de trabalhador rural ou de produtor rural em regime de economia familiar; e *(Incluído pela Lei n. 11.718, de 19.6.08, DOU 20.6.08)*

IV — ser beneficiário ou fazer parte de grupo familiar que tem algum componente que seja beneficiário de programa assistencial oficial de governo; *(Incluído pela Lei n. 11.718, de 19.6.08, DOU 20.6.08)*

V — a utilização pelo próprio grupo familiar, na exploração da atividade, de processo de beneficiamento ou industrialização artesanal, na forma do § 11 do art. 25 da Lei n. 8.212, de 24 de julho de 1991; e *(Incluído pela Lei n. 11.718, de 19.6.08, DOU 20.6.08)*

VI — a associação em cooperativa agropecuária ou de crédito rural; e *(Redação dada pela Lei n. 13.183, de 4.11.15, DOU 5.11.15)*

VII — a incidência do Imposto Sobre Produtos Industrializados — IPI sobre o produto das atividades desenvolvidas nos termos do § 12. *(Incluído pela Lei n. 12.873, de 24.10.13, DOU 25.10.13)*

§ 9º Não é segurado especial o membro de grupo familiar que possuir outra fonte de rendimento, exceto se decorrente de: *(Incluído pela Lei n. 11.718, de 19.6.08, DOU 20.6.08)*

I — benefício de pensão por morte, auxílio-acidente ou auxílio-reclusão, cujo valor não supere o do menor benefício de prestação continuada da Previdência Social; *(Incluído pela Lei n. 11.718, de 19.6.08, DOU 20.6.08)*

II — benefício previdenciário pela participação em plano de previdência complementar instituído nos termos do inciso IV do § 8º deste artigo; *(Incluído pela Lei n. 11.718, de 19.6.08, DOU 20.6.08)*

III — exercício de atividade remunerada em período não superior a 120 (cento e vinte) dias, corridos ou intercalados, no ano civil, observado o disposto no § 13 do art. 12 da Lei n. 8.212, de 24 de julho de 1991; *(Redação dada pela Lei n. 12.873, de 24.10.13, DOU 25.10.13)*

IV — exercício de mandato eletivo de dirigente sindical de organização da categoria de trabalhadores rurais; *(Incluído pela Lei n. 11.718, de 19.6.08, DOU 20.6.08)*

V — exercício de mandato de vereador do Município em que desenvolve a atividade rural ou de dirigente de cooperativa rural constituída, exclusivamente, por segurados especiais, observado o disposto no § 13 do art. 12 da Lei n. 8.212, de 24 de julho de 1991; *(Incluído pela Lei n. 11.718, de 19.6.08, DOU 20.6.08)*

VI — parceria ou meação outorgada na forma e condições estabelecidas no inciso I do § 8º deste artigo; *(Incluído pela Lei n. 11.718, de 19.6.08, DOU 20.6.08)*

VII — atividade artesanal desenvolvida com matéria-prima produzida pelo respectivo grupo familiar, podendo ser utilizada matéria-prima de outra origem, desde que a renda mensal obtida na atividade não exceda ao menor benefício de prestação continuada da Previdência Social; e *(Incluído pela Lei n. 11.718, de 19.6.08, DOU 20.6.08)*

VIII — atividade artística, desde que em valor mensal inferior ao menor benefício de prestação continuada da Previdência Social. *(Incluído pela Lei n. 11.718, de 19.6.08, DOU 20.6.08)*

§ 10. O segurado especial fica excluído dessa categoria: *(Incluído pela Lei n. 11.718, de 19.6.08, DOU 20.6.08)*

I — a contar do primeiro dia do mês em que: *(Incluído pela Lei n. 11.718, de 19.6.08, DOU 20.6.08)*

a) deixar de satisfazer as condições estabelecidas no inciso VII do *caput* deste artigo, sem prejuízo do disposto no art. 15 desta Lei, ou exceder qualquer dos limites estabelecidos no inciso I do § 8º deste artigo; *(Incluído pela Lei n. 11.718, de19.6.08, DOU 20.6.08)*

b) enquadrar-se em qualquer outra categoria de segurado obrigatório do Regime Geral de Previdência Social, ressalvado o disposto nos incisos III, V, VII e VIII do § 9º e no § 12, sem prejuízo do disposto no art. 15; *(Redação dada pela Lei n. 12.873, de 24.10.13, DOU 25.10.13)*

c) tornar-se segurado obrigatório de outro regime previdenciário; e *(Redação dada pela Lei n. 12.873, de 24.10.13, DOU 25.10.13)*

d) participar de sociedade empresária, de sociedade simples, como empresário individual ou como titular de empresa individual de responsabilidade limitada em desacordo com as limitações impostas pelo § 12; *(Incluído pela Lei n. 12.873, de 24.10.13, DOU 25.10.13) (Produção de efeito)*

II — a contar do primeiro dia do mês subsequente ao da ocorrência, quando o grupo familiar a que pertence exceder o limite de: *(Incluído pela Lei n. 11.718, de 19.6.08, DOU 20.6.08)*

a) utilização de terceiros na exploração da atividade a que se refere o § 7º deste artigo; *(Incluído pela Lei n. 11.718, de 19.6.08, DOU 20.6.08)*

b) dias em atividade remunerada estabelecidos no inciso III do § 9º deste artigo; e *(Incluído pela Lei n. 11.718, de 19.6.08, DOU 20.6.08)*

c) dias de hospedagem a que se refere o inciso II do § 8º deste artigo. *(Incluído pela Lei n. 11.718, de 19.6.08, DOU 20.6.08)*

§ 11. Aplica-se o disposto na alínea *a* do inciso V do *caput* deste artigo ao cônjuge ou companheiro do produtor que participe da atividade rural por este explorada. *(Incluído pela Lei n. 11.718, de 19.6.08, DOU 20.6.08)*

§ 12. A participação do segurado especial em sociedade empresária, em sociedade simples, como empresário individual ou como titular de empresa individual de responsabilidade limitada de objeto ou âmbito agrícola, agroindustrial ou agroturístico, considerada microempresa nos termos da Lei Complementar n. 123, de 14 de dezembro de 2006, não o exclui de tal categoria previdenciária, desde que, mantido o exercício da sua atividade rural na forma do inciso VII do *caput* e do § 1º, a pessoa jurídica componha-se apenas de segurados de igual natureza e sedie-se no mesmo Município ou em Município limítrofe àquele em que eles desenvolvam suas atividades. *(Incluído pela Lei n. 12.873, de 24.10.13, DOU 25.10.13) (Produção de efeito)*

§ 13. (VETADO). *(Incluído pela Lei n. 12.873, de 24.10.13, DOU 25.10.13) (Produção de efeito)*

Art. 12. O servidor civil ocupante de cargo efetivo ou o militar da União, dos Estados, do Distrito Federal ou dos Municípios, bem como o das respectivas autarquias e fundações, são excluídos do Regime Geral de Previdência Social consubstanciado nesta Lei, desde que amparados por regime próprio de previdência social. *(Redação dada pela Lei n. 9.876, de 26.11.99, DOU 29.11.99 e Retif. DOU 16.12.99)*

§ 1º Caso o servidor ou o militar venham a exercer, concomitantemente, uma ou mais atividades abrangidas pelo Regime Geral de Previdência Social, tornar-se-ão segurados obrigatórios em relação a essas atividades. *(Incluído pela Lei n. 9.876, de 26.11.99, DOU 29.11.99 e Retif. DOU 6.12.99)*

§ 2º Caso o servidor ou o militar, amparados por regime próprio de previdência social, sejam requisitados para outro órgão ou entidade cujo regime previdenciário não permita a filiação, nessa condição, permanecerão vinculados ao regime de origem, obedecidas as regras que cada ente estabeleça acerca de sua contribuição. *(Incluído pela Lei n. 9.876, de 26.11.99, DOU 29.11.99 e Retif. DOU 6.12.99)*

Art. 13. É segurado facultativo o maior de 14 (quatorze) anos que se filiar ao Regime Geral de Previdência Social, mediante contribuição, desde que não incluído nas disposições do art. 11.

Art. 14. Consideram-se:

I — empresa — a firma individual ou sociedade que assume o risco de atividade econômica urbana ou rural, com fins lucrativos ou não, bem como os órgãos e entidades da administração pública direta, indireta ou fundacional;

II — empregador doméstico — a pessoa ou família que admite a seu serviço, sem finalidade lucrativa, empregado doméstico.

PARÁGRAFO ÚNICO. Equiparam-se a empresa, para os efeitos desta Lei, o contribuinte individual e a pessoa física na condição de proprietário ou dono de obra de construção civil, em relação a segurado que lhe presta serviço, bem como a cooperativa, a associação ou entidade de qualquer natureza ou finalidade, a missão diplomática e a repartição consular de carreira estrangeiras. (NR) *(Redação dada pela Lei n. 13.202, de 8.12.15, DOU 9.12.15)*

Art. 15. Mantém a qualidade de segurado, independentemente de contribuições:

I — sem limite de prazo, quem está em gozo de benefício;

II — até 12 (doze) meses após a cessação das contribuições, o segurado que deixar de exercer atividade remunerada abrangida pela Previdência Social ou estiver suspenso ou licenciado sem remuneração;

III — até 12 (doze) meses após cessar a segregação, o segurado acometido de doença de segregação compulsória;

IV — até 12 (doze) meses após o livramento, o segurado retido ou recluso;

V — até 3 (três) meses após o licenciamento, o segurado incorporado às Forças Armadas para prestar serviço militar;

VI — até 6 (seis) meses após a cessação das contribuições, o segurado facultativo.

§ 1º O prazo do inciso II será prorrogado para até 24 (vinte e quatro) meses se o segurado já tiver pago mais de 120 (cento e vinte) contribuições mensais sem interrupção que acarrete a perda da qualidade de segurado.

§ 2º Os prazos do inciso II ou do § 1º serão acrescidos de 12 (doze) meses para o segurado desempregado, desde que comprovada essa situação pelo registro no órgão próprio do Ministério do Trabalho e da Previdência Social.

§ 3º Durante os prazos deste artigo, o segurado conserva todos os seus direitos perante a Previdência Social.

§ 4º A perda da qualidade de segurado ocorrerá no dia seguinte ao do término do prazo fixado no Plano de Custeio da Seguridade Social para recolhimento da contribuição referente ao mês imediatamente posterior ao do final dos prazos fixados neste artigo e seus parágrafos.

Seção II
Dos Dependentes

Art. 16. São beneficiários do Regime Geral de Previdência Social, na condição de dependentes do segurado:

I — o cônjuge, a companheira, o companheiro e o filho não emancipado, de qualquer condição, menor de 21 (vinte e um) anos ou inválido ou que tenha deficiência intelectual ou mental ou deficiência grave; *(Redação dada pela Lei n. 13.146, de 6.7.15, DOU 7.7.15, com vigência após decorridos 180 dias de sua publicação oficial)*

II — os pais;

III — o irmão não emancipado, de qualquer condição, menor de 21 (vinte e um) anos ou inválido ou que tenha deficiência intelectual ou mental ou deficiência grave; *(Redação dada pela Lei n. 13.146, de 6.7.15, DOU 7.7.15, com vigência após decorridos 180 dias de sua publicação oficial)*

IV — *(Revogada pela Lei n. 9.032, de 28.4.95, DOU 29.4.95)*

§ 1º A existência de dependente de qualquer das classes deste artigo exclui do direito às prestações os das classes seguintes.

§ 2º O enteado e o menor tutelado equiparam-se a filho mediante declaração do segurado e desde que comprovada a dependência econômica na forma estabelecida no Regulamento. *(Redação dada pela Lei n. 9.528, de 10.12.97, DOU 11.12.97)*

§ 3º Considera-se companheira ou companheiro a pessoa que, sem ser casada, mantém união estável com o segurado ou com a segurada, de acordo com o § 3º do art. 226 da Constituição Federal.

§ 4º A dependência econômica das pessoas indicadas no inciso I é presumida e a das demais deve ser comprovada.

Seção III
Das Inscrições

Art. 17. O Regulamento disciplinará a forma de inscrição do segurado e dos dependentes.

§ 1º Incumbe ao dependente promover a sua inscrição quando do requerimento do benefício a que estiver habilitado. *(Redação dada pela Lei n. 10.403, de 8.1.2002)*

§ 2º *(Revogado pela Lei n. 13.135, de 17.6.15, DOU 18.6.15)*

§ 3º *(Revogado pela Lei n. 11.718, de 20.8.08, DOU 23.6.08)*

§ 4º A inscrição do segurado especial será feita de forma a vinculá-lo ao respectivo grupo familiar e conterá, além das informações pessoais, a identificação da propriedade em que desenvolve a atividade e a que título, se nela reside ou o Município onde reside e, quando for o caso, a identificação e inscrição da pessoa responsável pelo grupo familiar. *(Redação dada pela Lei n. 12.873, de 2013)*

§ 5º O segurado especial integrante de grupo familiar que não seja proprietário ou dono do imóvel rural em que desenvolve sua atividade deverá informar, no ato da inscrição, conforme o caso, o nome do parceiro ou meeiro outorgante, arrendador, comodante ou assemelhado. *(Incluído Lei n. 11.718, de 2008)*

§ 6º *(Revogado pela Lei n. 12.873, de 2013)*

Capítulo II
Das Prestações em Geral

Seção I
Das Espécies de Prestações

Art. 18. O Regime Geral de Previdência Social compreende as seguintes prestações, devidas inclusive em razão de eventos decorrentes de acidente do trabalho, expressas em benefícios e serviços:

I — quanto ao segurado:

a) aposentadoria por invalidez;

b) aposentadoria por idade;

c) aposentadoria por tempo de contribuição; *(Redação dada pela Lei Complementar n. 123, de 14.12.06, DOU 15.12.06)*

d) aposentadoria especial;

e) auxílio-doença;

f) salário-família;

g) salário-maternidade;

h) auxílio-acidente;

i) *(Revogada pela Lei n. 8.870, de 15.4.94, DOU 16.4.94)*

II — quanto ao dependente:

a) pensão por morte;

b) auxílio-reclusão;

III — quanto ao segurado e dependente:

a) *(Revogada pela Lei n. 9.032, de 28.4.95, DOU 29.4.95)*

b) serviço social;

c) reabilitação profissional.

§ 1º Somente poderão beneficiar-se do auxílio-acidente os segurados incluídos nos incisos I, II, VI e VII do art. 11 desta Lei. *(Redação dada pela Lei Complementar n. 150, de 1.6.15, DOU 2.6.15)*

§ 2º O aposentado pelo Regime Geral de Previdência Social — RGPS que permanecer em atividade sujeita a este Regime, ou a ele retornar, não fará jus a prestação alguma da Previdência Social em decorrência do exercício dessa atividade, exceto ao salário-família e à reabilitação profissional, quando empregado. *(Redação dada pela Lei n. 9.528, de 10.12.97, DOU 11.12.97)*

§ 3º O segurado contribuinte individual, que trabalhe por conta própria, sem relação de trabalho com empresa ou equiparado, e o segurado facultativo que contribuam na forma do § 2º do art. 21 da Lei n. 8.212, de 24 de julho de 1991, não farão jus à aposentadoria por tempo de contribuição. *(Incluído pela Lei Complementar n. 123, de 14.12.06, DOU 15.12.06)*

Art. 19. Acidente do trabalho é o que ocorre pelo exercício do trabalho a serviço de empresa ou de empregador doméstico ou pelo exercício do trabalho dos segurados referidos no inciso VII do art. 11 desta Lei, provocando lesão corporal ou perturbação funcional que cause a morte ou a perda ou redução, permanente ou temporária, da capacidade para o trabalho. *(Redação dada pela Lei Complementar n. 150, de 1.6.15, DOU 2.6.15)*

§ 1º A empresa é responsável pela adoção e uso das medidas coletivas e individuais de proteção e segurança da saúde do trabalhador.

§ 2º Constitui contravenção penal, punível com multa, deixar a empresa de cumprir as normas de segurança e higiene do trabalho.

§ 3º É dever da empresa prestar informações pormenorizadas sobre os riscos da operação a executar e do produto a manipular.

§ 4º O Ministério do Trabalho e da Previdência Social fiscalizará e os sindicatos e entidades representativas de classe acompanharão o fiel cumprimento do disposto nos parágrafos anteriores, conforme dispuser o Regulamento.

Art. 20. Consideram-se acidente do trabalho, nos termos do artigo anterior, as seguintes entidades mórbidas:

I — doença profissional, assim entendida a produzida ou desencadeada pelo exercício do trabalho peculiar a determinada atividade e constante da respectiva relação elaborada pelo Ministério do Trabalho e da Previdência Social;

II — doença do trabalho, assim entendida a adquirida ou desencadeada em função de condições especiais em que o trabalho é realizado e com ele se relacione diretamente, constante da relação mencionada no inciso I.

§ 1º Não são consideradas como doença do trabalho:

a) a doença degenerativa;

b) a inerente a grupo etário;

c) a que não produza incapacidade laborativa;

d) a doença endêmica adquirida por segurado habitante de região em que ela se desenvolva, salvo comprovação de que é resultante de exposição ou contato direto determinado pela natureza do trabalho.

§ 2º Em caso excepcional, constatando-se que a doença não incluída na relação prevista nos incisos I e II deste artigo resultou das condições especiais em que o trabalho é executado e com ele se relaciona diretamente, a Previdência Social deve considerá-la acidente do trabalho.

Art. 21. Equiparam-se também ao acidente do trabalho, para efeitos desta Lei:

I — o acidente ligado ao trabalho que, embora não tenha sido a causa única, haja contribuído diretamente para a morte do segurado, para redução ou perda da sua capacidade para o trabalho, ou produzido lesão que exija atenção médica para a sua recuperação;

II — o acidente sofrido pelo segurado no local e no horário do trabalho, em consequência de:

a) ato de agressão, sabotagem ou terrorismo praticado por terceiro ou companheiro de trabalho;

b) ofensa física intencional, inclusive de terceiro, por motivo de disputa relacionada ao trabalho;

c) ato de imprudência, de negligência ou de imperícia de terceiro ou de companheiro de trabalho;

d) ato de pessoa privada do uso da razão;

e) desabamento, inundação, incêndio e outros casos fortuitos ou decorrentes de força maior;

III — a doença proveniente de contaminação acidental do empregado no exercício de sua atividade;

IV — o acidente sofrido pelo segurado ainda que fora do local e horário de trabalho:

a) na execução de ordem ou na realização de serviço sob a autoridade da empresa;

b) na prestação espontânea de qualquer serviço à empresa para lhe evitar prejuízo ou proporcionar proveito;

c) em viagem a serviço da empresa, inclusive para estudo quando financiada por esta dentro de seus planos para melhor capacitação da mão de obra, independentemente do meio de locomoção utilizado, inclusive veículo de propriedade do segurado;

d) no percurso da residência para o local de trabalho ou deste para aquela, qualquer que seja o meio de locomoção, inclusive veículo de propriedade do segurado.

§ 1º Nos períodos destinados a refeição ou descanso, ou por ocasião da satisfação de outras necessidades fisiológicas, no local do trabalho ou durante este, o empregado é considerado no exercício do trabalho.

§ 2º Não é considerada agravação ou complicação de acidente do trabalho a lesão que, resultante de acidente de outra origem, se associe ou se superponha às consequências do anterior.

Art. 21-A. A perícia médica do Instituto Nacional do Seguro Social (INSS) considerará caracterizada a natureza acidentária da incapacidade quando constatar ocorrência de nexo técnico epidemiológico entre o trabalho e o agravo, decorrente da relação entre a atividade da empresa ou do empregado doméstico e a entidade mórbida motivadora da incapacidade elencada na Classificação Internacional de Doenças (CID), em conformidade com o que dispuser o regulamento. *(Redação dada pela Lei Complementar n. 150, de 1.6.15, DOU 2.6.15)*

§ 1º A perícia médica do INSS deixará de aplicar o disposto neste artigo quando demonstrada a inexistência do nexo de que trata o *caput* deste artigo. *(Incluído pela Lei n. 11.430, de 26.12.06, DOU 27.12.06)*

§ 2ºA empresa ou o empregador doméstico poderão requerer a não aplicação do nexo técnico epidemiológico, de cuja decisão caberá recurso, com efeito suspensivo, da empresa, do empregador doméstico ou do segurado ao Conselho de Recursos da Previdência Social. (NR) *(Redação dada pela Lei Complementar n. 150, de 1.6.15, DOU 2.6.15)*

Art. 22. A empresa ou o empregador doméstico deverão comunicar o acidente do trabalho à Previdência Social até o primeiro dia útil seguinte ao da ocorrência e, em caso de morte, de imediato, à autoridade competente, sob pena de multa variável entre o limite mínimo e o limite máximo do salário de contribuição, sucessivamente aumentada nas reincidências, aplicada e cobrada pela Previdência Social. *(Redação dada pela Lei Complementar n. 150, de 1.6.15, DOU 2.6.15)*

§ 1º Da comunicação a que se refere este artigo receberão cópia fiel o acidentado ou seus dependentes, bem como o sindicato a que corresponda a sua categoria.

§ 2º Na falta de comunicação por parte da empresa, podem formalizá-la o próprio acidentado, seus dependentes, a entidade sindical competente, o médico que o assistiu ou qualquer autoridade pública, não prevalecendo nestes casos o prazo previsto neste artigo.

§ 3º A comunicação a que se refere o § 2º não exime a empresa de responsabilidade pela falta do cumprimento do disposto neste artigo.

§ 4º Os sindicatos e entidades representativas de classe poderão acompanhar a cobrança, pela Previdência Social, das multas previstas neste artigo.

§ 5º A multa de que trata este artigo não se aplica na hipótese do *caput* do art. 21-A. *(Incluído pela Lei n. 11.430, de 26.12.06, DOU 27.12.06)*

Art. 23. Considera-se como dia do acidente, no caso de doença profissional ou do trabalho, a data do início da incapacidade laborativa para o exercício da atividade habitual, ou o dia da segregação compulsória, ou o dia em que for realizado o diagnóstico, valendo para este efeito o que ocorrer primeiro.

Seção II
Dos Períodos de Carência

Art. 24. Período de carência é o número mínimo de contribuições mensais indispensáveis para que o beneficiário faça jus ao benefício, consideradas a partir do transcurso do primeiro dia dos meses de suas competências.

PARÁGRAFO ÚNICO. Havendo perda da qualidade de segurado, as contribuições anteriores a essa data só serão computadas para efeito de carência depois que o segurado contar,

Legislação Complementar

a partir da nova filiação à Previdência Social, com, no mínimo, 1/3 (um terço) do número de contribuições exigidas para o cumprimento da carência definida para o benefício a ser requerido. *(Revogado pela Lei n. 13.467, de 13.7.17, DOU 14.7.17)*

Art. 25. A concessão das prestações pecuniárias do Regime Geral de Previdência Social depende dos seguintes períodos de carência, ressalvado o disposto no art. 26:

I — auxílio-doença e aposentadoria por invalidez: 12 (doze) contribuições mensais;

II — aposentadoria por idade, aposentadoria por tempo de serviço e aposentadoria especial: 180 contribuições mensais. *(Redação dada pela Lei n. 8.870, de 15.4.94, DOU 16.4.94)*

III — salário-maternidade para as seguradas de que tratam os incisos V e VII do art. 11 e o art. 13: dez contribuições mensais, respeitado o disposto no parágrafo único do art. 39 desta Lei. *(Incluído pela Lei n. 9.876, de 26.11.99, DOU 29.11.99 e Retif. DOU 6.12.99)*

PARÁGRAFO ÚNICO. Em caso de parto antecipado, o período de carência a que se refere o inciso III será reduzido em número de contribuições equivalente ao número de meses em que o parto foi antecipado. *(Incluído pela Lei n. 9.876, de 26.11.99, DOU 29.11.99 e Retif. DOU 6.12.99)*

Art. 26. Independe de carência a concessão das seguintes prestações:

I — salário-família e auxílio-acidente;

II — auxílio-doença e aposentadoria por invalidez nos casos de acidente de qualquer natureza ou causa e de doença profissional ou do trabalho, bem como nos casos de segurado que, após filiar-se ao RGPS, for acometido de alguma das doenças e afecções especificadas em lista elaborada pelos Ministérios da Saúde e da Previdência Social, atualizada a cada 3 (três) anos, de acordo com os critérios de estigma, deformação, mutilação, deficiência ou outro fator que lhe confira especificidade e gravidade que mereçam tratamento particularizado; *(Redação dada pela Lei n. 13.135, de 17.6.15, DOU 18.6.15)*

III — os benefícios concedidos na forma do inciso I do art. 39, aos segurados especiais referidos no inciso VII do art. 11 desta Lei;

IV — serviço social;

V — reabilitação profissional.

VI — salário-maternidade para as seguradas empregada, trabalhadora avulsa e empregada doméstica. *(Incluído pela Lei n. 9.876, de 26.11.99, DOU 29.11.99 e Retif. DOU 6.12.99)*

Art. 27. Para cômputo do período de carência, serão consideradas as contribuições: *(Redação dada pela Lei Complementar n. 150, de 1.6.15, DOU 2.6.15)*

I — referentes ao período a partir da data de filiação ao Regime Geral de Previdência Social (RGPS), no caso dos segurados empregados, inclusive os domésticos, e dos trabalhadores avulsos; *(Redação dada pela Lei Complementar n. 150, de 1.6.15, DOU 2.6.15)*

II — realizadas a contar da data de efetivo pagamento da primeira contribuição sem atraso, não sendo consideradas para este fim as contribuições recolhidas com atraso referentes a competências anteriores, no caso dos segurados contribuinte individual, especial e facultativo, referidos, respectivamente, nos incisos V e VII do art. 11 e no art. 13. (NR) *(Redação dada pela Lei Complementar n. 150, de 1.6.15, DOU 2.6.15)*

Art. 27- A. No caso de perda da qualidade de segurado, para efeito de carência para a concessão dos benefícios de que trata esta Lei, o segurado deverá contar, a partir da nova filiação à Previdência Social, com metade dos períodos previstos nos incisos I e III do *caput* do art. 25 desta Lei. *(Incluído pela Lei n. 13.457, de 26.6.17, DOU 27.6.17)*

Seção III
Do Cálculo do Valor dos Benefícios

Subseção I

Art. 28. O valor do benefício de prestação continuada, inclusive o regido por norma especial e o decorrente de acidente do trabalho, exceto o salário-família e o salário-maternidade, será calculado com base no salário de benefício. *(Redação dada pela Lei n. 9.032, de 28.4.1995, DOU 29.4.1995)*

§ 1º *(Revogado pela Lei n. 9.032, de 28.4.1995, DOU 29.4.1995)*

§ 2º *(Revogado pela Lei n. 9.032, de 28.4.1995, DOU 29.4.1995)*

§ 3º *(Revogado pela Lei n. 9.032, de 28.4.1995, DOU 29.4.1995)*

§ 4º *(Revogado pela Lei n. 9.032, de 28.4.1995, DOU 29.4.1995)*

Art. 29. O salário de benefício consiste: *(Redação dada pela Lei n. 9.876, 26.11.1999, DOU 29.11.1999, Ed. Extra)*

I — para os benefícios de que tratam as alíneas *b* e *c* do inciso I do art. 18, na média aritmética simples dos maiores salários de contribuição correspondentes a oitenta por cento de todo o período contributivo, multiplicada pelo fator previdenciário; *(Incluído pela Lei n. 9.876, 26.11.1999, DOU 29.11.1999, Ed. Extra)*

II — para os benefícios de que tratam as alíneas *a, d, e* e *h* do inciso I do art. 18, na média aritmética simples dos maiores salários de contribuição correspondentes a oitenta por cento de todo o período contributivo. *(Incluído pela Lei n. 9.876, 26.11.1999, DOU 29.11.1999, Ed. Extra)*

§ 1º *(Revogado pela Lei n. 9.876, 26.11.1999, DOU 29.11.1999, Ed. Extra)*

§ 2º O valor do salário de benefício não será inferior ao de um salário mínimo, nem superior ao do limite máximo do salário de contribuição na data de início do benefício.

§ 3º Serão considerados para cálculo do salário de benefício os ganhos habituais do segurado empregado, a qualquer título, sob forma de moeda corrente ou de utilidades, sobre os quais tenha incidido contribuições previdenciárias, exceto o décimo terceiro salário (gratificação natalina). *(Redação dada pela Lei n. 8.870, de 15.4.1994, DOU 16.4.1994)*

§ 4º Não será considerado, para o cálculo do salário de benefício, o aumento dos salários de contribuição que exceder o limite legal, inclusive o voluntariamente concedido nos 36 (trinta e seis) meses imediatamente anteriores ao início do benefício, salvo se homologado pela Justiça do Trabalho, resultante de promoção regulada por normas gerais da empresa, admitida pela legislação do trabalho, de sentença normativa ou de reajustamento salarial obtido pela categoria respectiva.

§ 5º Se, no período básico de cálculo, o segurado tiver recebido benefícios por incapacidade, sua duração será contada, considerando-se como salário de contribuição, no período, o salário de benefício que serviu de base para o cálculo da renda mensal, reajustado nas mesmas épocas e bases dos benefícios em geral, não podendo ser inferior ao valor de 1 (um) salário mínimo.

§ 6º O salário de benefício do segurado especial consiste no valor equivalente ao salário-mínimo, ressalvado o disposto no inciso II do art. 39 e nos §§ 3º e 4º do art. 48 desta Lei. *(Redação dada pela Lei n. 11.718, de 20.6.2008, DOU 23.6.2008)*

I — *(Revogado pela Lei n. 11.718, de 20.6.2008, DOU 23.6.2008)*

II — *(Revogado pela Lei n. 11.718, de 20.6.2008, DOU 23.6.2008)*

§ 7º O fator previdenciário será calculado considerando-se a idade, a expectativa de sobrevida e o tempo de contribuição do segurado ao se aposentar, segundo a fórmula constante do *Anexo desta Lei. (Incluído pela Lei n. 9.876, 26.11.1999, DOU 29.11.1999, Ed. Extra)*

§ 8º Para efeito do disposto no § 7º, a expectativa de sobrevida do segurado na idade da aposentadoria será obtida a partir da tábua completa de mortalidade construída pela Fundação Instituto Brasileiro de Geografia e Estatística — IBGE, considerando-se a média nacional única para ambos os sexos. *(Incluído pela Lei n. 9.876, 26.11.1999, DOU 29.11.1999, Ed. Extra)*

§ 9º Para efeito da aplicação do fator previdenciário, ao tempo de contribuição do segurado serão adicionados: *(Incluído pela Lei n. 9.876, 26.11.1999, DOU 29.11.1999, Ed. Extra)*

I — cinco anos, quando se tratar de mulher; *(Incluído pela Lei n. 9.876, 26.11.1999, DOU 29.11.1999, Ed. Extra)*

II — cinco anos, quando se tratar de professor que comprove exclusivamente tempo de efetivo exercício das funções de magistério na educação infantil e no ensino fundamental e médio; *(Incluído pela Lei n. 9.876, 26.11.1999, DOU 29.11.1999, Ed. Extra)*

III — dez anos, quando se tratar de professora que comprove exclusivamente tempo de efetivo exercício das funções de magistério na educação infantil e no ensino fundamental e médio. *(Incluído pela Lei n. 9.876, 26.11.1999, DOU 29.11.1999, Ed. Extra)*

§ 10. O auxílio-doença não poderá exceder a média aritmética simples dos últimos 12 (doze) salários de contribuição, inclusive em caso de remuneração variável, ou, se não alcançado o número de 12 (doze), a média aritmética simples dos salários de contribuição existentes. *(Redação dada pela Lei n. 13.135, de 17.6.15, DOU 18.6.15)*

§ 11. (VETADO). *(Lei n. 13.135, de 17.6.15, DOU 18.6.15)*

§ 12. (VETADO). *(Lei n. 13.135, de 17.6.15, DOU 18.6.15)*

§ 13. (VETADO). (NR) *(Lei n. 13.135, de 17.6.15, DOU 18.6.15)*

Art. 29-A. O INSS utilizará as informações constantes no Cadastro Nacional de Informações Sociais — CNIS sobre os vínculos e as remunerações dos segurados, para fins de cálculo do salário de benefício, comprovação de filiação ao Regime Geral de Previdência Social, tempo de contribuição e relação de emprego. *(Redação dada pela Lei Complementar n. 128, de 19.12.2008, DOU 22.12.2008)*

§ 1º O INSS terá até 180 (cento e oitenta) dias, contados a partir da solicitação do pedido, para fornecer ao segurado as informações previstas no *caput* deste artigo. *(Incluído pela Lei n. 10.403, de 8.1.2002, DOU 9.1.2002)*

§ 2º O segurado poderá solicitar, a qualquer momento, a inclusão, exclusão ou retificação de informações constantes do CNIS, com a apresentação de documentos comprobatórios dos dados divergentes, conforme critérios definidos pelo INSS. *(Redação dada pela Lei Complementar n. 128, de 19.12.2008, DOU 22.12.2008)*

§ 3º A aceitação de informações relativas a vínculos e remunerações inseridas extemporaneamente no CNIS, inclusive retificações de informações anteriormente inseridas, fica condicionada à comprovação dos dados ou das divergências apontadas, conforme critérios definidos em regulamento. *(Incluído pela Lei Complementar n. 128, de 19.12.2008, DOU 22.12.2008)*

§ 4º Considera-se extemporânea a inserção de dados decorrentes de documento inicial ou de retificação de dados anteriormente informados, quando o documento ou a retificação, ou a informação retificadora, forem apresentados após os prazos estabelecidos em regulamento. *(Incluído pela Lei Complementar n. 128, de 19.12.2008, DOU 22.12.2008)*

§ 5º Havendo dúvida sobre a regularidade do vínculo incluído no CNIS e inexistência de informações sobre remunerações e contribuições, o INSS exigirá a apresentação dos documentos que serviram de base à anotação, sob pena de exclusão do período. *(Incluído pela Lei Complementar n. 128, de 19.12.2008, DOU 22.12.2008)*

Art. 29-B. Os salários de contribuição considerados no cálculo do valor do benefício serão corrigidos mês a mês de acordo com a variação integral do Índice Nacional de Preços ao Consumidor — INPC, calculado pela Fundação Instituto Brasileiro de Geografia e Estatística — IBGE. *(Incluído pela Lei n. 10.877, de 4.6.2004, DOU 7.6.2004)*

Art. 29-C. O segurado que preencher o requisito para a aposentadoria por tempo de contribuição poderá optar pela não incidência do fator previdenciário no cálculo de sua aposentadoria, quando o total resultante da soma de sua idade e de seu tempo de contribuição, incluídas as frações, na data de requerimento da aposentadoria, for: *(Redação dada pela Lei n. 13.183, de 4.11.15, DOU 5.11.15)*

I — igual ou superior a noventa e cinco pontos, se homem, observando o tempo mínimo de contribuição de trinta e cinco anos; ou *(Redação dada pela Lei n. 13.183, de 4.11.15, DOU 5.11.15)*

II — igual ou superior a oitenta e cinco pontos, se mulher, observado o tempo mínimo de contribuição de trinta anos. *(Redação dada pela Lei n. 13.183, de 4.11.15, DOU 5.11.15)*

§ 1º Para os fins do disposto no caput, serão somadas as frações em meses completos de tempo de contribuição e idade. *(Redação dada pela Lei n. 13.183, de 4.11.15, DOU 5.11.15)*

§ 2º As somas de idade e de tempo de contribuição previstas no caput serão majoradas em um ponto em:

I — 31 de dezembro de 2018;

II — 31 de dezembro de 2020;

III — 31 de dezembro de 2022;

IV — 31 de dezembro de 2024; e

V — 31 de dezembro de 2026. *(Redação do parágrafo e incisos dada pela Lei n. 13.183, de 4.11.15, DOU 5.11.15)*

§ 3º Para efeito de aplicação do disposto no *caput* e no § 2º, o tempo mínimo de contribuição do professor e da professora que comprovarem exclusivamente tempo de efetivo exercício de magistério na educação infantil e no ensino fundamental e médio será de, respectivamente, trinta e vinte e cinco anos, e serão acrescidos cinco pontos à soma da idade com o tempo de contribuição. *(Redação dada pela Lei n. 13.183, de 4.11.15, DOU 5.11.15)*

§ 4º Ao segurado que alcançar o requisito necessário ao exercício da opção de que trata o caput e deixar de requerer aposentadoria será assegurado o direito à opção com a aplicação da pontuação exigida na data do cumprimento do requisito nos termos deste artigo. *(Redação dada pela Lei n. 13.183, de 4.11.15, DOU 5.11.15)*

§ 5º (VETADO). *(Lei n. 13.183, de 4.11.15, DOU 5.11.15)*

Art. 29-D. (VETADO). *(Lei n. 13.183, de 4.11.15, DOU 5.11.15)*

Art. 30. *(Revogado pela Lei n. 9.032, de 28.4.1995, DOU 29.4.1995)*

Art. 31. O valor mensal do auxílio-acidente integra o salário de contribuição, para fins de cálculo do salário de benefício de qualquer aposentadoria, observado, no que couber, o disposto no art. 29 e no art. 86, § 5º. *(Restabelecido com nova redação pela Lei n. 9.528, de 10.12.1997, DOU 11.12.1997)*

Art. 32. O salário de benefício do segurado que contribuir em razão de atividades concomitantes será calculado com base na soma dos salários de contribuição das atividades exercidas na data do requerimento ou do óbito, ou no período básico de cálculo, observado o disposto no art. 29 e as normas seguintes:

I — quando o segurado satisfizer, em relação a cada atividade, as condições do benefício requerido, o salário de benefício será calculado com base na soma dos respectivos salários de contribuição;

II — quando não se verificar a hipótese do inciso anterior, o salário de benefício corresponde à soma das seguintes parcelas:

a) o salário de benefício calculado com base nos salários de contribuição das atividades em relação às quais são atendidas as condições do benefício requerido;

b) um percentual da média do salário de contribuição de cada uma das demais atividades, equivalente à relação entre o número de meses completo de contribuição e os do período de carência do benefício requerido;

III — quando se tratar de benefício por tempo de serviço, o percentual da alínea *b* do inciso II será o resultante da relação entre os anos completos de atividade e o número de anos de serviço considerado para a concessão do benefício.

§ 1º O disposto neste artigo não se aplica ao segurado que, em obediência ao limite máximo do salário de contribuição, contribuiu apenas por uma das atividades concomitantes.

§ 2º Não se aplica o disposto neste artigo ao segurado que tenha sofrido redução do salário de contribuição das atividades concomitantes em respeito ao limite máximo desse salário.

Subseção II
Da Renda Mensal do Benefício

Art. 33. A renda mensal do benefício de prestação continuada que substituir o salário de contribuição ou o rendimento do trabalho do segurado não terá valor inferior ao do salário-mínimo, nem superior ao do limite máximo do salário de contribuição, ressalvado o disposto no art. 45 desta Lei.

Art. 34. No cálculo do valor da renda mensal do benefício, inclusive o decorrente de acidente do trabalho, serão computados: *(Redação dada pela Lei Complementar n. 150, de 1.6.15, DOU 2.6.15)*

I — para o segurado empregado, inclusive o doméstico, e o trabalhador avulso, os salários de contribuição referentes aos meses de contribuições devidas, ainda que não recolhidas pela empresa ou pelo empregador doméstico, sem prejuízo da respectiva cobrança e da aplicação das penalidades cabíveis, observado o disposto no § 5º do art. 29-A; *(Redação dada pela Lei Complementar n. 150, de 1.6.15, DOU 2.6.15)*

II — para o segurado empregado, inclusive o doméstico, o trabalhador avulso e o segurado especial, o valor mensal do auxílio-acidente, considerado como salário de contribuição para fins de concessão de qualquer aposentadoria, nos termos do art. 31; *(Redação dada pela Lei Complementar n. 150, de 1.6.15, DOU 2.6.15)*

III — para os demais segurados, os salários de contribuição referentes aos meses de contribuições efetivamente recolhidas. *(Incluído pela Lei n. 9.528, de 10.12.1997, DOU 11.12.1997)*

Art. 35. Ao segurado empregado, inclusive o doméstico, e ao trabalhador avulso que tenham cumprido todas as condições para a concessão do benefício pleiteado, mas não possam comprovar o valor de seus salários de contribuição no período básico de cálculo, será concedido o benefício de valor mínimo, devendo esta renda ser recalculada quando da apresentação de prova dos salários de contribuição. (NR) *(Redação dada pela Lei Complementar n. 150, de 1.6.15, DOU 2.6.15)*

Art. 36. Para o segurado empregado doméstico que, tendo satisfeito as condições exigidas para a concessão do benefício requerido, não comprovar o efetivo recolhimento das contribuições devidas, será concedido o benefício de valor mínimo, devendo sua renda ser recalculada quando da apresentação da prova do recolhimento das contribuições.

Art. 37. A renda mensal inicial, recalculada de acordo com o disposto no art. 35, deve ser reajustada como a dos benefícios correspondentes com igual data de início e substituirá, a partir da data do requerimento de revisão do valor do benefício, a renda mensal que prevalecia até então. (NR) *(Redação dada pela Lei Complementar n. 150, de 1.6.15, DOU 2.6.15)*

Art. 38. Sem prejuízo do disposto no art. 35, cabe à Previdência Social manter cadastro dos segurados com todos os informes necessários para o cálculo da renda mensal dos benefícios. (NR) *(Redação dada pela Lei Complementar n. 150, de 1.6.15, DOU 2.6.15)*

Art. 38-A. O Ministério da Previdência Social desenvolverá programa de cadastramento dos segurados especiais, observado o disposto nos §§ 4º e 5º do art. 17 desta Lei, podendo para tanto firmar convênio com órgãos federais, estaduais ou do Distrito Federal e dos Municípios, bem como com entidades de classe, em especial as respectivas confederações ou federações. *(Incluído pela Lei n. 11.718, de 20.6.2008, DOU 23.6.2008)*

§ 1º O programa de que trata o *caput* deste artigo deverá prever a manutenção e a atualização anual do cadastro e conter todas as informações necessárias à caracterização da condição de segurado especial. *(Redação dada pela Lei n. 13.134, de 16.6.15, DOU 17.6.15)*

§ 2º Da aplicação do disposto neste artigo não poderá resultar nenhum ônus para os segurados, sejam eles filiados ou não às entidades conveniadas. *(Incluído pela Lei n. 11.718, de 20.6.2008, DOU 23.6.2008)*

§ 3º O INSS, no ato de habilitação ou de concessão de benefício, deverá verificar a condição de segurado especial e, se for o caso, o pagamento da contribuição previdenciária, nos termos da Lei n. 8.212, de 24 de julho de 1991, considerando, dentre outros, o que consta do Cadastro Nacional de Informações Sociais (CNIS) de que trata o art. 29-A desta Lei. (NR) *(Redação dada pela Lei n. 13.134, de 16.6.15, DOU 17.6.15)*

Art. 38-B. O INSS utilizará as informações constantes do cadastro de que trata o art. 38-A para fins de comprovação do exercício da atividade e da condição do segurado especial e do respectivo grupo familiar. *(Redação dada pela Lei n. 13.134, de 16.6.15, DOU 17.6.15)*

PARÁGRAFO ÚNICO. Havendo divergências de informações, para fins de reconhecimento de direito com vistas à concessão de benefício, o INSS poderá exigir a apresentação dos documentos previstos no art. 106 desta Lei. *(Redação dada pela Lei n. 13.134, de 16.6.15, DOU 17.6.15)*

Art. 39. Para os segurados especiais, referidos no inciso VII do art. 11 desta Lei, fica garantida a concessão:

I — de aposentadoria por idade ou por invalidez, de auxílio-doença, de auxílio-reclusão ou de pensão, no valor de 1 (um) salário mínimo, e de auxílio-acidente, conforme disposto no art. 86, desde que comprove o exercício de atividade rural, ainda que de forma descontínua, no período, imediatamente anterior ao requerimento do benefício, igual ao número de meses correspondentes à carência do benefício requerido; ou *(Redação dada pela Lei n. 12.873, de 24.10.2013, DOU 25.10.2013)*

II — dos benefícios especificados nesta Lei, observados os critérios e a forma de cálculo estabelecidos, desde que contribuam facultativamente para a Previdência Social, na forma estipulada no Plano de Custeio da Seguridade Social.

PARÁGRAFO ÚNICO. Para a segurada especial fica garantida a concessão do salário-maternidade no valor de 1 (um) salário mínimo, desde que comprove o exercício de atividade rural, ainda que de forma descontínua, nos 12 (doze) meses imediatamente anteriores ao início do benefício. *(Incluído pela Lei n. 8.861, de 25.3.1994, DOU 28.3.1994)*

Art. 40. É devido abono anual ao segurado e ao dependente da Previdência Social que, durante o ano, recebeu auxílio-doença, auxílio-acidente ou aposentadoria, pensão por morte ou auxílio-reclusão. *(Vide Decreto n. 6.927, de 2009) (Vide Decreto n. 7.782, de 2012) (Vide Decreto n. 8.064, de 2013)*

PARÁGRAFO ÚNICO. O abono anual será calculado, no que couber, da mesma forma que a Gratificação de Natal dos trabalhadores, tendo por base o valor da renda mensal do benefício do mês de dezembro de cada ano.

Seção IV
Do Reajustamento do Valor dos Benefícios

Art. 41. *(Revogado pela lei n. 11.430, de 26.12.2006, DOU 27.12.2006)*

Art. 41-A. O valor dos benefícios em manutenção será reajustado, anualmente, na mesma data do reajuste do salário mínimo, pro rata, de acordo com suas respectivas datas de início ou do último reajustamento, com base no Índice Nacional de Preços ao Consumidor — INPC, apurado pela Fundação Instituto Brasileiro de Geografia e Estatística — IBGE. *(Incluído pela Lei n. 11.430, de 26.12.2006, DOU 27.12.2006)*

§ 1º Nenhum benefício reajustado poderá exceder o limite máximo do salário de benefício na data do reajustamento, respeitados os direitos adquiridos. *(Incluído pela Lei n. 11.430, de 26.12.2006, DOU 27.12.2006)*

§ 2º Os benefícios com renda mensal superior a um salário mínimo serão pagos do primeiro ao quinto dia útil do mês subsequente ao de sua competência, observada a distribuição proporcional do número de beneficiários por dia de pagamento. *(Redação dada pelo Lei n. 11.665, de 29.4.2008, DOU 30.4.2008).*

§ 3º Os benefícios com renda mensal no valor de até um salário mínimo serão pagos no período compreendido entre o quinto dia útil que anteceder o final do mês de sua competência e o quinto dia útil do mês subsequente, observada a distribuição proporcional dos beneficiários por dia de pagamento. *(Redação dada pelo Lei n. 11.665, de 29.4.2008, DOU 30.4.2008).*

§ 4º Para os efeitos dos §§ 2º e 3º deste artigo, considera-se dia útil aquele de expediente bancário com horário normal de atendimento. *(Redação dada pelo Lei n. 11.665, de 29.4.2008, DOU 30.4.2008).*

§ 5º O primeiro pagamento do benefício será efetuado até quarenta e cinco dias após a data da apresentação, pelo segurado, da documentação necessária a sua concessão. *(Incluído pelo Lei n. 11.665, de 29.4.2008, DOU 30.4.2008).*

§ 6º Para os benefícios que tenham sido majorados devido à elevação do salário mínimo, o referido aumento deverá ser compensado no momento da aplicação do disposto no *caput* deste artigo, de acordo com normas a serem baixadas pelo Ministério da Previdência Social. *(Incluído pelo Lei n. 11.665, de 29.4.2008, DOU 30.4.2008).*

Seção V
Dos Benefícios

Subseção I
Da Aposentadoria por Invalidez

Art. 42. A aposentadoria por invalidez, uma vez cumprida, quando for o caso, a carência exigida, será devida ao segurado que, estando ou não em gozo de auxílio-doença, for considerado incapaz e insusceptível de reabilitação para o exercício de atividade que lhe garanta a subsistência, e ser-lhe-á paga enquanto permanecer nesta condição.

§ 1º A concessão de aposentadoria por invalidez dependerá da verificação da condição de incapacidade mediante exame médico-pericial a cargo da Previdência Social, podendo o segurado, às suas expensas, fazer-se acompanhar de médico de sua confiança.

§ 2º A doença ou lesão de que o segurado já era portador ao filiar-se ao Regime Geral de Previdência Social não lhe conferirá direito à aposentadoria por invalidez, salvo quando a incapacidade sobrevier por motivo de progressão ou agravamento dessa doença ou lesão.

Art. 43. A aposentadoria por invalidez será devida a partir do dia imediato ao da cessação do auxílio-doença, ressalvado o disposto nos §§ 1º, 2º e 3º deste artigo.

§ 1º Concluindo a perícia médica inicial pela existência de incapacidade total e definitiva para o trabalho, a aposentadoria por invalidez será devida: *(Redação dada pela Lei n. 9.032, de 28.4.1995, DOU 29.4.1995)*

a) ao segurado empregado, a contar do décimo sexto dia do afastamento da atividade ou a partir da entrada do requerimento, se entre o afastamento e a entrada do requerimento decorrerem mais de trinta dias; *(Redação dada pela Lei n. 9.876, de 26.11.99, DOU 29.11.99 e rep. DOU 6.12.99)*

b) ao segurado empregado doméstico, trabalhador avulso, contribuinte individual, especial e facultativo, a contar da data do início da incapacidade ou da data da entrada do requerimento, se entre essas datas decorrerem mais de trinta dias. *(Redação Dada pela Lei n. 9.876, 26.11.1999, DOU 29.11.1999, Ed. Extra)*

§ 2º Durante os primeiros quinze dias de afastamento da atividade por motivo de invalidez, caberá à empresa pagar ao segurado empregado o salário. *(Redação Dada pela Lei n. 9.876, 26.11.1999, DOU 29.11.1999, Ed. Extra)*

§ 3º *(Revogado pela Lei n. 9.032, de 28.4.1995, DOU 29.4.1995)*

§ 4º O segurado aposentado por invalidez poderá ser convocado a qualquer momento para avaliação das condições que ensejaram o afastamento ou a aposentadoria, concedida judicial ou administrativamente, observado o disposto no art. 101 desta Lei. (NR). *(Incluído pela Lei n. 13.457, de 26.6.17, DOU 27.6.17)*

Art. 44. A aposentadoria por invalidez, inclusive a decorrente de acidente do trabalho, consistirá numa renda mensal correspondente a 100% (cem por cento) do salário de benefício, observado o disposto na Seção III, especialmente no art. 33 desta Lei. *(Redação dada pela Lei n. 9.032, de 28.4.1995, DOU 29.4.1995)*

§ 1º *(Revogado pela Lei n. 9.528, de 10.12.1997, DOU 11.12.1997)*

§ 2º Quando o acidentado do trabalho estiver em gozo de auxílio-doença, o valor da aposentadoria por invalidez será igual ao do auxílio-doença se este, por força de reajustamento, for superior ao previsto neste artigo.

Art. 45. O valor da aposentadoria por invalidez do segurado que necessitar da assistência permanente de outra pessoa será acrescido de 25% (vinte e cinco por cento).

PARÁGRAFO ÚNICO. O acréscimo de que trata este artigo:

a) será devido ainda que o valor da aposentadoria atinja o limite máximo legal;

b) será recalculado quando o benefício que lhe deu origem for reajustado;

c) cessará com a morte do aposentado, não sendo incorporável ao valor da pensão.

Art. 46. O aposentado por invalidez que retornar voluntariamente à atividade terá sua aposentadoria automaticamente cancelada, a partir da data do retorno.

Art. 47. Verificada a recuperação da capacidade de trabalho do aposentado por invalidez, será observado o seguinte procedimento:

I — quando a recuperação ocorrer dentro de 5 (cinco) anos, contados da data do início da aposentadoria por invalidez ou do auxílio-doença que a antecedeu sem interrupção, o benefício cessará:

a) de imediato, para o segurado empregado que tiver direito a retornar à função que desempenhava na empresa quando se aposentou, na forma da legislação trabalhista, valendo como documento, para tal fim, o certificado de capacidade fornecido pela Previdência Social; ou

b) após tantos meses quantos forem os anos de duração do auxílio-doença ou da aposentadoria por invalidez, para os demais segurados;

II — quando a recuperação for parcial, ou ocorrer após o período do inciso I, ou ainda quando o segurado for declarado apto para o exercício de trabalho diverso do qual habitualmente exercia, a aposentadoria será mantida, sem prejuízo da volta à atividade:

a) no seu valor integral, durante 6 (seis) meses contados da data em que for verificada a recuperação da capacidade;

b) com redução de 50% (cinquenta por cento), no período seguinte de 6 (seis) meses;

c) com redução de 75% (setenta e cinco por cento), também por igual período de 6 (seis) meses, ao término do qual cessará definitivamente.

Subseção II
Da Aposentadoria por Idade

Art. 48. A aposentadoria por idade será devida ao segurado que, cumprida a carência exigida nesta Lei, completar 65 (sessenta e cinco) anos de idade, se homem, e 60 (sessenta), se mulher. *(Redação dada pela Lei n. 9.032, de 28.4.1995, DOU 29.4.1995)*

§ 1º Os limites fixados no *caput* são reduzidos para sessenta e cinquenta e cinco anos no caso de trabalhadores rurais, respectivamente homens e mulheres, referidos na alínea *a* do inciso I, na alínea *g* do inciso V e nos incisos VI e VII do art. 11. *(Redação dada pela Lei n. 9.876, 26.11.1999, DOU 29.11.1999, Ed. Extra)*

§ 2º Para os efeitos do disposto no § 1º deste artigo, o trabalhador rural deve comprovar o efetivo exercício de atividade rural, ainda que de forma descontínua, no período imediatamente anterior ao requerimento do benefício, por tempo igual ao número de meses de contribuição correspondente à carência do benefício pretendido, computado o período a que se referem os incisos III a VIII do § 9º do art. 11 desta Lei. *(Redação dada pela Lei n. 11.718, de 20.6.2008, DOU 23.6.2008)*

§ 3º Os trabalhadores rurais de que trata o § 1º deste artigo que não atendam ao disposto no § 2º deste artigo, mas que satisfaçam essa condição, se forem considerados períodos de contribuição sob outras categorias do segurado, farão jus ao benefício ao completarem 65 (sessenta e cinco) anos de idade, se homem, e 60 (sessenta) anos, se mulher. *(Incluído pela Lei n. 11.718, de 20.6.2008, DOU 23.6.2008)*

§ 4º Para efeito do § 3º deste artigo, o cálculo da renda mensal do benefício será apurado de acordo com o disposto no inciso II do *caput* do art. 29 desta Lei, considerando-se como salário de contribuição mensal do período como segurado especial o limite mínimo de salário de contribuição da Previdência Social. *(Incluído pela Lei n. 11.718, de 20.6.2008, DOU 23.6.2008)*

Art. 49. A aposentadoria por idade será devida:

I — ao segurado empregado, inclusive o doméstico, a partir:

a) da data do desligamento do emprego, quando requerida até essa data ou até 90 (noventa) dias depois dela; ou

b) da data do requerimento, quando não houver desligamento do emprego ou quando for requerida após o prazo previsto na alínea "a";

II — para os demais segurados, da data da entrada do requerimento.

Art. 50. A aposentadoria por idade, observado o disposto na Seção III deste Capítulo, especialmente no art. 33, consistirá numa renda mensal de 70% (setenta por cento) do salário de benefício, mais 1% (um por cento) deste, por grupo de 12 (doze) contribuições, não podendo ultrapassar 100% (cem por cento) do salário de benefício.

Art. 51. A aposentadoria por idade pode ser requerida pela empresa, desde que o segurado empregado tenha cumprido o período de carência e completado 70 (setenta) anos de idade, se do sexo masculino, ou 65 (sessenta e cinco) anos, se do sexo feminino, sendo compulsória, caso em que será garantida ao empregado a indenização prevista na legislação trabalhista, considerada como data da rescisão do contrato de trabalho a imediatamente anterior à do início da aposentadoria.

Subseção III
Da Aposentadoria por Tempo de Serviço

Art. 52. A aposentadoria por tempo de serviço será devida, cumprida a carência exigida nesta Lei, ao segurado que completar 25 (vinte e cinco) anos de serviço, se do sexo feminino, ou 30 (trinta) anos, se do sexo masculino.

Art. 53. A aposentadoria por tempo de serviço, observado o disposto na Seção III deste Capítulo, especialmente no art. 33, consistirá numa renda mensal de:

I — para a mulher: 70% (setenta por cento) do salário de benefício aos 25 (vinte e cinco) anos de serviço, mais 6% (seis por cento) deste, para cada novo ano completo de atividade, até o máximo de 100% (cem por cento) do salário de benefício aos 30 (trinta) anos de serviço;

II — para o homem: 70% (setenta por cento) do salário de benefício aos 30 (trinta) anos de serviço, mais 6% (seis por cento) deste, para cada novo ano completo de atividade, até o máximo de 100% (cem por cento) do salário de benefício aos 35 (trinta e cinco) anos de serviço.

Art. 54. A data do início da aposentadoria por tempo de serviço será fixada da mesma forma que a da aposentadoria por idade, conforme o disposto no art. 49.

Art. 55. O tempo de serviço será comprovado na forma estabelecida no Regulamento, compreendendo, além do correspondente às atividades de qualquer das categorias de segurados de que trata o art. 11 desta Lei, mesmo que anterior à perda da qualidade de segurado:

I — o tempo de serviço militar, inclusive o voluntário, e o previsto no § 1º do art. 143 da Constituição Federal, ainda que anterior à filiação ao Regime Geral de Previdência Social, desde que não tenha sido contado para inatividade remunerada nas Forças Armadas ou aposentadoria no serviço público;

II — o tempo intercalado em que esteve em gozo de auxílio-doença ou aposentadoria por invalidez;

III — o tempo de contribuição efetuada como segurado facultativo; *(Redação dada pela Lei n. 9.032, de 28.4.1995, DOU 29.4.1995)*

IV — o tempo de serviço referente ao exercício de mandato eletivo federal, estadual ou municipal, desde que não tenha sido contado para efeito de aposentadoria por outro regime de previdência social; *(Redação dada pela Lei n. 9.506, de 30.10.1997, DOU 31.10.1997)*

V — o tempo de contribuição efetuado por segurado depois de ter deixado de exercer atividade remunerada que o enquadrava no art. 11 desta Lei;

VI — o tempo de contribuição efetuado com base nos *arts. 8º e 9º da Lei n. 8.162, de 8 de janeiro de 1991*, pelo segurado definido no artigo 11, inciso I, alínea *g*, desta Lei, sendo tais contribuições computadas para efeito de carência. *(Incluído pela Lei n. 8.647, de 13.4.1993, DOU 14.4.1993)*

§ 1º A averbação de tempo de serviço durante o qual o exercício da atividade não determinava filiação obrigatória ao anterior Regime de Previdência Social Urbana só será admitida mediante o recolhimento das contribuições correspondentes, conforme dispuser o Regulamento, observado o disposto no § 2º.

§ 2º O tempo de serviço do segurado trabalhador rural, anterior à data de início de vigência desta Lei, será computado independentemente do recolhimento das contribuições a ele correspondentes, exceto para efeito de carência, conforme dispuser o Regulamento.

§ 3º A comprovação do tempo de serviço para os efeitos desta Lei, inclusive mediante justificação administrativa ou judicial, conforme o disposto no art. 108, só produzirá efeito quando baseada em início de prova material, não sendo admitida prova exclusivamente testemunhal, salvo na ocorrência de motivo de força maior ou caso fortuito, conforme disposto no Regulamento.

§ 4º Não será computado como tempo de contribuição, para efeito de concessão do benefício de que trata esta subseção, o período em que o segurado contribuinte individual ou facultativo tiver contribuído na forma do § 2º do art. 21 da Lei n. 8.212, de 24 de julho de 1991, salvo se tiver complementado as contribuições na forma do § 3º do mesmo artigo. *(Incluído pela Lei Complementar n. 123, de 14.12.2006, DOU 15.12.2006)*

Art. 56. O professor, após 30 (trinta) anos, e a professora, após 25 (vinte e cinco) anos de efetivo exercício em funções de magistério poderão aposentar-se por tempo de serviço, com renda mensal correspondente a 100% (cem por cento) do salário de benefício, observado o disposto na Seção III deste Capítulo.

Subseção IV
Da Aposentadoria Especial

Art. 57. A aposentadoria especial será devida, uma vez cumprida a carência exigida nesta Lei, ao segurado que tiver trabalhado sujeito a condições especiais que prejudiquem a saúde ou a integridade física, durante 15 (quinze), 20 (vinte) ou 25 (vinte e cinco) anos, conforme dispuser a lei. *(Redação dada pela Lei n. 9.032, de 28.4.1995, DOU 29.4.1995)*

§ 1º A aposentadoria especial, observado o disposto no art. 33 desta Lei, consistirá numa renda mensal equivalente a 100% (cem por cento) do salário de benefício. *(Redação dada pela Lei n. 9.032, de 28.4.1995, DOU 29.4.1995)*

§ 2º A data de início do benefício será fixada da mesma forma que a da aposentadoria por idade, conforme o disposto no art. 49.

§ 3º A concessão da aposentadoria especial dependerá de comprovação pelo segurado, perante o Instituto Nacional do Seguro Social — INSS, do tempo de trabalho permanente, não ocasional nem intermitente, em condições especiais que prejudiquem a saúde ou a integridade física, durante o período mínimo fixado. *(Redação dada pela Lei n. 9.032, de 28.4.1995, DOU 29.4.1995)*

§ 4º O segurado deverá comprovar, além do tempo de trabalho, exposição aos agentes nocivos químicos, físicos, biológicos ou associação de agentes prejudiciais à saúde ou à integridade física, pelo período equivalente ao exigido para a concessão do benefício. *(Redação dada pela Lei n. 9.032, de 28.4.1995, DOU 29.4.1995)*

§ 5º O tempo de trabalho exercido sob condições especiais que sejam ou venham a ser consideradas prejudiciais à saúde ou à integridade física será somado, após a respectiva conversão ao tempo de trabalho exercido em atividade comum, segundo critérios estabelecidos pelo Ministério da Previdência e Assistência Social, para efeito de concessão de qualquer benefício. *(Incluído pela Lei n. 9.032, de 28.4.1995, DOU 29.4.1995)*

§ 6º O benefício previsto neste artigo será financiado com os recursos provenientes da contribuição de que trata o inciso II do art. 22 da Lei n. 8.212, de 24 de julho de 1991, cujas alíquotas serão acrescidas de doze, nove ou seis pontos percentuais, conforme a atividade exercida pelo segurado a serviço da empresa permita a concessão de aposentadoria especial após quinze, vinte ou vinte e cinco anos de contribuição, respectivamente. *(Redação dada pela Lei n. 9.732, de 11.12.98) (Vide Lei n. 9.732, de 11.12.1998, DOU 14.12.1998)*

§ 7º O acréscimo de que trata o parágrafo anterior incide exclusivamente sobre a remuneração do segurado sujeito às condições especiais referidas no *caput*. *(Incluído pela Lei n. 9.732, de 11.12.1998. DOU 14.12.1998)*

§ 8º Aplica-se o disposto no art. 46 ao segurado aposentado nos termos deste artigo que continuar no exercício de atividade ou operação que o sujeite aos agentes nocivos constantes da relação referida no art. 58 desta Lei. *(Incluído pela Lei n. 9.732, de 11.12.1998, DOU 14.12.1998)*

Art. 58. A relação dos agentes nocivos químicos, físicos e biológicos ou associação de agentes prejudiciais à saúde ou à integridade física considerados para fins de concessão da aposentadoria especial de que trata o artigo anterior será definida pelo Poder Executivo. *(Redação dada pela Lei n. 9.528, de 10.12.1997, DOU 11.12.1997)*

§ 1º A comprovação da efetiva exposição do segurado aos agentes nocivos será feita mediante formulário, na forma estabelecida pelo Instituto Nacional do Seguro Social — INSS, emitido pela empresa ou seu preposto, com base em laudo técnico de condições ambientais do trabalho expedido por médico do trabalho ou engenheiro de segurança do trabalho nos termos da legislação trabalhista. *(Redação dada pela Lei n. 9.732, de 11.12.1998, DOU 14.12.1998)*

§ 2º Do laudo técnico referido no parágrafo anterior deverão constar informação sobre a existência de tecnologia de proteção coletiva ou individual que diminua a intensidade do agente agressivo a limites de tolerância e recomendação sobre a sua adoção pelo estabelecimento respectivo. *(Redação dada pela Lei n. 9.732, de 11.12.1998, 14.12.1998)*

§ 3º A empresa que não mantiver laudo técnico atualizado com referência aos agentes nocivos existentes no ambiente de trabalho de seus trabalhadores ou que emitir documento de comprovação de efetiva exposição em desacordo com o respectivo laudo estará sujeita à penalidade prevista no art. 133 desta Lei. *(Incluído pela Lei n. 9.528, de 10.12.1997, DOU 11.12.1997)*

§ 4º A empresa deverá elaborar e manter atualizado perfil profissiográfico abrangendo as atividades desenvolvidas pelo trabalhador e fornecer a este, quando da rescisão do contrato de trabalho, cópia autêntica desse documento. *(Incluído pela Lei n. 9.528, de 10.12.1997, DOU 11.12.1997)*

Subseção V
Do Auxílio-Doença

Art. 59. O auxílio-doença será devido ao segurado que, havendo cumprido, quando for o caso, o período de carência exigido nesta Lei, ficar incapacitado para o seu trabalho ou para a sua atividade habitual por mais de 15 (quinze) dias consecutivos.

PARÁGRAFO ÚNICO. Não será devido auxílio-doença ao segurado que se filiar ao Regime Geral de Previdência Social já portador da doença ou da lesão invocada como causa para o benefício, salvo quando a incapacidade sobrevier por motivo de progressão ou agravamento dessa doença ou lesão.

Art. 60. O auxílio-doença será devido ao segurado empregado a contar do décimo sexto dia do afastamento da atividade, e, no caso dos demais segurados, a contar da data do início da incapacidade e enquanto ele permanecer incapaz. *(Redação dada pela Lei n. 9.876, de 26.11.99, DOU 29.11.99 e ret. no DOU 6.12.99)*

§ 1º Quando requerido por segurado afastado da atividade por mais de 30 (trinta) dias, o auxílio-doença será devido a contar da data da entrada do requerimento.

§ 2º *(Revogado pela Lei n. 9.032, de 28.4.95, DOU 29.4.95)*

§ 3º Durante os primeiros quinze dias consecutivos ao do afastamento da atividade por motivo de doença, incumbirá à empresa pagar ao segurado empregado o seu salário integral. *(Redação dada pela Lei n. 9.876, de 26.11.99, DOU 29.11.99 e ret. no DOU 6.12.99)*

§ 4º A empresa que dispuser de serviço médico, próprio ou em convênio, terá a seu cargo o exame médico e o abono das faltas correspondentes ao período referido no § 3º, somente devendo encaminhar o segurado à perícia médica da Previdência Social quando a incapacidade ultrapassar 15 (quinze) dias.

§ 5º Nos casos de impossibilidade de realização de perícia médica pelo órgão ou setor próprio competente, assim como de efetiva incapacidade física ou técnica de implementação das atividades e de atendimento adequado à clientela da previdência social, o INSS poderá, sem ônus para os segurados, celebrar, nos termos do regulamento, convênios, termos de execução descentralizada, termos de fomento ou de colaboração, contratos não onerosos ou acordos de cooperação técnica para realização de perícia médica, por delegação ou simples cooperação técnica, sob sua coordenação e supervisão, com: *(Redação dada pela Lei n. 13.135, de 17.6.15, DOU 18.6.15)*

I — órgãos e entidades públicos ou que integrem o Sistema Único de Saúde (SUS); *(Redação dada pela Lei n. 13.135, de 17.6.15, DOU 18.6.15)*

II — (VETADO); *(Lei n. 13.135, de 17.6.15, DOU 18.6.15)*

III — (VETADO). *(Lei n. 13.135, de 17.6.15, DOU 18.6.15)*

§ 6º O segurado que durante o gozo do auxílio-doença vier a exercer atividade que lhe garanta subsistência poderá ter o benefício cancelado a partir do retorno à atividade. *(Redação dada pela Lei n. 13.135, de 17.6.15, DOU 18.6.15)*

§ 7º Na hipótese do § 6º, caso o segurado, durante o gozo do auxílio-doença, venha a exercer atividade diversa daquela que gerou o benefício, deverá ser verificada a incapacidade para cada uma das atividades exercidas. (NR) *(Redação dada pela Lei n. 13.135, de 17.6.15, DOU 18.6.15)*

§ 8º Sempre que possível, o ato de concessão ou de reativação de auxílio-doença, judicial ou administrativo, deverá fixar o prazo estimado para a duração do benefício. *(Incluído pela Lei n. 13.457, de 26.6.17, DOU 27.6.17)*

§ 9º Na ausência de fixação do prazo de que trata o § 8º deste artigo, o benefício cessará após o prazo de cento e vinte dias, contado da data de concessão ou de reativação do auxílio-doença, exceto se o segurado requerer a sua prorrogação perante o INSS, na forma do regulamento, observado o disposto no art. 62 desta Lei. *(Incluído pela Lei n. 13.457, de 26.6.17, DOU 27.6.17)*

§ 10. O segurado em gozo de auxílio-doença, concedido judicial ou administrativamente, poderá ser convocado a qualquer momento para avaliação das condições que ensejaram sua concessão ou manutenção, observado o disposto no art. 101 desta Lei. *(Incluído pela Lei n. 13.457, de 26.6.17, DOU 27.6.17)*

§ 11. O segurado que não concordar com o resultado da avaliação da qual dispõe o § 10 deste artigo poderá apresentar, no prazo máximo de trinta dias, recurso da decisão da administração perante o Conselho de Recursos do Seguro Social, cuja análise médica pericial, se necessária, será feita pelo assistente técnico médico da junta de recursos do seguro social, perito diverso daquele que indeferiu o benefício. (NR) *(Incluído pela Lei n. 13.457, de 26.6.17, DOU 27.6.17)*

Art. 61. O auxílio-doença, inclusive o decorrente de acidente do trabalho, consistirá numa renda mensal correspondente a 91% (noventa e um por cento) do salário de benefício, observado o disposto na Seção III, especialmente no art. 33 desta Lei. *(Redação dada pela Lei n. 9.032, de 28.4.95, DOU 29.4.95)*

Art. 62. O segurado em gozo de auxílio-doença, insuscetível de recuperação para sua atividade habitual, deverá submeter-se a processo de reabilitação profissional para o exercício de outra atividade. *(Incluído pela Lei n. 13.457, de 26.6.17, DOU 27.6.17)*

PARÁGRAFO ÚNICO. O benefício a que se refere o *caput* deste artigo será mantido até que o segurado seja considerado reabilitado para o desempenho de atividade que lhe garanta a subsistência ou, quando considerado não recuperável, seja aposentado por invalidez. (NR) *(Incluído pela Lei n. 13.457, de 26.6.17, DOU 27.6.17)*

Art. 63. O segurado empregado, inclusive o doméstico, em gozo de auxílio-doença será considerado pela empresa e pelo empregador doméstico como licenciado. *(Redação dada pela Lei Complementar n. 150, de 1.6.15, DOU 2.6.15)*

PARÁGRAFO ÚNICO. A empresa que garantir ao segurado licença remunerada ficará obrigada a pagar-lhe durante o período de auxílio-doença a eventual diferença entre o valor deste e a importância garantida pela licença.

Art. 64. *(Revogado pela Lei n. 9.032, de 28.4.95, DOU 29.4.95)*

Subseção VI
Do Salário-Família

Art. 65. O salário-família será devido, mensalmente, ao segurado empregado, inclusive o doméstico, e ao segurado trabalhador avulso, na proporção do respectivo número de filhos ou equiparados nos termos do § 2º do art. 16 desta Lei, observado o disposto no art. 66. *(Redação dada pela Lei Complementar n. 150, de 1.6.15, DOU 2.6.15)*

PARÁGRAFO ÚNICO. O aposentado por invalidez ou por idade e os demais aposentados com 65 (sessenta e cinco) anos ou mais de idade, se do sexo masculino, ou 60 (sessenta) anos ou mais, se do feminino, terão direito ao salário-família, pago juntamente com a aposentadoria.

Art. 66. O valor da cota do salário-família por filho ou equiparado de qualquer condição, até 14 (quatorze) anos de idade ou inválido de qualquer idade é de:

I — Cr$ 1.360,00 (um mil trezentos e sessenta cruzeiros), para o segurado com remuneração mensal não superior a Cr$ 51.000,00 (cinquenta e um mil cruzeiros);(*)

II — Cr$ 170,00 (cento e setenta cruzeiros), para o segurado com remuneração mensal superior a Cr$ 51.000,00 (cinquenta e um mil cruzeiros).

Art. 67. O pagamento do salário-família é condicionado à apresentação da certidão de nascimento do filho ou da documentação relativa ao equiparado ou ao inválido, e à apresentação anual de atestado de vacinação obrigatória e de comprovação de frequência à escola do filho ou equiparado, nos termos do regulamento. *(Redação dada pela Lei n. 9.876, de 26.11.99, DOU 29.11.99 e Retif. DOU 6.12.99)*

PARÁGRAFO ÚNICO. O empregado doméstico deve apresentar apenas a certidão de nascimento referida no *caput*. (NR) *(Redação dada pela Lei Complementar n. 150, de 1.6.15, DOU 2.6.15)*

Art. 68. As cotas do salário-família serão pagas pela empresa ou pelo empregador doméstico, mensalmente, junto com o salário, efetivando-se a compensação quando do recolhimento das contribuições, conforme dispuser o Regulamento. *(Redação dada pela Lei Complementar n. 150, de 1.6.15, DOU 2.6.15)*

§ 1º A empresa ou o empregador doméstico conservarão durante 10 (dez) anos os comprovantes de pagamento e as cópias das certidões correspondentes, para fiscalização da Previdência Social. *(Redação dada pela Lei Complementar n. 150, de 1.6.15, DOU 2.6.15)*

§ 2º Quando o pagamento do salário não for mensal, o salário-família será pago juntamente com o último pagamento relativo ao mês.

Art. 69. O salário-família devido ao trabalhador avulso poderá ser recebido pelo sindicato de classe respectivo, que se incumbirá de elaborar as folhas correspondentes e de distribuí-lo.

Art. 70. A cota do salário-família não será incorporada, para qualquer efeito, ao salário ou ao benefício.

Subseção VII
Do Salário-Maternidade

Art. 71. O salário-maternidade é devido à segurada da Previdência Social, durante 120 (cento e vinte) dias, com início no período entre 28 (vinte e oito) dias antes do parto e a data de ocorrência deste, observadas as situações e condições previstas na legislação no que concerne à proteção à maternidade. *(Redação dada pela Lei n. 10.710, de 5.8.2003, DOU 6.8.03)*

PARÁGRAFO ÚNICO. *(Revogado pela Lei n. 9.528, de 10.12.97, DOU 11.12.97)*

Art. 71-A. Ao segurado ou segurada da Previdência Social que adotar ou obtiver guarda judicial para fins de adoção de criança é devido salário-maternidade pelo período de 120 (cento e vinte) dias.

§ 1º O salário-maternidade de que trata este artigo será pago diretamente pela Previdência Social.

§ 2º Ressalvado o pagamento do salário-maternidade à mãe biológica e o disposto no art. 71-B, não poderá ser concedido o benefício a mais de um segurado, decorrente do mesmo processo de adoção ou guarda, ainda que os cônjuges ou companheiros estejam submetidos a Regime Próprio de Previdência Social. (NR) *(Redação do caput e parágrafos dada pela Lei n. 12.873, de 24.10.13, DOU 25.10.13)*

Art. 71-B. No caso de falecimento da segurada ou segurado que fizer jus ao recebimento do salário-maternidade, o benefício será pago, por todo o período ou pelo tempo restante a que teria direito, ao cônjuge ou companheiro sobrevivente que tenha a qualidade de segurado, exceto no caso do falecimento do filho ou de seu abandono, observadas as normas aplicáveis ao salário-maternidade.

§ 1º O pagamento do benefício de que trata o *caput* deverá ser requerido até o último dia do prazo previsto para o término do salário-maternidade originário.

§ 2º O benefício de que trata o *caput* será pago diretamente pela Previdência Social durante o período entre a data do óbito e o último dia do término do salário-maternidade originário e será calculado sobre:

I — a remuneração integral, para o empregado e trabalhador avulso;

II — o último salário de contribuição, para o empregado doméstico;

III — 1/12 (um doze avos) da soma dos 12 (doze) últimos salários de contribuição, apurados em um período não superior a 15 (quinze) meses, para o contribuinte individual, facultativo e desempregado; e

IV — o valor do salário mínimo, para o segurado especial.

§ 3º Aplica-se o disposto neste artigo ao segurado que adotar ou obtiver guarda judicial para fins de adoção. *(Redação do caput, parágrafos e incisos dada pela Lei n. 12.873, de 24.10.13, DOU 25.10.13)*

Art. 71-C. A percepção do salário-maternidade, inclusive o previsto no art. 71-B, está condicionada ao afastamento do segurado do trabalho ou da atividade desempenhada, sob pena de suspensão do benefício. *(Redação dada pela Lei n. 12.873, de 24.10.13, DOU 25.10.13)*

Art. 72. O salário-maternidade para a segurada empregada ou trabalhadora avulsa consistirá numa renda mensal igual a sua remuneração integral. *(Redação dada pela Lei n. 9.876, de 26.11.99, DOU 29.11.99 e Retif. DOU 6.12.99)*

§ 1º Cabe à empresa pagar o salário-maternidade devido à respectiva empregada gestante, efetivando-se a compensação, observado o disposto no art. 248 da Constituição Federal, quando do recolhimento das contribuições incidentes sobre a folha de salários e demais rendimentos pagos ou creditados, a qualquer título, à pessoa física que lhe preste serviço. *(Incluído pela Lei n. 10.710, de 5.8.2003)*

§ 2º A empresa deverá conservar durante 10 (dez) anos os comprovantes dos pagamentos e os atestados correspondentes para exame pela fiscalização da Previdência Social. *(Incluído pela Lei n. 10.710, de 5.8.2003)*

(*) V. Art. 81, do Decreto n. 3.048, de 6.5.1999, em que está publicado o art. 4º da Portaria MF n. 8, de 13 de janeiro de 2017, DOU 16.1.17, que fixa o valor do Salário-Família.

§ 3º O salário-maternidade devido à trabalhadora avulsa e à empregada do microempreendedor individual de que trata o art. 18-A da Lei Complementar n. 123, de 14 de dezembro de 2006, será pago diretamente pela Previdência Social. *(Redação dada pela Lei n. 12.470, de 31.8.11, DOU 1.9.11)*

Art. 73. Assegurado o valor de um salário-mínimo, o salário-maternidade para as demais seguradas, pago diretamente pela Previdência Social, consistirá: *(Redação dada pela Lei n. 10.710, de 5.8.2003)*

I — em um valor correspondente ao do seu último salário de contribuição, para a segurada empregada doméstica; *(Incluído pela Lei n. 9.876, de 26.11.99, DOU 29.11.99 e Retif. DOU 6.12.99)*

II — em um doze avos do valor sobre o qual incidiu sua última contribuição anual, para a segurada especial; *(Incluído pela Lei n. 9.876, de 26.11.99, DOU 29.11.99 e Retif. DOU 6.12.99)*

III — em um doze avos da soma dos doze últimos salários de contribuição, apurados em um período não superior a quinze meses, para as demais seguradas. *(Acrescentado pela Lei n. 9.876, de 26.11.99, DOU 29.11.99 e Retif. DOU 6.12.99)*

Subseção VIII
Da Pensão por Morte

Art. 74. A pensão por morte será devida ao conjunto dos dependentes do segurado que falecer, aposentado ou não, a contar da data: *(Redação dada pela Lei n. 9.528, de 10.12.1997, DOU 11.12.1997)*

I — do óbito, quando requerida até noventa dias depois deste; (NR) *(Redação dada pela Lei n. 13.183, de 4.11.15, DOU 5.11.15)*

II — do requerimento, quando requerida após o prazo previsto no inciso anterior; *(Incluído pela Lei n. 9.528, de 10.12.1997, DOU 11.12.1997)*

III — da decisão judicial, no caso de morte presumida. *(Incluído pela Lei n. 9.528, de 10.12.1997, DOU 11.12.1997)*

§ 1º Perde o direito à pensão por morte, após o trânsito em julgado, o condenado pela prática de crime de que tenha dolosamente resultado a morte do segurado. *(Redação dada pela Lei n. 13.135, de 17.6.15, DOU 18.6.15)*

§ 2º Perde o direito à pensão por morte o cônjuge, o companheiro ou a companheira se comprovada, a qualquer tempo, simulação ou fraude no casamento ou na união estável, ou a formalização desses com o fim exclusivo de constituir benefício previdenciário, apuradas em processo judicial no qual será assegurado o direito ao contraditório e à ampla defesa. (NR) *(Redação dada pela Lei n. 13.135, de 17.6.15, DOU 18.6.15)*

Art. 75. O valor mensal da pensão por morte será de cem por cento do valor da aposentadoria que o segurado recebia ou daquela a que teria direito se estivesse aposentado por invalidez na data de seu falecimento, observado o disposto no art. 33 desta lei. *(Redação dada pela Lei n. 9.528, de 10.12.1997, DOU 11.12.1997)*

Art. 76. A concessão da pensão por morte não será protelada pela falta de habilitação de outro possível dependente, e qualquer inscrição ou habilitação posterior que importe em exclusão ou inclusão de dependente só produzirá efeito a contar da data da inscrição ou habilitação.

§ 1º O cônjuge ausente não exclui do direito à pensão por morte o companheiro ou a companheira, que somente fará jus ao benefício a partir da data de sua habilitação e mediante prova de dependência econômica.

§ 2º O cônjuge divorciado ou separado judicialmente ou de fato que recebia pensão de alimentos concorrerá em igualdade de condições com os dependentes referidos no inciso I do art. 16 desta Lei.

Art. 77. A pensão por morte, havendo mais de um pensionista, será rateada entre todos em parte iguais. *(Redação dada pela Lei n. 9.032, de 28.4.1995, DOU 29.4.1995)*

§ 1º Reverterá em favor dos demais a parte daquele cujo direito à pensão cessar. *(Redação dada pela Lei n. 9.032, de 28.4.1995, DOU 29.4.1995)*

§ 2º O direito à percepção de cada cota individual cessará: *(Redação dada pela Lei n. 13.135, de 17.6.15, DOU 18.6.15)*

I — pela morte do pensionista; *(Incluído pela Lei n. 9.032, de 28.4.1995, DOU 29.4.1995)*

II — para o filho, a pessoa a ele equiparada ou o irmão, de ambos os sexos, ao completar vinte e um anos de idade, salvo se for inválido ou tiver deficiência intelectual ou mental ou deficiência grave; *[Redação dada pela Lei n. 13.183, de 4.11.15, DOU 5.11.15, com vigência a partir de 3.1.16 (art. 8º da Lei)]*

III — para filho ou irmão inválido, pela cessação da invalidez; *(Redação dada pela Lei n. 13.135, de 17.6.15, DOU 18.6.15)*

IV — para filho ou irmão que tenha deficiência intelectual ou mental ou deficiência grave, pelo afastamento da deficiência, nos termos do regulamento; *(Redação dada pela Lei n. 13.135, de 17.6.15, DOU 18.6.15)*

V — para cônjuge ou companheiro:

a) se inválido ou com deficiência, pela cessação da invalidez ou pelo afastamento da deficiência, respeitados os períodos mínimos decorrentes da aplicação das alíneas "b" e "c"; *(Redação dada pela Lei n. 13.135, de 17.6.15, DOU 18.6.15)*

b) em 4 (quatro) meses, se o óbito ocorrer sem que o segurado tenha vertido 18 (dezoito) contribuições mensais ou se o casamento ou a união estável tiverem sido iniciados em menos de 2 (dois) anos antes do óbito do segurado; *(Redação dada pela Lei n. 13.135, de 17.6.15, DOU 18.6.15)*

c) transcorridos os seguintes períodos, estabelecidos de acordo com a idade do beneficiário na data de óbito do segurado, se o óbito ocorrer depois de vertidas 18 (dezoito) contribuições mensais e pelo menos 2 (dois) anos após o início do casamento ou da união estável: *(Redação dada pela Lei n. 13.135, de 17.6.15, DOU 18.6.15)*

1) 3 (três) anos, com menos de 21 (vinte e um) anos de idade;

2) 6 (seis) anos, entre 21 (vinte e um) e 26 (vinte e seis) anos de idade;

3) 10 (dez) anos, entre 27 (vinte e sete) e 29 (vinte e nove) anos de idade;

4) 15 (quinze) anos, entre 30 (trinta) e 40 (quarenta) anos de idade;

5) 20 (vinte) anos, entre 41 (quarenta e um) e 43 (quarenta e três) anos de idade;

6) vitalícia, com 44 (quarenta e quatro) ou mais anos de idade. *(Redação dada pela Lei n. 13.135, de 17.6.15, DOU 18.6.15)*

§ 2º-A. Serão aplicados, conforme o caso, a regra contida na alínea "a" ou os prazos previstos na alínea "c", ambas do inciso V do § 2º, se o óbito do segurado decorrer de acidente de qualquer natureza ou de doença profissional ou do trabalho, independentemente do recolhimento de 18 (dezoito) contribuições mensais ou da comprovação de 2 (dois) anos de casamento ou de união estável. *(Redação dada pela Lei n. 13.135, de 17.6.15, DOU 18.6.15)*

§ 2º-B. Após o transcurso de pelo menos 3 (três) anos e desde que nesse período se verifique o incremento mínimo de um ano inteiro na média nacional única, para ambos os sexos, correspondente à expectativa de sobrevida da população brasileira ao nascer, poderão ser fixadas, em números inteiros, novas idades para os fins previstos na alínea "c" do inciso V do § 2º, em ato do Ministro de Estado da Previdência Social, limitado o acréscimo na comparação com as idades anteriores ao referido incremento. *(Redação dada pela Lei n. 13.135, de 17.6.15, DOU 18.6.15)*

§ 3º Com a extinção da parte do último pensionista a pensão extinguir-se-á. *(Incluído pela Lei n. 9.032, de 28.4.1995, DOU 29.4.1995)*

§ 4º (Vetado). *(Lei n. 13.146, de 6.7.15, DOU 7.7.15)*

§ 5º O tempo de contribuição a Regime Próprio de Previdência Social (RPPS) será considerado na contagem das 18 (dezoito) contribuições mensais de que tratam as alíneas "b" e "c" do inciso V do § 2º. (NR) *(Redação dada pela Lei n. 13.135, de 17.6.15, DOU 18.6.15)*

§ 6º O exercício de atividade remunerada, inclusive na condição de microempreendedor individual, não impede a concessão ou manutenção da parte individual da pensão do dependente com deficiência intelectual ou mental ou com deficiência grave. *(Incluído pela Lei n. 13.183, de 4.11.15, DOU 5.11.15)*

Art. 78. Por morte presumida do segurado, declarada pela autoridade judicial competente, depois de 6 (seis) meses de ausência, será concedida pensão provisória, na forma desta Subseção.

§ 1º Mediante prova do desaparecimento do segurado em consequência de acidente, desastre ou catástrofe, seus dependentes farão jus à pensão provisória independentemente da declaração e do prazo deste artigo.

§ 2º Verificado o reaparecimento do segurado, o pagamento da pensão cessará imediatamente, desobrigados os dependentes da reposição dos valores recebidos, salvo má-fé.

Art. 79. Não se aplica o disposto no art. 103 desta Lei ao pensionista menor, incapaz ou ausente, na forma da lei.

Subseção IX
Do Auxílio-Reclusão

Art. 80. O auxílio-reclusão será devido, nas mesmas condições da pensão por morte, aos dependentes do segurado recolhido à prisão, que não receber remuneração da empresa nem estiver em gozo de auxílio-doença, de aposentadoria ou de abono de permanência em serviço.

PARÁGRAFO ÚNICO. O requerimento do auxílio-reclusão deverá ser instruído com certidão do efetivo recolhimento à prisão, sendo obrigatória, para a manutenção do benefício, a apresentação de declaração de permanência na condição de presidiário.

Subseção X
Dos Pecúlios

Art. 81. ....

I — *(Revogado dada pela Lei n. 9.129, de 20.11.95, DOU 21.11.95)*

II — *(Revogado pela Lei n. 8.870, de 15.4.1994, DOU 16.4.1994)*

III — *(Revogado dada pela Lei n. 9.129, de 20.11.95, DOU 21.11.95)*

Art. 82. *(Revogado pela Lei n. 9.032, de 28.4.1995, DOU 29.4.1995)*

Art. 83. *(Revogado pela Lei n. 9.032, 28.4.1995, DOU 29.4.1995)*

Art. 84. *(Revogado pela Lei n. 8.870, de 15.4.1994, DOU 16.4.1994)*

Art. 85. *(Revogado pela Lei n. 9.032, 28.4.1995, DOU 29.4.1995)*

Subseção XI
Do Auxílio-Acidente

Art. 86. O auxílio-acidente será concedido, como indenização, ao segurado quando, após consolidação das lesões decorrentes de acidente de qualquer natureza, resultarem sequelas que impliquem redução da capacidade para o trabalho que habitualmente exercia. *(Redação dada pela Lei n. 9.528, de 10.12.1997, DOU 11.12.1997)*

§ 1º O auxílio-acidente mensal corresponderá a cinquenta por cento do salário de benefício e será devido, observado o disposto no § 5º, até a véspera do início de qualquer aposentadoria ou até a data do óbito do segurado. *(Redação dada pela Lei n. 9.528, de 10.12.1997, DOU 11.12.1997)*

§ 2º O auxílio-acidente será devido a partir do dia seguinte ao da cessação do auxílio-doença, independentemente de qualquer remuneração ou rendimento auferido pelo acidentado, vedada sua acumulação com qualquer aposentadoria. *(Redação dada pela Lei n. 9.528, de 10.12.1997, DOU 11.12.1997)*

§ 3º O recebimento de salário ou concessão de outro benefício, exceto de aposentadoria, observado o disposto no § 5º, não prejudicará a continuidade do recebimento do auxílio-acidente. *(Redação dada pela Lei n. 9.528, de 10.12.1997, DOU 11.12.1997)*

§ 4º A perda da audição, em qualquer grau, somente proporcionará a concessão do auxílio-acidente, quando, além do reconhecimento de causalidade entre o trabalho e a doença, resultar, comprovadamente, na redução ou perda da capacidade para o trabalho que habitualmente exercia. *(Restabelecido com nova redação pela Lei n. 9.528, de 10.12.1997, DOU 11.12.1997)*

§ 4º *(Revogado pela Lei n. 9.032, de 28.4.1995, DOU 29.4.1995)*

§ 5º *(Revogado pela Lei n. 9.032, de 28.4.1995, DOU 29.4.1995)*

§ 6º O exercício de atividade remunerada, inclusive na condição de microempreendedor individual, não impede a concessão ou manutenção da parte individual da pensão do dependente com deficiência intelectual ou mental ou com deficiência grave. (NR) *(Incluído pela Lei n. 13.183, de 4.11.15, DOU 5.11.15)*

Subseção XII
Do Abono de Permanência em Serviço

Art. 87. *(Revogado pela Lei n. 8.870, de 15.4.1994, DOU 16.4.1994)*

PARÁGRAFO ÚNICO. *(Revogado pela Lei n. 8.870, de 15.4.1994, DOU 16.4.1994)*

Seção VI
Dos Serviços

Subseção I
Do Serviço Social

Art. 88. Compete ao Serviço Social esclarecer junto aos beneficiários seus direitos sociais e os meios de exercê-los e estabelecer conjuntamente com eles o processo de solução dos problemas que emergirem da sua relação com a Previdência Social, tanto no âmbito interno da instituição como na dinâmica da sociedade.

§ 1º Será dada prioridade aos segurados em benefício por incapacidade temporária e atenção especial aos aposentados e pensionistas.

§ 2º Para assegurar o efetivo atendimento dos usuários serão utilizadas intervenção técnica, assistência de natureza jurídica, ajuda material, recursos sociais, intercâmbio com empresas e pesquisa social, inclusive mediante celebração de convênios, acordos ou contratos.

§ 3º O Serviço Social terá como diretriz a participação do beneficiário na implementação e no fortalecimento da política previdenciária, em articulação com as associações e entidades de classe.

§ 4º O Serviço Social, considerando a universalização da Previdência Social, prestará assessoramento técnico aos Estados e Municípios na elaboração e implantação de suas propostas de trabalho.

Subseção II
Da Habilitação e da Reabilitação Profissional

Art. 89. A habilitação e a reabilitação profissional e social deverão proporcionar ao beneficiário incapacitado parcial ou totalmente para o trabalho, e às pessoas portadoras de deficiência, os meios para a (re) educação e de (re)adaptação profissional e social indicados para participar do mercado de trabalho e do contexto em que vive.

PARÁGRAFO ÚNICO. A reabilitação profissional compreende:

a) o fornecimento de aparelho de prótese, órtese e instrumentos de auxílio para locomoção quando a perda ou redução da capacidade funcional puder ser atenuada por seu uso e dos equipamentos necessários à habilitação e reabilitação social e profissional;

b) a reparação ou a substituição dos aparelhos mencionados no inciso anterior, desgastados pelo uso normal ou por ocorrência estranha à vontade do beneficiário;

c) o transporte do acidentado do trabalho, quando necessário.

Art. 90. A prestação de que trata o artigo anterior é devida em caráter obrigatório aos segurados, inclusive aposentados e, na medida das possibilidades do órgão da Previdência Social, aos seus dependentes.

Art. 91. Será concedido, no caso de habilitação e reabilitação profissional, auxílio para tratamento ou exame fora do domicílio do beneficiário, conforme dispuser o Regulamento.

Art. 92. Concluído o processo de habilitação ou reabilitação social e profissional, a Previdência Social emitirá certificado individual, indicando as atividades que poderão ser exercidas pelo beneficiário, nada impedindo que este exerça outra atividade para a qual se capacitar.

Art. 93. A empresa com 100 (cem) ou mais empregados está obrigada a preencher de 2% (dois por cento) a 5% (cinco por cento) dos seus cargos com beneficiários reabilitados ou pessoas portadoras de deficiência, habilitadas, na seguinte proporção:

I — até 200 empregados.......................2%;

II — de 201 a 500...............................3%;

III — de 501 a 1.000...........................4%;

IV — de 1.001 em diante......................5%.

§ 1º A dispensa de pessoa com deficiência ou de beneficiário reabilitado da Previdência Social ao final de contrato por prazo determinado de mais de 90 (noventa) dias e a dispensa imotivada em contrato por prazo indeterminado somente poderão ocorrer após a contratação de outro trabalhador com deficiência ou beneficiário reabilitado da Previdência Social. *(Redação dada pela Lei n. 13.146, de 6.7.15, DOU 7.7.15, com vigência após decorridos 180 dias de sua publicação oficial)*

§ 2º Ao Ministério do Trabalho e Emprego incumbe estabelecer a sistemática de fiscalização, bem como gerar dados e estatísticas sobre o total de empregados e as vagas preenchidas por pessoas com deficiência e por beneficiários reabilitados da Previdência Social, fornecendo-os, quando solicitados, aos sindicatos, às entidades representativas dos empregados ou aos cidadãos interessados. *(Redação dada pela Lei n. 13.146, de 6.7.15, DOU 7.7.15, com vigência após decorridos 180 dias de sua publicação oficial)*

§ 3º Para a reserva de cargos será considerada somente a contratação direta de pessoa com deficiência, excluído o aprendiz com deficiência de que trata a Consolidação das Leis do Trabalho (CLT), aprovada pelo Decreto-Lei n. 5.452, de 1º de maio de 1943. *(Redação dada pela Lei n. 13.146, de 6.7.15, DOU 7.7.15, com vigência após decorridos 180 dias de sua publicação oficial)*

§ 4º (VETADO). (NR) *(Lei n. 13.146, de 6.7.15, DOU 7.7.15)*

....

Art. 101. O segurado em gozo de auxílio-doença, aposentadoria por invalidez e o pensionista inválido estão obrigados, sob pena de suspensão do benefício, a submeter-se a exame médico a cargo da Previdência Social, processo de reabilitação profissional por ela prescrito e custeado, e tratamento dispensado gratuitamente, exceto o cirúrgico e a transfusão de sangue, que são facultativos. *(Redação dada pela Lei n. 9.032, de 28.4.95, DOU 29.4.95)*

§ 1º O aposentado por invalidez e o pensionista inválido que não tenham retornado à atividade estarão isentos do exame de que trata o *caput* deste artigo: *(Incluído pela Lei n. 13.457, de 26.6.17, DOU 27.6.17)*

I — após completarem cinquenta e cinco anos ou mais de idade e quando decorridos quinze anos da data da concessão da aposentadoria por invalidez ou do auxílio-doença que a precedeu; ou *(Incluído pela Lei n. 13.457, de 26.6.17, DOU 27.6.17)*

II — após completarem sessenta anos de idade. *(Incluído pela Lei n. 13.457, de 26.6.17, DOU 27.6.17)*

§ 2º A isenção de que trata o § 1º não se aplica quando o exame tem as seguintes finalidades: *(Incluído pela Lei n. 13.063, de 30.12.14, DOU 31.12.14)*

I — verificar a necessidade de assistência permanente de outra pessoa para a concessão do acréscimo de 25% (vinte e cinco por cento) sobre o valor do benefício, conforme dispõe o art. 45; *(Incluído pela Lei n. 13.063, de 30.12.14, DOU 31.12.14)*

II — verificar a recuperação da capacidade de trabalho, mediante solicitação do aposentado ou pensionista que se julgar apto; *(Incluído pela Lei n. 13.063, de 30.12.14, DOU 31.12.14)*

III — subsidiar autoridade judiciária na concessão de curatela, conforme dispõe o art. 110. *(Incluído pela Lei n. 13.063, de 30.12.14, DOU 31.12.14)*

....

§ 3º (VETADO).

§ 4º A perícia de que trata este artigo terá acesso aos prontuários médicos do periciado no Sistema Único de Saúde (SUS), desde que haja a prévia anuência do periciado e seja garantido o sigilo sobre os dados dele.

§ 5º É assegurado o atendimento domiciliar e hospitalar pela perícia médica e social do INSS ao segurado com dificuldades de locomoção, quando seu deslocamento, em razão de sua limitação funcional e de condições de acessibilidade, imponha-lhe ônus desproporcional e indevido, nos termos do regulamento. (NR)

Art. 103. É de dez anos o prazo de decadência de todo e qualquer direito ou ação do segurado ou beneficiário para a revisão do ato de concessão de benefício, a contar do dia primeiro do mês seguinte ao do recebimento da primeira prestação ou, quando for o caso, do dia em que tomar conhecimento da decisão indeferitória definitiva no âmbito administrativo. *(Redação dada pela Lei n. 10.839, de 5.2.04, DOU 6.2.04)*

PARÁGRAFO ÚNICO. Prescreve em cinco anos, a contar da data em que deveriam ter sido pagas, toda e qualquer ação para haver prestações vencidas ou quaisquer restituições ou diferenças devidas pela Previdência Social, salvo o direito dos menores, incapazes e ausentes, na forma do Código Civil. *(Incluído pela Lei n. 9.528, de 10.12.97, DOU 11.12.97)*

Art. 103-A. O direito da Previdência Social de anular os atos administrativos de que decorram efeitos favoráveis para os seus beneficiários decai em dez anos, contados da data em que foram praticados, salvo comprovada má-fé. *(Incluído pela Lei n. 10.839, de 5.2.04, DOU 6.2.04)*

§ 1º No caso de efeitos patrimoniais contínuos, o prazo decadencial contar-se-á da percepção do primeiro pagamento. *(Incluído pela Lei n. 10.839, de 5.2.04, DOU 6.2.04)*

§ 2º Considera-se exercício do direito de anular qualquer medida de autoridade administrativa que importe impugnação à validade do ato. *(Incluído pela Lei n. 10.839, de 5.2.04, DOU 6.2.04)*

Art. 104. As ações referentes à prestação por acidente do trabalho prescrevem em 5 (cinco) anos, observado o disposto no art. 103 desta Lei, contados da data:

I — do acidente, quando dele resultar a morte ou a incapacidade temporária, verificada esta em perícia médica a cargo da Previdência Social; ou

II — em que for reconhecida pela Previdência Social, a incapacidade permanente ou o agravamento das sequelas do acidente.

....

Art. 110-A. No ato de requerimento de benefícios operacionalizados pelo INSS, não será exigida apresentação de termo de curatela de titular ou de beneficiário com deficiência, observados os procedimentos a serem estabelecidos em regulamento. *(Redação dada pela Lei n. 13.146, de 6.7.15, DOU 7.7.15, com vigência após decorridos 180 dias de sua publicação oficial)*

....

Art. 115. Podem ser descontados dos benefícios:

....

VI — pagamento de empréstimos, financiamentos, cartões de crédito e operações de arrendamento mercantil concedidos por instituições financeiras e sociedades de arrendamento mercantil, ou por entidades fechadas ou abertas de previdência complementar, públicas e privadas, quando expressamente autorizado pelo beneficiário, até o limite de 35% (trinta e cinco por cento) do valor do benefício, sendo 5% (cinco por cento) destinados exclusivamente para: *(Redação dada pela Lei n. 13.183, de 4.11.151, DOU 5.11.15)*

a) amortização de despesas contraídas por meio de cartão de crédito; ou *(Redação dada pela Lei n. 13.183, de 4.11.151, DOU 5.11.15)*

b) utilização com a finalidade de saque por meio do cartão de crédito. (NR) *(Redação dada pela Lei n. 13.183, de 4.11.151, DOU 5.11.15)*

Art. 118. O segurado que sofreu acidente do trabalho tem garantida, pelo prazo mínimo de doze meses, a manutenção do seu contrato de trabalho na empresa, após a cessação do auxílio-doença acidentário, independentemente de percepção de auxílio-acidente.

....

Art. 120. Nos casos de negligência quanto às normas padrão de segurança e higiene do trabalho indicados para a proteção individual e coletiva, a Previdência Social proporá ação regressiva contra os responsáveis.

....

Art. 151. Até que seja elaborada a lista de doenças mencionada no inciso II do art. 26, independe de carência a concessão de auxílio-doença e de aposentadoria por invalidez ao segurado que, após filiar-se ao RGPS, for acometido das seguintes doenças: tuberculose ativa, hanseníase, alienação mental, esclerose múltipla, hepatopatia grave, neoplasia maligna, cegueira, paralisia irreversível e incapacitante, cardiopatia grave, doença de Parkinson, espondiloartrose anquilosante, nefropatia grave, estado avançado da doença de Paget (osteíte deformante), síndrome da deficiência imunológica adquirida (aids) ou contaminação por radiação, com base em conclusão da medicina especializada. (NR) *(Redação dada pela Lei n. 13.135, de 17.6.15, DOU 18.6.15)*

....

Nota: A Lei n. 13.135, de 17.6.15, dispõe no seu art. 6º:

"Art. 6º Esta Lei entra em vigor em:

I — 180 (cento e oitenta) dias a partir de sua publicação, quanto à inclusão de pessoas com deficiência grave entre os dependentes dos segurados do Regime Geral de Previdência Social (RGPS) e do Regime Próprio de Previdência Social (RPPS) previstos na Lei n. 8.112, de 11 de dezembro de 1990;

II — 2 (dois) anos para a nova redação:

a) do art. 16, incisos I e III, e do art. 77, § 2º, inciso IV, da Lei n. 8.213, de 24 de julho de 1991, em relação às pessoas com deficiência intelectual ou mental;

b) do art. 217, inciso IV, alínea "c", da Lei n. 8.112, de 11 de dezembro de 1990;

III — na data de sua publicação, para os demais dispositivos.

Art. 7º Revogam-se:

I — os seguintes dispositivos da Lei n. 8.112, de 11 de dezembro de 1990:

a) o art. 216;

b) os §§ 1º a 3º do art. 218; e

II — os seguintes dispositivos da Lei n. 8.213, de 24 de julho de 1991:

a) o § 2º do art. 17;

b) o § 4º do art. 77.

Brasília, em 24 de julho de 1991; 170º da Independência e 103º da República.

Fernando Collor
Antonio Magri

LEI N. 9.983, DE 14 DE JULHO DE 2000

(DOU 17.7.2000)

Altera o Decreto-lei n. 2.848, de 7 de dezembro de 1940 — Código Penal, e dá outras providências (crime contra a previdência social)

O PRESIDENTE DA REPÚBLICA,

Faço saber que o Congresso Nacional decreta e eu sanciono a seguinte Lei:

Art. 1º São acrescidos à Parte Especial do Decreto-lei n. 2.848, de 7 de dezembro de 1940 — Código Penal, os seguintes dispositivos:

"Apropriação indébita previdenciária"

"Art. 168-A. Deixar de repassar à previdência social as contribuições recolhidas dos contribuintes, no prazo e forma legal ou convencional:"

"Pena — reclusão, de 2 (dois) a 5 (cinco) anos, e multa."

"§ 1º Nas mesmas penas incorre quem deixar de:"

"I — recolher, no prazo legal, contribuição ou outra importância destinada à previdência social que tenha sido descontada de pagamento efetuado a segurados, a terceiros ou arrecadada do público;"

"II — recolher contribuições devidas à previdência social que tenham integrado despesas contábeis ou custos relativos à venda de produtos ou à prestação de serviços;"

"III — pagar benefício devido a segurado, quando as respectivas cotas ou valores já tiverem sido reembolsados à empresa pela previdência social."

"§ 2º É extinta a punibilidade se o agente, espontaneamente, declara, confessa e efetua o pagamento das contribuições, importâncias ou valores e presta as informações devidas à previdência social, na forma definida em lei ou regulamento, antes do início da ação fiscal."

"§ 3º É facultado ao juiz deixar de aplicar a pena ou aplicar somente a de multa se o agente for primário e de bons antecedentes, desde que:"

"I — tenha promovido, após o início da ação fiscal e antes de oferecida a denúncia, o pagamento da contribuição social previdenciária, inclusive acessórios; ou"

"II — o valor das contribuições devidas, inclusive acessórios, seja igual ou inferior àquele estabelecido pela previdência social, administrativamente, como sendo o mínimo para o ajuizamento de suas execuções fiscais."

"Inserção de dados falsos em sistema de informações"

"Art. 313-A. Inserir ou facilitar, o funcionário autorizado, a inserção de dados falsos, alterar ou excluir indevidamente dados corretos nos sistemas informatizados ou bancos de dados da Administração Pública com o fim de obter vantagem indevida para si ou para outrem ou para causar dano:"

"Pena — reclusão, de 2 (dois) a 12 (doze) anos, e multa."

"Modificação ou alteração não autorizada de sistema de informações"

"Art. 313-B. Modificar ou alterar, o funcionário, sistema de informações ou programa de informática sem autorização ou solicitação de autoridade competente:"

"Pena — detenção, de 3 (três) meses a 2 (dois) anos, e multa."

"Parágrafo único. As penas são aumentadas de um terço até a metade se da modificação ou alteração resulta dano para a Administração Pública ou para o administrado."

"Sonegação de contribuição previdenciária"

"Art. 337-A. Suprimir ou reduzir contribuição social previdenciária e qualquer acessório, mediante as seguintes condutas:"

"I — omitir de folha de pagamento da empresa ou de documento de informações previsto pela legislação previdenciária segurados empregado, empresário, trabalhador avulso ou trabalhador autônomo ou a este equiparado que lhe prestem serviços;"

"II — deixar de lançar mensalmente nos títulos próprios da contabilidade da empresa as quantias descontadas dos segurados ou as devidas pelo empregador ou pelo tomador de serviços;"

"III — omitir, total ou parcialmente, receitas ou lucros auferidos, remunerações pagas ou creditadas e demais fatos geradores de contribuições sociais previdenciárias:"

"Pena — reclusão, de 2 (dois) a 5 (cinco) anos, e multa."

"§ 1º É extinta a punibilidade se o agente, espontaneamente, declara e confessa as contribuições, importâncias ou valores e presta as informações devidas à previdência social, na forma definida em lei ou regulamento, antes do início da ação fiscal."

"§ 2º É facultado ao juiz deixar de aplicar a pena ou aplicar somente a de multa se o agente for primário e de bons antecedentes, desde que:"

"I — (*vetado*);"

"II — o valor das contribuições devidas, inclusive acessórios, seja igual ou inferior àquele estabelecido pela previdência social, administrativamente, como sendo o mínimo para o ajuizamento de suas execuções fiscais."

"§ 3º Se o empregador não é pessoa jurídica e sua folha de pagamento mensal não ultrapassa R$ 1.510,00 (um mil, quinhentos e dez reais), o juiz poderá reduzir a pena de um terço até a metade ou aplicar apenas a de multa."

"§ 4º O valor a que se refere o parágrafo anterior será reajustado nas mesmas datas e nos mesmos índices do reajuste dos benefícios da previdência social."

Art. 2º Os arts. 153, 296, 297, 325 e 327 do Decreto-lei n. 2.848, de 1940, passam a vigorar com as seguintes alterações:

"Art. 153. ...."

"§ 1º A. Divulgar, sem justa causa, informações sigilosas ou reservadas, assim definidas em lei, contidas ou não nos sistemas de informações ou banco de dados da Administração Pública:"

"Pena — detenção, de 1 (um) a 4 (quatro) anos, e multa."

"§ 1º (parágrafo único original)..............................."

"§ 2º Quando resultar prejuízo para a Administração Pública, a ação penal será incondicionada."

"Art. 296. ...."

"§ 1º ...."

"III — quem altera, falsifica ou faz uso indevido de marcas, logotipos, siglas ou quaisquer outros símbolos utilizados ou identificadores de órgãos ou entidades da Administração Pública."

"Art. 297. ...."

"§ 3º Nas mesmas penas incorre quem insere ou faz inserir:"

"I — na folha de pagamento ou em documento de informações que seja destinado a fazer prova perante a previdência social, pessoa que não possua a qualidade de segurado obrigatório;"

"II — na Carteira de Trabalho e Previdência Social do empregado ou em documento que deva produzir efeito perante a previdência social, declaração falsa ou diversa da que deveria ter sido escrita;"

"III — em documento contábil ou em qualquer outro documento relacionado com as obrigações da empresa perante a previdência social, declaração falsa ou diversa da que deveria ter constado."

"§ 4º Nas mesmas penas incorre quem omite, nos documentos mencionados no § 3º, nome do segurado e seus dados pessoais, a remuneração, a vigência do contrato de trabalho ou de prestação de serviços."

"Art. 325. ...."

"§ 1º Nas mesmas penas deste artigo incorre quem:"

"I — permite ou facilita, mediante atribuição, fornecimento e empréstimo de senha ou qualquer outra forma, o acesso de pessoas não autorizadas a sistemas de informações ou banco de dados da Administração Pública;"

"II — se utiliza, indevidamente, do acesso restrito."

"§ 2º Se da ação ou omissão resulta dano à Administração Pública ou a outrem:"

"Pena — reclusão, de 2 (dois) a 6 (seis) anos, e multa."

"Art. 327. ...."

"§ 1º Equipara-se a funcionário público quem exerce cargo, emprego ou função em entidade paraestatal, e quem trabalha para empresa prestadora de serviço contratada ou conveniada para a execução de atividade típica da Administração Pública."

Art. 3º O art. 95 da Lei n. 8.212, de 24 de julho de 1991, passa a vigorar com a seguinte redação:

"Art. 95. *Caput*. Revogado."

"a) (revogada);"

"b) (revogada);"

"c) (revogada);"

"d) (revogada);"

"e) (revogada);"

"f) (revogada);"

"g) (revogada);"

"h)(revogada);"

"i) (revogada);"

"j) (revogada);"

Legislação Complementar

"§ 1º (revogada)"

"§ 2º ...."

"a) ...."

"b) ...."

"c) ...."

"d) ...."

"e) ...."

"f) ...."

"§ 3º (Revogado)"

"§ 4º (Revogado)"

"§ 5º (Revogado)"

Art. 4º Esta Lei entra em vigor noventa dias após a data de sua publicação.

Brasília, 14 de julho de 2000; 179º da Independência e 112º da República.

FERNANDO HENRIQUE CARDOSO
JOSÉ GREGORI
WALDECK ORNÉLAS

DECRETO N. 3.048, DE 6 DE MAIO DE 1999

(DOU 7.5.1999)

Aprova o regulamento da Previdência Social, e dá outras providências. Salário-família — salário-maternidade e ações trabalhistas

....

Capítulo I
Dos Beneficiários

Art. 8º São beneficiários do Regime Geral de Previdência Social as pessoas físicas classificadas como segurados e dependentes, nos termos das Seções I e II deste Capítulo.

Seção I
Dos Segurados

Art. 9º São segurados obrigatórios da previdência social as seguintes pessoas físicas:

I — como empregado:

a) aquele que presta serviço de natureza urbana ou rural a empresa, em caráter não eventual, sob sua subordinação e mediante remuneração, inclusive como diretor empregado;

b) aquele que, contratado por empresa de trabalho temporário, por prazo não superior a três meses, prorrogável, presta serviço para atender a necessidade transitória de substituição de pessoal regular e permanente ou a acréscimo extraordinário de serviço de outras empresas, na forma da legislação própria;

c) o brasileiro ou o estrangeiro domiciliado e contratado no Brasil para trabalhar como empregado no exterior, em sucursal ou agência de empresa constituída sob as leis brasileiras e que tenha sede e administração no País;

d) o brasileiro ou o estrangeiro domiciliado e contratado no Brasil para trabalhar como empregado em empresa domiciliada no exterior com maioria do capital votante pertencente a empresa constituída sob as leis brasileiras, que tenha sede e administração no País e cujo controle efetivo esteja em caráter permanente sob a titularidade direta ou indireta de pessoas físicas domiciliadas e residentes no País ou de entidade de direito público interno;

e) aquele que presta serviço no Brasil a missão diplomática ou a repartição consular de carreira estrangeira e a órgãos a elas subordinados, ou a membros dessas missões e repartições, excluídos o não brasileiro sem residência permanente no Brasil e o brasileiro amparado pela legislação previdenciária do país da respectiva missão diplomática ou repartição consular;

f) o brasileiro civil que trabalha para a União no exterior, em organismos oficiais internacionais dos quais o Brasil seja membro efetivo, ainda que lá domiciliado e contratado, salvo se amparado por regime próprio de previdência social;

g) o brasileiro civil que presta serviços à União no exterior, em repartições governamentais brasileiras, lá domiciliado e contratado, inclusive o auxiliar local de que tratam os arts. 56 e 57 da Lei n. 11.440, de 29 de dezembro de 2006, este desde que, em razão de proibição legal, não possa filiar-se ao sistema previdenciário local; *(Redação dada pelo Decreto n. 6.722, de 30.12.08, DOU 31.12.08, ed. extra)*

h) o bolsista e o estagiário que prestam serviços a empresa, em desacordo com a Lei n. 11.788, de 25 de setembro de 2008; *(Redação dada pelo Decreto n. 6.722, de 30.12.08, DOU 31.12.08, ed. extra)*

i) o servidor da União, Estado, Distrito Federal ou Município, incluídas suas autarquias e fundações, ocupante, exclusivamente, de cargo em comissão declarado em lei de livre nomeação e exoneração;

j) o servidor do Estado, Distrito Federal ou Município, bem como o das respectivas autarquias e fundações, ocupante de cargo efetivo, desde que, nessa qualidade, não esteja amparado por regime próprio de previdência social;

l) o servidor contratado pela União, Estado, Distrito Federal ou Município, bem como pelas respectivas autarquias e fundações, por tempo determinado, para atender a necessidade temporária de excepcional interesse público, nos termos do inciso IX do art. 37 da Constituição Federal;

m) o servidor da União, Estado, Distrito Federal ou Município, incluídas suas autarquias e fundações, ocupante de emprego público;

n) *(Revogada pelo Decreto n. 3.265, de 29.11.09, DOU 30.11.99)*

o) o escrevente e o auxiliar contratados por titular de serviços notariais e de registro a partir de 21 de novembro de 1994, bem como aquele que optou pelo Regime Geral de Previdência Social, em conformidade com a Lei n. 8.935, de 18 de novembro de 1994; e

p) o exercente de mandato eletivo federal, estadual ou municipal, desde que não vinculado a regime próprio de previdência social; *(Redação dada pelo Decreto n. 5.545, de 22.9.05, DOU 30.9.05)*

q) o empregado de organismo oficial internacional ou estrangeiro em funcionamento no Brasil, salvo quando coberto por regime próprio de previdência social; *(Incluída pelo Decreto n. 3.265, de 29.11.99, DOU 30.11.99)*

r) o trabalhador rural contratado por produtor rural pessoa física, na forma do art. 14-A da Lei n. 5.889, de 8 de junho de 1973, para o exercício de atividades de natureza temporária por prazo não superior a dois meses dentro do período de um ano; *(Incluído pelo Decreto n. 6.722, de 30.12.08, DOU 31.12.12, ed. extra)*

II — como empregado doméstico — aquele que presta serviço de natureza contínua, mediante remuneração, a pessoa ou família, no âmbito residencial desta, em atividade sem fins lucrativos;

III e IV — *(Revogados pelo Decreto n. 3.265, de 29.11.99, DOU 30.9.99)*

....

VI — como trabalhador avulso — aquele que, sindicalizado ou não, presta serviço de natureza urbana ou rural, a diversas empresas, sem vínculo empregatício, com a intermediação obrigatória do órgão gestor de mão de obra, nos termos da Lei n. 8.630, de 25 de fevereiro de 1993, ou do sindicato da categoria, assim considerados:

a) o trabalhador que exerce atividade portuária de capatazia, estiva, conferência e conserto de carga, vigilância de embarcação e bloco;

b) o trabalhador de estiva de mercadorias de qualquer natureza, inclusive carvão e minério;

c) o trabalhador em alvarenga (embarcação para carga e descarga de navios);

d) o amarrador de embarcação;

e) o ensacador de café, cacau, sal e similares;

f) o trabalhador na indústria de extração de sal;

g) o carregador de bagagem em porto;

h) o prático de barra em porto;

i) o guindasteiro; e

j) o classificador, o movimentador e o empacotador de mercadorias em portos; e

....

VII — ....

c) cônjuge ou companheiro, bem como filho maior de dezesseis anos de idade ou a este equiparado, do segurado de que tratam as alíneas "a" e "b" deste inciso, que, comprovadamente, tenham participação ativa nas atividades rurais ou pesqueiras artesanais, respectivamente, do grupo familiar. *(Incluído pelo Decreto n. 8.499, de 12.8.15, DOU 13.8.15)*

....

§ 14-A. Considera-se assemelhado ao pescador artesanal aquele que realiza atividade de apoio à pesca artesanal, exercendo trabalhos de confecção e de reparos de artes e petrechos de pesca e de reparos em embarcações de pequeno porte ou atuando no processamento do produto da pesca artesanal. *(Incluído pelo Decreto n. 8.499, de 12.8.15, DOU 13.8.15)*

Art. 12. Consideram-se:

I — empresa — a firma individual ou a sociedade que assume o risco de atividade econômica urbana ou rural, com fins lucrativos ou não, bem como os órgãos e as entidades da administração pública direta, indireta e fundacional; e

II — empregador doméstico — aquele que admite a seu serviço, mediante remuneração, sem finalidade lucrativa, empregado doméstico.

PARÁGRAFO ÚNICO. Equiparam-se a empresa, para os efeitos deste Regulamento: *(Redação dada pelo Decreto n. 3.265, de de 29.11.99, 30.11.99)*

I — o contribuinte individual, em relação a segurado que lhe presta serviço; *(Redação dada pelo Decreto n. 3.265, de 29.11.99, DOU 30.9.99)*

II — a cooperativa, a associação ou a entidade de qualquer natureza ou finalidade, inclusive a missão diplomática e a repartição consular de carreiras estrangeiras;

III — o operador portuário e o órgão gestor de mão de obra de que trata a Lei n. 8.630, de 1993; e

IV — o proprietário ou dono de obra de construção civil, quando pessoa física, em relação a segurado que lhe presta serviço.

....

Subseção VI
Do Salário-Família

Art. 81. O salário-família será devido, mensalmente, ao segurado empregado, exceto o doméstico, e ao trabalhador avulso que tenham salário de contribuição inferior ou igual a R$ 360,00 (trezentos e sessenta reais), na proporção do respectivo número de filhos ou equiparados, nos termos do art. 16, observado o disposto no art. 83.

Dispõe os arts. 4º e 7º da Portaria GM/MF n. 8, de 13 de janeiro de 2017, DOU 16.1.17 — Com efeito a partir de 1º.1.2017

....

Art. 4º O valor da cota do salário-família por filho ou equiparado de qualquer condição, até 14 (quatorze) anos de idade, ou inválido de qualquer idade, a partir de 1º de janeiro de 2017, é de:

I — R$ 44,09 (quarenta e quatro reais e nove centavos) para o segurado com remuneração mensal não superior a R$ 859,88 (oitocentos e cinquenta e nove reais e oitenta e oito centavos);

II — R$ 31,07 (trinta e um reais e sete centavos) para o segurado com remuneração mensal superior a R$ 859,88 (oitocentos e cinquenta e nove reais e oitenta e oito centavos) e igual ou inferior a R$ 1.292,43 (um mil duzentos e noventa e dois reais e quarenta e três centavos).

§ 1º Para fins do disposto neste artigo, considera-se remuneração mensal do segurado o valor total do respectivo salário de contribuição, ainda que resultante da soma dos salários-de-contribuição correspondentes a atividades simultâneas.

§ 2º O direito à cota do salário-família é definido em razão da remuneração que seria devida ao empregado no mês, independentemente do número de dias efetivamente trabalhados.

§ 3º Todas as importâncias que integram o salário-de-contribuição serão consideradas como parte integrante da remuneração do mês, exceto o décimo terceiro salário e o adicional de férias previsto no inciso XVII do art. 7º da Constituição, para efeito de definição do direito à cota do salário-família.

§ 4º A cota do salário-família é devida proporcionalmente aos dias trabalhados nos meses de admissão e demissão do empregado.

Art. 7º A contribuição dos segurados empregado, inclusive o doméstico e do trabalhador avulso, relativamente aos fatos geradores que ocorrerem a partir da competência janeiro de 2017, será calculada mediante a aplicação da correspondente alíquota, de forma não cumulativa, sobre o salário de contribuição mensal, de acordo com a tabela constante do Anexo II desta Portaria.

....

TABELA DE CONTRIBUIÇÃO DOS SEGURADOS EMPREGADO, EMPREGADO DOMÉSTICO E TRABALHADOR AVULSO, PARA PAGAMENTO DE REMUNERAÇÃO A PARTIR DE 1º DE JANEIRO DE 2017

Salário de Contribuição (R$)	Alíquota para fins de Recolhimento ao INSS
até 1.659,38	8%
de 1.659,39 até 2.765,66	9%
de 2.765,67 até 5.531,31	11%

Art. 82. O salário-família será pago mensalmente:

I — ao empregado, pela empresa, com o respectivo salário, e ao trabalhador avulso, pelo sindicato ou órgão gestor de mão de obra, mediante convênio;

II — ao empregado e trabalhador avulso aposentados por invalidez ou em gozo de auxílio-doença, pelo Instituto Nacional do Seguro Social, juntamente com o benefício;

III — ao trabalhador rural aposentado por idade aos sessenta anos, se do sexo masculino, ou cinquenta e cinco anos, se do sexo feminino, pelo Instituto Nacional do Seguro Social, juntamente com a aposentadoria; e

IV — aos demais empregados e trabalhadores avulsos aposentados aos sessenta e cinco anos de idade, se do sexo masculino, ou sessenta anos, se do sexo feminino, pelo Instituto Nacional do Seguro Social, juntamente com a aposentadoria.

§ 1º No caso do inciso I, quando o salário do empregado não for mensal, o salário-família será pago juntamente com o último pagamento relativo ao mês.

§ 2º O salário-família do trabalhador avulso independe do número de dias trabalhados no mês, devendo seu pagamento corresponder ao valor integral da cota.

§ 3º Quando o pai e a mãe são segurados empregados ou trabalhadores avulsos, ambos têm direito ao salário-família.

§ 4º As cotas do salário-família, pagas pela empresa deverão ser deduzidas quando do recolhimento das contribuições sobre a folha de salário.

Art. 83. A partir de 1º de maio de 2004, o valor da cota do salário-família por filho ou equiparado de qualquer condição, até quatorze anos de idade ou inválido, é de:

I — R$ 20,00 (vinte reais), para o segurado com remuneração mensal não superior a R$ 390,00 (trezentos e noventa reais); e

II — R$ 14,09 (quatorze reais e nove centavos), para o segurado com remuneração mensal superior a R$ 390,00 (trezentos e noventa reais) e igual ou inferior a R$ 586,19 (quinhentos e oitenta e seis reais e dezenove centavos). (NR) *(Redação dada pelo Decreto n. 5.545, de 22.9.05, DOU 23.9.05)*

— *v. Nota constante do art. 81.*

Art. 84. O pagamento do salário-família será devido a partir da data da apresentação da certidão de nascimento do filho ou da documentação relativa ao equiparado, estando condicionado à apresentação anual de atestado de vacinação obrigatória, até seis anos de idade, e de comprovação semestral de frequência à escola do filho ou equiparado, a partir dos sete anos de idade.

§ 1º A empresa deverá conservar, durante dez anos, os comprovantes dos pagamentos e as cópias das certidões correspondentes, para exame pela fiscalização do Instituto Nacional do Seguro Social, conforme o disposto no § 7º do art. 225.

§ 2º Se o segurado não apresentar o atestado de vacinação obrigatória e a comprovação de frequência escolar do filho ou equiparado, nas datas definidas pelo Instituto Nacional do Seguro Social, o benefício do salário-família será suspenso, até que a documentação seja apresentada.

§ 3º Não é devido salário-família no período entre a suspensão do benefício motivada pela falta de comprovação da frequência escolar e o seu reativamento, salvo se provada a frequência escolar regular no período.

§ 4º A comprovação de frequência escolar será feita mediante apresentação de documento emitido pela escola, na forma de legislação própria, em nome do aluno, onde consta o registro de frequência regular ou de atestado do estabelecimento de ensino, comprovando a regularidade da matrícula e frequência escolar do aluno.' (NR) *(Artigo e parágrafos com redação dada pelo Decreto n. 3.265, de 29.11.99, DOU 30.11.99)*

Art. 85. A invalidez do filho ou equiparado maior de quatorze anos de idade deve ser verificada em exame médico-pericial a cargo da previdência social.

Art. 86. O salário-família correspondente ao mês de afastamento do trabalho será pago integralmente pela empresa, pelo sindicato ou órgão gestor de mão de obra, conforme o caso, e o do mês da cessação de benefício pelo Instituto Nacional do Seguro Social.

Art. 87. Tendo havido divórcio, separação judicial ou de fato dos pais, ou em caso de abandono legalmente caracterizado ou perda do pátrio-poder, o salário-família passará a ser pago diretamente àquele a cujo cargo ficar o sustento do menor, ou a outra pessoa, se houver determinação judicial nesse sentido.

Art. 88. O direito ao salário-família cessa automaticamente:

I — por morte do filho ou equiparado, a contar do mês seguinte ao do óbito;

II — quando o filho ou equiparado completar quatorze anos de idade, salvo se inválido, a contar do mês seguinte ao da data do aniversário;

III — pela recuperação da capacidade do filho ou equiparado inválido, a contar do mês seguinte ao da cessação da incapacidade; ou

IV — pelo desemprego do segurado.

Art. 89. Para efeito de concessão e manutenção do salário-família, o segurado deve firmar termo de responsabilidade, no qual se comprometa a comunicar à empresa ou ao Instituto Nacional do Seguro Social qualquer fato ou circunstância que determine a perda do direito ao benefício, ficando sujeito, em caso do não cumprimento, às sanções penais e trabalhistas.

Art. 90. A falta de comunicação oportuna de fato que implique cessação do salário-família, bem como a prática, pelo empregado, de fraude de qualquer natureza para o seu recebimento, autoriza a empresa, o Instituto Nacional do Seguro Social, o sindicato ou órgão gestor de mão de obra, conforme o caso, a descontar dos pagamentos de cotas devidas com relação a outros filhos ou, na falta delas, do próprio salário do empregado ou da renda mensal do seu benefício, o valor das cotas indevidamente recebidas, sem prejuízo das sanções penais cabíveis, observado o disposto no § 2º do art. 154.

Art. 91. O empregado deve dar quitação à empresa, sindicato ou órgão gestor de mão de obra de cada recebimento mensal do salário-família, na própria folha de pagamento ou por outra forma admitida, de modo que a quitação fique plena e claramente caracterizada.

Art. 92. As cotas do salário-família não serão incorporadas, para qualquer efeito, ao salário ou ao benefício.

Subseção VII
Do Salário-maternidade

— Vide Instrução Normativa n. 20, de 18.5.00, do Instituto Nacional do Seguro Social, publicada no DOU de 23.5.00, Seção 1, p. 15/23, arts. 86 a 97 e n. 33, de 31.7.00 (DOU 3.8.00), não publicadas nesta obra, que trata do requerimento e concessão do benefício de salário-maternidade via Internet.

Art. 93. O salário-maternidade é devido à segurada da previdência social, durante cento e vinte dias, com início vinte e oito dias antes e término noventa e um dias depois do parto, podendo ser prorrogado na forma prevista no § 3º. (NR) *(Redação dada pelo Decreto n. 4.862, de 21.10.03, DOU 22.10.03)*

§ 1º Para a segurada empregada, inclusive a doméstica, observar-se-á, no que couber, as situações e condições previstas na legislação trabalhista relativas à proteção à maternidade.

§ 2º Será devido o salário-maternidade à segurada especial, desde que comprove o exercício de atividade rural nos últimos dez meses imediatamente anteriores à data do parto ou do requerimento do benefício, quando requerido antes do parto, mesmo que de forma descontínua, aplicando-se, quando for o caso, o disposto no parágrafo único do art. 29. (NR) *(Redação dada pelo Decreto n. 5.545, de 22.9.05, DOU 23.9.05)*

§ 3º Em casos excepcionais, os períodos de repouso anterior e posterior ao parto podem ser aumentados de mais duas semanas, mediante atestado médico específico. (NR).(*)

§ 4º Em caso de parto antecipado ou não, a segurada tem direito aos cento e vinte dias previstos neste artigo.

§ 5º Em caso de aborto não criminoso, comprovado mediante atestado médico, a segurada terá direito ao salário-maternidade correspondente a duas semanas. (NR).

§ 6º *(Revogado pelo Decreto n. 4.032, de 26.11.01, DOU 27.11.01.*

Art. 93-A. O salário-maternidade é devido à segurada da Previdência Social que adotar ou obtiver guarda judicial para fins de adoção de criança com idade:

(*) Parágrafos 3º e 5º com redação dada pelo Decreto n. 3.668, de 22.11.00 (DOU 23.11.00).

Legislação Complementar

I — até um ano completo, por cento e vinte dias;

II — a partir de um ano até quatro anos completos, por sessenta dias; ou

III — a partir de quatro anos até completar oito anos, por trinta dias.

§ 1º O salário-maternidade é devido à segurada independentemente de a mãe biológica ter recebido o mesmo benefício quando do nascimento da criança.

§ 2º O salário-maternidade não é devido quando o termo de guarda não contiver a observação de que é para fins de adoção ou só contiver o nome do cônjuge ou companheiro.

§ 3º Para a concessão do salário-maternidade é indispensável que conste da nova certidão de nascimento da criança, ou do termo de guarda, o nome da segurada adotante ou guardiã, bem como, deste último, tratar-se de guarda para fins de adoção.

§ 4º Quando houver adoção ou guarda judicial para adoção de mais de uma criança, é devido um único salário-maternidade relativo à criança de menor idade, observando o disposto no art. 98.

§ 5º A renda mensal do salário-maternidade é calculada na forma do disposto nos arts. 94, 100 ou 101, de acordo com a forma de contribuição da segurada à Prevd*ência Social. (NR)* (Artigo acrescentado pelo Decreto n. 4.729, de 9.6.03, DOU 10.6.03).

§ 6º O salário-maternidade de que trata este artigo é pago diretamente pela previdência social. (NR) *(Parágrafo acrescentado pelo Decreto n. 4.862, de 21.10.03, DOU 22.10.03)*

Art. 94. O salário-maternidade para a segurada empregada consiste numa renda mensal igual à sua remuneração integral e será pago pela empresa, efetivando-se a compensação, observado o disposto no art. 248 da Constituição, quando do recolhimento das contribuições incidentes sobre a folha de salários e demais rendimentos pagos ou creditados, a qualquer título, à pessoa física que lhe preste serviço, devendo aplicar-se à renda mensal do benefício o disposto no art. 198. *(Redação dada pelo Decreto n. 4.862, de 21.10.03, DOU 22.10.03)*

....

§ 3º A empregada deve dar quitação à empresa dos recolhimentos mensais do salário-maternidade na própria folha de pagamento ou por outra forma admitida, de modo que a quitação fique plena e claramente caracterizada. *(Parágrafo acrescentado pelo Decreto n. 4.862, de 21.10.03, DOU 22.10.03)*

§ 4º A empresa deve conservar, durante dez anos, os comprovantes dos pagamentos e os atestados ou certidões correspondentes para exame pela fiscalização do INSS, conforme o disposto no § 7º do art. 225. (NR) *(Parágrafo acrescentado pela Decreto n. 4.862, de 21.10.03. DOU 22.10.03)*

Art. 95. Compete à interessada instruir o requerimento do salário-maternidade com os atestados médicos necessários.

PARÁGRAFO ÚNICO. Quando o benefício for requerido após o parto, o documento comprobatório é a Certidão de Nascimento, podendo, no caso de dúvida, a segurada ser submetida à avaliação pericial junto ao Instituto Nacional do Seguro Social. (NR) *(Redação dada pelo Decreto n. 3.668,. de 22.11.00, DOU 23.11.00)*

Art. 96. O início do afastamento do trabalho da segurada empregada será determinado com base em atestado médico ou certidão de nascimento do filho. (...) (NR) *(Redação dada pelo Decreto n. 4.862, de 21.10.03, DOU 22.10.03)*

§ 1º Quando a empresa dispuser de serviço médico próprio ou credenciado, o atestado deverá ser fornecido por aquele serviço médico. *(Redação dada pelo Decreto n. 3.265, de 29.11.99, DOU 30.11.99) (Revogado pelo Decreto n. 4729, de 9.6.03, DOU 10.6.2003)*

§ 2º O atestado deve indicar, além dos dados médicos necessários, Os períodos a que se referem o art. 93 e seus parágrafos, bem como a data do afastamento do trabalho. *(Redação dada pelo Decreto n. 4.862, de 21.10.03, DOU 22.10.03) (Revogado pelo Decreto n. 4.729, de 9.6.03, DOU 10.6.2003)*

Art. 97. O salário-maternidade da segurada empregada será devido pela previdência social enquanto existir relação de emprego, observadas as regras quanto ao pagamento desse benefício pela empresa.

PARÁGRAFO ÚNICO. Durante o período de graça a que se refere o art. 13, a segurada desempregada fará jus ao recebimento do salário-maternidade nos casos de demissão antes da gravidez, ou, durante a gestação, nas hipóteses de dispensa por justa causa ou a pedido, situações em que o benefício será pago diretamente pela previdência social. (NR) *(Caput e parágrafo com a redação dada pelo Decreto n. 6.122, de 13.6.07, DOU 14.6.07)*

Art. 98. No caso de empregos concomitantes, a segurada fará jus ao salário-maternidade relativo a cada emprego.

Art. 99. Nos meses de início e término do saláriomaternidade da segurada empregada, o salário-maternidade será proporcional aos dias de afastamento do trabalho.

Art. 100. O salário-maternidade da segurada trabalhadora avulsa, pago diretamente pela previdência social, consiste numa renda mensal igual à sua remuneração integral equivalente a um mês de trabalho, devendo aplicar-se à renda mensal do benefício o disposto no art. 198. (NR) *(Redação dada pelo Decreto n. 4.862, de 21.10.03, DOU 22.10.03)*

Art. 101. O salário-maternidade, observado o disposto nos arts. 35, 198, 199 ou 199-A, pago diretamente pela Previdência Social, consistirá: *(Redação dada pelo Decreto n. 6.722, de 30.12.08, DOU 31.12.08, Edição extra).*

I — em valor correspondente ao do seu último salário de contribuição, para a segurada empregada doméstica;

II — em um salário mínimo, para a segurada especial;

III — em um doze avos da soma dos doze últimos salários de contribuição, apurados em período não superior a quinze meses, para as seguradas contribuinte individual, facultativa e para as que mantenham a qualidade de segurada na forma do art. 13. *(Redação dada pelo Decreto n. 6.122, de 13.6.07, DOU 14.6.07)*

§ 1º *(Revogado pelo Decreto n. 3.265, de 29.11.99, DOU 30.11.99)*

§ 2º *(Revogado pelo Decreto n. 3.265, de 29.11.99, DOU 30.11.99)*

§ 3º O documento comprobatório para requerimento do salário-maternidade da segurada que mantenha esta qualidade é a certidão de nascimento do filho, exceto nos casos de aborto espontâneo, quando deverá ser apresentado atestado médico, e no de adoção ou guarda para fins de adoção, casos em que serão observadas as regras do art. 93-A, devendo o evento gerador do benefício ocorrer, em qualquer hipótese, dentro do período previsto no art. 13. (NR) *(Acrescentado pelo Decreto n. 6.122, de 13.6.07, DOU 14.6.07)*

Art. 102. O salário-maternidade não pode ser acumulado com benefício por incapacidade.

PARÁGRAFO ÚNICO. Quando ocorrer incapacidade em concomitância com o período de pagamento do salário-maternidade, o benefício por incapacidade, conforme o caso, deverá ser suspenso enquanto perdurar o referido pagamento, ou terá sua data de início adiada para o primeiro dia seguinte ao término do período de cento e vinte dias.

Art. 103. A segurada aposentada que retornar à atividade fará jus ao pagamento do salário-maternidade, de acordo com o disposto no art. 93.

....

Art. 255. A empresa será reembolsada pelo pagamento do valor bruto do salário-maternidade, observado o disposto no art. 248 da Constituição, incluída a gratificação natalina proporcional ao período da correspondente licença e das cotas do salário-família pago aos segurados a seu serviço, de acordo com este Regulamento, mediante dedução do respectivo valor, no ato do recolhimento das contribuições devidas, na forma estabelecida pelo INSS. *(Redação dada pelo Decreto n. 4.862, de 21.10.03, DOU 22.10.03)*

....

Art. 276. Nas ações trabalhistas de que resultar o pagamento de direitos sujeitos à incidência de contribuição previdenciária, o recolhimento das importâncias devidas à seguridade social será feito no dia dois do mês seguinte ao da liquidação da sentença.

§ 1º No caso do pagamento parcelado, as contribuições devidas à seguridade social serão recolhidas na mesma data e proporcionalmente ao valor de cada parcela.

§ 2º Nos acordos homologados em que não figurarem, discriminadamente, as parcelas legais de incidência da contribuição previdenciária, esta incidirá sobre o valor total do acordo homologado.

§ 3º Não se considera como discriminação de parcelas legais de incidência de contribuição previdenciária a fixação de percentual de verbas remuneratórias e indenizatórias constantes dos acordos homologados, aplicando-se, nesta hipótese, o disposto no parágrafo anterior.

§ 4º A contribuição do empregado no caso de ações trabalhistas será calculada, mês a mês, aplicando-se as alíquotas previstas no art. 198, observado o limite máximo do salário de contribuição.

§ 5º Na sentença ou acordo homologado, cujo valor da contribuição previdenciária devida for inferior ao limite mínimo permitido para recolhimento na Guia da Previdência Social, é autorizado o recolhimento dos valores devidos cumulativamente com as contribuições normais de mesma competência.

§ 6º O recolhimento das contribuições do empregado reclamante deverá ser feito na mesma inscrição em que são recolhidas as contribuições devidas pela empresa.

§ 7º Se da decisão resultar reconhecimento de vínculo empregatício, deverão ser exigidas as contribuições, tanto do empregador como do reclamante, para todo o período reconhecido, ainda que o pagamento das remunerações a ele correspondentes não tenham sido reclamadas na ação, tomando-se por base de incidência, na ordem, o valor da remuneração paga, quando conhecida, da remuneração paga a outro empregado de categoria ou função equivalente ou semelhante, do salário normativo da categoria ou do salário mínimo mensal, permitida a compensação das contribuições patronais eventualmente recolhidas.

§ 8º Havendo reconhecimento de vínculo empregatício para empregado doméstico, tanto as contribuições do segurado empregado como as do empregador deverão ser recolhidas na inscrição do trabalhador.

§ 9º É exigido o recolhimento da contribuição previdenciária de que trata o inciso II do art. 201, incidente sobre o valor resultante da decisão que reconhecer a ocorrência de prestação de serviço à empresa, mas não o vínculo empregatício, sobre o valor total da condenação ou do acordo homologado, independentemente da natureza da parcela e forma de pagamento. (NR) *(Parágrafos 5º ao 9º acrescentados pelo Decreto n. 4.032, de 26.11.01, DOU 27.11.01)*

Art. 277. A autoridade judiciária deverá velar pelo fiel cumprimento do disposto no artigo anterior, executando, de ofício, quando for o caso, as contribuições devidas, fazendo expedir notificação ao Instituto Nacional do Seguro Social, para dar-lhe ciência dos termos da sentença, do acordo celebrado ou da execução.

PARÁGRAFO ÚNICO. O Instituto Nacional do Seguro Social fornecerá, quando solicitados, as orientações e dados necessários ao cumprimento do que dispõe este artigo.

....

Art. 283. Por infração a qualquer dispositivo das Leis ns. 8.212 e 8.213, ambas de 1991, e 10.666, de 8 de maio de 2003, para a qual não haja penalidade expressamente cominada neste Regulamento, fica o responsável sujeito a multa variável de R$ 636,17 (seiscentos e trinta e seis reais e dezessete centavos) a R$ 63.617,35 (sessenta e três mil, seiscentos e dezessete reais e trinta e cinco centavos), conforme a gravidade da infração, aplicando-se-lhe o disposto nos arts. 290 a 292, e de acordo com os seguintes valores: *(Redação dada pelo Decreto n. 4.862, de 21.10.03, DOU 22.10.03)*

I — a partir de R$ 636,17 (seiscentos e trinta e seis reais e dezessete centavos) nas seguintes infrações:

a) deixar a empresa de preparar folha de pagamento das remunerações pagas, devidas ou creditadas a todos os segurados a seu serviço, de acordo com este Regulamento e com os demais padrões e normas estabelecidos pelo Instituto Nacional do Seguro Social;

b) deixar a empresa de se matricular no Instituto Nacional do Seguro Social, dentro de trinta dias contados da data do início de suas atividades, quando não sujeita a inscrição no Cadastro Nacional da Pessoa Jurídica;

c) deixar a empresa de descontar da remuneração paga aos segurados a seu serviço importância proveniente de dívida ou responsabilidade por eles contraída junto à seguridade social, relativa a benefícios pagos indevidamente;

d) deixar a empresa de matricular no Instituto Nacional do Seguro Social obra de construção civil de sua propriedade ou executada sob sua responsabilidade no prazo de trinta dias do início das respectivas atividades;

e) deixar o Titular de Cartório de Registro Civil de Pessoas Naturais de comunicar ao Instituto Nacional do Seguro Social, até o dia dez de cada mês, a ocorrência ou a não ocorrência de óbitos, no mês imediatamente anterior, bem como enviar informações inexatas, conforme o disposto no art. 228;

f) deixar o dirigente dos órgãos municipais competentes de prestar ao Instituto Nacional do Seguro Social as informações concernentes aos alvarás, habite-se ou documento equivalente, relativos a construção civil, na forma do art. 226; e

— v. o valor da multa indicada no inciso II do art. 283 do RPS é de R$ 18.128,43 (dezoito mil, cento e vinte e oito reais e quarenta e três centavos);

g) deixar a empresa de efetuar os descontos das contribuições devidas pelos segurados a seu serviço; *(Acrescentado pelo Decreto n. 4.862, de 21.10.03, DOU 22.10.03)*

h) deixar a empresa de elaborar e manter atualizado perfil profissiográfico abrangendo as atividades desenvolvidas pelo trabalhador e de fornecer a este, quando da rescisão do contrato de trabalho, cópia autêntica deste documento; e (...) (NR) *(Acrescentado pelo Decreto n. 4.862, de 21.10.03, DOU 22.10.03)*

II — a partir de R$ 14.317,78 (quatorze mil trezentos e dezessete reais e setenta e oito centavos) nas seguintes infrações:

a) deixar a empresa de lançar mensalmente, em títulos próprios de sua contabilidade, de forma discriminada, os fatos geradores de todas as contribuições, o montante das quantias descontadas, as contribuições da empresa e os totais recolhidos;

....

n) deixar a empresa de manter laudo técnico atualizado com referência aos agentes nocivos existentes no ambiente de trabalho de seus trabalhadores ou emitir documento de comprovação de efetiva exposição em desacordo com o respectivo laudo; e *(Acrescentado pelo Decreto n. 6.722, de 30.12.08, DOU 31.12.08, Ed. extra)*

....

Nota: Dispõem os incisos IV e V, do art. 8º da Portaria Interministerial MTPS/MF n. 1, de 8 de janeiro de 2016, DOU 11.1.16, com vigência a partir de 1.1.2016.

....

IV — o valor da multa pela infração a qualquer dispositivo do RPS, para a qual não haja penalidade expressamente cominada no art. 283 do RPS, varia, conforme a gravidade da infração, de R$ 2.143,04 (dois mil cento e quarenta e três reais e quatro centavos) a R$ 214.301,53 (duzentos e catorze mil trezentos e um reais e cinquenta e três centavos);

V - o valor da multa indicada no inciso II do art. 283 do RPS é de R$ 21.430,11 (vinte e um mil quatrocentos e trinta reais e onze centavos);

....

Art. 341. Nos casos de negligência quanto às normas de segurança e saúde do trabalho indicadas para a proteção individual e coletiva, a previdência social proporá ação regressiva contra os responsáveis.

PARÁGRAFO ÚNICO. O Ministério do Trabalho e Emprego, com base em informações fornecidas trimestralmente, a partir de 1º de março de 2011, pelo Ministério da Previdência Social relativas aos dados de acidentes e doenças do trabalho constantes das comunicações de acidente de trabalho registradas no período, encaminhará à Previdência Social os respectivos relatórios de análise de acidentes do trabalho com indícios de negligência quanto às normas de segurança e saúde do trabalho que possam contribuir para a proposição de ações judiciais regressivas. (NR) *(Redação dada pelo Decreto n. 7.331, de 19.10.10, DOU 20.10.10)*

....

DECRETO N. 8.373, DE 11 DE DEZEMBRO DE 2014

(DOU 12.12.2014)

Institui o Sistema de Escrituração Digital das Obrigações Fiscais, Previdenciárias e Trabalhistas — eSocial e dá outras providências.

A PRESIDENTA DA REPÚBLICA, no uso da atribuição que lhe confere o art. 84, *caput*, inciso IV, alínea *a*, da Constituição,

DECRETA:

Art. 1º Fica instituído o Sistema de Escrituração Digital das Obrigações Fiscais, Previdenciárias e Trabalhistas — eSocial.

Art. 2º O eSocial é o instrumento de unificação da prestação das informações referentes à escrituração das obrigações fiscais, previdenciárias e trabalhistas e tem por finalidade padronizar sua transmissão, validação, armazenamento e distribuição, constituindo ambiente nacional composto por:

I — escrituração digital, contendo informações fiscais, previdenciárias e trabalhistas;

II — aplicação para preenchimento, geração, transmissão, recepção, validação e distribuição da escrituração; e

III — repositório nacional, contendo o armazenamento da escrituração.

§ 1º A prestação das informações ao eSocial substituirá, na forma disciplinada pelos órgãos ou entidades partícipes, a obrigação de entrega das mesmas informações em outros formulários e declarações a que estão sujeitos:

I — o empregador, inclusive o doméstico, a empresa e os que forem a eles equiparados em lei;

II — o segurado especial, inclusive em relação a trabalhadores que lhe prestem serviço;

III — as pessoas jurídicas de direito público da União, dos Estados, do Distrito Federal e dos Municípios; e

IV — as demais pessoas jurídicas e físicas que pagarem ou creditarem por si rendimentos sobre os quais tenha incidido retenção do Imposto sobre a Renda Retido na Fonte — IRRF, ainda que em um único mês do ano calendário.

§ 2º A prestação de informação ao eSocial pelas microempresas e empresas de pequeno porte, conforme a Lei Complementar n. 123, de 15 de dezembro de 2006, e pelo Microempreendedor Individual — MEI será efetuada em sistema simplificado, compatível com as especificidades dessas empresas.

§ 3º As informações prestadas por meio do eSocial substituirão as constantes na Guia de Recolhimento do Fundo de Garantia por Tempo de Serviço e Informações à Previdência Social — GFIP, na forma disciplinada no Manual de Orientação do eSocial.

§ 4º As informações prestadas pelos empregadores serão enviadas ao Fundo de Garantia do Tempo de Serviço — FGTS e armazenadas no repositório nacional.

§ 5º A escrituração digital de que trata o inciso I do *caput* é composta pelos registros de eventos tributários, previdenciários e trabalhistas, na forma disciplinada no Manual de Orientação do eSocial.

Art. 3º O eSocial rege-se pelos seguintes princípios:

I — viabilizar a garantia de direitos previdenciários e trabalhistas;

II — racionalizar e simplificar o cumprimento de obrigações;

III — eliminar a redundância nas informações prestadas pelas pessoas físicas e jurídicas;

IV — aprimorar a qualidade de informações das relações de trabalho, previdenciárias e tributárias; e

V — conferir tratamento diferenciado às microempresas e empresas de pequeno porte.

Art. 4º Fica instituído o Comitê Diretivo do eSocial, composto pelos Secretários-Executivos dos seguintes órgãos:

I — Ministério da Fazenda;

II — Ministério da Previdência Social;

III — Ministério do Trabalho e Emprego; e

IV — Secretaria da Micro e Pequena Empresa da Presidência da República.

§ 1º Ao Comitê Diretivo, com coordenação exercida alternadamente por período de um ano, compete:

I — estabelecer o prazo máximo da substituição de que trata o § 1º do art. 2º.

II — estabelecer diretrizes gerais e formular as políticas referentes ao eSocial;

Legislação Complementar

III — acompanhar e avaliar a implementação das diretrizes gerais e políticas do eSocial;

IV — propor o orçamento e acompanhar a execução das ações referentes ao eSocial e das integrações dele decorrentes;

V — propor ações e parcerias para comunicação, divulgação e aperfeiçoamento do eSocial entre os empregadores e empregados;

VI — propor ajustes nos processos de trabalhos dos órgãos, visando à melhoria da qualidade da informação e dos serviços prestados à sociedade; e

VII — decidir, em última instância administrativa, mediante representação do subcomitê temático específico e após oitiva do Comitê Gestor, sobre proposições não implementadas no âmbito de suas atribuições, discriminadas no § 1º do art. 6º.

§ 2º As deliberações do Comitê Diretivo serão tomadas por consenso e formalizadas por meio de resolução.

Art. 5º Fica instituído o Comitê Gestor do eSocial, formado por representantes dos seguintes órgãos:

I — Ministério do Trabalho e Emprego;

II — Ministério da Previdência Social;

III — Secretaria da Receita Federal do Brasil;

IV — Instituto Nacional do Seguro Social — INSS; e

V — Conselho Curador do FGTS, representado pela Caixa Econômica Federal, na qualidade de agente operador do FGTS.

§ 1º Compete ao Comitê Gestor:

I — estabelecer diretrizes para o funcionamento e a divulgação do ambiente nacional;

II — especificar, desenvolver, implantar e manter o ambiente nacional;

III — promover a integração com os demais módulos do sistema;

IV — auxiliar e regular o compartilhamento e a utilização das informações armazenadas no ambiente nacional do eSocial; e

V — aprovar o Manual de Orientação do eSocial e suas atualizações.

§ 2º A gestão do eSocial será exercida de forma compartilhada e as deliberações do Comitê Gestor serão adotadas por meio de resolução.

§ 3º Os órgãos e entidades partícipes do Comitê Gestor exercerão, alternadamente, as funções de Secretaria-Executiva pelo período de um ano, tendo como secretário-executivo o respectivo representante no Comitê.

Art. 6º O Comitê Gestor será assessorado pelo Subcomitê Temático do Módulo Micro e Pequena Empresa e Microempreendedor Individual — MEI, formado por representantes dos órgãos referidos no *caput* do art. 6º e por representante da Secretaria da Micro e Pequena Empresa da Presidência da República.

§ 1º Ao Subcomitê Temático de que trata o *caput* compete formular proposta de simplificação, formalização, inovação, melhorias da especificação, arquitetura do sistema e de processos de trabalho que envolvam MEI, microempresas, empresas de pequeno porte e outros beneficiários enquadrados no Estatuto da Microempresa e Empresa de Pequeno Porte, disciplinado pela Lei Complementar n. 123, de 15 de dezembro de 2006.

§ 2º As deliberações do subcomitê serão tomadas por consenso, registradas em ata e encaminhadas ao Comitê Gestor.

§ 3º O Comitê Gestor se pronunciará, de forma motivada, sobre as propostas encaminhadas pelo subcomitê na forma prevista no § 2º do art. 6º.

§ 4º As propostas elaboradas pelo subcomitê que não forem aceitas pelo Comitê Gestor poderão ser analisadas pelo Comitê Diretivo, mediante representação, para decisão final acerca de sua implantação.

§ 5º Em caso de divergências no subcomitê temático, a iniciativa apenas poderá ser implementada pelo Comitê Gestor após decisão do Conselho Diretivo.

§ 6º O Comitê Gestor poderá constituir outros subcomitês para desenvolver as ações necessárias à implementação, à operacionalização, ao controle e ao aprimoramento do eSocial.

Art. 7º A participação nas atividades dos Comitês Diretivo e Gestor será considerada função relevante, não remunerada.

Art. 8º A Caixa Econômica Federal, na qualidade de agente operador do FGTS, o Instituto Nacional do Seguro Social, a Secretaria da Receita Federal do Brasil, o Ministério da Previdência Social e o Ministério do Trabalho e Emprego regulamentarão, no âmbito de suas competências, sobre o disposto neste Decreto.

§ 1º O eSocial não implica, em qualquer hipótese, transferência de atribuições e competências entre os órgãos ou entidades partícipes, nem transferência ou compartilhamento de propriedade intelectual de produtos não abrangidos por esse sistema.

§ 2º Os integrantes do Comitê Gestor terão acesso compartilhado às informações que integram o ambiente nacional do eSocial e farão uso delas no limite de suas respectivas competências e atribuições, não podendo transferi-las a terceiros ou divulgá-las, salvo previsão legal.

§ 3º As informações de natureza tributária e do FGTS observarão as regras de sigilo fiscal e bancário, respectivamente.

Art. 9º Este Decreto entra em vigor na data de sua publicação.

Brasília, 11 de dezembro de 2014; 193º da Independência e 126º da República.

DILMA ROUSSEFF
Guido Mantega
Manoel Dias
Garibaldi Alves Filho
Guilherme Afif Domingos

INSTRUÇÃO NORMATIVA SIT/DDSST N. 88, DE 30 DE NOVEMBRO DE 2010

(DOU 1.12.2010)

Estabelece diretrizes para as análises de acidentes de trabalho efetuadas por auditor fiscal do trabalho e modelo de relatório

A SECRETÁRIA DE INSPEÇÃO DO TRABALHO e a DIRETORA DO DEPARTAMENTO DE SEGURANÇA E SAÚDE NO TRABALHO, no exercício da competência prevista no inciso II do art. 14 do Anexo I do Decreto n. 5.063, de 3 de maio de 2004, que aprovou a estrutura regimental do Ministério do Trabalho e Emprego, e em face do disposto nos arts. 19, 20 e 21 da Lei n. 8.213, de 24 de julho de 1991, no art. 18 do Decreto n. 4.552, de 27 de dezembro de 2002, que aprovou o Regulamento da Inspeção do Trabalho, e nos arts. 339 e 341, parágrafo único, do Decreto n. 3.048, de 6 de maio de 1999, resolve:

Art. 1º Estabelecer diretrizes para a análise de acidentes de trabalho efetuadas pelos Auditores Fiscais do Trabalho e os parâmetros mínimos para elaboração dos respectivos relatórios.

Art. 2º As análises de acidentes de trabalho serão determinadas ao Auditor Fiscal do Trabalho — AFT, no âmbito de cada Superintendência Regional do Trabalho e Emprego — SRTE, por meio de Ordens de Serviço — OS, conforme dispõe o art. 16 do Decreto n. 4.552, de 2002.

PARÁGRAFO ÚNICO. Será prioridade a emissão de OS para a análise de acidentes de trabalho graves ou fatais.

Art. 3º Além da análise dos acidentes previstos no parágrafo único do art. 2º, podem ser realizadas ações fiscais para análise de outros acidentes de trabalho considerados relevantes pela SRTE, em face da necessidade de tomada de medidas de prevenção de novos eventos.

PARÁGRAFO ÚNICO. Os acidentes de trabalho ocorridos há mais de dois anos serão analisados em circunstâncias excepcionais e justificadas, independentemente da existência de solicitação, sem prejuízo da inclusão, no planejamento da SRTE, de ação fiscal visando à verificação da persistência dos fatores que ensejaram a sua ocorrência, em especial o potencial risco ao trabalhador.

Art. 4º Nas análises de acidentes de trabalho é recomendável que os AFTs utilizem como referência o Guia de Análise de Acidentes de Trabalho disponível na página eletrônica do Ministério do Trabalho e Emprego — MTE na rede mundial de computadores — internet.

Art. 5º As providências para as análises de acidente de trabalho deverão ser tomadas, a partir do conhecimento do evento, com a urgência requerida por cada caso, e as análises serão realizadas *in loco*, devendo o AFT:

I — investigar a existência de irregularidades e infrações relativas às Normas Regulamentadoras de Segurança e Saúde no Trabalho — NRs aprovadas pela Portaria MTb n. 3.214, de 8 de junho de 1978, especialmente as de ns. 1, 4, 5, 7 e 9, e a provável deficiência na capacitação dos trabalhadores ou outros aspectos de gestão de segurança e saúde do trabalho que influenciaram a ocorrência do evento;

II — investigar a influência de possíveis infrações decorrentes do descumprimento da legislação disciplinadora da jornada de trabalho e dos períodos de descanso na ocorrência do evento;

III — entrevistar os trabalhadores e outras pessoas direta ou indiretamente envolvidas para a apuração dos fatos;

IV — relatar as medidas de prevenção que poderiam ter evitado o evento indesejado, bem como as medidas de proteção, que poderiam ter reduzido as suas consequências;

Art. 6º Ao término da análise do acidente, o AFT elaborará relatório para entrega ao Chefe da Seção ou Setor de Segurança e Saúde no Trabalho da SRTE, emitido de acordo com o modelo previsto no Anexo desta Instrução Normativa.

§1º O relatório previsto no *caput* deverá ser digitado, ter redação clara, precisa e com ordem lógica e instruído com o maior número possível de elementos probatórios, podendo ser incluídos diagramas, esquemas, fotos, vídeos e outros recursos.

§ 2º Os Autos de Infração lavrados no contexto de ação fiscal de análise de acidente de trabalho devem especificar, em seu histórico, a ocorrência do evento.

Art. 7º A SRTE deverá encaminhar cópia integral do relatório circunstanciado e seus anexos à Procuradoria da União no Estado, em face do disposto no parágrafo único do art. 341 do Decreto n. 3.048, de 1999 e art. 120 da Lei n. 8.213, de 1991.

PARÁGRAFO ÚNICO. Cópia do relatório poderá ser encaminhada a outras entidades ou interessados que demonstrem legítimo interesse, nos termos das Leis n. 8.159 de 8 de janeiro de 1991 e n. 11.111, de 5 de maio de 2005 e Decreto n. 4.553, de 27 de dezembro de 2002.

Art. 8º Durante a análise de acidentes, as informações prestadas pelo empregador devem ser cotejadas com as demais circunstâncias que envolvem o evento, sempre que estiverem presentes, isolada ou conjuntamente, as seguintes situações:

I — indicação de suicídio ou morte natural como fator causal;

II — ausência de testemunhas;

III — falta de preservação do local da ocorrência;

IV — ocorrência em locais onde não existam postos de trabalho fixos, tais como estradas e áreas rurais;

V — participação determinante de fatores socioambientais, tais como violência urbana ou fenômenos meteorológicos.

Art. 9º Os relatórios de análise deverão ser inseridos pelo Chefe da Seção ou Setor de Segurança e Saúde no Trabalho ou pelo Coordenador do Projeto de Análise de Acidentes de Trabalho da SRTE, no Sistema de Referência em Análise e Prevenção de Acidentes de Trabalho — SIRENA, coordenado pelo Departamento de Segurança e Saúde no Trabalho — DSST e constante da rede informatizada do MTE no endereço: "\\Jade\sit\ ARQUIVOS SIT\Publico\SIRENA\Inserção de Análises de Acidentes pelas SRTE".

§ 1º Os dados deverão ser inseridos segundo o fator preponderante de morbidade e mortalidade, em uma das seguintes categorias:

I — agentes químicos, físicos e biológicos;

II — corrente elétrica;

III — impacto, contato, penetração;

IV — incêndio, explosão, queimadura;

V — máquinas, ferramentas e equipamentos;

VI — quedas;

VII — soterramento, desabamento, desmoronamento;

VIII — transporte;

IX — atos de violência; e

X — outros.

§ 2º A composição do nome do arquivo eletrônico com os dados a que se refere o §1º deve-se iniciar pela letra F, se fatal, G, se grave ou D, para demais casos, seguida do ano de ocorrência com quatro dígitos, da sigla da Unidade da Federação, e do número do Relatório de Inspeção com nove dígitos, quando for o caso. Exemplo: G2010DFXXXXXXXXX.

Art. 10. Esta Instrução Normativa entra em vigor na data de sua publicação.

Ruth Beatriz Vasconcelos Vilela
Secretária de Inspeção do Trabalho

Júnia Maria de Almeida Barreto
Diretora do Departamento de Segurança e Saúde no Trabalho

INSTRUÇÃO NORMATIVA RFB N. 971, DE 13 DE NOVEMBRO DE 2009

(DOU DE 17.11.2009)

Dispõe sobre normas gerais de tributação previdenciária e de arrecadação das contribuições sociais destinadas à previdência social e as destinadas a outras entidades ou fundos, administradas pela Secretaria da Receita Federal do Brasil (RFB)

....

Capítulo VI
Da Reclamatória e do Dissídio Trabalhista

Seção I
Da Reclamatória Trabalhista

Art. 100. Decorrem créditos previdenciários das decisões proferidas pelos Juízes e Tribunais do Trabalho que:

I — condenem o empregador ou tomador de serviços ao pagamento de remunerações devidas ao trabalhador, por direito decorrente dos serviços prestados ou de disposição especial de lei;

II — reconheçam a existência de vínculo empregatício entre as partes, declarando a prestação de serviços de natureza não eventual, pelo empregado ao empregador, sob a dependência deste e mediante remuneração devida, ainda que já paga à época, no todo ou em parte, e determinando o respectivo registro em CTPS;

III — homologuem acordo celebrado entre as partes antes do julgamento da reclamatória trabalhista, pelo qual fique convencionado o pagamento de parcelas com incidência de contribuições sociais para quitação dos pedidos que a originaram, ou o reconhecimento de vínculo empregatício em período determinado, com anotação do mesmo em CTPS;

IV — reconheçam a existência de remunerações pagas no curso da relação de trabalho, ainda que não determinem o registro em CTPS ou o lançamento em folha de pagamento.

Seção II
Dos Procedimentos e dos Órgãos Competentes

Art. 101. Compete à Justiça do Trabalho, nos termos do inciso VIII do art. 114 da Constituição Federal, promover de ofício a execução dos créditos das contribuições previdenciárias devidas em decorrência de decisões condenatórias ou homologatórias por ela proferidas, devendo a fiscalização apurar e lançar o débito verificado em ação fiscal, relativo às: (NR) *(Redação dada pela Instrução Normativa n. 1.453, de 24.2.14, DOU 25.2.14)*

I — contribuições destinadas a outras entidades ou fundos, conforme disposto no art. 3º da Lei n. 11.457, de 2007, exceto aquelas executadas pelo Juiz do Trabalho;

II — contribuições incidentes sobre remunerações pagas durante o período trabalhado, com ou sem vínculo empregatício, quando, por qualquer motivo, não houver sido executada a cobrança pela Justiça do Trabalho.

PARÁGRAFO ÚNICO. O disposto no *caput* não implica dispensa do cumprimento, pelo sujeito passivo, das obrigações acessórias previstas na legislação previdenciária.

Seção III
Da Verificação dos Fatos Geradores e da Apuração dos Créditos

Art. 102. Serão adotadas como bases de cálculo:

I — quanto às remunerações objeto da condenação, os valores das parcelas remuneratórias consignados nos cálculos homologados de liquidação de sentença;

II — quanto às remunerações objeto de acordo:

a) os valores das parcelas discriminadas como remuneratórias em acordo homologado ou, inexistindo estes;

b) o valor total consignado nos cálculos ou estabelecido no acordo;

III — quanto ao vínculo empregatício reconhecido, obedecida a seguinte ordem:

a) os valores mensais de remuneração do segurado empregado, quando conhecidos;

b) os valores mensais de remuneração pagos contemporaneamente a outro empregado de categoria ou função equivalente ou semelhante;

c) o valor do piso salarial, legal ou normativo da respectiva categoria profissional, vigente à época;

d) quando inexistente qualquer outro critério, o valor do salário mínimo vigente à época.

§ 1º Serão somados, para fins de composição da base de cálculo, os valores indicados nos incisos I e III ou II e III do *caput*, quando referentes às mesmas competências.

§ 2º A base de cálculo das contribuições sociais a cargo do reclamado não está sujeita a qualquer limitação, e para a sua apuração deverão ser excluídas apenas as parcelas que não integram a remuneração.

§ 3º As contribuições sociais a cargo do segurado empregado serão apuradas da seguinte forma:

I — as remunerações objeto da reclamatória trabalhista serão somadas ao salário de contribuição recebido à época, em cada competência;

II — com base no total obtido, fixar-se-á a alíquota e calcular-se-á a contribuição incidente, respeitado o limite máximo do salário de contribuição vigente em cada competência abrangida;

III — a contribuição a cargo do segurado já retida anteriormente será deduzida do valor apurado na forma do inciso II, observado o disposto no § 5º.

§ 4º Na competência em que ficar comprovado o desconto da contribuição a cargo do segurado empregado, sobre o limite máximo do salário de contribuição, deste não será descontada qualquer contribuição adicional incidente sobre a parcela mensal da sentença ou acordo.

§ 5º Cabe ao reclamado comprovar o recolhimento da contribuição anteriormente descontada do segurado reclamante, sob pena de comunicação à Delegacia ou Inspetoria da Receita Federal do Brasil, para apuração e constituição do crédito, nas formas previstas no Capítulo I do Título VII, e Representação Fiscal para Fins Penais.

§ 6º Quando a reclamatória trabalhista findar em acordo conciliatório ou em sentença, pelo qual não se reconheça qualquer vínculo empregatício entre as partes, o seu valor será considerado base de cálculo para a incidência das contribuições:

I — devidas pela empresa ou equiparado sobre as remunerações pagas ou creditadas a contribuinte individual que lhe prestou serviços;

II — devidas pelo contribuinte individual prestador de serviços, quando o reclamado se tratar de pessoa física, não equiparado à empresa. *(Redação dada pela Instrução Normativa n. 1.453, de 24.2.14, DOU 25.2.14)*

§ 7º Na hipótese de não reconhecimento de vínculo, deverá a empresa ou os equiparados à empresa, exceto os referidos no § 1º do art. 78, no pagamento das verbas definidas em acordo ou em sentença, reter a contribuição devida pelo segurado contribuinte individual presta-

Legislação Complementar

dor do serviço e recolhê-la juntamente com a contribuição a seu cargo, conforme disposto no art. 4º da Lei n. 10.666, de 2003.

§ 8º Não havendo a retenção da contribuição na forma do § 7º, o reclamado contratante de serviços é responsável pelo pagamento da referida contribuição, conforme disposto no art. 79.

Art. 103. Serão adotadas as competências dos meses em que foram prestados os serviços pelos quais a remuneração é devida, ou dos abrangidos pelo reconhecimento do vínculo empregatício, quando consignados nos cálculos de liquidação ou nos termos do acordo.

§ 1º Quando, nos cálculos de liquidação de sentença ou nos termos do acordo, a base de cálculo das contribuições sociais não estiver relacionada, mês a mês, ao período específico da prestação de serviços geradora daquela remuneração, as parcelas remuneratórias serão rateadas, dividindo-se seu valor pelo número de meses do período indicado na sentença ou no acordo, ou, na falta desta indicação, do período indicado pelo reclamante na inicial, respeitados os termos inicial e final do vínculo empregatício anotado em CTPS ou judicialmente reconhecido na reclamatória trabalhista.

§ 2º Se o rateio mencionado no § 1º envolver competências anteriores a janeiro de 1995, para a obtenção do valor originário relativo a cada competência, o valor da fração obtida com o rateio deve ser dividido por 0,9108 (nove mil cento e oito décimos de milésimos) — valor da Unidade Fiscal de Referência (UFIR), vigente em 1º de janeiro de 1997, a ser utilizado nos termos do art. 29 da Lei n. 10.522, de 19 de julho de 2002, dividindo-se em seguida o resultado dessa operação pelo Coeficiente em UFIR expresso na Tabela Prática Aplicada em Contribuições Previdenciárias elaborada pela RFB para aquela competência.

§ 3º Na hipótese de não reconhecimento de vínculo, e quando não fizer parte da sentença condenatória ou do acordo homologado a indicação do período em que foram prestados os serviços aos quais se refere o valor pactuado, será adotada a competência referente, respectivamente, à data da sentença ou da homologação do acordo, ou à data do pagamento, se este anteceder aquelas.

Art. 104. Serão adotadas as alíquotas, limites máximos de salário de contribuição, critérios de atualização monetária, taxas de juros de mora e valores de multas vigentes à época das competências apuradas na forma do art. 103.

Art. 105. Os fatos geradores de contribuições sociais decorrentes de reclamatória trabalhista deverão ser informados em GFIP, conforme orientações do Manual da GFIP, e as correspondentes contribuições sociais deverão ser recolhidas em documento de arrecadação identificado com código de pagamento específico para esse fim.

§ 1º O recolhimento das contribuições sociais devidas deve ser efetuado no mesmo prazo em que devam ser pagos os créditos encontrados em liquidação de sentença ou em acordo homologado, sendo que nesse último caso o recolhimento será feito em tantas parcelas quantas as previstas no acordo, nas mesmas datas em que sejam exigíveis e proporcionalmente a cada uma delas.

§ 2º Caso a sentença condenatória ou o acordo homologado seja silente quanto ao prazo em que devam ser pagos os créditos neles previstos, o recolhimento das contribuições sociais devidas deverá ser efetuado até o dia 20 (vinte) do mês seguinte ao da liquidação da sentença ou da homologação do acordo ou de cada parcela prevista no acordo, ou no dia útil imediatamente anterior, caso não haja expediente bancário no dia 20 (vinte).

§ 3º Se o valor total das contribuições apuradas em reclamatória trabalhista for inferior ao mínimo estabelecido pela RFB para recolhimento em documento de arrecadação da Previdência Social, este deverá ser recolhido juntamente com as demais contribuições devidas pelo sujeito passivo no mês de competência, ou no mês em que o valor mínimo para recolhimento for alcançado, caso não tenha outros fatos geradores no mês de competência, sem prejuízo da conclusão do processo.

§ 4º No caso de reconhecimento judicial da prestação de serviços em condições que permitam a aposentadoria especial após 15 (quinze), 20 (vinte) ou 25 (vinte e cinco) anos de contribuição, será devida a contribuição adicional de que trata o § 6º do art. 57 da Lei n. 8.213, de 1991.

§ 5º Na hipótese de acordo celebrado após ter sido proferida decisão de mérito, a contribuição será calculada com base no valor do acordo.

Art. 106. As contribuições sociais previdenciárias incidentes sobre a base de cálculo prevista no § 13 do art. 57 devem ser diretamente recolhidas pelo sujeito passivo, uma vez que não integram a cobrança de ofício realizada pela justiça trabalhista.

Seção IV
Da Comissão de Conciliação Prévia

Art. 107. Comissão de Conciliação Prévia é aquela instituída na forma da Lei n. 9.958, de 12 de janeiro de 2000, no âmbito da empresa ou do sindicato representativo da categoria, podendo ser constituída por grupos de empresas ou ter caráter intersindical, com o objetivo de promover a conciliação preventiva do ajuizamento de demandas de natureza trabalhista.

§ 1º Caso haja conciliação resultante da mediação pela Comissão de Conciliação Prévia, deverão ser recolhidas as contribuições incidentes sobre as remunerações cujo pagamento seja estipulado, bem como sobre os períodos de prestação de serviços em relação aos quais se reconheça o vínculo empregatício, observado o seguinte:

I — as contribuições serão apuradas pelos mesmos critérios previstos para os acordos celebrados entre as partes em reclamatórias trabalhistas, bem como os fatos geradores que lhes deram causa deverão ser declarados em GFIP, conforme a Seção III deste Capítulo;

II — o recolhimento será efetuado utilizando-se código de pagamento específico.

§ 2º Não sendo recolhidas espontaneamente as contribuições devidas, a RFB apurará e constituirá o crédito nas formas previstas no Capítulo I do Título VII.

Seção V
Da Convenção, do Acordo e do Dissídio Coletivos

Art. 108. Sobre os valores pagos em razão de acordos, convenções e dissídios coletivos de trabalho, de que tratam os arts. 611 e 616 da CLT, quando implicarem reajuste salarial, incide a contribuição previdenciária e contribuições devidas a outras entidades ou fundos.

§ 1º Ficando estabelecido o pagamento de parcelas retroativas ao mês da data-base da respectiva categoria profissional, os fatos geradores das contribuições deverão:

I — ser informados na GFIP da competência da celebração da convenção, do acordo ou do trânsito em julgado da sentença que decidir o dissídio, em código de recolhimento específico, observadas as orientações do Manual da GFIP;

II — constar em folha de pagamento distinta, elaborada nos termos do inciso III do art. 47, na qual fique identificado o valor da diferença de remuneração de cada mês.

§ 2º As contribuições decorrentes dos fatos geradores referidos no § 1º deverão ser recolhidas até o dia 20 (vinte) do mês seguinte ao da competência da celebração da convenção, do acordo ou do trânsito em julgado da sentença que decidir o dissídio, ou no dia útil imediatamente anterior, caso não haja expediente bancário no dia 20 (vinte).

§ 3º O recolhimento de que trata o § 2º será efetuado utilizando-se código de pagamento específico.

§ 4º Observado o prazo a que se refere o § 2º, não incidirão juros ou multas moratórias sobre os valores das contribuições calculadas na forma desta Seção.

§ 5º A contribuição do segurado será calculada mês a mês, considerando-se os valores originalmente pagos em cada competência, observada a alíquota e o limite máximo do salário de contribuição.

§ 6º Não sendo recolhidas espontaneamente as contribuições devidas, a RFB apurará e constituirá o crédito nas formas previstas no Capítulo I do Título VII.

....

PORTARIA GM/MPS N. 516, DE 7 DE MAIO DE 2003

(DOU 8.5.2003)

Dispõe sobre contribuição previdenciária por meio de execução judicial (Justiça do Trabalho)

O MINISTRO DE ESTADO DA PREVIDÊNCIA SOCIAL, no uso das atribuições que lhe confere o art. 87, parágrafo único, inc. I e II da Constituição da República e tendo em vista o disposto no § 3º do art. 114 da Constituição da República e na Lei n. 10.035, de 25 de outubro de 2000, e

Considerando a imperatividade da norma representada pelo art. 141 do Código Tributário Nacional;

Considerando o Convênio de Cooperação Técnica firmado, em data de 19 de dezembro de 2002, entre o INSS e o Tribunal Superior do Trabalho;

Considerando que a natureza das normas jurídicas suprarreferidas recomenda regulamentação específica e destacada daquelas normas gerais de cobrança, arrecadação e recuperação de créditos decorrentes de contribuições previdenciárias não abrangidas pela execução fiscal trabalhista;

Considerando o primordial interesse neste tipo de receita previdenciária, bem como o seu especial incremento, resolve:

Art. 1º Os aspectos administrativos da determinação constitucional de cobrança da contribuição previdenciária por meio de execução de ofício, cuja iniciativa compete à Justiça do Trabalho, serão regidos pela presente norma.

§ 1º Não se incluem na regência desta norma os casos não disciplinados pelo § 3º do art. 114 da Constituição da República e pela Lei n. 10.035, de 25 de outubro de 2000, que serão tratados segundo a sistemática anterior a tais diplomas.

§ 2º A cobrança suprarreferida independe de lançamento fiscal e de inscrição de débito em dívida ativa e contém as competências abrangidas pela decisão de mérito ou pela decisão homologatória de acordo trabalhista.

Art. 2º Para automação de cobrança judicial do débito, de atuação advocatícia, de procedimentos de controle e de parcelamento de quantias devidas será mantido pelo INSS, sistema informatizado, preferencialmente em regime de cooperação com a Justiça do Trabalho.

Art. 3º No contexto da missão do INSS, a recuperação de crédito na execução fiscal trabalhista e o sistema referido no artigo anterior têm caráter estratégico e prioritário, devendo as unidades locais da Procuradoria Federal Especializada — INSS alocar para a finalidade o contingente disponível de procuradores, excluídas apenas as chefias, com divisão equitativa da demanda de serviço, sem prejuízo de outras funções advocatícias a serem desempenhadas por eles.

PARÁGRAFO ÚNICO. Nas procuradorias em que o contingente esteja todo investido em cargos de chefia, não se aplica a exclusão acima referida.

Art. 4º Os resultados da execução fiscal trabalhista constarão obrigatoriamente das estatísticas mensais e anuais da Procuradoria Federal Especializada — INSS, que velará pela exatidão dos respectivos dados. Constarão com a mesma obrigatoriedade informações, de cada unidade de procuradoria, sobre:

I — quantitativo individualizado de procuradores que oficiaram em execução fiscal trabalhista no período;

II — quantitativo individualizado de estagiários, contratados e servidores, estes por categorias funcional, que auxiliaram em matéria de execução fiscal trabalhista no período;

III — quantitativo, por espécie, de atos processuais produzidos e por qualquer motivo deixados de produzir no período;

IV — produtividade funcional auferida.

Art. 5º Para salvaguarda de direitos previdenciários (princípio da inversão do ônus da prova), as informações oriundas das ações de execução de ofício e processadas pelo Sistema de Execução Fiscal Trabalhista — SEFT de relevância ao CNIS serão a ele repassadas por alimentação direta da base de dados.

Art. 6º A sentença homologatória de cálculo da contribuição previdenciária devida supre a inexistência de lançamento administrativo (art. 142 CTN).

Art. 7º Os cálculos de liquidação, elaborados ou não pelo INSS, serão objeto de intransigente atuação advocatícia das Procuradorias Federais Especializadas — INSS, a partir dos parâmetros fixados na lei previdenciária, mormente quanto à apuração creditícia por competências devidas.

PARÁGRAFO ÚNICO. Homologados os cálculos, expedir-se-á, tão logo, Guia da Previdência Social — GPS.

Art. 8º A cobrança de créditos de terceiros, se não efetuada conjuntamente com a da contribuição previdenciária em execução de ofício, deverá ser precedida de cálculo administrativo, disto comunicando-se a Diretoria de Arrecadação, para os devidos fins de lançamento e cobrança.

PARÁGRAFO ÚNICO. Dependendo de aceitação pela Justiça do Trabalho e de expresso entendimento com o FNDE, os créditos deste, ainda que contra empresa com a qual mantenha convênio de cobrança, poderão ser cobrados exclusivamente pelo INSS, em se tratando de execução de ofício.

Art. 9º Para os efeitos do art. 54 da Lei n. 8.212, de 24 de julho de 1991, será estabelecido um valor-piso periódico para as execuções fiscais trabalhistas, como tal entendida a cifra que for igual ou inferior ao custo suportado pelo INSS na cobrança executiva.

§ 1º Só após completado o procedimento judicial de liquidação da obrigação previdenciária e o não pagamento espontâneo dela é que se fará o enquadramento do caso em face do valor-piso.

§ 2º Os montantes inferiores ao valor-piso não serão objeto de incontinente exigência, restando no aguardo (art. 792 CPC), em vista da indispensabilidade de créditos e da responsabilidade do agente (art. 141, última parte do Código Tributário Nacional), pelo prazo prescricional, de surgimento de outro débito do mesmo devedor ao qual seja acrescido para fim de cobrança judicial ou administrativa.

§ 3º Se o novo débito enquadrável segundo o valor-piso for suscitado em:

I — outra vara da mesma circunscrição judiciária, requerer-se-á reunião de execuções (art. 28 da Lei n. 6.830, de 22 de setembro de 1980);

II — outra circunscrição judiciária, requerer-se-á a execução por carta ao juízo da primeira distribuição.

§ 4º O valor-piso será revisto sempre que o custo atingir aumento igual ou superior a dez por cento.

§ 5º A fixação do valor-piso decorrerá de trabalho experto de levantamento, devidamente homologado pela Diretoria Colegiada do INSS, a quem caberá a iniciativa de revisão.

§ 6º O valor-piso, à conveniência dos interesses de recuperação, poderá ser regionalizado.

Art. 10. A existência de débito implicará, após o procedimento liquidatório, a inibição de fornecimento de certidão negativa ou positiva com efeito de negativa de débito (arts. 205 a 208 do Código Tributário Nacional, art. 47 da Lei n. 8.212, de 24 de julho de 1991), conforme as seguintes hipóteses:

I — em regra geral, a partir da data do vencimento assinado na respectiva GPS;

II — em caso de acordo trabalhista para pagamentos em parcela (§ 5º, art. 13), a partir das datas judicialmente aprazadas.

PARÁGRAFO ÚNICO. Não haverá inibição se existir penhora suficiente, bem assim se a exigibilidade do crédito estiver suspensa.

Art. 11. O parcelamento administrativo aplicável aos débitos em execução fiscal trabalhista é o estabelecido no art. 38 e seus parágrafos da Lei n. 8.212, de 24 de julho de 1991 (regulamentados pelo art. 244 e parágrafos do Decreto n. 3.048 de 6 de maio de 1999), obedecida a disciplina do art. 155-A e respectivos parágrafos do Código Tributário Nacional.

§ 1º A parte do débito liquidado, a qual, por lei, for defeso parcelar (§ 1º do art. 38 da Lei n. 8.212, de 24 de julho de 1991), será executada independentemente de concessão de parcelamento.

§ 2º O parcelamento que puder ser feito pelo Sistema de Execução Fiscal Trabalhista não poderá sê-lo por nenhum outro sistema no âmbito da Previdência Social. Em ocorrendo esta última hipótese, o parcelamento será cancelado e refeito na forma ora estabelecida.

§ 3º O parcelamento inadimplido não será objeto de inscrição em dívida ativa e a confissão de dívida dele decorrente será levada à execução de ofício no juízo de origem.

§ 4º A concessão de parcelamento administrativo poderá ser objeto de delegação à Justiça do Trabalho (arts. 11 e 12 do Decreto-lei n. 200, de 25 de fevereiro de 1967), desde que observados os parâmetros e as regras adotadas pelo INSS.

§ 5º Não se confunde o parcelamento administrativo com aquele sobre pagamento de obrigação trabalhista e estabelecido em acordo homologado (inciso II do art. 12). Neste último caso, a contribuição previdenciária incidente será recolhida na mesma data, proporcionalmente ao valor de cada parcela acordada.

Art. 12. O Sistema de Execução Fiscal Trabalhista — SEFT, ora em desenvolvimento e produção parcial, que concretiza o cumprimento do previsto no art. 2º, deverá ser concluído o mais breve possível, de forma a resultar implantado com celeridade nos Tribunais Regionais do Trabalho e respectivas Varas, e convenientemente manutenido, como garantia de correta exação, de otimização de receita previdenciária e de ideal administração de justiça.

Art. 13. Os casos omissos serão objeto de indicação à Coordenação-Geral de Dívida Ativa da Procuradoria Federal Especializada — INSS para análise, solução ou encaminhamento de recomendação para completamento desta norma.

Art. 14. Esta Portaria entra em vigor na data de sua publicação, revogadas as disposições em contrário.

RICARDO BERZOINI

PORTARIA CONJUNTA AGU/PGF N. 6, DE 18 DE JANEIRO DE 2013

(DOU 1.2.2013)

Dispõe sobre as ações regressivas previdenciárias

O PROCURADOR-GERAL FEDERAL, no uso da competência de que trata os incisos I e VIII do § 2º do art. 11 da Lei n. 10.480, de 2 de julho de 2002 e o PROCURADOR-CHEFE DA PROCURADORIA FEDERAL ESPECIALIZADA JUNTO AO INSTITUTO NACIONAL DO SEGURO SOCIAL, no uso das atribuições que lhe confere o artigo 27 do anexo I do Decreto n. 7.556, de 24 de agosto de 2011, e tendo em vista o disposto nos arts. 1º, III, 3º, I, 5º, 6º, 7º, XXVIII, 194 ao 196 da Constituição Federal, nos arts. 186 e 927 do Código Civil, nos arts. 120 e 121 da Lei n. 8.213, de 24 de julho de 1991, e as disposições do Código de Trânsito Brasileiro e do Código Penal, resolvem:

Art. 1º Disciplinar critérios e procedimentos relativos ao ajuizamento de ações regressivas previdenciárias pela Procuradoria-Geral Federal — PGF no exercício da representação do Instituto Nacional do Seguro Social — INSS.

Capítulo I
Das Disposições Preliminares

Art. 2º Considera-se ação regressiva previdenciária para os efeitos desta portaria conjunta a ação que tenha por objeto o ressarcimento ao INSS de despesas previdenciárias determinadas pela ocorrência de atos ilícitos.

Art. 3º Consideram-se despesas previdenciárias ressarcíveis as relativas ao pagamento, pelo INSS, de pensão por morte e de benefícios por incapacidade, bem como aquelas decorrentes do custeio do programa de reabilitação profissional.

Art. 4º Compreendem-se por atos ilícitos suscetíveis ao ajuizamento de ação regressiva os seguintes:

I — o descumprimento de normas de saúde e segurança do trabalho que resultar em acidente de trabalho;

II — o cometimento de crimes de trânsito na forma do Código de Trânsito Brasileiro;

III — o cometimento de ilícitos penais dolosos que resultarem em lesão corporal, morte ou perturbação funcional;

PARÁGRAFO ÚNICO. Consideram-se normas de saúde e segurança do trabalho, dentre outras, aquelas assim definidas na Consolidação das Leis do Trabalho, as normas regulamentadoras do Ministério do Trabalho e Emprego, normas de segurança afetas à atividade econômica, normas de segurança relativas à produção e utilização de máquinas, equipamentos e produtos, além de outras que forem determinadas por autoridades locais ou que decorrerem de acordos ou convenções coletivas de trabalho.

Art. 5º Do exame concreto de fatos e dos correspondentes argumentos jurídicos, outras hipóteses de responsabilização, incluindo crimes na modalidade culposa, poderão dar ensejo ao ajuizamento de ação regressiva.

PARÁGRAFO ÚNICO. O ajuizamento de ação regressiva nos casos de que trata este artigo dependerá de manifestação do respectivo órgão de execução da — PGF, que emitirá nota conclusiva e submeterá o caso à prévia avaliação da Coordenação-Geral de Cobrança e Recuperação de Créditos — CGCOB, estando ainda condicionado o ajuizamento à concordância da PFE-INSS.

Capítulo II
Do Procedimento de Instrução Prévia — PIP

Art. 6º O procedimento de instrução prévia — PIP compreende o levantamento das informações, documentos previdenciários e constituição de prova da ocorrência dos ilícitos tratados nesta portaria, com vistas ao eventual ajuizamento da ação regressiva.

Art. 7º O PIP será instaurado pelos órgãos de execução da PGF:

I — de ofício, em razão do conhecimento direto do caso;

II — mediante provocação interna, através de expedientes encaminhados pela CGCOB;

III — mediante provocação externa, decorrente do recebimento de representações e documentos provenientes de particulares ou órgãos públicos.

Art. 8º Cabe ao órgão de execução da PGF do local dos fatos instaurar e concluir o PIP.

Art. 9º A instauração ocorrerá por meio de portaria interna e a finalização por meio de nota, que deverá concluir pelo:

I — ajuizamento da ação regressiva; ou

II — não ajuizamento da ação regressiva, que se dará nos casos de:

a) não comprovação ou ausência de ato ilícito;

b) não comprovação ou ausência de dolo ou culpa;

c) não existência de nexo de causalidade entre a ação ou omissão ilícita e o evento que gerou a concessão de benefício previdenciário; ou

d) não concessão de benefício.

§ 1º Concluído o PIP sem o ajuizamento de ação regressiva em função da não concessão de benefício, o procurador federal responsável deverá solicitar ao INSS que realize marcação nos cadastros da vítima em sistemas específicos, para efeito de posterior informação ao órgão de execução da PGF a respeito de eventual concessão de benefício, fato que determinará a reabertura do procedimento.

§ 2º Estando pendente a concessão de benefício, inclusive nos casos de indeferimento discutido em instâncias recursais administrativas ou em instâncias judiciais, o PIP será sobrestado após a conclusão da instrução relativamente à conduta ilícita.

§ 3º Quando necessário e sem prejuízo do imediato ajuizamento da ação regressiva, o procurador federal responsável solicitará ao INSS, por meio eletrônico, a correção da espécie do benefício concedido, anexando-se a respectiva cópia ao PIP.

Art. 10. O PIP será formalizado com registro de Número Único de Protocolo — NUP e cadastramento no Sistema Integrado de Controle das Ações da União — SICAU.

Art. 11. Os órgãos de execução da PGF terão o prazo de 30 dias para instaurar o procedimento a partir do conhecimento dos fatos ou recebimento de provocação interna ou externa, e até 180 dias para conclusão após a instauração.

PARÁGRAFO ÚNICO. Os prazos fixados no *caput* poderão ser prorrogados, justificadamente e por meio de cota, mediante solicitação ao núcleo de cobrança da respectiva Procuradoria Federal no Estado ou Procuradoria Regional Federal.

Art. 12. Serão priorizados os PIP's na ordem abaixo:

I — Quanto ao evento:

a) acidentes de trabalho;

b) acidente de trânsito;

c) demais fatos.

II — Quanto às consequências:

a) morte;

b) invalidez;

c) incapacidade decorrente de lesão ou doença envolvendo mais de uma vítima;

d) incapacidade decorrente de lesão ou doença de natureza grave.

Art. 13. As informações previdenciárias deverão ser obtidas mediante acesso aos sistemas previdenciários, e os documentos não disponíveis nos sistemas deverão ser solicitados diretamente ao INSS.

§ 1º Dos sistemas previdenciários, além dos dados básicos de concessão, de manutenção e histórico de créditos pelos valores brutos, deverão ser extraídas as seguintes informações:

I — no caso de pensão por morte: qualificação do segurado instituidor, dos dependentes e dados de eventual desdobramento do benefício;

II — no caso de benefício por incapacidade: qualificação do segurado, histórico médico e, no caso de acidente de trabalho, extrato da Comunicação de Acidente de Trabalho — CAT.

§ 2º Na hipótese de reabilitação profissional, deverão ser comprovadas as despesas realizadas mediante cópias dos procedimentos de aquisição de bens e serviços, e documentos de disponibilização ao segurado, bem como avaliada a expectativa de despesas futuras.

Art. 14. As provas da ocorrência do ato ilícito poderão ser obtidas, sem prejuízo de outros modos determinados pelas circunstâncias dos fatos, da seguinte forma:

I — no caso de acidente de trabalho, preferencialmente:

a) por encaminhamento espontâneo, ou mediante solicitação, de laudo de análise de acidente à Superintendência Regional do Trabalho e Emprego da localidade;

b) por solicitação aos órgãos do Ministério Público Estadual ou do Distrito Federal e Territórios, Ministério Público do Trabalho, Polícia Civil, Fundação Jorge Duprat Figueiredo de Saúde e Segurança do Trabalho — FUNDACENTRO, Sindicatos e outras entidades que porventura disponham de elementos probatórios;

c) por meio de pesquisas e requerimentos aos órgãos jurisdicionais da Justiça dos Estados ou Distrito Federal e Territórios, ou da Justiça do Trabalho a respeito de eventuais ações de indenização;

II — nos casos de crimes de trânsito, preferencialmente:

a) por encaminhamento espontâneo, ou mediante solicitação, de denúncias ao Ministério Público dos Estados ou do Distrito Federal e Territórios;

b) por encaminhamento espontâneo, ou mediante solicitação, de laudos e documentos aos órgãos responsáveis pela regulamentação e fiscalização do trânsito, bem como a polícia civil;

c) por meio de pesquisas e requerimentos aos órgãos jurisdicionais a respeito de eventuais ações de indenização;

III — nos demais casos, preferencialmente:

a) por encaminhamento espontâneo, ou mediante solicitação, de denúncias ao Ministério Público dos Estados ou do Distrito Federal e Territórios;

b) por meio de pesquisas e requerimentos aos órgãos jurisdicionais a respeito de eventuais ações de indenização;

PARÁGRAFO ÚNICO. Relativamente ao inciso I, os procuradores federais oficiantes na execução fiscal trabalhista deverão encaminhar aos órgãos responsáveis pelas ações regressivas previdenciárias as decisões judiciais de que tomarem conhecimento quando estas resultarem em condenação por descumprimento de normas de saúde e segurança do trabalho.

Capítulo III
Do Ajuizamento

Art. 15. A ação regressiva será proposta quando estiverem presentes os elementos suficientes de prova da ocorrência do ato ilícito, da culpabilidade, do nexo causal e da realização de despesas previdenciárias.

Art. 16. A ação será ajuizada perante a Justiça Federal no foro do domicílio do réu.

§ 1º Quando o réu for pessoa jurídica e possuir estabelecimentos em lugares diferentes, o ajuizamento deverá ser realizado no foro do domicílio do estabelecimento onde tiver ocorrido o ato ilícito.

§ 2º Quando houver vários réus, será ajuizada a ação no foro do local do ilícito.

§ 3º Quando houver vários réus sem que nenhum deles tenha domicílio no local do ilícito, deverá será ajuizada a ação, preferencialmente, perante o foro daquele que tiver o domicílio mais próximo.

Art. 17. O órgão de execução do local do ajuizamento será responsável pela elaboração da petição inicial.

§ 1º No caso de o órgão de execução da PGF responsável pelo ajuizamento entender pela necessidade de complementação do procedimento, deverá encaminhá-lo à origem para adequação.

§ 2º Não havendo concordância quanto ao pedido de complementação de instrução, o processo deverá ser encaminhado ao núcleo de cobrança da respectiva PF ou PRF, com manifestação fundamentada, que decidirá a divergência.

§ 3º Na hipótese de o procurador federal responsável concluir pelo não ajuizamento, a nota conclusiva será submetida à aprovação de sua chefia imediata. No caso de não aprovação, o caso será submetido ao núcleo de cobrança da Procuradoria Federal-PF ou Procuradoria-Regional Federal-PRF respectiva, que decidirá a divergência.

§ 4º Na hipótese de o órgão de execução da PGF responsável pelo ajuizamento discordar da conclusão do procedimento do órgão de origem, deverá submeter o caso à decisão da respectiva PF ou PRF, com manifestação fundamentada.

§ 5º Os conflitos entre órgãos de execução subordinados a Procuradorias Regionais Federais distintas serão dirimidos pela CGCOB.

Art. 18. Havendo mais de um responsável pelo ato ilícito, o polo passivo da ação regressiva será composto em litisconsórcio, formulando-se pretensão expressa no sentido da condenação solidária dos autores do dano.

PARÁGRAFO ÚNICO. A definição dos responsáveis deverá levar em conta as condutas imputadas a empregadores, tomadores de serviço, contratantes e cedentes de mão de obra e órgãos públicos para os quais, direta ou indiretamente, o segurado trabalhava.

Art. 19. A petição inicial deverá detalhar minuciosamente o ato ilícito, a culpabilidade, o nexo causal, e o dano, este caracterizado pelas despesas previdenciárias ocorridas e por ocorrer.

§ 1º Deverão ser enfatizadas as conclusões técnicas acerca do ato ilícito, com detalhamento das normas de saúde e segurança do trabalho, normas do código de trânsito, dispositivos do Código Penal, dentre outras, evitando-se meras remissões a documentos anexos.

§ 2º Não havendo a exata dimensão das despesas a serem realizadas com eventual processo de reabilitação profissional, far-se-á uso da possibilidade de elaboração de pedido genérico nos termos do inciso II do art. 286 do CPC.

Art. 20. O pedido de reparação deve ser integral, compreendendo:

I — prestações vencidas, atualizadas mediante a utilização dos valores brutos das mensalidades, empregando-se a taxa do Sistema Especial de Liquidação e de Custódia — SELIC, pela variação a partir do mês do pagamento;

II — prestações vincendas a serem pagas mensalmente ou de forma integral.

III — verbas sucumbenciais.

PARÁGRAFO ÚNICO. No caso de pagamento de prestações vincendas, deverá ser requerida a garantia de caução real ou fidejussória.

Art. 21. O valor da causa deverá corresponder ao total das despesas realizadas até o ajuizamento e o correspondente a uma prestação anual, que compreende a 12 parcelas mensais e ao abono anual.

Art. 22. Após ajuizamento a ação regressiva deverá ser cadastrada no SICAU, observados os parâmetros definidos pela CGCOB.

Art. 23. As importâncias recebidas por meio das ações regressivas deverão ser recolhidas por meio de guia de arrecadação com códigos específicos.

DISPOSIÇÕES GERAIS

Art. 24. Incumbe à PFE-INSS e à CGCOB:

I — providenciar o acesso a todos os procuradores federais responsáveis pelas ações regressivas aos sistemas PLENUS, CNIS e SUIBE do INSS, ao sistema INFORMAR da Secretaria da Receita Federal, e ao sistema INFOSEG do Ministério da Justiça, a fim de viabilizar a realização de pesquisas estratégicas e estatísticas para subsidiar as atividades tratadas nesta portaria; e,

II — realizar levantamento semestral de benefícios oriundos de acidentes de trabalho, observada a ordem de prioridades estabelecida no art. 12.

PARÁGRAFO ÚNICO. O resultado dos levantamentos do inciso II serão encaminhados à CGCOB, que procederá à distribuição das atividades pelos respectivos núcleos de cobrança de cada PRF.

Art. 25. A CGCOB procederá à orientação técnica dos órgãos de execução da PGF no que se refere às ações regressivas, em articulação com o Departamento de Contencioso e com a PFE/INSS.

Art. 26. No prazo de 30 dias da publicação desta portaria será constituído Núcleo de Estudos de Ações Regressivas Previdenciárias — NEARP, composto por quatro membros designados pela PFE-INSS e outros quatro pela CGCOB, destinado à realização de estudos estatísticos, ao desenvolvimento de teses e rotinas, monitoramento de acordos de cooperação técnica e acompanhamento de resultados.

§ 1º O NEARP será coordenado pelo Chefe da Divisão de Gerenciamento de Execuções Fiscais Trabalhistas e Ações Regressivas — DIGETRAB da CGCOB.

§ 2º A composição do núcleo será formalizada em ato conjunto da PFE-INSS e da CGCOB.

Art. 27. Os órgãos de execução da PGF designarão, sempre que possível, procuradores federais para atuar especificamente na instrução e ajuizamento das ações regressivas previdenciárias.

PARÁGRAFO ÚNICO. A PFE-INSS poderá indicar procuradores federais em exercício em suas unidades para colaborar com os demais órgãos de execução da PGF responsáveis pelas ações regressivas previdenciárias, sob a coordenação destes.

Art. 28. Os órgãos de execução da PGF deverão comunicar mensalmente à CGCOB, por meio eletrônico, o ajuizamento de ações regressivas, o respectivo trâmite atualizado, as decisões de natureza cautelar, sentenças, recursos e acórdãos.

Art. 29. Os recursos terão acompanhamento prioritário junto aos Tribunais Regionais e Superiores mediante comunicação do órgão de origem.

Art. 30. Os órgãos de execução da PGF adotarão as medidas necessárias à celebração de acordos de cooperação técnica perante os órgãos do Ministério Público Estadual ou do Distrito Federal e Territórios e do Trabalho, Superintendências Regionais do Trabalho e Emprego, Tribunais Regionais do Trabalho, e outros órgãos de âmbito regional ou local, com o objetivo de viabilizar as atividades previstas nesta portaria.

Art. 31. A CGCOB divulgará semestralmente as estatísticas relativas aos procedimentos de instrução prévia e às ações regressivas.

Art. 32. No que se refere a eventuais acordos a serem realizados às ações regressivas, deverão ser observadas as seguintes diretrizes:

I — aplica-se o art. 37-B da Lei n. 10.522, de 19 de julho de 2002 ao parcelamento do crédito pretendido por meio das ações regressivas;

II — aplicam-se os limites de alçada constantes da Portaria PGF que regulamenta a realização de acordos em processos judiciais;

III — os honorários advocatícios poderão ser objeto de parcelamento;

IV — havendo opção pelo recolhimento mensal das parcelas vincendas, deverá ser exigida adequada garantia, real ou fidejussória;

V — parcelas vencidas e vincendas deverão ser atualizadas pela SELIC, devendo ser avaliado o interesse em eventual recurso quando decisão judicial vier a fixar critério diverso;

Art. 33. Ficam revogadas a Portaria Conjunta PFE-INSS e CGCOB n. 1, de 20 de janeiro de 2009 e a Orientação Interna Conjunta PFE-INSS e CGCOB n. 1, de 9 de fevereiro de 2009.

Art. 34. Esta Portaria entra em vigor na data de sua publicação.

Marcelo de Siqueira Freitas
Procurador-Geral Federal

Alessandro A. Stefanutto
Procurador-Chefe da PFE-INSS

RESOLUÇÃO COMITÊ GESTOR DO eSOCIAL N. 1, DE 20 DE FEVEREIRO DE 2015

(DOU 24.2.2015)

Dispõe sobre o Sistema de Escrituração Digital das Obrigações Fiscais, Previdenciárias e Trabalhistas (eSocial).

O COMITÊ GESTOR DO eSOCIAL, no uso das atribuições previstas no art. 5º do Decreto n. 8.373, de 11 de dezembro de 2014, e, considerando o disposto no art. 41 da Consolidação das Leis do Trabalho, aprovada pelo Decreto-Lei n. 5.452, de 1º de maio de 1943, no art. 1º da Lei n. 4.923, de 23 de dezembro de 1965, no art. 14-A da Lei n. 5.889, de 8 de junho de 1973, no art. 8º da Lei n. 6.019, de 3 de janeiro de 1974, no art. 11 do Decreto-Lei n. 1.968, de 23 de novembro de 1982, no art. 24 da Lei n. 7.998 de 11 de janeiro de 1990, no art. 23 da Lei n. 8.036 de 11 de maio de 1990, nos incisos I, III e IV do *caput* e nos §§ 2º, 9º e 10 do art. 32 da Lei n. 8.212, de 24 de julho de 1991, nos arts. 22, 29-A e 58 da Lei n. 8.213, de 24 de julho de 1991, no art. 9º da Lei n. 9.717, de 27 de novembro de 1998, no art. 16 da Lei n. 9.779, de 19 de janeiro de 1999, nos arts. 219, 1.179 e 1.180 da Lei n. 10.406, de 10 de janeiro de 2002, nos arts. 10 e 11 da Medida Provisória n. 2.200-2, de 24 de agosto de 2001, no § 3º do art. 1º e no art. 3º da Lei n. 10.887, de 18 de junho de 2004, no art. 4º da Lei n. 12.023, de 27 de agosto de 2009, no Decreto n. 97.936, de 10 de julho de 1989, no Decreto n. 3.048, de 6 de maio de 1999 e no Decreto n. 6.022, de 22 de janeiro de 2007, resolve:

Art. 1º Fica regulamentado o eSocial como instrumento de unificação da prestação das informações referentes à escrituração das obrigações fiscais, previdenciárias e trabalhistas, que padroniza sua transmissão, validação, armazenamento e distribuição, constituindo Ambiente Nacional, composto por:

I — escrituração digital contendo os livros digitais com informações fiscais, previdenciárias e trabalhistas;

II — sistemas para preenchimento, geração, transmissão, recepção, validação e distribuição da escrituração; e

III — repositório nacional contendo o armazenamento da escrituração.

PARÁGRAFO ÚNICO. As informações prestadas pelos empregadores serão enviadas ao Fundo de Garantia do Tempo de Serviço — FGTS e armazenadas no ambiente nacional.

Art. 2º O eSocial é composto pelo registro de informações fiscais, previdenciárias e trabalhistas agrupadas em eventos que contêm:

I — dados cadastrais dos empregadores, inclusive domésticos, da empresa e a eles equiparados em legislação específica e dos segurados especiais;

II — dados cadastrais e contratuais de trabalhadores, incluídos os relacionados ao registro de empregados;

III — dados cadastrais, funcionais e remuneratórios dos servidores titulares de cargos efetivos amparados em regime próprio de previdência social, de todos os poderes, órgãos e entidades do respectivo ente federativo, suas autarquias e fundações, dos magistrados, dos membros do Tribunal de Contas, dos membros do Ministério Público e dos militares;

IV — dados cadastrais dos dependentes dos empregados, inclusive domésticos, dos trabalhadores avulsos e dos segurados dos regimes geral e próprios de previdência social;

V — dados relacionados às comunicações de acidente de trabalho, às condições ambientais do trabalho e do monitoramento da saúde do trabalhador e dos segurados relacionados no inciso III;

VI — dados relacionados à folha de pagamento e outros fatos geradores, bases de cálculo e valores devidos de contribuições previdenciárias, contribuições sociais de que trata a Lei Complementar n. 110, de 29 de junho de 2001, contribuições sindicais, FGTS e imposto sobre renda retido na fonte; e

VII — outras informações de interesse dos órgãos e entidades integrantes do Comitê Gestor do eSocial, no âmbito de suas competências.

§ 1º Os órgãos partícipes disciplinarão os procedimentos e os efeitos para que as informações prestadas no eSocial componham a base de cálculo para a apuração dos débitos delas decorrentes e a base de dados para fins de cálculo e concessão de benefícios previdenciários e trabalhistas em atos administrativos específicos das autoridades competentes. Ministério do Trabalho e Emprego.

§ 2º O disposto no *caput* não dispensa os obrigados ao eSocial da manutenção, sob sua guarda e responsabilidade, dos documentos, na forma e prazos previstos na legislação aplicável.

§ 3º As informações previdenciárias constantes do eSocial referem-se ao Regime Geral de Previdência Social e aos regimes próprios de previdência social previstos no art. 1º da Lei n. 9.717 de 27 de novembro de 1998.

§ 4º Os dados de que trata o inciso III do *caput* referem-se a ativos, aposentados, transferidos para reserva remunerada, reformados ou reincluídos, seus dependentes e pensionistas, devendo abranger também as informações de outras categorias de segurados amparados em regime próprio de previdência social com fundamento em decisão judicial ou em legislação específica do ente federativo.

Art. 3º Os eventos que compõem o eSocial obedecerão as regras constantes no Manual de Orientação do eSocial e serão transmitidos ao Ambiente Nacional nos seguintes prazos: *(Revogado na íntegra pela Resolução CD/eSocial n. 6, de 28.9.2016, DOU 3.10.2016)*

I — eventos iniciais e tabelas do empregador:

a) as informações relativas à identificação do empregador, de seus estabelecimentos e obras de construção civil deverão ser enviadas previamente à transmissão de outras informações;

b) as informações relativas às tabelas do empregador, que representam um conjunto de regras específicas necessárias para validação dos eventos do eSocial, como as rubricas da folha de pagamento, informações de processos administrativos e judiciais, lotações, relação de cargos, carreiras, patentes e funções, jornada de trabalho, horário contratual, ambientes de trabalho e outras necessárias para verificação da integridade dos eventos periódicos e não periódicos deverão ser enviadas previamente à transmissão de qualquer evento que requeira essas informações;

c) as informações relativas aos vínculos trabalhistas e funcionais mantidos no momento do início da obrigatoriedade da utilização do eSocial deverão ser transmitidas antes do envio de qualquer evento periódico ou não periódico e até o final do 1º (primeiro) mês de sua obrigatoriedade; e

d) as informações de atualização de identificação do empregador, dos estabelecimentos e das obras de construção civil de que trata a alínea "a" deverão ser enviadas até o dia 7 (sete) do mês subsequente ao de ocorrência da alteração, ou previamente à transmissão de qualquer evento que requeira essas informações para validação, o que ocorrer primeiro.

II — livro de eventos não periódicos:

a) as informações do registro preliminar de admissão do trabalhador devem ser enviadas até o final do dia imediatamente anterior ao do início da prestação do serviço, observado o disposto no § 1º deste artigo;

b) as informações da admissão do trabalhador e de ingresso e reingresso do servidor público de todos os poderes, órgãos e entidades do respectivo ente federativo vinculados ao Regime Geral de Previdência Social, suas autarquias e fundações, devem ser enviadas antes da transmissão de qualquer outro evento relativo a esse trabalhador ou até o dia 7 (sete) do mês subsequente ao da sua ocorrência, observado o disposto no § 2º deste artigo;

c) as informações de ingresso e reingresso do servidor titular de cargo efetivo de todos os poderes, órgãos e entidades do respectivo ente federativo, suas autarquias e fundações, amparado por Regime Próprio de Previdência Social, do magistrado, do membro do Tribunal de Contas, do membro do Ministério Público e do militar, devem ser enviadas antes da transmissão de qualquer outro evento relativo a esses segurados ou até o dia 7 (sete) do mês subsequente ao da sua ocorrência;

d) as informações da comunicação de acidente de trabalho devem ser enviadas até o 1º (primeiro) dia útil seguinte ao da ocorrência e, em caso de morte, de imediato; e) as informações de desligamento devem ser enviadas até o 1º (primeiro) dia útil seguinte à data do desligamento, no caso de aviso prévio trabalhado ou do término de contrato por prazo determinado;

f) as informações de desligamento devem ser enviadas até 10 (dez) dias seguintes à data do desligamento nos casos não previstos na alínea "e" deste inciso;

g) as informações do aviso prévio devem ser enviadas em até 10 dias de sua comunicação ao empregado;

h) as informações do afastamento temporário ocasionado por acidente do trabalho, agravo de saúde ou doença decorrentes do trabalho com duração de até 30 (trinta) dias devem ser enviadas até o dia 7 (sete) do mês subsequente;

i) as informações do afastamento temporário ocasionado por acidente de qualquer natureza, agravo de saúde ou doença não relacionados ao trabalho com duração de 3 (três) a 30 (trinta) dias devem ser enviadas até o dia 7 (sete) do mês subsequente;

j) as informações do afastamento temporário ocasionado por acidente de trabalho, acidente de qualquer natureza, agravo de saúde ou doença com duração superior a 30 (trinta) dias devem ser enviadas até o 31º dia da sua ocorrência, caso não tenha transcorrido o prazo previsto nas alíneas "h" ou "i";

k) as informações dos afastamentos temporários ocasionados pelo mesmo acidente ou doença que ocorrerem dentro do prazo de 60 (sessenta) dias e tiverem em sua totalidade duração superior a 30 (trinta) dias, independente da duração individual de cada afastamento, deverão ser enviados em conjunto até o 31º dia do afastamento, caso não tenha transcorrido o prazo previsto nas alíneas "h" ou "i";

l) as informações dos eventos não periódicos não relacionados nas alíneas "a" a "k" devem ser enviadas até o dia 7 (sete) do mês subsequente ao da sua ocorrência ou antes do envio dos eventos mensais de remuneração a que se relacionem, observado o disposto no § 2º deste artigo; e

m) as informações dos afastamentos temporários e desligamentos do servidor titular de cargo efetivo de todos os poderes, órgãos e entidades do respectivo ente federativo, suas autarquias e fundações, amparado por Regime Próprio de Previdência Social, do magistrado, do membro do Tribunal de Contas, do membro do Ministério Público e do militar, devem ser enviadas antes do evento que contém a remuneração devida no mês a que se refere o afastamento, ou até o dia 20 (vinte) do mês subsequente ao que ocorrerem quando não for devida remuneração na competência.

III — livro de eventos periódicos:

a) as informações das folhas de pagamento contendo as remunerações devidas aos empregados, trabalhadores avulsos e contribuintes individuais, bem como os correspondentes totais, base de cálculo e valores devidos de contribuições previdenciárias, contribuições sociais de que trata a Lei Complementar n. 110, de 2001, contribuições sindicais, FGTS e imposto sobre a renda devem ser enviadas até o dia 7 (sete) do mês subsequente ao que se refiram;

b) as informações de folha de pagamento contendo os pagamentos realizados a todos os trabalhadores, deduções e os valores devidos do imposto de renda retido na fonte devem ser transmitidas até o dia 7 (sete) do mês subsequente ao do pagamento;

c) as informações relacionadas à comercialização da produção rural pelo segurado especial e pelo produtor rural pessoa física, com as correspondentes deduções, bases de cálculo e os valores devidos e retidos, devem ser transmitidas até o dia 7 (sete) do mês subsequente ao que se refiram; e

d) as informações das remunerações e benefícios devidos e dos pagamentos realizados ao servidor titular de cargo efetivo de todos os poderes, órgãos e entidades do respectivo ente federativo, suas autarquias e fundações, amparado por regime próprio de previdência social, do magistrado, do membro do Tribunal de Contas, do membro do Ministério Público e do militar, bem como as bases de cálculo e valores devidos pelos segurados, beneficiários e pelo ente federativo das contribuições previdenciárias, devem ser enviadas até o dia 7 (sete) do mês subsequente ao que ocorrerem.

§ 1º O empregador pode optar por enviar todas as informações de admissão do trabalhador até o final do dia imediatamente anterior ao do início da prestação do serviço ficando, nesse caso, dispensado do envio das informações do registro preliminar do trabalhador.

§ 2º Antecipa-se o vencimento dos prazos de envio para o dia útil imediatamente anterior quando não houver expediente bancário nas datas indicadas nas alíneas "b", "c", "f", "h" a "k" e "m" do inciso II e no inciso III.

§ 3º Antecipa-se o vencimento do prazo de envio para o dia 7 (sete) do mês subsequente quando o 10º dia corrido de que trata a alínea "f" do inciso II deste artigo for posterior ao dia 7 (sete).

§ 4º As informações de remuneração do empregado referentes ao mês anterior, de que trata a alínea "a" do inciso III deste artigo, devem ser enviadas previamente às informações de desligamento deste empregado, nas hipóteses em que os vencimentos dos prazos previstos para envio do desligamento ocorram antes do dia 7 (sete) do mês subsequente.

§ 5º Na ausência de fatos geradores que obrigam o envio dos eventos periódicos previstos no inciso III, o obrigado ao eSocial deve enviar um evento específico informando que não possui movimento na primeira competência em que essa situação ocorrer, devendo tal informação ser ratificada na competência janeiro de cada ano enquanto permanecer essa situação.

§ 6º Os eventos que compõem o eSocial devem ser transmitidos mediante autenticação e assinatura digital utilizando-se certificado digital válido no âmbito da Infraestrutura de Chaves Públicas Brasileiras (ICP-Brasil).

§ 7º Terão as rotinas de autenticação disciplinadas no Manual de Orientação do eSocial, não se aplicando o § 6º deste artigo, o Micro Empreendedor Individual — MEI com empregado, o segurado especial e os obrigados relacionados a seguir que possuam até 7 (sete) empregados:

I — empregadores domésticos;

II — micro e pequenas empresas optantes pelo Simples Nacional;

III — contribuinte individual equiparado à empresa; e

IV — produtor rural pessoa física.

§ 8º A transmissão e a assinatura digital dos eventos poderão ser feitas por procuradores com poderes outorgados de acordo com modelos adotados pelos órgãos e entidades integrantes do Comitê Gestor do eSocial.

§ 9º Aquele que deixar de prestar as informações no prazo fixado ou que a apresentar com incorreções ou omissões ficará sujeito às penalidades previstas na legislação.

Art. 4º O tratamento diferenciado, simplificado e favorecido a ser dispensado às empresas optantes pelo Regime Especial Unificado de Arrecadação de Tributos e Contribuições devidos pelas Microempresas e Empresas de Pequeno Porte — Simples Nacional, MEI com empregado, ao empregador doméstico, ao segurado especial e ao produtor rural pessoa física será definido em atos específicos.

Art. 5º Fica aprovada a versão 2.0 do Manual de Orientação do eSocial, disponível no sítio eletrônico do eSocial na Internet, no endereço <http://www.esocial.gov.br>. *(Revogado pela Resolução CD/eSocial n. 6, de 28.9.2016, DOU 3.10.2016)*

Art. 6º Os órgãos e entidades integrantes do Comitê Gestor do eSocial regulamentarão, no âmbito de suas competências, o disposto nesta Resolução.

Art. 7º Esta Resolução entra em vigor na data de sua publicação.

José Alberto Reynaldo Maia Alves Filho
p/Ministério do Trabalho e Emprego

Jarbas de Araújo Félix
p/Ministério da Previdência Social

Janaína dos Santos de Queiroz
p/Instituto Nacional do Seguro Social

Henrique José Santana
p/Caixa Econômica Federal

Clóvis Belbute Peres
p/Secretaria da Receita Federal do Brasil

RESOLUÇÃO N. 2, DO CDDE-SOCIAL, DE 30 DE AGOSTO DE 2016

(DOU 31.8.16)

Dispõe sobre o Sistema de Escrituração Digital das Obrigações Fiscais, Previdenciárias e Trabalhistas (eSocial).

O COMITÊ DIRETIVO DO eSocial, no uso das atribuições previstas no art. 4º do Decreto n. 8.373, de 11 de dezembro de 2014, e considerando o disposto no art. 41 da Consolidação das Leis do Trabalho, aprovada pelo Decreto-Lei n. 5.452, de 1º de maio de 1943, no art. 1º da Lei n. 4.923, de 23 de dezembro de 1965, no art. 14-A da Lei n. 5.889, de 8 de junho de 1973, no art. 8º da Lei n. 6.019, de 3 de janeiro de 1974, no art. 11 do Decreto-Lei n. 1.968, de 23 de novembro de 1982, no art. 24 da Lei n. 7.998 de 11 de janeiro de 1990, no art. 23 da Lei n. 8.036 de 11 de maio de 1990, nos incisos I, III e IV do *caput* e nos §§ 2º, 9º e 10 do art. 32 da Lei n. 8.212, de 24 de julho de 1991, nos arts. 22, 29-A e 58 da Lei n. 8.213, de 24 de julho de 1991, no art. 9º da Lei n. 9.717, de 27 de novembro de 1998, no art. 16 da Lei n. 9.779, de 19 de janeiro de 1999, nos arts. 219, 1.179 e 1.180 da Lei n. 10.406, de 10 de janeiro de 2002, nos arts. 10 e 11 da Medida Provisória n. 2.200-2, de 24 de agosto de 2001, no § 3º do art. 1º e no art. 3º da Lei n. 10.887, de 18 de junho de 2004, no art. 4º da Lei n. 12.023, de 27 de agosto de 2009, no Decreto n. 97.936, de 10 de julho de 1989, no Decreto n. 3.048, de 6 de maio de 1999, e no Decreto n. 6.022, de 22 de janeiro de 2007, resolve:

Art. 1º Conforme disposto no Decreto n. 8.373, de 11 de dezembro de 2014, a implantação do Sistema de Escrituração Digital das Obrigações Fiscais, Previdenciárias e Trabalhistas (eSocial) se dará de acordo com o cronograma definido nesta Resolução.

Art. 2º O início da obrigatoriedade de utilização do eSocial dar-se-á:

I — em 1º de janeiro de 2018, para os empregadores e contribuintes com faturamento no ano de 2016 acima de R$ 78.000.000,00 (setenta e oito milhões de reais); e

II — em 1º de julho de 2018, para os demais empregadores e contribuintes.

PARÁGRAFO ÚNICO. Fica dispensada a prestação das informações dos eventos relativos a saúde e segurança do trabalhador (SST) nos 6 (seis) primeiros meses depois das datas de início da obrigatoriedade de que trata o *caput*.

Art. 3º Até 1º de julho de 2017, será disponibilizado aos empregadores e contribuintes ambiente de produção restrito com vistas ao aperfeiçoamento do sistema

Art. 4º O tratamento diferenciado, simplificado e favorecido a ser dispensado às Microempresas e Empresas de Pequeno Porte, ao Microempreendedor Individual (MEI) com empregado, ao Segurado Especial e ao pequeno produtor rural pessoa física será definido em atos específicos em conformidade com os prazos previstos nesta Resolução.

Art. 5º Os empregadores e contribuintes obrigados a utilizar o eSocial que deixarem de prestar as informações no prazo fixado ou que as apresentar com incorreções ou omissões ficarão sujeitos às penalidades previstas na legislação específica.

Art. 6º A prestação das informações por meio do eSocial substituirá, na forma regulamentada pelos órgãos e entidades integrantes do Comitê Gestor do eSocial, a apresentação das mesmas informações por outros meios.

Art. 7º Os órgãos e entidades integrantes do Comitê Gestor do eSocial regulamentarão, no âmbito de suas competências, o disposto nesta Resolução.

Art. 8º Esta Resolução entra em vigor na data de sua publicação.

Art. 9º Fica revogada a Resolução do Comitê Diretivo do eSocial n. 1, de 24 de junho de 2015

Eduardo Refinetti Guardia,
p/ Ministério da Fazenda

Antônio José Barreto de Araújo Júnior,
p/ Ministério do Trabalho

PORTARIA GM/MTE N. 589, DE 28 DE ABRIL DE 2014

(DOU 30.4.2014)

Disciplinar as medidas a serem adotadas pelas empresas em relação à notificação de doenças e acidentes do trabalho

O MINISTRO DE ESTADO DO TRABALHO E EMPREGO, no uso das atribuições que lhe conferem o inciso II do Parágrafo Único do art. 87 da Constituição Federal;

Considerando o disposto no art. 169 da Consolidação das Leis do Trabalho, relativamente à notificação obrigatória das doenças profissionais e outras relacionadas ao trabalho, comprovadas ou objeto de suspeita;

Considerando que a Convenção n. 81 da Organização Internacional do Trabalho — OIT, promulgada pelo Decreto n. 41.721, de 25 de junho de 1957, estabelece em seu art. 14 que os acidentes do trabalho e os casos de doenças profissionais deverão ser notificados à inspeção do trabalho, nos casos e na forma determinada pela legislação nacional; e

Considerando o disposto no art. 20 da Lei n. 8.213, de 24 de julho de 1991, que trata da relação dos agravos que caracterizam doenças profissionais e o do trabalho, resolve:

Art. 1º Disciplinar as medidas a serem adotadas pelas empresas em relação à notificação de doenças e acidentes do trabalho.

Art. 2º Todo acidente fatal relacionado ao trabalho, inclusive as doenças do trabalho que resultem morte, deve ser comunicado à unidade do Ministério do Trabalho e Emprego mais próxima à ocorrência no prazo de até vinte e quatro horas após a constatação do óbito, além de informado no mesmo prazo por mensagem eletrônica ao Departamento de Segurança e Saúde no Trabalho, da Secretaria de Inspeção do Trabalho, no endereço <dsst.sit@mte.gov.br> contendo as informações listadas em anexo a esta norma.

Art. 3º A comunicação de que trata o art. 2º não suprime a obrigação do empregador de notificar todos os acidentes do trabalho e doenças relacionadas ao trabalho, com ou sem afastamento, comprovadas ou objeto de suspeita, mediante a emissão de Comunicação de Acidente de Trabalho — CAT apresentada ao órgão competente do Ministério da Previdência Social.

Art. 4º O Ministério do Trabalho e Emprego apresentará periodicamente ao Comitê Executivo criado pelo Decreto n. 7.602, de 7 de novembro de 2011, a relação de agravos que caracterizam doenças relacionadas ao trabalho, a ser publicada no dia 28 de abril seguinte, dia mundial de segurança e saúde no trabalho.

Art. 4º Esta Portaria entra em vigor na data de sua publicação.

Manoel Dias

ANEXO

Empregador	
CNPJ, CEI ou CPF	
Endereço e telefone da empresa	
Número da CAT registrada	
Data do Óbito	
Nome do Acidentado	
Endereço do acidente	
Situação geradora do acidente	

LEI N. 9.029, DE 13 DE ABRIL DE 1995

(DOU 17.4.1995 — Supl. Trab. LTr 31-056/95)

Proíbe a exigência de atestado de gravidez e esterilização e outras práticas discriminatórias, para efeitos admissionais ou de permanência da relação jurídica de trabalho, e dá outras providências

— v. Portaria GM/MTE n. 367, de 18.9.02 (DOU 19.9.02) que trata sobre denúncia de prática discriminatória por parte de empresa que recuse a contratação de empregado que tenha ingressado com ação judicial trabalhista (não publicada nesta obra)

O PRESIDENTE DA REPÚBLICA,

Faço saber que o Congresso Nacional decreta e eu sanciono a seguinte lei:

Art. 1º É proibida a adoção de qualquer prática discriminatória e limitativa para efeito de acesso à relação de trabalho, ou de sua manutenção, por motivo de sexo, origem, raça, cor, estado civil, situação familiar, deficiência, reabilitação profissional, idade, entre outros, ressalvadas, nesse caso, as hipóteses de proteção à criança e ao adolescente previstas no inciso XXXIII do art. 7º da Constituição Federal. (NR) *(Redação dada pela Lei n. 13.146, de 6.7.15, DOU 7.7.15, com vigência após decorridos 180 dias de sua publicação oficial)*

Art. 2º Constituem crimes as seguintes práticas discriminatórias:

I — a exigência de teste, exame, perícia, laudo, atestado, declaração ou qualquer outro procedimento relativo à esterilização ou a estado de gravidez;

II — a adoção de quaisquer medidas, de iniciativa do empregador, que configurem:

a) indução ou instigamento à esterilização genética;

b) promoção do controle de natalidade, assim não considerado o oferecimento de serviços e de aconselhamento ou planejamento familiar, realizados através de instituições públicas ou privadas, submetidas às normas do Sistema Único de Saúde — SUS.

Pena: detenção de um a dois anos e multa.

PARÁGRAFO ÚNICO. São sujeitos ativos dos crimes a que se refere este artigo:

I — a pessoa física empregadora;

II — o representante legal do empregador, como definido na legislação trabalhista;

III — o dirigente, direto ou por delegação, de órgãos públicos e entidades das administrações públicas direta, indireta e fundacional de qualquer dos Poderes da União, dos Estados, do Distrito Federal e dos Municípios.

Art. 3º Sem prejuízo do prescrito no art. 2º desta Lei e nos dispositivos legais que tipificam os crimes resultantes de preconceito de etnia, raça, cor ou deficiência, as infrações ao disposto nesta Lei são passíveis das seguintes cominações: *(Redação dada pela Lei n. 13.146, de 6.7.15, DOU 7.7.15, com vigência após decorridos 180 dias de sua publicação oficial)*

I — multa administrativa de dez vezes o valor do maior salário pago pelo empregador, elevado em cinquenta por cento em caso de reincidência;

II — proibição de obter empréstimo ou financiamento junto a instituições financeiras oficiais.

Art. 4º O rompimento da relação de trabalho por ato discriminatório, nos moldes desta Lei, além do direito à reparação pelo dano moral, faculta ao empregado optar entre: *(Alterado pela Lei n. 12.288, de 20.7.10, DOU 21.7.10)*

I — a reintegração com ressarcimento integral de todo o período de afastamento, mediante pagamento das remunerações devidas, corrigidas monetariamente e acrescidas de juros legais; *(Redação dada pela Lei n. 13.146, de 6.7.15, DOU 7.7.15, com vigência após decorridos 180 dias de sua publicação oficial)*

II — a percepção, em dobro, da remuneração do período de afastamento, corrigida monetariamente e acrescida dos juros legais.

Art. 5º Esta Lei entra em vigor na data de sua publicação.

Art. 6º Revogam-se as disposições em contrário.

Brasília, 13 de abril de 1995; 174º da Independência e 107º da República.

Fernando Henrique Cardoso
Paulo Paiva

LEI N. 12.984, DE 2 DE JUNHO DE 2014

(DOU 3.6.2014)

Define o crime de discriminação dos portadores do vírus da imunodeficiência humana (HIV) e doentes de AIDS.

A PRESIDENTA DA REPÚBLICA

Faço saber que o Congresso Nacional decreta e eu sanciono a seguinte Lei:

Art. 1º Constitui crime punível com reclusão, de 1 (um) a 4 (quatro) anos, e multa, as seguintes condutas discriminatórias contra o portador do HIV e o doente de AIDS, em razão da sua condição de portador ou de doente:

I — recusar, procrastinar, cancelar ou segregar a inscrição ou impedir que permaneça como aluno em creche ou estabelecimento de ensino de qualquer curso ou grau, público ou privado;

II — negar emprego ou trabalho;

III — exonerar ou demitir de seu cargo ou emprego;

IV — segregar no ambiente de trabalho ou escolar;

V — divulgar a condição do portador do HIV ou de doente de AIDS, com intuito de ofender-lhe a dignidade;

VI — recusar ou retardar atendimento de saúde.

Art. 2º Esta Lei entra em vigor na data de sua publicação.

Brasília, 2 de junho de 2014; 193º da Independência e 126º da República.

LEI N. 13.271, DE 15 DE ABRIL DE 2016

(DOU 18.4.2016)

Dispõe sobre a proibição de revista íntima de funcionárias nos locais de trabalho e trata da revista íntima em ambientes prisionais

A PRESIDENTA DA REPÚBLICA

Faço saber que o Congresso Nacional decreta e eu sanciono a seguinte Lei:

Art. 1º As empresas privadas, os órgãos e entidades da administração pública, direta e indireta, ficam proibidos de adotar qualquer prática de revista íntima de suas funcionárias e de clientes do sexo feminino.

Art. 2º Pelo não cumprimento do art. 1º, ficam os infratores sujeitos a:

I — multa de R$ 20.000,00 (vinte mil reais) ao empregador, revertidos aos órgãos de proteção dos direitos da mulher;

II — multa em dobro do valor estipulado no inciso I, em caso de reincidência, independentemente da indenização por danos morais e materiais e sanções de ordem penal.

Art. 3º (VETADO).

Art. 4º Esta Lei entra em vigor na data de sua publicação.

Brasília, 15 de abril de 2016; 195º da Independência e 128º da República.

Dilma Rousseff
Eugênio José Guilherme de Aragão

PORTARIA GM/MTE N. 1.927, DE 10 DE DEZEMBRO DE 2014

(DOU 11.12.2014)

Estabelece orientações sobre o combate à discriminação relacionada ao HIV e a Aids nos locais de trabalho, cria a Comissão Participativa de Prevenção do HIV e Aids no Mundo do Trabalho e dá outras providências.

O MINISTRO DE ESTADO DO TRABALHO E EMPREGO, no uso das atribuições que lhe confere o inciso II do Parágrafo único do art. 87 da Constituição Federal;

Considerando que a Convenção da Organização Internacional do Trabalho — OIT n. 111, promulgada pelo Decreto n. 62.150, de 19 de janeiro de 1968, proíbe todo tipo de discriminação no emprego ou profissão;

Considerando que a Lei n. 9.029, de 13 de abril de 1995, proíbe a adoção de qualquer prática discriminatória e limitativa para efeito de acesso à relação de emprego ou a sua manutenção;

Considerando que a Portaria Interministerial n. 869, de 12 de agosto de 1992, proíbe, no âmbito do Serviço Público Federal, a exigência de teste para detecção do vírus de imunodeficiência adquirida — HIV, nos exames pré-admissionais e periódicos de saúde;

Considerando a Portaria n. 1.246, de 28 de maio de 2010, do Ministério do Trabalho e Emprego, que proíbe a realização de testes sorológicos de HIV nos exames ocupacionais; e

Considerando a competência prevista no art. 200 da Consolidação das Leis do Trabalho — CLT, relativo a medidas especiais de proteção em relação a doenças e acidentes, resolve:

Art. 1º São definições aplicáveis a esta norma:

a) "HIV" refere-se ao vírus da imunodeficiência humana, um vírus que danifica o sistema imunológico humano. A infecção pode ser prevenida por medidas adequadas;

b) "Aids" refere-se à síndrome da imunodeficiência adquirida, que resulta de estágios avançados de infecção pelo HIV e é caracterizada por infecções oportunistas ou cânceres relacionados com o HIV, ou ambos;

c) "Pessoas vivendo com HIV" designa as pessoas infectadas com o HIV;

d) "Estigmatização" refere-se à associação de marca social a uma pessoa, geralmente provocando a marginalização ou constituindo um obstáculo ao pleno gozo da vida social da pessoa infectada ou afetada pelo HIV;

e) "Discriminação" refere-se a qualquer distinção, exclusão ou preferência tendo o efeito de anular ou alterar a igualdade de oportunidades ou de tratamento no emprego ou ocupação, tal como referido na Convenção da Organização Internacional do Trabalho — OIT n. 111 sobre Discriminação (Emprego e Ocupação) e a respectiva Recomendação de 1958;

f) "pessoas afetadas" refere-se às pessoas cujas vidas são alteradas pelo HIV ou Aids devido ao maior impacto da pandemia;

g) "acomodação razoável" significa toda modificação ou ajuste relativo a postos ou locais de trabalho que seja razoavelmente exequível e permita que uma pessoa vivendo com HIV ou Aids tenha acesso a um emprego, possa trabalhar e progredir profissionalmente;

h) "vulnerabilidade" significa a desigualdade de oportunidades, a exclusão social, o desemprego ou o emprego precário resultantes de fatores sociais, culturais, políticos e econômicos que tornam uma pessoa mais suscetível à infecção pelo HIV e ao desenvolvimento da Aids;

i) "local de trabalho" refere-se a todo local em que os trabalhadores exercem a sua atividade;

j) "trabalhador" refere-se a toda pessoa que trabalhe sob qualquer forma ou modalidade.

Art. 2º Esta norma abrange:

a) todos os trabalhadores que atuem sob todas as formas ou modalidades, e em todos os locais de trabalho, incluindo:

I — as pessoas que exercem qualquer emprego ou ocupação;

II — as pessoas em formação, incluindo estagiários e aprendizes;

III — os voluntários;

IV — as pessoas que estão à procura de um emprego e os candidatos a um emprego; e

V — os trabalhadores despedidos e suspensos do trabalho;

b) todos os setores da atividade econômica, incluindo os setores privado e público e as economias formal e informal; e

c) as forças armadas e os serviços uniformizados.

Art. 3º Os seguintes princípios gerais devem aplicar-se a todas as ações relativas ao HIV e à Aids no mundo do trabalho:

a) a resposta ao HIV e à Aids deve ser reconhecida como uma contribuição para a concretização dos direitos humanos, das liberdades fundamentais e da igualdade de gênero para todos, incluindo os trabalhadores, suas famílias e dependentes;

b) o HIV e a Aids devem ser reconhecidos e tratados como uma questão que afeta o local de trabalho, a ser incluída entre os elementos essenciais da resposta nacional para a pandemia, com plena participação das organizações de empregadores e de trabalhadores;

c) não pode haver discriminação ou estigmatização dos trabalhadores, em particular as pessoas que buscam e as que se candidatam a um emprego, em razão do seu estado sorológico relativo ao HIV, real ou suposto, ou do fato de pertencerem a regiões do mundo ou a segmentos da população considerados sob maior risco ou maior vulnerabilidade à infecção pelo HIV;

d) a prevenção de todos os meios de transmissão do HIV deve ser uma prioridade fundamental;

e) os trabalhadores, suas famílias e seus dependentes necessitam ter acesso a serviços de prevenção, tratamento, atenção e apoio em relação a HIV e Aids, e o local de trabalho deve desempenhar um papel relevante na facilitação do acesso a esses serviços;

f) a participação dos trabalhadores e o seu envolvimento na concepção, implementação e avaliação dos programas nacionais sobre o local de trabalho devem ser reconhecidos e reforçados;

g) os trabalhadores devem beneficiar-se de programas de prevenção do risco específico de transmissão pelo HIV no trabalho e de outras doenças transmissíveis associadas, como a tuberculose;

h) os trabalhadores, suas famílias e seus dependentes devem gozar de proteção da sua privacidade, incluindo a confidencialidade relacionada ao HIV e à Aids, em particular no que diz respeito ao seu próprio estado sorológico para o HIV;

i) nenhum trabalhador pode ser obrigado a realizar o teste de HIV ou revelar seu estado sorológico para o HIV;

j) as medidas relativas ao HIV e à Aids no mundo do trabalho integram todas as políticas relacionadas ao trabalho;

k) proteção dos trabalhadores em ocupações particularmente expostas ao risco de transmissão do HIV.

Art. 4º Fica criado no âmbito do Ministério do Trabalho e Emprego, a Comissão Participativa de Prevenção do HIV e Aids no Mundo do Trabalho — "CPPT — Aids", com o objetivo de desenvolver esforços para reforçar as políticas e programas nacionais relativos ao HIV e à Aids e o mundo do trabalho, inclusive no que se refere à segurança e saúde no trabalho, ao combate à discriminação e à promoção do trabalho decente, bem como verificar o cumprimento desta norma.

PARÁGRAFO ÚNICO. A Comissão Participativa de Prevenção do HIV e Aids no Mundo do Trabalho — "CPPT — Aids", coordenada pelo Ministério do Trabalho e Emprego, será composta pelas seguintes representações:

a) Governo:

02 (dois) representantes do Ministério do Trabalho e Emprego, sendo um deles integrante da Secretaria de Inspeção do Trabalho; 01 (um) representante do Ministério da Saúde; 01 (um) representante do Ministério da Previdência Social; 01 (um) representante da Secretaria de Direitos Humanos da Presidência da República; 01 (um) representante do Fórum Nacional de Secretarias do Trabalho — Fonset.

b) Movimentos Sociais: 03 (três) representantes de organizações representantes de pessoas vivendo com HIV ou de prevenção da Aids; 01 (um) representante de entidade médica nacional de medicina do trabalho; 02 (dois) representantes de entidades associativas relacionadas aos direitos trabalhistas.

c) Empregadores: 06 (seis) representantes das confederações nacionais de empregadores;

d) Trabalhadores: 06 (seis) representantes das centrais sindicais nacionais de trabalhadores.

Art. 5º Na elaboração de suas normas, políticas e programas, o Ministério do Trabalho e Emprego deverá considerar o Repertório de Recomendações Práticas da OIT sobre o HIV/Aids e o Mundo do Trabalho, de 2001 e suas revisões posteriores, os outros instrumentos pertinentes da OIT e demais diretrizes internacionais adotadas sobre o assunto.

Art. 6º O Ministério do Trabalho e Emprego estimulará o papel do local de trabalho na prevenção, tratamento, atenção e apoio, incluindo a promoção do aconselhamento e testes de diagnóstico voluntário, em colaboração com o Ministério da Saúde.

Art. 7º As organizações de empregadores e de trabalhadores, bem como outras entidades relacionadas ao HIV e à Aids, serão estimuladas a divulgar informações acerca das políticas e programas sobre HIV e Aids e o mundo do trabalho.

Art. 8º O estado sorológico de HIV, real ou suposto, não pode ser motivo de qualquer discriminação para a contratação ou manutenção do emprego, ou para a busca da igualdade de oportunidades compatíveis com as disposições da Convenção sobre Discriminação (Emprego e Ocupação), de 1958.

Art. 9º O estado sorológico de HIV, real ou suposto, não pode ser causa de rompimento da relação de trabalho.

PARÁGRAFO ÚNICO. As ausências temporárias do trabalho por motivo de doença ou para prestar cuidados relacionadas ao HIV e à Aids devem ser tratadas da mesma maneira que as ausências por outros motivos de saúde.

Art. 10. Quando as medidas existentes contra a discriminação no local de trabalho forem inadequadas para assegurar a proteção eficaz contra a discriminação relacionada com o HIV e a Aids, deve ser feita adaptação ou substituição dessas medidas por outras mais eficazes.

Art. 11. Às pessoas com doenças relacionadas ao HIV não deve ser negada a possibilidade de continuar a realizar seu trabalho enquanto são clinicamente aptas a fazê-lo, mediante acomodações razoáveis sempre que necessário.

PARÁGRAFO ÚNICO. Devem ser estimuladas medidas para realocar essas pessoas em atividades razoavelmente adaptadas às suas capacidades, apoiada sua requalificação profissional para o caso de procurarem outro trabalho ou facilitar o seu retorno ao trabalho.

Art. 12. Deverão ser tomadas medidas no local de trabalho, ou através dele, para reduzir a transmissão do HIV e atenuar o seu impacto, utilizando medidas como:

a) garantir o respeito aos direitos humanos e às liberdades fundamentais;

b) assegurar a igualdade de gênero;

c) garantir ações para prevenir e proibir a violência e o assédio no local de trabalho;

d) promover a participação ativa de mulheres e homens na resposta ao HIV e à Aids;

e) promover o envolvimento de todos os trabalhadores, independentemente da sua orientação sexual ou porque façam ou não parte de grupos vulneráveis;

f) garantir a efetiva confidencialidade dos dados pessoais, inclusive dos dados médicos.

Art. 13. As estratégias de prevenção devem ser adaptadas aos ambientes e processos de trabalho, além de levar em consideração aspectos econômicos, sociais, culturais e de gênero.

Art. 14. Os programas de prevenção devem garantir:

a) informações relevantes, oportunas e atualizadas a todos, em um formato e linguagem culturalmente adequados, mediante os diferentes canais de comunicação disponíveis;

b) programas de educação abrangente, de modo a ajudar homens e mulheres a compreender e reduzir o risco de todas as formas

Legislação Complementar

de infecção pelo HIV, inclusive a transmissão de mãe para filho, e entender a importância da mudança de comportamentos de risco associados à infecção;

c) medidas efetivas de segurança e saúde no trabalho;

d) medidas para incentivar os trabalhadores a conhecer o seu próprio estado sorológico, mediante aconselhamento e teste voluntário;

e) estímulo à utilização dos métodos de prevenção necessários, em particular preservativos masculinos e femininos e, quando adequado, informações sobre seu uso correto, além do acesso a medidas de profilaxia pós-exposição;

f) orientação quanto a medidas para reduzir comportamentos de alto risco, inclusive dos grupos mais expostos a risco, com vistas a diminuir a incidência do HIV.

Art. 15. Os testes diagnósticos devem ser verdadeiramente voluntários e livres de qualquer coerção, respeitando as diretrizes internacionais em matéria de confidencialidade, aconselhamento e consentimento.

Art. 16. Caracteriza-se como prática discriminatória exigir aos trabalhadores, incluindo os migrantes, às pessoas que procuram emprego e aos candidatos a trabalho, testes para HIV ou quaisquer outras formas de diagnóstico de HIV.

Art. 17. Os resultados dos testes de HIV devem ser confidenciais e não devem comprometer o acesso ao emprego, a estabilidade, a segurança no emprego ou oportunidades para o avanço profissional.

Art. 18. Os trabalhadores, incluindo os migrantes, os desempregados e os candidatos a emprego, não devem ser coagidos a fornecer informações relacionadas ao HIV sobre si mesmos ou outros.

Art. 19. O trânsito dos trabalhadores migrantes ou daqueles que pretendem migrar em função do emprego não deve ser impedido com base no seu status sorológico para o HIV, real ou suposto.

Art. 20. O ambiente de trabalho deve ser seguro e salubre, a fim de prevenir a transmissão do HIV no local de trabalho.

Art. 21. As ações de segurança e saúde destinadas a prevenir a exposição dos trabalhadores ao HIV no trabalho devem incluir precauções universais, medidas de prevenção de riscos e acidentes, tais como medidas relacionadas à organização do trabalho e ao controle de técnicas e práticas de trabalho; equipamentos de proteção individual, quando for apropriado; medidas de controle ambiental e profilaxia pós exposição; e outras medidas de segurança para minimizar o risco de infecção pelo HIV e a tuberculose, especialmente em profissões de maior risco, como as do setor da saúde.

Art. 22. Quando existir a possibilidade de exposição ao HIV no local de trabalho, os trabalhadores devem receber informação e orientação sobre os modos de transmissão e os procedimentos para evitar a exposição e a infecção.

Art. 23. As medidas de sensibilização devem enfatizar que o HIV não é transmitido por simples contato físico e que a presença de uma pessoa vivendo com HIV não deve ser considerada como uma ameaça no local de trabalho.

Art. 24. As práticas discriminatórias referidas nesta norma são passíveis das sanções previstas na Lei n. 9.029, de 13 de abril de 1995.

Art. 25. Esta norma entra em vigor na data de sua publicação

Manoel Dias

PORTARIA GM/MTPS N. 491, DE 28 DE ABRIL DE 2016

(DOU 29.4.2016)

Regulamenta o compartilhamento de informações relativas a benefícios por incapacidade, aposentadoria especial, acidentes de trabalho e fiscalizações do trabalho entre a Secretaria Especial de Previdência Social e a Secretaria Especial do Trabalho.

O MINISTRO DO TRABALHO E PREVIDÊNCIA SOCIAL, no uso das atribuições que lhes confere o inciso I do art. 87 da Constituição, e tendo em vista o disposto no art. 2º, III, da Lei n. 13.266, de 5 de abril de 2016 e no Decreto n. 7.602, de 7 de novembro de 2011, resolve:

Art. 1º Fica estabelecido, no âmbito no Ministério do Trabalho e Previdência Social, o intercâmbio de informações relacionadas a benefícios por incapacidade, aposentadoria especial e acidentes de trabalho entre os órgãos competentes da Secretaria Especial da Previdência Social e da Secretaria Especial do Trabalho, objetivando a efetividade das políticas de Saúde e Segurança do Trabalhador.

Art. 2º As informações constantes dos bancos de dados da Previdência Social e da Inspeção do Trabalho, com exceção dos dados objeto de sigilo fiscal, serão intercambiadas trimestralmente, conforme parâmetros a serem estabelecidos pelas áreas técnicas, garantindo-se o sigilo das informações compartilhadas.

PARÁGRAFO ÚNICO. O fluxo estipulado no *caput* não impede que informações adicionais sejam solicitadas, a qualquer tempo, pelas áreas técnicas, devendo tais demandas serem atendidas em prazo razoável.

Art. 3º Quando aplicável será concedido acesso aos sistemas que contém os bancos de dados citados no artigo anterior possibilitando a consulta direta aos dados de interesse das áreas técnicas sem a necessidade de solicitações especiais, de modo a promover a agilidade necessária ao aprimoramento das atividades.

Art. 4º Esta Portaria entra em vigor na data de sua publicação.

Miguel Soldatelli Rossetto

PORTARIA GM/MTE N. 1.246, DE 28 DE MAIO DE 2010

(DOU 31.5.2010)

Orientar as empresas e os trabalhadores em relação à testagem relacionada ao vírus da imunodeficiência adquirida — HIV

O MINISTRO DO TRABALHO E EMPREGO, no uso das atribuições que lhe confere o inciso II do Parágrafo único do art. 87 da Constituição Federal;

Considerando que a Convenção da Organização Internacional do Trabalho — OIT n. 111, promulgada pelo Decreto n. 62.150, de 19 de janeiro de 1968, proíbe todo tipo de discriminação no emprego ou profissão;

Considerando que a Lei n. 9.029, de 13 de abril de 1995, proíbe a adoção de qualquer prática discriminatória e limitativa para efeito de acesso à relação de emprego ou a sua manutenção;

Considerando o previsto na ação programática constante do item j do Objetivo Estratégico VI do Eixo Orientador III do Programa Nacional de Direitos Humanos, aprovado pelo Decreto n. 7.037, de 22 de dezembro de 2009;

Considerando que a Portaria Interministerial n. 869, de 12 de agosto de 1992, proíbe, no âmbito do Serviço Público Federal, a exigência de teste para detecção do vírus de imunodeficiência adquirida — HIV, tanto nos exames pré-admissionais quanto nos exames periódicos de saúde; e

Considerando que a Resolução n. 1.665 do Conselho Federal de Medicina, de 7 de maio de 2003, veda a realização compulsória de sorologia para o — HIV, resolve:

Art. 1º Orientar as empresas e os trabalhadores em relação à testagem relacionada ao vírus da imunodeficiência adquirida — HIV.

Art. 2º Não será permitida, de forma direta ou indereta, nos exames médicos por ocasião da admissão, mudança de função, avaliação periódica, retorno, demissão ou outros ligados à relação de emprego, a testagem do trabalhador quanto ao HIV.

PARÁGRAFO ÚNICO. O disposto no *caput* deste artigo não obsta que campanhas ou programas de prevenção da saúde estimulem os trabalhadores a conhecer seu estado sorológico quanto ao HIV por meio de orientações e exames comprovadamente voluntários, sem vínculo com a relação de trabalho e sempre resguardada a privacidade quanto ao conhecimento dos resultados.

Art. 3º Esta Portaria entra em vigor na data de sua publicação.

Carlos Roberto Lupi

LEI N. 13.185, DE 6 DE NOVEMBRO DE 2015

(DOU 9.11.2015)

Institui o Programa de Combate à Intimidação Sistemática (*Bullying*).

A PRESIDENTA DA REPÚBLICA

Faço saber que o Congresso Nacional decreta e eu sanciono a seguinte Lei:

Art. 1º Fica instituído o Programa de Combate à Intimidação Sistemática (*Bullying*) em todo o território nacional.

§ 1º No contexto e para os fins desta Lei, considera-se intimidação sistemática (*bullying*) todo ato de violência física ou psicológica, intencional e repetitivo que ocorre sem motivação evidente, praticado por indivíduo ou grupo, contra uma ou mais pessoas, com o objetivo de intimidá-la ou agredi-la, causando dor e angústia à vítima, em uma relação de desequilíbrio de poder entre as partes envolvidas.

§ 2º O Programa instituído no *caput* poderá fundamentar as ações do Ministério da Educação e das Secretarias Estaduais e Municipais de Educação, bem como de outros órgãos, aos quais a matéria diz respeito.

Art. 2º Caracteriza-se a intimidação sistemática (*bullying*) quando há violência física ou psicológica em atos de intimidação, humilhação ou discriminação e, ainda:

I — ataques físicos;

II — insultos pessoais;

III — comentários sistemáticos e apelidos pejorativos;

IV — ameaças por quaisquer meios;

V — grafites depreciativos;

VI — expressões preconceituosas;

VII — isolamento social consciente e premeditado;

VIII — pilhérias.

PARÁGRAFO ÚNICO. Há intimidação sistemática na rede mundial de computadores (*cyberbullying*), quando se usarem os instrumentos que lhe são próprios para depreciar, incitar a violência, adulterar fotos e dados pessoais com o intuito de criar meios de constrangimento psicossocial.

Art. 3º A intimidação sistemática (*bullying*) pode ser classificada, conforme as ações praticadas, como:

I — verbal: insultar, xingar e apelidar pejorativamente;

II — moral: difamar, caluniar, disseminar rumores;

III — sexual: assediar, induzir e/ou abusar;

IV — social: ignorar, isolar e excluir;

V — psicológica: perseguir, amedrontar, aterrorizar, intimidar, dominar, manipular, chantagear e infernizar;

VI — físico: socar, chutar, bater;

VII — material: furtar, roubar, destruir pertences de outrem;

VIII — virtual: depreciar, enviar mensagens intrusivas da intimidade, enviar ou adulterar fotos e dados pessoais que resultem em sofrimento ou com o intuito de criar meios de constrangimento psicológico e social.

Art. 4º Constituem objetivos do Programa referido no *caput* do art. 1º:

I — prevenir e combater a prática da intimidação sistemática (*bullying*) em toda a sociedade;

II — capacitar docentes e equipes pedagógicas para a implementação das ações de discussão, prevenção, orientação e solução do problema;

III — implementar e disseminar campanhas de educação, conscientização e informação;

IV — instituir práticas de conduta e orientação de pais, familiares e responsáveis diante da identificação de vítimas e agressores;

V — dar assistência psicológica, social e jurídica às vítimas e aos agressores;

VI — integrar os meios de comunicação de massa com as escolas e a sociedade, como forma de identificação e conscientização do problema e forma de preveni-lo e combatê-lo;

VII — promover a cidadania, a capacidade empática e o respeito a terceiros, nos marcos de uma cultura de paz e tolerância mútua;

VIII — evitar, tanto quanto possível, a punição dos agressores, privilegiando mecanismos e instrumentos alternativos que promovam a efetiva responsabilização e a mudança de comportamento hostil;

IX — promover medidas de conscientização, prevenção e combate a todos os tipos de violência, com ênfase nas práticas recorrentes de intimidação sistemática (*bullying*), ou constrangimento físico e psicológico, cometidas por alunos, professores e outros profissionais integrantes de escola e de comunidade escolar.

Art. 5º É dever do estabelecimento de ensino, dos clubes e das agremiações recreativas assegurar medidas de conscientização, prevenção, diagnose e combate à violência e à intimidação sistemática (*bullying*).

Art. 6º Serão produzidos e publicados relatórios bimestrais das ocorrências de intimidação sistemática (*bullying*) nos Estados e Municípios para planejamento das ações.

Art. 7º Os entes federados poderão firmar convênios e estabelecer parcerias para a implementação e a correta execução dos objetivos e diretrizes do Programa instituído por esta Lei.

Art. 8º Esta Lei entra em vigor após decorridos 90 (noventa) dias da data de sua publicação oficial.

Brasília, 6 de novembro de 2015; 194º da Independência e 127º da República.

DILMA ROUSSEFF
LUIZ CLÁUDIO COSTA
NILMA LINO GOMES

LEI N. 7.644, DE 18 DE DEZEMBRO DE 1987

(DOU 21.12.1987)

Dispõe sobre a regulamentação da atividade de mãe social e dá outras providências

O PRESIDENTE DA REPÚBLICA, faço saber que o Congresso Nacional decreta e eu sanciono a seguinte Lei:

Art. 1º As instituições sem finalidade lucrativa, ou de utilidade pública de assistência ao menor abandonado, e que funcionem pelo sistema de casas-lares, utilizarão mães sociais visando a propiciar ao menor as condições familiares ideais ao seu desenvolvimento e reintegração social.

Art. 2º Considera-se mãe social, para efeito desta Lei, aquela que, dedicando-se à assistência ao menor abandonado, exerça o encargo em nível social, dentro do sistema de casas-lares.

Art. 3º Entende-se como casa-lar a unidade residencial sob responsabilidade de mãe social, que abrigue até 10 (dez) menores.

§ 1º As casas-lares serão isoladas, formando, quando agrupadas, uma aldeia assistencial ou vila de menores.

§ 2º A instituição fixará os limites de idade em que os menores ficarão sujeitos às casas-lares.

§ 3º Para os efeitos dos benefícios previdenciários, os menores residentes nas casas-lares e nas Casas da Juventude são considerados dependentes da mãe social a que foram confiados pela instituição empregadora.

Art. 4º São atribuições da mãe social:

I — propiciar o surgimento de condições próprias de uma família, orientando e assistindo os menores colocados sob seus cuidados;

II — administrar o lar, realizando e organizando as tarefas e ele pertinentes;

III — dedicar-se, com exclusividade, aos menores e à casa-lar que lhes forem confiadas.

PARÁGRAFO ÚNICO. A mãe social, enquanto no desempenho de suas atribuições, deverá residir, juntamente com os menores que lhe forem confiados, na casa-lar que lhe for destinada.

Art. 5º À mãe social ficam assegurados os seguintes direitos:

I — anotação na Carteira de Trabalho e Previdência Social;

II — remuneração, em valor não inferior ao salário mínimo;

III — repouso semanal remunerado de 24 (vinte e quatro) horas consecutivas;

IV — apoio técnico, administrativo e financeiro no desempenho de suas funções;

V — 30 (trinta) dias de férias anuais remuneradas nos termos do que dispõe o Capítulo IV, da Consolidação das Leis do Trabalho;

VI — benefícios e serviços previdenciários, inclusive, em caso de acidente do trabalho, na qualidade de segurada obrigatória;

VII — gratificação de Natal (13º salário);

VIII — Fundo de Garantia do Tempo de Serviço ou indenização, nos termos da legislação pertinente.

Art. 6º O trabalho desenvolvido pela mãe social é de caráter intermitente, realizando-se pelo tempo necessário ao desempenho de suas tarefas.

Art. 7º Os salários devidos à mãe social serão reajustados de acordo com as disposições legais aplicáveis, deduzido o percentual de alimentação fornecida pelo empregador.

Art. 8º A candidata ao exercício da profissão de mãe social deverá submeter-se à seleção e treinamento específicos, a cujo término será verificada sua habilitação.

§ 1º O treinamento será composto de um conteúdo teórico e de uma aplicação prática, esta sob forma de estágio.

§ 2º O treinamento e estágio a que se refere o parágrafo anterior não excederão de 60 (sessenta) dias, nem criarão vínculo empregatício de qualquer natureza.

§ 3º A estagiária deverá estar segurada contra acidentes pessoais e receberá alimentação, habitação e bolsa de ajuda para vestuário e despesas pessoais.

§ 4º O Ministério da Previdência e Assistência Social assegurará assistência médica e hospitalar à estagiária.

Art. 9º São condições para admissão como mãe social:

a) idade mínima de 25 (vinte e cinco) anos;

b) boa sanidade física e mental;

c) curso de primeiro grau, ou equivalente;

d) ter sido aprovada em treinamento e estágio exigidos por esta Lei;

e) boa conduta social;

f) aprovação em teste psicológico específico.

Art. 10. A instituição manterá mães sociais para substituir as efetivas durante seus períodos de afastamento do serviço.

§ 1º A mãe social substituta, quando não estiver em efetivo serviço de substituição, deverá residir na aldeia assistencial e cumprir tarefas determinadas pelo empregador.

§ 2º A mãe social, quando no exercício da substituição, terá direito à retribuição percebida pela titular e ficará sujeita ao mesmo horário de trabalho.

Art. 11. As instituições que funcionam pelo sistema de casas-lares manterão, além destas, Casas de Juventude, para jovens com mais de 13 anos de idade, os quais encaminharão ao ensino profissionalizante.

PARÁGRAFO ÚNICO. O ensino a que se refere o *caput* deste artigo poderá ser ministrado em comum, em cada aldeia assistencial ou em várias dessas aldeias assistenciais reunidas, ou ainda, em outros estabelecimentos de ensino, públicos ou privados, conforme julgar conveniente a instituição.

Art. 12. Caberá à administração de cada aldeia assistencial providenciar a colocação dos menores no mercado de trabalho, como estagiários, aprendizes ou como empregados, em estabelecimentos públicos ou privados.

PARÁGRAFO ÚNICO. As retribuições percebidas pelos menores nas condições mencionadas no *caput* deste artigo serão assim distribuídas e destinadas:

I — até 40% (quarenta por cento) para a casa-lar a que estiverem vinculados, revertidos no custeio de despesas com manutenção do próprio menor;

II — 40% (quarenta por cento) para o menor destinados a despesas pessoais;

III — até 30% (trinta por cento) para depósito em caderneta de poupança ou equivalente, em nome do menor, com assistência da instituição mantenedora, e que poderá ser levantado pelo menor a partir dos 18 (dezoito) anos de idade.

Art. 13. Extinto o contrato de trabalho, a mãe social deverá retirar-se da casa-lar que ocupava, cabendo à entidade empregadora providenciar a imediata substituição.

Art. 14. As mãe sociais ficam sujeitas às seguintes penalidades aplicáveis pela entidade empregadora:

I — advertência;

II — suspensão;

III — demissão.

PARÁGRAFO ÚNICO. Em caso de demissão sem justa causa, a mãe social será indenizada, na forma da legislação vigente, ou levantará os depósitos do Fundo de Garantia do Tempo de Serviço, com os acréscimos previstos em lei.

Art. 15. As casas-lares e as aldeias assistenciais serão mantidas exclusivamente com rendas próprias, doações, legados, contribuições e subvenções de entidades públicas ou privadas, vedada a aplicação em outras atividades que não sejam de seus objetivos.

Art. 16. Fica facultado a qualquer entidade manter casas-lares, desde que cumprido o disposto nesta Lei.

Art. 17. Por menor abandonado entende-se, para os efeitos desta Lei, o "menor em situação irregular" pela morte ou abandono dos pais, ou, ainda, pela incapacidade destes.

Art. 18. As instituições que mantenham ou coordenem o sistema de casas-lares para o atendimento gratuito de menores abandonados, registradas como tais no Conselho Nacional do Serviço Social, ficam isentas do recolhimento dos encargos patronais à previdência social.

Art. 19. Às relações do trabalho previstas nesta Lei, no que couber, aplica-se o disposto nos Capítulos I e IV do Título II, Seções IV, V e VI do Capítulo IV do Título III e nos Títulos IV e VII, todos da Consolidação das Leis do Trabalho — CLT.

Art. 20. Incumbe às autoridades competentes do Ministério do Trabalho e do Ministério da Previdência e Assistência Social, observadas as áreas de atuação, a fiscalização do disposto nesta Lei, competindo à Justiça do Trabalho dirimir as controvérsias entre empregado e empregador.

Art. 21. Esta Lei entra em vigor na data de sua publicação.

Art. 22. Revogam-se as disposições em contrário.

Brasília, em 18 de dezembro de 1987; 166º da Independência e 99º da República.

José Sarney

LEI N. 8.742, DE 7 DE DEZEMBRO DE 1993

(DOU 8.12.1993)

Dispõe sobre a organização da assistência social e dá outras providências

— v. Decreto n. 7.788, de 15.8.12 (DOU 16.8.12) que regulamenta o Fundo Nacional de Assistência Social, instituído pela Lei n. 8.742, de 7 de dezembro de 1993, e dá outras providências

O PRESIDENTE DA REPÚBLICA, faço saber que o Congresso Nacional decreta e eu sanciono a seguinte lei:

LEI ORGÂNICA DA ASSISTÊNCIA SOCIAL

Capítulo I
Das Definições e dos Objetivos

Art. 1º A assistência social, direito do cidadão e dever do Estado, é Política de Seguridade Social não contributiva, que provê os mínimos sociais, realizada através de um conjunto integrado de ações de iniciativa pública e da sociedade, para garantir o atendimento às necessidades básicas.

Art. 2º A assistência social tem por objetivos: *(Redação dada pela Lei n. 12.435, de 6.7.11, DOU 7.7.11)*

I — a proteção social, que visa à garantia da vida, à redução de danos e à prevenção da incidência de riscos, especialmente: *(Redação dada pela Lei n. 12.435, de 6.7.11, DOU 7.7.11)*

a) a proteção à família, à maternidade, à infância, à adolescência e à velhice; *(Acrescentado pela Lei n. 12.435, 6.7.11, DOU 7.7.11)*

b) o amparo às crianças e aos adolescentes carentes; *(Acrescentado pela Lei n. 12.435, de 6.7.11, DOU 7.7.11)*

c) a promoção da integração ao mercado de trabalho; *(Acrescentado pela Lei n. 12.435, de 6.7.11, DOU 7.7.11)*

d) a habilitação e reabilitação das pessoas com deficiência e a promoção de sua integração à vida comunitária; e *(Acrescentado pela Lei n. 12.435, de 6.7.2011, DU 7.7.2011)*

e) a garantia de 1 (um) salário mínimo de benefício mensal à pessoa com deficiência e ao idoso que comprovem não possuir meios de prover a própria manutenção ou de tê-la provida por sua família; *(Acrescentado pela Lei n. 12.435, de 6.7.11, DOU 7.7.11)*

II — a vigilância socioassistencial, que visa a analisar territorialmente a capacidade protetiva das famílias e nela a ocorrência de vulnerabilidades, de ameaças, de vitimizações e danos; *(Redação dada pela Lei n. 12.435, de 6.7.11, DOU 7.7.11)*

III — a defesa de direitos, que visa a garantir o pleno acesso aos direitos no conjunto das provisões socioassistenciais. *(Redação dada pela Lei n. 12.435, de 6.7.11, DOU 7.7.11)*

PARÁGRAFO ÚNICO. Para o enfrentamento da pobreza, a assistência social realiza-se de forma integrada às políticas setoriais, garantindo mínimos sociais e provimento de condições para atender contingências sociais e promovendo a universalização dos direitos sociais. *(Redação dada pela Lei n. 12.435, de 6.7.11, DOU 7.7.11)*

Art. 3º Consideram-se entidades e organizações de assistência social aquelas sem fins lucrativos que, isolada ou cumulativamente, prestam atendimento e assessoramento aos beneficiários abrangidos por esta Lei, bem como as que atuam na defesa e garantia de direitos. *(Redação dada pela Lei n. 12.435, de 6.7.11, DOU 7.7.11)*

§ 1º São de atendimento aquelas entidades que, de forma continuada, permanente e planejada, prestam serviços, executam programas ou projetos e concedem benefícios de prestação social básica ou especial, dirigidos às famílias e indivíduos em situações de vulnerabilidade ou risco social e pessoal, nos termos desta Lei, e respeitadas as deliberações do Conselho Nacional de Assistência Social (CNAS), de que tratam os incisos I e II do art. 18. *(Acrescentado pela Lei n. 12.435, de 6.7.11, DOU 7.7.11)*

§ 2º São de assessoramento aquelas que, de forma continuada, permanente e planejada, prestam serviços e executam programas ou projetos voltados prioritariamente para o fortalecimento dos movimentos sociais e das organizações de usuários, formação e capacitação de lideranças, dirigidos ao público da política de assistência social, nos termos desta Lei, e respeitadas as deliberações do CNAS, de que tratam os incisos I e II do art. 18. *(Acrescentado pela Lei n. 12.435, de 6.7.11, DOU 7.7.11)*

§ 3º São de defesa e garantia de direitos aquelas que, de forma continuada, permanente e planejada, prestam serviços e executam programas e projetos voltados prioritariamente para a defesa e efetivação dos direitos socioassistenciais, construção de novos direitos, promoção da cidadania, enfrentamento das desigualdades sociais, articulação com órgãos públicos de defesa de direitos, dirigidos ao público da política de assistência social, nos termos desta Lei, e respeitadas as deliberações do CNAS, de que tratam os incisos I e II do art. 18. *(Acrescentado pela Lei n. 12.435, de 6.7.11, DOU 7.7.11)*

Capítulo II
Dos Princípios e das Diretrizes

Seção I
Dos Princípios

Art. 4º A assistência social rege-se pelos seguintes princípios:

I — supremacia do atendimento às necessidades sociais sobre as exigências de rentabilidade econômica;

II — universalização dos direitos sociais, a fim de tornar o destinatário da ação assistencial alcançável pelas demais políticas públicas;

III — respeito à dignidade do cidadão, à sua autonomia e ao seu direito a benefícios e serviços de qualidade, bem como à convivência familiar e comunitária, vedando-se qualquer comprovação vexatória de necessidade;

IV — igualdade de direitos no acesso ao atendimento, sem discriminação de qualquer natureza, garantindo-se equivalência às populações urbanas e rurais;

V — divulgação ampla dos benefícios, serviços, programas e projetos assistenciais, bem como dos recursos oferecidos pelo Poder Público e dos critérios para sua concessão.

Seção II
Das Diretrizes

Art. 5º A organização da assistência social tem como base as seguintes diretrizes:

I — descentralização político-administrativa para os Estados, o Distrito Federal e os Municípios, e comando único das ações em cada esfera de governo;

II — participação da população, por meio de organizações representativas, na formulação das políticas e no controle das ações em todos os níveis;

III — primazia da responsabilidade do Estado na condução da política de assistência social em cada esfera de governo.

....

Capítulo IV
Dos Benefícios, dos Serviços, dos Programas e dos Projetos de Assistência Social

Seção I
Do Benefício de Prestação Continuada

Art. 20. O benefício de prestação continuada é a garantia de um salário mínimo mensal à pessoa com deficiência e ao idoso com 65 (sessenta e cinco) anos ou mais que comprovem não possuir meios de prover a própria manutenção nem de tê-la provida por sua família. *(Redação dada pela Lei n. 12.435, de 6.7.11, DOU 7.7.11)*

§ 1º Para os efeitos do disposto no *caput*, a família é composta pelo requerente, o cônjuge ou companheiro, os pais e, na ausência de um deles, a madrasta ou o padrasto, os irmãos solteiros, os filhos e enteados solteiros e os menores tutelados, desde que vivam sob o mesmo teto. *(Redação dada pela Lei n. 12.435, de 6.7.11, DOU 7.7.11)*

§ 2º Para efeito de concessão do benefício de prestação continuada, considera-se pessoa com deficiência aquela que tem impedimento de longo prazo de natureza física, mental, intelectual ou sensorial, o qual, em interação com uma ou mais barreiras, pode obstruir sua participação plena e efetiva na sociedade em igualdade de condições com as demais pessoas. *(Redação dada pela Lei n. 13.146, de 6.7.15, DOU 7.7.15, com vigência após decorridos 180 dias de sua publicação oficial)*

§ 3º Considera-se incapaz de prover a manutenção da pessoa com deficiência ou idosa a família cuja renda mensal *per capita* seja inferior a 1/4 (um quarto) do salário mínimo. *(Redação dada pela Lei n. 12.435, de 6.7.11, DOU 7.7.11)*

§ 4º O benefício de que trata este artigo não pode ser acumulado pelo beneficiário com qualquer outro no âmbito da seguridade social ou de outro regime, salvo os da assistência médica e da pensão especial de natureza indenizatória. *(Redação dada pela Lei n. 12.435, de 6.7.11, DOU 7.7.11)*

§ 5º A condição de acolhimento em instituições de longa permanência não prejudica o direito do idoso ou da pessoa com deficiência ao benefício de prestação continuada. *(Redação dada pela Lei n. 12.435, de 6.7.11, DOU 7.7.11)*

§ 6º A concessão do benefício ficará sujeita à avaliação da deficiência e do grau de impedimento de que trata o § 2º, composta por avaliação médica e avaliação social realizadas por médicos peritos e por assistentes sociais do Instituto Nacional de Seguro Social — INSS. *(Redação dada pela Lei n. 12.470, de 31.8.11, DOU 1º.9.11)*

§ 7º Na hipótese de não existirem serviços no município de residência do beneficiário, fica assegurado, na forma prevista em regulamento, o seu encaminhamento ao município mais próximo que contar com tal estrutura. *(Acrescentado pela Lei n. 9.720, de 30.11.98, DOU 1.12.98)*

§ 8º A renda familiar mensal a que se refere o § 3º deverá ser declarada pelo requerente ou seu representante legal, sujeitando-se aos demais procedimentos previstos no regulamento para o deferimento do pedido. *(Acrescentado pela Lei n. 9.720, de 30.11.98, DOU 1.12.98)*

§ 9º Os rendimentos decorrentes de estágio supervisionado e de aprendizagem não serão computados para os fins de cálculo da renda familiar per capita a que se refere o § 3º deste artigo. *(Redação dada pela Lei n. 13.146, de 6.7.15, DOU 7.7.15, com vigência após decorridos 180 dias de sua publicação oficial)*

§ 10. Considera-se impedimento de longo prazo, para os fins do § 2º deste artigo, aquele que produza efeitos pelo prazo mínimo de 2 (dois) anos. *(Acrescentado pela Lei n. 12.470, de 31.8.11, DOU 1º.9.11)*

§ 11. Para concessão do benefício de que trata o *caput* deste artigo, poderão ser utilizados outros elementos probatórios da condição de miserabilidade do grupo familiar e da situação de vulnerabilidade, conforme regulamento. (NR) *(Acrescentado dada pela Lei n. 13.146, de 6.7.15, DOU 7.7.15, com vigência após decorridos 180 dias de sua publicação oficial)*

Art. 21. O benefício de prestação continuada deve ser revisto a cada 2 (dois) anos para avaliação da continuidade das condições que lhe deram origem. *(Vide Lei n. 9.720, de 30.11.98)*

§ 1º O pagamento do benefício cessa no momento em que forem superadas as condições referidas no *caput*, ou em caso de morte do beneficiário.

§ 2º O benefício será cancelado quando se constatar irregularidade na sua concessão ou utilização.

§ 3º O desenvolvimento das capacidades cognitivas, motoras ou educacionais e a realização de atividades não remuneradas de habilitação e reabilitação, entre outras, não constituem motivo de suspensão ou cessação do benefício da pessoa com deficiência. *(Acrescentado pela Lei n. 12.435, de 6.7.11, DOU 7.7.11)*

§ 4º A cessação do benefício de prestação continuada concedido à pessoa com deficiência não impede nova concessão do benefício, desde que atendidos os requisitos definidos em regulamento. *(Redação dada pela Lei n. 12.470, de 31.8.11, DOU 1º.9.11)*

Art. 21-A. O benefício de prestação continuada será suspenso pelo órgão concedente quando a pessoa com deficiência exercer atividade remunerada, inclusive na condição de microempreendedor individual. *(Acrescentado pela Lei n. 12.470, de 31.8.11, DOU 1º.9.11)*

§ 1º Extinta a relação trabalhista ou a atividade empreendedora de que trata o *caput* deste artigo e, quando for o caso, encerrado o prazo de pagamento do seguro-desemprego e não tendo o beneficiário adquirido direito a qualquer benefício previdenciário, poderá ser requerida a continuidade do pagamento do benefício suspenso, sem necessidade de realização de perícia médica ou reavaliação da deficiência e do grau de incapacidade para esse fim, respeitado o período de revisão previsto no *caput* do art. 21. *(Acrescentado pela Lei n. 12.470, de 31.8.11, DOU 1.9.11)*

§ 2º A contratação de pessoa com deficiência como aprendiz não acarreta a suspensão do benefício de prestação continuada, limitado a 2 (dois) anos o recebimento concomitante da remuneração e do benefício. *(Acrescentado pela Lei n. 12.470, de 31.8.11, DOU 1.9.11)*

Seção II
Dos Benefícios Eventuais

Art. 22. Entendem-se por benefícios eventuais as provisões suplementares e provisórias que integram organicamente as garantias do Suas e são prestadas aos cidadãos e às famílias em virtude de nascimento, morte, situações de vulnerabilidade temporária e de calamidade pública. *(Redação dada pela Lei n. 12.435, de 6.7.11, DOU 7.7.11)*

§ 1º A concessão e o valor dos benefícios de que trata este artigo serão definidos pelos Estados, Distrito Federal e Municípios e previstos nas respectivas leis orçamentárias anuais, com base em critérios e prazos definidos pelos respectivos Conselhos de Assistência Social. *(Redação dada pela Lei n. 12.435, de 6.7.11, DOU 7.7.11)*

§ 2º O CNAS, ouvidas as respectivas representações de Estados e Municípios dele participantes, poderá propor, na medida das disponibilidades orçamentárias das 3 (três) esferas de governo, a instituição de benefícios subsidiários no valor de até 25% (vinte e cinco por cento) do salário mínimo para cada criança de até 6 (seis) anos de idade. *(Redação dada pela Lei n. 12.435, de 6.7.11, DOU 7.7.11)*

§ 3º Os benefícios eventuais subsidiários não poderão ser cumulados com aqueles instituídos pelas Leis n. 10.954, de 29 de setembro de 2004, e n. 10.458, de 14 de maio de 2002. *(Redação dada pela Lei n. 12.435, de 6.7.11, DOU 7.7.11)*

Seção III
Dos Serviços

Art. 23. Entendem-se por serviços socioassistenciais as atividades continuadas que visem à melhoria de vida da população e cujas ações, voltadas para as necessidades básicas, observem os objetivos, princípios e diretrizes estabelecidos nesta Lei. *(Redação dada pela Lei n. 12.435, de 6.7.11, DOU 7.7.11)*

§ 1º O regulamento instituirá os serviços socio-assistenciais. *(Acrescentado pela Lei n. 12.435, de 6.7.11, DOU 7.7.11)*

§ 2º Na organização dos serviços da assistência social serão criados programas de amparo, entre outros: *(Acrescentado pela Lei n. 12.435, de 2011)*

I — às crianças e adolescentes em situação de risco pessoal e social, em cumprimento ao disposto no art. 227 da Constituição Federal e na Lei n. 8.069, de 13 de julho de 1990 (Estatuto da Criança e do Adolescente); *(Acrescentado pela Lei n. 12.435, de 6.7.11, DOU 7.7.11)*

II — às pessoas que vivem em situação de rua. *(Acrescentado pela Lei n. 12.435, de 6.7.11, DOU 7.7.11)*

Seção IV
Dos Programas de Assistência Social

Art. 24. Os programas de assistência social compreendem ações integradas e complementares com objetivos, tempo e área de abrangência definidos para qualificar, incentivar e melhorar os benefícios e os serviços assistenciais.

§ 1º Os programas de que trata este artigo serão definidos pelos respectivos Conselhos de Assistência Social, obedecidos os objetivos e princípios que regem esta lei, com prioridade para a inserção profissional e social.

§ 2º Os programas voltados para o idoso e a integração da pessoa com deficiência serão devidamente articulados com o benefício de prestação continuada estabelecido no art. 20 desta Lei. *(Redação dada pela Lei n. 12.435, de 6.7.11, DOU 7.7.11)*

Art. 24-A. Fica instituído o Serviço de Proteção e Atendimento Integral à Família (Paif), que integra a proteção social básica e consiste na oferta de ações e serviços socioassistenciais de prestação continuada, nos Cras, por meio do trabalho social com famílias em situação de vulnerabilidade social, com o objetivo de prevenir o rompimento dos vínculos familiares e a violência no âmbito de suas relações, garantindo o direito à convivência familiar e comunitária. *(Acrescentado pela Lei n. 12.435, de 6.7.11, DOU 7.7.11)*

PARÁGRAFO ÚNICO. Regulamento definirá as diretrizes e os procedimentos do Paif. *(Acrescentado pela Lei n. 12.435, de 6.7.11, DOU 7.7.11)*

Art. 24-B. Fica instituído o Serviço de Proteção e Atendimento Especializado a Famílias e Indivíduos (Paefi), que integra a proteção social especial e consiste no apoio, orientação e acompanhamento a famílias e indivíduos em situação de ameaça ou violação de direitos, articulando os serviços socioassistenciais com as diversas políticas públicas e com órgãos do sistema de garantia de direitos. *(Acrescentado pela Lei n. 12.435, de 6.7.11, DOU 7.7.11)*

PARÁGRAFO ÚNICO. Regulamento definirá as diretrizes e os procedimentos do Paefi. *(Acrescentado pela Lei n. 12.435, de 6.7.11, DOU 7.7.11)*

Art. 24-C. Fica instituído o Programa de Erradicação do Trabalho Infantil (Peti), de caráter intersetorial, integrante da Política Nacional de Assistência Social, que, no âmbito do Suas, compreende transferências de renda, trabalho social com famílias e oferta de serviços socioeducativos para crianças e adolescentes que se encontrem em situação de trabalho. *(Acrescentado pela Lei n. 12.435, de 6.7.11, DOU 7.7.11)*

§ 1º O Peti tem abrangência nacional e será desenvolvido de forma articulada pelos entes federados, com a participação da sociedade civil, e tem como objetivo contribuir para a retirada de crianças e adolescentes com idade inferior a 16 (dezesseis) anos em situação de trabalho, ressalvada a condição de aprendiz, a partir de 14 (quatorze) anos. *(Acrescentado pela Lei n. 12.435, de 6.7.11, DOU 7.7.11)*

§ 2º As crianças e os adolescentes em situação de trabalho deverão ser identificados e ter os seus dados inseridos no Cadastro Único para Programas Sociais do Governo Federal (CadÚnico), com a devida identificação das situações de trabalho infantil. *(Acrescentado pela Lei n. 12.435, de 6.7.11, DOU 7.7.11)*

Seção V
Dos Projetos de Enfrentamento da Pobreza

Art. 25. Os projetos de enfrentamento da pobreza compreendem a instituição de investimento econômico-social nos grupos populares, buscando subsidiar, financeira e tecnicamente, iniciativas que lhes garantam meios, capacidade produtiva e de gestão para melhoria das condições gerais de subsistência, elevação do padrão da qualidade de vida, a preservação do meio ambiente e sua organização social.

Art. 26. O incentivo a projetos de enfrentamento da pobreza assentar-se-á em mecanismos de articulação e de participação de diferentes áreas governamentais e em sistema de cooperação entre organismos governamentais, não governamentais e da sociedade civil.

....

Capítulo VI
Das Disposições Gerais e Transitórias

....

Art. 40. Com a implantação dos benefícios previstos nos arts. 20 e 22 desta lei, extinguem-se a renda mensal vitalícia, o auxílio-natalidade e o auxílio-funeral existentes no âmbito da Previdência Social, conforme o disposto na Lei n. 8.213, de 24 de julho de 1991.

§ 1º A transferência dos beneficiários do sistema previdenciário para a assistência social deve ser estabelecida de forma que o atendimento à população não sofra solução de continuidade. *(Redação dada pela Lei n. 9.711, de 20.11.98, DOU 21.11.98)*

§ 2º É assegurado ao maior de setenta anos e ao inválido o direito de requerer a renda mensal vitalícia junto ao INSS até 31 de dezembro de 1995, desde que atenda, alternativamente, aos requisitos estabelecidos nos incisos I, II ou III do § 1º do art. 139 da Lei n. 8.213, de 24 de julho de 1991. *(Redação dada pela Lei n. 9.711, de 20.11.98, DOU 21.11.98)*

Art. 41. Esta lei entra em vigor na data da sua publicação.

Art. 42. Revogam-se as disposições em contrário.

Brasília, 7 de dezembro de 1993, 172º da Independência e 105º da República.

ITAMAR FRANCO

LEI N. 11.340, DE 7 DE AGOSTO DE 2006

(DOU 8.8.2006)

Cria mecanismos para coibir a violência doméstica e familiar contra a mulher, nos termos do § 8º do art. 226 da Constituição Federal, da Convenção sobre a Eliminação de Todas as Formas de Discriminação contra as Mulheres e da Convenção Interamericana para Prevenir, Punir e Erradicar a Violência contra a Mulher; dispõe sobre a criação dos Juizados de Violência Doméstica e Familiar contra a Mulher; altera o Código de Processo Penal, o Código Penal e a Lei de Execução Penal e dá outras providências

TÍTULO I
Disposições Preliminares

Art. 1º Esta Lei cria mecanismos para coibir e prevenir a violência doméstica e familiar contra a mulher, nos termos do § 8º do art. 226 da Constituição Federal, da Convenção sobre a Eliminação de Todas as Formas de Violência contra a Mulher, da Convenção Interamericana para Prevenir, Punir e Erradicar a Violência contra a Mulher e de outros tratados internacionais ratificados pela República Federativa do Brasil; dispõe sobre a criação dos Juizados de Violência Doméstica e Familiar contra a Mulher; e estabelece medidas de assistência e proteção às mulheres em situação de violência doméstica e familiar.

Art. 2º Toda mulher, independentemente de classe, raça, etnia, orientação sexual, renda, cultura, nível educacional, idade e religião, goza dos direitos fundamentais inerentes à pessoa humana, sendo-lhe asseguradas as oportunidades e facilidades para viver sem violência, preservar sua saúde física e mental e seu aperfeiçoamento moral, intelectual e social.

Art. 3º Serão asseguradas às mulheres as condições para o exercício efetivo dos direitos à vida, à segurança, à saúde, à alimentação, à educação, à cultura, à moradia, ao acesso à justiça, ao esporte, ao lazer, ao trabalho, à cidadania, à liberdade, à dignidade, ao respeito e à convivência familiar e comunitária.

§ 1º O poder público desenvolverá políticas que visem garantir os direitos humanos das mulheres no âmbito das relações domésticas e familiares no sentido de resguardá-las de toda forma de negligência, discriminação, exploração, violência, crueldade e opressão.

§ 2º Cabe à família, à sociedade e ao poder público criar as condições necessárias para o efetivo exercício dos direitos enunciados no *caput*.

....

Art. 7º São formas de violência doméstica e familiar contra a mulher, entre outras:

I — a violência física, entendida como qualquer conduta que ofenda sua integridade ou saúde corporal;

II — a violência psicológica, entendida como qualquer conduta que lhe cause dano emocional e diminuição da autoestima ou que lhe prejudique e perturbe o pleno desenvolvimento ou que vise degradar ou controlar suas ações, comportamentos, crenças e decisões, mediante ameaça, constrangimento, humilhação, manipulação, isolamento, vigilância constante, perseguição contumaz, insulto, chantagem, ridicularização, exploração e limitação do direito de ir e vir ou qualquer outro meio que lhe cause prejuízo à saúde psicológica e à autodeterminação;

III — a violência sexual, entendida como qualquer conduta que a constranja a presenciar, a manter ou a participar de relação sexual não desejada, mediante intimidação, ameaça, coação ou uso da força; que a induza a comercializar ou a utilizar, de qualquer modo, a sua sexualidade, que a impeça de usar qualquer método contraceptivo ou que a force ao matrimônio, à gravidez, ao aborto ou à prostituição, mediante coação, chantagem, suborno ou manipulação; ou que limite ou anule o exercício de seus direitos sexuais e reprodutivos;

IV — a violência patrimonial, entendida como qualquer conduta que configure retenção, subtração, destruição parcial ou total de seus objetos, instrumentos de trabalho, documentos pessoais, bens, valores e direitos ou recursos econômicos, incluindo os destinados a satisfazer suas necessidades;

V — a violência moral, entendida como qualquer conduta que configure calúnia, difamação ou injúria.

....

Capítulo II
Da Assistência à Mulher em Situação de Violência Doméstica e Familiar

Art. 9º A assistência à mulher em situação de violência doméstica e familiar será prestada de forma articulada e conforme os princípios e as diretrizes previstos na Lei Orgânica da Assistência Social, no Sistema Único de Saúde, no Sistema Único de Segurança Pública, entre outras normas e políticas públicas de proteção, e emergencialmente quando for o caso.

....

§ 2º O juiz assegurará à mulher em situação de violência doméstica e familiar, para preservar sua integridade física e psicológica:

....

II — manutenção do vínculo trabalhista, quando necessário o afastamento do local de trabalho, por até seis meses.

....

DECRETO N. 8.086, DE 30 DE AGOSTO DE 2013

(DOU 30.8.2013)

Institui o Programa Mulher — Viver sem Violência e dá outras providências

A PRESIDENTA DA REPÚBLICA, no uso da atribuição que lhe confere o art. 84, *caput*, inciso VI, alínea *a*, da Constituição,

DECRETA:

Art. 1º Fica instituído o Programa Mulher: Viver sem Violência, que objetiva integrar e ampliar os serviços públicos existentes voltados às mulheres em situação de violência, mediante a articulação dos atendimentos especializados no âmbito da saúde, da justiça, da rede socioassistencial e da promoção da autonomia financeira.

§ 1º O Programa integra a Política Nacional de Enfrentamento à Violência contra as Mulheres e as ações de implementação do Pacto Nacional pelo Enfrentamento à Violência contra as Mulheres.

§ 2º A coordenação do Programa será de responsabilidade da Secretaria de Políticas para as Mulheres da Presidência da República.

§ 3º A ampliação e a integração dos serviços de que trata o *caput* deverá ser acompanhada da qualificação e da humanização do atendimento às mulheres em situação de violência.

Art. 2º São diretrizes do Programa Mulher: Viver sem Violência:

I — integração dos serviços oferecidos às mulheres em situação de violência;

II — transversalidade de gênero nas políticas públicas;

III — corresponsabilidade entre os entes federados;

IV — fomento à autonomia das mulheres e à garantia da igualdade de direitos entre mulheres e homens;

V — atendimento humanizado e integral à mulher em situação de violência, observado o respeito aos princípios da dignidade da pessoa humana, da não discriminação e da não revitimização;

VI — disponibilização de transporte à mulher em situação de violência para o acesso aos serviços, quando não integrados, da rede especializada de atendimento;

VII — garantia e promoção de direitos das mulheres em situação de violência, em especial do acesso à justiça;

VIII — os eixos estruturantes do Pacto Nacional pelo Enfrentamento à Violência contra as Mulheres; e

IX — as diretrizes da Política Nacional de Enfrentamento à Violência contra as Mulheres.

Art. 3º O Programa Mulher: Viver sem Violência será desenvolvido, principalmente, por meio das seguintes ações:

I — implementação das Casas da Mulher Brasileira, que consistem em espaços públicos onde se concentrarão os principais serviços especializados e multidisciplinares de atendimento às mulheres em situação de violência;

II — ampliação da Central de Atendimento à Mulher — Ligue 180;

III — organização, integração e humanização do atendimento às vitimas de violência sexual;

IV — ampliação dos Centros de Atendimento às Mulheres nas Regiões de Fronteiras Secas, que consistem em serviços especializados de atendimento às mulheres nos casos de violência de gênero, incluídos o tráfico de mulheres e as situações de vulnerabilidades provenientes do fenômeno migratório; e

V — promoção de campanhas continuadas de conscientização do enfrentamento à violência contra a mulher.

§ 1º Mediante articulação com órgãos e entidades públicas da União, dos Estados, do Distrito Federal e dos Municípios e com entidades do terceiro setor, as Casas da Mulher Brasileira e os Centros de Atendimento às Mulheres nas Regiões de Fronteiras Secas poderão contar com:

I — serviços de atendimento psicossocial;

II — alojamento de passagem;

III — orientação e direcionamento para programas de auxílio e promoção da autonomia econômica, de geração de trabalho, emprego e renda;

IV — integração com os serviços da rede de saúde e socioassistencial; e

V — a presença de órgãos públicos voltados para as mulheres, como as Delegacias Especializadas de Atendimento à Mulher, os Juizados e Varas Especializados de Violência Doméstica e Familiar contra a Mulher, as Promotorias Públicas Especializadas da Mulher e as Defensorias Públicas Especializadas da Mulher.

§ 2º As Casas da Mulher Brasileira e os Centros de Atendimento às Mulheres nas Regiões de Fronteiras Secas poderão ser mantidos pelos Estados, Distrito Federal e Municípios, com o apoio das instituições parceiras e da Secretaria de Políticas para as Mulheres da Presidência da República.

Art. 4º Compete à Secretaria de Políticas para as Mulheres da Presidência da República:

I — coordenar a implantação e execução do Programa;

II — coordenar a execução das ações de que trata o art. 3º;

III — construir e equipar as Casas da Mulher Brasileira;

IV — promover a capacitação das equipes dos Centros de Atendimento à Mulher nas Regiões de Fronteiras Secas e das Casas da Mulher Brasileira nos temas referentes às relações sociais de gênero;

V — promover a articulação com os órgãos e entidades referidos nos §§ 1º e 2º do art. 3º, com o objetivo de assegurar a implementação e o cumprimento das metas do Programa;

VI — elaborar e divulgar os protocolos de atendimento, as normas técnicas e a padronização de atendimento das Casas da Mulher Brasileira e dos Centros de Atendimento às Mulheres nas Regiões de Fronteira Secas, com apoio dos órgãos e entidades participantes e colaboradores;

VII — apoiar, técnica e financeiramente, os entes federados na manutenção das Casas da Mulher Brasileira e dos Centros de Atendimento às Mulheres nas Regiões de Fronteira Secas; e

VIII — promover encontros dos Centros de Atendimento às Mulheres nas Regiões de Fronteiras Secas e das Casas da Mulher Brasileira com o objetivo de avaliar a implementação e execução do Programa.

PARÁGRAFO ÚNICO. A Secretaria de Políticas para as Mulheres da Presidência da República poderá convidar para participar da implementação do Programa outros órgãos e entidades públicos e privados, como o Conselho Nacional de Justiça, o Conselho Nacional do Ministério Público e o Conselho Nacional de Defensores Públicos-Gerais.

Art. 5º Os Ministérios da Justiça, da Saúde, do Desenvolvimento Social e Combate à Fome e do Trabalho e Emprego atuarão de forma conjunta para a implementação do Programa com a Secretaria de Políticas para as Mulheres da Presidência da República.

Art. 6º A Secretaria de Políticas para as Mulheres da Presidência da República poderá expedir atos complementares para a coordenação e gestão do Programa Mulher: Viver sem Violência.

Art. 7º Este Decreto entra em vigor na data de sua publicação.

Brasília, 30 de agosto de 2013; 192º da Independência e 125º da República.

DILMA ROUSSEFF
MÁRCIA PELEGRINI
ALEXANDRE ROCHA SANTOS PADILHA
MIRIAM BELCHIOR
ELEONORA MENICUCCI DE OLIVEIRA

LEI N. 11.770, DE 9 DE SETEMBRO DE 2008

(DOU 10.9.2008)

Cria o programa empresa cidadã, destinado à prorrogação da licença-maternidade mediante concessão de incentivo fiscal, e altera a Lei n. 8.212, de 24 de julho de 1991

O PRESIDENTE DA REPÚBLICA,

Faço saber que o Congresso Nacional decreta e eu sanciono a seguinte Lei:

Art. 1º É instituído o Programa Empresa Cidadã, destinado a prorrogar:

I — por 60 (sessenta) dias a duração da licença-maternidade prevista no inciso XVIII do *caput* do art. 7º da Constituição Federal;

II — por 15 (quinze) dias a duração da licença-paternidade, nos termos desta Lei, além dos 5 (cinco) dias estabelecidos no § 1º do art. 10 do Ato das Disposições Constitucionais Transitórias.

§ 1º A prorrogação de que trata este artigo:

I — será garantida à empregada da pessoa jurídica que aderir ao Programa, desde que a empregada a requeira até o final do primeiro mês após o parto, e será concedida imediatamente após a fruição da licença-maternidade de que trata o inciso XVIII do *caput* do art. 7º da Constituição Federal;

II — será garantida ao empregado da pessoa jurídica que aderir ao Programa, desde que o empregado a requeira no prazo de 2 (dois) dias úteis após o parto e comprove participação em programa ou atividade de orientação sobre paternidade responsável.

§ 2º A prorrogação será garantida, na mesma proporção, à empregada e ao empregado que adotar ou obtiver guarda judicial para fins de adoção de criança. (NR) *(Redação do art. 1º dada pela Lei n. 13.257, de 8.3.16, DOU 9.3.16)*

Art. 2º É a administração pública, direta, indireta e fundacional, autorizada a instituir programa que garanta prorrogação da licença-maternidade para suas servidoras, nos termos do que prevê o art. 1º desta Lei.

Art. 3º Durante o período de prorrogação da licença-maternidade e da licença-paternidade:

I — a empregada terá direito à remuneração integral, nos mesmos moldes devidos no período de percepção do salário-maternidade pago pelo Regime Geral de Previdência Social (RGPS);

II — o empregado terá direito à remuneração integral. (NR) *(Redação dada pela Lei n. 13.257, de 8.3.16, DOU 9.3.16)*

Art. 4º No período de prorrogação da licença-maternidade e da licença-paternidade de que trata esta Lei, a empregada e o empregado não poderão exercer nenhuma atividade remunerada, e a criança deverá ser mantida sob seus cuidados.

PARÁGRAFO ÚNICO. Em caso de descumprimento do disposto no *caput* deste artigo, a empregada e o empregado perderão o direito à prorrogação. *(Redação do art. 1º dada pela Lei n. 13.257, de 8.3.16, DOU 9.3.16)*

Art. 5º A pessoa jurídica tributada com base no lucro real poderá deduzir do imposto devido, em cada período de apuração, o total da remuneração integral da empregada e do empregado pago nos dias de prorrogação de sua licença-maternidade e de sua licença-paternidade, vedada a dedução como despesa operacional.

....

Nota: Em relação ao art. 38, da Lei n. 13.257, de 8.3.16, que altera esta Lei, há que se ter presente o disposto nos arts. 39 e 40, transcrito abaixo:

"Art. 39. O Poder Executivo, com vistas ao cumprimento do disposto no inciso II do *caput* do art. 5º e nos arts. 12 e 14 da Lei Complementar n. 101, de 4 de maio de 2000, estimará o montante da renúncia fiscal decorrente do disposto no art. 38 desta Lei e o incluirá no demonstrativo a que se refere o § 6º do art. 165 da Constituição Federal, que acompanhará o projeto de lei orçamentária cuja apresentação se der após decorridos 60 (sessenta) dias da publicação desta Lei.

Art. 40. Os arts. 38 e 39 desta Lei produzem efeitos a partir do primeiro dia do exercício subsequente àquele em que for implementado o disposto no art. 39."

Art. 6º (VETADO)

Art. 7º O Poder Executivo, com vistas no cumprimento do disposto no inciso II do *caput* do art. 5º e nos arts. 12 e 14 da Lei Complementar n. 101, de 4 de maio de 2000, estimará o montante da renúncia fiscal decorrente do disposto nesta Lei e o incluirá no demonstrativo a que se refere o § 6º do art. 165 da Constituição Federal, que acompanhará o projeto de lei orçamentária cuja apresentação se der após decorridos 60 (sessenta) dias da publicação desta Lei.

Art. 8º Esta Lei entra em vigor na data de sua publicação, produzindo efeitos a partir do primeiro dia do exercício subsequente àquele em que for implementado o disposto no seu art. 7º.

Brasília, 9 de setembro de 2008; 187º da Independência e 120º da República.

LUIZ INÁCIO LULA DA SILVA
GUIDO MANTEGA
CARLOS LUPI
JOSÉ PIMENTEL

DECRETO N. 7.052, DE 23 DE DEZEMBRO DE 2009

(DOU 24.12.2009)

Regulamenta a Lei n. 11.770, de 9 de setembro de 2008, que cria o Programa Empresa Cidadã, destinado à prorrogação da licença-maternidade, no tocante a empregadas de pessoas jurídicas

O PRESIDENTE DA REPÚBLICA, no uso da atribuição que lhe confere o art. 84, inciso IV, da Constituição, e tendo em vista o disposto na Lei n. 11.770, de 9 de setembro de 2008,

Legislação Complementar

DECRETA:

Art. 1º Fica instituído o Programa Empresa Cidadã, destinado a prorrogar por sessenta dias a duração da licença-maternidade prevista no inciso XVIII do *caput* do art. 7º da Constituição e o correspondente período do salário-maternidade de que trata os arts. 71 e 71-A da Lei n. 8.213, de 24 de julho de 1991.

§ 1º Será beneficiada pelo Programa Empresa Cidadã a empregada da pessoa jurídica que aderir ao Programa, desde que a empregada requeira a prorrogação do salário-maternidade até o final do primeiro mês após o parto.

§ 2º A prorrogação a que se refere o § 1º iniciar-se-á no dia subsequente ao término da vigência do benefício de que tratam os arts. 71 e 71-A da Lei n. 8.213, de 1991.

§ 3º A prorrogação de que trata este artigo será devida, inclusive, no caso de parto antecipado.

Art. 2º O disposto no art. 1º aplica-se à empregada de pessoa jurídica que adotar ou obtiver guarda judicial para fins de adoção de criança, pelos seguintes períodos:

I — por sessenta dias, quando se tratar de criança de até um ano de idade;

II — por trinta dias, quando se tratar de criança a partir de um ano até quatro anos de idade completos; e

III — por quinze dias, quando se tratar de criança a partir de quatro anos até completar oito anos de idade.

Art. 3º As pessoas jurídicas poderão aderir ao Programa Empresa Cidadã, mediante requerimento dirigido à Secretaria da Receita Federal do Brasil.

Art. 4º Observadas as normas complementares a serem editadas pela Secretaria da Receita Federal do Brasil, a pessoa jurídica tributada com base no lucro real poderá deduzir do imposto devido, em cada período de apuração, o total da remuneração da empregada pago no período de prorrogação de sua licença-maternidade, vedada a dedução como despesa operacional.

PARÁGRAFO ÚNICO. A dedução de que trata o *caput* fica limitada ao valor do imposto devido em cada período de apuração.

Art. 5º No período de licença-maternidade e licença à adotante de que trata este Decreto, a empregada não poderá exercer qualquer atividade remunerada, salvo nos casos de contrato de trabalho simultâneo firmado previamente, e a criança não poderá ser mantida em creche ou organização similar.

PARÁGRAFO ÚNICO. Em caso de ocorrência de quaisquer das situações previstas no *caput*, a beneficiária perderá o direito à prorrogação.

Art. 6º A empregada em gozo de salário-maternidade na data de publicação deste Decreto poderá solicitar a prorrogação da licença, desde que requeira no prazo de até trinta dias.

Art. 7º A Secretaria da Receita Federal do Brasil e o Instituto Nacional do Seguro Social — INSS poderão expedir, no âmbito de suas competências, normas complementares para execução deste Decreto.

Art. 8º Este Decreto entra em vigor na data de sua publicação, produzindo efeitos a partir de 1º de janeiro de 2010.

Brasília, 23 de dezembro de 2009; 189º da Independência e 121º da República.

Luiz Inácio Lula da Silva
Guido Mantega
José Pimentel

LEI COMPLEMENTAR N. 146, DE 25 DE JUNHO DE 2014

(DOU 26.6.2014, ED. EXTRA)

Estende a estabilidade provisória prevista na alínea b do inciso II do art. 10 do Ato das Disposições Constitucionais Transitórias à trabalhadora gestante, nos casos de morte desta, a quem detiver a guarda de seu filho.

A PRESIDENTA DA REPÚBLICA

Faço saber que o Congresso Nacional decreta e eu sanciono a seguinte Lei Complementar:

Art. 1º O direito prescrito na alínea *b* do inciso II do art. 10 do Ato das Disposições Constitucionais Transitórias, nos casos em que ocorrer o falecimento da genitora, será assegurado a quem detiver a guarda do seu filho.

Art. 2º Esta Lei Complementar entra em vigor na data de sua publicação.

Brasília, 25 de junho de 2014; 193º da Independência e 126º da República.

Dilma Rousseff
José Eduardo Cardozo

LEI N. 13.109, DE 25 DE MARÇO DE 2015

(DOU 26.3.2015)

Dispõe sobre a licença à gestante e à adotante, as medidas de proteção à maternidade para militares grávidas e a licença-paternidade, no âmbito das Forças Armadas.

A PRESIDENTA DA REPÚBLICA

Faço saber que o Congresso Nacional decreta e eu sanciono a seguinte Lei:

Art. 1º Será concedida licença à gestante, no âmbito das Forças Armadas, conforme o previsto no inciso XVIII do art. 7º da Constituição Federal, para as militares, inclusive as temporárias, que ficarem grávidas durante a prestação do Serviço Militar.

§ 1º A licença será de 120 (cento e vinte) dias e terá início ex officio na data do parto ou durante o 9º (nono) mês de gestação, mediante requerimento da interessada, salvo em casos de antecipação por prescrição médica.

§ 2º A licença à gestante poderá ser prorrogada por 60 (sessenta) dias, nos termos de programa instituído pelo Poder Executivo federal.

§ 3º No caso de nascimento prematuro, a licença terá início a partir do parto.

§ 4º No caso de natimorto, decorridos 30 (trinta) dias do parto, a militar será submetida a inspeção de saúde e, se julgada apta, reassumirá o exercício de suas funções.

§ 5º No caso de aborto, atestado pela Junta de Inspeção de Saúde das Forças Armadas, a militar terá direito a 30 (trinta) dias de licença para tratamento de saúde própria.

Art. 2º Fica assegurado o direito à mudança de função quando as condições de saúde da militar gestante, atestadas pela Junta de Inspeção de Saúde das Forças Armadas, o exigirem, bem como o retorno à função anteriormente exercida, logo após o término da licença à gestante.

Art. 3º À militar que adotar ou obtiver a guarda judicial de criança de até 1 (um) ano de idade serão concedidos 90 (noventa) dias de licença remunerada.

§ 1º No caso de adoção ou guarda judicial de criança com mais de 1 (um) ano de idade, o prazo de que trata o *caput* deste artigo será de 30 (trinta) dias.

§ 2º Poderá ser concedida prorrogação de 45 (quarenta e cinco) dias à militar de que trata o *caput* e de 15 (quinze) dias à militar de que trata o § 1º deste artigo, nos termos de programa instituído pelo Poder Executivo federal que garanta a prorrogação.

Art. 4º Durante o período de amamentação do próprio filho, até que este complete 6 (seis) meses de idade, a militar terá direito, durante a jornada de trabalho, a uma hora de descanso, que poderá ser parcelada em 2 (dois) períodos de meia hora.

§ 1º No caso de a gestante optar pela prorrogação da licença, de acordo com o § 2º do art. 1º desta Lei, não fará jus, durante o gozo da prorrogação, ao período de amamentação citado no *caput* deste artigo.

§ 2º A Junta de Inspeção de Saúde das Forças Armadas poderá propor a prorrogação do período de 6 (seis) meses, em razão da saúde do filho da militar.

Art. 5º Se o tempo de serviço da militar temporária for concluído durante a licença à gestante ou à adotante, a militar deverá ser licenciada ao término da referida licença e após ser julgada apta em inspeção de saúde para fins de licenciamento.

PARÁGRAFO ÚNICO. O tempo de serviço adicional cumprido pela militar temporária em função do disposto no *caput* deste artigo contará para todos os fins de direito, exceto para fins de caracterização de estabilidade conforme previsto na alínea a do inciso IV do art. 50 da Lei n. 6.880, de 9 de dezembro de 1980.

Art. 6º Pelo nascimento ou adoção de filhos, o militar terá direito à licença-paternidade de 5 (cinco) dias consecutivos.

Art. 7º Ato do Poder Executivo disciplinará a concessão da licença à militar gestante e à militar adotante, da licença por motivo de gravidez de risco e da licença-paternidade e indicará as atividades vedadas às militares gestantes.

Art. 8º Esta Lei entra em vigor na data de sua publicação.

Brasília, 25 de março de 2015; 194º da Independência e 127º da República.

DILMA ROUSSEFF
Jaques Wagner

INSTRUÇÃO NORMATIVA SRFB N. 991, DE 21 DE JANEIRO DE 2010

(DOU 22.1.2010)

Dispõe sobre o Programa Empresa Cidadã

O SECRETÁRIO DA RECEITA FEDERAL DO BRASIL, no uso da atribuição que lhe confere o inciso III do art. 261 do Regimento Interno da Secretaria da Receita Federal do Brasil, aprovado pela Portaria MF n. 125, de 4 de março de 2009, e tendo em vista o disposto na Lei n. 11.770, de 9 de setembro de 2008, no art. 16 da Lei n. 9.779, de 19 de janeiro de 1999, e no Decreto n. 7.052, de 23 de dezembro de 2009, resolve:

Art. 1º Será beneficiada pelo Programa Empresa Cidadã, instituído pelo Decreto n. 7.052, de 23 de dezembro de 2009, a empregada da pessoa jurídica que aderir ao Programa, desde que a empregada requeira a prorrogação do salário-maternidade até o final do 1º (primeiro) mês após o parto.

§ 1º A prorrogação do salário-maternidade de que trata o *caput*:

I — iniciar-se-á no dia subsequente ao término da vigência do benefício de que tratam os arts. 71 e 71-A da Lei n. 8.213, de 24 de julho de 1991;

II — será devida, inclusive, no caso de parto antecipado.

Art. 2º O disposto no art. 1º também aplica-se à empregada de pessoa jurídica que adotar ou obtiver guarda judicial para fins de adoção de criança, pelos seguintes períodos:

I — por 60 (sessenta) dias, quando se tratar de criança de até 1 (um) ano de idade;

II — por 30 (trinta) dias, quando se tratar de criança a partir de 1 (um) até 4 (quatro) anos de idade completos; e

III — por 15 (quinze) dias, quando se tratar de criança a partir de 4 (quatro) anos até completar 8 (oito) anos de idade.

Art. 3º A pessoa jurídica poderá aderir ao Programa Empresa Cidadã de que trata o art. 1º, mediante Requerimento de Adesão formulado em nome do estabelecimento matriz, pelo responsável perante o Cadastro Nacional da Pessoa Jurídica (CNPJ).

§ 1º O Requerimento de Adesão poderá ser formulado exclusivamente no sítio da Secretaria da Receita Federal do Brasil (RFB) na Internet, no endereço http://www.receita.fazenda.gov.br a partir do dia 25 de janeiro de 2010.

§ 2º Não produzirá efeito o requerimento formalizado por contribuinte que não se enquadre nas condições estabelecidas nesta Instrução Normativa.

§ 3º O acesso ao endereço eletrônico dar-se-á por meio de código de acesso, a ser obtido nos sítios da RFB na Internet, ou mediante certificado digital válido.

§ 4º A pessoa jurídica poderá cancelar sua adesão ao programa de que trata o *caput*, a qualquer tempo, por meio do sitio da RFB na Internet, no endereço mencionado no § 1º. *(Incluído pela Instrução Normativa RFB n. 1.292, de 20.9.12, DOU 24.9.12)*

Art. 4º A pessoa jurídica tributada com base no lucro real poderá deduzir do Imposto sobre a Renda da Pessoa Jurídica (IRPJ) devido, em cada período de apuração, o total da remuneração da empregada pago no período de prorrogação de sua licença-maternidade, vedada a dedução como despesa operacional.

§ 1º A dedução de que trata o *caput* fica limitada ao valor do IRPJ devido com base:

I — no lucro real trimestral; ou,

II — no lucro real apurado no ajuste anual.

§ 2º A dedução de que trata o *caput* também se aplica ao IRPJ determinado com base no lucro estimado.

§ 3º O valor deduzido do IRPJ com base no lucro estimado de que trata o § 2º:

I — não será considerado IRPJ pago por estimativa; e

II — deve compor o valor a ser deduzido do IRPJ devido no ajuste anual.

§ 4º O disposto nos incisos I e II do § 3º aplica-se aos casos de despesas da remuneração da empregada pagas no período de prorrogação de sua licença-maternidade, deduzidas do IRPJ devido com base em receita bruta e acréscimos ou com base no resultado apurado em balanço ou balancete de redução. *(Redação dada pela Instrução Normativa RFB n. 1.292, de 20.9.12, DOU 24.9.12)*

§ 5º Para efeitos do disposto neste artigo, o valor total da remuneração da empregada, pago no período de prorrogação de sua licença-maternidade e registrado na escrituração comercial, deverá ser adicionado ao lucro líquido para fins de apuração do lucro real e da base de cálculo da Contribuição Social sobre o Lucro Líquido (CSLL). *(Redação dada pela Instrução Normativa RFB n. 1.292, de 20.9.12, DOU 24.9.12)*

Art. 5º A pessoa jurídica tributada com base no lucro real que aderir ao Programa Empresa Cidadã, com o propósito de usufruir da dedução do IRPJ de que trata o art. 4º, deverá comprovar regularidade quanto à quitação de tributos federais e demais créditos inscritos em Dívida Ativa da União (DAU), ao final de cada ano calendário em que fizer uso do benefício.

§ 1º O disposto no *caput* também se aplica à certificação de não estar inclusa a pessoa jurídica no Cadastro Informativo de Créditos não Quitados do Setor Público Federal (Cadin).

§ 2º A pessoa jurídica deverá manter em seu poder pelo prazo decadencial os comprovantes de regularidade quanto à quitação de tributos federais e demais créditos inscritos em DAU e quanto à certificação de não estar inclusa no Cadin.

Art. 6º No período de licença-maternidade e de licença à adotante de que tratam os arts. 1º e 2º, a empregada não poderá exercer qualquer atividade remunerada, salvo nos casos de contrato de trabalho simultâneo firmado previamente, e a criança não poderá ser mantida em creche ou organização similar.

PARÁGRAFO ÚNICO. Em caso de ocorrência de quaisquer das situações previstas no *caput*, a beneficiária perderá o direito à prorrogação.

Art. 7º A empregada em gozo de salário-maternidade na data de publicação do Decreto n. 7.052, de 2009, poderá solicitar a prorrogação da licença-maternidade ou licença à adotante, desde que requeira no prazo de até 30 (trinta) dias.

PARÁGRAFO ÚNICO. A prorrogação da licença de que trata o *caput* produz efeitos a partir de 1º de janeiro de 2010.

Art. 8º Para fazer uso da dedução do IRPJ devido de que trata o art. 4º, a pessoa jurídica que aderir ao Programa Empresa Cidadã fica obrigada a controlar contabilmente os gastos com custeio da prorrogação da licença-maternidade ou da licença à adotante, identificando de forma individualizada os gastos por empregada que requeira a prorrogação.

Art. 9º Esta Instrução Normativa entra em vigor na data de sua publicação.

OTACÍLIO DANTAS CARTAXO

LEI N. 12.288, DE 20 DE JULHO DE 2010

(DOU 21.7.2010)

Institui o Estatuto da Igualdade Racial; altera as Leis ns. 7.716, de 5 de janeiro de 1989, 9.029, de 13 de abril de 1995, 7.347, de 24 de julho de 1985, e 10.778, de 24 de novembro de 2003

O Presidente da República, faço saber que o Congresso Nacional decreta e eu sanciono a seguinte Lei:

TÍTULO I
Disposições Preliminares

Art. 1º Esta Lei institui o Estatuto da Igualdade Racial, destinado a garantir à população negra a efetivação da igualdade de oportunidades, a defesa dos direitos étnicos individuais, coletivos e difusos e o combate à discriminação e às demais formas de intolerância étnica.

PARÁGRAFO ÚNICO. Para efeito deste Estatuto, considera-se:

I — discriminação racial ou étnico-racial: toda distinção, exclusão, restrição ou preferência baseada em raça, cor, descendência ou origem nacional ou étnica que tenha por objeto anular ou restringir o reconhecimento, gozo ou exercício, em igualdade de condições, de direitos humanos e liberdades fundamentais nos campos político, econômico, social, cultural ou em qualquer outro campo da vida pública ou privada;

II — desigualdade racial: toda situação injustificada de diferenciação de acesso e fruição de bens, serviços e oportunidades, nas esferas pública e privada, em virtude de raça, cor, descendência ou origem nacional ou étnica;

III — desigualdade de gênero e raça: assimetria existente no âmbito da sociedade que acentua a distância social entre mulheres negras e os demais segmentos sociais;

IV — população negra: o conjunto de pessoas que se autodeclaram pretas e pardas, conforme o quesito cor ou raça usado pela Fundação Instituto Brasileiro de Geografia e Estatística (IBGE), ou que adotam autodefinição análoga;

V — políticas públicas: as ações, iniciativas e programas adotados pelo Estado no cumprimento de suas atribuições institucionais;

VI — ações afirmativas: os programas e medidas especiais adotados pelo Estado e pela iniciativa privada para a correção das desigualdades raciais e para a promoção da igualdade de oportunidades.

Art. 2º É dever do Estado e da sociedade garantir a igualdade de oportunidades, reconhecendo a todo cidadão brasileiro, independentemente da etnia ou da cor da pele, o direito à participação na comunidade, especialmente nas atividades políticas, econômicas, empresariais, educacionais, culturais e esportivas, defendendo sua dignidade e seus valores religiosos e culturais.

Art. 3º Além das normas constitucionais relativas aos princípios fundamentais, aos direitos e garantias fundamentais e aos direitos sociais, econômicos e culturais, o Estatuto da Igualdade Racial adota como diretriz político jurídica a inclusão das vítimas de desigualdade étnico-racial, a valorização da igualdade étnica e o fortalecimento da identidade nacional brasileira.

Art. 4º A participação da população negra, em condição de igualdade de oportunidade, na vida econômica, social, política e cultural do País será promovida, prioritariamente, por meio de:

I — inclusão nas políticas públicas de desenvolvimento econômico e social;

II — adoção de medidas, programas e políticas de ação afirmativa;

III — modificação das estruturas institucionais do Estado para o adequado enfrentamento e a superação das desigualdades étnicas decorrentes do preconceito e da discriminação étnica;

IV — promoção de ajustes normativos para aperfeiçoar o combate à discriminação étnica e às desigualdades étnicas em todas as suas manifestações individuais, institucionais e estruturais;

V — eliminação dos obstáculos históricos, socioculturais e institucionais que impedem a representação da diversidade étnica nas esferas pública e privada;

VI — estímulo, apoio e fortalecimento de iniciativas oriundas da sociedade civil direcionadas à promoção da igualdade de oportunidades e ao combate às desigualdades étnicas, inclusive mediante a implementação de incentivos e critérios de condicionamento e prioridade no acesso aos recursos públicos;

VII — implementação de programas de ação afirmativa destinados ao enfrentamento das desigualdades étnicas no tocante à educação, cultura, esporte e lazer, saúde, segurança, trabalho, moradia, meios de comunicação de massa, financiamentos públicos, acesso à terra, à Justiça, e outros.

PARÁGRAFO ÚNICO. Os programas de ação afirmativa constituir-se-ão em políticas públicas destinadas a reparar as distorções e desigualdades sociais e demais práticas discriminatórias adotadas, nas esferas pública e privada, durante o processo de formação social do País.

Art. 5º Para a consecução dos objetivos desta Lei, é instituído o Sistema Nacional de Promoção da Igualdade Racial (Sinapir), conforme estabelecido no Título III.

TÍTULO II

Dos Direitos Fundamentais

Capítulo I
Do Direito à Saúde

Art. 6º O direito à saúde da população negra será garantido pelo poder público mediante políticas universais, sociais e econômicas destinadas à redução do risco de doenças e de outros agravos.

§ 1º O acesso universal e igualitário ao Sistema Único de Saúde (SUS) para promoção, proteção e recuperação da saúde da população negra será de responsabilidade dos órgãos e instituições públicas federais, estaduais, distritais e municipais, da administração direta e indireta.

§ 2º O poder público garantirá que o segmento da população negra vinculado aos seguros privados de saúde seja tratado sem discriminação.

Art. 7º O conjunto de ações de saúde voltadas à população negra constitui a Política Nacional de Saúde Integral da População Negra, organizada de acordo com as diretrizes abaixo especificadas:

I — ampliação e fortalecimento da participação de lideranças dos movimentos sociais em defesa da saúde da população negra nas instâncias de participação e controle social do SUS;

II — produção de conhecimento científico e tecnológico em saúde da população negra;

III — desenvolvimento de processos de informação, comunicação e educação para contribuir com a redução das vulnerabilidades da população negra.

Art. 8º Constituem objetivos da Política Nacional de Saúde Integral da População Negra:

I — a promoção da saúde integral da população negra, priorizando a redução das desigualdades étnicas e o combate à discriminação nas instituições e serviços do SUS;

II — a melhoria da qualidade dos sistemas de informação do SUS no que tange à coleta, ao processamento e à análise dos dados desagregados por cor, etnia e gênero;

III — o fomento à realização de estudos e pesquisas sobre racismo e saúde da população negra;

IV — a inclusão do conteúdo da saúde da população negra nos processos de formação e educação permanente dos trabalhadores da saúde;

V — a inclusão da temática saúde da população negra nos processos de formação política das lideranças de movimentos sociais para o exercício da participação e controle social no SUS.

PARÁGRAFO ÚNICO. Os moradores das comunidades de remanescentes de quilombos serão beneficiários de incentivos específicos para a garantia do direito à saúde, incluindo melhorias nas condições ambientais, no saneamento básico, na segurança alimentar e nutricional e na atenção integral à saúde.

Capítulo II
Do Direito à Educação, à Cultura, ao Esporte e ao Lazer

Seção I
Disposições Gerais

Art. 9º A população negra tem direito a participar de atividades educacionais, culturais, esportivas e de lazer adequadas a seus interesses e condições, de modo a contribuir para o patrimônio cultural de sua comunidade e da sociedade brasileira.

Art. 10. Para o cumprimento do disposto no art. 9º, os governos federal, estaduais, distrital e municipais adotarão as seguintes providências:

I — promoção de ações para viabilizar e ampliar o acesso da população negra ao ensino gratuito e às atividades esportivas e de lazer;

II — apoio à iniciativa de entidades que mantenham espaço para promoção social e cultural da população negra;

III — desenvolvimento de campanhas educativas, inclusive nas escolas, para que a solidariedade aos membros da população negra faça parte da cultura de toda a sociedade;

IV — implementação de políticas públicas para o fortalecimento da juventude negra brasileira.

Seção II
Da Educação

Art. 11. Nos estabelecimentos de ensino fundamental e de ensino médio, públicos e privados, é obrigatório o estudo da história geral da África e da história da população negra no Brasil, observado o disposto na Lei n. 9.394, de 20 de dezembro de 1996.

§ 1º Os conteúdos referentes à história da população negra no Brasil serão ministrados no âmbito de todo o currículo escolar, resgatando sua contribuição decisiva para o desenvolvimento social, econômico, político e cultural do País.

§ 2º O órgão competente do Poder Executivo fomentará a formação inicial e continuada de professores e a elaboração de material didático específico para o cumprimento do disposto no *caput* deste artigo.

§ 3º Nas datas comemorativas de caráter cívico, os órgãos responsáveis pela educação incentivarão a participação de intelectuais e representantes do movimento negro para debater com os estudantes suas vivências relativas ao tema em comemoração.

Art. 12. Os órgãos federais, distritais e estaduais de fomento à pesquisa e à pós-graduação poderão criar incentivos a pesquisas e a programas de estudo voltados para temas referentes às relações étnicas, aos quilombos e às questões pertinentes à população negra.

Art. 13. O Poder Executivo federal, por meio dos órgãos competentes, incentivará as instituições de ensino superior públicas e privadas, sem prejuízo da legislação em vigor, a:

I — resguardar os princípios da ética em pesquisa e apoiar grupos, núcleos e centros de pesquisa, nos diversos programas de pós-graduação que desenvolvam temáticas de interesse da população negra;

II — incorporar nas matrizes curriculares dos cursos de formação de professores temas que incluam valores concernentes à pluralidade étnica e cultural da sociedade brasileira;

III — desenvolver programas de extensão universitária destinados a aproximar jovens negros de tecnologias avançadas, assegurado o princípio da proporcionalidade de gênero entre os beneficiários;

IV — estabelecer programas de cooperação técnica, nos estabelecimentos de ensino públicos, privados e comunitários, com as escolas de educação infantil, ensino fundamental, ensino médio e ensino técnico, para a formação docente baseada em princípios de equidade, de tolerância e de respeito às diferenças étnicas.

Art. 14. O poder público estimulará e apoiará ações socioeducacionais realizadas por entidades do movimento negro que desenvolvam atividades voltadas para a inclusão social, mediante cooperação técnica, intercâmbios, convênios e incentivos, entre outros mecanismos.

Art. 15. O poder público adotará programas de ação afirmativa.

Art. 16. O Poder Executivo federal, por meio dos órgãos responsáveis pelas políticas de promoção da igualdade e de educação, acompanhará e avaliará os programas de que trata esta Seção.

Seção III
Da Cultura

Art. 17. O poder público garantirá o reconhecimento das sociedades negras, clubes e outras formas de manifestação coletiva da população negra, com trajetória histórica comprovada, como patrimônio histórico e cultural, nos termos dos arts. 215 e 216 da Constituição Federal.

Art. 18. É assegurado aos remanescentes das comunidades dos quilombos o direito à preservação de seus usos, costumes, tradições e manifestos religiosos, sob a proteção do Estado.

PARÁGRAFO ÚNICO. A preservação dos documentos e dos sítios detentores de reminiscências históricas dos antigos quilombos, tombados nos termos do § 5º do art. 216 da Constituição Federal, receberá especial atenção do poder público.

Art. 19. O poder público incentivará a celebração das personalidades e das datas comemorativas relacionadas à trajetória do samba e de outras manifestações culturais de matriz africana, bem como sua comemoração nas instituições de ensino públicas e privadas.

Art. 20. O poder público garantirá o registro e a proteção da capoeira, em todas as suas modalidades, como bem de natureza imaterial e de formação da identidade cultural brasileira, nos termos do art. 216 da Constituição Federal.

PARÁGRAFO ÚNICO. O poder público buscará garantir, por meio dos atos normativos necessários, a preservação dos elementos formadores tradicionais da capoeira nas suas relações internacionais.

Seção IV
Do Esporte e Lazer

Art. 21. O poder público fomentará o pleno acesso da população negra às práticas desportivas, consolidando o esporte e o lazer como direitos sociais.

Art. 22. A capoeira é reconhecida como desporto de criação nacional, nos termos do art. 217 da Constituição Federal.

§ 1º A atividade de capoeirista será reconhecida em todas as modalidades em que a capoeira se manifesta, seja como esporte, luta, dança ou música, sendo livre o exercício em todo o território nacional.

§ 2º É facultado o ensino da capoeira nas instituições públicas e privadas pelos capoeiristas e mestres tradicionais, pública e formalmente reconhecidos.

Capítulo III
Do Direito à Liberdade de Consciência e de Crença e ao Livre Exercício dos Cultos Religiosos

Art. 23. É inviolável a liberdade de consciência e de crença, sendo assegurado o livre exercício dos cultos religiosos e garantida, na forma da lei, a proteção aos locais de culto e a suas liturgias.

Art. 24. O direito à liberdade de consciência e de crença e ao livre exercício dos cultos religiosos de matriz africana compreende:

I — a prática de cultos, a celebração de reuniões relacionadas à religiosidade e a fundação e manutenção, por iniciativa privada, de lugares reservados para tais fins;

II — a celebração de festividades e cerimônias de acordo com preceitos das respectivas religiões;

III — a fundação e a manutenção, por iniciativa privada, de instituições beneficentes ligadas às respectivas convicções religiosas;

IV — a produção, a comercialização, a aquisição e o uso de artigos e materiais religiosos adequados aos costumes e às práticas fundadas na respectiva religiosidade, ressalvadas as condutas vedadas por legislação específica;

V — a produção e a divulgação de publicações relacionadas ao exercício e à difusão das religiões de matriz africana;

VI — a coleta de contribuições financeiras de pessoas naturais e jurídicas de natureza privada para a manutenção das atividades religiosas e sociais das respectivas religiões;

VII — o acesso aos órgãos e aos meios de comunicação para divulgação das respectivas religiões;

VIII — a comunicação ao Ministério Público para abertura de ação penal em face de atitudes e práticas de intolerância religiosa nos meios de comunicação e em quaisquer outros locais.

Art. 25. É assegurada a assistência religiosa aos praticantes de religiões de matrizes africanas internados em hospitais ou em outras instituições de internação coletiva, inclusive àqueles submetidos a pena privativa de liberdade.

Art. 26. O poder público adotará as medidas necessárias para o combate à intolerância com as religiões de matrizes africanas e à discriminação de seus seguidores, especialmente com o objetivo de:

I — coibir a utilização dos meios de comunicação social para a difusão de proposições, imagens ou abordagens que exponham pessoa ou grupo ao ódio ou ao desprezo por motivos fundados na religiosidade de matrizes africanas;

II — inventariar, restaurar e proteger os documentos, obras e outros bens de valor artístico e cultural, os monumentos, mananciais, flora e sítios arqueológicos vinculados às religiões de matrizes africanas;

III — assegurar a participação proporcional de representantes das religiões de matrizes africanas, ao lado da representação das demais religiões, em comissões, conselhos, órgãos e outras instâncias de deliberação vinculadas ao poder público.

Capítulo IV
Do Acesso à Terra e à Moradia Adequada

Seção I
Do Acesso à Terra

Art. 27. O poder público elaborará e implementará políticas públicas capazes de promover o acesso da população negra à terra e às atividades produtivas no campo.

Art. 28. Para incentivar o desenvolvimento das atividades produtivas da população negra no campo, o poder público promoverá ações para viabilizar e ampliar o seu acesso ao financiamento agrícola.

Art. 29. Serão assegurados à população negra a assistência técnica rural, a simplificação do acesso ao crédito agrícola e o fortalecimento da infraestrutura de logística para a comercialização da produção.

Art. 30. O poder público promoverá a educação e a orientação profissional agrícola para os trabalhadores negros e as comunidades negras rurais.

Art. 31. Aos remanescentes das comunidades dos quilombos que estejam ocupando suas terras é reconhecida a propriedade definitiva, devendo o Estado emitir-lhes os títulos respectivos.

Art. 32. O Poder Executivo federal elaborará e desenvolverá políticas públicas especiais voltadas para o desenvolvimento sustentável dos remanescentes das comunidades dos quilombos, respeitando as tradições de proteção ambiental das comunidades.

Art. 33. Para fins de política agrícola, os remanescentes das comunidades dos quilombos receberão dos órgãos competentes tratamento especial diferenciado, assistência técnica e linhas especiais de financiamento público, destinados à realização de suas atividades produtivas e de infraestrutura.

Art. 34. Os remanescentes das comunidades dos quilombos se beneficiarão de todas as iniciativas previstas nesta e em outras leis para a promoção da igualdade étnica.

Seção II
Da Moradia

Art. 35. O poder público garantirá a implementação de políticas públicas para assegurar o direito à moradia adequada da população negra que vive em favelas, cortiços, áreas urbanas subutilizadas, degradadas ou em processo de degradação, a fim de reintegrá-las à dinâmica urbana e promover melhorias no ambiente e na qualidade de vida.

PARÁGRAFO ÚNICO. O direito à moradia adequada, para os efeitos desta Lei, inclui não apenas o provimento habitacional, mas também a garantia da infraestrutura urbana e dos equipamentos comunitários associados à função habitacional, bem como a assistência técnica e jurídica para a construção, a reforma ou a regularização fundiária da habitação em área urbana.

Art. 36. Os programas, projetos e outras ações governamentais realizadas no âmbito do Sistema Nacional de Habitação de Interesse Social (SNHIS), regulado pela Lei n. 11.124, de 16 de junho de 2005, devem considerar as peculiaridades sociais, econômicas e culturais da população negra.

PARÁGRAFO ÚNICO. Os Estados, o Distrito Federal e os Municípios estimularão e facilitarão a participação de organizações e movimentos representativos da população negra na composição dos conselhos constituídos para fins de aplicação do Fundo Nacional de Habitação de Interesse Social (FNHIS).

Art. 37. Os agentes financeiros, públicos ou privados, promoverão ações para viabilizar o acesso da população negra aos financiamentos habitacionais.

Capítulo V
Do Trabalho

Art. 38. A implementação de políticas voltadas para a inclusão da população negra no mercado de trabalho será de responsabilidade do poder público, observando-se:

I — o instituído neste Estatuto;

II — os compromissos assumidos pelo Brasil ao ratificar a Convenção Internacional sobre a Eliminação de Todas as Formas de Discriminação Racial, de 1965;

III — os compromissos assumidos pelo Brasil ao ratificar a Convenção n. 111, de 1958, da Organização Internacional do Trabalho (OIT), que trata da discriminação no emprego e na profissão;

IV — os demais compromissos formalmente assumidos pelo Brasil perante a comunidade internacional.

Art. 39. O poder público promoverá ações que assegurem a igualdade de oportunidades no mercado de trabalho para a população negra, inclusive mediante a implementação de medidas visando à promoção da igualdade nas contratações do setor público e o incentivo à adoção de medidas similares nas empresas e organizações privadas.

§ 1º A igualdade de oportunidades será lograda mediante a adoção de políticas e programas de formação profissional, de emprego e de geração de renda voltados para a população negra.

§ 2º As ações visando a promover a igualdade de oportunidades na esfera da administração pública far-se-ão por meio de normas estabelecidas ou a serem estabelecidas em legislação específica e em seus regulamentos.

§ 3º O poder público estimulará, por meio de incentivos, a adoção de iguais medidas pelo setor privado.

§ 4º As ações de que trata o *caput* deste artigo assegurarão o princípio da proporcionalidade de gênero entre os beneficiários.

§ 5º Será assegurado o acesso ao crédito para a pequena produção, nos meios rural e urbano, com ações afirmativas para mulheres negras.

§ 6º O poder público promoverá campanhas de sensibilização contra a marginalização da mulher negra no trabalho artístico e cultural.

§ 7º O poder público promoverá ações com o objetivo de elevar a escolaridade e a qualificação profissional nos setores da economia que contém com alto índice de ocupação por trabalhadores negros de baixa escolarização.

Art. 40. O Conselho Deliberativo do Fundo de Amparo ao Trabalhador (Codefat) formulará políticas, programas e projetos voltados para a inclusão da população negra no mercado de trabalho e orientará a destinação de recursos para seu financiamento.

Art. 41. As ações de emprego e renda, promovidas por meio de financiamento para constituição e ampliação de pequenas e médias empresas e de programas de geração de renda, contemplarão o estímulo à promoção de empresários negros.

PARÁGRAFO ÚNICO. O poder público estimulará as atividades voltadas ao turismo étnico com enfoque nos locais, monumentos e cidades que retratem a cultura, os usos e os costumes da população negra.

Art. 42. O Poder Executivo federal poderá implementar critérios para provimento de cargos em comissão e funções de confiança destinados a ampliar a participação de negros, buscando reproduzir a estrutura da distribuição étnica nacional ou, quando for o caso, estadual, observados os dados demográficos oficiais.

Capítulo VI
Dos Meios de Comunicação

Art. 43. A produção veiculada pelos órgãos de comunicação valorizará a herança cultural e a participação da população negra na história do País.

Art. 44. Na produção de filmes e programas destinados à veiculação pelas emissoras de televisão e em salas cinematográficas, deverá ser adotada a prática de conferir oportunidades de emprego para atores, figurantes e técnicos negros, sendo vedada toda e qualquer discriminação de natureza política, ideológica, étnica ou artística.

PARÁGRAFO ÚNICO. A exigência disposta no *caput* não se aplica aos filmes e programas que abordem especificidades de grupos étnicos determinados.

Art. 45. Aplica-se à produção de peças publicitárias destinadas à veiculação pelas emissoras de televisão e em salas cinematográficas o disposto no art. 44.

Art. 46. Os órgãos e entidades da administração pública federal direta, autárquica ou fundacional, as empresas públicas e as sociedades de economia mista federais deverão incluir cláusulas de participação de artistas negros nos contratos de realização de filmes, programas ou quaisquer outras peças de caráter publicitário.

§ 1º Os órgãos e entidades de que trata este artigo incluirão, nas especificações para contratação de serviços de consultoria, conceituação, produção e realização de filmes, programas ou peças publicitárias, a obrigatoriedade da prática de iguais oportunidades de emprego para as pessoas relacionadas com o projeto ou serviço contratado.

§ 2º Entende-se por prática de iguais oportunidades de emprego o conjunto de medidas sistemáticas executadas com a finalidade de garantir a diversidade étnica, de sexo e de idade na equipe vinculada ao projeto ou serviço contratado.

§ 3º A autoridade contratante poderá, se considerar necessário para garantir a prática de iguais oportunidades de emprego, requerer auditoria por órgão do poder público federal.

§ 4º A exigência disposta no *caput* não se aplica às produções publicitárias quando abordarem especificidades de grupos étnicos determinados.

TÍTULO III
Do Sistema Nacional de Promoção da Igualdade Racial (Sinapir)

Capítulo I
Disposição Preliminar

Art. 47. É instituído o Sistema Nacional de Promoção da Igualdade Racial (Sinapir) como forma de organização e de articulação voltadas à implementação do conjunto de políticas e serviços destinados a superar as desigualdades étnicas existentes no País, prestados pelo poder público federal.

§ 1º Os Estados, o Distrito Federal e os Municípios poderão participar do Sinapir mediante adesão.

§ 2º O poder público federal incentivará a sociedade e a iniciativa privada a participar do Sinapir.

Capítulo II
Dos Objetivos

Art. 48. São objetivos do Sinapir:

I — promover a igualdade étnica e o combate às desigualdades sociais resultantes do racismo, inclusive mediante adoção de ações afirmativas;

II — formular políticas destinadas a combater os fatores de marginalização e a promover a integração social da população negra;

III — descentralizar a implementação de ações afirmativas pelos governos estaduais, distrital e municipais;

IV — articular planos, ações e mecanismos voltados à promoção da igualdade étnica;

V — garantir a eficácia dos meios e dos instrumentos criados para a implementação das ações afirmativas e o cumprimento das metas a serem estabelecidas.

Capítulo III
Da Organização e Competência

Art. 49. O Poder Executivo federal elaborará plano nacional de promoção da igualdade racial contendo as metas, princípios e diretrizes para a implementação da Política Nacional de Promoção da Igualdade Racial (PNPIR).

§ 1º A elaboração, implementação, coordenação, avaliação e acompanhamento da PNPIR, bem como a organização, articulação e coordenação do Sinapir, serão efetivados pelo órgão responsável pela política de promoção da igualdade étnica em âmbito nacional.

§ 2º É o Poder Executivo federal autorizado a instituir fórum intergovernamental de promoção da igualdade étnica, a ser coordenado pelo órgão responsável pelas políticas de promoção da igualdade étnica, com o objetivo de implementar estratégias que visem à incorporação da política nacional de promoção da igualdade étnica nas ações governamentais de Estados e Municípios.

§ 3º As diretrizes das políticas nacional e regional de promoção da igualdade étnica serão elaboradas por órgão colegiado que assegure a participação da sociedade civil.

Art. 50. Os Poderes Executivos estaduais, distrital e municipais, no âmbito das respectivas esferas de competência, poderão instituir conselhos de promoção da igualdade étnica, de caráter permanente e consultivo, compostos por igual número de representantes de órgãos e entidades públicas e de organizações da sociedade civil representativas da população negra.

PARÁGRAFO ÚNICO. O Poder Executivo priorizará o repasse dos recursos referentes aos programas e atividades previstos nesta Lei aos Estados, Distrito Federal e Municípios que tenham criado conselhos de promoção da igualdade étnica.

Capítulo IV
Das Ouvidorias Permanentes e do Acesso à Justiça e à Segurança

Art. 51. O poder público federal instituirá, na forma da lei e no âmbito dos Poderes Legislativo e Executivo, Ouvidorias Permanentes em Defesa da Igualdade Racial, para receber e encaminhar denúncias de preconceito e discriminação com base em etnia ou cor e acompanhar a implementação de medidas para a promoção da igualdade.

Art. 52. É assegurado às vítimas de discriminação étnica o acesso aos órgãos de Ouvidoria Permanente, à Defensoria Pública, ao Ministério Público e ao Poder Judiciário, em todas as suas instâncias, para a garantia do cumprimento de seus direitos.

PARÁGRAFO ÚNICO. O Estado assegurará atenção às mulheres negras em situação de violência, garantida a assistência física, psíquica, social e jurídica.

Art. 53. O Estado adotará medidas especiais para coibir a violência policial incidente sobre a população negra.

PARÁGRAFO ÚNICO. O Estado implementará ações de ressocialização e proteção da juventude negra em conflito com a lei e exposta a experiências de exclusão social.

Art. 54. O Estado adotará medidas para coibir atos de discriminação e preconceito praticados por servidores públicos em detrimento da população negra, observado, no que couber, o disposto na Lei n. 7.716, de 5 de janeiro de 1989.

Art. 55. Para a apreciação judicial das lesões e das ameaças de lesão aos interesses da população negra decorrentes de situações de desigualdade étnica, recorrer-se-á, entre outros instrumentos, à ação civil pública, disciplinada na Lei n. 7.347, de 24 de julho de 1985.

Capítulo V
Do Financiamento das Iniciativas de Promoção da Igualdade Racial

Art. 56. Na implementação dos programas e das ações constantes dos planos plurianuais e dos orçamentos anuais da União, deverão ser observadas as políticas de ação afirmativa a que se refere o inciso VII do art. 4º desta Lei e outras políticas públicas que tenham como objetivo promover a igualdade de oportunidades e a inclusão social da população negra, especialmente no que tange a:

I — promoção da igualdade de oportunidades em educação, emprego e moradia;

II — financiamento de pesquisas, nas áreas de educação, saúde e emprego, voltadas para a melhoria da qualidade de vida da população negra;

III — incentivo à criação de programas e veículos de comunicação destinados à divulgação de matérias relacionadas aos interesses da população negra;

IV — incentivo à criação e à manutenção de microempresas administradas por pessoas autodeclaradas negras;

V — iniciativas que incrementem o acesso e a permanência das pessoas negras na educação fundamental, média, técnica e superior;

VI — apoio a programas e projetos dos governos estaduais, distrital e municipais e de entidades da sociedade civil voltados para a promoção da igualdade de oportunidades para a população negra;

VII — apoio a iniciativas em defesa da cultura, da memória e das tradições africanas e brasileiras.

§ 1º O Poder Executivo federal é autorizado a adotar medidas que garantam, em cada exercício, a transparência na alocação e na execução dos recursos necessários ao financiamento das ações previstas neste Estatuto, explicitando, entre outros, a proporção dos recursos orçamentários destinados aos programas de promoção da igualdade, especialmente nas áreas de educação, saúde, emprego e renda, desenvolvimento agrário, habitação popular, desenvolvimento regional, cultura, esporte e lazer.

§ 2º Durante os 5 (cinco) primeiros anos, a contar do exercício subsequente à publicação deste Estatuto, os órgãos do Poder Executivo federal que desenvolvem políticas e programas nas áreas referidas no § 1º deste artigo discriminarão em seus orçamentos anuais a participação nos programas de ação afirmativa referidos no inciso VII do art. 4º desta Lei.

§ 3º O Poder Executivo é autorizado a adotar as medidas necessárias para a adequada implementação do disposto neste artigo, podendo estabelecer patamares de participação crescente dos programas de ação afirmativa nos orçamentos anuais a que se refere o § 2º deste artigo.

§ 4º O órgão colegiado do Poder Executivo federal responsável pela promoção da igualdade racial acompanhará e avaliará a programação das ações referidas neste artigo nas propostas orçamentárias da União.

Art. 57. Sem prejuízo da destinação de recursos ordinários, poderão ser consignados nos orçamentos fiscal e da seguridade social para financiamento das ações de que trata o art. 56:

I — transferências voluntárias dos Estados, do Distrito Federal e dos Municípios;

II — doações voluntárias de particulares;

III — doações de empresas privadas e organizações não governamentais, nacionais ou internacionais;

IV — doações voluntárias de fundos nacionais ou internacionais;

V — doações de Estados estrangeiros, por meio de convênios, tratados e acordos internacionais.

TÍTULO IV
Disposições Finais

Art. 58. As medidas instituídas nesta Lei não excluem outras em prol da população negra que tenham sido ou venham a ser adotadas no âmbito da União, dos Estados, do Distrito Federal ou dos Municípios.

Art. 59. O Poder Executivo federal criará instrumentos para aferir a eficácia social das medidas previstas nesta Lei e efetuará seu monitoramento constante, com a emissão e a divulgação de relatórios periódicos, inclusive pela rede mundial de computadores.

Art. 60. Os arts. 3º e 4º da Lei n. 7.716, de 1989, passam a vigorar com a seguinte redação:

"Art. 3º ....

(texto inserido na respectiva lei)

Art. 61. Os arts. 3º e 4º da Lei n. 9.029, de 13 de abril de 1995, passam a vigorar com a seguinte redação: *(texto inserido na respectiva lei)*

Art. 62. O art. 13 da Lei n. 7.347, de 1985, passa a vigorar acrescido do seguinte § 2º, renumerando-se o atual parágrafo único como § 1º: *(texto inserido na respectiva lei)*

Art. 63. O § 1º do art. 1º da Lei n. 10.778, de 24 de novembro de 2003, passa a vigorar com a seguinte redação: *(texto inserido na respectiva lei)*

Art. 64. O § 3º do art. 20 da Lei n. 7.716, de 1989, passa a vigorar acrescido do seguinte inciso III: *(texto inserido na respectiva lei)*

Art. 65. Esta Lei entra em vigor 90 (noventa) dias após a data de sua publicação.

Brasília, 20 de julho de 2010; 189º da Independência e 122º da República.

LUIZ INÁCIO LULA DA SILVA
ELOI FERREIRA DE ARAÚJO

SISTEMA NACIONAL DE PROMOÇÃO DA IGUALDADE RACIAL — SINAPIR — REGULAMENTAÇÃO

DECRETO N. 8.136, DE 5 DE NOVEMBRO DE 2013

DOU 6.11.2013

Aprova o regulamento do sistema nacional de promoção da igualdade racial — Sinapir, instituído pela Lei n. 12.288, de 20 de julho de 2010

A PRESIDENTA DA REPÚBLICA, no uso da atribuição que lhe confere o art. 84, *caput*, inciso VI, da Constituição, e tendo em vista o disposto no art. 47 da Lei n. 12.288, de 20 de julho de 2010,

DECRETA:

Art. 1º Fica aprovado o regulamento do Sistema Nacional de Promoção da Igualdade Racial — Sinapir, na forma do Anexo.

Art. 2º Este Decreto entra em vigor na data de sua publicação.

Brasília, 5 de novembro de 2013; 192º da Independência e 125º da República.

DILMA ROUSSEFF
LUIZA HELENA DE BAIRROS

ANEXO
REGULAMENTO DO SISTEMA NACIONAL DE PROMOÇÃO DA IGUALDADE RACIAL

Capítulo I
Da Definição e dos Marcos Regulatórios

Seção I
Da Definição

Art. 1º O Sistema Nacional de Promoção da Igualdade Racial — Sinapir, instituído pela Lei n. 12.288, de 20 de julho de 2010, constitui forma de organização e de articulação voltadas à implementação do conjunto de políticas e serviços destinados a superar as desigualdades raciais existentes no País, prestado pelo Poder Executivo federal.

§ 1º O Sinapir é um sistema integrado que visa a descentralizar e tornar efetivas as políticas públicas para o enfrentamento ao racismo e para a promoção da igualdade racial no País.

§ 2º O Sistema tem a função precípua de organizar e promover políticas de igualdade racial, compreendidas como conjunto de diretrizes, ações e práticas a serem observadas na atuação do Poder Público e nas relações entre o Estado e a sociedade.

Art. 2º O Sinapir será organizado por meio da definição de competências e responsabilidades específicas para a União e para os demais entes federados que aderirem ao Sistema.

§ 1º O funcionamento do Sistema deve assegurar que a ação de cada parte integrante observe a finalidade comum, garantida a participação da sociedade civil e o controle social das políticas públicas.

§ 2º Deverão ser adotadas estratégias para assegurar à política de igualdade racial prioridade no planejamento e no orçamento dos entes federados que aderirem ao Sinapir de modo a garantir o desenvolvimento de programas com impacto efetivo na superação das desigualdades raciais.

§ 3º O Sinapir deve garantir que a igualdade racial seja contemplada na formulação, implementação, monitoramento e avaliação de políticas públicas, em todas as esferas de governo.

Seção II
Dos Fundamentos Legais

Art. 3º São fundamentos legais do Sinapir:

I — Lei n. 12.288, de 20 de julho de 2010, que institui o Estatuto da Igualdade Racial, em cujo Título III (Capítulos I, II e III) foi instituído o Sinapir;

II — Convenção Internacional sobre a Eliminação de todas as Formas de Discriminação Racial, aprovada pelo Decreto Legislativo n. 23, de 21 de junho de 1967, ratificada pela República Federativa do Brasil em 27 de março de 1968 e promulgada pelo Decreto n. 65.810, de 8 de dezembro de 1969;

III — Política Nacional de Promoção da Igualdade Racial, instituída pelo Decreto n. 4.886, de 20 de novembro de 2003; e

IV — Plano Nacional de Promoção da Igualdade Racial — Planapir, aprovado pelo Decreto n. 6.872, de 4 de junho de 2009.

Capítulo II
Dos Princípios e dos Objetivos

Seção I
Dos Princípios

Art. 4º São princípios do Sinapir:

I — desconcentração, que consiste no compartilhamento, entre os órgãos e entidades da administração púbica federal, das responsabilidades pela execução e pelo monitoramento das políticas setoriais de igualdade racial;

II — descentralização, que se realiza na definição de competências e responsabilidades dos Estados, Distrito Federal e Municípios, de modo a permitir que as políticas de igualdade racial atendam as necessidades da população;

III — gestão democrática, que envolve a participação da sociedade civil na proposição, acompanhamento e realização de iniciativas, por meio dos conselhos e das conferências de Promoção da Igualdade Racial; e

IV — estímulo à adoção de medidas que favoreçam a promoção da igualdade racial pelos Poderes Legislativo e Judiciário, Ministério Público, Defensorias Públicas e iniciativa privada.

Seção II
Dos Objetivos

Art. 5º São objetivos do Sinapir, de acordo com o art. 48 da Lei n. 12.288, de 2010:

I — promover a igualdade étnica e o combate às desigualdades sociais resultantes do racismo, inclusive mediante a adoção de ações afirmativas;

II — formular políticas destinadas a combater os fatores de marginalização e a promover a integração social da população negra;

III — descentralizar a implementação de ações afirmativas pelos governos estaduais, distrital e municipais;

IV — articular planos, ações e mecanismos para promoção da igualdade étnica; e

V — garantir a eficácia dos meios e dos instrumentos criados para a implementação das ações afirmativas e o cumprimento das metas a serem estabelecidas.

Capítulo III
Dos Instrumentos Gerenciais

Art. 6º Constituem instrumentos de gestão do Sinapir:

I — o Plano Nacional de Promoção da Igualdade Racial — Planapir, e os planos estaduais, distrital e municipais;

II — o Plano Plurianual de Governo; e

III — a Rede-Sinapir, a ser criada com o fim de promover:

a) a gestão de informação;

b) as condições para o monitoramento;

c) a avaliação do Sinapir; e

d) o acesso e o controle social.

Legislação Complementar

Art. 7º A atuação da Rede-Sinapir deverá ser precedida de:

I — formação de cadastro nacional dos órgãos de políticas de promoção da igualdade racial, nas esferas estadual, distrital e municipal; e

II — desenvolvimento de portal na internet, com acesso diferenciado e voltado para a divulgação das ações dos diversos órgãos e entidades que compõem o Sinapir.

PARÁGRAFO ÚNICO. Simultaneamente ao funcionamento do Sistema, ocorrerão o aperfeiçoamento e a disseminação dos instrumentos e técnicas de avaliação e monitoramento das ações dos órgãos e entidades que compõe o Sinapir e a análise do impacto dessas ações nas condições de vida das populações negra, indígena e cigana.

Capítulo IV
Da Estrutura do SINAPIR

Seção I
Da Estrutura

Art. 8º Integram a estrutura do Sinapir:

I — conferências de Promoção da Igualdade Racial — nacional, estaduais, distrital e municipais, que constituem instâncias formais de diálogo entre o setor público e a sociedade civil, visando a garantir a participação social na proposição, implementação e monitoramento das políticas públicas;

II — Conselho Nacional de Promoção da Igualdade Racial — CNPIR, de natureza consultiva, ao qual compete exercer o controle social, por meio do acompanhamento da implementação das políticas de promoção da igualdade racial, e contribuir para que sua execução esteja em conformidade com as diretrizes da Conferência Nacional de Promoção da Igualdade Racial;

III — Secretaria de Políticas de Promoção da Igualdade Racial da Presidência da República — SEPPIR-PR, responsável pela articulação ministerial e pela coordenação central do Sistema;

IV — Fórum Intergovernamental de Promoção da Igualdade Racial — Fipir, espaço de formação de pactos no âmbito do Sistema, constituído pela Secretaria de Políticas de Promoção da Igualdade Racial da Presidência da República e pelos órgãos de promoção da igualdade racial estaduais, distrital e municipais, responsáveis pela articulação da política nas suas esferas de governo; e

V — Ouvidoria Permanente em Defesa da Igualdade Racial do Poder Executivo, responsável pela interlocução imediata entre cidadãos e o Poder Público, a qual cabe funcionar como canal para o recebimento de opiniões e reclamações, a mediação de conflitos e o encaminhamento de denúncias de racismo e discriminação racial.

PARÁGRAFO ÚNICO. A implementação do Sistema em âmbito federal será feita pela Secretaria de Políticas de Promoção da Igualdade Racial da Presidência da República em conjunto com os Ministérios responsáveis pela execução de politicas setoriais de promoção igualdade racial.

Art. 9º As conferências devem ser realizadas a cada quatro anos, conforme cronograma a ser definido pela Secretaria de Políticas de Promoção da Igualdade Racial da Presidência da República, ouvido o Conselho Nacional de Promoção da Igualdade Racial.

Art. 10. Os órgãos estaduais de promoção da igualdade racial dos entes que aderirem ao Sinapir são responsáveis pela criação de fóruns estaduais de gestores municipais e pelo apoio ao seu funcionamento, a fim de assegurar a descentralização da política de promoção da igualdade racial e possibilitar a representação dos Municípios na instância de formação de pactos do Sinapir.

Art. 11. Fica instituído, no âmbito do Sinapir, o Fórum Intergovernamental de Promoção da Igualdade Racial — Fipir, com o objetivo de implementar estratégias para a incorporação da política nacional de promoção da igualdade étnico-racial às ações governamentais de Estados e Municípios.

§ 1º Ao Fipir competirá atuar como instância de formação de pactos entre os entes federados, com o fim de promover a igualdade racial e o enfrentamento ao racismo.

§ 2º O Fipir será composto por dirigentes responsáveis pela articulação e pela coordenação da política de promoção da igualdade racial da União, dos Estados, do Distrito Federal e da representação dos Municípios em cada Estado, escolhida no fórum estadual de gestores municipais.

§ 3º O regimento interno provisório do Fipir e as orientações gerais para o funcionamento dos fóruns estaduais de gestores municipais serão definidas em ato do Ministro de Estado Chefe da Secretaria de Políticas de Promoção da Igualdade Racial da Presidência da República.

§ 4º Uma vez que o Fipir e os fóruns estaduais de gestores municipais estejam compostos, respectivamente, por cinquenta por cento dos Estados e por cinquenta por cento dos Municípios com órgãos de promoção da igualdade racial, será elaborado o regimento interno de ambas as instâncias.

§ 5º Para a votação do regimento interno do Fipir, cada esfera da federação representada no fórum terá direito a um voto.

§ 6º Para fins do disposto no § 5º, considera-se o Distrito Federal incluído na esfera estadual.

§ 7º A coordenação do Fipir compete à Secretaria de Políticas de Promoção da Igualdade Racial da Presidência da República, que proverá o apoio administrativo e os meios necessários ao seu funcionamento.

Capítulo V
Da Adesão, Participação, Competências e Responsabilidades

Seção I
Da Adesão ao Sistema

Art. 12. São requisitos para adesão de Estados, Distrito Federal e Municípios ao Sinapir:

I — instituição e funcionamento de conselho voltado para a promoção da igualdade racial, composto por igual número de representantes de órgãos e entidades públicas e de organizações da sociedade civil; e

II — instituição e funcionamento de órgão de promoção da igualdade racial na estrutura administrativa.

PARÁGRAFO ÚNICO. Os Municípios poderão satisfazer as condições previstas nos incisos I e II do *caput* por meio de consórcios públicos, nos termos do art. 26.

Seção II
Das Condições para a Participação de Estados, Distrito Federal e Municípios no Sinapir

Art. 13. Participam do Sinapir a União, representada pela Secretaria de Políticas de Promoção da Igualdade Racial da Presidência da República e pelos órgãos responsáveis pela execução de políticas setoriais de promoção da igualdade racial, e, os Estados, Distrito Federal e os Municípios que tenham aderido ao Sistema.

PARÁGRAFO ÚNICO. Ato do Ministro de Estado Chefe da Secretaria de Políticas de Promoção da Igualdade Racial da Presidência da República disciplinará os procedimentos a serem seguidos no processo de adesão ao Sinapir pelos entes federados, no prazo de noventa dias, contado da data de publicação deste Decreto.

Art. 14. São condições para a participação de Estados e Distrito Federal no Sinapir:

I — instituir e apoiar administrativa e financeiramente os conselhos estaduais e distrital voltados para a promoção da igualdade racial;

II — assegurar o funcionamento dos órgãos estaduais e distrital de promoção da igualdade racial, oferecendo condições administrativas e financeiras, observados os requisitos e as formas de gestão do Sinapir, nos termos do art. 14;

III — participar do Fórum Intergovernamental de Promoção da Igualdade Racial;

IV — organizar e coordenar fóruns estaduais de gestores municipais de promoção da igualdade racial;

V — elaborar e executar os planos estaduais e distrital de promoção da igualdade racial;

VI — apoiar os Municípios na criação de órgãos de promoção da igualdade racial e na elaboração e execução de seus planos;

VII — realizar conferências estaduais e distrital de promoção da igualdade racial e apoiar a realização de conferências municipais;

VIII — fortalecer os planos e programas decorrentes da Política Nacional de Promoção da Igualdade Racial; e

IX — executar a política estadual e distrital de promoção da igualdade racial, em conformidade com o que for pactuado no Sinapir.

PARÁGRAFO ÚNICO. Salvo as condições previstas nos incisos I e II do *caput*, as demais poderão ser satisfeitas concomitantemente à participação do Estado ou Distrito Federal no Sinapir.

Art. 15. São condições para participação dos Municípios no Sinapir:

I — instituir e apoiar administrativa e financeiramente os conselhos municipais voltados para a promoção da igualdade racial;

II — assegurar o funcionamento dos órgãos municipais de promoção da igualdade racial, oferecendo condições administrativas e financeiras, observados os requisitos e as formas de gestão do Sinapir, nos termos do art. 14;

III — participar e contribuir para o fortalecimento dos fóruns estaduais de gestores municipais de promoção da igualdade racial;

IV — participar do Fórum Intergovernamental de Promoção da Igualdade Racial, por meio de representação do respectivo fórum estadual de gestores municipais;

V — elaborar e executar os planos municipais de promoção da igualdade racial;

VI — realizar as conferências municipais de promoção da igualdade racial; e municipal, em conformidade com o que for pactuado no Sinapir.

§ 1º Salvo as condições previstas nos incisos I e II do *caput*, as demais poderão ser satisfeitas concomitantemente à participação dos Municípios ao Sinapir.

§ 2º Os Municípios poderão satisfazer as condições para a participação no Sistema por meio de consórcios públicos, nos termos do art. 26.

Art. 16. Ato do Ministro de Estado Chefe da Secretaria de Políticas de Promoção da Igualdade Racial da Presidência da República, no prazo de noventa dias, contado da data de publicação deste Decreto, definirá as modalidades de gestão do Sistema.

PARÁGRAFO ÚNICO. A qualquer momento os entes federados poderão retirar-se do Sistema.

Seção III

Da Participação da Sociedade Civil no Sinapir

Art. 17. A sociedade civil participará do Sistema por meio dos conselhos voltados para a promoção da igualdade racial em âmbito nacional, estadual, distrital e municipal e das conferências de Promoção da Igualdade Racial.

Art. 18. A composição de grupos de trabalho, comitês ou outras instâncias para as quais a sociedade civil tenha representantes devidamente designados será considerada forma de participação no Sistema.

Art. 19. A execução pela sociedade civil de projetos específicos de promoção da igualdade racial e de enfrentamento ao racismo, de interesse da coletividade, financiados pelo Poder Público, também constitui forma de participação no Sinapir.

Seção IV

Das Competências e Responsabilidades da União

Art. 20. Compete à União coordenar o Sinapir e exercer as seguintes funções:

I — adotar políticas de fomento para a participação de Estados, Distrito Federal e Municípios no Sistema;

II — articular planos e programas a serem pactuados no âmbito do Sinapir e executados sob a coordenação dos órgãos de promoção da igualdade racial integrantes do Sistema;

III — fortalecer os planos e programas decorrentes da Política Nacional de Promoção da Igualdade Racial;

IV — apoiar os Estados, o Distrito Federal e os Municípios na criação de órgãos de promoção da igualdade racial e na implementação das políticas de promoção da igualdade racial;

V — executar a política de promoção da igualdade racial em âmbito federal, monitorá-la e criar instrumentos para aferir a sua eficácia;

VI — implementar o Plano Nacional de Promoção da Igualdade Racial — Planapir;

VII — realizar conferências nacionais de promoção da igualdade racial e apoiar a realização das conferências estaduais e distrital; e

VIII — apoiar o funcionamento da Ouvidoria Permanente de Promoção da Igualdade Racial no Poder Público federal.

Capítulo VI

Do Mecanismo de Financiamento

Art. 21. Os entes que aderirem ao Sinapir devem assegurar, em seus orçamentos, recursos para a implementação das políticas de igualdade racial e promover medidas de transparência quanto à alocação desses recursos.

Art. 22. As políticas de promoção da igualdade racial e de enfrentamento ao racismo pactuadas no âmbito do Sistema serão cofinanciadas pela União e os Estados, Distrito Federal e Municípios que aderirem ao Sinapir.

Art. 23. O mecanismo de financiamento do Sinapir, em âmbito federal, compreende recursos oriundos:

I — do orçamento da Secretaria de Políticas de Promoção da Igualdade Racial da Presidência da República;

II — das ações orçamentárias previstas na lei orçamentária anual direcionadas à promoção da igualdade racial e enfrentamento ao racismo;

III — de doações voluntárias de particulares, de empresas privadas e de organizações não governamentais;

IV — de doações voluntárias de fundos nacionais e internacionais; e

V — de doações de Estados estrangeiros, por meio de convênios, tratados e acordos internacionais.

Art. 24. As transferências voluntárias de recursos federais para apoio à promoção da igualdade racial deverão priorizar os entes estaduais, distrital e municipais que tiverem aderido ao Sinapir.

PARÁGRAFO ÚNICO. A Secretaria de Políticas de Promoção da Igualdade Racial da Presidência da República poderá selecionar projetos de Estados, Distrito Federal e Municípios por editais, priorizados aqueles apresentados por entes que tiverem aderido ao Sinapir.

Art. 25. O apoio a iniciativas de organizações da sociedade civil será feito por meio de parcerias com entidades selecionadas mediante editais de chamamento público.

Capítulo VII

Disposições Gerais

Art. 26. Os entes que quiserem aderir ao Sinapir poderão formar consórcios públicos para a implementação conjunta das políticas de promoção da igualdade racial.

Art. 27. A participação nas atividades do Fipir é considerada prestação de serviço público relevante, não remunerada.

Art. 28. Ato do Ministro de Estado Chefe da Secretaria de Políticas de Promoção da Igualdade Racial da Presidência da República disciplinará normas adicionais necessárias ao cumprimento do disposto neste Decreto.

Art. 29. Será criado no âmbito do Governo federal o Disque Igualdade Racial, sob responsabilidade da Secretaria de Políticas de Promoção da Igualdade Racial da Presidência da República, para receber denúncias de racismo e discriminação racial, em especial, as relacionadas à juventude negra, comunidades tradicionais de matriz africana, comunidades quilombolas e povos de cultura cigana.

PARÁGRAFO ÚNICO. Poderão ser celebradas com os Estados, Distrito Federal e Municípios integrantes do Sinapir parcerias para formação de rede nacional de atendimento às vítimas de discriminação racial.

LEI N. 2.757, DE 23 DE ABRIL DE 1956

(DOU 26.4.1956 — LTr 20/182)

Dispõe sobre a situação dos empregados porteiros, zeladores, faxineiros e serventes de prédios de apartamentos residenciais

O PRESIDENTE DA REPÚBLICA,

Faço saber que o Congresso Nacional decreta e eu sanciono a seguinte Lei:

Art. 1º São excluídos das disposições da letra *a* do art. 7º do Decreto-lei n. 5.452, de 1º de maio de 1943, e do art. 1º do Decreto-lei n. 3.078, de 27 de fevereiro de 1941, os empregados porteiros, zeladores, faxineiros e serventes de prédios de apartamentos residenciais, desde que a serviço da administração do edifício e não de cada condômino em particular.

Art. 2º São considerados representantes dos empregadores nas reclamações ou dissídios movimentados na Justiça do Trabalho os síndicos eleitos entre os condôminos.

Art. 3º Os condôminos responderão, proporcionalmente, pelas obrigações previstas nas leis trabalhistas, inclusive as judiciais e extrajudiciais.

Art. 4º Esta Lei entrará em vigor na data de sua publicação, revogadas as disposições em contrário.

Rio de Janeiro, em 23 de abril de 1956; 135º da Independência e 68º da República.

JUSCELINO KUBITSCHEK
NEREU RAMOS
PARSIFAL BARROSO

LEI N. 9.504, DE 30 DE SETEMBRO DE 1997

(DOU 1.10.1997)

Estabelece normas para as eleições o Vice-presidente da República no exercício do cargo de Presidente da República

Faço saber que o Congresso Nacional decreta e eu sanciono a seguinte Lei:

....

Das Condutas Vedadas aos Agentes Públicos em Campanhas Eleitorais

Art. 73. São proibidas aos agentes públicos, servidores ou não, as seguintes condutas tendentes a afetar a igualdade de oportunidades entre candidatos nos pleitos eleitorais:

I — ceder ou usar, em benefício de candidato, partido político ou coligação, bens móveis ou imóveis pertencentes à administração direta ou indireta da União, dos Estados, do Distrito Federal, dos Territórios e dos Municípios, ressalvada a realização de convenção partidária;

II — usar materiais ou serviços, custeados pelos Governos ou Casas Legislativas, que excedam as prerrogativas consignadas nos regimentos e normas dos órgãos que integram;

III — ceder servidor público ou empregado da administração direta ou indireta federal, estadual ou municipal do Poder Executivo, ou usar de seus serviços, para comitês de campanha eleitoral de candidato, partido político ou coligação, durante o horário de expediente normal, salvo se o servidor ou empregado estiver licenciado;

IV — fazer ou permitir uso promocional em favor de candidato, partido político ou coligação, de distribuição gratuita de bens e serviços de caráter social custeados ou subvencionados pelo Poder Público;

V — nomear, contratar ou de qualquer forma admitir, demitir sem justa causa, suprimir ou readaptar vantagens ou por outros meios dificultar ou impedir o exercício funcional e, ainda, *ex officio*, remover, transferir ou exonerar servidor público, na circunscrição do pleito, nos três meses que o antecedem e até a posse dos eleitos, sob pena de nulidade de pleno direito, ressalvados:

a) a nomeação ou exoneração de cargos em comissão e designação ou dispensa de funções de confiança;

b) a nomeação para cargos do Poder Judiciário, do Ministério Público, dos Tribunais ou Conselhos de Contas e dos órgãos da Presidência da República;

c) a nomeação dos aprovados em concursos públicos homologados até o início daquele prazo;

d) a nomeação ou contratação necessária à instalação ou ao funcionamento inadiável de serviços públicos essenciais, com prévia e expressa autorização do Chefe do Poder Executivo;

e) a transferência ou remoção *ex officio* de militares, policiais civis e de agentes penitenciários;

VI — nos três meses que antecedem o pleito:

....

§ 1º Reputa-se agente público, para os efeitos deste artigo, quem exerce, ainda que transitoriamente ou sem remuneração, por eleição, nomeação, designação, contratação ou qualquer outra forma de investidura ou vínculo, mandato, cargo, emprego ou função nos órgãos ou entidades da administração pública direta, indireta, ou fundacional.

....

§ 4º O descumprimento do disposto neste artigo acarretará a suspensão imediata da conduta vedada, quando for o caso, e sujeitará os responsáveis a multa no valor de cinco a cem mil UFIR.

§ 5º Nos casos de descumprimento do disposto nos incisos do *caput* e no § 10, sem prejuízo do disposto no § 4º, o candidato beneficiado, agente público ou não, ficará sujeito à cassação do registro ou do diploma. *(Redação dada pela Lei n. 12.034, de 29.9.09, DOU 30.9.09)*

§ 6º As multas de que trata este artigo serão duplicadas a cada reincidência.

§ 7º As condutas enumeradas no *caput* caracterizam, ainda, atos de improbidade administrativa, a que se refere o art. 11, inciso I, da Lei n. 8.429, de 2 de junho de 1992, e sujeitam-se às disposições daquele diploma legal, em especial às cominações do art. 12, inciso III.

§ 8º Aplicam-se as sanções do § 4º aos agentes públicos responsáveis pelas condutas vedadas e aos partidos, coligações e candidatos que delas se beneficiarem.

....

Art. 100. A contratação de pessoal para prestação de serviços nas campanhas eleitorais não gera vínculo empregatício com o candidato ou partido contratantes.

....

LEI N. 3.207, DE 18 DE JULHO DE 1957

(DOU 22.7.1957 — LTr 21/229)

Regulamenta as atividades dos empregados vendedores-viajantes ou pracistas

O PRESIDENTE DA REPÚBLICA,

Faço saber que o Congresso Nacional decreta e eu sanciono a seguinte Lei:

Art. 1º As atividades dos empregados vendedores-viajantes ou pracistas, serão reguladas pelos preceitos desta Lei, sem prejuízo das normas estabelecidas na Consolidação das Leis do Trabalho Decreto-lei n. 5.452, de 1º de maio de 1943 no que lhe for aplicável.

Art. 2º O empregado vendedor terá direito à comissão avençada sobre as vendas que realizar. No caso de lhe ter sido reservada, expressamente, com exclusividade, uma zona de trabalho, terá esse direito sobre as vendas ali realizadas diretamente pela empresa ou por um preposto desta.

§ 1º A zona de trabalho do empregado vendedor poderá ser ampliada ou restringida de acordo com a necessidade da empresa, respeitados os dispositivos desta Lei quanto à irredutibilidade da remuneração.

§ 2º Sempre que, por conveniência da empresa empregadora, for o empregado viajante transferido da zona de trabalho, com redução de vantagens, ser-lhe-á assegurado, como mínimo de remuneração, um salário correspondente à média dos 12 (doze) últimos meses, anteriores à transferência.

Art. 3º A transação será considerada aceita se o empregador não a recusar por escrito, dentro de 10 (dez) dias, contados da data da proposta. Tratando-se de transação a ser concluída com comerciante ou empresa estabelecida noutro Estado ou no estrangeiro, o prazo para aceitação ou recusa da proposta de venda será de 90 (noventa) dias, podendo, ainda, ser prorrogado, por tempo determinado, mediante comunicação escrita feita ao empregado.

Art. 4º O pagamento de comissões e percentagem deverá ser feito mensalmente, expedindo a empresa, no fim de cada mês, a conta respectiva com as cópias das faturas correspondentes aos negócios concluídos.

PARÁGRAFO ÚNICO. Ressalva-se às partes interessadas fixar outra época para o pagamento de comissões e percentagens, o que, no entanto, não poderá exceder a um trimestre, contado da aceitação do negócio, sendo sempre obrigatória a expedição, pela empresa, da conta referida neste artigo.

Art. 5º Nas transações em que a empresa se obrigar por prestações sucessivas, o pagamento das comissões e percentagens será exigível de acordo com a ordem de recebimento das mesmas.

Art. 6º A cessação das relações de trabalho, ou a inexecução voluntária do negócio pelo empregador, não prejudicará a percepção das comissões e percentagens devidas.

Art. 7º Verificada a insolvência do comprador, cabe ao empregador o direito de estornar a comissão que houver pago.

Art. 8º Quando for prestado serviço de inspeção e fiscalização pelo empregado vendedor, ficará a empresa vendedora obrigada ao pagamento adicional de 1/10 (um décimo) da remuneração atribuída ao mesmo.

Art. 9º O empregado vendedor-viajante não poderá permanecer em viagem por tempo superior a 6 (seis) meses consecutivos. Em seguida a cada viagem haverá um intervalo para descanso, calculado na base de 3 (três) dias por mês da viagem realizada, não podendo, porém, ultrapassar o limite de 15 (quinze) dias.

Art. 10. Caracterizada a relação de emprego, aplicam-se os preceitos desta Lei a quantos exercerem funções iguais, semelhantes ou equivalentes aos empregados-viajantes, embora sob outras designações.

Art. 11. Esta Lei entrará em vigor na data de sua publicação, revogadas as disposições em contrário.

Rio de Janeiro, em 18 de julho de 1957; 136º da Independência e 69º da República.

JUSCELINO KUBITSCHEK
PARSIFAL BARROSO

LEI N. 3.270, DE 30 DE SETEMBRO DE 1957

(DOU 3.10.1957 — LTr 21/349)

Fixa em 6 (seis) o número de horas de trabalho diário dos cabineiros de elevador e dá outras providências

O PRESIDENTE DA REPÚBLICA,

Faço saber que o Congresso Nacional decreta e eu sanciono a seguinte Lei:

Art. 1º É fixado em 6 (seis) o número de horas de trabalho diário dos cabineiros de elevador.

PARÁGRAFO ÚNICO. É vedado a empregador e empregado qualquer acordo visando ao aumento das horas de trabalho fixadas no art. 1º desta Lei.

Art. 2º Esta Lei entrará em vigor na data de sua publicação, revogadas as disposições em contrário.

Rio de Janeiro, em 30 de setembro de 1957; 136º da Independência e 69º da República.

JUSCELINO KUBITSCHEK
PARSIFAL BARROSO

LEI N. 3.857, DE 22 DE DEZEMBRO DE 1960

(DOU 23.12.1960)

Cria a ordem dos músicos do Brasil e dispõe sobre a regulamentação do exercício da profissão de músico e dá outras providências

....

Capítulo III
Da Duração do Trabalho

Art. 41. A duração normal do trabalho dos músicos não poderá exceder de 5 (cinco) horas, excetuados os casos previstos nesta Lei.

§ 1º O tempo destinado aos ensaios será computado no período de trabalho.

§ 2º Com exceção do destinado à refeição, que será de 1 (uma hora), os demais intervalos que se verificarem, na duração normal do trabalho ou nas prorrogações, serão computados como de serviço efetivo.

Art. 42. A duração normal do trabalho poderá ser elevada:

I — a 6 (seis) horas, nos estabelecimentos de diversões públicas, tais como: caberés, boates, *dancings*, táxi-*dancings*, salões de danças e congêneres, onde atuem 2 (dois) ou mais conjuntos;

II — excepcionalmente, a 7 (sete) horas, nos casos de força maior, ou festejos populares e serviço reclamado pelo interesse nacional.

§ 1º A hora de prorrogação, nos casos previstos no item II deste artigo, será remunerada com o dobro do valor do salário normal.

§ 2º Em todos os casos de prorrogação do período normal de trabalho, haverá, obrigatoriamente, um intervalo para repouso de 30 (trinta) minutos, no mínimo.

§ 3º As prorrogações de caráter permanente deverão ser precedidas de homologação da autoridade competente.

Art. 43. Nos espetáculos de ópera, bailado e teatro musicado, a duração normal do trabalho, para fins de ensaios, poderá ser dividida em 2 (dois) períodos, separados por intervalo de várias horas, em benefício do rendimento artístico e desde que a tradição e a natureza do espetáculo assim o exijam.

PARÁGRAFO ÚNICO. Nos ensaios gerais, destinados à censura oficial, poderá ser excedida a duração normal do trabalho.

Art. 44. Nos espetáculos de teatro musicado, como revista, opereta e outros gêneros semelhantes, os músicos receberão uma diária por sessão excedente das normais.

Art. 45. O músico das empresas nacionais de navegação terá um horário especial de trabalho, devendo participar, obrigatoriamente, de orquestra ou como solista:

a) nas horas do almoço ou jantar;

b) das 21 (vinte e uma) às 22 (vinte e duas) horas;

c) nas entradas e saídas dos portos, desde que esse trabalho seja executado depois das 7 (sete) e antes das 22 (vinte e duas) horas.

PARÁGRAFO ÚNICO. O músico de que trata este artigo ficará dispensado de suas atividades durante as permanências das embarcações nos portos, desde que não haja passageiros a bordo.

Art. 46. A cada período de 6 (seis) dias consecutivos de trabalho corresponderá 1 (um) dia de descanso obrigatório e remuneração, que constará do quadro de horário afixado pelo empregador.

Art. 47. Em seguida a cada período diário de trabalho, haverá um intervalo de 11 (onze) horas, no mínimo, destinado ao repouso.

Art. 48. O tempo em que o músico estiver à disposição do empregador será computado como de trabalho efetivo.

Capítulo IV
Do Trabalho dos Músicos Estrangeiros

Art. 49. As orquestras, os conjuntos musicais, os cantores e concertistas estrangeiros só poderão exibir-se no Território Nacional, a juízo do Ministério do Trabalho e pelo prazo máximo de 90 (noventa) dias depois de legalizada sua permanência no País, na forma da legislação vigente.

§ 1º As orquestras, os conjuntos musicais e os cantores de que trata este artigo só poderão exibir-se:

a) em teatros, como atração artística;

b) em empresas de radiodifusão e de televisão, em cassinos, boates e demais estabelecimentos de diversão, desde que tais empresas ou estabelecimentos contratem igual número de profissionais brasileiros pagando-lhes remuneração de igual valor.

§ 2º Ficam dispensados da exigência constante da parte final da alínea *b*, do parágrafo anterior, as empresas e os estabelecimentos que mantenham orquestras, conjuntos, cantores e concertistas nacionais.

§ 3º As orquestras, os conjuntos musicais, os cantores e concertistas de que trata este artigo não poderão exercer atividades profissionais diferentes daquelas para o exercício das quais tenham vindo ao País.

Art. 50. Os músicos estrangeiros aos quais se refere o § 2º do art. 1º desta Lei poderão trabalhar sem o registro na Ordem dos Músicos do Brasil, criada pelo art. 27, desde que tenham sido contratados na forma do art. 7º, alínea *d*, do Decreto-lei n. 7.967, de 18 de setembro de 1945.

Art. 51. Terminados os prazos contratuais e desde que não haja acordo em contrário, os empresários ficarão obrigados a reconduzir os músicos estrangeiros aos seus pontos de origem.

Art. 52. Os músicos devidamente registrados no País só trabalharão nas orquestras estrangeiras, em caráter provisório e em caso de força maior ou de enfermidade comprovada de qualquer dos componentes das mesmas, não podendo o substituto, em nenhuma hipótese, perceber proventos inferiores aos do substituído.

Art. 53. Os contratos celebrados com os músicos estrangeiros somente serão registrados no órgão competente do Ministério do Trabalho, depois de provada a realização do pagamento pelo contratante da taxa de 10% (dez por cento), sobre o valor do contrato e o recolhimento da mesma ao Banco do Brasil em nome da Ordem dos Músicos do Brasil e do sindicato local, em partes iguais.

PARÁGRAFO ÚNICO. No caso de contratos celebrados com base, total ou parcialmente, em percentagens de bilheteria, o recolhimento previsto será feito imediatamente após o término de cada espetáculo.

Capítulo V
Da Fiscalização do Trabalho

Art. 54. Para os efeitos da execução e, consequentemente, da fiscalização do trabalho dos músicos, os empregadores são obrigados:

a) a manter afixado, em lugar visível, no local de trabalho, quadro discriminativo do horário dos músicos em serviço;

b) a possuir livro de registro de empregados destinados às anotações relativas à identidade, inscrição na Ordem dos Músicos do Brasil, número da carteira profissional, data de admissão e saída, condições de trabalho, férias e obrigações da lei de acidentes do trabalho, nacionalização, além de outras estipuladas em lei.

Art. 55. A fiscalização do trabalho dos músicos, ressalvada a competência privativa da Ordem dos Músicos do Brasil quanto ao exercício profissional, compete, no Distrito Federal, ao Departamento Nacional do Trabalho, e, nos Estados e Territórios, às respectivas Delegacias Regionais, obedecidas as normas fixadas pelos arts. 626 e seguintes da Consolidação das Leis do Trabalho.

Capítulo VI
Das Penalidades

Art. 56. O infrator de qualquer dispositivo desta Lei será punido com a multa de Cr$ 1.000,00 (um mil cruzeiros) a Cr$ 10.000,00 (dez mil cruzeiros), de acordo com a gravidade da infração e a juízo da autoridade competente, aplicada em dobro, na reincidência.

Art. 57. A oposição do empregado, sob qualquer pretexto, à fiscalização dos preceitos desta Lei constitui infração grave, passível de multa de Cr$ 10.000,00 (dez mil cruzeiros) aplicada em dobro, na reincidência.

PARÁGRAFO ÚNICO. No caso de habitual infração dos preceitos desta Lei será agravada a penalidade, podendo, inclusive, ser determinada a interdição do estabelecimento ou suspensão da atividade exercida em qualquer local pelo empregador.

Art. 58. O processo de autuação por motivo de infração dos dispositivos reguladores do trabalho do músico, constantes desta Lei, assim como o dos recursos apresentados pelas partes autuadas, obedecerá às normas constantes do Título VII da Consolidação das Leis do Trabalho.

Capítulo VII
Disposições Gerais e Transitórias

Art. 59. Consideram-se empresas empregadoras para os efeitos desta Lei:

a) os estabelecimentos comerciais, teatrais e congêneres, bem como as associações recreativas, sociais ou desportivas;

b) os estúdios de gravação, radiodifusão, televisão ou filmagem;

c) as companhias nacionais de navegação;

d) toda organização ou instituição que explore qualquer gênero de diversão, franqueada ao público, ou privativa de associados.

Art. 60. Aos músicos profissionais aplicam-se todos os preceitos de legislação de assistência e proteção do trabalho, assim como da Previdência Social.

Art. 61. Para os fins desta Lei, não será feita nenhuma distinção ente o trabalho do músico e do artista músico a que se refere o Decreto n. 5.492, de 16 de julho de 1928, e seu Regulamento, desde que este profissional preste serviço efetivo ou transitório a empregador, sob a dependência deste e mediante qualquer forma de remuneração ou salário, inclusive *cachet*, pago com continuidade.

Art. 62. Salvo o disposto no art. 1º, § 2º, será permitido o trabalho do músico estrangeiro, respeitadas as exigências desta Lei, desde que não exista no País profissional habilitado na especialidade.

Art. 63. Os contratantes de quaisquer espetáculos musicais deverão preencher os necessários requisitos legais e efetuar, no ato do contrato, um depósito no Banco do Brasil, à ordem da autoridade competente do Ministério do Trabalho, da importância igual a uma semana dos ordenados de todos os profissionais contratados.

§ 1º Quando não houver na localidade agência do Banco do Brasil, o depósito será efetuado na Coletoria Federal.

§ 2º O depósito a que se refere este artigo somente poderá ser levantado por ordem da autoridade competente do Ministério do Trabalho, mediante provas de quitação do pagamento das indenizações decorrentes das leis de proteção ao trabalho, das taxas de seguro sobre acidentes do trabalho, das contribuições de Previdência Social e de outras estabelecidas por lei.

Art. 64. Os músicos serão segurados obrigatórios do Instituto Nacional de Previdência Social, excetuados os das empresas de navegação, que se filiarão ao Instituto de Aposentadoria e Pensões dos Marítimos.

§ 1º Os músicos cuja atividade for exercida sem vínculo de emprego contribuirão, obrigatoriamente, sobre salário-base fixado, em cada região do País, de acordo com o padrão de vida local, pelo Ministro do Trabalho, mediante proposta do Instituto e ouvido o Serviço Atuarial do Ministério.

§ 2º O salário-base será fixado para vigorar por 1 (um) ano, considerando-se prorrogado por mais 1 (um) ano, se finda a vigência, não houver sido alterado.

Art. 65. Na aplicação dos dispositivos legais relativos à nacionalização do trabalho, será apenas computado, quanto às orquestras, o total dos músicos a serviço da empresa, para os efeitos do art. 354 e respectivo parágrafo único, da Consolidação das Leis do Trabalho.

Art. 66. Todo contrato de músicos profissionais, ainda que por tempo determinado e a curto prazo, seja qual for a modalidade da remuneração, obriga ao desconto e recolhimento das contribuições de Previdência Social e do Imposto Sindical, por parte dos contratantes.

Art. 67. Os componentes das orquestras ou conjuntos estrangeiros não se poderão fazer representar por substitutos, sem a prévia concordância do contratante, salvo motivo de força maior, devidamente comprovado, importando em inadimplemento contratual a ausência ao trabalho sem o consentimento referido.

Art. 68. Nenhum contrato de músico, orquestra ou conjunto nacional e estrangeiro será registrado sem o comprovante do pagamento do Imposto Sindical devido em razão de contrato anterior.

Art. 69. Os contratos dos músicos deverão ser encaminhados, para fins de registro, ao órgão competente do Ministério do Trabalho, diretamente pelos interessados ou pelos respectivos órgãos de classe, que poderão apresentar as impugnações que julgarem cabíveis.

Art. 70. Serão nulos de pleno direito quaisquer acordos destinados a burlar os dispositivos desta Lei, sendo vedado por motivo de sua vigência, aos empregadores, rebaixar salários ou demitir empregados.

Art. 71. A presente Lei entrará em vigor na data de sua publicação.

Art. 72. Revogam-se as disposições em contrário.

Brasília, 22 de dezembro de 1960; 139º da Independência e 72º da República.

JUSCELINO KUBITSCHEK

LEI N. 3.999, DE 15 DE DEZEMBRO DE 1961

(DOU 21.12.1961 — LTr 26/79)

Altera o salário mínimo dos médicos e cirurgiões-dentistas

— v. Lei n. 6.932, de 7 de julho de 1981 (DOU 9.7.81) que dispõe sobre as atividades do médico residente e dá outras providências (não publicada nesta obra)

O PRESIDENTE DA REPÚBLICA,

Faço saber que o Congresso Nacional decreta e eu sanciono a seguinte Lei:

Art. 1º O salário mínimo dos médicos passa a vigorar nos níveis e da forma estabelecida na presente Lei.

Art. 2º A classificação de atividades ou tarefas, desdobrando-se por funções, será a seguinte:

a) médicos (seja qual for a especialidade);

b) auxiliares (auxiliar de laboratorista e radiologista e internos).

Art. 3º Não se compreende na classificação de atividades ou tarefas previstas nesta Lei (obrigando ao pagamento de remuneração) o estágio efetuado para especialização ou melhoria de tirocínio desde que não exceda ao prazo máximo de seis meses e permita a sucessão regular no quadro de beneficiados.

Art. 4º É salário mínimo dos médicos a remuneração mínima permitida por lei, pelos serviços profissionais prestados por médicos, com relação de emprego, a pessoas físicas ou jurídicas de direito privado.

Art. 5º Fica fixado o salário mínimo dos médicos em quantia igual a três vezes e o dos auxiliares a duas vezes mais o salário mínimo comum das regiões ou sub-regiões em que exercerem a profissão.

Art. 6º O disposto no art. 5º aplica-se aos médicos que, não sujeitos ao horário previsto na alínea *a* do art. 8º, prestam assistência domiciliar por conta de pessoas físicas ou jurídicas de direito privado, como empregados destas, mediante remuneração por prazo determinado.

Art. 7º Sempre que forem alteradas as tabelas do salário mínimo comum, nas localidades onde o salário mínimo geral corresponder a valor inferior à metade da soma do mais alto e do mais baixo salário mínimo em vigor no país, o salário mínimo dos médicos será reajustado para valor correspondente a três vezes e o dos auxiliares para duas vezes mais esta metade.

Art. 8º A duração normal do trabalho, salvo acordo escrito que não fira de modo algum o disposto no artigo 12, será:

a) para médicos, no mínimo de duas horas e no máximo de quatro horas diárias;

b) para os auxiliares será de quatro horas diárias.

§ 1º Para cada noventa minutos de trabalho gozará o médico de um repouso de dez minutos.

§ 2º Aos médicos e auxiliares que contratarem com mais de um empregador, é vedado o trabalho além de seis horas diárias.

§ 3º Mediante acordo escrito, ou por motivo de força maior, poderá ser o horário normal acrescido de horas suplementares em número não excedente de duas.

§ 4º A remuneração da hora suplementar não será nunca inferior a 25% (vinte e cinco por cento) à da hora normal.

Art. 9º O trabalho noturno terá remuneração superior à do diurno e, para esse efeito, sua remuneração terá um acréscimo de 20% (vinte por cento), pelo menos sobre a hora diurna.

Art. 10. O profissional, designado para servir fora da cidade ou vila para qual tenha sido contratado não poderá:

a) perceber importância inferior a do nível mínimo de remuneração que vigore naquela localidade;

b) sofrer redução, caso se observe nível inferior.

Art. 11. As modificações futuras de critério territorial para a fixação dos salários mínimos comuns em tabelas, aproveitarão, também, para os dos médicos.

Art. 12. Na hipótese do ajuste ou contrato de trabalho ser concluído à base-hora, o total da remuneração devida não poderá perfazer quantia inferior a 25 (vinte e cinco) vezes o valor da soma das 2 (duas) primeiras horas conforme o valor horário calculado para a respectiva localidade.

Art. 13. São aplicáveis ao salário mínimo dos médicos as disposições de caráter geral, sobre o salário mínimo, constantes do Decreto-lei n. 5.452, de 1º de maio de 1943 (CLT).

Art. 14. A aplicação da presente Lei não poderá ser motivo de redução de salário, nem prejudicará a situação de direito adquirido.

Art. 15. Os cargos ou funções de chefias de serviços médicos, somente poderão ser exercidos por médicos devidamente habilitados na forma da lei.

Art. 16. A partir da vigência da presente Lei, o valor das indenizações estatuídas na CLT, que venham a ser devidas, será desde logo calculado e pago de conformidade com os níveis de remuneração nela fixados.

Art. 17. Revogado pelo Decreto-lei n. 66, de 21.11.66, DOU 22.11.66.

Art. 18. Aos médicos que exercem a profissão como empregados de mais de um empregador é permitido contribuir, cumulativamente, na base dos salários efetivamente recebidos nos diversos empregos, até o máximo de dez vezes o maior salário mínimo geral vigente para os trabalhadores não abrangidos por esta Lei, cabendo aos respectivos empregadores recolher as suas cotas, na proporção dos salários pagos.

Art. 19. As instituições de fins beneficentes e caritativos, que demonstrem não poder suportar o pagamento dos níveis mínimos de salários instituídos na presente Lei, será facultado requerer ao Conselho Nacional do Serviço Social, isenção total ou redução dos mesmos salários.

§ 1º A isenção para ser concedida, deve subordinar-se à audiência do órgão sindical e da Associação Médica Brasileira por intermédio de sua federada regional e bem assim do Serviço de Estatística da Previdência e Trabalho, do Ministério do Trabalho e Previdência Social.

§ 2º A isenção poderá ser declarada em cada caso, na fase de execução da sentença proferida em litígio trabalhista, pelo Juízo ou Tribunal competente, podendo, contudo, a execução ser reaberta, independente de qualquer prazo prescricional, sempre que o interessado prove alteração superveniente das condições econômicas da instituição.

Art. 20. Os benefícios desta Lei estendem-se aos profissionais da medicina e seus auxiliares que trabalham ou venham a trabalhar em organizações industriais e agrícolas, localizadas em zonas urbanas e rurais.

§ 1º As empresas que já tenham serviço médico-social organizado, conservarão seus médicos e auxiliares com as vantagens decorrentes desta Lei, levando-se em consideração o tempo de serviço, as distâncias e outros fatores que possam influir na organização do horário, de acordo com as necessidades do serviço.

Art. 21. São automaticamente nulos todos os contratos de trabalho que, de qualquer forma, visem a elidir a presente Lei.

Art. 22. As disposições desta Lei são extensivas aos cirurgiões-dentistas, inclusive aos que trabalham em organizações sindicais.

Art. 23. Esta Lei entrará em vigor na data de sua publicação, revogadas as disposições em contrário.

Brasília, em 21 de dezembro de 1961; 140º da Independência e 73º da República.

JOÃO GOULART
TANCREDO NEVES
SOUTO MAIOR
A. FRANCO MONTORO

LEI N. 4.886, DE 9 DE DEZEMBRO DE 1965

(DOU 10.12.1965 — LTr 29/617)

(Alterada pela Lei n. 8.420, de 8.5.92, DOU 15.5.92, LTr 56-06/697)(*)

Regula as atividades dos representantes comerciais autônomos

O PRESIDENTE DA REPÚBLICA,

Faço saber que o Congresso Nacional decreta e eu sanciono a seguinte Lei:

Art. 1º Exerce a representação comercial autônoma a pessoa jurídica ou pessoa física, sem relação de emprego, que desempenha, em caráter não eventual por conta de uma ou mais pessoas, a mediação para a realização de negócios mercantis, agenciando propostas ou pedidos, para, transmiti-los aos representados, praticando ou não atos relacionados com a execução dos negócios.

PARÁGRAFO ÚNICO. Quando a representação comercial incluir poderes atinentes ao mandato mercantil, serão aplicáveis, quanto ao exercício deste, os preceitos próprios da legislação comercial.

Art. 2º É obrigatório o registro dos que exerçam a representação comercial autônoma nos Conselhos Regionais criados pelo art. 6º desta Lei.

PARÁGRAFO ÚNICO. As pessoas que, na data da publicação da presente Lei, estiverem no exercício da atividade deverão registrar-se nos Conselhos Regionais, no prazo de 90 dias a contar da data em que estes forem instalados.

Art. 3º O candidato a registro como representante comercial deverá apresentar:

a) prova de identidade;

b) prova de quitação com o serviço militar, quando a ele obrigado;

(*) Redação dos arts. 24, 25 e parágrafo único; 27, *caput*, incisos d, j e §§; art. 31 e parágrafo único; art. 32 e §§; § 3º do art. 33; art. 39; arts. 41 a 47, dada pela Lei n. 8.420, de 8.5.92 (DOU 11.5.92), LTr 56-06/697.

c) prova de estar em dia com as exigências da legislação eleitoral;

d) folha corrida de antecedentes expedida pelos cartórios criminais das comarcas em que o registrado houver sido domiciliado nos últimos dez (10) anos;

e) quitação com o imposto sindical.

§ 1º O estrangeiro é desobrigado da apresentação dos documentos constantes das alíneas *b* e *c* deste artigo.

§ 2º Nos casos de transferência ou de exercício simultâneo da profissão, em mais de uma região, serão feitas as devidas anotações na carteira profissional do interessado, pelos respectivos Conselhos Regionais.

§ 3º As pessoas jurídicas deverão fazer prova de sua existência legal.

Art. 4º Não pode ser representante comercial:

a) o que não pode ser comerciante;

b) o falido não reabilitado;

c) o que tenha sido condenado por infração penal de natureza infamante, tais como falsidade, estelionato, apropriação indébita, contrabando, roubo, furto, lenocínio ou crimes também punidos com a perda de cargo público;

d) que estiver com seu registro comercial cancelado como penalidade.

Art. 5º Somente será devida remuneração, como mediador de negócios comerciais, a representante comercial devidamente registrado.

Art. 6º São criados o Conselho Federal e os Conselhos Regionais dos Representantes Comerciais, aos quais incumbirá a fiscalização do exercício da profissão, na forma desta Lei.

PARÁGRAFO ÚNICO. É vedado aos Conselhos Federal e Regionais dos Representantes Comerciais, desenvolverem quaisquer atividades não compreendidas em suas finalidades previstas nesta Lei, inclusive as de caráter político e partidárias.

Art. 7º O Conselho Federal instalar-se-á dentro de 90 (noventa) dias, a contar da vigência da presente Lei, no Estado da Guanabara, onde funcionará provisoriamente, transferindo-se para a Capital da República, quando estiver em condições de fazê-lo, a juízo da maioria dos Conselhos Regionais.

§ 1º O Conselho Federal será presidido por um dos seus membros na forma que dispuser o regimento interno do Conselho, cabendo-lhe além do próprio voto, o de qualidade, no caso de empate.

§ 2º A renda do Conselho Federal será constituída de 20% (vinte por cento) da renda bruta dos Conselhos Regionais.

Art. 8º O Conselho Federal será composto de representantes comerciais de cada Estado, eleitos pelos Conselhos Regionais, dentre seus membros, cabendo a cada Conselho Regional a escolha de 2 (dois) delegados.

Art. 9º Compete ao Conselho Federal determinar o número dos Conselhos Regionais, o qual não poderá ser superior a um por Estado, Território Federal e Distrito Federal, e estabelecer-lhes as bases territoriais.

Art. 10. Compete, privativamente, ao Conselho Federal:

I — elaborar o seu regimento interno; *(Renumerado pela Lei n. 12.246, de 27.5.10, DOU 28.5.10)*

II — dirimir as dúvidas suscitadas pelos Conselhos Regionais; *(Renumerado pela Lei n. 12.246, de 27.5.10, DOU 28.5.10)*

III — aprovar os regimentos internos dos Conselhos Regionais; *(Renumerado pela Lei n. 12.246, de 27.5.10, DOU 28.5.10)*

IV — julgar quaisquer recursos relativos às decisões dos Conselhos Regionais; *(Renumerado pela Lei n. 12.246, de 27.5.10, DOU 28.5.10)*

V — baixar instruções para a fiel observância da presente Lei; *(Renumerado pela Lei n. 12.246, de 27.5.10, DOU 28.5.10)*

VI — elaborar o Código de Ética Profissional; *(Renumerado pela Lei n. 12.246, de 27.5.10, DOU 28.5.10)*

VII — resolver os casos omissos. *(Renumerado pela Lei n. 12.246, de 27.5.10, DOU 28.5.10)*

VIII — fixar, mediante resolução, os valores das anuidades e emolumentos devidos pelos representantes comerciais, pessoas físicas e jurídicas, aos Conselhos Regionais dos Representantes Comerciais nos quais estejam registrados, observadas as peculiaridades regionais e demais situações inerentes à capacidade contributiva da categoria profissional nos respectivos Estados e necessidades de cada entidade, e respeitados os seguintes limites máximos: *(Redação dada pela Lei n. 12.246, de 27.5.10, DOU 28.5.10)*

a) anuidade para pessoas físicas — até R$ 300,00 (trezentos reais); *(Redação dada pela Lei n. 12.246, de 27.5.10, DOU 28.5.10)*

b) (VETADO);

c) anuidade para pessoas jurídicas, de acordo com as seguintes classes de capital social: *(Redação dada pela Lei n. 12.246, de 27.5.10, DOU 28.5.10)*

1. de R$ 1,00 (um real) a R$ 10.000,00 (dez mil reais) — até R$ 350,00 (trezentos e cinquenta reais); *(Redação dada pela Lei n. 12.246, de 27.5.10, DOU 28.5.10)*

2. de R$ 10.000,01 (dez mil reais e um centavo) a R$ 50.000,00 (cinquenta mil reais) — até R$ 420,00 (quatrocentos e vinte reais); *(Redação dada pela Lei n. 12.246, de 27.5.10, DOU 28.5.10)*

3. de R$ 50.000,01 (cinquenta mil reais e um centavo) a R$ 100.000,00 (cem mil reais) — até R$ 504,00 (quinhentos e quatro reais); *(Redação dada pela Lei n. 12.246, de 27.5.10, DOU 28.5.10)*

4. de R$ 100.000,01 (cem mil reais e um centavo) a R$ 300.000,00 (trezentos mil reais) — até R$ 604,00 (seiscentos e quatro reais); *(Redação dada pela Lei n. 12.246, de 27.5.10, DOU 28.5.10)*

5. de R$ 300.000,01 (trezentos mil reais e um centavo) a R$ 500.000,00 (quinhentos mil reais) — até R$ 920,00 (novecentos e vinte reais); *(Redação dada pela Lei n. 12.246, de 27.5.10, DOU 28.5.10)*

6. acima de R$ 500.000,00 (quinhentos mil reais) — até R$ 1.370,00 (mil, trezentos e setenta reais); *(Redação dada pela Lei n. 12.246, de 27.5.10, DOU 28.5.10)*

d) (VETADO);

e) (VETADO).

§ 1º (Suprimido)

§ 2º Os valores correspondentes aos limites máximos estabelecidos neste artigo serão corrigidos anualmente pelo índice oficial de preços ao consumidor. *(Redação dada pela Lei n. 12.246, de 27.5.10, DOU 28.5.10)*

§ 3º O pagamento da anuidade será efetuado pelo representante comercial, pessoa física ou jurídica, até o dia 31 de março de cada ano, com desconto de 10% (dez por cento), ou em até 3 (três) parcelas, sem descontos, vencendo-se a primeira em 30 de abril, a segunda em 31 de agosto e a terceira em 31 de dezembro de cada ano. *(Redação dada pela Lei n. 12.246, de 27.5.10, DOU 28.5.10)*

§ 4º Ao pagamento antecipado será concedido desconto de 20% (vinte por cento) até 31 de janeiro e 15% (quinze por cento) até 28 de fevereiro de cada ano. *(Redação dada pela Lei n. 12.246, de 27.5.10, DOU 28.5.10)*

§ 5º As anuidades que forem pagas após o vencimento serão acrescidas de 2% (dois por cento) de multa, 1% (um por cento) de juros de mora por mês de atraso e atualização monetária pelo índice oficial de preços ao consumidor. *(Redação dada pela Lei n. 12.246, de 27.5.10, DOU 28.5.10)*

§ 6º A filial ou representação de pessoa jurídica instalada em jurisdição de outro Conselho Regional que não o da sua sede pagará anuidade em valor que não exceda a 50% (cinquenta por cento) do que for pago pela matriz. *(Redação dada pela Lei n. 12.246, de 27.5.10, DOU 28.5.10)*

§ 7º (VETADO)

§ 8º (VETADO)

§ 9º O representante comercial pessoa física, como responsável técnico de pessoa jurídica devidamente registrada no Conselho Regional dos Representantes Comerciais, pagará anuidade em valor correspondente a 50% (cinquenta por cento) da anuidade devida pelos demais profissionais autônomos registrados no mesmo Conselho. (NR) *(Redação dada pela Lei n. 12.246, de 27.5.10, DOU 28.5.10)*

PARÁGRAFO ÚNICO. *(Suprimido pela Lei n. 8.420, de 8.5.92)*

Art. 11. Dentro de 60 (sessenta) dias, contados da vigência da presente Lei, serão instalados os Conselhos Regionais correspondentes aos Estados onde existirem órgãos sindicais de representação da classe dos representantes comerciais, atualmente reconhecidos pelo Ministério do Trabalho e Previdência Social.

Art. 12. Os Conselhos Regionais terão a seguinte composição:

a) 2/3 (dois terços) de seus membros serão constituídos pelo Presidente do mais antigo sindicato da classe do respectivo Estado e por diretores de sindicatos da classe do mesmo Estado, eleitos estes em assembleia geral;

b) 1/3 (um terço) formado de representantes comerciais no exercício efetivo da profissão, eleitos em assembleia geral realizada no sindicato da classe.

§ 1º A secretaria do sindicato incumbido da realização das eleições organizará cédula única por ordem alfabética dos candidatos, destinada à votação.

§ 2º Se os órgãos sindicais de representação da classe não tomarem as providências previstas quanto à instalação dos Conselhos Regionais, o Conselho Federal determinará, imediatamente, a sua constituição, mediante eleições em assembleia geral, com a participação dos representantes comerciais no exercício efetivo da profissão no respectivo Estado.

§ 3º Havendo, num mesmo Estado, mais de um sindicato de representantes comerciais, as eleições a que se refere este artigo se processarão na sede do sindicato de classe situado na Capital e, na sua falta, na sede do mais antigo.

§ 4º O Conselho Regional será presidido por um dos seus membros na forma que dispuser o seu regimento interno, cabendo-lhe, além do próprio voto, o da qualidade, no caso de empate.

§ 5º Os Conselhos Regionais terão no máximo trinta (30) membros e no mínimo, o número que for fixado pelo Conselho Federal.

Art. 13. Os mandatos dos membros do Conselho Federal e dos Conselhos Regionais serão de três (3) anos.

§ 1º Todos os mandatos serão exercidos gratuitamente.

§ 2º A aceitação do cargo de Presidente, Secretário ou Tesoureiro importará na obrigação de residir na localidade em que estiver sediado o respectivo Conselho.

Art. 14. O Conselho Federal e os Conselhos Regionais serão administrados por uma Diretoria que não poderá exceder a 1/3 (um terço) dos seus integrantes.

Art. 15. Os Presidentes dos Conselhos Federal e Regionais completarão o prazo do seu mandato caso sejam substituídos na presidência do sindicato.

Legislação Complementar

Art. 16. Constituem renda dos Conselhos Regionais as contribuições e multas devidas pelos representantes comerciais, pessoas físicas ou jurídicas neles registrados.

Art. 17. Compete aos Conselhos Regionais:

a) elaborar o seu regimento interno, submetendo-o à apreciação do Conselho Federal;

b) decidir sobre os pedidos de registro de representantes comerciais, pessoas físicas ou jurídicas, na conformidade desta Lei;

c) manter o cadastro profissional;

d) expedir as carteiras profissionais e anotá-las, quando necessário;

e) impor as sanções disciplinares previstas nesta Lei, mediante a feitura de processo adequado de acordo com o disposto no artigo 18;

f) arrecadar, cobrar e executar as anuidades e emolumentos devidos pelos representantes comerciais, pessoas físicas e jurídicas, registrados, servindo como título executivo extrajudicial a certidão relativa aos seus créditos. *(Alterado pela Lei n. 12.246, de 27.5.10, DOU 28.5.10)*

PARÁGRAFO ÚNICO. *(Suprimido pela Lei n. 8.420, de 8.5.92).*

Art. 18. Compete aos Conselhos Regionais aplicar ao representante comercial faltoso, as seguintes penas disciplinares:

a) advertência, sempre sem publicidade;

b) multa até a importância equivalente ao maior salário mínimo vigente no País;

c) suspensão do exercício profissional, até um (1) ano;

d) cancelamento do registro, com apreensão da carteira profissional.

§ 1º No caso de reincidência ou de falta manifestamente grave, o representante comercial poderá ser suspenso do exercício de sua atividade ou ter cancelado o seu registro.

§ 2º As penas disciplinares serão aplicadas após processo regular, sem prejuízo, quando couber, da responsabilidade civil ou criminal.

§ 3º O acusado deverá ser citado, inicialmente, dando-se-lhe ciência do inteiro teor da denúncia ou queixa, sendo-lhe assegurado, sempre, o amplo direito de defesa, por si ou por procurador regularmente constituído.

§ 4º O processo disciplinar será presidido por um dos membros do Conselho Regional, ao qual incumbirá coligir as provas necessárias.

§ 5º Encerradas as provas de iniciativa da autoridade processante, ao acusado será dado requerer e produzir as suas próprias provas, após o que lhe será assegurado o direito de apresentar por escrito, defesa final e o de sustentar, oralmente, suas razões na sessão do julgamento.

§ 6º Da decisão dos Conselhos Regionais caberá recurso voluntário, com efeito suspensivo, para o Conselho Federal.

Art. 19. Constituem faltas no exercício da profissão de representante comercial:

a) prejudicar, por dolo ou culpa, os interesses confiados aos seus cuidados;

b) auxiliar ou facilitar, por qualquer meio, o exercício da profissão aos que estiverem proibidos, impedidos ou não habilitados a exercê-la;

c) promover ou facilitar negócios ilícitos, bem como quaisquer transações que prejudiquem interesse da Fazenda Pública;

d) violar o sigilo profissional;

e) negar ao representado as competentes prestações de contas, recibos de quantias ou documentos que lhe tiverem sido entregues, para qualquer fim;

f) recusar a apresentação da carteira profissional, quando solicitada por quem de direito.

Art. 20. Observados os princípios desta Lei, o Conselho Federal dos Representantes Comerciais expedirá instruções relativas à aplicação das penalidades em geral e, em particular, aos casos em que couber imposições da pena de multa.

Art. 21. As repartições federais, estaduais e municipais, ao receberem tributos relativos à atividade do representante comercial, pessoa física ou jurídica, exigirão prova de seu registro no Conselho Regional da respectiva região.

Art. 22. Da propaganda deverá constar, obrigatoriamente, o número da carteira profissional.

PARÁGRAFO ÚNICO. As pessoas jurídicas farão constar também da propaganda, além do número da carteira do representante comercial responsável, o seu próprio número de registro no Conselho Regional.

Art. 23. O exercício financeiro dos Conselhos Federal e Regionais coincidirá com o ano civil.

Art. 24. As Diretorias dos Conselhos Regionais prestarão contas da sua gestão ao próprio Conselho, até o dia 15 de fevereiro de cada ano.

Art. 25. Os Conselhos Regionais prestarão contas até o último dia do mês de fevereiro de cada ano ao Conselho Federal.

PARÁGRAFO ÚNICO. A Diretoria do Conselho Federal prestará contas, ao respectivo plenário até o último dia do mês de março de cada ano.

Art. 26. Os sindicatos incumbidos do processamento das eleições, a que se refere o art. 12, deverão tomar, dentro do prazo de trinta (30) dias, a contar da publicação desta Lei, as providências necessárias à instalação dos Conselhos Regionais dentro do prazo previsto na art. 11.

Art. 27. Do contrato de representação comercial, além dos elementos comuns e outros a juízo dos interessados, constarão, obrigatoriamente:

a) condições e requisitos gerais da representação;

b) indicação genérica ou específica dos produtos ou artigos objeto da representação;

c) prazo certo ou indeterminado da representação;

d) indicação da zona ou zonas em que será exercida a representação;

e) garantia ou não, parcial ou total, ou por certo prazo, da exclusividade de zona ou setor de zona;

f) retribuição e época do pagamento, pelo exercício da representação, dependente da efetiva realização dos negócios, e recebimento, ou não pelo representado, dos valores respectivos;

g) os casos em que se justifique a restrição de zona concedida com exclusividade;

h) obrigações e responsabilidades das partes contratantes;

i) exercício exclusivo ou não da representação a favor do representado;

j) indenização devida ao representante, pela rescisão do contrato fora dos casos previstos no art. 35, cujo montante não poderá ser inferior 1/12 (um doze avos) do total da retribuição auferida durante o tempo em que exerceu a representação.

§ 1º Na hipótese de contrato a prazo certo, a indenização corresponderá à importância equivalente à média mensal da retribuição auferida até a data da rescisão, multiplicada pela metade dos meses resultantes do prazo contratual.

§ 2º O contrato com prazo determinado, uma vez prorrogado o prazo inicial, tácita ou expressamente, torna-se a prazo indeterminado.

§ 3º Considera-se por prazo indeterminado todo contrato que suceder, dentro de seis meses, a outro contrato, com ou sem determinação de prazo.

Art. 28. O representante comercial fica obrigado a fornecer ao representado, segundo as disposições do contrato ou, sendo este omisso, quando lhe for solicitado, informações detalhadas sobre o andamento dos negócios a seu cargo, devendo dedicar-se à representação, de modo a expandir os negócios do representado e promover os seus produtos.

Art. 29. Salvo autorização expressa, não poderá o representante conceder abatimentos, descontos ou dilações, nem agir em desacordo com as instruções do representado.

Art. 30. Para que o representante possa exercer a representação em juízo, em nome do representado, requer-se mandato expresso. Incumbir-lhe-á, porém, tomar conhecimento das reclamações atinentes aos negócios, transmitindo-as ao representado e sugerindo as providências acauteladoras do interesse deste.

PARÁGRAFO ÚNICO. O representante, quanto aos atos que praticar, responde segundo as normas do contrato e, sendo este omisso, na conformidade do direito comum.

Art. 31. Prevendo o contrato de representação a exclusividade de zona ou zonas, ou quando este for omisso, fará jus o representante à comissão pelos negócios aí realizados, ainda que diretamente pelo representado ou por intermédio de terceiros.

PARÁGRAFO ÚNICO. A exclusividade de representação não se presume na ausência de ajustes expressos.

Art. 32. O representante comercial adquire o direito às comissões quando do pagamento dos pedidos ou propostas.

§ 1º O pagamento das comissões deverá ser efetuado até o dia 15 do mês subsequente ao da liquidação da fatura, acompanhada das respectivas cópias das notas fiscais.

§ 2º As comissões pagas fora do prazo previsto no parágrafo anterior deverão ser corrigidas monetariamente.

§ 3º É facultado ao representante comercial emitir títulos de créditos para cobrança de comissões.

§ 4º As comissões deverão ser calculadas pelo valor total das mercadorias.

§ 5º Em caso de rescisão injusta do contrato por parte do representado, a eventual retribuição pendente, gerada por pedidos em carteira ou em fase de execução e recebimento, terá vencimento na data da rescisão.

§ 6º (Vetado).

§ 7º São vedadas na representação comercial alterações que impliquem, direta ou indiretamente, a diminuição da média dos resultados auferidos pelo representante nos últimos seis meses de vigência.

Art. 33. Não sendo previstos, no contrato de representação os prazos para recusa das propostas ou pedidos, que hajam sido entregues pelo representante, acompanhados dos requisitos exigíveis, ficará o representado obrigado a creditar-lhe a respectiva comissão, se não manifestar a recusa, por escrito, nos prazos de 15, 30, 60 ou 120 dias, conforme se trate de comprador domiciliado, respectivamente, na mesma praça, em outra do mesmo Estado, em outro Estado ou no estrangeiro.

§ 1º Nenhuma retribuição será devida ao representante comercial, se a falta de pagamento resultar de insolvência do comprador, bem como se o negócio vier a ser por ele desfeito ou for sustada a entrega de mercadorias devido à situação comercial do comprador, capaz de comprometer ou tornar duvidosa a liquidação.

§ 2º Salvo ajuste em contrário, as comissões devidas serão pagas mensalmente, expedindo o representado a conta respectiva, conforme cópias das faturas remetidas aos compradores, no respectivo período.

§ 3º Os valores das comissões para efeito tanto do pré-aviso como da indenização, prevista nesta Lei, deverão ser corrigidos monetariamente.

Art. 34. A denúncia, por qualquer das partes, sem causa justificada do contrato de representação ajustado por tempo indeterminado e que haja vigorado por mais de seis meses, obriga o denunciante, salvo outra garantia prevista no contrato, à concessão de pré-aviso, com antecedência mínima de trinta dias, ou ao pagamento de importância igual a 1/3 (um terço) das comissões auferidas pelo representante, nos três meses anteriores.

Art. 35. Constituem motivos justos para rescisão do contrato de representação comercial, pelo representado:

a) a desídia do representante no cumprimento das obrigações decorrentes do contrato;

b) a prática de atos que importem em descrédito comercial do representado;

c) a falta de cumprimento de quaisquer obrigações inerentes ao contrato de representação comercial;

d) a condenação definitiva por crime considerado infamante;

e) força maior.

Art. 36. Constituem motivos justos para rescisão do contrato de representação comercial, pelo representante:

a) redução de esfera de atividade do representante em desacordo com as cláusulas do contrato;

b) a quebra, direta ou indireta, da exclusividade se prevista no contrato;

c) a fixação abusiva de preços em relação à zona do representante, com o exclusivo escopo de impossibilitar-lhe a ação regular;

d) o não pagamento de sua retribuição na época devida;

e) força maior.

Art. 37. Somente ocorrendo motivo justo para a rescisão do contrato, poderá o representado reter comissões devidas ao representante, com o fim de ressarcir-se de danos por este causados e, bem assim, nas hipóteses previstas no art. 35, a título de compensação.

Art. 38. Não serão prejudicados os direitos dos representantes comerciais quando, a título de cooperação, desempenhem, temporariamente, a pedido do representado, encargos ou atribuições diversos dos previstos no contrato de representação.

Art. 39. Para julgamento das controvérsias que surgirem entre representante e representado é competente a Justiça Comum e o Foro do domicílio do representante, aplicando-se o procedimento sumaríssimo previsto no art. 275 do Código de Processo Civil, ressalvada a competência do Juizado de Pequenas Causas.

Art. 40. Dentro de 180 (cento e oitenta) dias da publicação da presente Lei serão formalizadas, entre representado e representante, em documento escrito, as condições das representações comerciais vigentes.

PARÁGRAFO ÚNICO. A indenização devida pela rescisão dos contratos de representação comercial vigentes na data desta Lei, fora dos casos previstos, no art. 35 e quando as partes não tenham usado da faculdade prevista neste artigo, será calculada, sobre a retribuição percebida, pelo representante, nos últimos cinco anos anteriores à vigência desta Lei.

Art. 41. Ressalvada expressa vedação contratual, o representante comercial poderá exercer sua atividade para mais de uma empresa e empregá-la em outros mistéres ou ramos de negócios.

Art. 42. Observadas as disposições constantes do artigo anterior, é facultado ao representante contratar com outros representantes comerciais a execução dos serviços relacionados com a representação.

§ 1º Na hipótese deste artigo, o pagamento das comissões a representante comercial contratado dependerá da liquidação da conta de comissão devida pelo representando ao representante contratante.

§ 2º Ao representante contratado, no caso de rescisão de representação, será devida pelo representante contratante a participação no que houver recebido da representada a título de indenização e aviso prévio, proporcionalmente às retribuições auferidas pelo representante contratado na vigência do contrato.

§ 3º Se o contrato referido no *caput* deste artigo for rescindido sem motivo justo pelo representante contratante, o representante contratado fará jus ao aviso prévio e indenização na forma da lei.

§ 4º Os prazos de que trata o art. 33 desta Lei são aumentados em dez dias quando se tratar de contrato realizado entre representantes comerciais.

Art. 43. É vedada no contrato de representação comercial a inclusão de cláusulas *del credere*.

Art. 44. No caso de falência do representado as importâncias por ele devidas ao representante comercial, relacionadas com a representação, inclusive comissões vencidas e vincendas, indenização e aviso prévio, serão considerados créditos da mesma natureza dos créditos trabalhistas.

PARÁGRAFO ÚNICO. Prescreve em cinco anos a ação do representante comercial para pleitear a retribuição que lhe é devida e os demais direitos que lhe são garantidos por esta Lei.

Art. 45. Não constitui motivo justo para rescisão do contrato de representação comercial o impedimento temporário do representante comercial que estiver em gozo do benefício de auxílio-doença concedido pela Previdência Social.

Art. 46. Os valores a que se referem a alínea *j* do art. 27, o § 5º do art. 32 e o art. 34 desta Lei serão corrigidos monetariamente com base na variação dos BTNs ou por outro indexador que venha a substituí-los e legislação ulterior aplicável à matéria.

Art. 47. Compete ao Conselho Federal dos Representantes Comerciais fiscalizar a execução da presente Lei.

PARÁGRAFO ÚNICO. Em caso de inobservância das prescrições legais, caberá intervenção do Conselho Federal nos Conselhos Regionais por decisão da Diretoria do primeiro, *ad referendum* da reunião plenária, assegurado, em qualquer caso, o direito de defesa. A intervenção cessará quando do cumprimento da Lei.

Art. 48. Esta Lei entra em vigor na data de sua publicação.

Art. 49. Revogam-se as disposições em contrário.

Brasília, 9 de dezembro de 1965; 144º da Independência e 77º da República.

H. CASTELLO BRANCO
WALTER PERACCHI BARCELLOS
OCTÁVIO BULHÕES

LEI N. 4.950-A, DE 22 DE ABRIL DE 1966(*)

(DOU 29.4.1966 — LTr 30/345)

Dispõe sobre a remuneração de profissionais diplomados em engenharia, química, arquitetura, agronomia e veterinária

Faço saber que o Congresso Nacional aprovou e manteve após veto presidencial, e eu, Auro Moura Andrade, Presidente do Senado Federal, de acordo com o disposto no § 4º, do art. 70 da Constituição Federal, promulgo a seguinte Lei:

Art. 1º O salário mínimo dos diplomados pelos cursos regulares superiores mantidos pelas Escola de Engenharia, de Química, de Arquitetura, de Agronomia e de Veterinária é o fixado pela presente Lei.

Art. 2º O salário mínimo fixado pela presente Lei é a remuneração mínima obrigatória por serviços prestados pelos profissionais definidos no art. 1º, com relação de emprego ou função, qualquer que seja a fonte pagadora.

Art. 3º Para os efeitos desta Lei, as atividades ou tarefas desempenhadas pelos profissionais enumerados no art. 1º, são classificadas em:

a) atividades ou tarefas com exigência de 6 (seis) horas diárias de serviço;

b) atividades ou tarefas com exigência de mais de 6 (seis) horas diárias de serviço.

PARÁGRAFO ÚNICO. A jornada de trabalho é fixada no contrato de trabalho ou determinação legal vigente.

Art. 4º Para os efeitos desta Lei os profissionais citados na art. 1º são classificados em:

a) diplomados pelos cursos regulares superiores mantidos pelas Escolas de Engenharia, de Química, de Arquitetura, de Agronomia e de Veterinária com curso universitário de 4 (quatro) anos ou mais;

b) diplomados pelos cursos regulares superiores mantidos pelas Escolas de Engenharia, de Química, de Arquitetura, de Agronomia e de Veterinária com curso universitário de menos de 4 (quatro) anos.

Art. 5º Para a execução das atividades e tarefas classificadas na alínea *a* do art. 3º, fica fixado o salário-base mínimo de 6 (seis) vezes o maior salário mínimo comum vigente no País, para os profissionais relacionados na alínea *a* do art. 4º, e de 5 (cinco) vezes o maior salário mínimo comum vigente no País, para os profissionais da alínea *b* do art. 4º.

Art. 6º Para a execução de atividades e tarefas classificadas na alínea *b* do art. 3º, a fixação do salário-base mínimo será feita tomando-se por base o custo da hora fixado no art. 5º desta Lei, acrescidas de 25% as horas excedentes das 6 (seis) diárias de serviços.

Art. 7º A remuneração do trabalho noturno será feita na base da remuneração do trabalho diurno, acrescido de 25% (vinte e cinco por cento).

(*) A Lei n. 5.194, de 24.12.66 (DOU 27.12.66 e retif. 4.1.67 — LTr 31/61) que regulou o exercício das profissões de Engenheiro, Arquiteto e Engenheiro Agrônomo, dispôs em seu:
"**Art. 82.** As remunerações iniciais de engenheiros, arquitetos e engenheiros agrônomos, qualquer que seja a fonte pagadora, não poderão ser inferiores a 6 (seis) vezes o salário mínimo da respectiva região".
Este dispositivo, que havia sido vetado pelo Sr. Presidente da República, foi mantido pelo Congresso Nacional (DOU 24.4.67 — LTr 31/252).
A Lei n. 241, de 28.2.67 — (DOU 28.2.67 — LTr 31/112) incluiu os engenheiros de operação entre os profissionais abrangidos pela Lei n. 5.194.
A Resolução n. 12, de 7.7.71 do Senado Federal (DOU 8.6.71 — LTr 35/498) suspendeu, por inconstitucionalidade, a execução da Lei n. 4.950-A, em relação aos servidores públicos sujeitos ao regime estatutário.

Legislação Complementar

Art. 8º Esta Lei entrará em vigor na data de sua publicação, revogadas as disposições em contrário.

Brasília, 22 de abril de 1966; 145º da Independência e 78º da República.

AURO MOURA ANDRADE
Presidente do Senado Federal

LEI N. 5.811, DE 10 DE OUTUBRO DE 1972

(DOU 16.10.1972 — LTr 36/923)

Dispõe sobre o regime de trabalho dos empregados nas atividades de exploração, perfuração, produção e refinação de petróleo, industrialização do xisto, indústria petroquímica e transporte de petróleo e seus derivados por meio de dutos

O Presidente da República,

Faço saber que o Congresso Nacional decreta e eu sanciono a seguinte Lei:

Art. 1º O regime de trabalho regulado nesta lei é aplicável aos empregados que prestam serviços em atividades de exploração, perfuração, produção e refinação de petróleo bem como na industrialização do xisto, na indústria petroquímica e no transporte de petróleo e seus derivados por meio de dutos.

Art. 2º Sempre que for imprescindível à continuidade operacional o empregado será mantido em seu posto de trabalho em regime de revezamento.

§ 1º O regime de revezamento em turno de 8 (oito) horas será adotado nas atividades previstas no art. 1º, ficando a utilização do turno de 12 (doze) horas restrita às seguintes situações especiais:

a) atividades de exploração, perfuração, produção e transferência de petróleo no mar;

b) atividades de exploração, perfuração e produção de petróleo em áreas terrestres distantes ou de difícil acesso.

§ 2º Para garantir a normalidade das operações ou para atender a imperativos de segurança industrial, poderá ser exigida mediante o pagamento previsto no item II do art. 3º, a disponibilidade do empregado no local de trabalho ou nas suas proximidades durante o intervalo destinado a repouso e alimentação.

Art. 3º Durante o período em que o empregado permanecer no regime de revezamento em turno de 8 (oito) horas, ser-lhe-ão assegurados os seguintes direitos:

I — pagamento do adicional de trabalho noturno na forma do art. 73 da Consolidação das Leis do Trabalho;

II — pagamento em dobro da hora de repouso e alimentação suprimida nos termos do § 2º do art. 2º;

III — alimentação gratuita, no posto de trabalho, durante o turno em que estiver em serviço;

IV — transporte gratuito para o local de trabalho;

V — direito a repouso de 24 (vinte de quatro) horas consecutivas para cada 3 (três) turnos trabalhados.

PARÁGRAFO ÚNICO. Para os empregados que já venham percebendo habitualmente da empresa pagamento à conta de horas de repouso e alimentação ou de trabalho noturno os respectivos valores serão compensados nos direitos a que se referem os itens I e II deste artigo.

Art. 4º Ao empregado que trabalhe no regime de revezamento em turno de 12 (doze) horas, ficam assegurados, além dos já previstos nos itens I, II, III e IV do art. 3º, os seguintes direitos:

I — alojamento coletivo gratuito e adequado ao seu descanso e higiene;

II — repouso de 24 (vinte e quatro) horas consecutivas para cada turno trabalhado.

Art. 5º Sempre que for imprescindível à continuidade operacional durante as 24 (vinte e quatro) horas do dia, o empregado com responsabilidade de supervisão das operações previstas no art. 1º, ou engajado em trabalhos de geologia de poço, ou ainda, em trabalhos de apoio operacional às atividades enumeradas nas alíneas *a* e *b* do § 1º, do art. 2º, poderá ser mantido no regime de sobreaviso.

§ 1º Entende-se por regime de sobreaviso aquele em que o empregado permanece à disposição do empregador por um período de 24 (vinte e quatro) horas para prestar assistência aos trabalhos normais ou atender a necessidades ocasionais de operação.

§ 2º Em cada jornada de sobreaviso o trabalho efetivo não excederá de 12 (doze) horas.

Art. 6º Durante o período em que permanecer no regime de sobreaviso, serão assegurados ao empregado, além dos já previstos nos itens III e IV do art. 3º e I do art. 4º, os seguintes direitos:

I — repouso de 24 (vinte e quatro) horas consecutivas para cada período de 24 (vinte e quatro) horas em que permanecer de sobreaviso;

II — remuneração adicional correspondente a, no mínimo, 20% (vinte por cento) do respectivo salário básico para compensar a eventualidade de trabalho noturno ou a variação de horário para repouso e alimentação.

PARÁGRAFO ÚNICO. Considera-se salário básico a importância fixa mensal correspondente à retribuição do trabalho prestado pelo empregado na jornada normal de trabalho, antes do acréscimo de vantagens, incentivos ou benefícios a qualquer título.

Art. 7º A concessão de repouso na forma dos itens V do art. 3º, II do art. 4º e I do art. 6º quita a obrigação patronal relativa ao repouso semanal remunerado de que trata a Lei n. 605, de 5 de janeiro de 1949.

Art. 8º O empregado não poderá permanecer em serviço, no regime de revezamento previsto para as situações especiais de que tratam as alíneas *a* e *b* do § 1º do art. 2º, nem no regime estabelecido no art. 5º, por período superior a 15 (quinze) dias consecutivos.

Art. 9º Sempre que, por iniciativa do empregador, for alterado o regime de trabalho do empregado, com a redução ou supressão das vantagens inerentes aos regimes instituídos nesta lei, ser-lhe-á assegurado o direito à percepção de uma indenização.

PARÁGRAFO ÚNICO. A indenização de que trata o presente artigo corresponderá a um só pagamento, igual à média das vantagens previstas nesta lei, percebidas nos últimos 12 (doze) meses anteriores à mudança, para cada ano ou fração igual ou superior a 6 (seis) meses de permanência no regime de revezamento ou de sobreaviso.

Art. 10. A variação de horário, em escalas de revezamento diurno, noturno ou misto, será estabelecida pelo empregador com obediência aos preceitos desta lei.

PARÁGRAFO ÚNICO. Não constituirá alteração ilícita a exclusão do empregado do regime de revezamento, cabendo-lhe exclusivamente, nesta hipótese, o pagamento previsto no art. 9º.

Art. 11. Os atuais regimes de trabalho nas atividades previstas no art. 1º, bem como as vantagens a eles inerentes serão ajustados às condições estabelecidas nesta lei, de forma que não ocorra redução de remuneração.

PARÁGRAFO ÚNICO. A aplicação do disposto neste artigo, ao empregado que cumpra jornada inferior à 8 (oito) horas dependerá de acordo individual ou coletivo, assegurados, em tal caso, exclusivamente, os direitos constantes desta lei.

Art. 12. As disposições desta lei se aplicam a situações análogas definidas em regulamento.

Art. 13. Esta lei entrará em vigor na data de sua publicação, revogadas as disposições em contrário.

Brasília, 11 de outubro de 1972; 151º da Independência e 84º da República.

EMÍLIO G. MÉDICI
JÚLIO BARATA

INSTRUÇÃO NORMATIVA GM/MTE N. 110, DE 6 DE AGOSTO DE 2014

(DOU 7.8.2014)

Dispõe sobre os procedimentos de fiscalização do cumprimento das normas relativas à proteção ao trabalho doméstico.

O SECRETÁRIO DE INSPEÇÃO DO TRABALHO, no exercício da competência prevista nos incisos I e XIII do art. 1º, do Anexo VI, da Portaria n. 483, de 15 de setembro de 2004, considerando a previsão contida no art. 30, *caput*, do Decreto n. 4.552, de 27 de dezembro de 2002, e o disposto no inciso II do art. 11 da Portaria n. 546, de 11 de março de 2010, com a redação dada pela Portaria n. 287, de 27 de fevereiro de 2014, resolve:

Art. 1º A verificação do cumprimento das normas de proteção ao trabalho doméstico, de que trata a Lei n. 5.859, de 11 de dezembro de 1972, com a redação da Lei n. 12.964, de 8 de abril de 2014, será realizada por Auditor Fiscal do Trabalho — AFT, preferencialmente mediante procedimento de fiscalização indireta.

PARÁGRAFO ÚNICO. Considera-se fiscalização indireta a realizada por meio de sistema de notificações para apresentação de documentos nas unidades descentralizadas do Ministério do Trabalho e Emprego — MTE.

Art. 2º A fiscalização indireta será iniciada mediante a emissão de notificação por via postal, com Aviso de Recebimento — AR, que liste a documentação a ser apresentada e indique dia, hora e unidade descentralizada do MTE para a apresentação dos referidos documentos, fazendo-se constar expressamente a advertência de que o desatendimento à notificação acarretará a lavratura dos autos de infração cabíveis.

§ 1º Constará necessariamente da lista de documentos a ser apresentada, em relação a cada empregado doméstico, cópia da Carteira de Trabalho e Previdência Social (CTPS) onde conste a identificação do mesmo, a anotação do contrato de trabalho doméstico e as condições especiais, se houver, de modo a comprovar a formalização do vínculo empregatício.

§ 2º Em caso de impossibilidade de comparecimento, o empregador poderá fazer-se representar, independentemente de carta de preposição, por pessoa da família que seja maior de dezoito anos e capaz, resida no local onde ocorra a prestação de serviços pelo empregado doméstico e apresente a documentação requerida.

§ 3º Comparecendo o empregador ou representante e sendo ou não apresentada a documentação requerida na notificação, caberá ao Auditor Fiscal do Trabalho responsável pela fiscalização a análise do caso concreto e a adoção dos procedimentos fiscais cabíveis.

§ 4º Na hipótese de fiscalização iniciada por denúncia, o AFT deverá guardar sigilo a esse respeito, bem como quanto à identidade do denunciante, em obediência ao disposto na alínea c do art. 15 da Convenção n. 81 da Organização Internacional do Trabalho, promulgada pelo Decreto n. 41.721, de 25 de junho de 1957.

Art. 3º Caso o empregador, notificado para apresentação de documentos, não compareça no dia e hora determinados, o AFT deverá lavrar auto de infração capitulado no § 3º ou no § 4º do art. 630 da CLT, ao qual anexará via original da notificação emitida e, se for o caso, do AR que comprove o recebimento da respectiva notificação, independentemente de outras autuações ou procedimentos fiscais cabíveis.

Art. 4º Em caso de necessidade de fiscalização do local de trabalho, o AFT, após apresentar sua Carteira de Identidade Fiscal (CIF) e em observância ao mandamento constitucional da inviolabilidade do domicílio, dependerá de consentimento expresso e escrito do empregador para ingressar na residência onde ocorra a prestação de serviços por empregado doméstico.

PARÁGRAFO ÚNICO. Considera-se empregador, para fins do consentimento previsto no *caput*, qualquer pessoa capaz, pertencente à família para a qual o empregado doméstico preste serviços, que esteja responsável pela residência onde ocorra a prestação, no momento da inspeção a ser realizada por AFT.

Art. 5º O vínculo de emprego doméstico declarado em decisão judicial transitada em julgado, comunicado oficialmente por órgão da Justiça do Trabalho deverá ser considerado como prova documental a ser auditada no procedimento de fiscalização de que trata esta Instrução Normativa e servirá como elemento de convicção à eventual lavratura dos correspondentes autos de infração.

Art. 6º Esta Instrução Normativa entra em vigor na data de sua publicação.

Paulo Sérgio de Almeida

PORTARIA N. 2.020, DE 23 DE DEZEMBRO DE 2014

(DOU 24.12.2014)

Aprova regras para a imposição de multas administrativas, previstas na legislação trabalhista, por infrações às normas de proteção ao trabalho doméstico.

O MINISTRO DE ESTADO DO TRABALHO E EMPREGO, no uso da atribuição que lhe confere o art. 87, Parágrafo único, inciso II, da Constituição Federal, considerando a necessidade de definir critérios para a fixação dos valores das multas administrativas previstas na legislação trabalhista, aplicáveis às infrações às normas de proteção ao trabalho doméstico, conforme o disposto no art. 6º-E da Lei n. 5.859, de 11 de dezembro de 1972, resolve:

Art. 1º As multas e os valores fixados para as infrações previstas na Consolidação das Leis do Trabalho — CLT, aprovada pelo Decreto-lei n. 5.452, de 1º de maio de 1943, aplicam-se, no que couber, à sanção das infrações aos dispositivos da Lei n. 5.859, de 11 de dezembro de 1972, na forma prevista nesta portaria.

Art. 2º Os valores das multas de que trata o art. 1º terão como base de cálculo os valores das multas previstas na CLT e serão estabelecidos considerando-se a gravidade da infração, conforme o tempo de serviço do empregado, a idade e o número de empregados prejudicados.

§ 1º Em razão do tempo de serviço dos empregados prejudicados, o valor de multa previsto na CLT será acrescido de 1% (um por cento) por cada mês trabalhado, se houver empregado prejudicado com mais de 30 (trinta) dias de tempo de serviço prestado ao empregador. Em razão da idade dos empregados prejudicados, o valor de multa previsto na CLT será acrescido de 30% (trinta por cento), se houver empregado prejudicado maior de 50 (cinquenta) anos de idade, ou dobrado, se houver empregado prejudicado com 17 (dezessete) anos de idade ou menos.

§ 2º O valor de multa previsto na CLT será multiplicado pelo número de empregados prejudicados.

Art. 3º O valor da multa aplicada em razão da falta de anotação da data de admissão e da remuneração do empregado doméstico na Carteira de Trabalho e Previdência Social — CTPS será dobrado em relação ao valor estabelecido pela CLT.

PARÁGRAFO ÚNICO. O valor da multa prevista no *caput* será reduzido pela metade para a hipótese do empregador reconhecer voluntariamente o tempo de serviço do empregado, efetuar as anotações pertinentes e recolher as contribuições previdenciárias devidas.

Art. 4º O histórico do auto de infração lavrado por descumprimento de norma de proteção ao trabalho doméstico deverá conter, no mínimo, o nome, a idade e a data de admissão de cada um dos empregados prejudicados.

Art. 5º Os processos administrativos para imposição das multas de que trata a presente portaria obedecerão às normas previstas no Título VII da CLT, regulamentadas pela Portaria n. 148, de 25 de janeiro de 1996.

Art. 6º Esta Portaria entra em vigor na data de sua publicação.

Manoel Dias

DECRETO N. 3.361, DE 10 DE FEVEREIRO DE 2000

(DOU 11.2.2000)

Regulamenta dispositivos da Lei n. 5.859, de 11 de dezembro de 1972, que dispõe sobre a profissão de empregado doméstico, para facultar o acesso do empregado doméstico ao Fundo de Garantia do Tempo de Serviço — FGTS e ao Programa do Seguro-Desemprego

Nota: Aguarda-se a revogação deste Decreto em função da Lei Complemenar n. 150, de 1.6.15, DOU 2.6.15. Mantem-se-a sua publicação por referir ao FGTS e Seguro-desemprego.

— v. Circular MF/CEF n. 187, de 11.2.00, DOU 15.2.00, que estabelece procedimentos pertinentes ao recolhimento dos depósitos de FGTS na conta vinculada do empregado doméstico, referente ao contrato de trabalho firmado nos termos da Lei n. 5.859/72, de 18.12.72 (não publicada nesta obra)

— v. também Instrução Normativa do MPAS/INSS n. 23, de 31.5.00 DOU 1º.6.00, (não publicada nesta obra)

O PRESIDENTE DA REPÚBLICA, no uso da atribuição que lhe confere o art. 84, inciso IV, da Constituição, e tendo em vista o disposto na Lei n. 5.859, de 11 de dezembro de 1972, com as alterações introduzidas pela Medida Provisória n. 1.986-2, de 10 de fevereiro de 2000, decreta:

Art. 1º O empregado doméstico poderá ser incluído no Fundo de Garantia do Tempo de Serviço — FGTS, de que trata a Lei n. 8.036, de 11 de maio de 1990, mediante requerimento do empregador, a partir da competência março do ano 2000.

§ 1º Para efeito deste Decreto, o requerimento consistirá na apresentação da guia de recolhimento do FGTS, devidamente preenchida e assinada pelo empregador, na Caixa Econômica Federal — CEF ou na rede arrecadadora a ela conveniada.

§ 2º Efetivado o primeiro depósito na conta vinculada, o empregado doméstico será automaticamente incluído no FGTS.

Art. 2º A inclusão do empregado doméstico no FGTS é irretratável com relação ao respectivo vínculo contratual e sujeita o empregador às obrigações e penalidades previstas na Lei n. 8.036, de 1990.

Art. 3º O benefício do seguro-desemprego de que trata a Lei n. 5.859, de 11 de dezembro de 1972, será concedido ao trabalhador, vinculado ao FGTS, que tiver trabalhado como doméstico por um período mínimo de quinze meses nos últimos vinte e quatro meses, contados da data de sua dispensa sem justa causa.

Art. 4º Para se habilitar ao seguro-desemprego, o trabalhador deverá apresentar ao órgão competente do Ministério do Trabalho e Emprego:

I — Carteira de Trabalho e Previdência Social, na qual deverá constar a anotação do contrato de trabalho doméstico e a data da dispensa, de modo a comprovar o vínculo empregatício, como empregado doméstico, durante pelo menos quinze meses nos últimos vinte e quatro meses;

II — termo de rescisão do contrato de trabalho atestando a dispensa sem justa causa;

III — comprovantes do recolhimento da contribuição previdenciária e do FGTS, durante o período referido no inciso I, na condição de empregado doméstico;

IV — declaração de que não está em gozo de nenhum benefício de prestação continuada da Previdência Social, exceto auxílio-acidente e pensão por morte; e

V — declaração de que não possui renda própria de qualquer natureza, suficiente à sua manutenção e de sua família.

§ 1º Na contagem do tempo de serviço de que trata o inciso I deste artigo, serão considerados os meses em que foram efetuados depósitos no FGTS, em nome do trabalhador como empregado doméstico, por um ou mais empregadores.

§ 2º Considera-se um mês de atividade, para efeito do inciso I deste artigo, a fração igual ou superior a quinze dias.

Art. 5º O valor do benefício do seguro-desemprego do empregado doméstico corresponderá a um salário mínimo e será concedido por um período máximo de três meses, de forma contínua ou alternada, a cada período aquisitivo de dezesseis meses.

PARÁGRAFO ÚNICO. O benefício do seguro-desemprego só poderá ser requerido novamente a cada período de dezesseis meses decorridos da dispensa que originou o benefício anterior, desde que satisfeitas as condições estabelecidas no artigo anterior.

Art. 6º A CEF definirá os procedimentos operacionais necessários à inclusão do empregado doméstico e seu empregador no FGTS.

Art. 7º Caberá ao Conselho Deliberativo do Fundo de Amparo ao Trabalhador — CODEFAT, mediante resolução, estabelecer as medidas operacionais que se fizerem necessárias à concessão do benefício do seguro-desemprego.

Art. 8º Este Decreto entra em vigor na data de sua publicação.

Brasília, 10 de fevereiro de 2000; 179º da Independência e 112º da República.

FERNANDO HENRIQUE CARDOSO
FRANCISCO DORNELLES

LEI COMPLEMENTAR N. 150, DE 1º DE JUNHO DE 2015

(DOU 2.6.2015)

Dispõe sobre o contrato de trabalho doméstico; altera as Leis n. 8.212, de 24 de julho de 1991, n. 8.213, de 24 de julho de 1991, e n. 11.196, de 21 de novembro de 2005; revoga o inciso I do art. 3º da Lei n. 8.009, de 29 de março de 1990, o art. 36 da Lei n. 8.213, de 24 de julho de 1991, a Lei n. 5.859, de 11 de dezembro de 1972, e o inciso VII do art. 12 da Lei n. 9.250, de 26 de dezembro 1995; e dá outras providências.

A PRESIDENTA DA REPÚBLICA

Faço saber que o Congresso Nacional decreta e eu sanciono a seguinte Lei Complementar:

Capítulo I
Do Contrato de Trabalho Doméstico

Art. 1º Ao empregado doméstico, assim considerado aquele que presta serviços de forma contínua, subordinada, onerosa e pessoal e de finalidade não lucrativa à pessoa ou à família, no âmbito residencial destas, por mais de 2 (dois) dias por semana, aplica-se o disposto nesta Lei.

PARÁGRAFO ÚNICO. É vedada a contratação de menor de 18 (dezoito) anos para desempenho de trabalho doméstico, de acordo com a Convenção n. 182, de 1999, da Organização Internacional do Trabalho (OIT) e com o Decreto n. 6.481, de 12 de junho de 2008.

Art. 2º A duração normal do trabalho doméstico não excederá 8 (oito) horas diárias e 44 (quarenta e quatro) semanais, observado o disposto nesta Lei.

§ 1º A remuneração da hora extraordinária será, no mínimo, 50% (cinquenta por cento) superior ao valor da hora normal.

§ 2º O salário-hora normal, em caso de empregado mensalista, será obtido dividindo-se o salário mensal por 220 (duzentas e vinte) horas, salvo se o contrato estipular jornada mensal inferior que resulte em divisor diverso.

§ 3º O salário-dia normal, em caso de empregado mensalista, será obtido dividindo-se o salário mensal por 30 (trinta) e servirá de base para pagamento do repouso remunerado e dos feriados trabalhados.

§ 4º Poderá ser dispensado o acréscimo de salário e instituído regime de compensação de horas, mediante acordo escrito entre empregador e empregado, se o excesso de horas de um dia for compensado em outro dia.

§ 5º No regime de compensação previsto no § 4º:

I — será devido o pagamento, como horas extraordinárias, na forma do § 1º, das primeiras 40 (quarenta) horas mensais excedentes ao horário normal de trabalho;

II — das 40 (quarenta) horas referidas no inciso I, poderão ser deduzidas, sem o correspondente pagamento, as horas não trabalhadas, em função de redução do horário normal de trabalho ou de dia útil não trabalhado, durante o mês;

III — o saldo de horas que excederem as 40 (quarenta) primeiras horas mensais de que trata o inciso I, com a dedução prevista no inciso II, quando for o caso, será compensado no período máximo de 1 (um) ano.

§ 6º Na hipótese de rescisão do contrato de trabalho sem que tenha havido a compensação integral da jornada extraordinária, na forma do § 5º, o empregado fará jus ao pagamento das horas extras não compensadas, calculadas sobre o valor da remuneração na data de rescisão.

§ 7º Os intervalos previstos nesta Lei, o tempo de repouso, as horas não trabalhadas, os feriados e os domingos livres em que o empregado que mora no local de trabalho nele permaneça não serão computados como horário de trabalho.

§ 8º O trabalho não compensado prestado em domingos e feriados deve ser pago em dobro, sem prejuízo da remuneração relativa ao repouso semanal.

Art. 3º Considera-se trabalho em regime de tempo parcial aquele cuja duração não exceda 25 (vinte e cinco) horas semanais.

§ 1º O salário a ser pago ao empregado sob regime de tempo parcial será proporcional a sua jornada, em relação ao empregado que cumpre, nas mesmas funções, tempo integral.

§ 2º A duração normal do trabalho do empregado em regime de tempo parcial poderá ser acrescida de horas suplementares, em número não excedente a 1 (uma) hora diária, mediante acordo escrito entre empregador e empregado, aplicando-se-lhe, ainda, o disposto nos §§ 2º e 3º do art. 2º, com o limite máximo de 6 (seis) horas diárias.

§ 3º Na modalidade do regime de tempo parcial, após cada período de 12 (doze) meses de vigência do contrato de trabalho, o empregado terá direito a férias, na seguinte proporção:

I — 18 (dezoito) dias, para a duração do trabalho semanal superior a 22 (vinte e duas) horas, até 25 (vinte e cinco) horas;

II — 16 (dezesseis) dias, para a duração do trabalho semanal superior a 20 (vinte) horas, até 22 (vinte e duas) horas;

III — 14 (quatorze) dias, para a duração do trabalho semanal superior a 15 (quinze) horas, até 20 (vinte) horas;

IV — 12 (doze) dias, para a duração do trabalho semanal superior a 10 (dez) horas, até 15 (quinze) horas;

V — 10 (dez) dias, para a duração do trabalho semanal superior a 5 (cinco) horas, até 10 (dez) horas;

VI — 8 (oito) dias, para a duração do trabalho semanal igual ou inferior a 5 (cinco) horas.

Art. 4º É facultada a contratação, por prazo determinado, do empregado doméstico:

I — mediante contrato de experiência;

II — para atender necessidades familiares de natureza transitória e para substituição temporária de empregado doméstico com contrato de trabalho interrompido ou suspenso.

PARÁGRAFO ÚNICO. No caso do inciso II deste artigo, a duração do contrato de trabalho é limitada ao término do evento que motivou a contratação, obedecido o limite máximo de 2 (dois) anos.

Art. 5º O contrato de experiência não poderá exceder 90 (noventa) dias.

§ 1º O contrato de experiência poderá ser prorrogado 1 (uma) vez, desde que a soma dos 2 (dois) períodos não ultrapasse 90 (noventa) dias.

§ 2º O contrato de experiência que, havendo continuidade do serviço, não for prorrogado após o decurso de seu prazo previamente estabelecido ou que ultrapassar o período de 90 (noventa) dias passará a vigorar como contrato de trabalho por prazo indeterminado.

Art. 6º Durante a vigência dos contratos previstos nos incisos I e II do art. 4º, o empregador que, sem justa causa, despedir o empregado é obrigado a pagar-lhe, a título de indenização, metade da remuneração a que teria direito até o termo do contrato.

Art. 7º Durante a vigência dos contratos previstos nos incisos I e II do art. 4º, o empregado não poderá se desligar do contrato sem justa causa, sob pena de ser obrigado a indenizar o empregador dos prejuízos que desse fato lhe resultarem.

PARÁGRAFO ÚNICO. A indenização não poderá exceder aquela a que teria direito o empregado em idênticas condições.

Art. 8º Durante a vigência dos contratos previstos nos incisos I e II do art. 4º, não será exigido aviso prévio.

Art. 9º A Carteira de Trabalho e Previdência Social será obrigatoriamente apresentada, contra recibo, pelo empregado ao empregador que o admitir, o qual terá o prazo de 48 (quarenta e oito) horas para nela anotar, especificamente, a data de admissão, a remuneração e, quando for o caso, os contratos previstos nos incisos I e II do art. 4º.

Art. 10. É facultado às partes, mediante acordo escrito entre essas, estabelecer horário de trabalho de 12 (doze) horas seguidas por 36 (trinta e seis) horas ininterruptas de descanso, observados ou indenizados os intervalos para repouso e alimentação.

§ 1º A remuneração mensal pactuada pelo horário previsto no *caput* deste artigo abrange os pagamentos devidos pelo descanso semanal remunerado e pelo descanso em feriados, e serão considerados compensados os feriados e as prorrogações de trabalho noturno, quando houver, de que tratam o art. 70 e o § 5º do art. 73 da Consolidação das Leis do Trabalho (CLT), aprovada pelo Decreto-Lei n. 5.452, de 1º de maio de 1943, e o art. 9º da Lei n. 605, de 5 de janeiro de 1949.

§ 2º (VETADO).

Art. 11. Em relação ao empregado responsável por acompanhar o empregador prestando serviços em viagem, serão consideradas apenas as horas efetivamente trabalhadas no período, podendo ser compensadas as horas extraordinárias em outro dia, observado o art. 2º.

§ 1º O acompanhamento do empregador pelo empregado em viagem será condicionado à prévia existência de acordo escrito entre as partes.

§ 2º A remuneração-hora do serviço em viagem será, no mínimo, 25% (vinte e cinco por cento) superior ao valor do salário-hora normal.

§ 3º O disposto no § 2º deste artigo poderá ser, mediante acordo, convertido em acréscimo no banco de horas, a ser utilizado a critério do empregado.

Art. 12. É obrigatório o registro do horário de trabalho do empregado doméstico por qualquer meio manual, mecânico ou eletrônico, desde que idôneo.

Art. 13. É obrigatória a concessão de intervalo para repouso ou alimentação pelo período de, no mínimo, 1 (uma) hora e, no máximo, 2 (duas) horas, admitindo-se, mediante prévio acordo escrito entre empregador e empregado, sua redução a 30 (trinta) minutos.

§ 1º Caso o empregado resida no local de trabalho, o período de intervalo poderá ser desmembrado em 2 (dois) períodos, desde que cada um deles tenha, no mínimo, 1 (uma) hora, até o limite de 4 (quatro) horas ao dia.

§ 2º Em caso de modificação do intervalo, na forma do § 1º, é obrigatória a sua anotação no registro diário de horário, vedada sua prenotação.

Art. 14. Considera-se noturno, para os efeitos desta Lei, o trabalho executado entre as 22 horas de um dia e as 5 horas do dia seguinte.

§ 1º A hora de trabalho noturno terá duração de 52 (cinquenta e dois) minutos e 30 (trinta) segundos.

§ 2º A remuneração do trabalho noturno deve ter acréscimo de, no mínimo, 20% (vinte por cento) sobre o valor da hora diurna.

§ 3º Em caso de contratação, pelo empregador, de empregado exclusivamente para desempenhar trabalho noturno, o acréscimo será calculado sobre o salário anotado na Carteira de Trabalho e Previdência Social.

§ 4º Nos horários mistos, assim entendidos os que abrangem períodos diurnos e noturnos, aplica-se às horas de trabalho noturno o disposto neste artigo e seus parágrafos.

Art. 15. Entre 2 (duas) jornadas de trabalho deve haver período mínimo de 11 (onze) horas consecutivas para descanso.

Art. 16. É devido ao empregado doméstico descanso semanal remunerado de, no mínimo, 24 (vinte e quatro) horas consecutivas, preferencialmente aos domingos, além de descanso remunerado em feriados.

Art. 17. O empregado doméstico terá direito a férias anuais remuneradas de 30 (trinta) dias, salvo o disposto no § 3º do art. 3º, com acréscimo de, pelo menos, um terço do salário normal, após cada período de 12 (doze) meses de trabalho prestado à mesma pessoa ou família.

§ 1º Na cessação do contrato de trabalho, o empregado, desde que não tenha sido demitido por justa causa, terá direito à remuneração relativa ao período incompleto de férias, na proporção de um doze avos por mês de serviço ou fração superior a 14 (quatorze) dias.

§ 2º O período de férias poderá, a critério do empregador, ser fracionado em até 2 (dois) períodos, sendo 1 (um) deles de, no mínimo, 14 (quatorze) dias corridos.

§ 3º É facultado ao empregado doméstico converter um terço do período de férias a que tiver direito em abono pecuniário, no valor da remuneração que lhe seria devida nos dias correspondentes.

§ 4º O abono de férias deverá ser requerido até 30 (trinta) dias antes do término do período aquisitivo.

§ 5º É lícito ao empregado que reside no local de trabalho nele permanecer durante as férias.

§ 6º As férias serão concedidas pelo empregador nos 12 (doze) meses subsequentes à data em que o empregado tiver adquirido o direito.

Art. 18. É vedado ao empregador doméstico efetuar descontos no salário do empregado por fornecimento de alimentação, vestuário, higiene ou moradia, bem como por despesas com transporte, hospedagem e alimentação em caso de acompanhamento em viagem.

§ 1º É facultado ao empregador efetuar descontos no salário do empregado em caso de adiantamento salarial e, mediante acordo escrito entre as partes, para a inclusão do empregado em planos de assistência médico-hospitalar e odontológica, de seguro e de previdência privada, não podendo a dedução ultrapassar 20% (vinte por cento) do salário.

§ 2º Poderão ser descontadas as despesas com moradia de que trata o *caput* deste artigo quando essa se referir a local diverso da residência em que ocorrer a prestação de serviço, desde que essa possibilidade tenha sido expressamente acordada entre as partes.

§ 3º As despesas referidas no *caput* deste artigo não têm natureza salarial nem se incorporam à remuneração para quaisquer efeitos.

§ 4º O fornecimento de moradia ao empregado doméstico na própria residência ou em morada anexa, de qualquer natureza, não gera ao empregado qualquer direito de posse ou de propriedade sobre a referida moradia.

Art. 19. Observadas as peculiaridades do trabalho doméstico, a ele também se aplicam as Leis n. 605, de 5 de janeiro de 1949, n. 4.090, de 13 de julho de 1962, n. 4.749, de 12 de agosto de 1965, e n. 7.418, de 16 de dezembro de 1985, e, subsidiariamente, a Consolidação das Leis do Trabalho (CLT), aprovada pelo Decreto-Lei n. 5.452, de 1º de maio de 1943.

PARÁGRAFO ÚNICO. A obrigação prevista no art. 4º da Lei n. 7.418, de 16 de dezembro de 1985, poderá ser substituída, a critério do empregador, pela concessão, mediante recibo, dos valores para a aquisição das passagens necessárias ao custeio das despesas decorrentes do deslocamento residência-trabalho e vice-versa.

Art. 20. O empregado doméstico é segurado obrigatório da Previdência Social, sendo-lhe devidas, na forma da Lei n. 8.213, de 24 de julho de 1991, as prestações nela arroladas, atendido o disposto nesta Lei e observadas as características especiais do trabalho doméstico.

Art. 21. É devida a inclusão do empregado doméstico no Fundo de Garantia do Tempo de Serviço (FGTS), na forma do regulamento a ser editado pelo Conselho Curador e pelo agente operador do FGTS, no âmbito de suas competências, conforme disposto nos arts. 5º e 7º da Lei n. 8.036, de 11 de maio de 1990, inclusive no que tange aos aspectos técnicos de depósitos, saques, devolução de valores e emissão de extratos, entre outros determinados na forma da lei.

PARÁGRAFO ÚNICO. O empregador doméstico somente passará a ter obrigação de promover a inscrição e de efetuar os recolhimentos referentes a seu empregado após a entrada em vigor do regulamento referido no *caput*.

Art. 22. O empregador doméstico depositará a importância de 3,2% (três inteiros e dois décimos por cento) sobre a remuneração devida, no mês anterior, a cada empregado, destinada ao pagamento da indenização compensatória da perda do emprego, sem justa causa ou por culpa do empregador, não se aplicando ao empregado doméstico o disposto nos §§ 1º a 3º do art. 18 da Lei n. 8.036, de 11 de maio de 1990.

§ 1º Nas hipóteses de dispensa por justa causa ou a pedido, de término do contrato de trabalho por prazo determinado, de aposentadoria e de falecimento do empregado doméstico, os valores previstos no *caput* serão movimentados pelo empregador.

§ 2º Na hipótese de culpa recíproca, metade dos valores previstos no *caput* será movimentada pelo empregado, enquanto a outra metade será movimentada pelo empregador.

§ 3º Os valores previstos no *caput* serão depositados na conta vinculada do empregado, em variação distinta daquela em que se encontrarem os valores oriundos dos depósitos de que trata o inciso IV do art. 34 desta Lei, e somente poderão ser movimentados por ocasião da rescisão contratual.

§ 4º À importância monetária de que trata o *caput*, aplicam-se as disposições da Lei n. 8.036, de 11 de maio de 1990, e da Lei n. 8.844, de 20 de janeiro de 1994, inclusive quanto a sujeição passiva e equiparações, prazo de recolhimento, administração, fiscalização, lançamento, consulta, cobrança, garantias, processo administrativo de determinação e exigência de créditos tributários federais.

Art. 23. Não havendo prazo estipulado no contrato, a parte que, sem justo motivo, quiser rescindi-lo deverá avisar a outra de sua intenção.

§ 1º O aviso prévio será concedido na proporção de 30 (trinta) dias ao empregado que conte com até 1 (um) ano de serviço para o mesmo empregador.

§ 2º Ao aviso prévio previsto neste artigo, devido ao empregado, serão acrescidos 3 (três) dias por ano de serviço prestado para o mesmo empregador, até o máximo de 60 (sessenta) dias, perfazendo um total de até 90 (noventa) dias.

§ 3º A falta de aviso prévio por parte do empregador dá ao empregado o direito aos salários correspondentes ao prazo do aviso, garantida sempre a integração desse período ao seu tempo de serviço.

§ 4º A falta de aviso prévio por parte do empregado dá ao empregador o direito de descontar os salários correspondentes ao prazo respectivo.

§ 5º O valor das horas extraordinárias habituais integra o aviso prévio indenizado.

Art. 24. O horário normal de trabalho do empregado durante o aviso prévio, quando a rescisão tiver sido promovida pelo empregador, será reduzido de 2 (duas) horas diárias, sem prejuízo do salário integral.

PARÁGRAFO ÚNICO. É facultado ao empregado trabalhar sem a redução das 2 (duas) horas diárias previstas no *caput* deste artigo, caso em que poderá faltar ao serviço, sem prejuízo do salário integral, por 7 (sete) dias corridos, na hipótese dos §§ 1º e 2º do art. 23.

Art. 25. A empregada doméstica gestante tem direito a licença-maternidade de 120 (cento e vinte) dias, sem prejuízo do emprego e do salário, nos termos da Seção V do Capítulo III do Título III da Consolidação das Leis do Trabalho (CLT), aprovada pelo Decreto-Lei n. 5.452, de 1º de maio de 1943.

PARÁGRAFO ÚNICO. A confirmação do estado de gravidez durante o curso do contrato de trabalho, ainda que durante o prazo do aviso prévio trabalhado ou indenizado, garante à empregada gestante a estabilidade provisória prevista na alínea "b" do inciso II do art. 10 do Ato das Disposições Constitucionais Transitórias.

Art. 26. O empregado doméstico que for dispensado sem justa causa fará jus ao benefício do seguro-desemprego, na forma da Lei n. 7.998, de 11 de janeiro de 1990, no valor de 1 (um) salário-mínimo, por período máximo de 3 (três) meses, de forma contínua ou alternada.

§ 1º O benefício de que trata o *caput* será concedido ao empregado nos termos do regulamento do Conselho Deliberativo do Fundo de Amparo ao Trabalhador (Codefat).

§ 2º O benefício do seguro-desemprego será cancelado, sem prejuízo das demais sanções cíveis e penais cabíveis:

I — pela recusa, por parte do trabalhador desempregado, de outro emprego condizente com sua qualificação registrada ou declarada e com sua remuneração anterior;

II — por comprovação de falsidade na prestação das informações necessárias à habilitação;

III — por comprovação de fraude visando à percepção indevida do benefício do seguro-desemprego; ou

IV — por morte do segurado.

Art. 27. Considera-se justa causa para os efeitos desta Lei:

I — submissão a maus tratos de idoso, de enfermo, de pessoa com deficiência ou de criança sob cuidado direto ou indireto do empregado;

II — prática de ato de improbidade;

III — incontinência de conduta ou mau procedimento;

IV — condenação criminal do empregado transitada em julgado, caso não tenha havido suspensão da execução da pena;

V — desídia no desempenho das respectivas funções;

VI — embriaguez habitual ou em serviço;

VII — (VETADO);

VIII — ato de indisciplina ou de insubordinação;

IX — abandono de emprego, assim considerada a ausência injustificada ao serviço por, pelo menos, 30 (trinta) dias corridos;

X — ato lesivo à honra ou à boa fama ou ofensas físicas praticadas em serviço contra qualquer pessoa, salvo em caso de legítima defesa, própria ou de outrem;

XI — ato lesivo à honra ou à boa fama ou ofensas físicas praticadas contra o empregador doméstico ou sua família, salvo em caso de legítima defesa, própria ou de outrem;

XII — prática constante de jogos de azar.

PARÁGRAFO ÚNICO. O contrato de trabalho poderá ser rescindido por culpa do empregador quando:

I — o empregador exigir serviços superiores às forças do empregado doméstico, defesos por lei, contrários aos bons costumes ou alheios ao contrato;

II — o empregado doméstico for tratado pelo empregador ou por sua família com rigor excessivo ou de forma degradante;

III — o empregado doméstico correr perigo manifesto de mal considerável;

IV — o empregador não cumprir as obrigações do contrato;

V — o empregador ou sua família praticar, contra o empregado doméstico ou pessoas de sua família, ato lesivo à honra e à boa fama;

VI — o empregador ou sua família ofender o empregado doméstico ou sua família fisicamente, salvo em caso de legítima defesa, própria ou de outrem;

VII — o empregador praticar qualquer das formas de violência doméstica ou familiar contra mulheres de que trata o art. 5º da Lei n. 11.340, de 7 de agosto de 2006.

Art. 28. Para se habilitar ao benefício do seguro-desemprego, o trabalhador doméstico deverá apresentar ao órgão competente do Ministério do Trabalho e Emprego:

I — Carteira de Trabalho e Previdência Social, na qual deverão constar a anotação do contrato de trabalho doméstico e a data de dispensa, de modo a comprovar o vínculo empregatício, como empregado doméstico, durante pelo menos 15 (quinze) meses nos últimos 24 (vinte e quatro) meses;

II — termo de rescisão do contrato de trabalho;

III — declaração de que não está em gozo de benefício de prestação continuada da Previdência Social, exceto auxílio-acidente e pensão por morte; e

IV — declaração de que não possui renda própria de qualquer natureza suficiente à sua manutenção e de sua família.

Art. 29. O seguro-desemprego deverá ser requerido de 7 (sete) a 90 (noventa) dias contados da data de dispensa.

Art. 30. Novo seguro-desemprego só poderá ser requerido após o cumprimento de novo período aquisitivo, cuja duração será definida pelo Codefat.

Capítulo II
Do Simples Doméstico

Art. 31. É instituído o regime unificado de pagamento de tributos, de contribuições e dos demais encargos do empregador doméstico (Simples Doméstico), que deverá ser regulamentado no prazo de 120 (cento e vinte) dias a contar da data de entrada em vigor desta Lei.

Art. 32. A inscrição do empregador e a entrada única de dados cadastrais e de informações trabalhistas, previdenciárias e fiscais no âmbito do Simples Doméstico dar-se-ão mediante registro em sistema eletrônico a ser disponibilizado em portal na internet, conforme regulamento.

PARÁGRAFO ÚNICO. A impossibilidade de utilização do sistema eletrônico será objeto de regulamento, a ser editado pelo Ministério da Fazenda e pelo agente operador do FGTS.

Art. 33. O Simples Doméstico será disciplinado por ato conjunto dos Ministros de Estado da Fazenda, da Previdência Social e do Trabalho e Emprego que disporá sobre a apuração, o recolhimento e a distribuição dos recursos recolhidos por meio do Simples Doméstico, observadas as disposições do art. 21 desta Lei.

§ 1º O ato conjunto a que se refere o *caput* deverá dispor também sobre o sistema eletrônico de registro das obrigações trabalhistas, previdenciárias e fiscais e sobre o cálculo e o recolhimento dos tributos e encargos trabalhistas vinculados ao Simples Doméstico.

§ 2º As informações prestadas no sistema eletrônico de que trata o § 1º:

I — têm caráter declaratório, constituindo instrumento hábil e suficiente para a exigência dos tributos e encargos trabalhistas delas resultantes e que não tenham sido recolhidos no prazo consignado para pagamento; e

II — deverão ser fornecidas até o vencimento do prazo para pagamento dos tributos e encargos trabalhistas devidos no Simples Doméstico em cada mês, relativamente aos fatos geradores ocorridos no mês anterior.

§ 3º O sistema eletrônico de que trata o § 1º deste artigo e o sistema de que trata o *caput* do art. 32 substituirão, na forma regulamentada pelo ato conjunto previsto no *caput*, a obrigatoriedade de entrega de todas as informações, formulários e declarações a que estão sujeitos os empregadores domésticos, inclusive os relativos ao recolhimento do FGTS.

Art. 34. O Simples Doméstico assegurará o recolhimento mensal, mediante documento único de arrecadação, dos seguintes valores:

I — 8% (oito por cento) a 11% (onze por cento) de contribuição previdenciária, a cargo do segurado empregado doméstico, nos termos do art. 20 da Lei n. 8.212, de 24 de julho de 1991;

II — 8% (oito por cento) de contribuição patronal previdenciária para a seguridade social, a cargo do empregador doméstico, nos termos do art. 24 da Lei n. 8.212, de 24 de julho de 1991;

III — 0,8% (oito décimos por cento) de contribuição social para financiamento do seguro contra acidentes do trabalho;

IV — 8% (oito por cento) de recolhimento para o FGTS;

V — 3,2% (três inteiros e dois décimos por cento), na forma do art. 22 desta Lei; e

VI — imposto sobre a renda retido na fonte de que trata o inciso I do art. 7º da Lei n. 7.713, de 22 de dezembro de 1988, se incidente.

§ 1º As contribuições, os depósitos e o imposto arrolados nos incisos I a VI incidem sobre a remuneração paga ou devida no mês anterior, a cada empregado, incluída na remuneração a gratificação de Natal a que se refere a Lei n. 4.090, de 13 de julho de 1962, e a Lei n. 4.749, de 12 de agosto de 1965.

§ 2º A contribuição e o imposto previstos nos incisos I e VI do *caput* deste artigo serão descontados da remuneração do empregado pelo empregador, que é responsável por seu recolhimento.

§ 3º O produto da arrecadação das contribuições, dos depósitos e do imposto de que trata o *caput* será centralizado na Caixa Econômica Federal.

§ 4º A Caixa Econômica Federal, com base nos elementos identificadores do recolhimento, disponíveis no sistema de que trata o § 1º do art. 33, transferirá para a Conta Única do Tesouro Nacional o valor arrecadado das contribuições e do imposto previstos nos incisos I, II, III e VI do *caput*.

§ 5º O recolhimento de que trata o *caput* será efetuado em instituições financeiras integrantes da rede arrecadadora de receitas federais.

§ 6º O empregador fornecerá, mensalmente, ao empregado doméstico cópia do documento previsto no *caput*.

§ 7º O recolhimento mensal, mediante documento único de arrecadação, e a exigência das contribuições, dos depósitos e do imposto, nos valores definidos nos incisos I a VI do *caput*, somente serão devidos após 120 (cento e vinte) dias da data de publicação desta Lei.

Art. 35. O empregador doméstico é obrigado a pagar a remuneração devida ao empregado doméstico e a arrecadar e a recolher a contribuição prevista no inciso I do art. 34, assim como a arrecadar e a recolher as contribuições, os depósitos e o imposto a seu cargo discriminados nos incisos II, III, IV, V e VI do *caput* do art. 34, até o dia 7 do mês seguinte ao da competência.

§ 1º Os valores previstos nos incisos I, II, III e VI do *caput* do art. 34 não recolhidos até a data de vencimento sujeitar-se-ão à incidência de encargos legais na forma prevista na legislação do imposto sobre a renda.

§ 2º Os valores previstos nos incisos IV e V, referentes ao FGTS, não recolhidos até a data de vencimento serão corrigidos e terão a incidência da respectiva multa, conforme a Lei n. 8.036, de 11 de maio de 1990.

Capítulo III
Da Legislação Previdenciária e Tributária

Art. 36. O inciso V do art. 30 da Lei n. 8.212, de 24 de julho de 1991, passa a vigorar com a seguinte redação: (Já incluída na Lei)

Art. 37. A Lei n. 8.213, de 24 de julho de 1991, passa a vigorar com as seguintes alterações:(Alterações incluídas na Lei)

Art. 38. O art. 70 da Lei n. 11.196, de 21 de novembro de 2005, passa a vigorar com a seguinte redação:

"Art. 70. ....

....

I — ....

d) até o dia 7 do mês subsequente ao mês de ocorrência dos fatos geradores, no caso de pagamento de rendimentos provenientes do trabalho assalariado a empregado doméstico; e

e) até o último dia útil do segundo decêndio do mês subsequente ao mês de ocorrência dos fatos geradores, nos demais casos;

...." (NR)

Capítulo IV
Do Programa de Recuperação Previdenciária dos Empregadores Domésticos (Redom)

Art. 39. É instituído o Programa de Recuperação Previdenciária dos Empregadores Domésticos (Redom), nos termos desta Lei.

Art. 40. Será concedido ao empregador doméstico o parcelamento dos débitos com o Instituto Nacional do Seguro Social (INSS) relativos à contribuição de que tratam os arts. 20 e 24 da Lei n. 8.212, de 24 de julho de 1991, com vencimento até 30 de abril de 2013.

§ 1º O parcelamento abrangerá todos os débitos existentes em nome do empregado e do empregador, na condição de contribuinte, inclusive débitos inscritos em dívida ativa, que poderão ser:

I — pagos com redução de 100% (cem por cento) das multas aplicáveis, de 60% (sessenta por cento) dos juros de mora e de 100% (cem por cento) sobre os valores dos encargos legais e advocatícios;

II — parcelados em até 120 (cento e vinte) vezes, com prestação mínima no valor de R$ 100,00 (cem reais).

§ 2º O parcelamento deverá ser requerido no prazo de 120 (cento e vinte) dias após a entrada em vigor desta Lei.

§ 3º A manutenção injustificada em aberto de 3 (três) parcelas implicará, após comunicação ao sujeito passivo, a imediata rescisão do parcelamento e, conforme o caso, o prosseguimento da cobrança.

§ 4º Na hipótese de rescisão do parcelamento com o cancelamento dos benefícios concedidos:

I — será efetuada a apuração do valor original do débito, com a incidência dos acréscimos legais, até a data de rescisão;

II — serão deduzidas do valor referido no inciso I deste parágrafo as parcelas pagas, com a incidência dos acréscimos legais, até a data de rescisão.

Art. 41. A opção pelo Redom sujeita o contribuinte a:

I — confissão irrevogável e irretratável dos débitos referidos no art. 40;

II — aceitação plena e irretratável de todas as condições estabelecidas;

III — pagamento regular das parcelas do débito consolidado, assim como das contribuições com vencimento posterior a 30 de abril de 2013.

Capítulo V
Disposições Gerais

Art. 42. É de responsabilidade do empregador o arquivamento de documentos comprobatórios do cumprimento das obrigações fiscais, trabalhistas e previdenciárias, enquanto essas não prescreverem.

Art. 43. O direito de ação quanto a créditos resultantes das relações de trabalho prescreve em 5 (cinco) anos até o limite de 2 (dois) anos após a extinção do contrato de trabalho.

Art. 44. A Lei n. 10.593, de 6 de dezembro de 2002, passa a vigorar acrescida do seguinte art. 11-A:

"Art. 11-A. A verificação, pelo Auditor Fiscal do Trabalho, do cumprimento das normas que regem o trabalho do empregado doméstico, no âmbito do domicílio do empregador, dependerá de agendamento e de entendimento prévios entre a fiscalização e o empregador.

§ 1º A fiscalização deverá ter natureza prioritariamente orientadora.

§ 2º Será observado o critério de dupla visita para lavratura de auto de infração, salvo quando for constatada infração por falta de anotação na Carteira de Trabalho e Previdência Social ou, ainda, na ocorrência de reincidência, fraude, resistência ou embaraço à fiscalização.

§ 3º Durante a inspeção do trabalho referida no *caput*, o Auditor Fiscal do Trabalho far-se-á acompanhar pelo empregador ou por alguém de sua família por este designado."

Art. 45. As matérias tratadas nesta Lei Complementar que não sejam reservadas constitucionalmente a lei complementar poderão ser objeto de alteração por lei ordinária.

Art. 46. Revogam-se o inciso I do art. 3º da Lei n. 8.009, de 29 de março de 1990, e a Lei n. 5.859, de 11 de dezembro de 1972.

Art. 47. Esta Lei entra em vigor na data de sua publicação.

Brasília, 1º de junho de 2015; 194º da Independência e 127º da República.

DILMA ROUSSEFF
MARIVALDO DE CASTRO PEREIRA
TARCÍSIO JOSÉ MASSOTE DE GODOY
MANOEL DIAS
CARLOS EDUARDO GABAS
MIGUEL ROSSETTO
GIOVANNI BENIGNO PIERRE DA CONCEIÇÃO HARVEY
ELEONORA MENICUCCI DE OLIVEIRA

PORTARIA INTERMINISTERIAL N. 822, GM/MEF, PS E MTE, DE 30 DE SETEMBRO DE 2015

(Dou 1.10.15)

Disciplina o regime unificado de pagamento de tributos, de contribuições e dos demais encargos do empregador doméstico (Simples Doméstico) e dá outras providências.

OS MINISTROS DE ESTADO DA FAZENDA, DA PREVIDÊNCIA SOCIAL e DO TRABALHO E EMPREGO, no uso das atribuições que lhe conferem o art. 87, inciso II, da Constituição Federal e o art. 33 da Lei Complementar n. 150, de 1º de junho de 2015, resolvem:

Art. 1º Disciplinar o regime unificado de pagamento de tributos, de contribuições e dos demais encargos do empregador doméstico (Simples Doméstico).

Art. 2º A inscrição do empregador e a entrada única de dados cadastrais e de informações trabalhistas, previdenciárias e fiscais no âmbito do Simples Doméstico dar-se-á mediante registro no Sistema de Escrituração Digital das Obrigações Fiscais, Previdenciárias e Trabalhistas — eSocial, instituído pelo Decreto n. 8.373, de 11 de dezembro de 2014.

PARÁGRAFO ÚNICO. As informações a que se refere o *caput* deste artigo serão prestadas na forma disciplinada nos Manuais de Orientação do eSocial.

Art. 3º Os recolhimentos de tributos e depósitos decorrentes da relação de emprego doméstico serão efetuados mediante utilização de documento unificado de arrecadação, gerado exclusivamente pelo aplicativo a ser disponibilizado no Portal do eSocial, cujo pagamento no prazo é até o dia 7 (sete) do mês seguinte ao da competência a que se referem.

§ 1º O documento unificado de arrecadação conterá:

I — a identificação do contribuinte;

II — a competência;

III — a composição do documento de arrecadação, conforme art. 34 da Lei Complementar n. 150/2015;

IV — o valor total;

V — o número único de identificação do documento, atribuído pelo aplicativo;

VI — a data limite para acolhimento pela rede arrecadadora;

VII — o código de barras e sua representação numérica.

§ 2º Ocorrendo rescisão do contrato de trabalho que gere direito ao saque do FGTS por parte do empregado, o recolhimento dos valores de FGTS previstos nos incisos IV e V do art. 34 da Lei Complementar n. 150, de 2015, referentes ao mês da rescisão e ao mês anterior, que ainda não houver sido recolhido, sem prejuízo das cominações legais, deve seguir os prazos estabelecidos no art. 477 da Consolidação das Leis do Trabalho.

Art. 4º O recolhimento das contribuições previstas nos incisos I, II, e III do art. 34 da Lei Complementar n. 150, de 2015, incidentes sobre a gratificação natalina a que se referem a Lei n. 4.090, de 13 de julho de 1962, e a Lei n. 4.749, de 12 de agosto de 1965, deverá ocorrer até o dia 7 (sete) do mês de janeiro do período seguinte ao de apuração, em conformidade com a Lei Complementar no 150, de 2015. *(Redação dada pela Portaria Interministerial GM/MTE n. 1, de 8.12.15, DOU 9.12.15).*

Art. 5º Aplicam-se à relação de emprego doméstico os limites do salário de contribuição previstos nos §§ 3º e 5º do art. 28 da Lei n. 8.212, de 24 de julho de 1991.

Art. 6º Antecipam-se os prazos de recolhimentos de tributos e depósitos para o dia útil imediatamente anterior quando não houver expediente bancário nas datas de vencimentos.

Art. 7º O Simples Doméstico passa a vigorar a partir da competência outubro de 2015, com vencimento dia 06 de novembro de 2015.

Art. 8º A distribuição dos recursos recolhidos por meio do Simples Doméstico será feita na forma estabelecida no § 4º do art. 34 da Lei Complementar n. 150, de 2015.

Art. 9º Compete à Secretaria da Receita Federal do Brasil (RFB) credenciar as instituições financeiras que se habilitem a prestar serviços de arrecadação relativa ao Simples Doméstico.

§ 1º O documento unificado de arrecadação somente será acolhido por instituição financeira credenciada para tal finalidade, denominada, para os fins desta Portaria, agente arrecadador.

§ 2º Para prestar o serviço de arrecadação, o agente arrecadador deverá firmar contrato administrativo com a União, representada pela RFB, observado o disposto na Lei n. 8.666, de 21 de junho de 1993.

Art. 10. Cabe à Secretaria da Receita Federal do Brasil (RFB) regular o processo de arrecadação à cargo do agente arrecadador, dispondo sobre:

I — credenciamento de agentes arrecadadores;

II — aplicação de penalidades agentes arrecadadores por descumprimento de normas;

III — cobrança de encargos por atraso no repasse financeiro;

IV — correção e cancelamento de documentos de arrecadação, respeitadas as regras e condições específicas do FGTS.

§ 1º O pagamento do documento unificado de arrecadação por meio de cheque será de inteira responsabilidade do agente arrecadador, que não poderá ser desonerado da responsabilidade pela liquidação dos cheques sem provisão de fundos ou rejeitados por outros motivos regulamentados pelo BACEN.

§ 2º O repasse dos montantes arrecadados deverá ocorrer:

I — dos agentes arrecadadores à instituição financeira centralizadora — Caixa Econômica

Federal, no primeiro dia útil seguinte à arrecadação;

II — da instituição financeira centralizadora para a Conta Única do Tesouro Nacional, no primeiro dia útil seguinte ao repasse efetuado pelos agentes arrecadadores.

Art. 11. Esta Portaria entra em vigor na data da sua publicação.

JOAQUIM VIEIRA FERREIRA LEVY
Ministro de Estado da Fazenda

CARLOS EDUARDO GABAS
Ministro de Estado da Previdência Social

MANOEL DIAS
Ministro de Estado do Trabalho e Emprego

LEI N. 5.889, DE 8 DE JUNHO DE 1973

(DOU 11.6.1973 — LTr 37/659)

— (V. CF, art. 7º — p. 15)

Estatui normas reguladoras do trabalho rural e dá outras providências

O PRESIDENTE DA REPÚBLICA,

Faço saber que o Congresso Nacional decreta e eu sanciono a seguinte Lei:

Art. 1º As relações de trabalho rural serão reguladas por esta Lei e, no que com ela não colidirem, pelas normas da Consolidação das Leis do Trabalho, aprovada pelo Decreto-lei n. 5.452, de 1º de maio de 1943.

PARÁGRAFO ÚNICO. Observadas as peculiaridades do trabalho rural a ele também se aplicam as Leis ns. 605, de 5 de janeiro de 1940; 4.090, de 13 de julho de 1962; 4.725, de 13 de julho de 1965; com as alterações da Lei n. 4.903, de 16 de dezembro de 1965, e os Decretos-leis ns. 15, de 29 de julho de 1966; 17, de 22 de agosto de 1966 e 368, de 19 de dezembro de 1968. Todos estes dispositivos legais estão nesta obra — (ver Índice Cumulativo).

Art. 2º Empregado rural é toda pessoa física que, em propriedade rural ou prédio rústico, presta serviços de natureza não eventual a empregador rural, sob a dependência deste e mediante salário.

Art. 3º Considera-se empregador rural, para os efeitos desta Lei, a pessoa física ou jurídica, proprietária ou não, que explore atividade agroeconômica, em caráter permanente ou temporário, diretamente ou através de prepostos e com auxílio de empregados.

§ 1º Inclui-se na atividade econômica referida no *caput* deste artigo, além da exploração industrial em estabelecimento agrário não compreendido na Consolidação das Leis do Trabalho — CLT, aprovada pelo Decreto-Lei n. 5.452, de 1º de maio de 1943, a exploração do turismo rural ancilar à exploração agroeconômica. *(Redação dada pela Lei n. 13.171, de 21.10.15, DOU 22.10.15)*

§ 2º Sempre que uma ou mais empresas, embora tendo cada uma delas personalidade jurídica própria, estiverem sob direção, controle ou administração de outra, ou ainda quando, mesmo guardando cada uma sua autonomia, integrem grupo econômico ou financeiro rural, serão responsáveis solidariamente nas obrigações decorrentes da relação de emprego.

Lei n. 10.256, de 9 de julho de 2001, DOU 10.7.01

Art. 25-A. Equipara-se ao empregador rural pessoa física o consórcio simplificado de produtores rurais, formado pela união de produtores rurais pessoas físicas, que outorgar a um deles poderes para contratar, gerir e demitir trabalhadores para prestação de serviços, exclusivamente, aos seus integrantes, mediante documento registrado em cartório de títulos e documentos.

§ 1º O documento de que trata o caput deverá conter a identificação de cada produtor, seu endereço pessoal e o de sua propriedade rural, bem como o respectivo registro no Instituto Nacional de Colonização e Reforma Agrária — INCRA ou informações relativas a parceria, arrendamento ou equivalente e a matrícula no Instituto Nacional do Seguro Social — INSS de cada um dos produtores rurais.

§ 2º O consórcio deverá ser matriculado no INSS em nome do empregador a quem hajam sido outorgados os poderes, na forma do regulamento.

§ 3º Os produtores rurais integrantes do consórcio de que trata o caput serão responsáveis solidários em relação às obrigações previdenciárias.

Art. 4º Equipara-se ao empregador rural, a pessoa física ou jurídica que, habitualmente, em caráter profissional, e por conta de terceiros, execute serviços de natureza agrária, mediante utilização do trabalho de outrem.

Art. 5º Em qualquer trabalho contínuo de duração superior a seis horas, será obrigatória a concessão de um intervalo para repouso ou alimentação, observados os usos e costumes da região, não se computando este intervalo na duração do trabalho. Entre duas jornadas de trabalho haverá um período mínimo de onze horas consecutivas para descanso.

Art. 6º Nos serviços caracteristicamente intermitentes, não serão computados como de efetivo exercício, os intervalos entre uma e outra parte da execução da tarefa diária, desde que tal hipótese seja expressamente ressalvada na Carteira de Trabalho e Previdência Social.

Art. 7º Para os efeitos desta Lei, considera-se trabalho noturno o executado entre as vinte e uma horas de um dia e as cinco horas do dia seguinte, na lavoura, e entre as vinte horas de um dia e as quatro horas do dia seguinte, na atividade pecuária.

PARÁGRAFO ÚNICO. Todo trabalho noturno será acrescido de 25% (vinte e cinco por cento) sobre a remuneração normal.

Art. 8º Ao menor de 18 anos é vedado o trabalho noturno.

Art. 9º Salvo as hipóteses de autorização legal ou decisão judiciária, só poderão ser descontadas do empregado rural as seguintes parcelas, calculadas sobre o salário mínimo:

a) até o limite de 20% (vinte por cento) pela ocupação da morada;

b) até o limite 25% (vinte e cinco por cento) pelo fornecimento de alimentação sadia e farta, atendidos os preços vigentes na região;

c) adiantamentos em dinheiro.

§ 1º As deduções acima especificadas deverão ser previamente autorizadas, sem o que serão nulas de pleno direito.

§ 2º Sempre que mais de um empregado residir na mesma morada, o desconto, previsto na letra "a" deste artigo, será dividido proporcionalmente ao número de empregados, vedada, em qualquer hipótese, a moradia coletiva de famílias.

§ 3º Rescindido ou findo o contrato de trabalho, o empregado será obrigado a desocupar a casa dentro de trinta dias.

§ 4º O Regulamento desta Lei especificará os tipos de morada para fins de dedução.

§ 5º A cessão pelo empregador, de moradia e de sua infraestrutura básica, assim como, bens destinados à produção para sua subsistência e de sua família, não integram o salário do trabalhor rural, desde que caracterizados como tais, em contrato escrito celebrado entre as partes, com testemunhas e notificação obrigatória ao respectivo sindicato de trabalhadores rurais. *(Parágrafo acrescentado pela Lei n. 9.300, de 29.8.96, DOU 30.8.96)*

Art. 10. A prescrição dos direitos assegurados por esta Lei aos trabalhadores rurais só ocorrerá após dois anos de cessação do contrato de trabalho.

PARÁGRAFO ÚNICO. Contra o menor de dezoito anos não ocorre qualquer prescrição.

— *vide art. 7º, XXIX da Constituição Federal, com a redação dada pela Emenda Constitucional n. 28, de 25.5.00 (DOU 26.5.00 e Retif. DOU 29.5.00)*

Art. 11. Ao empregado rural maior de dezesseis anos é assegurado salário mínimo igual ao do empregado adulto.

PARÁGRAFO ÚNICO. Ao empregado menor de dezesseis anos é assegurado salário mínimo fixado em valor correspondente à metade do salário mínimo estabelecido para o adulto.

Art. 12. Nas regiões em que se adota a plantação subsidiária ou intercalar (cultura secundária), a cargo do empregado rural, quando autorizada ou permitida, será objeto de contrato em separado.

PARÁGRAFO ÚNICO. Embora devendo integrar o resultado anual a que tiver direito o empregado rural, a plantação subsidiária ou intercalar não poderá compor a parte correspondente ao salário mínimo na remuneração geral do empregado, durante o ano agrícola.

Art. 13. Nos locais de trabalho rural serão observadas as normas de segurança e higiene estabelecidas em portaria do Ministro do Trabalho e Previdência Social.

— v. Portaria n. 86, de 3.3.05, DOU 4.3.05, que aprova a Norma Regulamentadora de Segurança e Saúde no Trabalho na Agricultura, Pecuária, Silvicultura, Exploração Florestal e Aquicultura (não publicada nesta obra).

Art. 14. Expirado normalmente o contrato, a empresa pagará ao safrista, a título de indenização do tempo de serviço, importância correspondente a 1/12 (um doze avos) do salário mensal, por mês de serviço ou fração superior a 14 (quatorze) dias.

PARÁGRAFO ÚNICO. Considera-se contrato de safra o que tenha sua duração dependente de variações estacionais da atividade agrária.

Art. 14-A. O produtor rural pessoa física poderá realizar contratação de trabalhador rural por pequeno prazo para o exercício de atividades de natureza temporária. *(Acrescentado pela Lei n. 11.718, de 20.6.08, DOU 23.6.08)*

§ 1º A contratação de trabalhador rural por pequeno prazo que, dentro do período de 1 (um) ano, superar 2 (dois) meses fica convertida em contrato de trabalho por prazo indeterminado, observando-se os termos da legislação aplicável. *(Acrescentado pela Lei n. 11.718, de 20.6.08, DOU 23.6.08)*

§ 2º A filiação e a inscrição do trabalhador de que trata este artigo na Previdência Social decorrem, automaticamente, da sua inclusão pelo empregador na Guia de Recolhimento do Fundo de Garantia do Tempo de Serviço e Informações à Previdência Social — GFIP, cabendo à Previdência Social instituir mecanismo que permita a sua identificação. *(Acrescentado pela Lei n. 11.718, de 20.6.08, DOU 23.6.08)*

§ 3º O contrato de trabalho por pequeno prazo deverá ser formalizado mediante a inclusão do trabalhador na GFIP, na forma do disposto no § 2º deste artigo, e:

I — mediante a anotação na Carteira de Trabalho e Previdência Social e em Livro ou Ficha de Registro de Empregados; ou

II — mediante contrato escrito, em 2 (duas) vias, uma para cada parte, onde conste, no mínimo:

a) expressa autorização em acordo coletivo ou convenção coletiva;

b) identificação do produtor rural e do imóvel rural onde o trabalho será realizado e indicação da respectiva matrícula;

c) identificação do trabalhador, com indicação do respectivo Número de Inscrição do Trabalhador – NIT. *(Acrescentado pela Lei n. 11.718, de 20.6.08, DOU 23.6.08)*

§ 4º A contratação de trabalhador rural por pequeno prazo só poderá ser realizada por produtor rural pessoa física, proprietário ou não, que explore diretamente atividade agroeconômica. *(Acrescentado pela Lei n. 11.718, de 20.6.08, DOU 23.6.08)*

§ 5º A contribuição do segurado trabalhador rural contratado para prestar serviço na forma deste artigo é de 8% (oito por cento) sobre o respectivo salário de contribuição definido no inciso I do *caput* do art. 28 da Lei n. 8.212, de 24 de julho de 1991. *(Acrescentado pela Lei n. 11.718, de 20.6.08, DOU 23.6.08)*

§ 6º A não inclusão do trabalhador na GFIP pressupõe a inexistência de contratação na forma deste artigo, sem prejuízo de comprovação, por qualquer meio admitido em direito, da existência de relação jurídica diversa. *(Acrescentado pela Lei n. 11.718, de 20.6.08, DOU 23.6.08)*

§ 7º Compete ao empregador fazer o recolhimento das contribuições previdenciárias nos termos da legislação vigente, cabendo à Previdência Social e à Receita Federal do Brasil instituir mecanismos que facilitem o acesso do trabalhador e da entidade sindical que o representa às informações sobre as contribuições recolhidas. *(Acrescentado pela Lei n. 11.718, de 20.6.08, DOU 23.6.08)*

§ 8º São assegurados ao trabalhador rural contratado por pequeno prazo, além de remuneração equivalente à do trabalhador rural permanente, os demais direitos de natureza trabalhista. *(Acrescentado pela Lei n. 11.718, de 20.6.08, DOU 23.6.08)*

§ 9º Todas as parcelas devidas ao trabalhador de que trata este artigo serão calculadas dia a dia e pagas diretamente a ele mediante recibo. *(Acrescentado pela Lei n. 11.718, de 20.6.08, DOU 23.6.08)*

§ 10. O Fundo de Garantia do Tempo de Serviço — FGTS deverá ser recolhido e poderá ser levantado nos termos da Lei n. 8.036, de 11 de maio de 1990. *(Acrescentado pela Lei n. 11.718, de 20.6.08, DOU 23.6.08)*

Art. 15. Durante o prazo do aviso prévio, se a rescisão tiver sido promovida pelo empregador, o empregado rural terá direito a um dia por semana, sem prejuízo do salário integral, para procurar outro trabalho.

Art. 16. Toda propriedade rural, que mantenha a seu serviço ou trabalhando em seus limites mais de cinquenta famílias de trabalhadores de qualquer natureza, é obrigada a possuir e conservar em funcionamento escola primária, inteiramente gratuita, para os filhos destes, com tantas classes quantos sejam os filhos destes, com tantas classes quantos sejam os grupos de quarenta crianças em idade escolar.

PARÁGRAFO ÚNICO. A matrícula da população em idade escolar será obrigatória, sem qualquer outra exigência, além da certidão de nascimento, para cuja obtenção o empregador proporcionará todas as facilidades aos responsáveis pelas crianças.

Art. 17. As normas da presente Lei são aplicáveis, no que couber, aos trabalhadores rurais não compreendidos na definição do art. 2º, que prestem serviços a empregador rural.

Art. 18. As infrações aos dispositivos desta Lei serão punidas com multa de R$ 380,00 (trezentos e oitenta reais) por empregado em situação irregular.

§ 1º As infrações aos dispositivos da Consolidação das Leis do Trabalho — CLT e legislação esparsa, cometidas contra o trabalhador rural, serão punidas com as multas nelas previstas.

§ 2º As penalidades serão aplicadas pela autoridade competente do Ministério do Trabalho e Emprego, de acordo com o disposto no Título VII da CLT.

§ 3º A fiscalização do Ministério do Trabalho e Emprego exigirá dos empregadores rurais ou produtores equiparados a comprovação do recolhimento da Contribuição Sindical Rural das categorias econômica e profissional. (NR) *(Caput e parágrafos com redação pela MP n. 2.164-41, de 24.8.01, DOU de 27.8.01)*

Art. 19. O enquadramento e a contribuição sindical rurais continuam regidos pela legislação ora em vigor; o seguro social e o seguro contra acidente do trabalho rurais serão regulados por lei especial.

Art. 20. Lei especial disporá sobre a aplicação ao trabalhador rural, no que couber, do regime do Fundo de Garantia do Tempo de Serviço.

Art. 21. Esta Lei entra em vigor na data de sua publicação, revogadas as disposições em contrário, em especial a Lei n. 4.214, de 2 de março de 1963, e o Decreto-lei n. 761, de 14 de agosto de 1969.

Brasília, 8 de junho de 1973, 152º da Independência e 85º da República.

EMÍLIO G. MÉDICI
JÚLIO BARATA

DECRETO N. 73.626, DE 12 DE FEVEREIRO DE 1974

(DOU 14.2.1974 — LTr 38/161)

Aprova regulamento da Lei n. 5.889, de 8 de junho de 1973 (estatui normas reguladoras do trabalho rural)

O PRESIDENTE DA REPÚBLICA, no uso da atribuição que lhe confere o artigo 81, item III, da Constituição, e tendo em vista a Lei n. 5.889, de 8 de junho de 1973, decreta:

Art. 1º É aprovado o anexo Regulamento, assinado pelo Ministro do Trabalho e Previdência Social, disciplinando a aplicação das normas concernentes às relações individuais e coletivas de trabalho rural, estatuídas pela Lei n. 5.889, de 8 de junho de 1973.

Art. 2º O presente Decreto entrará em vigor na data de sua publicação, revogadas as disposições em contrário.

Brasília, 12 de fevereiro de 1974; 153º da Independência e 86º da República.

EMÍLIO G. MÉDICI
JÚLIO BARATA

REGULAMENTO DAS RELAÇÕES INDIVIDUAIS E COLETIVAS DE TRABALHO RURAL

Art. 1º Este Regulamento disciplina a aplicação das normas concernentes às relações individuais e coletivas de trabalho rural estatuídas pela Lei n. 5.889, de 8 de junho de 1973.

Art. 2º Considera-se empregador rural, para os efeitos deste Regulamento, a pessoa física ou jurídica, proprietária ou não, que explore atividade agroeconômica, em caráter permanente ou temporário, diretamente ou através de prepostos e com auxílio de empregados.

§ 1º Equipara-se ao empregador rural a pessoa física ou jurídica que, habitualmente, em caráter profissional, e por conta de terceiros, execute serviços de natureza agrária, mediante utilização do trabalho de outrem.

§ 2º Sempre que uma ou mais empresas, embora tendo cada uma delas personalidade jurídica própria, estiverem sob direção, controle ou administração de outra, ou ainda quando, mesmo guardando cada uma sua autonomia, integrem grupo econômico ou financeiro rural, serão responsáveis solidariamente nas obrigações decorrentes da relação de emprego.

§ 3º Inclui-se na atividade econômica referida no *caput* deste artigo, a exploração industrial em estabelecimento agrário.

§ 4º Consideram-se como exploração industrial em estabelecimento agrário, para os fins do parágrafo anterior, as atividades que compreendem o primeiro tratamento dos produtos agrários *in natura* sem transformá-los em sua natureza, tais como:

I — o beneficiamento, a primeira modificação e o preparo dos produtos agropecuários e hortigranjeiros e das matérias-primas de origem animal ou vegetal para posterior venda ou industrialização;

II — o aproveitamento dos subprodutos oriundos das operações de preparo e modificação dos produtos *in natura*, referidas no item anterior.

§ 5º Para os fins previstos no § 3º, não será considerada indústria rural aquela que, operando a primeira transformação do produto agrário, altere a sua natureza, retirando-lhe a condição de matéria-prima.

Art. 3º Empregado rural é toda pessoa física que, em propriedade rural ou prédio rústico, presta serviços de natureza não eventual a empregador rural, sob a dependência deste e mediante salário.

Art. 4º Nas relações de trabalho rural aplicam-se os arts. 4º a 6º; 8º a 10; 13 a 19; 21; 25 a 29; 31 a 34; 36 a 44; 48 a 50; 62, alínea *b*; 67 a 70; 74; 76; 78 e 79; 83; 84; 86; 116 a 118; 124 a 126; 129 a 133; 134, alíneas *a, c, d, e* e f; 135 a 142; parágrafo único do arts. 143; 144; 147; 359; 366; 372; 377; 379; 387 a 396; 399; 402; 403; 405 *caput*, § 5º; 407 a 410; 414 a 427; 437; 439; 441 a 457; 458 *caput* e § 2º; 459 a 479; 480 *caput* e § 1º; 481 a 487; 489 a 504; 511 a 535; 537 a 552; 553 *caput* e alíneas *b, c,* d e *e,* e §§ 1º e 2º; 554 a 562; 564 a 566; 570 *caput*, 601 a 603; 605 a 629; 630 *caput* e §§ 1º; 2º; 3º; 4º; 5º; 7º e 8º; 631 a 685; 687 a 690; 693; 694; 696; 697; 699 a 702; 707 a 721; 722 *caput*, alíneas *b* e *c* e §§ 1º, 2º e 3º; 723 a 725; 727 a 733; 735 a 754; 763 a 914, da Consolidação das Leis do Trabalho, aprovada pelo Decreto-lei n. 5.452, de 1º de maio de 1943, com suas alterações. *(Nota: Os arts. 129 a 153, que tratam das férias, tiveram sua redação alterada pelo Dec.-lei n. 1.535, de 13.4.77, DOU 13.4.77)*

Parágrafo único. Aplicam-se, igualmente, nas relações de trabalho rural:

I — os arts. 1º; 2º *caput* e alínea *a*; 4º; 5º (este com as limitações do Decreto-lei n. 86, de 27 de dezembro de 1966); 6º; 7º; 8º; 9º; 10; 11; 12; 13; 14; 15; 16 do Regulamento da Lei n. 605, de 5 de janeiro de 1949, aprovado pelo Decreto n. 27.048 de 12 de agosto de 1949;

II — os arts. 1º; 2º; 3º; 4º; 5º; 6º; 7º, do Regulamento da Lei n. 4.090, de 13 de agosto de 1962, com as alterações da Lei n. 4.749, de

Legislação Complementar

12 de agosto de 1965, aprovado pelo Decreto n. 57.155, de 3 de novembro de 1965;

III — os arts. 1º; 2º; 3º; 6º; 11; 12, da Lei n. 4.725, de 13 de julho de 1965, com as alterações da Lei n. 4.903, de 16 de dezembro de 1965;

IV — os arts. 1º; 2º; 3º; 5º; 7º; 8º; 9º; 10, do Decreto-lei n. 15, de 29 de julho de 1966, com a redação do Decreto-lei n. 17, de 22 de agosto de 1966.

Art. 5º Os contratos de trabalho, individuais ou coletivos, estipularão, conforme os usos, praxes e costumes de cada região, o início e o término normal de jornada de trabalho, que não poderá exceder de 8 (oito) horas por dia.

§ 1º Será obrigatória, em qualquer trabalho contínuo de duração superior a 6 (seis) horas, a concessão de um intervalo mínimo de 1 (uma) hora para repouso ou alimentação, observados os usos e costumes da região.

§ 2º Os intervalos para repouso ou alimentação não serão computados na duração do trabalho.

Art. 6º Entre duas jornadas de trabalho haverá um período mínimo de 11 (onze) horas consecutivas para descanso.

Art. 7º A duração normal do trabalho poderá ser acrescida de horas suplementares, em número não excedente de 2 (duas), mediante acordo escrito entre o empregador e o empregado ou mediante contrato prévio coletivo de trabalho, observado o disposto no artigo anterior.

§ 1º Do acordo ou do contrato coletivo de trabalho deverá constar, obrigatoriamente, a importância da remuneração da hora suplementar que será, pelo menos, 20% (vinte por cento) superior à da hora normal.

§ 2º Poderá ser dispensado o acréscimo de salário se, por força de acordo ou contrato coletivo, o excesso de horas em um dia for compensado pela correspondente redução em outro dia, de maneira que não exceda o horário normal de trabalho.

Art. 8º A duração da jornada de trabalho poderá exceder do limite legal ou convencionado para terminar serviços que, pela sua natureza, não possam ser adiados, ou para fazer face a motivo de força maior.

§ 1º O excesso, nos casos deste artigo, poderá ser exigido independentemente de acordo ou contrato coletivo e deverá ser comunicado, dentro de 10 (dez) dias, à Delegacia Regional do Trabalho, ou, antes desse prazo, justificado aos agentes fiscais, sem prejuízo daquela comunicação.

§ 2º Nos casos de excesso de horário por motivo de força maior, a remuneração da hora excedente não será inferior à da hora normal. Nos demais casos de excesso previsto neste artigo, a remuneração será, pelo menos, 25% (vinte e cinco por cento) superior à da hora normal, e o trabalho não poderá exceder de 12 (doze) horas.

Art. 9º A duração da jornada de trabalho poderá igualmente exceder do limite legal ou convencionado, até o máximo de 2 (duas) horas, durante o número de dias necessários, para compensar interrupções do trabalho decorrentes de causas acidentais ou de força maior, desde que a jornada diária não exceda de 10 (dez) horas.

PARÁGRAFO ÚNICO. A prorrogação a que se refere este artigo não poderá exceder de 45 (quarenta e cinco) dias por ano, condicionada à prévia autorização da autoridade competente.

Art. 10. Nos serviços intermitentes não serão computados, como de efetivo exercício, os intervalos entre uma e outra parte da execução da tarefa diária, devendo essa característica ser expressamente ressalvada na Carteira de Trabalho e Previdência Social.

PARÁGRAFO ÚNICO. Considera-se serviço intermitente aquele que, por sua natureza, seja normalmente executado em duas ou mais etapas diárias distintas, desde que haja interrupção do trabalho de, no mínimo 5 (cinco) horas, entre uma e outra parte da execução da tarefa.

Art. 11. Todo trabalho noturno acarretará acréscimo de 25% (vinte e cinco por cento) sobre a remuneração normal da hora diurna.

PARÁGRAFO ÚNICO. Considera-se trabalho noturno, para os efeitos deste artigo, o executado entre as 21 (vinte e uma) horas de um dia e as 5 (cinco) horas do dia seguinte, na lavoura e entre as 20 (vinte) horas de um dia e as 4 (quatro horas) do dia seguinte, na atividade pecuária.

Art. 12. Ao menor de 18 (dezoito) anos é vedado o trabalho noturno.

Art. 13. Ao menor de 12 (doze) anos é proibido qualquer trabalho.

Art. 14. As normas referentes à jornada de trabalho, trabalho noturno, trabalho do menor e outras compatíveis com a modalidade das respectivas atividades aplicam-se aos avulsos e outros trabalhadores rurais que, sem vínculo de emprego, prestam serviços a empregadores rurais.

Art. 15. Ao empregado maior de 16 (dezesseis) anos é assegurado salário mínimo regional de adulto.

PARÁGRAFO ÚNICO. Ao empregado menor de 16 (dezesseis) anos é assegurado salário mínimo igual à metade do salário mínimo regional de adulto.

Art. 16. Além das hipóteses de determinação legal ou decisão judicial, somente poderão ser efetuados no salário do empregado os seguintes descontos:

I — até o limite de 20% (vinte por cento) do salário mínimo regional, pela ocupação da morada;

II — até o limite de 25% (vinte e cinco por cento) do salário mínimo regional, pelo fornecimento de alimentação;

III — valor de adiantamento em dinheiro.

§ 1º As deduções especificadas nos itens I, II e III deverão ser previamente autorizadas pelo empregado, sem o que serão nulas de pleno direito.

§ 2º Para os fins a que se refere o item I deste artigo, considera-se morada, a habitação fornecida pelo empregador, a qual, atendendo as condições peculiares de cada região, satisfaça os requisitos de salubridade e higiene estabelecidos em normas expedidas pelas Delegacias Regionais do Trabalho.

Art. 17. Sempre que mais de um empregado residir na mesma morada, o valor correspondente ao percentual do desconto previsto no item I, do artigo 15, será dividido igualmente pelo número total de ocupantes. *(Nota da Editora: O texto original faz referência ao art. 15, embora o correto seja o item I do art. 16)*

PARÁGRAFO ÚNICO. É vedada, em qualquer hipótese, a moradia coletiva de famílias.

Art. 18. Rescindido ou findo o contrato de trabalho, o empregado será obrigado a desocupar a morada fornecida pelo empregador dentro de 30 (trinta) dias.

Art. 19. Considera-se safreiro ou safrista o trabalhador que se obriga à prestação de serviços mediante contrato de safra.

PARÁGRAFO ÚNICO. Contrato de safra é aquele que tenha sua duração dependente de variações estacionais das atividades agrárias, assim entendidas as tarefas normalmente executadas no período compreendido entre o preparo do solo para o cultivo e a colheita.

Art. 20. Expirado, normalmente o contrato de safra, o empregador pagará ao safreiro, a título de indenização do tempo de serviço, a importância correspondente a 1/12 (um doze avos) do salário mensal, por mês de serviço ou fração superior a 14 (quatorze) dias.

Art. 21. Não havendo prazo estipulado, a parte que, sem justo motivo, quiser rescindir o contrato de trabalho, deverá avisar à outra da sua resolução com a antecedência mínima de:

I — 8 (oito) dias, se o pagamento for efetuado por semana ou tempo inferior;

II — 30 (trinta) dias, se o pagamento for efetuado por quinzena ou mês, ou se o empregador contar mais de 12 (doze) meses de serviço na empresa.

Art. 22. Durante o prazo do aviso prévio, se a rescisão tiver sido promovida pelo empregador, o empregado rural terá direito a 1 (um) dia por semana, sem prejuízo do salário integral, para procurar outro emprego.

Art. 23. A aposentadoria por idade concedida ao empregado rural, na forma da Lei Complementar n. 11, de 25 de maio de 1971, e sua regulamentação, não acarretará rescisão do respectivo contrato de trabalho, nem constituirá justa causa para a dispensa.

PARÁGRAFO ÚNICO. Constitui justa causa para rescisão do contrato de trabalho, além das apuradas em inquérito administrativo processado pelo Ministério do Trabalho e Previdência Social, a incapacidade total e permanente, resultante de idade avançada, enfermidade ou lesão orgânica comprovada mediante perícia médica a cargo da Delegacia Regional do Trabalho.

Art. 24. Aplicam-se ao empregado e empregador rural as normas referentes ao enquadramento e contribuição sindical, constantes do Decreto-lei n. 1.166, de 15 de abril de 1971.

Art. 25. A plantação subsidiária ou intercalar (cultura secundária), a cargo do empregado, quando de interesse também do empregador, será objeto de contrato em separado.

§ 1º Se houver necessidade de utilização de safreiros nos casos previstos neste artigo, os encargos decorrentes serão sempre de responsabilidade do empregador.

§ 2º O resultado anual a que tiver direito o empregado rural, quer em dinheiro, quer em produto *in natura*, não poderá ser computado como parte correspondente ao salário mínimo na remuneração geral do empregado durante o ano agrícola.

Art. 26. O empregador rural que tiver a seu serviço, nos limites de sua propriedade, mais de 50 (cinquenta) trabalhadores de qualquer natureza, com família, é obrigado a possuir e conservar em funcionamento escola primária, inteiramente gratuita, para os menores dependentes, com tantas classes quantos sejam os grupos de 40 (quarenta) crianças em idade escolar.

Art. 27. A prescrição dos direitos assegurados aos trabalhadores rurais só ocorrerá após 2 (dois) anos da rescisão ou término do contrato de trabalho.

— ver art. 7º, XXIX, da CF, p. 15

PARÁGRAFO ÚNICO. Contra o menor de 18 (dezoito) anos não corre qualquer prescrição.

Art. 28. O Ministro do Trabalho e Previdência Social estabelecerá, através de Portaria, as normas de segurança e higiene do trabalho a serem observadas nos locais de trabalho rural.

Art. 29. As infrações aos dispositivos deste regulamento e aos da Consolidação das Leis do Trabalho, salvo as do Título IV, Capítulos I, III, IV, VIII e IX, serão punidas com multa de 1/10 (um décimo) do salário mínimo regional de 10 (dez) salários mínimos regionais, segundo a natureza da infração e sua gravidade, aplicada em dobro nos casos de reincidência, oposição à fiscalização ou desacato à autoridade, sem prejuízo de outras sanções cabíveis.

§ 1º A falta de registro de empregados ou o seu registro em livros ou fichas não rubricadas e legalizadas, na forma do art. 42, da Consolidação das Leis do Trabalho, sujeitará a empresa infratora à multa de 1 (um) salário mínimo regional por empregado em situação irregular.

§ 2º Tratando-se de infrator primário, a penalidade prevista neste artigo não excederá de 4 (quatro) salários mínimos regionais.

§ 3º As penalidades serão aplicadas pela autoridade competente do Ministério do Trabalho e Previdência Social, de acordo com o disposto no Título VII, da Consolidação das Leis do Trabalho.

Art. 30. Aquele que recusar o exercício da função de vogal de Vara do Trabalho ou de juiz representante classista do Tribunal Regional, sem motivo justificado, incorrerá nas penas de multa previstas no artigo anterior, além da suspensão do direito de representação profissional por 2 (dois) a 5 (cinco) anos.

Júlio Barata

DECRETO N. 7.943, DE 5 DE MARÇO DE 2013

(DOU 6.3.2013)

Institui a política nacional para os trabalhadores rurais empregados

A PRESIDENTA DA REPÚBLICA, no uso da atribuição que lhe confere o art. 84, *caput*, inciso VI, alínea *a*, da Constituição,

DECRETA:

Art. 1º Fica instituída a Política Nacional para os Trabalhadores Rurais Empregados — PNATRE, com a finalidade de fortalecer os direitos sociais e a proteção social dos trabalhadores rurais empregados.

Art. 2º Para fins deste Decreto, considera-se trabalhador rural empregado a pessoa física prestadora de serviços remunerados e de natureza não eventual a empregador rural, sob a dependência deste, contratada por prazo indeterminado, determinado e de curta duração.

Art. 3º São princípios da PNATRE:

I — a dignidade da pessoa humana;

II — a garantia de direitos; e

III — o diálogo social.

Art. 4º São diretrizes da PNATRE:

I — revisar a legislação para articular as ações de promoção e proteção social aos trabalhadores rurais empregados;

II — fomentar a formalização e o aprimoramento das relações de trabalho que envolvam os trabalhadores rurais empregados;

III — promover o diálogo permanente e qualificado entre entidades e órgãos públicos e sociedade civil;

IV — aperfeiçoar as políticas de saúde, habitação, previdência e segurança destinadas aos trabalhadores rurais empregados;

V — fortalecer as políticas destinadas à educação formal e à capacitação profissional dos trabalhadores rurais empregados, para possibilitar a conciliação entre trabalho e estudo;

VI — integrar as políticas públicas federais, estaduais e municipais direcionadas aos trabalhadores rurais empregados;

VII — fortalecer as políticas públicas direcionadas à igualdade de gênero, raça e etnia nas relações de trabalho que envolvam os trabalhadores rurais empregados;

VIII — fortalecer as políticas públicas direcionadas à juventude que garantam acesso ao trabalho, sem prejuízo do direito à educação, à saúde, ao esporte e ao lazer;

IX — combater o trabalho infantil; e

X — articular-se com os Estados, o Distrito Federal, os Municípios e a sociedade civil para garantir a implementação da PNATRE.

Art. 5º São objetivos da PNATRE:

I — integrar e articular as políticas públicas direcionadas aos trabalhadores rurais empregados;

II — promover e ampliar a formalização nas relações de trabalho dos trabalhadores rurais empregados;

III — promover a reinserção produtiva dos trabalhadores rurais empregados que perderam seus postos de trabalho, gerando oportunidades de trabalho e renda;

IV — intensificar a fiscalização das relações de trabalho rural;

V — minimizar os efeitos do impacto das inovações tecnológicas na redução de postos de trabalho no meio rural;

VI — promover a alfabetização, a escolarização, a qualificação e a requalificação profissional aos trabalhadores rurais empregados;

VII — promover a saúde, a proteção social e a segurança dos trabalhadores rurais empregados;

VIII — promover estudos e pesquisas integrados e permanentes sobre os trabalhadores rurais empregados;

IX — ampliar as condições de trabalho decente para permanência de jovens no campo; e

X — combater práticas que caracterizem trabalho infantil.

Art. 6º Fica instituída a Comissão Nacional dos Trabalhadores Rurais Empregados — CNATRE, com a finalidade de gerir a PNATRE;

§ 1º A CNATRE terá a seguinte composição:

I — um representante, titular e suplente, dos seguintes órgãos:

a) Ministério do Trabalho e Emprego, que o coordenará;

b) Secretaria-Geral da Presidência da República;

c) Ministério da Agricultura, Pecuária e Abastecimento;

d) Ministério da Educação;

e) Ministério da Previdência Social;

f) Ministério do Desenvolvimento Social e Combate à Fome;

g) Ministério da Saúde;

h) Ministério do Desenvolvimento Agrário;

i) Secretaria de Relações Institucionais da Presidência da República;

j) Secretaria de Políticas para as Mulheres da Presidência da República; e

l) Secretaria de Direitos Humanos da Presidência da República.

II — Até cinco representantes da sociedade civil e seus suplentes.

§ 2º O prazo para instalação da CNATRE será de sessenta dias, contado da data de publicação deste Decreto.

§ 3º Os representantes da Comissão serão indicados pelos Secretários-Executivos dos órgãos integrantes no prazo de trinta dias, contado da data de publicação deste Decreto, e designados por ato do Ministro de Estado do Trabalho e Emprego.

§ 4º Ato conjunto dos Ministros de Estado do Trabalho e Emprego e da Secretaria-Geral da Presidência da República disporá sobre o funcionamento da CNATRE, sobre os critérios para definição dos representantes da sociedade civil e sua forma de designação.

§ 5º Poderão participar das reuniões da CNATRE, a convite de sua coordenação, especialistas e representantes de órgãos e entidades públicas ou privadas que exerçam atividades relacionadas ao tema.

§ 6º A participação na CNATRE será considerada prestação de serviço público relevante, não remunerada.

Art. 7º Compete à CNATRE:

I — articular e promover o diálogo entre entidades e órgãos públicos e sociedade civil para a implementação das ações no âmbito da PNATRE;

II — estabelecer outras diretrizes e objetivos da PNATRE;

III — propor alterações para aprimorar, acompanhar e monitorar as ações de seu Comitê Executivo;

IV — estabelecer critérios para elaboração dos planos de trabalho do Comitê Executivo; e

V — aprovar os planos de trabalho apresentados pelo Comitê Executivo.

Art. 8º A CNATRE terá um Comitê Executivo, integrado por um representante, titular e suplente, dos seguintes órgãos:

I — Ministério do Trabalho e Emprego, que o coordenará;

II — Ministério da Educação;

III — Ministério da Previdência Social; e

IV — Ministério do Desenvolvimento Social e Combate à Fome.

Art. 9º Compete ao Comitê Executivo da CNATRE:

I — elaborar plano de trabalho para execução de ações da PNATRE;

II — coordenar e supervisionar a execução de ações da PNATRE;

III — coordenar e supervisionar a execução do plano de trabalho;

IV — elaborar relatório de atividades desenvolvidas no âmbito da PNATRE, e encaminhá-lo à CNATRE; e

V — disponibilizar periodicamente informações sobre as ações implementadas no âmbito da PNATRE.

Art. 10. O Ministério do Trabalho e Emprego exercerá a função de Secretaria Executiva da CNATRAE e providenciará suporte técnico e administrativo ao seu funcionamento.

Art. 11. Este Decreto entra em vigor na data de sua publicação.

Brasília, 5 de março de 2013; 192º da Independência e 125º da República.

Dilma Rousseff
Carlos Daudt Brizola
Tereza Campello
Gilberto José Spier Vargas
Gilberto Carvalho

LEI N. 6.094, DE 30 DE AGOSTO DE 1974

(DOU 2.9.1974)

Define, para fins de previdência social, a atividade de auxiliar de condutor autônomo de veículo rodoviário, e dá outras providências

O PRESIDENTE DA REPÚBLICA, faço saber que o Congresso Nacional decreta e eu sanciono a seguinte Lei:

Art. 1º É facultada ao Condutor Autônomo de Veículo Rodoviário a cessão do seu automóvel, em regime de colaboração, no máximo a dois outros profissionais.

§ 1º Os auxiliares de condutores autônomos de veículos rodoviários contribuirão para o Regime Geral de Previdência Social de forma idêntica à dos contribuintes individuais *(Redação dada pela Lei n. 12.765, de 27.12.12, DOU 28.12.12) (Obs. A Lei n. 12.765, de 27.12.12, entrou em vigor após decorridos 90 (noventa) dias da data de sua publicação oficial)*

§ 2º O contrato que rege as relações entre o autônomo e os auxiliares é de natureza civil, não havendo qualquer vínculo empregatício nesse regime de trabalho *(Redação dada pela Lei n. 12.765, de 27.12.12, DOU 28.12.12)*

§ 3º As autoridades estaduais competentes fornecerão ao motorista colaborador identidade que o qualifique como tal.

§ 4º A identidade será fornecida mediante requerimento do interessado, com a concordância do proprietário do veículo.

Art. 2º Esta Lei entrará em vigor na data de sua publicação, revogadas as disposições em contrário.

Brasília, 30 de agosto de 1974; 153º da Independência e 86º da República.

Ernesto Geisel

L. G. do Nascimento e Silva

PORTARIA GM/MTE N. 1.964, DE 1º DE DEZEMBRO DE 1999

(DOU 2.12.1999)

Resolve que as delegacias regionais do trabalho deverão dar ampla divulgação ao modelo de contratação rural denominado "consórcio de empregadores rurais", estimulando, para tanto, o debate entre produtores e trabalhadores rurais, por meio de suas entidades associativas ou sindicais

— *Vide* nota do art. 3º da Lei n. 5.889, de 8.6.73, p. 410.

O MINISTRO DE ESTADO DO TRABALHO E EMPREGO, no uso das atribuições que lhe confere o inciso I do parágrafo único do art. 87 da Constituição Federal, tendo em vista o disposto no art. 7º dessa Carta e, ainda, considerando a necessidade de orientação aos Auditores Fiscais do Trabalho quanto à fiscalização em propriedades rurais em que haja prestação de trabalho subordinado a um "Condomínio de Empregadores" (ou "Pluralidade de Empregadores Rurais", ou "Registro de Empregadores em Nome Coletivo de Empregadores" ou "Consórcio de Empregadores Rurais"), resolve:

Art. 1º As Delegacias Regionais do Trabalho deverão dar ampla divulgação ao modelo de contratação rural denominado "Consórcio de Empregadores Rurais", estimulando, para tanto, o debate entre produtores e trabalhadores rurais, por meio de suas entidades associativas ou sindicais.

PARÁGRAFO ÚNICO. Para os fins do disposto nesta Portaria, considera-se "Consórcio de Empregadores Rurais" a união de produtores rurais, pessoas físicas, com a finalidade única de contratar empregados rurais.

Art. 2º O Auditor Fiscal do Trabalho, quando da fiscalização em propriedade rural em que haja prestação de trabalho a produtores rurais consorciados, procederá a levantamento físico objetivando identificar os trabalhadores encontrados em atividade, fazendo distinção entre os empregados diretos do produtor e aqueles comuns ao grupo consorciado.

Art. 3º Feito o levantamento físico e tendo o Auditor Fiscal do Trabalho identificado trabalhadores contratados por "Consórcio de Empregadores Rurais", deverá solicitar os seguintes documentos, que deverão estar centralizados no local de administração do Consórcio:

I — matrícula coletiva — CEI (Cadastro Específico do INSS) — deferida pelo Instituto Nacional do Seguro Social — INSS;

II — pacto de solidariedade, consoante previsto no art. 896 do Código Civil, devidamente registrado em cartório;

III — documentos relativos à administração do Consórcio, inclusive de outorga de poderes pelos produtores a um deles ou a um gerente/administrador para contratar e gerir a mão de obra a ser utilizada nas propriedades integrantes do grupo;

IV — livro, ficha ou sistema eletrônico de registro de empregados;

V — demais documentos necessários à atuação fiscal.

§ 1º O nome especificado na matrícula referida no inciso I deverá constar como empregador no registro do empregado e em todos os documentos decorrentes do contrato único de prestação de trabalho entre cada trabalhador e os produtores rurais consorciados.

§ 2º No pacto de solidariedade, onde os produtores rurais se responsabilizarão solidariamente pelas obrigações trabalhistas e previdenciárias decorrentes da contratação dos trabalhadores comuns, deverá constar a identificação de todos os consorciados com nome completo, CPF, documento de identidade, matrícula CEI individual endereço e domicílio, além do endereço das propriedades rurais onde os trabalhadores exercerão atividades.

Art. 4º Constatada a violação de preceito legal pelo "Consórcio de Empregadores Rurais", deverá o Auditor Fiscal do Trabalho lavrar o competente auto de infração em nome contido na CEI coletiva citando, ainda, o CPF do produtor que encabeça a matrícula e fazendo constar no corpo desta peça as informações necessárias à caracterização da prestação de trabalho a produtores consorciados.

§ 1º O Auditor Fiscal do Trabalho deverá, sempre que possível, juntar ao auto de infração a cópia da CEI coletiva e do pacto de solidariedade, a fim de garantir a perfeita identificação de todos os produtores rurais.

§ 2º A infração ao art. 41, *caput*, da Consolidação das Leis do Trabalho ensejará a lavratura do competente auto de infração em nome do proprietário ou possuidor da propriedade em que o empregado sem registro for encontrado em atividade.

Art. 5º Esta Portaria entra em vigor na data de sua publicação.

Francisco Dornelles

INSTRUÇÃO NORMATIVA SIT/MTE N. 76, DE 15 DE MAIO DE 2009

(DOU 18.5.2009)

Dispõe sobre procedimentos para a fiscalização do trabalho rural

A SECRETÁRIA DE INSPEÇÃO DO TRABALHO, no exercício de sua competência, prevista no art. 14, XIII do Decreto n. 5.063, de 3 de maio de 2004, resolve:

Editar a presente Instrução Normativa sobre procedimentos que deverão ser adotados na fiscalização do trabalho rural.

Do planejamento das ações fiscais

Art. 1º As Superintendências Regionais do Trabalho (SRTE), por intermédio de suas estruturas de fiscalização, deverão, obrigatoriamente, incluir no planejamento anual as estratégias de ação relativas às inspeções nas atividades rurais.

§ 1º O planejamento deverá ser precedido de diagnóstico para a identificação dos focos de recrutamento de trabalhadores, das atividades econômicas rurais e sua sazonalidade, bem como das peculiaridades locais.

§ 2º O diagnóstico, elaborado com base em dados obtidos junto a órgãos e instituições governamentais, deverá ser subsidiado também por informações oriundas do Ministério Público do Trabalho, dos sindicatos de trabalhadores rurais e outras organizações não governamentais.

§ 3º O planejamento deverá direcionar com prioridade as ações para os focos de recrutamento de trabalhadores; para as atividades econômicas intensivas em mão de obra e para aquelas com maior incidência de agravos à saúde do trabalhador.

Art. 2º A proposta de planejamento deverá ser encaminhada à consulta da representação dos trabalhadores rurais que integra a Comissão de Colaboração com a Inspeção do Trabalho (CCIT) e de representantes do Ministério Público do Trabalho, Polícia Federal e Polícia Rodoviária Federal, com o intuito de colher informações para a versão final do documento.

Art. 3º As SRTE poderão instituir, por intermédio de portaria, grupos especiais permanentes de fiscalização para implementar as ações fiscais nas atividades rurais ou constituir equipes especiais para cada operação.

§ 1º No caso dos grupos especiais permanentes, as chefias de fiscalização e de segurança e saúde no trabalho designarão, de comum acordo, um coordenador dentre os integrantes do grupo.

§ 2º A chefia buscará garantir que cada grupo ou equipe de fiscalização seja integrado por, no mínimo, três auditores fiscais do trabalho, preferencialmente compondo uma equipe com formação multidisciplinar.

§ 3º Os grupos e/ou equipes de fiscalização também deverão, a cada operação, ter um coordenador indicado de comum acordo pelas chefias de fiscalização e de segurança e saúde no trabalho.

Art. 4º Para a definição da estratégia a ser utilizada na ação fiscal, quando necessário, serão ouvidos previamente o Ministério Público do Trabalho, a Polícia Federal e/ou a Polícia Rodoviária Federal.

Art. 5º Na fase de execução da ação fiscal, após avaliação do grupo ou equipe, deverá ser garantida a participação da Polícia Federal, da Polícia Rodoviária Federal, da Polícia Militar ou da Policia Civil, por intermédio de solicitação direta da autoridade regional ou da chefia de fiscalização.

Art. 6º O Superintendente Regional do Trabalho e Emprego é responsável pela manutenção da frota de veículos de uso da fiscalização rural, devendo garantir a sua pronta disponibilização para a realização das ações fiscais previstas no planejamento.

PARÁGRAFO ÚNICO. Os recursos necessários ao licenciamento anual e à manutenção dos veículos de uso exclusivo da fiscalização deverão ser solicitados em tempo hábil à Secretaria de Inspeção do Trabalho, com cópias dos respectivos orçamentos.

Art. 7º Para subsidiar a execução das ações de fiscalização do trabalho rural, deverão ser observadas as normas previstas na Portaria n. 3.311, de 29 de novembro de 1989; no item 1.7, alínea *d*, da Norma Regulamentadora n. 1, aprovada pela Portaria n. 6, de 9 de março de 1983, e no item 31.3.3, alínea *k*, da Norma Regulamentadora n. 31, aprovada pela Portaria n. 86, de 3 de março de 2005.

Art. 8º A ação fiscal será iniciada com a verificação do cumprimento dos preceitos básicos da legislação trabalhista, destacando-se aqueles relativos às condições de segurança e saúde no trabalho, ao registro, à jornada, ao salário e ao FGTS.

Art. 9º No caso de constatação de risco grave e iminente para o trabalhador, o auditor fiscal do trabalho deverá adotar os procedimentos legais para interdição do estabelecimento, setor de serviço, máquina ou equipamento, conforme dispõe o art. 161 da CLT e a Norma Regulamentadora n. 3, aprovada pela Portaria Ministerial MTb n. 6, de 9 de março de 1983.

Art. 10. Ao identificar a ocorrência de aliciamento, terceirização ilegal ou qualquer forma irregular de intermediação de mão de obra, o auditor fiscal do trabalho procederá às autuações pertinentes e informará os fatos e circunstâncias em seu relatório para adoção de providências subsequentes.

Art. 11. Havendo identificação de trabalho análogo ao de escravo em ação fiscal rotineira, o auditor fiscal do trabalho ou grupo/equipe especial de fiscalização comunicará imediatamente o fato à chefia da fiscalização, por qualquer meio, e adotará os procedimentos previstos nos arts. 19 a 22 desta Instrução.

Art. 12. Quando constatar trabalho de crianças e adolescentes menores de 16 anos ou adolescentes entre 16 e 18 anos em atividades noturnas, insalubres, perigosas ou naquelas listadas no Decreto n. 6.481, de 12 de junho de 2008, o auditor fiscal do trabalho deverá observar o disposto na Instrução Normativa própria, bem como fazer constar do histórico do auto de infração a situação encontrada.

Art. 13. Concluída a ação fiscal, o coordenador do grupo/equipe especial de fiscalização encaminhará à chefia imediata, no prazo de cinco (5) dias úteis, contado do término da ação fiscal, relatório padrão contendo a identificação das empresas inspecionadas, descrição das situações encontradas, as providências adotadas, os resultados obtidos, cópias dos autos de infração lavrados, notificações emitidas e outros documentos e provas coletadas.

Art. 14. As autoridades regionais, as chefias e os auditores fiscais do trabalho em sua atividade de inspeção rural orientarão os empregadores e trabalhadores e suas respectivas representações sindicais sobre a importância da utilização dos serviços públicos de intermediação de mão de obra no âmbito do Sistema Nacional de Emprego (SINE).

Das Ações Fiscais em Reflorestamentos e Carvoarias

Art. 15. No caso de ações fiscais em exploração de madeira e produção de carvão vegetal, o grupo ou equipe de fiscalização deverá estar atento para a ocorrência de possíveis fraudes que visem a encobrir a natureza da relação laboral.

PARÁGRAFO ÚNICO. Havendo informações da existência de ilícitos relacionados à posse de terra ou a crimes ambientais, a fiscalização consultará previamente representantes do Instituto Brasileiro do Meio Ambiente (IBAMA), Instituto Nacional de Colonização e Reforma Agrária (INCRA) e/ou Fundação Nacional do Indio (FUNAI) sobre a regularidade da propriedade dos fiscalizados.

Art. 16. A responsabilidade decorrente da relação de emprego poderá ser estabelecida diretamente com o proprietário da terra, com o posseiro ou arrendatário ou com o comprador do produto da atividade de reflorestamento e/ou carvoejamento, dependendo da situação fática encontrada e da objetiva identificação dos pressupostos configuradores dessa relação, a partir da verificação do contrato realidade.

PARÁGRAFO ÚNICO. O procedimento acima deverá ser observado inclusive quando das ações nos assentamentos rurais, com comunicação dos resultados ao INCRA, ao IBAMA, ao Ministério Público do Trabalho e ao Ministério Público Federal.

Art. 17. Havendo, no curso da fiscalização, a constatação da inexistência de Licença Ambiental (LA) e do Documento de Origem Florestal (DOF) ou irregularidade nesses documentos, o coordenador do grupo e/ou equipe deverá comunicar o fato imediatamente aos órgãos competentes na matéria.

Art. 18. Nos casos em que ocorrer a identificação de trabalhadores submetidos à condição de trabalho análoga à de escravo, deverão ser obedecidos os procedimentos previstos nos arts. 19 a 22.

Das Ações Fiscais para o Combate ao Trabalho Análogo ao de Escravo

Art. 19. As ações fiscais para erradicação do trabalho análogo ao de escravo serão coordenadas pela Secretaria de Inspeção do Trabalho, que poderá realizá-las diretamente, por intermédio das equipes do grupo especial de fiscalização móvel ou por intermédio de grupos/equipes especiais de fiscalização rural, organizados no âmbito das SRTE.

Art. 20. Sempre que a SRTE receber denúncia que relate a existência de trabalhadores reduzidos à condição análoga à de escravo e decidir pela realização de ação fiscal local para a apuração dos fatos, esta deverá ser precedida da devida comunicação à Secretaria de Inspeção do Trabalho.

Art. 21. As ações fiscais deverão contar com a participação de representante da Polícia Federal, ou da Policia Rodoviária Federal, ou da Policia Militar ou da Policia Civil.

§ 1º O Superintendente Regional do Trabalho e Emprego ou a chefia de fiscalização deverá providenciar a participação de membros de um dos órgãos mencionados no *caput*, bem como enviar ao Ministério Público do Trabalho e à Advocacia Geral da União — (AGU) comunicação sobre a operação, para que estas instituições avaliem a conveniência de integrá-la.

§ 2º A constatação inequívoca de trabalho análogo ao de escravo ensejará a adoção dos procedimentos previstos no art. 2º-C, §§ 1º e 2º, da Lei n. 7.998, de 11 de janeiro de 1990, dando causa à rescisão indireta dos contratos de trabalho.

§ 3º O coordenador do grupo/equipe especial notificará o empregador para que providencie a imediata paralisação das atividades; a regularização dos contratos; a anotação nas Carteiras de Trabalho e Previdência Social (CTPS); as rescisões contratuais; o pagamento dos créditos trabalhistas; o recolhimento do FGTS; bem como para que tome as providências para o retorno dos trabalhadores aos locais de origem.

§ 4º Caberá ao coordenador, devidamente credenciado, o correto preenchimento, sob pena de responsabilidade, dos Requerimentos do Seguro-Desemprego do Trabalhador Resgatado, entregando a via própria ao interessado e outra à chefia imediata juntamente com o relatório a ser encaminhado à SIT.

Art. 22. No prazo de cinco (5) dias úteis após o encerramento da ação fiscal, o coordenador de grupo e/ou equipe deverá elaborar relatório na forma dos manuais e orientações da SIT e encaminhá-lo à chefia da fiscalização, que o encaminhará à SIT no prazo máximo de 5 (cinco) dias úteis a contar da data de seu recebimento.

Do recrutamento de trabalhadores

Art. 23. Para o transporte de trabalhadores recrutados para trabalhar em localidade diversa da sua origem é necessária a comunicação do fato às SRTE por intermédio da Certidão Declaratória de Transporte de Trabalhadores (CDTT).

PARÁGRAFO ÚNICO. O aliciamento e transporte de trabalhadores para localidade diversa de sua origem constitui, em tese, crime previsto no art. 207 do Código Penal.

Art. 24. A CDTT será preenchida em modelo próprio, conforme Anexo I, nela constando:

I) A identificação da razão social e o CNPJ da empresa contratante ou nome do empregador e seu CEI e CPF;

II) O endereço completo da sede do contratante e a indicação precisa do local de prestação dos serviços;

III) Os fins e a razão do transporte dos trabalhadores;

IV) O número total de trabalhadores recrutados;

V) As condições pactuadas de alojamento, alimentação e retorno à localidade de origem do trabalhador;

VI) O salário contratado;

VII) A data de embarque e o destino;

VIII) A identificação da empresa transportadora e dos condutores dos veículos;

IX) A assinatura do empregador ou seu preposto.

§ 1º O empregador poderá optar por realizar os exames médicos admissionais na localidade onde será prestado o serviço, caso não haja serviço médico adequado no local da contratação, desde que tal providência ocorra antes do início da atividade laboral.

§ 2º Na hipótese de o trabalhador não ser considerado apto para o trabalho, o empregador será responsável pelo custeio das despesas de transporte até o local de origem, bem como pelo pagamento das verbas salariais decorrentes do encerramento antecipado do contrato de trabalho.

Art. 25. A CDTT deverá ser devidamente preenchida e entregue nas unidades descentralizadas do MTE (Superintendências Regionais do Trabalho e Emprego ou Gerências Regionais do Trabalho e Emprego) da circunscrição dos trabalhadores recrutados, acompanhada de:

I) Cópia da inscrição no CNPJ ou CEI e CPF do empregador;

II) Procuração original ou cópia autenticada, concedendo poderes ao procurador para recrutar, contratar trabalhadores e proceder ao encaminhamento da CDTT junto à SRTE;

III) Cópia do contrato social do empregador, quando se tratar de pessoa jurídica;

IV) Cópias do documento de identidade do procurador e das habilitações dos condutores dos veículos;

V) Cópias dos contratos individuais de trabalho,

VI) Cópia do certificado de registro para fretamento da empresa transportadora, emitido pela Agência Nacional de Transportes Terrestres (ANTT);

VII) Relação nominal dos trabalhadores recrutados, com os números da CTPS e do PIS.

PARÁGRAFO ÚNICO. A CDTT poderá, excepcionalmente, ser protocolada fora das dependências da unidade do MTE, desde que em local definido pela chefia da fiscalização e por servidor especialmente designado para esse fim.

Art. 26. Estando a documentação completa, a SRTE receberá uma via da CDTT, devolvendo outra via ao empregador, devidamente protocolada.

§ 1º A SRTE formará processo a partir do recebimento da documentação, conferindo a regularidade do CNPJ na página da Secretaria da Receita Federal, encaminhando-o à SRTE da circunscrição onde ocorrerá a prestação dos serviços para que a situação seja analisada e ocorra, quando necessário, o devido acompanhamento *in loco* das condições de trabalho.

§ 2º A guarda da CDTT, documento de valor primário, deverá ser feita em arquivos intermediários por pelo menos um ano.

§ 3º A SRTE de origem dos trabalhadores enviará cópia da CDTT ao Sindicato dos Trabalhadores Rurais, acompanhada da relação nominal dos trabalhadores recrutados, e a entidade, se assim entender, dará ciência ao sindicato da localidade de destino.

§ 4º A SRTE encaminhará trimestralmente à SIT dados estatísticos referentes ao número de CDTT recebidas, atividades econômicas dos empregadores, número de trabalhadores transportados, municípios de recrutamento e destino dos trabalhadores.

Art. 27. O empregador, ou seu preposto, deverá, durante a viagem, manter no veículo de transporte dos trabalhadores a cópia da CDTT e, posteriormente, no local da prestação de serviços à disposição da fiscalização, juntamente com a cópia da relação nominal dos trabalhadores recrutados.

§ 1º Identificado o transporte de trabalhadores sem a CDTT, o auditor fiscal do trabalho comunicará o fato imediatamente à Polícia Rodoviária Federal, diretamente ou através de sua chefia imediata, ao tempo em que adotará as medidas legais cabíveis e providenciará relatório contendo a identificação do empregador, dos trabalhadores e demais dados relativos aos fatos apurados.

§ 2º A Chefia da fiscalização encaminhará o relatório ao Ministério Público Federal para as providencias aplicáveis ao aliciamento e transporte irregular de trabalhadores.

Da avaliação dos resultados

Art. 28. A SRTE deverá promover, no mínimo, uma reunião semestral com os coordenadores dos grupos e/ou equipes para avaliação dos resultados quantitativos e qualitativos das ações e eventual alteração das estratégias e processos de trabalho.

Art. 29. Esta Instrução Normativa entra em vigor na data de sua publicação, ficando revogada a Instrução Normativa n. 65, de 19 de julho de 2006, publicada na Seção I do Diário Oficial da União, de 21 de julho 2006.

RUTH BEATRIZ VASCONCELOS VILELA

PORTARIA INTERMINISTERIAL MTE/SGPR N. 2, DE 2 DE ABRIL DE 2014

(DOU 4.4.2014)

O MINISTRO DE ESTADO DO TRABALHO E EMPREGO E O MINISTRO DE ESTADO CHEFE DA SECRETARIA-GERAL DA PRESIDÊNCIA DA REPÚBLICA, no uso da atribuição que lhes confere o inciso II do parágrafo único do art. 87 da Constituição Federal, e tendo em vista o disposto no Decreto n. 7.943, de 5 de março de 2013, resolvem:

Art. 1º Instituir o Plano Nacional dos Trabalhadores Rurais Empregados — PLANATRE, com a finalidade de implementar ações no âmbito da Política Nacional para os Trabalhadores Rurais Empregados — PNATRE, que contribuam com a implementação de programas e ações para fortalecer os direitos sociais e a proteção social dos Trabalhadores Rurais Empregados.

Art. 2º A consecução dos objetivos do PLANATRE dar-se-á por intermédio da execução das ações descritas no Anexo, de acordo com os seguintes eixos de atuação:

I — Capacitação profissional e ampliação da escolarização;

II — Universalização de direitos;

III — Criação de oportunidades para geração de trabalho; e

IV — Saúde, assistência social e segurança do trabalhador e trabalhadora.

Art. 3º São objetivos específicos do PLANATRE:

I — integrar e articular as políticas públicas direcionadas aos trabalhadores rurais empregados;

II — promover e ampliar a formalização nas relações de trabalho dos trabalhadores rurais empregados;

III — promover a reinserção produtiva dos trabalhadores rurais empregados que perderam seus postos de trabalho, gerando oportunidades de trabalho e renda;

IV — intensificar a fiscalização das relações de trabalho rural;

V — minimizar os efeitos do impacto das inovações tecnológicas na redução de postos de trabalho no meio rural;

VI — promover a alfabetização, a escolarização, a qualificação e a requalificação profissional aos trabalhadores rurais empregados;

VII — promover a saúde, a proteção social e a segurança dos trabalhadores rurais empregados;

VIII — promover estudos e pesquisas integrados e permanentes sobre os trabalhadores rurais empregados;

IX — ampliar as condições de trabalho decente para permanência de jovens no campo; e Ministério do Trabalho e Emprego .

X — combater práticas que caracterizem trabalho infantil.

Art. 4º São beneficiários do PLANATRE todos os trabalhadores rurais empregados, considerados como tais aqueles que são pessoas físicas prestadoras de serviços remunerados e de natureza não eventual a empregador rural, sob a dependência deste, contratada por prazo indeterminado, determinado e de curta duração.

Art. 5º O PLANATRE deverá ser revisado e atualizado por ocasião da elaboração do Plano Plurianual.

Art. 6º A Comissão Nacional dos Trabalhadores Rurais Empregados — CNATRE é responsável pela articulação junto aos órgãos e entidades do Poder Executivo Federal para implementação da PNATRE.

Art. 7º Esta portaria entra em vigor na data de sua publicação.

MANOEL DIAS
Ministro de Estado do Trabalho Emprego

GILBERTO CARVALHO
Ministro de Estado Chefe da Secretaria-Geral da Presidência da República

(os anexos da referida Portaria encontram-se publicados às páginas 130 a 134, do DOU de 4.4.2014).

LEI N. 6.224, DE 14 DE JULHO DE 1975

(DOU 15.7.1975)

Regula o exercício da profissão de propagandista e vendedor de produtos farmacêuticos, e dá outras providências

O PRESIDENTE DA REPÚBLICA,

Faço saber que o Congresso Nacional decreta e eu sanciono a seguinte Lei:

Art. 1º Considera-se propagandista e vendedor de produtos farmacêuticos aquele que exerce função remunerada nos serviços de propaganda e venda de produtos químico-farmacêuticos e biológicos, nos consultórios (VETADO) empresas, farmácias, drogarias e estabelecimentos de serviços médicos, odontológicos, médicos veterinários e hospitalares, públicos e privados.

PARÁGRAFO ÚNICO. Considera-se, ainda, propagandista e vendedor de produtos farmacêuticos aquele que, além das atividades previstas neste artigo, realiza promoção de vendas, cobrança ou outras atividades acessórias.

Art. 2º O propagandista e vendedor de produtos farmacêuticos somente poderá exercer função diferente daquela para a qual for contratado, quando, previamente, e com a sua anuência expressa, proceder-se à respectiva anotação na Carteira Profissional.

PARÁGRAFO ÚNICO. O propagandista e vendedor de produtos farmacêuticos, chamado a ocupar cargo diverso do constante do seu contrato, terá direito à percepção do salário correspondente ao novo cargo, bem como à vantagem do tempo de serviço, para todos os efeitos legais, e ainda, ao retorno à função anterior com as vantagens outorgadas à função que exercia.

Art. 3º É vedado o exercício da profissão de propagandista e vendedor de produtos farmacêuticos ao menor de 18 (dezoito) anos.

Art. 4º As infrações à presente Lei, para as quais não esteja prevista penalidade específica, serão punidas de acordo com os critérios fixados, para casos semelhantes, na Consolidação das Leis do Trabalho.

Art. 5º Esta Lei entrará em vigor na data de sua publicação, revogadas as disposições em contrário.

ERNESTO GEISEL
Presidente da República

ARNALDO PRIETO

LEI N. 9.615, DE 24 DE MARÇO DE 1998

(DOU 25.3.1998)

Institui normas gerais sobre desporto e dá outras providências

O PRESIDENTE DA REPÚBLICA

Faço saber que o Congresso Nacional decreta e eu sanciono a seguinte Lei:

Capítulo I
Disposições Iniciais

Art. 1º O desporto brasileiro abrange práticas formais e não formais e obedece às normas gerais desta Lei, inspirado nos fundamentos constitucionais do Estado Democrático de Direito.

§ 1º A prática desportiva formal é regulada por normas nacionais e internacionais e pelas regras de prática desportiva de cada modalidade, aceitas pelas respectivas entidades nacionais de administração do desporto.

§ 2º A prática desportiva não formal é caracterizada pela liberdade lúdica de seus praticantes.

§ 3º Os direitos e as garantias estabelecidos nesta Lei e decorrentes dos princípios constitucionais do esporte não excluem outros oriundos de tratados e acordos internacionais firmados pela República Federativa do Brasil. (NR) *(Incluído pela Lei n. 13.322, de 28.7.2016, DOU 29.7.2016)*

Capítulo II
Dos Princípios Fundamentais

Art. 2º O desporto, como direito individual, tem como base os princípios:

I — da soberania, caracterizado pela supremacia nacional na organização da prática desportiva;

II — da autonomia, definido pela faculdade e liberdade de pessoas físicas e jurídicas organizarem-se para a prática desportiva;

III — da democratização, garantido em condições de acesso às atividades desportivas sem quaisquer distinções ou formas de discriminação;

IV — da liberdade, expresso pela livre prática do desporto, de acordo com a capacidade e interesse de cada um, associando-se ou não a entidade do setor;

V — do direito social, caracterizado pelo dever do Estado em fomentar as práticas desportivas formais e não formais;

VI — da diferenciação, consubstanciado no tratamento específico dado ao desporto profissional e não profissional;

VII — da identidade nacional, refletido na proteção e incentivo às manifestações desportivas de criação nacional;

VIII — da educação, voltado para o desenvolvimento integral do homem como ser autônomo e participante, e fomentado por meio da prioridade dos recursos públicos ao desporto educacional;

IX — da qualidade, assegurado pela valorização dos resultados desportivos, educativos e dos relacionados à cidadania e ao desenvolvimento físico e moral;

X — da descentralização, consubstanciado na organização e funcionamento harmônicos de sistemas desportivos diferenciados e autônomos para os níveis federal, estadual, distrital e municipal;

XI — da segurança, propiciado ao praticante de qualquer modalidade desportiva, quanto a sua integridade física, mental ou sensorial;

XII — da eficiência, obtido por meio do estímulo à competência desportiva e administrativa.

PARÁGRAFO ÚNICO. A exploração e a gestão do desporto profissional constituem exercício de atividade econômica sujeitando-se, especificamente, à observância dos princípios: *(Parágrafo único e incisos acrescentados pela Lei n. 10.672, de 15.5.03, DOU 16.5.03)*

I — da transparência financeira e administrativa; *(Parágrafo único e incisos acrescentados pela Lei n. 10.672, de 15.5.03, DOU 16.5.03)*

II — da moralidade na gestão desportiva; *(Parágrafo único e incisos acrescentados pela Lei n. 10.672, de 15.5.03, DOU 16.5.03)*

III — da responsabilidade social de seus dirigentes; *(Parágrafo único e incisos acrescentados pela Lei n. 10.672, de 15.5.03, DOU 16.5.03)*

IV — do tratamento diferenciado em relação ao desporto não profissional; e *(Parágrafo único e incisos acrescentados pela Lei n. 10.672, de 15.5.03, DOU 16.5.03)*

V — da participação na organização desportiva do País. *(Parágrafo único e incisos acrescentados pela Lei n. 10.672, de 15.5.03, DOU 16.5.03)*

Capítulo III
Da Natureza e das Finalidades do Desporto

Art. 3º O desporto pode ser reconhecido em qualquer das seguintes manifestações:

I — desporto educacional, praticado nos sistemas de ensino e em formas assistemáticas de educação, evitando-se a seletividade, a hipercompetitividade de seus praticantes, com a finalidade de alcançar o desenvolvimento integral do indivíduo e a sua formação para o exercício da cidadania e a prática do lazer;

II — desporto de participação, de modo voluntário, compreendendo as modalidades desportivas praticadas com a finalidade de contribuir para a integração dos praticantes na plenitude da vida social, na promoção da saúde e educação e na preservação do meio ambiente;

III — desporto de rendimento, praticado segundo normas gerais desta Lei e regras de prática desportiva, nacionais e internacionais, com a finalidade de obter resultados e integrar pessoas e comunidades do País e estas com as de outras nações.

IV — desporto de formação, caracterizado pelo fomento e aquisição inicial dos conhecimentos desportivos que garantam competência técnica na intervenção desportiva, com o objetivo de promover o aperfeiçoamento qualitativo e quantitativo da prática desportiva em termos recreativos, competitivos ou de alta competição. *(Incluído pela Lei n. 13.155, de 4.8.15, DOU ed. extra 5.8.15)*

§ 1º O desporto de rendimento pode ser organizado e praticado: *(Renumerado do parágrafo único pela Lei n. 13.155, de 4.8.15, DOU ed. extra 5.8.15)*

I — de modo profissional, caracterizado pela remuneração pactuada em contrato formal de trabalho entre o atleta e a entidade de prática desportiva;

II — de modo não profissional, identificado pela liberdade de prática e pela inexistência de contrato de trabalho, sendo permitido o recebimento de incentivos materiais e de patrocínio. *(Redação dada pela Lei n. 9.981, 14.7.00, DOU 17.7.00)*

a) (revogada); *(Redação dada pela Lei n. 9.981, de 14.7.00, DOU 17.7.00)*

b) (revogada). *(Redação dada pela Lei n. 9.981, de 14.7.00, DOU 17.7.00)*

§ 2º (VETADO). *(Incluído pela Lei n. 13.155, de 4.8.15, DOU ed. extra 5.8.15)*

....

Capítulo V
Da Prática Desportiva Profissional

Art. 26. Atletas e entidades de prática desportiva são livres para organizar a atividade profissional, qualquer que seja sua modalidade, respeitados os termos desta Lei.

PARÁGRAFO ÚNICO. Considera-se competição profissional para os efeitos desta Lei aquela promovida para obter renda e disputada por atletas profissionais cuja remuneração decorra de contrato de trabalho desportivo. *(Incluído pela Lei n. 10.672, de 15.5.03, DOU 16.5.03)*

Art. 27. As entidades de prática desportiva participantes de competições profissionais e as entidades de administração de desporto ou ligas em que se organizarem, independentemente da forma jurídica adotada, sujeitam os bens particulares de seus dirigentes ao disposto no art. 50 da Lei n. 10.406, de 10 de janeiro de 2002, além das sanções e responsabilidades previstas no *caput* do art. 1.017 da Lei n. 10.406, de 10 de janeiro de 2002, na hipótese de aplicarem créditos ou bens sociais da entidade desportiva em proveito próprio ou de terceiros. *(Redação dada pela Lei n. 10.672, de 15.5.03, DOU 16.5.03)*

§ 1º *(Revogado pela Lei n. 9.981, de 14.7.00, DOU 17.7.00).*

§ 2º A entidade a que se refere este artigo não poderá utilizar seus bens patrimoniais, desportivos ou sociais para integralizar sua parcela de capital ou oferecê-los como garantia, salvo com a concordância da maioria absoluta da assembleia geral dos associados ou sócios e na conformidade do respectivo estatuto ou contrato social. *(Redação dada pela Lei n. 13.155, de 4.8.15, DOU ed. extra 5.8.15)*

§ 3º *(Revogado pela Lei n. 10.672, de 15.5.03, DOU 16.5.03)*

§ 4º *(Revogado pela Lei n. 10.672, de 15.5.03, DOU 16.5.03)*

§ 5º O disposto no art. 23 aplica-se, no que couber, às entidades a que se refere o *caput* deste artigo. *(Incluído pela Lei n. 10.672, de 15.5.03, DOU 16.5.0303)*

§ 6º Sem prejuízo de outros requisitos previstos em lei, as entidades de que trata o *caput* deste artigo somente poderão obter financiamento com recursos públicos ou fazer jus a programas de recuperação econômico-financeiros se, cumulativamente, atenderem às seguintes condições: *(Redação dada pela Lei n. 12.395, de 16.3.11, DOU 17.3.11)*

I — realizar todos os atos necessários para permitir a identificação exata de sua situação financeira; *(Incluído pela Lei n. 10.672, de 15.5.03, DOU 16.5.03)*

II — apresentar plano de resgate e plano de investimento; *(Incluído pela Lei n. 10.672, de 15.5.03, DOU 16.5.03)*

III — garantir a independência de seus conselhos de fiscalização e administração, quando houver; *(Incluído pela Lei n. 10.672, de 15.5.03, DOU 16.5.03)*

IV — adotar modelo profissional e transparente; e *(Incluído pela Lei n. 10.672, de 15.503, DOU 16.5.03)*

V — apresentar suas demonstrações financeiras, juntamente com os respectivos relatórios de auditoria, nos termos definidos no inciso I do art. 46-A desta Lei. *(Redação dada pela Lei n. 12.395, de 16.3.11, DOU 17.3.11)*

§ 7º Os recursos do financiamento voltados à implementação do plano de resgate serão utilizados: *(Incluído pela Lei n. 10.672, de 15.5.03, DOU 16.5.03)*

I — prioritariamente, para quitação de débitos fiscais, previdenciários e trabalhistas; e *(Incluído pela Lei n. 10.672, de 15.5.03, DOU 16.5.03)*

II — subsidiariamente, para construção ou melhoria de estádio próprio ou de que se utilizam para mando de seus jogos, com a finalidade de atender a critérios de segurança, saúde e bem estar do torcedor. *(Incluído pela Lei n. 10.672, de 15.5.03, DOU 16.5.03)*

§ 8º Na hipótese do inciso II do § 7º, a entidade de prática desportiva deverá apre-

Legislação Complementar

sentar à instituição financiadora o orçamento das obras pretendidas. *(Incluído pela Lei n. 10.672, de 15.5.03, DOU 16.5.03)*

§ 9º É facultado às entidades desportivas profissionais constituírem-se regularmente em sociedade empresária, segundo um dos tipos regulados nos arts. 1.039 a 1.092 da Lei n. 10.406, de 10 de janeiro de 2002 — Código Civil. *(Incluído pela Lei n. 10.672, de 15.5.03, DOU 16.5.03)*

§ 10. Considera-se entidade desportiva profissional, para fins desta Lei, as entidades de prática desportiva envolvidas em competições de atletas profissionais, as ligas em que se organizarem e as entidades de administração de desporto profissional. *(Incluído pela Lei n. 10.672, de 15.5.03, DOU 16.5.03)*

§ 11. Os administradores de entidades desportivas profissionais respondem solidária e ilimitadamente pelos atos ilícitos praticados, de gestão temerária ou contrários ao previsto no contrato social ou estatuto, nos termos da Lei n. 10.406, de 10 de janeiro de 2002 — Código Civil. *(Redação dada pela Lei n 12.395, de 16.3.11, DOU 17.3.11)*

§ 12. *(VETADO)* *(Incluído pela Lei n. 10.672, de 15.5.03, DOU 16.5.03)*

§ 13. Para os fins de fiscalização e controle do disposto nesta Lei, as atividades profissionais das entidades de que trata o *caput* deste artigo, independentemente da forma jurídica sob a qual estejam constituídas, equiparam-se às das sociedades empresárias. *(Redação dada pela Lei n 12.395, de 16.3.11, DOU 17.3.11)*

Art. 27-A. Nenhuma pessoa física ou jurídica que, direta ou indiretamente, seja detentora de parcela do capital com direito a voto ou, de qualquer forma, participe da administração de qualquer entidade de prática desportiva poderá ter participação simultânea no capital social ou na gestão de outra entidade de prática desportiva disputante da mesma competição profissional. *(Incluído pela Lei n. 9.981, de 14.7.00, DOU 17.7.00)*

§ 1º É vedado que duas ou mais entidades de prática desportiva disputem a mesma competição profissional das primeiras séries ou divisões das diversas modalidades desportivas quando: *(Incluído pela Lei n. 9.981, de 14.7.00, DOU 17.7.00)*

a) uma mesma pessoa física ou jurídica, direta ou indiretamente, através de relação contratual, explore, controle ou administre direitos que integrem seus patrimônios; ou, *(Incluído pela Lei n. 9.981, de 14.7.00, DOU 17.7.00)*

b) uma mesma pessoa física ou jurídica, direta ou indiretamente, seja detentora de parcela do capital com direito a voto ou, de qualquer forma, participe da administração de mais de uma sociedade ou associação que explore, controle ou administre direitos que integrem os seus patrimônios. *(Incluído pela Lei n. 9.981, de 14.7.00, DOU 17.7.00)*

§ 2º A vedação de que trata este artigo aplica-se: *(Incluído pela Lei n. 9.981, de 14.7.00, DOU 17.7.00)*

a) ao cônjuge e aos parentes até o segundo grau das pessoas físicas; e *(Incluído pela Lei n. 9.981, de 14.7.00, DOU 17.7.00)*

b) às sociedades controladoras, controladas e coligadas das mencionadas pessoas jurídicas, bem como a fundo de investimento, condomínio de investidores ou outra forma assemelhada que resulte na participação concomitante vedada neste artigo. *(Incluído pela Lei n. 9.981, de 14.7.00, DOU 17.7.00)*

§ 3º Excluem-se da vedação de que trata este artigo os contratos de administração e investimentos em estádios, ginásios e praças desportivas, de patrocínio, de licenciamento de uso de marcas e símbolos, de publicidade e de propaganda, desde que não importem na administração direta ou na cogestão das atividades desportivas profissionais das entidades de prática desportiva, assim como os contratos individuais ou coletivos que sejam celebrados entre as detentoras de concessão, permissão ou autorização para exploração de serviços de radiodifusão sonora e de sons e imagens, bem como de televisão por assinatura, e entidades de prática desportiva para fins de transmissão de eventos desportivos. *(Incluído pela Lei n. 9.981, de 14.7.00, DOU 17.7.00)*

§ 4º A infringência a este artigo implicará a inabilitação da entidade de prática desportiva para percepção dos benefícios de que trata o art. 18 desta Lei. *(Redação dada pela Lei n. 10.672, de 15.5.03, DOU 16.5.03)*

§ 5º As empresas detentoras de concessão, permissão ou autorização para exploração de serviço de radiodifusão sonora e de sons e imagens, bem como de televisão por assinatura, ficam impedidas de patrocinar ou veicular sua própria marca, bem como a de seus canais e dos títulos de seus programas, nos uniformes de competições das entidades desportivas. *(Redação dada pela Lei n. 10.672, de 15.5.03, DOU 16.5.03)*

§ 6º A violação do disposto no § 5º implicará a eliminação da entidade de prática desportiva que lhe deu causa da competição ou do torneio em que aquela se verificou, sem prejuízo das penalidades que venham a ser aplicadas pela Justiça Desportiva. *(Incluído pela Lei n. 10.672, de 15.5.03, DOU 16.5.03)*

Art. 27-B. São nulas de pleno direito as cláusulas de contratos firmados entre as entidades de prática desportiva e terceiros, ou entre estes e atletas, que possam intervir ou influenciar nas transferências de atletas ou, ainda, que interfiram no desempenho do atleta ou da entidade de prática desportiva, exceto quando objeto de acordo ou convenção coletiva de trabalho. *(Incluído pela Lei n. 12.395, de 16.3.11, DOU 17.3.11)*

Art. 27-C. São nulos de pleno direito os contratos firmados pelo atleta ou por seu representante legal com agente desportivo, pessoa física ou jurídica, bem como as cláusulas contratuais ou de instrumentos procuratórios que: *(Incluído pela Lei n. 12.395, de 16.3.11, DOU 17.3.11)*

I — resultem vínculo desportivo; *(Incluído pela Lei n. 12.395, de 16.3.11, DOU 17.3.11)*

II — impliquem vinculação ou exigência de receita total ou parcial exclusiva da entidade de prática desportiva, decorrente de transferência nacional ou internacional de atleta, em vista da exclusividade de que trata o inciso I do art. 28; *(Incluído pela Lei n. 12.395, de 16.3.11, DOU 17.3.11)*

III — restrinjam a liberdade de trabalho desportivo; *(Incluído pela Lei n 12.395, de 16.3.11, DOU 17.3.11)*

IV — estabeleçam obrigações consideradas abusivas ou desproporcionais; *(Incluído pela Lei n. 12.395, de 16.3.11, DOU 17.3.11)*

V — infrinjam os princípios da boa-fé objetiva ou do fim social do contrato; ou *(Incluído pela Lei n. 12.395, de 16.3.11, DOU 17.3.11)*

VI — versem sobre o gerenciamento de carreira de atleta em formação com idade inferior a 18 (dezoito) anos. *(Incluído pela Lei n. 12.395, de 16.3.11, DOU 17.3.11)*

Art. 27-D. (VETADO) *(Lei n. 13.155, de 4.8.15, DOU ed. extra 5.8.15)*

Art. 28. A atividade do atleta profissional é caracterizada por remuneração pactuada em contrato especial de trabalho desportivo, firmado com entidade de prática desportiva, no qual deverá constar, obrigatoriamente: *(Redação dada pela Lei n 12.395, de 16.3.11, DOU 17.3.11)*

I — cláusula indenizatória desportiva, devida exclusivamente à entidade de prática desportiva à qual está vinculado o atleta, nas seguintes hipóteses: *(Incluído pela Lei n. 12.395, de 16.3.11, DOU 17.3.11)*

a) transferência do atleta para outra entidade, nacional ou estrangeira, durante a vigência do contrato especial de trabalho desportivo; ou *(Incluído pela Lei n. 12.395, de 16.3.11, DOU 17.3.11)*

b) por ocasião do retorno do atleta às atividades profissionais em outra entidade de prática desportiva, no prazo de até 30 (trinta) meses; e *(Incluído pela Lei n. 12.395, de 16.3.11, DOU 17.3.11)*

II — cláusula compensatória desportiva, devida pela entidade de prática desportiva ao atleta, nas hipóteses dos incisos III a V do § 5º; *(Incluído pela Lei n. 12.395, de 16.3.11, DOU 17.3.11)*

§ 1º O valor da cláusula indenizatória desportiva a que se refere o inciso I do *caput* deste artigo será livremente pactuado pelas partes e expressamente quantificado no instrumento contratual: *(Redação dada pela Lei n. 12.395, de 16.3.11, DOU 17.3.11)*

I — até o limite máximo de 2.000 (duas mil) vezes o valor médio do salário contratual, para as transferências nacionais; e *(Incluído pela Lei n. 12.395, de 16.3.11, DOU 17.3.11)*

II — sem qualquer limitação, para as transferências internacionais. *(Incluído pela Lei n. 12.395, de 16.3.11, DOU 17.3.11)*

§ 2º São solidariamente responsáveis pelo pagamento da cláusula indenizatória desportiva de que trata o inciso I do *caput* deste artigo o atleta e a nova entidade de prática desportiva empregadora. *(Redação dada pela Lei n. 12.395, de 16.3.11, DOU 17.3.11)*

I — *(Revogado pela Lei n. 12.395, de 16.3.11, DOU 17.3.11).*

II — *(Revogado pela Lei n. 12.395, de 16.3.11, DOU 17.3.11).*

III — *(Revogado pela Lei n. 12.395, de 16.3.11, DOU 17.3.11).*

§ 3º O valor da cláusula compensatória desportiva a que se refere o inciso II do *caput* deste artigo será livremente pactuado entre as partes e formalizado no contrato especial de trabalho desportivo, observando-se, como limite máximo, 400 (quatrocentas) vezes o valor do salário mensal no momento da rescisão e, como limite mínimo, o valor total de salários mensais a que teria direito o atleta até o término do referido contrato. *(Redação dada pela Lei n. 12.395, de 16.3.11, DOU 17.3.11)*

§ 4º Aplicam-se ao atleta profissional as normas gerais da legislação trabalhista e da Seguridade Social, ressalvadas as peculiaridades constantes desta Lei, especialmente as seguintes: *(Redação dada pela Lei n. 12.395, de 16.3.11, DOU 17.3.11)*

I — se conveniente à entidade de prática desportiva, a concentração não poderá ser superior a 3 (três) dias consecutivos por semana, desde que esteja programada qualquer partida, prova ou equivalente, amistosa ou oficial, devendo o atleta ficar à disposição do empregador por ocasião da realização de competição fora da localidade onde tenha sua sede; *(Redação dada pela Lei n. 12.395, de 16.3.11, DOU 17.3.11)*

II — o prazo de concentração poderá ser ampliado, independentemente de qualquer pagamento adicional, quando o atleta estiver à disposição da entidade de administração do desporto; *(Redação dada pela Lei n. 12.395, de 16.3.11, DOU 17.3.11)*

III — acréscimos remuneratórios em razão de períodos de concentração, viagens, pré-temporada e participação do atleta em partida, prova ou equivalente, conforme previsão contratual; *(Redação dada pela Lei n. 12.395, de 16.3.11, DOU 17.3.11)*

IV — repouso semanal remunerado de 24 (vinte e quatro) horas ininterruptas, preferentemente em dia subsequente à participação do atleta na partida, prova ou equivalente, quando realizada no final de semana; *(Redação dada pela Lei n. 12.395, de 16.3.11, DOU 17.3.11)*

V — férias anuais remuneradas de 30 (trinta) dias, acrescidas do abono de férias, coincidentes com o recesso das atividades desportivas; *(Incluído pela Lei n. 12.395, de 16.3.11, DOU 17.3.11)*

VI — jornada de trabalho desportiva normal de 44 (quarenta e quatro) horas semanais. *(Incluído pela Lei n. 12.395, de 16.3.11, DOU 17.3.11)*

§ 5º O vínculo desportivo do atleta com a entidade de prática desportiva contratante constitui-se com o registro do contrato especial de trabalho desportivo na entidade de administração do desporto, tendo natureza acessória ao respectivo vínculo empregatício, dissolvendo-se, para todos os efeitos legais: *(Redação dada pela Lei n. 12.395, de 16.3.11, DOU 17.3.11)*

I — com o término da vigência do contrato ou o seu distrato; *(Incluído pela Lei n. 12.395, de 16.3.11, DOU 17.3.11)*

II — com o pagamento da cláusula indenizatória desportiva ou da cláusula compensatória desportiva; *(Incluído pela Lei n. 12.395, de 16.3.11, DOU 17.3.11)*

III — com a rescisão decorrente do inadimplemento salarial, de responsabilidade da entidade de prática desportiva empregadora, nos termos desta Lei; *(Incluído pela Lei n. 12.395, de 16.3.11, DOU 17.3.11)*

IV — com a rescisão indireta, nas demais hipóteses previstas na legislação trabalhista; e *(Incluído pela Lei n. 12.395, de 16.3.11, DOU 17.3.11)*

V — com a dispensa imotivada do atleta. *(Incluído pela Lei n. 12.395, de 16.3.11, DOU 17.3.11)*

§ 6º *(Revogado pela Lei n. 10.672, de 2003).*

§ 7º A entidade de prática desportiva poderá suspender o contrato especial de trabalho desportivo do atleta profissional, ficando dispensada do pagamento da remuneração nesse período, quando o atleta for impedido de atuar, por prazo ininterrupto superior a 90 (noventa) dias, em decorrência de ato ou evento de sua exclusiva responsabilidade, desvinculado da atividade profissional, conforme previsto no referido contrato. *(Redação dada pela Lei n. 12.395, de 16.3.11, DOU 17.3.11)*

§ 8º O contrato especial de trabalho desportivo deverá conter cláusula expressa reguladora de sua prorrogação automática na ocorrência da hipótese prevista no § 7º deste artigo. *(Incluído pela Lei n. 12.395, de 16.3.11, DOU 17.3.11)*

§ 9º Quando o contrato especial de trabalho desportivo for por prazo inferior a 12 (doze) meses, o atleta profissional terá direito, por ocasião da rescisão contratual por culpa da entidade de prática desportiva empregadora, a tantos doze avos da remuneração mensal quantos forem os meses da vigência do contrato, referentes a férias, abono de férias e 13º (décimo terceiro) salário. *(Incluído pela Lei n. 12.395, de 16.3.11, DOU 17.3.11)*

§ 10. Não se aplicam ao contrato especial de trabalho desportivo os arts. 479 e 480 da Consolidação das Leis do Trabalho — CLT, aprovada pelo Decreto-lei n. 5.452, de 1º de maio de 1943. *(Incluído pela Lei n. 12.395, de 16.3.11, DOU 17.3.11)*

Art. 28-A. Caracteriza-se como autônomo o atleta maior de 16 (dezesseis) anos que não mantém relação empregatícia com entidade de prática desportiva, auferindo rendimentos por conta e por meio de contrato de natureza civil. *(Incluído pela Lei n. 12.395, de 16.3.11, DOU 17.3.11)*

§ 1º O vínculo desportivo do atleta autônomo com a entidade de prática desportiva resulta de inscrição para participar de competição e não implica reconhecimento de relação empregatícia. *(Incluído pela Lei n. 12.395, de 16.3.11, DOU 17.3.11)*

§ 2º A filiação ou a vinculação de atleta autônomo a entidade de administração ou a sua integração a delegações brasileiras partícipes de competições internacionais não caracteriza vínculo empregatício. *(Incluído pela Lei n. 12.395, de 16.3.11, DOU 17.3.11)*

§ 3º O disposto neste artigo não se aplica às modalidades desportivas coletivas. *(Incluído pela Lei n. 12.395, de 16.3.11, DOU 17.3.11)*

Art. 29. A entidade de prática desportiva formadora do atleta terá o direito de assinar com ele, a partir de 16 (dezesseis) anos de idade, o primeiro contrato especial de trabalho desportivo, cujo prazo não poderá ser superior a 5 (cinco) anos. *(Redação dada pela Lei n. 12.395, de 16.3.11, DOU 17.3.11)*

PARÁGRAFO ÚNICO. *(VETADO)*

§ 2º É considerada formadora de atleta a entidade de prática desportiva que: *(Redação dada pela Lei n. 12.395, de 16.3.11, DOU 17.3.11)*

I — forneça aos atletas programas de treinamento nas categorias de base e complementação educacional; e *(Incluído pela Lei n. 12.395, de 16.3.11, DOU 17.3.11)*

II — satisfaça cumulativamente os seguintes requisitos: *(Incluído pela Lei n. 12.395, de 16.3.11, DOU 17.3.11)*

a) estar o atleta em formação inscrito por ela na respectiva entidade regional de administração do desporto há, pelo menos, 1 (um) ano; *(Incluído pela Lei n. 12.395, de 16.3.11, DOU 17.3.11)*

b) comprovar que, efetivamente, o atleta em formação está inscrito em competições oficiais; *(Incluído pela Lei n. 12.395, de 16.3.11, DOU 17.3.11)*

c) garantir assistência educacional, psicológica, médica e odontológica, assim como alimentação, transporte e convivência familiar; *(Incluído pela Lei n. 12.395, de 16.3.11, DOU 17.3.11)*

d) manter alojamento e instalações desportivas adequados, sobretudo em matéria de alimentação, higiene, segurança e salubridade; *(Incluído pela Lei n. 12.395, de 16.3.11, DOU 17.3.11)*

e) manter corpo de profissionais especializados em formação técnico desportiva; *(Incluído pela Lei n. 12.395, de 16.3.11, DOU 17.3.11)*

f) ajustar o tempo destinado à efetiva atividade de formação do atleta, não superior a 4 (quatro) horas por dia, aos horários do currículo escolar ou de curso profissionalizante, além de propiciar-lhe a matrícula escolar, com exigência de frequência e satisfatório aproveitamento; *(Incluído pela Lei n. 12.395, de 16.3.11, DOU 17.3.11)*

g) ser a formação do atleta gratuita e a expensas da entidade de prática desportiva; *(Incluído pela Lei n. 12.395, de 16.3.11, DOU 17.3.11)*

h) comprovar que participa anualmente de competições organizadas por entidade de administração do desporto em, pelo menos, 2 (duas) categorias da respectiva modalidade desportiva; e *(Incluído pela Lei n. 12.395, de 16.3.11, DOU 17.3.11)*

i) garantir que o período de seleção não coincida com os horários escolares. *(Incluído pela Lei n. 12.395, de 16.3.11, DOU 17.3.11)*

§ 3º A entidade nacional de administração do desporto certificará como entidade de prática desportiva formadora aquela que comprovadamente preencha os requisitos estabelecidos nesta Lei. *(Redação dada pela Lei n. 12.395, de 16.3.11, DOU 17.3.11)*

§ 4º O atleta não profissional em formação, maior de quatorze e menor de vinte anos de idade, poderá receber auxílio financeiro da entidade de prática desportiva formadora, sob a forma de bolsa de aprendizagem livremente pactuada mediante contrato formal, sem que seja gerado vínculo empregatício entre as partes. *(Incluído pela Lei n. 10.672, de 15.5.03, DOU 16.5.03)*

§ 5º A entidade de prática desportiva formadora fará jus a valor indenizatório se ficar impossibilitada de assinar o primeiro contrato especial de trabalho desportivo por oposição do atleta, ou quando ele se vincular, sob qualquer forma, a outra entidade de prática desportiva, sem autorização expressa da entidade de prática desportiva formadora, atendidas as seguintes condições: *(Redação dada pela Lei n. 12.395, de 16.3.11, DOU 17.3.11)*

I — o atleta deverá estar regularmente registrado e não pode ter sido desligado da entidade de prática desportiva formadora; *(Incluído pela Lei n. 12.395, de 16.3.11, DOU 17.3.11)*

II — a indenização será limitada ao montante correspondente a 200 (duzentas) vezes os gastos comprovadamente efetuados com a formação do atleta, especificados no contrato de que trata o § 4º deste artigo; *(Incluído pela Lei n. 12.395, de 16.3.11, DOU 17.3.11)*

III — o pagamento do valor indenizatório somente poderá ser efetuado por outra entidade de prática desportiva e deverá ser efetivado diretamente à entidade de prática desportiva formadora no prazo máximo de 15 (quinze) dias, contados da data da vinculação do atleta à nova entidade de prática desportiva, para efeito de permitir novo registro em entidade de administração do desporto. *(Incluído pela Lei n. 12.395, de 16.3.11, DOU 17.3.11)*

§ 6º O contrato de formação desportiva a que se refere o § 4º deste artigo deverá incluir obrigatoriamente: *(Redação dada pela Lei n. 12.395, de 16.3.11, DOU 17.3.11)*

I — identificação das partes e dos seus representantes legais; *(Redação dada pela Lei n. 12.395, de 16.3.11, DOU 17.3.11)*

II — duração do contrato; *(Redação dada pela Lei n. 12.395, de 16.3.11, DOU 17.3.11)*

III — direitos e deveres das partes contratantes, inclusive garantia de seguro de vida e de acidentes pessoais para cobrir as atividades do atleta contratado; e *(Redação dada pela Lei n. 12.395, de 16.3.11, DOU 17.3.11)*

IV — especificação dos itens de gasto para fins de cálculo da indenização com a formação desportiva. *(Redação dada pela Lei n. 12.395, de 16.3.11, DOU 17.3.11)*

§ 7º A entidade de prática desportiva formadora e detentora do primeiro contrato especial de trabalho desportivo com o atleta por ela profissionalizado terá o direito de preferência para a primeira renovação deste contrato, cujo prazo não poderá ser superior a 3 (três) anos, salvo se para equiparação de proposta de terceiro. *(Redação dada pela Lei n. 12.395, de 16.3.11, DOU 17.3.11)*

I — *(Revogado pela Lei n. 12.395, de 16.3.11, DOU 17.3.11)*

II — *(Revogado pela Lei n. 12.395, de 16.3.11, DOU 17.3.11)*

III — *(Revogado pela Lei n. 12.395, de 16.3.11, DOU 17.3.11)*

IV — *(Revogado pela Lei n. 12.395, de 16.3.11, DOU 17.3.11)*

V — *(Revogado pela Lei n. 12.395, de 16.3.11, DOU 17.3.11)*

§ 8º Para assegurar seu direito de preferência, a entidade de prática desportiva formadora e detentora do primeiro contrato especial de trabalho desportivo deverá apresentar, até 45 (quarenta e cinco) dias antes do término do contrato em curso, proposta ao atleta, de cujo teor deverá ser cientificada a correspondente entidade regional de administração do desporto, indicando as novas condições contratuais e os salários ofertados, devendo o atleta apresentar resposta à entidade de prática desportiva formadora, de cujo teor deverá ser notificada a referida entidade de administração, no prazo de 15 (quinze) dias contados da data do recebimento da proposta, sob pena de aceitação tácita. *(Incluído pela Lei n. 12.395, de 16.3.11, DOU 17.3.11)*

§ 9º Na hipótese de outra entidade de prática desportiva resolver oferecer proposta mais vantajosa a atleta vinculado à entidade de prática desportiva que o formou, deve-se observar o seguinte: *(Incluído pela Lei n. 12.395, de 16.3.11, DOU 17.3.11)*

I — a entidade proponente deverá apresentar à entidade de prática desportiva formadora proposta, fazendo dela constar todas as condições remuneratórias; *(Incluído pela Lei n. 12.395, de 16.3.11, DOU 17.3.11)*

II — a entidade proponente deverá dar conhecimento da proposta à correspondente entidade regional de administração; e *(Incluído pela Lei n. 12.395, de 16.3.11, DOU 17.3.11)*

III — a entidade de prática desportiva formadora poderá, no prazo máximo de 15 (quinze) dias, a contar do recebimento da proposta, comunicar se exercerá o direito de preferência de que trata o § 7º, nas mesmas condições oferecidas. *(Incluído pela Lei n. 12.395, de 16.3.11, DOU 17.3.11)*

§ 10. A entidade de administração do desporto deverá publicar o recebimento das propostas de que tratam os §§ 7º e 8º, nos seus meios oficiais de divulgação, no prazo de 5 (cinco) dias contados da data do recebimento. *(Incluído pela Lei n. 12.395, de 16.3.11, DOU 17.3.11)*

§ 11. Caso a entidade de prática desportiva formadora oferte as mesmas condições, e, ainda assim, o atleta se oponha à renovação do primeiro contrato especial de trabalho desportivo, ela poderá exigir da nova entidade de prática desportiva contratante o valor indenizatório correspondente a, no máximo, 200 (duzentas) vezes o valor do salário mensal constante da proposta. *(Incluído pela Lei n. 12.395, de 16.3.11, DOU 17.3.11)*

§ 12. A contratação do atleta em formação será feita diretamente pela entidade de prática desportiva formadora, sendo vedada a sua realização por meio de terceiros. *(Incluído pela Lei n. 12.395, de 16.3.11, DOU 17.3.11)*

§ 13. A entidade de prática desportiva formadora deverá registrar o contrato de formação desportiva do atleta em formação na entidade de administração da respectiva modalidade desportiva. *(Incluído pela Lei n. 12.395, de 16.3.11, DOU 17.3.11)*

Art. 29-A. Sempre que ocorrer transferência nacional, definitiva ou temporária, de atleta profissional, até 5% (cinco por cento) do valor pago pela nova entidade de prática desportiva serão obrigatoriamente distribuídos entre as entidades de práticas desportivas que contribuíram para a formação do atleta, na proporção de: *(Incluído pela Lei n. 12.395, de 16.3.11, DOU 17.3.11)*

I — 1% (um por cento) para cada ano de formação do atleta, dos 14 (quatorze) aos 17 (dezessete) anos de idade, inclusive; e *(Incluído pela Lei n. 12.395, de 16.3.11, DOU 17.3.11)*

II — 0,5% (meio por cento) para cada ano de formação, dos 18 (dezoito) aos 19 (dezenove) anos de idade, inclusive. *(Incluído pela Lei n. 12.395, de 16.3.11, DOU 17.3.11)*

§ 1º Caberá à entidade de prática desportiva cessionária do atleta reter do valor a ser pago à entidade de prática desportiva cedente 5% (cinco por cento) do valor acordado para a transferência, distribuindo-os às entidades de prática desportiva que contribuíram para a formação do atleta. *(Incluído pela Lei n. 12.395, de 16.3.11, DOU 17.3.11)*

§ 2º Como exceção à regra estabelecida no § 1º deste artigo, caso o atleta se desvincule da entidade de prática desportiva de forma unilateral, mediante pagamento da cláusula indenizatória desportiva prevista no inciso I do art. 28 desta Lei, caberá à entidade de prática desportiva que recebeu a cláusula indenizatória desportiva distribuir 5% (cinco por cento) de tal montante às entidades de prática desportiva responsáveis pela formação do atleta. *(Incluído pela Lei n. 12.395, de 16.3.11, DOU 17.3.11)*

§ 3º O percentual devido às entidades de prática desportiva formadoras do atleta deverá ser calculado sempre de acordo com certidão a ser fornecida pela entidade nacional de administração do desporto, e os valores distribuídos proporcionalmente em até 30 (trinta) dias da efetiva transferência, cabendo-lhe exigir o cumprimento do que dispõe este parágrafo. *(Incluído pela Lei n. 12.395, de 16.3.11, DOU 17.3.11)*

Art. 30. O contrato de trabalho do atleta profissional terá prazo determinado, com vigência nunca inferior a três meses nem superior a cinco anos. *(Redação dada pela Lei n. 9.981, de 14.7.00, DOU 17.7.00)*

PARÁGRAFO ÚNICO. Não se aplica ao contrato especial de trabalho desportivo do atleta profissional o disposto nos arts. 445 e 451 da Consolidação das Leis do Trabalho — CLT, aprovada pelo Decreto-lei n. 5.452, de 1º de maio de 1943. *(Redação dada pela Lei n. 12.395, de 16.3.11, DOU 17.3.11)*

Art. 31. A entidade de prática desportiva empregadora que estiver com pagamento de salário ou de contrato de direito de imagem de atleta profissional em atraso, no todo ou em parte, por período igual ou superior a três meses, terá o contrato especial de trabalho desportivo daquele atleta rescindido, ficando o atleta livre para transferir-se para qualquer outra entidade de prática desportiva de mesma modalidade, nacional ou internacional, e exigir a cláusula compensatória desportiva e os haveres devidos. *(Redação dada pela Lei n. 13.155, de 4.8.15, DOU ed. extra 5.8.15)*

§ 1º São entendidos como salário, para efeitos do previsto no *caput*, o abono de férias, o décimo terceiro salário, as gratificações, os prêmios e demais verbas inclusas no contrato de trabalho.

§ 2º A mora contumaz será considerada também pelo não recolhimento do FGTS e das contribuições previdenciárias.

§ 3º *(Revogado pela Lei n. 12.395, de 16.3.11, DOU 17.3.11)*

§ 4º *(Incluído e vetado pela Lei n. 10.672, de 15.5.03, DOU 16.5.03)*

§ 5º O atleta com contrato especial de trabalho desportivo rescindido na forma do *caput* fica autorizado a transferir-se para outra entidade de prática desportiva, inclusive da mesma divisão, independentemente do número de partidas das quais tenha participado na competição, bem como a disputar a competição que estiver em andamento por ocasião da rescisão contratual. *(Incluído pela Lei n. 13.155, de 4.8.15, DOU ed. extra 5.8.15)*

Art. 32. É lícito ao atleta profissional recusar competir por entidade de prática desportiva quando seus salários, no todo ou em parte, estiverem atrasados em dois ou mais meses;

Art. 33. *(Revogado pela Lei n. 12.395, de 16.3.11, DOU 17.3.11).*

Art. 34. São deveres da entidade de prática desportiva empregadora, em especial: *(Redação dada pela Lei n. 9.981, de 14.7.00, DOU 17.7.00)*

I — registrar o contrato especial de trabalho desportivo do atleta profissional na entidade de administração da respectiva modalidade desportiva; *(Redação dada pela Lei n. 12.395, de 16.3.11, DOU 17.3.11)*

II — proporcionar aos atletas profissionais as condições necessárias à participação nas competições desportivas, treinos e outras atividades preparatórias ou instrumentais; *(Incluído pela Lei n. 9.981, de 14.7.00, DOU 17.7.00)*

III — submeter os atletas profissionais aos exames médicos e clínicos necessários à prática desportiva. *(Incluído pela Lei n. 9.981, de 14.7.00, DOU 17.7.00)*

Art. 35. São deveres do atleta profissional, em especial: *(Redação dada pela Lei n. 9.981, de 14.7.00, DOU 17.7.00)*

I — participar dos jogos, treinos, estágios e outras sessões preparatórias de competições com a aplicação e dedicação correspondentes às suas condições psicofísicas e técnicas; *(Incluído pela Lei n. 9.981, de 14.7.00, DOU 17.7.00)*

II — preservar as condições físicas que lhes permitam participar das competições desportivas, submetendo-se aos exames médicos e tratamentos clínicos necessários à prática desportiva; *(Incluído pela Lei n. 9.981, de 14.7.00, DOU 17.7.00)*

III — exercitar a atividade desportiva profissional de acordo com as regras da respectiva modalidade desportiva e as normas que regem a disciplina e a ética desportivas. *(Incluído pela Lei n. 9.981, de 14.7.00, DOU 17.7.00)*

Art. 36. *(Revogado pela Lei n. 9.981, de 14.7.00, DOU 17.7.00).*

Art. 37. *(Revogado pela Lei n. 9.981, de 14.7.00, DOU 17.7.00).*

Art. 38. Qualquer cessão ou transferência de atleta profissional ou não profissional depende de sua formal e expressa anuência. *(Redação dada pela Lei n. 9.981, de 14.7.00, DOU 17.7.00)*

Art. 39. O atleta cedido temporariamente a outra entidade de prática desportiva que tiver os salários em atraso, no todo ou em parte, por mais de 2 (dois) meses, notificará a entidade de prática desportiva cedente para, querendo, purgar a mora, no prazo de 15 (quinze) dias, não se aplicando, nesse caso, o disposto no *caput* do art. 31 desta Lei. *(Redação dada pela Lei n. 12.395, de 16.3.11, DOU 17.3.11)*

§ 1º O não pagamento ao atleta de salário e contribuições previstas em lei por parte da entidade de prática desportiva cessionária, por 2 (dois) meses, implicará a rescisão do contrato de empréstimo e a incidência da cláusula compensatória desportiva nele prevista, a ser paga ao atleta pela entidade de prática desportiva cessionária. *(Incluído pela Lei n. 12.395, 16.3.11, DOU 17.3.11)*

§ 2º Ocorrendo a rescisão mencionada no § 1º deste artigo, o atleta deverá retornar à entidade de prática desportiva cedente para cumprir o antigo contrato especial de trabalho desportivo. *(Incluído pela Lei n. 12.395, 16.3.11, DOU 17.3.11)*

Art. 40. Na cessão ou transferência de atleta profissional para entidade de prática desportiva estrangeira observar-se-ão as instruções expedidas pela entidade nacional de título.

§ 1º As condições para transferência do atleta profissional para o exterior deverão integrar obrigatoriamente os contratos de trabalho entre o atleta e a entidade de prática desportiva brasileira que o contratou. *(Renumerado do Parágrafo Único para § 1º pela Lei n. 10.672, de 15.5.03, DOU 16.5.03)*

§ 2º O valor da cláusula indenizatória desportiva internacional originalmente pactuada entre o atleta e a entidade de prática desportiva cedente, independentemente do pagamento da cláusula indenizatória desportiva nacional, será devido a esta pela entidade de prática desportiva cessionária caso esta venha a concretizar transferência internacional do mesmo atleta, em prazo inferior a 3 (três) meses, caracterizando o conluio com a entidade de prática desportiva estrangeira. *(Redação dada pela Lei n. 12.395, 16.3.11, DOU 17.3.11)*

Art. 41. A participação de atletas profissionais em seleções será estabelecida na forma como acordarem a entidade de administração convocante e a entidade de prática desportiva cedente.

§ 1º A entidade convocadora indenizará a cedente dos encargos previstos no contrato de trabalho, pelo período em que durar a convocação do atleta, sem prejuízo de eventuais ajustes celebrados entre este e a entidade convocadora.

§ 2º O período de convocação estender-se-á até a reintegração do atleta à entidade que o cedeu, apto a exercer sua atividade.

Art. 42. Pertence às entidades de prática desportiva o direito de arena, consistente na prerrogativa exclusiva de negociar, autorizar ou proibir a captação, a fixação, a emissão, a transmissão, a retransmissão ou a reprodução de imagens, por qualquer meio ou processo, de espetáculo desportivo de que participem. *(Redação dada pela Lei n. 12.395, 16.3.11, DOU 17.3.11)*

§ 1º Salvo convenção coletiva de trabalho em contrário, 5% (cinco por cento) da receita proveniente da exploração de direitos desportivos audiovisuais serão repassados aos sindicatos de atletas profissionais, e estes distribuirão, em partes iguais, aos atletas profissionais participantes do espetáculo, como parcela de natureza civil. *(Redação dada pela Lei n. 12.395, 16.3.11, DOU 17.3.11)*

§ 1º-A. (VETADO). *(Lei n. 13.155, de 4.8.15, DOU ed. extra 5.8.15)*

§ 2º O disposto neste artigo não se aplica à exibição de flagrantes de espetáculo ou evento desportivo para fins exclusivamente jornalísticos, desportivos ou educativos ou para a captação de apostas legalmente autorizadas, respeitadas as seguintes condições: *(Redação dada pela Lei n. 13.155, de 4.8.15, DOU ed. extra 5.8.15)*

I — a captação das imagens para a exibição de flagrante de espetáculo ou evento desportivo dar-se-á em locais reservados, nos estádios e ginásios, para não detentores de direitos ou, caso não disponíveis, mediante o fornecimento das imagens pelo detentor de direitos locais para a respectiva mídia; *(Incluído pela Lei n. 12.395, 16.3.11, DOU 17.3.11)*

II — a duração de todas as imagens do flagrante do espetáculo ou evento desportivo exibidas não poderá exceder 3% (três por cento) do total do tempo de espetáculo ou evento; *(Incluído pela Lei n. 12.395, 16.3.11, DOU 17.3.11)*

III — é proibida a associação das imagens exibidas com base neste artigo a qualquer forma de patrocínio, propaganda ou promoção comercial. *(Incluído pela Lei n. 12.395, 16.3.11, DOU 17.3.11)*

§ 3º O espectador pagante, por qualquer meio, de espetáculo ou evento desportivo equipara-se, para todos os efeitos legais, ao consumidor, nos termos do art. 2º da Lei n. 8.078, de 11 de setembro de 1990.

Art. 43. É vedada a participação em competições desportivas profissionais de atletas não profissionais com idade superior a vinte anos. *(Redação dada pela Lei n. 9.981, de 14.7.00, DOU 17.7.00)*

Art. 44. É vedada a prática do profissionalismo, em qualquer modalidade, quando se tratar de:

I — desporto educacional, seja nos estabelecimentos escolares de 1º e 2º graus ou superiores;

II — desporto militar;

III — menores até a idade de dezesseis anos completos.

Art. 45. As entidades de prática desportiva são obrigadas a contratar seguro de vida e de acidentes pessoais, vinculado à atividade desportiva, para os atletas profissionais, com o objetivo de cobrir os riscos a que eles estão sujeitos. *(Redação dada pela Lei n 12.395, de 16.3.11, DOU 17.3.11)*

§ 1º A importância segurada deve garantir ao atleta profissional, ou ao beneficiário por ele indicado no contrato de seguro, o direito a indenização mínima correspondente ao valor anual da remuneração pactuada. *(Incluído pela Lei n. 12.395, de 16.3.11, DOU 17.3.11)*

§ 2º A entidade de prática desportiva é responsável pelas despesas médico-hospitalares e de medicamentos necessários ao restabelecimento do atleta enquanto a seguradora não fizer o pagamento da indenização a que se refere o § 1º deste artigo. *(Incluído pela Lei n. 12.395, de 16.3.11, DOU 17.3.11)*

Art. 46. Ao estrangeiro atleta profissional de modalidade desportiva, referido no inciso V do art. 13 da Lei n. 6.815, de 19 de agosto de 1980, poderá ser concedido visto, observadas as exigências da legislação específica, por prazo não excedente a 5 (cinco) anos e correspondente à duração fixada no respectivo contrato especial de trabalho desportivo, permitida uma única renovação. *(Redação dada pela Lei n. 12.395, de 16.3.11, DOU 17.3.11)*

§ 1º É vedada a participação de atleta de nacionalidade estrangeira como integrante de equipe de competição de entidade de prática desportiva nacional nos campeonatos oficiais quando o visto de trabalho temporário recair na hipótese do inciso III do art. 13 da Lei n. 6.815, de 19 de agosto de 1980. *(Redação dada pela Lei n. 12.395, de 16.3.11, DOU 17.3.11)*

§ 2º A entidade de administração do desporto será obrigada a exigir da entidade de prática desportiva o comprovante do visto de trabalho do atleta de nacionalidade estrangeira fornecido pelo Ministério do Trabalho e Emprego, sob pena de cancelamento da inscrição desportiva. *(Redação dada pela Lei n. 12.395, de 16.3.11, DOU 17.3.11)*

Art. 46-A. As ligas desportivas, as entidades de administração de desporto e as de prática desportiva envolvidas em qualquer competição de atletas profissionais, independentemente da forma jurídica adotada, ficam obrigadas a: *(Incluído pela Lei n. 10.672, de 15.5.03, DOU 16.5.03)*

I — elaborar suas demonstrações financeiras, separadamente por atividade econômica, de modo distinto das atividades recreativas e sociais, nos termos da lei e de acordo com os padrões e critérios estabelecidos pelo Conselho Federal de Contabilidade, e, após terem sido submetidas a auditoria independente, providenciar sua publicação, até o último dia útil do mês de abril do ano subsequente, por período não inferior a 3 (três) meses, em sítio eletrônico próprio e da respectiva entidade de administração ou liga desportiva; *(Redação dada pela Lei n. 12.395, de 16.3.11, DOU 17.3.11)*

II — apresentar suas contas juntamente com os relatórios da auditoria de que trata o inciso I ao Conselho Nacional do Esporte — CNE, sempre que forem beneficiárias de recursos públicos, na forma do regulamento. *(Incluído pela Lei n. 10.672, de 15.5.03, DOU 16.5.03)*

§ 1º Sem prejuízo da aplicação das penalidades previstas na legislação tributária, trabalhista, previdenciária, cambial, e das consequentes responsabilidades civil e penal, a infringência a este artigo implicará: *(Incluído pela Lei n. 10.672, de 15.5.03, DOU 16.5.03)*

I — para as entidades de administração do desporto e ligas desportivas, a inelegibilidade, por dez anos, de seus dirigentes para o desempenho de cargos ou funções eletivas ou de livre nomeação, em quaisquer das entidades ou órgãos referidos no parágrafo único do art. 13 desta Lei; *(Incluído pela Lei n. 10.672, de 15.5.03, DOU 16.5.03)*

II — para as entidades de prática desportiva, a inelegibilidade, por cinco anos, de seus dirigentes para cargos ou funções eletivas ou de livre nomeação em qualquer entidade ou empresa direta ou indiretamente vinculada às competições profissionais da respectiva modalidade desportiva. *(Incluído pela Lei n. 10.672, de 15.5.03, DOU 16.5.03)*

§ 2º As entidades que violarem o disposto neste artigo ficam ainda sujeitas: *(Incluído pela Lei n. 10.672, de 15.5.03, DOU 16.5.03)*

I — ao afastamento de seus dirigentes; e *(Incluído pela Lei n. 10.672, de 15.5.03, DOU 16.5.03)*

II — à nulidade de todos os atos praticados por seus dirigentes em nome da entidade, após a prática da infração, respeitado o direito de terceiros de boa-fé. *(Redação dada pela Lei n. 12.395, de 16.3.11, DOU 17.3.11)*

§ 3º Os dirigentes de que trata o § 2º serão sempre: *(Incluído pela Lei n. 10.672, de 15.5.03, DOU 16.5.03)*

I — o presidente da entidade, ou aquele que lhe faça as vezes; e *(Incluído pela Lei n. 10.672, de 15.5.03, DOU 16.5.03)*

II — o dirigente que praticou a infração ainda que por omissão. *(Incluído pela Lei n. 10.672, de 15.5.03, DOU 16.5.03)*

§ 4º *(Incluído e vetado pela Lei n. 10.672, de 15.5.03, DOU 16.5.03)*

Capítulo VI
Da Ordem Desportiva

Art. 47. No âmbito de suas atribuições, os Comitês Olímpico e Paraolímpico Brasileiros e as entidades nacionais de administração do desporto têm competência para decidir, de ofício ou quando lhes forem submetidas pelos seus filiados, as questões relativas ao cumprimento das normas e regras de prática desportiva.

Art. 48. Com o objetivo de manter a ordem desportiva, o respeito aos atos emanados de seus poderes internos, poderão ser aplicadas, pelas entidades de administração do desporto e de prática desportiva, as seguintes sanções:

I — advertência;

II — censura escrita;

III — multa;

IV — suspensão;

V — desfiliação ou desvinculação.

§ 1º A aplicação das sanções previstas neste artigo não prescinde do processo administrativo no qual sejam assegurados o contraditório e a ampla defesa.

§ 2º As penalidades de que tratam os incisos IV e V deste artigo somente poderão ser aplicadas após decisão definitiva da Justiça Desportiva.

Capítulo VI-A
Do Controle de Dopagem

(Capítulo incluído pela Lei n. 13.322, de 28.7.2016, DOU 29.7.2016)

Art. 48-A. O controle de dopagem tem por objetivo garantir o direito dos atletas e das entidades de participarem de competições livres de dopagem, promover a conservação da saúde, preservar a justiça e a igualdade entre os competidores.

§ 1º O controle de dopagem será realizado por meio de programas harmonizados, coordenados e eficazes em nível nacional e internacional no âmbito da detecção, da punição e da prevenção da dopagem.

§ 2º Considera-se como dopagem no esporte a violação de regra antidopagem cometida por atleta, por terceiro ou por entidade.

Art. 48-B. A ABCD, órgão vinculado ao Ministério do Esporte, é a organização nacional antidopagem, a qual compete, privativamente:

I — estabelecer a política nacional de prevenção e de combate à dopagem;

II — coordenar nacionalmente o combate de dopagem no esporte, respeitadas as diretrizes estabelecidas pelo CNE;

III — conduzir os testes de controle de dopagem, a gestão de resultados, de investigações e outras atividades relacionadas à antidopagem, respeitadas as atribuições de entidades internacionais previstas no Código Mundial de Antidopagem;

IV — expedir autorizações de uso terapêutico, respeitadas as atribuições de entidades internacionais previstas no Código Mundial de Antidopagem;

V — certificar e identificar profissionais, órgãos e entidades para atuar no controle de dopagem;

VI — editar resoluções sobre os procedimentos técnicos de controle de dopagem, observadas as normas previstas no Código Mundial Antidopagem e a legislação correlata;

VII — manter interlocução com os organismos internacionais envolvidos com matérias relacionadas à antidopagem, respeitadas as competências dos demais órgãos da União;

VIII — divulgar e adotar as normas técnicas internacionais relacionadas ao controle de dopagem e a lista de substâncias e métodos proibidos no esporte, editada pela Agência Mundial Antidopagem; e

IX — informar à Justiça Desportiva Antidopagem as violações às regras de dopagem, participando do processo na qualidade de fiscal da legislação antidopagem.

§ 1º A ABCD poderá delegar a competência para coleta de amostras e prática de demais atos materiais relacionados ao controle de dopagem.

§ 2º No exercício das competências previstas no *caput*, a ABCD observará o disposto nos incisos VII e VIII do *caput* do art. 11.

§3º A ABCD poderá propor ao CNE a edição e as alterações de normas antidopagem.

§ 4º Os atos normativos da ABCD deverão ser submetidos à prévia análise da Advocacia-Geral da União.

Art. 48-C. Às demais entidades componentes do Sistema Brasileiro do Desporto incumbe a adoção, a implementação e a aplicação de regras antidopagem, nos termos estabelecidos nesta Lei e nas demais normas regulamentares expedidas pelo CNE e pela ABCD. (NR)

Capítulo VII
Da Justiça Desportiva

Art. 49. A Justiça Desportiva a que se referem os §§ 1º e 2º do art. 217 da Constituição Federal e o art. 33 da Lei n. 8.028, de 12 de abril de 1990, regula-se pelas disposições deste Capítulo.

Art. 50. A organização, o funcionamento e as atribuições da Justiça Desportiva, limitadas ao processo e julgamento das infrações disciplinares e às competições desportivas, serão definidos nos Códigos de Justiça Desportiva, facultando-se às ligas constituir seus próprios órgãos judicantes desportivos, com atuação restrita às suas competições. *(Redação dada pela Lei n. 12.395, de 16.3.11, DOU 17.3.11)*

§ 1º As transgressões relativas à disciplina e às competições desportivas sujeitam o infrator a:

I — advertência;

II — eliminação;

III — exclusão de campeonato ou torneio;

IV — indenização;

V — interdição de praça de desportos;

VI — multa;

VII — perda do mando do campo;

VIII — perda de pontos;

IX — perda de renda;

X — suspensão por partida;

XI — suspensão por prazo.

§ 2º As penas disciplinares não serão aplicadas aos menores de quatorze anos.

§ 3º As penas pecuniárias não serão aplicadas a atletas não profissionais.

§ 4º Compete às entidades de administração do desporto promover o custeio do funcionamento dos órgãos da Justiça Desportiva que funcionem junto a si. *(Incluído pela Lei n. 9.981, de 14.7.00, DOU 17.7.00)*

§ 5º A pena de suspensão de que trata o inciso XI do *caput* não poderá ser superior a trinta anos. (NR) *(Parágrafo incluído pela Lei n. 13.322, de 28.7.2016, DOU 29.7.2016)*

Art. 50-A. Além das sanções previstas nos incisos I a XI do § 1º do art. 50, as violações às regras antidopagem podem, ainda, sujeitar o infrator às seguintes penalidades: *(Incluído pela Lei n. 13.322, de 28.7.16, DOU 29.7.16)*

I — nulidade de títulos, premiações, pontuações, recordes e resultados desportivos obtidos pelo infrator; e *(Incluído pela Lei n. 13.322, de 28.7.16, DOU 29.7.16)*

II — devolução de prêmios, troféus, medalhas e outras vantagens obtidas pelo infrator que sejam relacionadas à prática desportiva. *(Incluído pela Lei n. 13.322, de 28.7.16, DOU 29.7.16)*

§ 1º Na hipótese de condenação de que trata o inciso XI do § 1º do art. 50, a Justiça Desportiva Antidopagem comunicará aos órgãos da administração pública para obter ressarcimento de eventuais recursos públicos despendidos com o atleta. *(Incluído pela Lei n. 13.322, de 28.7.16, DOU 29.7.16)*

§ 2º O disposto nos §§ 2º e 3º do art. 50 aplica-se às violações das regras antidopagem. *(Incluído pela Lei n. 13.322, de 28.7.16, DOU 29.7.16)*

Art. 51. O disposto nesta Lei sobre Justiça Desportiva não se aplica aos Comitês Olímpico e Paraolímpico Brasileiros.

Art. 52. Os órgãos integrantes da Justiça Desportiva são autônomos e independentes das entidades de administração do desporto de cada sistema, compondo-se do Superior Tribunal de Justiça Desportiva, funcionando junto às entidades nacionais de administração do desporto; dos Tribunais de Justiça Desportiva, funcionando junto às entidades regionais da administração do desporto, e das Comissões Disciplinares, com competência para processar e julgar as questões previstas nos Códigos de Justiça Desportiva, sempre assegurados a ampla defesa e o contraditório. *(Redação dada pela Lei n. 9.981, de 14.7.00, DOU 17.7.00)*

§ 1º Sem prejuízo do disposto neste artigo, as decisões finais dos Tribunais de Justiça Desportiva são impugnáveis nos termos gerais do direito, respeitados os pressupostos processuais estabelecidos nos §§ 1º e 2º do art. 217 da Constituição Federal.

§ 2º O recurso ao Poder Judiciário não prejudicará os efeitos desportivos validamente produzidos em consequência da decisão proferida pelos Tribunais de Justiça Desportiva.

Art. 53. No Superior Tribunal de Justiça Desportiva, para julgamento envolvendo competições interestaduais ou nacionais, e nos Tribunais de Justiça Desportiva, funcionarão tantas Comissões Disciplinares quantas se fizerem necessárias, compostas cada qual de 5 (cinco) membros que não pertençam aos referidos órgãos judicantes, mas sejam por estes escolhidos. *(Redação dada pela Lei n. 12.395, de 16.3.11, DOU 17.3.11)*

§ 1º *(VETADO)*

§ 2º A Comissão Disciplinar aplicará sanções em procedimento sumário, assegurados a ampla defesa e o contraditório.

§ 3º Das decisões da Comissão Disciplinar caberá recurso ao Tribunal de Justiça Desportiva e deste ao Superior Tribunal de Justiça Desportiva, nas hipóteses previstas nos respectivos Códigos de Justiça Desportiva. *(Redação dada pela Lei n. 9.981, de 14.7.00, DOU 17.7.00)*

§ 4º O recurso ao qual se refere o parágrafo anterior será recebido e processado com efeito suspensivo quando a penalidade exceder de duas partidas consecutivas ou quinze dias.

Art. 54. O membro do Tribunal de Justiça Desportiva exerce função considerada de relevante interesse público e, sendo servidor público, terá abonadas suas faltas, computando-se como de efetivo exercício a participação nas respectivas sessões.

Art. 55. O Superior Tribunal de Justiça Desportiva e os Tribunais de Justiça Desportiva serão compostos por nove membros, sendo: *(Redação dada pela Lei n. 9.981, de 14.7.00, DOU 17.7.00)*

I — dois indicados pela entidade de administração do desporto; *(Redação dada pela Lei n. 9.981, de 14.7.00, DOU 17.7.00)*

II — dois indicados pelas entidades de prática desportiva que participem de competições oficiais da divisão principal; *(Redação dada pela Lei n. 9.981, de 14.7.00, DOU 17.7.00)*

III — dois advogados com notório saber jurídico desportivo, indicados pela Ordem dos Advogados do Brasil; *(Redação dada pela Lei n. 9.981, de 14.7.00, DOU 17.7.00)*

IV — 1 (um) representante dos árbitros, indicado pela respectiva entidade de classe; *(Redação dada pela Lei n. 12.395, de 16.3.11, DOU 17.3.11)*

V — 2 (dois) representantes dos atletas, indicados pelas respectivas entidades sindicais. *(Redação dada pela Lei n. 12.395, de 16.3.11, DOU 17.3.11)*

§ 1º (Revogado). *(Redação dada pela Lei n. 9.981, de 14.7.00, DOU 17.7.00)*

§ 2º O mandato dos membros dos Tribunais de Justiça Desportiva terá duração máxima de quatro anos, permitida apenas uma recondução. *(Redação dada pela Lei n. 9.981, de 14.7.00, DOU 17.7.00)*

§ 3º É vedado aos dirigentes desportivos das entidades de administração e das entidades de prática o exercício de cargo ou função na Justiça Desportiva, exceção feita aos membros dos conselhos deliberativos das entidades de prática desportiva. *(Redação dada pela Lei n. 9.981, de 14.7.00, DOU 17.7.00)*

§ 4º Os membros dos Tribunais de Justiça Desportiva poderão ser bacharéis em Direito ou pessoas de notório saber jurídico, e de conduta ilibada. *(Redação dada pela Lei n. 9.981, de 14.7.00, DOU 17.7.00)*

§ 5º (VETADO). *(Incluído pela Lei n. 12.395, de 16.3.11, DOU 17.3.11)*

....

Art. 55-A. Fica criada a Justiça Desportiva Antidopagem — JAD, composta por um Tribunal e por uma Procuradoria, dotados de autonomia e independência, e com competência para:

I — julgar violações a regras antidopagem e aplicar as infrações a elas conexas; e

II — homologar decisões proferidas por organismos internacionais, decorrentes ou relacionadas a violações às regras antidopagem.

§ 1º A JAD funcionará junto ao CNE e será composta de forma paritária por representantes de entidades de administração do desporto, de entidades sindicais dos atletas e do Poder Executivo.

§ 2º A escolha dos membros da JAD buscará a paridade de gênero.

§ 3º Os membros da JAD serão auxiliados em suas decisões por equipe de peritos técnicos das áreas relacionadas ao controle de dopagem.

§ 4º A competência da JAD abrangerá as modalidades e as competições desportivas de âmbito profissional e não profissional.

§ 5º Incumbe ao CNE regulamentar a atuação da JAD.

§ 6º O mandato dos membros da JAD terá duração de três anos, permitida uma recondução por igual período.

§ 7º Não poderão compor a JAD membros que estejam no exercício de mandato em outros órgãos da Justiça Desportiva de que trata o art. 50, independentemente da modalidade.

§ 8º É vedado aos membros da JAD atuarem junto a este pelo período de um ano após o término dos respectivos mandatos.

§ 9º As atividades da JAD serão custeadas pelo Ministério do Esporte.

§ 10. Poderá ser estabelecida a cobrança de custas e emolumentos para a realização de atos processuais.

§ 11. As custas e os emolumentos de que trata o § 10 deverão ser fixadas entre R$ 100,00 (cem reais) e R$ 100.000,00 (cem mil reais), conforme a complexidade da causa, na forma da tabela aprovada pelo CNE para este fim.

§ 12. O Código Brasileiro Antidopagem — CBA e os regimentos internos do Tribunal e da Procuradoria disporão sobre a organização, o funcionamento e as atribuições da JAD.

§ 13. O disposto no § 3º do art. 55 aplica-se aos membros da JAD. (NR) *(Artigo, incisos e parágrafos incluídos pela Lei n. 13.322, de 28.7.2016, DOU 29.7.2016)*

Art. 55-B. Até a entrada em funcionamento da JAD, o processo e o julgamento de infrações relativas à dopagem no esporte permanecerão sob a responsabilidade da Justiça Desportiva de que tratam os art. 49 a art. 55.

PARÁGRAFO ÚNICO. Os processos instaurados e em trâmite na Justiça Desportiva quando da instalação da JAD permanecerão sob responsabilidade daquela até o seu trânsito em julgado, competindo-lhe a execução dos respectivos julgados. (NR) *(Artigo e parágrafo único incluídos pela Lei n. 13.322, de 28.7.16, DOU 29.7.16).*

Art. 55-C. Compete à JAD decidir sobre a existência de matéria atinente ao controle de dopagem que atraia sua competência para o processo e o julgamento da demanda.

PARÁGRAFO ÚNICO. Não caberá recurso da decisão proferida na forma do *caput.* (NR) *(Incluído pela Lei n. 13.322, de 28.7.16, DOU 29.7.16)*

Capítulo X
Disposições Gerais

Art. 82. Os dirigentes, unidades ou órgãos de entidades de administração do desporto, inscritas ou não no registro de comércio, não exercem função delegada pelo Poder Público, nem são consideradas autoridades públicas para os efeitos desta Lei.

Art. 82-A. As entidades de prática desportiva de participação ou de rendimento, profissional ou não profissional, promoverão obrigatoriamente exames periódicos para avaliar a saúde dos atletas, nos termos da regulamentação. *(Incluído pela Lei n. 12.346, de 9.2.10, DOU 10.12.10) (Vigência)*

Art. 82-B. São obrigadas a contratar seguro de vida e de acidentes pessoais, vinculado à atividade desportiva, com o objetivo de cobrir os riscos a que os atletas estão sujeitos: *(Incluído pela Lei n. 13.155, de 4.8.15, DOU ed. extra 5.8.15)*

I — as entidades de prática desportiva que mantenham equipes de treinamento de atletas não profissionais de modalidades olímpicas ou paraolímpicas, para os atletas não profissionais a ela vinculados; *(Incluído pela Lei n. 13.155, de 4.8.15, DOU ed. extra 5.8.15)*

II — as entidades de administração do desporto nacionais, no caso de: *(Incluído pela Lei n. 13.155, de 4.8.15, DOU ed. extra 5.8.15)*

a) competições ou partidas internacionais em que atletas não profissionais de modalidades olímpicas ou paraolímpicas estejam representando selecionado nacional; *(Incluído pela Lei n. 13.155, de 4.8.15, DOU ed. extra 5.8.15)*

b) competições nacionais de modalidades olímpicas ou paraolímpicas, para os atletas não profissionais não vinculados a nenhuma entidade de prática desportiva. *(Incluído pela Lei n. 13.155, de 4.8.15, DOU ed. extra 5.8.15)*

§ 1º A importância segurada deve garantir ao atleta não profissional, ou ao beneficiário por ele indicado no contrato de seguro, o direito a indenização mínima correspondente a doze vezes o valor do salário mínimo vigente ou a doze vezes o valor de contrato de imagem ou de patrocínio referentes a sua atividade desportiva, o que for maior. *(Incluído pela Lei n. 13.155, de 4.8.15, DOU ed. extra 5.8.15)*

§ 2º A entidade de prática desportiva é responsável pelas despesas médico-hospitalares e de medicamentos necessários ao restabelecimento do atleta enquanto a seguradora não fizer o pagamento da indenização a que se refere o § 1º deste artigo. *(Incluído pela Lei n. 13.155, de 4.8.15, DOU ed. extra 5.8.15)*

§ 3º As despesas com o seguro estabelecido no inciso II do *caput* deste artigo serão custeadas com os recursos previstos no inciso VI do art. 56 desta Lei. *(Incluído pela Lei n. 13.155, de 4.8.15, DOU ed. extra 5.8.15)*

Art. 83. As entidades desportivas internacionais com sede permanente ou temporária no País receberão dos poderes públicos o mesmo tratamento dispensado às entidades nacionais de administração do desporto.

Art. 84. Será considerado como efetivo exercício, para todos os efeitos legais, o período em que o atleta servidor público civil ou militar, da Administração Pública direta, indireta, autárquica ou fundacional, estiver convocado para integrar representação nacional em treinamento ou competição desportiva no País ou no exterior. *(Redação dada pela Lei n. 9.981, de 14.7.00, DOU 17.7.00)*

§ 1º O período de convocação será definido pela entidade nacional de administração da respectiva modalidade desportiva, cabendo a esta ou aos Comitês Olímpico ou Paraolímpico Brasileiros fazer a devida comunicação e solicitar ao Ministério do Esporte a competente liberação do afastamento do atleta, árbitro e assistente, cabendo ao referido Ministério comunicar a ocorrência ao órgão de origem do servidor ou militar. *(Redação dada pela Lei n. 12.395, de 16.3.11, DOU 17.3.11)*

§ 2º O disposto neste artigo aplica-se, também, aos profissionais especializados e dirigentes, quando indispensáveis à composição da delegação.

Art. 84-A. Todos os jogos das seleções brasileiras de futebol, em competições oficiais, deverão ser exibidos, pelo menos, em uma rede nacional de televisão aberta, com transmissão ao vivo, inclusive para as cidades brasileiras nas quais os mesmos estejam sendo realizados. *(Incluído pela Lei n. 9.981, de 14.7.00, DOU 17.7.00)*

PARÁGRAFO ÚNICO. As empresas de televisão de comum acordo, ou por rodízio, ou por arbitramento, resolverão como cumprir o disposto neste artigo, caso nenhuma delas se interesse pela transmissão. O órgão competente fará o arbitramento. *(Incluído pela Lei n. 9.981, de 14.7.00, DOU 17.7.00)*

Art. 85. Os sistemas de ensino da União, dos Estados, do Distrito Federal e dos Municípios, bem como as instituições de ensino superior, definirão normas específicas para verificação do rendimento e o controle de frequência dos estudantes que integrarem representação desportiva nacional, de forma a harmonizar a atividade desportiva com os interesses relacionados ao aproveitamento e à promoção escolar.

Art. 86. É instituído o Dia do Desporto, a ser comemorado no dia 23 de junho, Dia Mundial do Desporto Olímpico.

Art. 87. A denominação e os símbolos de entidade de administração do desporto ou prática desportiva, bem como o nome ou apelido desportivo do atleta profissional, são de propriedade exclusiva dos mesmos, contando com a proteção legal, válida para todo o território nacional, por tempo indeterminado, sem necessidade de registro ou averbação no órgão competente.

PARÁGRAFO ÚNICO. A garantia legal outorgada às entidades e aos atletas referidos neste artigo permite-lhes o uso comercial de sua denominação, símbolos, nomes e apelidos.

Art. 87-A. O direito ao uso da imagem do atleta pode ser por ele cedido ou explorado, mediante ajuste contratual de natureza civil e com fixação de direitos, deveres e condições inconfundíveis com o contrato especial de trabalho desportivo. *(Incluído pela Lei n. 12.395, de 16.3.11, DOU 17.3.11)*

PARÁGRAFO ÚNICO. Quando houver, por parte do atleta, a cessão de direitos ao uso de sua imagem para a entidade de prática desportiva detentora do contrato especial de trabalho desportivo, o valor correspondente ao uso da imagem não poderá ultrapassar 40% (quarenta por cento) da remuneração total paga ao atleta, composta pela soma do salário e dos valores pagos pelo direito ao uso da imagem. *(Incluído pela Lei n. 13.155, de 4.8.15, DOU ed. extra 5.8.15)*

Art. 88. Os árbitros e auxiliares de arbitragem poderão constituir entidades nacionais, estaduais e do Distrito Federal, por modalidade desportiva ou grupo de modalidades, objetivando o recrutamento, a formação e a prestação de serviços às entidades de administração do desporto. *(Redação dada pela Lei n. 12.395, de 16.3.11, DOU 17.3.11)*

PARÁGRAFO ÚNICO. Independentemente da constituição de sociedade ou entidades, os árbitros e seus auxiliares não terão qualquer vínculo empregatício com as entidades desportivas diretivas onde atuarem, e sua remuneração como autônomos exonera tais entidades de quaisquer outras responsabilidades trabalhistas, securitárias e previdenciárias.

Art. 89. Em campeonatos ou torneios regulares com mais de uma divisão, as entidades de administração do desporto determinarão em seus regulamentos o princípio do acesso e do descenso, observado sempre o critério técnico.

PARÁGRAFO ÚNICO. Não configura ofensa ao disposto no *caput* a imposição de sanções decorrentes de irregularidades na responsabilidade financeira esportiva e na gestão transparente e democrática previstas na Medida Provisória n. 671, de 19 de março de 2015. (NR) *(Redação dada pela Lei n. 13.155, de 4.8.15, DOU ed. extra 5.8.15)*

Art. 89-A. As entidades responsáveis pela organização de competições desportivas profissionais deverão disponibilizar equipes para atendimento de emergências entre árbitros e atletas, nos termos da regulamentação. *(Incluído pela Lei n. 12.346, de 9.12.10, DOU 10.12.10) (Vigência)*

Art. 90. É vedado aos administradores e membros de conselho fiscal de entidade de prática desportiva o exercício de cargo ou função em entidade de administração do desporto.

Art. 90-A. *(Incluído e vetado pela Lei n. 10.672, de 15.5.03, DOU 16.5.03).*

Art. 90-B. *(Incluído e vetado pela Lei n. 10.672, de 15.5.03, DOU 16.5.03).*

Art. 90-C. As partes interessadas poderão valer-se da arbitragem para dirimir litígios relativos a direitos patrimoniais disponíveis, vedada a apreciação de matéria referente à disciplina e à competição desportiva. *(Incluído pela Lei n. 12.395, de 16.3.11, DOU 17.3.11)*

PARÁGRAFO ÚNICO. A arbitragem deverá estar prevista em acordo ou convenção coletiva de trabalho e só poderá ser instituída após a concordância expressa de ambas as partes, mediante cláusula compromissória ou compromisso arbitral. *(Incluído pela Lei n. 12.395, de 16.3.11, DOU 17.3.11)*

Art. 90-D. Os atletas profissionais poderão ser representados em juízo por suas entidades sindicais em ações relativas aos contratos especiais de trabalho desportivo mantidos com as entidades de prática desportiva. *(Incluído pela Lei n. 12.395, de 16.3.11, DOU 17.3.11)*

Art. 90-E. O disposto no § 4º do art. 28 quando houver vínculo empregatício aplica-se aos integrantes da comissão técnica e da área de saúde. *(Incluído pela Lei n. 12.395, de 16.3.11, DOU 17.3.11)*

Art. 90-F. Os profissionais credenciados pelas Associações de Cronistas Esportivos quando em serviço têm acesso a praças, estádios e ginásios desportivos em todo o território nacional, obrigando-se a ocupar locais a eles reservados pelas respectivas entidades de administração do desporto. *(Incluído pela Lei n. 12.395, de 16.3.11, DOU 17.3.11)*

Capítulo XI
Disposições Transitórias

Art. 91. (VETADO) *(Lei n. 12.395, de 16.3.11, DOU 17.3.11)*

Art. 92. Os atuais atletas profissionais de futebol, de qualquer idade, que, na data de entrada em vigor desta Lei, estiverem com passe livre, permanecerão nesta situação, e a rescisão de seus contratos de trabalho dar-se-á nos termos dos arts. 479 e 480 da CLT.

Art. 93. O disposto no art. 28, § 2º, desta Lei somente produzirá efeitos jurídicos a partir de 26 de março de 2001, respeitados os direitos adquiridos decorrentes dos contratos de trabalho e vínculos desportivos de atletas profissionais pactuados com base na legislação anterior. *(Redação dada pela Lei n. 9.981, de 14.7.00, DOU 17.7.00)*

PARÁGRAFO ÚNICO. *(VETADO)* *(Incluído e vetado pela Lei n. 9.981, de 14.7.00, DOU 17.7.00)*

Art. 94. O disposto nos arts. 27, 27-A, 28, 29, 29-A, 30, 39, 43, 45 e no § 1º do art. 41 desta Lei será obrigatório exclusivamente para atletas e entidades de prática profissional da modalidade de futebol. *(Redação dada pela Lei n. 12.395, de 16.3.11, DOU 17.3.11)*

PARÁGRAFO ÚNICO. É facultado às demais modalidades desportivas adotar os preceitos constantes dos dispositivos referidos no *caput* deste artigo. *(Incluído pela Lei n. 9.981, de 14.7.00, DOU 17.7.00)*

Art. 94-A. O Poder Executivo regulamentará o disposto nesta Lei, inclusive a distribuição dos recursos, gradação das multas e os procedimentos de sua aplicação. *(Incluído pela Lei n. 9.981, de 14.7.00, DOU 17.7.00)*

Art. 95. Esta Lei entra em vigor na data de sua publicação.

Art. 96. São revogados, a partir da vigência do disposto no § 2º do art. 28 desta Lei, os incisos II e V e os §§ 1º e 3º do art. 3º, os arts. 4º, 6º, 11 e 13, o § 2º do art. 15, o parágrafo único do art. 16 e os arts. 23 e 26 da Lei n. 6.354, de 2 de setembro de 1976; são revogadas, a partir da data de publicação desta Lei, as Leis ns. 8.672, de 6 de julho de 1993, e 8.946, de 5 de dezembro de 1994.

Brasília, 24 de março de 1998; 177º da Independência e 110º da República.

FERNANDO HENRIQUE CARDOSO
IRIS REZENDE
PEDRO MALAN
PAULO RENATO SOUZA
PAULO PAIVA
REINHOLD STEPHANES
EDSON ARANTES DO NASCIMENTO

Legislação Complementar

DECRETO N. 7.984, DE 8 DE ABRIL DE 2013

(DOU 9.4.2013)

Regulamenta a Lei n. 9.615, de 24 de março de 1998, que institui normas gerais sobre desporto

A PRESIDENTA DA REPÚBLICA, no uso da atribuição que lhe confere o art. 84, *caput*, inciso IV, da Constituição, e tendo em vista o disposto na Lei n. 9.615, de 24 de março de 1998,

DECRETA:

Art. 1º Este Decreto regulamenta a Lei n. 9.615, de 24 de março de 1998, que institui normas gerais sobre desporto.

Capítulo I
DISPOSIÇÕES PRELIMINARES

Art. 2º O desporto brasileiro abrange práticas formais e não formais e tem como base os princípios dispostos no art. 2º da Lei n. 9.615, de 1998.

§ 1º A prática desportiva formal é regulada por normas nacionais e internacionais e pelas regras de prática desportiva de cada modalidade, aceitas pelas respectivas entidades nacionais de administração do desporto

§ 2º A prática desportiva não formal é caracterizada pela liberdade lúdica de seus praticantes.

Art. 3º O desporto pode ser reconhecido nas seguintes manifestações:

I — desporto educacional ou esporte-educação, praticado na educação básica e superior e em formas assistemáticas de educação, evitando-se a seletividade, a competitividade excessiva de seus praticantes, com a finalidade de alcançar o desenvolvimento integral do indivíduo e a sua formação para o exercício da cidadania e a prática do lazer;

II — desporto de participação, praticado de modo voluntário, caracterizado pela liberdade lúdica, com a finalidade de contribuir para a integração dos praticantes na plenitude da vida social, a promoção da saúde e da educação, e a preservação do meio ambiente; e

III — desporto de rendimento, praticado segundo as disposições da Lei n. 9.615, de 1998, e das regras de prática desportiva, nacionais e internacionais, com a finalidade de obter resultados de superação ou de performance relacionados aos esportes e de integrar pessoas e comunidades do País e de outras nações.

§ 1º O desporto educacional pode constituir-se em:

I — esporte educacional, ou esporte formação, com atividades em estabelecimentos escolares e não escolares, referenciado em princípios socioeducativos como inclusão, participação, cooperação, promoção à saúde, coeducação e responsabilidade; e

II — esporte escolar, praticado pelos estudantes com talento esportivo no ambiente escolar, visando à formação cidadã, referenciado nos princípios do desenvolvimento esportivo e do desenvolvimento do espírito esportivo, podendo contribuir para ampliar as potencialidades para a prática do esporte de rendimento e promoção da saúde.

§ 2º O esporte escolar pode ser praticado em competições, eventos, programas de formação, treinamento, complementação educacional, integração cívica e cidadã, realizados por:

I — Confederação Brasileira de Desporto Escolar — CBDE, Confederação Brasileira de Desporto Universitário — CBDU, ou entidades vinculadas, e instituições públicas ou privadas que desenvolvem programas educacionais; e

II — instituições de educação de qualquer nível.

Art. 4º O desporto de rendimento pode ser organizado e praticado:

I — de modo profissional, caracterizado pela remuneração pactuada em contrato especial de trabalho desportivo entre o atleta e a entidade de prática desportiva empregadora; e

II — de modo não profissional, identificado pela liberdade de prática e pela inexistência de contrato especial de trabalho desportivo, sendo permitido o recebimento de incentivos materiais e de patrocínio.

PARÁGRAFO ÚNICO. Consideram-se incentivos materiais, na forma disposta no inciso II do *caput*, entre outros:

I — benefícios ou auxílios financeiros concedidos a atletas na forma de bolsa de aprendizagem, prevista no § 4º do art. 29 da Lei n. 9.615, de 1998;

II — Bolsa-Atleta, prevista na Lei n. 10.891, de 9 de julho de 2004;

III — bolsa paga a atleta por meio de recursos dos incentivos previstos na Lei n. 11.438, de 29 de dezembro de 2006, ressalvado o disposto em seu art. 2º, § 2º; e

IV — benefícios ou auxílios financeiros similares previstos em normas editadas pelos demais entes federativos.

Capítulo II
Dos Sistemas do Desporto

Seção I
Do Sistema Brasileiro do Desporto

Art. 5º O Sistema Brasileiro do Desporto compreende:

I — o Ministério do Esporte;

II — o Conselho Nacional do Esporte — CNE; e

III — o Sistema Nacional do Desporto e os sistemas de desporto dos Estados, do Distrito Federal e dos Municípios, organizados de forma autônoma e em regime de colaboração, integrados por vínculos de natureza técnica específicos de cada modalidade desportiva.

§ 1º O Sistema Brasileiro do Desporto tem por objetivo garantir a prática desportiva regular e melhorar o seu padrão de qualidade

§ 2º Poderão ser incluídas no Sistema Brasileiro de Desporto as pessoas jurídicas que desenvolvam práticas não formais, promovam a cultura e as ciências do desporto e formem e aprimorem especialistas, consultado o Conselho Nacional do Esporte.

Seção II
Do Sistema Nacional do Desporto

Art. 6º O Sistema Nacional do Desporto tem por finalidade promover e aprimorar as práticas desportivas de rendimento, e é composto pelas entidades indicadas no parágrafo único do art. 13 da Lei n. 9.615, de 1998.

PARÁGRAFO ÚNICO. O Comitê Olímpico Brasileiro — COB, o Comitê Paraolímpico Brasileiro — CPB, a Confederação Brasileira de Clubes — CBC e as entidades nacionais de administração do desporto a eles filiadas ou vinculadas constituem subsistema específico do Sistema Nacional do Desporto.

Seção III
Dos Sistemas de Desporto dos Estados, do Distrito Federal e dos Municípios

Art. 7º Os sistemas de desporto constituídos pelos Estados e pelo Distrito Federal observarão o disposto na Lei n. 9.615, de 1998, e neste Decreto.

PARÁGRAFO ÚNICO. A constituição de sistemas próprios de desporto pelos Municípios é facultativa e deve observar o disposto na Lei n. 9.615, de 1998, neste Decreto e, no que couber, na legislação estadual.

Art. 8º A relação entre o Sistema Brasileiro do Desporto e os sistemas de desporto dos Estados, do Distrito Federal e dos Municípios observará o princípio da descentralização, com organização e funcionamento harmônicos de sistemas desportivos diferenciados e autônomos de cada ente federativo.

Capítulo III
Do Conselho Nacional do Esporte

Art. 9º O Conselho Nacional do Esporte — CNE é órgão colegiado de deliberação, normatização e assessoramento, diretamente vinculado ao Ministro de Estado do Esporte e parte integrante do Sistema Brasileiro de Desporto.

PARÁGRAFO ÚNICO. O CNE tem por objetivo buscar o desenvolvimento de programas que promovam a massificação planejada da atividade física para toda a população e a melhoria do padrão de organização, gestão, qualidade e transparência do desporto nacional.

Art. 10. O CNE será composto por vinte e dois membros indicados pelo Ministro de Estado do Esporte, que o presidirá.

§ 1º Na escolha dos membros do CNE deverão ser observados os critérios de representatividade dos componentes do Sistema Brasileiro do Desporto e de capacidade de formulação de políticas públicas na área do esporte.

§ 2º São membros natos do CNE o Ministro de Estado do Esporte, o Secretário-Executivo e os Secretários Nacionais do Ministério do Esporte.

§ 3º Caberá ao Ministro de Estado do Esporte expedir ato normativo próprio para especificar a composição do CNE.

§ 4º À exceção dos membros natos, os membros do CNE e seus suplentes serão designados para um mandato de dois anos, permitida uma recondução consecutiva.

§ 5º O Presidente do CNE poderá convidar outras entidades de prática desportiva a participarem do colegiado, sem direito a voto.

§ 6º A atividade de membro do CNE é considerada prestação de serviço público relevante, não remunerada.

§ 7º O Ministro de Estado do Esporte poderá adotar providências que dependam de deliberação do CNE, que serão posteriormente submetidas à homologação pelo colegiado.

Art. 11. Compete ao CNE:

I — zelar pela aplicação dos princípios constantes da Lei n. 9.615, de 1998;

II — oferecer subsídios técnicos à elaboração do Plano Nacional do Desporto e contribuir para a implementação de suas diretrizes e estratégias;

III — estabelecer diretrizes, apreciar e aprovar os programas de inclusão social através do esporte;

IV — propor diretrizes para a integração entre o esporte e outros setores socioeconômicos;

V — emitir pareceres e recomendações sobre questões desportivas nacionais;

VI — aprovar os Códigos de Justiça Desportiva e suas alterações, com as peculiaridades de cada modalidade;

VII — expedir diretrizes para o controle de substâncias e métodos proibidos na prática desportiva;

VIII — propor mecanismos para prevenção de atividades que visem fraudar resultados de competições desportivas;

IX — propor ações para incentivar boas práticas de gestão corporativa, de equilíbrio financeiro, de competitividade desportiva e de transparência na administração do desporto nacional;

X — apoiar projetos que democratizem o acesso da população à atividade física e às práticas desportivas;

XI — propor seu regimento interno, para aprovação do Ministro de Estado do Esporte; e

XII — exercer outras atribuições previstas na legislação.

§ 1º O Ministério do Esporte prestará apoio técnico e administrativo ao CNE.

§ 2º Para o atendimento ao disposto no inciso VII do *caput*, o CNE aprovará o Código Brasileiro de Justiça Desportiva para o Desporto de Rendimento — CBJD e o Código Brasileiro de Justiça Desportiva para o Desporto Educacional — CBJDE.

Capítulo IV
Das Ligas Desportivas

Art. 12. As ligas desportivas nacionais e regionais de que trata o art. 20 da Lei n. 9.615, de 1998, são pessoas jurídicas de direito privado, com ou sem fins lucrativos, dotadas de autonomia de organização e funcionamento, com competências definidas em estatutos.

PARÁGRAFO ÚNICO. As ligas desportivas constituídas na forma da lei integram o Sistema Nacional do Desporto.

Art. 13. As ligas constituídas com finalidade de organizar, promover ou regulamentar competições nacionais ou regionais, envolvendo atletas profissionais, equiparam-se, nos termos do § 6º do art. 20 da Lei n. 9.615, de 1998, às entidades de administração do desporto, devendo em seus estatutos observar as mesmas exigências a estas previstas.

§ 1º Os estatutos das ligas, independente da circunstância de equiparação às entidades de administração do desporto, deverão prever a inelegibilidade de seus dirigentes para o desempenho de cargos ou funções eletivas de livre nomeação, conforme o art. 23, *caput*, inciso II, da Lei n. 9.615, de 1998.

§ 2º As ligas, as entidades a elas filiadas ou vinculadas, independente da equiparação às entidades de administração do desporto, e os atletas que participam das competições por elas organizadas subordinam-se às regras de proteção à saúde e à segurança dos praticantes, inclusive as estabelecidas pelos organismos intergovernamentais e entidades internacionais de administração do desporto.

Art. 14. São requisitos mínimos para a admissão e a permanência de entidade de prática desportiva como filiada à liga desportiva:

I — fornecer cópia atualizada de seus estatutos com certidão do Cartório de Registro Civil das Pessoas Jurídicas;

II — apresentar ata da eleição dos dirigentes e dos integrantes da Diretoria ou do Conselho de Administração, comunicando imediatamente à liga qualquer alteração promovida nas suas instâncias diretivas;

III — comunicar imediatamente à liga quaisquer modificações estatutárias ou sociais;

IV — fornecer à liga as informações por ela solicitadas, conforme prazo estabelecido;

V — depositar, se exigido pela liga, aval ou fiança bancária no prazo e na forma estabelecidos, para assegurar o cumprimento das resoluções e dos acordos econômicos da liga;

VI — permitir auditorias externas determinadas pela liga, realizadas por pessoas físicas ou jurídicas;

VII — remeter para ciência da liga cópias dos contratos com repercussão econômico-desportiva no relacionamento com a liga, informando os direitos cedidos, transferidos ou dados em garantia; e

VIII — manter seu estatuto atualizado, na forma registrada em Cartório, disponível para conhecimento público em sítio eletrônico, atualizado.

Capítulo V
Do Plano Nacional do Desporto

Art. 15. Cumpre ao Ministério do Esporte propor à Presidência da República o Plano Nacional do Desporto — PND, decenal, ouvido o CNE e observado o disposto no art. 217 da Constituição.

Art. 16. O PND deverá:

I — conter análise da situação nacional do desenvolvimento do desporto;

II — definir diretrizes para sua aplicação;

III — consolidar programas e ações relacionados às diretrizes e indicar as prioridades, metas e requisitos para sua execução;

IV — explicitar as responsabilidades dos órgãos e entidades da União e os mecanismos de integração e coordenação com os integrantes do Sistema Brasileiro do Desporto; e

V — definir mecanismos de monitoramento e de avaliação.

PARÁGRAFO ÚNICO. A elaboração do PND contará com a participação de outros ministérios em suas respectivas áreas de competência.

Capítulo VI
Dos Recursos do Desporto

Seção I
Das Condições Gerais para Repasses de Recursos Públicos

Art. 17. Os recursos do Ministério do Esporte serão aplicados conforme o Plano Nacional do Desporto — PND, observado o disposto na Lei n. 9.615, de 1998, neste Decreto e em outras normas aplicáveis à espécie

PARÁGRAFO ÚNICO. Enquanto não instituído o PND, o Ministério do Esporte destinará os recursos conforme as leis orçamentárias vigentes.

Art. 18. As transferências voluntárias da União aos entes federativos serão precedidas da análise quanto ao cumprimento, por estes, do disposto na Lei n. 9.615, de 1998.

Art. 19. Somente serão beneficiadas com recursos oriundos de isenções e benefícios fiscais e repasses de outros recursos da administração federal direta e indireta, nos termos do inciso II do *caput* do art. 217 da Constituição, as entidades do Sistema Nacional do Desporto que preencherem os requisitos estabelecidos nos art. 18, 22, 23 e 24 da Lei n. 9.615, de 1998, e neste Decreto.

PARÁGRAFO ÚNICO. A verificação do cumprimento das exigências contidas nos incisos I a V do *caput* do art. 18 da Lei n. 9.615, de 1998, será de responsabilidade do Ministério do Esporte, que analisará a documentação fornecida pela entidade.

Art. 20. A aplicação dos recursos financeiros de que tratam o art. 9º e o inciso VI do *caput* do art. 56 da Lei n. 9.615, de 1998, destinados ao Comitê Olímpico Brasileiro — COB e ao Comitê Paralímpico Brasileiro — CPB, sujeitam-se aos princípios gerais da administração pública mencionados no *caput* do art. 37 da Constituição.

§ 1º A observância dos princípios gerais da administração pública estende-se à aplicação, pela Confederação Brasileira de Clubes — CBC, dos recursos previstos no art. 56, *caput*, inciso VIII, da Lei n. 9.615, de 1998.

§ 2º Os recursos citados no *caput* e § 1º serão repassados diretamente pela Caixa Econômica Federal ao COB, ao CPB e à CBC.

§ 3º Os recursos poderão ser geridos diretamente ou de forma descentralizada, total ou parcialmente, por meio de ajustes com outras entidades, que deverão apresentar plano de trabalho e observar os princípios gerais da administração pública.

§ 4º A descentralização prevista no § 3º não poderá beneficiar entidades em situação irregular perante a União, os Estados, o Distrito Federal e os Municípios.

§ 5º A comprovação de regularidade no âmbito federal será feita mediante apresentação pela entidade de certidão negativa ou certidão positiva com efeito de negativa de débitos relativos aos tributos administrados pela Secretaria da Receita Federal do Brasil e à dívida ativa da União, certificado de regularidade do Fundo de Garantia do Tempo de Serviço — FGTS e de regularidade em face do Cadastro Informativo de Créditos não Quitados do Setor Público Federal — CADIN; e

§ 6º A comprovação da situação de regularidade referida no § 5º, será exigida periodicamente, em intervalos que serão estabelecidos por ato do Ministro de Estado do Esporte, sem prejuízo da observância das normas legais e regulamentares aplicáveis

Art. 21. Os recursos a que se referem o *caput* e o § 1º do art. 20 serão aplicados em programas e projetos de:

I — fomento, desenvolvimento e manutenção do desporto;

II — formação de recursos humanos;

III — preparação técnica, manutenção e locomoção de atletas; e

IV — participação em eventos esportivos.

PARÁGRAFO ÚNICO. Para efeito do disposto neste Decreto, considera-se:

I — fomento, desenvolvimento e manutenção do desporto — promoção das práticas desportivas a que se refere o art. 217 da Constituição;

II — formação de recursos humanos — capacitação, instrução, educação, treinamento e habilitação na área do desporto, por cursos, palestras, congressos, seminários, exposições e outras formas de difusão de conhecimento, além de pesquisas e desenvolvimento de técnicas e práticas técnico-científicas ligadas ao esporte olímpico e paralímpico, em manifestações desportivas previstas no art. 3º da Lei n. 9.615, de 1998;

III — preparação técnica, manutenção e locomoção de atletas — preparo, sustentação e transporte de atletas, além de:

a) aquisição e locação de equipamentos desportivos para atletas, técnicos e outros profissionais;

b) serviços de profissionais de saúde para atletas, técnicos e outros profissionais;

c) alimentação e nutrição para atletas, técnicos e outros profissionais;

d) moradia e hospedagem para atletas, técnicos e outros profissionais, e

e) custos com serviços administrativos referentes às atividades de preparação técnica, manutenção e locomoção de atletas; e

IV — participação de atletas em eventos esportivos — efetivação do deslocamento, da alimentação e da acomodação de atletas, técnicos, pessoal de apoio e dirigentes, inclusive gastos com premiações.

Art. 22. Ato do Ministro de Estado do Esporte definirá limite de utilização dos recursos a que se referem o *caput* e o § 1º do art. 20 para realização de despesas administrativas necessárias ao cumprimento das metas pactuadas pelas entidades.

PARÁGRAFO ÚNICO. Os instrumentos de repasse de recursos para as entidades ou para as descentralizações deverão observar o limite referido no *caput*.

Seção II
Do Acompanhamento da Aplicação dos Recursos Repassados ao COB, CPB E À CBC

Art. 23. Serão publicados no Diário Oficial da União no prazo máximo de cento e vinte dias, pelo COB, pelo CPB e pela CBC, contado da data de publicação deste Decreto, atos disciplinando:

I — procedimentos para a descentralização dos recursos e a respectiva prestação de contas; e

II — critérios e limites para despesas administrativas necessárias ao cumprimento do objeto pactuado a serem realizadas com recursos descentralizados pelas entidades beneficiadas e daqueles referentes a passagens, hospedagem, transporte e alimentação dos dirigentes e funcionários das entidades mencionadas no *caput* e das conveniadas, observado o disposto no art. 22.

Art. 24. Os atos sobre procedimentos de que trata o inciso I do art. 23 deverão estabelecer que as despesas realizadas com recursos oriundos da Lei n. 9.615 de 1998, estejam de acordo com plano de trabalho previamente aprovado, que deverá conter, no mínimo:

I — razões que justifiquem o repasse dos recursos;

II — descrição detalhada do objeto a ser executado, com especificação completa do bem a ser produzido ou adquirido e, no caso de obras, instalações ou serviços, o projeto básico, com elementos necessários e suficientes para caracterizar, de modo preciso, a obra, instalação ou serviço objeto do convênio, sua viabilidade técnica, custo, fases ou etapas, e prazos de execução;

III — descrição das metas a serem atingidas, qualitativas e quantitativas;

IV — etapas ou fases da execução do objeto, com previsões de início e de fim;

V — plano de aplicação dos recursos a serem desembolsados pelo COB, pelo CPB e pela CBC, para cada atividade, projeto ou evento;

VI — cronograma de desembolso; e

VII — declaração expressa do proponente, sob as penas do art. 299 do Código Penal, de que não se encontra em mora e nem em débito junto a qualquer órgão ou entidade da administração pública federal.

§ 1º Os atos de que trata o *caput* deverão definir, expressa e obrigatoriamente, cláusulas que constarão dos instrumentos de formalização de repasse dos recursos, estabelecendo:

I — objeto e seus elementos característicos, com descrição detalhada, objetiva e precisa do que se pretende realizar ou obter, em consonância com o plano de trabalho;

II — obrigação de cada um dos partícipes;

III — vigência, fixada de acordo com o prazo previsto para a execução do objeto e em função das metas estabelecidas;

IV — prerrogativa, por parte do COB, do CPB e da CBC, de exercer o controle e a fiscalização sobre a execução do objeto;

V — prerrogativa, por parte do COB, do CPB e da CBC, de assumir ou transferir a responsabilidade pela gestão dos recursos para outra entidade, no caso de paralisação ou de fato relevante superveniente, de modo a evitar a descontinuidade das ações;

VI — sistemática de liberação de recursos, conforme cronograma de desembolso constante do plano de trabalho, com previsão de aguardar a ordem de início;

VII — obrigatoriedade, por parte das entidades beneficiadas com os recursos descentralizados pelo COB, pelo CPB e pela CBC, de observar o regulamento de compras e contratações de que trata o art. 28;

VIII — apresentação de relatórios de execução físico-financeira e de prestação de contas dos recursos recebidos, no prazo máximo de sessenta dias, contado da data do término da vigência prevista no plano de trabalho;

IX — definição, na data do término da vigência prevista no plano de trabalho, do direito de propriedade dos bens remanescentes adquiridos, produzidos, transformados ou construídos;

X — faculdade aos partícipes para denunciar ou rescindir, a qualquer tempo, os ajustes celebrados, com responsabilidade pelas obrigações decorrentes do período em que vigoraram os instrumentos, e reconhecimento dos benefícios adquiridos, quando for o caso;

XI — obrigatoriedade de restituição, ao final do prazo de vigência dos ajustes, de eventual saldo de recursos para as contas bancárias específicas do COB, do CPB e da CBC, inclusive rendimentos de aplicações financeiras;

XII — obrigatoriedade de restituição ao COB, ao CPB e à CBC dos valores transferidos, atualizados monetariamente e acrescidos de juros legais desde a data do recebimento, na forma da legislação aplicável aos débitos com a Fazenda Nacional, nos seguintes casos:

a) quando não for executado o objeto pactuado;

b) quando não forem apresentadas, nos prazos exigidos, as prestações de contas; ou

c) quando os recursos forem utilizados em finalidade diversa da estabelecida no plano de trabalho;

XIII — obrigatoriedade de recolher à conta do COB, do CPB e da CBC os rendimentos de aplicações financeiras referentes ao período entre a liberação do recurso e a sua utilização, quando não comprovar o seu emprego na execução do objeto; e

XIV — obrigatoriedade de movimentar os valores em conta bancária específica vinculada ao rajuste *(acreditamos que há erro material no texto publicado, pois tudo indica que a expressão correta é ajuste)*

§ 2º Os atos de que trata o *caput* deverão consignar a vedação de inclusão, tolerância ou admissão, nos ajustes, sob pena de nulidade e responsabilidade dos envolvidos, de cláusulas ou condições que prevejam ou permitam:

I — despesas a título de taxa de administração, de gerência ou similar;

II — pagamento, a qualquer título, a servidor ou empregado público;

III — utilização dos recursos em finalidade diversa da estabelecida no respectivo instrumento, ainda que em caráter de emergência;

IV — realização de despesas em data anterior ou posterior à vigência do ajuste;

V — atribuição de vigência ou de efeitos financeiros retroativos;

VI — realização de despesas com multa, juros ou correção monetária, inclusive referente a pagamentos ou recolhimentos fora dos prazos;

VII — transferência de recursos para associações de servidores ou quaisquer entidades congêneres;

VIII — realização de despesas com publicidade, salvo as de caráter educativo ou de orientação social, e nas quais não constem nomes, símbolos ou imagens que caracterizem promoção pessoal de autoridades ou servidores públicos;

IX — descentralização de recursos para entidades cujo objeto social não se relacione com as características do plano estratégico de aplicação de recursos; e

X — descentralização de recursos para entidades que não disponham de condições técnicas para executar o objeto ajustado

Art. 25. Para o acompanhamento da aplicação dos recursos nos programas e projetos referidos no § 3º do art. 56 da Lei n. 9.615, de 1998, o COB, o CPB e a CBC disponibilizarão ao Tribunal de Contas da União, ao Ministério do Esporte e ao Ministério da Educação, por meio físico e eletrônico, quadro-resumo da receita e da utilização dos recursos, subdivididos por exercício financeiro, discriminando:

I — valores mensais arrecadados;

II — aplicações diretas, com a discriminação dos recursos aplicados por projetos e programas contemplados; e

III — valores despendidos pelo COB, pelo CPB e pelas entidades beneficiadas com os recursos descentralizados, por grupos de despesa, consolidados conforme disciplinado em ato do Ministro de Estado do Esporte.

Art. 26. O COB, o CPB e a CBC deverão encaminhar ao Ministério do Esporte cópia da documentação remetida em atendimento às normas do Tribunal de Contas da União, em relação a aplicação dos recursos a eles repassados.

Art. 27. Nas hipóteses em que haja opção pela gestão descentralizada dos recursos recebidos, a entidade beneficiada prestará contas e o concedente responderá de forma subsidiária pelas omissões, irregularidades e utilização dos recursos por parte da entidade beneficiada, competindo a esta a obrigação de prestar contas.

Art. 28. O COB, o CPB e a CBC disponibilizarão, em seus sítios eletrônicos o regulamento próprio de compras e contratações, para fins de aplicação direta e indireta dos recursos para obras, serviços, inclusive de publicidade, compras, alienações e locações, conforme o disposto no art. 56-A, § 2º, inciso V, da Lei n. 9.615, de 1998.

PARÁGRAFO ÚNICO. O regulamento a que se refere o *caput* deverá atender aos princípios da legalidade, impessoalidade, moralidade, publicidade, eficiência, igualdade, e do julgamento objetivo e dos que lhes são correlatos, tendo por finalidade apara seleção da proposta mais vantajosa.

Art. 29. Dos totais dos recursos correspondentes ao COB, ao CPB e à CBC:

I — dez por cento serão destinados ao desporto escolar, em programação definida conjuntamente com a Confederação Brasileira do Desporto Escolar — CBDE; e

II — cinco por cento serão destinados ao desporto universitário, em programação definida conjuntamente com a Confederação Brasileira do Desporto Universitário — CBDU.

§ 1º Para os fins deste Decreto, considera-se desporto escolar aquele praticado por estudantes regularmente matriculados nos ensinos fundamental ou médio, e desporto universitário aquele praticado por estudantes regularmente matriculados em cursos de educação superior.

§ 2º Consideram-se despesas com desporto escolar e desporto universitário aquelas decorrentes das ações de que trata o parágrafo único do art. 21.

§ 3º O COB, o CPB e a CBC poderão gerir, diretamente e em conjunto com a CBDE ou a CBDU, ou de forma descentralizada, por meio de ajuste, os percentuais de que tratam os incisos I e II do *caput*.

§ 4º Do total dos valores destinados ao desporto escolar e ao desporto universitário ao menos cinquenta por cento serão efetivamente empregados nas principais competições nacionais realizadas diretamente pela CBDE e pela CBDU, respectivamente.

§ 5º Não se aplica ao CPB o disposto no § 4º.

§ 6º As competições nacionais paraolímpicas de desporto escolar e de desporto universitário poderão ser promovidas conjuntamente em um único evento, caso impossível a realização em separado.

Art. 30. A CBC observará a aplicação em atividades paradesportivas de quantidade mínima de quinze por cento dos recursos repassados nos termos do § 1º do art. 20.

Seção III
Do Contrato de Desempenho

Art. 31. É condição para o recebimento dos recursos públicos federais que o COB, o CPB e as entidades nacionais de administração do desporto celebrem contrato de desempenho com o Ministério do Esporte.

§ 1º Contrato de desempenho é o instrumento firmado entre o Ministério do Esporte e as entidades de que trata o *caput*, para o fomento público e a execução de atividades relacionadas ao Plano Nacional do Desporto, mediante o cumprimento de metas e de resultados fixados no correspondente contrato.

§ 2º O contrato de desempenho terá as seguintes cláusulas essenciais:.

I — a do objeto, que conterá a especificação do programa de trabalho proposto pela entidade;

II — a de estipulação das metas e dos resultados a serem atingidos prazos de execução ou cronograma;

III — a de critérios objetivos de avaliação de desempenho, com indicadores de resultado;

IV — a que estabelece as obrigações da entidade, entre as quais:

a) apresentar ao Ministério do Esporte, ao término de cada exercício, relatório sobre a execução do objeto, contendo comparativo específico das metas propostas com os resultados alcançados, e prestação de contas dos gastos e receitas; e

b) elaborar regulamento próprio para a contratação de obras, serviços e compras com recursos públicos, observados os princípios da legalidade, impessoalidade, moralidade, publicidade, economicidade e eficiência; e

V — a de obrigatoriedade de publicação, pelo Ministério do Esporte, no Diário Oficial da União, de seu extrato e de demonstrativo da sua execução física e financeira, conforme modelo simplificado contendo os dados principais da documentação obrigatória referida no inciso IV do *caput*, sob pena de não liberação dos recursos.

§ 3º A celebração do contrato de desempenho condiciona-se à aprovação pelo Ministério do Esporte:

I — de programa de trabalho, apresentado pela entidade na forma definida em ato do Ministro de Estado do Esporte, quanto à compatibilidade com o PND; e

II — de plano estratégico de aplicação de recursos, apresentado pela entidade considerando o ciclo olímpico ou paraolímpico de quatro anos, em que deverão constar a estratégia de base, as diretrizes, os objetivos, os indicadores e as metas.

§ 4º O plano estratégico de aplicação de recursos referido no § 3º, suas revisões e avaliações integrarão o contrato de desempenho.

§ 5º O ciclo olímpico e paraolímpico é o período de quatro anos compreendido entre a realização de dois Jogos Olímpicos ou dois Jogos Paraolímpicos, de verão ou de inverno, ou o que restar até a realização dos próximos Jogos Olímpicos ou Jogos Paraolímpicos.

§ 6º A verificação do cumprimento do contrato de desempenho será de responsabilidade do Ministério do Esporte, conforme indicadores mínimos para considerar satisfatória a sua execução, previstos no próprio instrumento contratual.

§ 7º O Ministério do Esporte poderá designar comissão técnica temática de acompanhamento e avaliação do cumprimento do contrato de desempenho e do plano estratégico de aplicação de recursos, que emitirá parecer sobre os resultados alcançados, em subsídio aos processos de fiscalização e prestação de contas sob sua responsabilidade perante os órgãos de controle interno e externo do Poder Executivo.

§ 8º O descumprimento injustificado de cláusulas do contrato de desempenho ou a inadmissão, pelo Ministério do Esporte, da justificativa apresentada pela entidade que o descumpriu constituem causas para rescisão, sem prejuízo de outras medidas administrativas.

§ 9º O contrato de desempenho especificará cláusulas cujo descumprimento acarretará rescisão do ajuste, de forma isolada ou não, estabelecidos critérios objetivos que permitam a aferição quanto ao cumprimento.

§ 10. O conteúdo integral dos contratos de desempenho será disponibilizado no sitio eletrônico do Ministério do Esporte, sem prejuízo de que a entidade os disponibilize em seu sitio eletrônico.

§ 11. É facultado a entidades não referidas no *caput* propor ao Ministério do Esporte firmar o contrato de desempenho.

Art. 32. Para a celebração do contrato de desempenho será exigido das entidades que sejam regidas por estatutos que disponham expressamente sobre:

I — observância dos princípios da legalidade, impessoalidade, moralidade, publicidade, economicidade e eficiência;

II — adoção de práticas de gestão administrativa necessárias e suficientes a coibir a obtenção, de forma individual ou coletiva, de benefícios ou vantagens pessoais em decorrência da participação no processo decisório;

III — constituição de conselho fiscal ou órgão equivalente, dotado de competência para opinar sobre os relatórios de desempenho financeiro e contábil e sobre as operações patrimoniais realizadas, emitindo pareceres para os órgãos superiores da entidade;

IV — funcionamento autônomo e regular dos órgãos de Justiça Desportiva referentes à respectiva modalidade, inclusive quanto a não existência de aplicação de sanções disciplinares através de mecanismos estranhos a esses órgãos, ressalvado o disposto no art. 51 da Lei n. 9.615, de 1998;

V — prestação de contas, com a observância, no mínimo:

a) dos princípios fundamentais de contabilidade, de acordo com os critérios estabelecidos pelo Conselho Federal de Contabilidade;

b) da publicidade, no encerramento do exercício fiscal, do relatório de atividades e das demonstrações financeiras da entidade, incluindo-se as certidões negativas de débitos com o Instituto Nacional do Seguro Social — INSS e com o FGTS, além da Certidão Negativa de Débitos Trabalhistas — CNDT, à disposição para exame de qualquer cidadão.

PARÁGRAFO ÚNICO. O Ministério do Esporte verificará, previamente, o regular funcionamento da entidade e a compatibilidade do seu estatuto com o disposto neste Decreto.

Art. 33. O requerimento para celebração de contrato de desempenho observará modelo disponibilizado no sítio eletrônico do Ministério do Esporte e será instruído com cópias autenticadas dos seguintes documentos das entidades:

I — estatuto atualizado, com a certidão do Cartório de Registro Civil das Pessoas Jurídicas;

II — ata da eleição dos dirigentes, integrantes da Diretoria ou do Conselho de Administração;

III — balanço patrimonial e demonstração do resultado do exercício;

IV — comprovante de inscrição no Cadastro Geral de Contribuintes — CGC/Cadastro Nacional da Pessoa Jurídica — CNPJ; e

V — comprovantes da regularidade jurídica e fiscal perante a Receita Federal do Brasil e o FGTS, além da CNDT.

PARÁGRAFO ÚNICO. O Ministério do Esporte deverá verificar a regularidade dos documentos citados no *caput*.

Art. 34. O Ministério do Esporte, no prazo de trinta dias contado do recebimento do requerimento, se manifestará sobre a celebração do contrato de desempenho.

§ 1º A decisão será publicada em sítio eletrônico, no prazo máximo de dez dias.

§ 2º No caso de indeferimento, o Ministério do Esporte notificará a entidade proponente das razões da negativa.

§ 3º A entidade com requerimento indeferido poderá reapresentá-lo a qualquer tempo, desde que suprida a causa da negativa

Art. 35. A alteração nos estatutos que implique descumprimento de exigência elencada no art. 32, ou fato que implique mudança nas condições estabelecidas no ato da contratação, darão causa à rescisão do contrato de desempenho por parte do Ministério do Esporte, salvo se, sob consulta, aceitar a alteração.

§ 1º O contratante deverá comunicar ao Ministério do Esporte a respeito da alteração de que trata o *caput* no prazo de dez dias, contado da data em que registrada em cartório ou da ocorrência do fato que houver implicado mudança das condições.

§ 2º O Ministério do Esporte deverá decidir a respeito da rescisão do contrato no prazo de trinta dias, contada da data em que recebida a comunicação de que trata o § 1º, período em que repasses de recursos referentes ao contrato de desempenho ficarão suspensos.

Seção IV
Da Destinação dos Recursos aos Entes Federados

Art. 36. Um terço dos recursos previstos no inciso II do *caput* do art. 6º da Lei n. 9.615, de 1998, será repassado às Secretarias de Esporte dos Estados e do Distrito Federal ou, se inexistentes, a órgãos ou entidades com atribuições semelhantes.

§ 1º Os recursos previstos no *caput* serão repassados proporcionalmente ao montante das apostas efetuadas em cada unidade da Federação e pelo menos cinquenta por cento do montante recebido será destinado a projetos apresentados pelos Municípios ou, na falta de projetos, em ações governamentais em benefício dos Municípios.

§ 2º Os recursos do repasse serão aplicados em atividades finalísticas do esporte, com prioridade para jogos escolares de esportes olímpicos e paraolímpicos, admitida também sua aplicação em outras áreas do desporto educacional e no e apoio ao desporto para pessoas com deficiência, observado o disposto no PND.

§ 3º Os jogos escolares mencionados no § 2º visarão à preparação e à classificação de atletas para competição nacional de desporto educacional.

§ 4º A destinação aos Municípios de que trata o § 1º será regulamentada por cada Estado, observando:

I — a distribuição dos recursos entre as diversas regiões de cada Estado;

II — a adequação dos projetos apresentados ao PND e

III — a publicação de edital ou outro meio que proporcione a ciência de todas as administrações municipais quanto ao prazo para apresentação de projetos.

Art. 37. Além das atividades voltadas ao desporto de participação, são consideradas atividades finalísticas do esporte, para fins do disposto no art. 36, § 2º:

I — subvenção direta ao estudante que atue em competições voltadas ao esporte escolar, assim como à comissão técnica responsável por sua preparação;

II — custeio de transporte e de hospedagem de atletas, árbitros e comissão técnica de equipes de esporte escolar para atividades e eventos de treinamento e de competições nacionais e internacionais;

III — aquisição de equipamentos e uniformes para treinamento e competição de esporte escolar;

IV — custeio de profissionais, equipamentos, suplementos e medicamentos utilizados na recuperação e prevenção de lesões de atletas de esporte escolar; e

V — construção, ampliação, manutenção e recuperação de instalações esportivas destinadas ao desporto educacional e de participação.

§ 1º A comissão técnica de equipes desportivas inclui treinador, assistentes técnicos, preparadores físicos, profissionais de saúde e quaisquer outros membros cuja atuação contribua diretamente na preparação, aperfeiçoamento, manutenção e recuperação técnica e física dos atletas de esporte escolar.

§ 2º As despesas observarão critérios de economicidade e as necessidades de conforto indispensáveis à manutenção de boas condições físicas dos atletas do desporto educacional ou de maior eficiência na logística de treinamento e de competição.

§ 3º Não será permitida a destinação de recursos para obrigações do ente federado referentes a pessoal e encargos sociais, ou qualquer despesa com a folha de pagamento.

Capítulo VII
Da Ordem Desportiva

Art. 38. A aplicação de qualquer penalidade prevista nos incisos IV ou V do *caput* do art. 48 da Lei n. 9.615, de 1998, exige decisão definitiva da Justiça Desportiva, limitada às questões que envolvam infrações disciplinares e competições desportivas, em observância ao disposto no § 1º do art. 217 da Constituição.

Art. 39. Na aplicação das penalidades por violação da ordem desportiva, previstas no art. 48 da Lei n. 9.615, de 1998, além da garantia do contraditório e ampla defesa, devem ser observados os princípios da proporcionalidade e da razoabilidade.

Capítulo VIII
Da Justiça Desportiva

Art. 40. A Justiça Desportiva regula-se pela Lei n. 9.615, de 1998, por este Decreto e pelo disposto no CBJD ou CBJDE, respectivamente observados os seguintes princípios:

I — ampla defesa;

II — celeridade;

III — contraditório;

IV — economia processual;

V — impessoalidade;

VI — independência;

VII — legalidade;

VIII — moralidade;

IX — motivação;

X — oficialidade;

XI — oralidade;

XII — proporcionalidade;

XIII — publicidade;

XIV — razoabilidade;

XV — devido processo legal;

XVI — tipicidade desportiva;

XVII — prevalência, continuidade e estabilidade das competições; e

XVIII — espírito desportivo

Art. 41. Os órgãos integrantes da Justiça Desportiva, autônomos e independentes das entidades de administração do desporto de cada sistema, são os Superiores Tribunais de Justiça Desportiva — STJD, perante as entidades nacionais de administração do desporto; os Tribunais de Justiça Desportiva — TJD, perante as entidades regionais da administração do desporto, e as Comissões Disciplinares, com competência para processar e julgar questões previstas nos Códigos de Justiça Desportiva, assegurados a ampla defesa e o contraditório.

§ 1º Os tribunais plenos dos STJD e dos TJD serão compostos por nove membros:

I — dois indicados pela entidade de administração do desporto;

II — dois indicados pelas entidades de prática desportiva que participem de competições oficiais da divisão principal, por decisão em reunião convocada pela entidade de administração do desporto para esse fim;

III — dois advogados com notório saber jurídico desportivo, indicados pela Ordem dos Advogados do Brasil;

IV — um representante dos árbitros, indicado pela entidade de classe;

V — dois representantes dos atletas, indicados pelas entidades sindicais.

§ 2º Para os fins dispostos nos incisos IV e V do § 1º na hipótese de inexistência de entidade regional, caberá à entidade nacional a indicação.

Capítulo IX
Da Prática Desportiva Profissional

Seção I
Da Atividade Profissional

Art. 42. É facultado às entidades desportivas profissionais, inclusive às de prática de futebol profissional, constituírem-se como sociedade empresária, segundo um dos tipos regulados pelos arts. 1.039 a 1.092 da Lei n. 10.406, de 10 de janeiro de 2002 — Código Civil.

Seção II
Da Competição Profissional

Art. 43. Considera-se competição profissional aquela promovida para obter renda e disputada por atletas profissionais cuja remuneração decorra de contrato especial de trabalho desportivo.

PARÁGRAFO ÚNICO. Entende-se como renda a receita auferida pelas entidades previstas no § 10 do art. 27 da Lei n. 9.615, de 1998, na organização e realização de competição desportiva com a venda de ingressos, patrocínio e negociação dos direitos audiovisuais do evento desportivo, entre outros.

Seção III
Do Atleta Profissional

Art. 44. A atividade do atleta profissional é caracterizada por remuneração pactuada em contrato especial de trabalho desportivo, firmado com entidade de prática desportiva, na forma da Lei n. 9.615, de 1998, e, de forma complementar e no que for compatível, pelas das normas gerais da legislação trabalhista e da seguridade social.

§ 1º O contrato especial de trabalho desportivo fixará as condições e os valores para as hipóteses de aplicação da cláusula indenizatória desportiva ou da cláusula compensatória desportiva, previstas no art. 28 da Lei n. 9.615, de 1998.

§ 2º O vínculo desportivo do atleta com a entidade de prática desportiva previsto no § 5º do art. 28 da Lei n. 9.615, de 1998, não se confunde com o vínculo empregatício e não é condição para a caracterização da atividade de atleta profissional.

Seção IV
Do Direito de Imagem do Atleta

Art. 45. O direito ao uso da imagem do atleta, disposto no art. 87-A da Lei n. 9.615, de 1998, pode ser por ele cedido ou explorado, por ajuste contratual de natureza civil e com fixação de direitos, deveres e condições inconfundíveis com o contrato especial de trabalho desportivo.

§ 1º O ajuste de natureza civil referente ao uso da imagem do atleta não substitui o vínculo trabalhista entre ele e a entidade de prática desportiva e não depende de registro em entidade de administração do desporto.

§ 2º Serão nulos de pleno direito os atos praticados através de contrato civil de cessão da imagem com o objetivo de desvirtuar, impedir ou fraudar as garantias e direitos trabalhistas do atleta.

Seção V
Direito de Arena

Art. 46. Para fins do disposto no § 1º do art. 42 da Lei n. 9.615, de 1998, a respeito do direito de arena, o percentual de cinco por cento devido aos atletas profissionais será repassado pela emissora detentora dos direitos de transmissão diretamente às entidades sindicais de âmbito nacional da modalidade, regularmente constituídas.

PARÁGRAFO ÚNICO. O repasse pela entidade sindical aos atletas profissionais participantes do espetáculo deverá ocorrer no prazo de sessenta dias.

Seção VI
Do Atleta Autônomo

Art. 47. Caracteriza-se como autônomo o atleta maior de dezesseis anos sem relação empregatícia com entidade de prática desportiva que se dedica à prática desportiva de modalidade individual, com objetivo econômico e por meio de contrato de natureza civil.

§ 1º A atividade econômica do atleta autônomo é caracterizada quando há:

I — remuneração decorrente de contrato de natureza civil firmado entre o atleta e a entidade de prática desportiva;

II — premiação recebida pela participação em competição desportiva; ou

III — incentivo financeiro proveniente de divulgação de marcas ou produtos do patrocinador.

§ 2º O atleta autônomo enquadra-se como contribuinte individual no Regime Geral de Previdência Social — RGPS.

Seção VII
Do Contrato de Formação Desportiva

Art. 48. O atleta não profissional em formação, maior de quatorze e menor de vinte anos de idade, poderá receber auxílio financeiro da entidade de prática desportiva formadora, sob a forma de bolsa de aprendizagem livremente pactuada por contrato de formação desportiva, a que se refere o § 4º do art. 29 da Lei n. 9.615, de 1998, sem vínculo empregatício entre as partes.

Art. 49. Caracteriza-se como entidade de prática desportiva formadora, certificada pela entidade nacional de administração da modalidade, aquela que assegure gratuitamente ao atleta em formação, sem prejuízo das demais exigências dispostas na Lei n. 9.615, de 1998, o direito a:

I — programas de treinamento nas categorias de base e formação educacional exigível e adequada, enquadrando-o na equipe da categoria correspondente a sua idade;

II — alojamento em instalações desportivas apropriadas à sua capacitação técnica na modalidade, quanto a alimentação, higiene, segurança e saúde;

III — conhecimentos teóricos e práticos de educação física, condicionamento e motricidade, por meio de um corpo de profissionais habilitados e especializados, norteados por programa de formação técnico-desportiva, compatível com o desenvolvimento físico, moral e psicológico do atleta;

IV — matrícula escolar e presença às aulas da educação básica ou de formação técnica em que estiver matriculado, ajustando o tempo destinado à efetiva atividade de formação do atleta, não superior a quatro horas diárias, aos horários estabelecidos pela instituição educacional, e exigindo do atleta satisfatório aproveitamento escolar;

V — assistência educacional e integral à saúde;

VI — alimentação com acompanhamento de nutricionista, assistência de fisioterapeuta e demais profissionais qualificados na formação física e motora, além da convivência familiar adequada;

VII — pagamento da bolsa de aprendizagem até o décimo dia útil do mês subsequente ao vencido;

VIII — apólice de seguro de vida e de acidentes pessoais para cobrir as atividades de formação desportiva, durante toda a vigência do contrato, incluindo como beneficiários da apólice de seguro os indicados pelo atleta em formação;

IX — período de descanso de trinta dias consecutivos e ininterruptos, com a garantia de recebimento dos incentivos previstos na Lei coincidente com as férias escolares regulares;

X — registro do atleta em formação na entidade de administração do desporto e inscrição do atleta em formação nas competições oficiais de sua faixa etária promovidas pela entidade; e

XI — transporte.

Art. 50. O contrato de formação desportiva deve conter os elementos mínimos previstos no § 6º do art. 29 da Lei n. 9.615, de 1998, e visa propiciar ao atleta:

I — capacitação técnico-educacional específica para sua modalidade desportiva;

II — conhecimentos teóricos e práticos de atividade física, condicionamento e motricidade;

III — conhecimentos específicos de regras, legislação, fundamentos e comportamento do atleta de sua modalidade;

IV — conhecimentos sobre civismo, ética, comportamento e demais informações necessárias à futura formação de atleta desportivo profissional; e

V — preparação para firmar o primeiro contrato especial de trabalho desportivo, norteado pelo programa de formação técnico profissional, compatível com o desenvolvimento físico e psicológico.

Art. 51. O contrato de formação desportiva poderá conter as seguintes obrigações do atleta:

I — observar as cláusulas do contrato de formação desportiva;

II — cumprir o programa de treinamento e o horário de capacitação determinados pela entidade formadora;

III — assistir às aulas teóricas e práticas programadas pela entidade formadora, com satisfatório aproveitamento;

IV — apresentar-se nas competições desportivas preparatórias e oficiais, nas condições, horários e locais estabelecidos pela entidade de prática desportiva contratante;

V — permanecer, sempre que necessário, em regime de concentração, observado o limite semanal de três dias consecutivos;

VI — assistir às aulas da instituição educacional em que matriculado e apresentar frequência e aproveitamento satisfatórios; e

VII — respeitar as normas internas da entidade formadora.

Art. 52. Caberá à entidade de administração do desporto responsável pela certificação de entidade de prática desportiva formadora:

I — fixar as normas e requisitos para a outorga da certificação;

II — estabelecer tipologias e prazos de validade da certificação;

III — uniformizar um modelo de contrato de formação desportiva; e

IV — padronizar as bases de cálculo dos custos diretos ou indiretos das entidades formadoras.

PARÁGRAFO ÚNICO. Atendidos os requisitos, a entidade de administração do desporto não negará a certificação da entidade de prática desportiva formadora, assim como do registro do contrato de formação desportiva.

Capítulo X
Assistência Social e Educacional a Atletas Profissionais, ex-Atletas e Atletas em Formação

Art. 53. Assistência social e educacional será prestada pela Federação das Associações de Atletas Profissionais — FAAP, ou pela Federação Nacional dos Atletas Profissionais de Futebol — FENAPAF, na forma do art. 57 da Lei n. 9.615, de 1998, com a concessão dos seguintes benefícios:

I — aos atletas profissionais: assistência financeira, para os casos de atletas desempregados ou que tenham deixado de receber regularmente seus salários por um período igual ou superior a quatro meses;

II — aos ex-atletas:

a) assistência financeira mensal ao incapacitado para o trabalho, desde que a restrição decorra de lesões ou atividades ocorridas quando ainda era atleta; e

b) assistência financeira mensal em caso de comprovada ausência de fonte de renda que garanta a sobrevivência ao ex-atleta; e

III — aos atletas em formação, aos atletas profissionais e aos ex-atletas: custeio total ou parcial dos gastos com educação formal.

§ 1º A FAAP e a FENAPAF deverão elaborar demonstrações financeiras dos recursos cuja fonte seja a prevista no art. 57 da Lei n. 9.615, de 1998, referentes a cada exercício fiscal, de acordo com padrões e critérios estabelecidos pelo Conselho Federal de Contabilidade, e, após submetidas à auditoria independente, publicarão as demonstrações em seu sítio eletrônico, até o último dia útil do mês de abril do ano subsequente.

§ 2º Qualquer pessoa poderá requerer, por escrito, a prestação de contas referente aos valores recebidos e empregados na assistência social e educacional aos atletas profissionais, aos ex-atletas e aos atletas em formação, cujos documentos serão disponibilizados no prazo de dez dias úteis.

Art. 54. As contribuições devidas à FAAP e à FENAPAF, na forma do art. 57 da Lei n. 9.615, de 1998, se não recolhidas nos prazos fixados, sujeitam-se à cobrança administrativa e judicial, com atualização dos valores devidos até a data do efetivo recolhimento.

Art. 55. As entidades de prática desportiva e de administração do desporto responsáveis pela arrecadação, pelo recolhimento dos valores referidos no art. 57 da Lei n. 9.615, de 1998, e pelo registro dos contratos desportivos deverão prestar à FAAP e à FENAPAF todas as informações financeiras, cadastrais e de registro necessárias à verificação, controle e fiscalização das contribuições devidas.

Art. 56. A entidade responsável pelo registro do contrato de trabalho do atleta profissional e pelo registro de transferência de atleta profissional a outra entidade desportiva deverá exigir, quando de sua efetivação, o comprovante do recolhimento das contribuições fixadas no art. 57 da Lei n. 9.615, de 1998.

PARÁGRAFO ÚNICO. As entidades nacionais de administração do desporto deverão informar à FAAP e à FENAPAF a relação dos atletas e das entidades de prática desportiva que não atenderem ao disposto no *caput*.

Capítulo XI
Disposições Finais e Transitórias

Art. 57. Ato conjunto dos Ministros de Estado do Esporte, da Defesa e do Planejamento, Orçamento e Gestão estabelecerá normas e prazos para efetivar a liberação de servidores públicos que atuam como atletas, árbitros, assistentes, profissionais especializados e dirigentes integrantes de representação nacional convocados para treinamento ou para competição desportiva no País ou no exterior.

Art. 58. O Ministério da Defesa deverá ser previamente consultado nas questões de desporto militar ou programas governamentais cujas atividades esportivas incluam a participação das Forças Armadas.

Art. 59. Para os efeitos do art. 84-A da Lei n. 9.615, de 1998, a obrigatoriedade de transmissão de jogo envolve partida disputada em competição oficial por ambas seleções principais brasileiras de futebol, masculina e feminina, da categoria principal.

Art. 60. No prazo de cento e oitenta dias da data da entrada em vigor deste Decreto, o Conselho Nacional do Esporte — CNE aprovará o Código Brasileiro de Justiça Desportiva para o Desporto Educacional — CBJDE, ouvidas a CBDE e a CBDU.

Art. 61. O atleta não profissional que perceba incentivos materiais na forma de bolsa, conforme disposto no art. 4º, parágrafo único, não será considerado contribuinte obrigatório do RGPS.

Art. 62. A participação de árbitros e auxiliares de arbitragem em competições, partidas, provas ou equivalente, de qualquer modalidade desportiva, obedecerá às regras e aos regulamentos da entidade de administração, a qual, no exercício de sua autonomia, fará inclusão ou exclusão de nomes nas relações regionais, nacionais ou internacionais.

Art. 63. A exclusividade prevista no art. 15, § 2º, da Lei n. 9.615, de 1998, implica proibição à imitação e à reprodução, no todo, em parte ou com acréscimo, de signos graficamente distintivos, bandeiras, lemas, emblemas e hinos utilizados pelo Comitê Olímpico Internacional — COI, pelo Comitê Paralímpico Internacional — IPC, pelo COB e pelo CPB.

§ 1º As proibições referidas no *caput* abrangem abreviações e variações e ainda aquelas igualmente relacionadas que, porventura, venham a ser criadas dentro dos mesmos objetivos.

§ 2º Em relação ao COI e ao IPC, a exclusividade de que trata o *caput* deverá observar o disposto no inciso I do parágrafo único do art. 6º e no art. 16 da Lei n. 12.035, de 1º de outubro de 2009.

§ 3º Excetuam-se do disposto neste artigo os usos formalmente autorizados pelo COB, CPB, COI ou IPC.

Art. 64. Ao COB e ao CPB aplicam-se as disposições constantes do inciso I do *caput* do art. 23 da Lei n. 9.615, de 1998, acerca da instituição do Tribunal de Justiça Desportiva, quando estiverem atuando na administração de modalidade desportiva em substituição a entidade nacional de administração do desporto.

Art. 65. Para fins do disposto no § 1º do art. 9º da Lei n. 9.615, de 1998, entende-se por Jogos Olímpicos os jogos de verão e os jogos de inverno, organizados pelo COI ou pelo IPC.

Art. 66. As normas e os procedimentos complementares necessários à execução deste Decreto serão definidos em ato do Ministro de Estado do Esporte.

Art. 67. Este Decreto entra em vigor trinta dias após a data de sua publicação.

Art. 68. Revogam-se:

I — o Decreto n. 3.659, de 14 de novembro de 2000;

II — o Decreto n. 3.944, de 28 de setembro de 2001;

III — o Decreto n. 4.201, de 18 de abril de 2002;

IV — o Decreto n. 5.139, de 12 de julho de 2004; e

V — o Decreto n. 6.297, de 11 de dezembro de 2007.

Brasília, 8 de abril de 2013; 192º da Independência e 125º da República.

Dilma Rousseff
Aldo Rebelo

LEI N. 6.556, DE 5 DE SETEMBRO DE 1978

(DOU 5.9.1978 — LTr 42/1305)

Dispõe sobre a atividade de secretário e dá outras providências

O PRESIDENTE DA REPÚBLICA,

Faço saber que o Congresso Nacional decreta e eu sanciono a seguinte Lei:

Art. 1º O exercício da atividade de Secretário, com as atribuições previstas na Lei, será permitido ao portador de certificado de conclusão do curso regular de Secretariado, em nível de 2º grau.

Art. 2º Poderá beneficiar-se da prerrogativa do artigo anterior o profissional que conte dois ou mais anos de atividades próprias de Secretário, na data da vigência desta Lei, e que apresente certificado de curso a nível de 2º grau.

Art. 3º São atribuições do Secretário:

a) executar tarefas relativas à anotação e redação, inclusive em idiomas estrangeiros;

b) datilografar e organizar documentos;

c) outros serviços de escritório, tais como: recepção, registro de compromissos e informações, principalmente junto a cargos diretivos da organização.

PARÁGRAFO ÚNICO. O Secretário procederá segundo normas específicas rotineiras, ou de acordo com seu próprio critério, visando a assegurar e agilizar o fluxo dos trabalhos administrativos da empresa.

Art. 4º O disposto nesta Lei aplica-se à iniciativa privada, às empresas com maioria de ações do Estado ou da União, às empresas públicas e às fundações.

PARÁGRAFO ÚNICO. O disposto nesta Lei não se aplica à administração direta e às autarquias da União.

Art. 5º O regulamento desta Lei disporá sobre as modalidades de Secretariado, definindo categorias e hierarquia salarial, inclusive para os fins previstos do art. 6º.

Art. 6º O exercício da atividade de Secretário depende de registro na Delegacia Regional do Trabalho.

PARÁGRAFO ÚNICO. O Ministério do Trabalho expedirá instruções sobre o registro referido neste artigo.

Art. 7º Na Carteira de Trabalho e Previdência Social deverá ser anotada a categoria de Secretário, dentre aquelas mencionadas no regulamento.

Art. 8º Esta Lei entrará em vigor na data de sua publicação.

Art. 9º Revogam-se as disposições em contrário.

Brasília, em 5 de setembro de 1978; 157º da Independência e 90º da República.

Ernesto Geisel
Arnaldo Prieto

LEI N. 6.586, DE 6 DE NOVEMBRO DE 1978

(DOU. 7.11.1978 — LTr 42/1501)

Classifica o comerciante ambulante para fins trabalhistas e previdenciários

O PRESIDENTE DA REPÚBLICA,

Faço saber que o Congresso Nacional decreta e eu sanciono a seguinte Lei:

Art. 1º Considera-se comerciante ambulante aquele que, pessoalmente, por conta própria e a seus riscos, exerce pequena atividade comercial em via pública, ou de porta em porta.

Art. 2º Não se considera comerciante ambulante, para os fins desta Lei, aquele que exerce suas atividades em condições que caracterizem a existência de relação de emprego com o fornecedor dos produtos.

Art. 3º Aplica-se ao comerciante de que trata esta Lei o disposto no parágrafo único do art. 1º do Decreto-lei n. 486, de 3 de março de 1969.

Art. 4º É obrigatória a inscrição do comerciante ambulante como segurado da previdência social, na categoria de autônomo.

Art. 5º Mediante convênio com as entidades do Sistema Nacional de Previdência e Assistência Social — SINPAS, os sindicatos respectivos poderão efetuar a inscrição e recolhimento das contribuições, bem assim a prestação de serviços previdenciários ao comerciante ambulante.

Art. 6º Constará do convênio, de que trata o artigo anterior, o prazo para transferência ao Instituto de Administração Financeira da Previdência e Assistência Social — IAPAS das contribuições previdenciárias recolhidas por intermédio dos sindicatos.

Art. 7º A falta de transferência a que se refere o artigo anterior, pelos sindicatos, na época ajustada, das quantias recebidas do comerciante ambulante caracteriza o crime de apropriação indébita e sujeita o faltoso a pagar os acréscimos de juros de mora, correção monetária e multa moratória nos mesmos limites, prazos, condições, regalias e garantias das contribuições devidas pelas empresas.

Art. 8º As disposições desta Lei não se aplicam às atividades que, embora exercidas em vias ou logradouros públicos, sejam objeto de legislação específica.

Art. 9º Esta Lei entrará em vigor na data de sua publicação.

Art. 10. Revogam-se as disposições em contrário.

Brasília, em 6 de novembro de 1978; 178º da Independência e 90º da República.

Ernesto Geisel
Arnaldo Prieto
L. G. do Nascimento e Silva

LEI N. 6.615, DE 16 DE DEZEMBRO DE 1978

(DOU 19.12.1978)

Dispõe sobre a regulamentação da profissão de radialista e dá outras providências

O PRESIDENTE DA REPÚBLICA ,

Faço saber que o Congresso Nacional decreta e eu sanciono a seguinte Lei:

Art. 1º O exercício da profissão de Radialista é regulado pela presente Lei.

Art. 2º Considera-se Radialista o empregado de empresa de radiodifusão que exerça uma das funções em que se desdobram as atividades mencionadas no art. 4º.

Art. 3º Considera-se empresa de radiodifusão, para os efeitos desta Lei, aquela que explora serviços de transmissão de programas e mensagens, destinada a ser recebida livre e gratuitamente pelo público em geral, compreendendo a radiodifusão sonora (rádio) e radiodifusão de sons e imagens (televisão).

PARÁGRAFO ÚNICO. Considera-se, igualmente, para os efeitos desta lei, empresa de radiodifusão:

a) a que explore serviço de música funcional ou ambiental e outras que executem, por quaisquer processos, transmissões de rádio ou de televisão;

b) a que se dedique, exclusivamente, à produção de programas para empresas de radiodifusão;

c) a entidade que execute serviços de repetição ou de retransmissão de radiodifusão;

d) a entidade privada e a fundação mantenedora que executem serviços de radiodifusão, inclusive em circuito fechado de qualquer natureza;

e) as empresas ou agências de qualquer natureza destinadas, em sua finalidade, a produção de programas, filmes e dublagens, comerciais ou não, para serem divulgados através das empresas de radiodifusão.

Art. 4º A profissão de Radialista compreende as seguintes atividades:

I — Administração;

II — Produção;

III — Técnica.

§ 1º As atividades de administração compreendem somente as especializadas, peculiares às empresas de radiodifusão.

§ 2º As atividades de produção se subdividem nos seguintes setores:

a) autoria;

b) direção;

c) produção;

d) interpretação;

e) dublagem;

f) locução

g) caracterização;

h) cenografia.

§ 3º As atividades técnicas se subdividem nos seguintes setores:

a) direção;

b) tratamento e registros sonoros;

c) tratamento e registros visuais;

d) montagem e arquivamento;

e) transmissão de sons e imagens;

f) revelação e copiagem de filmes;

g) artes plásticas e animação de desenhos e objetos;

h) manutenção técnica.

§ 4º As denominações e descrições das funções em que se desdobram as atividades e os setores mencionados nos §§ 1º, 2º e 3º, a serem previstas e atualizadas em regulamento, deverão considerar: *(Redação dada pela Lei n. 13.424, de 28.3.17, DOU 29.3.17)*

I — as ocupações e multifuncionalidades geradas pela digitalização das emissoras de radiodifusão, novas tecnologias, equipamentos e meios de informação e comunicação; *(Redação dada pela Lei n. 13.424, de 28.3.17, DOU 29.3.17)*

II — exclusivamente as funções técnicas ou especializadas, próprias das atividades de empresas de radiodifusão. (NR) *(Redação dada pela Lei n. 13.424, de 28.3.17, DOU 29.3.17)*

Art. 5º Não se incluem no disposto nesta Lei os Atores e Figurantes que prestam serviços a empresas de radiodifusão.

Art. 6º O exercício da profissão de Radialista requer prévio registro na Delegacia Regional do Trabalho do Ministério do Trabalho, qual terá validade em todo o território nacional.

PARÁGRAFO ÚNICO. O pedido de registro, de que trata este artigo, poderá ser encaminhado através do sindicato representativo da categoria profissional ou da federação respectiva.

Art. 7º Para registro do Radialista, é necessário a apresentação de:

I — diploma de curso superior, quando existente para as funções em que se desdobram as atividades de Radialista, fornecido por escola reconhecida na forma da lei; ou

II — diploma ou certificado correspondente às habilitações profissionais ou básicas de 2º Grau, quando existente para as funções em que se desdobram as atividades de Radialista, fornecido por escola reconhecida na forma da lei; ou

III — atestado de capacitação profissional conforme dispuser a regulamentação desta Lei.

Art. 8º O contrato de trabalho, quando por tempo determinado, deverá ser registrado no Ministério do Trabalho, até a véspera da sua vigência, e conter, obrigatoriamente:

I — a qualificação completa das partes contrates;

II — prazo de vigência;

III — a natureza do serviço;

IV — o local em que será prestado o serviço;

V — cláusula relativa a exclusividade e transferibilidade;

VI — a jornada de trabalho, com especificação do horário e intervalo de repouso;

VII — a remuneração e sua forma de pagamento;

VIII — especificação quanto à categoria de transporte e hospedagem assegurada em caso de prestação de serviços fora do local onde foi contratado;

IX — dia de folga semanal;

X — número da Carteira de Trabalho e Previdência Social.

§ 1º O contrato de trabalho de que trata este artigo será visado pelo sindicato representativo da categoria profissional ou pela federação respectiva, como condição para registro no Ministério do Trabalho.

§ 2º A entidade sindical deverá visar ou não o contrato, no prazo máximo de 2 (dois) dias úteis, findos os quais ele poderá ser registrado no Ministério do Trabalho, se faltar a manifestação sindical.

§ 3º Da decisão da entidade sindical que negar o visto, caberá recurso para o Ministério do Trabalho.

Art. 9º No caso de se tratar de rede de radiodifusão, de propriedade ou controle de um mesmo grupo, deverá ser mencionado na Carteira de Trabalho e Previdência Social o nome da emissora na qual será prestado o serviço.

PARÁGRAFO ÚNICO. Quando se tratar de emissora de Onda Tropical pertencente à mesma concessionária e que transmita simultânea, integral e permanentemente a programação de emissora de Onda Média, serão mencionados os nomes das duas emissoras.

Art. 10. Para contratação de estrangeiro, domiciliado no exterior, exigir-se-á prévio recolhimento de importância equivalente a 10% (dez por cento) do valor total do ajuste à Caixa Econômica Federal, a título de contribuição sindical, em nome da entidade sindical da categoria profissional.

Art. 11. A utilização de profissional, contratado por agência de locação de mão de obra, obrigará o tomador de serviço, solidariamente, pelo cumprimento das obrigações legais e contratuais, se se caracterizar a tentativa pelo tomador de serviço, de utilizar a agência para fugir às responsabilidades e obrigações decorrentes desta Lei ou do contrato de trabalho.

Art. 12. Nos contratos de trabalho por tempo determinado, para produção de mensagens publicitárias, feitas para rádio e televisão, constará obrigatoriamente do contrato de trabalho:

I — o nome do produtor, do anunciante e, se houver, da agência de publicidade para quem a mensagem é produzida;

II — o tempo de exploração comercial da mensagem;

III — o produto a ser promovido;

IV — os meios de comunicação através dos quais a mensagem será exibida;

V — o tempo de duração da mensagem e suas características.

Art. 13. Na hipótese de exercício de funções acumuladas dentro de um mesmo setor em que se desdobram as atividades mencionadas no art. 4º, será assegurado ao Radialista um adicional mínimo de:

I — 40% (quarenta por cento), pela função acumulada, tomando-se por base a função melhor remunerada, nas emissoras de potência igual ou superior a 10 (dez) quilowatts e, nas empresas equiparadas segundo o parágrafo único do art. 3º;

II — 20% (vinte por cento), pela função acumulada, tomando-se por base a função melhor remunerada, nas emissoras de potência inferior a 10 (dez) quilowatts e, superior a 1 (um) quilowatt;

III — 10% (dez por cento), pela função acumulada, tomando-se por base a função melhor remunerada, nas emissoras de potência igual ou inferior a 1 (um) quilowatt.

Art. 14. Não será permitido, por força de um só contrato de trabalho, o exercício para diferentes setores, dentre os mencionados no art. 4º.

Art. 15. Quando o exercício de qualquer função for acumulado com responsabilidade de chefia, o Radialista fará jus a um acréscimo de 40% (quarenta por cento) sobre o salário.

Art. 16. Na hipótese de trabalho executado fora do local constante do contrato de trabalho, correrão à conta do empregador, além do salário, as despesas de transportes e de alimentação e hospedagem, até o respectivo retorno.

Art. 17. Não será permitida a cessão ou promessa de cessão dos direitos de autor e dos que lhes são conexos, de que trata a Lei n. 5.988, de 14 de dezembro de 1973, decorrentes da prestação de serviços profissionais.

PARÁGRAFO ÚNICO. Os direitos autorais e conexos dos profissionais serão devidos em decorrência de cada exibição da obra.

Art. 18. A duração normal do trabalho do Radialista é de:

I — 5 (cinco) horas para os setores de autoria e de locução;

II — 6 (seis) horas para os setores de produção, interpretação, dublagem, tratamento e registros sonoros, tratamento e registros visuais, montagem e arquivamento, transmissão de sons e imagens, revelação e copiagem de filmes, artes plásticas e animação de desenhos e objetos e manutenção técnica;

III — 7 (sete) horas para os setores de cenografia e caracterização, deduzindo-se desse tempo 20 (vinte) minutos para descanso, sempre que se verificar um esforço contínuo de mais de 3 (três) horas;

IV — 8 (oito) horas para os demais setores.

PARÁGRAFO ÚNICO. O trabalho prestado, além das limitações diárias previstas nos itens acima, será considerado trabalho extraordinário, aplicando-lhe o disposto nos arts. 59 a 61 da Consolidação das Leis do Trabalho (CLT).

Art. 19. Será considerado como serviço efetivo o período em que o Radialista permanecer à disposição do empregador.

Art. 20. Assegurada ao Radialista uma folga semanal remunerada de 24 (vinte e quatro) horas consecutivas, de preferência aos domingos.

PARÁGRAFO ÚNICO. As empresas organizarão escalas de revezamento de maneira a favorecer o empregado com um repouso dominical mensal, pelo menos, salvo quando, pela natureza do serviço, a atividade do Radialista for desempenhada habitualmente aos domingos.

Art. 21. A jornada de trabalho dos Radialistas, que prestem serviços em condições de insalubridade ou periculosidade, poderá ser organizada em turnos, respeitada a duração semanal do trabalho, desde que previamente autorizado pelo Ministério do Trabalho.

Art. 22. A cláusula de exclusividade não impedirá o Radialista de prestar serviços a outro empregador, desde que em outro meio de comunicação, e sem que se caracterize prejuízo para o primeiro contratante.

Art. 23. Os textos destinados a memorização, juntamente com o roteiro da gravação ou plano de trabalho, deverão ser entregues ao profissional com antecedência mínima de 24 (vinte e quatro) horas, em relação ao início dos trabalhos.

Art. 24. Nenhum profissional será obrigado a participar de qualquer trabalho que coloque em risco sua integridade física ou moral.

Art. 25. O fornecimento de guarda-roupa de mais recursos indispensáveis ao cumprimento das tarefas contratuais será de responsabilidade do empregador.

Art. 26. A empresa não poderá obrigar o Radialista a fazer uso de uniformes durante o desempenho de suas funções, que contenham símbolos, marcas ou qualquer mensagem de caráter publicitário.

PARÁGRAFO ÚNICO. Não se incluem nessa proibição os símbolos ou marcas identificadores do empregador.

Art. 27. As infrações ao disposto nesta Lei serão punidas com multa de 2 (duas) a 20 (vinte) vezes o maior valor de referência previsto no art. 2º, parágrafo único, da Lei n. 6.205, de 29 de abril de 1975, calculada a razão de um valor de referência por empregado em situação irregular.

PARÁGRAFO ÚNICO. Em caso de reincidência, embaraço ou resistência à fiscalização, emprego de artifício ou simulação com objetivo de fraudar a lei, a multa será aplicada em seu valor máximo.

Art. 28. O empregador punido na forma do artigo anterior, enquanto não regularizar a situação que deu causa à autuação, e não recolher a multa aplicada, após esgotados os recursos cabíveis não poderá receber benefício, incentivo ou subvenção concedidos por órgãos públicos.

Art. 29. É assegurado o registro, a que se refere o art. 6º, ao Radialista que, até a data da publicação desta Lei, tenha exercido, comprovadamente, a respectiva profissão.

Art. 30. Aplicam-se ao Radialista as normas da legislação do trabalho, exceto naquilo que for incompatível com as disposições desta Lei.

Art. 31. São inaplicáveis a órgãos da Administração Pública, direta ou indireta, as disposições constantes do § 1º do art. 8º e do art. 10 desta Lei.

Art. 32. O Poder Executivo expedirá o regulamento desta Lei.

Art. 33. Esta Lei entrará em vigor 90 (noventa) dias após sua publicação.

Art. 34. Revogam-se as disposições em contrário.

Brasília, em 16 de dezembro de 1978; 157º da Independência e 90º da República.

ERNESTO GEISEL
ARNALDO PRIETO

DECRETO N. 84.134, DE 30 DE OUTUBRO DE 1979

(DOU 31.10.1979)

Regulamenta a Lei n. 6.615, de 16 de dezembro de 1978

O PRESIDENTE DA REPÚBLICA, usando da atribuição que lhe confere o art. 81, item III, da Constituição, e tendo em vista o disposto no art. 32 da Lei n. 6.615, de 16 de dezembro de 1978,

DECRETA:

Art. 1º O exercício da profissão de Radialista é regulado pela Lei n. 6.615, de 16 de dezembro de 1978, na forma deste Regulamento.

Art. 2º Considera-se Radialista o empregado de empresa de radiodifusão que exerça função estabelecida no anexo deste Regulamento.

Art. 3º Considera-se empresa de radiodifusão, para os efeitos deste Regulamento, aquela que explora serviços de transmissão de programas e mensagens, destinada a ser recebida livre e gratuitamente pelo público em geral, compreendendo a radiodifusão sonora (rádio) e radiodifusão de sons e imagens (televisão).

PARÁGRAFO ÚNICO. Considera-se, igualmente, para os efeitos deste Regulamento, empresa de radiodifusão:

a) a que explore serviço de música funcional ou ambiental e outras que executem, por quaisquer processos, transmissão de rádio ou de televisão;

b) a que se dedique, exclusivamente, à produção de programas para empresas de radiodifusão;

c) a entidade que execute serviços de repetição ou de retransmissão de radiodifusão;

d) a entidade privada e a fundação mantenedora que executem serviços de radiodifusão, inclusive em circuito fechado de qualquer natureza;

e) as empresas ou agências de qualquer natureza destinadas, em sua finalidade, à produção de programas, filmes e dublagens, comerciais ou não, para serem divulgados através das empresas de radiodifusão.

Art. 4º A profissão de Radialista compreende as seguintes atividades:

I — Administração;

II — Produção;

III — Técnica.

§ 1º As atividades de administração compreendem as especializadas, peculiares às empresas de radiodifusão.

§ 2º As atividades de produção se subdividem nos seguintes setores:

a) autoria;

b) direção;

c) produção;

d) interpretação;

e) dublagem;

f) locução;

g) caracterização;

h) cenografia.

§ 3º As atividades técnicas se subdividem nos seguintes setores:

a) direção;

b) tratamento e registros sonoros;

c) tratamento e registros, visuais;

d) montagem e arquivamento;

e) transmissão de sons e imagens;

f) revelação e copiagem de filmes;

g) artes plásticas e animação de desenhos e objetos;

h) manutenção técnica.

§ 4º As denominações e descrições das funções em que se desdobram as atividades e os setores mencionados nos parágrafos anteriores, constam do Quadro anexo a este Regulamento.

Art. 5º Não se incluem no disposto neste Regulamento os Atores e Figurantes que prestam serviços a empresas de radiodifusão.

Art. 6º 0 exercício da profissão de Radialista requer prévio registro na Delegacia Regional do Trabalho do Ministério do Trabalho, o qual terá validade em todo o território nacional.

PARÁGRAFO ÚNICO. O pedido de registro de que trata este artigo poderá ser encaminhado através do sindicato representativo da categoria profissional ou da federação respectiva.

Art. 7º Para registro do Radialista é necessária a apresentação de:

I — diploma de curso superior, quando existente, para as funções em que se desdobram as atividades de Radialista, fornecido por escola reconhecida na forma da lei; ou

II — diploma ou certificado correspondente às habilitações profissionais ou básicas de 2º Grau, quando existente para as funções em que se desdobram as atividades de Radialista, fornecido por escola reconhecida na forma da lei; ou

III — atestado de capacitação profissional.

Art. 8º O atestado mencionado no inciso III do artigo anterior será emitido pela Delegacia Regional do Trabalho, a requerimento do interessado, instruído com certificado de conclusão de treinamento para função constante do quadro anexo a este regulamento. O certificado deverá ser fornecido por unidade integrante do Sistema Nacional de Formação de Mão de obra, credenciada pelo Conselho Federal de Mão de obra ou por entidade da Administração Pública, direta ou indireta, que tenha por objetivo, previsto em lei, promover e estimular a formação e o treinamento de pessoal especializado, necessário às atividades de radiodifusão. *(Redação dada pelo Decreto n. 95.684, de 28.1.88, DOU 29.1.88)*

§ 1º Comprovada a impossibilidade do treinamento por falta ou insuficiência, no município, de curso especializado em formação para as funções em que se desdobram as atividades de radialista, em número que atenda às necessidades de mão de obra das empresas de radiodifusão, a Delegacia Regional do Trabalho emitirá o atestado de capacitação profissional (art. 7º, III), mediante apresentação de certificado de aptidão profissional, fornecido por uma das entidades abaixo, na seguinte ordem: *(Redação dada pelo Decreto n. 95.684, de 28.1.88, DOU 29.1.88)*

a) sindicato representativo da categoria profissional; *(Acrescentado pelo Decreto n. 95.684, de 28.1.88, DOU 29.1.88)*

b) sindicato representativo de empresas de radiodifusão; *(Acrescentado pelo Decreto n. 95.684, de 28.1.88, DOU 29.1.88)*

c) empresa de radiodifusão. *(Acrescentado pelo Decreto n. 95.684, de 28.1.88, DOU 29.1.88)*

§ 2º Para efeito do parágrafo anterior, o interessado será admitido na empresa como empregado-iniciante, para um período de capacitação, de até seis meses. *(Redação dada pelo Decreto n. 95.684, de 28.1.88, DOU 29.1.88)*

§ 3º Se o treinamento for concluído com aproveitamento, a empresa encaminhará o empregado à Delegacia Regional do Trabalho, com o respectivo certificado de aptidão profissional, para o fim previsto no § 1º. *(Redação dada pelo Decreto n. 95.684, de 28.1.88, DOU 29.1.88)*

Art. 9º 0 registro de Radialista será efetuado pela Delegacia Regional do Trabalho do Ministério do Trabalho, a requerimento do interessado, instruído com os seguintes documentos:

I — diploma, certificado ou atestado mencionados no art. 7º;

II — Carteira de Trabalho e Previdência Social.

PARÁGRAFO ÚNICO. *(Revogado pelo Decreto n. 94.447, de 16.6.87, DOU 17.6.87)*

Art. 10. O Contrato de Trabalho, quando por prazo determinado, deverá ser registrado, a requerimento do empregador, no órgão regional do Ministério do Trabalho, até a véspera do início da sua vigência, e conterá, obrigatoriamente:

I — a qualificação completa das partes contratantes;

II — o prazo de vigência;

III — a natureza do serviço;

IV — o local em que será prestado o serviço;

V — cláusula relativa a exclusividade e transferibilidade;

VI — a jornada de trabalho, com especificação do horário e intervalo de repouso;

VII — a remuneração e sua forma de pagamento;

VIII — especificação quanto à categoria de transporte e hospedagem assegurada em caso de prestação de serviços fora do local onde foi contratado;

IX — dia de folga semanal;

X — número da Carteira de Trabalho e Previdência Social;

XI — condições especiais, se houver.

§ 1º O contrato de trabalho de que trata este artigo será visado pelo Sindicato representativo da categoria profissional ou pela federação respectiva, como condição para registro no Ministério do Trabalho.

§ 2º A entidade sindical visará ou não o contrato, no prazo máximo de 2 (dois) dias úteis, findos os quais poderá ser registrado, independentemente de manifestação da entidade sindical, se não estiver em desacordo com a Lei ou com este Regulamento.

§ 3º Da decisão da entidade sindical que negar o visto caberá recurso para o Ministério do Trabalho.

Art. 11. O requerimento do registro deverá ser instruído com 2 (duas) vias do instrumento do contrato de trabalho, visadas pelo Sindicato representativo da categoria profissional e, subsidiariamente, pela Federação respectiva.

Art. 12. No caso de se tratar de rede de radiodifusão de propriedade ou controle de um mesmo grupo, deverá ser indicada na Carteira de Trabalho e Previdência Social a emissora na qual será prestado o serviço.

PARÁGRAFO ÚNICO. Quando se tratar de emissora de Onda Tropical pertencente a mesma concessionária e que transmita simultânea, integral e permanentemente a programação de emissora de Onda Média, far-se-á no mencionado documento a indicação das emissoras.

Art. 13. Para contratação de estrangeiro, domiciliado no exterior, exigir-se-á prévio recolhimento à Caixa Econômica Federal, de importância equivalente a 10% (dez por cento) do valor total do ajuste, a título de contribuição sindical, em nome da entidade da categoria profissional.

Art. 14. A utilização de profissional contratado por agência de locação de mão de obra obrigará o tomador de serviço, solidariamente, pelo cumprimento das obrigações legais e contratuais, se se caracterizar a tentativa, pelo tomador de serviço, de utilizar a agência para fugir às responsabilidades e obrigações decorrentes da Lei, deste Regulamento ou do contrato de trabalho.

Art. 15. Nos contratos de trabalho por prazo determinado, para produção de mensagens publicitárias, feitas para rádio e televisão, constará obrigatoriamente:

I — o nome do produtor, do anunciante e, se houver, da agência de publicidade para a qual a mensagem é produzida;

II — o tempo de exploração comercial da mensagem;

III — o produto a ser promovido;

IV — os meios de comunicação através dos quais a mensagem será exibida;

V — o tempo de duração da mensagem e suas características.

Art. 16. Na hipótese de acumulação de funções dentro de um mesmo Setor em que se desdobram as atividades mencionadas no art. 4º, será assegurado ao Radialista um adicional mínimo de:

I — 40% (quarenta por cento), pela função acumulada, tomando-se por base a função melhor remunerada, nas emissoras de potência igual ou superior a 10 (dez) quilowatts bem como nas empresas discriminadas no parágrafo único do artigo 3º;

II — 20% (vinte por cento), pela função acumulada, tomando-se por base a função melhor remunerada, nas emissoras de potência inferior a 10 (dez) quilowatts e superior a 1 (um) quilowatt;

III — 10% (dez por cento), pela função acumulada, tomando-se por base a função melhor remunerada, nas emissoras de potência Igual ou Inferior a 1 (um) quilowatt.

PARÁGRAFO ÚNICO. Não será permitido, por força de um só contrato de trabalho, o exercício para diferentes setores dentre os mencionados no art. 4º.

Art. 17. Quando o exercício de qualquer função for acumulado com responsabilidade de chefia, o Radialista fará jus a um acréscimo de 40% (quarenta por cento) sobre o salário.

PARÁGRAFO ÚNICO. Cessada a responsabilidade de chefia, automaticamente deixará de ser devido o acréscimo salarial.

Art. 18. Na hipótese de trabalho executado fora do local mencionado no contrato de trabalho, correrão à conta do empregador, além do salário, as despesas de transporte, de alimentação e de hospedagem, até o respectivo retorno.

Art. 19. Não será permitida a cessão ou promessa de cessão dos direitos de autor e dos que lhes são conexos, de que trata a Lei n. 5.988, de 14 de dezembro de 1973, decorrentes da prestação de serviços profissionais.

PARÁGRAFO ÚNICO. Os direitos autorais e conexos dos profissionais serão devidos em decorrência de cada exibição da obra.

Art. 20. A duração normal do trabalho do Radialista é de:

I — 5 (cinco) horas para os setores de autoria e de locução;

II — 6 (seis) horas para os setores de produção, interpretação, dublagem, tratamento e registros sonoros, tratamento e registros visuais, montagem e arquivamento, transmissão de sons e imagens, revelação e copiagem de filmes, artes plásticas e animação de desenhos e objetos e manutenção técnica;

III — 7 (sete) horas para os setores de cenografia e caracterização, deduzindo-se desse tempo 20 (vinte) minutos para descanso, sempre que se verificar um esforço continuo de mais de 3 (três) horas;

IV — 8 (oito) horas para os demais setores.

PARÁGRAFO ÚNICO. 0 trabalho prestado além das limitações diárias previstas nos itens acima será considerado extraordinário, aplicando-se-lhe o disposto nos artigos pertinentes da Consolidação das Leis do Trabalho (CLT).

Art. 21. Será considerado como serviço efetivo o período em que o Radialista permanecer à disposição do empregador.

Art. 22. É assegurada ao Radialista uma folga semanal remunerada de 24 (vinte e quatro) horas consecutivas, de preferência aos domingos.

PARÁGRAFO ÚNICO. As empresas organizarão escalas de revezamento de maneira a favorecer o empregado com um repouso dominical mensal, pelo menos, salvo quando, pela natureza do serviço, a atividade do Radialista for desempenhada habitualmente aos domingos.

Art. 23. A jornada de trabalho dos Radialistas que prestem serviços em condições de insalubridade ou periculosidade poderá ser organizada em turnos, respeitada a duração semanal do trabalho, desde que previamente autorizada pelo Ministério do Trabalho.

Art. 24. A cláusula de exclusividade não impedirá o Radialista de prestar serviços a outro empregador, desde que em outro meio de comunicação e sem que se caracterize prejuízo para o primeiro contratante.

Art. 25. Os textos destinados à memorização, juntamente com o roteiro da gravação ou plano de trabalho, deverão ser entregues ao profissional com antecedência mínima de 24 (vinte e quatro) horas, em relação ao início dos trabalhos.

Art. 26. Nenhum profissional será obrigado a participar de qualquer trabalho que coloque em risco sua integridade física ou moral.

Art. 27. O fornecimento de guarda-roupa e demais recursos Indispensáveis ao cumprimento das tarefas contratuais será de responsabilidade do empregador.

Art. 28. A empresa não poderá obrigar o Radialista, durante o desempenho de suas funções, a fazer uso de uniformes que contenham símbolos, marcas ou qualquer mensagem de caráter publicitário.

PARÁGRAFO ÚNICO. Não se incluem nessa proibição os símbolos ou marcas Identificadores do empregador.

Art. 29. As infrações ao disposto na Lei e neste Regulamento serão punidas com multa de 2 (duas) a 20 (vinte) vezes o maior valor de referência previsto no art. 2º, parágrafo único, da Lei n. 6.205, de 29 de abril de 1975, calculada à razão de um valor de referência por empregado em situação irregular.

PARÁGRAFO ÚNICO. Em caso de reincidência, embaraço ou resistência à fiscalização, emprego de artifício ou simulação com objetivo de fraudar a Lei a multa será aplicada em seu valor máximo.

Art. 30. O empregador punido na forma do artigo anterior, enquanto não regularizar a situação que deu causa à autuação e não recolher a multa aplicada, após esgotados os recursos cabíveis, não poderá receber qualquer benefício, incentivo ou subvenção concedidos por órgãos públicos.

Art. 31. É assegurado o registro a que se refere o art. 6º, ao Radialista que, até 19 de dezembro de 1978, tenha exercido, comprovadamente, a respectiva profissão.

PARÁGRAFO ÚNICO. O registro de que se trata este artigo deverá ser requerido pelo interessado ao órgão regional Ministério do Trabalho.

Art. 32. Aplicam-se ao Radialista as normas da legislação do trabalho, exceto naquilo que for incompatível com as disposições da Lei n. 6.615, de 16 de dezembro de 1978.

Art. 33. São inaplicáveis aos órgãos da Administração Pública, direta ou indireta, as disposições constantes do § 1º do art. 10 e do art. 13 deste Regulamento.

Art. 34. A alteração do Quadro anexo a este Regulamento será proposta, sempre que necessária, pelo Ministério do Trabalho, de ofício ou em decorrência de representação das entidades de classe.

Art. 35. Aos Radialistas empregados de entidades sujeitas às normas legais que regulam a acumulação de cargos, empregos ou funções na Administração Pública não se aplicam as disposições do art. 16.

Art. 36. Este Decreto entrará em vigor na data da sua publicação, revogadas as disposições em contrário.

Brasília, 30 de outubro de 1979; 158º da Independência e 91º da República.

JOÃO FIGUEIREDO
MURILLO MACÊDO
H. C. MATTOS

QUADRO ANEXO AO DECRETO N. 84.134, DE 30 DE OUTUBRO DE 1979

TÍTULOS E DESCRIÇÕES DAS FUNÇÕES EM QUE SE DESDOBRAM AS ATIVIDADES DOS RADIALISTAS.

I — ADMINISTRAÇÃO

1) RÁDIO — TV FISCAL

Fiscaliza as transmissões ouvindo-as e vendo-as, elaborando o relatório sequencial de tudo o que vai ao ar, principalmente a publicidade.

II — PRODUÇÃO

A — AUTORIA

1) AUTOR — ROTEIRISTA

Escreve original ou roteiros para a realização de programas ou séries de programas. Adaptam originais de terceiros transformando-os em programas.

B — DIREÇÃO

1) DIRETOR ARTÍSTICO OU DE PRODUÇÃO

Responsável pela execução dos programas, supervisiona o processo de recrutamento e seleção do pessoal necessário, principalmente quanto à escolha dos produtores e coordenadores de programas. Depois de prontos coloca os programas à disposição do Diretor de Programa.

2) DIRETOR DE PROGRAMAÇÃO

Responsável final pela emissão dos programas transmitidos pela emissora, tendo em vista sua qualidade e a adequação dos horários de transmissão.

3) DIRETOR ESPORTIVO

Responsável pela produção e transmissão dos programas e eventos esportivos. Desempenha, eventualidade, funções de locução durante os referidos eventos.

4) DIRETOR MUSICAL

Responsável pela produção musical da programação, trabalhando em harmonia com o produtor de programas na transmissão e/ou gravação de números e/ou espetáculos musicais.

5) DIRETOR DE PROGRAMAS

Responsável pela execução de um ou mais programas individuais, conforme lhe for atribuído pela Direção Artística ou de Produção, sendo também responsável pela totalidade das providências que resultam na elaboração do programa deixando-o pronto a ser transmitido ou gravado.

C — PRODUÇÃO

1) ASSISTENTE DE ESTÚDIO

Responsável pela ordem e sequência de encenação, programa ou gravação dentro de estúdio, coordena os trabalhos e providência para que a orientação do diretor do programa ou do diretor de imagens seja cumprida providencia cartões, ordens e sinais dentro do

Legislação Complementar

estúdio que permitam emissão ou gravação do programa.

2) ASSISTENTE DE PRODUÇÃO

Responsável pela obtenção dos meios materiais necessários à realização de programas, assessora o coordenador de produção durante os ensaios, encenação ou gravação dos programas. Convoca os elementos envolvidos no programa a ser produzido.

3) Operador de Câmera de Unidade Portátil Externa *(Redação dada pelo Decreto n. 94.447, de 16.6.87, DOU 17.6.87)*

Encarrega-se da gravação de matéria distribuída pelo Supervisor de Operações, planifica e orienta o entrevistador, repórter e o iluminador no que se refere aos aspectos técnicos de seu trabalho. Suas atividades envolvem tanto a gravação como a geração de som e imagem, através de equipamento eletrônico portátil de TV. *(Redação dada pelo Decreto n. 94.447, de 16.6.87, DOU 17.6.87)*

4) AUXILIAR DE DISCOTECÁRIO

Auxilia o discotecário e o discotecário programador no desempenho de suas atividades. Responsável pelos fichários de controle, catálogos e roteiros dos programas musicais, sob orientação do discotecário programador. Remete e recebe dos setores competentes o material da discoteca, em consonância com o encarregado de tráfego. Distribui, nos arquivos ou estantes próprias, os discos, fitas e cartuchos, zelando pelo material e equipamentos do acervo da discoteca.

5) Auxiliar de Operador de Câmera de Unidade Portátil Externa *(Redação dada pelo Decreto n. 94.447, de 16.6.87, 17.6.87)*

Encarrega-se do bom estado do equipamento e da sua montagem, e auxilia o operador de câmera na iluminação e na tomada de cenas. *(Redação dada pelo Decreto n. 94.447, de 16.6.87, 17.6.87)*

Suas atividades envolvem tanto a filmagem como a geração de som e imagem através de equipamento eletrônico portátil de TV (UPJ).

6) CONTINUISTA

Dá continuidade às cenas de programas, acompanhamento a sua gravação e providenciando para que cada cena seja retomada no mesmo ponto e da mesma maneira em que foi interrompida.

7) CONTRARREGRA

Realiza tarefas de apoio à produção, providenciando e obtenção e guarda de todos os objetos móveis necessários a produção.

8) COORDENADOR DE PRODUÇÃO

Responsável pela obtenção dos recursos materiais necessários à realização dos programas, bem como locais de encenação ou gravação, pela disponibilidade dos estúdios e das locações, inclusive instalação e renovação de cenários. Planeja e providencia os elementos necessários à produção juntamente com o produtor executivo, substituído-o em suas ausências.

9) COORDENADOR DE PROGRAMAÇÃO

Coordena as operações relativas à execução dos programas; prepara os mapas de programação estabelecendo horários e a sequência de transmissão, inclusive é adequada inserção dos comerciais para cumprimento das determinações legais que regulam a matéria.

10) DIRETOR DE IMAGENS (TV)

Selecione as imagens e efeitos que devem ser transmitidos e/ou gravados orientando as câmeras quanto ao seu posicionamento e ângulo de tomadas. Coordena os trabalhos de som, imagens, gravação, telecine, efeitos etc., supervisionado e dirigindo toda a equipe operacional durante os trabalhos.

11) DISCOTECÁRIO

Organiza e dirige os trabalhos de guarda e localização de discos, fitas e cartuchos, mantendo todo o material devidamente fichado para uso imediato pelos produtores.

12) DISCOTECÁRIO-PROGRAMADOS

Organiza e programa as condições constituídas por gravações. Observa o tempo e a cronometragem das gravações, bem como dos programas onde serão inseridas, trabalhando em estreito relacionamento com o discotecário e produtores musicais.

13) ENCARREGADO DE TRÁFEGO

Organiza e dirige o tráfego de programas entre praças, emissoras, departamentos, etc., controlando o destino e a restituição dos programas que saírem, nos prazos previstos.

14) FOTÓGRAFO

Executa todos os trabalhos de fotografia necessários à produção e à programação; seleciona material e equipamento adequados para cada tipo de trabalho; exerce sua atividade em estreito relacionamento com o pessoal de laboratório e com os montadores.

15) PRODUTOR EXECUTIVO

Organiza e produz programas de rádio ou televisão de qualquer gênero, inclusive telenoticioso ou esportivo, supervisionando a utilização de todos os recursos neles empregados.

16) ROTEIRISTA DE INTERVALOS COMERCIAIS

Elabora a programação dos intervalos comerciais das emissoras, distribuindo as mensagens comerciais ou publicitárias de acordo com a direção comercial da emissora.

17) ENCARREGADO DE CINEMA

Organiza a exibição de filmes, assim como a sua entrega pelo fornecedor, verificando sua qualidade técnica antes e depois da exibição.

18) FILMOTECÁRIO

Organiza e dirige os trabalhos de guarda e localização de filmes e videoteipes, mantendo em ordem o fichário para uso imediato dos produtores.

19) EDITOR DE VIDEOTEIPE (VT)

Edita os programas gravados em videoteipes (VT).

D — INTERPRETAÇÃO

1) COORDENADOR DE ELENCO

Responsável pela localização e convocação do elenco distribuição do material aos atores e figurantes e por todas as providências e cuidados exigidos pelo elenco que não sejam de natureza artística.

E — DUBLAGEM

1) ENCARREGADO DO TRÁFEGO

Recebe, cataloga e encaminha às respectivas seções o material do filme a ser dublado, mantendo os necessários controles. Organiza, controle e mantem sob sua guarda esse material em arquivos apropriados, coordenando os trabalhos de revisão e reparos das cópias.

2) MARCADOR DE ÓTIPO

Marca o filme, indicando as partes em que será dividido, numerando-as de acordo com a ordem constante no ¿script¿.

CORTADOR DE ÓTIPO E MAGNÉTICO

Corta o filme nas partes marcadas, cola as pontas de sincronismo e faz os anéis de magnético; recupera o magnético para novo uso.

4) OPERADOR DE SOM DE ESTÚDIO

Opera o equipamento de som no estúdio: microfone, mesa, equalizadora, máquina sincrônica gravadora de som e demais equipamentos relacionados com o som e sua retranscrição para cópias.

5) PROJECIONISTA DE ESTÚDIO

Opera projetor cinematográfico de estúdio de som, tanto nos estúdios de gravação como os de mixagem.

6) REMONTADOR DE ÓTICO E MAGNÉTICO

Após a dublagem do filme, une os anéis de ótico e de magnético, reconstruindo o filme em sua forma original, fazendo a revisão da cópia de trabalho.

7) EDITOR DE SINCRONISMO

Opera a moviola ou equipamento correspondente, colocando o diálogo gravado em sincronismo com a imagem, revisando as bandas de músicas e efeitos.

8) CONTRARREGRA/SONOPLASTA

Faz a complementação dos ruídos e efeitos sonoros que faltam na banda do rolo de fita magnética com musicas e efeitos sonoros (M. E).

9) OPERADOR DE MIXAGEM

Opera máquinas gravadoras e reprodutoras de som, mesa equalizadora e mixadora, passando para uma única banda os sons derivados das bandas de diálogo, M. E. e contrarregra, revisando a cópia final.

10) Diretor de Dublagem *(Acrescentado pelo Decreto n. 94.447, de 16.6.87, DOU 17.6.87)*

Assiste ao filme e sugere a escalação do elenco para a sua dublagem; esquematiza a produção; programa os horários de trabalho; orienta a interpretação e o sincronismo do Ator ou de outrem sobre sua imagem. *(Acrescentado pelo Decreto n. 94.447, de 16.6.87, DOU 17.6.87)*

F — LOCUÇÃO

1) LOCUTOR — ANUNCIADOR

Faz leitura de textos comerciais ou não nos intervalos da programação, anuncia sequência da programação, informações diversas e necessárias à conversão e sequência da programação.

2) LOCUTOR-APRESENTADOR-ANIMADOR

Apresentador e anuncia programas de rádio ou televisão realizando entrevistas e promovendo jogos, brincadeiras, competições e perguntas peculiares ao estúdio ou auditório de rádio ou televisão.

3) LOCUTOR COMENTARISTA ESPORTIVO

Comenta os eventos esportivos em rádio ou televisão, em todos os seus aspectos técnicos e esportivos.

4) LOCUTOR ESPORTIVO

Narra e eventualmente comenta os eventos esportivos em rádio ou televisão, transmitindo as informações comerciais que lhe forem atribuídas. Participa de debates e mesas-redondas.

5) LOCUTOR NOTICIARISTA DE RÁDIO

Lê programas noticiosos de rádio, cujos textos são previamente preparados pelo setor de redação.

6) LOCUTOR NOTICIARISTA DE TELEVISÃO

Lê programas noticiosos de televisão, cujos textos são previamente preparados pelo setor de redação.

7) LOCUTOR ENTREVISTADOR

Expõe e narra fatos, realiza entrevistas pertinentes aos fatos narrados.

G — CARACTERIZAÇÃO

1) CABELEIREIRO

Propõe e executam penteados para intérpretes e participantes de programas de televisão, responsáveis pela guarda e conservação de seus instrumentos de trabalho.

2) CAMAREIRO

Assiste os intérpretes e participantes no que se refere à utilização da roupagem exigida pelos programas, retirando-o do seu depósito e cuidado do seu aspecto e guarda até sua devolução.

3) COSTUREIRO

Confecciona as roupas conforme solicitadas pelo figurinista, reforma e conserta peças, adaptando-as às necessidades da produção, faz os acabamentos próprios nas confecções.

4) GUARDA-ROPEIRO

Guarda e conserva todas as roupas que lhe forem confiadas, providenciando sua manutenção e fornecimento quando requerido.

5) FIGURINISTA

Cria e desenha as roupas necessárias à produção e supervisiona sua confecção.

6) MAQUILADOR

Executa a maquilagem dos intérpretes, apresentadores e participantes dos programas de televisão, responsável pela guarda e manutenção dos seus instrumentos de trabalho.

H) CENOGRAFIA

1) ADERECISTA

Providencia, inclusive confeccionando, todo e qualquer tipo de adereço materiais necessários de acordo com as solicitações e especificações do setor competente, adequando as peças confeccionadas à linha do cenário.

2) CENOTÉCNICO

Responsável pela construção e montagem dos cenários, de acordo com as especificações determinadas pela produção.

3) DECORADOR

Decora o cenário a partir da ideia preestabelecida pelo diretor artístico ou de produção. Seleciona os mobiliários necessários à decoração, procurando ambientá-lo ao espírito do programa produzido.

4) CORTINEIRO-ESTOFADOR

Confecciona e conserta as cortinas, tapetes e estofados necessários à produção.

5) CARPINTEIRO

Prepara material em madeira para cenografia e outras destinações.

6) Pintor — Pintor Artístico *(Redação dada pelo Decreto n. 94.447, de 16.6.87, DOU 17.6.87)*

Executa o trabalho de pintura dos cenários, de acordo com as exigências da produção ou a pintura artística dos cenários; prepara cartazes para utilização nos cenários; amplia quadros e telas; zela pela guarda e conservação dos materiais e instrumentos de trabalho, indispensáveis à execução de sua tarefa. *(Redação dada pelo Decreto n. 94.447, de 16.6.87, DOU 17.6.87)*

7) MAQUINISTA

Monta, desmonta e transporta os cenários, conforme orientação do cenotécnico.

8) Cenógrafo *(Acrescentado pelo Decreto n. 94.447, de 16.6.87, DOU 17.6.87)*

Projeta o cenário, de acordo com o produtor e o Diretor de Programa; executa plantas baixa e alta do cenário; desenha os detalhes em escala para execução do cenário; indica as cores do cenário; orienta e dirige a montagem dos cenários e orienta o contrarregra quanto aos adereços necessários ao cenário. *(Acrescentado pelo Decreto n. 94.447, de 16.6.87, DOU 17.6.87)*

9) Maquetista *(Acrescentado pelo Decreto n. 94.447, de 16.6.87, DOU 17.6.87)*

Desenha e executa maqueta para efeito de cena. *(Incluído pelo Decreto n. 94.447, de 1987)*

III — TÉCNICA

A — DIREÇÃO

Responsável pelo bom funcionamento de todos os equipamentos em operação necessários às emissões, gravações, transporte e recepção de sinais e transmissões de uma emissora de rádio ou televisão.

2) SUPERVISOR DE OPERAÇÃO

Responsável pelo fornecimento à produção dos meios técnicos, equipamentos e operadores, a fim de possibilitar a realização dos programas.

B — TRATAMENTO E REGISTROS SONOROS

1) OPERADOR DE ÁUDIO

Opera a mesa de áudio durante gravações e transmissões, respondendo por sua qualidade.

2) OPERADOR DE MICROFONE

Cuida da transmissão através de microfones dos estúdios ou externas de televisão, até as mesas controladoras, sob as instruções do diretor de imagens ou do operador de áudio.

3) OPERADOR DE RÁDIO

Opera a mesa de emissora de rádio. Coordena e é responsável pela emissão dos programas e comerciais no ar, de acordo com o roteiro de programação. Recebem transmissão externa e equaliza os sons.

4) SONOPLASTA

Responsável pela gravação de textos, músicas, vinhetas, comerciais etc., para ser utilizada na programação, encarregado-se da manutenção dos níveis de áudio, equalização e qualidade do som.

C — TRATAMENTO E REGISTROS VISUAIS

1) OPERADOR DE CONTROLE MESTRE (MASTER)

Opera o controle mestre de uma emissora, seleciona e comuta diversos canais de alimentação, conforme roteiro de programação e comerciais preestabelecidos.

2) AUXILIAR DE ILUMINADOR

Prestador auxílio direto ao iluminador na operação dos equipamentos. Cuida da limpeza e conservação dos equipamentos, materiais e instrumentos indispensáveis ao desempenho da função.

3) EDITOR DE VIDEOTEIPE

Edita os programas gravados em videoteipe; maneja as máquinas operadoras durante a montagem final e edição; ajusta as máquinas; determina, conforme orientação do diretor do programa, o melhor ponto de edição.

4) ILUMINADOR

Coordena e opera todo o sistema de iluminação de estúdios ou de externas, zelando pela segurança e bom funcionamento do equipamento. Elabora o plano de iluminação de cada programa ou série de programas.

5) OPERADOR DE CABO

Auxilia o operador de câmera na movimentação e deslocamento das câmeras, inclusive pela movimentação dos cabos. Cuida da limpeza e manutenção dos cabos e outros equipamentos da câmera.

6) OPERADOR DE CÂMERA

Opera as câmeras inclusive as portáteis ou semiportáteis, sob orientação técnica do diretor de imagens.

7) OPERADOR DE MÁQUINA DE CARACTERES

Opera os caracteres nos programas gravados, filmes, vinhetas, chamadas, conforme roteiro da produção.

8) OPERADOR DE TELECINE

Opera projetores de telecine, municiando-os de acordo com as necessidades de utilização; efetua ajustes operacionais nos projetos (foco, filamento e enquadramento).

9) OPERADOR DE VÍDEO

Responsável pela qualidade de imagem no vídeo, operando os controles, aumentando ou diminuindo o vídeo e pedestal, alinhando as câmeras, colocando os filtros adequados e corrigindo as aberturas de diafragma.

10) OPERADOR DE VÍDEOTEIPE (VT)

Opera as máquinas de gravação e reprodução dos programas em videoteipe, mantendo responsabilidade direta sobre os controles indispensáveis à gravação e reprodução.

D — MONTAGEM E ARQUIVAMENTO

1) ALMOXARIFE TÉCNICO

Controla e mantém sob sua guarda todo o material em estoque, necessário à técnica, organizado fichários e arquivos referentes aos equipamentos e componentes eletrônicos. Controla entrada e saída do material.

2) ARQUIVISTA DE TEIPES

Arquiva os teipes, zela pela conservação das fitas, áudios-clipe e videoteipes, organiza fichários e distribui o material para os setores solicitantes, controlando sua saída e devolução.

3) MONTADOR DE FILMES

Responsável pela montagem de filmes. Faz projeções, corte e remontagem dos filmes depois de exibidos.

E — TRANSMISSÃO DE SONS E IMAGENS

1) OPERADOR DE TRANSMISSOR DE RÁDIO

Opera transmissores de rádio para recepção geral em todas as frequências em que operem os rádios comerciais e não comerciais. Ajusta equipamentos mantém níveis de modulação; faz leituras de instrumentos; executa manobras de substituição de transmissores; faz permanente monitoragem do sinal de áudio irradiando.

2) OPERADOR DE TRANSMISSORES DE TELEVISÃO

Opera os transmissores ou equipamentos de estação repetidora de televisão, efetua testes de áudio e vídeo com os estúdios, mantém a modificação de áudio e vídeo dentro dos padrões estabelecidos; faz leituras dos instrumentos e executa manobra de substituição de transmissores, aciona gerador de corrente alternada, quando necessário; faz permanente monitoragem dos sinais de áudio e vídeo irradiados.

3) TÉCNICO DE EXTERNAS

Responsável pela conexão entre o local da cena ou evento externo e o estúdio, a pontos intermediários ou a locais de gravação designados.

F — REVELAÇÃO E COPIAGEM DE FILMES

1) TÉCNICO LABORATORISTA

Realiza os trabalhos necessários à revelação e copiagem de filmes.

2) SUPERVISOR TÉCNICO DE LABORATÓRIO

Supervisiona os serviços dos técnicos laboratoriais; relaciona os filmes e fotos que estão sob responsabilidade do seu setor, anotando sua origem e promovendo a sua devolução. Supervisiona a conservação e estoque do material do laboratório.

G — ARTES PLÁSTICAS E ANIMAÇÃO DE DESENHOS E OBJETIVOS

1) DESENHISTA

Executa desenhos, contornos e letras necessários à confecção de ¿slides¿, vinhetas e outros trabalhos gráficos para a produção de programas.

H — MANUTENÇÃO TÉCNICA

1) ELETRICISTA

Instala e mantém circuitos elétricos necessários ao funcionamento dos equipamentos da emissora. Procede à manutenção prevista e corretiva dos sistemas elétricos instalados.

2) TÉCNICO DE MANUTENÇÃO ELETROTÉCNICA

Realiza a manutenção elétrica dos equipamentos, cabine de força e grupos geradores de energia em rádio e televisão.

3) MECÂNICO

Faz a manutenção dos equipamentos mecânicos, inclusive motores; substitui ou recupera peças dos equipamentos. Responsável por instalação e manutenção mecânica de torres e antenas.

4) TÉCNICO DE AR CONDICIONADO

Realiza a manutenção dos equipamentos de ar condicionado, mantendo a refrigeração dos ambientes nos níveis exigidos.

5) TÉCNICO DE ÁUDIO

Procede à manutenção de toda a aparelhagem de áudio; efetua montagens e testes de equipamentos de áudio, mantendo-os dentro dos padrões estabelecidos.

6) TÉCNICO DE MANUTENÇÃO DE RÁDIO

Responsável pelo setor de manutenção dos equipamentos de radiodifusão sonora, assim como de todos os seus acessórios.

7) TÉCNICO DE MANUTENÇÃO DE TELEVISÃO

Responsável pela manutenção dos equipamentos de radiodifusão sonora e de imagem, assim como todos os seus acessórios.

8) TÉCNICO DE ESTAÇÃO RETRANSMISSORA E REPETIDORA DE TELEVISÃO

Faz a manutenção e consertos dos equipamentos de estação repetidora de televisão ou retransmissora de rádio, conforme orientação do operador da estação.

9) TÉCNICO DE VÍDEO

Responde pelo funcionamento de todo os equipamentos operacional de vídeo, bem como pela instalação e reparos da aparelhagem, executando sua manutenção preventiva. Montam equipamentos, testa sistemas e dá apoio técnico à operação.

JOÃO FIGUEIREDO
H. C. MATTOS

LEI N. 7.183, DE 5 DE ABRIL DE 1984

(DOU 6.4.1984)

Regula o exercício da profissão de aeronauta e dá outras providências

Nota: Mantém-se publicada a Lei n. 7.183, de 5.4.84, embora revogada pela Lei n. 13.475, 28.8.17, DOU 29.8.17, por força do que dispõem os arts. 80 a 82, da nova lei, abaixo reproduzidos:

Art. 80. Aplicam-se aos tripulantes, desde a entrada em vigor desta Lei até que tenham decorrido 30 (trinta) meses de sua publicação, como regime de transição, os seguintes dispositivos da Lei n. 7.183, de 5 de abril de 1984:

I — os arts. 12, 13 e 20;

II — o *caput*, incluídas suas alíneas, e o § 1º, todos do art. 21;

III — os arts. 29 e 30.

Art. 81. Revogam-se:

I — após decorridos 90 (noventa) dias da publicação oficial desta Lei, a Lei n. 7.183, de 5 de abril de 1984, com exceção dos dispositivos referidos no art. 80;

II — após decorridos 30 (trinta) meses da publicação oficial desta Lei, os dispositivos da Lei n. 7.183, de 5 de abril de 1984, referidos no art. 80.

Art. 82. Esta Lei entra em vigor após decorridos 90 (noventa) dias de sua publicação oficial, exceto os arts. 31, 32, 33, 35, 36 e 37, que entram em vigor após decorridos 30 (trinta) meses da publicação oficial desta Lei.

Capítulo I
Das Disposições Preliminares

Seção I
Da Aeronauta e da sua Classificação

Art. 1º O exercício de profissão de aeronauta é regulado pela presente Lei.

Art. 2º Aeronauta é o profissional habilitado pelo Ministério da Aeronáutica, que exerce atividade a bordo de aeronave civil nacional, mediante contrato de trabalho.

PARÁGRAFO ÚNICO. Considera-se também aeronauta, para os efeitos desta Lei, quem exerce atividade a bordo de aeronave estrangeira, em virtude de contrato de trabalho regido pelas leis brasileiras.

Art. 3º Ressalvados os casos previstos no Código Brasileiro do Ar, a profissão de aeronauta é privativa de brasileiros.

PARÁGRAFO ÚNICO. As empresas brasileiras que operam em linhas internacionais poderão utilizar comissários estrangeiros, desde que o número destes não exceda a 1/3 (um terço) dos comissários existentes a bordo da aeronave.

Art. 4º O aeronauta no exercício de função específica a bordo de aeronave, de acordo com as prerrogativas da licença de que é titular, tem a designação de tripulante.

Art. 5º O aeronauta de empresa de transporte aéreo regular que se deslocar, a serviço desta, sem exercer função a bordo de aeronave tem a designação de tripulante extra.

PARÁGRAFO ÚNICO. O aeronauta de empresa de transporte aéreo não regular ou serviço especializado tem a designação de tripulante extra somente quando se deslocar em aeronave da empresa, a serviço desta.

Art. 6º São tripulantes:

a) Comandante: piloto responsável pela operação e segurança da aeronave — exerce a autoridade que a legislação aeronáutica lhe atribui;

b) Copiloto: piloto que auxilia o Comandante na operação da aeronave;

c) Mecânico de Voo: auxiliar do Comandante, encarregado da operação e controle de sistemas diversos conforme especificação dos manuais técnicos da aeronave;

d) Navegador: auxiliar do Comandante, encarregado da navegação da aeronave quando a rota e o equipamento o exigirem, a critério do órgão competente do Ministério da Aeronáutica;

e) Radioperador de Voo: auxiliar do Comandante, encarregado do serviço de radiocomunicações nos casos previstos pelo órgão competente do Ministério da Aeronáutica; e

f) Comissário: é o auxiliar do Comandante, encarregado do cumprimento das normas relativas à segurança e atendimento dos passageiros a bordo e da guarda de bagagens, documentos, valores e malas postais que lhe tenham sido confiados pelo Comandante.

§ 1º A guarda dos valores fica condicionada à existência de local apropriado e seguro na aeronave, sendo responsabilidade do empregador atestar a segurança do local.

§ 2º A guarda de cargas e malas postais em terra somente será confiada ao comissário quando no local inexistir serviço próprio para essa finalidade.

Art. 7º Consideram-se também tripulantes, para os efeitos desta Lei, os operadores de equipamentos especiais instalados em aeronaves homologadas para serviços aéreos especializados, devidamente autorizados pelo Ministério da Aeronáutica.

Seção II
Das Tripulações

Art. 8º Tripulação é o conjunto de tripulantes que exercem função a bordo de aeronave.

Art. 9º Uma tripulação poderá ser: mínima, simples, composta e de revezamento.

Art. 10. Tripulação mínima é a determinada na forma da certificação de tipo de aeronave e a constante do seu manual de operação, homologada pelo órgão competente do Ministério da Aeronáutica, sendo permitida sua utilização em voos: locais de instrução, de experiência, de vistoria e de traslado.

Art. 11. Tripulação simples é a constituída basicamente de uma tripulação mínima acrescida, quando for o caso, dos tripulantes necessários à realização do voo.

Art. 12. Tripulação composta é a constituída basicamente de uma tripulação simples, acrescida de um piloto qualificado a nível de piloto em comando, um mecânico de voo, quando o equipamento assim o exigir, e o mínimo de 25% (vinte e cinco por cento) do número de comissários.

PARÁGRAFO ÚNICO. Aos tripulantes acrescidos à tripulação simples serão asseguradas, pelo empregador, poltronas reclináveis.

Art. 13. Tripulação de revezamento é a constituída basicamente de uma tripulação simples, acrescida de mais um piloto qualificado em nível de piloto em comando, um copiloto, um mecânico de voo, quando o equipamento assim o exigir, e de 50% (cinquenta por cento) do número de comissários.

PARÁGRAFO ÚNICO. Aos pilotos e mecânicos de voo acrescidos à tripulação simples serão asseguradas, pelo empregador, acomodações para o descanso horizontal e, para os comissários, número de assentos reclináveis igual à metade do seu número com aproximação para o inteiro superior.

Art. 14. O órgão competente do Ministério da Aeronáutica, considerando o interesse da segurança de voo, as características da rota e do voo, e a programação a ser cumprida, poderá determinar a composição da tripulação ou as modificações que se tornarem necessárias.

Art. 15. As tripulações compostas ou de revezamento só poderão ser empregadas em voos internacionais e nas seguintes hipóteses:

a) mediante programação;

b) para atender a atrasos ocasionados por condições meteorológicas ou por trabalhos de manutenção; e

c) em situações excepcionais, mediante autorização do Ministério da Aeronáutica.

PARÁGRAFO ÚNICO. Uma tripulação composta poderá ser utilizada em voos domésticos para atender a atrasos ocasionados por condições meteorológicas desfavoráveis ou por trabalhos de manutenção.

Art. 16. Um tipo de tripulação só poderá ser transformado na origem do voo e até o limite de 3 (três) horas, contadas a partir da apresentação da tripulação previamente escalada.

PARÁGRAFO ÚNICO. A contagem de tempo para limite da jornada será a partir da hora da apresentação da tripulação original ou do tripulante de reforço, considerando o que ocorrer primeiro.

Capítulo II
Do Regime de Trabalho

Seção I
Da Escala de Serviço

Art. 17. A determinação para a prestação de serviço dos aeronautas, respeitados os períodos de folgas e repousos regulamentares, será feita:

a) por intermédio de escala especial ou de convocação, para realização de cursos, exames relacionados com o adestramento e verificação de proficiência técnica;

b) por intermédio de escala, no mínimo semanal, divulgada com antecedência mínima de 2 (dois) dias para a primeira semana de cada mês e 7 (sete) dias para as semanas subsequentes, para os voos de horário, serviços de reserva, sobreaviso e folga; e

c) mediante convocação, por necessidade de serviço.

Art. 18. A escala deverá observar, como princípio, a utilização do aeronauta em regime de rodízio e em turnos compatíveis com a higiene e segurança do trabalho.

Art. 19. É de responsabilidade do aeronauta manter em dia seus certificados de habilitação técnica e de capacidade física estabelecidos na legislação em vigor, cabendo-lhe informar ao serviço de escala, com antecedência de 30 (trinta) dias, as respectivas datas de vencimento, a fim de que lhe seja possibilitada a execução dos respectivos exames.

Seção II
Da Jornada de Trabalho

Art. 20. Jornada é a duração do trabalho do aeronauta, contada entre a hora da apresentação no local de trabalho e a hora em que o mesmo é encerrado.

§ 1º A jornada na base domiciliar será contada a partir da hora de apresentação do aeronauta no local de trabalho.

§ 2º Fora da base domiciliar, a jornada será contada a partir da hora de apresentação do aeronauta no local estabelecido pelo empregador.

§ 3º Nas hipóteses previstas nos parágrafos anteriores, a apresentação no aeroporto não deverá ser inferior a 30 (trinta) minutos da hora prevista para o início do voo.

§ 4º A jornada será considerada encerrada 30 (trinta) minutos após a parada final dos motores.

Art. 21. A duração da jornada de trabalho do aeronauta será de:

a) 11 (onze) horas, se integrante de uma tripulação mínima ou simples;

b) 14 (quatorze) horas, se integrante de uma tripulação composta; e

c) 20 (vinte) horas, se integrante de uma tripulação de revezamento.

§ 1º Nos voos de empresa de táxi-aéreo, de serviços especializados, de transporte aéreo regional ou em voos internacionais regionais de empresas de transporte aéreo regular realizados por tripulação simples, se houver interrupção programada da viagem por mais 4 (quatro) horas consecutivas, e for proporcionado pelo empregador acomodações adequadas para repouso dos tripulantes, a jornada terá a duração acrescida da metade do tempo de interrupção, mantendo-se inalterados os limites prescritos na alínea *a*, do art. 29, desta Lei.

§ 2º Nas operações com helicópteros a jornada poderá ter a duração acrescida de até 1 (uma) hora para atender exclusivamente a trabalhos de manutenção.

Art. 22. Os limites da jornada de trabalho poderão ser ampliados de 60 (sessenta) minutos, a critério exclusivo do Comandante da aeronave e nos seguintes casos:

a) inexistência, em local de escala regular, de acomodações apropriadas para o repouso da tripulação e dos passageiros;

b) espera demasiadamente longa, em local de espera regular intermediária, ocasionada por condições meteorológicas desfavoráveis ou por trabalho de manutenção; e

c) por imperiosa necessidade.

§ 1º Qualquer ampliação dos limites das horas de trabalho deverá ser comunicada pelo Comandante ao empregador, 24 (vinte e quatro) horas após a viagem, o qual, no prazo de 15 (quinze) dias, a submeterá à apreciação do Ministério da Aeronáutica.

§ 2º Para as tripulações simples, o trabalho noturno não excederá de 10 (dez) horas.

§ 3º Para as tripulações simples nos horários mistos, assim entendidos os que abrangem períodos diurnos e noturnos, a hora de trabalho noturno será computada como de 52 (cinquenta e dois) minutos e 30 (trinta) segundos.

Art. 23. A duração do trabalho do aeronauta, computado os tempos de voo, de serviço em terra durante a viagem, de reserva e de 1/3 (um terço) do sobreaviso, assim como o tempo do deslocamento, como tripulante extra, para assumir voo ou retornar à base após o voo e os tempos de adestramento em simulador, não excederá a 60 (sessenta) horas semanais e 176 (cento e setenta e seis) horas mensais.

§ 1º O limite semanal estabelecido neste artigo não se aplica ao aeronauta que estiver sob o regime estabelecido no art. 24 desta Lei.

§ 2º O tempo gasto no transporte terrestre entre o local de repouso ou da apresentação, e vice-versa, ainda que em condução fornecida pela empresa, na base do aeronauta ou fora dela, não será computado como de trabalho para fins desta Lei.

Art. 24. Para o aeronauta pertencente à empresa de táxi-aéreo ou serviços especializados, o período máximo de trabalho consecutivo será de 21 (vinte e um) dias, contados do dia de saída do aeronauta de sua base contratual até o dia do regresso à mesma, observado o disposto no art. 34 desta Lei.

PARÁGRAFO ÚNICO. O período consecutivo de trabalho, no local de operação, não poderá exceder a 17 (dezessete) dias.

Seção III
Do Sobreaviso e Reserva

Art. 25. Sobreaviso é o período de tempo não excedente a 12 (doze) horas, em que o aeronauta permanece em local de sua escolha, à disposição do empregador, devendo apresentar-se no aeroporto ou outro local determinado, até 90 (noventa) minutos após receber comunicação para o início de nova tarefa.

§ 1º O número de sobreavisos que o aeronauta poderá concorrer não deverá exceder a 2 (dois) semanais ou 8 (oito) mensais.

§ 2º O número de sobreavisos estabelecidos no parágrafo anterior não se aplica aos aeronautas de empresas de táxi-aéreo ou serviço especializado.

Art. 26. Reserva é o período de tempo em que o aeronauta permanece, por determinação do empregador, em local de trabalho à sua disposição.

§ 1º O período de reserva para aeronautas de empresas de transporte aéreo regular não excederá de 6 (seis) horas.

§ 2º O período de reserva para aeronautas de empresas de táxi-aéreo ou de serviços especializados não excederá de 10 (dez) horas.

§ 3º Prevista a reserva, por prazo superior a 3 (três) horas, o empregador deverá assegurar ao aeronauta acomodações adequadas para o seu descanso.

Seção IV
Das Viagens

Art. 27. Viagem é o trabalho realizado pelo tripulante, contado desde a saída de sua base até o regresso à mesma.

§ 1º Uma viagem pode compreender uma ou mais jornadas.

§ 2º É facultado ao empregador fazer com que o tripulante cumpra uma combinação de voos, passando por sua base, sem ser dispensado do serviço, desde que obedeça à programação prévia, observadas as limitações estabelecidas nesta Lei.

§ 3º Pode o empregador exigir do tripulante uma complementação de voo para atender à realização ou à conclusão de serviços inadiáveis, sem trazer prejuízo da sua programação subsequente, respeitadas as demais disposições desta Lei.

Seção V
Dos Limites de Voo e de Pouso

Art. 28. Denomina-se "hora de voo" ou "tempo de voo" o período compreendido entre o início do deslocamento, quando se tratar de aeronave de asa fixa, ou entre a "partida" dos motores, quando se tratar de aeronave de asa rotativa, em ambos os casos para fins de decolagem até o momento em que, respectivamente, se imobiliza ou se efetua o "corte" dos motores, ao término do voo (calço-a-calço).

Art. 29. Os limites de voo e pousos permitidos para uma jornada serão os seguintes:

a) 9 (nove) horas e 30 (trinta) minutos de voo e 5 (cinco) pousos, na hipótese de integrante de tripulação mínima ou simples;

b) 12 (doze) horas de voo e 6 (seis) pousos, na hipótese de integrante de tripulação composta;

c) 15 (quinze) horas de voo e 4 (quatro) pousos, na hipótese de integrante de tripulação de revezamento; e

d) 8 (oito) horas sem limite de pousos, na hipótese de integrante de tripulação de helicópteros.

§ 1º O número de pousos, na hipótese da alínea *a* deste artigo, poderá ser estendido a 6 (seis), a critério do empregador; neste caso o repouso que precede a jornada deverá ser aumentado de 1 (uma) hora.

§ 2º Em caso de desvio para alternativa, é permitido o acréscimo de mais 1 (um) pouso aos limites estabelecidos nas alíneas *a*, *b* e *c* deste artigo.

§ 3º As empresas de transporte aéreo regional que operam com aeronaves convencionais e turboélice poderão acrescentar mais 4 (quatro) pousos, aos limites estabelecidos neste artigo.

§ 4º Os limites de pousos estabelecidos nas alíneas *a*, *b* e *c* deste artigo, não serão aplicados às empresas de táxi-aéreo e de serviços especializados.

§ 5º O Ministério da Aeronáutica, tendo em vista as peculiaridades dos diferentes tipos de operação, poderá reduzir os limites estabelecidos na alínea *d* deste artigo.

Art. 30. Os limites de tempo de voo do tripulante não poderão exceder em cada mês ou ano, respectivamente: *(Redação dada pela Lei n. 13.475, de 28.8.17, DOU 29.8.17)*

I — em aviões convencionais, 100 (cem) e 1.000 (mil) horas; *(Redação dada pela Lei n. 13.475, de 28.8.17, DOU 29.8.17)*

II — em aviões turbo-hélice, 100 (cem) e 935 (novecentas e trinta e cinco) horas; *(Redação dada pela Lei n. 13.475, de 28.8.17, DOU 29.8.17)*

III — em aviões a jato, 85 (oitenta e cinco) e 850 (oitocentas e cinquenta) horas; *(Redação dada pela Lei n. 13.475, de 28.8.17, DOU 29.8.17)*

IV — em helicópteros, 90 (noventa) e 960 (novecentas e sessenta) horas. *(Redação dada pela Lei n. 13.475, de 28.8.17, DOU 29.8.17)*

§ 1º Quando o aeronauta tripular diferentes tipos de aeronave, será observado o menor limite. *(Redação dada pela Lei n. 13.475, de 28.8.17, DOU 29.8.17)*

§ 2º Os limites de tempo de voo para aeronautas de empresas de transporte aéreo regular, em intervalo inferior a 30 (trinta) dias, serão proporcionais ao limite mensal mais 10 (dez) horas. (NR) *(Redação dada pela Lei n. 13.475, de 28.8.17, DOU 29.8.17)*

Art. 31. As horas realizadas como tripulante extra serão computadas para os limites de jornada, semanais e mensais de trabalho, não sendo as mesmas consideradas para os limites de horas de voo previstos no art. 30 desta Lei.

Seção VI
Dos Períodos de Repouso

Art. 32. Repouso é o espaço de tempo ininterrupto após uma jornada, em que o tripulante fica desobrigado da prestação de qualquer serviço.

Art. 33. São assegurados ao tripulante, fora de sua base domiciliar, acomodações para seu repouso, transporte ou ressarcimento deste, entre o aeroporto e o local de repouso e vice-versa.

§ 1º O previsto neste artigo não será aplicado ao aeronauta de empresas de táxi-aéreo ou de serviços especializados quando o custeio do transporte e hospedagem, ou somente esta, for por elas ressarcido.

§ 2º Quando não houver disponibilidade de transporte ao término da jornada, o período de repouso será computado a partir da colocação do mesmo à disposição da tripulação.

Art. 34. O repouso terá a duração diretamente relacionada ao tempo da jornada anterior, observando-se os seguintes limites:

a) 12 (doze) horas de repouso, após jornada de até 12 (doze) horas;

b) 16 (dezesseis) horas de repouso, após jornada de mais de 12 (doze) horas e até 15 (quinze) horas; e

c) 24 (vinte e quatro) horas de repouso, após jornada de mais de 15 (quinze) horas.

Art. 35. Quando ocorrer o cruzamento de 3 (três) ou mais fusos horários em um dos sentidos da viagem, o tripulante terá, na sua base domiciliar, o repouso acrescido de 2 (duas) horas por fuso cruzado.

Art. 36. Ocorrendo o regresso de viagem de uma tripulação simples entre 23:00 (vinte e três) e 6:00 (seis) horas, tendo havido pelo menos 3 (três) horas de jornada, o tripulante não poderá ser escalado para trabalho dentro desse espaço de tempo no período noturno subsequente.

Seção VII
Da Folga Periódica

Art. 37. Folga é o período de tempo não inferior a 24 (vinte e quatro) horas consecutivas em que o aeronauta, em sua base contratual, sem prejuízo de remuneração, está desobrigado de qualquer atividade relacionada com seu trabalho.

§ 1º A folga deverá ocorrer, no máximo, após o sexto período consecutivo de até 24 (vinte e quatro) horas à disposição do empregador, contado a partir da sua apresentação, observados os limites estabelecidos nos arts. 21 e 34 desta Lei.

§ 2º No caso de voos internacionais de longo curso, que não tenham sido previamente programados, o limite previsto no parágrafo anterior poderá ser ampliado de 24 (vinte e quatro) horas, ficando o empregador obrigado a conceder ao tripulante mais 48 (quarenta e oito) horas de folga além das previstas no art. 34 desta Lei.

§ 3º A folga do tripulante que estiver sob o regime estabelecido no art. 24 desta Lei será igual ao período despendido no local da operação, menos 2 (dois) dias.

Art. 38. O número de folgas não será inferior a 8 (oito) períodos de 24 (vinte e quatro) horas por mês.

§ 1º Do número de folgas estipulado neste artigo, serão concedidos 2 (dois) períodos consecutivos de 24 (vinte e quatro) horas devendo pelo menos um destes incluir um sábado ou um domingo.

§ 2º A folga só terá início após a conclusão do repouso da jornada.

Art. 39. Quando o tripulante for designado para curso fora da base, sua folga poderá ser gozada nesse local, devendo a empresa assegurar, no regresso, uma licença remunerada de 1 (um) dia para cada 15 (quinze) dias fora da base.

PARÁGRAFO ÚNICO. A licença remunerada não deverá coincidir com sábado, domingo ou feriado, se a permanência do tripulante fora da base for superior a 30 (trinta) dias.

Capítulo III
Da Remuneração e das Concessões

Seção I
Da Remuneração

Art. 40. Ressalvada a liberdade contratual, a remuneração do aeronauta corresponderá à soma das quantias por ele percebidas da empresa.

PARÁGRAFO ÚNICO. Não se consideram integrantes da remuneração as importâncias pagas pela empresa a título de ajudas de custo, assim como as diárias de hospedagem, alimentação e transporte.

Art. 41. A remuneração da hora de voo noturno, assim como as horas de voo como tripulante extra, será calculada na forma da legislação em vigor, observados os acordos e condições contratuais.

§ 1º Considera-se voo noturno o realizado entre o pôr e o nascer do sol.

§ 2º A hora do voo noturno para efeito de remuneração é contada à razão de 52'30" (cinquenta e dois minutos e trinta segundos).

Art. 42. As frações de hora serão computadas para efeito de remuneração.

Seção II
Da Alimentação

Art. 43. Durante a viagem, o tripulante terá direito à alimentação, em terra ou em voo, de acordo com as instruções técnicas dos Ministérios do Trabalho e da Aeronáutica.

§ 1º A alimentação assegurada ao tripulante deverá:

a) quando em terra, ter a duração mínima de 45' (quarenta e cinco minutos) e a máxima de 60' (sessenta minutos); e

b) quando em vôo, ser servida com intervalos máximos de 4 (quatro) horas.

§ 2º Para tripulante de helicópteros a alimentação será servida em terra ou a bordo de unidades marítimas, com duração de 60' (sessenta minutos), período este que não será computado na jornada de trabalho.

§ 3º Nos voos realizados no período de 22:00 (vinte e duas) às 6:00 (seis) horas, deverá ser servida uma refeição se a duração do voo for igual ou superior a 3 (três) horas.

Art. 44. É assegurada alimentação ao aeronauta na situação de reserva ou em cumprimento de uma programação de treinamento entre 12:00 (doze) e 14:00 (quatorze) horas, e entre 19:00 (dezenove) e 21:00 (vinte e uma) horas, com duração de 60' (sessenta minutos).

§ 1º Os intervalos para alimentação não serão computados na duração da jornada de trabalho.

§ 2º Os intervalos para alimentação de que trata este artigo não serão observados, na hipótese de programação de treinamento em simulador.

Seção III
Da Assistência Médica

Art. 45. Ao aeronauta em serviço fora da base contratual, a empresa deverá assegurar assistência médica em casos de urgência, bem como remoção por via aérea, de retorno à base ou ao local de tratamento.

Seção IV
Do Uniforme

Art. 46. O aeronauta receberá gratuitamente da empresa, quando não forem de uso comum, as peças de uniforme e os equipamentos exigidos para o exercício de sua atividade profissional, estabelecidos por ato da autoridade competente.

Seção V
Das Férias

Art. 47. As férias anuais do aeronauta serão de 30 (trinta) dias.

Art. 48. A concessão de férias será participada ao aeronauta, por escrito, com a antecedência mínima de 30 (trinta) dias, devendo o empregado assinar a respectiva notificação.

Art. 49. A empresa manterá atualizado um quadro de concessão de férias, devendo existir um rodízio entre os tripulantes do mesmo equipamento quando houver concessão nos meses de janeiro, fevereiro, julho e dezembro.

Art. 50. Ressalvados os casos de rescisão de contrato, as férias não poderão se converter em abono pecuniário.

Capítulo IV
Das Transferências

Art. 51. Para efeito de transferência, provisória ou permanente, considera-se base do aeronauta a localidade onde o mesmo está obrigado a prestar serviços e na qual deverá ter domicílio.

§ 1º Entende-se como:

a) transferência provisória, o deslocamento do aeronauta de sua base, por período mínimo de 30 (trinta) dias e não superior a 120 (cento e vinte) dias, para prestação de serviços temporários, sem mudança de domicílio, à qual retorna tão logo cesse a incumbência que lhe foi cometida; e

b) transferência permanente, o deslocamento do aeronauta de sua base, por período superior a 120 (cento e vinte) dias, com mudança de domicílio.

§ 2º Após cada transferência provisória o aeronauta deverá permanecer na sua base pelo menos 180 (cento e oitenta) dias.

§ 3º O interstício entre transferências permanentes será de 2 (dois) anos.

§ 4º Na transferência provisória serão assegurados ao aeronauta acomodações, alimentação e transporte a serviço e, ainda, transporte aéreo de ida e volta, e no regresso uma licença remunerada de 2 (dois) dias para o primeiro mês, mais 1 (um) dia para cada mês ou fração subsequente, sendo que no mínimo 2 (dois) dias não deverão coincidir com o sábado, domingo ou feriado.

§ 5º Na transferência permanente serão assegurados ao aeronauta pela empresa:

a) uma ajuda de custo, para fazer face às despesas de instalação na nova base, não inferior a 4 (quatro) vezes o valor do salário mensal, calculado o salário variável por sua taxa atual multiplicada pela média do correspondente trabalho, em horas ou quilômetros de voo, nos últimos 12 (doze) meses;

b) o transporte aéreo para si e seus dependentes;

c) a translação da respectiva bagagem; e

d) uma dispensa de qualquer atividade relacionada com o trabalho pelo período de 8 (oito) dias, a ser fixado por sua opção, com aviso prévio de 8 (oito) dias, à empresa, dentro dos 60 (sessenta) dias seguintes à sua chegada à nova base.

§ 6º Na forma que dispuser o regulamento desta Lei, poderá ser a transferência provisória transformada em transferência permanente.

Art. 52. O aeronauta deverá ser notificado pelo empregador com a antecedência mínima de 60 (sessenta) dias na transferência permanente e 15 (quinze) dias na provisória.

Capítulo V
Das Disposições Finais

Art. 53. Além dos casos previstos nesta Lei, as responsabilidades do aeronauta são definidas no Código Brasileiro do Ar, nas leis e regulamentos em vigor e no que decorrer do contrato de trabalho, acordos e convenções internacionais.

Art. 54. Os tripulantes das aeronaves das categorias administrativa e privada de indústria e comércio ficam equiparados, para os efeitos desta Lei, aos de aeronaves empregadas em serviços de táxi-aéreo.

Art. 55. Os Ministros de Estado do Trabalho e da Aeronáutica expedirão as instruções que se tornarem necessárias à execução desta Lei.

Art. 56. Esta Lei entra em vigor na data de sua publicação.

Art. 57. Revogam-se as disposições em contrário.

Brasília, 5 de abril de 1984; 163º da Independência e 96º da República.

João Figueiredo

LEI N. 13.475, DE 28 DE AGOSTO DE 2017

(DOU 29.8.17)

Dispõe sobre o exercício da profissão de tripulante de aeronave, denominado aeronauta; e revoga a Lei n. 7.183, de 5 de abril de 1984.

O PRESIDENTE DA REPÚBLICA

Faço saber que o Congresso Nacional decreta e eu sanciono a seguinte Lei:

Capítulo I
Disposições Preliminares

Seção I
Dos Tripulantes de Aeronaves e da sua Classificação

Art. 1º Esta Lei regula o exercício das profissões de piloto de aeronave, comissário de voo e mecânico de voo, denominados aeronautas.

§ 1º Para o desempenho das profissões descritas no *caput*, o profissional deve obrigatoriamente ser detentor de licença e certificados emitidos pela autoridade de aviação civil brasileira.

§ 2º Esta Lei aplica-se também aos pilotos de aeronave, comissários de voo e mecânicos de voos brasileiros que exerçam suas funções a bordo de aeronave estrangeira em virtude de contrato de trabalho regido pela legislação brasileira.

Art. 2º O piloto de aeronave e o mecânico de voo, no exercício de função específica a bordo de aeronave, de acordo com as prerrogativas da licença de que são titulares, têm a designação de tripulante de voo.

Art. 3º O comissário de voo, no exercício de função específica a bordo de aeronave, de acordo com as prerrogativas da licença de que é titular, tem a designação de tripulante de cabine.

Art. 4º O tripulante de voo ou de cabine que se deslocar a serviço do empregador, em aeronave própria ou não, sem exercer função a bordo de aeronave, tem a designação de tripulante extra a serviço.

§ 1º O tripulante extra a serviço será considerado tripulante a serviço no que diz respeito aos limites da jornada de trabalho, ao repouso e à remuneração.

§ 2º Ao tripulante extra a serviço será disponibilizado assento na cabine de passageiros, salvo em aeronaves no transporte exclusivo de cargas.

Art. 5º Os tripulantes de voo e de cabine exercem suas funções profissionais nos seguintes serviços aéreos:

I — serviço de transporte aéreo público regular e não regular, exceto na modalidade de táxi aéreo;

II — serviço de transporte aéreo público não regular na modalidade de táxi aéreo;

III — serviço aéreo especializado (SAE), prestado por organização de ensino, na modalidade de instrução de voo;

IV — demais serviços aéreos especializados, abrangendo as atividades definidas pela Lei n. 7.565, de 19 de dezembro de 1986 (Código Brasileiro de Aeronáutica) e pela autoridade de aviação civil brasileira;

V — serviço aéreo privado, entendido como aquele realizado, sem fins lucrativos, a serviço do operador da aeronave.

§ 1º É denominado instrutor de voo o piloto de aeronave contratado para ministrar treinamento em voo em aeronave empregada no serviço aéreo especializado referido no inciso III do *caput* deste artigo.

§ 2º Para os efeitos do disposto em convenção ou acordo coletivo de trabalho:

I — os tripulantes empregados nos serviços aéreos definidos nos incisos III e V do *caput* deste artigo são equiparados aos tripulantes que exercem suas funções nos serviços de transporte aéreo público não regular na modalidade de táxi aéreo;

II — os tripulantes empregados no serviço aéreo definido no inciso V do *caput* deste artigo, quando em atividade de fomento ou proteção à agricultura, são equiparados aos tripulantes de voo que operam os serviços aéreos especializados na modalidade de atividade de fomento ou proteção à agricultura.

Art. 6º O exercício das profissões de piloto de aeronave, mecânico de voo e comissário de voo, previstas nesta Lei, é privativo de brasileiros natos ou naturalizados.

§ 1º As empresas brasileiras, quando estiverem prestando serviço aéreo internacional, poderão utilizar comissários de voo estrangeiros, desde que o número destes não exceda a 1/3 (um terço) dos comissários de voo a bordo da mesma aeronave.

§ 2º Todas as empresas de transporte aéreo público, salvo empresas estrangeiras de transporte aéreo público não regular na modalidade de táxi aéreo, quando estiverem operando voos domésticos em território brasileiro, terão obrigatoriamente seu quadro de tripulantes composto por brasileiros natos ou naturalizados, com contrato de trabalho regido pela legislação brasileira.

§ 3º Na falta de tripulantes de voo brasileiros, instrutores estrangeiros poderão ser admitidos em caráter provisório, por período restrito ao da instrução, de acordo com regulamento exarado pela autoridade de aviação civil brasileira.

Art. 7º Os tripulantes de voo exercem as seguintes funções a bordo da aeronave:

I — comandante: piloto responsável pela operação e pela segurança da aeronave, exercendo a autoridade que a legislação lhe atribui;

II — copiloto: piloto que auxilia o comandante na operação da aeronave; e

III — mecânico de voo: auxiliar do comandante, encarregado da operação e do controle de sistemas diversos, conforme especificação dos manuais técnicos da aeronave.

§ 1º Sem prejuízo das atribuições originalmente designadas, o comandante e o mecânico de voo poderão exercer cumulativamente outras prerrogativas decorrentes de qualificação ou credenciamento, previstas nos regulamentos aeronáuticos, desde que autorizados pela autoridade de aviação civil brasileira.

§ 2º O comandante será designado pelo operador da aeronave e será seu preposto durante toda a viagem.

§ 3º O copiloto é o substituto eventual do comandante nas tripulações simples, não o sendo nos casos de tripulação composta ou de revezamento.

Art. 8º Os tripulantes de cabine, na função de comissários de voo, são auxiliares do comandante encarregados do cumprimento das normas relativas à segurança e ao atendimento dos passageiros a bordo, da guarda de bagagens, documentos, valores e malas postais e de outras tarefas que lhes tenham sido delegadas pelo comandante.

§ 1º Sem prejuízo das atribuições originalmente designadas, os comissários de voo poderão exercer cumulativamente outras prerrogativas decorrentes de qualificação ou credenciamento, previstas nos regulamentos aeronáuticos, desde que autorizados pela autoridade de aviação civil brasileira.

§ 2º A guarda de valores é condicionada à existência de local apropriado e seguro na aeronave, sendo responsabilidade do empregador atestar a segurança do local.

§ 3º A guarda de cargas e malas postais em terra somente será confiada aos comissários de voo quando no local inexistir serviço próprio para essa finalidade.

Seção II
Das Tripulações

Art. 9º Tripulação é o conjunto de tripulantes de voo e de cabine que exercem função a bordo de aeronave.

Art. 10. O tripulante, sem prejuízo das atribuições originalmente designadas, não poderá exercer, simultaneamente, mais de uma função a bordo de aeronave, mesmo que seja titular de licenças correspondentes.

Art. 11. Os membros de uma tripulação são subordinados técnica e disciplinarmente ao comandante, durante todo o tempo em que transcorrer a viagem.

Art. 12. O comandante exerce a autoridade inerente à função desde o momento em que se apresenta para o voo até o momento em que, concluída a viagem, entrega a aeronave.

Art. 13. Uma tripulação pode ser classificada como mínima, simples, composta ou de revezamento.

PARÁGRAFO ÚNICO. A autoridade de aviação civil brasileira, considerando o interesse da segurança operacional, as características da rota e do voo e a programação a ser cumprida, poderá determinar a composição da tripulação ou as modificações necessárias para a realização do voo.

Art. 14. Tripulação mínima é a determinada na forma da certificação de tipo da aeronave, homologada pela autoridade de aviação civil brasileira, sendo permitida sua utilização em voos locais de instrução, de experiência, de vistoria e de traslado.

Art. 15. Tripulação simples é a constituída de uma tripulação mínima acrescida, quando for o caso, dos tripulantes necessários à realização do voo.

Art. 16. Tripulação composta é a constituída de uma tripulação simples acrescida de um comandante, de um mecânico de voo, quando o equipamento assim o exigir, e de, no mínimo, 25% (vinte e cinco por cento) do número de comissários de voo.

PARÁGRAFO ÚNICO. A tripulação composta somente poderá ser utilizada em voos internacionais, exceto nas seguintes situações, quando poderá ser utilizada em voos domésticos:

I — para atender a atrasos ocasionados por condições meteorológicas desfavoráveis ou por trabalhos de manutenção não programados;

II — quando os critérios de utilização dos tripulantes de voo e de cabine empregados no serviço aéreo definido no inciso I do *caput* do art. 5º estiverem definidos em convenção ou acordo coletivo de trabalho;

III — para atendimento de missão humanitária, transportando ou destinada ao transporte de enfermos ou órgãos para transplante, no caso de tripulantes de voo e de cabine empregados nos serviços aéreos definidos no inciso II do *caput* do art. 5º desta Lei.

Art. 17. Tripulação de revezamento é a constituída de uma tripulação simples acrescida de um comandante, de um piloto, de um mecânico de voo, quando o equipamento assim o exigir, e de 50% (cinquenta por cento) do número de comissários de voo.

PARÁGRAFO ÚNICO. A tripulação de revezamento só poderá ser empregada em voos internacionais.

Art. 18. Um tipo de tripulação só poderá ser transformado na origem do voo e até o limite de 3 (três) horas, contadas a partir da apresentação da tripulação previamente escalada.

PARÁGRAFO ÚNICO. A contagem de tempo para limite da jornada será a partir da hora de apresentação da tripulação original ou do tripulante de reforço, considerando o que ocorrer primeiro.

Seção III

Do Sistema de Gerenciamento de Risco de Fadiga Humana

Art. 19. As limitações operacionais estabelecidas nesta Lei poderão ser alteradas pela autoridade de aviação civil brasileira com base nos preceitos do Sistema de Gerenciamento de Risco de Fadiga Humana.

§ 1º As limitações operacionais referidas no *caput* deste artigo compreendem quaisquer prescrições temporais relativas aos tripulantes de voo e de cabine no que tange a limites de voo, de pouso, de jornada de trabalho, de sobreaviso, de reserva e de períodos de repouso, bem como a outros fatores que possam reduzir o estado de alerta da tripulação ou comprometer o seu desempenho operacional.

§ 2º O Sistema de Gerenciamento de Risco de Fadiga Humana será regulamentado pela autoridade de aviação civil brasileira com base nas normas e recomendações internacionais de aviação civil.

§ 3º A implantação e a atualização do Sistema de Gerenciamento de Risco de Fadiga Humana serão acompanhadas pelo sindicato da categoria profissional.

§ 4º Nos casos em que o Sistema de Gerenciamento de Risco de Fadiga Humana autorizar a superação das 12 (doze) horas de jornada de trabalho e a diminuição do período de 12 (doze) horas de repouso, em tripulação simples, tais alterações deverão ser implementadas por meio de convenção ou acordo coletivo de trabalho entre o operador da aeronave e o sindicato da categoria profissional.

Capítulo II
Do Regime de Trabalho

Seção I

Do Contrato de Trabalho

Art. 20. A função remunerada dos tripulantes a bordo de aeronave deverá, obrigatoriamente, ser formalizada por meio de contrato de trabalho firmado diretamente com o operador da aeronave.

§ 1º O tripulante de voo ou de cabine só poderá exercer função remunerada a bordo de aeronave de um operador ao qual não esteja diretamente vinculado por contrato de trabalho quando o serviço aéreo não constituir atividade fim, e desde que por prazo não superior a 30 (trinta) dias consecutivos, contado da data de início da prestação dos serviços.

§ 2º A prestação de serviço remunerado conforme prevê o § 1º deste artigo não poderá ocorrer por mais de uma vez ao ano e deverá ser formalizada por contrato escrito, sob pena de presunção de vínculo empregatício do tripulante diretamente com o operador da aeronave.

Art. 21. O operador da aeronave poderá utilizar-se de tripulantes instrutores que não estejam a ele vinculados por contrato de trabalho quando em seu quadro de tripulantes não existirem instrutores habilitados no equipamento em que se pretende operar, desde que por período restrito ao da instrução e mediante autorização da autoridade de aviação civil brasileira.

Art. 22. O operador de aeronaves poderá, por meio de contrato de prestação de serviços, autorizar que seus instrutores ministrem instrução para tripulantes que não estejam a ele vinculados por contrato de trabalho quando os empregadores dos respectivos tripulantes não possuírem equipamento ou instrutores próprios para a específica instrução, desde que por período restrito ao da instrução e mediante autorização da autoridade de aviação civil brasileira.

PARÁGRAFO ÚNICO. Este artigo só é aplicável aos operadores de aeronaves que realizam os serviços aéreos referidos nos incisos I e II do *caput* do art. 5º.

Seção II

Da Base Contratual

Art. 23. Entende-se por base contratual a matriz ou filial onde o contrato de trabalho do tripulante estiver registrado.

Art. 24. Resguardados os direitos e as condições previstos nesta Lei, os demais direitos, condições de trabalho e obrigações do empregado estarão definidos no contrato de trabalho e poderão ser devidamente regulados em convenção ou acordo coletivo de trabalho, desde que não ultrapassem os parâmetros estabelecidos na regulamentação da autoridade de aviação civil brasileira.

Art. 25. Será fornecido pelo empregador transporte gratuito aos tripulantes de voo e de cabine sempre que se iniciar ou finalizar uma programação de voo em aeroporto situado a mais de 50 (cinquenta) quilômetros de distância do aeroporto definido como base contratual.

§ 1º O tempo de deslocamento entre o aeroporto definido como base contratual e o aeroporto designado para o início do voo será computado na jornada de trabalho e não será remunerado.

§ 2º No caso de viagem que termine em aeroporto diferente do definido como base contratual e situado a mais de 50 (cinquenta) quilômetros de distância, a jornada de trabalho será encerrada conforme o disposto no art. 35, e o repouso mínimo regulamentar será acrescido de, no mínimo, 2 (duas) horas.

Seção III

Da Escala de Serviço

Art. 26. A prestação de serviço do tripulante empregado no serviço aéreo definido no inciso I do *caput* do art. 5º, respeitados os períodos de folgas e repousos regulamentares, será determinada por meio de:

I — escala, no mínimo mensal, divulgada com antecedência mínima de 5 (cinco) dias, determinando os horários de início e término de voos, serviços de reserva, sobreavisos e folgas, sendo vedada a consignação de situações de trabalho e horários não definidos;

II — escala ou convocação, para realização de cursos, reuniões, exames relacionados a treinamento e verificação de proficiência técnica.

§ 1º Em 4 (quatro) meses do ano, as empresas estão autorizadas, caso julguem necessário, a divulgar escala semanal para voos de horário, serviços de reserva, sobreavisos e folgas com antecedência mínima de 2 (dois) dias, para a primeira semana de cada mês, e de 7 (sete) dias, para as semanas subsequentes.

§ 2º Para voos exclusivamente cargueiros, é autorizada a divulgação de escala semanal para voos de horário, serviços de reserva, sobreavisos e folgas com antecedência mínima de 2 (dois) dias, para a primeira semana de cada mês, e 7 (sete) dias, para as semanas subsequentes.

§ 3º Os limites previstos no inciso I do *caput* deste artigo poderão ser alterados mediante convenção ou acordo coletivo de trabalho, desde que não ultrapassem os parâmetros estabelecidos na regulamentação da autoridade de aviação civil brasileira.

Art. 27. A determinação para a prestação de serviço do tripulante empregado nos serviços aéreos definidos nos incisos II, III, IV e V do *caput* do art. 5º, respeitados os períodos de folgas e repousos regulamentares, será feita por meio de:

I — escala, no mínimo semanal, divulgada com antecedência mínima de 2 (dois) dias, determinando os horários de início e término de voos, serviços de reserva, sobreavisos e folgas, sendo vedada a consignação de situações de trabalho e horários não definidos;

II — escala ou convocação, para realização de cursos, reuniões, exames relacionados a treinamento e verificação de proficiência técnica.

PARÁGRAFO ÚNICO. Outros critérios para a determinação da prestação de serviço dos tripulantes poderão ser estabelecidos em convenção ou acordo coletivo de trabalho, desde que não ultrapassem os parâmetros estabelecidos na regulamentação da autoridade de aviação civil brasileira.

Art. 28. Na escala de serviço, deverão ser observados regime de rodízio de tripulantes e turnos compatíveis com a saúde, a higiene e a segurança do trabalho.

PARÁGRAFO ÚNICO. A programação de rodízios e turnos obedecerá ao princípio da equidade na distribuição entre as diversas situações de trabalho para que não haja discriminação entre os tripulantes com qualificações idênticas, salvo em empresas que adotem critérios específicos estabelecidos em acordo coletivo de trabalho, desde que não ultrapassem os parâmetros estabelecidos na regulamentação da autoridade de aviação civil brasileira.

Seção IV

Das Acomodações para Descanso a Bordo de Aeronave

Art. 29. Será assegurado aos tripulantes de voo e de cabine, quando estiverem em voo com tripulação composta ou de revezamento, descanso a bordo da aeronave, em acomodação adequada, de acordo com as especificações definidas em norma estabelecida pela autoridade de aviação civil brasileira.

§ 1º Aos tripulantes de voo e de cabine realizando voos em tripulação composta será assegurado número de acomodações para descanso a bordo igual ao número de tripulantes somados à tripulação simples.

§ 2º Aos tripulantes de voo e de cabine realizando voos em tripulação de revezamento será assegurado número de acomodações para descanso a bordo igual à metade do total de tripulantes.

Seção V

Dos Limites de Voos e de Pousos

Art. 30. Denomina-se hora de voo ou tempo de voo o período compreendido desde o início do deslocamento, quando se tratar de aeronave de asa fixa, ou desde a partida dos motores, quando se tratar de aeronave de asa rotativa, até o momento em que, respectivamente, se imobiliza a aeronave ou se efetua o corte dos motores, ao término do voo ("calço a calço").

Art. 31. Aos tripulantes de voo ou de cabine empregados no serviço aéreo definido no inciso I do *caput* do art. 5º serão assegurados os seguintes limites de horas de voo e de pousos em uma mesma jornada de trabalho:

I — 8 (oito) horas de voo e 4 (quatro) pousos, na hipótese de integrante de tripulação mínima ou simples;

II — 11 (onze) horas de voo e 5 (cinco) pousos, na hipótese de integrante de tripulação composta;

III — 14 (catorze) horas de voo e 4 (quatro) pousos, na hipótese de integrante de tripulação de revezamento; e

IV — 7 (sete) horas sem limite de pousos, na hipótese de integrante de tripulação de helicópteros.

§ 1º O número de pousos na hipótese do inciso I deste artigo poderá ser aumentado em mais 1 (um), a critério do empregador, acrescendo-se, nesse caso, 2 (duas) horas ao repouso que precede a jornada.

§ 2º Não obstante o previsto no § 1º deste artigo, em caso de desvio para aeroporto de alternativa, será permitido o acréscimo de mais 1 (um) pouso aos limites estabelecidos nos incisos I, II e III deste artigo.

§ 3º Os tripulantes que operam aeronaves convencionais e turbo-hélice poderão ter o limite de pousos estabelecido no inciso I deste artigo aumentado em mais 2 (dois) pousos.

Art. 32. Aos tripulantes empregados nos serviços aéreos definidos nos incisos II, III, IV e V do *caput* do art. 5º são assegurados os seguintes limites de horas de voo em uma mesma jornada de trabalho:

I — 9 (nove) horas e 30 (trinta) minutos de voo, na hipótese de integrante de tripulação mínima ou simples;

II — 12 (doze) horas de voo, na hipótese de integrante de tripulação composta;

III — 16 (dezesseis) horas de voo, na hipótese de integrante de tripulação de revezamento;

IV — 8 (oito) horas de voo, na hipótese de integrante de tripulação de helicópteros.

§ 1º Aos tripulantes referidos neste artigo não serão assegurados limites de pousos em uma mesma jornada de trabalho.

§ 2º Os tripulantes empregados nos serviços aéreos definidos no inciso IV do *caput* do art. 5º, quando em atividade de fomento ou proteção à agricultura, poderão ter os limites previstos neste artigo estabelecidos em convenção ou acordo coletivo de trabalho, desde que não ultrapassem os parâmetros de segurança de voo determinados na regulamentação da autoridade de aviação civil brasileira.

Art. 33. Aos tripulantes são assegurados os seguintes limites mensais e anuais de horas de voo:

I — 80 (oitenta) horas de voo por mês e 800 (oitocentas) horas por ano, em aviões a jato;

II — 85 (oitenta e cinco) horas de voo por mês e 850 (oitocentas e cinquenta) horas por ano, em aviões turbo-hélice;

III — 100 (cem) horas de voo por mês e 960 (novecentas e sessenta) horas por ano, em aviões convencionais;

IV — 90 (noventa) horas de voo por mês e 930 (novecentas e trinta) horas por ano, em helicópteros.

§ 1º Quando os tripulantes operarem diferentes tipos de aeronaves, o limite inferior será respeitado.

§ 2º Os tripulantes de voo empregados nos serviços aéreos especializados definidos no inciso IV do *caput* do art. 5º, quando em atividade de fomento ou proteção à agricultura, poderão ter os limites previstos neste artigo estabelecidos em convenção ou acordo coletivo de trabalho, desde que não ultrapassem os parâmetros de segurança de voo determinados na regulamentação da autoridade de aviação civil brasileira.

Art. 34. O trabalho realizado como tripulante extra a serviço será computado para os limites da jornada de trabalho diária, semanal e mensal, não sendo considerado para o cômputo dos limites de horas de voo diários, mensais e anuais, previstos nos arts. 31, 32 e 33.

Seção VI

Dos Limites da Jornada de Trabalho

Art. 35. Jornada é a duração do trabalho do tripulante de voo ou de cabine, contada entre a hora da apresentação no local de trabalho e a hora em que ele é encerrado.

§ 1º A jornada na base contratual será contada a partir da hora de apresentação do tripulante no local de trabalho.

§ 2º Fora da base contratual, a jornada será contada a partir da hora de apresentação do tripulante no local estabelecido pelo empregador.

§ 3º Nas hipóteses previstas nos §§ 1º e 2º deste artigo, a apresentação no aeroporto ou em outro local estabelecido pelo empregador deverá ocorrer com antecedência mínima de 30 (trinta) minutos da hora prevista para o início do voo.

§ 4º A jornada será considerada encerrada 30 (trinta) minutos após a parada final dos motores, no caso de voos domésticos, e 45 (quarenta e cinco) minutos após a parada final dos motores, no caso de voos internacionais.

§ 5º Para atividades em terra, não se aplicam as disposições dos §§ 3º e 4º deste artigo.

§ 6º Os limites previstos no § 4º deste artigo podem ser alterados pelos operadores de aeronaves que possuírem Sistema de Gerenciamento de Risco de Fadiga Humana no planejamento e na execução das escalas de serviço de seus tripulantes, sendo o limite mínimo de 30 (trinta) minutos.

Art. 36. Aos tripulantes de voo ou de cabine empregados no serviço aéreo definido no inciso I do *caput* do art. 5º são assegurados os seguintes limites de jornada de trabalho:

I — 9 (nove) horas, se integrantes de uma tripulação mínima ou simples;

II — 12 (doze) horas, se integrantes de uma tripulação composta;

III — 16 (dezesseis) horas, se integrantes de uma tripulação de revezamento.

Art. 37. Aos tripulantes de voo ou de cabine empregados nos serviços aéreos definidos nos incisos II, III, IV e V do *caput* do art. 5º são assegurados os seguintes limites de jornada de trabalho:

I — 11 (onze) horas, se integrantes de uma tripulação mínima ou simples;

II — 14 (catorze) horas, se integrantes de uma tripulação composta;

III — 18 (dezoito) horas, se integrantes de uma tripulação de revezamento.

PARÁGRAFO ÚNICO. Os tripulantes de voo empregados nos serviços aéreos especializados definidos no inciso IV do *caput* do art. 5º, quando em atividade de fomento à agricultura, poderão ter os limites previstos neste artigo estabelecidos em convenção ou acordo coletivo de trabalho, desde que não ultrapassem os parâmetros de segurança de voo determinados na regulamentação da autoridade de aviação civil brasileira.

Art. 38. Em caso de interrupção de jornada, os tripulantes de voo ou de cabine empregados nos serviços aéreos definidos nos incisos II, IV e V do *caput* do art. 5º, quando compondo tripulação mínima ou simples, poderão ter suas jornadas de trabalho acrescidas de até a metade do tempo da interrupção, nos seguintes casos:

I — quando houver interrupção da jornada fora da base contratual, superior a 3 (três) horas e inferior a 6 (seis) horas consecutivas, e for proporcionado pelo empregador local para descanso separado do público e com controle de temperatura e luminosidade;

II — quando houver interrupção da jornada fora da base contratual, superior a 6 (seis) horas e inferior a 10 (dez) horas consecutivas, e forem proporcionados pelo empregador quartos individuais com banheiro privativo, condições adequadas de higiene e segurança, mínimo ruído e controle de temperatura e luminosidade.

PARÁGRAFO ÚNICO. A condição prevista neste artigo deverá ser consignada no diário de bordo da aeronave, com assinatura do comandante.

Art. 39. A hora de trabalho noturno, para efeito de jornada, será computada como de 52 (cinquenta e dois) minutos e 30 (trinta) segundos.

PARÁGRAFO ÚNICO. Para efeitos desta Lei, considera-se noturno:

I — o trabalho executado em terra entre as 22 (vinte e duas)

horas de um dia e as 5 (cinco) horas do dia seguinte, considerado o horário local;

II — o período de tempo de voo realizado entre as 18 (dezoito) horas de um dia e as 6 (seis) horas do dia seguinte, considerado o fuso horário oficial da base contratual do tripulante.

Art. 40. Os limites da jornada de trabalho poderão ser ampliados em 60 (sessenta) minutos, a critério exclusivo do comandante da aeronave, nos seguintes casos:

I — inexistência, em local de escala regular, de acomodações apropriadas para o repouso da tripulação e dos passageiros;

II — espera demasiadamente longa, fora da base contratual, em local de espera regular intermediária, ocasionada por condições meteorológicas desfavoráveis e trabalho de manutenção não programada;

III — por imperiosa necessidade, entendida como a decorrente de catástrofe ou problema de infraestrutura que não configure caso de falha ou falta administrativa da empresa.

PARÁGRAFO ÚNICO. Qualquer ampliação dos limites das horas de trabalho deverá ser comunicada, em no máximo 24 (vinte e quatro) horas após a viagem, pelo comandante ao empregador, que, no prazo de 15 (quinze) dias, comunicará a autoridade de aviação civil brasileira.

Art. 41. A duração do trabalho dos tripulantes de voo ou de cabine não excederá a 44 (quarenta e quatro) horas semanais e 176 (cento e setenta e seis) horas mensais, computados os tempos de:

I — jornada e serviço em terra durante a viagem;

II — reserva e 1/3 (um terço) do sobreaviso;

III — deslocamento como tripulante extra a serviço;

IV — adestramento em simulador, cursos presenciais ou a distância, treinamentos e reuniões;

V — realização de outros serviços em terra, quando escalados pela empresa.

§ 1º O limite semanal de trabalho previsto neste artigo poderá ser alterado mediante convenção ou acordo coletivo de trabalho, desde que não ultrapasse os parâmetros estabelecidos na regulamentação da autoridade de aviação civil brasileira, sendo vedada, sob qualquer hipótese, a extrapolação do limite mensal de 176 (cento e setenta e seis) horas.

§ 2º Os tripulantes de voo ou de cabine empregados nos serviços aéreos definidos nos incisos II, III, IV e V do *caput* do art. 5º terão como período máximo de trabalho consecutivo 21 (vinte e um) dias, contados do dia de saída do tripulante de sua base contratual até o dia do regresso a ela.

§ 3º Para os tripulantes de voo ou de cabine empregados nos serviços aéreos definidos nos incisos II, III, IV e V do *caput* do art. 5º, o período consecutivo de trabalho, no local de operação, não poderá exceder a 17 (dezessete) dias.

§ 4º Quando prestarem serviço fora da base contratual por período superior a 6 (seis) dias, os tripulantes referidos no § 3º deste artigo terão, no retorno, folgas correspondentes a, no mínimo, o número de dias fora da base contratual menos 2 (dois) dias.

§ 5º Os tripulantes empregados no serviço aéreo definido no inciso I do *caput* do art. 5º que também exerçam atividades administrativas terão os limites de sua jornada de trabalho definidos em convenção ou acordo coletivo de trabalho, desde que não ultrapassem os parâmetros estabelecidos na regulamentação da autoridade de aviação civil brasileira.

§ 6º As disposições do *caput* e dos §§ 1º, 2º, 3º e 4º deste artigo não se aplicam aos tripulantes empregados nos serviços aéreos definidos no inciso IV do *caput* do art. 5º em atividade de fomento ou proteção à agricultura, que poderão ter os referidos limites reduzidos ou ampliados por convenção ou acordo coletivo de trabalho, desde que não ultrapassem os parâmetros de segurança de voo determinados na regulamentação da autoridade de aviação civil brasileira.

Art. 42. Será observado o limite máximo de 2 (duas) madrugadas consecutivas de trabalho, e o de 4 (quatro) madrugadas totais no período de 168 (cento e sessenta e oito) horas consecutivas, contadas desde a apresentação do tripulante.

§ 1º O tripulante de voo ou de cabine poderá ser escalado para jornada de trabalho na terceira madrugada consecutiva desde que como tripulante extra, em voo de retorno à base contratual e encerrando sua jornada de trabalho, vedada, nessa hipótese, a escalação do tripulante para compor tripulação no período que antecede a terceira madrugada consecutiva na mesma jornada de trabalho.

§ 2º Sempre que for disponibilizado ao tripulante período mínimo de 48 (quarenta e oito) horas livre de qualquer atividade, poderá ser iniciada a contagem de novo período de 168 (cento e sessenta e oito) horas consecutivas referido no *caput* deste artigo.

§ 3º Os limites previstos neste artigo poderão ser reduzidos ou ampliados mediante convenção ou acordo coletivo de trabalho, desde que não ultrapassem os parâmetros estabelecidos na regulamentação da autoridade de aviação civil brasileira.

§ 4º Entende-se como madrugada o período transcorrido, total ou parcialmente, entre 0 (zero) hora e 6 (seis) horas, considerado o fuso horário oficial da base contratual do tripulante.

Seção VII
Do Sobreaviso e da Reserva

Art. 43. Sobreaviso é o período não inferior a 3 (três) horas e não excedente a 12 (doze) horas em que o tripulante permanece em local de sua escolha à disposição do empregador, devendo apresentar-se no aeroporto ou em outro local determinado, no prazo de até 90 (noventa) minutos, após receber comunicação para o início de nova tarefa.

§ 1º Em Município ou conurbação com 2 (dois) ou mais aeroportos, o tripulante designado para aeroporto diferente da base contratual terá prazo de 150 (cento e cinquenta) minutos para a apresentação, após receber comunicação para o início de nova tarefa.

§ 2º As horas de sobreaviso serão pagas à base de 1/3 (um terço) do valor da hora de voo.

§ 3º Caso o tripulante seja convocado para uma nova tarefa, o tempo remunerado será contabilizado entre o início do sobreaviso e o início do deslocamento.

§ 4º Caso o tripulante de voo ou de cabine não seja convocado para uma tarefa durante o período de sobreaviso, o tempo de repouso mínimo de 8 (oito) horas deverá ser respeitado antes do início de nova tarefa.

§ 5º O período de sobreaviso, contabilizado desde seu início até o início do deslocamento caso o tripulante seja acionado para nova tarefa, não poderá ser superior a 12 (doze) horas.

§ 6º No período de 12 (doze) horas previsto no § 5º, não serão computados os períodos de deslocamento de 90 (noventa) e 150 (cento e cinquenta) minutos previstos no *caput* e no § 1º deste artigo.

§ 7º O tripulante de voo ou de cabine empregado no serviço aéreo previsto no inciso I do *caput* do art. 5º terá a quantidade de sobreavisos limitada a 8 (oito) mensais, podendo ser reduzida ou ampliada por convenção ou acordo coletivo de trabalho, observados os limites estabelecidos na regulamentação da autoridade de aviação civil brasileira.

Art. 44. Reserva é o período em que o tripulante de voo ou de cabine permanece à disposição, por determinação do empregador, no local de trabalho.

§ 1º A hora de reserva será paga na mesma base da hora de voo.

§ 2º A reserva do tripulante empregado no serviço aéreo previsto no inciso I do *caput* do art. 5º terá duração mínima de 3 (três) horas e máxima de 6 (seis) horas.

§ 3º A reserva do tripulante empregado nos serviços aéreos previstos nos incisos II, III, IV e V do *caput* do art. 5º terá duração mínima de 3 (três) horas e máxima de 10 (dez) horas.

§ 4º Prevista a reserva por prazo superior a 3 (três) horas, o empregador deverá assegurar ao tripulante acomodação adequada para descanso.

§ 5º Entende-se por acomodação adequada para fins deste artigo poltronas em sala específica com controle de temperatura, em local diferente do destinado ao público e à apresentação das tripulações.

§ 6º Para efeito de remuneração, caso o tripulante seja acionado em reserva para assumir programação de voo, será considerado tempo de reserva o período compreendido entre o início da reserva e o início do voo.

§ 7º Os limites previstos neste artigo poderão ser reduzidos ou ampliados por convenção ou acordo coletivo de trabalho, observados os parâmetros estabelecidos na regulamentação da autoridade de aviação civil brasileira.

Seção VIII
Das Viagens

Art. 45. Viagem é o trabalho realizado pelo tripulante de voo ou de cabine, contado desde a saída de sua base até o seu regresso.

§ 1º Uma viagem pode compreender uma ou mais jornadas.

§ 2º O tripulante de voo ou de cabine poderá cumprir uma combinação de voos, passando por sua base contratual sem ser dispensado do serviço, desde que a programação obedeça à escala previamente publicada.

§ 3º O empregador poderá exigir do tripulante de voo ou de cabine complementação de voo, quando fora da base contratual, para atender a realização de serviços inadiáveis.

§ 4º O empregador não poderá exigir do tripulante de voo ou de cabine complementação de voo ou qualquer outra atividade ao final da viagem, por ocasião do retorno à base contratual, sendo facultada ao tripulante a aceitação, não cabendo qualquer tipo de penalidade em caso de recusa.

Seção IX
Dos Períodos de Repouso

Art. 46. Repouso é o período ininterrupto, após uma jornada, em que o tripulante fica desobrigado da prestação de qualquer serviço.

Art. 47. É assegurada ao tripulante, fora de sua base contratual, acomodação adequada para repouso e transporte entre o aeroporto e o local de repouso, e vice-versa.

§ 1º O previsto neste artigo não será aplicado ao tripulante empregado nos serviços aéreos previstos nos incisos II, III, IV e V do *caput* do art. 5º quando o custeio do transporte e da hospedagem for ressarcido pelo empregador.

§ 2º O ressarcimento de que trata o § 1º deste artigo deverá ocorrer no máximo até 30 (trinta) dias após o pagamento.

§ 3º Entende-se por acomodação adequada para repouso do tripulante quarto individual com banheiro privativo e condições adequadas de higiene, segurança, ruído, controle de temperatura e luminosidade.

§ 4º Quando não houver disponibilidade de transporte ao término da jornada, o período de repouso será computado a partir da colocação de transporte à disposição da tripulação.

Art. 48. O tempo mínimo de repouso terá duração relacionada ao tempo da jornada anterior, observando-se os seguintes limites:

I — 12 (doze) horas de repouso, após jornada de até 12 (doze) horas;

II — 16 (dezesseis) horas de repouso, após jornada de mais de 12 (doze) horas e até 15 (quinze) horas;

III — 24 (vinte e quatro) horas de repouso, após jornada de mais de 15 (quinze) horas.

PARÁGRAFO ÚNICO. Os limites previstos neste artigo poderão ser alterados por convenção ou acordo coletivo de trabalho, observados os parâmetros de segurança de voo estabelecidos na regulamentação da autoridade de aviação civil brasileira.

Art. 49. Quando ocorrer o cruzamento de 3 (três) ou mais fusos horários em um dos sentidos da viagem, o tripulante terá, na base contratual, o repouso acrescido de 2 (duas) horas por cada fuso cruzado.

Seção X
Da Folga Periódica

Art. 50. Folga é o período não inferior a 24 (vinte e quatro) horas consecutivas em que o tripulante, em sua base contratual, sem prejuízo da remuneração, está desobrigado de qualquer atividade relacionada com seu trabalho.

§ 1º Salvo o previsto nos §§ 2º e 3º do art. 41, a folga deverá ter início, no máximo, após o 6º (sexto) período consecutivo de até 24 (vinte e quatro) horas, contada a partir da apresentação do tripulante, observados os limites da duração da jornada de trabalho e do repouso.

§ 2º Os períodos de repouso mínimo regulamentar deverão estar contidos nos 6 (seis) períodos consecutivos de até 24 (vinte e quatro) horas previstos no § 1º deste artigo.

§ 3º No caso de voos internacionais de longo curso, o limite previsto no § 1º deste artigo poderá ser ampliado em 36 (trinta e seis) horas, ficando o empregador obrigado a conceder ao tripulante mais 2 (dois) períodos de folga no mesmo mês em que o voo for realizado, além das folgas previstas neste artigo e no **art. 51.**

§ 4º Os limites previstos nos §§ 1º e 2º deste artigo poderão ser alterados por convenção ou acordo coletivo de trabalho, observados os parâmetros determinados na regulamentação da autoridade de aviação civil brasileira.

Art. 51. O tripulante empregado no serviço aéreo previsto no inciso I do *caput* do art. 5º terá número mensal de folgas não inferior a 10 (dez), das quais pelo menos 2 (duas) deverão compreender um sábado e um domingo consecutivos, devendo a primeira destas ter início até as 12 (doze) horas do sábado, no horário de Brasília.

§ 1º O número mensal de folgas previsto neste artigo poderá ser reduzido até 9 (nove), conforme critérios estabelecidos em convenção ou acordo coletivo de trabalho.

§ 2º Quando o tripulante concorrer parcialmente à escala de serviço do mês, por motivo de férias ou afastamento, aplicar-se-á a proporcionalidade do número de dias trabalhados ao número de folgas a serem concedidas, com aproximação para o inteiro superior.

Art. 52. O tripulante de voo ou de cabine empregado nos serviços aéreos previstos nos incisos II, III, IV e V do *caput* do art. 5º terá número de folgas mensal não inferior a 8 (oito), das quais pelo menos 2 (duas) deverão compreender um sábado e um domingo consecutivos.

PARÁGRAFO ÚNICO. O tripulante empregado nos serviços aéreos previstos no inciso IV do *caput* do art. 5º, quando em atividade de fomento ou proteção à agricultura, poderá ter os limites previstos neste artigo modificados por convenção ou acordo coletivo de trabalho, observados os parâmetros estabelecidos na regulamentação da autoridade de aviação civil brasileira.

Art. 53. A folga só terá início após a conclusão do repouso da jornada, e seus horários de início e término serão definidos em escala previamente publicada.

Art. 54. Quando o tripulante for designado para curso fora da base contratual, sua folga poderá ser gozada nesse local, devendo a empresa assegurar, no regresso, uma licença remunerada de 1 (um) dia para cada 15 (quinze) dias fora da base contratual.

PARÁGRAFO ÚNICO. A licença remunerada não deverá coincidir com sábado, domingo ou feriado se a permanência do tripulante fora da base for superior a 30 (trinta) dias.

Capítulo III
Da Remuneração e das Concessões

Seção I
Da Remuneração

Art. 55. Sem prejuízo da liberdade contratual, a remuneração do tripulante corresponderá à soma das quantias por ele percebidas da empresa.

PARÁGRAFO ÚNICO. Não integram a remuneração as importâncias pagas pela empresa a título de ajuda de custo, assim como as diárias de hospedagem, alimentação e transporte.

Art. 56. A remuneração dos tripulantes poderá ser fixa ou ser constituída por parcela fixa e parcela variável.

PARÁGRAFO ÚNICO. A parcela variável da remuneração será obrigatoriamente calculada com base nas horas de voo, salvo no caso:

I — do tripulante empregado no serviço de transporte aéreo público não regular na modalidade de táxi aéreo, previsto no inciso II do *caput* do art. 5º, que poderá ter a parcela variável de seu salário calculada com base na quilometragem entre a origem e o destino do voo, desde que estabelecido em convenção ou acordo coletivo de trabalho;

II — do tripulante empregado nos serviços aéreos previstos no inciso IV do *caput* do art. 5º em atividade de fomento ou proteção à agricultura, que poderá ter a parcela variável de seu salário calculada com base na área produzida ou aplicada ou conforme outros critérios estabelecidos em convenção ou acordo coletivo de trabalho.

Art. 57. O período de tempo em solo entre etapas de voo em uma mesma jornada será remunerado.

PARÁGRAFO ÚNICO. Os valores e critérios para remuneração do período de que trata o *caput* deste artigo serão estabelecidos no contrato de trabalho e em convenção ou acordo coletivo de trabalho.

Art. 58. A empresa pagará a remuneração do trabalho não realizado por motivo alheio à vontade do tripulante, se outra atividade equivalente não lhe for atribuída.

Art. 59. A remuneração da hora de voo noturno e das horas de voo como tripulante extra será calculada na forma da legislação em vigor, observadas as condições estabelecidas no contrato de trabalho e em convenção ou acordo coletivo de trabalho.

§ 1º Considera-se voo noturno, para efeitos deste artigo, o voo executado entre as 21 (vinte e uma) horas, Tempo Universal Coordenado, de um dia e as 9 (nove) horas, Tempo Universal Coordenado, do dia seguinte.

§ 2º A hora de voo noturno, para efeito de remuneração, e contada a razão de 52 (cinquenta e dois) minutos e 30 (trinta) segundos.

Art. 60. As frações de hora serão computadas para efeito de remuneração.

Seção II
Da Alimentação

Art. 61. Durante a viagem, o tripulante terá direito a alimentação, em terra ou em voo, de acordo com as instruções técnicas do Ministério do Trabalho e das autoridades competentes.

§ 1º O tripulante extra a serviço terá direito à alimentação.

§ 2º Quando em terra, o intervalo para a alimentação do tripulante deverá ter duração mínima de 45 (quarenta e cinco) minutos e máxima de 60 (sessenta) minutos.

§ 3º Quando em voo, a alimentação deverá ser servida em intervalos máximos de 4 (quatro) horas.

Art. 62. Para tripulante de helicópteros, a alimentação será servida em terra ou a bordo de unidades marítimas, com duração de 60 (sessenta) minutos, período este que não será computado na jornada de trabalho.

Art. 63. Nos voos realizados no período entre as 22 (vinte e duas) horas de um dia e as 6 (seis) horas do dia seguinte, deverá ser servida uma refeição se a duração do voo for igual ou superior a 3 (três) horas.

Art. 64. É assegurada alimentação ao tripulante que esteja em situação de reserva ou em cumprimento de uma programação de treinamento entre as 12 (doze) e as 14 (catorze) horas e entre as 19 (dezenove) e as 21 (vinte e uma) horas, em intervalo com duração de 60 (sessenta) minutos.

PARÁGRAFO ÚNICO. O intervalo para alimentação de que trata este artigo:

I — não será computado na duração da jornada de trabalho;

II — não será observado na hipótese de programação de treinamento em simulador.

Seção III
Da Assistência Médica

Art. 65. Ao tripulante em serviço fora da base contratual o empregador deverá assegurar e custear, em casos de urgência, assistência médica e remoção, por via aérea, para retorno à base ou ao local de tratamento.

Seção IV
Do Uniforme

Art. 66. O tripulante receberá gratuitamente da empresa, quando não forem de uso comum, as peças de uniforme e os equipamentos exigidos, por ato da autoridade competente, para o exercício de sua atividade profissional.

PARÁGRAFO ÚNICO. Não serão considerados como salário, para os efeitos previstos neste artigo, os vestuários, equipamentos e outros acessórios fornecidos ao tripulante para a realização dos respectivos serviços.

Seção V
Das Férias

Art. 67. As férias anuais do tripulante serão de 30 (trinta) dias consecutivos.

§ 1º Mediante acordo coletivo, as férias poderão ser fracionadas.

§ 2º A concessão de férias será comunicada ao tripulante, por escrito, com antecedência mínima de 30 (trinta) dias.

Art. 68. A empresa manterá quadro atualizado de concessão de férias, devendo existir rodízio entre os tripulantes do mesmo equipamento quando houver concessão nos meses de janeiro, fevereiro, julho e dezembro.

Art. 69. Ressalvados os casos de rescisão de contrato, as férias não serão convertidas em abono pecuniário.

Art. 70. Ressalvadas condições mais favoráveis, a remuneração das férias e o décimo terceiro salário do aeronauta serão calculados pela média das parcelas fixas e variáveis da remuneração no período aquisitivo.

Art. 71. O pagamento da remuneração das férias será realizado até 2 (dois) dias antes de seu início.

Seção VI
Dos Certificados e das Habilitações

Art. 72. É de responsabilidade do empregador o custeio do certificado médico e de habilitação técnica de seus tripulantes, sendo responsabilidade do tripulante manter em dia seu certificado médico, como estabelecido na legislação em vigor.

§ 1º Cabe ao empregador o controle de validade do certificado médico e da habilitação técnica para que sejam programadas, na escala de serviço do tripulante, as datas e, quando necessárias, as dispensas para realização dos exames necessários para a revalidação.

§ 2º É dever do empregador o pagamento ou o reembolso dos valores pagos pelo tripulante para a revalidação do certificado médico e de habilitação técnica, tendo como limite os valores definidos pelos órgãos públicos, bem como dos valores referentes a exames de proficiência linguística e a eventuais taxas relativas a documentos necessários ao exercício de suas funções contratuais.

§ 3º No caso dos tripulantes empregados nos serviços aéreos previstos no inciso IV do *caput* do art. 5º em atividade de fomento ou proteção à agricultura, o pagamento e o reembolso previstos neste artigo poderão observar valores e critérios estabelecidos em convenção ou acordo coletivo de trabalho.

Capítulo IV
Das Transferências

Art. 73. Para efeito de transferência, provisória ou permanente, considera-se base do tripulante a localidade onde ele está obrigado a prestar serviço.

§ 1º Entende-se como:

I — transferência provisória: o deslocamento do tripulante de sua base, por período mínimo de 30 (trinta) dias e não superior a 120 (cento e vinte) dias, para prestação de serviços temporários, sem mudança de domicílio, seguido de retorno à base tão logo cesse a incumbência que lhe foi atribuída; e

II — transferência permanente: o deslocamento do tripulante de sua base, por período superior a 120 (cento e vinte) dias, com mudança de domicílio.

§ 2º Após cada transferência provisória, o tripulante deverá permanecer na sua base por, pelo menos, 180 (cento e oitenta) dias.

§ 3º O interstício entre transferências permanentes será de 2 (dois) anos.

§ 4º Na transferência provisória, serão assegurados aos tripulantes acomodação, alimentação, transporte a serviço, transporte aéreo de ida e volta e, no regresso, licença remunerada de, considerada a duração da transferência, 2 (dois) dias para o primeiro mês mais 1 (um) dia para cada mês ou fração subsequente, sendo que, no mínimo, 2 (dois) dias não deverão coincidir com sábado, domingo ou feriado.

§ 5º Na transferência permanente, serão assegurados ao tripulante pelo empregador:

I — ajuda de custo, para fazer face às despesas de instalação na nova base, não inferior a 4 (quatro) vezes o valor do salário mensal, calculado o salário variável por sua taxa atual, multiplicada pela média do correspondente trabalho nos últimos 12 (doze) meses;

II — transporte aéreo para si e seus dependentes;

III — translação da respectiva bagagem; e

IV — dispensa de qualquer atividade relacionada com o trabalho pelo período de 8 (oito) dias, a ser fixado por sua opção, com aviso prévio de 8 (oito) dias ao empregador, dentro dos 60 (sessenta) dias seguintes à sua chegada à nova base.

§ 6º A transferência provisória poderá ser transformada em transferência permanente.

Art. 74. O tripulante deverá ser notificado pelo empregador com antecedência mínima de 60 (sessenta) dias na transferência permanente e de 15 (quinze) dias na provisória.

Capítulo V
Disposições Finais e Transitórias

Art. 75. Aos tripulantes de voo empregados nos serviços aéreos definidos no inciso IV do *caput* do art. 5º, quando em atividade de fomento ou proteção à agricultura, não se aplicam as seguintes disposições desta Lei:

I — a Seção II do Capítulo II;

II — os arts. 27, 28, 43, 44 e 45;

III — o Capítulo IV;

IV — o regime de transição estabelecido no art. 80.

Art. 76. Além dos casos previstos nesta Lei, as responsabilidades dos tripulantes são definidas na Lei n. 7.565, de 19 de dezembro de 1986 (Código Brasileiro de Aeronáutica), nas leis e nos regulamentos em vigor e, no que decorrer do contrato de trabalho, em convenções e acordos coletivos.

Art. 77. Sem prejuízo do disposto no Capítulo III do Título IX da Lei n. 7.565, de 19 de dezembro de 1986 (Código Brasileiro de Aeronáutica), os infratores das disposições constantes nesta Lei ficam sujeitos às penalidades previstas no art. 351 da Consolidação das Leis do Trabalho (CLT), aprovada pelo Decreto-Lei n. 5.452, de 1º de maio de 1943.

PARÁGRAFO ÚNICO. O processo de multas administrativas será regido pelo disposto no Título VII da Consolidação das Leis do Trabalho (CLT), aprovada pelo Decreto-Lei n. 5.452, de 1º de maio de 1943.

Art. 78. Caberá à autoridade de aviação civil brasileira expedir as normas necessárias para a implantação do Sistema de Gerenciamento de Risco de Fadiga Humana de que trata a Seção III do Capítulo I.

Art. 79. O art. 30 da Lei n. 7.183, de 5 de abril de 1984, passa a vigorar com a seguinte redação:

"Art. 30. Os limites de tempo de voo do tripulante não poderão exceder em cada mês ou ano, respectivamente:

I — em aviões convencionais, 100 (cem) e 1.000 (mil) horas;

II — em aviões turbo-hélice, 100 (cem) e 935 (novecentas e trinta e cinco) horas;

III — em aviões a jato, 85 (oitenta e cinco) e 850 (oitocentas e cinquenta) horas;

IV — em helicópteros, 90 (noventa) e 960 (novecentas e sessenta) horas.

§ 1º Quando o aeronauta tripular diferentes tipos de aeronave, será observado o menor limite.

§ 2º Os limites de tempo de voo para aeronautas de empresas de transporte aéreo regular, em intervalo inferior a 30 (trinta) dias, serão proporcionais ao limite mensal mais 10 (dez) horas." (NR)

Art. 80. Aplicam-se aos tripulantes, desde a entrada em vigor desta Lei até que tenham decorrido 30 (trinta) meses de sua publicação, como regime de transição, os seguintes dispositivos da Lei n. 7.183, de 5 de abril de 1984:

I — os arts. 12, 13 e 20;

II — o *caput*, incluídas suas alíneas, e o § 1º, todos do art. 21;

III — os arts. 29 e 30.

Art. 81. Revogam-se:

I — após decorridos 90 (noventa) dias da publicação oficial desta Lei, a Lei n. 7.183, de 5 de abril de 1984, com exceção dos dispositivos referidos no art. 80;

II — após decorridos 30 (trinta) meses da publicação oficial desta Lei, os dispositivos da Lei n. 7.183, de 5 de abril de 1984, referidos no art. 80.

Art. 82. Esta Lei entra em vigor após decorridos 90 (noventa) dias de sua publicação oficial, exceto os arts. 31, 32, 33, 35, 36 e 37, que entram em vigor após decorridos 30 (trinta) meses da publicação oficial desta Lei.

Brasília, 28 de agosto de 2017; 196º da Independência e 129º da República.

MICHEL TEMER
MAURICIO QUINTELLA
RONALDO NOGUEIRA DE OLIVEIRA

LEI N. 7.290, DE 19 DE DEZEMBRO DE 1984

(DOU 20.12.1984)

Define a atividade do transportador rodoviário autônomo de bens, e dá outras providências

O PRESIDENTE DA REPÚBLICA,

Faço saber que o Congresso Nacional decreta e eu sanciono a seguinte Lei:

Art. 1º Considera-se Transportador Rodoviário Autônomo de Bens a pessoa física proprietário ou coproprietário de 1 (um) só veículo, sem vínculo empregatício, devidamente cadastrado em órgão disciplinar competente, que, com seu veículo contrate serviço de transporte a frete, de carga ou de passageiro, em caráter eventual ou continuado, com empresa de transporte rodoviário de bens, ou diretamente com os usuários desse serviço.

Art. 2º A prestação de serviços de que trata o artigo anterior compreende o transporte efetuado pelo contratado ou seu preposto, em vias públicas ou rodovias.

Art. 3º Esta Lei entra em vigor na data de sua publicação.

Art. 4º Revogam-se as disposições em contrário.

Brasília, em 19 de novembro de 1984; 163º da Independência e 96º da República.

JOÃO FIGUEIREDO
Presidente da República
CLORALDINO SOARES SEVERO

LEI N. 7.377, DE 30 DE SETEMBRO DE 1985

(DOU 1º.10.1985 — LTr 49-10/1268)

Dispõe sobre o exercício da profissão de secretário

O PRESIDENTE DA REPÚBLICA,

Faço saber que o Congresso Nacional decreta e eu sanciono a seguinte Lei:

Art. 1º O exercício da profissão de Secretário é regulado pela presente Lei.

Art. 2º Para os efeitos desta Lei, é considerado:

I — Secretário-Executivo:

a) o profissional diplomado no Brasil por curso superior de Secretariado, legalmente reconhecido, ou diplomado no exterior por curso superior de Secretariado cujo diploma seja revalidado na forma da lei;

b) portador de qualquer diploma de nível superior que, na data de início da vigência desta Lei, houver comprovado, através de declarações de empregadores, o exercício efetivo, durante pelo menos trinta e seis meses, das atribuições mencionadas no art. 4º desta Lei. *(Alterado pela L. n. 9.261, de 10.1.96, DOU 11.1.96)*

II — Técnico em Secretariado:

a) o profissional portador de certificado de conclusão de curso de Secretariado, em nível de 2º grau;

b) o portador de certificado de conclusão do 2º grau que, na data da vigência desta Lei, houver comprovado, através de declarações de empregadores, o exercício efetivo, durante pelo menos trinta meses, das atribuições mencionadas no art. 5º desta Lei. *(Alterado pela L. n. 9.261, de 10.1.96, DOU 11.1.96)*

Art. 3º É assegurado o direito ao exercício da profissão aos que, embora não habilitados nos termos do artigo anterior, contem pelo menos cinco anos ininterruptos ou dez anos intercalados de exercício de atividades próprias de secretaria, na data da vigência desta Lei. *(Alterado pela L. n. 9.261, de 10.1.96, DOU 11.1.96)*

Art. 4º São atribuições do Secretário-Executivo:

I — planejamento, organização e direção de serviços de secretaria;

II — assistência e assessoramento direto a executivos;

III — coleta de informações para a consecução de objetivos e metas de empresas;

IV — redação de textos profissionais especializados, inclusive em idioma estrangeiro;

V — interpretação e sintetização de textos e documentos;

VI — taquigrafia de ditados, discursos, conferências, palestras de explanações, inclusive em idioma estrangeiro;

VII — versão e tradução em idioma estrangeiro, para atender às necessidades de comunicação da empresa;

VIII — registro e distribuição de expedientes e outras tarefas correlatas;

IX — orientação da avaliação e seleção da correspondência para fins de encaminhamento à chefia;

X — conhecimentos protocolares.

Art. 5º São atribuições do Técnico em Secretariado:

I — organização e manutenção dos arquivos de secretaria;

II — classificação, registro e distribuição da correspondência;

III — redação e datilografia de correspondência ou documentos de rotina, inclusive em idioma estrangeiro;

IV — execução de serviços típicos de escritório, tais como recepção, registro de compromissos, informações e atendimento telefônico.

Art. 6º O exercício da profissão de Secretário requer prévio registro na Delegacia Regional do Trabalho do Ministério do Trabalho e far-se-á mediante a apresentação de documento comprobatório de conclusão dos cursos previstos nos incisos I e II do art. 2º desta Lei e da Carteira de Trabalho e Previdência Social — CTPS.

PARÁGRAFO ÚNICO. No caso dos profissionais incluídos no art. 3º, a prova da atuação será feita por meio de anotações na Carteira de Trabalho e Previdência Social ou através de declarações das empresas nas quais os profissionais tenham desenvolvido suas respectivas atividades, discriminando as atribuições a serem confrontadas com os elencos especificados nos arts. 4º e 5º. *(Redação dada pela Lei n. 9.261, de 10.1.96, DOU 11.1.96)*

Art. 7º Esta Lei entra em vigor na data de sua publicação.

Art. 8º Revogam-se as disposições em contrário.

Brasília, em 30 de setembro de 1985; 164º da Independência e 97º da República.

JOSÉ SARNEY
ALMIR PAZZIANOTTO

LEI N. 7.394, DE 29 DE OUTUBRO DE 1985

(DOU 30.10.1985 — LTr 49/1380)

Regula o exercício da profissão de técnico em radiologia e dá outras providências

O PRESIDENTE DA REPÚBLICA,

Faço saber que o Congresso Nacional decreta e eu sanciono a seguinte Lei:

Art. 1º Os preceitos desta Lei regulam o exercício da profissão de Técnico em Radiologia, conceituando-se como tal todos os Operadores de Raios X que, profissionalmente, executam as técnicas:

I — radiológica, no setor de diagnósticos;

II — radioterápica, no setor de terapia;

III — radioisotópica, no setor de radioisótopos;

IV — industrial, no setor industrial;

V — de medicina nuclear.

Art. 2º São condições para o exercício da profissão de Técnico em Radiologia:

I — ser portador de certificado de conclusão do ensino médio e possuir formação profissional mínima de nível técnico em Radiologia; *(Redação dada pela Lei n. 10.508, de 10.7.02, DOU 11.7.02)*

II — possuir diploma de habilitação profissional, expedido por Escola Técnica de Radiologia, registrado no órgão federal (vetado).

PARÁGRAFO ÚNICO. (Vetado).

Art. 3º Toda entidade, seja de caráter público ou privado, que se propuser a instituir Escola Técnica de Radiologia, deverá solicitar o reconhecimento prévio (vetado).

Art. 4º As Escolas Técnicas de Radiologia só poderão ser reconhecidas se apresentarem condições de instalação satisfatórias e corpo docente de reconhecida idoneidade profissional, sob a orientação de Físico Tecnólogo, Médico Especialista e Técnico em Radiologia.

§ 1º Os programas serão elaborados pela autoridade federal competente e válidos para todo o território nacional, sendo sua adoção indispensável ao reconhecimento de tais cursos.

§ 2º Em nenhuma hipótese poderá ser matriculado candidato que não comprovar a conclusão de curso em nível de 2º grau ou equivalente.

§ 3º O ensino das disciplinas será ministrado em aulas teóricas, práticas e estágios a serem cumpridos, no último ano do currículo escolar, de acordo com a especialidade escolhida pelo aluno.

Art. 5º Os centros de estágio serão constituídos pelos serviços de saúde e de pesquisa físicas, que ofereçam condições essenciais à prática da profissão na especialidade requerida.

Art. 6º A admissão à primeira série da Escola Técnica de Radiologia dependerá:

I — do cumprimento do disposto no § 2º do art. 4º desta Lei;

II — de aprovação em exame de saúde, obedecidas as condições estatuídas no parágrafo único do art. 46 do Decreto n. 29.155, de 17 de janeiro de 1951.

Art. 7º As Escolas Técnicas de Radiologia existentes, ou a serem criadas deverão remeter ao órgão competente (vetado), para fins de controle e fiscalização de registros, cópia da ata relativa aos exames finais, na qual constem os nomes dos alunos aprovados e as médias respectivas.

Art. 8º Os diplomas expedidos por Escolas Técnicas de Radiologia, devidamente reconhecidos, têm âmbito nacional e validade para o registro de que trata o inciso II do art. 2º desta Lei.

PARÁGRAFO ÚNICO. Concedido o diploma, fica o Técnico em Radiologia obrigado a registrá-lo, nos termos desta Lei.

Art. 9º *(Vetado)*

Art. 10. Os trabalhos de supervisão das aplicações de técnicas em radiologia, em seus respectivos setores, são da competência do Técnico em Radiologia.

Art. 11. Ficam assegurados todos os direitos aos denominados Operadores de Raios X, devidamente registrados no órgão competente (vetado), que adotarão a denominação referida no art. 1º desta Lei.

§ 1º Os profissionais que se acharem devidamente registrados na Divisão Nacional de Vigilância Sanitária de Medicamentos — DIMED, não possuidores de certificado de conclusão de curso em nível de 2º grau, poderão matricular-se nas escolas criadas, na categoria de ouvinte, recebendo ao terminar o curso, certificado de presença, observadas as exigências regulamentares das Escolas de Radiologia.

§ 2º Os dispositivos desta Lei aplicam-se, no que couber, aos Auxiliares de Radiologia que trabalham com câmara clara e escura.

Art. 12. Ficam criados o Conselho Nacional e os Conselhos Regionais de Técnicos em Radiologia (vetado), que funcionarão nos mesmos moldes dos Conselhos Federal e Regionais de Medicina, obedecida igual sistemática para sua estrutura, e com as mesmas finalidades de seleção disciplinar e defesa da classe dos Técnicos em Radiologia.

Art. 13. *(Vetado)*

Art. 14. A jornada de trabalho dos profissionais abrangidos por esta Lei será de 24 (vinte e quatro) horas semanais (vetado).

Art. 15. *(Vetado)*

Art. 16. O salário mínimo dos profissionais que executam as técnicas definidas no art. 1º desta Lei, será equivalente a dois salários mínimos profissionais da região, incidindo sobre esses vencimentos 40% (quarenta por cento) de risco de vida e insalubridade.

Art. 17. O Poder Executivo regulamentará esta Lei no prazo de até 180 (cento e oitenta) dias.

Art. 18. Esta Lei entra em vigor na data de sua publicação.

Art. 19. Revogam-se as disposições em contrário.

Brasília, em 29 de outubro de 1985; 164º da Independência e 97º da República.

JOSÉ SARNEY
ALMIR PAZZIANOTTO PINTO

DECRETO N. 92.790, DE 17 DE JUNHO DE 1986

(DOU 18.6.1986)

Regulamenta a Lei n. 7.394, de 29.10.1985, que regula o exercício da profissão de técnico em radiologia e dá outras providências

O PRESIDENTE DA REPÚBLICA, usando da atribuição que lhe confere o art. 81, item III, da Constituição, e tendo em vista o disposto no art. 17 da Lei n. 7.394, de 29 de outubro de 1985, decreta:

Art. 1º O exercício da profissão de Técnico em Radiologia fica regulado pelo disposto neste Decreto, nos termos da Lei n. 7.394, de 29 de outubro de 1955.

Art. 2º São Técnicos em Radiologia os profissionais de Raios X, que executam as técnicas:

I — radiológicos, no setor de diagnóstico;

II — radioterápicas, no setor de terapia;

III — radioisotópicas, no setor de radioisotópos;

IV — industriais, no setor industrial;

V — de medicina nuclear.

Art. 3º O exercício da profissão de Técnico em Radiologia é permitido:

I — aos portadores de certificado de conclusão de 1º e 2º graus, ou equivalente, que possuam formação profissional por intermédio de Escola Técnica de Radiologia, com no mínimo de três anos de duração.

II — aos portadores de diploma de habilitação profissional, expedido por Escola Técnica de Radiologia, registrado no Ministério da Educação.

Art. 4º Para se instalarem, as Escolas Técnicas de Radiologia precisam ser previamente reconhecidas pelo Ministério da Educação.

Art. 5º As Escolas Técnicas de Radiologia só poderão ser reconhecidas se apresentarem condições de instalação satisfatórias e corpo docente de reconhecida idoneidade profissional, sob a orientação de Físico Tecnólogo, Médico Especialista e Técnico em Radiologia.

§ 1º Os programas serão elaborados pelo Conselho Federal de Educação e válidos para todo o território nacional, sendo sua adoção indispensável ao reconhecimento de tais cursos.

§ 2º Em nenhuma hipótese poderá ser matriculado candidato que não comprovar a conclusão de curso de nível de 2º grau ou equivalente.

§ 3º O ensino das disciplinas será ministrado em aulas teóricas, práticas e estágios a serem cumpridos, no último ano do currículo escolar, de acordo com a especialidade escolhida pelo aluno.

Art. 6º Os centros de estágio serão constituídos pelos serviços de saúde e de pesquisa físicas, que ofereçam condições essenciais à prática da profissão na especialidade requerida.

Art. 7º A admissão à primeira série da Escola Técnica de Radiologia dependerá:

I — do cumprimento do disposto no § 2º do art. 5º deste Decreto;

II — da aprovação em exame de sanidade e capacidade física, o qual incluirá, obrigatoriamente, o exame hematológico.

PARÁGRAFO ÚNICO. Salvo decisão médica em contrário, não poderão ser admitidas em serviços de terapia de rádio nem de rádom as pessoas de pele seca, com tendência a fissuras, e com verrugas, assim como as de baixa acuidade visual não corrigível pelo uso de lentes.

Art. 8º As Escolas Técnicas de Radiologia existentes, ou a serem criadas, deverão remeter ao Conselho Federal de Educação, para fins de controle e fiscalização de registros, cópia da ata relativa aos exames finais, na qual constem os nomes dos alunos aprovados e as médias respectivas.

Art. 9º Os diplomas expedidos por Escolas Técnicas de Radiologia, devidamente reconhecidas, têm âmbito nacional e validade para o registro de que trata o item II do art. 3º deste Decreto.

PARÁGRAFO ÚNICO. Concedido o diploma, fica o Técnico em Radiologia obrigado a registrá-lo, nos termos deste Decreto.

Art. 10. Os trabalhos de supervisão da aplicação de técnicas em radiologia, em seus respectivos setores, são da competência do Técnico em Radiologia.

Art. 11. Ficam assegurados todos os direitos aos denominados Operadores de Raios X, devidamente registrados na Delegacia Regional do Trabalho, os quais adotarão a denominação referida no art. 1º deste Decreto.

§ 1º Os profissionais que se acham devidamente registrados na Divisão Nacional de Vigilância Sanitária e Medicamentos — DIMEP, não possuidores do certificado de conclusão de curso em nível de 2º grau, poderão, matricular-se nas escolas criadas, na categoria de ouvinte, recebendo, ao terminar o curso, certificado de presença, observadas as exigências regulamentares das Escolas de Radiologia.

§ 2º Os dispositivos deste Decreto aplicam-se, no que couber, aos Auxiliares de Radiologia que trabalham com câmara clara e escura.

Art. 12. Os Conselhos Nacional e Regionais de Técnicos em Radiologia, criados pelo art. 12 da Lei n. 7.394, de 29 de outubro de 1985, constituem, em seu conjunto, uma autarquia, sendo cada um deles dotados de personalidade jurídica de Direito Público.

Art. 13. O Conselho Nacional e os Conselhos Regionais de Técnicos em Radiologia são os órgãos supervisores da ética profissional, visando ao aperfeiçoamento da profissão e à valorização dos profissionais.

Art. 14. O Conselho Nacional, ao qual ficam subordinados os Conselhos Regionais, terá sede no Distrito Federal e jurisdição em todo o território nacional.

§ 1º Os Conselhos Regionais terão sede nas Capitais dos Estados, Territórios e no Distrito Federal.

§ 2º A jurisdição de um Conselho Regional poderá abranger mais de um Estado, se as conveniências assim o indicarem.

Art. 15. O Conselho Nacional de Técnicos em Radiologia compor-se-á de nove membros, eleitos juntamente com outros tantos suplentes, todos de nacionalidade brasileira.

PARÁGRAFO ÚNICO. A duração dos mandatos dos membros do Conselho Nacional de Técnicos em Radiologia será de cinco anos.

Art. 16. São atribuições do Conselho Nacional:

I — organizar o seu regimento interno;

II — aprovar os regimentos, internos organizados pelos Conselhos Regionais;

III — instalar os Conselhos Regionais de Técnicos em Radiologia, definindo sede e jurisdição, bem como promovendo a eleição de seus membros e lhes dando posse.

IV — votar e alterar o código de ética profissional, ouvidos os Conselhos Regionais;

V — promover quaisquer diligências ou verificações, relativas ao funcionamento dos Conselhos Regionais, nos Estados ou Territórios e Distrito Federal, e adotar, quando necessárias, providências convenientes a bem de sua eficiência e regularidade, inclusive a designação de diretoria provisória.

Art. 17. A diretoria do Conselho Nacional de Técnicos em Radiologia será composta de presidente, secretário e tesoureiro.

Art. 18. *(Revogado pelo Decreto n. 5.211, de 22.9.04, DOU 23.9.04)*

Art. 19. A renda do Conselho Nacional será constituída de:

I — um terço das anuidades cobradas pelos Conselhos Regionais;

II — um terço da taxa de expedição das carteiras profissionais;

III — um terço das multas aplicadas pelos Conselhos Regionais;

IV — doações e legados;

V — subvenções oficiais;

VI — bens e valores adquiridos.

Art. 20. A eleição para o primeiro Conselho Nacional de Técnicos em Radiologia será promovida pela Federação das Associações dos Técnicos em Radiologia dos Estados do Brasil.

PARÁGRAFO ÚNICO. A eleição efetuar-se-á por processo que permita o exercício do voto a todos os profissionais inscritos, sem que lhes seja necessário o afastamento do seu local de trabalho.

Art. 21. Enquanto não for elaborado e aprovado, pelo Conselho Nacional de Técnicos em Radiologia, o código de ética profissional, vigorará o Código de Ética do Técnico em Radiologia, elaborado e aprovado por unanimidade, na Assembleia Geral Ordinária da Federação das Associações dos Técnicos em Radiologia dos Estados do Brasil, em 10 de julho de 1971.

Art. 22. Os Conselhos Regionais de Técnicos em Radiologia compor-se-ão de nove membros, eleitos juntamente com outros tantos suplentes, todos de nacionalidade brasileira.

PARÁGRAFO ÚNICO. Os Conselhos Regionais de Técnicos em Radiologia, serão organizados à semelhança do Conselho Nacional.

Art. 23. Compete aos Conselhos Regionais:

I — deliberar sobre a inscrição e cancelamento no quadro do Conselho;

II — manter um registro dos Técnicos em Radiologia, legalmente habilitados, com exercício na respectiva Região;

III — fiscalizar o exercício da profissão de Técnico em Radiologia;

IV — conhecer, apreciar e decidir os assuntos atinentes à ética profissional, impondo as penalidades que couberem;

V — elaborar a proposta de seu regimento interno, submetendo-a à aprovação do Conselho Nacional;

VI — expedir carteira profissional;

VII — velar pela conservação da honra e da independência do Conselho e pelo livre exercício legal dos direitos dos radiologistas;

VIII — promover, por todos os meios ao seu alcance, o perfeito desempenho técnico e moral da profissão e o prestígio e bom conceito da Radiologia, e dos profissionais que a exerçam;

IX — publicar relatórios anuais de seus trabalhos e a relação dos profissionais registrados;

X — exercer os de jurisdição que por lei lhes sejam cometidos;

XI — representar ao Conselho Nacional de Técnicos em Radiologia sobre providências necessárias para a regularidade dos serviços e da fiscalização do exercício da profissão.

Art. 24. A renda dos Conselhos Regionais será constituída de:

I — taxa de inscrição;

II — dois terços da taxa de expedição de carteiras profissionais;

III — dois terços da anuidade paga pelos membros neles inscritos;

IV — dois terços das multas aplicadas;

V — doações e legados;

VI — subvenções oficiais;

VII — bens e valores adquiridos.

Art. 25. As penas disciplinares aplicáveis pelos Conselhos Regionais aos seus membros são as seguintes:

I — advertência confidencial em aviso reservado;

II — censura confidencial em aviso reservado;

III — censura pública;

IV — suspensão do exercício profissional até trinta dias;

V — cassação do exercício profissional, *ad referendum* do Conselho Nacional.

Art. 26. Em matéria disciplinar, o Conselho Regional deliberará de ofício.

Art. 27. Da imposição de qualquer penalidade caberá recurso, no prazo de trinta dias, contados da ciência, para o Conselho Nacional.

Art. 28. Além do recurso previsto no artigo anterior, não caberá qualquer outro de natureza administrativa.

Art. 29. O voto é pessoal e obrigatório em toda eleição, salvo doença ou ausência comprovadas plenamente.

§ 1º As deliberações serão tomadas por maioria de votos dos presentes.

§ 2º Os radiologistas que se encontrem fora da sede das eleições por ocasião destas, poderão dar seu voto em dupla sobrecarga, opaca, fechada e remetida pelo correio correto, sob registro, por ofício com firma reconhecida, ao Presidente do Conselho Regional.

§ 3º Serão computadas as cédulas recebidas, com as formalidades do parágrafo precedente, até o momento em que se encerre a votação. A sobrecarta maior aberta pelo Presidente do Conselho, que depositará a sobrecarta menor na urna, sem violar o segredo do voto.

§ 4º As eleições serão anunciadas no órgão oficial e em jornal de grande circulação, com trinta dias de antecedência.

Art. 30. A jornada de trabalho dos profissionais abrangidos por este Decreto será de vinte e quatro horas semanais.

Art. 31. O salário mínimo dos profissionais, que executam as técnicas definidas no art. 1º deste Decreto, será equivalente a dois salários mínimos profissionais da região, incidindo sobre esses vencimentos quarenta por cento de risco de vida e insalubridade.

Art. 32. Este Decreto entrará em vigor na data de sua publicação.

Art. 33. Revogam-se as disposições em contrário.

Brasília, 17 de junho de 1986; 165º da Independência e 98º da República.

JOSÉ SARNEY
ALMIR PAZZIANOTTO PINTO

LEI N. 8.650, DE 22 DE ABRIL DE 1993

(DOU 23.4.1993)

Treinador profissional de futebol — Relação de trabalho
Dispõe sobre as relações de trabalho do treinador profissional de futebol e dá outras providências

O PRESIDENTE DA REPÚBLICA,

Faço saber que o Congresso Nacional decreta e eu sanciono a seguinte Lei:

Art. 1º A associação desportiva ou clube de futebol é considerado empregador quando, mediante qualquer modalidade de remuneração, utiliza os serviços de Treinador Profissional de Futebol, na forma definida nesta Lei.

Art. 2º O Treinador Profissional de Futebol é considerado empregado quando especificamente contratado por clube de futebol ou associação desportiva, com a finalidade de treinar atletas de futebol profissional ou amador, ministrando-lhes técnicas e regras de futebol, com o objetivo de assegurar-lhes conhecimentos táticos e técnicos suficientes para a prática desse esporte.

Art. 3º O exercício da profissão de Treinador Profissional de Futebol ficará assegurado preferencialmente:

I — aos portadores de diploma expedido por Escolas de Educação Física ou entidades análogas, reconhecidas na forma da lei;

II — aos profissionais que, até a data do início da vigência desta Lei, hajam, comprovadamente, exercido cargos ou funções de treinador de futebol por prazo não inferior a seis meses, como empregado ou autônomo, em clubes ou associações filiadas às Ligas ou Federações, em todo o território nacional.

Art. 4º São direitos do Treinador Profissional de Futebol:

I — ampla e total liberdade na orientação técnica e tática da equipe de futebol;

II — apoio e assistência moral e material assegurada pelo empregador, para que possa bem desempenhar suas atividades;

III — exigir do empregador o cumprimento das determinações dos órgãos desportivos atinente ao futebol profissional.

Art. 5º São deveres do Treinador Profissional de Futebol:

I — zelar pela disciplina dos atletas sob sua orientação, acatando e fazendo acatar as determinações dos órgãos técnicos do empregador;

II — manter o sigilo profissional.

Art. 6º Na anotação do contrato de trabalho na Carteira Profissional deverá, obrigatoriamente, constar:

I — o prazo de vigência, em nenhuma hipótese, poderá ser superior a dois anos;

II — o salário, as gratificações, os prêmios, as bonificações, o valor das luvas, caso ajustadas, bem como a forma, tempo e lugar de pagamento.

PARÁGRAFO ÚNICO. O contrato de trabalho será registrado, no prazo improrrogável de dez dias, no Conselho Regional de Desportos e na Federação ou Liga à qual o clube ou associação for filiado.

Art. 7º Aplicam-se ao Treinador Profissional de Futebol as legislações do trabalho e da previdência social, ressalvadas as incompatibilidades com as disposições desta Lei.

Art. 8º Esta Lei entra em vigor na data de sua publicação.

Art. 9º Revogam-se as disposições em contrário.

Brasília, 22 de abril de 1993; 172º da Independência e 105º da República.

ITAMAR FRANCO
WALTER BARELLI

LEI N. 8.662, DE 7 DE JUNHO DE 1993

(DOU 8.6.1993 — LTr 57-07/883)

Dispõe sobre a profissão de assistente social e dá outras providências

— V. Resolução n. 493 de 21.8.2006 do Conselho Federal de Serviço Social que dispõe sobre as condições éticas técnicas do exercício profissional do assistente social (não publicada nesta obra)

O PRESIDENTE DA REPÚBLICA,

Faço saber que o Congresso Nacional decreta e eu sanciono a seguinte Lei:

Art. 1º É livre o exercício da profissão de Assistente Social em todo o território nacional, observadas as condições estabelecidas nesta Lei.

Legislação Complementar

Art. 2º Somente poderão exercer a profissão de Assistente Social:

I — os possuidores de diploma em curso de graduação em Serviço Social, oficialmente reconhecido, expedido por estabelecimento de ensino superior existente no País, devidamente registrado no órgão competente;

II — os possuidores de diploma de curso superior em Serviço Social, em nível de graduação ou equivalente, expedido por estabelecimento de ensino sediado em países estrangeiros, conveniado ou não com o governo brasileiro, desde que devidamente revalidado e registrado em órgão competente no Brasil;

III — os agentes sociais, qualquer que seja sua denominação com funções nos vários órgãos públicos, segundo o disposto no art. 14 e seu parágrafo único da Lei n. 1.889, de 13 de junho de 1953.

PARÁGRAFO ÚNICO. O exercício da profissão de Assistente Social requer prévio registro nos Conselhos Regionais que tenham jurisdição sobre a área de atuação do interessado nos termos desta Lei.

Art. 3º A designação profissional de Assistente Social é privativa dos habilitados na forma da legislação vigente.

Art. 4º Constituem competências do Assistente Social:

I — elaborar, implementar, executar e avaliar políticas sociais junto a órgãos da administração pública, direta ou indireta, empresas, entidades e organizações populares;

II — elaborar, coordenar, executar e avaliar planos, programas e projetos que sejam do âmbito de atuação do Serviço Social com participação da sociedade civil;

III — encaminhar providências, e prestar orientação social a indivíduos, grupos e à população;

IV — (vetado);

V — orientar indivíduos e grupos de diferentes segmentos sociais no sentido de identificar recursos e de fazer uso dos mesmos no atendimento e na defesa de seus direitos;

VI — planejar, organizar e administrar benefícios e Serviços Sociais;

VII — planejar, executar e avaliar pesquisas que possam contribuir para a análise da realidade social e para subsidiar ações profissionais;

VIII — prestar assessoria e consultoria a órgãos da administração pública direta e indireta, empresas privadas e outras entidades, com relação às matérias relacionadas no inciso II deste artigo;

IX — prestar assessoria e apoio aos movimentos sociais em matéria relacionada às políticas sociais, no exercício e na defesa dos direitos civis, políticos e sociais da coletividade;

X — planejamento, organização e administração de Serviços Sociais e de Unidade de Serviço Social;

XI — realizar estudos socioeconômicos com os usuários para fins de benefícios e serviços sociais junto a órgãos da administração pública direta e indireta, empresas privadas e outras entidades;

Art. 5º Constituem atribuições privativas do Assistente Social:

I — coordenar, elaborar, executar, supervisionar e avaliar estudos, pesquisas, planos, programas e projetos na área de Serviço Social;

II — planejar, organizar e administrar programas e projetos em Unidade de Serviço Social;

III — assessoria e consultoria e órgãos da administração pública direta e indireta, empresas privadas e outras entidades, em matéria de Serviço Social;

IV — realizar vistorias, perícias técnicas, laudos periciais, informações e pareceres sobre a matéria de Serviço Social;

V — assumir, no magistério de Serviço Social, tanto em nível de graduação como de pós-graduação, disciplinas e funções que exijam conhecimentos próprios e adquiridos em curso de formação regular;

VI — treinamento, avaliação e supervisão direta de estagiários de Serviço Social;

VII — dirigir e coordenar Unidades de Ensino e Cursos de Serviço Social, de graduação e pós-graduação;

VIII — dirigir e coordenar associações, núcleos, centros de estudo e de pesquisa em Serviço Social;

IX — elaborar provas, presidir e compor bancas de exames e comissões julgadoras de concursos ou outras formas de seleção para Assistentes Sociais, ou onde sejam aferidos conhecimentos inerentes ao Serviço Social.

X — coordenar seminários, encontros, congressos e eventos assemelhados sobre assuntos de Serviço Social;

XI — fiscalizar o exercício profissional através dos Conselhos Federal e Regionais;

XII — dirigir serviços técnicos de Serviço Social em entidades públicas ou privadas;

XIII — ocupar cargos e funções de direção e fiscalização da gestão financeira em órgãos e entidades representativas da categoria profissional.

Art. 5º-A. A duração do trabalho do Assistente Social é de 30 (trinta) horas semanais. *(Acrescentado pela Lei n. 12.317, de 26.8.10, DOU 27.8.10).*

Nota: A Lei n. 12.317, de 26.8.2010, que reduziu a jornada de trabalho do Assistente Social estabelece no seu art. 2º que "Aos profissionais com contrato de trabalho em vigor na data de publicação desta Lei é garantida a adequação da jornada de trabalho, vedada a redução do salário.

Art. 6º São alteradas as denominações do atual Conselho Federal de Assistentes Sociais — CFAS e dos Conselhos Regionais de Assistentes Sociais — CRAS, para, respectivamente, Conselho Federal de Serviço Social — CFESS e Conselhos Regionais de Serviço Social — CRESS.

Art. 7º O Conselho Federal de Serviço Social — CFESS e os Conselhos Regionais de Serviço Social — CRESS constituem em seu conjunto uma entidade com personalidade jurídica e forma federativa, com o objetivo básico de disciplinar e defender o exercício da profissão de Assistente Social em todo o território nacional.

§ 1º Os Conselhos Regionais de Serviço Social — CRESS são dotados de autonomia administrativa e financeira, sem prejuízo de sua vinculação ao Conselho Federal, nos termos da legislação em vigor.

§ 2º Cabe ao Conselho Federal de Serviço Social — CFESS e aos Conselhos Regionais de Serviço Social — CRESS, representar, em juízo e fora dele, os interesses gerais e individuais dos Assistentes Sociais, no cumprimento desta Lei.

Art. 8º Compete ao Conselho Federal de Serviço Social — CFESS, na qualidade de órgão normativo de grau superior, o exercício das seguintes atribuições:

I — orientar, disciplinar, normatizar, fiscalizar e defender o exercício da profissão de Assistente Social, em conjunto com o CRESS;

II — assessorar os CRESS sempre que se fizer necessário;

III — aprovar os Regimentos Internos dos CRESS no fórum máximo de deliberação do conjunto CFESS/ CRESS;

IV — aprovar o Código de Ética Profissional dos Assistentes Sociais juntamente com os CRESS, no fórum máximo de deliberação do conjunto CFESS/CRESS;

V — funcionar como Tribunal Superior de Ética Profissional;

VI — julgar, em última instância, os recursos contra as sanções impostas pelos CRESS;

VII — estabelecer os sistemas de registro dos profissionais habilitados;

VIII — prestar assessoria técnico-consultiva aos organismos públicos ou privados, em matéria de Serviço Social;

IX — (vetado).

Art. 9º O fórum máximo de deliberação da profissão para os fins desta Lei dar-se-á nas reuniões conjuntas dos Conselhos Federal e Regionais que inclusive fixarão os limites de sua competência e sua forma de convocação.

Art. 10. Compete aos CRESS, em suas respectivas áreas de jurisdição, na qualidade de órgão executivo e de primeira instância, o exercício das seguintes atribuições:

I — organizar e manter o registro profissional dos Assistentes Sociais e o cadastro das instituições e obras sociais públicas e privadas, ou de fins filantrópicos;

II — fiscalizar e disciplinar o exercício da profissão de Assistente Social na respectiva região;

III — expedir carteiras profissionais de Assistentes Sociais, fixando a respectiva taxa;

IV — zelar pela observância do Código de Ética Profissional, funcionando como Tribunais Regionais de Ética Profissional;

V — aplicar as sanções previstas no Código de Ética Profissional;

VI — fixar, em assembleia da categoria, as anuidades que devem ser pagas pelos Assistentes Sociais;

VII — elaborar o respectivo Regimento Interno e submetê-lo a exame e aprovação do fórum máximo de deliberação do conjunto CFESS/CRESS.

Art. 11. O Conselho Federal de Serviço Social — CFESS terá sede e foro no Distrito Federal.

Art. 12. Em cada capital de Estado, de Território e no Distrito Federal, haverá um Conselho Regional de Serviço Social — CRESS denominado segundo a sua jurisdição, a qual alcançará, respectivamente, a do Estado, e do Território e a do Distrito Federal.

§ 1º Nos Estados ou Territórios em que os profissionais que neles atuam não tenham possibilidade de instalar um Conselho Regional, deverá ser constituída uma delegacia subordinada ao Conselho Regional que oferecer melhores condições de comunicação, fiscalização e orientação, ouvido o órgão regional e com homologação do Conselho Federal.

§ 2º Os Conselhos Regionais poderão constituir, dentro de sua própria área de jurisdição, delegacias seccionais para desempenho de suas atribuições executivas e de primeira instância nas regiões em que forem instalados, desde que a arrecadação proveniente dos profissionais nelas atuantes seja suficiente para sua própria manutenção.

Art. 13. A inscrição nos Conselhos Regionais sujeita os Assistentes Sociais ao pagamento das contribuições compulsórias (anuidades), taxas e demais emolumentos que forem estabelecidos em regulamentação baixada pelo Conselho Federal, em deliberação conjunta com os Conselhos Regionais.

Art. 14. Cabe às Unidades de Ensino credenciar e comunicar aos Conselhos Regionais de sua jurisdição os campos de estágio de seus alunos e designar os Assistentes Sociais responsáveis por sua supervisão.

PARÁGRAFO ÚNICO. Somente os estudantes de Serviço Social, sob supervisão direta de Assistente Social em pleno gozo de seus direitos profissionais, poderão realizar estágio de Serviço Social.

Art. 15. É vedado o uso da expressão "Serviço Social" por quaisquer pessoas de direito público ou privado que não desenvolvam atividades previstas nos arts. 4º e 5º desta Lei.

PARÁGRAFO ÚNICO. As pessoas de direito público ou privado que se encontrem na situação mencionada neste artigo terão o prazo de noventa dias, a contar da data da vigência desta Lei, para processarem as modificações que se fizerem necessárias a seu integral cumprimento, sob pena das medidas judiciais cabíveis.

Art. 16. Os CRESS aplicarão as seguintes penalidades aos infratores dos dispositivos desta Lei:

I — multa no valor de uma a cinco vezes a anuidade vigente;

II — suspensão de um a dois anos de exercício da profissão ao Assistente Social que, no âmbito de sua atuação, deixar de cumprir disposições do Código de Ética, tendo em vista a gravidade da falta;

III — cancelamento definitivo do registro, nos casos de extrema gravidade ou de reincidência contumaz.

§ 1º Provada a participação ativa ou conivência de empresas, entidades, instituições ou firmas individuais nas infrações a dispositivos desta Lei pelos profissionais delas dependentes, serão estas também passíveis das multas aqui estabelecidas, na proporção de sua responsabilidade, sob pena das medidas judiciais cabíveis.

§ 2º No caso de reincidência na mesma infração no prazo de dois anos, a multa cabível será elevada ao dobro.

Art. 17. A Carteira de Identificação Profissional expedida pelos Conselhos Regionais de Serviço Social — CRESS, servirá de prova para fins de exercício profissional e de Carteira de Identidade Pessoal, e terá fé pública em todo o território nacional.

Art. 18. As organizações que se registrarem nos CRESS receberão um certificado que as habilitará a atuar na área de Serviço Social.

Art. 19. O Conselho Federal de Serviço Social — CFESS será mantido:

I — por contribuições, taxas e emolumentos arrecadados pelos CRESS, em percentual a ser definido pelo fórum máximo instituído pelo art. 9º desta Lei;

II — por doações e legados;

III — por outras rendas.

Art. 20. O Conselho Federal de Serviço Social — CFESS e os Conselhos Regionais de Serviço Social — CRESS contarão cada um com nove membros efetivos: Presidente, Vice-Presidente, dois Secretários, dois Tesoureiros e três membros do Conselho Fiscal, e nove suplentes, eleitos dentre os Assistentes Sociais, por via direta, para um mandato de três anos, de acordo com as normas estabelecidas em Código Eleitoral aprovado pelo fórum instituído pelo art. 9º desta Lei.

PARÁGRAFO ÚNICO. As delegacias seccionais contarão com três membros efetivos: um Delegado, um Secretário e um Tesoureiro, e três suplentes, eleitos dentre os Assistentes Sociais da área de sua jurisdição, nas condições previstas neste artigo.

Art. 21. (Vetado).

Art. 22. O Conselho Federal e os Conselhos Regionais terão legitimidade para agir contra qualquer pessoa que infringir as disposições que digam respeito às prerrogativas, à dignidade e ao prestígio da profissão de Assistente Social.

Art. 23. Esta Lei entra em vigor na data de sua publicação.

Art. 24. Revogam-se as disposições em contrário e, em especial, a Lei n. 3.252, de 27 de agosto de 1957.

Brasília, 7 de junho de 1993, 172º da Independência e 105º da República.

ITAMAR FRANCO
WALTER BARELLI

LEI N. 6.932, DE 7 DE JULHO DE 1981

(DOU 9.7.1981)

Dispõe sobre as atividades do médico residente e dá outras providências

— V. Decreto n. 8.497, de 4 de agosto de 2015, DOU 5.8.15, que regulamenta a formação do Cadastro Nacional de Especialistas de que tratam o § 4º e § 5º do art. 1º da Lei n. 6.932, de 7 de julho de 1981, e o art. 35 da Lei n. 12.871, de 22 de outubro de 2013. (não publicada nesta obra).

O PRESIDENTE DA REPÚBLICA, Faço saber que o Congresso Nacional decreta e eu sanciono a seguinte Lei:

....

Art. 4º Ao médico-residente é assegurada bolsa no valor de R$ 2.384,82 (dois mil, trezentos e oitenta e quatro reais e oitenta e dois centavos), em regime especial de treinamento em serviço de sessenta horas semanais. *(Redação dada pela Lei n. 12.514, de 28.10.2011, DOU 31.10.2011)*

§ 1º O médico-residente é filiado ao Regime Geral de Previdência Social — RGPS como contribuinte individual. *(Redação dada pela Lei n. 12.514, de 28.10.2011, DOU 31.10.2011)*

§ 2º O médico-residente tem direito, conforme o caso, à licença-paternidade de cinco dias ou à licença-maternidade de cento e vinte dias. *(Redação dada pela Lei n. 12.514, de 28.10.2011, DOU 31.10.2011)*

§ 3º A instituição de saúde responsável por programas de residência médica poderá prorrogar, nos termos da Lei n. 11.770, de 9 de setembro de 2008, quando requerido pela médica-residente, o período de licença-maternidade em até sessenta dias. *(Redação dada pela Lei n. 12.514, de 28.10.2011, DOU 31.10.2011)*

§ 4º O tempo de residência médica será prorrogado por prazo equivalente à duração do afastamento do médico-residente por motivo de saúde ou nas hipóteses dos §§ 2º e 3º. *(Redação dada pela Lei n. 12.514, de 28.10.2011, DOU 31.10.2011)*

§ 5º A instituição de saúde responsável por programas de residência médica oferecerá ao médico-residente, durante todo o período de residência: *(Redação dada pela Lei n. 12.514, de 28.10.2011, DOU 31.10.2011)*

I — condições adequadas para repouso e higiene pessoal durante os plantões. *(Acrescentado pela Lei n. 12.514, de 28.10.2011, DOU 31.10.2011)*

II — alimentação; e *(Acrescentado pela Lei n. 12.514, de 28.10.2011, DOU 31.10.2011)*

III — moradia, se, nos termos do regulamento, comprovada a necessidade. *(Incluído pela Medida Provisória n. 536, de 2011) (Acrescentado pela Lei n. 12.514, de 28.10.2011, DOU 31.10.2011)*

§ 6º O valor da bolsa do médico-residente poderá ser objeto de revisão anual. (NR) *(Acrescentado pela Lei n. 12.514, de 28.10.2011, DOU 31.10.2011)*

Art. 5º Os programas dos cursos de Residência Médica respeitarão o máximo de 60 (sessenta) horas semanais, nelas incluídas um máximo de 24 (vinte e quatro) horas de plantão.

§ 1º O médico residente fará jus a um dia de folga semanal e a 30 (trinta) dias consecutivos de repouso, por ano de atividade.

§ 2º Os programas dos cursos de Residência Médica compreenderão, num mínimo de 10% (dez por cento) e num máximo de 20% (vinte por cento) de sua carga horária, atividades teórico-práticas, sob a forma de sessões atualizadas, seminários, correlações clínico-patológicas ou outras, de acordo com os programas pré-estabelecidos.

Art. 6º Os programas de Residência Médica credenciados na forma desta Lei conferirão títulos de especialistas em favor dos médicos residentes neles habilitados, os quais constituirão comprovante hábil para fins legais junto ao sistema federal de ensino e ao Conselho Federal de Medicina.

Art. 7º A interrupção do programa de Residência Médica por parte do médico residente, seja qual for a causa, justificada ou não, não o exime da obrigação de, posteriormente, completar a carga horária total de atividade prevista para o aprendizado, a fim de obter o comprovante referido no artigo anterior, respeitadas as condições iniciais de sua admissão.

....

Art. 9º Esta Lei será regulamentada no prazo de 90 (noventa) dias contados de sua publicação.

Art. 10. Esta Lei entrará em vigor na data de sua publicação.

Art. 11. Revogam-se as disposições em contrário.

Brasília, em 7 de julho de 1981; 160º da Independência e 93º da República.

JOÃO FIGUEIREDO
RUBEM LUDWIG
MURILO MACÊDO
WALDIR MENDES ARCOVERDE
JAIR SOARES

LEI N. 8.856, DE 1º DE MARÇO DE 1994

(DOU 2.3.1994)

Fixa a jornada de trabalho dos profissionais fisioterapeuta e terapeuta ocupacional

O PRESIDENTE DA REPÚBLICA,

Faço saber que o Congresso Nacional decreta e eu sanciono a seguinte Lei:

Art. 1º Os profissionais Fisioterapeuta e Terapeuta Ocupacional ficarão sujeitos à prestação máxima de 30 horas semanais de trabalho.

Art. 2º Esta Lei entra em vigor na data de sua publicação.

Art. 3º Revogam-se as disposições em contrário.

Brasília, 1º de março de 1994. 173º da Independência e 106º da República.

ITAMAR FRANCO
WALTER BARELLI

LEI N. 8.906, DE 4 DE JULHO DE 1994

(DOU 5.7.1994)

Dispõe sobre o Estatuto da Advocacia e a Ordem dos Advogados do Brasil — OAB

O PRESIDENTE DA REPÚBLICA,

Faço saber que o Congresso Nacional decreta e eu sanciono a seguinte Lei:

TÍTULO I
Da Advocacia

Capítulo I
Da Atividade de Advocacia

Art. 1º São atividades privativas de advocacia:

I — a postulação a qualquer órgão do Poder Judiciário e aos juizados especiais; *(Vide ADIn n. 1.127-8, STF, DOU 26.5.2006, que declarou a inconstitucionalidade da expressão "qualquer" constante deste inciso)*

II — as atividades de consultoria, assessoria e direção jurídicas.

§ 1º Não se inclui na atividade privativa de advocacia a impetração de habeas corpus em qualquer instância ou tribunal.

§ 2º Os atos e contratos constitutivos de pessoas jurídicas, sob pena de nulidade, só podem ser admitidos a registro, nos órgãos competentes, quando visados por advogados.

— V. Lei Complementar n. 123, de 14.12.06. Art. 9º, § 2º — microempresas e empresas de pequeno porte

§ 3º É vedada a divulgação de advocacia em conjunto com outra atividade.

Art. 2º O advogado é indispensável à administração da justiça.

§ 1º No seu ministério privado, o advogado presta serviço público e exerce função social.

§ 2º No processo judicial, o advogado contribui, na postulação de decisão favorável ao seu constituinte, ao convencimento do julgador, e seus atos constituem múnus público.

§ 3º No exercício da profissão, o advogado é inviolável por seus atos e manifestações, nos limites desta lei.

Art. 3º O exercício da atividade de advocacia no território brasileiro e a denominação de advogado são privativos dos inscritos na Ordem dos Advogados do Brasil (OAB),

§ 1º Exercem atividade de advocacia, sujeitando-se ao regime desta lei, além do regime próprio a que se subordinem, os integrantes da Advocacia-Geral da União, da Procuradoria da Fazenda Nacional, da Defensoria Pública e das Procuradorias e Consultorias Jurídicas dos Estados, do Distrito Federal, dos Municípios e das respectivas entidades de administração indireta e fundacional.

§ 2º O estagiário de advocacia, regularmente inscrito, pode praticar os atos previstos no art. 1º, na forma do regimento geral, em conjunto com advogado e sob responsabilidade deste.

Art. 4º São nulos os atos privativos de advogado praticados por pessoa não inscrita na OAB, sem prejuízo das sanções civis, penais e administrativas.

PARÁGRAFO ÚNICO. São também nulos os atos praticados por advogado impedido — no âmbito do impedimento — suspenso, licenciado ou que passar a exercer atividade incompatível com a advocacia.

Art. 5º O advogado postula, em juízo ou fora dele, fazendo prova do mandato.

§ 1º O advogado, afirmando urgência, pode atuar sem procuração, obrigando-se a apresentá-la no prazo de quinze dias, prorrogável por igual período.

§ 2º A procuração para o foro em geral habilita o advogado a praticar todos os atos judiciais, em qualquer juízo ou instância, salvo os que exijam poderes especiais.

§ 3º O advogado que renunciar ao mandato continuará, durante os dez dias seguintes à notificação da renúncia, a representar o mandante, salvo se for substituído antes do término desse prazo.

Capítulo II
Dos Direitos do Advogado

Art. 6º Não há hierarquia nem subordinação entre advogados, magistrados e membros do Ministério Público, devendo todos tratar-se com consideração e respeito recíprocos.

PARÁGRAFO ÚNICO. As autoridades, os servidores públicos e os serventuários da justiça devem dispensar ao advogado, no exercício da profissão, tratamento compatível com a dignidade da advocacia e condições adequadas a seu desempenho.

Art. 7º São direitos do advogado:

I — exercer, com liberdade, a profissão em todo o território nacional;

II — a inviolabilidade de seu escritório ou local de trabalho, bem como de seus instrumentos de trabalho, de sua correspondência escrita, eletrônica, telefônica e telemática, desde que relativas ao exercício da advocacia; *(Redação dada pela Lei n. 11.767, de 7.8.2008, DOU 8.8.2008)*

III — comunicar-se com seus clientes, pessoal e reservadamente, mesmo sem procuração, quando estes se acharem presos, detidos ou recolhidos em estabelecimentos civis ou militares, ainda que considerados incomunicáveis;

IV — ter a presença de representante da OAB, quando preso em flagrante, por motivo ligado ao exercício da advocacia, para lavratura do auto respectivo, sob pena de nulidade e, nos demais casos, a comunicação expressa à seccional da OAB;

V — não ser recolhido preso, antes de sentença transitada em julgado, senão em sala de Estado Maior, com instalações e comodidades condignas, ~~assim reconhecidas pela OAB,~~ e, na sua falta, em prisão domiciliar; *(Vide ADIn n. 1.127-8, STF, DOU 26.5.2006 que declarou inconstitucional a expressão "assim reconhecidas pela OAB", constante deste inciso)*

VI — ingressar livremente:

a) nas salas de sessões dos tribunais, mesmo além dos cancelos que separam a parte reservada aos magistrados;

b) nas salas e dependências de audiências, secretarias, cartórios, ofícios de justiça, serviços notariais e de registro, e, no caso de delegacias e prisões, mesmo fora da hora de expediente e independentemente da presença de seus titulares;

c) em qualquer edifício ou recinto em que funcione repartição judicial ou outro serviço público onde o advogado deva praticar ato ou colher prova ou informação útil ao exercício da atividade profissional, dentro do expediente ou fora dele, e ser atendido, desde que se ache presente qualquer servidor ou empregado;

d) em qualquer assembleia ou reunião de que participe ou possa participar o seu cliente, ou perante a qual este deva comparecer, desde que munido de poderes especiais;

VII — permanecer sentado ou em pé e retirar-se de quaisquer locais indicados no inciso anterior, independentemente de licença;

VIII — dirigir-se diretamente aos magistrados nas salas e gabinetes de trabalho, independentemente de horário previamente marcado ou outra condição, observando-se a ordem de chegada;

~~IX — sustentar oralmente as razões de qualquer recurso ou processo, nas sessões de julgamento, após o voto do relator, em instância judicial ou administrativa, pelo prazo de quinze minutos, salvo se prazo maior for concedido;~~ *Vide ADIn's ns. 1.105-7 e 1.127-8, de 17.5.2006. Este dispositivo foi declarado inconstitucional pelo STF*

X — usar da palavra, pela ordem, em qualquer juízo ou tribunal, mediante intervenção sumária, para esclarecer equívoco ou dúvida surgida em relação a fatos, documentos ou afirmações que influam no julgamento, bem como para replicar acusação ou censura que lhe forem feitas;

XI — reclamar, verbalmente ou por escrito, perante qualquer juízo, tribunal ou autoridade, contra a inobservância de preceito de lei, regulamento ou regimento;

XII — falar, sentado ou em pé, em juízo, tribunal ou órgão de deliberação coletiva da Administração Pública ou do Poder Legislativo;

XIII — examinar, em qualquer órgão dos Poderes Judiciário e Legislativo, ou da Administração Pública em geral, autos de processos findos ou em andamento, mesmo sem procuração, quando não estejam sujeitos a sigilo, assegurada a obtenção de cópias, podendo tomar apontamentos;

XIV — examinar, em qualquer instituição responsável por conduzir investigação, mesmo sem procuração, autos de flagrante e de investigações de qualquer natureza, findos ou em andamento, ainda que conclusos à autoridade, podendo copiar peças e tomar apontamentos, em meio físico ou digital; *(Redação dada pela Lei n. 13.245, de 12.1.16, DOU 13.1.16)*

XV — ter vista dos processos judiciais ou administrativos de qualquer natureza, em cartório ou na repartição competente, ou retirá-los pelos prazos legais;

XVI — retirar autos de processos findos, mesmo sem procuração, pelo prazo de dez dias;

XVII — ser publicamente desagravado, quando ofendido no exercício da profissão ou em razão dela;

XVIII — usar os símbolos privativos da profissão de advogado;

XIX — recusar-se a depor como testemunha em processo no qual funcionou ou deva funcionar, ou sobre fato relacionado com pessoa de quem seja ou foi advogado, mesmo quando autorizado ou solicitado pelo constituinte, bem como sobre fato que constitua sigilo profissional;

XX — retirar-se do recinto onde se encontre aguardando pregão para ato judicial, após trinta minutos do horário designado e ao qual ainda não tenha comparecido a autoridade que deva presidir a ele, mediante comunicação protocolizada em juízo.

XXI — assistir a seus clientes investigados durante a apuraçãode infrações, sob pena de nulidade absoluta do respectivo interrogatório ou depoimento e, subsequentemente, de todos os elementos investigatórios e probatórios dele decorrentes ou derivados, direta ou indiretamente, podendo, inclusive, no curso da respectiva apuração: *(Incluído pela Lei n. 13.245, de 12.1.16, DOU 13.1.16)*

a) apresentar razões e quesitos; *(Incluída pela Lei n. 13.245, de 12.1.16, DOU 13.1.16)*

b) (VETADO). *(Lei n. 13.245, de 12.1.16, DOU 13.1.16)*

§ 1º Não se aplica o disposto nos incisos XV e XVI:

1) aos processos sob regime de segredo de justiça;

2) quando existirem nos autos documentos originais de difícil restauração ou ocorrer circunstância relevante que justifique a permanência dos autos no cartório, secretaria ou repartição, reconhecida pela autoridade em despacho motivado, proferido de ofício, mediante representação ou a requerimento da parte interessada;

3) até o encerramento do processo, ao advogado que houver deixado de devolver os respectivos autos no prazo legal, e só o fizer depois de intimado.

§ 2º O advogado tem imunidade profissional, não constituindo injúria, difamação ou desacato puníveis qualquer manifestação de sua parte, no exercício de sua atividade, em juízo ou fora dele, sem prejuízo das sanções disciplinares perante a OAB, pelos excessos que cometer. *(Vide ADIn n. 1.127-8, STF DOU 26.5.2006, que declarou inconstitucional a expressão "ou desacato" constante deste artigo)*

§ 3º O advogado somente poderá ser preso em flagrante, por motivo de exercício da profissão, em caso de crime inafiançável, observado o disposto no inciso IV deste artigo.

§ 4º O Poder Judiciário e o Poder Executivo devem instalar, em todos os juizados, fóruns, tribunais, delegacias de polícia e presídios, salas especiais permanentes para os advogados, com uso ~~e controle~~ assegurados à OAB. *(Vide ADIn n. 1.127-8, STF, DOU 26.5.2006, que declarou inconstitucional a expressão "e controle" constante deste artigo)*

§ 5º No caso de ofensa a inscrito na OAB, no exercício da profissão ou de cargo ou função de órgão da OAB, o conselho competente deve promover o desagravo público do ofendido, sem prejuízo da responsabilidade criminal em que incorrer o infrator.

§ 6º Presentes indícios de autoria e materialidade da prática de crime por parte de advogado, a autoridade judiciária competente poderá decretar a quebra da inviolabilidade de que trata o inciso II do *caput* deste artigo, em decisão motivada, expedindo mandado de busca e apreensão, específico e pormenorizado, a ser cumprido na presença de representante da OAB, sendo, em qualquer hipótese, vedada a utilização dos documentos, das mídias e dos objetos pertencentes a clientes do advogado averiguado, bem como dos demais instrumentos de trabalho que contenham informações sobre clientes. *(Acrescentado pela Lei n. 11.767, de 8.7.2008, DOU 8.8.2008)*

§ 7º A ressalva constante do § 6º deste artigo não se estende a clientes do advogado averiguado que estejam sendo formalmente investigados como seus partícipes ou coautores pela prática do mesmo crime que deu causa à quebra da inviolabilidade. *(Acrescentado pela Lei n. 11.767, de 7.8.2008, DOU 8.8.2008)*

§ 8º (VETADO) *(acrescentado pela Lei n. 11.767, de 7.8.2008, DOU 8.8.2008 e vetado)*

§ 9º (VETADO) *(Acresentado pela Lei n. 11.767, de 7.8.2008, DOU 8.8.2008 e vetado)*

§ 10. Nos autos sujeitos a sigilo, deve o advogado apresentar procuração para o exercício dos direitos de que trata o inciso XIV. *(Incluído pela Lei n. 13.245, de 12.1.16, DOU 13.1.16)*

§ 11. No caso previsto no inciso XIV, a autoridade competente poderá delimitar o acesso do advogado aos elementos de prova relacionados a diligências em andamento e ainda não documentados nos autos, quando houver risco de comprometimento da eficiência, da eficácia ou da finalidade das diligências. *(Incluído pela Lei n. 13.245, de 12.1.16, DOU 13.1.16)*

§ 12. A inobservância aos direitos estabelecidos no inciso XIV, o fornecimento incompleto de autos ou o fornecimento de autos em que houve a retirada de peças já incluídas no caderno investigativo implicará responsabilização criminal e funcional por abuso de autoridade do responsável que impedir o acesso do advogado com o intuito de prejudicar o exercício da defesa, sem prejuízo do direito subjetivo do advogado de requerer acesso aos autos ao juiz competente. (NR) *(Incluído pela Lei n. 13.245, de 12.1.16, DOU 13.1.16)*

Art. 7º-A. São direitos da advogada: *(Incluído pela Lei n. 13.363, de 25.11.16, DOU 28.11.16)*

I — gestante: *(Incluído pela Lei n. 13.363, de 25.11.16, DOU 28.11.16)*

a) entrada em tribunais sem ser submetida a detectores de metais e aparelhos de raios X; *(Incluído pela Lei n. 13.363, de 25.11.16, DOU 28.11.16)*

b) reserva de vaga em garagens dos fóruns dos tribunais; *(Incluído pela Lei n. 13.363, de 25.11.16, DOU 28.11.16)*

II — lactante, adotante ou que der à luz, acesso a creche, onde houver, ou a local adequado ao atendimento das necessidades do bebê; *(Incluído pela Lei n. 13.363, de 25.11.16, DOU 28.11.16)*

III — gestante, lactante, adotante ou que der à luz, preferência na ordem das sustentações orais e das audiências a serem realizadas a cada dia, mediante comprovação de sua condição; *(Incluído pela Lei n. 13.363, de 25.11.16, DOU 28.11.16)*

IV — adotante ou que der à luz, suspensão de prazos processuais quando for a única patrona da causa, desde que haja notificação por escrito ao cliente. *(Incluído pela Lei n. 13.363, de 25.11.16, DOU 28.11.16)*

§ 1º Os direitos previstos à advogada gestante ou lactante aplicam-se enquanto perdurar, respectivamente, o estado gravídico ou o período de amamentação. *(Incluído pela Lei n. 13.363, de 25.11.16, DOU 28.11.16)*

§ 2º Os direitos assegurados nos incisos II e III deste artigo à advogada adotante ou que der à luz serão concedidos pelo prazo previsto no art. 392 do Decreto-Lei n. 5.452, de 1º de maio de 1943 (Consolidação das Leis do Trabalho). *(Incluído pela Lei n. 13.363, de 25.11.16, DOU 28.11.16)*

§ 3º O direito assegurado no inciso IV deste artigo à advogada adotante ou que der à luz será concedido pelo prazo previsto no § 6º do art. 313 da Lei n. 13.105, de 16 de março de 2015 (Código de Processo Civil). *(Incluído pela Lei n. 13.363, de 25.11.16, DOU 28.11.16)*

Capítulo III
Da Inscrição

Art. 8º Para inscrição como advogado é necessário:

I — capacidade civil;

II — diploma ou certidão de graduação em direito, obtido em instituição de ensino oficialmente autorizada e credenciada;

III — título de eleitor e quitação do serviço militar, se brasileiro;

IV — aprovação em Exame de Ordem;

V — não exercer atividade incompatível com a advocacia;

VI — idoneidade moral;

VII — prestar compromisso perante o conselho.

§ 1º O Exame da Ordem é regulamentado em provimento do Conselho Federal da OAB.

§ 2º O estrangeiro ou brasileiro, quando não graduado em direito no Brasil, deve fazer prova do título de graduação, obtido em instituição estrangeira, devidamente revalidado, além de atender aos demais requisitos previstos neste artigo.

§ 3º A inidoneidade moral, suscitada por qualquer pessoa, deve ser declarada mediante decisão que obtenha no mínimo dois terços dos votos de todos os membros do conselho competente, em procedimento que observe os termos do processo disciplinar.

§ 4º Não atende ao requisito de idoneidade moral aquele que tiver sido condenado por crime infamante, salvo reabilitação judicial.

Art. 9º Para inscrição como estagiário é necessário:

I — preencher os requisitos mencionados nos incisos I, III, V, VI e VII do art. 8º;

II — ter sido admitido em estágio profissional de advocacia.

§ 1º O estágio profissional de advocacia, com duração de dois anos, realizado nos últimos anos do curso jurídico, pode ser mantido pelas respectivas instituições de ensino superior pelos Conselhos da OAB, ou por setores, órgãos jurídicos e escritórios de advocacia credenciados pela OAB, sendo obrigatório o estudo deste Estatuto e do Código de Ética e Disciplina.

§ 2º A inscrição do estagiário é feita no Conselho Seccional em cujo território se localize seu curso jurídico.

§ 3º O aluno de curso jurídico que exerça atividade incompatível com a advocacia pode frequentar o estágio ministrado pela respectiva instituição de ensino superior, para fins de aprendizagem, vedada a inscrição na OAB.

§ 4º O estágio profissional poderá ser cumprido por bacharel em Direito que queira se inscrever na Ordem.

Art. 10 A inscrição principal do advogado deve ser feita no Conselho Seccional em cujo território pretende estabelecer o seu domicílio profissional, na forma do regulamento geral.

§ 1º Considera-se domicílio profissional a sede principal da atividade de advocacia, prevalecendo, na dúvida, o domicílio da pessoa física do advogado.

§ 2º Além da principal, o advogado deve promover a inscrição suplementar nos Conselhos Seccionais em cujos territórios passar a exercer habitualmente a profissão considerando-se habitualidade a intervenção judicial que exceder de cinco causas por ano.

§ 3º No caso de mudança efetiva de domicílio profissional para outra unidade federativa, deve o advogado requerer a transferência de sua inscrição para o Conselho Seccional correspondente.

§ 4º O Conselho Seccional deve suspender o pedido de transferência ou de inscrição suplementar, ao verificar a existência de vício ou ilegalidade na inscrição principal, contra ela representando ao Conselho Federal.

Art. 11. Cancela-se a inscrição do profissional que:

I — assim o requerer;

II — sofrer penalidade de exclusão;

III — falecer;

IV — passar a exercer, em caráter definitivo, atividade incompatível com a advocacia;

V — perder qualquer um dos requisitos necessários para inscrição.

§ 1º Ocorrendo uma das hipóteses dos incisos II, III e IV, o cancelamento deve ser promovido, de ofício, pelo conselho competente ou em virtude de comunicação por qualquer pessoa.

§ 2º Na hipótese de novo pedido de inscrição — que não restaura o número de inscrição anterior — deve o interessado fazer prova dos requisitos dos incisos I, V, VI e VII do art. 8º.

§ 3º Na hipótese do inciso II deste artigo, o novo pedido de inscrição também deve ser acompanhado de provas de reabilitação.

Art. 12. Licencia-se o profissional que:

I — assim o requerer, por motivo justificado;

II — passar a exercer, em caráter temporário, atividade incompatível com o exercício da advocacia;

III — sofrer doença mental considerada curável.

Art. 13. O documento de identidade profissional, na forma prevista no regulamento geral, é de uso obrigatório no exercício da atividade de advogado ou de estagiário e constitui prova de identidade civil para todos os fins legais.

Art. 14. É obrigatória a indicação do nome e do número de inscrição em todos os documentos assinados pelo advogado, no exercício de sua atividade.

PARÁGRAFO ÚNICO. É vedado anunciar ou divulgar qualquer atividade relacionada com o exercício da advocacia ou o uso da expressão escritório de advocacia, sem indicação expressa do nome e do número de inscrição dos advogados que o integrem ou o número de registro da sociedade de advogados na OAB.

Capítulo IV
Da Sociedade de Advogados

Art. 15. Os advogados podem reunir-se em sociedade simples de prestação de serviços de advocacia ou constituir sociedade unipessoal de advocacia, na forma disciplinada nesta Lei e no regulamento geral. *(Redação dada pela Lei n. 13.247, de 12.1.16, DOU 13.1.16)*

§ 1º A sociedade de advogados e a sociedade unipessoal de advocacia adquirem personalidade jurídica com o registro aprovado dos seus atos constitutivos no Conselho Seccional da OAB em cuja base territorial tiver sede. *(Redação dada pela Lei n. 13.247, de 12.1.16, DOU 13.1.16)*

§ 2º Aplica-se à sociedade de advogados e à sociedade unipessoal de advocacia o Código de Ética e Disciplina, no que couber. *(Redação dada pela Lei n. 13.247, de 12.1.16, DOU 13.1.16)*

§ 3º As procurações devem ser outorgadas individualmente aos advogados e indicar a sociedade de que façam parte.

§ 4º Nenhum advogado pode integrar mais de uma sociedade de advogados, constituir mais de uma sociedade unipessoal de advocacia, ou integrar, simultaneamente, uma sociedade de advogados e uma sociedade unipessoal de advocacia, com sede ou filial na mesma área territorial do respectivo Conselho Seccional. *(Redação dada pela Lei n. 13.247, de 12.1.16, DOU 13.1.16)*

§ 5º O ato de constituição de filial deve ser averbado no registro da sociedade e arquivado no Conselho Seccional onde se instalar, ficando os sócios, inclusive o titular da sociedade unipessoal de advocacia, obrigados à inscrição suplementar. *(Redação dada pela Lei n. 13.247, de 12.1.16, DOU 13.1.16)*

§ 6º Os advogados sócios de uma mesma sociedade profissional não podem representar em juízo clientes de interesses opostos.

§ 7º A sociedade unipessoal de advocacia pode resultar da concentração por um advogado das quotas de uma sociedade de advogados, independentemente das razões que motivaram tal concentração. (NR) *(Redação dada pela Lei n. 13.247, de 12.1.16, DOU 13.1.16)*

Art. 16. Não são admitidas a registro nem podem funcionar todas as espécies de sociedades de advogados que apresentem forma ou características de sociedade empresária, que adotem denominação de fantasia, que realizem atividades estranhas à advocacia, que incluam como sócio ou titular de sociedade unipessoal de advocacia pessoa não inscrita como advogado ou totalmente proibida de advogar. *(Redação dada pela Lei n. 13.247, de 12.1.16, DOU 13.1.16)*

§ 1º A razão social deve ter, obrigatoriamente, o nome de, pelo menos, um advogado responsável pela sociedade, podendo permanecer o de sócio falecido, desde que prevista tal possibilidade no ato constitutivo.

§ 2º O licenciamento do sócio para exercer atividade incompatível com a advocacia em caráter temporário deve ser averbado no registro da sociedade, não alterando sua constituição.

§ 3º É proibido o registro, nos cartórios de registro civil de pessoas jurídicas e nas juntas comerciais, de sociedade que inclua, entre outras finalidades, a atividade de advocacia.

§ 4º A denominação da sociedade unipessoal de advocacia deve ser obrigatoriamente formada pelo nome do seu titular, completo ou parcial, com a expressão 'Sociedade Individual de Advocacia'. (NR) *(Redação dada pela Lei n. 13.247, de 12.1.16, DOU 13.1.16)*

Art. 17. Além da sociedade, o sócio e o titular da sociedade individual de advocacia respondem subsidiária e ilimitadamente pelos danos causados aos clientes por ação ou omissão no exercício da advocacia, sem prejuízo da responsabilidade disciplinar em que possam incorrer. (NR) *(Redação dada pela Lei n. 13.247, de 12.1.16, DOU 13.1.16)*

Capítulo V
Do Advogado Empregado

— V. arts. 4º e 5º da Lei n. 9.527, de 10.12.1997, abaixo reproduzidos:(*)

Art. 18. A relação de emprego, na qualidade de advogado, não retira a isenção técnica nem reduz a independência profissional inerentes à advocacia.

PARÁGRAFO ÚNICO. O advogado empregado não está obrigado à prestação de serviços profissionais de interesse pessoal dos empregadores, fora da relação de emprego.

Art. 19. O salário mínimo profissional do advogado será fixado em sentença normativa, salvo se ajustado em acordo ou convenção coletiva de trabalho.

Art. 20. A jornada de trabalho do advogado empregado, no exercício da profissão, não poderá exceder a duração diária de quatro horas contínuas e a de vinte horas semanais, salvo acordo ou convenção coletiva ou em caso de dedicação exclusiva.

§ 1º Para efeitos deste artigo, considera-se como período de trabalho o tempo em que o advogado estiver à disposição do empregador, aguardando ou executando ordens, no seu escritório ou em atividades externas, sendo-lhe reembolsadas as despesas feitas com transporte, hospedagem e alimentação.

§ 2º As horas trabalhadas que excederem a jornada normal são remuneradas por um adicional não inferior a cem por cento sobre o valor da hora normal, mesmo havendo contrato escrito.

§ 3º As horas trabalhadas no período das vinte horas de um dia até as cinco horas do dia seguinte são remuneradas como noturnas, acrescidas do adicional de vinte e cinco por cento.

Art. 21. Nas causas em que for parte o empregador, ou pessoa por este representada, os honorários de sucumbência são devidos aos advogados empregados.

PARÁGRAFO ÚNICO. Os honorários de sucumbência, percebidos por advogado empregado de sociedade de advogados são partilhados entre ele e a empregadora, na forma estabelecida em acordo.

Capítulo VI
Dos Honorários Advocatícios

Art. 22. A prestação de serviço profissional assegura aos inscritos na OAB o direito aos honorários convencionados, aos fixados por arbitramento judicial e aos de sucumbência.

§ 1º O advogado, quando indicado para patrocinar causa de juridicamente necessitado, no caso de impossibilidade da Defensoria Pública no local da prestação de serviço, tem direito aos honorários fixados pelo juiz, segundo tabela organizada pelo Conselho Seccional da OAB, e pagos pelo Estado.

§ 2º Na falta de estipulação ou de acordo, os honorários são fixados por arbitramento judicial, em remuneração compatível com o trabalho e o valor econômico da questão, não podendo ser inferiores aos estabelecidos na tabela organizada pelo Conselho Seccional da OAB.

§ 3º Salvo estipulação em contrário, um terço dos honorários é devido no início do serviço, outro terço até a decisão de primeira instância e o restante no final.

§ 4º Se o advogado fizer juntar aos autos o seu contrato de honorários antes de expedir-se o mandado de levantamento ou precatório, o juiz deve determinar que lhe sejam pagos diretamente, por dedução da quantia a ser recebida pelo constituinte, salvo se este provar que já os pagou.

§ 5º O disposto neste artigo não se aplica quando se tratar de mandato outorgado por advogado para defesa em processo oriundo de ato ou omissão praticada no exercício da profissão.

Art. 23. Os honorários incluídos na condenação, por arbitramento ou sucumbência, pertencem ao advogado, tendo este direito autônomo para executar a sentença nesta parte, podendo requerer que o precatório, quando necessário, seja expedido em seu favor.

Art. 24. A decisão judicial que fixar ou arbitrar honorários e o contrato escrito que os estipular são títulos executivos e constituem crédito privilegiado na falência, concordata, concurso de credores, insolvência civil e liquidação extrajudicial.

§ 1º A execução dos honorários pode ser promovida nos mesmos autos da ação em que tenha atuado o advogado, se assim lhe convier.

§ 2º Na hipótese de falecimento ou incapacidade civil do advogado, os honorários de sucumbência, proporcionais ao trabalho realizado, são recebidos por seus sucessores ou representantes legais.

§ 3º É nula qualquer disposição, cláusula, regulamento ou convenção individual ou coletiva que retire do advogado o direito ao recebimento dos honorários de sucumbência.

— V. ADIn n. 1.194-4, de 20.5.2009, STF, que assim decidiu "Ação direta de inconstitucionalidade conhecida em parte e, nessa parte, julgada parcialmente procedente para dar interpretação conforme ao art. 21 e seu parágrafo único e declarar a inconstitucionalidade do § 3º do art. 24, todos da Lei n. 8.906/1994".

§ 4º O acordo feito pelo cliente do advogado e a parte contrária, salvo aquiescência do profissional, não lhe prejudica os honorários, quer os convencionados, quer os concedidos por sentença.

Art. 25. Prescreve em cinco anos a ação de cobrança de honorários de advogado, contado o prazo:

I — do vencimento do contrato, se houver;

II — do trânsito em julgado da decisão que os fixar;

III — da ultimação do serviço extrajudicial;

IV — da desistência ou transação;

V — da renúncia ou revogação do mandato.

Art. 25-A. Prescreve em cinco anos a ação de prestação de contas pelas quantias recebidas pelo advogado de seu cliente, ou de terceiros por conta dele (art. 34, XXI). *(Acrescentado pela Lei n. 11.902, de 12.1.2009, DOU 13.1.2009)*

Art. 26. O advogado substabelecido, com reserva de poderes, não pode cobrar honorários sem a intervenção daquele que lhe conferiu o substabelecimento.

Capítulo VII
Das Incompatibilidades e Impedimentos

Art. 27. A incompatibilidade determina a proibição total, e o impedimento, a proibição parcial do exercício da advocacia.

Art. 28. A advocacia é incompatível, mesmo em causa própria, com as seguintes atividades:

I — chefe do Poder Executivo e membros da Mesa do Poder Legislativo e seus substitutos legais;

II — membros de órgãos do Poder Judiciário, do Ministério Público, dos tribunais e conselhos de contas, dos juizados especiais, da justiça de paz, juízes classistas, bem como de todos os que exerçam função de julgamento em órgãos de deliberação coletiva da administração pública direta e indireta; *(Vide ADIn n. 1.127-8, STF — DOU 26.5.2006, a qual excluiu da sua abrangência os juízes eleitorais e seus suplentes não remunerados).*

III — ocupantes de cargos ou funções de direção em Órgãos da Administração Pública direta ou indireta, em suas fundações e em suas empresas controladas ou concessionárias de serviço público;

IV — ocupantes de cargos ou funções vinculados direta ou indiretamente a qualquer órgão do Poder Judiciário e os que exercem serviços notariais e de registro;

V — ocupantes de cargos ou funções vinculados direta ou indiretamente a atividade policial de qualquer natureza;

(*) Lei n. 9.527, de 10.12.97:

Art. 4º As disposições constantes do Capítulo V, Título I, da Lei n. 8.906, de 4 de julho de 1994, não se aplicam à Administração Pública direta da União, dos Estados, do Distrito Federal e dos Municípios, bem como às autarquias, às fundações instituídas pelo Poder Público, às empresas públicas e às sociedades de economia mista.

Art. 5º Aos servidores ocupantes de cargo efetivo de advogado, assistente jurídico, procurador e demais integrantes do Grupo Jurídico, da Administração Pública Federal direta, autárquica, fundacional, empresas públicas e sociedades de economia mista serão concedidos trinta dias de férias anuais, a partir do período aquisitivo de 1997.

VI — militares de qualquer natureza, na ativa;

VII — ocupantes de cargos ou funções que tenham competência de lançamento, arrecadação ou fiscalização de tributos e contribuições parafiscais;

VIII — ocupantes de funções de direção e gerência em instituições financeiras, inclusive privadas.

§ 1º A incompatibilidade permanece mesmo que o ocupante do cargo ou função deixe de exercê-lo temporariamente.

§ 2º Não se incluem nas hipóteses do inciso III os que não detenham poder de decisão relevante sobre interesses de terceiro, a juízo do conselho competente da OAB, bem como a administração acadêmica diretamente relacionada ao magistério jurídico.

Art. 29. Os Procuradores Gerais, Advogados Gerais, Defensores Gerais e dirigentes de órgãos jurídicos da Administração Pública direta, indireta e fundacional são exclusivamente legitimados para o exercício da advocacia vinculada à função que exerçam, durante o período da investidura.

Art. 30. São impedidos de exercer a advocacia:

I — os servidores da administração direta, indireta e fundacional, contra a Fazenda Pública que os remunere ou à qual seja vinculada a entidade empregadora;

II — os membros do Poder Legislativo, em seus diferentes níveis, contra ou a favor das pessoas jurídicas de direito público, empresas públicas, sociedades de economia mista, fundações públicas, entidades paraestatais ou empresas concessionárias ou permissionárias de serviço público.

PARÁGRAFO ÚNICO. Não se incluem nas hipóteses do inciso I os docentes dos cursos jurídicos.

Capítulo VIII
Da Ética do Advogado

Art. 31. O advogado deve proceder de forma que o torne merecedor de respeito e que contribua para o prestígio da classe e da advocacia.

§ 1º O advogado, no exercício da profissão, deve manter independência em qualquer circunstância.

§ 2º Nenhum receio de desagradar a magistrado ou a qualquer autoridade, nem de incorrer em impopularidade, deve deter o advogado no exercício da profissão.

Art. 32. O advogado é responsável pelos atos que, no exercício profissional, praticar com dolo ou culpa.

PARÁGRAFO ÚNICO. Em caso de lide temerária, o advogado será solidariamente responsável com seu cliente, desde que coligado com este para lesar a parte contrária, o que será apurado em ação própria.

Art. 33. O advogado obriga-se a cumprir rigorosamente os deveres consignados no Código de Ética e Disciplina.

PARÁGRAFO ÚNICO. O Código de Ética e Disciplina regula os deveres do advogado para com a comunidade, o cliente, o outro profissional e, ainda, a publicidade, a recusa do patrocínio, o dever de assistência jurídica, o dever geral de urbanidade e os respectivos procedimentos disciplinares.

Capítulo IX
Das Infrações e Sanções Disciplinares

Art. 34. Constitui infração disciplinar:

I — exercer a profissão, quando impedido de fazê-lo, ou facilitar, por qualquer meio, o seu exercício aos não inscritos, proibidos ou impedidos;

II — manter sociedade profissional fora das normas e preceitos estabelecidos nesta lei;

III — valer-se de agenciador de causas, mediante participação nos honorários a receber;

IV — angariar ou captar causas, com ou sem a intervenção de terceiros;

V — assinar qualquer escrito destinado a processo judicial ou para fim extrajudicial que não tenha feito, ou em que não tenha colaborado;

VI — advogar contra literal disposição de lei, presumindo-se a boa-fé quando fundamentado na inconstitucionalidade, na injustiça da lei ou em pronunciamento judicial anterior;

VII — violar, sem justa causa, sigilo profissional;

VIII — estabelecer entendimento com a parte adversa sem autorização do cliente ou ciência do advogado contrário;

IX — prejudicar, por culpa grave, interesse confiado ao seu patrocínio;

X — acarretar, conscientemente, por ato próprio, a anulação ou a nulidade do processo em que funcione;

XI — abandonar a causa sem justo motivo ou antes de decorridos dez dias da comunicação da renúncia;

XII — recusar-se a prestar, sem justo motivo, assistência jurídica, quando nomeado em virtude de impossibilidade da Defensoria Pública;

XIII — fazer publicar na imprensa, desnecessária e habitualmente, alegações forenses ou relativas a causas pendentes;

XIV — deturpar o teor de dispositivo de lei, de citação doutrinária ou de julgado, bem como de depoimentos, documentos e alegações da parte contrária, para confundir o adversário ou iludir o juiz da causa;

XV — fazer, em nome do constituinte, sem autorização escrita deste, imputação a terceiro de fato definido como crime;

XVI — deixar de cumprir, no prazo estabelecido, determinação emanada do órgão ou de autoridade da Ordem, em matéria da competência desta, depois de regularmente notificado;

XVII — prestar concurso a clientes ou a terceiros para realização de ato contrário à lei ou destinado a fraudá-la;

XVIII — solicitar ou receber de constituinte qualquer importância para aplicação ilícita ou desonesta;

XIX — receber valores, da parte contrária ou de terceiro, relacionados com o objeto do mandato, sem expressa autorização do constituinte;

XX — locupletar-se, por qualquer forma, à custa do cliente ou da parte adversa, por si ou interposta pessoa;

XXI — recusar-se, injustificadamente, a prestar contas ao cliente de quantias recebidas dele ou de terceiros por conta dele;

XXII — reter, abusivamente, ou extraviar autos recebidos com vista ou em confiança;

XXIII — deixar de pagar as contribuições, multas e preços de serviços devidos à OAB, depois de regularmente notificado a fazê-lo;

XXIV — incidir em erros reiterados que evidenciem inépcia profissional;

XXV — manter conduta incompatível com a advocacia;

XXVI — fazer falsa prova de qualquer dos requisitos para inscrição na OAB;

XXVII — tornar-se moralmente inidôneo para o exercício da advocacia;

XXVIII — praticar crime infamante;

XXIX — praticar, o estagiário, ato excedente de sua habilitação.

PARÁGRAFO ÚNICO. Inclui-se na conduta incompatível:

a) prática reiterada de jogo de azar, não autorizado por lei;

b) incontinência pública e escandalosa;

c) embriaguez ou toxicomania habituais.

Art. 35. As sanções disciplinares consistem em:

I — censura;

II — suspensão;

III — exclusão;

IV — multa.

PARÁGRAFO ÚNICO. As sanções devem constar dos assentamentos do inscrito, após o trânsito em julgado da decisão, não podendo ser objeto de publicidade a de censura.

Art. 36. A censura é aplicável nos casos de:

I — infrações definidas nos incisos I a XVI e XXIX do art. 34;

II — violação a preceito do Código de Ética e Disciplina;

III — violação a preceito desta lei, quando para a infração não se tenha estabelecido sanção mais grave.

PARÁGRAFO ÚNICO. A censura pode ser convertida em advertência, em ofício reservado, sem registro nos assentamentos do inscrito, quando presente circunstância atenuante.

Art. 37. A suspensão é aplicável nos casos de:

I — infrações definidas nos incisos XVII a XXV do art. 34;

II — reincidência em infração disciplinar.

§ 1º A suspensão acarreta ao infrator a interdição do exercício profissional, em todo o território nacional, pelo prazo de trinta dias a doze meses, de acordo com os critérios de individualização previstos neste capítulo.

§ 2º Nas hipóteses dos incisos XXI e XXIII do art. 34, a suspensão perdura até que satisfaça integralmente a dívida, inclusive com correção monetária.

§ 3º Na hipótese do inciso XXIV do art. 34, a suspensão perdura até que preste novas provas de habilitação.

Art. 38. A exclusão é aplicável nos casos de:

I — aplicação, por três vezes, de suspensão;

II — infrações definidas nos incisos XXVI a XXVIII do art. 34.

PARÁGRAFO ÚNICO. Para a aplicação da sanção disciplinar de exclusão, é necessária a manifestação favorável de dois terços dos membros do Conselho Seccional competente.

Art. 39. A multa, variável entre o mínimo correspondente ao valor de uma anuidade e o máximo de seu décuplo, é aplicável cumulativamente com a censura ou suspensão, em havendo circunstâncias agravantes.

Art. 40. Na aplicação das sanções disciplinares, são consideradas, para fins de atenuação, as seguintes circunstâncias, entre outras:

I — falta cometida na defesa de prerrogativa profissional;

II — ausência de punição disciplinar anterior;

III — exercício assíduo e proficiente de mandato ou cargo em qualquer órgão da OAB;

IV — prestação de relevantes serviços à advocacia ou à causa pública.

PARÁGRAFO ÚNICO. Os antecedentes profissionais do inscrito, as atenuantes, o grau de culpa por ele revelada, as circunstâncias e as consequências da infração são considerados para o fim de decidir:

a) sobre a conveniência da aplicação cumulativa da multa e de outra sanção disciplinar;

b) sobre o tempo de suspensão e o valor da multa aplicáveis.

Art. 41. É permitido ao que tenha sofrido qualquer sanção disciplinar requerer, um ano após seu cumprimento, a reabilitação, em face de provas efetivas de bom comportamento.

PARÁGRAFO ÚNICO. Quando a sanção disciplinar resultar da prática de crime, o pedido de reabilitação depende também da correspondente reabilitação criminal.

Art. 42. Fica impedido de exercer o mandato o profissional a quem forem aplicadas as sanções disciplinares de suspensão ou exclusão.

Art. 43. A pretensão à punibilidade das infrações disciplinares prescreve em cinco anos, contados da data da constatação oficial do fato.

§ 1º Aplica-se a prescrição a todo processo disciplinar paralisado por mais de três anos, pendente de despacho ou julgamento, devendo ser arquivado de ofício, ou a requerimento da parte interessada, sem prejuízo de serem apuradas as responsabilidades pela paralisação.

§ 2º A prescrição interrompe-se:

I — pela instauração de processo disciplinar ou pela notificação válida feita diretamente ao representado;

II — pela decisão condenatória recorrível de qualquer órgão julgador da OAB.

TÍTULO II

Da Ordem dos Advogados do Brasil

Capítulo I
Dos Fins e da Organização

Art. 44. A Ordem dos Advogados do Brasil (OAB), serviço público, dotada de personalidade jurídica e forma federativa, tem por finalidade:

I — defender a Constituição, a ordem jurídica do Estado democrático de direito, os direitos humanos, a justiça social, e pugnar pela boa aplicação das leis, pela rápida administração da justiça e pelo aperfeiçoamento da cultura e das instituições jurídicas;

II — promover, com exclusividade, a representação, a defesa, a seleção e a disciplina dos advogados em toda a República Federativa do Brasil.

§ 1º A OAB não mantém com órgãos da Administração Pública qualquer vínculo funcional ou hierárquico.

§ 2º O uso da sigla OAB é privativo da Ordem dos Advogados do Brasil.

Art. 45. São órgãos da OAB:

I — o Conselho Federal;

II — os Conselhos Seccionais;

III — as Subseções;

IV — as Caixas de Assistência dos Advogados.

§ 1º O Conselho Federal, dotado de personalidade jurídica própria, com sede na capital da República, é o órgão supremo da OAB.

§ 2º Os Conselhos Seccionais, dotados de personalidade jurídica própria, têm jurisdição sobre os respectivos territórios dos Estados-membros, do Distrito Federal e dos Territórios.

§ 3º As Subseções são partes autônomas do Conselho Seccional, na forma desta lei e de seu ato constitutivo.

§ 4º As Caixas de Assistência dos Advogados, dotadas de personalidade jurídica própria, são criadas pelos Conselhos Seccionais, quando estes contarem com mais de mil e quinhentos inscritos.

§ 5º A OAB, por constituir serviço público, goza de imunidade tributária total em relação a seus bens, rendas e serviços.

§ 6º Os atos conclusivos dos órgãos da OAB, salvo quando reservados ou de administração interna, devem ser publicados na imprensa oficial ou afixados no fórum, na íntegra ou em resumo.

Art. 46. Compete à OAB fixar e cobrar, de seus inscritos, contribuições, preços de serviços e multas.

PARÁGRAFO ÚNICO. Constitui título executivo extrajudicial a certidão passada pela diretoria do Conselho competente, relativa a crédito previsto neste artigo.

Art. 47. O pagamento da contribuição anual à OAB isenta os inscritos nos seus quadros do pagamento obrigatório da contribuição sindical.

Art. 48. O cargo de conselheiro ou de membro de diretoria de órgão da OAB é de exercício gratuito e obrigatório, considerado serviço público relevante, inclusive para fins de disponibilidade e aposentadoria.

Art. 49. Os Presidentes dos Conselhos e das Subseções da OAB têm legitimidade para agir, judicial e extrajudicialmente, contra qualquer pessoa que infringir as disposições ou os fins desta lei.

PARÁGRAFO ÚNICO. As autoridades mencionadas no *caput* deste artigo têm, ainda, legitimidade para intervir, inclusive como assistentes, nos inquéritos e processos em que sejam indiciados, acusados ou ofendidos os inscritos na OAB.

Art. 50. Para os fins desta lei, os Presidentes dos Conselhos da OAB e das Subseções podem requisitar cópias de peças de autos e documentos a qualquer tribunal, magistrado, cartório e órgão da Administração Pública direta, indireta e fundacional.

— Vide ADIn n. 1.127-8, STF, 25.6.2006, que assim entendeu em relação ao presente artigo "A requisição de cópias de peças e documentos a qualquer tribunal, magistrado, cartório ou órgão da Administração Pública direta, indireta ou fundacional pelos Presidentes do Conselho da OAB e das Subseções deve ser motivada, compatível com as finalidades da lei e precedida, ainda, do recolhimento dos respectivos custos, não sendo possível a requisição de documentos cobertos pelo sigilo.

Capítulo II
Do Conselho Federal

Art. 51. O Conselho Federal compõe-se:

I — dos conselheiros federais, integrantes das delegações de cada unidade federativa;

II — dos seus ex-presidentes, na qualidade de membros honorários vitalícios.

§ 1º Cada delegação é formada por três conselheiros federais.

§ 2º Os ex-presidentes têm direito apenas a voz nas sessões.

Art. 52. Os presidentes dos Conselhos Seccionais, nas sessões do Conselho Federal, têm lugar reservado junto à delegação respectiva e direito somente a voz.

Art. 53. O Conselho Federal tem sua estrutura e funcionamento definidos no Regulamento Geral da OAB.

§ 1º O Presidente, nas deliberações do Conselho, tem apenas o voto de qualidade.

§ 2º O voto é tomado por delegação, e não pode ser exercido nas matérias de interesse da unidade que represente.

§ 3º Na eleição para a escolha da Diretoria do Conselho Federal, cada membro da delegação terá direito a 1 (um) voto, vedado aos membros honorários vitalícios. *(Acrescentado pela Lei n. 11.179, de 22.9.2005, DOU 23.9.2005)*

Art. 54. Compete ao Conselho Federal:

I — dar cumprimento efetivo às finalidades da OAB;

II — representar, em juízo ou fora dele, os interesses coletivos ou individuais dos advogados;

III — velar pela dignidade, independência, prerrogativas e valorização da advocacia;

IV — representar, com exclusividade, os advogados brasileiros nos órgãos e eventos internacionais da advocacia;

V — editar e alterar o Regulamento Geral, o Código de Ética e Disciplina, e os Provimentos que julgar necessários;

VI — adotar medidas para assegurar o regular funcionamento dos Conselhos Seccionais;

VII — intervir nos Conselhos Seccionais, onde e quando constatar grave violação desta lei ou do regulamento geral;

VIII — cassar ou modificar, de ofício ou mediante representação, qualquer ato, de órgão ou autoridade da OAB, contrário a esta lei, ao regulamento geral, ao Código de Ética e Disciplina, e aos Provimentos, ouvida a autoridade ou o órgão em causa;

IX — julgar, em grau de recurso, as questões decididas pelos Conselhos Seccionais, nos casos previstos neste estatuto e no regulamento geral;

X — dispor sobre a identificação dos inscritos na OAB e sobre os respectivos símbolos privativos;

XI — apreciar o relatório anual e deliberar sobre o balanço e as contas de sua diretoria;

XII — homologar ou mandar suprir relatório anual, o balanço e as contas dos Conselhos Seccionais;

XIII — elaborar as listas constitucionalmente previstas, para o preenchimento dos cargos nos tribunais judiciários de âmbito nacional ou interestadual, com advogados que estejam em pleno exercício da profissão, vedada a inclusão de nome de membro do próprio Conselho ou de outro órgão da OAB;

XIV — ajuizar ação direta de inconstitucionalidade de normas legais e atos normativos, ação civil pública, mandado de segurança coletivo, mandado de injunção e demais ações cuja legitimação lhe seja outorgada por lei;

XV — colaborar com o aperfeiçoamento dos cursos jurídicos, e opinar, previamente, nos pedidos apresentados aos órgãos competentes para criação, reconhecimento ou credenciamento desses cursos;

XVI — autorizar, pela maioria absoluta das delegações, a oneração ou alienação de seus bens imóveis;

XVII — participar de concursos públicos, nos casos previstos na Constituição e na lei, em todas as suas fases, quando tiverem abrangência nacional ou interestadual;

XVIII — resolver os casos omissos neste estatuto.

PARÁGRAFO ÚNICO. A intervenção referida no inciso VII deste artigo depende de prévia aprovação por dois terços das delegações, garantido o amplo direito de defesa do Conselho Seccional respectivo, nomeando-se diretoria provisória para o prazo que se fixar.

Art. 55. A diretoria do Conselho Federal é composta de um Presidente, de um Vice-Presidente, de um Secretário-Geral, de um Secretário-Geral Adjunto e de um Tesoureiro.

§ 1º O Presidente exerce a representação nacional e internacional da OAB, competindo-lhe convocar o Conselho Federal, presidi-lo, representá-lo ativa e passivamente, em juízo ou fora dele, promover-lhe a administração patrimonial e dar execução às suas decisões.

§ 2º O regulamento geral define as atribuições dos membros da diretoria e a ordem de substituição em caso de vacância, licença, falta ou impedimento.

§ 3º Nas deliberações do Conselho Federal, os membros da diretoria votam como membros de suas delegações, cabendo ao Presidente, apenas, o voto de qualidade e o direito de embargar a decisão, se esta não for unânime.

Capítulo III
Do Conselho Seccional

Art. 56. O Conselho Seccional compõe-se de conselheiros em número proporcional ao de seus inscritos, segundo critérios estabelecidos no regulamento geral.

§ 1º São membros honorários vitalícios os seus ex-presidentes, somente com direito a voz em suas sessões.

§ 2º O Presidente do Instituto dos Advogados local é membro honorário, somente com direito a voz nas sessões do Conselho.

§ 3º Quando presentes às sessões do Conselho Seccional, o Presidente do Conselho Federal, os Conselheiros Federais integrantes da respectiva delegação, o Presidente da Caixa de Assistência dos Advogados e os Presidentes das Subseções, têm direito a voz.

Art. 57. O Conselho Seccional exerce e observa, no respectivo território, as competências, vedações e funções atribuídas ao Conselho Federal, no que couber e no âmbito de sua competência material e territorial, e as normas gerais estabelecidas nesta lei, no regulamento geral, no Código de Ética e Disciplina, e nos Provimentos.

Art. 58. Compete privativamente ao Conselho Seccional:

I — editar seu regimento interno e resoluções;

II — criar as Subseções e a Caixa de Assistência dos Advogados;

III — julgar, em grau de recurso, as questões decididas por seu Presidente, por sua diretoria, pelo Tribunal de Ética e Disciplina, pelas diretorias das Subseções e da Caixa de Assistência dos Advogados;

IV — fiscalizar a aplicação da receita, apreciar o relatório anual e deliberar sobre o balanço e as contas de sua diretoria, das diretorias das Subseções e da Caixa de Assistência dos Advogados;

V — fixar a tabela de honorários, válida para todo o território estadual;

VI — realizar o Exame de Ordem;

VII — decidir os pedidos de inscrição nos quadros de advogados e estagiários;

VIII — manter cadastro de seus inscritos;

IX — fixar, alterar e receber contribuições obrigatórias, preços de serviços e multas;

X — participar da elaboração dos concursos públicos, em todas as suas fases, nos casos previstos na Constituição e nas leis, no âmbito do seu território;

XI — determinar, com exclusividade, critérios para o traje dos advogados, no exercício profissional;

XII — aprovar e modificar seu orçamento anual;

XIII — definir a composição e o funcionamento do Tribunal de Ética e Disciplina, e escolher seus membros;

XIV — eleger as listas, constitucionalmente previstas, para preenchimento dos cargos nos tribunais judiciários, no âmbito de sua competência e na forma do Provimento do Conselho Federal, vedada a inclusão de membros do próprio Conselho e de qualquer órgão da OAB;

XV — intervir nas Subseções e na Caixa de Assistência dos Advogados;

XVI — desempenhar outras atribuições previstas no regulamento geral.

Art. 59. A diretoria do Conselho Seccional tem composição idêntica e atribuições equivalentes às do Conselho Federal, na forma do regimento interno daquele.

Capítulo IV
Da Subseção

Art. 60. A Subseção pode ser criada pelo Conselho Seccional, que fixa sua área territorial e seus limites de competência e autonomia.

§ 1º A área territorial da Subseção pode abranger um ou mais municípios, ou parte de município, inclusive da capital do Estado, contando com um mínimo de quinze advogados, nela profissionalmente domiciliados.

§ 2º A Subseção é administrada por uma diretoria, com atribuições e composição equivalentes às da diretoria do Conselho Seccional.

§ 3º Havendo mais de cem advogados, a Subseção pode ser integrada, também, por um conselho em número de membros fixado pelo Conselho Seccional.

§ 4º Os quantitativos referidos nos §§ 1º e 3º deste artigo podem ser ampliados, na forma do regimento interno do Conselho Seccional.

§ 5º Cabe ao Conselho Seccional fixar, em seu orçamento, dotações específicas destinadas à manutenção das Subseções.

§ 6º O Conselho Seccional, mediante o voto de dois terços de seus membros, pode intervir nas Subseções, onde constatar grave violação desta lei ou do regimento interno daquele.

Art. 61. Compete à Subseção, no âmbito de seu território:

I — dar cumprimento efetivo às finalidades da OAB;

II — velar pela dignidade, independência e valorização da advocacia, e fazer valer as prerrogativas do advogado;

III — representar a OAB perante os poderes constituídos;

IV — desempenhar as atribuições previstas no regulamento geral ou por delegação de competência do Conselho Seccional.

PARÁGRAFO ÚNICO. Ao Conselho da Subseção, quando houver, compete exercer as funções e atribuições do Conselho Seccional, na forma do regimento interno deste, e ainda:

a) editar seu regimento interno, a ser referendado pelo Conselho Seccional;

b) editar resoluções, no âmbito de sua competência;

c) instaurar e instruir processos disciplinares, para julgamento pelo Tribunal de Ética e Disciplina;

d) receber pedido de inscrição nos quadros de advogado e estagiário, instruindo e emitindo parecer prévio, para decisão do Conselho Seccional.

Capítulo V
Da Caixa de Assistência dos Advogados

Art. 62. A Caixa de Assistência dos Advogados, com personalidade jurídica própria, destina-se a prestar assistência aos inscritos no Conselho Seccional a que se vincule.

§ 1º A Caixa é criada e adquire personalidade jurídica com a aprovação e registro de seu estatuto pelo respectivo Conselho Seccional da OAB, na forma do regulamento geral.

§ 2º A Caixa pode, em benefício dos advogados, promover a seguridade complementar.

§ 3º Compete ao Conselho Seccional fixar contribuição obrigatória devida por seus inscritos, destinada à manutenção do disposto no parágrafo anterior, incidente sobre atos decorrentes do efetivo exercício da advocacia.

§ 4º A diretoria da Caixa é composta de cinco membros, com atribuições definidas no seu regimento interno.

§ 5º Cabe à Caixa a metade da receita das anuidades recebidas pelo Conselho Seccional, considerado o valor resultante após as deduções regulamentares obrigatórias.

§ 6º Em caso de extinção ou desativação da Caixa, seu patrimônio se incorpora ao do Conselho Seccional respectivo.

§ 7º O Conselho Seccional, mediante voto de dois terços de seus membros, pode intervir na Caixa de Assistência dos Advogados, no caso de descumprimento de suas finalidades, designando diretoria provisória, enquanto durar a intervenção.

Capítulo VI
Das Eleições e dos Mandatos

Art. 63. A eleição dos membros de todos os órgãos da OAB será realizada na segunda quinzena do mês de novembro, do último ano do mandato, mediante cédula única e votação direta dos advogados regularmente inscritos.

§ 1º A eleição, na forma e segundo os critérios e procedimentos estabelecidos no regulamento geral, é de comparecimento obrigatório para todos os advogados inscritos na OAB.

§ 2º O candidato deve comprovar situação regular junto à OAB, não ocupar cargo exonerável *ad nutum*, não ter sido condenado por infração disciplinar, salvo reabilitação, e exercer efetivamente a profissão há mais de cinco anos.

Art. 64. Consideram-se eleitos os candidatos integrantes da chapa que obtiver a maioria dos votos válidos.

§ 1º A chapa para o Conselho Seccional deve ser composta dos candidatos ao conselho e à sua diretoria e, ainda, à delegação ao Conselho Federal e à Diretoria da Caixa de Assistência dos Advogados para eleição conjunta.

§ 2º A chapa para a Subseção deve ser composta com os candidatos à diretoria, e de seu conselho quando houver.

Art. 65. O mandato em qualquer órgão da OAB é de três anos, iniciando-se em primeiro de janeiro do ano seguinte ao da eleição, salvo o Conselho Federal.

PARÁGRAFO ÚNICO. Os conselheiros federais eleitos iniciam seus mandatos em primeiro de fevereiro do ano seguinte ao da eleição.

Art. 66. Extingue-se o mandato automaticamente, antes do seu término, quando:

I — ocorrer qualquer hipótese de cancelamento de inscrição ou de licenciamento do profissional;

II — o titular sofrer condenação disciplinar;

III — o titular faltar, sem motivo justificado, a três reuniões ordinárias consecutivas de cada órgão deliberativo do conselho ou da diretoria da Subseção ou da Caixa de Assistência dos Advogados, não podendo ser reconduzido no mesmo período de mandato.

PARÁGRAFO ÚNICO. Extinto qualquer mandato, nas hipóteses deste artigo, cabe ao Conselho Seccional escolher o substituto, caso não haja suplente.

Art. 67. A eleição da Diretoria do Conselho Federal, que tomará posse no dia 1º de fevereiro, obedecerá às seguintes regras:

I — será admitido registro, junto ao Conselho Federal, de candidatura à presidência, desde seis meses até um mês antes da eleição;

II — o requerimento de registro deverá vir acompanhado do apoiamento de, no mínimo, seis Conselhos Seccionais;

III — até um mês antes das eleições, deverá ser requerido o registro da chapa completa, sob pena de cancelamento da candidatura respectiva;

IV — no dia 31 de janeiro do ano seguinte ao da eleição, o Conselho Federal elegerá, em reunião presidida pelo conselheiro mais antigo, por voto secreto e para mandato de 3 (três) anos, sua diretoria, que tomará posse no dia seguinte; *(Redação dada pela Lei n. 11.179, de 22.9.2005, DOU 23.9.2005)*

V — será considerada eleita a chapa que obtiver maioria simples dos votos dos Conselheiros Federais, presente a metade mais 1 (um) de seus membros. *(Redação dada pela Lei n. 11.179, de 22.9.2005, DOU 23.9.2005)*

PARÁGRAFO ÚNICO. Com exceção do candidato a Presidente, os demais integrantes da chapa deverão ser conselheiros federais eleitos.

TÍTULO III
Do Processo na OAB

Capítulo I
Disposições Gerais

Art. 68. Salvo disposição em contrário, aplicam-se subsidiariamente ao processo disciplinar as regras da legislação processual penal comum e, aos demais processos, as regras gerais do procedimento administrativo comum e da legislação processual civil, nessa ordem.

Art. 69. Todos os prazos necessários à manifestação de advogados, estagiários e terceiros, nos processos em geral da OAB, são de quinze dias, inclusive para interposição de recursos.

§ 1º Nos casos de comunicação por ofício reservado, ou de notificação pessoal, o prazo se conta a partir do dia útil imediato ao da notificação do recebimento.

§ 2º Nos casos de publicação na imprensa oficial do ato ou da decisão, o prazo inicia-se no primeiro dia útil seguinte.

Capítulo II
Do Processo Disciplinar

Art. 70. O poder de punir disciplinarmente os inscritos na OAB compete exclusivamente ao Conselho Seccional em cuja base territorial tenha ocorrido a infração, salvo se a falta for cometida perante o Conselho Federal.

§ 1º Cabe ao Tribunal de Ética e Disciplina, do Conselho Seccional competente, julgar os processos disciplinares, instruídos pelas Subseções ou por relatores do próprio conselho.

§ 2º A decisão condenatória irrecorrível deve ser imediatamente comunicada ao Conselho Seccional onde o representado tenha inscrição principal, para constar dos respectivos assentamentos.

§ 3º O Tribunal de Ética e Disciplina do Conselho onde o acusado tenha inscrição principal pode suspendê-lo preventivamente, em caso de repercussão prejudicial à dignidade da advocacia, depois de ouvi-lo em sessão especial para a qual deve ser notificado a comparecer, salvo se não atender à notificação. Neste caso, o processo disciplinar deve ser concluído no prazo máximo de noventa dias.

Art. 71. A jurisdição disciplinar não exclui a comum e, quando o fato constituir crime ou contravenção, deve ser comunicado às autoridades competentes.

Art. 72. O processo disciplinar instaura-se de ofício ou mediante representação de qualquer autoridade ou pessoa interessada.

§ 1º O Código de Ética e Disciplina estabelece os critérios de admissibilidade da representação e os procedimentos disciplinares.

§ 2º O processo disciplinar tramita em sigilo, até o seu término, só tendo acesso às suas informações as partes, seus defensores e a autoridade judiciária competente.

Art. 73. Recebida a representação, o Presidente deve designar relator, a quem compete a instrução do processo e o oferecimento de parecer preliminar a ser submetido ao Tribunal de Ética e Disciplina.

§ 1º Ao representado deve ser assegurado amplo direito de defesa, podendo acompanhar o processo em todos os termos, pessoalmente ou por intermédio de procurador, oferecendo defesa prévia após ser notificado, razões finais após a instrução e defesa oral perante o Tribunal de Ética e Disciplina, por ocasião do julgamento.

§ 2º Se, após a defesa prévia, o relator se manifestar pelo indeferimento liminar da representação, este deve ser decidido pelo Presidente do Conselho Seccional, para determinar seu arquivamento.

§ 3º O prazo para defesa prévia pode ser prorrogado por motivo relevante, a juízo do relator.

§ 4º Se o representado não for encontrado, ou for revel, o Presidente do Conselho ou da Subseção deve designar-lhe defensor dativo;

§ 5º É também permitida a revisão do processo disciplinar, por erro de julgamento ou por condenação baseada em falsa prova.

Art. 74. O Conselho Seccional pode adotar as medidas administrativas e judiciais pertinentes, objetivando a que o profissional suspenso ou excluído devolva os documentos de identificação.

Capítulo III
Dos Recursos

Art. 75. Cabe recurso ao Conselho Federal de todas as decisões definitivas proferidas pelo Conselho Seccional, quando não tenham sido unânimes ou, sendo unânimes, contrariem esta lei, decisão do Conselho Federal ou de outro Conselho Seccional e, ainda, o regulamento geral, o Código de Ética e Disciplina e os Provimentos.

PARÁGRAFO ÚNICO. Além dos interessados, o Presidente do Conselho Seccional é legitimado a interpor o recurso referido neste artigo.

Art. 76. Cabe recurso ao Conselho Seccional de todas as decisões proferidas por seu Presidente, pelo Tribunal de Ética e Disciplina, ou pela diretoria da Subseção ou da Caixa de Assistência dos Advogados.

Art. 77. Todos os recursos têm efeito suspensivo, exceto quando tratarem de eleições (arts. 63 e seguintes), de suspensão preventiva decidida pelo Tribunal de Ética e Disciplina, e de cancelamento da inscrição obtida com falsa prova.

PARÁGRAFO ÚNICO. O regulamento geral disciplina o cabimento de recursos específicos, no âmbito de cada órgão julgador.

TÍTULO IV
Das Disposições Gerais e Transitórias

Art. 78. Cabe ao Conselho Federal da OAB, por deliberação de dois terços, pelo menos, das delegações, editar o regulamento geral deste estatuto, no prazo de seis meses, contados da publicação desta lei.

Art. 79. Aos servidores da OAB, aplica-se o regime trabalhista. *(Vide ADIn n. 3.026-4)*

§ 1º Aos servidores da OAB, sujeitos ao regime da Lei n. 8.112, de 11 de dezembro de 1990, é concedido o direito de opção pelo regime trabalhista, no prazo de noventa dias a partir da vigência desta lei, sendo assegurado aos optantes o pagamento de indenização, quando da aposentadoria, correspondente a cinco vezes o valor da última remuneração.

§ 2º Os servidores que não optarem pelo regime trabalhista serão posicionados no quadro em extinção, assegurado o direito adquirido ao regime legal anterior.

Art. 80. Os Conselhos Federal e Seccionais devem promover trienalmente as respectivas Conferências, em data não coincidente com o ano eleitoral, e, periodicamente, reunião do colégio de presidentes a eles vinculados, com finalidade consultiva.

Art. 81. Não se aplicam aos que tenham assumido originariamente o cargo de Presidente do Conselho Federal ou dos Conselhos Seccionais, até a data da publicação desta lei, as normas contidas no Título II, acerca da composição desses Conselhos, ficando assegurado o pleno direito de voz e voto em suas sessões.

Art. 82. Aplicam-se as alterações previstas nesta lei, quanto a mandatos, eleições, composição e atribuições dos órgãos da OAB, a partir do término do mandato dos atuais membros, devendo os Conselhos Federal e Seccionais disciplinarem os respectivos procedimentos de adaptação.

PARÁGRAFO ÚNICO. Os mandatos dos membros dos órgãos da OAB, eleitos na primeira eleição sob a vigência desta lei, e na forma do Capítulo VI do Título II, terão início no dia seguinte ao término dos atuais mandatos, encerrando-se em 31 de dezembro do terceiro ano do mandato e em 31 de janeiro do terceiro ano do mandato, neste caso com relação ao Conselho Federal.

Art. 83. Não se aplica o disposto no art. 28, inciso II, desta lei, aos membros do Ministério Público que, na data de promulgação da Constituição, se incluam na previsão do art. 29, § 3º, do seu Ato das Disposições Constitucionais Transitórias.

Art. 84. O estagiário, inscrito no respectivo quadro, fica dispensado do Exame de Ordem, desde que comprove, em até dois anos da promulgação desta lei, o exercício e resultado do estágio profissional ou a conclusão, com aproveitamento, do estágio de Prática Forense e Organização Judiciária, realizado junto à respectiva faculdade, na forma da legislação em vigor.

Art. 85. O Instituto dos Advogados Brasileiros e as instituições a ele filiadas têm qualidade para promover perante a OAB o que julgarem do interesse dos advogados em geral ou de qualquer dos seus membros.

Art. 86. Esta lei entra em vigor na data de sua publicação.

Art. 87. Revogam-se as disposições em contrário, especialmente a Lei n. 4.215, de 27 de abril de 1963, a Lei n. 5.390, de 23 de fevereiro de 1968, o Decreto-lei n. 505, de 18 de março de 1969, a Lei n. 5.681, de 20 de julho de 1971, a Lei n. 5.842, de 6 de dezembro de 1972, a Lei n. 5.960, de 10 de dezembro de 1973, a Lei n. 6.743, de 5 de dezembro de 1979, a Lei n. 6.884, de 9 de dezembro de 1980, a Lei n. 6.994, de 26 de maio de 1982, mantidos os efeitos da Lei n. 7.346, de 22 de julho de 1985.

Brasília, 4 de julho de 1994; 173º da Independência e 106º da República.

ITAMAR FRANCO
ALEXANDRE DE PAULA DUPEYRAT MARTINS

LEI N. 9.674, DE 25 DE JUNHO DE 1998

(DOU 26.6.1998)

Dispõe sobre o exercício da profissão de bibliotecário e determina outras providências

O PRESIDENTE DA REPÚBLICA,

Faço saber que o Congresso Nacional decreta e eu sanciono a seguinte Lei:

Capítulo I
Da Profissão de Bibliotecário

Art. 1º O exercício da profissão de Bibliotecário, em todo o território nacional, somente é permitido quando atendidas as qualificações estabelecidas nesta Lei.

PARÁGRAFO ÚNICO. A designação "Bibliotecário", incluída no Quadro das Profissões Liberais, Grupo 19, da Consolidação das Leis do Trabalho, é privativa dos Bacharéis em Biblioteconomia.

Art. 2º *(Vetado).*

Art. 3º O exercício da profissão de Bibliotecário é privativo:

I — dos portadores de diploma de Bacharel em Biblioteconomia, expedido por instituições de ensino superior oficialmente reconhecidas, registradas nos órgãos competentes, de acordo com a legislação em vigor;

II — dos portadores de diploma de graduação em Biblioteconomia, conferido por instituições estrangeiras de ensino superior, reconhecidas pelas leis do país de origem, e revalidados no Brasil, de acordo com a legislação vigente;

III — dos amparados pela Lei n. 7.504, de 2 de julho de 1986.

Capítulo II
Das Atividades Profissionais

Art. 4º O exercício da profissão de Bibliotecário, no âmbito das pessoas jurídicas de direito público e privado, é privativo dos Bacharéis em Biblioteconomia.

Art. 5º *(Vetado).*

Capítulo III
Dos Conselhos de Biblioteconomia

Art. 6º *(Vetado).*

Art. 7º *(Vetado).*

Art. 8º *(Vetado).*

Art. 9º *(Vetado).*

Art. 10. *(Vetado).*

Art. 11. *(Vetado).*

Art. 12. *(Vetado).*

Art. 13. *(Vetado).*

Art. 14. *(Vetado).*

Art. 15. *(Vetado).*

Art. 16. *(Vetado).*

Art. 17. *(Vetado).*

Art. 18. *(Vetado).*

Art. 19. *(Vetado).*

Art. 20. *(Vetado).*

Art. 21. *(Vetado).*

Art. 22. *(Vetado).*

Art. 23. *(Vetado).*

Capítulo IV
Da Finalidade e Competência do Conselho Federal de Biblioteconomia

Art. 24. *(Vetado).*

Art. 25. *(Vetado).*

Capítulo V
Da Finalidade e Competência dos Conselhos Regionais de Biblioteconomia

Art. 26. *(Vetado).*

Art. 27. *(Vetado).*

Art. 28. *(Vetado).*

Capítulo VI
Do Registro de Bibliotecários

Art. 29. O exercício da função de Bibliotecário é privativo dos Bibliotecários inscritos nos quadros do Conselho Regional da respectiva jurisdição, nos termos desta Lei.

§ 1º É obrigatória a citação do número de registros no Conselho Regional, em todos os documentos de responsabilidade profissional.

§ 2º *(Vetado).*

Art. 30. Ao profissional devidamente registrado no Conselho Regional serão fornecidas a carteira de identidade profissional e a cédula de identidade de Bibliotecário, que terão fé pública, nos termos da Lei.

Capítulo VII
Do Registro das Pessoas Jurídicas

Art. 31. *(Vetado).*

Art. 32. *(Vetado).*

Capítulo VIII
Do Cadastro das Pessoas Jurídicas

Art. 33. *(Vetado).*

§ 1º *(Vetado).*

§ 2º *(Vetado).*

§ 3º As Bibliotecas Públicas localizadas em Municípios com até dez mil habitantes e cujo acervo não ultrapasse a duzentos exemplares catalogados poderão funcionar sob a supervisão de um Técnico em Biblioteconomia, devidamente registrado perante o Conselho e, neste caso, deverão comunicar ao respectivo Conselho Regional de Biblioteconomia a criação, o funcionamento e a responsabilidade técnica da Biblioteca, para fins de anotação e controle, sendo isentas de qualquer taxa ou contribuição.

Art. 34. *(Vetado).*

Capítulo IX
Das Anuidades, Taxas, Emolumentos, Multas e Renda

Art. 35. *(Vetado).*

Art. 36. *(Vetado).*

Art. 37. *(Vetado).*

Capítulo X
Das Infrações, Penalidades e Recursos

Art. 38. A falta do competente registro, bem como do pagamento da anuidade, caracterizará o exercício ilegal da profissão de Bibliotecário.

Art. 39. Constituem infrações disciplinares:

I — exercer a profissão quando impedido de fazê-lo ou facilitar, por qualquer modo, o seu exercício a não registrados;

II — praticar, no exercício profissional, ato que a lei defina como crime ou contravenção penal;

III — não cumprir, no prazo estipulado, determinação emanada do Conselho Regional em matéria de competência deste, após regularmente notificado;

IV — deixar de pagar ao Conselho Regional, nos prazos previstos, as contribuições a que está obrigado;

V — faltar a qualquer dever profissional previsto nesta Lei;

VI — transgredir preceitos do Código de Ética Profissional.

PARÁGRAFO ÚNICO. As infrações serão apuradas levando-se em conta a natureza do ato e as circunstâncias de cada caso.

Art. 40. As penas disciplinares, consideradas a gravidade da infração cometida e a reincidência das mesmas, consistem em:

I — multa de um a cinquenta vezes o valor atualizado da anuidade;

II — advertência reservada;

III — censura pública;

IV — suspensão do exercício profissional de até três anos;

V — cassação do exercício profissional com a apreensão da carteira profissional.

§ 1º A pena de multa poderá ser combinada com qualquer das penalidades enumeradas neste artigo, podendo ser aplicada em dobro em caso de reincidência da mesma infração.

§ 2º A falta de pagamento da multa prevista neste Capítulo no prazo estipulado determinará a suspensão do exercício profissional, sem prejuízo da cobrança por via executiva.

§ 3º A suspensão por falta de pagamento de anuidades, taxas e multas somente cessará com o recolhimento da dívida, podendo estender-se a até três anos, decorridos os quais o profissional terá, automaticamente, cancelado seu registro, se não resgatar o débito, sem prejuízo da cobrança executiva.

§ 4º A pena de cassação do exercício profissional acarretará ao infrator a perda do direito de exercer a profissão, em todo o território nacional, com apreensão da carteira de identidade profissional.

§ 5º Ao infrator suspenso por débitos será admitida a reabilitação profissional mediante novo registro, satisfeitos, além das anuidades em débito, as multas e demais emolumentos e taxas cabíveis.

Art. 41. *(Vetado).*

Art. 42. Nenhuma penalidade será aplicada sem que tenha sido assegurado ao infrator amplo direito de defesa.

Art. 43. *(Vetado).*

Art. 44. Não caberá ao infrator outro recurso por via administrativa.

Art. 45. As denúncias só serão recebidas quando assinadas com a qualificação do denunciante e acompanhadas dos elementos comprobatórios do alegado, tramitando em caráter reservado, vedada a divulgação do nome do denunciante.

Art. 46. As pessoas não habilitadas que exercerem a profissão regulamentada nesta Lei estão sujeitas às penalidades previstas na Lei de Contravenções Penais e ao pagamento de multa, a ser definida pelo Conselho Federal.

Capítulo XI
Das Disposições Gerais e Transitórias

Art. 47. São equivalentes, para todos os efeitos, os diplomas de Bibliotecário, de Bacharel em Biblioteconomia e de Bacharel em Biblioteconomia e Documentação, expedidos até a data desta Lei por escolas oficialmente reconhecidas e registradas nos órgãos competentes, de acordo com a legislação em vigor.

Art. 48. As pessoas não portadoras de diploma, que tenham exercido a atividade até 30 de janeiro de 1987, e que já estão devidamente registradas nos quadros dos Conselhos Regionais de Biblioteconomia, estão habilitadas no exercício da profissão.

Art. 49. *(Vetado).*

Art. 50. *(Vetado).*

Art. 51. *(Vetado).*

Art. 52. Esta Lei entra em vigor na data de sua publicação.

Art. 53. *(Vetado).*

Brasília, 25 de junho de 1998; 177º da Independência e 110º da República.

FERNANDO HENRIQUE CARDOSO
RENAN CALHEIROS
EDWARD AMADEO

LEI N. 9.696, DE 1º DE SETEMBRO DE 1998

(DOU 2.9.1998)

Dispõe sobre a regulamentação da profissão de educação física e cria os respectivos conselho federal e conselhos regionais de educação física

O PRESIDENTE DA REPÚBLICA,

Faço saber que o Congresso Nacional decreta e eu sanciono a seguinte lei:

Art. 1º O exercício das atividades de Educação Física e a designação de Profissional de Educação Física é prerrogativa dos profissionais regularmente registrados nos Conselhos Regionais de Educação Física.

Art. 2º Apenas serão inscritos nos quadros dos Conselhos Regionais de Educação Física os seguintes profissionais:

I — os possuidores de diploma obtido em curso de Educação Física, oficialmente autorizado ou reconhecido;

II — os possuidores de diploma em Educação Física expedido por instituição de ensino superior estrangeira, revalidado na forma da legislação em vigor;

III — os que, até a data do início da vigência desta Lei, tenham comprovadamente exercido atividades próprias dos Profissionais de Educação Física, nos termos a serem estabelecidos pelo Conselho Federal de Educação Física.

Art. 3º Compete ao Profissional de Educação Física coordenar, planejar, programar, supervisionar, dinamizar, dirigir, organizar, avaliar e executar trabalhos, programas, planos e projetos, bem como prestar serviços de

Legislação Complementar

auditoria, consultoria e assessoria, realizar treinamentos especializados, participar de equipes multidisciplinares e interdisciplinares e elaborar informes técnicos, científicos e pedagógicos, todos nas áreas de atividades físicas e do desporto.

Art. 4º São criados o Conselho Federal e os Conselhos Regionais de Educação Física.

Art. 5º Os primeiros membros efetivos e suplentes do Conselho Federal de Educação Física serão eleitos para um mandato tampão de dois anos, em reunião das associações representativas de Profissionais de Educação Física, criadas nos termos da Constituição Federal, com personalidade jurídica própria, e das instituições superiores de ensino de Educação Física, oficialmente autorizadas ou reconhecidas, que serão convocadas pela Federação Brasileira das Associações dos Profissionais de Educação Física — FBAPEF, no prazo de até noventa dias após a promulgação desta Lei.

Art. 6º Esta Lei entra em vigor na data de sua publicação.

FERNANDO HENRIQUE CARDOSO
EDWARD AMADEO

LEI N. 11.476, DE 29 DE MAIO DE 2007

(DOU 30.5.2007)

Dispõe sobre a regulamentação das profissões de enólogo e técnico em enologia

O PRESIDENTE DA REPÚBLICA,

Faço saber que o Congresso Nacional decreta e eu sanciono a seguinte Lei:

Art. 1º É livre, em todo o território nacional, o exercício das atividades ligadas à Enologia e à Viticultura, observadas as disposições desta Lei.

Art. 2º Poderão exercer a profissão de Enólogo:

I — os possuidores de diplomas de nível superior em Enologia expedidos no Brasil por escolas oficiais ou reconhecidas pelo Governo Federal;

II — os possuidores de diplomas expedidos por escolas estrangeiras reconhecidas pelas leis de seu país e que forem revalidados no Brasil, de acordo com a legislação em vigor;

III — os possuidores de diploma de nível médio em Enologia e os alunos que ingressaram em curso deste nível até 29 de maio de 2007, desde que sejam diplomados em escolas oficiais, públicas ou privadas, reconhecidas ou credenciadas pelo poder público." (NR) *(Redação dada pela Lei n. 12.719 de 26.9.2012, DOU 27.9.2012)*

Art. 3º Poderão exercer a profissão de Técnico em Enologia:

I — os possuidores de diplomas de nível médio em Enologia expedidos no Brasil por escolas oficiais ou reconhecidas na forma da lei;

II — os possuidores de diplomas de nível médio em Enologia expedidos por escolas estrangeiras e que forem revalidados no Brasil de acordo com a legislação em vigor.

Art. 4º São atribuições do Enólogo e do Técnico em Enologia:

I — analisar as características físicas, químicas, botânicas, organolépticas e sanitárias da uva;

II — executar as diferentes etapas e os procedimentos do cultivo da videira;

III — manipular os equipamentos e materiais empregados nos procedimentos vitivinícolas;

IV — analisar os processos físicos, químicos, bioquímicos e microbiológicos inerentes à moderna tecnologia de vinificação;

V — aplicar a legislação vigente das atividades e dos produtos vitivinícolas;

VI — decidir e formular recomendações para o desdobramento satisfatório de todas as atividades técnicas na área de vitivinicultura;

VII — planejar e racionalizar operações agrícolas e industriais correspondentes na área vitivinícola;

VIII — prestar assistência técnica e promover atividades de extensão na área vitivinícola;

IX — executar a determinação analítica dos produtos vitivinícolas;

X — organizar e assessorar estabelecimentos vitivinícolas;

XI — organizar, dirigir e assessorar departamentos de controle de qualidade, de pesquisa e de fiscalização na área da vitivinicultura;

XII — identificar, avaliar e qualificar uvas, vinhos e derivados da uva e do vinho;

XIII — orientar e desenvolver projetos de produção e comercialização de produtos enológicos;

XIV — exercer atividades na área mercadológica da vitivinicultura;

XV — desenvolver e coordenar projetos, pesquisas e experimentações vitivinícolas;

XVI — desenvolver as empresas vitivinícolas, contribuindo para a modernização das técnicas de elaboração de vinhos;

XVII — atuar nas cantinas de vinificação, órgãos de pesquisa enológica e indústrias de bebidas, no controle e na fiscalização de vinhos e derivados da uva e do vinho;

XVIII — orientar os viticultores quanto aos aspectos técnicos para formar vinhedos de melhor produtividade e qualidade;

XIX — prestar assistência técnica na utilização e na comercialização de produtos e equipamentos técnicos enológicos;

XX — orientar os vitivinicultores quanto ao aproveitamento das variedades de uvas para elaboração de vinhos de melhor qualidade;

XXI — controlar e avaliar as características organolépticas da produção vinícola;

XXII — exercer magistério em curso superior na área de enologia e viticultura.

Art. 5º São atribuições exclusivas do Enólogo:

I — exercer a responsabilidade técnica pela empresa vinícola, seus produtos e pelos laboratórios de análise enológica;

II — executar perícias exigidas em processos judiciais a título de prova e contraprova.

Art. 6º As denominações de Enólogo e de Técnico em Enologia são reservadas exclusivamente aos profissionais referidos nesta Lei, ficando também incluídos os portadores de diplomas de Tecnólogo em Viticultura e Enologia, Técnico em Viticultura e Enologia e Técnico em Enologia.

Art. 7º O exercício das atividades em nível profissional nas áreas de Enologia por pessoas não habilitadas nos termos desta Lei caracteriza exercício ilegal da profissão.

Art. 8º É permitida a um Enólogo a responsabilidade técnica por estabelecimentos cujo termo de contrato estabeleça a elaboração de produtos enquadrados dentro dos Padrões de Identidade e Qualidade — PIQs determinados pelo órgão oficial.

Art. 9º O Poder Executivo regulamentará esta Lei no prazo de 90 (noventa) dias, a contar da data de sua publicação.

Art. 10. Esta Lei entra em vigor na data de sua publicação.

Brasília, 29 de maio de 2007; 186º da Independência e 119º da República.

LUIZ INÁCIO LULA DA SILVA
REINOLD STEPHANES
CARLOS LUPI

LEI N. 10.220, DE 11 DE ABRIL DE 2001

(DOU 12.4.2001)

Institui normas gerais relativas à atividade de peão de rodeio, equiparando-o a atleta profissional

O PRESIDENTE DA REPÚBLICA,

Faço saber que o Congresso Nacional decreta e eu sanciono a seguinte Lei:

Art. 1º Considera-se atleta profissional o peão de rodeio cuja atividade consiste na participação, mediante remuneração pactuada em contrato próprio, em provas de destreza no dorso de animais equinos ou bovinos, em torneios patrocinados por entidades públicas ou privadas.

PARÁGRAFO ÚNICO. Entendem-se como provas de rodeios as montarias em bovinos e equinos, as vaquejadas e provas de laço, promovidas por entidades públicas ou privadas, além de outras atividades profissionais da modalidade organizadas pelos atletas e entidades dessa prática esportiva.

Art. 2º O contrato celebrado entre a entidade promotora das provas de rodeios e o peão, obrigatoriamente por escrito, deve conter:

I — a qualificação das partes contratantes;

II — o prazo de vigência, que será, no mínimo, de quatro dias e, no máximo, de dois anos;

III — o modo e a forma de remuneração, especificados o valor básico, os prêmios, as gratificações, e, quando houver, as bonificações, bem como o valor das luvas, se previamente convencionadas;

IV — cláusula penal para as hipóteses de descumprimento ou rompimento unilateral do contrato.

§ 1º É obrigatória a contratação, pelas entidades promotoras, de seguro de vida e de acidentes em favor do peão de rodeio, compreendendo indenizações por morte ou invalidez permanente no valor mínimo de cem mil reais, devendo este valor ser atualizado a cada período de doze meses contados da publicação desta Lei, com base na Taxa Referencial de Juros — TR.

§ 2º A entidade promotora que estiver com o pagamento da remuneração de seus atletas em atraso, por período superior a três meses, não poderá participar de qualquer competição, oficial ou amistosa.

§ 3º A apólice de seguro à qual se refere o § 1º deverá, também, compreender o ressarcimento de todas as despesas médicas e hospitalares decorrentes de eventuais acidentes que o peão vier a sofrer no interstício de sua jornada normal de trabalho, independentemente da duração da eventual internação, dos medicamentos e das terapias que assim se fizerem necessários.

Art. 3º O contrato estipulará, conforme os usos e costumes de cada região, o início e o término normal da jornada de trabalho, que não poderá exceder a oito horas por dia.

Art. 4º A celebração de contrato com maiores de dezesseis anos e menores de vinte e um anos deve ser precedida de expresso assentimento de seu responsável legal.

PARÁGRAFO ÚNICO. Após dezoito anos completos de idade, na falta ou negativa do assentimento do responsável legal, o contrato poderá ser celebrado diretamente pelas partes mediante suprimento judicial do assentimento.

Art. 5º *(Vetado).*

Art. 6º *(Vetado).*

Art. 7º Esta Lei entra em vigor na data de sua publicação.

Brasília, 11 de abril de 2001; 180º da Independência e 113º da República.

FERNANDO HENRIQUE CARDOSO
JOSÉ GREGORI
FRANCISCO DORNELLES
JOSÉ CECHIN
CARLOS MELLES

LEI N. 11.685, DE 2 DE JUNHO DE 2008

(DOU 3.6.2008)

Institui o estatuto do garimpeiro e dá outras providências

O VICE-PRESIDENTE DA REPÚBLICA, no exercício do cargo de Presidente da República,

Faço saber que o Congresso Nacional decreta e eu sanciono a seguinte Lei:

Capítulo I
Disposições Preliminares

Art. 1º Fica instituído o Estatuto do Garimpeiro, destinado a disciplinar os direitos e deveres assegurados aos garimpeiros.

Art. 2º Para os fins previstos nesta Lei entende-se por:

I — garimpeiro: toda pessoa física de nacionalidade brasileira que, individualmente ou em forma associativa, atue diretamente no processo da extração de substâncias minerais garimpáveis;

II — garimpo: a localidade onde é desenvolvida a atividade de extração de substâncias minerais garimpáveis, com aproveitamento imediato do jazimento mineral, que, por sua natureza, dimensão, localização e utilização econômica, possam ser lavradas, independentemente de prévios trabalhos de pesquisa, segundo critérios técnicos do Departamento Nacional de Produção Mineral — DNPM; e

III — minerais garimpáveis: ouro, diamante, cassiterita, columbita, tantalita, wolframita, nas formas aluvionar, eluvional e coluvial, scheelita, demais gemas, rutilo, quartzo, berilo, muscovita, espodumênio, lepidolita, feldspato, mica e outros, em tipos de ocorrência que vierem a ser indicados, a critério do DNPM.

Art. 3º O exercício da atividade de garimpagem só poderá ocorrer após a outorga do competente título minerário, expedido nos termos do Decreto-lei n. 227, de 28 de fevereiro de 1967, e da Lei n. 7.805, de 18 de julho de 1989, sendo o referido título indispensável para a lavra e a primeira comercialização dos minerais garimpáveis extraídos.

Capítulo II
Das Modalidades de Trabalho

Art. 4º Os garimpeiros realizarão as atividades de extração de substâncias minerais garimpáveis sob as seguintes modalidades de trabalho:

I — autônomo;

II — em regime de economia familiar;

III — individual, com formação de relação de emprego;

IV — mediante Contrato de Parceria, por Instrumento Particular registrado em cartório; e

V — em Cooperativa ou outra forma de associativismo.

Capítulo III
Dos Direitos e Deveres do Garimpeiro

Seção I
Dos Direitos

Art. 5º As cooperativas de garimpeiros terão prioridade na obtenção da permissão de lavra garimpeira nas áreas nas quais estejam atuando, desde que a ocupação tenha ocorrido nos seguintes casos:

I — em áreas consideradas livres, nos termos do Decreto-lei n. 227, de 28 de fevereiro de 1967;

II — em áreas requeridas com prioridade, até a data de 20 de julho de 1989; e

III — em áreas onde sejam titulares de permissão de lavra garimpeira.

PARÁGRAFO ÚNICO. É facultado ao garimpeiro associar-se a mais de uma cooperativa que tenha atuação em áreas distintas.

Art. 6º As jazidas cujo título minerário esteja em processo de baixa no DNPM e que, comprovadamente, contenham, nos seus rejeitos, minerais garimpáveis que possam ser objeto de exploração garimpeira poderão ser tornadas disponíveis, por meio de edital, às cooperativas de garimpeiros, mediante a manifestação de interesse destas, conforme dispuser portaria do Diretor-Geral do DNPM.

Art. 7º As jazidas vinculadas a títulos minerários declarados caducos em conformidade com o art. 65 do Decreto-lei n. 227, de 28 de fevereiro de 1967, relativos a substâncias minerais garimpáveis que possam ser objeto de atividade garimpeira, poderão ser tornadas disponíveis, por meio de edital, às cooperativas de garimpeiros, mediante a manifestação de interesse destas, conforme dispuser portaria do Diretor-Geral do DNPM.

Art. 8º A critério do DNPM, será admitido o aproveitamento de substâncias minerais garimpáveis por cooperativas de garimpeiros em áreas de manifesto de mina e em áreas oneradas por alvarás de pesquisa e portarias de lavra, com autorização do titular, quando houver exequibilidade da lavra por ambos os regimes.

Art. 9º Fica assegurado ao garimpeiro, em qualquer das modalidades de trabalho, o direito de comercialização da sua produção diretamente com o consumidor final, desde que se comprove a titularidade da área de origem do minério extraído.

Art. 10. A atividade de garimpagem será objeto de elaboração de políticas públicas pelo Ministério de Minas e Energia destinadas a promover o seu desenvolvimento sustentável.

Art. 11. Fica assegurado o registro do exercício da atividade de garimpagem nas carteiras expedidas pelas cooperativas de garimpeiros.

Seção II
Dos Deveres do Garimpeiro

Art. 12. O garimpeiro, a cooperativa de garimpeiros e a pessoa que tenha celebrado Contrato de Parceria com garimpeiros, em qualquer modalidade de trabalho, ficam obrigados a:

I — recuperar as áreas degradadas por suas atividades;

II — atender ao disposto no Código de Mineração no que lhe couber; e

III — cumprir a legislação vigente em relação à segurança e à saúde no trabalho.

Art. 13. É proibido o trabalho do menor de 18 (dezoito) anos na atividade de garimpagem.

Capítulo IV
Das Entidades de Garimpeiros

Art. 14. É livre a filiação do garimpeiro a associações, confederações, sindicatos, cooperativas ou outras formas associativas, devidamente registradas, conforme legislação específica.

Art. 15. As cooperativas, legalmente constituídas, titulares de direitos minerários deverão informar ao DNPM, anualmente, a relação dos garimpeiros cooperados, exclusivamente para fins de registro.

§ 1º A apresentação intempestiva ou que contenha informações inverídicas implicará multa de R$ 2.000,00 (dois mil reais), a ser aplicada pelo DNPM.

§ 2º No caso de reincidência, a multa será aplicada em dobro, podendo, no caso de não pagamento ou nova ocorrência, ensejar a caducidade do título.

Capítulo V
Disposições Finais

Art. 16. O garimpeiro que tenha Contrato de Parceria com o titular de direito minerário deverá comprovar a regularidade de sua atividade na área titulada mediante apresentação de cópias autenticadas do contrato e do respectivo título minerário.

PARÁGRAFO ÚNICO. O contrato referido no *caput* deste artigo não será objeto de averbação no DNPM.

Art. 17. Fica o titular de direito minerário obrigado a enviar, anualmente, ao DNPM a relação dos garimpeiros que atuam em sua área, sob a modalidade de Contrato de Parceria, com as respectivas cópias desses contratos.

§ 1º A apresentação intempestiva ou que contenha informações inverídicas implicará multa de R$ 1.000,00 (mil reais), a ser aplicada pelo DNPM.

§ 2º No caso de reincidência, a multa será aplicada em dobro, podendo, no caso de não pagamento ou nova ocorrência, ensejar a caducidade do título.

Art. 18. É instituído o Dia Nacional do Garimpeiro a ser comemorado em 21 de julho.

Art. 19. Fica intitulado Patrono dos Garimpeiros o Bandeirante Fernão Dias Paes Leme.

Art. 20. Esta Lei entra em vigor na data de sua publicação.

Brasília, 2 de junho de 2008; 187º da Independência e 120º da República.

JOSÉ ALENCAR GOMES DA SILVA
CARLOS LUPI
EDISON LOBÃO

LEI N. 11.760, DE 31 DE JULHO DE 2008

(DOU 1.8.2008)

Dispõe sobre o exercício da profissão de oceanógrafo

O PRESIDENTE DA REPÚBLICA,

Faço saber que o Congresso Nacional decreta e eu sanciono a seguinte Lei:

Art. 1º É livre o exercício da profissão de Oceanógrafo aos portadores de diploma:

I — devidamente registrado de bacharel em curso de Oceanografia, expedido por instituição brasileira de ensino superior oficialmente reconhecida;

Legislação Complementar

II — expedido por instituição estrangeira de ensino superior, revalidado na forma da lei, cujos cursos foram considerados equivalentes aos mencionados no inciso I do *caput* deste artigo.

PARÁGRAFO ÚNICO. É livre também o exercício da profissão de Oceanógrafo aos portadores de diploma de bacharel, devidamente registrado, em curso de Oceanologia expedido pela Fundação Universidade do Rio Grande.

Art. 2º É igualmente assegurado o livre exercício da profissão de Oceanógrafo aos que, embora não habilitados na forma do art. 1º desta Lei, sejam possuidores de diplomas registrados em curso superior de graduação em outras áreas de conhecimento ligadas às geociências, ciências exatas, naturais ou do mar, inclusive os diplomados pela Escola Naval, com aperfeiçoamento em hidrografia e que tenham exercido ou estejam exercendo atividades oceanográficas por um período de 5 (cinco) anos, em entidade pública ou privada, devidamente comprovadas perante o órgão competente do Ministério do Trabalho e Emprego.

PARÁGRAFO ÚNICO. Nas condições estabelecidas no *caput* deste artigo, o registro deve ser requerido no prazo máximo de 5 (cinco) anos, a contar da data de vigência desta Lei.

Art. 3º Os Oceanógrafos, sem prejuízo do exercício das mesmas atividades por outros profissionais, igualmente habilitados na forma da legislação vigente, poderão:

I — formular, elaborar, executar, fiscalizar e dirigir estudos, planejamento, projetos e/ou pesquisas científicas básicas e aplicadas, interdisciplinares ou não, que visem ao conhecimento e à utilização racional do meio marinho, em todos os seus domínios, realizando, direta ou indiretamente:

a) levantamento, processamento e interpretação das condições físicas, químicas, biológicas e geológicas do meio marinho, suas interações, bem como a previsão do comportamento desses parâmetros e dos fenômenos a eles relacionados;

b) desenvolvimento e aplicação de métodos, processos e técnicas de exploração, explotação, beneficiamento e controle dos recursos marinhos;

c) desenvolvimento e aplicação de métodos, processos e técnicas de preservação, monitoramento e gerenciamento do meio marinho;

d) desenvolvimento e aplicação de métodos, processos e técnicas oceanográficas relacionadas às obras, instalações, estruturas e quaisquer empreendimentos na área marinha;

II — orientar, dirigir, assessorar e prestar consultoria a empresas, fundações, sociedades e associações de classe, entidades autárquicas, privadas ou do poder público;

III — realizar perícias, emitir e assinar pareceres e laudos técnicos;

IV — dirigir órgãos, serviços, seções, grupos ou setores de oceanografia em entidades autárquicas, privadas ou do poder público.

PARÁGRAFO ÚNICO. Compete igualmente aos Oceanógrafos, ainda que não privativo ou exclusivo, o exercício de atividades ligadas à limnologia, aquicultura, processamento e inspeção dos recursos naturais de águas interiores.

Art. 4º Esta Lei entra em vigor na data de sua publicação.

Brasília, 31 de julho de 2008; 187º da Independência e 120º da República.

LUIZ INÁCIO LULA DA SILVA
CARLOS LUPI
FERNANDO HADDAD
ALTEMIR GREGOLIN

LEI N. 11.350, DE 5 DE OUTUBRO DE 2006

(DOU 6.10.2006)

Regulamenta o § 5º do art. 198 da Constituição, dispõe sobre o aproveitamento de pessoal amparado pelo parágrafo único do art. 2º da Emenda Constitucional n. 51, de 14 de fevereiro de 2006, e dá outras providências

Obs.: Ter presente a Lei n. 13.026, de 3.9.14 (DOU 4.9.14), não publicada nesta obra, que altera as Leis ns. 10.410, de 11 de janeiro de 2002, que cria e disciplina a Carreira de Especialista em Meio Ambiente, e 11.357, de 19 de outubro de 2006, na parte em que dispõe sobre o Plano Especial de Cargos do Ministério do Meio Ambiente e do Instituto Brasileiro do Meio Ambiente — IBAMA; cria o Quadro em Extinção de Combate às Endemias; e autoriza a transformação dos empregos criados pelo art. 15 da Lei n. 11.350, de 5 de outubro de 2006, no cargo de Agente de Combate às Endemias. Abaixo, transcrevemos o art. 13 da mencionada lei que trata da jornada de trabalho do Agente de Combate às Endemias e disposições ligadas a transformações, extinção e vedação a redistribuição de cargos, as quais fazem remissões à Lei n. 8.112, de 11.12.90:

....

"Art. 13. Aplica-se aos ocupantes do cargo de Agente de Combate às Endemias a jornada de 40 (quarenta) horas semanais, prevista na Lei n. 8.112, de 11 de dezembro de 1990.

Art. 14. Os cargos transformados por esta Lei serão automaticamente extintos na ocorrência de quaisquer das hipóteses de vacância dispostas na Lei n. 8.112, de 11 de dezembro de 1990.

Art. 15. É vedada a redistribuição dos cargos de Agente de Combate às Endemias a outros órgãos da administração pública federal, independentemente do cumprimento das disposições do art. 37 da Lei n. 8.112, de 11 de dezembro de 1990".

....

Nota: v. Decreto n. 8.474, de 22 de junho de 2015, DOU 23.6.15, que regulamenta o disposto no § 1º do art. 9º-C e no § 1º do art. 9º-D da Lei n. 11.350, de 5 de outubro de 2006, para dispor sobre as atividades de Agente Comunitário de Saúde e de Agente de Combate às Endemias, não publicada na CLT.

Faço saber que o PRESIDENTE DA REPÚBLICA adotou a Medida Provisória n. 297, de 2006, que o Congresso Nacional aprovou, e eu, Renan Calheiros, Presidente da Mesa do Congresso Nacional, para os efeitos do disposto no art. 62 da Constituição Federal, com a redação dada pela Emenda Constitucional n. 32, combinado com o art. 12 da Resolução n. 1, de 2002-CN, promulgo a seguinte Lei:

Art. 1º As atividades de Agente Comunitário de Saúde e de Agente de Combate às Endemias, passam a reger-se pelo disposto nesta Lei.

Art. 2º O exercício das atividades de Agente Comunitário de Saúde e de Agente de Combate às Endemias, nos termos desta Lei, dar-se-á exclusivamente no âmbito do Sistema Único de Saúde — SUS, na execução das atividades de responsabilidade dos entes federados, mediante vínculo direto entre os referidos Agentes e órgão ou entidade da administração direta, autárquica ou fundacional.

Art. 3º O Agente Comunitário de Saúde tem como atribuição o exercício de atividades de prevenção de doenças e promoção da saúde, mediante ações domiciliares ou comunitárias, individuais ou coletivas, desenvolvidas em conformidade com as diretrizes do SUS e sob supervisão do gestor municipal, distrital, estadual ou federal.

PARÁGRAFO ÚNICO. São consideradas atividades do Agente Comunitário de Saúde, na sua área de atuação:

I — a utilização de instrumentos para diagnóstico demográfico e sociocultural da comunidade;

II — a promoção de ações de educação para a saúde individual e coletiva;

III — o registro, para fins exclusivos de controle e planejamento das ações de saúde, de nascimentos, óbitos, doenças e outros agravos à saúde;

IV — o estímulo à participação da comunidade nas políticas públicas voltadas para a área da saúde;

V — a realização de visitas domiciliares periódicas para monitoramento de situações de risco à família; e

VI — a participação em ações que fortaleçam os elos entre o setor saúde e outras políticas que promovam a qualidade de vida.

Art. 4º O Agente de Combate às Endemias tem como atribuição o exercício de atividades de vigilância, prevenção e controle de doenças e promoção da saúde, desenvolvidas em conformidade com as diretrizes do SUS e sob supervisão do gestor de cada ente federado.

Art. 5º O Ministério da Saúde disciplinará as atividades de prevenção de doenças, de promoção da saúde, de controle e de vigilância a que se referem os arts. 3º e 4º e estabelecerá os parâmetros dos cursos previstos nos incisos II do art. 6º e I do art. 7º, observadas as diretrizes curriculares nacionais definidas pelo Conselho Nacional de Educação.

Art. 6º O Agente Comunitário de Saúde deverá preencher os seguintes requisitos para o exercício da atividade:

I — residir na área da comunidade em que atuar, desde a data da publicação do edital do processo seletivo público;

II — haver concluído, com aproveitamento, curso introdutório de formação inicial e continuada; e

III — haver concluído o ensino fundamental.

§ 1º Não se aplica a exigência a que se refere o inciso III aos que, na data de publicação desta Lei, estejam exercendo atividades próprias de Agente Comunitário de Saúde.

§ 2º Compete ao ente federativo responsável pela execução dos programas a definição da área geográfica a que se refere o inciso I, observados os parâmetros estabelecidos pelo Ministério da Saúde.

Art. 7º O Agente de Combate às Endemias deverá preencher os seguintes requisitos para o exercício da atividade:

I — haver concluído, com aproveitamento, curso introdutório de formação inicial e continuada; e

II — haver concluído o ensino fundamental.

PARÁGRAFO ÚNICO. Não se aplica a exigência a que se refere o inciso II aos que, na data de publicação desta Lei, estejam exercendo atividades próprias de Agente de Combate às Endemias.

Art. 8º Os Agentes Comunitários de Saúde e os Agentes de Combate às Endemias admitidos pelos gestores locais do SUS e pela Fundação Nacional de Saúde — FUNASA, na forma do disposto no § 4º do art. 198 da Constituição, submetem-se ao regime jurídico estabelecido pela Consolidação das Leis do Trabalho — CLT, salvo se, no caso dos Estados, do Distrito Federal e dos Municípios, lei local dispuser de forma diversa.

Art. 9º A contratação de Agentes Comunitários de Saúde e de Agentes de Combate às Endemias deverá ser precedida de processo seletivo público de provas ou de provas e títulos, de acordo com a natureza e a complexidade de suas atribuições e requisitos específicos para o exercício das atividades, que atenda aos princípios de legalidade, impessoalidade, moralidade, publicidade e eficiência.

§ 1º Caberá aos órgãos ou entes da administração direta dos Estados, do Distrito Federal ou dos Municípios certificar, em cada caso, a existência de anterior processo de seleção pública, para efeito da dispensa referida no parágrafo único do art. 2º da Emenda Constitucional n. 51, de 14 de fevereiro de 2006, considerando-se como tal aquele que tenha sido realizado com observância dos princípios referidos no *caput*. *(Renumerado pela Lei n. 13.342, de 3.10.2016, DOU 4.10.2016)*

§ 2º O tempo prestado pelos Agentes Comunitários de Saúde e pelos Agentes de Combate às Endemias enquadrados na condição prevista no § 1º deste artigo, independentemente da forma de seu vínculo e desde que tenha sido efetuado o devido recolhimento da contribuição previdenciária, será considerado para fins de concessão de benefícios e contagem recíproca pelos regimes previdenciários. (NR) *(Incluído pela Lei n. 13.342, de 3.10.2016, DOU 4.10.2016)*

Art. 9º-A. O piso salarial profissional nacional é o valor abaixo do qual a União, os Estados, o Distrito Federal e os Municípios não poderão fixar o vencimento inicial das Carreiras de Agente Comunitário de Saúde e de Agente de Combate às Endemias para a jornada de 40 (quarenta) horas semanais. *(Redação dada pela Lei n. 12.994, de 17.6.2014, DOU 18.6.14)*

§ 1º O piso salarial profissional nacional dos Agentes Comunitários de Saúde e dos Agentes de Combate às Endemias é fixado no valor de R$ 1.014,00 (mil e quatorze reais) mensais. *(Redação dada pela Lei n. 12.994, de 17.6.2014, DOU 18.6.14)*

§ 2º A jornada de trabalho de 40 (quarenta) horas exigida para garantia do piso salarial previsto nesta Lei deverá ser integralmente dedicada a ações e serviços de promoção da saúde, vigilância epidemiológica e combate a endemias em prol das famílias e comunidades assistidas, dentro dos respectivos territórios de atuação, segundo as atribuições previstas nesta Lei. *(Redação dada pela Lei n. 12.994, de 17.6.2014, DOU 18.6.14)*

§ 3º O exercício de trabalho de forma habitual e permanente em condições insalubres, acima dos limites de tolerância estabelecidos pelo órgão competente do Poder Executivo federal, assegura aos agentes de que trata esta Lei a percepção de adicional de insalubridade, calculado sobre o seu vencimento ou salário-base: *(Incluído pela Lei n. 13.342, de 3.10.16, DOU 11.1.17)*

I — nos termos do disposto no art. 192 da Consolidação das Leis do Trabalho (CLT), aprovada pelo Decreto-Lei n. 5.452, de 1º de maio de 1943, quando submetidos a esse regime; *(Incluído pela Lei n. 13.342, de 3.10.16, DOU 11.1.17)*

II — nos termos da legislação específica, quando submetidos a vínculos de outra natureza. *(Incluído pela Lei n. 13.342, de 3.10.16, DOU 11.1.17)*

Art. 9º-B. (VETADO). *(Lei n. 12.994, de 17.6.2014, DOU 18.6.14)*

Art. 9º-C. Nos termos do § 5º do art. 198 da Constituição Federal, compete à União prestar assistência financeira complementar aos Estados, ao Distrito Federal e aos Municípios, para o cumprimento do piso salarial de que trata o art. 9º-A desta Lei. *(Redação dada pela Lei n. 12.994, de 17.6.2014, DOU 18.6.14)*

§ 1º Para fins do disposto no *caput* deste artigo, é o Poder Executivo federal autorizado a fixar em decreto os parâmetros referentes à quantidade máxima de agentes passível de contratação, em função da população e das peculiaridades locais, com o auxílio da assistência financeira complementar da União. *(Redação dada pela Lei n. 12.994, de 17.6.2014, DOU 18.6.14)*

§ 2º A quantidade máxima de que trata o § 1º deste artigo considerará tão somente os agentes efetivamente registrados no mês anterior à respectiva competência financeira que se encontrem no estrito desempenho de suas atribuições e submetidos à jornada de trabalho fixada para a concessão do piso salarial. *(Redação dada pela Lei n. 12.994, de 17.6.2014, DOU 18.6.14)*

§ 3º O valor da assistência financeira complementar da União é fixado em 95% (noventa e cinco por cento) do piso salarial de que trata o art. 9º-A desta Lei. *(Redação dada pela Lei n. 12.994, de 17.6.2014, DOU 18.6.14)*

§ 4º A assistência financeira complementar de que trata o *caput* deste artigo será devida em 12 (doze) parcelas consecutivas em cada exercício e 1 (uma) parcela adicional no último trimestre. *(Redação dada pela Lei n. 12.994, de 17.6.2014, DOU 18.6.14)*

§ 5º Até a edição do decreto de que trata o § 1º deste artigo, aplicar-se-ão as normas vigentes para os repasses de incentivos financeiros pelo Ministério da Saúde. *(Redação dada pela Lei n. 12.994, de 17.6.2014, DOU 18.6.14)*

§ 6º Para efeito da prestação de assistência financeira complementar de que trata este artigo, a União exigirá dos gestores locais do SUS a comprovação do vínculo direto dos Agentes Comunitários de Saúde e dos Agentes de Combate às Endemias com o respectivo ente federativo, regularmente formalizado, conforme o regime jurídico que vier a ser adotado na forma do art. 8º desta Lei. *(Redação dada pela Lei n. 12.994, de 17.6.2014, DOU 18.6.14)*

Art. 9º-D. É criado incentivo financeiro para fortalecimento de políticas afetas à atuação de agentes comunitários de saúde e de combate às endemias. *(Redação dada pela Lei n. 12.994, de 17.6.2014, DOU 18.6.14)*

§ 1º Para fins do disposto no *caput* deste artigo, é o Poder Executivo federal autorizado a fixar em decreto: *(Redação dada pela Lei n. 12.994, de 17.6.2014, DOU 18.6.14)*

I — parâmetros para concessão do incentivo; e *(Redação dada pela Lei n. 12.994, de 17.6.2014, DOU 18.6.14)*

II — valor mensal do incentivo por ente federativo. *(Redação dada pela Lei n. 12.994, de 17.6.2014, DOU 18.6.14)*

§ 2º Os parâmetros para concessão do incentivo considerarão, sempre que possível, as peculiaridades do Município. *(Redação dada pela Lei n. 12.994, de 17.6.2014, DOU 18.6.14)*

§ 3º (VETADO). *(Lei n. 12.994, de 17.6.2014, DOU 18.6.14)*

§ 4º (VETADO). *(Lei n. 12.994, de 17.6.2014, DOU 18.6.14)*

§ 5º (VETADO). *(Lei n. 12.994, de 17.6.2014, DOU 18.6.14)*

Art. 9º-E. Atendidas as disposições desta Lei e as respectivas normas regulamentadoras, os recursos de que tratam os arts. 9º-C e 9º-D serão repassados pelo Fundo Nacional de Saúde (Funasa) aos fundos de saúde dos Municípios, Estados e Distrito Federal como transferências correntes, regulares, automáticas e obrigatórias, nos termos do disposto no art. 3º da Lei n. 8.142, de 28 de dezembro de 1990. *(Redação dada pela Lei n. 12.994, de 17.6.2014, DOU 18.6.14)*

Art. 9º-F. Para fins de apuração dos limites com pessoal de que trata a Lei Complementar n. 101, de 4 de maio de 2000, a assistência financeira complementar obrigatória prestada pela União e a parcela repassada como incentivo financeiro que venha a ser utilizada no pagamento de pessoal serão computadas como gasto de pessoal do ente federativo beneficiado pelas transferências. *(Redação dada pela Lei n. 12.994, de 17.6.2014, DOU 18.6.14)*

Art. 9º-G. Os planos de carreira dos Agentes Comunitários de Saúde e dos Agentes de Combate às Endemias deverão obedecer às seguintes diretrizes: *(Redação dada pela Lei n. 12.994, de 17.6.2014, DOU 18.6.14)*

I — remuneração paritária dos Agentes Comunitários de Saúde e dos Agentes de Combate às Endemias; *(Redação dada pela Lei n. 12.994, de 17.6.2014, DOU 18.6.14)*

II — definição de metas dos serviços e das equipes; *(Redação dada pela Lei n. 12.994, de 17.6.2014, DOU 18.6.14)*

III — estabelecimento de critérios de progressão e promoção; *(Redação dada pela Lei n. 12.994, de 17.6.2014, DOU 18.6.14)*

IV — adoção de modelos e instrumentos de avaliação que atendam à natureza das atividades, assegurados os seguintes princípios: *(Redação dada pela Lei n. 12.994, de 17.6.2014, DOU 18.6.14)*

a) transparência do processo de avaliação, assegurando-se ao avaliado o conhecimento sobre todas as etapas do processo e sobre o seu resultado final; *(Redação dada pela Lei n. 12.994, de 17.6.2014, DOU 18.6.14)*

b) periodicidade da avaliação; *(Redação dada pela Lei n. 12.994, de 17.6.2014, DOU 18.6.14)*

c) contribuição do servidor para a consecução dos objetivos do serviço; *(Redação dada pela Lei n. 12.994, de 17.6.2014, DOU 18.6.14)*

d) adequação aos conteúdos ocupacionais e às condições reais de trabalho, de forma que eventuais condições precárias ou adversas de trabalho não prejudiquem a avaliação; *(Redação dada pela Lei n. 12.994, de 17.6.2014, DOU 18.6.14)*

e) direito de recurso às instâncias hierárquicas superiores. *(Redação dos artigos dada pela Lei n. 12.994, de 17.6.2014, DOU 18.6.14)*

Art. 10. A administração pública somente poderá rescindir unilateralmente o contrato do Agente Comunitário de Saúde ou do Agente de Combate às Endemias, de acordo com o regime jurídico de trabalho adotado, na ocorrência de uma das seguintes hipóteses:

I — prática de falta grave, dentre as enumeradas no art. 482 da Consolidação das Leis do Trabalho — CLT;

II — acumulação ilegal de cargos, empregos ou funções públicas;

III — necessidade de redução de quadro de pessoal, por excesso de despesa, nos termos da Lei n. 9.801, de 14 de junho de 1999; ou

IV — insuficiência de desempenho, apurada em procedimento no qual se assegurem pelo menos um recurso hierárquico dotado de efeito suspensivo, que será apreciado em trinta dias, e o prévio conhecimento dos padrões mínimos exigidos para a continuidade da relação de emprego, obrigatoriamente estabelecidos de acordo com as peculiaridades das atividades exercidas.

PARÁGRAFO ÚNICO. No caso do Agente Comunitário de Saúde, o contrato também poderá ser rescindido unilateralmente na hipótese de não atendimento ao disposto no inciso I do art. 6º, ou em função de apresentação de declaração falsa de residência.

Art. 11. Fica criado, no Quadro de Pessoal da Fundação Nacional de Saúde — FUNASA, Quadro Suplementar de Combate às Endemias, destinado a promover, no âmbito do SUS, ações complementares de vigilância epidemiológica e combate a endemias, nos termos do inciso VI e parágrafo único do art. 16 da Lei n. 8.080, de 19 de setembro de 1990.

PARÁGRAFO ÚNICO. Ao Quadro Suplementar de que trata o *caput* aplica-se, no que couber, além do disposto nesta Lei, o disposto na Lei n. 9.962, de 22 de fevereiro de 2000, cumprindo-se jornada de trabalho de quarenta horas semanais.

Art. 12. Aos profissionais não ocupantes de cargo efetivo em órgão ou entidade da administração pública federal que, em 14 de fevereiro de 2006, a qualquer título, se achavam no desempenho de atividades de combate a endemias no âmbito da FUNASA é assegurada a dispensa de se submeterem ao processo seletivo público a que se refere o § 4º do art. 198 da Constituição, desde que tenham sido contratados a partir de anterior processo de seleção pública efetuado pela FUNASA, ou por outra instituição, sob a efetiva supervisão da FUNASA e mediante a observância dos princípios a que se refere o *caput* do art. 9º.

§ 1º Ato conjunto dos Ministros de Estado da Saúde e do Controle e da Transparência instituirá comissão com a finalidade de atestar a regularidade do processo seletivo para fins da dispensa prevista no *caput*.

§ 2º A comissão será integrada por três representantes da Secretaria Federal de Controle Interno da Controladoria-Geral da União, um dos quais a presidirá, pelo Assessor Especial de Controle Interno do Ministério da Saúde e pelo Chefe da Auditoria Interna da FUNASA.

Art. 13. Os Agentes de Combate às Endemias integrantes do Quadro Suplementar a que se refere o art. 11 poderão ser colocados à disposição dos Estados, do Distrito Federal e dos Municípios, no âmbito do SUS, mediante convênio, ou para gestão associada de serviços públicos, mediante contrato de consórcio público, nos termos da Lei n. 11.107, de 6 de abril de 2005, mantida a vinculação à FUNASA e sem prejuízo dos respectivos direitos e vantagens.

Art. 14. O gestor local do SUS responsável pela contratação dos profissionais de que trata esta Lei disporá sobre a criação dos cargos ou empregos públicos e demais aspectos inerentes à atividade, observadas as especificidades locais.

Art. 15. Ficam criados cinco mil, trezentos e sessenta e cinco empregos públicos de Agente de Combate às Endemias, no âmbito do Quadro Suplementar referido no art. 11, com retribuição mensal estabelecida na forma do Anexo desta Lei, cuja despesa não excederá o valor atualmente despendido pela FUNASA com a contratação desses profissionais.

§ 1º A FUNASA, em até trinta dias, promoverá o enquadramento do pessoal de que trata o art. 12 na tabela salarial constante do Anexo desta Lei, em classes e níveis com salários iguais aos pagos atualmente, sem aumento de despesa.

§ 2º Aplica-se aos ocupantes dos empregos referidos no *caput* a indenização de campo de que trata o art. 16 da Lei n. 8.216, de 13 de agosto de 1991.

§ 3º Caberá à Secretaria de Recursos Humanos do Ministério do Planejamento, Orçamento e Gestão disciplinar o desenvolvimento dos ocupantes dos empregos públicos referidos no *caput* na tabela salarial constante do Anexo desta Lei.

Art. 16. É vedada a contratação temporária ou terceirizada de Agentes Comunitários de Saúde e de Agentes de Combate às Endemias, salvo na hipótese de combate a surtos epidêmicos, na forma da lei aplicável. (NR) *(Redação dada pela Lei n. 12.994, de 17.6.14 DOU 18.6.14)*

Art. 17. Os profissionais que, na data de publicação desta Lei, exerçam atividades próprias de Agente Comunitário de Saúde e Agente de Combate às Endemias, vinculados diretamente aos gestores locais do SUS ou a entidades de administração indireta, não investidos em cargo ou emprego público, e não alcançados pelo disposto no parágrafo único do art. 9º, poderão permanecer no exercício destas atividades, até que seja concluída a realização de processo seletivo público pelo ente federativo, com vistas ao cumprimento do disposto nesta Lei.

Art. 18. Os empregos públicos criados no âmbito da FUNASA, conforme disposto no art. 15 e preenchidos nos termos desta Lei, serão extintos, quando vagos.

Art. 19. As despesas decorrentes da criação dos empregos públicos a que se refere o art. 15 correrão à conta das dotações destinadas à FUNASA, consignadas no Orçamento Geral da União.

Art. 20. Esta Lei entra em vigor na data de sua publicação.

Art. 21. Fica revogada a Lei n. 10.507, de 10 de julho de 2002.

Brasília, 9 de junho de 2006; 185º da Independência e 118º da República.

Luiz Inácio Lula da Silva
José Agenor Álvares da Silva
Paulo Bernardo Silva

ANEXO II
TABELA DE VENCIMENTO BÁSICO
DOS CARGOS DE QUE TRATA O ART. 3º DESTA LEI Em R$

CLASSE	PADRÃO	VENCIMENTO BÁSICO — EFEITOS FINANCEIROS A PARTIR: do ingresso no Cargo público, nos termos do § 2º do art. 3º	de 1º de janeiro de 2015
ESPECIAL	V	3.233,91	3.492,24
	IV	3.205,54	3.463,88
	III	3.178,17	3.436,50
	II	3.139,12	3.397,45
	I	3.112,13	3.370,46
C	V	3.085,29	3.343,62
	IV	3.059,43	3.317,75
	III	3.033,71	3.292,05
	II	3.008,16	3.266,49
	I	2.972,22	3.230,56
B	V	2.947,03	3.205,36
	IV	2.922,80	3.181,13
	III	2.898,72	3.157,05
	II	2.874,78	3.133,11
	I	2.850,97	3.109,30
A	V	2.818,06	3.076,40
	IV	2.795,43	3.053,77
	III	2.772,93	3.031,27
	II	2.750,57	3.008,90
	I	2.729,87	2.988,15

(Anexo alterado pela Lei n. 13.026, de 3.9.14, DOU 4.9.14)

LEI N. 11.889, DE 24 DE DEZEMBRO DE 2008

(DOU 26.12.2008)

Regulamenta o exercício das profissões de Técnico em Saúde Bucal — TSB e de Auxiliar em Saúde Bucal — ASB

O PRESIDENTE DA REPÚBLICA Faço saber que o Congresso Nacional decreta e eu sanciono a seguinte Lei:

Art. 1º (VETADO)

Art. 2º (VETADO)

Art. 3º O Técnico em Saúde Bucal e o Auxiliar em Saúde Bucal estão obrigados a se registrar no Conselho Federal de Odontologia e a se inscrever no Conselho Regional de Odontologia em cuja jurisdição exerçam suas atividades.

§ 1º (VETADO)

§ 2º (VETADO)

§ 3º (VETADO)

§ 4º (VETADO)

§ 5º Os valores das anuidades devidas aos Conselhos Regionais pelo Técnico em Saúde Bucal e pelo Auxiliar em Saúde Bucal e das taxas correspondentes aos serviços e atos indispensáveis ao exercício das profissões não podem ultrapassar, respectivamente, 1/4 (um quarto) e 1/10 (um décimo) daqueles cobrados ao cirurgião-dentista.

Art. 4º (VETADO)

PARÁGRAFO ÚNICO. A supervisão direta será obrigatória em todas as atividades clínicas, podendo as atividades extraclínicas ter supervisão indireta.

Art. 5º Competem ao Técnico em Saúde Bucal, sempre sob a supervisão do cirurgião-dentista, as seguintes atividades, além das estabelecidas para os auxiliares em saúde bucal:

I — participar do treinamento e capacitação de Auxiliar em Saúde Bucal e de agentes multiplicadores das ações de promoção à saúde;

II — participar das ações educativas atuando na promoção da saúde e na prevenção das doenças bucais;

III — participar na realização de levantamentos e estudos epidemiológicos, exceto na categoria de examinador;

IV — ensinar técnicas de higiene bucal e realizar a prevenção das doenças bucais por meio da aplicação tópica do flúor, conforme orientação do cirurgião-dentista;

V — fazer a remoção do biofilme, de acordo com a indicação técnica definida pelo cirurgião-dentista;

VI — supervisionar, sob delegação do cirurgião-dentista, o trabalho dos auxiliares de saúde bucal;

VII — realizar fotografias e tomadas de uso odontológicos exclusivamente em consultórios ou clínicas odontológicas;

VIII — inserir e distribuir no preparo cavitário materiais odontológicos na restauração dentária direta, vedado o uso de materiais e instrumentos não indicados pelo cirurgião-dentista;

IX — proceder à limpeza e à antissepsia do campo operatório, antes e após atos cirúrgicos, inclusive em ambientes hospitalares;

X — remover suturas;

XI — aplicar medidas de biossegurança no armazenamento, manuseio e descarte de produtos e resíduos odontológicos;

XII — realizar isolamento do campo operatório;

XIII — exercer todas as competências no âmbito hospitalar, bem como instrumentar o cirurgião-dentista em ambientes clínicos e hospitalares.

§ 1º Dada a sua formação, o Técnico em Saúde Bucal é credenciado a compor a equipe de saúde, desenvolver atividades auxiliares em Odontologia e colaborar em pesquisas.

§ 2º (VETADO)

Art. 6º É vedado ao Técnico em Saúde Bucal:

I — exercer a atividade de forma autônoma;

II — prestar assistência direta ou indireta ao paciente, sem a indispensável supervisão do cirurgião-dentista;

III — realizar, na cavidade bucal do paciente, procedimentos não discriminados no art. 5º desta Lei; e

IV — fazer propaganda de seus serviços, exceto em revistas, jornais e folhetos especializados da área odontológica.

Art. 7º (VETADO)

Art. 8º (VETADO)

PARÁGRAFO ÚNICO. A supervisão direta se dará em todas as atividades clínicas, podendo as atividades extraclínicas ter supervisão indireta.

Art. 9º Compete ao Auxiliar em Saúde Bucal, sempre sob a supervisão do cirurgião-dentista ou do Técnico em Saúde Bucal:

I — organizar e executar atividades de higiene bucal;

II — processar filme radiográfico;

III — preparar o paciente para o atendimento;

IV — auxiliar e instrumentar os profissionais nas intervenções clínicas, inclusive em ambientes hospitalares;

V — manipular materiais de uso odontológico;

VI — selecionar moldeiras;

VII — preparar modelos em gesso;

VIII — registrar dados e participar da análise das informações relacionadas ao controle administrativo em saúde bucal;

IX — executar limpeza, assepsia, desinfeção e esterilização do instrumental, equipamentos odontológicos e do ambiente de trabalho;

X — realizar o acolhimento do paciente nos serviços de saúde bucal;

XI — aplicar medidas de biossegurança no armazenamento, transporte, manuseio e descarte de produtos e resíduos odontológicos;

XII — desenvolver ações de promoção da saúde e prevenção de riscos ambientais e sanitários;

XIII — realizar em equipe levantamento de necessidades em saúde bucal; e

XIV — adotar medidas de biossegurança visando ao controle de infecção.

Art. 10. É vedado ao Auxiliar em Saúde Bucal:

I — exercer a atividade de forma autônoma;

II — prestar assistência, direta ou indiretamente, a paciente, sem a indispensável supervisão do cirurgião-dentista ou do Técnico em Saúde Bucal;

III — realizar, na cavidade bucal do paciente, procedimentos não discriminados no art. 9º desta Lei; e

IV — fazer propaganda de seus serviços, mesmo em revistas, jornais ou folhetos especializados da área odontológica.

Art. 11. O cirurgião-dentista que, tendo Técnico em Saúde Bucal ou Auxiliar em Saúde Bucal sob sua supervisão e responsabilidade, permitir que esses, sob qualquer forma, extrapolem suas funções específicas responderá perante os Conselhos Regionais de Odontologia, conforme a legislação em vigor.

Art. 12. Esta Lei entra em vigor na data de sua publicação.

Brasília, 24 de dezembro de 2008; 187º da Independência e 120º da República.

LUIZ INÁCIO LULA DA SILVA
CARLOS LUPI
JOSÉ GOMES TEMPORÃO

LEI N. 10.556, DE 13 DE NOVEMBRO DE 2002

(DOU 14.11.2002)

Dispõe sobre a inclusão dos cargos que especifica no plano de classificação de cargos, instituído pela Lei n. 5.645, de 10 de dezembro de 1970, altera as Leis ns. 10.486, de 4 de julho de 2002, e 5.662, de 21 de junho de 1971, e dá outras providências

Faço saber que o PRESIDENTE DA REPÚBLICA adotou a Medida Provisória n. 56, de 2002, que o Congresso Nacional aprovou, e eu, Ramez Tebet, Presidente da Mesa do Congresso Nacional, para os efeitos do disposto no art. 62 da Constituição Federal, com a redação dada pela Emenda Constitucional n. 32, de 2001, promulgo a seguinte Lei:

....

Art. 7º A Lei n. 5.662, de 21 de junho de 1971, passa a vigorar acrescida do seguinte art. 4º A:

> "Art. 4º O disposto no art. 224 da Consolidação das Leis do Trabalho — CLT, aprovada pelo Decreto-lei n. 5.452, de 1º de maio de 1943, não se aplica aos empregados do Banco Nacional de Desenvolvimento Econômico e Social — BNDES e aos de suas subsidiárias.
>
> PARÁGRAFO ÚNICO. A jornada de trabalho dos empregados do BNDES e de suas subsidiárias será de sete horas diárias, perfazendo um total de trinta e cinco horas de trabalho semanais, não podendo ser reduzida em qualquer hipótese." (NR)

Art. 8º O disposto na Seção I do Capítulo I do Título III da Consolidação das Leis do Trabalho — CLT, aprovada pelo Decreto-lei n. 5.452, de 1º de maio de 1943, não se aplica aos empregados da Financiadora de Estudos e Projetos — FINEP.

PARÁGRAFO ÚNICO. A jornada de trabalho dos empregados da FINEP será de oito horas diárias, perfazendo um total de quarenta horas de trabalho semanais, não podendo ser reduzida em qualquer hipótese.

Art. 9º Esta Lei entra em vigor na data de sua publicação.

Congresso Nacional, em 13 de novembro de 2002; 181º da Independência e 114º da República.

SENADOR RAMEZ TEBET
Presidente da Mesa do Congresso Nacional

Legislação Complementar

LEI N. 11.901, DE 12 DE JANEIRO DE 2009

(DOU 13.1.2009)

Dispõe sobre a profissão de bombeiro civil e dá outras providências

O PRESIDENTE DA REPÚBLICA,

Faço saber que o Congresso Nacional decreta e eu sanciono a seguinte Lei:

Art. 1º O exercício da profissão de Bombeiro Civil reger-se-á pelo disposto nesta Lei.

Art. 2º Considera-se Bombeiro Civil aquele que, habilitado nos termos desta Lei, exerça, em caráter habitual, função remunerada e exclusiva de prevenção e combate a incêndio, como empregado contratado diretamente por empresas privadas ou públicas, sociedades de economia mista, ou empresas especializadas em prestação de serviços de prevenção e combate a incêndio.

§ 1º *(VETADO)*

§ 2º No atendimento a sinistros em que atuem, em conjunto, os Bombeiros Civis e o Corpo de Bombeiros Militar, a coordenação e a direção das ações caberão, com exclusividade e em qualquer hipótese, à corporação militar.

Art. 3º *(VETADO)*

Art. 4º As funções de Bombeiro Civil são assim classificadas:

I — Bombeiro Civil, nível básico, combatente direto ou não do fogo;

II — Bombeiro Civil Líder, o formado como técnico em prevenção e combate a incêndio, em nível de ensino médio, comandante de guarnição em seu horário de trabalho;

III — Bombeiro Civil Mestre, o formado em engenharia com especialização em prevenção e combate a incêndio, responsável pelo Departamento de Prevenção e Combate a Incêndio.

Art. 5º A jornada do Bombeiro Civil é de 12 (doze) horas de trabalho por 36 (trinta e seis) horas de descanso, num total de 36 (trinta e seis) horas semanais.

Art. 6º É assegurado ao Bombeiro Civil:

I — uniforme especial a expensas do empregador;

II — seguro de vida em grupo, estipulado pelo empregador;

III — adicional de periculosidade de 30% (trinta por cento) do salário mensal sem os acréscimos resultantes de gratificações, prêmios ou participações nos lucros da empresa;

IV — o direito à reciclagem periódica.

Art. 7º *(VETADO)*

Art. 8º As empresas especializadas e os cursos de formação de Bombeiro Civil, bem como os cursos técnicos de segundo grau de prevenção e combate a incêndio que infringirem as disposições desta Lei, ficarão sujeitos às seguintes penalidades:

I — advertência;

II — *(VETADO)*

III — proibição temporária de funcionamento;

IV — cancelamento da autorização e registro para funcionar.

Art. 9º As empresas e demais entidades que se utilizem do serviço de Bombeiro Civil poderão firmar convênios com os Corpos de Bombeiros Militares dos Estados, dos Territórios e do Distrito Federal, para assistência técnica a seus profissionais.

Art. 10. *(VETADO)*

Art. 11. Esta Lei entra em vigor na data de sua publicação.

Brasília, 12 de janeiro de 2009; 188º da Independência e 121º da República.

LUIZ INÁCIO LULA DA SILVA
TARSO GENRO
CARLOS LUPI
JOÃO BERNARDO DE AZEVEDO BRINGEL
JOSÉ ANTONIO DIAS TOFFOL

LEI N. 11.959, DE 29 DE JUNHO DE 2009

DOU 30.6.2009 E RETIF. DOU 7.7.2009

(ATIVIDADE PESQUEIRA)

Dispõe sobre a política nacional de desenvolvimento sustentável da aquicultura e da pesca, regula as atividades pesqueiras, revoga a Lei n. 7.679, de 23 de novembro de 1988, e dispositivos do Decreto-lei n. 221, de 28 de fevereiro de 1967, e dá outras providências

O PRESIDENTE DA REPÚBLICA,

Faço saber que o Congresso Nacional decreta e eu sanciono a seguinte Lei:

Capítulo I
Normas Gerais da Política Nacional de Desenvolvimento Sustentável da Aquicultura e da Pesca

Art. 1º Esta Lei dispõe sobre a Política Nacional de Desenvolvimento Sustentável da Aquicultura e da Pesca, formulada, coordenada e executada com o objetivo de promover:

I — o desenvolvimento sustentável da pesca e da aquicultura como fonte de alimentação, emprego, renda e lazer, garantindo-se o uso sustentável dos recursos pesqueiros, bem como a otimização dos benefícios econômicos decorrentes, em harmonia com a preservação e a conservação do meio ambiente e da biodiversidade;

II — o ordenamento, o fomento e a fiscalização da atividade pesqueira;

III — a preservação, a conservação e a recuperação dos recursos pesqueiros e dos ecossistemas aquáticos;

IV — o desenvolvimento socioeconômico, cultural e profissional dos que exercem a atividade pesqueira, bem como de suas comunidades.

Capítulo II
Definições

Art. 2º Para os efeitos desta Lei, consideram-se:

I — recursos pesqueiros: os animais e os vegetais hidróbios passíveis de exploração, estudo ou pesquisa pela pesca amadora, de subsistência, científica, comercial e pela aquicultura;

II — aquicultura: a atividade de cultivo de organismos cujo ciclo de vida em condições naturais se dá total ou parcialmente em meio aquático, implicando a propriedade do estoque sob cultivo, equiparada à atividade agropecuária e classificada nos termos do art. 20 desta Lei;

III — pesca: toda operação, ação ou ato tendente a extrair, colher, apanhar, apreender ou capturar recursos pesqueiros;

IV — aquicultor: a pessoa física ou jurídica que, registrada e licenciada pelas autoridades competentes, exerce a aquicultura com fins comerciais;

V — armador de pesca: a pessoa física ou jurídica que, registrada e licenciada pelas autoridades competentes, apresta, em seu nome ou sob sua responsabilidade, embarcação para ser utilizada na atividade pesqueira pondo-a ou não a operar por sua conta;

VI — empresa pesqueira: a pessoa jurídica que, constituída de acordo com a legislação e devidamente registrada e licenciada pelas autoridades competentes, dedica-se, com fins comerciais, ao exercício da atividade pesqueira prevista nesta Lei;

VII — embarcação brasileira de pesca: a pertencente a pessoa natural residente e domiciliada no Brasil ou a pessoa jurídica constituída segundo as leis brasileiras, com sede e administração no País, bem como aquela sob contrato de arrendamento por empresa pesqueira brasileira;

VIII — embarcação estrangeira de pesca: a pertencente a pessoa natural residente e domiciliada no exterior ou a pessoa jurídica constituída segundo as leis de outro país, em que tenha sede e administração, ou, ainda, as embarcações brasileiras arrendadas a pessoa física ou jurídica estrangeira;

IX — transbordo do produto da pesca: fase da atividade pesqueira destinada à transferência do pescado e dos seus derivados de embarcação de pesca para outra embarcação;

X — áreas de exercício da atividade pesqueira: as águas continentais, interiores, o mar territorial, a plataforma continental, a zona econômica exclusiva brasileira, o alto-mar e outras áreas de pesca, conforme acordos e tratados internacionais firmados pelo Brasil, excetuando-se as áreas demarcadas como unidades de conservação da natureza de proteção integral ou como patrimônio histórico e aquelas definidas como áreas de exclusão para a segurança nacional e para o tráfego aquaviário;

XI — processamento: fase da atividade pesqueira destinada ao aproveitamento do pescado e de seus derivados, provenientes da pesca e da aquicultura;

XII — ordenamento pesqueiro: o conjunto de normas e ações que permitem administrar a atividade pesqueira, com base no conhecimento atualizado dos seus componentes biológico-pesqueiros, ecossistêmico, econômicos e sociais;

XIII — águas interiores: as baías, lagunas, braços de mar, canais, estuários, portos, angras, enseadas, ecossistemas de manguezais, ainda que a comunicação com o mar seja sazonal, e as águas compreendidas entre a costa e a linha de base reta, ressalvado o disposto em acordos e tratados de que o Brasil seja parte;

XIV — águas continentais: os rios, bacias, ribeirões, lagos, lagoas, açudes ou quaisquer depósitos de água não marinha, naturais ou artificiais, e os canais que não tenham ligação com o mar;

XV — alto-mar: a porção de água do mar não incluída na zona econômica exclusiva, no mar territorial ou nas águas interiores e continentais de outro Estado, nem nas águas arquipelágicas de Estado arquipélago;

XVI — mar territorial: faixa de 12 (doze) milhas marítimas de largura, medida a partir da linha de baixa-mar do litoral continental e insular brasileiro, tal como indicada nas cartas náuticas de grande escala, reconhecidas oficialmente pelo Brasil;

XVII — zona econômica exclusiva: faixa que se estende das 12 (doze) às 200 (duzentas) milhas marítimas, contadas a partir das linhas de base que servem para medir a largura do mar territorial;

XVIII — plataforma continental: o leito e o subsolo das áreas submarinas que se estendem além do mar territorial, em toda a extensão do prolongamento natural do território terrestre, até o bordo exterior da margem continental, ou até uma distância de 200 (duzentas) milhas marítimas das linhas de base, a partir das quais se mede a largura do mar territorial, nos casos em que o bordo exterior da margem continental não atinja essa distância;

XIX — defeso: a paralisação temporária da pesca para a preservação da espécie, tendo como motivação a reprodução e/ou recrutamento, bem como paralisações causadas por fenômenos naturais ou acidentes;

XX — (VETADO);

XXI — pescador amador: a pessoa física, brasileira ou estrangeira, que, licenciada pela autoridade competente, pratica a pesca sem fins econômicos;

XXII — pescador profissional: a pessoa física, brasileira ou estrangeira residente no País que, licenciada pelo órgão público competente, exerce a pesca com fins comerciais, atendidos os critérios estabelecidos em legislação específica.

Capítulo III
Da Sustentabilidade do Uso dos Recursos Pesqueiros e da Atividade de Pesca

Seção I
Da Sustentabilidade do Uso dos Recursos Pesqueiros

Art. 3º Compete ao poder público a regulamentação da Política Nacional de Desenvolvimento Sustentável da Atividade Pesqueira, conciliando o equilíbrio entre o princípio da sustentabilidade dos recursos pesqueiros e a obtenção de melhores resultados econômicos e sociais, calculando, autorizando ou estabelecendo, em cada caso:

I — os regimes de acesso;

II — a captura total permissível;

III — o esforço de pesca sustentável;

IV — os períodos de defeso;

V — as temporadas de pesca;

VI — os tamanhos de captura;

VII — as áreas interditadas ou de reservas;

VIII — as artes, os aparelhos, os métodos e os sistemas de pesca e cultivo;

IX — a capacidade de suporte dos ambientes;

X — as necessárias ações de monitoramento, controle e fiscalização da atividade;

XI — a proteção de indivíduos em processo de reprodução ou recomposição de estoques.

§ 1º O ordenamento pesqueiro deve considerar as peculiaridades e as necessidades dos pescadores artesanais, de subsistência e da aquicultura familiar, visando a garantir sua permanência e sua continuidade.

§ 2º Compete aos Estados e ao Distrito Federal o ordenamento da pesca nas águas continentais de suas respectivas jurisdições, observada a legislação aplicável, podendo o exercício da atividade ser restrita a uma determinada bacia hidrográfica.

Seção II
Da Atividade Pesqueira

Art. 4º A atividade pesqueira compreende todos os processos de pesca, explotação e exploração, cultivo, conservação, processamento, transporte, comercialização e pesquisa dos recursos pesqueiros.

PARÁGRAFO ÚNICO. Consideram-se atividade pesqueira artesanal, para os efeitos desta Lei, os trabalhos de confecção e de reparos de artes e petrechos de pesca, os reparos realizados em embarcações de pequeno porte e o processamento do produto da pesca artesanal.

Art. 5º O exercício da atividade pesqueira somente poderá ser realizado mediante prévio ato autorizativo emitido pela autoridade competente, asseguradas:

I — a proteção dos ecossistemas e a manutenção do equilíbrio ecológico, observados os princípios de preservação da biodiversidade e o uso sustentável dos recursos naturais;

II — a busca de mecanismos para a garantia da proteção e da seguridade do trabalhador e das populações com saberes tradicionais;

III — a busca da segurança alimentar e a sanidade dos alimentos produzidos.

Art. 6º O exercício da atividade pesqueira poderá ser proibido transitória, periódica ou permanentemente, nos termos das normas específicas, para proteção:

I — de espécies, áreas ou ecossistemas ameaçados;

II — do processo reprodutivo das espécies e de outros processos vitais para a manutenção e a recuperação dos estoques pesqueiros;

III — da saúde pública;

IV — do trabalhador.

§ 1º Sem prejuízo do disposto no *caput* deste artigo, o exercício da atividade pesqueira é proibido:

I — em épocas e nos locais definidos pelo órgão competente;

II — em relação às espécies que devam ser preservadas ou espécimes com tamanhos não permitidos pelo órgão competente;

III — sem licença, permissão, concessão, autorização ou registro expedido pelo órgão competente;

IV — em quantidade superior à permitida pelo órgão competente;

V — em locais próximos às áreas de lançamento de esgoto nas águas, com distância estabelecida em norma específica;

VI — em locais que causem embaraço à navegação;

VII — mediante a utilização de:

a) explosivos;

b) processos, técnicas ou substâncias que, em contato com a água, produzam efeito semelhante ao de explosivos;

c) substâncias tóxicas ou químicas que alterem as condições naturais da água;

d) petrechos, técnicas e métodos não permitidos ou predatórios.

§ 2º São vedados o transporte, a comercialização, o processamento e a industrialização de espécimes provenientes da atividade pesqueira proibida.

Art. 7º O desenvolvimento sustentável da atividade pesqueira dar-se-á mediante:

I — a gestão do acesso e uso dos recursos pesqueiros;

II — a determinação de áreas especialmente protegidas;

III — a participação social;

IV — a capacitação da mão de obra do setor pesqueiro;

V — a educação ambiental;

VI — a construção e a modernização da infraestrutura portuária de terminais portuários, bem como a melhoria dos serviços portuários;

VII — a pesquisa dos recursos, técnicas e métodos pertinentes à atividade pesqueira;

VIII — o sistema de informações sobre a atividade pesqueira;

IX — o controle e a fiscalização da atividade pesqueira;

X — o crédito para fomento ao setor pesqueiro.

Capítulo IV
Da Pesca

Seção I
Da Natureza da Pesca

Art. 8º Pesca, para os efeitos desta Lei, classifica-se como:

I — comercial:

a) artesanal: quando praticada diretamente por pescador profissional, de forma autônoma ou em regime de economia familiar, com meios de produção próprios ou mediante contrato de parceria, desembarcado, podendo utilizar embarcações de pequeno porte;

b) industrial: quando praticada por pessoa física ou jurídica e envolver pescadores profissionais, empregados ou em regime de parceria por cotas-partes, utilizando embarcações de pequeno, médio ou grande porte, com finalidade comercial;

II — não comercial:

a) científica: quando praticada por pessoa física ou jurídica, com a finalidade de pesquisa científica;

b) amadora: quando praticada por brasileiro ou estrangeiro, com equipamentos ou petrechos previstos em legislação específica, tendo por finalidade o lazer ou o desporto;

c) de subsistência: quando praticada com fins de consumo doméstico ou escambo sem fins de lucro e utilizando petrechos previstos em legislação específica.

Seção II
Das Embarcações de Pesca

Art. 9º Podem exercer a atividade pesqueira em áreas sob jurisdição brasileira:

I — as embarcações brasileiras de pesca;

II — as embarcações estrangeiras de pesca cobertas por acordos ou tratados internacionais firmados pelo Brasil, nas condições neles estabelecidas e na legislação específica;

III — as embarcações estrangeiras de pesca arrendadas por empresas, armadores e cooperativas brasileiras de produção de pesca, nos termos e condições estabelecidos em legislação específica.

§ 1º Para os efeitos desta Lei, consideram-se equiparadas às embarcações brasileiras de pesca as embarcações estrangeiras de pesca arrendadas por pessoa física ou jurídica brasileira.

§ 2º A pesca amadora ou esportiva somente poderá utilizar embarcações classificadas pela autoridade marítima na categoria de esporte e recreio.

Art. 10. Embarcação de pesca, para os fins desta Lei, é aquela que, permissionada e registrada perante as autoridades competentes, na forma da legislação específica, opera, com exclusividade, em uma ou mais das seguintes atividades:

I — na pesca;

II — na aquicultura;

III — na conservação do pescado;

IV — no processamento do pescado;

V — no transporte do pescado;

VI — na pesquisa de recursos pesqueiros.

§ 1º As embarcações que operam na pesca comercial se classificam em:

I — de pequeno porte: quando possui arqueação bruta — AB igual ou menor que 20 (vinte);

II — de médio porte: quando possui arqueação bruta — AB maior que 20 (vinte) e menor que 100 (cem);

III — de grande porte: quando possui arqueação bruta — AB igual ou maior que 100 (cem).

§ 2º Para fins creditícios, são considerados bens de produção as embarcações, as redes e os demais petrechos utilizados na pesca ou na aquicultura comercial.

§ 3º Para fins creditícios, são considerados instrumentos de trabalho as embarcações, as redes e os demais petrechos e equipamentos utilizados na pesca artesanal.

§ 4º A embarcação utilizada na pesca artesanal, quando não estiver envolvida na atividade pesqueira, poderá transportar as famílias dos pescadores, os produtos da pequena lavoura e da indústria doméstica, observadas as normas da autoridade marítima aplicáveis ao tipo de embarcação.

§ 5º É permitida a admissão, em embarcações pesqueiras, de menores a partir de 14 (catorze) anos de idade, na condição de aprendizes de pesca, observadas as legislações trabalhista, previdenciária e de proteção à criança e ao adolescente, bem como as normas da autoridade marítima.

Art. 11. As embarcações brasileiras de pesca terão, no curso normal de suas atividades, prioridades no acesso aos portos e aos terminais pesqueiros nacionais, sem prejuízo da exigência de prévia autorização, podendo a descarga de pescado ser feita pela tripulação da embarcação de pesca.

PARÁGRAFO ÚNICO. Não se aplicam à embarcação brasileira de pesca ou estrangeira de pesca arrendada por empresa brasileira as normas reguladoras do tráfego de cabotagem e as referentes à praticagem.

Art. 12. O transbordo do produto da pesca, desde que previamente autorizado, poderá ser feito nos termos da regulamentação específica.

§ 1º O transbordo será permitido, independentemente de autorização, em caso de acidente ou defeito mecânico que implique o risco de perda do produto da pesca ou seu derivado.

§ 2º O transbordo de pescado em área portuária, para embarcação de transporte, poderá ser realizado mediante autorização da autoridade competente, nas condições nela estabelecidas.

§ 3º As embarcações pesqueiras brasileiras poderão desembarcar o produto da pesca em portos de países que mantenham acordo com o Brasil e que permitam tais operações na forma do regulamento desta Lei.

§ 4º O produto pesqueiro ou seu derivado oriundo de embarcação brasileira ou de embarcação estrangeira de pesca arrendada à pessoa jurídica brasileira é considerado produto brasileiro.

Art. 13. A construção e a transformação de embarcação brasileira de pesca, assim como a importação ou arrendamento de embarcação estrangeira de pesca, dependem de autorização prévia das autoridades competentes, observados os critérios definidos na regulamentação pertinente.

§ 1º A autoridade competente poderá dispensar, nos termos da legislação específica, a exigência de que trata o *caput* deste artigo para a construção e transformação de embarcação utilizada nas pescas artesanal e de subsistência, atendidas as diretrizes relativas à gestão dos recursos pesqueiros.

§ 2º A licença de construção, de alteração ou de reclassificação da embarcação de pesca expedida pela autoridade marítima está condicionada à apresentação da Permissão Prévia de Pesca expedida pelo órgão federal competente, conforme parâmetros mínimos definidos em regulamento conjunto desses órgãos.

Seção III

Dos Pescadores

Art. 14. (VETADO)

Art. 15. (VETADO)

Art. 16. (VETADO)

Art. 17. (VETADO)

Capítulo V
Da Aquicultura

Art. 18. O aquicultor poderá coletar, capturar e transportar organismos aquáticos silvestres, com finalidade técnico-científica ou comercial, desde que previamente autorizado pelo órgão competente, nos seguintes casos:

I — reposição de plantel de reprodutores;

II — cultivo de moluscos aquáticos e de macroalgas disciplinado em legislação específica.

Art. 19. A aquicultura é classificada como:

I — comercial: quando praticada com finalidade econômica, por pessoa física ou jurídica;

II — científica ou demonstrativa: quando praticada unicamente com fins de pesquisa, estudos ou demonstração por pessoa jurídica legalmente habilitada para essas finalidades;

III — recomposição ambiental: quando praticada sem finalidade econômica, com o objetivo de repovoamento, por pessoa física ou jurídica legalmente habilitada;

IV — familiar: quando praticada por unidade unifamiliar, nos termos da Lei n. 11.326, de 24 de julho de 2006;

V — ornamental: quando praticada para fins de aquariofilia ou de exposição pública, com fins comerciais ou não.

Art. 20. O regulamento desta Lei disporá sobre a classificação das modalidades de aquicultura a que se refere o art. 19, consideradas:

I — a forma do cultivo;

II — a dimensão da área explorada;

III — a prática de manejo;

IV — a finalidade do empreendimento.

PARÁGRAFO ÚNICO. As empresas de aquicultura são consideradas empresas pesqueiras.

Art. 21. O Estado concederá o direito de uso de águas e terrenos públicos para o exercício da aquicultura.

Art. 22. Na criação de espécies exóticas, é responsabilidade do aquicultor assegurar a contenção dos espécimes no âmbito do cativeiro, impedindo seu acesso às águas de drenagem de bacia hidrográfica brasileira.

PARÁGRAFO ÚNICO. Fica proibida a soltura, no ambiente natural, de organismos geneticamente modificados, cuja caracterização esteja em conformidade com os termos da legislação específica.

Art. 23. São instrumentos de ordenamento da aquicultura os planos de desenvolvimento da aquicultura, os parques e áreas aquícolas e o Sistema Nacional de Autorização de Uso de Águas da União para fins de aquicultura, conforme definidos em regulamentação específica.

PARÁGRAFO ÚNICO. A implantação de empreendimentos aquícolas em áreas de salinas, salgados, apicuns, restingas, bem como em todas e quaisquer áreas adjacentes a rios, lagoas, lagos, açudes, deverá observar o contido na Lei n. 4.771, de 15 de setembro de 1965 — Código Florestal, na Medida Provisória n. 2.166-67, de 24 de agosto de 2001, e nas demais legislações pertinentes que dispõem sobre as Áreas de Preservação Permanente — APP.

Capítulo VI
Do Acesso aos Recursos Pesqueiros

Art. 24. Toda pessoa, física ou jurídica, que exerça atividade pesqueira bem como a embarcação de pesca devem ser previamente inscritas no Registro Geral da Atividade Pesqueira — RGP, bem como no Cadastro Técnico Federal — CTF na forma da legislação específica.

PARÁGRAFO ÚNICO. Os critérios para a efetivação do Registro Geral da Atividade Pesqueira serão estabelecidos no regulamento desta Lei.

Art. 25. A autoridade competente adotará, para o exercício da atividade pesqueira, os seguintes atos administrativos:

I — concessão: para exploração por particular de infraestrutura e de terrenos públicos destinados à exploração de recursos pesqueiros;

II — permissão: para transferência de permissão; para importação de espécies aquáticas para fins ornamentais e de aquicultura, em qualquer fase do ciclo vital; para construção, transformação e importação de embarcações de pesca; para arrendamento de embarcação estrangeira de pesca; para pesquisa; para o exercício de aquicultura em águas públicas; para instalação de armadilhas fixas em águas de domínio da União;

III — autorização: para operação de embarcação de pesca e para operação de embarcação de esporte e recreio, quando utilizada na pesca esportiva; e para a realização de torneios ou gincanas de pesca amadora;

IV — licença: para o pescador profissional e amador ou esportivo; para o aquicultor; para o armador de pesca; para a instalação e operação de empresa pesqueira;

V — cessão: para uso de espaços físicos em corpos d'água sob jurisdição da União, dos Estados e do Distrito Federal, para fins de aquicultura.

§ 1º Os critérios para a efetivação do Registro Geral da Atividade Pesqueira serão estabelecidos no regulamento desta Lei.

§ 2º A inscrição no RGP é condição prévia para a obtenção de concessão, permissão, autorização e licença em matéria relacionada ao exercício da atividade pesqueira.

Art. 26. Toda embarcação nacional ou estrangeira que se dedique à pesca comercial, além do cumprimento das exigências da autoridade marítima, deverá estar inscrita e autorizada pelo órgão público federal competente.

PARÁGRAFO ÚNICO. A inobservância do disposto no *caput* deste artigo implicará a interdição do barco até a satisfação das exigências impostas pelas autoridades competentes.

Capítulo VII
Do Estímulo à Atividade Pesqueira

Art. 27. São considerados produtores rurais e beneficiários da política agrícola de que trata o art. 187 da Constituição Federal as pessoas físicas e jurídicas que desenvolvam atividade pesqueira de captura e criação de pescado nos termos desta Lei.

§ 1º Podem ser beneficiários do crédito rural de comercialização os agentes que desenvolvem atividades de transformação, processamento e industrialização de pescado, desde que atendido o disposto no § 1º do art. 49 da Lei n. 8.171, de 17 de janeiro de 1991.

§ 2º Fica o Poder Executivo autorizado a criar sistema nacional de informações sobre a pesca e a aquicultura, com o objetivo de coletar, agregar, intercambiar e disseminar informações sobre o setor pesqueiro e aquícola nacional.

Art. 28. As colônias de pescadores poderão organizar a comercialização dos produtos pesqueiros de seus associados, diretamente ou por intermédio de cooperativas ou outras entidades constituídas especificamente para esse fim.

Art. 29. A capacitação da mão de obra será orientada para o desenvolvimento sustentável da atividade pesqueira.

PARÁGRAFO ÚNICO. Cabe ao poder público e à iniciativa privada a promoção e o incentivo da pesquisa e capacitação da mão de obra pesqueira.

Art. 30. A pesquisa pesqueira será destinada a obter e proporcionar, de forma permanente, informações e bases científicas que permitam o desenvolvimento sustentável da atividade pesqueira.

§ 1º Não se aplicam à pesquisa científica as proibições estabelecidas para a atividade pesqueira comercial.

§ 2º A coleta e o cultivo de recursos pesqueiros com finalidade científica deverão ser autorizados pelo órgão ambiental competente.

§ 3º O resultado das pesquisas deve ser difundido para todo o setor pesqueiro.

Capítulo VIII
Da Fiscalização e das Sanções

Art. 31. A fiscalização da atividade pesqueira abrangerá as fases de pesca, cultivo, desembarque, conservação, transporte, processamento, armazenamento e comercialização dos recursos pesqueiros, bem como o monitoramento ambiental dos ecossistemas aquáticos.

PARÁGRAFO ÚNICO. A fiscalização prevista no *caput* deste artigo é de competência do poder público federal, observadas as competências estadual, distrital e municipal pertinentes.

Art. 32. A autoridade competente poderá determinar a utilização de mapa de bordo e dispositivo de rastreamento por satélite, bem como de qualquer outro dispositivo ou procedimento que possibilite o monitoramento a distância e permita o acompanhamento, de forma automática e em tempo real, da posição geográfica e da profundidade do local de pesca da embarcação, nos termos de regulamento específico.

Art. 33. As condutas e atividades lesivas aos recursos pesqueiros e ao meio ambiente serão punidas na forma da Lei n. 9.605, de 12 de fevereiro de 1998, e de seu regulamento.

Capítulo IX
Disposições Gerais

Art. 34. O órgão responsável pela gestão do uso dos recursos pesqueiros poderá solicitar amostra de material biológico oriundo da atividade pesqueira, sem ônus para o solicitante, com a finalidade de geração de dados e informações científicas, podendo ceder o material a instituições de pesquisa.

Art. 35. A autoridade competente, nos termos da legislação específica e sem comprometer os aspectos relacionados à segurança da navegação, à salvaguarda da vida humana e às condições de habitabilidade da embarcação, poderá determinar que os proprietários, armadores ou arrendatários das embarcações pesqueiras mantenham a bordo da embarcação, sem ônus para a referida autoridade, acomodações e alimentação para servir a:

I — observador de bordo, que procederá à coleta de dados, material para pesquisa e informações de interesse do setor pesqueiro, assim como ao monitoramento ambiental;

II — cientista brasileiro que esteja realizando pesquisa de interesse do Sistema Nacional de Informações da Pesca e Aquicultura.

Art. 36. A atividade de processamento do produto resultante da pesca e da aquicultura será exercida de acordo com as normas de sanidade, higiene e segurança, qualidade e preservação do meio ambiente e estará sujeita à observância da legislação específica e à fiscalização dos órgãos competentes.

PARÁGRAFO ÚNICO. (VETADO)

Art. 37. Esta Lei entra em vigor após decorridos 60 (sessenta) dias de sua publicação oficial.

Art. 38. Ficam revogados a Lei n. 7.679, de 23 de novembro de 1988, e os arts. 1º a 5º, 7º a 18, 20 a 28, 30 a 50, 53 a 92 e 94 a 99 do Decreto-lei n. 221, de 28 de fevereiro de 1967.

Brasília, 29 de junho de 2009; 188º da Independência e 121º da República.

Luiz Inácio Lula da Silva
Tarso Genro
Guido Mantega
Reinhold Stephanes
Carlos Lupi
Izabela Mônica Vieira Teixeira e
Altemir Gregolin

DECRETO N. 8.425, DE 31 DE MARÇO DE 2015

(DOU 01.04.2015)

Regulamenta o parágrafo único do art. 24 e o art. 25 da Lei n. 11.959, de 29 de junho de 2009, para dispor sobre os critérios para inscrição no Registro Geral da Atividade Pesqueira e para a concessão de autorização, permissão ou licença para o exercício da atividade pesqueira.

A PRESIDENTA DA REPÚBLICA, no uso das atribuições que lhe confere o art. 84, *caput*, incisos IV e VI, alínea "a", da Constituição, e tendo em vista o disposto no Decreto-Lei n. 221, de 28 de fevereiro de 1967, no parágrafo único do art. 24 e no art. 25 da Lei n. 11.959, de 29 de junho de 2009,

DECRETA:

Art. 1º Este Decreto dispõe sobre os critérios para inscrição no Registro Geral da Atividade Pesqueira — RGP e para a concessão de autorização, permissão ou licença para o exercício da atividade pesqueira, nos termos do parágrafo único do art. 24 e do art. 25 da Lei n. 11.959, de 29 de junho de 2009.

§ 1º O RGP é o instrumento prévio que habilita a pessoa física ou jurídica e a embarcação de pesca ao exercício da atividade pesqueira no Brasil.

§ 2º A atividade pesqueira no Brasil só poderá ser exercida por pessoa física, jurídica e embarcação de pesca inscrita no RGP e que detenha autorização, permissão ou licença para o exercício da atividade pesqueira.

§ 3º Compete ao Ministério da Pesca e Aquicultura as ações previstas no *caput*.

Art. 2º São categorias de inscrição no RGP:

I — pescador e pescadora profissional artesanal — pessoa física, brasileira ou estrangeira, residente no País, que exerce a pesca com fins comerciais de forma autônoma ou em regime de economia familiar, com meios de produção próprios ou mediante contrato de parceria, podendo atuar de forma desembarcada ou utilizar embarcação de pesca com arqueação bruta menor ou igual a vinte;

II — pescador e pescadora profissional industrial — pessoa física, brasileira ou estrangeira, residente no País, que exerce a pesca com fins comerciais, na condição de empregado ou empregada ou em regime de parceria por cotas-partes em embarcação de pesca com qualquer arqueação bruta;

III — armador e armadora de pesca — pessoa física ou jurídica que apresta embarcação própria ou de terceiros para ser utilizada na atividade pesqueira, pondo-a ou não a operar por sua conta;

IV — embarcação de pesca — aquela pertencente a pessoa física ou jurídica, brasileira ou estrangeira, que opera, com exclusividade, em uma ou mais das seguintes atividades:

a) pesca;

b) aquicultura;

c) conservação do pescado;

d) processamento do pescado;

e) transporte do pescado; e

f) pesquisa de recursos pesqueiros;

V — pescador amador ou esportivo e pescadora amadora ou esportiva — pessoa física, brasileira ou estrangeira, que pratica a pesca com finalidade de lazer ou desporto, com equipamentos ou petrechos previstos em legislação específica, sem fins comerciais;

VI — aquicultor e aquicultora — pessoa física ou jurídica que exerce a aquicultura com fins comerciais;

VII — empresa pesqueira — pessoa jurídica, constituída de acordo com a legislação, que se dedica, com fins comerciais, ao exercício da atividade pesqueira; *(Redação dada pelo Decreto n. 8.967, de 23 de janeiro de 2017, DOU 24.1.17)*

VIII — trabalhador e trabalhadora de apoio à pesca artesanal — pessoa física que, de forma autônoma ou em regime de economia familiar, com meios de produção próprios ou mediante contrato de parceria, exerce trabalhos de confecção e de reparos de artes e petrechos de pesca, de reparos em embarcações de pesca de pequeno porte ou atua no processamento do produto da pesca artesanal; e

IX — aprendiz de pesca — pessoa física com mais de quatorze e menos de dezoito anos que atua de forma desembarcada ou embarcada como tripulante em embarcação de pesca, observadas as legislações trabalhista, previdenciária, de proteção à criança e ao adolescente e as normas da autoridade marítima.

PARÁGRAFO ÚNICO. A pessoa jurídica registrada nas categorias de aquicultor ou de armador de pesca estará automaticamente inscrita na categoria empresa pesqueira.

Art. 3º As pessoas físicas ou jurídicas, nacionais ou estrangeiras, e os proprietários ou responsáveis pelas embarcações de pesca deverão solicitar, ao Ministério da Pesca e Aquicultura, a inscrição no RGP em uma das categorias previstas no art. 2º e a concessão de autorização, permissão ou licença para exercer atividade pesqueira no Brasil.

§ 1º Ficam dispensados da inscrição de que trata o *caput; (Incluído pelo Decreto n. 8.967, de 23 de janeiro de 2017, DOU 24.1.17)*

I — pescadoras e pescadores de subsistência que praticam a atividade de pesca com fins de consumo doméstico ou escambo sem fins de lucro e que utilizem petrechos previstos em legislação específica; *(Incluído pelo Decreto n. 8.967, de 23 de janeiro de 2017, DOU 24.1.17)*

II — pescadoras e pescadores amadores que utilizem linha de mão ou caniço simples; e *(Incluído pelo Decreto n. 8.967, de 23 de janeiro de 2017, DOU 24.1.17)*

III — índias e índios que pratiquem a atividade pesqueira para subsistência. *(Incluído pelo Decreto n. 8.967, de 23 de janeiro de 2017, DOU 24.1.17)*

§ 2º Deverão ser cancelados os certificados de autorizações de embarcações pesqueiras classificadas como de pequeno porte, nos termos do art. 10, § 1º, inciso I, da Lei n. 11.959, de 2009, que estejam inativas, naufragadas, que tenham sido clonadas ou alteradas em desacordo com o Título de Inscrição de Embarcação — TIE expedido pela autoridade marítima, observados os procedimentos administrativos pertinentes. (NR) *(Incluído pelo Decreto n. 8.967, de 23 de janeiro de 2017, DOU 24.1.17)*

Art. 4º O pedido de inscrição no RGP será dirigido à Superintendência Federal de Agricultura, Pecuária e Abastecimento da unidade da federação mais próxima do seu local de domicílio. *(Redação dada pelo Decreto n. 8.967, de 23 de janeiro de 2017, DOU 24.1.17)*

§ 1º O RGP deverá identificar se o pescador profissional artesanal dispõe de outra fonte de renda diversa da decorrente da atividade pesqueira, qualquer que seja a sua origem e o seu valor. *(Incluído pelo Decreto n. 8.967, de 23 de janeiro de 2017, DOU 24.1.17)*

§ 2º O RGP deverá informar a categoria profissional artesanal para embarcações de pequeno porte e a categoria pesca industrial para embarcações classificadas como de pequeno, médio ou grande porte, nos termos do § 1º do art. 10 da Lei n. 11.959, de 2009. *(Incluído pelo Decreto n. 8.967, de 23 de janeiro de 2017, DOU 24.1.17)*

§ 3º O RGP deverá conter informações que identifiquem individualmente, em cada uma das embarcações de pequeno porte, os pescadores profissionais artesanais que exercem sua atividade pesqueira. *(Incluído pelo Decreto n. 8.967, de 23 de janeiro de 2017, DOU 24.1.17)*

§ 4º A verificação do atendimento dos critérios de elegibilidade e permanência dos pescadores profissionais artesanais no programa seguro desemprego poderá ser realizada, a qualquer tempo, por meio do cruzamento de informações constantes do RGP confrontadas com os registros administrativos oficiais. (NR) *(Incluído pelo Decreto n. 8.967, de 23 de janeiro de 2017, DOU 24.1.17)*

Art. 5º Para o exercício da atividade pesqueira, observadas as regras de ordenamento e do uso sustentável dos recursos pesqueiros, o Ministério da Pesca e Aquicultura poderá conceder:

I — permissão de regularização de embarcações pesqueiras, para: *(Redação dada pelo Decreto n. 8.967, de 23 de janeiro de 2017, DOU 24.1.17)*

a) transferência de propriedade da embarcação ou de modalidade de pesca;

b) construção, transformação e importação de embarcações de pesca; e

c) arrendamento de embarcação estrangeira de pesca;

II — autorização de atividade pesqueira, para:

a) operação de pesca pelas embarcações; (NR) *(Redação dada pelo Decreto n. 8.967, de 23 de janeiro de 2017, DOU 24.1.17)*

Legislação Complementar

b) realização de torneios ou gincanas de pesca amadora; e

c) coleta, captura e transporte, por aquicultor e aquicultora, de organismos aquáticos silvestres com finalidade de reposição de plantel de reprodutores e de cultivo de moluscos aquáticos e macroalgas; e

III — licença de atividade pesqueira, para:

a) pescador e pescadora profissional artesanal;

b) pescador e pescadora profissional industrial;

c) pescador amador ou esportivo e pescadora amadora ou esportiva;

d) aquicultor e aquicultora;

e) armador e armadora de pesca;

f) instalação e operação de empresa pesqueira;

g) trabalhador e trabalhadora de apoio à pesca artesanal; e

h) aprendiz de pesca.

Art. 6º Para obtenção de autorização, permissão ou licença de atividade pesqueira, o interessado ou interessada deverá entregar no pedido de inscrição no RGP:

I — formulário preenchido;

II — documentos definidos em ato do Ministério da Pesca e Aquicultura; e

III — comprovante do pagamento de taxa prevista no Decreto-Lei n. 221, de 28 de fevereiro de 1967.

§ 1º A obtenção de autorização, permissão ou licença não exime o interessado ou a interessada do cumprimento das demais normas aplicáveis ao exercício da atividade a ser realizada.

§ 2º No ato da concessão de autorização, permissão ou licença, o Ministério da Pesca e Aquicultura orientará os interessados e as interessadas sobre os procedimentos adicionais que deverão adotar, inclusive junto aos demais órgãos de fiscalização, visando ao exercício regular de suas atividades.

§ 3º Os documentos a serem exigidos no pedido de renovação de autorização, permissão ou licença de atividade pesqueira serão definidos em ato do Ministério da Pesca e Aquicultura.

§ 4º Para fins de comprovação das subcategorias dispostas no parágrafo único do art. 4º, o Ministério da Pesca e Aquicultura poderá, a qualquer tempo, solicitar documentos complementares para comprovar o exercício da atividade pesqueira do pescador ou pescadora profissional artesanal.

Art. 7º Caso o pedido de inscrição no RGP seja deferido e a autorização, permissão ou licença seja concedida, o interessado ou interessada receberá carteira de pescador ou pescadora profissional ou certificado de registro referente à autorização, à licença ou à permissão de atividade pesqueira.

PARÁGRAFO ÚNICO. Os documentos comprobatórios da inscrição no RGP e da obtenção de autorização, permissão ou licença para o exercício da atividade pesqueira referidos no *caput* terão validade em todo o território nacional.

Art. 8º Os documentos comprobatórios da inscrição no RGP e da obtenção de autorização, permissão ou licença para o exercício da atividade pesqueira referidos no *caput* do art. 7º terão validade:

I — de até dois anos para permissão, contados da data de expedição;

II — de três anos para autorização, contados da data de expedição; *(Redação dada pelo Decreto n. 8.967, de 23 de janeiro de 2017, DOU 24.1.17)*

III — de acordo com cada categoria para licença, desde que comprovado o cumprimento das obrigações e o exercício da atividade pesqueira no prazo definido em ato do Ministério da Pesca e Aquicultura.

§ 1º Os pedidos de prorrogação de permissão e de autorização deverão ser apresentados ao Ministério da Agricultura, Pecuária e Abastecimento até trinta dias antes do final do prazo de sua vigência. (NR) *(Redação dada pelo Decreto n. 8.967, de 23 de janeiro de 2017, DOU 24.1.17)*

§ 2º A autorização concedida para realização de torneios ou gincanas de pesca amadora terá validade equivalente ao período de duração do evento informado no pedido.

§ 3º A licença de pescador profissional estrangeiro ou pescadora profissional estrangeira terá validade equivalente ao período concedido na autorização de trabalho no País, respeitado o prazo previsto para cada categoria de licença.

§ 4º A licença de pescador amador ou pescadora amadora terá validade máxima de um ano.

Art. 9º Qualquer modificação ou alteração das condições ou dados constantes de autorização, permissão ou licença de atividade pesqueira concedida deverá ser comunicada pelo interessado ou interessada, no prazo máximo de sessenta dias de sua ocorrência, ao SFPA ou ao Escritório Regional do Ministério da Pesca e Aquicultura da unidade da federação que o concedeu, por meio de requerimento instruído com documentação comprobatória.

PARÁGRAFO ÚNICO. O não atendimento do disposto no *caput* poderá acarretar o cancelamento do ato administrativo concedido.

Art. 10. A não comprovação do exercício da atividade pesqueira ou o descumprimento das obrigações definidas em ato do Ministério da Pesca e Aquicultura poderá ensejar o cancelamento da autorização, permissão ou licença de atividade pesqueira.

Art. 11. Este Decreto não se aplica às seguintes hipóteses previstas no art. 25 da Lei n. 11.959, de 2009:

I — concessão para exploração por particular de infraestrutura e de terrenos públicos destinados à exploração de recursos pesqueiros;

II — permissão:

a) para o exercício de aquicultura em águas públicas;

b) para importação de espécies aquáticas para fins ornamentais e de aquicultura, em qualquer fase do ciclo vital; e

c) para instalação de armadilhas fixas em águas de domínio da União;

III — autorização para operação de embarcação de esporte e recreio, quando utilizada na pesca esportiva; e

IV — cessão para uso de espaços físicos em corpos d'água sob jurisdição da União, dos Estados e do Distrito Federal, para fins de aquicultura.

Art. 12. A pesquisa pesqueira será objeto de portaria conjunta do Ministério da Pesca e Aquicultura e do Ministério do Meio Ambiente, sem prejuízo do disposto no art. 30 da Lei n. 11.959, de 2009.

Art. 13. O Ministério da Pesca e Aquicultura poderá expedir atos complementares necessários à aplicação deste Decreto.

Art. 14. A inscrição no RGP não isenta o interessado de:

I — estar regularmente cadastrado no Cadastro Técnico Federal para a realização da atividade pesqueira;

II — possuir habilitação certificada pela autoridade marítima, caso opere embarcação em caráter profissional;

III — ter autorização para o exercício de atividade profissional no País, no caso de pessoas físicas estrangeiras; e

IV — observar a legislação referente a povos e terras indígenas.

Art. 15. Este Decreto entra em vigor quarenta e cinco dias após a data de sua publicação.

Brasília, 31 de março de 2015; 194º da Independência e 127º da República.

DILMA ROUSSEFF
IZABELLA MÔNICA VIEIRA TEIXEIRA
HELDER BARBALHO

LEI N. 12.009, DE 29 DE JULHO DE 2009

(DOU 30.7.2009)

Regulamenta o exercício das atividades dos profissionais em transporte de passageiros, "mototaxista", em entrega de mercadorias e em serviço comunitário de rua, e "motoboy", com o uso de motocicleta, altera a Lei n. 9.503, de 23 de setembro de 1997, para dispor sobre regras de segurança dos serviços de transporte remunerado de mercadorias em motocicletas e motonetas — moto-frete —, estabelece regras gerais para a regulação deste serviço e dá outras providências

O PRESIDENTE DA REPÚBLICA,

Faço saber que o Congresso Nacional decreta e eu sanciono a seguinte Lei:

Art. 1º Esta Lei regulamenta o exercício das atividades dos profissionais em transportes de passageiros, "mototaxista", em entrega de mercadorias e em serviço comunitário de rua, e "motoboy", com o uso de motocicleta, dispõe sobre regras de segurança dos serviços de transporte remunerado de mercadorias em motocicletas e motonetas — moto-frete —, estabelece regras gerais para a regulação deste serviço e dá outras providências.

Art. 2º Para o exercício das atividades previstas no art. 1º, é necessário:

I — ter completado 21 (vinte e um) anos;

II — possuir habilitação, por pelo menos 2 (dois) anos, na categoria;

III — ser aprovado em curso especializado, nos termos da regulamentação do Contran;

IV — estar vestido com colete de segurança dotado de dispositivos retrorrefletivos, nos termos da regulamentação do Contran.

PARÁGRAFO ÚNICO. Do profissional de serviço comunitário de rua serão exigidos ainda os seguintes documentos:

I — carteira de identidade;

II — título de eleitor;

III — cédula de identificação do contribuinte — CIC;

IV — atestado de residência;

V — certidões negativas das varas criminais;

VI — identificação da motocicleta utilizada em serviço.

Art. 3º São atividades específicas dos profissionais de que trata o art. 1º:

I — transporte de mercadorias de volume compatível com a capacidade do veículo;

II — transporte de passageiros.

PARÁGRAFO ÚNICO. (VETADO)

Art. 4º A Lei n. 9.503, de 23 de setembro de 1997, passa a vigorar acrescida do seguinte Capítulo XIII-A:

"Capítulo XIII-A

DA CONDUÇÃO DE MOTO-FRETE

Art. 139-A. As motocicletas e motonetas destinadas ao transporte remunerado de mercadorias — moto-frete — somente poderão circular nas vias com autorização emitida pelo órgão ou entidade executivo de trânsito dos Estados e do Distrito Federal, exigindo-se, para tanto:

I — registro como veículo da categoria de aluguel;

II — instalação de protetor de motor mata-cachorro, fixado no chassi do veículo, destinado a proteger o motor e a perna do condutor em caso de tombamento, nos termos de regulamentação do Conselho Nacional de Trânsito — Contran;

III — instalação de aparador de linha antena corta-pipas, nos termos de regulamentação do Contran;

IV — inspeção semestral para verificação dos equipamentos obrigatórios e de segurança.

§ 1º A instalação ou incorporação de dispositivos para transporte de cargas deve estar de acordo com a regulamentação do Contran.

§ 2º É proibido o transporte de combustíveis, produtos inflamáveis ou tóxicos e de galões nos veículos de que trata este artigo, com exceção do gás de cozinha e de galões contendo água mineral, desde que com o auxílio de side-car, nos termos de regulamentação do Contran.

Art. 139-B. O disposto neste Capítulo não exclui a competência municipal ou estadual de aplicar as exigências previstas em seus regulamentos para as atividades de moto-frete no âmbito de suas circunscrições."

Art. 5º O art. 244 da Lei n. 9.503, de 23 de setembro de 1997, passa a vigorar com a seguinte redação:

"Art. 244. ....

VIII — transportando carga incompatível com suas especificações ou em desacordo com o previsto no § 2º do art. 139-A desta Lei;

IX — efetuando transporte remunerado de mercadorias em desacordo com o previsto no art. 139-A desta Lei ou com as normas que regem a atividade profissional dos mototaxistas:

Infração — grave;

Penalidade — multa;

Medida administrativa — apreensão do veículo para regularização.

§ 1º ....NR.

Art. 6º A pessoa natural ou jurídica que empregar ou firmar contrato de prestação continuada de serviço com condutor de motofrete é responsável solidária por danos cíveis advindos do descumprimento das normas relativas ao exercício da atividade, previstas no art. 139-A da Lei n. 9.503, de 23 de setembro de 1997, e ao exercício da profissão, previstas no art. 2º desta Lei.

Art. 7º Constitui infração a esta Lei:

I — empregar ou manter contrato de prestação continuada de serviço com condutor de moto-frete inabilitado legalmente;

II — fornecer ou admitir o uso de motocicleta ou motoneta para o transporte remunerado de mercadorias, que esteja em desconformidade com as exigências legais.

PARÁGRAFO ÚNICO. Responde pelas infrações previstas neste artigo o empregador ou aquele que contrata serviço continuado de moto-frete, sujeitando-se à sanção relativa à segurança do trabalho prevista no art. 201 da Consolidação das Leis do Trabalho — CLT, aprovada pelo Decreto-lei n. 5.452, de 1º de maio de 1943.

Art. 8º Os condutores que atuam na prestação do serviço de moto-frete, assim como os veículos empregados nessa atividade, deverão estar adequados às exigências previstas nesta Lei no prazo de até 365 (trezentos e sessenta e cinco) dias, contado da regulamentação pelo Contran dos dispositivos previstos no art. 139-A da Lei n. 9.503, de 23 de setembro de 1997, e no art. 2º desta Lei.

Art. 9º Esta Lei entra em vigor na data de sua publicação.

Brasília, 29 de julho de 2009; 188º da Independência e 121º da República.

LUIZ INÁCIO LULA DA SILVA
TARSO GENRO
MARCIO FORTES DE ALMEIDA

LEI N. 12.436, DE 6 DE JULHO DE 2011

(DOU 7.7.2011)

Veda o emprego de práticas que estimulem o aumento de velocidade por motociclistas profissionais

A PRESIDENTA DA REPÚBLICA, faço saber que o Congresso Nacional decreta e eu sanciono a seguinte Lei:

Art. 1º É vedado às empresas e pessoas físicas empregadoras ou tomadoras de serviços prestados por motociclistas estabelecer práticas que estimulem o aumento de velocidade, tais como:

I — oferecer prêmios por cumprimento de metas por números de entregas ou prestação de serviço;

II — prometer dispensa de pagamento ao consumidor, no caso de fornecimento de produto ou prestação de serviço fora do prazo ofertado para a sua entrega ou realização;

III — estabelecer competição entre motociclistas, com o objetivo de elevar o número de entregas ou de prestação de serviço.

Art. 2º Pela infração de qualquer dispositivo desta Lei, ao empregador ou ao tomador de serviço será imposta a multa de R$ 300,00 (trezentos reais) a R$ 3.000,00 (três mil reais).

PARÁGRAFO ÚNICO. A penalidade será sempre aplicada no grau máximo:

I — se ficar apurado o emprego de artifício ou simulação para fraudar a aplicação dos dispositivos desta Lei;

II — nos casos de reincidência.

Art. 3º Esta Lei entra em vigor na data de sua publicação.

Brasília, 6 de julho de 2011; 190º da Independência e 123º da República.

DILMA ROUSSEFF
CARLOS LUPI

LEI N. 12.023, DE 27 DE AGOSTO DE 2009

(DOU 28.8.2009)

Dispõe sobre as atividades de movimentação de mercadorias em geral e sobre o trabalho avulso

O PRESIDENTE DA REPÚBLICA,

Faço saber que o Congresso Nacional decreta e eu sanciono a seguinte Lei:

Art. 1º As atividades de movimentação de mercadorias em geral exercidas por trabalhadores avulsos, para os fins desta Lei, são aquelas desenvolvidas em áreas urbanas ou rurais sem vínculo empregatício, mediante intermediação obrigatória do sindicato da categoria, por meio de Acordo ou Convenção Coletiva de Trabalho para execução das atividades.

PARÁGRAFO ÚNICO. A remuneração, a definição das funções, a composição de equipes e as demais condições de trabalho serão objeto de negociação entre as entidades representativas dos trabalhadores avulsos e dos tomadores de serviços.

Art. 2º São atividades da movimentação de mercadorias em geral:

I — cargas e descargas de mercadorias a granel e ensacados, costura, pesagem, embalagem, enlonamento, ensaque, arrasto, posicionamento, acomodação, reordenamento, reparação da carga, amostragem, arrumação, remoção, classificação, empilhamento, transporte com empilhadeiras, paletização, ova e desova de vagões, carga e descarga em feiras livres e abastecimento de lenha em secadores e caldeiras;

II — operações de equipamentos de carga e descarga;

III — pré-limpeza e limpeza em locais necessários à viabilidade das operações ou à sua continuidade.

PARÁGRAFO ÚNICO. (VETADO)

Art. 3º As atividades de que trata esta Lei serão exercidas por trabalhadores com vínculo empregatício ou em regime de trabalho avulso nas empresas tomadoras do serviço.

Art. 4º O sindicato elaborará a escala de trabalho e as folhas de pagamento dos trabalhadores avulsos, com a indicação do tomador do serviço e dos trabalhadores que participaram da operação, devendo prestar, com relação a estes, as seguintes informações:

I — os respectivos números de registros ou cadastro no sindicato;

II — o serviço prestado e os turnos trabalhados;

III — as remunerações pagas, devidas ou creditadas a cada um dos trabalhadores, registrando-se as parcelas referentes a:

a) repouso remunerado;

b) Fundo de Garantia por Tempo de Serviço;

c) 13º salário;

d) férias remuneradas mais 1/3 (um terço) constitucional;

e) adicional de trabalho noturno;

f) adicional de trabalho extraordinário.

Art. 5º São deveres do sindicato intermediador:

I — divulgar amplamente as escalas de trabalho dos avulsos, com a observância do rodízio entre os trabalhadores;

II — proporcionar equilíbrio na distribuição das equipes e funções, visando à remuneração em igualdade de condições de trabalho para todos e a efetiva participação dos trabalhadores não sindicalizados;

III — repassar aos respectivos beneficiários, no prazo máximo de 72 (setenta e duas) horas úteis, contadas a partir do seu arrecadamento, os valores devidos e pagos pelos tomadores do serviço, relativos à remuneração do trabalhador avulso;

IV — exibir para os tomadores da mão de obra avulsa e para as fiscalizações competentes os documentos que comprovem o efetivo pagamento das remunerações devidas aos trabalhadores avulsos;

V — zelar pela observância das normas de segurança, higiene e saúde no trabalho;

VI — firmar Acordo ou Convenção Coletiva de Trabalho para normatização das condições de trabalho.

§ 1º Em caso de descumprimento do disposto no inciso III deste artigo, serão responsáveis, pessoal e solidariamente, os dirigentes da entidade sindical.

§ 2º A identidade de cadastro para a escalação não será a carteira do sindicato e não assumirá nenhuma outra forma que possa dar ensejo à distinção entre trabalhadores sindicalizados e não sindicalizados para efeito de acesso ao trabalho.

Art. 6º São deveres do tomador de serviços:

I — pagar ao sindicato os valores devidos pelos serviços prestados ou dias trabalhados, acrescidos dos percentuais relativos a repouso remunerado, 13º salário e férias acrescidas de 1/3 (um terço), para viabilizar o pagamento do trabalhador avulso, bem como os percentuais referentes aos adicionais extraordinários e noturnos;

II — efetuar o pagamento a que se refere o inciso I, no prazo máximo de 72 (setenta e duas) horas úteis, contadas a partir do encerramento do trabalho requisitado;

III — recolher os valores devidos ao Fundo de Garantia por Tempo de Serviço, acrescido dos percentuais relativos ao 13º salário, férias, encargos fiscais, sociais e previdenciários, observando o prazo legal.

Art. 7º A liberação das parcelas referentes ao 13º salário e às férias, depositadas nas contas individuais vinculadas e o recolhimento do FGTS e dos encargos fiscais e previdenciários serão efetuados conforme regulamentação do Poder Executivo.

Art. 8º As empresas tomadoras do trabalho avulso respondem solidariamente pela efetiva remuneração do trabalho contratado e são responsáveis pelo recolhimento dos encargos fiscais e sociais, bem como das contribuições ou de outras importâncias devidas à Seguridade Social, no limite do uso que fizerem do trabalho avulso intermediado pelo sindicato.

Art. 9º As empresas tomadoras do trabalho avulso são responsáveis pelo fornecimento dos Equipamentos de Proteção Individual e por zelar pelo cumprimento das normas de segurança no trabalho.

Art. 10. A inobservância dos deveres estipulados nos arts. 5º e 6º sujeita os respectivos infratores à multa administrativa no valor de R$ 500,00 (quinhentos reais) por trabalhador avulso prejudicado.

PARÁGRAFO ÚNICO. O processo de fiscalização, notificação, autuação e imposição de multas reger-se-á pelo disposto no Título VII da Consolidação das Leis do Trabalho — CLT, aprovada pelo Decreto-lei n. 5.452, de 1º de maio de 1943.

Art. 11. Esta Lei não se aplica às relações de trabalho regidas pela Lei n. 8.630, de 25 de fevereiro de 1993, e pela Lei n. 9.719, de 27 de novembro de 1998.

Art. 12. Esta Lei entra em vigor 30 (trinta) dias após sua publicação.

Brasília, 27 de agosto de 2009; 188º da Independência e 121º da República.

LUIZ INÁCIO LULA DA SILVA
TARSO GENRO
JOSÉ ANTONIO DIAS TOFFOLI

LEI N. 12.198, DE 14 DE JANEIRO DE 2010

(DOU 15.1.2010)

Dispõe sobre o exercício da profissão de repentista

O PRESIDENTE DA REPÚBLICA

Faço saber que o Congresso Nacional decreta e eu sanciono a seguinte Lei:

Art. 1º Fica reconhecida a atividade de Repentista como profissão artística.

Art. 2º Repentista é o profissional que utiliza o improviso rimado como meio de expressão artística cantada, falada ou escrita, compondo de imediato ou recolhendo composições de origem anônima ou da tradição popular.

Art. 3º Consideram-se repentistas, além de outros que as entidades de classe possam reconhecer, os seguintes profissionais:

I — cantadores e violeiros improvisadores;

II — os emboladores e cantadores de Coco;

III — poetas repentistas e os contadores e declamadores de causos da cultura popular;

IV — escritores da literatura de cordel.

Art. 4º Aos repentistas são aplicadas, conforme as especifidades da atividade, as disposições previstas nos arts. 41 a 48 da Lei n. 3.857, de 22 de dezembro de 1960, que dispõem sobre a duração do trabalho dos músicos.

Art. 5º A profissão de Repentista passa a integrar o quadro de atividades a que se refere o art. 577 da Consolidação das Leis do Trabalho — CLT, aprovada pelo Decreto-lei n. 5.452, de 1º de maio de 1943.

Art. 6º Esta Lei entra em vigor na data de sua publicação.

Brasília, 14 de janeiro de 2010; 189º da Independência e 122º da República.

LUIZ INÁCIO LULA DA SILVA
CARLOS LUPI

LEI N. 12.302, DE 2 DE AGOSTO DE 2010

(DOU 3.8.2010)

Regulamenta o exercício da profissão de instrutor de trânsito

O PRESIDENTE DA REPÚBLICA, Faço saber que o Congresso Nacional decreta e eu sanciono a seguinte Lei:

Art. 1º Esta Lei regulamenta o exercício da profissão de Instrutor de Trânsito.

Art. 2º Considera-se instrutor de trânsito o profissional responsável pela formação de condutores de veículos automotores e elétricos com registro no órgão executivo de trânsito dos Estados e do Distrito Federal.

Art. 3º Compete ao instrutor de trânsito:

I — instruir os alunos acerca dos conhecimentos teóricos e das habilidades necessárias à obtenção, alteração, renovação da permissão para dirigir e da autorização para conduzir ciclomotores;

II — ministrar cursos de especialização e similares definidos em resoluções do Conselho Nacional de Trânsito — CONTRAN;

III — respeitar os horários preestabelecidos para as aulas e exames;

IV — frequentar os cursos de aperfeiçoamento ou de reciclagem promovidos pelos órgãos executivos de trânsito dos Estados ou do Distrito Federal;

V — orientar o aluno com segurança na aprendizagem de direção veicular.

PARÁGRAFO ÚNICO. Nas aulas práticas de direção veicular, o instrutor de trânsito somente poderá instruir candidatos à habilitação para a categoria igual ou inferior àquela em que esteja habilitado.

Art. 4º São requisitos para o exercício da atividade de instrutor de trânsito:

I — ter, no mínimo, 21 (vinte e um) anos de idade;

II — ter, pelo menos, 2 (dois) anos de efetiva habilitação legal para a condução de veículo e, no mínimo, 1 (um) ano na categoria D;

III — não ter cometido nenhuma infração de trânsito de natureza gravíssima nos últimos 60 (sessenta) dias;

IV — ter concluído o ensino médio;

V — possuir certificado de curso específico realizado pelo órgão executivo de trânsito;

VI — não ter sofrido penalidade de cassação da Carteira Nacional de Habilitação — CNH;

VII — ter participado de curso de direção defensiva e primeiros socorros.

PARÁGRAFO ÚNICO. É assegurado o direito ao exercício da profissão aos instrutores de trânsito que já estejam credenciados nos órgãos executivos de trânsito estaduais e do Distrito Federal na data de entrada em vigor desta Lei.

Art. 5º São deveres do instrutor de trânsito:

I — desempenhar com zelo e presteza as atividades de seu cargo;

II — portar, sempre, o crachá ou carteira de identificação profissional.

PARÁGRAFO ÚNICO. O crachá de que trata o inciso II do *caput* deste artigo será fornecido pelo órgão executivo de trânsito estadual ou do Distrito Federal.

Art. 6º É vedado ao instrutor de trânsito:

I — realizar propaganda contrária à ética profissional;

II — obstar ou dificultar a fiscalização do órgão executivo de trânsito estadual ou do Distrito Federal.

Art. 7º São direitos do instrutor de trânsito:

I — exercer com liberdade suas prerrogativas;

II — não ser punido sem prévia sindicância, sendo-lhe assegurado amplo direito de defesa;

III — denunciar às autoridades competentes, na forma cabível à espécie, o exercício ilegal da atividade;

IV — representar, perante as autoridades superiores, contra servidores públicos que, no desempenho dos cargos ou funções, praticarem atos que excedam seus deveres decorrentes da inobservância de dispositivos desta Lei;

V — apresentar às autoridades responsáveis pela instituição de normas e atos legais relativos a serviços e atribuições dos instrutores de trânsito sugestões, pareceres, opiniões e críticas que visem à simplificação e ao aperfeiçoamento do sistema de trânsito.

Art. 8º As penalidades aplicadas aos instrutores de trânsito obedecerão aos ditames previstos na Lei n. 9.503, de 23 de setembro de 1997 — Código de Trânsito Brasileiro.

Art. 9º Esta Lei entra em vigor na data de sua publicação.

Brasília, 2 de agosto de 2010; 189º da Independência e 122º da República.

LUIZ INÁCIO LULA DA SILVA
PAULO ROBERTO DOS SANTOS PINTO

LEI N. 12.319, DE 1º DE SETEMBRO DE 2010

(DOU 2.9.2010)

Regulamenta a profissão de tradutor e intérprete da Língua Brasileira de Sinais — LIBRAS

O PRESIDENTE DA REPÚBLICA, faço saber que o Congresso Nacional decreta e eu sanciono a seguinte Lei:

Art. 1º Esta Lei regulamenta o exercício da profissão de Tradutor e Intérprete da Língua Brasileira de Sinais — LIBRAS.

Art. 2º O tradutor e intérprete terá competência para realizar interpretação das 2 (duas) línguas de maneira simultânea ou consecutiva e proficiência em tradução e interpretação da Libras e da Língua Portuguesa.

Art. 3º (VETADO)

Art. 4º A formação profissional do tradutor e intérprete de Libras — Língua Portuguesa, em nível médio, deve ser realizada por meio de:

I — cursos de educação profissional reconhecidos pelo Sistema que os credenciou;

II — cursos de extensão universitária; e

III — cursos de formação continuada promovidos por instituições de ensino superior e instituições credenciadas por Secretarias de Educação.

PARÁGRAFO ÚNICO. A formação de tradutor e intérprete de Libras pode ser realizada por organizações da sociedade civil representativas da comunidade surda, desde que o certificado seja convalidado por uma das instituições referidas no inciso III.

Art. 5º Até o dia 22 de dezembro de 2015, a União, diretamente ou por intermédio de credenciadas, promoverá, anualmente, exame nacional de proficiência em Tradução e Interpretação de Libras — Língua Portuguesa.

PARÁGRAFO ÚNICO. O exame de proficiência em Tradução e Interpretação de Libras — Língua Portuguesa deve ser realizado por banca examinadora de amplo conhecimento dessa função, constituída por docentes surdos, linguistas e tradutores e intérpretes de Libras de instituições de educação superior.

Art. 6º São atribuições do tradutor e intérprete, no exercício de suas competências:

I — efetuar comunicação entre surdos e ouvintes, surdos e surdos, surdos e surdos-cegos, surdos-cegos e ouvintes, por meio da Libras para a língua oral e vice-versa;

II — interpretar, em Língua Brasileira de Sinais — Língua Portuguesa, as atividades didático-pedagógicas e culturais desenvolvidas nas instituições de ensino nos níveis fundamental, médio e superior, de forma a viabilizar o acesso aos conteúdos curriculares;

III — atuar nos processos seletivos para cursos na instituição de ensino e nos concursos públicos;

IV — atuar no apoio à acessibilidade aos serviços e às atividades-fim das instituições de ensino e repartições públicas; e

V — prestar seus serviços em depoimentos em juízo, em órgãos administrativos ou policiais.

Art. 7º O intérprete deve exercer sua profissão com rigor técnico, zelando pelos valores éticos a ela inerentes, pelo respeito à pessoa humana e à cultura do surdo e, em especial:

I — pela honestidade e discrição, protegendo o direito de sigilo da informação recebida;

II — pela atuação livre de preconceito de origem, raça, credo religioso, idade, sexo ou orientação sexual ou gênero;

III — pela imparcialidade e fidelidade aos conteúdos que lhe couber traduzir;

IV — pelas postura e conduta adequadas aos ambientes que frequentar por causa do exercício profissional;

V — pela solidariedade e consciência de que o direito de expressão é um direito social, independentemente da condição social e econômica daqueles que dele necessitem;

VI — pelo conhecimento das especificidades da comunidade surda.

Art. 8º (VETADO)

Art. 9º (VETADO)

Art. 10. Esta Lei entra em vigor na data de sua publicação.

Brasília, 1º de setembro de 2010; 189º da Independência e 122º da República.

LUIZ INÁCIO LULA DA SILVA
LUIZ PAULO TELES FERREIRA BARRETO
FERNANDO HADDAD
CARLOS LUPI
PAULO DE TARSO VANUCCHI

LEI N. 12.378, DE 31 DE DEZEMBRO DE 2010

DOU 31.12.2010 (Edição extra)

Regulamenta o exercício da Arquitetura e Urbanismo; cria o Conselho de Arquitetura e Urbanismo do Brasil — CAU/BR e os Conselhos de Arquitetura e Urbanismo dos Estados e do Distrito Federal — CAUs; e dá outras providências

O PRESIDENTE DA REPÚBLICA, faço saber que o Congresso Nacional decreta e eu sanciono a seguinte Lei:

Âmbito de Abrangência

Art. 1º O exercício da profissão de arquiteto e urbanista passa a ser regulado por esta Lei.

Atribuições de Arquitetos e Urbanistas

Art. 2º As atividades e atribuições do arquiteto e urbanista consistem em:

I — supervisão, coordenação, gestão e orientação técnica;

II — coleta de dados, estudo, planejamento, projeto e especificação;

III — estudo de viabilidade técnica e ambiental;

IV — assistência técnica, assessoria e consultoria;

V — direção de obras e de serviço técnico;

VI — vistoria, perícia, avaliação, monitoramento, laudo, parecer técnico, auditoria e arbitragem;

VII — desempenho de cargo e função técnica;

VIII — treinamento, ensino, pesquisa e extensão universitária;

IX — desenvolvimento, análise, experimentação, ensaio, padronização, mensuração e controle de qualidade;

X — elaboração de orçamento;

XI — produção e divulgação técnica especializada; e

XII — execução, fiscalização e condução de obra, instalação e serviço técnico.

PARÁGRAFO ÚNICO. As atividades de que trata este artigo aplicam-se aos seguintes campos de atuação no setor:

I — da Arquitetura e Urbanismo, concepção e execução de projetos;

II — da Arquitetura de Interiores, concepção e execução de projetos de ambientes;

III — da Arquitetura Paisagística, concepção e execução de projetos para espaços externos, livres e abertos, privados ou públicos, como parques e praças, considerados isoladamente ou em sistemas, dentro de várias escalas, inclusive a territorial;

IV — do Patrimônio Histórico Cultural e Artístico, arquitetônico, urbanístico, paisagístico, monumentos, restauro, práticas de projeto e soluções tecnológicas para reutilização, reabilitação, reconstrução, preservação, conservação, restauro e valorização de edificações, conjuntos e cidades;

V — do Planejamento Urbano e Regional, planejamento físico-territorial, planos de intervenção no espaço urbano, metropolitano e regional fundamentados nos sistemas de infraestrutura, saneamento básico e ambiental, sistema viário, sinalização, tráfego e trânsito urbano e rural, acessibilidade, gestão territorial e ambiental, parcelamento do solo, loteamento, desmembramento, remembramento, arruamento, planejamento urbano, plano diretor, traçado de cidades, desenho urbano, sistema viário, tráfego e trânsito urbano e rural, inventário urbano e regional, assentamentos humanos e requalificação em áreas urbanas e rurais;

VI — da Topografia, elaboração e interpretação de levantamentos topográficos cadastrais para a realização de projetos de arquitetura, de urbanismo e de paisagismo, foto-interpretação, leitura, interpretação e análise de dados e informações topográficas e sensoriamento remoto;

VII — da Tecnologia e resistência dos materiais, dos elementos e produtos de construção, patologias e recuperações;

VIII — dos sistemas construtivos e estruturais, estruturas, desenvolvimento de estruturas e aplicação tecnológica de estruturas;

IX — de instalações e equipamentos referentes à arquitetura e urbanismo;

X — do Conforto Ambiental, técnicas referentes ao estabelecimento de condições climáticas, acústicas, lumínicas e ergonômicas, para a concepção, organização e construção dos espaços;

XI — do Meio Ambiente, Estudo e Avaliação dos Impactos Ambientais, Licenciamento Ambiental, Utilização Racional dos Recursos Disponíveis e Desenvolvimento Sustentável.

Art. 3º Os campos da atuação profissional para o exercício da arquitetura e urbanismo são definidos a partir das diretrizes curriculares nacionais que dispõem sobre a formação do profissional arquiteto e urbanista nas quais os núcleos de conhecimentos de fundamentação e de conhecimentos profissionais caracterizam a unidade de atuação profissional.

§ 1º O Conselho de Arquitetura e Urbanismo do Brasil — CAU/BR especificará, atentando para o disposto no *caput*, as áreas de atuação privativas dos arquitetos e urbanistas e as áreas de atuação compartilhadas com outras profissões regulamentadas.

§ 2º Serão consideradas privativas de profissional especializado as áreas de atuação nas quais a ausência de formação superior exponha o usuário do serviço a qualquer risco ou danos materiais à segurança, à saúde ou ao meio ambiente.

§ 3º No exercício de atividades em áreas de atuação compartilhadas com outras áreas profissionais, o Conselho de Arquitetura e Urbanismo — CAU do Estado ou do Distrito Federal fiscalizará o exercício profissional da Arquitetura e Urbanismo.

§ 4º Na hipótese de as normas do CAU/BR sobre o campo de atuação de arquitetos e urbanistas contradizerem normas de outro Conselho profissional, a controvérsia será resolvida por meio de resolução conjunta de ambos os conselhos.

§ 5º Enquanto não editada a resolução conjunta de que trata o § 4º ou, em caso de impasse, até que seja resolvida a controvérsia, por arbitragem ou judicialmente, será aplicada a norma do Conselho que garanta ao profissional a maior margem de atuação.

Art. 4º O CAU/BR organizará e manterá atualizado cadastro nacional das escolas e faculdades de arquitetura e urbanismo, incluindo o currículo de todos os cursos oferecidos e os projetos pedagógicos.

Registro do arquiteto e urbanista no Conselho

Art. 5º Para uso do título de arquiteto e urbanista e para o exercício das atividades profissionais privativas correspondentes, é obrigatório o registro do profissional no CAU do Estado ou do Distrito Federal.

PARÁGRAFO ÚNICO. O registro habilita o profissional a atuar em todo o território nacional.

Art. 6º São requisitos para o registro:

I — capacidade civil; e

II — diploma de graduação em arquitetura e urbanismo, obtido em instituição de ensino superior oficialmente reconhecida pelo poder público.

§ 1º Poderão obter registro no CAU dos Estados e do Distrito Federal os portadores de diploma de graduação em Arquitetura e Urbanismo ou de diploma de arquiteto ou arquiteto e urbanista, obtido em instituição estrangeira de ensino superior reconhecida no respectivo país e devidamente revalidado por instituição nacional credenciada.

§ 2º Cumpridos os requisitos previstos nos incisos I e II do *caput*, poderão obter registro no CAU dos Estados ou do Distrito Federal, em caráter excepcional e por tempo determinado, profissionais estrangeiros sem domicílio no País.

§ 3º A concessão do registro de que trata o § 2º é condicionada à efetiva participação de arquiteto e urbanista ou sociedade de

Legislação Complementar

arquitetos, com registro no CAU Estadual ou no Distrito Federal e com domicílio no País, no acompanhamento em todas as fases das atividades a serem desenvolvidas pelos profissionais estrangeiros.

Art. 7º Exerce ilegalmente a profissão de arquiteto e urbanista a pessoa física ou jurídica que realizar atos ou prestar serviços, públicos ou privados, privativos dos profissionais de que trata esta Lei ou, ainda, que, mesmo não realizando atos privativos, se apresenta como arquiteto e urbanista ou como pessoa jurídica que atue na área de arquitetura e urbanismo sem registro no CAU.

Art. 8º A carteira profissional de arquiteto e urbanista possui fé pública e constitui prova de identidade civil para todos os fins legais.

Da Interrupção e do Cancelamento do Registro Profissional

Art. 9º É facultada ao profissional e à pessoa jurídica, que não estiver no exercício de suas atividades, a interrupção de seu registro profissional no CAU por tempo indeterminado, desde que atenda as condições regulamentadas pelo CAU/BR.

Sociedade de Arquitetos e Urbanistas

Art. 10. Os arquitetos e urbanistas, juntamente com outros profissionais, poder-se-ão reunir em sociedade de prestação de serviços de arquitetura e urbanismo, nos termos das normas de direito privado, desta Lei e do Regimento Geral do CAU/BR.

PARÁGRAFO ÚNICO. Sem prejuízo do registro e aprovação pelo órgão competente, a sociedade que preste serviços de arquitetura e urbanismo dever-se-á cadastrar no CAU da sua sede, o qual enviará as informações ao CAU/BR para fins de composição de cadastro unificado nacionalmente.

Art. 11. É vedado o uso das expressões "arquitetura" ou "urbanismo" ou designação similar na razão social ou no nome fantasia de sociedade que não possuir arquiteto e urbanista entre os sócios com poder de gestão ou entre os empregados permanentes.

Dos Acervos Técnicos

Art. 12. O acervo técnico constitui propriedade do profissional arquiteto e urbanista e é composto por todas as atividades por ele desenvolvidas, conforme discriminado nos arts. 2º e 3º, resguardando-se a legislação do Direito Autoral.

Art. 13. Para fins de comprovação de autoria ou de participação e de formação de acervo técnico, o arquiteto e urbanista deverá registrar seus projetos e demais trabalhos técnicos ou de criação no CAU do ente da Federação onde atue.

PARÁGRAFO ÚNICO. A qualificação técnica de sociedade com atuação nos campos da arquitetura e do urbanismo será demonstrada por meio dos acervos técnicos dos arquitetos e urbanistas comprovadamente a ela vinculados.

Art. 14. É dever do arquiteto e urbanista ou da sociedade de prestação de serviços de arquitetura e urbanismo indicar em documentos, peças publicitárias, placas ou outro elemento de comunicação dirigido a cliente, ao público em geral e ao CAU local:

I — o nome civil ou razão social do(s) autor(es) e executante(s) do serviço, completo ou abreviado, ou pseudônimo ou nome fantasia, a critério do profissional ou da sociedade de prestação de serviços de arquitetura e urbanismo, conforme o caso;

II — o número do registro no CAU local; e

III — a atividade a ser desenvolvida.

PARÁGRAFO ÚNICO. Quando se tratar de atividade desenvolvida por mais de um arquiteto e urbanista ou por mais de uma sociedade de prestação de serviços de arquitetura e urbanismo e não sendo especificados diferentes níveis de responsabilidade, todos serão considerados indistintamente coautores e corresponsáveis.

Art. 15. Aquele que implantar ou executar projeto ou qualquer trabalho técnico de criação ou de autoria de arquiteto e urbanista deve fazê-lo de acordo com as especificações e o detalhamento constantes do trabalho, salvo autorização em contrário, por escrito, do autor.

PARÁGRAFO ÚNICO. Ao arquiteto e urbanista é facultado acompanhar a implantação ou execução de projeto ou trabalho de sua autoria, pessoalmente ou por meio de preposto especialmente designado com a finalidade de averiguar a adequação da execução ao projeto ou concepção original.

Art. 16. Alterações em trabalho de autoria de arquiteto e urbanista, tanto em projeto como em obra dele resultante, somente poderão ser feitas mediante consentimento por escrito da pessoa natural titular dos direitos autorais, salvo pactuação em contrário.

§ 1º No caso de existência de coautoria, salvo pactuação em contrário, será necessária a concordância de todos os coautores.

§ 2º Em caso de falecimento ou de incapacidade civil do autor do projeto original, as alterações ou modificações poderão ser feitas pelo coautor ou, em não havendo coautor, por outro profissional habilitado, independentemente de autorização, que assumirá a responsabilidade pelo projeto modificado.

§ 3º Ao arquiteto e urbanista que não participar de alteração em obra ou trabalho de sua autoria é permitido o registro de laudo no CAU de seu domicílio, com o objetivo de garantir a autoria e determinar os limites de sua responsabilidade.

§ 4º Na hipótese de a alteração não ter sido concebida pelo autor do projeto original, o resultado final terá como coautores o arquiteto e urbanista autor do projeto original e o autor do projeto de alteração, salvo decisão expressa em contrário do primeiro, caso em que a autoria da obra passa a ser apenas do profissional que houver efetuado as alterações.

Ética

Art. 17. No exercício da profissão, o arquiteto e urbanista deve pautar sua conduta pelos parâmetros a serem definidos no Código de Ética e Disciplina do CAU/BR.

PARÁGRAFO ÚNICO. O Código de Ética e Disciplina deverá regular também os deveres do arquiteto e urbanista para com a comunidade, a sua relação com os demais profissionais, o dever geral de urbanidade e, ainda, os respectivos procedimentos disciplinares, observado o disposto nesta Lei.

Art. 18. Constituem infrações disciplinares, além de outras definidas pelo Código de Ética e Disciplina:

I — registrar projeto ou trabalho técnico ou de criação no CAU, para fins de comprovação de direitos autorais e formação de acervo técnico, que não haja sido efetivamente concebido, desenvolvido ou elaborado por quem requerer o registro;

II — reproduzir projeto ou trabalho técnico ou de criação, de autoria de terceiros, sem a devida autorização do detentor dos direitos autorais;

III — fazer falsa prova de quaisquer documentos exigidos para o registro no CAU;

IV — delegar a quem não seja arquiteto e urbanista a execução de atividade privativa de arquiteto e urbanista;

V — integrar sociedade de prestação de serviços de arquitetura e urbanismo sem nela atuar, efetivamente, com objetivo de viabilizar o registro da empresa no CAU, de utilizar o nome "arquitetura" ou "urbanismo" na razão jurídica ou nome fantasia ou ainda de simular para os usuários dos serviços de arquitetura e urbanismo a existência de profissional do ramo atuando;

VI — locupletar-se ilicitamente, por qualquer meio, às custas de cliente, diretamente ou por intermédio de terceiros;

VII — recusar-se, injustificadamente, a prestar contas a cliente de quantias que houver recebido dele, diretamente ou por intermédio de terceiros;

VIII — deixar de informar, em documento ou peça de comunicação dirigida a cliente, ao público em geral, ao CAU/BR ou aos CAUs, os dados exigidos nos termos desta Lei;

IX — deixar de observar as normas legais e técnicas pertinentes na execução de atividades de arquitetura e urbanismo;

X — ser desidioso na execução do trabalho contratado;

XI — deixar de pagar a anuidade, taxas, preços de serviços e multas devidos ao CAU/BR ou aos CAUs, quando devidamente notificado;

XII — não efetuar Registro de Responsabilidade Técnica quando for obrigatório.

Art. 19. São sanções disciplinares:

I — advertência;

II — suspensão entre 30 (trinta) dias e 1 (um) ano do exercício da atividade de arquitetura e urbanismo em todo o território nacional;

III — cancelamento do registro; e

IV — multa no valor entre 1 (uma) a 10 (dez) anuidades.

§ 1º As sanções deste artigo são aplicáveis à pessoa natural dos arquitetos e urbanistas.

§ 2º As sanções poderão ser aplicadas às sociedades de prestação de serviços com atuação nos campos da arquitetura e do urbanismo, sem prejuízo da responsabilização da pessoa natural do arquiteto e urbanista.

§ 3º No caso em que o profissional ou sociedade de arquitetos e urbanistas deixar de pagar a anuidade, taxas, preços de serviços e multas devidos ao CAU/BR ou aos CAUs, quando devidamente notificado, será aplicada suspensão até a regularização da dívida.

§ 4º A sanção prevista no inciso IV pode incidir cumulativamente com as demais.

§ 5º Caso constatado que a infração disciplinar teve participação de profissional vinculado ao conselho de outra profissão, será comunicado o conselho responsável.

Art. 20. Os processos disciplinares do CAU/BR e dos CAUs seguirão as regras constantes da Lei n. 9.784, de 29 de janeiro de 1999, desta Lei e, de forma complementar, das resoluções do CAU/BR.

Art. 21. O processo disciplinar instaura-se de ofício ou mediante representação de qualquer autoridade ou pessoa interessada.

§ 1º A pedido do acusado ou do acusador, o processo disciplinar poderá tramitar em sigilo, só tendo acesso às informações e documentos nele contidos o acusado, o eventual acusador e os respectivos procuradores constituídos.

§ 2º Após a decisão final, o processo tornar-se-á público.

Art. 22. Caberá recurso ao CAU/BR de todas as decisões definitivas proferidas pelos CAUs, que decidirá em última instância administrativa.

PARÁGRAFO ÚNICO. Além do acusado e do acusador, o Presidente e os Conselheiros do CAU são legitimados para interpor o recurso previsto neste artigo.

Art. 23. Prescreve em 5 (cinco) anos a pretensão de punição das sanções disciplinares, a contar da data do fato.

PARÁGRAFO ÚNICO. A prescrição interrompe-se pela intimação do acusado para apresentar defesa.

Criação e Organização do CAU/BR e dos CAUs

Art. 24. Ficam criados o Conselho de Arquitetura e Urbanismo do Brasil — CAU/BR e os Conselhos de Arquitetura e Urbanismo dos Estados e do Distrito Federal — CAUs, como autarquias dotadas de personalidade jurídica de direito público, com autonomia administrativa e financeira e estrutura federativa, cujas atividades serão custeadas exclusivamente pelas próprias rendas.

§ 1º O CAU/BR e os CAUs têm como função orientar, disciplinar e fiscalizar o exercício da profissão de arquitetura e urbanismo, zelar pela fiel observância dos princípios de ética e disciplina da classe em todo o território nacional, bem como pugnar pelo aperfeiçoamento do exercício da arquitetura e urbanismo.

§ 2º O CAU/BR e o CAU do Distrito Federal terão sede e foro em Brasília.

§ 3º Cada CAU terá sede e foro na capital do Estado, ou de um dos Estados de sua área de atuação, a critério do CAU/BR.

Art. 25. O CAU/BR e os CAUs gozam de imunidade a impostos (art. 150, inciso VI, alínea *a*, da Constituição Federal).

Art. 26. O Plenário do Conselho do CAU/BR será constituído por:

I — 1 (um) Conselheiro representante de cada Estado e do Distrito Federal;

II — 1 (um) Conselheiro representante das instituições de ensino de arquitetura e urbanismo.

§ 1º Cada membro do CAU/BR terá 1 (um) suplente.

§ 2º Os Conselheiros do CAU/BR serão eleitos pelo voto direto e obrigatório dos profissionais do Estado que representam ou do Distrito Federal.

§ 3º O Presidente será eleito entre seus pares por maioria de votos dos conselheiros, em votação secreta, e terá direito apenas a voto de qualidade nas deliberações do CAU/BR.

§ 4º As instituições de ensino de arquitetura e urbanismo oficialmente reconhecidas serão representadas por 1 (um) conselheiro, por elas indicado, na forma do Regimento Geral do CAU/BR.

Art. 27. O CAU/BR tem sua estrutura e funcionamento definidos pelo seu Regimento Geral, aprovado pela maioria absoluta dos conselheiros federais.

PARÁGRAFO ÚNICO. A prerrogativa de que trata o *caput* será exercida com estrita observância às possibilidades efetivas de seu custeio com os recursos próprios do Conselho Federal de Arquitetura e Urbanismo, considerados ainda seus efeitos nos exercícios subsequentes.

Art. 28. Compete ao CAU/BR:

I — zelar pela dignidade, independência, prerrogativas e valorização da arquitetura e do urbanismo;

II — editar, alterar o Regimento Geral, o Código de Ética, as Normas Eleitorais e os provimentos que julgar necessários;

III — adotar medidas para assegurar o funcionamento regular dos CAUs;

IV — intervir nos CAUs quando constatada violação desta Lei ou do Regimento Geral;

V — homologar os regimentos internos e as prestações de contas dos CAUs;

VI — firmar convênios com entidades públicas e privadas, observada a legislação aplicável;

VII — autorizar a oneração ou a alienação de bens imóveis de sua propriedade;

VIII — julgar, em grau de recurso, as questões decididas pelos CAUs;

IX — inscrever empresas ou profissionais estrangeiros de arquitetura e urbanismo sem domicílio no País;

X — criar órgãos colegiados com finalidades e funções específicas;

XI — deliberar sobre assuntos administrativos e financeiros, elaborando programas de trabalho e orçamento;

XII — manter relatórios públicos de suas atividades;

XIII — representar os arquitetos e urbanistas em colegiados de órgãos públicos federais que tratem de questões de exercício profissional referentes à arquitetura e ao urbanismo;

XIV — aprovar e divulgar tabelas indicativas de honorários dos arquitetos e urbanistas;

XV — contratar empresa de auditoria para auditar o CAU/BR e os CAUs, conforme dispuser o Regimento Geral.

§ 1º O *quorum* necessário para a deliberação e aprovação das diferentes matérias será definido no Regimento.

§ 2º O exercício das competências enumeradas nos incisos V, VI, VII, X, XI e XV do *caput* terá como limite para seu efetivo custeio os recursos próprios do Conselho Federal de Arquitetura e Urbanismo, considerados os seus efeitos nos exercícios subsequentes, observadas as normas de ordem pública quanto à alienação de bens patrimoniais e à contratação de serviços.

Art. 29. Compete ao Presidente do CAU/BR, entre outras questões que lhe forem atribuídas pelo Regimento Geral do CAU/BR:

I — representar judicialmente e extrajudicialmente o CAU/BR;

II — presidir as reuniões do Conselho do CAU/BR, podendo exercer o voto de desempate;

III — cuidar das questões administrativas do CAU/BR, ouvindo previamente o Conselho quando exigido pelo Regimento Geral.

Art. 30. Constituem recursos do Conselho Federal de Arquitetura e Urbanismo — CAU/BR:

I — 20% (vinte por cento) da arrecadação prevista no inciso I do art. 37;

II — doações, legados, juros e receitas patrimoniais;

III — subvenções;

IV — resultados de convênios;

V — outros rendimentos eventuais.

PARÁGRAFO ÚNICO. A alienação de bens e a destinação de recursos provenientes de receitas patrimoniais serão aprovadas previamente pelo Plenário do Conselho Federal de Arquitetura e Urbanismo — CAU/BR.

Art. 31. Será constituído um CAU em cada Estado da Federação e no Distrito Federal.

§ 1º A existência de CAU compartilhado por mais de um Estado da Federação somente será admitida na hipótese em que o número limitado de inscritos inviabilize a instalação de CAU próprio para o Estado.

§ 2º A existência de CAU compartilhado depende de autorização do CAU/BR em decisão que será reavaliada, no máximo, a cada 6 (seis) anos.

Art. 32. O Plenário do CAU de cada Estado da Federação e do Distrito Federal é constituído de 1 (um) presidente e de conselheiros.

§ 1º Os conselheiros, e respectivos suplentes, serão eleitos na seguinte proporção:

I — até 499 (quatrocentos e noventa e nove) profissionais inscritos: 5 (cinco) conselheiros;

II — de 500 (quinhentos) a 1.000 (mil) profissionais inscritos: 7 (sete) conselheiros;

III — de 1.001 (mil e um) a 3.000 (três mil) profissionais inscritos: 9 (nove) conselheiros;

IV — acima de 3.000 (três mil) profissionais inscritos: 9 (nove) conselheiros mais 1 (um) para cada 1.000 (mil) inscritos ou fração, descontados os 3.000 (três mil) iniciais.

§ 2º O Presidente será eleito entre seus pares em Plenário pelo voto direto por maioria de votos dos conselheiros e terá direito apenas a voto de qualidade nas deliberações dos CAUs.

§ 3º Na hipótese de compartilhamento de CAU, nos termos do § 2º do art. 31:

I — as eleições serão realizadas em âmbito estadual;

II — o número de membros do conselho será definido na forma do § 1º; e

III — a divisão das vagas por Estado do Conselho compartilhado será feita segundo o número de profissionais inscritos no Estado, garantido o número mínimo de 1 (um) conselheiro por Estado.

Art. 33. Os CAUs terão sua estrutura e funcionamento definidos pelos respectivos Regimentos Internos, aprovados pela maioria absoluta dos conselheiros.

Art. 34. Compete aos CAUs:

I — elaborar e alterar os respectivos Regimentos Internos e demais atos administrativos;

II — cumprir e fazer cumprir o disposto nesta Lei, no Regimento Geral do CAU/BR, nos demais atos normativos do CAU/BR e nos próprios atos, no âmbito de sua competência;

III — criar representações e escritórios descentralizados no território de sua jurisdição, na forma do Regimento Geral do CAU/BR;

IV — criar colegiados com finalidades e funções específicas;

V — realizar as inscrições e expedir as carteiras de identificação de profissionais e pessoas jurídicas habilitadas, na forma desta Lei, para exercerem atividades de arquitetura e urbanismo, mantendo o cadastro atualizado;

VI — cobrar as anuidades, as multas e os Registros de Responsabilidade Técnica;

VII — fazer e manter atualizados os registros de direitos autorais, de responsabilidade e os acervos técnicos;

VIII — fiscalizar o exercício das atividades profissionais de arquitetura e urbanismo;

IX — julgar em primeira instância os processos disciplinares, na forma que determinar o Regimento Geral do CAU/BR;

X — deliberar sobre assuntos administrativos e financeiros, elaborando programas de trabalho e orçamento;

XI — sugerir ao CAU/BR medidas destinadas a aperfeiçoar a aplicação desta Lei e a promover o cumprimento de suas finalidades e a observância aos princípios estabelecidos;

XII — representar os arquitetos e urbanistas em colegiados de órgãos públicos estaduais e municipais que tratem de questões de exercício profissional referentes à arquitetura e ao urbanismo, assim como em órgãos não governamentais da área de sua competência;

XIII — manter relatórios públicos de suas atividades; e

XIV — firmar convênios com entidades públicas e privadas.

§ 1º O exercício das competências enumeradas nos incisos III, IV, X e XIV do *caput* terá como limite para seu efetivo custeio os recursos próprios do respectivo Conselho Regional de Arquitetura e Urbanismo, considerados os seus efeitos nos exercícios subsequentes, observadas as normas de ordem pública relativas à contratação de serviços e à celebração de convênios.

§ 2º Excepcionalmente, serão considerados recursos próprios os repasses recebidos do Conselho Federal de Arquitetura e Urbanismo pelo Conselho Regional de Arquitetura e Urbanismo, a conta do fundo especial a que se refere o art. 60.

Legislação Complementar

Art. 35. Compete ao presidente do CAU, entre outras questões que lhe forem atribuídas pelo Regimento Geral do CAU/BR e pelo Regimento Interno do CAU respectivo:

I — representar judicialmente e extrajudicialmente o CAU;

II — presidir as reuniões do Conselho do CAU, podendo exercer o voto de desempate;

III — cuidar das questões administrativas do CAU, ouvindo previamente o Conselho quando exigido pelo Regimento Geral do CAU/BR ou pelo Regimento Interno do CAU respectivo.

Art. 36. É de 3 (três) anos o mandato dos conselheiros do CAU/BR e dos CAUs sendo permitida apenas uma recondução.

§ 1º O mandato do presidente será coincidente com o mandato do conselheiro.

§ 2º Perderá o mandato o conselheiro que:

I — sofrer sanção disciplinar;

II — for condenado em decisão transitada em julgado por crime relacionado com o exercício do mandato ou da profissão; ou

III — ausentar-se, sem justificativa, a 3 (três) reuniões do Conselho, no período de 1 (um) ano.

§ 3º O presidente do CAU/BR e os presidentes dos CAUs serão destituídos pela perda do mandato como conselheiro, nos termos do § 2º ou pelo voto de 3/5 (três quintos) dos conselheiros.

Art. 37. Constituem recursos dos Conselhos Regionais de Arquitetura e Urbanismo — CAUs:

I — receitas com anuidades, contribuições, multas, taxas e tarifas de serviços;

II — doações, legados, juros e rendimentos patrimoniais;

III — subvenções;

IV — resultados de convênios;

V — outros rendimentos eventuais.

Art. 38. Os presidentes do CAU/BR e dos CAUs prestarão, anualmente, suas contas ao Tribunal de Contas da União.

§ 1º Após aprovação pelo respectivo Plenário, as contas dos CAUs serão submetidas ao CAU/BR para homologação.

§ 2º As contas do CAU/BR, devidamente homologadas, e as dos CAUs serão submetidas à apreciação do Tribunal de Contas da União.

§ 3º Cabe aos presidentes do CAU/BR e de cada CAU a responsabilidade pela prestação de contas.

Art. 39. Cabe ao CAU/BR dirimir as questões divergentes entre os CAUs baixando normas complementares que unifiquem os procedimentos.

Art. 40. O exercício das funções de presidente e de conselheiro do CAU/BR e dos CAUs não será remunerado.

Art. 41. Os empregados do CAU/BR e dos demais CAUs Estaduais e do Distrito Federal serão contratados mediante aprovação em concurso público, sob o regime da Consolidação das Leis do Trabalho.

Anuidade devida para os CAUs

Art. 42. Os profissionais e as pessoas jurídicas inscritas no CAU pagarão anuidade no valor de R$ 350,00 (trezentos e cinquenta reais).

§ 1º Os valores das anuidades serão reajustados de acordo com a variação integral do Índice Nacional de Preços ao Consumidor — INPC, calculado pela Fundação Instituto Brasileiro de Geografia e Estatística — IBGE, nos termos de ato do CAU/BR.

§ 2º A data de vencimento, as regras de parcelamento e o desconto para pagamento à vista serão estabelecidos pelo CAU/BR.

§ 3º Os profissionais formados há menos de 2 (dois) anos e acima de 30 (trinta) anos de formados, pagarão metade do valor da anuidade.

§ 4º A anuidade deixará de ser devida após 40 (quarenta) anos de contribuição da pessoa natural.

Art. 43. A inscrição do profissional ou da pessoa jurídica no CAU não está sujeita ao pagamento de nenhum valor além da anuidade, proporcionalmente ao número de meses restantes no ano.

Art. 44. O não pagamento de anuidade no prazo, sem prejuízo da responsabilização pessoal pela violação ética, sujeita o infrator ao pagamento de multa de 20% (vinte por cento) sobre o valor devido e à incidência de correção com base na variação da Taxa Referencial do Sistema Especial de Liquidação e de Custódia — SELIC até o efetivo pagamento.

Registro de Responsabilidade Técnica — RRT

Art. 45. Toda realização de trabalho de competência privativa ou de atuação compartilhadas com outras profissões regulamentadas será objeto de Registro de Responsabilidade Técnica — RRT.

§ 1º Ato do CAU/BR detalhará as hipóteses de obrigatoriedade da RRT.

§ 2º O arquiteto e urbanista poderá realizar RRT, mesmo fora das hipóteses de obrigatoriedade, como meio de comprovação da autoria e registro de acervo.

Art. 46. O RRT define os responsáveis técnicos pelo empreendimento de arquitetura e urbanismo, a partir da definição da autoria e da coautoria dos serviços.

Art. 47. O RRT será efetuado pelo profissional ou pela pessoa jurídica responsável, por intermédio de seu profissional habilitado legalmente no CAU.

Art. 48. Não será efetuado RRT sem o prévio recolhimento da Taxa de RRT pela pessoa física do profissional ou pela pessoa jurídica responsável.

Art. 49. O valor da Taxa de RRT é, em todas as hipóteses, de R$ 60,00 (sessenta reais).

PARÁGRAFO ÚNICO. O valor referido no *caput* será atualizado, anualmente, de acordo com a variação integral do Índice Nacional de Preços ao Consumidor — INPC, calculado pela Fundação Instituto Brasileiro de Geografia e Estatística — IBGE, nos termos de ato do CAU/BR.

Art. 50. A falta do RRT sujeitará o profissional ou a empresa responsável, sem prejuízo da responsabilização pessoal pela violação ética e da obrigatoriedade da paralisação do trabalho até a regularização da situação, à multa de 300% (trezentos por cento) sobre o valor da Taxa de RRT não paga corrigida, a partir da autuação, com base na variação da Taxa Referencial do Sistema Especial de Liquidação e de Custódia — SELIC, acumulada mensalmente, até o último dia do mês anterior ao da devolução dos recursos, acrescido este montante de 1% (um por cento) no mês de efetivação do pagamento.

PARÁGRAFO ÚNICO. Não se aplica o disposto no *caput* no caso de trabalho realizado em resposta a situação de emergência se o profissional ou a pessoa jurídica diligenciar, assim que possível, na regularização da situação.

Da Cobrança de Valores pelos CAUs

Art. 51. A declaração do CAU de não pagamento de multas por violação da ética ou pela não realização de RRT, após o regular processo administrativo, constitui título executivo extrajudicial.

PARÁGRAFO ÚNICO. Na hipótese do *caput*, os valores serão executados na forma da Lei n. 5.869, de 11 de janeiro de 1973 — Código de Processo Civil.

Art. 52. O atraso no pagamento de anuidade sujeita o responsável à suspensão do exercício profissional ou, no caso de pessoa jurídica, à proibição de prestar trabalhos na área da arquitetura e do urbanismo, mas não haverá cobrança judicial dos valores em atraso, protesto de dívida ou comunicação aos órgãos de proteção ao crédito.

Art. 53. A existência de dívidas pendentes não obsta o desligamento do CAU.

Art. 54. Os valores devidos aos CAUs referentes a multa por violação da ética, multa pela não realização de RRT ou anuidades em atraso, prescrevem no prazo de 5 (cinco) anos.

Instalação do CAU/BR e dos CAUs

Art. 55. Os profissionais com título de arquitetos e urbanistas, arquitetos e engenheiro arquiteto, com registro nos atuais Conselhos Regionais de Engenharia, Arquitetura e Agronomia — CREAs terão, automaticamente, registro nos CAUs com o título único de arquiteto e urbanista.

PARÁGRAFO ÚNICO. Os CREAs enviarão aos CAUs a relação dos arquitetos e urbanistas, arquitetos e engenheiro arquiteto inscritos, no prazo de 30 (trinta) dias da instalação do CAU, bem como os prontuários, dados profissionais, registros e acervo de todas as ARTs emitidas pelos profissionais e todos os processos em tramitação.

Art. 56. As Coordenadorias das Câmaras de Arquitetura dos atuais CREAs e a Coordenadoria Nacional das Câmaras de Arquitetura do atual CONFEA gerenciarão o processo de transição e organizarão o primeiro processo eleitoral para o CAU/BR e para os CAUs dos Estados e do Distrito Federal.

§ 1º Na primeira eleição para o CAU/BR o representante das instituições de ensino será estabelecido pela Coordenadoria Nacional das Câmaras de Arquitetura.

§ 2º A eleição para os conselheiros do CAU/BR e dos CAUs dar-se-á entre 3 (três) meses e 1 (um) ano da publicação desta Lei.

§ 3º Realizada a eleição e instalado o CAU/BR, caberá a ele decidir os CAUs que serão instalados no próprio Estado e os Estados que compartilharão CAU por insuficiência de inscritos.

§ 4º As entidades nacionais dos arquitetos e urbanistas participarão do processo de transição e organização do primeiro processo eleitoral.

Art. 57. Os atuais Conselhos Regionais de Engenharia, Arquitetura e Agronomia a contar da publicação desta Lei, passarão a depositar mensalmente em conta específica, 90% (noventa por cento) do valor das anuidades, das anotações de responsabilidade técnicas e de multas recebidas das pessoas físicas e jurídicas de arquitetos e urbanistas, arquitetos e engenheiros arquitetos até que ocorra a instalação do CAU/BR.

PARÁGRAFO ÚNICO. A quantia a que se refere o *caput* deverá ser usada no custeio do processo eleitoral de que trata o art. 56, sendo repassado o restante para o CAU/BR utilizar no custeio da sua instalação e da instalação dos CAUs.

Art. 58. (VETADO)

Art. 59. O CAU/BR e os CAUs poderão manter convênio com o CONFEA e com os CREAs, para compartilhamento de imóveis, de infraestrutura administrativa e de pessoal, inclusive da estrutura de fiscalização profissional.

Art. 60. O CAU/BR instituirá fundo especial destinado a equilibrar as receitas e despesas dos CAUs, exclusivamente daqueles que não conseguirem arrecadação suficiente para a manutenção de suas estruturas administrativas, sendo obrigatória a publicação dos dados de balanço e do planejamento de cada CAU para fins de acompanhamento e controle dos profissionais.

PARÁGRAFO ÚNICO. Resolução do CAU/BR, elaborada com a participação de todos os presidentes dos CAUs, regulamentará este artigo.

Art. 61. Em cumprimento ao disposto no inciso X do art. 28 e no inciso IV do art. 34, o CAU/BR instituirá colegiado permanente com participação das entidades nacionais dos arquitetos e urbanistas, para tratar das questões do ensino e do exercício profissional.

§ 1º No âmbito das unidades da federação os CAUs instituirão colegiados similares com participação das entidades regionais dos arquitetos e urbanistas.

§ 2º Fica instituída a Comissão Permanente de Ensino e Formação, no âmbito dos CAUs em todas as Unidades da Federação que se articulará com o CAU/BR por intermédio do conselheiro federal representante das instituições de ensino superior.

Art. 62. O CAU/BR e os CAUs serão fiscalizados pelo Tribunal de Contas da União e auditados, anualmente, por auditoria independente e os resultados divulgados para conhecimento público.

Mútuas de Assistência dos Profissionais Vinculados aos CAUs

Art. 63. Os arquitetos e urbanistas que por ocasião da publicação desta Lei se encontravam vinculados à Mútua de que trata a Lei n. 6.496, de 7 de dezembro de 1977, poder-se-ão se manter associados.

Adaptação do CONFEA e dos CREAs

Art. 64. O Conselho Federal de Engenharia, Arquitetura e Agronomia — CONFEA passa a se denominar Conselho Federal de Engenharia e Agronomia — CONFEA.

Art. 65. Os Conselhos Regionais de Engenharia, Arquitetura e Agronomia — CREAs passam a se denominar Conselhos Regionais de Engenharia e Agronomia — CREAs.

Adaptação das Leis ns. 5.194, de 1966, 6.496, de 1977

Art. 66. As questões relativas a arquitetos e urbanistas constantes das Leis ns. 5.194, de 24 de dezembro de 1966 e 6.496, de 7 de dezembro de 1977, passam a ser reguladas por esta Lei.

PARÁGRAFO ÚNICO. (VETADO)

Art. 67. (VETADO)

Vigência

Art. 68. Esta Lei entra em vigor:

I — quanto aos arts. 56 e 57, na data de sua publicação; e

II — quanto aos demais dispositivos, após a posse do Presidente e dos Conselheiros do CAU/BR.

Brasília, 31 de dezembro de 2010; 189º da Independência e 122º da República.

LUIZ INÁCIO LULA DA SILVA
LUIZ PAULO TELES FERREIRA BARRETO
FERNANDO HADDAD
CARLOS LUPI
PAULO BERNARDO SILVA

LEI N. 12.467, DE 26 DE AGOSTO DE 2011

(DOU 29.8.2011)

Dispõe sobre a regulamentação do exercício da profissão de sommelier

A PRESIDENTA DA REPÚBLICA, faço saber que o Congresso Nacional decreta e eu sanciono a seguinte Lei:

Art. 1º Considera-se *sommelier*, para efeitos desta Lei, aquele que executa o serviço especializado de vinhos em empresas de eventos gastronômicos, hotelaria, restaurantes, supermercados e enotecas e em comissariaria de companhias aéreas e marítimas.

PARÁGRAFO ÚNICO. *(VETADO).*

Art. 2º *(VETADO).*

Art. 3º São atividades específicas do *sommelier:*

I — participar no planejamento e na organização do serviço de vinhos nos estabelecimentos referidos no art. 1º desta Lei;

II — assegurar a gestão do aprovisionamento e armazenagem dos produtos relacionados ao serviço de vinhos;

III — preparar e executar o serviço de vinhos;

IV — atender e resolver reclamações de clientes, aconselhando e informando sobre as características do produto;

V — ensinar em cursos básicos e avançados de profissionais *sommelier.*

Art. 4º Esta Lei entra em vigor na data de sua publicação.

Brasília, 26 de agosto de 2011; 190º da Independência e 123º da República.

DILMA ROUSSEFF
JOSÉ EDUARDO CARDOZO
FERNANDO HADDAD
LUÍS INÁCIO LUCENA ADAMS

LEI N. 12.468, DE 26 DE AGOSTO DE 2011

(DOU 29.8.2011)

Regulamenta a profissão de taxista; altera a Lei n. 6.094, de 30 de agosto de 1974; e dá outras providências

A PRESIDENTA DA REPÚBLICA, faço saber que o Congresso Nacional decreta e eu sanciono a seguinte Lei:

Art. 1º Fica reconhecida, em todo o território nacional, a profissão de taxista, observados os preceitos desta Lei.

Art. 2º É atividade privativa dos profissionais taxistas a utilização de veículo automotor, próprio ou de terceiros, para o transporte público individual remunerado de passageiros, cuja capacidade será de, no máximo, 7 (sete) passageiros.

Art. 3º A atividade profissional de que trata o art. 1º somente será exercida por profissional que atenda integralmente aos requisitos e às condições abaixo estabelecidos:

I — habilitação para conduzir veículo automotor, em uma das categorias B, C, D ou E, assim definidas no art. 143 da Lei n. 9.503, de 23 de setembro de 1997;

II — curso de relações humanas, direção defensiva, primeiros socorros, mecânica e elétrica básica de veículos, promovido por entidade reconhecida pelo respectivo órgão autorizatário;

III — veículo com as características exigidas pela autoridade de trânsito;

IV — certificação específica para exercer a profissão, emitida pelo órgão competente da localidade da prestação do serviço;

V — inscrição como segurado do Instituto Nacional de Seguridade Social — INSS, ainda que exerça a profissão na condição de taxista autônomo, taxista auxiliar de condutor autônomo ou taxista locatário; e

VI — Carteira de Trabalho e Previdência Social — CTPS, para o profissional taxista empregado.

Art. 4º *(VETADO).*

Art. 5º São deveres dos profissionais taxistas:

I — atender ao cliente com presteza e polidez;

II — trajar-se adequadamente para a função;

III — manter o veículo em boas condições de funcionamento e higiene;

IV — manter em dia a documentação do veículo exigida pelas autoridades competentes;

V — obedecer à Lei n. 9.503, de 23 de setembro de 1997 — Código de Trânsito Brasileiro, bem como à legislação da localidade da prestação do serviço.

Art. 6º São direitos do profissional taxista empregado:

I — piso remuneratório ajustado entre os sindicatos da categoria;

II — aplicação, no que couber, da legislação que regula o direito trabalhista e da do regime geral da previdência social.

Art. 7º *(VETADO).*

Art. 8º Em Municípios com mais de 50.000 (cinquenta mil) habitantes é obrigatório o uso de taxímetro, anualmente auferido pelo órgão metrológico competente, conforme legislação em vigor.

Art. 9º Os profissionais taxistas poderão constituir entidades nacionais, estaduais ou municipais que os representem, as quais poderão cobrar taxa de contribuição de seus associados.

PARÁGRAFO ÚNICO. *(VETADO).*

Art. 10. *(VETADO).*

Art. 11. *(VETADO).*

Art. 12. *(VETADO).*

Art. 13. *(VETADO).*

Art. 14. *(VETADO).*

Art. 15. *(VETADO).*

Brasília, 26 de agosto de 2011; 190º da Independência e 123º da República.

DILMA ROUSSEFF
JOSÉ EDUARDO CARDOZO
GUIDO MANTEGA
GARIBALDI ALVES FILHO
LUÍS INÁCIO LUCENA ADAMS

LEI N. 12.591, DE 18 DE JANEIRO DE 2012

(DOU 19.1.2012)

Reconhece a profissão de turismólogo e disciplina o seu exercício

A PRESIDENTA DA REPÚBLICA

Faço saber que o Congresso Nacional decreta e eu sanciono a seguinte Lei:

Legislação Complementar

Art. 1º (VETADO).

Art. 2º Consideram-se atividades do Turismólogo:

I — planejar, organizar, dirigir, controlar, gerir e operacionalizar instituições e estabelecimentos ligados ao turismo;

II — coordenar e orientar trabalhos de seleção e classificação de locais e áreas de interesse turístico, visando ao adequado aproveitamento dos recursos naturais e culturais, de acordo com sua natureza geográfica, histórica, artística e cultural, bem como realizar estudos de viabilidade econômica ou técnica;

III — atuar como responsável técnico em empreendimentos que tenham o turismo e o lazer como seu objetivo social ou estatutário;

IV — diagnosticar as potencialidades e as deficiências para o desenvolvimento do turismo nos Municípios, regiões e Estados da Federação;

V — formular e implantar prognósticos e proposições para o desenvolvimento do turismo nos Municípios, regiões e Estados da Federação;

VI — criar e implantar roteiros e rotas turísticas;

VII — desenvolver e comercializar novos produtos turísticos;

VIII — analisar estudos relativos a levantamentos socioeconômicos e culturais, na área de turismo ou em outras áreas que tenham influência sobre as atividades e serviços de turismo;

IX — pesquisar, sistematizar, atualizar e divulgar informações sobre a demanda turística;

X — coordenar, orientar e elaborar planos e projetos de *marketing* turístico;

XI — identificar, desenvolver e operacionalizar formas de divulgação dos produtos turísticos existentes;

XII — formular programas e projetos que viabilizem a permanência de turistas nos centros receptivos;

XIII — organizar eventos de âmbito público e privado, em diferentes escalas e tipologias;

XIV — planejar, organizar, controlar, implantar, gerir e operacionalizar empresas turísticas de todas as esferas, em conjunto com outros profissionais afins, como agências de viagens e turismo, transportadoras e terminais turísticos, organizadoras de eventos, serviços de animação, parques temáticos, hotelaria e demais empreendimentos do setor;

XV — planejar, organizar e aplicar programas de qualidade dos produtos e empreendimentos turísticos, conforme normas estabelecidas pelos órgãos competentes;

XVI — emitir laudos e pareceres técnicos referentes à capacitação ou não de locais e estabelecimentos voltados ao atendimento do turismo receptivo, conforme normas estabelecidas pelos órgãos competentes;

XVII — lecionar em estabelecimentos de ensino técnico ou superior;

XVIII — coordenar e orientar levantamentos, estudos e pesquisas relativamente a instituições, empresas e estabelecimentos privados que atendam ao setor turístico.

Art. 3º (VETADO).

Art. 4º (VETADO).

Art. 5º Esta Lei entra em vigor na data de sua publicação.

Brasília, 18 de janeiro de 2012; 191º da Independência e 124º da República.

Dilma Rousseff
José Eduardo Cardozo
Paulo Roberto dos Santos Pinto
Gastão Vieira
Luíz Inácio Lucena Adams

LEI N. 12.592, DE 18 DE JANEIRO DE 2012

(DOU 19.1.2012)

Dispõe sobre o exercício das atividades profissionais de Cabeleireiro, Barbeiro, Esteticista, Manicure, Pedicure, Depilador e Maquiador

A PRESIDENTA DA REPÚBLICA

Faço saber que o Congresso Nacional decreta e eu sanciono a seguinte Lei:

Art. 1º É reconhecido, em todo o território nacional, o exercício das atividades profissionais de Cabeleireiro, Barbeiro, Esteticista, Manicure, Pedicure, Depilador e Maquiador, nos termos desta Lei.

PARÁGRAFO ÚNICO. Cabeleireiro, Barbeiro, Esteticista, Manicure, Pedicure, Depilador e Maquiador são profissionais que exercem atividades de higiene e embelezamento capilar, estético, facial e corporal dos indivíduos.

Art. 1º-A Os salões de beleza poderão celebrar contratos de parceria, por escrito, nos termos definidos nesta Lei, com os profissionais que desempenham as atividades de Cabeleireiro, Barbeiro, Esteticista, Manicure, Pedicure, Depilador e Maquiador. *(Incluído pela Lei n. 13.352, de 27.10.16, DOU 28.10.16)*

§ 1º Os estabelecimentos e os profissionais de que trata o *caput*, ao atuarem nos termos desta Lei, serão denominados salão-parceiro e profissional-parceiro, respectivamente, para todos os efeitos jurídicos. *(Incluído pela Lei n. 13.352, de 27.10.16, DOU 28.10.16)*

§ 2º O salão-parceiro será responsável pela centralização dos pagamentos e recebimentos decorrentes das atividades de prestação de serviços de beleza realizadas pelo profissional-parceiro na forma da parceria prevista no *caput*. *(Incluído pela Lei n. 13.352, de 27.10.16, DOU 28.10.16)*

§ 3º O salão-parceiro realizará a retenção de sua cota-parte percentual, fixada no contrato de parceria, bem como dos valores de recolhimento de tributos e contribuições sociais e previdenciárias devidos pelo profissional-parceiro incidentes sobre a cota-parte que a este couber na parceria. *(Incluído pela Lei n. 13.352, de 27.10.16, DOU 28.10.16)*

§ 4º A cota-parte retida pelo salão-parceiro ocorrerá a título de atividade de aluguel de bens móveis e de utensílios para o desempenho das atividades de serviços de beleza e/ou a título de serviços de gestão, de apoio administrativo, de escritório, de cobrança e de recebimentos de valores transitórios recebidos de clientes das atividades de serviços de beleza, e a cota-parte destinada ao profissional-parceiro ocorrerá a título de atividades de prestação de serviços de beleza. *(Incluído pela Lei n. 13.352, de 27.10.16, DOU 28.10.16)*

§ 5º A cota-parte destinada ao profissional-parceiro não será considerada para o cômputo da receita bruta do salão-parceiro ainda que adotado sistema de emissão de nota fiscal unificada ao consumidor. *(Incluído pela Lei n. 13.352, de 27.10.16, DOU 28.10.16)*

§ 6º O profissional-parceiro não poderá assumir as responsabilidades e obrigações decorrentes da administração da pessoa jurídica do salão-parceiro, de ordem contábil, fiscal, trabalhista e previdenciária incidentes, ou quaisquer outras relativas ao funcionamento do negócio. *(Incluído pela Lei n. 13.352, de 27.10.16, DOU 28.10.16)*

§ 7º Os profissionais-parceiros poderão ser qualificados, perante as autoridades fazendárias, como pequenos empresários, microempresários ou microempreendedores individuais. *(Incluído pela Lei n. 13.352, de 27.10.16, DOU 28.10.16)*

§ 8º O contrato de parceria de que trata esta Lei será firmado entre as partes, mediante ato escrito, homologado pelo sindicato da categoria profissional e laboral e, na ausência desses, pelo órgão local competente do Ministério do Trabalho e Emprego, perante duas testemunhas. *(Incluído pela Lei n. 13.352, de 27.10.16, DOU 28.10.16)*

§ 9º O profissional-parceiro, mesmo que inscrito como pessoa jurídica, será assistido pelo seu sindicato de categoria profissional e, na ausência deste, pelo órgão local competente do Ministério do Trabalho e Emprego. *(Incluído pela Lei n. 13.352, de 27.10.16, DOU 28.10.16)*

§ 10. São cláusulas obrigatórias do contrato de parceria, de que trata esta Lei, as que estabeleçam: *(Incluído pela Lei n. 13.352, de 27.10.16, DOU 28.10.16)*

I — percentual das retenções pelo salão-parceiro dos valores recebidos por cada serviço prestado pelo profissional-parceiro; *(Incluído pela Lei n. 13.352, de 27.10.16, DOU 28.10.16)*

II — obrigação, por parte do salão-parceiro, de retenção e de recolhimento dos tributos e contribuições sociais e previdenciárias devidos pelo profissional-parceiro em decorrência da atividade deste na parceria; *(Incluído pela Lei n. 13.352, de 27.10.16, DOU 28.10.16)*

III — condições e periodicidade do pagamento do profissional-parceiro, por tipo de serviço oferecido; *(Incluído pela Lei n. 13.352, de 27.10.16, DOU 28.10.16)*

IV — direitos do profissional-parceiro quanto ao uso de bens materiais necessários ao desempenho das atividades profissionais, bem como sobre o acesso e circulação nas dependências do estabelecimento; *(Incluído pela Lei n. 13.352, de 27.10.16, DOU 28.10.16)*

V — possibilidade de rescisão unilateral do contrato, no caso de não subsistir interesse na sua continuidade, mediante aviso prévio de, no mínimo, trinta dias; *(Incluído pela Lei n. 13.352, de 27.10.16, DOU 28.10.16)*

VI — responsabilidades de ambas as partes com a manutenção e higiene de materiais e equipamentos, das condições de funcionamento do negócio e do bom atendimento dos clientes; *(Incluído pela Lei n. 13.352, de 27.10.16, DOU 28.10.16)*

VII — obrigação, por parte do profissional-parceiro, de manutenção da regularidade de sua inscrição perante as autoridades fazendárias. *(Incluído pela Lei n. 13.352, de 27.10.16, DOU 28.10.16)*

§ 11. O profissional-parceiro não terá relação de emprego ou de sociedade com o salão-parceiro enquanto perdurar a relação de parceria tratada nesta Lei. *(Incluído pela Lei n. 13.352, de 27.10.16, DOU 28.10.16)*

Art. 1º-B Cabem ao salão-parceiro a preservação e a manutenção das adequadas condições de trabalho do profissional-parceiro, especialmente quanto aos seus equipamentos e instalações, possibilitando as condições adequadas ao cumprimento das normas de segurança e saúde estabelecidas no art. 4º desta Lei. *(Incluído pela Lei n. 13.352, de 27.10.16, DOU 28.10.16)*

Art. 1º-C Configurar-se-á vínculo empregatício entre a pessoa jurídica do salão-parceiro e o profissional-parceiro quando: *(Incluído pela Lei n. 13.352, de 27.10.16, DOU 28.10.16)*

I — não existir contrato de parceria formalizado na forma descrita nesta Lei; e *(Incluído pela Lei n. 13.352, de 27.10.16, DOU 28.10.16)*

II — o profissional-parceiro desempenhar funções diferentes das descritas no contrato de parceria. *(Incluído pela Lei n. 13.352, de 27.10.16, DOU 28.10.16)*

Art. 1º-D O processo de fiscalização, de autuação e de imposição de multas reger-se-á pelo disposto no Título VII da Consolidação das Leis do Trabalho — CLT, aprovada pelo Decreto-Lei n. 5.452, de 1º de maio de 1943. *(Incluído pela Lei n. 13.352, de 27.10.16, DOU 28.10.16)*

Art. 2º (VETADO).

Art. 3º (VETADO).

Art. 4º Os profissionais de que trata esta Lei deverão obedecer às normas sanitárias, efetuando a esterilização de materiais e utensílios utilizados no atendimento a seus clientes.

Art. 5º É instituído o Dia Nacional do Cabeleireiro, Barbeiro, Esteticista, Manicure, Pedicure, Depilador e Maquiador, a ser comemorado em todo o País, a cada ano, no dia e mês coincidente com a data da promulgação desta Lei.

Art. 6º Esta Lei entra em vigor na data de sua publicação.

Brasília, 18 de janeiro de 2012; 191º da Independência e 124º da República.

DILMA ROUSSEFF
JOSÉ EDUARDO CARDOZO
PAULO ROBERTO DOS SANTOS PINTO
ALEXANDRE ROCHA SANTOS PADILHA
ROGÉRIO SOTTILI
LUIZ INÁCIO LUCENA ADAMS

LEI N. 12.790, DE 14 DE MARÇO DE 2013

(DOU 15.3.2013)

Dispõe sobre a regulamentação do exercício da profissão de comerciário

A PRESIDENTA DA REPÚBLICA

Faço saber que o Congresso Nacional decreta e eu sanciono a seguinte Lei:

Art. 1º Aos comerciários, integrantes da categoria profissional de empregados no comércio, conforme o quadro de atividades e profissões do art. 577, combinado com o art. 511, ambos da Consolidação das Leis do Trabalho (CLT), aprovada pelo Decreto-lei n. 5.452, de 1º de maio de 1943, aplicam-se os dispositivos da presente Lei, sem prejuízo das demais normas trabalhistas que lhes sejam aplicáveis.

Art. 2º Na Carteira de Trabalho e Previdência Social (CTPS), a atividade ou função desempenhada pelos empregados do comércio deverá ser especificada, desde que inexista a possibilidade de classificação por similaridade.

Art. 3º A jornada normal de trabalho dos empregados no comércio é de 8 (oito) horas diárias e 44 (quarenta e quatro) semanais.

§ 1º Somente mediante convenção coletiva ou acordo coletivo de trabalho poderá ser alterada a jornada normal de trabalho estabelecida no *caput* deste artigo.

§ 2º É admitida jornada de 6 (seis) horas para o trabalho realizado em turnos de revezamento, sendo vedada a utilização do mesmo empregado em mais de 1 (um) turno de trabalho, salvo negociação coletiva de trabalho.

Art. 4º O piso salarial será fixado em convenção ou acordo coletivo de trabalho, nos termos do inciso V do art. 7º da Constituição Federal.

Art. 5º (VETADO).

Art. 6º As entidades representativas das categorias econômica e profissional poderão, no âmbito da negociação coletiva, negociar a inclusão, no instrumento normativo, de cláusulas que instituam programas e ações de educação, formação e qualificação profissional.

Art. 7º É instituído o Dia do Comerciário, a ser comemorado no dia 30 de outubro de cada ano.

Art. 8º Esta Lei entra em vigor na data de sua publicação.

Brasília, 14 de março de 2013; 192º da Independência e 125º da República.

DILMA ROUSSEFF
JOSÉ EDUARDO CARDOZO
GUIDO MANTEGA
CARLOS DAUDT BRIZOLA GILBERTO CARVALHO
LUÍS INÁCIO LUCENA ADAMS

LEI N. 12.842, DE 10 DE JULHO DE 2013

(DOU 11.7.2013)

Dispõe sobre o exercício da medicina

A PRESIDENTA DA REPÚBLICA

Faço saber que o Congresso Nacional decreta e eu sanciono a seguinte Lei:

Art. 1º O exercício da Medicina é regido pelas disposições desta Lei.

Art. 2º O objeto da atuação do médico é a saúde do ser humano e das coletividades humanas, em benefício da qual deverá agir com o máximo de zelo, com o melhor de sua capacidade profissional e sem discriminação de qualquer natureza.

PARÁGRAFO ÚNICO. O médico desenvolverá suas ações profissionais no campo da atenção à saúde para:

I — a promoção, a proteção e a recuperação da saúde;

II — a prevenção, o diagnóstico e o tratamento das doenças;

III — a reabilitação dos enfermos e portadores de deficiências.

Art. 3º O médico integrante da equipe de saúde que assiste o indivíduo ou a coletividade atuará em mútua colaboração com os demais profissionais de saúde que a compõem.

Art. 4º São atividades privativas do médico:

I — (VETADO);

II — indicação e execução da intervenção cirúrgica e prescrição dos cuidados médicos pré e pós-operatórios;

III — indicação da execução e execução de procedimentos invasivos, sejam diagnósticos, terapêuticos ou estéticos, incluindo os acessos vasculares profundos, as biópsias e as endoscopias;

IV — intubação traqueal;

V — coordenação da estratégia ventilatória inicial para a ventilação mecânica invasiva, bem como das mudanças necessárias diante das intercorrências clínicas, e do programa de interrupção da ventilação mecânica invasiva, incluindo a desintubação traqueal;

VI — execução de sedação profunda, bloqueios anestésicos e anestesia geral;

VII — emissão de laudo dos exames endoscópicos e de imagem, dos procedimentos diagnósticos invasivos e dos exames anatomopatológicos;

VIII — (VETADO);

IX — (VETADO);

X — determinação do prognóstico relativo ao diagnóstico nosológico;

XI — indicação de internação e alta médica nos serviços de atenção à saúde;

XII — realização de perícia médica e exames médico-legais, excetuados os exames laboratoriais de análises clínicas, toxicológicas, genéticas e de biologia molecular;

XIII — atestação médica de condições de saúde, doenças e possíveis sequelas;

XIV — atestação do óbito, exceto em casos de morte natural em localidade em que não haja médico.

§ 1º Diagnóstico nosológico é a determinação da doença que acomete o ser humano, aqui definida como interrupção, cessação ou distúrbio da função do corpo, sistema ou órgão, caracterizada por, no mínimo, 2 (dois) dos seguintes critérios:

I — agente etiológico reconhecido;

II — grupo identificável de sinais ou sintomas;

III — alterações anatômicas ou psicopatológicas.

§ 2º (VETADO).

§ 3º As doenças, para os efeitos desta Lei, encontram-se referenciadas na versão atualizada da Classificação Estatística Internacional de Doenças e Problemas Relacionados à Saúde.

§ 4º Procedimentos invasivos, para os efeitos desta Lei, são os caracterizados por quaisquer das seguintes situações:

I — (VETADO);

II — (VETADO);

III — invasão dos orifícios naturais do corpo, atingindo órgãos internos.

§ 5º Excetuam-se do rol de atividades privativas do médico:

I — (VETADO);

II — (VETADO);

III — aspiração nasofaringeana ou orotraqueal;

IV — (VETADO);

V — realização de curativo com desbridamento até o limite do tecido subcutâneo, sem a necessidade de tratamento cirúrgico;

VI — atendimento à pessoa sob risco de morte iminente;

VII — realização de exames citopatológicos e seus respectivos laudos;

VIII — coleta de material biológico para realização de análises clínico-laboratoriais;

IX — procedimentos realizados através de orifícios naturais em estruturas anatômicas visando à recuperação físico-funcional e não comprometendo a estrutura celular e tecidual.

§ 6º O disposto neste artigo não se aplica ao exercício da Odontologia, no âmbito de sua área de atuação.

§ 7º O disposto neste artigo será aplicado de forma que sejam resguardadas as competências próprias das profissões de assistente social, biólogo, biomédico, enfermeiro, farmacêutico, fisioterapeuta, fonoaudiólogo, nutricionista, profissional de educação física, psicólogo, terapeuta ocupacional e técnico e tecnólogo de radiologia.

Art. 5º São privativos de médico:

I — (VETADO);

II — perícia e auditoria médicas; coordenação e supervisão vinculadas, de forma imediata e direta, às atividades privativas de médico;

III — ensino de disciplinas especificamente médicas;

IV — coordenação dos cursos de graduação em Medicina, dos programas de residência médica e dos cursos de pós-graduação específicos para médicos.

PARÁGRAFO ÚNICO. A direção administrativa de serviços de saúde não constitui função privativa de médico.

Art. 6º A denominação "médico" é privativa do graduado em curso superior de Medicina reconhecido e deverá constar obrigatoriamente dos diplomas emitidos por instituições de educação superior credenciadas na forma do art. 46 da Lei n. 9.394, de 20 de dezembro de 1996 (Lei de Diretrizes e Bases da Educação Nacional), vedada a denominação "bacharel em Medicina". (NR) *(Redação dada pela Lei n. 13.270, de 13.4.16, DOU 14.4.16)*

Art. 7º Compreende-se entre as competências do Conselho Federal de Medicina editar normas para definir o caráter experimental de procedimentos em Medicina, autorizando ou vedando a sua prática pelos médicos.

PARÁGRAFO ÚNICO. A competência fiscalizadora dos Conselhos Regionais de Medicina abrange a fiscalização e o controle dos procedimentos especificados no *caput*, bem como a aplicação das sanções pertinentes em caso de inobservância das normas determinadas pelo Conselho Federal.

Art. 8º Esta Lei entra em vigor 60 (sessenta) dias após a data de sua publicação.

Brasília, 10 de julho de 2013; 192º da Independência e 125º da República.

Dilma Rousseff
Guido Mantega
Manoel Dias
Alexandre Rocha Santos Padilha
Miriam Belchior
Gilberto Carvalho

LEI N. 12.871, DE 22 DE OUTUBRO DE 2013

(DOU 23.10.2013)

Institui o programa mais médicos, altera as Leis n. 8.745, de 9 de dezembro de 1993, e n. 6.932, de 7 de julho de 1981, e dá outras providências

— Lei n. 12.871, de 22.10.2013. Art. 18, § 4º. Dispõe que "Aplicam-se os arts. 30. 31 e 33, da Lei n. 6.815, de 19.8.1980"

A PRESIDENTA DA REPÚBLICA

Faço saber que o Congresso Nacional decreta e eu sanciono a seguinte Lei:

Capítulo I
Disposições Gerais

Art. 1º É instituído o Programa Mais Médicos, com a finalidade de formar recursos humanos na área médica para o Sistema Único de Saúde (SUS) e com os seguintes objetivos:

I — diminuir a carência de médicos nas regiões prioritárias para o SUS, a fim de reduzir as desigualdades regionais na área da saúde;

II — fortalecer a prestação de serviços de atenção básica em saúde no País;

III — aprimorar a formação médica no País e proporcionar maior experiência no campo de prática médica durante o processo de formação;

IV — ampliar a inserção do médico em formação nas unidades de atendimento do SUS, desenvolvendo seu conhecimento sobre a realidade da saúde da população brasileira;

V — fortalecer a política de educação permanente com a integração ensino-serviço, por meio da atuação das instituições de educação superior na supervisão acadêmica das atividades desempenhadas pelos médicos;

VI — promover a troca de conhecimentos e experiências entre profissionais da saúde brasileiros e médicos formados em instituições estrangeiras;

VII — aperfeiçoar médicos para atuação nas políticas públicas de saúde do País e na organização e no funcionamento do SUS; e

VIII — estimular a realização de pesquisas aplicadas ao SUS.

Art. 2º Para a consecução dos objetivos do Programa Mais Médicos, serão adotadas, entre outras, as seguintes ações:

I — reordenação da oferta de cursos de Medicina e de vagas para residência médica, priorizando regiões de saúde com menor relação de vagas e médicos por habitante e com estrutura de serviços de saúde em condições de ofertar campo de prática suficiente e de qualidade para os alunos;

II — estabelecimento de novos parâmetros para a formação médica no País; e

III — promoção, nas regiões prioritárias do SUS, de aperfeiçoamento de médicos na área de atenção básica em saúde, mediante integração ensino-serviço, inclusive por meio de intercâmbio internacional.

Capítulo II
Da Autorização para o Funcionamento de Cursos de Medicina

Art. 3º A autorização para o funcionamento de curso de graduação em Medicina, por instituição de educação superior privada, será precedida de chamamento público, e caberá ao Ministro de Estado da Educação dispor sobre:

I — pré-seleção dos Municípios para a autorização de funcionamento de cursos de Medicina, ouvido o Ministério da Saúde;

II — procedimentos para a celebração do termo de adesão ao chamamento público pelos gestores locais do SUS;

III — critérios para a autorização de funcionamento de instituição de educação superior privada especializada em cursos na área de saúde;

IV — critérios do edital de seleção de propostas para obtenção de autorização de funcionamento de curso de Medicina; e

V — periodicidade e metodologia dos procedimentos avaliatórios necessários ao acompanhamento e monitoramento da execução da proposta vencedora do chamamento público.

§ 1º Na pré-seleção dos Municípios de que trata o inciso I do *caput* deste artigo, deverão ser consideradas, no âmbito da região de saúde:

I — a relevância e a necessidade social da oferta de curso de Medicina; e

II — a existência, nas redes de atenção à saúde do SUS, de equipamentos públicos adequados e suficientes para a oferta do curso de Medicina, incluindo, no mínimo, os seguintes serviços, ações e programas:

a) atenção básica;

b) urgência e emergência;

c) atenção psicossocial;

d) atenção ambulatorial especializada e hospitalar; e

e) vigilância em saúde.

§ 2º Por meio do termo de adesão de que trata o inciso II do *caput* deste artigo, o gestor local do SUS compromete-se a oferecer à instituição de educação superior vencedora do chamamento público, mediante contrapartida a ser disciplinada por ato do Ministro de Estado da Educação, a estrutura de serviços, ações e programas de saúde necessários para a implantação e para o funcionamento do curso de graduação em Medicina.

§ 3º O edital previsto no inciso IV do *caput* deste artigo observará, no que couber, a legislação sobre licitações e contratos administrativos e exigirá garantia de proposta do participante e multa por inexecução total ou parcial do contrato, conforme previsto, respectivamente, no art. 56 e no inciso II do *caput* do art. 87 da Lei n. 8.666, de 21 de junho de 1993.

§ 4º O disposto neste artigo não se aplica aos pedidos de autorização para funcionamento de curso de Medicina protocolados no Ministério da Educação até a data de publicação desta Lei.

§ 5º O Ministério da Educação, sem prejuízo do atendimento aos requisitos previstos no inciso II do § 1º deste artigo, disporá sobre o processo de autorização de cursos de Medicina em unidades hospitalares que:

I — possuam certificação como hospitais de ensino;

II — possuam residência médica em no mínimo 10 (dez) especialidades; ou

III — mantenham processo permanente de avaliação e certificação da qualidade de seus serviços.

§ 6º O Ministério da Educação, conforme regulamentação própria, poderá aplicar o procedimento de chamamento público de que trata este artigo aos outros cursos de graduação na área de saúde.

§ 7º A autorização e a renovação de autorização para funcionamento de cursos de graduação em Medicina deverão considerar, sem prejuízo de outras exigências estabelecidas no Sistema Nacional de Avaliação da Educação Superior (Sinaes):

I — os seguintes critérios de qualidade:

a) exigência de infraestrutura adequada, incluindo bibliotecas, laboratórios, ambulatórios, salas de aula dotadas de recursos didático-pedagógicos e técnicos especializados, equipamentos especiais e de informática e outras instalações indispensáveis à formação dos estudantes de Medicina;

b) acesso a serviços de saúde, clínicas ou hospitais com as especialidades básicas indispensáveis à formação dos alunos;

c) possuir metas para corpo docente em regime de tempo integral e para corpo docente com titulação acadêmica de mestrado ou doutorado;

d) possuir corpo docente e técnico com capacidade para desenvolver pesquisa de boa qualidade, nas áreas curriculares em questão, aferida por publicações científicas;

II — a necessidade social do curso para a cidade e para a região em que se localiza, demonstrada por indicadores demográficos, sociais, econômicos e concernentes à oferta de serviços de saúde, incluindo dados relativos à:

a) relação número de habitantes por número de profissionais no Município em que é ministrado o curso e nos Municípios de seu entorno;

b) descrição da rede de cursos análogos de nível superior, públicos e privados, de serviços de saúde, ambulatoriais e hospitalares e de programas de residência em funcionamento na região;

c) inserção do curso em programa de extensão que atenda a população carente da cidade e da região em que a instituição se localiza.

Capítulo III
Da Formação Médica no Brasil

Art. 4º O funcionamento dos cursos de Medicina é sujeito à efetiva implantação das diretrizes curriculares nacionais definidas pelo Conselho Nacional de Educação (CNE).

§ 1º Ao menos 30% (trinta por cento) da carga horária do internato médico na graduação serão desenvolvidos na Atenção Básica e em Serviço de Urgência e Emergência do SUS, respeitando-se o tempo mínimo de 2 (dois) anos de internato, a ser disciplinado nas diretrizes curriculares nacionais.

§ 2º As atividades de internato na Atenção Básica e em Serviço de Urgência e Emergência do SUS e as atividades de Residência Médica serão realizadas sob acompanhamento acadêmico e técnico, observado o art. 27 desta Lei.

§ 3º O cumprimento do disposto no *caput* e nos §§ 1º e 2º deste artigo constitui ponto de auditoria nos processos avaliativos do Sinaes.

Art. 5º Os Programas de Residência Médica de que trata a Lei n. 6.932, de 7 de julho de 1981, ofertarão anualmente vagas equivalentes ao número de egressos dos cursos de graduação em Medicina do ano anterior.

PARÁGRAFO ÚNICO. A regra de que trata o *caput* é meta a ser implantada progressivamente até 31 de dezembro de 2018.

Art. 6º Para fins de cumprimento da meta de que trata o art. 5º, será considerada a oferta de vagas de Programas de Residência Médica nas seguintes modalidades:

I — Programas de Residência em Medicina Geral de Família e Comunidade; e

II — Programas de Residência Médica de acesso direto, nas seguintes especialidades:

a) Genética Médica;

b) Medicina do Tráfego;

c) Medicina do Trabalho;

d) Medicina Esportiva;

e) Medicina Física e Reabilitação;

f) Medicina Legal;

g) Medicina Nuclear;

h) Patologia; e

i) Radioterapia.

Art. 7º O Programa de Residência em Medicina Geral de Família e Comunidade terá duração mínima de 2 (dois) anos.

§ 1º O primeiro ano do Programa de Residência em Medicina Geral de Família e Comunidade será obrigatório para o ingresso nos seguintes Programas de Residência Médica:

I — Medicina Interna (Clínica Médica);

II — Pediatria;

III — Ginecologia e Obstetrícia;

IV — Cirurgia Geral;

V — Psiquiatria;

VI — Medicina Preventiva e Social.

§ 2º Será necessária a realização de 1 (um) a 2 (dois) anos do Programa de Residência em Medicina Geral de Família e Comunidade para os demais Programas de Residência Médica, conforme disciplinado pela Comissão Nacional de Residência Médica (CNRM), excetuando-se os Programas de Residência Médica de acesso direto.

§ 3º O pré-requisito de que trata este artigo apenas será exigido quando for alcançada a meta prevista no parágrafo único do art. 5º, na forma do regulamento.

§ 4º Os Programas de Residência Médica estabelecerão processos de transição para implementação, integração e consolidação das mudanças curriculares, com o objetivo de viabilizar a carga horária e os conteúdos oferecidos no currículo novo e permitir o fluxo na formação de especialistas, evitando atrasos curriculares, repetições desnecessárias e dispersão de recursos.

§ 5º O processo de transição previsto no § 4º deverá ser registrado por meio de avaliação do currículo novo, envolvendo discentes de diversas turmas e docentes.

§ 6º Os Programas de Residência em Medicina Geral de Família e Comunidade deverão contemplar especificidades do SUS, como as atuações na área de Urgência e Emergência, Atenção Domiciliar, Saúde Mental, Educação Popular em Saúde, Saúde Coletiva e Clínica Geral Integral em todos os ciclos de vida.

§ 7º O Ministério da Saúde coordenará as atividades da Residência em Medicina Geral de Família e Comunidade no âmbito da rede saúde-escola.

Art. 8º As bolsas de Residência em Medicina Geral de Família e Comunidade poderão receber complementação financeira a ser estabelecida e custeada pelos Ministérios da Saúde e da Educação.

Art. 9º É instituída a avaliação específica para curso de graduação em Medicina, a cada 2 (dois) anos, com instrumentos e métodos que avaliem conhecimentos, habilidades e atitudes, a ser implementada no prazo de 2 (dois) anos, conforme ato do Ministro de Estado da Educação.

§ 1º É instituída avaliação específica anual para os Programas de Residência Médica, a ser implementada no prazo de 2 (dois) anos, pela CNRM.

§ 2º As avaliações de que trata este artigo serão implementadas pelo Instituto Nacional de Estudos e Pesquisas Educacionais Anísio Teixeira (Inep), no âmbito do sistema federal de ensino.

Art. 10. Os cursos de graduação em Medicina promoverão a adequação da matriz curricular para atendimento ao disposto nesta Lei, nos prazos e na forma definidos em resolução do CNE, aprovada pelo Ministro de Estado da Educação.

PARÁGRAFO ÚNICO. O CNE terá o prazo de 180 (cento e oitenta) dias, contado da data de publicação desta Lei, para submeter a resolução de que trata o *caput* ao Ministro de Estado da Educação.

Art. 11. A regulamentação das mudanças curriculares dos diversos programas de residência médica será realizada por meio de ato do Ministério da Educação, ouvidos a CNRM e o Ministério da Saúde.

Seção Única
Do Contrato Organizativo da Ação Pública Ensino-Saúde

Art. 12. As instituições de educação superior responsáveis pela oferta dos cursos de Medicina e dos Programas de Residência Médica poderão firmar Contrato Organizativo da Ação Pública Ensino-Saúde com os Secretários Municipais e Estaduais de Saúde, na qualidade de gestores, com a finalidade de viabilizar a reordenação da oferta de cursos de Medicina e de vagas de Residência Médica e a estrutura de serviços de saúde em condições de ofertar campo de prática suficiente e de qualidade, além de permitir a integração ensino-serviço na área da Atenção Básica.

§ 1º O Contrato Organizativo poderá estabelecer:

I — garantia de acesso a todos os estabelecimentos assistenciais sob a responsabilidade do gestor da área de saúde como cenário de práticas para a formação no âmbito da graduação e da residência médica; e

II — outras obrigações mútuas entre as partes relacionadas ao funcionamento da integração ensino-serviço, cujos termos serão levados à deliberação das Comissões Intergestores Regionais, Comissões Intergestores Bipartite e Comissão Intergestores Tripartite, ouvidas as Comissões de Integração Ensino-Serviço.

§ 2º No âmbito do Contrato Organizativo, caberão às autoridades mencionadas no *caput*, em acordo com a instituição de educação superior e os Programas de Residência Médica, designar médicos preceptores da rede de serviços de saúde e regulamentar a sua relação com a instituição responsável pelo curso de Medicina ou pelo Programa de Residência Médica.

§ 3º Os Ministérios da Educação e da Saúde coordenarão as ações necessárias para assegurar a pactuação de Contratos Organizativos da Ação Pública Ensino-Saúde.

Capítulo IV
Do Projeto mais Médicos para o Brasil

Art. 13. É instituído, no âmbito do Programa Mais Médicos, o Projeto Mais Médicos para o Brasil, que será oferecido:

I — aos médicos formados em instituições de educação superior brasileiras ou com diploma revalidado no País; e

II — aos médicos formados em instituições de educação superior estrangeiras, por meio de intercâmbio médico internacional.

§ 1º A seleção e a ocupação das vagas ofertadas no âmbito do Projeto Mais Médicos para o Brasil observarão a seguinte ordem de prioridade:

I — médicos formados em instituições de educação superior brasileiras ou com diploma revalidado no País, inclusive os aposentados;

II — médicos brasileiros formados em instituições estrangeiras com habilitação para exercício da Medicina no exterior; e

III — médicos estrangeiros com habilitação para exercício da Medicina no exterior.

§ 2º Para fins do Projeto Mais Médicos para o Brasil, considera-se:

I — médico participante: médico intercambista ou médico formado em instituição de educação superior brasileira ou com diploma revalidado; e

II — médico intercambista: médico formado em instituição de educação superior estrangeira com habilitação para exercício da Medicina no exterior.

§ 3º A coordenação do Projeto Mais Médicos para o Brasil ficará a cargo dos Ministérios da Educação e da Saúde, que disciplinarão, por meio de ato conjunto dos Ministros de Estado da Educação e da Saúde, a forma de participação das instituições públicas de educação superior e as regras de funcionamento do Projeto, incluindo a carga horária, as hipóteses de afastamento e os recessos.

Art. 14. O aperfeiçoamento dos médicos participantes ocorrerá mediante oferta de curso de especialização por instituição pública de educação superior e envolverá atividades de ensino, pesquisa e extensão que terão componente assistencial mediante integração ensino-serviço.

§ 1º O aperfeiçoamento de que trata o *caput* terá prazo de até 3 (três) anos, prorrogável por igual período caso ofertadas outras modalidades de formação, conforme definido em ato conjunto dos Ministros de Estado da Educação e da Saúde.

§ 2º A aprovação do médico participante no curso de especialização será condicionada ao cumprimento de todos os requisitos do Projeto Mais Médicos para o Brasil e à sua aprovação nas avaliações periódicas.

§ 3º O primeiro módulo, designado acolhimento, terá duração de 4 (quatro) semanas, será executado na modalidade presencial, com carga horária mínima de 160 (cento e sessenta) horas, e contemplará conteúdo relacionado à legislação referente ao sistema de saúde brasileiro, ao funcionamento e às atribuições do SUS, notadamente da Atenção Básica em saúde, aos protocolos clínicos de atendimentos definidos pelo Ministério da Saúde, à língua portuguesa e ao código de ética médica.

§ 4º As avaliações serão periódicas, realizadas ao final de cada módulo, e compreenderão o conteúdo específico do respectivo módulo, visando a identificar se o médico participante está apto ou não a continuar no Projeto.

§ 5º A coordenação do Projeto Mais Médicos para o Brasil, responsável pelas avaliações de que tratam os §§ 1º a 4º, disciplinará, acompanhará e fiscalizará a programação em módulos do aperfeiçoamento dos médicos participantes, a adoção de métodos transparentes para designação dos avaliadores e os resultados e índices de aprovação e reprovação da avaliação, zelando pelo equilíbrio científico, pedagógico e profissional.

Art. 15. Integram o Projeto Mais Médicos para o Brasil:

I — o médico participante, que será submetido ao aperfeiçoamento profissional supervisionado;

II — o supervisor, profissional médico responsável pela supervisão profissional contínua e permanente do médico; e

III — o tutor acadêmico, docente médico que será responsável pela orientação acadêmica.

§ 1º São condições para a participação do médico intercambista no Projeto Mais Médicos para o Brasil, conforme disciplinado em ato conjunto dos Ministros de Estado da Educação e da Saúde:

I — apresentar diploma expedido por instituição de educação superior estrangeira;

II — apresentar habilitação para o exercício da Medicina no país de sua formação; e

III — possuir conhecimento em língua portuguesa, regras de organização do SUS e protocolos e diretrizes clínicas no âmbito da Atenção Básica.

§ 2º Os documentos previstos nos incisos I e II do § 1º sujeitam-se à legalização consular gratuita, dispensada a tradução juramentada, nos termos de ato conjunto dos Ministros de Estado da Educação e da Saúde.

§ 3º A atuação e a responsabilidade do médico supervisor e do tutor acadêmico, para todos os efeitos de direito, são limitadas, respectiva e exclusivamente, à atividade de supervisão médica e à tutoria acadêmica.

Art. 16. O médico intercambista exercerá a Medicina exclusivamente no âmbito das atividades de ensino, pesquisa e extensão do Projeto Mais Médicos para o Brasil, dispensada, para tal fim, nos 3 (três) primeiros anos de participação, a revalidação de seu diploma nos termos do § 2º do art. 48 da Lei n. 9.394, de 20 de dezembro de 1996.

— Vide Lei n. 13.333, de 12 de setembro de 2016 — Prorroga o prazo de dispensa de que trata o art. 16 da Lei n. 12.871, de 22 de outubro de 2013.

O PRESIDENTE DA REPÚBLICA

Faço saber que o Congresso Nacional decreta e eu sanciono a seguinte Lei:

Art. 1º O prazo de dispensa previsto no art. 16 da Lei n. 12.871, de 22 de outubro de 2013, fica prorrogado por três anos.

Parágrafo único. Para fins do disposto no *caput*, fica prorrogado, por três anos, o prazo do visto temporário de que trata o art. 18 da Lei n. 12.871, de 22 de outubro de 2013.

Art. 2º Esta Lei entra em vigor na data de sua publicação.

Brasília, 12 de setembro de 2016; 195º da Independência e 128º da República.

MICHEL TEMER
José Mendonça Bezerra Filho
Ricardo José Magalhães Barros

§ 1º (VETADO).

§ 2º A participação do médico intercambista no Projeto Mais Médicos para o Brasil, atestada pela coordenação do Projeto, é condição necessária e suficiente para o exercício da Medicina no âmbito do Projeto Mais Médicos para o Brasil, não sendo aplicável o art. 17 da Lei n. 3.268, de 30 de setembro de 1957.

§ 3º O Ministério da Saúde emitirá número de registro único para cada médico intercambista participante do Projeto Mais Médicos para o Brasil e a respectiva carteira de identificação, que o habilitará para o exercício da Medicina nos termos do § 2º.

§ 4º A coordenação do Projeto comunicará ao Conselho Regional de Medicina (CRM) que jurisdicionar na área de atuação a relação de médicos intercambistas participantes do Projeto Mais Médicos para o Brasil e os respectivos números de registro único.

§ 5º O médico intercambista estará sujeito à fiscalização pelo CRM.

Art. 17. As atividades desempenhadas no âmbito do Projeto Mais Médicos para o Brasil não criam vínculo empregatício de qualquer natureza.

Art. 18. O médico intercambista estrangeiro inscrito no Projeto Mais Médicos para o Brasil fará jus ao visto temporário de aperfeiçoamento médico pelo prazo de 3 (três) anos, prorrogável por igual período em razão do disposto no § 1º do art. 14, mediante declaração da coordenação do Projeto.

— ver Lei n. 13.333, de 12.9.16, DOU 13.9.16, acima.

§ 1º O Ministério das Relações Exteriores poderá conceder o visto temporário de que trata o *caput* aos dependentes legais do médico intercambista estrangeiro, incluindo companheiro ou companheira, pelo prazo de validade do visto do titular.

§ 2º Os dependentes legais do médico intercambista estrangeiro poderão exercer atividades remuneradas, com emissão de Carteira de Trabalho e Previdência Social (CTPS) pelo Ministério do Trabalho e Emprego.

§ 3º É vedada a transformação do visto temporário previsto neste artigo em permanente.

§ 4º Aplicam-se os arts. 30, 31 e 33 da Lei n. 6.815, de 19 de agosto de 1980, ao disposto neste artigo.

Art. 19. Os médicos integrantes do Projeto Mais Médicos para o Brasil poderão perceber bolsas nas seguintes modalidades:

I — bolsa-formação;

II — bolsa-supervisão; e

III — bolsa-tutoria.

§ 1º Além do disposto no *caput*, a União concederá ajuda de custo destinada a compensar as despesas de instalação do médico participante, que não poderá exceder a importância correspondente ao valor de 3 (três) bolsas-formação.

§ 2º É a União autorizada a custear despesas com deslocamento dos médicos participantes e seus dependentes legais, conforme dispuser ato conjunto dos Ministros de Estado do Planejamento, Orçamento e Gestão e da Saúde.

§ 3º Os valores das bolsas e da ajuda de custo a serem concedidas e suas condições de pagamento serão definidos em ato conjunto dos Ministros de Estado da Educação e da Saúde.

Art. 20. O médico participante enquadra-se como segurado obrigatório do Regime Geral de Previdência Social (RGPS), na condição de contribuinte individual, na forma da Lei n. 8.212, de 24 de julho de 1991.

PARÁGRAFO ÚNICO. São ressalvados da obrigatoriedade de que trata o *caput* os médicos intercambistas:

I — selecionados por meio de instrumentos de cooperação com organismos internacionais que prevejam cobertura securitária específica; ou

II — filiados a regime de seguridade social em seu país de origem, o qual mantenha acordo internacional de seguridade social com a República Federativa do Brasil.

Art. 21. Poderão ser aplicadas as seguintes penalidades aos médicos participantes do Projeto Mais Médicos para o Brasil que descumprirem o disposto nesta Lei e nas normas complementares:

I — advertência;

II — suspensão; e

III — desligamento das ações de aperfeiçoamento.

§ 1º Na hipótese do inciso III do *caput*, poderá ser exigida a restituição dos valores recebidos a título de bolsa, ajuda de custo e aquisição de passagens, acrescidos de atualização monetária, conforme definido em ato conjunto dos Ministros de Estado da Educação e da Saúde.

§ 2º Na aplicação das penalidades previstas neste artigo, serão consideradas a natureza e a gravidade da infração cometida, assegurados o contraditório e a ampla defesa.

§ 3º No caso de médico intercambista, o desligamento do Programa implicará o cancelamento do registro único no Ministério da Saúde e do registro de estrangeiro.

§ 4º Para fins do disposto no § 3º, a coordenação do Projeto Mais Médicos para o Brasil comunicará o desligamento do médico participante ao CRM e ao Ministério da Justiça.

Art. 22. As demais ações de aperfeiçoamento na área de Atenção Básica em saúde em regiões prioritárias para o SUS, voltadas especificamente para os médicos formados em instituições de educação superior brasileiras ou com diploma revalidado, serão desenvolvidas por meio de projetos e programas dos Ministérios da Saúde e da Educação.

§ 1º As ações de aperfeiçoamento de que trata o *caput* serão realizadas por meio de instrumentos de incentivo e mecanismos de integração ensino-serviço.

§ 2º O candidato que tiver participado das ações previstas no *caput* deste artigo e tiver cumprido integralmente aquelas ações, desde que realizado o programa em 1 (um) ano, receberá pontuação adicional de 10% (dez por cento) na nota de todas as fases ou da fase única do processo de seleção pública dos Programas de Residência Médica a que se refere o art. 2º da Lei n. 6.932, de 1981.

§ 3º A pontuação adicional de que trata o § 2º não poderá elevar a nota final do candidato para além da nota máxima prevista no edital do processo seletivo referido no § 2º deste artigo.

§ 4º O disposto nos §§ 2º e 3º terá validade até a implantação do disposto no parágrafo único do art. 5º desta Lei.

§ 5º Aplica-se o disposto nos arts. 17, 19, 20 e 21 aos projetos e programas de que trata o *caput*.

Capítulo V
Disposições Finais

Art. 23. Para execução das ações previstas nesta Lei, os Ministérios da Educação e da Saúde poderão firmar acordos e outros instrumentos de cooperação com organismos internacionais, instituições de educação superior nacionais e estrangeiras, órgãos e entidades da administração pública direta e indireta da União, dos Estados, do Distrito Federal e dos Municípios, consórcios públicos e entidades privadas, inclusive com transferência de recursos.

Art. 24. São transformadas, no âmbito do Poder Executivo, sem aumento de despesa, 117 (cento e dezessete) Funções Comissionadas Técnicas (FCTs), criadas pelo art. 58 da Medida Provisória n. 2.229-43, de 6 de setembro de 2001, do nível FCT-13, em 10 (dez) cargos em comissão do Grupo-Direção e Assessoramento Superiores (DAS), sendo 2 (dois) DAS-5 e 8 (oito) DAS-4.

Art. 25. São os Ministérios da Saúde e da Educação autorizados a contratar, mediante dispensa de licitação, instituição financeira oficial federal para realizar atividades relacionadas aos pagamentos das bolsas de que trata esta Lei.

Art. 26. São a Empresa Brasileira de Serviços Hospitalares (EBSERH) e o Hospital de Clínicas de Porto Alegre (HCPA) autorizados a conceder bolsas para ações de saúde, a ressarcir despesas, a adotar outros mecanismos de incentivo a suas atividades institucionais e a promover as ações necessárias ao desenvolvimento do Programa Mais Médicos, observada a Lei n. 12.550, de 15 de dezembro de 2011.

Art. 27. Será concedida bolsa para atividades de preceptoria nas ações de formação em serviço nos cursos de graduação e residência médica ofertados pelas instituições federais de educação superior ou pelo Ministério da Saúde.

§ 1º Integram as diretrizes gerais para o processo de avaliação de desempenho para fins de progressão e de promoção de que trata o § 4º do art. 12 da Lei n. 12.772, de 28 de dezembro de 2012, a serem estabelecidas em ato do Ministério da Educação, o exercício profissional no SUS, na área de docência do professor, a preceptoria de que trata esta Lei e o exercício de atividade nos programas definidos como prioritários pelo Ministério da Saúde.

§ 2º Com vistas a assegurar a universalização dos programas de residência médica prevista no art. 5º desta Lei, poderão ser adotadas medidas que ampliem a formação de preceptores de residência médica.

Art. 28. Os médicos participantes e seus dependentes legais são isentos do pagamento das taxas e dos emolumentos previstos nos arts. 20, 33 e 131 da Lei n. 6.815, de 19 de agosto de 1980, e no Decreto-lei n. 2.236, de 23 de janeiro de 1985.

Art. 29. Para os efeitos do art. 26 da Lei n. 9.250, de 26 de dezembro de 1995, os valores percebidos a título de bolsa previstos nesta Lei e na Lei n. 11.129, de 30 de junho de 2005, não caracterizam contraprestação de serviços.

Art. 30. O quantitativo dos integrantes dos projetos e programas de aperfeiçoamento de que trata esta Lei observará os limites dos recursos orçamentários disponíveis.

§ 1º O quantitativo de médicos estrangeiros no Projeto Mais Médicos para o Brasil não poderá exceder o patamar máximo de 10% (dez por cento) do número de médicos brasileiros com inscrição definitiva nos CRMs.

§ 2º O SUS terá o prazo de 5 (cinco) anos para dotar as unidades básicas de saúde com qualidade de equipamentos e infraestrutura, a serem definidas nos planos plurianuais.

§ 3º As despesas decorrentes da execução dos projetos e programas previstos nesta Lei correrão à conta de dotações orçamentárias destinadas aos Ministérios da Educação, da Defesa e da Saúde, consignadas no orçamento geral da União.

Art. 31. Os Ministros de Estado da Educação e da Saúde poderão editar normas complementares para o cumprimento do disposto nesta Lei.

Art. 32. A Advocacia-Geral da União atuará, nos termos do art. 22 da Lei n. 9.028, de 12 de abril de 1995, na representação judicial e extrajudicial dos profissionais designados para a função de supervisor médico e de tutor acadêmico prevista nos incisos II e III do art. 15.

Art. 33. A Lei n. 8.745, de 9 de dezembro de 1993, passa a vigorar com as seguintes alterações:

As alterações já constam da respectiva lei. (NR)

Art. 34. O art. 1º da Lei n. 6.932, de 7 de julho de 1981, passa a vigorar acrescido dos seguintes §§ 3º, 4º e 5º:

"Art. 1º ....

§ 3º A Residência Médica constitui modalidade de certificação das especialidades médicas no Brasil.

§ 4º As certificações de especialidades médicas concedidas pelos Programas de Residência Médica ou pelas associações médicas submetem-se às necessidades do Sistema Único de Saúde (SUS).

§ 5º As instituições de que tratam os §§ 1º a 4º deste artigo deverão encaminhar, anualmente, o número de médicos certificados como especialistas, com vistas a possibilitar o Ministério da Saúde a formar o Cadastro Nacional de Especialistas e parametrizar as ações de saúde pública." (NR)

Art. 35. As entidades ou as associações médicas que até a data de publicação desta Lei ofertam cursos de especialização não caracterizados como Residência Médica encaminharão as relações de registros de títulos de especialistas para o Ministério da Saúde, para os fins previstos no § 5º do art. 1º da Lei n. 6.932, de 1981.

Art. 36. Esta Lei entra em vigor na data de sua publicação.

Brasília, 22 de outubro de 2013; 192º da Independência e 125º da República.

DILMA ROUSSEFF
ALOIZIO MERCADANTE
ALEXANDRE ROCHA SANTOS PADILHA
MIRIAM BELCHIOR
LUÍS INÁCIO LUCENA ADAMS

DECRETO N. 8.126, DE 22 DE OUTUBRO DE 2013

(DOU 23.10.2013)

Dispõe sobre a emissão do registro único e da carteira de identificação para os médicos intercambistas participantes do projeto mais médicos para o Brasil, de que trata a Lei n. 12.871, de 22 de outubro de 2013

A PRESIDENTA DA REPÚBLICA, no uso da atribuição que lhe confere o art. 84, *caput*, inciso IV, da Constituição, e tendo em vista o disposto no art. 16 da Lei n. 12.871, de 22 de outubro de 2013,

DECRETA:

Art. 1º A inscrição do médico intercambista participante do Projeto Mais Médicos para o Brasil será realizada no Ministério da Saúde, nos termos do art. 16 da Lei n. 12.871, de 22 de outubro de 2013.

§ 1º O Ministério da Saúde emitirá número de registro único para cada médico intercambista e a respectiva carteira de identificação, que o habilitará para o exercício da medicina no âmbito do Projeto Mais Médicos para o Brasil.

§ 2º Ato do Ministro de Estado da Saúde disporá sobre os procedimentos para a emissão do registro único e da carteira de identificação previstos no § 1º, observados os requisitos previstos na Lei n. 12.871, de 2013.

§ 3º O Ministério da Saúde publicará o número de registro único de cada médico intercambista no Diário Oficial da União.

Art. 2º O médico intercambista exercerá a medicina exclusivamente no âmbito do Projeto Mais Médicos para o Brasil, na forma do disposto no art. 16 da Lei n. 12.871, de 2013.

PARÁGRAFO ÚNICO. A carteira de identificação do médico intercambista conterá mensagem expressa sobre a vedação ao exercício da medicina fora das atividades do Projeto Mais Médicos para o Brasil.

Art. 3º O médico intercambista estará sujeito à fiscalização pelo Conselho Regional de Medicina — CRM que jurisdicionar em sua área de atuação.

Art. 4º A Coordenação do Projeto Mais Médicos para o Brasil comunicará ao Conselho Regional de Medicina — CRM que jurisdicionar na área de atuação a relação de médicos intercambistas participantes do Projeto e os respectivos números de registro único.

§ 1º A comunicação de que trata o *caput* será acompanhada das seguintes informações:

I — dados pessoais do médico intercambista:

a) nome;

b) nacionalidade;

c) data de nascimento;

d) registro nacional de estrangeiro ou documento de identidade; e

e) Cadastro de Pessoa Física — CPF;

II — país em que o médico intercambista obteve o diploma expedido por instituição de educação superior estrangeira;

III — país em que o médico intercambista possui habilitação para o exercício da Medicina;

IV — data de validade do registro único; e

V — local de atuação do médico intercambista.

§ 2º A Coordenação do Projeto Mais Médicos para o Brasil comunicará ao CRM envolvido qualquer alteração relacionada ao local de atuação do médico intercambista.

Art. 5º A Coordenação do Projeto Mais Médicos para o Brasil comunicará ao Ministério da Saúde o desligamento do médico intercambista do Projeto para o imediato cancelamento de seu registro único e de sua carteira de identificação.

PARÁGRAFO ÚNICO. O desligamento de que trata o *caput* também deverá ser comunicado pela Coordenação do Projeto Mais Médicos para o Brasil ao CRM que jurisdicionar na área de atuação.

Art. 6º Ficam revogados os arts. 6º e 7º do Decreto n. 8.040, de 8 de julho de 2013.

Art. 7º Este Decreto entra em vigor na data de sua publicação.

Brasília, 22 de outubro de 2013; 192º da Independência e 125º da República.

DILMA ROUSSEFF
ALEXANDRE ROCHA SANTOS PADILHA

DECRETO N. 8.040, DE 8 DE JULHO DE 2013

(DOU 9.7.2013)

Institui comitê gestor e o grupo executivo do programa mais médicos e dá outras providências

A PRESIDENTA DA REPÚBLICA, no uso da atribuição que lhe confere o art. 84, *caput*, incisos IV e VI, alínea "a", da Constituição, e tendo em vista o disposto na Medida Provisória n. 621, de 8 de julho de 2013

Art. 1º Fica instituído o Comitê Gestor do Programa Mais Médicos, de que trata a Medida Provisória n. 621, de 8 de julho de 2013.

§ 1º Compete ao Comitê Gestor, instância de caráter deliberativo, fixar metas e orientar a formulação, a implementação, o monitoramento e a avaliação do Programa Mais Médicos.

§ 2º O Comitê Gestor será composto pelos titulares dos seguintes órgãos:

I — Ministério da Saúde, que o coordenará;

II — Ministério da Educação;

III — Casa Civil da Presidência da República; e

IV — Ministério do Planejamento, Orçamento e Gestão.

§ 3º Os membros do Comitê Gestor indicarão seus suplentes, que deverão ocupar cargo de Secretário ou equivalente nos respectivos órgãos.

§ 4º O Comitê Gestor poderá convidar representantes de outros órgãos e entidades, públicos e privados, e especialistas em assuntos afetos ao tema, para participar de suas reuniões.

§ 5º O Comitê Gestor aprovará, por maioria absoluta, regimento interno que disporá sobre sua organização e funcionamento e sobre a atuação do Grupo Executivo.

Legislação Complementar

§ 6º O regimento interno deverá ser publicado no Diário Oficial da União no prazo de noventa dias após a instalação do Comitê.

Art. 2º Fica instituído o Grupo Executivo do Programa Mais Médicos, vinculado ao Comitê Gestor.

§ 1º Compete ao Grupo Executivo assegurar, monitorar e avaliar a execução das ações a serem desenvolvidas no âmbito do Programa Mais Médicos, com base nas orientações emitidas pelo Comitê Gestor.

§ 2º O Grupo Executivo será composto por um representante de cada um dos órgãos a seguir indicados:

I — Ministério da Saúde, que o coordenará;

II — Ministério da Educação;

III — Ministério do Planejamento, Orçamento e Gestão; e

IV — Casa Civil da Presidência da República.

§ 3º Os membros titulares e suplentes do Grupo Executivo serão indicados pelos titulares dos órgãos representados e designados pelo Ministro de Estado da Saúde.

§ 4º O Grupo Executivo poderá convidar para participar das reuniões representantes de outros órgãos e entidades, públicos e privados, e especialistas em assuntos afetos ao tema, especialmente:

I — o Conselho Nacional de Secretários de Saúde — Conass;

II — o Conselho Nacional de Secretarias Municipais de Saúde — Conasems;

III — a Associação Nacional dos Dirigentes das Instituições Federais de Ensino Superior — Andifes;

IV — a Associação Brasileira de Educação Médica — Abem; e

V — as entidades associativas nacionais médicas e de estudantes de medicina.

Art. 3º A Advocacia-Geral da União e os Ministérios da Justiça, da Defesa e das Relações Exteriores auxiliarão o Comitê Gestor e seu Grupo Executivo no desempenho de suas funções, sempre que por estes solicitado.

Art. 4º O Ministério da Saúde exercerá a Secretaria-Executiva do Comitê Gestor e do Grupo Executivo e fornecerá o suporte administrativo para seu funcionamento.

Art. 5º A participação na composição do Comitê Gestor e do Grupo Executivo é considerada serviço público relevante e não enseja remuneração.

Art. 6º *(Revogado pelo Decreto n. 8.126, de 22.10.2013, DOU 23.10.2013).*

Art. 7º *(Revogado pelo Decreto n. 8.126, de 22.10.2013, DOU 23.10.2013).*

Art. 7º-A O supervisor e tutor acadêmico de que trata a Medida Provisória n. 621, de 2013, poderão ser representados judicial e extrajudicialmente pela Advocacia-Geral da União, nos termos do art. 22 da Lei n. 9.028, de 12 de abril de 1995. *(Acrescentado pelo Decreto n. 8.081, de 23.8.2013, DOU 26.8.2013, republicação no DOU 29.08.2013, por ter havido omissão no que foi republicado no DOU de 27.8.2013)*

Art. 8º Este Decreto entra em vigor na data de sua publicação.

Brasília, 8 de julho de 2013; 192º da Independência e 125º da República.

DILMA ROUSSEFF
ALOIZIO MERCADANTE
ALEXANDRE ROCHA SANTOS PADILHA
MIRIAM BELCHIOR

LEI N. 12.867, DE 10 DE OUTUBRO DE 2013

(DOU 11.10.2013)

Regula a profissão de árbitro de futebol e dá outras providências

A PRESIDENTA DA REPÚBLICA

Faço saber que o Congresso Nacional decreta e eu sanciono a seguinte Lei:

Art. 1º A profissão de árbitro de futebol é reconhecida e regulada por esta Lei, sem prejuízo das disposições não colidentes contidas na legislação vigente.

Art. 2º O árbitro de futebol exercerá atribuições relacionadas às atividades esportivas disciplinadas pela Lei n. 9.615, de 24 de março de 1998, destacando-se aquelas inerentes ao árbitro de partidas de futebol e as de seus auxiliares.

Art. 3º (VETADO).

Art. 4º É facultado aos árbitros de futebol organizar-se em associações profissionais e sindicatos.

Art. 5º É facultado aos árbitros de futebol prestar serviços às entidades de administração, às ligas e às entidades de prática da modalidade desportiva futebol.

Art. 6º Esta Lei entra em vigor na data de sua publicação.

Brasília, 10 de outubro de 2013; 192º da Independência e 125º da República.

DILMA ROUSSEFF
MANUEL DIAS
ALDO REBELO
LUÍS INÁCIO LUCENA ADAMS

LEI N. 12.869, DE 15 DE OUTUBRO DE 2013

(DOU 16.10.2013)

Dispõe sobre o exercício da atividade e a remuneração do permissionário lotérico e dá outras providências

A PRESIDENTA DA REPÚBLICA

Faço saber que o Congresso Nacional decreta e eu sanciono a seguinte Lei:

Art. 1º Esta Lei estabelece critérios para a contratação e remuneração de permissionários lotéricos nesse regime e fixa outras providências relativamente às atividades econômicas complementares que vierem a ser por eles exercidas.

Art. 2º Para os fins desta Lei, considera-se:

I — permissão lotérica: a outorga, a título precário, mediante licitação, da prestação de serviços públicos feita pelo poder outorgante à pessoa física ou jurídica que demonstre capacidade para seu desempenho, por sua conta e risco, para comercializar todas as loterias federais e os produtos autorizados, bem como para atuar na prestação de serviços delegados pela outorgante, nos termos e condições definidos pela legislação e normas reguladoras vigentes;

II — outorgante de serviços lotéricos: a Caixa Econômica Federal (CEF) na forma da lei.

Art. 3º Os editais de licitação e os contratos firmados pela outorgante com os permissionários referidos no *caput* do art. 1º observarão, obrigatoriamente, as seguintes diretrizes operacionais e critérios de remuneração:

I — é admitida a conjugação da atividade do permissionário lotérico com outra atividade comercial quando prévia e expressamente autorizada pela outorgante, em função da aderência aos produtos de loterias, produtos conveniados e serviços;

II — a outorgante pode exigir que os permissionários atuem em atividades acessórias com exclusividade como forma de oferecer à sociedade serviços padronizados em todo o território nacional, incluindo a prestação de serviços como correspondente, de forma a não assumir idênticas obrigações com qualquer outra instituição financeira, sendo-lhes vedado prestar serviços que não aqueles previamente autorizados pela outorgante;

III — pela comercialização das modalidades de loterias, os permissionários farão jus a comissão estipulada pela outorgante, a qual incidirá sobre o preço de venda das apostas, deduzidos os repasses previstos em lei e respeitado o equilíbrio econômico-financeiro do produto lotérico;

IV — (VETADO);

V — a mudança de endereço e novas permissões ou credenciamentos sujeitar-se-ão à autorização da outorgante, que deverá observar o potencial para a venda das loterias federais e a demanda para atendimento da população local, comprovados por estudos técnicos;

VI — os contratos de permissão serão firmados pelo prazo de 20 (vinte) anos, com renovação automática por idêntico período, ressalvadas a rescisão ou a declaração de caducidade fundada em comprovado descumprimento das cláusulas contratuais, ou a extinção, nas situações previstas em lei.

PARÁGRAFO ÚNICO. Em caso de permissão de serviços lotéricos, o prazo de renovação referido no inciso VI deste artigo contar-se-á a partir do término do prazo de permissão, independentemente do termo inicial desta.

Art. 4º O exercício da atividade de permissionário lotérico não obsta o exercício de atividades complementares impostas ou autorizadas pela outorgante, nos termos e condições definidos pela legislação e normas reguladoras vigentes.

Art. 5º A Caixa Econômica Federal, como outorgante da permissão de serviços lotéricos e quando se enquadrar na condição de contratante de serviços de correspondente bancário:

I — prestará assistência e consultoria, fornecerá orientações e ministrará treinamentos e todas as demais instruções necessárias ao início e à manutenção das atividades do permissionário, bem como à implementação de inovações operacionais indispensáveis ao exercício da atividade e à melhoria na gestão e desempenho empresarial, ficando por conta do permissionário as despesas com transporte, alimentação, hospedagem e outras que não estiverem ligadas ao objeto do treinamento ou curso necessário;

II — (VETADO).

Art. 5º-A São válidas as outorgas de permissão lotérica e seus aditivos contratuais celebrados até 15 de outubro de 2013 perante a Caixa Econômica Federal, por meio de termos de responsabilidade e compromisso, que concederam prazo de permissão adicional de duzentos e quarenta meses, aos quais serão aplicadas as renovações automáticas previstas no inciso VI e parágrafo único do art. 3º. *(Redação dada pela Lei n. 13.177, de 22.10.15.15, DOU 23.10.15)*

PARÁGRAFO ÚNICO. Não se aplica o disposto no *caput* quando tiver havido rescisão contratual por comprovado descumprimento das cláusulas contratuais pelo permissionário lotérico. *(Redação dada pela Lei n. 13.177, de 22.10.15.15, DOU 23.10.15)*

Art. 5º-B Aplica-se a renovação automática prevista no art. 5º-A às demais permissões lotéricas celebradas até a data de publicação desta Lei após a data final de vigência, inclusive quando decorrente de renovação automática prevista no respectivo contrato. *(Redação dada pela Lei n. 13.177, de 22.10.15.15, DOU 23.10.15)*

Art. 6º Esta Lei entra em vigor na data de sua publicação.

Brasília, 15 de outubro de 2013; 192º da Independência e 125º da República.

DILMA ROUSSEFF
GUIDO MANTEGA
MIRIAM BELCHIOR
LUÍS INÁCIO LUCENA ADAMS

LEI N. 12.870, DE 15 DE OUTUBRO DE 2013

(DOU 16.10.2013)

Dispõe sobre o exercício da atividade profissional de vaqueiro

A PRESIDENTA DA REPÚBLICA

Faço saber que o Congresso Nacional decreta e eu sanciono a seguinte Lei:

Art. 1º Fica reconhecida a atividade de vaqueiro como profissão.

Art. 2º Considera-se vaqueiro o profissional apto a realizar práticas relacionadas ao trato, manejo e condução de espécies animais do tipo bovino, bubalino, equino, muar, caprino e ovino.

Art. 3º Constituem atribuições do vaqueiro:

I — realizar tratos culturais em forrageiras, pastos e outras plantações para ração animal;

II — alimentar os animais sob seus cuidados;

III — realizar ordenha;

IV — cuidar da saúde dos animais sob sua responsabilidade;

V — auxiliar nos cuidados necessários para a reprodução das espécies, sob a orientação de veterinários e técnicos qualificados;

VI — treinar e preparar animais para eventos culturais e socioesportivos, garantindo que não sejam submetidos a atos de violência;

VII — efetuar manutenção nas instalações dos animais sob seus cuidados.

Art. 4º A contratação pelos serviços de vaqueiro é de responsabilidade do administrador, proprietário ou não, do estabelecimento agropecuário de exploração de animais de grande e médio porte, de pecuária de leite, de corte e de criação.

PARÁGRAFO ÚNICO. (VETADO).

Art. 5º Esta Lei entra em vigor na data de sua publicação.

Brasília, 15 de outubro de 2013; 192º da Independência e 125º da República.

DILMA ROUSSEFF
GUIDO MANTEGA
ANTÔNIO ANDRADE
MANOEL DIAS
GILBERTO CARVALHO

LEI N. 12.619, DE 30 DE ABRIL DE 2012

(DOU 2.5.2012)

Dispõe sobre o exercício da profissão de motorista; altera a Consolidação das Leis do Trabalho — CLT, aprovada pelo Decreto-Lei n. 5.452, de 1º de maio de 1943, e as Leis ns. 9.503, de 23 de setembro de 1997, 10.233, de 5 de junho de 2001, 11.079, de 30 de dezembro de 2004, e 12.023, de 27 de agosto de 2009, para regular e disciplinar a jornada de trabalho e o tempo de direção do motorista profissional; e dá outras providências.

A PRESIDENTA DA REPÚBLICA

Faço saber que o Congresso Nacional decreta e eu sanciono a seguinte Lei:

Art. 1º É livre o exercício da profissão de motorista profissional, atendidas as condições e qualificações profissionais estabelecidas nesta Lei. *(Revogado pela Lei n. 13.103, de 2.3.15, DOU 3.3.15)*

PARÁGRAFO ÚNICO. Integram a categoria profissional de que trata esta Lei os motoristas profissionais de veículos automotores cuja condução exija formação profissional e que exerçam a atividade mediante vínculo empregatício, nas seguintes atividades ou categorias econômicas: *(Revogado pela Lei n. 13.103, de 2.3.15, DOU 3.3.15)*

I — transporte rodoviário de passageiros; *(Revogado pela Lei n. 13.103, de 2.3.15, DOU 3.3.15)*

II — transporte rodoviário de cargas; *(Revogado pela Lei n. 13.103, de 2.3.15, DOU 3.3.15)*

III — (VETADO);

IV — (VETADO).

Art. 2º São direitos dos motoristas profissionais, além daqueles previstos no Capítulo II do Título II e no Capítulo II do Título VIII da Constituição Federal: *(Revogado pela Lei n. 13.103, de 2.3.15, DOU 3.3.15)*

I — ter acesso gratuito a programas de formação e aperfeiçoamento profissional, em cooperação com o poder público; *(Revogado pela Lei n. 13.103, de 2.3.15, DOU 3.3.15)*

II — contar, por intermédio do Sistema Único de Saúde — SUS, com atendimento profilático, terapêutico e reabilitador, especialmente em relação às enfermidades que mais os acometam, consoante levantamento oficial, respeitado o disposto no art. 162 da Consolidação das Leis do Trabalho — CLT, aprovada pelo Decreto-Lei n. 5.452, de 1º de maio de 1943; *(Revogado pela Lei n. 13.103, de 2.3.15, DOU 3.3.15)*

III — não responder perante o empregador por prejuízo patrimonial decorrente da ação de terceiro, ressalvado o dolo ou a desídia do motorista, nesses casos mediante comprovação, no cumprimento de suas funções; *(Revogado pela Lei n. 13.103, de 2.3.15, DOU 3.3.15)*

IV — receber proteção do Estado contra ações criminosas que lhes sejam dirigidas no efetivo exercício da profissão; *(Revogado pela Lei n. 13.103, de 2.3.15, DOU 3.3.15)*

V — jornada de trabalho e tempo de direção controlados de maneira fidedigna pelo empregador, que poderá valer-se de anotação em diário de bordo, papeleta ou ficha de trabalho externo, nos termos do § 3º do art. 74 da Consolidação das Leis do Trabalho — CLT, aprovada pelo Decreto-Lei n. 5.452, de 1º de maio de 1943, ou de meios eletrônicos idôneos instalados nos veículos, a critério do empregador. *(Revogado pela Lei n. 13.103, de 2.3.15, DOU 3.3.15)*

PARÁGRAFO ÚNICO. Aos profissionais motoristas empregados referidos nesta Lei é assegurado o benefício de seguro obrigatório, custeado pelo empregador, destinado à cobertura dos riscos pessoais inerentes às suas atividades, no valor mínimo correspondente a 10 (dez) vezes o piso salarial de sua categoria ou em valor superior fixado em convenção ou acordo coletivo de trabalho. *(Revogado pela Lei n. 13.103, de 2.3.15, DOU 3.3.15)*

Art. 3º O Capítulo I do Título III da Consolidação das Leis do Trabalho — CLT, aprovada pelo Decreto-Lei n. 5.452, de 1º de maio de 1943, passa a vigorar acrescido da seguinte Seção IV-A:

"TÍTULO III

.....

Capítulo I

.....

Seção IV-A

Do Serviço do Motorista Profissional

Os arts. 235-A a 235-H constantes da Seção IV-A já foram incluídos no texto da CLT."

Art. 4º O art. 71 da Consolidação das Leis do Trabalho — CLT, aprovada pelo Decreto-lei n. 5.452, de 1º de maio de 1943, passa a vigorar acrescido do seguinte § 5º: *(Já incluído no texto da CLT)*

Art. 5º A Lei n. 9.503, de 23 de setembro de 1997 — Código de Trânsito Brasileiro, passa a vigorar acrescida do seguinte Capítulo III-A:

"Capítulo III-A

Da Condução de Veículos por Motoristas Profissionais

Art. 67-A. O disposto neste Capítulo aplica-se aos motoristas profissionais:

I — de transporte rodoviário coletivo de passageiros;

II — de transporte rodoviário de cargas. (Redação do *caput* e incisos dada pela Lei n. 13.103, de 2.3.15, DOU 3.3.15)

§ 1º (Revogado)

§ 2º (Revogado)

§ 3º (Revogado)

§ 4º (Revogado)

§ 5º (Revogado)

§ 6º (Revogado)

§ 7º (Revogado). (NR)

§ 8º (VETADO)

Art. 67-B (VETADO)

Art. 67-C. É vedado ao motorista profissional dirigir por mais de 5 (cinco) horas e meia ininterruptas veículos de transporte rodoviário coletivo de passageiros ou de transporte rodoviário de cargas. *(Redação dada pela Lei n. 13.103, de 2.3.15, DOU 3.3.15)*

§ 1º Serão observados 30 (trinta) minutos para descanso dentro de cada 6 (seis) horas na condução de veículo de transporte de carga, sendo facultado o seu fracionamento e o do tempo de direção desde que não ultrapassadas 5 (cinco) horas e meia contínuas no exercício da condução. *(Redação dada pela Lei n. 13.103, de 2.3.15, DOU 3.3.15)*

§ 1º-A. Serão observados 30 (trinta) minutos para descanso a cada 4 (quatro) horas na condução de veículo rodoviário de passageiros, sendo facultado o seu fracionamento e o do tempo de direção. *(Redação dada pela Lei n. 13.103, de 2.3.15, DOU 3.3.15)*

§ 2º Em situações excepcionais de inobservância justificada do tempo de direção, devidamente registradas, o tempo de direção poderá ser elevado pelo período necessário para que o condutor, o veículo e a carga cheguem a um lugar que ofereça a segurança e o atendimento demandados, desde que não haja comprometimento da segurança rodoviária. *(Redação dada pela Lei n. 13.103, de 2.3.15, DOU 3.3.15)*

§ 3º O condutor é obrigado, dentro do período de 24 (vinte e quatro) horas, a observar o mínimo de 11 (onze) horas de descanso, que podem ser fracionadas, usufruídas no veículo e coincidir com os intervalos mencionados no § 1º, observadas no primeiro período 8 (oito) horas ininterruptas de descanso. *(Redação dada pela Lei n. 13.103, de 2.3.15, DOU 3.3.15)*

§ 4º Entende-se como tempo de direção ou de condução apenas o período em que o condutor estiver efetivamente ao volante, em curso entre a origem e o destino. *(Redação dada pela Lei n. 13.103, de 2.3.15, DOU 3.3.15)*

§ 5º Entende-se como início de viagem a partida do veículo na ida ou no retorno, com ou sem carga, considerando-se como sua continuação as partidas nos dias subsequentes até o destino. *(Redação dada pela Lei n. 13.103, de 2.3.15, DOU 3.3.15)*

§ 6º O condutor somente iniciará uma viagem após o cumprimento integral do intervalo de descanso previsto no § 3º deste artigo. *(Redação dada pela Lei n. 13.103, de 2.3.15, DOU 3.3.15)*

§ 7º Nenhum transportador de cargas ou coletivo de passageiros, embarcador, consignatário de cargas, operador de terminais de carga, operador de transporte multimodal de cargas ou agente de cargas ordenará a qualquer motorista a seu serviço, ainda que subcontratado, que conduza veículo referido no *caput* sem a observância do disposto no § 6º. (NR) *(Redação dada pela Lei n. 13.103, de 2.3.15, DOU 3.3.15)*

Legislação Complementar

Art. 67-D. (VETADO)

Art. 67-E. O motorista profissional é responsável por controlar e registrar o tempo de condução estipulado no art. 67-C, com vistas à sua estrita observância. *(Redação dada pela Lei n. 13.103, de 2.3.15, DOU 3.3.15)*

§ 1º A não observância dos períodos de descanso estabelecidos no art. 67-C sujeitará o motorista profissional às penalidades daí decorrentes, previstas neste Código. *(Redação dada pela Lei n. 13.103, de 2.3.15, DOU 3.3.15)*

§ 2º O tempo de direção será controlado mediante registrador instantâneo inalterável de velocidade e tempo e, ou por meio de anotação em diário de bordo, ou papeleta ou ficha de trabalho externo, ou por meios eletrônicos instalados no veículo, conforme norma do Contran. *(Redação dada pela Lei n. 13.103, de 2.3.15, DOU 3.3.15)*

§ 3º O equipamento eletrônico ou registrador deverá funcionar de forma independente de qualquer interferência do condutor, quanto aos dados registrados. *(Redação dada pela Lei n. 13.103, de 2.3.15, DOU 3.3.15)*

§ 4º A guarda, a preservação e a exatidão das informações contidas no equipamento registrador instantâneo inalterável de velocidade e de tempo são de responsabilidade do condutor. *(Redação dada pela Lei n. 13.103, de 2.3.15, DOU 3.3.15)*

....

Art. 148-A. Os condutores das categorias C, D e E deverão submeter-se a exames toxicológicos para a habilitação e renovação da Carteira Nacional de Habilitação. *(Redação dada pela Lei n. 13.103, de 2.3.15, DOU 3.3.15)*

....

§ 6º O resultado do exame somente será divulgado para o interessado e não poderá ser utilizado para fins estranhos ao disposto neste artigo ou no § 6º do art. 168 da Consolidação das Leis do Trabalho — CLT, aprovada pelo Decreto-Lei n. 5.452, de 1º de maio de 1943. *(Redação dada pela Lei n. 13.103, de 2.3.15, DOU 3.3.15)*

....

Art. 230. ....

XXIII — em desacordo com as condições estabelecidas no art. 67-C, relativamente ao tempo de permanência do condutor ao volante e aos intervalos para descanso, quando se tratar de veículo de transporte de carga ou coletivo de passageiros: *(Redação dada pela Lei n. 13.103, de 2.3.15, DOU 3.3.15)*

Infração — média;

Penalidade — multa;

Medida administrativa — retenção do veículo para cumprimento do tempo de descanso aplicável.

(...)

§ 1º Se o condutor cometeu infração igual nos últimos 12 (doze) meses, será convertida, automaticamente, a penalidade disposta no inciso XXIII em infração grave. *(Redação dada pela Lei n. 13.103, de 2.3.15, DOU 3.3.15)*

§ 2º Em se tratando de condutor estrangeiro, a liberação do veículo fica condicionada ao pagamento ou ao depósito, judicial ou administrativo, da multa. (NR)

....

Art. 259. ....

§ 4º Ao condutor identificado no ato da infração será atribuída pontuação pelas infrações de sua responsabilidade, nos termos previstos no § 3º do art. 257, excetuando-se aquelas praticadas por passageiros usuários do serviço de transporte rodoviário de passageiros em viagens de longa distância transitando em rodovias com a utilização de ônibus, em linhas regulares intermunicipal, interestadual, internacional e aquelas em viagem de longa distância por fretamento e turismo ou de qualquer modalidade, excetuadas as situações regulamentadas pelo Contran a teor do art. 65 da Lei n. 9.503, de 23 de setembro de 1997 — Código de Trânsito Brasileiro. (NR) *(Redação dada pela Lei n. 13.103, de 2.3.15, DOU 3.3.15)*

....

Art. 6º A Lei n. 9.503, de 23 de setembro de 1997 — Código de Trânsito Brasileiro, passa a vigorar com as seguintes alterações:

"Art. 145. ....

PARÁGRAFO ÚNICO. A participação em curso especializado previsto no inciso IV independe da observância do disposto no inciso III." (NR)

....

"Art. 230. ....

XXIII — em desacordo com as condições estabelecidas no art. 67-C, relativamente ao tempo de permanência do condutor ao volante e aos intervalos para descanso, quando se tratar de veículo de transporte de carga ou de passageiros: *(Redação dada pela Lei n. 13.103, de 2.3.15, DOU 3.3.15)*

Infração — média; Penalidade — multa; Medida administrativa — retenção do veículo para cumprimento do tempo de descanso aplicável; *(Redação dada pela Lei n. 13.103, de 2.3.15, DOU 3.3.15)*

XXIV — (VETADO)." (NR)

"Art. 259. ....

§ 3º (VETADO)." (NR)

"Art. 261. ....

§ 3º A imposição da penalidade de suspensão do direito de dirigir elimina os 20 (vinte) pontos computados para fins de contagem subsequente. *(Incluído pela Lei n. 12.547, de 14.12.2011, DOU 15.12.2011)*

§ 4º (VETADO)." (NR)

§ 5º O condutor que exerce atividade remunerada em veículo, habilitado na categoria C, D ou E, será convocado pelo órgão executivo de trânsito estadual a participar de curso preventivo de reciclagem sempre que, no período de um ano, atingir quatorze pontos, conforme regulamentação do Contran. *(Redação dada pela Lei n. 13.154, de 30.7.15, DOU 31.7.15)*

§ 6º Concluído o curso de reciclagem previsto no § 5º, o condutor terá eliminados os pontos que lhe tiverem sido atribuídos, para fins de contagem subsequente. *(Redação dada pela Lei n. 13.154, de 30.7.15, DOU 31.7.15)*

§ 7º Após o término do curso de reciclagem, na forma do § 5º, o condutor não poderá ser novamente convocado antes de transcorrido o período de um ano. *(Redação dada pela Lei n. 13.154, de 30.7.15, DOU 31.7.15)*

§ 8º A pessoa jurídica concessionária ou permissionária de serviço público tem o direito de ser informada dos pontos atribuídos, na forma do art. 259, aos motoristas que integrem seu quadro funcional, exercendo atividade remunerada ao volante, na forma que dispuser o Contran." (NR) *(Redação dada pela Lei n. 13.154, de 30.7.15, DOU 31.7.15)*

"Art. 310-A. (VETADO)."

Art. 7º (VETADO).

Art. 8º (VETADO).

Art. 9º As condições sanitárias e de conforto nos locais de espera dos motoristas de transporte de cargas em pátios do transportador de carga, embarcador, consignatário de cargas, operador de terminais de carga, operador intermodal de cargas ou agente de cargas, aduanas, portos marítimos, fluviais e secos e locais para repouso e descanso, para os motoristas de transporte de passageiros em rodoviárias, pontos de parada, de apoio, alojamentos, refeitórios das empresas ou de terceiros terão que obedecer ao disposto nas Normas Regulamentadoras do Ministério do Trabalho e Emprego, dentre outras. *(Revogado pela Lei n. 13.103, de 2.3.15, DOU 3.3.15)*

Art. 10. (VETADO).

Art. 11. (VETADO).

Art. 12. (VETADO).

Brasília, 30 de abril de 2012; 191º da Independência e 124º da República.

DILMA ROUSSEFF

JOSÉ EDUARDO CARDOZO

GUIDO MANTEGA

PAULO SÉRGIO OLIVEIRA PASSOS

PAULO ROBERTO DOS SANTOS PINTO

MIRIAM BELCHIOR

AGUINALDO RIBEIRO

GILBERTO CARVALHO

LUÍS INÁCIO LUCENA ADAMS

PORTARIA GM/MTPS N. 116, DE 13 DE NOVEMBRO DE 2015

(DOU 16.11.15 e Retif. DOU 19.11.15)

Regulamenta a realização dos exames toxicológicos previstos nos §§ 6º e 7º do art. 168 da CLT

O MINISTRO DE ESTADO DO TRABALHO E PREVIDÊNCIA SOCIAL, no uso das atribuições que lhe conferem o inciso II do parágrafo único do art. 87 da Constituição Federal e os arts. 155 e 168 da Consolidação das Leis do Trabalho — CLT, aprovada pelo Decreto-Lei n. 5.452, de 1º de maio de 1943, resolve:

Art. 1º Regulamentar a realização dos exames toxicológicos previstos nos §§ 6º e 7º do art. 168 da CLT por meio do Anexo — Diretrizes para realização de exame toxicológico em motoristas profissionais do transporte rodoviário coletivo de passageiros e do transporte rodoviário de cargas, aprovado com a redação constante no Anexo desta Portaria.

Art. 2º Esta Portaria entra em vigor em 2 de março de 2016.

MIGUEL SOLDATELLI ROSSETTO

ANEXO

Diretrizes para realização de exame toxicológico em motoristas profissionais do transporte rodoviário coletivo de passageiros e do transporte rodoviário de cargas.

1. Os motoristas profissionais do transporte rodoviário coletivo de passageiros e do transporte rodoviário de cargas devem ser submetidos a exame toxicológico em conformidade com este Anexo.

1.1 — Os exames toxicológicos devem ser realizados:

a) previamente à admissão;

b) por ocasião do desligamento.

1.2 — Os exames toxicológicos devem:

a) ter janela de detecção para consumo de substâncias psicoativas, com análise retrospectiva mínima de 90 (noventa) dias;

b) ser avaliados em conformidade com os parâmetros estabelecidos no Quadro I.

1.3 — Os exames toxicológicos não devem:

a) ser parte integrantes do PCMSO;

b) constar de atestados de saúde ocupacional;

c) estar vinculados à definição de aptidão do trabalhador.

2. A validade do exame toxicológico será de 60 dias, a partir da data da coleta da amostra, podendo seu resultado ser utilizado neste período para todos os fins de que trata o item 1.1 deste Anexo.

2.1 O exame toxicológico previsto pela Lei n. 9.503, de 23 de setembro de 1997 — Código de Trânsito Brasileiro, desde que realizado nos últimos 60 (sessenta) dias, poderá ser utilizado para todos os fins de que trata o item 1.1 deste Anexo.

3. O exame toxicológico de que trata esta Portaria somente poderá ser realizado por laboratórios acreditados pelo CAP-FDT — Acreditação forense para exames toxicológicos de larga janela de detecção do Colégio Americano de Patologia — ou por Acreditação concedida pelo INMETRO de acordo com a Norma ABNT NBR ISO/IEC 17025, com requisitos específicos que incluam integralmente as "Diretrizes sobre o Exame de Drogas em Cabelos e Pelos: Coleta e Análise" da Sociedade Brasileira de Toxicologia, além de requisitos adicionais de toxicologia forense reconhecidos internacionalmente.

3.1 O exame toxicológico deve possuir todas suas etapas protegidas por cadeia de custódia, garantindo a rastreabilidade de todo o processo além de possuir procedimento com validade forense para todas as etapas analíticas (descontaminação, extração, triagem e confirmação).

3.2 Os laboratórios devem entregar ao trabalhador laudo laboratorial detalhado em que conste a relação de substâncias testadas, bem como seus respectivos resultados.

3.3 Os resultados detalhados dos exames e da cadeia de custódia devem ficar armazenados em formato eletrônico pelo laboratório executor por no mínimo 5 (cinco) anos.

3.4 — É assegurado ao trabalhador: a) o direito à contraprova e à confidencialidade dos resultados dos exames;

b) o acesso à trilha de auditoria do seu exame.

4. Os laboratórios devem disponibilizar Médico Revisor — MR para proceder a interpretação do laudo laboratorial e emissão do relatório médico, sendo facultado ao empregador optar por outro Médico Revisor de sua escolha.

4.1 Cabe ao MR emitir relatório médico, concluindo pelo uso indevido ou não de substância psicoativa.

4.1.1 O MR deve considerar, dentre outras situações, além dos níveis da substância detectada no exame, o uso de medicamento prescrito, devidamente comprovado.

4.2 O MR deve possuir conhecimentos para interpretação dos resultados laboratoriais.

4.3 O relatório médico emitido pelo MR deve conter:

a) nome e CPF do trabalhador;

b) data da coleta da amostra;

c) número de identificação do exame;

d) identificação do laboratório que realizou o exame;

e) data da emissão do laudo laboratorial;

f) data da emissão do relatório;

g) assinatura e CRM do Médico Revisor — MR.

4.3.1 O relatório médico deve concluir pelo uso indevido ou não de substância psicoativa, sem indicação de níveis ou tipo de substância.

4.3.2 O trabalhador deve entregar ao empregador o relatório médico emitido pelo MR em até 15 dias após o recebimento.

5. Os exames toxicológicos devem testar, no mínimo, a presença das seguintes substâncias:

a) maconha e derivados;

b) cocaína e derivados, incluindo crack e merla;

c) opiáceos, incluindo codeína, morfina e heroína;

d) anfetaminas e metanfetaminas;

e) "ecstasy" (MDMA e MDA);

f) anfepramona;

g) femproporex;

h) mazindol.

5.1 Para a realização dos exames toxicológicos devem ser coletadas duas amostras, conforme procedimentos de custódia indicados pelo laboratório executor, com as seguintes finalidades:

a) para proceder ao exame completo, com triagem e exame confirmatório;

b) para armazenar no laboratório, por no mínimo 5 (cinco) anos, a fim de se dirimirem eventuais litígios.

6. Os laboratórios executores de exames toxicológicos de que trata esta Portaria devem encaminhar, semestralmente, ao Departamento de Segurança e Saúde no Trabalho da Secretaria de Inspeção do Trabalho, dados estatísticos detalhados dos exames toxicológicos realizados, resguardando a confidencialidade dos trabalhadores.

QUADRO I
Valores de corte ("cut-off")

ANFETAMINAS	Triagem	Confirmação
Anfetamina	200ng/g	200ng/g
Metanfetamina	200ng/g	200ng/g
MDMA	200ng/g	200ng/g
MDA	200ng/g	200ng/g
Anfepramona	200ng/g	200ng/g
Femproporex	200ng/g	200ng/g
Mazindol	500ng/g	500ng/g

MACONHA	Triagem	Confirmação
THC	50ng/g	
CarboxyTHC (THC-COOH)	0,2ng/g	0,2ng/g

COCAÍNA	Triagem	Confirmação
Cocaína	500ng/g	500ng/g
Benzoilecgonina	50ng/g	50ng/g
Cocaetileno	50ng/g	50ng/g
Norcocaína	50ng/g	50ng/g

OPIÁCEOS	Triagem	Confirmação
Morfina	200ng/g	200ng/g
Codeína	200ng/g	200ng/g
Heroína (metabólito)	200ng/g	200ng/g

Fonte: adaptado de Sociedade Brasileira de Toxicologia (SBTOX — http://www.sbtox.org.br/); Associação Brasileira de Provedores de Serviços Toxicológicos de Larga Janela de Detecção (ABRATOX — http://www.abratox.org.br/); e SoHT — Society of Hair Testing (http:// www. soht. org/).

Nota 1: Em relação a maconha, na triagem qualquer uma das substâncias pode resultar em um presumido positivo. Na confirmação apenas o THC-COOH é aceito.

Nota 2: Em relação a cocaína, na triagem qualquer uma das substâncias pode resultar em um presumido positivo. A confirmação deve incluir cocaína e, pelo menos, um dos metabólitos.

Nota 3: Em relação às anfetaminas e opiáceos, todas as substâncias devem ser testadas na triagem e, quanto houver um presumido positivo, na confirmação.

DECRETO N. 8.433, DE 16 DE ABRIL DE 2015

(DOU 17.4.15 retificado em 20.4.2015)

A PRESIDENTA DA REPÚBLICA, no uso da atribuição que lhe confere o art. 84, *caput*, incisos IV e VI, alínea "a", da Constituição, e tendo em vista o disposto na Lei n. 13.103, de 2 de março de 2015,

DECRETA:

Art.1º Este Decreto regulamenta a Lei n. 13.103, de 2 de março de 2015, que dispõe sobre o exercício da profissão de motorista.

Art. 2º Os veículos de transporte de carga que circularem vazios ficam isentos da cobrança de pedágio sobre os eixos que mantiverem suspensos.

§ 1º Os órgãos ou entidades competentes da União, dos Estados, do Distrito Federal e dos Municípios disporão sobre as medidas técnicas e operacionais para viabilizar a isenção de que trata o *caput*.

§ 2º Até a implementação das medidas a que se refere o § 1º, consideram-se vazios os veículos de transporte de carga que transpuserem as praças de pedágio com um ou mais eixos que mantiverem suspensos, ressalvada a fiscalização da condição pela autoridade com circunscrição sobre a via ou ao seu agente designado na forma do § 4º do art. 280 da Lei n. 9.503, de 23 de setembro de 1997 — Código de Trânsito Brasileiro.

§ 3º Para as vias rodoviárias federais concedidas, a regulamentação de que trata o § 1º será publicada pela Agência Nacional de Transportes Terrestres — ANTT no prazo máximo de cento e oitenta dias, contado da publicação deste Decreto, observada a viabilidade econômica e o interesse público.

§ 4º Regulamentações específicas fixarão os prazos para o cumprimento das medidas pelas concessionárias de rodovias.

Art. 3º As penalidades a que se refere o art. 22 da Lei n. 13.103, de 2015, ficam convertidas em advertências, conforme os procedimentos estabelecidos:

I — pelo Ministério do Trabalho e Emprego, no caso das infrações ao disposto na Lei n. 12.619, de 30 de abril de 2012, de que trata o inciso I do *caput* do art. 22 da Lei n. 13.103, de 2015; e

II — pelos órgãos competentes para aplicar penalidades, no caso das infrações ao Código de Trânsito Brasileiro de que tratam os incisos I e II do *caput* do art. 22 da Lei n. 13.103, de 2015.

§ 1º As penalidades decorrentes das infrações de trânsito de que tratam os incisos I e II do *caput* do art. 22 da Lei n. 13.103, de 2015, são aquelas previstas no inciso XXIII do *caput* do art. 230 e no inciso V do *caput* do art. 231 do Código de Trânsito Brasileiro, respectivamente.

§ 2º A restituição de valores pagos pelas penalidades referidas no *caput* deverá ser solicitada por escrito e autuada em processo administrativo específico junto ao órgão responsável pelo recolhimento.

Art. 4º Compete ao Ministério do Trabalho e Emprego regulamentar as condições de segurança, sanitárias e de conforto nos locais de espera, de repouso e de descanso dos motoristas profissionais de transporte rodoviário de passageiros e de cargas, conforme disposto no art. 9º da Lei n. 13.103, de 2 de março de 2015; e

PARÁGRAFO ÚNICO. Para os procedimentos de reconhecimento como ponto de parada e descanso, os órgãos de que trata o § 3º do art. 11 da Lei n. 13.103, de 2015, observarão o cumprimento da regulamentação de que trata o *caput*.

Art. 5º Compete ao Conselho Nacional de Trânsito — Contran regulamentar:

I — os modelos de sinalização, de orientação e de identificação dos locais de espera, de repouso e de descanso dos motoristas profissionais de transporte rodoviário de passageiros e de cargas, observadas as disposições do § 3º do art. 11 da Lei n. 13.103, de 2015; e

II — o uso de equipamentos para a verificação se o veículo se encontra vazio e os demais procedimentos a serem adotados para a fiscalização de trânsito e o cumprimento das disposições do art. 17 da Lei n. 13.103, de 2015, no prazo máximo de cento e oitenta dias, contado da publicação deste Decreto.

Art. 6º A regulamentação das disposições dos incisos I ao IV do *caput* do art. 10, do art. 11 e do art. 12 da Lei n. 13.103, de 2015, compete:

I — à ANTT, para as rodovias por ela concedidas; e

II — ao Departamento Nacional de Infraestrutura de Transportes — DNIT, para as demais rodovias federais.

PARÁGRAFO ÚNICO. A outorga de permissão de uso de bem público nas faixas de domínio a que se refere o inciso IV do *caput* do art. 10 da Lei n. 13.103, de 2015, compete ao órgão com jurisdição sobre a via, observados os requisitos e as condições por ele estabelecidos.

Art. 7º Este Decreto entra em vigor na data de sua publicação.

Brasília, 16 de abril de 2015; 194º da Independência e 127º da República.

DILMA ROUSSEFF
ANTONIO CARLOS RODRIGUES
MANOEL DIAS
GILBERTO KASSAB

Legislação Complementar

CONSELHO NACIONAL DE TRÂNSITO

DELIBERAÇÃO N. 143, DE 20 DE ABRIL DE 2015(*)

Dispõe sobre a fiscalização do tempo de direção do motorista profissional de que trata os artigos 67-A, 67-C e 67-E, incluídos no Código de Transito Brasileiro — CTB, pela Lei n. 13.103, de 2 de março de 2015, e dá outras providências.

O PRESIDENTE DO CONSELHO NACIONAL DE TRÂNSITO, ad referendum do CONTRAN, no uso das atribuições que lhe foram conferidas pelo inciso I, do art. 12, da Lei n. 9.503, de 23 de setembro de 1997, que instituiu o Código de Trânsito Brasileiro — CTB, e conforme o Decreto n. 4.711, de 29 de maio de 2003, que dispõe sobre a coordenação do Sistema Nacional de Trânsito — SNT:

CONSIDERANDO a publicação da Lei n. 13.103, de 2 de março de 2015, que dispõe sobre o exercício da profissão de motorista; altera a Consolidação das Leis do Trabalho — CLT, aprovada pelo Decreto-Lei n. 5.452, de 1º de maio de 1943, e as Leis ns. 9.503, de 23 de setembro de 1997 — Código de Trânsito Brasileiro e 11.442, de 5 de janeiro de 2007, (empresas e transportadores autônomos de carga), para disciplinar a jornada de trabalho e o tempo de direção do motorista profissional; altera a Lei n. 7.408, de 25 de novembro de 1985; revoga dispositivos da Lei n. 12.619, de 30 de abril de 2012; e dá outras providências;

CONSIDERANDO o disposto na Lei n. 10.350, de 21 de dezembro de 2001, que definiu motorista profissional como o condutor que exerce atividade remunerada ao veículo;

CONSIDERANDO o disposto na Lei n. 7.290, de 19 de dezembro de 1984, que define a atividade do Transportador Rodoviário Autônomo de Bens e dá outras providências;

CONSIDERANDO o disposto na Lei n. 11.442, de 5 de janeiro de 2007, que define o Transportador Autônomo de Cargas — TAC como a pessoa física que exerce sua atividade profissional mediante remuneração;

CONSIDERANDO que o registrador instantâneo e inalterável de velocidade e tempo é obrigatório em todos os veículos mencionados no inciso II do art. 105, do CTB;

CONSIDERANDO a necessidade de redução da ocorrência de acidentes de trânsito e de vítimas fatais nas vias públicas envolvendo veículos de transporte de escolares, de passageiros e de cargas;

CONSIDERANDO a necessidade de regulamentação dos meios a serem utilizados para a comprovação do registro do tempo de direção e repouso nos termos da Lei n. 13.103, de 2 de março de 2015;

CONSIDERANDO o disposto no artigo 8º da Lei Complementar n. 121, de 9 de fevereiro de 2006, que cria o Sistema Nacional de Prevenção, Fiscalização e Repressão ao Furto e Roubo de Veículos e dá outras providências; e

CONSIDERANDO o que consta no processo n. 80020.002766/2015-14, resolve:

Art. 1º Estabelecer os procedimentos para fiscalização do tempo de direção e descanso do motorista profissional na condução dos veículos de transporte e de condução de escolares, de transporte de passageiros com mais de 10 (dez) lugares e de carga com peso bruto total superior a 4.536 (quatro mil e quinhentos e trinta e seis) quilogramas, para cumprimento das disposições da Lei n. 13.103, de 2 de março de 2015.

PARÁGRAFO ÚNICO. Para efeito desta Deliberação, serão adotadas as seguintes definições:

I — motorista profissional: condutor de veículos automotores cuja condução exija formação profissional e que exerça a profissão no transporte rodoviário de passageiros ou cargas.

II — tempo de direção: período em que o condutor estiver efetivamente ao volante de um veículo em movimento.

III — intervalo de descanso: período de tempo em que o condutor estiver efetivamente cumprindo o descanso estabelecido nesta Deliberação, comprovado por meio dos documentos previstos no art. 2º, não computadas as interrupções involuntárias, tais como as decorrentes de engarrafamentos, semáforo e sinalização de trânsito.

IV — ficha de trabalho do autônomo: ficha de controle do tempo de direção e do intervalo de descanso do motorista profissional autônomo, que deverá sempre acompanhá-lo no exercício de sua profissão.

Art. 2º A fiscalização do tempo de direção e do intervalo de descanso do motorista profissional dar-se-á por meio de:

I — Análise do disco ou fita diagrama do registrador instantâneo e inalterável de velocidade e tempo ou de outros meios eletrônicos idôneos instalados no veículo; ou

II — Verificação do diário de bordo, papeleta ou ficha de trabalho externo, fornecida pelo empregador; ou

III — Verificação da ficha de trabalho do autônomo, que deverá ser elaborada nos termos do Anexo I desta Deliberação.

§ 1º A análise de que trata o inciso I deste artigo será realizada em equipamentos regulamentados pelo CONTRAN;

§ 2º A fiscalização por meio dos documentos previstos nos incisos II e III somente será feita quando da impossibilidade da comprovação por meio do disco ou fita diagrama do registrador instantâneo e inalterável de velocidade e tempo do próprio veículo fiscalizado.

§ 3º O motorista profissional autônomo deverá portar a ficha de trabalho das últimas 24 (vinte quatro) horas.

§ 4º Os documentos previstos nos incisos II e III deverão possuir espaço, no verso ou anverso, para que o agente de trânsito possa registrar, no ato da fiscalização, seu nome e matrícula, data, hora e local da fiscalização, e, quando for o caso, o número do auto de infração.

§ 5º Para controle do tempo de direção e do intervalo de descanso, quando a fiscalização for efetuada de acordo com o inciso I, deverá ser descontado da medição realizada, o erro máximo admitido de 2 (dois) minutos a cada 24 (vinte e quatro) horas e 10 (dez) minutos a cada 7 (sete) dias.

§ 6º Os documentos previstos nos incisos II e III servirão como autorização de transporte prevista no art. 8º da Lei Complementar n. 121, de 9 de fevereiro de 2006, desde que contenham o carimbo e assinatura do representante legal do proprietário ou arrendatário.

Art. 3º O motorista profissional, no exercício de sua profissão e na condução de veículos mencionados no *caput* do art. 1º, fica submetido às seguintes condições, conforme estabelecido nos arts. 67-C e 67-E da Lei n. 9.503, de 23 de setembro de 1997, incluídos pela Lei n. 13.103, de 2 de março de 2015:

I — É vedado ao motorista profissional dirigir por mais de 5 (cinco) horas e meia ininterruptas veículos de transporte rodoviário coletivo de passageiros ou de transporte rodoviário de cargas;

II — Serão observados 30 (trinta) minutos para descanso dentro de cada 6 (seis) horas na condução de veículo de transporte de carga, sendo facultado o seu fracionamento e o do tempo de direção desde que não ultrapassadas 5 (cinco) horas e meia contínuas no exercício da condução;

III — Serão observados 30 (trinta) minutos para descanso a cada 4 (quatro) horas na condução de veículo rodoviário de passageiros, sendo facultado o seu fracionamento e o do tempo de direção;

IV — Em situações excepcionais de inobservância justificada do tempo de direção, devidamente registradas, o tempo de direção poderá ser elevado pelo período necessário para que o condutor, o veículo e a carga cheguem a um lugar que ofereça a segurança e o atendimento demandados, desde que não haja comprometimento da segurança rodoviária;

V — O condutor é obrigado, dentro do período de 24 (vinte e quatro) horas, a observar o mínimo de 11 (onze) horas de descanso, que podem ser fracionadas, usufruídas no veículo e coincidir com os intervalos mencionados no inciso II, observadas, no primeiro período, 8 (oito) horas ininterruptas de descanso;

VI — Entende-se como tempo de direção ou de condução apenas o período em que o condutor estiver efetivamente ao volante, em curso entre a origem e o destino;

VII — Entende-se como início de viagem a partida do veículo na ida ou no retorno, com ou sem carga, considerando-se como sua continuação as partidas nos dias subsequentes até o destino;

VIII — O condutor somente iniciará uma viagem após o cumprimento integral do intervalo de descanso previsto no inciso V deste artigo;

IX — Nenhum transportador de cargas ou coletivo de passageiros, embarcador, consignatário de cargas, operador de terminais de carga, operador de transporte multimodal de cargas ou agente de cargas ordenará a qualquer motorista a seu serviço, ainda que subcontratado, que conduza veículo referido no *caput* sem a observância do disposto no inciso VIII;

X — O descanso de que tratam os incisos II, III e V deste artigo poderá ocorrer em cabine leito do veículo ou em poltrona correspondente ao serviço de leito, no caso de transporte de passageiros, devendo o descanso do inciso V ser realizado com o veículo estacionado, ressalvado o disposto no inciso XI;

XI — Nos casos em que o empregador adotar 2 (dois) motoristas trabalhando no mesmo veículo, o tempo de repouso poderá ser feito com o veículo em movimento, assegurado o repouso mínimo de 6 (seis) horas consecutivas fora do veículo em alojamento externo ou, se na cabine leito, com o veículo estacionado, a cada 72 (setenta e duas) horas, nos termos do § 5º do art. 235-D e inciso III do art. 235-E da Consolidação das Leis Trabalhistas — CLT.

X — O motorista profissional é responsável por controlar e registrar o tempo de condução

(*) Republicada por ter saído no DOU de 22.4.2015, Seção 1, p. 53, com incorreção no original.

estipulado neste artigo, com vistas à sua estrita observância;

XI — A não observância dos períodos de descanso estabelecidos neste artigo sujeitará o motorista profissional às penalidades previstas no artigo 230, inciso XXIII, do Código de Trânsito Brasileiro;

XII — O tempo de direção será controlado mediante registrador instantâneo inalterável de velocidade e tempo e por meio de anotação em diário de bordo, ou papeleta ou ficha de trabalho externo, conforme o modelo do Anexo I desta Deliberação, ou por meios eletrônicos instalados no veículo, conforme regulamentação específica do CONTRAN, observada a sua validade jurídica para fins trabalhistas;

XIII — O equipamento eletrônico ou registrador deverá funcionar de forma independente de qualquer interferência do condutor, quanto aos dados registrados;

XIV — A guarda, a preservação e a exatidão das informações contidas no equipamento registrador instantâneo inalterável de velocidade e de tempo são de responsabilidade do condutor.

Art. 4º Nos termos dos incisos I e II do art. 235-E da Consolidação das Leis Trabalhistas, para o transporte de passageiros, serão observados os seguintes dispositivos:

I — é facultado o fracionamento do intervalo de condução do veículo previsto na Lei n. 9.503, de 23 de setembro de 1997 — Código de Trânsito Brasileiro — CTB, em períodos de no mínimo 5 (cinco) minutos;

II — será assegurado ao motorista intervalo mínimo de 1 (uma) hora para refeição, podendo ser fracionado em 2 (dois) períodos e coincidir com o tempo de parada obrigatória na condução do veículo estabelecido pelo CTB, exceto quando se tratar do motorista profissional enquadrado no § 5º do art. 71 da Consolidação das Leis Trabalhistas.

Art. 5º Compete ao órgão ou entidade de trânsito com circunscrição sobre a via em que ocorrer a abordagem do veículo a fiscalização das condutas previstas nesta Deliberação.

Art. 6º O descumprimento dos tempos de direção e descanso previstos nesta Deliberação sujeitará o infrator à aplicação das penalidades e medidas administrativas previstas no inciso XXIII art. 230 do CTB.

§ 1º A medida administrativa de retenção do veículo será aplicada:

I — por desrespeito aos incisos II e III do art. 3º, pelo período de 30 minutos, observadas as disposições do inciso IV do mesmo artigo;

II — por desrespeito ao inciso V do art. 3º, pelo período de 11 horas.

§ 2º No caso do inciso II, a retenção poderá ser realizada em depósito do órgão ou entidade de trânsito responsável pela fiscalização, com fundamento no § 4º do art. 270 do CTB.

§ 3º Não se aplicarão os procedimentos previstos nos §§ 1º e 2º, caso se apresente outro condutor habilitado que tenha observado o tempo de direção e descanso para dar continuidade à viagem.

§ 4º Caso haja local apropriado para descanso nas proximidades o agente de trânsito poderá liberar o veículo para cumprimento do intervalo de descanso nesse local, mediante recolhimento do CRLV (CLA), o qual será devolvido somente depois de decorrido o respectivo período de descanso.

§ 5º Incide nas mesmas penas previstas neste artigo o condutor que deixar de apresentar ao agente de trânsito qualquer um dos meios de fiscalização previstos no art. 2º, nos termos dos incisos IX, X e XIV do art. 230 do CTB.

§ 6º A critério do agente, no caso do inciso I do § 1º deste artigo, não se dará a retenção imediata de veículos de transporte coletivo de passageiros, carga perecível e produtos perigosos, nos termos do § 4º do art. 270 do CTB;

Art. 7º As exigências estabelecidas nesta Deliberação referentes ao transporte coletivo de passageiros, não exclui outras definidas pelo poder concedente.

Art. 8º As publicações de que trata o art. 11 da Lei n. 13.103, de 2 de março de 2015, poderão ser realizadas nos sítios eletrônicos dos órgãos que menciona, devendo ser atualizadas sempre que houver qualquer alteração.

Art. 9º O estabelecimento reconhecido como ponto de parada e descanso, na forma do § 3º do art. 11 da Lei n. 13.103, de 2 de março de 2015, deverá contar com sinalização de indicação de serviços auxiliares, conforme modelos apresentados no Anexo II.

Art. 10. As disposições dos incisos I, II, III e V do art. 3º desta Deliberação produzirão efeitos:

I — a partir da data da publicação dos atos de que trata o art. 8º desta Deliberação, para os trechos das vias deles constantes;

II — a partir da data da publicação das relações subsequentes, para as vias por elas acrescidas.

§ 1º Durante os primeiros 180 (cento e oitenta) dias de sujeição do trecho ao disposto na Consolidação das Leis do Trabalho — CLT, aprovada pelo Decreto-Lei n. 5.452, de 1º de maio de 1943, e no CTB, com as alterações constantes da Lei n. 13.103, de 2 de março de 2015, a fiscalização do seu cumprimento será meramente informativa e educativa.

§ 2º Decorrido o prazo de 3 (três) anos a contar da publicação da Lei n. 13.103, de 2 de março de 2015, as disposições referidas no *caput* produzirão efeitos para todas as vias, independentemente da publicação dos atos de que trata o art. 8º ou de suas revisões.

Art. 11. Os anexos desta Deliberação encontram-se no sítio eletrônico www.denatran.gov.br.

Art. 12. Esta Deliberação entra em vigor na data de sua publicação.

Art. 13. Ficam revogadas as Resoluções CONTRAN n. 405, de 12 de junho de 2012, n. 408, de 2 de agosto de 2012, n. 417, de 12 de setembro de 2012, n. 431, de 23 de janeiro de 2013, e n. 437, de 27 de março de 2013, e a Deliberação do Presidente do CONTRAN n. 134, de 16 de janeiro de 2013.

ALBERTO ANGERAMI

PORTARIA GM/MTE N. 944, DE 8 DE JULHO DE 2015

(DOU 9.7.2015)

Estabelece as condições de segurança, sanitárias e de conforto nos locais de espera, de repouso e de descanso dos motoristas profissionais de transporte rodoviário de passageiros e de cargas.

O MINISTRO DE ESTADO DO TRABALHO E EMPREGO, no uso das atribuições que lhe confere o inciso II do parágrafo único do art. 87 da Constituição Federal e considerando o disposto no art. 9º da Lei n. 13.103, de 02 de março de 2015 e no art. 4º do Decreto n. 8.433, de 16 de abril de 2015, resolve:

Art. 1º As condições de segurança, sanitárias e de conforto nos locais de espera, de repouso e de descanso dos motoristas profissionais de transporte rodoviário de passageiros e de cargas devem atender ao disposto nesta Portaria.

Art. 2º As instalações sanitárias devem:

a) ser localizadas a uma distância máxima de 250 (duzentos e cinquenta) metros do local de estacionamento do veículo;

b) ser separadas por sexo;

c) possuir gabinetes sanitários privativos, dotados de portas de acesso que impeçam o devassamento, com dispositivo de fechamento, além de cesta de lixo e papel higiênico;

d) dispor de lavatórios dotados de espelhos, material para higienização e para secagem das mãos;

e) ser dotadas de chuveiros com água fria e quente;

f) seguir a proporção mínima de 1 (um) gabinete sanitário, 1 (um) lavatório e 1 (um) chuveiro, por sexo, para cada 20 (vinte) vagas ou fração, considerando a quantidade total de vagas existentes no estacionamento;

g) ser providos de rede de iluminação; e

h) ser mantidas em adequadas condições de higiene, conservação, funcionamento e organização.

§ 1º Os vasos sanitários devem possuir assento com tampa.

§ 2º O local dos chuveiros pode ser separado daquele destinado às instalações com gabinetes sanitários e lavatórios.

§ 3º Nas instalações sanitárias masculinas é permitida a instalação adicional de mictórios.

§ 4º As instalações sanitárias femininas podem ser reduzidas em até 70% da proporção prevista na alínea "f", nos locais em que houver baixa demanda de usuárias, desde que assegurada a existência de pelo menos uma instalação sanitária feminina.

§ 5º Para cumprimento do disposto nesta Portaria, não é permitida a utilização de banheiros químicos.

Art. 3º Os compartimentos destinados aos chuveiros devem:

a) ser individuais;

b) ser dotados de portas de acesso que impeçam o devassamento, com dispositivo de fechamento;

c) possuir ralos sifonados com sistema de escoamento que impeça a comunicação das águas servidas entre os compartimentos e que escoe toda a água do piso;

d) dispor de suporte para sabonete e cabide para toalha;

e) ter área mínima de 1,20m²; e

f) possuir estrado removível em material lavável e impermeável.

Art. 4º Medidas adequadas devem ser adotadas para garantir que o esgotamento das águas utilizadas não seja fonte de contaminação.

Art. 5º Os ambientes para refeições podem ser de uso exclusivo ou compartilhado com o público em geral, devendo sempre:

a) ser dotados de mesas e assentos;

b) ser mantidos em adequadas condições de higiene, limpeza e conforto; e

c) permitir acesso fácil às instalações sanitárias e às fontes de água potável.

Art. 6º É permitido que os usuários dos locais de espera, de repouso e de descanso utilizem a própria caixa de cozinha ou equipamento similar para preparo de suas refeições.

Art. 7º Deve ser disponibilizada gratuitamente água potável em quantidade suficiente, por meio de copos descartáveis individuais, bebedouro de jato inclinado ou equipamento similar que garanta as mesmas condições.

Art. 8º Todo local de espera, de repouso e de descanso deve conter sinalização vertical e horizontal informando as regras de movimentação, as áreas destinadas ao estacionamento e o pátio de manobra de veículos, bem como a indicação da localização das instalações sanitárias e dos ambientes para refeições.

Art. 9º Os locais de espera, de repouso e de descanso situados em rodovia pavimentada devem possuir pavimentação ou calçamento.

Art. 10. Todo local de espera, de repouso e de descanso deve possuir sistema de vigilância e/ou monitoramento eletrônico.

PARÁGRAFO ÚNICO. O local de espera, de repouso e de descanso que exija dos usuários pagamento de taxa para permanência do veículo deve ser cercado e possuir controle de acesso.

Art. 11. É proibida a venda, o fornecimento e o consumo de bebidas alcoólicas nos locais de espera, de repouso e de descanso.

Art. 12. É vedado o ingresso e a permanência de crianças e adolescentes nos locais de espera, de repouso e de descanso, salvo quando acompanhados pelos responsáveis ou por eles autorizados.

Art. 13. Aos estabelecimentos de propriedade do transportador, do embarcador ou do consignatário de cargas, bem como nos casos em que esses mantiverem com os proprietários destes locais contratos que os obriguem a disponibilizar locais de espera, de repouso e de descanso aos motoristas profissionais aplicam-se as Normas Regulamentadoras do Ministério do Trabalho e Emprego.

Art. 14. Os locais de espera, de repouso e de descanso já existentes na data publicação desta Portaria, terão o prazo de 1 (um) ano, a contar da citada publicação, para se adequarem ao disposto na alínea "a" do art. 2º e ao art. 9º.

Art. 15. Revoga-se a Portaria MTE n. 510, de 17 de abril de 2015, publicada no DOU de 20.4.2015 — Seção 1.

Art. 16. Esta Portaria entra em vigor na data de sua publicação.

MANOEL DIAS

PORTARIA GM/MTE N. 1.166, DE 18 DE AGOSTO DE 2015

(DOU 19.8.2015)

Dispõe sobre a concessão de registros profissionais, e dá outras providências.

O MINISTRO DE ESTADO DO TRABALHO E EMPREGO, no uso das competências que lhe conferem o art. 87, parágrafo único, inciso II, da Constituição Federal, e tendo em vista o disposto no art. 3º, inciso IV, do Decreto n. 5.063, de 3 de maio de 2004, resolve:

Art. 1º Estabelecer os procedimentos para a concessão de registros profissionais.

Art. 2º A concessão de registros profissionais obedecerá ao disposto nesta Portaria e nos normativos que tratam sobre o assunto.

Capítulo I
Das Disposições Preliminares

Art. 3º O atendimento aos cidadãos interessados na solicitação de registros profissionais será feito pelas Superintendências, Gerências e Agências Regionais do Trabalho e Emprego.

Art. 4º A concessão dos registros profissionais será realizada pelas Superintendências e Gerências Regionais do Trabalho e Emprego.

PARÁGRAFO ÚNICO. A concessão dos registros profissionais poderá ser desempenhada pelas Agências Regionais do Trabalho e Emprego, mediante delegação do Superintendente Regional do Trabalho e Emprego.

Capítulo II
Das Competências

Art. 5º À Coordenação de Identificação e Registro Profissional compete:

I — coordenar e orientar as atividades relacionadas à concessão de registro profissional;

II — orientar e acompanhar a concessão de registro profissional, de competência das unidades descentralizadas do Ministério, padronizando os procedimentos de acordo com a legislação em vigor; e

III — analisar e informar, quando em grau de recurso, os processos de registro profissional.

Art. 6º Às Superintendências e Gerências do Trabalho e Emprego compete:

I — coordenar, supervisionar, acompanhar e avaliar a execução das atividades relacionadas à concessão de registro profissional;

II — processar o cadastramento, controle e emissão de registro profissional, conforme legislação em vigor;

III — receber e encaminhar à Coordenação de Identificação e Registro Profissional os recursos contra indeferimento de pedidos de registro profissional; e

IV — emitir certidões de registro profissional.

Capítulo III
Dos Procedimentos

Art. 7º A versão 2.0 do Sistema Informatizado de Registro Profissional — Sirpweb é a aplicação para processamento das atividades de concessão dos registros profissionais, ficando aprovados os modelos de documentos emitidos pelo sistema.

Art. 8º Os cidadãos deverão acessar o Sirpweb por meio do endereço eletrônico http://sirpweb.mte.gov.br/sirpweb/, disponível no sítio eletrônico do Ministério do Trabalho e Emprego, http://www.mte.gov.br, para registrar as solicitações, realizar consultas, acompanhar o andamento da solicitação ou obter informações.

Art. 9º Os servidores lotados nos setores de registro profissional das unidades emissoras, responsáveis pela análise dos pedidos, deverão acessar o Sirpweb por meio do endereço eletrônico http://sirpweb.mte.gov.br/sirpwebintra/, disponível na Intranet do Ministério do Trabalho e Emprego, para realizar os procedimentos de concessão de registros profissionais.

Capítulo IV
Das Disposições Finais

Art. 10. Esta Portaria entra em vigor na data da sua publicação.

MANOEL DIAS

LEI N. 7.853, DE 24 DE OUTUBRO DE 1989

(DOU 25.10.1989)

Dispõe sobre o apoio às pessoas portadoras de deficiência, sua integração social, sobre a Coordenadoria Nacional para Integração da Pessoa Portadora de Deficiência — CORDE, institui a tutela jurisdicional de interesses coletivos ou difusos dessas pessoas, disciplina a atuação do Ministério Público, define crimes, e dá outras providências

— V. Decreto n. 6.949, de 25 de agosto de 2009 (DOU 26.8.09) que promulga a Convenção Internacional sobre os Direitos das Pessoas com Deficiência e seu Protocolo Facultativo, assinados em Nova York, em 30 de março de 2007. (Não publicada nesta obra)

O PRESIDENTE DA REPÚBLICA, faço saber que o Congresso Nacional decreta e eu sanciono a seguinte Lei:

Art. 1º Ficam estabelecidas normas gerais que asseguram o pleno exercício dos direitos individuais e sociais das pessoas portadoras de deficiências, e sua efetiva integração social, nos termos desta Lei.

§ 1º Na aplicação e interpretação desta Lei, serão considerados os valores básicos da igualdade de tratamento e oportunidade, da justiça social, do respeito à dignidade da pessoa humana, do bem-estar, e outros, indicados na Constituição ou justificados pelos princípios gerais de direito.

§ 2º As normas desta Lei visam garantir às pessoas portadoras de deficiência as ações governamentais necessárias ao seu cumprimento e das demais disposições constitucionais e legais que lhes concernem, afastadas as discriminações e os preconceitos de qualquer espécie, e entendida a matéria como obrigação nacional a cargo do Poder Público e da sociedade.

Art. 2º Ao Poder Público e seus órgãos cabe assegurar às pessoas portadoras de deficiência o pleno exercício de seus direitos básicos, inclusive dos direitos à educação, à saúde, ao trabalho, ao lazer, à previdência social, ao amparo à infância e à maternidade, e de outros que, decorrentes da Constituição e das leis, propiciem seu bem-estar pessoal, social e econômico.

PARÁGRAFO ÚNICO. Para o fim estabelecido no *caput* deste artigo, os órgãos e entidades da administração direta e indireta devem dispensar, no âmbito de sua competência e finalidade, aos assuntos objetos desta Lei, tratamento prioritário e adequado, tendente a viabilizar, sem prejuízo de outras, as seguintes medidas:

I — na área da educação:

a) a inclusão, no sistema educacional, da Educação Especial como modalidade educativa que abranja a educação precoce, a pré-escolar, as de 1º e 2º graus, a supletiva, a habilitação e reabilitação profissionais, com currículos, etapas e exigências de diplomação próprios;

b) a inserção, no referido sistema educacional, das escolas especiais, privadas e públicas;

c) a oferta, obrigatória e gratuita, da Educação Especial em estabelecimento público de ensino;

d) o oferecimento obrigatório de programas de Educação Especial a nível pré-escolar, em unidades hospitalares e congêneres nas quais estejam internados, por prazo igual ou superior a 1 (um) ano, educandos portadores de deficiência;

e) o acesso de alunos portadores de deficiência aos benefícios conferidos aos demais educandos, inclusive material escolar, merenda escolar e bolsas de estudo;

f) a matrícula compulsória em cursos regulares de estabelecimentos públicos e particulares de pessoas portadoras de deficiência capazes de se integrarem no sistema regular de ensino;

II — na área da saúde:

a) a promoção de ações preventivas, como as referentes ao planejamento familiar, ao aconselhamento genético, ao acompanhamento da gravidez, do parto e do puerpério, à nutrição da mulher e da criança, à identificação e ao controle da gestante e do feto de alto risco, à imunização, às doenças do metabolismo e seu diagnóstico e ao encaminhamento precoce de outras doenças causadoras de deficiência;

b) o desenvolvimento de programas especiais de prevenção de acidente do trabalho e de trânsito, e de tratamento adequado a suas vítimas;

c) a criação de uma rede de serviços especializados em reabilitação e habilitação;

d) a garantia de acesso das pessoas portadoras de deficiência aos estabelecimentos de saúde públicos e privados, e de seu adequado tratamento neles, sob normas técnicas e padrões de conduta apropriados;

e) a garantia de atendimento domiciliar de saúde ao deficiente grave não internado;

f) o desenvolvimento de programas de saúde voltados para as pessoas portadoras de deficiência, desenvolvidos com a participação da sociedade e que lhes ensejem a integração social;

III — na área da formação profissional e do trabalho:

a) o apoio governamental à formação profissional e a garantia de acesso aos serviços concernentes, inclusive aos cursos regulares voltados à formação profissional;

b) o empenho do Poder Público quanto ao surgimento e à manutenção de empregos, inclusive de tempo parcial, destinados às pessoas portadoras de deficiência que não tenham acesso aos empregos comuns;

c) a promoção de ações eficazes que propiciem a inserção, nos setores público e privado, de pessoas portadoras de deficiência;

d) a adoção de legislação específica que discipline a reserva de mercado de trabalho, em favor das pessoas portadoras de deficiência, nas entidades da Administração Pública e do setor privado, e que regulamente a organização de oficinas e congêneres integradas ao mercado de trabalho, e a situação, nelas, das pessoas portadoras de deficiência;

IV — na área de recursos humanos:

a) a formação de professores de nível médio para a Educação Especial, de técnicos de nível médio especializados na habilitação e reabilitação, e de instrutores para formação profissional;

b) a formação e qualificação de recursos humanos que, nas diversas áreas de conhecimento, inclusive de nível superior, atendam à demanda e às necessidades reais das pessoas portadoras de deficiências;

c) o incentivo à pesquisa e ao desenvolvimento tecnológico em todas as áreas do conhecimento relacionadas com a pessoa portadora de deficiência;

V — na área das edificações:

a) a adoção e a efetiva execução de normas que garantam a funcionalidade das edificações e vias públicas, que evitem ou removam os óbices às pessoas portadoras de deficiência, permitam o acesso destas a edifícios, a logradouros e a meios de transporte.

Art. 3º As medidas judiciais destinadas à proteção de interesses coletivos, difusos, individuais homogêneos e individuais indisponíveis da pessoa com deficiência poderão ser propostas pelo Ministério Público, pela Defensoria Pública, pela União, pelos Estados, pelos Municípios, pelo Distrito Federal, por associação constituída há mais de 1 (um) ano, nos termos da lei civil, por autarquia, por empresa pública e por fundação ou sociedade de economia mista que inclua, entre suas finalidades institucionais, a proteção dos interesses e a promoção de direitos da pessoa com deficiência. *(Redação dada pela Lei n. 13.146, de 6.7.15, DOU 7.7.15, com vigência após decorridos 180 dias de sua publicação oficial)*

§ 1º Para instruir a inicial, o interessado poderá requerer às autoridades competentes as certidões e informações que julgar necessárias.

§ 2º As certidões e informações a que se refere o parágrafo anterior deverão ser fornecidas dentro de 15 (quinze) dias da entrega, sob recibo, dos respectivos requerimentos, e só poderão ser utilizadas para a instrução da ação civil.

§ 3º Somente nos casos em que o interesse público, devidamente justificado, impuser sigilo, poderá ser negada certidão ou informação.

§ 4º Ocorrendo a hipótese do parágrafo anterior, a ação poderá ser proposta desacompanhada das certidões ou informações negadas, cabendo ao juiz, após apreciar os motivos do indeferimento, e, salvo quando se tratar de razão de segurança nacional, requisitar umas e outras; feita a requisição, o processo correrá em segredo de justiça, que cessará com o trânsito em julgado da sentença.

§ 5º Fica facultado aos demais legitimados ativos habilitarem-se como litisconsortes nas ações propostas por qualquer deles.

§ 6º Em caso de desistência ou abandono da ação, qualquer dos colegitimados pode assumir a titularidade ativa.

Art. 4º A sentença terá eficácia de coisa julgada oponível *erga omnes*, exceto no caso de haver sido a ação julgada improcedente por deficiência de prova, hipótese em que qualquer legitimado poderá intentar outra ação com idêntico fundamento, valendo-se de nova prova.

§ 1º A sentença que concluir pela carência ou pela improcedência da ação fica sujeita ao duplo grau de jurisdição, não produzindo efeito senão depois de confirmada pelo tribunal.

§ 2º Das sentenças e decisões proferidas contra o autor da ação e suscetíveis de recurso, poderá recorrer qualquer legitimado ativo, inclusive o Ministério Público.

Art. 5º O Ministério Público intervirá obrigatoriamente nas ações públicas, coletivas ou individuais, em que se discutam interesses relacionados à deficiência das pessoas.

Art. 6º O Ministério Público poderá instaurar, sob sua presidência, inquérito civil, ou requisitar, de qualquer pessoa física ou jurídica, pública ou particular, certidões, informações, exame ou perícias, no prazo que assinalar, não inferior a 10 (dez) dias úteis.

§ 1º Esgotadas as diligências, caso se convença o órgão do Ministério Público da inexistência de elementos para a propositura de ação civil, promoverá fundamentadamente o arquivamento do inquérito civil, ou das peças informativas. Neste caso, deverá remeter a reexame os autos ou as respectivas peças, em 3 (três) dias, ao Conselho Superior do Ministério Público, que os examinará, deliberando a respeito, conforme dispuser seu Regimento.

§ 2º Se a promoção do arquivamento for reformada, o Conselho Superior do Ministério Público designará desde logo outro órgão do Ministério Público para o ajuizamento da ação.

Art. 7º Aplicam-se à ação civil pública prevista nesta Lei, no que couber, os dispositivos da Lei n. 7.347, de 24 de julho de 1985.

Art. 8º Constitui crime punível com reclusão de 2 (dois) a 5 (cinco) anos e multa: *(Redação dada pela Lei n. 13.146, de 6.7.15, DOU 7.7.15, com vigência após decorridos 180 dias de sua publicação oficial)*

I — recusar, cobrar valores adicionais, suspender, procrastinar, cancelar ou fazer cessar inscrição de aluno em estabelecimento de ensino de qualquer curso ou grau, público ou privado, em razão de sua deficiência; *(Redação dada pela Lei n. 13.146, de 6.7.15, DOU 7.7.15, com vigência após decorridos 180 dias de sua publicação oficial)*

II — obstar inscrição em concurso público ou acesso de alguém a qualquer cargo ou emprego público, em razão de sua deficiência; *(Redação dada pela Lei n. 13.146, de 6.7.15, DOU 7.7.15, com vigência após decorridos 180 dias de sua publicação oficial)*

III — negar ou obstar emprego, trabalho ou promoção à pessoa em razão de sua deficiência; *(Redação dada pela Lei n. 13.146, de 6.7.15, DOU 7.7.15, com vigência após decorridos 180 dias de sua publicação oficial)*

IV — recusar, retardar ou dificultar internação ou deixar de prestar assistência médico-hospitalar e ambulatorial à pessoa com deficiência; *(Redação dada pela Lei n. 13.146, de 6.7.15, DOU 7.7.15, com vigência após decorridos 180 dias de sua publicação oficial)*

V — deixar de cumprir, retardar ou frustrar execução de ordem judicial expedida na ação civil a que alude esta Lei; *(Redação dada pela Lei n. 13.146, de 6.7.15, DOU 7.7.15, com vigência após decorridos 180 dias de sua publicação oficial)*

VI — recusar, retardar ou omitir dados técnicos indispensáveis à propositura da ação civil pública objeto desta Lei, quando requisitados. *(Redação dada pela Lei n. 13.146, de 6.7.15, DOU 7.7.15, com vigência após decorridos 180 dias de sua publicação oficial)*

§ 1º Se o crime for praticado contra pessoa com deficiência menor de 18 (dezoito) anos, a pena é agravada em 1/3 (um terço). *(Redação dada pela Lei n. 13.146, de 6.7.15, DOU 7.7.15, com vigência após decorridos 180 dias de sua publicação oficial)*

§ 2º A pena pela adoção deliberada de critérios subjetivos para indeferimento de inscrição, de aprovação e de cumprimento de estágio probatório em concursos públicos não exclui a responsabilidade patrimonial pessoal do administrador público pelos danos causados. *(Redação dada pela Lei n. 13.146, de 6.7.15, DOU 7.7.15, com vigência após decorridos 180 dias de sua publicação oficial)*

§ 3º Incorre nas mesmas penas quem impede ou dificulta o ingresso de pessoa com deficiência em planos privados de assistência à saúde, inclusive com cobrança de valores diferenciados. *(Redação dada pela Lei n. 13.146, de 6.7.15, DOU 7.7.15, com vigência após decorridos 180 dias de sua publicação oficial)*

§ 4º Se o crime for praticado em atendimento de urgência e emergência, a pena é agravada em 1/3 (um terço). (NR) *(Redação dada pela Lei n. 13.146, de 6.7.15, DOU 7.7.15, com vigência após decorridos 180 dias de sua publicação oficial)*

Art. 9º A Administração Pública Federal conferirá aos assuntos relativos às pessoas portadoras de deficiência tratamento prioritário e apropriado, para que lhes seja efetivamente ensejado o pleno exercício de seus direitos individuais e sociais, bem como sua completa integração social.

§ 1º Os assuntos a que alude este artigo serão objeto de ação, coordenada e integrada, dos órgãos da Administração Pública Federal, e incluir-se-ão em Política Nacional para Integração da Pessoa Portadora de Deficiência, na qual estejam compreendidos planos, programas e projetos sujeitos a prazos e objetivos determinados.

§ 2º Ter-se-ão como integrantes da Administração Pública Federal, para os fins desta Lei, além dos órgãos públicos, das autarquias, das empresas públicas e sociedades de economia mista, as respectivas subsidiárias e as fundações públicas.

Art. 10. A coordenação superior dos assuntos, ações governamentais e medidas referentes a pessoas portadoras de deficiência caberá à Secretaria Especial dos Direitos Humanos da Presidência da República. (NR) *(Redação dada pela Lei n. 11.958, de 26.6.2009, DOU 29.9.2009)*

PARÁGRAFO ÚNICO. Ao órgão a que se refere este artigo caberá formular a Política Nacional para a Integração da Pessoa Portadora de Deficiência, seus planos, programas e projetos e cumprir as instruções superiores que lhes digam respeito, com a cooperação dos demais órgãos públicos. *(Redação dada pela Lei n. 8.028, de 12.4.1990, DOU 13.4.1990).*

Art. 11. *(Revogado pela Lei n. 8.028, de 12.4.1990, DOU 13.4.1990).*

Art. 12. Compete à CORDE:

I — coordenar as ações governamentais e medidas que se refiram às pessoas portadoras de deficiência;

II — elaborar os planos, programas e projetos subsumidos na Política Nacional para a Integração de Pessoa Portadora de Deficiência, bem como propor as providências necessárias a sua completa implantação e seu adequado desenvolvimento, inclusive as pertinentes a recursos e as de caráter legislativo;

III — acompanhar e orientar a execução, pela Administração Pública Federal, dos planos, programas e projetos mencionados no inciso anterior;

IV — manifestar-se sobre a adequação à Política Nacional para a Integração da Pessoa Portadora de Deficiência dos projetos federais a ela conexos, antes da liberação dos recursos respectivos;

V — manter, com os Estados, Municípios, Territórios, o Distrito Federal e o Ministério Público, estreito relacionamento, objetivando a concorrência de ações destinadas à integração social das pessoas portadoras de deficiência;

VI — provocar a iniciativa do Ministério Público, ministrando-lhe informações sobre fatos que constituam objeto da ação civil de que trata esta Lei, e indicando-lhe os elementos de convicção;

VII — emitir opinião sobre os acordos, contratos ou convênios firmados pelos demais órgãos da Administração Pública Federal, no âmbito da Política Nacional para a Integração da Pessoa Portadora de Deficiência;

VIII — promover e incentivar a divulgação e o debate das questões concernentes à pessoa portadora de deficiência, visando à conscientização da sociedade.

PARÁGRAFO ÚNICO. Na elaboração dos planos, programas e projetos a seu cargo, deverá a CORDE recolher, sempre que possível, a opinião das pessoas e entidades interessadas, bem como considerar a necessidade de efetivo apoio aos entes particulares voltados para a integração social das pessoas portadoras de deficiência.

Art. 13. *(Revogado pela Medida Provisória n. 2.216-37, 31.8.2001)*

Art. 14. *(Vetado).*

Art. 15. Para atendimento e fiel cumprimento do que dispõe esta Lei, será reestruturada a Secretaria de Educação Especial do Ministério da Educação, e serão instituídos, no Ministério do Trabalho, no Ministério da Saúde e no Ministério da Previdência e Assistência Social, órgãos encarregados da coordenação setorial dos assuntos concernentes às pessoas portadoras de deficiência.

Art. 16. O Poder Executivo adotará, nos 60 (sessenta) dias posteriores à vigência desta Lei, as providências necessárias à reestruturação e ao regular funcionamento da CORDE, como aquelas decorrentes do artigo anterior.

Art. 17. Serão incluídas no censo demográfico de 1990, e nos subsequentes, questões concernentes à problemática da pessoa portadora de deficiência, objetivando o conhecimento atualizado do número de pessoas portadoras de deficiência no País.

Art. 18. Os órgãos federais desenvolverão, no prazo de 12 (doze) meses contado da publicação desta Lei, as ações necessárias à efetiva implantação das medidas indicadas no art. 2º desta Lei.

Art. 19. Esta Lei entra em vigor na data de sua publicação.

Art. 20. Revogam-se as disposições em contrário.

Brasília, 24 de outubro de 1989; 168º da Independência e 101º da República

JOSÉ SARNEY
Presidente da República
JOÃO BATISTA DE ABREU

DECRETO N. 3.298, DE 20 DE DEZEMBRO DE 1999

(DOU 21.12.1999)

Regulamenta a Lei n. 7.853, de 24 de outubro de 1989, dispõe sobre a política nacional para a integração da pessoa portadora de deficiência, consolida as normas de proteção, e dá outras providências

O PRESIDENTE DA REPÚBLICA, no uso das atribuições que lhe confere o art. 84, incisos IV e VI, da Constituição, e tendo em vista o disposto na Lei n. 7.853, de 24 de outubro de 1989, decreta:

Capítulo I
Das Disposições Gerais

Art. 1º A Política Nacional para a Integração da Pessoa Portadora de Deficiência compreende o conjunto de orientações normativas que objetivam assegurar o pleno exercício dos direitos individuais e sociais das pessoas portadoras de deficiência.

Art. 2º Cabe aos órgãos e às entidades do Poder Público assegurar à pessoa portadora de deficiência o pleno exercício de seus direitos básicos, inclusive dos direitos à educação, à saúde, ao trabalho, ao desporto, ao turismo, ao lazer, à previdência social, à assistência social, ao transporte, à edificação pública, à habitação, à cultura, ao amparo à infância e à maternidade, e de outros que, decorrentes da Constituição e das leis, propiciem seu bem-estar pessoal, social e econômico.

Art. 3º Para os efeitos deste Decreto, considera-se:

I — deficiência — toda perda ou anormalidade de uma estrutura ou função psicológica, fisiológica ou anatômica que gere incapacidade para o desempenho de atividade, dentro do padrão considerado normal para o ser humano;

II — deficiência permanente — aquela que ocorreu ou se estabilizou durante um período de tempo suficiente para não permitir recuperação ou ter probabilidade de que se altere, apesar de novos tratamentos; e

III — incapacidade — uma redução efetiva e acentuada da capacidade de integração social, com necessidade de equipamentos, adaptações, meios ou recursos especiais para que a pessoa portadora de deficiência possa receber ou transmitir informações necessárias ao seu bem-estar pessoal e ao desempenho de função ou atividade a ser exercida.

Art. 4º É considerada pessoa portadora de deficiência a que se enquadra nas seguintes categorias:

I — deficiência física — alteração completa ou parcial de um ou mais segmentos do corpo humano, acarretando o comprometimento da função física, apresentando-se sob a forma de paraplegia, paraparesia, monoplegia, monoparesia, tetraplegia, tetraparesia, triplegia, triparesia, hemiplegia, hemiparesia, ostomia, amputação ou ausência de membro, paralisia cerebral, membros com deformidade congênita ou adquirida, exceto as deformidades estéticas e as que não produzam dificuldades para o desempenho de funções; *(Redação dada pelo Decreto n. 5.296, de 2.12.04, DOU 3.12.04)*

II — deficiência auditiva — perda bilateral, parcial ou total de quarenta e um decibéis (dB) ou mais, aferida por audiograma nas frequências de 500Hz, 1.000Hz, 2.000Hz e 3.000Hz; *(Redação dada pelo Decreto n. 5.296, de 2.12.04, DOU 3.12.04)*

III — deficiência visual — cegueira, na qual a acuidade visual é igual ou menor que 0,05 no melhor olho, com a melhor correção óptica; a baixa visão, que significa acuidade visual entre 0,3 e 0,05 no melhor olho, com a melhor correção óptica; os casos nos quais a somatória da medida do campo visual em ambos os olhos for igual ou menor que 60°; ou a ocorrência simultânea de quaisquer das condições anteriores; *(Redação dada pelo Decreto n. 5.296, de 2.12.04, DOU 3.12.04)*

IV — deficiência mental — funcionamento intelectual significativamente inferior à média, com manifestação antes dos dezoito anos e limitações associadas a duas ou mais áreas de habilidades adaptativas, tais como:

a) comunicação;

b) cuidado pessoal;

c) habilidades sociais;

d) utilização dos recursos da comunidade *(Redação dada pelo Decreto n. 5.296, de 2.12.04, DOU 3.12.04)*

e) saúde e segurança;

f) habilidades acadêmicas;

g) lazer; e

h) trabalho;

V — deficiência múltipla — associação de duas ou mais deficiências.

Capítulo II
Dos Princípios

Art. 5º A Política Nacional para a Integração da Pessoa Portadora de Deficiência, em consonância com o Programa Nacional de Direitos Humanos, obedecerá aos seguintes princípios:

I — desenvolvimento de ação conjunta do Estado e da sociedade civil, de modo a assegurar a plena integração da pessoa portadora de deficiência no contexto socioeconômico e cultural;

II — estabelecimento de mecanismos e instrumentos legais e operacionais que assegurem às pessoas portadoras de deficiência o pleno exercício de seus direitos básicos que, decorrentes da Constituição e das leis, propiciam o seu bem-estar pessoal, social e econômico; e

III — respeito às pessoas portadoras de deficiência, que devem receber igualdade de oportunidades na sociedade por reconhecimento dos direitos que lhes são assegurados, sem privilégios ou paternalismos.

Capítulo III
Das Diretrizes

Art. 6º São diretrizes da Política Nacional para a Integração da Pessoa Portadora de Deficiência:

I — estabelecer mecanismos que acelerem e favoreçam a inclusão social da pessoa portadora de deficiência;

II — adotar estratégias de articulação com órgãos e entidades públicos e privados, bem assim com organismos internacionais e estrangeiros para a implantação desta Política;

III — incluir a pessoa portadora de deficiência, respeitadas as suas peculiaridades, em todas as iniciativas governamentais relacionadas à educação, à saúde, ao trabalho, à edificação pública, à previdência social, à assistência social, ao transporte, à habitação, à cultura, ao esporte e ao lazer;

IV — viabilizar a participação da pessoa portadora de deficiência em todas as fases de implementação dessa Política, por intermédio de suas entidades representativas;

V — ampliar as alternativas de inserção econômica da pessoa portadora de deficiência, proporcionando a ela qualificação profissional e incorporação no mercado de trabalho; e

VI — garantir o efetivo atendimento das necessidades da pessoa portadora de deficiência, sem o cunho assistencialista.

Capítulo IV
Dos Objetivos

Art. 7º São objetivos da Política Nacional para a Integração da Pessoa Portadora de Deficiência:

I — o acesso, o ingresso e a permanência da pessoa portadora de deficiência em todos os serviços oferecidos à comunidade;

II — integração das ações dos órgãos e das entidades públicos e privados nas áreas de saúde, educação, trabalho, transporte, assistência social, edificação pública, previdência social, habitação, cultura, desporto e lazer, visando à prevenção das deficiências, à eliminação de suas múltiplas causas e à inclusão social;

III — desenvolvimento de programas setoriais destinados ao atendimento das necessidades especiais da pessoa portadora de deficiência;

IV — formação de recursos humanos para atendimento da pessoa portadora de deficiência; e

V — garantia da efetividade dos programas de prevenção, de atendimento especializado e de inclusão social.

Capítulo V
Dos Instrumentos

Art. 8º São instrumentos da Política Nacional para a Integração da Pessoa Portadora de Deficiência:

I — a articulação entre entidades governamentais e não governamentais que tenham responsabilidades quanto ao atendimento da pessoa portadora de deficiência, em nível federal, estadual, do Distrito Federal e municipal;

II — o fomento à formação de recursos humanos para adequado e eficiente atendimento da pessoa portadora de deficiência;

III — a aplicação da legislação específica que disciplina a reserva de mercado de trabalho, em favor da pessoa portadora de deficiência, nos órgãos e nas entidades públicos e privados;

IV — o fomento da tecnologia de bioengenharia voltada para a pessoa portadora de deficiência, bem como a facilitação da importação de equipamentos; e

V — a fiscalização do cumprimento da legislação pertinente à pessoa portadora de deficiência.

Capítulo VI
Dos Aspectos Institucionais

Art. 9º Os órgãos e as entidades da Administração Pública Federal direta e indireta deverão conferir, no âmbito das respectivas competências e finalidades, tratamento prioritário e adequado aos assuntos relativos à pessoa portadora de deficiência, visando a assegurar-lhe o pleno exercício de seus direitos básicos e a efetiva inclusão social.

Art. 10. Na execução deste Decreto, a Administração Pública Federal direta e indireta atuará de modo integrado e coordenado, seguindo planos e programas, com prazos e objetivos determinados, aprovados pelo Conselho Nacional dos Direitos da Pessoa Portadora de Deficiência — CONADE.

Art. 11. Ao CONADE, criado no âmbito do Ministério da Justiça como órgão superior de deliberação colegiada, compete:

I — zelar pela efetiva implantação da Política Nacional para Integração da Pessoa Portadora de Deficiência;

II — acompanhar o planejamento e avaliar a execução das políticas setoriais de educação, saúde, trabalho, assistência social, transporte, cultura, turismo, desporto, lazer, política urbana e outras relativas à pessoa portadora de deficiência;

III — acompanhar a elaboração e a execução da proposta orçamentária do Ministério da Justiça, sugerindo as modificações necessárias à consecução da Política Nacional para Integração da Pessoa Portadora de Deficiência;

IV — zelar pela efetivação do sistema descentralizado e participativo de defesa dos direitos da pessoa portadora de deficiência;

V — acompanhar e apoiar as políticas e as ações do Conselho dos Direitos da Pessoa Portadora de Deficiência no âmbito dos Estados, do Distrito Federal e dos Municípios;

VI — propor a elaboração de estudos e pesquisas que objetivem a melhoria da qualidade de vida da pessoa portadora de deficiência;

VII — propor e incentivar a realização de campanhas visando à prevenção de deficiências e à promoção dos direitos da pessoa portadora de deficiência;

VIII — aprovar o plano de ação anual da Coordenadoria Nacional para Integração da Pessoa Portadora de Deficiência — CORDE;

IX — acompanhar, mediante relatórios de gestão, o desempenho dos programas e projetos da Política Nacional para Integração da Pessoa Portadora de Deficiência; e

X — elaborar o seu regimento interno.

....

Capítulo VII
Da Equiparação de Oportunidades

Art. 15. Os órgãos e as entidades da Administração Pública Federal prestarão direta ou indiretamente à pessoa portadora de deficiência os seguintes serviços:

I — reabilitação integral, entendida como o desenvolvimento das potencialidades da pessoa portadora de deficiência, destinada a facilitar sua atividade laboral, educativa e social;

II — formação profissional e qualificação para o trabalho;

III — escolarização em estabelecimentos de ensino regular com a provisão dos apoios necessários, ou em estabelecimentos de ensino especial; e

IV — orientação e promoção individual, familiar e social.

Seção I
Da Saúde

Art. 16. Os órgãos e as entidades da Administração Pública Federal direta e indireta responsáveis pela saúde devem dispensar aos assuntos objeto deste Decreto tratamento prioritário e adequado, viabilizando, sem prejuízo de outras, as seguintes medidas:

....

II — o desenvolvimento de programas especiais de prevenção de acidentes domésticos, de trabalho, de trânsito e outros, bem como o desenvolvimento de programa para tratamento adequado a suas vítimas;

III — a criação de rede de serviços regionalizados, descentralizados e hierarquizados em crescentes níveis de complexidade, voltada ao atendimento à saúde e reabilitação da pessoa portadora de deficiência, articulada com os serviços sociais, educacionais e com o trabalho;

....

Art. 19. Consideram-se ajudas técnicas, para os efeitos deste Decreto, os elementos que permitem compensar uma ou mais limitações funcionais motoras, sensoriais ou mentais da pessoa portadora de deficiência, com o objetivo de permitir-lhe superar as barreiras da comunicação e da mobilidade e de possibilitar sua plena inclusão social.

PARÁGRAFO ÚNICO. São ajudas técnicas:

....

III — equipamentos e elementos necessários à terapia e reabilitação da pessoa portadora de deficiência;

IV — equipamentos, maquinarias e utensílios de trabalho especialmente desenhados ou adaptados para uso por pessoa portadora de deficiência;

V — elementos de mobilidade, cuidado e higiene pessoal necessários para facilitar a autonomia e a segurança da pessoa portadora de deficiência;

VI — elementos especiais para facilitar a comunicação, a informação e a sinalização para pessoa portadora de deficiência;

VII — equipamentos e material pedagógico especial para educação, capacitação e recreação da pessoa portadora de deficiência;

VIII — adaptações ambientais e outras que garantam o acesso, a melhoria funcional e a autonomia pessoal;

....

Seção II
Do Acesso à Educação

....

Art. 28. O aluno portador de deficiência matriculado ou egresso do ensino fundamental ou médio, de instituições públicas ou privadas, terá acesso à educação profissional, a fim de obter habilitação profissional que lhe proporcione oportunidades de acesso ao mercado de trabalho.

§ 1º A educação profissional para a pessoa portadora de deficiência será oferecida nos níveis básico, técnico e tecnológico, em escola regular, em instituições especializadas e nos ambientes de trabalho.

§ 2º As instituições públicas e privadas que ministram educação profissional deverão, obrigatoriamente, oferecer cursos profissionais de nível básico à pessoa portadora de deficiência, condicionando a matrícula à sua capacidade de aproveitamento e não a seu nível de escolaridade.

§ 3º Entende-se por habilitação profissional o processo destinado a propiciar à pessoa portadora de deficiência, em nível formal e sistematizado, aquisição de conhecimentos e habilidades especificamente associados à determinada profissão ou ocupação.

§ 4º Os diplomas e certificados de cursos de educação profissional expedidos por instituição credenciada pelo Ministério da Educação ou órgão equivalente terão validade em todo o território nacional.

Art. 29. As escolas e instituições de educação profissional oferecerão, se necessário, serviços de apoio especializado para atender às peculiaridades da pessoa portadora de deficiência, tais como:

I — adaptação dos recursos instrucionais: material pedagógico, equipamento e currículo;

II — capacitação dos recursos humanos: professores, instrutores e profissionais especializados; e

III — adequação dos recursos físicos: eliminação de barreiras arquitetônicas, ambientais e de comunicação.

Seção III
Da Habilitação e da Reabilitação Profissional

Art. 30. A pessoa portadora de deficiência, beneficiária ou não do Regime Geral de Previdência Social, tem direito às prestações de habilitação e reabilitação profissional para capacitar-se a obter trabalho, conservá-lo e progredir profissionalmente.

Art. 31. Entende-se por habilitação e reabilitação profissional o processo orientado a possibilitar que a pessoa portadora de deficiência, a partir da identificação de suas potencialidades laborativas, adquira o nível suficiente de desenvolvimento profissional para ingresso e reingresso no mercado de trabalho e participar da vida comunitária.

Art. 32. Os serviços de habilitação e reabilitação profissional deverão estar dotados dos recursos necessários para atender toda pessoa portadora de deficiência, independentemente da origem de sua deficiência, desde que possa ser preparada para trabalho que lhe seja adequado e tenha perspectivas de obter, conservar e nele progredir.

Art. 33. A orientação profissional será prestada pelos correspondentes serviços de habilitação e reabilitação profissional, tendo em conta as potencialidades da pessoa portadora de deficiência, identificadas com base em relatório de equipe multiprofissional, que deverá considerar:

I — educação escolar efetivamente recebida e por receber;

II — expectativas de promoção social;

III — possibilidades de emprego existentes em cada caso;

IV — motivações, atitudes e preferências profissionais; e

V — necessidades do mercado de trabalho.

Seção IV
Do Acesso ao Trabalho

Art. 34. É finalidade primordial da política de emprego a inserção da pessoa portadora de deficiência no mercado de trabalho ou sua incorporação ao sistema produtivo mediante regime especial de trabalho protegido.

PARÁGRAFO ÚNICO. Nos casos de deficiência grave ou severa, o cumprimento do disposto no *caput* deste artigo poderá ser efetivado mediante a contratação das cooperativas sociais de que trata a Lei n. 9.867, de 10 de novembro de 1999.

Art. 35. São modalidades de inserção laboral da pessoa portadora de deficiência:

I — colocação competitiva: processo de contratação regular, nos termos da legislação trabalhista e previdenciária, que independe da adoção de procedimentos especiais para sua concretização, não sendo excluída a possibilidade de utilização de apoios especiais;

II — colocação seletiva: processo de contratação regular, nos termos da legislação trabalhista e previdenciária, que depende da adoção de procedimentos e apoios especiais para sua concretização; e

III — promoção do trabalho por conta própria: processo de fomento da ação de uma ou mais pessoas, mediante trabalho autônomo, cooperativado ou em regime de economia familiar, com vista à emancipação econômica e pessoal.

§ 1º As entidades beneficentes de assistência social, na forma da lei, poderão intermediar a modalidade de inserção laboral de que tratam os incisos II e III, nos seguintes casos:

I — na contratação para prestação de serviços, por entidade pública ou privada, da pessoa portadora de deficiência física, mental ou sensorial; e

II — na comercialização de bens e serviços decorrentes de programas de habilitação profissional de adolescente e adulto portador de deficiência em oficina protegida de produção ou terapêutica.

§ 2º Consideram-se procedimentos especiais os meios utilizados para a contratação de pessoa que, devido ao seu grau de deficiência, transitória ou permanente, exija condições especiais, tais como jornada variável, horário flexível, proporcionalidade de salário, ambiente de trabalho adequado às suas especificidades, entre outros.

§ 3º Consideram-se apoios especiais a orientação, a supervisão e as ajudas técnicas entre outros elementos que auxiliem ou permitam compensar uma ou mais limitações funcionais motoras, sensoriais ou mentais da pessoa portadora de deficiência, de modo a superar as barreiras da mobilidade e da comunicação, possibilitando a plena utilização de suas capacidades em condições de normalidade.

§ 4º Considera-se oficina protegida de produção a unidade que funciona em relação de dependência com entidade pública ou beneficente de assistência social, que tem por objetivo desenvolver programa de habilitação profissional para adolescente e adulto portador de deficiência, provendo-o com trabalho remunerado, com vista à emancipação econômica e pessoal relativa.

§ 5º Considera-se oficina protegida terapêutica a unidade que funciona em relação de dependência com entidade pública ou beneficente de assistência social, que tem por objetivo a integração social por meio de atividades de adaptação e capacitação para o trabalho de adolescente e adulto que devido ao seu grau de deficiência, transitória ou permanente, não possa desempenhar atividade laboral no mercado competitivo de trabalho ou em oficina protegida de produção.

§ 6º O período de adaptação e capacitação para o trabalho de adolescente e adulto portador de deficiência em oficina protegida terapêutica não caracteriza vínculo empregatício e está condicionado a processo de avaliação individual que considere o desenvolvimento biopsicossocial da pessoa.

§ 7º A prestação de serviços será feita mediante celebração de convênio ou contrato formal, entre a entidade beneficente de assistência social e o tomador de serviços, no qual constará a relação nominal dos trabalhadores portadores de deficiência colocados à disposição do tomador.

§ 8º A entidade que se utilizar do processo de colocação seletiva deverá promover, em parceria com o tomador de serviços, programas de prevenção de doenças profissionais e de redução da capacidade laboral, bem assim programas de reabilitação caso ocorram patologias ou se manifestem outras incapacidades.

Art. 36. A empresa com cem ou mais empregados está obrigada a preencher de dois a cinco por cento de seus cargos com beneficiários da Previdência Social reabilitados ou com pessoa portadora de deficiência habilitada, na seguinte proporção:

I — até duzentos empregados, dois por cento;

II — de duzentos e um a quinhentos empregados, três por cento;

III — de quinhentos e um a mil empregados, quatro por cento; ou

IV — mais de mil empregados, cinco por cento.

§ 1º A dispensa de empregado na condição estabelecida neste artigo, quando se tratar de contrato por prazo determinado, superior a noventa dias, e a dispensa imotivada, no contrato por prazo indeterminado, somente poderá ocorrer após a contratação de substituto em condições semelhantes.

§ 2º Considera-se pessoa portadora de deficiência habilitada aquela que concluiu curso de educação profissional de nível básico, técnico ou tecnológico, ou curso superior, com certificação ou diplomação expedida por instituição pública ou privada, legalmente credenciada pelo Ministério da Educação ou órgão equivalente, ou aquela com certificado de conclusão de processo de habilitação ou reabilitação profissional fornecido pelo Instituto Nacional do Seguro Social — INSS.

§ 3º Considera-se, também, pessoa portadora de deficiência habilitada aquela que, não tendo se submetido a processo de habilitação ou reabilitação, esteja capacitada para o exercício da função.

§ 4º A pessoa portadora de deficiência habilitada nos termos dos §§ 2º e 3º deste artigo poderá recorrer à intermediação de órgão integrante do sistema público de emprego, para fins de inclusão laboral na forma deste artigo.

§ 5º Compete ao Ministério do Trabalho e Emprego estabelecer sistemática de fiscalização, avaliação e controle das empresas, bem como instituir procedimentos e formulários que propiciem estatísticas sobre o número de empregados portadores de deficiência e de vagas preenchidas, para fins de acompanhamento do disposto no *caput* deste artigo.

Art. 37. Fica assegurado à pessoa portadora de deficiência o direito de se inscrever em concurso público, em igualdade de condições com os demais candidatos, para provimento de cargo cujas atribuições sejam compatíveis com a deficiência de que é portador.

§ 1º O candidato portador de deficiência, em razão da necessária igualdade de condições, concorrerá a todas as vagas, sendo reservado no mínimo o percentual de cinco por cento em face da classificação obtida.

§ 2º Caso a aplicação do percentual de que trata o parágrafo anterior resulte em número fracionado, este deverá ser elevado até o primeiro número inteiro subsequente.

Art. 38. Não se aplica o disposto no artigo anterior nos casos de provimento de:

I — cargo em comissão ou função de confiança, de livre nomeação e exoneração; e

II — cargo ou emprego público integrante de carreira que exija aptidão plena do candidato.

Art. 39. Os editais de concursos públicos deverão conter:

I — o número de vagas existentes, bem como o total correspondente à reserva destinada à pessoa portadora de deficiência;

II — as atribuições e tarefas essenciais dos cargos;

III — previsão de adaptação das provas, do curso de formação e do estágio probatório, conforme a deficiência do candidato; e

IV — exigência de apresentação, pelo candidato portador de deficiência, no ato da inscrição, de laudo médico atestando a espécie e o grau ou nível da deficiência, com expressa referência ao código correspondente da Classificação Internacional de Doença — CID, bem como a provável causa da deficiência.

Art. 40. É vedado à autoridade competente obstar a inscrição de pessoa portadora de deficiência em concurso público para ingresso em carreira da Administração Pública Federal direta e indireta.

§ 1º No ato da inscrição, o candidato portador de deficiência que necessite de tratamento diferenciado nos dias do concurso deverá requerê-lo, no prazo determinado em edital, indicando as condições diferenciadas de que necessita para a realização das provas.

§ 2º O candidato portador de deficiência que necessitar de tempo adicional para realização das provas deverá requerê-lo, com justificativa acompanhada de parecer emitido por especialista da área de sua deficiência, no prazo estabelecido no edital do concurso.

Art. 41. A pessoa portadora de deficiência, resguardadas as condições especiais previstas neste Decreto, participará de concurso em igualdade de condições com os demais candidatos no que concerne:

I — ao conteúdo das provas;

II — à avaliação e aos critérios de aprovação;

III — ao horário e ao local de aplicação das provas; e

IV — à nota mínima exigida para todos os demais candidatos.

Art. 42. A publicação do resultado final do concurso será feita em duas listas, contendo, a primeira, a pontuação de todos os candidatos, inclusive a dos portadores de deficiência, e a segunda, somente a pontuação destes últimos.

Art. 43. O órgão responsável pela realização do concurso terá a assistência de equipe multiprofissional composta de três profissionais capacitados e atuantes nas áreas das deficiências em questão, sendo um deles médico, e três profissionais integrantes da carreira almejada pelo candidato.

§ 1º A equipe multiprofissional emitirá parecer observando:

I — as informações prestadas pelo candidato no ato da inscrição;

II — a natureza das atribuições e tarefas essenciais do cargo ou da função a desempenhar;

III — a viabilidade das condições de acessibilidade e as adequações do ambiente de trabalho na execução das tarefas;

IV — a possibilidade de uso, pelo candidato, de equipamentos ou outros meios que habitualmente utilize; e

V — a CID e outros padrões reconhecidos nacional e internacionalmente.

§ 2º A equipe multiprofissional avaliará a compatibilidade entre as atribuições do cargo e a deficiência do candidato durante o estágio probatório.

Art. 44. A análise dos aspectos relativos ao potencial de trabalho do candidato portador de deficiência obedecerá ao disposto no art. 20 da Lei n. 8.112, de 11 de dezembro de 1990.

Art. 45. Serão implementados programas de formação e qualificação profissional voltados para a pessoa portadora de deficiência no âmbito do Plano Nacional de Formação Profissional — PLANFOR.

PARÁGRAFO ÚNICO. Os programas de formação e qualificação profissional para pessoa portadora de deficiência terão como objetivos:

I — criar condições que garantam a toda pessoa portadora de deficiência o direito a receber uma formação profissional adequada;

II — organizar os meios de formação necessários para qualificar a pessoa portadora de deficiência para a inserção competitiva no mercado laboral; e

III — ampliar a formação e qualificação profissional sob a base de educação geral para fomentar o desenvolvimento harmônico da pessoa portadora de deficiência, assim como para satisfazer as exigências derivadas do progresso técnico, dos novos métodos de produção e da evolução social e econômica.

....

Capítulo VIII
Da Política de Capacitação de Profissionais Especializados

Art. 49. Os órgãos e as entidades da Administração Pública Federal direta e indireta, responsáveis pela formação de recursos humanos, devem dispensar aos assuntos objeto deste Decreto tratamento prioritário e adequado, viabilizando, sem prejuízo de outras, as seguintes medidas:

I — formação e qualificação de professores de nível médio e superior para a educação especial, de técnicos de nível médio e superior especializados na habilitação e reabilitação, e de instrutores e professores para a formação profissional;

II — formação e qualificação profissional, nas diversas áreas de conhecimento e de recursos humanos que atendam às demandas da pessoa portadora de deficiência; e

III — incentivo à pesquisa e ao desenvolvimento tecnológico em todas as áreas do conhecimento relacionadas com a pessoa portadora de deficiência.

....

Capítulo XI
Das Disposições Finais e Transitórias

Art. 56. A Secretaria de Estado dos Direitos Humanos, com base nas diretrizes e metas do Plano Plurianual de Investimentos, por intermédio da CORDE, elaborará, em articulação com outros órgãos e entidades da Administração Pública Federal, o Plano Nacional de Ações Integradas na Área das Deficiências.

Art. 57. Fica criada, no âmbito da Secretaria de Estado dos Direitos Humanos, comissão especial, com a finalidade de apresentar, no prazo de cento e oitenta dias, a contar de sua constituição, propostas destinadas a:

I — implementar programa de formação profissional mediante a concessão de bolsas de qualificação para a pessoa portadora de deficiência, com vistas a estimular a aplicação do disposto no art. 36; e

II — propor medidas adicionais de estímulo à adoção de trabalho em tempo parcial ou em regime especial para a pessoa portadora de deficiência.

PARÁGRAFO ÚNICO. A comissão especial de que trata o *caput* deste artigo será composta por um representante de cada órgão e entidade a seguir indicados:

I — CORDE;

II — CONADE;

III — Ministério do Trabalho e Emprego;

IV — Secretaria de Estado de Assistência Social do Ministério da Previdência e Assistência Social;

V — Ministério da Educação;

VI — Ministério dos Transportes;

VII — Instituto de Pesquisa Econômica Aplicada; e

VIII — INSS.

Art. 58. A CORDE desenvolverá, em articulação com órgãos e entidades da Administração Pública Federal, programas de facilitação da acessibilidade em sítios de interesse histórico, turístico, cultural e desportivo, mediante a remoção de barreiras físicas ou arquitetônicas que impeçam ou dificultem a locomoção de pessoa portadora de deficiência ou com mobilidade reduzida.

Art. 59. Este Decreto entra em vigor na data da sua publicação.

Art. 60. Ficam revogados os Decretos ns. 93.481, de 29 de outubro de 1986, 914, de 6 de setembro de 1993, 1.680, de 18 de outubro de 1995, 3.030, de 20 de abril de 1999, o § 2º do art. 141 do Regulamento da Previdência Social, aprovado pelo Decreto n. 3.048, de 6 de maio de 1999, e o Decreto n. 3.076, de 1º de junho de 1999.

Brasília, 20 de dezembro de 1999; 178º da Independência e 111º da República.

Fernando Henrique Cardoso
José Carlos Dias

LEI N. 13.180, DE 22 DE OUTUBRO DE 2015

Dispõe sobre a profissão de artesão e dá outras providências.

A PRESIDENTA DA REPÚBLICA Faço saber que o Congresso Nacional decreta e eu sanciono a seguinte Lei:

Art. 1º Artesão é toda pessoa física que desempenha suas atividades profissionais de forma individual, associada ou cooperativada.

PARÁGRAFO ÚNICO. A profissão de artesão presume o exercício de atividade predominantemente manual, que pode contar com o auxílio de ferramentas e outros equipamentos, desde que visem a assegurar qualidade, segurança e, quando couber, observância às normas oficiais aplicáveis ao produto.

Art. 2º O artesanato será objeto de política específica no âmbito da União, que terá como diretrizes básicas:

I — a valorização da identidade e cultura nacionais;

II — a destinação de linha de crédito especial para o financiamento da comercialização da produção artesanal e para a aquisição de matéria-prima e de equipamentos imprescindíveis ao trabalho artesanal;

III — a integração da atividade artesanal com outros setores e programas de desenvolvimento econômico e social;

IV — a qualificação permanente dos artesãos e o estímulo ao aperfeiçoamento dos métodos e processos de produção;

V — o apoio comercial, com identificação de novos mercados em âmbito local, nacional e internacional;

VI — a certificação da qualidade do artesanato, agregando valor aos produtos e às técnicas artesanais;

VII — a divulgação do artesanato.

Art. 3º O artesão será identificado pela Carteira Nacional do Artesão, válida em todo o território nacional por, no mínimo, um ano, a qual somente será renovada com a comprovação das contribuições sociais vertidas para a Previdência Social, na forma do regulamento.

Art. 4º O Poder Executivo é autorizado a criar a Escola Técnica Federal do Artesanato, dedicada exclusivamente ao desenvolvimento de programas de formação do artesão.

Art. 5º Esta Lei entra em vigor na data de sua publicação.

Brasília, 22 de outubro de 2015; 194º da Independência e 127º da República.

Dilma Rousseff
Miguel Rossetto

LEI N. 13.369, DE 12 DE DEZEMBRO DE 2016

(DOU 13.12.2016)

Dispõe sobre a garantia do exercício da profissão de designer de interiores e ambientes e dá outras providências.

O PRESIDENTE DA REPÚBLICA

Faço saber que o Congresso Nacional decreta e eu sanciono a seguinte Lei:

Art. 1º É reconhecida, em todo o território nacional, a profissão de *designer* de interiores e ambientes, observados os preceitos desta Lei.

Art. 2º *Designer* de interiores e ambientes é o profissional que planeja e projeta espaços internos, visando ao conforto, à estética, à saúde e à segurança dos usuários, respeitadas as atribuições privativas de outras profissões regulamentadas em lei.

Art. 3º (VETADO).

Art. 4º Compete ao *designer* de interiores e ambientes:

I — estudar, planejar e projetar ambientes internos existentes ou pré-configurados conforme os objetivos e as necessidades do cliente ou usuário, planejando e projetando o uso e a ocupação dos espaços de modo a otimizar o conforto, a estética, a saúde e a segurança de acordo com as normas técnicas de acessibilidade, de ergonomia e de conforto luminoso, térmico e acústico devidamente homologadas pelos órgãos competentes;

II — elaborar plantas, cortes, elevações, perspectivas e detalhamento de elementos não estruturais de espaços ou ambientes internos e ambientes externos contíguos aos interiores, desde que na especificidade do projeto de interiores;

III — planejar ambientes internos, permanentes ou não, inclusive especificando equipamento mobiliário, acessórios e materiais e providenciando orçamentos e instruções de instalação, respeitados os projetos elaborados e o direito autoral dos responsáveis técnicos habilitados;

IV — compatibilizar os seus projetos com as exigências legais e regulamentares relacionadas a segurança contra incêndio, saúde e meio ambiente;

V — selecionar e especificar cores, revestimentos e acabamentos;

VI — criar, desenhar e detalhar móveis e outros elementos de decoração e ambientação;

VII — assessorar nas compras e na contratação de pessoal, podendo responsabilizar-se diretamente por tais funções, inclusive no gerenciamento das obras afetas ao projeto de interiores e na fiscalização de cronogramas e fluxos de caixa, mediante prévio ajuste com o usuário dos serviços, assegurado a este o pleno direito à prestação de contas e a intervir para garantir a sua vontade;

VIII — propor interferências em espaços existentes ou pré-configurados, internos e externos contíguos aos interiores, desde que na especificidade do projeto de interiores, mediante aprovação e execução por profissional habilitado na forma da lei;

IX — prestar consultoria técnica em design de interiores;

X — desempenhar cargos e funções em entidades públicas e privadas relacionadas ao design de interiores;

XI — exercer o ensino e desenvolver pesquisas, experimentações e ensaios relativamente ao design de interiores;

XII — observar e estudar permanentemente o comportamento humano quanto ao uso dos espaços internos e preservar os aspectos sociais, culturais, estéticos e artísticos.

PARÁGRAFO ÚNICO. Atividades que visem a alterações nos elementos estruturais devem ser aprovadas e executadas por profissionais capacitados e autorizados na forma da lei.

Art. 5º O *designer* de interiores e ambientes, no exercício de suas atividades e atribuições, deve zelar principalmente:

I — pela conduta ética;

II — pela transparência para com seu contratante, prestando-lhe contas e atendendo-o quanto às suas necessidades;

III — pela sustentabilidade;

IV — pela responsabilidade social;

V — pela segurança dos usuários, evitando a exposição desses a riscos e potenciais danos.

Art. 6º (VETADO).

Art. 7º (VETADO).

Art. 8º (VETADO).

Art. 9º Esta Lei entra em vigor na data de sua publicação.

Brasília, 12 de dezembro de 2016; 195º da Independência e 128º da República.

Michel Temer
Alexandre de Moraes
Esteves Pedro Colnago Junior
Grace Maria Fernandes Mendonça

LEI N. 13.432, DE 11 DE ABRIL DE 2017

(DOU 12.4.17)

Dispõe sobre o exercício da profissão de detetive particular

O PRESIDENTE DA REPÚBLICA

Faço saber que o Congresso Nacional decreta e eu sanciono a seguinte Lei:

Art. 1º (VETADO).

Art. 2º Para os fins desta Lei, considera-se detetive particular o profissional que, habitualmente, por conta própria ou na forma de sociedade civil ou empresarial, planeje e execute coleta de dados e informações de natureza não criminal, com conhecimento técnico e utilizando recursos e meios tecnológicos permitidos, visando ao esclarecimento de assuntos de interesse privado do contratante.

§ 1º Consideram-se sinônimas, para efeito desta Lei, as expressões "detetive particular", "detetive profissional" e outras que tenham ou venham a ter o mesmo objeto.

§ 2º (VETADO).

Art. 3º (VETADO).

Art. 4º (VETADO).

Art. 5º O detetive particular pode colaborar com investigação policial em curso, desde que expressamente autorizado pelo contratante.

PARÁGRAFO ÚNICO. O aceite da colaboração ficará a critério do delegado de polícia, que poderá admiti-la ou rejeitá-la a qualquer tempo.

Art. 6º Em razão da natureza reservada de suas atividades, o detetive particular, no desempenho da profissão, deve agir com técnica, legalidade, honestidade, discrição, zelo e apreço pela verdade.

Art. 7º O detetive particular é obrigado a registrar em instrumento escrito a prestação de seus serviços.

Art. 8º O contrato de prestação de serviços do detetive particular conterá:

I — qualificação completa das partes contratantes;

II — prazo de vigência;

III — natureza do serviço;

IV — relação de documentos e dados fornecidos pelo contratante;

V — local em que será prestado o serviço;

VI — estipulação dos honorários e sua forma de pagamento.

PARÁGRAFO ÚNICO. É facultada às partes a estipulação de seguro de vida em favor do detetive particular, que indicará os beneficiários, quando a atividade envolver risco de morte.

Art. 9º Ao final do prazo pactuado para a execução dos serviços profissionais, o detetive particular entregará ao contratante ou a seu representante legal, mediante recibo, relatório circunstanciado sobre os dados e informações coletados, que conterá:

I — os procedimentos técnicos adotados;

II — a conclusão em face do resultado dos trabalhos executados e, se for o caso, a indicação das providências legais a adotar;

III — data, identificação completa do detetive particular e sua assinatura.

Art. 10. É vedado ao detetive particular:

I — aceitar ou captar serviço que configure ou contribua para a prática de infração penal ou tenha caráter discriminatório;

II — aceitar contrato de quem já tenha detetive particular constituído, salvo:

a) com autorização prévia daquele com o qual irá colaborar ou a quem substituirá;

b) na hipótese de dissídio entre o contratante e o profissional precedente ou de omissão deste que possa causar dano ao contratante;

III — divulgar os meios e os resultados da coleta de dados e informações a que tiver acesso no exercício da profissão, salvo em defesa própria;

IV — participar diretamente de diligências policiais;

V — utilizar, em demanda contra o contratante, os dados, documentos e informações coletados na execução do contrato.

Art. 11. São deveres do detetive particular:

I — preservar o sigilo das fontes de informação;

II — respeitar o direito à intimidade, à privacidade, à honra e à imagem das pessoas;

III — exercer a profissão com zelo e probidade;

IV — defender, com isenção, os direitos e as prerrogativas profissionais, zelando pela própria reputação e a da classe;

V — zelar pela conservação e proteção de documentos, objetos, dados ou informações que lhe forem confiados pelo cliente;

VI — restituir, íntegro, ao cliente, findo o contrato ou a pedido, documento ou objeto que lhe tenha sido confiado;

VII — prestar contas ao cliente.

Art. 12. São direitos do detetive particular:

I — exercer a profissão em todo o território nacional na defesa dos direitos ou interesses que lhe forem confiados, na forma desta Lei;

II — recusar serviço que considere imoral, discriminatório ou ilícito;

III — renunciar ao serviço contratado, caso gere risco à sua integridade física ou moral;

IV — compensar o montante dos honorários recebidos ou recebê-lo proporcionalmente, de acordo com o período trabalhado, conforme pactuado;

V — (VETADO);

VI — reclamar, verbalmente ou por escrito, perante qualquer autoridade, contra a inobservância de preceito de lei, regulamento ou regimento;

VII — ser publicamente desagravado, quando injustamente ofendido no exercício da profissão.

Art. 13. Esta Lei entra em vigor na data de sua publicação.

Brasília, 11 de abril de 2017; 196º da Independência e 129º da República.

Michel Temer,
Osmar Serraglio,
Henrique Meirelles,
Ronaldo Nogueira de Oliveira,
Eliseu Padilha,
Grace Maria Fernandes Mendonça

DECRETO N. 6.949, DE 25 DE AGOSTO DE 2009

(DOU 26.8.2009)

Promulga a convenção internacional sobre os direitos das pessoas com deficiência e seu protocolo facultativo, assinados em Nova York, em 30 de março de 2007

Artigo 1
Propósito

O propósito da presente Convenção é promover, proteger e assegurar o exercício pleno e equitativo de todos os direitos humanos e liberdades fundamentais por todas as pessoas com deficiência e promover o respeito pela sua dignidade inerente.

Pessoas com deficiência são aquelas que têm impedimentos de longo prazo de natureza física, mental, intelectual ou sensorial, os quais, em interação com diversas barreiras, podem obstruir sua participação plena e efetiva na sociedade em igualdades de condições com as demais pessoas.

Artigo 2
Definições

Para os propósitos da presente Convenção:

"Comunicação" abrange as línguas, a visualização de textos, o braille, a comunicação tátil, os caracteres ampliados, os dispositivos de multimídia acessível, assim como a linguagem simples, escrita e oral, os sistemas auditivos e os meios de voz digitalizada e os modos, meios e formatos aumentativos e alternativos de comunicação, inclusive a tecnologia da informação e comunicação acessíveis;

"Língua" abrange as línguas faladas e de sinais e outras formas de comunicação não falada;

"Discriminação por motivo de deficiência" significa qualquer diferenciação, exclusão ou restrição baseada em deficiência, com o propósito ou efeito de impedir ou impossibilitar o reconhecimento, o desfrute ou o exercício, em igualdade de oportunidades com as demais pessoas, de todos os direitos humanos e liberdades fundamentais nos âmbitos político, econômico, social, cultural, civil ou qualquer outro. Abrange todas as formas de discriminação, inclusive a recusa de adaptação razoável;

"Adaptação razoável" significa as modificações e os ajustes necessários e adequados que não acarretem ônus desproporcional ou indevido, quando requeridos em cada caso, a fim de assegurar que as pessoas com deficiência possam gozar ou exercer, em igualdade de oportunidades com as demais pessoas, todos os direitos humanos e liberdades fundamentais;

"Desenho universal" significa a concepção de produtos, ambientes, programas e serviços a serem usados, na maior medida possível, por todas as pessoas, sem necessidade de adaptação ou projeto específico. O "desenho universal" não excluirá as ajudas técnicas para grupos específicos de pessoas com deficiência, quando necessárias.

Artigo 3
Princípios gerais

Os princípios da presente Convenção são:

a) O respeito pela dignidade inerente, a autonomia individual, inclusive a liberdade de fazer as próprias escolhas, e a independência das pessoas;

b) A não discriminação;

c) A plena e efetiva participação e inclusão na sociedade;

d) O respeito pela diferença e pela aceitação das pessoas com deficiência como parte da diversidade humana e da humanidade;

e) A igualdade de oportunidades;

f) A acessibilidade;

g) A igualdade entre o homem e a mulher;

h) O respeito pelo desenvolvimento das capacidades das crianças com deficiência e pelo direito das crianças com deficiência de preservar sua identidade.

Artigo 4
Obrigações gerais

1. Os Estados-Partes se comprometem a assegurar e promover o pleno exercício de todos os direitos humanos e liberdades fundamentais por todas as pessoas com deficiência, sem qualquer tipo de discriminação por causa de sua deficiência. Para tanto, os Estados-Partes se comprometem a:

a) Adotar todas as medidas legislativas, administrativas e de qualquer outra natureza, necessárias para a realização dos direitos reconhecidos na presente Convenção;

b) Adotar todas as medidas necessárias, inclusive legislativas, para modificar ou revogar leis, regulamentos, costumes e práticas vigentes, que constituírem discriminação contra pessoas com deficiência;

c) Levar em conta, em todos os programas e políticas, a proteção e a promoção dos direitos humanos das pessoas com deficiência;

d) Abster-se de participar em qualquer ato ou prática incompatível com a presente Convenção e assegurar que as autoridades públicas e instituições atuem em conformidade com a presente Convenção;

e) Tomar todas as medidas apropriadas para eliminar a discriminação baseada em deficiência, por parte de qualquer pessoa, organização ou empresa privada;

f) Realizar ou promover a pesquisa e o desenvolvimento de produtos, serviços, equipamentos e instalações com desenho universal, conforme definidos no Artigo 2 da presente Convenção, que exijam o mínimo possível de adaptação e cujo custo seja o mínimo possível, destinados a atender às necessidades específicas de pessoas com deficiência, a promover sua disponibilidade e seu uso e a promover o desenho universal quando da elaboração de normas e diretrizes;

g) Realizar ou promover a pesquisa e o desenvolvimento, bem como a disponibilidade e o emprego de novas tecnologias, inclusive as tecnologias da informação e comunicação, ajudas técnicas para locomoção, dispositivos e tecnologias assistivas, adequados a pessoas com deficiência, dando prioridade a tecnologias de custo acessível;

h) Propiciar informação acessível para as pessoas com deficiência a respeito de ajudas técnicas para locomoção, dispositivos e tecnologias assistivas, incluindo novas tecnologias bem como outras formas de assistência, serviços de apoio e instalações;

i) Promover a capacitação em relação aos direitos reconhecidos pela presente Convenção dos profissionais e equipes que trabalham com pessoas com deficiência, de forma a melhorar a prestação de assistência e serviços garantidos por esses direitos.

2. Em relação aos direitos econômicos, sociais e culturais, cada Estado-Parte se compromete a tomar medidas, tanto quanto permitirem os recursos disponíveis e, quando necessário, no âmbito da cooperação internacional, a fim de assegurar progressivamente o pleno exercício desses direitos, sem prejuízo das obrigações contidas na presente Convenção que forem imediatamente aplicáveis de acordo com o direito internacional.

3. Na elaboração e implementação de legislação e políticas para aplicar a presente Convenção e em outros processos de tomada de decisão relativos às pessoas com deficiência, os Estados-Partes realizarão consultas estreitas e envolverão ativamente pessoas com deficiência, inclusive crianças com deficiência, por intermédio de suas organizações representativas.

4. Nenhum dispositivo da presente Convenção afetará quaisquer disposições mais propícias à realização dos direitos das pessoas com deficiência, as quais possam estar contidas na legislação do Estado-Parte ou no direito internacional em vigor para esse Estado. Não haverá nenhuma restrição ou derrogação de qualquer dos direitos humanos e liberdades fundamentais reconhecidos ou vigentes em qualquer Estado-Parte da presente Convenção, em conformidade com leis, convenções, regulamentos ou costumes, sob a alegação de que a presente Convenção não reconhece tais direitos e liberdades ou que os reconhece em menor grau.

5. As disposições da presente Convenção se aplicam, sem limitação ou exceção, a todas as unidades constitutivas dos Estados federativos.

Artigo 5
Igualdade e não discriminação

1. Os Estados-Partes reconhecem que todas as pessoas são iguais perante e sob a lei e que fazem jus, sem qualquer discriminação, a igual proteção e igual benefício da lei.

2. Os Estados-Partes proibirão qualquer discriminação baseada na deficiência e garantirão às pessoas com deficiência igual e efetiva proteção legal contra a discriminação por qualquer motivo.

3. A fim de promover a igualdade e eliminar a discriminação, os Estados-Partes adotarão todas as medidas apropriadas para garantir que a adaptação razoável seja oferecida.

4. Nos termos da presente Convenção, as medidas específicas que forem necessárias para acelerar ou alcançar a efetiva igualdade das pessoas com deficiência não serão consideradas discriminatórias.

Artigo 6
Mulheres com deficiência

1. Os Estados-Partes reconhecem que as mulheres e meninas com deficiência estão sujeitas a múltiplas formas de discriminação e, portanto, tomarão medidas para assegurar às mulheres e meninas com deficiência o pleno e igual exercício de todos os direitos humanos e liberdades fundamentais.

2. Os Estados-Partes tomarão todas as medidas apropriadas para assegurar o pleno desenvolvimento, o avanço e o empoderamento das mulheres, a fim de garantir-lhes o exercício e o gozo dos direitos humanos e liberdades fundamentais estabelecidos na presente Convenção.

Artigo 7
Crianças com deficiência

1. Os Estados-Partes tomarão todas as medidas necessárias para assegurar às crianças com deficiência o pleno exercício de todos os direitos humanos e liberdades fundamentais, em igualdade de oportunidades com as demais crianças.

2. Em todas as ações relativas às crianças com deficiência, o superior interesse da criança receberá consideração primordial.

3. Os Estados-Partes assegurarão que as crianças com deficiência tenham o direito de expressar livremente sua opinião sobre todos os assuntos que lhes disserem respeito, tenham a sua opinião devidamente valorizada de acordo com sua idade e maturidade, em igualdade de oportunidades com as demais crianças, e recebam atendimento adequado à sua deficiência e idade, para que possam exercer tal direito.

Artigo 8
Conscientização

1. Os Estados-Partes se comprometem a adotar medidas imediatas, efetivas e apropriadas para:

a) Conscientizar toda a sociedade, inclusive as famílias, sobre as condições das pessoas com deficiência e fomentar o respeito pelos direitos e pela dignidade das pessoas com deficiência;

b) Combater estereótipos, preconceitos e práticas nocivas em relação a pessoas com deficiência, inclusive aqueles relacionados a sexo e idade, em todas as áreas da vida;

c) Promover a conscientização sobre as capacidades e contribuições das pessoas com deficiência.

2. As medidas para esse fim incluem:

a) Lançar e dar continuidade a efetivas campanhas de conscientização públicas, destinadas a:

i) Favorecer atitude receptiva em relação aos direitos das pessoas com deficiência;

ii) Promover percepção positiva e maior consciência social em relação às pessoas com deficiência;

iii) Promover o reconhecimento das habilidades, dos méritos e das capacidades das pessoas com deficiência e de sua contribuição ao local de trabalho e ao mercado laboral;

b) Fomentar em todos os níveis do sistema educacional, incluindo neles todas as crianças desde tenra idade, uma atitude de respeito para com os direitos das pessoas com deficiência;

c) Incentivar todos os órgãos da mídia a retratar as pessoas com deficiência de maneira compatível com o propósito da presente Convenção;

d) Promover programas de formação sobre sensibilização a respeito das pessoas com deficiência e sobre os direitos das pessoas com deficiência.

Artigo 9
Acessibilidade

1. A fim de possibilitar às pessoas com deficiência viver de forma independente e participar plenamente de todos os aspectos da vida, os Estados-Partes tomarão as medidas apropriadas para assegurar às pessoas com deficiência o acesso, em igualdade de oportunidades com as demais pessoas, ao meio físico, ao transporte, à informação e comunicação, inclusive aos sistemas e tecnologias da informação e comunicação, bem como a outros serviços e instalações abertos ao público ou de uso público, tanto na zona urbana como na rural. Essas medidas, que incluirão a identificação e a eliminação de obstáculos e barreiras à acessibilidade, serão aplicadas, entre outros, a:

a) Edifícios, rodovias, meios de transporte e outras instalações internas e externas, inclusive escolas, residências, instalações médicas e local de trabalho;

b) Informações, comunicações e outros serviços, inclusive serviços eletrônicos e serviços de emergência.

2. Os Estados-Partes também tomarão medidas apropriadas para:

a) Desenvolver, promulgar e monitorar a implementação de normas e diretrizes mínimas para a acessibilidade das instalações e dos serviços abertos ao público ou de uso público;

b) Assegurar que as entidades privadas que oferecem instalações e serviços abertos ao público ou de uso público levem em consideração todos os aspectos relativos à acessibilidade para pessoas com deficiência;

c) Proporcionar, a todos os atores envolvidos, formação em relação às questões de acessibilidade com as quais as pessoas com deficiência se confrontam;

d) Dotar os edifícios e outras instalações abertas ao público ou de uso público de sinalização em braille e em formatos de fácil leitura e compreensão;

e) Oferecer formas de assistência humana ou animal e serviços de mediadores, incluindo guias, ledores e intérpretes profissionais da língua de sinais, para facilitar o acesso aos edifícios e outras instalações abertas ao público ou de uso público;

f) Promover outras formas apropriadas de assistência e apoio a pessoas com deficiência, a fim de assegurar a essas pessoas o acesso a informações;

g) Promover o acesso de pessoas com deficiência a novos sistemas e tecnologias da informação e comunicação, inclusive à Internet;

h) Promover, desde a fase inicial, a concepção, o desenvolvimento, a produção e a disseminação de sistemas e tecnologias de informação e comunicação, a fim de que esses sistemas e tecnologias se tornem acessíveis a custo mínimo.

Artigo 10
Direito à vida

Os Estados-Partes reafirmam que todo ser humano tem o inerente direito à vida e tomarão todas as medidas necessárias para assegurar o efetivo exercício desse direito pelas pessoas com deficiência, em igualdade de oportunidades com as demais pessoas.

Artigo 11
Situações de risco e emergências humanitárias

Em conformidade com suas obrigações decorrentes do direito internacional, inclusive do direito humanitário internacional e do direito internacional dos direitos humanos, os Estados-Partes tomarão todas as medidas necessárias para assegurar a proteção e a segurança das pessoas com deficiência que se encontrarem em situações de risco, inclusive situações de conflito armado, emergências humanitárias e ocorrência de desastres naturais.

Artigo 12
Reconhecimento igual perante a lei

1. Os Estados-Partes reafirmam que as pessoas com deficiência têm o direito de ser reconhecidas em qualquer lugar como pessoas perante a lei.

2. Os Estados-Partes reconhecerão que as pessoas com deficiência gozam de capacidade legal em igualdade de condições com as demais pessoas em todos os aspectos da vida.

3. Os Estados-Partes tomarão medidas apropriadas para prover o acesso de pessoas com deficiência ao apoio que necessitarem no exercício de sua capacidade legal.

4. Os Estados-Partes assegurarão que todas as medidas relativas ao exercício da capacidade legal incluam salvaguardas apropriadas e efetivas para prevenir abusos, em conformidade com o direito internacional dos direitos humanos. Essas salvaguardas assegurarão que as medidas relativas ao exercício da capacidade legal respeitem os direitos, a vontade e as preferências da pessoa, sejam isentas de conflito de interesses e de influência indevida, sejam proporcionais e apropriadas às circunstâncias da pessoa, se apliquem pelo período mais curto possível e sejam submetidas à revisão regular por uma autoridade ou órgão judiciário competente, independente e imparcial. As salvaguardas serão proporcionais ao grau em que tais medidas afetarem os direitos e interesses da pessoa.

5. Os Estados-Partes, sujeitos ao disposto neste Artigo, tomarão todas as medidas apropriadas e efetivas para assegurar às pessoas com deficiência o igual direito de possuir ou herdar bens, de controlar as próprias finanças e de ter igual acesso a empréstimos bancários, hipotecas e outras formas de crédito financeiro, e assegurarão que as pessoas com deficiência não sejam arbitrariamente destituídas de seus bens.

Artigo 13
Acesso à justiça

1. Os Estados-Partes assegurarão o efetivo acesso das pessoas com deficiência à justiça, em igualdade de condições com as demais pessoas, inclusive mediante a provisão de adaptações processuais adequadas à idade, a fim de facilitar o efetivo papel das pessoas com deficiência como participantes diretos ou indiretos, inclusive como testemunhas, em todos os procedimentos jurídicos, tais como investigações e outras etapas preliminares.

2. A fim de assegurar às pessoas com deficiência o efetivo acesso à justiça, os Estados-Partes promoverão a capacitação apropriada daqueles que trabalham na área de administração da justiça, inclusive a polícia e os funcionários do sistema penitenciário.

Artigo 14
Liberdade e segurança da pessoa

1. Os Estados-Partes assegurarão que as pessoas com deficiência, em igualdade de oportunidades com as demais pessoas:

a) Gozem do direito à liberdade e à segurança da pessoa; e

b) Não sejam privadas ilegal ou arbitrariamente de sua liberdade e que toda privação de liberdade esteja em conformidade com a lei, e que a existência de deficiência não justifique a privação de liberdade.

2. Os Estados-Partes assegurarão que, se pessoas com deficiência forem privadas de liberdade mediante algum processo, elas, em igualdade de oportunidades com as demais pessoas, façam jus a garantias de acordo com o direito internacional dos direitos humanos e sejam tratadas em conformidade com os objetivos e princípios da presente Convenção, inclusive mediante a provisão de adaptação razoável.

Artigo 15
Prevenção contra tortura ou tratamentos ou penas cruéis, desumanos ou degradantes

1. Nenhuma pessoa será submetida à tortura ou a tratamentos ou penas cruéis, desumanos ou degradantes. Em especial, nenhuma pessoa deverá ser sujeita a experimentos médicos ou científicos sem seu livre consentimento.

2. Os Estados-Partes tomarão todas as medidas efetivas de natureza legislativa, administrativa, judicial ou outra para evitar que pessoas com deficiência, do mesmo modo que as demais pessoas, sejam submetidas à tortura ou a tratamentos ou penas cruéis, desumanos ou degradantes.

Artigo 16
Prevenção contra a exploração, a violência e o abuso

1. Os Estados-Partes tomarão todas as medidas apropriadas de natureza legislativa, administrativa, social, educacional e outras para proteger as pessoas com deficiência, tanto dentro como fora do lar, contra todas as formas de exploração, violência e abuso, incluindo aspectos relacionados a gênero.

2. Os Estados-Partes também tomarão todas as medidas apropriadas para prevenir todas as formas de exploração, violência e abuso, assegurando, entre outras coisas, formas apropriadas de atendimento e apoio que levem em conta o gênero e a idade das pessoas com deficiência e de seus familiares e atendentes,

inclusive mediante a provisão de informação e educação sobre a maneira de evitar, reconhecer e denunciar casos de exploração, violência e abuso. Os Estados-Partes assegurarão que os serviços de proteção levem em conta a idade, o gênero e a deficiência das pessoas.

3. A fim de prevenir a ocorrência de quaisquer formas de exploração, violência e abuso, os Estados-Partes assegurarão que todos os programas e instalações destinados a atender pessoas com deficiência sejam efetivamente monitorados por autoridades independentes.

4. Os Estados-Partes tomarão todas as medidas apropriadas para promover a recuperação física, cognitiva e psicológica, inclusive mediante a provisão de serviços de proteção, a reabilitação e a reinserção social de pessoas com deficiência que forem vítimas de qualquer forma de exploração, violência ou abuso. Tais recuperação e reinserção ocorrerão em ambientes que promovam a saúde, o bem-estar, o autorrespeito, a dignidade e a autonomia da pessoa e levem em consideração as necessidades de gênero e idade.

5. Os Estados-Partes adotarão leis e políticas efetivas, inclusive legislação e políticas voltadas para mulheres e crianças, a fim de assegurar que os casos de exploração, violência e abuso contra pessoas com deficiência sejam identificados, investigados e, caso necessário, julgados.

Artigo 17
Proteção da integridade da pessoa

Toda pessoa com deficiência tem o direito a que sua integridade física e mental seja respeitada, em igualdade de condições com as demais pessoas.

Artigo 18
Liberdade de movimentação e nacionalidade

1. Os Estados-Partes reconhecerão os direitos das pessoas com deficiência à liberdade de movimentação, à liberdade de escolher sua residência e à nacionalidade, em igualdade de oportunidades com as demais pessoas, inclusive assegurando que as pessoas com deficiência:

a) Tenham o direito de adquirir nacionalidade e mudar de nacionalidade e não sejam privadas arbitrariamente de sua nacionalidade em razão de sua deficiência.

b) Não sejam privadas, por causa de sua deficiência, da competência de obter, possuir e utilizar documento comprovante de sua nacionalidade ou outro documento de identidade, ou de recorrer a processos relevantes, tais como procedimentos relativos à imigração, que forem necessários para facilitar o exercício de seu direito à liberdade de movimentação.

c) Tenham liberdade de sair de qualquer país, inclusive do seu; e

d) Não sejam privadas, arbitrariamente ou por causa de sua deficiência, do direito de entrar no próprio país.

2. As crianças com deficiência serão registradas imediatamente após o nascimento e terão, desde o nascimento, o direito a um nome, o direito de adquirir nacionalidade e, tanto quanto possível, o direito de conhecer seus pais e de ser cuidadas por eles.

Artigo 19
Vida independente e inclusão na comunidade

Os Estados-Partes desta Convenção reconhecem o igual direito de todas as pessoas com deficiência de viver na comunidade, com a mesma liberdade de escolha que as demais pessoas, e tomarão medidas efetivas e apropriadas para facilitar às pessoas com deficiência o pleno gozo desse direito e sua plena inclusão e participação na comunidade, inclusive assegurando que:

a) As pessoas com deficiência possam escolher seu local de residência e onde e com quem morar, em igualdade de oportunidades com as demais pessoas, e que não sejam obrigadas a viver em determinado tipo de moradia;

b) As pessoas com deficiência tenham acesso a uma variedade de serviços de apoio em domicílio ou em instituições residenciais ou a outros serviços comunitários de apoio, inclusive os serviços de atendentes pessoais que forem necessários como apoio para que as pessoas com deficiência vivam e sejam incluídas na comunidade e para evitar que fiquem isoladas ou segregadas da comunidade;

c) Os serviços e instalações da comunidade para a população em geral estejam disponíveis às pessoas com deficiência, em igualdade de oportunidades, e atendam às suas necessidades.

Artigo 20
Mobilidade pessoal

Os Estados-Partes tomarão medidas efetivas para assegurar às pessoas com deficiência sua mobilidade pessoal com a máxima independência possível:

a) Facilitando a mobilidade pessoal das pessoas com deficiência, na forma e no momento em que elas quiserem, e a custo acessível;

b) Facilitando às pessoas com deficiência o acesso a tecnologias assistivas, dispositivos e ajudas técnicas de qualidade, e formas de assistência humana ou animal e de mediadores, inclusive tornando-os disponíveis a custo acessível;

c) Propiciando às pessoas com deficiência e ao pessoal especializado uma capacitação em técnicas de mobilidade;

d) Incentivando entidades que produzem ajudas técnicas de mobilidade, dispositivos e tecnologias assistivas a levarem em conta todos os aspectos relativos à mobilidade de pessoas com deficiência.

Artigo 21
Liberdade de expressão e de opinião e acesso à informação

Os Estados-Partes tomarão todas as medidas apropriadas para assegurar que as pessoas com deficiência possam exercer seu direito à liberdade de expressão e opinião, inclusive à liberdade de buscar, receber e compartilhar informações e ideias, em igualdade de oportunidades com as demais pessoas e por intermédio de todas as formas de comunicação de sua escolha, conforme o disposto no Artigo 2 da presente Convenção, entre as quais:

a) Fornecer, prontamente e sem custo adicional, às pessoas com deficiência, todas as informações destinadas ao público em geral, em formatos acessíveis e tecnologias apropriadas aos diferentes tipos de deficiência;

b) Aceitar e facilitar, em trâmites oficiais, o uso de línguas de sinais, braille, comunicação aumentativa e alternativa, e de todos os demais meios, modos e formatos acessíveis de comunicação, à escolha das pessoas com deficiência;

c) Urgir as entidades privadas que oferecem serviços ao público em geral, inclusive por meio da Internet, a fornecer informações e serviços em formatos acessíveis, que possam ser usados por pessoas com deficiência;

d) Incentivar a mídia, inclusive os provedores de informação pela Internet, a tornar seus serviços acessíveis a pessoas com deficiência;

e) Reconhecer e promover o uso de línguas de sinais.

Artigo 22
Respeito à privacidade

1. Nenhuma pessoa com deficiência, qualquer que seja seu local de residência ou tipo de moradia, estará sujeita a interferência arbitrária ou ilegal em sua privacidade, família, lar, correspondência ou outros tipos de comunicação, nem a ataques ilícitos à sua honra e reputação. As pessoas com deficiência têm o direito à proteção da lei contra tais interferências ou ataques.

2. Os Estados-Partes protegerão a privacidade dos dados pessoais e dados relativos à saúde e à reabilitação de pessoas com deficiência, em igualdade de condições com as demais pessoas.

Artigo 23
Respeito pelo lar e pela família

1. Os Estados-Partes tomarão medidas efetivas e apropriadas para eliminar a discriminação contra pessoas com deficiência, em todos os aspectos relativos a casamento, família, paternidade e relacionamentos, em igualdade de condições com as demais pessoas, de modo a assegurar que:

a) Seja reconhecido o direito das pessoas com deficiência, em idade de contrair matrimônio, de casar-se e estabelecer família, com base no livre e pleno consentimento dos pretendentes;

b) Sejam reconhecidos os direitos das pessoas com deficiência de decidir livre e responsavelmente sobre o número de filhos e o espaçamento entre esses filhos e de ter acesso a informações adequadas à idade e a educação em matéria de reprodução e de planejamento familiar, bem como os meios necessários para exercer esses direitos.

c) As pessoas com deficiência, inclusive crianças, conservem sua fertilidade, em igualdade de condições com as demais pessoas.

2. Os Estados-Partes assegurarão os direitos e responsabilidades das pessoas com deficiência, relativos à guarda, custódia, curatela e adoção de crianças ou instituições semelhantes, caso esses conceitos constem na legislação nacional. Em todos os casos, prevalecerá o superior interesse da criança. Os Estados-Partes prestarão a devida assistência às pessoas com deficiência para que essas pessoas possam exercer suas responsabilidades na criação dos filhos.

3. Os Estados-Partes assegurarão que as crianças com deficiência terão iguais direitos em relação à vida familiar. Para a realização desses direitos e para evitar ocultação, abandono, negligência e segregação de crianças com deficiência, os Estados-Partes fornecerão prontamente informações abrangentes sobre serviços e apoios a crianças com deficiência e suas famílias.

4. Os Estados-Partes assegurarão que uma criança não será separada de seus pais contra a vontade destes, exceto quando autoridades competentes, sujeitas a controle jurisdicional, determinarem, em conformidade com as leis e procedimentos aplicáveis, que a separação é necessária, no superior interesse da criança. Em nenhum caso, uma criança será separada dos pais sob alegação de deficiência da criança ou de um ou ambos os pais.

5. Os Estados-Partes, no caso em que a família imediata de uma criança com deficiência não tenha condições de cuidar da criança, farão todo esforço para que cuidados alternativos sejam oferecidos por outros parentes e, se isso não for possível, dentro de ambiente familiar, na comunidade.

Artigo 24
Educação

1. Os Estados-Partes reconhecem o direito das pessoas com deficiência à educação. Para efetivar esse direito sem discriminação e com base na igualdade de oportunidades, os Estados-Partes assegurarão sistema educacional inclusivo em todos os níveis, bem como o aprendizado ao longo de toda a vida, com os seguintes objetivos:

a) O pleno desenvolvimento do potencial humano e do senso de dignidade e autoestima, além do fortalecimento do respeito pelos direitos humanos, pelas liberdades fundamentais e pela diversidade humana;

b) O máximo desenvolvimento possível da personalidade e dos talentos e da criatividade das pessoas com deficiência, assim como de suas habilidades físicas e intelectuais;

c) A participação efetiva das pessoas com deficiência em uma sociedade livre.

2. Para a realização desse direito, os Estados-Partes assegurarão que:

a) As pessoas com deficiência não sejam excluídas do sistema educacional geral sob alegação de deficiência e que as crianças com deficiência não sejam excluídas do ensino primário gratuito e compulsório ou do ensino secundário, sob alegação de deficiência;

b) As pessoas com deficiência possam ter acesso ao ensino primário inclusivo, de qualidade e gratuito, e ao ensino secundário, em igualdade de condições com as demais pessoas na comunidade em que vivem;

c) Adaptações razoáveis de acordo com as necessidades individuais sejam providenciadas;

d) As pessoas com deficiência recebam o apoio necessário, no âmbito do sistema educacional geral, com vistas a facilitar sua efetiva educação;

e) Medidas de apoio individualizadas e efetivas sejam adotadas em ambientes que maximizem o desenvolvimento acadêmico e social, de acordo com a meta de inclusão plena.

3. Os Estados-Partes assegurarão às pessoas com deficiência a possibilidade de adquirir as competências práticas e sociais necessárias de modo a facilitar às pessoas com deficiência sua plena e igual participação no sistema de ensino e na vida em comunidade. Para tanto, os Estados-Partes tomarão medidas apropriadas, incluindo:

a) Facilitação do aprendizado do braille, escrita alternativa, modos, meios e formatos de comunicação aumentativa e alternativa, e habilidades de orientação e mobilidade, além de facilitação do apoio e aconselhamento de pares;

b) Facilitação do aprendizado da língua de sinais e promoção da identidade linguística da comunidade surda;

c) Garantia de que a educação de pessoas, em particular crianças cegas, surdo-cegas e surdas, seja ministrada nas línguas e nos modos e meios de comunicação mais adequados ao indivíduo e em ambientes que favoreçam ao máximo seu desenvolvimento acadêmico e social.

4. A fim de contribuir para o exercício desse direito, os Estados-Partes tomarão medidas apropriadas para empregar professores, inclusive professores com deficiência, habilitados para o ensino da língua de sinais e/ou do braille, e para capacitar profissionais e equipes atuantes em todos os níveis de ensino. Essa capacitação incorporará a conscientização da deficiência e a utilização de modos, meios e formatos apropriados de comunicação aumentativa e alternativa, e técnicas e materiais pedagógicos, como apoios para pessoas com deficiência.

5. Os Estados-Partes assegurarão que as pessoas com deficiência possam ter acesso ao ensino superior em geral, treinamento profissional de acordo com sua vocação, educação para adultos e formação continuada, sem discriminação e em igualdade de condições. Para tanto, os Estados-Partes assegurarão a provisão de adaptações razoáveis para pessoas com deficiência.

Artigo 25
Saúde

Os Estados-Partes reconhecem que as pessoas com deficiência têm o direito de gozar do estado de saúde mais elevado possível, sem discriminação baseada na deficiência. Os Estados-Partes tomarão todas as medidas apropriadas para assegurar às pessoas com deficiência o acesso a serviços de saúde, incluindo os serviços de reabilitação, que levarão em conta as especificidades de gênero. Em especial, os Estados-Partes:

a) Oferecerão às pessoas com deficiência programas e atenção à saúde gratuitos ou a custos acessíveis da mesma variedade, qualidade e padrão que são oferecidos às demais pessoas, inclusive na área de saúde sexual e reprodutiva e de programas de saúde pública destinados à população em geral;

b) Propiciarão serviços de saúde que as pessoas com deficiência necessitam especificamente por causa de sua deficiência, inclusive diagnóstico e intervenção precoces, bem como serviços projetados para reduzir ao máximo e prevenir deficiências adicionais, inclusive entre crianças e idosos;

c) Propiciarão esses serviços de saúde às pessoas com deficiência, o mais próximo possível de suas comunidades, inclusive na zona rural;

d) Exigirão dos profissionais de saúde que dispensem às pessoas com deficiência a mesma qualidade de serviços dispensada às demais pessoas e, principalmente, que obtenham o consentimento livre e esclarecido das pessoas com deficiência concernentes. Para esse fim, os Estados-Partes realizarão atividades de formação e definirão regras éticas para os setores de saúde público e privado, de modo a conscientizar os profissionais de saúde acerca dos direitos humanos, da dignidade, autonomia e das necessidades das pessoas com deficiência;

e) Proibirão a discriminação contra pessoas com deficiência na provisão de seguro de saúde e seguro de vida, caso tais seguros sejam permitidos pela legislação nacional, os quais deverão ser providos de maneira razoável e justa;

f) Prevenirão que se negue, de maneira discriminatória, os serviços de saúde ou de atenção à saúde ou a administração de alimentos sólidos ou líquidos por motivo de deficiência.

Artigo 26
Habilitação e reabilitação

1. Os Estados-Partes tomarão medidas efetivas e apropriadas, inclusive mediante apoio dos pares, para possibilitar que as pessoas com deficiência conquistem e conservem o máximo de autonomia e plena capacidade física, mental, social e profissional, bem como plena inclusão e participação em todos os aspectos da vida. Para tanto, os Estados-Partes organizarão, fortalecerão e ampliarão serviços e programas completos de habilitação e reabilitação, particularmente nas áreas de saúde, emprego, educação e serviços sociais, de modo que esses serviços e programas:

a) Comecem no estágio mais precoce possível e sejam baseados em avaliação multidisciplinar das necessidades e pontos fortes de cada pessoa;

b) Apóiem a participação e a inclusão na comunidade e em todos os aspectos da vida social, sejam oferecidos voluntariamente e estejam disponíveis às pessoas com deficiência o mais próximo possível de suas comunidades, inclusive na zona rural.

2. Os Estados-Partes promoverão o desenvolvimento da capacitação inicial e continuada de profissionais e de equipes que atuam nos serviços de habilitação e reabilitação.

3. Os Estados-Partes promoverão a disponibilidade, o conhecimento e o uso de dispositivos e tecnologias assistivas, projetados para pessoas com deficiência e relacionados com a habilitação e a reabilitação.

Artigo 27
Trabalho e emprego

1. Os Estados-Partes reconhecem o direito das pessoas com deficiência ao trabalho, em igualdade de oportunidades com as demais pessoas. Esse direito abrange o direito à oportunidade de se manter com um trabalho de sua livre escolha ou aceitação no mercado laboral, em ambiente de trabalho que seja aberto, inclusivo e acessível a pessoas com deficiência. Os Estados-Partes salvaguardarão e promoverão a realização do direito ao trabalho, inclusive daqueles que tiverem adquirido uma deficiência no emprego, adotando medidas apropriadas, incluídas na legislação, com o fim de, entre outros:

a) Proibir a discriminação baseada na deficiência com respeito a todas as questões relacionadas com as formas de emprego, inclusive condições de recrutamento, contratação e admissão, permanência no emprego, ascensão profissional e condições seguras e salubres de trabalho;

b) Proteger os direitos das pessoas com deficiência, em condições de igualdade com as demais pessoas, às condições justas e favoráveis de trabalho, incluindo iguais oportunidades e igual remuneração por trabalho de igual valor, condições seguras e salubres de trabalho, além de reparação de injustiças e proteção contra o assédio no trabalho;

c) Assegurar que as pessoas com deficiência possam exercer seus direitos trabalhistas e sindicais, em condições de igualdade com as demais pessoas;

d) Possibilitar às pessoas com deficiência o acesso efetivo a programas de orientação técnica e profissional e a serviços de colocação no trabalho e de treinamento profissional e continuado;

e) Promover oportunidades de emprego e ascensão profissional para pessoas com deficiência no mercado de trabalho, bem como assistência na procura, obtenção e manutenção do emprego e no retorno ao emprego;

f) Promover oportunidades de trabalho autônomo, empreendedorismo, desenvolvimento de cooperativas e estabelecimento de negócio próprio;

g) Empregar pessoas com deficiência no setor público;

h) Promover o emprego de pessoas com deficiência no setor privado, mediante políticas e medidas apropriadas, que poderão incluir programas de ação afirmativa, incentivos e outras medidas;

i) Assegurar que adaptações razoáveis sejam feitas para pessoas com deficiência no local de trabalho;

j) Promover a aquisição de experiência de trabalho por pessoas com deficiência no mercado aberto de trabalho;

k) Promover reabilitação profissional, manutenção do emprego e programas de retorno ao trabalho para pessoas com deficiência.

2. Os Estados-Partes assegurarão que as pessoas com deficiência não serão mantidas em escravidão ou servidão e que serão protegidas, em igualdade de condições com as demais pessoas, contra o trabalho forçado ou compulsório.

Artigo 28
Padrão de vida e proteção social adequados

1. Os Estados-Partes reconhecem o direito das pessoas com deficiência a um padrão adequado de vida para si e para suas famílias, inclusive alimentação, vestuário e moradia adequados, bem como à melhoria contínua de suas condições de vida, e tomarão as providências necessárias para salvaguardar

e promover a realização desse direito sem discriminação baseada na deficiência.

2. Os Estados-Partes reconhecem o direito das pessoas com deficiência à proteção social e ao exercício desse direito sem discriminação baseada na deficiência, e tomarão as medidas apropriadas para salvaguardar e promover a realização desse direito, tais como:

a) Assegurar igual acesso de pessoas com deficiência a serviços de saneamento básico e assegurar o acesso aos serviços, dispositivos e outros atendimentos apropriados para as necessidades relacionadas com a deficiência;

b) Assegurar o acesso de pessoas com deficiência, particularmente mulheres, crianças e idosos com deficiência, a programas de proteção social e de redução da pobreza;

c) Assegurar o acesso de pessoas com deficiência e suas famílias em situação de pobreza à assistência do Estado em relação a seus gastos ocasionados pela deficiência, inclusive treinamento adequado, aconselhamento, ajuda financeira e cuidados de repouso;

d) Assegurar o acesso de pessoas com deficiência a programas habitacionais públicos;

e) Assegurar igual acesso de pessoas com deficiência a programas e benefícios de aposentadoria.

Artigo 29
Participação na vida política e pública

Os Estados-Partes garantirão às pessoas com deficiência direitos políticos e oportunidade de exercê-los em condições de igualdade com as demais pessoas, e deverão:

a) Assegurar que as pessoas com deficiência possam participar efetiva e plenamente na vida política e pública, em igualdade de oportunidades com as demais pessoas, diretamente ou por meio de representantes livremente escolhidos, incluindo o direito e a oportunidade de votarem e serem votadas, mediante, entre outros:

i) Garantia de que os procedimentos, instalações e materiais e equipamentos para votação serão apropriados, acessíveis e de fácil compreensão e uso;

ii) Proteção do direito das pessoas com deficiência ao voto secreto em eleições e plebiscitos, sem intimidação, e a candidatar-se nas eleições, efetivamente ocupar cargos eletivos e desempenhar quaisquer funções públicas em todos os níveis de governo, usando novas tecnologias assistivas, quando apropriado;

iii) Garantia da livre expressão de vontade das pessoas com deficiência como eleitores e, para tanto, sempre que necessário e a seu pedido, permissão para que elas sejam auxiliadas na votação por uma pessoa de sua escolha;

b) Promover ativamente um ambiente em que as pessoas com deficiência possam participar efetiva e plenamente na condução das questões públicas, sem discriminação e em igualdade de oportunidades com as demais pessoas, e encorajar sua participação nas questões públicas, mediante:

i) Participação em organizações não governamentais relacionadas com a vida pública e política do país, bem como em atividades e administração de partidos políticos;

ii) Formação de organizações para representar pessoas com deficiência em níveis internacional, regional, nacional e local, bem como a filiação de pessoas com deficiência a tais organizações.

Artigo 30
Participação na vida cultural e em recreação, lazer e esporte

1. Os Estados-Partes reconhecem o direito das pessoas com deficiência de participar na vida cultural, em igualdade de oportunidades com as demais pessoas, e tomarão todas as medidas apropriadas para que as pessoas com deficiência possam:

a) Ter acesso a bens culturais em formatos acessíveis;

b) Ter acesso a programas de televisão, cinema, teatro e outras atividades culturais, em formatos acessíveis; e

c) Ter acesso a locais que ofereçam serviços ou eventos culturais, tais como teatros, museus, cinemas, bibliotecas e serviços turísticos, bem como, tanto quanto possível, ter acesso a monumentos e locais de importância cultural nacional.

2. Os Estados-Partes tomarão medidas apropriadas para que as pessoas com deficiência tenham a oportunidade de desenvolver e utilizar seu potencial criativo, artístico e intelectual, não somente em benefício próprio, mas também para o enriquecimento da sociedade.

3. Os Estados-Partes deverão tomar todas as providências, em conformidade com o direito internacional, para assegurar que a legislação de proteção dos direitos de propriedade intelectual não constitua barreira excessiva ou discriminatória ao acesso de pessoas com deficiência a bens culturais.

4. As pessoas com deficiência farão jus, em igualdade de oportunidades com as demais pessoas, a que sua identidade cultural e linguística específica seja reconhecida e apoiada, incluindo as línguas de sinais e a cultura surda.

5. Para que as pessoas com deficiência participem, em igualdade de oportunidades com as demais pessoas, de atividades recreativas, esportivas e de lazer, os Estados-Partes tomarão medidas apropriadas para:

a) Incentivar e promover a maior participação possível das pessoas com deficiência nas atividades esportivas comuns em todos os níveis;

b) Assegurar que as pessoas com deficiência tenham a oportunidade de organizar, desenvolver e participar em atividades esportivas e recreativas específicas às deficiências e, para tanto, incentivar a provisão de instrução, treinamento e recursos adequados, em igualdade de oportunidades com as demais pessoas;

c) Assegurar que as pessoas com deficiência tenham acesso a locais de eventos esportivos, recreativos e turísticos;

d) Assegurar que as crianças com deficiência possam, em igualdade de condições com as demais crianças, participar de jogos e atividades recreativas, esportivas e de lazer, inclusive no sistema escolar;

e) Assegurar que as pessoas com deficiência tenham acesso aos serviços prestados por pessoas ou entidades envolvidas na organização de atividades recreativas, turísticas, esportivas e de lazer.

Artigo 31
Estatísticas e coleta de dados

1. Os Estados-Partes coletarão dados apropriados, inclusive estatísticos e de pesquisas, para que possam formular e implementar políticas destinadas a por em prática a presente Convenção. O processo de coleta e manutenção de tais dados deverá:

a) Observar as salvaguardas estabelecidas por lei, inclusive pelas leis relativas à proteção de dados, a fim de assegurar a confidencialidade e o respeito pela privacidade das pessoas com deficiência;

b) Observar as normas internacionalmente aceitas para proteger os direitos humanos, as liberdades fundamentais e os princípios éticos na coleta de dados e utilização de estatísticas.

2. As informações coletadas de acordo com o disposto neste Artigo serão desagregadas, de maneira apropriada, e utilizadas para avaliar o cumprimento, por parte dos Estados-Partes, de suas obrigações na presente Convenção e para identificar e enfrentar as barreiras com as quais as pessoas com deficiência se deparam no exercício de seus direitos.

3. Os Estados-Partes assumirão responsabilidade pela disseminação das referidas estatísticas e assegurarão que elas sejam acessíveis às pessoas com deficiência e a outros.

Artigo 32
Cooperação internacional

1. Os Estados-Partes reconhecem a importância da cooperação internacional e de sua promoção, em apoio aos esforços nacionais para a consecução do propósito e dos objetivos da presente Convenção e, sob este aspecto, adotarão medidas apropriadas e efetivas entre os Estados e, de maneira adequada, em parceria com organizações internacionais e regionais relevantes e com a sociedade civil e, em particular, com organizações de pessoas com deficiência. Estas medidas poderão incluir, entre outras:

a) Assegurar que a cooperação internacional, incluindo os programas internacionais de desenvolvimento, sejam inclusivos e acessíveis para pessoas com deficiência;

b) Facilitar e apoiar a capacitação, inclusive por meio do intercâmbio e compartilhamento de informações, experiências, programas de treinamento e melhores práticas;

c) Facilitar a cooperação em pesquisa e o acesso a conhecimentos científicos e técnicos;

d) Propiciar, de maneira apropriada, assistência técnica e financeira, inclusive mediante facilitação do acesso a tecnologias assistivas e acessíveis e seu compartilhamento, bem como por meio de transferência de tecnologias.

2. O disposto neste Artigo se aplica sem prejuízo das obrigações que cabem a cada Estado-Parte em decorrência da presente Convenção.

Artigo 33
Implementação e monitoramento nacionais

1. Os Estados-Partes, de acordo com seu sistema organizacional, designarão um ou mais de um ponto focal no âmbito do Governo para assuntos relacionados com a implementação da presente Convenção e darão a devida consideração ao estabelecimento ou designação de um mecanismo de coordenação no âmbito do Governo, a fim de facilitar ações correlatas nos diferentes setores e níveis.

2. Os Estados-Partes, em conformidade com seus sistemas jurídico e administrativo, manterão, fortalecerão, designarão ou estabelecerão estrutura, incluindo um ou mais de um mecanismo independente, de maneira apropriada, para promover, proteger e monitorar a implementação da presente Convenção. Ao designar ou estabelecer tal mecanismo, os Estados-Partes levarão em conta os princípios relativos ao status e funcionamento das instituições nacionais de proteção e promoção dos direitos humanos.

3. A sociedade civil e, particularmente, as pessoas com deficiência e suas organizações representativas serão envolvidas e participarão plenamente no processo de monitoramento.

Artigo 34
Comitê sobre os Direitos das Pessoas com Deficiência

1. Um Comitê sobre os Direitos das Pessoas com Deficiência (doravante denominado "Comitê") será estabelecido, para desempenhar as funções aqui definidas.

2. O Comitê será constituído, quando da entrada em vigor da presente Convenção, de 12 peritos. Quando a presente Convenção alcançar 60 ratificações ou adesões, o Comitê será acrescido em seis membros, perfazendo o total de 18 membros.

3. Os membros do Comitê atuarão a título pessoal e apresentarão elevada postura moral,

competência e experiência reconhecidas no campo abrangido pela presente Convenção. Ao designar seus candidatos, os Estados-Partes são instados a dar a devida consideração ao disposto no Artigo 4.3 da presente Convenção.

4. Os membros do Comitê serão eleitos pelos Estados-Partes, observando-se uma distribuição geográfica equitativa, representação de diferentes formas de civilização e dos principais sistemas jurídicos, representação equilibrada de gênero e participação de peritos com deficiência.

5. Os membros do Comitê serão eleitos por votação secreta em sessões da Conferência dos Estados-Partes, a partir de uma lista de pessoas designadas pelos Estados-Partes entre seus nacionais. Nessas sessões, cujo quorum será de dois terços dos Estados-Partes, os candidatos eleitos para o Comitê serão aqueles que obtiverem o maior número de votos e a maioria absoluta dos votos dos representantes dos Estados-Partes presentes e votantes.

6. A primeira eleição será realizada, o mais tardar, até seis meses após a data de entrada em vigor da presente Convenção. Pelo menos quatro meses antes de cada eleição, o Secretário-Geral das Nações Unidas dirigirá carta aos Estados-Partes, convidando-os a submeter os nomes de seus candidatos no prazo de dois meses. O Secretário-Geral, subsequentemente, preparará lista em ordem alfabética de todos os candidatos apresentados, indicando que foram designados pelos Estados-Partes, e submeterá essa lista aos Estados-Partes da presente Convenção.

7. Os membros do Comitê serão eleitos para mandato de quatro anos, podendo ser candidatos à reeleição uma única vez. Contudo, o mandato de seis dos membros eleitos na primeira eleição expirará ao fim de dois anos; imediatamente após a primeira eleição, os nomes desses seis membros serão selecionados por sorteio pelo presidente da sessão a que se refere o parágrafo 5 deste Artigo.

8. A eleição dos seis membros adicionais do Comitê será realizada por ocasião das eleições regulares, de acordo com as disposições pertinentes deste Artigo.

9. Em caso de morte, demissão ou declaração de um membro de que, por algum motivo, não poderá continuar a exercer suas funções, o Estado-Parte que o tiver indicado designará um outro perito que tenha as qualificações e satisfaça aos requisitos estabelecidos pelos dispositivos pertinentes deste Artigo, para concluir o mandato em questão.

10. O Comitê estabelecerá suas próprias normas de procedimento.

11. O Secretário-Geral das Nações Unidas proverá o pessoal e as instalações necessários para o efetivo desempenho das funções do Comitê segundo a presente Convenção e convocará sua primeira reunião.

12. Com a aprovação da Assembleia Geral, os membros do Comitê estabelecido sob a presente Convenção receberão emolumentos dos recursos das Nações Unidas, sob termos e condições que a Assembleia possa decidir, tendo em vista a importância das responsabilidades do Comitê.

13. Os membros do Comitê terão direito aos privilégios, facilidades e imunidades dos peritos em missões das Nações Unidas, em conformidade com as disposições pertinentes da Convenção sobre Privilégios e Imunidades das Nações Unidas.

Artigo 35
Relatórios dos Estados-Partes

1. Cada Estado-Parte, por intermédio do Secretário-Geral das Nações Unidas, submeterá relatório abrangente sobre as medidas adotadas em cumprimento de suas obrigações estabelecidas pela presente Convenção e sobre o progresso alcançado nesse aspecto, dentro do período de dois anos após a entrada em vigor da presente Convenção para o Estado-Parte concernente.

2. Depois disso, os Estados-Partes submeterão relatórios subsequentes, ao menos a cada quatro anos, ou quando o Comitê o solicitar.

3. O Comitê determinará as diretrizes aplicáveis ao teor dos relatórios.

4. Um Estado-Parte que tiver submetido ao Comitê um relatório inicial abrangente não precisará, em relatórios subsequentes, repetir informações já apresentadas. Ao elaborar os relatórios ao Comitê, os Estados-Partes são instados a fazê-lo de maneira franca e transparente e a levar em consideração o disposto no Artigo 4.3 da presente Convenção.

5. Os relatórios poderão apontar os fatores e as dificuldades que tiverem afetado o cumprimento das obrigações decorrentes da presente Convenção.

Artigo 36
Consideração dos relatórios

1. Os relatórios serão considerados pelo Comitê, que fará as sugestões e recomendações gerais que julgar pertinentes e as transmitirá aos respectivos Estados-Partes. O Estado-Parte poderá responder ao Comitê com as informações que julgar pertinentes. O Comitê poderá pedir informações adicionais ao Estados-Partes, referentes à implementação da presente Convenção.

2. Se um Estado-Parte atrasar consideravelmente a entrega de seu relatório, o Comitê poderá notificar esse Estado de que examinará a aplicação da presente Convenção com base em informações confiáveis de que disponha, a menos que o relatório devido seja apresentado pelo Estado dentro do período de três meses após a notificação. O Comitê convidará o Estado-Parte interessado a participar desse exame. Se o Estado-Parte responder entregando seu relatório, aplicar-se-á o disposto no parágrafo 1 do presente artigo.

3. O Secretário-Geral das Nações Unidas colocará os relatórios à disposição de todos os Estados-Partes.

4. Os Estados-Partes tornarão seus relatórios amplamente disponíveis ao público em seus países e facilitarão o acesso à possibilidade de sugestões e de recomendações gerais a respeito desses relatórios.

5. O Comitê transmitirá às agências, fundos e programas especializados das Nações Unidas e a outras organizações competentes, da maneira que julgar apropriada, os relatórios dos Estados-Partes que contenham demandas ou indicações de necessidade de consultoria ou de assistência técnica, acompanhados de eventuais observações e sugestões do Comitê em relação às referidas demandas ou indicações, a fim de que possam ser consideradas.

Artigo 37
Cooperação entre os Estados-Partes e o Comitê

1. Cada Estado-Parte cooperará com o Comitê e auxiliará seus membros no desempenho de seu mandato.

2. Em suas relações com os Estados-Partes, o Comitê dará a devida consideração aos meios e modos de aprimorar a capacidade de cada Estado-Parte para a implementação da presente Convenção, inclusive mediante cooperação internacional.

Artigo 38
Relações do Comitê com outros órgãos

A fim de promover a efetiva implementação da presente Convenção e de incentivar a cooperação internacional na esfera abrangida pela presente Convenção:

a) As agências especializadas e outros órgãos das Nações Unidas terão o direito de se fazer representar quando da consideração da implementação de disposições da presente Convenção que disserem respeito aos seus respectivos mandatos. O Comitê poderá convidar as agências especializadas e outros órgãos competentes, segundo julgar apropriado, a oferecer consultoria de peritos sobre a implementação da Convenção em áreas pertinentes a seus respectivos mandatos. O Comitê poderá convidar agências especializadas e outros órgãos das Nações Unidas a apresentar relatórios sobre a implementação da Convenção em áreas pertinentes às suas respectivas atividades;

b) No desempenho de seu mandato, o Comitê consultará, de maneira apropriada, outros órgãos pertinentes instituídos ao amparo de tratados internacionais de direitos humanos, a fim de assegurar a consistência de suas respectivas diretrizes para a elaboração de relatórios, sugestões e recomendações gerais e de evitar duplicação e superposição no desempenho de suas funções.

Artigo 39
Relatório do Comitê

A cada dois anos, o Comitê submeterá à Assembleia Geral e ao Conselho Econômico e Social um relatório de suas atividades e poderá fazer sugestões e recomendações gerais baseadas no exame dos relatórios e nas informações recebidas dos Estados-Partes. Estas sugestões e recomendações gerais serão incluídas no relatório do Comitê, acompanhadas, se houver, de comentários dos Estados-Partes.

Artigo 40
Conferência dos Estados-Partes

1. Os Estados-Partes reunir-se-ão regularmente em Conferência dos Estados-Partes a fim de considerar matérias relativas à implementação da presente Convenção.

2. O Secretário-Geral das Nações Unidas convocará, dentro do período de seis meses após a entrada em vigor da presente Convenção, a Conferência dos Estados-Partes. As reuniões subsequentes serão convocadas pelo Secretário-Geral das Nações Unidas a cada dois anos ou conforme a decisão da Conferência dos Estados-Partes.

Artigo 41
Depositário

O Secretário-Geral das Nações Unidas será o depositário da presente Convenção.

Artigo 42
Assinatura

A presente Convenção será aberta à assinatura de todos os Estados e organizações de integração regional na sede das Nações Unidas em Nova York, a partir de 30 de março de 2007.

Artigo 43
Consentimento em comprometer-se

A presente Convenção será submetida à ratificação pelos Estados signatários e à confirmação formal por organizações de integração regional signatárias. Ela estará aberta à adesão de qualquer Estado ou organização de integração regional que não a houver assinado.

Artigo 44
Organizações de integração regional

1. "Organização de integração regional" será entendida como organização constituída por Estados soberanos de determinada região, à qual seus Estados-membros tenham delegado competência sobre matéria abrangida pela presente Convenção. Essas organizações declararão, em seus documentos de confirmação formal ou adesão, o alcance de sua competência em relação à matéria abrangida pela presente Convenção. Subsequentemente, as organizações informarão ao depositário

qualquer alteração substancial no âmbito de sua competência.

2. As referências a "Estados-Partes" na presente Convenção serão aplicáveis a essas organizações, nos limites da competência destas.

3. Para os fins do parágrafo 1 do Artigo 45 e dos parágrafos 2 e 3 do Artigo 47, nenhum instrumento depositado por organização de integração regional será computado.

4. As organizações de integração regional, em matérias de sua competência, poderão exercer o direito de voto na Conferência dos Estados-Partes, tendo direito ao mesmo número de votos quanto for o número de seus Estados-membros que forem Partes da presente Convenção. Essas organizações não exercerão seu direito de voto, se qualquer de seus Estados-membros exercer seu direito de voto, e vice-versa.

Artigo 45
Entrada em vigor

1. A presente Convenção entrará em vigor no trigésimo dia após o depósito do vigésimo instrumento de ratificação ou adesão.

2. Para cada Estado ou organização de integração regional que ratificar ou formalmente confirmar a presente Convenção ou a ela aderir após o depósito do referido vigésimo instrumento, a Convenção entrará em vigor no trigésimo dia a partir da data em que esse Estado ou organização tenha depositado seu instrumento de ratificação, confirmação formal ou adesão.

Artigo 46
Reservas

1. Não serão permitidas reservas incompatíveis com o objeto e o propósito da presente Convenção.

2. As reservas poderão ser retiradas a qualquer momento.

Artigo 47
Emendas

1. Qualquer Estado-Parte poderá propor emendas à presente Convenção e submetê-las ao Secretário-Geral das Nações Unidas. O Secretário-Geral comunicará aos Estados-Partes quaisquer emendas propostas, solicitando-lhes que o notifiquem se são favoráveis a uma Conferência dos Estados-Partes para considerar as propostas e tomar decisão a respeito delas. Se, até quatro meses após a data da referida comunicação, pelo menos um terço dos Estados-Partes se manifestar favorável a essa Conferência, o Secretário-Geral das Nações Unidas convocará a Conferência, sob os auspícios das Nações Unidas. Qualquer emenda adotada por maioria de dois terços dos Estados-Partes presentes e votantes será submetida pelo Secretário-Geral à aprovação da Assembleia Geral das Nações Unidas e, posteriormente, à aceitação de todos os Estados-Partes.

2. Qualquer emenda adotada e aprovada conforme o disposto no parágrafo 1 do presente artigo entrará em vigor no trigésimo dia após a data na qual o número de instrumentos de aceitação tenha atingido dois terços do número de Estados-Partes na data de adoção da emenda. Posteriormente, a emenda entrará em vigor para todo Estado-Parte no trigésimo dia após o depósito por esse Estado do seu instrumento de aceitação. A emenda será vinculante somente para os Estados-Partes que a tiverem aceitado.

3. Se a Conferência dos Estados-Partes assim o decidir por consenso, qualquer emenda adotada e aprovada em conformidade com o disposto no parágrafo 1 deste Artigo, relacionada exclusivamente com os arts. 34, 38, 39 e 40, entrará em vigor para todos os Estados-Partes no trigésimo dia a partir da data em que o número de instrumentos de aceitação depositados tiver atingido dois terços do número de Estados-Partes na data de adoção da emenda.

Artigo 48
Denúncia

Qualquer Estado-Parte poderá denunciar a presente Convenção mediante notificação por escrito ao Secretário-Geral das Nações Unidas. A denúncia tornar-se-á efetiva um ano após a data de recebimento da notificação pelo Secretário-Geral.

Artigo 49
Formatos acessíveis

O texto da presente Convenção será colocado à disposição em formatos acessíveis.

Artigo 50
Textos autênticos

Os textos em árabe, chinês, espanhol, francês, inglês e russo da presente Convenção serão igualmente autênticos.

EM FÉ DO QUE os plenipotenciários abaixo assinados, devidamente autorizados para tanto por seus respectivos governos, firmaram a presente convenção.

LEI N. 13.146, DE 6 DE JULHO DE 2015

(DOU 7.7.15)

Institui a Lei Brasileira de Inclusão da Pessoa com Deficiência (Estatuto da Pessoa com Deficiência).

A PRESIDENTA DA REPÚBLICA

Faço saber que o Congresso Nacional decreta e eu sanciono a seguinte Lei:

LIVRO I
PARTE GERAL

Título I
DISPOSIÇÕES PRELIMINARES

Capítulo I
Disposições Gerais

Art. 1º É instituída a Lei Brasileira de Inclusão da Pessoa com Deficiência (Estatuto da Pessoa com Deficiência), destinada a assegurar e a promover, em condições de igualdade, o exercício dos direitos e das liberdades fundamentais por pessoa com deficiência, visando à sua inclusão social e cidadania.

PARÁGRAFO ÚNICO. Esta Lei tem como base a Convenção sobre os Direitos das Pessoas com Deficiência e seu Protocolo Facultativo, ratificados pelo Congresso Nacional por meio do Decreto Legislativo n. 186, de 9 de julho de 2008, em conformidade com o procedimento previsto no § 3º do art. 5º da Constituição da República Federativa do Brasil, em vigor para o Brasil, no plano jurídico externo, desde 31 de agosto de 2008, e promulgados pelo Decreto n. 6.949, de 25 de agosto de 2009, data de início de sua vigência no plano interno.

Art. 2º Considera-se pessoa com deficiência aquela que tem impedimento de longo prazo de natureza física, mental, intelectual ou sensorial, o qual, em interação com uma ou mais barreiras, pode obstruir sua participação plena e efetiva na sociedade em igualdade de condições com as demais pessoas.

§ 1º A avaliação da deficiência, quando necessária, será biopsicossocial, realizada por equipe multiprofissional e interdisciplinar e considerará: *(Este dispositivo deverá entrar em vigor em até 2 (dois) anos, contados da entrada em vigor desta Lei).*

I — os impedimentos nas funções e nas estruturas do corpo;

II — os fatores socioambientais, psicológicos e pessoais;

III — a limitação no desempenho de atividades; e

IV — a restrição de participação.

§ 2º O Poder Executivo criará instrumentos para avaliação da deficiência.

Art. 3º Para fins de aplicação desta Lei, consideram-se:

I — acessibilidade: possibilidade e condição de alcance para utilização, com segurança e autonomia, de espaços, mobiliários, equipamentos urbanos, edificações, transportes, informação e comunicação, inclusive seus sistemas e tecnologias, bem como de outros serviços e instalações abertos ao público, de uso público ou privados de uso coletivo, tanto na zona urbana como na rural, por pessoa com deficiência ou com mobilidade reduzida;

II — desenho universal: concepção de produtos, ambientes, programas e serviços a serem usados por todas as pessoas, sem necessidade de adaptação ou de projeto específico, incluindo os recursos de tecnologia assistiva;

III — tecnologia assistiva ou ajuda técnica: produtos, equipamentos, dispositivos, recursos, metodologias, estratégias, práticas e serviços que objetivem promover a funcionalidade, relacionada à atividade e à participação da pessoa com deficiência ou com mobilidade reduzida, visando à sua autonomia, independência, qualidade de vida e inclusão social;

IV — barreiras: qualquer entrave, obstáculo, atitude ou comportamento que limite ou impeça a participação social da pessoa, bem como o gozo, a fruição e o exercício de seus direitos à acessibilidade, à liberdade de movimento e de expressão, à comunicação, ao acesso à informação, à compreensão, à circulação com segurança, entre outros, classificadas em:

a) barreiras urbanísticas: as existentes nas vias e nos espaços públicos e privados abertos ao público ou de uso coletivo;

b) barreiras arquitetônicas: as existentes nos edifícios públicos e privados;

c) barreiras nos transportes: as existentes nos sistemas e meios de transportes;

d) barreiras nas comunicações e na informação: qualquer entrave, obstáculo, atitude ou comportamento que dificulte ou impossibilite a expressão ou o recebimento de mensagens e de informações por intermédio de sistemas de comunicação e de tecnologia da informação;

e) barreiras atitudinais: atitudes ou comportamentos que impeçam ou prejudiquem a participação social da pessoa com deficiência em igualdade de condições e oportunidades com as demais pessoas;

f) barreiras tecnológicas: as que dificultam ou impedem o acesso da pessoa com deficiência às tecnologias;

V — comunicação: forma de interação dos cidadãos que abrange, entre outras opções, as línguas, inclusive a Língua Brasileira de Sinais (Libras), a visualização de textos, o Braille, o sistema de sinalização ou de comunicação tátil, os caracteres ampliados, os dispositivos multimídia, assim como a linguagem simples, escrita e oral, os sistemas auditivos e os meios de voz digitalizados e os modos, meios e formatos aumentativos e alternativos de comunicação, incluindo as tecnologias da informação e das comunicações;

VI — adaptações razoáveis: adaptações, modificações e ajustes necessários e adequados que não acarretem ônus desproporcional e indevido, quando requeridos em cada caso, a fim de assegurar que a pessoa com deficiência possa gozar ou exercer, em igualdade de condições e oportunidades com as demais pessoas, todos os direitos e liberdades fundamentais;

VII — elemento de urbanização: quaisquer componentes de obras de urbanização, tais como os referentes a pavimentação, saneamento, encanamento para esgotos, distribuição de energia elétrica e de gás, iluminação pública, serviços de comunicação, abastecimento e distribuição de água, paisagismo e os que materializam as indicações do planejamento urbanístico;

VIII — mobiliário urbano: conjunto de objetos existentes nas vias e nos espaços públicos, superpostos ou adicionados aos elementos de urbanização ou de edificação, de forma que sua modificação ou seu traslado não provoque alterações substanciais nesses elementos, tais como semáforos, postes de sinalização e similares, terminais e pontos de acesso coletivo às telecomunicações, fontes de água, lixeiras, toldos, marquises, bancos, quiosques e quaisquer outros de natureza análoga;

IX — pessoa com mobilidade reduzida: aquela que tenha, por qualquer motivo, dificuldade de movimentação, permanente ou temporária, gerando redução efetiva da mobilidade, da flexibilidade, da coordenação motora ou da percepção, incluindo idoso, gestante, lactante, pessoa com criança de colo e obeso;

X — residências inclusivas: unidades de oferta do Serviço de Acolhimento do Sistema Único de Assistência Social (SUAS) localizadas em áreas residenciais da comunidade, com estruturas adequadas, que possam contar com apoio psicossocial para o atendimento das necessidades da pessoa acolhida, destinadas a jovens e adultos com deficiência, em situação de dependência, que não dispõem de condições de autossustentabilidade e com vínculos familiares fragilizados ou rompidos;

XI — moradia para a vida independente da pessoa com deficiência: moradia com estruturas adequadas capazes de proporcionar serviços de apoio coletivos e individualizados que respeitem e ampliem o grau de autonomia de jovens e adultos com deficiência;

XII — atendente pessoal: pessoa, membro ou não da família, que, com ou sem remuneração, assiste ou presta cuidados básicos e essenciais à pessoa com deficiência no exercício de suas atividades diárias, excluídas as técnicas ou os procedimentos identificados com profissões legalmente estabelecidas;

XIII — profissional de apoio escolar: pessoa que exerce atividades de alimentação, higiene e locomoção do estudante com deficiência e atua em todas as atividades escolares nas quais se fizer necessária, em todos os níveis e modalidades de ensino, em instituições públicas e privadas, excluídas as técnicas ou os procedimentos identificados com profissões legalmente estabelecidas;

XIV — acompanhante: aquele que acompanha a pessoa com deficiência, podendo ou não desempenhar as funções de atendente pessoal.

Capítulo II
Da Igualdade e da não Discriminação

Art. 4º Toda pessoa com deficiência tem direito à igualdade de oportunidades com as demais pessoas e não sofrerá nenhuma espécie de discriminação.

§ 1º Considera-se discriminação em razão da deficiência toda forma de distinção, restrição ou exclusão, por ação ou omissão, que tenha o propósito ou o efeito de prejudicar, impedir ou anular o reconhecimento ou o exercício dos direitos e das liberdades fundamentais de pessoa com deficiência, incluindo a recusa de adaptações razoáveis e de fornecimento de tecnologias assistivas.

§ 2º A pessoa com deficiência não está obrigada à fruição de benefícios decorrentes de ação afirmativa.

Art. 5º A pessoa com deficiência será protegida de toda forma de negligência, discriminação, exploração, violência, tortura, crueldade, opressão e tratamento desumano ou degradante.

PARÁGRAFO ÚNICO. Para os fins da proteção mencionada no *caput* deste artigo, são considerados especialmente vulneráveis a criança, o adolescente, a mulher e o idoso, com deficiência.

Art. 6º A deficiência não afeta a plena capacidade civil da pessoa, inclusive para:

I — casar-se e constituir união estável;

II — exercer direitos sexuais e reprodutivos;

III — exercer o direito de decidir sobre o número de filhos e de ter acesso a informações adequadas sobre reprodução e planejamento familiar;

IV — conservar sua fertilidade, sendo vedada a esterilização compulsória;

V — exercer o direito à família e à convivência familiar e comunitária; e

VI — exercer o direito à guarda, à tutela, à curatela e à adoção, como adotante ou adotando, em igualdade de oportunidades com as demais pessoas.

Art. 7º É dever de todos comunicar à autoridade competente qualquer forma de ameaça ou de violação aos direitos da pessoa com deficiência.

PARÁGRAFO ÚNICO. Se, no exercício de suas funções, os juízes e os tribunais tiverem conhecimento de fatos que caracterizem as violações previstas nesta Lei, devem remeter peças ao Ministério Público para as providências cabíveis.

Art. 8º É dever do Estado, da sociedade e da família assegurar à pessoa com deficiência, com prioridade, a efetivação dos direitos referentes à vida, à saúde, à sexualidade, à paternidade e à maternidade, à alimentação, à habitação, à educação, à profissionalização, ao trabalho, à previdência social, à habilitação e à reabilitação, ao transporte, à acessibilidade, à cultura, ao desporto, ao turismo, ao lazer, à informação, à comunicação, aos avanços científicos e tecnológicos, à dignidade, ao respeito, à liberdade, à convivência familiar e comunitária, entre outros decorrentes da Constituição Federal, da Convenção sobre os Direitos das Pessoas com Deficiência e seu Protocolo Facultativo e das leis e de outras normas que garantam seu bem-estar pessoal, social e econômico.

Seção Única
Do Atendimento Prioritário

Art. 9º A pessoa com deficiência tem direito a receber atendimento prioritário, sobretudo com a finalidade de:

I — proteção e socorro em quaisquer circunstâncias;

II — atendimento em todas as instituições e serviços de atendimento ao público;

III — disponibilização de recursos, tanto humanos quanto tecnológicos, que garantam atendimento em igualdade de condições com as demais pessoas;

IV — disponibilização de pontos de parada, estações e terminais acessíveis de transporte coletivo de passageiros e garantia de segurança no embarque e no desembarque;

V — acesso a informações e disponibilização de recursos de comunicação acessíveis;

VI — recebimento de restituição de imposto de renda;

VII — tramitação processual e procedimentos judiciais e administrativos em que for parte ou interessada, em todos os atos e diligências.

§ 1º Os direitos previstos neste artigo são extensivos ao acompanhante da pessoa com deficiência ou ao seu atendente pessoal, exceto quanto ao disposto nos incisos VI e VII deste artigo.

§ 2º Nos serviços de emergência públicos e privados, a prioridade conferida por esta Lei é condicionada aos protocolos de atendimento médico.

TÍTULO II
DOS DIREITOS FUNDAMENTAIS

Capítulo I
Do Direito à Vida

Art. 10. Compete ao poder público garantir a dignidade da pessoa com deficiência ao longo de toda a vida.

PARÁGRAFO ÚNICO. Em situações de risco, emergência ou estado de calamidade pública, a pessoa com deficiência será considerada vulnerável, devendo o poder público adotar medidas para sua proteção e segurança.

Art. 11. A pessoa com deficiência não poderá ser obrigada a se submeter a intervenção clínica ou cirúrgica, a tratamento ou a institucionalização forçada.

PARÁGRAFO ÚNICO. O consentimento da pessoa com deficiência em situação de curatela poderá ser suprido, na forma da lei.

Art. 12. O consentimento prévio, livre e esclarecido da pessoa com deficiência é indispensável para a realização de tratamento, procedimento, hospitalização e pesquisa científica.

§ 1º Em caso de pessoa com deficiência em situação de curatela, deve ser assegurada sua participação, no maior grau possível, para a obtenção de consentimento.

§ 2º A pesquisa científica envolvendo pessoa com deficiência em situação de tutela ou de curatela deve ser realizada, em caráter excepcional, apenas quando houver indícios de benefício direto para sua saúde ou para a saúde de outras pessoas com deficiência e desde que não haja outra opção de pesquisa de eficácia comparável com participantes não tutelados ou curatelados.

Art. 13. A pessoa com deficiência somente será atendida sem seu consentimento prévio, livre e esclarecido em casos de risco de morte e de emergência em saúde, resguardado seu superior interesse e adotadas as salvaguardas legais cabíveis.

Capítulo II
Do Direito à Habilitação e à Reabilitação

Art. 14. O processo de habilitação e de reabilitação é um direito da pessoa com deficiência.

PARÁGRAFO ÚNICO. O processo de habilitação e de reabilitação tem por objetivo o desenvolvimento de potencialidades, talentos, habilidades e aptidões físicas, cognitivas, sensoriais, psicossociais, atitudinais, profissionais e artísticas que contribuam para a conquista da autonomia da pessoa com deficiência e de sua participação social em igualdade de condições e oportunidades com as demais pessoas.

Art. 15. O processo mencionado no art. 14 desta Lei baseia-se em avaliação multidisciplinar das necessidades, habilidades e potencialidades de cada pessoa, observadas as seguintes diretrizes:

I — diagnóstico e intervenção precoces;

II — adoção de medidas para compensar perda ou limitação funcional, buscando o desenvolvimento de aptidões;

III — atuação permanente, integrada e articulada de políticas públicas que possibilitem a plena participação social da pessoa com deficiência;

IV — oferta de rede de serviços articulados, com atuação intersetorial, nos diferentes níveis de complexidade, para atender às necessidades específicas da pessoa com deficiência;

V — prestação de serviços próximo ao domicílio da pessoa com deficiência, inclusive na zona rural, respeitadas a organização das Redes de Atenção à Saúde (RAS) nos territórios locais e as normas do Sistema Único de Saúde (SUS).

Art. 16. Nos programas e serviços de habilitação e de reabilitação para a pessoa com deficiência, são garantidos:

I — organização, serviços, métodos, técnicas e recursos para atender às características de cada pessoa com deficiência;

II — acessibilidade em todos os ambientes e serviços;

III — tecnologia assistiva, tecnologia de reabilitação, materiais e equipamentos adequados e apoio técnico profissional, de acordo com as especificidades de cada pessoa com deficiência;

IV — capacitação continuada de todos os profissionais que participem dos programas e serviços.

Art. 17. Os serviços do SUS e do Suas deverão promover ações articuladas para garantir à pessoa com deficiência e sua família a aquisição de informações, orientações e formas de acesso às políticas públicas disponíveis, com a finalidade de propiciar sua plena participação social.

PARÁGRAFO ÚNICO. Os serviços de que trata o *caput* deste artigo podem fornecer informações e orientações nas áreas de saúde, de educação, de cultura, de esporte, de lazer, de transporte, de previdência social, de assistência social, de habitação, de trabalho, de empreendedorismo, de acesso ao crédito, de promoção, proteção e defesa de direitos e nas demais áreas que possibilitem à pessoa com deficiência exercer sua cidadania.

Capítulo III
Do Direito à Saúde

Art. 18. É assegurada atenção integral à saúde da pessoa com deficiência em todos os níveis de complexidade, por intermédio do SUS, garantido acesso universal e igualitário.

§ 1º É assegurada a participação da pessoa com deficiência na elaboração das políticas de saúde a ela destinadas.

§ 2º É assegurado atendimento segundo normas éticas e técnicas, que regulamentarão a atuação dos profissionais de saúde e contemplarão aspectos relacionados aos direitos e às especificidades da pessoa com deficiência, incluindo temas como sua dignidade e autonomia.

§ 3º Aos profissionais que prestam assistência à pessoa com deficiência, especialmente em serviços de habilitação e de reabilitação, deve ser garantida capacitação inicial e continuada.

§ 4º As ações e os serviços de saúde pública destinados à pessoa com deficiência devem assegurar:

I — diagnóstico e intervenção precoces, realizados por equipe multidisciplinar;

II — serviços de habilitação e de reabilitação sempre que necessários, para qualquer tipo de deficiência, inclusive para a manutenção da melhor condição de saúde e qualidade de vida;

III — atendimento domiciliar multidisciplinar, tratamento ambulatorial e internação;

IV — campanhas de vacinação;

V — atendimento psicológico, inclusive para seus familiares e atendentes pessoais;

VI — respeito à especificidade, à identidade de gênero e à orientação sexual da pessoa com deficiência;

VII — atenção sexual e reprodutiva, incluindo o direito à fertilização assistida;

VIII — informação adequada e acessível à pessoa com deficiência e a seus familiares sobre sua condição de saúde;

IX — serviços projetados para prevenir a ocorrência e o desenvolvimento de deficiências e agravos adicionais;

X — promoção de estratégias de capacitação permanente das equipes que atuam no SUS, em todos os níveis de atenção, no atendimento à pessoa com deficiência, bem como orientação a seus atendentes pessoais;

XI — oferta de órteses, próteses, meios auxiliares de locomoção, medicamentos, insumos e fórmulas nutricionais, conforme as normas vigentes do Ministério da Saúde.

§ 5º As diretrizes deste artigo aplicam-se também às instituições privadas que participem de forma complementar do SUS ou que recebam recursos públicos para sua manutenção.

Art. 19. Compete ao SUS desenvolver ações destinadas à prevenção de deficiências por causas evitáveis, inclusive por meio de:

I — acompanhamento da gravidez, do parto e do puerpério, com garantia de parto humanizado e seguro;

II — promoção de práticas alimentares adequadas e saudáveis, vigilância alimentar e nutricional, prevenção e cuidado integral dos agravos relacionados à alimentação e nutrição da mulher e da criança;

III — aprimoramento e expansão dos programas de imunização e de triagem neonatal;

IV — identificação e controle da gestante de alto risco.

Art. 20. As operadoras de planos e seguros privados de saúde são obrigadas a garantir à pessoa com deficiência, no mínimo, todos os serviços e produtos ofertados aos demais clientes.

Art. 21. Quando esgotados os meios de atenção à saúde da pessoa com deficiência no local de residência, será prestado atendimento fora de domicílio, para fins de diagnóstico e de tratamento, garantidos o transporte e a acomodação da pessoa com deficiência e de seu acompanhante.

Art. 22. À pessoa com deficiência internada ou em observação é assegurado o direito a acompanhante ou a atendente pessoal, devendo o órgão ou a instituição de saúde proporcionar condições adequadas para sua permanência em tempo integral.

§ 1º Na impossibilidade de permanência do acompanhante ou do atendente pessoal junto à pessoa com deficiência, cabe ao profissional de saúde responsável pelo tratamento justificá-la por escrito.

§ 2º Na ocorrência da impossibilidade prevista no § 1º deste artigo, o órgão ou a instituição de saúde deve adotar as providências cabíveis para suprir a ausência do acompanhante ou do atendente pessoal.

Art. 23. São vedadas todas as formas de discriminação contra a pessoa com deficiência, inclusive por meio de cobrança de valores diferenciados por planos e seguros privados de saúde, em razão de sua condição.

Art. 24. É assegurado à pessoa com deficiência o acesso aos serviços de saúde, tanto públicos como privados, e às informações prestadas e recebidas, por meio de recursos de tecnologia assistiva e de todas as formas de comunicação previstas no inciso V do art. 3º desta Lei.

Art. 25. Os espaços dos serviços de saúde, tanto públicos quanto privados, devem assegurar o acesso da pessoa com deficiência, em conformidade com a legislação em vigor, mediante a remoção de barreiras, por meio de projetos arquitetônico, de ambientação de interior e de comunicação que atendam às especificidades das pessoas com deficiência física, sensorial, intelectual e mental.

Art. 26. Os casos de suspeita ou de confirmação de violência praticada contra a pessoa com deficiência serão objeto de notificação compulsória pelos serviços de saúde públicos e privados à autoridade policial e ao Ministério Público, além dos Conselhos dos Direitos da Pessoa com Deficiência.

PARÁGRAFO ÚNICO. Para os efeitos desta Lei, considera-se violência contra a pessoa com deficiência qualquer ação ou omissão, praticada em local público ou privado, que lhe cause morte ou dano ou sofrimento físico ou psicológico.

Capítulo IV
Do Direito à Educação

Art. 27. A educação constitui direito da pessoa com deficiência, assegurados sistema educacional inclusivo em todos os níveis e aprendizado ao longo de toda a vida, de forma a alcançar o máximo desenvolvimento possível de seus talentos e habilidades físicas, sensoriais, intelectuais e sociais, segundo suas características, interesses e necessidades de aprendizagem.

PARÁGRAFO ÚNICO. É dever do Estado, da família, da comunidade escolar e da sociedade assegurar educação de qualidade à pessoa com deficiência, colocando-a a salvo de toda forma de violência, negligência e discriminação.

Art. 28. Incumbe ao poder público assegurar, criar, desenvolver, implementar, incentivar, acompanhar e avaliar:

I — sistema educacional inclusivo em todos os níveis e modalidades, bem como o aprendizado ao longo de toda a vida;

II — aprimoramento dos sistemas educacionais, visando a garantir condições de acesso, permanência, participação e aprendizagem, por meio da oferta de serviços e de recursos de acessibilidade que eliminem as barreiras e promovam a inclusão plena;

III — projeto pedagógico que institucionalize o atendimento educacional especializado, assim como os demais serviços e adaptações razoáveis, para atender às características dos estudantes com deficiência e garantir o seu pleno acesso ao currículo em condições de igualdade, promovendo a conquista e o exercício de sua autonomia;

IV — oferta de educação bilíngue, em Libras como primeira língua e na modalidade escrita da língua portuguesa como segunda língua, em escolas e classes bilíngues e em escolas inclusivas;

V — adoção de medidas individualizadas e coletivas em ambientes que maximizem o desenvolvimento acadêmico e social dos estudantes com deficiência, favorecendo o acesso, a permanência, a participação e a aprendizagem em instituições de ensino;

VI — pesquisas voltadas para o desenvolvimento de novos métodos e técnicas pedagógicas, de materiais didáticos, de equipamentos e de recursos de tecnologia assistiva;

VII — planejamento de estudo de caso, de elaboração de plano de atendimento educacional especializado, de organização de recursos e serviços de acessibilidade e de disponibilização e usabilidade pedagógica de recursos de tecnologia assistiva;

VIII — participação dos estudantes com deficiência e de suas famílias nas diversas instâncias de atuação da comunidade escolar;

IX — adoção de medidas de apoio que favoreçam o desenvolvimento dos aspectos linguísticos, culturais, vocacionais e profissionais, levando-se em conta o talento, a criatividade, as habilidades e os interesses do estudante com deficiência;

X — adoção de práticas pedagógicas inclusivas pelos programas de formação inicial e continuada de professores e oferta de formação continuada para o atendimento educacional especializado;

XI — formação e disponibilização de professores para o atendimento educacional especializado, de tradutores e intérpretes da Libras, de guias intérpretes e de profissionais de apoio;

XII — oferta de ensino da Libras, do Sistema Braille e de uso de recursos de tecnologia assistiva, de forma a ampliar habilidades funcionais dos estudantes, promovendo sua autonomia e participação;

XIII — acesso à educação superior e à educação profissional e tecnológica em igualdade de oportunidades e condições com as demais pessoas;

XIV — inclusão em conteúdos curriculares, em cursos de nível superior e de educação profissional técnica e tecnológica, de temas relacionados à pessoa com deficiência nos respectivos campos de conhecimento;

XV — acesso da pessoa com deficiência, em igualdade de condições, a jogos e a atividades recreativas, esportivas e de lazer, no sistema escolar;

XVI — acessibilidade para todos os estudantes, trabalhadores da educação e demais integrantes da comunidade escolar às edificações, aos ambientes e às atividades concernentes a todas as modalidades, etapas e níveis de ensino;

XVII — oferta de profissionais de apoio escolar;

XVIII — articulação intersetorial na implementação de políticas públicas.

§ 1º Às instituições privadas, de qualquer nível e modalidade de ensino, aplica-se obrigatoriamente o disposto nos incisos I, II, III, V, VII, VIII, IX, X, XI, XII, XIII, XIV, XV, XVI, XVII e XVIII do *caput* deste artigo, sendo vedada a cobrança de valores adicionais de qualquer natureza em suas mensalidades, anuidades e matrículas no cumprimento dessas determinações.

§ 2º Na disponibilização de tradutores e intérpretes da Libras a que se refere o inciso XI do *caput* deste artigo, deve-se observar o seguinte:

I — os tradutores e intérpretes da Libras atuantes na educação básica devem, no mínimo, possuir ensino médio completo e certificado de proficiência na Libras;

II — os tradutores e intérpretes da Libras, quando direcionados à tarefa de interpretar nas salas de aula dos cursos de graduação e pós-graduação, devem possuir nível superior, com habilitação, prioritariamente, em Tradução e Interpretação em Libras.

Art. 29. (VETADO).

Art. 30. Nos processos seletivos para ingresso e permanência nos cursos oferecidos pelas instituições de ensino superior e de educação profissional e tecnológica, públicas e privadas, devem ser adotadas as seguintes medidas:

I — atendimento preferencial à pessoa com deficiência nas dependências das Instituições de Ensino Superior (IES) e nos serviços;

II — disponibilização de formulário de inscrição de exames com campos específicos para que o candidato com deficiência informe os recursos de acessibilidade e de tecnologia assistiva necessários para sua participação;

III — disponibilização de provas em formatos acessíveis para atendimento às necessidades específicas do candidato com deficiência;

IV — disponibilização de recursos de acessibilidade e de tecnologia assistiva adequados, previamente solicitados e escolhidos pelo candidato com deficiência;

V — dilação de tempo, conforme demanda apresentada pelo candidato com deficiência, tanto na realização de exame para seleção quanto nas atividades acadêmicas, mediante prévia solicitação e comprovação da necessidade;

VI — adoção de critérios de avaliação das provas escritas, discursivas ou de redação que considerem a singularidade linguística da pessoa com deficiência, no domínio da modalidade escrita da língua portuguesa;

VII — tradução completa do edital e de suas retificações em Libras.

Capítulo V
Do Direito à Moradia

Art. 31. A pessoa com deficiência tem direito à moradia digna, no seio da família natural ou substituta, com seu cônjuge ou companheiro ou desacompanhada, ou em moradia para a vida independente da pessoa com deficiência, ou, ainda, em residência inclusiva.

§ 1º O poder público adotará programas e ações estratégicas para apoiar a criação e a manutenção de moradia para a vida independente da pessoa com deficiência.

§ 2º A proteção integral na modalidade de residência inclusiva será prestada no âmbito do Suas à pessoa com deficiência em situação de dependência que não disponha de condições de autossustentabilidade, com vínculos familiares fragilizados ou rompidos.

Art. 32. Nos programas habitacionais, públicos ou subsidiados com recursos públicos, a pessoa com deficiência ou o seu responsável goza de prioridade na aquisição de imóvel para moradia própria, observado o seguinte:

I — reserva de, no mínimo, 3% (três por cento) das unidades habitacionais para pessoa com deficiência;

II — (VETADO);

III — em caso de edificação multifamiliar, garantia de acessibilidade nas áreas de uso comum e nas unidades habitacionais no piso térreo e de acessibilidade ou de adaptação razoável nos demais pisos;

IV — disponibilização de equipamentos urbanos comunitários acessíveis;

V — elaboração de especificações técnicas no projeto que permitam a instalação de elevadores.

§ 1º O direito à prioridade, previsto no *caput* deste artigo, será reconhecido à pessoa com deficiência beneficiária apenas uma vez.

§ 2º Nos programas habitacionais públicos, os critérios de financiamento devem ser compatíveis com os rendimentos da pessoa com deficiência ou de sua família.

§ 3º Caso não haja pessoa com deficiência interessada nas unidades habitacionais reservadas por força do disposto no inciso I do *caput* deste artigo, as unidades não utilizadas serão disponibilizadas às demais pessoas.

Art. 33. Ao poder público compete:

I — adotar as providências necessárias para o cumprimento do disposto nos arts. 31 e 32 desta Lei; e

II — divulgar, para os agentes interessados e beneficiários, a política habitacional prevista nas legislações federal, estaduais, distrital e municipais, com ênfase nos dispositivos sobre acessibilidade.

Capítulo VI
Do Direito ao Trabalho

Seção I
Disposições Gerais

Art. 34. A pessoa com deficiência tem direito ao trabalho de sua livre escolha e aceitação, em ambiente acessível e inclusivo, em igualdade de oportunidades com as demais pessoas.

§ 1º As pessoas jurídicas de direito público, privado ou de qualquer natureza são obrigadas a garantir ambientes de trabalho acessíveis e inclusivos.

§ 2º A pessoa com deficiência tem direito, em igualdade de oportunidades com as demais pessoas, a condições justas e favoráveis de trabalho, incluindo igual remuneração por trabalho de igual valor.

§ 3º É vedada restrição ao trabalho da pessoa com deficiência e qualquer discriminação em razão de sua condição, inclusive nas etapas de recrutamento, seleção, contratação, admissão, exames admissional e periódico, permanência no emprego, ascensão profissional e reabilitação profissional, bem como exigência de aptidão plena.

§ 4º A pessoa com deficiência tem direito à participação e ao acesso a cursos, treinamentos, educação continuada, planos de carreira, promoções, bonificações e incentivos profissionais oferecidos pelo empregador, em igualdade de oportunidades com os demais empregados.

§ 5º É garantida aos trabalhadores com deficiência acessibilidade em cursos de formação e de capacitação.

Art. 35. É finalidade primordial das políticas públicas de trabalho e emprego promover e garantir condições de acesso e de permanência da pessoa com deficiência no campo de trabalho.

PARÁGRAFO ÚNICO. Os programas de estímulo ao empreendedorismo e ao trabalho autônomo, incluídos o cooperativismo e o associativismo, devem prever a participação da pessoa com deficiência e a disponibilização de linhas de crédito, quando necessárias.

Seção II
Da Habilitação Profissional e Reabilitação Profissional

Art. 36. O poder público deve implementar serviços e programas completos de habilitação profissional e de reabilitação profissional para que a pessoa com deficiência possa ingressar, continuar ou retornar ao campo do trabalho, respeitados sua livre escolha, sua vocação e seu interesse.

§ 1º Equipe multidisciplinar indicará, com base em critérios previstos no § 1º do art. 2º desta Lei, programa de habilitação ou de reabilitação que possibilite à pessoa com deficiência restaurar sua capacidade e habilidade profissional ou adquirir novas capacidades e habilidades de trabalho.

§ 2º A habilitação profissional corresponde ao processo destinado a propiciar à pessoa com deficiência aquisição de conhecimentos, habilidades e aptidões para exercício de profissão ou de ocupação, permitindo nível suficiente de desenvolvimento profissional para ingresso no campo de trabalho.

§ 3º Os serviços de habilitação profissional, de reabilitação profissional e de educação profissional devem ser dotados de recursos necessários para atender a toda pessoa com deficiência, independentemente de sua característica específica, a fim de que ela possa ser capacitada para trabalho que lhe seja adequado e ter perspectivas de obtê-lo, de conservá-lo e de nele progredir.

§ 4º Os serviços de habilitação profissional, de reabilitação profissional e de educação profissional deverão ser oferecidos em ambientes acessíveis e inclusivos.

§ 5º A habilitação profissional e a reabilitação profissional devem ocorrer articuladas com as redes públicas e privadas, especialmente de saúde, de ensino e de assistência social, em todos os níveis e modalidades, em entidades de formação profissional ou diretamente com o empregador.

§ 6º A habilitação profissional pode ocorrer em empresas por meio de prévia formalização do contrato de emprego da pessoa com deficiência, que será considerada para o cumprimento da reserva de vagas prevista em lei, desde que por tempo determinado e concomitante com a inclusão profissional na empresa, observado o disposto em regulamento.

§ 7º A habilitação profissional e a reabilitação profissional atenderão à pessoa com deficiência.

Seção III
Da Inclusão da Pessoa com Deficiência no Trabalho

Art. 37. Constitui modo de inclusão da pessoa com deficiência no trabalho a colocação competitiva, em igualdade de oportunidades com as demais pessoas, nos termos da legislação trabalhista e previdenciária, na qual devem ser atendidas as regras de acessibilidade, o fornecimento de recursos de tecnologia assistiva e a adaptação razoável no ambiente de trabalho.

PARÁGRAFO ÚNICO. A colocação competitiva da pessoa com deficiência pode ocorrer por meio de trabalho com apoio, observadas as seguintes diretrizes:

I — prioridade no atendimento à pessoa com deficiência com maior dificuldade de inserção no campo de trabalho;

II — provisão de suportes individualizados que atendam a necessidades específicas da pessoa com deficiência, inclusive a disponibilização de recursos de tecnologia assistiva, de agente facilitador e de apoio no ambiente de trabalho;

III — respeito ao perfil vocacional e ao interesse da pessoa com deficiência apoiada;

IV — oferta de aconselhamento e de apoio aos empregadores, com vistas à definição de estratégias de inclusão e de superação de barreiras, inclusive atitudinais;

V — realização de avaliações periódicas;

VI — articulação intersetorial das políticas públicas;

VII — possibilidade de participação de organizações da sociedade civil.

Art. 38. A entidade contratada para a realização de processo seletivo público ou privado para cargo, função ou emprego está obrigada à observância do disposto nesta Lei e em outras normas de acessibilidade vigentes.

Capítulo VII
Do Direito à Assistência Social

Art. 39. Os serviços, os programas, os projetos e os benefícios no âmbito da política pública de assistência social à pessoa com deficiência e sua família têm como objetivo a garantia da segurança de renda, da acolhida, da habilitação e da reabilitação, do desenvolvimento da autonomia e da convivência familiar e comunitária, para a promoção do acesso a direitos e da plena participação social.

§ 1º A assistência social à pessoa com deficiência, nos termos do *caput* deste artigo, deve envolver conjunto articulado de serviços do âmbito da Proteção Social Básica e da Proteção Social Especial, ofertados pelo Suas, para a garantia de seguranças fundamentais no enfrentamento de situações de vulnerabilidade e de risco, por fragilização de vínculos e ameaça ou violação de direitos.

§ 2º Os serviços socioassistenciais destinados à pessoa com deficiência em situação de dependência deverão contar com cuidadores sociais para prestar-lhe cuidados básicos e instrumentais.

Art. 40. É assegurado à pessoa com deficiência que não possua meios para prover sua subsistência nem de tê-la provida por sua família o benefício mensal de 1 (um) salário-mínimo, nos termos da Lei n. 8.742, de 7 de dezembro de 1993.

Capítulo VIII
Do Direito à Previdência Social

Art. 41. A pessoa com deficiência segurada do Regime Geral de Previdência Social (RGPS) tem direito à aposentadoria nos termos da Lei Complementar n. 142, de 8 de maio de 2013.

Capítulo IX
Do Direito à Cultura, ao Esporte, ao Turismo e ao Lazer

Art. 42. A pessoa com deficiência tem direito à cultura, ao esporte, ao turismo e ao lazer em igualdade de oportunidades com as demais pessoas, sendo-lhe garantido o acesso:

I — a bens culturais em formato acessível;

II — a programas de televisão, cinema, teatro e outras atividades culturais e desportivas em formato acessível; e

III — a monumentos e locais de importância cultural e a espaços que ofereçam serviços ou eventos culturais e esportivos.

§ 1º É vedada a recusa de oferta de obra intelectual em formato acessível à pessoa com deficiência, sob qualquer argumento, inclusive sob a alegação de proteção dos direitos de propriedade intelectual.

§ 2º O poder público deve adotar soluções destinadas à eliminação, à redução ou à superação de barreiras para a promoção do acesso a todo patrimônio cultural, observadas as normas de acessibilidade, ambientais e de proteção do patrimônio histórico e artístico nacional.

Art. 43. O poder público deve promover a participação da pessoa com deficiência em atividades artísticas, intelectuais, culturais, esportivas e recreativas, com vistas ao seu protagonismo, devendo:

I — incentivar a provisão de instrução, de treinamento e de recursos adequados, em igualdade de oportunidades com as demais pessoas;

II — assegurar acessibilidade nos locais de eventos e nos serviços prestados por pessoa ou entidade envolvida na organização das atividades de que trata este artigo; e

III — assegurar a participação da pessoa com deficiência em jogos e atividades recreativas, esportivas, de lazer, culturais e artísticas, inclusive no sistema escolar, em igualdade de condições com as demais pessoas.

Art. 44. Nos teatros, cinemas, auditórios, estádios, ginásios de esporte, locais de espetáculos e de conferências e similares, serão reservados espaços livres e assentos para a pessoa com deficiência, de acordo com a capacidade de lotação da edificação, observado o disposto em regulamento.

§ 1º Os espaços e assentos a que se refere este artigo devem ser distribuídos pelo recinto em locais diversos, de boa visibilidade, em todos os setores, próximos aos corredores, devidamente sinalizados, evitando-se áreas segregadas de público e obstrução das saídas, em conformidade com as normas de acessibilidade.

§ 2º No caso de não haver comprovada procura pelos assentos reservados, esses podem, excepcionalmente, ser ocupados por pessoas sem deficiência ou que não tenham mobilidade reduzida, observado o disposto em regulamento.

§ 3º Os espaços e assentos a que se refere este artigo devem situar-se em locais que garantam a acomodação de, no mínimo, 1 (um) acompanhante da pessoa com deficiência ou com mobilidade reduzida, resguardado o direito de se acomodar proximamente a grupo familiar e comunitário.

§ 4º Nos locais referidos no *caput* deste artigo, deve haver, obrigatoriamente, rotas de fuga e saídas de emergência acessíveis, conforme padrões das normas de acessibilidade, a fim de permitir a saída segura da pessoa com deficiência ou com mobilidade reduzida, em caso de emergência.

§ 5º Todos os espaços das edificações previstas no *caput* deste artigo devem atender às normas de acessibilidade em vigor.

§ 6º As salas de cinema devem oferecer, em todas as sessões, recursos de acessibilidade para a pessoa com deficiência.

§ 7º O valor do ingresso da pessoa com deficiência não poderá ser superior ao valor cobrado das demais pessoas.

Art. 45. Os hotéis, pousadas e similares devem ser construídos observando-se os princípios do desenho universal, além de adotar todos os meios de acessibilidade, conforme legislação em vigor.

§ 1º Os estabelecimentos já existentes deverão disponibilizar, pelo menos, 10% (dez por cento) de seus dormitórios acessíveis, garantida, no mínimo, 1 (uma) unidade acessível.

§ 2º Os dormitórios mencionados no § 1º deste artigo deverão ser localizados em rotas acessíveis.

Capítulo X
Do Direito ao Transporte e à Mobilidade

Art. 46. O direito ao transporte e à mobilidade da pessoa com deficiência ou com mobilidade reduzida será assegurado em igualdade de oportunidades com as demais pessoas, por meio de identificação e de eliminação de todos os obstáculos e barreiras ao seu acesso.

§ 1º Para fins de acessibilidade aos serviços de transporte coletivo terrestre, aquaviário e aéreo, em todas as jurisdições, consideram-se como integrantes desses serviços os veículos, os terminais, as estações, os pontos de parada, o sistema viário e a prestação do serviço.

§ 2º São sujeitas ao cumprimento das disposições desta Lei, sempre que houver interação com a matéria nela regulada, a outorga, a concessão, a permissão, a autorização, a renovação ou a habilitação de linhas e de serviços de transporte coletivo.

§ 3º Para colocação do símbolo internacional de acesso nos veículos, as empresas de transporte coletivo de passageiros dependem da certificação de acessibilidade emitida pelo gestor público responsável pela prestação do serviço.

Art. 47. Em todas as áreas de estacionamento aberto ao público, de uso público ou privado de uso coletivo e em vias públicas, devem ser reservadas vagas próximas aos acessos de circulação de pedestres, devidamente sinalizadas, para veículos que transportem pessoa com deficiência com comprometimento de mobilidade, desde que devidamente identificados.

§ 1º As vagas a que se refere o *caput* deste artigo devem equivaler a 2% (dois por cento) do total, garantida, no mínimo, 1 (uma) vaga devidamente sinalizada e com as especificações de desenho e traçado de acordo com as normas técnicas vigentes de acessibilidade.

§ 2º Os veículos estacionados nas vagas reservadas devem exibir, em local de ampla visibilidade, a credencial de beneficiário, a ser confeccionada e fornecida pelos órgãos de trânsito, que disciplinarão suas características e condições de uso.

§ 3º A utilização indevida das vagas de que trata este artigo sujeita os infratores às sanções previstas no inciso XX do art. 181 da Lei n. 9.503, de 23 de setembro de 1997 (Código de Trânsito Brasileiro). *(Redação dada pela Lei n. 13.281, de 4.5.2016, DOU 5.5.16)*

§ 4º A credencial a que se refere o § 2º deste artigo é vinculada à pessoa com deficiência que possui comprometimento de mobilidade e é válida em todo o território nacional.

Art. 48. Os veículos de transporte coletivo terrestre, aquaviário e aéreo, as instalações, as estações, os portos e os terminais em operação no País devem ser acessíveis, de forma a garantir o seu uso por todas as pessoas.

§ 1º Os veículos e as estruturas de que trata o *caput* deste artigo devem dispor de sistema de comunicação acessível que disponibilize informações sobre todos os pontos do itinerário.

§ 2º São asseguradas à pessoa com deficiência prioridade e segurança nos procedimentos de embarque e de desembarque nos veículos de transporte coletivo, de acordo com as normas técnicas.

§ 3º Para colocação do símbolo internacional de acesso nos veículos, as empresas de transporte coletivo de passageiros dependem da certificação de acessibilidade emitida pelo gestor público responsável pela prestação do serviço.

Art. 49. As empresas de transporte de fretamento e de turismo, na renovação de suas frotas, são obrigadas ao cumprimento do disposto nos arts. 46 e 48 desta Lei.

Art. 50. O poder público incentivará a fabricação de veículos acessíveis e a sua utilização como táxis e vans, de forma a garantir o seu uso por todas as pessoas.

Art. 51. As frotas de empresas de táxi devem reservar 10% (dez por cento) de seus veículos acessíveis à pessoa com deficiência.

§ 1º É proibida a cobrança diferenciada de tarifas ou de valores adicionais pelo serviço de táxi prestado à pessoa com deficiência.

§ 2º O poder público é autorizado a instituir incentivos fiscais com vistas a possibilitar a acessibilidade dos veículos a que se refere o *caput* deste artigo.

Art. 52. As locadoras de veículos são obrigadas a oferecer 1 (um) veículo adaptado para uso de pessoa com deficiência, a cada conjunto de 20 (vinte) veículos de sua frota.

PARÁGRAFO ÚNICO. O veículo adaptado deverá ter, no mínimo, câmbio automático, direção hidráulica, vidros elétricos e comandos manuais de freio e de embreagem.

TÍTULO III
DA ACESSIBILIDADE

Capítulo I
Disposições Gerais

Art. 53. A acessibilidade é direito que garante à pessoa com deficiência ou com mobilidade reduzida viver de forma independente e exercer seus direitos de cidadania e de participação social.

Art. 54. São sujeitas ao cumprimento das disposições desta Lei e de outras normas relativas à acessibilidade, sempre que houver interação com a matéria nela regulada:

I — a aprovação de projeto arquitetônico e urbanístico ou de comunicação e informação, a fabricação de veículos de transporte coletivo, a prestação do respectivo serviço e a execução de qualquer tipo de obra, quando tenham destinação pública ou coletiva;

II — a outorga ou a renovação de concessão, permissão, autorização ou habilitação de qualquer natureza;

III — a aprovação de financiamento de projeto com utilização de recursos públicos, por meio de renúncia ou de incentivo fiscal, contrato, convênio ou instrumento congênere; e

IV — a concessão de aval da União para obtenção de empréstimo e de financiamento internacionais por entes públicos ou privados.

Art. 55. A concepção e a implantação de projetos que tratem do meio físico, de transporte, de informação e comunicação, inclusive de sistemas e tecnologias da informação e comunicação, e de outros serviços, equipamentos e instalações abertos ao público, de uso público ou privado de uso coletivo, tanto na zona urbana como na rural, devem atender aos princípios do desenho universal, tendo como referência as normas de acessibilidade.

§ 1º O desenho universal será sempre tomado como regra de caráter geral.

§ 2º Nas hipóteses em que comprovadamente o desenho universal não possa ser empreendido, deve ser adotada adaptação razoável.

§ 3º Caberá ao poder público promover a inclusão de conteúdos temáticos referentes ao desenho universal nas diretrizes curriculares da educação profissional e tecnológica e do ensino superior e na formação das carreiras de Estado.

§ 4º Os programas, os projetos e as linhas de pesquisa a serem desenvolvidos com o apoio de organismos públicos de auxílio à pesquisa e de agências de fomento deverão incluir temas voltados para o desenho universal.

§ 5º Desde a etapa de concepção, as políticas públicas deverão considerar a adoção do desenho universal.

Art. 56. A construção, a reforma, a ampliação ou a mudança de uso de edificações abertas ao público, de uso público ou privadas de uso coletivo deverão ser executadas de modo a serem acessíveis.

§ 1º As entidades de fiscalização profissional das atividades de Engenharia, de Arquitetura e correlatas, ao anotarem a responsabilidade técnica de projetos, devem exigir a responsabilidade profissional declarada de atendimento às regras de acessibilidade previstas em legislação e em normas técnicas pertinentes.

§ 2º Para a aprovação, o licenciamento ou a emissão de certificado de projeto executivo arquitetônico, urbanístico e de instalações e equipamentos temporários ou permanentes e para o licenciamento ou a emissão de certificado de conclusão de obra ou de serviço, deve ser atestado o atendimento às regras de acessibilidade.

§ 3º O poder público, após certificar a acessibilidade de edificação ou de serviço, determinará a colocação, em espaços ou em locais de ampla visibilidade, do símbolo internacional de acesso, na forma prevista em legislação e em normas técnicas correlatas.

Art. 57. As edificações públicas e privadas de uso coletivo já existentes devem garantir acessibilidade à pessoa com deficiência em todas as suas dependências e serviços, tendo como referência as normas de acessibilidade vigentes.

Art. 58. O projeto e a construção de edificação de uso privado multifamiliar devem atender aos preceitos de acessibilidade, na forma regulamentar.

§ 1º As construtoras e incorporadoras responsáveis pelo projeto e pela construção das edificações a que se refere o *caput* deste artigo devem assegurar percentual mínimo de suas unidades internamente acessíveis, na forma regulamentar.

§ 2º É vedada a cobrança de valores adicionais para a aquisição de unidades internamente acessíveis a que se refere o § 1º deste artigo.

Art. 59. Em qualquer intervenção nas vias e nos espaços públicos, o poder público e as empresas concessionárias responsáveis pela execução das obras e dos serviços devem garantir, de forma segura, a fluidez do trânsito e a livre circulação e acessibilidade das pessoas, durante e após sua execução.

Art. 60. Orientam-se, no que couber, pelas regras de acessibilidade previstas em legislação e em normas técnicas, observado o disposto na Lei n. 10.098, de 19 de dezembro de 2000, n. 10.257, de 10 de julho de 2001, e n. 12.587, de 3 de janeiro de 2012:

I — os planos diretores municipais, os planos diretores de transporte e trânsito, os planos de mobilidade urbana e os planos de preservação de sítios históricos elaborados ou atualizados a partir da publicação desta Lei;

II — os códigos de obras, os códigos de postura, as leis de uso e ocupação do solo e as leis do sistema viário;

III — os estudos prévios de impacto de vizinhança;

IV — as atividades de fiscalização e a imposição de sanções; e

V — a legislação referente à prevenção contra incêndio e pânico.

§ 1º A concessão e a renovação de alvará de funcionamento para qualquer atividade são condicionadas à observação e à certificação das regras de acessibilidade.

§ 2º A emissão de carta de habite-se ou de habilitação equivalente e sua renovação, quando esta tiver sido emitida anteriormente às exigências de acessibilidade, é condicionada à observação e à certificação das regras de acessibilidade.

Art. 61. A formulação, a implementação e a manutenção das ações de acessibilidade atenderão às seguintes premissas básicas:

I — eleição de prioridades, elaboração de cronograma e reserva de recursos para implementação das ações; e

II — planejamento contínuo e articulado entre os setores envolvidos.

Art. 62. É assegurado à pessoa com deficiência, mediante solicitação, o recebimento de contas, boletos, recibos, extratos e cobranças de tributos em formato acessível.

Capítulo II
Do Acesso à Informação e à Comunicação

Art. 63. É obrigatória a acessibilidade nos sítios da internet mantidos por empresas com sede ou representação comercial no País ou por órgãos de governo, para uso da pessoa com deficiência, garantindo-lhe acesso às informações disponíveis, conforme as melhores práticas e diretrizes de acessibilidade adotadas internacionalmente.

§ 1º Os sítios devem conter símbolo de acessibilidade em destaque.

§ 2º Telecentros comunitários que receberem recursos públicos federais para seu custeio ou sua instalação e *lan houses* devem possuir equipamentos e instalações acessíveis.

§ 3º Os telecentros e as *lan houses* de que trata o § 2º deste artigo devem garantir, no mínimo, 10% (dez por cento) de seus computadores com recursos de acessibilidade para pessoa com deficiência visual, sendo assegurado pelo menos 1 (um) equipamento, quando o resultado percentual for inferior a 1 (um).

Art. 64. A acessibilidade nos sítios da internet de que trata o art. 63 desta Lei deve ser observada para obtenção do financiamento de que trata o inciso III do art. 54 desta Lei.

Art. 65. As empresas prestadoras de serviços de telecomunicações deverão garantir pleno acesso à pessoa com deficiência, conforme regulamentação específica.

Art. 66. Cabe ao poder público incentivar a oferta de aparelhos de telefonia fixa e móvel celular com acessibilidade que, entre outras tecnologias assistivas, possuam possibilidade de indicação e de ampliação sonoras de todas as operações e funções disponíveis.

Art. 67. Os serviços de radiodifusão de sons e imagens devem permitir o uso dos seguintes recursos, entre outros:

I — subtitulação por meio de legenda oculta;

II — janela com intérprete da Libras;

III — audiodescrição.

Art. 68. O poder público deve adotar mecanismos de incentivo à produção, à edição, à difusão, à distribuição e à comercialização de livros em formatos acessíveis, inclusive em publicações da administração pública ou financiadas com recursos públicos, com vistas a garantir à pessoa com deficiência o direito de acesso à leitura, à informação e à comunicação.

§ 1º Nos editais de compras de livros, inclusive para o abastecimento ou a atualização de acervos de bibliotecas em todos os níveis e modalidades de educação e de bibliotecas públicas, o poder público deverá adotar cláusulas de impedimento à participação de editoras que não ofertem sua produção também em formatos acessíveis.

§ 2º Consideram-se formatos acessíveis os arquivos digitais que possam ser reconhecidos e acessados por *softwares* leitores de telas ou outras tecnologias assistivas que vierem a substituí-los, permitindo leitura com voz sintetizada, ampliação de caracteres, diferentes contrastes e impressão em Braille.

§ 3º O poder público deve estimular e apoiar a adaptação e a produção de artigos científicos em formato acessível, inclusive em Libras.

Art. 69. O poder público deve assegurar a disponibilidade de informações corretas e claras sobre os diferentes produtos e serviços ofertados, por quaisquer meios de comunicação empregados, inclusive em ambiente virtual, contendo a especificação correta de quantidade, qualidade, características, composição e preço, bem como sobre os eventuais riscos à saúde e à segurança do consumidor com deficiência, em caso de sua utilização, aplicando-se, no que couber, os arts. 30 a 41 da Lei n. 8.078, de 11 de setembro de 1990.

§ 1º Os canais de comercialização virtual e os anúncios publicitários veiculados na imprensa escrita, na internet, no rádio, na televisão e nos demais veículos de comunicação abertos ou por assinatura devem disponibilizar, conforme a compatibilidade do meio, os recursos de acessibilidade de que trata o art. 67 desta Lei, a expensas do fornecedor do produto ou do serviço, sem prejuízo da observância do disposto nos arts. 36 a 38 da Lei n. 8.078, de 11 de setembro de 1990.

§ 2º Os fornecedores devem disponibilizar, mediante solicitação, exemplares de bulas, prospectos, textos ou qualquer outro tipo de material de divulgação em formato acessível.

Art. 70. As instituições promotoras de congressos, seminários, oficinas e demais eventos de natureza científico-cultural devem oferecer à pessoa com deficiência, no mínimo, os recursos de tecnologia assistiva previstos no art. 67 desta Lei.

Art. 71. Os congressos, os seminários, as oficinas e os demais eventos de natureza científico-cultural promovidos ou financiados pelo poder público devem garantir as condições de acessibilidade e os recursos de tecnologia assistiva.

Art. 72. Os programas, as linhas de pesquisa e os projetos a serem desenvolvidos com o apoio de agências de financiamento e de órgãos e entidades integrantes da administração pública que atuem no auxílio à pesquisa devem contemplar temas voltados à tecnologia assistiva.

Art. 73. Caberá ao poder público, diretamente ou em parceria com organizações da sociedade civil, promover a capacitação de tradutores e intérpretes da Libras, de guias intérpretes e de profissionais habilitados em Braille, audiodescrição, estenotipia e legendagem.

Capítulo III
Da Tecnologia Assistiva

Art. 74. É garantido à pessoa com deficiência acesso a produtos, recursos, estratégias, práticas, processos, métodos e serviços de tecnologia assistiva que maximizem sua autonomia, mobilidade pessoal e qualidade de vida.

Art. 75. O poder público desenvolverá plano específico de medidas, a ser renovado em cada período de 4 (quatro) anos, com a finalidade de:

I — facilitar o acesso a crédito especializado, inclusive com oferta de linhas de crédito subsidiadas, específicas para aquisição de tecnologia assistiva;

II — agilizar, simplificar e priorizar procedimentos de importação de tecnologia assistiva, especialmente as questões atinentes a procedimentos alfandegários e sanitários;

III — criar mecanismos de fomento à pesquisa e à produção nacional de tecnologia assistiva, inclusive por meio de concessão de linhas de crédito subsidiado e de parcerias com institutos de pesquisa oficiais;

IV — eliminar ou reduzir a tributação da cadeia produtiva e de importação de tecnologia assistiva;

V — facilitar e agilizar o processo de inclusão de novos recursos de tecnologia assistiva no rol de produtos distribuídos no âmbito do SUS e por outros órgãos governamentais.

PARÁGRAFO ÚNICO. Para fazer cumprir o disposto neste artigo, os procedimentos constantes do plano específico de medidas deverão ser avaliados, pelo menos, a cada 2 (dois) anos.

Capítulo IV
Do Direito à Participação na Vida Pública e Política

Art. 76. O poder público deve garantir à pessoa com deficiência todos os direitos políticos e a oportunidade de exercê-los em igualdade de condições com as demais pessoas.

§ 1º À pessoa com deficiência será assegurado o direito de votar e de ser votada, inclusive por meio das seguintes ações:

I — garantia de que os procedimentos, as instalações, os materiais e os equipamentos para votação sejam apropriados, acessíveis a todas as pessoas e de fácil compreensão e uso, sendo vedada a instalação de seções eleitorais exclusivas para a pessoa com deficiência;

II — incentivo à pessoa com deficiência a candidatar-se e a desempenhar quaisquer funções públicas em todos os níveis de governo, inclusive por meio do uso de novas tecnologias assistivas, quando apropriado;

III — garantia de que os pronunciamentos oficiais, a propaganda eleitoral obrigatória e os debates transmitidos pelas emissoras de televisão possuam, pelo menos, os recursos elencados no art. 67 desta Lei;

IV — garantia do livre exercício do direito ao voto e, para tanto, sempre que necessário e a seu pedido, permissão para que a pessoa com deficiência seja auxiliada na votação por pessoa de sua escolha.

§ 2º O poder público promoverá a participação da pessoa com deficiência, inclusive quando institucionalizada, na condução das questões públicas, sem discriminação e em igualdade de oportunidades, observado o seguinte:

I — participação em organizações não governamentais relacionadas à vida pública e à política do País e em atividades e administração de partidos políticos;

II — formação de organizações para representar a pessoa com deficiência em todos os níveis;

III — participação da pessoa com deficiência em organizações que a representem.

TÍTULO IV
DA CIÊNCIA E TECNOLOGIA

Art. 77. O poder público deve fomentar o desenvolvimento científico, a pesquisa e a inovação e a capacitação tecnológicas, voltados à melhoria da qualidade de vida e ao trabalho da pessoa com deficiência e sua inclusão social.

§ 1º O fomento pelo poder público deve priorizar a geração de conhecimentos e técnicas que visem à prevenção e ao tratamento de deficiências e ao desenvolvimento de tecnologias assistiva e social.

§ 2º A acessibilidade e as tecnologias assistiva e social devem ser fomentadas mediante a criação de cursos de pós-graduação, a formação de recursos humanos e a inclusão do tema nas diretrizes de áreas do conhecimento.

§ 3º Deve ser fomentada a capacitação tecnológica de instituições públicas e privadas para o desenvolvimento de tecnologias assistiva e social que sejam voltadas para melhoria da funcionalidade e da participação social da pessoa com deficiência.

§ 4º As medidas previstas neste artigo devem ser reavaliadas periodicamente pelo poder público, com vistas ao seu aperfeiçoamento.

Art. 78. Devem ser estimulados a pesquisa, o desenvolvimento, a inovação e a difusão de tecnologias voltadas para ampliar o acesso da pessoa com deficiência às tecnologias da informação e comunicação e às tecnologias sociais.

PARÁGRAFO ÚNICO. Serão estimulados, em especial:

I — o emprego de tecnologias da informação e comunicação como instrumento de superação de limitações funcionais e de barreiras à comunicação, à informação, à educação e ao entretenimento da pessoa com deficiência;

II — a adoção de soluções e a difusão de normas que visem a ampliar a acessibilidade da pessoa com deficiência à computação e aos sítios da internet, em especial aos serviços de governo eletrônico.

LIVRO II
PARTE ESPECIAL
TÍTULO I
DO ACESSO À JUSTIÇA

Capítulo I
Disposições Gerais

Art. 79. O poder público deve assegurar o acesso da pessoa com deficiência à justiça, em igualdade de oportunidades com as demais pessoas, garantindo, sempre que requeridos, adaptações e recursos de tecnologia assistiva.

§ 1º A fim de garantir a atuação da pessoa com deficiência em todo o processo judicial, o poder público deve capacitar os membros e os servidores que atuam no Poder Judiciário, no Ministério Público, na Defensoria Pública, nos órgãos de segurança pública e no sistema penitenciário quanto aos direitos da pessoa com deficiência.

§ 2º Devem ser assegurados à pessoa com deficiência submetida a medida restritiva de liberdade todos os direitos e garantias a que fazem jus os apenados sem deficiência, garantida a acessibilidade.

§ 3º A Defensoria Pública e o Ministério Público tomarão as medidas necessárias à garantia dos direitos previstos nesta Lei.

Art. 80. Devem ser oferecidos todos os recursos de tecnologia assistiva disponíveis para que a pessoa com deficiência tenha garantido o acesso à justiça, sempre que figure em um dos polos da ação ou atue como testemunha, partícipe da lide posta em juízo, advogado, defensor público, magistrado ou membro do Ministério Público.

PARÁGRAFO ÚNICO. A pessoa com deficiência tem garantido o acesso ao conteúdo de todos os atos processuais de seu interesse, inclusive no exercício da advocacia.

Art. 81. Os direitos da pessoa com deficiência serão garantidos por ocasião da aplicação de sanções penais.

Art. 82. (VETADO).

Art. 83. Os serviços notariais e de registro não podem negar ou criar óbices ou condições diferenciadas à prestação de seus serviços em razão de deficiência do solicitante, devendo reconhecer sua capacidade legal plena, garantida a acessibilidade.

PARÁGRAFO ÚNICO. O descumprimento do disposto no *caput* deste artigo constitui discriminação em razão de deficiência.

Capítulo II
Do Reconhecimento Igual Perante a Lei

Art. 84. A pessoa com deficiência tem assegurado o direito ao exercício de sua capacidade legal em igualdade de condições com as demais pessoas.

§ 1º Quando necessário, a pessoa com deficiência será submetida à curatela, conforme a lei.

§ 2º É facultado à pessoa com deficiência a adoção de processo de tomada de decisão apoiada.

§ 3º A definição de curatela de pessoa com deficiência constitui medida protetiva extraordinária, proporcional às necessidades e às circunstâncias de cada caso, e durará o menor tempo possível.

§ 4º Os curadores são obrigados a prestar, anualmente, contas de sua administração ao juiz, apresentando o balanço do respectivo ano.

Art. 85. A curatela afetará tão somente os atos relacionados aos direitos de natureza patrimonial e negocial.

§ 1º A definição da curatela não alcança o direito ao próprio corpo, à sexualidade, ao matrimônio, à privacidade, à educação, à saúde, ao trabalho e ao voto.

§ 2º A curatela constitui medida extraordinária, devendo constar da sentença as razões e motivações de sua definição, preservados os interesses do curatelado.

§ 3º No caso de pessoa em situação de institucionalização, ao nomear curador, o juiz deve dar preferência a pessoa que tenha vínculo de natureza familiar, afetiva ou comunitária com o curatelado.

Art. 86. Para emissão de documentos oficiais, não será exigida a situação de curatela da pessoa com deficiência.

Art. 87. Em casos de relevância e urgência e a fim de proteger os interesses da pessoa com deficiência em situação de curatela, será lícito ao juiz, ouvido o Ministério Público, de oficio ou a requerimento do interessado, nomear, desde logo, curador provisório, o qual estará sujeito, no que couber, às disposições do Código de Processo Civil.

TÍTULO II
DOS CRIMES E DAS INFRAÇÕES ADMINISTRATIVAS

Art. 88. Praticar, induzir ou incitar discriminação de pessoa em razão de sua deficiência:

Pena — reclusão, de 1 (um) a 3 (três) anos, e multa.

§ 1º Aumenta-se a pena em 1/3 (um terço) se a vítima encontrar-se sob cuidado e responsabilidade do agente.

§ 2º Se qualquer dos crimes previstos no *caput* deste artigo é cometido por intermédio de meios de comunicação social ou de publicação de qualquer natureza:

Pena — reclusão, de 2 (dois) a 5 (cinco) anos, e multa.

§ 3º Na hipótese do § 2º deste artigo, o juiz poderá determinar, ouvido o Ministério Público ou a pedido deste, ainda antes do inquérito policial, sob pena de desobediência:

I — recolhimento ou busca e apreensão dos exemplares do material discriminatório;

II — interdição das respectivas mensagens ou páginas de informação na internet.

§ 4º Na hipótese do § 2º deste artigo, constitui efeito da condenação, após o trânsito em julgado da decisão, a destruição do material apreendido.

Art. 89. Apropriar-se de ou desviar bens, proventos, pensão, benefícios, remuneração ou qualquer outro rendimento de pessoa com deficiência:

Pena — reclusão, de 1 (um) a 4 (quatro) anos, e multa.

PARÁGRAFO ÚNICO. Aumenta-se a pena em 1/3 (um terço) se o crime é cometido:

I — por tutor, curador, síndico, liquidatário, inventariante, testamenteiro ou depositário judicial; ou

II — por aquele que se apropriou em razão de ofício ou de profissão.

Art. 90. Abandonar pessoa com deficiência em hospitais, casas de saúde, entidades de abrigamento ou congêneres:

Pena — reclusão, de 6 (seis) meses a 3 (três) anos, e multa.

PARÁGRAFO ÚNICO. Na mesma pena incorre quem não prover as necessidades básicas de pessoa com deficiência quando obrigado por lei ou mandado.

Art. 91. Reter ou utilizar cartão magnético, qualquer meio eletrônico ou documento de pessoa com deficiência destinados ao recebimento de benefícios, proventos, pensões ou remuneração ou à realização de operações financeiras, com o fim de obter vantagem indevida para si ou para outrem:

Pena — detenção, de 6 (seis) meses a 2 (dois) anos, e multa.

PARÁGRAFO ÚNICO. Aumenta-se a pena em 1/3 (um terço) se o crime é cometido por tutor ou curador.

TÍTULO III
DISPOSIÇÕES FINAIS E TRANSITÓRIAS

Art. 92. É criado o Cadastro Nacional de Inclusão da Pessoa com Deficiência (Cadastro-Inclusão), registro público eletrônico com a finalidade de coletar, processar, sistematizar e disseminar informações georreferenciadas que permitam a identificação e a caracterização socioeconômica da pessoa com deficiência, bem como das barreiras que impedem a realização de seus direitos.

§ 1º O Cadastro-Inclusão será administrado pelo Poder Executivo federal e constituído por base de dados, instrumentos, procedimentos e sistemas eletrônicos.

§ 2º Os dados constituintes do Cadastro-Inclusão serão obtidos pela integração dos sistemas de informação e da base de dados de todas as políticas públicas relacionadas aos direitos da pessoa com deficiência, bem como por informações coletadas, inclusive em censos nacionais e nas demais pesquisas realizadas no País, de acordo com os parâmetros estabelecidos pela Convenção sobre os Direitos das Pessoas com Deficiência e seu Protocolo Facultativo.

§ 3º Para coleta, transmissão e sistematização de dados, é facultada a celebração de convênios, acordos, termos de parceria ou contratos com instituições públicas e privadas, observados os requisitos e procedimentos previstos em legislação específica.

§ 4º Para assegurar a confidencialidade, a privacidade e as liberdades fundamentais da pessoa com deficiência e os princípios éticos que regem a utilização de informações, devem ser observadas as salvaguardas estabelecidas em lei.

§ 5º Os dados do Cadastro-Inclusão somente poderão ser utilizados para as seguintes finalidades:

I — formulação, gestão, monitoramento e avaliação das políticas públicas para a pessoa com deficiência e para identificar as barreiras que impedem a realização de seus direitos;

II — realização de estudos e pesquisas.

§ 6º As informações a que se refere este artigo devem ser disseminadas em formatos acessíveis.

Art. 93. Na realização de inspeções e de auditorias pelos órgãos de controle interno e externo, deve ser observado o cumprimento da legislação relativa à pessoa com deficiência e das normas de acessibilidade vigentes.

Art. 94. Terá direito a auxílio-inclusão, nos termos da lei, a pessoa com deficiência moderada ou grave que:

I — receba o benefício de prestação continuada previsto no art. 20 da Lei n. 8.742, de 7 de dezembro de 1993, e que passe a exercer atividade remunerada que a enquadre como segurado obrigatório do RGPS;

II — tenha recebido, nos últimos 5 (cinco) anos, o benefício de prestação continuada previsto no art. 20 da Lei n. 8.742, de 7 de dezembro de 1993, e que exerça atividade remunerada que a enquadre como segurado obrigatório do RGPS.

Art. 95. É vedado exigir o comparecimento de pessoa com deficiência perante os órgãos públicos quando seu deslocamento, em razão de sua limitação funcional e de condições de acessibilidade, imponha-lhe ônus desproporcional e indevido, hipótese na qual serão observados os seguintes procedimentos:

I — quando for de interesse do poder público, o agente promoverá o contato necessário com a pessoa com deficiência em sua residência;

II — quando for de interesse da pessoa com deficiência, ela apresentará solicitação de atendimento domiciliar ou fará representar-se por procurador constituído para essa finalidade.

PARÁGRAFO ÚNICO. É assegurado à pessoa com deficiência atendimento domiciliar pela perícia médica e social do Instituto Nacional do Seguro Social (INSS), pelo serviço público de saúde ou pelo serviço privado de saúde, contratado ou conveniado, que integre o SUS e pelas entidades da rede socioassistencial integrantes do SUAS, quando seu deslocamento, em razão de sua limitação funcional e de condições de acessibilidade, imponha-lhe ônus desproporcional e indevido.

Art. 96. O § 6º-A do art. 135 da Lei n. 4.737, de 15 de julho de 1965 (Código Eleitoral), passa a vigorar com a seguinte redação:

"Art. 135. ....

....

§ 6º-A. Os Tribunais Regionais Eleitorais deverão, a cada eleição, expedir instruções aos Juízes Eleitorais para orientá-los na escolha dos locais de votação, de maneira a garantir acessibilidade para o eleitor com deficiência ou com mobilidade reduzida, inclusive em seu entorno e nos sistemas de transporte que lhe dão acesso.

.........." (NR)

Art. 97. A Consolidação das Leis do Trabalho (CLT), aprovada pelo Decreto-Lei n. 5.452, de 1º de maio de 1943, passa a vigorar com as seguintes alterações:

"Art. 428. ....

....

§ 6º Para os fins do contrato de aprendizagem, a comprovação da escolaridade de aprendiz com deficiência deve considerar, sobretudo, as habilidades e competências relacionadas com a profissionalização.

....

§ 8º Para o aprendiz com deficiência com 18 (dezoito) anos ou mais, a validade do contrato de aprendizagem pressupõe anotação na CTPS e matrícula e frequência em programa de aprendizagem desenvolvido sob orientação de entidade qualificada em formação técnico-profissional metódica." (NR)

"Art. 433. ....

....

I — desempenho insuficiente ou inadaptação do aprendiz, salvo para o aprendiz com deficiência quando desprovido de recursos de acessibilidade, de tecnologias assistivas e de apoio necessário ao desempenho de suas atividades;

.........." (NR)

Art. 98. A Lei n. 7.853, de 24 de outubro de 1989, passa a vigorar com as seguintes alterações:

"Art. 3º As medidas judiciais destinadas à proteção de interesses coletivos, difusos, individuais homogêneos e individuais indisponíveis da pessoa com deficiência poderão ser propostas pelo Ministério Público, pela Defensoria Pública, pela União, pelos Estados, pelos Municípios, pelo Distrito Federal, por associação constituída há mais de 1 (um) ano, nos termos da lei civil, por autarquia, por empresa pública e por fundação ou sociedade de economia mista que inclua, entre suas finalidades institucionais, a proteção dos interesses e a promoção de direitos da pessoa com deficiência.

.........." (NR)

"Art. 8º Constitui crime punível com reclusão de 2 (dois) a 5 (cinco) anos e multa:

I — recusar, cobrar valores adicionais, suspender, procrastinar, cancelar ou fazer cessar inscrição de aluno em estabelecimento de ensino de qualquer curso ou grau, público ou privado, em razão de sua deficiência;

II — obstar inscrição em concurso público ou acesso de alguém a qualquer cargo ou emprego público, em razão de sua deficiência;

III — negar ou obstar emprego, trabalho ou promoção à pessoa em razão de sua deficiência;

IV — recusar, retardar ou dificultar internação ou deixar de prestar assistência médico-hospitalar e ambulatorial à pessoa com deficiência;

V — deixar de cumprir, retardar ou frustrar execução de ordem judicial expedida na ação civil a que alude esta Lei;

VI — recusar, retardar ou omitir dados técnicos indispensáveis à propositura da ação civil pública objeto desta Lei, quando requisitados.

§ 1º Se o crime for praticado contra pessoa com deficiência menor de 18 (dezoito) anos, a pena é agravada em 1/3 (um terço).

§ 2º A pena pela adoção deliberada de critérios subjetivos para indeferimento de inscrição, de aprovação e de cumprimento de estágio probatório em concursos públicos não exclui a responsabilidade patrimonial pessoal do administrador público pelos danos causados.

§ 3º Incorre nas mesmas penas quem impede ou dificulta o ingresso de pessoa com deficiência em planos privados de assistência à saúde, inclusive com cobrança de valores diferenciados.

§ 4º Se o crime for praticado em atendimento de urgência e emergência, a pena é agravada em 1/3 (um terço)." (NR)

Art. 99. O art. 20 da Lei n. 8.036, de 11 de maio de 1990, passa a vigorar acrescido do seguinte inciso XVIII:

"Art. 20. ....

....

XVIII — quando o trabalhador com deficiência, por prescrição, necessite adquirir órtese ou prótese para promoção de acessibilidade e de inclusão social.

.........." (NR)

Art. 100. A Lei n. 8.078, de 11 de setembro de 1990 (Código de Defesa do Consumidor), passa a vigorar com as seguintes alterações:

"Art. 6º ....

....

Parágrafo único. A informação de que trata o inciso III do *caput* deste artigo deve ser acessível à pessoa com deficiência, observado o disposto em regulamento." (NR)

"Art. 43. ....

....

§ 6º Todas as informações de que trata o *caput* deste artigo devem ser disponibilizadas em formatos acessíveis, inclusive para a pessoa com deficiência, mediante solicitação do consumidor." (NR)

Art. 101. A Lei n. 8.213, de 24 de julho de 1991, passa a vigorar com as seguintes alterações:

"Art. 16. ....

....

I — o cônjuge, a companheira, o companheiro e o filho não emancipado, de qualquer condição, menor de 21 (vinte e um) anos ou inválido ou que tenha deficiência intelectual ou mental ou deficiência grave;

....

III — o irmão não emancipado, de qualquer condição, menor de 21 (vinte e um) anos ou inválido ou que tenha deficiência intelectual ou mental ou deficiência grave;

.........." (NR)

"Art. 77. ....

....

§ 2º ....

II — para o filho, a pessoa a ele equiparada ou o irmão, de ambos os sexos, pela emancipação ou ao completar 21 (vinte e um) anos de idade, salvo se for inválido ou tiver deficiência intelectual ou mental ou deficiência grave;

....

§ 4º (VETADO).

.........." (NR)

"Art. 93. (VETADO):

I — (VETADO);

II — (VETADO);

III — (VETADO);

IV — (VETADO);

V — (VETADO).

§ 1º A dispensa de pessoa com deficiência ou de beneficiário reabilitado da Previdência Social ao final de contrato por prazo determinado de mais de 90 (noventa) dias e a dispensa imotivada em contrato por prazo indeterminado somente poderão ocorrer após a contratação de outro trabalhador com deficiência ou beneficiário reabilitado da Previdência Social.

§ 2º Ao Ministério do Trabalho e Emprego incumbe estabelecer a sistemática de fiscalização, bem como gerar dados e estatísticas sobre o total de empregados e as vagas preenchidas por pessoas com deficiência e por beneficiários reabilitados da Previdência Social, fornecendo-os, quando solicitados, aos sindicatos, às entidades representativas dos empregados ou aos cidadãos interessados.

§ 3º Para a reserva de cargos será considerada somente a contratação direta de pessoa com deficiência, excluído o aprendiz com deficiência de que trata a Consolidação das Leis do Trabalho (CLT), aprovada pelo Decreto-Lei n. 5.452, de 1º de maio de 1943.

§ 4º (VETADO). (NR)

"Art. 110-A. No ato de requerimento de benefícios operacionalizados pelo INSS, não será exigida apresentação de termo de curatela de titular ou de beneficiário com deficiência, observados os procedimentos a serem estabelecidos em regulamento."

Art. 102. O art. 2º da Lei n. 8.313, de 23 de dezembro de 1991, passa a vigorar acrescido do seguinte § 3º:

"Art. 2º ....

....

§ 3º Os incentivos criados por esta Lei somente serão concedidos a projetos culturais que forem disponibilizados, sempre que tecnicamente possível, também em formato acessível à pessoa com deficiência, observado o disposto em regulamento." (NR)

Art. 103. O art. 11 da Lei n. 8.429, de 2 de junho de 1992, passa a vigorar acrescido do seguinte inciso IX:

"Art. 11. ....

....

IX — deixar de cumprir a exigência de requisitos de acessibilidade previstos na legislação." (NR)

Art. 104. A Lei n. 8.666, de 21 de junho de 1993, passa a vigorar com as seguintes alterações:

"Art. 3º ....

....

§ 2º ....

....

V — produzidos ou prestados por empresas que comprovem cumprimento de reserva de cargos prevista em lei para pessoa com deficiência ou para reabilitado da Previdência Social e que atendam às regras de acessibilidade previstas na legislação.

....

§ 5º Nos processos de licitação, poderá ser estabelecida margem de preferência para:

I — produtos manufaturados e para serviços nacionais que atendam a normas técnicas brasileiras; e

II — bens e serviços produzidos ou prestados por empresas que comprovem cumprimento de reserva de cargos prevista em lei para pessoa com deficiência ou para reabilitado da Previdência Social e que atendam às regras de acessibilidade previstas na legislação.

.........." (NR)

"Art. 66-A. As empresas enquadradas no inciso V do § 2º e no inciso II do § 5º do art. 3º desta Lei deverão cumprir, durante todo o período de execução do contrato, a reserva de cargos prevista em lei para pessoa com deficiência ou para reabilitado da Previdência Social, bem como as regras de acessibilidade previstas na legislação.

Parágrafo único. Cabe à administração fiscalizar o cumprimento dos requisitos de acessibilidade nos serviços e nos ambientes de trabalho."

Art. 105. O art. 20 da Lei n. 8.742, de 7 de dezembro de 1993, passa a vigorar com as seguintes alterações:

"Art. 20. ....

....

§ 2º Para efeito de concessão do benefício de prestação continuada, considera-se pessoa com deficiência aquela que tem impedimento de longo prazo de natureza física, mental, intelectual ou sensorial, o qual, em interação com uma ou mais barreiras, pode obstruir sua participação plena e efetiva na sociedade em igualdade de condições com as demais pessoas.

....

§ 9º Os rendimentos decorrentes de estágio supervisionado e de aprendizagem não serão computados para os fins de cálculo da renda familiar *per capita* a que se refere o § 3º deste artigo.

....

§ 11. Para concessão do benefício de que trata o *caput* deste artigo, poderão ser utilizados outros elementos probatórios da condição de miserabilidade do grupo familiar e da situação de vulnerabilidade, conforme regulamento." (NR)

Art. 106. (VETADO).

Art. 107. A Lei n. 9.029, de 13 de abril de 1995, passa a vigorar com as seguintes alterações:

"Art. 1º É proibida a adoção de qualquer prática discriminatória e limitativa para efeito de acesso à relação de trabalho, ou de sua manutenção, por motivo de sexo, origem, raça, cor, estado civil, situação familiar, deficiência, reabilitação profissional, idade, entre outros, ressalvadas, nesse caso, as hipóteses de proteção à criança e ao adolescente previstas no inciso XXXIII do art. 7º da Constituição Federal." (NR)

"Art. 3º Sem prejuízo do prescrito no art. 2º desta Lei e nos dispositivos legais que tipificam os crimes resultantes de preconceito de etnia, raça, cor ou deficiência, as infrações ao disposto nesta Lei são passíveis das seguintes cominações:

...." (NR)

"Art. 4º ....

I — a reintegração com ressarcimento integral de todo o período de afastamento, mediante pagamento das remunerações devidas, corrigidas monetariamente e acrescidas de juros legais;

...." (NR)

Art. 108. O art. 35 da Lei n. 9.250, de 26 de dezembro de 1995, passa a vigorar acrescido do seguinte § 5º:

"Art. 35. ....

....

§ 5º Sem prejuízo do disposto no inciso IX do parágrafo único do art. 3º da Lei n. 10.741, de 1º de outubro de 2003, a pessoa com deficiência, ou o contribuinte que tenha dependente nessa condição, tem preferência na restituição referida no inciso III do art. 4º e na alínea "c" do inciso II do art. 8º." (NR)

Art. 109. A Lei n. 9.503, de 23 de setembro de 1997 (Código de Trânsito Brasileiro), passa a vigorar com as seguintes alterações:

"Art. 2º ....

....

Parágrafo único. Para os efeitos deste Código, são consideradas vias terrestres as praias abertas à circulação pública, as vias internas pertencentes aos condomínios constituídos por unidades autônomas e as vias e áreas de estacionamento de estabelecimentos privados de uso coletivo." (NR)

"Art. 86-A. As vagas de estacionamento regulamentado de que trata o inciso XVII do art. 181 desta Lei deverão ser sinalizadas com as respectivas placas indicativas de destinação e com placas informando os dados sobre a infração por estacionamento indevido."

"Art. 147-A. Ao candidato com deficiência auditiva é assegurada acessibilidade de comunicação, mediante emprego de tecnologias assistivas ou de ajudas técnicas em todas as etapas do processo de habilitação.

§ 1º O material didático audiovisual utilizado em aulas teóricas dos cursos que precedem os exames previstos no art. 147 desta Lei deve ser acessível, por meio de subtitulação com legenda oculta associada à tradução simultânea em Libras.

§ 2º É assegurado também ao candidato com deficiência auditiva requerer, no ato de sua inscrição, os serviços de intérprete da Libras, para acompanhamento em aulas práticas e teóricas."

"Art. 154. (VETADO)."

"Art. 181. ....

....

XVII — ....

Infração — grave;

...." (NR)

Art. 110. O inciso VI e o § 1º do art. 56 da Lei n. 9.615, de 24 de março de 1998, passam a vigorar com a seguinte redação:

"Art. 56. ....

....

VI — 2,7% (dois inteiros e sete décimos por cento) da arrecadação bruta dos concursos de prognósticos e loterias federais e similares cuja realização estiver sujeita a autorização federal, deduzindo-se esse valor do montante destinado aos prêmios;

....

§ 1º Do total de recursos financeiros resultantes do percentual de que trata o inciso VI do *caput*, 62,96% (sessenta e dois inteiros e noventa e seis centésimos por cento) serão destinados ao Comitê Olímpico Brasileiro (COB) e 37,04% (trinta e sete inteiros e quatro centésimos por cento) ao Comitê Paralímpico Brasileiro (CPB), devendo ser observado, em ambos os casos, o conjunto de normas aplicáveis à celebração de convênios pela União.

...." (NR)

Art. 111. O art. 1º da Lei n. 10.048, de 8 de novembro de 2000, passa a vigorar com a seguinte redação:

"Art. 1º As pessoas com deficiência, os idosos com idade igual ou superior a 60 (sessenta) anos, as gestantes, as lactantes, as pessoas com crianças de colo e os obesos terão atendimento prioritário, nos termos desta Lei." (NR)

Art. 112. A Lei n. 10.098, de 19 de dezembro de 2000, passa a vigorar com as seguintes alterações:

"Art. 2º ....

....

I — acessibilidade: possibilidade e condição de alcance para utilização, com segurança e autonomia, de espaços, mobiliários, equipamentos urbanos, edificações, transportes, informação e comunicação, inclusive seus sistemas e tecnologias, bem como de outros serviços e instalações abertos ao público, de uso público ou privados de uso coletivo, tanto na zona urbana como na rural, por pessoa com deficiência ou com mobilidade reduzida;

II — barreiras: qualquer entrave, obstáculo, atitude ou comportamento que limite ou impeça a participação social da pessoa, bem como o gozo, a fruição e o exercício de seus direitos à acessibilidade, à liberdade de movimento e de expressão, à comunicação, ao acesso à informação, à compreensão, à circulação com segurança, entre outros, classificadas em:

a) barreiras urbanísticas: as existentes nas vias e nos espaços públicos e privados abertos ao público ou de uso coletivo;

b) barreiras arquitetônicas: as existentes nos edifícios públicos e privados;

c) barreiras nos transportes: as existentes nos sistemas e meios de transportes;

d) barreiras nas comunicações e na informação: qualquer entrave, obstáculo, atitude ou comportamento que dificulte ou impossibilite a expressão ou o recebimento de mensagens e de informações por intermédio de sistemas de comunicação e de tecnologia da informação;

III — pessoa com deficiência: aquela que tem impedimento de longo prazo de natureza física, mental, intelectual ou sensorial, o qual, em interação com uma ou mais barreiras, pode obstruir sua participação plena e efetiva na sociedade em igualdade de condições com as demais pessoas;

IV — pessoa com mobilidade reduzida: aquela que tenha, por qualquer motivo, dificuldade de movimentação, permanente ou temporária, gerando redução efetiva da mobilidade, da flexibilidade, da coordenação motora ou da percepção, incluindo idoso, gestante, lactante, pessoa com criança de colo e obeso;

V — acompanhante: aquele que acompanha a pessoa com deficiência, podendo ou não desempenhar as funções de atendente pessoal;

VI — elemento de urbanização: quaisquer componentes de obras de urbanização, tais como os referentes a pavimentação, saneamento, encanamento para esgotos, distribuição de energia elétrica e de gás, iluminação pública, serviços de comunicação, abastecimento e distribuição de água, paisagismo e os que materializam as indicações do planejamento urbanístico;

VII — mobiliário urbano: conjunto de objetos existentes nas vias e nos espaços públicos, superpostos ou adicionados aos elementos de urbanização ou de edificação, de forma que sua modificação ou seu traslado não provoque alterações substanciais nesses elementos, tais como semáforos, postes de sinalização e similares, terminais e pontos de acesso coletivo às telecomunicações, fontes de água, lixeiras, toldos, marquises, bancos, quiosques e quaisquer outros de natureza análoga;

VIII — tecnologia assistiva ou ajuda técnica: produtos, equipamentos, dispositivos, recursos, metodologias, estratégias, práticas e serviços que objetivem promover a funcionalidade, relacionada à atividade e à participação da pessoa com deficiência ou com mobilidade reduzida, visando à sua autonomia, independência, qualidade de vida e inclusão social;

IX — comunicação: forma de interação dos cidadãos que abrange, entre outras opções, as línguas, inclusive a Língua Brasileira de Sinais (Libras), a visualização de textos, o Braille, o sistema de sinalização ou de comunicação tátil, os caracteres ampliados, os dispositivos multimídia, assim como a linguagem simples, escrita e oral, os sistemas auditivos e os meios de voz digitalizados e os modos, meios e formatos aumentativos e alternativos de comunicação, incluindo as tecnologias da informação e das comunicações;

X — desenho universal: concepção de produtos, ambientes, programas e serviços a serem usados por todas as pessoas, sem necessidade de adaptação ou de projeto específico, incluindo os recursos de tecnologia assistiva." (NR)

"Art. 3º O planejamento e a urbanização das vias públicas, dos parques e dos demais espaços de uso público deverão ser concebidos e executados de forma a torná-los acessíveis para todas as pessoas, inclusive para aquelas com deficiência ou com mobilidade reduzida.

Parágrafo único. O passeio público, elemento obrigatório de urbanização e parte da via pública, normalmente segregado e em nível diferente, destina-se somente à circulação de pedestres e, quando possível, à implantação de mobiliário urbano e de vegetação." (NR)

"Art. 9º ....

....

Parágrafo único. Os semáforos para pedestres instalados em vias públicas de grande circulação, ou que deem acesso aos serviços de reabilitação, devem obrigatoriamente estar equipados com mecanismo que emita sinal sonoro suave para orientação do pedestre." (NR)

"Art. 10-A. A instalação de qualquer mobiliário urbano em área de circulação comum para pedestre que ofereça risco de acidente à pessoa com deficiência deverá ser indicada mediante sinalização tátil de alerta no piso, de acordo com as normas técnicas pertinentes."

"Art. 12-A. Os centros comerciais e os estabelecimentos congêneres devem fornecer carros e cadeiras de rodas, motorizados ou não, para o atendimento da pessoa com deficiência ou com mobilidade reduzida."

Art. 113. A Lei n. 10.257, de 10 de julho de 2001 (Estatuto da Cidade), passa a vigorar com as seguintes alterações:

"Art. 3º ....

....

III — promover, por iniciativa própria e em conjunto com os Estados, o Distrito Federal e os Municípios, programas de construção de moradias e melhoria das condições habitacionais, de saneamento básico, das calçadas, dos passeios públicos, do mobiliário urbano e dos demais espaços de uso público;

IV — instituir diretrizes para desenvolvimento urbano, inclusive habitação, saneamento básico, transporte e mobilidade urbana, que incluam regras de acessibilidade aos locais de uso público;

...." (NR)

"Art. 41. ....

....

§ 3º As cidades de que trata o *caput* deste artigo devem elaborar plano de rotas acessíveis, compatível com o plano diretor no qual está inserido, que disponha sobre os passeios públicos a serem implantados ou reformados pelo poder público, com vistas a garantir acessibilidade da pessoa com deficiência ou com mobilidade reduzida a todas as rotas e vias existentes, inclusive as que concentrem os focos geradores de maior circulação de pedestres, como os órgãos públicos e os locais de prestação de serviços públicos e privados de saúde, educação, assistência social, esporte, cultura, correios e telégrafos, bancos, entre outros, sempre que possível de maneira integrada com os sistemas de transporte coletivo de passageiros." (NR)

Art. 114. A Lei n. 10.406, de 10 de janeiro de 2002 (Código Civil), passa a vigorar com as seguintes alterações:

"Art. 3º São absolutamente incapazes de exercer pessoalmente os atos da vida civil os menores de 16 (dezesseis) anos.

I — (Revogado);

II — (Revogado);

III — (Revogado)." (NR)

"Art. 4º São incapazes, relativamente a certos atos ou à maneira de os exercer:

....

II — os ébrios habituais e os viciados em tóxico;

III — aqueles que, por causa transitória ou permanente, não puderem exprimir sua vontade;

....

Parágrafo único. A capacidade dos indígenas será regulada por legislação especial." (NR)

"Art. 228. ....

....

II — (Revogado);

III — (Revogado);

....

§ 1º ....

§ 2º A pessoa com deficiência poderá testemunhar em igualdade de condições com as demais pessoas, sendo-lhe assegurados todos os recursos de tecnologia assistiva." (NR)

"Art. 1.518. Até a celebração do casamento podem os pais ou tutores revogar a autorização." (NR)

"Art. 1.548. ....

....

I — (Revogado);

...." (NR)

"Art. 1.550. ....

....

§ 1º ....

§ 2º A pessoa com deficiência mental ou intelectual em idade núbia poderá contrair matrimônio, expressando sua vontade diretamente ou por meio de seu responsável ou curador." (NR)

"Art. 1.557. ....

....

III — a ignorância, anterior ao casamento, de defeito físico irremediável que não caracterize deficiência ou de moléstia grave e transmissível, por contágio ou por herança, capaz de pôr em risco a saúde do outro cônjuge ou de sua descendência;

IV — (Revogado)." (NR)

"Art. 1.767. ....

....

I — aqueles que, por causa transitória ou permanente, não puderem exprimir sua vontade;

II — (Revogado);

III — os ébrios habituais e os viciados em tóxico;

IV — (Revogado);

...." (NR)

"Art. 1.768. O processo que define os termos da curatela deve ser promovido:

....

IV — pela própria pessoa." (NR)

"Art. 1.769. O Ministério Público somente promoverá o processo que define os termos da curatela:

I — nos casos de deficiência mental ou intelectual;

....

III — se, existindo, forem menores ou incapazes as pessoas mencionadas no inciso II." (NR)

"Art. 1.771. Antes de se pronunciar acerca dos termos da curatela, o juiz, que deverá ser assistido por equipe multidisciplinar, entrevistará pessoalmente o interditando." (NR)

"Art. 1.772. O juiz determinará, segundo as potencialidades da pessoa, os limites da curatela, circunscritos às restrições constantes do art. 1.782, e indicará curador.

Parágrafo único. Para a escolha do curador, o juiz levará em conta a vontade e as preferências do interditando, a ausência de conflito de interesses e de influência indevida, a proporcionalidade e a adequação às circunstâncias da pessoa." (NR)

"Art. 1.775-A. Na nomeação de curador para a pessoa com deficiência, o juiz poderá estabelecer curatela compartilhada a mais de uma pessoa."

"Art. 1.777. As pessoas referidas no inciso I do art. 1.767 receberão todo o apoio necessário para ter preservado o direito à convivência familiar e comunitária, sendo evitado o seu recolhimento em estabelecimento que os afaste desse convívio." (NR)

Art. 115. O Título IV do Livro IV da Parte Especial da Lei n. 10.406, de 10 de janeiro de 2002 (Código Civil), passa a vigorar com a seguinte redação:

"TÍTULO IV

Da Tutela, da Curatela e da Tomada de Decisão Apoiada"

Art. 116. O Título IV do Livro IV da Parte Especial da Lei n. 10.406, de 10 de janeiro de 2002 (Código Civil), passa a vigorar acrescido do seguinte Capítulo III:

"Capítulo III

Da Tomada de Decisão Apoiada

Art. 1.783-A. A tomada de decisão apoiada é o processo pelo qual a pessoa com deficiência elege pelo menos 2 (duas) pessoas idôneas, com as quais mantenha vínculos e que gozem de sua confiança, para prestar-lhe apoio na tomada de decisão sobre atos da vida civil, fornecendo-lhes os elementos e informações necessários para que possa exercer sua capacidade.

§ 1º Para formular pedido de tomada de decisão apoiada, a pessoa com deficiência e os apoiadores devem apresentar termo em que constem os limites do apoio a ser oferecido e os compromissos dos apoiadores, inclusive o prazo de vigência do acordo e o respeito à vontade, aos direitos e aos interesses da pessoa que devem apoiar.

§ 2º O pedido de tomada de decisão apoiada será requerido pela pessoa a ser apoiada, com indicação expressa das pessoas aptas a prestarem o apoio previsto no *caput* deste artigo.

§ 3º Antes de se pronunciar sobre o pedido de tomada de decisão apoiada, o juiz, assistido por equipe multidisciplinar, após oitiva do Ministério Público, ouvirá pessoalmente o requerente e as pessoas que lhe prestarão apoio.

§ 4º A decisão tomada por pessoa apoiada terá validade e efeitos sobre terceiros, sem restrições, desde que esteja inserida nos limites do apoio acordado.

§ 5º Terceiro com quem a pessoa apoiada mantenha relação negocial pode solicitar que os apoiadores contra-assinem o contrato ou acordo, especificando, por escrito, sua função em relação ao apoiado.

§ 6º Em caso de negócio jurídico que possa trazer risco ou prejuízo relevante, havendo divergência de opiniões entre a pessoa apoiada e um dos apoiadores, deverá o juiz, ouvido o Ministério Público, decidir sobre a questão.

§ 7º Se o apoiador agir com negligência, exercer pressão indevida ou não adimplir as obrigações assumidas, poderá a pessoa apoiada ou qualquer pessoa apresentar denúncia ao Ministério Público ou ao juiz.

§ 8º Se procedente a denúncia, o juiz destituirá o apoiador e nomeará, ouvida a pessoa apoiada e se for de seu interesse, outra pessoa para prestação de apoio.

§ 9º A pessoa apoiada pode, a qualquer tempo, solicitar o término de acordo firmado em processo de tomada de decisão apoiada.

§ 10. O apoiador pode solicitar ao juiz a exclusão de sua participação do processo de tomada de decisão apoiada, sendo seu desligamento condicionado à manifestação do juiz sobre a matéria.

§ 11. Aplicam-se à tomada de decisão apoiada, no que couber, as disposições referentes à prestação de contas na curatela."

Art. 117. O art. 1º da Lei n. 11.126, de 27 de junho de 2005, passa a vigorar com a seguinte redação:

"Art. 1º É assegurado à pessoa com deficiência visual acompanhada de cão-guia o direito de ingressar e de permanecer com o animal em todos os meios de transporte e em estabelecimentos abertos ao público, de uso público e privados de uso coletivo, desde que observadas as condições impostas por esta Lei.

....

§ 2º O disposto no *caput* deste artigo aplica-se a todas as modalidades e jurisdições do serviço de transporte coletivo de passageiros, inclusive em esfera internacional com origem no território brasileiro." (NR)

Art. 118. O inciso IV do art. 46 da Lei n. 11.904, de 14 de janeiro de 2009, passa a vigorar acrescido da seguinte alínea "k":

"Art. 46. ....

....

IV — ....

k) de acessibilidade a todas as pessoas.

...." (NR)

Art. 119. A Lei n. 12.587, de 3 de janeiro de 2012, passa a vigorar acrescida do seguinte art. 12-B:

"Art. 12-B. Na outorga de exploração de serviço de táxi, reservar-se-ão 10% (dez por cento) das vagas para condutores com deficiência.

§ 1º Para concorrer às vagas reservadas na forma do *caput* deste artigo, o condutor com deficiência deverá observar os seguintes requisitos quanto ao veículo utilizado:

I — ser de sua propriedade e por ele conduzido; e

II — estar adaptado às suas necessidades, nos termos da legislação vigente.

§ 2º No caso de não preenchimento das vagas na forma estabelecida no *caput* deste artigo, as remanescentes devem ser disponibilizadas para os demais concorrentes."

Art. 120. Cabe aos órgãos competentes, em cada esfera de governo, a elaboração de relatórios circunstanciados sobre o cumprimento dos prazos estabelecidos por força das Leis n. 10.048, de 8 de novembro de 2000, e n. 10.098, de 19 de dezembro de 2000, bem como o seu encaminhamento ao Ministério Público e aos órgãos de regulação para adoção das providências cabíveis.

PARÁGRAFO ÚNICO. Os relatórios a que se refere o *caput* deste artigo deverão ser apresentados no prazo de 1 (um) ano a contar da entrada em vigor desta Lei.

Art. 121. Os direitos, os prazos e as obrigações previstos nesta Lei não excluem os já estabelecidos em outras legislações, inclusive em pactos, tratados, convenções e declarações internacionais aprovados e promulgados pelo Congresso Nacional, e devem ser aplicados em conformidade com as demais normas internas e acordos internacionais vinculantes sobre a matéria.

PARÁGRAFO ÚNICO. Prevalecerá a norma mais benéfica à pessoa com deficiência.

Art. 122. Regulamento disporá sobre a adequação do disposto nesta Lei ao tratamento diferenciado, simplificado e favorecido a ser dispensado às microempresas e às empresas de pequeno porte, previsto no § 3º do art. 1º da Lei Complementar n. 123, de 14 de dezembro de 2006.

Art. 123. Revogam-se os seguintes dispositivos:

I — o inciso II do § 2º do art. 1º da Lei n. 9.008, de 21 de março de 1995;

II — os incisos I, II e III do art. 3º da Lei n. 10.406, de 10 de janeiro de 2002 (Código Civil);

III — os incisos II e III do art. 228 da Lei n. 10.406, de 10 de janeiro de 2002 (Código Civil);

IV — o inciso I do art. 1.548 da Lei n. 10.406, de 10 de janeiro de 2002 (Código Civil);

V — o inciso IV do art. 1.557 da Lei n. 10.406, de 10 de janeiro de 2002 (Código Civil);

VI — os incisos II e IV do art. 1.767 da Lei n. 10.406, de 10 de janeiro de 2002 (Código Civil);

VII — os arts. 1.776 e 1.780 da Lei n. 10.406, de 10 de janeiro de 2002 (Código Civil).

Art. 124. O § 1º do art. 2º desta Lei deverá entrar em vigor em até 2 (dois) anos, contados da entrada em vigor desta Lei.

Art. 125. Devem ser observados os prazos a seguir discriminados, a partir da entrada em vigor desta Lei, para o cumprimento dos seguintes dispositivos:

I — incisos I e II do § 2º do art. 28, 48 (quarenta e oito) meses;

II — § 6º do art. 44, 48 (quarenta e oito) meses;

III — art. 45, 24 (vinte e quatro) meses;

IV — art. 49, 48 (quarenta e oito) meses.

Art. 126. Prorroga-se até 31 de dezembro de 2021 a vigência da Lei n. 8.989, de 24 de fevereiro de 1995.

Art. 127. Esta Lei entra em vigor após decorridos 180 (cento e oitenta) dias de sua publicação oficial.

Brasília, 6 de julho de 2015; 194º da Independência e 127º da República.

DILMA ROUSSEFF
MARIVALDO DE CASTRO PEREIRA
JOAQUIM VIEIRA FERREIRA LEVY
RENATO JANINE RIBEIRO
ARMANDO MONTEIRO
NELSON BARBOSA
GILBERTO KASSAB
LUIS INÁCIO LUCENA ADAMS
GILBERTO JOSÉ SPIER VARGAS
GUILHERME AFIF DOMINGOS

LEI COMPLEMENTAR N. 142, DE 8 DE MAIO DE 2013

(DOU 9.5.2013)

Regulamenta o § 1º do art. 201 da Constituição Federal, no tocante à aposentadoria da pessoa com deficiência segurada do Regime Geral de Previdência Social — RGPS

A PRESIDENTA DA REPÚBLICA

Faço saber que o Congresso Nacional decreta e eu sanciono a seguinte Lei Complementar:

Art. 1º Esta Lei Complementar regulamenta a concessão de aposentadoria da pessoa com deficiência segurada do Regime Geral de Previdência Social — RGPS de que trata o § 1º do art. 201 da Constituição Federal.

Art. 2º Para o reconhecimento do direito à aposentadoria de que trata esta Lei Complementar, considera-se pessoa com deficiência aquela que tem impedimentos de longo prazo de natureza física, mental, intelectual ou sensorial, os quais, em interação com diversas barreiras, podem obstruir sua participação plena e efetiva na sociedade em igualdade de condições com as demais pessoas.

Art. 3º É assegurada a concessão de aposentadoria pelo RGPS ao segurado com deficiência, observadas as seguintes condições:

I — aos 25 (vinte e cinco) anos de tempo de contribuição, se homem, e 20 (vinte) anos, se mulher, no caso de segurado com deficiência grave;

II — aos 29 (vinte e nove) anos de tempo de contribuição, se homem, e 24 (vinte e quatro) anos, se mulher, no caso de segurado com deficiência moderada;

III — aos 33 (trinta e três) anos de tempo de contribuição, se homem, e 28 (vinte e oito) anos, se mulher, no caso de segurado com deficiência leve; ou

IV — aos 60 (sessenta) anos de idade, se homem, e 55 (cinquenta e cinco) anos de idade, se mulher, independentemente do grau de deficiência, desde que cumprido tempo mínimo de contribuição de 15 (quinze) anos e comprovada a existência de deficiência durante igual período.

PARÁGRAFO ÚNICO. Regulamento do Poder Executivo definirá as deficiências grave, moderada e leve para os fins desta Lei Complementar.

Art. 4º A avaliação da deficiência será médica e funcional, nos termos do Regulamento.

Art. 5º O grau de deficiência será atestado por perícia própria do Instituto Nacional do Seguro Social — INSS, por meio de instrumentos desenvolvidos para esse fim.

Art. 6º A contagem de tempo de contribuição na condição de segurado com deficiência será objeto de comprovação, exclusivamente, na forma desta Lei Complementar.

§ 1º A existência de deficiência anterior à data da vigência desta Lei Complementar deverá ser certificada, inclusive quanto ao seu grau, por ocasião da primeira avaliação, sendo obrigatória a fixação da data provável do início da deficiência.

§ 2º A comprovação de tempo de contribuição na condição de segurado com deficiência em período anterior à entrada em vigor desta Lei Complementar não será admitida por meio de prova exclusivamente testemunhal.

Art. 7º Se o segurado, após a filiação ao RGPS, tornar-se pessoa com deficiência, ou tiver seu grau de deficiência alterado, os parâmetros mencionados no art. 3º serão proporcionalmente ajustados, considerando-se o número de anos em que o segurado exerceu atividade laboral sem deficiência e com deficiência, observado o grau de deficiência correspondente, nos termos do regulamento a que se refere o parágrafo único do art. 3º desta Lei Complementar.

Art. 8º A renda mensal da aposentadoria devida ao segurado com deficiência será calculada aplicando-se sobre o salário de benefício, apurado em conformidade com o disposto no art. 29 da Lei n. 8.213, de 24 de julho de 1991, os seguintes percentuais:

I — 100% (cem por cento), no caso da aposentadoria de que tratam os incisos I, II e III do art. 3º; ou

II — 70% (setenta por cento) mais 1% (um por cento) do salário de benefício por grupo de 12 (doze) contribuições mensais até o máximo de 30% (trinta por cento), no caso de aposentadoria por idade.

Art. 9º Aplicam-se à pessoa com deficiência de que trata esta Lei Complementar:

I — o fator previdenciário nas aposentadorias, se resultar em renda mensal de valor mais elevado;

II — a contagem recíproca do tempo de contribuição na condição de segurado com deficiência relativo à filiação ao RGPS, ao regime próprio de previdência do servidor público ou a regime de previdência militar, devendo os regimes compensar-se financeiramente;

III — as regras de pagamento e de recolhimento das contribuições previdenciárias contidas na Lei n. 8.212, de 24 de julho de 1991;

IV — as demais normas relativas aos benefícios do RGPS;

V — a percepção de qualquer outra espécie de aposentadoria estabelecida na Lei n. 8.213, de 24 de julho de 1991, que lhe seja mais vantajosa do que as opções apresentadas nesta Lei Complementar.

Art. 10. A redução do tempo de contribuição prevista nesta Lei Complementar não poderá ser acumulada, no tocante ao mesmo período contributivo, com a redução assegurada aos casos de atividades exercidas sob condições especiais que prejudiquem a saúde ou a integridade física.

Art. 11. Esta Lei Complementar entra em vigor após decorridos 6 (seis) meses de sua publicação oficial.

Brasília, 8 de maio de 2013; 192º da Independência e 125º da República.

DILMA ROUSSEFF
MIRIAM BELCHIOR
GARIBALDI ALVES FILHO
MARIA DO ROSÁRIO NUNES

INSTRUÇÃO NORMATIVA SIT/MTE N. 98, DE 15 DE AGOSTO DE 2012

(DOU 16.8.2012 E RETIF. DOU 22.8.2012)

Dispõe sobre procedimentos de fiscalização do cumprimento, por parte dos empregadores, das normas destinadas à inclusão no trabalho das pessoas com deficiência e beneficiários da previdência social reabilitados

A SECRETÁRIA DE INSPEÇÃO DO TRABALHO no uso da competência prevista no inciso XIII do art. 14 do Anexo I do Decreto n. 5.063, de 3 de maio de 2004, e em face do disposto no art. 36 do Decreto n. 3.298, de 20 de dezembro de 1999, resolve:

Art. 1º Estabelecer os procedimentos da fiscalização da inclusão de pessoas com deficiência e beneficiários da Previdência Social reabilitados no mercado de trabalho, com vistas a assegurar o exercício pleno e equânime do direito ao trabalho e a promoção do respeito à dignidade da pessoa humana, conforme estabelece a Convenção sobre os Direitos das Pessoas com Deficiência e seu Protocolo Facultativo, promulgados por meio do Decreto n. 6.949, de 25 de agosto de 2009.

Seção I
Da Fiscalização da Reserva Legal de Cargos para Pessoa com Deficiência

Art. 2º As Superintendências Regionais do Trabalho e Emprego — SRTE, por meio da Auditoria Fiscal do Trabalho, devem realizar ações de fiscalização do cumprimento da reserva de cargos para pessoas com deficiência ou reabilitadas, na forma do art. 93 da Lei n. 8.213, de 24 de julho de 1991, observadas as diretrizes da Secretaria de Inspeção do Trabalho.

§ 1º A execução, coordenação, monitoramento e avaliação das ações fiscais serão realizados por meio do Projeto Estadual de Inclusão no Mercado de Trabalho de Pessoas com Deficiência ou Reabilitadas, observados o planejamento aprovado pelas chefias de fiscalização e as diretrizes da Secretaria de Inspeção do Trabalho.

§ 2º As coordenações nacional e estaduais do Projeto devem se articular com as entidades e instituições públicas e privadas atuantes na inclusão de pessoas com deficiência ou reabilitadas.

Art. 3º A ação fiscal para a verificação do cumprimento da reserva legal de cargos competirá à SRTE em cuja circunscrição territorial estiver instalada a matriz da empresa, na modalidade direta ou indireta, abrangendo todos os estabelecimentos, inclusive aqueles situados em outras Unidades da Federação — UF.

§ 1º Constatado indício de descumprimento da reserva legal, a fiscalização poderá ser centralizada, excepcionalmente, por outra SRTE em cuja circunscrição exista estabelecimento da empresa.

§ 2º Para a centralização prevista no § 1º, o Auditor Fiscal do Trabalho — AFT que constatou a situação deve solicitar, por meio do Sistema Federal de Inspeção do Trabalho — SFIT, autorização à Superintendência Regional do Trabalho e Emprego da localidade em que se encontra a matriz da empresa, e dar ciência do fato ao coordenador de projeto de sua SRTE.

§ 3º Autorizada a centralização, o AFT solicitante será responsável pela fiscalização da matriz e de todos os estabelecimentos da empresa, inclusive os localizados nas demais UF.

§ 4º Caso não seja autorizada a centralização, o AFT deve se abster de fiscalizar o cumprimento da reserva de cargos para pessoas com deficiência ou reabilitadas e encaminhar relatório circunstanciado à SRTE do estado em que se situa a matriz da empresa, na hipótese de ser constatada irregularidade grave na inclusão dos trabalhadores com deficiência ou reabilitadas.

Art. 4º Independentemente da existência de ação fiscal centralizada em andamento, qualquer estabelecimento poderá ser fiscalizado pela SRTE da sua circunscrição, relativamente a eventuais irregularidades quanto a outras normas de proteção ao trabalho, inclusive as relativas às pessoas com deficiência ou reabilitadas.

Art. 5º O AFT deve verificar se a empresa com cem ou mais empregados preenche o percentual de dois a cinco por cento de seus cargos com pessoas com deficiência ou com beneficiários reabilitados da Previdência Social, na seguinte proporção:

I — de cem a duzentos empregados, dois por cento;

II — de duzentos e um a quinhentos empregados, três por cento;

III — de quinhentos e um a mil empregados, quatro por cento;

IV — mais de mil empregados, cinco por cento.

§ 1º Para efeito de aferição dos percentuais dispostos no *caput*, será considerado o número de empregados da totalidade dos estabelecimentos da empresa.

§ 2º Para as empresas que apresentem variações sazonais no quantitativo de empregados, a fiscalização poderá utilizar, para a composição da base de cálculo da cota a ser cumprida, a média aritmética da totalidade de empregados existentes ao final de cada um dos doze últimos meses.

§ 3º As frações de unidade no cálculo de que trata o *caput* darão lugar à contratação de mais um trabalhador.

Art. 6º Nas ações fiscais para aferição do cumprimento da reserva legal de cargos, o AFT deve verificar se as dispensas dos empregados reabilitados ou com deficiência, ao final de contrato por prazo determinado superior a noventa dias, ou as dispensas imotivadas, nos contratos a prazo indeterminado, ocorreram mediante contratação prévia de substituto de condição semelhante, salvo quando a empresa mantiver atendido o cumprimento da reserva de cargos.

Seção II
Da Inclusão da Pessoa Com Deficiência

Art. 7º A caracterização da condição de pessoa com deficiência dar-se-á com base no Decreto n. 3.298, de 20 de dezembro de 1999, observados os dispositivos da Convenção sobre os Direitos da Pessoa com Deficiência.

PARÁGRAFO ÚNICO. Os empregados com contratos de trabalho celebrados antes das alterações promovidas pelo Decreto n. 5.296, de 2004, e que foram comprovadamente caracterizados com deficiência auditiva para fins de cumprimento da reserva legal de cargos segundo os critérios legais vigentes à época, serão considerados pessoas com deficiência pela fiscalização até a rescisão de seu contrato de trabalho.

Art. 8º Para fins de comprovação do enquadramento do empregado como pessoa com deficiência é necessária a apresentação de laudo elaborado por profissional de saúde de nível superior, preferencialmente habilitado na área de deficiência relacionada ou em saúde do trabalho, que deve contemplar as seguintes informações e requisitos mínimos:

I — identificação do trabalhador;

II — referência expressa quanto ao enquadramento nos critérios estabelecidos na legislação pertinente;

III — identificação do tipo de deficiência;

IV — descrição detalhada das alterações físicas, sensoriais, intelectuais e mentais e as interferências funcionais delas decorrentes;

V — data, identificação, número de inscrição no conselho regional de fiscalização da profissão correspondente e assinatura do profissional de saúde; e

VI — concordância do trabalhador para divulgação do laudo à Auditoria-Fiscal do Trabalho e ciência de seu enquadramento na reserva legal.

PARÁGRAFO ÚNICO. Nas hipóteses de deficiência auditiva, visual, intelectual ou mental serão exigidos, respectivamente, exame audiológico — audiometria, exame oftalmológico — acuidade visual com correção e campo visual, se for o caso, e avaliação intelectual ou mental especializada.

Art. 9º A comprovação do enquadramento na condição de segurado reabilitado da Previdência Social será realizada com a apresentação do Certificado de Reabilitação Profissional emitido pelo Instituto Nacional de Seguridade Social — INSS.

Art. 10. O AFT deve verificar, na Relação Anual de Informações Sociais — RAIS e no Cadastro Geral de Empregados e Desempregados — CAGED, a exatidão das informações prestadas referentes aos empregados com deficiência e reabilitados, inclusive quanto ao tipo de deficiência, e ainda a eventual condição de aprendiz e exigirá a regularização, caso identificado erro ou omissão quanto a essas informações.

PARÁGRAFO ÚNICO. Na hipótese de o empregado adquirir a deficiência ou a condição de reabilitado no curso do contrato de trabalho, o AFT deve orientar o empregador para fazer constar essa informação na RAIS, a partir do ano da ocorrência, e no CAGED, no caso de transferência ou desligamento do empregado.

Art. 11. No intuito de coibir práticas discriminatórias, o AFT deve verificar se está sendo garantido o direito ao trabalho das pessoas com deficiência ou reabilitadas, em condições de igualdade de oportunidades com as demais pessoas, com respeito a todas as questões relacionadas ao emprego, observando, dentre outros aspectos:

I — garantia de acesso às etapas de recrutamento, seleção, contratação e admissão, capacitação e ascensão profissional, sem ocorrência de exclusões de pessoas com base, a priori, na deficiência ou na condição de reabilitado;

II — distribuição, pela empresa, dos empregados com deficiência ou reabilitados nos diversos cargos, funções, postos de trabalho, setores e estabelecimentos, preferencialmente de forma proporcional, tendo como parâmetro as reais potencialidades individuais e as habilidades requeridas para a atividade;

III — manutenção no emprego;

IV — jornada de trabalho não diferenciada, salvo exceção prevista no § 2º do art. 35 do Decreto n. 3.298, de 1999;

V — remuneração equitativa;

VI — acessibilidade ampla; e

VII — condições de saúde e segurança adaptadas às necessidades dos empregados.

Art. 12. Quando do exame dos programas relativos à saúde e segurança, tais como o Programa de Prevenção de Riscos Ambientais — PPRA e o Programa de Controle Médico de Saúde Ocupacional — PCMSO, o AFT deve verificar se foram contempladas as medidas necessárias para garantir aos trabalhadores com deficiência e reabilitados condições de trabalho seguras e saudáveis e, da mesma maneira, verificar se a Comissão Interna de Prevenção de Acidentes — CIPA, quando obrigatória, acompanha a inclusão desses trabalhadores, inclusive documentando em ata esse acompanhamento.

Art. 13. Caberá ao AFT verificar se no processo de inclusão da pessoa com deficiência ou reabilitada a empresa promoveu as modificações dos postos de trabalho, da organização do trabalho e as condições ambientais, em conformidade com as necessidades do trabalhador, com garantia desde a acessibilidade arquitetônica até adaptações específicas de mobiliários, máquinas e equipamentos, dispositivos de segurança, utilização de tecnologias assistivas, ajudas técnicas, facilitação de comunicação, apoios e capacitação específica, dentre outros, de modo a eliminar as barreiras porventura existentes.

PARÁGRAFO ÚNICO. O AFT deve verificar a adaptação das condições de trabalho às características psicofisiológicas dos trabalhadores, de modo a proporcionar o máximo de conforto, segurança e desempenho eficiente, conforme estabelece a Norma Regulamentadora 17 — Ergonomia.

Art. 14. Havendo lavratura de autos de infração por desrespeito às normas protetivas do trabalho das pessoas com deficiência ou reabilitadas, o AFT deve:

I — consignar no histórico do auto de infração, na hipótese de não preenchimento integral da reserva legal prevista no *caput* do art. 93 da Lei n. 8.213, de 1991, o montante de pessoas com deficiência ou reabilitadas que deixaram de ser contratadas e o número de empregados que serviu de base para a aplicação do percentual legal, conforme previsto no art. 5º;

II — consignar no histórico do auto de infração, na hipótese de dispensa de empregado com deficiência ou reabilitado sem a antecedente contratação de substituto de condição semelhante, por término de contrato por prazo determinado superior a noventa dias, ou por dispensa imotivada, relativamente a contrato por prazo indeterminado, os nomes daqueles empregados dispensados e o número total de trabalhadores da empresa fiscalizada;

III — fundamentar o auto de infração, na hipótese de caracterização de prática discriminatória, conforme o caso, no disposto no inciso IV do art. 3º e no inciso IV e *caput* do art. 5º da Constituição Federal; nos arts. 2 e 27 da Convenção sobre os Direitos da Pessoa com Deficiência; no art. 1º da Lei n. 9.029, de 13 de abril de 1995; nos arts. 8º e 373-A da Consolidação das Leis do Trabalho — CLT, aprovada pelo Decreto-lei n. 5.452, de 1º de maio de 1943, e demais normas aplicáveis.

Seção III
Da Aprendizagem Profissional da Pessoa com Deficiência

Art. 15. O AFT deve incentivar as empresas e outras instituições para que promovam a participação das pessoas com deficiência nos programas de aprendizagem profissional, inclusive as beneficiárias do Benefício de Prestação Continuada — BPC da Lei Orgânica da Assistência Social — LOAS, com o objetivo de sua posterior contratação por prazo indeterminado, observando que:

I — as instituições públicas e privadas, que ministram educação profissional devem disponibilizar cursos profissionais de nível básico para as pessoas com deficiência, conforme prevê o § 2º do art. 28 do Decreto n. 3.298, de 1999;

II — os programas de aprendizagem profissional, em suas atividades teóricas e práticas, devem promover as adaptações e as medidas de apoio individualizadas, de forma a atender às necessidades de inclusão de todos os aprendizes;

III — para o aprendiz com deficiência devem ser consideradas, sobretudo, as habilidades e as competências relacionadas com a profissionalização e não a sua escolaridade;

IV — não há previsão de idade máxima para contratação da pessoa com deficiência como aprendiz, apenas o limite mínimo de quatorze anos, observadas as disposições legais de proteção ao trabalho dos adolescentes; e

V — as empresas poderão contratar aprendizes até o limite de quinze por cento das funções que demandem formação profissional.

Seção IV
Do Procedimento Especial para a Ação Fiscal da Inclusão de Pessoas com Deficiência ou Reabilitadas

Art. 16. Constatados motivos relevantes que impossibilitam ou dificultam o cumprimento da reserva legal de cargos para pessoas com deficiência ou reabilitadas, poderá ser instaurado o procedimento especial para ação fiscal, por empresa ou setor econômico, previsto no art. 627-A da CLT e nos arts. 27 a 29 do Decreto n. 4.552, de 27 de dezembro de 2002, observadas as disposições desta Instrução Normativa e da Instrução Normativa n. 23, de 23 de maio de 2001.

PARÁGRAFO ÚNICO. O procedimento especial para a ação fiscal da inclusão de pessoa com deficiência ou reabilitada será instaurado pelo AFT, com anuência do coordenador do Projeto e da chefia imediata.

Art. 17. O procedimento especial para a ação fiscal poderá resultar na lavratura de termo de compromisso, no qual serão estipuladas as obrigações assumidas pelas empresas ou setores econômicos compromissados e os prazos para seu cumprimento.

§ 1º Nas reuniões concernentes ao processo de discussão e elaboração do termo de compromisso é permitida a participação de entidades e instituições atuantes na inclusão das pessoas com deficiência, bem como entidades representativas das categorias dos segmentos econômicos e profissionais.

§ 2º O termo de compromisso deve conter, no mínimo, as seguintes obrigações por parte dos compromissados:

I — proibição de discriminação baseada na deficiência, com respeito às questões relacionadas com as formas de emprego, de acordo com o especificado no art. 11;

II — identificação das barreiras porventura existentes e promoção da acessibilidade em suas diversas formas, respeitadas as necessidades de cada pessoa;

III — promoção de campanhas internas de valorização da diversidade humana e de combate à discriminação e ao assédio;

IV — promoção de qualificação profissional da pessoa com deficiência ou reabilitada, preferencialmente na modalidade de aprendizagem; e

V — impossibilidade de dispensa de trabalhador reabilitado ou com deficiência, sem a prévia contratação de substituto de condição semelhante, na hipótese de término de contrato por prazo determinado de mais de noventa dias, ou dispensa imotivada em contrato por prazo indeterminado.

§ 3º O prazo máximo do termo de compromisso será de doze meses, excetuado o caso em que o cumprimento da reserva legal esteja condicionado ao desenvolvimento de programas de aprendizagem profissional de pessoas com deficiência, nos termos do art. 429 da CLT, caso em que o prazo máximo será de vinte e quatro meses.

§ 4º Em caráter excepcional, e em face de projetos específicos de inclusão e qualificação profissional ou dificuldades comprovadamente justificadas, os prazos estipulados no § 3º poderão ser ampliados, com observância aos procedimentos estabelecidos pelas normas de regência.

§ 5º O termo de compromisso deve estabelecer metas e cronogramas para o cumprimento da reserva legal de forma gradativa, devendo a empresa, a cada etapa estipulada, apresentar variação positiva do percentual de preenchimento e, ao final do prazo, comprovar o cumprimento integral da reserva legal estipulada no art. 93 da Lei n. 8.213, de 1991, e dos demais compromissos assumidos.

§ 6º Durante o prazo fixado no termo de compromisso, devem ser feitas fiscalizações nas empresas, a fim de ser verificado o seu cumprimento, sem prejuízo da ação fiscal relativa a atributos não contemplados no referido termo.

§ 7º Frustrado o procedimento especial para a ação em face de não atendimento da convocação, recusa de firmar termo de compromisso, descumprimento de qualquer cláusula compromissada, devem ser lavrados, de imediato, os respectivos autos de infração, e poderá ser encaminhado relatório circunstanciado ao Ministério Público do Trabalho e demais órgãos competentes.

Seção V
Dos Concursos Públicos

Art. 18. Nas ações fiscais realizadas nos entes Administração Pública que contratem sob o regime celetista, o AFT deve verificar o cumprimento da reserva de cargos prevista no art. 93 da Lei n. 8.213, de 1991, e o disposto no § 1º do art. 37 do Decreto n. 3.298, de 1999.

Art. 19. Cabe ao AFT verificar a disponibilização, nos concursos públicos para contratação de empregados regidos pela CLT, do percentual mínimo de cinco por cento das vagas de cada cargo para pessoas com deficiência, visando à necessária igualdade de oportunidades, de acordo com o art. 37 do Decreto n. 3.298, de 1999.

§ 1º Caso a aplicação do percentual de que trata o *caput* resulte em número fracionado, este deve ser elevado até o primeiro número inteiro subsequente, de acordo com o § 2º do art. 37 do Decreto n. 3.298, de 1999.

§ 2º As pessoas com deficiência possuem direito de acesso a todos os cargos públicos, inclusive àqueles exercidos em condições de periculosidade, insalubridade, exposição a riscos e situações de emergência, ressalvados os expressamente afastados por lei federal que regule o exercício de profissão regulamentada, de acordo com o art. 40 do Decreto n. 3.298, de 1999.

§ 3º A avaliação da compatibilidade entre as atribuições do cargo e a deficiência do candidato será realizada por equipe multiprofissional, composta de três profissionais capacitados e atuantes nas áreas das deficiências em questão, sendo um deles médico, e três profissionais integrantes da carreira almejada pelo candidato, durante o estágio probatório, considerando as ajudas técnicas e demais adaptações necessárias ao posto de trabalho, de acordo com o art. 43 do Decreto n. 3.298, de 1999.

Art. 20. O AFT deve verificar se em todo o processo seletivo, na fase de contratação e no estágio probatório, estão sendo observadas, no mínimo, as seguintes disposições previstas no art. 39 do Decreto n. 3.298, de 1999:

I — se consta do edital o número de vagas, o total correspondente à reserva destinada à pessoa com deficiência, discriminadas por cargo e localidade, assim como as atribuições e tarefas essenciais dos cargos;

II — se há previsão no edital de adaptação das provas, do curso de formação e do estágio probatório, conforme a necessidade do candidato, por exemplo: ledor, prova ampliada, material audiovisual adaptado, auxílio para transcrição de gabaritos, mobiliário adaptado, material em Braile, sintetizador de voz, sala de mais fácil acesso, intérprete de libras, tempo adicional e outros apoios;

III — se há previsão no edital de que o laudo comprobatório da deficiência possa utilizar parâmetros internacionalmente utilizados, não se restringindo aos da Classificação Internacional de Doenças — CID.

IV — se a publicação do resultado final do concurso será realizada em duas listas: a primeira, com a pontuação de todos os candidatos, inclusive aqueles com deficiência, e a segunda, somente com a pontuação destes últimos.

PARÁGRAFO ÚNICO. O AFT deve verificar os pareceres da equipe multiprofissional, emitidos em todas as etapas previstas, conforme previsto no art. 19 desta IN e observando as disposições do art. 43 do Decreto n. 3.298, de 1999 e demais diplomas legais aplicáveis.

Art. 21. Fica revogada a Instrução Normativa n. 20, de 26 de janeiro de 2001.

Art. 22. Esta Instrução Normativa entra em vigor na data de sua publicação.

VERA LÚCIA RIBEIRO DE ALBUQUERQUE

LEI N. 12.764, DE 27 DE DEZEMBRO DE 2012

(DOU 28.12.2012)

Institui a política nacional de proteção dos direitos da pessoa com transtorno do espectro autista; e altera o § 3º do art. 98 da Lei n. 8.112, de 11 de dezembro de 1990

A PRESIDENTA DA REPÚBLICA

Faço saber que o Congresso Nacional decreta e eu sanciono a seguinte Lei:

Art. 1º Esta Lei institui a Política Nacional de Proteção dos Direitos da Pessoa com Transtorno do Espectro Autista e estabelece diretrizes para sua consecução.

§ 1º Para os efeitos desta Lei, é considerada pessoa com transtorno do espectro autista aquela portadora de síndrome clínica caracterizada na forma dos seguintes incisos I ou II:

I — deficiência persistente e clinicamente significativa da comunicação e da interação sociais, manifestada por deficiência marcada de comunicação verbal e não verbal usada para interação social; ausência de reciprocidade social; falência em desenvolver e manter relações apropriadas ao seu nível de desenvolvimento;

II — padrões restritivos e repetitivos de comportamentos, interesses e atividades, manifestados por comportamentos motores ou verbais estereotipados ou por comportamentos sensoriais incomuns; excessiva aderência a rotinas e padrões de comportamento ritualizados; interesses restritos e fixos.

§ 2º A pessoa com transtorno do espectro autista é considerada pessoa com deficiência, para todos os efeitos legais.

Art. 2º São diretrizes da Política Nacional de Proteção dos Direitos da Pessoa com Transtorno do Espectro Autista:

I — a intersetorialidade no desenvolvimento das ações e das políticas e no atendimento à pessoa com transtorno do espectro autista;

II — a participação da comunidade na formulação de políticas públicas voltadas para as pessoas com transtorno do espectro autista e o controle social da sua implantação, acompanhamento e avaliação;

III — a atenção integral às necessidades de saúde da pessoa com transtorno do espectro autista, objetivando o diagnóstico precoce, o atendimento multiprofissional e o acesso a medicamentos e nutrientes;

IV — (VETADO);

V — o estímulo à inserção da pessoa com transtorno do espectro autista no mercado de trabalho, observadas as peculiaridades da deficiência e as disposições da Lei n. 8.069, de 13 de julho de 1990 (Estatuto da Criança e do Adolescente);

VI — a responsabilidade do poder público quanto à informação pública relativa ao transtorno e suas implicações;

VII — o incentivo à formação e à capacitação de profissionais especializados no atendimento à pessoa com transtorno do espectro autista, bem como a pais e responsáveis;

VIII — o estímulo à pesquisa científica, com prioridade para estudos epidemiológicos tendentes a dimensionar a magnitude e as características do problema relativo ao transtorno do espectro autista no País.

PARÁGRAFO ÚNICO. Para cumprimento das diretrizes de que trata este artigo, o poder público poderá firmar contrato de direito público ou convênio com pessoas jurídicas de direito privado.

Art. 3º São direitos da pessoa com transtorno do espectro autista:

I — a vida digna, a integridade física e moral, o livre desenvolvimento da personalidade, a segurança e o lazer;

II — a proteção contra qualquer forma de abuso e exploração;

III — o acesso a ações e serviços de saúde, com vistas à atenção integral às suas necessidades de saúde, incluindo:

a) o diagnóstico precoce, ainda que não definitivo;

b) o atendimento multiprofissional;

c) a nutrição adequada e a terapia nutricional;

d) os medicamentos;

e) informações que auxiliem no diagnóstico e no tratamento;

IV — o acesso:

a) à educação e ao ensino profissionalizante;

b) à moradia, inclusive à residência protegida;

c) ao mercado de trabalho;

d) à previdência social e à assistência social.

PARÁGRAFO ÚNICO. Em casos de comprovada necessidade, a pessoa com transtorno do espectro autista incluída nas classes comuns de ensino regular, nos termos do inciso IV do art. 2º, terá direito a acompanhante especializado.

Art. 4º A pessoa com transtorno do espectro autista não será submetida a tratamento desumano ou degradante, não será privada de sua liberdade ou do convívio familiar nem sofrerá discriminação por motivo da deficiência.

PARÁGRAFO ÚNICO. Nos casos de necessidade de internação médica em unidades especializadas, observar-se-á o que dispõe o art. 4º da Lei n. 10.216, de 6 de abril de 2001.

Art. 5º A pessoa com transtorno do espectro autista não será impedida de participar de planos privados de assistência à saúde em razão de sua condição de pessoa com deficiência, conforme dispõe o art. 14 da Lei n. 9.656, de 3 de junho de 1998.

Art. 6º (VETADO).

Art. 7º O gestor escolar, ou autoridade competente, que recusar a matrícula de aluno com transtorno do espectro autista, ou qualquer outro tipo de deficiência, será punido com multa de 3 (três) a 20 (vinte) salários-mínimos.

§ 1º Em caso de reincidência, apurada por processo administrativo, assegurado o contraditório e a ampla defesa, haverá a perda do cargo.

§ 2º (VETADO).

Art. 8º Esta Lei entra em vigor na data de sua publicação.

Brasília, 27 de dezembro de 2012; 191º da Independência e 124º da República.

DILMA ROUSSEFF
JOSÉ HENRIQUE PAIM FERNANDES
MIRIAM BELCHIOR

Nota: O art. 6º, o qual alterava o art. 98, da Lei n. 8.112, de 11.12.1990 (Regime Jurídico dos Servidores Públicos) foi vetado pela Presidência da República. Abaixo, o texto vetado e as razões do veto:

"Art. 6º O § 3º do art. 98 da Lei n. 8.112, de 11 de dezembro de 1990, passa a vigorar com a seguinte redação:

'Art. 98.

§ 3º A concessão de horário especial de que trata o § 2º estende-se ao servidor que tenha sob sua responsabilidade e sob seus cuidados cônjuge, filho ou dependente com deficiência.' (NR)"

Razões do veto

"Ao alterar o § 3º do art. 98 da Lei n. 8.112, de 11 de dezembro de 1990, a proposta viola o art. 61, § 1º, inciso II, alínea 'c' da Constituição Federal."

DECRETO N. 8.368, DE 2 DE DEZEMBRO DE 2014

(DOU 3.12.2014)

Regulamenta a Lei n. 12.764, de 27 de dezembro de 2012, que institui a Política Nacional de Proteção dos Direitos da Pessoa com Transtorno do Espectro Autista.

A PRESIDENTA DA REPÚBLICA, no uso da atribuição que lhe confere o art. 84, *caput*, inciso IV, da Constituição, e tendo em vista o disposto na Lei n. 12.764, de 27 de dezembro de 2012,

DECRETA:

Art. 1º A pessoa com transtorno do espectro autista é considerada pessoa com deficiência, para todos os efeitos legais.

PARÁGRAFO ÚNICO. Aplicam-se às pessoas com transtorno do espectro autista os direitos e obrigações previstos na Convenção Internacional sobre os Direitos da Pessoa com Deficiência e seu Protocolo Facultativo, promulgados pelo Decreto n. 6.949, de 25 de agosto de 2009, e na legislação pertinente às pessoas com deficiência.

Art. 2º É garantido à pessoa com transtorno do espectro autista o direito à saúde no âmbito do Sistema Único de Saúde — SUS, respeitadas as suas especificidades.

§ 1º Ao Ministério da Saúde compete:

I — promover a qualificação e a articulação das ações e dos serviços da Rede de Atenção à Saúde para assistência à saúde adequada das pessoas com transtorno do espectro autista, para garantir:

a) o cuidado integral no âmbito da atenção básica, especializada e hospitalar;

b) a ampliação e o fortalecimento da oferta de serviços de cuidados em saúde bucal das pessoas com espectro autista na atenção básica, especializada e hospitalar; e

c) a qualificação e o fortalecimento da rede de atenção psicossocial e da rede de cuidados de saúde da pessoa com deficiência no atendimento das pessoas com o transtorno do espectro autista, que envolva diagnóstico diferencial, estimulação precoce, habilitação, reabilitação e outros procedimentos definidos pelo projeto terapêutico singular;

II — garantir a disponibilidade de medicamentos incorporados ao SUS necessários ao tratamento de pessoas com transtorno do espectro autista;

III — apoiar e promover processos de educação permanente e de qualificação técnica dos profissionais da Rede de Atenção à Saúde quanto ao atendimento das pessoas com o transtorno do espectro autista;

IV — apoiar pesquisas que visem ao aprimoramento da atenção à saúde e à melhoria da qualidade de vida das pessoas com transtorno do espectro autista; e

V — adotar diretrizes clínicas e terapêuticas com orientações referentes ao cuidado à saúde das pessoas com transtorno do espectro autista, observando suas especificidades de acessibilidade, de comunicação e atendimento.

§ 2º A atenção à saúde à pessoa com transtorno do espectro autista tomará como base a Classificação Internacional de Funcionalidade, Incapacidade e Saúde — CIF e a Classificação Internacional de Doenças — CID-10.

Art. 3º É garantida proteção social à pessoa com transtorno do espectro autista em situações de vulnerabilidade ou risco social ou pessoal, nos termos da Lei n. 8.742, de 7 de dezembro de 1993.

Art. 4º É dever do Estado, da família, da comunidade escolar e da sociedade assegurar o direito da pessoa com transtorno do espectro autista à educação, em sistema educacional inclusivo, garantida a transversalidade da educação especial desde a educação infantil até a educação superior.

§ 1º O direito de que trata o *caput* será assegurado nas políticas de educação, sem discriminação e com base na igualdade de oportunidades, de acordo com os preceitos da Convenção Internacional sobre os Direitos da Pessoa com Deficiência.

§ 2º Caso seja comprovada a necessidade de apoio às atividades de comunicação, interação social, locomoção, alimentação e cuidados pessoais, a instituição de ensino em que a pessoa com transtorno do espectro autista ou com outra deficiência estiver matriculada disponibilizará acompanhante especializado no contexto escolar, nos termos do parágrafo único do art. 3º da Lei n. 12.764, de 2012.

Art. 5º Ao tomar conhecimento da recusa de matrícula, o órgão competente ouvirá o gestor escolar e decidirá pela aplicação da multa de que trata o *caput* do art. 7º da Lei n. 12.764, de 2012.

§ 1º Caberá ao Ministério da Educação a aplicação da multa de que trata o caput, no âmbito dos estabelecimentos de ensino a ele vinculados e das instituições de educação superior privadas, observado o procedimento previsto na Lei n. 9.784, de 29 de janeiro de 1999.

§ 2º O Ministério da Educação dará ciência da instauração do processo administrativo para aplicação da multa ao Ministério Público e ao Conselho Nacional dos Direitos da Pessoa com Deficiência — Conade.

§ 3º O valor da multa será calculado tomando-se por base o número de matrículas recusadas pelo gestor, as justificativas apresentadas e a reincidência.

Art. 6º Qualquer interessado poderá denunciar a recusa da matrícula de estudantes com deficiência ao órgão administrativo competente.

Art. 7º O órgão público federal que tomar conhecimento da recusa de matrícula de pessoas com deficiência em instituições de ensino vinculadas aos sistemas de ensino estadual, distrital ou municipal deverá comunicar a recusa aos órgãos competentes pelos respectivos sistemas de ensino e ao Ministério Público.

Art. 8º A Secretaria de Direitos Humanos da Presidência da República, juntamente ao Conade, promoverá campanhas de conscientização sobre os direitos das pessoas com transtorno do espectro autista e suas famílias.

Art. 9º Este Decreto entra em vigor na data de sua publicação.

Brasília, 2 de dezembro de 2014; 193º da Independência e 126º da República.

DILMA ROUSSEFF
JOSÉ HENRIQUE PAIM FERNANDES
ARTHUR CHIORO
IDELI SALVATTI

Legislação Complementar

LEI N. 7.102, DE 20 DE JUNHO DE 1983

(DOU 21.6.1983 — LTr 47-7/849)

Dispõe sobre segurança para estabelecimentos financeiros, estabelece normas para constituição e funcionamento das empresas particulares que exploram serviços de vigilância e de transporte de valores e dá outras providências

— V. Decreto n. 89.056, de 24.11.83 (DOU 25.11.83) que regulamenta a Lei n. 7.102, de 20.6.83, e que "dispõe sobre segurança para estabelecimentos financeiros, estabelece normas para constituição e funcionamento das empresas particulares que exploram serviços de vigilância e de transporte de valores e dá outras providências, bem como o Decreto n. 1.592, de 10.8.95, (DOU 11.8.95), que altera dispositivos do Decreto n. 89.056". (não publicados na presente obra)

— V. Portaria n. 387/06. DG/Departamento de Policia Federal, de 28 de agosto de 2006, DOU 1.9.06 e as alterações subsequentes. Referida Portaria disciplina, em todo o território nacional, as atividades de segurança privada, armada ou desarmada, desenvolvidas pelas empresas especializadas, pelas que possuem serviço orgânico de segurança e pelos profissionais que nelas atuam, bem como regula a fiscalização dos planos de segurança dos estabelecimentos financeiros. (não publicada nesta obra)

O PRESIDENTE DA REPÚBLICA,

Faço saber que o Congresso Nacional decreta e eu sanciono a seguinte Lei:

Art. 1º É vedado o funcionamento de qualquer estabelecimento financeiro onde haja guarda de valores ou movimentação de numerário, que não possua sistema de segurança com parecer favorável à sua aprovação, elaborado pelo Ministério da Justiça, na forma da Lei(*)(**).

§ 1º Os estabelecimentos financeiros referidos neste artigo compreendem bancos oficiais ou privados, caixas econômicas, sociedades de crédito, associações de poupança, suas agências, postos de atendimento, subagências e seções, assim como as cooperativas singulares de crédito e suas respectivas dependências. *(Alterado pela Lei n. 11.718, de 20.6.08, DOU 23.6.08)*

§ 2º O Poder Executivo estabelecerá, considerando a reduzida circulação financeira, requisitos próprios de segurança para as cooperativas singulares de crédito e suas dependências que contemplem, entre outros, os seguintes procedimentos: *(Alterado pela Lei n. 11.718, de 20.6.08, DOU 23.6.08)*

I — dispensa de sistema de segurança para o estabelecimento de cooperativa singular de crédito que se situe dentro de qualquer edificação que possua estrutura de segurança instalada em conformidade com o art. 2º desta Lei; *(Alterado pela Lei n. 11.718, de 20.6.08, DOU 23.6.08)*

II — necessidade de elaboração e aprovação de apenas um único plano de segurança por cooperativa singular de crédito, desde que detalhadas todas as suas dependências; *(Alterado pela Lei n. 11.718, de 20.6.08, DOU 23.6.08)*

III — dispensa de contratação de vigilantes, caso isso inviabilize economicamente a existência do estabelecimento. *(Alterado pela Lei n. 11.718, de 20.6.08, DOU 23.6.08)*

§ 3º Os processos administrativos em curso no âmbito do Departamento de Polícia Federal observarão os requisitos próprios de segurança para as cooperativas singulares de crédito e suas dependências *(Alterado pela Lei n. 11.718, de 20.6.08, DOU 23.6.08)*

Art. 2º O sistema de segurança referido no artigo anterior inclui pessoas adequadamente preparadas, assim chamadas vigilantes; alarme capaz de permitir, com segurança, comunicação entre o estabelecimento financeiro e outro da mesma instituição, empresa de vigilância ou órgão policial mais próximo; e, pelo menos, mais um dos seguintes dispositivos:

I — equipamentos elétricos, eletrônicos e de filmagens que possibilitem a identificação dos assaltantes;

II — artefatos que retardem a ação dos criminosos, permitindo sua perseguição, identificação ou captura; e

III — cabina blindada com permanência ininterrupta de vigilante durante o expediente para o público e enquanto houver movimentação de numerário no interior do estabelecimento.

PARÁGRAFO ÚNICO. *(Revogado pela Lei n. 9.017/95).*

Art. 3º A vigilância ostensiva e o transporte de valores serão executados:

I — por empresa especializada contratada; ou

II — pelo próprio estabelecimento financeiro, desde que organizado e preparado para tal fim, com pessoal próprio, aprovado em curso de formação de vigilante autorizado pelo Ministério da Justiça e cujo sistema de segurança tenha parecer favorável à sua aprovação emitido pelo Ministério da Justiça.

PARÁGRAFO ÚNICO. Nos estabelecimentos financeiros estaduais, o serviço de vigilância ostensiva poderá ser desempenhado pelas Polícias Militares, a critério do Governo da respectiva Unidade da Federação(**).

....

(*) Modificações introduzidas pela Lei n. 8.863, de 28.3.1994 (DOU 29.3.1994).

(**) Modificações introduzidas pela Lei n. 9.017, de 30.3.1995 (DOU 31.3.1995).

Art. 10. São consideradas como segurança privada as atividades desenvolvidas em prestação de serviços com a finalidade de:

I — proceder à vigilância patrimonial das instituições financeiras e de outros estabelecimentos, públicos ou privados, bem como à segurança de pessoas físicas;

II — realizar o transporte de valores ou garantir o transporte de qualquer outro tipo de carga.

§ 1º Os serviços de vigilância e de transporte de valores poderão ser executados por uma mesma empresa.

§ 2º As empresas especializadas em prestação de serviços de segurança, vigilância e transporte de valores, constituídas sob a forma de empresas privadas, além das hipóteses previstas nos incisos do *caput* deste artigo, poderão se prestar ao exercício das atividades de segurança privada a pessoas; a estabelecimentos comerciais, industriais, de prestação de serviços e residenciais; a entidades sem fins lucrativos; e órgãos e empresas públicas.

§ 3º Serão regidas por esta Lei, pelos regulamentos dela decorrentes e pelas disposições da legislação civil, comercial, trabalhista, previdenciária e penal, as empresas definidas no parágrafo anterior.

§ 4º As empresas que tenham objeto econômico diverso da vigilância ostensiva e do transporte de valores, que utilizem pessoal de quadro funcional próprio, para execução dessas atividades, ficam obrigadas ao cumprimento do disposto nesta Lei e demais legislações pertinentes(***).

....

Art. 15. Vigilante, para os efeitos desta Lei, é o empregado contratado para a execução das atividades definidas nos incisos I e II do *caput* e §§ 2º, 3º e 4º do art. 10.(*)

Art. 16. Para o exercício da profissão, o vigilante preencherá os seguintes requisitos:

I — ser brasileiro;

II — ter idade mínima de 21 (vinte e um) anos;

III — ter instrução correspondente à quarta série do primeiro grau;

IV — ter sido aprovado em curso de formação de vigilante, realizado em estabelecimento com funcionamento autorizado nos termos desta lei(*);

V — ter sido aprovado em exame de saúde física, mental e psicotécnico;

VI — não ter antecedentes criminais registrados; e

VII — estar quite com as obrigações eleitorais e militares.

PARÁGRAFO ÚNICO. O requisito previsto no inciso III deste artigo não se aplica aos vigilantes admitidos até a publicação da presente lei.

Art. 17. O exercício da profissão de vigilante requer prévio registro no Departamento de Polícia Federal, que se fará após a apresentação dos documentos comprobatórios das situações enumeradas no art. 16. (NR). *(Redação dada pela MP n. 2.184-23, de 24.8.2001, DOU 25.8.2001).*

Art. 18. O vigilante usará uniforme somente quando em efetivo serviço.

Art. 19. É assegurado ao vigilante:

I — uniforme especial às expensas da empresa a que se vincular;

II — porte de arma, quando em serviço;

III — prisão especial por ato decorrente do serviço;

IV — seguro de vida em grupo, feito pela empresa empregadora.

Art. 20. Cabe ao Ministério de Justiça, por intermédio de seu órgão competente ou mediante convênio com as Secretarias de Segurança Pública dos Estados e Distrito Federal:

I — conceder autorização para o funcionamento:

a) das empresas especializadas em serviços de vigilância;

b) das empresas especializadas em transporte de valores; e

c) dos cursos de formação de vigilantes;

II — fiscalizar as empresas e os cursos mencionados no inciso anterior;

III — aplicar às empresas e aos cursos a que se refere o inciso I deste artigo as penalidades previstas no art. 23 desta Lei;

IV — aprovar uniforme;

V — fixar o currículo dos cursos de formação de vigilantes;

VI — fixar o número de vigilantes das empresas especializadas em cada unidade da Federação;

VII — fixar a natureza e a quantidade de armas de propriedade das empresas especializadas e dos estabelecimentos financeiros;

VIII — autorizar a aquisição e a posse de armas e munições; e

IX — fiscalizar e controlar o armamento e a munição utilizados;

X — rever anualmente a autorização de funcionamento das empresas elencadas no inciso I deste artigo(*).

PARÁGRAFO ÚNICO. As competências previstas nos incisos I e V deste artigo não serão objeto de convênio(****).

Art. 21. As armas destinadas ao uso dos vigilantes serão de propriedade e responsabilidade:

I — das empresas especializadas;

II — dos estabelecimentos financeiros quando dispuserem de serviço organizado de vigilância, ou mesmo quando contratarem empresas especializadas.

Art. 22. Será permitido ao vigilante, quando em serviço, portar revólver calibre 32 ou 38 e utilizar cassetete de madeira ou de borracha.

PARÁGRAFO ÚNICO. Os vigilantes, quando empenhados em transporte de valores, poderão também utilizar espingarda de uso permitido, de calibre 12, 16 ou 20, de fabricação nacional.

Art. 23. As empresas especializadas e os cursos de formação de vigilantes que infringirem disposições desta lei ficarão sujeitas às seguintes penalidades, aplicáveis pelo Ministério da Justiça, ou, mediante convênio, pelas Secretarias de Segurança Pública, conforme a gravidade da infração, levando-se em conta a reincidência e a condição econômica do infrator:

I — advertência;

II — multa de quinhentas até cinco mil UFIR;(**)

III — proibição temporária de funcionamento; e

IV — cancelamento do registro para funcionar.

PARÁGRAFO ÚNICO. Incorrerão nas penas previstas neste artigo as empresas e os estabelecimentos financeiros responsáveis pelo extravio de armas e munições.

Art. 24. As empresas já em funcionamento deverão proceder à adaptação de suas atividades aos preceitos desta Lei no prazo de 180 (cento e oitenta) dias, a contar da data em que entrar em vigor o regulamento da presente Lei, sob pena de terem suspenso seu funcionamento até que comprovem essa adaptação.

(***) Modificações introduzidas pela Lei n. 8.863, de 28.3.1994 (DOU 29.3.1994).

(****) *Modificações introduzidas pela Lei n. 9.017, de 30.3.1995 (DOU 31.3.1995).*

Art. 25. O Poder Executivo regulamentará esta lei no prazo de 90 (noventa) dias a contar da data de sua publicação.

Art. 26. Esta Lei entra em vigor na data de sua publicação.

Art. 27. Revogam-se os Decretos-leis n. 1.034, de 21 de outubro de 1969, e n. 1.103, de 6 de abril de 1970, e as demais disposições em contrário.

Brasília, em 20 de junho de 1983; 162º da Independência e 95º da República.

JOÃO FIGUEIREDO
IBRAHIM ABI-ACKEL

LEI N. 4.923, DE 23 DE DEZEMBRO DE 1965

(DOU 29.12.1965)

Institui o cadastro permanente das admissões e dispensas de empregados, estabelece medidas contra o desemprego e de assistência aos desempregados, e dá outras providências(*)

— V. Portaria n. 339, do MTE (GM) de 23.8.2002 (DOU 26.8.2002) que institui comissão técnica denominada observatório do mercado de trabalho e dá outras providências (V. LTr 66-09/1122)

O PRESIDENTE DA REPÚBLICA, Faço saber que o Congresso Nacional decreta e eu sanciono a seguinte lei

Art. 1º Fica instituído, em caráter permanente, no Ministério do Trabalho e Previdência Social, o registro das admissões e dispensas de empregados nas empresas abrangidas pelo sistema da CLT.

§ 1º As empresas que dispensarem ou admitirem empregados ficam obrigadas a fazer a respectiva comunicação às Delegacias Regionais do Trabalho, mensalmente, até o dia sete do mês subsequente ou como estabelecido em regulamento, em relação nominal por estabelecimento, da qual constará também a indicação da Carteira de Trabalho e Previdência Social ou, para os que ainda não a possuírem, nos termos da lei, os dados indispensáveis à sua identificação pessoal.

§ 2º O cumprimento do prazo fixado no § 1º será exigido a partir de 1º de janeiro de 2001. (NR) *(Parágrafos acrescentados pela MP 2.164-41, de 24.8.2001, DOU 27.8.2001).*

Art. 2º A empresa que, em face de conjuntura econômica, devidamente comprovada, se encontrar em condições que recomendem, transitoriamente, a redução da jornada normal ou do número de dias do trabalho, poderá fazê-lo, mediante prévio acordo com a entidade sindical representativa dos seus empregados, homologado pela Delegacia Regional do Trabalho, por prazo certo, não excedente de 3 (três) meses, prorrogável, nas mesmas condições, se ainda indispensável, e sempre de modo que a redução do salário mensal resultante não seja superior a 25% (vinte e cinco por cento) do salário contratual, respeitado o salário mínimo regional e reduzidas proporcionalmente a remuneração e as gratificações de gerentes e diretores.

§ 1º Para o fim de deliberar sobre o acordo, a entidade sindical profissional convocará assembleia geral dos empregados diretamente interessados, sindicalizados ou não, que decidirão por maioria de votos, obedecidas as normas estatutárias.

§ 2º Não havendo acordo, poderá a empresa submeter o caso à Justiça do Trabalho, por intermédio da Vara ou, em sua falta, do Juiz de Direito, com jurisdição na localidade. Da decisão de primeira instância caberá recurso ordinário, no prazo de 10 (dez) dias, para o Tribunal Regional do Trabalho da correspondente Região, sem efeito suspensivo.

§ 3º A redução de que trata o artigo não é considerada alteração unilateral do contrato individual de trabalho para os efeitos do disposto no art. 468 da CLT.

Art. 3º As empresas que tiverem autorização para redução de tempo de trabalho, nos termos do art. 2º e seus parágrafos, não poderão, até 6 (seis) meses depois da cessação desse regime, admitir novos empregados, antes de readmitirem os que tenham sido dispensados pelos motivos que hajam justificado a citada redução ou comprovarem que não atenderam, no prazo de 8 (oito) dias, ao chamado para a readmissão.

§ 1º O empregador notificará diretamente o empregado para reassumir o cargo, ou, por intermédio da sua entidade sindical, se desconhecida sua localização, correndo o prazo de 8 (oito) dias a partir da data do recebimento da notificação pelo empregado ou pelo órgão de classe, conforme o caso.

§ 2º O disposto neste artigo não se aplica aos cargos de natureza técnica.

Art. 4º É igualmente vedado às empresas mencionadas no art. 3º, nas condições e prazo nele contidos, trabalhar em regime de horas extraordinárias, ressalvadas estritamente as hipóteses previstas no art. 61, e seus §§ 1º e 2º, da CLT.

....

Art. 10. A falta da comunicação a que se refere o parágrafo único do art. 1º desta Lei, no prazo ali estipulado, importará na aplicação automática de multa no valor de 1/3 (um terço) do salário mínimo regional, por empregado, de competência da Delegacia Regional do Trabalho.

PARÁGRAFO ÚNICO. A multa prevista no artigo ficará reduzida para 1/9 (um nono) e 1/6 (um sexto) do salário mínimo regional por empregado, quando, antes de qualquer procedimento fiscal por parte do Ministério do Trabalho e Previdência Social, a comunicação for feita, respectivamente, dentro de 30 (trinta) ou 60 (sessenta) dias após o término do prazo fixado.

Art. 11. A empresa que mantiver empregado, não registrado, nos termos do art. 41 e seu parágrafo único da CLT, incorrerá na multa de valor igual a 1 (um) salário mínimo regional, por trabalhador não registrado, acrescido de igual valor em cada reincidência.

....

Art. 14. Esta Lei entra em vigor na data de sua publicação.

Art. 15. Revogam-se as disposições em contrário.

Brasília, 23 de dezembro de 1965; 144º da Independência e 77º da República.

H. CASTELLO BRANCO
OCTÁVIO GOUVEIA DE BULHÕES
WALTER PERACHI BARCELLOS

(*) V. Portaria n. 561, do MTE de 5.9.2001, DOU 6.9.2001, Seção 1, que estabelece o procedimento de entrega, por meio eletrônico (Internet e Disquete) do Cadastro Geral de Empregos e Desempregados — CAGED, a partir da competência de novembro de 2001, com a utilização do Aplicativo do CAGED Informatizado — ACI ou outro aplicativo fornecido pelo Ministério do Trabalho e Emprego — MTE (não publicada nesta obra).

PORTARIA GM/MTE N. 945, DE 1º DE AGOSTO DE 2017

(DOU 3.8.2017)

O MINISTRO DE ESTADO DO TRABALHO, no uso da atribuição que lhe confere o inciso II do parágrafo único do art. 87 da Constituição e tendo em vista o disposto no art. 24 da Lei n. 7.998, de 11 de janeiro 1990, resolve:

Art. 1º Aprovar instruções para envio do Cadastro Geral de Empregados e Desempregados — CAGED, instituído pela Lei n. 4.923, de 23 de dezembro de 1965, referentes ao Exame Toxicológico e à Certificação Digital.

Art. 2º O empregador que admitir e desligar motoristas profissionais fica obrigado a declarar os campos denominados: Código Exame Toxicológico, Data Exame Médico (Dia/Mês/Ano), CNPJ do Laboratório, UFCRM e CRM relativo às informações do exame toxicológico no CAGED, conforme modelo, em anexo, e arquivo disponível no endereço <https://caged.maisemprego.mte.gov.br/portalcaged/>.

PARÁGRAFO ÚNICO. Os motoristas profissionais de que trata o *caput* deste artigo são os identificados pelas famílias ocupacionais 7823: Motoristas de veículos de pequeno e médio porte, 7824: Motoristas de ônibus urbanos, metropolitanos e rodoviários e 7825: Motoristas de veículos de cargas em geral, da Classificação Brasileira de Ocupações.

Art. 3º É obrigatória a utilização de certificado digital válida, padrão ICP Brasil, para a transmissão da declaração do CAGED por todos os estabelecimentos que possuem 10 (dez) ou mais trabalhadores no 1º dia do mês de movimentação.

PARÁGRAFO ÚNICO. As declarações poderão ser transmitidas com o certificado digital de pessoa jurídica, emitido em nome do estabelecimento, tipo eCNPJ, ou com certificado digital do responsável pela entrega da declaração, sendo que este pode ser eCPF ou eCNPJ.

Art. 4º. As movimentações do CAGED entregues fora do prazo deverão ser declaradas obrigatoriamente com a utilização de certificado digital válido padrão ICP Brasil.

Art. 5º. Esta Portaria entra em vigor a partir do dia 13 de setembro de 2017.

RONALDO NOGUEIRA DE OLIVEIRA

PORTARIA GM/MTE N. 768, DE 28 DE MAIO DE 2014

(DOU 29.5.2014)

— V. Portaria GM/MTE n. 1.901, de 3 de dezembro de 2014, DOU 4.12.2014, que disciplina o controle de acesso a dados e sistemas informatizados do Ministério do Trabalho e Emprego — MTE, (não publicada nesta obra)

O MINISTRO DE ESTADO DO TRABALHO E EMPREGO, no uso da atribuição que lhe confere o inciso II do parágrafo único do art. 87 da Constituição e tendo em vista o disposto no art. 1º da Lei n. 4.923, de 23 de dezembro de 1965 e no art. 24 da Lei n. 7.998, de 11 de janeiro 1990, resolve:

Art. 1º Aprovar instruções para a prestação de informações pelo empregador, relativas a movimentações de empregados, para fins do:

I — Cadastro Geral de Empregados e Desempregados — CAGED, instituído pela Lei n. 4.923, de 23 de dezembro de 1965;

Legislação Complementar

II — Seguro-Desemprego, nos termos do art. 7º, inciso I, e art. 24 da Lei n. 7.998, de 11 de janeiro de 1990.

Art. 2º O Aplicativo do CAGED Informatizado — ACI deve ser utilizado para gerar e ou analisar o arquivo do CAGED, pelas empresas nas quais tenha ocorrido movimentação de empregados regidos pela Consolidação das Leis do Trabalho — CLT.

§ 1º O arquivo gerado deve ser enviado ao MTE via Internet. A cópia do arquivo, o recibo de entrega e o Extrato da Movimentação Processada, devem ser mantidos no estabelecimento a que se referem, pelo prazo de 5 anos a contar da data do envio, para fins de comprovação perante a fiscalização do trabalho.

§ 2º O Extrato da Movimentação Processada estará disponível para impressão, na Internet, após o dia 20 de cada mês no endereço www.mte.gov.br, opção CAGED.

§ 3º As empresas que possuem mais de um estabelecimento devem remeter ao MTE arquivos específicos a cada estabelecimento.

Art. 3º É obrigatória a utilização de certificado digital válido, padrão ICP Brasil, para a transmissão das informações de que trata o art. 1º, por todos os estabelecimentos que possuam vinte empregados ou mais no primeiro dia do mês de movimentação.

PARÁGRAFO ÚNICO. As declarações poderão ser transmitidas com o certificado digital de pessoa jurídica, emitido em nome do estabelecimento, ou com certificado digital do responsável pela entrega da declaração, sendo este o e-CPF ou o e-CNPJ.

Art. 4º As informações prestadas fora do prazo deverão ser declaradas obrigatoriamente com a utilização de certificado digital válido.

Art. 5º As informações de que trata o inciso I do art. 1º desta Portaria deverão ser prestadas ao Ministério do Trabalho e Emprego — MTE até o dia sete do mês subsequente àquele em que ocorreu a movimentação de empregados.

Art. 6º Para os fins a que se refere o inciso II do art. 1º, as informações relativas a admissões deverão ser prestadas:

I — na data de início das atividades do empregado, quando este estiver em percepção do Seguro-Desemprego ou cujo requerimento esteja em tramitação;

II — na data do registro do empregado, quando o mesmo decorrer de ação fiscal conduzida por Auditor Fiscal do Trabalho.

§ 1º As informações a que se refere este artigo suprirão os fins referidos no inciso I do art. 1º, o que dispensará a obrigação a que se refere o art. 5º, relativamente às admissões informadas.

§ 2º O Ministério do Trabalho e Emprego disponibilizará, em seu sítio na Internet, a situação do trabalhador relativa ao Seguro-Desemprego, para consulta pelo empregador e pelo responsável designado por este.

Art. 7º O empregador que não prestar as informações no prazo previsto nos arts. 5º e 6º, omitir informações ou prestar declaração falsa ou inexata, ficará sujeito às multas previstas nas leis de números 4.923, de 1965 e 7.998, de 1990.

PARÁGRAFO ÚNICO. Além das penalidades administrativas, os responsáveis por meios fraudulentos na habilitação ou na percepção do Seguro-Desemprego serão punidos civil e criminalmente, nos termos da lei.

Art. 8º Esta Portaria entra em vigor no prazo de sessenta dias da data de sua publicação.

Art. 9º Revogam-se as Portarias n. 235, de 14 de março de 2003 e a Portaria n. 2.124, de 20 de dezembro de 2012.

DECRETO N. 61.799, DE 30 DE NOVEMBRO DE 1967

(DOU 5.12.1967 — LTr 31/694)

Dispõe sobre credenciamento para rubricar e proceder ao registro dos livros ou fichas de empregados de empresas e dá outras providências

O PRESIDENTE DA REPÚBLICA, no uso de suas atribuições constantes do art. 83, II, da Constituição e tendo em vista o disposto no art. 42 da Consolidação das Leis do Trabalho, com a redação introduzida pelo Decreto-lei n. 229, de 28 de fevereiro de 1967, decreta:

Art. 1º Nas localidades em que estejam instaladas Delegacias Regionais do Trabalho, Seções ou Postos de Fiscalização das mesmas repartições, ou de repartições estaduais autorizadas por convênios a fiscalizarem o cumprimento da legislação trabalhista, ficam credenciados a rubricar e proceder ao registro dos livros ou fichas de empregados das empresas ali sediadas as seguintes autoridades, em ordem preferencial:

a) autoridade local da Previdência Social;

b) exator federal do respectivo Município;

c) agente do IBGE junto à Prefeitura local.

PARÁGRAFO ÚNICO. Os serviços a que se referem este artigo serão gratuitos, considerando-se falta grave a cobrança de qualquer taxa ou emolumento para sua prestação.

Art. 2º Qualquer autoridade que proceda ao registro e rubrica de livro ou fichas de emprega dos deverá enviar, até o dia 15 (quinze) do mês subsequente, ao Departamento Nacional de Mão de Obra, para fins estatísticos, uma relação dos registros efetuados no mês anterior.

PARÁGRAFO ÚNICO. Para os efeitos deste artigo o Departamento Nacional de Mão de Obra remeterá às autoridades citadas nas alíneas "a", "b" e "c" do art. 1º, que o solicitarem, material de expediente e de correspondência, além de lhes prestar todos os esclarecimentos necessários ao bom desempenho da tarefa.

Art. 3º O presente decreto entrará em vigor 30 (trinta) dias após a sua publicação.

Brasília, 30 de novembro de 1967; 146º da Independência e 79º da República.

A. Costa e Silva
Jarbas G. Passarinho
Fernando Ribeiro do Val
Hélio Beltrão

DECRETO N. 76.900, DE 23 DE DEZEMBRO DE 1975

(DOU 24.12.1975 — LTr 40/398)

Institui a Relação Anual de Informações Sociais — RAIS e dá outras providências

— V. Portaria GM/MTPS n. 1.464, de 30 de dezembro de 2016, DOU de 2.1.17, que aprova instruções para a declaração da Relação Anual de Informações Sociais — RAIS ano-base 2016 (não aplicada nesta obra).

O PRESIDENTE DA REPÚBLICA, usando das atribuições que lhe confere o art. 81, itens III e V, da Constituição,

Decreta:

Art. 1º Fica instituída a Relação Anual de Informações Sociais — RAIS, a ser preenchida pelas empresas, contendo elementos destinados a suprir as necessidades de controle, estatística e informações das entidades governamentais da área social.

PARÁGRAFO ÚNICO. A RAIS deverá conter as informações periodicamente solicitadas pelas instituições vinculadas aos Ministérios da Fazenda, Trabalho, Interior e Previdência e Assistência Social, especialmente no tocante:

a) ao cumprimento da legislação relativa ao Programa de Integração Social (PIS) e ao Programa de Formação do Patrimônio do Servidor Público (PASEP), sob a supervisão da Caixa Econômica Federal;

b) às exigências da legislação de nacionalização do trabalho;

c) ao fornecimento de subsídios para controle dos registros relativos ao Fundo de Garantia do Tempo de Serviço (FGTS);

d) ao estabelecimento de um sistema de controle central da arrecadação e da concessão de benefícios por parte do Instituto Nacional de Previdência Social (INPS);

e) à coleta de dados indispensáveis aos estudos técnicos, de natureza estatística e atuarial, dos serviços especializados dos Ministérios citados.

Art. 2º A RAIS identificará: a empresa, pelo número de inscrição no Cadastro Geral de Contribuintes (CGC) do Ministério da Fazenda; e o empregado, pelo número de inscrição no Programa de Integração Social (PIS).

PARÁGRAFO ÚNICO. O INPS promoverá diretamente o cadastramento dos empregadores não sujeitos à inscrição no CGC, bem como dos trabalhadores autônomos, utilizando para estes a mesma sistemática de numeração usada no cadastro do PIS/PASEP.

Art. 3º As contribuições destinadas ao INPS e ao PIS, bem como os depósitos relativos ao FGTS, serão recolhidos mediante instrumento único, respeitadas as peculiaridades de cada sistema.

§ 1º O instrumento único será constituído pelas guias de recolhimento dos sistemas que o integram, podendo ser recolhidas separada ou conjuntamente, até o último dia previsto na legislação específica.

§ 2º Os valores recebidos pelo banco arrecadador serão registrados separadamente, observadas as instruções baixadas pelas entidades em favor das quais forem eles creditados.

Art. 4º A RAIS substituirá a Relação Anual de Salários (RAS), já em utilização pela Caixa Econômica Federal e pelo INPS, para o cumprimento do previsto nas alíneas *a* e *d*, do parágrafo único, do art. 1º.

§ 1º O processamento da RAIS será executado pelo Serviço Federal de Processamento de Dados (SERPRO), mediante convênios com os órgãos usuários, até a fase de geração do cadastro final, cabendo a estes a responsabilidade no processamento subsequente para suas finalidades específicas.

§ 2º Definidas as informações adicionais necessárias ao atendimento das alíneas *b*, *c* e *e* do parágrafo único do art. 1º, caberá à Caixa Econômica Federal e à Empresa de Processamento de Dados da Previdência Social (DATAPREV), ouvido o SERPRO, determinar as alterações do sistema, de modo a preservar sua operacionalidade.

Art. 5º Será criada uma Comissão Interministerial, encarregada de elaborar codificação para o preenchimento dos claros da RAIS, em conformidade com as normas estabelecidas pela Fundação Instituto Brasileiro de Geografia e Estatística (IBGE).

Art. 6º Até dezembro de 1976 os Ministérios da área social deverão:

a) promover estudos no sentido de adaptar seus serviços à sistemática estabelecida neste Decreto, propondo as medidas que se tornarem necessárias à maior rapidez e eficiência no controle das operações a seu cargo; e

b) baixar, após a implantação do sistema aos atos necessários à dispensa do fornecimento por parte das empresas, dos elementos atualmente exigidos por força de atos normativos ou outros expedidos pelos órgãos interessados, valendo a apresentação da RAIS para o cumprimento das obrigações previstas no inciso III do art. 80 da Lei n. 3.807, de 26 de agosto de 1960, com a redação dada pelo Decreto-lei n. 66, de 21 de dezembro de 1966.

PARÁGRAFO ÚNICO. O disposto neste artigo não se aplica às informações que devam ser prestadas pelas empresas, necessárias à individualização dos depósitos mensais para o FGTS.

Art. 7º A RAIS será obrigatória, para as empresas a partir do exercício de 1977, e sempre relativa ao ano-base anterior.

Art. 8º Este Decreto entrará em vigor na data de sua publicação, revogadas as disposições em contrário.

Brasília, 23 de dezembro de 1975; 145º da Independência e 87º da República.

Ernesto Geisel
Mário Henrique Simonsen
Arnaldo Prieto
João Paulo dos Reis Velloso
Maurício Rangel Reis
L. G. do Nascimento e Silva

LEI N. 9.601, DE 21 DE JANEIRO DE 1998(*)

(DOU 22.1.1998 — LTr 62-01/143)

Dispõe sobre o contrato de trabalho por prazo determinado e dá outras providências

O PRESIDENTE DA REPÚBLICA,

Faço saber que o Congresso Nacional decreta e eu sanciono a seguinte lei:

Art. 1º As convenções e os acordos coletivos de trabalho poderão instituir contrato de trabalho por prazo determinado, de que trata o art. 443 da Consolidação das Leis do Trabalho — CLT, independentemente das condições estabelecidas em seu § 2º, em qualquer atividade desenvolvida pela empresa ou estabelecimento, para admissões que representem acréscimo no número de empregados.

§ 1º As partes estabelecerão, na convenção ou acordo coletivo referido neste artigo:

I — a indenização para as hipóteses de rescisão antecipada do contrato de que trata este artigo, por iniciativa do empregador ou do empregado, não se aplicando o disposto nos arts. 479 e 480 da CLT;

II — as multas pelo descumprimento de suas cláusulas.

§ 2º Não se aplica ao contrato de trabalho previsto neste artigo o disposto no art. 451 da CLT.

§ 3º (Vetado).

§ 4º São garantidas as estabilidades provisórias da gestante; do dirigente sindical, ainda que suplente; do empregado eleito para cargo de direção de comissões internas de prevenção de acidentes; do empregado acidentado, nos termos do art. 118 da Lei n. 8.213, de 24 de julho de 1991, durante a vigência do contrato por prazo determinado, que não poderá ser rescindido antes do prazo estipulado pelas partes.

Art. 2º Para os contratos previstos no art. 1º, são reduzidas, por sessenta meses, a contar da data de publicação desta lei. (NR) *(Redação alterada pela MP n. 2.164-41, 24.8.2001, DOU 27.8.2001).*

I — a cinquenta por cento de seu valor vigente em 1º de janeiro de 1996, as alíquotas das contribuições sociais destinadas ao Serviço Social da Indústria — SESI, Serviço Social do Comércio — SESC, Serviço Social de Transporte — SEST, Serviço Nacional de Aprendizagem Industrial — SENAI, Serviço Nacional de Aprendizagem Comercial — SENAC, Serviço Nacional de Aprendizagem do Transporte — SENAT, Serviço Brasileiro de Apoio às Micro e Pequenas Empresas — SEBRAE e Instituto Nacional de Colonização e Reforma Agrária — INCRA, bem como ao salário educação e para o financiamento do seguro de acidente do trabalho;

II — para dois por cento, a alíquota da contribuição para o Fundo de Garantia do Tempo de Serviço — FGTS, de que trata a Lei n. 8.036, de 11 de maio de 1990.

PARÁGRAFO ÚNICO. As partes estabelecerão, na convenção ou acordo coletivo, obrigação de o empregador efetuar, sem prejuízo do disposto no inciso II deste artigo, depósitos mensais vinculados, a favor do empregado, em estabelecimento bancário, com periodicidade determinada de saque.

Art. 3º O número de empregados contratados nos termos do art. 1º desta lei observará o limite estabelecido no instrumento decorrente da negociação coletiva, não podendo ultrapassar os seguintes percentuais, que serão aplicados cumulativamente:

I — cinquenta por cento do número de trabalhadores, para a parcela inferior a cinquenta empregados;

II — trinta e cinco por cento do número de trabalhadores, para a parcela entre cinquenta e cento e noventa e nove empregados; e

III — vinte por cento do número de trabalhadores, para a parcela acima de duzentos empregados.

PARÁGRAFO ÚNICO. As parcelas referidas nos incisos deste artigo serão calculadas sobre a média aritmética mensal do número de empregados contratados por prazo indeterminado do estabelecimento, nos seis meses imediatamente anteriores ao da data de publicação desta lei.

Art. 4º As reduções previstas no art. 2º serão asseguradas desde que, no momento da contratação:

I — o empregador esteja adimplente junto ao Instituto Nacional do Seguro Social — INSS e ao Fundo de Garantia do Tempo de Serviço — FGTS;

II — o contrato de trabalho por prazo determinado e a relação mencionada no § 3º deste artigo tenham sido depositados no Ministério do Trabalho.

§ 1º As reduções referidas neste artigo subsistirão enquanto:

I — o quadro de empregados e a respectiva folha salarial, da empresa ou estabelecimento, forem superiores às respectivas médias mensais dos seis meses imediatamente anteriores ao da data de publicação desta lei; e

II — o número de empregados contratados por prazo indeterminado for, no mínimo, igual à média referida no parágrafo único do art. 3º.

§ 2º O Ministério do Trabalho tornará disponíveis ao INSS e ao Agente Operador do FGTS as informações constantes da convenção ou acordo coletivo de que trata o art. 1º e do contrato de trabalho depositado, necessárias ao controle do recolhimento das contribuições mencionadas, respectivamente, nos incisos I e II do art. 2º desta Lei.

§ 3º O empregador deverá afixar, no quadro de avisos da empresa, cópias do instrumento normativo mencionado no art. 1º e da relação dos contratados, que conterá, dentre outras informações, o nome do empregado, o número da Carteira de Trabalho e Previdência Social, o número de inscrição do trabalhador no Programa de Integração Social — PIS e as datas de início e de término do contrato por prazo determinado.

§ 4º O Ministro do Trabalho disporá sobre as variáveis a serem consideradas e a metodologia de cálculo das médias aritméticas mensais de que trata o § 1º deste artigo.

Art. 5º As empresas que, a partir da data de publicação desta lei, aumentarem seu quadro de pessoal em relação à média mensal do número de empregos no período de referência mencionado no artigo anterior terão preferência na obtenção de recursos no âmbito dos programas executados pelos estabelecimentos federais de crédito, especialmente junto ao Banco Nacional de Desenvolvimento Econômico e Social — BNDES.

Art. 6º O art. 59 da Consolidação das Leis do Trabalho — CLT passa a vigorar com a seguinte redação:

Alteração já feita no art. 59 da CLT.

Art. 7º O descumprimento, pelo empregador, do disposto nos arts. 3º e 4º desta lei sujeita-o à multa de quinhentas Unidades Fiscais de Referência — UFIRs, por trabalhador contratado nos moldes do art. 1º, que se constituirá receita adicional do Fundo de Amparo ao Trabalhador — FAT de que trata a Lei n. 7.998, de 11 de janeiro de 1990.

— *V. art. 29, § 3º, da Lei n. 10.522, de 19.7.2002, DOU 22.7.2002, que extinguiu a UFIR. (não publicada nesta obra)*

Art. 8º O Poder Executivo regulamentará esta lei no prazo de trinta dias, contado a partir da data de sua publicação.

Art. 9º Esta Lei entra em vigor na data de sua publicação.

Art. 10. Revogam-se as disposições em contrário.

Brasília, 21 de janeiro de 1998; 177º da Independência e 110º da República.

Fernando Henrique Cardoso
Paulo Paiva

DECRETO N. 2.490, DE 4 DE FEVEREIRO DE 1998

(DOU 5.2.1998)

Regulamenta a Lei n. 9.601, de 21 de janeiro de 1998, que dispõe sobre o contrato de trabalho por prazo determinado, e dá outras providências

O PRESIDENTE DA REPÚBLICA, no uso da atribuição que lhe confere o art. 84, inciso IV, da Constituição, e tendo em vista o disposto na Lei n. 9.601, de 21 de janeiro de 1998,

Decreta:

Art. 1º As convenções e os acordos coletivos de trabalho poderão instituir contrato de trabalho por prazo determinado, de que trata o art. 443 da Consolidação das Leis do Trabalho — CLT, independentemente das condições estabelecidas em seu § 2º, em qualquer atividade desenvolvida pela empresa ou estabelecimento, para admissões que representem acréscimo no número de empregados.

PARÁGRAFO ÚNICO. É vedada a contratação de empregados por prazo determinado, na forma do *caput*, para substituição de pessoal regular e permanente contratado por prazo indeterminado.

Art. 2º Fica o empregador obrigado a anotar na Carteira de Trabalho e Previdência Social — CTPS do empregado a sua condição de contratado por prazo determinado, com indicação do número da lei de regência, e a discriminar em separado na folha de pagamento tais empregados.

Art. 3º Em relação ao mesmo empregado, o contrato por prazo determinado na forma da Lei n. 9.601, de 21 de janeiro de 1998, será de no máximo dois anos, permitindo-se, dentro deste período, sofrer sucessivas prorrogações, sem acarretar o efeito previsto no art. 451 da CLT.

(*) Regul. pelo D. 2.490 — V. p. 519.

PARÁGRAFO ÚNICO. O contrato por prazo determinado poderá ser sucedido por outro por prazo indeterminado.

Art. 4º Os depósitos mensais vinculados previstos no art. 2º, parágrafo único, da Lei n. 9.601/98, serão estipulados pelas partes nas convenções ou acordos coletivos.

§ 1º As partes deverão pactuar sobre o valor dos depósitos mensais vinculados, o estabelecimento bancário receptor, a periodicidade de saque e as demais condições inerentes.

§ 2º O pacto acerca dos depósitos mensais vinculados não desonera o empregador de efetuar os depósitos para o Fundo de Garantia do Tempo de Serviço — FGTS.

§ 3º Os depósitos de que trata o *caput* deste artigo não têm natureza salarial.

Art. 5º A média aritmética prevista no art. 3º, parágrafo único, da Lei n. 9.601/98, abrangerá o período de 1º de julho a 31 de dezembro de 1997.

§ 1º Para se alcançar a média aritmética, adotar-se-ão os seguintes procedimentos:

a) apurar-se-á a média mensal, somando-se o número de empregados com vínculo empregatício por prazo indeterminado de cada dia do mês e dividindo-se o seu somatório pelo número de dias do mês respectivo;

b) apurar-se-á a média semestral pela soma das médias mensais dividida por seis.

§ 2º Os estabelecimentos instalados ou os que não possuem empregados contratados por prazo indeterminado a partir de 1º de julho de 1997 terão sua média aritmética aferida contando-se o prazo de seis meses a começar do primeiro dia do mês subsequente a data da primeira contratação por prazo indeterminado.

Art. 6º Fixada a média semestral, para se alcançar o número máximo de empregados que poderão ser contratados na modalidade do contrato por prazo determinado nos termos da Lei n. 9.601/98, proceder-se-á da seguinte forma:

I — para estabelecimentos com média semestral até 49 empregados, aplicar-se-á o percentual de cinquenta por cento;

II — para estabelecimentos com média semestral de 50 a 199 empregados, subtrair-se-á 49 empregados, aplicando-se o percentual de 35% sobre o remanescente, somando-se ao resultado 24,5 empregados;

III — para estabelecimentos com média semestral igual ou superior a duzentos empregados, subtrair-se-á 199 empregados e aplicar-se-á o percentual de vinte por cento sobre o remanescente, somando-se ao resultado 77 empregados.

PARÁGRAFO ÚNICO. No resultado obtido nos termos deste artigo, as frações decimais até quatro décimos serão desprezadas, considerando-se o número inteiro, e para as frações decimais iguais ou superiores a cinco décimos considerar-se-á o número inteiro imediatamente superior.

Art. 7º A redução de alíquotas prevista no art. 2º da Lei n. 9.601/98, será assegurada mediante depósito no órgão regional do Ministério do Trabalho do contrato escrito firmado entre empregado e empregador.

§ 1º Para efetuar o depósito, o interessado apresentará os seguintes documentos:

a) requerimento de depósito, dirigido ao Delegado Regional do Trabalho, onde o empregador declarará, sob as penas da lei, que no momento da contratação se encontra adimplente junto ao Instituto Nacional do Seguro Social — INSS e FGTS e que as admissões representam acréscimo no número de empregados e obedecem aos percentuais legais;

b) cópia da convenção ou acordo coletivo;

c) segunda via dos contratos de trabalho por prazo determinado;

d) relação dos empregados contratados, que conterá, dentre outras informações, o número da CTPS, o número de inscrição do trabalhador no Programa de Integração Social — PIS e as datas de início e de término do contrato especial por prazo determinado.

§ 2º Para a prorrogação do contrato de trabalho, exigir-se-á depósito do novo instrumento no órgão regional do Ministério do Trabalho.

Art. 8º O Ministério do Trabalho, por intermédio de cada Delegacia Regional do Trabalho, comunicará mensalmente ao órgão regional do INSS e ao agente operador do FGTS, para fins de controle do recolhimento das contribuições mencionadas nos incisos I e II do art. 2º da Lei n. 9.601/98, os dados disponíveis nos contratos depositados, principalmente:

I — qualificação da empresa;

II — nome, número da CTPS e número do PIS do empregado;

III — data de início e de término dos contratos de trabalho;

IV — outras informações relevantes da convenção ou acordo coletivo.

Art. 9º Os sindicatos ou empregados prejudicados poderão denunciar ao órgão regional do Ministério do Trabalho situações de descumprimento da Lei n. 9.601/98.

Art. 10. A inobservância de quaisquer dos requisitos previstos na Lei n. 9.601/98 e neste Decreto descaracteriza o contrato por prazo determinado na forma do art. 1º da referida lei, que passa a gerar os efeitos próprios dos contratos por prazo indeterminado.

Art. 11. Caberá à fiscalização do Ministério do Trabalho e do INSS, no âmbito de suas competências, observar o fiel cumprimento das disposições contidas na Lei n. 9.601/98 e neste Decreto.

Art. 12. As penalidades previstas no art. 7º da Lei n. 9.601/98, serão aplicadas pela autoridade competente do Ministério do Trabalho, de acordo com o disposto no Título VII da CLT, e pela autoridade competente do INSS, de acordo com o Decreto n. 2.173, de 5 de março de 1997.

Art. 13. Caberá ao INSS e ao agente operador do FGTS expedir atos normativos referentes aos recolhimentos da sua área de competência, previstos nos incisos I e II do art. 2º da Lei n. 9.601/98.

Art. 14. Este Decreto entra em vigor na data de sua publicação.

Brasília, 4 de fevereiro de 1998; 177º da Independência e 110º da República.

FERNANDO HENRIQUE CARDOSO

PORTARIA MTE N. 207, DE 31 DE MARÇO DE 1998

(DOU 1.4.1998)

Baixa instruções sobre a forma de cálculo das médias previstas nos arts. 3º e 4º da Lei n. 9.601, de 21 de janeiro de 1998, que "dispõe sobre o contrato de trabalho por prazo determinado e dá outras providências", e estabelece procedimentos relativos ao depósito do referido contrato e sua fiscalização

O MINISTRO DE ESTADO DO TRABALHO — Interino, usando das atribuições que lhe confere o inciso IV do art. 87 da Constituição Federal, e nos termos da Lei n. 9.601, de 21 de janeiro de 1998, e do Decreto n. 2.490, de 4 de fevereiro de 1998, resolve:

Art. 1º Para o cálculo da média mensal do número de empregados contratados por prazo indeterminado existentes no estabelecimento, a que se refere o art. 5º, § 1º, alínea "a" do Decreto n. 2.490, de 4 de fevereiro de 1998, considerar-se-á a contagem de todos os dias do mês, trabalhados ou não.

Art. 2º Para que subsista a redução das alíquotas previstas no art. 2º da Lei n. 9.601, de 21 de janeiro de 1998, com a regulamentação dada pelo Decreto n. 2.490/98, deverão ser satisfeitas as seguintes condições:

I — o quadro de empregados contratados por prazo indeterminado existentes no estabelecimento no mês de referência deverá:

a) ser calculado somando-se o número de empregados contratados por prazo indeterminado existentes no estabelecimento durante o mês, levando-se em conta todos os dias, e dividindo-se pelo número total de dias do mês, trabalhados ou não;

b) manter-se igual ou superar a média semestral de empregados contratados por prazo indeterminado calculada na forma do art. 5º do Decreto n. 2.490/98 e do art. 1º desta Portaria;

II — a folha salarial relativa aos empregados contratados por prazo indeterminado existentes no estabelecimento no mês de referência deverá ser superior à folha salarial média semestral.

§ 1º A folha salarial média semestral será calculada somando-se as folhas salariais relativas aos empregados contratados por prazo indeterminado existentes no estabelecimento dos meses considerados para cálculo da média de empregados, a que se refere o art. 5º do Decreto n. 2.490/98, e dividindo-se por seis.

§ 2º A folha salarial média semestral, calculada na forma do § 1º deste artigo, e a folha salarial do mês de referência incluem os valores referentes à remuneração paga aos empregados e excluem os referentes ao terço constitucional, abono pecuniário, gratificação natalina e verbas rescisórias indenizatórias.

Art. 3º A redução de que trata o art. 2º da Lei n. 9.601/98 será assegurada, atendidas as demais condições legais, mediante depósito, no órgão regional do Ministério do Trabalho, do contrato escrito firmado entre empregado e empregador.

§ 1º O empregador ou seu preposto deverá apresentar, no ato do depósito, os seguintes documentos:

I — requerimento para depósito, em formulário próprio, nos termos do Anexo I a esta Portaria, em três vias, dirigido ao Delegado Regional do Trabalho, onde o empregador declarará, sob as penas da lei, que no momento da contratação se encontra adimplente junto ao Instituto Nacional do Seguro Social — INSS e ao Fundo de Garantia do Tempo de Serviço — FGTS e que as admissões representam acréscimo no número de empregados e obedecem aos percentuais legais;

II — 3 cópias da convenção ou do acordo coletivo que autorizou a contratação;

III — segunda via dos contratos de trabalho por prazo determinado;

IV — relação dos empregados contratados, em formulário próprio, em conformidade com o Anexo II a esta Portaria, apresentado em três vias.

§ 2º A apresentação dos documentos mencionados no parágrafo anterior deverá ser precedida pelo depósito da convenção ou acordo coletivo nos termos do Título VI, arts. 611 a 625, da Consolidação das Leis do Trabalho.

Art. 4º O requerimento para depósito dos contratos de trabalho por prazo determinado acompanhado dos demais documentos previstos no § 1º do art. 3º desta Portaria, será recebido pelos órgãos regionais do Ministério do Trabalho no seu setor de protocolo, que o encaminhará à Divisão, ao Serviço ou à Seção de Fiscalização do Trabalho.

Art. 5º A chefia da fiscalização encaminhará mensalmente, ao agente operador do FGTS e ao INSS, as segundas e terceiras vias, respectivamente, dos documentos relacionados nos incisos I, II e IV do § 1º, do art. 3º desta Portaria.

Art. 6º À Divisão, ao Serviço ou à Seção de Fiscalização do Trabalho compete:

I — manter arquivo próprio, diferente daquele utilizado para depósito da convenção ou acordo coletivo na Divisão ou no Serviço de Relações do Trabalho, organizado com numeração de controle sequencial por estabelecimento, para os contratos de trabalho por prazo determinado, em conformidade com a Lei n. 9.601/98;

II — analisar a documentação referente ao requerimento de depósito mencionado no art. 3º desta Portaria, quanto aos pressupostos legais para a validade do contrato.

§ 1º Será imediatamente determinada ação fiscal no estabelecimento empregador que deixar de apresentar quaisquer documentos exigidos no art. 3º, § 1º, desta Portaria.

§ 2º Havendo autuação por infração às disposições da Lei n. 9.601/98, a Chefia da Fiscalização encaminhará comunicação aos seguintes órgãos ou entidades:

I — Ministério Público do Trabalho, nos termos da Lei n. 7.347, de 5 de julho de 1985, e da Lei Complementar n. 75, de 20 de maio de 1993, instruída a comunicação com cópia do respectivo auto de infração, após sua decisão em última instância administrativa;

II — Agente Operador do FGTS, noticiando que o empregador não faz jus à redução de alíquota prevista no inciso II do art. 2º da Lei n. 9.601/98;

III — Instituto Nacional do Seguro Social — INSS, se observado qualquer indício de descumprimento do inciso I do art. 4º da Lei n. 9.601/98.

Art. 7º Esta Portaria entra em vigor na data de sua publicação.

ANTONIO AUGUSTO JUNHO ANASTASIA

FORMULÁRIO PARA DEPÓSITO DE CONTRATO

N. DO PROTOCOLO | DORG | DATA DO PROTOCOLO: DIA MÊS ANO

CGC | CB | CNAE/95

RAZÃO SOCIAL

NOME DE FANTASIA

ENDEREÇO

BAIRRO | CIDADE

CEP | UF | TELEFONE PARA CONTATO

MÉDIA DE EMPREGADOS DO ESTABELECIMENTO

PERÍODO INICIAL: MÊS ANO | PERÍODO FINAL: MÊS ANO | DATA 1º CONTRATO POR PRAZO INDETERMINADO NO ESTABELECIMENTO — Informar somente para Estabelecimentos novos ou Sem empregados em 01/07/1997 → DIA MÊS ANO | CNAE/95

1º MÊS | 2º MÊS | 3º MÊS | 4º MÊS | 5º MÊS | 6º MÊS

INSTRUMENTO NORMATIVO QUE AUTORIZA A CONTRATAÇÃO

INSTRUMENTO: CONVENÇÃO COLETIVA | ACORDO COLETIVO | DEPÓSITO NO MTB SOB N.

INÍCIO DA VIGÊNCIA: DIA MÊS ANO | FIM DA VIGÊNCIA: DIA MÊS ANO | N. DE CONTRATOS PERMITIDOS — Só informar quando INFERIOR ao máximo legal →

QUANTIDADE DE CONTRATOS DO DEPÓSITO

DESTE DEPÓSITO | DEPÓSITOS ANTERIORES | CONTRATOS PRORROGADOS

O estabelecimento acima identificado, com fundamento no art. 4º, inciso II da Lei n. 9.601, de 21 de janeiro de 1998, requer ao Sr. Delegado Regional do Trabalho o depósito(s) do(s) contrato(s) especial(is) por prazo determinado, declarando estar em dia com suas contribuições previdenciárias e para com o Fundo de Garantia por Tempo de Serviço, bem como ter respeitado os limites impostos no art. 3º da referida Lei e certificando como verdadeiras todas as informações prestadas no presente ato, sob as penas do art. 299 do Código Penal Brasileiro.

DEPOSITANTE

DATA | ASSINATURA DO RESPONSÁVEL/CARIMBO

1ª via - MTb; 2ª via - CEF; 3ª via - INSS

Anexo II

RELAÇÃO DE EMPREGADOS CONTRATADOS POR PRAZO DETERMINADO (Lei n. 9.601/98)

Fls. ___/

Nome do Empregado	N. da CTPS	N. do PIS/PASEP	Data do Início do Contrato	Data do Término do Contrato	Prorrogação (Sim/Não)\
1)					
2)					
3)					
4)					
5)					
6)					
7)					
8)					
9)					
10)					
11)					
12)					
13)					
14)					
15)					
16)					
17)					
18)					
19)					
20)					

(*) Em caso de prorrogação do contrato de trabalho, informar a primeira data de contratação do empregado.

ORIENTAÇÃO NORMATIVA MPAS/INSS N. 5, DE 20 DE MARÇO DE 1998

(DOU 30.3.1998)

Dispõe sobre procedimentos a serem observados pelas empresas que optarem pela contratação de empregados por prazo determinado

Fundamentação Legal:

Lei n. 8.212, de 24 de julho de 1991; Lei n. 9.601, de 21 de janeiro de 1998; Decreto n. 2.173, de 5 de março de 1997; Decreto n. 2.490, de 4 de fevereiro de 1998; e Ordem de Serviço INSS/DAF n. 170, de 20 de agosto de 1997.

O COORDENADOR-GERAL DE ARRECADAÇÃO DO INSTITUTO NACIONAL DO SEGURO SOCIAL — INSS, no uso das atribuições que lhe confere o art. 183, inciso II, do Regimento Interno do INSS, aprovado pela Portaria MPS/GM n. 458, de 24 de setembro de 1992, considerando as alterações introduzidas pela Lei n. 9.601/98 que dispôs sobre o contrato de trabalho por prazo determinado, considerando os requisitos legais exigidos para usufruir dos benefícios concedidos pela Lei n. 9.601/98, considerando a necessidade de disciplinar a forma de preenchimento da Guia de Recolhimento da Previdência Social — GRPS, resolve:

1. A Lei n. 9.601, de 21 de janeiro de 1998, ao dispor sobre o contrato de trabalho por prazo determinado, reduziu por dezoito meses, a contar de 22 de janeiro de 1998, em cinquenta por cento as alíquotas destinadas ao Serviço Social da Indústria — SESI, Serviço Social do Comércio — SESC, Serviço Social do Transporte — SEST, Serviço Nacional de Aprendizagem Industrial — SENAI, Serviço Nacional de Aprendizagem Comercial — SENAC, Serviço Nacional de Aprendizagem do Transporte — SENAT, Serviço Brasileiro de Apoio às Micro e Pequenas Empresas SEBRAE e Instituto Nacional de Colonização e Reforma Agrária — INCRA, bem como ao Salário-Educação e para o financiamento dos benefícios concedidos em razão do grau de incapacidade laborativa decorrente dos riscos ambientais do trabalho.

2. A empresa, no momento da contratação, deverá estar adimplente com as contribuições previdenciárias.

3. Deverá ser elaborada folha de pagamento distinta, para os empregados contratados por prazo determinado.

4. O recolhimento das contribuições incidentes sobre a remuneração desses empregados será efetuado juntamente com as contribuições dos demais empregados, com os mesmos códigos de FPAS, de Terceiros e SAT que a empresa vem utilizando.

4.1. As contribuições destinadas ao SAT e a Terceiros serão apuradas separadamente em conformidade com as folhas de pagamento, e após consolidadas para inserção na GRPS nos respectivos campos (Empresa e Terceiros).

5. No campo 8 da GRPS — Outras Informações — deverá constar em separado o número de empregados e o valor total da folha de salário de contribuição dos admitidos nesta espécie de contrato.

6. Esta Orientação Normativa entrará em vigor na data de sua publicação.

JOÃO DONADON

DECRETO N. 97.936, DE 10 DE JULHO DE 1989

(DOU 11.7.1989 — LTr 53/871)

Institui o cadastro nacional do trabalhador e dá outras providências

O PRESIDENTE DA REPÚBLICA, usando das atribuições que lhe confere o art. 84, inciso IV, da Constituição, decreta:

Art. 1º Fica instituído o Cadastro Nacional do Trabalhador — CNT, destinado a registrar informações de interesse do trabalhador, do Ministério do Trabalho e da Previdência Social — MTPS e da Caixa Econômica Federal — CEF. *(Redação dada pelo Decreto n. 99.378, de 11.7.1990, LTr 54-8/1032).*

Art. 2º O CNT, composto pelo sistema de identificação do trabalhador e pelo sistema de coleta de informações sociais, compreenderá os trabalhadores:

I — já inscritos no Programa de Integração Social — PIS e no Programa de Formação do Patrimônio do Servidor Público — PASEP;

II — cadastrados no sistema de contribuinte individual da Previdência Social;

III — que vierem a ser cadastrados no CNT.

PARÁGRAFO ÚNICO. A organização inicial do CNT será feita a partir de informações constantes dos Cadastros do PIS e do PASEP.

Art. 3º Para efeito de identificação do trabalhador junto ao CNT ficam instituídos:

I — o Número de Identificação do Trabalhador — NIT;

II — o Documento de Cadastramento do Trabalhador — DCT.

§ 1º O DCT substituirá a Ficha de Declaração de que trata o § 2º do art. 13 da Consolidação das Leis do Trabalho — CLT.

§ 2º O DCT será preenchido:

a) pelos postos competentes, a cada emissão da Carteira do Trabalho e Previdência Social — CTPS;

b) no caso de contribuintes individuais, pela Previdência Social, que poderá utilizar-se dos serviços da rede bancária.

§ 3º Os órgãos e entidades da Administração Pública, identificarão os trabalhadores do serviço público não regidos pela CLT, ainda não inscritos no CNT.

§ 4º A cada trabalhador será atribuído um NIT, que lhe facultará o acesso às informações referentes aos seus direitos trabalhistas e previdenciários.

Art. 4º A coleta de informações sociais será feita por meio do Documento de Informações Sociais — DIS, a ser preenchido pelos empregadores, que deverão:

I — identificar-se pelo número de inscrição no Cadastro Geral de Contribuintes do Ministério da Fazenda — CGC/MF;

II — identificar cada trabalhador pelo respectivo NIT.

§ 1º O empregador não inscrito no CGC/MF se identificará na forma a ser disciplinada pelo Grupo Gestor no CNT (art. 6º).

§ 2º O DIS conterá informações relativas:

a) à nacionalização do trabalho (CLT, art. 360);

b) ao controle dos registros relativos ao Fundo de Garantia do Tempo de Serviço — FGTS (Lei n. 5.107, de 13 de setembro de 1966);

c) ao salário de contribuição do trabalhador, para concessão e manutenção de benefícios por parte da Previdência Social;

d) ao pagamento do abono previsto pelo § 3º do art. 239 da Constituição;

e) ao pagamento e controle do seguro-desemprego (Decreto-lei n. 2.284, de 10 de março de 1986);

f) à admissão e dispensa de empregados (Lei n. 4.923, de 23 de dezembro de 1965).

§ 3º As informações sociais referentes aos trabalhadores contribuintes individuais da Previdência Social serão prestadas ao CNT pelo MPAS.

Art. 5º O DIS substituirá os seguintes documentos:

I — Relação Anual de Informações Sociais — RAIS (Decreto n. 76.900, de 23 de dezembro de 1975);

II — formulário de comunicação de admissão e dispensa (Lei n. 4.923, de 1965);

III — Relação de Empregados — RE (Lei n. 5.107, de 1966);

IV — Relação de Salários de Contribuições — RSC da Previdência Social;

V — Comunicação de Dispensa — CD (Decreto n. 92.608, de 30 de abril de 1986).

Art. 6º Fica criado o Grupo do CNT, encarregado de administrar e fiscalizar a implantação e a operação do CNT, sob a Presidência do Secretário da Administração Federal, com a seguinte composição:

I — um representante do Ministério do Trabalho e da Previdência Social — MTPS;

II — um representante da Caixa Econômica Federal — CEF;

III — um representante dos trabalhadores;

IV — um representante dos empregadores.

PARÁGRAFO ÚNICO. O Regimento Interno, aprovado pelo Secretário da Administração Federal, disporá sobre o funcionamento do Grupo Gestor do CNT. *(Redação dada pelo Decreto s/n. de 25.6.1991, LTr 55-7/869).*

Art. 7º O Ministério do Trabalho e da Previdência Social, por intermédio da Empresa de Processamento de Dados da Previdência Social (DATAPREV) e a Caixa Econômica Federal (CEF), atenderão as despesas comuns do CNT com dotações ou recursos próprios, em partes iguais, podendo, para tanto, celebrar contratos e convênios. *(Redação dada pelo Decreto n. 99.378, de 1990)*

PARÁGRAFO ÚNICO. O Grupo Gestor do CNT poderá celebrar convênio com o Serviço Federal de Processamento de Dados — SERPRO para o processamento do CNT, bem assim utilizar-se dos serviços da rede bancária.

Art. 8º Pelo descumprimento do disposto no art. 4º deste Decreto, os infratores estarão sujeitos, conforme a infração, às penalidades previstas nos seguintes dispositivos legais:

I — art. 364 da CLT;

II — art. 10 da Lei n. 4.923, de 1965.

PARÁGRAFO ÚNICO. No caso de mais de uma infração, as respectivas penalidades serão aplicadas cumulativamente.

Art. 9º As contribuições devidas à Previdência Social, ao Programa de Integração Social PIS, ao Programa de Formação do Patrimônio do Servidor Público — PASEP, bem assim os depósitos relativos ao Fundo de Garantia do Tempo de Serviço — FGTS, continuarão a ser recolhidos mediante documento próprio.

Art. 10. O Secretário da Administração Federal, expedirá as instruções necessárias à execução do disposto neste Decreto. *(Redação dada pelo Decreto s/n. de 25.6.1991, LTr 55-7/869).*

Art. 11. Este Decreto entra em vigor na data de sua publicação.

Art. 12. Revogam-se as disposições em contrário.

Brasília, 10 de julho de 1989; 168º da Independência e 101º da República.

JOSÉ SARNEY
MAÍLSON FERREIRA DA NÓBREGA
DOROTHEA WERNECK
JÁDER FONTENELLE BARBALHO

PORTARIA MTPS/GM N. 3.626, DE 13 DE NOVEMBRO DE 1991

(DOU 14.11.1991 — LTr 55-12/1460)

Dispõe sobre o registro de empregados, as anotações na carteira de trabalho e previdência social e o registro de horário de trabalho

O MINISTRO DE ESTADO DO TRABALHO E DA PREVIDÊNCIA SOCIAL, usando das atribuições que lhe confere o art. 913 da Consolidação das Leis do Trabalho;

Considerando o disposto nos arts. 29, 41 e 74 da mesma Consolidação das Leis do Trabalho, com as alterações da Lei n. 7.855, de 24 de outubro de 1989, resolve:

Capítulo I
Do Registro de Empregados

Art. 1º *(Revogado pela Portaria GM/MTE n. 41, de 28.3.2007, DOU 30.3.2007)*

Art. 2º *(Revogado pela Portaria GM/MTE n. 41, de 28.3.2007, DOU 30.3.2007)*

Art. 3º O empregador poderá utilizar controle único e centralizado dos documentos sujeitos à inspeção do trabalho, à exceção do registro de empregados, do registro de horário de trabalho e do Livro de Inspeção do Trabalho, que deverão permanecer em cada estabelecimento.

§ 1º A exibição dos documentos passíveis de centralização deverá ser feita no prazo de 2 (dois) a 8 (oito) dias, segundo determinação do agente da inspeção do trabalho.

§ 2º *(Revogado pela Portaria GM/MTE n. 41, de 28.3.2007, DOU 30.3.2007)*

§ 3º *(Revogado pela Portaria GM/MTE n. 41, de 28.3.2007, DOU 30.3.2007)*

Capítulo II
Do Registro Informatizado de Empregados
(Capítulo Revogado pela Portaria MTb/GM n. 1.121, de 8.11.1995)

Art. 4º a 10. *(Revogados pela Portaria MTb/GM n. 1.121, de 8.11.1995)*

Capítulo III
Das Anotações na Carteira de Trabalho e Previdência Social

Art. 11. *(Revogado pela Portaria GM/MTE n. 41, de 28.3.2007, DOU 30.3.2007)*

Art. 12. *(Revogado pela Portaria GM/MTE n. 41, de 28.3.2007, DOU 30.3.2007)*

Art. 12-A. *(Revogado pela Portaria GM/MTE n. 41, de 28.3.2007, DOU 30.3.2007)*

Capítulo IV
Do Registro de Horário de Trabalho

Art. 13. A empresa que adotar registros manuais, mecânicos ou eletrônicos individualizados de controle de horário de trabalho, contendo a hora de entrada e de saída, bem como a pré-assinalação do período de repouso ou alimentação, fica dispensada do uso de quadro de horário (art. 74 da CLT).

PARÁGRAFO ÚNICO. Quando a jornada de trabalho for executada integralmente fora do estabelecimento do empregador, o horário de trabalho constará também de ficha, papeleta ou registro de ponto, que ficará em poder do empregado.

Art. 14. Permanece como modelo único de quadro de horário de trabalho o aprovado pela Portaria n. 576, de 6 de janeiro de 1941.

Capítulo V
Disposições Finais

Art. 15. Esta Portaria entra em vigor na data de sua publicação, revogadas as Portarias ns. 5, de 21 de janeiro de 1944; 161, de 11 de outubro de 1946; 3, de 7 de janeiro de 1952; 43, de 19 de abril de 1956; 308, de 1º de outubro de 1962; GB-195, de 10 de maio de 1968; 96, de 26 de março de 1969; 3.378, de 14 de dezembro de 1971; 3.560, de 10 de outubro de 1979; 3.088, de 28 de abril de 1980; 3.162, de 8 de setembro de 1982; 3.163, de 8 de setembro de 1982; 3.081, de 11 de abril de 1984; 3.082, de 11 de abril de 1984; 3.022, de 7 de janeiro de 1985; 3.035, de 26 de fevereiro de 1985; 3.044, de 8 de março de 1985; 3.288, de 23 de setembro de 1987 e demais disposições em contrário.

ANTONIO MAGRI

PORTARIA GM/MTPS N. 89, DE 22 DE JANEIRO DE 2016

(DOU 27.01.2016)

Dispõe sobre a substituição das anotações dos registros profissionais nas Carteiras de Trabalho e Previdência Social pelo cartão de registro profissional, e dá outras providências.

O Ministro de Estado do Trabalho e Previdência Social, no uso das competências que lhe conferem o art. 87, parágrafo único, inciso II, da Constituição Federal, e tendo em vista o disposto no art. 3º, inciso IV, do Decreto n. 5.063, de 3 de maio de 2004, e

Considerando a necessidade de oferecer atendimento célere aos profissionais que obtiveram o pedido de registro profissional deferido por este Ministério do Trabalho e Previdência Social — MTPS, e

Considerando a necessidade de aprimorar a segurança das informações prestadas por este MTPS e de fornecer mecanismos hábeis de comprovação do registro profissional,

Resolve:

Art. 1º A concessão do registro profissional por parte deste Ministério não será mais realizada com anotações nas Carteiras de Trabalho e Previdência Social — CTPS, e sim por meio da emissão de cartão de registro profissional.

§ 1º Os solicitantes de registro profissional que tiveram o pedido do respectivo registro deferido por este Ministério deverão acessar o Sistema Informatizado de Registro Profissional — Sirpweb, por meio do endereço eletrônico http://sirpweb.mte.gov.br/sirpweb/, disponível no sítio eletrônico do MTPS, http://www.mte.gov.br, para imprimir o cartão de registro profissional.

§ 2º Os interessados em verificar a autenticidade e a veracidade das informações constantes no cartão de registro profissional poderão obter a certificação junto ao MTPS por meio do Sirpweb.

Art. 2º Fica aprovado o modelo de cartão de registro profissional, disposto no Anexo I desta Portaria.

Art. 3º Esta Portaria entra em vigor na data da sua publicação.

MIGUEL ROSSETTO

ANEXO I

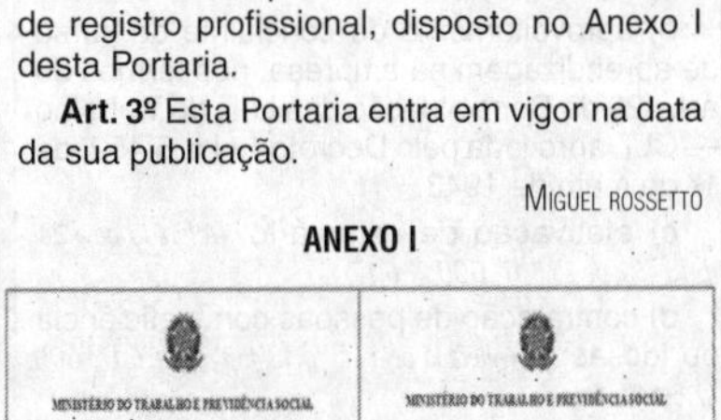

LEI N. 13.189, DE 19 DE NOVEMBRO DE 2015

(DOU 20.11.2015)

Institui o Programa Seguro-Emprego — PSE.
(Alterado pela Lei n. 13.456, de 26.6.17, DOU 27.6.17)

A PRESIDENTA DA REPÚBLICA

Faço saber que o Congresso Nacional decreta e eu sanciono a seguinte Lei:

Art. 1º Fica instituído o Programa Seguro-Emprego — PSE, com os seguintes objetivos: *(Alterado pela Lei n. 13.456, de 26.6.17, DOU 27.6.17)*

I — possibilitar a preservação dos empregos em momentos de retração da atividade econômica;

II — favorecer a recuperação econômico — financeira das empresas;

III — sustentar a demanda agregada durante momentos de adversidade, para facilitar a recuperação da economia;

IV — estimular a produtividade do trabalho por meio do aumento da duração do vínculo empregatício; e

V — fomentar a negociação coletiva e aperfeiçoar as relações de emprego.

PARÁGRAFO ÚNICO. O PSE consiste em ação para auxiliar os trabalhadores na preservação do emprego, nos termos do inciso II do caput do art. 2º da Lei n. 7.998, de 11 de janeiro de 1990. (NR) *(Alterado pela Lei n. 13.456, de 26.6.17, DOU 27.6.17)*

Art. 2º Podem aderir ao PSE as empresas de todos os setores em situação de dificuldade econômico-financeira que celebrarem acordo coletivo de trabalho específico de redução de jornada e de salário. *(Alterado pela Lei n. 13.456, de 26.6.17, DOU 27.6.17)*

§ 1º A adesão ao PSE pode ser feita junto ao Ministério do Trabalho, até o dia 31 de dezembro de 2017, observado o prazo máximo de permanência de vinte e quatro meses, na forma definida em regulamento, respeitada a data de extinção do Programa. *(Alterado pela Lei n. 13.456, de 26.6.17, DOU 27.6.17)*

§ 2º Têm prioridade de adesão ao PSE, observados os critérios definidos pelo Poder Executivo federal: *(Alterado pela Lei n. 13.456, de 26.6.17, DOU 27.6.17)*

I — a empresa que demonstre observar a cota de pessoas com deficiência; *(Alterado pela Lei n. 13.456, de 26.6.17, DOU 27.6.17)*

II — as microempresas e empresas de pequeno porte; e *(Alterado pela Lei n. 13.456, de 26.6.17, DOU 27.6.17)*

III — a empresa que possua em seus quadros programa de reinserção profissional de egressos do sistema penitenciário. *(Alterado pela Lei n. 13.456, de 26.6.17, DOU 27.6.17)*

§ 3º As microempresas e as empresas de pequeno porte poderão contar com o apoio técnico do Serviço Brasileiro de Apoio às Micro e Pequenas Empresas (Sebrae), conforme disposto em regulamento. (NR) *(Alterado pela Lei n. 13.456, de 26.6.17, DOU 27.6.17)*

Art. 3º Poderão aderir ao PSE as empresas que se enquadrem nas condições estabelecidas pelo Comitê do Programa de Proteção ao Emprego, criado pelo Decreto n. 8.479, de 6 de julho de 2015, independentemente do setor econômico, e que cumprirem os seguintes requisitos: *(Alterado pela Lei n. 13.456, de 26.6.17, DOU 27.6.17)*

I — celebrar e apresentar acordo coletivo de trabalho específico, nos termos do art. 5º;

II — apresentar, ao Ministério do Trabalho, solicitação de adesão ao PSE; *(Alterado pela Lei n. 13.456, de 26.6.17, DOU 27.6.17)*

III — apresentar a relação dos empregados abrangidos, especificando o salário individual;

Legislação Complementar

IV — ter registro no Cadastro Nacional da Pessoa Jurídica — CNPJ há, no mínimo, dois anos;

V — comprovar a regularidade fiscal, previdenciária e relativa ao Fundo de Garantia do Tempo de Serviço — FGTS; e

VI — comprovar a situação de dificuldade econômico-financeira, fundamentada no Indicador Líquido de Empregos — ILE, considerando-se nesta situação a empresa cujo ILE seja igual ou inferior ao percentual a ser definido em ato do Poder Executivo federal, apurado com base nas informações disponíveis no Cadastro Geral de Empregados e Desempregados — CAGED, consistindo o ILE no percentual representado pela diferença entre admissões e demissões acumulada nos doze meses anteriores ao da solicitação de adesão ao PSE dividida pelo número de empregados no mês anterior ao início desse período. *(Alterado pela Lei n. 13.456, de 26.6.17, DOU 27.6.17)*

§ 1º Para fins do disposto no inciso IV do *caput*, em caso de solicitação de adesão por filial de empresa, pode ser considerado o tempo de registro no CNPJ da matriz.

§ 2º A regularidade de que trata o inciso V do *caput* deverá ser observada durante o período de adesão ao PSE, como condição para permanência no Programa. *(Alterado pela Lei n. 13.456, de 26.6.17, DOU 27.6.17)*

§ 3º No cálculo do indicador de que trata o inciso VI do *caput*, não serão computados os eventos de transferência por entrada, de transferência por saída e de admissão ou desligamento de aprendizes. (NR) *(Incluído pela Lei n. 13.456, de 26.6.17, DOU 27.6.17)*

Art. 4º Os empregados de empresas que aderirem ao PSE e que tiverem o seu salário reduzido, nos termos do art. 5º, fazem jus à compensação pecuniária equivalente a 50% (cinquenta por cento) do valor da redução salarial e limitada a 65% (sessenta e cinco) por cento do valor máximo da parcela do seguro-desemprego, enquanto perdurar o período de redução temporária da jornada de trabalho. *(Alterado pela Lei n. 13.456, de 26.6.17, DOU 27.6.17)*

§ 1º Ato do Poder Executivo federal deve dispor sobre a forma de pagamento da compensação pecuniária de que trata o *caput*, custeada pelo Fundo de Amparo ao Trabalhador — FAT.

§ 2º O valor do salário pago pelo empregador, após a redução de que trata o caput do art. 5º, não pode ser inferior ao valor do salário mínimo.

Art. 5º O acordo coletivo de trabalho específico para adesão ao PSE, celebrado entre a empresa e o sindicato de trabalhadores representativo da categoria da atividade econômica preponderante da empresa, pode reduzir em até 30% (trinta por cento) a jornada e o salário. *(Alterado pela Lei n. 13.456, de 26.6.17, DOU 27.6.17)*

§ 1º O acordo deve ser aprovado em assembleia dos trabalhadores abrangidos pelo programa e deve dispor sobre:

I — número total de empregados abrangidos pela redução e sua identificação;

II — estabelecimentos ou setores específicos da empresa abrangidos;

III — percentual de redução da jornada e redução proporcional ou menor do salário;

IV — período pretendido de adesão ao PSE e de redução temporária da jornada de trabalho, que deve ter duração de até seis meses, podendo ser prorrogado por períodos de seis meses, desde que o período total não ultrapasse vinte e quatro meses; *(Alterado pela Lei n. 13.456, de 26.6.17, DOU 27.6.17)*

V — período de garantia no emprego, que deve ser equivalente, no mínimo, ao período de redução de jornada acrescido de um terço;

VI — constituição de comissão paritária, composta por representantes do empregador e dos empregados abrangidos pelo PSE, para acompanhar e fiscalizar o cumprimento do acordo e do Programa, exceto nas microempresas e empresas de pequeno porte. *(Alterado pela Lei n. 13.456, de 26.6.17, DOU 27.6.17)*

§ 2º O acordo coletivo de trabalho específico de que trata este artigo não disporá sobre outras condições de trabalho que não aquelas decorrentes da adesão ao PSE. *(Alterado pela Lei n. 13.456, de 26.6.17, DOU 27.6.17)*

§ 3º A empresa deve demonstrar ao sindicato que foram esgotados os bancos de horas, além de fornecer as informações econômico-financeiras.

§ 4º É facultada a celebração de acordo coletivo múltiplo de trabalho específico a grupo de microempresas e empresas de pequeno porte, do mesmo setor econômico, com o sindicato de trabalhadores representativo da categoria da atividade econômica preponderante.

§ 5º Na hipótese do § 4º, a comissão paritária de que trata o inciso VI do § 1º será composta por representantes do empregador e do sindicato de trabalhadores que celebrar o acordo coletivo múltiplo de trabalho específico.

§ 6º Para fins dos incisos I e II do § 1º, o acordo deve abranger todos os empregados da empresa ou, no mínimo, os empregados de setor ou estabelecimento específico.

§ 7º Para fins do disposto no § 4º deste artigo, cada microempresa e empresa de pequeno porte deverá demonstrar individualmente o cumprimento dos requisitos exigidos para adesão ao PSE, com o apoio técnico do Serviço Brasileiro de Apoio às Micro e Pequenas Empresas (Sebrae). *(Alterado pela Lei n. 13.456, de 26.6.17, DOU 27.6.17)*

§ 8º A redução de que trata o caput está condicionada à celebração de acordo coletivo de trabalho específico com o sindicato de trabalhadores representativo da categoria, observado o disposto no art. 511 da Consolidação das Leis do Trabalho — CLT, aprovada pelo Decreto-Lei n. 5.452, de 1º de maio de 1943.

§ 9º O número total de trabalhadores e de setores abrangidos pelo Programa de que tratam os incisos I e II do § 1º deste artigo e a redução do percentual de que trata o inciso III do § 1º deste artigo poderão ser alterados durante o período de adesão ao Programa, desde que aprovados em assembleia dos trabalhadores abrangidos pelo Programa, dispensada a formalização de termo aditivo ao acordo, observados os critérios a serem estabelecidos em ato do Poder Executivo federal. (NR) *(Alterado pela Lei n. 13.456, de 26.6.17, DOU 27.6.17)*

Art. 6º A empresa que aderir ao PSE fica proibida de:

I — dispensar arbitrariamente ou sem justa causa os empregados que tiverem sua jornada de trabalho temporariamente reduzida enquanto vigorar a adesão ao PSE e, após o seu término, durante o prazo equivalente a um terço do período de adesão; e *(Alterado pela Lei n. 13.456, de 26.6.17, DOU 27.6.17)*

II — contratar empregado para executar, total ou parcialmente, as mesmas atividades exercidas por empregado abrangido pelo programa, exceto nas hipóteses de:

a) reposição;

b) aproveitamento de concluinte de curso de aprendizagem na empresa, nos termos do art. 429 da Consolidação das Leis do Trabalho — CLT, aprovada pelo Decreto-Lei n. 5.452, de 1º de maio de 1943.

c) efetivação de estagiário; *(Alterado pela Lei n. 13.456, de 26.6.17, DOU 27.6.17)*

d) contratação de pessoas com deficiência ou idosas; e *(Alterado pela Lei n. 13.456, de 26.6.17, DOU 27.6.17)*

e) contratação de egresso dos sistemas prisional e de medidas socioeducativas. *(Alterado pela Lei n. 13.456, de 26.6.17, DOU 27.6.17)*

§ 1º Nas hipóteses de contratação previstas no inciso II do *caput* deste artigo, o empregado deve ser abrangido pelo acordo coletivo de trabalho específico. (NR) *(Alterado pela Lei n. 13.456, de 26.6.17, DOU 27.6.17)*

§ 2º Durante o período de adesão, é proibida a realização de horas extraordinárias pelos empregados abrangidos pelo programa.

Art. 7º A empresa pode denunciar o PSE a qualquer momento, desde que comunique o ato ao sindicato que celebrou o acordo coletivo de trabalho específico, aos seus trabalhadores e ao Poder Executivo federal, com antecedência mínima de trinta dias, demonstrando as razões e a superação da situação de dificuldade econômico-financeira. *(Alterado pela Lei n. 13.456, de 26.6.17, DOU 27.6.17)*

§ 1º Somente após o prazo de trinta dias, pode a empresa exigir o cumprimento da jornada integral de trabalho.

§ 2º Deve ser mantida a garantia de emprego, nos termos da adesão original ao PSE e aos seus acréscimos. *(Alterado pela Lei n. 13.456, de 26.6.17, DOU 27.6.17)*

§ 3º Somente após seis meses da denúncia, pode a empresa aderir novamente ao PSE, caso demonstre que enfrenta nova situação de dificuldade econômico-financeira. (NR) *(Alterado pela Lei n. 13.456, de 26.6.17, DOU 27.6.17)*

Art. 8º Fica excluída do PSE e impedida de aderir ao Programa novamente a empresa que: *(Alterado pela Lei n. 13.456, de 26.6.17, DOU 27.6.17)*

I — descumprir os termos do acordo coletivo de trabalho específico relativo à redução temporária da jornada de trabalho ou qualquer outro dispositivo desta Lei ou de sua regulamentação;

II — cometer fraude no âmbito do PSE, assim entendida como a situação em que empresa obtiver, para si ou para outrem, vantagem ilícita, em prejuízo alheio, induzindo ou mantendo alguém em erro, mediante artifício, ardil ou qualquer outro meio fraudulento, relativamente ao Programa, como atos praticados quanto à burla das condições e dos critérios para adesão e permanência no Programa, fornecimento de informações não verídicas, apresentação de documentos falsos ou desvio dos recursos da compensação financeira do Programa destinada aos empregados abrangidos; ou *(Alterado pela Lei n. 13.456, de 26.6.17, DOU 27.6.17)*

III — for condenada por decisão judicial transitada em julgado ou autuada administrativamente após decisão final no processo administrativo por prática de trabalho análogo ao de escravo, trabalho infantil ou degradante.

§ 1º A empresa que descumprir o acordo coletivo ou as normas relativas ao PSE fica obrigada a restituir ao FAT os recursos recebidos, devidamente corrigidos, e a pagar multa administrativa correspondente a 100% (cem por cento) desse valor, calculada em dobro no caso de fraude, a ser aplicada conforme o Título VII da Consolidação das Leis do Trabalho (CLT), aprovada pelo Decreto-Lei n. 5.452, de 1º de maio de 1943, e revertida ao FAT. *(Alterado pela Lei n. 13.456, de 26.6.17, DOU 27.6.17)*

§ 2º Para fins do disposto no inciso I do *caput*, a denúncia de que trata o art. 7º não é considerada descumprimento dos termos do acordo coletivo de trabalho específico.

§ 3º Para fins da correção dos recursos de que trata o § 1º deste artigo, o valor a ser restituído ao FAT, por ocasião do pagamento, será acrescido de juros equivalentes à taxa referencial do Sistema Especial de Liquidação e de Custódia (Selic) para títulos federais, calculada na forma de capitalização simples, ou seja, pela soma aritmética dos valores mensais da taxa Selic, adicionando-se 1% (um por cento) no último mês de atualização e utilizando-se para o cálculo do débito o Sistema Débito Web disponibilizado no sítio eletrônico do Tribunal de Contas da União. (NR) *(Alterado pela Lei n. 13.456, de 26.6.17, DOU 27.6.17)*

Art. 9º A compensação pecuniária integra as parcelas remuneratórias para efeito do disposto no inciso I do art. 22 e no § 8º do art. 28 da Lei n. 8.212, de 24 de julho de 1991, e do disposto no art. 15 da Lei n. 8.036, de 11 de maio de 1990.

Art. 10. Permanecem regidas pela Medida Provisória n. 680, de 6 de julho de 2015, as adesões ao PPE já aprovadas, aplicando-se esta Lei às solicitações de adesão ou de prorrogação em tramitação na data de sua publicação ou protocoladas a partir dessa data, sendo facultadas às empresas a prorrogação dos prazos e a adoção das demais condições previstas nesta Lei mediante aditivo ao acordo coletivo de trabalho específico.

Art. 11. O PSE extingue-se em 31 de dezembro de 2018. (NR) *(Alterado pela Lei n. 13.456, de 26.6.17, DOU 27.6.17)*

Art. 11-A. Até o final do mês de fevereiro de cada exercício, o Poder Executivo federal estabelecerá o limite máximo anual para as despesas totais do PSE, observados os parâmetros econômicos oficiais utilizados na gestão fiscal. *(Alterado pela Lei n. 13.456, de 26.6.17, DOU 27.6.17)*

§ 1º Para fins de estimativa do cálculo das despesas totais referidas no *caput* deste artigo, será considerado o somatório do estoque de benefícios concedidos com os novos benefícios a serem desembolsados no exercício. *(Alterado pela Lei n. 13.456, de 26.6.17, DOU 27.6.17)*

§ 2º A gestão fiscal de que trata o *caput* deste artigo compreende a elaboração dos orçamentos anuais e as avaliações de receitas e despesas para cumprimento do disposto no art. 9º da Lei Complementar n. 101, de 4 de maio de 2000. *(Alterado pela Lei n. 13.456, de 26.6.17, DOU 27.6.17)*

§ 3º O Poder Executivo federal, por meio de regulamento, poderá fixar orçamento do PSE dedicado exclusivamente a microempresas e empresas de pequeno porte. *(Alterado pela Lei n. 13.456, de 26.6.17, DOU 27.6.17)*

Art. 11-B. O Ministério do Trabalho enviará semestralmente, pelo período de duração do PSE, aos Ministérios da Fazenda e do Planejamento, Desenvolvimento e Gestão e à Casa Civil da Presidência da República, informações que permitam avaliar a efetividade do PSE como política pública em relação aos objetivos pretendidos. *(Alterado pela Lei n. 13.456, de 26.6.17, DOU 27.6.17)*

Art. 12. Esta Lei entra em vigor na data de sua publicação, com exceção do disposto no art. 9º, quanto à Lei n. 8.212, de 24 de julho de 1991, que entra em vigor no dia 1º de novembro de 2015.

Brasília, 19 de novembro de 2015; 194º da Independência e 127º da República.

DILMA ROUSSEFF
Nelson Barbosa
Miguel Rossetto

DECRETO N. 8.479, DE 6 DE JULHO DE 2015

(DOU 7.7.2015)

Regulamenta o disposto na Medida Provisória n. 680, de 6 de julho de 2015, que institui o Programa de Proteção ao Emprego.

A PRESIDENTA DA REPÚBLICA, no uso das atribuições que lhe confere o art. 84, *caput*, incisos IV e VI, alínea "a", da Constituição, e tendo em vista o disposto na Medida Provisória n. 680, de 6 de julho de 2015,

DECRETA:

Art. 1º Este Decreto regulamenta o Programa de Proteção ao Emprego — PPE, de que trata a Medida Provisória n. 680, de 6 de julho de 2015.

Art. 2º Fica criado o Comitê do Programa de Proteção ao Emprego — CPPE, com a finalidade de estabelecer as regras e os procedimentos para a adesão e o funcionamento deste Programa.

§ 1º O CPPE será composto pelos seguintes Ministros de Estado:

I — do Trabalho e Emprego, que o coordenará;

II — do Planejamento, Orçamento e Gestão;

III — da Fazenda;

IV — do Desenvolvimento, Indústria e Comércio Exterior; e

V — Chefe da Secretária-Geral da Presidência da República.

§ 2º Os Ministros de Estado a que se refere o § 1º poderão ser representados pelos seus Secretários-Executivos.

§ 3º A Secretaria-Executiva do CPPE será exercida pela Secretaria de Políticas Públicas de Emprego do Ministério do Trabalho e Emprego.

Art. 3º Compete ao CPPE definir:

I — as condições de elegibilidade para adesão ao PPE, observado o disposto no art. 6º;

II — a forma de adesão ao PPE;

III — as condições de permanência no PPE, observado o disposto no art. 7º;

IV — as regras de funcionamento do PPE; e

V — as possibilidades de suspensão e interrupção da adesão ao PPE.

§ 2º O CPPE editará as regras e os procedimentos de que trata o *caput* no prazo de quinze dias, contado da data de publicação deste Decreto.

§ 3º O CPPE poderá criar grupos de acompanhamento setorial, de caráter consultivo, com a participação equitativa de empresários e trabalhadores, para acompanhar o Programa e propor o seu aperfeiçoamento.

Art. 4º Compete à Secretaria-Executiva do CPPE:

I — receber, analisar e deferir as solicitações de adesão ao PPE; e

II — fornecer o apoio técnico e administrativo necessário ao CPPE.

Art. 5º Compete ao Ministério do Trabalho e Emprego dispor sobre a forma de pagamento da compensação pecuniária de que trata o art. 4º da Medida Provisória n. 680, de 2015.

Art. 6º Para aderir ao PPE, a empresa deverá comprovar, além de outras condições definidas pelo CPPE:

I — registro no Cadastro Nacional da Pessoa Jurídica — CNPJ há, pelo menos, dois anos;

II — regularidade fiscal, previdenciária e relativa ao Fundo de Garantia do Tempo de Serviço — FGTS;

III — sua situação de dificuldade econômico-financeira, a partir de informações definidas pelo CPPE; e

IV — existência de acordo coletivo de trabalho específico, registrado no Ministério do Trabalho e Emprego, nos termos do art. 614 do Decreto-Lei n. 5.452, de 1º de maio de 1943 — Consolidação das Leis do Trabalho.

PARÁGRAFO ÚNICO. Para fins do disposto no inciso I do *caput*, em caso de solicitação de adesão por filial de empresa, poderá ser considerado o tempo de registro no CNPJ da matriz.

Art. 7º No período de adesão ao PPE, a empresa não poderá contratar empregados para executar, total ou parcialmente, as mesmas atividades exercidas pelos trabalhadores abrangidos pelo Programa, exceto nos casos de:

I — reposição; ou

II — aproveitamento de concluinte de curso de aprendizagem na empresa, nos termos do art. 429 da Consolidação das Leis do Trabalho, desde que o novo empregado também seja abrangido pela adesão.

Art. 8º O acordo coletivo de trabalho específico a que se refere o § 1º do art. 3º da Medida Provisória n. 680, de 2015, deverá ser celebrado entre a empresa solicitante da adesão ao PPE e o sindicato de trabalhadores representativo da categoria de sua atividade econômica preponderante e deverá conter, no mínimo:

I — o período pretendido de adesão ao PPE;

II — os percentuais de redução da jornada de trabalho e de redução da remuneração;

III — os estabelecimentos ou os setores da empresa a serem abrangidos pelo PPE;

IV — a relação dos trabalhadores abrangidos, identificados por nome, números de inscrição no Cadastro de Pessoas Físicas — CPF e no Programa de Integração Social — PIS; e

V — a previsão de constituição de comissão paritária composta por representantes do empregador e dos empregados abrangidos pelo PPE para acompanhamento e fiscalização do Programa e do acordo.

§ 1º O acordo coletivo de trabalho específico deverá ser aprovado em assembleia dos trabalhadores abrangidos pelo Programa.

§ 2º Para a pactuação do acordo coletivo de trabalho específico, a empresa demonstrará ao sindicato que foram esgotados os períodos de férias, inclusive coletivas, e os bancos de horas.

§ 3º A empresa fornecerá previamente ao sindicato as informações econômico-financeiras a serem apresentadas para adesão ao PPE.

§ 4º As alterações no acordo coletivo de trabalho específico deverão ser submetidas à Secretaria-Executiva do CPPE.

Art. 9º Este Decreto entra em vigor na data de sua publicação.

Brasília, 6 de julho de 2015; 194º da Independência e 127º da República

Dilma Rousseff
Manoel Dias
Nelson Barbosa

PORTARIA GM/MTE N. 1.013, DE 21 DE JULHO DE 2015

(DOU 22.7.2015)

O MINISTRO DE ESTADO DO TRABALHO E EMPREGO, no uso de suas atribuições legais, e tendo em vista o disposto no art. 5º do Decreto n. 8.479, de 6 de julho de 2015, e considerando as disposições da Resolução n. 2, de 21 de julho de 2015, do Comitê do Programa de Proteção ao Emprego — CPPE, resolve:

Art. 1º Dispor que a compensação pecuniária de que trata a Medida Provisória n. 680, de 6 de julho de 2015, que institui o Programa de Proteção ao Emprego — PPE, será paga sob a forma de benefício concedido a empregado de empresa participante do Programa.

PARÁGRAFO ÚNICO. O benefício de que trata o caput deste artigo, Benefício PPE, consiste em ação para auxiliar trabalhadores na preservação do emprego, no âmbito do Programa Seguro-Desemprego, nos termos do inciso II do *caput* do art. 2º da Lei n. 7.998, de 11 de janeiro de 1990, conforme disposto no parágrafo único do art. 1º da MP n. 680/2015.

Art. 2º O Benefício PPE, devido aos empregados que tiverem seus salários reduzidos nos termos do art. 3º da MP n. 680/2015, será custeado com recursos do Fundo de Amparo ao Trabalhador — FAT, com pagamento realizado pelo Ministério do Trabalho e Emprego — MTE, por intermédio da Caixa Econômica Federal — CAIXA, mediante depósito em conta bancária da empresa participante do PPE, para transferência do valor do benefício aos empregados beneficiários do Programa, via crédito em folha de pagamento mensal da empresa.

PARÁGRAFO ÚNICO. A CAIXA está autorizada, a partir das alocações de recursos do FAT realizadas pelo MTE, a executar as rotinas de pagamento do Benefício PPE, observadas as disposições desta Portaria e demais legislação aplicada ao Programa, bem como cláusulas do contrato com o MTE para operacionalização e pagamento das modalidades de benefícios do Programa Seguro-Desemprego.

Art. 3º Para operacionalização do pagamento do Benefício PPE, a empresa participante do Programa deverá, mensalmente, prestar ao MTE, no mínimo, as seguintes informações:

I — da empresa:

a) razão social;

b) número do CNPJ/CEI;

c) código CNAE da atividade principal;

d) número do termo de adesão ao PPE;

e) período de adesão ao PPE;

f) endereço;

g) endereço eletrônico, números de telefone e fax, para contato;

II — dos empregados abrangidos pelo PPE:

a) nome;

b) data de nascimento;

c) nome da mãe;

d) CPF;

e) PIS;

f) raça/cor;

g) data de admissão;

h) estabelecimento de trabalho;

i) setor de trabalho;

j) CBO da função/ocupação de trabalho;

k) jornada de trabalho antes da redução;

l) percentual de redução da jornada de trabalho;

m) jornada de trabalho reduzida;

n) valor do salário antes da redução da jornada de trabalho;

o) percentual de redução do salário;

p) valor do salário depois da redução da jornada de trabalho;

q) valor da parcela correspondente ao Benefício PPE; e

r) valor total a receber pelo empregado.

§ 1º A empresa informará ao MTE os dados da conta bancária para depósitos dos valores do Benefício PPE e o código da agência da CAIXA com a qual se relacionará para tratar das questões operacionais relativas ao pagamento do benefício aos empregados abrangidos pelo Programa.

§ 2º A empresa manterá atualizadas, junto ao MTE, a relação e as informações dos empregados beneficiários do PPE constantes do respectivo Acordo Coletivo de Trabalho Específico — ACTE registrado no Sistema Mediador do MTE, as quais comporão base para a liberação mensal dos valores do Benefício PPE.

§ 3º O Benefício PPE será pago pelas empresas aos empregados, mensalmente, em folha de pagamento

§ 4º A folha de pagamento de que trata o § 3º deste artigo deverá ser informada ao Ministério em posição fechada no prazo a ser estabelecido pela SE-CPPE. (AC)

§ 5º Admite-se o recebimento de folha de pagamento em posição prévia quando não for possível à empresa enviar a posição fechada no tempo requerido para o processamento do pagamento do Benefício pelo Ministério, conforme prazo a ser estabelecido pela SECPPE. (AC)

§ 6º No caso de envio de folha de pagamento em posição prévia, conforme previsto no parágrafo anterior, a empresa deverá encaminhar ao Ministério, até o quarto dia útil posterior à data de pagamento da folha, a correspondente posição fechada. (AC)

§ 7º Eventuais diferenças de valores no pagamento do Benefício PPE apuradas pelo Ministério no processo de conciliação das folhas de pagamento informadas em posições prévia e fechada deverão ser objeto de compensação, de repasse complementar ou de devolução ao Ministério, conforme for o caso. (AC)

§ 8º A devolução de recursos pela empresa ao Ministério poderá ocorrer pelo seu valor nominal, desde que realizada até o décimo quinto dia contado da data do recebimento da notificação expedida pelo Ministério. (AC)

§ 9º Vencido o prazo estabelecido no parágrafo anterior, sobre o valor da devolução incidirá atualização financeira desde a data da sua origem até a data do seu efetivo recolhimento, utilizando-se o Sistema Atualização de Débito do Tribunal de Contas da União, para o cálculo do débito, e a Guia de Recolhimento da União (GRU), para efetuar o recolhimento. (AC)

§ 10. O não recolhimento dos recursos de que trata o § 8º deste decreto no prazo de trinta dias, contados da data do recebimento da notificação expedida pelo Ministério, ensejará a exclusão da empresa do PPE e o seu registro no Cadastro Informativo de Créditos não Quitados do Setor Público Federal (CADIN). (AC)

§ 11. A veracidade e a fidedignidade das informações prestadas são de responsabilidade da empresa. (AC). *(Parágrafos incluídos pela Portaria MTPS n. 242, de 8.3.16, DOU 9.3.16 e se aplicam a todas as folhas de pagamento das competências abrangidas pelo período da adesão ao PPE, conforme o disposto no art. 2º da mesma Portaria)*

Art. 4º A Secretaria Executiva do Comitê do Programa de Proteção ao Emprego — SE-CPPE, informará à CAIXA o rol de empresas participantes do PPE, com as respectivas relações e informações dos empregados abrangidos pelo Programa.

§ 1º A SE-CPPE prestará informações à CAIXA sobre alterações na relação de empregados beneficiários do PPE.

§ 2º As alterações cadastrais das relações de empregados, apresentadas pelas empresas à SE-CPPE após o dia 10 (dez) de cada mês serão processadas para pagamento no mês subsequente.

Art. 5º A CAIXA deverá executar os serviços de validação dos dados de identificação da empresa e dos empregados participantes do PPE e dos respectivos vínculos empregatícios, por meio de consulta à base do Fundo de Garantia por Tempo de Serviço — FGTS.

§ 1º A CAIXA repassará às empresas, mensalmente, os recursos para o pagamento do Benefício PPE e disponibilizará à SE-CPPE as informações da operacionalização do Programa.

§ 2º A CAIXA manterá disponível, pelo prazo mínimo de cinco anos, os registros comprobatórios das rotinas operacionais e dos repasses efetuados às empresas para os pagamentos do Benefício PPE.

Art. 6º Os recursos necessários ao pagamento do Benefício PPE serão depositados na conta-suprimento do seguro-desemprego, observada a disponibilidade orçamentária e financeira do FAT.

§ 1º Os recursos necessários ao pagamento do Benefício PPE serão transferidos em até cinco dias úteis após a data de solicitação da CAIXA, mediante acompanhamento do saldo da conta-suprimento.

§ 2º Não ocorrendo a transferência mencionada no § 1º, a CAIXA não realizará o pagamento do benefício PPE.

Art. 7º O saldo diário da conta-suprimento será remunerado, pela CAIXA, com base na Taxa Extramercado do Banco Central, constituindo-se receita do FAT.

§ 1º A remuneração de que trata este artigo será apurada mensalmente e recolhida ao FAT até o último dia útil do primeiro decêndio do mês subsequente ao da apuração.

§ 2º O descumprimento do estabelecido no § 1º deste artigo implicará remuneração do saldo diário da conta suprimento, eventualmente existente, com base na mesma taxa utilizada para remunerar as disponibilidades do Tesouro pela Lei n. 9.027, de 12 de abril de 1995, até o dia do cumprimento da obrigação.

Art. 8º A CAIXA deverá encaminhar ao Departamento de Emprego e Salário — DES/SPPE, mensalmente, até o quinto dia útil do mês subsequente, os relatórios gerenciais estabelecidos pela Resolução n. 9, de 31 de dezembro de 1990, e suas alterações, do Conselho Deliberativo do Fundo de Amparo ao Trabalhador — CODEFAT.

PARÁGRAFO ÚNICO. O descumprimento do estabelecido neste artigo sujeitará a CAIXA às penalidades previstas na Lei n. 8.666, de 21 de junho de 1993, e demais normas relativas a contratos.

Art. 9º A CAIXA prestará contas dos recursos recebidos, devolvendo, até o último dia útil do mês de fevereiro do exercício subsequente, o eventual saldo de recursos, apresentando a documentação pertinente, em conjunto com as demais modalidades de pagamento dos benefícios do Programa Seguro-Desemprego.

PARÁGRAFO ÚNICO. Ultrapassado o prazo estabelecido neste artigo, o saldo de recursos será remunerado conforme disposto § 2º do art. 7º desta Portaria.

Art. 10. Caberá à SE-CPPE a adoção de providências, expedição de orientações e atos normativos, e a celebração de instrumentos necessários ao cumprimento do disposto nesta Portaria.

Art. 11. Esta Portaria entra em vigor na data de sua publicação.

MANOEL DIAS

RESOLUÇÃO N. 2, DO COMITÊ DO PROGRAMA DE PROTEÇÃO AO EMPREGO — CPPE, DE 21 DE JULHO DE 2015

(DOU 22.7.2015)

Estabelece regras e procedimentos para a adesão e o funcionamento do Programa de Proteção ao Emprego — PPE.

O Comitê do Programa de Proteção ao Emprego — CPPE, no uso das atribuições que lhe conferem os artigos 3º e 6º do Decreto n. 8.479, de 6 de julho de 2015, e tendo em vista o disposto na Medida Provisória n. 680, de 6 de julho de 2015, resolve:

Art. 1º Estabelecer as regras e os procedimentos para a adesão e o funcionamento do Programa de Proteção ao Emprego — PPE.

Art. 2º A solicitação de adesão ao PPE deverá ser dirigida à Secretaria Executiva do Comitê do Programa de Proteção ao Emprego — SE-CPPE.

Art. 3º Para aderir ao PPE, a empresa deverá:

I — apresentar solicitação de Adesão ao Programa de Proteção ao Emprego, conforme modelo de formulário aprovado pela SE-CPPE, devidamente preenchido;

II — comprovar registro no Cadastro Nacional da Pessoa Jurídica — CNPJ há, no mínimo, dois anos;

III — demonstrar a regularidade fiscal, previdenciária e relativa ao Fundo de Garantia do Tempo de Serviço — FGTS, por meio da apresentação da Certidão de Débitos Relativos a Créditos Tributários Federais e à Dívida Ativa da União e do Certificado de Regularidade do Fundo de Garantia do Tempo de Serviço — CRF/FGTS;

IV — comprovar a sua situação de dificuldade econômico-financeira; e

V — apresentar Requerimento de Registro e demais documentos necessários para o depósito e registro do Acordo Coletivo de Trabalho Específico — ACTE no Sistema Mediador do Ministério do Trabalho e Emprego, conforme instruções normativas da Secretaria de Relações do Trabalho.

§ 1º Para fins do disposto no inciso II do caput, em caso de solicitação de adesão por filial de empresa, poderá ser considerado o tempo de registro no CNPJ da matriz.

§ 2º A regularidade de que trata o inciso III do caput deverá ser observada durante todo o período de adesão ao PPE, como condição para permanência no programa.

Art. 4º Será considerada em situação de dificuldade econômico-financeira, para fins do disposto no inciso IV do *caput* do art. 3º, a empresa cujo Indicador Líquido de Empregos — ILE for igual ou inferior a 1%, apurado com base nas informações da empresa disponíveis no Cadastro Geral de Empregados e Desempregados — CAGED.

§ 1º O ILE consiste no percentual representado pela diferença entre admissões e desligamentos, acumulada nos doze meses anteriores ao da solicitação de adesão ao PPE, em relação ao estoque de empregados.

§ 2º Para fins de apuração do ILE, será considerado o estoque de empregados verificado no 13º mês anterior ao da solicitação de adesão ao PPE.

Art. 5º O Acordo Coletivo de Trabalho Específico— ACTE de que trata o inciso V do caput do art. 3º, a ser celebrado com o sindicato dos trabalhadores representativos da categoria da atividade econômica preponderante da empresa, deverá ser registrado no sistema Mediador, nos termos do art. 614 do Decreto-Lei n. 5.452, de 1º de maio de 1943 — Consolidação das Leis do Trabalho, e conter, no mínimo:

I — o período pretendido de adesão ao PPE;

II — o percentual de redução da jornada de trabalho, limitado a trinta por cento, com redução proporcional do salário;

III — os estabelecimentos ou os setores da empresa a serem abrangidos pelo PPE;

IV — a previsão de constituição de comissão paritária composta por representantes do empregador e dos empregados abrangidos pelo PPE para acompanhamento e fiscalização do Programa e do acordo.

V — a relação dos empregados abrangidos, anexada ao Acordo, contendo nomes, números de inscrição no Cadastro Nacional de Pessoas Físicas — CPF e no Programa de Integração Social — PIS e demais dados necessários ao registro do ACTE no MTE e pagamento do Benefício PPE.

§ 1º O ACTE deverá ser aprovado em assembleia dos empregados a serem abrangidos pelo Programa.

§ 2º Para a pactuação do ACTE, a empresa demonstrará ao sindicato que foram esgotados os períodos de férias, inclusive coletivas, e os bancos de horas.

§ 3º Previamente à celebração do ACTE, a empresa fornecerá ao sindicato as informações econômico-financeiras a serem apresentadas para adesão ao PPE.

§ 4º As alterações no ACTE referentes a prazo, setores abrangidos e percentual de redução de jornada e salário, bem como as prorrogações da adesão, deverão ser registradas no sistema Mediador do Ministério do Trabalho e Emprego e submetidas à análise da SE-CPPE.

§ 5º Eventuais alterações na relação de empregados abrangidos deverão ser encaminhadas à SE-CPPE, com aprovação da comissão paritária de que trata o inciso IV do caput, em arquivo com o mesmo formato da relação inicialmente apresentada.

§ 6º O ACTE deverá prever percentual único de redução de salário para os empregados por ele abrangidos.

§ 7º A redução temporária da jornada de trabalho poderá ter duração de até seis meses, podendo ser prorrogada, desde que o período total não ultrapasse doze meses.

Art. 6º As solicitações de adesão ao PPE serão recebidas e analisadas pela SE-CPPE, que decidirá em caráter final e informará os resultados às empresas solicitantes.

PARÁGRAFO ÚNICO. A aprovação das solicitações de adesão ao PPE dependerá da disponibilidade orçamentária e financeira do Fundo de Amparo ao Trabalhador — FAT, o qual custeará o pagamento do Benefício PPE.

Art. 7º As empresas que aderirem ao PPE ficam proibidas de dispensar arbitrariamente ou sem justa causa os empregados que tiverem sua jornada de trabalho temporariamente reduzida enquanto vigorar a adesão ao PPE e, após o seu término, durante o prazo equivalente a um terço do período de adesão.

Art. 8º No período de adesão ao PPE, a empresa não poderá contratar empregados para executar, total ou parcialmente, as mesmas atividades exercidas pelos trabalhadores abrangidos pelo Programa, exceto nos casos de reposição ou aproveitamento de concluinte decurso de aprendizagem na empresa, nos termos do art. 429 da Consolidação das Leis do Trabalho, desde que o novo empregado também seja abrangido pela adesão.

Art. 9º Será excluída do PPE e ficará impedida de aderir novamente a empresa que:

I — descumprir os termos do ACTE relativo à redução temporária da jornada de trabalho ou qualquer outro dispositivo da Medida Provisória n. 680, de 2015, ou de sua regulamentação; ou

II — cometer fraude no âmbito do PPE.

PARÁGRAFO ÚNICO. Em caso de fraude no âmbito do PPE, a empresa ficará obrigada a restituir ao FAT os recursos recebidos, devidamente corrigidos, e a pagar multa administrativa correspondente a cem por cento desse valor, a ser aplicada conforme o Título VII da Consolidação das Leis do Trabalho e revertida ao FAT.

Art. 10. Caberá à SE-CPPE a adoção de providências, expedição de orientações e celebração de instrumentos necessários ao cumprimento do disposto nesta Resolução, podendo submeter ao CPPE os casos omissos e as dúvidas suscitadas quanto à aplicação desta Resolução.

Art. 11. As empresas que não atenderem o requisito estabelecido no art. 4º poderão apresentar à SE-CPPE outras informações que julgarem relevantes para comprovar sua situação de dificuldade econômico-financeira, a fim de subsidiarem eventual aprimoramento das regras e procedimentos do Programa pelo CPPE.

Art. 12. Esta Resolução entra em vigor na data de sua publicação.

MANOEL DIAS
Coordenador

PORTARIA GM/MTE N. 373, DE 25 DE FEVEREIRO DE 2011

(DOU 28.2.2011)

Dispõe sobre a possibilidade de adoção pelos empregadores de sistemas alternativos de controle de jornada de trabalho

O MINISTRO DE ESTADO DO TRABALHO E EMPREGO, no uso das atribuições que lhe conferem o inciso II do parágrafo único do art. 87 da Constituição Federal e os arts. 74, § 2º, e 913 da Consolidação das Leis do Trabalho, aprovada pelo Decreto-lei n. 5.452, de 1º de maio de 1943, resolve:

Art. 1º Os empregadores poderão adotar sistemas alternativos de controle da jornada de trabalho, desde que autorizados por Convenção ou Acordo Coletivo de Trabalho.

§ 1º O uso da faculdade prevista no *caput* implica a presunção de cumprimento integral pelo empregado da jornada de trabalho contratual, convencionada ou acordada, vigente no estabelecimento.

§ 2º Deverá ser disponibilizada ao empregado, até o momento do pagamento da remuneração referente ao período em que está sendo aferida a frequência, a informação sobre qualquer ocorrência que ocasione alteração de sua remuneração em virtude da adoção de sistema alternativo.

Art. 2º Os empregadores poderão adotar sistemas alternativos eletrônicos de controle de jornada de trabalho, mediante autorização em Acordo Coletivo de Trabalho.

Art. 3º Os sistemas alternativos eletrônicos não devem admitir:

I — restrições à marcação do ponto;

II — marcação automática do ponto;

III — exigência de autorização prévia para marcação de sobrejornada; e

IV — a alteração ou eliminação dos dados registrados pelo empregado.

§ 1º Para fins de fiscalização, os sistemas alternativos eletrônicos deverão:

I — estar disponíveis no local de trabalho;

II — permitir a identificação de empregador e empregado; e

III — possibilitar, através da central de dados, a extração eletrônica e impressa do registro fiel das marcações realizadas pelo empregado.

Art. 3º Fica constituído Grupo de Trabalho com a finalidade de elaborar estudos com vistas à revisão e ao aperfeiçoamento do Sistema de Registro Eletrônico de Ponto — SREP.

Art. 4º Em virtude do disposto nesta Portaria, o início da utilização obrigatória do Registrador Eletrônico de Ponto — REP, previsto no art. 31 da Portaria n. 1.510, de 21 de agosto de 2009, será no dia 1º de setembro de 2011.

Art. 5º Revoga-se a Portaria n. 1.120, de 08 de novembro de 1995.

Art. 6º Esta Portaria entra em vigor na data de sua publicação.

CARLOS ROBERTO LUPI

PORTARIA GM/MTE N. 1.510, DE 21 DE AGOSTO DE 2009

(DOU 25.8.2009)

Resolve disciplinar o registro de ponto e a utilização do Sistema de Registro de Ponto Eletrônico — SREP

— V. Portaria n. 793, GM/MTE, de 27 de abril de 2011 (DOU 28.4.2011), que disciplina a utilização da certificação digital para assinatura eletrônica dos "Atestados Técnicos e Termos de Responsabilidade" previstos nos arts. 17 e 18 da Portaria MTE n. 1.510/2009. (não publicada nesta obra)

O MINISTRO DE ESTADO DO TRABALHO E EMPREGO, no uso das atribuições que lhe conferem o inciso II do parágrafo único do art. 87 da Constituição Federal e os arts. 74, § 2º, e 913 da Consolidação das Leis do Trabalho, aprovada pelo Decreto-lei n. 5.452, de 1º de maio de 1943, resolve:

Art. 1º Disciplinar o registro eletrônico de ponto e a utilização do Sistema de Registro Eletrônico de Ponto — SREP.

PARÁGRAFO ÚNICO. Sistema de Registro Eletrônico de Ponto — SREP — é o conjunto de equipamentos e programas informatizados destinado à anotação por meio eletrônico da entrada e saída dos trabalhadores das empresas, previsto no art. 74 da Consolidação das Leis do Trabalho — CLT, aprovada pelo Decreto-lei n. 5.452, de 1º de maio de 1943.

Art. 2º O SREP deve registrar fielmente as marcações efetuadas, não sendo permitida qualquer ação que desvirtue os fins legais a que se destina, tais como:

I — restrições de horário à marcação do ponto;

II marcação automática do ponto, utilizando-se horários predeterminados ou o horário contratual;

III — exigência, por parte do sistema, de autorização prévia para marcação de sobrejornada; e

IV — existência de qualquer dispositivo que permita a alteração dos dados registrados pelo empregado.

Art. 3º Registrador Eletrônico de Ponto — REP é o equipamento de automação utilizado exclusivamente para o registro de jornada de trabalho e com capacidade para emitir documentos fiscais e realizar controles de natureza fiscal, referentes à entrada e à saída de empregados nos locais de trabalho.

PARÁGRAFO ÚNICO. Para a utilização de Sistema de Registro Eletrônico de Ponto é obrigatório o uso do REP no local da prestação do serviço, vedados outros meios de registro.

Art. 4º O REP deverá apresentar os seguintes requisitos:

I — relógio interno de tempo real com precisão mínima de um minuto por ano com capacidade de funcionamento ininterrupto por um período mínimo de mil quatrocentos e quarenta horas na ausência de energia elétrica de alimentação;

II — mostrador do relógio de tempo real contendo hora, minutos e segundos;

III — dispor de mecanismo impressor em bobina de papel, integrado e de uso exclusivo do equipamento, que permita impressões com durabilidade mínima de cinco anos;

IV — meio de armazenamento permanente, denominado Memória de Registro de Ponto — MRP, onde os dados armazenados não possam ser apagados ou alterados, direta ou indiretamente;

V — meio de armazenamento, denominado Memória de Trabalho — MT, onde ficarão armazenados os dados necessários à operação do REP;

VI — porta padrão USB externa, denominada Porta Fiscal, para pronta captura dos dados armazenados na MRP pelo Auditor Fiscal do Trabalho;

VII — para a função de marcação de ponto, o REP não deverá depender de qualquer conexão com outro equipamento externo; e

VIII — a marcação de ponto ficará interrompida quando for feita qualquer operação que exija a comunicação do REP com qualquer outro equipamento, seja para carga ou leitura de dados.

Art. 5º Os seguintes dados deverão ser gravados na MT:

I — do empregador: tipo de identificador do empregador, CNPJ ou CPF; identificador do empregador; CEI, caso exista; razão social; e local da prestação do serviço; e

II — dos empregados que utilizam o REP: nome, PIS e demais dados necessários à identificação do empregado pelo equipamento.

Art. 6º As seguintes operações deverão ser gravadas de forma permanente na MRP:

I — inclusão ou alteração das informações do empregador na MT, contendo os seguintes dados: data e hora da inclusão ou alteração; tipo de operação; tipo de identificador do empregador, CNPJ ou CPF; identificador do empregador; CEI, caso exista; razão social; e local da prestação do serviço;

II — marcação de ponto, com os seguintes dados: número do PIS, data e hora da marcação;

III — ajuste do relógio interno, contendo os seguintes dados: data antes do ajuste, hora antes do ajuste, data ajustada, hora ajustada; e

IV — inserção, alteração e exclusão de dados do empregado na MT, contendo: data e hora da operação, tipo de operação, número do PIS e nome do empregado.

PARÁGRAFO ÚNICO. Cada registro gravado na MRP deve conter Número Sequencial de Registro — NSR consistindo em numeração sequencial em incrementos unitários, iniciando-se em 1 na primeira operação do REP.

Art. 7º O REP deverá prover as seguintes funcionalidades:

I — marcação de Ponto, composta dos seguintes passos:

a) receber diretamente a identificação do trabalhador, sem interposição de outro equipamento;

b) obter a hora do Relógio de Tempo Real;

c) registrar a marcação de ponto na MRP; e

d) imprimir o comprovante do trabalhador.

II — geração do Arquivo-Fonte de Dados — AFD, a partir dos dados armazenados na MRP;

III — gravação do AFD em dispositivo externo de memória, por meio da Porta Fiscal;

IV — emissão da Relação Instantânea de Marcações com as marcações efetuadas nas vinte e quatro horas precedentes, contendo:

a) cabeçalho com Identificador e razão social do empregador, local de prestação de serviço, número de fabricação do REP;

b) NSR;

c) número do PIS e nome do empregado; e

d) horário da marcação.

Art. 8º O registro da marcação de ponto gravado na MRP consistirá dos seguintes campos:

I — NSR;

II — PIS do trabalhador;

III — data da marcação; e

IV — horário da marcação, composto de hora e minutos.

Art. 9º O Arquivo-Fonte de Dados será gerado pelo REP e conterá todos os dados armazenados na MRP, segundo formato descrito no Anexo I.

Art. 10. O REP deverá atender aos seguintes requisitos:

I — não permitir alterações ou apagamento dos dados armazenados na Memória de Registro de Ponto;

II — ser inviolável de forma a atender aos requisitos do art. 2º;

III — não possuir funcionalidades que permitam restringir as marcações de ponto;

IV — não possuir funcionalidades que permitam registros automáticos de ponto; e

V — possuir identificação do REP gravada de forma indelével na sua estrutura externa, contendo CNPJ e nome do fabricante, marca, modelo e número de fabricação do REP.

PARÁGRAFO ÚNICO. O número de fabricação do REP é o número exclusivo de cada equipamento e consistirá na junção sequencial do número de cadastro do fabricante no MTE, número de registro do modelo no MTE e número série único do equipamento.

Art. 11. Comprovante de Registro de Ponto do Trabalhador é um documento impresso para o empregado acompanhar, a cada marcação, o controle de sua jornada de trabalho, contendo as seguintes informações:

I — cabeçalho contendo o título "Comprovante de Registro de Ponto do Trabalhador";

II — identificação do empregador contendo nome, CNPJ/CPF e CEI, caso exista;

III — local da prestação do serviço;

IV — número de fabricação do REP;

V — identificação do trabalhador contendo nome e número do PIS;

VI — data e horário do respectivo registro; e

VII — NSR.

§ 1º A impressão deverá ser feita em cor contrastante com o papel, em caracteres legíveis com a densidade horizontal máxima de oito caracteres por centímetro e o caractere não poderá ter altura inferior a três milímetros *(Redação dada pela Portaria n. 2.233, de 17.11.2009, DOU 18.11.2009)*

§ 2º O empregador deverá disponibilizar meios para a emissão obrigatória do Comprovante de Registro de Ponto do Trabalhador no momento de qualquer marcação de ponto.

Art. 12. O "Programa de Tratamento de Registro de Ponto" é o conjunto de rotinas informatizadas que tem por função tratar os dados relativos à marcação dos horários de entrada e saída, originários exclusivamente do AFD, gerando o relatório "Espelho de Ponto Eletrônico", de acordo com o anexo II, o Arquivo Fonte de Dados Tratados — AFDT e Arquivo de Controle de Jornada para Efeitos Fiscais — ACJEF, de acordo com o Anexo I.

PARÁGRAFO ÚNICO. A função de tratamento dos dados se limitará a acrescentar informações para complementar eventuais omissões no registro de ponto ou indicar marcações indevidas.

Art. 13. O fabricante do REP deverá se cadastrar junto ao Ministério do Trabalho e Emprego, e solicitar o registro de cada um dos modelos de REP que produzir.

Art. 14. Para o registro do modelo do REP no MTE o fabricante deverá apresentar "Certificado de Conformidade do REP à Legislação" emitido por órgão técnico credenciado e "Atestado Técnico e Termo de Responsabilidade" previsto no art. 17.

Art. 15. Qualquer alteração no REP certificado, inclusive nos programas residentes, ensejará novo processo de certificação e registro.

Art. 16. Toda a documentação técnica do circuito eletrônico, bem como os arquivos fontes dos programas residentes no equipamento, deverão estar à disposição do Ministério do Trabalho e Emprego, Ministério Público do Trabalho e Justiça do Trabalho, quando solicitado.

Art. 17. O fabricante do equipamento REP deverá fornecer ao empregador usuário um documento denominado "Atestado Técnico e Termo de Responsabilidade" assinado pelo responsável técnico e pelo responsável legal pela empresa, afirmando expressamente que o equipamento e os programas nele embutidos atendem às determinações desta portaria, especialmente que:

I — não possuem mecanismos que permitam alterações dos dados de marcações de ponto armazenados no equipamento;

II — não possuem mecanismos que restrinjam a marcação do ponto em qualquer horário;

III — não possuem mecanismos que permitam o bloqueio à marcação de ponto; e

IV — possuem dispositivos de segurança para impedir o acesso ao equipamento por terceiros.

§ 1º No "Atestado Técnico e Termo de Responsabilidade" deverá constar que os declarantes estão cientes das consequências legais, cíveis e criminais, quanto à falsa declaração, falso atestado e falsidade ideológica.

§ 2º O empregador deverá apresentar o documento de que trata este artigo à Inspeção do Trabalho, quando solicitado.

Art. 18. O fabricante do programa de tratamento de registro de ponto eletrônico deverá fornecer ao consumidor do seu programa um documento denominado "Atestado Técnico e Termo de Responsabilidade" assinado pelo responsável técnico pelo programa e pelo responsável legal pela empresa, afirmando expressamente que seu programa atende às determinações desta portaria, especialmente que não permita:

I — alterações no AFD; e

II — divergências entre o AFD e os demais arquivos e relatórios gerados pelo programa.

§ 1º A declaração deverá constar ao seu término que os declarantes estão cientes das consequências legais, cíveis e criminais, quanto à falsa declaração, falso atestado e falsidade ideológica.

§ 2º Este documento deverá ficar disponível para pronta apresentação à Inspeção do Trabalho.

Art. 19. O empregador só poderá utilizar o Sistema de Registro Eletrônico de Ponto se possuir os atestados emitidos pelos fabricantes dos equipamentos e programas utilizados, nos termos dos arts. 17, 18, 26 e 30-A desta Portaria. *(Redação dada pela Portaria n. 1.001, de 6.5.2010, DOU 7.5.2010).*

Art. 20. O empregador usuário do Sistema de Registro Eletrônico de Ponto deverá se cadastrar no MTE via internet informando seus dados, equipamentos e softwares utilizados.

Art. 21. O REP deve sempre estar disponível no local da prestação do trabalho para pronta extração e impressão de dados pelo Auditor Fiscal do Trabalho.

Art. 22. O empregador deverá prontamente disponibilizar os arquivos gerados e relatórios emitidos pelo "Programa de Tratamento de Dados do Registro de Ponto" aos Auditores Fiscais do Trabalho.

Art. 23. O MTE credenciará órgãos técnicos para a realização da análise de conformidade técnica dos equipamentos REP à legislação.

§ 1º Para se habilitar ao credenciamento, o órgão técnico pretendente deverá realizar pesquisa ou desenvolvimento e atuar nas áreas de engenharia eletrônica ou de tecnologia da informação e atender a uma das seguintes condições:

I — ser entidade da administração pública direta ou indireta; e

II — ser entidade de ensino, pública ou privada, sem fins lucrativos.

§ 2º O órgão técnico interessado deverá requerer seu credenciamento ao MTE mediante apresentação de:

I — documentação comprobatória dos requisitos estabelecidos no § 1º;

II — descrição detalhada dos procedimentos que serão empregados na análise de conformidade de REP, observando os requisitos estabelecidos pelo MTE;

III — cópia reprográfica de termo de confidencialidade celebrado entre o órgão técnico pretendente ao credenciamento e os técnicos envolvidos com a análise; e

IV — indicação do responsável técnico e do responsável pelo órgão técnico.

Art. 24. O órgão técnico credenciado:

I — deverá apresentar cópia reprográfica do termo de confidencialidade de que trata o inciso III do § 2º do art. 23, sempre que novo técnico estiver envolvido com o processo de análise de conformidade técnica do REP;

II — não poderá utilizar os serviços de pessoa que mantenha ou tenha mantido vínculo nos últimos dois anos com qualquer fabricante de REP, ou com o MTE; e

III — deverá participar, quando convocado pelo MTE, da elaboração de especificações técnicas para estabelecimento de requisitos para desenvolvimento e fabricação de REP, sem ônus para o MTE.

Art. 25. O credenciamento do órgão técnico poderá ser:

I — cancelado a pedido do órgão técnico;

II — suspenso pelo MTE por prazo não superior a noventa dias; e

III — cassado pelo MTE.

Art. 26. O "Certificado de Conformidade do REP à Legislação" será emitido pelo órgão técnico credenciado contendo no mínimo as seguintes informações:

I — declaração de conformidade do REP à legislação aplicada;

II — identificação do fabricante do REP;

III — identificação da marca e modelo do REP;

IV — especificação dos dispositivos de armazenamento de dados utilizados;

V — descrição do sistemas que garantam a inviolabilidade do equipamento e integridade dos dados armazenados;

VI — data do protocolo do pedido no órgão técnico;

VII — número sequencial do "Certificado de Conformidade do REP à Legislação" no órgão técnico certificador;

VIII — identificação do órgão técnico e assinatura do responsável técnico e do responsável pelo órgão técnico, conforme inciso IV do § 2º do art. 23; e

IX — documentação fotográfica do equipamento certificado.

Art. 27. Concluída a análise, não sendo constatada desconformidade, o órgão técnico credenciado emitirá "Certificado de Conformidade do REP à Legislação", nos termos do disposto no art. 26.

Art. 28. O descumprimento de qualquer determinação ou especificação constante desta Portaria descaracteriza o controle eletrônico de jornada, pois este não se prestará às finalidades que a Lei lhe destina, o que ensejará a lavratura de auto de infração com base no art. 74, § 2º, da CLT, pelo Auditor Fiscal do Trabalho.

Art. 29. Comprovada a adulteração de horários marcados pelo trabalhador ou a existência de dispositivos, programas ou sub-rotinas que permitam a adulteração dos reais dados do controle de jornada ou parametrizações e bloqueios na marcação, o Auditor Fiscal do Trabalho deverá apreender documentos e equipamentos, copiar programas e dados que julgar necessários para comprovação do ilícito.

§ 1º O Auditor Fiscal do Trabalho deverá elaborar relatório circunstanciado, contendo cópia dos autos de infração lavrados e da documentação apreendida.

§ 2º A chefia da fiscalização enviará o relatório ao Ministério Público do Trabalho e outros órgãos que julgar pertinentes.

Art. 30. O Ministério do Trabalho e Emprego criará os cadastros previstos nesta Portaria, com parâmetros definidos pela Secretaria de Inspeção do Trabalho — SIT.

Art. 30-A. Equipara-se ao fabricante nacional, para efeitos desta Portaria, o importador que legalmente introduzir no Brasil o equipamento REP. *(Redação dada pela Portaria MTE n. 1.001, de 6.5.2010, DOU 7.5.2010).*

§ 1º Considera-se importador, para efeitos desta Portaria, o responsável pela introdução do equipamento REP no Brasil, pessoa jurídica regularmente constituída sob as leis brasileiras, apta a assumir as responsabilidades decorrentes da comercialização do produto e das determinações e especificações previstas nesta Portaria. *(Redação dada pela Portaria MTE n. 1.001, de 6.5.2010, DOU 7.5.2010).*

§ 2º O manual do usuário, o "Termo de Responsabilidade e Atestado Técnico", documentação técnica e as informações constantes no corpo do equipamento REP importado, deverão ser redigidos em língua portuguesa. (NR) *(Redação dada pela Portaria MTE n. 1.001, de 6.5.2010, DOU 7.5.2010).*

Art. 31. Esta Portaria entra em vigor na data de sua publicação, exceto quanto à utilização obrigatória do REP, que entrará em vigor após doze meses contados da data de sua publicação.

PARÁGRAFO ÚNICO. Enquanto não for adotado o REP, o Programa de Tratamento de Registro de Ponto poderá receber dados em formato diferente do especificado no anexo I para o AFD, mantendo-se a integridade dos dados originais.

Portaria n. 2.686, de 27 de dezembro de 2011

(DOU 28.12.2011)

O Ministro de Estado do Trabalho e Emprego Interino, no uso das atribuições que lhe conferem o inciso II do parágrafo único do art. 87 da Constituição Federal e os arts. 74, § 2º, e 913 da Consolidação das Leis do Trabalho, aprovada pelo Decreto-lei n. 5.452, de 1º de maio de 1943, considerando o disposto na Portaria n. 1.979, de 30 de setembro de 2011 e as dificuldades operacionais ainda não superadas em alguns segmentos da economia para implantação do Sistema de Registro Eletrônico de Ponto — SREP, resolve:

Art. 1º O art. 31 da Portaria n. 1.510, de 21 de agosto de 2009, somente produzirá efeitos:

I — A partir de 2 de abril de 2012, para as empresas que exploram atividades na indústria, no comércio em geral, no setor de serviços, incluindo, entre outros, os setores financeiro, de transportes, de construção, de comunicações, de energia, de saúde e de educação;

II — A partir de 1º de junho de 2012, para as empresas que exploram atividade agroeconômica nos termos da Lei n. 5.889, de 8 de julho de 1973;

III — A partir de 3 de setembro de 2012, para as microempresas e empresas de pequeno porte, definidas na forma da Lei Complementar n. 123/2006.

Art. 2º Esta portaria entra em vigor na data de sua publicação.

Paulo Roberto dos Santos Pinto

Carlos Roberto Lupi

Nota: Os anexos a que se referem a supracitada Portaria encontram-se publicados no DOU de 25.8.2009 com alterações de anexos procedidas na Portaria 2.233, de 17.11.2009, os quais se encontram publicados no DOU de 18.11.2009.

INSTRUÇÃO NORMATIVA GM/MTE N. 85, DE 26 DE JULHO DE 2010

(DOU 27.7.2010)

Disciplina a fiscalização do Sistema de Registro Eletrônico de Ponto — SREP, regulamentado pela Portaria n. 1.510, de 21 de agosto de 2009, e fixa prazo para o critério da dupla visita em relação à obrigatoriedade da utilização do equipamento nela previsto

O MINISTRO DE ESTADO DO TRABALHO E EMPREGO, no uso das atribuições conferidas pelo art. 913, *caput*, da Consolidação das Leis do Trabalho — CLT, aprovada pelo Decreto-lei n. 5.452, de 1º de maio de 1943, resolve:

Art. 1º Estabelecer procedimentos a serem observados, pelos Auditores Fiscais do Trabalho, na fiscalização dos estabelecimentos que adotam o Sistema de Registro Eletrônico de Ponto — SREP, regulamentado pela Portaria n. 1.510, de 21 de agosto de 2009.

Art. 2º Nas fiscalizações efetuadas nos estabelecimentos que utilizam o controle eletrônico de ponto, é obrigatória a verificação dos requisitos do SREP, quando do exame da regularidade dos atributos "jornada" e/ou "descanso" e seus impactos nos atributos "salário" e Fundo de Garantia do Tempo de Serviço — "FGTS".

Art. 3º Durante a verificação física, o Auditor Fiscal do Trabalho — AFT deverá colher dos empregados informações sobre o uso diário do sistema de controle da jornada utilizado pelo empregador, bem como orientá-los e dirimir dúvidas eventualmente manifestadas, nos termos do inc. II do art. 18 do Regulamento da Inspeção do Trabalho — RIT, aprovado pelo Decreto n. 4.552, de 27 de dezembro de 2002.

Art. 4º Deverá ser dada especial atenção à verificação da regularidade dos bancos de horas, mediante exame do seu sistema de controle, da previsão e autorização em instrumento coletivo, bem como dos critérios de compensação, prazo de validade e a quitação ou compensação das horas extraordinárias neles consignadas.

Art. 5º O Auditor Fiscal do Trabalho deverá atentar para o fato de que cada Registrador Eletrônico de Ponto — REP somente poderá conter empregados do mesmo empregador, excetuados os seguintes casos:

I — registro de jornada do trabalhador temporário regido pela Lei n. 6.019, de 3 de janeiro de 1974 no REP do tomador de serviços, posto que a subordinação direta por este exercida obriga-o a atender ao disposto no § 2º do art. 74 da CLT em relação ao referido trabalhador, sem prática discriminatória em comparação aos demais empregados; e

II — empresas de um mesmo grupo econômico, nos termos do § 2º do art. 2º da CLT, que podem determinar a consignação das marcações de ponto no mesmo REP dos seus empregados que compartilhem o mesmo local de trabalho ou que estejam trabalhando em outra empresa do mesmo grupo econômico.

PARÁGRAFO ÚNICO. Ocorrendo alguma das situações mencionadas nos incs. I e II do *caput*, o Programa de Tratamento de Registro de Ponto deverá identificar o empregado e considerar as respectivas marcações para o controle de ponto da empresa empregadora.

Art. 6º O empregador usuário do SREP deverá ser notificado pelo Auditor Fiscal do Trabalho para a apresentação dos seguintes documentos:

I — Termo de Responsabilidade e Atestado Técnico emitido pelo fabricante do Programa de Tratamento de Registro de Ponto utilizado pelo empregador, nos termos do art. 18, e seus parágrafos, da Portaria n. 1.510, de 2009;

II — Termo de Responsabilidade e Atestado Técnico emitido pelo fabricante do REP, nos termos do art. 17, e seus parágrafos, da Portaria n. 1.510, de 2009; e

III — Espelho de Ponto Eletrônico emitido pelo Programa de Tratamento de Registro de Ponto, nos termos do art. 12 e anexo II da Portaria n. 1.510, de 2009, relativo ao período a ser fiscalizado.

§ 1º Deverá ser conferida pelo Auditor-Fiscal do Trabalho a correspondência entre o equipamento REP e o Programa de Tratamento de Registro de Ponto utilizados pelo empregador com os modelos declarados nos termos de responsabilidade e atestados técnicos apresentados, com observância do nome do fabricante do REP, modelo e número da atualização, se houver.

§ 2º O Auditor Fiscal do Trabalho deverá verificar se os termos de responsabilidade e atestados técnicos referentes aos REP e ao Programa de Tratamento de Registro de Ponto utilizados estão em conformidade com as determinações dos arts. 17 e 18, respectivamente, da Portaria n. 1.510, de 2009.

Art. 7º O empregador usuário do SREP deverá ser notificado pelo Auditor Fiscal do Trabalho para fornecimento dos seguintes arquivos, em meio eletrônico:

I — Arquivo Fonte de Dados Tratados — AFDT, gerado pelo Programa de Tratamento de Registro de Ponto, nos termos do art. 12 da Portaria n. 1.510, de 2009, com o leiaute determinado no Anexo I, item 2, relativo ao período a ser fiscalizado; e

II — Arquivo de Controle de Jornada para Efeitos Fiscais — ACJEF, gerado pelo Programa de Tratamento de Registro de Ponto, nos termos do art. 12 da Portaria n. 1.510, de 2009, com o leiaute determinado no Anexo I, item 3, relativo ao período a ser fiscalizado.

Art. 8º O registro do modelo de REP utilizado pela empresa deverá ser conferido pelo Auditor Fiscal do Trabalho na página eletrônica do MTE na internet.

Art. 9º O Auditor Fiscal do Trabalho deverá verificar se o modelo do Programa de Tratamento de Registro de Ponto e os números de série dos REPs utilizados correspondem às informações declaradas pelo empregador no Cadastro de Sistema de Registro Eletrônico de Ponto — CAREP na página eletrônica do MTE na internet.

Art. 10. Deverá ser verificado pelo Auditor Fiscal do Trabalho se os REPs utilizados pelo empregador possuem as seguintes funcionalidades à disposição dos empregados e da inspeção do trabalho:

I — emissão e disponibilização do comprovante para o empregado, por meio de seu livre acesso ao REP;

II — impressão da Relação Instantânea das Marcações pelo Auditor Fiscal do Trabalho, com todas as marcações efetuadas nas vinte e quatro horas precedentes; e

III — livre acesso, pelo Auditor Fiscal do Trabalho, à porta fiscal para apropriação dos dados da Memória de Registro de Ponto — MRP.

Art. 11. Será capturado pelo Auditor Fiscal do Trabalho o Arquivo-Fonte de Dados — AFD gerado a partir dos dados armazenados na MRP, de todos os REPs necessários ao objetivo da ação fiscal, com ciência do fato de que os empregados podem registrar ponto em qualquer REP existente na empresa, desde que devidamente cadastrados.

PARÁGRAFO ÚNICO. Havendo necessidade, o Auditor Fiscal do Trabalho poderá emitir a Relação Instantânea das Marcações, que o auxiliará na verificação física, podendo fazer a checagem entre as informações constantes no comprovante do empregado com as da relação instantânea, além do efetivo horário em que o empregado foi encontrado trabalhando.

Art. 12. O aplicativo disponibilizado pela Secretaria de Inspeção do Trabalho para uso exclusivo dos Auditores Fiscais do Trabalho é o instrumento hábil para a validação e o cruzamento de dados entre os arquivos AFD, AFDT e ACJEF.

§ 1º O Auditor Fiscal do Trabalho deverá analisar as marcações de ponto para identificação de eventuais irregularidades, tais como ausência e/ou redução de intervalos intrajornada e interjornada, realização de horas extras além do limite legal, horas extras sem acordo, horas extras sem a remuneração devida ou sem compensação, não concessão do descanso semanal remunerado, entre outros aspectos relativos aos limites da jornada e respectivos períodos de descanso.

§ 2º Para a análise prevista no § 1º, o Auditor Fiscal do Trabalho deverá utilizar, além do aplicativo disponibilizado pela SIT, outras fontes de dados e sistemas oficiais.

Art. 13. O descumprimento de qualquer determinação ou especificação constante da Portaria n. 1.510, de 2009, descaracteriza o controle eletrônico de jornada, pois este não se prestará às finalidades que a CLT lhe destina.

§ 1º A infração a qualquer determinação ou especificação constante da Portaria n. 1.510, de 2009, ensejará a lavratura de auto de infração pelo Auditor Fiscal do Trabalho, com base no art. 74, § 2º, da CLT.

§ 2º Comprovada a adulteração de horários marcados pelo trabalhador ou a existência de dispositivos, programas ou sub-rotinas que permitam a adulteração dos reais dados do controle de jornada ou parametrizações e bloqueios na marcação, o Auditor Fiscal do Trabalho deverá tomar as seguintes providências:

I — apreender documentos e equipamentos que julgar necessários para comprovação do ilícito, conforme Instrução Normativa n. 28, de 27 de fevereiro de 2002;

II — copiar os arquivos eletrônicos que julgar necessários para comprovação do ilícito; e

III — elaborar relatório circunstanciado, contendo cópia dos autos de infração lavrados e da documentação apreendida, para a chefia técnica imediata, que enviará o relatório ao Ministério Público do Trabalho e a outros órgãos que julgar pertinentes.

Art. 14. Deverão ser incluídos nas Ordens de Serviço os atributos "jornada" e "descanso", especialmente para verificação dos impactos de eventuais irregularidades na saúde e segurança do trabalhador.

PARÁGRAFO ÚNICO. A regra do *caput* poderá ser excetuada onde o planejamento da fiscalização for com ela incompatível.

Art. 15. Deverá ser observado o critério da dupla visita em relação à obrigatoriedade da utilização do REP nas ações fiscais iniciadas até 25 de novembro de 2010, nos termos do art. 23 do RIT.

§ 1º A dupla visita no período mencionado no *caput* será formalizada em notificação que fixará prazo de trinta a noventa dias, a critério do Auditor Fiscal do Trabalho.

§ 2º O prazo concedido deverá ser consignado, juntamente com breve relato da situação encontrada, nas informações complementares do respectivo Relatório de Inspeção — RI no Sistema Federal de Inspeção do Trabalho — SFIT.

§ 3º Não havendo a regularização quanto à utilização do REP após o decurso do prazo fixado, o Auditor Fiscal do Trabalho deverá autuar o empregador e elaborar relatório circunstanciado, com cópia dos autos de infração, a ser entregue para a chefia técnica imediata, que enviará o relatório ao Ministério Público do Trabalho.

§ 4º O Auditor Fiscal do Trabalho não poderá encerrar a ação fiscal sem concluir a fiscalização da obrigatoriedade da utilização do REP, seja com a regularização ou com a autuação devida.

Art. 16. Os dispositivos da Portaria n. 1.510, de 2009, referentes ao REP só serão aplicáveis a partir de 26 de agosto de 2010, data de início de sua obrigatoriedade.

Art. 17. Esta instrução normativa entra em vigor na data de sua publicação oficial.

CARLOS ROBERTO LUPI

INSTRUÇÃO NORMATIVA SIT/MTE N. 64, DE 25 DE ABRIL DE 2006

(DOU 26.4.2006)

Dispõe sobre a fiscalização do trabalho em empresas que operam com turnos ininterruptos de revezamento

A SECRETÁRIA DE INSPEÇÃO DO TRABALHO, no exercício de sua competência, prevista no art. 14, XIII do Decreto n. 5.063, de 3 de maio de 2004, resolve:

Art. 1º O Auditor Fiscal do Trabalho — AFT deverá observar o disposto nesta instrução normativa quando da fiscalização de jornada dos trabalhadores que laboram em empresas que operam com turnos ininterruptos de revezamento.

Art. 2º Considera-se trabalho em turno ininterrupto de revezamento aquele prestado por trabalhadores que se revezam nos postos de trabalho nos horários diurno e noturno em empresa que funcione ininterruptamente ou não.

Art. 3º Para fins de fiscalização da jornada normal de trabalho em turnos ininterruptos de revezamento, o AFT deverá verificar o limite de seis horas diárias, trinta e seis horas semanais e cento e oitenta horas mensais.

§ 1º Na hipótese de existir convenção ou acordo coletivos estabelecendo jornada superior à mencionada no *caput*, cabe ao AFT encaminhar cópia do documento à chefia imediata com proposta de análise de sua legalidade pelo Serviço de Relações do Trabalho — SERET, da unidade.

§ 2º Na hipótese de trabalho extraordinário, o AFT deverá observar também se estas horas foram remuneradas acrescidas do respectivo adicional.

Art. 4º Caso o AFT encontre trabalhadores, antes submetidos ao sistema de turno ininterrupto de revezamento, laborando em turnos fixados pela empresa, deverá observar com atenção e rigor as condições de segurança e saúde do trabalhador, especialmente daqueles cujo turno fixado for o noturno.

PARÁGRAFO ÚNICO. Neste caso, deverá o AFT verificar se o aumento de carga horária foi acompanhado do respectivo acréscimo salarial proporcional e respectivo adicional noturno, quando devido.

Art. 5º Esta Instrução Normativa entra em vigor na data de sua publicação

RUTH BEATRIZ V. VILELA

PORTARIA MTE N. 412, DE 20 DE SETEMBRO DE 2007

(DOU 21.9.2007)

Disciplina a alteração na jornada e no horário de trabalho dos empregados que trabalhem em regime de turnos ininterruptos de revezamento

O MINISTÉRIO DE ESTADO DO TRABALHO E EMPREGO, no uso das suas atribuições legais e tendo em vista o disposto no art. 87, parágrafo único, inciso II, da Constituição e no art. 913 da Consolidação das Leis do Trabalho, aprovada pelo Decreto-lei n. 5.452, de 1º de maio de 1943, resolve:

Art. 1º Considera-se ilícita a alteração da jornada e do horário de trabalho dos empregados que trabalhem em regime de turnos ininterruptos de revezamento, salvo mediante convenção ou acordo coletivo de trabalho.

PARÁGRAFO ÚNICO. A não observância do disposto no *caput* implica infração ao disposto nos arts. 444 e 468 da Consolidação das Leis do Trabalho, aprovada pelo Decreto-lei n. 5.452, de 1º de maio de 1943 e enseja a aplicação da multa estabelecida no art. 510 daquele diploma legal.

Art. 2º Esta Portaria entra em vigor na data de sua publicação.

CARLOS LUPI

INSTRUÇÃO NORMATIVA SIT/MTE N. 70, DE 13 DE AGOSTO DE 2007

(DOU 14.8.2007)

Dispõe sobre os procedimentos da fiscalização das condições do trabalho, segurança e saúde de vida a bordo de embarcações nacionais e estrangeiras

A SECRETÁRIA DE INSPEÇÃO DO TRABALHO, no exercício de sua competência regimental, prevista na Portaria Ministerial n. 483, de 15 de setembro de 2004, Anexo VI, art. 1º, inciso XIII e de acordo com o disposto na Portaria/MTE n. 210, de 30 de abril de 1999 e nas Resoluções Normativas RN-59/04; RN-71/06 e RN-72/06 do Conselho Nacional de Imigração — CNIg, resolve:

Das Disposições Gerais

Art. 1º Compete às Coordenações Nacional e Regionais de Inspeção do Trabalho Portuário e Aquaviário promover a fiscalização das condições do trabalho, segurança e saúde e de vida a bordo de embarcação comercial nacional ou estrangeira, utilizada na navegação marítima, fluvial ou lacustre.

PARÁGRAFO ÚNICO. Consideram-se condições de trabalho e de vida a bordo, entre outras, àquelas relativas às normas de manutenção e limpeza das áreas de alojamento e trabalho a bordo, à idade mínima, aos contratos de engajamento, à alimentação e ao serviço de quarto, ao alojamento da tripulação, à contratação, à lotação, ao nível de qualificação, às horas de trabalho, aos atestados médicos, à prevenção de acidentes de trabalho, aos cuidados médicos, ao bem estar social e questões afins e à repatriação.

Seção I

Da Ação Fiscal em Embarcação Nacional

Art. 2º Quando se tratar de embarcação comercial nacional, onde será sempre observada a legislação trabalhista nacional mesmo nos contratos de trabalho de marítimos estrangeiros, o Auditor Fiscal do Trabalho AFT deverá observar o cumprimento das normas contidas na Convenção n. 147 e seus anexos, as disposições da Consolidação das Leis do Trabalho — CLT, a legislação complementar pertinente, os acordos e convenções coletivas de trabalho e a Norma Regulamentadora de Segurança e Saúde no Trabalho Aquaviário — NR-30 e seus anexos.

PARÁGRAFO ÚNICO. Às violações das normas legais deve corresponder a lavratura de autos de infração, conforme ementário.

Seção II

Da Ação Fiscal em Embarcação de Bandeira Estrangeira

Art. 3º O Auditor Fiscal do Trabalho deverá, na ação fiscal em embarcações de bandeira estrangeira, observar as diretrizes sobre procedimentos de inspeção das condições de trabalho a bordo de embarcações, adotadas pela Reunião Tripartite de Peritos, convocada pela OIT em 1989, constantes nos arts. 4º a 10.

Art. 4º Nas situações como as dispostas no art. 4º da Portaria n. 210, de 1999, as queixas de um membro da tripulação, de um sindicato ou de qualquer pessoa ou organização interessada nas condições contratuais de trabalho, ou ainda, quando um AFT observar claro indício de irregularidade, a Coordenação Regional, deverá proceder à ação imediata de inspeção da embarcação.

PARÁGRAFO ÚNICO. A equipe de fiscalização formada para a verificação de qualquer um desses casos, deverá ser constituída por Auditores Fiscais do Trabalho com formação multidisciplinar.

Art. 5º Quando a denúncia for sobre embarcação ainda não atracada, a ação fiscal deverá ser precedida de investigação no sentido de obter com as empresas e órgãos responsáveis as seguintes informações:

I — o Agente Marítimo autorizado, o nome, a classe e a bandeira da embarcação;

II — se foi solicitada e se foi concedida a autorização definida como Livre Prática na Resolução da Diretoria Colegiada da ANVISA-RDC n. 217 de 21 de novembro de 2001, que é condição necessária para o acesso do AFT a bordo;

III — dados sobre a última vistoria efetuada pela Diretoria de Portos e Costas (Controle do Estado do Porto), junto à Capitania dos Portos;

IV — a previsão da data de atracação e desatracação, bem como o cais e berço que o navio irá ocupar no porto.

Art. 6º No navio atracado ou em área de fundeio, após a observância do disposto nos incisos I a IV do art. 5º, a ação fiscal deve determinar, inicialmente, a procedência e a seriedade das provas ou queixas, em consulta com o comandante ou na sua ausência, com o substituto imediato.

Art. 7º Se considerada justificada uma inspeção, deverão ser solicitados os documentos

Legislação Complementar

e certificados emitidos pelas sociedades classificadoras relativos à embarcação, conforme o objeto da denúncia, sendo indispensáveis o registro do navio, a lista de tripulantes *(crew list)*, os dados gerais do navio (*ship particulars*), os contratos de engajamento dos tripulantes (*contract of employment*), o certificado de tripulação mínima de segurança (*minimum safe manning certificate*) e a lista de recibos do último pagamento efetuado à tripulação (*crew payroll*).

Art. 8º Quanto às condições de segurança e saúde, dependendo da denúncia, será efetuada a verificação física dos alojamentos, cozinha, câmaras frigoríficas e a quantidade e qualidade dos alimentos, bem como a provisão de água potável, que deverão ser compatíveis com o tempo de permanência do navio no porto e a duração da viagem até o próximo porto.

Art. 9º Caso a denúncia ou irregularidade seja confirmada, o agente de navegação autorizado pelo armador e o comandante deverão ser notificados para o saneamento da situação irregular encontrada, conforme preconizado no art. 4º, IV, da Portaria MTE n. 210, de 1999.

Art. 10. Se não atendidas as notificações expedidas, seja de âmbito contratual, salarial ou de condição ambiental de trabalho e de vida a bordo que possa causar acidente do trabalho ou doença profissional com lesão grave à integridade física do trabalhador, deverão ser adotados os seguintes procedimentos:

I — as questões relativas às condições de segurança, saúde e higiene do trabalho que possam causar grave e iminente risco à tripulação deverão ser comunicadas formalmente ao mais próximo representante consular do país da bandeira (art. 4º, VI da Portaria MTE n. 210, de 1999) e à autoridade marítima, com a descrição da situação encontrada e solicitação do impedimento do despacho do navio, com a consequente retenção do navio, na forma do que prevêem a Portaria Interministerial n. 80/2002 e a NORMAM 08 até a solução do problema;

II — nos casos de irregularidade de origem contratual ou salarial e condição de segurança, higiene e saúde do trabalho de menor gravidade, esgotadas todas as formas de solução e coletadas as provas documentais possíveis, o AFT deverá elaborar o relatório circunstanciado de que trata o art. 11.

III — os casos que ensejarem repatriação, como aqueles de contratos de engajamento vencidos ou de outras circunstâncias elencadas no art. 2º da Convenção n. 166 da OIT, ratificada pelo Decreto n. 2.670 de 15 de julho de 1998, ensejarão comunicação, por ofício, à Superintendência Regional da Polícia Federal, além da adoção dos procedimentos supramencionados;

IV — quando a tripulação se encontrar em greve (*strike*), a fiscalização do trabalho deverá buscar todos os meios de mediar o conflito procurando garantir os direitos dos trabalhadores envolvidos, inclusive o próprio direito à greve.

Art. 11. Ao fim de qualquer ação fiscal deverá ser elaborado um relatório circunstanciado em que constem as ações tomadas e o resultado, procedendo-se a remessa de cópia do mesmo à Coordenação Nacional de Inspeção do Trabalho Portuário e Aquaviário, bem como à chefia de fiscalização regional. Quando não atendidas itens considerados relevantes pelo agente fiscal, deverá ser proposto o encaminhamento do relatório à Assessoria Internacional do MTE, para as providências cabíveis.

Subseção I
Da Ação Fiscal em Embarcação Comercial Estrangeira Operando em Águas Jurisdicionais Brasileiras — AJB

Art. 12. Tratando-se de embarcação estrangeira que esteja operando em águas jurisdicionais brasileiras, por força de contrato de afretamento ou de prestação de serviços ou de riscos, celebrado com empresa brasileira e, havendo queixa de claro indício de irregularidade formulada por um membro da tripulação, um sindicato ou por qualquer pessoa ou organização interessada nas condições de trabalho, ou ainda, atendendo ao planejamento da Secretaria de Inspeção do Trabalho e das chefias de fiscalização regionais, será iniciada ação fiscal pela Coordenação Regional do local.

Art. 13. A Coordenação Regional procederá às diligências necessárias à apuração da denúncia ou da irregularidade, adotará os procedimentos seguintes e elaborará relatório circunstanciado:

I — verificar o tipo de navegação em que a embarcação opera: se de longo curso, cabotagem, apoio marítimo, navegação interior de percurso nacional ou navegação interior de percurso internacional;

II — solicitar o Certificado de Autorização de Afretamento — CAA, emitido pelo Departamento de Marinha Mercante — DMM, do Ministério dos Transportes, caso esteja na navegação de cabotagem, apoio marítimo ou na navegação interior de percurso nacional;

III — verificar os tipos de vistos de permanência dos tripulantes estrangeiros;

IV — solicitar para as embarcações de longo curso ou de navegação interior de percurso internacional que são dispensadas de possuir o CAA e seus tripulantes de possuírem vistos específicos, que seja apresentada a comprovação de que também frequentam portos estrangeiros, o que pode ser verificado no Diário de Navegação;

V — quando comprovado pelo CAA que a embarcação estrangeira está na navegação de cabotagem, apoio marítimo ou na navegação interior de percurso nacional, deverá ser solicitada a autorização de trabalho de todos os tripulantes estrangeiros bem como os respectivos vistos.

VI — quanto à contratação de trabalhadores brasileiros para essas embarcações estrangeiras que operam em águas jurisdicionais brasileiras, deverão ser aplicadas as disposições da RN-59/04 para os barcos de pesca, da RN-71/06 para as embarcações de turismo e da RN-72/06 para as embarcações ou plataformas de bandeira estrangeira, observando os prazos previstos nas Resoluções Normativas citadas, ou outros prazos estabelecidos pela Coordenação Geral de Imigração — CGIg/MTE, em conformidade com resoluções do Conselho Nacional de Imigração — CNIg:

a) nas embarcações estrangeiras de pesca, arrendadas por empresa brasileira, deverá haver tripulantes brasileiros contratados sob legislação nacional numa proporção de 2/3 (dois terços) da tripulação, nos diversos níveis técnicos e de atividades, e os tripulantes estrangeiros deverão estar contratados pela empresa arrendatária da embarcação, também sob legislação nacional;

b) no caso de tripulantes e outros profissionais que exerçam atividade remunerada a bordo de navio de cruzeiro aquaviário na costa brasileira, na bacia amazônica ou demais águas interiores, os vistos e autorizações de trabalho são aqueles definidos na Resolução Normativa n. 71 do CNIg, de 5 de setembro de 2006 e, no que tange à contratação de tripulantes brasileiros, conforme dispõe o art. 7º dessa Resolução, deverá ser verificado no Diário de Navegação ou nos controles da autoridade marítima, se a embarcação está em águas jurisdicionais brasileiras há mais de 30 (trinta) dias e, nesse caso, se a embarcação conta com um mínimo de 25% (vinte e cinco por cento) de brasileiros em vários níveis técnicos e em diversas atividades a serem definidas pelo armador ou pela empresa representante do mesmo;

c) em relação a embarcações e plataformas estrangeiras que operem em águas jurisdicionais brasileiras por prazo superior a noventa dias contínuos, observar que sejam aplicadas as normas do art. 3º da Resolução Normativa n. 72/06 do CNIg em relação à admissão de marítimos e outros profissionais brasileiros:

1. para embarcações utilizadas na navegação de apoio marítimo, assim definida aquela realizada para o apoio logístico a embarcações e instalações, que atuem nas atividades de pesquisa e lavra de minerais e hidrocarbonetos:

1.1. a partir de noventa dias de operação, deverá contar com um terço de brasileiros do total de profissionais existentes a bordo, em todos os níveis técnicos e em todas as atividades, de caráter contínuo;

1.2. a partir de cento e oitenta dias de operação, deverá contar com um meio de brasileiros do total de profissionais existentes a bordo, em todos os níveis técnicos e em todas as atividades, de caráter contínuo; e

1.3. a partir de trezentos e sessenta dias de operação, deverá contar com dois terços de brasileiros do total de profissionais existentes a bordo, em todos os níveis técnicos e em todas as atividades, de caráter contínuo.

2. para embarcações de exploração ou prospecção, assim como plataformas, definidas as instalações ou estruturas, fixas ou flutuantes, destinadas às atividades direta ou indiretamente relacionadas com a pesquisa, exploração e explotação dos recursos oriundos do leito das águas interiores e seu subsolo ou do mar, inclusive da plataforma continental e seu subsolo:

2.1. a partir de cento e oitenta dias de operação, deverá contar com um quinto de brasileiros do total de profissionais existentes a bordo;

2.2. a partir de trezentos e sessenta dias de operação, deverá contar com um terço de brasileiros do total de profissionais existentes a bordo; e

2.3. a partir de setecentos e vinte dias de operação, deverá contar com dois terços de brasileiros do total de profissionais existentes a bordo.

3. para embarcações utilizadas na navegação de cabotagem, definida como aquela realizada entre portos ou pontos do território brasileiro, utilizando a via marítima ou esta e as vias navegáveis interiores:

3.1. a partir de noventa dias de operação, deverá contar com um quinto de marítimos brasileiros, arredondando-se para o inteiro subsequente, em caso de fração igual ou maior que cinco décimos, em cada nível técnico (oficiais, graduados e não-graduados) e em cada ramo de atividade (convés e máquinas) de caráter contínuo; e

3.2. a partir de cento e oitenta dias de operação, deverá contar com um terço de marítimos brasileiros, arredondando-se para o inteiro subsequente, em caso de fração igual ou maior que cinco décimos, em cada nível técnico (oficiais, graduados e não-graduados) e em cada ramo de atividade (convés e máquinas) de caráter contínuo.

Das Disposições Finais

Art. 14. Caso descumprido o disposto nas Resoluções Normativas do CNIg, inclusive em relação à admissão de trabalhadores brasileiros, deverá ser lavrado Auto de Infração em desfavor da empresa brasileira contratante da embarcação estrangeira, por infração ao art. 444 da CLT (ementa 001139-8).

Art. 15. O relatório de que trata o *caput* art. 13 deverá ser acompanhado de cópia de eventuais Autos de Infração e encaminhado Coordenação Nacional de Inspeção do Trabalho Portuário e Aquaviário, com cópia à chefia de fiscalização regional.

Art. 16. A Secretaria de Inspeção do Trabalho poderá convocar, através das chefias de fiscalização, os integrantes das Coordenações Regionais para compor o Grupo Especial Móvel de que trata a Portaria MTb n. 1.115/96 para executarem também atividades de fiscalização do trabalho aquaviário.

Art. 17. Esta Instrução Normativa entra em vigor na data de sua publicação.

Art. 18. Revoga-se a Instrução Normativa n. 19, de 27 de setembro de 2000, publicada no Diário Oficial da União de 28 de setembro de 2000, Seção I página 9.

RUTH BEATRIZ VASCONCELOS VILELA

PORTARIA GM/MTE N. 41, DE 28 DE MARÇO DE 2007

(DOU 30.3.2007)

Disciplina o registro e a anotação de carteira de trabalho e previdência social de empregados

O MINISTRO DE ESTADO DO TRABALHO E EMPREGO, no uso da competência que lhe confere o art. 87, parágrafo único, incisos I e II da Constituição, resolve:

Art. 1º Proibir ao empregador que, na contratação ou na manutenção do emprego do trabalhador, faça a exigência de quaisquer documentos discriminatórios ou obstativos para a contratação, especialmente certidão negativa de reclamatória trabalhista, teste, exame, perícia, laudo, atestado ou declaração relativos à esterilização ou a estado de gravidez.

Art. 2º O registro de empregados de que trata o art. 41 da CLT conterá as seguintes informações:

I — nome do empregado, data de nascimento, filiação, nacionalidade e naturalidade;

II — número e série da Carteira de Trabalho e Previdência Social — CTPS;

III — número de identificação do cadastro no Programa de Integração Social — PIS ou no Programa de Formação do Patrimônio do Serviço Público — PASEP;

IV — data de admissão;

V — cargo e função;

VI — remuneração;

VII — jornada de trabalho;

VIII — férias; e

IX — acidente do trabalho e doenças profissionais, quando houver.

PARÁGRAFO ÚNICO. O registro de empregado deverá estar atualizado e obedecer à numeração sequencial por estabelecimento.

Art. 3º O empregador poderá adotar controle único e centralizado do registro de empregados, desde que os empregados portem cartão de identificação contendo seu nome completo, número de inscrição no PIS/PASEP, horário de trabalho e cargo ou função.

§ 1º O registro de empregados de prestadores de serviços poderá permanecer na sede da contratada caso atendida a exigência contida no *caput* deste artigo.

§ 2º A exibição dos documentos passíveis de centralização deverá ser feita no prazo de dois a oito dias, a critério do Auditor Fiscal do Trabalho.

Art. 4º O empregador poderá efetuar o registro de empregados em sistema informatizado que garanta a segurança, inviolabilidade, manutenção e conservação das informações e que:

I — mantenha registro individual em relação a cada empregado;

II — mantenha registro original, individualizado por empregado, acrescentando-lhe as retificações ou averbações, quando for o caso; e

III — assegure, a qualquer tempo, o acesso da fiscalização trabalhista às informações, por meio de tela, impressão de relatório e meio magnético.

§ 1º O sistema deverá conter rotinas autoexplicativas, para facilitar o acesso e o conhecimento dos dados registrados.

§ 2º As informações e relatórios deverão conter data e hora do lançamento, atestada a sua veracidade por meio de rubrica e identificação do empregador ou de seu representante legal nos documentos impressos.

§ 3º O sistema deverá possibilitar à fiscalização o acesso às informações e dados dos últimos doze meses.

§ 4º As informações anteriores a doze meses poderão ser apresentadas no prazo de dois a oito dias via terminal de vídeo ou relatório ou por meio magnético, a critério do Auditor Fiscal do Trabalho.

Art. 5º O empregador anotará na CTPS do empregado, no prazo de 48 horas contadas da admissão, os seguintes dados:

I — data de admissão;

II — remuneração; e

III — condições especiais do contrato de trabalho, caso existentes.

§ 1º As demais anotações deverão ser realizadas nas oportunidades mencionadas no art. 29 da CLT.

§ 2º As anotações poderão ser feitas mediante o uso de carimbo ou etiqueta gomada, bem como de qualquer meio mecânico ou eletrônico de impressão, desde que autorizado pelo empregador ou seu representante legal.

Art. 6º O empregador poderá adotar ficha de anotações, exceto quanto às datas de admissão e de extinção do contrato de trabalho, que deverão ser anotadas na própria CTPS.

PARÁGRAFO ÚNICO. O empregado poderá, a qualquer tempo, solicitar a atualização e o fornecimento, impressos, de dados constantes na ficha de anotações.

Art. 7º As anotações deverão ser feitas sem abreviaturas, ressalvando-se, ao final de cada assentamento, as emendas, entrelinhas, rasuras ou qualquer circunstância que possa gerar dúvida.

Art. 8º É vedado ao empregador efetuar anotações que possam causar dano à imagem do trabalhador, especialmente referentes a sexo ou sexualidade, origem, raça, cor, estado civil, situação familiar, idade, condição de autor em reclamações trabalhistas, saúde e desempenho profissional ou comportamento.

Art. 9º Esta portaria entra em vigor na data de sua publicação.

Art. 10. Revogam-se as Portarias ns. 3.024, de 22 de janeiro de 1992; 402, de 18 de abril de 1995; 1.121, de 8 de novembro de 1995; 739, de 29 de agosto de 1997; 628, de 10 de agosto de 2000; 376, de 18 de setembro de 2002 e os arts. 1º e 2º, §§ 2º e 3º do art. 3º; e arts. 11, 12 e 12-A da Portaria n. 3.626, de novembro de 1991.

LUIZ MARINHO

PORTARIA MTE N. 1.129, DE 23 DE JULHO DE 2014

(DOU 24.7.2014)

O MINISTRO DE ESTADO DO TRABALHO E EMPREGO, no uso da atribuição que lhe confere o inciso II do parágrafo único do art. 87 da Constituição e tendo em vista o disposto no art. 1º da Lei n. 4.923, de 23 de dezembro de 1965 e no art. 24 da Lei n. 7.998, de 11 de janeiro 1990, resolve:

Art. 1º Aprovar instruções para a prestação de informações pelo empregador, relativas a movimentações de empregados, para fins do:

I — Cadastro Geral de Empregados e Desempregados — CAGED, instituído pela Lei n. 4.923, de 23 de dezembro de 1965;

II — Seguro-Desemprego, nos termos do art. 7º, inciso I, e art. 24 da Lei n. 7.998, de 11 de janeiro de 1990.

Art. 2º O Aplicativo do CAGED Informatizado — ACI deve ser utilizado para gerar e ou analisar o arquivo do CAGED, pelas empresas nas quais tenha ocorrido movimentação de empregados regidos pela Consolidação das Leis do Trabalho — CLT.

§ 1º O arquivo gerado deve ser enviado ao MTE via Internet.

A cópia do arquivo, o recibo de entrega e o Extrato da Movimentação Processada, devem ser mantidos no estabelecimento a que se referem, pelo prazo de 5 anos a contar da data do envio, para fins de comprovação perante a fiscalização do trabalho.

§ 2º O Extrato da Movimentação Processada estará disponível para impressão, na Internet, após o dia 20 de cada mês no endereço www.mte.gov.br, opção CAGED.

§ 3º Art. 2º As empresas que possuem mais de um estabelecimento devem remeter ao MTE arquivos específicos a cada estabelecimento.

Art. 3º É obrigatória a utilização de certificado digital válido, padrão ICP Brasil, para a transmissão das informações de que trata o art. 1º, por todos os estabelecimentos que possuam vinte empregados ou mais no primeiro dia do mês de movimentação.

PARÁGRAFO ÚNICO. As declarações poderão ser transmitidas com o certificado digital de pessoa jurídica, emitido em nome do estabelecimento, ou com certificado digital do responsável pela entrega da declaração, sendo este o e-CPF ou o e-CNPJ.

Art. 4º As informações prestadas fora do prazo deverão ser declaradas obrigatoriamente com a utilização de certificado digital válido.

Art. 5º As informações de que trata o inciso I do art. 1º desta Portaria deverão ser prestadas ao Ministério do Trabalho e Emprego — MTE até o dia sete do mês subsequente àquele em que ocorreu a movimentação de empregados.

Art. 6º Para os fins a que se refere o inciso II do art. 1º, as informações relativas a admissões deverão ser prestadas:

I — na data de início das atividades do empregado, quando este estiver em percepção do Seguro-Desemprego ou cujo requerimento esteja em tramitação;

II — no prazo estipulado em notificação para comprovação do registro do empregado lavrada em ação fiscal conduzida por Auditor-Fiscal do Trabalho. *(Redação dada pela Portaria MTE n. 509, de 17.4.15, DOU 20.4.15 e Retif. DOU 23.4.15)*

§ 1º As informações a que se refere este artigo suprirão os fins referidos no inciso I do art. 1º, o que dispensará a obrigação a que se refere o art. 5º, relativamente às admissões informadas.

§ 2º O Ministério do Trabalho e Emprego disponibilizará, em seu sítio na Internet, a situação do trabalhador relativa ao Seguro-Desemprego, para consulta pelo empregador e pelo responsável designado por este.

Art. 7º O empregador que não prestar as informações no prazo previsto nos arts. 5º e 6º, omitir informações ou prestar declaração falsa ou inexata, ficará sujeito às multas previstas nas Leis ns. 4.923, de 1965 e 7.998, de 1990.

PARÁGRAFO ÚNICO. Além das penalidades administrativas, os responsáveis por meios fraudulentos na habilitação ou na percepção do Seguro-Desemprego serão punidos civil e criminalmente, nos termos da lei.

Art. 8º Esta Portaria entra em vigor no prazo de sessenta dias da data de sua publicação.

Art. 9º Revogam-se as Portarias n. 235, de 14 de março de 2003 e a Portaria n. 2.124, de 20 de dezembro de 2012.

Manoel Dias

PORTARIA GM/MTE N. 1.095, DE 19 DE MAIO DE 2010

(DOU 20.5.2010)

Disciplina os requisitos para a redução do intervalo intrajornada

O MINISTRO DE ESTADO DO TRABALHO E EMPREGO, no uso da competência que lhe confere o art. 87, parágrafo único, incisos I e II da Constituição, resolve:

Art. 1º A redução do intervalo intrajornada de que trata o art. 71, § 3º, da Consolidação das Leis do Trabalho — CLT poderá ser deferida por ato de autoridade do Ministério do Trabalho e Emprego quando prevista em convenção ou acordo coletivo de trabalho, desde que os estabelecimentos abrangidos pelo seu âmbito de incidência atendam integralmente às exigências concernentes à organização dos refeitórios, e quando os respectivos empregados não estiverem sob regime de trabalho prorrogado a horas suplementares.

§ 1º Fica delegada, privativamente, aos Superintendentes Regionais do Trabalho e Emprego a competência para decidir sobre o pedido de redução de intervalo para repouso ou refeição.

§ 2º Os instrumentos coletivos que estabeleçam a possibilidade de redução deverão especificar o período do intervalo intrajornada.

§ 3º Não será admitida a supressão, diluição ou indenização do intervalo intrajornada, respeitado o limite mínimo de trinta minutos.

Art. 2º O pedido de redução do intervalo intrajornada formulado pelas empresas com fulcro em instrumento coletivo far-se-ão acompanhar de cópia deste e serão dirigidos ao Superintendente Regional do Trabalho e Emprego, com a individualização dos estabelecimentos que atendam os requisitos indicados no *caput* do art. 1º desta Portaria, vedado o deferimento de pedido genérico.

§ 1º Deverá também instruir o pedido, conforme modelo previsto no anexo desta Portaria, documentação que ateste o cumprimento, por cada estabelecimento, dos requisitos previstos no *caput* do art. 1º desta Portaria.

§ 2º O Superintendente Regional do Trabalho e Emprego poderá deferir o pedido formulado, independentemente de inspeção prévia, após verificar a regularidade das condições de trabalho nos estabelecimentos pela análise da documentação apresentada, e pela extração de dados do Sistema Federal de Inspeção do Trabalho, da Relação Anual de Informações Sociais — RAIS e do Cadastro Geral de Empregados e Desempregados — CAGED.

Art. 3º O ato de que trata o art. 1º desta Portaria terá a vigência máxima de dois anos e não afasta a competência dos agentes da Inspeção do Trabalho de verificar, a qualquer tempo, *in loco*, o cumprimento dos requisitos legais.

PARÁGRAFO ÚNICO. O descumprimento dos requisitos torna sem efeito a redução de intervalo, procedendo-se às autuações por descumprimento do previsto no *caput* do art. 71 da CLT, bem como das outras infrações que forem constatadas.

Art. 4º Esta portaria entra em vigor na data de sua publicação.

Art. 5º Revoga-se a Portaria n. 42, de 28 de março de 2007.

Carlos Roberto Lupi

INSTRUÇÃO NORMATIVA SIT/MTE N. 91, DE 5 DE OUTUBRO DE 2011

(DOU 6.10.2011 e retificação DOU 13.10.2011)

Dispõe sobre a fiscalização para a erradicação do trabalho em condição análoga à de escravo e dá outras providências

A SECRETÁRIA DE INSPEÇÃO DO TRABALHO, no exercício da competência prevista no inciso XIII do art. 14 do Anexo I do Decreto n. 5.063, de 3 de maio de 2004, resolve:

Editar a presente Instrução Normativa sobre procedimentos que deverão ser adotados em relação à fiscalização para a erradicação do trabalho em condição análoga à de escravo.

Art. 1º O trabalho realizado em condição análoga à de escravo, sob todas as formas, constitui atentado aos direitos humanos fundamentais e fere a dignidade humana, sendo dever do Auditor Fiscal do Trabalho colaborar para a sua erradicação.

DO ÂMBITO DE APLICAÇÃO DA PRESENTE INSTRUÇÃO NORMATIVA

Art. 2º Serão observados pelos Auditores Fiscais do Trabalho, na fiscalização para a erradicação do trabalho em condição análoga à de escravo, em qualquer atividade econômica urbana, rural ou marítima, e para qualquer trabalhador, nacional ou estrangeiro, os procedimentos previstos na presente Instrução Normativa.

Art. 3º Para os fins previstos na presente Instrução Normativa, considera-se trabalho realizado em condição análoga à de escravo a que resulte das seguintes situações, quer em conjunto, quer isoladamente:

I — A submissão de trabalhador a trabalhos forçados;

II — A submissão de trabalhador a jornada exaustiva;

III — A sujeição de trabalhador a condições degradantes de trabalho;

IV — A restrição da locomoção do trabalhador, seja em razão de dívida contraída, seja por meio do cerceamento do uso de qualquer meio de transporte por parte do trabalhador, ou por qualquer outro meio com o fim de retê-lo no local de trabalho;

V — A vigilância ostensiva no local de trabalho por parte do empregador ou seu preposto, com o fim de retê-lo no local de trabalho;

VI — A posse de documentos ou objetos pessoais do trabalhador, por parte do empregador ou seu preposto, com o fim de retê-lo no local de trabalho.

§ 1º As expressões referidas nos incisos de I a VI deverão ser compreendidas na forma a seguir:

a) "trabalhos forçados" — todas as formas de trabalho ou de serviço exigidas de uma pessoa sob a ameaça de sanção e para o qual não se tenha oferecido espontaneamente, assim como aquele exigido como medida de coerção, de educação política, de punição por ter ou expressar opiniões políticas ou pontos de vista ideologicamente opostos ao sistema político, social e econômico vigente, como método de mobilização e de utilização da mão de obra para fins de desenvolvimento econômico, como meio para disciplinar a mão de obra, como punição por participação em greves ou como medida de discriminação racial, social, nacional ou religiosa;

b) "jornada exaustiva" — toda jornada de trabalho de natureza física ou mental que, por sua extensão ou intensidade, cause esgotamento das capacidades corpóreas e produtivas da pessoa do trabalhador, ainda que transitória e temporalmente, acarretando, em consequência, riscos a sua segurança e/ou a sua saúde;

c) "condições degradantes de trabalho" — todas as formas de desrespeito à dignidade humana pelo descumprimento aos direitos fundamentais da pessoa do trabalhador, notadamente em matéria de segurança e saúde, e que, em virtude do trabalho, venha a ser tratada pelo empregador, por preposto ou mesmo por terceiros, como coisa e não como pessoa;

d) "restrição da locomoção do trabalhador" — todo tipo de limitação imposta ao trabalhador a seu direito fundamental de ir e vir ou de dispor de sua força de trabalho, inclusive o de encerrar a prestação do trabalho, em razão de dívida, por meios diretos ou indiretos, por meio de coerção física ou moral, fraude ou outro meio ilícito de submissão;

e) "cerceamento do uso de qualquer meio de transporte com o objetivo de reter o trabalhador" — toda forma de limitação do uso de transporte, particular ou público, utilizado pelo trabalhador para se locomover do trabalho para outros locais situados fora dos domínios patronais, incluindo sua residência, e vice-versa;

f) "vigilância ostensiva no local de trabalho" — todo tipo ou medida de controle empresarial exercida sobre a pessoa do trabalhador, com o objetivo de retê-lo no local de trabalho;

g) "posse de documentos ou objetos pessoais do trabalhador" — toda forma de apoderamento ilícito de documentos ou objetos pessoais do trabalhador, com o objetivo de retê-lo no local de trabalho;

§ 2º Quando o Auditor-fiscal do Trabalho concluir pela ocorrência de uma ou mais hipóteses previstas nos incisos I a VI do *caput*, deverá lavrar auto de infração onde consignará expressamente os fundamentos que compõem a constatação de trabalho em condição análoga à de escravo, enumerando a quantidade de trabalhadores submetidos a tais condições. *(Redação dada pela Instrução Normativa SIT n. 124, de 12.5.16, DOU 13.5.16)*

§ 3º O Auto de infração de que trata o § 2º deste artigo será capitulado no artigo 444 da Consolidação das Leis do Trabalho e seguirá, assim como todos os demais autos de infração lavrados, o rito previsto no Título VII da Consolidação das Leis do Trabalho e na Portaria n. 854, de 25 de junho de 2015, garantido o contraditório e a ampla defesa nas duas instâncias previstas nas normas mencionadas. *(Redação dada pela Instrução Normativa SIT n. 124, de 12.5.16, DOU 13.5.16)*

Art. 4º A constatação administrativa de trabalho em condição análoga à de escravo realizada pelo Auditor Fiscal do Trabalho, bem como os atos administrativos dela decorrentes, independem do reconhecimento no âmbito criminal.

Art. 5º O Auditor Fiscal do Trabalho, ao concluir pela existência de trabalho em condição análoga à de escravo, tomará todas as medidas indicadas nos arts. 13 e 14, da presente Instrução Normativa.

Art. 6º O disposto nesta Instrução Normativa é aplicável aos casos nos quais o Auditor Fiscal do Trabalho identifique tráfico de pessoas para fins de exploração de trabalho em condição análoga à de escravo, uma vez presente qualquer das hipóteses previstas nos incisos I a VI do art. 3º, desta Instrução Normativa.

§ 1º Considera-se tráfico de pessoas para fins de exploração de trabalho em condição análoga à de escravo, conforme definido no Protocolo Adicional à Convenção das Nações Unidas contra o Crime Organizado Transnacional Relativo à Prevenção, Repressão e Punição do Tráfico de Pessoas, em especial Mulheres e Crianças, promulgado por meio do Decreto n. 5.017, de 12 de março de 2004, "o recrutamento, o transporte, a transferência, o alojamento ou o acolhimento de pessoas, recorrendo à ameaça ou uso da força ou a outras formas de coação, ao rapto, à fraude, ao engano, ao abuso de autoridade ou à situação de vulnerabilidade ou à entrega ou aceitação de pagamentos ou benefícios para obter o consentimento de uma pessoa que tenha autoridade sobre outra para fins de exploração que incluirá, no mínimo, a exploração do trabalho ou serviços forçados, escravatura ou práticas similares à escravatura ou a servidão".

§ 2º Os casos de tráfico de trabalhadores estrangeiros em situação migratória irregular para fins de exploração de trabalho em condição análoga à de escravo que venham a ser identificados pelos Auditores Fiscais do Trabalho deverão ser encaminhados para concessão do visto permanente ou permanência no Brasil, de acordo com o que determina a Resolução Normativa n. 93, de 21 de dezembro de 2010, do Conselho Nacional de Imigração — CNIg, além de todos os demais procedimentos previstos nos arts. 13 e 14, desta Instrução Normativa.

§ 3º O encaminhamento referido na alínea anterior será efetuado mediante ofício da chefia superior, nos termos do art. 18, II, da Portaria n. 546, de 11 de março de 2010, com a indicação dos trabalhadores estrangeiros irregulares, endereçado ao Ministério da Justiça e devidamente instruído com parecer técnico de um dos seguintes órgãos, de acordo com sua competência:

I — Secretaria Nacional de Justiça do Ministério da Justiça;

II — Núcleos de Enfrentamento ao Tráfico de Pessoas;

III — Postos Avançados de serviços de recepção a brasileiros (as) deportados (as) e não admitidos (as) nos principais pontos de entrada e saída do País;

IV — Secretaria de Direitos Humanos da Presidência da República; e

V — Serviços que prestem atendimento a vítimas de violência e de tráfico de pessoas.

DAS AÇÕES FISCAIS PARA A ERRADICAÇÃO DO TRABALHO EM CONDIÇÃO ANÁLOGA À DE ESCRAVO

Art. 7º As ações fiscais para erradicação do trabalho em condição análoga à de escravo serão coordenadas pela Secretaria de Inspeção do Trabalho, que poderá realizá-las diretamente, por intermédio das equipes do grupo especial de fiscalização móvel, ou por intermédio de grupos/equipes de fiscalização organizados no âmbito das Superintendências Regionais do Trabalho e Emprego — SRTE por meio da chefia superior, nos termos do art. 18, II, da Portaria n. 546, de 11 de março de 2010.

Art. 8º Sempre que a SRTE, por meio da chefia superior, nos termos do art. 18, II, da Portaria n. 546, de 11 de março de 2010, receber denúncia que relate a existência de trabalhadores reduzidos à condição análoga à de escravo e decidir pela realização de ação fiscal local para a apuração dos fatos, deverá antes de iniciar a inspeção comunicar à Secretaria de Inspeção do Trabalho.

Art. 9º A Secretaria de Inspeção do Trabalho e as SRTE, por meio da chefia superior, nos termos do art. 18, II, da Portaria n. 546, de 11 de março de 2010, realizarão diagnósticos das atividades econômicas com incidência de trabalho em condições análogas à de escravo, que servirão de base para a elaboração do planejamento e desenvolvimento das ações fiscais.

PARÁGRAFO ÚNICO. Serão realizadas anualmente reuniões para análise crítica da execução e monitoramento das ações planejadas durante o ano.

Art. 10. A SRTE, por meio da chefia superior, nos termos do art. 18, II, da Portaria n. 546, de 11 de março de 2010, deverá buscar a articulação e a integração com os órgãos e/ou entidades que compõem as Comissões Estaduais de Erradicação do Trabalho Escravo — COETRAEs, e os Comitês Estaduais de Enfrentamento ao Tráfico de Pessoas, no âmbito de cada estado da federação e o Distrito Federal.

PARÁGRAFO ÚNICO. A articulação prevista no *caput* do presente artigo visará à elaboração de diagnósticos e à eleição de prioridades que irão compor o planejamento a que se refere o art. 9º desta instrução e, em particular, à viabilização de outras medidas que estejam fora do âmbito administrativo de responsabilidade do Auditor Fiscal do Trabalho.

Art. 11. A eleição de prioridades que irão compor o planejamento previsto no art. 9º desta instrução deverá conter a indicação de setores de atividade econômica a serem fiscalizados e a programação dos recursos humanos e materiais necessários à execução das fiscalizações, além da identificação de ações a serem desenvolvidas em conjunto com os parceiros referidos no artigo anterior.

Art. 12. As ações fiscais deverão contar com a participação de representantes da Polícia Federal, ou Polícia Rodoviária Federal, ou Polícia Militar, ou Polícia Civil, ou outra autoridade policial.

§ 1º A chefia superior, nos termos do art. 18, II, da Portaria n. 546, de 11 de março de 2010, deverá oficiar, visando à participação de membros de um dos órgãos mencionados no *caput*, bem como enviar à Advocacia Geral da União (AGU), ao Ministério Público Federal (MPF), ao Ministério Público do Trabalho (MPT) e à Defensoria Pública da União (DPU) comunicação prévia sobre a operação, para que essas instituições avaliem a conveniência de integrá-la.

§ 2º Caso o coordenador da operação entenda prescindível o auxílio da força policial poderá ser dispensada a participação das autoridades mencionadas no *caput* deste artigo, desde que haja a anuência da chefia superior.

Art. 13. A constatação de trabalho em condição análoga à de escravo ensejará a adoção dos procedimentos previstos no art. 2º-C, §§ 1º e 2º, da Lei n. 7.998, de 11 de janeiro de 1990, devendo o Auditor Fiscal do Trabalho resgatar o trabalhador que estiver submetido a essa condição e emitir o Requerimento do Seguro-Desemprego do Trabalhador Resgatado.

Art. 14. O Auditor Fiscal do Trabalho, ao concluir pela constatação de trabalho em condição análoga à de escravo, determinará que o empregador ou preposto tome as seguintes providências:

I — A imediata paralisação das atividades dos empregados encontrados em condição análoga à de escravo;

II — A regularização dos contratos de trabalho;

III — O pagamento dos créditos trabalhistas por meio dos competentes Termos de Rescisões de Contrato de Trabalho;

IV — O recolhimento do FGTS e da Contribuição Social;

V — O cumprimento das obrigações acessórias ao contrato de trabalho, bem como tome as providências para o retorno dos trabalhadores aos locais de origem ou para rede hoteleira, abrigo público ou similar, quando for o caso.

§ 1º O auto de infração previsto nos §§ 2º e 3º, do art. 3º, desta Instrução Normativa, descreverá minuciosamente os fatos a que se referem e serão conclusivos a respeito da existência de trabalho em condição análoga à de escravo, o que será objeto do contraditório e da ampla defesa garantida ao autuado. *(Redação dada pela Instrução Normativa SIT n. 124, de 12.5.16, DOU 13.5.16)*

§ 2º Em caso de não recolhimento do FGTS e Contribuição Social, deverão ser lavradas as competentes Notificações para Recolhimento (NFGC e NRFC).

§ 3º Em caso de descumprimento das determinações contidas nos incisos I, II, III ou V, o Auditor Fiscal do Trabalho relatará o fato imediatamente à Chefia da Fiscalização para que informe a Advocacia-Geral da União (AGU), o Ministério Público do Trabalho (MPT) ou a Defensoria Pública da União (DPU), a fim de que tomem as medidas judiciais cabíveis.

§ 4º Caso seja constatada situação de grave e iminente risco à segurança e/ou à saúde do trabalhador, serão tomadas as medidas previstas em lei.

Art. 15. Pela sua natureza e gravidade, conforme o art. 1º desta Instrução Normativa, nos casos em que for constatado trabalho em condição análoga à de escravo, a lavratura de autos de infração sobrepõe-se a quaisquer critérios de auditoria fiscal utilizados em outras ações.

Art. 16. Os autos de infração e Notificações Fiscais para Recolhimento de FGTS e Contribuição Social decorrentes das ações fiscais em que se constate a existência de trabalho em condição análoga à de escravo serão autuados e identificados por meio de capas diferenciadas e terão prioridade de tramitação.

Art. 17. Caberá ao Auditor Fiscal do Trabalho, devidamente credenciado junto à Secretaria de Políticas Públicas e Emprego, o preenchimento da Comunicação de Dispensa do Trabalhador Resgatado — CDTR, entregando a via própria ao interessado e outra à chefia imediata a ser encaminhada à Secretaria de Inspeção do Trabalho.

§ 1º Cópia do Requerimento do Seguro-Desemprego do Trabalhador Resgatado deve ser mantida anexa ao relatório encaminhado à Secretaria de Inspeção do Trabalho.

Art. 18. No prazo de cinco dias úteis após o encerramento da ação fiscal, o coordenador de grupo e/ou equipe deverá elaborar o competente relatório de fiscalização e entregá-lo à Chefia da Fiscalização imediata, que deverá verificar a adequação de todos os dados e informações nele inseridos, para posterior encaminhamento à SIT, no prazo máximo de cinco dias úteis a contar da data de seu recebimento.

DOS CRITÉRIOS TÉCNICOS PARA A INCLUSÃO DO INFRATOR NO CADASTRO DE EMPREGADORES QUE TENHAM MANTIDO TRABALHADORES EM CONDIÇÕES ANÁLOGAS À DE ESCRAVO

Art. 19. Os critérios para a inclusão de infrator no Cadastro de Empregadores que tenham Mantido Trabalhadores em Condições Análogas à de Escravo são de natureza técnico-administrativa e vinculados ao cumprimento dos requisitos contidos na Portaria Interministerial n. 2, de 12 de maio de 2011.

Art. 20. A inclusão do nome do infrator no Cadastro ocorrerá após decisão administrativa final relativa ao auto de infração lavrado em decorrência de ação fiscal em que tenha havido a identificação de trabalhadores submetidos à condição análoga à de escravo.

Art. 21. A Fiscalização do Trabalho monitorará pelo período de dois anos após a inclusão do nome do infrator no Cadastro para verificação da regularidade das condições de trabalho, devendo, após esse período, caso não haja reincidência, proceder sua exclusão do Cadastro.

§ 1º A exclusão do nome do infrator do Cadastro ficará condicionada ao pagamento das multas resultantes da ação fiscal, bem como, da comprovação da quitação de eventuais débitos trabalhistas e previdenciários, sem prejuízo do decurso de prazo a que se refere o *caput* do presente artigo. *(Revogado pela Instrução Normativa SIT n. 124, de 12.5.16, DOU 13.5.16)*

Art. 22. A presente instrução normativa entra em vigor na data de sua publicação.

Vera Lucia Ribeiro de Albuquerque

Nota: A Instrução Normativa SIT/MTPS n. 124, de 12.5.16, dispõe no art. 3º que "Os autos de infração lavrados em ações que constatam a ocorrência de trabalho em condições análogas às de escravo observam os dispositivos vigentes na data de sua lavratura".

PORTARIA INTERMINISTERIAL GM/MTPS N. 4, DE 11 DE MAIO DE 2016

(DOU 13.5.16)

Dispõe sobre as regras relativas ao Cadastro de Empregadores que tenham submetido trabalhadores a condições análogas à de escravo.

O MINISTRO DE ESTADO DO TRABALHO E PREVIDÊNCIA SOCIAL E A MINISTRA DE ESTADO DAS MULHERES, DA IGUALDADE RACIAL, DA JUVENTUDE E DOS DIREITOS HUMANOS, no uso da atribuição que lhes confere o art. 87, parágrafo único, inciso II, da Constituição Federal, e tendo em vista o disposto nos arts. 3º, incisos I e II, e 7º, incisos VII, alínea *b*, da Lei n. 12.527, de 18 de novembro de 2011, e

Considerando a Convenção n. 29 da Organização Internacional do Trabalho (OIT), promulgada pelo Decreto n. 41.721, de 25 de junho de 1957;

Considerando a Convenção n. 105 da OIT, promulgada pelo Decreto n. 58.822, de 14 de julho de 1966;

Considerando a Convenção sobre a Escravatura de Genebra, promulgada pelo Decreto n. 58.563, de 1º de junho de 1966, e

Considerando a Convenção Americana sobre Direitos Humanos, promulgada pelo Decreto n. 678, de 6 de novembro de 1992, resolvem:

Art. 1º Estabelecer, no âmbito do Ministério do Trabalho e Previdência Social (MTPS), Cadastro de Empregadores que tenham submetido trabalhadores a condições análogas à de escravo, bem como dispor sobre as regras que lhes são aplicáveis.

Art. 2º O Cadastro de Empregadores será divulgado no sítio eletrônico oficial do Ministério do Trabalho e Previdência Social (MTPS), contendo a relação de pessoas físicas ou jurídicas autuadas em ação fiscal que tenha identificado trabalhadores submetidos à condições análogas à de escravo.

§ 1º A inclusão do empregador somente ocorrerá após a prolação de decisão administrativa irrecorrível de procedência do auto de infração lavrado na ação fiscal em razão da constatação de exploração de trabalho em condições análogas à de escravo.

§ 2º Será assegurado ao administrado, no processo administrativo do auto de infração, o exercício do contraditório e da ampla defesa a respeito da conclusão da Inspeção do Trabalho de constatação de trabalho em condições análogas à de escravo, na forma dos art. 629 a 638 do Decreto-lei n. 5.452, de 1º de maio de 1943 (Consolidação das Leis do Trabalho) e da Portaria MTPS n. 854, de 25 de junho de 2015.

§ 3º A organização e divulgação do Cadastro ficará a cargo da Divisão de Fiscalização para Erradicação do Trabalho Escravo (DETRAE), inserida no âmbito da Secretaria de Inspeção do Trabalho (SIT), do Ministério do Trabalho e Previdência Social.

§ 4º A relação a ser publicada conterá o nome do empregador, seu número de inscrição no Cadastro Nacional de Pessoas Jurídicas (CNPJ) ou no Cadastro de Pessoas Físicas (CPF), o ano da fiscalização em que ocorreram as autuações, o número de pessoas encontradas em condição análoga à de escravo, e a data decisão definitiva prolatada no processo administrativo do auto de infração lavrado.

§ 5º A atualização da relação poderá ocorrer a qualquer tempo, não podendo tal providência, entretanto, ocorrer em periodicidade superior a 6 (seis) meses.

Art. 3º O nome do empregador permanecerá divulgado no Cadastro por um período de 2 (dois) anos, durante o qual a Inspeção do Trabalho realizará monitoramento a fim de verificar a regularidade das condições de trabalho.

PARÁGRAFO ÚNICO. Verificada, no curso do período previsto no *caput* deste artigo, reincidência na identificação de trabalhadores submetidos à condições análogas à de escravo, com a prolação de decisão administrativa irrecorrível de procedência do novo auto de infração lavrado, o empregador permanecerá no Cadastro por mais 2 (dois) anos, contados a partir de sua reinclusão.

Art. 4º Os dados divulgados no Cadastro de Empregadores não prejudicam o direito de obtenção, pelos interessados, de outras informações relacionadas ao combate ao trabalho em condições análogas à de escravo, de acordo com o previsto na Lei n. 12.527, de 18 de novembro de 2011 (Lei de Acesso à Informação).

Art. 5º A União poderá, com a necessária participação e anuência da Secretaria de Inspeção do Trabalho do Ministério do Trabalho e Previdência Social, e observada a imprescindível autorização, participação e representação da Advocacia-Geral da União para a prática do ato, celebrar Termo de Ajustamento de Conduta (TAC) ou acordo judicial com o administrado sujeito a constar no Cadastro de Empregadores, com objetivo de reparação dos danos causados, saneamento das irregularidades e adoção de medidas preventivas e promocionais para evitar a futura ocorrência de novos casos de trabalho em condições análogas à de escravo, tanto no âmbito de atuação do administrado quanto no mercado de trabalho em geral.

§ 1º A análise da celebração do Termo de Ajustamento de Conduta (TAC) ou acordo judicial deverá ocorrer mediante apresentação de pedido escrito pelo administrado.

§ 2º Recebido o pedido, será dada ciência ao Ministério Público do Trabalho (MPT), mediante comunicação à Procuradoria-Geral do Trabalho (PGT), ao qual será oportunizado o acompanhamento das tratativas com o administrado, bem como a participação facultativa na celebração do Termo de Ajustamento de Conduta (TAC) ou acordo judicial.

§ 3º O empregador que celebrar Termo de Ajustamento de Conduta (TAC) ou acordo judicial na forma disciplinada neste artigo não integrará a relação disciplinada no art. 2º desta Portaria, mas uma segunda relação, localizada topicamente logo abaixo da primeira, devendo ambas integrarem o mesmo documento e meio de divulgação.

§ 4º A relação de que trata o § 3º deste artigo conterá nome do empregador, seu número de CNPJ ou CPF, o ano da fiscalização em que ocorreram as autuações, o número de pessoas encontradas em condição análoga à de escravo e a data de celebração do compromisso com a União.

§ 5º O Termo de Ajustamento de Conduta (TAC) ou acordo judicial somente poderá ser celebrado entre o momento da constatação, pela Inspeção do Trabalho, da submissão de trabalhadores a condições análogas às de escravo e a prolação de decisão administrativa irrecorrível de procedência do auto de infração lavrado na ação fiscal.

Art. 6º Para alcançar os objetivos e gerar os efeitos expressos no art. 5º, a celebração do Termo de Ajustamento de Conduta (TAC) ou acordo judicial, deverá conter, no mínimo, as seguintes disposições e compromissos por parte do administrado:

I — renúncia a qualquer medida, na esfera administrativa ou judicial, que vise a impugnação, invalidação ou afastamento da eficácia dos efeitos legais dos autos de infração lavrados na ação fiscal em que foi constatado trabalho análogo ao de escravo;

II — como medida de saneamento, o pagamento de eventuais débitos trabalhistas e previdenciários apurados durante o processo de auditoria e ainda não quitados;

III — como medida de reparação aos trabalhadores encontrados pela Inspeção do Trabalho em condição análoga à de escravo, o pagamento de indenização por dano moral individual, em valor não inferior a 2 (duas) vezes o seu salário contratual;

IV — como medida de reparação material, o ressarcimento ao Estado de todos os custos envolvidos na execução da ação fiscal e no resgate dos trabalhadores, inclusive o seguro-desemprego devido a cada um deles, nos termos do art. 2º-C da Lei n. 7.998, de 11 de janeiro de 1990, pela situação em condições análogas às de escravo;

V — como medida preventiva e promocional, o custeio de programa multidisciplinar que seja destinado a assistência e acompanhamento psicossocial, progresso educacional e qualificação profissional de trabalhadores resgatados de trabalho em condições análogas às de escravo, ou especialmente vulneráveis a este tipo de ilícito;

VI — como medida preventiva e promocional, a contratação de trabalhadores egressos de programa de qualificação nos moldes previstos no inciso V, em quantidade equivalente a, no mínimo, 3 (três) vezes o número de trabalhadores encontrados em condições análogas às de escravo pela Inspeção do Trabalho, dando a eles necessária preferência no preenchimento de vagas abertas compatíveis com sua qualificação profissional.

VII — como medida preventiva e promocional, o custeio de programa cujo objetivo seja o diagnóstico de vulnerabilidades em comunidades identificadas como fornecedoras de mão de obra explorada em condições análogas às de escravo, seguido da adoção de medidas para a superação de tais vulnerabilidades, como progresso educacional e implementação de ações favorecendo o acesso a programas públicos e o desenvolvimento de alternativas de geração de renda de acordo com as vocações econômicas locais, incluindo a estruturação de economia familiar sustentável;

VIII — como medida preventiva e promocional, a elaboração e implementação de sistema de auditoria para monitoramento continuado do respeito aos direitos trabalhistas e humanos de todos os trabalhadores que prestem serviço ao administrado, sejam eles contratados diretamente ou terceirizados, e que tenha por objetivo não somente eliminar as piores formas de exploração, como o trabalho análogo ao de escravo, mas estimular e promover o trabalho decente;

IX — criação de mecanismos de avaliação e controle sobre o sistema de auditoria, para aferição de sua efetiva implementação e de seus resultados, bem como para promoção de seu aperfeiçoamento contínuo, com a elaboração de relatórios periódicos;

X — pactuação de que, em nenhuma hipótese, a execução ou os resultados do sistema de auditoria descrito na alínea VIII poderão estabelecer, nem induzir, a que o administrado ou eventuais prestadores de serviço adotem posturas discriminatórias em relação a trabalhadores que sejam identificados como vítimas efetivas ou potenciais de trabalho em condições análogas às de escravo.

XI — assunção pelo empregador de responsabilidade e dever de imediato saneamento e reparação de quaisquer violações a direitos dos trabalhadores que lhe prestem serviço, sejam eles seus empregados ou obreiros terceirizados, constatadas em sua auditoria própria ou por meio das atividades de fiscalização da Inspeção do Trabalho ou por quaisquer outros órgãos estatais competentes, a exemplo do Ministério Público do Trabalho;

XII — necessidade de comprovação, no prazo de 30 (trinta) dias, da adoção das medidas de saneamento e reparação necessárias sempre que constatada qualquer violação a direito de trabalhador que lhe preste serviços, nos termos do inciso XI;

XIII — envio de comunicação por escrito sempre que, por seu sistema de auditoria, ou por qualquer outro meio, o administrado constate desrespeito aos direitos trabalhistas ou humanos de trabalhadores que lhe prestem serviço, no prazo de 30 (trinta) dias, acompanhada da comprovação de adoção das respectivas medidas de saneamento e reparação;

XIV — apresentação de cronograma para cumprimento das obrigações assumidas, em especial as obrigações de fazer definidas nos incisos VI, VIII e IX;

XV — envio de relatórios semestrais para prestação de contas sobre o cumprimento das obrigações assumidas, inclusive do cronograma de obrigações de fazer definidas nos incisos VI, VIII e IX;

XVI — obrigação de apresentação de informações por escrito, acompanhadas dos documentos comprobatórios eventualmente solicitados, a qualquer questionamento formulado pela União ou por entidade integrante da Comissão Nacional para Erradicação do Trabalho Escravo (CONATRAE) quanto ao cumprimento dos termos do TAC ou acordo judicial, no prazo máximo de 30 (trinta) dias;

XVII — previsão expressa de que o cumprimento das obrigações de dar, estabelecidas para saneamento e reparação, representará quitação restrita aos títulos expressamente delimitados no TAC ou acordo judicial, não implicando quitação geral, nem o reconhecimento pelo Estado de reparação a quaisquer outros danos, individuais ou coletivos, eventualmente decorrentes da conduta do empregador;

XVIII — previsão expressa de que o TAC ou acordo judicial não constituirá óbice, sob qualquer aspecto, à atuação administrativa ou judicial do Estado no caso de existência de outros danos causados e não reparados pelo empregador ou de constatação de outras violações do administrado à legislação;

XIX — imposição de multa pelo eventual descumprimento de cada cláusula contratual, em valor equivalente ao conteúdo econômico da obrigação ou, quando esta aferição for impossível, em valor a ser fixado entre as partes;

XX — previsão de que todas as comunicações relativas à execução do Termo de Ajustamento de Conduta (TAC) ou acordo judicial deverão ser remetidas por escrito à Advocacia-Geral da União, à Secretaria de Inspeção do Trabalho e à CONATRAE;

XXI — previsão expressa de que, constatada violação pelo administrado a cláusula do TAC ou acordo judicial, terá ele 30 (trinta) dias para apresentar impugnação ou comprovar o saneamento da irregularidade, quando for possível. Não aceita a impugnação, ou não comprovado o saneamento integral da violação, o TAC ou acordo judicial será executado, e incidirá o disposto no § 3º do art. 10 desta Portaria;

PARÁGRAFO ÚNICO. O programa multidisciplinar de assistência e acompanhamento psicossocial, progresso educacional e qualificação descrito no inciso V do *caput* deste artigo deverá atender aos seguintes requisitos:

I — considerar as necessidades peculiares de readaptação dos participantes, como sua experiência pregressa e o nível educacional;

II — oferecer ciclo de assistência, acompanhamento psicossocial e monitoramento do trabalhador de, no mínimo, 1 (um) ano, dada a sua condição de especial vulnerabilidade;

III — oferecer ciclo de progresso educacional e qualificação profissional não inferior a 3 (três) meses, assegurando o custeio de todas as despesas necessárias para a inserção e efetiva adesão dos trabalhadores enquadrados como público alvo, incluindo aquelas com alimentação, transporte, material didático, bem como garantia de renda mensal não inferior a um salário mínimo enquanto perdurar o programa;

IV — ser executado preferencialmente nas localidades de origem dos trabalhadores;

V — desenvolver-se em consonância com as pretensões profissionais do trabalhador e promover, ao final, a sua inclusão laboral, seja pelo estabelecimento de contratos de emprego, seja pelo estabelecimento de outras formas de inserção, como economia familiar ou empreendedorismo;

VI — assumir o compromisso de apresentar prestação de contas ao administrado, à Advocacia-Geral da União, à Secretaria de Inspeção do Trabalho e à Comissão Nacional para Erradicação do Trabalho Escravo (CONATRAE), quanto ao uso dos recursos recebidos;

VII — assumir o compromisso de prestar informações ao administrado, à Advocacia-Geral da União, à Secretaria de Inspeção do Trabalho e à Secretaria de Direitos Humanos, por intermédio da CONATRAE, a respeito da execução e dos resultados do programa multidisciplinar.

Art. 7º Quando a celebração de Termo de Ajustamento de Conduta (TAC) ou acordo judicial envolver microempresa, empresa de pequeno porte, empresário individual ou empregador doméstico, o administrado, mediante prévia apresentação de declaração integral de patrimônio e renda, a ser remetida à Receita Federal se efetivamente pactuado o compromisso, poderá solicitar à União que, em respeito aos princípios da razoabilidade e proporcionalidade, e considerando o seu porte econômico, os recursos à sua disposição, a atividade econômica explorada, o grau de fragmentação da cadeia produtiva, e a capacidade de emprego de mão de obra, avalie a conveniência de:

I — Limitar o cumprimento do inciso IV do art.6º ao ressarcimento ao Estado dos custos decorrentes do seguro-desemprego devido a cada um dos trabalhadores encontrados em situação análoga à de escravo na ação fiscal, nos termos do art. 2º-C da Lei n. 7.998, de 11 de janeiro de 1990;

II — Dispensar o cumprimento dos incisos VIII, IX e X do art. 6º;

III — Dispensar, alternativamente, o cumprimento do inciso V ou VII do art. 6º;

IV — Reduzir o quantitativo de contratação de trabalhadores egressos de programa de qualificação previsto no inciso VI do art. 6º, em número nunca inferior ao total de trabalhadores encontrados em condições análogas às de escravo pela Inspeção do Trabalho.

Art. 8º Cópia do Termo de Ajustamento de Conduta (TAC) ou acordo judicial celebrado deverá ser remetida para a Advocacia-Geral da União, para a Divisão para Erradicação do Trabalho Escravo (DETRAE) e para a Comissão Nacional para Erradicação do Trabalho Escravo (CONATRAE).

Art. 9º Termos de Ajustamento de Conduta ou acordos judiciais celebrados perante o Ministério Público do Trabalho (MPT) poderão gerar regulares efeitos para a elaboração das duas relações disciplinadas pelos art. 2º e § 3º do art. 5º desta Portaria, desde que:

I — seja formulado pedido formal do administrado à Advocacia-Geral da União e à Secretaria de Inspeção do Trabalho, acompanhado de cópia do Termo de Ajustamento de Conduta (TAC) ou acordo judicial, do processo judicial ou do procedimento investigatório, e de documento que comprove a anuência expressa do Procurador do Trabalho celebrante; e

II — os seus termos atendam às condições previstas nesta Portaria.

Art. 10. Os empregadores que celebrarem Termo de Ajustamento de Conduta (TAC) ou acordo judicial nos termos desta Portaria permanecerão na relação prevista no § 3º do art. 5º pelo prazo máximo de 2 (dois) anos, contados de sua inclusão, e poderão requerer sua exclusão após 1 (um) ano.

§ 1º O requerimento de exclusão, que será apreciado em até 30 (trinta) dias, deverá ser instruído com os relatórios periódicos previstos no inciso XV do art. 6º desta Portaria atualizados, ficando o seu deferimento condicionado à inexistência de constatação de descumprimento de qualquer das obrigações assumidas por parte do administrado.

§ 2º Cópia do Termo de Ajustamento de Conduta (TAC) ou acordo judicial celebrado nos termos desta Portaria será acessível ao público por meio de link inserido no documento de divulgação previsto no § 3º do art. 5º.

§ 3º Na hipótese de descumprimento pelo administrado de qualquer das obrigações assumidas durante o período de 2 (dois) anos, contados a partir de sua inclusão na relação prevista no § 3º do art. 5º, este será imediatamente integrado à relação publicada conforme art. 2º desta Portaria, sujeitando-se às regras de inclusão e exclusão a ela aplicáveis.

Art. 11. Durante o período em que permanecerem na relação prevista no §3º do art. 5º, os empregadores estarão igualmente sujeitos a fiscalização da Inspeção do Trabalho e, no caso de reincidência de identificação de trabalhadores submetidos à condições análogas às de escravo neste interstício:

I — A União não celebrará com o administrado novo Termo de Ajustamento de Conduta (TAC) ou acordo judicial;

II — O empregador será integrado à relação publicada conforme art. 2º desta Portaria imediatamente após a prolação de nova decisão administrativa irrecorrível de procedência do auto de infração lavrado em face da constatação de trabalho em condições análogas às de escravo.

Art. 12. Em nenhuma hipótese, o tempo em que o empregador permanecer na relação daqueles que celebraram Termo de Ajustamento de Conduta (TAC) ou acordo judicial será computado na contagem do período determinado pelo art. 3º.

Art. 13. À Secretaria de Direitos Humanos compete acompanhar, por intermédio da Comissão Nacional para a Erradicação do Trabalho Escravo (CONATRAE), os procedimentos para inclusão e exclusão de nomes do Cadastro de Empregadores.

Art. 14. Fica revogada a Portaria Interministerial n. 2, de 31 de março de 2015.

Art. 15. Esta Portaria entra em vigor na data de sua publicação.

MIGUEL SOLDATELLI ROSSETTO,
Ministro de Estado do Trabalho e Previdência Social

NILMA LINO GOMES,
Ministra de Estado das Mulheres, da Igualdade Racial, da Juventude e dos Direitos Humanos

PORTARIA GM/MTE N. 702, DE 28 DE MAIO DE 2015

(DOU 29.5.2015)

Estabelece requisitos para a prorrogação de jornada em atividade insalubre.

O MINISTRO DE ESTADO DO TRABALHO E EMPREGO, no uso das atribuições que lhe confere o inciso II do art. 87 da Constituição Federal e considerando o disposto no art. 60 da CLT, resolve:

Art. 1º Nas atividades insalubres, quaisquer prorrogações de jornada só poderão ser praticadas mediante autorização da chefia da unidade de segurança e saúde no trabalho da Superintendência Regional do Trabalho e Emprego correspondente.

Art. 2º O pedido de autorização para a prorrogação de jornada em atividade insalubre deverá ser apresentado com as seguintes informações:

a) identificação do empregador e do estabelecimento, contendo razão social, CNPJ, endereço, CNAE e número de empregados;

b) indicação das funções, setores e turnos cuja jornada será prorrogada, com o número de empregados alcançados pela prorrogação;

c) descrição da jornada de trabalho ordinária e a indicação do tempo de prorrogação pretendido; e

d) relação dos agentes insalubres, com identificação da fonte, nível ou concentração e descrição das medidas de controle adotadas.

Art. 3º A análise do pedido deve considerar o possível impacto da prorrogação na saúde dos trabalhadores alcançados.

Art. 4º O deferimento do pedido está condicionado ao atendimento dos seguintes requisitos:

a) inexistência de infrações às Normas Regulamentadoras que possam comprometer a saúde ou a integridade física dos trabalhadores;

b) adoção de sistema de pausas durante o trabalho, quando previstas em Norma Regulamentadora, e as condições em que são concedidas;

c) rigoroso cumprimento dos intervalos previstos na legislação; e

d) anuência da representação de trabalhadores, por meio de Acordo ou Convenção Coletiva de Trabalho.

Art. 5º Os pedidos de empregadores que apresentarem números elevados de acidentes ou doenças do trabalho devem ser indeferidos.

Art. 6º Não será admitida prorrogação em atividades com exposição a agentes cuja caracterização da insalubridade se dá por meio de avaliação quantitativa, salvo em situações transitórias, por curto período de tempo e desde que sejam implementadas medidas adicionais de proteção do trabalhador contra a exposição ao agente nocivo.

Art. 7º A análise do pedido será feita por meio de análise documental e consulta aos sistemas de informação da inspeção do trabalho, referentes a ações fiscais anteriormente realizadas e, caso seja necessário, complementada por inspeção no estabelecimento do empregador.

Art. 8º A validade da autorização será determinada pela autoridade que a conceder, nunca superior a 5 (cinco) anos.

Art. 9º A autorização deve ser cancelada:

I — sempre que for verificado o não atendimento às condições estabelecidas no art. 4º;

II — quando ocorrer a situação prevista no art. 5º; ou

III — em situação que gere impacto negativo à saúde do trabalhador.

Art. 10. Esta Portaria entra em vigor na data de sua publicação.

MANOEL DIAS

PORTARIA N. 3.158, DE 18 DE MAIO DE 1971

(DOU 24.5.1971 — LTr 35/488)

Dispõe sobre a obrigatoriedade do livro de "inspeção do trabalho"

O MINISTRO DE ESTADO DO TRABALHO E PREVIDÊNCIA SOCIAL, usando das atribuições que lhe confere o art. 913, da Consolidação das Leis do Trabalho, aprovada pelo Decreto-lei n. 5.452, de 1º de maio de 1943,

Considerando que os §§ 1º e 2º do art. 628, da Consolidação das Leis do Trabalho, com a redação dada pelo Decreto-lei n. 229, de 28 de fevereiro de 1967, preveem a existência de um livro denominado "Inspeção do Trabalho", para o registro das inspeções efetuadas;

Considerando que os mesmos dispositivos estabelecem que referido livro deverá ter seu modelo aprovado por Portaria Ministerial, resolve:

Art. 1º Ficam as empresas ou empregadores sujeitos à inspeção do trabalho, obrigados a manter um livro de "Inspeção do Trabalho", de acordo com as seguintes especificações:

a) o livro deverá ser encadernado, em cor escura, tamanho 22cm x 33cm;

b) conterá o livro 100 (cem) folhas numeradas tipograficamente, em papel branco acetinado, encorpado e pautado, conforme modelo n. 1, que acompanha esta Portaria;

c) as folhas 1 (um) e 100 (cem) conterão, respectivamente, os termos de abertura e encerramento, efetuados pela empresa ou empregador, conforme modelos ns. 2 e 3.

Art. 2º Os Agentes da Inspeção do Trabalho relacionados nas alíneas de *a* e *d*, do inciso II, do art. 2º do Decreto n. 55.841, de 15 de março de 1965, quando de sua visita ao estabelecimento empregador, autenticarão o Livro de Inspeção do Trabalho que ainda não tiver sido autenticada, sendo desnecessária a autenticação pela unidade regional do Ministério do Trabalho. *(Redação dada pela Portaria n. 402, de 28.4.1995).*

PARÁGRAFO ÚNICO. *(Revogado pela Portaria n. 402, de 28.4.1995).*

Art. 3º As empresas ou empregadores que mantiverem mais de um estabelecimento, filial ou sucursal, deverão possuir tantos livros "Inspeção do Trabalho" quantos forem seus estabelecimentos.

Art. 4º Os agentes encarregados da inspeção das normas de proteção ao trabalho obedecerão às instruções constantes do Anexo I, na ocasião da inspeção efetuada.

Art. 5º O não cumprimento dos dispositivos da presente Portaria configurará infração dos arts. 628 e 630, da Consolidação das Leis do Trabalho, conforme o responsável, sujeitando-se este às penalidades previstas nos §§ 3º, do art. 628 e 6º do art. 630, do referido diploma legal.

Art. 6º A presente Portaria entrará em vigor 60 (sessenta) dias após a sua publicação.

JÚLIO BARATA

ANEXO I

Instruções a que se refere o art. 4º da Portaria Ministerial n. 3.158, de 18 de maio de 1971.

1) O Termo de Registro da Inspeção do Trabalho deverá ser lavrado pelo Agente da Inspeção do Trabalho que proceder à visita. Quando for mais de um Agente a fazê-la, um deles se encarregará da lavratura do Termo, assinando-o ambos.

2) Nesse Termo deverão ficar consignadas todas as irregularidades encontradas no estabelecimento visitado, relacionando-as nos itens, que se contêm no corpo do mesmo.

3) *(Revogado pela Portaria n. 3.006, de 7.1.1982, DO 12.1.1982).*

4) Lavrado o auto, procederá o Agente à entrega de sua primeira via à repartição competente, dentro do prazo de 48 horas.

5) Quando da visita procedida não for encontrada qualquer irregularidade, o agente riscará no corpo do Termo todas as linhas em branco.

6) Quando forem apreendidos materiais e substâncias utilizadas, lavrará o Agente o competente Termo de apreensão na forma do Modelo n. 4.

7) Os casos omissos serão dirimidos pelo Delegado Regional do Trabalho, com recurso para o Diretor-Geral do Departamento Nacional do Trabalho.

MODELO N. 1
TERMO DE REGISTRO DE INSPEÇÃO

Data: .../.../... Hora de início: ...

Término: ....

Nome do Agente da Inspeção do Trabalho: ....
....

Matrícula: .... Cargo ou função: ....

Documentos exigidos: ....

1 — Livro ou Fichas de Registro de Empregados ( )

2 — Comprovante da Contribuição Sindical (Patronal) — Ano ( )

3 — Comprovante da Contribuição Sindical (Empregados) — Ano ( )

4 — Relação dos Empregados que recolheram a Contribuição Sindical ( )

5 — Relação de Empregados (Lei de 2/3) — Ano ( )

6 — Cadastro Permanente de Admissões e Dispensas ( )

7 — Relação de Empregados Menores — Ano ( )
8 — Acordo para Prorrogação da Duração do Trabalho ( )
9 — Acordo para Compensação da Duração do Trabalho ( )
10 — Escala de revezamento ( )
11 — Ficha ou Papeleta de Horário de Serviço Externo ( )
12 — Recibo de Férias — Ano ( )
13 — Folhas de Pagamento ( )
14 — Atestados Médicos de Admissão dos Empregados ( )
15 — Convênio de Aprendizagem com o SENAI ou SENAC ( )
16 — E mais:
.... ( )
.... ( )
.... ( )

Prazos concedidos: ....
....

Irregularidades encontradas: ....
....
....

Autos de Infração lavrados: ....
....
....

Orientação dada: ....
....

N. de empregados em atividade: ....
....
....

Maiores: .... Menores: .... Mulheres: ....

MODELO N. 2
Agente da Inspeção do Trabalho

LIVRO DA INSPEÇÃO DO TRABALHO
TERMO DE ABERTURA

Contém o presente livro 100 folhas, numeradas tipograficamente de 1 a 100 e servirá para Registro da Inspeção do Trabalho, na conformidade do § 1º, art. 628 da Consolidação das Leis do Trabalho, aprovada pelo Decreto-lei n. 5.452, de 1º de maio de 1943 e alterada pelo Decreto-lei n. 5.452, de 1º de maio de 1943 e alterado pelo Decreto-lei n. 229, de 28 de fevereiro de 1967.

Este livro destina-se ao estabelecimento de ....
sito na Rua .... n. ....
Matrícula no INPS n. .... CGC n. ....
e está devidamente autenticado em todas as suas folhas, para os efeitos legais.

Data

Empregador

MODELO N. 3

LIVRO DA INSPEÇÃO DO TRABALHO
TERMO DE ENCERRAMENTO

Este livro, preenchidas as suas 100 folhas, fica nesta data encerrada.

Data:

....

Empregador ou preposto

MODELO N. 4
TERMO DE APREENSÃO

Às ....horas e .... minutos do dia .... de 19 ...., eu, abaixo-assinado, legalmente investido nas funções de Agente de Inspeção do Trabalho, com exercício .... fiscalizando .... situado ...... n. .... CGC n. .... Matrícula no INPS n. ..... apreendi, com base na alínea "c" do art. 8º do Regulamento da Inspeção do Trabalho, aprovado pelo Decreto n. 55.841, de 15 de março de 1965, para análise, as amostras de materiais e substâncias utilizadas, a seguir discriminadas .... tendo, consequentemente, lavrado o presente termo, em duas vias, entregando a segunda ao interessado, mediante recibo passado na primeira delas, a fim de remetê-la à autoridade competente.

....

Agente da Inspeção do Trabalho — Nome e matrícula

INSTRUÇÃO NORMATIVA SIT/MTE N. 107, DE 22 DE MAIO DE 2014

(DOU 23.5.14)

Dispõe sobre procedimentos da inspeção do trabalho na fiscalização do registro de empregados, com vistas à redução da informalidade

O SECRETÁRIO DE INSPEÇÃO DO TRABALHO, no exercício de sua competência, prevista pelo art. 14, XIII do Anexo I do Decreto n. 5.063, de 3 de maio de 2004 e considerando o disposto no art. 11, inciso II da Lei n. 10.593, de 6 de dezembro de 2002, que estabelece a prerrogativa da Inspeção do Trabalho de atuar na redução dos índices de informalidade, resolve:

Art. 1º O Auditor Fiscal do Trabalho — AFT, na fiscalização do atributo Registro de Empregados, deve observar o disposto nesta instrução normativa.

Art. 2º Cabe à Secretaria de Inspeção do Trabalho — SIT definir os projetos nos quais deve ser obrigatória, em todas as ações fiscais, a inclusão dos atributos relacionados da formalização do vínculo de emprego nas ordens de serviço — OS.

PARÁGRAFO ÚNICO. Para o planejamento das ações fiscais devem ser considerados prioritários os estabelecimentos com maior probabilidade da existência de empregados sem registro, conforme cruzamento e análise de informações disponíveis em bancos de dados oficiais.

Art. 3º A chefia de fiscalização deve dimensionar a equipe de AFT destinada à fiscalização em função dos indícios de informalidade e das peculiaridades do local a ser fiscalizado.

Art. 4º Nas fiscalizações do atributo Registro de Empregados o AFT deve:

I — realizar pesquisas e investigações prévias nos sistemas de informações disponíveis em relação ao empregador a ser fiscalizado;

II — verificar a existência de empregados em atividade no local de trabalho, podendo valer-se de entrevistas, controles de jornada e outros meios que julgar necessários à sua identificação;

III — averiguar a existência de documentos ou outros meios que comprovem a existência de vínculo empregatício com outros empregados que não estejam no local de trabalho no momento da verificação prevista no inciso anterior;

IV — lavrar auto de infração capitulado no art. 41, *caput*, da Consolidação das Leis do Trabalho — CLT, quando constatar a admissão de empregado sem o respectivo registro; *(Redação dada pela IN n. 119 da SRT/MTE, de 23.4.15,DOU 24.4.15)*

V — notificar o empregador para comprovar a formalização dos vínculos de emprego sem registros constatados, informando-o de que o descumprimento constituirá infração ao art. 24 da Lei n. 7.998, de 11 de janeiro de 1990, combinado com o art. 6º, inciso II, da Portaria n. 1.129, de 23 de julho de 2014, do Ministro do Trabalho e Emprego, e o sujeitará a autuação, a reiterada ação fiscal, sem prejuízo da adoção de outras medidas legais cabíveis; *(Redação dada pela IN n. 119 da SRT/MTE, de 23.4.15,DOU 24.4.15)*

VI — lavrar auto de infração capitulado no art. 24 da Lei n. 7.998, de 11 de janeiro de 1990, combinado com o art. 6º, inciso II, da Portaria n. 1.129, de 23 de julho de 2014, do Ministro do Trabalho e Emprego, quando constatar o descumprimento da notificação a que se refere o inciso anterior; *(Redação dada pela IN n. 119 da SRT/MTE, de 23.4.15,DOU 24.4.15)*

§ 1º A notificação referida no inciso V será emitida conforme modelo constante do anexo a esta Instrução Normativa. *(Redação dada pela IN n. 119 da SRT/MTE, de 23.4.15,DOU 24.4.15)*

§ 2º Para os procedimentos a que se refere o inciso V o AFT poderá adotar a fiscalização mista definida no art. 30, § 3º, do Decreto n. 4.552, de 27 de dezembro de 2002.

§ 3º Caso o empregador se recuse a receber a notificação, o AFT deverá entregá-la à unidade local de multas e recursos, que a enviará, por via postal, com aviso de recebimento. *(Redação dada pela IN n. 119 da SRT/MTE, de 23.4.15,DOU 24.4.15)*

§ 4º A comprovação da formalização dos vínculos de emprego irregulares deverá, a critério do AFT, ser feita por meio de consulta eletrônica ou de forma presencial e será consignada, no auto de infração a que se refere o inciso IV, quando da sua confirmação. *(Redação dada pela IN n. 119 da SRT/MTE, de 23.4.15,DOU 24.4.15)*

Art. 5º Os processos de autos de infração a que se referem os incisos IV e VI desta Instrução Normativa terão prioridade de tramitação em todas as instâncias administrativas e, para tanto, serão identificados por meio de capas diferenciadas e/ou de sinalização específica. *(Redação dada pela IN n. 119 da SRT/MTE, de 23.4.15, DOU 24.4.15)*

Art. 6º As chefias de fiscalização e os Auditores Fiscais do Trabalho observarão as orientações expedidas pela Secretaria de Inspeção do Trabalho para adaptar o planejamento anual aos procedimentos desta Instrução Normativa no prazo de 60 dias contados da data de sua publicação.

Art. 7º Esta Instrução Normativa entra em vigor na data de sua publicação.

PAULO SÉRGIO DE ALMEIDA

ANEXO
Serviço Público Federal
Ministério do Trabalho e Emprego
Secretaria de Inspeção do Trabalho

NOTIFICAÇÃO PARA COMPROVAÇÃO DE REGISTRO DE EMPREGADO (NCRE) N. ________

Empregador:

CNPJ/CPF:

Endereço:

Com fundamento no disposto no art. 11 da Lei n. 10.593, de 6 de dezembro de 2002, fica V.S. ***notificado*** a apresentar ao sistema do seguro-desemprego, até o dia __/__/___, por meio da transmissão das declarações do ***CAGED*** (Cadastro Geral de Empregados e Desempregados), os registros dos empregados referidos no auto de infração n. ________, lavrado em seu desfavor.

Fica V.S. ***informado*** que estará sujeito a ***autuação***, nos termos do art. 24 da Lei n. 7.998, de 11 de janeiro de 1990, combinado com o art. 6º, inciso II, da Portaria n. 1.129, de 23 de julho de 2014, e a ***reiterada ação fiscal***, nos termos do art. 26 do Regulamento da Inspeção do Trabalho, aprovado pelo Decreto n. 4.552, de 27 de dezembro de 2002, em caso de descumprimento da presente notificação.

Notas: 1. Esta notificação foi emitida em decorrência do auto de infração acima referido e não necessita de apresentação de defesa específica.

2. O empregador que omitir, de forma reiterada, em folha de pagamento ou em documento de informações previsto pela legislação previdenciária, trabalhista ou tributária, o segurado empregado, trabalhador avulso

ou contribuinte individual que lhe preste serviço, estará sujeita à exclusão de ofício do Simples Nacional (art. 29, inciso XII, da Lei Complementar n. 123, de 14 de dezembro de 2006).

Observações: (Local e data)

Auditor-Fiscal do Trabalho — CIF n.

Recebi, nesta data, a segunda via deste documento.

__/__/__

Empregador ou preposto

PORTARIA MTb/GM N. 3.296, DE 3 DE SETEMBRO DE 1986

(DOU 5.9.1986)

Autoriza as empresas e empregadores a adotar o sistema de reembolso-creche, em substituição à exigência contida no § 1º do art. 389 da CLT

O MINISTRO DE ESTADO DO TRABALHO, no uso das atribuições que lhe confere o art. 913 da Consolidação das Leis do Trabalho — CLT, aprovada pelo Decreto-lei n. 5.452, de 1º de maio de 1943, e

Considerando o disposto no art. 444 da CLT, que permite às partes estipularem condições de trabalho que não contrariem as normas de proteção;

Considerando as negociações coletivas, que têm preconizado a concessão do benefício reembolso-creche, objetivando assegurar o direito contido no art. 389, § 1º, da CLT, a toda empregada-mãe, independentemente da idade e do número de mulheres empregadas no estabelecimento;

Considerando as inúmeras consultas das empresas abrangidas pelos acordos e convenções coletivas sobre a validade da estipulação do benefício, em relação à fiscalização trabalhista, no tocante ao cumprimento art. 389, § 1º, da CLT;

Considerando as autorizações deste Ministério para a implantação do sistema, visando à apreciação de seu funcionamento e os resultados satisfatórios decorrentes da extensão do direito além da obrigação legal,

Resolve:

Art. 1º Ficam as empresas e empregadores autorizados a adotar o sistema de reembolso creche, em substituição à exigência contida no § 1º do art. 389, da CLT, desde que obedeçam às seguintes exigências:

I — o reembolso-creche deverá cobrir, integralmente, as despesas efetuadas com o pagamento da creche de livre escolha da empregada-mãe, ou outra modalidade de prestação de serviço desta natureza, pelo menos até os seis meses de idade da criança, nas condições, prazos e valor estipulados em acordo ou convenção coletiva, sem prejuízo do cumprimento dos demais preceitos de prestação à maternidade; *(Alterado pela Portaria MTb/GM n. 670, de 20.8.1997, publicado no DOU 21.8.1997)*

II — o benefício deverá ser concedido a toda empregada-mãe, independente do número de mulheres do estabelecimento, e sem prejuízo do cumprimento dos demais preceitos de proteção à maternidade;

III — as empresas e empregadores deverão dar ciência às empregadas da existência do sistema e dos procedimentos necessários para a utilização do benefício com a afixação de avisos em locais visíveis e de fácil acesso para os empregados;

IV — o reembolso-creche deverá ser efetuado até o 3º (terceiro) dia útil da entrega do comprovante das despesas efetuadas, pela empregada-mãe, com a mensalidade da creche.

Art. 2º A implantação do sistema de reembolso-creche dependerá de prévia estipulação em acordo ou convenção coletiva.

PARÁGRAFO ÚNICO. A exigência não se aplica aos órgãos públicos e às instituições paraestatais referidas no *caput* do art. 566, da CLT.

Art. 3º As empresas e empregadores deverão comunicar à Delegacia Regional do Trabalho a adoção do sistema de reembolso-creche, remetendo-lhe cópia do documento explicativo do seu funcionário.

Art. 4º Esta Portaria entrará em vigor na data de sua publicação.

ALMIR PAZZIANOTTO PINTO

INSTRUÇÃO NORMATIVA SRT/MTE N. 16, DE 15 DE OUTUBRO DE 2013

(DOU 16.10.2013)

Dispõe sobre o depósito, registro e arquivo de convenções e acordos coletivos de trabalho nos órgãos do Ministério do Trabalho e Emprego e sobre a solicitação de mediação coletiva de conflitos trabalhistas

O SECRETÁRIO DE RELAÇÕES DO TRABALHO, no uso das atribuições que lhe conferem o art. 17, incisos II e III, do Anexo I ao Decreto n. 5.063, de 3 de maio de 2004 e o art. 1º, incisos II e III, do Anexo VII à Portaria n. 483, de 15 de setembro de 2004, resolve:

Art. 1º Disciplinar os procedimentos para depósito, registro e arquivo de convenções e acordos coletivos de trabalho e seus respectivos termos aditivos nos órgãos do Ministério do Trabalho e Emprego — MTE, e para a solicitação de mediação coletiva de conflitos trabalhistas.

CAPÍTULO I
Da Solicitação de Depósito, Registro e Arquivo de Convenções e Acordos Coletivos de Trabalho

Art. 2º Para os fins desta Instrução Normativa considera-se:

I — Instrumento coletivo: convenção, acordo coletivo de trabalho ou acordo coletivo de trabalho específico, e seus respectivos termos aditivos, previstos nos arts. 611 e seguintes da CLT; *(Alteração dada pela IN SRT/MTE n. 20, de 24.7.15, DOU 29.7.15)*

II — Depósito: ato de entrega do requerimento de registro do instrumento transmitido via internet, por meio do Sistema MEDIADOR, no protocolo dos órgãos do MTE, para fins de registro;

III — Registro: ato administrativo de assentamento da norma depositada;

IV — Arquivo sem registro: situação em que o processo não atende aos requisitos previstos nesta Instrução Normativa;

V — Signatário: pessoa legitimada a firmar o instrumento coletivo;

VI — Solicitante: pessoa legitimada a solicitar o registro no Sistema MEDIADOR;

VII — CNES — Cadastro Nacional de Entidades Sindicais.

PARÁGRAFO ÚNICO. Entendem-se como acordos coletivos de trabalho específicos os que visem à adesão ao Plano de Proteção ao Emprego — PPE, a que se refere a Medida Provisória n. 680, de 6.8.2015, e à autorização transitória para trabalho aos domingos e feriados civis e religiosos, na forma da Portaria MTE n. 945, de 8.7.2015. (NR) *(Alteração dada pela IN SRT/MTE n. 20, de 24.7.15, DOU 29.7.15)*

Art. 3º Os requerimentos de registro de convenções, dos acordos coletivos de trabalho, dos acordos coletivos de trabalho específicos e respectivos termos aditivos deverão ser efetuados por meio do Sistema MEDIADOR, disponível no endereço eletrônico do MTE na internet (www.mte.gov.br), observados os requisitos formais e de legitimidade previstos na Consolidação das Leis do Trabalho — CLT, aprovada pelo Decreto-Lei n. 5.452, de 1º de maio de 1943 e nesta Instrução Normativa. *(Alteração dada pela IN SRT/MTE n. 20, de 24.7.15, DOU 29.7.15)*

PARÁGRAFO ÚNICO. As convenções coletivas, os acordos coletivos de trabalho e os acordos coletivos de trabalho específicos, bem como os seus respectivos termos aditivos, deverão ter seus registros requeridos no sistema MEDIADOR por meio de menus próprios disponibilizados no Sistema. (NR) *(Alteração dada pela IN SRT/MTE n. 20, de 24.7.15, DOU 29.7.15)*

DA ELABORAÇÃO

Art. 4º Os instrumentos coletivos de trabalho deverão observar as disposições do Título VI da CLT, os requisitos de validade dos atos e negócios jurídicos em geral e demais normas vigentes.

Art. 5º O Sistema MEDIADOR permitirá apenas a elaboração de instrumento coletivo cuja(s) entidade(s) sindical(is) signatária(s) esteja(m) devidamente cadastrada(s) e atualizada(s) no CNES.

Art. 6º O Sistema MEDIADOR extrairá do CNES as informações das entidades sindicais signatárias referentes à base territorial, ao mandato de diretoria, à legitimidade de representação dos dirigentes sindicais, conforme o grupo a que pertençam, se empregado ou empregador.

§ 1º Tratando-se de convenção coletiva, o Sistema MEDIADOR fará o cruzamento das bases territoriais das entidades sindicais signatárias e exibirá a base territorial comum entre as partes.

§ 2º Quando se tratar de acordo coletivo, o Sistema MEDIADOR exibirá toda a base territorial da(s) entidade(s) sindical(is) signatária(s).

§ 3º Quando os dados de diretoria de qualquer entidade sindical signatária estiverem desatualizados no CNES, o Sistema MEDIADOR não permitirá a transmissão do instrumento coletivo, que ficará aguardando atualização das informações, observando-se o disposto no parágrafo único do art. 8º desta Instrução Normativa.

§ 4º As Federações ou, na falta destas, as Confederações representativas de categorias econômicas ou profissionais são legítimas para celebrar instrumento coletivo de trabalho para reger as relações das categorias a elas vinculadas ou filiadas, quando:

I — Inorganizadas em sindicatos, no âmbito de suas representações, conforme o § 2º do art. 611 da CLT;

II — Houver recusa de pactuação pela entidade sindical respectiva, conforme o § 1º do art. 617 da CLT;

III — Comprovadamente autorizadas pelas respectivas entidades sindicais representadas para pactuar em seu nome.

Art. 7º As cláusulas do instrumento coletivo em elaboração deverão ser inseridas sem numeração e separadamente, sendo necessário informar para cada cláusula o Grupo, Sub-Grupo e o título específico a que pertence.

§ 1º Quando versarem sobre o mesmo objeto, as informações inseridas na descrição das cláusulas não devem divergir daquelas inseridas nas abas específicas do Sistema Mediador. *(Alteração dada pela IN SRT/MTE n. 20, de 24.7.15, DOU 29.7.15)*

§ 2º Aos instrumentos coletivos em elaboração deverá ser inserido, na aba ANEXO do sistema MEDIADOR, arquivo contendo cópia da ata da assembleia dos trabalhadores que aprovou o referido instrumento. *(Alteração dada pela IN SRT/MTE n. 20, de 24.7.15, DOU 29.7.15)*

§ 3º Quando o instrumento se referir a acordo coletivo de trabalho específico para efeitos de adesão ao Programa de Proteção ao Emprego — PPE, deverá ser anexado, na aba TRABALHADORES, conforme modelo disponibilizado no Sistema, arquivo contendo a relação dos trabalhadores abrangidos pelo acordo, onde deverão constar os seguinte dados: *(Alteração dada pela IN SRT/MTE n. 20, de 24.7.15, DOU 29.7.15)*

I — Da Empresa:

a) razão social;

b) número de inscrição no CNPJ/CEI;

c) código CNAE da atividade principal;

d) número de meses de adesão pretendida;

e) dia do mês que a empresa quita a folha de pagamento;

f) endereço;

g) endereço eletrônico

h) números de telefone e fax, para contato;

i) dados da conta bancária para recebimento da compensação prevista no § 1º do art. 4º da Medida Provisória n. 680/2015;

j) código da agência da Caixa Econômica Federal de relacionamento da empresa;

k) mês de competência de pagamento do benefício PPE ao empregado;

II — DOS EMPREGADOS ABRANGIDOS PELO PPE:

a) nome;

b) data de nascimento;

c) número do CPF;

d) número do PIS;

e) raça/cor;

f) data de admissão;

g) setor de trabalho na empresa;

h) CBO da função/ocupação de trabalho;

i) valor do salário sem a redução prevista no acordo;

j) percentual de redução do salário;

k) valor do salário a ser pago pela empresa após a redução prevista no acordo;

l) valor da parcela correspondente ao Benefício PPE; e

m) valor total a ser percebido durante a adesão ao PPE. (NR) *(Alteração dada pela IN SRT/MTE n. 20, de 24.7.15, DOU 29.7.15)*

Art. 8º Concluída a elaboração do instrumento coletivo no Sistema MEDIADOR, deverá ser feita sua transmissão.

PARÁGRAFO ÚNICO. Os instrumentos coletivos em elaboração no Sistema MEDIADOR que permanecerem pendentes de transmissão por mais de 60 dias, a contar da sua última movimentação, serão arquivados automaticamente. *(Revogado pela IN SRT/MTE n. 20, de 20.7.15, DOU 29.7.15)*

Art. 9º Após a transmissão a que se refere o art. 8º desta IN, o Sistema MEDIADOR gerará o requerimento de registro do instrumento coletivo, que deverá ser assinado pelos solicitantes.

Art. 10. Serão permitidas alterações no instrumento coletivo:

I — Durante a sua fase de elaboração, por acesso direto ao formulário do sistema;

II — Após a sua transmissão e registro, desde que formalizadas mediante Termo Aditivo, ao qual se aplicam todas as regras da negociação e celebração do instrumento coletivo a que se refere.

DO TERMO ADITIVO

Art. 11. Poderá ser elaborado Termo Aditivo pelas partes signatárias do instrumento coletivo, seja para alterá-lo ou complementá-lo, o qual deverá também ser incluído no sistema MEDIADOR.

Art. 12. Aplicam-se ao Termo Aditivo todas as regras previstas nesta IN para inclusão e solicitação de registros dos instrumentos coletivos a que se refere.

DO PROTOCOLO

Art. 13. O requerimento de registro, emitido por meio do Sistema MEDIADOR, deverá ser protocolado em qualquer unidade do MTE.

PARÁGRAFO ÚNICO. O requerimento de registro de acordo coletivo de trabalho específico para efeitos de adesão ao Programa de Proteção ao Emprego — PPE deverá ser dirigido à Secretaria Executiva do Comitê do Programa de Proteção ao Emprego — SE-CPPE, juntamente com os demais documentos exigidos para adesão ao programa, que o encaminhará à Secretaria de Relações do Trabalho. (NR) *(Alteração dada pela IN SRT/MTE n. 20, de 24.7.15, DOU 29.7.15)*

DA ANÁLISE

Art. 14. O requerimento de registro será analisado:

I — pela Secretaria de Relação do Trabalho, quando se tratar de instrumento coletivo com abrangência nacional, interestadual ou de acordo coletivo específico para efeitos de adesão ao Programa de Proteção ao Emprego — PPE ; e *(Alteração dada pela IN SRT/MTE n. 20, de 24.7.15, DOU 29.7.15)*

II — pelo Serviço/Seção de Relações do Trabalho da unidade descentralizada do MTE da Unidade Federativa abrangida pelo instrumento coletivo, nos demais casos.

DAS RETIFICAÇÕES

Art. 15. Após o protocolo, as solicitações de registro de instrumento coletivo serão passíveis de retificação nas seguintes situações:

I — Rasura no requerimento de registro;

II — Ausência de assinatura no requerimento de registro;

III — Requerimento de registro diverso do original;

IV — Ausência de comprovação, por Federação ou Confederação, de outorga para negociar em nome da entidade sindical que lhe é vinculada, na hipótese do inciso III do § 4º do art. 6º desta IN;

V — Ausência de comprovação de representação válida e legítima do solicitante;

VI — Indicação de categoria não representada pelos signatários.

VII — Ausência ou inconsistências nos anexos exigidos. *(Alteração dada pela IN SRT/MTE n. 20, de 24.7.15, DOU 29.7.15)*

§ 1º A outorga de que trata o inciso IV deste artigo pode ser comprovada mediante previsão de delegação da entidade representada constante de seu estatuto, ou de ata de assembleia da categoria que aprove a referida representação.

§ 2º As partes signatárias serão notificadas para sanar as irregularidades, permanecendo o processo na situação "aguardando retificação" até que se verifiquem as correções necessárias.

DO ARQUIVAMENTO SEM REGISTRO

Art. 16. As solicitações serão arquivadas sem o devido registro do instrumento coletivo nas seguintes situações:

I — Instrumento elaborado sem observância ao disposto nos arts. 6º e 7º, *caput* e § 1º, desta IN; *(Alteração dada pela IN SRT/MTE n. 20, de 24.7.15, DOU 29.7.15)*

II — Instrumento coletivo inserido no Sistema MEDIADOR sem formatação de texto, de forma que impossibilite sua leitura;

III — Quando expirada a vigência de instrumento coletivo pendente de retificação, sem que tenham sido efetuadas as retificações necessárias; ou

IV — Quando a solicitação de registro se referir a instrumento coletivo com vigência expirada.

V — Quando pendente de transmissão por mais de 60 dias, a contar da sua última movimentação. (NR) *(Alteração dada pela IN SRT/MTE n. 20, de 24.7.15, DOU 29.7.15)*

DA CONSULTA

Art. 17. Os instrumentos coletivos registrados ficarão disponíveis para consulta de qualquer interessado na página eletrônica do MTE (www.mte.gov.br).

CAPÍTULO II
Da Solicitação de Mediação de Negociação Coletiva de Natureza Trabalhista

Art. 18. Poderá se solicitar mediação de negociação coletiva de natureza trabalhista, nos casos de:

I — Pactuação de instrumento coletivo de trabalho;

II — Descumprimento de norma contida em instrumento coletivo; ou

III — Descumprimento de legislação trabalhista.

Art. 19. As solicitações de mediação coletiva de natureza trabalhista deverão ser efetuadas por meio do Sistema MEDIADOR, disponível no endereço eletrônico do MTE na internet (www.mte.gov.br), por qualquer das partes interessadas, observados os requisitos formais e de legitimidade previstos nesta Instrução Normativa.

Art. 20. A solicitação de mediação deverá ser dirigida:

I — Ao Serviço/Seção de Relações do Trabalho da unidade descentralizada do MTE correspondente, quando se tratar de negociação de âmbito municipal, intermunicipal ou estadual; ou

II — À Secretaria de Relações do Trabalho do Ministério do Trabalho e Emprego, na hipótese de negociação de âmbito nacional ou interestadual.

Art. 21. Para efeitos de verificação de legitimidade das partes para negociar, o Sistema MEDIADOR extrairá do CNES as informações das entidades sindicais, referentes à base territorial, mandato de diretoria e identificação dos dirigentes sindicais.

Art. 22. O solicitante deverá preencher o "Formulário de solicitação de mediação" disponível no Sistema MEDIADOR, conforme as instruções nele constantes, e, após, transmiti-lo através do mesmo sistema.

Art. 23. Concluída a transmissão, o sistema MEDIADOR emitirá o "Requerimento de mediação", o qual deverá ser protocolado em até sessenta dias na unidade do MTE selecionada pelo solicitante.

PARÁGRAFO ÚNICO. O requerimento de que trata o *caput* deste artigo deve ser assinado pelo solicitante.

Art. 24. As solicitações deverão ser analisadas pelo órgão do MTE correspondente, no prazo de até trinta dias do seu recebimento.

PARÁGRAFO ÚNICO. Entendendo que, face à importância do tema ou ao impacto social da mediação, o Serviço/Seção de Relações do Trabalho da unidade descentralizada do MTE poderá solicitar que mediações a ele solicitadas sejam realizadas pela Secretaria de Relações do Trabalho, a qual analisará a proposta.

Art. 25. Deferida a solicitação, o órgão do MTE correspondente realizará o agendamento da mediação e fará a devida comunicação às partes envolvidas.

Art. 26. O não comparecimento injustificado da parte solicitante à reunião de mediação ensejará o arquivamento do processo, exceto se a outra solicitar a sua continuidade.

Art. 27. As fases de tramitação do processo de solicitação de mediação ficarão disponíveis no Sistema MEDIADOR.

CAPÍTULO III
DAS DISPOSIÇÕES GERAIS

Art. 28. Os casos omissos serão resolvidos pela SRT.

Art. 29. Esta Instrução Normativa entra em vigor na data de sua publicação, revogando-se a Instrução Normativa SRT n. 11, de 24 de março de 2009.

Manoel Messias Nascimento Melo

PORTARIA GM/MTE N. 925, DE 28 DE SETEMBRO DE 1995

(DOU 29.9.1995 — LTr 59-10/1437)

Dispõe sobre a fiscalização do trabalho na empresa tomadora de serviço de sociedade cooperativa

O MINISTRO DE ESTADO DO TRABALHO, no uso das atribuições legais que lhe confere o inciso IV do art. 87 da Constituição Federal,

Considerando que a Constituição Federal nos arts. 5º, inciso XVII e 174, § 4º, estimula a criação de sociedade cooperativa e recepciona, em parte, a Lei n. 5.764, de 16 de dezembro de 1971;

Considerando que a Lei n. 8.949, de 9 de dezembro de 1994, acrescentou parágrafo único ao art. 442 da Consolidação das Leis do Trabalho — CLT, estabelecendo que não há vínculo empregatício entre a sociedade cooperativa e seus cooperados, nem entre estes e a empresa tomadora de serviços; e

Considerando que, em face desta nova orientação legal, impõe-se a necessidade de a Fiscalização do Trabalho, no desempenho de suas atribuições legais, observar o que determinam os arts. 3º e 9º da CLT, resolve:

Art. 1º O Agente da Inspeção do Trabalho, quando da fiscalização na empresa tomadora de serviços de sociedade cooperativa, no meio urbano ou rural, procederá levantamento físico objetivando detectar a existência dos requisitos da relação de emprego entre a empresa tomadora e os cooperados, nos termos do art. 3º da CLT.

§ 1º Presentes os requisitos do art. 3º da CLT, ensejará a lavratura de auto de infração.

§ 2º Sem prejuízo do disposto neste artigo e seu § 1º, o Agente da Inspeção do Trabalho verificará junto à sociedade cooperativa se a mesma se enquadra no regime jurídico estabelecido pela Lei n. 5.764, de 16 de dezembro de 1971, mediante a análise das seguintes características:

a) número mínimo de vinte associados;

b) capital variável, representado por quotas-partes, para cada associado, inacessíveis a terceiros, estranhos à sociedade;

c) limitação do número de quota-partes para cada associado;

d) singularidade de voto, podendo as cooperativas centrais, federações e confederações de cooperativas, exceção feita às de crédito, optar pelo critério de proporcionalidade;

e) *quorum* para as assembleias, baseado no número de associado e não no capital;

f) retorno das sobras líquidas do exercício, proporcionalmente às operações realizadas pelo associado;

g) prestação de assistência ao associado; e

h) fornecimento de serviços a terceiros atendendo a seus objetivos sociais.

Art. 2º Constatada a ausência das características da sociedade cooperativa, deverá o Agente da Inspeção do Trabalho comunicar o fato, por escrito, à chefia imediata.

PARÁGRAFO ÚNICO. Recebida a comunicação, a chefia imediata, quando for o caso, apresentará denúncia à Procuradoria Regional do Trabalho, conforme previsto no art. 6º da Lei n. 7.347, de 24 de julho de 1985 e incisos I, III e IV do art. 83, da Lei Complementar n. 75, de 20 de maio de 1993.

Art. 3º Esta Portaria entrará em vigor na data de sua publicação.

Paulo Paiva

INSTRUÇÃO NORMATIVA SIT/MTE N. 89, DE 2 DE MARÇO DE 2011

(DOU 3.3.2011 e RETIFICADA DOU 4.3.2011)

Estabelece procedimentos para apreensão e guarda de documentos, livros, materiais, equipamentos e assemelhados por auditor fiscal do trabalho e aprova modelos de auto de apreensão, termo de guarda e termo de devolução

A SECRETÁRIA DE INSPEÇÃO DO TRABALHO, no exercício da competência prevista no inciso XIII do art. 14 do Anexo I do Decreto n. 5.063, de 3 de maio de 2004, e em face do disposto no inciso VI do art. 11 da Lei n. 10.593, de 6 de dezembro de 2002, e nos incisos VII, XII e XX do art. 18 do Decreto n. 4.552, de 6 de dezembro de 2002, que aprovou o Regulamento da Inspeção do Trabalho, resolve:

Art. 1º Estabelecer os procedimentos para a apreensão, guarda e devolução de materiais, livros, papéis, arquivos, documentos e assemelhados de empregadores por Auditor Fiscal do Trabalho — AFT.

§ 1º A apreensão tem por finalidade a verificação e constituição de prova material de fraudes, irregularidades e indícios de crime, ou a análise e instrução de processos administrativos, nas hipóteses em que o acesso ou a posse do empregador possa prejudicar a apuração das irregularidades ou o objeto seja indício de crime.

§ 2º Consideram-se assemelhados e passíveis de apreensão, quaisquer que sejam o seu conteúdo, os objetos físicos, documentos e arquivos constantes de dispositivos móveis de armazenamento de dados, por meios magnéticos ou eletrônicos, mídias, discos rígidos de computadores e seus respectivos gabinetes, substâncias, rótulos, fitas, urnas e outros que, a critério do Auditor Fiscal do Trabalho, sejam necessários à apuração da irregularidade.

§ 3º A apuração poderá ser feita por meio do exame da contabilidade da empresa conforme disposto no inciso VI do art. 11 da Lei n. 10.593, de 6 de dezembro de 2002, conjugado com os arts. 190 e 193 da Lei n. 10.406, de 10 de janeiro de 2002, que institui o Código Civil.

Art. 2º A apreensão pode ser determinada em Ordem de Serviço emitida pela chefia imediata ou por ação imediata do Auditor Fiscal do Trabalho e deve constar de Auto de Apreensão e Guarda, conforme modelo previsto no Anexo I e de relatório circunstanciado, em que devem ser descritos os motivos da apreensão e outras informações julgadas necessárias.

Art. 3º O Auto de Apreensão e Guarda a ser lavrado pelo Auditor Fiscal do Trabalho em cada apreensão, que deve conter, no mínimo:

I — nome ou razão social, endereço e n. do Cadastro Nacional da Pessoa Jurídica — CNPJ, do Cadastro de Pessoa Física — CPF ou Cadastro de Específico do INSS — CEI do autuado;

II — local, data e hora da apreensão e lavratura do auto;

III — descrição dos objetos apreendidos, com indicação de suas características aparentes;

IV — indicação das irregularidades, motivos ou indícios de irregularidades que ensejaram a apreensão;

V — identificação e assinatura do Auditor Fiscal do Trabalho autuante;

VI — assinatura e identificação do autuado;

VII — endereço da Superintendência Regional do Trabalho e Emprego, da Gerência Regional do Trabalho e Emprego ou da Agência Regional do Trabalho em que os objetos apreendidos ficarão depositados; e

VIII — informação de que o autuado poderá solicitar, por escrito, cópias dos documentos apreendidos, que serão fornecidos contra recibo.

§ 1º O Auto de Apreensão e Guarda deve ser emitido em três vias, sendo a primeira via para dar início ao processo administrativo previsto no art. 6º, a segunda via para ser entregue ao autuado e a terceira via para controle do Auditor Fiscal do Trabalho autuante.

§ 2º Os documentos apreendidos devem ser visados e datados, exceto os livros oficiais.

§ 3º O Auditor Fiscal do Trabalho poderá promover o lacre de gavetas, armários e arquivos, bem como de quaisquer volumes que sirvam para a guarda dos objetos, quando não for possível removê-los ou encerrar o levantamento para apreensão naquela visita fiscal.

Art. 4º A primeira via do Auto de Apreensão e Guarda deve ser entregue pelo Auditor Fiscal do Trabalho à chefia imediata, juntamente com os materiais, livros, papéis, arquivos, documentos e assemelhados apreendidos.

Art. 5º Cabe à chefia imediata a responsabilidade pela guarda, proteção e conservação dos materiais, livros, papéis, arquivos, documentos e assemelhados que lhe forem entregues, devendo ser lavrado, na ocasião do recebimento, o Termo de Recebimento e Guarda previsto no Anexo II desta Portaria.

PARÁGRAFO ÚNICO. O Termo de Recebimento e Guarda deve ser lavrado em três vias, sendo a primeira para instrução do processo administrativo previsto no art. 6º, a segunda via para o Auditor Fiscal do Trabalho que lavrou o Auto de Apreensão e Guarda e entregou os materiais, livros, papéis, arquivos, documentos e assemelhados apreendidos, e a terceira para controle da chefia imediata.

Art. 6º O Auto de Apreensão e Guarda deve ser protocolizado para formação de processo administrativo, em que devem ser juntados o Termo de Recebimento e Guarda e cópia de todas as ocorrências referentes ao procedimento de apreensão, inclusive da ordem de serviço, dos autos de infração e termos lavrados.

PARÁGRAFO ÚNICO. É facultado ao autuado o recebimento, mediante recibo, de cópia de todo o processo administrativo e dos documentos apreendidos, desde que a solicite por escrito, devendo a solicitação e o recibo ser anexados ao processo.

Art. 7º A ação fiscal será reiniciada pelo Auditor Fiscal do Trabalho autuante no prazo máximo de trinta dias contados da data de lavratura do Auto de Apreensão, que pode ser prorrogado por mais trinta dias, a critério da chefia imediata.

§ 1º Quando houver lacre previsto no § 3º do art. 3º, a ação fiscal deve ser reiniciada no prazo máximo de setenta e duas horas a partir da efetivação do lacre, cuja abertura será efetuada pelo Auditor Fiscal do Trabalho autuante, podendo dela participar o autuado, seu representante legal ou preposto, devidamente identificados e munidos de mandato.

§ 2º Para reinício da ação fiscal ou exame dos materiais, livros, papéis, arquivos, documentos e assemelhados apreendidos, o Auditor Fiscal do Trabalho deve solicitá-los à chefia imediata, e recebê-los por meio de Termo de Recebimento e Guarda.

Art. 8º O exame dos materiais, livros, papéis, arquivos, documentos e assemelhados apreendidos deve ser feito pelo Auditor Fiscal do Trabalho nas dependências da Superintendência Regional do Trabalho e Emprego, da Gerência Regional do Trabalho e Emprego ou da Agência Regional do Trabalho em que estejam depositados.

§ 1º Caso entenda necessário para seu exame, o Auditor Fiscal do Trabalho pode solicitar à chefia imediata diligências, laudos técnicos e periciais, elaborados pelas autoridades competentes, inclusive a degravação de arquivos magnéticos.

§ 2º Os materiais, livros, papéis, arquivos, documentos e assemelhados examinados e considerados desnecessários para instrução de processo administrativo ou comunicação às autoridades competentes devem ser devolvidos ao autuado em no máximo setenta e duas horas após o exame.

Art. 9º Após o encerramento da ação fiscal, devem ser tomadas as seguintes providências quanto aos materiais, livros, papéis, arquivos, documentos e assemelhados examinados:

I — havendo constatação de indícios de crime, cabe à chefia responsável pela sua guarda encaminhá-los às autoridades competentes para as providências que julgarem necessárias, por meio de ofício, cuja cópia deve ser anexada ao processo administrativo; e

II — deve ser providenciada, no prazo máximo de noventa dias da lavratura do Auto de Apreensão e Guarda ou setenta e duas horas após o encerramento da ação fiscal, a devolução ao autuado dos documentos que não foram encaminhados na forma § 2º do art. 8º ou do inciso I deste artigo.

§ 1º Para a devolução prevista no inciso II do *caput*, o autuado deve ser notificado via postal, com anexação do Aviso de Recebimento — AR ao processo administrativo, para comparecimento na Superintendência Regional do Trabalho e Emprego, na Gerência Regional do Trabalho e Emprego ou na Agência Regional do Trabalho em que se encontram os materiais, livros, papéis, arquivos, documentos e assemelhados apreendidos.

§ 2º A devolução a que se refere no inciso II do *caput* deve ser efetuada por meio do Termo de Devolução previsto no Anexo III, a ser assinado pelo Auditor Fiscal do Trabalho, pela chefia imediata e pelo autuado, seu representante legal ou preposto.

§ 3º Em caso de não comparecimento do autuado, os materiais, livros, papéis, arquivos, documentos e assemelhados devem lhe ser encaminhados via postal, no prazo de dez dias do recebimento da notificação, com anexação do Aviso de Recebimento ao processo administrativo.

§ 4º O processo administrativo deve ser arquivado após o encerramento da ação fiscal e dos procedimentos previstos neste artigo.

Art. 10. A constatação de rompimento do lacre pelo autuado ou seu representante, sem autorização escrita do Auditor Fiscal do Trabalho autuante, deve ser comunicada às autoridades competentes para apuração de crime.

Art. 11. Os empregadores que utilizam sistemas eletrônicos de dados para registro dos fatos relacionados ao cumprimento da legislação trabalhista e fazendária devem manter os respectivos arquivos digitais e sistemas à disposição da fiscalização do trabalho nos prazos previstos na legislação, observada a prescrição trintenária relativa ao Fundo de Garantia do Tempo de Serviço — FGTS.

Art. 12. Revoga-se a Instrução Normativa n. 28, de 27 de fevereiro de 2002.

Art. 13. Esta instrução entra em vigor na data de sua publicação.

VERA LÚCIA RIBEIRO DE ALBUQUERQUE

Nota: Os anexos a que se referem a presente Instrução Normativa estão publicados no Diário Oficial da União de 3.3.2011, às paginas 67/68.

INSTRUÇÃO NORMATIVA SIT/MTE N. 90, DE 28 DE ABRIL DE 2011

(DOU 29.4.2011)

Dispõe sobre o recrutamento de trabalhadores urbanos e o seu transporte para localidade diversa de sua origem

A SECRETÁRIA DE INSPEÇÃO DO TRABALHO, no exercício de sua competência, prevista no art. 14, XIII do Decreto n. 5.063, de 3 de maio de 2004, resolve:

Editar a presente Instrução Normativa sobre procedimentos que deverão ser adotados em relação ao recrutamento de trabalhadores em localidade diversa de sua origem.

Art. 1º Para o transporte de trabalhadores contratados em qualquer atividade econômica urbana, recrutados para trabalhar em localidade diversa da sua origem, é necessária a comunicação do fato ao órgão local do Ministério do Trabalho e Emprego — MTE por intermédio da Certidão Declaratória de Transporte de Trabalhadores — CDTT, na forma do Anexo I.

§ 1º Considera-se para a localidade diversa de sua origem o recrutamento que implique a mudança transitória, temporária ou definitiva de residência do trabalhador.

§ 2º O aliciamento e o transporte irregular de trabalhadores para localidade diversa de sua origem constituem, em tese, o crime previsto no art. 207, do Decreto-lei n. 2.848, de 7 de dezembro de 1940 — Código Penal, quando se tratar de trabalhador nacional, e o crime previsto no art. 125, inciso XII, da Lei n. 6.815, de 19 de agosto de 1980, quando se tratar de trabalhador estrangeiro.

Art. 2º A CDTT será preenchida em modelo próprio, conforme Anexo I, nela constando:

I) a identificação da razão social e o n. no Cadastro Nacional da Pessoa Jurídica — CNPJ da empresa contratante ou nome do empregador e seu número no Cadastro Específico do INSS — CEI e número no Cadastro de Pessoa Física — CPF;

II) a identificação da razão social e o número no Cadastro Nacional da Pessoa Jurídica — CNPJ ou nome do empregador e seu número no Cadastro Específico do INSS — CEI e número no Cadastro de Pessoa Física — CPF da (as) tomadora (as), quando se tratar de contratação de trabalhadores para atender à demanda ocasionada em virtude de subcontratação de obras ou de serviços;

III) o endereço completo da sede do contratante e a indicação precisa do local de prestação dos serviços;

IV) os fins e a razão do transporte dos trabalhadores;

V) o número total de trabalhadores recrutados;

VI) as condições pactuadas de alojamento, alimentação e retorno à localidade de origem do trabalhador;

VII) o salário contratado;

VIII) a data de embarque e o destino;

IX) a identificação da empresa transportadora e dos condutores dos veículos;

X) a assinatura do empregador ou seu preposto.

§ 1º O empregador poderá optar por realizar os exames médicos admissionais na localidade onde será prestado o serviço, caso não haja serviço médico adequado no local da contratação, desde que tal providência ocorra antes do início da atividade laboral.

§ 2º Na hipótese de o trabalhador não ser considerado apto para o trabalho, o empregador será responsável pelo custeio das despesas de transporte até o local de origem, bem como pelo pagamento das verbas salariais decorrentes do encerramento antecipado do contrato de trabalho.

Art. 3º A CDTT deverá ser devidamente preenchida e entregue nas unidades descentralizadas do MTE, ou seja, nas Superintendências Regionais do Trabalho e Emprego — SRTE — ou nas Gerências Regionais do Trabalho e Emprego — GRTE da circunscrição dos trabalhadores recrutados, acompanhada de:

I) cópia da inscrição no CNPJ ou CEI e CPF do empregador;

II) procuração original ou cópia autenticada, concedendo poderes ao procurador para recrutar, contratar trabalhadores e proceder ao encaminhamento da CDTT junto à SRTE;

III) cópia do contrato social do empregador, quando se tratar de pessoa jurídica;

IV) cópias do documento de identidade do procurador e das habilitações dos condutores dos veículos;

V) cópias dos contratos individuais de trabalho,

VI) cópia do certificado de registro para fretamento da empresa transportadora, emitido pela Agência Nacional de Transportes Terrestres — ANTT ou do comprovante de custeio por parte do empregador de transporte terrestre, aéreo ou fluvial efetuado por linhas regulares;

VII) relação nominal dos trabalhadores recrutados, com os números da Carteira de Trabalho e Previdência Social — CTPS, e do Programa de Integração Social — PIS.

PARÁGRAFO ÚNICO. A CDTT poderá, excepcionalmente, ser protocolada fora das dependências da unidade do MTE, desde que em local definido pela chefia da fiscalização e por servidor especialmente designado para esse fim.

Art. 4º Estando a documentação completa, a SRTE receberá uma via da CDTT, devolvendo outra via ao empregador, devidamente protocolada.

§ 1º A SRTE formará processo a partir do recebimento da documentação, conferindo a regularidade do CNPJ na página da Secretaria da Receita Federal, encaminhando-o à SRTE da circunscrição onde ocorrerá a prestação dos serviços para que a situação seja analisada e, quando necessário, ocorra o devido acompanhamento "in loco" das condições de trabalho.

§ 2º A SRTE de origem dos trabalhadores enviará cópia da CDTT ao Sindicato dos Trabalhadores da categoria respectiva, acompanhada da relação nominal dos trabalhadores recrutados, e a entidade, se assim entender, dará ciência ao sindicato da localidade de destino.

§ 3º A SRTE encaminhará trimestralmente à SIT dados estatísticos referentes ao número de CDTT recebidas, atividades econômicas dos empregadores, número de trabalhadores transportados, municípios de recrutamento e destino dos trabalhadores.

Art. 5º O empregador, ou seu preposto, deverá manter à disposição da fiscalização, durante a viagem, no veículo de transporte dos trabalhadores, e, posteriormente, no local da prestação de serviços, cópia da CDTT, juntamente com a cópia da relação nominal dos trabalhadores recrutados.

§ 1º Identificado o transporte de trabalhadores sem a CDTT, o auditor fiscal do trabalho comunicará o fato imediatamente à Polícia Rodoviária Federal e Polícia Rodoviária Estadual, diretamente ou através de sua chefia imediata, ao tempo em que adotará as medidas legais cabíveis e providenciará relatório contendo a identificação do empregador, dos trabalhadores e demais dados relativos aos fatos apurados.

§ 2º A chefia da fiscalização encaminhará o relatório ao Ministério Público Federal e ao Ministério Público do Trabalho para as providências aplicáveis ao aliciamento e transporte irregular de trabalhadores.

Vera Lucia Ribeiro de Albuquerque

Nota: O anexo I a que se refere a presente Instrução Normativa acha-se publicado à página 112, do DOU de 29.4.2011.

PORTARIA N. 4, DO SRT/MTE, DE 16 DE SETEMBRO DE 2014

(DOU 19.9.2014)

Aprova, revisa e revoga enunciados da Secretaria de Relações do Trabalho.

O SECRETÁRIO DE RELAÇÕES DO TRABALHO DO MINISTÉRIO DO TRABALHO E EMPREGO, no uso das atribuições previstas no art. 17 do Decreto n. 5.063, de 3 de maio de 2004, e no Anexo VII, do art. 1º da Portaria n. 483, de 15 de setembro de 2004.

Considerando a necessidade dar maior eficiência ao atendimento ao público prestado pelas Superintendências Regionais do Trabalho e Emprego por meio da padronização dos procedimentos administrativos; e Considerando as orientações e os entendimentos normativos emanados desta Secretaria, resolve:

Art. 1º Revisar as ementas aprovadas pela Portaria SRT n. 1, de 26 de maio de 2006 e pela Portaria n. 4, de 22 de julho de 2008, que passarão a ser denominadas de "enunciados" e vigorarão com as redações e as referências constantes no Anexo I.

Art. 2º Revogar os enunciados ns. 8, 36 e 40.

Art. 3º Aprovar os enunciados ns. 41 a 60.

Art. 4º Os enunciados aprovados pela Secretaria de Relações do Trabalho devem orientar a atuação e atividade dos servidores e chefes das seções ou setores de relações de trabalho das Superintendências Regionais do Trabalho e Emprego, e daqueles que compõem a Secretaria de Relações do Trabalho no desempenho de suas respectivas atribuições.

Art. 5º Esta Portaria entra em vigor na data de sua publicação.

Enunciado n. 01 — HOMOLOGAÇÃO. EMPREGADO EMANCIPADO

Não é necessária a assistência por responsável legal, na homologação da rescisão contratual, ao empregado adolescente que comprove ter sido emancipado.

Ref.: art. 439 da CLT e art. 5º do Código Civil.

Enunciado n. 02 — HOMOLOGAÇÃO. APOSENTADORIA.

É devida a assistência prevista no § 1º, do art. 477, da CLT, na ocorrência da aposentadoria espontânea acompanhada do afastamento do empregado. A assistência não é devida na aposentadoria por invalidez.

Ref.: art. 477, § 1º, da CLT; art. 4º, III, da IN n. 10, de 2010; STF RE 449.420-5/PR

Enunciado n. 03 — HOMOLOGAÇÃO. EMPREGADO FALECIDO.

I — No caso de falecimento de empregado, é devida a homologação e a assistência na rescisão do contrato de trabalho aos beneficiários habilitados perante o órgão previdenciário ou assim reconhecidos judicialmente, porque a estes se transferem todos os direitos do *de cujus*.

II — No caso de haver beneficiários com idade inferior a 18 (dezoito) anos, suas quotas deverão ser depositadas em caderneta de poupança, consoante Lei n. 6.858/80 e Decreto n. 85.845/81, sendo imprescindível a apresentação desta conta bancária para depósito, ou de autorização do juiz que ampare a aquisição de imóvel destinado à residência do menor e de sua família ou o dispêndio necessário à subsistência e educação do menor.

Ref.: art. 477, § 1º, da CLT; Lei n. 6.858, de 1980, Decreto 85.845, de 1981; art. 14 da IN n. 15, de 2010.

Enunciado n. 04 — HOMOLOGAÇÃO. IMPEDIMENTOS.

As seguintes circunstâncias, se não sanadas no decorrer da assistência, impedem o assistente do Ministério do Trabalho e Emprego de efetuar a homologação, ainda que o empregado com ela concorde:

I — a irregularidade na representação das partes;

II — a existência de garantia de emprego, no caso de dispensa sem justa causa;

III — a suspensão contratual, exceto na hipótese do art. 476-A, da CLT;

IV — a inaptidão do trabalhador declarada no atestado de saúde ocupacional (ASO);

V — a fraude caracterizada;

VI — a falta de apresentação de todos os documentos necessários ou incorreção não sanável;

VII — a falta de comprovação do pagamento das verbas rescisórias;

VIII — a recusa do empregador em pagar pelo menos parte das verbas rescisórias.

Ref.: CLT; NR-07; IN n. 15, de 2010.

Enunciado n. 05 — HOMOLOGAÇÃO. FALTA DE PAGAMENTO DE VERBA RESCISÓRIA DEVIDA. CIÊNCIA DO EMPREGADO.

O assistente deverá informar o trabalhador quanto à existência de irregularidades. Cientificado o empregado, caso este concorde com a rescisão, exceto nas hipóteses relacionadas na Ementa n. 4, o assistente não poderá obstá-la, e deverá consignar aquela anuência no verso do TRCT.

Ref.: arts. 10, §§ 1º, 2º e 3º, e 26, II, da IN n. 15, de 2010

Enunciado n. 06 — HOMOLOGAÇÃO. MEIOS DE PROVA DOS PAGAMENTOS.

A assistência ao empregado na rescisão do contrato de trabalho compreende os seguintes atos: informar direitos e deveres aos interessados; conciliar controvérsias; conferir os reflexos financeiros decorrentes da extinção do contrato; e zelar pela quitação dos valores especificados no Termo de Rescisão do Contrato de Trabalho. Dada a natureza de ato vinculado da assistência, o agente somente deve admitir os meios de prova de quitação previstos em lei ou normas administrativas aplicáveis, quais sejam: o pagamento em dinheiro ou cheque administrativo no ato da assistência; a comprovação da efetiva transferência dos valores, para a conta corrente do empregado, por meio eletrônico, por depósito bancário, transferência eletrônica ou ordem bancária ou vale postal de pagamento ou de crédito.

Ref.: art. 477, § 4º, da CLT e art. 23 da IN n. 15, de 2010.

Enunciado n. 07 — HOMOLOGAÇÃO. DEPÓSITO BANCÁRIO. MULTAS.

Não são devidas as multas previstas no § 8º, do art. 477, da CLT quando o pagamento integral das verbas rescisórias, realizado por meio de depósito bancário em conta corrente do empregado, tenha observado o prazo previsto no § 6º, do art. 477, da CLT. Se o depósito for efetuado mediante cheque, este deve ser compensado no referido prazo legal. Em qualquer caso, o empregado deve ser, comprovadamente, informado desse depósito.

Este entendimento não se aplica às hipóteses em que o pagamento das verbas rescisórias deve ser feito necessariamente em dinheiro, como por exemplo, na rescisão do contrato do empregado analfabeto ou adolescente e na efetuada pelo grupo móvel de fiscalização.

Ref.: art. 477, §§ 6º e 8º da CLT; e art. 23 da IN n. 15 de 2010.

ENUNCIADO N. 08 – REVOGADO

ENUNCIADO N. 09 — HOMOLOGAÇÃO. FEDERAÇÃO DE TRABALHADORES. COMPETÊNCIA.

As federações de trabalhadores são competentes para prestar a assistência prevista no § 1º, do art. 477, da CLT, nas localidades onde a categoria profissional não estiver organizada em sindicato.

Ref.: art. 477, § 1º e art. 611, § 2º, da CLT.

ENUNCIADO N. 10 — ASSISTÊNCIA. RESCISÃO. COMPETÊNCIA DOS SERVIDORES.

I — A assistência e a homologação de rescisão do contrato de trabalho somente poderão ser prestadas por servidor público em exercício no MTE.

II — Compreendem-se no conceito de servidores públicos, em sentido amplo, os servidores estatutários e ocupantes de cargo público; os empregados públicos contratados sob regime da legislação trabalhista; e os servidores temporários contratados à luz do art. 37, IX, da Constituição Federal e da Lei n. 8.745, de 9 de dezembro de 1993.

Ref.: art. 477, § 1º, da CLT. Constituição Federal e Lei 8.745, de 9 de dezembro de 1993.

ENUNCIADO N. 11 — HOMOLOGAÇÃO. AVISO PRÉVIO.

O período do aviso prévio, mesmo indenizado, é considerado tempo de serviço para todos os efeitos legais. Dessa forma se, quando computado esse período, resultar mais de um ano de serviço do empregado, deverá ser realizada a assistência à rescisão do contrato de trabalho prevista no § 1º, do art. 477, da Consolidação das Leis do Trabalho.

Ref.: art. 477, § 1º, e art. 487, §1º, da CLT.

ENUNCIADO N. 12 — HOMOLOGAÇÃO. CONTAGEM DO PRAZO.

O prazo de um ano e um dia de trabalho, a partir do qual se torna necessária a prestação de assistência na rescisão do contrato de trabalho, deve ser contado pelo calendário comum, incluindo-se o dia em que se iniciou a prestação do trabalho. A assistência será devida, portanto, se houver prestação de serviço até o mesmo dia do começo, no ano seguinte.

Ref.: art. 132, §3º, do CC.

ENUNCIADO N. 13 — HOMOLOGAÇÃO. TRCT.

Os comandos, determinações e especificações técnicas referentes ao Termo de Rescisão do Contrato de Trabalho, aprovado pela Portaria n. 302, de 26 de junho de 2002 ou pela Portaria n. 1.621, de 15 de julho de 2010, não comportam alterações ou supressões, ressalvadas as permitidas na própria regulamentação.

Ref.: art. 477 da CLT e Portaria n. 1.621, de 2010.

ENUNCIADO N. 14 — HOMOLOGAÇÃO. TRCT. IDENTIFICAÇÃO DO ÓRGÃO HOMOLOGADOR

I — Devem constar, em campo reservado do TRCT, o nome, endereço e telefone do órgão que prestou assistência ao empregado na rescisão do contrato de trabalho.

II — Referida identificação pode ser aquela impressa automaticamente pelo sistema Homolognet, no caso de sua utilização para a assistência à rescisão, ou mediante outro meio, como carimbo, que contemple estas informações.

III — Tratando-se de entidade sindical, deverá ser informado, também, o número da carta sindical ou do processo que concedeu o registro sindical no âmbito do Ministério do Trabalho e Emprego.

Ref.: Portaria n. 1.057, de 6 de julho de 2012.

ENUNCIADO N. 15 — REVOGADO PELA PORTARIA N. 3, DE 9 DE NOVEMBRO DE 2006, SEÇÃO 1, P. 106.

ENUNCIADO N. 16 — HOMOLOGAÇÃO. PERFIL PROFISSIOGRÁFICO PREVIDENCIÁRIO.

Não compete aos assistentes do MTE exigir a apresentação do Perfil Profissiográfico Previdenciário — PPP, previsto na Lei n. 8.213, de 1991 e no Decreto n. 3048, de 1999, no ato da assistência e homologação das rescisões de contrato de trabalho, uma vez que tal exigência é de competência da Auditoria Fiscal da Previdência Social.

Ref.: art. 58, §4º, da Lei n. 8.213, de 1991; art. 68, § 2º, do Decreto n. 3048, de 1999; e Informação CGRT/SRT n. 12, de 2004.

ENUNCIADO N. 17 — HOMOLOGAÇÃO. EMPRESA EM PROCESSO DE RECUPERAÇÃO JUDICIAL.

As empresas em processo de recuperação judicial não têm privilégios ou prerrogativas em relação à homologação das rescisões de contrato de trabalho. Portanto, devem atender a todas as exigências da legislação em vigor.

Ref.: Art. 6º da Lei n. 11.101, de 2005 e art. 477 da CLT.

ENUNCIADO N. 18 — REVOGADO PELA PORTARIA N. 9, PUBLICADA NO DOU DE 15.4.2011.

ENUNCIADO N. 19 — HOMOLOGAÇÃO. ART. 9º DA LEI N. 7.238, DE 1984. INDENIZAÇÃO ADICIONAL. CONTAGEM DO PRAZO DO AVISO PRÉVIO.

É devida ao empregado, dispensado sem justa causa no período de 30 dias que antecede a data-base de sua categoria, indenização equivalente ao seu salário mensal.

I — Será devida a indenização em referência se o término do aviso prévio trabalhado ou a projeção do aviso prévio indenizado se verificar em um dos dias do trintídio;

II — O empregado não terá direito à indenização se o término do aviso prévio ocorrer após ou durante a data base e fora do trintídio, no entanto, fará jus aos complementos rescisórios decorrentes da norma coletiva celebrada.

Ref.: art. 9º, da Lei n. 7.238, de 1984, e art. 487, § 1º, da CLT.

ENUNCIADO N. 20 — HOMOLOGAÇÃO. AVISO PRÉVIO CUMPRIDO EM CASA. FALTA DE PREVISÃO LEGAL. EFEITOS.

Inexiste a figura jurídica do "aviso prévio cumprido em casa". O aviso prévio ou é trabalhado ou indenizado. A dispensa do empregado de trabalhar no período de aviso prévio implica a necessidade de quitação das verbas rescisórias até o décimo dia, contado da data da notificação da dispensa, nos termos do § 6º, alínea "b", do art. 477, da CLT.

Ref.: art. 477, § 6º, "b" e art. 487, § 1º, da CLT; Orientação Jurisprudencial n. 14 do TST.

ENUNCIADO N. 21 — HOMOLOGAÇÃO. AVISO PRÉVIO. CONTAGEM DO PRAZO.

O prazo do aviso prévio conta-se excluindo o dia da notificação e incluindo o dia do vencimento. A contagem do período de trinta dias será feita independentemente de o dia seguinte ao da notificação ser útil ou não, bem como do horário em que foi feita a notificação no curso da jornada.

Ref.: Art. 487 da CLT; art. 132 do CC; e Súmula n. 380 do TST

ENUNCIADO N. 22 — HOMOLOGAÇÃO. AVISO PRÉVIO INDENIZADO. PRAZO PARA PAGAMENTO.

No aviso prévio indenizado, o prazo para pagamento das verbas rescisórias deve ser contado excluindo-se o dia da notificação e incluindo-se o do vencimento.

Ref.: art. 477, § 6º, "b" da CLT; art. 132 do CC; e Orientação Jurisprudencial n. 162 da SBDI-1/TST.

ENUNCIADO N. 23 — HOMOLOGAÇÃO. AVISO PRÉVIO. DISPENSA DO CUMPRIMENTO. PRAZO.

No pedido de demissão, se o empregador aceitar a solicitação do trabalhador de dispensa de cumprimento do aviso prévio, não haverá o dever de indenização pelo empregador, nem de cumprimento pelo trabalhador. A quitação das verbas rescisórias será feita até o décimo dia, contado do pedido de demissão ou do pedido de dispensa do cumprimento do aviso prévio.

Ref.: art. 477, § 6º, "b" da CLT.

ENUNCIADO N. 24 — HOMOLOGAÇÃO. AVISO PRÉVIO. DISPENSA DO EMPREGADO DURANTE O CUMPRIMENTO DO AVISO. PRAZO PARA PAGAMENTO.

Quando, no curso do aviso prévio, o trabalhador for dispensado pelo empregador do seu cumprimento, o prazo para o pagamento das verbas rescisórias será o que ocorrer primeiro: o décimo dia, a contar da dispensa do cumprimento, ou o primeiro dia útil após o término do cumprimento do aviso prévio.

Ref.: art. 477, § 6º, da CLT.

ENUNCIADO N. 25 — HOMOLOGAÇÃO. AVISO PRÉVIO. CONTRATO POR PRAZO DETERMINADO.

Nos contratos por prazo determinado, só haverá direito a aviso prévio quando existir cláusula assecuratória do direito recíproco de rescisão antecipada, uma vez que, neste caso, aplicam-se as regras da rescisão dos contratos por prazo indeterminado.

Ref.: art. 7º, XXI, da CF; arts. 477 e 481 da CLT.

ENUNCIADO N. 26 — HOMOLOGAÇÃO. RESCISÃO DE CONTRATO DE TRABALHO. DESCANSO SEMANAL REMUNERADO.

Nos contratos por prazo indeterminado, será devido o pagamento do descanso semanal remunerado por ocasião da rescisão do contrato de trabalho nas seguintes hipóteses: quando o descanso for aos domingos e a carga horária semanal tiver sido cumprida integralmente; quando o prazo do aviso prévio terminar em sábado ou sexta-feira e o sábado for compensado; quando existir escala de revezamento e o prazo do aviso prévio se encerrar no dia anterior ao do descanso previsto.

Ref.: arts. 67 e 385 da CLT; Lei n. 605, de 1949, e Decreto n. 27.048, de 1949.

ENUNCIADO N. 27 — HOMOLOGAÇÃO. RESCISÃO DE CONTRATO DE TRABALHO. FÉRIAS. PARCELAS VARIÁVEIS. CÁLCULO. Ressalvada norma mais favorável, o cálculo da média das parcelas variáveis incidentes sobre as férias será efetuado das seguintes formas:

I — com base no período aquisitivo, aplicando-se o valor do salário devido na data da rescisão;

II — quando pago por hora ou tarefa, com base na média quantitativa do período aquisitivo, aplicando-se o valor do salário devido na data da rescisão;

III — se o salário for pago por porcentagem, comissão ou viagem, com base na média dos salários percebidos nos doze meses que precederam seu pagamento ou rescisão contratual.

Ref.: arts. 7º, VII e XVII, da CF; art. 142 da CLT; Súmula n. 199 do STF; e Súmula n. 149 do TST.

ENUNCIADO N. 28 — CAPACIDADE SINDICAL. COMPROVAÇÃO.

A capacidade sindical, necessária para a negociação coletiva, para a celebração de convenções e acordos coletivos do trabalho, para a participação em mediação coletiva no âmbito do Ministério do Trabalho e Emprego, para a prestação de assistência à rescisão de contrato de trabalho, bem como para figurar como beneficiário do recolhimento da contribuição sindical compulsória, é comprovada, sem prejuízo da necessidade de inscrição válida e ativa no cartório de pessoas jurídicas, por meio do registro sindical e da regularidade e atualização da diretoria no Cadastro Nacional de Entidades Sindicais deste Ministério.

Ref.: art. 8º, I, IV da CF; arts. 578 e 611 da CLT; Inst. Normativa n. 16, de 15.10.2013; Portaria MTE n. 186, de 10.4.2008 e Port. 326, de 1.3.2013.

ENUNCIADO N. 29 — CONVENÇÃO OU ACORDO COLETIVO DE TRABALHO. DEPÓSITO E REGISTRO. ANÁLISE DAS CLÁUSULAS.

I — O instrumento coletivo, para ser registrado no MTE, deve cumprir as formalidades previstas em lei aplicáveis ao processo de negociação, inclusive quanto à capacidade jurídica e/ou sindical daqueles que o subscrevem, assim como quanto à correspondência de categorias e bases territoriais.

II — Não será indeferido o registro por questões de mérito ou conteúdo das cláusulas convencionadas, as quais poderão ser objeto de controle de legalidade pelos órgãos competentes.

Ref.: art. 7º, XXVI, da CF; arts. 611 e 614 da CLT; IN n. 16, de 2013.

ENUNCIADO N. 30 — REVOGADO PELA PORTARIA N. 3, DE 9 DE NOVEMBRO DE 2006, SEÇÃO 1, P. 106.

ENUNCIADO N. 31 — CONVENÇÃO OU ACORDO COLETIVO DE TRABALHO. PRAZO PARA DEPÓSITO.

I — O instrumento coletivo de trabalho deverá observar os requisitos de validade dos atos e negócios jurídicos em geral, razão pela qual não será depositado quando expirada sua vigência.

II — A alteração do instrumento coletivo por Termo Aditivo deve obedecer às mesmas regras previstas para o depósito da solicitação de registro.

Ref.: arts. 613 e 614 da CLT; IN n. 16, de 2013.

ENUNCIADO N. 32 — COMISSÃO DE CONCILIAÇÃO PRÉVIA — CCP E NÚCLEO INTERSINDICAL DE CONCILIAÇÃO TRABALHISTA — NINTER. ASSISTÊNCIA AO EMPREGADO NA RESCISÃO DO CONTRATO DE TRABALHO.

I — A Comissão de Conciliação Prévia — CCP e o Núcleo Intersindical de Conciliação Trabalhista — NINTER não têm competência para a assistência e homologação de rescisão de contrato de trabalho de empregado com mais de um ano de serviço.

II — O termo de conciliação celebrado no âmbito da CCP ou do NINTER, ainda que ultime uma rescisão, não está sujeito à homologação prevista no art. 477 da CLT.

Ref.: art. 477, § 1º e art. 625-E, parágrafo único, da CLT.

ENUNCIADO N. 33 — COMISSÃO DE CONCILIAÇÃO PRÉVIA — CCP E NÚCLEO INTERSINDICAL DE CONCILIAÇÃO TRABALHISTA — NINTER. DESCUMPRIMENTO DE PRAZO PARA PAGAMENTO DAS VERBAS RESCISÓRIAS.

I — Os prazos para pagamento das verbas rescisórias são determinados pelo § 6º, do art. 477, da Consolidação das Leis do Trabalho.

II — O acordado em âmbito de CCP ou NINTER não tem o condão de ilidir a incidência da multa prevista no § 8º do art. 477 da CLT, quando a quitação não ocorra nos prazos previstos no § 6º do mesmo dispositivo.

Ref.: art. 477, §§ 6º e 8º, e art. 625-D, § 1º, da CLT.

ENUNCIADO N. 34 — COMISSÃO DE CONCILIAÇÃO PRÉVIA — CCP E NÚCLEO INTERSINDICAL DE CONCILIAÇÃO TRABALHISTA — NINTER. FGTS.

Não produz efeitos o acordo firmado no âmbito de CCP e NINTER transacionando o pagamento diretamente ao empregado da contribuição do FGTS e da multa de quarenta por cento, prevista no § 1º, do art. 18, da Lei n. 8.036, de 11 de maio de 1990, incidentes sobre os valores acordados ou devidos na duração do vínculo empregatício, dada a natureza jurídica de ordem pública da legislação respectiva.

Ref.: arts. 18 e 23 da Lei n. 8.036, de 11 de maio de 1990; arts. 625-A e 625-H da CLT.

ENUNCIADO N. 35 — MEDIAÇÃO DE CONFLITOS COLETIVOS DE TRABALHO. ABRANGÊNCIA.

I — A mediação coletiva será realizada pelo Ministério do Trabalho e Emprego, observados os limites de sua competência, para:

a) Promoção de celebração de instrumentos coletivos de trabalho,

b) Resolução de conflitos nas relações de trabalho,

c) Resolução de conflitos intersindicais relativos à representação das categorias.

II — Caso as partes não compareçam à mediação proposta ou não cheguem a um acordo para a regularização dos conflitos existentes, o processo poderá ser encaminhado à Seção de Fiscalização do Trabalho para as providências cabíveis, especialmente quando versarem sobre garantias ou direitos dos trabalhadores que estejam sendo inobservados ou descumpridos.

Ref.: art. 626 da CLT, art. 11, da Lei n. 10.192, de 14 de dezembro de 2001; art. 4º, da Lei n. 10.101, de 19 de dezembro de 2000; art. 2º, do Decreto n. 1.256, de 1994; art. 2º, do Decreto n. 1.572, de 28 de julho de 1995; art. 18 do Decreto n. 4.552, de 27 de dezembro de 2002; art. 7º, da Portaria n. 343, de 23 de maio de 2000; arts. 22 e 24 da Portaria 326 de 2013, Instrução Normativa n. 16, de 15 de outubro de 2013.

ENUNCIADO N. 36 — REVOGADO.

ENUNCIADO N. 37 — MEDIAÇÃO DE CONFLITOS COLETIVOS DE TRABALHO. TRANSAÇÃO DE DIREITOS INDISPONÍVEIS. VEDAÇÃO. Na mediação decorrente de descumprimento de norma legal ou convencional, os direitos indisponíveis não poderão ser objeto de transação.

Ref.: art. 11, da Lei n. 10.192, de 14 de dezembro de 2001; arts. 2º e 6º, do Decreto n. 1.572, de 28 de julho de 1995.

ENUNCIADO N. 38 — TRABALHO TEMPORÁRIO. PRORROGAÇÃO DO CONTRATO. LOCAL DE RECEBIMENTO DO PEDIDO.

I — Os pedidos de prorrogação do contrato de trabalho temporário devem ser realizados até cinco dias antes do termo final inicialmente previsto, mediante inserção da solicitação no Sistema de Registro de Empresa de Trabalho Temporário — SIRETT.

II — Independe de autorização do órgão regional do MTE a prorrogação de contrato de trabalho temporário, quando a duração total da contratação, já somada a prorrogação, não exceder a três meses.

III — A análise das solicitações será feita pela Seção de Relações do Trabalho — SERET da Superintendência Regional do Trabalho e Emprego do local da prestação do serviço.

IV — Em caso de negativa do pedido, o interessado pode, em até dez dias daquele ato, apresentar pedido de reconsideração à autoridade que proferiu a decisão, a qual, se não a reconsiderar, o encaminhará à autoridade superior.

Ref.: Lei n. 6.019, de 03 de janeiro de 1974; Arts. 55, 56 e 59 da Lei n. 9.784, de 1999, Portaria n. 789, de 02 de junho de 2014.

ENUNCIADO N. 39 — TRABALHO TEMPORÁRIO. PRORROGAÇÃO DO CONTRATO. PRAZOS PARA PEDIDO E PARA ANÁLISE

I — Pedidos de registro de contratos fora dos prazos previstos na Port. n. 789/2014 implicam indeferimento da solicitação.

II — A Administração tem cinco dias para analisar os pedidos, salvo motivo de força maior. Este prazo pode ser dilatado até o dobro, mediante comprovada justificação.

Ref.: Port. n. 789, de 2 de junho de 2014; arts. 24 e 48 da Lei n. 9.784/99.

ENUNCIADO N. 40 — REVOGADO.

ENUNCIADO N. 41 — TRABALHO TEMPORÁRIO. MOTIVO JUSTIFICADOR. INDICAÇÃO. ALTERAÇÃO.

I — O art. 2º da Lei n. 6.019, de 3 de janeiro de 1974 serve apenas para enumerar as hipóteses de contratação de trabalho temporário.

II — A empresa deve obrigatoriamente, sob pena de indeferimento, descrever o motivo justificador, entendido como o fato determinado e identificável que ampara a contratação temporária, não sendo suficiente a mera referência às hipóteses legais.

III — A alteração da hipótese legal ou do motivo justificador não amparam prorrogação do contrato de trabalho temporário, mas ensejam nova contratação, a ser analisada à luz dos normativos vigentes.

Ref.: Lei n. 6.019, de 3 de janeiro de 1974; Portaria n. 789, de 2 de junho de 2014.

ENUNCIADO N. 42 — EMPRESA DE TRABALHO TEMPORÁRIO. SÓCIO ESTRANGEIRO.

I — A empresa de trabalho temporário pode possuir em seu quadro sócio estrangeiro, visto que a limitação constante no art. 6º, alínea "a" da Lei n. 6.019/74 não foi recepcionada pela Constituição Federal de 1988, consoante Parecer CONJUR n. 342/97, aprovado em caráter normativo pelo Sr. Ministro do Trabalho e Emprego.

II — Se um dos sócios, pessoa física ou jurídica, for estrangeiro, deve apresentar seus documentos de identificação ou de contrato social, com tradução juramentada, além de procuração que atribua plenos poderes a procurador residente no Brasil para, em nome da pessoa física ou jurídica domiciliada no exterior, tratar e resolver definitivamente quaisquer questões perante o MTE.

Ref.: Parecer CONJUR n. 342/97, publicado no Diário Oficial da União em 30 de junho de 1997, e Parecer CONJUR n. 528/2005.

ENUNCIADO N. 43 — CONTRIBUIÇÃO SINDICAL. FORMA E COMPROVANTE DE RECOLHIMENTO.

I — Considerando que o art. 583, — 1º, da Consolidação das Leis do Trabalho — CLT, estabelece que o recolhimento da contribuição sindical urbana, que tem natureza tributária, obedecerá ao sistema de guias, de acordo com instruções do Ministério do Trabalho e Emprego, os recolhimentos, seja da parte laboral ou patronal, devem observar as regras constantes da Port. n. 488, de 23 de novembro de 2005.

II — A contribuição sindical rural também é tributo, à luz do art. 149 da Constituição Federal, e seu recolhimento é realizado em rede bancária conforme guias emitidas pelas entidades que a administram.

III — Pagamentos efetuados de modo diverso não são considerados, posto que, além de atentar contra a distribuição entre os beneficiários legais e lesar a conta pública de emprego e salário do Fundo de Amparo do Trabalhador — FAT, é uma ofensa ao princípio da legalidade.

Ref.: Art. 149 da Constituição Federal. Arts. 586 a 591 da CLT, Dec-lei n. 1.166, de 15.4.71 Lei n. 8.847, 28.1.94, Lei n. 9.393, de 19.12.96, Port. n. 488, de 23.11.2005, Port. n. 982, de 5.5.2010, Port. n. 189 de 5.7.2007 e Port. n. 186, de 26.1.2014.

ENUNCIADO N. 44 — DEPÓSITO, REGISTRO E ARQUIVAMENTO DOS INSTRUMENTOS COLETIVOS. LEGITIMAÇÃO, HABILITAÇÃO, ALTERAÇÃO E PRAZOS

I — Consoante Instrução Normativa n. 16, de 15 de outubro de 2013, os instrumentos coletivos, como negócios jurídicos que são, devem ser subscritos pelas pessoas legitimadas a fazê-lo, à luz dos arts. 115 a 120 da Lei n. 10.406, de 10 de janeiro de 2002 (Código Civil).

II — A inclusão da norma coletiva no sistema MEDIADOR deve ser feita por pessoa habilitada pelos signatários para a realização do ato

III — A análise formal de que trata a IN n. 16/2013, para fins de registro e depósito, demanda verificação dos documentos apresentados assinados pelos signatários, sem rasuras; a existência de procuração, quando for o caso; a correspondência de categorias entre as partes signatárias e a correspondência da base territorial de abrangência do instrumento coletivo.

IV — Constatado que o requerimento não é original, encontra-se rasurado ou sem assinatura, as partes deverão ser notificadas para as devidas correções.

V — Verificada a ausência de procuração ou procuração inválida, as partes deverão ser notificadas para apresentarem procurações que concedam poderes a seus representantes legais para atuarem no instrumento coletivo.

VI — Havendo erro de categoria, as partes serão notificadas para fazer a retificação devida por meio do sistema e transmitir novamente o instrumento, ocasião em que será gerado um novo requerimento que deverá ser assinado e protocolado no MTE ou em seus órgãos regionais, conforme o caso.

VII — Enquanto o instrumento coletivo não for transmitido, via sistema, para a base de dados do MTE, o solicitante poderá alterar cláusulas já inseridas. No entanto, se já tiver sido feita a transmissão, a alteração das cláusulas só poderá ser feita através de Termo Aditivo ou mediante nova solicitação.

VIII — Quando se tratar de acordo coletivo, a categoria de trabalhadores deverá ser equivalente à atividade econômica da empresa, e em todos os casos a categoria deverá ser compatível com o que consta no cadastro da entidade no CNES.

IX — O protocolo de instrumento coletivo ocorrido quando expirada sua vigência enseja imediato arquivamento sem registro.

X — A competência para análise, registro e arquivo de instrumento coletivo de abrangência nacional ou interestadual é da Secretaria de Relações do Trabalho, mas quaisquer termos aditivos que possuam base estadual, intermunicipal ou municipal serão registrados pela SRTE correspondente, independente de onde esteja registrado o processo principal.

Ref.: Instrução Normativa n. 16, de 15 de outubro de 2013.

ENUNCIADO N. 45 — HOMOLOGAÇÃO. FALTA DE PAGAMENTO DE VERBA RESCISÓRIA DEVIDA. RESSALVA. AUTO DE INFRAÇÃO.

As irregularidades deverão ser especificamente ressalvadas no Termo de Rescisão de Contrato de Trabalho — TRCT ou do Termo de Homologação.

I — Se o assistente for Auditor Fiscal do Trabalho, deverá lavrar o auto de infração cabível, consignando sua lavratura no ato da homologação;

II — Se o assistente não for Auditor Fiscal do Trabalho, deverá comunicar a irregularidade ao setor de fiscalização para os devidos fins.

Ref.: arts. 10, §§ 1º, 2º e 3º, e 26, II, da IN n. 15, de 2010

ENUNCIADO N. 46 — ASSISTÊNCIA À HOMOLOGAÇÃO DE RESCISÃO DO TRABALHO. MINISTÉRIO DO TRABALHO E EMPREGO. ADMINISTRAÇÃO PÚBLICA INDIRETA. REGIME JURÍDICO.

A rescisão de contratos de trabalho com prazo superior a 01 (um) ano, regidos pela Consolidação das Leis do Trabalho (CLT) está sujeita à homologação prevista no art. 477 da CLT, inclusive quando figure como empregador ente pertencente à Administração Pública Indireta.

Ref.: Art. 173, §1º, inc. II CF-88 e Art. 477 da CLT. Instrução Normativa n. 15, de 14 de julho de 2010.

ENUNCIADO N. 47 — REVOGAÇÃO OU ALTERAÇÃO DO PLANO DE CARGOS E SALARIOS. DIREITO ADQUIRIDO

Cláusulas do Plano de Cargos e Salários, que revoguem ou alterem vantagens deferidas anteriormente, só atingirão os trabalhadores admitidos após a revogação ou alteração do Plano.

Ref. Súmula n. 51, TST, inciso I. Nota Informativa CGRT SRT n. 121.2014.

ENUNCIADO N. 48 — COEXISTÊNCIA DE PLANOS DE CARGOS E SALÁRIOS. OPÇÃO DO EMPREGADO

Havendo a coexistência de Planos de Cargos e Salários da empresa, a opção do empregado por um deles tem efeito jurídico de renúncia às regras do sistema do outro.

Ref. Súmula n. 51, TST, inciso I. Nota Informativa CGRT SRT n. 121.2014.

ENUNCIADO N. 49 — PLANO DE CARGOS E SALÁRIOS. NÃO APLICAÇÃO DE CLÁUSULAS

Havendo reivindicação de direito estabelecido no Plano de Cargos e Salários, ainda quando submetido à homologação no Ministério do Trabalho e Emprego, a competência para apreciação da demanda é da Justiça do Trabalho.

Ref. Súmula n. 19, TST. Nota Informativa CGRT SRT n. 40.2014

ENUNCIADO N. 50 — PLANO DE CARGOS E SALÁRIOS. EFEITOS PECUNIÁRIOS. DIFERENÇA DO ADICIONAL POR TEMPO DE SERVIÇO

I — Promoção por antiguidade não se confunde com adicional por tempo de serviço, sendo estes institutos distintos e independentes.

II — A promoção, tanto por antiguidade quanto por mérito, segue os critérios estabelecidos no PCS, refletindo em efetivo aumento salarial através da incorporação da promoção ao valor do salário-base.

III — O Adicional por Tempo de Serviço leva em consideração somente o critério temporal e, ainda que importe em aumento da remuneração, não altera o salário-base, nem tem o condão de alterar a classe ou o nível do trabalhador dentro do quadro de carreira.

Ref. Nota Informativa CGRT SRT n. 40.2014

ENUNCIADO N. 51 — PLANO DE CARGOS E SALÁRIOS. TRABALHADORES EM FUNÇÃO DE CONFIANÇA OU COMISSIONADOS.

I — Empregados que estejam ocupando função de confiança ou cargo comissionado na empresa permanecem beneficiários das progressões previstas no PCS, conforme seus critérios.

II — Ocupantes de função de confiança, tais como diretores, conselheiros e afins, podem ser abrangidos pelo Plano de Cargos e Salários, conforme discricionariedade da empresa, desde que expressamente previsto neste.

Ref. Nota Informativa CGRT SRT n. 92.2014

ENUNCIADO N. 52 — PLANO DE CARGOS E SALÁRIOS. IGUALDADE TEMPORAL NOS CRITÉRIOS DE PROMOÇÃO POR MÉRITO E TEMPO DE SERVIÇO

I — O Plano de Cargos e Salários deve conter, de forma detalhada, os critérios a serem aplicados para fins de reflexos pecuniários em favor dos empregados contemplados pela progressão na carreira, tanto no caso de progressão por mérito quanto por tempo de serviço.

II — A progressão deve contemplar a alternância entre as duas modalidades, de forma que ocorra um tipo a cada período idêntico de tempo, sucessivamente.

III — Uma vez cumpridos todos os requisitos detalhadamente previstos para a progressão por antiguidade ou por mérito, o PCS não pode sujeitá-la a qualquer tipo de aprovação ou aval posterior, seja de cunho subjetivo ou de disponibilidade orçamentária.

Ref. Nota Informativa CGRT SRT n. 39.2014.

ENUNCIADO N. 53 — PLANO DE CARGOS E SALÁRIOS. ABRANGÊNCIA E UNIVERSALIDADE.

I — O Plano de Cargos e Salários compreende toda a universalidade de empregados da empresa, independentemente de adesão.

II — Não será homologado o PCS que contenha cláusulas excludentes, proibitivas, discriminatórias ou restritivas para promoção, progressão ou reclassificação do empregado.

Ref. Lei n. 9.029, de 13 de abril de 1995.

ENUNCIADO N. 54 — HOMOLOGAÇÃO. PLANO DE CARGOS E SALÁRIOS. ADMINISTRAÇÃO PÚBLICA INDIRETA

Quando submetidos à homologação por parte do MTE, cabe análise do plano de cargos e salários de empresa pública ou sociedade de economia mista, desde que se refira a relações de emprego regidas pela Consolidação das Leis do Trabalho.

Ref.: Art. 173, §1º, inc. II CF-88 e art. 461, § 2 º da CLT. Port. MTE n. 02/2006.

ENUNCIADO N. 55 — ATOS PROCESSUAIS. MEIO ELETRÔNICO. ASSINATURA DIGITAL.

A assinatura autenticada com certificação digital ou meio equivalente que comprove sua autenticidade é hábil a substituir firmas ou assinaturas de declarações, requerimentos ou solicitações, constantes dos documentos em forma eletrônica, presumindo-se verdadeira em relação aos signatários.

Ref.: Medida Provisória n. 2.200-2, de 24 de agosto de 2001, Lei n. 12.682, de 09 de julho de 2012 e art. 968, inc. II da Lei n. 10.406, de 10 de janeiro de 2002 (Código Civil).

ENUNCIADO N. 56 — TRABALHO PORTUÁRIO. ENQUADRAMENTO SINDICAL. CATEGORIA DIFERENCIADA.

I — O trabalho portuário pode se dar na modalidade avulsa ou com vínculo empregatício.

II — Para efeito do enquadramento do trabalhador na categoria diferenciada, é suficiente a verificação do exercício de atividades tipicamente portuárias, sendo irrelevante se a forma de contratação é avulsa ou com vínculo de emprego, assim como independentemente das atividades serem desempenhadas dentro ou fora da área do porto organizado.

Ref.: Art. 511, § 3º da CLT. Lei n. 12.815, de 05 de junho de 2013. Parecer CONJUR n. 058/2011. Parecer CONJUR/CGU/AGU n. 065/2013. Nota Técnica SRT n. 15/2013.

ENUNCIADO N. 57 — DIREITO DO TRABALHO. CATEGORIA DOS AGRICULTORES FAMILIARES.

Não se aplica o inciso VI do art. 3º da Portaria n. 326, de 01 de março de 2013. Desnecessária a apresentação da cópia da Carteira de Trabalho e Previdência Social — CTPS, para solicitação de pedido de registro no caso da categoria laboral dos agricultores familiares.

Ref.: Nota Técnica n. 023/2013/SRT/MTE.

ENUNCIADO N. 58 — DIREITO CONSTITUCIONAL E DO TRABALHO. REGISTRO DE ESTATUTOS DE ENTIDADES SINDICAIS. LIBERDADE SINDICAL. Quando for oposto impedimento, no caso de atualização de mandato de diretoria, de registro pelos cartórios de atas de eleição e de posse com fundamento em duração de mandato superior a três anos ou inobservância do quantitativo de dirigentes, a entidade sindical apresentará ao MTE estes documentos, acompanhados da negativa cartorária, para depósito e registro no CNES.

Ref.: NOTA INFORMATIVA/CGRT/SRT/N. 159/2014. NOTA TÉCNICA n. 37/2014/GAB/SRT/MTE. Art. 49 da Portaria 326, de 01 de março de 2013. Art. 8º, da Constituição Federal

ENUNCIADO N. 59 — DIREITO CONSTITUCIONAL E DO TRABALHO. ESTATUTOS DE ENTIDADES SINDICAIS. LIBERDADE E ORGANIZAÇÃO SINDICAL.

No que tange à composição ou quantificação dos órgãos diretivos da entidade sindical, assim como à duração dos mandatos de seus dirigentes, a análise do pedido de registro sindical verificará se tais informações estão em consonância com as disposições constantes no estatuto da entidade.

Ref.: Arts. 3º e 49 da Portaria 326, de 01 de março de 2013. Art. 8º, da Constituição Federal.

ENUNCIADO N. 60 — REGISTRO SINDICAL. CONTAGEM DOS PRAZOS.

A prática dos atos previstos na Port. n. 326, de 1 de março de 2013 deverá observar o que segue:

I — Computar-se-ão os prazos, excluindo-se o dia do começo e incluindo-se o do vencimento.

II — Os prazos só se iniciam e se vencem em dias úteis e/ou de expediente normal dos órgãos do ministério.

Ref.: Portaria n. 326/2013. Art. 66, § 1º da Lei n. 9.784/99. Art. 184, *caput* e § 2º do Código de Processo Civil.

ENUNCIADO N. 61 — MEDIAÇÃO. CONFLITO DE REPRESENTAÇÃO SINDICAL.

A mediação para resolução de conflitos de representação sindical, a que se refere o art. 24 da Portaria n. 326/2013 deverá seguir os seguintes procedimentos elencados neste enunciado: *(Redação dada pela Portaria SRT n. 10, de 24.4.15, DOU 28.4.15)*

I — Solicitada a mediação, a SRT publicará, com a antecedência mínima de dez dias, no Diário Oficial da União — DOU, o dia e hora da reunião de instalação da mediação para resolução do conflito de representação, de categoria e/ou base territorial, indicando o objeto do conflito a ser mediado;

II — Serão convocados, o(s) solicitante(s) da mediação, bem como o(s) diretamente interessado(s) na resolução do conflito, considerados para tal, a entidade sindical com registro no CNES ou que já tenha o seu pedido de registro sindical ou de alteração estatutária publicado, que sejam alcançadas pelo objeto da mediação a ser realizada;

III — Caso seja necessária a realização de mais de uma reunião de mediação, as demais prescindirão de convocação prévia via Diário Oficial da União, para a sua realização;

IV — Havendo acordo entre as entidades sindicais interessadas sobre a resolução do conflito, a SRT fará análise do acordado e, verificando que o resultado não envolve base e/ou categoria além do que já são representados pelos interessados, e atendido o art. 511 da Consolidação das Leis do Trabalho, a SRT publicará no DOU o resultado da mediação, informando a representação final de cada entidade para que, no prazo estabelecido na ata lavrada conforme § 4º, do art. 23, da Portaria n. 326/2013, sejam apresentados os estatutos contendo os elementos identificadores da nova representação sindical acordada; (NR) *(Redação dada pela Portaria SRT n. 10, de 24.4.15, DOU 28.4.15)*

V — A correção da representação sindical no CNES de cada entidade sindical só será feita quando todas as partes envolvidas no acordo apresentarem os seus estatutos devidamente alterados e registrados em cartório.

VI — Quando a solicitação for feita junto a SRTE ou Gerência, o processo será remetido à SRT, para cumprimento dos procedimentos elencados neste enunciado.

Os procedimentos elencados acima deverão ser aplicados, integralmente, nos casos em que a contenda entre as partes envolvidas for pré-existente. Na hipótese do conflito envolver entidade cujo processo ainda se encontre em trâmite na Secretaria de Relações do Trabalho, não se aplica o item IV. *(Incluído pela Portaria n. 10/2015, DOU 28.4.15)*

Ref.: Art. 24 da Portaria n. 326, de 1º de março de 2013.

ENUNCIADO N. 62 — DIREITO DO TRABALHO. REGRAS SOBRE ENQUADRAMENTO E CONTRIBUIÇÃO SINDICAL RURAL. DECRETO-LEI N. 1.166, DE 15 DE ABRIL DE 1971.

Entende-se como TRABALHADOR RURAL a pessoa física que presta serviço a empregador rural mediante remuneração e aquele que trabalhe individualmente ou em regime de economia familiar em área igual ou inferior a dois módulos rurais e EMPREGADOR RURAL, a pessoa física ou jurídica que tendo empregado empreende atividade econômica rural e aquele que mesmo sem empregado, em regime de economia familiar, explore imóvel rural em área superior a dois módulos rurais. Existe a possibilidade de dissociação da categoria eclética de trabalhador rural nas categorias específicas de assalariados rurais e de agricultores familiares. (DOU 28.11.2014)

Ref.: Decreto-Lei n. 1.166/71. Nota Técnica n. 88/ 2014/ GAB/SRT/MTE.

ENUNCIADO N. 63 — REGISTRO SINDICAL. SINDICALIZADOS. SINDICALIZADOS APTOS A VOTAR.

O termo "sindicalizados" e a expressão "sindicalizados aptos a votar", contidos no art. 5º, inciso IV, da Portaria n. 326/2013, devem ser interpretadas como "entidades filiadas" e "entidades filiadas aptas a votar", respectivamente, quando as suas aplicações se referirem às entidades de grau superior. (DOU 5.12.2014)

Ref.: Nota Técnica n. 90/2014/GAB/SRT/MTE

ENUNCIADO N. 64 — TERMO SINDICALIZADO. APLICAÇÃO.(*)

Deve ser entendido como sindicalizado, associado e/ou filiado, aquele membro da categoria profissional em exercício, que é integrante do quadro associativo, nisso incluindo-se os que se aposentaram como membro dela, que possuem o pleno gozo dos direitos em sendo sócios, conforme definido em norma estatutária da entidade. *(Renumerado de n. 62 para n. 64 pelo art. 2º da Portaria n. 10, de 24.4.2015, DOU 28.4.2015)*

Ref.: Art. 6º da IN n. 2 de dezembro de 2014.

ENUNCIADO N. 65 — DOCUMENTOS DE IDENTIFICAÇÃO DOS DIRIGENTES SINDICAIS DE DIVERSAS CATEGORIAS.

Comprovação do exercício da atividade do dirigente da entidade em diversas categorias. Novos documentos que servirão de comprovação.

AVULSOS: 1. Movimentadores de Mercadorias: Declaração do Sindicato, nos termos da Lei n. 12.023/2009; 2. Portuários: — Porto Organizado: Registro no Órgão Gestor de Mão Obra — OGMO; — Fora do Porto Organizado: Declaração do Sindicato. PESCADORES ARTESANAIS: Registro no Ministério da Pesca — RGP (Registro Geral de Pesca). MOTOTAXISTAS E MOTOFRETISTAS: Autorização emitida pelo órgão ou entidade executivo de trânsito dos Municípios, Estados e do Distrito Federal. SERVIDORES PÚBLICOS: Contracheque; Declaração do órgão; Cópia Autenticada do termo de Nomeação. TRABALHADORES DOMÉSTICOS: Diarista — Número do NIT (Número de Inscrição do Trabalhador); Cópia dos três últimos recolhimentos da Previdência Social. TRANSPORTADORES AUTÔNOMOS DE CARGAS: Número do Registro Nacional dos Transportes Nacional de Cargas — RNTNC na Agência Nacional de Transportes Terrestres — ANTT. PROFISSÕES REGULAMENTADAS: Cópia do registro no Ministério do Trabalho e Previdência Social. (NR)

Ref.: Art. 24 da Portaria n. 326, de 1º de março de 2013.

ENUNCIADO N. 66 — DOCUMENTOS DE IDENTIFICAÇÃO DOS DIRIGENTES SINDICAIS DA CATEGORIA DE RURAIS. COMPROVAÇÃO DO EXERCÍCIO DA ATIVIDADE DO DIRIGENTE DA ENTIDADE NA CATEGORIA DE RURAIS. NOVOS DOCUMENTOS QUE SERVIRÃO DE COMPROVAÇÃO EM COMPLEMENTAÇÃO AOS ELENCADOS NA PORTARIA N. 326, DE 11 DE MAIO DE 2013:

A) Trabalhador Rural:

1) Assalariado: Contrato de Safra; Contrato de Curta Duração.

2) (REVOGADO)

B) Empregador Rural:

1) Pessoa física: Documento que comprove a condição de empregador; (NR)

2) Pessoa Jurídica: CNPJ;

C) Propriedade explorada em nome de terceiro: Contrato de Cessão; Contrato de Arrendamento Rural, Comodato, Meação, Parceria ou matrícula onde se encontra averbado o usufruto (Todos os contratos devem estar registrados em Cartório).

Ref.: Art. 24 da Portaria n. 326, de 1º de março de 2013.

ENUNCIADO N. 67 — ANÁLISE PRELIMINAR REALIZADA PELA SRTE NOS PROCESSOS DE REGISTRO SINDICAL E ALTERAÇÃO ESTATUTÁRIA.

A análise realizada pela SRTE nos processos de pedido de registro sindical e alteração estatutária restringir-se-á a verificar se a documentação elencada nos arts. 3º, 5º, 8º e 10 foi protocolada e se atende o que determina o art. 42, qual seja, se são originais, cópias autenticadas ou cópias simples com visto do servidor; se o comprovante de pagamento da GRU é o original; se os estatutos e as atas foram registrados no cartório da comarca da sede da entidade requerente. A SRTE não notificará a entidade que não realizou assembleia no perímetro urbano do município, uma vez que o saneamento implicará na publicação de novos editais, o que o § 3º do art. 12 proíbe. A análise de mérito será realizada pela CGRS.

Ref.: Art. 11 da Portaria n. 326, de 1º de março de 2013. Portaria n. 18, DE 3.3.16, DOU 10.3.16 e RET. DOU 16.3.16

ENUNCIADO N. 68 — CURSOS DE FORMAÇÃO DE VIGILANTES NO SEGMENTO DA SEGURANÇA PRIVADA.

Os membros das escolas/cursos de formação de segurança privada pertencem à categoria do ramo das empresas que exercem segurança privada.

Ref.: Art. 49 da Portaria n. 326, de 1º de março de 2013.

ENUNCIADO N. 69 — ANÁLISE PRELIMINAR REALIZADA PELA SRTE NOS PROCESSOS DE REGISTRO SINDICAL E ALTERAÇÃO ESTATUTÁRIA.

A análise realizada pela SRTE nos processos de pedido de registro sindical e alteração estatutária restringir-se-á a verificar se a documentação elencada nos arts. 3º, 5º, 8º e 10 foi protocolada e se atende o que determina o art. 42, qual seja, se são originais, cópias autenticadas ou cópias simples com visto do servidor; se o comprovante de pagamento da GRU é o original; se os estatutos e as atas foram registrados no cartório da comarca da sede da entidade requerente. A SRTE não notificará a entidade que não realizou assembleia no perímetro urbano do município, uma vez que o saneamento implicará na publicação de novos editais, o que o § 3º do art. 12 proíbe. A análise de mérito será realizada pela CGRS.

Ref.: Art. 11 da Portaria n. 326, de 1º de março de 2013

ENUNCIADO N. 70

A Coordenação Geral de Registro Sindical considerará como comprovação de endereço do subscritor do edital qualquer documento apresentado pela entidade interessada no processo de pedido de registro sindical ou de alteração estatutária passível de comprovar o endereço do subscritor do edital a que se refere o Art. 3º, II, da Portaria 326/2013.

Ref: Art. 2º, inciso III, da Portaria 326, de 1º de março de 2013.

(*) Portaria n. 13, SRT/MTE de 14.8.15, DOU 17.8.15.

PRECEDENTES ADMINISTRATIVOS DA SECRETARIA DE INSPEÇÃO DO TRABALHO/MTE

Os Precedentes Administrativos de ns. 1 a 11 foram aprovados pelo Ato Declaratório n. 1, de 20.10.2000, DOU 22.11.2000; os de ns. 12 a 20, pelo Ato Declaratório n. 2, de 19.1.2001, DOU 24.1.2001; os de ns. 21 a 30 pelo Ato Declaratório n. 3, de 29.5.2001, DOU 30.5.2001; o Ato Declaratório n. 4, de 21.2.2002, DOU 22.2.2002, aprova, revisa e consolida os Precedentes Administrativos de ns. 1 a 30 e aumenta o seu número para 50. O Ato Declaratório n. 6, de 16.12.2002, DOU 20.12.2002, revoga os de ns. 12 e 13 e acrescenta os de ns. 51 a 60. Os de ns. 61 a 70 foram acrescentados pelo Ato Declaratório n. 9, de 25.5.2005, DOU 27.5.2005 todos estes Atos Declaratórios foram aprovados pelo Departamento de Fiscalização do Trabalho do Ministério do Trabalho e Emprego. Ato Declaratório n. 10, de 3.8.2009, DOU 4.8.2009, aprova os Precedentes Administrativos ns. 71 a 100 e cancela os ns. 5, 16, 20, 26, 32, 46, 47, 48, 60 e 67 e finalmente o Ato Declaratório n. 12, de 10.8.2011 (DOU 9.9.2011) que altera os Precedentes Administrativos ns. 42,45 e 74 e aprova o Precedente Administrativo n. 101. Ato Declaratório n. 13, de 13 de julho de 2013 (DOU 16.7.2013), altera os Precedentes Administrativos ns. 1, 72 e 74, e aprova o Precedente Administrativo n. 102. Ato Declaratório n. 14, de 21 de janeiro de 2014 (DOU 24.1.2014), aprova o Precedente Normativo n. 103. Ato Declaratório n. 15, de 20 de setembro de 2017 (DOU 27.9.2017), Aprova os Precedentes Administrativos ns. 104 a 116, dá nova redação aos Precedentes Administrativos ns. 1, 18, 55, 58, 72, 74 e 101 e cancela os Precedentes Administrativos ns. 4, 24 e 54.

O DIRETOR DO DEPARTAMENTO DE FISCALIZAÇÃO DO TRABALHO, no uso de sua competência regimental, resolve:

I — aprovar os precedentes administrativos de n. 31 a n. 50, resultantes de posicionamentos firmados na Coordenação Geral de Normatização e Análise de Recursos;

II — revisar os precedentes de n. 01 a n. 30;

III — consolidar todos os precedentes administrativos aprovados, conforme anexo I deste ato;

IV — os precedentes administrativos em anexo deverão orientar a ação dos Auditores Fiscais do Trabalho no exercício de suas atribuições.

LEONARDO SOARES DE OLIVEIRA

ANEXO I

PRECEDENTE ADMINISTRATIVO N. 1

FGTS e Contribuição Social (CS). Levantamento de débito. Efeitos do parcelamento. Evolução normativa. I — A comprovação da quitação total do débito fundiário antes da emissão da NDFG, NFGC ou NRFC, ou da data de apuração do débito da NDFC, acarreta sua declaração de improcedência. II — O parcelamento do montante levantado acarreta a improcedência da Notificação de Débito se concedido antes da sua emissão e: a) Na vigência das Instruções Normativas ns. 17/2000 e 25/2001, o débito apurado for idêntico ao confessado. b) Na vigência da Instrução Normativa n. 84/2010, o débito fundiário apurado for idêntico ou inferior ao confessado; III — Na hipótese da letra "b" e havendo débito de contribuição social não parcelado, a Notificação de Débito será procedente somente em relação a esta; IV — Na vigência da Instrução Normativa n. 99/2012, a constatação da existência de confissão de dívida junto à CAIXA não exime o AFT da emissão de notificação de débito, ainda que o débito tenha sido confessado de forma correta e que o parcelamento tenha sido formalizado.

Referência Normativa: Art. 23, caput, da Lei n. 8.036/90, no art. 1º da Lei n. 8.844/94, no art. 3º da Lei Complementar n. 110/2001, art. 20 da Instrução Normativa n. 17/2000, art. 30 da Instrução Normativa n. 25/2001, art. 26 da Instrução Normativa n. 84/2010art. 28, §§ 4º e 5º, da Instrução Normativa n. 99/2012.

PRECEDENTE ADMINISTRATIVO N. 2

(Revogado pelo Ato Declaratório n. 5, de 27.6.2002, DOU 28.6.2002)

PRECEDENTE ADMINISTRATIVO N. 3

FGTS. Vale-transporte. Falta de recolhimento do percentual de 8% sobre parte da remuneração devida. O vale-transporte não terá natureza salarial, não se incorporará à remuneração para quaisquer efeitos e tampouco constituirá base de incidência do FGTS, desde que fornecido de acordo com o disposto no art. 2º, II da Lei n. 7.418/85. O vale-transporte pago em dinheiro tem natureza salarial e repercussão no FGTS.

Referência Normativa: art. 2º e alíneas, da Lei n. 7.418/85 e arts. 5º e 6º do Decreto n. 95.247/87.

PRECEDENTE ADMINISTRATIVO N. 4

(Cancelado pelo Ato Declaratório SIT n. 15, de 20.9.17, DOU 27.9.17)

PRECEDENTE ADMINISTRATIVO N. 5

(Cancelado pelo Ato Declaratório n. 10, de 3.8.2009, (DOU 4.8.2009))

PRECEDENTE ADMINISTRATIVO N. 6

FGTS. Gratificação. Falta de recolhimento do percentual de 8% sobre parte da remuneração devida. A gratificação, bem como comissões, percentagens ou abonos pagos pelo empregador, integram o salário. Consequentemente, são base de cálculo para o FGTS.

Referência Normativa: art. 457 e 458, CLT; Lei n. 8.036/90, art. 15.

PRECEDENTE ADMINISTRATIVO N. 7

Recurso administrativo. Intempestividade. Depósito recursal dentro do prazo. Não é suficiente para o conhecimento do recurso a efetivação do depósito dentro do prazo legal. É necessário que também o recurso administrativo seja aviado no decêndio legal.

Referência Normativa: art. 636 *caput* e § 1º da CLT e art. 33 da Portaria n. 148, de 25 de janeiro de 1996.

PRECEDENTE ADMINISTRATIVO N. 8

Registro. Representante comercial. Para a caracterização de atividade autônoma do representante comercial, é imprescindível a comprovação de sua inscrição no Conselho respectivo.

Referência Normativa: art. 41, *caput* da CLT.

PRECEDENTE ADMINISTRATIVO N. 9

Autorização para o trabalho em feriados nacionais e religiosos via acordo coletivo ou convenção coletiva de trabalho. Necessidade de prévia permissão da autoridade competente em matéria de trabalho. Os acordos coletivos ou convenções coletivas de trabalho podem estabelecer as regras de remuneração e/ou compensação para o trabalho em dias feriados, mas não são instrumentos hábeis para afastar a competência da autoridade em matéria de trabalho para exercer o controle do trabalho em tais dias.

Referência Normativa: art. 70 da CLT.

PRECEDENTE ADMINISTRATIVO N. 10

Jornada. Telefonista de mesa. Independente do ramo de atividade do empregador, aplica-se o disposto no art. 227 da CLT, e seus parágrafos, ao exercente das funções de telefonista: jornada de seis horas diárias. Inteligência do Enunciado n. 178 do Tribunal Superior do Trabalho — TST.

Referência Normativa: art. 227 da CLT.

PRECEDENTE ADMINISTRATIVO N. 11

Inspeção do trabalho. Rol não taxativo quanto aos documentos necessários à inspeção do trabalho. Fitas do caixa bancário. Fitas do caixa bancário são considerados documentos necessários à inspeção do trabalho. O sigilo das informações financeiras é da responsabilidade do Auditor Fiscal do Trabalho, que também, por lei, deve guardar sigilo profissional.

Referência Normativa: art. 630, §§ 3º e 4º da CLT c/c art. 6º do Regulamento da Inspeção do Trabalho — RIT, aprovado pelo Decreto n. 55.841, de 1965.

PRECEDENTE ADMINISTRATIVO N. 12

(Revogado pelo Ato Declaratório n. 6, de 16.12.2002, DOU 20.12.2002)

PRECEDENTE ADMINISTRATIVO N. 13

(Revogado pelo Ato Declaratório n. 6, de 6.12.2002, DOU 20.12.2002)

PRECEDENTE ADMINISTRATIVO N. 14

Multa. Valor sem expressão econômica. Processamento regular obrigatório. A impossibilidade de impor multa ao infrator em virtude da desatualização ou inexpressividade de seu valor, não obsta o processamento regular do auto de infração e sua declaração de subsistência, uma vez que o instituto da reincidência e a possibilidade de ulterior atualização daquele valor impedem-lhe pronto arquivamento.

PRECEDENTE ADMINISTRATIVO N. 15

Salário. Empregador e equiparados. Entidades sem fins lucrativos. Prazo legal. Equiparam-se ao empregador, para os efeitos da relação de emprego, as pessoas e entidades referidas no § 1º do art. 2º da CLT. A partir do momento em que a instituição sem fins lucrativos contrata empregados, assume todas as obrigações dessa relação jurídica, não podendo repassar aos seus empregados o risco de sua atividade. Os salários, portanto, devem ser pagos no prazo legal, sob pena de imposição de sanção administrativa.

Referência Normativa: art. 2º § 1º da CLT.

PRECEDENTE ADMINISTRATIVO N. 16

(Cancelado pelo Ato Declaratório n. 10, de 3.8.2009, DOU 4.8.2009)

PRECEDENTE ADMINISTRATIVO N. 17

Descanso. Trabalho em feriados. Decisão judicial. São insubsistentes os autos lavrados contra empregadores amparados por decisão judicial que os permita manter trabalhadores em atividade em dias feriados.

PRECEDENTE ADMINISTRATIVO N. 18

FGTS e Contribuição Social. Recolhimentos posteriores à data de apuração da notificação de débito. A quitação de valores apurados em Notificação de Débito, quando operada após a data da emissão da NDFG, NFGC e NRFC, ou da apuração, no caso da NDFC, ou ainda o parcelamento que abranja integralmente a notificação, confirma a procedência do débito regularmente levantado pela Auditora Fiscal do Trabalho. Tais recolhimentos serão objeto de apreciação, para eventual dedução, pela CAIXA ECONÔMICA FEDERAL após encerrado o processo administrativo.

Referência Normativa: IN n. 25/2001, art. 53, § 2º; IN n. 84/2010, art. 59, parágrafo único; IN n. 99/2012, art. 61, parágrafo único e art. 62.

PRECEDENTE ADMINISTRATIVO N. 19

FGTS. Notificação para depósito do FGTS — NDFG. Parcelamento não formalizado. Não obsta a lavratura da Notificação para Depósito do FGTS — NDFG processo de parcelamento em andamento junto ao Agente Operador do Fundo, Caixa Econômica Federal — CEF, ainda sem a devida formalização.

Referência Normativa: art. 20 § 4º da IN/SIT/MTE n. 17, de 31 de julho de 2000.

PRECEDENTE ADMINISTRATIVO N. 20

(Cancelado pelo Ato Declaratório n. 10, de 3.8.2009, DOU 4.8.2009)

PRECEDENTE ADMINISTRATIVO N. 21

CTPS. Inutilização. Ao lançar na Carteira de Trabalho e Previdência Social — CTPS anotações prejudiciais ao trabalhador, a empresa tornou aquele documento inútil para uso, mesmo que objetivamente apenas uma das folhas tenha sido inutilizada. Autuação procedente.

Referência Normativa: art. 52 da CLT.

PRECEDENTE ADMINISTRATIVO N. 22

Inspeção do trabalho. Livre acesso. A prerrogativa do Auditor Fiscal do Trabalho — AFT de ter livre acesso a todas as dependências dos estabelecimentos sujeitos ao regime da legislação trabalhista compreende não só o direito de ingressar mas também o de permanecer no local, para o exercício de sua ação fiscal.

Referência Normativa: art. 630 § 3º da CLT.

PRECEDENTE ADMINISTRATIVO N. 23

Jornada. Controle alternativo. Os sistemas alternativos de controle de jornada só podem ser utilizados quando autorizados por convenção ou acordo coletivo.

Referência Normativa: art. 7º, XXVI da Constituição Federal, art. 74, § 2º da CLT e Portaria n. 1.120, de 8 de novembro de 1995.

PRECEDENTE ADMINISTRATIVO N. 24

(Cancelado pelo Ato Declaratório SIT n. 15, de 20.9.17, DOU 27.9.17)

PRECEDENTE ADMINISTRATIVO N. 25

Gratificação natalina. Prazo. A lei dispõe que o prazo para pagamento da gratificação natalina é o dia 20 de dezembro de cada ano. Recaindo o dia 20 em domingo ou feriado, o pagamento deve ser antecipado. Não há que se falar em prorrogação para o primeiro dia útil subsequente.

Referência Normativa: art. 1º da Lei n. 4.749, de 12 de agosto de 1965.

PRECEDENTE ADMINISTRATIVO N. 26

(Cancelado pelo Ato Declaratório n. 10, de 3.8.2009, DOU 4.8.2009)

PRECEDENTE ADMINISTRATIVO N. 27

Rescisão contratual. Homologação. Entidades públicas. A União, os Estados e os Municípios, as autarquias e as fundações de direito público que não explorem atividade econômica não estão sujeitos à assistência mencionada no art. 477 da CLT, face à presunção de legitimidade de seus atos.

Referência Normativa: art. 1º, I do Decreto-lei n. 779, de 21 de agosto de 1969 e art. 477 CLT.

PRECEDENTE ADMINISTRATIVO N. 28

Rescisão contratual. Pagamento de verbas fora do prazo legal. O pagamento da multa em favor do empregado não exime o autuado da multa administrativa, uma vez que são penalidades distintas: a primeira beneficia o empregado, enquanto a segunda destina-se ao Poder Público.

Referência Normativa: art. 477 § 8º da CLT.

PRECEDENTE ADMINISTRATIVO N. 29

Jornada. Bancários. Prorrogação de jornada. Intervalo para repouso ou alimentação. Ao estabelecer que a jornada normal de seis horas dos bancários poderá ser excepcionalmente prorrogada até oito horas diárias, observados os preceitos gerais sobre duração do trabalho, o art. 225 da CLT atraiu a incidência da regra do art. 71 do mesmo diploma, que prevê a obrigatoriedade de concessão de intervalo para repouso ou alimentação de, no mínimo uma e, no máximo, duas horas.

Referência Normativa: art. 71 e art. 225, ambos da CLT.

PRECEDENTE ADMINISTRATIVO N. 30

Jornada. Prorrogação. Convenção ou acordo coletivo. A mera inserção em acordo ou convenção coletiva de cláusula com previsão de percentuais acima de cinquenta por cento para a remuneração das horas extraordinárias, por si só, não autoriza o elastecimento da jornada normal de trabalho. Imprescindível autorização expressa, pois o acessório, exigido pelo § 1º do art. 59, não substitui o principal, cuja obrigação decorre do *caput*.

Referência Normativa: art. 59 da CLT.

PRECEDENTE ADMINISTRATIVO N. 31

Jornada. Prorrogação. Necessidade imperiosa. I — Os serviços inadiáveis ou cuja inexecução possa acarretar prejuízos manifestos autorizam a prorrogação da jornada apenas até 12 horas, caracterizando-se como tais aqueles que, por impossibilidade decorrente de sua própria natureza, não podem ser paralisados num dia e retomados no seguinte, sem ocasionar prejuízos graves e imediatos. II — Se a paralisação é apenas inconveniente, por acarretar atrasos ou outros transtornos, a necessidade de continuação do trabalho não se caracteriza como imperiosa e o excesso de jornada não se justifica.

Referência Normativa: art. 59, *caput*, e art. 61 da Consolidação das Leis do Trabalho — CLT.

PRECEDENTE ADMINISTRATIVO N. 32

(Cancelado pelo Ato Declaratório n. 10, de 3.8.2009, DOU 4.8.2009).

PRECEDENTE ADMINISTRATIVO N. 33

Jornada. Prorrogação. Efeitos do pagamento relativo ao trabalho extraordinário. O pagamento do adicional por serviço extraordinário não elide a infração pela prorrogação de jornada além dos limites legais ou convencionais, uma vez que o serviço extraordinário deve ser remunerado, independentemente de sua licitude. Isso porque as normas limitadoras da jornada visam a evitar males ao trabalhador, protegendo-lhe a saúde e o bem-estar, não se prestando a retribuição pecuniária como substituta da proteção ao bem jurídico.

Referência Normativa: art. 59 da Consolidação das Leis do Trabalho — CLT.

PRECEDENTE ADMINISTRATIVO N. 34

FGTS. Cesta básica. Falta de recolhimento do percentual de 8% sobre parte da remuneração devida. O valor pago pelo empregador ao empregado a título de cesta básica ou outro fornecimento de alimentação realizado à margem do Programa de Alimentação do Trabalhador — PAT deve compor a base de cálculo do FGTS, pois se trata de salário *in natura*.

Referência Normativa: art. 458 da Consolidação das Leis do Trabalho — CLT e Lei n. 6.321, de 14 de abril de 1976.

PRECEDENTE ADMINISTRATIVO N. 35

Salário. Pagamento fora do prazo legal. Dificuldades econômicas. Dificuldades econômicas do empregador, decorrentes de inadimplemento contratual de clientes, retração de mercado ou de outros transtornos inerentes à atividade empreendedora, não autorizam o atraso no pagamento de salários, uma vez que, salvo exceções expressamente previstas em lei, os riscos do negócio devem ser suportados exclusivamente pelo empregador.

Referência Normativa: art. 2º e art. 459, § 1º, da Consolidação das Leis do Trabalho — CLT.

PRECEDENTE ADMINISTRATIVO N. 36

Registro de empregados. Empresa pública e sociedade de economia mista. Autuação capitulada no art. 41 da Consolidação das Leis do Trabalho — CLT. Legalidade. I — A autuação por falta de registro de empregados em empresas públicas e sociedades de economia mista não contraria o dispositivo constitucional que veda a contratação sem prévia aprovação em concurso público, tampouco as reiteradas decisões judiciais que declaram a nulidade das contratações irregulares. II — Cabe ao Auditor Fiscal do Trabalho verificar o cumprimento da obrigação legal de formalização do vínculo de emprego quando houver trabalho subordinado e, descumprida a norma, proceder à autuação por falta de registro, independentemente do motivo pelo qual o contrato não se formalizou ou da existência de efeitos contratuais de cunho material e patrimonial, questões cujo controle está afeto a outros órgãos do Executivo e ao Poder Judiciário.

Referência Normativa: arts. 2º, 3º, 41 e 626 da CLT; arts. 37 e 173 da Constituição Federal de 1988.

PRECEDENTE ADMINISTRATIVO N. 37

Rescisão. Ajuizamento da ação de consignação fora do prazo legal para pagamento das verbas rescisórias. A propositura fora do prazo legal de ação judicial de consignação em pagamento para pagamento das verbas rescisórias não afasta a mora da empresa autuada em relação ao prazo legal para cumprimento da obrigação.

Referência Normativa: art. 477 da Consolidação das Leis do Trabalho — CLT.

PRECEDENTE ADMINISTRATIVO N. 38

Inspeção do trabalho. Acompanhamento da ação fiscal por representantes dos trabalhadores. Os empregadores estão obrigados a franquear seus estabelecimentos à visita de representantes dos trabalhadores que acompanhem ação de inspeção trabalhista das condições de segurança e saúde do trabalhador.

Referência Normativa: art. 200 da Consolidação das Leis do Trabalho — CLT e Portaria n. 3.214, de 8 de junho de 1978, Norma Regulamentadora — NR 1, item 1.7 alínea *d*.

PRECEDENTE ADMINISTRATIVO N. 39

Empregados em tabelionatos. Natureza jurídica do vínculo. É de natureza celetista o vínculo dos empregados em tabelionatos contratados após a edição da Lei n. 8.935, de 18 de novembro de 1994, bem como o dos servidores admitidos antes da Constituição Federal de 1988 em regime estatutário ou especial que tenham feito opção expressa pelo regime.

Referência Normativa: art. 236 da Constituição Federal de 1988, art. 32 do Ato das Disposições Constitucionais Transitórias, Lei n. 8.935, de 18 de novembro de 1994, Lei n. 9.534, de 10 de dezembro de 1997, Lei n. 9.812, de 10 de agosto de 1999.

PRECEDENTE ADMINISTRATIVO N. 40

Inspeção do trabalho. Documentos sujeitos à fiscalização. Transferência de empregado. Os documentos sujeitos a inspeção devem permanecer no local de trabalho do empregado. Em caso de ser o empregado deslocado para prestar serviço em outro estabelecimento da empresa, devem acompanhá-lo para o novo local de trabalho o seu controle de jornada e seus registros funcionais, onde será anotada a respectiva transferência.

Referência Normativa: art. 630 § 4º da Consolidação das Leis do Trabalho — CLT e art. 3º da Portaria n. 1.121, de 8 de novembro de 1995.

PRECEDENTE ADMINISTRATIVO N. 41

Remuneração. Repouso semanal remunerado. Incidência do adicional noturno. I — Cabível a repercussão do adicional noturno nos cálculos do repouso semanal remunerado de empregado que tem salário pago na base da unidade dia ou mensalistas e quinzenalistas cujo trabalho não seja exclusivamente noturno. II — Para os empregados mensalistas ou quinzenalistas que cumprem jornada exclusivamente noturna, o salário acrescido do adicional de 20% já inclui a remuneração do repouso.

Referência Normativa: art. 73 da CLT; art. 7º da Lei n. 605, de 5 de janeiro de 1949.

PRECEDENTE ADMINISTRATIVO N. 42

Jornada. Obrigatoriedade de controle. Os empregadores não sujeitos à obrigação legal de manter sistema de controle de jornada de seus empregados, mas que deles se utilizam, devem zelar para que os mesmos obedeçam à regulamentação específica, eventualmente existente para a modalidade que adotarem. Caso o Auditor Fiscal do Trabalho tenha acesso a tal controle, poderá dele extrair elementos de convicção para autuação por infrações, já que o documento existe e é meio de prova hábil a contribuir na sua convicção. *(Alterado pelo Ato Declaratório n. 12, de 10.8.2011, DOU 9.9.2011).*

Referência Normativa: art. 74 da Consolidação das Leis do Trabalho — CLT.

PRECEDENTE ADMINISTRATIVO N. 43

Inspeção do trabalho. Documentos sujeitos a inspeção. Apresentação parcial. A alegação em defesa de que não foi exibida ao Auditor Fiscal do Trabalho apenas parte dos documentos mencionados no auto de infração acarreta a procedência total da autuação, uma vez que a infração ao art. 630 §§ 3º e 4º da Consolidação das Leis do Trabalho — CLT não comporta subsistência parcial.

Referência Normativa: art. 630 §§ 3º e 4º da Consolidação das Leis do Trabalho — CLT.

PRECEDENTE ADMINISTRATIVO N. 44

Inspeção do trabalho. Competência dos Auditores Fiscais do trabalho médicos e engenheiros. Os Auditores Fiscais do Trabalho médicos e engenheiros têm competência para lavrar auto de infração capitulado no art. 41 da CLT, ao constatarem falta de registro de empregado.

Referência Normativa: Medida Provisória n. 2.175-29, de 24 de agosto de 2001.

PRECEDENTE ADMINISTRATIVO N. 45

Domingos e feriados. Comércio varejista em geral. I — O comércio em geral pode manter empregados trabalhando aos domingos, independentemente de convenção ou acordo coletivo e de autorização municipal. *(Alterado pelo Ato Declaratório n. 12, de 10.8.2011, DOU 9.9.2011).* II — Revogado pelo Ato Declaratório n. 7, de 12 de junho de 2003. III — Por sua vez, a abertura do comércio aos domingos é de competência municipal e a verificação do cumprimento das normas do município incumbe à fiscalização de posturas local. IV — O comércio em geral pode manter empregados trabalhando em feriados, desde que autorizado em convenção coletiva de trabalho. *(Alterado pelo Ato Declaratório n. 12, de 10.8.2011, DOU 9.9.2011).* V — Os shopping centers, mercados, supermercados, hipermercados e congêneres estão compreendidos na categoria "comércio em geral" referida pela Lei n. 10.101/2000, com redação dada pela Lei n. 11.603/2007. *(Alterado pelo Ato Declaratório n. 12, de 10.8.2011, DOU 9.9.2011)*

Referência Normativa: Lei n. 11.603 de 5 de dezembro de 2007, que altera e acrescenta dispositivos ao art. 6º da Lei n. 10.101 de 19 de dezembro de 2000.

PRECEDENTE ADMINISTRATIVO N. 46

(Cancelado pelo Ato Declaratório n. 10, de 3.8.2009, DOU 4.8.2009).

PRECEDENTE ADMINISTRATIVO N. 47

(Cancelado pelo Ato Declaratório n. 10, de 3.8.2009, DOU 4.8.2009).

PRECEDENTE ADMINISTRATIVO N. 48

(Cancelado pelo Ato Declaratório n. 10, de 3.8.2009, DOU 4.8.2009).

PRECEDENTE ADMINISTRATIVO N. 49

Jornada. Controle. Gerentes. O empregador não está desobrigado de controlar a jornada de empregado que detenha simples título de gerente, mas que não possua poderes de gestão nem perceba gratificação de função superior a 40% do salário efetivo.

Referência Normativa: art. 62, II e parágrafo único e art. 72 § 2º da Consolidação das Leis do Trabalho — CLT.

PRECEDENTE ADMINISTRATIVO N. 50

Remuneração. Diárias de viagem que excedem 50% do salário. Natureza jurídica. É ônus do empregador afastar a presunção de que as diárias de viagem que excedam a 50% do salário do empregado têm natureza salarial, pela comprovação de que o empregado presta contas de suas despesas, recebendo os valores a título de ressarcimento.

Referência Normativa: art. 457, § 2º da Consolidação das Leis do Trabalho — CLT e Instrução Normativa n. 8, de 1º de novembro de 1991.

PRECEDENTE ADMINISTRATIVO N. 51

Inspeção do Trabalho. Notificação para apresentação de documentos. Revisão do precedente administrativo n. 12. Notificação para apresentação de documentos em dia certo, sem indicação de hora, caracteriza infração somente quando transcorrer completamente o dia sem a devida apresentação.

Referência Normativa: art. 630 § 4º, da CLT.

PRECEDENTE ADMINISTRATIVO N. 52

Inspeção do Trabalho. Notificação para apresentação de documentos. A expressão "a partir de" constante da notificação para apresentação de documentos indica o horário a partir do qual, no dia assinalado, o Auditor Fiscal comparecerá para inspecioná-los. Ao empregador cabe disponibilizar os documentos no dia assinalado e no horário constante da notificação e, a partir daquele horário, mantê-los disponíveis para exame.

Referência Normativa: art. 630 § 4º, da CLT.

PRECEDENTE ADMINISTRATIVO N. 53

Embaraço ou resistência. Capitulação e base legal. O art. 630, § 6º é base legal para aplicação de sanção pela infração ao art. 630, §§ 3º, 4º e 5º, além de ser explicativo quanto à configuração de embaraço ou resistência. Embaraço e resistência não são infrações autônomas capituláveis no art. 630 § 6º, mas apenas circunstâncias que agravam a sanção.

Referência Normativa: art. 630 da CLT e art. 5º da Lei n. 7.855, de 24 de outubro de 1989.

PRECEDENTE ADMINISTRATIVO N. 54

(Cancelado pelo Ato Declaratório SIT n. 15, de 20.9.17, DOU 27.9.17)

PRECEDENTE ADMINISTRATIVO N. 55

Jornada especial. Turnos ininterruptos de revezamento. Faz jus à jornada especial prevista no art. 7º, XIV, da CF/1988, o trabalhador que exerce suas atividades em sistema de alternância de turnos, ainda que em dois turnos de trabalho, que compreendam, no todo ou em parte, o horário diurno e o noturno, pois submetido à alternância de horário prejudicial à saúde, sendo irrelevante que a atividade da empresa se desenvolva de forma ininterrupta.

Referência Normativa: Art. 58 da CLT; art. 7º, inciso XIV da Constituição Federal; OJ n. 360, SBDI-1, TST.

PRECEDENTE ADMINISTRATIVO N. 56

Auto de infração. Presunção de veracidade. A presunção de veracidade do auto de infração não desobriga o Fiscal de demonstrar os fatos que o levaram a concluir pela existência do ilícito trabalhista.

Referência Normativa: art. 9º, inciso IV, da Portaria n. 148, de 25 de janeiro de 1996.

PRECEDENTE ADMINISTRATIVO N. 57

Contribuição Sindical. Recolhida a contribuição sindical, descabe ao Auditor Fiscal exigir recolhimento para outro sindicato, sob o fundamento de enquadramento sindical incorreto. É direito constitucionalmente assegurado a livre associação.

Referência Normativa: art. 8º da Constituição Federal; art. 545 da CLT.

PRECEDENTE ADMINISTRATIVO N. 58

FGTS. Levantamento de débito. Contrato de trabalho com a administração pública Declarado nulo. I — É devido o FGTS a trabalhador cujo contrato firmado com a Administração Pública tenha sido declarado nulo, quando mantido seu direito ao salário, consoante previsão do art. 19-A na Lei n. 8.036, de 11 de maio de 1990. II — O levantamento fundiário, por meio da emissão de Notificação de Débito, fundado na nulidade referida no item I, pode alcançar, inclusive, período anterior a 27.08.2001, data de introdução do art. 19-A na Lei n. 8.036, de 11 de maio de 1990, pela Medida Provisória n. 2.164-41, de 24 de agosto de 2001.

Referência Normativa: Art. 19-A da Lei n. 8.036, de maio de 1990; art. 37 § 2º da Constituição Federal; STF RE 596478 ED/RR, Rel. Min. Dias Toffoli, 11.09.2014; TST — E-RR 672.320/00.4; Súmula n. 363, TST.

PRECEDENTE ADMINISTRATIVO N. 59

Registro. Contrato de Trabalho. Grupo Econômico. O trabalho prestado pelo empregado a várias empresas do mesmo grupo econômico configura apenas um contrato de trabalho, sendo desnecessário o registro do empregado em cada uma das empresas. Autuação improcedente.

Referência Normativa: art. 2º, § 2º e art. 41 ambos da CLT.

PRECEDENTE ADMINISTRATIVO N. 60

(Cancelado pelo Ato Declaratório n. 10, de 3.8.2009, DOU 4.8.2009).

PRECEDENTE ADMINISTRATIVO N. 61

Estágio. Requisitos Legais. Descumprimento. I — A existência de termo de compromisso e a compatibilidade da jornada de estágio com o horário escolar do aluno não são elementos suficientes para a configuração da regularidade do contrato de estágio, uma vez que devem ser atendidos todos os requisitos legais, em especial a complementação do ensino e da aprendizagem. II — Os estágios devem ser planejados, executados, acompanhados e avaliados em conformidade com os currículos, programas e calendários escolares. III — Presentes os elementos da relação de emprego sob a roupagem do contrato de estágio, procede a descaracterização dessa contratação especial.

Referência Normativa: Lei n. 6.494/77 e Decreto n. 87.497/82

PRECEDENTE ADMINISTRATIVO N. 62

Segurança e Saúde no Trabalho. Autuação. Capitulação legal. Descabe autuação capitulada no art. 200 da CLT, uma vez que tal dispositivo não encerra qualquer comando dirigido ao empregador, mas apenas consigna autorização legal para expedição de normas pelo Ministério do Trabalho e Emprego.

Referência Normativa: art. 200 da CLT.

PRECEDENTE ADMINISTRATIVO N. 63

Jornada. Redução do intervalo intrajornada. A existência de acordo coletivo com previsão de intervalo para repouso ou alimentação inferior ao limite mínimo legal não é suficiente para que seja considerada regular a jornada de trabalho. O acordo coletivo é apenas um dos requisitos para a imprescindível autorização, pelo Ministro do Trabalho e Emprego ou autoridade delegada, da redução do intervalo para menos de uma hora.

Referência Normativa: art. 71 da CLT e Portaria/MTb n. 3.116, de 5 de abril de 1989.

PRECEDENTE ADMINISTRATIVO N. 64

Processual. Revelia. Direito de defesa. A revelia na fase de defesa não tem como consequência a confissão ficta em relação à matéria de fato. O autuado pode, mesmo revel na fase de defesa, interpor recurso contra a decisão regional, inclusive com apresentação de documentos.

Referência Normativa: art. 635 da CLT e art. 34 c/c art. 23 da Portaria n. 148, de 25 de janeiro de 1996.

PRECEDENTE ADMINISTRATIVO N. 65

Rurícula. Contrato de Safra. Indenização ao término do contrato. FGTS. Compatibilidade. O art. 14 da Lei n. 5.889, de 8 de junho de 1973, foi recepcionado pela Constituição Federal de 1988, devendo tal indenização ser cumulada com o percentual do FGTS devido na dispensa. No contrato de safra se permite uma dualidade de regimes, onde o acúmulo de direitos corresponde a um plus concedido ao safrista. Não há que se falar, portanto, em *bis in idem* ao empregador rural.

Referência Normativa: art. 14 da Lei n. 5.889, de 8 de junho de 1973 e art. 13, inciso IX da Instrução Normativa/SIT n. 25, de 20 de dezembro de 2001.

PRECEDENTE ADMINISTRATIVO N. 66

Segurança no trabalho. Construção civil. Campo de aplicação da NR-18. Os comandos constantes da Norma Regulamentadora NR-18 não se dirigem exclusivamente aos empregadores cujo objeto social é a construção civil e que, portanto, enquadram-se nos Códigos de Atividade Específica constantes do Quadro I da Norma Regulamentadora — NR 4. As obrigações se estendem aos empregadores que realizem atividades ou serviços de demolição, reparo, pintura, limpeza e manutenção de edifícios em geral, de qualquer número de pavimentos ou tipo de construção, de urbanização e paisagismo, independentemente de seu objeto social.

Referência Normativa: Item 18.1.2 da Norma Regulamentadora NR-18.

PRECEDENTE ADMINISTRATIVO N. 67

(Cancelado pelo Ato Declaratório n. 10, de 3.8.2009, DOU 4.8.2009).

PRECEDENTE ADMINISTRATIVO N. 68

Empregado sem registro. Adolescente menor de 16 anos. Autuação. I — Improcede autuação por falta de registro de adolescente menor de 16 anos, uma vez que não se pode impor sanção ao empregador por descumprir formalidade de contratação de pessoa que, de acordo com disposição constitucional, não pode ser contratado como empregado. II — A infração portanto, não ocorreu ao dispositivo que determina o registro de empregado, mas ao dispositivo que proíbe o trabalho de menores de 16 anos, salvo na condição de aprendiz e a partir dos 14 anos.

Referência Normativa: art. 7º, XXXIII da Constituição Federal, art. 41 e 403 da CLT.

PRECEDENTE ADMINISTRATIVO N. 69

Empregado sem registro. Parentesco com o proprietário da empresa. Parentesco entre empregador e empregado não é fato impeditivo da caracterização da relação laboral, cuja configuração se dá pela presença dos elementos contidos na lei.

Referência Normativa: art. 3º da CLT.

PRECEDENTE ADMINISTRATIVO N. 70

Segurança e saúde no trabalho. Dimensionamento dos serviços especializados em engenharia de segurança e em medicina do trabalho — SESMT. Enquadramento no cadastro nacional de atividades econômicas — CNAE. O dimensionamento do SESMT deve estar de acordo com o grau de risco da atividade efetivamente realizada no estabelecimento, que pode ser constatada em inspeção do trabalho. Irregular o dimensionamento que considerou o grau de risco correspondente ao CNAE declarado pelo empregador mas se mostrou inadequado ao risco constatado no local de trabalho. Autuação procedente.

Referência Normativa: Item 4.2 da Norma Regulamentadora NR-4.

PRECEDENTE ADMINISTRATIVO N. 71

Inspeção do trabalho. Notificação de empresas autorizadas a centralizar documentos. Critério para contagem dos prazos concedidos. Revisão do Precedente Administrativo n. 16. Quando aplicável concessão de prazo para exibição de documentos, não inferior a dois nem superior a oito dias, sua contagem deve se dar com exclusão do dia do início e inclusão do dia do término, sendo irrelevante o horário em que se procedeu à notificação. Desnecessária observância do prazo para as notificações posteriores à anteriormente emitida e não cumprida pelo administrado.

Referência Normativa: art. 3º Portaria n. 3.626/91 e art. 3º Portaria 41/2007

PRECEDENTE ADMINISTRATIVO N. 72

Processo administrativo. FGTS e Contribuição Social. Comprovação de pagamento anterior à notificação de débito. Revisão dos Precedentes Administrativos ns. 20 e 72. I — A constatação da existência de recolhimentos anteriores à data de emissão ou de apuração da Notificação de Débito, nela não considerados, torna obrigatório seu abatimento para convalidação do ato administrativo na forma prevista na instrução normativa vigente. II — Se o saneamento do débito é demandado após o encerramento do contencioso administrativo pela CAIXA apenas e estritamente para fins da dedução de que trata o item I, deverá ser proposto o termo de retificação necessário para ajuste de liquidez da decisão definitiva, o qual, após acolhido pela autoridade competente, ensejará remessa dos autos para continuidade da inscrição ou cobrança.

Referência Normativa: art. 39, 61 e 65 da Instrução Normativa n. 99/2012; art. 28, 55 da Lei n. 9.784/1999; art. 8º, CLT; art. 14, Lei n. 13.105, de 16.03.2015 (CPC).

PRECEDENTE ADMINISTRATIVO N. 73

Jornada. Telefonista. Telemarketing. Revisão do Precedente Administrativo n. 26. Estende-se ao operador de telemarketing a proteção prevista no art. 227 da CLT. O tempo de efetivo labor em teleatendimento deve ser de, no máximo, 6 horas diárias. Essa exigência não prejudica a existência de jornadas de duração superior, nos termos da legislação, desde que o restante da jornada seja ocupado com outras tarefas e que se respeitem as pausas obrigatórias diárias previstas no Anexo II da NR-17 e o limite semanal de 36 horas de teleatendimento/telemarketing.

Referência Normativa: art. 227 da CLT e itens 5.3 e 5.3.1 do Anexo II da NR -17 da Portaria n. 9, de 30.3.2007.

PRECEDENTE ADMINISTRATIVO N. 74

Processual. Auto de infração e notificação de débito de FGTS. Requisitos de admissibilidade. Caráter material de recurso. I — O recurso administrativo interposto em processo iniciado por auto de infração não deve ter seu mérito analisado quando careça de quaisquer requisitos de admissibilidade. O mesmo se aplica à defesa. II — Aplica-se o disposto no item I ao processo iniciado por notificação de débito, exceto se houver recolhimentos de FGTS ou Contribuição Social anteriores à data de emissão ou apuração do débito, e que não tenham sido considerados, dada a necessidade de haver certeza e liquidez quanto ao débito apurado. A exceção alcança também as hipóteses em que se comprova parcelamento anterior, desde que assim previsto nas instruções normativas vigentes ao tempo da emissão da notificação, conforme Precedente Administrativo n. 01. III — Não será recebida como recurso a manifestação do interessado que seja desprovida de argumentos que materialmente possam ser caracterizados como recursais. Assim, caso a peça recursal não apresente razões legais ou de mérito demonstrando precisamente os fundamentos de inconformismo do recorrente em relação à decisão recorrida, não terá seu mérito analisado. IV — O juízo de admissibilidade formal e material dos recursos interpostos em instância administrativa é feito pela autoridade regional. Caso seja negado seguimento ao recurso pela autoridade regional pela ocorrência das hipóteses acima, ao processo devem ser dados os encaminhamentos de praxe da regional, sendo desnecessária a remessa à instância superior. V — É desnecessário o recurso de ofício quando o arquivamento do processo decorra de quitação da multa, ou de decisão judicial transitada em julgado, ou de prescrição da ação executiva ocorrida nos órgãos de cobrança e declarada por eles.

Referência Normativa: arts. 629, § 3º e 636 da CLT, arts. 56 e 60 da Lei n. 9.784/1999, arts. 14, 24, 33 da Portaria n. 148/1996 e art. 9º do anexo VI da Portaria n. 483/2004.

PRECEDENTE ADMINISTRATIVO N. 75

Inspeção do trabalho. Autuação por não apresentação de documentos. Improcedência. Revisão do Precedente Administrativo n. 60. O auto de infração lavrado por falta de apresentação de documentos será improcedente quando: I — for lavrado por descumprimento da obrigação específica; II — o próprio autuante demonstrar, no corpo do auto de infração, o não cumprimento da referida obrigação ou; III — por outro dado constante do processo, inclusive alegações da defesa, fique demonstrado que o fato gerador é o descumprimento da obrigação e não a ausência do documento relativo àquela obrigação.

Referência Normativa: art. 630 §§ 3º e 4º, da CLT

PRECEDENTE ADMINISTRATIVO N. 76

Adicional de insalubridade. Reflexo sobre horas extras. Revisão do Precedente Administrativo n. 67. A remuneração do trabalho extraordinário realizado em condições insalubres deve ter como base de cálculo o salário normal acrescido do adicional de insalubridade.

Referência Normativa: art. 59, § 1º e art. 192 da CLT.

PRECEDENTE ADMINISTRATIVO N. 77

Prescrição. Processo administrativo paralisado em virtude do desaparecimento dos autos. O afastamento da prescrição administrativa de que trata a Lei n. 9.873/99 somente pode ocorrer nos casos expressamente previstos na legislação. Dessa forma, incide a prescrição prevista no art. 1º, § 1º desta norma no processo administrativo paralisado em virtude do desaparecimento dos autos, tendo em vista que tal fato não se enquadra dentre as hipóteses de interrupção ou suspensão da prescrição previstas nessa lei.

Referência Normativa: art. 2º e 3º da Lei n. 9.873/99.

PRECEDENTE ADMINISTRATIVO N. 78

Registros de ponto. Marcação incorreta. Defeito em relógio. Falha de sistema. O controle de registro de jornada é responsabilidade do empregador. Assim sendo, se houve marcação incorreta do ponto, responde o autuado pela falta cometida, por culpa *in vigilando*, vez que o empregador é dotado legalmente de poder diretivo e disciplinar para cumprir e fazer cumprir as disposições do estatuto celetizado.

Referência Normativa: art. 74, § 2º da CLT

PRECEDENTE ADMINISTRATIVO N. 79

Intervalos intra e interjornadas e descanso semanal. Descumprimento. Necessidade imperiosa. Inaplicabilidade art. 61 da CLT. A ocorrência de necessidade imperiosa não autoriza o descumprimento do intervalo mínimo de onze horas consecutivas para descanso entre duas jornadas de trabalho, tampouco a não concessão do descanso semanal de vinte e quatro horas consecutivas, ou ainda a não concessão do intervalo mínimo intrajornada.

Referência Normativa: art. 66 e 67, *caput* e 71, *caput*, da CLT

Legislação Complementar

PRECEDENTE ADMINISTRATIVO N. 80

Vale-transporte. Não concessão para deslocamento do empregado no período do intervalo intrajornada. Infração inexistente. Não se depreende da Lei n. 7.418/85, alterada pela Lei n. 7.619/87, que o empregador esteja obrigado ao fornecimento do vale-transporte para a ida e retorno do empregado à sua residência para refeição.

Referência Normativa: art. 4º da Lei n. 7.418/1985.

PRECEDENTE ADMINISTRATIVO N. 81

Regime de compensação. Jornada de trabalho 12 x 36 horas. Admissibilidade. Não obstante a limitação do art. 59, *caput*, da CLT, admite-se o regime de compensação 12 x 36, quando previsto em convenção coletiva e praticado em atividade que não exige esforço constante e intenso, devido às vantagens que proporciona ao trabalhador: descanso de 36 horas entre as jornadas, menor número de deslocamentos residência-trabalho-residência, duração do trabalho semanal inferior a 44 horas.

Referência Normativa: art. 7º, XIII da Constituição Federal

PRECEDENTE ADMINISTRATIVO N. 82

Jornada. Intervalo para repouso e alimentação. Não cumulatividade. Os intervalos para repouso e alimentação previstos no art. 71, *caput* e § 1º não são cumulativos, inexistindo obrigação legal de concessão de dois intervalos. A expressão "trabalho contínuo" deve ser entendida como jornada diária e não como períodos individuais que antecedem ou sucedem o horário de repouso. Ainda que o segundo período da jornada diária do empregado, após o intervalo concedido, seja superior a seis horas, o empregador não está obrigado a conceder-lhe novo intervalo.

Referência Normativa: art. 71, *caput* e § 1º da CLT.

PRECEDENTE ADMINISTRATIVO N. 83

Salário mínimo e piso salarial. Aprendizes. Aplicabilidade. A lei garante ao aprendiz o direito ao salário mínimo, e não ao piso salarial, salvo quando lhe for expressamente assegurada condição mais favorável, seja pela lei, por contrato coletivo ou por liberalidade do empregador.

Referência Normativa: art. 7º, IV e V da CF e art. 428, § 2º, da CLT

PRECEDENTE ADMINISTRATIVO N. 84

Jornada. Intervalo interjornadas de 11 horas e descanso semanal de 24 horas. O intervalo interjornada corresponde ao lapso temporal de 11 horas consecutivas que deve separar uma jornada e outra de trabalho. Tal intervalo não se confunde ou se compensa com o descanso semanal remunerado, de 24 horas consecutivas. Entre módulos semanais somam-se os dois intervalos: 11 horas (entre dias) e 24 horas (entre semanas), totalizando, pois, 35 horas.

Referência Normativa: art. 66 e art. 67 da CLT.

PRECEDENTE ADMINISTRATIVO N. 85

Parentesco. Relação de emprego. Possibilidade. A caracterização da relação de emprego pode ser estabelecida entre familiares, não sendo o parentesco fator impeditivo da configuração do vínculo empregatício.

Referência Normativa: art. 3º da CLT.

PRECEDENTE ADMINISTRATIVO N. 86

Salário. Pagamento por depósito bancário. Se o salário é depositado em conta bancária, o comprovante de depósito substitui o recibo de pagamento. A empresa fica obrigada, apenas, a entregar ao trabalhador um contracheque ou demonstrativo de pagamento, em que se discriminem as parcelas salariais.

Referência Normativa: art. 464, parágrafo único da CLT.

PRECEDENTE ADMINISTRATIVO N. 87

Rescisão. Multas pelo atraso. Duas consequências decorrem da inobservância ao § 6º do art. 477 da CLT, quais sejam, uma multa a título de penalidade pela irregularidade e outra multa em favor do empregado lesado, equivalente ao seu salário. Estatuindo a própria lei duas consequências pecuniárias, absolutamente distintas em termos de natureza jurídica, finalidade e destinatário, completamente descabida é a tese de improcedência do auto de infração por já ter sido recolhida a multa de um salário em favor do empregado.

Referência Normativa: art. 477, § 6º da CLT.

PRECEDENTE ADMINISTRATIVO N. 88

Infração trabalhista. Regularização após a autuação. A regularização, após a autuação, de situação irregular constatada durante fiscalização não descaracteriza a infração, tampouco acarreta a improcedência do auto.

PRECEDENTE ADMINISTRATIVO N. 89

FGTS. Assistência médica. Não incidência. Não incide FGTS sobre parcela relativa a "assistência médica".

Referência Normativa: art. 458 da CLT.

PRECEDENTE ADMINISTRATIVO N. 90

Jornada. Gerentes e ocupantes de cargos de confiança em bancos. Controle. Os gerentes ou ocupantes de cargos de confiança não estão dispensados do ponto, apesar de não terem direito à jornada de seis horas. Somente o gerente bancário com amplos poderes de mando e gestão — o gerente-geral — a quem todos os outros gerentes, direta ou indiretamente, estão subordinados, é que está dispensado do ponto, por força do art. 62, II, da CLT.

Referência Normativa: art. 224 e art. 62, II da CLT.

PRECEDENTE ADMINISTRATIVO N. 91

Norma Regulamentadora n. 1. Disposições legais e regulamentares sobre segurança e saúde no trabalho. Abrangência. A competência da Inspeção do Trabalho consiste na verificação do cumprimento da legislação trabalhista. Medidas de proteção da saúde e segurança previstas em Instrução Técnica do Corpo de Bombeiros Militar, sem o correspondente específico na legislação trabalhista, mas que são aplicáveis e necessárias no ambiente de trabalho, devem ser previamente notificadas para cumprimento, em atenção ao dever de prever e controlar os riscos estabelecido na NR n. 9.

Referência Normativa: subitem 1.7, alínea *a* da NR n. 1 c/c subitem 9.1.1 da NR n. 9.

PRECEDENTE ADMINISTRATIVO N. 92

Autuação. Citação de pelo menos um empregado. Desnecessidade. Infração à coletividade dos trabalhadores. Não é necessária citação de pelo menos um empregado em situação irregular na caracterização de infração que atinge a coletividade dos trabalhadores, pois todos aqueles que laboram no local de trabalho estão em situação irregular.

PRECEDENTE ADMINISTRATIVO N. 93

Programa de Controle Médico de Saúde Ocupacional — PCMSO. Ações de saúde. Autuação. Necessidade de notificação prévia. A autuação por ausência de ações de saúde no planejamento do PCMSO não previstas em Norma Regulamentadora, depende de notificação prévia que especifique as ações de saúde adequadas ao trabalho desenvolvido e ao ambiente laboral, tendo em vista a generalidade do dispositivo normativo.

Referência Normativa: subitem 7.4.6 da NR n. 7.

PRECEDENTE ADMINISTRATIVO N. 94

Programa de Controle Médico de Saúde Ocupacional — PCMSO. Elaboração. Médico do trabalho não integrante do serviço especializado em engenharia de segurança e em medicina do trabalho. O PCMSO, desde que atendidos os requisitos normativos, pode ser elaborado por qualquer médico do trabalho, não havendo obrigatoriedade de ser integrante do SESMT, nem mesmo de ser empregado. Quando houver SESMT com médico, ele é quem deve coordenar e executar o PCMSO.

PRECEDENTE ADMINISTRATIVO N. 95

Programa de Prevenção de Riscos Ambientais — PPRA. Riscos mecânicos e ergonômicos. Os riscos mecânicos e ergonômicos não são de previsão obrigatória no PPRA.

Referência Normativa: subitem 9.1.5 da NR n. 9.

PRECEDENTE ADMINISTRATIVO N. 96

(Cancelado pelo Ato Declaratório n. 11, de 25.11.2009, DOU 26.11.2009).

PRECEDENTE ADMINISTRATIVO N. 97

Comissão Interna de Prevenção de Acidentes — CIPA. Dimensionamento. Atividade considerada para determinação do grupo. Para fins de dimensionamento de CIPA, a atividade considerada na determinação do grupo deve ser aquela efetivamente desenvolvida no estabelecimento, ainda que outro código de Classificação Nacional de Atividade Econômica conste do Cadastro Nacional de Pessoa Jurídica, mesmo que resulte no aumento ou redução do dimensionamento ou desobrigação de constituição da Comissão.

Referência Normativa: item 5.6 da NR n. 5.

PRECEDENTE ADMINISTRATIVO N. 98

Comissão Interna de Prevenção de Acidentes — CIPA. Não adoção das recomendações da CIPA. Regular funcionamento. A não adoção pelo empregador das recomendações da CIPA não significa infração ao dever de mantê-la em regular funcionamento.

PRECEDENTE ADMINISTRATIVO N. 99

Equipamento de Proteção Individual — EPI. Uniforme. O uniforme simples não é considerado EPI, pois sua finalidade é servir de vestimenta para o trabalho e não proteger o trabalhador de acidentes ou exposição a agentes nocivos. O não fornecimento de uniforme pode configurar transferência indevida do custo da atividade econômica ao empregado e não infração à Norma Regulamentadora n. 6.

PRECEDENTE ADMINISTRATIVO N. 100

Serviço especializado em engenharia de segurança e em medicina do trabalho. Registro. Atualização. Tendo em vista que o SESMT é constituído de pessoas, a substituição de profissionais não significa mera atualização, mas constituição de novo SESMT, principalmente quando há redimensionamento do Serviço, que deve ser comunicado de imediato ao MTE como se de novo registro se tratasse. Interpretação do item 4.17 da NR n. 4.

PRECEDENTE ADMINISTRATIVO N. 101

FGTS. Levantamento de débito. Acordos judiciais. Não exclusão do débito. Aplicação a partir da IN n. 84/2010. Notificações de débito lavradas na vigência da IN n. 25/2001. I — Os valores de FGTS, pagos diretamente ao trabalhador em decorrência de acordo ou decisão judicial, em ação na qual a União e a

CAIXA não foram chamadas para se manifestar, não devem ser excluídos das Notificações de Débito emitidas pelos Auditores-Fiscais do Trabalho a partir da Instrução Normativa n. 84/2010, pois seus atos não são alcançados pelos limites da coisa julgada feita pela sentença que homologou o acordo. II — Os valores de FGTS depositados na conta vinculada do trabalhador em decorrência de acordo ou decisão judicial devem ser considerados no levantamento de débito, quando anteriores à data de apuração do valor devido. III — As notificações de débito de FGTS emitidas na vigência da IN n. 25/2001, em que foram excluídos valores acordados judicialmente, devem ser analisadas conforme os procedimentos nela previstos, pois constituem atos administrativos praticados consoantes interpretação e normatização sobre o tema à época de sua emissão.

Referência Normativa: Art. 506 do CPC Lei n. 13.105/2015; Art. 15, 25 e 26 da Lei n. 8.036, de maio de 1990. Art. 2º, parágrafo único, XIII, da Lei n. 9.784, de janeiro de 1999, Art. 34 da IN n. 25, de dezembro de 2001; arts. 32 e 39, §§ 4º a 7º, da Instrução Normativa n. 99/2012, com redação dada pela Instrução Normativa n. 115/2014.

PRECEDENTE ADMINISTRATIVO N. 102

Auto de infração. Local de lavratura. O conceito de local de inspeção abrange aquele onde os Auditores Fiscais do Trabalho executam atos de inspeção e verificam os atributos trabalhistas por meio de análise de documentos ou sistemas informatizados, conforme procedimento de fiscalização previsto em normas expedidas pela autoridade nacional competente em matéria de inspeção do trabalho.

Referência Normativa: Art. 629, § 1º da CLT. Arts. 20, 24, 25 e 30 do Decreto n. 4.552, de 27 de dezembro de 2002. Art. 7º da Portaria n. 148, de 25 de janeiro de 1996. Art. 43 da Instrução Normativa n. 99, de 23 de agosto de 2012.

PRECEDENTE ADMINISTRATIVO N. 103

Interposição de embargos de declaração e outros recursos sem previsão expressa no Título VII da CLT. Inadmissibilidade. Os processos administrativos de autos de infrações e de notificações de débito de FGTS e CS estão sujeitos a duas instâncias administrativas: defesa e recurso. Após o encerramento do contencioso administrativo, não deverão ser conhecidos embargos de declaração ou outros recursos sem previsão expressa na legislação específica.

Referência normativa: Título VII da Consolidação das Leis do Trabalho e Portaria n. 148, de 25 de janeiro de 1996.

PRECEDENTE ADMINISTRATIVO N. 104

Serviços notariais e de registros públicos. Vínculo empregatício. Nos Serviços Notariais e de Registro, regulamentados pela Lei n. 8.935, de 18 de novembro de 1994, considera-se empregador, para todos os efeitos, a pessoa física do seu respectivo Titular.

Referência Normativa: Art. 236 da Constituição Federal de 1988, Art. 32 do Ato das Disposições Constitucionais Transitórias, Lei n. 8.935, de 18 de novembro de 1994, Lei n. 9.534, de 10 de dezembro de 1997, Lei n. 9.812, de 10 de agosto de 1999.

PRECEDENTE ADMINISTRATIVO N. 105

Períodos de descanso. Supressão ou redução indevida. Efeitos do pagamento de indenização pecuniária. O pagamento de indenização ou outra parcela pecuniária não elide a infração pela supressão ou pela redução indevida dos períodos de descanso, pois estes visam evitar males ao trabalhador, protegendo-lhe a saúde e o bem-estar, não se prestando a retribuição pecuniária como substituta da proteção ao bem jurídico.

Referência Normativa: art. 66 e 67, *caput* e 71, *caput*, da CLT. Súmula n. 437, II, do TST.

PRECEDENTE ADMINISTRATIVO N. 106

Prazos processuais. Contagem. Os prazos são contínuos e se contam com a exclusão do dia da notificação ou ciência e inclusão do dia do vencimento. Os prazos só se iniciam ou vencem no dia de expediente normal da Unidade onde tramitar o processo.

Referência Normativa: art. 224 da Lei n. 13.105, de 16 de março de 2015 (Código de Processo Civil).

PRECEDENTE ADMINISTRATIVO N. 107

Recurso. Efeito devolutivo. O recurso devolverá à instância administrativa superior todas as questões suscitadas e discutidas no processo, inclusive seu conhecimento, ainda que não tenham sido solucionadas ou conhecidas de forma equivocada, desde que pertinentes à matéria impugnada.

Referência Normativa: art. 1.013, § 1º, do Código de Processo Civil.

PRECEDENTE ADMINISTRATIVO N. 108

Ocorrência de circunstância agravante. I — A lavratura de auto de infração que caracteriza embaraço à ação fiscal, nas situações previstas no art. 630, § 6º, da CLT, agrava a sanção das demais infrações ocorridas na mesma ação fiscal, quando expressamente previsto na base legal específica, exceto quanto aos autos lavrados em data anterior à ocorrência do embaraço, ainda que na mesma ação fiscal; II — Na situação prevista no item anterior, o agravamento da sanção específica fica condicionado à procedência do auto de embaraço; III — A eventual ocorrência de fraude, simulação, artifício, ardil, desacato e oposição, deverá ser informada de modo detalhado no histórico do auto de infração, quando estejam previstas como agravantes nas bases legais específicas;

Referência Normativa: Art. 630, § 6º, da CLT e art. 14, inciso IV, da Portaria MTE n. 854/2015.

PRECEDENTE ADMINISTRATIVO N. 109

Acréscimo de fatos ao auto de infração, após a lavratura. Vedação. I — A motivação do auto de infração deve ser mantida após a sua lavratura, sob pena de anulação em caso de alteração; II — É permitido o saneamento de elementos considerados não essenciais, assim entendidos aqueles que não alterem os fatos originalmente narrados pela autoridade fiscal, tal como ocorre no caso de correção da capitulação legal.

Referência Normativa: Art. 14, art. 15, § 1º e art. 26, *caput*, da Portaria MTE n. 854/2015; art. 53 da Lei n. 9.784/1999.

PRECEDENTE ADMINISTRATIVO N. 110

Multa prevista na Lei Complementar n. 110/2001. Natureza jurídica. Prescrição. I — Tem natureza sancionatória e não tributária nem moratória a multa prevista no art. 3º da Lei Complementar n. 110/2001. II — Em razão do teor do item I, aplicam-se, ao processo administrativo de auto lavrado por infração à LC n. 110/2001, os prazos prescricionais previstos nos arts. 1º e 1º-A da Lei n. 9.873/1999.

Referência Normativa: Art. 3º, § 2º LC 110/2001; arts. 3º e 5º, Código Tributário Nacional; arts. 1º, 1º-A e 5º, Lei n. 9.873/1999.

PRECEDENTE ADMINISTRATIVO N. 111

Fraude ao seguro-desemprego. Não caracterização. Não caracteriza fraude ao seguro-desemprego o recebimento de parcela sobre a qual o trabalhador já tinha adquirido o direito antes de obter o novo emprego.

Referência Normativa: Art. 4º, da Lei n. 7.998/1990, com redação dada pela Lei n. 13.134/2015; art. 17 da Resolução CODEFAT n. 467/2005.

PRECEDENTE ADMINISTRATIVO N. 112

FGTS. Inadimplência de recolhimento fundiário e sonegação de parcela que deve integrar a base de cálculo do FGTS. Dupla infração. Por caracterizarem infrações distintas, não constituem "bis in idem" as autuações concomitantes pelo descumprimento dos incisos I e IV do art. 23, § 1º, da Lei n. 8.036/1990, quando o empregador deixar de declarar na folha de pagamento a parcela paga ou devida e também deixar de recolher o percentual do FGTS sobre ela incidente.

Referência Normativa: Art. 23, § 1º, incisos I e IV da Lei n. 8.036/1990.

PRECEDENTE ADMINISTRATIVO N. 113

Notificação de débito. Emissão de termo de retificação (TRET). Efeitos do julgamento. I — Terá decisão de procedência total a Notificação de Débito do FGTS/CS cujo valor tenha sido reduzido em decorrência de lavratura de Termo de Retificação (TRET), sem necessidade de recurso de ofício à Coordenação-Geral de Recursos. II — Nos casos em que a inclusão ou alteração de dados implique em reabertura de prazo para o exercício de defesa pelo notificado, o julgamento versará sobre o próprio TRET, vez que o ajuste, em tais circunstâncias, representa um documento substitutivo da Notificação original.

Referência Normativa: Art. 45, §§ 1º a 5º, Instrução Normativa n. 99/2012.

PRECEDENTE ADMINISTRATIVO N. 114

FGTS. Auto de Infração (AI) lavrado por deixar de recolher FGTS após notificado pela fiscalização.

I — Caracteriza-se a infração prevista no art. 23, § 1º, inciso V, da Lei n. 8.036, de 11 de maio de 1990, quando o administrado não quita nem formaliza o parcelamento do valor devido, dentro do prazo de dez dias após a ciência da decisão definitiva do processo de Notificação de débito que lhe deu origem.

II — A discussão acerca do mérito sobre a existência ou acerto do débito apurado encerra-se com o processo de Notificação para Depósito do FGTS que lhe deu origem.

Referência Normativa: art. 23, § 1º, inciso V da Lei n. 8.036, de 11 de maio de 1990.

PRECEDENTE ADMINISTRATIVO N. 115

Seguro-desemprego. Descumprimento de instruções expedidas pelo Ministério do Trabalho. Notificação para comprovação do registro do empregado.

I — A não prestação de informações necessárias ao sistema do seguro-desemprego nos termos e prazos fixados pelo Ministério do Trabalho caracteriza a infração.

II — A não comunicação da admissão de empregado no prazo estipulado em notificação para comprovação do registro do empregado, lavrada em ação fiscal conduzida por um auditor fiscal do trabalho, descumpre instruções expedidas pelo Ministério do Trabalho, para fins de combate à fraude ao seguro-desemprego, ensejando infração ao disposto no art. 24 da Lei n. 7.998/90.

Referência Normativa: arts. 24 e 25 da Lei n. 7.998, de 11.01.1990. Art. 1º, inciso II, e Art. 6º, inciso II da Portaria n. 1.129, de 23.07.14, do Ministro do Trabalho e Emprego.

PRECEDENTE ADMINISTRATIVO N. 116

Autos de infração e notificação de débito. Sujeito passivo ente público. Cientificação por meio de via postal. Admissibilidade.

A entrega de autos de infração e notificações de débito de FGTS e Contribuição Social deve ser preferivelmente efetuada, pessoalmente, ao representante do ente

Legislação Complementar

público intimado. Entretanto, é plenamente cabível no ordenamento jurídico brasileiro que a ciência da lavratura de autos de infração e notificações de débito seja realizada através de via postal realizada no endereço da pessoa jurídica de direito público.

Referência Normativa: Portaria n. 854/2015 arts. 18 § 3º, 22, II. Lei n. 9.784/1999, arts. 2º, IX, 22, *caput*, 26 § 3º.

LEI N. 7.855, DE 24 DE OUTUBRO DE 1989

(DOU 26.10.1989 — LTr 53/1418)

Altera a Consolidação das Leis do Trabalho, atualiza os valores das multas trabalhistas, amplia sua aplicação, institui o programa de desenvolvimento do sistema federal de inspeção do trabalho e dá outras providências

O PRESIDENTE DA REPÚBLICA,

Faço saber que o Congresso Nacional decreta e eu sanciono a seguinte Lei:

Art. 1º A Consolidação das Leis do Trabalho, aprovada pelo Decreto-lei n. 5.452, de 1º de maio de 1943 (CLT), passa a vigorar com as seguintes alterações. *(As alterações trazidas pelo art. 1º desta lei nos arts. 16, 29, 41, 42, 74, 153, 168, 317,459 e 477 já estão inseridas nos respectivos artigos da CLT).*

Art. 2º O valor das multas administrativas decorrentes da violação das normas trabalhistas, previstas na CLT e legislação extravagante, será, na data da publicação desta Lei, triplicado e, em seguida, expresso em quantidade de BTN.

PARÁGRAFO ÚNICO. O disposto neste artigo não se aplica às multas constantes do Capítulo V do Título II da CLT, que terão seus valores convertidos em quantidades de BTNs, nem às previstas nos arts. 153 e 477, § 8º, com a redação dada por esta Lei.

Art. 3º Acarretarão a aplicação de multa de 160 BTNs, por trabalhador prejudicado, dobrada no caso de reincidência, as infrações ao disposto:

I — na Lei n. 4.090, de 13 de julho de 1962, que dispõe sobre a Gratificação de Natal;

II — na Lei n. 5.811, de 11 de outubro de 1972, que dispõe sobre o regime de trabalho nas atividades petrolíferas;

III — na Lei n. 6.019, de 3 de janeiro de 1974, que dispõe sobre o trabalho temporário nas empresas urbanas;

IV — na Lei n. 7.183, de 5 de abril de 1984, que regula o exercício da profissão de aeronauta;

V — na Lei n. 7.418, de 16 de dezembro de 1985, alterada pela Lei n. 7.619, de 30 de setembro de 1987, que instituiu o Vale-Transporte; e

VI — no Decreto-lei n. 2.284, de 10 de março de 1986, que instituiu o Seguro-Desemprego.

Art. 4º O salário pago fora dos prazos previstos em lei, acordos ou convenções coletivas e sentenças normativas sujeitará o infrator à multa administrativa de 160 BTNs por trabalhador prejudicado, salvo motivo de força maior (art. 501 da CLT).

Art. 5º As multas previstas na legislação trabalhista serão, quando for o caso, e sem prejuízo das demais cominações legais, agravadas até o grau máximo, nos casos de artifício, ardil, simulação, desacato, embaraço ou resistência à ação fiscal, levando-se em conta, além das circunstâncias atenuantes ou agravantes, a situação econômico-financeira do infrator e os meios a seu alcance para cumprir a lei.

Art. 6º O valor das multas não recolhidas no previsto no § 3º do art. 636 da CLT será atualizado monetariamente pelo BTN Fiscal, acrescido de juros de mora de um por cento ao mês calendário, na forma da legislação aplicada aos tributos federais, até a data do seu efetivo pagamento.

§ 1º Não será considerado reincidente o empregador que não for novamente autuado por infração ao mesmo dispositivo, decorridos dois anos da imposição da penalidade.

§ 2º A fiscalização, a autuação e o processo de imposição das multas reger-se-ão pelo Título VII da CLT.

§ 3º Será observado o critério de dupla visita nas empresas com até dez empregados, salvo quando for constatada infração por falta de registro de empregado, anotação da sua Carteira de Trabalho e Previdência Social e na ocorrência de fraude, resistência ou embaraço à fiscalização.

§ 4º Na empresa que for autuada, após obedecido o disposto no parágrafo anterior, não será mais observado o critério da dupla visita em relação ao dispositivo infringido.

Art. 7º Fica instituído o Programa de Desenvolvimento do Sistema Federal de Inspeção do Trabalho, destinado a promover e desenvolver as atividades de inspeção das normas de proteção, segurança e medicina do trabalho.

§ 1º O Ministro de Estado do Trabalho estabelecerá os princípios norteadores do programa que terá como objetivo principal assegurar o reconhecimento do vínculo empregatício do trabalhador e os direitos dele decorrentes e, para maior eficiência em sua operacionalização, fará observar o critério de rodízios dos agentes de Inspeção do Trabalho na forma prevista no Regulamento da Inspeção do Trabalho.

§ 2º O deferimento da gratificação a que se refere o Decreto-lei n. 2.357, de 28 de agosto de 1987, com as alterações introduzidas pelos arts. 11 e 12 do Decreto-lei n. 2.365, de 27 de outubro de 1987, é estendido aos servidores pertencentes às seguintes categorias funcionais integrantes do Grupo Outras Atividades de Nível Superior (NS 900), instituído na conformidade da Lei n. 5.645, de 10 de dezembro de 1970:

a) Fiscal do Trabalho — Códigos NS-933 e LT-NS-933;

b) Médico do Trabalho — Códigos NS-903 e LT-NS 903, quando no efetivo exercício de funções de inspeção de medicina do trabalho;

c) Engenheiro — Códigos NS-916 e LT-NS-916, quando no efetivo exercício de funções de inspeção da segurança do trabalho; e

d) Assistente Social — Códigos NS-930 e LT-NS930, quando no efetivo exercício de funções de inspeção do trabalho das mulheres e menores.

§ 3º A gratificação de que trata o parágrafo anterior será atribuída até o máximo de 2.800 pontos por servidor, correspondendo cada ponto a 0,285% do respectivo vencimento básico, mediante ato do Ministro de Estado do Trabalho, que fixará a pontuação proporcionalmente à jornada legal de trabalho das referidas categorias.

Art. 8º O § 1º do art. 5º da Lei n. 7.418, de 16 de dezembro de 1985, modificado pela Lei n. 7.619, de 30 de setembro de 1987, passa a ter a seguinte redação: Já incluso na respectiva Lei, p. 624.

Art. 9º *(Vetado).*

Art. 10. Os efeitos financeiros decorrentes da publicação desta Lei terão início em 1º de outubro de 1989.

Art. 11. As despesas com a execução do disposto nesta Lei correrão à conta das dotações próprias constantes do Orçamento Geral da União.

Art. 12. Esta Lei entra em vigor na data de sua publicação.

Art. 13. Revogam-se o parágrafo único do art. 16, os arts. 18, 19, 27, 28, 43, 44, 324, 374, 375, 378, 379, 380, 387, 418 e 446 da CLT e demais disposições em contrário.

Brasília, em 24 de outubro de 1989; 168º da Independência e 102º da República.

José Sarney
Dorothea Werneck

INSTRUÇÃO NORMATIVA SIT N. 105, DE 23 DE ABRIL DE 2014

(DOU 24.4.2014)

Dispõe sobre os procedimentos de fiscalização indireta.

O SECRETÁRIO DE INSPEÇÃO DO TRABALHO, no exercício da competência prevista nos incisos I, VI e XIII do art. 1º, do Anexo VI, da Portaria n. 483, de 15 de setembro de 2004, considerando a previsão contida no art. 30, *caput*, do Decreto n. 4.552, de 27 de dezembro de 2002, e o disposto no inciso II do art. 11 da Portaria n. 546, de 11 de março de 2010, com a redação dada pela Portaria n. 287, de 27 de fevereiro de 2014, resolve:

Art. 1º Estabelecer normas relacionadas ao procedimento de fiscalização indireta no âmbito da Inspeção do Trabalho.

Art. 2º Considera-se fiscalização indireta aquela que envolve apenas análise documental, a partir de notificações aos empregadores, por via postal ou outro meio de comunicação, mediante a comprovação do recebimento, para apresentação de documentos ou para comprovação de cumprimento de obrigações, nas unidades descentralizadas do Ministério do Trabalho e Emprego — MTE, ou através de envio eletrônico de informações, em data e horário definidos.

§ 1º A fiscalização indireta decorre da constatação de indício de descumprimento de obrigação trabalhista, utilizando-se de ferramentas informatizadas para coleta, cruzamento e análise de dados, arquivos ou outros documentos.

§ 2º A fiscalização indireta pode ser:

I — Presencial: aquela que exige o comparecimento do empregador ou seu preposto à unidade descentralizada do MTE; ou

II — Eletrônica: aquela que dispensa o comparecimento do empregador ou seu preposto, exigindo apenas a apresentação de documentos em meio digital, via correio eletrônico institucional, à unidade descentralizada do MTE.

Art. 3º Para a fiscalização indireta, o empregador deve ser notificado por meio de:

I — Notificação para Apresentação de Documentos — NAD, quando na modalidade presencial; ou

II — Notificação para Comprovação do Cumprimento de Obrigações Trabalhistas — NCO, quando na modalidade eletrônica.

§ 1º A notificação emitida, em ambas as modalidades, deve ser encaminhada via postal com Aviso de Recebimento — AR, ou outro meio que assegure a comprovação do recebimento, e conter, necessariamente:

I — a identificação do empregador; e

II — os documentos necessários à comprovação do cumprimento da obrigação trabalhista.

§ 2º Além do disposto no parágrafo anterior, a NCO deve conter:

I — a indicação do correio eletrônico institucional a ser utilizado pelo empregador para comprovação de cumprimento de obrigações trabalhistas; e

II — a informação de que os documentos digitais enviados somente serão considerados recebidos se houver uma confirmação de recebimento do órgão fiscalizador.

§ 3º Considera-se notificado o empregador cuja correspondência tenha sido recebida no seu endereço, ou equivalente, conforme comprovante de recebimento.

§ 4º Na hipótese de devolução da notificação, o setor competente pode notificar novamente o empregador, nas modalidades presencial ou eletrônica, ou encaminhar o procedimento para a fiscalização direta.

Art. 4º A análise dos documentos enviados em meio digital, a verificação do cumprimento de obrigações ou o atendimento aos empregadores notificados deve ser realizado por Auditor Fiscal do Trabalho — AFT designado pela chefia imediata ou superior por meio de Ordem de Serviço — OS.

§ 1º A chefia competente deve disponibilizar ao AFT designado nos termos do *caput* cópia da notificação, ou as informações necessárias ao desenvolvimento da ação fiscal, com antecedência mínima de dez dias da data para o cumprimento da obrigação, a apresentação de documentos ou o comparecimento à unidade descentralizada do MTE, além do comprovante de recebimento da notificação, quando necessário.

§ 2º O AFT deve confirmar o recebimento dos documentos através de envio de mensagem eletrônica ao empregador, utilizando correio eletrônico institucional.

§ 3º Na modalidade presencial, o atendimento dos empregadores notificados deve ser realizado observando-se um intervalo mínimo de trinta minutos entre agendamentos.

§ 4º No caso do parágrafo anterior, a critério do AFT, outros atendimentos poderão ser agendados para continuidade da fiscalização.

Art. 5º Caso o empregador, notificado nos termos do art. 3º, não compareça no dia e hora determinados, ou não envie os documentos exigidos na notificação na forma requerida, o AFT deve lavrar auto de infração capitulado no art. 630, §§ 3º ou 4º, da CLT, que deve ser obrigatoriamente acompanhado da via original do AR ou de outro documento que comprove o recebimento da respectiva notificação, independentemente de outras autuações ou procedimentos fiscais cabíveis.

PARÁGRAFO ÚNICO. Caso haja, via correio eletrônico institucional, solicitação subsequente para apresentação de documentos, no curso da mesma ação fiscal, os eventuais autos de infração lavrados conforme art. 630, §§ 3º ou 4º, da CLT, deverão ser acompanhados de cópia impressa da mensagem de correio eletrônico na qual o AFT solicitou tais documentos, com confirmação de entrega.

Art. 6º Esta Instrução Normativa entra em vigor na data de sua publicação.

PAULO SÉRGIO DE ALMEIDA

LEI N. 11.457, DE 16 DE MARÇO DE 2007

(DOU 19.3.2007)

Dispõe sobre a administração tributária federal; altera as Leis ns. 10.593, de 6 de dezembro de 2002, 10.683, de 28 de maio de 2003, 8.212, de 24 de julho de 1991, 10.910, de 15 de julho de 2004, o Decreto-lei n. 5.452, de 1º de maio de 1943, e o Decreto n. 70.235, de 6 de março de 1972; revoga dispositivos das Leis ns. 8.212, de 24 de julho de 1991, 10.593, de 6 de dezembro de 2002, 10.910, de 15 de julho de 2004, 11.098, de 13 de janeiro de 2005, e 9.317, de 5 de dezembro de 1996; e dá outras providências

Art. 1º A Secretaria da Receita Federal passa a denominar-se Secretaria da Receita Federal do Brasil, órgão essencial ao funcionamento do Estado, de caráter permanente, estruturado de forma hierárquica e diretamente subordinado ao Ministro de Estado da Fazenda e que tem por finalidade a administração tributária e aduaneira da União. *(Redação dada pela Lei n. 13.464, de 10.7.17, DOU 11.7.17)*

PARÁGRAFO ÚNICO. São essenciais e indelegáveis as atividades da administração tributária e aduaneira da União exercidas pelos servidores dos quadros funcionais da Secretaria da Receita Federal do Brasil. (NR) *(Redação dada pela Lei n. 13.464, de 10.7.17, DOU 11.7.17)*

....

Art. 14. Fica o Poder Executivo autorizado a proceder à transformação, sem aumento de despesa, dos cargos em comissão e funções gratificadas existentes na Secretaria da Receita Federal do Brasil.

PARÁGRAFO ÚNICO. Sem prejuízo das situações existentes na data de publicação desta Lei, os cargos em comissão e as funções de confiança a que se refere o caput deste artigo são privativos de servidores:

I — ocupantes de cargos efetivos da Secretaria da Receita Federal do Brasil ou que tenham obtido aposentadoria nessa condição, hipótese esta restrita à ocupação de cargo em comissão;

I — ocupantes de cargos efetivos da Secretaria da Receita Federal do Brasil ou que tenham obtido aposentadoria nessa condição, hipótese esta restrita à ocupação de cargo em comissão; *(Redação dada pela Lei n. 13.464, de 10.7.17, DOU 11.1.17)*

II — alcançados pelo disposto no art. 12 desta Lei.

....

PORTARIA GM/MTE N. 1.719, DE 5 DE NOVEMBRO DE 2014

(DOU 7.11.2014)(*)

Disciplina os procedimentos relativos aos embargos e interdições.

O MINISTRO DE ESTADO DO TRABALHO E EMPREGO, no uso da atribuição conferida pelo art. 87, parágrafo único, inciso II, da Constituição Federal e pelo art. 913 da Consolidação das Leis do Trabalho, aprovada pelo Decreto-lei n. 5.452, de 1º de maio de 1943, e em face do disposto no art. 21 do Decreto n. 5.063, de 3 de maio de 2004, resolve:

Art. 1º Suspender, temporariamente, a vigência da Portaria n. 40, de 14.1.2011, considerando a decisão proferida no curso da Ação Civil Pública n. 0010450-12.2013.5.14.0008.

PARÁGRAFO ÚNICO. Durante a suspensão prevista no *caput*, a presente norma disciplinará os procedimentos de embargo e interdição previstos na Consolidação das Leis do Trabalho — CLT.

Art. 2º Os procedimentos previstos nesta Portaria revestem-se de caráter de urgência, tendo em vista a natureza preventiva das medidas de embargo e interdição, que têm por objeto evitar o dano à integridade física do trabalhador.

Seção I
Disposições preliminares

Art. 3º O embargo e a interdição são medidas de urgência, adotadas quando constatada condição ou situação de trabalho que caracterize risco grave e iminente ao trabalhador.

§ 1º Considera-se grave e iminente risco toda condição ou situação de trabalho que possa causar acidente ou doença relacionada ao trabalho com lesão grave à integridade física do trabalhador.

§ 2º O embargo implica a paralisação total ou parcial da obra, considerada todo e qualquer serviço de engenharia de construção, montagem, instalação, manutenção ou reforma.

§ 3º A interdição implica a paralisação total ou parcial do estabelecimento, setor de serviço, máquina ou equipamento.

Seção II
Da competência

Art. 4º Os Auditores Fiscais do Trabalho — AFT estão autorizados, em todo o território nacional, a ordenar a adoção de medidas de interdições e embargos, e o consequente levantamento posterior dos mesmos, quando se depararem com uma condição ou situação de perigo iminente à vida, à saúde ou à segurança dos trabalhadores.

§ 1º Para o início ou manutenção da produção de seus efeitos, o embargo ou interdição não depende de prévia autorização ou confirmação por autoridade diversa não envolvida na ação fiscal, ressalvada exclusivamente a possibilidade de recurso ao órgão técnico superior da Inspeção do Trabalho.

§ 2º A competência prevista no *caput* destina-se a todos os AFT em exercício na circunscrição da Superintendência Regional do Trabalho e Emprego, bem como aos integrantes dos grupos móveis de fiscalização legalmente instituídos, que estejam em ação no local em que se verificou a condição ou situação de grave e iminente risco.

§ 3º A interdição ou o embargo somente é aplicável à condição ou situação constatada pelo AFT em verificação física no local de trabalho, com alcance limitado ao local inspecionado.

Seção III
Imposição do Embargo ou da Interdição

Art. 5º Quando o Auditor Fiscal do Trabalho — AFT constatar, em verificação física no local de trabalho, grave e iminente risco que justifique embargo ou interdição, deverá lavrar com a urgência que o caso requer Relatório Técnico em duas vias, que contenha:

I — identificação do empregador com nome, inscrição no Cadastro Nacional da Pessoa Jurídica — CNPJ ou Cadastro de Pessoa Física — CPF, código na Classificação Nacional de Atividades Econômicas — CNAE e endereço do estabelecimento em que será aplicada a medida;

II — endereço do empregador, caso a medida seja aplicada em obra, local de prestação de serviço ou frente de trabalho realizada fora do estabelecimento;

III — identificação precisa do objeto da interdição ou embargo;

IV — descrição dos fatores de risco e indicação dos riscos a eles relacionados;

V — indicação clara e objetiva das medidas de proteção da segurança e saúde no trabalho que deverão ser adotadas pelo empregador;

VI — assinatura e identificação do AFT, contendo nome, cargo e número da Carteira de Identidade Fiscal — CIF; e

VII — indicação da relação de documentos que devem ser apresentados pelo empregador quando houver a necessidade de comprovação das medidas de proteção por meio de relatório, projeto, cálculo, laudo ou outro documento.

Art. 6º O embargo e a interdição deverão se fundamentar no Relatório Técnico, e ser formalizados por meio de Termo de Embargo ou Termo de Interdição, a partir dos modelos de conteúdo mínimo previstos nos Anexos I e II desta Portaria, com numeração sequencial do órgão regional ou com numeração sequencial

(*) Os anexos a que se referem a presente Portaria encontram-se publicados à p. 56, do DOU de 7.11.14.

Legislação Complementar

precedida do número da CIF quando emitido por AFT.

§ 1º O Termo de Embargo ou Termo de Interdição será lavrado em duas vias, com a seguinte destinação:

I — a primeira via formará processo administrativo, juntamente com a primeira via do Relatório Técnico; e

II — a segunda via deverá ser entregue ao empregador, mediante aposição de recibo na primeira via, no máximo em um dia útil após sua lavratura, juntamente com a segunda via do Relatório Técnico.

§ 2º A via do empregador poderá ser remetida via postal, com Aviso de Recebimento, caso o estabelecimento se localize em local de difícil acesso.

§ 3º O embargo e a interdição produzirão efeitos desde a ciência pelo empregador do termo respectivo.

§ 4º O processo administrativo de embargo ou interdição deverá ter tramitação prioritária, em todas as suas etapas.

Art. 7º Para cumprimento do disposto nesta Portaria, nas ações realizadas em locais de difícil acesso os documentos poderão ser enviados por meio digital.

§ 1º Os documentos originais deverão ser entregues à seção, setor ou núcleo de segurança e saúde no trabalho da Superintendência Regional do Trabalho e Emprego — SRTE ou seção ou setor de inspeção do trabalho da Gerência Regional do Trabalho e Emprego — GRTE no prazo de cinco dias após o término da ação fiscal, para formação do processo administrativo.

§ 2º Independentemente do disposto no parágrafo anterior, tão logo lavrado o termo de Embargo ou o termo de Interdição e tendo o mesmo produzido seus efeitos, o AFT responsável deverá comunicar imediatamente sua chefia imediata pelos meios à sua disposição.

Art. 8º O Chefe da seção, setor ou núcleo de segurança e saúde no trabalho ou seção ou setor de inspeção do trabalho deverá dar ciência do embargo ou interdição ao sindicato representativo dos trabalhadores da empresa e ao Superintendente Regional do Trabalho e Emprego e, se for o caso, ao Gerente Regional do Trabalho e Emprego.

Seção IV

Suspensão do Embargo ou Interdição

Art. 9º Caberá ao empregador requerer o levantamento do embargo ou da interdição a qualquer momento, após adoção das medidas de proteção da segurança e saúde no trabalho indicadas no Relatório Técnico.

PARÁGRAFO ÚNICO. O requerimento deverá ser protocolizado na SRTE ou na GRTE e conter:

I — o número do Termo de Embargo ou Termo de Interdição;

II — a identificação do estabelecimento, local da prestação de serviços, frente de trabalho, obra, máquina, setor de serviço ou equipamento objeto do embargo ou interdição; e

III — descrição das providências e medidas tomadas.

Art. 10. O requerimento de levantamento do embargo ou interdição será anexado no processo administrativo originado do Termo de Embargo ou Termo de Interdição, conforme inciso I do § 1º do art. 6º.

Art. 11. A seção, setor ou núcleo de segurança e saúde no trabalho ou seção ou setor de inspeção do trabalho deverá providenciar nova inspeção no estabelecimento, local da prestação de serviço ou frente de trabalho, para verificação da adoção das medidas indicadas no Relatório Técnico.

§ 1º A inspeção de que trata o *caput* deve ser realizada no prazo máximo de um dia útil a contar da data do protocolo do requerimento previsto no art. 9º.

§ 2º Deverá ser preferencialmente designado para a nova inspeção o AFT que participou da inspeção inicial e elaborou o Relatório Técnico ou o Termo de Embargo e Termo de Interdição.

§ 3º Na impossibilidade de cumprimento do prazo previsto no § 1º por AFT que tenha participado da inspeção original, conforme justificativa apresentada à chefia, esta deverá designar outro AFT para realização da tarefa.

§ 4º Em caso de a inspeção ser realizada fora do município de exercício do AFT designado, o deslocamento deve ser providenciado com a maior brevidade possível, e o prazo de um dia útil para a inspeção deve ser contado a partir da data de sua chegada à localidade.

§ 5º Quando a suspensão do embargo ou interdição for condicionada à apresentação de relatório, projeto, cálculo, laudo ou outro documento pelo empregador, conforme previsto no Relatório Técnico, o prazo de um dia útil para a inspeção será contado a partir da conclusão da análise dos documentos pelo AFT, conforme número de turnos indicados na Ordem de Serviço Administrativa — OSAD pela chefia.

Art. 12. Após a inspeção de que trata o art. 11, o AFT deverá elaborar novo Relatório Técnico, conforme número de turnos indicados pela chefia na OSAD, que conterá, dentre outras informações julgadas necessárias, as previstas nos itens I, II, III e VI do art. 5º e ainda:

I — indicação do cumprimento ou não das medidas previstas no Relatório Técnico emitido quando do embargo ou interdição;

II — indicação da permanência ou não dos fatores de risco e dos riscos a eles relacionados; e

III — proposta de suspensão total, suspensão parcial ou manutenção do embargo ou interdição.

PARÁGRAFO ÚNICO. O Relatório Técnico servirá de base para a manutenção ou levantamento do embargo ou interdição pelo AFT.

Art. 13. O levantamento do embargo ou da interdição deve ser formalizado por meio de Termos de Suspensão de Embargo e Interdição, conforme modelos previstos nos Anexos III e IV desta Portaria, numerados na forma do art. 6º.

§ 1º A segunda via do Termo de Suspensão de Embargo ou Termo de Suspensão de Interdição ou cópia da decisão pela manutenção do embargo ou interdição deverá ser entregue ao empregador, mediante recibo na primeira via, na data de sua expedição ou, no máximo, no próximo dia útil da data da emissão.

§ 2º Caso o estabelecimento do empregador se localize em local de difícil acesso, os documentos previstos no § 1º poderão ser remetidos via postal, com Aviso de Recebimento.

Seção V

Dos Recursos

Art. 14. Contra os atos relativos a embargo ou interdição, cabe a interposição de recurso administrativo à Coordenação-Geral de Recursos — CGR da Secretaria de Inspeção do Trabalho, que poderá atribuir efeito suspensivo ao recurso.

Art. 15. O recurso deverá ser protocolizado na SRTE ou na GRTE mais próxima do município do local da interdição ou embargo, no prazo de dez dias contado da ciência do termo de embargo ou interdição, e será recebido e autuado em processo administrativo apartado no qual constituirá a peça inaugural, sendo suas folhas numeradas e rubricadas a tinta.

PARÁGRAFO ÚNICO. Os autos do recurso deverão ser apensados ao processo administrativo previsto no inciso I do § 1º do art. 6º.

Art. 16. Interposto recurso, o processo será encaminhado ao AFT responsável pela lavratura do Relatório Técnico, para que, caso seja necessário, diante dos argumentos apresentados pelo recorrente, preste informações complementares, no prazo de quarenta e oito horas.

§ 1º Cumprido o procedimento estabelecido no *caput*, o processo deverá ser distribuído para análise, a qual examinará o cumprimento dos requisitos formais do ato, bem como o conteúdo do Relatório Técnico, nos termos do artigo 5º desta Portaria, e elaborará proposta de decisão sobre o recurso.

§ 2º Após a análise, o processo deverá ser encaminhado, devidamente instruído, no prazo máximo de dez dias da data do protocolo do recurso, à autoridade competente.

§ 3º Caso necessário, a CGR poderá constituir comissão específica composta por três AFT, para deliberação sobre proposta de decisão.

Art. 17. A decisão final do recurso deve ser proferida no prazo de dez dias do recebimento do processo devidamente instruído.

Art. 18. A suspensão de embargo ou interdição que implique perda do objeto do recurso deverá ser comunicada de imediato à autoridade a quem foi encaminhado o recurso.

Art. 19. A decisão final quanto ao recurso deve ser comunicada pela SRTE ao empregador.

Seção VI

Das infrações e disposições finais

Art. 20. Quando constatado o descumprimento da interdição ou do embargo, o AFT, além de lavrar o auto de infração correspondente, providenciará diretamente ou por meio de sua chefia, a comunicação imediata do fato à autoridade policial para a adoção das medidas legais cabíveis.

Art. 21. Os casos de reincidência na exposição dos trabalhadores à condição de risco grave e iminente deverão ser comunicados ao Ministério Público do Trabalho através de relatório circunstanciado e cópias dos documentos pertinentes.

Art. 22. A imposição de embargo ou interdição não elide a lavratura de autos de infração por descumprimento das normas regulamentadoras de segurança e saúde no trabalho ou dos dispositivos da legislação trabalhista relacionados à situação analisada.

Art. 23. O embargo ou interdição decorrente de requerimento de entidade sindical, conforme previsto no § 2º do art. 161 da CLT, seguirão os procedimentos previstos nesta Portaria.

Art. 24. Esta Portaria entra em vigor na data de sua publicação.

MANOEL DIAS

LEI N. 605, DE 5 DE JANEIRO DE 1949

(DOU 14.1.1949 — LTr 13/45)

— (V. CF, art. 7º, XV — p. 15)

— (V. Lei n. 10.101, de 19.12.2000 arts. 6º, 6º-A e 6º-B, p. 635)

Dispõe sobre o repouso semanal remunerado e o pagamento de salário, nos dias feriados civis e religiosos

O PRESIDENTE DA REPÚBLICA,

Faço saber que o Congresso Nacional decreta e eu sanciono a seguinte Lei:

Art. 1º Todo empregado tem direito ao repouso semanal remunerado de vinte e quatro horas consecutivas, preferentemente aos domingos e, nos limites das exigências técnicas das empresas, nos feriados civis e religiosos, de acordo com a tradição local.

Art. 2º Entre os empregados a que se refere esta lei, incluem-se os trabalhadores rurais, salvo os que operem em qualquer regime de parceria, meação, ou forma semelhante de participação na produção.

Art. 3º O regime desta Lei será extensivo àqueles que, sob forma autônoma, trabalhem agrupados, por intermédio de Sindicato, Caixa Portuária, ou entidade congênere. A remuneração do repouso obrigatório, neste caso, consistirá no acréscimo de um sexto (1/6) calculado sobre os salários efetivamente percebidos pelo trabalhador e paga juntamente com os mesmos.

Art. 4º É devido o repouso semanal remunerado, nos termos desta Lei, aos trabalhadores das autarquias e de empresas industriais, ou sob administração da União, dos Estados e dos Municípios, ou incorporados nos seus patrimônios, que não estejam subordinados ao regime do funcionalismo público.

Art. 5º Esta Lei não se aplica às seguintes pessoas:

a) *(Revogado pela Lei n. 11.324, de 19.7.2006, DOU 20.7.2006.*

b) aos funcionários públicos da União, dos Estados e dos Municípios, e aos respectivos extranumerários em serviços nas próprias repartições;

c) aos servidores de autarquias paraestatais, desde que sujeitos a regime próprio de proteção ao trabalho que lhes assegure situação análoga à dos funcionários públicos.

PARÁGRAFO ÚNICO. São exigências técnicas, para os efeitos desta Lei, as que, pelas condições peculiares às atividades da empresa, ou em razão do interesse público, tornem indispensável a continuidade do serviço.

Art. 6º Não será devida a remuneração quando, sem motivo justificado, o empregado não tiver trabalhado durante toda a semana anterior, cumprindo integralmente o seu horário de trabalho.

§ 1º São motivos justificados:

a) os previstos no art. 473 e seu parágrafo único da Consolidação das Leis do Trabalho;

b) a ausência do empregado, devidamente justificada, a critério da administração do estabelecimento;

c) a paralisação do serviço nos dias em que, por conveniência do empregador, não tenha havido trabalho;

d) ausência do empregado, até três dias consecutivos, em virtude de seu casamento;

e) a falta ao serviço com fundamento na lei sobre acidente do trabalho;

f) a doença do empregado, devidamente comprovada.

§ 2º A doença será comprovada mediante atestado de médico da instituição da previdência social a que estiver filiado o empregado, e, na falta deste e sucessivamente, de médico do Serviço Social do Comércio ou da Indústria; de médico da empresa ou por ela designado; de médico a serviço de repartição federal, estadual ou municipal, incumbido de assuntos de higiene ou de saúde pública; ou não existindo estes, na localidade em que trabalhar, de médico de sua escolha. *(Redação dada pela Lei n. 2.761, de 26.4.1956).*

§ 3º Nas empresas em que vigorar regime de trabalho reduzido, a frequência exigida corresponderá ao número de dias em que o empregado tiver de trabalhar.

Art. 7º A remuneração do repouso semanal corresponderá:

a) para os que trabalham por dia, semana, quinzena ou mês, à de um dia de serviço, computadas as horas extraordinárias habitualmente prestadas;

b) para os que trabalham por hora, à de sua jornada normal de trabalho, computadas as horas extraordinárias habitualmente prestadas. *(A redação das alíneas "a" e "b" foi alterada pela Lei n. 7.415, de 9.12.1985, DOU 10.12.1985);*

c) para os que trabalham por tarefa ou peça, o equivalente ao salário correspondente às tarefas ou peças feitas durante a semana, no horário normal de trabalho, dividido pelos dias de serviço efetivamente prestados ao empregador;

d) para o empregado em domicílio, o equivalente ao quociente da divisão por 6 (seis) da importância total da sua produção na semana.

§ 1º Os empregados cujos salários não sofram descontos por motivo de feriados civis ou religiosos são considerados já remunerados nesses mesmos dias de repouso, conquanto tenham direito à remuneração dominical.

§ 2º Consideram-se já remunerados os dias de repouso semanal do empregado mensalista ou quinzenalista, cujo cálculo de salário mensal ou quinzenal, ou cujos descontos por faltas sejam efetuados na base do número de dias do mês ou de 30 (trinta) e 15 (quinze) diárias, respectivamente.

Art. 8º Excetuados os casos em que a execução do serviço for imposta pelas exigências técnicas das empresas, é vedado o trabalho em dias feriados civis e religiosos, garantida, entretanto, aos empregados a remuneração respectiva, observados os dispositivos dos arts. 6º e 7º desta Lei.

Art. 9º Nas atividades em que não for possível, em virtude das exigências técnicas das empresas, a suspensão do trabalho, nos dias feriados civis e religiosos, a remuneração será paga em dobro, salvo se o empregador determinar outro dia de folga.

Art. 10. Na verificação das exigências técnicas a que se referem os artigos anteriores, ter-se-ão em vista as de ordem econômica; permanentes ou ocasionais, bem como as peculiaridades locais.

PARÁGRAFO ÚNICO. O Poder Executivo, em decreto especial ou no regulamento que expedir para fiel execução desta Lei, definirá as mesmas exigências e especificará, tanto quanto possível as empresas a elas sujeitas, ficando desde já incluídas entre elas as de serviços públicos e de transporte.

Art. 11. *(Revogado pelo art. 4º da Lei n. 9.093, de 12.9.1995, DOU 13.9.1995)*

LEI N. 9.093, DE 12.9.1995

(DOU 13.9.1995)

Dispõe sobre feriados

O Presidente da República.

Faço saber que o Congresso Nacional decreta e eu sanciono a seguinte Lei:

Art. 1º São feriados civis:

I — os declarados em lei federal;

II — a data magna do Estado fixada em lei estadual.

III — os dias do início e do término do ano do centenário de fundação do Município, fixados em lei municipal. *(Inciso acrescentado pela Lei n. 9.335, 10.12.1996, DOU 11.12.1996)*

Art. 2º São feriados religiosos os dias de guarda, declarados em lei municipal, de acordo com a tradição local e em número não superior a quatro, neste incluída a Sexta-Feira da Paixão.

Art. 3º Esta Lei entra em vigor na data de sua publicação.

Art. 4º Revogam-se as disposições em contrário, especialmente o art. 11 da Lei n. 605, de 5 de janeiro de 1949.

Brasília, 12 de setembro de 1995; 174º da Independência e 107º da República.

Fernando Henrique Cardoso

Nelson A. Jobim

Art. 12. As infrações ao disposto nesta Lei serão punidas, com multa de R$ 40,25 (quarenta reais e vinte e cinco centavos) a R$ 4.025,33 (quatro mil e vinte e cinco reais e trinta e três centavos), segundo a natureza da infração, sua extensão e a intenção de quem a praticou, aplicada em dobro no caso de reincidência e oposição à fiscalização ou desacato à autoridade. (NR) *(Redação dada pela Lei n. 12.544, de 8.12.2011, DOU 9.12.2011)*

Art. 13. Serão originariamente competentes, para a imposição das multas de que trata a presente Lei, os delegados regionais do Ministério do Trabalho, e, nos Estados, onde houver delegação de atribuições, a autoridade delegada.

Art. 14. A fiscalização da execução da presente Lei, o processo de autuação dos seus infratores, os recursos e a cobrança das multas reger-se-ão pelo disposto no Título VII da Consolidação das Leis do Trabalho.

Art. 15. A presente Lei entrará em vigor na data da sua publicação.

Art. 16. Revogam-se as disposições em contrário.

Rio de Janeiro, 5 de janeiro de 1949; 128º da Independência e 61º da República.

EURICO G. DUTRA
ADROALDO MESQUITA DA COSTA
SÍLVIO DE NORONHA
CANROBERT P. DA COSTA
RAUL FERNANDES
CORRÊA E CASTRO
CLÓVIS PESTANA
DANIEL DE CARVALHO
CLEMENTE MARIANI
HONÓRIO MONTEIRO
ARMANDO TROMPOWSKY

LEI N. 662, DE 6 DE ABRIL DE 1949(*)

(DOU 13.4.1949 — LTr 13/243)

Declara feriados nacionais os dias 1º de janeiro, 1º de maio, 7 de setembro, 15 de novembro e 25 de dezembro

O PRESIDENTE DA REPÚBLICA,

Faço saber que o Congresso Nacional decreta e eu sanciono a seguinte lei:

Art. 1º São feriados nacionais os dias 1º de janeiro, 21 de abril, 1º de maio, 7 de setembro, 2 de novembro, 15 de novembro e 25 de dezembro. *(Redação dada pela Lei n. 10.607, de 19.12.2002, DOU 20.12.2002).*

Art. 2º Só serão permitidas, nos feriados nacionais, atividades privadas e administrativas absolutamente indispensáveis.

Art. 3º Os chamados "pontos facultativos", que os Estados, Distrito Federal ou os Municípios decretarem, não suspenderão as horas normais do ensino, nem prejudicarão os atos da vida forense, dos tabeliães e dos cartórios de registro.

Art. 4º Esta Lei entrará em vigor na data de sua publicação, revogadas as disposições em contrário.

Rio de Janeiro, 6 de abril de 1949; 128º da Independência e 61º da República.

EURICO G. DUTRA
ADROALDO MESQUITA DA COSTA
SYLVIO DE NORONHA
NEWTON CAVALCANTI
RAUL FERNANDES
CORRÊA E CASTRO
CLÓVIS PESTANA
DANIEL DE CARVALHO
CLEMENTE MARIANI
HONÓRIO MONTEIRO
ARMANDO TROMPOWSKY

(*) Já incluído o disposto na Lei n. 10.607, de 19.12.2002 (DOU 20.12.2002) que dá nova redação ao art. 1º da Lei n. 605/49 para acrescentar os dias 21 de abril e 2 de novembro como feriados nacionais.

DECRETO N. 27.048, DE 12 DE AGOSTO DE 1949

(DOU 16.8.1949 — LTr 13/411)

Aprova o regulamento da Lei n. 605, de 5 de janeiro de 1949, que dispõe sobre o repouso remunerado e o pagamento de salário nos dias feriados civis e religiosos

— (V. Lei n. 10.101, de 19.12.2000 arts. 6º, 6º-A e 6º-B, p. 635)

O PRESIDENTE DA REPÚBLICA, usando da atribuição que lhe confere o art. 87, n. 1, da Constituição, nos termos do art. 10, parágrafo único, da Lei n. 605, de 5 de janeiro de 1949, decreta:

Art. 1º Fica aprovado o regulamento que a este acompanha, assinado pelo Ministro de Estado dos Negócios do Trabalho, Indústria e Comércio, pelo qual reger-se-á a execução da Lei n. 605, de 5 de janeiro de 1949.

Art. 2º Revogam-se as disposições em contrário.

Rio de Janeiro, 12 de agosto de 1949; 128º da Independência e 61º da República.

EURICO G. DUTRA
HONÓRIO MONTEIRO

Regulamento a que se refere o Decreto n. 27.048, de 12 de agosto de 1949

Art. 1º Todo empregado tem direito a repouso remunerado, num dia de cada semana, preferentemente aos domingos, nos feriados civis e nos religiosos, de acordo com a tradição local, salvo as exceções previstas neste regulamento.

Art. 2º As disposições do presente regulamento são extensivas:

a) aos trabalhadores rurais, salvo os que trabalhem em regime de parceria agrícola, meação ou forma semelhante de participação na produção;

b) aos trabalhadores que, sob forma autônoma, trabalhem agrupados, por intermédio de sindicato, caixa portuária ou entidade congênere, tais como estivadores, consertadores, conferentes e assemelhados;

c) aos trabalhadores das entidades autárquicas, dos serviços industriais da União, dos Estados, dos Municípios e dos Territórios, e das empresas por estes administradas ou incorporadas, desde que não estejam sujeitos ao regime dos funcionários ou extranumerários ou não tenham regime de proteção ao trabalho, que lhes assegure situação análogas à daqueles servidores públicos.

Art. 3º O presente regulamento não se aplica:

a) aos empregados domésticos, assim considerados os que prestam serviço de natureza não econômica a pessoa ou a família, no âmbito residencial destas;

— V. art. 5º da Lei n. 605, de 5.1.49, revogado pela Lei n. 11.324, de 19.7.2006, DOU 20.7.2006.

b) aos funcionários da União, dos Estados, dos Municípios e dos Territórios, bem como aos respectivos extranumerários, em serviço nas próprias repartições.

Art. 4º O repouso semanal remunerado será de vinte e quatro horas consecutivas.

Art. 5º São feriados civis, e como tais obrigam ao repouso remunerado em todo território nacional, aqueles que a lei determinar. *(V. relação dos feriados nacionais inserida na nota ao art. 11 da Lei n. 605/49).*

PARÁGRAFO ÚNICO. Será também obrigatório o repouso remunerado nos dias feriados locais, até o máximo de quatro, incluída a Sexta-Feira da Paixão, desde que declarados como tais por lei municipal, cabendo à autoridade regional competente em matéria de trabalho expedir os atos necessários à observância do repouso remunerado nesses dias. *(Nota: Este parágrafo foi reproduzido com a alteração decorrente do Dec.-lei n. 86, de 27.12.1966, que deu nova redação ao art. 11 da Lei n. 605/49, reduzindo para quatro o número de feriados municipais).*

Art. 6º Excetuados os casos em que a execução dos serviços for imposta pelas exigências técnicas das empresas, é vedado o trabalho nos dias de repouso a que se refere o art. 1º, garantida, entretanto, a remuneração respectiva.

§ 1º Constituem exigências técnicas, para os efeitos deste regulamento, aquelas que, em razão do interesse público, ou pelas condições peculiares às atividades da empresa ou ao local onde as mesmas se exercitarem, tornem indispensável a continuidade do trabalho, em todos ou alguns dos respectivos serviços.

§ 2º Nos serviços que exijam trabalho em domingo, com exceção dos elencos teatrais e congêneres, será estabelecida escala de revezamento, previamente organizada e de quadro sujeito à fiscalização.

§ 3º Nos serviços em que for permitido o trabalho nos feriados civis e religiosos, a remuneração dos empregados que trabalharem nesses dias será paga em dobro, salvo se a empresa determinar outro dia de folga.

Art. 7º É concedida, em caráter permanente e de acordo com o disposto no § 1º do art. 6º, permissão para o trabalho nos dias de repouso a que se refere o art. 1º, nas atividades constantes da relação anexa ao presente regulamento.

§ 1º Os pedidos de permissão para quaisquer outras atividades, que se enquadrem no § 1º do art. 6º, serão apresentados às autoridades regionais referidas no art. 16, que os encaminharão ao Ministro do Trabalho, Indústria e Comércio, devidamente informados.

§ 2º A permissão dar-se-á por decreto do Poder Executivo.

Art. 8º Fora dos casos previstos no artigo anterior, admitir-se-á, excepcionalmente, o trabalho em dia de repouso:

a) quando ocorrer motivo de força maior, cumprindo à empresa justificar a ocorrência perante a autoridade regional a que se refere o art. 15, no prazo de 10 dias;

b) quando, para atender à realização ou conclusão de serviços inadiáveis ou cuja inexecução possa acarretar prejuízo manifesto, a empresa obtiver da autoridade regional referida no art. 15, autorização prévia, com discriminação do período autorizado, o qual, de cada vez, não excederá de 60 dias, cabendo neste caso a remuneração em dobro, na forma e com a ressalva constante do art. 6º, § 3º.

Art. 9º Nos dias de repouso, em que for permitido o trabalho, é vedada às empresas a execução de serviços que se não enquadrem nos motivos determinantes da permissão.

Art. 10. A remuneração dos dias de repouso obrigatório, tanto o do repouso semanal como aqueles correspondentes aos feriados, integrará o salário para todos os efeitos legais e com ele deverá ser paga.

§ 1º A remuneração do dia de repouso corresponderá, qualquer que seja a forma de pagamento do salário:

a) para os contratados por semana, dia ou hora, à de um dia normal de trabalho, não computadas as horas extraordinárias;

b) para os contratados por tarefa ou peça, ao equivalente ao salário correspondente às tarefas ou peças executadas durante a semana, no horário normal de trabalho, dividido pelos dias de serviço efetivamente prestado ao empregador;

c) para os trabalhadores rurais, que trabalham por tarefa predeterminada, ao quociente da divisão do salário convencionado pelo número de dias fixados para a respectiva execução.

§ 2º A remuneração prevista na alínea "a" será devida aos empregados contratados por mês ou quinzena, cujo cálculo de salário mensal ou quinzenal, ou cujos descontos por faltas ao serviço sejam efetuados em base inferior a 30 (trinta) ou 15 (quinze) dias respectivamente.

Art. 11. Perderá a remuneração do dia de repouso o trabalhador que sem motivo justificado ou em virtude de punição disciplinar, não tiver trabalhado durante toda a semana, cumprindo integralmente o seu horário de trabalho.

§ 1º Nas empresas em que vigorar regime de trabalho reduzido, a frequência exigida corresponderá ao número de dias em que houver trabalho.

§ 2º Não prejudicarão a frequência exigida as ausências decorrentes de férias.

§ 3º Não serão acumuladas a remuneração do repouso semanal e a do feriado civil ou religioso, que recaírem no mesmo dia.

§ 4º Para os efeitos do pagamento da remuneração, entende-se como semana o período de segunda-feira a domingo, anterior à semana em que recair o dia de repouso definido no art. 1º.

Art. 12. Constituem motivos justificados:

a) os previstos no art. 473, e seu parágrafo, da Consolidação das Leis do Trabalho;

b) a ausência do empregado, justificada, a critério da administração do estabelecimento, mediante documento por esta fornecido;

c) a paralisação do serviço nos dias em que, por conveniência do empregador, não tenha havido trabalho;

d) a falta ao serviço, com fundamento na Lei de Acidentes do Trabalho;

e) a ausência do empregado, até três dias consecutivos, em virtude de seu casamento;

f) a doença do empregado, devidamente comprovada, até 15 dias, caso em que a remuneração corresponderá a dois terços da fixada no art. 10.

§ 1º A doença será comprovada mediante atestado passado por médico da empresa ou por ela designado e pago.

§ 2º Não dispondo a empresa de médico, da instituição de previdência a que esteja filiado o empregado, por médico do Serviço Social da Indústria ou do Serviço Social do Comércio, por médico de repartição federal, estadual ou municipal, incumbido de assunto de higiene ou saúde, ou, inexistindo na localidade médicos nas condições acima especificados, por médico do sindicato a que pertença o empregado ou por profissional da escolha deste.

§ 3º As entradas no serviço, verificadas com atraso, em decorrência de acidentes de transportes, quando devidamente comprovadas mediante atestado da empresa concessionária, não acarretarão, para o trabalhador, a aplicação do disposto no art. 11.

Art. 13. Para os efeitos da legislação do trabalho e das contribuições e benefícios da previdência social, passará a ser calculado na base de trinta dias ou duzentas e quarenta horas o mês que, anteriormente, o era na base de vinte e cinco dias ou duzentas horas.

Art. 14. As infrações ao disposto na Lei n. 605, de 5 de janeiro de 1949, ou neste regulamento, serão punidas, segundo o caráter e a gravidade, com multa de cem a cinco mil cruzeiros.

Art. 15. São originariamente competentes para a imposição das multas de que trata este regulamento as autoridades regionais do trabalho: no Distrito Federal, o Diretor da Divisão de Fiscalização do Departamento Nacional do Trabalho; nos Estados, os Delegados Regionais do Trabalho; e, nos Estados onde houver delegação de atribuições, a autoridade delegada.

Art. 16. A fiscalização da execução do presente regulamento, bem como o processo de autuação de seus infratores, reger-se-ão pelo disposto no Título VII da Consolidação das Leis do Trabalho.

Art. 17. O presente regulamento entrará em vigor na data de sua publicação.

Rio de Janeiro, 12 de agosto de 1949.

HONÓRIO MONTEIRO

Relação a que se refere o art. 7º com a redação dada pelo Decreto n. 94.591, de 10.7.1987 (DOU 13.7.1987)

I — INDÚSTRIA

1) Laticínios (excluídos os serviços de escritório).

2) Frio industrial, fabricação e distribuição de gelo (excluídos os serviços de escritório).

3) Purificação e distribuição de água (usinas e filtros), (excluídos os serviços de escritório).

4) Produção e distribuição de energia elétrica (excluídos os serviços de escritório).

5) Produção e distribuição de gás (excluídos os serviços de escritório).

6) Serviços de esgotos (excluídos os serviços de escritório).

7) Confecção de coroas de flores naturais.

8) Pastelaria, confeitaria e panificação em geral.

9) Indústria do malte (excluídos os serviços de escritório).

10) Indústria do cobre eletrolítico, de ferro (metalúrgica) e do vidro (excluídos os serviços de escritório).

11) Turmas de emergência nas empresas industriais, instaladoras e conservadoras de elevadores e cabos aéreos.

12) Trabalhos em curtumes (excluídos os serviços de escritório).

13) Alimentação de animais destinados à realização de pesquisas para preparo de soro e outros produtos farmacêuticos.

14) Siderurgia, fundição, forjaria, usinagem (fornos acesos permanentemente) — (excluídos os serviços de escritório).

15) Lubrificação e reparos do aparelhamento industrial (turma de emergência).

16) Indústria moageira (excluídos os serviços de escritório).

17) Usinas de açúcar e de álcool (com exclusão de oficinas mecânicas, almoxarifados e escritórios).

18) Indústria do papel de imprensa (excluídos os serviços de escritório).

19) Indústria de vidro (excluídos os serviços de escritório).

20) Indústria de cimento em geral, excluídos os serviços de escritório. *(Incluído pelo Decreto n. 29.553, de 1951) (Revogado pelo Decreto de 10.5.1991)*

21) Indústria do refino do petróleo. *(Incluído pelo Decreto n. 61.146, de 1967). (Revogado pelo Decreto de 10.5.1991)*

22) Comércio varejista em geral. *(Incluído pelo Decreto n. 91.100, de 1983) (Revogado pelo Decreto n. 91.164, de 1985)*

23) Indústria Petroquímica, excluídos os serviços de escritório. *(Incluído pelo Decreto n. 94.709, de 1987) (Revogado pelo Decreto de 10.5.1991)*

II — COMÉRCIO

1) Varejistas de peixe.

2) Varejistas de carnes frescas e caça.

3) Venda de pão e biscoitos.

4) Varejistas de frutas e verduras.

5) Varejistas de aves e ovos.

6) Varejistas de produtos farmacêuticos (farmácias, inclusive manipulação de receituário).

7) Flores e coroas.

8) Barbearias (quando funcionando em recinto fechado ou fazendo parte do complexo do estabelecimento ou atividade, mediante acordo expresso com os empregados).

9) Entrepostos de combustíveis, lubrificantes e acessórios para automóveis (postos de gasolina).

10) Locadores de bicicletas e similares.

11) Hotéis e similares (restaurantes, pensões, bares, cafés, confeitarias, leiterias, sorveterias e bombonerias).

12) Hospitais, clínicas, casas de saúde e ambulatórios.

13) Casas de diversões (inclusive estabelecimento esportivo em que o ingresso seja pago).

14) Limpeza e alimentação de animais em estabelecimentos de avicultura.

15) Feiras-livres e mercados, comércio varejista de supermercados e de hipermercados, cuja atividade preponderante seja a venda de alimentos, inclusive os transportes a eles inerentes. (NR) *(Redação dada pelo Decreto n. 9.127, de 16.8.17, DOU 17.8.17)*

16) Porteiros e cabineiros de edifícios residenciais.

17) Serviço de propaganda dominical.

18) Comércio de artigos regionais nas estâncias hidrominerais.

19) Comércio em portos, aeroportos, estradas, estações rodoviárias e ferroviárias.

20) Comércio em hotéis.

21) Agências de turismo, locadoras de veículos e embarcações.

22) Comércio em postos de combustíveis.

23) Comércio em feiras e exposições.

III — TRANSPORTES

1) Serviços portuários.

2) Navegação (inclusive escritórios unicamente para atender a serviços de navios).

3) Trânsito marítimo de passageiros (exceto serviços de escritório).

4) Serviço propriamente de transportes (excluídos os transportes de carga urbanos e os escritórios e oficinas, salvo as de emergência).

5) Serviços de transportes aéreos (excluídos os departamentos não ligados diretamente ao tráfego aéreo).

6) Transporte interestadual (rodoviário), inclusive limpeza e lubrificação dos veículos.

7) Transporte de passageiros por elevadores e cabos aéreos.

IV — COMUNICAÇÕES E PUBLICIDADE

1) Empresas de comunicações telegráficas, radiotelegráficas e telefônicas (excluídos os serviços de escritório e oficinas, salvo as de emergência).

2) Empresas de radiodifusão, televisão de jornais e revistas (excluídos os escritórios).

3) Distribuidores e vendedores de jornais e revistas (bancas e ambulantes).

4) Anúncios em bondes e outros veículos (turma de emergência).

V — EDUCAÇÃO E CULTURA

1) Estabelecimentos de ensino (internatos, excluídos os serviços de escritório e magistério).

2) Empresas teatrais (excluídos os serviços de escritório).

3) Biblioteca (excluídos os serviços de escritório).

4) Museus (excluídos os serviços de escritório).

5) Empresas exibidoras cinematográficas (excluídos os serviços de escritório).

6) Empresas de orquestras.

7) Cultura física (excluídos os serviços de escritório).

8) Instituições de culto religioso.

VI — SERVIÇOS FUNERÁRIOS

1) Estabelecimentos e entidades que executem serviços funerários.

VII — AGRICULTURA E PECUÁRIA

1) Limpeza e alimentação de animais em propriedades agropecuárias.

2) Execução de serviços especificados nos itens anteriores desta relação.

3) colheita, beneficiamento, lavagem e transporte de hortaliças, legumes e frutas. (NR) *(Acrescentado pelo Decreto n. 7.421, de 31.12.2010, DOU 31.12.2010, ed. Extra)*

LEI N. 6.802, DE 30 DE JUNHO DE 1980

(DOU 1º.7.1980 — LTr 44-7/921)

Declara feriado nacional o dia 12 de outubro, consagrado à Nossa Senhora Aparecida, Padroeira do Brasil

O PRESIDENTE DA REPÚBLICA,

Faço saber que o Congresso Nacional decreta e eu sanciono a seguinte Lei:

Art. 1º É declarado feriado nacional o dia 12 de outubro, para culto público e oficial à Nossa Senhora Aparecida, Padroeira do Brasil.

Art. 2º Esta Lei entrará em vigor na data de sua publicação.

Brasília, em 30 de junho de 1980; 159º da Independência e 92º da República.

JOÃO FIGUEIREDO
IBRAHIM ABI-ACKEL

PORTARIA GM/MTE N. 945, DE 8 DE JULHO DE 2015

(DOU 9.7.2015)

O MINISTRO DE ESTADO DO TRABALHO E EMPREGO, usando da competência que lhe foi atribuída pelo art. 87, parágrafo único, incisos I e II da Constituição Federal, pelo art. 913 da Consolidação das Leis do Trabalho — CLT e pelo art. 1º do Decreto n. 83.842, de 14 de agosto de 1979, resolve:

Art. 1º A autorização transitória para trabalho aos domingos e feriados civis e religiosos a que se refere o artigo 68, parágrafo único, da CLT será regida de acordo com os procedimentos previstos nesta Portaria.

PARÁGRAFO ÚNICO. A autorização a que se refere este artigo poderá ser concedida:

a) mediante acordo coletivo específico firmado entre empregadores e entidade representativa da categoria profissional de empregados;

b) mediante ato de autoridade competente do Ministério do Trabalho e Emprego, baseado em relatório da inspeção do trabalho, por meio de requerimento do empregador.

Art. 2º Fica concedida autorização transitória para trabalho aos domingos e feriados civis e religiosos aos empregadores que firmarem acordo coletivo específico de trabalho com entidade representativa da categoria profissional, após o devido registro no Ministério do Trabalho e Emprego.

Art. 3º O acordo coletivo específico a que se refere o artigo anterior disciplinará a prestação do trabalho aos domingos e feriados civis e religiosos, devendo versar, no mínimo, sobre:

I — Escala de revezamento;

II — Prazo de vigência da prestação do trabalho aos domingos e feriados civis e religiosos;

III — Condições específicas de segurança e saúde para o trabalho em atividades perigosas e insalubres;

IV — Os efeitos do acordo coletivo específico na hipótese de cancelamento da autorização.

Art. 4º Para a análise da pertinência da pactuação sobre o trabalho aos domingos e feriados civis e religiosos, as partes considerarão:

I — o histórico de cumprimento da legislação trabalhista pela empresa, por meio de consulta às certidões de débito e informações processuais administrativas no âmbito do Ministério do Trabalho e Emprego — MTE, através do endereço eletrônico http://consulta cpmr.mte.gov.br/ConsultaCPMR.

II — as taxas de incidência ou gravidade de doenças e acidentes do trabalho do empregador em relação ao perfil do setor econômico, com base nas estatísticas oficiais anualmente publicadas pelo Ministério da Previdência Social.

Art. 5º O registro do acordo coletivo específico deve ser requerido por meio do Sistema Mediador em http://www.mte.gov.br, conforme instruções previstas no sistema.

PARÁGRAFO ÚNICO. Para a validade do acordo coletivo específico serão observadas as regras constantes do Título VI da CLT.

Art. 6º A autorização se encerrará:

I) com o decurso do prazo previsto no acordo coletivo específico;

II) pelo distrato entre as partes.

Art. 7º Excetuados os casos previstos no art. 2º desta Portaria, fica subdelegada competência aos Superintendentes Regionais do Trabalho e Emprego, com circunscrição no local da prestação do serviço, para conceder autorização de trabalho aos domingos e feriados.

Art. 8º O requerimento para solicitar a autorização prevista no artigo anterior deverá ser instruído com os seguintes documentos:

I — laudo técnico elaborado por instituição Federal, Estadual ou Municipal, indicando a necessidade de ordem técnica e os setores que exigem a continuidade do trabalho, com validade de 4 (quatro) anos;

II — escala de revezamento, de forma que o gozo do repouso semanal remunerado dos trabalhadores coincida com o domingo, no mínimo, 1 (uma) vez a cada três semanas;

III — comprovação da comunicação, com antecedência mínima de 15 dias da data do protocolo do pedido feito ao MTE, à entidade sindical representativa da categoria laboral a respeito da autorização para o trabalho aos domingos e feriados.

IV — Resposta apresentada pela entidade sindical laboral competente no prazo de 15 dias, se houver.

PARÁGRAFO ÚNICO. Em caso de objeção ao pedido de autorização para o trabalho aos domingos e feriados, a entidade sindical laboral poderá protocolar sua manifestação diretamente no MTE.

Art. 9º As autorizações de que trata o art. 7º desta portaria somente serão concedidas após inspeção na empresa requerente e serão consideradas na avaliação do pedido de autorização a ocorrência das seguintes situações:

I — infração reincidente nos atributos de jornada e descanso;

II — taxa de incidência ou gravidade de doenças e acidentes do trabalho superior à média do perfil do setor econômico, com base nas estatísticas oficiais anualmente publicadas pelo Ministério da Previdência Social.

§ 1º As autorizações previstas no *caput* poderão ser concedidas pelo prazo de até dois anos, renováveis, com validade a partir da publicação no Diário Oficial da União.

§ 2º Os pedidos de renovação deverão ser formalizados em até três meses antes do término da autorização, observados os requisitos exigidos no *caput* deste artigo.

Art. 10. A autorização para trabalho aos domingos e feriados civis e religiosos poderá ser cancelada a qualquer momento, após oitiva da empresa, mediante despacho fundamentado e baseado em relatório da inspeção do trabalho, desde que observada a ocorrência de uma das seguintes hipóteses:

I — descumprimento do instrumento coletivo pelo empregador relativamente às normas coletivas sobre o trabalho em domingos e feriados, no caso de autorização concedida por meio de acordo coletivo específico;

II — descumprimento das exigências constantes desta Portaria;

III — infração reincidente nos atributos de jornada e descanso, constatada pela inspeção do trabalho;

IV — atingimento, pelo empregador, de taxa de incidência ou gravidade de doenças e acidentes do trabalho superior à do perfil do setor econômico, com base nas estatísticas oficiais anualmente publicadas pelo Ministério da Previdência Social.

V — situação de grave e iminente risco à segurança e saúde do trabalhador constatada pela Inspeção do Trabalho.

§ 1º No caso do inciso IV, caberá à Inspeção do Trabalho avaliar se a ocorrência é suficientemente relevante a fim de justificar o cancelamento da autorização.

§ 2º Fica subdelegada competência aos Superintendentes Regionais do Trabalho e Emprego, com circunscrição no local da prestação de serviço, para o cancelamento de que trata o *caput* deste artigo.

Art. 11. O MTE disponibilizará em sua página eletrônica a relação das empresas autorizadas, na forma desta Portaria, ao trabalho em domingos e feriados.

Art. 12. Os casos omissos serão dirimidos pelo Secretário Executivo do MTE, ouvidas as áreas técnicas envolvidas.

Art. 13. Esta Portaria entra em vigor na data de sua publicação.

Art. 14. Revogam-se as Portarias n. 3.118, de 3 de abril de 1989 e n. 375, de 21 de março de 2014.

MANOEL DIAS

INSTRUÇÃO NORMATIVA SRT/MTE N. 15, DE 14 DE JULHO DE 2010

(DOU 15.7.2010)

Estabelece procedimentos para assistência e homologação na rescisão de contrato de trabalho

A SECRETÁRIA DE RELAÇÕES DO TRABALHO DO MINISTÉRIO DO TRABALHO E EMPREGO, no uso da atribuição que lhe confere o art. 5º, inciso IX, do Regimento Interno da Secretaria de Relações do Trabalho, aprovado pela Portaria Ministerial n. 483, de 15 de setembro de 2004, e tendo em vista o disposto nas Portarias n. 1.620 e n. 1.621, de 14 de julho de 2010, resolve:

CAPÍTULO I

SEÇÃO I
Disposições preliminares

Art. 1º A assistência na rescisão de contrato de trabalho, prevista no § 1º do art. 477 da Consolidação das Leis do Trabalho — CLT, aprovada pelo Decreto-lei n. 5.452, de 1º de maio de 1943, obedecerá ao disposto nesta Instrução Normativa.

Art. 2º Na assistência à rescisão do contrato de trabalho, o Sistema Homolognet, instituído pela Portaria n. 1.620, de 14 de julho de 2010, será utilizado gradualmente, conforme sua implantação nas Superintendências Regionais do Trabalho e Emprego, Gerências Regionais do Trabalho e Emprego e Agências Regionais.

§ 1º Nas rescisões contratuais em que não for adotado o Homolognet, será utilizado o Termo de Rescisão de Contrato de Trabalho — TRCT previsto no Anexo I da Portaria n. 1.621, de 14 de julho de 2010.

§ 2º Quando for adotado o Homolognet, serão utilizados os seguintes documentos:

I — Termo de Rescisão de Contrato de Trabalho, previsto no Anexo II da Portaria n. 1.621, de 2010;

II — Termo de Homologação sem ressalvas, previsto no Anexo III da Portaria n. 1.621, de 2010;

III — Termo de Homologação com ressalvas, previsto no Anexo IV da Portaria n. 1.621, de 2010;

IV — Termo de Comparecimento de uma das partes;

V — Termo de Comparecimento de ambas as partes, sem homologação da rescisão em face de discordância quanto aos valores constantes no TRCT; e

VI — Termo de Compromisso de Retificação do TRCT.

Art. 3º O empregador, ao utilizar o Homolognet, deverá acessar o Sistema por meio do portal do MTE na internet: www.mte.gov.br, cadastrar-se previamente e:

I — incluir os dados relativos ao contrato de trabalho e demais dados solicitados pelo Sistema;

II — informar-se com o órgão local do MTE, para verificar a necessidade de agendamento da homologação; e

III — dirigir-se ao órgão local do MTE, munido dos documentos previstos no art. 22 desta Instrução Normativa.

SEÇÃO II
Disposições gerais

Art. 4º A assistência na rescisão de contrato de trabalho tem por objetivo orientar e esclarecer empregado e empregador acerca do cumprimento da lei, bem como zelar pelo efetivo pagamento das parcelas rescisórias, e é devida:

I — nos contratos de trabalho firmados há mais de um ano;

II — quando o cômputo do aviso prévio indenizado resultar em mais de um ano de serviço; e

III — na hipótese de aposentadoria em que ocorra rescisão de contrato de trabalho que se enquadre nos incs. I e II deste artigo.

PARÁGRAFO ÚNICO. Conta-se o prazo de um ano e um dia de trabalho pelo calendário comum, incluindo-se o dia em que se iniciou a prestação do trabalho.

Art. 5º Não é devida a assistência na rescisão de contrato de trabalho em que são partes a União, os estados, os municípios, suas autarquias e fundações de direito público, e empregador doméstico, ainda que optante do Fundo de Garantia do Tempo de Serviço — FGTS.

CAPÍTULO II

SEÇÃO I
Da competência

Art. 6º São competentes para prestar a assistência na rescisão do contrato de trabalho:

I — o sindicato profissional da categoria do local onde o empregado laborou ou a federação que represente categoria inorganizada;

II — o servidor público em exercício no órgão local do MTE, capacitado e cadastrado como assistente no Homolognet; e

III — na ausência dos órgãos citados nos incs. I e II deste artigo na localidade, o representante do Ministério Público ou o Defensor Público e, na falta ou impedimentos destes, o Juiz de Paz.

Art. 7º Em função da proximidade territorial, poderão ser prestadas assistências em circunscrição diversa do local da prestação dos serviços ou da celebração do contrato de trabalho, desde que autorizadas por ato conjunto dos respectivos Superintendentes Regionais do Trabalho e Emprego.

SEÇÃO II
Dos procedimentos

Art. 8º Diante das partes, cabe ao assistente:

I — inquirir o empregado e confirmar a veracidade dos dados contidos no TRCT; e

II — verificar a existência de dados não lançados no TRCT, observados os prazos previstos no inc. XXIX do art. 7º da Constituição Federal.

PARÁGRAFO ÚNICO. O assistente deverá esclarecer às partes que:

I — a homologação de rescisão por justa causa não implica a concordância do empregado com os motivos ensejadores da dispensa; e

II — a quitação do empregado refere-se somente ao exato valor de cada verba especificada no TRCT.

Art. 9º São itens de verificação obrigatória pelo assistente:

I — a regularidade da representação das partes;

II — a existência de causas impeditivas à rescisão;

III — a observância dos prazos legais ou, em hipóteses mais favoráveis, dos prazos previstos em convenção ou acordo coletivo de trabalho ou sentença normativa;

IV — a regularidade dos documentos apresentados;

V — a correção das informações prestadas pelo empregador;

VI — o efetivo pagamento das verbas devidas;

VII — o efetivo recolhimento dos valores a título de FGTS e de Contribuição Social, prevista no art. 1º, da Lei Complementar n. 110, de 29 de junho de 2001, devidos na vigência do contrato de trabalho;

VIII — o efetivo pagamento, na rescisão sem justa causa, da indenização do FGTS, na alíquota de 40% (quarenta por cento), e da Contribuição Social, na alíquota de 10% (dez por cento), incidentes sobre o montante de todos os depósitos de FGTS devidos na vigência do contrato de trabalho, atualizados monetariamente e acrescidos dos respectivos juros remuneratórios, não se deduzindo, para o cálculo, saques ocorridos; e

IX — indícios de qualquer tipo de fraude, especialmente a rescisão contratual que vise somente ao saque de FGTS e à habilitação ao Seguro-Desemprego.

Art. 10. No caso de incorreção ou omissão de parcela devida, o assistente deve solucionar a falta ou a controvérsia, por meio de orientação e esclarecimento às partes.

§ 1º Quando a incorreção relacionar-se a dados do contrato de trabalho ou do empregado, tais como tipo do contrato de trabalho, categoria profissional, causa de afastamento, data de admissão e afastamento, percentual de pensão alimentícia a ser retida na rescisão, data do aviso prévio, dentre outros, o TRCT deverá ser retificado pelo empregador, devendo o assistente lavrar o Termo de Compromisso de Retificação do TRCT.

§ 2º Havendo incorreções não sanadas, o assistente deve comunicar o fato ao setor de fiscalização do trabalho do órgão para as devidas providências.

§ 3º Desde que haja concordância do empregado, a incorreção de parcelas ou valores lançados no TRCT não impede a homologação da rescisão, devendo o assistente consignar as devidas ressalvas no Homolognet.

Art. 11. Na correção dos dados ou na hipótese do § 3º do art. 10 desta Instrução Normativa, será impresso o Termo de Homologação gerado pelo Homolognet, que deverá ser assinado pelas partes ou seus prepostos e pelo assistente.

PARÁGRAFO ÚNICO. Devem constar das ressalvas:

I — parcelas e complementos não pagos e não constantes do TRCT;

II — matéria não solucionada, nos termos desta Instrução Normativa;

III — a expressa concordância do empregado em formalizar a homologação e

IV — quaisquer fatos relevantes para assegurar direitos e prevenir responsabilidades do assistente.

SEÇÃO III
Dos impedimentos

Art. 12. São circunstâncias impeditivas da homologação:

I — nas rescisões de contrato de trabalho por iniciativa do empregador, quando houver estabilidade do empregado decorrente de:

a) gravidez da empregada, desde a sua confirmação até cinco meses após o parto;

b) candidatura para o cargo de direção de Comissões Internas de Prevenção de Acidentes — CIPA, desde o registro da candidatura e, se eleito, ainda que suplente, até um ano após o final do mandato;

c) candidatura do empregado sindicalizado a cargo de direção ou representação sindical, desde o registro da candidatura e, se eleito, ainda que suplente, até um ano após o final do mandato;

d) garantia de emprego dos representantes dos empregados, titulares ou suplentes, em Comissão de Conciliação Prévia — CCP, instituída no âmbito da empresa, até um ano após o final do mandato;

e) demais garantias de emprego decorrentes de lei, convenção ou acordo coletivo de trabalho ou sentença normativa;

II — suspensão contratual, exceto na hipótese prevista no § 5º do art. 476-A da CLT;

III — irregularidade da representação das partes;

IV — insuficiência de documentos ou incorreção não sanável;

V — falta de comprovação do pagamento das verbas devidas;

VI atestado de saúde ocupacional — ASO com declaração de inaptidão; e

VII — a constatação de fraude, nos termos do inciso IX do art. 9º desta Instrução Normativa.

SEÇÃO IV
Das partes

Art. 13. É obrigatória a presença de empregado e empregador para que seja prestada a assistência à rescisão contratual.

§ 1º Tratando-se de empregado com idade inferior a dezoito anos, será obrigatória a presença e a assinatura de seu representante legal no Termo de Homologação, exceto para os emancipados nos termos da lei civil.

§ 2º O empregador poderá ser representado por procurador legalmente habilitado ou preposto designado por carta de preposição em que conste referência à rescisão a ser homologada e os poderes para assinatura dos documentos na presença do assistente.

§ 3º O empregado poderá ser representado, excepcionalmente, por procurador legalmente constituído em procuração com poderes expressos para receber e dar quitação e com firma reconhecida em cartório.

Art. 14. No caso de morte do empregado, a assistência na rescisão contratual será prestada aos beneficiários habilitados perante o órgão previdenciário, reconhecidos judicialmente ou previstos em escritura pública lavrada nos termos do art. 982 do Código de Processo Civil, desde que dela constem os dados necessários à identificação do beneficiário e à comprovação do direito, conforme o art. 21 da Resolução n. 35, de 24 de abril de 2007, do Conselho Nacional de Justiça, e o art. 2º do Decreto n. 85.845, de 26 de março de 1981.

SEÇÃO V
Do aviso prévio

Art. 15. O direito ao aviso prévio é irrenunciável pelo empregado, salvo se houver comprovação de que ele obteve novo emprego.

Art. 16. O período referente ao aviso prévio, inclusive quando indenizado, integra o tempo de serviço para todos os efeitos legais.

Art. 17. Quando o aviso prévio for indenizado, a data da saída a ser anotada na Carteira de Trabalho e Previdência Social — CTPS deve ser:

I — na página relativa ao Contrato de Trabalho, a do último dia da data projetada para o aviso prévio indenizado; e

II — na página relativa às Anotações Gerais, a data do último dia efetivamente trabalhado.

PARÁGRAFO ÚNICO. No TRCT, a data de afastamento a ser consignada será a do último dia efetivamente trabalhado.

Art. 18. Caso o empregador não permita que o empregado permaneça em atividade no local de trabalho durante o aviso prévio, na rescisão deverão ser obedecidas as mesmas regras do aviso prévio indenizado.

Art. 19. É inválida a comunicação do aviso prévio na fluência de garantia de emprego e de férias.

Subseção I
Da contagem dos prazos do aviso prévio

Art. 20. O prazo de trinta dias correspondente ao aviso prévio conta-se a partir do dia seguinte ao da comunicação, que deverá ser formalizada por escrito.

PARÁGRAFO ÚNICO. No aviso prévio indenizado, quando o prazo previsto no art. 477, § 6º, alínea "b" da CLT recair em dia não útil, o pagamento poderá ser feito no próximo dia útil.

Art. 21. Quando o aviso prévio for cumprido parcialmente, o prazo para pagamento das verbas rescisórias ao empregado será de dez dias contados a partir da dispensa de cumprimento do aviso prévio, salvo se o termo final do aviso ocorrer primeiramente.

SEÇÃO VI
Dos documentos

Art. 22. Para a assistência, é obrigatória a apresentação dos seguintes documentos:

I — Termo de Rescisão de Contrato de Trabalho — TRCT, em quatro vias;

II — Carteira de Trabalho e Previdência Social — CTPS, com as anotações atualizadas;

III — Livro ou Ficha de Registro de Empregados;

IV — notificação de demissão, comprovante de aviso prévio ou pedido de demissão;

V — extrato para fins rescisórios da conta vinculada do empregado no FGTS, devidamente atualizado, e guias de recolhimento das competências indicadas como não localizadas na conta vinculada;

VI — guia de recolhimento rescisório do FGTS e da Contribuição Social, nas hipóteses do art. 18 da Lei n. 8.036, de 11 de maio de 1990, e do art. 1º da Lei Complementar n. 110, de 29 de junho de 2001;

VII — Comunicação da Dispensa — CD e Requerimento do Seguro-Desemprego, nas rescisões sem justa causa;

VIII — Atestado de Saúde Ocupacional Demissional, ou Periódico, durante o prazo de validade, atendidas as formalidades especificadas na Norma Regulamentadora — NR 7, aprovada pela Portaria n. 3.214, de 8 de junho de 1978, e alterações posteriores;

IX — documento que comprove a legitimidade do representante da empresa;

X — carta de preposto e instrumentos de mandato que, nos casos previstos nos §§ 2º e 3º do art. 13 e no art. 14 desta Instrução Normativa, serão arquivados no órgão local do MTE que efetuou a assistência juntamente com cópia do Termo de Homologação;

XI — prova bancária de quitação quando o pagamento for efetuado antes da assistência;

XII — o número de registro ou cópia do instrumento coletivo de trabalho aplicável; e

XIII — outros documentos necessários para dirimir dúvidas referentes à rescisão ou ao contrato de trabalho.

SEÇÃO VII
Do pagamento

Art. 23. O pagamento das verbas rescisórias constantes do TRCT será efetuado em dinheiro ou em cheque administrativo, no ato da assistência.

§ 1º O pagamento poderá ser feito, dentro dos prazos estabelecidos no § 6º do art. 477 da CLT, por meio de ordem bancária de pagamento, ordem bancária de crédito, transferência eletrônica ou depósito bancário em conta corrente ou poupança do empregado, facultada a utilização da conta não movimentável — conta salário, prevista na Resolução n. 3.402, de 6 de setembro de 2006, do Banco Central do Brasil.

§ 2º Para fins do disposto no § 1º deste artigo:

I — o estabelecimento bancário deverá se situar na mesma cidade do local de trabalho; e

II — o empregador deve comprovar que nos prazos legais ou previstos em convenção ou acordo coletivo de trabalho o empregado foi informado e teve acesso aos valores devidos.

§ 3º O pagamento das verbas rescisórias será efetuado somente em dinheiro na assistência à rescisão contratual de empregado não alfabetizado, ou na realizada pelos Grupos Especiais de Fiscalização Móvel, instituídos pela Portaria MTE n. 265, de 6 de junho de 2002.

CAPÍTULO III

SEÇÃO I

Disposições finais e transitórias

Art. 24. Não comparecendo uma das partes, ou na falta de homologação da rescisão em face de discordância quanto aos valores, o assistente emitirá os Termos de Comparecimento gerados pelo Homolognet.

Art. 25. Havendo homologação do TRCT, os Termos de Homologação serão assinados pelas partes e pelo assistente e, juntamente com as vias do TRCT, terão a seguinte destinação:

I — três vias para o empregado;

II — uma via para o empregador.

Art. 26. A assistência prestada nas homologações de rescisões de contrato sem utilização do Homolognet obedecerá, no que couber, ao disposto nesta Instrução Normativa, devendo ser observado:

I — o servidor público em exercício no órgão local do MTE, mediante ato próprio do Superintendente Regional do Trabalho e Emprego, ficará autorizado a prestar assistência na rescisão do contrato de trabalho;

II — em caso de incorreção de parcelas ou valores lançados no TRCT, o assistente deverá consignar as devidas ressalvas no verso;

III — é obrigatória a apresentação do demonstrativo de parcelas variáveis consideradas para fins de cálculo dos valores devidos na rescisão contratual e de cópia do instrumento coletivo aplicável;

IV — o assistente deverá conferir manualmente os valores das verbas rescisórias.

Art. 27. Esta Instrução Normativa entra em vigor na data de sua publicação.

Art. 28. Fica revogada a Instrução Normativa n. 3, de 21 de junho de 2002.

ZILMARA DAVID DE ALENCAR

PORTARIA GM/MTE N. 1.621, DE 14 DE JULHO DE 2010

(DOU 15.7.2010)

Aprova modelos de termos de rescisão de contrato de trabalho e termos de homologação

Obs.: A Portaria GM/MTE n. 1.620, de 14.7.2010, DOU 15.7.2010), institui o Sistema Homolognet para fins da assistência prevista no § 1º do art. 477 da CLT, a ser utilizado conforme instruções expedidas pela Secretaria de Relações do Trabalho — SRT (não publicada nesta obra)

O MINISTRO DE ESTADO DO TRABALHO E EMPREGO, no uso das atribuições que lhe conferem o art. 87, parágrafo único, inciso II, da Constituição Federal, e tendo em vista o disposto no art. 913 da Consolidação das Leis do Trabalho — CLT, aprovada pelo Decreto-lei n. 5.452, de 1º de maio de 1943, resolve:

Art. 1º Aprovar os modelos de Termos de Rescisão de Contrato de Trabalho — TRCT e Termos de Homologação, que devem ser utilizados como instrumentos de quitação das verbas devidas nas rescisões de contrato de trabalho.

Art. 2º Nas rescisões de contrato de trabalho em que não for utilizado o sistema Homolognet, deverão ser utilizados os seguintes documentos:

I — TRCT previsto no Anexo I desta Portaria, impresso em 2 (duas) vias, sendo uma para o empregador e outra para o empregado, acompanhado do Termo de Quitação de Rescisão do Contrato de Trabalho, previsto no Anexo VI, impresso em quatro vias, sendo uma para o empregador e três para o empregado, destinadas ao saque do FGTS e solicitação do seguro-desemprego, nas rescisões de contrato de trabalho em que não é devida assistência e homologação; e

II — TRCT previsto no Anexo I desta Portaria, impresso em 2 (duas) vias, sendo uma para o empregador e outra para o empregado, acompanhado do Termo de Homologação de Rescisão do Contrato de Trabalho, previsto no anexo VII, impresso em quatro vias, sendo uma para o empregador e três para o empregado, destinadas ao saque do FGTS e solicitação do seguro-desemprego, nas rescisões de contrato de trabalho em que é devida a assistência e homologação.

PARÁGRAFO ÚNICO. O TRCT previsto no Anexo I desta Portaria deve ser utilizado nas rescisões de contrato de trabalho doméstico. *(Redação do caput e incisos dada pela Portaria MTE n. 1.057, de 6.7.2012, DOU 9.7.2012)*

Art. 3º Serão gerados pelo Homolognet, os seguintes documentos anexos a esta Portaria:

I — Termo de Rescisão de Contrato de Trabalho — Anexo II;

II — Termo de Homologação sem ressalvas — Anexo III; e

III — Termo de Homologação com ressalvas — Anexo IV.

IV — Termo de Quitação de Rescisão do Contrato de Trabalho — Anexo V. *(Redação dada pela Portaria MTE n. 1.057, de 6.7.2012, DOU 9.7.2012)*

PARÁGRAFO ÚNICO. O TRCT previsto no Anexo II desta Portaria deverá ser impresso em 2 (duas) vias, sendo uma para o empregador e outra para o empregado, e os demais Termos deverão ser impressos em quatro vias, sendo uma para o empregador e três para o empregado.

Art. 4º É facultada a confecção dos Termos previstos nesta Portaria com a inserção de rubricas, de acordo com as necessidades do empregador, desde que respeitada a sequência numérica de campos estabelecida nas Instruções de Preenchimento, previstas no Anexo VIII, e a distinção de quadros de pagamentos e deduções". *(Redação dada pela Portaria MTE n. 1.057, de 6.7.2012, DOU 9.7.2012)*

Art. 5º Os documentos previstos nesta Portaria poderão ser impressos em verso e anverso.

Art. 6º Esta Portaria entra em vigor na data de sua publicação.

Art. 7º Revoga-se a Portaria n. 302, de 26 de junho de 2002, sendo permitida a utilização, até o dia 31 de dezembro de 2010, do TRCT por ela aprovado.

CARLOS ROBERTO LUPI

Obs.: 1) Os anexos referidos pela Portaria supracitada encontram-se publicados às páginas 109 a 118 do Diário Oficial da União de 9.7.2012, Seção 1.

2) Dispõe o art. 2º da Portaria n. 1.057, de 6.7.2012 que:" Serão aceitos, até 31 de outubro de 2012, termos de rescisão de contrato de trabalho elaborados pela empresa, desde que deles constem os campos de TRCT aprovado na Portaria n. 1.621, de 2010".

PORTARIA N. 3.281, DE 7 DE DEZEMBRO DE 1984

(DOU 12.12.1984 — LTr 49-1/106)

Dispõe sobre o pagamento de salários e férias por meio de cheque

O MINISTRO DE ESTADO DO TRABALHO, no uso das atribuições que lhe confere o art. 913, da Consolidação das Leis do Trabalho, e

Considerando que os arts. 145, 463 e 465 da Consolidação das Leis do Trabalho objetivam proteger os interesses imediatos do trabalhador quando do pagamento de seus salários e férias, a fim de que possa dispor de todo o seu tempo após o término do horário de trabalho, para atividades desvinculadas dos interesses empresariais;

Considerando que o pagamento do salário em cheque não contraria lei federal;

Considerando que a utilização de cheque constitui um dos imperativos da vida moderna;

Considerando, ainda, que se torna imprescindível a adaptação da lei à evolução tecnológica, desde que não contrarie os princípios que a inspiraram, resolve:

Art. 1º As empresas situadas em perímetro urbano poderão efetuar o pagamento dos salários e da remuneração das férias através de conta bancária, aberta para este fim em nome de cada empregado e com o consentimento deste, em estabelecimento de crédito próximo ao local de trabalho, ou em cheque emitido diretamente pelo empregador em favor do empregado, salvo se o trabalhador for analfabeto, quando o pagamento somente poderá ser efetuado em dinheiro.

PARÁGRAFO ÚNICO. As condições de funcionamento do sistema previsto neste artigo serão estipuladas em convênios entre a empresa e o estabelecimento de crédito, de modo a que o empregado possa utilizar a importância depositada de conformidade com o disposto nos arts. 145, 459, parágrafo único, e 465, todos da Consolidação das Leis do Trabalho.

Art. 2º Os pagamentos efetuados na forma do art. 1º obrigam o empregador a assegurar ao empregado:

a) horário que permita o desconto imediato do cheque;

b) transporte, caso o acesso ao estabelecimento de crédito exija a utilização do mesmo;

c) condição que impeça qualquer atraso no recebimento dos salários e da remuneração das férias.

Art. 3º Esta Portaria entrará em vigor na data de sua publicação, revogadas as disposições em contrário, especialmente a Portaria n. 3.245, de 28 de julho de 1971.

MURILLO MACÊDO

PORTARIA GM/MTE N. 329, DE 14 DE AGOSTO DE 2002

(DOU 15.8.2002 e republicada em 20.8.2002, por ter saído com incorreção)

Estabelece procedimentos para a instalação e o funcionamento das comissões de conciliação prévia e núcleos intersindicais de conciliação trabalhista

— V. Portaria n. 264, de 5.6.2002 (DOU 7.6.2002) que fixa, no âmbito do MTE, normas para acompanhamento e levantamento de dados relacionados ao funcionamento das Comissões de Conciliação Prévia, bem como para a fiscalização do trabalho quanto ao FGTS e contribuições sociais em decorrência de conciliação (não publicada nesta obra)

— V. Portaria n. 2, de 12.7.2002 (DOU 15.7.2002) com republicação em 18.7.2002, por ter saído com incorreção que dispõe sobre a forma de produção de dados estatísticos, levantamentos e identificações de irregularidades no funcionamento das Comissões de Conciliação Prévia e dá outras providências (não publicada nesta obra)

O MINISTRO DE ESTADO DO TRABALHO E EMPREGO, no uso das atribuições que lhe conferem o art. 87, parágrafo único, II, da Constituição Federal, e o art. 913 da Consolidação das Leis do Trabalho — CLT, aprovada pelo Decreto-lei n. 5.452, de 10 de maio de 1943; e

Considerando o disposto nos arts. 625-A a 625-H da CLT, com a redação dada pela Lei n. 9.958, de 12 de janeiro de 2000.

Considerando a relevante finalidade das Comissões de Conciliação Prévia, como fator de prevenção e solução extrajudicial de conflitos;

Considerando a necessidade de se traçarem instruções dirigidas às Comissões de Conciliação Prévia com vistas a garantir a legalidade, a efetividade e a transparência dos seus atos, bem como resguardar os direitos sociais e trabalhistas previstos na Constituição Federal, na CLT e legislação esparsa; e

Considerando as sugestões do Grupo de Trabalho, organizado em configuração tripartite, com a finalidade de promover ações conjuntas visando ao aprimoramento dos mecanismos de funcionamento, acompanhamento e avaliação das Comissões de Conciliação Prévia, resolve:

Art. 1º A Comissão de Conciliação Prévia instituída no âmbito do sindicato terá sua constituição e funcionamento definidos em convenção ou acordo coletivo de trabalho.

PARÁGRAFO ÚNICO. A Comissão conciliará exclusivamente conflitos que envolvam trabalhadores pertencentes à categoria profissional e à base territorial das entidades sindicais que as tiverem instituído.

Art. 2º A Comissão instituída no âmbito da empresa ou grupo de empresas destina-se a conciliar conflitos envolvendo os respectivos empregados e empregadores.

PARÁGRAFO ÚNICO. A escolha de representantes dos empregados da Comissão instituída no âmbito da empresa será por meio de eleição, fiscalizada pelo sindicato da categoria profissional.

Art. 3º A instalação da sessão de conciliação pressupõe a existência de conflito trabalhista, não se admitindo a utilização da Comissão de Conciliação Prévia como órgão de assistência e homologação de rescisão contratual.

PARÁGRAFO ÚNICO. A competência para prestar assistência ao trabalhador na rescisão contratual é do sindicato da categoria e da autoridade do Ministério do Trabalho e Emprego, nos termos do art. 477 da CLT.

Art. 4º A submissão de demanda de natureza trabalhista à Comissão de Conciliação Prévia é obrigatória quando houver Comissão instituída no âmbito da empresa ou do sindicato da categoria, na localidade da prestação de serviços do trabalhador.

Art. 5º A Comissão deverá comunicar, à Seção ou ao Setor de Relações do Trabalho das Delegacias Regionais do Trabalho do Ministério do Trabalho e Emprego, a instituição, o local de funcionamento, a composição e o início das atividades. *(Revogado pela Portaria MTE n. 617, de 19.3.2010, DOU 22.3.2010)*

Art. 6º A Comissão de Conciliação Prévia deverá dispor sobre a produção e guarda dos documentos relativos aos procedimentos de tentativa e de conciliação prévia trabalhista.

PARÁGRAFO ÚNICO. Todos os documentos produzidos no processo de conciliação, desde a formulação da demanda até seu resultado final, frustrado ou não, deverão ser arquivados pela Comissão, pelo período de 5 (cinco) anos.

Art. 7º A Comissão deve se abster de utilizar, nos seus documentos, símbolos oficiais, como o Selo e as Armas da República, que são de uso exclusivo da Administração Pública Federal, nos termos da Lei n. 5.700, de 10 de setembro de 1971.

Art. 8º O local e o horário de funcionamento da Comissão devem ser amplamente divulgados para conhecimento público.

Art. 9º A paridade de representação na Comissão de Conciliação Prévia será mantida no funcionamento da sessão de conciliação.

Art. 10. A forma de custeio da Comissão será regulada no ato de sua instituição, em função da previsão de custos, observados os princípios da razoabilidade e da gratuidade ao trabalhador.

§ 1º A Comissão não pode constituir fonte de renda para as entidades sindicais.

§ 2º Não serão adotados, para o custeio das Comissões, os seguintes critérios:

I — cobrança do trabalhador de qualquer pagamento pelo serviço prestado;

II — cobrança de remuneração vinculada ao resultado positivo da conciliação;

III — cobrança de remuneração em percentual do valor pleiteado ou do valor conciliado.

V — cobrança de remuneração vinculada ao número de demandas propostas. *(Inciso acrescentado pela Portaria n. 230, de 21.5.2004, DOU 24.5.2004)*(*)

§ 3º Os membros da comissão não podem perceber qualquer remuneração ou gratificação com base nos acordos firmados, no número de demandas propostas perante a comissão, no valor do pedido ou do acordo e no resultado da demanda. *(Redação dada pela Portaria n. 230, de 21.5.2004, DOU 24.5.2004)*

§ 4º O custeio da Comissão de empresa ou empresas é de exclusiva responsabilidade dessas.

Art. 11. A conciliação deverá cingir-se a conciliar direitos ou parcelas controversas.

PARÁGRAFO ÚNICO. Não pode ser objeto de transação o percentual devido a título de FGTS, inclusive a multa de 40% sobre todos os depósitos devidos durante a vigência do contrato de trabalho, nos termos da Lei n. 8.036, de 11 de maio de 1990.

Art. 12. O convite de comparecimento à sessão de conciliação deve ser acompanhado de cópia da demanda.

Art. 13. As partes devem ser informadas, no convite e ao início da sessão de conciliação, de que:

I — a Comissão tem natureza privada e não integra o Poder Judiciário;

II — o serviço é gratuito para o trabalhador;

III — a tentativa de conciliação é obrigatória, mas o acordo é facultativo;

IV — o não comparecimento do representante da empresa ou a falta de acordo implica tão somente a frustração da tentativa de conciliação e viabiliza o acesso à Justiça do Trabalho;

V — as partes podem ser acompanhadas de pessoa de sua confiança;

VI — a quitação passada pelo Empregado no termo de conciliação firmado perante a Comissão de Conciliação Prévia somente refere aos direitos expressamente reclamados pelo mesmo na demanda, independentemente de ressalvas; *(Redação dada pela Portaria n. 230, de 21.5.2004, DOU 24.5.2004)*

VII — aos direitos objeto da conciliação poderá ser dada quitação total, devendo-se ressalvar as parcelas referentes a esses em relação às quais não se tenha atingido a conciliação; *(Redação dada pela Portaria n. 230, de 21.5.2004, DOU 24.5.2004)*

VIII — o termo de acordo constitui título executivo extrajudicial, sujeito, no caso de descumprimento, à execução na Justiça do Trabalho;

IX — as partes podem ser atendidas em separado pelos respectivos membros representantes para esclarecimentos necessários, assegurando-se a transparência do processo de conciliação.

Art. 14. Caso a conciliação não prospere, será fornecida ao Empregado e ao Empregador declaração da tentativa conciliatória frustrada, com a descrição de seu objeto, firmada pelos membros da Comissão.

Art. 15. A conciliação deverá ser reduzida a termo, que será assinado em todas as vias pelas partes e membros da Comissão, fornecendo-se cópias aos interessados.

PARÁGRAFO ÚNICO. O termo de conciliação deverá ser circunstanciado, especificando direitos, parcelas e respectivos valores, ressalvas, bem como outras matérias objeto da conciliação.

Art. 16. As instruções constantes desta Portaria aplicam-se aos Núcleos Intersindicais de Conciliação Trabalhista.

Art. 17. Esta Portaria entra em vigor na data de sua publicação.

PAULO JOBIM FILHO

(*) *Entendemos que seria correto inciso IV, mas preferimos manter a redação publicada no DOU de 24.5.2004.*

DECRETO N. 3.197, DE 5 DE OUTUBRO DE 1999

ORGANIZAÇÃO INTERNACIONAL DO TRABALHO — OIT — CONVENÇÃO N. 132 — FÉRIAS ANUAIS REMUNERADAS

(DOU 6.10.1999)

Promulga a Convenção n. 132 da Organização Internacional do Trabalho — OIT sobre férias anuais remuneradas (revista em 1970), concluída em Genebra, em 24 de junho de 1970

O PRESIDENTE DA REPÚBLICA, no uso da atribuição que lhe confere o art. 84, inciso VIII, da Constituição,

Considerando que a Convenção n. 132 da Organização Internacional do Trabalho — OIT sobre Férias Anuais Remuneradas (revista em 1970) foi concluída em Genebra, em 24 de junho de 1970;

Considerando que o Congresso Nacional aprovou o Ato multilateral em epígrafe por meio do Decreto Legislativo n. 47, de 23 de setembro de 1981;

Considerando que o Ato em tela entrou em vigor internacional em 30 de junho de 1973;

Considerando que o Governo brasileiro depositou o Instrumento de Ratificação da referida Convenção em 23 de setembro de 1998, passando a mesma a vigorar, para o Brasil, em 23 de setembro de 1999, decreta:

Art. 1º A Convenção n. 132 da Organização Internacional do Trabalho — OIT, sobre Férias Anuais Remuneradas (revista em 1970), concluída em Genebra, em 24 de junho de 1970, apensa por cópia a este decreto, deverá ser executada e cumprida tão inteiramente como nela se contém.

Art. 2º Este decreto entra em vigor na data de sua publicação.

Brasília, 5 de outubro de 1999; 178º da Independência e 111º da República.

FERNANDO HENRIQUE CARDOSO

LUIZ FELIPE LAMPREIA

CONVENÇÃO N. 132 DA OIT

Convenção sobre Férias Anuais Remuneradas (Revista em 1970)

A Conferência Geral da Organização Internacional do Trabalho,

Convocada em Genebra pela Administração da Repartição Internacional do Trabalho, e tendo-se reunido em sua Quinquagésima-Quarta Sessão em 3 de junho de 1970, e

Tendo decidido adotar diversas propostas relativas a férias remuneradas, assunto que constitui o quarto item da agenda da sessão, e

Tendo determinado que estas propostas tomarão a forma de uma Convenção Internacional, adota, em 24 de junho de 1970, a seguinte Convenção que será denominada Convenção sobre Férias Remuneradas (revista), 1970:

Artigo 1

As disposições da presente Convenção, caso não sejam postas em execução por meio de acordos coletivos, sentenças arbitrais ou decisões judiciais, seja por organismos oficiais de fixação de salários, seja por qualquer outra maneira conforme a prática nacional e considerada apropriada, levando-se em conta as condições próprias de cada pais, deverão ser aplicadas através de legislação nacional.

Artigo 2

1. A presente Convenção aplicar-se-á a todas as pessoas empregadas, à exceção dos marítimos.

2. Quando necessário, a autoridade competente ou qualquer órgão apropriado de cada país poderá, após consulta às organizações de empregadores e de trabalhadores interessadas, onde existirem, proceder à exclusão do âmbito da Convenção de categorias determinadas de pessoas empregadas, desde que sua aplicação cause problemas particulares de execução ou de natureza constitucional ou legislativa de certa importância.

3. Todo Membro que ratifique a Convenção deverá, no primeiro relatório sobre sua aplicação, o qual ele é obrigado a apresentar em virtude do art. 22 da Constituição da Organização Internacional do Trabalho, indicar, com base em motivos expostos, as categorias que tenham sido objeto de exclusão em decorrência do parágrafo 2 deste Artigo, e expor nos relatórios ulteriores o estado de sua legislação e de sua prática quanto às mencionadas categorias, precisando em que medida a Convenção foi executada ou ele se propõe a executar em relação às categorias em questão.

Artigo 3

1. Toda pessoa a quem se aplique a presente Convenção terá direito a férias anuais remuneradas de duração mínima determinada.

2. Todo Membro que ratifique a Convenção deverá especificar a duração das férias em uma declaração apensa à sua ratificação.

3. A duração das férias não deverá em caso algum ser inferior a 3 (três) semanas de trabalho, por 1 (um) ano de serviço.

4. Todo Membro que tiver ratificado a Convenção poderá informar ao Diretor-Geral da Repartição Internacional do Trabalho, por uma declaração ulterior, que ele aumenta a duração do período de férias especificado no momento de sua ratificação.

Artigo 4

1. Toda pessoa que tenha completado, no curso de 1 (um) ano determinado, um período de serviço de duração inferior ao período necessário à obtenção de direito à totalidade das férias prescritas no Artigo terceiro acima terá direito, nesse ano, a férias de duração proporcionalmente reduzidas.

2. Para os fins deste Artigo o termo "ano" significa ano civil ou qualquer outro período de igual duração fixado pela autoridade ou órgão apropriado do país interessado.

Artigo 5

1. Um período mínimo de serviço poderá ser exigido para a obtenção de direito a um período de férias remuneradas anuais.

2. Cabe à autoridade competente e ao órgão apropriado do pais interessado fixar a duração mínima de tal período de serviço, que não deverá em caso algum ultrapassar 6 (seis) meses.

3. O modo de calcular o período de serviço para determinar o direito a férias será fixado pela autoridade competente ou pelo órgão apropriado de cada país.

4. Nas condições a serem determinadas pela autoridade competente ou pelo órgão apropriado de cada país, as faltas ao trabalho por motivos independentes da vontade individual da pessoa empregada interessada tais como faltas devidas a doenças, a acidente, ou à licença para gestante, não poderão ser computadas como parte das férias remuneradas anuais mínimas previstas no parágrafo 3 do Artigo 3 da presente Convenção.

Artigo 6

Os dias feriados oficiais ou costumeiros, quer se situem ou não dentro do período de férias anuais, não serão computados como parte do período mínimo de férias anuais remuneradas previsto no parágrafo 3 do Artigo 3 acima.

2. Em condições a serem determinadas pela autoridade competente ou pelo órgão apropriado de cada país, os períodos de incapacidade para o trabalho resultantes de doença ou de acidentes não poderão ser computados como parte do período mínimo de férias anuais remuneradas previsto no parágrafo 3, do Artigo 3 da presente Convenção.

Artigo 7

1. Qualquer pessoa que entre em gozo do período de férias previsto na presente Convenção deverá receber, em relação ao período global, pelo menos a sua remuneração média ou normal (incluindo-se a quantia equivalente a qualquer parte dessa remuneração em espécie, e que não seja de natureza permanente, ou seja concedida quer o indivíduo esteja em gozo de férias ou não), calculada de acordo com a forma a ser determinada pela autoridade competente ou órgão responsável de cada país.

2. As quantias devidas em decorrência do parágrafo 1 acima deverão ser pagas à pessoa em questão antes do período de férias, salvo estipulação em contrário contida em acordo que vincule a referida pessoa e seu empregador.

Artigo 8

1. O fracionamento do período de férias anuais remuneradas pode ser autorizado pela autoridade competente ou pelo órgão apropriado de cada país.

2. Salvo estipulação em contrário contida em acordo que vincule o empregador e a pessoa empregada em questão, e desde que a duração do serviço desta pessoa lhe dê direito, a tal período de férias, uma das frações do referido período deverá corresponder pelo menos a duas semanas de trabalho ininterruptos.

Artigo 9

1. A parte ininterrupta do período de férias anuais remuneradas mencionada no parágrafo 2 do Artigo 8 da presente Convenção deverá ser outorgada e gozada dentro de no máximo 1 (um) ano, e o resto do período de férias anuais remuneradas dentro dos próximos 18 (dezoito) meses, no máximo, a contar do término do ano em que foi adquirido o direito de gozo de férias.

2. Qualquer parte do período de férias anuais que exceder o mínimo previsto poderá ser postergada com o consentimento da pessoa empregada em questão, por um período limitado além daquele fixado no parágrafo 1 deste Artigo.

3. O período mínimo de férias e o limite de tempo referidos no parágrafo 2 deste Artigo serão determinados pela autoridade competente após consulta às organizações de empregadores e trabalhadores interessadas, ou através de negociação coletiva ou por qualquer outro modo conforme a prática nacional, sendo levadas em conta as condições próprias de cada país.

Artigo 10

1. A ocasião em que as férias serão gozadas será determinada pelo empregador, após consulta à pessoa empregada interessada em questão ou seus representantes, a menos que seja fixada por regulamento, acordo coletivo, sentença arbitral ou qualquer outra maneira conforme a prática nacional.

2. Para fixar a ocasião do período de gozo das férias serão levadas em conta as necessidades do trabalho e as possibilidades de repouso e diversão ao alcance da pessoa empregada.

Artigo 11

Toda pessoa empregada que tenha completado o período mínimo de serviço que pode ser exigido de acordo com o parágrafo 1 do Artigo 5 da presente Convenção deverá ter direito, em caso de cessação da relação empregatícia, ou a um período de férias remuneradas proporcional à duração do período de serviço pelo qual ela não gozou ainda tais férias, ou a uma indenização compensatória, ou a um crédito de férias equivalente.

Artigo 12

Todo acordo relativo ao abandono do direito ao período mínimo de férias anuais remuneradas previsto no parágrafo 3 do Artigo 3 da presente Convenção ou relativo à renúncia ao gozo das férias mediante indenização ou de qualquer outra forma será, dependendo das condições nacionais, nulo de pleno direito ou proibido.

Artigo 13

A autoridade competente ou o órgão apropriado de cada país poderá adotar regras particulares em relação aos casos em que uma pessoa empregada exerça, durante suas férias, atividades remuneradas incompatíveis com o objetivo dessas férias.

Artigo 14

Medidas efetivas apropriadas aos meios pelos quais se dará efeito às disposições da presente Convenção devem ser tomadas através de uma inspeção adequada ou de qualquer outra forma, a fim de assegurar a boa aplicação e o respeito às regras ou disposições relativas às férias remuneradas.

Artigo 15

1. Todo Membro pode depositar as obrigações da presente Convenção separadamente:

a) em relação às pessoas empregadas em setores econômicos diversos da agricultura;

b) em relação às pessoas empregadas na agricultura.

2. Todo Membro precisará, em sua ratificação, se aceita as obrigações da Convenção em relação às pessoas indicadas na alínea "a" do parágrafo 1 acima ou em relação às pessoas mencionadas na alínea "b" do referido parágrafo, ou em relação a ambas categorias.

3. Todo Membro que na ocasião da sua ratificação não tiver aceitado as obrigações da presente Convenção, senão em relação às pessoas mencionadas na alínea "a" ou senão em relação às pessoas mencionadas na alínea "b" do parágrafo 1 acima, poderá, ulteriormente, notificar ao Diretor-Geral da Repartição Internacional do Trabalho que aceita as obrigações da Convenção em relação a todas as pessoas a que se aplica a presente Convenção.

Artigo 16

A presente Convenção contém revisão da Convenção sobre Férias Remuneradas, 1936, e a Convenção sobre Férias Remuneradas (Agricultura), 1952, nos seguintes termos:

a) a aceitação das obrigações da presente Convenção em relação às pessoas empregadas nos setores econômicos diversos da agricultura, por um Membro que é parte da Convenção sobre Férias Remuneradas, 1936, acarreta, de pleno direito, a denúncia imediata desta última Convenção;

b) a aceitação das Obrigações da presente Convenção sobre Férias Remuneradas (Agricultura), 1952, acarreta, de pleno direito, a denúncia imediata desta última Convenção;

c) a entrada em vigor da presente Convenção não coloca obstáculo à ratificação da Convenção sobre Férias Remuneradas (Agricultura), 1952.

Artigo 17

As ratificações formais da presente Convenção serão comunicadas ao Diretor-Geral da Repartição Internacional do Trabalho, para fins de registro.

Artigo 18

1. A presente Convenção não vincula senão os Membros da Organização Internacional do Trabalho cuja ratificação tenha sido registrada pelo Diretor-Geral.

2. Ela entrará em vigor 12 (doze) meses após o registro pelo Diretor-Geral, das ratificações de dois Membros.

3. Subsequentemente a presente Convenção entrará em vigor para cada Membro 12 (doze) meses após a data do registro de sua ratificação.

Artigo 19

1. Todo Membro que tiver ratificado a presente Convenção poderá denunciá-la ao término de um período de 10 (dez) anos contados da data da entrada em vigor inicial da Convenção por um ato comunicado ao Diretor-Geral da Repartição Internacional do Trabalho e por ele registrado. A denúncia só terá efeito 1 (um) ano após ter sido registrada.

2. Todo Membro que tenha ratificado a presente Convenção e que, dentro de 1(um) ano após o término do período de 10 (dez) anos mencionado no parágrafo precedente, não tenha feito uso do seu direito de denúncia previsto por este Artigo, estará vinculado por um novo período de 10 (dez) anos e, subsequentemente, poderá denunciar a presente Convenção ao término de cada período de 10 (dez) anos nas condições previstas neste Artigo.

Artigo 20

1. O Diretor-Geral da Repartição Internacional do Trabalho notificará a todos os Membros da Organização Internacional do Trabalho do registro de todas as ratificações e denúncias que lhe forem comunicadas pelos Membros da Organização

2. Quando notificar os Membros da Organização sobre o registro da segunda ratificação a ele comunicada, o Diretor-Geral deverá chamar a atenção dos Membros da Organização para a data da entrada em vigor da presente Convenção.

Artigo 21

O Diretor-Geral da Repartição Internacional do Trabalho comunicará ao Secretário-Geral da Organização das Nações Unidas, para fins de registro, de acordo com o Artigo 102 da Carta das Nações Unidas, informações completas sobre todas as ratificações e atos de denúncias registrados por ele de acordo as disposições dos Artigos precedentes.

Artigo 22

Quando julgar necessário, o Corpo Dirigente da Repartição Internacional do Trabalho apresentará à Conferência Geral um relatório sobre a aplicação da presente Convenção e examinará a conveniência de colocar na agenda da conferência a questão de sua revisão total ou parcial.

Artigo 23

1. No caso de a Conferência adotar uma nova Convenção que revise a presente convenção, e a menos que a nova Convenção disponha em contrário:

a) a ratificação por um Membro da nova Convenção, contendo a revisão, acarreta a denúncia imediata da presente Convenção, não obstante as disposições do Artigo 19 acima, se e quando a nova Convenção entra em vigor;

b) a partir da data da entrada em vigor da nova Convenção que contém a revisão, será vedada a ratificação da presente Convenção pelos Membros.

2. A presente Convenção, em todo caso, será mantida em vigor, quanto a sua forma e conteúdo, em relação aos membros que houverem ratificado mas não houverem ratificado a Convenção revisora.

Os textos em francês e em inglês do texto da presente Convenção fazem igualmente fé.

O texto que precede é o texto autêntico da Convenção devidamente adotada na Conferência Geral da Organização do Trabalho, em sua quinquagésima quarta sessão, realizada em Genebra e declarada encerrada a vinte e cinco de junho de 1970.

Em fé do que apuserem suas assinaturas, no dia vinte e cinco de junho de 1970.

V. MANICKAVASAGAM,
Presidente da Conferência.

WILFRED JENKS,
Diretor-Geral da Repartição Internacional do Trabalho.

PORTARIA MINISTERIAL N. 19, DE 31 DE JANEIRO DE 1952

(DOU 5.2.1952)

Altera tabela para desconto do peso da alimentação(*)

O MINISTRO DE ESTADO DOS NEGÓCIOS DO TRABALHO, INDÚSTRIA E COMÉRCIO, usando da atribuição que lhe confere o art. 126 da Consolidação das Leis do Trabalho,

Resolve substituir a tabela que acompanhou a Portaria Ministerial n. SCm 318, de 26 de janeiro de 1940, pela tabela anexa na qual, à vista da que foi expedida com o Decreto n. 30.342, de 24 de dezembro de 1951, na conformidade do seu art. 1º, é determinado o desconto do peso da alimentação fixado aos trabalhadores em relação ao salário mínimo.

SEGADAS VIANNA

(*) O zoneamento e os percentuais originais desta Portaria foram alterados de acordo com o Decreto que fixou os novos níveis de salário mínimo, adiante reproduzido.

Legislação Complementar

TABELA ANEXA À PORTARIA MINISTERIAL N. 19, DE 31 DE JANEIRO DE 1952

Percentagem	ESTADOS	1ª refeição	2ª almoço	3ª lanche	4ª jantar	Total
43%	Amazonas, Território Federal de Rondônia e Território Federal de Roraima	4%	18%	4%	17%	43%
43%	São Paulo	4%	18%	4%	17%	43%
44%	Rio Grande do Sul	4%	18%	4%	18%	44%
49%	Maranhão	5%	20%	5%	19%	49%
49%	Mato Grosso	5%	20%	5%	19%	49%
50%	Rio de Janeiro	5%	20%	5%	20%	50%
50%	Acre	5%	20%	5%	20%	50%
50%	Distrito Federal	5%	20%	5%	20%	50%
51%	Pará e Território Federal do Amapá	5%	21%	5%	20%	51%
51%	Ceará	5%	21%	5%	20%	51%
51%	Espírito Santo	5%	21%	5%	20%	51%
51%	Goiás	5%	21%	5%	20%	51%
53%	Piauí	5%	22%	5%	21%	53%
53%	Sergipe	5%	22%	5%	21%	53%
54%	Bahia	5%	22%	5%	22%	54%
54%	Minas Gerais	5%	22%	5%	22%	54%
55%	Rio Grande do Norte	6%	22%	5%	22%	55%
55%	Paraíba	6%	22%	5%	22%	55%
55%	Pernambuco e Território Federal de Fernando de Noronha	6%	22%	5%	22%	55%
55%	Paraná	6%	22%	5%	22%	55%
56%	Alagoas	6%	23%	5%	23%	56%
57%	Santa Catarina	6%	23%	5%	23%	57%

LEI N. 3.030, DE 19 DE DEZEMBRO DE 1956

(DOU 19.12.1956)

Determina que não poderão exceder de 25% do salário mínimo os descontos por fornecimento de alimentação, quando preparada pelo próprio empregador

O PRESIDENTE DA REPÚBLICA,

Faço saber que o Congresso Nacional decreta e eu sanciono a seguinte Lei:

Art. 1º Para os efeitos do art. 82 do Decreto-lei n. 5.452, de 1º de maio de 1943 (Consolidação das Leis do Trabalho), os descontos por fornecimento de alimentação, quando preparada pelo próprio empregador, não poderão exceder de 25% (vinte e cinco por cento) do salário mínimo.

Art. 2º A disposição do art. 1º será aplicada aos trabalhadores em geral, desde que as refeições sejam preparadas e fornecidas no próprio estabelecimento empregador.

Art. 3º Esta Lei entrará em vigor na data de sua publicação, revogadas as disposições em contrário.

Rio de Janeiro, 19 de dezembro de 1956; 135º da Independência e 68º da República.

JUSCELINO KUBITSCHEK
PARSIFAL BARROSO

LEI N. 6.321, DE 14 DE ABRIL DE 1976

(DOU 19.4.1976)

Dispõe sobre a dedução, do lucro tributável, para fins do imposto sobre a renda das pessoas jurídicas, do dobro das despesas realizadas em programas de alimentação do trabalhador

O PRESIDENTE DA REPÚBLICA,

Faço saber que o Congresso Nacional decreta e eu sanciono a seguinte Lei:

Art. 1º As pessoas jurídicas poderão deduzir, do lucro tributável para fins do imposto sobre a renda, o dobro das despesas comprovadamente realizadas no período base, em programas de alimentação do trabalhador, previamente aprovados pelo Ministério do Trabalho na forma em que dispuser o Regulamento desta Lei.

§ 1º A dedução a que se refere o *caput* deste artigo não poderá exceder, em cada exercício financeiro, isoladamente, a 5% (cinco por cento) e cumulativamente com a dedução de que trata a Lei n. 6.297, de 15 de dezembro de 1975, a 10% (dez por cento) do lucro tributável.

§ 2º As despesas não deduzidas no exercício financeiro correspondente poderão ser transferidas para dedução nos dois exercícios financeiros subsequentes.

Art. 2º Os programas de alimentação a que se refere o artigo anterior deverão conferir prioridade ao atendimento dos trabalhadores de baixa renda e limitar-se-ão aos contratados pela pessoa jurídica beneficiária.

§ 1º O Ministério do Trabalho articular-se-á com o Instituto Nacional de Alimentação e Nutrição — INAN, para efeito do exame e aprovação dos programas a que se refere a presente Lei.

§ 2º As pessoas jurídicas beneficiárias do Programa de Alimentação do Trabalhador — PAT poderão estender o benefício previsto nesse Programa aos trabalhadores por elas dispensados, no período de transição para um novo emprego, limitada a extensão ao período de seis meses. (NR) *(Parágrafo acrescentado pela Medida Provisória n. 2.164-41, de 24.8.2001, DOU 27.8.2001 e transformando o parágrafo único em primeiro).*

§ 3º As pessoas jurídicas beneficiárias do Programa de Alimentação do Trabalhador — PAT poderão estender o benefício previsto nesse programa aos empregados que estejam com o contrato suspenso para participação em curso ou programa de qualificação profissional, limitada essa extensão ao período de cinco meses. (NR) *(Parágrafo acrescentado pela Medida Provisória n. 2.164-41, de 24.8.2001, DOU 27.8.2001).*

Art. 3º Não se inclui como salário de contribuição a parcela paga *in natura*, pela empresa, nos programas de alimentação aprovados pelo Ministério do Trabalho.

Art. 4º O Poder Executivo regulamentará a presente Lei no prazo de 60 (sessenta) dias.

Art. 5º Esta Lei entrará em vigor na data de sua publicação, revogadas as disposições em contrário.

Brasília, 14 de abril de 1976; 155º da Independência e 88º da República.

ERNESTO GEISEL
MÁRIO HENRIQUE SIMONSEN
ARNALDO PRIETO
PAULO DE ALMEIDA MACHADO

DECRETO N. 5, DE 14 DE JANEIRO DE 1991

(DOU 15.1.1991)

Regulamenta a Lei n. 6.321, de 14 de abril de 1976, que trata do programa de alimentação do trabalhador, revoga o Decreto n. 78.676, de 8 de novembro de 1976 e dá outras providências

O PRESIDENTE DA REPÚBLICA, no uso da atribuição que lhe confere o art. 84, inciso IV, da Constituição,

Decreta:

Art. 1º A pessoa jurídica poderá deduzir, do imposto de renda devido, valor equivalente à aplicação da alíquota cabível do imposto de renda sobre a soma das despesas de custeio realizadas, no período base, em Programas de Alimentação do Trabalhador, previamente aprovados pelo Ministério do Trabalho e da Previdência Social — MTPS, nos termos deste regulamento.

§ 1º As despesas realizadas durante o período base da pessoa jurídica, além de constituírem custo operacional, poderão ser consideradas em igual montante para o fim previsto neste artigo.

§ 2º A dedução do imposto sobre a renda estará limitada a 5% (cinco por cento) do imposto devido em cada exercício, podendo o eventual excesso ser transferido para dedução nos 2 (dois) exercícios subsequentes. *(Redação dada pelo Decreto n. 349, de 21.11.1991, DOU 22.11.1991).*

§ 3º As despesas de custeio admitidas na base de cálculo de incentivo são aquelas que vierem a constituir o custo direto e exclusivo do serviço de alimentação, podendo ser considerados, além da matéria-prima, mão de obra, encargos decorrentes de salários, asseio e os gastos de energia diretamente relacionados ao preparo e à distribuição das refeições.

§ 4º Para os efeitos deste Decreto, entende-se como prévia aprovação pelo Ministério do Trabalho e da Previdência Social, a apresentação de documento hábil a ser definido em Portaria dos Ministros do Trabalho e Previdência Social, da Economia, Fazenda e Planejamento e da Saúde.

Art. 2º Para os efeitos do art. 2º da Lei n. 6.321, de 14 de abril de 1976, os trabalhadores de renda mais elevada poderão ser incluídos no programa de alimentação, desde que esteja garantido o atendimento da totalidade dos trabalhadores contratados pela pessoa jurídica beneficiária que percebam até 5 (cinco) salários mínimos.

§ 1º A participação do trabalhador fica limitada a 20% (vinte por cento) do custo direto da refeição.

§ 2º A quantificação do custo direto da refeição far-se-á conforme o período de execução do Programa aprovado pelo Ministério do Trabalho e da Previdência Social, limitado ao máximo de 12 (doze) meses. *(§§ acrescidos pelo Decreto n. 349, de 21.11.1991, DOU 22.11.1991).*

Art. 3º Os Programas de Alimentação do Trabalhador deverão propiciar condições de avaliação do teor nutritivo da alimentação.

Art. 4º Para a execução dos programas de alimentação do trabalhador a pessoa jurídica beneficiária pode manter serviço próprio de refeições, distribuir alimentos e firmar convênio com entidades fornecedoras de alimentação coletiva, sociedades civis, sociedades comerciais e sociedades cooperativas. *(Decreto n. 2.101, de 23.12.1996).*

PARÁGRAFO ÚNICO. A pessoa jurídica beneficiária será responsável por quaisquer irregularidades resultantes dos programas executados na forma deste artigo.

Art. 5º A pessoa jurídica que custear em comum as despesas definidas no art. 4º, poderá beneficiar-se da dedução prevista na Lei n. 6.321, de 14 de abril de 1976, pelo critério de rateio do custo total da alimentação.

Art. 6º Nos Programas de Alimentação do Trabalhador — PAT, previamente aprovados pelo Ministério do Trabalho e da Previdência Social, a parcela paga *in natura* pela empresa não tem natureza salarial, não se incorpora à remuneração para quaisquer efeitos, não constitui base de incidência de contribuição previdenciária ou do Fundo de Garantia do Tempo de Serviço e nem se configura como rendimento tributável do trabalhador.

Art. 7º A pessoa jurídica deverá destacar contabilmente, com subtítulos por natureza de gastos, as despesas constantes do programa de alimentação do trabalhador.

Art. 8º A execução inadequada dos Programas de Alimentação do Trabalhador ou o desvio ou desvirtuamento de suas finalidades acarretarão a perda do incentivo fiscal e a aplicação das penalidades cabíveis.

PARÁGRAFO ÚNICO. Na hipótese de infringência de dispositivos deste regulamento, as autoridades incumbidas da fiscalização no âmbito dos Ministérios do Trabalho e da Previdência Social, da Economia, Fazenda e Planejamento, e da Saúde aplicarão as penalidades cabíveis no âmbito de suas competências.

Art. 9º O Ministério do Trabalho e da Previdência Social expedirá instruções dispondo sobre a aplicação deste Decreto.

Art. 10. Este Decreto entra em vigor na data de sua publicação.

Art. 11. Revogam-se o Decreto n. 78.676, de 8 de novembro de 1976, e demais disposições em contrário.

Brasília, 14 de janeiro de 1991; 170º da Independência e 103º da República.

FERNANDO COLLOR
ANTÔNIO MAGRI

PORTARIA INTERMINISTERIAL MTE N. 5, DE 30 DE NOVEMBRO DE 1999

(DOU 3.12.1999)

Dispõe que o departamento de segurança e saúde no trabalho, é o órgão gestor do Programa de Alimentação do Trabalhador — PAT e revoga a Portaria Interministerial n. 3, de 11 de novembro de 1998

— V. Portaria SIT/MTE n. 34, de 7.12.2007, DOU 10.12.2007, que dispõe sobre o recadastramento das pessoas jurídicas fornecedoras, prestadoras de serviços de alimentação coletiva e beneficiárias do Programa de Alimentação do Trabalhador (PAT). (não publicada nesta obra)

Os MINISTROS DE ESTADO DO TRABALHO E EMPREGO, DA FAZENDA E DA SAÚDE, no uso da competência que lhes confere o § 4º do art. 1º do Decreto n. 5, de 14 de janeiro de 1991, resolvem:

Art. 1º O Departamento de Segurança e Saúde no Trabalho, da Secretaria de Inspeção do Trabalho do Ministério do Trabalho e Emprego, é o órgão gestor do Programa de Alimentação do Trabalhador — PAT.

Art. 2º Portaria específica do Ministério do Trabalho e Emprego determinará o modo de efetuar a adesão ao PAT. (NR) *(Redação dada pela Portaria Interministerial n. 70, de 22.7.2008, DOU 23.7.2008)*

§§ 1º e 2º Revogados pela Portaria Interministerial n. 70, dos Ministros do MTE, da Fazenda, da Saúde, da Previdência Social, e do Desenvolvimento Social e Combate a Fome de 22.7.2008, DOU 23.7.2008.

Art. 3º A adesão ao PAT poderá ser efetuada a qualquer tempo e terá validade a partir da data de registro do formulário de adesão na ECT, por prazo indeterminado, podendo ser cancelada por iniciativa da empresa beneficiária ou pelo Ministério do Trabalho e Emprego, em razão da execução inadequada do Programa.

PARÁGRAFO ÚNICO. Excepcionalmente, para o ano 2000, a validade mencionada no *caput* deste artigo será retroativa a 1º de janeiro para as empresas que aderirem ao PAT até 31 de março do mesmo ano.

Art. 4º (REVOGADO). *(Portaria Interministerial n. 70, dos Ministros do MTE, da Fazenda, da Saúde, da Previdência Social, e do Desenvolvimento Social e Combate a Fome de 22.7.2008, DOU 23.7.2008)*

Art. 5º Os programas de alimentação do trabalhador deverão propiciar condições de avaliação do teor nutritivo da alimentação, conforme disposto no art. 3º do Decreto n. 5, de 14 de janeiro de 1991.

§ 1º Entende-se por alimentação saudável, o direito humano a um padrão alimentar adequado às necessidades biológicas e sociais dos indivíduos, respeitando os princípios da variedade, da moderação e do equilíbrio, dando-se ênfase aos alimentos regionais e respeito ao seu significado socioeconômico e cultural, no contexto da Segurança Alimentar e Nutricional.

§ 2º As pessoas jurídicas participantes do Programa de Alimentação do Trabalhador — PAT, mediante prestação de serviços próprios ou de terceiros, deverão assegurar qualidade e quantidade da alimentação fornecida aos trabalhadores, de acordo com esta Portaria, cabendo-lhes a responsabilidade de fiscalizar o disposto neste artigo.

§ 3º Os parâmetros nutricionais para a alimentação do trabalhador estabelecidos nesta Portaria deverão ser calculados com base nos seguintes valores diários de referência para macro e micronutrientes:

Nutrientes	Valores diários
Valor Energético Total	2000 calorias
CARBOIDRATO	55 -75%
PROTEÍNA	10-15%
GORDURA TOTAL	15-30%
GORDURA SATURADA	< 10%
FIBRA	> 25 g
SÓDIO	≤ 2400mg

I — as refeições principais (almoço, jantar e ceia) deverão conter de seiscentas a oitocentas calorias, admitindo-se um acréscimo de vinte por cento (quatrocentos calorias) em relação ao Valor Energético Total — VET de duas mil calorias por dia e deverão corresponder a faixa de 30-40% (trinta a quarenta por cento) do VET diário;

II — as refeições menores (desjejum e lanche) deverão conter de trezentas a quatrocentas calorias, admitindo-se um acréscimo de vinte por cento (quatrocentas calorias) em relação ao Valor Energético Total de duas mil calorias por dia e deverão corresponder a faixa de 15-20% (quinze a vinte por cento) do VET diário;

III — as refeições principais e menores deverão seguir a seguinte distribuição de macronutrientes, fibra e sódio: e

IV — o percentual protéico — calórico (NdPCal) das refeições deverá ser de no mínimo 6% (seis por cento) e no máximo 10% (dez por cento).

§ 4º Os estabelecimentos vinculados ao PAT deverão promover educação nutricional, inclusive mediante a disponibilização, em local

Legislação Complementar

visível ao público, de sugestão de cardápio saudável aos trabalhadores, em conformidade com o § 3º deste artigo.

§ 5º A análise de outros nutrientes poderá ser realizada, desde que não seja substituída a declaração dos nutrientes solicitados como obrigatórios.

§ 6º Independente da modalidade adotada para o provimento da refeição, a pessoa jurídica beneficiária poderá oferecer aos seus trabalhadores uma ou mais refeições diárias.

§ 7º O cálculo do VET será alterado, em cumprimento às exigências laborais, em benefício da saúde do trabalhador, desde que baseado em estudos de diagnóstico nutricional.

§ 8º Quando a distribuição de gêneros alimentícios constituir benefício adicional àqueles referidos nos incisos I, II e III do § 3º deste artigo, os índices de NdPCal e percentuais de macro e micronutrientes poderão deixar de obedecer aos parâmetros determinados nesta Portaria, com exceção do sódio e das gorduras saturadas.

Refeições	carboidratos (%)	proteínas (%)	gorduras totais (%)	gorduras saturadas (%)	fibras (g)	sódio (mg)
desjejum/ lanche	60	15	25	<10	4-5	360-480
Almoço/ jantar/ ceia	60	15	25	<10	7-10	720-960

§ 9º As empresas beneficiárias deverão fornecer aos trabalhadores portadores de doenças relacionadas à alimentação e nutrição, devidamente diagnosticadas, refeições adequadas e condições amoldadas ao PAT, para tratamento de suas patologias, devendo ser realizada avaliação nutricional periódica destes trabalhadores.

§ 10. Os cardápios deverão oferecer, pelo menos, uma porção de frutas e uma porção de legumes ou verduras, nas refeições principais (almoço, jantar e ceia) e pelo menos uma porção de frutas nas refeições menores (desjejum e lanche).

§ 11. As empresas fornecedoras e prestadoras de serviços de alimentação coletiva do PAT, bem como as pessoas jurídicas beneficiárias na modalidade autogestão deverão possuir responsável técnico pela execução do programa.

§ 12. O responsável técnico do PAT é o profissional legalmente habilitado em Nutrição, que tem por compromisso a correta execução das atividades nutricionais do programa, visando à promoção da alimentação saudável ao trabalhador. (NR *(Artigo alterado pela Portaria Interministerial n. 66, de 25.8.2006, DOU 28.8.2006)*

Art. 6º Esta Portaria entrará em vigor na data de sua publicação.

Art. 7º Fica revogada a Portaria Interministerial n. 3, de 11 de novembro de 1998 e outras disposições em contrário.

FRANCISCO DORNELLES,
Ministro de Estado do Trabalho e Emprego

PEDRO SAMPAIO MALAN,
Ministro de Estado da Fazenda

JOSÉ SERRA,
Ministro de Estado da Saúde

PORTARIA N. 3, DA SIT/MTE, DE 1º DE MARÇO DE 2002

(DOU 5.3.2002)

Baixa instruções sobre a execução do Programa de Alimentação do Trabalhador — PAT

A SECRETÁRIA DE INSPEÇÃO DO TRABALHO E O DIRETOR DO DEPARTAMENTO DE SEGURANÇA E SAÚDE NO TRABALHO, no uso de suas atribuições legais, considerando o disposto no art. 9º, do Decreto n. 05, de 14 de janeiro de 1991, resolvem:

I — Do Objetivo do Programa de Alimentação do Trabalhador — PAT

Art. 1º O Programa de Alimentação do Trabalhador — PAT, instituído pela Lei n. 6.321, de 14 de abril de 1976, tem por objetivo a melhoria da situação nutricional dos trabalhadores, visando a promover sua saúde e prevenir as doenças profissionais.

I-A — Da Inscrição e do Registro(*)(**)

II — Das Pessoas Jurídicas Beneficiárias

Art. 2º Para inscrever-se no Programa e usufruir dos benefícios fiscais, a pessoa jurídica deverá requerer a sua inscrição à Secretaria de Inspeção do Trabalho — SIT, através do Departamento de Segurança e Saúde no Trabalho — DSST, do Ministério do Trabalho e Emprego — MTE, em impresso próprio para esse fim a ser adquirido na Empresa Brasileira de Correios e Telégrafos — ECT ou por meio eletrônico utilizando o formulário constante da página do Ministério do Trabalho e Emprego na INTERNET (www.mte.gov.br). *(Revogado pela Portaria SIT/MTE n. 335, de 12.9.2012, DOU 17.9.2012) (Vigência do caput e parágrafos restaurada pela Portaria SIT/DSST n. 343, de 18.2.2013, DOU 20.2.2013.)*

§ 1º A cópia do formulário e o respectivo comprovante oficial de postagem ao DSST/SIT ou o comprovante da adesão via INTERNET deverá ser mantida nas dependências da empresa, matriz e filiais, à disposição da fiscalização federal do trabalho. *(Revogado pela Portaria SIT/MTE n. 335, de 12.9.2012, DOU 17.9.2012) (Vigência do caput e parágrafos restaurada pela Portaria SIT/DSST n. 343, de 18.2.2013, DOU 20.2.2013.)*

§ 2º A documentação relacionada aos gastos com o Programa e aos incentivos dele decorrentes será mantida à disposição da fiscalização federal do trabalho, de modo a possibilitar seu exame e confronto com os registros contábeis e fiscais exigidos pela legislação. *(Revogado pela Portaria SIT/MTE n. 335, de 12.9.2012, DOU 17.9.2012) (Vigência do caput e parágrafos restaurada pela Portaria SIT/DSST n. 343, de 18.2.2013, DOU 20.2.2013.)*

§ 3º A pessoa jurídica beneficiária ou prestadora de serviços de alimentação coletiva registrada no Programa de Alimentação do Trabalhador deve atualizar os dados constantes de seu registro sempre que houver alteração de informações cadastrais, sem prejuízo da obrigatoriedade de prestar informações anualmente a este Ministério por meio da Relação Anual de Informações Sociais — RAIS. *(Redação dada pela Portaria n. 61, da SIT/MTE, de 28.10.2003, DOU 31.10.2003) (Revogado pela Portaria SIT/MTE n. 335, de 12.9.2012, DOU 17.9.2012) (Vigência do caput e parágrafos restaurada pela Portaria SIT/DSST n. 343, de 18.2.2013, DOU 20.2.2013.)*

Art. 3º As pessoas jurídicas beneficiárias poderão incluir no Programa trabalhadores de renda mais elevada, desde que esteja garantido o atendimento da totalidade dos trabalhadores que percebam até cinco salários mínimos, independentemente da duração da jornada de trabalho.

PARÁGRAFO ÚNICO. O benefício concedido aos trabalhadores que percebam até cinco salários mínimos não poderá, sob qualquer pretexto, ter valor inferior àquele concedido aos de rendimento mais elevado.

(*) Seção acrescida pela Portaria SIT/MTE n. 335, de 12.9.2012, DOU 17.9.2012.

(**) Seção revogada pela Portaria SIT/DDSST n. 343, de 18.2.2013, DOU 20.2.2013.

Art. 4º A participação financeira do trabalhador fica limitada a 20% (vinte por cento) do custo direto da refeição.

PARÁGRAFO ÚNICO. A documentação relacionada aos dispêndios referentes à execução do PAT e à fruição dos incentivos fiscais deve ser mantida à disposição dos órgãos de fiscalização, de modo a possibilitar seu exame e confronto com os registros contábeis e fiscais exigidos pela legislação. *(Redação dada pela Portaria SIT/MTE n. 335, de 12.9.2012, DOU 17.9.2012) (Revogado pela Portaria SIT/DDSST n. 343, de 18.2.2013, DOU 20.2.2013)*

Art. 5º Os programas de alimentação do trabalhador deverão propiciar condições de avaliação do teor nutritivo da alimentação, conforme disposto no art. 3º do Decreto n. 5, de 14 de janeiro de 1991. *(Alterado pela Portaria SIT/DDSST n. 193, de 5.12.2006, DOU 7.12.2006)*

§ 1º Entende-se por alimentação saudável, o direito humano a um padrão alimentar adequado às necessidades biológicas e sociais dos indivíduos, respeitando os princípios da variedade, da moderação e do equilíbrio, dando-se ênfase aos alimentos regionais e respeito ao seu significado socioeconômico e cultural, no contexto da Segurança Alimentar e Nutricional. *(Alterado pela Portaria SIT/DDSST n. 193, de 5.12.2006, DOU 7.12.2006)*

§ 2º As pessoas jurídicas participantes do Programa de Alimentação do Trabalhador — PAT, mediante prestação de serviços próprios ou de terceiros, deverão assegurar qualidade e quantidade da alimentação fornecida aos trabalhadores, de acordo com esta Portaria, cabendo-lhes a responsabilidade de fiscalizar o disposto neste artigo. *(Alterado pela Portaria SIT/DDSST n. 193, de 5.12.2006, DOU 7.12.2006)*

§ 3º Os parâmetros nutricionais para a alimentação do trabalhador estabelecidos nesta Portaria deverão ser calculados com base nos seguintes valores diários de referência para macro e micronutrientes: *(Alterado pela Portaria SIT/DDSST n. 193, de 5.12.2006, DOU 7.12.2006)*

NUTRIENTES	VALORES DIÁRIOS
VALOR ENERGÉTICO TOTAL	2000 CALORIAS
CARBOIDRATO	55 -75%
PROTEÍNA	10-15%
GORDURA TOTAL	15-30%
GORDURA SATURADA	< 10%
FIBRA	> 25 g
SÓDIO	≤ 2400mg

I — as refeições principais (almoço, jantar e ceia) deverão conter de seiscentas a oitocentas calorias, admitindo-se um acréscimo de vinte por cento (quatrocentas calorias) em relação ao Valor Energético Total — VET de duas mil calorias por dia e deverão corresponder a faixa de 30-40% (trinta a quarenta por cento) do VET diário; *(Alterado pela Portaria SIT/DDSST n. 193, de 5.12.2006, DOU 7.12.2006)*

II — as refeições menores (desjejum e lanche) deverão conter de trezentas a quatrocentas calorias, admitindo-se um acréscimo de vinte por cento (quatrocentas calorias) em relação ao Valor Energético Total de duas mil calorias por dia e deverão corresponder a faixa de 15-20 % (quinze a vinte por cento) do VET diário; *(Alterado pela Portaria SIT/DDSST n. 193, de 5.12.2006, DOU 7.12.2006)*

III — as refeições principais e menores deverão seguir a seguinte distribuição de macronutrientes, fibra e sódio: e. *(Alterado pela Portaria SIT/DDSST n. 193, de 5.12.2006, DOU 7.12.2006)*

Refeições	carboidratos (%)	proteínas (%)	gorduras totais (%)	gorduras saturadas (%)	fibras (%)	sódio (%)
desjejum/ lanche	60	15	25	<10	45	360-430
Almoço/ jantar/ ceia	60	15	25	<10	7-10	720-960

IV — o percentual protéico — calórico (NdPCal) das refeições deverá ser de no mínimo 6% (seis por cento) e no máximo 10% (dez por cento). *(Alterado pela Portaria SIT/DDSST n. 193, de 5.12.2006, DOU 7.12.2006)*

§ 4º Os estabelecimentos vinculados ao PAT deverão promover educação nutricional, inclusive mediante a disponibilização, em local visível ao público, de sugestão de cardápio saudável aos trabalhadores, em conformidade com o § 3º deste artigo. *(Acrescentado pela Portaria SIT/DDSST n. 193, de 5.12.2006, DOU 7.12.2006)*

§ 5º A análise de outros nutrientes poderá ser realizada, desde que não seja substituída a declaração dos nutrientes solicitados como obrigatórios. *(Acrescentado pela Portaria SIT/DDSST n. 193, de 5.12.2006, DOU 7.12.2006)*

§ 6º Independente da modalidade adotada para o provimento da refeição, a pessoa jurídica beneficiária poderá oferecer aos seus trabalhadores uma ou mais refeições diárias. *(Acrescentado pela Portaria SIT/DDSST n. 193, de 5.12.2006, DOU 7.12.2006)*

§ 7º O cálculo do VET será alterado, em cumprimento às Exigências laborais, em benefício da saúde do trabalhador, desde que baseado em estudos de diagnóstico nutricional. *(Acrescentado pela Portaria SIT/DDSST n. 193, de 5.12.2006, DOU 7.12.2006)*

§ 8º Quando a distribuição de gêneros alimentícios constituir benefício adicional àqueles referidos nos incisos I, II e III do § 3º deste artigo, os índices de NdPCal e percentuais de macro e micronutrientes poderão deixar de obedecer aos parâmetros determinados nesta Portaria, com exceção do sódio e das gorduras saturadas. *(Acrescentado pela Portaria SIT/DDSST n. 193, de 5.12.2006, DOU 7.12.2006)*

§ 9º As empresas beneficiárias deverão fornecer aos trabalhadores portadores de doenças relacionadas à alimentação e nutrição, devidamente diagnosticadas, refeições adequadas e condições amoldadas ao PAT, para tratamento de suas patologias, devendo ser realizada avaliação nutricional periódica destes trabalhadores. *(Acrescentado pela Portaria SIT/DDSST n. 193, de 5.12.2006, DOU 7.12.2006)*

§ 10 Os cardápios deverão oferecer, pelo menos, uma porção de frutas e uma porção de legumes ou verduras, nas refeições principais (almoço, jantar e ceia) e pelo menos uma porção de frutas nas refeições menores (desjejum e lanche). *(Acrescentado pela Portaria SIT/DDSST n. 193, de 5.12.2006, DOU 7.12.2006)*

§ 11 As empresas fornecedoras e prestadoras de serviços de alimentação coletiva do PAT, bem como as pessoas jurídicas beneficiárias na modalidade autogestão deverão possuir responsável técnico pela execução do programa. *(Acrescentado pela Portaria SIT/DDSST n. 193, de 5.12.2006, DOU 7.12.2006)*

§ 12 O responsável técnico do PAT é o profissional legalmente habilitado em Nutrição, que tem por compromisso a correta execução das atividades nutricionais do programa, visando à promoção da alimentação saudável ao trabalhador." (NR) *(Acrescentado pela Portaria SIT/DDSST n. 193, de 5.12.2006, DOU 7.12.2006)*

Art. 6º É vedado à pessoa jurídica beneficiária:

I — suspender, reduzir ou suprimir o benefício do Programa a título de punição ao trabalhador;

II — utilizar o Programa, sob qualquer forma, como premiação; e,

III — utilizar o Programa em qualquer condição que desvirtue sua finalidade.

Art. 7º Todas as empresas participantes do Programa de Alimentação do Trabalhador — PAT, beneficiárias, fornecedoras ou prestadoras de serviço de alimentação coletiva e respectivas associações de classe, deverão promover a realização de atividades de conscientização e de educação alimentar para os trabalhadores, além de divulgação sobre métodos de vida saudável, seja mediante campanhas, seja por meio de programas de duração continuada.

III — Das Modalidades de Execução do PAT

Art. 8º Para a execução do PAT, a pessoa jurídica beneficiária poderá manter serviço próprio de refeições ou distribuição de alimentos, inclusive não preparados, bem como firmar convênios com entidades que forneçam ou prestem serviços de alimentação coletiva, desde que essas entidades sejam credenciadas pelo Programa e se obriguem a cumprir o disposto na legislação do PAT e nesta Portaria, condição que deverá constar expressamente do texto do convênio entre as partes interessadas.

Art. 9º As empresas produtoras de cestas de alimentos e similares, que fornecem componentes alimentícios devidamente embalados e registrados nos órgãos competentes, para transporte individual, deverão comprovar atendimento legislação vigente. *(Redação dada pela Portaria n. 61, da SIT/MTE, de 28.10.2003, DOU 31.10.2003)*

Art. 10. Quando a pessoa jurídica beneficiária fornecer a seus trabalhadores documentos de legitimação (impressos, cartões eletrônicos, magnéticos ou outros oriundos de tecnologia adequada) que permitam a aquisição de refeições ou de gêneros alimentícios em estabelecimentos comerciais, o valor do documento deverá ser suficiente para atender às exigências nutricionais do PAT.

PARÁGRAFO ÚNICO. Cabe à pessoa jurídica beneficiária orientar devidamente seus trabalhadores sobre a correta utilização dos documentos referidos neste artigo.

IV — Das Pessoas Jurídicas Fornecedoras e das Prestadoras de Serviços de Alimentação Coletiva

Art. 11. As pessoas jurídicas que pretendam credenciar-se como fornecedoras ou prestadoras de serviços de alimentação coletiva deverão requerer seu registro no PAT mediante preenchimento de formulário próprio oficial, conforme modelo anexo a esta Portaria, o qual se encontra também na página eletrônica do Ministério do Trabalho e Emprego — MTE na INTERNET, e que, após preenchido, deverá ser encaminhado com a documentação nele especificada ao Departamento de Segurança e Saúde no Trabalho — DSST, da Secretaria de Inspeção do Trabalho — SIT, por intermédio da Delegacia Regional do Trabalho local ou diretamente pela INTERNET. *(Revogado pela Portaria SIT/MTE n. 335, de 12.9.2012, DOU 17.9.2012)*

PARÁGRAFO ÚNICO. As empresas prestadoras de serviços de alimentação coletiva deverão encaminhar o formulário e a documentação nele especificada exclusivamente por intermédio da Delegacia Regional do Trabalho local. *(Revogado pela Portaria SIT/MTE n. 335, de 12.9.2012, DOU 17.9.2012). (Vigência restaurada pela Portaria SIT/DSST n. 343, de 18.2.2013, DOU 20.2.2013)*

Art. 12. A pessoa jurídica será registrada no PAT nas seguintes categorias:

I — fornecedora de alimentação coletiva:

a) operadora de cozinha industrial e fornecedora de refeições preparadas transportadas;

b) administradora de cozinha da contratante;

c) fornecedora de cestas de alimento e similares, para transporte individual.

II — prestadora de serviço de alimentação coletiva:

a) administradora de documentos de legitimação para aquisição de refeições em restaurantes e estabelecimentos similares (refeição convênio);

b) administradora de documentos de legitimação para aquisição de gêneros alimentícios em estabelecimentos comerciais (alimentação convênio).

PARÁGRAFO ÚNICO. O registro poderá ser concedido nas duas modalidades aludidas no inciso II, sendo, neste caso, obrigatória a emissão de documentos de legitimação distintos.

V — Da Operação das Pessoas Jurídicas Prestadoras de Serviços de Alimentação Coletiva

Art. 13. Cabe às prestadoras de serviços de alimentação coletiva:

I — garantir que os restaurantes e outros estabelecimentos por elas credenciados se situem nas imediações dos locais de trabalho;

II — garantir que os documentos de legitimação para aquisição de refeições ou gêneros alimentícios sejam diferenciados e regularmente aceitos pelos estabelecimentos credenciados, de acordo com a finalidade expressa no documento;

III — reembolsar ao estabelecimento comercial credenciado os valores dos documentos de legitimação, mediante depósito na conta bancária em nome da empresa credenciada, expressamente indicada para esse fim;

IV — cancelar o credenciamento dos estabelecimentos comerciais que não cumprirem as exigências sanitárias e nutricionais e, ainda, que, por ação ou omissão, concorrerem para o desvirtuamento do PAT mediante o uso indevido dos documentos de legitimação ou outras práticas irregulares, especialmente:

a) a troca do documento de legitimação por dinheiro em espécie ou por mercadorias, serviços ou produtos não compreendidos na finalidade do PAT;

b) a exigência de qualquer tipo de ágio ou a imposição de descontos sobre o valor do documento de legitimação;

c) o uso de documentos de legitimação que lhes forem apresentados para qualquer outro fim que não o de reembolso direto junto à prestadora do serviço, emissora do documento, vedada a utilização de quaisquer intermediários.

Art. 14. Poderá ser cancelado o registro da pessoa jurídica fornecedora ou prestadora de serviços de alimentação coletiva que:

I — deixar de cumprir obrigações legítimas de reembolso à rede de estabelecimentos comerciais junto a ela credenciados; ou

II — deixar de garantir a emissão de documento de legitimação impresso em papel, quando esta modalidade estiver estabelecida em contrato com a empresa beneficiária. *(Redação dada pela Portaria n. 61, da SIT/MTE, de 28.10.2003, DOU 31.10.2003).*

Art. 15. As prestadoras de serviços de alimentação coletiva deverão manter atualizados os cadastros de todos os estabelecimentos comerciais junto a elas credenciados, em documento que contenha as seguintes informações:

I — categoria do estabelecimento credenciado, com indicação de que:

a) comercializa refeições (restaurante, lanchonete, bar ou similar); ou

b) comercializa gêneros alimentícios (supermercados, armazém, mercearia, açougue, peixaria, hortimercado, comércio de laticínios e/ou frios, padaria etc.).

II — capacidade instalada de atendimento, com informação do número máximo de refeições/dia, medida da área de atendimento ao público, número de mesas, cadeiras ou bancos e o número de lugares possíveis em balcão, no caso do inciso I, alínea "a";

III — capacidade instalada de atendimento, com indicação da área e equipamento, como caixa registradora e outros, de modo a permitir que se verifique o porte do estabelecimento, no caso do inciso I, alínea *b*.

PARÁGRAFO ÚNICO. Cabe às prestadoras de serviços de alimentação coletiva proceder à verificação *in loco* das informações prestadas pelos estabelecimentos comerciais credenciado devendo o documento de cadastramento ficar à disposição da fiscalização federal do trabalho.

VI — Dos Documentos de Legitimação

Art. 16. O fornecimento de documentos de legitimação, para as finalidades previstas no art. 10, é atribuição exclusiva das empresas prestadoras de serviço de alimentação coletiva, credenciadas de conformidade com o disposto nesta Portaria.

PARÁGRAFO ÚNICO. A pessoa jurídica beneficiária celebrará contrato com a prestadora de serviço de alimentação coletiva visando ao fornecimento dos documentos de legitimação mencionados no *caput*, que poderão ser na forma impressa, na de cartões eletrônicos ou magnéticos, ou outra forma que se adeque à utilização na rede de estabelecimentos conveniados.

Art. 17. Nos documentos de legitimação de que trata o artigo anterior deverão constar:

I — razão ou denominação social da pessoa jurídica beneficiária;

II — numeração contínua, em sequência ininterrupta, vinculada à pessoa jurídica beneficiária;

III — valor em moeda corrente no País, para os documentos impressos;

IV — nome, endereço e CGC da prestadora de serviço de alimentação coletiva;

V — prazo de validade, não inferior a 30 dias, nem superior a 15 meses, para os documentos impressos;

VI — a expressão "válido somente para refeições" ou "válido somente para aquisição de gêneros alimentícios", conforme o caso.

§ 1º Na emissão dos documentos de legitimação deverão ser adotados mecanismos que assegurem proteção contra falsificação.

§ 2º Os documentos de legitimação destinados à aquisição de refeição ou de gêneros alimentícios serão distintos e aceitos pelos estabelecimentos conveniados, de acordo com a finalidade expressa em cada um deles, sendo vedada a utilização de instrumento único.

§ 3º A pessoa jurídica beneficiária deverá exigir que cada trabalhador firme uma declaração, que será mantida à disposição da fiscalização federal do trabalho, acusando o recebimento dos documentos de legitimação, na qual deverá constar a numeração e a identificação da espécie dos documentos entregues.

§ 4º Quando os documentos de legitimação previstos nesta Portaria forem concedidos sob a forma de cartões magnéticos ou eletrônicos, a pessoa jurídica beneficiária deverá obter de cada trabalhador uma única declaração de recebimento do cartão, que será mantida à disposição da fiscalização federal do trabalho, e servirá como comprovação da concessão do benefício.

§ 5º Quando os documentos de legitimação previstos nesta Portaria forem concedidos sob a forma de cartões magnéticos ou eletrônicos, o valor do benefício será comprovado mediante a emissão de notas fiscais pelas empresas prestadoras de serviços de alimentação coletiva, além dos correspondentes contratos celebrados entre estas e as pessoas jurídicas beneficiárias.

§ 6º Os documentos de legitimação, sejam impressos ou na forma de cartões eletrônicos ou magnéticos, destinam-se exclusivamente às finalidades do Programa de Alimentação do Trabalhador, sendo vedada sua utilização para outros fins.

§ 7º A validade do cartão magnético e/ou eletrônico, pelas suas características operacionais, poderá ser de até cinco anos.

Art. 18. Em caso de utilização a menor do valor do documento de legitimação, o estabelecimento comercial deverá fornecer ao trabalhador um contravale com a diferença, vedada a devolução em moeda corrente.

VII — Das Disposições Finais

Art. 19. A execução inadequada do Programa de Alimentação do Trabalhador — PAT acarretará o cancelamento da inscrição no Ministério do Trabalho e Emprego, com a consequente perda do incentivo fiscal, sem prejuízo do disposto no art. 8º, parágrafo único, do Decreto n. 5, de 14 de janeiro de 1991.

Art. 20. O Ministério do Trabalho e Emprego, através da Secretaria de Inspeção do Trabalho, emitirá Instrução Normativa relativa à fiscalização do cumprimento da legislação de sustento do Programa de Alimentação junto às empresas inscritas e registradas no mesmo. *(Redação dada pela Portaria n. 8, de 16 de abril de 2002)*

Art. 21. As dúvidas e casos omissos serão dirimidos pelo DSST/SIT/MTE.

Art. 22. Esta portaria entra em vigor na data de sua publicação.

Art. 23. Revogam-se a Portaria MTb n. 87, de 28 de janeiro de 1997 e demais disposições em contrário.

VERA OLÍMPIA GONÇALVES
Secretária de Inspeção do Trabalho

JUAREZ CORREIA BARROS JÚNIOR
Diretor do Departamento de Segurança e Saúde no Trabalho

MINISTÉRIO DO TRABALHO E EMPREGO SECRETARIA DE INSPEÇÃO DO TRABALHO DEPARTAMENTO DE SEGURANÇA E SAÚDE NO TRABALHO
Coordenação-Geral Programa de Alimentação do Trabalhador (LEI N. 6.321/76)

REGISTRO NO PAT
NÚMERO ______________
DATA ____/____/____

1 — IDENTIFICAÇÃO DA EMPRESA FORNECEDORA E/OU PRESTADORA DE SERVIÇO DE ALIMENTAÇÃO COLETIVA		
1.1 — Razão Social		
1.2 — Endereço (Rua, n., etc.)		
	1.3 — Bairro	
1.4 — Município	1.5 — UF	1.6 — Telefone
1.7 — CEP	1.8 — CGC da Matriz	

2 — Identificação do Serviço de Alimentação

2.1. Cozinha industrial para distribuição de refeições prontas
2.2. Administração de cozinhas e refeitórios
2.3. Refeição-convênio
2.4. Alimentação-convênio
2.5. Cesta de alimentos

INFORMAÇÕES DE ORDEM GENÉRICA

A empresa poderá buscar orientação diretamente no Ministério do Trabalho e Emprego, Edifício Anexo — Ala "B" — 1º Andar — Sala 107 — Brasília-DF ou nas Delegacias Regionais do Trabalho e Emprego.

— A empresa fornecedora e/ou prestadora de serviços de alimentação coletiva responsabilizar-se-á pelo cumprimento da legislação do PAT.

— A ficha deve ser apresentada em 1 (uma) via original, adquirida e protocolizada na DRT ou no PAT-DF e acompanhada de carta de encaminhamento, elaborada em papel timbrado, de acordo com o modelo abaixo.

Observações:

A EMPRESA DEVERÁ ANEXAR:

— Modelo de documento de refeição-convênio (frente e verso), para as prestadoras de serviço de refeição coletiva.

— Modelo de documento da alimentação-convênio (frente e verso), para as prestadoras de serviço de alimentação coletiva.

— Nome(s) do(s) profissional(ais) legalmente habilitado(s) em Nutrição responsável(eis) técnico(s), número e região do respectivo Conselho Regional, para qualquer modalidade do serviço de alimentação coletiva.

MODELO DE CARTA PARA SOLICITAÇÃO DE REGISTRO

(Use papel timbrado da empresa)

______________, ______ de ______________ de ______

À Secretaria de Inspeção do Trabalho
Departamento Segurança e Saúde no Trabalho
Coordenação-Geral Programa de Alimentação do Trabalhador
Ministério do Trabalho e Emprego
Brasília-DF

____, (nome da empresa)

solicita o registro para fins de prestação de serviços a pessoas jurídicas, nos termos da legislação que rege a matéria. Declara que o profissional responsável técnico é ______________________________ (nome)

inscrito no CR ________ sob o n. ____________
(Região)

Atenciosamente,

Nome: ______________________________

Cargo: ______________________________

E-mail: ______________________________

____
Assinatura

INSTRUÇÃO NORMATIVA SIT N. 135, DE 31 DE AGOSTO DE 2017

(DOU 1.7.2017)

Dispõe sobre procedimentos para a divulgação e fiscalização do cumprimento da legislação do Programa de Alimentação do Trabalhador — PAT.

A SECRETÁRIA DE INSPEÇÃO DO TRABALHO, no exercício da competência prevista no art. 18, do Anexo I do Decreto n. 8.894, de 3 de novembro de 2016, resolve:

Planejamento das ações

Art. 1º As chefias de fiscalização das Superintendências Regionais do Trabalho — SRT devem incluir, no seu planejamento, ações de divulgação e de fiscalização do cumprimento da legislação do Programa de Alimentação do Trabalhador — PAT.

Art. 2º O planejamento deve contemplar pessoas jurídicas cadastradas e não cadastradas no PAT, com prioridade para as empresas beneficiárias de médio e grande porte.

§ 1º As atividades de fiscalização das pessoas jurídicas cadastradas no PAT podem ser organizadas em projeto específico ou executadas no contexto de outros projetos, desde que atendidas as diretrizes de planejamento definidas pela Secretaria de Inspeção do Trabalho — SIT.

§ 2º As ações de divulgação do PAT devem visar aos empregadores não cadastrados no Programa, preferencialmente integrantes dos setores econômicos em relação aos quais se tenham apurado indícios de fornecimento de alimentação ou de benefício equivalente aos trabalhadores, sem prejuízo de outras ações direcionadas ao público em geral.

Execução das ações

Art. 3º Nas ações fiscais em pessoas jurídicas beneficiárias, deve o Auditor-Fiscal do Trabalho verificar, no mínimo, se:

I — há atendimento a todos os empregados da faixa salarial prioritária, correspondente a rendimentos de valor equivalente a até cinco salários mínimos, sempre que houver inclusão, no Programa, de trabalhador de rendimento mais elevado;

II — o benefício concedido aos empregados da faixa salarial prioritária tem valor igual ou superior ao concedido aos trabalhadores de rendimento mais elevado;

III — o valor cobrado ao conjunto dos trabalhadores atendidos no Programa não ultrapassa vinte por cento do montante do custo direto e exclusivo dos benefícios concedidos, considerando-se o período de apuração;

IV — o empregador se abstém de utilizar o PAT de forma a premiar ou punir os trabalhadores;

V — são observados os indicadores paramétricos do valor calórico e da composição nutricional dos alimentos disponibilizados aos trabalhadores;

VI — há profissional legalmente habilitado em nutrição regularmente registrado no PAT como responsável técnico pela sua execução, de acordo com a modalidade adotada;

VII — a fornecedora ou a prestadora de serviço de alimentação coletiva contratada pelo empregador está regularmente registrada no Programa, de acordo com a modalidade adotada.

PARÁGRAFO ÚNICO. Independentemente da constatação de irregularidades, as informações referentes ao cumprimento dos itens listados neste artigo devem ser consolidadas pelo Auditor-Fiscal do Trabalho em formulário-padrão do sistema eletrônico do PAT.

Art. 4º No caso de ação fiscal em empresas fornecedoras de alimentação coletiva, deve o Auditor-Fiscal do Trabalho verificar, no mínimo, se:

I — são observados os indicadores paramétricos do valor calórico e da composição nutricional dos alimentos disponibilizados aos trabalhadores;

II — há profissional legalmente habilitado em nutrição regularmente registrado no PAT como responsável técnico pela sua execução e vinculado ao registro do estabelecimento.

Art. 5º No caso de ação fiscal em prestadoras de serviços de alimentação coletiva, deve o Auditor-Fiscal do Trabalho verificar, no mínimo, se a empresa:

I — procede à verificação *in loco* das informações prestadas pelos estabelecimentos comerciais credenciados e mantem, em sua posse, os seus cadastros atualizados.

II — credencia estabelecimentos comerciais que se situem nas imediações dos locais de trabalho da(s) beneficiária(s) contratante(s), conforme a modalidade contratada;

III — garante que os documentos de legitimação para a aquisição de refeições ou gêneros alimentícios são regularmente aceitos pelos estabelecimentos credenciados, de acordo com a finalidade expressa no documento;

IV — descredencia os estabelecimentos que não cumpram as exigências sanitárias e nutricionais do PAT ou que concorram para o seu desvirtuamento, mediante o uso indevido dos documentos de legitimação ou outras práticas irregulares;

V — há profissional legalmente habilitado em nutrição regularmente registrado no PAT como responsável técnico pela sua execução e vinculado ao registro da empresa;

VI — cumpre às obrigações dispostas no *caput*, § 1º, § 2º, § 5º e § 7º, art. 17 da Portaria SIT n. 03, 01 de março de 2002, relacionadas aos documentos de legitimação por ela administrados.

Fiscalização indireta para apuração de indícios em desvinculações entre cadastros

Art. 6º Excetuam-se da obrigatoriedade de verificação mínima dispostas nos artigos 3º, 4º e 5º as ações fiscais indiretas decorrentes de desvinculações ou da inativação ou cancelamento do registro de participantes registrados no sistema eletrônico do PAT, quando gerarem indícios de descumprimento das seguintes obrigações:

I — Profissional legalmente habilitado em nutrição regularmente registrado no PAT como responsável técnico pela sua execução; ou

II — Fornecedora ou prestadora de serviço de alimentação coletiva contratada pela beneficiária regularmente registrada no programa.

PARÁGRAFO ÚNICO. Para esse tipo de ação fiscal, e apenas nos casos de confirmação das irregularidades relacionadas aos incisos deste artigo, o Auditor-Fiscal do Trabalho deve preencher o formulário-padrão do sistema eletrônico do PAT, nos mesmos moldes do parágrafo único do art. 3º, informando ainda, no campo "irregularidades apuradas", sobre o procedimento de fiscalização indireta para apuração de indícios em desvinculações entre cadastros.

Concessão de prazos

Art 7º O descumprimento das obrigações citadas nos incisos dos art. 3º, 4º, 5º e 6º desta Instrução, ou a existência de outras irregularidades que contrariem o disposto na legislação do PAT e na Portaria SIT n. 03, 01 de março de 2002, caracterizam a execução inadequada do programa e a aplicação de penalidades conforme previsto nesta Instrução.

§ 1º Sem prejuízo do auto de infração ou, conforme o caso, de outras disposições já existentes sobre dupla visita e procedimento especial de fiscalização, o Auditor-Fiscal do Trabalho poderá conceder prazo para correção das seguintes irregularidades, desde que não haja reincidência e não impossibilitem, num primeiro momento, o oferecimento de alimentação saudável aos trabalhadores, conforme as regras do Programa:

I — não apresentação da documentação relacionada aos gastos com o Programa ou aos incentivos fiscais dele decorrentes;

II — informações cadastrais inexatas ou desatualizadas, desde que não tenham sido mantidas com objetivo fraudulento e que não comprometam o cumprimento das obrigações dispostas nos incisos dos art. 3º, 4º, 5º e 6º desta Instrução;

III — descumprimento das obrigações adicionais dispostas nos §§ 9º e 10º do art. 5º da Portaria SIT n. 03, 01 de março de 2002, desde que não interfiram na composição nutricional e nos indicadores paramétricos obrigatórios da alimentação oferecida aos trabalhadores, previstos no § 3º do art. 5º da mesma Portaria.

IV — descumprimento de exigências relacionadas às ações de educação alimentar e nutricional, como as previstas no § 4º do art. 5º e no art. 7º da Portaria SIT n. 03, 01 de março de 2002.

V — descumprimento, por parte da prestadora, das obrigações previstas nos incisos I e VI do art. 6º desta Instrução, bem como os incisos III e IV do mesmo artigo, desde que não fique evidenciado que a empresa tinha prévio conhecimento dos fatos.

§ 2º O prazo para correção de informações cadastrais não pode ser superior a 30 (trinta) dias.

Processo administrativo de cancelamento da inscrição ou do registro

Art. 8º No caso de constatação de irregularidades na execução do PAT ou do não cumprimento dos prazos concedidos para regularização nos casos previstos no art. 7º, deve o Auditor-Fiscal do Trabalho lavrar relatório circunstanciado, em duas vias, propondo o cancelamento da inscrição ou registro da pessoa jurídica no Programa, o qual deverá conter:

I — identificação da pessoa jurídica com nome, inscrição no Cadastro Nacional da Pessoa Jurídica — CNPJ ou Cadastro Específico do INSS — CEI acompanhado de Cadastro de Pessoa Física — CPF, código na Classificação Nacional de Atividades Econômicas — CNAE e endereço completo dos estabelecimentos abrangidos pela ação fiscal;

II — identificação da pessoa jurídica matriz com nome, inscrição no Cadastro Nacional da Pessoa Jurídica — CNPJ, código na Classificação Nacional de Atividades Econômicas — CNAE e endereço completo do estabelecimento matriz, quando a ação tiver abrangido apenas estabelecimento(s) filial(is);

III — descrição clara dos fatos considerados como infração;

IV — citação expressa dos dispositivos legais e normativos considerados infringidos;

V — cópia do Auto de Infração relativo ao descumprimento da legislação do PAT;

VI — indicação precisa do termo inicial da primeira irregularidade verificada e da data de encerramento da ação fiscal;

VII — assinatura e identificação do Auditor-Fiscal do Trabalho, contendo nome, cargo e número da Carteira de Identidade Fiscal — CIF.

Art. 9º A apuração de irregularidades por parte de empresa fornecedora ou prestadora pode ocorrer isoladamente ou por corresponsabilidade com a(s) beneficiária(s) contratante(s), devendo, em qualquer um dos casos, ser também proposto o cancelamento do respectivo registro no PAT, em relatório apartado e elaborado nos moldes previstos no art. 8º.

Art. 10. A primeira via do relatório deve ser entregue, mediante protocolo, à seção, setor ou núcleo de segurança e saúde no trabalho (SEGUR/NEGUR) da SRT ou seção ou setor de inspeção do trabalho (SEINT) da Gerência Regional do Trabalho e Emprego — GRTE com competência fiscal sobre o estabelecimento inspecionado, para formação de processo administrativo, do qual constituirá peça inaugural, salvo quando for juntado aos autos de processo já inaugurado pelo órgão gestor ou por representação administrativa encaminhada por órgão externo ao Ministério do Trabalho, devendo a segunda via permanecer com o Auditor-Fiscal do Trabalho.

PARÁGRAFO ÚNICO. O Auditor-Fiscal do Trabalho deve registrar o número de protocolo do processo administrativo para consigná-lo no formulário padrão previsto no parágrafo único do art. 3º desta Instrução, em campo relativo a "irregularidades apuradas" do relatório circunstanciado.

Art. 11. Após a instrução do processo com o relatório circunstanciado, este deve ser encaminhado para a SEGUR/NEGUR responsável pela circunscrição do estabelecimento matriz, no caso de beneficiárias ou prestadoras, ou do estabelecimento inspecionado, no caso de fornecedoras.

§ 1º No caso de recebimento de processo com relatório circunstanciado referente à ação fiscal realizada em estabelecimento filial de beneficiária ou prestadora, a unidade regional responsável pela circunscrição da matriz pode optar por dispensar a realização de nova ação, dando prosseguimento ao processo exclusivamente com embasamento no relatório oriundo da fiscalização na filial, ou realizar ação fiscal complementar no estabelecimento matriz, devendo, no caso de irregularidades, apensar ao processo o relatório circunstanciado da nova ação fiscal.

§ 2º A SEGUR/NEGUR competente deve, no prazo máximo de dez dias a contar do recebimento do relatório circunstanciado referente à última ação fiscal realizada, notificar o interessado, titular da inscrição ou registro, da instauração do processo.

§ 3º O termo de notificação deve indicar os dispositivos normativos considerados infringidos e apurados em cada ação fiscal, o prazo para a apresentação de defesa e o local para a sua apresentação.

§ 4º A notificação via postal deve ser feita com aviso de recebimento — AR.

§ 2º Não sendo localizado o empregador nos endereços registrados nos cadastros oficiais, deve-se promover sua notificação por edital, em conformidade com o art. 26, § 4º, da Lei n. 9.784, de 29 de janeiro de 1999.

§ 6º Ressalvado o caso do § 5º deste artigo, o termo de notificação será acompanhado de cópia integral do(s) relatório(s) circunstanciado(s) a que se refere o art. 8º ou 9º, conforme o caso, assim como dos documentos que o(s) instruem.

Art. 12. O interessado tem prazo de dez dias para apresentação de defesa, contados do recebimento da notificação, observadas as regras do art. 23 da Portaria MTb n. 854, de 25 de junho de 2015.

Art. 13. A chefia de fiscalização de segurança e saúde da SRT, ainda que não apresentada defesa deve distribuir o processo para análise e elaboração de parecer sobre a proposta de cancelamento.

§ 1º O analista designado poderá, mediante despacho fundamentado e diante dos argumentos apresentados pelo defendente, solicitar, por meio de sua chefia, a manifestação do autor do relatório, o qual terá o prazo de dez dias para fazê-lo, a contar do seu recebimento.

§ 2º No caso do §1º deste artigo, a chefia de fiscalização em segurança em saúde da SRT, deve cientificar o titular interessado do inteiro teor da manifestação do autor do relatório, concedendo o prazo de dez dias para que apresente novas razões, se entender necessário.

§ 3º Fundamentada na instrução completa dos autos, a chefia de fiscalização de segurança e saúde da SRT deve elaborar proposta de decisão sobre o cancelamento.

Art. 14. Instruído com a proposta de decisão, o processo será encaminhado ao Departamento de Segurança e Saúde no Trabalho — DSST, que decidirá sobre o acolhimento da proposta.

PARÁGRAFO ÚNICO. O DSST comunicará a decisão ao interessado, aplicando-se, no que couber, as regras do art. 11.

Art. 15. Da decisão que aplicar penalidade, cabe recurso ao titular da Secretaria de Inspeção do Trabalho, no prazo de dez dias.

§ 1º Compete à Coordenação Geral de Recursos — CGR a elaboração de proposta de decisão sobre o recurso.

§ 2º Instruído com a proposta de decisão sobre o recurso, o processo será encaminhado ao titular da Secretaria de Inspeção do Trabalho, que decidirá sobre o acolhimento da proposta.

Art. 16. O cancelamento da inscrição ou do registro determinados por decisão administrativa irrecorrível deve ser formalizado em Portaria específica da SIT, que indicará será publicada no Diário Oficial da União.

PARÁGRAFO ÚNICO. Compete ao DSST, ao cancelar a inscrição ou registro no sistema eletrônico do PAT:

I — A comunicação da decisão final ao interessado, salvo nos casos em que, por ocasião da decisão mencionada no art. 14, tiver sido necessária a notificação por Edital;

II — envio de novo processo ao setor ou núcleo responsável pela fiscalização de FGTS (SFGTS/NFGTS) da Superintendência Regional do Trabalho e Emprego com competência fiscal sobre o estabelecimento matriz, para levantamento retroativo de débitos, no caso de cancelamento de inscrição de beneficiária;

III — envio de cópia da Portaria de cancelamento às Secretarias da Receita Federal do Brasil e da Previdência Social, para providências de sua competência.

Efeitos do Cancelamento de Inscrição ou Registro

Art. 17. O Auditor-Fiscal do Trabalho designado para o levantamento de débito do Fundo de Garantia do Tempo de Serviço e da Contribuição Social deve considerar o período compreendido entre o termo inicial da primeira irregularidade e a data de sua própria ação fiscal, posterior ao cancelamento da inscrição, observado o prazo prescricional da legislação trabalhista.

PARÁGRAFO ÚNICO. Após o levantamento de débito, o processo deve ser encaminhado ao DSST, para comprovação das providências tomadas e arquivamento do processo de cancelamento de inscrição ou registro.

Art. 18. Na hipótese de apresentação de novo pedido de inscrição ou registro que tenha sido cancelado, a chefia de fiscalização de segurança e saúde da SRT deve exigir as provas do saneamento das irregularidades determinantes da decisão do cancelamento, que deverão compor novo processo administrativo.

§ 1º A nova inscrição ou registro somente poderá ser requerida pelo estabelecimento matriz, no caso das beneficiárias ou prestadoras.

§ 2º A chefia de fiscalização em segurança e saúde da SRT deve avaliar a necessidade de realização de ação fiscal para atestar a regularização e, independentemente dessa providência, distribuirá o processo para analista da unidade regional para a elaboração de parecer sobre a regularidade do solicitante quanto às regras de execução do PAT.

§ 3º Fundamentada na instrução completa dos autos, a chefia de fiscalização em segurança e saúde regional da SRT deve elaborar proposta de decisão sobre aprovação da nova inscrição ou registro.

§ 3º O processo, devidamente instruído com a proposta de decisão, deve ser encaminhado ao DSST para análise e decisão sobre a aprovação do pedido.

Disposições finais

Art. 19. Aos procedimentos relativos ao trâmite dos processos de cancelamento e de solicitação de nova inscrição ou registro aplicam-se, subsidiariamente, as regras previstas na Portaria MTb n. 854, de 25 de junho de 2015.

Art. 20. Revogam-se a Instrução Normativa n. 96, de 16 de janeiro de 2012, e as demais disposições em contrário.

Art. 21. Esta Instrução Normativa entra em vigor na data de sua publicação.

Maria Teresa Pacheco Jensen

LEI N. 2.959, DE 17 DE NOVEMBRO DE 1956

(DOU 21.11.1956 — LTr 20/461)

Altera o Decreto-lei n. 5.452, de 1º de maio de 1943 (Consolidação das Leis do Trabalho), e dispõe sobre os contratos por obra ou serviço certo

O PRESIDENTE DA REPÚBLICA,

Faço saber que o Congresso Nacional decreta e eu sanciono a seguinte Lei:

Art. 1º No contrato individual de trabalho por obra certa, as inscrições na carteira profissional do empregado serão feitas pelo construtor, desse modo constituído em empregador, desde que exerça a atividade em caráter permanente.

Art. 2º Rescindido o contrato de trabalho em face do término da obra ou serviço, tendo o empregado mais de 12 (doze) meses de serviço, ficar-lhe-á assegurada a indenização por tempo de trabalho na forma do art. 478 da Consolidação das Leis do Trabalho, com 30% (trinta por cento) de redução.

Art. 3º O empregador que deixar de atender a exigência do art. 1º desta lei ficará sujeito à multa de Cr$ 500,00 (quinhentos cruzeiros) a Cr$ 5.000,00 (cinco mil cruzeiros), além da suspensão de suas atividades até que satisfaça a obrigação legal.

Art. 4º Esta Lei entrará em vigor na data de sua publicação, revogadas as disposições em contrário.

Rio de Janeiro, em 17 de novembro de 1956; 135º da Independência e 68º da República.

Juscelino Kubitschek
Parsifal Barroso

DECRETO-LEI N. 368, DE 19 DE DEZEMBRO DE 1968

(DOU 20.12.1968 — LTr 33/103)

Dispõe sobre efeitos de débitos salariais e dá outras providências

O PRESIDENTE DA REPÚBLICA, usando da atribuição que lhe confere o § 1º do art. 2º do Ato Institucional n. 5, de 13 de dezembro de 1968, decreta:

Art. 1º A empresa em débito salarial com seus empregados não poderá:

I — pagar honorário, gratificação, *pro labore* ou qualquer outro tipo de retribuição ou retirada a seus diretores, sócios, gerentes ou titulares de firma individual;

II — distribuir quaisquer lucros, bonificações, dividendos ou interesses a seus sócios, titulares, acionistas, ou membros de órgãos dirigentes, fiscais ou consultivos;

III — ser dissolvida.

PARÁGRAFO ÚNICO. Considera-se em débito salarial a empresa que não paga, no prazo e nas condições da lei ou contrato, o salário devido a seus empregados.

Art. 2º A empresa em mora contumaz relativamente a salários não poderá, além do disposto no art. 1º, ser favorecida com qualquer benefício de natureza fiscal, tributária, ou financeira, por parte de órgãos da União, dos Estados ou dos Municípios, ou de que estes participem.

§ 1º Considera-se mora contumaz o atraso ou sonegação de salários devidos aos empregados, por período igual ou superior a três meses, sem motivo grave e relevante, excluídas as causas pertinentes ao risco do empreendimento.

§ 2º Não se incluem na proibição do artigo as operações de crédito destinadas à liquidação dos débitos salariais existentes, o que deverá ser expressamente referido em documento firmado pelo responsável legal da empresa, como justificação do crédito.

Art. 3º A mora contumaz e a infração ao art. 1º serão apuradas mediante denúncia de empregado da empresa ou entidade sindical da respectiva categoria profissional, pela Delegacia Regional do Trabalho, em processo sumário, assegurada ampla defesa ao interessado.

§ 1º Encerrado o processo, o Delegado Regional do Trabalho submeterá ao Ministro do Trabalho e Previdência Social parecer conclusivo para decisão.

§ 2º A decisão que concluir pela mora contumaz será comunicada às autoridades fazendárias locais pelo Delegado Regional do Trabalho, sem prejuízo da comunicação que deverá ser feita ao Ministro da Fazenda.

Art. 4º Os diretores, sócios, gerentes, membros de órgãos fiscais ou consultivos, titulares de firma individual ou quaisquer outros dirigentes de empresa responsável pela infração do disposto no art. 1º, incisos I e II, estarão sujeitos à pena de detenção de um mês a um ano.

PARÁGRAFO ÚNICO. Apurada a infração prevista neste artigo, o Delegado Regional do Trabalho representará, sob pena de responsabilidade, ao Ministério Público, para a instauração da competente ação penal.

Art. 5º No caso do inciso III do art. 1º, a empresa requererá a expedição de Certidão Negativa de Débito Salarial, a ser passada pela Delegacia Regional do Trabalho mediante prova bastante do cumprimento, pela empresa, das obrigações salariais respectivas.

Art. 6º Considera-se salário devido, para os efeitos deste Decreto-lei, a retribuição de responsabilidade direta da Empresa, inclusive comissões, percentagens, gratificações, diárias para viagens e abonos, quando a sua liquidez e certeza não sofram contestação nem estejam pendentes de decisão judicial.

Art. 7º As infrações descritas no art. 1º, incisos I e II e seu parágrafo único, sujeitam a empresa infratora à multa variável de dez a cinquenta por cento do débito salarial, a ser aplicada pelo Delegado Regional do Trabalho, mediante o processo previsto nos arts. 626 e seguintes da Consolidação das Leis do Trabalho, sem prejuízo da responsabilidade criminal das pessoas implicadas.

Art. 8º O Ministério do Trabalho e Previdência Social, expedirá as instruções necessárias à execução deste Decreto-lei.

Art. 9º Este Decreto-lei entrará em vigor na data de sua publicação, revogadas as disposições em contrário.

Brasília, 19 de dezembro de 1968; 147º da Independência e 80º da República.

A. COSTA E SILVA
ANTÔNIO DELFIM NETTO
JARBAS G. PASSARINHO
HÉLIO BELTRÃO

PORTARIA GM/MTb N. 1.061, DE 1º DE NOVEMBRO DE 1996

(DOU 5.11.1996)

Institui procedimentos para a organização e tramitação dos processos de débito salarial, mora do Fundo de Garantia por Tempo de Serviço — FGTS, mora contumaz salarial e mora contumaz do Fundo de Garantia por Tempo de Serviço — FGTS e dá outras providências

O MINISTRO DE ESTADO DO TRABALHO, no uso de suas atribuições legais, e

Considerando o elevado índice de denúncias de atraso de pagamento de salários e do recolhimento do FGTS, com considerável prejuízo ao trabalhador; e

Considerando a necessidade de se estabelecer procedimentos para a perfeita instrução dos processos de débito salarial, mora do FGTS, mora contumaz salarial e mora contumaz do FGTS, a que se referem o Decreto-lei n. 368, de 11 de dezembro de 1968, a Lei n. 8.036, de 11 de maio de 1990, art. 15 combinado com o art. 22, e o Regulamento do FGTS, aprovado pelo Decreto n. 99.684, de 8 de novembro de 1990, arts. 50 a 52, resolve:

Art. 1º Baixar normas sobre a organização e a tramitação dos processos de débito salarial, mora do FGTS, mora contumaz salarial e mora contumaz do FGTS.

DAS DEFINIÇÕES

Art. 2º Para os efeitos desta Portaria, considera-se:

a) débito salarial — o não pagamento de salários no prazo legal e por período inferior a três meses; (Consolidação das Leis do Trabalho — CLT, art. 459, § 1º)

b) mora do FGTS — o não recolhimento das parcelas devidas ao Fundo, no prazo legal, por período inferior a três meses; (Lei n. 8.036/90, art. 15)

c) mora contumaz salarial — o atraso ou sonegação de salários devidos aos empregados, por período igual ou superior a três meses, sem motivo grave ou relevante, excluídas as causas pertinentes ao risco da atividade econômica; (Decreto-lei n. 368/68, art. 2º, § 1º)

d) mora contumaz do FGTS — o não recolhimento de valores devidos ao FGTS, por período igual ou superior a três meses, sem motivo grave ou relevante, excluídas as causas pertinentes ao risco do empreendimento. (Decreto n. 99.684/90, art. 51, § 1º)

Art. 3º O processo de débito salarial, mora do FGTS, mora contumaz salarial e mora contumaz do FGTS iniciar-se-á por denúncia do empregado ou da entidade sindical representativa da categoria, assinada pelo seu presidente e, ainda, incidentalmente por relatório da fiscalização, originário de denúncia feita pelas mesmas partes.

PARÁGRAFO ÚNICO. A denúncia deverá ser apresentada por escrito, em duas vias, contendo os seguintes requisitos:

a) a qualificação do denunciante, e se possível, quando se tratar de empregado, o número e a série de sua Carteira de Trabalho;

b) a indicação do denunciado;

c) o fato objeto da denúncia;

d) a data e assinatura do denunciante.

DA CONSTATAÇÃO DA IRREGULARIDADE

Art. 4º Recebida a denúncia, a chefia da Divisão de Fiscalização do Trabalho emitirá Ordem de Serviço, no prazo máximo de quarenta e oito horas, designando fiscal do trabalho para a verificação acerca do teor da mesma, e constatada a irregularidade será lavrado o respectivo Auto de Infração com fundamento nos arts. 459, § 1º da CLT ou art. 23, § 1º, inciso I da Lei n. 8.036/90, conforme for o caso.

Art. 5º Concluída a fiscalização, o fiscal do trabalho apresentará em quarenta e oito horas, relatório circunstanciado contendo o seguinte:

a) a qualificação e o endereço da empresa;

b) a qualificação e o endereço dos sócios da empresa;

c) o período do atraso dos salários ou da falta de recolhimento do FGTS;

d) comprovantes de pagamentos de honorários, gratificações, *pro labore* ou qualquer outro tipo de retribuição ou retirada, feitos a seus diretores, sócios, gerentes ou titulares no período citado no item anterior;

e) fundamentação específica do fato constatado, tratando-se de débito salarial, mora do FGTS, mora contumaz do salário ou mora contumaz do FGTS;

f) cópia do contrato ou estatuto social da empresa;

g) cópia autenticada do Auto de Infração, que deverá ser processado em apenso.

DA FORMALIZAÇÃO DO PROCESSO

Art. 6º A chefia da Divisão da Fiscalização do Trabalho, de posse do relatório da ação fiscal executada, determinará a formalização do processo, no prazo de quarenta e oito horas e, sendo procedente a denúncia, em igual prazo, notificará a empresa para que apresente sua defesa.

§ 1º A defesa, formalizada por escrito e instruída com os documentos que a fundamentarem, será apresentada à Delegacia Regional do Trabalho, no prazo de dez dias, contados do recebimento da notificação.

§ 2º Não constatada a irregularidade pela Fiscalização, a chefia da Divisão de Fiscalização do Trabalho, sem prejuízo de novas diligências, proporá ao Delegado Regional do Trabalho o arquivamento do processo.

Art. 7º O não oferecimento de defesa no prazo fixado no art. 6º, § 1º, importará em revelia, podendo o Delegado Regional do Trabalho dispensar diligências e concluir o processo para decisão.

Art. 8º O Delegado Regional do Trabalho determinará de ofício ou a requerimento do interessado, a realização de diligências que lhe parecerem necessárias à elucidação de fatos a serem apurados, inclusive a oitiva de testemunhas, indeferindo as que considerar procrastinatórias.

Art. 9º Após encerradas as diligências, a chefia da Divisão de Fiscalização do Trabalho, no prazo de oito dias, dará parecer conclusivo a ser submetido à aprovação do Delegado Regional do Trabalho.

PARÁGRAFO ÚNICO. O parecer conclusivo deverá conter o resumo dos fatos denunciados e das razões da defesa, a apreciação das provas, os fundamentos da convicção e a conclusão pela procedência ou não da denúncia.

Art. 10. O Delegado Regional do Trabalho encaminhará o processo, no prazo de oito dias, à decisão do Senhor Ministro do Trabalho.

Art. 11. Constatada a infração prevista no art. 1º, incisos I e II, do Decreto-lei n. 368/68 e no art. 50, incisos I e II, do Decreto n. 99.684/90, o Delegado Regional do Trabalho representará, sob pena de responsabilidade, ao Ministério Público, para a instauração da competente ação penal.

DA DECISÃO

Art. 12. O Ministro do Trabalho, antes de proferir sua decisão, poderá determinar diligências complementares.

Art. 13. Da decisão do processo será dada ciência às partes interessadas, pelo Delegado Regional do Trabalho.

Art. 14. Após a decisão do processo, o Delegado Regional do Trabalho, se for o caso, no prazo de quarenta e oito horas, notificará a empresa para o pagamento da multa, no prazo de dez dias, sob pena de encaminhamento do processo à cobrança judicial.

Art. 15. Da decisão que concluir pela mora contumaz salarial ou do FGTS, será expedida comunicação ao Senhor Ministro da Fazenda pelo Ministro do Trabalho e às autoridades fazendárias locais municipal, estadual e federal, pelo Delegado Regional do Trabalho.

DAS DISPOSIÇÕES FINAIS

Art. 16. Para os procedimentos previstos nesta Portaria aplicar-se-á, subsidiariamente, a Portaria n. 148, de 25 de janeiro de 1996.

Art. 17. A dissolução da empresa ficará condicionada à emissão de Certidão Negativa de Débito Salarial, pela Delegacia Regional do Trabalho, mediante prova bastante do cumprimento pela empresa de suas obrigações salariais.

§ 1º Para a expedição da Certidão Negativa de Débito Salarial, a Delegacia Regional do Trabalho poderá consultar a entidade sindical da categoria profissional dos empregados da requerente quanto à inexistência de débitos salariais.

§ 2º A Certidão de que trata este artigo será gratuita e terá validade por trinta dias contados de sua expedição.

Art. 18. Esta Portaria entra em vigor na data de sua publicação, revogada a Portaria n. 3.035, de 15 de janeiro de 1969, e a Portaria n. 734, de 9 de junho de 1993.

Paulo Paiva

DECRETO-LEI N. 691, DE 18 DE JULHO DE 1969

(DOU 21.7.1969 e 23.7.1969 — LTr 33/438)

Dispõe sobre a não aplicação, aos contratos de técnicos estrangeiros, com estipulação de pagamento de salários em moeda estrangeira, de diversas disposições da legislação trabalhista, e dá outras providências

O PRESIDENTE DA REPÚBLICA, no uso da atribuição que lhe confere o § 1º do art. 2º do Ato Institucional n. 5, de 13 de dezembro de 1968, decreta:

Art. 1º Os contratos de técnicos estrangeiros domiciliados ou residentes no exterior, para execução, no Brasil, de serviços especializados, em caráter provisório, com estipulação de salários, em moeda estrangeira, serão, obrigatoriamente, celebrados por prazo determinado e prorrogáveis sempre a termo certo, ficando excluídos da aplicação do disposto nos arts. 451, 452, 453 do Capítulo VII do Título IV da Consolidação das Leis do Trabalho e na Lei n. 5.107, de 13 de setembro de 1966, com as alterações do Decreto-lei n. 20, de 14 de setembro de 1966, e legislação subsequente.

PARÁGRAFO ÚNICO. A rescisão dos contratos de que trata este artigo reger-se-á pelas normas estabelecidas nos arts. 479, 480, e seu § 1º, e 481 da Consolidação das Leis do Trabalho.

Art. 2º Aos técnicos estrangeiros contratados nos termos deste Decreto-lei serão assegurados, além das vantagens previstas no contrato, apenas as garantias relativas a salário mínimo, repouso semanal remunerado, férias anuais, duração, higiene e segurança do trabalho, seguro contra acidente do trabalho e previdência social deferidas ao trabalhador que perceba salário exclusivamente em moeda nacional.

PARÁGRAFO ÚNICO. É vedada a estipulação contratual de participação nos lucros da empresa.

Art. 3º A taxa de conversão da moeda estrangeira será, para todos os efeitos, a da data do vencimento da obrigação.

Art. 4º A competência para dirimir as controvérsias oriundas das relações estabelecidas sob o regime deste Decreto-lei será da Justiça do Trabalho.

Art. 5º O presente Decreto-lei entrará em vigor na data de sua publicação, aplicando-se às relações em curso.

Art. 6º Revogam-se as disposições em contrário.

Brasília, 18 de julho de 1969; 148º da Independência e 81º da República.

A. Costa e Silva
Luís Antônio da Gama e Silva
Augusto Hamann Rademaker Grunewald
Aurélio de Lyra Tavares
José de Magalhães Pinto
Antônio Delfim Netto
Mário David Andreazza
Ruy Corrêa Lopes
Tarso Dutra
Jarbas G. Passarinho
Márcio de Souza e Mello
Romeu Honório Loures
Edmundo de Macedo Soares
Antônio Dias Leite Júnior
Hélio Beltrão
José Costa Cavalcanti
João Aristides Wiltgen

LEI N. 5.725, DE 27 DE OUTUBRO DE 1971

(DOU 29.10.1971 — LTr 35/900)

Estabelece a permissão do desconto do salário do empregado de prestações relativas ao financiamento para aquisição de unidade habitacional, no sistema financeiro da habitação

O PRESIDENTE DA REPÚBLICA,

Faço saber que o Congresso Nacional decreta e eu sanciono a seguinte Lei:

Art. 1º É permitido o desconto, no salário do empregado, das prestações correspondentes ao pagamento de dívidas contraídas para a aquisição de unidade habitacional, no Sistema Financeiro da Habitação.

Art. 2º O desconto a que se refere o artigo anterior será obrigatoriamente feito pelo empregador, a requerimento, por escrito, do empregado, constituindo garantia complementar na operação de financiamento.

PARÁGRAFO ÚNICO. Para os efeitos do art. 4º da Lei n. 1.046, de 2 de janeiro de 1950, e a nova redação que lhe foi dada pela Lei n. 2.853/56, poderão ser consignatárias as entidades integrantes do Sistema Financeiro da Habitação.

Art. 3º Os Ministérios do Interior e do Trabalho e Previdência Social expedirão as instruções de regulamento da presente Lei, que também se aplica aos contratos vigentes.

Art. 4º A presente Lei entra em vigor na data de sua publicação.

Art. 5º Revogam-se as disposições em contrário.

Brasília, 27 de outubro de 1971; 150º da Independência e 83º da República.

Emílio G. Médici
Júlio Barata
José Costa Cavalcanti

LEI N. 10.820, DE 17 DE DEZEMBRO DE 2003

(DOU 18.12.2003)

Dispõe sobre a autorização para desconto de prestações em folha de pagamento, e dá outras providências

O PRESIDENTE DA REPÚBLICA,

Faço saber que o Congresso Nacional Decreta e eu sanciono a seguinte Lei:

Art. 1º Os empregados regidos pela Consolidação das Leis do Trabalho — CLT, aprovada pelo Decreto-lei n. 5.452, de 1º de maio de 1943, poderão autorizar, de forma irrevogável e irretratável, o desconto em folha de pagamento ou na sua remuneração disponível dos valores referentes ao pagamento de empréstimos, financiamentos, cartões de crédito e operações de arrendamento mercantil concedidos por instituições financeiras e sociedades de arrendamento mercantil, quando previsto nos respectivos contratos. *(Redação dada pela Lei n. 13.172, de 21.10.15, DOU 22.10.15)*

§ 1º O desconto mencionado neste artigo também poderá incidir sobre verbas rescisórias devidas pelo empregador, se assim previsto no respectivo contrato de empréstimo, financiamento, cartão de crédito ou arrendamento mercantil, até o limite de 35% (trinta e cinco por cento), sendo 5% (cinco por cento) destinados exclusivamente para: *(Redação dada pela Lei n. 13.172, de 21.10.15, DOU 22.10.15)*

I — a amortização de despesas contraídas por meio de cartão de crédito; ou *(Incluído pela pela Lei n. 13.172, de 21.10.15, DOU 22.10.15)*

II — a utilização com a finalidade de saque por meio do cartão de crédito. *(Incluído pela pela Lei n. 13.172, de 21.10.15, DOU 22.10.15)*

§ 2º O regulamento disporá sobre os limites de valor do empréstimo, da prestação consignável para os fins do *caput* e do comprometimento das verbas rescisórias para os fins do § 1º deste artigo.

§ 3º Os empregados de que trata o *caput* poderão solicitar o bloqueio, a qualquer tempo, de novos descontos. *(Redação dada pela Lei n. 13.097, de 19.1.2015, DOU 20.1.2015)*

§ 4º O disposto no § 3º não se aplica aos descontos autorizados em data anterior à da solicitação do bloqueio. (NR) *(Redação dada pela Lei n. 13.097, de 19.1.2015, DOU 20.1.2015)*

§ 5º Nas operações de crédito consignado de que trata este artigo, o empregado poderá oferecer em garantia, de forma irrevogável e irretratável: *(Incluído pela Lei n. 13.313, de 14.7.16, DOU 15.7.16)*

I — até 10% (dez por cento) do saldo de sua conta vinculada no Fundo de Garantia do Tempo de Serviço — FGTS; *(Incluído pela Lei n. 13.313, de 14.7.16, DOU 15.7.16)*

II — até 100% (cem por cento) do valor da multa paga pelo empregador, em caso de despedida sem justa causa ou de despedida por culpa recíproca ou força maior, nos termos dos §§ 1º e 2º do art. 18 da Lei n. 8.036, de 11 de maio de 1990. *(Incluído pela Lei n. 13.313, de 14.7.16, DOU 15.7.16)*

§ 6º A garantia de que trata o § 5º só poderá ser acionada na ocorrência de despedida sem justa causa, inclusive a indireta, ou de despedida por culpa recíproca ou força maior, não se aplicando, em relação à referida garantia, o disposto no § 2º do art. 2º da Lei n. 8.036, de 11 de maio de 1990. *(Incluído pela Lei n. 13.313, de 14.7.16, DOU 15.7.16)*

§ 7º O Conselho Curador do FGTS poderá definir o número máximo de parcelas e a taxa máxima mensal de juros a ser cobrada pelas instituições consignatárias nas operações de crédito consignado de que trata este artigo. *(Incluído pela Lei n. 13.313, de 14.7.16, DOU 15.7.16)*

§ 8º Cabe ao agente operador do FGTS definir os procedimentos operacionais necessários à execução do disposto nos §§ 5º e 6º deste artigo, nos termos do inciso II do *caput* do art. 7º da Lei n. 8.036, de 11 de maio de 1990. (NR) *(Incluído pela Lei n. 13.313, de 14.7.16, DOU 15.7.16)*

Art. 2º Para os fins desta Lei, considera-se:

I — empregador, a pessoa jurídica assim definida pela legislação trabalhista e o empresário a que se refere o Título I do Livro II da Parte Especial da Lei n. 10.406, de 10 de janeiro de 2002 — Código Civil; *(Redação dada pela Lei n. 13.097, de 19.1.2015, DOU 20.1.2015)*

II — empregado, aquele assim definido pela legislação trabalhista;

III — instituição consignatária, a instituição autorizada a conceder empréstimo ou financiamento ou realizar operação com cartão de crédito ou de arrendamento mercantil mencionada no *caput* do art. 1º; *(Redação dada pela Lei n. 13.172, de 21.10.15, DOU 22.10.15)*

IV — mutuário, empregado que firma com instituição consignatária contrato de empréstimo, financiamento, cartão de crédito ou arrendamento mercantil regulado por esta Lei; *(Redação dada pela Lei n. 13.172, de 21.10.15, DOU 22.10.15)*

V — verbas rescisórias, as importâncias devidas em dinheiro pelo empregador ao empregado em razão de rescisão do seu contrato de trabalho.

VI — instituição financeira mantenedora, a instituição a que se refere o inciso III do *caput* e que mantém as contas para crédito da remuneração disponível dos empregados; *(Incluído pela Lei n. 13.097, de 19.1.2015, DOU 20.1.2015)*

VII — desconto, ato de descontar na folha de pagamento ou em momento anterior ao do crédito devido pelo empregador ao empregado como remuneração disponível ou verba rescisória o valor das prestações assumidas em operação de empréstimo, financiamento, cartão de crédito ou arrendamento mercantil; e *(Redação dada pela Lei n. 13.172, de 21.10.15, DOU 22.10.15)*

VIII — remuneração disponível, os vencimentos, subsídios, soldos, salários ou remunerações, descontadas as consignações compulsórias. *(Incluído pela Lei n. 13.097, de 19.1.2015, DOU 20.1.2015)*

§ 1º Para os fins desta Lei, são consideradas consignações voluntárias as autorizadas pelo empregado.

§ 2º No momento da contratação da operação, a autorização para a efetivação dos descontos permitidos nesta Lei observará, para cada mutuário, os seguintes limites:

I — a soma dos descontos referidos no art. 1º não poderá exceder a 35% (trinta e cinco por cento) da remuneração disponível, conforme definido em regulamento, sendo 5% (cinco por cento) destinados exclusivamente para: *(Redação dada pela Lei n. 13.172, de 21.10.15, DOU 22.10.15)*

a) a amortização de despesas contraídas por meio de cartão de crédito; ou *(Incluída pela Lei n. 13.172, de 21.10.15, DOU 22.10.15)*

b) a utilização com a finalidade de saque por meio do cartão de crédito; e *(Incluída pela Lei n. 13.172, de 21.10.15, DOU 22.10.15)*

II — o total das consignações voluntárias, incluindo as referidas no art. 1º, não poderá exceder a quarenta por cento da remuneração disponível, conforme definida em regulamento.

Art. 3º Para os fins desta Lei, são obrigações do empregador:

I — prestar ao empregado e à instituição consignatária, mediante solicitação formal do primeiro, as informações necessárias para a contratação da operação de crédito ou arrendamento mercantil;

II — tornar disponíveis aos empregados, bem como às respectivas entidades sindicais que as solicitem, as informações referentes aos custos referidos no § 2º; e *(Redação dada pela Lei n. 13.097, de 19.1.2015, DOU 20.1.2015)*

III — efetuar os descontos autorizados pelo empregado, inclusive sobre as verbas rescisórias, e repassar o valor à instituição consignatária na forma e no prazo previstos em regulamento. *(Redação dada pela Lei n. 13.097, de 19.1.2015, DOU 20.1.2015)*

§ 1º É vedado ao empregador impor ao mutuário e à instituição consignatária escolhida pelo empregado qualquer condição que não esteja prevista nesta Lei ou em seu regulamento para a efetivação do contrato e a implementação dos descontos autorizados.

§ 2º Observado o disposto em regulamento e nos casos nele admitidos, é facultado ao empregador descontar na folha de pagamento do mutuário os custos operacionais decorrentes da realização da operação objeto desta Lei.

§ 3º Cabe ao empregador informar, no demonstrativo de rendimentos do empregado, de forma discriminada, o valor do desconto mensal decorrente de cada operação de empréstimo, financiamento, cartão de crédito ou arrendamento mercantil e os custos operacionais referidos no § 2º. *(Redação dada pela Lei n. 13.172, de 21.10.15, DOU 22.10.15)*

§ 4º Os descontos autorizados na forma desta Lei e seu regulamento terão preferência sobre outros descontos da mesma natureza que venham a ser autorizados posteriormente.

Art. 4º A concessão de empréstimo, financiamento, cartão de crédito ou arrendamento mercantil será feita a critério da instituição consignatária, sendo os valores e as demais condições objeto de livre negociação entre ela e o mutuário, observadas as demais disposições desta Lei e seu regulamento. *(Redação dada pela Lei n. 13.172, de 21.10.15, DOU 22.10.15)*

§ 1º Poderá o empregador, com a anuência da entidade sindical representativa da maioria dos empregados, sem ônus para estes, firmar, com instituições consignatárias, acordo que defina condições gerais e demais critérios a serem observados nas operações de empréstimo, financiamento, cartão de crédito ou arrendamento mercantil que venham a ser realizadas com seus empregados. *(Redação dada pela Lei n. 13.172, de 21.10.15, DOU 22.10.15)*

§ 2º Poderão as entidades e centrais sindicais, sem ônus para os empregados, firmar, com instituições consignatárias, acordo que defina condições gerais e demais critérios a serem observados nas operações de empréstimo, financiamento, cartão de crédito ou arrendamento mercantil que venham a ser realizadas com seus representados. *(Redação dada pela Lei n. 13.172, de 21.10.15, DOU 22.10.15)*

§ 3º Na hipótese de ser firmado um dos acordos a que se referem os §§ 1º ou 2º e sendo observados e atendidos pelo empregado todos os requisitos e condições nele previstos, inclusive as regras de concessão de crédito, não poderá a instituição consignatária negar-se a celebrar a operação de empréstimo, financiamento, cartão de crédito ou arrendamento mercantil. *(Redação dada pela Lei n. 13.172, de 21.10.15, DOU 22.10.15)*

§ 4º Para a realização das operações referidas nesta Lei é assegurado ao empregado o direito de optar por instituição consignatária que tenha firmado acordo com o empregador, com sua entidade sindical, ou qualquer outra instituição consignatária de sua livre escolha, ficando o empregador obrigado a proceder aos descontos e repasses por ele contratados e autorizados.

§ 5º No caso dos acordos celebrados nos termos do § 2º deste artigo, os custos de que trata o § 2º do art. 3º deverão ser negociados entre o empregador e a entidade sindical, sendo vedada a fixação de custos superiores aos previstos pelo mesmo empregador nos acordos referidos no § 1º deste artigo.

§ 6º Poderá ser prevista nos acordos referidos nos §§ 1º e 2º deste artigo, ou em acordo específico entre a instituição consignatária e o empregador, a absorção dos custos referidos no § 2º do art. 3º pela instituição consignatária.

§ 7º É vedada aos empregadores, entidades e centrais sindicais a cobrança de qualquer taxa ou exigência de contrapartida pela celebração ou pela anuência nos acordos referidos nos §§ 1º e 2º, bem como a inclusão neles de cláusulas que impliquem pagamento em seu favor, a qualquer título, pela realização das operações de que trata esta Lei, ressalvado o disposto no § 2º do art. 3º *(Redação dada pela Lei n. 10.820, de 17.12.2003, DOU 18.12.2003)*

§ 8º Fica o empregador ou a instituição consignatária obrigada a disponibilizar, inclusive em meio eletrônico, a opção de bloqueio de novos descontos. (NR) *(Redação dada pela Lei n. 13.097, de 19.1.2015, DOU 20.1.2015)*

Art. 5º O empregador será o responsável pelas informações prestadas, pelo desconto dos valores devidos e pelo seu repasse às instituições consignatárias, que deverá ser realizado até o quinto dia útil após a data de pagamento ao mutuário de sua remuneração disponível. *(Redação dada pela Lei n. 13.097, de 19.1.2015, DOU 20.1.2015)*

§ 1º O empregador, salvo disposição contratual em contrário, não será corresponsável pelo pagamento dos empréstimos, financiamentos, cartões de crédito e arrendamentos mercantis concedidos aos seus empregados, mas responderá como devedor principal e solidário perante a instituição consignatária por valores a ela devidos em razão de contratações por ele confirmadas na forma desta Lei e de seu regulamento que deixarem, por sua falha ou culpa, de ser retidos ou repassados. *(Redação dada pela Lei n. 13.172, de 21.10.15, DOU 22.10.15)*

§ 2º Na hipótese de comprovação de que o pagamento mensal do empréstimo, financiamento, cartão de crédito ou arrendamento mercantil tenha sido descontado do mutuário e não tenha sido repassado pelo empregador, ou pela instituição financeira mantenedora, na forma do § 5º, à instituição consignatária, fica esta proibida de incluir o nome do mutuário em cadastro de inadimplentes. *(Redação dada pela Lei n. 13.172, de 21.10.15, DOU 22.10.15)*

§ 3º Na hipótese de ocorrência da situação descrita no § 2º, é cabível o ajuizamento de ação de depósito, nos termos do Capítulo II do Título I do Livro IV da Lei n. 5.869, de 11 de janeiro de 1973 — Código de Processo Civil, em face do empregador, ou da instituição financeira mantenedora, se responsável pelo desconto, na forma do § 5º, e de seus representantes legais. *(Redação dada pela Lei n. 13.097, de 19.1.2015, DOU 20.1.2015)*

§ 4º No caso de falência do empregador, antes do repasse das importâncias descontadas dos mutuários, fica assegurado à instituição consignatária o direito de pedir, na forma prevista em lei, a restituição das importâncias retidas.

§ 5º O acordo firmado entre o empregador e a instituição financeira mantenedora poderá prever que a responsabilidade pelo desconto de que trata o *caput* será da instituição financeira mantenedora. (NR) *(Redação dada pela Lei n. 13.097, de 19.1.2015, DOU 20.1.2015)*

Art. 6º Os titulares de benefícios de aposentadoria e pensão do Regime Geral de Previdência Social poderão autorizar o Instituto Nacional do Seguro Social — INSS a proceder aos descontos referidos no art. 1º e autorizar, de forma irrevogável e irretratável, que a instituição financeira na qual recebam seus benefícios retenha, para fins de amortização, valores referentes ao pagamento mensal de empréstimos, financiamentos, cartões de crédito e operações de arrendamento mercantil por ela concedidos, quando previstos em contrato, nas condições estabelecidas em regulamento, observadas as normas editadas pelo INSS. *(Redação dada pela Lei n. 13.172, de 21.10.15, DOU 22.10.15)*

§ 1º Para os fins do *caput*, fica o INSS autorizado a dispor, em ato próprio, sobre:

I — as formalidades para habilitação das instituições e sociedades referidas no art. 1º;

II — os benefícios elegíveis, em função de sua natureza e forma de pagamento;

III — as rotinas a serem observadas para a prestação aos titulares de benefícios em manutenção e às instituições consignatárias das informações necessárias à consecução do disposto nesta Lei;

IV — os prazos para o início dos descontos autorizados e para o repasse das prestações às instituições consignatárias;

V — o valor dos encargos a serem cobrados para ressarcimento dos custos operacionais a ele acarretados pelas operações; e

VI — as demais normas que se fizerem necessárias.

§ 2º Em qualquer circunstância, a responsabilidade do INSS em relação às operações referidas no *caput* deste artigo restringe-se à: *(Redação dada pela Lei n. 10.953, 27.9.2004, DOU 28.9.2004)*

I — retenção dos valores autorizados pelo beneficiário e repasse à instituição consignatária nas operações de desconto, não cabendo à autarquia responsabilidade solidária pelos débitos contratados pelo segurado; e

II — manutenção dos pagamentos do titular do benefício na mesma instituição financeira enquanto houver saldo devedor nas operações em que for autorizada a retenção, não cabendo à autarquia responsabilidade solidária pelos débitos contratados pelo segurado. *(Redação do parágrafo e incisos pela Lei n. 10.953, 27.9.2004, DOU 28.9.2004)*

§ 3º É vedado ao titular de benefício que realizar qualquer das operações referidas nesta Lei solicitar a alteração da instituição financeira pagadora, enquanto houver saldo devedor em amortização. *(Redação dada pela Lei n. 10.953, 27.9.2004, DOU 28.9.2004)*

§ 4º É facultada a transferência da consignação do empréstimo, financiamento ou arrendamento firmado pelo empregado na vigência do seu contrato de trabalho quando de sua aposentadoria, observadas as condições estabelecidas nesta Lei. *(Redação dada pela Lei n. 10.953, 27.9.2004, DOU 28.9.2004)*

§ 5º Os descontos e as retenções mencionados no *caput* não poderão ultrapassar o limite de 35% (trinta e cinco por cento) do valor dos benefícios, sendo 5% (cinco por cento) destinados exclusivamente para: *(Redação dada pela Lei n. 13.172, de 21.10.15, DOU 22.10.15)*

I — a amortização de despesas contraídas por meio de cartão de crédito; ou *(Redação dada pela Lei n. 13.172, de 21.10.15, DOU 22.10.15)*

II — a utilização com a finalidade de saque por meio do cartão de crédito. *(Redação dada pela Lei n. 13.172, de 21.10.15, DOU 22.10.15)*

§ 6º A instituição financeira que proceder à retenção de valor superior ao limite estabelecido no § 5º deste artigo perderá todas as garantias que lhe são conferidas por esta Lei. *(Acrescentado pela Lei n. 10.953, 27.9.2004, DOU 28.9.2004)*

Art. 6º-A. Equiparam-se, para os fins do disposto nos arts. 1º e 6º, às operações neles referidas as que são realizadas com entidades abertas ou fechadas de previdência complementar pelos respectivos participantes ou assistidos. *(Incluído pela Lei n. 13.183, de 4.11.15, DOU 5.11.15)*

Art. 7º O art. 115 da Lei n. 8.213, de 24 de julho de 1991, passa a vigorar com as seguintes alterações:

"Art. 115. ....

VI — pagamento de empréstimos, financiamentos e operações de arrendamento mercantil concedidos por instituições financeiras e sociedades de arrendamento mercantil, públicas e privadas, quando expressamente autorizado pelo beneficiário, até o limite de trinta por cento do valor do benefício.

§ 1º Na hipótese do inciso II, o desconto será feito em parcelas, conforme dispuser o regulamento, salvo má-fé.

§ 2º Na hipótese dos incisos II e VI, haverá prevalência do desconto do inciso II." (NR)

Art. 8º O Poder Executivo regulamentará o disposto nesta Lei.

Art. 9º Esta Lei entra em vigor na data de sua publicação.

Brasília, 17 de dezembro de 2003; 182º da Independência e 115º da República.

LUIZ INÁCIO LULA DA SILVA
ANTÔNIO PALOCCI FILHO
RICARDO JOSÉ RIBEIRO BERZOINI

DECRETO N. 4.840, DE 17 DE SETEMBRO DE 2003

(DOU 18.9.2003)

Regulamenta a Medida Provisória n. 130, de 17.9.2003, que dispõe sobre a autorização para desconto de prestações em folha de pagamento, e dá outras providências

Nota: A Medida Provisória n. 130, de 17.9.2003 foi transformada na Lei n. 10.820, de 17.12.2003, DOU 18.12.2003, p. 577

O PRESIDENTE DA REPÚBLICA, no uso da atribuição que lhe confere o art. 84, inciso IV, da Constituição, e tendo em vista o disposto na Medida Provisória n. 130, de 17 de setembro de 2003,

Decreta:

Art. 1º Regem-se por este Decreto os procedimentos para autorização de desconto em folha de pagamento dos valores referentes ao pagamento das prestações de empréstimos, financiamentos e operações de arrendamento mercantil concedidos por instituições financeiras e sociedades de arrendamento mercantil a empregados regidos pela Consolidação das Leis do Trabalho, aprovada pelo Decreto-lei n. 5.452, de 1º de maio de 1943.

Art. 2º Para os fins deste Decreto, considera-se:

I — empregador, a pessoa jurídica assim definida pela legislação trabalhista;

II — empregado, aquele assim definido pela legislação trabalhista;

III — instituição consignatária, a instituição mencionada no art. 1º autorizada a conceder empréstimo ou financiamento ou realizar operação de arrendamento mercantil;

IV — mutuário, empregado que firma com instituição consignatária contrato de empréstimo, financiamento ou arrendamento mercantil regulado por este Decreto; e

V — verbas rescisórias, as importâncias devidas em dinheiro pelo empregador ao empregado em razão de rescisão do seu contrato de trabalho.

§ 1º Para os fins deste Decreto, considera-se remuneração básica a soma das parcelas pagas ou creditadas mensalmente em dinheiro ao empregado, excluídas:

I — diárias;

II — ajuda de custo;

III — adicional pela prestação de serviço extraordinário;

IV — gratificação natalina;

V — auxílio-natalidade;

VI — auxílio-funeral;

VII — adicional de férias;

VIII — auxílio-alimentação, mesmo se pago em dinheiro;

IX — auxílio-transporte, mesmo se pago em dinheiro; e

X — parcelas referentes a antecipação de remuneração de competência futura ou pagamento em caráter retroativo.

§ 2º Para os fins deste Decreto, considera-se remuneração disponível a parcela remanescente da remuneração básica após a dedução das consignações compulsórias, assim entendidas as efetuadas a título de:

I — contribuição para a Previdência Social oficial;

II — pensão alimentícia judicial;

III — imposto sobre rendimentos do trabalho;

IV — decisão judicial ou administrativa;

V — mensalidade e contribuição em favor de entidades sindicais;

VI — outros descontos compulsórios instituídos por lei ou decorrentes de contrato de trabalho.

§ 3º Para os fins deste Decreto, são consideradas consignações voluntárias as autorizadas pelo empregado e não relacionadas no § 2º.

Art. 3º No momento da contratação da operação, a autorização para a efetivação dos descontos permitidos neste Decreto observará, para cada mutuário, os seguintes limites:

I — a soma dos descontos referidos no art. 1º deste Decreto não poderá exceder a trinta por cento da remuneração disponível definida no § 2º do art. 2º; e

II — o total das consignações voluntárias, incluindo as referidas no art. 1º, não poderá exceder a quarenta por cento da remuneração disponível definida no § 2º do art. 2º.

Legislação Complementar

Art. 4º A concessão de empréstimo, financiamento ou arrendamento será feita a critério da instituição consignatária, sendo os valores e demais condições objeto de livre negociação entre ela e o mutuário, observadas as demais disposições deste Decreto.

§ 1º Poderá o empregador, com a anuência da entidade sindical representativa da maioria dos empregados, firmar, com uma ou mais instituições consignatárias, acordo que defina condições gerais e demais critérios a serem observados nos empréstimos, financiamentos ou arrendamentos que venham a ser realizados com seus empregados.

§ 2º Poderão as entidades e centrais sindicais firmar, com uma ou mais instituições consignatárias, acordo que defina condições gerais e demais critérios a serem observados nos empréstimos, financiamentos ou arrendamentos que venham a ser realizados com seus representados.

§ 3º Uma vez observados pelo empregado todos os requisitos e condições definidos no acordo firmado segundo o disposto no § 1º ou no § 2º, não poderá a instituição concedente negar-se a celebrar o empréstimo, financiamento ou arrendamento mercantil.

§ 4º Para a realização das operações referidas neste Decreto, é assegurado ao empregado o direito de optar por instituição consignatária que tenha firmado acordo com o empregador, com sua entidade sindical, ou qualquer outra instituição consignatária de sua livre escolha, ficando o empregador obrigado a proceder aos descontos e repasses por ele contratados e autorizados.

§ 5º Os acordos mencionados nos §§ 1º e 2º poderão definir critérios mínimos, parâmetros e condições financeiras diferenciados por situação cadastral e demais características individuais do empregado.

§ 6º Dos acordos referidos no § 2º poderá constar, ainda, a diferenciação por empresa de critérios mínimos, parâmetros e condições financeiras.

§ 7º Os contratos de empréstimo, financiamento ou arrendamento celebrados ao amparo deste Decreto preverão obrigatoriamente prestações fixas ao longo de todo o período de amortização.

§ 7º-A. Nas hipóteses de concessão, ao amparo deste Decreto, de empréstimo ou financiamento imobiliário no âmbito do Sistema Financeiro da Habitação ou de outros sistemas ou programas destinados à aquisição de imóveis residenciais, as prestações e seus reajustamentos obedecerão às disposições contratuais celebradas entre as partes, sendo permitida a estipulação de prestações variáveis. *(Incluído pelo Decreto n. 5.892, de 12.9.2006, DOU 13.9.2006)*

§ 8º Os acordos referidos nos §§ 1º e 2º deste artigo poderão delegar à instituição consignatária a responsabilidade de receber, processar e encaminhar ao empregador as autorizações referidas no inciso III do § 3º do art. 5º.

Art. 5º Para os fins deste Decreto, são obrigações do empregador:

I — prestar ao empregado e à instituição consignatária, mediante solicitação formal do primeiro, as informações necessárias para a contratação da operação de crédito ou arrendamento mercantil, inclusive:

a) a data habitual de pagamento mensal do salário;

b) o total já consignado em operações preexistentes;

c) as demais informações necessárias para o cálculo da margem disponível para consignação;

II — tornar disponíveis aos empregados, bem assim às respectivas entidades sindicais, as informações referentes aos custos referidos no art. 10;

III — efetuar os descontos autorizados pelo empregado em folha de pagamento e repassar o valor à instituição consignatária na forma e prazo previstos em regulamento.

§ 1º É vedado ao empregador impor ao mutuário e à instituição consignatária qualquer condição que não esteja prevista neste Decreto para a efetivação do contrato e a implementação dos descontos autorizados.

§ 2º Os descontos autorizados na forma deste Decreto terão preferência sobre outros descontos da mesma natureza que venham a ser autorizados posteriormente.

§ 3º A liberação do crédito ao mutuário somente ocorrerá após:

I — a confirmação do empregador, por escrito ou por meio eletrônico certificado, quanto à possibilidade da realização dos descontos, em função dos limites referidos no art. 3º;

II — a assinatura, por escrito ou por meio eletrônico certificado, do contrato entre o mutuário e a instituição consignatária; e

III — a outorga ao empregador, por parte do mutuário, de autorização, em caráter irrevogável e irretratável, para a consignação das prestações contratadas em folha de pagamento.

§ 4º A autorização referida no inciso III do § 3º será outorgada por escrito ou por meio eletrônico certificado, podendo a instituição consignatária processar o documento e mantê-lo sob sua guarda, na condição de fiel depositária, transmitindo as informações ao empregador por meio seguro.

§ 5º Exceto quando diversamente previsto em contrato com a anuência do empregador, a efetivação do desconto em folha de pagamento do mutuário deverá ser iniciada pelo empregador no mínimo trinta dias e no máximo sessenta dias após o recebimento da autorização referida no inciso III do § 3º.

§ 6º A autorização referida no inciso III do § 3º é nula de pleno direito na hipótese da não liberação do crédito ou do bem arrendado ao mutuário no prazo máximo de cinco dias úteis contados da data da outorga.

§ 7º A repactuação do contrato de empréstimo, financiamento ou operação de arrendamento mercantil que implique alteração do número ou do valor das prestações consignadas em folha observará o procedimento referido no § 3º.

Art. 6º O empregador é o responsável pela retenção dos valores devidos e pelo repasse às instituições consignatárias, o qual deverá ser realizado até o quinto dia útil após a data de pagamento, ao mutuário, de sua remuneração mensal.

Art. 7º O empregador, salvo disposição contratual em sentido contrário, não será corresponsável pelo pagamento dos empréstimos, financiamentos ou arrendamentos concedidos aos mutuários, mas responderá sempre, como devedor principal e solidário, perante a instituição consignatária, por valores a ela devidos, em razão de contratações por ele confirmadas na forma deste Decreto, que deixarem, por sua falha ou culpa, de serem retidos ou repassados.

Art. 8º Caberá à instituição consignatária informar ao mutuário, por escrito ou meio eletrônico por ele indicado no ato da celebração do contrato, toda vez que o empregador deixar de repassar o valor exato do desconto mensal.

Art. 9º Na hipótese de comprovação de que o pagamento mensal do empréstimo, financiamento ou arrendamento foi descontado do mutuário e não foi repassado pelo empregador à instituição consignatária, fica ela proibida de incluir o nome do mutuário em qualquer cadastro de inadimplentes.

Art. 10. É facultado ao empregador descontar na folha de pagamento do mutuário os custos operacionais decorrentes da realização da operação objeto deste Decreto.

§ 1º Consideram-se custos operacionais do empregador:

I — tarifa bancária cobrada pela instituição financeira referente à transferência dos recursos da conta corrente do empregador para a conta corrente da instituição consignatária;

II — despesa com alteração das rotinas de processamento da folha de pagamento para realização da operação.

§ 2º As tarifas bancárias mencionadas no inciso I do § 1º deste artigo deverão ser iguais ou inferiores às praticadas pela instituição financeira mantenedora da conta corrente do empregador em transações da mesma natureza.

§ 3º Cabe ao empregador, mediante comunicado interno ou mediante solicitação de empregado ou de entidade sindical, dar publicidade aos seus empregados dos custos operacionais mencionados no § 1º deste artigo previamente à realização da operação de empréstimo ou financiamento, os quais serão mantidos inalterados durante todo o período de duração da operação.

§ 4º Poderá ser prevista nos acordos referidos nos §§ 1º e 2º do art. 4º, ou em acordo específico entre o empregador e a instituição consignatária, a absorção total ou parcial dos custos referidos no § 1º pela instituição consignatária, hipótese na qual não caberá o desconto na folha do mutuário.

§ 5º No caso dos acordos celebrados nos termos do § 2º do art. 4º, os custos de que trata o inciso II do § 1º deste artigo deverão ser negociados entre o empregador e a entidade sindical, vedada a cobrança de custos superiores aos previstos nos acordos celebrados pelo mesmo empregador nos termos do § 1º do art. 4º.

Art. 11. Cabe ao empregador informar no demonstrativo de rendimentos do empregado, de forma discriminada, o valor do desconto mensal decorrente de cada operação de empréstimo ou financiamento, bem como os custos operacionais definidos no art. 10 deste Decreto.

Art. 12. Até o integral pagamento do empréstimo ou financiamento, as autorizações dos descontos somente poderão ser canceladas mediante prévia aquiescência da instituição consignatária e do empregado.

Art. 13. Em caso de rescisão do contrato de trabalho do empregado antes do término da amortização do empréstimo, ressalvada disposição contratual em contrário, serão mantidos os prazos e encargos originalmente previstos, cabendo ao mutuário efetuar o pagamento mensal das prestações diretamente à instituição consignatária.

Art. 14. Na hipótese de entrada em gozo de benefício previdenciário temporário pelo mutuário, com suspensão do pagamento de sua remuneração por parte do empregador, cessa a obrigação deste efetuar a retenção e o repasse das prestações à instituição consignatária.

PARÁGRAFO ÚNICO. O contrato de empréstimo, financiamento ou operação de arrendamento mercantil celebrado nos termos deste Decreto conterá, obrigatoriamente, cláusula que regulamente as relações entre o mutuário e a instituição consignatária na situação prevista no *caput*.

Art. 15. O desconto da prestação para pagamento do empréstimo, financiamento ou arrendamento concedido com base neste Decreto será feito diretamente em folha de pagamento e o valor correspondente creditado a favor da instituição consignatária, independentemente de crédito e débito na conta corrente dos mutuários.

Art. 16. Os contratos de empréstimo, financiamento ou arrendamento de que trata este

Decreto poderão prever a incidência de desconto de até trinta por cento das verbas rescisórias referidas no inciso V do art. 2º para a amortização total ou parcial do saldo devedor líquido para quitação na data de rescisão do contrato de trabalho do empregado.

§ 1º Para os fins do *caput*, considera-se saldo devedor líquido para quitação o valor presente das prestações vincendas na data da amortização, descontado à taxa de juros contratualmente fixada referente ao período não utilizado em função da quitação antecipada.

§ 2º Na hipótese referida no *caput*, deverá a instituição consignatária informar ao mutuário e ao empregador, por escrito ou meio eletrônico certificado, o valor do saldo devedor líquido para quitação.

§ 3º Quando o saldo devedor líquido para quitação exceder o valor comprometido das verbas rescisórias, caberá ao mutuário efetuar o pagamento do restante diretamente à instituição consignatária, assegurada a manutenção das condições de número de prestações vincendas e taxa de juros originais, exceto se houver previsão contratual em contrário.

§ 4º Havendo previsão de vinculação de verbas rescisórias em mais de um contrato, será observada a ordem cronológica das autorizações referidas no inciso III do § 3º do art. 5º.

Art. 17. É facultada a contratação pelo mutuário de seguro em favor da instituição consignatária, junto a ela própria ou a outra instituição de sua escolha, para cobertura do risco de inadimplência nas operações de que trata este Decreto em caso de morte, desemprego involuntário ou redução de rendimentos.

Art. 18. Este Decreto entra em vigor na data de sua publicação.

Brasília, 17 de setembro de 2003; 182º da Independência e 115º da República.

Luiz Inácio Lula da Silva

Antônio Palocci Filho

PORTARIA GM/MTE N. 1.421, DE 12 DE SETEMBRO DE 2014

(DOU 26.9.2014)

O MINISTRO DE ESTADO DO TRABALHO E EMPREGO, no uso da atribuição que lhe confere o inciso I do parágrafo único do art. 87 da Constituição Federal e de acordo com o disposto no art. 6º do Regulamento de Inspeção do Trabalho, aprovado pelo Decreto n. 4.552, de 27 de dezembro de 2002 e o art. 14, incisos I e II, do anexo I ao Decreto n. 5.063, de 03 de maio de 2004, resolve:

Art. 1º Instituir, no âmbito do Ministério do Trabalho e Emprego — MTE, a Certidão de Débitos, cuja responsabilidade de emissão caberá à Secretaria de Inspeção do Trabalho — SIT.

Art. 2º A prova de quitação das multas impostas pela Inspeção do Trabalho far-se-á mediante emissão da supracitada certidão, que conterá informações da situação do empregador quanto a débitos registrados no sistema oficial de controle de processos de multas e recursos da Secretaria de Inspeção do Trabalho, do Ministério do Trabalho e Emprego.

§ 1º A certidão será solicitada e emitida exclusivamente por meio da internet, em página apropriada do sítio do Ministério do Trabalho e Emprego.

§ 2º No caso de empregadores inscritos no Cadastro Nacional de Pessoa Jurídica (CNPJ), a certidão abrangerá todos os estabelecimentos do empregador.

Art. 3º A Certidão de Infrações e Débitos não substitui o cadastro previsto na Portaria Interministerial MTE/SDH n. 2, de 12 de maio de 2011 que lista os empregadores que tenham submetido trabalhadores a condições análogas a de escravo.

Certidão Negativa

Art. 4º A Certidão Negativa será emitida quando inexistir débito decorrente da lavratura de auto de infração.

Certidão Positiva

Art. 5º A Certidão Positiva será emitida quando existirem débitos de multa definitivamente constituídos, inclusive os relativos a processos encaminhados para a Procuradoria Geral da Fazenda Nacional, e será integrada de anexo, onde constarão informações sobre os processos para os quais existam débitos.

PARÁGRAFO ÚNICO. Considerando que o sistema referido no art. 2º registra informações existentes no âmbito do Ministério do Trabalho e Emprego, a certidão ora instituída refletirá sempre a última situação ocorrida em cadastros administrados pelo emitente, de modo que, havendo processos enviados à Procuradoria Geral da Fazenda Nacional — PGFN, quanto a estes, poderá ser obtida certidão perante aquele órgão, visando a demonstrar a situação atualizada dos mesmos.

Disposições Gerais

Art. 6º Somente terá validade a certidão emitida eletronicamente, através do sítio da internet do Ministério do Trabalho e Emprego.

PARÁGRAFO ÚNICO. A certidão conterá, obrigatoriamente, a hora e a data de emissão e o respectivo código de controle, podendo sua autenticidade ser confirmada no endereço eletrônico nela informado.

Disposições Finais

Art. 7º Esta Portaria entra em vigor na data de sua publicação. Os casos omissos serão resolvidos pela Secretaria de Inspeção do Trabalho.

Revogam-se as portarias das Superintendências Regionais do Trabalho e Emprego que regulam sobre certidão de infrações e débitos decorrentes das autuações.

Manoel Dias

LEI N. 12.761, DE 27 DE DEZEMBRO DE 2012

(DOU 27.12.2012, ED. EXTRA)

Institui o programa de cultura do trabalhador; cria o vale-cultura; altera as Leis ns. 8.212, de 24 de julho de 1991, e 7.713, de 22 de dezembro de 1988, e a Consolidação das Leis do Trabalho — CLT, aprovada pelo Decreto-lei n. 5.452, de 1º de maio de 1943; e dá outras providências

A PRESIDENTA DA REPÚBLICA,

Faço saber que o Congresso Nacional decreta e eu sanciono a seguinte Lei:

Art. 1º Fica instituído, sob a gestão do Ministério da Cultura, o Programa de Cultura do Trabalhador, destinado a fornecer aos trabalhadores meios para o exercício dos direitos culturais e acesso às fontes da cultura.

Art. 2º O Programa de Cultura do Trabalhador tem os seguintes objetivos:

I — possibilitar o acesso e a fruição dos produtos e serviços culturais;

II — estimular a visitação a estabelecimentos culturais e artísticos; e

III — incentivar o acesso a eventos e espetáculos culturais e artísticos.

§ 1º Para os fins deste Programa, são definidos os serviços e produtos culturais da seguinte forma:

I — serviços culturais: atividades de cunho artístico e cultural fornecidas por pessoas jurídicas, cujas características se enquadrem nas áreas culturais previstas no § 2º; e

II — produtos culturais: materiais de cunho artístico, cultural e informativo, produzidos em qualquer formato ou mídia por pessoas físicas ou jurídicas, cujas características se enquadrem nas áreas culturais previstas no § 2º.

§ 2º Consideram-se áreas culturais para fins do disposto nos incisos I e II do § 1º:

I — artes visuais;

II — artes cênicas;

III — audiovisual;

IV — literatura, humanidades e informação;

V — música; e

VI — patrimônio cultural.

§ 3º O Poder Executivo poderá ampliar as áreas culturais previstas no § 2º.

Art. 3º Fica criado o vale-cultura, de caráter pessoal e intransferível, válido em todo o território nacional, para acesso e fruição de produtos e serviços culturais, no âmbito do Programa de Cultura do Trabalhador.

Art. 4º O vale-cultura será confeccionado e comercializado por empresas operadoras e disponibilizado aos usuários pelas empresas beneficiárias para ser utilizado nas empresas recebedoras.

Art. 5º Para os efeitos desta Lei, entende-se por:

I — empresa operadora: pessoa jurídica cadastrada no Ministério da Cultura, possuidora do Certificado de Inscrição no Programa de Cultura do Trabalhador e autorizada a produzir e comercializar o vale-cultura;

II — empresa beneficiária: pessoa jurídica optante pelo Programa de Cultura do Trabalhador e autorizada a distribuir o vale-cultura a seus trabalhadores com vínculo empregatício, *(Redação dada pela Lei n. 12.868, de 15.10.2013, DOU 16.10.2013)*

III — usuário: trabalhador com vínculo empregatício com a empresa beneficiária;

IV — empresa recebedora: pessoa jurídica habilitada pela empresa operadora para receber o vale-cultura como forma de pagamento de serviço ou produto cultural.

Art. 6º O vale-cultura será fornecido aos usuários pelas empresas beneficiárias e disponibilizado preferencialmente por meio magnético, com o seu valor expresso em moeda corrente, na forma do regulamento.

PARÁGRAFO ÚNICO. Somente será admitido o fornecimento do vale-cultura impresso quando comprovadamente inviável a adoção do meio magnético.

Art. 7º O vale-cultura deverá ser fornecido ao trabalhador que perceba até 5 (cinco) salários mínimos mensais.

PARÁGRAFO ÚNICO. Os trabalhadores com renda superior a 5 (cinco) salários mínimos poderão receber o vale-cultura, desde que garantido o atendimento à totalidade dos empregados com a remuneração prevista no *caput*, na forma que dispuser o regulamento.

Art. 8º O valor mensal do vale-cultura, por usuário, será de R$ 50,00 (cinquenta reais).

§ 1º O trabalhador de que trata o *caput* do art. 7º poderá ter descontado de sua remuneração o percentual máximo de 10% (dez por cento) do valor do vale-cultura, na forma definida em regulamento.

§ 2º Os trabalhadores que percebem mais de 5 (cinco) salários mínimos poderão ter descontados de sua remuneração, em percentuais entre 20% (vinte por cento) e 90% (noventa por cento) do valor do vale-cultura, de acordo com a respectiva faixa salarial, obedecido o disposto no parágrafo único do art. 7º e na forma que dispuser o regulamento.

§ 3º É vedada, em qualquer hipótese, a reversão do valor do vale-cultura em pecúnia.

§ 4º O trabalhador de que trata o art. 7º poderá optar pelo não recebimento do vale-cultura, mediante procedimento a ser definido em regulamento.

Art. 9º Os prazos de validade e condições de utilização do vale-cultura serão definidos em regulamento.

Art. 10. Até o exercício de 2017, ano calendário de 2016, o valor despendido a título de aquisição do vale-cultura poderá ser deduzido do imposto sobre a renda devido pela pessoa jurídica beneficiária tributada com base no lucro real.

§ 1º A dedução de que trata o *caput* fica limitada a 1% (um por cento) do imposto sobre a renda devido, observado o disposto no § 4º do art. 3º da Lei n. 9.249, de 26 de dezembro de 1995.

§ 2º A pessoa jurídica inscrita no Programa de Cultura do Trabalhador como beneficiária, de que trata o inciso II do art. 5º, poderá deduzir o valor despendido a título de aquisição do vale-cultura como despesa operacional para fins de apuração do imposto sobre a renda, desde que tributada com base no lucro real.

§ 3º A pessoa jurídica deverá adicionar o valor deduzido como despesa operacional, de que trata o § 2º, para fins de apuração da base de cálculo da Contribuição Social sobre o Lucro Líquido — CSLL.

§ 4º As deduções de que tratam os §§ 1º e 2º somente se aplicam em relação ao valor do vale-cultura distribuído ao usuário.

§ 5º *(Revogado pela Lei n. 12.872, de 24.10.2013, DOU 24.10.2013, Ed. extra)*

Art. 11. A parcela do valor do vale-cultura cujo ônus seja da empresa beneficiária:

I — não tem natureza salarial nem se incorpora à remuneração para quaisquer efeitos;

II — não constitui base de incidência de contribuição previdenciária ou do Fundo de Garantia do Tempo de Serviço — FGTS; e

III — não se configura como rendimento tributável do trabalhador.

Art. 12. A execução inadequada do Programa de Cultura do Trabalhador ou qualquer ação que acarrete desvio de suas finalidades pela empresa operadora ou pela empresa beneficiária acarretará cumulativamente:

I — cancelamento do Certificado de Inscrição no Programa de Cultura do Trabalhador;

II — pagamento do valor que deixou de ser recolhido relativo ao imposto sobre a renda, à contribuição previdenciária e ao depósito para o FGTS;

III — aplicação de multa correspondente a 2 (duas) vezes o valor da vantagem recebida indevidamente no caso de dolo, fraude ou simulação;

IV — perda ou suspensão de participação em linhas de financiamento em estabelecimentos oficiais de crédito pelo período de 2 (dois) anos;

V — proibição de contratar com a administração pública pelo período de até 2 (dois) anos; e

VI — suspensão ou proibição de usufruir de benefícios fiscais pelo período de até 2 (dois) anos.

Art. 13. O § 9º do art. 28 da Lei n. 8.212, de 24 de julho de 1991, passa a vigorar acrescido da seguinte alínea *y*:

"Art. 28. ....

§ 9º...

y) o valor correspondente ao vale-cultura. ...." (NR)

Art. 14. O § 2º do art. 458 da Consolidação das Leis do Trabalho — CLT, aprovada pelo Decreto-lei n. 5.452, de 1º de maio de 1943, passa a vigorar acrescido do seguinte inciso VIII:

"Art. 458. ....

§ 2º...

VIII — o valor correspondente ao vale-cultura. ...." (NR)

Art. 15. O art. 6º da Lei n. 7.713, de 22 de dezembro de 1988, passa a vigorar acrescido do seguinte inciso XXIII:

"Art. 6º...

XXIII — o valor recebido a título de vale-cultura. ...." (NR)

Art. 16. O Poder Executivo regulamentará esta Lei no prazo de 60 (sessenta) dias, contados da data de sua publicação.

Art. 17. Esta Lei entra em vigor na data de sua publicação.

Brasília, 27 de dezembro de 2012; 191º da Independência e 124º da República.

DILMA ROUSSEFF
GUIDO MANTEGA
CARLOS DAUDT BRIZOLA
MARTA SUPLICY

DECRETO N. 8.084, DE 26 DE AGOSTO DE 2013

(DOU 27.8.2013)

Regulamenta a Lei n. 12.761, de 27 de dezembro de 2012, que institui o programa de cultura do trabalhador e cria o vale-cultura

A PRESIDENTA DA REPÚBLICA, no uso da atribuição que lhe confere o art. 84, *caput*, inciso IV, da Constituição, e tendo em vista o disposto na Lei n. 12.761, de 27 de dezembro de 2012,

DECRETA:

CAPÍTULO I
Disposições Gerais

Art. 1º Este Decreto regulamenta a Lei n. 12.761, de 27 de dezembro de 2012, que institui o Programa de Cultura do Trabalhador e cria o vale-cultura.

Art. 2º Para os efeitos deste Decreto, considera-se:

I — empresa operadora — pessoa jurídica cadastrada no Ministério da Cultura, possuidora do Certificado de Inscrição no Programa de Cultura do Trabalhador e autorizada a produzir e comercializar o vale-cultura;

II — empresa beneficiária — pessoa jurídica optante pelo Programa de Cultura do Trabalhador e autorizada a distribuir o vale-cultura a seus trabalhadores com vínculo empregatício;

III — empresa recebedora — pessoa jurídica habilitada pela empresa operadora para receber o vale-cultura como forma de pagamento de serviço ou produto cultural;

IV — usuário — trabalhador com vínculo empregatício com a empresa beneficiária que recebe o vale-cultura; e

V — taxa de administração — remuneração total cobrada das empresas beneficiárias e recebedoras pela empresa operadora como contrapartida pela produção e comercialização do vale-cultura, inclusive quanto a custos de operação e de reembolso.

PARÁGRAFO ÚNICO. Apenas fará jus aos incentivos fiscais previstos no art. 10 da Lei n. 12.761, de 2012, a empresa beneficiária cuja tributação do imposto sobre a renda seja feita com base no lucro real.

CAPÍTULO II
Da Gestão do Programa de Cultura do Trabalhador

Art. 3º Compete ao Ministério da Cultura, em articulação com os demais órgãos e entidades do Poder Executivo, a gestão do Programa de Cultura do Trabalhador, nos termos deste Decreto.

Art. 4º O cadastramento, a habilitação e a inscrição das empresas no Programa de Cultura do Trabalhador estão sujeitos às regras deste Capítulo.

Art. 5º O cadastramento da empresa operadora será feito no Ministério da Cultura e deverá observar, entre outros, as seguintes requisitos:

I — inscrição regular no Cadastro Nacional da Pessoa Jurídica — CNPJ; e

II — qualificação técnica para produzir e comercializar o vale-cultura, observado o disposto no art. 6º da Lei n. 12.761, de 2012.

PARÁGRAFO ÚNICO. O Ministério da Cultura emitirá o Certificado de Inscrição no Programa de Cultura do Trabalhador à empresa regularmente cadastrada, e autorizará a produção e a comercialização do vale-cultura.

Art. 6º São deveres da empresa operadora:

I — observar limites de cobrança de taxa de administração;

II — apresentar ao Ministério da Cultura relatórios periódicos relativos a acesso e fruição de produtos e serviços culturais; e

III — tomar providências para que empresas recebedoras cumpram os deveres previstos no art. 9º, e inabilitá-las em caso de descumprimento.

Art. 7º A perda de quaisquer dos requisitos de que trata o art. 5º, posterior ao cadastramento, ou o descumprimento de quaisquer dos deveres previstos no art. 6º implica a perda da certificação da empresa operadora.

Art. 8º A habilitação da empresa recebedora será feita perante a empresa operadora e dependerá da comprovação de exercício de atividade econômica admitida, para fins do vale-cultura, pelo Ministério da Cultura.

Art. 9º São deveres da empresa recebedora:

I — receber o vale-cultura, exclusivamente para a comercialização de produtos e serviços culturais; e

II — disponibilizar as informações necessárias à elaboração dos relatórios de que trata o inciso II do *caput* do art. 6º.

Art. 10. A inscrição da empresa beneficiária será feita no Ministério da Cultura e deverá observar, entre outros, aos seguintes requisitos:

I — inscrição regular no CNPJ;

II — indicação de empresa operadora possuidora de Certificado de Inscrição no Programa de Cultura do Trabalhador; e

III — indicação do número de trabalhadores com vínculo empregatício, conforme a faixa de renda mensal.

Art. 11. São deveres da empresa beneficiária:

I — oferecer o vale-cultura nos termos do Capítulo III;

II — prestar ao Ministério da Cultura as informações referentes aos usuários, conforme faixa de renda mensal, e mantê-las atualizadas; e

III — divulgar e incentivar o acesso e a fruição de produtos e serviços culturais pelos usuários.

CAPÍTULO III
Da Oferta do Vale-Cultura

Art. 12. O vale-cultura deverá ser oferecido ao trabalhador com vínculo empregatício e que perceba até cinco salários mínimos mensais.

Art. 13. O fornecimento do vale-cultura aos trabalhadores com vínculo empregatício e renda superior a cinco salários mínimos mensais depende da comprovação da sua oferta a todos os trabalhadores de que trata o art. 12.

§ 1º A fiscalização do disposto no *caput* será feita pelo Ministério do Trabalho e Emprego quando de suas inspeções, conforme disposições estabelecidas pelas autoridades integrantes do Sistema Federal de Inspeção do Trabalho.

§ 2º Verificado o descumprimento do disposto no *caput*, o Ministério do Trabalho e Emprego comunicará o fato aos Ministérios da Cultura e da Fazenda, sem prejuízo da aplicação das sanções legais decorrentes de outras infrações trabalhistas.

Art. 14. O valor mensal do vale-cultura, por usuário, será de R$ 50,00 (cinquenta reais).

Art. 15. O trabalhador de que trata o art. 12 poderá ter descontado de sua remuneração os seguintes percentuais do valor do vale-cultura:

I — até um salário mínimo — dois por cento;

II — acima de um salário mínimo e até dois salários mínimos — quatro por cento;

III — acima de dois salários mínimos e até três salários mínimos — seis por cento;

IV — acima de três salários mínimos e até quatro salários mínimos — oito por cento; e

V — acima de quatro salários mínimos e até cinco salários mínimos — dez por cento.

Art. 16. O trabalhador de que trata o art. 13 terá descontado de sua remuneração os seguintes percentuais do valor do vale-cultura:

I — acima de cinco salários mínimos e até seis salários mínimos — vinte por cento;

II — acima de seis salários mínimos e até oito salários mínimos — trinta e cinco por cento;

III — acima de oito salários mínimos e até dez salários mínimos — cinquenta e cinco por cento;

IV — acima de dez salários mínimos e até doze salários mínimos — setenta por cento; e

V — acima de doze salários mínimos: noventa por cento.

Art. 17. O fornecimento do vale-cultura dependerá de prévia aceitação pelo trabalhador.

PARÁGRAFO ÚNICO. O trabalhador poderá reconsiderar, a qualquer tempo, a sua decisão sobre o recebimento do vale-cultura.

Art. 18. É vedada a reversão do valor do vale-cultura em dinheiro.

PARÁGRAFO ÚNICO. A vedação de que trata o *caput* compreende a entrega do valor do vale-cultura em dinheiro, a qualquer título, pelas empresas beneficiária, operadora e recebedora, ou a troca do vale-cultura em dinheiro pelo próprio trabalhador.

CAPÍTULO IV
Das Condições de Utilização do Vale-Cultura

Art. 19. Os créditos inseridos no cartão magnético do vale-cultura não possuem prazo de validade.

Art. 20. O vale-cultura deverá ser utilizado exclusivamente na aquisição de produtos e serviços culturais previstos no ato de que trata o inciso V do *caput* do art. 24.

CAPÍTULO V
Do Incentivo Fiscal

Art. 21. Até o exercício de 2017, ano calendário de 2016, o valor despendido a título de aquisição do vale-cultura poderá ser deduzido do Imposto sobre a Renda da Pessoa Jurídica — IRPJ devido pela pessoa jurídica beneficiária tributada com base no lucro real.

§ 1º Observado o disposto no § 4º do art. 3º da Lei n. 9.249, de 26 de dezembro de 1995, a dedução de que trata o *caput* fica limitada a um por cento do IRPJ devido com base:

I — no lucro real trimestral; ou

II — no lucro real apurado no ajuste anual.

§ 2º O limite de dedução no percentual de um por cento do IRPJ devido de que trata o § 1º será considerado isoladamente e não se submeterá a limite conjunto com outras deduções do IRPJ a título de incentivo.

§ 3º O valor excedente ao limite de dedução de que tratam os §§ 1º e 2º não poderá ser deduzido do IRPJ devido em períodos de apuração posteriores.

§ 4º A pessoa jurídica beneficiária tributada com base no lucro real:

I — poderá deduzir o valor despendido a título de aquisição do vale-cultura como despesa operacional para fins de apuração do IRPJ; e

II — deverá adicionar o valor deduzido como despesa operacional, de que trata o inciso I, para fins de apuração da base de cálculo da Contribuição Social sobre o Lucro Líquido — CSLL.

§ 5º As deduções de que trata o *caput* e os §§ 1º a 4º:

I — somente se aplicam em relação ao valor do vale-cultura distribuído ao usuário no período de apuração do IRPJ; e

II — não abrangem a parcela descontada da remuneração do empregado, nos percentuais de que tratam os arts. 15 e 16, a título de vale-cultura.

Art. 22. O valor correspondente ao vale-cultura:

I — não integra o salário de contribuição de que trata o art. 28 da Lei n. 8.212, de 24 de julho de 1991; e

II é isento do imposto sobre a renda das pessoas físicas.

PARÁGRAFO ÚNICO. A parcela do valor correspondente ao vale-cultura, cujo ônus seja da empresa beneficiária, não constitui base de incidência de contribuição previdenciária ou do Fundo de Garantia do Tempo de Serviço — FGTS.

CAPÍTULO VI
Das Penalidades

Art. 23. A execução inadequada do Programa de Cultura do Trabalhador ou a ação que acarrete o desvio ou desvirtuamento de suas finalidades resultarão na aplicação das penalidades previstas no art. 12 da Lei n. 12.761, de 2012.

PARÁGRAFO ÚNICO. Compete aos Ministérios da Cultura, do Trabalho e Emprego e da Fazenda a aplicação das penalidades cabíveis, no âmbito de suas competências, sem prejuízo de outras sanções previstas na legislação.

CAPÍTULO VII
Disposições Finais

Art. 24. Ato do Ministro de Estado da Cultura disporá sobre:

I — forma e procedimento de cadastramento de empresas operadoras e de emissão do Certificado de Inscrição no Programa de Cultura do Trabalhador previsto no art. 5º;

II — limites da taxa de administração prevista no inciso I do *caput* do art. 6º;

III — forma e conteúdo dos relatórios previstos no inciso II do *caput* do art. 6º e no inciso II do *caput* do art. 11;

IV — atividades econômicas admitidas previstas no art. 8º;

V — produtos e serviços culturais a que se referem o inciso I do *caput* do art. 9º e o art. 20; e

VI — modelos do cartão magnético e do impresso de que trata o art. 6º da Lei n. 12.761, de 2012.

Art. 25. Fica o Ministério da Cultura autorizado a ampliar as áreas culturais previstas no § 2º do art. 2º da Lei n. 12.761, de 2012.

Art. 26. Ato conjunto dos Ministros de Estado da Cultura, do Trabalho e Emprego e da Fazenda estabelecerá o compartilhamento das informações necessárias à implementação deste Decreto, respeitadas as hipóteses de sigilo legalmente previstas.

§ 1º O Ministério da Cultura deverá informar aos demais órgãos e entidades envolvidos sobre a execução inadequada, os desvios ou os desvirtuamentos das finalidades do Programa de Cultura do Trabalhador, para que sejam tomadas providências cabíveis em seus âmbitos de competência.

§ 2º O Ministério da Cultura deverá ser informado sobre a execução inadequada, os desvios ou os desvirtuamentos das finalidades do Programa, aferidos pelos demais órgãos e entidades durante suas respectivas atividades de fiscalização, para que sejam tomadas as providências cabíveis em seu âmbito de competência.

Art. 27. Este Decreto entra em vigor na data de sua publicação.

Brasília, 26 de agosto de 2013; 192º da Independência e 125º da República.

Dilma Rousseff
Guido Mantega
Manoel Dias
Marta Suplicy

LEI N. 7.064, DE 6 DE DEZEMBRO DE 1982

(DOU 7.12.1982, RETIF. 13.12.1982 — LTr 47/91)

Dispõe sobre a situação de trabalhadores contratados ou transferidos para prestar serviços no exterior

O PRESIDENTE DA REPÚBLICA,

Faço saber que o Congresso Nacional decreta e eu sanciono a seguinte Lei:

CAPÍTULO I
Introdução

Art. 1º Esta Lei regula a situação de trabalhadores contratados no Brasil ou transferidos por empregadores para prestar serviços no exterior. *(Redação dada pela Lei n. 11.962, de 3.7.2009, DOU 6.7.2009)*

PARÁGRAFO ÚNICO. Fica excluído do regime desta Lei o empregado designado para prestar serviços de natureza transitória, por período não superior a noventa (90) dias, desde que:

a) tenha ciência expressa dessa transitoriedade;

b) receba, além da passagem de ida e volta, diárias durante o período de trabalho no exte-

Legislação Complementar

rior, as quais, seja qual for o respectivo valor, não terão natureza salarial.

CAPÍTULO II
Da Transferência

Art. 2º Para os efeitos desta Lei, considera-se transferido:

I — o empregado, removido para o exterior, cujo contrato estava sendo executado no território brasileiro;

II — o empregado cedido à empresa sediada no estrangeiro, para trabalhar no exterior, desde que mantido o vínculo trabalhista com o empregador brasileiro;

III — o empregado contratado por empresa sediada no Brasil para trabalhar a seu serviço no exterior.

Art. 3º A empresa responsável pelo contrato de trabalho do empregado transferido assegurar-lhe-á, independentemente da observância da legislação do local da execução dos serviços:

I — os direitos previstos nesta Lei;

II — a aplicação da legislação brasileira de proteção ao trabalho, naquilo que não for incompatível com o disposto nesta Lei, quando mais favorável do que a legislação territorial, no conjunto de normas em relação a cada matéria.

PARÁGRAFO ÚNICO. Respeitadas as disposições especiais desta Lei, aplicar-se-á a legislação brasileira sobre Previdência Social, Fundo de Garantia do Tempo de Serviço (FGTS) e Programa de Integração Social (PIS/PASEP).

Art. 4º Mediante ajuste escrito, empregador e empregado fixarão os valores do salário-base e o do adicional de transferência.

§ 1º O salário-base ajustado na forma deste artigo fica sujeito aos reajustes e aumentos compulsórios previstos na legislação brasileira.

§ 2º O valor do salário-base não poderá ser inferior ao mínimo estabelecido para a categoria profissional do empregado.

§ 3º Os reajustes e aumentos compulsórios previstos no parágrafo primeiro incidirão exclusivamente sobre os valores ajustados em moeda nacional.

Art. 5º O salário-base do contrato será obrigatoriamente estipulado em moeda nacional, mas a remuneração devida durante a transferência do empregado, computado o adicional de que trata o artigo anterior, poderá, no todo ou em parte, ser pago no exterior, em moeda estrangeira.

§ 1º Por opção escrita do empregado, a parcela da remuneração a ser paga em moeda nacional poderá ser depositada em conta bancária.

§ 2º É assegurada ao empregado, enquanto estiver prestando serviços no exterior, a conversão e remessa dos correspondentes valores para o local de trabalho, observado o disposto em regulamento.

Art. 6º Após dois anos de permanência no exterior, será facultado ao empregado gozar anualmente férias no Brasil, correndo por conta da empresa empregadora, ou para a qual tenha sido cedido, o custeio da viagem.

§ 1º O custeio de que trata este artigo se estende ao cônjuge e aos demais dependentes do empregado com ele residentes.

§ 2º O disposto neste artigo não se aplicará ao caso de retorno definitivo do empregado antes da época do gozo das férias.

Art. 7º O retorno do empregado ao Brasil poderá ser determinado pela empresa quando:

I — não se tornar mais necessário ou conveniente o serviço do empregado no exterior;

II — der o empregado justa causa para a rescisão do contrato.

PARÁGRAFO ÚNICO. Fica assegurado ao empregado seu retorno ao Brasil, ao término do prazo de transferência ou, antes deste, da ocorrência das seguintes hipóteses:

a) após três anos de trabalho contínuo;

b) para atender à necessidade grave de natureza familiar, devidamente comprovada;

c) por motivo de saúde, conforme recomendação constante de laudo médico;

d) quando der o empregador justa causa para a rescisão do contrato;

e) na hipótese prevista no inciso I deste artigo.

Art. 8º Cabe à empresa o custeio do retorno do empregado.

PARÁGRAFO ÚNICO. Quando o retorno se verificar, por iniciativa do empregado, ou quando der justa causa para rescisão do contrato, ficará ele obrigado ao reembolso das respectivas despesas, ressalvados os casos previstos no parágrafo único do artigo anterior.

Art. 9º O período de duração da transferência será computado no tempo de serviço do empregado para todos os efeitos da legislação brasileira, ainda que a lei local de prestação do serviço considere essa prestação como resultante de um contrato autônomo e determine a liquidação dos direitos oriundos da respectiva cessação.

§ 1º Na hipótese de liquidação de direitos prevista neste artigo, a empresa empregadora fica autorizada a deduzir esse pagamento dos depósitos do FGTS em nome do empregado, existentes na conta vinculada de que trata o art. 2º da Lei n. 5.107, de 13 de setembro de 1966.

§ 2º Se o saldo da conta a que se refere o parágrafo anterior não comportar a dedução ali mencionada, a diferença poderá ser novamente deduzida do saldo dessa conta quando da cessação, no Brasil, do respectivo contrato de trabalho.

§ 3º As deduções acima mencionadas, relativamente ao pagamento em moeda estrangeira, serão calculadas mediante conversão em cruzeiros ao câmbio do dia em que se operar o pagamento.

§ 4º O levantamento pelo empregador, decorrente da dedução acima prevista, dependerá de homologação judicial.

Art. 10. O adicional de transferência, as prestações *in natura*, bem como quaisquer outras vantagens a que fizer jus o empregado em função de sua permanência no exterior, não serão devidas após seu retorno ao Brasil.

Art. 11. Durante a prestação de serviços no exterior não serão devidas, em relação aos empregados transferidos, as contribuições referentes a Salário-Educação, Serviço Social da Indústria, Serviço Social do Comércio, Serviço Nacional de Aprendizagem Comercial, Serviço Nacional de Aprendizagem Industrial e Instituto Nacional de Colonização e de Reforma Agrária.

CAPÍTULO III
Da Contratação por Empresa Estrangeira

Art. 12. A contratação de trabalhador, por empresa estrangeira, para trabalhar no exterior, está condicionada à prévia autorização do Ministério do Trabalho.

Art. 13. A autorização que se refere o art. 12 somente poderá ser dada à empresa de cujo capital participe, em pelo menos 5% (cinco por cento), pessoa jurídica domiciliada no Brasil.

Art. 14. Sem prejuízo da aplicação das leis do país da prestação dos serviços, no que respeita a direitos, vantagens e garantias trabalhistas e previdenciárias, a empresa estrangeira assegurará ao trabalhador os direitos a ele conferidos neste Capítulo.

Art. 15. Correrão obrigatoriamente por conta da empresa estrangeira as despesas de viagem de ida e volta do trabalhador ao exterior, inclusive a dos dependentes com ele residentes.

Art. 16. A permanência do trabalhador no exterior não poderá ser ajustada por período superior a 3 (três) anos, salvo quando for assegurado a ele e a seus dependentes o direito de gozar férias anuais no Brasil, com despesas de viagem pagas pela empresa estrangeira.

Art. 17. A empresa estrangeira assegurará o retorno no definitivo do trabalhador ao Brasil quando:

I — houver terminado o prazo de duração do contrato, ou for o mesmo rescindido;

II — por motivo de saúde do trabalhador, devidamente comprovado por laudo médico oficial que o recomende.

Art. 18. A empresa estrangeira manterá no Brasil procurador bastante com poderes especiais de representação, inclusive o de receber citação.

Art. 19. A pessoa jurídica domiciliada no Brasil a que alude o art. 13 será solidariamente responsável com a empresa estrangeira por todas as obrigações decorrentes da contratação do trabalhador.

Art. 20. O aliciamento de trabalhador domiciliado no Brasil, para trabalhar no exterior, fora do regime desta Lei, configurará o crime previsto no art. 206 do Código Penal Brasileiro.

CAPÍTULO IV
Disposições Comuns e Finais

Art. 21. As empresas de que trata esta Lei farão, obrigatoriamente, seguro de vida e acidentes pessoais a favor do trabalhador, cobrindo o período a partir do embarque para o exterior, até o retorno ao Brasil.

PARÁGRAFO ÚNICO. O valor do seguro não poderá ser inferior a 12 (doze) vezes o valor da remuneração mensal do trabalhador.

Art. 22. As empresas a que se refere esta Lei garantirão ao empregado, no local de trabalho no exterior ou próximo a ele, serviços gratuitos e adequados de assistência médica e social.

Art. 23. Serão regulamentadas no prazo de 90 (noventa) dias as disposições dos arts. 5º, § 2º; 9º, §§ 1º e 4º; e 12.

Art. 24. Esta Lei entra em vigor na data de sua publicação revogadas as disposições em contrário.

Brasília, em 6 de dezembro de 1982; 161º da Independência e 94º da República.

JOÃO FIGUEIREDO
MURILLO MACÊDO
JOÃO CAMILO PENNA

DECRETO N. 89.339, DE 31 DE JANEIRO DE 1984

(DOU 1º.2.1984 e RETIF. 2.2.1984)

Regulamenta o disposto nos arts. 5º, § 2º; 9º, §§ 1º a 4º e 12 da Lei n. 7.064, de 6 de dezembro de 1982, que dispõe sobre a situação dos trabalhadores contratados ou transferidos para prestar serviços no exterior

O PRESIDENTE DA REPÚBLICA, usando da atribuição que lhe confere o art. 81, inciso III da Constituição e tendo em vista o disposto no art. 23 da Lei n. 7.064, de 6 de dezembro de 1982, decreta:

Art. 1º O empregado contratado no Brasil ou transferido por empresa prestadora de serviços de engenharia, inclusive consultoria, projetos, obras, montagens, gerenciamento e congêneres, para prestar serviços no exterior, enquanto estiver prestando serviços no estrangeiro, poderá converter e remeter para o local de trabalho, no todo ou em parte, os valores correspondentes à remuneração paga em moeda nacional.

Art. 2º As remessas referidas no art. 1º serão feitas através de instituição bancária autorizada a operar em câmbio, mediante requerimento escrito do empregado ou seu procurador, instruído com declaração da empresa empregadora indicando o valor da remuneração paga ao empregado, o local da prestação de serviços no exterior e os números da Carteira de Trabalho e de inscrição do empregado no cadastro de contribuintes.

PARÁGRAFO ÚNICO. As remessas a que se refere o artigo estarão sujeitas à fiscalização do Banco Central do Brasil.

Art. 3º Os valores pagos pela empresa empregadora prestadora dos serviços a que se refere o art. 1º, na liquidação de direitos determinados pela lei do local da prestação de serviços no exterior, poderão ser deduzidos dos depósitos do Fundo de Garantia do Tempo de Serviço — FGTS — em nome do empregado, existentes na conta vinculada de que trata o art. 2º da Lei n. 5.107, de 13 setembro de 1965.

§ 1º O levantamento, pela empresa empregadora, dos valores correspondentes à liquidação de direitos, efetuada de conformidade com a lei do local da prestação de serviços no exterior, efetivar-se-á à vista do alvará expedido em decorrência da homologação judicial.

§ 2º A homologação dos valores a serem deduzidos dar-se-á mediante a apresentação, pela empresa empregadora, de cópia autêntica da documentação comprobatória da liquidação dos direitos do empregado no exterior, traduzida oficialmente.

§ 3º Requerida a homologação, o Juiz determinará ao Banco depositário da conta vinculada que informe, no prazo de 3 (três) dias úteis, o valor existente na conta vinculada do empregado, na data do pedido de homologação.

Art. 4º A homologação deverá consignar a importância, em moeda estrangeira, a ser deduzida e o alvará autorizará o levantamento do seu valor correspondente em cruzeiros, junto ao Banco depositário, que efetuará a conversão ao câmbio do dia em que efetivar o pagamento, utilizando o dólar dos Estados Unidos da América como moeda de conversão, nos casos em que a liquidação de direitos do empregado tenha sido efetuada em moeda com a qual o cruzeiro não tenha paridade direta.

PARÁGRAFO ÚNICO. A empresa empregadora deverá apresentar o alvará a que se refere o artigo no prazo de dois dias úteis da sua expedição, sob pena de correrem à sua conta as variações cambiais posteriores à data do alvará.

Art. 5º Caso o saldo existente na conta vinculada do FGTS, em nome do empregado, não seja suficiente para a dedução integral dos valores correspondentes aos direitos liquidados pela empresa no exterior, a diferença poderá ser levantada mediante nova dedução dessa conta, quando da cessação, no Brasil, do contrato de trabalho, mediante a expedição de novo alvará e independentemente de nova homologação.

Art. 6º A contratação de trabalhador por empresa estrangeira, para trabalhar no exterior, está condicionada à autorização do Ministério do Trabalho, nos termos de regulamento baixado pelo Ministro do Trabalho e observado o disposto no art. 7º deste Decreto.

Art. 7º A empresa requerente da autorização a que se refere o art. 6º deverá comprovar:

I — sua existência jurídica, segundo as leis do país no qual é sediada;

II — a participação de pessoa jurídica domiciliada no Brasil, em pelo menos cinco por cento (5%) do seu capital social;

III — A existência de procurador legalmente constituído no Brasil, com poderes especiais de representação, inclusive o de receber citação;

IV — a solidariedade da pessoa jurídica a que se refere o inciso II deste artigo no cumprimento das obrigações da empresa estrangeira decorrentes da contratação do empregado.

Art. 8º Este Decreto entra em vigor na data da sua publicação, revogadas as disposições em contrário.

Brasília, aos 31 do mês de janeiro de 1984; 163º da Independência e 96º da República.

JOÃO FIGUEIREDO
MAÍLSON FERREIRA DA NÓBREGA
MURILLO MACÊDO
JOÃO CAMILO PENNA
MÁRIO DAVID ANDREAZZA

LEI N. 6.019, DE 3 DE JANEIRO DE 1974

(DOU 4.1.1974 — LTr 38/59)

— (V. Multas Administrativas, art. 3º, III, Lei n. 7.855, 24.10.1989, DOU 25.10.1989, LTr 53/1418)

— V. Instrução Normativa n. 18, da SRT/MTE de 7.11 2014, que dispõe sobre o registro de empresas de trabalho temporário, solicitação de prorrogação de contrato de trabalho temporário, p. 561.

Dispõe sobre o trabalho temporário nas empresas urbanas e dá outras providências

O PRESIDENTE DA REPÚBLICA,

Faço saber que o Congresso Nacional decreta e eu sanciono a seguinte Lei:

Art. 1º As relações de trabalho na empresa de trabalho temporário, na empresa de prestação de serviços e nas respectivas tomadoras de serviço e contratante regem-se por esta Lei. (NR) *(Redação dada pela Lei n. 13.429, de 31.3.2017, DOU 31.3.17)*

Art. 2º Trabalho temporário é aquele prestado por pessoa física contratada por uma empresa de trabalho temporário que a coloca à disposição de uma empresa tomadora de serviços, para atender à necessidade de substituição transitória de pessoal permanente ou à demanda complementar de serviços. *(Redação dada pela Lei n. 13.429, de 31.3.2017, DOU 31.3.17)*

§ 1º É proibida a contratação de trabalho temporário para a substituição de trabalhadores em greve, salvo nos casos previstos em lei. *(Incluído pela Lei n. 13.429, de 31.3.2017, DOU 31.3.17)*

§ 2º Considera-se complementar a demanda de serviços que seja oriunda de fatores imprevisíveis ou, quando decorrente de fatores previsíveis, tenha natureza intermitente, periódica ou sazonal. (NR) *(Incluído pela Lei n. 13.429, de 31.3.2017, DOU 31.3.17)*

Art. 3º É reconhecida a atividade da empresa de trabalho temporário que passa a integrar o plano básico do enquadramento sindical a que se refere o art. 577, da Consolidação da Leis do Trabalho.

Art. 4º Empresa de trabalho temporário é a pessoa jurídica, devidamente registrada no Ministério do Trabalho, responsável pela colocação de trabalhadores à disposição de outras empresas temporariamente. (NR) *(Redação dada pela Lei n. 13.429, de 31.3.2017, DOU 31.3.17)*

Art. 4º-A. Considera-se prestação de serviços a terceiros a transferência feita pela contratante da execução de quaisquer de suas atividades, inclusive sua atividade principal, à pessoa jurídica de direito privado prestadora de serviços que possua capacidade econômica compatível com a sua execução. *(Redação dada pela Lei n. 13.467, de 13.7.17, DOU 14.7.17, com vigência a partir de 11.11.17)*

§ 1º A empresa prestadora de serviços contrata, remunera e dirige o trabalho realizado por seus trabalhadores, ou subcontrata outras empresas para realização desses serviços. *(Incluído pela Lei n. 13.429, de 31.3.2017, DOU 31.3.17)*

§ 2º Não se configura vínculo empregatício entre os trabalhadores, ou sócios das empresas prestadoras de serviços, qualquer que seja o seu ramo, e a empresa contratante. *(Incluído pela Lei n. 13.429, de 31.3.2017, DOU 31.3.17)*

Art. 4º-B. São requisitos para o funcionamento da empresa de prestação de serviços a terceiros: *(Incluído pela Lei n. 13.429, de 31.3.2017, DOU 31.3.17)*

I — prova de inscrição no Cadastro Nacional da Pessoa Jurídica (CNPJ); *(Incluído pela Lei n. 13.429, de 31.3.2017, DOU 31.3.17)*

II — registro na Junta Comercial; *(Incluído pela Lei n. 13.429, de 31.3.2017, DOU 31.3.17)*

III — capital social compatível com o número de empregados, observando-se os seguintes parâmetros: *(Incluído pela Lei n. 13.429, de 31.3.2017, DOU 31.3.17)*

a) empresas com até dez empregados — capital mínimo de R$ 10.000,00 (dez mil reais); *(Incluído pela Lei n. 13.429, de 31.3.2017, DOU 31.3.17)*

b) empresas com mais de dez e até vinte empregados — capital mínimo de R$ 25.000,00 (vinte e cinco mil reais); *(Incluído pela Lei n. 13.429, de 31.3.2017, DOU 31.3.17)*

c) empresas com mais de vinte e até cinquenta empregados — capital mínimo de R$ 45.000,00 (quarenta e cinco mil reais); *(Incluído pela Lei n. 13.429, de 31.3.2017, DOU 31.3.17)*

d) empresas com mais de cinquenta e até cem empregados — capital mínimo de R$ 100.000,00 (cem mil reais); e

e) empresas com mais de cem empregados — capital mínimo de R$ 250.000,00 (duzentos e cinquenta mil reais). *(Incluído pela Lei n. 13.429, de 31.3.2017, DOU 31.3.17)*

Art. 4º-C. São asseguradas aos empregados da empresa prestadora de serviços a que se refere o art. 4º-A desta Lei, quando e enquanto os serviços, que podem ser de qualquer uma das atividades da contratante, forem executados nas dependências da tomadora, as mesmas condições: *(Redação dada pela Lei n. 13.467, de 13.7.17, DOU 14.7.17, com vigência a partir de 11.11.17)*

I — relativas a:

a) alimentação garantida aos empregados da contratante, quando oferecida em refeitórios;

b) direito de utilizar os serviços de transporte;

c) atendimento médico ou ambulatorial existente nas dependências da contratante ou local por ela designado;

d) treinamento adequado, fornecido pela contratada, quando a atividade o exigir.

II — sanitárias, de medidas de proteção à saúde e de segurança no trabalho e de instalações adequadas à prestação do serviço. *(Incisos e alíneas com redação dada pela Lei n. 13.467, de 13.7.17, DOU 14.7.17, com vigência a partir de 11.11.17)*

§ 1º Contratante e contratada poderão estabelecer, se assim entenderem, que os empregados da contratada farão jus a salário equivalente ao pago aos empregados da contratante, além de outros direitos não previstos neste artigo. *(Redação dada pela Lei n. 13.467, de 13.7.17, DOU 14.7.17, com vigência a partir de 11.11.17)*

§ 2º Nos contratos que impliquem mobilização de empregados da contratada em número igual ou superior a 20% (vinte por cento) dos empregados da contratante, esta poderá disponibilizar aos empregados da contratada os serviços de alimentação e atendimento ambulatorial em outros locais apropriados e com igual padrão de atendimento, com vistas a manter o pleno funcionamento dos serviços existentes. *(Redação dada pela Lei n. 13.467, de 13.7.17, DOU 14.7.17, com vigência a partir de 11.11.17)*

Art. 5º Empresa tomadora de serviços é a pessoa jurídica ou entidade a ela equiparada que celebra contrato de prestação de trabalho temporário com a empresa definida no art. 4º desta Lei. (NR) *(Redação dada pela Lei n. 13.429, de 31.3.2017, DOU 31.3.17)*

Art. 5º-A. Contratante é a pessoa física ou jurídica que celebra contrato com empresa de prestação de serviços relacionados a quaisquer de suas atividades, inclusive sua atividade principal. *(Redação dada pela Lei n. 13.467, de 13.7.17, DOU 14.7.17, com vigência a partir de 11.11.17)*

§ 1º É vedada à contratante a utilização dos trabalhadores em atividades distintas daquelas que foram objeto do contrato com a empresa prestadora de serviços. *(Incluído pela Lei n. 13.429, de 31.3.2017, DOU 31.3.17)*

§ 2º Os serviços contratados poderão ser executados nas instalações físicas da empresa contratante ou em outro local, de comum acordo entre as partes. *(Incluído pela Lei n. 13.429, de 31.3.2017, DOU 31.3.17)*

§ 3º É responsabilidade da contratante garantir as condições de segurança, higiene e salubridade dos trabalhadores, quando o trabalho for realizado em suas dependências ou local previamente convencionado em contrato. *(Incluído pela Lei n. 13.429, de 31.3.2017, DOU 31.3.17)*

§ 4º A contratante poderá estender ao trabalhador da empresa de prestação de serviços o mesmo atendimento médico, ambulatorial e de refeição destinado aos seus empregados, existente nas dependências da contratante, ou local por ela designado. *(Incluído pela Lei n. 13.429, de 31.3.2017, DOU 31.3.17)*

§ 5º A empresa contratante é subsidiariamente responsável pelas obrigações trabalhistas referentes ao período em que ocorrer a prestação de serviços, e o recolhimento das contribuições previdenciárias observará o disposto no art. 31 da Lei n. 8.212, de 24 de julho de 1991. *(Incluído pela Lei n. 13.429, de 31.3.2017, DOU 31.3.17)*

Art. 5º-B. O contrato de prestação de serviços conterá: *(Incluído pela Lei n. 13.429, de 31.3.2017, DOU 31.3.17)*

I — qualificação das partes;

II — especificação do serviço a ser prestado;

III — prazo para realização do serviço, quando for o caso;

IV — valor. *(Incisos incluídos pela Lei n. 13.429, de 31.3.2017, DOU 31.3.17)*

Art. 5º-C. Não pode figurar como contratada, nos termos do art. 4º-A desta Lei, a pessoa jurídica cujos titulares ou sócios tenham, nos últimos dezoito meses, prestado serviços à contratante na qualidade de empregado ou trabalhador sem vínculo empregatício, exceto se os referidos titulares ou sócios forem aposentados. *(Redação dada pela Lei n. 13.467, de 13.7.17, DOU 14.7.17, com vigência a partir de 11.11.17)*

Art. 5º-D. O empregado que for demitido não poderá prestar serviços para esta mesma empresa na qualidade de empregado de empresa prestadora de serviços antes do decurso de prazo de dezoito meses, contados a partir da demissão do empregado. *(Redação dada pela Lei n. 13.467, de 13.7.17, DOU 14.7.17, com vigência a partir de 11.11.17)*

Art. 6º São requisitos para funcionamento e registro da empresa de trabalho temporário no Ministério do Trabalho:

a) (revogada);

b) (revogada);

c) (revogada);

d) (revogada);

e) (revogada);

f) (revogada);

I — prova de inscrição no Cadastro Nacional da Pessoa Jurídica (CNPJ), do Ministério da Fazenda;

II — prova do competente registro na Junta Comercial da localidade em que tenha sede;

III — prova de possuir capital social de, no mínimo, R$ 100.000,00 (cem mil reais).

PARÁGRAFO ÚNICO. (Revogado). (NR) *(redação do caput, alíneas e incisos dada pela Lei n. 13.429, de 31.3.17, DOU 31.3.17)*

Art. 7º A empresa de trabalho temporário que estiver funcionando na data da vigência desta Lei terá o prazo de noventa dias para o atendimento das exigências contidas no artigo anterior.

PARÁGRAFO ÚNICO. A empresa infratora do presente artigo poderá ter o seu funcionamento suspenso, por ato do Diretor-Geral do Departamento Nacional de Mão de Obra, cabendo recurso ao Ministro de Estado, no prazo de dez dias, a contar da publicação do ato no *Diário Oficial da União*.

Art. 8º A empresa de trabalho temporário é obrigada a fornecer ao Departamento Nacional de Mão de Obra, quando solicitada, os elementos de informação julgados necessários ao estudo do mercado de trabalho.

Art. 9º O contrato celebrado pela empresa de trabalho temporário e a tomadora de serviços será por escrito, ficará à disposição da autoridade fiscalizadora no estabelecimento da tomadora de serviços e conterá:

I — qualificação das partes;

II — motivo justificador da demanda de trabalho temporário;

III — prazo da prestação de serviços;

IV — valor da prestação de serviços;

V — disposições sobre a segurança e a saúde do trabalhador, independentemente do local de realização do trabalho.

§ 1º É responsabilidade da empresa contratante garantir as condições de segurança, higiene e salubridade dos trabalhadores, quando o trabalho for realizado em suas dependências ou em local por ela designado.

§ 2º A contratante estenderá ao trabalhador da empresa de trabalho temporário o mesmo atendimento médico, ambulatorial e de refeição destinado aos seus empregados, existente nas dependências da contratante, ou local por ela designado.

§ 3º O contrato de trabalho temporário pode versar sobre o desenvolvimento de atividades-meio e atividades-fim a serem executadas na empresa tomadora de serviços. (NR): *(Redação do caput, incisos e parágrafos dada pela Lei n. 13.429, de 31.3.17, DOU 31.3.17)*

Art. 10. Qualquer que seja o ramo da empresa tomadora de serviços, não existe vínculo de emprego entre ela e os trabalhadores contratados pelas empresas de trabalho temporário.

§ 1º O contrato de trabalho temporário, com relação ao mesmo empregador, não poderá exceder ao prazo de cento e oitenta dias, consecutivos ou não.

§ 2º O contrato poderá ser prorrogado por até noventa dias, consecutivos ou não, além do prazo estabelecido no § 1º deste artigo, quando comprovada a manutenção das condições que o ensejaram.

§ 3º (VETADO).

§ 4º Não se aplica ao trabalhador temporário, contratado pela tomadora de serviços, o contrato de experiência previsto no parágrafo único do art. 445 da Consolidação das Leis do Trabalho (CLT), aprovada pelo Decreto-Lei n. 5.452, de 1º de maio de 1943.

§ 5º O trabalhador temporário que cumprir o período estipulado nos §§ 1º e 2º deste artigo somente poderá ser colocado à disposição da mesma tomadora de serviços em novo contrato temporário, após noventa dias do término do contrato anterior.

§ 6º A contratação anterior ao prazo previsto no § 5º deste artigo caracteriza vínculo empregatício com a tomadora.

§ 7º A contratante é subsidiariamente responsável pelas obrigações trabalhistas referentes ao período em que ocorrer o trabalho temporário, e o recolhimento das contribuições previdenciárias observará o disposto no art. 31 da Lei n. 8.212, de 24 de julho de 1991. (NR) *(Redação do caput e parágrafos dada pela Lei n. 13.429, de 31.3.17, DOU 31.3.17)*

Art. 11. O contrato de trabalho celebrado entre empresa de trabalho temporário e cada um dos assalariados colocados à disposição de uma empresa tomadora ou cliente será, obrigatoriamente, escrito e dele deverão constar, expressamente, os direitos conferidos aos trabalhadores por esta Lei.

PARÁGRAFO ÚNICO. (VETADO) (NR) *(Pela Lei n. 13.429, de 31.3.17, DOU 31.3.17)*

Art. 12. (VETADO). (NR) *(Pela Lei n. 13.429, de 31.3.17, DOU 31.3.17)*

Art. 13. Constituem justa causa para rescisão do contrato do trabalhador temporário os atos e circunstâncias mencionadas nos arts. 482 e 483, da Consolidação das Leis do Trabalho, ocorrentes entre o trabalhador e a empresa de trabalho temporário ou entre aquele e a empresa cliente onde estiver prestando serviço.

Art. 14. As empresas de trabalho temporário são obrigadas a fornecer às empresas tomadoras ou clientes, a seu pedido, comprovante da regularidade de sua situação com o Instituto Nacional de Previdência Social.

Art. 15. A Fiscalização do Trabalho poderá exigir da empresa tomadora ou cliente a apresentação do contrato firmado com a empresa de trabalho temporário, e, desta última, o contrato firmado com o trabalhador bem como a comprovação do respectivo recolhimento das contribuições previdenciárias.

Art. 16. No caso de falência da empresa de trabalho temporário, a empresa tomadora ou cliente é solidariamente responsável pelo recolhimento das contribuições previdenciárias, no tocante ao tempo em que o trabalhador esteve sob suas ordens, assim como em referência ao mesmo período, pela remuneração e indenização previstas nesta Lei.

Art. 17. É defeso às empresas de prestação de serviço temporário a contratação de estrangeiros com visto provisório de permanência no País.

Art. 18. É vedado à empresa de trabalho temporário cobrar do trabalhador qualquer importância, mesmo a título de mediação, podendo apenas efetuar os descontos previstos em Lei.

PARÁGRAFO ÚNICO. A infração deste artigo importa no cancelamento do registro para funcionamento da empresa de trabalho temporário, sem prejuízo das sanções administrativas e penais cabíveis.

Art. 19. Competirá à Justiça do Trabalho dirimir os litígios entre as empresas de serviço temporário e seus trabalhadores.

Art. 19-A. O descumprimento do disposto nesta Lei sujeita a empresa infratora ao pagamento de multa.

PARÁGRAFO ÚNICO. A fiscalização, a autuação e o processo de imposição das multas reger-se-ão pelo Título VII da Consolidação das Leis do Trabalho (CLT), aprovada pelo Decreto-Lei n. 5.452, de 1º de maio de 1943.

Art. 19-B. O disposto nesta Lei não se aplica às empresas de vigilância e transporte de valores, permanecendo as respectivas relações de trabalho reguladas por legislação especial, e subsidiariamente pela Consolidação das Leis do Trabalho (CLT), aprovada pelo Decreto-Lei n. 5.452, de 1º de maio de 1943."

Art. 19-C. Os contratos em vigência, se as partes assim acordarem, poderão ser adequados aos termos desta Lei. *(Redação dos arts. 19-A a 19-C dada pela Lei n. 13.429, de 31.3.17, DOU 31.3.17)*

Art. 20. Esta Lei entrará em vigor sessenta dias após sua publicação, revogadas as disposições em contrário.

Brasília, 3 de janeiro de 1974; 153º da Independência e 86º da República.

Emílio Garrastazu Médici
Alfredo Buzaid
Júlio Barata

DECRETO N. 73.841, DE 13 DE MARÇO DE 1974

(DOU 13.3.1974 — LTr 38/251)

Regulamenta a Lei n. 6.019, de 3 de janeiro de 1974, que dispõe sobre o trabalho temporário

O PRESIDENTE DA REPÚBLICA, no uso da atribuição que lhe confere o art. 81, item III, da Constituição e tendo em vista a Lei n. 6.019, de 3 de janeiro de 1974, decreta:

CAPÍTULO I
Do Trabalho Temporário

Art. 1º Trabalho temporário é aquele prestado por pessoa física a uma empresa, para atender necessidade transitória de substituição de pessoal regular e permanente ou a acréscimo extraordinário de serviços.

CAPÍTULO II
Da Empresa de Trabalho Temporário

Art. 2º A empresa de trabalho temporário tem por finalidade colocar pessoal especializado, por tempo determinado, à disposição de outras empresas que dele necessite.

Art. 3º A empresa de trabalho temporário, pessoa física ou jurídica, será necessariamente urbana.

Art. 4º O funcionamento da empresa de trabalho temporário está condicionado a prévio registro no Departamento Nacional de Mão de Obra do Ministério do Trabalho e Previdência Social.

§ 1º O pedido de registro deve ser acompanhado dos seguintes documentos:

I — prova de existência da firma individual ou da constituição de pessoa jurídica, com o competente registro na Junta Comercial da localidade em que tenham sede;

II — prova de nacionalidade brasileira do titular ou dos sócios;

III — prova de possuir capital social integralizado de, no mínimo, 500 (quinhentas) vezes o valor do maior salário mínimo vigente no País, à época do pedido do registro;

IV — prova de propriedade do imóvel sede ou recibo referente ao último mês de aluguel;

V — prova de entrega da relação de trabalhadores a que se refere o art. 360 da Consolidação das Leis do Trabalho;

VI — prova de recolhimento da contribuição sindical;

VII — prova de inscrição no Cadastro Geral de Contribuintes do Ministério da Fazenda;

VIII — Certificado de Regularidade de Situação, fornecido pelo Instituto Nacional de Previdência Social.

§ 2º O pedido de registro a que se refere o parágrafo anterior é dirigido ao Diretor-Geral do Departamento Nacional de Mão de Obra e protocolado na Delegacia Regional do Trabalho no Estado em que se situe a sede da empresa.

Art. 5º No caso de mudança de sede ou de abertura de filiais, agências ou escritórios é dispensada a apresentação dos documentos de que trata o § 1º do artigo anterior, exigindo-se, no entanto, o encaminhamento prévio ao Departamento Nacional de Mão de Obra de comunicação por escrito com justificativa e endereço da nova sede ou das unidades operacionais da empresa.

Art. 6º No caso de alteração na constituição de empresa já registrada, seu funcionamento dependerá de prévia comunicação ao Departamento Nacional de Mão de Obra e apresentação dos documentos mencionados no item II do § 1º do art. 4º.

Art. 7º A empresa de trabalho temporário é obrigada a fornecer ao Departamento Nacional de Mão de Obra, quando solicitada, os elementos de informação julgados necessários ao estudo do mercado de trabalho.

Art. 8º Cabe à empresa de trabalho temporário remunerar e assistir aos trabalhadores temporários relativamente aos seus direitos, consignados nos arts. 17 a 20 deste Decreto.

Art. 9º A empresa de trabalho temporário fica obrigada a registrar na Carteira de Trabalho e Previdência Social do trabalhador, sua condição de temporário.

Art. 10. A empresa de trabalho temporário é obrigada a apresentar à empresa tomadora de serviço ou cliente, a seu pedido, Certificado de Regularidade de Situação, fornecido pelo Instituto Nacional de Previdência Social.

Art. 11. A empresa de trabalho temporário é obrigada a apresentar ao agente da fiscalização, quando solicitada, o contrato firmado com o trabalhador temporário, os comprovantes de recolhimento das contribuições previdenciárias, bem como os demais elementos probatórios do cumprimento das obrigações estabelecidas neste Decreto.

Art. 12. É vedado à empresa de trabalho temporário:

I — contratar estrangeiro portador de visto provisório de permanência no País;

II — ter ou utilizar em seus serviços trabalhador temporário, salvo o disposto no art. 16 ou quando contratado com outra empresa de trabalho temporário.

Art. 13. Executados os descontos previstos em lei, é defeso à empresa de trabalho temporário exigir do trabalhador pagamento de qualquer importância, mesmo a título de mediação, sob pena de cancelamento do registro para funcionamento, sem prejuízo de outras sanções cabíveis.

CAPÍTULO III
Da Empresa Tomadora de Serviço ou Cliente

Art. 14. Considera-se empresa tomadora de serviço ou cliente, para os efeitos deste Decreto, a pessoa física ou jurídica que, em virtude de necessidade transitória de substituição de seu pessoal regular e permanente ou de acréscimo extraordinário de tarefas, contrate locação de mão de obra com empresa de trabalho temporário.

Art. 15. A empresa tomadora de serviço ou cliente é obrigada a apresentar ao agente da fiscalização, quando solicitada, o contrato firmado com a empresa de trabalho temporário.

CAPÍTULO IV
Do Trabalhador Temporário

Art. 16. Considera-se trabalhador temporário aquele contratado por empresa de trabalho temporário, para prestação de serviço destinado a atender à necessidade transitória de substituição de pessoal regular e permanente ou a acréscimo extraordinário de tarefas de outra empresa.

Art. 17. Ao trabalhador temporário são assegurados os seguintes direitos:

I — remuneração equivalente à percebida pelos empregados da mesma categoria da empresa tomadora ou cliente, calculada à base horária, garantido, em qualquer hipótese, o salário mínimo regional;

II — pagamento de férias proporcionais, em caso de dispensa sem justa causa ou término normal do contrato temporário de trabalho, calculado na base de 1/12 (um doze avos) do último salário percebido, por mês trabalhado, considerando-se como mês completo a fração igual ou superior a 15 (quinze) dias;

III — indenização do tempo de serviço em caso de dispensa sem justa causa, rescisão do contrato por justa causa do trabalhador ou término normal do contrato de trabalho temporário, calculada na base de 1/12 (um doze avos) do último salário percebido, por mês de serviço, considerando-se como mês completo a fração igual ou superior a 15 (quinze) dias;

IV — benefícios e serviços da previdência social, nos termos da Lei n. 3.807, de 26 de agosto de 1960, com as alterações introduzidas pela Lei n. 5.890, de 8 de junho de 1973, como segurado autônomo;

V — seguro de acidentes do trabalho, nos termos da Lei n. 5.316, de 14 de setembro de 1967.

Art. 18. A duração normal do trabalho, para os trabalhadores temporários é de, no máximo, 8 (oito) horas diárias, salvo disposições legais específicas concernentes a peculiaridades profissionais.

PARÁGRAFO ÚNICO. A duração normal do trabalho pode ser acrescida de horas suplementares, em número não excedente a 2 (duas), mediante acordo escrito entre a empresa de trabalho temporário e o trabalhador temporário, sendo a remuneração dessas horas acrescida de, pelo menos 20% (vinte por cento) em relação ao salário-hora normal.

Art. 19. O trabalho noturno terá remuneração superior a 20% (vinte por cento), pelo menos, em relação ao diurno.

Art. 20. É assegurado ao trabalhador temporário descanso semanal remunerado nos termos do disposto na Lei n. 605, de 5 de janeiro de 1949.

CAPÍTULO V
Do Contrato de Trabalho Temporário

Art. 21. A empresa de trabalho temporário é obrigada a celebrar contrato individual escrito de trabalho temporário com o trabalhador, no qual constem expressamente os direitos ao mesmo conferidos, decorrentes da sua condição de temporário.

Art. 22. É nula de pleno direito qualquer cláusula proibitiva da contratação do trabalhador pela empresa tomadora de serviço ou cliente.

Art. 23. Constituem justa causa para rescisão do contrato de trabalho temporário pela empresa:

I — ato de improbidade;

II — incontinência de conduta ou mau procedimento;

Legislação Complementar

III — negociação habitual por conta própria ou alheia sem permissão da empresa de trabalho temporário ou da empresa tomadora de serviço ou cliente e quando constituir ato de concorrência a qualquer delas, ou prejudicial ao serviço;

IV — condenação criminal do trabalhador, passada em julgado, caso não tenha havido suspensão da execução da pena;

V — desídia no desempenho das respectivas funções;

VI — embriaguez habitual ou em serviço;

VII — violação de segredo da empresa de serviço temporário ou da empresa tomadora de serviço ou cliente;

VIII — ato de indisciplina ou insubordinação;

IX — abandono do trabalho;

X — ato lesivo da honra ou da boa fama praticado no serviço contra qualquer pessoa, ou ofensas físicas nas mesmas condições, salvo em caso de legítima defesa própria ou de outrem;

XI — ato lesivo da honra e boa fama ou ofensas físicas praticadas contra superiores hierárquicos, salvo em caso de legítima defesa própria ou de outrem;

XII — prática constante de jogo de azar;

XIII — atos atentatórios à segurança nacional, devidamente comprovados em inquérito administrativo.

Art. 24. O trabalhador pode considerar rescindido o contrato de trabalho temporário quando:

I — forem exigidos serviços superiores às suas forças, defesos por lei, contrários aos bons costumes ou alheios ao contrato;

II — for tratado pelos seus superiores hierárquicos com rigor excessivo;

III — correr perigo manifesto de mal considerável;

IV — não cumprir a empresa de trabalho temporário as obrigações do contrato;

V — praticar a empresa de trabalho temporário ou a empresa tomadora de serviço ou cliente, ou seus prepostos, contra ele ou pessoa de sua família, ato lesivo da honra e boa fama;

VI — for ofendido fisicamente por superiores hierárquicos da empresa de trabalho temporário ou da empresa tomadora de serviço ou cliente, ou seus prepostos, salvo em caso de legítima defesa própria ou de outrem;

VII — quando for reduzido seu trabalho, sendo este por peça ou tarefa, de forma a reduzir sensivelmente a importância dos salários;

VIII — falecer o titular da empresa de trabalho temporário constituída em firma individual.

§ 1º O trabalhador temporário poderá suspender a prestação dos serviços ou rescindir o contrato, quando tiver de desempenhar obrigações legais, incompatíveis com a continuação do serviço.

§ 2º Nas hipóteses dos itens IV e VII, deste artigo, poderá o trabalhador pleitear a rescisão do seu contrato de trabalho, permanecendo ou não no serviço até final decisão do processo.

Art. 25. Serão consideradas razões determinantes de rescisão, por justa causa, no contrato de trabalho temporário, os atos e circunstâncias mencionados nos arts. 23 e 24, ocorridos entre o trabalhador e a empresa de trabalho temporário e entre aquele e a empresa tomadora ou cliente, onde estiver prestando serviço.

CAPÍTULO VI
Do Contrato de Prestação de Serviço Temporário

Art. 26. Para a prestação de serviço temporário é obrigatória a celebração de contrato escrito entre a empresa de trabalho temporário e a empresa tomadora de serviço ou cliente, dele devendo constar expressamente:

I — o motivo justificador da demanda de trabalho temporário;

II — a modalidade de remuneração da prestação de serviço, onde estejam claramente discriminadas as parcelas relativas a salários e encargos sociais.

Art. 27. O contrato entre a empresa de trabalho temporário e a empresa tomadora ou cliente, com relação a um mesmo empregado, não poderá exceder de três meses, salvo autorização conferida pelo órgão local do Ministério do Trabalho, segundo instruções a serem baixadas pelo Departamento Nacional de Mão de Obra.

Art. 28. As alterações que se fizerem necessárias, durante a vigência do contrato de prestação de serviços, relativas à redução ou ao aumento do número de trabalhadores colocados à disposição da empresa tomadora de serviço ou cliente, deverão ser objeto de termo aditivo ao contrato, observado o disposto nos arts. 26 e 27.

CAPÍTULO VII
Disposições Gerais

Art. 29. Compete à Justiça do Trabalho dirimir os litígios entre as empresas de serviço temporário e seus trabalhadores.

Art. 30. No caso de falência da empresa de trabalho temporário, a empresa tomadora de serviço ou cliente é solidariamente responsável pelo recolhimento das contribuições previdenciárias no tocante ao tempo em que o trabalhador esteve sob suas ordens, assim como em referência ao mesmo período, pela remuneração e indenização previstas neste Decreto.

Art. 31. A contribuição previdenciária é devida na seguinte proporcionalidade:

I — do trabalhador temporário, no valor de 8% (oito por cento) do salário efetivamente percebido, observado o disposto no art. 224 do Regulamento aprovado pelo Decreto n. 72.771, de 6 de setembro de 1973;

II — da empresa de trabalho temporário, em quantia igual à devida pelo trabalhador.

Art. 32. É devida pela empresa de trabalho temporário a taxa relativa ao custeio das prestações por acidente do trabalho.

Art. 33. O recolhimento das contribuições previdenciárias, inclusive as do trabalhador temporário, bem como da taxa de contribuição do seguro de acidentes do trabalho, cabe à empresa de trabalho temporário, independentemente do acordo a que se refere o art. 237 do Regulamento aprovado pelo Decreto n. 72.771, de 6 de setembro de 1973, de conformidade com instruções expedidas pelo INPS.

Art. 34. Aplicam-se às empresas de trabalho temporário, no que se refere às suas relações com o trabalhador, e perante o INPS, as disposições da Lei n. 3.807, de 26 de agosto de 1960, com as alterações introduzidas pela Lei n. 5.890, de 8 de junho de 1973.

Art. 35. A empresa de trabalho temporário é obrigada a elaborar folha de pagamento especial para os trabalhadores temporários.

Art. 36. Para os fins da Lei n. 5.316, de 14 de setembro de 1967, considera-se local de trabalho para os trabalhadores temporários, tanto aquele onde se efetua a prestação do serviço, quanto a sede da empresa de trabalho temporário.

§ 1º A empresa tomadora de serviço ou cliente é obrigada a comunicar à empresa de trabalho temporário a ocorrência de acidente do trabalho cuja vítima seja trabalhador posto à sua disposição.

§ 2º O encaminhamento do acidentado ao Instituto Nacional de Previdência Social pode ser feito diretamente pela empresa tomadora de serviço ou cliente, de conformidade com normas expedidas por aquele Instituto.

Art. 37. Ao término normal do contrato de trabalho, ou por ocasião de sua rescisão, a empresa de trabalho temporário deve fornecer ao trabalhador temporário atestado, de acordo com modelo instituído pelo INPS.

PARÁGRAFO ÚNICO. O atestado a que se refere este artigo valerá, para todos os efeitos, como prova de tempo de serviço e salário de contribuição, podendo, em caso de dúvida ser exigida pelo INPS a apresentação pela empresa de trabalho temporário, dos documentos que serviram de base para emissão do atestado.

Art. 38. O disposto neste Decreto não se aplica aos trabalhadores avulsos.

CAPÍTULO VIII
Disposições Transitórias

Art. 39. A empresa de trabalho temporário, em funcionamento em 5 de março de 1974, data da vigência da Lei n. 6.019, de 3 de janeiro de 1974, fica obrigada a atender aos requisitos constantes do art. 4º deste Decreto até o dia 3 de junho de 1974, sob pena de suspensão de seu funcionamento, por ato do Diretor-Geral do Departamento Nacional de Mão de Obra.

PARÁGRAFO ÚNICO. Do ato do Diretor-Geral do Departamento Nacional de Mão de Obra que determinar a suspensão do funcionamento da empresa de trabalho temporário, nos termos deste artigo, cabe recurso ao Ministro do Trabalho, no prazo de 10 (dez) dias, a contar da data da publicação do ato no Diário Oficial.

Art. 40. Mediante proposta da Comissão de Enquadramento Sindical do Departamento Nacional do Trabalho, o Ministro do Trabalho incluirá as empresas de trabalho temporário e os trabalhadores temporários em categorias existentes ou criará categorias específicas no Quadro de Atividades e Profissões a que se refere o art. 577 da Consolidação das Leis do Trabalho.

Art. 41. O presente Decreto entrará em vigor na data de sua publicação, revogadas as disposições em contrário.

Brasília, 13 de março de 1974; 153º da Independência e 86º da República.

Emílio G. Médici

Júlio Barata

INSTRUÇÃO NORMATIVA SIT/MTE N. 114, DE 5 DE NOVEMBRO DE 2014

DOU (18.11.2014)(*)

Estabelece diretrizes e disciplina a fiscalização do trabalho temporário regido pela Lei n. 6.019, de 03 de janeiro de 1974, pelo Decreto n. 73.841, de 13 de março de 1974, e pela Portaria n. 789, de 2 de junho de 2014.

O SECRETÁRIO DE INSPEÇÃO DO TRABALHO, no exercício da competência prevista no Decreto n. 5.063, Anexo I, art. 14, Incisos I e XIII, de 3 de maio de 2004, e na Portaria

(*) Republicada por ter saído no DOU de 12.11.14, Seção 1, p. 79 e 80, com incorreção no original.

n. 483, Anexo VI, art. 1º, Incisos I e XIII, de 15 de setembro de 2004, resolve:

Art. 1º O Auditor Fiscal do Trabalho — AFT, na fiscalização do trabalho temporário, deve observar o disposto nesta instrução normativa.

Art. 2º Trabalho temporário é aquele prestado por pessoa física a uma empresa para atender necessidade transitória de substituição de pessoal regular e permanente ou a acréscimo extraordinário de serviços.

§ 1º Acréscimo extraordinário de serviços é o aumento excepcional da atividade da empresa ou de setor dela, provocado por um fato determinado e identificável.

§ 2º Não se consideram extraordinários os acréscimos de serviço comuns do ramo de negócio do tomador e que façam parte do risco do empreendimento, bem como os decorrentes do crescimento da empresa, da expansão de seus negócios ou da abertura de filiais.

§ 3º Demandas sazonais, entendidas como aquelas que, embora previsíveis, representam um aumento expressivo e significativo na atividade da empresa para atender a um evento episódico no decorrer do ano, justificam a contratação por acréscimo de extraordinário de serviços.

Art. 3º A regularidade da locação de mão de obra temporária está condicionada à observância estrita tanto dos requisitos formais quanto dos requisitos materiais da legislação aplicável.

PARÁGRAFO ÚNICO. A empresa tomadora ou cliente pode ser responsabilizada pelo vínculo empregatício com o trabalhador temporário em caso de irregularidade na locação de mão de obra, conforme disposto no art. 9º da Consolidação das Leis do Trabalho — CLT.

Art. 4º A empresa de trabalho temporário tem seu funcionamento condicionado ao registro no Ministério do Trabalho e Emprego — MTE, observados os procedimentos estabelecidos pelo órgão.

§ 1º O registro regular da empresa de trabalho temporário no MTE é requisito de validade essencial do contrato de trabalho temporário, devendo ser observado o disposto no art. 3º desta Instrução Normativa.

§ 2º A atividade de locação de mão de obra é exclusiva da empresa de trabalho temporário, não podendo ser transferida a terceiros, mesmo em locais em que não possua filial, agência ou escritório.

§ 3º Considera-se irregular o recrutamento e a seleção de trabalhadores temporários realizado pelo próprio tomador da mão de obra.

Art. 5º É lícito à empresa tomadora ou cliente exercer, durante a vigência do contrato firmado com a empresa de trabalho temporário, o poder diretivo sobre o trabalhador colocado à sua disposição, inclusive em tarefas vinculadas à sua atividade-fim.

Art. 6º Somente trabalhadores devidamente qualificados podem ser contratados na modalidade de contrato temporário regido pela Lei n. 6.019, de 1974.

§ 1º Considera-se trabalhador devidamente qualificado aquele tecnicamente apto a realizar as tarefas para as quais é contratado.

§ 2º O treinamento para ambientação no posto de trabalho e os referentes às normas de saúde e segurança promovidas pela empresa tomadora são compatíveis com a forma de contratação temporária.

Art. 7º O AFT deverá verificar o estrito atendimento aos seguintes requisitos:

I — formais:

a) registro regular da empresa de trabalho temporário no Ministério do Trabalho e Emprego;

b) tomada de mão de obra temporária feita por empresa urbana;

c) existência de contrato escrito ou aditivo contratual entre a empresa de trabalho temporário e a empresa tomadora de serviço ou cliente para cada contratação de trabalho temporário;

d) duração do contrato entre a empresa de trabalho temporário e a empresa tomadora ou cliente, com relação a um mesmo empregado, não superior a três meses, ressalvadas as exceções previstas na Portaria n. 789, de 2014, devendo ser indicadas expressamente as datas de início e término no instrumento firmado entre a empresa de trabalho temporário e a tomadora de serviço ou cliente;

e) existência de cláusula constante do contrato entre empresa de trabalho temporário e tomadora ou cliente descrevendo expressamente o motivo justificador da demanda de trabalho temporário, sendo insuficiente a mera indicação da hipótese legal — acréscimo extraordinário de serviços ou substituição de quadro regular e permanente;

f) existência de contrato firmado entre a empresa de trabalho temporário e cada um dos trabalhadores, nele constando as datas de início e término do contrato, além de elencar os direitos conferidos pela lei.

II — materiais:

a) comprovação do motivo alegado no contrato entre a empresa de trabalho temporário e o tomador ou cliente, por meio de apresentação de informações específicas, tais como dados estatísticos, financeiros ou contábeis concretos relativos à produção, vendas ou prestação de serviços, no caso de acréscimo extraordinário de serviços, ou, no caso de substituição de quadro permanente, por meio da indicação do trabalhador substituído e causa de afastamento;

b) compatibilidade entre o prazo do contrato de trabalho temporário e o motivo justificador alegado;

c) comprovação da justificativa apresentada nos casos de solicitação de prorrogação de contrato por prazo superior a três meses, nos termos da Portaria n. 789, de 2014.

§ 1º É vedada a contratação de mão de obra temporária por empresa tomadora ou cliente cuja atividade econômica seja rural.

§ 2º A solicitação de mão de obra pela tomadora à empresa de trabalho temporário, ainda que formalizada por qualquer meio, não afasta a obrigatoriedade de instrumento contratual escrito em cada contratação.

§ 3º Não é obrigatória a indicação do motivo justificador da contratação no contrato de trabalho firmado entre a empresa de trabalho temporário e o trabalhador.

§ 4º As informações relativas aos contratos de trabalho temporário estão disponíveis no Sistema de Registro de Empresa de Trabalho Temporário — SIRETT, prestadas pela Empresa de Trabalho Temporário, nos termos do art. 7º da Portaria n. 789, de 2014.

Art. 8º A rescisão por término do contrato de trabalho temporário acarreta o pagamento de todas as verbas rescisórias, calculadas proporcionalmente à duração do contrato e conforme o tipo de rescisão efetuada.

§ 1º Quando antecipada, a rescisão enseja o da multa rescisória do FGTS prevista no art. 18, §1º, da Lei n. 8.036, de 1990; e da indenização prevista no art. 12, alínea *f*, da Lei n. 6.019, de 1974.

§ 2º A data de término do contrato deve ser determinada na assinatura do contrato de trabalho temporário, sendo irregular sua definição posteriormente ao início da prestação dos serviços pelo trabalhador.

Art. 9º Considera-se irregular, sem prejuízo de outras constatações, o trabalho temporário prestado nas seguintes situações:

I — utilização sucessiva de mão de obra temporária para atender ao mesmo motivo justificador, inclusive quando fornecida por diferentes empresas de trabalho temporário;

II — celebração de sucessivos contratos onde figure o mesmo trabalhador, para atender ao mesmo motivo justificador, ainda que a intermediação seja feita por diferentes empresas de trabalho temporário;

III — utilização de contrato de trabalho temporário com finalidade de contrato de experiência;

IV — substituição de quadro próprio da empresa tomadora por trabalhadores temporários;

V — contratação de trabalhador temporário por acréscimo extraordinário de serviços cuja atividade desempenhada não exista na tomadora.

PARÁGRAFO ÚNICO. É lícita a celebração de um único contrato com um mesmo trabalhador temporário para substituir mais de um empregado do quadro permanente, sucessivamente, nos casos de quaisquer afastamentos legais, desde que tal condição esteja indicada expressamente no contrato firmado e o prazo seja compatível com a substituição de todos os empregados.

Art. 10. Na hipótese legal de substituição transitória de pessoal regular e permanente são possíveis tanto a celebração de contrato de trabalho temporário por prazo superior a três meses, quanto a sua prorrogação, desde que previamente autorizadas pelo MTE, nos termos dos arts. 2º e 3º, da Portaria n. 789, de 2014.

Art. 11. Na hipótese legal de acréscimo extraordinário de serviços, a contratação do trabalhador temporário é limitada a três meses, podendo superar tal prazo apenas por meio de prorrogação previamente autorizada pelo MTE, nos termos previstos na Portaria n. 789, de 2014.

§ 1º Na hipótese de prorrogação prevista no *caput*, o AFT deve verificar se foram apresentados elementos fáticos que demonstrem a permanência do motivo justificador da contratação.

§ 2º É vedado às empresas inovar, durante a ação fiscal, as justificativas anteriormente apresentadas no SIRETT.

Art. 12. Constatada a cobrança pela empresa de trabalho temporário de qualquer importância do trabalhador, mesmo a título de mediação, salvo os descontos previstos em lei, o AFT deve comunicar este fato à Seção de Relações do Trabalho da Superintendência Regional do Trabalho e Emprego, sem prejuízo da lavratura dos competentes autos de infração.

Art. 13. Cabe ao AFT verificar o cumprimento do art. 8º da Lei n. 6.019, de 1974, e da Portaria n. 789, de 2014, quanto à obrigatoriedade da prestação de informações pela empresa de trabalho temporário para o Estudo de Mercado, atentando para os prazos fixados, a falta de envio das informações, bem como incorreções ou omissões em sua prestação.

Art. 14. Esta Instrução Normativa entrará em vigor na data de sua publicação.

Art. 15. Revogam-se os arts. 6º ao 14 da Instrução Normativa n. 3, de 1º de setembro de 1997.

PAULO SÉRGIO DE ALMEIDA

Legislação Complementar

INSTRUÇÃO NORMATIVA MTb/GM N. 3, DE 29 DE AGOSTO DE 1997

(DOU 1º.9.1997)

Dispõe sobre a fiscalização do trabalho nas empresas de prestação de serviços a terceiros e empresas de trabalho temporário

O MINISTRO DE ESTADO DO TRABALHO, no uso das atribuições legais que lhe confere o inciso IV, do art. 87, da Constituição Federal, e

Considerando a necessidade de uniformizar o procedimento da Fiscalização do Trabalho, frente às inovações introduzidas pelo Enunciado n. 331, do Tribunal Superior do Trabalho, que alterou o Enunciado n. 256, resolve:

Art. 1º Baixar as seguintes instruções a serem observadas pela Fiscalização do Trabalho.

I — Da Empresa de Prestação de Serviços a Terceiros

Art. 2º Para os efeitos desta Instrução Normativa, considera-se empresa de prestação de serviços a terceiros a pessoa jurídica de direito privado, de natureza comercial, legalmente constituída, que se destina a realizar determinado e específico serviço a outra empresa fora do âmbito das atividades-fim e normais para que se constituiu esta última.

§ 1º As relações entre a empresa de prestação de serviços a terceiros e a empresa contratante são regidas pela lei civil.

§ 2º As relações de trabalho entre a empresa de prestação de serviços a terceiros e seus empregados são disciplinadas pela Consolidação das Leis do Trabalho — CLT.

§ 3º Em se tratando de empresa de vigilância e de transporte de valores, as relações de trabalho estão reguladas pela Lei n. 7.102/83, e, subsidiariamente, pela CLT.

§ 4º Dependendo da natureza dos serviços contratados, a prestação dos mesmos poderá se desenvolver nas instalações físicas da empresa contratante ou em outro local por ela determinado.

§ 5º A empresa de prestação de serviços a terceiros contrata, remunera e dirige o trabalho realizado por seus empregados.

§ 6º Os empregados da empresa de prestação de serviços a terceiros não estão subordinados ao poder diretivo, técnico e disciplinar da empresa contratante.

Art. 3º Para os efeitos desta Instrução Normativa, considera-se contratante a pessoa física ou jurídica de direito público ou privado que celebrar contrato com empresas de prestação de serviços a terceiros com a finalidade de contratar serviços.

§ 1º A contratante e a empresa prestadora de serviços a terceiros devem desenvolver atividades diferentes e ter finalidades distintas.

§ 2º A contratante não pode manter trabalhador em atividade diversa daquela para a qual o mesmo fora contratado pela empresa de prestação de serviços a terceiros.

§ 3º Em se tratando de empresas do mesmo grupo econômico, onde a prestação de serviços se dê junto a uma delas, o vínculo empregatício se estabelece entre a contratante e o trabalhador colocado à sua disposição, nos termos do art. 2º da CLT.

§ 4º O contrato de prestação de serviços a terceiros pode abranger o fornecimento de serviços, materiais e equipamentos.

Art. 4º O contrato celebrado entre a empresa prestadora de serviços a terceiros e pessoa jurídica de direito público é tipicamente administrativo, com efeitos civis, na conformidade do § 7º, art. 10 do Decreto-lei n. 200/67 e da Lei n. 8.666/93.

PARÁGRAFO ÚNICO. Não gera vínculo de emprego com os Órgãos da Administração Pública Direta, Indireta ou Fundacional, a contratação irregular de trabalhador mediante empresa interposta, de acordo com o Enunciado n. 331, do Tribunal Superior do Trabalho.

Art. 5º Cabe à Fiscalização do Trabalho, quando da inspeção na empresa de prestação de serviços a terceiros ou na contratante, observar as disposições contidas nesta Instrução Normativa, especialmente no que se refere a:

a) registro de empregado — deve permanecer no local da prestação de serviços, para exame do contrato de trabalho e identificação do cargo para o qual o trabalhador foi contratado, salvo quando o empregado tiver cartão de identificação, tipo crachá, contendo nome completo, função, data de admissão e número do PIS-PASEP, hipótese em que a Fiscalização fará a verificação do registro na sede da empresa prestadora de serviços, caso esta sede se localize no Município onde está sendo realizada a ação fiscal;

b) horário de trabalho — o controle de jornada de trabalho deve ser feito no local da prestação de serviços. Tratando-se de trabalhador externo (papeleta) este controle deve permanecer na sede da empresa prestadora de serviços a terceiros;

c) atividade do trabalhador — o agente da inspeção do trabalho deve observar as tarefas executadas pelo trabalhador da empresa prestadora de serviços, a fim de constatar se estas não estão ligadas às atividades-fim e essenciais da contratante;

d) o contrato social — o agente da inspeção do trabalho deve examinar os contratos sociais da contratante e da empresa prestadora de serviços, com a finalidade de constatar se as mesmas se propõem a explorar as mesmas atividades-fim;

e) contrato de prestação de serviços — o agente da inspeção do trabalho deve verificar se há compatibilidade entre o objeto do contrato de prestação de serviços e as tarefas desenvolvidas pelos empregados da prestadora, com o objetivo de constatar se ocorre desvio de função de trabalhador.

PARÁGRAFO ÚNICO. Presentes os requisitos configuradores da relação de emprego entre a contratante e os empregados da empresa de prestação de serviços a terceiros ou desvio de função destes, lavrar-se-á, em desfavor da contratante, o competente auto de infração, pela caracterização do vínculo empregatício.

Arts. 6º a 14. Revogados pela Instrução Normativa SRT/MTE n. 17, de 7.11.2014, DOU 13.11.2014.

Paulo Paiva

INSTRUÇÃO NORMATIVA SRT/MTE N. 18, DE 7 DE NOVEMBRO DE 2014

(DOU 13.11.2014)

Dispõe sobre o registro de empresas de trabalho temporário, solicitação de prorrogação de contrato de trabalho temporário e dá outras providências.

O Secretário de Relações do Trabalho do Ministério do Trabalho e Emprego — MTE, no uso da atribuição que lhe confere o inciso VIII do art. 17 do Anexo I ao Decreto n. 5.063, de 3 de maio de 2004, considerando o disposto na Lei n. 6.019, de 3 de janeiro de 1974, no Decreto n. 73.841, de 13 de março de 1974, e na Portaria MTE n. 789, de 02 de junho de 2014, resolve:

Art. 1º Os procedimentos de registro de empresa de trabalho temporário e os de autorização de contratação e prorrogação de contratos de trabalho temporário que excedam três meses obedecerão ao disposto nesta Instrução Normativa.

CAPÍTULO I
Do Registro das Empresas de Trabalho Temporário

Art. 2º O funcionamento da Empresa de Trabalho Temporário — ETT dependerá de registro efetuado junto ao Ministério do Trabalho e Emprego — MTE, conforme previsto no art. 5º da Lei n. 6.019/74 e no art. 4º do Decreto n. 73.841/74.

PARÁGRAFO ÚNICO. O registro para funcionamento da ETT é pessoal e intransferível, sendo vedada a execução das atividades de locação de mão de obra temporária por terceiros.

Art. 3º O contrato de trabalho temporário — CTT firmado com ETT sem registro no Ministério do Trabalho e Emprego será considerado nulo de pleno direito, nos termos do art. 9º da Consolidação das Leis do Trabalho — CLT.

Art. 4º A ETT fica autorizada a exercer suas atividades nas localidades onde possuir matriz, filiais, agências ou escritórios, devidamente registrados no MTE.

§ 1º A ETT poderá exercer suas atividades em localidades onde não possua filial, agência ou escritório, desde que informe no Sistema de Registro de Empresa de Trabalho Temporário — SIRETT os dados de contrato firmado com a empresa tomadora ou cliente.

§ 2º O recrutamento e a seleção de trabalhadores temporários são atividades exclusivas da ETT, ainda que em local onde não tenha filial, agência ou escritório.

Art. 5º A solicitação de registro de ETT deverá ser realizada por meio do SIRETT, disponível no endereço eletrônico do MTE, em <www.mte.gov.br>.

Art. 6º Após o preenchimento do formulário eletrônico e a transmissão dos dados, o SIRETT emitirá requerimento, que deverá ser protocolado na unidade descentralizada do MTE da localidade da ETT, acompanhado dos seguintes documentos:

I — requerimento de empresário ou contrato social e suas alterações ou versão consolidada, devidamente registrados na Junta Comercial, no qual conste o nome empresarial e o nome de fantasia, se houver;

II — comprovação de integralização do capital social previsto na alínea *b* do art. 6º da Lei n. 6.019, de 1974, para o qual poderão ser considerados imóveis de propriedade da empresa, desde que devidamente registrados em cartório.

III — prova de entrega da última Relação Anual de Informações Sociais — RAIS, positiva ou negativa;

IV — certidão negativa de débito previdenciário — CND;

V — prova de recolhimento da contribuição sindical patronal;

VI — prova de propriedade do imóvel sede ou contrato de locação firmado em nome da ETT ou autorização de sublocação, se for o caso, e eventuais aditamentos e comprovantes de prorrogação da locação, acompanhado do recibo de aluguel do mês imediatamente anterior à data do pedido;

VII — inscrição no Cadastro Nacional da Pessoa Jurídica — CNPJ, em que conste como atividade principal a locação de mão de obra temporária; e

VIII — identificação dos sócios por meio dos seguintes documentos, dentre outros que se fizerem necessários:

a) para sócios pessoas físicas: identificação pessoal que contenha o número da carteira de identidade e o número do Cadastro de Pessoa Física — CPF; e

b) para sócios pessoas jurídicas: contrato social ou requerimento de empresário e inscrição no CNPJ.

PARÁGRAFO ÚNICO. Os documentos devem ser apresentados em cópia autenticada, a qual poderá ser efetuada por servidor do MTE, desde que os originais respectivos lhe sejam apresentados juntamente com as cópias, para conferência.

Art. 7º Compete ao Secretário de Relações do Trabalho decidir sobre o deferimento da solicitação de registro.

Art. 8º A Divisão de Registro de Empresa de Trabalho Temporário — DITT, da Coordenação-Geral de Relações do Trabalho — CGRT, da Secretaria de Relações do Trabalho — SRT, é a unidade competente para analisar as solicitações de registro de ETT.

§ 1º Havendo falta ou constatada irregularidade nos documentos previstos no art. 6º, a DITT notificará a empresa para saneamento do processo no prazo de dez dias.

§ 2º As irregularidades não sanadas ensejarão a declaração de inépcia do pedido pelo chefe do DITT e o consequente arquivamento do processo.

§ 3º Da decisão de arquivamento a que se refere o parágrafo anterior caberá recurso, no prazo de dez dias.

§ 4º O recurso será dirigido ao chefe da DITT, o qual, caso não reconsidere sua decisão, o encaminhará ao Secretário de Relações do Trabalho, para decisão final.

Art. 9º Deferido o pedido, o processo será encaminhado à unidade regional do MTE onde foi protocolada a solicitação para entrega do certificado de registro à ETT, mediante recibo.

Art. 10. Havendo alteração contratual, mudança de sede ou abertura de filiais, agências ou escritórios, a ETT deverá seguir os procedimentos previstos nos arts. 5º e 6º.

§ 1º A solicitação de alteração de dados gerada pelo SIRETT deverá ser protocolada na unidade regional do MTE da localidade onde está situada sua sede ou filial, juntamente com cópia dos seguintes documentos:

I — requerimento de empresário ou contrato social e respectivas alterações ou versão consolidada devidamente registrados na Junta Comercial, do qual conste a mudança de sede ou abertura de filiais, agências ou escritórios;

II — inscrição no CNPJ, em que conste como atividade principal a locação de mão de obra temporária e o novo nome empresarial, endereço da sede ou da filial, agência ou escritório;

III — certificado de registro de ETT; e

IV — prova de propriedade do imóvel, conforme previsto no inciso VI do art. 6º.

§ 2º A solicitação de alteração relativa a mudanças de endereço, abertura de filiais ou alteração de razão social, implicará na expedição de novo certificado e seguirá os mesmos procedimentos previstos para a de registro.

§ 3º O novo certificado deverá ser entregue à ETT pela Seção ou Setor de Relações do Trabalho da unidade regional do MTE onde foi efetuado o protocolo do pedido, mediante recibo e devolução do certificado original para anexação aos autos.

Art. 11. No caso de extravio, perda, roubo ou inutilização do certificado original, a ETT poderá solicitar a emissão de segunda via por meio de requerimento dirigido à DITT, acompanhado de boletim de ocorrência policial, se for o caso.

Art. 12. O registro de ETT será cancelado nas seguintes hipóteses:

I — a pedido da ETT, para o qual devem ser observados os procedimentos constantes nos arts. 5º e 6º, *caput*;

II — de ofício, quando for comprovada cobrança de qualquer importância ao trabalhador, conforme parágrafo único do art. 18 da Lei n. 6.019/74;

III — de ofício, quando a ETT deixar de cumprir quaisquer dos requisitos constantes no art. 6º, da Lei n. 6.019/74.

§ 1º O pedido de cancelamento feito pela ETT deverá vir acompanhado dos seguintes documentos:

a) cópia do requerimento de empresário ou do contrato social e suas alterações ou versão consolidada, devidamente registrados na Junta Comercial, no qual conste o nome empresarial e o nome de fantasia, se houver; e

b) original do certificado de registro de empresa de trabalho temporário.

§ 2º A ETT será notificada do início do processo de cancelamento de ofício do registro e poderá apresentar defesa escrita à DITT, no prazo de dez dias, acompanhada de documentos que a sustentem.

§ 3º O cancelamento de ofício será realizado pelo Secretário de Relações do Trabalho, com base em análise feita pela DITT.

§ 4º Da decisão de cancelamento de ofício caberá pedido de reconsideração, sem efeito suspensivo, no prazo de dez dias.

CAPÍTULO II
Da Autorização de Contratação de Trabalho Temporário por Período Superior a Três Meses

Art. 13. O CTT poderá exceder o prazo de três meses, desde que autorizado pelo MTE, atendidas as condições previstas nos arts. 2º a 6º da Portaria MTE n. 789/14.

Art. 14. Na hipótese legal de substituição transitória de pessoal regular e permanente, o CTT poderá ser pactuado por mais de três meses com relação a um mesmo empregado, nas seguintes situações:

I — quando ocorrerem circunstâncias, já conhecidas na data da sua celebração, que justifiquem a contratação de trabalhador temporário por período superior a três meses; ou

II quando houver motivo que justifique a prorrogação de contrato de trabalho temporário, que exceda o prazo total de três meses de duração.

§ 1º Observadas as condições estabelecidas neste artigo, a duração do CTT, incluídas as prorrogações, não pode ultrapassar um período total de nove meses.

§ 2º Na hipótese prevista no *caput*, caberá à ETT, ao descrever o motivo justificador, identificar o trabalhador substituído e o motivo do seu afastamento.

Art. 15. Na hipótese legal de acréscimo extraordinário de serviços será permitida a prorrogação do CTT por até três meses além do prazo previsto no art. 10 da Lei n. 6.019, de 3 de janeiro de 1974, desde que perdure o motivo justificador da contratação.

§ 1º Acréscimo extraordinário de serviços é o aumento excepcional da atividade da empresa ou de setor dela, provocado por um fato determinado e identificável;

§ 2º Não se consideram extraordinários os acréscimos de serviço comuns do ramo de negócio do tomador e que façam parte do risco do empreendimento, bem como os decorrentes do crescimento da empresa, da expansão de seus negócios ou da abertura de filiais;

§ 3º Demandas sazonais, entendidas como aquelas que, embora previsíveis, representam um aumento expressivo e significativo na atividade da empresa para atender a um evento episódico no decorrer do ano, justificam a contratação por acréscimo extraordinário de serviços.

Art. 16. Para efeitos desta Instrução Normativa, considera-se:

I — Hipótese legal para a contratação de trabalho temporário: necessidade transitória de substituição de pessoal regular e permanente ou acréscimo extraordinário de serviços;

II — Motivo justificador: fato determinado que, no caso concreto, justifica a hipótese legal para a contratação de trabalho temporário.

§ 1º É vedada a indicação de mais de uma hipótese legal para o mesmo CTT, bem como a sua alteração no decorrer do contrato.

§ 2º A alteração do motivo justificador da contratação implica em celebração de novo CTT.

Art. 17. As solicitações de autorização para contratação ou prorrogação deverão observar os seguintes prazos, sob pena de indeferimento do pedido:

I — até cinco dias antes de seu início, quando se tratar de celebração de CTT com prazo superior a três meses;

II — até cinco dias antes do termo final inicialmente previsto, quando se tratar de prorrogação de CTT.

Art. 18. A ETT deverá efetuar a solicitação de autorização de prorrogação do CTT ou de sua contratação pelo prazo superior a três meses por meio do SIRETT.

§ 1º As prorrogações de CTT cujo tempo total de contratação não exceda três meses independem de autorização;

§ 2º O CTT pode ser prorrogado mais de uma vez, desde que o motivo justificador da contratação perdure e seja suficiente para abranger todo o período permitido;

§ 3º Para solicitação de autorização de prorrogação de CTT é necessário que conste no SIRETT a informação prévia do respectivo contrato, na forma do art. 7º da Portaria MTE n. 789/2014.

Art. 19. Compete ao Chefe da Seção de Relações do Trabalho, da Superintendência Regional do Trabalho e Emprego da Unidade da Federação onde o trabalhador temporário prestará seus serviços, decidir de forma fundamentada sobre a autorização solicitada.

§ 1º A decisão será proferida com base na análise formal e objetiva da documentação e das declarações prestadas pelos requerentes, não implicando em responsabilidade da autoridade concedente caso as condições fáticas do contrato divirjam das informações prestadas pelo solicitante;

§ 2º A competência estabelecida neste artigo poderá ser delegada pela chefia aos servidores lotados na Seção de Relações do Trabalho da respectiva unidade.

Art. 20. A decisão sobre o pedido de autorização constará de termo gerado pelo SIRETT, que será disponibilizado no próprio sistema.

Art. 21. Será denegado o pedido de autorização quando não preenchidas as condições previstas na Portaria MTE n. 789/14 e nesta Instrução Normativa.

§ 1º Será denegado o pedido, ainda, quando o motivo justificador constituir-se em alegações abstratas e inespecíficas ou simples remissão às hipóteses legais.

Art. 22. Em caso de indeferimento do pedido de autorização, o interessado poderá, em até dez dias, apresentar pedido de reconsideração à autoridade que proferiu a decisão, a qual, se não a reconsiderar, a encaminhará de ofício à autoridade superior para análise em grau de recurso, sem efeito suspensivo.

CAPÍTULO III
Disposições Gerais

Art. 23. Havendo a celebração de um único contrato com um mesmo trabalhador temporário para substituir mais de um empregado do quadro permanente, sucessivamente, tal condição deverá ser informada expressamente no SIRETT, com a indicação dos trabalhadores substituídos e o motivo da substituição, devendo o prazo contratual ser compatível com a substituição de todos os empregados.

Art. 24. O local da efetiva prestação de serviços pelo trabalhador temporário colocado à disposição da empresa tomadora ou cliente é o endereço do espaço físico em que ele desempenhará suas atividades, seja o próprio estabelecimento do tomador, seja o estabelecimento de cliente do tomador do serviço ou um local externo determinado.

§ 1º Quando, pela própria natureza do trabalho, o local da prestação de serviços externo for variável ou indeterminado, como nos casos de atendimento a diversos clientes do tomador ou serviço prestado em via pública, a ETT deverá indicar tal condição no SIRETT;

§ 2º Em qualquer caso, a ETT deverá informar o CNPJ vinculado, entendido como o da unidade do tomador — matriz ou filial — que exerce o poder diretivo sobre o trabalhador durante o contrato.

Art. 25. A ETT deverá indicar as datas de início e término do contrato no SIRETT, sendo vedada a celebração de CTT por prazo indeterminado ou sujeito a condição para seu encerramento.

§ 1º A data de término do contrato deve ser determinada no momento da assinatura do CTT;

§ 2º Eventuais alterações na data de término de contrato implicarão sua rescisão antecipada ou sua prorrogação e estarão sujeitas aos respectivos procedimentos legais, bem como à obrigação de atualização no SIRETT.

Art. 26. A contagem dos prazos a que se refere esta Instrução Normativa se dá excluindo-se o dia do início e incluindo-se o do final.

Art. 27. Os casos omissos serão resolvidos pela Secretaria de Relações do Trabalho.

Art. 28. Esta Instrução Normativa entra em vigor na data de sua publicação.

Art. 29. Fica revogada a Instrução Normativa n. 14, de 17 de novembro de 2009.

Manoel Messias Nascimento Melo

PORTARIA GM/MTE N. 789, DE 2 DE JUNHO DE 2014

(DOU 3.6.2014)

Estabelece instruções para o contrato de trabalho temporário e o fornecimento de dados relacionados ao estudo do mercado de trabalho.

O MINISTRO DE ESTADO DO TRABALHO E EMPREGO, no uso das atribuições que lhe confere o art. 87, parágrafo único, inciso II, da Constituição Federal, e tendo em vista o disposto nos arts. 8º a 10 da Lei n. 6.019, de 3 de janeiro de 1974, e no art. 27 do Decreto n. 73.841, de 13 de março de 1974, resolve:

Art. 1º Estabelecer instruções para o contrato de trabalho temporário por período superior a três meses e o fornecimento de dados relacionados ao estudo do mercado de trabalho.

I — Autorização para celebração de contrato de trabalho temporário por prazo superior a três meses

Art. 2º Na hipótese legal de substituição transitória de pessoal regular e permanente, o contrato poderá ser pactuado por mais de três meses com relação a um mesmo empregado, nas seguintes situações:

I — quando ocorrerem circunstâncias, já conhecidas na data da sua celebração, que justifiquem a contratação de trabalhador temporário por período superior a três meses; ou

II — quando houver motivo que justifique a prorrogação de contrato de trabalho temporário, que exceda o prazo total de três meses de duração.

PARÁGRAFO ÚNICO. Observadas as condições estabelecidas neste artigo, a duração do contrato de trabalho temporário, incluídas as prorrogações, não pode ultrapassar um período total de nove meses.

Art. 3º Na hipótese legal de acréscimo extraordinário de serviços, será permitida prorrogação do contrato de trabalho temporário por até três meses além do prazo previsto no art. 10 da Lei n. 6.019, de 3 de janeiro de 1974, desde que perdure o motivo justificador da contratação.

Art. 4º A empresa de trabalho temporário deverá solicitar as autorizações previstas nos arts. 2º e 3º desta Portaria por meio da página eletrônica do MTE, conforme instruções previstas no Sistema de Registro de Empresa de Trabalho Temporário — SIRETT, disponível no endereço www.mte.gov.br.

§ 1º Quando se tratar de celebração de contrato de trabalho temporário com prazo superior a três meses, a solicitação de autorização deve ser feita com antecedência mínima de cinco dias de seu início.

§ 2º Quando se tratar de prorrogação de contrato de trabalho temporário, a solicitação de autorização deve ser feita até cinco dias antes do termo final inicialmente previsto.

§ 3º Independe de autorização do órgão regional do MTE a prorrogação de contrato de trabalho temporário, quando, somada à duração inicial do contrato, este não exceder a três meses.

Art. 5º O requerimento das autorizações previstas nos arts. 2º e 3º desta Portaria será analisado pela Seção de Relações do Trabalho — SERET da Superintendência Regional do Trabalho e Emprego do Estado da Federação onde o trabalhador temporário prestará seus serviços.

§ 1º Compete ao Chefe da Seção de Relações do Trabalho, de forma fundamentada, decidir sobre a autorização solicitada.

§ 2º A competência estabelecida no § 1º deste artigo poderá ser delegada pela chefia aos servidores lotados na Seção de Relações do Trabalho da respectiva unidade.

§ 3º A decisão sobre a autorização constará de termo gerado pelo SIRETT, que será disponibilizado no próprio sistema.

Art. 6º Será denegada a autorização quando não preenchidas as condições previstas nesta Portaria.

§ 1º A concessão das autorizações previstas no art. 2º ou no art. 3º desta Portaria é realizada com base na análise formal e objetiva da documentação e das declarações prestadas pelos requerentes, não implicando responsabilidade da autoridade concedente caso as condições fáticas do contrato divirjam das informações prestadas pelo solicitante.

§ 2º Compete à Inspeção do Trabalho a verificação da regularidade das condições do contrato de trabalho temporário, inclusive quanto a seus motivos, a ser realizada de acordo com o planejamento de cada regional.

II — Informações destinadas ao estudo de mercado

Art. 7º Para fins de cumprimento do disposto no art. 8º da Lei n. 6.019, de 1974, as empresas de trabalho temporário deverão informar, até o dia sete de cada mês, os dados relativos aos contratos de trabalho temporário celebrados no mês anterior.

§ 1º As informações serão prestadas no SIRETT, por meio de preenchimento do formulário eletrônico ou pela transmissão de arquivo digital com formato padronizado.

§ 2º Em caso de prorrogação de contrato de trabalho temporário que independa de autorização, a empresa de trabalho temporário deverá informar a nova data de encerramento, por meio do SIRETT, até o último dia do período inicialmente pactuado.

§ 3º Em caso de rescisão antecipada do contrato de trabalho temporário, a empresa de trabalho temporário deverá informar a nova data de rescisão, por meio do SIRETT, em até dois dias após o término do contrato.

§ 4º A solicitação de autorização para contratação por período superior a três meses, prevista no art. 4º, supre a obrigação de informação contida no *caput* deste artigo.

III — Disposições gerais

Art. 8º Para efeitos desta Portaria, considera-se:

I — Hipótese legal para a contratação de trabalho temporário: necessidade transitória de substituição de pessoal regular e permanente ou acréscimo extraordinário de serviços;

II — Motivo justificador: fato determinado que, no caso concreto, justifica a hipótese legal para a contratação de trabalho temporário.

Art. 9º A falta de envio das informações previstas no art. 7º desta Portaria, bem como as incorreções ou omissões em sua prestação, consiste em infração ao art. 8º da Lei n. 6.019, de 1974, a ser apurada na forma do Título VII da Consolidação das Leis do Trabalho.

Art. 10. O contrato de trabalho temporário será considerado nulo de pleno direito, nos termos do art. 9º da Consolidação das Leis do Trabalho, quando comprovada, pela Inspeção do Trabalho, a inexistência do motivo justificador da contratação nele indicado, sujeitando os infratores às cominações legais correspondentes.

Art. 11. A atividade de locação de mão de obra temporária é exclusiva da empresa de trabalho temporário e não pode ser transferida a terceiros.

Art. 12. Os casos omissos serão resolvidos pela Secretaria de Relações do Trabalho.

Art. 13. Fica revogada a Portaria n. 550, de 12 de março de 2010.

Art. 14. Esta portaria entra em vigor em 1º de julho de 2014.

MANOEL DIAS

LEI N. 9.608, DE 18 DE FEVEREIRO DE 1998

(DOU 19.2.1998)

Dispõe sobre o serviço voluntário e dá outras providências

— V. Lei n. 10.029, de 20.10.2000 (DOU 23.10.2000), que estabelece normas gerais para a prestação voluntária de serviços administrativos e de serviços auxiliares de saúde e de defesa civil nas Polícias Militares e nos Corpos de Bombeiros Militares e dá outras providências (Não publicada nesta obra)

— V. Decreto n. 5.313, de 16.12.2004, DOU 17.12.2004, que regulamenta o art. 3º-A da Lei n. 9.608, de 18.2.1998 (não publicado nesta obra)

O PRESIDENTE DA REPÚBLICA,

Faço saber que o Congresso Nacional decreta e eu sanciono a seguinte Lei:

Art. 1º Considera-se serviço voluntário, para os fins desta Lei, a atividade não remunerada prestada por pessoa física a entidade pública de qualquer natureza ou a instituição privada de fins não lucrativos que tenha objetivos cívicos, culturais, educacionais, científicos, recreativos ou de assistência à pessoa. *(Redação dada pela Lei n. 13.297, de 16.6.2016, DOU 17.6.2016)*

PARÁGRAFO ÚNICO. O serviço voluntário não gera vínculo empregatício, nem obrigação de natureza trabalhista, previdenciária ou afim.

Art. 2º O serviço voluntário será exercido mediante a celebração de termo de adesão entre a entidade, pública ou privada, e o prestador do serviço voluntário, dele devendo constar o objeto e as condições de seu exercício.

Art. 3º O prestador do serviço voluntário poderá ser ressarcido pelas despesas que comprovadamente realizar no desempenho das atividades voluntárias.

PARÁGRAFO ÚNICO. As despesas a serem ressarcidas deverão estar expressamente autorizadas pela entidade a que for prestado o serviço voluntário.

Art. 3º-A. Revogado pela Lei n. 11.692, de 10.6.2008, DOU 11.6.2008, a partir de 1º de janeiro de 2008.

Art. 4º Esta Lei entra em vigor na data de sua publicação.

Art. 5º Revogam-se as disposições em contrário.

FERNANDO HENRIQUE CARDOSO
PAULO PAIVA

LEI N. 5.764, DE 16 DE DEZEMBRO DE 1971

(DOU 16.12.1971)

Define a política nacional de cooperativismo, institui o regime jurídico das sociedades cooperativas, e dá outras providências

....

Art. 55. Os empregados de empresas que sejam eleitos diretores de sociedades cooperativas pelos mesmos criadas gozarão das garantias asseguradas aos dirigentes sindicais pelo art. 543 da Consolidação das Leis do Trabalho (Decreto-lei n. 5.452, de 1º.5.43).

....

SEÇÃO V
Do Sistema Trabalhista

Art. 90. Qualquer que seja o tipo de cooperativa, não existe vínculo empregatício entre ela e seus associados.

Art. 91. As cooperativas igualam-se às demais empresas em relação aos seus empregados para os fins da legislação trabalhista e previdenciária.

....

Art. 117. Esta Lei entrará em vigor na data de sua publicação, revogadas as disposições em contrário e especificamente o Decreto-lei n. 59, de 21 de novembro de 1966, bem como Decreto n. 60.597, de 19 de abril de 1967.

Brasília, 16 de dezembro de 1971; 150º da Independência e 83º da República.

EMÍLIO G. MÉDICI
ANTÔNIO DELFIM NETTO
L. F. CIRNE LIMA
JOÃO PAULO DOS REIS VELLOSO
JOSÉ COSTA CAVALCANTI

LEI N. 9.867, DE 10 DE NOVEMBRO DE 1999

(DOU 11.11.1999)

Dispõe sobre a criação e o funcionamento de cooperativas sociais, visando à integração social dos cidadãos, conforme especifica

— V. Decreto n. 3.298, de 20.12.1999 (DOU 21.12.1999, seção 1, p. ???, p. ???) que regulamenta a Lei n. 7.853, de 24.10.1989. Art. 34 e parágrafo único

O PRESIDENTE DA REPÚBLICA.

Faço saber que o Congresso Nacional decreta e eu sanciono a seguinte Lei:

Art. 1º As Cooperativas Sociais, constituídas com a finalidade de inserir as pessoas em desvantagem no mercado econômico, por meio do trabalho, fundamentam-se no interesse geral da comunidade em promover a pessoa humana e a integração social dos cidadãos, e incluem entre suas atividades:

I — a organização e gestão de serviços sociossanitários e educativos; e

II — o desenvolvimento de atividades agrícolas, industriais, comerciais e de serviços.

Art. 2º Na denominação e razão social das entidades a que se refere o artigo anterior, é obrigatório o uso da expressão "Cooperativa Social", aplicando-se-lhes todas as normas relativas ao setor em que operarem, desde que compatíveis com os objetivos desta Lei.

Art. 3º Consideram-se pessoas em desvantagem, para os efeitos desta Lei:

I — os deficientes físicos e sensoriais;

II — os deficientes psíquicos e mentais, as pessoas dependentes de acompanhamento psiquiátrico permanente, e os egressos de hospitais psiquiátricos;

III — os dependentes químicos;

IV — os egressos de prisões;

V — *(vetado);*

VI — os condenados a penas alternativas à detenção;

VII — os adolescentes em idade adequada ao trabalho e situação familiar difícil do ponto de vista econômico, social ou afetivo.

§ 1º *(Vetado).*

§ 2º As Cooperativas Sociais organizarão seu trabalho, especialmente no que diz respeito a instalações, horários e jornadas, de maneira a levar em conta e minimizar as dificuldades gerais e individuais das pessoas em desvantagem que nelas trabalharem, e desenvolverão e executarão programas especiais de treinamento com o objetivo de aumentar-lhes a produtividade e a independência econômica e social.

§ 3º A condição de pessoa em desvantagem deve ser atestada por documentação proveniente de órgãos da administração pública, ressalvando-se o direito à privacidade.

Art. 4º O estatuto da Cooperativa Social poderá prever uma ou mais categorias de sócios voluntários, que lhe prestem serviços gratuitamente, e não estejam incluídos na definição de pessoas em desvantagem.

Art. 5º *(Vetado).*

PARÁGRAFO ÚNICO. *(Vetado).*

Art. 6º Esta Lei entra em vigor na data de sua publicação.

FERNANDO HENRIQUE CARDOSO
JOSÉ CARLOS DIAS
FRANCISCO DORNELLES
WALDECK ORNÉLAS

DECRETO N. 8.163, DE 20 DE DEZEMBRO DE 2013

DOU 20.12.2013 (Ed. Extra)

Institui o Programa Nacional de Apoio ao Associativismo e Cooperativismo Social — Pronacoop Social, e dá outras providências

A PRESIDENTA DA REPÚBLICA, no uso da atribuição que lhe confere o art. 84, *caput*, inciso VI, alínea "a", da Constituição,

DECRETA:

Art. 1º Fica instituído o Programa Nacional de Apoio ao Associativismo e ao Cooperativismo Social — Pronacoop Social, com a finalidade de planejar, coordenar, executar e monitorar as ações voltadas ao desenvolvimento das cooperativas sociais e dos empreendimentos econômicos solidários sociais.

PARÁGRAFO ÚNICO. O Pronacoop Social será desenvolvido pela União em parceria com Estados, Distrito Federal e Municípios, a iniciativa privada, e pessoas em situação de desvantagem, seus familiares e entidades de representação.

Art. 2º Para os fins deste Decreto, consideram-se:

I — cooperativas sociais — cooperativas cujo objetivo é promover a inserção social, laboral e econômica de pessoas em desvantagem, nos termos do art. 3º da Lei n. 9.867, de 10 de novembro de 1999; e

II — empreendimentos econômicos solidários sociais — organizações de caráter associativo que realizam atividades econômicas, cujos participantes sejam pessoas em desvantagem, nos termos do art. 3º da Lei n. 9.867, de 1999, e exerçam democraticamente a gestão das atividades e a alocação dos resultados.

Art. 3º São princípios do Pronacoop Social:

I — respeito à dignidade e independência da pessoa, inclusive a autonomia individual e coletiva;

II — não discriminação e promoção de igualdade de oportunidades;

III — participação e inclusão de pessoas em desvantagem na sociedade e respeito pela diferença como parte da diversidade humana;

IV — geração de trabalho e renda a partir da organização do trabalho com foco na autonomia e autogestão;

V — articulação e integração de políticas públicas para a promoção do desenvolvimento local e regional; e

VI — coordenação de ações dos órgãos que desenvolvem políticas de geração de trabalho e renda para as pessoas em desvantagem.

Art. 4º São objetivos do Pronacoop Social:

I — incentivar a formalização dos empreendimentos econômicos solidários sociais em cooperativas sociais;

II — promover o fortalecimento institucional das cooperativas sociais e dos empreendimentos econômicos solidários sociais, e a qualificação e formação dos cooperados e associados;

III — promover o acesso ao crédito;

IV — promover o acesso a mercados e à comercialização da produção das cooperativas sociais e dos empreendimentos econômicos solidários sociais;

V — incentivar a formação de redes e cadeias produtivas constituídas por cooperativas sociais e empreendimentos econômicos solidários sociais; e

VI — monitorar e avaliar os resultados e alcances sociais e econômicos das políticas de apoio ao cooperativismo e ao associativismo social.

Art. 5º Serão utilizados os seguintes instrumentos para o cumprimento dos objetivos do Pronacoop Social:

I — programas de formação continuada que atendam às necessidades dos trabalhadores das cooperativas sociais e dos empreendimentos econômicos solidários sociais;

II — oferta de padrões tecnológicos e gerenciais para a condução de suas atividades;

III — capacitação tecnológica e gerencial de pessoas em situação de desvantagem que desejem ingressar ou formar cooperativas sociais e empreendimentos econômicos solidários sociais;

IV — linhas de crédito existentes ou a serem criadas, nos termos da lei;

V — abertura de canais de comercialização dos produtos e serviços, que possibilitem o acesso das cooperativas sociais e empreendimentos econômicos solidários sociais às compras públicas; e

VI — transferência de recursos, nos termos da legislação vigente.

PARÁGRAFO ÚNICO. O acesso dos empreendimentos econômicos solidários sociais aos instrumentos previstos nos incisos IV, V e VI do *caput* depende de sua constituição como pessoa jurídica.

Art. 6º O Pronacoop Social será coordenado por um Comitê Gestor, que terá as seguintes atribuições:

I — coordenar e acompanhar a implementação das ações previstas neste Decreto;

II — propor metas e normas operacionais para o Programa;

III — promover estratégias de articulação de programas, projetos e atividades voltadas ao desenvolvimento do cooperativismo e do associativismo social;

IV — propor ações de formação e capacitação em cooperativismo e associativismo social para técnicos e gestores que atuem junto às pessoas em situação de desvantagem;

V — propor critérios para aprovação de projetos, aplicação de recursos e avaliação dos resultados das cooperativas sociais e dos empreendimentos econômicos solidários sociais, observada a legislação em vigor;

VI — propor iniciativas para o acesso ao crédito;

VII — manter banco de dados atualizado do cooperativismo e do associativismo social no Brasil; e

VIII — propor adequações e aperfeiçoamentos ao marco legal das cooperativas sociais.

Art. 7º O Comitê Gestor do Pronacoop Social será composto por um representante, titular e suplente, dos seguintes órgãos:

I — Ministério do Trabalho e Emprego;

II — Ministério do Desenvolvimento Social e Combate à Fome;

III — Ministério da Saúde;

IV — Ministério da Justiça;

V — Secretaria de Direitos Humanos da Presidência da República; e

VI — Secretaria-Geral da Presidência da República.

§ 1º Serão convidados a compor o Comitê Gestor seis representantes de entidades da sociedade civil, de caráter nacional, a serem selecionadas segundo critérios objetivos previamente definidos em ato conjunto dos órgãos previstos nos incisos I a VI do *caput*.

§ 2º O Comitê Gestor será coordenado pela Secretaria Nacional de Economia Solidária do Ministério do Trabalho e Emprego.

§ 3º O regimento interno do Comitê Gestor disporá sobre sua organização e funcionamento, e será aprovado pela maioria absoluta de seus membros e publicado por portaria do Ministro de Estado do Trabalho e Emprego.

§ 4º O Comitê Gestor poderá convidar representantes de outros órgãos e entidades públicas ou instituições da sociedade civil para participar das reuniões.

§ 5º Os membros a que se referem os incisos I a VI do *caput* e seus suplentes serão indicados pelos titulares dos órgãos e designados por ato do Ministro de Estado do Trabalho e Emprego.

§ 6º Os membros a que se refere o § 1º e seus suplentes serão indicados pelos titulares das entidades e designados por ato do Ministro de Estado do Trabalho e Emprego.

§ 7º A participação dos membros do Comitê Gestor é considerada prestação de serviço público relevante e não será remunerada.

Art. 8º As despesas decorrentes da execução das ações e projetos do Pronacoop Social serão custeadas pelas dotações orçamentárias da União, consignadas anualmente nos orçamentos dos órgãos e entidades envolvidos no Programa, observados os limites de movimentação, de empenho e de pagamento da programação orçamentária e financeira anual.

PARÁGRAFO ÚNICO. As despesas necessárias ao funcionamento do Comitê Gestor serão custeadas por dotações orçamentárias consignadas no orçamento do Ministério do Trabalho e Emprego.

Art. 9º Este Decreto entra em vigor na datada de sua publicação.

Brasília, 20 de dezembro de 2013; 192º da Independência e 125º da República.

DILMA ROUSSEFF
JOSÉ EDUARDO CARDOZO
MANOEL DIAS
ALEXANDRE ROCHA SANTOS PADILHA
TEREZA CAMPELLO
GILBERTO CARVALHO
MARIA DO ROSÁRIO NUNES

LEI N. 12.690, DE 19 DE JULHO DE 2012

(DOU 20.6.2012)

Dispõe sobre a organização e o funcionamento das cooperativas de trabalho; institui o Programa Nacional de Fomento às Cooperativas de Trabalho — Pronacoop; e revoga o parágrafo único do art. 442 da Consolidação das Leis do Trabalho — CLT, aprovada pelo Decreto-lei n. 5.452, de 1º de maio de 1943. *(ver. p. 806)*

LEI N. 7.410, DE 27 DE NOVEMBRO DE 1985

(DOU 28.11.1985)

Dispõe sobre a especialização de engenheiros e arquitetos em engenharia de segurança do trabalho, a profissão de técnico de segurança do trabalho, e dá outras providências

— V. Decreto n. 92.530, de 7.4.1986, que regulamenta mencionada lei, p. 595

O PRESIDENTE DA REPÚBLICA,

Faço saber que o Congresso Nacional decreta e eu sanciono a seguinte Lei:

Art. 1º O exercício da especialização de Engenheiro de Segurança do Trabalho será permitido, exclusivamente:

I — ao Engenheiro ou Arquiteto, portador de certificado de conclusão de curso de especialização em Engenharia de Segurança do Trabalho, a ser ministrado no País, em nível de pós-graduação;

II — ao portador de certificado de curso de especialização em Engenharia de Segurança do Trabalho, realizado em caráter prioritário, pelo Ministério do Trabalho;

III — ao possuidor de registro de Engenheiro de Segurança do Trabalho, expedido pelo Ministério do Trabalho, até a data fixada na regulamentação desta Lei.

PARÁGRAFO ÚNICO. O curso previsto no inciso I deste artigo terá o currículo fixado pelo Conselho Federal de Educação, por proposta do Ministério do Trabalho, e seu funcionamento determinará a extinção dos cursos de que trata o inciso II, na forma da regulamentação a ser expedida.

Art. 2º O exercício da profissão de Técnico de Segurança do Trabalho será permitido, exclusivamente:

I — ao portador de certificado de conclusão de curso de Técnico de Segurança do Trabalho, a ser ministrado no País em estabelecimentos de ensino de 2º Grau;

II — ao portador de certificado de conclusão de curso de Supervisor de Segurança do Trabalho, realizado em caráter prioritário pelo Ministério do Trabalho;

III — ao possuidor de registro de Supervisor de Segurança do Trabalho, expedido pelo Ministério do Trabalho, até a data fixada na regulamentação desta Lei.

PARÁGRAFO ÚNICO. O curso previsto no inciso I deste artigo terá o currículo fixado pelo Ministério da Educação, por proposta do Ministério do Trabalho, e seu funcionamento determinará a extinção dos cursos de que trata o inciso II, na forma da regulamentação a ser expedida.

Art. 3º O exercício da atividade de Engenheiros e Arquitetos na especialização de Engenharia de Segurança do Trabalho dependerá de registro em Conselho Regional de Engenharia, Arquitetura e Agronomia, após a regulamentação desta Lei, e o de Técnico de Segurança do Trabalho, após o registro no Ministério do Trabalho.

Art. 4º O Poder Executivo regulamentará esta Lei no prazo de 120 (cento e vinte) dias, contados de sua publicação.

Art. 5º Esta Lei entra em vigor na data de sua publicação.

Art. 6º Revogam-se as disposições em contrário.

JOSÉ SARNEY
Presidente da República

ALMIR PAZZIANOTTO PINTO

DECRETO N. 92.530, DE 9 DE ABRIL DE 1986

(DOU 10.4.1986 — LTr 50/611)

Regulamenta a Lei n. 7.410, de 27 de novembro de 1985, que dispõe sobre a especialização de engenheiros e arquitetos em engenharia de segurança do trabalho, a profissão de técnico de segurança do trabalho, e dá outras providências

O PRESIDENTE DA REPÚBLICA, no uso da atribuição que lhe confere o art. 81, item III, da Constituição, e tendo em vista o disposto no art. 4º da Lei n. 7.410, de 27 de novembro de 1985, decreta:

Art. 1º O exercício da especialização de Engenheiro de Segurança do Trabalho é permitido, exclusivamente:

I — ao Engenheiro ou Arquiteto, portador de certificado de conclusão de curso de especialização em Engenharia de Segurança do Trabalho, em nível de pós-graduação;

II — ao portador de certificado de curso de especialização em Engenharia de Segurança do Trabalho, realizado em caráter prioritário, pelo Ministério do Trabalho;

III — ao possuidor de registro de Engenharia de Segurança do Trabalho, expedido pelo Ministério do Trabalho dentro de 180 dias da extinção do curso referido no item anterior.

Art. 2º O exercício da profissão de Técnico de Segurança do Trabalho é permitido, exclusivamente:

I — ao portador de certificado de conclusão de curso de Técnico de Segurança do Trabalho ministrado no País em estabelecimento de ensino do 2º grau;

II — ao portador de certificado de conclusão de curso Superior de Segurança do Trabalho, realizado em caráter prioritário pelo Ministério do Trabalho;

III — ao possuidor de registro de Supervisor de Segurança do Trabalho, expedido pelo Ministério do Trabalho até 180 dias da extinção do curso referido no item anterior.

Art. 3º O Ministério da Educação, dentro de 120 dias, por proposta do Ministério do Trabalho, fixará currículos básicos do curso de especialização de Engenharia de Segurança do Trabalho, e do curso de técnico em Segurança do Trabalho, previstos no item I do art. 1º e no item I do art. 2º.

§ 1º O funcionamento dos cursos referidos neste artigo determinará a extinção dos cursos de que tratam o item II do art. 1º e o item II do art. 2º.

§ 2º Até que os cursos previstos neste artigo entrem em funcionamento, o Ministro do Trabalho poderá autorizar, em caráter excepcional, que tenham continuidade os recursos, mencionados no parágrafo precedente, os quais deverão adaptar-se aos currículos aprovados pelo Ministério da Educação.

Art. 4º As atividades dos Engenheiros e Arquitetos especializados em Engenharia de Segurança do Trabalho serão definidas pelo Conselho Federal de Engenharia, Arquitetura e Agronomia — CONFEA, no prazo de 60 dias após a fixação dos currículos de que trata o art. 3º pelo Ministério da Educação, ouvida a Secretaria de Segurança e Medicina do Trabalho — SSMT.

Art. 5º O exercício da atividade de Engenheiros e Arquitetos na especialidade de Engenharia de Segurança do Trabalho, depende de registro no Conselho Regional de Engenharia, Arquitetura e Agronomia — CREA.

Art. 6º As atividades de Técnico de Segurança do Trabalho serão definidas pelo Ministério do Trabalho, no prazo de 60 dias, após a fixação do respectivo currículo escolar pelo Ministério da Educação, na forma do art. 3º.

Art. 7º O exercício da profissão de técnico de Segurança do Trabalho depende de registro no Ministério do Trabalho.

Art. 8º O Ministério da Administração, em articulação com o Ministério do Trabalho, promoverá, no prazo de 90 dias a partir da vigência deste Decreto, estudos para a criação de categorias funcionais e os respectivos quadros do Grupo — Engenharia e Segurança do Trabalho.

Art. 9º Este Decreto entrará em vigor na data de sua publicação.

Art. 10. Revogam-se as disposições em contrário.

Brasília, em 9 de abril de 1986; 165º da Independência e 98º da República.

JOSÉ SARNEY
ALMIR PAZZIANOTTO PINTO

PORTARIA GM/MTE N. 262, DE 29 DE MAIO DE 2008

(DOU 30.5.2008)

Profissão — técnico de segurança — Lei n. 7.410, de 27 de novembro de 1985 — Registro de profissão no MTE

O MINISTRO DO TRABALHO E EMPREGO, no uso das atribuições que lhe conferem o inciso II do parágrafo único do art. 87 da Constituição Federal, o art. 3º da Lei n. 7.410, de 27 de novembro de 1985, e o art. 7º do Decreto n. 92.530, de 9 de abril de 1986, resolve:

Art. 1º O exercício da profissão do Técnico de Segurança do Trabalho depende de prévio registro no Ministério do Trabalho e Emprego.

Art. 2º O registro profissional será efetivado pelo Setor de Identificação e Registro Profissional das Unidades Descentralizadas do Ministério do Trabalho e Emprego, mediante requerimento do interessado, que poderá ser encaminhado pelo sindicato da categoria.

§ 1º O requerimento deverá estar acompanhado dos seguintes documentos:

I — Carteira de Trabalho e Previdência Social — CTPS, para lançamento do registro profissional;

II — cópia autenticada de documento comprobatório de atendimento aos requisitos constantes nos incisos I, II ou III do art. 2º da Lei n. 7.410, de 27 de novembro de 1985;

III — cópia autenticada da Carteira de Identidade (RG); e

IV — cópia autenticada do comprovante de inscrição no Cadastro de Pessoa Física (CPF).

§ 2º A autenticação das cópias dos documentos dispostos nos incisos II, III e IV poderá ser obtida mediante apresentação dos originais para conferência na Unidade Descentralizada do Ministério do Trabalho e Emprego.

Art. 3º Permanecerão válidos os registros profissionais de técnico de segurança do trabalho emitidos pela Secretaria de Inspeção do Trabalho — SIT.

Art. 4º Os recursos interpostos em razão de indeferimento dos pedidos de registro pelas unidades descentralizadas serão analisados pelo Departamento de Segurança e Saúde no Trabalho — DSST, da SIT.

Art. 5º Esta Portaria entra em vigor na data de sua publicação.

Art. 6º Ficam revogadas a Portaria SNT n. 4, de 6 de fevereiro de 1992; a Portaria DNSST n. 1, de 19 de maio de 1992; e a Portaria SSST n. 13, de 20 de dezembro de 1995, que deu nova redação à Norma Regulamentadora — NR 27.

CARLOS LUPI

DECRETO N. 93.412, DE 14 DE OUTUBRO DE 1986

(DOU 15.10.1986 — LTr 50/1376)

Revoga o Decreto n. 92.212, de 26.12.1985, regulamenta a Lei n. 7.369, de 20 de setembro de 1985, que institui salário adicional para empregados do setor de energia elétrica, em condições de periculosidade e dá outras providências

O PRESIDENTE DA REPÚBLICA, usando da atribuição que lhe confere o art. 81, item III, da Constituição, decreta:

Art. 1º São atividades em condições de periculosidade de que trata a Lei n. 7.369, de 20 de setembro de 1985, aquelas relacionadas no Quadro de Atividades/Área de Risco, anexo a este Decreto.

Art. 2º É exclusivamente suscetível de gerar direito à percepção da remuneração adicional de que trata o art. 1º da Lei n. 7.369, de 20 de setembro de 1985, o exercício das atividades constantes do Quadro anexo, desde que o empregado, independentemente do cargo, categoria ou ramo da empresa:

I — permaneça habitualmente em área de risco, executando ou aguardando ordens, e em situação de exposição contínua, caso em que o pagamento adicional incidirá sobre o salário da jornada de trabalho integral;

II — ingresse, de modo intermitente e habitual, em área de risco, caso em que o adicional incidirá sobre o salário do tempo despendido pelo empregado na execução de atividade em condições de periculosidade ou do tempo à disposição do empregador, na forma do inciso I deste artigo.

§ 1º O ingresso ou a permanência eventual em área de risco não geram direito ao adicional de periculosidade.

§ 2º São equipamentos ou instalações elétricas em situação de risco aqueles de cujo contato físico ou exposição aos efeitos da eletricidade possam resultar incapacitação, invalidez permanente ou morte.

§ 3º O fornecimento pelo empregador dos equipamentos de proteção a que se refere o disposto no art. 166 da Consolidação das Leis do Trabalho ou a adoção de técnicas de proteção ao trabalhador, eximirão a empresa do pagamento do adicional, salvo quando não for eliminado o risco resultante da atividade do trabalhador em condições de periculosidade.

Art. 3º O pagamento do adicional de periculosidade não desobriga o empregador de promover as medidas de proteção ao trabalhador, destinadas à eliminação ou neutralização da periculosidade nem autoriza o empregado a desatendê-las.

Art. 4º Cessado o exercício da atividade ou eliminado o risco, o adicional de periculosidade poderá deixar de ser pago.

§ 1º A caracterização do risco ou da sua eliminação far-se-á através de perícia, observado o disposto no art. 195 e parágrafos da Consolidação das Leis do Trabalho.

Art. 5º Os empregados que exercerem atividades em condições de periculosidade serão especialmente credenciados e portarão identificação adequada.

Art. 6º Este Decreto entra em vigor na data da sua publicação, revogados o Decreto n. 92.212, de 26 de dezembro de 1985 e demais disposições em contrário.

Brasília, em 14 de outubro de 1986; 165º da Independência e 98º da República.

José Sarney
Almir Pazzianotto Pinto

QUADRO DE ATIVIDADES/ÁREA DE RISCO (ANEXO DO DECRETO N. 93.412, DE 14.10.1986)

Atividades	Áreas de Risco
1 — Atividade de Construção, Operação e Manutenção de redes de linhas aéreas de alta e baixa tensões integrantes de sistemas elétricos de potência, energizadas mas com possibilidade de energização, acidental ou por falha operacional, incluindo:	1 — Estruturas, condutores, e equipamentos de Linhas Aéreas de Transmissão, Subtransmissão e Distribuição, incluindo, plataformas e cestos aéreos para execução dos trabalhos.
1.1. — Montagem, instalação, substituição, conservação, reparos, ensaios e testes de: verificação, inspeção, levantamento, supervisão e fiscalização: fusíveis, condutores, para-raios, postes, torres, chaves, muflas, isoladores, transformadores, capacitores, medidores, reguladores de tensão, religadores, seccionalizadores, carrier (onda portadora via linhas de transmissão), cruzetas, relé e braço de iluminação pública, aparelho de medição gráfica, bases de concretos ou alvenaria de torres, postes e estrutura de sustentação de redes e linhas aéreas e demais componentes das redes aéreas.	— Pátio e salas de operação de subestações. — Cabinas de distribuição. — Estruturas, condutores e equipamentos de redes de tração elétrica, incluindo escadas, plataformas e cestos aéreos usados para execução dos trabalhos.
1.2. — Corte e poda de árvores.	
1.3. — Ligações e cortes de Consumidores.	
1.4. — Manobras aéreas e subterrâneas de redes e linhas.	
1.5. — Manobras em subestações.	
1.6. — Testes de curto em linhas de transmissão.	
1.7. — Manutenção de fontes de alimentação de sistemas de comunicação.	
1.8. — Leitura em consumidores de alta tensão.	
1.9. — Aferição em equipamentos de medição.	
1.10. — Medidas de resistências, lançamento e instalação de cabo contrapeso.	
1.11. — Medidas de campo elétrico, rádio interferência e correntes induzidas.	
1.12. — Testes elétricos em instalações de torceiros em faixas de linhas de transmissão (oleodutos, gasodutos, etc.).	
1.13. — Pintura de estruturas e equipamentos.	
1.14. — Verificação, inspeção, inclusive aérea, fiscalização, levantamento de dados e supervisão de serviços técnicos.	
2 — Atividades de construção, operação e manutenção de redes e linhas subterrâneas de alta e baixa tensões integrantes de sistemas elétricos de potência energizados ou desenergizados, mas com possibilidade de energização acidental ou por operacional, incluindo:	2 — Valas, bancos de dutos, canaletas, condutores, recintos internos de caixas, poços de inspeção, câmaras, galerias túneis, estruturas terminais e áreas de superfície correspondentes.
2.1. — Montagem, instalação, substituição, manutenção e reparos de: barramentos, transformadores, disjuntores, chaves e seccionadoras, condensadores, chaves a óleo, transformadores para instrumentos, cabos subterrâneos e subaquáticos, painéis, circuitos elétricos, contatos, muflas e isoladores e demais componentes de redes subterrâneas.	— Áreas submersas em rios, lagos e mares.
2.2. — Construção civil, instalação, substituição, e limpeza de: valas, bancos de dutos, dutos, condutos, canaletas, galerias, túneis, caixas ou poços de inspeção, câmaras.	
2.3. — Medição, verificação, ensaios, testes, inspeção, fiscalização, levantamento de dados e supervisões de serviços técnicos.	
3 — As atividades de inspeção, testes, ensaios, calibração, medição e reparos em equipamentos e materiais elétricos, eletrônicos, eletromecânicos e de segurança individual e coletiva em sistemas elétricos de potência de alta e baixa tensão.	3 — Áreas das oficinas e laboratórios de testes e manutenção elétrica, eletrônica e eletromecânica onde são executados testes, ensaios, calibração e reparos de equipamentos energizados ou passíveis de energizamento acidental. — Sala de controle e casas de máquinas de usinas e unidades geradoras. — Pátios e salas de operação de subestações, inclusive consumidores. — Salas de ensaios elétricos de alta tensão. — Sala de controle dos centros de operação.

Atividades	Áreas de Risco
4 — Atividades de construção, operação e manutenção nas usinas, unidades geradoras, subestações e cabines de distribuição em operações integrantes de sistemas de potência, energizado ou desenergizado com possibilidade de voltar a funcionar ou energizar-se acidentalmente ou por falha operacional, incluindo: 4.1. — Montagem, desmontagem, operação e conservação, de: medidores, relés, chaves disjuntores e religadores, caixas de controle, cabos de força, cabos de controle, barramentos, baterias e carregadores, transformadores, sistemas antincêndio e de resfriamento, bancos de capacitores, reatores, reguladores, equipamentos eletrônicos, eletrônicos mecânicos e eletroeletrônicos, painéis, para-raios, áreas de circulação, estruturas-suporte e demais instalações e equipamentos elétricos. 4.2. — Construção de: valas de dutos; dutos, canaletas, bases de equipamentos, estruturas, condutos e demais instalações. 4.3. — Serviços de limpeza, pintura e sinalização de instalações e equipamentos elétricos. 4.4. — Ensaios testes, medições, supervisão, fiscalizações e levantamentos de circuitos e equipamentos elétricos, eletrônicos de telecomunicação e telecontrole.	4 — Pontos de medição e cabines de distribuição, inclusive de consumidores. — Salas de controles, casa de máquinas, barragens de usinas e unidades geradoras. — Pátios e salas de operações de subestações inclusive consumidores.
5 — Atividades de treinamento em equipamentos ou instalações energizadas, ou desenergizadas mas com possibilidade de energização acidental ou por falha operacional.	5 — Todas as áreas descritas nos itens anteriores.

DESPACHO DO MINISTRO DO TRABALHO MME N. 27000-2.699/86 DE 16 DE OUTUBRO DE 1986

(DOU 21.10.1986 — LTr 50/1278)

Parecer da CJ n. 173/86 — Esclarece quanto à abrangência da Lei n. 7.369, de 20.9.1985, que institui salário adicional para os empregados do setor de energia elétrica, em condições de periculosidade

Conclusão do Parecer CJ n. 173/86
Interessado: Companhia Vale do Rio Doce

Através do Aviso n. 161/86 o Sr. Consultor Geral da República solicita manifestação da Consultoria Jurídica do Ministério do Trabalho sobre a abrangência da Lei n. 7.369, de 20.9.1985, que instituiu salário adicional para os empregados do setor de energia elétrica, em condições de periculosidade.

4. De acordo com a Lei n. 7.369/85 o adicional é devido ao "empregado que exerce atividades no setor de energia elétrica, em condições de periculosidade".

A expressão utilizada não esclarece se setor de energia elétrica é a categoria profissional de eletricitários, se quer dizer atividade de qualquer empresa voltada para esse fim ou, ainda, se significa trabalho exercido por empregado de empresa geradora ou transmissora.

13. Desse modo é possível afirmar que o adicional de periculosidade instituído para o pessoal que trabalha no setor de energia elétrica não é devido a empregados de toda atividade, mas apenas daquelas expressamente incluídas na regulamentação e que estão resumidas acima.

Logo, é impróprio denominá-lo adicional de eletricitários, uma vez que dentre estes, apenas serão contemplados aqueles cujo trabalho exercer-se nas condições típicas descritas pela regulamentação, ficando excluídos todos os demais.

21. Quanto à fiscalização trabalhista, a sua ação encontra respaldo na Seção XVI do Capítulo V da Consolidação das Leis do Trabalho que prevê penalidade por infração aos dispositivos pertinentes ao adicional de periculosidade previsto no art. 193 para o trabalho com inflamável e explosivo, a que se acresceu, agora, a atividade em setor de energia elétrica.

É meu parecer.

Em 15 de outubro de 1986.

AMAURI MASCARO NASCIMENTO
Consultor Jurídico.

Despacho — Aprovo o Parecer da Consultoria Jurídica

ALMIR PAZZIANOTTO PINTO

LEI N. 10.833, DE 29 DE DEZEMBRO DE 2003

(DOU 30.12.2003 — Edição Extra)

Altera a legislação tributária federal e dá outras providências

CAPÍTULO II
Das outras disposições relativas à legislação tributária

....

Art. 28. Cabe à fonte pagadora, no prazo de 15 (quinze) dias da data da retenção de que trata o *caput* do art. 46 da Lei n. 8.541, de 23 de dezembro de 1992, comprovar, nos respectivos autos, o recolhimento do imposto de renda na fonte incidente sobre os rendimentos pagos em cumprimento de decisões da Justiça do Trabalho.

§ 1º Na hipótese de omissão da fonte pagadora relativamente à comprovação de que trata o *caput*, e nos pagamentos de honorários periciais, competirá ao Juízo do Trabalho calcular o imposto de renda na fonte e determinar o seu recolhimento à instituição financeira depositária do crédito.

§ 2º A não indicação pela fonte pagadora da natureza jurídica das parcelas objeto de acordo homologado perante a Justiça do Trabalho acarretará a incidência do imposto de renda na fonte sobre o valor total da avença.

§ 3º A instituição financeira deverá, na forma, prazo e condições estabelecidas pela Secretaria da Receita Federal, fornecer à pessoa física beneficiária o Comprovante de Rendimentos Pagos e de Retenção do Imposto de Renda na Fonte, bem como apresentar à Secretaria da Receita Federal declaração contendo informações sobre:

I — os pagamentos efetuados à reclamante e o respectivo imposto de renda retido na fonte, na hipótese do § 1º;

II — os honorários pagos a perito e o respectivo imposto de renda retido na fonte;

III — as importâncias pagas a título de honorários assistenciais de que trata o art. 16 da Lei n. 5.584, de 26 de junho de 1970;

IV — a indicação do advogado da reclamante.

....

INSTRUÇÃO NORMATIVA SRF N. 491, DE 12 DE JANEIRO DE 2005

(DOU 13.1.2005)

Dispõe sobre a incidência do imposto de renda sobre os rendimentos pagos em cumprimento de decisões da Justiça Federal e da Justiça do Trabalho, de que tratam os arts. 27 e 28 da Lei n. 10.833, de 29.12.2003 e dá outras providências

O SECRETÁRIO DA RECEITA FEDERAL, no uso da atribuição que lhe confere o inciso III do art. 209 do Regimento Interno da Secretaria da Receita Federal, aprovado pela Portaria MF n. 259, de 24 de agosto de 2001, e tendo em vista o disposto nos arts. 27 e 28 da Lei n. 10.833, de 29 de dezembro de 2003, e na Lei n. 10.865, de 30 de abril de 2004, resolve:

Rendimentos Pagos por Decisão da Justiça Federal

Art. 1º O imposto de renda incidente sobre os rendimentos pagos em cumprimento de decisão da Justiça Federal, mediante precatório ou requisição de pequeno valor, deve ser retido na fonte pela instituição financeira responsável pelo pagamento e incidirá à alíquota de 3% (três por cento) sobre o montante pago, sem quaisquer deduções, no momento do pagamento ao beneficiário ou seu representante legal.

§ 1º Fica dispensada a retenção do imposto quando o beneficiário declarar à instituição financeira responsável pelo pagamento que os rendimentos recebidos são isentos ou não tributáveis, ou que, em se tratando de pessoa jurídica, esteja inscrita no Sistema Integrado de Pagamento de Impostos e Contribuições das Microempresas e das Empresas de Pequeno Porte (Simples).

§ 2º O imposto retido na fonte de acordo com o *caput* é:

I — considerado antecipação do imposto apurado na Declaração de Ajuste Anual do Imposto de Renda das pessoas físicas; ou

II — deduzido do apurado no encerramento do período de apuração ou na data da extinção, no caso de beneficiário pessoa jurídica.

§ 3º A instituição financeira deverá, na forma, prazo e condições estabelecidas pela Secretaria da Receita Federal, fornecer à pessoa física ou jurídica beneficiária o Comprovante de Rendimentos Pagos e de Retenção do Imposto de Renda na Fonte, bem como apresentar à Secretaria da Receita Federal declaração contendo informações sobre:

I — os pagamentos efetuados à pessoa física ou jurídica beneficiária e o respectivo imposto de renda retido na fonte;

II — os honorários pagos a perito e o respectivo imposto de renda retido na fonte;

III — a indicação do advogado da pessoa física ou jurídica beneficiária;

IV — o número do processo judicial, a vara e a seção ou subseção judiciária.

§ 4º O disposto neste artigo não se aplica aos depósitos efetuados pelos Tribunais Regionais Federais antes de 1º de fevereiro de 2004.

Art. 2º Para fins do disposto no § 1º do art. 1º, o beneficiário dos rendimentos deve apresentar à instituição financeira responsável pelo pagamento declaração, na forma do Anexo Único(*), assinada pelo próprio ou por seu representante legal.

PARÁGRAFO ÚNICO. A declaração de que trata o *caput* deve ser emitida em duas vias, devendo a instituição financeira responsável pelo pagamento arquivar a primeira via e devolver a segunda via ao interessado, como recibo.

Rendimentos Pagos por Decisão da Justiça do Trabalho

Art. 3º Cabe à fonte pagadora, no prazo de 15 (quinze) dias da data da retenção de que trata o *caput* do art. 46 da Lei n. 8.541, de 23 de dezembro de 1992, comprovar, nos respectivos autos, o recolhimento do imposto de renda na fonte incidente sobre os rendimentos pagos em cumprimento de decisão da Justiça do Trabalho.

§ 1º Na hipótese de omissão da fonte pagadora relativamente à comprovação de que trata o *caput*, e nos pagamentos de honorários periciais, competirá ao Juízo do Trabalho calcular o imposto de renda na fonte e determinar o seu recolhimento à instituição financeira depositária do crédito.

§ 2º A não indicação pela fonte pagadora da natureza jurídica das parcelas objeto de acordo homologado perante a Justiça do Trabalho acarretará a incidência do imposto de renda na fonte sobre o valor total da avença.

§ 3º A instituição financeira deve, na forma, prazo e condições estabelecidas pela Secretaria da Receita Federal, fornecer à pessoa física beneficiária o Comprovante de Rendimentos Pagos e de Retenção do Imposto de Renda na Fonte, bem como apresentar à Secretaria da Receita Federal declaração contendo informações sobre:

I — os pagamentos efetuados à reclamante e o respectivo imposto de renda retido na fonte, na hipótese do § 1º;

II — os honorários pagos a perito e o respectivo imposto de renda retido na fonte;

III — as importâncias pagas a título de honorários assistenciais de que trata o art. 16 da Lei n. 5.584, de 26 de junho de 1970;

IV — a indicação do advogado da reclamante;

V — o número do processo judicial, a vara e a cidade ou comarca.

(*) O anexo único referido nesta Instrução Normativa encontra-se publicado no respectivo Diário Oficial.

Art. 4º Esta Instrução Normativa entra em vigor na data de sua publicação, produzindo efeitos a partir de 1º de janeiro de 2005.

Art. 5º Fica formalmente revogada, sem interrupção de sua força normativa, a Instrução Normativa SRF n. 392, de 30 de janeiro de 2004.

JORGE ANTONIO DEHER RACHID

LEI COMPLEMENTAR N. 7, DE 7 DE SETEMBRO DE 1970

(DOU 8.9.1970 — LTr 34/685)

Institui o Programa de Integração Social

— (V. CF, DG, art. 239, § 3º, p. 58)

— V. Decreto n. 4.524, de 17.12.2002 (DOU 18.12.2002) que regulamenta a contribuição para o PIS/PASEP e a Cofins devidos pelas pessoas jurídicas em geral (não publicada nesta obra)

O PRESIDENTE DA REPÚBLICA,

Faço saber que o Congresso Nacional decreta e eu sanciono a seguinte Lei Complementar:

Art. 1º É instituído, na forma prevista nesta Lei, o Programa de Integração Social, destinado a promover a integração do empregado na vida e no desenvolvimento das empresas.

§ 1º Para os fins desta Lei, entende-se por empresa a pessoa jurídica, nos termos da legislação do Imposto de Renda, e por empregado todo aquele assim definido pela legislação trabalhista.

§ 2º A participação dos trabalhadores avulsos, assim definidos os que prestam serviços a diversas empresas, sem relação empregatícia, no Programa de Integração Social, far-se-á nos termos do Regulamento a ser baixado, de acordo com o art. 11 desta Lei.

Art. 2º O Programa de que trata o artigo anterior será executado mediante Fundo de Participação, constituído por depósitos efetuados pelas empresas na Caixa Econômica Federal.

PARÁGRAFO ÚNICO. A Caixa Econômica Federal poderá celebrar convênios com estabelecimentos da rede bancária nacional, para o fim de receber os depósitos a que se refere este artigo.

Art. 3º O Fundo de Participação será constituído por duas parcelas:

a) a primeira, mediante dedução do Imposto de Renda devido, na forma estabelecida no § 1º, deste artigo, processando-se o seu recolhimento ao Fundo juntamente com o pagamento do Imposto de Renda;

b) a segunda, com recursos próprios da empresa, calculados com base no faturamento, como segue:

1) no exercício de 1971, 0,15%;

2) no exercício de 1972, 0,25%;

3) no exercício de 1973, 0,40%;

4) no exercício de 1974 e subsequentes, 0,50%.

— De acordo com a Lei Complementar n. 17, de 12.12.1973 (DOU 14.12.1973), foi criado um adicional, como segue:

a) no exercício de 1975, 0,125%;

b) no exercício de 1976 e subsequentes, 0,25% dos incentivos fiscais previstos na legislação em vigor.

§ 1º A dedução a que se refere a alínea *a* deste artigo será feita sem prejuízo do direito de utilização dos incentivos fiscais previstos na legislação em vigor e calculada com base no valor do Imposto de Renda devido, nas seguintes proporções:

a) no exercício de 1971 .... > 2%;

b) no exercício de 1972 ....3%;

c) no exercício de 1973 e subsequentes.. 5%.

§ 2º As instituições financeiras, sociedades seguradoras e outras empresas que não realizam operações de vendas de mercadorias participarão do Programa de Integração Social com uma contribuição ao Fundo de Participação de recursos próprios de valor idêntico do que for apurado na forma do parágrafo anterior.

§ 3º As empresas que a título de incentivos fiscais estejam isentas, ou venham a ser isentadas, do pagamento do Imposto de Renda, contribuirão para o Fundo de Participação, na base de cálculo como se aquele tributo fosse devido, obedecidas as percentagens previstas neste artigo.

§ 4º As entidades de fins não lucrativos, que tenham empregados assim definidos pela Legislação Trabalhista, contribuirão para o Fundo na forma da lei.

§ 5º A Caixa Econômica Federal resolverá os casos omissos, de acordo com os critérios fixados pelo Conselho Monetário Nacional.

Art. 4º O Conselho Monetário Nacional poderá alterar até 50% (cinquenta por cento), para mais ou para menos, os percentuais de contribuição de que trata o § 2º do art. 3º, tendo em vista a proporcionalidade das contribuições.

Art. 5º A Caixa Econômica Federal emitirá, em nome de cada empregado, uma Caderneta de Participação — Programa de Integração Social — movimentável na forma dos arts. 8º e 9º desta Lei.

Art. 6º A efetivação dos depósitos no Fundo correspondente à contribuição referida na alínea *b* do art. 3º será processada mensalmente a partir de 1º de julho de 1971.

PARÁGRAFO ÚNICO. A contribuição de julho será calculada com base no faturamento de janeiro; a de agosto, com base no faturamento de fevereiro; e assim sucessivamente.

Art. 7º A participação do empregado no Fundo far-se-á mediante depósitos efetuados em contas individuais abertas em nome de cada empregado, obedecidos os seguintes critérios:

a) 50% (cinquenta por cento) do valor destinado ao Fundo será dividido em partes proporcionais ao montante de salários recebidos no período;

b) os 50% (cinquenta por cento) restantes serão divididos em partes proporcionais aos quinquênios de serviços prestados pelo empregado.

§ 1º Para os fins deste artigo, a Caixa Econômica Federal, com base nas informações fornecidas pelas empresas, no prazo de 180 (cento e oitenta) dias, contados da publicação desta Lei, organizará um cadastro geral dos participantes do Fundo, na forma que for estabelecida em regulamento.

§ 2º A omissão dolosa de nome de empregado entre os participantes do Fundo sujeitará a empresa à multa, em benefício do Fundo, no valor de 10 (dez) meses de salários, devidos ao empregado cujo nome houver sido omitido.

§ 3º Igual penalidade será aplicada em caso de declaração falsa sobre o valor do salário e do tempo de serviço do empregado na empresa.

Arts. 8º e 9º Revogados pela Lei Complementar n. 26, de 11.9.1975.

Art. 10. As obrigações das empresas, decorrentes desta Lei, são de caráter exclusivamente fiscal, não gerando direitos de natureza trabalhista nem incidência de qualquer contribuição previdenciária em relação a quaisquer prestações devidas por lei ou por sentença judicial, ao empregado.

PARÁGRAFO ÚNICO. As importâncias incorporadas ao Fundo não se classificam como rendimento do trabalho, para qualquer efeito de Legislação Trabalhista, de Previdência Social ou Fiscal e não se incorporam aos salários ou gratificações, nem estão sujeitas ao imposto sobre a renda e proventos de qualquer natureza.

Art. 11. Dentro de 120 (cento e vinte) dias, a contar da vigência desta Lei, a Caixa Econômica Federal submeterá à aprovação do Conselho Monetário Nacional o Regulamento do Fundo, fixando as normas para o recolhimento e a distribuição dos recursos, assim como as diretrizes e os critérios para a sua aplicação.

PARÁGRAFO ÚNICO. O Conselho Monetário Nacional pronunciar-se-á, no prazo de 60 (sessenta) dias, a contar do seu recebimento, sobre o Projeto do Regulamento do Fundo.

Art. 12. As disposições desta Lei não se aplicam a quaisquer entidades integrantes da administração pública federal, estadual ou municipal, dos Territórios e do Distrito Federal, direta ou indireta, adotando-se, em todos os níveis, para efeito de conceituação, como entidades da Administração Indireta, os critérios constantes dos Decretos-leis ns. 200, de 25 de fevereiro de 1967, e 900, de 29 de setembro de 1969.

Art. 13. Esta Lei Complementar entrará em vigor na data de sua publicação.

Art. 14. Revogam-se as disposições em contrário.

Brasília, 7 de setembro de 1970; 149º da Independência e 82º da República.

Emílio G. Médici
Alfredo Buzaid
Adalberto de Barros Nunes
Orlando Geisel
Mário Gibson Barboza
Antônio Delfim Netto
Mário David Andreazza
L. F. Cirne Lima
Jarbas G. Passarinho
Júlio Barata
Márcio de Souza e Mello
F. Rocha Lagôa
Marcus Vinicius Patrini de Moraes
Antônio Dias Leite Júnior
João Paulo dos Reis Velloso
José Costa Cavalcanti
Hygino C. Corsetti

LEI COMPLEMENTAR N. 8, DE 3 DE DEZEMBRO DE 1970

(DOU 4.12.1970 — LTr 35/36)

— (V. CF, DG, art. 239, § 3º, p. 58)

Institui o programa de formação do patrimônio do servidor público e dá outras providências

— V. Decreto n. 4.524, de 17.12.2002 (DOU 18.12.2002), que regulamenta a contribuição para o PIS/PASEP e a Cofins devidos pelas pessoas jurídicas em geral (não publicada nesta obra)

O PRESIDENTE DA REPÚBLICA,

Faço saber que o Congresso Nacional decreta e eu sanciono a seguinte Lei Complementar:

Art. 1º É instituído, na forma prevista nesta Lei Complementar, o Programa de Formação do Patrimônio do Servidor Público.

Art. 2º A União, os Estados, os Municípios, o Distrito Federal e os Territórios contribuirão para o Programa, mediante recolhimento mensal ao Banco do Brasil, das seguintes parcelas:

I — União:

— 1% (um por cento) das receitas correntes efetivamente arrecadadas, deduzidas as transferências feitas a outras entidades da Administração Pública, a partir de 1º de julho de 1971; 1,5% (um e meio por cento), em 1972; e 2% (dois por cento), no ano de 1973 e subsequentes.

II — Estados, Municípios, Distrito Federal e Territórios:

a) 1% (um por cento) das receitas correntes próprias, deduzidas as transferências feitas a outras entidades da Administração Pública, a partir de 1º de julho de 1971; 1,5% (um e meio por cento), em 1972; e 2% (dois por cento), no ano de 1973 e subsequentes;

b) 2% (dois por cento) das transferências recebidas do Governo da União e dos Estados através do Fundo de Participações dos Estados, Distrito Federal e Municípios, a partir de 1º de julho de 1971.

PARÁGRAFO ÚNICO. Não recairá, em nenhuma hipótese sobre as transferências de que trata este artigo, mais de uma contribuição.

Art. 3º As autarquias, empresas públicas, sociedades de economia mista e fundações, da União, dos Estados, dos Municípios, do Distrito Federal e dos Territórios contribuirão para o Programa com 0,4% (quatro décimos por cento) da receita orçamentária, inclusive transferências e receita operacional, a partir de 1º de julho de 1971; 0,6% (seis décimos por cento), em 1972; e 0,8% (oito décimos por cento), no ano de 1973 e subsequentes.

Art. 4º As contribuições recebidas pelo Banco do Brasil serão distribuídas entre todos os servidores em atividade, civis e militares, da União, dos Estados, Municípios, Distrito Federal e Territórios, bem como das suas entidades da administração indireta e fundações, observados os seguintes critérios:

a) 50% proporcionais ao montante da remuneração percebida pelo servidor no período;

b) 50% em partes proporcionais aos quinquênios de serviços prestados pelo servidor.

PARÁGRAFO ÚNICO. A distribuição de que trata este artigo somente beneficiará os titulares, nas entidades mencionadas nesta Lei Complementar, de cargo ou função de provimento efetivo ou que possam adquirir estabilidade, ou de emprego de natureza não eventual, regido pela legislação trabalhista.

Art. 5º O Banco do Brasil S.A., ao qual competirá a administração do Programa, manterá contas individualizadas para cada servidor e cobrará uma comissão de serviço, tudo na forma que for estipulada pelo Conselho Monetário Nacional.

§ 1º Os depósitos a que se refere este artigo não estão sujeitos a imposto de renda ou contribuição previdenciária, nem se incorporam, para qualquer fim, à remuneração do cargo, função ou emprego.

§§ 2º a 5º Revogados pela Lei Complementar n. 26, de 11.9.1975.

§ 6º O Banco do Brasil S.A. organizará o cadastro geral dos beneficiários desta Lei Complementar.

Art. 6º Revogado pela Lei Complementar n. 19, de 25.6.74.

Art. 7º As importâncias creditadas nas contas do Programa de Formação do Patrimônio do Servidor Público e do Programa de Integração Social são inalienáveis e impenhoráveis, e serão obrigatoriamente transferidas de um para outro, no caso de passar o servidor, pela alteração da relação de emprego, do setor público para o privado, e vice-versa.

Art. 8º A aplicação do disposto nesta Lei complementar aos Estados e Municípios, às suas entidades da Administração Indireta e fundações, bem como aos seus servidores, dependerá de norma legislativa estadual ou municipal.

Art. 9º Esta Lei Complementar entrará em vigor na data de sua publicação, revogadas as disposições em contrário.

Brasília, 3 de dezembro de 1970; 149º da Independência e 82º da República.

Emílio G. Médici
Alfredo Buzaid
Adalberto de Barros Nunes
Orlando Geisel
Jorge de Carvalho e Silva
Antônio Delfim Netto
Mário David Andreazza
L. F. Cirne Lima
Jarbas G. Passarinho
Júlio Barata
Márcio de Souza e Mello
F. Rocha Lagôa
Marcus Vinicius Pratini de Moraes
Antônio Dias Leite Júnior
João Paulo dos Reis Velloso
José Costa Cavalcanti
Hygino C. Corsetti

LEI COMPLEMENTAR N. 26, DE 11 DE SETEMBRO DE 1975

(DOU 12.9.1975 — LTr 39/1091)

— (V. CF, DG, art. 239, § 3º, p. 58)

Altera disposições da legislação que regula o Programa de Integração Social (PIS) e o Programa de Formação do Patrimônio do Servidor Público (PASEP)

— V. Medida Provisória n. 2.158-35, de 24.8.2001 (DOU 27.8.2001), não publicada nesta obra, que altera a legislação das contribuições para a Seguridade Social — Cofins, para os Programas de Integração Social e de Formação do Patrimônio do Servidor Público — PIS/PASEP e do Imposto sobre a Renda, e dá outras providências

— V. Lei n. 10.312, de 27.11.2001, não publicada nesta obra, que dispõe sobre a incidência das Contribuições para o PIS/PASEP e da Contribuição para o Financiamento da Seguridade Social nas operações de venda de gás natural e de carvão mineral

— V. Lei n. 10.485, de 3.7.2002 (DOU 4.7.2002), que dispõe sobre a incidência das contribuições para os programas de Integração Social e de Formação do Patrimônio do Servidor Público (PIS/PASEP) e da Contribuição para o Financiamento da Seguridade Social (COFINS), nas hipóteses que menciona, e dá outras providências (não publicada nesta obra)

— V. Lei n. 10.637, de 30.12.2002 (DOU 2.12.2002, Edição Extra) que dispõe sobre a não cumulatividade na cobrança da contribuição para os Programas de Integração Social (PIS) e de Formação do Patrimônio do Servidor Público (Pasep), nos casos que especifica; sobre o pagamento e o parcelamento de débitos tributários federais, a compensação de créditos fiscais, a declaração de inaptidão de inscrição de pessoas jurídicas, a legislação aduaneira, e dá outras providências

O PRESIDENTE DA REPÚBLICA,

Faço saber que o Congresso Nacional decreta e eu sanciono a seguinte Lei Complementar:

Art. 1º A partir do exercício financeiro a iniciar-se em 1º de julho de 1976, serão uni-

Legislação Complementar

ficados, sob a denominação de PIS-PASEP, os fundos constituídos com os recursos do Programa de Integração Social — PIS e do Programa de Formação do Patrimônio do Servidor Público — PASEP, instituídos pelas Leis Complementares ns. 7 e 8, de 7 de setembro e de 3 de dezembro de 1970, respectivamente.

PARÁGRAFO ÚNICO. A unificação de que trata este artigo não afetará os saldos das contas individuais existentes em 30 de junho de 1976.

Art. 2º Ressalvado o disposto no parágrafo único deste artigo, são mantidos os critérios de participação dos empregados e servidores estabelecidos nos arts. 7º e 4º, respectivamente, das Leis Complementares ns. 7 e 8, referidas, passando a ser considerado, para efeito do cálculo dos depósitos efetuados nas contas individuais, o valor global dos recursos que passarem a integrar o PIS-PASEP.

PARÁGRAFO ÚNICO. Aos participantes cadastrados há pelo menos cinco anos e que percebam salário mensal igual ou inferior a 5 (cinco) vezes o respectivo salário mínimo regional, será assegurado, ao final de cada exercício financeiro, depósito mínimo equivalente ao salário mínimo regional mensal, vigente, respeitada a disponibilidade de recursos. *(Revogado pela MP n. 797, de 23.8.17, DOU 24.8.17)*

Art. 3º Após a unificação determinada no art. 1º, as contas individuais dos participantes passarão a ser creditadas:

a) pela correção monetária anual do saldo credor, obedecidos os índices aplicáveis às Obrigações Reajustáveis do Tesouro Nacional (ORTN);

b) pelos juros mínimos de 3% (três por cento) calculados anualmente sobre o saldo credor corrigido;

c) pelo resultado líquido adicional das operações realizadas com recursos do PIS-PASEP, deduzidas as despesas administrativas e as provisões de reserva cuja constituição seja indispensável.

Art. 4º As importâncias creditadas nas contas individuais dos participantes do PIS--PASEP são inalienáveis, impenhoráveis e, ressalvado o disposto nos parágrafos deste artigo, indisponíveis por seus titulares.

§ 1º Fica disponível ao titular da conta individual dos participantes do PIS-PASEP o saque do saldo nos seguintes casos:

I — atingida a idade de sessenta e cinco anos, se homem;

II — atingida a idade de sessenta e dois anos, se mulher;

III — aposentadoria;

IV — transferência para a reserva remunerada ou reforma; ou

V — invalidez. *(Redação do parágrafo e incisos dada pela Medida Provisória n. 797, de 23.8.2017, DOU 24.8.2017)*

§ 2º Será facultada, no final de cada exercício financeiro posterior ao da abertura da conta individual, a retirada das parcelas correspondentes aos créditos de que tratam as alíneas *b* e *c* do art. 3º.

§ 3º Aos participantes cadastrados há pelo menos 5 (cinco) anos e que percebam salário mensal igual ou inferior a 5 (cinco) vezes o respectivo salário mínimo regional, será facultada, ao final de cada exercício financeiro, retirada complementar que permita perfazer valor igual ao do salário mínimo regional mensal vigente, respeitadas as disponibilidades de suas contas individuais.

§ 4º Na hipótese de morte do titular da conta individual, o saldo da conta será disponibilizado a seus dependentes, de acordo com a legislação da Previdência Social e com a legislação específica relativa aos servidores civis e aos militares ou, na falta daqueles, aos sucessores do titular, nos termos da lei civil. *(Incluído pela Medida Provisória n. 797, de 23.8.2017, DOU 24.8.17)*

§ 5º Independentemente de solicitação do cotista, a partir de outubro de 2017, os saldos das contas individuais dos participantes do PIS-PASEP ficam disponíveis aos participantes de que tratam os incisos I a IV do § 1º. *(Incluído pela Medida Provisória n. 797, de 23.8.2017, DOU 24.8.17)*

§ 6º Até março de 2018, a disponibilização dos saldos das contas individuais de que trata o § 5º será efetuada segundo cronograma de atendimento, critério e forma estabelecidos pela Caixa Econômica Federal, quanto ao PIS, e pelo Banco do Brasil S.A., quanto ao PASEP. (NR) *(Incluído pela Medida Provisória n. 797, de 23.8.2017, DOU 24.8.17)*

Art. 4º-A. A Caixa Econômica Federal e o Banco do Brasil S.A. ficam autorizados a disponibilizar o saldo do participante do PIS--PASEP em folha de pagamento ou mediante crédito automático em conta de depósito, conta poupança ou outro arranjo de pagamento de titularidade do participante, quando este estiver enquadrado nas hipóteses normativas para saque e não houver sua prévia manifestação contrária. *(Incluído pela Medida Provisória n. 797, de 23.8.2017, DOU 24.8.17)*

§ 1º Na hipótese do crédito automático de que trata o caput, o participante do PIS-PASEP poderá solicitar a transferência do valor para outra instituição financeira, em até três meses após o depósito, independentemente do pagamento de tarifa, conforme procedimento a ser definido pela Caixa Econômica Federal, quanto ao PIS, e pelo Banco do Brasil S. A., quanto ao PASEP. *(Incluído pela Medida Provisória n. 797, de 23.8.2017, DOU 24.8.17)*

§ 2º O valor a ser disponibilizado nos termos deste artigo poderá ser emitido em unidades inteiras de moeda corrente, com a suplementação das partes decimais até a unidade inteira imediatamente superior. (NR) *(Incluído pela Medida Provisória n. 797, de 23.8.2017, DOU 24.8.17)*

Art. 5º É mantido, para os recursos do PIS-PASEP, inclusive aqueles a que se refere o art. 1º da Lei Complementar n. 17, de 12 de dezembro de 1973, o sistema de aplicação unificada estabelecido na Lei Complementar n. 19, de 25 de junho de 1974.

Art. 6º O Poder Executivo regulamentará esta Lei Complementar dentro de 120 (cento e vinte) dias, contados de sua publicação.

Art. 7º Esta Lei Complementar entrará em vigor em 1º de julho de 1976, revogados os arts. 8º e seu parágrafo, e 9º, e seus §§ 1º e 2º, da Lei Complementar n. 7, de 7 de setembro de 1970, e os §§ 2º, 3º, 4º e 5º do art. 5º da Lei Complementar n. 8, de 3 de dezembro de 1970, e as demais disposições em contrário.

Brasília, 11 de setembro de 1975; 154º da Independência e 87º da República.

ERNESTO GEISEL
JOSÉ CARLOS SOARES FREIRE
ALYSSON PAULINELLI
NEY BRAGA
ARNALDO PRIETO
PAULO DE ALMEIDA MACHADO
SEVERO FAGUNDES GOMES
JOÃO PAULO DOS REIS VELLOSO
MAURÍCIO RANGEL REIS
L. G. DO NASCIMENTO E SILVA

DECRETO N. 4.751, DE 17 DE JUNHO DE 2003

(DOU 18.6.2003)

Dispõe sobre o fundo PIS-PASEP, criado pela Lei Complementar n. 26, de 11 de setembro de 1975, sob a denominação de PIS-PASEP, e dá outras providências

O PRESIDENTE DA REPÚBLICA, no uso das atribuições que lhe confere o art. 84, incisos IV e VI, alínea *a*, da Constituição, e tendo em vista o disposto na Lei Complementar n. 26, de 11 de setembro de 1975,

Decreta:

Art. 1º O Fundo PIS-PASEP, criado pela Lei Complementar n. 26, de 11 de setembro de 1975, sob a denominação de PIS-PASEP, é um fundo contábil, de natureza financeira, e se subordina, no que couber, às disposições do art. 69 da Lei n. 4.728, de 14 de julho de 1965.

§ 1º O PIS-PASEP é constituído pelos valores do Fundo de Participação do Programa de Integração Social — PIS e do Fundo Único do Programa de formação do Patrimônio do Servidor Público — PASEP, existentes em 30 de junho de 1976 e apurados em balanços.

§ 2º O disposto no § 1º não afetará os saldos das contas individuais, existentes em 30 de junho de 1976, dos participantes e beneficiários dos respectivos Fundos.

Art. 2º Constituem recursos do PIS-PASEP:

I — juros, atualização monetária e multas devidas pelos contribuintes dos Programas, em decorrência da inobservância das obrigações a que estão sujeitos;

II — retorno, por via de amortização, de recursos aplicados em operações de empréstimos e financiamentos, incluído o total das receitas obtidas em tais operações;

III — resultado das operações financeiras realizadas, compreendendo, quando for o caso, multa contratual e honorários; e

IV — resultados das aplicações do Fundo de Participação Social — FPS, de que trata o Decreto n. 79.459, de 30 de março de 1977.

Art. 3º Os participantes do Fundo de Participação do PIS e os beneficiários do Fundo Único do PASEP, conforme qualificados na legislação pertinente aos respectivos Programas, passam a ser participantes do PIS-PASEP.

PARÁGRAFO ÚNICO. Os créditos provenientes da aplicação da atualização monetária, da incidência de juros, do resultado líquido adicional das operações realizadas e de qualquer outro benefício serão feitos exclusivamente na conta individual do participante.

Art. 4º No final de cada exercício financeiro, as contas individuais dos participantes do PIS-PASEP serão creditadas das quantias correspondentes:

I — à aplicação da atualização monetária sobre os respectivos saldos credores verificados ao término do exercício financeiro anterior;

II — à incidência de juros sobre os respectivos saldos credores atualizados, verificados ao término do exercício financeiro anterior; e

III — ao resultado líquido adicional das operações financeiras realizadas, verificado ao término do exercício financeiro anterior.

Art. 5º É facultada, no final de cada exercício financeiro posterior ao da abertura da conta individual, a retirada pelos participantes dos créditos correspondentes às parcelas a que se referem os incisos II e III do art. 4º, que tenham sido feitos nas respectivas contas individuais.

Art. 6º O exercício financeiro do PIS-PASEP corresponde ao período de 1º de julho de cada ano a 30 de junho do ano subsequente.

Art. 7º O PIS-PASEP será gerido por um Conselho Diretor, órgão colegiado constituído de sete membros efetivos e suplentes em igual número, com mandatos de dois anos, designados pelo Ministro de Estado da Fazenda, e terá a seguinte composição:

I — um representante titular e suplente do Ministério da Fazenda;

II — um representante titular e suplente do Ministério do Planejamento, Orçamento e Gestão;

III — um representante titular e suplente do Ministério do Desenvolvimento, Indústria e Comércio Exterior;

IV — um representante titular e suplente do Ministério do Trabalho e Emprego;

V — um representante titular e suplente da Secretaria do Tesouro Nacional do Ministério da Fazenda;

VI — um representante titular e suplente dos participantes do PIS; e

VII — um representante titular e suplente dos participantes do PASEP.

§ 1º Os representantes referidos nos incisos I a V serão indicados pelos titulares dos órgãos representados.

§ 2º Os representantes dos participantes do PIS serão escolhidos pelo Ministro de Estado do Trabalho e Emprego, mediante indicações das centrais sindicais, representando os trabalhadores da iniciativa privada.

§ 3º Os representantes dos servidores participantes do PASEP serão escolhidos pelo Ministro de Estado do Trabalho e Emprego, mediante indicações das centrais sindicais, representando os servidores públicos.

§ 4º O Conselho Diretor será coordenado pelo representante da Secretaria do Tesouro Nacional.

§ 5º O Coordenador do Conselho Diretor terá, além do voto normal, o voto de qualidade no caso de empate.

§ 6º O Conselho Diretor fica investido da representação ativa e passiva do PIS-PASEP, que será representado e defendido em juízo por Procurador da Fazenda Nacional.

Art. 8º No exercício da gestão do PIS--PASEP, compete ao Conselho Diretor:

I — elaborar e aprovar o plano de contas;

II — ao término de cada exercício financeiro:

a) calcular a atualização monetária do saldo credor das contas individuais dos participantes;

b) calcular a incidência de juros sobre o saldo credor atualizado das mesmas contas individuais;

c) constituir as provisões e reservas indispensáveis; e

d) levantar o montante das despesas de administração, apurar e atribuir aos participantes o resultado líquido adicional das operações realizadas;

III — autorizar, nas épocas próprias, que sejam feitos nas contas individuais dos participantes os créditos de que trata o art. 4º deste Decreto;

IV — aprovar anualmente o orçamento do PIS-PASEP e sua reformulação;

V — elaborar anualmente o balanço do PIS--PASEP, com os demonstrativos e o relatório;

VI — promover o levantamento de balancetes mensais;

VII — requisitar do Banco Nacional de Desenvolvimento Econômico e Social — BNDES as informações sobre os recursos do Fundo repassados, as aplicações realizadas e seus respectivos resultados;

VIII — prestar informações, fornecer dados e documentação e emitir parecer, por solicitação do Conselho Monetário Nacional e do Ministro de Estado da Fazenda, em relação ao PIS-PASEP, ao PIS e ao PASEP;

IX — autorizar, fixando as épocas próprias, o processamento das solicitações de saque e de retirada e os correspondentes pagamentos;

X — baixar normas operacionais necessárias à estruturação, organização e funcionamento do PIS-PASEP e compatíveis com a execução do PIS e do PASEP;

XI — emitir parecer sobre os balancetes mensais, balanços anuais e demais demonstrações contábeis e financeiras do PIS-PASEP;

XII — definir as tarifas de remuneração da Caixa Econômica Federal e do Banco do Brasil S.A., na qualidade de administradores do PIS e do PASEP, respectivamente; e

XIII — resolver os casos omissos, inclusive quanto aos pedidos de saques de quotas do PIS-PASEP.

Art. 9º Cabem à Caixa Econômica Federal, em relação ao PIS, as seguintes atribuições:

I — manter, em nome dos empregados e trabalhadores avulsos, as correspondentes contas individuais a que aludem o art. 5º da Lei Complementar n. 7, de 7 de setembro de 1970, e normas complementares;

II — creditar nas contas individuais, quando autorizado pelo Conselho Diretor, as parcelas e benefícios de que trata o art. 4º deste Decreto;

III — processar as solicitações de saque e de retirada e efetuar os correspondentes pagamentos, nas épocas próprias, quando autorizado pelo Conselho Diretor, na forma e para os fins previstos na Lei Complementar n. 26, de 1975, e neste Decreto;

IV — fornecer, nas épocas próprias e sempre que for solicitado, ao Conselho Diretor informações, dados e documentação, em relação a repasses de recursos, cadastro de empregados vinculados ao referido Programa, contas individuais de participantes e solicitações de saque e de retirada e seus correspondentes pagamentos; e

V — cumprir e fazer cumprir as normas operacionais baixadas pelo Conselho Diretor.

PARÁGRAFO ÚNICO. A Caixa Econômica Federal exercerá as atribuições previstas neste artigo de acordo com as normas, diretrizes e critérios estabelecidos pelo Conselho Diretor do PIS-PASEP, e com observância da Lei Complementar n. 26, de 1975, e das disposições deste Decreto.

Art. 10. Cabem ao Banco do Brasil S.A., em relação ao PASEP, as seguintes atribuições:

I — manter, em nome dos servidores e empregados, as contas individuais a que se refere o art. 5º da Lei Complementar n. 8, de 3 de dezembro de 1970;

II — creditar nas contas individuais, quando autorizado pelo Conselho Diretor, as parcelas e benefícios de que trata o art. 4º deste Decreto;

III — processar as solicitações de saque e de retirada e efetuar os correspondentes pagamentos, nas épocas próprias, quando autorizado pelo Conselheiro Diretor, na forma e para os fins previstos na Lei Complementar n. 26, de 1975, e neste Decreto;

IV — fornecer, nas épocas próprias e sempre que for solicitado, ao gestor do PIS--PASEP, informações, dados e documentação, em relação a repasses de recursos, cadastro de servidores e empregados vinculados ao referido Programa, contas individuais de participantes e solicitações de saque e de retirada e seus correspondentes pagamentos; e

V — cumprir e fazer cumprir as normas operacionais baixadas pelo gestor do PIS-PASEP.

PARÁGRAFO ÚNICO. O Banco do Brasil S.A. exercerá as atribuições previstas neste artigo de acordo com as normas, diretrizes e critérios estabelecidos pelo Conselho Diretor do PIS-PASEP, e com observância da Lei Complementar n. 26, de 1975, e das disposições deste Decreto.

Art. 11. A Caixa Econômica Federal, o Banco do Brasil S/A. e o BNDES prestarão ao Conselho Diretor todo apoio que for necessário à administração do PIS-PASEP.

Art. 12. Os dispêndios com a administração do PIS e do PASEP e com a administração do PIS-PASEP correrão por conta deste último Fundo, conforme for estabelecido pelo seu Conselho Diretor.

Art. 13. Compete ao Ministro de Estado da Fazenda aprovar o regimento interno do Conselho Diretor do Fundo PIS-PASEP, mediante proposta deste.

Art. 14. Este Decreto entra em vigor na data de sua publicação.

Art. 15. Ficam revogados os Decretos ns. 78.276, de 17 de agosto de 1976, 84.129, de 29 de outubro de 1979, e 93.200, de 1º de setembro de 1986.

Brasília, 17 de junho de 2003; 182º da Independência e 115º da República.

LUIZ INÁCIO LULA DA SILVA
BERNARD APPY

LEI N. 9.715, DE 25 DE NOVEMBRO DE 1998

(DOU 26.11.1998)

Dispõe sobre as contribuições para os Programas de Integração Social e de formação do Patrimônio do Servidor Público — PIS/PASEP, e dá outras providências

Faço saber que o PRESIDENTE DA REPÚBLICA adotou a Medida Provisória n. 1.676-38, de 22 de outubro de 1998, que o Congresso Nacional aprovou, e eu, Antonio Carlos Magalhães, Presidente, para os efeitos do disposto no parágrafo único do art. 62 da Constituição Federal, promulgo a seguinte lei:

Art. 1º Esta Lei dispõe sobre as contribuições para os Programas de Integração Social e de Formação do Patrimônio do Servidor Público — PIS/PASEP, de que tratam o art. 239 da Constituição e as Leis Complementares n. 7, de 7 de setembro de 1970, e n. 8, de 3 de dezembro de 1970.

Art. 2º A contribuição para o PIS/PASEP será apurada mensalmente:

I — pelas pessoas jurídicas de direito privado e as que lhes são equiparadas pela legislação do imposto de renda, inclusive as empresas públicas e as sociedades de economia mista e suas subsidiárias, com base no faturamento do mês;

II — pelas entidades sem fins lucrativos definidas como empregadoras pela legislação trabalhista e as fundações, com base na folha de salários; *(Inciso revogado a partir de 28 de setembro de 1999 pela Medida Provisória n. 2.158-35, de 24.8.2001 DOU 27.8.2001).*

III — pelas pessoas jurídicas de direito público interno, com base no valor mensal das receitas correntes arrecadadas e das transferências correntes e de capital recebidas.

§ 1º As sociedades cooperativas, além da contribuição sobre a folha de pagamento mensal, pagarão, também, a contribuição calculada na forma do inciso I, em relação às receitas decorrentes de operações praticadas com não associados.

§ 2º Excluem-se do disposto no inciso II deste artigo os valores correspondentes à folha de pagamento das instituições ali referidas, custeadas com recursos originários dos Orçamentos Fiscal e da Seguridade Social.

§ 3º Para determinação da base de cálculo, não se incluem, entre as receitas das autarquias, os recursos classificados como receitas do Tesouro Nacional nos Orçamentos Fiscal e da Seguridade Social da União.

§ 4º Não se incluem, igualmente, na base de cálculo da contribuição das empresas públicas e das sociedades de economia mista, os recursos recebidos a título de repasse, oriundos

Legislação Complementar

do Orçamento Geral da União. *(Parágrafo revogado pela Medida Provisória n. 2.158-35, de 24.8.2001, DOU 27.8.2001).*

§ 5º O disposto nos §§ 2º, 3º e 4º somente se aplica a partir de 1º de novembro de 1996.

§ 6º A Secretaria do Tesouro Nacional efetuará a retenção da contribuição para o PIS/PASEP, devida sobre o valor das transferências de que trata o inciso III. (NR) *(Parágrafo acrescentado pela Medida Provisória n. 2.158-35, de 24.8.2001, DOU 27.8.2001).*

§ 7º Excluem-se do disposto no inciso III do *caput* deste artigo os valores de transferências decorrentes de convênio, contrato de repasse ou instrumento congênere com objeto definido. (NR) *(Parágrafo acrescentado pela Lei n. 12.810, de 15.5.2013, DOU 16.5.2013)*

Art. 3º Para os efeitos do inciso I do artigo anterior considera-se faturamento a receita bruta, como definida pela legislação do imposto de renda, proveniente da venda de bens nas operações de conta própria, do preço dos serviços prestados e do resultado auferido nas operações de conta alheia.

PARÁGRAFO ÚNICO. Na receita bruta não se incluem as vendas de bens e serviços canceladas, os descontos incondicionais concedidos, o Imposto sobre Produtos Industrializados — IPI, e o Imposto sobre Operações Relativas à Circulação de Mercadorias — ICMS, retido pelo vendedor dos bens ou prestador dos serviços na condição de substituto tributário.

Art. 4º Observado o disposto na Lei n. 9.004, de 16 de março de 1995, na determinação da base de cálculo da contribuição serão também excluídas as receitas correspondentes:

I — aos serviços prestados a pessoa jurídica domiciliada no exterior, desde que não autorizada a funcionar no Brasil, cujo pagamento represente ingresso de divisas;

II — ao fornecimento de mercadorias ou serviços para uso ou consumo de bordo em embarcações e aeronaves em tráfego internacional, quando o pagamento for efetuado em moeda conversível;

III — ao transporte internacional de cargas ou passageiros. *(Artigos e incisos revogados pela Medida Provisória n. 2.158-35, de 24.8.2001, DOU 27.8.2001).*

Art. 5º A contribuição mensal devida pelos fabricantes de cigarros, na condição de contribuintes e de substitutos dos comerciantes varejistas, será calculada sobre o preço fixado para venda do produto no varejo, multiplicado por um vírgula trinta e oito.

PARÁGRAFO ÚNICO. O Poder Executivo poderá alterar o coeficiente a que se refere este artigo.

Art. 6º A contribuição mensal devida pelos distribuidores de derivados de petróleo e álcool etílico hidratado para fins carburantes, na condição de substitutos dos comerciantes varejistas, será calculada sobre o menor valor, no País, constante da tabela de preços máximos fixados para venda a varejo, sem prejuízo da contribuição incidente sobre suas próprias vendas.

Art. 7º Para os efeitos do inciso III do art. 2º, nas receitas correntes serão incluídas quaisquer receitas tributárias, ainda que arrecadadas, no todo ou em parte, por outra entidade da Administração Pública, e deduzidas as transferências efetuadas a outras entidades públicas.

Art. 8º A contribuição será calculada mediante a aplicação, conforme o caso, das seguintes alíquotas:

I — zero vírgula sessenta e cinco por cento sobre o faturamento;

II — um por cento sobre a folha de salários;

III — um por cento sobre o valor das receitas correntes arrecadadas e das transferências correntes e de capital recebidas.

Art. 9º À contribuição para o PIS/PASEP aplicam-se as penalidades e demais acréscimos previstos na legislação do imposto sobre a renda.

Art. 10. A administração e fiscalização da contribuição para o PIS/PASEP compete à Secretaria da Receita Federal.

Art. 11. O processo administrativo de determinação e exigência das contribuições para o PIS/PASEP, bem como o de consulta sobre a aplicação da respectiva legislação, serão regidos pelas normas do processo administrativo de determinação e exigência dos créditos tributários da União.

Art. 12. O disposto nesta Lei não se aplica às pessoas jurídicas de que trata o § 1º do art. 22 da Lei n. 8.212, de 24 de julho de 1991, que para fins de determinação da contribuição para o PIS/PASEP observarão legislação específica.

Art. 13. Às pessoas jurídicas que aufiram receita bruta exclusivamente da prestação de serviços, o disposto no inciso I do art. 2º somente se aplica a partir de 1º de março de 1996.

Art. 14. O disposto no inciso III do art. 8º aplica-se às autarquias somente a partir de 1º de março de 1996.

Art. 15. A contribuição do Banco Central do Brasil para o PASEP terá como base de cálculo o total das receitas correntes arrecadadas e consideradas como fonte para atender às suas dotações constantes do Orçamento Fiscal da União.

PARÁGRAFO ÚNICO. O disposto neste artigo somente se aplica a partir de 1º de novembro de 1996.

Art. 16. O art. 7º da Lei n. 9.138, de 29 de novembro de 1995, passa a vigorar com as seguintes alterações:

"Art. 7º Os contratos de repasse de recursos do Fundo de Participação PIS/PASEP, do Fundo de Amparo ao Trabalhador — FAT, do Fundo de Defesa da Economia Cafeeira — FUNCAFÉ, dos Fundos Constitucionais de Financiamento do Norte, do Nordeste e do Centro-Oeste (FNO, FNE e FCO) e de outros fundos ou instituições oficiais federais, quando lastrearem dívidas de financiamentos rurais objeto do alongamento de que trata o art. 5º, terão seus prazos de retorno e encargos financeiros devidamente ajustados às respectivas operações de alongamento.

PARÁGRAFO ÚNICO. O custo da equalização nessas operações de alongamento correrá à conta do respectivo fundo, excetuados os casos lastreados com recursos do Fundo de Participação PIS/PASEP e do Fundo de Amparo ao Trabalhador — FAT, em observância ao disposto no art. 239, § 1º, da Constituição, para os quais o ônus da equalização será assumido pelo Tesouro Nacional." (NR)

Art. 17. Ficam convalidados os atos praticados com base na Medida Provisória n. 1.676-37, de 25 de setembro de 1998.

Art. 18. Esta Lei entra em vigor na data de sua publicação, aplicando-se aos fatos geradores ocorridos a partir de 1º de outubro de 1995.

Congresso Nacional, 25 de novembro de 1998. 177ª da Independência e 110ª da República.

ANTONIO CARLOS MAGALHÃES

LEI N. 7.998, DE 11 DE JANEIRO DE 1990

(DOU 12.1.1990 — LTr 54/118)

Regula o programa do seguro-desemprego, o abono salarial, institui o Fundo de Amparo ao Trabalhador — FAT e dá outras providências

— V. Portaria Interministerial do MTE e da Fazenda n. 70, de 11.10.2002 (DOU 14.10.2002), que institui a Caixa Econômica Federal como agente operador do Seguro-desemprego, regulado pela Lei n. 7.998, de 11 de janeiro de 1990, e dá outras providências (não publicada nesta obra)

— V. Resol. n. 306, do MTE, de 6.11.2002 (DOU 18.12.2002), que estabelece procedimento para a concessão do benefício do seguro-desemprego ao trabalhador resgatado da condição análoga a de escravo (não publicada nesta obra)

— V. Resolução n. 560, de 28.11.07 (DOU 4.12.2007), do Conselho Deliberativo do Fundo de Amparo ao Trabalhador que estabelece regras para execução das ações integradas do Sistema Público de Emprego, Trabalho e Renda, no âmbito do Sistema Nacional de Emprego — SINE. (não publicada nesta obra)

— V. Resolução n. 620, de 5.11.2009 (DOU 9.11.2009), que faculta a utilização de Requerimento do Seguro-Desemprego (RSD) e de Comunicação de Dispensa (CD), aprovado pela Resolução n. 608 de 2009, mediante o acesso ao Sistema Seguro-Desemprego — SDWEB

O PRESIDENTE DA REPÚBLICA,

Faço saber que o Congresso Nacional decreta e eu sanciono a seguinte Lei:

Art. 1º Esta Lei regula o Programa do Seguro-Desemprego e o abono de que tratam o inciso II do art. 7º, o inciso IV do art. 201 e o art. 239, da Constituição Federal, bem como institui o Fundo de Amparo ao Trabalhador — FAT.

Do Programa de Seguro-Desemprego

Art. 2º O Programa de Seguro-Desemprego tem por finalidade:

I — prover assistência financeira temporária ao trabalhador desempregado em virtude de dispensa sem justa causa, inclusive a indireta, e ao trabalhador comprovadamente resgatado de regime de trabalho forçado ou da condição análoga à de escravo. (NR) *(Redação dada pela L. n. 10.608, de 20.12.2002, DOU 23.12.2002).*

II — auxiliar os trabalhadores na busca ou preservação do emprego, promovendo, para tanto, ações integradas de orientação, recolocação e qualificação profissional. (NR) *(Alterado pela MP n. 2.164-41, de 24.8.2001, DOU 27.8.2001).*

Art. 2º-A Para efeito do disposto no inciso II do art. 2º, fica instituída a bolsa de qualificação profissional, a ser custeada pelo Fundo de Amparo ao Trabalhador — FAT, à qual fará jus o trabalhador que estiver com o contrato de trabalho suspenso em virtude de participação em curso ou programa de qualificação profissional oferecido pelo empregador, em conformidade com o disposto em convenção ou acordo coletivo celebrado para este fim. (NR) *(Artigo acrescentado pela Medida Provisória n. 2.164-41, de 24.8.2001, DOU 27.8.2001).*

Art. 2º-B Em caráter excepcional e pelo prazo de seis meses, os trabalhadores que estejam em situação de desemprego involuntário pelo período compreendido entre doze e dezoito meses, ininterruptos, e que já tenham sido beneficiados com o recebimento do Seguro-Desemprego, farão jus a três parcelas do benefício, correspondente cada uma a R$ 100,00 (cem reais). *(Revogado pela Lei n. 13.134, de 16.6.15, DOU 17.6.15)*

§ 1º O período de doze a dezoito meses de que trata o *caput* será contado a partir do recebimento da primeira parcela do seguro-desemprego. *(Revogado pela Lei n. 13.134, de 16.6.15, DOU 17.6.15)*

§ 2º O benefício poderá estar integrado a ações de qualificação profissional e articulado com ações de emprego a serem executadas nas localidades de domicílio do beneficiado. *(Revogado pela Lei n. 13.134, de 16.6.15, DOU 17.6.15)*

§ 3º Caberá ao Conselho Deliberativo do Fundo de Amparo ao Trabalhador — CODEFAT o estabelecimento, mediante resolução, das demais condições indispensáveis ao recebimento do benefício de que trata este artigo, inclusive quanto à idade e domicílio do empregador ao qual o trabalhador estava vinculado, bem como os respectivos limites de comprometimento dos recursos do FAT. (NR) *(Revogado pela Lei n. 13.134, de 16.6.15, DOU 17.6.15)*

Art. 2º-C O trabalhador que vier a ser identificado como submetido a regime de trabalho forçado ou reduzido a condição análoga à de escravo, em decorrência de ação de fiscalização do Ministério do Trabalho e Emprego, será dessa situação resgatado e terá direito à percepção de três parcelas de seguro-desemprego no valor de um salário mínimo cada, conforme o disposto no § 2º deste artigo.

§ 1º O trabalhador resgatado nos termos do *caput* deste artigo será encaminhado, pelo Ministério do Trabalho e Emprego, para qualificação profissional e recolocação no mercado de trabalho, por meio do Sistema Nacional de Emprego — SINE, na forma estabelecida pelo Conselho Deliberativo do Fundo de Amparo ao Trabalhador — CODEFAT.

§ 2º Caberá ao CODEFAT, por proposta do Ministro de Estado do Trabalho e Emprego, estabelecer os procedimentos necessários ao recebimento do benefício previsto no *caput* deste artigo, observados os respectivos limites de comprometimento dos recursos do FAT, ficando vedado ao mesmo trabalhador o recebimento do benefício, em circunstâncias similares, nos doze meses seguintes à percepção da última parcela. *(NR) (Artigo e parágrafos acrescentados pela Lei n. 10.608, de 20.12.2002, DOU 23.12.2002).*

Art. 3º Terá direito à percepção do seguro-desemprego o trabalhador dispensado sem justa causa que comprove:

I — ter recebido salários de pessoa jurídica ou de pessoa física a ela equiparada, relativos a:

a) pelo menos 12 (doze) meses nos últimos 18 (dezoito) meses imediatamente anteriores à data de dispensa, quando da primeira solicitação;

b) pelo menos 9 (nove) meses nos últimos 12 (doze) meses imediatamente anteriores à data de dispensa, quando da segunda solicitação; e

c) cada um dos 6 (seis) meses imediatamente anteriores à data de dispensa, quando das demais solicitações; *(Redação das alíneas dada pela Lei n. 13.134, de 16.6.2015, DOU 17.6.15)*

II — (Revogado); *(Pela Lei n. 13.134, de 16.6.2015, DOU 17.6.15)*

III — não estar em gozo de qualquer benefício previdenciário de prestação continuada, previsto no Regulamento dos Benefícios da Previdência Social, excetuado o auxílio-acidente e o auxílio suplementar previstos na Lei n. 6.367, de 19 de outubro de 1976, bem como o abono de permanência em serviço previsto na Lei n. 5.890, de 8 de junho de 1973;

IV — não estar em gozo do auxílio-desemprego; e

V — não possuir renda própria de qualquer natureza suficiente à sua manutenção e de sua família.

VI — matrícula e frequência, quando aplicável, nos termos do regulamento, em curso de formação inicial e continuada ou de qualificação profissional habilitado pelo Ministério da Educação, nos termos do art. 18 da Lei n. 12.513, de 26 de outubro de 2011, ofertado por meio da Bolsa-Formação Trabalhador concedida no âmbito do Programa Nacional de Acesso ao Ensino Técnico e Emprego (Pronatec), instituído pela Lei n. 12.513, de 26 de outubro de 2011, ou de vagas gratuitas na rede de educação profissional e tecnológica. *(Redação dada pela Lei n. 13.134, de 16.6.2015, DOU 17.6.15)*

§ 1º A União poderá condicionar o recebimento da assistência financeira do Programa de Seguro-Desemprego à comprovação da matrícula e da frequência do trabalhador segurado em curso de formação inicial e continuada ou qualificação profissional, com carga horária mínima de 160 (cento e sessenta) horas. *(Acrescentado pela Lei n. 12.513, de 26.10.2011, DOU 27.10.2011)*

§ 2º O Poder Executivo regulamentará os critérios e requisitos para a concessão da assistência financeira do Programa de Seguro-Desemprego nos casos previstos no § 1º, considerando a disponibilidade de bolsas-formação no âmbito do Pronatec ou de vagas gratuitas na rede de educação profissional e tecnológica para o cumprimento da condicionalidade pelos respectivos beneficiários. *(Acrescentado pela Lei n. 12.513, de 26.10.2011, DOU 27.10.2011)*

§ 3º A oferta de bolsa para formação dos trabalhadores de que trata este artigo considerará, entre outros critérios, a capacidade de oferta, a reincidência no recebimento do benefício, o nível de escolaridade e a faixa etária do trabalhador. (NR) *(Acrescentado pela Lei n. 12.513, de 26.10.2011, DOU 27.10.2011)*

§ 4º O registro como Microempreendedor Individual — MEI, de que trata o art. 18-A da Lei Complementar n. 123, de 14 de dezembro de 2006, não comprovará renda própria suficiente à manutenção da família, exceto se demonstrado na declaração anual simplificada da microempresa individual. (NR) *(Incluído pela Lei Complementar n. 155, de 27.10.16, DOU 28.10.16)*

— Ver Produção de efeito. Art. 11, da Lei Complementar n. 155, de 27.10.16, DOU 28.10.16)

Art. 3º-A A periodicidade, os valores, o cálculo do número de parcelas e os demais procedimentos operacionais de pagamento da bolsa de qualificação profissional, nos termos do art. 2º-A desta lei, bem como os pré-requisitos para habilitação serão os mesmos adotados em relação ao benefício do seguro-desemprego, exceto quanto à dispensa sem justa causa. (NR) *(Artigo acrescentado pela Medida Provisória n. 2.164-41, de 24.8.2001, DOU 27.8.2001).*

Art. 4º O benefício do seguro-desemprego será concedido ao trabalhador desempregado, por período máximo variável de 3 (três) a 5 (cinco) meses, de forma contínua ou alternada, a cada período aquisitivo, contados da data de dispensa que deu origem à última habilitação, cuja duração será definida pelo Conselho Deliberativo do Fundo de Amparo ao Trabalhador (Codefat). *(Redação dada pela Lei n. 13.134, de 16.6.2015, DOU 17.6.15)*

§ 1º O benefício do seguro-desemprego poderá ser retomado a cada novo período aquisitivo, satisfeitas as condições arroladas nos incisos I, III, IV e V do *caput* do art. 3º. *(Redação dada pela Lei n. 13.134, de 16.6.2015, DOU 17.6.15)*

§ 2º A determinação do período máximo mencionado no *caput* observará a seguinte relação entre o número de parcelas mensais do benefício do seguro-desemprego e o tempo de serviço do trabalhador nos 36 (trinta e seis) meses que antecederem a data de dispensa que originou o requerimento do seguro-desemprego, vedado o cômputo de vínculos empregatícios utilizados em períodos aquisitivos anteriores: *(Redação dada pela Lei n. 13.134, de 16.6.2015, DOU 17.6.15)*

I — para a primeira solicitação:

a) 4 (quatro) parcelas, se o trabalhador comprovar vínculo empregatício com pessoa jurídica ou pessoa física a ela equiparada de, no mínimo, 12 (doze) meses e, no máximo, 23 (vinte e três) meses, no período de referência; ou *(Redação dada pela Lei n. 13.134, de 16.6.2015, DOU 17.6.15)*

b) 5 (cinco) parcelas, se o trabalhador comprovar vínculo empregatício com pessoa jurídica ou pessoa física a ela equiparada de, no mínimo, 24 (vinte e quatro) meses, no período de referência; *(Redação dada pela Lei n. 13.134, de 16.6.2015, DOU 17.6.15)*

II — para a segunda solicitação:

a) 3 (três) parcelas, se o trabalhador comprovar vínculo empregatício com pessoa jurídica ou pessoa física a ela equiparada de, no mínimo, 9 (nove) meses e, no máximo, 11 (onze) meses, no período de referência; *(Redação dada pela Lei n. 13.134, de 16.6.2015, DOU 17.6.15)*

b) 4 (quatro) parcelas, se o trabalhador comprovar vínculo empregatício com pessoa jurídica ou pessoa física a ela equiparada de, no mínimo, 12 (doze) meses e, no máximo, 23 (vinte e três) meses, no período de referência; ou *(Redação dada pela Lei n. 13.134, de 16.6.2015, DOU 17.6.15)*

c) 5 (cinco) parcelas, se o trabalhador comprovar vínculo empregatício com pessoa jurídica ou pessoa física a ela equiparada de, no mínimo, 24 (vinte e quatro) meses, no período de referência; *(Redação dada pela Lei n. 13.134, de 16.6.2015, DOU 17.6.15)*

III — a partir da terceira solicitação:

a) 3 (três) parcelas, se o trabalhador comprovar vínculo empregatício com pessoa jurídica ou pessoa física a ela equiparada de, no mínimo, 6 (seis) meses e, no máximo, 11 (onze) meses, no período de referência; *(Redação dada pela Lei n. 13.134, de 16.6.2015, DOU 17.6.15)*

b) 4 (quatro) parcelas, se o trabalhador comprovar vínculo empregatício com pessoa jurídica ou pessoa física a ela equiparada de, no mínimo, 12 (doze) meses e, no máximo, 23 (vinte e três) meses, no período de referência; ou *(Redação dada pela Lei n. 13.134, de 16.6.2015, DOU 17.6.15)*

c) 5 (cinco) parcelas, se o trabalhador comprovar vínculo empregatício com pessoa jurídica ou pessoa física a ela equiparada de, no mínimo, 24 (vinte e quatro) meses, no período de referência. *(Redação dada pela Lei n. 13.134, de 16.6.2015, DOU 17.6.15)*

§ 3º A fração igual ou superior a 15 (quinze) dias de trabalho será havida como mês integral para os efeitos do § 2º. *(Redação dada pela Lei n. 13.134, de 16.6.2015, DOU 17.6.15)*

§ 4º Nos casos em que o cálculo da parcela do seguro-desemprego resultar em valores decimais, o valor a ser pago deverá ser arredondado para a unidade inteira imediatamente superior. *(Redação dada pela Lei n. 13.134, de 16.6.2015, DOU 17.6.15)*

§ 5º O período máximo de que trata o *caput* poderá ser excepcionalmente prolongado por até 2 (dois) meses, para grupos específicos de segurados, a critério do Codefat, desde que o gasto adicional representado por esse prolongamento não ultrapasse, em cada semestre, 10% (dez por cento) do montante da reserva mínima de liquidez de que trata o § 2º do art. 9º da Lei n. 8.019, de 11 de abril de 1990. *(Redação dada pela Lei n. 13.134, de 16.6.2015, DOU 17.6.15)*

§ 6º Na hipótese de prolongamento do período máximo de percepção do benefício do seguro-desemprego, o Codefat observará, entre outras variáveis, a evolução geográfica e setorial das taxas de desemprego no País e o tempo médio de desemprego de grupos específicos de trabalhadores. *(Redação dada pela Lei n. 13.134, de 16.6.2015, DOU 17.6.15)*

§ 7º O Codefat observará as estatísticas do mercado de trabalho, inclusive o tempo médio de permanência no emprego, por setor, e recomendará ao Ministro de Estado do Trabalho e Emprego a adoção de políticas públicas que julgar adequadas à mitigação da alta rotatividade no emprego. (NR) *(Redação dada pela Lei n. 13.134, de 16.6.2015, DOU 17.6.15)*

Art. 4º-A. (VETADO). *(Redação dada pela Lei n. 13.134, de 16.6.2015, DOU 17.6.15)*

Art. 5º O valor do benefício será fixado, em Bônus do Tesouro Nacional — BTNs, devendo ser calculado segundo 3 (três) faixas salariais, observados os seguintes critérios:

I — até 300 (trezentos) BTNs, multiplicar-se-á o salário médio dos últimos 3 (três) meses pelo fator 0,8 (oito décimos);

II — de 300 (trezentos) a 500 (quinhentos) BTNs aplicar-se-á até o limite do inciso anterior, a regra nele contida e, no que exceder, o fator 0,5 (cinco décimos);

III — acima de 500 (quinhentos) BTNs, o valor do benefício será igual a 340 (trezentos e quarenta) BTNs.

§ 1º Para fins de apuração do benefício, será considerada a média dos salários dos últimos 3 (três) meses anteriores à dispensa, devidamente convertidos em BTN pelo valor vigente nos respectivos meses trabalhados.

§ 2º O valor do benefício não poderá ser inferior ao valor do salário mínimo.

§ 3º No pagamento dos benefícios, considerar-se-á:

I — o valor do BTN ou do salário mínimo do mês imediatamente anterior, para benefícios colocados à disposição do beneficiário até o dia 10 (dez) do mês;

II — o valor do BTN ou do salário mínimo do próprio mês, para benefícios colocados à disposição do beneficiário após o dia 10 (dez) do mês.

Art. 6º O seguro-desemprego é direito pessoal e intransferível do trabalhador, podendo ser requerido a partir do sétimo dia subsequente à rescisão do contrato de trabalho.

Art. 7º O pagamento do benefício do seguro-desemprego será suspenso nas seguintes situações:

I — admissão do trabalhador em novo emprego;

II — início de percepção de benefício de prestação continuada da Previdência Social, exceto o auxílio-acidente, o auxílio suplementar e o abono de permanência em serviço;

III — início de percepção de auxílio-desemprego.

IV — recusa injustificada por parte do trabalhador desempregado em participar de ações de recolocação de emprego, conforme regulamentação do Codefat. (NR) *(Redação dada pela Lei n. 13.134, de 16.6. 2015, DOU 17.6.15)*

Art. 7º-A O pagamento da bolsa de qualificação profissional será suspenso se ocorrer a rescisão do contrato de trabalho. (NR) *(Artigo acrescentado pela Medida Provisória n. 2.164-41, de 24.8.2001, DOU 27.8.2001).*

Art. 8º O benefício do seguro-desemprego será cancelado: *(Redação dada pela Lei n. 12.513, de 26.10.2011, DOU 27.10.2011)*

I — pela recusa por parte do trabalhador desempregado de outro emprego condizente com sua qualificação registrada ou declarada e com sua remuneração anterior; *(Redação dada pela Lei n. 12.513, de 26.10.2011, DOU 27.10.2011)*

II — por comprovação de falsidade na prestação das informações necessárias à habilitação; *(Redação dada pela Lei n. 12.513, de 26.10.2011, DOU 27.10.2011)*

III — por comprovação de fraude visando à percepção indevida do benefício do seguro-desemprego; ou: *(Redação dada pela Lei n. 12.513, de 26.10.2011, DOU 27.10.2011)*

IV — por morte do segurado. *(Redação dada pela Lei n. 12.513, de 26.10.2011, DOU 27.10.2011)*

§ 1º Nos casos previstos nos incisos I a III deste artigo, será suspenso por um período de 2 (dois) anos, ressalvado o prazo de carência, o direito do trabalhador à percepção do seguro-desemprego, dobrando-se este período em caso de reincidência. *(Acrescentado pela Lei n. 12.513, de 26.10.2011, DOU 27.10.2011)*

§ 2º O benefício poderá ser cancelado na hipótese de o beneficiário deixar de cumprir a condicionalidade de que trata o § 1º do art. 3º desta Lei, na forma do regulamento. (NR) *(Acrescentado pela Lei n. 12.513, de 26.10.2011, DOU 27.10.2011)*

Art. 8º-A O benefício da bolsa de qualificação profissional será cancelado nas seguintes situações:

I — fim da suspensão contratual e retorno ao trabalho;

II — por comprovação de falsidade na prestação das informações necessárias à habilitação;

III — por comprovação de fraude visando à percepção indevida da bolsa de qualificação profissional;

IV — por morte do beneficiário. (NR) *(Artigo acrescentado pela Medida Provisória n. 2.164-41, de 24.8.2001, DOU 27.8.2001).*

Art. 8º-B Na hipótese prevista no § 5º do art. 476-A da Consolidação das Leis do Trabalho — CLT, as parcelas da bolsa de qualificação profissional que o empregado tiver recebido serão descontadas das parcelas do benefício do seguro-desemprego a que fizer jus, sendo-lhe garantido, no mínimo, o recebimento de uma parcela do seguro-desemprego. (NR) *(Artigo acrescentado pela Medida Provisória n. 2.164-41, de 24.8.2001, DOU 27.8.2001).*

Art. 8º-C Para efeito de habilitação ao Seguro-Desemprego, desconsiderar-se-á o período de suspensão contratual de que trata o art. 476-A da CLT, para o cálculo dos períodos de que tratam os incisos I e II do art. 3º desta Lei. (NR) *(Artigo acrescentado pela Medida Provisória n. 2.164-41, de 24.8.2001, DOU 27.8.2001).*

Do Abono Salarial

Art. 9º É assegurado o recebimento de abono salarial anual, no valor máximo de 1 (um) salário-mínimo vigente na data do respectivo pagamento, aos empregados que: *(Redação dada pela Lei n. 13.134, de 16.6. 2015, DOU 17.6.15)*(*)

I — tenham percebido, de empregadores que contribuem para o Programa de Integração Social (PIS) ou para o Programa de Formação do Patrimônio do Servidor Público (Pasep), até 2 (dois) salários mínimos médios de remuneração mensal no período trabalhado e que tenham exercido atividade remunerada pelo menos durante 30 (trinta) dias no ano-base;

II — estejam cadastradas há pelo menos 5 (cinco) anos no Fundo de Participação PIS-PASEP ou no Cadastro Nacional do Trabalhador.

§ 1º No caso de beneficiários integrantes do Fundo de Participação PIS-PASEP, serão computados no valor do abono salarial os rendimentos proporcionados pelas respectivas contas individuais. *(Renumerado pela Lei n. 13.134, de 16.6.2015, DOU 17.6.2015)*

§ 2º O valor do abono salarial anual de que trata o *caput* será calculado na proporção de 1/12 (um doze avos) do valor do salário-mínimo vigente na data do respectivo pagamento, multiplicado pelo número de meses trabalhados no ano correspondente. *(Redação dada pela Lei n. 13.134, de 16.6.2015, DOU 17.6.15)*(*)

§ 3º A fração igual ou superior a 15 (quinze) dias de trabalho será contada como mês integral para os efeitos do § 2º deste artigo. *(Redação dada pela Lei n. 13.134, de 16.6.2015, DOU 17.6.15)*(*)

§ 4º O valor do abono salarial será emitido em unidades inteiras de moeda corrente, com a suplementação das partes decimais até a unidade inteira imediatamente superior. (NR) *(Redação dada pela Lei n. 13.134, de 16.6.2015, DOU 17.6.15)*(*)

Art. 9º-A. O abono será pago pelo Banco do Brasil S.A. e pela Caixa Econômica Federal mediante: *(Redação do caput e alíneas dada pela Lei n. 13.134, de 16.6.2015, DOU 17.6.15)*

I — depósito em nome do trabalhador;

II — saque em espécie; ou

III — folha de salários.

§ 1º Ao Banco do Brasil S.A. caberá o pagamento aos servidores e empregados dos contribuintes mencionados no art. 14 do Decreto-Lei n. 2.052, de 3 de agosto de 1983, e à Caixa Econômica Federal, aos empregados dos contribuintes a que se refere o art. 15 desse Decreto-Lei. *(Redação dada pela Lei n. 13.134, de 16.6.2015, DOU 17.6.15)*

§ 2º As instituições financeiras pagadoras manterão em seu poder, à disposição das autoridades fazendárias, por processo que possibilite sua imediata recuperação, os comprovantes de pagamentos efetuados. *(Redação dada pela Lei n. 13.134, de 16.6.2015, DOU 17.6.15)*

Do Fundo de Amparo ao Trabalhador

Art. 10. É instituído o Fundo de Amparo ao Trabalhador (FAT), vinculado ao Ministério do Trabalho e Emprego, destinado ao custeio do Programa de Seguro-Desemprego, ao pagamento do abono salarial e ao financiamento de programas de educação profissional e tecnológica e de desenvolvimento econômico. *(Redação dada pela Lei n. 12.513, de 26.10.2011, DOU 27.10.2011)*

PARÁGRAFO ÚNICO. O FAT é um fundo contábil, de natureza financeira, subordinando-se, no que couber, à legislação vigente.

Art. 11. Constituem recursos do FAT:

I — o produto da arrecadação das contribuições devidas ao PIS e ao PASEP;

II — o produto dos encargos devidos pelos contribuintes, em decorrência da inobservância de suas obrigações;

III — a correção monetária e os juros devidos pelo agente aplicador dos recursos do Fundo, bem como pelos agentes pagadores, incidentes sobre o saldo dos repasses recebidos;

IV — o produto da arrecadação da contribuição adicional pelo índice de rotatividade, de que trata o § 4º do art. 239 da Constituição Federal;

V — outros recursos que lhe sejam destinados.

Art. 12. *(VETADO).*

Art. 13. *(VETADO).*

Art. 14. *(VETADO).*

Art. 15. Compete aos Bancos Oficiais Federais o pagamento das despesas relativas ao Programa do Seguro-Desemprego e ao Abono Salarial conforme normas a serem definidas pelos gestores do FAT.

PARÁGRAFO ÚNICO. Sobre o saldo de recursos não desembolsados, os agentes pagadores remunerarão o FAT, no mínimo com correção monetária.

Art. 16. Revogado — Lei n. 8.019/90.

Art. 17. Revogado — Lei n. 8.019/90.

Gestão

Art. 18. É instituído o Conselho Deliberativo do Fundo de Amparo ao Trabalhador — CODEFAT, composto por representação de trabalhadores, empregadores e órgãos e entidades governamentais, na forma estabelecida pelo Poder Executivo. (NR) *(Alterado pela MP n. 2.216-37, de 31.8.2001, DOU 1º.9.2001, ed. extra).*

§ 1º O mandato de cada Conselheiro é de 3 (três) anos. *(Parágrafo revogado pela MP n. 2.143-36, de 24.8.2001, DOU 27.8.2001)*

§ 2º Na primeira investidura, observar-se-á o seguinte:

I — 1/3 (um terço) dos representantes referidos nos incisos I e II do *caput* deste artigo será designado com mandato de 1 (um) ano; 1/3 (um terço), com mandato de 2 (dois) anos e 1/3 (um terço), com mandato de 3 (três) anos;

II — o representante do Ministério do Trabalho será designado com mandato de 3 (três) anos; o representante do Ministério da Previdência e Assistência Social, com mandato de 2 (dois) anos; o representante do BNDES, com mandato de 1 (um) ano. *(Parágrafo revogado pela MP n. 2.143-36, de 24.8.2001, DOU 27.8.2001)*

§ 3º Os representantes dos trabalhadores serão indicados pelas centrais sindicais e confederações de trabalhadores; e os representantes dos empregadores, pelas respectivas confederações.

§ 4º Compete ao Ministro do Trabalho a nomeação dos membros do CODEFAT.

§ 5º A Presidência do Conselho Deliberativo, anualmente renovada, será rotativa entre os seus membros. *(Parágrafo revogado pela MP n. 2.143-36, de 24.8.2001, DOU 27.8.2001)*

§ 6º Pela atividade exercida no CODEFAT seus membros não serão remunerados.

Art. 19. Compete ao CODEFAT gerir o FAT e deliberar sobre as seguintes matérias:

I — *(vetado)*;

II — aprovar e acompanhar a execução do Plano de Trabalho Anual do Programa do Seguro-Desemprego e do Abono Salarial e os respectivos orçamentos;

III — deliberar sobre a prestação de conta e os relatórios de execução orçamentária e financeira do FAT;

IV — elaborar a proposta orçamentária do FAT, bem como suas alterações;

(*) Dispõe o art. 4º, da Lei n. 13.134, de 16.6.15:

Art. 4º As alterações ao art. 9º da Lei n. 7.998, de 11 de janeiro de 1990, introduzidas pelo art. 1º desta Lei somente produzirão efeitos financeiros a partir do exercício de 2016, considerando-se, para os fins do disposto no inciso I do art. 9º da Lei n. 7.998, de 11 de janeiro de 1990, como ano-base para a sua aplicação o ano de 2015.

V — propor o aperfeiçoamento da legislação relativa ao seguro-desemprego e ao abono salarial e regulamentar os dispositivos desta Lei no âmbito de sua competência;

VI — decidir sobre sua própria organização, elaborando seu regimento interno;

VII — analisar relatórios do agente aplicador quanto à forma, prazo e natureza dos investimentos realizados;

VIII — fiscalizar a administração do Fundo, podendo solicitar informações sobre contratos celebrados ou em vias de celebração e quaisquer outros atos;

IX — definir indexadores sucedâneos no caso de extinção ou alteração daqueles referidos nesta Lei;

X — baixar instruções necessárias à devolução de parcelas do benefício do seguro-desemprego, indevidamente recebidas;

XI — propor alteração das alíquotas referentes às contribuições a que alude o art. 239 da Constituição Federal, com vistas a assegurar a viabilidade econômico-financeira do FAT.

XII — *(VETADO);*

XIII — *(VETADO);*

XIV — fixar prazos para processamento e envio ao trabalhador da requisição do benefício do seguro-desemprego, em função das possibilidades técnicas existentes, estabelecendo-se como objetivo o prazo de 30 (trinta) dias;

XV — *(VETADO);*

XVI — *(VETADO);*

XVII — deliberar sobre outros assuntos de interesse do FAT.

Art. 19-A. O CODEFAT poderá priorizar projetos das entidades integrantes do Sistema Nacional de Atendimento Socioeducativo (Sinase) desde que:

I — o ente federado de vinculação da entidade que solicita o recurso possua o respectivo Plano de Atendimento Socioeducativo aprovado;

II — as entidades governamentais e não governamentais integrantes do Sinase que solicitem recursos tenham se submetido à avaliação nacional do atendimento socioeducativo. *(Artigo e incisos acrescentados pela Lei n. 12.594, de 18.1.2012, DOU 19.1.2012).*

Art. 20. A Secretaria Executiva do Conselho Deliberativo será exercida pelo Ministério do Trabalho, e a ela caberão as tarefas técnico-administrativas relativas ao seguro-desemprego e ao abono salarial.

Art. 21. As despesas com a implantação, administração e operação do Programa de Seguro-Desemprego e de Abono Salarial, exceto as de pessoal, correrão por conta do FAT.

Art. 22. Os recursos do FAT integrarão o orçamento da seguridade social na forma da legislação pertinente.

Da Fiscalização e Penalidades

Art. 23. Compete ao Ministério do Trabalho a fiscalização do cumprimento do Programa de Seguro-Desemprego e do Abono Salarial.

Art. 24. Os trabalhadores e empregadores prestarão as informações necessárias, bem como atenderão às exigências para a concessão do seguro-desemprego e o pagamento do abono salarial, nos termos e prazos fixados pelo Ministério do Trabalho.

Art. 25. O empregador que infringir os dispositivos desta Lei estará sujeito a multas de 400 (quatrocentos) a 40.000 (quarenta mil) BTNs, segundo a natureza da infração, sua extensão e a intenção do infrator, a serem aplicadas em dobro, no caso de reincidência, oposição à fiscalização ou desacato à autoridade.

§ 1º Serão competentes para impor as penalidades as Delegacias Regionais do Trabalho, nos termos do Título VII da Consolidação das Leis do Trabalho — CLT.

§ 2º Além das penalidades administrativas já referidas, os responsáveis por meios fraudulentos na habilitação ou na percepção do seguro-desemprego serão punidos civil e criminalmente, nos termos desta Lei.

Art. 25-A. O trabalhador que infringir o disposto nesta Lei e houver percebido indevidamente parcela de seguro-desemprego sujeitar-se-á à compensação automática do débito com o novo benefício, na forma e no percentual definidos por resolução do Codefat. *(Redação dada pela Lei n. 13.134, de 16.6. 2015, DOU 17.6.15)*

§ 1º O ato administrativo de compensação automática poderá ser objeto de impugnação, no prazo de 10 (dez) dias, pelo trabalhador, por meio de requerimento de revisão simples, o qual seguirá o rito prescrito pela Lei n. 9.784, de 29 de janeiro de 1999. *(Redação dada pela Lei n. 13.134, de 16.6. 2015, DOU 17.6.15)*

§ 2º A restituição de valor devido pelo trabalhador de que trata o *caput* deste artigo será realizada mediante compensação do saldo de valores nas datas de liberação de cada parcela ou pagamento com Guia de Recolhimento da União (GRU), conforme regulamentação do Codefat. *(Redação dada pela Lei n. 13.134, de 16.6.2015, DOU 17.6.15)*

Das Disposições Finais e Transitórias

Art. 26. *(VETADO).*

Art. 27. A primeira investidura do CODEFAT dar-se-á no prazo de 30 (trinta) dias da publicação desta Lei.

Art. 28. No prazo de 30 (trinta) dias, as contribuições ao PIS e ao PASEP arrecadadas a partir de 5 de outubro de 1988 e não utilizadas nas finalidades previstas no art. 239 da Constituição Federal serão recolhidas como receita do FAT. *(Redação dada pela Lei n. 8.019, de 11.4.1990, DOU 12.4.1990).*

PARÁGRAFO ÚNICO. *(Vetado).*

Art. 29. *Revogado — Lei n. 8.019/90.*

Art. 30. O Poder Executivo regulamentará esta Lei no prazo de 90 (noventa) dias e apresentará projeto de lei regulamentando a contribuição adicional pelo índice de rotatividade, de que trata o § 4º do art. 239 da Constituição Federal, no prazo de 180 (cento e oitenta) dias.

Art. 31. Esta Lei entra em vigor na data de sua publicação.

Art. 32. Revogam-se as disposições em contrário.

Brasília, em 11 de janeiro de 1990; 169º da Independência e 102º da República.

JOSÉ SARNEY
MAÍLSON FERREIRA DA NÓBREGA
DOROTHEA WERNECK
JÁDER FONTENELLE BARBALHO

PORTARIA MTE N. 1.129, DE 13 OUTUBRO DE 2017

(DOU 16.10.2017)

Nota: Os efeitos desta Portaria estão suspensos em virtude de liminar concedida pela Min. Rosa Weber, do STF, na ADPF 489 MC/DF, de 23.10.17.

Dispõe sobre os conceitos de trabalho forçado, jornada exaustiva e condições análogas à de escravo para fins de concessão de seguro-desemprego ao trabalhador que vier a ser resgatado em fiscalização do Ministério do Trabalho, nos termos do art. 2º-C da Lei n. 7.998, de 11 de janeiro de 1990; bem como altera dispositivos da PI MTPS/MMIRDH n. 4, de 11 de maio de 2016.

O Ministro de Estado do Trabalho, no uso da atribuição que lhe confere o art. 87, parágrafo único, inciso II, da Constituição Federal, e

Considerando a Convenção n. 29 da Organização Internacional do Trabalho (OIT), promulgada pelo Decreto n. 41.721, de 25 de junho de 1957;

Considerando a Convenção n. 105 da OIT, promulgada pelo Decreto n. 58.822, de 14 de julho de 1966;

Considerando a Convenção sobre a Escravatura de Genebra, promulgada pelo Decreto n. 58.563, de 1º de junho de 1966;

Considerando a Convenção Americana sobre Direitos Humanos, promulgada pelo Decreto n. 678, de 6 de novembro de 1992; e

Considerando a Lei n. 7.998, de 11 de janeiro de 1990, bem como a Lei 10.608, de 20 de dezembro de 2002,

Resolve:

Art. 1º Para fins de concessão de benefício de seguro-desemprego ao trabalhador que vier a ser identificado como submetido a regime de trabalho forçado ou reduzido a condição análoga à de escravo, nos termos da Portaria MTE n. 1.153, de 13 de outubro de 2003, em decorrência de fiscalização do Ministério do Trabalho, bem como para inclusão do nome de empregadores no Cadastro de Empregadores que tenham submetido trabalhadores à condição análoga à de escravo, estabelecido pela PI MTPS/MMIRDH n. 4, de 11.05.2016, considerar-se-á:

I — trabalho forçado: aquele exercido sem o consentimento por parte do trabalhador e que lhe retire a possibilidade de expressar sua vontade;

II — jornada exaustiva: a submissão do trabalhador, contra a sua vontade e com privação do direito de ir e vir, a trabalho fora dos ditames legais aplicáveis a sua categoria;

III — condição degradante: caracterizada por atos comissivos de violação dos direitos fundamentais da pessoa do trabalhador, consubstanciados no cerceamento da liberdade de ir e vir, seja por meios morais ou físicos, e que impliquem na privação da sua dignidade;

IV — condição análoga à de escravo:

a) a submissão do trabalhador a trabalho exigido sob ameaça de punição, com uso de coação, realizado de maneira involuntária;

b) o cerceamento do uso de qualquer meio de transporte por parte do trabalhador, com o fim de retê-lo no local de trabalho em razão de dívida contraída com o empregador ou preposto, caracterizando isolamento geográfico;

c) a manutenção de segurança armada com o fim de reter o trabalhador no local de trabalho em razão de dívida contraída com o empregador ou preposto;

d) a retenção de documentação pessoal do trabalhador, com o fim de reter o trabalhador no local de trabalho;

Art. 2º Os conceitos estabelecidos no artigo 1º deverão ser observados em quaisquer fiscalizações procedidas pelo Ministério do Trabalho, inclusive para fins de inclusão de nome de empregadores no Cadastro de Empregadores que tenham submetido trabalhadores à condição análoga à de escravo, estabelecido pela PI MTPS/MMIRDH n. 4, de 11.05.2016.

Art. 3º Lavrado o auto de infração pelo Auditor-Fiscal do Trabalho, com base na PI MTPS/MMIRDH n. 4, de 11.05.2016, assegurar-se-á ao empregador o exercício do contraditório e da ampla defesa a respeito da conclusão da Inspeção do Trabalho de constatação de trabalho em condições análogas à de escravo, na forma do que determina a Lei n. 9.784, de 29 de janeiro de 1999 e a Portaria TEM n. 854, de 25 de junho de 2015.

§ 1º Deverá constar obrigatoriamente no auto de infração que identificar o trabalho forçado; a jornada exaustiva; a condição degradante ou a submissão à condição análoga à de escravo:

I — menção expressa a esta Portaria e à PI MTPS/MMIRDH n. 4, de 11.05.2016;

II — cópias de todos os documentos que demonstrem e comprovem a convicção da ocorrência do trabalho forçado; da jornada exaustiva; da condição degradante ou do trabalho em condições análogas à de escravo;

III — fotos que evidenciem cada situação irregular encontrada, diversa do descumprimento das normas trabalhistas, nos moldes da Portaria MTE n. 1.153, de 14 de outubro de 2003;

IV — descrição detalhada da situação encontrada, com abordagem obrigatória aos seguintes itens, nos termos da Portaria MTE n. 1.153, de 14 de outubro de 2003:

a) existência de segurança armada diversa da proteção ao imóvel;

b) impedimento de deslocamento do trabalhador;

c) servidão por dívida;

d) existência de trabalho forçado e involuntário pelo trabalhador.

§ 2º Integrarão o mesmo processo administrativo todos os autos de infração que constatarem a ocorrência de trabalho forçado; de jornada exaustiva; de condição degradante ou em condições análogas à de escravo, desde que lavrados na mesma fiscalização, nos moldes da Portaria MTE n. 854, de 25 de junho de 2015.

§ 3º Diante da decisão administrativa final de procedência do auto de infração ou do conjunto de autos, o Ministro de Estado do Trabalho determinará a inscrição do empregador condenado no Cadastro de Empregadores que submetem trabalhadores a condição análoga às de escravo.

Art. 4º O Cadastro de Empregadores previsto na PI MTPS/MMIRDH n. 4, de 11.05.2016, será divulgado no sítio eletrônico oficial do Ministério do Trabalho, contendo a relação de pessoas físicas ou jurídicas autuadas em ação fiscal que tenha identificado trabalhadores submetidos a condições análogas à de escravo.

§ 1º A organização do Cadastro ficará a cargo da Secretaria de Inspeção do Trabalho (SIT), cuja divulgação será realizada por determinação expressa do Ministro do Trabalho.

§ 2º A inclusão do empregador somente ocorrerá após a prolação de decisão administrativa irrecorrível de procedência do auto de infração ou do conjunto de autos de infração.

§ 3º Para o recebimento do processo pelo órgão julgador, o Auditor-Fiscal do Trabalho deverá promover a juntada dos seguintes documentos:

I — Relatório de Fiscalização assinado pelo grupo responsável pela fiscalização em que foi identificada a prática de trabalho forçado, jornada exaustiva, condições degradantes ou condições análogas à escravidão, detalhando o objeto da fiscalização e contendo, obrigatoriamente, registro fotográfico da ação e identificação dos envolvidos no local;

II — Boletim de Ocorrência lavrado pela autoridade policial que participou da fiscalização;

III — Comprovação de recebimento do Relatório de Fiscalização pelo empregador autuado;

IV — Envio de ofício à Delegacia de Polícia Federal competente comunicando o fato para fins de instauração.

§ 4º A ausência de quaisquer dos documentos elencados neste artigo, implicará na devolução do processo por parte da SIT para que o Auditor-Fiscal o instrua corretamente.

§ 5º A SIT poderá, de ofício ou a pedido do empregador, baixar o processo em diligência, sempre que constatada contradição, omissão ou obscuridade na instrução do processo administrativo, ou qualquer espécie de restrição ao direito de ampla defesa ou contraditório.

Art. 5º A atualização do Cadastro de Empregadores que tenham submetido trabalhadores à condição análoga à de escravo será publicada no sítio eletrônico do Ministério do Trabalho duas vezes ao ano, no último dia útil dos meses de junho e novembro.

PARÁGRAFO ÚNICO. As decisões administrativas irrecorríveis de procedência do auto de infração, ou conjunto de autos de infração, anteriores à data de publicação desta Portaria valerão para o Cadastro após análise de adequação da hipótese aos conceitos ora estabelecidos.

Art. 6º A União poderá, com a necessária participação e anuência da Secretaria de Inspeção do Trabalho e da Consultoria Jurídica junto ao Ministério do Trabalho, observada a imprescindível autorização, participação e representação da Advocacia-Geral da União para a prática do ato, celebrar Termo de Ajustamento de Conduta (TAC), ou acordo judicial com o administrado sujeito a constar no Cadastro de Empregadores, com objetivo de reparação dos danos causados, saneamento das irregularidades e adoção de medidas preventivas e promocionais para evitar a futura ocorrência de novos casos de trabalho em condições análogas à de escravo, tanto no âmbito de atuação do administrado quanto no mercado de trabalho em geral.

§ 1º A análise da celebração do Termo de Ajustamento de Conduta (TAC) ou acordo judicial deverá ocorrer mediante apresentação de pedido escrito pelo administrado.

§ 2º O Termo de Ajustamento de Conduta (TAC) ou acordo judicial somente poderá ser celebrado entre o momento da constatação, pela Inspeção do Trabalho, da submissão de trabalhadores a condições análogas às de escravo e a prolação de decisão administrativa irrecorrível de procedência do auto de infração lavrado na ação fiscal.

Art. 7º A Secretaria de Inspeção do Trabalho disciplinará os procedimentos de fiscalização de que trata esta Portaria, por intermédio de instrução normativa a ser editada em até 180 dias.

Art. 8º Revogam-se os arts. 2º, § 5º, 5º, 6º, 7º, 8º, 9º, 10, 11 e 12 da PI MTPS/MMIRDH n. 4, de 11.05.2016, bem como suas disposições em contrário.

Art. 9º Esta Portaria entra em vigor na data de sua publicação.

RONALDO NOGUEIRA DE OLIVEIRA

RESOLUÇÃO CODEFAT N. 724, DE 18 DE DEZEMBRO DE 2013

(DOU 23.12.2013)

Dispõe sobre medidas para viabilizar o equilíbrio financeiro do Fundo de Amparo ao Trabalhador — FAT

O Conselho Deliberativo do Fundo de Amparo ao Trabalhador — CODEFAT, no uso das atribuições que lhe confere o inciso V do art. 19 da Lei n. 7.998, de 11 de janeiro de 1990,

Considerando que para viabilizar o desenvolvimento sustentável do Brasil há necessidade da manutenção de taxas de juros de longo prazo reduzidas, tornando-se inadequadas propostas de ajustes do critério legal de remuneração dos recursos do FAT, de que trata a Lei n. 9.635, de 16.11.1996, que aumente a taxa de remuneração dos financiamentos de projetos de longo prazo;

Considerando que a Desvinculação de Receitas da União — DRU, de que trata a Emenda Constitucional n. 68, de 21.12.2011, vigorá até o final do exercício de 2015;

Considerando que a política de desonerações fiscais, com expressivo volume de renúncia de recursos da contribuição PIS/PASEP, é um importante instrumento para estimular a economia do Brasil; Considerando que a DRU e as desonerações reduziram drasticamente as fontes de recursos do FAT para cumprimento de suas obrigações constitucionais, com destaque para perdas de receitas da contribuição da arrecadação PIS/PASEP e de remunerações do Patrimônio do Fundo;

Considerando a necessidade de aprimoramento do Programa Seguro-Desemprego e dos sistemas de controle do pagamento de benefícios do seguro-desemprego;

Considerando o papel social do Fundo de Amparo ao Trabalhador e o alcance de suas políticas, beneficiando inclusive trabalhadores cujos empregadores não recolhem o PIS/PASEP;

Considerando que a falta de estrutura do Sistema Nacional de Emprego — SINE gera baixa eficiência do processo de qualificação e de intermediação de mão de obra dos trabalhadores, e o consequente aumento dos gastos com pagamento de benefícios do seguro-desemprego; e,

Considerando a necessidade de adoção de medidas para equilibrar as contas anuais do FAT, por meio de aumento de receitas, redução de despesas e melhoria de gestão, resolve:

Art. 1º Requerer aos Ministérios da Área Econômica do Governo Federal que:

I — Adotem providências para restituir ao FAT os recursos correspondentes: a) aos valores relativos aos descontos da arrecadação da contribuição PIS/PASEP, por DRU, a partir de 1º de janeiro de 2014; b) ao valor apurado pela Receita Federal do Brasil pelas desonerações tributárias da contribuição PIS/PASEP, a partir de 1º de janeiro de 2014;

II — Disponibilizem créditos orçamentários e recursos financeiros do Tesouro Nacional para a execução de despesas com pagamento de benefícios aos trabalhadores de empregadores pessoas físicas e aos trabalhadores que não tenham vínculo empregatício.

Art. 2º Determinar que, até o final do exercício de 2015, os pagamentos dos benefícios do Seguro-Desemprego, em quaisquer modalidades, serão efetuados por meio de conta simplificada ou conta poupança em favor do beneficiário, sem qualquer ônus para o trabalhador; ou, diretamente, em espécie, por meio de identificação em sistema biométrico, com vistas a garantir maior segurança ao exercício do direito pelo trabalhador, minimizando riscos de fraudes no pagamento dos benefícios.

Art. 3º Encaminhar ao Ministério do Trabalho e Emprego — MTE proposta de regulamentação do § 4º do art. 239 da Constituição Federal, que trata da instituição de contribuição adicional da empresa cujo índice de rotatividade da força de trabalho supere o índice médio da rotatividade do setor, a ser encaminhada à Casa Civil da Presidência da República.

Art. 4º Aprovar proposta do MTE/CODEFAT para fortalecimento do Sistema Público de Emprego, por meio da reestruturação da rede dos postos de atendimento ao trabalhador, com vistas à padronização e aumento da capacidade operacional do Sistema e à maior integração entre o pagamento de benefícios do seguro-desemprego, a qualificação profissional e a intermediação de mão de obra do trabalhador.

PARÁGRAFO ÚNICO. A proposta de que trata o *caput* desse artigo poderá ser consultada no Portal do MTE.

Art. 5º A proposta de que trata o art. 2º será objeto de resolução específica deste Conselho.

Art. 6º Esta Resolução entra em vigor na data de sua publicação.

QUINTINO MARQUES SEVER

RESOLUÇÃO CODEFAT N. 36, DE 22 DE SETEMBRO DE 1992

(DOU 5.10.1992 — LTr 56-10/1279)

Faculta às empresas utilizarem formulários contínuos para concessão do seguro-desemprego

O CONSELHO DELIBERATIVO DO FUNDO DE AMPARO AO TRABALHADOR — CODEFAT, no uso das atribuições que lhe confere o inciso V do art. 19 da Lei n. 7.998, de 11 de janeiro de 1990, resolve:

Art. 1º Facultar às Empresas utilizarem formulários contínuos em substituição aos formulários instituídos pela Resolução n. 18, de 3 de julho de 1991.

Art. 2º Na hipótese do artigo anterior, as Empresas deverão observar as normas constantes na Resolução n. 18, que dispõem sobre as especificações técnicas do formulário.

Art. 3º Para confecção dos formulários contínuos, as Empresas poderão utilizar-se de sistema de processamento de dados próprio ou contratado, de acordo com o modelo e numeração específica, fornecidos pelo Ministério do Trabalho e da Administração, mediante autorização do Departamento Nacional de Emprego.

Art. 4º Esta Resolução entra em vigor na data de sua publicação, revogadas as disposições em contrário.

SANTIAGO BALLESTEROS FILHO,
Presidente

RESOLUÇÃO/CODEFAT N. 91, DE 14 DE SETEMBRO DE 1995

(DOU 20.9.1995)

Estabelece prazo para restituição das parcelas do seguro-desemprego indevidamente recebidas

O CONSELHO DELIBERATIVO DO FUNDO DE AMPARO AO TRABALHADOR — CODEFAT, no uso de suas atribuições legais e em face do disposto nos incisos V e X do art. 19, da Lei n. 7.998, de 11 de janeiro de 1990, e tendo em vista o necessário aprimoramento do Programa do Seguro-Desemprego, resolve:

Art. 1º Adotar o prazo de prescrição em cinco anos, para a restituição, pelos beneficiários do Seguro-Desemprego, das parcelas recebidas indevidamente.

Art. 2º O prazo de prescrição que trata o art. 1º desta Resolução, será contado a partir da data do efetivo pagamento do benefício, recebido indevidamente. *(Redação dada pela Resol. MTb n. 193, de 23.9.1998, DOU 29.9.1998).*

Art. 3º Esta Resolução entra em vigor na data de sua publicação.

ALENCAR NAUL ROSSI,
Presidente do Conselho

RESOLUÇÃO/CODEFAT N. 199, DE 4 DE NOVEMBRO DE 1998

(DOU 9.11.1998)

Dispõe sobre pagamento do benefício do seguro-desemprego

O CONSELHO DELIBERATIVO DO FUNDO DE AMPARO AO TRABALHADOR — CODEFAT, no uso das atribuições que lhe confere o inciso V do art. 19 da Lei n. 7.998, de 11 de janeiro de 1990, resolve:

Art. 1º Estabelecer as condições indispensáveis para que a partir de 1º de janeiro de 1999, os trabalhadores que estejam em situação de desemprego involuntário, pelo período compreendido entre doze e dezoito meses, ininterruptos, e que já tenham sido beneficiados com o seguro-desemprego, recebam três parcelas no valor de R$ 100,00 (cem reais) cada, do benefício instituído, em caráter excepcional e pelo prazo máximo de seis meses, nos termos do art. 2º-B da Lei n. 7.998/90, com a redação dada pela Medida Provisória n. 1.726, de 3 de novembro de 1998.

PARÁGRAFO ÚNICO. O período de doze a dezoito meses de que trata o *caput* será contado a partir do recebimento da primeira parcela do seguro-desemprego.

Art. 2º Farão jus ao seguro-desemprego previsto nesta Resolução os trabalhadores com idade igual ou superior a trinta anos, cujo domicílio do empregador, ao qual esteve vinculado, quando da demissão que resultou no recebimento de parcelas anteriores do seguro-desemprego, estiver situado nas regiões metropolitanas de: São Paulo, Rio de Janeiro, Belo Horizonte, Belém, Salvador, Curitiba, Porto Alegre, Recife, Vitória e Fortaleza.

PARÁGRAFO ÚNICO. O benefício poderá estar integrado a ações de qualificação profissional e articulado com ações de emprego a serem executadas nas localidades de domicílio do beneficiado.

Art. 3º No momento do requerimento para o recebimento do seguro-desemprego de que trata esta Resolução o trabalhador deverá comprovar:

I — ter idade igual ou superior a trinta anos;

II — a data do pagamento da primeira parcela do benefício anteriormente recebido; e

III — o domicílio do último empregador.

§ 1º Onde houver posto de atendimento do Sistema Nacional de Emprego o trabalhador deverá comprovar, também, sua inscrição para participação em ações de qualificação profissional e de emprego.

§ 2º Fica o beneficiário do seguro-desemprego, ora concedido, dispensado da comprovação dos demais requisitos previstos para a percepção do benefício conforme estabelecido na Lei n. 7.998/90 e suas alterações.

Art. 4º O pagamento do benefício será suspenso ou cancelado na hipótese de ocorrência das situações previstas nos arts. 7º e 8º da Lei n. 7.998/90 e suas alterações.

Art. 5º Esta Resolução entra em vigor na data de sua publicação, revogadas as disposições em contrário.

FLÁVIO OBINO FILHO

RESOLUÇÃO CODEFAT N. 591, DE 11 DE FEVEREIRO DE 2009

(DOU 12.2.2009)

Dispõe sobre o pagamento da bolsa de qualificação profissional instituída pela Medida Provisória n. 2.164-41, de 2001, que acresceu artigos à Lei n. 7.998, de 1990

O CONSELHO DELIBERATIVO DO FUNDO DE AMPARO AO TRABALHADOR — CODEFAT, no uso das atribuições que lhe confere o inciso V, do art. 19, da Lei n. 7.998, de 11 de janeiro de 1990, resolve:

Art. 1º Fará jus ao benefício bolsa de qualificação profissional, instituída pelo art. 8º da Medida Provisória n. 2.164-41, de 2001 que acresceu à Lei n. 7.998/90 os arts. 2º-A, 2º-B, 3º-A, 7º-A, 8º-A, 8º-B e 8º-C, o trabalhador, com contrato de trabalho suspenso, na forma prevista no art. 476-A da Consolidação das Leis do Trabalho — CLT, devidamente matriculado em curso ou programa de qualificação profissional oferecido pelo empregador.

Art. 2º A concessão do benefício bolsa de qualificação profissional de que trata o art. 1º desta Resolução, deverá observar em face do que preceitua o art. 3º-A, da Lei n. 7.998/90, a mesma periodicidade, valores, cálculo do número de parcelas, procedimentos operacionais e pré-requisitos para habilitação adotados para a obtenção do benefício do seguro-desemprego, exceto quanto à dispensa sem justa causa.

Art. 3º Para concessão do benefício de que trata o *caput* do art. 1º, o empregador deverá informar à Superintendência Regional do Trabalho e Emprego a suspensão do contrato de trabalho acompanhado dos seguintes documentos:

a) cópia da convenção ou do acordo coletivo celebrado para este fim;

b) relação dos trabalhadores a serem beneficiados pela medida;

c) plano pedagógico e metodológico contendo, no mínimo, objetivo, público alvo, estrutura curricular e carga horária.

§ 1º Caberá às Superintendências Regionais do Trabalho e Emprego, após homologar a Convenção ou o acordo coletivo, acompanhar a execução dos cursos e fiscalizar a concessão do benefício de que trata o *caput* do art. 1º desta Resolução.

§ 2º O benefício bolsa de qualificação profissional poderá ser requerido nos postos de atendimento do Ministério do Trabalho e Emprego.

Art. 4º Para requerer o benefício, o trabalhador deverá comprovar os requisitos previstos na Lei n. 7.998/90 e suas alterações, e apresentar os seguintes documentos:

I. cópia da convenção ou acordo coletivo celebrado para este fim;

II. Carteira de Trabalho e Previdência Social — CTPS, com a anotação da suspensão do contrato de trabalho;

III. Cópia de comprovante de inscrição em curso ou programa de qualificação profissional, oferecido pelo empregador, onde deverá constar a duração deste;

IV. documento de identidade e do CPF;

V. comprovante de inscrição no PIS;

Art. 5º O prazo para o trabalhador requerer o benefício bolsa de qualificação profissional será o período compreendido entre o início e fim da suspensão do contrato.

Art. 6º A primeira parcela do benefício bolsa de qualificação profissional será liberada trinta dias após a data de suspensão do contrato e as demais a cada trinta dias.

Art. 7º Caso ocorra demissão, após o período de suspensão do contrato de trabalho, as parcelas da bolsa de qualificação profissional que o empregado tiver recebido serão descontadas das parcelas do benefício do Seguro-Desemprego a que fizer jus, sendo-lhe garantido, no mínimo, o recebimento de uma parcela do benefício Seguro-Desemprego.

Art. 8º O pagamento do benefício bolsa de qualificação profissional será suspenso nas seguintes situações:

I. se ocorrer a rescisão do contrato de trabalho;

II. início de percepção de benefício de prestação continuada da Previdência Social, exceto auxílio-acidente e pensão por morte;

III. comprovada ausência do empregado nos cursos de qualificação, observada a frequência mínima de 75% (setenta e cinco por cento).

Legislação Complementar

Art. 9º O benefício bolsa de qualificação profissional será cancelado, nas seguintes situações:

I. fim da suspensão contratual e retorno ao trabalho;

II. por comprovação de falsidade na prestação das informações necessárias à habilitação;

III. por comprovação de fraude com vistas à percepção indevida da bolsa; e,

IV. por morte do beneficiário.

Art. 10 Os cursos ou programas de qualificação a serem oferecidos pelo empregador deverão assegurar qualidade pedagógica, carga horária compatível, frequência mínima e estar relacionados com as atividades da empresa.

§ 1º Os cursos de qualificação profissional deverão observar a carga horária mínima de:

I. cento e vinte horas para contratos suspensos pelo período de dois meses;

II. cento e oitenta horas para contratos suspensos pelo período de três meses;

III. duzentas e quarenta horas para contratos suspensos pelo período de quatro meses;

IV. trezentas horas para contratos suspensos pelo período de cinco meses.

§ 2º Será exigida a frequência mínima de setenta e cinco por cento do total de horas letivas.

§ 3º Os cursos a serem oferecidos pelo empregador deverão estar relacionados, preferencialmente, com as atividades da empresa e observar:

I. mínimo de 85% (oitenta e cinco por cento) de ações formativas denominadas cursos ou laboratórios;

II. até 15% (quinze por cento) de ações formativas denominadas seminários e oficinas.

Art. 11. O prazo de carência (período aquisitivo) que trata o art. 4º da Lei n. 7.998, de 1990, para recebimento de um novo benefício será contado a partir da data de suspensão do contrato de trabalho.

Art. 12. Fica revogada a Resolução do CODEFAT n. 200, de 4 de novembro de 1998.

Art. 13. Esta resolução entra em vigor na data de sua publicação.

LUIZ FERNANDO DE SOUZA EMEDIATO
Presidente do CODEFAT

RESOLUÇÃO CODEFAT N. 467, DE 21 DE DEZEMBRO DE 2005

(DOU 26.12.2005)

Estabelece procedimentos relativos à concessão do seguro-desemprego

— V. Resolução CODEFAT n. 619, de 5 de novembro de 2009, DOU 9.11.2009, que dispõe sobre restituição de parcelas do benefício Seguro-Desemprego, inclusive mediante compensação. (Não publicada nesta obra)

O CONSELHO DELIBERATIVO DO FUNDO DE AMPARO AO TRABALHADOR — CODEFAT, no uso das atribuições que lhe confere o inciso V do art. 19 da Lei n. 7.998, de 11 de janeiro de 1990, resolve:

Art. 1º Estabelecer critérios relativos à integração das ações de concessão do Seguro-Desemprego e de assistência aos trabalhadores dispensados face às alterações introduzidas na Lei n. 7.998/90 e na legislação trabalhista.

Art. 2º O Programa do Seguro-Desemprego tem por finalidade:

I — prover assistência financeira temporária ao trabalhador desempregado em virtude de dispensa sem justa causa, inclusive a indireta; e

II — auxiliar os trabalhadores na busca de emprego, promovendo, para tanto, ações integradas de orientação, recolocação e qualificação profissional.

Art. 3º Terá direito a perceber o Seguro-Desemprego o trabalhador dispensado sem justa causa, inclusive a indireta, que comprove:

I — ter recebido salários consecutivos no período de 6 (seis) meses imediatamente anteriores à data da dispensa, de uma ou mais pessoas jurídicas ou físicas equiparadas às jurídicas;

II — ter sido empregado de pessoa jurídica ou pessoa física equiparada à jurídica durante, pelo menos, 6 (seis) meses nos últimos 36 (trinta e seis) meses que antecederam a data de dispensa que deu origem ao requerimento do Seguro-Desemprego;

III — não estar em gozo de qualquer benefício previdenciário de prestação continuada, previsto no Regulamento de Benefícios da Previdência Social, excetuando o auxílio-acidente e a pensão por morte; e

IV — não possuir renda própria de qualquer natureza suficiente a sua manutenção e de sua família.

§ 1º Considera-se pessoa física equiparada à jurídica, os profissionais liberais inscritos no Cadastro Específico do Instituto Nacional do Seguro Social (CEI).

§ 2º Considera-se 1 (um) mês de atividade, para efeito do inciso II deste artigo, a fração igual ou superior a 15 (quinze) dias, nos termos da Consolidação das Leis do Trabalho.

Art. 4º A comprovação dos requisitos de que trata o artigo anterior deverá ser feita:

I — mediante as anotações da Carteira de Trabalho e Previdência Social — CTPS;

II — pela apresentação do Termo de Rescisão do Contrato de Trabalho — TRCT, homologado quando o período trabalhado for superior a 1 (um) ano;

III — mediante documento utilizado para levantamento dos depósitos do FGTS ou extrato comprobatório dos depósitos;

IV — pela apresentação da sentença judicial transitada em julgado, acórdão ou certidão judicial, onde conste os dados do trabalhador, da empresa e se o motivo da dispensa for sem justa causa; e

V — mediante verificação a cargo da Auditoria Fiscal do Trabalho, quando for o caso.

PARÁGRAFO ÚNICO. A comprovação dos demais requisitos será feita mediante declaração firmada pelo trabalhador, no Requerimento do Seguro-Desemprego — RSD.

Art. 5º O Seguro-Desemprego será concedido ao trabalhador desempregado, por um período máximo variável de 3 (três) a 5 (cinco) meses, de forma contínua ou alternada, a cada período aquisitivo de 16 (dezesseis) meses, observando-se a seguinte relação:

I — 3 (três) parcelas, se o trabalhador comprovar vínculo empregatício com pessoa jurídica ou pessoa física a ela equiparada de no mínimo 6 (seis) meses e no máximo 11 (onze) meses, nos últimos 36 (trinta e seis) meses;

II — 4 (quatro) parcelas, se o trabalhador comprovar vínculo empregatício com pessoa jurídica ou pessoa física a ela equiparada de no mínimo 12 (doze) meses e no máximo 23 (vinte e três) meses no período de referência; e

III — 5 (cinco) parcelas, se o trabalhador comprovar vínculo empregatício com pessoa jurídica ou pessoa física a ela equiparada, de no mínimo 24 (vinte e quatro) meses no período de referência.

§ 1º O período aquisitivo de que trata este artigo será contado da data de dispensa que deu origem à última habilitação, não podendo ser interrompido quando a concessão do benefício estiver em curso.

§ 2º A primeira dispensa que habilitar o trabalhador determinará o número de parcelas a que este terá direito no período aquisitivo.

Art. 6º A adesão a Planos de Demissão Voluntária ou similar não dará direito ao benefício, por não caracterizar demissão involuntária.

Art. 7º O valor do benefício será fixado em moeda corrente na data de sua concessão e corrigido anualmente por índice oficial, não podendo ser inferior ao valor do salário mínimo.

Art. 8º O valor do benefício do Seguro-Desemprego será calculado com base no art. 5º da Lei n. 7.998/90 e reajustado de acordo com a legislação em vigor.

Art. 9º Para fins de apuração do benefício, será considerada a média aritmética dos salários dos últimos 3 (três) meses de trabalho.

§ 1º O salário será calculado com base no mês completo de trabalho, mesmo que o trabalhador não tenha trabalhado integralmente em qualquer dos 3 (três) últimos meses.

§ 2º No caso de o trabalhador perceber salário fixo com parte variável, a composição do salário para o cálculo do Seguro-Desemprego tomará por base, ambas as parcelas.

§ 3º Quando o trabalhador perceber salário por quinzena, por semana, ou por hora, o valor do Seguro-Desemprego será calculado com base no que seria equivalente ao seu salário mensal, tomando-se por parâmetro, para essa equivalência, o mês de 30 (trinta) dias ou 220 (duzentos e vinte) horas, exceto para quem tem horário especial, inferior a 220 horas mensais, que será calculado com base no salário mensal.

§ 4º O valor do benefício será igual ao valor de unidades de moeda corrente, excluída as partes decimais.

Art. 10. Para o trabalhador em gozo de auxílio-doença ou convocado para prestação do serviço militar, bem assim na hipótese de não ter percebido do mesmo empregador os 3 (três) últimos salários, o valor do benefício basear-se-á na média dos 2 (dois) últimos ou, ainda, no valor do último salário.

Art. 11. O benefício Seguro-Desemprego é direito pessoal e intransferível, nos termos da Lei n. 7.998/1990, e será pago diretamente ao beneficiário, salvo em caso de morte do segurado, ausência, moléstia contagiosa e beneficiário preso, observadas as seguintes condições: *(Redação dada pela Resolução CODEFAT n. 665, de 26.5.2011, DOU 30.5.2011)*

I — morte do segurado, quando serão pagas parcelas vencidas até a data do óbito, aos sucessores, mediante apresentação de Alvará Judicial; *(Redação dada pela Resolução CODEFAT n. 665, de 26.5.2011, DOU 30.5.2011)*

II — grave moléstia do segurado, comprovada pela perícia médica do Instituto Nacional de Seguridade Social — INSS, quando serão pagas parcelas vencidas ao seu curador legalmente designado ou representante legal, mediante apresentação de Mandato outorgado por instrumento público, com finalidade específica para o benefício a ser recebido; *(Redação dada pela Resolução CODEFAT n. 665, de 26.5.2011, DOU 30.5.2011)*

III — moléstia contagiosa ou impossibilidade de locomoção, devidamente comprovada mediante perícia médica do Instituto Nacional de Seguridade Social — INSS, quando serão pagas parcelas vencidas a procurador designado em instrumento público, com poderes específicos para receber o benefício; *(Redação dada pela Resolução CODEFAT n. 665, de 26.5.2011, DOU 30.5.2011)*

IV — ausência civil, quando serão pagas parcelas vencidas ao curador designado pelo Juiz, mediante certidão judicial de nomeação do curador habilitado à prática do ato; *(Redação dada pela Resolução CODEFAT n. 665, de 26.5.2011, DOU 30.5.2011)*

V — beneficiário preso, impossibilitado de comparecer pessoalmente à instituição financeira responsável pelo pagamento, quando as parcelas vencidas serão pagas por meio de instrumento público com poderes específicos para o ato. *(Redação dada pela Resolução CODEFAT n. 665, de 26.5.2011, DOU 30.5.2011)*

§ 1º O Requerimento do Seguro-Desemprego somente poderá ser firmado pelo trabalhador, admitindo-se, excepcionalmente, sua apresentação pelos representantes mencionados nos incisos I a V deste artigo, desde que instruído com os documentos mencionados nos arts. 4º e 5º da Resolução n. 253/2000, nos arts. 13 e 15 da Resolução n. 467/2005 e no art. 3º da Resolução n. 657/2010. *(Redação dada pela Resolução CODEFAT n. 665, de 26.5.2011, DOU 30.5.2011)*

§ 2º Em qualquer caso, o mandato deverá ser individual e outorgado por instrumento público, especificando a modalidade de benefício Seguro-Desemprego a qual o Requerimento faz referência e à dispensa que lhe deu causa, cujo direito foi adquirido pelo trabalhador em função de demissão sem justa causa, ou no caso do pescador artesanal relativo ao defeso a ser requerido, vedada sua utilização posterior para outros benefícios da mesma espécie. *(Redação dada pela Resolução CODEFAT n. 665, de 26.5.2011, DOU 30.5.2011)*

Art. 12. A concessão do Seguro-Desemprego poderá ser retomada a cada novo período aquisitivo desde que, atendidas as condições estabelecidas no art. 3º desta Resolução.

Art. 13. O Requerimento do Seguro-Desemprego — RSD, e a Comunicação de Dispensa — CD devidamente preenchidas com as informações constantes da Carteira de Trabalho e Previdência Social, serão fornecidas pelo empregador no ato da dispensa, ao trabalhador dispensado sem justa causa.

Art. 14. Os documentos de que trata o artigo anterior deverão ser encaminhados pelo trabalhador a partir do 7º (sétimo) e até o 120º (centésimo vigésimo) dias subsequentes à data da sua dispensa ao Ministério do Trabalho e Emprego por intermédio dos postos credenciados das suas Delegacias, do Sistema Nacional de Emprego — SINE e Entidades Parceiras.

PARÁGRAFO ÚNICO. Nas localidades onde não existam os Órgãos citados no *caput* deste artigo, o Requerimento de Seguro-Desemprego — RSD poderá ser encaminhado por outra entidade autorizada pelo Ministério do Trabalho e Emprego.

Art. 15. O trabalhador, para requerer o benefício, deverá apresentar os seguintes documentos:

a) documento de identificação — Carteira de Identidade ou Certidão de Nascimento, Certidão de Casamento com o protocolo de requerimento da identidade (somente para recepção), Carteira Nacional de Habilitação (modelo novo), Carteira de Trabalho (modelo novo), Passaporte e Certificado de Reservista;

b) Cadastro de Pessoa Física — CPF

c) Carteira de Trabalho e Previdência Social;

d) documento de Identificação no Programa de Integração Social — PIS ou Programa de Formação do Patrimônio do Servidor Público — PASEP;

e) Requerimento do Seguro-Desemprego — RSD e Comunicação de Dispensa — CD;

f) Termo de Rescisão do Contrato de Trabalho — TRCT, homologado quando o período de vínculo for superior a 1 (um) ano;

g) Documentos de levantamento dos depósitos no Fundo de Garantia por Tempo de Serviço — FGTS ou extrato comprobatório dos depósitos; e

h) No caso do requerente não ter recebido as verbas rescisórias deverá apresentar certidão das Comissões de Conciliação Prévia/ Núcleos Intersindicais (certidão da justiça ou relatório da fiscalização).

§ 1º No ato da entrega do requerimento, o agente credenciado junto ao Programa do Seguro-Desemprego conferirá os critérios de habilitação e fornecerá ao trabalhador comprovante de recepção.

§ 2º Se atendidos os requisitos de habilitação o Ministério do Trabalho e Emprego enviará a autorização de pagamento do benefício do Seguro-Desemprego ao agente pagador.

§ 3º Caso não sejam atendidos os critérios e na hipótese de não ser concedido o Seguro-Desemprego, o trabalhador será comunicado dos motivos do indeferimento.

§ 4º Do indeferimento do pedido do Seguro-Desemprego, caberá recurso ao Ministério do Trabalho e Emprego por intermédio das Delegacias Regionais do Trabalho, no prazo de 2 (dois) anos, contados a partir da data de dispensa que deu origem ao benefício, bem como para os casos de notificações, reemissões.

Art. 16. Ressalvados os casos previstos no art. 11, o pagamento do benefício poderá ser efetuado mediante crédito em Conta Simplificada ou Conta Poupança em favor de beneficiário correntista da Caixa Econômica Federal, sem qualquer ônus para o trabalhador, ou em espécie, por meio da apresentação do Cartão do Cidadão ou documentos abaixo relacionados: *(Redação dada pela Resolução CODEFAT n. 651, de 26.8.2010, DOU 30.8.2010)*

a) documento de identificação (Carteira de Identidade ou Carteira Nacional de Habilitação — Modelo novo ou Carteira de Identificação Profissional ou que contenha o número do PIS/ PASEP); e

b) comprovante de inscrição no PIS/PASEP.

§ 1º Os pagamentos efetuados nas agências da CAIXA, sem utilização do Cartão do Cidadão ou mediante crédito em conta em favor de segurado correntista, terão sua comprovação por meio de autenticação em documento próprio ou registro eletrônico, arquivado na CAIXA, que deverá ficar à disposição do MTE durante o prazo de cinco anos. *(Redação dada pela Resolução CODEFAT n. 651, de 26.8.2010, DOU 30.8.2010)*

§ 2º Os pagamentos efetuados com a utilização do Cartão do Cidadão terão sua comprovação por meio do registro eletrônico da transação, ficando à disposição para consulta pelo MTE durante o prazo de 5 (cinco) anos.

§ 3º O Cartão do Cidadão será fornecido ao segurado pela CAIXA. No ato do cadastramento da senha o caixa executivo solicitará identificação pessoal do segurado, assinatura no formulário, "Termo de Responsabilidade para uso do Cartão/Senha do Cidadão" e cadastramento da senha, que é pessoal e intransferível.

§ 4º O valor a ser pago ao segurado corresponderá ao valor total da parcela disponível. Caso haja impedimento para o pagamento, será impresso comprovante contendo mensagem impeditiva (notificação), que ficará à disposição para consulta pelo MTE, durante o prazo de 5 (cinco) anos.

§ 5º O beneficiário que não desejar receber as parcelas do Seguro-Desemprego por meio de crédito em Conta Simplificada ou Conta Poupança deverá solicitar formalmente ao agente pagador a sua suspensão, por meio de agências bancárias, no prazo máximo de até dez dias após o recebimento da parcela. *(Acrescentado dada pela Resolução CODEFAT n. 651, de 26.8.2010, DOU 30.8.2010)*

§ 6º As parcelas creditadas indevidamente pelo agente pagador em conta corrente reverterão automaticamente ao Programa do Seguro-Desemprego. *(Acrescentado dada pela Resolução CODEFAT n. 651, de 26.8.2010, DOU 30.8.2010)*

Art. 17. O pagamento da primeira parcela corresponderá aos 30 (trinta) dias de desemprego, a contar da data da dispensa.

§ 1º O trabalhador fará jus ao pagamento integral das parcelas subsequentes para cada mês, por fração igual ou superior a 15 (quinze) dias de desemprego.

§ 2º A primeira parcela será liberada trinta dias após a data do requerimento e as demais a cada intervalo de 30 (trinta) dias, contados da emissão da parcela anterior.

§ 3º Em caso de liberação por recurso, a primeira parcela será liberada no lote imediatamente posterior ao processamento do recurso, desde que, a data do recurso tenha pelo menos 30 (trinta) dias da data do requerimento.

§ 4º Para os casos de processos judiciais em que são expedidos mandados judiciais para liberação do seguro-desemprego, as parcelas serão liberadas em um único lote.

Art. 18. O pagamento do Seguro-Desemprego será suspenso nas seguintes situações:

I — admissão do trabalhador em novo emprego; e

II — início de percepção de benefício de prestação continuada da Previdência Social, exceto o auxílio-acidente e a pensão por morte.

PARÁGRAFO ÚNICO. Será assegurado o direito ao recebimento do benefício e/ou retomada do saldo de parcelas quando ocorrer a suspensão motivada por reemprego em contrato temporário, experiência, tempo determinado, desde que o motivo da dispensa não seja a pedido ou por justa causa, observando que o término do contrato ocorra dentro do mesmo período aquisitivo e tenha pelo menos 1 (um) dia de desemprego de um contrato para outro.

Art. 19. O Seguro-Desemprego será cancelado:

I — pela recusa, por parte do trabalhador desempregado de outro emprego condizente com sua qualificação e remuneração anterior;

II — por comprovação da falsidade na prestação de informações necessárias à habilitação;

III — por comprovação de fraude visando à percepção indevida do benefício do Seguro-Desemprego; e

IV — por morte do segurado.

§ 1º Para efeito do Seguro-Desemprego, considerar-se-á emprego condizente com a vaga ofertada, aquele que apresente tarefas semelhantes ao perfil profissional do trabalhador, declarado/comprovado no ato do seu cadastramento.

§ 2º Para definição do salário compatível, deverá ser tomado como base o último salário recebido pelo trabalhador.

§ 3º No caso de recusa de novo emprego no ato do cadastramento, o benefício será cancelado.

§ 4º Caso o trabalhador seja convocado para um novo posto de trabalho e não atender à convocação por 3 (três) vezes consecutivas, o benefício será suspenso.

§ 5º Após o cancelamento do benefício em decorrência de recusa pelo trabalhador de novo emprego, o trabalhador poderá recorrer através de Processo Administrativo, no prazo de 2 (dois) anos contados a partir da data de dispensa que deu origem ao benefício.

§ 6º Nos casos previstos nos incisos I, II e III deste artigo, o Seguro-Desemprego será suspenso por 2 (dois) anos, dobrando-se este prazo em caso de reincidência.

Art. 20. O encaminhamento do trabalhador ao mercado de trabalho, no ato do requerimento, não representará impedimento na concessão do benefício nem afetará a sua tramitação, salvo por comprovação de reemprego e quando não houver resposta do encaminhamento para a vaga ofertada, no prazo de 30 (trinta) dias, a contar da data do requerimento.

Art. 21. Revogado pela Resolução CODEFAT n. 619, de 5.11.2009, DOU 9.11.2009

Art. 22. Nos casos de contrato em aberto na CTPS, o trabalhador poderá requerer o benefício do Seguro-Desemprego, desde que o empregador não seja localizado pela fiscalização do trabalho, nem apresente movimento há mais de 2 (dois) anos no CAGED,

Legislação Complementar

observando que o período relativo à situação de contrato em aberto, não será considerado para a contagem de tempo de serviço para fins de obtenção do Seguro-Desemprego.

Art. 23. Esta Resolução entra em vigor na data de sua publicação, ficando revogada a Resolução do CODEFAT n. 392, de 8 de julho de 2004.

Remigio Todeschini
Presidente do Conselho

PORTARIA MTE N. 193, DE 23 DE NOVEMBRO DE 2006

(DOU 27.11.2006)

Fixa parâmetros para a gradação da multa administrativa variável prevista no art. 25 da Lei n. 7.998, de 11 de janeiro de 1990, pelo não cumprimento das obrigações relativas ao programa do seguro-desemprego

O MINISTRO DE ESTADO DO TRABALHO E EMPREGO, no uso da atribuição que lhe confere o art. 87, parágrafo único, inciso II, da Constituição, resolve:

Art. 1º Fixar parâmetros para a gradação da multa administrativa variável prevista no art. 25 da Lei n. 7.998, de 11 de janeiro de 1990, pelo não cumprimento das obrigações relativas ao programa do seguro-desemprego.

Art. 2º O empregador que, no ato da dispensa, deixar de fornecer ao empregado, devidamente preenchidos, o requerimento do seguro-desemprego — SD e a Comunicação de Dispensa — CD, ficará sujeito à multa prevista no art. 25 da Lei n. 7.998, de 1990, a ser cobrada em valores monetários a partir de R$ 425,64 (quatrocentos e vinte e cinco reais e sessenta e quatro centavos), por empregado prejudicado.

PARÁGRAFO ÚNICO. O valor monetário previsto no *caput* deste artigo deverá ser acrescido de percentuais, a critério da autoridade julgadora, na seguinte proporção:

I — até 20% — para empresas com até 25 empregados;

II — de 21% a 40% — para empresas com 25 a 50 empregados;

III — de 41% a 60% — para empresas com 51 a 100 empregados;

IV — de 61% a 80% — para empresas com 101 a 500 empregados; e

V — de 81% a 100% — para empresas com mais de 500 empregados.

Art. 3º A aplicação das penalidades a que se refere esta Portaria fica sujeita às agravantes previstas no art. 5º da Lei n. 7.855, de 24 de outubro de 1989, e no art. 25 da Lei n. 7.998, de 1990.

Art. 4º Esta Portaria entra em vigor na data de sua publicação.

Luiz Marinho

RESOLUÇÃO CODEFAT N. 754, DE 26 DE AGOSTO DE 2015

(DOU 28.8.2015)

Regulamenta os procedimentos para habilitação e concessão de Seguro-Desemprego para empregados domésticos dispensados sem justa causa na forma do art. 26 da Lei Complementar n. 150, de 1º de junho de 2015.

O Conselho Deliberativo do Fundo de Amparo ao Trabalhador — CODEFAT, no uso das atribuições que lhe confere o inciso V, do art. 19, da Lei n. 7.998, de 11 de janeiro de 1990 e conforme o disposto no art. 26, § 1º da Lei Complementar n. 150, de 1º de junho de 2015,

Resolve:

Art. 1º Estabelecer os critérios relativos ao processamento de requerimentos e habilitação no Programa do Seguro-Desemprego na forma do que dispõe o art. 26, § 1º, da Lei Complementar n. 150, de 1º de junho de 2015 e a Lei n. 7.998, de 11 de janeiro de 1990, no que couber.

Art. 2º O Programa do Seguro-Desemprego tem por finalidade:

I — prover assistência financeira temporária ao trabalhador desempregado em virtude de dispensa sem justa causa, inclusive a indireta;

II — auxiliar os trabalhadores na busca ou preservação do emprego, promovendo, para tanto, ações integradas de orientação, recolocação e qualificação profissional na forma da Lei.

Art. 3º Terá direito a perceber o Seguro-Desemprego o empregado doméstico dispensado sem justa causa ou de forma indireta, que comprove:

I — ter sido empregado doméstico, por pelo menos quinze meses nos últimos vinte e quatro meses que antecedem à data da dispensa que deu origem ao requerimento do Seguro-Desemprego;

II — não estar em gozo de qualquer benefício previdenciário de prestação continuada da previdência social, exceto auxílio-acidente e pensão por morte;

III — não possuir renda própria de qualquer natureza, suficiente à sua manutenção e de sua família.

§ 1º Os requisitos de que trata este artigo serão verificados a partir das informações registradas no CNIS e, se insuficientes, por meio das anotações na Carteira de Trabalho e Previdência Social — CTPS, por meio de contracheques ou documento que contenha decisão judicial que detalhe a data de admissão, demissão, remuneração, empregador e função exercida pelo empregado.

§ 2º Considera-se um mês de atividade, para efeito do inciso I, deste artigo, a fração igual ou superior a 15 (quinze) dias, conforme previsão do art. 4º, § 3º da Lei n. 7.998/1990.

Art. 4º Para requerer sua habilitação no Programa do Seguro-Desemprego, o empregado doméstico deverá comparecer perante uma das Unidades da rede de atendimento vinculadas ou autorizadas pelo Ministério do Trabalho e Emprego — MTE munido dos seguintes documentos:

I — Carteira de Trabalho e Previdência Social — CTPS, na qual deverão constar a anotação do contrato de trabalho doméstico e a data de admissão e a data da dispensa, de modo a comprovar o vínculo empregatício doméstico, durante pelo menos 15 (quinze) meses nos últimos 24 (vinte e quatro) meses;

II — Termo de Rescisão do Contrato de Trabalho — TRCT atestando a dispensa sem justa causa;

III — declaração de que não está em gozo de benefício de prestação continuada da previdência social, exceto auxílio-acidente e pensão por morte; e

IV — declaração de que não possui renda própria de qualquer natureza suficiente à sua manutenção e de sua família.

§ 1º As declarações de que tratam os incisos III e IV, deste artigo, serão firmadas pelo trabalhador no documento de Requerimento do Seguro-Desemprego do Empregado Doméstico — RSDED fornecido pelo MTE na unidade de atendimento.

§ 2º Os documentos descritos nos incisos I e II serão substituídos por sentença judicial com força executiva, decisão liminar ou antecipatória de tutela, ata de audiência realizada na Justiça do Trabalho ou acórdão de Tribunal onde constem os dados do trabalhador, tais como a data de admissão, demissão e salário, dados do empregador e o motivo da rescisão, se direta sem justa causa ou indireta.

Art. 5º É obrigatória a identificação do empregado doméstico no NIS, NIT ou no Programa de Integração Social — PIS, cujo número de inscrição deverá ser indicado em campo próprio do requerimento de habilitação e do formulário de Comunicado de Dispensa do Empregado Doméstico — CDED.

PARÁGRAFO ÚNICO. O agente público ou atendente vinculado ao Ministério do Trabalho e Emprego — MTE deverá conferir se o requerente preenche os critérios de habilitação no Programa do Seguro-Desemprego e, em caso afirmativo, fornecerá ao trabalhador a Comunicação de Dispensa do Empregado Doméstico — CDED, devidamente preenchida.

Art. 6º O valor do benefício do Seguro-Desemprego do empregado doméstico corresponderá a 1 (um) salário-mínimo e será concedido por um período máximo de 3 (três) meses, de forma contínua ou alternada, a cada período aquisitivo de 16 (dezesseis) meses, contados da data da dispensa que originou habilitação anterior.

§ 1º O requerimento de habilitação no Programa do Seguro-Desemprego só poderá ser proposto a cada novo período aquisitivo, desde que cumpridos todos os requisitos estabelecidos na Lei Complementar n. 150/2015 e nesta Resolução.

§ 2º A contagem do prazo do período aquisitivo não se interrompe, nem se suspende.

Art. 7º O direito de requerer a habilitação no Programa do Seguro-Desemprego, bem como o de receber o benefício tem caráter pessoal e intransferível, exceto para os seguintes casos:

I — morte do trabalhador, para efeito de recebimento das parcelas legalmente adquiridas que abrangem o período que vai da data da dispensa à data do óbito do segurado, mediante a apresentação pelos sucessores de decisão oriunda do Poder Judiciário ou alvará judicial;

II — grave moléstia do segurado, comprovada pela perícia médica do Instituto Nacional de Seguridade Social — INSS, quando serão pagas parcelas legalmente adquiridas ao seu curador legalmente designado ou representante legal, mediante apresentação de mandato outorgado por instrumento público, com finalidade específica para o benefício a ser recebido;

III — moléstia contagiosa ou impossibilidade de locomoção, devidamente comprovada mediante perícia médica do Instituto Nacional de Seguridade Social — INSS, quando serão pagas parcelas vencidas a procurador designado em instrumento público, com poderes específicos para receber o benefício;

IV — ausência civil, quando serão pagas parcelas vencidas ao curador designado pelo Juiz, mediante certidão judicial de nomeação do curador habilitado à prática do ato;

V — beneficiário preso, impossibilitado de comparecer pessoalmente à instituição financeira responsável pelo pagamento, quando as parcelas legalmente adquiridas serão pagas ao dependente, segundo a ordem preferencial de que trata o art. 16, da Lei n. 8.213, de 24 de julho de 1991, indicado por meio de instrumento público com poderes específicos para o ato.

§ 1º Nas excepcionais hipóteses elencadas nos incisos I a V, o mandatário deverá instruir o requerimento de habilitação no Programa do Seguro-Desemprego com os documentos exigidos no art. 4º desta Resolução.

§ 2º O mandato deverá ser outorgado em caráter individual, especificando a modalidade de benefício de Seguro-Desemprego a qual o requerimento faz referência e à dispensa que lhe deu causa.

§ 3º Será permitido o processamento de requerimento de parcelas legalmente adquiridas por beneficiário que se encontre preso na forma especificada na Resolução n. 745, de 27 de maio de 2015.

Art. 8º A habilitação no Programa do Seguro-Desemprego deverá ser requerida perante as unidades de atendimento do Ministério do Trabalho e Emprego — MTE ou aos órgãos autorizados no prazo de 7 (sete) a 90 (noventa) dias contados da data da dispensa.

§ 1º No ato do atendimento o agente público verificará se o requerente reúne os requisitos legais e os estabelecidos nesta Resolução, bem como se está munido dos documentos listados no art. 4º, necessários à habilitação no Programa do Seguro-Desemprego;

§ 2º Sempre que viável, o requerente será incluído nas ações integradas de intermediação de mão de obra com o objetivo de recolocá-lo no mercado de trabalho ou, não sendo possível, encaminhado a curso qualificador disponível ofertado no âmbito do Programa Nacional de Acesso ao Ensino Técnico de Emprego — PRONATEC.

Art. 9º O pagamento da primeira parcela será agendado para trinta dias após a data do protocolo do RSDED e as demais a cada intervalo de trinta dias, contados da emissão da parcela anterior.

Art. 10. O trabalhador fará jus ao pagamento integral das parcelas subsequentes para cada mês, quando contar com fração igual ou superior a quinze dias de desemprego de forma que:

I — O segurado terá direito a 1 (uma) parcela se ficar desempregado até 44 dias após a demissão;

II — O segurado terá direito a 2 (duas) parcelas se ficar desempregado até 60 dias após a demissão; e

III — O segurado terá direito a 3 (três) parcelas se ficar desempregado por 75 dias ou mais após a demissão.

Art. 11. A quantidade de parcelas adquiridas são obtidas a partir do cálculo feito entre a data da demissão e a data do reemprego, a data do implemento do benefício previdenciário, data do óbito ou da data da prisão do segurado.

Art. 12. O pagamento do benefício poderá ser efetuado mediante crédito em conta simplificada ou conta poupança na Caixa Econômica Federal — CEF ou, ainda, a partir de apresentação do cartão cidadão ou outro documento de identificação com foto.

PARÁGRAFO ÚNICO. As parcelas creditadas indevidamente pelo agente pagador em conta corrente reverterão automaticamente ao Programa do Seguro-Desemprego.

Art. 13. O segurado deverá promover o recebimento de cada parcela no prazo de 67 (sessenta e sete) dias a contar de sua disponibilização para saque.

§ 1º Passado o período estabelecido no *caput* deste artigo, as parcelas não sacadas serão devolvidas para o Fundo de Amparo ao Trabalhador — FAT.

§ 2º As parcelas devolvidas somente poderão ser reemitidas a partir de solicitação do beneficiário ou por meio de decisão proferida pelo Poder Judiciário.

§ 3º A reemissão da parcela devolvida poderá ser solicitada no prazo de 2 (dois anos) contados da data da sua devolução individualmente considerada.

§ 4º Na hipótese de não ser concedido o benefício do Seguro-Desemprego ao empregado doméstico, o Ministério do Trabalho e Emprego notificará o requerente quanto aos motivos do indeferimento.

Art. 14. O requerente que não satisfizer os requisitos legais e os estabelecidos nesta Resolução, terá o pedido de habilitação indeferido.

PARÁGRAFO ÚNICO. O agente público ou agente credenciado informará ao requerente que este poderá interpor recurso administrativo da decisão de indeferimento.

Art. 15. A habilitação do trabalhador no Programa do Seguro-Desemprego do Empregado Doméstico será suspensa nas seguintes situações:

I — admissão do empregado doméstico em novo emprego;

II — início de percepção de benefício de prestação continuada da Previdência Social, exceto aqueles permitidos pelo art. 28, III, da Lei Complementar n. 150, de 1º de junho de 2015; e

III — recusa injustificada por parte do trabalhador desempregado em participar de ações de recolocação de emprego, conforme regulamentação do CODEFAT.

Art. 16. A habilitação do empregado doméstico no Programa do Seguro-Desemprego será cancelada:

I — pela recusa por parte do trabalhador desempregado de outro emprego condizente com sua qualificação registrada ou declarada e com sua remuneração anterior;

II — por comprovação de falsidade na prestação das informações necessárias à habilitação;

III — por comprovação de fraude visando à percepção indevida do benefício do seguro-desemprego; ou

IV — por morte do segurado.

§ 1º Nos casos previstos nos incisos I a III deste artigo, será suspenso por um período de 2 (dois) anos o direito do trabalhador à percepção de parcelas de Seguro-Desemprego, dobrando-se este período em caso de reincidência;

§ 2º O ato de cancelamento consiste no impedimento de recebimento de parcelas liberadas ou emitidas que serão devolvidas ao Fundo de Amparo ao Trabalhador — FAT;

§ 3º Para efeito do Seguro-Desemprego, considerar-se-á emprego condizente com a vaga ofertada, aquele que apresente tarefas semelhantes ao perfil profissional do trabalhador, declarado ou comprovado no ato do seu cadastramento;

§ 4º Para aferição de salário compatível, leva-se em consideração o piso salarial da categoria, a média do mercado baseado em dados de que dispõe o Sistema Nacional de Emprego — SINE e salário pretendido pelo requerente;

§ 5º O cancelamento do benefício em decorrência de recusa de novo emprego, ocorrerá após análise por parte do Órgão competente das justificativas apresentadas pelo trabalhador.

Art. 17. As parcelas do Seguro-Desemprego do Empregado Doméstico, recebidas irregularmente pelos segurados, serão restituídas mediante Guia de Recolhimento da União — GRU ou por meio de compensação automática consoante previsão do art. 25-A da Lei n. 7.998/1990, com redação dada pela Lei n. 13.134, de 16 de junho de 2015 e na forma regulamentada em resolução específica do CODEFAT.

Art. 18. Fica revogada a Resolução n. 253, de 4 de outubro de 2000.

Art. 19. Esta Resolução entra em vigor na data de sua publicação.

VIRGÍLIO NELSON DA SILVA CARVALHO
Presidente do Conselho

RESOLUÇÃO CODEFAT N. 758, DE 9 DE MARÇO DE 2016

(DOU 11.3.2016)

Altera a Resolução n. 560, de 28 de novembro de 2007, que estabelece regras para execução das ações integradas do Sistema Público de Emprego, Trabalho e Renda, no âmbito do Sistema Nacional de Emprego — SINE.

O Conselho Deliberativo do Fundo de Amparo ao Trabalhador — CODEFAT, no uso das atribuições que lhe confere o inciso V do artigo 19, da Lei n. 7.998, de 11 de janeiro de 1990, a Lei n. 4.923, de 23 de dezembro de 1965, e considerando a necessidade de estabelecer regras para execução das ações integradas do Sistema Público de Emprego, Trabalho e Renda, no âmbito do Sistema Nacional de Emprego — SINE, resolve:

DO SISTEMA PÚBLICO DE EMPREGO, TRABALHO E RENDA

Art. 1º O Sistema Público de Emprego, Trabalho e Renda é um conjunto de políticas públicas que busca maior efetividade na colocação dos trabalhadores na atividade produtiva, visando a inclusão social, nas cidades e no campo, via emprego, trabalho e renda, através de atividades autônomas, pequenos empreendimentos individuais ou coletivos.

PARÁGRAFO ÚNICO. O desenvolvimento das ações do Sistema Público de Emprego, Trabalho e Renda de que trata o *caput* deverá ocorrer no âmbito do Sistema Nacional de Emprego — SINE, de que trata o Decreto n. 76.403, de 08 de outubro de 1975.

Art. 2º Integram o Sistema Público de Emprego Trabalho e Renda as ações de habilitação ao seguro-desemprego, intermediação de mão de obra, qualificação social e profissional, orientação profissional, certificação profissional, pesquisa e informações do trabalho, fomento a atividades autônomas e empreendedoras, e outras funções definidas pelo CODEFAT que visem à inserção de trabalhadores no mercado de trabalho.

§ 1º As ações do Sistema Público de Emprego, Trabalho e Renda são de caráter universal, tendo como público prioritário os trabalhadores habilitados ao seguro-desemprego; sem prejuízo de iniciativas dirigidas a públicos específicos, a exemplo dos seguintes:

I — pessoas desempregadas há mais de 12 meses;

II — jovens;

III — jovens aprendizes;

IV — trabalhadores internos e egressos do sistema penal e jovens submetidos a medidas socioeducativas;

V — trabalhadores autônomos, por conta própria, cooperativados, em condição associativa ou autogestionada e empreendedor individual;

VI — trabalhadores rurais;

VII — trabalhadores resgatados da condição análoga à de escravo;

VIII — pescadores;

IX — pessoas com deficiência;

X — participantes do Programa Nacional de Microcrédito Produtivo Orientado — PNMPO;

XI — imigrantes e refugiados;

XII — mulheres;

XIII — pessoas beneficiárias de outras políticas de inclusão social; e,

XIV — trabalhadores com mais de 40 anos de idade.

§ 2º Ao Ministério do Trabalho e Previdência Social caberá orientar, organizar e coordenar o Sistema Público de Emprego, Trabalho e Renda, observadas as normas expedidas pelo Conselho Deliberativo do Fundo de Amparo ao Trabalhador — CODEFAT.

DOS PRINCÍPIOS

Art. 3º Na execução das ações que integram o Sistema Público de Emprego, Trabalho e Renda deverão ser observados, além dos previstos na Constituição Federal, os seguintes princípios:

I — Princípio da inserção dos trabalhadores no mercado de trabalho: o principal foco das políticas públicas de emprego, trabalho e renda é a inserção dos trabalhadores no mercado de trabalho;

II — Princípio da necessidade: reconhece a existência de especificidades locais de cada mercado de trabalho, buscando estreitar o hiato entre a necessidade, ou o tamanho do público ao qual as ações se destinam, e os recursos dos convenentes;

III — Princípio da integração: integrar as ações do Sistema Público, evitando superposições; estabelecendo padrão de atendimento e organização em todo o território nacional; e facilitando o acesso do trabalhador à intermediação de mão de obra, habilitação ao seguro-desemprego, qualificação social e profissional, orientação profissional, certificação profissional, informações do trabalho e fomento às atividades autônomas e empreendedoras;

IV — Princípio da gestão participativa: as ações do Sistema Público de Emprego, Trabalho e Renda estarão alicerçadas no processo de construção democrática e de gestão por intermédio de conselhos tripartites e paritários;

V — Princípio da continuidade: garantia de operações contínuas e permanentes nas ações do Sistema, evitando a desvinculação entre a transferência de recursos e a execução;

VI — Princípio da eficiência e eficácia: estímulo a procedimentos éticos de melhor aplicação dos recursos disponíveis, segundo especificidades regionais e locais, que se reflitam no cumprimento de metas estabelecidas;

VII — Princípio da efetividade social: melhores condições e maior equidade de inclusão dos trabalhadores nas dinâmicas do desenvolvimento local;

VIII — Princípio da atenção aos grupos vulneráveis: atendimento específico ou focalizado a grupos mais ameaçados pelo desemprego e com maior dificuldade de inserção no mercado de trabalho;

IX — Princípio da viabilidade de controle: adoção de mecanismos de aferição de resultados do desempenho e de gestão, que sejam mensuráveis e viáveis do ponto de vista operacional e de controle;

X — Princípio da qualidade no atendimento e na prestação de serviços: o atendimento integrado deverá proporcionar serviços de qualidade aos beneficiários das ações;

XI — Princípio da sustentabilidade financeira: necessidade de garantir fontes de recursos adequadas à viabilização das ações do Sistema; e,

XII — Princípio da legalidade, do interesse e da moralidade pública: o executor das ações que integram o Sistema Público de Emprego, Trabalho e Renda terá na norma os limites definidos de seus atos, que deverão primar pelo alcance do bem comum, em consonância com a necessidade de atuar com um fim moral.

DOS INSTRUMENTOS DE PARCERIA

Art. 4º O Ministério do Trabalho e Previdência Social celebrará convênios ou instrumentos congêneres para integração, execução e manutenção das ações do Sistema Público de Emprego, Trabalho e Renda, por intermédio das unidades de atendimento ao trabalhador, observados os critérios estabelecidos em Resolução por este Conselho.

Art. 5º As ações do Sistema Público de Emprego, Trabalho e Renda poderão ser executadas por meio de convênios ou instrumentos congêneres a serem celebrados entre o Ministério do Trabalho e Previdência Social e os governos dos Estados, do Distrito Federal, das capitais, dos municípios com mais de 200 mil habitantes e de organizações governamentais e entidades privadas sem fins lucrativos, nos termos do Decreto n. 6.170, de 25 de julho de 2007, da Portaria Interministerial n. 507, de 24 de novembro de 2011, e suas alterações e demais normas pertinentes à matéria.

§ 1º Para efeito da referência populacional citada no *caput* deste artigo será utilizada a Pesquisa Nacional por Amostra de Domicílios do Instituto Brasileiro de Geografia e Estatística (PNAD/IBGE), o Censo Populacional (IBGE) ou a estimativa oficial do IBGE, dos quais será escolhido o de base estatística mais recente e disponível.

§ 2º Caso existam unidades de atendimento sob a responsabilidade dos estados nos municípios de que trata o *caput* deste artigo, que tenham celebrado convênio diretamente com o MTPS, essas deverão ser transferidas para outros municípios, quando houver capacidade de atendimento da demanda dos trabalhadores e empregadores na localidade.

§ 3º As solicitações de transferência das unidades de atendimento de que trata o § 2º deverão ser submetidas ao Ministério do Trabalho e Previdência Social, com a anuência das comissões estaduais de emprego.

§ 4º Projetos especiais para atender demandas exclusivas de determinada região, setor ou público prioritário limitadas temporalmente poderão ser objeto de convênio ou instrumentos congêneres com estados, Distrito Federal, capitais, municípios com mais de 200 mil habitantes, organizações governamentais e entidades privadas sem fins lucrativos.

Art. 6º Na execução dos convênios ou instrumentos congêneres de que trata o art. 4º, se for configurada a malversação dos recursos públicos, a não comprovação da aplicação dos recursos repassados pela União, a ocorrência de desfalque ou desvio de dinheiros, bens e valores públicos, ou ainda, a prática de qualquer ato ilegal, ilegítimo ou antieconômico de que resulte dano ao erário, isso implicará ao agente executor a responsabilização administrativa, sem prejuízo da civil e criminal, nos moldes da legislação vigente.

Art. 7º É obrigatória a apresentação anual de Projeto Básico, que respeitará os limites orçamentário e financeiro de cada exercício, pelo proponente.

Art. 8º Não é permitida a realização de despesas anteriores ou posteriores ao período de vigência do instrumento.

DO PROJETO BÁSICO

Art. 9º Os proponentes interessados na execução das ações de habilitação ao seguro-desemprego, intermediação de mão de obra de trabalhadores, qualificação social e profissional, orientação profissional, certificação profissional, pesquisa e informações do trabalho, fomento a atividades autônomas e empreendedoras e outras ações definidas pelo CODEFAT que visem à inserção de trabalhadores no mercado de trabalho deverão apresentar Projeto Básico detalhado, nos termos da legislação vigente e das normas do MTPS.

Art. 10. Os Projetos Básicos encaminhados pelos governos estaduais, dos municípios com mais de 200 mil habitantes, do Distrito Federal e das organizações governamentais e entidades privadas sem fins lucrativos deverão ser submetidos à aprovação das respectivas comissões de emprego, por meio de resolução.

PARÁGRAFO ÚNICO. O disposto no *caput* deste artigo não se aplica aos Projetos Básicos aprovados no âmbito de chamamentos públicos realizados pelo MTPS, devendo neste caso, o Ministério encaminhar, previamente ao início da execução, cópias dos Projetos Básicos aprovados às respectivas Comissões de Trabalho das Unidades da Federação e dos Municípios onde serão executados os objetos dos Convênios, para fins de conhecimento.

Art. 11. Compete à Secretaria de Políticas Públicas de Emprego mediar conflitos entre os proponentes e as comissões estaduais e municipais de emprego, no caso de os Projetos Básicos apresentados não serem aprovados pelas respectivas comissões, sem justificativa plausível.

PARÁGRAFO ÚNICO. Se os conflitos não forem dirimidos e os Projetos Básicos apresentados estiverem de acordo com a legislação e resoluções do CODEFAT, a SPPE, após análise técnica e parecer conclusivo, os encaminhará ao CODEFAT, para deliberação conclusiva.

Art. 12. O Descritivo, parte integrante do Projeto Básico das ações do Sistema Nacional de Emprego, deverá prever:

I — Estrutura física compatível com a padronização da rede de atendimento;

II — Estrutura de pessoal qualificado para execução das ações do SINE, capaz executar e garantir o bom andamento das atividades do Sistema Nacional de Emprego;

III — Detalhamento de recursos financeiros e definição de contrapartida, que deverá ser atendida através de recursos financeiros, obedecendo aos limites estabelecidos pela Lei de Diretrizes Orçamentárias;

IV — Relação dos postos de atendimento, com suas respectivas localizações, responsáveis pela execução (estado e municípios) e ações desenvolvidas;

V — Garantia da distribuição geográfica da rede de atendimento adequada às reais necessidades do mercado de trabalho;

VI — Previsão de equipe de captação ativa de vagas, convocação e administração de vagas em pelo menos 1 (um) posto por zoneamento, aqui entendido como a área de atuação desse, que pode abranger mais de um município; e,

VII — O detalhamento do custo anual de cada posto de atendimento do SINE.

§ 1º Para que se atenda ao requisito disposto no item II deste artigo, cada posto de atendimento deve possuir, no mínimo, em sua estrutura de pessoal, 1 (um) coordenador e (2) dois atendentes.

§ 2º Para fins de garantir o inciso V deste artigo, o convenente deverá apresentar proposta de fechamento ou remanejamento, para outros municípios, dos postos de atendimento que não apresentem resultados satisfatórios quanto ao número de trabalhadores colocados pela Intermediação de Mão de Obra.

§ 3º A avaliação da produtividade no que diz respeito a (re) colocação de trabalhadores no mercado de trabalho e da localização territorial do posto dar-se-á por meio de comparação com os dados de admitidos e desligados do CAGED, ou do estoque de emprego formal indicado pela RAIS, de cada município.

§ 4º No caso de previsão de recursos para adaptação de imóveis, deverão ser encaminhados, com antecedência, projetos para estas finalidades, a serem avaliados e aprovados previamente, sempre observando o disposto nas instruções contidas em manuais de orientações produzidos pelo MTPS.

§ 5º A alocação dos recursos por posto deverá observar critérios relacionados ao mercado de trabalho local, em consonância com normas estabelecidas pelo MTPS.

Art. 13. Para a solicitação de abertura de novos postos, o proponente deverá encaminhar, junto ao Projeto Básico, cópias de todos os documentos necessários para a instalação e manutenção dos postos.

Art. 14. Caso seja necessário o fechamento ou remanejamento de postos de atendimento, o conveniado deverá oficializar a Secretaria de Políticas Públicas de Emprego, com o mínimo de 30 dias de antecedência, sobre as devidas considerações e justificativas. O fechamento ou remanejamento dos postos somente poderão se efetivar após a análise e aprovação prévia da SPPE/MTPS.

DOS RECURSOS

Art. 15. As ações do Sistema Público de Emprego Trabalho e Renda serão custeadas com recursos do Fundo de Amparo ao Trabalhador — FAT, na forma da legislação vigente, observada a Lei Orçamentária Anual — LOA e as resoluções expedidas por este Conselho.

Art. 16. O Ministério do Trabalho e Previdência Social, visando a garantir o princípio da continuidade, deverá estabelecer prazos de liberação e de aplicação de recursos bem como prazo de vigência dos instrumentos de convênio adequados, para evitar interrupções na execução das ações.

Art. 17. O número de parcelas para a transferência de recursos referentes ao Convênio será fixado pela SPPE/MTPS, de acordo com a programação orçamentária e financeira do Governo Federal.

DO TERMO DE COOPERAÇÃO

Art. 18. O Ministério do Trabalho e Previdência Social celebrará termo de cooperação técnica com os municípios com população acima de 50.000 habitantes que apresentarem proposta para implementação de unidades de atendimento no âmbito do Sistema Público de Emprego, Trabalho e Renda, com recursos próprios, sem a transferência de recursos do Fundo de Amparo ao Trabalhador — FAT, de acordo com critérios já estabelecidos por meio da Portaria MTE n. 944, de 27 de junho de 2014.

§ 1º Para os municípios de que trata o *caput* deste artigo, o MTPS disponibilizará o Sistema Mais Emprego, ou seu sucedâneo, visando a manter o padrão de atendimento, a integração e a eficiência na execução das ações do Sistema Público de Emprego, Trabalho e Renda.

§ 2º O Ministério do Trabalho e Emprego, após avaliar a conveniência e a oportunidade, observado o desempenho e a eficiência durante o período de 12 meses, poderá, no exercício seguinte, autorizar a transferência de recursos do Fundo de Amparo ao Trabalhador — FAT aos municípios de que trata este artigo.

DA IDENTIDADE VISUAL

Art. 19. As unidades de atendimento que integram os serviços de emprego deverão fazer constar a identificação do FAT — Fundo de Amparo do Trabalhador; SINE — Sistema Nacional de Emprego; MTPS — Ministério do Trabalho e Previdência Social e Governo Federal, na forma definida pela Resolução n. 44, de 12 de maio de 1993, e suas alterações, deste Conselho, sendo vedada a utilização de nome fantasia em acréscimo ou substituição aos logotipos atuais ou futuros, em padronização definida pelo Ministério do Trabalho e Previdência Social.

§ 1º A identificação de que trata o *caput* deverá constar em toda e qualquer placa nas unidades de atendimento ao trabalhador, peça de divulgação e apresentação das ações do SINE, como cartazes, folhetos, anúncios, matérias na mídia e produtos de convênios e contratos, dentre os quais livros, relatórios, vídeos, CD-ROM, dentre outros.

§ 2º O material de divulgação e de publicidade que venha a ser produzidos no âmbito do Sistema Nacional de Emprego deverá ser, obrigatoriamente, enviado à Secretaria de Políticas Públicas de Emprego para conhecimento.

DO MONITORAMENTO E CONTROLE DA REDE DE ATENDIMENTO DO SISTEMA NACIONAL DE EMPREGO

Art. 20. A Secretaria de Políticas Públicas de Emprego — SPPE, no âmbito das suas competências, deverá efetuar o acompanhamento, a fiscalização e o monitoramento das ações que integram o Sistema Público de Emprego, Trabalho e Renda.

PARÁGRAFO ÚNICO. A Secretaria de Políticas Públicas de Emprego providenciará a elaboração e manutenção de mecanismos de controle e verificação da consistência dos resultados dos serviços realizados nos postos de atendimento da rede do SINE.

Art. 21. Na intermediação de trabalhadores com contratos de trabalho regidos pela CLT, a comprovação dar-se-á por meio do cruzamento das informações dos trabalhadores colocados com os registros administrativos do Ministério do Trabalho e Previdência Social.

PARÁGRAFO ÚNICO. No caso da não comprovação de que trata o *caput* deste artigo, os atestos dos empregadores contidos nas "Cartas de Encaminhamento" poderão ser utilizados para fins de comprovação, em caráter complementar, os quais deverão ser anexados no Sistema Mais Emprego ou seu sucedâneo.

Art. 22. Para fins de cadastramento dos trabalhadores autônomos na intermediação de mão de obra, o SINE exigirá do candidato sua inscrição como contribuinte da previdência social.

PARÁGRAFO ÚNICO. A comprovação da intermediação de mão de obra de trabalhadores autônomos dar-se-á mediante atesto dos tomadores de serviços, em documento especificado pelo MTPS.

Art. 23. O monitoramento da rede de atendimento do Sistema Nacional de Emprego — SINE será constituído por relatórios trimestrais retirados da Base de Gestão da Intermediação de Mão de Obra do Ministério do Trabalho e Previdência Social.

PARÁGRAFO ÚNICO. Os convenentes que apresentarem ressalvas na execução do convênio serão notificados pela SPPE e deverão apresentar justificativas conforme estabelecido em manuais produzidos pelo MTPS.

Art. 24. O proponente autorizado a executar a pesquisa de emprego deverá encaminhar mensalmente os resultados obtidos à Secretaria de Políticas Públicas de Emprego, por meio de boletim mensal e meio magnético, inclusive os microdados.

Art. 25. É obrigatória a utilização do Portal Mais Emprego, ou seu sucedâneo, para todas as atividades e execução de serviços relacionados ao Sistema Nacional de Emprego.

Art. 26. As Superintendências e Agências Regionais do Trabalho, dentro das atribuições que lhes cabem institucionalmente, deverão desenvolver junto a estados, municípios e entidades conveniadas, sem prejuízo daquelas executadas pela Secretaria de Políticas Públicas de Emprego, as ações de acompanhamento, fiscalização, monitoramento, e outras necessárias para o bom andamento da execução das ações previstas no Convênio, observadas as normas expedidas pelo MTPS.

DISPOSIÇÕES FINAIS

Art. 27. O convenente fica obrigado a executar as ações de Intermediação de Mão de Obra conforme o disposto no Manual de Normatização da Intermediação de Mão de Obra vigente.

Art. 28. Fica estabelecida a obrigatoriedade de o convenente seguir a Política de Informação de Segurança da Informação do Ministério do Trabalho e previdência Social (POSIC/MTE) conforme Portaria n. 1.047 de 16.7.2013.

Art. 29. A Secretaria de Políticas Públicas de Emprego fica incumbida de atualizar, dentro do prazo de 12 (doze) meses, termo de referência para o funcionamento do Sistema Nacional de Emprego, a ser submetido ao CODEFAT, que conterá a normatização, estrutura, ações e rotinas, dentre outras normas a serem observadas.

Art. 30. Esta Resolução entra em vigor na data de sua publicação.

VIRGÍLIO NELSON DA SILVA CARVALHO
Presidente do CODEFAT

RESOLUÇÃO CODEFAT N. 592, DE 11 DE FEVEREIRO DE 2009

(DOU 13.2.2009)

Aprova os critérios técnicos que orientarão o prolongamento do prazo do benefício do seguro-desemprego aos setores mais atingidos pelo desemprego, identificados pelo MTE por meio do CAGED

O CONSELHO DELIBERATIVO DO FUNDO DE AMPARO AO TRABALHADOR — CODEFAT, no uso das atribuições que lhe confere o inciso V, do art. 19 da Lei n. 7.998, de 11 de janeiro de 1990, e tendo em vista o que estabelece o § 4º do art. 2º da Lei n. 8.900, de 30 de junho de 1994, resolve:

Art. 1º Aprovar os critérios técnicos que orientarão o prolongamento por até mais 2 (dois) meses a concessão do Seguro-Desemprego aos trabalhadores dispensados por empregadores dos setores identificados pelo MTE, por meio do Cadastro Geral de Empregados e Desempregados — CAGED, observadas as condições previstas no art. 2º da Lei n. 8.900/94.

PARÁGRAFO ÚNICO. O prolongamento de que trata o *caput* deste artigo poderá ser concedido, independentemente dos critérios técnicos estabelecidos nesta Resolução, aos trabalhadores demitidos por empregadores com domicílio em municípios que se encontrem em comprovada situação de emergência e calamidade pública. *(Redação dada pela Resolução n. 647, 7.7.2010, DOU 8.7.2010)*

Art. 2º Para fins de identificação dos beneficiários do seguro-desemprego, de que trata o art. 1º, serão utilizados os critérios a seguir elencados, tendo por referência os subsetores de atividades econômicas dispostos no § 3º deste artigo.

I — Serão realizadas comparações de comportamentos da evolução do emprego formal celetista de cada Unidade da Federação nos diversos subsetores, no horizonte de janeiro de 2003 até o mês de análise (ta), a saber:

a) saldo de geração de emprego do mês de análise em cada ano, do período de 2003 a 2009, para verificar se o saldo de ta é o menor entre os saldos do mesmo mês em todos os anos do referido período;

b) a mesma comparação de que trata a alínea "a" será feita com os saldos do acumulado do ano de referência até o mês ta, para todos os anos entre 2003 a 2009;

c) comportamento similar será feito mediante comparação dos saldos dos últimos doze meses para todos os anos entre 2003 a 2009;

d) comparação das somas dos saldos de *Ta* e *Ta-1*, também em todos os anos, para verificar se a soma dos dois meses mais

Legislação Complementar

recentes é menor do que a soma dos meses correspondentes em cada ano anterior;

e) a mesma comparação utilizada na alínea "d", considerando a soma dos saldos dos últimos três meses (*Ta, Ta-1* e *Ta-2*);

II — Serão realizadas estimativas, com a utilização da metodologia clássica de previsão de séries temporais, dos valores esperados, em cada um dos últimos doze meses, e será estabelecido um limite mínimo para a diferença entre o valor estimado e o valor realizado, para fins de identificação dos subsetores cuja variação seja igual ou inferior a esse limite, em cada um dos últimos três meses.

§ 1º Com base em todas essas comparações, será emitido um relatório, para cada Unidade da Federação, com os subsetores que apresentarem as piores performances, considerando todos os critérios elencados acima.

§ 2º As Unidades da Federação *versus* subsetores que constarem do relatório de que trata o § 1º serão monitorados nos três meses subsequentes, para efeito de pagamento das parcelas adicionais, se confirmado o quadro desfavorável do emprego.

§ 3º Os Subsetores de Atividades Econômicas de que trata o *caput* do art. 2º são os seguintes:

a) Extrativa Mineral;

b) Indústria de Produtos Minerais não Metálicos;

c) Indústria Metalúrgica;

d) Indústria Mecânica;

e) Indústria Material Elétrico e Comunicação;

f) Indústria Material de Transporte;

g) Indústria Madeira e Mobiliário;

h) Indústria Papel, Papelão, Editoração;

i) Indústria Borracha, Fumo, Couros;

j) Indústria Química, Produtos Farmacêuticos Veterinários;

k) Indústria Têxtil, Vestuário;

l) Indústria de Calçados;

m) Indústria de Produtos Alimentícios e Bebidas;

n) Serviços Industriais de Utilidade Pública;

o) Construção Civil;

p) Comércio Varejista;

q) Comércio Atacadista;

r) Instituições Financeiras;

s) Serviços de Comércio de Administração de Imóveis e Técnicos Profissionais;

t) Serviços de Transportes e Comunicações;

u) Serviços de Alojamento, Alimentação, Reparação e Manutenção;

v) Serviços Médicos e Odontológicos;

w) Ensino;

x) Administração Pública;

y) Agricultura, Silvicultura, Suinocultura, Piscicultura e outros similares.

Art. 3º Identificada a necessidade de prolongamento do prazo de concessão, o MTE submeterá aos Conselheiros as propostas específicas para exame e deliberação.

PARÁGRAFO ÚNICO. A proposta de que trata o *caput* deste artigo poderá conter eventuais ajustes nos critérios de que trata esta Resolução, para atender necessidades de adequações e aprimoramentos observadas ao longo do período de monitoramento, decorrentes da evolução conjuntural do mercado de trabalho e da disponibilidade orçamentária.

Art. 4º Fica a Secretaria Executiva do CODEFAT incumbida de dar conhecimento às Centrais Sindicais e às Patronais das concessões realizadas na forma estabelecida por esta Resolução.

Art. 5º Esta Resolução entra em vigor a partir da data de sua publicação.

LUIZ FERNANDO DE SOUZA EMEDIATO
Presidente do Conselho

RESOLUÇÃO CODEFAT N. 736, DE 8 DE OUTUBRO DE 2014

(DOU 10.10.2014)

Torna obrigatório aos empregadores o uso do aplicativo Empregador Web no Portal Mais Emprego para preenchimento de requerimento de Seguro-Desemprego (RSD) e de Comunicação de Dispensa (CD) ao Ministério do Trabalho e Emprego e dá outras providências.

O Conselho Deliberativo do Fundo de Amparo ao Trabalhador — CODEFAT, no uso das atribuições que lhe confere o inciso V, do art. 19 da Lei n. 7.998, de 11 de janeiro de 1990, e Considerando a modernização da gestão pública na adoção de procedimentos que se traduzem em agilização, segurança da informação e controle para o Seguro-Desemprego, resolve:

Art. 1º Estabelecer a obrigatoriedade do uso do aplicativo Empregador Web no Portal Mais Emprego para o preenchimento de Requerimento de Seguro-Desemprego/Comunicação de Dispensa de trabalhadores dispensados involuntariamente de pessoa jurídica ou pessoa física a ela equiparada.

§ 1º O uso do aplicativo Empregador Web no Portal Mais Emprego exige cadastro da Empresa.

§ 2º Para o preenchimento de Requerimento de Seguro-Desemprego/Comunicação de Dispensa no aplicativo Empregador Web do Portal Mais Emprego, é obrigatório o uso de certificado digital — padrão ICP-Brasil.

Art. 2º O aplicativo Empregador Web possui funcionalidade que permite ao empregador a realização de cadastro e nomeação de procurador para representá-lo no preenchimento do Requerimento de Seguro-Desemprego/ Comunicação de Dispensa.

§ 1º Quando empregador e procurador possuem certificado digital — padrão ICP-Brasil, a procuração poderá ser realizada no aplicativo Empregador Web, sem a necessidade de validação na rede de atendimento do Ministério do Trabalho e Emprego.

§ 2º Quando somente o procurador possui certificado digital — padrão ICP-Brasil, o empregador poderá efetuar cadastro e emissão de procuração no aplicativo Empregador Web, que deverá ser entregue nas superintendências regionais do Ministério do Trabalho e Emprego ou nas unidades conveniadas estaduais e municipais do Sistema Nacional de Emprego.

§ 3º A procuração de que trata o § 2º do art. 2º desta Resolução deverá ter firma reconhecida em cartório e ser acompanhada da seguinte documentação:

a) cópias de documento de identificação civil e de CPF do outorgado;

b) cópias de documento de identificação civil e de CPF do outorgante; e,

c) cópia do contrato social, do estatuto ou documento equivalente que comprove ser o outorgante o responsável legal da empresa.

Art. 3º Fica estabelecido o prazo de validade de cinco anos para a procuração, que a critério do outorgante poderá ser cancelada a qualquer momento no Empregador Web — Portal Mais Emprego, ou mediante solicitação nas superintendências regionais do Ministério do Trabalho e Emprego ou nas unidades conveniadas estaduais e municipais do Sistema Nacional de Emprego.

Art. 4º Compete ao empregador a entrega do Requerimento de Seguro-Desemprego/ Comunicação de Dispensa para o trabalhador, impresso pelo Empregador Web no Portal Mais Emprego.

Art. 5º Os empregadores terão acesso ao Empregador Web no Portal Mais Emprego no endereço eletrônico <http://maisemprego.mte.gov.br>.

Art. 6º O uso do Empregador Web no Portal Mais Emprego permite o preenchimento do Requerimento de Seguro-Desemprego/Comunicação de Dispensa, de forma individual ou coletiva, mediante arquivo de dados, se respeitada a estrutura de leiaute definida pelo Ministério do Trabalho e Emprego disponível na página eletrônica <http://maisemprego.mte.gov.br>.

Art. 7º Os formulários Requerimento de Seguro-Desemprego/ Comunicação de Dispensa (guias verde e marrom) impressos em gráficas serão aceitos na rede de atendimento do Ministério do Trabalho e Emprego até o dia 31 de março de 2015.

Art. 8º Esta Resolução entra em vigor na data de sua publicação.

Art. 9º Fica revogada a Resolução CODEFAT n. 620, de 5 de novembro de 2009.

QUINTINO MARQUES SEVERO
Presidente do Conselho

RESOLUÇÃO CODEFAT N. 737, DE 8 DE OUTUBRO DE 2014

(DOU 13.10.2014)

Aprova modelo de formulário de Requerimento do Seguro-Desemprego do Trabalhador Resgatado — RSDTR, em via única e com protocolo de recebimento, para concessão do benefício seguro-desemprego ao trabalhador resgatado da condição análoga à de escravo.

O Conselho Deliberativo do Fundo de Amparo ao Trabalhador — CODEFAT, no uso das atribuições que lhe confere o inciso V, do artigo 19, da Lei n. 7.998, de 11 de janeiro de 1990, resolve:

Art. 1º Aprovar formulário de Requerimento do Seguro-Desemprego do Trabalhador Resgatado — RSDTR, em via única e com protocolo de recebimento, conforme modelo anexo a esta Resolução, para concessão do benefício seguro-desemprego ao trabalhador resgatado da condição análoga à de escravo, de que trata o a Resolução n. 306, de 6 de novembro de 2002.

PARÁGRAFO ÚNICO. Permanecem válidos e passíveis de serem utilizados os estoques existentes dos formulários instituídos pela Resolução n. 306/2002, até 31 de dezembro de 2016. *(Redação dada pela Resolução n. 757, de 16.12.15, DOU 17.12.15)*

Art. 2º Esta Resolução entra em vigor na data de sua publicação.

QUINTINO MARQUES SEVERO
Presidente do Conselho

Obs.: (Anexo publicado no DOU 13.10.14, p. 694)

RESOLUÇÃO CODEFAT N. 759, DE 9 DE MARÇO DE 2016

(DOU 11.3.2016)

Dispõe sobre critérios de pagamento do benefício Seguro-Desemprego aos pescadores profissionais, categoria artesanal, durante a paralisação da atividade pesqueira instituída pela Lei n. 10.779, de 25 de novembro de 2003, e dá outras providências.

O Conselho Deliberativo do Fundo de Amparo ao Trabalhador — CODEFAT, no uso das atribuições que lhe confere o inciso V, do art. 19 da Lei n. 7.998, de 11 de janeiro de 1990, e tendo em vista o que estabelece a Lei n. 10.779, de 25 de novembro de 2003, resolve:

Art. 1º Estabelecer critérios de pagamento do benefício Seguro-Desemprego ao pescador artesanal de que trata o art. 1º da Lei n. 10.779/2003, que se dedicou à pesca durante o período compreendido entre o término do defeso anterior e o início do defeso em curso, desde que da mesma espécie, a ser pago no valor de um salário mínimo mensal durante o período do defeso.

§ 1º O Seguro-Desemprego pescador artesanal será custeado com recursos do Fundo de Amparo ao Trabalhador — FAT, com pagamento realizado pelo Ministério do Trabalho e Previdência Social — MTPS, por intermédio da Caixa Econômica Federal — CAIXA.

§ 2º O pagamento da primeira parcela corresponderá aos primeiros trinta dias a contar do início do defeso e, as parcelas subsequentes, a cada intervalo de 30 dias.

§ 3º O pescador fará jus ao pagamento integral das parcelas subsequentes para cada mês, por fração igual ou superior a 15 (quinze) dias do defeso.

§ 4º Em caso de liberação por recurso, a primeira parcela ficará disponível no lote imediatamente posterior ao processamento do recurso, desde que a data do recurso tenha pelo menos 30 (trinta) dias da data do início do defeso.

§ 5º As parcelas deverão estar disponíveis para saque, em lotes semanais, emitidos com antecedência mínima de 12 (doze) dias do início do cronograma a seguir:

LOTE FINAL	
NIS/PIS	
1º dia	1 e 2
2º dia	3 e 4
3º dia	5 e 6
4º dia	7 e 8
5º dia	9 e 0

§ 6º Quando a data de pagamento do benefício recair em dia não útil esse ocorrerá no próximo dia útil subsequente, deslocando-se o cronograma e mantendo a execução, quando for o caso, sem prejuízo do início de novo cronograma.

§ 7º Nos casos de início de atividade remunerada, percepção de outra renda ou morte do beneficiário, o seguro-desemprego será pago com base na relação entre o início do defeso e a data de impedimento para a percepção do benefício, conforme §§ 2º e 3º.

§ 8º O período de recebimento do benefício não poderá exceder o limite variável de que trata o § 8º do art. 1º da Lei n. 10.779/2003, ressalvado o período adicional de que trata o § 5º do art. 4º da Lei n. 7.998/1990.

Art. 2º O pagamento do benefício do Seguro-Desemprego será efetuado mediante crédito em Conta Simplificada ou Conta Poupança, em favor de beneficiário correntista da Caixa Econômica Federal, sem qualquer ônus para o pescador, podendo, a requerimento do pescador, ser efetuado em espécie, mediante a utilização do Cartão Cidadão ou a apresentação de documento de identificação civil, nos termos da Lei n. 12.037, de 1º de outubro de 2009.

§ 1º O beneficiário que não desejar receber as parcelas do Seguro-Desemprego Pescador Artesanal por meio de crédito em Conta Simplificada ou Conta Poupança deverá solicitar formalmente ao agente pagador a sua suspensão, nas agências da CAIXA no prazo máximo de até dez dias após o recebimento da parcela.

§ 2º As parcelas creditadas indevidamente pelo agente pagador em conta corrente serão revertidas automaticamente ao Programa do Seguro-Desemprego.

§ 3º Os pagamentos efetuados com a utilização do Cartão Cidadão terão sua comprovação por meio do registro eletrônico da transação, o qual ficará à disposição para consulta pelo MTPS/INSS durante o prazo de 5 (cinco) anos.

§ 4º Os pagamentos efetuados nas agências da CAIXA, sem utilização do Cartão Cidadão ou mediante crédito em conta em favor de segurado correntista, terão sua comprovação por meio de autenticação em documento próprio ou registro eletrônico, arquivado na CAIXA, que ficará à disposição do MTPS/INSS durante o prazo de 5 (cinco) anos.

Art. 3º Esta Resolução entra em vigor na data da sua publicação, ficando revogados os arts. 6º e 7º da Resolução CODEFAT n. 657, de 16 de dezembro de 2010.

VIRGÍLIO NELSON DA SILVA CARVALHO,
Presidente do Conselho.

RESOLUÇÃO CODEFAT N. 760 DE 9 DE MARÇO DE 2016

(DOU 11.3.16 e Retif. DOU 15.3.16)

Estabelece novo prazo para adoção do procedimento de coleta biométrica no pagamento do benefício Seguro-Desemprego, em espécie.

O Conselho Deliberativo do Fundo de Amparo ao Trabalhador — CODEFAT, em face do que estabelece o inciso V do art. 19 da Lei n. 7.998, de 11 de janeiro de 1990, resolve:

Art. 1º Estabelecer que, até o final do exercício de 2017, os pagamentos dos benefícios do Seguro-Desemprego, em quaisquer modalidades, serão efetuados por meio de conta simplificada ou conta poupança em favor do beneficiário, sem qualquer ônus para o trabalhador; ou, diretamente, em espécie, por meio de identificação em sistema biométrico, mantidas as hipóteses de pagamento a terceiros previstas no art. 11 da Resolução n. 467, de 21 de dezembro de 2005, art. 8º da Resolução n. 657, de 16 de dezembro de 2010, e art. 7º da Resolução n. 754, de 26 de agosto de 2015.

Art. 2º Ficam convalidados os atos praticados anteriormente à edição desta Resolução.

Art. 3º Esta Resolução entra em vigor na data de sua publicação, revogando-se a Resolução n. 725/2013.

VIRGÍLIO NELSON DA SILVA CARVALHO,
Presidente do Conselho

RESOLUÇÃO CODEFAT N. 827, DE 6 DE DEZEMBRO DE 2016

(DOU 29.12.2016)

Regulamenta as operações de crédito consignado tendo como garantia o saldo de sua conta vinculada do FGTS.

O CONSELHO CURADOR DO FUNDO DE GARANTIA DO TEMPO DE SERVIÇO, no uso das atribuições que lhe conferem o § 7º do art. 1º da Lei n. 10.820, de 17 de dezembro de 2003,

Considerando a necessidade de regulamentar as operações de crédito consignado tendo como garantia o FGTS, resolve:

Art. 1º Ficam estabelecidos que, nas operações de crédito consignado tendo como garantia o saldo da conta vinculada do FGTS e o valor da multa paga pelo empregador, em caso de despedida sem justa causa ou de despedida por culpa recíproca ou força maior, a taxa de juros máxima não pode ser superior a 3,5% (três vírgula cinco por cento) ao mês e o número máximo de parcelas deverá ser de até 48 (quarenta e oito) meses.

Art. 2º O Agente Operador deverá definir os procedimentos operacionais no prazo de até 90 (noventa) dias.

Art. 3º Esta Resolução entra em vigor após a regulamentação do Agente Operador.

RONALDO NOGUEIRA DE OLIVEIRA
Presidente do Conselho

LEI N. 8.019, DE 11 DE ABRIL DE 1990

(DOU 12.4.1990)

Altera a legislação do Fundo de Amparo ao Trabalhador — FAT e dá outras providências

O PRESIDENTE DA REPÚBLICA,

Faço saber que o Congresso Nacional decreta e eu sanciono a seguinte Lei:

Art. 1º A arrecadação decorrente das contribuições para o Programa de Integração Social — PIS, criado pela Lei Complementar n. 7, de setembro de 1970, e para o Programa de Formação do Patrimônio do Servidor Público — PASEP, criado pela Lei Complementar n. 8, de 3 de dezembro de 1970, será destinada, a cada ano, à cobertura integral das necessidades do Fundo de Amparo ao Trabalhador — FAT, de que trata o art. 10 da Lei n. 7.998, de 11 de janeiro de 1990.

Art. 2º Conforme estabelece o § 1º do art. 239 da Constituição Federal, pelo menos 40% da arrecadação mencionada no artigo anterior serão repassados ao Banco Nacional de Desenvolvimento Econômico e Social — BNDES, para aplicação em programas de desenvolvimento econômico.

§ 1º Os recursos repassados ao BNDES na forma do *caput* deste artigo serão corrigidos, mensalmente, pelo Índice de Preços ao Consumidor — IPC.

§§ 2º e 3º *(Revogado pela Lei n. 9.365, de 16.12.1996)*

§ 4º Correrá por conta dos BNDES o risco das operações financeiras realizadas com os recursos mencionados no *caput* deste artigo.

Art. 3º Os juros de que trata o § 2º do artigo anterior serão recolhidos ao FAT a cada semestre até o décimo dia útil subsequente a seu encerramento. *(Revogado pela Lei n. 13.483, de 21.9.17, DOU 22.9.17)*

PARÁGRAFO ÚNICO. Ficam sujeitos à correção monetária, com base na variação do BTN Fiscal, os recursos não recolhidos nos prazos previstos neste artigo.

Art. 4º A arrecadação das contribuições ao PIS e ao PASEP será efetuada através de Documento de Arrecadação de Receitas Federais — DARF, nas condições estabelecidas pela legislação em vigor.

Art. 5º A alínea *b* do inciso IV do art. 69 da Lei n. 7.799, de 10 de julho de 1989, passa a vigorar com a seguinte redação:

"*b)* para o PIS e o PASEP, até o dia cinco do terceiro mês subsequente ao da ocorrência do fato gerador, exceção feita às modalidades especiais (Decreto-lei n. 2.445, de 29 de junho de 1988, arts. 7º e 8º), cujo prazo será o dia quinze do mês subsequente ao da ocorrência do fato gerador."

Art. 6º O Tesouro Nacional repassará mensalmente recursos ao FAT, de acordo com programação financeira para atender aos gastos efetivos daquele Fundo com seguro-desemprego, abono salarial e programas de desenvolvimento econômico do BNDES. (NR) *(Alterado pela Lei n. 10.199, de 14.2.2001, DOU 16.2.2001).*

Art. 7º Em caso de insuficiência de recursos para o Programa de Seguro-Desemprego e o pagamento do Abono Salarial, decorrente do efetivo aumento destas despesas, serão recolhidas ao FAT, pelo BNDES, a cada exercício, as seguintes parcelas dos saldos de recursos repassados para financiamento de programas de desenvolvimento econômico:

I — no primeiro e segundo exercícios, até 20%;

II — do terceiro ao quinto exercícios, até 10%;

III — a partir do sexto exercício, até 5%.

§ 1º Os percentuais referidos nos incisos do *caput* deste artigo incidirão sobre o saldo ao final do exercício anterior, assegurada a correção monetária até a data do recolhimento.

§ 2º Caberá ao CODEFAT definir as condições e os prazos de recolhimento de que trata o *caput* deste artigo.

§ 3º Caberá ao BNDES a determinação das operações de financiamento contratadas com recursos do FAT cujos recursos serão objeto do recolhimento de que trata este artigo. (NR) *(Incluído pela Lei n. 13.483, de 21.9.17, DOU 22.9.17)*

Art. 8º A remuneração mencionada no parágrafo único do art. 15 da Lei n. 7.998, de 1990, constitui receita do FAT.

PARÁGRAFO ÚNICO. Compete ao CODEFAT estabelecer os prazos de recolhimento e o período base de apuração da receita mencionada no *caput* deste artigo.

Art. 9º As disponibilidades financeiras do FAT poderão ser aplicadas em títulos do Tesouro Nacional, por intermédio do Banco Central do Brasil, e em depósitos especiais, remunerados e disponíveis para imediata movimentação, nas instituições financeiras oficiais federais de que trata o art. 15 da Lei n. 7.988, de 11 de janeiro de 1990.

§ 1º Parcela das disponibilidades financeiras do FAT constitui a Reserva Mínima de Liquidez, destinada a garantir, em tempo hábil, os recursos necessários ao pagamento das despesas referentes ao Programa do Seguro-Desemprego e do Abono de que trata o art. 239 da Constituição Federal.

§ 2º O montante da Reserva estabelecida no parágrafo anterior não pode ser inferior ao maior dentre os seguintes valores:

I — a diferença positiva, no exercício financeiro em curso, entre o produto da arrecadação das contribuições de que trata o art. 239 da Constituição Federal e o montante global dos pagamentos efetuados por conta das dotações orçamentárias para atender as despesas com o Programa do Seguro-Desemprego, com o Abono Salarial e com o Financiamento de Programas de Desenvolvimento Econômico a cargo do BNDES, custeados pela referida arrecadação;

II — o resultado da adição:

a) dos valores pagos a títulos de benefícios do seguro-desemprego nos seis meses anteriores, atualizados mês a mês pela variação do Índice Nacional de Preços ao Consumidor, calculado pela Fundação Instituto Brasileiro de Geografia e Estatística — IBGE, ou, na sua ausência, pela variação de índice definido pelo Conselho Deliberativo do Fundo de Amparo ao Trabalhador — CODEFAT, nos termos do inciso IX do art. 19 da Lei n. 7.998, de 11 de janeiro de 1990; e

b) de cinquenta por cento dos valores pagos a títulos e abono, nos termos do art. 9º da Lei n. 7.998, de 11 de janeiro de 1990, nos doze meses anteriores, atualizados na forma prevista na alínea anterior.

§ 3º Os recursos da Reserva Mínima de Liquidez somente poderão ser aplicados em títulos do Tesouro Nacional, por intermédio do Banco Central do Brasil.

§ 4º No exercício de 1991, as aplicações da parcela das disponibilidades financeiras que excederam o valor da Reserva Mínima de Liquidez em depósitos especiais no Banco do Brasil S/A., serão no montante mínimo de Cr$ 220.000.000.000,00 (duzentos e vinte bilhões de cruzeiros).

§ 5º Os depósitos especiais de que trata o *caput* deste artigo serão remunerados, no mínimo, pelos mesmos critérios e prazos aplicados aos depósitos das disponibilidades de caixa do Tesouro Nacional, conforme disposto no art. 5º da Lei n. 7.862, de 30 de outubro de 1989, com a redação dada pelo art. 8º da Lei n. 8.177, de 1º de março de 1991, ou, da sua ausência, pela remuneração média diária paga pelos títulos do Tesouro Nacional, acrescidos, em ambos os casos, de juros de cinco por cento ao ano, calculados *pro rata die*. *(Revogado pela Lei n. 13.483, de 21.9.17, DOU 22.9.17)*

§ 6º O resultado da remuneração das disponibilidades financeiras de que trata este artigo constituirá receita do FAT. *(Redação art. 9º, §§ e incisos dada pela Lei n. 8.352, de 28.12.1991, DOU 31.12.1991).*

§ 7º O Banco Nacional de Desenvolvimento Econômico e Social — BNDES poderá utilizar recursos dos depósitos especiais referidos no *caput* deste artigo, para conceder financiamentos aos Estados e às entidades por eles direta ou indiretamente controladas, no âmbito de programas instituídos pelo Conselho Deliberativo do Fundo de Amparo ao Trabalhador — CODEFAT, tendo em vista as competências que lhe confere o art. 19 da Lei n. 7.998, de 11 de janeiro de 1990, e destinados à expansão do nível de emprego no País, podendo a União, mediante a apresentação de contragarantias adequadas, prestar garantias parciais a operações da espécie, desde que justificado em exposição de motivos conjunta dos Ministérios do Desenvolvimento, Indústria e Comércio Exterior e da Fazenda. (NR) *(Parágrafo acrescentado pela Lei n. 10.199, de 14.2.2001, DOU 16.2.2001). (Revogado pela Lei n. 13.483, de 21.9.17, DOU 22.9.17)*

Art. 10. O art. 28 da Lei n. 7.998, de 1990, passa a ter a seguinte redação:

"Art. 28. (Incluído no texto da lei mencionada)."

Art. 11. Os recursos do PIS e do PASEP repassados ao BNDES, ao amparo do § 1º do art. 239 da Constituição Federal, antes da vigência da Lei n. 7.998, de 1990, acrescidos de correção monetária pela variação do IPC e de juros, de 5% ao ano, constituirão direitos do FAT e serão contabilizados na forma do disposto no art. 2º desta Lei.

Art. 12. O valor do abono a ser pago pelo FAT, nos casos de empregados participantes do Fundo de Participação PIS/PASEP, corresponderá à diferença entre o salário mínimo vigente na data do respectivo pagamento e os rendimentos de suas contas individuais, apurados na forma das alíneas *b* e *c* do art. 3º da Lei Complementar n. 26, de 11 de agosto de 1975.

PARÁGRAFO ÚNICO. O pagamento do rendimento das contas individuais mencionadas no *caput* deste artigo é de competência do Fundo de Participação PIS/PASEP.

Art. 13. A operacionalização do Programa Seguro-Desemprego, no que diz respeito às atividades de pré-triagem e habilitação de requerentes, auxílio aos requerentes e segurados na busca de novo emprego, bem assim às ações voltadas para reciclagem profissional, será executada prioritariamente em articulação com os Estados e Municípios, através do Sistema Nacional de Emprego — SINE, nos termos da lei.

PARÁGRAFO ÚNICO. O Ministério do Trabalho poderá requisitar servidores, técnicos e administrativos, da Administração Federal direta, das autarquias, das fundações públicas e do Governo do Distrito Federal, para o desempenho das tarefas previstas no *caput* deste artigo e no art. 20 da Lei n. 7.998, de 1990, ouvida a Secretaria de Planejamento e Coordenação da Presidência da República.

Art. 14. *(Vetado).*

Art. 15. Esta Lei entra em vigor na data de sua publicação.

Art. 16. Ficam revogados os arts. 16, 17 e 29 da Lei n. 7.998, de 1990, e demais disposições em contrário.

Brasília, em 11 de abril de 1990; 169º da Independência e 102º da República.

FERNANDO COLLOR
ZÉLIA M. CARDOSO DE MELLO
ANTÔNIO MAGRI

LEI N. 10.779, DE 25 DE NOVEMBRO DE 2003

(DOU 26.11.2003)

Dispõe sobre a concessão do benefício de seguro-desemprego, durante o período de defeso, ao pescador profissional que exerce a atividade pesqueira de forma artesanal

— V. Resolução n. 468, do Conselho Deliberativo do Fundo de Amparo ao Trabalhador de 21.12.2005 (DOU 26.12.2005) que estabelece e consolida critérios para a concessão do Seguro-Desemprego aos pescadores artesanais durante os períodos de defeso, instituído pela Lei n. 10.779, de 25 de novembro de 2003, e dá outras providências (não publicada nesta obra)

— V. Resolução n. 469, do Conselho Deliberativo do Fundo de Amparo ao Trabalhador — CODEFAT, de 21.12.2005 (DOU 26.12.2005) que aprova formulário para a concessão do Seguro-Desemprego do Pescador Artesanal. (não publicada nesta obra)

O PRESIDENTE DA REPÚBLICA,

Faço saber que o Congresso Nacional decreta e eu sanciono a seguinte Lei:

Art. 1º O pescador artesanal de que tratam a alínea "b" do inciso VII do art. 12 da Lei n. 8.212, de 24 de julho de 1991, e a alínea "b" do inciso VII do art. 11 da Lei n. 8.213, de 24 de julho de 1991, desde que exerça sua atividade profissional ininterruptamente, de forma artesanal e individualmente ou em regime de economia familiar, fará jus ao benefício do seguro-desemprego, no valor de 1 (um) salário-mínimo mensal, durante o período de defeso de atividade pesqueira para a preservação da espécie. *(Redação dada pela Lei n. 13.134, de 16.6.15, DOU 17.6.15)*

§ 1º Considera-se profissão habitual ou principal meio de vida a atividade exercida durante o período compreendido entre o defeso anterior e o em curso, ou nos 12 (doze) meses imediatamente anteriores ao do defeso em curso, o que for menor. *(Redação dada pela Lei n. 13.134, de 16.6.15, DOU 17.6.15)*

§ 2º O período de defeso de atividade pesqueira é o fixado pelo Instituto Brasileiro do Meio Ambiente e dos Recursos Naturais Renováveis — IBAMA, em relação à espécie marinha, fluvial ou lacustre a cuja captura o pescador se dedique.

§ 3º Considera-se ininterrupta a atividade exercida durante o período compreendido entre o defeso anterior e o em curso, ou nos 12 (doze) meses imediatamente anteriores ao do defeso em curso, o que for menor. *(Redação dada pela Lei n. 13.134, de 16.6.15, DOU 17.6.15)*

§ 4º Somente terá direito ao seguro-desemprego o segurado especial pescador artesanal que não disponha de outra fonte de renda diversa da decorrente da atividade pesqueira. *(Redação dada pela Lei n. 13.134, de 16.6.15, DOU 17.6.15)*

§ 5º O pescador profissional artesanal não fará jus, no mesmo ano, a mais de um benefício de seguro-desemprego decorrente de defesos relativos a espécies distintas. *(Redação dada pela Lei n. 13.134, de 16.6.15, DOU 17.6.15)*

§ 6º A concessão do benefício não será extensível às atividades de apoio à pesca nem aos familiares do pescador profissional que não satisfaçam os requisitos e as condições estabelecidos nesta Lei. *(Redação dada pela Lei n. 13.134, de 16.6.15, DOU 17.6.15)*

§ 7º O benefício do seguro-desemprego é pessoal e intransferível. *(Redação dada pela Lei n. 13.134, de 16.6.15, DOU 17.6.15)*

§ 8º O período de recebimento do benefício não poderá exceder o limite máximo variável de que trata o *caput* do art. 4º da Lei n. 7.998, de 11 de janeiro de 1990, ressalvado o disposto nos §§ 4º e 5º do referido artigo. (NR) *(Redação dada pela Lei n. 13.134, de 16.6.15, DOU 17.6.15)*

Art. 2º Cabe ao Instituto Nacional do Seguro Social (INSS) receber e processar os requerimentos e habilitar os beneficiários, nos termos do regulamento. *(Redação dada pela Lei n. 13.134, de 16.6.15, DOU 17.6.15)*

I — (Revogado);

II — (Revogado);

III — (Revogado);

IV — (Revogado):

a) (Revogada);

b) (Revogada);

c) (Revogada).

§ 1º Para fazer jus ao benefício, o pescador não poderá estar em gozo de nenhum benefício decorrente de benefício previdenciário ou assistencial de natureza continuada, exceto pensão por morte e auxílio-acidente. *(Redação dada pela Lei n. 13.134, de 16.6.15, DOU 17.6.15)*

§ 2º Para se habilitar ao benefício, o pescador deverá apresentar ao INSS os seguintes documentos: *(Redação dada pela Lei n. 13.134, de 16.6.15, DOU 17.6.15)*

I — registro como pescador profissional, categoria artesanal, devidamente atualizado no Registro Geral da Atividade Pesqueira (RGP), emitido pelo Ministério da Pesca e Aquicultura com antecedência mínima de 1 (um) ano, contado da data de requerimento do benefício; *(Redação dada pela Lei n. 13.134, de 16.6.15, DOU 17.6.15)*

II — cópia do documento fiscal de venda do pescado a empresa adquirente, consumidora ou consignatária da produção, em que conste, além do registro da operação realizada, o valor da respectiva contribuição previdenciária de que trata o § 7º do art. 30 da Lei n. 8.212, de 24 de julho de 1991, ou comprovante de recolhimento da contribuição previdenciária, caso tenha comercializado sua produção a pessoa física; e *(Redação dada pela Lei n. 13.134, de 16.6.15, DOU 17.6.15)*

III — outros estabelecidos em ato do Ministério da Previdência Social que comprovem:

a) o exercício da profissão, na forma do art. 1º desta Lei;

b) que se dedicou à pesca durante o período definido no § 3º do art. 1º desta Lei;

c) que não dispõe de outra fonte de renda diversa da decorrente da atividade pesqueira.

§ 3º O INSS, no ato de habilitação ao benefício, deverá verificar a condição de segurado pescador artesanal e o pagamento da contribuição previdenciária, nos termos da Lei n. 8.212, de 24 de julho de 1991, nos últimos 12 (doze) meses imediatamente anteriores ao requerimento do benefício ou desde o último período de defeso até o requerimento do benefício, o que for menor, observado, quando for o caso, o disposto no inciso II do § 2º. *(Redação dada pela Lei n. 13.134, de 16.6.15, DOU 17.6.15)*

§ 4º O Ministério da Previdência Social e o Ministério da Pesca e Aquicultura desenvolverão atividades que garantam ao INSS acesso às informações cadastrais disponíveis no RGP, de que trata o art. 24 da Lei n. 11.959, de 29 de junho de 2009, necessárias para a concessão do seguro-desemprego. *(Redação dada pela Lei n. 13.134, de 16.6.15, DOU 17.6.15)*

§ 5º Da aplicação do disposto no § 4º deste artigo não poderá resultar nenhum ônus para os segurados. *(Redação dada pela Lei n. 13.134, de 16.6.15, DOU 17.6.15)*

§ 6º O Ministério da Previdência Social poderá, quando julgar necessário, exigir outros documentos para a habilitação do benefício. *(Redação dada pela Lei n. 13.134, de 16.6.15, DOU 17.6.15)*

§ 7º O INSS deverá divulgar mensalmente lista com todos os beneficiários que estão em gozo do seguro-desemprego no período de defeso, detalhados por localidade, nome, endereço e número e data de inscrição no RGP. *(Redação dada pela Lei n. 13.134, de 16.6.15, DOU 17.6.15)*

§ 8º Desde que atendidos os demais requisitos previstos neste artigo, o benefício de seguro-desemprego será concedido ao pescador profissional artesanal cuja família seja beneficiária de programa de transferência de renda com condicionalidades, e caberá ao órgão ou à entidade da administração pública federal responsável pela manutenção do programa a suspensão do pagamento pelo mesmo período da percepção do benefício de seguro-desemprego. *(Redação dada pela Lei n. 13.134, de 16.6.15, DOU 17.6.15)*

§ 9º Para fins do disposto no § 8º, o INSS disponibilizará aos órgãos ou às entidades da administração pública federal responsáveis pela manutenção de programas de transferência de renda com condicionalidades as informações necessárias para identificação dos beneficiários e dos benefícios de seguro-desemprego concedidos, inclusive as relativas à duração, à suspensão ou à cessação do benefício. (NR) *(Redação dada pela Lei n. 13.134, de 16.6.15, DOU 17.6.15)*

Nota: A Lei n. 13.134, de 16.6.15, dispõe no seu art. 5º:

Art. 5º É assegurada aos pescadores profissionais categoria artesanal a concessão pelo INSS do seguro-desemprego de defeso relativo ao período de defeso compreendido entre 1º de abril de 2015 e 31 de agosto de 2015 nos termos e condições da legislação vigente anteriormente à edição da Medida Provisória n. 665, de 30 de dezembro de 2014.

Art. 3º Sem prejuízo das sanções civis e penais cabíveis, todo aquele que fornecer ou beneficiar-se de atestado falso para o fim de obtenção do benefício de que trata esta Lei estará sujeito:

I — a demissão do cargo que ocupa, se servidor público;

II — a suspensão de sua atividade, com cancelamento do seu registro, por dois anos, se pescador profissional.

Art. 4º O benefício de que trata esta Lei será cancelado nas seguintes hipóteses:

I — início de atividade remunerada;

II — início de percepção de outra renda;

III — morte do beneficiário;

IV — desrespeito ao período de defeso; ou

V — comprovação de falsidade nas informações prestadas para a obtenção do benefício.

Art. 5º O benefício do seguro-desemprego a que se refere esta Lei será pago à conta do Fundo de Amparo ao Trabalhador — FAT, instituído pela Lei n. 7.998, de 11 de janeiro de 1990.

Art. 6º Esta Lei entra em vigor na data de sua publicação.

Art. 7º Fica revogada a Lei n. 8.287, de 20 de dezembro de 1991.

Brasília, 25 de novembro de 2003; 182º da Independência e 115º da República.

LUIZ INÁCIO LULA DA SILVA
JAQUES WAGNER

DECRETO N. 8.424, DE 31 DE MARÇO DE 2015

(DOU 1.4.2015)

Regulamenta a Lei n. 10.779, de 25 de novembro de 2003, para dispor sobre a concessão do benefício de seguro-desemprego, durante o período de defeso, ao pescador profissional artesanal que exerce sua atividade exclusiva e ininterruptamente.

A PRESIDENTA DA REPÚBLICA, no uso das atribuições que lhe confere o art. 84, *caput*, incisos IV e VI, alínea "a", da Constituição, e tendo em vista o disposto na Lei n. 10.779, de 25 de novembro de 2003,

DECRETA:

Art. 1º Este Decreto regulamenta a concessão do benefício de seguro-desemprego, no valor de um salário-mínimo mensal, ao pescador artesanal de que tratam a alínea "b" do inciso VII do *caput* do art. 12 da Lei n. 8.212, de 24 de julho de 1991, e a alínea "b" do inciso VII do *caput* do art. 11 da Lei n. 8.213, de 24 de julho de 1991, desde que exerça sua atividade profissional ininterruptamente, de forma artesanal e individualmente ou em regime de economia familiar, durante o período de defeso de atividade pesqueira para a preservação da espécie. *(Redação dada pelo Decreto n. 8.967, de 23 de janeiro de 2017, DOU 24.1.17)*

§ 1º Considera-se ininterrupta a atividade exercida durante o período compreendido entre o término do defeso anterior e o início do defeso em curso ou nos doze meses imediatamente anteriores ao início do defeso em curso, o que for menor.

§ 2º Entende-se como regime de economia familiar o trabalho dos membros da mesma família, indispensável à própria subsistência e exercido em condições de mútua dependência e colaboração, sem a utilização de empregados.

§ 3º Para fins de concessão do benefício, consideram-se como períodos de defeso aqueles estabelecidos pelos órgãos federais competentes, determinando a paralisação temporária da pesca para preservação das espécies, nos termos e prazos fixados nos respectivos atos. *(Redação dada pelo Decreto n. 8.967, de 23 de janeiro de 2017, DOU 24.1.17)*

§ 4º O benefício será devido ao pescador profissional artesanal inscrito no Registro Geral da Atividade Pesqueira – RGP que não disponha de outra fonte de renda diversa da decorrente da atividade pesqueira, observado o disposto no Decreto n. 8.425, de 31 de março de 2015, sem prejuízo da licença de pesca concedida na esfera federal, quando exigida nos termos do art. 3º, § 2º, da Lei n. 11.959, de 29 de junho de 2009. *(Redação dada pelo Decreto n. 8.967, de 23 de janeiro de 2017, DOU 24.1.17)*

§ 5º O pescador profissional artesanal não fará jus a mais de um benefício de seguro-desemprego no mesmo ano decorrente de defesos relativos a espécies distintas.

§ 6º A concessão do benefício não será extensível aos trabalhadores de apoio à pesca artesanal, assim definidos em legislação específica, e nem aos componentes do grupo

Legislação Complementar

familiar do pescador profissional artesanal que não satisfaçam, individualmente, os requisitos e as condições estabelecidos neste Decreto.

§ 7º Os pescadores e as pescadoras de que trata o § 1º do art. 3º do Decreto n. 8.425, de 2015, não farão jus ao benefício de seguro-desemprego durante o período de defeso. *(Redação dada pelo Decreto n. 8.967, de 23 de janeiro de 2017, DOU 24.1.17)*

§ 8º Fará jus ao seguro-desemprego o pescador artesanal que, durante o período aquisitivo de que trata o § 1º, tenha recebido benefício de auxílio-doença, auxílio-doença acidentário ou salário-maternidade, exclusivamente sob categoria de filiação de segurado especial, ou ainda, que tenha contribuído para a Previdência Social relativamente ao exercício exclusivo dessa atividade. *(Incluído pelo Decreto n. 8.967, de 23 de janeiro de 2017, DOU 24.1.17)*

§ 9º Previamente ao estabelecimento de períodos de defeso, deverão ser avaliadas outras medidas de gestão e de uso sustentável dos recursos pesqueiros, por meio de ato conjunto dos Ministérios da Agricultura, Pecuária e Abastecimento e do Meio Ambiente. *(Incluído pelo Decreto n. 8.967, de 23 de janeiro de 2017, DOU 24.1.17)*

§ 10. As normas, os critérios, os padrões e as medidas de ordenamento relativas aos períodos de defeso serão editadas, observadas as competências dos Ministérios da Agricultura, Pecuária e Abastecimento e do Meio Ambiente, e deverão: *(Incluído pelo Decreto n. 8.967, de 23 de janeiro de 2017, DOU 24.1.17)*

I — definir as espécies que são objeto de conservação, as medidas de proteção à reprodução e ao recrutamento das espécies, os petrechos e os métodos de pesca proibidos; *(Incluído pelo Decreto n. 8.967, de 23 de janeiro de 2017, DOU 24.1.17)*

II — estabelecer a abrangência geográfica da norma, de modo a indicar as bacias hidrográficas, a região ou a área costeiro marinha e discriminar os Municípios alcançados; *(Incluído pelo Decreto n. 8.967, de 23 de janeiro de 2017, DOU 24.1.17)*

III — definir se há alternativas de pesca disponíveis e se elas abrangem todos os pescadores ou apenas aqueles que atuam de forma embarcada; e *(Incluído pelo Decreto n. 8.967, de 23 de janeiro de 2017, DOU 24.1.17)*

IV — estabelecer mecanismos de monitoramento da biodiversidade e da atividade pesqueira e de avaliação da eficácia dos períodos de defeso como medida de ordenamento. *(Incluído pelo Decreto n. 8.967, de 23 de janeiro de 2017, DOU 24.1.17)*

§ 11. Os Ministérios da Agricultura, Pecuária e Abastecimento e do Meio Ambiente deverão periodicamente avaliar a efetividade dos períodos de defeso instituídos, sobretudo os de área continental, e revogar ou suspender seus atos normativos quando comprovada a sua ineficácia na preservação dos recursos pesqueiros, inclusive quando forem observados os fenômenos de seca, estiagem e contaminações por agentes químicos, físicos e biológicos. *(Incluído pelo Decreto n. 8.967, de 23 de janeiro de 2017, DOU 24.1.17)*

§ 12. Não será devido o benefício do seguro-desemprego quando houver disponibilidade de alternativas de pesca nos Municípios alcançados pelos períodos de defeso. *(Incluído pelo Decreto n. 8.967, de 23 de janeiro de 2017, DOU 24.1.17)*

§ 13. O benefício do seguro-desemprego é direito pessoal e intransferível. (NR) *(Incluído pelo Decreto n. 8.967, de 23 de janeiro de 2017, DOU 24.1.17)*

Art. 2º Terá direito ao benefício do seguro-desemprego o pescador profissional artesanal que preencher os seguintes requisitos:

I — ter registro no RGP, com situação cadastral ativa decorrente de licença concedida, emitido pelo Ministério da Agricultura, Pecuária e Abastecimento, na condição de pescador profissional artesanal, observada a antecedência mínima prevista no art. 2º da Lei n. 10.779, de 2003; *(Redação dada pelo Decreto n. 8.967, de 23 de janeiro de 2017, DOU 24.1.17)*

II — possuir a condição de segurado especial unicamente na categoria de pescador profissional artesanal;

III — ter realizado o pagamento da contribuição previdenciária, nos termos da Lei n. 8.212, de 24 de julho de 1991, nos últimos doze meses imediatamente anteriores ao requerimento do benefício ou desde o último período de defeso até o requerimento do benefício, o que for menor, observado, quando for o caso, o disposto no inciso IV do *caput* do art. 5º;

IV — não estar em gozo de nenhum benefício decorrente de programa federal de transferência de renda com condicionalidades ou de benefício de prestação continuada da Assistência Social ou da Previdência Social, exceto auxílio-acidente ou pensão por morte; e

V — não ter vínculo de emprego, ou outra relação de trabalho, ou outra fonte de renda diversa da decorrente da atividade pesqueira vedada pelo período de defeso. (NR) *(Redação dada pelo Decreto n. 8.967, de 23 de janeiro de 2017, DOU 24.1.17)*

§ 1º A comprovação da contribuição do segurado especial de que trata o inciso III do *caput* deverá ser feita nos termos do art. 25 da Lei n. 8.212, de 1991, e do inciso IV do *caput* do art. 216 do Regulamento da Previdência Social, aprovado pelo Decreto n. 3.048, de 6 de maio 1999, excluído o período de defeso, desde que não tenha havido comercialização de espécie alternativa não contemplada no ato que fixar o período de defeso.

§ 2º Desde que atendidos os demais requisitos previstos neste artigo, o benefício de seguro-desemprego será concedido ao pescador profissional artesanal cuja família seja beneficiária de programa de transferência de renda com condicionalidades, e caberá ao órgão ou entidade da administração pública federal responsável pela manutenção do programa a suspensão do pagamento pelo mesmo período da percepção do benefício de seguro-desemprego.

§ 3º Para fins do disposto no § 2º, o Instituto Nacional do Seguro Social — INSS disponibilizará aos órgãos ou entidades da administração pública federal responsáveis pela manutenção de programas de transferência de renda com condicionalidades as informações necessárias para identificação dos beneficiários e dos benefícios de seguro-desemprego concedidos, inclusive as relativas à duração, suspensão ou cessação do benefício.

Art. 3º Cabe ao INSS receber e processar os requerimentos, habilitar os beneficiários e decidir quanto à concessão do benefício de seguro-desemprego de que trata o art. 1º.

PARÁGRAFO ÚNICO. O interessado poderá requerer o benefício de seguro-desemprego em qualquer Unidade da Federação, independentemente de seu domicílio.

Art. 4º O prazo para requerer o benefício do seguro-desemprego do pescador profissional artesanal se iniciará trinta dias antes da data de início do período de defeso e terminará no último dia do referido período.

PARÁGRAFO ÚNICO. Desde que requerido dentro do prazo previsto no *caput*, o pagamento do benefício será devido desde o início do período de defeso, independentemente da data do requerimento.

Art. 5º Para requerer o benefício de seguro-desemprego, o pescador deverá apresentar ao INSS:

I — documento de identificação oficial;

II — comprovante de inscrição no Cadastro de Pessoa Física — CPF;

III — inscrição no RGP, com licença de pesca, emitida pelo Ministério da Agricultura, Pecuária e Abastecimento, na condição de pescador profissional artesanal que tenha a atividade pesqueira como única fonte de renda, observada a antecedência mínima prevista no art. 2º da Lei n. 10.779, de 2003; *(Redação dada pelo Decreto n. 8.967, de 23 de janeiro de 2017, DOU 24.1.17)*

IV — cópia do documento fiscal de venda do pescado a empresa adquirente, consumidora ou consignatária da produção, em que conste, além do registro da operação realizada, o valor da respectiva contribuição previdenciária de que trata o § 7º do art. 30 da Lei n. 8.212, de 1991, ou cópia do comprovante de recolhimento da contribuição previdenciária, caso tenha comercializado sua produção a pessoa física; e

V — comprovante de residência em Município abrangido pelo ato que instituiu o período de defeso relativo ao benefício requerido, ou seus limítrofes. *(Redação dada pelo Decreto n. 8.967, de 23 de janeiro de 2017, DOU 24.1.17)*

§ 1º Além de apresentar os documentos previstos no *caput*, o pescador profissional artesanal assinará declaração de que:

I — não dispõe de outra fonte de renda;

II — se dedicou à pesca das espécies e nas localidades atingidas pelo defeso ininterruptamente durante o período compreendido entre o término do defeso anterior e o início do defeso em curso ou nos doze meses imediatamente anteriores ao início do defeso em curso, o que for menor; e *(Redação dada pelo Decreto n. 8.967, de 23 de janeiro de 2017, DOU 24.1.17)*

III — assume responsabilidade civil e criminal por todas as informações prestadas para fins da concessão do benefício.

§ 2º O Ministério da Agricultura, Pecuária e Abastecimento disponibilizará ao INSS informações que demonstrem: *(Redação dada pelo Decreto n. 8.967, de 23 de janeiro de 2017, DOU 24.1.17)*

I — o exercício ininterrupto da atividade de pesca pelo pescador profissional artesanal, observado o disposto no § 1º do art. 4º do Decreto n. 8.425, de 2015, com a indicação das localidades em que a atividade foi exercida e das espécies pescadas; e *(Redação dada pelo Decreto n. 8.967, de 23 de janeiro de 2017, DOU 24.1.17)*

II — os municípios abrangidos pelo período de defeso e os municípios limítrofes.

§ 3º Ato do Ministério da Previdência Social poderá exigir outros documentos para a habilitação do benefício.

§ 4º O INSS poderá expedir atos complementares relativos ao reconhecimento e à manutenção do direito ao benefício, observado o disposto neste Decreto e no ato de que trata o § 3º.

§ 5º A apresentação dos documentos discriminados no *caput* poderá ser dispensada pelo INSS caso as informações constem em bases governamentais a ele disponibilizadas por outros órgãos, nos termos do art. 2º do Decreto n. 6.932, de 11 de agosto de 2009, do art. 329-B do Anexo ao Decreto n. 3.048, de 6 de maio de 1999 — Regulamento da Previdência Social, e do art. 1º do Decreto n. 8.789, de 29 de junho de 2016. *(Incluído pelo Decreto n. 8.967, de 23 de janeiro de 2017, DOU 24.1.17)*

§ 6º Nos casos em que o pescador já tenha recebido o seguro-desemprego do pescador artesanal, o INSS poderá dispensar a reapresentação de requerimento para os próximos períodos do defeso que deu origem ao benefício, desde que possua informações que demonstrem a manutenção dos requisitos do art. 2º e das características da atividade pesqueira exercida; *(Incluído pelo Decreto n. 8.967, de 23 de janeiro de 2017, DOU 24.1.17)*

§ 7º O INSS poderá comunicar o indeferimento ou a existência de qualquer impedimento para a concessão do benefício por meio da internet ou da central de teleatendimento. *(Incluído pelo Decreto n. 8.967, de 23 de janeiro de 2017, DOU 24.1.17)*

§ 8º O INSS poderá, a qualquer tempo, convocar o pescador para apresentação de documentos comprobatórios referentes aos requisitos do *caput*. (NR) *(Incluído pelo Decreto n. 8.967, de 23 de janeiro de 2017, DOU 24.1.17)*

Art. 6º O INSS cessará o benefício de seguro-desemprego nas seguintes hipóteses:

I — início de atividade remunerada ou de percepção de outra renda que seja incompatível com a percepção do benefício;

II — desrespeito ao período de defeso ou a quaisquer proibições estabelecidas em normas de defeso;

III — obtenção de renda proveniente da pesca de espécie alternativa não contemplada no ato que fixar o período de defeso;

IV — suspensão do período de defeso;

V — morte do beneficiário, exceto em relação às parcelas vencidas;

VI — início de percepção de renda proveniente de benefício previdenciário ou assistencial de natureza continuada, exceto auxílio-acidente ou pensão por morte;

VII — prestação de declaração falsa; ou

VIII — comprovação de fraude.

PARÁGRAFO ÚNICO. O INSS cessará o benefício quando constatar a ocorrência de hipótese prevista no *caput* ou quando for informado sobre sua ocorrência pelo órgão ou entidade pública competente.

Art. 6º-A. O Poder Executivo poderá condicionar o recebimento do seguro-desemprego, durante o período de defeso, ao pescador profissional artesanal que exerça sua atividade exclusiva, à comprovação da matrícula e da frequência do trabalhador segurado em curso de formação inicial e continuada ou de qualificação profissional, com carga horária mínima de cento e sessenta horas, nos termos do § 1º do art. 3º da Lei n. 7.998, de 11 de janeiro de 1990. (NR) *(Incluído pelo Decreto n. 8.967, de 23 de janeiro de 2017, DOU 24.1.17)*

Art. 7º No caso de indeferimento do requerimento de concessão de benefício ou no caso de cessação do benefício, o pescador profissional artesanal poderá interpor recurso ao Conselho de Recursos da Previdência Social — CRPS.

§ 1º O prazo para interposição de recurso e para oferecimento de contrarrazões será de trinta dias, contado da ciência da decisão e da interposição do recurso, respectivamente.

§ 2º O processamento e o julgamento dos recursos seguirão o disposto no Regulamento da Previdência Social, aprovado pelo Decreto n. 3.048, de 1999, e no regimento interno do CRPS.

Art. 8º Os recursos financeiros para o pagamento do benefício de seguro-desemprego ao pescador profissional artesanal serão provenientes do Fundo de Amparo ao Trabalhador — FAT.

§ 1º Compete ao Conselho Deliberativo do Fundo de Amparo ao Trabalhador — Codefat a gestão do pagamento dos benefícios e ao Ministério do Trabalho e Emprego a sua operacionalização, cabendo aos referidos órgãos a edição dos atos necessários a essas atividades.

§ 2º O INSS disponibilizará ao Ministério do Trabalho e Emprego as informações necessárias para a efetivação do pagamento.

§ 3º O Ministério do Trabalho e Emprego disponibilizará ao INSS e aos órgãos de que trata o § 3º do art. 2º as informações referentes à realização dos pagamentos aos beneficiários.

§ 4º O Ministério do Trabalho e Emprego e o INSS prestarão aos interessados informações relativas ao pagamento dos benefícios em seus próprios canais de atendimento.

Art. 9º O Regulamento da Previdência Social, aprovado pelo Decreto n. 3.048, de 1999, passa a vigorar com as seguintes alterações:

"Art. 9º ....

§ 14. ....

I — não utilize embarcação; ou

II — utilize embarcação de pequeno porte, nos termos da Lei n. 11.959, de 29 de junho de 2009.

§ 15. ....

XI — o pescador que trabalha em regime de parceria, meação ou arrendamento, em embarcação de médio ou grande porte, nos termos da Lei n. 11.959, de 2009; ...." (NR)

Art. 10. O Decreto n. 5.209, de 17 de setembro de 2004, passa a vigorar com as seguintes alterações:

"Art. 25. ....

IX — recebimento do benefício do seguro-desemprego na forma do art. 1º da Lei n. 10.779, de 25 de novembro de 2003, e de seu regulamento, hipótese em que os benefícios financeiros do Programa Bolsa Família, recebidos por sua família, serão suspensos. ...." (NR)

Art. 11. Atos conjuntos dos Ministérios da Previdência Social, do Trabalho e Emprego e da Pesca e Aquicultura e de outros órgãos interessados estabelecerão os procedimentos e prazos para operacionalização das trocas de informações previstas neste Decreto.

Art. 12. Este Decreto aplica-se aos períodos de defeso iniciados a partir de 1º de abril de 2015.

PARÁGRAFO ÚNICO. Aos períodos de defeso iniciados até 31 de março de 2015, aplica-se o disposto na legislação anterior, inclusive quanto aos prazos, procedimentos e recursos e à competência do Ministério do Trabalho e Emprego para as atividades de recebimento e processamento dos requerimentos, habilitação dos beneficiários e apuração de irregularidades.

Art. 13. Ficam revogados o inciso III do § 14 e o § 17 do art. 9º do Regulamento da Previdência Social, aprovado pelo Decreto n. 3.048, de 6 de maio de 1999.

Art. 14. Este Decreto entra em vigor na data de sua publicação.

Brasília, 31 de março de 2015; 194º da Independência e 127º da República.

DILMA ROUSSEFF
MANOEL DIAS CARLOS
EDUARDO GABAS
TEREZA CAMPELLO
HELDER BARBALHO

INSTRUÇÃO NORMATIVA INSS N. 83, DE 18 DE DEZEMBRO DE 2015

(DOU 21.12.15)

Estabelece procedimentos relativos ao Seguro-Desemprego devido aos pescadores profissionais artesanais, durante o período de defeso, e dá outras providências.

FUNDAMENTAÇÃO LEGAL:

Lei n. 10.779, de 25 de novembro de 2003;

Decreto n. 3.048, de 6 de maio de 1999;

Decreto n. 8.424, de 31 de março de 2015; e

Medida Provisória n. 665, de 30 de dezembro de 2014, convertida na Lei n. 13.135, de 17 de junho de 2015.

A PRESIDENTA DO INSTITUTO NACIONAL DO SEGURO SOCIAL — INSS, no uso da competência que lhe confere o Decreto n. 7.556, de 24 de agosto de 2011, e considerando a necessidade de atualizar os procedimentos relativos ao Seguro-Desemprego devido aos pescadores profissionais artesanais durante os períodos de defeso, resolve:

Art. 1º Ficam estabelecidos procedimentos para a concessão do Seguro-Desemprego do Pescador Profissional Artesanal — SDPA que exerça sua atividade profissional ininterruptamente, de forma artesanal, individualmente ou em regime de economia familiar, durante o período de defeso da atividade pesqueira para a preservação da espécie, conforme disposto na Lei n. 10.779, de 25 de novembro de 2003.

§ 1º Considera-se ininterrupta a atividade exercida durante o período compreendido entre o término do defeso anterior e o início do defeso em curso, ou nos doze meses imediatamente anteriores ao início do defeso em curso, o que for menor.

§ 2º A percepção de auxílio-doença, auxílio-doença por acidente de trabalho ou salário-maternidade, durante o período mencionado no § 1º do *caput*, não impede o recebimento do SDPA.

§ 3º Entende-se como regime de economia familiar o trabalho dos membros da mesma família, indispensável à própria subsistência e exercido em condições de mútua dependência e colaboração, sem a utilização de empregados, conforme disposto no § 7º do art. 11 da Lei n. 8.213, de 24 de julho de 1991.

§ 4º Entende-se como período de defeso, para fins de concessão do benefício, a paralisação temporária da atividade pesqueira para preservação da espécie, nos termos e prazos fixados pelos órgãos competentes, conforme § 2º do art. 1º da Lei n. 10.779, de 2003.

§ 5º O benefício SDPA será devido ao pescador profissional artesanal inscrito no Registro Geral da Atividade Pesqueira — RGP, com licença de pesca concedida nos termos da legislação e que não disponha de fonte de renda diversa da decorrente da atividade pesqueira artesanal da espécie abrangida pelo defeso.

§ 6º A concessão do benefício SDPA não será extensível aos trabalhadores de apoio à pesca artesanal, nos termos do art. 2º, inciso VIII, do Decreto n. 8.425, de 31 de março de 2015.

§ 7º As portarias de instituição de defeso podem conter mais de um período de proibição para a mesma espécie, sendo devido o SDPA em todos os períodos.

§ 8º O pescador profissional artesanal não fará jus a mais de um SDPA no mesmo ano decorrente de defesos relativos a espécies distintas.

Art. 2º O SDPA é direito pessoal e intransferível.

CAPÍTULO I
Do Requerimento

Art. 3º O requerimento do SDPA será, preferencialmente, protocolizado por meio dos canais remotos, que poderão agendar a entrega de documentos em uma Unidade de Atendimento da Previdência Social.

§ 1º O requerimento do SDPA deverá ser feito individualmente e a documentação apresentada deverá se referir ao próprio requerente, não podendo ser utilizados documentos dos demais membros do grupo familiar.

§ 2º Serão informadas ao requerente as pendências impeditivas à conclusão da habilitação, bem como o órgão ou agente responsável pela sua resolução.

§ 3º Deverá ser utilizado no requerimento o mesmo Número de Inscrição do Trabalhador — NIT constante no requerimento anterior, caso haja.

§ 4º O prazo para o requerimento iniciar-se-á trinta dias antes da data de início do defeso e terminará no último dia do referido período.

§ 5º O requerimento do SDPA poderá ser processado em qualquer Agência da Previdência Social — APS, independentemente do domicílio do requerente.

CAPÍTULO II
Da Comprovação e da Concessão

Art. 4º Terá direito ao SDPA o pescador que preencher os seguintes requisitos:

I — ter registro ativo no RGP, emitido com antecedência mínima de um ano, contado da data de requerimento do benefício, conforme disposto no inciso I do § 2º do art. 2º da Lei n. 10.779, de 2003;

II — possuir a condição de segurado especial unicamente na categoria de pescador profissional artesanal;

III — ter realizado o pagamento da contribuição previdenciária, nos termos da Lei n. 8.212, de 24 de julho de 1991, nos doze meses imediatamente anteriores ao requerimento do benefício ou desde o último período de defeso até o requerimento do benefício, o que for menor;

IV — não estar em gozo de nenhum benefício de prestação continuada da Assistência Social ou da Previdência Social, exceto auxílio-acidente e pensão por morte limitados a um salário-mínimo, respeitando-se a cota individual; e

V — não dispor de qualquer fonte de renda diversa da decorrente da atividade pesqueira referente às espécies objeto do defeso.

§ 1º Desde que atendidos os demais requisitos previstos neste artigo, o benefício de SDPA será concedido ao pescador profissional artesanal, ainda que a família seja beneficiária de programa de transferência de renda com condicionalidades, nos termos dos §§ 8º e 9º do art. 2º da Lei n. 10.779, de 2003.

Legislação Complementar

§ 2º A limitação de um salário-mínimo constante no inciso IV do *caput* não se aplica caso a categoria de filiação do benefício seja a de segurado especial.

Art. 5º A condição de segurado especial do pescador artesanal será verificada automaticamente por meio do sistema de habilitação do SDPA, com fundamento nos arts. 329-A e 329-B, ambos do Decreto n. 3.048, de 6 de maio de 1999.

Art. 6º Para análise do benefício nas Unidades de Atendimento, deverá ser apresentado:

I — documento de identificação oficial;

II — número de inscrição no Cadastro de Pessoa Física — CPF;

III — número do RGP ativo, com licença de pesca na categoria de pescador profissional artesanal;

IV — cópia do documento fiscal de venda do pescado à empresa adquirente, consumidora ou consignatária da produção, em que conste, além do registro da operação realizada, o valor da respectiva contribuição previdenciária de que trata o § 7º do art. 30 da Lei n. 8.212, de 1991, ou comprovante do recolhimento da contribuição previdenciária, caso tenha comercializado sua produção a pessoa física, conforme art. 25 da Lei n. 8.212, de 1991;

V — comprovante de residência em municípios abrangidos pela Portaria que declarou o defeso ou nos limítrofes; e

VI — os seguintes documentos, conforme o caso, para defesos restritos à pesca embarcada:

a) Certificado de Registro de Embarcação, emitido pelo Ministério da Agricultura, Pecuária e Abastecimento — MAPA, em que conste a autorização para captura da espécie objeto do defeso;

b) para as embarcações com propulsão a motor, cópia do Título de Inscrição de Embarcação registrado na Marinha do Brasil;

c) Caderneta de Inscrição e Registro — CIR, emitida pela Diretoria de Portos e Costas da Marinha do Brasil — DPC, em que conste a categoria do titular como Pescador Profissional; e

d) rol de equipagem da embarcação, emitida pela DPC, em que conste o pescador no rol de tripulantes.

§ 1º Serão encaminhadas pelo MAPA as informações que demonstrem o exercício ininterrupto da atividade de pesca, com a indicação das localidades em que foi exercida e das espécies capturadas, bem como os municípios abrangidos pelo defeso ao qual o pescador está vinculado.

§ 2º Os documentos listados nos incisos II a VI do *caput* serão dispensados caso as informações constem em bases governamentais disponibilizadas ao INSS por outros órgãos, nos termos do art. 2º do Decreto n. 6.932, de 11 de agosto de 2009.

§ 3º As informações referidas no inciso III do *caput* serão disponibilizadas pelo MAPA por meio de concessão do SDPA, sendo dispensada a apresentação de documentação física em caso de RGP ativo.

§ 4º Nos termos do inciso IV do *caput*, quanto à apresentação de Guia da Previdência Social — GPS para comprovação da comercialização da produção pesqueira a pessoa física, deve-se observar que:

I — este pagamento é realizado sobre a matrícula do Cadastro Específico do INSS — CEI;

II — o penúltimo dígito da matrícula CEI constante na GPS deve ser o algarismo 8 (oito), relativo ao CEI para a contribuição rural;

III — o pagamento deve ter sido realizado com o código 2704, correspondente ao recolhimento sobre a comercialização da produção rural;

IV — a competência recolhida deve estar contida no período compreendido entre o término do defeso anterior e o requerimento, ou nos doze meses imediatamente anteriores ao requerimento do benefício, o que for menor;

V — caso seja apresentada GPS referente à competência contida no período do defeso, por tratar-se de comercialização de espécies coletadas antes deste período, deverá ser apresentado documento do Instituto Brasileiro do Meio Ambiente e dos Recursos Naturais — IBAMA, ou de outro órgão fiscalizador ambiental competente, atestando que se trata de comercialização autorizada de estoque;

VI — caso seja apresentada GPS referente à competência contida no período do defeso, mas que não corresponda à comercialização de estoque autorizada, o benefício será devido somente se houve erro na competência informada na GPS, caso em que o pescador deverá ser orientado, por carta de exigências, a solicitar sua retificação junto à Receita Federal do Brasil — RFB;

VII — é possível o pagamento agregado de mais de uma competência quando estas não alcançarem valor mínimo instituído em ato da RFB, sendo suficiente a apresentação de apenas uma GPS paga para comprovar o período descrito no inciso IV do § 4º do *caput*, sem necessidade de discriminação das competências agregadas na GPS;

VIII — a apresentação da GPS é dispensada caso seja constatado o pagamento por meio de informação disponibilizada em base governamental; e

IX — a GPS será aceita mesmo que paga em atraso.

§ 5º Nos termos do inciso IV do *caput*, quando a comercialização for realizada a pessoa jurídica, deverá ser apresentado pelo menos um documento fiscal para comprovar o período.

§ 6º As pendências de habilitação serão notificadas pelo Sistema, e divididas em três categorias:

I — Notificação de Acerto de Divergência de Informação: indica a necessidade de confirmação da titularidade do número do Programa de Integração Social — PIS informado;

II — Notificação de Acerto de Dados Cadastrais: indica pendências possivelmente sanáveis mediante atualização de cadastro pelo INSS ou por outros órgãos; ou

III — Notificação de Recurso: indica o indeferimento do pedido, cabendo verificação da condição apontada pelo Sistema.

Art. 7º Caso faltem documentos essenciais à análise do direito ou haja necessidade de retificação de alguma informação, o servidor deverá emitir carta de exigências, conforme Anexo II desta Instrução Normativa — IN, observando o prazo disposto no art. 678 da Instrução Normativa n. 77/PRES/INSS, de 21 de janeiro de 2015.

§ 1º A exigência emitida nos termos do *caput* deverá ser cumprida na unidade onde foi formalizado o processo.

§ 2º A exigência de atualização dos dados do RGP será sanada com a atualização deste registro junto ao MAPA, sendo dispensado novo comparecimento do requerente à APS, uma vez que o Sistema concederá o benefício automaticamente.

Art. 8º Não sendo reconhecido o direito ao benefício e não havendo mais exigências possíveis, a informação do indeferimento deverá ser disponibilizada ao requerente, conforme Anexo I desta IN.

PARÁGRAFO ÚNICO. Caso o servidor tome conhecimento de outros fatos que descaracterizem os requisitos à concessão do benefício, deverá consigná-los de maneira fundamentada na carta de indeferimento.

CAPÍTULO III
Do Pagamento e da Manutenção

Art. 9º Quando da concessão do benefício, o crédito será gerado e disponibilizado automaticamente à Caixa Econômica Federal, podendo ser realizado o saque em qualquer unidade da referida instituição financeira.

§ 1º A efetivação do pagamento será feita pelo Ministério do Trabalho e Previdência Social — MTPS, valendo-se de informações disponibilizadas pelo INSS.

§ 2º O pagamento do benefício será devido desde o início do período de defeso, independentemente da data de requerimento.

§ 3º Compete às Unidades de Atendimento a inclusão de informações para geração ou reprocessamento de créditos.

§ 4º Nos casos em que seja verificado, no ato do requerimento do benefício, o recebimento indevido de SDPA concedido anteriormente, deverão ser restituídas as parcelas recebidas indevidamente pelo segurado, mediante Guia de Recolhimento da União — GRU ou compensação nas parcelas do novo benefício, observando-se o disposto no art. 18.

§ 5º A Central de Teleatendimento 135 prestará informações sobre o pagamento aos pescadores e pendências de seus requerimentos.

Art. 10. O benefício será cessado quando constatadas pelo INSS ou informadas pelo órgão ou entidade pública competente quaisquer das seguintes situações:

I — início de atividade remunerada ou percepção de outra renda incompatível com o benefício;

II — desrespeito ao período de defeso ou às proibições estabelecidas em normas de defeso;

III — obtenção de renda proveniente da pesca de espécies alternativas não contempladas no ato que fixar o período de defeso;

IV — suspensão do período de defeso;

V — morte do beneficiário;

VI — início de percepção de renda proveniente de benefício previdenciário ou assistencial de natureza continuada, exceto auxílio-acidente e pensão por morte, nos termos do art. 4º, inciso IV;

VII — prestação de declaração falsa; ou

VIII — comprovação de fraude.

CAPÍTULO IV
Do Recurso e da Revisão

Art. 11. Nos casos de indeferimento ou cessação do benefício, o requerente poderá interpor recurso endereçado ao Conselho de Recursos da Previdência Social — CRPS, aplicando-se o disposto no Regulamento da Previdência Social, aprovado pelo Decreto n. 3.048, de 1999, e no Regimento Interno do CRPS.

PARÁGRAFO ÚNICO. O prazo para interposição de recurso ou para o oferecimento de contrarrazões é de trinta dias, contados de forma contínua da ciência da decisão e da interposição do recurso, respectivamente, excluindo-se da contagem o dia do início e incluindo- se o do vencimento.

Art. 12. Nos casos de requerimento de revisão deverá ser aplicado o disposto no Regulamento da Previdência Social e na Instrução Normativa n. 77/PRES/INSS, de 2015.

CAPÍTULO V
Da Formalização e do Arquivamento

Art. 13. Os processos administrativos do SDPA serão formalizados a partir do comparecimento, com assinatura do requerimento e apresentação de documentos para comprovação do direito ao benefício, nos termos do capítulo XIV da Instrução Normativa n. 77/PRES/INSS, de 2015.

Art. 14. Todo processo administrativo do SDPA formalizado deverá receber Número Único de Protocolo — NUP.

Art. 15. O arquivamento dos processos administrativos do SDPA será realizado por ordem de número do requerimento.

CAPÍTULO VI
Do Monitoramento Operacional de Benefícios

Art. 16. O Monitoramento Operacional de Benefícios — MOB da Gerência-Executiva realizará a apuração dos indícios de irregularidades previstos no art. 10, devendo ser cessado o benefício, quando for o caso, após adotados os procedimentos previstos no Manual do Monitoramento Operacional de Benefícios — Apuração de Indícios de Irregularidades.

Art. 17. O processo de apuração de irregularidade no SDPA que ensejar cobrança administrativa deverá ser encaminhado para a Secretaria de Políticas Públicas de Emprego —

SPPE do MTPS, para que esta realize a devida cobrança perante o interessado.

PARÁGRAFO ÚNICO. Somente nos casos em que o interessado manifeste o desejo de ressarcir as importâncias recebidas indevidamente no curso da apuração, o pedido de ressarcimento ao erário deverá ser expresso e será emitida GRU, devendo o processo de apuração ser encaminhado à SPPE do MTPS, quando da sua conclusão.

CAPÍTULO VII
Das Disposições Gerais

Art. 18. Conforme disposto no Decreto n. 8.424, de 31 de março de 2015, o INSS deverá habilitar e processar apenas os SDPA referentes aos períodos de defeso iniciados a partir de 1º de abril de 2015.

§ 1º Aos períodos de defeso iniciados até 31 de março de 2015, aplica-se o disposto na legislação anterior, inclusive quanto aos prazos, procedimentos e recursos e à competência do atual MTPS para as atividades de recebimento e processamento dos requerimentos, habilitação dos beneficiários e apuração de irregularidades.

§ 2º Nos termos do art. 5º da Lei n. 13.134, de 16 de junho de 2015, é assegurada a concessão do seguro-desemprego relativo a períodos de defeso iniciados entre 1º de abril de 2015 e 31 de agosto de 2015 nos mesmos termos e condições da legislação vigente anteriormente à edição da Medida Provisória n. 665, de 30 de dezembro de 2014.

Art. 19. Revoga-se a Instrução Normativa n. 79/PRES/INSS, de 1º de abril de 2015, publicada no Diário Oficial da União n. 63, de 2 de abril de 2015, Seção 1, págs. 63/64.

Art. 20. Ficam convalidados os atos praticados regularmente sob a vigência da Instrução Normativa n. 79/PRES/INSS, de 2015.

Art. 21. Os Anexos desta Instrução Normativa serão publicados em Boletim de Serviço e suas atualizações e posteriores alterações poderão ser procedidas mediante Despacho Decisório Conjunto expedido pelos Diretores de Atendimento e de Benefícios.

Art. 22. Esta Instrução Normativa entra em vigor na data de sua publicação, devendo ser aplicada a todos os processos pendentes de análise e decisão.

Elisete Berchiol da Silva Iwai

PORTARIA GM/MTPS N. 600, DE 10 DE MAIO DE 2016

(DOU 13.5.2016)

Dispõe sobre as atividades de recebimento, habilitação, processamento dos requerimentos e pagamento do benefício de Seguro-Desemprego, durante o período de defeso, ao pescador profissional, categoria artesanal, por parte do Instituto Nacional do Seguro Social e do Ministério do Trabalho e Previdência Social.

O MINISTRO DE ESTADO DO TRABALHO E PREVIDÊNCIA SOCIAL, no uso das atribuições que lhes conferem os incisos I e II do parágrafo único do art. 87 da Constituição Federal, e tendo em vista o disposto no art. 2º da Lei n. 10.779, de 25 de novembro de 2003, e na Lei n. 7.998, de 11 de janeiro de 1990, resolve:

Art. 1º Compete ao INSS o recebimento, habilitação e processamento dos requerimentos de Seguro-Desemprego do Pescador Artesanal — SDPA baseados em períodos de defeso cuja data de início tenha ocorrido a partir de 1º de abril de 2015.

§ 1º A Secretaria de Políticas Públicas de Emprego — SPPE do Ministério do Trabalho e Previdência Social — MTPS continuará exercendo as atividades de recebimento, habilitação e processamento dos requerimentos que não se enquadrem na hipótese estabelecida no *caput*, ou seja, baseados em período de defeso cuja data de início tenha ocorrido até 31 de março de 2015.

§ 2º À SPPE compete operacionalização do pagamento do SDPA em conformidade com prazos e critérios estabelecidos em resolução própria do Conselho Deliberativo do Fundo de Amparo ao Trabalhador — Codefat.

Art. 2º Quando do processamento dos requerimentos será aplicada a legislação vigente à época da data do início dos defesos em que foram baseados.

Art. 3º O atendimento aos beneficiários de que trata esta Portaria será realizado pelo INSS e pelo MTPS na forma prevista em suas respectivas Cartas de Serviços e nos termos do artigo 1º.

Art. 4º As informações necessárias ao requerimento, processamento, habilitação e pagamento dos benefícios serão disponibilizadas reciprocamente entre MTPS e INSS mediante acesso direto aos sistemas corporativos informatizados, fornecimento de arquivo eletrônico ou integração de sistemas.

PARÁGRAFO ÚNICO. Caso as informações referidas neste artigo não sejam disponibilizadas mediante acesso direto aos sistemas corporativos, poderão, quando formalmente solicitadas, ser fornecidas mediante extração especial dos bancos de dados.

Art. 5º Os processos administrativos relativos aos requerimentos dos benefícios permanecerão sob guarda e responsabilidade do órgão competente para o seu processamento, na forma do art. 1º.

§ 1º Quando houver a necessidade de consulta a processo administrativo que não estiver sob a sua guarda, o órgão do INSS ou do MTPS solicitará ao outro o envio do expediente, preferencialmente por meio eletrônico, o qual deverá ser disponibilizado em até 5 (cinco) dias úteis, contadas do recebimento do pedido.

§ 2º O órgão solicitante providenciará a retirada do processo administrativo.

§ 3º O órgão do INSS ou do MTPS informará em até 5 (cinco) dias úteis, contadas do recebimento da solicitação, quando o processo administrativo solicitado não estiver sob sua responsabilidade, indicando a localização do mesmo.

Art. 6º Os prazos e procedimentos para apresentação de impugnações e recursos às decisões administrativas já proferidas no âmbito do MTPS continuarão inalterados.

Art. 7º Os requerimentos, habilitações, prazos e recursos referentes aos benefícios habilitados nos termos do *caput* do art. 1º sujeitar-se-ão às normas específicas do INSS que dispõem sobre os Planos de Benefícios da Previdência Social, especialmente a Lei n. 8.213, de 24 de julho de 1991, e o Decreto n. 3.048, de 6 de maio de 1999.

Art. 8º Caberá à Procuradoria Federal Especializada — PFE junto ao INSS assistir à autarquia quanto à legalidade dos atos praticados em virtude das atribuições fixadas neste ato.

Art. 9º Caberá à Consultoria Jurídica — CONJUR junto ao MTPS assistir à SPPE quanto à legalidade dos atos praticados em virtude das atribuições fixadas neste ato.

Art. 10. Caberá ao órgão responsável, nos termos do art. 1º, apurar as irregularidades apontadas no processamento do Seguro-Desemprego do Pescador Artesanal.

§ 1º Quando a apuração for de responsabilidade do INSS e a autarquia concluir pela irregularidade da habilitação do benefício, a mesma deverá comunicar à SPPE, diretamente por notificação do processo no Portal mais Emprego, para que se proceda à recuperação de valores pagos indevidamente conforme regulamentação do Codefat.

§ 2º Nos casos em que seja verificado, no ato de requerimento do benefício junto ao INSS, o recebimento indevido de SDPA concedido anteriormente, deverão ser restituídas as parcelas recebidas indevidamente pelo segurado, mediante guia de recolhimento da União (GRU) ou compensação nas parcelas do novo benefício, nos termos definidos pelo Codefat.

§ 3º Caberá ao INSS, na hipótese do § 2º, emitir a guia ou proceder à compensação no novo benefício.

Art. 11. Caberá aos Órgãos Seccionais, Órgãos Específicos Singulares, Órgãos Descentralizados e à Empresa de Tecnologia e Informações da Previdência Social — DATAPREV, adotar providências de caráter técnico e administrativo para o cumprimento do disposto nesta Portaria.

§ 1º A DATAPREV disponibilizará ao INSS e ao MTPS as soluções tecnológicas necessárias para o processamento dos requerimentos do benefício.

§ 2º Os custos decorrentes das providências contidas no § 1º correrão por conta do FAT, na forma do art. 21 da Lei n. 7.998, de 11 de janeiro de 1990.

Art. 12. Esta Portaria entra em vigor na data de sua publicação.

Miguel Rossetto

DECRETO N. 7.721, DE 16 DE ABRIL DE 2012

(DOU 17.4.2012)

Dispõe sobre o condicionamento do recebimento da assistência financeira do programa de seguro-desemprego à comprovação de matrícula e frequência em curso de formação inicial e continuada ou de qualificação profissional, com carga horária mínima de cento e sessenta horas

A PRESIDENTA DA REPÚBLICA, no uso da atribuição que lhe confere o art. 84, *caput*, inciso IV, da Constituição, e tendo em vista o disposto no § 1º do art. 3º e no § 2º do art. 8º da Lei n. 7.998, de 11 de janeiro de 1990, e na Lei n. 12.513, de 26 de outubro de 2011,

DECRETA:

Art. 1º O recebimento de assistência financeira pelo trabalhador segurado que solicitar o benefício do Programa de Seguro-Desemprego a partir da segunda vez dentro de um período de dez anos poderá ser condicionado à comprovação de matrícula e frequência em curso de formação inicial e continuada ou de qualificação profissional, habilitado pelo Ministério da Educação, nos termos do art. 18 da Lei n. 12.513, de 26 de outubro de 2011, com carga horária mínima de cento e sessenta horas. *(Alterada pelo Decreto n. 8.118, de 10.10.2013, DOU 11.10.2013)*

PARÁGRAFO ÚNICO. O curso previsto no *caput* será ofertado por meio da Bolsa-Formação Trabalhador concedida no âmbito do Programa Nacional de Acesso ao Ensino Técnico e Emprego — PRONATEC, instituído pela Lei n. 12.513, de 2011, ou de vagas gratuitas na rede de educação profissional e tecnológica.

Art. 2º Compete ao Ministério da Educação:

I — ofertar vagas em cursos de formação inicial e continuada ou de qualificação profissional no âmbito do PRONATEC aos trabalhadores beneficiários do seguro-desemprego, considerando as vagas gratuitas disponíveis na rede de educação profissional e tecnológica; e

II — encaminhar periodicamente ao Ministério do Trabalho e Emprego informações acerca das matrículas e frequência de que trata o *caput* do art. 1º.

Art. 3º Compete ao Ministério do Trabalho e Emprego:

I — orientar e encaminhar os trabalhadores beneficiários do seguro-desemprego aos cursos de formação inicial e continuada ou de qualificação profissional ofertados nos termos deste Decreto;

II — fixar os requisitos para a definição do perfil do trabalhador, conforme estabelecido no inciso I do *caput* do art. 5º;

III — encaminhar ao Ministério da Educação informações sobre as características dos trabalhadores beneficiários do seguro-desemprego para subsidiar as atividades de formação e qualificação profissional desenvolvidas para atendimento desse público; e

IV — estabelecer os demais procedimentos necessários ao cumprimento da condicionalidade para o recebimento do benefício do seguro-desemprego previsto no *caput* do art. 1º.

Art. 4º A disponibilização de cursos de formação inicial e continuada ou de qualificação profissional pelas instituições ofertantes no âmbito do PRONATEC deverá ter como referência as informações do Ministério do Trabalho e Emprego e do Sistema Nacional de Emprego — SINE relativas ao perfil dos trabalhadores segurados de que trata o *caput* do art. 1º e às características locais do mercado de trabalho.

Art. 5º Não será exigida do trabalhador a condicionalidade de que trata o *caput* do art. 1º nas seguintes hipóteses:

I — inexistência de oferta de curso compatível com o perfil do trabalhador no município ou região metropolitana de domicílio do trabalhador, ou, ainda, em município limítrofe; e

II — apresentação pelo trabalhador de comprovante de matrícula e frequência mensal em outro curso de formação inicial e continuada ou de qualificação profissional com carga horária igual ou superior a cento e sessenta horas.

PARÁGRAFO ÚNICO. A condicionalidade de que trata o *caput* do art. 1º ainda poderá ser exigida caso o encerramento do curso de que trata o inciso II do *caput* ocorra enquanto o trabalhador estiver recebendo as parcelas do benefício seguro-desemprego.

Art. 6º O benefício do seguro-desemprego do trabalhador sujeito à condicionalidade de que trata o *caput* do art. 1º poderá ser cancelado nas seguintes situações:

I — recusa pelo trabalhador da pré-matrícula no curso de formação inicial e continuada ou de qualificação profissional ofertado;

II — não realização pelo trabalhador da matrícula efetiva na instituição de ensino, no prazo estabelecido; e

III — evasão do curso de formação inicial e continuada ou de qualificação profissional em que estiver matriculado.

§ 1º A pré-matrícula ou sua recusa exigirá assinatura de termo de ciência.

§ 2º A pré-matrícula ou sua recusa será realizada nas unidades do Ministério do Trabalho e Emprego ou integrantes do SINE.

§ 3º No caso de o trabalhador recusar-se a assinar o documento de que trata o § 1º, será lavrado termo assinado por duas testemunhas.

Art. 7º Atendidos prioritariamente os trabalhadores de que trata o art. 1º, havendo disponibilidade de Bolsas-Formação Trabalhador no âmbito do PRONATEC ou de vagas gratuitas na rede de educação profissional e tecnológica, estas poderão ser ofertadas aos demais beneficiários do seguro-desemprego, respeitados os níveis de escolaridade requeridos e os demais critérios de priorização estabelecidos no âmbito do PRONATEC.

Art. 8º Ato conjunto dos Ministros de Estado da Educação e do Trabalho e Emprego disciplinará:

I — as características dos cursos de formação inicial e continuada ou de qualificação profissional ofertados no âmbito deste Decreto; e

II — as demais condições, requisitos e normas necessárias para aplicação da condicionalidade prevista no *caput* do art. 1º.

Art. 9º A oferta de Bolsa-Formação Trabalhador no âmbito do PRONATEC nos termos previstos neste Decreto fica condicionada à existência de dotação orçamentária.

Art. 10. Este Decreto entra em vigor na data de sua publicação.

Brasília,16 de abril de 2012; 191º da Independência e 124º da República.

DILMA ROUSSEFF
ALOIZIO MERCADANTE
PAULO ROBERTO DOS SANTOS PINTO

LEI N. 11.692, DE 10 DE JUNHO DE 2008

Dispõe sobre o Programa Nacional de Inclusão de Jovens — Projovem, instituído pela Lei n. 11.129, de 30 de junho de 2005; altera a Lei n. 10.836, de 9 de janeiro de 2004; revoga dispositivos das Leis ns. 9.608, de 18 de fevereiro de 1998, 10.748, de 22 de outubro de 2003, 10.940, de 27 de agosto de 2004, 11.129, de 30 de junho de 2005, e 11.180, de 23 de setembro de 2005; e dá outras providências

— V. Decreto n. 6.629, de 4.9.2008, DOU 5.11.2008, regulamenta o Programa Nacional de Inclusão de Jovens — Projovem, instituído pela Lei n. 11.129, de 30 de junho de 2005, e pela Lei n. 11.692, de 10 de junho de 2008, e dá outras providências. (não publicado nesta obra).

O PRESIDENTE DA REPÚBLICA, Faço saber que o Congresso Nacional decreta e eu sanciono a seguinte Lei:

Art. 1º O Programa Nacional de Inclusão de Jovens — Projovem, instituído pela Lei n. 11.129, de 30 de junho de 2005, passa a reger-se, a partir de 1º de janeiro de 2008, pelo disposto nesta Lei.

Art. 2º O Projovem, destinado a jovens de 15 (quinze) a 29 (vinte e nove) anos, com o objetivo de promover sua reintegração ao processo educacional, sua qualificação profissional e seu desenvolvimento humano, será desenvolvido por meio das seguintes modalidades:

I — Projovem Adolescente — Serviço Socioeducativo;

II — Projovem Urbano;

III — Projovem Campo — Saberes da Terra; e

IV — Projovem Trabalhador.

Art. 3º A execução e a gestão do Projovem dar-se-ão por meio da conjugação de esforços da Secretaria-Geral da Presidência da República e dos Ministérios da Educação, do Trabalho e Emprego e do Desenvolvimento Social e Combate à Fome, observada a intersetorialidade, sem prejuízo da participação de outros órgãos e entidades da administração pública federal.

§ 1º Fica instituído o Conselho Gestor do Projovem, coordenado pela Secretaria Nacional de Juventude da Secretaria-Geral da Presidência da República e composto pelos Secretários-Executivos dos Ministérios referidos no *caput* deste artigo e por 1 (um) Secretário Nacional representante de cada um desses Ministérios, a ser indicado pelo respectivo Ministro de Estado.

§ 2º O Projovem Adolescente — Serviço Socioeducativo será coordenado pelo Ministério do Desenvolvimento Social e Combate à Fome; o Projovem Urbano, pela Secretaria-Geral da Presidência da República; o Projovem Campo — Saberes da Terra, pelo Ministério da Educação; e o Projovem Trabalhador, pelo Ministério do Trabalho e Emprego.

§ 3º Cada modalidade do Projovem contará com 1 (um) comitê gestor, a ser instituído pelo órgão responsável por sua coordenação, assegurada nele a participação de representantes dos 3 (três) outros órgãos a que se refere o *caput* deste artigo.

Art. 4º Para a execução das modalidades tratadas no art. 2º desta Lei, a União fica autorizada a transferir recursos aos Estados, ao Distrito Federal e aos Municípios, sem a necessidade de convênio, acordo, contrato, ajuste ou instrumento congênere, mediante depósito em conta-corrente específica, sem prejuízo da devida prestação de contas da aplicação dos recursos.

§ 1º O montante dos recursos financeiros a que se refere esta Lei será repassado em parcelas e calculado com base no número de jovens atendidos, conforme disposto em regulamentação, e destina-se à promoção de ações de elevação da escolaridade e qualificação profissional dos jovens, bem como à contratação, remuneração e formação de profissionais.

§ 2º Os profissionais de que trata o § 1º deste artigo deverão ser contratados em âmbito local.

§ 3º Os órgãos responsáveis pela coordenação das modalidades do Projovem definirão, a cada exercício financeiro, a forma de cálculo, o número e o valor das parcelas a serem repassadas aos Estados, ao Distrito Federal e aos Municípios, bem como as orientações e instruções necessárias à sua execução, observado o montante de recursos disponíveis para este fim, constante da Lei Orçamentária Anual.

§ 4º Nas modalidades previstas nos incisos II e III do *caput* do art. 2º desta Lei, a transferência de recursos financeiros será executada pelo Fundo Nacional de Desenvolvimento da Educação — FNDE, vinculado ao Ministério da Educação, observada a necessária descentralização dos recursos orçamentários pelos órgãos de que trata o *caput* do art. 3º desta Lei.

§ 5º A modalidade de que trata o inciso I do *caput* do art. 2º desta Lei será ofertada pelo Município que a ela aderir, nos termos do regulamento, e cofinanciada pela União, Estados, Distrito Federal e Municípios por intermédio dos respectivos Fundos de Assistência Social, respeitado o limite orçamentário da União e os critérios de partilha estabelecidos pelo Conselho Nacional de Assistência Social, de acordo com o inciso IX do *caput* do art. 18 da Lei n. 8.742, de 7 de dezembro de 1993.

§ 6º Os saldos dos recursos financeiros recebidos pelos órgãos e entidades da administração pública federal, estadual, municipal e do Distrito Federal à conta do Projovem, existentes na conta-corrente específica a que se refere o *caput* deste artigo em 31 de dezembro de cada ano deverão ser aplicados no exercício subsequente, com estrita observância ao objeto de sua transferência, nos termos da legislação vigente.

Art. 5º Os Estados, o Distrito Federal, os Municípios e as entidades de direito público e privado sem fins lucrativos prestarão conta dos recursos recebidos do Projovem, na forma e prazo definidos em regulamento e nas demais disposições aplicáveis.

Art. 6º Fica a União autorizada a conceder auxílio financeiro, no valor de R$ 100,00 (cem reais) mensais, aos beneficiários do Projovem, nas modalidades previstas nos incisos II, III e IV do *caput* do art. 2º desta Lei, a partir do exercício de 2008.

§ 1º Na modalidade Projovem Urbano, poderão ser pagos até 20 (vinte) auxílios financeiros.

§ 2º Na modalidade Projovem Campo — Saberes da Terra, poderão ser pagos até 12 (doze) auxílios financeiros.

§ 3º Na modalidade Projovem Trabalhador, poderão ser pagos até 6 (seis) auxílios financeiros.

§ 4º É vedada a cumulatividade da percepção do auxílio financeiro a que se refere o *caput* deste artigo com benefícios de natureza semelhante recebidos em decorrência de outros programas federais, permitida a opção por um deles.

Art. 7º O órgão responsável pelas modalidades do Projovem definirá o agente pagador entre uma instituição financeira oficial.

Art. 8º As despesas com a execução do Projovem observarão os limites de movimentação, de empenho e de pagamento da programação orçamentária e financeira anual.

PARÁGRAFO ÚNICO. O Poder Executivo deverá compatibilizar a quantidade de beneficiários de cada modalidade do Projovem com as dotações orçamentárias existentes.

Art. 9º O Projovem Adolescente — Serviço Socioeducativo, compreendido entre os serviços de que trata o art. 23 da Lei n. 8.742, de 7 de dezembro de 1993, tem como objetivos:

I — complementar a proteção social básica à família, criando mecanismos para garantir a convivência familiar e comunitária; e

II — criar condições para a inserção, reinserção e permanência do jovem no sistema educacional.

Art. 10. O Projovem Adolescente — Serviço Socioeducativo destina-se aos jovens de 15 (quinze) a 17 (dezessete) anos:

I — pertencentes a família beneficiária do Programa Bolsa Família — PBF;

II — egressos de medida socioeducativa de internação ou em cumprimento de outras medidas socioeducativas em meio aberto, conforme disposto na Lei n. 8.069, de 13 de julho de 1990 — Estatuto da Criança e do Adolescente;

III — em cumprimento ou egressos de medida de proteção, conforme disposto na Lei n. 8.069, de 13 de julho de 1990;

IV — egressos do Programa de Erradicação do Trabalho Infantil — PETI; ou

V — egressos ou vinculados a programas de combate ao abuso e à exploração sexual.

PARÁGRAFO ÚNICO. Os jovens a que se referem os incisos II a V do *caput* deste artigo devem ser encaminhados ao Projovem Adolescente — Serviço Socioeducativo pelos programas e serviços especializados de assistência social do Município ou do Distrito Federal ou pelo gestor de assistência social, quando demandado oficialmente pelo Conselho Tutelar, pela Defensoria Pública, pelo Ministério Público ou pelo Poder Judiciário.

Art. 11. O Projovem Urbano tem como objetivo elevar a escolaridade visando à conclusão do ensino fundamental, à qualificação profissional e ao desenvolvimento de ações comunitárias com exercício da cidadania, na forma de curso, conforme previsto no art. 81 da Lei n. 9.394, de 20 de dezembro de 1996.

Art. 12. O Projovem Urbano atenderá a jovens com idade entre 18 (dezoito) e 29 (vinte e nove) anos, que saibam ler e escrever e não tenham concluído o ensino fundamental.

Art. 13. Poderão ser realizadas parcerias com o Ministério da Justiça e com a Secretaria Especial dos Direitos Humanos da Presidência da República para implantação do Projovem Urbano nas unidades prisionais e nas unidades socioeducativas de privação de liberdade, respectivamente.

§ 1º O disposto no art. 4º desta Lei não será aplicado no caso das parcerias citadas no *caput* deste artigo, podendo ser realizado convênio, acordo, contrato, ajuste ou instrumento congênere.

§ 2º No caso das unidades socioeducativas de privação de liberdade, poderão participar do Projovem Urbano adolescentes em cumprimento de medidas socioeducativas de privação de liberdade que tenham idade mínima de 15 (quinze) anos.

§ 3º É assegurada aos jovens que iniciaram o Projovem Urbano nas unidades do sistema prisional ou nas unidades socioeducativas de privação de liberdade a continuidade do curso nas localidades onde existir o Programa.

Art. 14. O Projovem Campo — Saberes da Terra tem como objetivo elevar a escolaridade dos jovens da agricultura familiar, integrando a qualificação social e formação profissional, na forma do art. 81 da Lei n. 9.394, de 20 de dezembro de 1996, estimulando a conclusão do ensino fundamental e proporcionando a formação integral do jovem, na modalidade educação de jovens e adultos, em regime de alternância, nos termos do regulamento.

Art. 15. O Projovem Campo — Saberes da Terra atenderá a jovens com idade entre 18 (dezoito) e 29 (vinte e nove) anos, residentes no campo, que saibam ler e escrever, que não tenham concluído o ensino fundamental e que cumpram os requisitos previstos no art. 3º da Lei n. 11.326, de 24 de julho de 2006.

Art. 16. O Projovem Trabalhador tem como objetivo preparar o jovem para o mercado de trabalho e ocupações alternativas geradoras de renda, por meio da qualificação social e profissional e do estímulo à sua inserção.

Art. 17. O Projovem Trabalhador atenderá a jovens com idade entre 18 (dezoito) e 29 (vinte e nove) anos, em situação de desemprego e que sejam membros de famílias com renda mensal *per capita* de até 1 (um) salário mínimo, nos termos do regulamento.

Art. 18. Nas unidades da Federação e nos Municípios onde existirem programas similares e congêneres ao previsto no Projovem Trabalhador, o Ministério do Trabalho e Emprego buscará promover a articulação e a integração das ações dos respectivos Programas.

Art. 19. Na execução do Projovem Trabalhador, o Ministério do Trabalho e Emprego fica autorizado, mediante convênio, a efetuar transferências de contribuições corrente e de capital aos órgãos e entidades da administração pública federal, estadual e municipal, bem como a entidades de direito público e privado sem fins lucrativos, observada a legislação pertinente.

§ 1º O regulamento disporá sobre critérios objetivos de habilitação e seleção de entidades privadas sem fins lucrativos para serem executoras do Projovem.

§ 2º A habilitação e seleção das entidades referidas no § 1º deste artigo serão processadas em estrita conformidade com os princípios básicos da legalidade, da impessoalidade, da moralidade, da igualdade, da publicidade e do julgamento objetivo.

Art. 20. Os arts. 2º e 3º da Lei n. 10.836, de 9 de janeiro de 2004, passam a vigorar com a seguinte redação:

"Art. 2º ....

II — o benefício variável, destinado a unidades familiares que se encontrem em situação de pobreza e extrema pobreza e que tenham em sua composição gestantes, nutrizes, crianças entre 0 (zero) e 12 (doze) anos ou adolescentes até 15 (quinze) anos, sendo pago até o limite de 3 (três) benefícios por família;

III — o benefício variável, vinculado ao adolescente, destinado a unidades familiares que se encontrem em situação de pobreza ou extrema pobreza e que tenham em sua composição adolescentes com idade entre 16 (dezesseis) e 17 (dezessete) anos, sendo pago até o limite de 2 (dois) benefícios por família.

....

§ 2º O valor do benefício básico será de R$ 58,00 (cinquenta e oito reais) por mês, concedido a famílias com renda familiar mensal *per capita* de até R$ 60,00 (sessenta reais).

§ 3º Serão concedidos a famílias com renda familiar mensal *per capita* de até R$ 120,00 (cento e vinte reais), dependendo de sua composição:

I — o benefício variável no valor de R$ 18,00 (dezoito reais); e

II — o benefício variável, vinculado ao adolescente, no valor de R$ 30,00 (trinta reais).

§ 4º Os benefícios financeiros previstos nos incisos I, II e III do *caput* deste artigo poderão ser pagos cumulativamente às famílias beneficiárias, observados os limites fixados nos citados incisos II e III.

§ 5º A família cuja renda familiar mensal *per capita* esteja compreendida entre os valores estabelecidos no § 2º e no § 3º deste artigo receberá exclusivamente os benefícios a que se referem os incisos II e III do *caput* deste artigo, respeitados os limites fixados nesses incisos.

....

§ 11. Os benefícios a que se referem os incisos I, II e III do *caput* deste artigo serão pagos, mensalmente, por meio de cartão magnético bancário fornecido pela Caixa Econômica Federal, com a respectiva identificação do responsável, mediante o Número de Identificação Social — NIS, de uso do Governo Federal.

§ 12. Os benefícios poderão ser pagos por meio das seguintes modalidades de contas, nos termos de resoluções adotadas pelo Banco Central do Brasil:

I — contas-correntes de depósito à vista;

II — contas especiais de depósito à vista;

III — contas contábeis; e

IV — outras espécies de contas que venham a ser criadas.

....

.........." (NR)

"Art. 3º ....

PARÁGRAFO ÚNICO. O acompanhamento da frequência escolar relacionada ao benefício previsto no inciso III do *caput* do art. 2º desta Lei considerará 75% (setenta e cinco por cento) de frequência, em conformidade com o previsto no inciso VI do *caput* do art. 24 da Lei n. 9.394, de 20 de dezembro de 1996." (NR)

Art. 21. Ato do Poder Executivo disporá sobre as demais regras de funcionamento de cada modalidade do Projovem, inclusive no que se refere ao estabelecimento de metas, à avaliação, ao monitoramento e ao controle social, e sobre os critérios adicionais a serem observados para o ingresso no Programa, bem como para a concessão, a manutenção e a suspensão do auxílio a que se refere o art. 6º desta Lei.

§ 1º Cumpridos os requisitos estabelecidos nesta Lei e na sua regulamentação, ficam asseguradas aos jovens com deficiência as condições que lhes possibilitem a efetiva participação no Projovem.

§ 2º Nos currículos dos cursos oferecidos nas modalidades de que trata o art. 2º desta Lei deverão ser incluídas noções básicas de comunicação oral e escrita em língua portuguesa, de matemática, de informática, de cidadania e de língua estrangeira.

Art. 22. O Poder Executivo deverá veicular dados e informações detalhados sobre a execução orçamentária e financeira dos Programas Projovem e Bolsa Família, tratados nesta Lei.

Art. 23. Esta Lei entra em vigor na data de sua publicação.

PARÁGRAFO ÚNICO. Aos beneficiários e executores dos Programas disciplinados nas Leis n. 10.748, de 22 de outubro de 2003, 11.129, de 30 de junho de 2005, e 11.180, de 23 de setembro de 2005, ficam assegurados, no âmbito do Projovem, os seus direitos, bem como o cumprimento dos seus deveres, nos termos dos convênios, acordos ou instrumentos congêneres firmados até 31 de dezembro de 2007.

Art. 24. Ficam revogados, a partir de 1º de janeiro de 2008:

I — o art. 3º-A da Lei n. 9.608, de 18 de fevereiro de 1998;

II — a Lei n. 10.748, de 22 de outubro de 2003;

III — os arts. 1º, 2º e 3º da Lei n. 10.940, de 27 de agosto de 2004;

IV — os arts. 1º a 8º da Lei n. 11.129, de 30 de junho de 2005; e

V — os arts. 1º a 10 da Lei n. 11.180, de 23 de setembro de 2005.

Brasília, 10 de junho de 2008; 187º da Independência e 120º da República.

LUIZ INÁCIO LULA DA SILVA
TARSO GENRO
GUIDO MANTEGA
FERNANDO HADDAD
ANDRÉ PEIXOTO FIGUEIREDO LIMA
PAULO BERNARDO SILVA
PATRUS ANANIAS
DILMA ROUSSEFF
LUIZ SOARES DULCI

LEI N. 8.022, DE 12 DE ABRIL DE 1990

(DOU 13.4.1990)

Altera o sistema de administração das receitas federais, e dá outras providências

O PRESIDENTE DA REPÚBLICA, faço saber que o Congresso Nacional decreta e eu sanciono a seguinte lei:

Art. 1º É transferida para a Secretaria da Receita Federal a competência de administração das receitas arrecadadas pelo Instituto Nacional de Colonização e Reforma Agrária — INCRA, e para a Procuradoria-Geral da Fazen-

Legislação Complementar

da Nacional a competência para a apuração, inscrição e cobrança da respectiva dívida ativa.

§ 1º A competência transferida neste artigo à Secretaria da Receita Federal compreende as atividades de tributação, arrecadação, fiscalização e cadastramento.

§ 2º O Incra manterá seu cadastramento para o atendimento de suas outras funções, conforme o estabelecido no art. 2º do Decreto n. 72.106, de 18 de abril de 1973, que regulamentou a Lei n. 5.868, de 12 de dezembro de 1972.

§ 3º No exercício de suas funções, poderá a Secretaria da Receita Federal realizar diligências nas propriedades rurais para confrontar as informações cadastrais prestadas pelos proprietários com as reais condições de exploração do imóvel.

§ 4º Caberá ao Poder Executivo, no prazo de cento e vinte dias a contar da vigência desta lei, regulamentar os dispositivos relativos ao Sistema Nacional de Cadastro Rural, promovendo as alterações decorrentes da transferência da administração do Imposto Territorial Rural à Secretaria da Receita Federal.

Art. 2º As receitas de que trata o art. 1º desta lei, quando não recolhidas nos prazos fixados, serão atualizadas monetariamente, na data do efetivo pagamento, nos termos do art. 61 da Lei n. 7.799, de 10 de julho de 1989, e cobradas pela União com os seguintes acréscimos:

I — juros de mora, na via administrativa ou judicial, contados do mês seguinte ao do vencimento, à razão de 1% (um por cento) ao mês e calculados sobre o valor atualizado, monetariamente, na forma da legislação em vigor;

II — multa de mora de 20% (vinte por cento) sobre o valor atualizado, monetariamente, sendo reduzida a 10% (dez por cento) se o pagamento for efetuado até o último dia útil do mês subsequente àquele em que deveria ter sido pago;

III — encargo legal de cobrança da Dívida Ativa de que trata o art. 1º do Decreto-lei n. 1.025, de 21 de outubro de 1969, e o art. 3º do Decreto-lei n. 1.645, de 11 de dezembro de 1978, quando for o caso.

PARÁGRAFO ÚNICO. Os juros de mora não incidem sobre o valor da multa de mora.

Art. 3º Aplica-se aos parcelamentos de débitos das receitas referidas no art. 1º desta lei, concedidos administrativamente, a legislação prevista para o parcelamento de débitos de qualquer natureza para com a Fazenda Nacional.

PARÁGRAFO ÚNICO. O disposto neste artigo aplica-se, também, aos parcelamentos de débitos relativos às contribuições de que tratam os Decretos-leis ns. 308, de 28 de fevereiro de 1967, e 1.712, de 14 de novembro de 1979, e do adicional previsto no Decreto-lei n. 1.952, de 15 de julho de 1982.

Art. 4º Os procedimentos administrativos de determinação e a exigência das receitas referidas no art. 1º desta lei, bem como os de consulta sobre a aplicação da respectiva legislação, serão regidos, no que couber, pelas normas expedidas nos termos do art. 2º do Decreto-lei n. 822, de 5 de setembro de 1969, e convalidadas pelo § 3º do art. 16 da Lei n. 7.739, de 16 de março de 1989.

§ 1º O disposto neste artigo aplica-se aos procedimentos em curso relativos aos créditos constituídos anteriormente à vigência da Medida Provisória n. 166, de 15 de março de 1990.

§ 2º Os órgãos do Departamento da Receita Federal enviarão às Procuradorias da Fazenda Nacional os demonstrativos de débitos das receitas a que se refere o art. 1º desta lei para fins de apuração e inscrição na Dívida Ativa da União.

Art. 5º A Secretaria da Administração Federal, em conjunto com o Ministério da Economia, Fazenda e Planejamento e o da Agricultura, estabelecerão as formas e condições para a realocação do pessoal, assim como a adaptação de cargos e funções de confiança decorrentes do que dispõe esta lei.

Art. 6º Esta lei entra em vigor na data de sua publicação.

Art. 7º Revogam-se as disposições em contrário.

Brasília, 12 de abril de 1990; 169º da Independência e 102º da República.

FERNANDO COLLOR
ZÉLIA M. CARDOSO DE MELLO

LEI N. 7.418, DE 16 DE DEZEMBRO DE 1985(*)

(DOU 17.12.1985 — LTr 50-1/88)

Institui o vale-transporte e dá outras providências

O PRESIDENTE DA REPÚBLICA,

Faço saber que o Congresso Nacional decreta e eu sanciono a seguinte Lei:

Art. 1º Fica instituído o vale-transporte (vetado) que o empregador, pessoa física ou jurídica, antecipará ao empregado para utilização efetiva em despesas de deslocamento residência-trabalho e vice-versa, através do sistema de transporte coletivo público, urbano ou intermunicipal e/ou interestadual com características semelhantes aos urbanos, geridos diretamente ou mediante concessão ou permissão de linhas regulares e com tarifas fixadas pela autoridade competente, excluídos os serviços seletivos e os especiais. *(Redação dada pela Lei n. 7.619, de 30.9.1987. DOU 1.10.1987).*

§ 1º Equiparam-se ao trabalhador referido no *caput* deste artigo, para os benefícios desta Lei, os servidores públicos da Administração Federal direta ou indireta. *(Revogado pela MP n. 2.165-36, de 23.8.2001, DOU 24.8.2001).*

Art. 2º O Vale-Transporte, concedido nas condições e limites definidos nesta Lei, no que se refere à contribuição do empregador:

a) não tem natureza salarial, nem se incorpora à remuneração para quaisquer efeitos;

b) não constitui base de incidência de contribuição previdenciária ou de Fundo de Garantia por Tempo de Serviço;

c) não se configura como rendimento tributável do trabalhador.

Art. 3º *(Artigo renumerado pela Lei n. 7.619, de 30.9.1987) (Revogado pela Lei n. 9.532, de 10.12.1997), V. Medida Provisória n. 2.189-49, de 23.8.2001, DOU 24.8.2001.*

Art. 4º A concessão do benefício ora instituído implica a aquisição pelo empregador dos Vales-Transporte necessários aos deslocamentos do trabalhador no percurso residência-trabalho e vice-versa, no serviço de transporte que melhor se adequar. *(Artigo renumerado pela Lei n. 7.619, de 30.9.1987)*

PARÁGRAFO ÚNICO. O empregador participará dos gastos de deslocamento do trabalhador com a ajuda de custo equivalente à parcela que exceder a 6% (seis por cento) de seu salário básico.

— V. art. 10, da Medida Provisória n. 2.189/49, 23.8.2001, DOU 24.8.2001, que dispõe: "O art. 4º da Lei n. 7.418, de 1985, renumerado pelo art. 1º da Lei n. 7.619, de 1987, cujos efeitos são restabelecidos em virtude do disposto no inciso III deste artigo, permite a dedução dos correspondentes gastos como despesa operacional".

(*) Alterada pela Lei n. 7.619, de 30.9.1987, DOU 1º.10.1987, LTr 51-11/1394, que revogou o § 2º do art. 1º e o art. 2º, renumerando-se os demais.

Art. 5º A empresa operadora do sistema de transporte coletivo público fica obrigada a emitir e a comercializar o Vale-Transporte, ao preço da tarifa vigente, colocando-o à disposição dos empregadores em geral e assumindo os custos dessa obrigação, sem repassá-los para a tarifa dos serviços.

§ 1º Nas regiões metropolitanas, aglomerações urbanas e microrregiões, será instalado, pelo menos, um posto de vendas para cada grupo de cem mil habitantes na localidade, que comercializarão todos os tipos de Vale-Transporte. *(Red. Lei n. 7.855/89).*

§ 2º Fica facultado à empresa operadora delegar a emissão e a comercialização do Vale-Transporte, bem como consorciar-se em central de vendas, para efeito e cumprimento do disposto nesta Lei.

§ 3º Para fins de cálculo do valor do Vale-Transporte, será adotada a tarifa integral do deslocamento do trabalhador, sem descontos, mesmo que previstos na legislação local.

Art. 6º O poder concedente fixará as sanções a serem aplicadas à empresa operadora que comercializar o vale diretamente ou através de delegação, no caso de falta ou insuficiência de estoque de Vales-Transporte necessários ao atendimento da demanda e ao funcionamento do sistema.

Art. 7º Ficam resguardados os direitos adquiridos do trabalhador, se superiores aos instituídos nesta Lei, vedada a cumulação de vantagens.

Art. 8º Asseguram-se os benefícios desta Lei ao empregador que proporcionar, por meios próprios ou contratados, em veículos adequados ao transporte coletivo, o deslocamento integral de seus trabalhadores.

Art. 9º Os Vales-Transporte anteriores perdem sua validade decorridos 30 (trinta) dias da data de reajuste tarifário.

Art. 10. O Poder Executivo regulamentará a presente Lei no prazo de 45 (quarenta e cinco) dias.

Art. 11. Esta Lei entra em vigor na data de sua publicação.

Art. 12. Revogam-se as disposições em contrário.

Brasília, em 16 de dezembro de 1985; 164º da Independência e 97º da República.

JOSÉ SARNEY
AFFONSO CAMARGO

DECRETO N. 95.247, DE 17 DE NOVEMBRO DE 1987

(DOU 18.11.1987 — LTr 51-12/1503)

Regulamenta a Lei n. 7.418, de 16 de dezembro de 1985, que institui o vale-transporte, com a alteração da Lei n. 7.619, de 30 de setembro de 1987

O PRESIDENTE DA REPÚBLICA, no uso da atribuição que lhe confere o art. 81, item III, da Constituição e tendo em vista o disposto na Lei n. 7. 418, de 16 de dezembro de 1985, alterada pela Lei n. 7. 619, de 30 de setembro de 1987, decreta:

CAPÍTULO I
Dos Beneficiários e do Benefício do Vale-Transporte

Art. 1º São beneficiários do Vale-Transporte, nos termos da Lei n. 7. 418, de 16 de dezembro de 1985, os trabalhadores em geral, tais como: *(Redação dada pelo Decreto n. 2.880, de 15.12.1998, DOU 16.12.1998)*

I — os empregados, assim definidos no art. 3º da Consolidação das Leis do Trabalho;

II — os empregados domésticos, assim definidos na Lei n. 5. 859, de 11 de dezembro de 1972;

III — os trabalhadores de empresas de trabalho temporário, de que trata a Lei n. 6.019, de 3 de janeiro de 1974;

IV — os empregados a domicílio, para os deslocamentos indispensáveis à prestação do trabalho, percepção de salários e os necessários ao desenvolvimento das relações com o empregador;

V — os empregados do subempreiteiro, em relação a este e ao empreiteiro principal, nos termos do art. 455 da Consolidação das Leis do Trabalho;

VI — os atletas profissionais de que trata a Lei n. 6.354, de 2 de setembro de 1976;

PARÁGRAFO ÚNICO. Para efeito deste Decreto, adotar-se-á a denominação beneficiário para identificar qualquer uma das categorias mencionadas nos diversos incisos deste artigo.

Art. 2º O Vale-Transporte constitui benefício que o empregador antecipará ao trabalhador para utilização efetiva em despesas de deslocamento residência-trabalho e vice-versa.

PARÁGRAFO ÚNICO. Entende-se como deslocamento a soma de segmentos componentes da viagem do beneficiário, por um ou mais meios de transporte, entre sua residência e o local de trabalho.

Art. 3º O Vale-Transporte é utilizável em todas as formas de transporte coletivo público urbano ou ainda intermunicipal e interestadual com características semelhantes ao urbano, operado diretamente pelo poder público ou mediante delegação, em linhas regulares e com tarifas fixadas pela autoridade competente.

PARÁGRAFO ÚNICO. Excluem-se do disposto neste artigo os serviços seletivos e os especiais.

Art. 4º Está exonerado da obrigatoriedade do Vale-Transporte o empregador que proporcionar, por meios próprios ou contratados, em veículos adequados ao transporte coletivo, o deslocamento, residência-trabalho e vice-versa, de seus trabalhadores.

PARÁGRAFO ÚNICO. Caso o empregador forneça ao beneficiário transporte próprio ou fretado que não cubra integralmente os deslocamentos deste, o Vale-Transporte deverá ser aplicado para os segmentos da viagem não abrangidos pelo referido transporte.

Art. 5º É vedado ao empregador substituir o Vale-Transporte por antecipação em dinheiro ou qualquer outra forma de pagamento, ressalvado o disposto no parágrafo único deste artigo.

PARÁGRAFO ÚNICO. No caso de falta ou insuficiência de estoque de Vale-Transporte, necessário ao atendimento da demanda e ao funcionamento do sistema, o beneficiário será ressarcido pelo empregador, na folha de pagamento imediata, da parcela correspondente, quando tiver efetuado, por conta própria, a despesa para seu deslocamento.

Art. 6º O Vale-Transporte, no que se refere à contribuição do empregador:

I — não tem natureza salarial, nem se incorpora à remuneração do beneficiário para quaisquer efeitos;

II — não constitui base de incidência de contribuição previdenciária ou do Fundo de Garantia do Tempo de Serviço;

III — não é considerado para efeito de pagamento de Gratificação de Natal (Lei n. 4.090, de 13 de julho de 1962, e art. 7º do Decreto-lei n. 2.310, de 22 de dezembro de 1986);

IV — não configura rendimento tributável do beneficiário.

CAPÍTULO II
Do Exercício do Direito do Vale-Transporte

Art. 7º Para exercício do direito de receber o Vale-Transporte o empregado informará ao empregador por escrito:

I — seu endereço residencial;

II — os serviços e meios de transporte mais adequados ao seu deslocamento residência-trabalho e vice-versa.

§ 1º A informação de que trata este artigo será atualizada anualmente ou sempre que ocorrer alteração das circunstâncias mencionadas nos itens I e II, sob pena de suspensão do benefício até o cumprimento dessa exigência.

§ 2º O beneficiário firmará compromisso de utilizar o Vale-Transporte exclusivamente para seu efetivo deslocamento residência-trabalho e vice-versa.

§ 3º A declaração falsa ou o uso indevido do Vale-Transporte constituem falta grave.

Art. 8º É vedada a acumulação do benefício com outras vantagens relativas ao transporte do beneficiário, ressalvado o disposto no parágrafo único do art. 4º deste Decreto.

Art. 9º O Vale-Transporte será custeado:

I — pelo beneficiário, na parcela equivalente a 6% (seis por cento) de seu salário básico ou vencimento, excluídos quaisquer adicionais ou vantagens;

II — pelo empregador, no que exceder à parcela referida no item anterior.

PARÁGRAFO ÚNICO. A concessão do Vale-Transporte autorizará o empregador a descontar, mensalmente do beneficiário que exercer o respectivo direito, o valor da parcela de que trata o item I deste artigo.

Art. 10. O valor da parcela a ser suportada pelo beneficiário será descontada proporcionalmente à quantidade de Vale-Transporte concedida para o período a que se refere o salário ou vencimento e por ocasião de seu pagamento, salvo estipulação em contrário, em convenção ou acordo coletivo de trabalho, que favoreça o beneficiário.

Art. 11. No caso em que a despesa com deslocamento do beneficiário for inferior a 6% (seis por cento) do salário básico ou vencimento, o empregado poderá optar pelo recebimento antecipado do Vale-Transporte, cujo valor será integralmente descontado por ocasião do pagamento do respectivo salário ou vencimento.

Art. 12. A base de cálculo para determinação da parcela a cargo do beneficiário será:

I — o salário básico ou vencimento mencionado no item I do art. 9º deste Decreto; e

II — o montante percebido no período para os trabalhadores remunerados por tarefa ou serviço feito ou quando se tratar de remuneração constituída exclusivamente de comissões, percentagens, gratificações, gorjetas ou equivalentes.

CAPÍTULO III
Da Operacionalização do Vale-Transporte

Art. 13. O poder concedente ou órgão de gerência com jurisdição sobre os serviços de transporte coletivo urbano, respeitada a lei federal, expedirá normas complementares para operacionalização do sistema do Vale-Transporte, acompanhando seu funcionamento e efetuando o respectivo controle.

Art. 14. A empresa operadora do sistema de transporte coletivo público fica obrigada a emitir e comercializar o Vale-Transporte ao preço da tarifa vigente, colocando-o à disposição dos empregadores em geral e assumindo os custos dessa obrigação, sem repassá-los para a tarifa dos serviços.

§ 1º A emissão e a comercialização do Vale-Transporte poderão também ser efetuadas pelo órgão de gerência ou pelo poder concedente, quando este tiver a competência legal para emissão de passes.

§ 2º Na hipótese do parágrafo precedente, é vedada a emissão e comercialização de Vale-Transporte simultaneamente pelo poder concedente e pelo órgão de gerência.

§ 3º A delegação ou transferência da atribuição de emitir e comercializar o Vale-Transporte não elide a proibição de repassar os custos respectivos para a tarifa dos serviços.

Art. 15. Havendo delegação da emissão e comercialização de Vale-Transporte, ou constituição de consórcio, as empresas operadoras submeterão os respectivos instrumentos ao poder concedente ou órgão de gerência, para homologação dos procedimentos instituídos.

Art. 16. Nas hipóteses do artigo anterior, as empresas operadoras permanecerão solidariamente responsáveis com a pessoa jurídica delegada ou pelos atos do consórcio, em razão de eventuais faltas ou falhas no serviço.

Art. 17. O responsável pela emissão e comercialização do Vale-Transporte deverá manter estoques compatíveis com os níveis de demanda.

Art. 18. A comercialização do Vale-Transporte dar-se-á em centrais ou postos de venda estrategicamente distribuídos na cidade onde serão utilizados.

PARÁGRAFO ÚNICO. Nos casos em que o sistema local de transporte público for operado por diversas empresas ou por meios diferentes, com ou sem integração, os postos de vendas referidos neste artigo deverão comercializar todos os tipos de Vale-Transporte.

Art. 19. A concessão do benefício obriga o empregador a adquirir Vale-Transporte em quantidade e tipo de serviço que melhor se adequar ao deslocamento do beneficiário.

PARÁGRAFO ÚNICO. A aquisição será feita antecipadamente e à vista, proibidos quaisquer descontos e limitada a quantidade estritamente necessária ao atendimento dos beneficiários.

Art. 20. Para cálculo do valor do Vale-Transporte, será adotada a tarifa integral, relativa ao deslocamento do beneficiário, por um ou mais meios de transporte, mesmo que a legislação local preveja descontos.

PARÁGRAFO ÚNICO. Para fins do disposto neste artigo, não são consideradas desconto as reduções tarifárias decorrentes de integração de serviços.

Art. 21. A venda do Vale-Transporte será comprovada mediante recibo sequencialmente numerado, emitido pela vendedora em duas vias, uma das quais ficará com a compradora, contendo:

I — o período a que se referem;

II — a quantidade de Vale-Transporte vendida e os beneficiários a quem se destina;

III — o nome, endereço e número de inscrição da compradora no Cadastro Geral de Contribuintes no Ministério da Fazenda — CGC/MF.

Art. 22. O Vale-Transporte poderá ser emitido conforme as peculiaridades e as conveniências locais, para a utilização por:

I — linha;

II — empresa;

III — sistema;

IV — outros níveis recomendados pela experiência local.

Art. 23. O responsável pela emissão e comercialização do Vale-Transporte poderá

Legislação Complementar

adotar a forma que melhor lhe convier à segurança e facilidade de distribuição.

PARÁGRAFO ÚNICO. O Vale-Transporte poderá ser emitido na forma de bilhetes simples ou múltiplos, talões, cartelas, fichas ou quaisquer processos similares.

Art. 24. Quando o Vale-Transporte for emitido para utilização num sistema determinado de transporte ou para valer entre duas ou mais operadoras, será de aceitação compulsória, nos termos de acordo a ser previamente firmado.

§ 1º O responsável pela emissão e comercialização do Vale-Transporte pagará às empresas operadoras os respectivos créditos no prazo de 24 horas, facultado às partes pactuar prazo maior.

§ 2º O responsável pela emissão e comercialização do Vale-Transporte deverá apresentar, mensalmente, demonstrativos financeiros dessa atividade, ao órgão de gerência que observará o disposto no art. 28.

Art. 25. As empresas operadoras são obrigadas a manter permanentemente um sistema de registro e controle de número de Vale-Transporte emitido, comercializado e utilizado, ainda que a atividade seja exercida por delegação ou por intermédio de consórcio.

Art. 26. No caso de alteração na tarifa de serviços, o Vale-Transporte poderá:

I — ser utilizado pelo beneficiário, dentro do prazo a ser fixado pelo poder concedente; e

II — ser trocado, sem ônus, pelo empregador, no prazo de trinta dias, contados da data em que a tarifa sofrer alteração.

CAPÍTULO IV
Dos Poderes Concedentes e Órgãos de Gerência

Art. 27. O poder concedente ou órgão de gerência, na área de sua jurisdição, definirá:

I — o transporte intermunicipal ou interestadual com características semelhantes ao urbano;

II — os serviços seletivos e os especiais.

Art. 28. O poder concedente ou órgão de gerência fornecerá, mensalmente, ao órgão federal competente, informações estatísticas que permitam avaliação nacional, em caráter permanente da utilização do Vale-Transporte.

Art. 29. As operadoras informarão, mensalmente, nos termos exigidos pelas normas locais, o volume de Vale-Transporte emitido, comercializado e utilizado, a fim de permitir a avaliação local do sistema além de outros dados que venham a ser julgados convenientes a esse objetivo.

Art. 30. Nos atos de concessão, permissão ou autorização serão previstas sanções às empresas operadoras que emitirem ou comercializarem o Vale-Transporte diretamente, por meio de delegação ou consórcio, em quantidade insuficiente ao atendimento da demanda.

PARÁGRAFO ÚNICO. As sanções serão estabelecidas em valor proporcional às quantidades solicitadas e não fornecidas, agravando-se em caso de reincidência.

CAPÍTULO V
Dos Incentivos Fiscais

Art. 31. O valor efetivamente pago e comprovado pelo empregador, pessoa jurídica, na aquisição de Vale-Transporte, poderá ser deduzido como despesa operacional, na determinação do lucro real, no período base de competência da despesa.

Art. 32. Sem prejuízo da dedução prevista no artigo anterior, a pessoa jurídica empregadora poderá deduzir do Imposto de Renda devido, valor equivalente à aplicação da alíquota cabível do Imposto de Renda sobre o montante das despesas comprovadamente realizadas, no período base, na concessão do Vale-Transporte.

PARÁGRAFO ÚNICO. A dedução a que se refere este artigo, em conjunto com as de que tratam as Leis n. 6. 297, de 15 de dezembro de 1975, e n. 6.321, de 14 de abril de 1976, não poderá reduzir o imposto devido em mais de 10% (dez por cento), observado o que dispõe o § 3º do art. 1º do Decreto-lei n. 1.704, de 23 de outubro de 1979, podendo o eventual excesso ser aproveitado nos dois exercícios subsequentes.

Art. 33. Ficam assegurados os benefícios de que trata este Decreto ao empregador que, por meios próprios ou contratados com terceiros, proporcionar aos seus trabalhadores o deslocamento residência-trabalho e vice-versa, em veículos adequados ao transporte coletivo, inclusive em caso de complementação do Vale-Transporte.

PARÁGRAFO ÚNICO. O disposto neste artigo não se aplica nas contratações de transporte diretamente com empregados, servidores, diretores, administradores e pessoas ligadas ao empregador.

Art. 34. A pessoa jurídica empregadora deverá registrar em contas específicas que possibilitem determinar, com clareza e exatidão em sua contabilidade, as despesas efetivamente realizadas na aquisição do Vale-Transporte ou, na hipótese do artigo anterior, os dispêndios e encargos com o transporte do beneficiário, tais como aquisição de combustível, manutenção, reparos e depreciação dos veículos próprios, destinados exclusivamente ao transporte dos empregados, bem assim os gastos com as empresas contratadas para esse fim.

PARÁGRAFO ÚNICO. A parcela de custo, equivalente a 6% (seis por cento) do salário básico do empregado que venha a ser recuperada pelo empregador, deverá ser deduzida do montante das despesas efetuadas no período base, mediante lançamento a crédito das contas que registrem o montante dos custos relativos ao benefício concedido.

CAPÍTULO VI
Disposições Finais

Art. 35. Os atos de concessão, permissão e autorização vigentes serão revistos para cumprimento do disposto no art. 30 deste regulamento.

Art. 36. Este Decreto entra em vigor na data de sua publicação.

Art. 37. Revogam-se as disposições em contrário e em especial o Decreto n. 92.180, de 19 de dezembro de 1985.

Brasília, 17 de novembro de 1987; 166º da Independência e 99º da República.

José Sarney
Prisco Viana

LEI N. 6.708, DE 30 DE OUTUBRO DE 1979

(DOU 30.10.1979 — LTr 43/1481)(*)

Dispõe sobre a correção automática dos salários, modifica a política salarial e dá outras providências

O PRESIDENTE DA REPÚBLICA,

Faço saber que o Congresso Nacional decreta e eu sanciono a seguinte Lei:

....

(*) A jurisprudência consolidou o entendimento da vigência do art. 9º desta Lei. Ver Súmula TST n. 306, Revista LTr 56-11/1316.

Art. 3º A correção dos valores monetários dos salários, na forma do artigo anterior, independerá de negociação coletiva e poderá ser reclamada, individualmente, pelos empregados.

§ 1º Para a correção a ser feita no mês, será utilizada a variação a que se refere o § 1º do art. 2º, publicada no mês anterior.

§ 2º Será facultado aos Sindicatos, independente da outorga de poderes dos integrantes da respectiva categoria profissional, apresentar reclamação na qualidade de substituto processual de seus associados, com o objetivo de assegurar a percepção dos valores salariais corrigidos na forma do artigo anterior.

Art. 4º A contagem de tempo para fins de correção salarial será feita a partir da data-base da categoria profissional.

§ 1º Entende-se por data-base, para fins desta Lei a data de início de vigência de acordo ou convenção coletiva, ou sentença normativa.

§ 2º Os empregados que não estejam incluídos numa das hipóteses do parágrafo anterior terão como data-base a data do seu último aumento ou reajustamento de salário, ou na falta desta, a data de início de vigência de seu contrato de trabalho.

Art. 5º O salário do empregado admitido após a correção salarial da categoria será atualizado na subsequente revisão proporcionalmente ao número de meses a partir da admissão.

PARÁGRAFO ÚNICO. A regra do artigo não se aplica às empresas que adotem quadro de pessoal organizado em carreira e em que a correção incida sobre os respectivos níveis ou classes de salários.

Art. 6º A correção do valor monetário dos salários dos empregados, que trabalham em regime de horário parcial, será calculada proporcionalmente à correção de seu salário por hora de trabalho.

PARÁGRAFO ÚNICO. Para o cálculo da correção do salário por hora de trabalho, aplicar-se-á o disposto no art. 2º desta Lei, substituindo-se o salário do trabalhador pelo seu salário por hora de trabalho e o salário mínimo pelo salário mínimo/hora.

Art. 7º A correção monetária a que se referem os arts. 1º e 2º desta Lei não se estende às remunerações variáveis, percebidas com base em comissões percentuais preajustadas, aplicando-se, porém, à parte fixa do salário misto percebido pelo empregado assim remunerado.

Art. 8º A correção dos valores monetários dos salários de trabalhadores avulsos, negociados para grupos de trabalhadores, diretamente, pelas suas Entidades Sindicais, será procedida de acordo com o disposto no art. 2º desta Lei.

PARÁGRAFO ÚNICO. No caso de trabalhadores avulsos, cuja remuneração seja disciplinada pelo Conselho Nacional de Política Salarial, a data-base será a de sua última revisão salarial.

Art. 9º O empregado dispensado, sem justa causa, no período de 30 (trinta) dias que antecede a data de sua correção salarial, terá direito à indenização adicional equivalente a um salário mensal, seja ele, ou não, optante pelo Fundo de Garantia do Tempo de Serviço.(*)

Art. 10. Ficam mantidas as datas-base das categorias profissionais para efeito de negociações coletivas com finalidade de obtenção de aumentos de salários e do estabelecimento de cláusulas que regulem condições especiais de trabalho.

PARÁGRAFO ÚNICO. Os aumentos coletivos de salários serão ajustados por um ano, não podendo ocorrer revisão, a esse título, antes de vencido aquele prazo.

Art. 11. Além da correção prevista no art. 2º, poderá ser estipulado por convenção, acordo coletivo ou sentença normativa, um acréscimo com fundamento no aumento da produtividade da categoria, tendo por limite a variação do produto real *per capita*, ocorrido no ano anterior e fixado por ato do Poder Executivo. *(Redação dada pelo Decreto-lei n. 2.045, de 13.7.1983, DOU 14.7.1983) (Rejeitado pela Resolução/CN n. 1, de 1983)*

§ 1º Poderão ser estabelecidos percentuais diferentes para os empregados, segundo os níveis de remuneração.

§ 2º A convenção coletiva poderá fixar níveis diversos para o aumento dos salários, em empresas de diferentes portes, sempre que razões de caráter econômico justifiquem essa diversificação ou excluir as empresas que comprovarem sua incapacidade econômica para suportar esse aumento.

§ 3º Será facultado à empresa não excluída do campo de incidência do aumento determinado na forma deste artigo comprovar, na ação de cumprimento, sua incapacidade econômica, para efeito de sua exclusão ou colocação em nível compatível com suas possibilidades.

§ 4º As empresas empregadoras não poderão repassar, para os preços dos produtos ou serviços, o aumento de custo decorrente do aumento de salários a que se refere o *caput* deste artigo, salvo por resolução do Conselho Interministerial de Preços (CIP).

....

Art. 13. Os adiantamentos ou abonos concedidos pelo empregador, antes ou após a vigência desta Lei, serão deduzidos da correção salarial.

....

Art. 15. Os empregados que integram categorias profissionais cujas datas-base estejam compreendidas nos meses de novembro de 1978 a abril de 1979 terão seus salários corrigidos na data de início de vigência desta Lei, no percentual de 22% (vinte e dois por cento) sobre o salário vigente na data-base, compensados os aumentos concedidos na forma do art. 13 desta Lei.

§ 1º Os salários resultantes da correção a que se refere o *caput* deste artigo servirão como base para a nova correção a ser procedida na data-base.

§ 2º Os empregados cuja data-base ocorreu no último mês de maio anterior a esta Lei terão seus salários corrigidos no mês de novembro de 1979, por percentual equivalente à variação do Índice Nacional de Preços ao Consumidor, relativo ao semestre anterior ao mês de outubro.

§ 3º A correção inicial dos salários dos empregados a que se refere o § 2º do art. 4º desta Lei não poderá incidir sobre período superior a 6 (seis) meses, ainda que sua data-base ocorra antes de maio de 1979.

Art. 16. Os empregados integrados em categorias profissionais cuja data-base ocorra no mês de novembro terão, após corridos na forma do artigo anterior, os salários novamente corrigidos, no percentual equivalente ao da variação do Índice relativo ao semestre anterior ao mês de outubro de 1979, e que será publicado até o final do mês de novembro do mesmo ano.

Art. 17. O Poder Executivo poderá estabelecer, a partir de 1º de janeiro de 1981, periodicidade diversa da prevista no art. 1º desta Lei.

Art. 18. O Poder Executivo, observada a legislação pertinente, ajustará a política do salário mínimo aos objetivos desta Lei.

Art. 19. A partir de 1º de maio de 1980, dar-se-á gradativa redução das regiões em que se subdivide o território nacional, a fim de que seja alcançada (VETADO) a unificação do salário mínimo no País.

Art. 20. As disposições da presente Lei não se aplicam aos servidores da União, dos Territórios, dos Estados e dos Municípios e de suas autarquias submetidas ao regime da Consolidação das Leis do Trabalho.

Art. 21. Fica revogada a Lei n. 6.147, de 29 de novembro de 1974, e demais disposições em contrário.

Art. 22. Esta Lei entrará em vigor no dia 1º de novembro de 1979, independentemente de sua regulamentação pelo Poder Executivo, no prazo de 90 (noventa) dias, a contar de sua publicação.

Brasília, em 30 de outubro de 1979, 158º da Independência e 91º da República.

JOÃO BAPTISTA FIGUEIREDO
MURILLO MACÊDO

LEI N. 7.238, DE 29 DE OUTUBRO DE 1984

(DOU 31.10.1984 — LTr 48-11/1389)

Dispõe sobre a manutenção da correção automática dos salários, de acordo com o Índice Nacional de Preços ao Consumidor — INPC e revoga dispositivos do Decreto-lei n. 2.065, de 26 de outubro de 1983

O PRESIDENTE DA REPÚBLICA,

Faço saber que o Congresso Nacional decreta e eu sanciono a seguinte Lei:

Art. 1º O valor monetário dos salários será corrigido semestralmente, de acordo com Índice Nacional de Preços ao Consumidor — INPC, variando o fator de aplicação na forma desta Lei.

Art. 2º A correção efetuar-se-á segundo a diversidade das faixas salariais e cumulativamente, observados os seguintes critérios:

I — até 3 (três) vezes o valor do salário mínimo, multiplicando-se o salário ajustado por um fator correspondente a 1.0 (uma unidade) da variação semestral do Índice Nacional de Preços ao Consumidor — INPC;

II — acima de 3 (três) salários mínimos aplicar-se-á, até o limite do inciso anterior, a regra nele contida e, no que exceder, o fator 0.8 (oito décimos).

§ 1º Para os fins deste artigo, o Poder Executivo publicará, mensalmente, a variação do Índice Nacional de Preços ao Consumidor — INPC, ocorrida nos seis meses anteriores.

§ 2º O Poder Executivo colocará à disposição da Justiça do Trabalho e das entidades sindicais, os elementos básicos utilizados para a fixação do Índice Nacional de Preços ao Consumidor — INPC.

Art. 3º A correção de valores monetários dos salários, na forma do artigo anterior, independerá de negociação coletiva e poderá ser reclamada, individualmente, pelos empregados.

§ 1º Para a correção a ser feita no mês, será utilizada a variação a que se refere o § 1º do art. 2º desta Lei, publicada no mês anterior.

§ 2º Será facultado aos sindicatos, independente da outorga de poderes dos integrantes da respectiva categoria profissional, apresentar reclamação na qualidade de substituto processual de seus associados, com o objetivo de assegurar a percepção dos valores salariais corrigidos na forma do artigo anterior.

Art. 4º A contagem de tempo para fins de correção salarial será feita a partir da data-base da categoria profissional.

§ 1º Entende-se por data-base, para fins desta Lei, a data de início de vigência de acordo ou convenção coletiva, ou sentença normativa.

§ 2º Os empregados que não estejam incluídos numa das hipóteses do parágrafo anterior terão como data-base a data do seu último aumento ou reajustamento de salário, ou, na falta desta, a data de início de vigência de seu contrato de trabalho.

Art. 5º O salário do empregado admitido após a correção salarial da categoria será atualizado na subsequente revisão, proporcionalmente ao número de meses a partir da admissão.

PARÁGRAFO ÚNICO. A regra deste artigo não se aplica às empresas que adotem quadro de pessoal organizado em carreira, no qual a correção incida sobre os respectivos níveis ou classes de salários.

Art. 6º A correção do valor monetário dos salários dos empregados que trabalham em regime de horário parcial, será calculada proporcionalmente à correção de seu salário por hora de trabalho.

§ 1º Para o cálculo da correção do salário por hora de trabalho, aplicar-se-á o disposto no art. 2º desta Lei, substituindo-se o salário do trabalhador pelo seu salário por hora de trabalho e o salário mínimo pelo salário mínimo-hora.

§ 2º (Vetado).

Art. 7º A correção monetária a que se referem os arts. 1º e 2º desta Lei não se estende às remunerações variáveis, percebidas com base em comissões percentuais pré-ajustadas, aplicando-se, porém, à parte fixa do salário misto percebido pelo empregado assim remunerado.

Art. 8º A correção dos valores monetários dos salários de trabalhadores avulsos, negociados para grupos de trabalhadores, diretamente, pelas suas entidades sindicais, será efetuada de acordo com o disposto no art. 2º desta Lei.

PARÁGRAFO ÚNICO. No caso de trabalhadores avulsos, cuja remuneração seja disciplinada pelo Conselho Nacional de Política Salarial — CNPS, a data-base será a de sua última revisão salarial.

Art. 9º O empregado dispensado, sem justa causa, no período de 30 (trinta) dias que antecede a data de sua correção salarial, terá direito à indenização adicional equivalente a um salário mensal, seja ele optante ou não pelo Fundo de Garantia do Tempo de Serviço — FGTS.

Art. 10. Ficam mantidas as datas-base das categorias profissionais, para efeito de negociações coletivas com finalidade de obtenção de aumentos de salários e de estabelecimento de cláusulas que regulem condições especiais de trabalho.

PARÁGRAFO ÚNICO. Os aumentos coletivos de salários serão reajustados por um ano, não podendo ocorrer revisão a esse título, antes de vencido aquele prazo.

Art. 11. Mediante convenção, acordo coletivo ou sentença normativa, fica ainda facultado complementar a correção de salário a que se refere o inciso II do art. 2º desta Lei até o limite de 100% (cem por cento).

§ 1º Poderão ser estabelecidos percentuais diferentes para os empregados, segundo os níveis de remuneração.

§ 2º A convenção coletiva poderá fixar níveis diversos para a correção e o aumento dos salários, em empresas de diferentes portes, sempre que razões de caráter econômico justificarem essa diversificação, ou excluir as empresas que comprovarem sua incapacidade econômica para suportar esse aumento.

§ 3º Será facultado à empresa não excluída do campo de incidência do aumento determinado na forma deste artigo, comprovar, na ação de cumprimento, sua incapacidade econômica, para efeito de sua exclusão ou colocação em nível compatível com suas possibilidades.

Art. 12. Parcela suplementar poderá ser negociada entre empregados e empregadores, por ocasião da data-base, com fundamento no acréscimo de produtividade da categoria, parcela essa que terá por limite superior, fixado pelo Poder Executivo, a variação do Produto Interno Bruto — PIB, real *per capita*.

Art. 13. As empresas não poderão repassar para os preços de seus produtos ou serviços a parcela suplementar de aumento salarial de que trata o artigo anterior, sob pena de:

I — suspensão temporária de concessão de empréstimo e financiamentos por instituições financeiras oficiais;

II — revisão de concessão de incentivos fiscais e de tratamentos tributários especiais.

Art. 14. Garantida a correção automática prevista no art. 2º, desta Lei, as empresas públicas, as sociedades de economia mista, as fundações instituídas ou mantidas pelo Poder Público, as entidades governamentais cujo regime de remuneração do pessoal não obedeça integralmente ao disposto na Lei n. 5.645, de 10 de dezembro de 1970, e legislação complementar, as empresas privadas subvencionadas pelo Poder Público, as concessionárias de serviços públicos federais e demais empresas sob controle direto ou indireto do Poder Público somente poderão celebrar contratos coletivos de trabalho, de natureza econômica, ou conceder aumentos coletivos de salários, nos termos das Resoluções do Conselho Nacional de Política Salarial — CNPS.

§ 1º As disposições deste artigo aplicam-se aos trabalhadores avulsos, cuja remuneração seja disciplinada pelo Conselho Nacional de Política Salarial.

§ 2º Quando se tratar de trabalhadores avulsos da orla marítima subordinados à Superintendência Nacional da Marinha Mercante — SUNAMAN, compete a esta rever os salários, inclusive taxas de produção.

§ 3º A inobservância das disposições deste artigo, por parte de dirigentes de entidades sujeitas à jurisdição do Tribunal de Contas da União, poderá, a critério da referida Corte, ser considerada ato irregular de gestão e acarretar, para os infratores, inabilitação temporária para o exercício de cargo em comissão ou função de confiança nos órgãos ou entidades da administração direta ou indireta e nas fundações sob supervisão ministerial.

§ 4º Na hipótese de dissídio coletivo que envolva entidade referida no *caput* deste artigo, quando couber e sob pena de inépcia, a petição inicial será acompanhada de parecer do Conselho Nacional de Política Salarial — CNPS, relativo à possibilidade, ou não, de acolhimento, sob aspectos econômico e financeiro da proposta de acordo.

§ 5º O parecer a que se refere o parágrafo anterior deverá ser substituído pela prova documental de que, tendo sido solicitado há mais de 30 (trinta) dias, não foi proferido pelo Conselho Nacional de Política Salarial — CNPS.

Art. 15. Às categorias cuja data-base tenha ocorrido nos últimos três meses anteriores à vigência desta Lei, será facultada a negociação de que trata o art. 11 quando da próxima correção automática semestral de salários, para viger no semestre subsequente.

Art. 16. Esta Lei entra em vigor na data de sua publicação.

Art. 17. Revogam-se as disposições em contrário, em especial os arts. 24 a 42 do Decreto-lei n. 2.065, de 26 de outubro de 1983.

Brasília em 29 de outubro de 1984; 163º da Independência e 96º da República.

JOÃO FIGUEIREDO
ESTHER DE FIGUEIREDO FERRAZ
MURILLO MACÊDO
DELFIM NETTO

LEI N. 8.177, DE 1º DE MARÇO DE 1991

(DOU 4.3.1991 — LTr 55-03/371)

Estabelece regras para a desindexação da economia e dá outras providências

(Taxa Referencial Diária — Depósito Recursal)

O PRESIDENTE DA REPÚBLICA,

Faço saber que o Congresso Nacional decreta e eu sanciono a seguinte Lei:

Art. 1º O Banco Central do Brasil divulgará Taxa Referencial — TR, calculada a partir da remuneração mensal média líquida de impostos, dos depósitos a prazo fixo captados nos bancos comerciais, bancos de investimentos, bancos múltiplos com carteira comercial ou de investimentos, caixas econômicas, ou dos títulos públicos federais, estaduais e municipais, de acordo com metodologia a ser aprovada pelo Conselho Monetário Nacional, no prazo de sessenta dias, e enviada ao conhecimento do Senado Federal.

§ 1º A TR será mensalmente divulgada pelo Banco Central do Brasil, no máximo até o oitavo dia útil do mês de referência. *(Revogado pela Lei n. 8.660, de 28.5.1993).*

§ 2º As instituições que venham a ser utilizadas como bancos de referência, dentre elas, necessariamente, as dez maiores do País, classificadas pelo volume de depósitos a prazo fixo, estão obrigadas a fornecer as informações de que trata este artigo, segundo normas estabelecidas pelo Conselho Monetário Nacional, sujeitando-se a instituição e seus administradores, no caso de infração às referidas normas, às penas estabelecidas no art. 44 da Lei n. 4.595, de 31 de dezembro de 1964.

§ 3º Enquanto não aprovada a metodologia de cálculo de que trata este artigo, o Banco Central do Brasil fixará a TR.

Art. 2º O Banco Central do Brasil divulgará, para cada dia útil, a Taxa Referencial Diária TRD, correspondendo seu valor diário à distribuição *pro rata die* da TR fixada para o mês corrente.

§ 1º Enquanto não divulgada a TR relativa ao mês corrente, o valor da TRD será fixado pelo Banco Central do Brasil com base em estimativa daquela taxa.

§ 2º Divulgada a TR, a fixação da TRD nos dias úteis restantes do mês deve ser realizada de forma tal que a TRD acumulada entre o 1º dia útil do mês e o 1º dia útil do mês subsequente seja igual à TR do mês corrente.

Art. 3º Ficam extintos a partir de 1º de fevereiro de 1991:

I — o BTN fiscal instituído pela Lei n. 7.799, de 10 de julho de 1989;

II — o Bônus do Tesouro Nacional (BTN) de que trata o art. 5º da Lei n. 7.777, de 19 de junho de 1989, assegurada a liquidação dos títulos em circulação, nos seus respectivos vencimentos;

III — o Maior Valor de Referência (MVR) e as demais unidades de conta assemelhadas que são atualizadas, direta ou indiretamente, por índice de preços.

PARÁGRAFO ÚNICO. O valor do BTN e do BTN Fiscal destinado à conversão para cruzeiros dos contratos existentes na data de publicação da Medida Provisória que deu origem a esta Lei, assim como para efeitos fiscais, é de Cr$ 126,8621.

Art. 4º A partir da vigência da Medida Provisória que deu origem a esta Lei, a Fundação Instituto Brasileiro de Geografia e Estatística deixará de calcular o Índice de Reajustes de Valores Fiscais (IRVF) e o Índice da Cesta Básica (ICB), mantido o cálculo do Índice Nacional de Preços ao Consumidor (INPC).

....

Art. 9º A partir de fevereiro de 1991, incidirão juros de mora equivalentes à TRD sobre os débitos de qualquer natureza para com a Fazenda Nacional, com a Seguridade Social, com o Fundo de Participação PIS/PASEP, com o Fundo de Garantia do Tempo de Serviço — FGTS, e sobre os passivos de empresas concordatárias, em falência, e de instituições em regime de liquidação extrajudicial, intervenção e administração especial temporária. *(Redação dada pela Lei n. 8.218, de 29.8.1991, DOU 30.8.1991)*

....

Art. 12. Em cada período de rendimento, os depósitos de poupança serão remunerados:

I — como remuneração básica, por taxa correspondente à acumulação das TRD, no período transcorrido entre o dia do último crédito de rendimento, inclusive, e o dia do crédito de rendimento, exclusive;

II — como remuneração adicional, por juros de:

a) 0,5% (cinco décimos por cento) ao mês, enquanto a meta da taxa Selic ao ano, definida pelo Banco Central do Brasil, for superior a 8,5% (oito inteiros e cinco décimos por cento); ou

b) 70% (setenta por cento) da meta da taxa Selic ao ano, definida pelo Banco Central do Brasil, mensalizada, vigente na data de início do período de rendimento, nos demais casos. *(Inciso II com a redação dada pela Lei n. 12.703, de 7.8.2012, DOU 8.8.2012)*

§ 1º A remuneração será calculada sobre o menor saldo apresentado em cada período de rendimento.

§ 2º Para os efeitos do disposto neste artigo, considera-se período de rendimento:

I — para os depósitos de pessoas físicas e entidades sem fins lucrativos, o mês corrido, a partir da data de aniversário da conta de depósito de poupança;

II — para os demais depósitos, o trimestre corrido a partir da data de aniversário da conta de depósito de poupança.

§ 3º A data de aniversário da conta de depósito de poupança será o dia do mês de sua abertura, considerando-se a data de aniversário das contas abertas nos dias 29, 30 e 31 como o dia 1º do mês seguinte.

§ 4º O crédito dos rendimentos será efetuado:

I — mensalmente, na data de aniversário da conta, para os depósitos de pessoa física e de entidades sem fins lucrativos; e

II — trimestralmente, na data de aniversário no último mês do trimestre, para os demais depósitos.

§ 5º O Banco Central do Brasil divulgará as taxas resultantes da aplicação do contido nas alíneas *a* e *b* do inciso II do *caput* deste artigo. (NR) *(Redação dada pela 12.703, de 7.8.2012, DOU 8.8.2012)*

....

Art. 17. A partir de fevereiro de 1991, os saldos das contas do Fundo de Garantia do Tempo de Serviço (FGTS) passam a ser remunerados pela taxa aplicável à remuneração básica dos depósitos de poupança, com data de aniversário no dia 1º, observada a periodicidade mensal para remuneração.

PARÁGRAFO ÚNICO. As taxas de juros previstas na legislação em vigor do FGTS são mantidas e consideradas como adicionais à remuneração prevista neste artigo.

....

Art. 25. *(Revogado pela Lei n. 9.365, de 16.12.1996, DOU 18.12.1996)*

....

Art. 38. Os saldos das contas do Fundo de Participação PIS/PASEP e as obrigações emitidas pelo Fundo Nacional de Desenvolvimento — FND serão reajustados pela TR nas épocas estabelecidas na legislação pertinente.

Art. 39. Os débitos trabalhistas de qualquer natureza, quando não satisfeitos pelo empregador nas épocas próprias assim definidas em lei, acordo ou convenção coletiva, sentença normativa ou cláusula contratual sofrerão juros de mora equivalentes à TRD acumulada no período compreendido entre a data de vencimento da obrigação e o seu efetivo pagamento.

§ 1º Aos débitos trabalhistas constantes de condenação pela Justiça do Trabalho ou decorrentes dos acordos feitos em reclamatória trabalhista, quando não cumpridos nas condições homologadas ou constantes do termo de conciliação, serão acrescidos, nos juros de mora previstos no *caput*, juros de um por cento ao mês, contados do ajuizamento da reclamatória e aplicados *pro rata die*, ainda que não explicitados na sentença ou no termo de conciliação.

§ 2º Na hipótese de a data de vencimento das obrigações de que trata este artigo ser anterior a 1º de fevereiro de 1991, os juros de mora serão calculados pela composição entre a variação acumulada do BTN Fiscal no período compreendido entre a data de vencimento da obrigação e 31 janeiro de 1991, e a TRD acumulada entre 1º de fevereiro de 1991 e seu efetivo pagamento.

Art. 40. O depósito recursal de que trata o art. 889 da Consolidação das Leis do Trabalho fica limitado a Cr$ 20.000.000,00 (vinte milhões de cruzeiros), nos casos de interposição de recurso ordinário, e de Cr$ 40.000.000,00 (quarenta milhões de cruzeiros), em se tratando de recurso de revista, embargos infringentes e recursos extraordinários, sendo devida a cada novo recurso interposto no decorrer do processo.

§ 1º Em se tratando de condenação imposta em ação rescisória, o depósito recursal terá, como limite máximo, qualquer que seja o recurso, o valor de Cr$ 40.000.000,00 (quarenta milhões de cruzeiros).

§ 2º A exigência de depósito aplica-se, igualmente aos embargos, à execução e a qualquer recurso subsequente do devedor.

§ 3º O valor do recurso ordinário, quando interposto em dissídio coletivo, será equivalente ao quádruplo do previsto no *caput* deste artigo.

§ 4º Os valores previstos neste artigo serão reajustados bimestralmente pela variação acumulada do INPC do IBGE dos dois meses imediatamente anteriores. *(Redação do art. 40, §§ dada pela Lei n. 8.542, de 23.12.1992, DOU 24.12.1992, LTr 57-01/118).*

Art. 41. *(Revogado pela Lei n. 9.126, de 10.11.1995, DOU 13.11.1995)*

Art. 42. O Poder Executivo enviará ao Congresso Nacional, até 31 de março de 1991, projeto de lei dispondo sobre a atualização das demonstrações financeiras das pessoas jurídicas de que trata a Lei n. 7.799, de 10 de julho de 1989, em virtude da extinção do BTN e do BTN Fiscal.

Art. 43. Esta Lei entra em vigor na data de sua publicação.

Art. 44. Revogam-se o Decreto-lei n. 75, de 21 de novembro de 1966, e demais disposições em contrário.

Brasília, em 1 de março de 1991; 170º da Independência e 103º da República.

Fernando Collor

Zélia M. Cardoso de Mello

LEI N. 8.178, DE 1º DE MARÇO DE 1991

(DOU 4.3.1991, RETIF. 20.3.1991 — LTr 55-03/376)

Estabelece regras sobre preços e salários e dá outras providências

O PRESIDENTE DA REPÚBLICA,

Faço saber que o Congresso Nacional decreta e eu sanciono a seguinte Lei:

Art. 1º Os preços de bens e serviços efetivamente praticados em 30 de janeiro de 1991 somente poderão ser majorados mediante prévia e expressa autorização do Ministério da Economia, Fazenda e Planejamento.

....

Art. 6º No mês de fevereiro de 1991, os salários serão reajustados e terão seus valores determinados de acordo com o disposto neste artigo.

§ 1º Os salários de fevereiro de 1991, exceto os vencimentos, soldos e demais remunerações e vantagens pecuniárias de servidores públicos civis e militares da Administração Pública Federal direta, autárquica e fundacional, e as rendas mensais de benefícios pagos pela Previdência Social ou pelo Tesouro Nacional, respeitado o princípio da irredutibilidade salarial, serão calculados na forma deste artigo, ficando, com esse reajustamento e com os decorrentes dos atos a que se refere o art. 25 desta Lei, atualizados até 1º de março de 1991:

a) multiplicando-se o valor do salário recebido nos últimos doze meses pelo índice de remuneração, constante do Anexo desta Lei, correspondente ao dia do efetivo pagamento;

b) somando-se os valores obtidos na forma da alínea anterior e dividindo-se o resultado por doze.

§ 2º Nos casos em que o efetivo pagamento do salário tiver ocorrido após o quinto dia útil do mês subsequente ao da competência do salário, considerar-se-á esta data para efeito do disposto neste artigo.

§ 3º Na hipótese de adiantamento de salário, no todo ou em parte, far-se-á a multiplicação de que trata a alínea *a* do § 1º, utilizando-se o valor do índice de remuneração correspondente ao dia do efetivo pagamento de cada parcela adiantada.

§ 4º Sem prejuízo do direito do empregado à respectiva percepção, não serão computados, no cálculo do salário de fevereiro de 1991:

a) o décimo terceiro salário ou gratificação equivalente;

b) as parcelas de natureza não habitual;

c) o abono de férias;

d) as parcelas percentuais incidentes sobre o salário.

§ 5º As parcelas percentuais referidas na alínea *d* do parágrafo anterior serão aplicadas após o cálculo do valor do salário de fevereiro de 1991, na forma do § 1º deste artigo.

Art. 7º Os vencimentos, soldos e demais remunerações e vantagens pecuniárias de servidores públicos civis e militares da Administração Pública Federal, direta, autárquica e fundacional, bem como as rendas mensais de benefícios pagos pelo Tesouro Nacional, serão reajustados em nove vírgula trinta e seis por cento no mês de fevereiro de 1991.

Art. 8º Respeitado o princípio da irredutibilidade salarial, o empregador poderá efetuar, em fevereiro de 1991, ajustes nos salários de seus empregados, de modo a preservar a organização do pessoal em quadro de carreira.

Art. 9º A Política Salarial, no período de 1º de março de 1991 a 31 de agosto de 1991, compreenderá exclusivamente a concessão dos seguintes abonos, os quais não serão extensivos aos vencimentos, soldos e demais remunerações e vantagens pecuniárias de servidores públicos civis e militares da Administração Pública Federal, direta, autárquica e fundacional, e às rendas de benefícios pagos pela Previdência Social ou pelo Tesouro Nacional, ressalvado o disposto no § 6º deste artigo:

I — no mês de abril de 1991, Cr$ 3.000,00 (três mil cruzeiros);

II — nos meses de maio, junho e julho de 1991, a variação, em cruzeiros, do custo da cesta básica entre os meses de março e maio de 1991, acrescida de Cr$ 3.000,00 (três mil cruzeiros);

III — no mês de agosto de 1991, a variação, em cruzeiros, do custo da cesta básica entre os meses de março e agosto de 1991, acrescida de Cr$ 3.000,00 (três mil cruzeiros).

§ 1º Da aplicação do disposto neste artigo, da parcela do salário de março de 1991 que não exceder a Cr$ 170.000,00 (cento e setenta mil cruzeiros), não poderá resultar abono inferior aos seguintes percentuais:

a) dez por cento não cumulativos, em maio, junho e julho; e

b) vinte e um por cento em agosto.

§ 2º O valor da cesta básica, a que se referem os incisos II e III deste artigo, será de Cr$ 29.600,00 (vinte e nove mil e seiscentos cruzeiros), e a metodologia de aferição da variação de seu custo será definida pelo Ministério da Economia, Fazenda e Planejamento, que considerará a superveniência de variações na oferta de produtos em geral.

§ 3º O Ministério da Economia, Fazenda e Planejamento dará, previamente, conhecimento da metodologia de cálculo de aferição da variação do custo da cesta básica às entidades sindicais e ao Congresso Nacional.

§ 4º Os abonos de que trata este artigo poderão ser pagos até o dia 15 do mês subsequente ao mês em que eles são devidos.

§ 5º Os abonos-horas serão iguais ao quociente dos valores dos abonos mensais de que trata este artigo por duzentos e vinte, e os abonos diários, por trinta.

§ 6º No caso dos aposentados e pensionistas da Previdência Social, são assegurados os seguintes abonos:

a) nos meses de maio, junho e julho de 1991, para os benefícios não inferiores a Cr$ 17.000,00 (dezessete mil cruzeiros), o valor obtido pela aplicação do percentual da variação do índice do custo da cesta básica entre os meses de março e maio de 1991, sobre o valor do benefício em março de 1991; e para os benefícios inferiores a Cr$ 17.000,00 (dezessete mil cruzeiros), a variação, em cruzeiros,

Legislação Complementar

do custo da cesta básica entre os meses de março e maio de 1991, não podendo a soma do benefício e do abono ultrapassar o valor correspondente à soma do benefício de Cr$ 17.000,00 (dezessete mil cruzeiros) e do abono referente a esse benefício.

b) no mês de agosto de 1991, para os benefícios não inferiores a Cr$ 17.000,00 (dezessete mil cruzeiros), o valor obtido pela aplicação do percentual da variação do índice do custo da cesta básica entre os meses de março e agosto de 1991, sobre o valor do benefício em março de 1991; e para os benefícios inferiores a Cr$ 17.000,00 (dezessete mil cruzeiros), a variação, em cruzeiros, do custo da cesta básica, entre os meses de março e agosto de 1991, não podendo a soma do benefício e do abono ultrapassar o valor correspondente à soma do benefício de Cr$ 17.000,00 (dezessete mil cruzeiros), e do abono referente a esse benefício.

§ 7º Os abonos referidos neste artigo não serão incorporados, a qualquer título, aos salários, nem às rendas mensais de benefícios da Previdência Social, nem estarão sujeitos a quaisquer incidências de caráter tributário ou previdenciário.

Art. 10. *(Revogado pela Lei n. 11.321, de 7.7.2006, DOU 10.7.2006)*

Art. 11. É devido aos trabalhadores, no mês de agosto de 1990, um abono no valor de Cr$ 3.000,00 (três mil cruzeiros), desde que o valor do salário referente ao mês de agosto de 1990, somado ao valor do abono concedido, não ultrapasse a Cr$ 26.017,30 (vinte e seis mil, dezessete cruzeiros e trinta centavos).

§ 1º Se a soma referida neste artigo ultrapassar a Cr$ 26.017,30 (vinte e seis mil, dezessete cruzeiros e trinta centavos), o abono será reduzido de forma a garantir a condição estabelecida.

§ 2º Ao abono a que se refere este artigo aplica-se o disposto no § 7º do art. 9º.

§ 3º O abono de que trata este artigo não se aplica aos trabalhadores que o tenham recebido de acordo com o disposto no art. 9º da Medida Provisória n. 199, de 26 de julho de 1990.

Art. 12. É devido aos trabalhadores, no mês de janeiro de 1991, um abono que será calculado nos seguintes termos:

I — excepcionalmente, no mês de janeiro de 1991, nenhum empregado receberá, entre remuneração e abono, uma quantia inferior a Cr$ 12.500,00 (doze mil e quinhentos cruzeiros);

II — deverá ser calculado para cada empregado e será o resultado da soma das seguintes parcelas:

a) cinco por cento da parcela da remuneração que exceder a Cr$ 60.000,00 (sessenta mil cruzeiros);

b) sete por cento da parcela da remuneração que exceder a Cr$ 36.000,00 (trinta e seis mil cruzeiros) e não exceda a Cr$ 60.000,00 (sessenta mil cruzeiros);

c) nove por cento da parcela da remuneração que exceder a Cr$ 12.000,00 (doze mil cruzeiros) e não exceda a Cr$ 36.000,00 (trinta e seis mil cruzeiros);

d) doze por cento da parcela da remuneração que não exceder a Cr$ 12.000,00 (doze mil cruzeiros);

III — a soma da remuneração e o abono não poderão exceder o valor equivalente a Cr$ 120.000,00 (cento e vinte mil cruzeiros);

IV — será pago, no máximo até o quinto dia útil do mês subsequente ao da publicação desta Lei;

V — não será incorporado aos salários, a qualquer título;

VI — não estará sujeito a quaisquer incidências de caráter tributário ou previdenciário;

VII — não se aplica aos trabalhadores que o tenham recebido de acordo com o disposto no art. 10 da Medida Provisória n. 292, de 3 de janeiro de 1991.

....

Art. 18. O Índice de Salários Nominais Médios deverá ser calculado pela Fundação Instituto Brasileiro de Geografia e Estatística, com metodologia amplamente divulgada.

Art. 19. O disposto nesta Lei não se aplica:

I — à exceção do estipulado nos arts. 7º e 11, aos vencimentos, soldos e demais remunerações e vantagens pecuniárias de servidores públicos civis e militares da Administração Pública Federal, direta, autárquica e fundacional, e às rendas mensais de benefícios pagos pelo Tesouro Nacional; e

II — à exceção do estipulado nos arts. 9º, § 6º, e 11, às rendas mensais de benefícios pagos pela Previdência Social.

Art. 20. A inobservância dos preceitos contidos nesta Lei sujeitará o infrator à aplicação das sanções previstas na legislação relativa à defesa econômica, no que couber, em particular na Lei Delegada n. 4, de 26 de setembro de 1962, na Lei n. 8.137, de 27 de dezembro de 1990 e na Lei n. 8.158, de 8 de janeiro de 1991, sem prejuízo das demais cominações legais.

Art. 21. Os valores constantes na legislação em vigor expressos ou referenciados:

I — ao BTN ou BTN Fiscal, são convertidos pelo valor de Cr$ 126,8621;

II — ao MVR, são convertidos pelos valores fixados na tabela abaixo:

Valores (Cr$)	Regiões e Sub-Regiões (Tais como definidas pelo Decreto n. 75.679, de 29 de abril de 1975)
1.599,75	4ª, 5ª, 6ª, 7ª, 8ª, 9ª — 2ª sub-região, 10ª, 11ª, 12ª — 2ª sub-região
1.772,35	1ª, 2ª, 3ª, 9ª — 1ª sub-região, 12ª — 1ª sub-região, 20ª e 21ª
1.930,76	14ª, 17ª — 2ª sub-região, 18ª — 2ª sub-região
2.107,02	17ª — 1ª sub-região, 18ª — 1ª sub-região, 19ª
2.266,17	13ª, 15ª, 16ª, 22ª

III — aos índices de que trata o art. 4º da Lei n. 8.177, de 1º de março de 1991, são atualizados, de acordo com a variação correspondente ao mês de janeiro de 1991.

Art. 22. Nas operações realizadas no mercado de capitais é admitida a utilização da TR e da TRD como base para a remuneração dos respectivos contratos somente quando não tenham prazo ou período de repactuação inferior a noventa dias.

Art. 23. Serão constituídas, no prazo de trinta dias, câmaras setoriais destinadas a analisar a estrutura de custos e preços em setores e cadeias produtivas específicas para assessorar o Ministro da Economia, Fazenda e Planejamento no monitoramento da flexibilização de preços.

§ 1º As competências e a abrangência das câmaras setoriais serão definidas pelo Ministro da Economia, Fazenda e Planejamento.

§ 2º As Câmaras serão compostas por membros designados por portaria do Ministro da Economia, Fazenda e Planejamento, representantes:

a) do Ministério da Economia, Fazenda e Planejamento;

b) dos empregadores dos respectivos setores produtivos;

c) dos trabalhadores dos respectivos setores produtivos ou das entidades sindicais nacionais.

Art. 24. O Ministro da Economia, Fazenda e Planejamento expedirá as instruções necessárias à execução do disposto nesta Lei.

Art. 25. São convalidados os atos praticados com base nas Medidas Provisórias ns. 193, de 25 de junho de 1990; 199, de 26 de julho de 1990; 211, de 24 de agosto de 1990, alterada pela Medida Provisória n. 219, de 4 de setembro de 1990; 234, de 26 de setembro de 1990; 256, de 26 de outubro de 1990; 273, de 28 de novembro de 1990, e 292, de 3 de janeiro de 1991.

Art. 26. O Poder Executivo, para efeito do pagamento do seguro-desemprego, de que trata a Lei n. 7.998, de 11 de janeiro de 1990, fica autorizado a suspender, total ou parcialmente, por tempo determinado:

I — a exigência de comprovação de emprego, durante pelo menos quinze meses nos últimos vinte e quatro meses, prevista no inciso II do art. 3º da Lei n. 7.998, de 1990;

II — o período de carência de que trata o art. 4º daquela lei.

PARÁGRAFO ÚNICO. O disposto neste artigo aplica-se às demissões, sem justa causa, ocorridas ou que venham a ocorrer entre 15 de março de 1990 e 15 de setembro de 1991.

Art. 27. É acrescido o parágrafo único ao art. 10 da Lei n. 8.177, de 1º de março de 1991, com a seguinte redação:

PARÁGRAFO ÚNICO. Quando o contrato for celebrado por prazo superior a noventa dias é admitida a utilização da TR ou da TRD para remuneração dos valores das obrigações dele decorrentes.

Art. 28. O Poder Executivo, dentro de sessenta dias, encaminhará ao Congresso Nacional projeto de lei dispondo sobre a proteção do valor real dos vencimentos, soldos e demais remunerações e vantagens pecuniárias dos servidores públicos civis e militares, da Administração Pública Federal, direta, autárquica e fundacional.

Art. 29. Esta Lei entra em vigor na data de sua publicação.

Art. 30. Revogam-se as disposições em contrário, especialmente a Lei n. 8.030, de 12 de abril de 1990.

Brasília, em 1 de março de 1991; 170º da Independência e 103º da República.

FERNANDO COLLOR
ZÉLIA M. CARDOSO DE MELLO

ANEXO À LEI N. 8.178, DE 1º DE MARÇO DE 1991

	1990											1991	
Dia	**Fev.**	**Mar.**	**Abr.**	**Maio**	**Jun.**	**Jul.**	**Ago.**	**Set.**	**Out.**	**Nov.**	**Dez.**	**Jan.**	**Fev.**
1	10.1927	5.5299	3.8190	3.5404	3.2317	2.8629	2.5546	2.2656	1.9838	1.7164	1.4509	1.2100	1.0000
2	9.9725	5.4642	3.8094	3.5300	3.2187	2.8515	2.5448	2.2555	1.9746	1.7068	1.4424	1.2026	1.0000
3	9.7571	5.3994	3.7997	3.5196	3.2057	2.8411	2.5349	2.2456	1.9654	1.6973	1.4340	1.1952	1.0000
4	9.5463	5.3353	3.7902	3.5092	3.1927	2.8307	2.5251	2.2357	1.9562	1.6878	1.4256	1.1879	1.0000
5	9.3401	5.2720	3.7806	3.4989	3.1798	3.8203	2.5154	2.2258	1.9471	1.6784	1.4173	1.1806	1.0000
6	9.1383	5.2094	3.7711	3.4887	3.1669	2.8100	2.5056	2.2160	1.9381	1.6690	1.4090	1.1734	1.0000
7	8.9409	5.1475	3.7616	3.4784	3.1541	2.7997	2.4959	2.2062	1.9290	1.6597	1.4008	1.1662	1.0000
8	8.7477	5.0864	3.7521	3.4682	3.1414	2.7895	2.4863	2.1964	1.9200	1.6504	1.3926	1.1590	1.0000
9	8.5588	5.0261	3.7426	3.4580	3.1287	2.7793	2.4767	2.1867	1.9111	1.6412	1.3845	1.1519	1.0000
10	8.3739	4.9664	3.7332	3.4478	3.1160	2.7691	2.4671	2.1771	1.9022	1.6320	1.3764	1.1449	1.0000
11	8.1930	4.9074	3.7238	3.4377	3.1034	2.7590	2.4576	2.1675	1.8933	1.6229	1.3684	1.1378	1.0000
12	8.0160	4.8492	3.7144	3.4276	3.0909	2.7489	2.4481	2.1579	1.8845	1.6139	1.3604	1.1309	1.0000
13	7.8428	4.7916	3.7050	3.4175	3.0784	2.7388	2.4386	2.1484	1.8757	1.6048	1.3524	1.1239	1.0000
14	7.6734	4.7348	3.6956	3.4075	3.0660	2.7288	2.4292	2.1389	1.8670	1.5959	1.3445	1.1170	1.0000
15	7.5076	4.6785	3.6863	3.3975	3.0536	2.7188	2.4198	2.1294	1.8583	1.5870	1.3367	1.1102	1.0000
16	7.3454	4.6230	3.6770	3.3875	3.0412	2.7089	2.4104	2.1200	1.8496	1.5781	1.3289	1.1034	1.0000
17	7.1868	4.5681	3.6678	3.3776	3.0289	2.6990	2.4011	2.1107	1.8410	1.5693	1.3211	1.0966	1.0000
18	7.0315	4.5139	3.6585	3.3676	3.0167	2.6891	2.3918	2.1013	1.8324	1.5605	1.3134	1.0899	1.0000
19	6.8796	4.4603	3.6493	3.3577	3.0045	2.6793	2.3826	2.0921	1.8239	1.5518	1.3057	1.0832	1.0000
20	6.7310	4.4074	3.6401	3.3479	2.9924	2.6695	2.3734	2.0828	1.8154	1.5431	1.2981	1.0766	1.0000
21	6.5856	4.3551	3.6309	3.3380	2.9803	2.6597	2.3642	2.0736	1.8069	1.5345	1.2905	1.0700	1.0000
22	6.4433	4.3034	3.6217	3.3282	2.9682	2.6500	2.3550	2.0645	1.7985	1.5259	1.2830	1.0634	1.0000
23	6.3041	4.2523	3.6126	3.3184	2.9562	2.6403	2.3459	2.0554	1.7901	1.5174	1.2755	1.0569	1.0000
24	6.1679	4.2018	3.6035	3.3087	2.9443	2.6306	2.3369	2.0463	1.7818	1.5089	1.2680	1.0504	1.0000
25	6.0347	4.1519	3.5944	3.2990	2.9324	2.6210	2.3278	2.0372	1.7735	1.5005	1.2606	1.0440	1.0000
26	5.9043	4.1026	3.5853	3.2893	2.9205	2.6114	2.3188	2.0282	1.7652	1.4921	1.2533	1.0376	1.0000
27	5.7768	4.0539	3.5763	3.2796	2.9087	2.6019	2.3099	2.0193	1.7570	1.4838	1.2460	1.0312	1.0000
28	5.6520	4.0058	3.5673	3.2700	2.8969	2.5924	2.3009	2.0104	1.7488	1.4755	1.2387	1.0249	1.0000
29	—	3.9583	3.5583	3.2604	2.8852	2.5829	2.2920	2.0015	1.7406	1.4673	1.2314	1.0186	—
30	—	3.9113	3.5493	3.2508	2.8736	2.5734	2.2832	1.9926	1.7325	1.4591	1.2243	1.0124	—
31	—	3.8649	—	3.2412	—	2.5640	2.2743	—	1.7245	—	1.2171	1.0062	—

POLÍTICA SALARIAL, A PARTIR DO PLANO CRUZADO

Decreto-lei n. 2.283, de 27.2.1986 (DOU 28.2.1986) — Dispõe sobre a instituição da nova unidade do sistema monetário brasileiro, do Seguro-Desemprego e dá outras providências (LTr 50-3/358).

Decreto-lei n. 2.284, de 10.3.1986 (DOU 11.3.1986) (retificado no DOU 12 e 13.3.1986) — Mantém a nova unidade do sistema monetário brasileiro, o seguro-desemprego, amplia e consolida as medidas de combate à inflação (LTr 50-3/365).

Decreto-lei n. 2.311, de 23.12.1986 (DOU 24.12.1986) — Dá nova redação ao parágrafo único do art. 6º e ao art. 12 do Decreto-lei n. 2.284, de 10.3.1986 e ao § 3º do art. 2º do Decreto-lei n. 2.290, de 21.11.1986 (LTr 51-2/246).

Decreto-lei n. 3.335, de 12.6.1987 (republicado no DOU 16.6.1987) — Dispõe sobre o congelamento de preços e aluguéis, reajustes mensais de salários e vencimentos, institui a Unidade de Referência de Preços (URP) e dá outras providências. Ver também o Decreto-lei n. 2.336, de 15.6.1987 (DOU 16.6.1987) que altera a redação de dispositivos do Decreto-lei n. 2.335 (LTr 51-7/869).

Decreto-lei n. 2.337, de 18.6.1987 (DOU 19.6.1987) — Altera os arts. 13 e 14 do Decreto-lei n. 2.335, de 12 de junho de 1987, e dá outras providências (LTr 51-7/890).

Decreto-lei n. 2.338, de 19.6.1987 (DOU 22.6.1987) — Dispõe sobre o pagamento da remuneração de que tratam os arts. 3º, 4º e 7º do Decreto-lei n. 1.871, de 30 de novembro de 1982, que estabelece limite de retribuição dos servidores da Administração direta e indireta da União, do Distrito Federal e dos Territórios Federais (LTr 51-7/889).

Decreto-lei n. 2.339, de 26.6.1987 (DOU 29.6.1987) — Altera o Decreto-lei n. 2.335, de 12 de junho de 1987, e dá outras providências (LTr 51-8/1019).

Decreto-lei n. 2.342, de 10.7.1987 (DOU 13.7.1987) — Altera os arts. 13 e 14 do Decreto-lei n. 2.335, de 12 de junho de 1987 (LTr 51-8/1020).

Decreto-lei n. 2.343, de 10.7.1987 (DOU 13.7.1987) — Acrescenta parágrafo ao art. 8º do Decreto-lei n. 2.335, de 12 de junho de 1987 (LTr 51-8/1004).

Decreto-lei n. 2.345, de 23.7.1987 (DOU 24.7.1987) — Dá nova redação ao *caput* do art. 1º da Lei n. 6.782, de 19 de maio de 1980 (LTr 51-8/1030).

Decreto-lei n. 2.351, de 7.8.1987 (DOU 10.8.1987) — Institui o Piso Nacional de Salários e o Salário Mínimo de Referência, e dá outras providências (LTr 51-9/1150).

Decreto-lei n. 2.352, de 7.8.1987 (DOU 10.8.1987) — Concede abono salarial, e dá outras providências (LTr 51-9/1140).

Decreto-lei n. 2.423, de 7.4.1988 (DOU 8.4.1988) — Estabelece critérios para o pagamento de gratificações e vantagens pecuniárias aos titulares de cargos e empregos da Administração Federal direta e autárquica, e dá outras providências (LTr 52-4/500).

Decreto-lei n. 2.425, de 7.4.1988 (republicado DOU 11.4.1988) — Dispõe sobre critério de reajuste de vencimentos e salários do pessoal que especifica, e dá outras providências (LTr 52-5/616).

Decreto-lei n. 2.453, de 10.8.1988 (DOU 11.8.1988) — Dispõe sobre a reposição, no mês de agosto de 1988, do reajuste mensal que especifica, e dá outras providências (LTr 52-9/1147).

Legislação Complementar

LEIS

Lei n. 7.686, de 2 de dezembro de 1988 (DOU 5.12.1988) — Dispõe sobre a reposição, no mês de novembro de 1988, do reajuste que especifica, e dá outras providências (LTr 53-1/85).

Lei n. 7.730, de 31 de janeiro de 1989 (DOU 1º.2.1989) — Institui o cruzado novo, determina congelamento de preços, estabelece regras de desindexação da economia, e dá outras providências (LTr 52-2/232).

Lei n. 7.737, de 28 de fevereiro de 1989 (DOU 1º.3.1989) — Dispõe sobre o reajuste compensatório dos estipêndios de que trata o art. 5º da Lei n. 7.730, de 31 de janeiro de 1989, e dá outras providências (LTr 53-4/507).

Lei n. 7.738, de 9 de março de 1989 (DOU 10.3.1989) — Baixa normas complementares para execução da Lei n. 7.730, de 31 de janeiro de 1989, e dá outras providências (LTr 53-4/497).

Lei n. 7.747, de 4 de abril de 1989 (DOU 7.4.1989) — Baixa normas complementares para a execução da Lei n. 7.730, de 31 de janeiro de 1989, e dá outras providências (LTr 53-5/624).

Lei n. 7.777, de 19 de junho de 1989 (DOU 20.6.1989) — Expede normas de ajustamento do Programa de Estabilização Econômica de que trata a Lei n. 7.730, de 31 de janeiro de 1989, e dá outras providências (LTr 53-7/861).

Lei n. 7.788, de 3 de julho de 1989 (DOU 4.7.1989) — Dispõe sobre a política salarial, e dá outras providências (LTr 53-7/854).

Lei n. 7.789, de 3 de julho de 1989 (DOU 4.7.1989) — Dispõe sobre o salário mínimo (LTr 53-7/865).

Lei n. 8.030, de 12 de abril de 1990 (repub. DOU 17.4.1990) — Institui nova sistemática para reajuste de preços e salários em geral, e dá outras providências (LTr 54-4/501). Revogada pela Lei n. 8.178, de 1º.3.1991.

Lei n. 8.177, de 1º de março de 1991 (DOU 4.3.1991) — Estabelece regras para a desindexação da economia, e dá outras providências (LTr 55-3/371).

Lei n. 8.178, de 1º de março de 1991 (DOU 4.3.1991) — Estabelece regras sobre preços e salários, e dá outras providências (LTr 55-3/376).

Lei n. 8.222, de 5.9.1991 (DOU 6.9.1991) — Dispõe sobre a política nacional de salários, o salário mínimo, e dá outras providências (LTr 55-09/1145).

Lei n. 8.238, de 4.10.1991 (DOU 7.10.1991) — Dispõe sobre a incorporação, aos salários, de que trata a Lei n. 8.178, de 1º.3.1991, e dá outras providências (LTr 55-10/1272).

Lei n. 8.276, de 19.12.1991 (DOU 20.12.1991) — Dispõe sobre a concessão de abono aos trabalhadores no mês de dezembro de 1991, e dá outras providências (LTr 56-01/104).

Lei n. 8.419, de 7.5.1992 (DOU 8.5.1992) — Dispõe sobre a política nacional de salários, e dá outras providências (LTr 56-05/638).

Lei n. 8.542, de 23.12.1992 (DOU 24.12.1992) — Dispõe sobre a política nacional de salários, e dá outras providências (LTr 57-01/118).

Lei n. 8.700, de 27.8.1993 (DOU 30.8.1993) — Dispõe sobre a política nacional de salários.

Lei n. 8.880, de 27.5.1994 (DOU 27.5.1994) — Dispõe sobre o Programa de Estabilização Econômica e o Sistema Monetário Nacional, institui a Unidade Real de Valor — URV, e dá outras providências.

Lei n. 10.192, de 14.2.2001 (DOU 16.2.2001) — Dispõe sobre medidas complementares ao Plano Real e dá outras providências.

LEI N. 8.542, DE 23 DE DEZEMBRO DE 1992

(DOU 24.12.1992 — LTr 57-01/118)

Dispõe sobre a política nacional de salários e dá outras providências

O VICE-PRESIDENTE DA REPÚBLICA no exercício do cargo de Presidente da República,

Faço saber que o Congresso Nacional decreta e eu sanciono a seguinte Lei:

Art. 1º A política nacional de salários, respeitado o princípio da irredutibilidade, tem por fundamento a livre negociação coletiva e reger-se-á pelas normas estabelecidas nesta Lei.

§ 1º As cláusulas dos acordos, convenções ou contratos coletivos de trabalho integram os contratos individuais de trabalho e somente poderão ser reduzidas ou suprimidas por posterior acordo, convenção ou contrato coletivo de trabalho. *(Revogado pela Lei n. 10.192, de 14.2.2001, DOU 16.2.2001).*

§ 2º As condições de trabalho bem como as cláusulas salariais, inclusive os aumentos reais ganhos de produtividade do trabalho e pisos salariais proporcionais à extensão e à complexidade do trabalho, serão fixados em contrato, convenção ou acordo coletivo de trabalho, laudo arbitral ou sentença normativa, observadas dentre outros fatores, a produtividade e a lucratividade do setor ou da empresa. *(Revogado pela Lei n. 10.192, de 14.2.2001, DOU 16.2.2001).*

Art. 2º *(Revogado pela L. n. 8.800, de 27.5.1994)*

Art. 3º *(Revogado pela L. n. 8.800, de 27.5.1994)*

Art. 4º *(Revogado pela L. n. 8.800, de 27.5.1994)*

Art. 5º *(Revogado pela L. n. 8.800, de 27.5.1994)*

Art. 6º Salário mínimo é a contraprestação mínima devida e paga diretamente pelo empregador a todo trabalhador, por jornada normal de trabalho, capaz de satisfazer, em qualquer região do País, às suas necessidades vitais básicas e às de sua família com moradia, alimentação, educação, saúde, lazer, vestuário, higiene, transporte e previdência social.

§ 1º O salário mínimo diário corresponderá a um trinta avos do salário mínimo mensal, e o salário mínimo horário a um duzentos e vinte avos do salário mínimo.

§ 2º Para os trabalhadores que tenham por disposição legal a jornada máxima diária de trabalho inferior a oito horas, o salário mínimo será igual ao definido no parágrafo anterior multiplicado por oito e dividido pelo máximo legal.

Art. 7º *(Revogado pela L. n. 8.800, de 27.5.1994)*

Art. 8º O art. 40 da Lei n. 8.177, de 1º de março de 1991, passa a vigorar com a seguinte redação:

"Art. 40. O depósito recursal de que trata o art. 889 da Consolidação das Leis do Trabalho fica limitado a Cr$ 20.000.000,00 (vinte milhões de cruzeiros), nos casos de interposição de recurso ordinário, e de Cr$ 40.000.000,00 (quarenta milhões de cruzeiros), em se tratando de recurso de revista, embargos infringentes e recursos extraordinários, sendo devida a cada novo recurso interposto no decorrer do processo.

§ 1º Em se tratando de condenação imposta em ação rescisória, o depósito recursal terá, como limite máximo, qualquer que seja o recurso, o valor de Cr$ 40.000.000,00 (quarenta milhões de cruzeiros).

§ 2º A exigência de depósito aplica-se, igualmente aos embargos à execução e a qualquer recurso subsequente do devedor.

§ 3º O valor do recurso ordinário, quando interposto em dissídio coletivo, será equivalente ao quádruplo do previsto no *caput* deste artigo.

§ 4º Os valores previstos neste artigo serão reajustados bimestralmente pela variação acumulada do INPC do IBGE dos dois meses imediatamente anteriores."

Art. 9º *(Revogado pela L. n. 8.800, de 27.5.1994)*

Art. 10. *(Revogado pela L. n. 8.700/93)*

Art. 11. Esta Lei entra em vigor na data de sua publicação.

Art. 12. Revogam-se as disposições em contrário, especialmente a Lei n. 8.419, de 7 de maio de 1992, e o inciso II do art. 41 da Lei n. 8.213, de 24 de julho de 1991, mantidos os efeitos financeiros quanto ao reajuste dos benefícios em janeiro.

Brasília, 23 de dezembro de 1992; 171º da Independência e 104º da República.

ITAMAR FRANCO
WALTER BARELLI

LEI N. 8.716, DE 11 DE OUTUBRO DE 1993

(DOU 13.10.1993)

Dispõe sobre a garantia do salário mínimo e dá outras providências

O PRESIDENTE DA REPÚBLICA,

Faço saber que o Congresso Nacional decreta e eu sanciono a seguinte Lei:

Art. 1º Aos trabalhadores que perceberem remuneração variável, fixado por comissão, peça, tarefa ou outras modalidades, será garantido um salário mensal nunca inferior ao salário mínimo.

Art. 2º A garantia assegurada pelo artigo anterior estende-se também aos trabalhadores que perceberem salário misto, integrado por parte fixa e parte variável.

Art. 3º É vedado ao empregador fazer qualquer tipo de desconto em mês subsequente a título de compensação de eventuais complementações feitas em meses anteriores para cumprimento do disposto nos arts. 1º e 2º.

Art. 4º Esta Lei entra em vigor na data de sua publicação.

Art. 5º Revogam-se as disposições em contrário.

Brasília, 11 de outubro de 1993, 172º da Independência e 105º da República.

ITAMAR FRANCO
WALTER BARELLI

EVOLUÇÃO DO SALÁRIO MÍNIMO
DESDE 1989

VIGÊNCIA	MOEDA	VALOR	NORMA LEGAL	DOU
1º.10.1989	NCz$	381,73	Decreto n. 98.211/89	2.10.1989
1º.11.1989	NCz$	557,33	Decreto n. 98.346/89	31.10.1989
1º.12.1989	NCz$	788,18	Decreto n. 98.456/89	1º.12.1989
1º.1.1990	NCz$	1.283,95	Decreto n. 98.783/89	29.12.1989
1º.2.1990	NCz$	2.004,37	Decreto n. 98.900/90	1º.1.1990
1º.3.1990	NCz$	3.674,06	Decreto n. 98.19985/90	1º.3.1990
1º.4.1990	Cr$	3.674,06	Portaria n. 3.143/90	24.4.1990
1º.5.1990	Cr$	3.674,06	Portaria n. 3.352/90	23.5.1990
1º.6.1990	Cr$	3.857,76	Portaria n. 3.387/90	4.6.1990
1º.7.1990	Cr$	4.904,76	Portaria n. 3.501/90	16.7.1990
1º.8.1990	Cr$	5.203,46	Portaria n. 429/90	1º.8.1990
1º.9.1990	Cr$	6.056,31	Portaria n. 3.588/90	3.9.1990
1º.10.1990	Cr$	6.425,14	Portaria n. 3.628/90	1º.10.1990
1º.11.1990	Cr$	8.329,55	Portaria n. 3.719/90	1º.11.1990
1º.12.1990	Cr$	8.836,87	Portaria n. 3.787/90	3.12.1990
1º.1.1991	Cr$	12.325,50	Portaria n. 3.828/90	31.12.1991
1º.2.1991	Cr$	15.895,46	MP n. 295/91	1º.2.1991
1º.3.1991	Cr$	17.000,00	Lei n. 8.178/91	4.3.1991
1º.9.1991	Cr$	42.000,00	Lei n. 8.222/91	6.9.1991
1º.1.1992	Cr$	96.037,33	Portaria n. 42/92	21.1.1992
1º.5.1992	Cr$	230.000,00	Lei n. 8.419/92	8.5.1992
1º.9.1992	Cr$	522.186,94	Portaria n. 601/92	31.8.1992
1º.1.1993	Cr$	1.250,700,00	Lei n. 8.542/92	24.12.1992
1º.3.1993	Cr$	1.709,400,00	Portaria Interm. n. 4/93	1º.3.1993
1º.5.1993	Cr$	3.303,300,00	Portaria Interm. n. 7/93	4.5.1993
1º.7.1993	Cr$	4.639,800,00	Portaria Interm. n. 11/93	1º.8.1993
1º.8.1993	CR$	5.534,00	Portaria Interm. n. 12/93	3.8.1993
1º.9.1993	CR$	9.606,00	Portaria Interm. n. 14/93	2.9.1993
1º.10.1993	CR$	12.024,00	Portaria Interm. 1n. 5/93	4.10.1993
1º.11.1993	CR$	15.021,00	Portaria Interm. n. 17/93	3.11.1993
1º.12.1993	CR$	18.760,00	Portaria Interm. n. 19/93	2.12.1993
1º.1.1994	CR$	32.882,00	Portaria Interm. n. 20/93	31.12.1993
1º.2.1994	CR$	42.829,00	Portaria Interm. n. 02/94	2.2.1994
1º.3.1994	URV	64,79	Portaria Interm. n. 04/94	3.3.1994
1º.7.1994	R$	64,79	MP n. 542/94	30.6.1994
1º.9.1994	R$	70,00	MP n. 598/94	1º.9.1994
1º.10.1994	R$	70,00	MP n. 637/94	30.9.1994
1º.11.1994	R$	70,00	MP n. 679/94	28.10.1994
1º.12.1994	R$	70,00	MP n. 728/94	26.11.1994
1º.1.1995	R$	70,00	MP n. 782/94	24.12.1994
1º.2.1995	R$	70,00	MP n. 848/95	23.1.1995
1º.3.1995	R$	70,00	MP n. 908/95	22.2.1995
1º.4.1995	R$	70,00	MP n. 951/95	24.3.1995
1º.5.1995	R$	100,00	Lei n. 9.20032/95	29.4.1995
1º.5.1996	R$	112,00	Lei n. 9.19971/00	19.5.2000

Legislação Complementar

VIGÊNCIA	MOEDA	VALOR	NORMA LEGAL	DOU
1º.5.1997	R$	120,00	Lei n. 9.19971/00	19.5.2000
1º.5.1998	R$	130,00	Lei n. 9.19971/00	19.5.2000
1º.5.1999	R$	136,00	Lei n. 9.19971/00	19.5.2000
1º.5.2000	R$	151,00	Lei n. 9.19971/00	19.5.2000
1º.4.2001	R$	180,00	MP n. 2.142/01	30.3.2001
1º.4.2002	R$	200,00	Lei n. 10.525/02	7.8.2002
1º.4.2003	R$	240,00	Lei n. 10.699/04	10.7.2003
1º.5.2004	R$	260,00	Lei n. 10.888/04	25.6.2004
1º.5.2005	R$	300,00	Lei n. 11.164/05	19.8.2005
1º.4.2006	R$	350,00	Lei n. 11.321/06	10.7.2006
1º.4.2007	R$	380,00	Lei n. 11.498/07	29.6.2007
1º.3.2008	R$	415,00	Lei n. 11.709/08	20.6.2008
1º.2.2009	RS	465,00	Lei n. 11.19944/09	29.5.2009
1º.1.2010	R$	510,00	Lei n. 12.255/10	16.6.2010
1º.1.2011	R$	540,00	MP n. 516/10	31.12.2010
1º.3.2011	R$	545,00	Lei n. 12.382/11	28.2.2011
1º.1.2012	R$	622,00	Decreto n. 7.655/11	26.12.2011
1º.1.2013	R$	678,00	Decreto n. 7.872/12	26.12.2012
1º.1.2014	R$	724,00	Decreto n. 8.166/13	24.12.2013
1º.1.2015	R$	788,00	Decreto n. 8.381/14	29.12.2014
1º.1.2016	R$	880,00	Decreto n. 8.618/15	30.12.2015
1º.1.2017	R$	937,00	Decreto n. 8.948/16	30.12.2016

LEI N. 13.152, DE 29 DE JULHO DE 2015

(DOU 30.7.2015)

Dispõe sobre a política de valorização do salário-mínimo e dos benefícios pagos pelo Regime Geral de Previdência Social (RGPS) para o período de 2016 a 2019.

A PRESIDENTA DA REPÚBLICA

Faço saber que o Congresso Nacional decreta e eu sanciono a seguinte Lei:

Art. 1º São estabelecidas as diretrizes a vigorar entre 2016 e 2019, inclusive, a serem aplicadas em 1º de janeiro do respectivo ano, para:

I — a política de valorização do salário-mínimo; e

II — (VETADO).

§ 1º Os reajustes para a preservação do poder aquisitivo do salário-mínimo corresponderão à variação do Índice Nacional de Preços ao Consumidor (INPC), calculado e divulgado pela Fundação Instituto Brasileiro de Geografia e Estatística (IBGE), acumulada nos 12 (doze) meses anteriores ao mês do reajuste.

§ 2º Na hipótese de não divulgação do INPC referente a um ou mais meses compreendidos no período do cálculo até o último dia útil imediatamente anterior à vigência do reajuste, o Poder Executivo estimará os índices dos meses não disponíveis.

§ 3º Verificada a hipótese de que trata o § 2º, os índices estimados permanecerão válidos para os fins desta Lei, sem qualquer revisão, sendo os eventuais resíduos compensados no reajuste subsequente, sem retroatividade.

§ 4º A título de aumento real, serão aplicados os seguintes percentuais:

I — em 2016, será aplicado o percentual equivalente à taxa de crescimento real do Produto Interno Bruto (PIB), apurada pelo IBGE, para o ano de 2014;

II — em 2017, será aplicado o percentual equivalente à taxa de crescimento real do PIB, apurada pelo IBGE, para o ano de 2015;

III — em 2018, será aplicado o percentual equivalente à taxa de crescimento real do PIB, apurada pelo IBGE, para o ano de 2016; e

IV — em 2019, será aplicado o percentual equivalente à taxa de crescimento real do PIB, apurada pelo IBGE, para o ano de 2017.

§ 5º Para fins do disposto no § 4º, será utilizada a taxa de crescimento real do PIB para o ano de referência, divulgada pelo IBGE até o último dia útil do ano imediatamente anterior ao de aplicação do respectivo aumento real.

§ 6º (VETADO).

Art. 2º Os reajustes e os aumentos fixados na forma do art. 1º serão estabelecidos pelo Poder Executivo, por meio de decreto, nos termos desta Lei.

PARÁGRAFO ÚNICO. O decreto do Poder Executivo a que se refere o *caput* divulgará a cada ano os valores mensal, diário e horário do salário-mínimo decorrentes do disposto neste artigo, correspondendo o valor diário a 1/30 (um trinta avos) e o valor horário a 1/220 (um duzentos e vinte avos) do valor mensal.

Art. 3º (VETADO).

Art. 4º Esta Lei entra em vigor na data de sua publicação.

Brasília, 29 de julho de 2015; 194º da Independência e 127º da República.

Dilma Rousseff
José Eduardo Cardozo
Joaquim Vieira Ferreira
Levy Nelson Barbosa
Carlos Eduardo Gabas
Luís Inácio Lucena Adams

DECRETO N. 8.948, DE 29 DE DEZEMBRO DE 2016

(DOU 30.12.2016)

Regulamenta a Lei n. 13.152, de 29 de julho de 2015, que dispõe sobre o valor do salário mínimo e a sua política de valorização de longo prazo.

O PRESIDENTE DA REPÚBLICA, no uso da atribuição que lhe confere o art. 84, caput, inciso IV, da Constituição, e tendo em vista o disposto no art. 2º da Lei n. 13.152, de 29 de julho de 2015,

DECRETA:

Art. 1º A partir de 1º de janeiro de 2017, o salário mínimo será de R$ 937,00 (novecentos e trinta e sete reais).

PARÁGRAFO ÚNICO. Em virtude do disposto no caput, o valor diário do salário mínimo corresponderá a R$ 31,23 (trinta e um reais e vinte e três centavos) e o valor horário, a R$ 4,26 (quatro reais e vinte e seis centavos).

Art. 2º Este Decreto entra em vigor em 1º de janeiro de 2017.

Brasília, 29 de dezembro de 2016; 195º da Independência e 128º da República.

MICHEL TEMER
Henrique Meirelles
Dyogo Henrique de Oliveira
Ronaldo Nogueira de Oliveira

LEI N. 10.101, DE 19 DE DEZEMBRO DE 2000

(DOU 20.12.2000)

Dispõe sobre a participação dos trabalhadores nos lucros ou resultados da empresa e dá outras providências

Faço saber que o PRESIDENTE DA REPÚBLICA adotou a Medida Provisória n. 1.982-77, de 2000, que o Congresso Nacional aprovou, e eu, Antonio Carlos Magalhães, Presidente, para os efeitos do disposto no parágrafo único do art. 62 da Constituição Federal, promulgo a seguinte Lei:

Art. 1º Esta Lei regula a participação dos trabalhadores nos lucros ou resultados da empresa como instrumento de integração entre o capital e o trabalho e como incentivo à produtividade, nos termos do art. 7º, inciso XI, da Constituição.

Art. 2º A participação nos lucros ou resultados será objeto de negociação entre a empresa e seus empregados, mediante um dos procedimentos a seguir descritos, escolhidos pelas partes de comum acordo:

I — comissão paritária escolhida pelas partes, integrada, também, por um representante indicado pelo sindicato da respectiva categoria; *(Redação dada pela Lei n. 12.832, de 20 de junho de 2013, DOU 21.6.2013)*

II — convenção ou acordo coletivo.

§ 1º Dos instrumentos decorrentes da negociação deverão constar regras claras e objetivas quanto à fixação dos direitos substantivos da participação e das regras adjetivas, inclusive mecanismos de aferição das informações pertinentes ao cumprimento do acordado, periodicidade da distribuição, período de vigência e prazos para revisão do acordo podendo ser considerados, entre outros, os seguintes critérios e condições:

I — índices de produtividade, qualidade ou lucratividade da empresa;

II — programas de metas, resultados e prazos, pactuados previamente.

§ 2º O instrumento de acordo celebrado será arquivado na entidade sindical dos trabalhadores.

§ 3º Não se equipara a empresa, para os fins desta Lei:

I — a pessoa física;

II — a entidade sem fins lucrativos que, cumulativamente:

a) não distribua resultados, a qualquer título, ainda que indiretamente, a dirigentes, administradores ou empresas vinculadas;

b) aplique integralmente os seus recursos em sua atividade institucional e no País;

c) destine o seu patrimônio à entidade congênere ou ao poder público, em caso de encerramento de suas atividades;

d) mantenha escrituração contábil capaz de comprovar a observância dos demais requisitos deste inciso, e das normas fiscais, comerciais e de direito econômico que lhe sejam aplicáveis.

§ 4º Quando forem considerados os critérios e condições definidos nos incisos I e II do § 1º deste artigo:

I — a empresa deverá prestar aos representantes dos trabalhadores na comissão paritária informações que colaborem para a negociação;

II — não se aplicam as metas referentes à saúde e segurança no trabalho. (NR) *(Redação do parágrafo dada pela Lei n. 12.832, de 20 de junho de 2013, DOU 21.6.2013)*

Art. 3º A participação de que trata o art. 2º não substitui ou complementa a remuneração devida a qualquer empregado, nem constitui base de incidência de qualquer encargo trabalhista, não se lhe aplicando o princípio da habitualidade.

§ 1º Para efeito de apuração do lucro real, a pessoa jurídica poderá deduzir como despesa operacional as participações atribuídas aos empregados nos lucros ou resultados, nos termos da presente Lei, dentro do próprio exercício de sua constituição.

§ 2º É vedado o pagamento de qualquer antecipação ou distribuição de valores a título de participação nos lucros ou resultados da empresa em mais de 2 (duas) vezes no mesmo ano civil e em periodicidade inferior a 1 (um) trimestre civil. *(Redação dada pela Lei n. 12.832, de 20 de junho de 2013, DOU 21.6.2013)*

§ 3º Todos os pagamentos efetuados em decorrência de planos de participação nos lucros ou resultados, mantidos espontaneamente pela empresa, poderão ser compensados com as obrigações decorrentes de acordos ou convenções coletivas de trabalho atinentes à participação nos lucros ou resultados.

§ 4º A periodicidade semestral mínima referida no § 2º poderá ser alterada pelo Poder Executivo, até 31 de dezembro de 2000, em função de eventuais impactos nas receitas tributárias.

§ 5º A participação de que trata este artigo será tributada pelo imposto sobre a renda exclusivamente na fonte, em separado dos demais rendimentos recebidos, no ano do recebimento ou crédito, com base na tabela progressiva anual constante do Anexo e não integrará a base de cálculo do imposto devido pelo beneficiário na Declaração de Ajuste Anual. *(Redação dada pela Lei n. 12.832, de 20 de junho de 2013, DOU 21.6.2013)*

§ 6º Para efeito da apuração do imposto sobre a renda, a participação dos trabalhadores nos lucros ou resultados da empresa será integralmente tributada com base na tabela progressiva constante do Anexo. *(Redação dada pela Lei n. 12.832, de 20 de junho de 2013, DOU 21.6.2013)*

§ 7º Na hipótese de pagamento de mais de 1 (uma) parcela referente a um mesmo ano calendário, o imposto deve ser recalculado, com base no total da participação nos lucros recebida no ano calendário, mediante a utilização da tabela constante do Anexo, deduzindo-se do imposto assim apurado o valor retido anteriormente. *(Redação dada pela Lei n. 12.832, de 20 de junho de 2013, DOU 21.6.2013)*

§ 8º Os rendimentos pagos acumuladamente a título de participação dos trabalhadores nos lucros ou resultados da empresa serão tributados exclusivamente na fonte, em separado dos demais rendimentos recebidos, sujeitando-se, também de forma acumulada, ao imposto sobre a renda com base na tabela progressiva constante do Anexo. *(Redação dada pela Lei n. 12.832, de 20 de junho de 2013, DOU 21.6.2013)*

§ 9º Considera-se pagamento acumulado, para fins do § 8º, o pagamento da participação nos lucros relativa a mais de um ano-calendário. *(Redação dada pela Lei n. 12.832, de 20 de junho de 2013, DOU 21.6.2013)*

§ 10. Na determinação da base de cálculo da participação dos trabalhadores nos lucros ou resultados, poderão ser deduzidas as importâncias pagas em dinheiro a título de pensão alimentícia em face das normas do Direito de Família, quando em cumprimento de decisão judicial, de acordo homologado judicialmente ou de separação ou divórcio consensual realizado por escritura pública, desde que correspondentes a esse rendimento, não podendo ser utilizada a mesma parcela para a determinação da base de cálculo dos demais rendimentos. *(Redação dada pela Lei n. 12.832, de 20 de junho de 2013, DOU 21.6.2013)*

§ 11. A partir do ano calendário de 2014, inclusive, os valores da tabela progressiva anual constante do Anexo serão reajustados no mesmo percentual de reajuste da Tabela Progressiva Mensal do imposto de renda incidente sobre os rendimentos das pessoas físicas. (NR) *(Redação dada pela Lei n. 12.832, de 20 de junho de 2013, DOU 21.6.2013)*

Art. 4º Caso a negociação visando à participação nos lucros ou resultados da empresa resulte em impasse, as partes poderão utilizar-se dos seguintes mecanismos de solução de litígio:

I — mediação;

II — arbitragem de ofertas finais, utilizando-se, no que couber, os termos da Lei n. 9.307, de 23 de setembro de 1996. (NR) *(Redação dada pela Lei n. 12.832, de 20 de junho de 2013, DOU 21.6.2013)*

§ 1º Considera-se arbitragem de ofertas finais aquela em que o árbitro deve restringir-se a optar pela proposta apresentada, em caráter definitivo, por uma das partes.

§ 2º O mediador ou o árbitro será escolhido de comum acordo entre as partes.

§ 3º Firmado o compromisso arbitral, não será admitida a desistência unilateral de qualquer das partes.

§ 4º O laudo arbitral terá força normativa, independentemente de homologação judicial.

Art. 5º A participação de que trata o art. 1º desta Lei, relativamente aos trabalhadores em empresas estatais, observará diretrizes específicas fixadas pelo Poder Executivo.

PARÁGRAFO ÚNICO. Consideram-se empresas estatais as empresas públicas, sociedades de economia mista, suas subsidiárias e controladas e demais empresas em que a União, direta ou indiretamente, detenha a maioria do capital social com direito a voto.

Art. 6º Fica autorizado o trabalho aos domingos nas atividades do comércio em geral, observada a legislação municipal, nos termos do art. 30, inciso I, da Constituição. *(Redação dada pela Lei n. 11.603, de 5.12.2007, DOU 6.12.2007)*

PARÁGRAFO ÚNICO. O repouso semanal remunerado deverá coincidir, pelo menos 1 (uma) vez no período máximo de 3 (três) semanas, com o domingo, respeitadas as demais normas de proteção ao trabalho e outras a serem estipuladas em negociação coletiva. (NR) *(Redação dada pela Lei n. 11.603, de 5.12.2007, DOU 6.12.2007)*

Art. 6º-A. É permitido o trabalho em feriados nas atividades do comércio em geral, desde que autorizado em convenção coletiva de trabalho e observada a legislação municipal, nos termos do art. 30, inciso I da Constituição Federal. *(Acrescentado pela Lei n. 11.603, de 5.12.2007, DOU 6.12.2007)*

Art. 6º-B. As infrações ao disposto nos arts. 6º e 6º-A desta Lei serão punidas com a multa prevista no art. 75 da Consolidação das Leis do Trabalho, aprovada pelo Decreto-lei n. 5.452, de 1º de maio de 1943. *(Acrescentado pela Lei n. 11.603, de 5.12.2007, DOU 6.12.2007)*

PARÁGRAFO ÚNICO. O processo de fiscalização, de autuação e de imposição de multas reger-se-á pelo disposto no Título VII da Consolidação das Leis do Trabalho. *(Acrescentado pela Lei n. 11.603, de 5.12.2007, DOU 6.12.2007)*

Art. 7º Ficam convalidados os atos praticados com base na Medida Provisória n. 1.982-76, de 26 de outubro de 2000.

Art. 8º Esta Lei entra em vigor na data de sua publicação.

Congresso Nacional, em 19 de dezembro de 2000; 179º da Independência e 112º da República.

SENADOR ANTONIO CARLOS MAGALHÃES, Presidente

Legislação Complementar

ANEXO

(Alterado pela Lei n. 12.832, de 20.6.2013, DOU 21.6.2013)

PARTICIPAÇÃO NOS LUCROS — TABELA DE TRIBUTAÇÃO EXCLUSIVA NA FONTE

VALOR DO PLR ANUAL (EM R$)	ALÍQUOTA	PARCELA A DEDUZIR DO IR (EM R$)
de 0,00 a 6.000,00	0%	—
de 6.000,01 a 9.000,00	7,5%	450,00
de 9.000,01 a 12.000,00	15%	1.125,00
de 12.000,01 a 15.000,00	22,5%	2.025,00
acima de 15.000,00	27,5%	2.775,00

LEI N. 13.140, DE 26 DE JUNHO DE 2015

(DOU 29.6.2015)

Dispõe sobre a mediação entre particulares como meio de solução de controvérsias e sobre a autocomposição de conflitos no âmbito da administração pública; altera a Lei n. 9.469, de 10 de julho de 1997, e o Decreto n. 70.235, de 6 de março de 1972; e revoga o § 2º do art. 6º da Lei n. 9.469, de 10 de julho de 1997.

....

Capítulo III
DISPOSIÇÕES FINAIS

Art. 41. A Escola Nacional de Mediação e Conciliação, no âmbito do Ministério da Justiça, poderá criar banco de dados sobre boas práticas em mediação, bem como manter relação de mediadores e de instituições de mediação.

Art. 42. Aplica-se esta Lei, no que couber, às outras formas consensuais de resolução de conflitos, tais como mediações comunitárias e escolares, e àquelas levadas a efeito nas serventias extrajudiciais, desde que no âmbito de suas competências.

PARÁGRAFO ÚNICO. A mediação nas relações de trabalho será regulada por lei própria.

....

Art. 48. Revoga-se o § 2º do art. 6º da Lei n. 9.469, de 10 de julho de 1997.

DILMA ROUSSEFF

LEI COMPLEMENTAR N. 103, DE 14 DE JULHO DE 2000

(DOU 17.7.2000)

Autoriza os Estados e o Distrito Federal a instituir o piso salarial a que se refere o inciso V do art. 7º da Constituição Federal, por aplicação do disposto no parágrafo único do seu art. 22

O PRESIDENTE DA REPÚBLICA,

Faço saber que o Congresso Nacional decreta e eu sanciono a seguinte Lei Complementar:

Art. 1º Os Estados e o Distrito Federal ficam autorizados a instituir, mediante lei de iniciativa do Poder Executivo, o piso salarial de que trata o inciso V do art. 7º da Constituição Federal para os empregados que não tenham piso salarial definido em lei federal, convenção ou acordo coletivo de trabalho.

§ 1º A autorização de que trata este artigo não poderá ser exercida:

I — no segundo semestre do ano em que se verificar eleição para os cargos de Governador dos Estados e do Distrito Federal e de Deputados Estaduais e Distritais;

II — em relação à remuneração de servidores públicos municipais.

§ 2º O piso salarial a que se refere o *caput* poderá ser estendido aos empregados domésticos.

Art. 2º Esta Lei Complementar entra em vigor na data de sua publicação.

Brasília 14 de julho de 2000; 179º da Independência e 112º da República.

FERNANDO HENRIQUE CARDOSO
PEDRO MALAN
FRANCISCO DORNELLES
WALDECK ORNELAS
MARTUS TAVARES

LEI N. 8.880, DE 27 DE MAIO DE 1994

(DOU 28.5.1994)

Dispõe sobre o programa de estabilização econômica e o sistema monetário nacional, institui a Unidade Real de Valor — URV e dá outras providências

O PRESIDENTE DA REPÚBLICA,

Faço saber que o Congresso Nacional decreta e eu sanciono a seguinte Lei:

Art. 1º Fica instituída a Unidade Real de Valor — URV, dotada de curso legal para servir exclusivamente como padrão de valor monetário, de acordo com o disposto nesta Lei.

§ 1º A URV, juntamente com o Cruzeiro Real, integra o Sistema Monetário Nacional, continuando o Cruzeiro Real a ser utilizado como meio de pagamento dotado de poder liberatório, de conformidade com o disposto no art. 3º.

§ 2º A URV, no dia 1º de março de 1994, corresponde a CR$ 647,50 (seiscentos e quarenta e sete cruzeiros reais e cinquenta centavos).

....

Art. 17. A partir da primeira emissão do Real, o Instituto Brasileiro de Geografia e Estatística — IBGE calculará e divulgará, até o último dia útil de cada mês, o Índice de Preços ao Consumidor, série r — IPC-r, que refletirá a variação mensal do custo de vida em Real para uma população objeto composta por famílias com renda até oito salários mínimos.

§ 1º O Ministério da Fazenda e a Secretaria de Planejamento, Orçamento e Coordenação da Presidência da República regulamentarão o disposto neste artigo, observado que a abrangência geográfica do IPC-r não seja menor que a dos índices atualmente calculados pelo IBGE, e que o período de coleta seja compatível com a divulgação no prazo estabelecido no *caput*.

§ 2º Interrompida a apuração ou divulgação do IPC-r, caberá ao Ministro de Estado da Fazenda fixá-lo com base nos indicadores disponíveis, observada precedência em relação àqueles apurados por instituições oficiais de pesquisa.

§ 3º No caso do parágrafo anterior, o Ministro da Fazenda divulgará a metodologia adotada para a determinação do IPC-r.

§ 4º O IBGE calculará e divulgará o Índice de Reajuste do Salário Mínimo — IRSM, para os meses de março, abril, maio e junho de 1994, exclusivamente para os efeitos do disposto nos §§ 3º, 4º e 5º do art. 27.

§ 5º A partir de 1º de julho de 1994, o IBGE deixará de calcular e divulgar o IRSM. *(§§ 2º e 3º acima foram acrescentados pela Lei n. 9.069, de 29.6.1995, que renumerou os anteriores §§ 2º e 3º para §§ 4º e 5º).*

Art. 18. O salário mínimo é convertido em URV em 1º de março de 1994, observado o seguinte:

I dividindo-se o valor nominal, vigente nos meses de novembro e dezembro de 1993 e janeiro e fevereiro de 1994, pelo valor em cruzeiros reais do equivalente em URV do último dia desses meses, respectivamente, de acordo com o Anexo I desta Lei; e

II — extraindo-se a média aritmética dos valores resultantes do inciso anterior.

PARÁGRAFO ÚNICO. Da aplicação do disposto neste artigo não poderá resultar pagamento de salário inferior ao efetivamente pago ou devido, relativamente ao mês de fevereiro de 1994, em cruzeiros reais, de acordo com o art. 7º, inciso VI, da Constituição.

Art. 19. Os salários dos trabalhadores em geral serão convertidos em URV no dia 1º de março de 1994, observado o seguinte:

I — dividindo-se o valor nominal vigente nos meses de novembro e dezembro de 1993 e janeiro e fevereiro de 1994, pelo valor em cruzeiros reais do equivalente em URV, na data do efetivo pagamento, de acordo com o Anexo I desta Lei; e

II — extraindo-se a média aritmética dos valores resultantes do inciso anterior.

§ 1º Sem prejuízo do direito do trabalhador à respectiva percepção, não serão computados para fins do disposto nos incisos I e II do *caput* deste artigo:

a) o décimo terceiro salário ou gratificação equivalente;

b) as parcelas de natureza não habitual;

c) o abono de férias;

d) as parcelas percentuais incidentes sobre o salário;

e) as parcelas remuneratórias decorrentes de comissão, cuja base de cálculo não esteja convertida em URV.

§ 2º As parcelas percentuais referidas na alínea *d* do parágrafo anterior serão aplicadas após a conversão do salário em URV.

§ 3º As parcelas referidas na alínea *e* do § 1º serão apuradas de acordo com as normas aplicáveis e convertidas mensalmente em URV pelo valor desta na data do pagamento.

§ 4º Para os trabalhadores que receberam antecipação de parte do salário, à exceção de férias e décimo terceiro salário, cada parcela será computada na data de seu efetivo pagamento.

§ 5º Para os trabalhadores contratados há menos de quatro meses da data da conversão, a média de que trata este artigo será feita de modo a ser observado o salário atribuído ao cargo ou emprego ocupado pelo trabalhador na empresa, inclusive nos meses anteriores à contratação.

§ 6º Na impossibilidade da aplicação do disposto no § 5º, a média de que trata este artigo levará em conta apenas os salários referentes aos meses a partir da contratação.

§ 7º Nas empresas onde houver plano de cargos e salários, as regras de conversão constantes deste artigo, no que couber, serão aplicadas ao salário do cargo.

§ 8º Da aplicação do disposto neste artigo não poderá resultar pagamento de salário inferior ao efetivamente pago ou devido, relativamente ao mês de fevereiro de 1994, em cruzeiros reais, de acordo com o art. 7º, inciso VI, da Constituição.

§ 9º Convertido o salário em URV, na forma deste artigo, observado o disposto nos arts. 26 e 27 desta Lei, a periodicidade de correção ou reajuste passa a ser anual.

§ 10. O Poder Executivo reduzirá a periodicidade prevista no parágrafo anterior quando houver redução dos prazos de suspensão de que trata o art. 11 desta Lei.

Art. 20. Os benefícios mantidos pela Previdência Social são convertidos em URV em 1º de março de 1994, observado o seguinte:

I — dividindo-se o valor nominal, vigente nos meses de novembro e dezembro de 1993 e janeiro e fevereiro de 1994, pelo valor em cruzeiros reais do equivalente em URV do último dia desses meses, respectivamente, de acordo com o Anexo I desta Lei; e

II — extraindo-se a média aritmética dos valores resultantes do inciso anterior.

§ 1º Os valores expressos em cruzeiros reais nas Leis n. 8.212 e n. 8.213, ambas de 24 de julho de 1991, com os reajustes posteriores, são convertidos em URV, a partir de 1º de março de 1994, nos termos dos incisos I e II do *caput* deste artigo.

§ 2º Os benefícios de que trata o *caput* deste artigo, com data de início posterior a 30 de novembro de 1993, são convertidos em URV em 1º de março de 1994, mantendo-se constante a relação verificada entre o seu valor no mês de competência de fevereiro de 1994 e o teto do salário de contribuição, de que trata o art. 20 da Lei n. 8.212/91, no mesmo mês.

§ 3º Da aplicação do disposto neste artigo não poderá resultar pagamento de benefício inferior ao efetivamente pago, em cruzeiros reais, na competência de fevereiro de 1994.

§ 4º As contribuições para a Seguridade Social, de que tratam os arts. 20, 21, 22 e 24 da Lei n. 8.212/91, serão calculadas em URV e convertidas em UFIR nos termos do art. 53 da Lei n. 8.383, de 30 de dezembro de 1991, ou em cruzeiros reais na data do recolhimento, caso este ocorra antes do primeiro dia útil do mês subsequente ao de competência.

§ 5º Os valores das parcelas referentes a benefícios pagos com atraso pela Previdência Social, por sua responsabilidade, serão corrigidos monetariamente pelos índices previstos no art. 41, § 7º, da Lei n. 8.213/91, com as alterações da Lei n. 8.542, de 23 de dezembro de 1992, até o mês de fevereiro de 1994, e convertidas em URV, pelo valor em cruzeiros reais do equivalente em URV no dia 28 de fevereiro de 1994.

§ 6º A partir da primeira emissão do Real, os valores mencionados no parágrafo anterior serão corrigidos monetariamente pela variação acumulada do IPC-r entre o mês da competência a que refiram e o mês imediatamente anterior à competência em que for incluído o pagamento.

Art. 21. Nos benefícios concedidos com base na Lei n. 8.213/91, com data de início a partir de 1º de março de 1994, o salário de benefício será calculado nos termos do art. 29 da referida lei, tomando-se os salários de contribuição expressos em URV.

§ 1º Para os fins do disposto neste artigo, os salários de contribuição referentes às competências anteriores a março de 1994 serão corrigidos monetariamente até o mês de fevereiro de 1994 pelos índices previstos no art. 31 da Lei n. 8.213/91, com as alterações da Lei n. 8.542/92 e convertidos em URV, pelo valor em cruzeiros reais do equivalente em URV no dia 28 de fevereiro de 1994.

§ 2º A partir da primeira emissão do Real, os salários de contribuição computados no cálculo do salário de benefício, inclusive os convertidos nos termos do § 1º, serão corrigidos monetariamente mês a mês pela variação integral do IPC-r.

§ 3º Na hipótese da média apurada nos termos deste artigo resultar superior ao limite máximo do salário de contribuição vigente no mês de início do benefício, a diferença percentual entre esta média e o referido limite será incorporada ao valor do benefício juntamente com o primeiro reajuste do mesmo após a concessão, observado que nenhum benefício assim reajustado poderá superar o limite máximo do salário de contribuição vigente na competência em que ocorrer o reajuste.

Art. 22. Os valores das tabelas de vencimentos, soldos e salários e das tabelas de funções de confiança e gratificadas dos servidores civis e militares, são convertidos em URV em 1º de março de 1994, considerando o que determinam os arts. 37, XII, e 39, § 1º, da Constituição, observado o seguinte:

I — dividindo-se o valor nominal, vigente nos meses de novembro e dezembro de 1993 e janeiro e fevereiro de 1994, pelo valor em cruzeiros reais do equivalente em URV do último dia desses meses, respectivamente, de acordo com o Anexo I desta Lei, independentemente da data do pagamento;

II — extraindo-se a média aritmética dos valores resultantes do inciso anterior.

§ 1º O abono especial a que se refere a Medida Provisória n. 433, de 26 de fevereiro de 1994, será pago em cruzeiros reais e integrará, em fevereiro de 1994, o cálculo da média de que trata este artigo.

§ 2º Da aplicação do disposto neste artigo não poderá resultar pagamento de vencimentos, soldos ou salários inferiores aos efetivamente pagos ou devidos, relativamente ao mês de fevereiro de 1994, em cruzeiros reais, em obediência ao disposto nos arts. 37, inciso XV, e 95, inciso III, da Constituição.

§ 3º O disposto nos incisos I e II aplica-se ao salário-família e às vantagens pessoais nominalmente identificadas, de valor certo e determinado, percebidas pelos servidores e que não são calculadas com base no vencimento, soldo ou salário.

§ 4º As vantagens remuneratórias que tenham por base o estímulo à produtividade e ao desempenho, pagas conforme critérios específicos de apuração e cálculo estabelecidos em legislação específica, terão seus valores em cruzeiros reais convertidos em URV a cada mês com base no valor em URV do dia do pagamento.

§ 5º O disposto neste artigo aplica-se também aos servidores de todas as autarquias e fundações, qualquer que seja o regime jurídico de seu pessoal.

§ 6º Os servidores cuja remuneração não é fixada em tabela terão seus salários convertidos em URV nos termos dos incisos I e II do *caput* deste artigo.

§ 7º Observados, estritamente, os critérios fixados neste artigo, as tabelas de vencimentos e soldos dos servidores públicos civis e militares expressas em URV serão publicadas:

a) pelos Ministros de Estado Chefes da Secretaria da Administração Federal e do Estado Maior das Forças Armadas, cada qual em conjunto com o Ministro de Estado da Fazenda, para os servidores do Poder Executivo;

b) pelos dirigentes máximos dos respectivos órgãos, para os servidores dos Poderes Legislativo e Judiciário e do Ministério Público da União.

Art. 23. O disposto no art. 22 aplica-se aos proventos da inatividade e às pensões decorrentes do falecimento de servidor público civil e militar.

Art. 24. Nas deduções de antecipação de férias ou de parcela do décimo terceiro salário ou da gratificação natalina, será considerado o valor da antecipação, em URV ou equivalente em URV, na data do efetivo pagamento, ressalvado que o saldo a receber do décimo terceiro salário ou da gratificação natalina não poderá ser inferior à metade em URV.

Art. 25. Serão obrigatoriamente expressos em URV os demonstrativos de pagamento de salários em geral, vencimentos, soldos, proventos, pensões decorrentes do falecimento de servidor público civil e militar e benefícios previdenciários, efetuando-se a conversão para cruzeiros reais na data do crédito ou da disponibilidade dos recursos em favor dos credores daquelas obrigações.

§ 1º Quando, em razão de dificuldades operacionais não for possível realizar o pagamento em cruzeiros reais pelo valor da URV na data do crédito dos recursos, será adotado o seguinte procedimento:

I — a conversão para cruzeiros reais será feita pelo valor da URV do dia da emissão da ordem de pagamento, o qual não poderá ultrapassar os três dias úteis anteriores à data do crédito;

II — a diferença entre o valor, em cruzeiros reais, recebido na forma do inciso anterior e o valor, em cruzeiros reais, a ser pago nos termos deste artigo, será convertida em URV pelo valor desta na data do crédito ou da disponibilidade dos recursos, sendo paga na folha salarial subsequente.

§ 2º Os valores dos demonstrativos referidos neste artigo, relativamente ao mês de competência de fevereiro de 1994, serão expressos em cruzeiros reais.

Art. 26. Após a conversão dos salários para URV de conformidade com os arts. 19 e 27 desta Lei, continuam asseguradas a livre negociação e a negociação coletiva dos salários, observado o disposto nos §§ 1º e 2º do art. 1º da Lei n. 8.542, de 1992.

Art. 27. É assegurado aos trabalhadores, observado o disposto no art. 26, no mês da respectiva data-base, a revisão do salário resultante da aplicação do art. 19, observado o seguinte:

I — calculando-se o valor dos salários referentes a cada um dos doze meses imediatamente anteriores à data-base, em URV ou equivalente em URV, de acordo com a data da disponibilidade do crédito ou de efetivo pagamento; e

II — extraindo-se a média aritmética dos valores resultantes do inciso anterior.

§ 1º Na aplicação do disposto neste artigo, será observado o disposto nos §§ 1º e 2º do art. 19.

§ 2º Na hipótese de o valor decorrente da aplicação do disposto neste artigo resultar inferior ao salário vigente no mês anterior à data-base, será mantido o maior dos dois valores.

§ 3º Sem o prejuízo do disposto neste artigo é assegurada aos trabalhadores, no mês da primeira data-base de cada categoria, após 1º de julho de 1994, inclusive, reposição das perdas decorrentes da conversão dos salários para URV, apuradas da seguinte forma:

I — calculando-se os valores hipotéticos dos salários em cruzeiros reais nos meses de março, abril, maio e junho de 1994, decorrentes da aplicação dos reajustes e antecipações previstos na Lei n. 8.700, de 27 de agosto de 1993; e

II — convertendo-se os valores hipotéticos dos salários, calculados nos termos do inciso anterior, em URV, consideradas as datas habitualmente previstas para o efetivo pagamento, desconsiderando-se eventuais alterações de data de pagamento introduzidas a partir de março de 1994.

§ 4º O índice da reposição salarial de que trata o parágrafo anterior corresponderá à diferença percentual, se positiva, entre a soma dos quatro valores hipotéticos dos salários apurados na forma dos incisos I e II do parágrafo anterior e a soma dos salários efetivamente pagos em URV referentes aos meses correspondentes.

§ 5º Para os trabalhadores amparados por contratos, acordos ou convenções coletivas de trabalho e sentenças normativas que prevejam reajustes superiores aos assegurados pela Lei

n. 8.700/93, os valores hipotéticos dos salários de que tratam os incisos I e II do § 3º serão apurados de acordo com as cláusulas dos instrumentos coletivos referidos neste parágrafo.

Art. 28. Os valores das tabelas de vencimentos, soldos e salários e as tabelas de funções de confiança e gratificadas dos servidores públicos civis e militares da União serão revistos em 1º de janeiro de 1995, observado o seguinte:

I — calculando-se o valor dos vencimentos, soldos e salários referentes a cada um dos doze meses de 1994, em URV ou equivalente em URV, dividindo-se os valores expressos em cruzeiros reais pelo equivalente em URV do último dia desses meses, respectivamente; e

II — extraindo-se a média aritmética dos valores resultantes do inciso anterior.

§ 1º Na aplicação do preceituado neste artigo, será observado o disposto nos §§ 2º a 7º do art. 22 e no art. 23 desta Lei.

§ 2º Na hipótese de o valor decorrente da aplicação do disposto neste artigo resultar inferior ao vencimento, soldo ou salário vigente no mês de dezembro de 1994, será mantido o maior dos dois valores.

§ 3º Fica o Poder Executivo autorizado a antecipar a data da revisão prevista no *caput* deste artigo, quando houver redução dos prazos de suspensão de que trata o art. 11 desta Lei.

Art. 29. (Revogado pela Lei n. 9.711, de 29.11.1998, DOU 21.11.1998)

Parágrafos 1º ao 6º (Revogado pela Lei n. 9.711, de 20.11.1998, DOU 21.11.1998)

Art. 30. Nas contratações efetuadas a partir de 28 de fevereiro de 1994, o salário será, obrigatoriamente, expresso em URV.

Art. 31. Na hipótese de ocorrência de demissões sem justa causa, durante a vigência da URV prevista nesta Lei, as verbas rescisórias serão acrescidas de uma indenização adicional equivalente a cinquenta por cento da última remuneração recebida.

Art. 32. Até a primeira emissão do Real, de que trata o *caput* do art. 2º, os valores das contribuições do Fundo de Garantia do Tempo de Serviço — FGTS, referidos no art. 15 da Lei n. 8.036, de 11 de maio de 1990, a partir da competência março de 94, serão apurados em URV no dia do pagamento do salário e convertidos em cruzeiros reais com base na URV do dia cinco do mês seguinte ao de competência.

PARÁGRAFO ÚNICO. As contribuições que não forem recolhidas na data prevista no art. 15 da Lei n. 8.036, de 1990, serão convertidas em cruzeiros reais com base na URV do dia sete do mês subsequente ao da competência e o valor resultante será acrescido de atualização monetária, *pro rata die*, calculada até o dia do efetivo recolhimento pelos critérios constantes da legislação pertinente e com base no mesmo índice de atualização monetária aplicável aos depósitos de poupança, sem prejuízo das demais cominações legais.

....

Art. 43. Observado o disposto nos §§ 3º e 4º do art. 17, no § 5º do art. 20, no § 1º do art. 21 e nos §§ 3º, 4º e 5º do art. 27 desta Lei, ficam revogados o art. 31 e o § 7º do art. 41 da Lei n. 8.213, de 24 de julho de 1991, os arts. 2º, 3º, 4º, 5º, 7º e 9º da Lei n. 8.542, de 23 de dezembro de 1992, a Lei n. 8.700, de 27 de agosto de 1993, os arts. 1º e 2º da Lei n. 8.676, de 13 de julho de 1993, e demais disposições em contrário.

Art. 44. Esta Lei entra em vigor na data de sua publicação.

Brasília, 27 de maio de 1994; 173º da Independência e 106º da República.

Itamar Franco • Sérgio Cutolo dos Santos
Alexandre de Paula Dupeyrat Martins • Beni Veras
Rubens Ricupero • Arnaldo Leite Pereira
Marcelo Pimentel • Romildo Canhim

ANEXO

UNIDADE REAL DE VALOR — URV
Comportamento no período de 1º de janeiro de 1993 a 1º de março de 1994
Metodologia de cálculo

As tabelas anexas apresentam o comportamento da Unidade Real de Valor em cruzeiros reais no período de 1º de janeiro de 1993 a 1º de março de 1994. Os valores diários mostrados nas tabelas foram calculados mediante a seguinte metodologia:

a) a Taxa de Variação Mensal da URV é determinada pela média aritmética das variações dos seguintes índices de preços:

I — Índice de Preços ao Consumidor — IPC da Fundação Instituto de Pesquisas Econômicas — FIPE da Universidade de São Paulo, apurado para a terceira quadrissemana;

II — Índice Nacional de Preços ao Consumidor Amplo — IPCA-E da Fundação Instituto Brasileiro de Geografia e Estatística — IBGE; e

III — Índice Geral de Preços do Mercado — IGP-M da Fundação Getúlio Vargas.

b) o valor da URV no último dia útil do mês em referência é o valor da URV no último dia útil do mês anterior corrigido pela Taxa de Variação mensal da URV conforme cálculo indicado no item *a*;

c) o valor da URV é corrigido a cada dia útil do mês em referência pelo Fator Diário equivalente à Taxa de Variação Mensal da URV. O valor da URV de um determinado dia é aquele obtido multiplicando-se o valor da URV do dia útil imediatamente anterior pelo Fator Diário;

d) o Fator Diário referido na alínea anterior é definido como a raiz de ordem *n* da soma de uma unidade à taxa de variação mensal da URV dividida por cem, onde *n* é o número de dias úteis do mês;

e) os valores da URV aos sábados, domingos e feriados se referem à cotação do primeiro dia útil imediatamente posterior.

URV calculada pela variação média do IPCA-E, FIPE (3 quad) e IGP-M (em cruzeiros reais)

URV em 1º de março de 1994: 647.50

Mês/Dia	Jan/93	Fev	Mar	Abr	Maio	Jun	Jul/93	Ago/93	Set/93	Out/93	Nov/93	Dez/93	Jan/94	Fev/94
1	13.01	16.63	21.01	26.49	33.88	43.78	56.81	74,30	98,51	132,65	178,97	241,65	333,17	466,66
2	13.01	16.85	21.22	26.84	33.88	44.33	57.51	74,30	99,91	134,65	181,68	245,02	333,17	475,31
3	13.01	17.07	21.43	27.19	33.88	44.88	58.21	75,26	101,33	134,65	181,68	248,45	333,17	484,11
4	13.01	17.30	21.64	27.19	34.30	45.44	58.21	76,22	102,77	134,65	184,44	251,92	338,52	493,09
5	13.17	17.53	21.86	27.19	34.72	46.01	58.21	77,20	102,77	136,68	187,24	251,92	343,95	502,23
6	13.33	17.76	22.08	27.55	35.14	46.01	58.92	78,19	102,77	138,75	190,09	251,92	349,47	502,23
7	13.49	17.76	22.08	27.91	35.58	46.01	59.65	79,19	104,24	140,84	190,09	255,44	355,09	502,23
8	13.66	17.76	22.08	28.27	36.01	46.59	60.38	79,19	104,24	142,96	190,09	259,01	360,79	511,53
9	13.83	18.00	22.30	28.27	36.01	47.17	61.12	79,19	105,72	145,12	192,98	262,62	360,79	521,01
10	13.83	18.23	22.52	28.27	36.01	47.76	61.87	80,21	107,22	145,12	195,91	266,29	360,79	530,67
11	13.83	18.48	22.75	28.27	36.45	47.76	61.87	81,24	108,75	145,12	198,88	270,01	366,58	540,51
12	14.00	18.72	22.98	28.27	36.90	48.35	61.87	82,28	108,75	147,31	201,90	270,01	372,47	550,52
13	14.17	18.97	23.21	28.64	37.35	48.35	62.62	83,34	108,75	147,31	204,97	270,01	378,45	550,52
14	14.35	18.97	23.21	29.02	37.81	48.35	63.39	84,41	110,30	149,53	204,97	273,79	384,2	550,52
15	14.52	18.97	23.21	29.39	38.28	48.96	64.17	84,41	111,87	151,78	204,97	277,61	390,70	550,52
16	14.70	19.22	23.44	29.78	38.28	49.57	64.95	84,41	113,46	154,07	204,97	281,49	390,70	550,52
17	14.70	19.47	23.67	30.17	38.28	50.19	65.75	85,49	115,07	154,07	208,08	285,42	390,70	560,73
18	14.70	19.73	23.91	30.17	38.75	50.82	65.75	86,59	116,71	154,07	211,24	289,41	396,97	571,12
19	14.88	19.99	24.15	30.17	39.22	51.45	65.75	87,70	116,71	156,39	214,45	289,41	403,35	581,70
20	15.06	20.26	24.39	30.56	39.70	51.45	66.55	88,83	116,71	158,75	217,71	289,41	409,82	581,70
21	15.25	20.26	24.39	30.96	40.19	51.45	67.37	88,97	118,37	161,15	217,71	293,45	416,40	581,70
22	15.44	20.26	24.39	30.96	40.68	52.09	68.19	89,97	120,06	163,58	217,71	297,55	423,09	592,48
23	15.63	20.26	24.64	31.37	40.68	52.75	69.03	89,97	121,77	166,04	221,02	301,71	423,09	603,46
24	15.63	20.26	24.88	31.78	40.68	53.40	69.87	91,12	123,50	166,04	224,37	305,92	423,09	614,65
25	15.63	20.53	25.13	31.78	41.18	54.07	69.87	92,29	125,26	166,04	227,78	310,20	429,88	626,04
26	15.82	20.80	25.38	31.78	41.69	54.75	69.87	93,48	125,26	168,55	231,24	310,20	436,78	637,64
27	16.01	21.01	25.64	32.19	42.20	54.75	70.73	94,68	125,26	171,09	234,75	310,20	443,80	637,64
28	16.21	21.01	25.64	32.61	42.72	54.75	71.60	95,89	127,04	173,67	234,75	314,53	450,92	637,64
29	16.41	–	25.64	33.04	43.24	55.43	72.47	95,89	128,85	176,29	234,75	318,93	458,6	–
30	16.63	–	25.89	33.47	43.24	56.12	73.36	95,89	130,68	178,97	238,32	323,38	458,16	–
31	16.63	–	26.15	–	43.24	–	74.30	97,12	–	178,97	–	327,90	458,16	–

Obs.: — Cotações em Cruzeiros Reais.

— Cotações para sábados, domingos e feriados referem-se à cotação do 1º dia útil posterior.

LEI N. 10.192, DE 14 DE FEVEREIRO DE 2001

(DOU 16.2.2001)

Dispõe sobre medidas complementares ao plano real e dá outras providências (reajuste de salário, negociação coletiva e dissídio coletivo)

....

Art. 6º A Unidade Fiscal de Referência — UFIR, criada pela Lei n. 8.383, de 30 de dezembro de 1991, será reajustada:

I — semestralmente, durante o ano calendário de 1996;

II — anualmente, a partir de 1º de janeiro de 1997.

PARÁGRAFO ÚNICO. A reconversão, para Real, dos valores expressos em UFIR, extinta em 27 de outubro de 2000, será efetuada com base no valor dessa Unidade fixado para o exercício de 2000.

Art. 7º Observado o disposto no artigo anterior, ficam extintas, a partir de 1º de julho de 1995, as unidades monetárias de conta criadas ou reguladas pelo Poder Público, exceto as unidades monetárias de conta fiscais estaduais, municipais e do Distrito Federal, que serão extintas a partir de 1º de janeiro de 1996.

§ 1º Em 1º de julho de 1995 e em 1º de janeiro de 1996, os valores expressos, respectivamente, nas unidades monetárias de conta extintas na forma do *caput* deste artigo serão convertidos em Real, com observância do disposto no art. 44 da Lei n. 9.069, de 1995, no que couber.

§ 2º Os Estados, o Distrito Federal e os Municípios poderão utilizar a UFIR nas mesmas condições e periodicidade adotadas pela União, em substituição às respectivas unidades monetárias de conta fiscais extintas.

Art. 8º A partir de 1º de julho de 1995, a Fundação Instituto Brasileiro de Geografia e Estatística — IBGE deixará de calcular e divulgar o IPC-r.

§ 1º Nas obrigações e contratos em que haja estipulação de reajuste pelo IPC-r, este será substituído, a partir de 1º de julho de 1995, pelo Índice previsto contratualmente para este fim.

§ 2º Na hipótese de não existir previsão de índice de preços substituto, e caso não haja acordo entre as partes, deverá ser utilizada média de índices de preços de abrangência nacional, na forma de regulamentação a ser baixada pelo Poder Executivo.

Art. 9º É assegurado aos trabalhadores, na primeira data-base da respectiva categoria após julho de 1995, o pagamento de reajuste relativo à variação acumulada do IPC-r entre a última data-base, anterior a julho de 1995, e junho de 1995, inclusive.

Art. 10. Os salários e as demais condições referentes ao trabalho continuam a ser fixados e revistos, na respectiva data-base anual, por intermédio da livre negociação coletiva.

Art. 11. Frustrada a negociação entre as partes, promovida diretamente ou através de mediador, poderá ser ajuizada a ação de dissídio coletivo.

§ 1º O mediador será designado de comum acordo pelas partes ou, a pedido destas, pelo Ministério do Trabalho e Emprego na forma da regulamentação de que trata o parágrafo 5º deste artigo.

§ 2º A parte que se considerar sem as condições adequadas para, em situação de equilíbrio, participar da negociação direta, poderá, desde logo, solicitar ao Ministério do Trabalho e Emprego a designação de mediador, que convocará a outra parte.

§ 3º O mediador designado terá prazo de até trinta dias para a conclusão do processo de negociação, salvo acordo expresso com as partes interessadas.

§ 4º Não alcançado o entendimento entre as partes, ou recusando-se qualquer delas à mediação, lavrar-se-á ata contendo as causas motivadoras do conflito e as reivindicações de natureza econômica, documento que instruirá a representação para o ajuizamento do dissídio coletivo.

§ 5º O Poder Executivo regulamentará o disposto neste artigo.

Art. 12. No ajuizamento do dissídio coletivo, as partes deverão apresentar, fundamentadamente, suas propostas finais, que serão objeto de conciliação ou deliberação do Tribunal, na sentença normativa.

§ 1º A decisão que puser fim ao dissídio será fundamentada, sob pena de nulidade, deverá traduzir, em seu conjunto, a justa composição do conflito de interesse das partes, e guardar adequação com o interesse da coletividade.

§ 2º A sentença normativa deverá ser publicada no prazo de quinze dias da decisão do Tribunal.

Art. 13. No acordo ou convenção e no dissídio, coletivos, é vedada a estipulação ou fixação de cláusula de reajuste ou correção salarial automática vinculada a índice de preços.

§ 1º Nas revisões salariais na data-base anual, serão deduzidas as antecipações concedidas no período anterior à revisão.

§ 2º Qualquer concessão de aumento salarial a título de produtividade deverá estar amparada em indicadores objetivos.

Art. 14. O recurso interposto de decisão normativa da Justiça do Trabalho terá efeito suspensivo, na medida e extensão conferidas em despacho do Presidente do Tribunal Superior do Trabalho.

Art. 15. Permanecem em vigor as disposições legais relativas à correção monetária de débitos trabalhistas, de débitos resultantes de decisão judicial, de débitos relativos a ressarcimento em virtude de inadimplemento de obrigações contratuais e do passivo de empresas e instituições sob os regimes de concordata, falência, intervenção e liquidação extrajudicial.

....

LEI N. 12.382, DE 25 DE FEVEREIRO DE 2011

(DOU 28.2.2011)

Dispõe sobre o valor do salário mínimo em 2011 e a sua política de valorização de longo prazo; disciplina a representação fiscal para fins penais nos casos em que houve parcelamento do crédito tributário; altera a Lei n. 9.430, de 27 de dezembro de 1996; e revoga a Lei n. 12.255, de 15 de junho de 2010

A PRESIDENTA DA REPÚBLICA,

Faço saber que o Congresso Nacional decreta e eu sanciono a seguinte Lei:

Art. 1º O salário mínimo passa a corresponder ao valor de R$ 545,00 (quinhentos e quarenta e cinco reais).

PARÁGRAFO ÚNICO. Em virtude do disposto no *caput*, o valor diário do salário mínimo corresponderá a R$ 18,17 (dezoito reais e dezessete centavos) e o valor horário, a R$ 2,48 (dois reais e quarenta e oito centavos).

Art. 2º Ficam estabelecidas as diretrizes para a política de valorização do salário mínimo a vigorar entre 2012 e 2015, inclusive, a serem aplicadas em 1º de janeiro do respectivo ano.

§ 1º Os reajustes para a preservação do poder aquisitivo do salário mínimo corresponderão à variação do Índice Nacional de Preços ao Consumidor — INPC, calculado e divulgado pela Fundação Instituto Brasileiro de Geografia e Estatística — IBGE, acumulada nos doze meses anteriores ao mês do reajuste.

§ 2º Na hipótese de não divulgação do INPC referente a um ou mais meses compreendidos no período do cálculo até o último dia útil imediatamente anterior à vigência do reajuste, o Poder Executivo estimará os índices dos meses não disponíveis.

§ 3º Verificada a hipótese de que trata o § 2º, os índices estimados permanecerão válidos para os fins desta Lei, sem qualquer revisão, sendo os eventuais resíduos compensados no reajuste subsequente, sem retroatividade.

§ 4º A título de aumento real, serão aplicados os seguintes percentuais:

I — em 2012, será aplicado o percentual equivalente à taxa de crescimento real do Produto Interno Bruto — PIB, apurada pelo IBGE, para o ano de 2010;

II — em 2013, será aplicado o percentual equivalente à taxa de crescimento real do PIB, apurada pelo IBGE, para o ano de 2011;

III — em 2014, será aplicado o percentual equivalente à taxa de crescimento real do PIB, apurada pelo IBGE, para o ano de 2012; e

IV — em 2015, será aplicado o percentual equivalente à taxa de crescimento real do PIB, apurada pelo IBGE, para o ano de 2013.

§ 5º Para fins do disposto no § 4º, será utilizada a taxa de crescimento real do PIB para o ano de referência, divulgada pelo IBGE até o último dia útil do ano imediatamente anterior ao de aplicação do respectivo aumento real.

Art. 3º Os reajustes e aumentos fixados na forma do art. 2º serão estabelecidos pelo Poder Executivo, por meio de decreto, nos termos desta Lei.

PARÁGRAFO ÚNICO. O decreto do Poder Executivo a que se refere o *caput* divulgará a cada ano os valores mensal, diário e horário do salário mínimo decorrentes do disposto neste artigo, correspondendo o valor diário a um trinta avos e o valor horário a um duzentos e vinte avos do valor mensal.

Art. 4º Até 31 de dezembro de 2015, o Poder Executivo encaminhará ao Congresso Nacional projeto de lei dispondo sobre a política de valorização do salário mínimo para o período compreendido entre 2016 e 2019, inclusive.

Art. 5º O Poder Executivo constituirá grupo interministerial, sob coordenação do Ministério do Trabalho e Emprego, encarregado de definir e implementar sistemática de monitoramento e avaliação da política de valorização do salário mínimo.

PARÁGRAFO ÚNICO. O grupo a que se refere o *caput* identificará a cesta básica dos produtos adquiridos pelo salário mínimo e suas projeções futuras decorrentes do aumento de seu poder de compra, nos termos definidos em decreto.

....

Art. 7º Esta Lei entra em vigor no primeiro dia do mês subsequente à data de sua publicação.

Art. 8º Fica revogada a Lei n. 12.255, de 15 de junho de 2010.

Brasília, 25 de fevereiro de 2011; 190º da Independência e 123º da República.

DILMA ROUSSEF
GUIDO MANTEGA
CARLOS LUPI
MIRIAM BELCHIOR
GARIBALDI ALVES FILHO

DECRETO N. 8.381, DE 29 DE DEZEMBRO DE 2014

(DOU 30.12.2014)

Regulamenta a Lei n. 12.382, de 25 de fevereiro de 2011, que dispõe sobre o valor do salário mínimo e a sua política de valorização de longo prazo.

A PRESIDENTA DA REPÚBLICA, no uso da atribuição que lhe confere o art. 84, *caput*, inciso IV, da Constituição, e tendo em vista o disposto no art. 3º da Lei n. 12.382, de 25 de fevereiro de 2011,

DECRETA:

Art. 1º A partir de 1º de janeiro de 2015, o salário mínimo será de R$ 788,00 (setecentos e oitenta e oito reais).

PARÁGRAFO ÚNICO. Em virtude do disposto no *caput*, o valor diário do salário mínimo corresponderá a R$ 26,27 (vinte e seis reais e vinte e sete centavos) e o valor horário, a R$ 3,58 (três reais e cinquenta e oito centavos).

Art. 2º Este Decreto entra em vigor a partir de 1º de janeiro de 2015.

Brasília, 29 de dezembro de 2014; 193º da Independência e 126º da República.

DILMA ROUSSEFF
Guido Mantega
Manoel Dias
Miriam Belchior
Garibaldi Alves Filho

LEI N. 8.112, DE 11 DE DEZEMBRO DE 1990

(DOU 12.12.1990 — LTr 55-1/95)

Dispõe sobre o regime jurídico dos servidores públicos civis da união, das autarquias e das fundações públicas federais

— (V. Medida Provisória n. 2.174-28, de 24.8.2001, DOU 27.8.2001, não publicada nesta obra, que institui, no âmbito do Poder Executivo da União, o Programa de Desligamento Voluntário — PDV, a jornada de trabalho reduzida com remuneração proporcional e a licença sem remuneração com pagamento de incentivo em pecúnia, destinados ao servidor da administração pública direta, autárquica e fundacional), bem como a Lei n. 12.998, de 18.6.2014, DOU 20.6.2014, que revogou os arts. 8º a 11 da referida Medida Provisória que tratava da licença incentivada sem remuneração e os arts. 18 a 20, da mesma MP. que se referia aos incentivos à licença sem remuneração.

— V. Decreto n. 5.707, de 23.2.2006 (DOU 24.2.2006) que institui a política e as diretrizes para o desenvolvimento de pessoal da administração pública federal direta, autárquica e fundacional, e regulamenta dispositivos da Lei n. 8.112, de 11 de dezembro de 1990 (não publicada nesta obra)

— V. Portaria GM/MEPDG n. 291, de 12.7.2017 (DOU 13.9.17), que estabelece orientações e procedimentos aos órgãos e entidades do Sistema de Pessoal Civil da Administração Federal — SIPEC relativos ao Programa de Desligamento Voluntário — PDV, a jornada de trabalho reduzida com remuneração proporcional e a licença sem remuneração com pagamento de incentivo em pecúnia, destinados ao servidor da administração pública federal direta, autárquica e fundacional. (não publicada nesta obra).

O PRESIDENTE DA REPÚBLICA,

Faço saber que o Congresso Nacional decreta e eu sanciono a seguinte Lei:

TÍTULO I

CAPÍTULO ÚNICO
Das Disposições Preliminares

Art. 1º Esta Lei institui o regime jurídico dos servidores públicos civis da União, das autarquias, inclusive as em regime especial, e das fundações públicas federais.

Art. 2º Para os efeitos desta Lei, servidor é a pessoa legalmente investida em cargo público.

Art. 3º Cargo público é o conjunto de atribuições e responsabilidades previstas na estrutura organizacional que devem ser cometidas a um servidor.

PARÁGRAFO ÚNICO. Os cargos públicos, acessíveis a todos os brasileiros, são criados por lei, com denominação própria e vencimento pago pelos cofres públicos, para provimento em caráter efetivo ou em comissão.

Art. 4º É proibida a prestação de serviços gratuitos, salvo os casos previstos em lei.

TÍTULO II
Do Provimento, Vacância, Remoção, Redistribuição e Substituição

CAPÍTULO I
Do Provimento

SEÇÃO I
Disposições Gerais

Art. 5º São requisitos básicos para investidura em cargo público:

I — a nacionalidade brasileira;

II — o gozo dos direitos políticos;

III — a quitação com as obrigações militares e eleitorais;

IV — o nível de escolaridade exigido para o exercício do cargo;

V — a idade mínima de dezoito anos;

VI — aptidão física e mental.

§ 1º As atribuições do cargo podem justificar a exigência de outros requisitos estabelecidos em lei.

§ 2º Às pessoas portadoras de deficiência é assegurado o direito de se inscrever em concurso público para provimento de cargo cujas atribuições sejam compatíveis com a deficiência de que são portadoras; para tais pessoas serão reservadas até 20% (vinte por cento) das vagas oferecidas no concurso.

§ 3º As universidades e instituições de pesquisa científica e tecnológica federais poderão prover seus cargos com professores, técnicos e cientistas estrangeiros, de acordo com as normas e os procedimentos desta Lei. *(Acrescentado pela L. n. 9.515, de 20.11.1997, DOU 21.11.1997).*

Art. 6º O provimento dos cargos públicos far-se-á mediante ato da autoridade competente de cada Poder.

Art. 7º A investidura em cargo público ocorrerá com a posse.

Art. 8º São formas de provimento de cargo público:

I — nomeação;

II — promoção;

V — readaptação;

VI — reversão;

VII — aproveitamento;

VIII — reintegração;

IX — recondução(*).

SEÇÃO II
Da Nomeação

Art. 9º A nomeação far-se-á:

I — em caráter efetivo, quando se tratar de cargo isolado de provimento efetivo ou de carreira;

II — em comissão, inclusive na condição de interino, para cargos de confiança vagos.

PARÁGRAFO ÚNICO. O servidor ocupante de cargo em comissão ou de natureza especial poderá ser nomeado para ter exercício, interinamente, em outro cargo de confiança, sem prejuízo das atribuições do que atualmente ocupa, hipótese em que deverá optar pela remuneração de um deles durante o período da interinidade.

— Inc. II e parágrafo único alterados pela L. n. 9.527, de 10.12.1997, DOU 11.12.1997.

(*) Os incisos III e IV foram revogados pela Lei n. 9.527, de 10.12.1997, DOU de 11.12.1997.

Art. 10. A nomeação para cargo de carreira ou cargo isolado de provimento efetivo depende de prévia habilitação em concurso público de provas ou de provas e títulos, obedecidos a ordem de classificação e o prazo de sua validade.

PARÁGRAFO ÚNICO. Os demais requisitos para o ingresso e o desenvolvimento do servidor na carreira, mediante promoção, serão estabelecidos pela lei que fixar as diretrizes do sistema de carreira na Administração Pública Federal e seus regulamentos. *(Alterado pela L. n. 9.527, de 10.12.1997, DOU 11.12.1997).*

SEÇÃO III
Do Concurso Público

Art. 11. O concurso será de provas ou de provas e títulos, podendo ser realizado em duas etapas, conforme dispuserem a lei e o regulamento do respectivo plano de carreira, condicionada a inscrição do candidato ao pagamento do valor fixado no edital, quando indispensável ao seu custeio, e ressalvadas as hipóteses de isenção nele expressamente previstas. *(Alterado pela L. n. 9.527, de 10.12.1997, DOU 11.12.1997).*

— V. Decreto n. 6.593, de 2.10.2008, DOU 3.1.2008, que regulamenta o art. 11 da Lei n. 8.112, de 11 de dezembro de 1990, quanto à isenção de pagamento de taxa de inscrição em concursos públicos realizados no âmbito do Poder Executivo federal.

Art. 12. O concurso público terá validade de até 2 (dois) anos, podendo ser prorrogada uma única vez, por igual período.

§ 1º O prazo de validade do concurso e as condições de sua realização serão fixados em edital, que será publicado no Diário Oficial da União e em jornal diário de grande circulação.

§ 2º Não se abrirá novo concurso enquanto houver candidato aprovado em concurso anterior com prazo de validade não expirado.

SEÇÃO IV
Da Posse e do Exercício

Art. 13. A posse dar-se-á pela assinatura do respectivo termo, no qual deverão constar as atribuições, os deveres, as responsabilidades e os direitos inerentes ao cargo ocupado, que não poderão ser alterados unilateralmente, por qualquer das partes, ressalvados os atos de ofício previstos em lei.

§ 1º A posse ocorrerá no prazo de trinta dias contados da publicação do ato de provimento.

§ 2º Em se tratando de servidor, que esteja na data de publicação do ato de provimento, em licença prevista nos incisos I, III e V do art. 81, ou afastado nas hipóteses dos incisos I, IV, VI, VIII, alíneas *a*, *b*, *d*, *e* e *f*, IX e X do art. 102, o prazo será contado do término do impedimento.

§ 3º A posse poderá dar-se mediante procuração específica.

§ 4º Só haverá posse nos casos de provimento de cargo por nomeação.

§ 5º No ato da posse, o servidor apresentará declaração de bens e valores que constituem seu patrimônio e declaração quanto ao exercício ou não de outro cargo, emprego ou função pública.

§ 6º Será tornado sem efeito o ato de provimento se a posse não ocorrer no prazo previsto no § 1º deste artigo.

— Redação dos §§ 1º, 2º e 4º dada pela Lei n. 9.527, de 10.12.1997, DOU 11.12.2007.

Art. 14. A posse em cargo público dependerá de prévia inspeção médica oficial.

PARÁGRAFO ÚNICO. Só poderá ser empossado aquele que for julgado apto física e mentalmente para o exercício do cargo.

Art. 15. Exercício é o efetivo desempenho das atribuições do cargo público ou da função de confiança.

§ 1º É de quinze dias o prazo para o servidor empossado em cargo público entrar em exercício, contados da data da posse.

§ 2º O servidor será exonerado do cargo ou será tornado sem efeito o ato de sua designação para função de confiança, se não entrar em exercício nos prazos previstos neste artigo, observado o disposto no art. 18.

§ 3º À autoridade competente do órgão ou entidade para onde for nomeado ou designado o servidor compete dar-lhe exercício.

§ 4º O início do exercício de função de confiança coincidirá com a data de publicação do ato de designação, salvo quando o servidor estiver em licença ou afastado por qualquer outro motivo legal, hipótese em que recairá no primeiro dia útil após o término do impedimento, que não poderá exceder a trinta dias da publicação.

— *Alterado pela L. n. 9.527, de 10.12.1997, DOU 11.12.1997.*

Art. 16. O início, a suspensão, a interrupção e o reinício do exercício serão registrados no assentamento individual do servidor.

PARÁGRAFO ÚNICO. Ao entrar em exercício, o servidor apresentará ao órgão competente os elementos necessários ao seu assentamento individual.

Art. 17. A promoção não interrompe o tempo de exercício, que é contado no novo posicionamento na carreira a partir da data de publicação do ato que promover o servidor. *(Redação dada pela Lei n. 9.527, de 10.12.1997, DOU 11.12.2007).*

Art. 18. O servidor que deva ter exercício em outro Município em razão de ter sido removido, redistribuído, requisitado, cedido ou posto em exercício provisório terá, no mínimo, dez e, no máximo, trinta dias de prazo contados da publicação do ato, para a retomada do efetivo desempenho das atribuições do cargo, incluído nesse prazo o tempo necessário para o deslocamento para a nova sede.

§ 1º Na hipótese de o servidor encontrar-se em licença ou afastado legalmente, o prazo a que se refere este artigo será contado a partir do término do impedimento.

§ 2º É facultado ao servidor declinar dos prazos estabelecidos no *caput*.

— *Artigo e parágrafos alterados pela Lei n. 9.527, de 10.12.1997.*

Art. 19. Os servidores cumprirão jornada de trabalho fixada em razão das atribuições pertinentes aos respectivos cargos, respeitada a duração máxima do trabalho semanal de quarenta horas e observados os limites mínimo e máximo de seis horas e oito horas diárias, respectivamente.

§ 1º O ocupante de cargo em comissão ou função de confiança submete-se a regime de integral dedicação ao serviço, observado o disposto no art. 120, podendo ser convocado sempre que houver interesse da Administração. *(Alterado pela L. n. 9.527, de 10.12.1997, DOU 11.12.1997).*

§ 2º O disposto neste artigo não se aplica à duração de trabalho estabelecida em leis especiais. *(Redação do caput do art. 19 e § 2º dada pela Lei n. 8.270, de 17.12.1991, DOU 19.12.1991, LTr 56-01/126).*

— V. Decreto n. 1.590, de 10.8.1995, (DOU 11.8.1995) e Decreto n. 4.836, de 9.9.2003, DOU 10.9.2003, que dispõem sobre a jornada de trabalho dos servidores da Administração Pública Federal direta, das autarquias e das fundações públicas federais (não publicados nesta obra).

Art. 20. Ao entrar em exercício, o servidor nomeado para cargo de provimento efetivo ficará sujeito a estágio probatório por período de 24 (vinte e quatro) meses, durante o qual a sua aptidão e capacidade serão objeto de avaliação para o desempenho do cargo, observados os seguintes fatores: *(período de 36 meses — Vide EC n. 19, de 4.6.1998)*

I — assiduidade;

II — disciplina;

III — capacidade de iniciativa;

IV — produtividade;

V — responsabilidade.

§ 1º 4 (quatro) meses antes de findo o período do estágio probatório, será submetida à homologação da autoridade competente a avaliação do desempenho do servidor, realizada por comissão constituída para essa finalidade, de acordo com o que dispuser a lei ou o regulamento da respectiva carreira ou cargo, sem prejuízo da continuidade de apuração dos fatores enumerados nos incisos I a V do *caput* deste artigo. NR. *(Redação dada pela Lei n. 11.784, de 22.9.2008, DOU 23.9.2008, Ret. DOU de 2.10.2008 e 31.10.2008)*

§ 2º O servidor não aprovado no estágio probatório será exonerado ou, se estável, reconduzido ao cargo anteriormente ocupado, observado o disposto no parágrafo único do art. 29.

§ 3º O servidor em estágio probatório poderá exercer quaisquer cargos de provimento em comissão ou funções de direção, chefia ou assessoramento no órgão ou entidade de lotação, e somente poderá ser cedido a outro órgão ou entidade para ocupar cargos de Natureza Especial, cargos de provimento em comissão do Grupo-Direção e Assessoramento Superiores — DAS, de níveis 6, 5 e 4, ou equivalentes.(*)

§ 4º Ao servidor em estágio probatório somente poderão ser concedidas as licenças e os afastamentos previstos nos arts. 81, incisos I a IV, 94, 95 e 96, bem assim afastamento para participar de curso de formação decorrente de aprovação em concurso para outro cargo na Administração Pública Federal.(*)

§ 5º O estágio probatório ficará suspenso durante as licenças e os afastamentos previstos nos arts. 83, 84, § 1º, 86 e 96, bem assim na hipótese de participação em curso de formação, e será retomado a partir do término do impedimento.(*)

SEÇÃO V

Da Estabilidade

Art. 21. O servidor habilitado em concurso público e empossado em cargo de provimento efetivo adquirirá estabilidade no serviço público ao completar 2 (dois) anos de efetivo exercício. *(Vide art. 41, da CF/88). (O prazo passou a ser de 3 anos pela EC n. 19).*

Art. 22. O servidor estável só perderá o cargo em virtude de sentença judicial transitada em julgado ou de processo administrativo disciplinar no qual lhe seja assegurada ampla defesa. *(Vide art. 41, da CF/88).*

SEÇÃO VI

Da Transferência

Art. 23. *(Revogado pela Lei n. 9.527, de 10.12.1997, DOU 11.12.1997)*

SEÇÃO VII

Da Readaptação

Art. 24. Readaptação é a investidura do servidor em cargo de atribuições e responsabilidades compatíveis com a limitação que tenha sofrido em sua capacidade física ou mental verificada em inspeção médica.

§ 1º Se julgado incapaz para o serviço público, o readaptando será aposentado.

§ 2º A readaptação será efetivada em cargo de atribuições afins, respeitada a habilitação exigida, nível de escolaridade e equivalência de vencimentos e, na hipótese de inexistência de cargo vago, o servidor exercerá suas atribuições como excedente, até a ocorrência de vaga.(**)

(*) Acrescentados pela L. n. 9.527, de 10.12.1997, DOU 11.12.1997.

Ver Emenda Constitucional n. 19, de 4.6.1998, (art. 28 e art. 41 da CF/88).

SEÇÃO VIII

Da Reversão

— V. Decreto n. 3.644, não publicado nesta obra, de 30.10.2000 (DOU 31.10.2000), que regulamenta o instituto da reversão de que trata o art. 25 da Lei n. 8.112, de 11 de dezembro de 1990

Art. 25. Reversão é o retorno à atividade de servidor aposentado:

I — por invalidez, quando junta médica oficial declarar insubsistentes os motivos da aposentadoria; ou

II — no interesse da administração, desde que:

a) tenha solicitado a reversão;

b) a aposentadoria tenha sido voluntária;

c) estável quando na atividade;

d) a aposentadoria tenha ocorrido nos cinco anos anteriores à solicitação;

e) haja cargo vago.

§ 1º A reversão far-se-á no mesmo cargo ou no cargo resultante de sua transformação.

§ 2º O tempo em que o servidor estiver em exercício será considerado para concessão da aposentadoria.

§ 3º No caso do inciso I, encontrando-se provido o cargo, o servidor exercerá suas atribuições como excedente, até a ocorrência de vaga.

§ 4º O servidor que retornar à atividade por interesse da administração perceberá, em substituição aos proventos da aposentadoria, a remuneração do cargo que voltar a exercer, inclusive com as vantagens de natureza pessoal que percebia anteriormente à aposentadoria.

§ 5º O servidor de que trata o inciso II somente terá os proventos calculados com base nas regras atuais se permanecer pelo menos cinco anos no cargo.

§ 6º O Poder Executivo regulamentará o disposto neste artigo. (NR) *(Redação dada pela MP n. 2.225, de 4.9.2001, DOU 5.9.2001).*

Art. 26. *(Revogado pela MP n. 2.225, de 4.9.2001, DOU 5.9.2001)*

Art. 27. Não poderá reverter o aposentado que já tiver completado 70 (setenta) anos de idade.

SEÇÃO IX

Da Reintegração

Art. 28. A reintegração é a reinvestidura do servidor estável no cargo anteriormente ocupado, ou no cargo resultante de sua transformação, quando invalidada a sua demissão por decisão administrativa ou judicial, com ressarcimento de todas as vantagens.

§ 1º Na hipótese de o cargo ter sido extinto, o servidor ficará em disponibilidade, observado o disposto nos arts. 30 e 31.

§ 2º Encontrando-se provido o cargo, o seu eventual ocupante será reconduzido ao cargo de origem, sem direito à indenização ou aproveitado em outro cargo, ou, ainda, posto em disponibilidade.

SEÇÃO X

Da Recondução

Art. 29. Recondução é o retorno do servidor estável ao cargo anteriormente ocupado e decorrerá de:

I — inabilitação em estágio probatório relativo a outro cargo;

II — reintegração do anterior ocupante.

(**) Alterado pela L. n. 9.527, de 10.12.1997, DOU 11.12.1997.

Legislação Complementar

PARÁGRAFO ÚNICO. Encontrando-se provido o cargo de origem, o servidor será aproveitado em outro, observado o disposto no art. 30.

SEÇÃO XI
Da Disponibilidade e do Aproveitamento

Art. 30. O retorno à atividade de servidor em disponibilidade far-se-á mediante aproveitamento obrigatório em cargo de atribuições e vencimentos compatíveis com o anteriormente ocupado.

Art. 31. O órgão Central do Sistema de Pessoal Civil determinará o imediato aproveitamento de servidor em disponibilidade em vaga que vier a ocorrer nos órgãos ou entidades da administração pública federal.

PARÁGRAFO ÚNICO. Na hipótese prevista no § 3º do art. 37, o servidor posto em disponibilidade poderá ser mantido sob responsabilidade do órgão central do Sistema de Pessoal Civil da Administração Federal — SIPEC, até o seu adequado aproveitamento em outro órgão ou entidade.(*)

Art. 32. Será tornado sem efeito o aproveitamento e cassada a disponibilidade se o servidor não entrar em exercício no prazo legal, salvo doença comprovada por junta médica oficial.

CAPÍTULO II
Da Vacância

Art. 33. A vacância do cargo público decorrerá de:

I — exoneração;

II — demissão;

III — promoção;

VI — readaptação;

VII — aposentadoria;

VIII — posse em outro cargo inacumulável;

IX — falecimento.(**)

Art. 34. A exoneração de cargo efetivo dar-se-á a pedido do servidor, ou de ofício.

PARÁGRAFO ÚNICO. A exoneração de ofício dar-se-á:

I — quando não satisfeitas as condições do estágio probatório;

II — quando, tendo tomado posse, o servidor não entrar em exercício no prazo estabelecido.

Art. 35. A exoneração de cargo em comissão e a dispensa de função de confiança dar-se-á:

I — a juízo da autoridade competente;

II — a pedido do próprio servidor.

— O parágrafo único do art. 35 foi revogado pela Lei n. 9.527, de 10.12.1997, DOU de 11.12.1997.

CAPÍTULO III
Da Remoção e da Redistribuição

SEÇÃO I
Da Remoção

Art. 36. Remoção é o deslocamento do servidor, a pedido ou de ofício, no âmbito do mesmo quadro, com ou sem mudança de sede.

PARÁGRAFO ÚNICO. Para fins do disposto neste artigo, entende-se por modalidades de remoção:

I — de ofício, no interesse da Administração;

II — a pedido, a critério da Administração;

III — a pedido, para outra localidade, independentemente do interesse da Administração:

a) para acompanhar cônjuge ou companheiro, também servidor público civil ou militar, de qualquer dos Poderes da União, dos Estados, do Distrito Federal e dos Municípios, que foi deslocado no interesse da Administração;

b) por motivo de saúde do servidor, cônjuge, companheiro ou dependente que viva às suas expensas e conste do seu assentamento funcional, condicionada à comprovação por junta médica oficial;

c) em virtude de processo seletivo promovido, na hipótese em que o número de interessados for superior ao número de vagas, de acordo com normas preestabelecidas pelo órgão ou entidade em que aqueles estejam lotados.

— Parágrafo único alterado pela L. n. 9.527, de 10.12.1997, DOU 11.12.1997.

SEÇÃO II
Da Redistribuição

Art. 37. Redistribuição é o deslocamento de cargo de provimento efetivo, ocupado ou vago no âmbito do quadro geral de pessoal, para outro órgão ou entidade do mesmo Poder, com prévia apreciação do órgão central do SIPEC, observados os seguintes preceitos:

I — interesse da administração;

II — equivalência de vencimentos;

III — manutenção da essência das atribuições do cargo;

IV — vinculação entre os graus de responsabilidade e complexidade das atividades;

V — mesmo nível de escolaridade, especialidade ou habilitação profissional;

VI — compatibilidade entre as atribuições do cargo e as finalidades institucionais do órgão ou entidade.

§ 1º A redistribuição ocorrerá *ex officio* para ajustamento de lotação e da força de trabalho às necessidades dos serviços, inclusive nos casos de reorganização, extinção ou criação de órgão ou entidade.

§ 2º A redistribuição de cargos efetivos vagos se dará mediante ato conjunto entre o órgão central do SIPEC e os órgãos e entidades da Administração Pública Federal envolvidos.

§ 3º Nos casos de reorganização ou extinção de órgão ou entidade, extinto o cargo ou declarada sua desnecessidade no órgão ou entidade, o servidor estável que não for redistribuído será colocado em disponibilidade, até seu aproveitamento na forma dos arts. 30 e 31.

§ 4º O servidor que não for redistribuído ou colocado em disponibilidade poderá ser mantido sob responsabilidade do órgão central do SIPEC, e ter exercício provisório, em outro órgão ou entidade, até seu adequado aproveitamento.

— Alterado pela L. n. 9.527, de 10.12.1997, DOU 11.12.1997.

CAPÍTULO IV
Da Substituição

Art. 38. Os servidores investidos em cargo ou função de direção ou chefia e os ocupantes de cargo de Natureza Especial terão substitutos indicados no regimento interno ou, no caso de omissão, previamente designados pelo dirigente máximo do órgão ou entidade.

§ 1º O substituto assumirá automática e cumulativamente, sem prejuízo do cargo que ocupa, o exercício do cargo ou função de direção ou chefia e os de Natureza Especial, nos afastamentos, impedimentos legais ou regulamentares do titular e na vacância do cargo, hipóteses em que deverá optar pela remuneração de um deles durante o respectivo período.

§ 2º O substituto fará jus à retribuição pelo exercício do cargo ou função de direção ou chefia ou de cargo de Natureza Especial, nos casos dos afastamentos ou impedimentos legais do titular, superiores a trinta dias consecutivos, paga na proporção dos dias de efetiva substituição, que excederem o referido período.

— Alterado pela L. n. 9.527, de 10.12.1997, DOU 11.12.1997.

Art. 39. O disposto no artigo anterior aplica-se aos titulares de unidades administrativas organizadas em nível de assessoria.

TÍTULO III
Os Direitos e Vantagens

CAPÍTULO I
Do Vencimento e da Remuneração

— V. Lei n. 10.331, de 18.12.2001 (DOU 19.12.2001) que regulamenta o inciso X do art. 37 da CF, que dispõe sobre a revisão geral e anual das remunerações e subsídios dos servidores públicos federais (não publicada nesta obra).

Art. 40. Vencimento é a retribuição pecuniária pelo exercício de cargo público, com valor fixado em lei.

PARÁGRAFO ÚNICO. *(Revogado a partir de 14.5.08 pela Lei n. 11.784, 22.9.2008, DOU 23.9.2008, retificada nos DOU 2.10.2008 e 31.10.2008)*

Art. 41. Remuneração é o vencimento do cargo efetivo, acrescido das vantagens pecuniárias permanentes estabelecidas em lei.

§ 1º A remuneração do servidor investido em função ou cargo em comissão será paga na forma prevista no art. 62.

§ 2º O servidor investido em cargo em comissão de órgão ou entidade diversa da de sua lotação receberá a remuneração de acordo com o estabelecido no § 1º do art. 93.

§ 3º O vencimento do cargo efetivo, acrescido das vantagens de caráter permanente, é irredutível.

§ 4º É assegurada a isonomia de vencimentos para cargos de atribuições iguais ou assemelhadas do mesmo Poder, ou entre servidores dos três Poderes, ressalvadas as vantagens de caráter individual e as relativas à natureza ou ao local de trabalho.

§ 5º Nenhum servidor receberá remuneração inferior ao salário mínimo. (NR) *(Acrescentado pela Lei n. 11.784, de 22.9.2008, DOU 23.9.2008, Ret. DOU de 2.10.2008 e 31.10.2008)*

Art. 42. Nenhum servidor poderá perceber, mensalmente, a título de remuneração, importância superior à soma dos valores percebidos como remuneração, em espécie, a qualquer título, no âmbito dos respectivos Poderes, pelos Ministros de Estado, por membros do Congresso Nacional e Ministros do Supremo Tribunal Federal.

PARÁGRAFO ÚNICO. Excluem-se do teto de remuneração as vantagens previstas nos incisos II a VII do art. 61.

— V. Decreto n. 3.297, de 17.12.1999 (DOU 20.12.1999, Seção 1, p. 5).

Art. 43. *(Revogado pela Lei n. 9.624, de 2.4.98)*

Art. 44. O servidor perderá:

I — a remuneração do dia em que faltar ao serviço, sem motivo justificado;

II — a parcela de remuneração diária, proporcional aos atrasos, ausências justificadas, ressalvadas as concessões de que trata o art. 97, e saídas antecipadas, salvo na hipótese de compensação de horário, até o mês subsequente ao da ocorrência, a ser estabelecida pela chefia imediata.

PARÁGRAFO ÚNICO. As faltas justificadas decorrentes de caso fortuito ou de força maior poderão ser compensadas a critério da chefia imediata, sendo assim consideradas como efetivo exercício.

— Alterado pela L. n. 9.527, de 10.12.1997, DOU 11.12.1997.

(*) Acrescentado pela L. n. 9.527, de 10.12.1997, DOU 11.12.1997.

(**) Os incisos IV e V foram revogados pela Lei n. 9.527, de 10.12.1997, DOU de 11.12.1997.

Art. 45. Salvo por imposição legal, ou mandado judicial, nenhum desconto incidirá sobre a remuneração ou provento.

§ 1º Mediante autorização do servidor, poderá haver consignação em folha de pagamento em favor de terceiros, a critério da administração e com reposição de custos, na forma definida em regulamento. *(Redação dada pela Lei n. 13.172, de 21.10.2015, DOU 22.10.15)*

§ 2º O total de consignações facultativas de que trata o § 1º não excederá a 35% (trinta e cinco por cento) da remuneração mensal, sendo 5% (cinco por cento) reservados exclusivamente para: *(Redação dada pela Lei n. 13.172, de 21.10.2015, DOU 22.10.15)*

I — a amortização de despesas contraídas por meio de cartão de crédito; ou *(Redação dada pela Lei n. 13.172, de 21.10.2015, DOU 22.10.15)*

II — a utilização com a finalidade de saque por meio do cartão de crédito. *(Redação dada pela Lei n. 13.172, de 21.10.2015, DOU 22.10.15)*

— V. Decreto n. 8.690, de 11.3.16, DOU 14.3.16, que dispõe sobre a gestão das consignações em folha de pagamento no âmbito do sistema de gestão de pessoas do Poder Executivo federal.

Art. 46. As reposições e indenizações ao erário, atualizadas até 30 de junho de 1994, serão previamente comunicadas ao servidor ativo, aposentado ou ao pensionista, para pagamento, no prazo máximo de trinta dias, podendo ser parceladas, a pedido do interessado.

§ 1º O valor de cada parcela não poderá ser inferior ao correspondente a dez por cento da remuneração, provento ou pensão.

§ 2º Quando o pagamento indevido houver ocorrido no mês anterior ao do processamento da folha, a reposição será feita imediatamente, em uma única parcela.

§ 3º Na hipótese de valores recebidos em decorrência de cumprimento a decisão liminar, a tutela antecipada ou a sentença que venha a ser revogada ou rescindida, serão eles atualizados até a data da reposição. (NR) *(Redação dada ao caput e parágrafos pela MP n. 2.225, de 4.9.2001, DOU 5.9.2001).*

Art. 47. O servidor em débito com o erário, que for demitido, exonerado ou que tiver sua aposentadoria ou disponibilidade cassada, terá o prazo de sessenta dias para quitar o débito.

PARÁGRAFO ÚNICO. A não quitação do débito no prazo previsto implicará sua inscrição em dívida ativa. (NR) *(Artigo alterado pela MP n. 2.225, de 4.9.2001, DOU 5.9.2001).*

Art. 48. O vencimento, a remuneração e o provento não serão objeto de arresto, sequestro ou penhora, exceto nos casos de prestação de alimentos resultante de decisão judicial.

CAPÍTULO II
Das Vantagens

Art. 49. Além do vencimento, poderão ser pagas ao servidor as seguintes vantagens:

I — indenizações;

II — gratificações;

III — adicionais.

§ 1º As indenizações não se incorporam ao vencimento ou provento para qualquer efeito.

§ 2º As gratificações e os adicionais incorporam-se ao vencimento ou provento, nos casos e condições indicados em lei.

Art. 50. As vantagens pecuniárias não serão computadas, nem acumuladas, para efeito de concessão de quaisquer outros acréscimos pecuniários ulteriores, sob o mesmo título ou idêntico fundamento.

SEÇÃO I
Das Indenizações

Art. 51. Constituem indenizações ao servidor:

I — ajuda de custo;

II — diárias;

III — transporte.

IV — Auxílio-moradia. (NR) *(Inciso acrescentado pela Lei n. 11.355, de 19.10.2006, DOU 20.10.2006)*

Art. 52. Os valores das indenizações, estabelecidas nos incisos I e III do art. 51 desta Lei, assim como as condições para a sua concessão, serão estabelecidos em regulamento (NR) *(Redação dada Lei n. 11.355, de 19.10.2006, DOU 20.10.2006)*

SUBSEÇÃO I
Da Ajuda de Custo

— V. Decreto n. 4.004, de 8.11.2001, DOU 9.11.2001, que dispõe sobre a concessão de ajuda de custo e de transporte aos servidores públicos civis da União, das autarquias e das fundações públicas federais, e dá outras providências. Referido Decreto sofreu alterações em alguns dos seus dispositivos pelo Decreto n. 4.063, de 26.12.2001 (DOU 27.12.2001).

Art. 53. A ajuda de custo destina-se a compensar as despesas de instalação do servidor que, no interesse do serviço, passar a ter exercício em nova sede, com mudança de domicílio em caráter permanente, vedado o duplo pagamento de indenização, a qualquer tempo, no caso de o cônjuge ou companheiro que detenha também a condição de servidor vier a ter exercício na mesma sede. *(Alterado pela L. n. 9.527, de 10.12.1997, DOU 11.12.1997).*

§ 1º Correm por conta da administração as despesas de transporte de servidor e de sua família, compreendendo passagem, bagagem e bens pessoais.

§ 2º À família do servidor que falecer na nova sede são assegurados ajuda de custo e transporte para a localidade de origem, dentro do prazo de 1 (um) ano, contado do óbito.

§ 3º Não será concedida ajuda de custo nas hipóteses de remoção previstas nos incisos II e III do parágrafo único do art. 36. (NR). *(Redação dada pela Lei n. 12.998, de 18.6.14, DOU 20.6.14)*

Art. 54. A ajuda de custo corresponderá ao valor de um mês de remuneração do servidor na origem ou, na hipótese do *caput* do art. 56, ao valor de uma remuneração mensal do cargo em comissão. (NR) *(Redação dada pela MP n. 805, de 30.10.17, DOU ed. extra 30.10.17)*

Art. 55. Não será concedida ajuda de custo ao servidor que se afastar do cargo, ou reassumi-lo, em virtude de mandato eletivo.

Art. 56. Será concedida ajuda de custo àquele que, não sendo servidor da União, for nomeado para cargo em comissão, com mudança de domicílio.

PARÁGRAFO ÚNICO. No afastamento previsto no inciso I do art. 93, a ajuda de custo será paga pelo órgão cessionário, quando cabível.

Art. 57. O servidor ficará obrigado a restituir a ajuda de custo quando, injustificadamente, não se apresentar na nova sede no prazo de 30 (trinta) dias.

SUBSEÇÃO II
Das Diárias

Art. 58. O servidor que, a serviço, afastar-se da sede em caráter eventual ou transitório para outro ponto do Território Nacional ou para o exterior, fará jus a passagens e diárias destinadas a indenizar as parcelas de despesas extraordinárias com pousada, alimentação e locomoção urbana, conforme dispuser o regulamento.

§ 1º A diária será concedida por dia de afastamento, sendo devida pela metade quando o deslocamento não exigir pernoite fora da sede, ou quando a União custear, por meio diverso, as despesas extraordinárias cobertas por diárias. *(Alterado pela L. n. 9.527, de 10.12.1997, DOU 11.12.1997)*

§ 2º Nos casos em que o deslocamento da sede constituir exigência permanente do cargo, o servidor não fará jus a diárias.

§ 3º Também não fará jus a diárias o servidor que se deslocar dentro da mesma região metropolitana, aglomeração urbana ou microrregião, constituídas por Municípios limítrofes e regularmente instituídas, ou em áreas de controle integrado mantidas com países limítrofes, cuja jurisdição e competência dos órgãos, entidades e servidores brasileiros considera-se estendida, salvo se houver pernoite fora da sede, hipóteses em que as diárias pagas serão sempre as fixadas para os afastamentos dentro do Território Nacional. *(Alterado pela L. n. 9.527, de 10.12.1997, DOU 11.12.1997)*

Art. 59. O servidor que receber diárias e não se afastar da sede, por qualquer motivo, fica obrigado a restituí-las integralmente, no prazo de 5 (cinco) dias.

PARÁGRAFO ÚNICO. Na hipótese de o servidor retornar à sede em prazo menor do que o previsto para o seu afastamento, restituirá as diárias recebidas em excesso, no prazo previsto no *caput*.

SUBSEÇÃO III
Da Indenização de Transporte

Art. 60. Conceder-se-á indenização de transporte ao servidor que realizar despesas com a utilização de meio próprio de locomoção para a execução de serviços externos, por força das atribuições próprias do cargo, conforme se dispuser em regulamento.

— V. Decreto n. 3.184, de 27 de setembro de 1999, que dispõe sobre a concessão de indenização de transporte aos servidores públicos da administração direta, autárquica e fundacional do Poder Executivo da União, de modo a estender a indenização para os ocupantes de cargos em comissão, com a nova redação dada ao art. 1º pelo Decreto n. 7.132, de 19.3.2010 (DOU 22.3.2010)

SUBSEÇÃO IV
Do Auxílio-Moradia

Art. 60-A. O auxílio-moradia consiste no ressarcimento de despesas comprovadamente realizadas pelo servidor com aluguel de moradia ou com meio de hospedagem administrado por empresa hoteleira, no prazo de até dois meses após a comprovação da despesa pelo servidor. (NR) *(Redação dada pela MP n. 805, de 30.10.17, DOU ed. extra 30.10.17)*

Art. 60-B. Conceder-se-á auxílio-moradia ao servidor se atendidos os seguintes requisitos:

I — não exista imóvel funcional disponível para uso pelo servidor;

II — o cônjuge ou companheiro do servidor não ocupe imóvel;

III — o servidor ou seu cônjuge ou companheiro não seja ou tenha sido proprietário, promitente comprador, cessionário de imóvel no Município aonde for exercer o cargo, incluída a hipótese de lote edificado sem averbação de construção, nos 12 (doze) meses que antecederem a sua nomeação;

IV — nenhuma outra pessoa que resida com o servidor receba auxílio-moradia;

V — o servidor tenha se mudado do local de residência para ocupar cargo em comissão ou função de confiança do Grupo-direção e Assessoramento Superiores — DAS, níveis 4, 5 e 6, de Natureza Especial, de Ministro de Estado ou equivalentes;

VI — o Município no qual assuma o cargo em comissão ou função de confiança não se enquadre nas hipóteses previstas no § 3º do art. 58 desta Lei, em relação ao local de residência ou domicílio do servidor;

VII — o servidor não tenha sido domiciliado ou tenha residido no Município, nos últimos 12 (doze) meses, aonde for exercer o cargo em comissão ou função de confiança, desconsiderando-se prazo inferior a 60 (sessenta) dias dentro desse período; e

VIII — o deslocamento não tenha sido por força de alteração de lotação ou nomeação para cargo efetivo.

IX — o deslocamento tenha ocorrido após 30 de junho de 2006 *(Acrescentado pela Lei n. 11.490, de 20.6.2007, DOU 21.6.2007).*

PARÁGRAFO ÚNICO. Para fins do disposto no inciso VII do *caput* deste artigo, não será considerado o prazo no qual o servidor estava ocupando outro cargo em comissão relacionado no inciso V *(Acrescentado pela Lei n. 11.355 de 19.10.2006, DOU 20.10.2006)*

Art. 60-C. O auxílio-moradia não será concedido por prazo superior a 8 (oito) anos dentro de cada período de 12 (doze) anos. *(Revogado pela Lei n. 12.998, de 18.6.2014, DOU 20.6.2014)*

PARÁGRAFO ÚNICO. Transcorrido o prazo de 8 (oito) anos dentro de cada período de 12 (doze) anos, o pagamento somente será retomado se observados, além do disposto no *caput* deste artigo, os requisitos do *caput* do art. 60-B desta Lei, não se aplicando, no caso, o parágrafo único do citado art. 60-B. *(Revogado pela Lei n. 12.998, de 18.6.2014, DOU 20.6.2014)*

Nota: O art. 158, da Lei n. 11.355, de 19.10.2006, DOU 20.10.2006, modificado pela Lei n. 11.490, de 20.6.2007, DOU 21.6.2007, dispõe:

Art. 158. Até 30 de junho de 2008, o valor do auxílio-moradia continuará sendo de, no máximo, R$ 1.800,00 (mil e oitocentos reais). (Redação dada pela Lei n. 11.490, de 20.6.2007, DOU 21.6.2007)

§ 1º Para fins do art. 60-C da Lei n. 8.112, de 11 de dezembro de 1990, não serão considerados os prazos de recebimento do auxílio-moradia anteriores à vigência da Medida Provisória n. 301, de 29 de junho de 2006.

§ 2º Ficam mantidos e convalidados os pagamentos realizados a título de auxílio-moradia com base no art. 1º do Decreto n 1.840, de 20 de março de 1996, observado o disposto no *caput* do art. 60-C da Lei n. 8.112, de 11 de dezembro de 1990. *(Redação dada pela Lei n. 11.490, de 20.6.2007, DOU 21.6.2007)*

Art. 60-D. O valor mensal do auxílio-moradia é limitado a vinte e cinco por cento do valor do cargo em comissão, da função de confiança ou do cargo de Ministro de Estado ocupado. *(Redação dada pela MP n. 805, de 30.10.17, DOU ed. extra 30.10.17)*

§ 1º O valor do auxílio-moradia não poderá superar 25% (vinte e cinco por cento) da remuneração de Ministro de Estado. *(Acrescentado pela Lei n. 11.784, de 2.9.2008, DOU 23.9.2008, Retif. DOU 2 e 31.10.2008)*

§ 2º O valor do auxílio-moradia será reduzido em vinte e cinco pontos percentuais a cada ano, a partir do segundo ano de recebimento, e deixará de ser devido após o quarto ano de recebimento. *(Redação dada pela MP n. 805, de 30.10.17, DOU ed. extra 30.10.17)*

§ 3º O prazo de que trata o § 2º não terá sua contagem suspensa ou interrompida na hipótese de exoneração ou mudança de cargo ou função. *(Redação dada pela MP n. 805, de 30.10.17, DOU ed. extra 30.10.17)*

§ 4º Transcorrido o prazo de quatro anos após encerrado o pagamento do auxílio-moradia, o pagamento poderá ser retomado se novamente vierem a ser atendidos os requisitos do art. 60-B. (NR) *(Redação dada pela MP n. 805, de 30.10.17, DOU ed. extra 30.10.17)*

Art. 60-E. No caso de falecimento, exoneração, colocação de imóvel funcional à disposição do servidor ou aquisição de imóvel, o auxílio-moradia poderá ser mantido por um mês, limitado ao valor pago no mês anterior. (NR) *(Redação dada pela MP n. 805, de 30.10.17, DOU ed. extra 30.10.17)*

SEÇÃO II

Das Gratificações e Adicionais

Art. 61. Além do vencimento e das vantagens previstas nesta Lei, serão deferidos aos servidores as seguintes retribuições, gratificações e adicionais:

I — retribuição pelo exercício de função de direção, chefia e assessoramento;

II — gratificação natalina;

III — adicional por tempo de serviço; *(Inciso revogado pela MP n. 2.225, de 4.9.2001, DOU 5.9.2001)*

IV — adicional pelo exercício de atividades insalubres, perigosas ou penosas;

V — adicional pela prestação de serviço extraordinário;

VI — adicional noturno;

VII — adicional de férias;

VIII — outros, relativos ao local ou à natureza do trabalho.

— *Alterado pela L. n. 9.527, de 10.12.1997, DOU 11.12.1997.*

IX — gratificação por encargo de curso ou concurso. (NR) *(Acrescentado pela Lei n. 11.314, de 3.7.2006, DOU 4.7.2006)*

SUBSEÇÃO I

Da Retribuição pelo Exercício de Função de Direção, Chefia e/ou Assessoramento

Art. 62. Ao servidor ocupante de cargo efetivo investido em função de direção, chefia ou assessoramento, cargo de provimento em comissão ou de Natureza Especial é devida retribuição pelo seu exercício.

PARÁGRAFO ÚNICO. Lei específica estabelecerá a remuneração dos cargos em comissão de que trata o inciso II do art. 9º.

— *Alterado pela L. n. 9.527, de 10.12.1997, DOU 11.12.1997.*

Art. 62-A. Fica transformada em Vantagem Pessoal Nominalmente Identificada — VPNI a incorporação da retribuição pelo exercício de função de direção, chefia ou assessoramento, cargo de provimento em comissão ou de Natureza Especial a que se referem os arts. 3º e 10 da Lei n. 8.911, de 11 de julho de 1994, e o art. 3º da Lei n. 9.624, de 2 de abril de 1998.

PARÁGRAFO ÚNICO. A VPNI de que trata o *caput* deste artigo somente estará sujeita às revisões gerais de remuneração dos servidores públicos federais. (NR) *(Artigo e parágrafo acrescentado pela MP n. 2.225, de 4.9.2001, DOU 5.9.2001).*

SUBSEÇÃO II

Da Gratificação Natalina

Art. 63. A gratificação natalina corresponde a 1/12 (um doze avos) da remuneração a que o servidor fizer jus no mês de dezembro, por mês de exercício no respectivo ano.

PARÁGRAFO ÚNICO. A fração igual ou superior a 15 (quinze) dias será considerada como mês integral.

Art. 64. A gratificação será paga até o dia 20 (vinte) do mês de dezembro de cada ano.

PARÁGRAFO ÚNICO. (Vetado).

Art. 65. O servidor exonerado perceberá sua gratificação natalina, proporcionalmente aos meses de exercício, calculada sobre a remuneração do mês da exoneração.

Art. 66. A gratificação natalina não será considerada para cálculo de qualquer vantagem pecuniária.

SUBSEÇÃO III

Do Adicional por Tempo de Serviço

Art. 67. O adicional por tempo de serviço é devido à razão de cinco por cento a cada cinco anos de serviço público efetivo prestado à União, às autarquias e às fundações públicas federais, observado o limite máximo de 35% incidente exclusivamente sobre o vencimento básico do cargo efetivo, ainda que investido o servidor em função ou cargo de confiança.

PARÁGRAFO ÚNICO. O servidor fará jus ao adicional a partir do mês em que completar o quinquênio.

— Alterado pela L. n. 9.527, de 10.12.1997, DOU 11.12.1997.

— Artigo revogado pela MP n. 2.225, de 4.9.2001, DOU 5.9.2001, respeitadas as situações constituídas até 8 de março de 1999.

SUBSEÇÃO IV

Dos Adicionais de Insalubridade, Periculosidade ou Atividades Penosas

Art. 68. Os servidores que trabalhem com habitualidade em locais insalubres, perigosos ou em contato permanente com substâncias tóxicas, radioativas, ou com risco de vida, fazem jus a um adicional, conforme os valores abaixo:

I — grau de exposição mínimo de insalubridade: R$ 100,00;

II — grau de exposição médio de insalubridade: R$ 180,00;

III — grau de exposição máximo de insalubridade: R$ 260,00; e

IV — periculosidade: R$ 180,00

...." (NR) *(Alterado pela Medida Provisória n. 568, de 11 de maio de 2012, DOU 14.5.2012)*

§ 1º O servidor que fizer jus aos adicionais de insalubridade e de periculosidade deverá optar por um deles.

§ 2º O direito ao adicional de insalubridade ou periculosidade cessa com a eliminação das condições ou dos riscos que deram causa a sua concessão.

Nota: O art. 87, da Medida Provisória n. 568 dispõe:

"Art. 87. Caso o disposto nesta seção acarrete redução do valor global da remuneração total de servidor ativo que, na data de entrada em vigor desta Lei, vinha recebendo adicional de insalubridade ou de periculosidade, a diferença será paga a título de vantagem pessoal nominalmente identificada de, conforme o caso, adicional de insalubridade ou de periculosidade, de natureza provisória, que será gradativamente absorvida por ocasião do desenvolvimento no cargo por progressão ou promoção ordinária ou extraordinária, da reorganização ou da reestruturação dos cargos ou das remunerações previstas nesta Lei, da concessão de reajuste ou vantagem de qualquer natureza, sem prejuízo da supressão imediata na hipótese do art. 68, § 2º, da Lei n. 8.112, de 1990".

Art. 69. Haverá permanente controle da atividade de servidores em operações ou locais considerados penosos, insalubres ou perigosos.

PARÁGRAFO ÚNICO. A servidora gestante ou lactante será afastada, enquanto durar a gestação e a lactação, das operações e locais previstos neste artigo, exercendo suas atividades em local salubre e em serviço não penoso e não perigoso.

Art. 70. Na concessão dos adicionais de atividades penosas, de insalubridade e de periculosidade, serão observadas as situações estabelecidas em legislação específica.

— *Ver art. 12 da Lei n. 8.270/91, DOU de 19.12.1991.*

— *V. Portaria n. 257, de 20.4.16, DOU 22.4.16, que regulamenta o pagamento do Adicional de Atividade Penosa de que tratam os arts. 70 e 71 da Lei n. 8.112, de 11 de dezembro de 1990. (Não publicada nesta obra)*

Art. 71. O adicional de atividade penosa será devido aos servidores em exercício em zonas de fronteira ou em localidades cujas condições de vida o justifiquem, nos termos, condições e limites fixados em regulamento.

Art. 72. Os locais de trabalho e os servidores que operam com Raios X ou substâncias radioativas serão mantidos sob controle permanente, de modo que as doses de radiação ionizante não ultrapassem o nível máximo previsto na legislação própria.

PARÁGRAFO ÚNICO. Os servidores a que se refere este artigo serão submetidos a exames médicos a cada 6 (seis) meses.

SUBSEÇÃO V

Do Adicional por Serviço Extraordinário

Art. 73. O serviço extraordinário será remunerado com acréscimo de 50% (cinquenta por cento) em relação à hora normal de trabalho.

Art. 74. Somente será permitido serviço extraordinário para atender a situações excepcionais e temporárias, respeitado o limite máximo de 2 (duas) horas por jornada.

SUBSEÇÃO VI

Do Adicional Noturno

Art. 75. O serviço noturno, prestado em horário compreendido entre 22 (vinte e duas) horas de um dia e 5 (cinco) horas do dia seguinte, terá o valor-hora acrescido de 25% (vinte e cinco por cento), computando-se cada hora como cinquenta e dois minutos e trinta segundos.

PARÁGRAFO ÚNICO. Em se tratando de serviço extraordinário, o acréscimo de que trata este artigo incidirá sobre a remuneração prevista no art. 73.

SUBSEÇÃO VII
Do Adicional de Férias

Art. 76. Independentemente de solicitação, será pago ao servidor, por ocasião das férias, um adicional correspondente a 1/3 (um terço) da remuneração do período das férias.

PARÁGRAFO ÚNICO. No caso de o servidor exercer função de direção, chefia ou assessoramento, ou ocupar cargo em comissão, a respectiva vantagem será considerada no cálculo do adicional de que trata este artigo.

SUBSEÇÃO VIII
Da Gratificação por Encargo de Curso ou Concurso(*)

Art. 76-A. A Gratificação por Encargo de Curso ou Concurso é devida ao servidor que, em caráter eventual:

I — atuar como instrutor em curso de formação, de desenvolvimento ou de treinamento regularmente instituído no âmbito da administração pública federal;

II — participar de banca examinadora ou de comissão para exames orais, para análise curricular, para correção de provas discursivas, para elaboração de questões de provas ou para julgamento de recursos intentados por candidatos;

III — participar da logística de preparação e de realização de concurso público envolvendo atividades de planejamento, coordenação, supervisão, execução e avaliação de resultado, quando tais atividades não estiverem incluídas entre as suas atribuições permanentes;

IV — participar da aplicação, fiscalizar ou avaliar provas de exame vestibular ou de concurso público ou supervisionar essas atividades.

§ 1º Os critérios de concessão e os limites da gratificação de que trata este artigo serão fixados em regulamento, observados os seguintes parâmetros:

I — o valor da gratificação será calculado em horas, observadas a natureza e a complexidade da atividade exercida;

II — a retribuição não poderá ser superior ao equivalente a 120 (cento e vinte) horas de trabalho anuais, ressalvada situação de excepcionalidade, devidamente justificada e previamente aprovada pela autoridade máxima do órgão ou entidade, que poderá autorizar o acréscimo de até 120 (cento e vinte) horas de trabalho anuais;

III — o valor máximo da hora trabalhada corresponderá aos seguintes percentuais, incidentes sobre o maior vencimento básico da administração pública federal:

a) 2,2% (dois inteiros e dois décimos por cento), em se tratando de atividades previstas nos incisos I e II do *caput* deste artigo; *(Redação dada pela Lei n. 11.501, de 11.7.2007, DOU 12.7.2007)*

b) 1,2% (um inteiro e dois décimos por cento), em se tratando de atividade prevista nos incisos III e IV do *caput* deste artigo. *(Redação dada pela Lei n. 11.501, de 11.7.2007, DOU 12.7.2007)*

§ 2º A Gratificação por Encargo de Curso ou Concurso somente será paga se as atividades referidas nos incisos do *caput* deste artigo forem exercidas sem prejuízo das atribuições do cargo de que o servidor for titular, devendo ser objeto de compensação de carga horária quando desempenhadas durante a jornada de trabalho, na forma do § 4º do art. 98 desta Lei.

§ 3º A Gratificação por Encargo de Curso ou Concurso não se incorpora ao vencimento ou salário do servidor para qualquer efeito e não poderá ser utilizada como base de cálculo para quaisquer outras vantagens, inclusive para fins de cálculo dos proventos da aposentadoria e das pensões. *(Artigo acrescentado pela Lei n. 11.314, de 3.7.2006, DOU 4.7.2006)*

(*) Subseção acrescentada pela Lei n. 11.314, de 3.7.2006, DOU 4.7.2006.

CAPÍTULO III
Das Férias

Art. 77. O servidor fará jus a trinta dias de férias, que podem ser acumuladas, até o máximo de dois períodos, no caso de necessidade do serviço, ressalvadas as hipóteses em que haja legislação específica.

§ 1º Para o primeiro período aquisitivo de férias serão exigidos 12 (doze) meses de exercício.

§ 2º É vedado levar à conta de férias qualquer falta ao serviço.

§ 3º As férias poderão ser parceladas em até três etapas, desde que assim requeridas pelo servidor, e no interesse da administração pública.

— Alterados pela L. n. 9. 525, de 3.12.1997, DOU 4.12.1997.

Art. 78. O pagamento da remuneração das férias será efetuado até 2 (dois) dias antes do início do respectivo período, observando-se o disposto no § 1º deste artigo.

§ 3º O servidor exonerado do cargo efetivo, ou em comissão, perceberá indenização relativa ao período das férias a que tiver direito e ao incompleto, na proporção de um doze avos por mês de efetivo exercício, ou fração superior a quatorze dias. *(Redação da L. n. 8.216, de 13.8.1991).*

§ 4º A indenização será calculada com base na remuneração do mês em que for publicado o ato exoneratório. *(Redação da L. n. 8.216, de 13.8.1991).*

§ 5º Em caso de parcelamento, o servidor receberá o valor adicional previsto no inciso XVII, do art. 7º da Constituição Federal quando da utilização do primeiro período.

— Os parágrafos 1º e 2º foram revogados e acrescentado o § 5º pela Lei n. 9.527, de 10.12.1997, DOU 11.12.1997.

Art. 79. O servidor que opera direta e permanentemente com Raios X ou substâncias radioativas gozará 20 (vinte) dias consecutivos de férias, por semestre de atividade profissional, proibida em qualquer hipótese a acumulação.

— O parágrafo único deste artigo foi revogado pela L. n. 9.527, de 10.12.1997, DOU 11.12.1997.

Art. 80. As férias somente poderão ser interrompidas por motivo de calamidade pública, comoção interna, convocação para júri, serviço militar ou eleitoral, ou por necessidade do serviço declarada pela autoridade máxima do órgão ou entidade.

PARÁGRAFO ÚNICO. O restante do período interrompido será gozado de uma só vez, observado o disposto no art. 77.

— Alterado pela L. n. 9.527, de 10.12.1997, DOU 11.12.1997.

Dispõe o art. 2º da Lei n. 9.525, de 2.12.1997, DOU 4.12.1997: "Art. 2º Aplica-se aos Ministros de Estado o disposto nos arts. 77, 78 e 80 da Lei n. 8.112, de 11 de dezembro de 1990, exceto quanto ao limite de parcelamento das férias, cabendo àquelas autoridades dar ciência prévia ao Presidente da República de cada período a ser utilizado. *(Redação dada pela Medida Provisória n. 2.225-45, de 4.9.2001)*

CAPÍTULO IV
Das Licenças

SEÇÃO I
Disposições Gerais

Art. 81. Conceder-se-á ao servidor licença:

I — por motivo de doença em pessoa da família;

II — por motivo de afastamento do cônjuge ou companheiro;

III — para o serviço militar;

IV — para atividade política;

V — para capacitação; *(Alterado pela L. n. 9. 527, de 10.12.1997, DOU 11.12.1997)*;

VI — para tratar de interesses particulares;

VII — para desempenho de mandato classista.

§ 1º A licença prevista no inciso I do *caput* deste artigo bem como cada uma de suas prorrogações serão precedidas de exame por perícia médica oficial, observado o disposto no art. 204 desta Lei. *(Redação dada pela Lei n. 11.907, de 2.2.2009, DOU 3.2.2009)*

§ 2º O servidor não poderá permanecer em licença da mesma espécie por período superior a 24 (vinte e quatro) meses, salvo nos casos dos incisos II, III, IV e VII.(**)

§ 3º É vedado o exercício de atividade remunerada durante o período da licença prevista no inciso I deste artigo.

Art. 82. A licença concedida dentro de 60 (sessenta) dias do término de outra da mesma espécie será considerada como prorrogação.

SEÇÃO II
Da Licença por Motivo de Doença em Pessoa da Família

Art. 83. Poderá ser concedida licença ao servidor por motivo de doença do cônjuge ou companheiro, dos pais, dos filhos, do padrasto ou madrasta e enteado, ou dependente que viva a suas expensas e conste do seu assentamento funcional, mediante comprovação por perícia médica oficial. *(Redação dada pela Lei n. 11.907, de 2.2.2009, DOU 3.2.2009)*

§ 1º A licença somente será deferida se a assistência direta do servidor for indispensável e não puder ser prestada simultaneamente com o exercício do cargo ou mediante compensação de horário, na forma do disposto no inciso II do art. 44. *(Alterado pela L. n. 9.527, de 10.12.1997, DOU 11.12.1997)*

§ 2º A licença de que trata o *caput*, incluídas as prorrogações, poderá ser concedida a cada período de doze meses nas seguintes condições:

I — por até 60 (sessenta) dias, consecutivos ou não, mantida a remuneração do servidor; e *(Redação dada pela Lei n. 12.269, de 21.6.2010, DOU 22.6.2010)*

II — por até 90 (noventa) dias, consecutivos ou não, sem remuneração. *(Redação dada pela Lei n. 12.269, de 21.6.2010, DOU 22.6.2010)*

§ 3º O início do interstício de 12 (doze) meses será contado a partir da data do deferimento da primeira licença concedida. *(Redação dada pela Lei n. 12.269, de 21.6.2010, DOU 22.6.2010)*

§ 4º A soma das licenças remuneradas e das licenças não remuneradas, incluídas as respectivas prorrogações, concedidas em um mesmo período de 12 (doze) meses, observado o disposto no § 3º, não poderá ultrapassar os limites estabelecidos nos incisos I e II do § 2º. (NR) *(Acrescentado pela Lei n. 12.269, de 21.6.2010, DOU 22.6.2010)*

Nota: O art. 24, da Lei n. 12.269, de 21 de junho de 2010, dispõe:

"Art. 24. Para fins de aplicação do disposto no § 3º do art. 83 da Lei n. 8.112, de 11 dezembro de 1990, com a redação dada por esta Lei, será considerado como início do interstício a data da primeira licença por motivo de doença em pessoa da família concedida a partir de 29 de dezembro de 2009.

Parágrafo único. Sem prejuízo do disposto no caput, serão considerados como de efetivo exercício, para todos os fins, os períodos de gozo de licença a partir de 12 de dezembro de 1990 cuja duração máxima, em cada período de 12 (doze) meses a contar da data da primeira licença gozada, seja de até 30 (trinta) dias."

SEÇÃO III
Da Licença por Motivo de Afastamento do Cônjuge

Art. 84. Poderá ser concedida licença ao servidor para acompanhar cônjuge ou companheiro que foi deslocado para outro ponto do território nacional, para o exterior ou para o exercício de mandato eletivo dos Poderes Executivo e Legislativo.

§ 1º A licença será por prazo indeterminado e sem remuneração.

(**) O § 2º foi revogado pela L. n. 9.527, de 10.12.1997, DOU 11.12.1997.

Legislação Complementar

§ 2º No deslocamento de servidor cujo cônjuge ou companheiro também seja servidor público, civil ou militar, de qualquer dos Poderes da União, dos Estados, do Distrito Federal e dos Municípios, poderá haver exercício provisório em órgão ou entidade da Administração Federal direta, autárquica ou fundacional, desde que para o exercício de atividade compatível com o seu cargo. *(Alterado pela L. 9.527, de 10.12.1997, DOU 11.12.1997).*

SEÇÃO IV
Da Licença para o Serviço Militar

Art. 85. Ao servidor convocado para o serviço militar será concedida licença, na forma e condições previstas na legislação específica.

PARÁGRAFO ÚNICO. Concluído o serviço militar, o servidor terá até 30 (trinta) dias sem remuneração para reassumir o exercício do cargo.

SEÇÃO V
Da Licença para Atividade Política

Art. 86. O servidor terá direito à licença, sem remuneração, durante o período que mediar entre a sua escolha em convenção partidária, como candidato a cargo eletivo, e a véspera do registro de sua candidatura perante a Justiça Eleitoral.

§ 1º O servidor candidato a cargo eletivo na localidade onde desempenha suas funções e que exerça cargo de direção, chefia, assessoramento, arrecadação ou fiscalização, dele será afastado, a partir do dia imediato ao do registro de sua candidatura perante a Justiça Eleitoral, até o décimo dia seguinte ao do pleito.

§ 2º A partir do registro da candidatura e até o décimo dia seguinte ao da eleição, o servidor fará jus à licença, assegurados os vencimentos do cargo efetivo, somente pelo período de três meses.

— §§ 1º e 2º, alterados pela L. n. 9.527, de 10.12.1997, DOU 11.12.1997.

SEÇÃO VI
Da Licença para Capacitação

Art. 87. Após cada quinquênio de efetivo exercício, o servidor poderá, no interesse da Administração, afastar-se do exercício do cargo efetivo, com a respectiva remuneração, por até três meses, para participar de curso de capacitação profissional.

PARÁGRAFO ÚNICO. Os períodos de licença de que trata o *caput* não são acumuláveis.

— Alterado pela L. n. 9.527, de 10.12.1997, DOU 11.12.1997.

Arts. 88. e 89. *(Revogados pela Lei n. 9.527, de 10.12.1997, DOU de 12.12.1997)*

Art. 90. *(Vetado).*

SEÇÃO VII
Da Licença para tratar de Interesses Particulares

Art. 91. A critério da Administração, poderão ser concedidas ao servidor ocupante de cargo efetivo, desde que não esteja em estágio probatório, licenças para o trato de assuntos particulares pelo prazo de até três anos consecutivos, sem remuneração.

§ 1º A licença poderá ser interrompida, a qualquer tempo, a pedido do servidor ou a interesse do serviço público. *(Renumerado pela Medida Provisória n. 792, de 26.7.17, DOU 27.7.17)*

§ 2º A licença suspenderá o vínculo com a administração pública federal e, durante esse período, o disposto nos arts. 116 e 117 não se aplica ao servidor licenciado. (NR) *(Incluído pela Medida Provisória n. 792, de 26.7.17, DOU 27.7.17)*

SEÇÃO VIII
Da Licença para o Desempenho de Mandato Classista

Art. 92. É assegurado ao servidor o direito à licença sem remuneração para o desempenho de mandato em confederação, federação, associação de classe de âmbito nacional, sindicato representativo da categoria ou entidade fiscalizadora da profissão ou, ainda, para participar de gerência ou administração em sociedade cooperativa constituída por servidores públicos para prestar serviços a seus membros, observado o disposto na alínea c do inciso VIII do art. 102 desta Lei, conforme disposto em regulamento e observados os seguintes limites: *(Redação dada pela Lei n. 11.094, de 13.1.2005, DOU 14.1.2005 e retificada DOU 17.201.05)*

I — para entidades com até 5.000 (cinco mil) associados, 2 (dois) servidores;

II — para entidades com 5.001 (cinco mil e um) a 30.000 (trinta mil) associados, 4 (quatro) servidores;

III — para entidades com mais de 30.000 (trinta mil) associados, 8 (oito) servidores.

§ 1º Somente poderão ser licenciados os servidores eleitos para cargos de direção ou de representação nas referidas entidades, desde que cadastrados no órgão competente.

§ 2º A licença terá duração igual à do mandato, podendo ser renovada, no caso de reeleição. (NR) *(Alteração dada pela Lei n. 12.998, de 18.6.14, DOU 20.6.14)*

CAPÍTULO V
Dos Afastamentos

SEÇÃO I
Do Afastamento para servir a Outro Órgão ou Entidade

— V. Decreto n. 4.050, de 12.12.2001, DOU 13.12.2001, não publicado nesta obra, que regulamenta o art. 93, da Lei n. 8.112, de 11.12.1990, que dispõe sobre a cessão de servidores de órgãos e entidades da Administração Pública Federal, direta, autárquica e fundacional, e dá outras providências.

— V. Decreto n. 4.493, de 3.12.2002 (DOU 4.12.2002)

— V. Decreto n. 4.587, de 7.2.03 (LTr 67-02/256)

— V. Decreto n. 5.213, de 24.9.2004, DOU 27.9.2004 Tais Decretos modificam dispositivos do Decreto n. 4.050 de 12.12.2001

Art. 93. O servidor poderá ser cedido para ter exercício em outro órgão ou órgão ou entidade dos Poderes da União, dos Estados, ou do Distrito Federal e dos Municípios, nas seguintes hipóteses:

I — para exercício de cargo em comissão ou função de confiança;

II — em casos previstos em leis específicas.

§ 1º Na hipótese do inciso I, sendo a cessão para órgãos ou entidades dos Estados, do Distrito Federal ou dos Municípios, o ônus da remuneração será do órgão ou entidade cessionária, mantido o ônus para o cedente nos demais casos.

§ 2º Na hipótese de o servidor cedido à empresa pública ou sociedade de economia mista, nos termos das respectivas normas, optar pela remuneração do cargo efetivo ou pela remuneração do cargo efetivo acrescida de percentual da retribuição do cargo em comissão, a entidade cessionária efetuará o reembolso das despesas realizadas pelo órgão ou entidade de origem. *(Redação dada pela Lei n. 11.355, de 19.10.2006, DOU 20.10.2006)*

§ 3º A cessão far-se-á mediante Portaria publicada no Diário Oficial da União.

§ 4º Mediante autorização expressa do Presidente da República, o servidor do Poder Executivo poderá ter exercício em outro órgão da Administração Federal direta que não tenha quadro próprio de pessoal, para fim determinado e a prazo certo. *(Redação do art. 93, incisos e §§ 3º e 4º dada pela L. n. 8.270, de 17.12.1991, DOU 19.12.1991, LTr 56-01/126).*

§ 5º Aplica-se à União, em se tratando de empregado ou servidor por ela requisitado, as disposições dos §§ 1º e 2º deste artigo.

§ 6º As cessões de empregados de empresa pública ou de sociedade de economia mista, que receba recursos de Tesouro Nacional para o custeio total ou parcial da sua folha de pagamento de pessoal, independem das disposições contidas nos incisos I e II e §§ 1º e 2º deste artigo, ficando o exercício do empregado cedido condicionado a autorização específica do Ministério do Planejamento, Orçamento e Gestão, exceto nos casos de ocupação de cargo em comissão ou função gratificada. *(Acrescentado pela L. n. 9.527, de 10.12.1997, DOU 11.12.1997)*

§ 7º O Ministério do Planejamento, Orçamento e Gestão, com a finalidade de promover a composição da força de trabalho dos órgãos e entidades da Administração Pública Federal, poderá determinar a lotação ou o exercício de empregado ou servidor, independentemente da observância do constante no inciso I e nos §§ 1º e 2º deste artigo. (NR)*(Acrescentado pela L. n. 9.527, de 10.12.1997, DOU 11.12.1997) (Redação do § 5º e inclusão dos §§ 6º e 7º pela Lei n. 10.470, de 25.6.2002, DOU 26.6.2002).*

— V. Decreto n. 5.375, de 17.2.2005, DOU 18.2.2005, que dispõe sobre a aplicação do § 7º desta lei, para compor força de trabalho, no âmbito dos projetos que especifica, e dá outras providências (não publicada nesta obra)

— V. Decreto n. 4.050, de 12.12.2001, DOU 13.2.2001, não publicada nesta obra, com alteração pelo Decreto n. 8.835, de 15.8.16, DOU 16.8.16, que regulamenta o art. 93 da Lei n. 8.112/1990, que dispõe sobre a cessão de servidores de órgãos e entidades da administração pública federal, direta, autárquica e fundacional.

SEÇÃO II
Do Afastamento para Exercício de Mandato Eletivo

Art. 94. Ao servidor investido em mandato eletivo aplicam-se as seguintes disposições:

I — tratando-se de mandato federal, estadual ou distrital, ficará afastado do cargo;

II — investido no mandato de Prefeito, será afastado do cargo, sendo-lhe facultado optar pela sua remuneração;

III — investido no mandato de vereador:

a) havendo compatibilidade de horário, perceberá as vantagens de seu cargo, sem prejuízo da remuneração do cargo eletivo;

b) não havendo compatibilidade de horário, será afastado do cargo, sendo-lhe facultado optar pela sua remuneração.

§ 1º No caso de afastamento do cargo, o servidor contribuirá para a seguridade social como se em exercício estivesse.

§ 2º O servidor investido em mandato eletivo ou classista não poderá ser removido ou redistribuído de ofício para localidade diversa daquela onde exerce o mandato.

SEÇÃO III
Do Afastamento para Estudo ou Missão no Exterior

Art. 95. O servidor não poderá ausentar-se do País para estudo ou missão oficial, sem autorização do Presidente da República, Presidente dos Órgãos do Poder Legislativo e Presidente do Supremo Tribunal Federal.

§ 1º A ausência não excederá a 4 (quatro) anos, e finda a missão ou estudo, somente decorrido igual período, será permitida nova ausência.

§ 2º Ao servidor beneficiado pelo disposto neste artigo não será concedida exoneração ou licença para tratar de interesse particular antes de decorrido período igual ao do afastamento, ressalvada a hipótese de ressarcimento da despesa havida com seu afastamento.

§ 3º O disposto neste artigo não se aplica aos servidores da carreira diplomática.

§ 4º As hipóteses, condições e formas para a autorização de que trata este artigo, inclusive no que se refere à remuneração do servidor, serão disciplinadas em regulamento.(*)

Art. 96. O afastamento de servidor para servir em organismo internacional de que o

Brasil participe ou com o qual coopere dar-se-á com perda total da remuneração.

— V. Decreto n. 3.456, de 10.5.2000, DOU 11.5.2000.

SEÇÃO IV
Do Afastamento para Participação em Programa de Pós-Graduação Stricto Sensu *no país*
(Seção acrescida pela Lei n. 11.907, de 2.2.2009, DOU 3.2.2009)

Art. 96-A. O servidor poderá, no interesse da Administração, e desde que a participação não possa ocorrer simultaneamente com o exercício do cargo ou mediante compensação de horário, afastar-se do exercício do cargo efetivo, com a respectiva remuneração, para participar em programa de pós-graduação *stricto sensu* em instituição de ensino superior no País.

§ 1º Ato do dirigente máximo do órgão ou entidade definirá, em conformidade com a legislação vigente, os programas de capacitação e os critérios para participação em programas de pós-graduação no País, com ou sem afastamento do servidor, que serão avaliados por um comitê constituído para este fim.

§ 2º Os afastamentos para realização de programas de mestrado e doutorado somente serão concedidos aos servidores titulares de cargos efetivos no respectivo órgão ou entidade há pelo menos 3 (três) anos para mestrado e 4 (quatro) anos para doutorado, incluído o período de estágio probatório, que não tenham se afastado por licença para tratar de assuntos particulares para gozo de licença capacitação ou com fundamento neste artigo nos 2 (dois) anos anteriores à data da solicitação de afastamento.

§ 3º Os afastamentos para realização de programas de pós-doutorado somente serão concedidos aos servidores titulares de cargos efetivo no respectivo órgão ou entidade há pelo menos quatro anos, incluído o período de estágio probatório, e que não tenham se afastado por licença para tratar de assuntos particulares ou com fundamento neste artigo, nos quatro anos anteriores à data da solicitação de afastamento. (NR) *(Redação dada pela Lei n. 12.269, de 21.6.2010, DOU 22.6.2010)*

§ 4º Os servidores beneficiados pelos afastamentos previstos nos §§ 1º, 2º e 3º deste artigo terão que permanecer no exercício de suas funções após o seu retorno por um período igual ao do afastamento concedido.

§ 5º Caso o servidor venha a solicitar exoneração do cargo ou aposentadoria, antes de cumprido o período de permanência previsto no § 4º deste artigo, deverá ressarcir o órgão ou entidade, na forma do art. 47 da Lei n. 8.112, de 11 de dezembro de 1990, dos gastos com seu aperfeiçoamento.

§ 6º Caso o servidor não obtenha o título ou grau que justificou seu afastamento no período previsto, aplica-se o disposto no § 5º deste artigo, salvo na hipótese comprovada de força maior ou de caso fortuito, a critério do dirigente máximo do órgão ou entidade.

§ 7º Aplica-se à participação em programa de pós-graduação no Exterior, autorizado nos termos do art. 95 desta Lei, o disposto nos §§ 1º a 6º deste artigo. *(Acrescentado pela Lei n. 11.907, de 2.2.2009, DOU 3.2.2009)*

CAPÍTULO VI
Das Concessões

Art. 97. Sem qualquer prejuízo, poderá o servidor ausentar-se do serviço: *(Redação dada pela MP n. 632, de 24.12.2013, DOU 26.12.2013)*

I — por 1 (um) dia, para doação de sangue;

II — pelo período comprovadamente necessário para alistamento ou recadastramento eleitoral, limitado, em qualquer caso, a 2 (dois) dias; e (NR). *(Alteração dada pela Lei n. 12.998, de 18.6.14, DOU 20.6.14)*

III — por 8 (oito) dias consecutivos em razão de:

a) casamento;

b) falecimento do cônjuge, companheiro, pais, madrasta ou padrasto, filhos, enteados, menor sob guarda ou tutela e irmãos.

Art. 98. Será concedido horário especial ao servidor estudante, quando comprovada a incompatibilidade entre o horário escolar e o da repartição, sem prejuízo do exercício do cargo.

§ 1º Para efeito do disposto neste artigo, será exigida a compensação de horário no órgão ou entidade que tiver exercício, respeitada a duração semanal do trabalho. *(Alterado pela L. n. 9.527, de 10.12.1997, DOU 11.12.1997)*

§ 2º Também será concedido horário especial ao servidor portador de deficiência, quando comprovada a necessidade por junta médica oficial, independentemente de compensação de horário. *(Redação dada pela Lei n. 9.527, de 10.12.1997, DOU 11.12.1997).*

§ 3º As disposições constantes do § 2º são extensivas ao servidor que tenha cônjuge, filho ou dependente com deficiência. (NR) *(Redação dada pela Lei n. 13.370, de 12.12.2016, DOU 13.12.2016)*

§ 4º Será igualmente concedido horário especial, vinculado à compensação de horário a ser efetivada no prazo de até 1 (um) ano, ao servidor que desempenhe atividade prevista nos incisos I e II do *caput* do art. 76-A desta Lei. (NR) *(Redação dada pela Lei n. 11.501, de 11.7.2007, DOU 12.7.2007)*

Art. 99. Ao servidor estudante que mudar de sede no interesse da administração é assegurada, na localidade da nova residência ou na mais próxima, matrícula em instituição de ensino congênere, em qualquer época, independentemente de vaga.

PARÁGRAFO ÚNICO. O disposto neste artigo estende-se ao cônjuge ou companheiro, aos filhos, ou enteados do servidor que vivam na sua companhia, bem como aos menores sob sua guarda, com autorização judicial.

CAPÍTULO VII
Do Tempo de Serviço

Art. 100. É contado para todos os efeitos o tempo de serviço público federal, inclusive o prestado às Forças Armadas.

Art. 101. A apuração do tempo de serviço será feita em dias, que serão convertidos em anos, considerado o ano como de trezentos e sessenta e cinco dias.

— O parágrafo único foi revogado pela Lei n. 9.527, de 10.12.1997, DOU de 11.12.1997.

Art. 102. Além das ausências ao serviço previstas no art. 97, são considerados como de efetivo exercício os afastamentos em virtude de:

I — férias;

II — exercício de cargo em comissão ou equivalente, em órgão ou entidade dos Poderes da União, dos Estados, Municípios e Distrito Federal;

III — exercício de cargo ou função de governo ou administração, em qualquer parte do território nacional, por nomeação do Presidente da República;

IV — participação em programa de treinamento regularmente instituído ou em programa de pós-graduação *stricto sensu* no País, conforme dispuser o regulamento; *(Redação dada pela Lei n. 11.907, de 2.2.2009, DOU 3.2.2009)*

V — desempenho de mandato eletivo federal, estadual, municipal ou do Distrito Federal, exceto para promoção por merecimento;

VI — júri e outros serviços obrigatórios por lei;

VII — missão ou estudo no exterior, quando autorizado o afastamento, conforme dispuser o regulamento; *(Alterado pela L. n. 9.527, de 10.12.1997, DOU 11.12.1997)*

VIII — licença:

a) à gestante, à adotante e à paternidade;

b) para tratamento da própria saúde, até o limite de vinte e quatro meses, cumulativo ao longo do tempo de serviço público prestado à União, em cargo de provimento efetivo; *(Alterado pela L. n. 9.527, de 10.12.1997, DOU 11.12.1997)*

c) para o desempenho de mandato classista ou participação de gerência ou administração em sociedade cooperativa constituída por servidores para prestar serviços a seus membros, exceto para efeito de promoção por merecimento; *(Redação dada pela Lei n. 11.094, de 13.1.2005, DOU 14.1.2005, retificada no DOU 17.1.2005)*

d) por motivo de acidente em serviço ou doença profissional;

e) para capacitação, conforme dispuser o regulamento; *(Alterado pela L. n. 9.527, de 10.12.1997, DOU 11.12.1997)*

f) por convocação para o serviço militar;

IX — deslocamento para a nova sede de que trata o art. 18;

X — participação em competição desportiva nacional ou convocação para integrar representação desportiva nacional, no País ou no exterior, conforme disposto em lei específica.

XI — afastamento para servir em organismo internacional de que o Brasil participe ou com o qual coopere. *(Alterado pela L. n. 9.527, de 10.12.1997, DOU 11.12.1997)*

Art. 103. Contar-se-á apenas para efeito de aposentadoria e disponibilidade:

I — o tempo de serviço público prestado aos Estados, Municípios e Distrito Federal;

II — a licença para tratamento de saúde de pessoal da família do servidor, com remuneração, que exceder a 30 (trinta) dias em período de 12 (doze) meses. (NR) *(Redação dada pela Lei n. 12.269, de 21.6.2010, DOU 22.6.2010)*

III — a licença para atividade política, no caso do art. 86, § 2º;

IV — o tempo correspondente ao desempenho de mandato eletivo federal, estadual, municipal ou distrital, anterior ao ingresso no serviço público federal;

V — o tempo de serviço em atividade privada, vinculada à Previdência Social;

VI — o tempo de serviço relativo a tiro de guerra;

VII — o tempo de licença para tratamento da própria saúde que exceder o prazo a que se refere a alínea *b* do inciso VIII do art. 102. *(Alterado pela L. n. 9.527, de 10.12.1997, DOU 11.12.1997)*

§ 1º O tempo em que o servidor esteve aposentado será contado apenas para nova aposentadoria.

§ 2º Será contado em dobro o tempo de serviço prestado às Forças Armadas em operações de guerra.

§ 3º É vedada a contagem cumulativa de tempo de serviço prestado concomitantemente em mais de um cargo ou função de órgão ou entidades dos Poderes da União, Estado, Distrito Federal e Município, autarquia, fundação pública, sociedade de economia mista e empresa pública.

CAPÍTULO VIII
Do Direito de Petição

Art. 104. É assegurado ao servidor o direito de requerer aos Poderes Públicos, em defesa de direito ou interesse legítimo.

Art. 105. O requerimento será dirigido à autoridade competente para decidi-lo e encaminhado por intermédio daquela a que estiver imediatamente subordinado o requerente.

Art. 106. Cabe pedido de reconsideração à autoridade que houver expedido o ato ou proferido a primeira decisão, não podendo ser renovado.

PARÁGRAFO ÚNICO. O requerimento e o pedido de reconsideração de que tratam os artigos anteriores deverão ser despachados no prazo de 5 (cinco) dias e decididos dentro de 30 (trinta) dias.

Art. 107. Caberá recurso:

I — do indeferimento do pedido de reconsideração;

II — das decisões sobre os recursos sucessivamente interpostos.

§ 1º O recurso será dirigido à autoridade imediatamente superior à que tiver expedido o ato ou proferido a decisão, e, sucessivamente, em escala ascendente, às demais autoridades.

§ 2º O recurso será encaminhado por intermédio da autoridade a que estiver imediatamente subordinado o requerente.

Art. 108. O prazo para interposição de pedido de reconsideração ou de recurso é de 30 (trinta) dias, a contar da publicação ou da ciência, pelo interessado, da decisão recorrida.

Art. 109. O recurso poderá ser recebido com efeito suspensivo, a juízo da autoridade competente.

PARÁGRAFO ÚNICO. Em caso de provimento do pedido de reconsideração ou do recurso, os efeitos da decisão retroagirão à data do ato impugnado.

Art. 110. O direito de requerer prescreve:

I — em 5 (cinco) anos, quanto aos atos de demissão e de cassação de aposentadoria ou disponibilidade, ou que afetem interesse patrimonial e créditos resultantes das relações de trabalho;

II — em 120 (cento e vinte) dias, nos demais casos, salvo quando outro prazo for fixado em lei.

PARÁGRAFO ÚNICO. O prazo de prescrição será contado da data da publicação do ato impugnado ou da data da ciência pelo interessado, quando o ato não for publicado.

Art. 111. O pedido de reconsideração e o recurso, quando cabíveis, interrompem a prescrição.

Art. 112. A prescrição é de ordem pública, não podendo ser relevada pela administração.

Art. 113. Para o exercício do direito de petição, é assegurada vista do processo ou documento, na repartição, ao servidor ou a procurador por ele constituído.

Art. 114. A administração deverá rever seus atos, a qualquer tempo, quando eivados de ilegalidade.

Art. 115. São fatais e improrrogáveis os prazos estabelecidos neste Capítulo, salvo motivo de força maior.

TÍTULO IV
Do Regime Disciplinar

CAPÍTULO I
Dos Deveres

Art. 116. São deveres do servidor:

I — exercer com zelo e dedicação as atribuições do cargo;

II — ser leal às instituições a que servir;

III — observar as normas legais e regulamentares;

IV — cumprir as ordens superiores, exceto quando manifestamente ilegais;

V — atender com presteza:

a) ao público em geral, prestando as informações requeridas, ressalvadas as protegidas por sigilo;

b) à expedição de certidões requeridas para defesa de direito ou esclarecimento de situações de interesse pessoal;

c) às requisições para a defesa da Fazenda Pública;

VI — levar as irregularidades de que tiver ciência em razão do cargo ao conhecimento da autoridade superior ou, quando houver suspeita de envolvimento desta, ao conhecimento de outra autoridade competente para apuração. (NR); *(Redação dada pela Lei n. 12.527, de 18.11.2011, DOU 18.11.2011 Ed. Extra).*

VII — zelar pela economia do material e a conservação do patrimônio público;

VIII — guardar sigilo sobre assunto da repartição;

IX — manter conduta compatível com a moralidade administrativa;

X — ser assíduo e pontual ao serviço;

XI — tratar com urbanidade as pessoas;

XII — representar contra ilegalidade, omissão ou abuso de poder.

PARÁGRAFO ÚNICO. A representação de que trata o inciso XII será encaminhada pela via hierárquica e apreciada pela autoridade superior àquela contra a qual é formulada, assegurando-se ao representando ampla defesa.

Obs.: Não se incluem na competência do Juizado Especial da Fazenda Pública as causas que tenham como objeto a impugnação da pena de demissão imposta a servidores públicos civis ou sanções disciplinares aplicadas a militares (Lei n. 12.153 de 22.12.2009, DOU 23.12.2009)

CAPÍTULO II
Das Proibições

— Vide arts. 6º e 7º da Lei n. 9.525, de 10.12.1997, DOU 11.12.1997, que tratam sobre os titulares de cargos de Ministro de Estado, de Natureza Especial e do Grupo-Direção e Assessoramento Superiores — DAS, nível 6, bem assim as autoridades equivalentes, que tenham tido acesso a informações que possam ter repercussão econômica, na forma definida em regulamento, ficam impedidos de exercer atividades ou de prestar qualquer serviço no setor de sua atuação e que versam sobre outras providências. (não publicada nesta obra)

— Vide também Decreto n. 4.187, de 8.4.09, que regulamenta os arts. 6º e 7º da Medida Provisória n. 2.225-45, de 4 de setembro de 2001 que dispõem sobre o impedimento de autoridades exercerem atividades ou prestarem serviços após a exoneração do cargo que ocupavam e sobre a remuneração compensatória a elas devida pela União, e dá outras providências. (não publicada nesta obra)

Art. 117. Ao servidor é proibido:

I — ausentar-se do serviço durante o expediente, sem prévia autorização do chefe imediato;

II — retirar, sem prévia anuência da autoridade competente, qualquer documento ou objeto da repartição;

III — recusar fé a documentos públicos;

IV — opor resistência injustificada ao andamento de documento e processo ou execução de serviço;

V — promover manifestação de apreço ou desapreço no recinto da repartição;

VI — cometer a pessoa estranha à repartição, fora dos casos previstos em lei, o desempenho de atribuição que seja de sua responsabilidade ou de seu subordinado;

VII — coagir ou aliciar subordinados no sentido de filiarem-se à associação profissional ou sindical, ou a partido político;

VIII — manter sob sua chefia imediata, em cargo ou função de confiança, cônjuge, companheiro ou parente até o segundo grau civil;

IX — valer-se do cargo para lograr proveito pessoal ou de outrem, em detrimento da dignidade da função pública;

X — participar de gerência ou administração de sociedade privada, personificada ou não personificada, exercer o comércio, exceto na qualidade de acionista, cotista ou comanditário; *(Redação dada pela Lei n. 11.784, de 22.9.2008, DOU 23.9.2008, Ret. DOU 2.10.2008 e 31.10.2008)*

XI — atuar, como procurador ou intermediário, junto ao órgão ou à entidade pública em que estiver lotado ou em exercício, exceto quando se tratar de benefícios previdenciários ou assistenciais de parentes até o segundo grau e de cônjuge ou companheiro; *(Renumerado pela Medida Provisória n. 792, de 26.7.17, DOU 27.7.17)*

XII — receber propina, comissão, presente ou vantagem de qualquer espécie, em razão de suas atribuições;

XIII — aceitar comissão, emprego ou pensão de estado estrangeiro;

XIV — praticar usura sob qualquer de suas formas;

XV — proceder de forma desidiosa;

XVI — utilizar pessoal ou recursos materiais da repartição em serviços ou atividades particulares.

XVII — cometer a outro servidor atribuições estranhas ao cargo que ocupa, exceto em situações de emergência e transitórias;

XVIII — exercer quaisquer atividades que sejam incompatíveis com o exercício do cargo ou função e com o horário de trabalho.

XIX — recusar-se a atualizar seus dados cadastrais quando solicitado. *(Acrescentado pela L. n. 9.527, de 10.12.1997, DOU 11.12.1997)*

PARÁGRAFO ÚNICO. A vedação de que trata o inciso X do *caput* deste artigo não se aplica nos seguintes casos: *(Acrescentado pela Lei n. 11.784, de 22.9.2008, DOU 23.9.2008, Ret. DOU 2.10.2008 e 31.10.2008)*

I — participação nos comitês de auditoria e nos conselhos de administração e fiscal de empresas, sociedades ou entidades em que a União detenha, direta ou indiretamente, participação no capital social ou em sociedade cooperativa constituída para prestar serviços a seus membros; e *(Renumerado pela Medida Provisória n. 792, de 26.7.17, DOU 27.7.17)*

II — gozo de licença para o trato de interesses particulares, na forma do art. 91. (NR) *(Renumerado pela Medida Provisória n. 792, de 26.7.17, DOU 27.7.17)*

CAPÍTULO III
Da Acumulação

Art. 118. Ressalvados os casos previstos na Constituição, é vedada a acumulação remunerada de cargos públicos.

§ 1º A proibição de acumular estende-se a cargos, empregos e funções em autarquias, fundações públicas, empresas públicas, sociedades de economia mista da União, do Distrito Federal, dos Estados, dos Territórios e dos Municípios.

§ 2º A acumulação de cargos, ainda que lícita, fica condicionada à comprovação da compatibilidade de horários.

§ 3º Considera-se acumulação proibida a percepção de vencimento de cargo ou emprego público efetivo com proventos da inatividade, salvo quando os cargos de que decorram essas remunerações forem acumuláveis na atividade. *(Acrescentado pela L. n. 9.527, de 10.12.1997, DOU 11.12.1997)*

Art. 119. O servidor não poderá exercer mais de um cargo em comissão, exceto no caso previsto no parágrafo único do art. 9º, nem ser remunerado pela participação em órgão de deliberação coletiva. *(Alterado pela L. n. 9.527, de 10.12.1997, DOU 11.12.1997)*

PARÁGRAFO ÚNICO. O disposto neste artigo não se aplica à remuneração devida pela participação em conselhos de administração e fiscal das empresas públicas e sociedades de economia mista, suas subsidiárias e controladas, bem como quaisquer empresas ou entidades em que a União, direta ou indiretamente, detenha participação no capital social, observado o que, a respeito, dispuser legislação específica. (NR) *(Alterado pela Medida Provisória n. 2.225, de 4.9.2001, DOU 5.9.2001).*

Art. 120. O servidor vinculado ao regime desta lei, que acumular licitamente dois cargos efetivos, quando investido em cargo de provimento em comissão, ficará afastado de ambos os cargos efetivos, salvo na hipótese em que houver compatibilidade de horário e local com o exercício de um deles, declarada pelas autoridades máximas dos órgãos ou entidades envolvidos. *(Alterado pela L. n. 9.527, de 10.12.1997, DOU 11.12.1997)*

CAPÍTULO IV
Das Responsabilidades

Art. 121. O servidor responde civil, penal e administrativamente pelo exercício irregular de suas atribuições.

Art. 122. A responsabilidade civil decorre de ato omissivo ou comissivo, doloso ou culposo, que resulte em prejuízo ao erário ou a terceiros.

§ 1º A indenização de prejuízo dolosamente causado ao erário somente será liquidada na forma prevista no art. 46, na falta de outros bens que assegurem a execução do débito pela via judicial.

§ 2º Tratando-se de dano causado a terceiros, responderá o servidor perante a Fazenda Pública, em ação regressiva.

§ 3º A obrigação de reparar o dano estende-se aos sucessores e contra eles será executada, até o limite do valor da herança recebida.

Art. 123. A responsabilidade penal abrange os crimes e contravenções imputadas ao servidor, nessa qualidade.

Art. 124. A responsabilidade civil-administrativa resulta de ato omissivo ou comissivo praticado no desempenho do cargo ou função.

Art. 125. As sanções civis, penais e administrativas poderão cumular-se, sendo independentes entre si.

Art. 126. A responsabilidade administrativa do servidor será afastada no caso de absolvição criminal que negue a existência do fato ou sua autoria.

Art. 126-A. Nenhum servidor poderá ser responsabilizado civil, penal ou administrativamente por dar ciência à autoridade superior ou, quando houver suspeita de envolvimento desta, a outra autoridade competente para apuração de informação concernente à prática de crimes ou improbidade de que tenha conhecimento, ainda que em decorrência do exercício de cargo, emprego ou função pública. *(Acrescentado pela Lei n. 12.527, de 18.11.2011, DOU 18.11.2011, Edição Extra)*

CAPÍTULO V
Das Penalidades

Art. 127. São penalidades disciplinares:

I — advertência;

II — suspensão;

III — demissão;

IV — cassação de aposentadoria ou disponibilidade;

V — destituição de cargo em comissão;

VI — destituição de função comissionada.

Art. 128. Na aplicação das penalidades serão consideradas a natureza e a gravidade da infração cometida, os danos que dela provierem para o serviço público, as circunstâncias agravantes ou atenuantes e os antecedentes funcionais.

PARÁGRAFO ÚNICO. O ato de imposição da penalidade mencionará sempre o fundamento legal e a causa da sanção disciplinar. *(Acrescentado pela L. n. 9.527, de 10.12.1997, DOU 11.12.1997)*

Art. 129. A advertência será aplicada por escrito, nos casos de violação de proibição constante do art. 117, incisos I a VIII e XIX, e de inobservância de dever funcional previsto em lei, regulamentação ou norma interna, que não justifique imposição de penalidade mais grave. *(Alterado pela L. n. 9.527, de 10.12.1997, DOU 11.12.1997)*

Art. 130. A suspensão será aplicada em caso de reincidência das faltas punidas com advertência e de violação das demais proibições que não tipifiquem infração sujeita à penalidade de demissão, não podendo exceder de 90 (noventa) dias.

§ 1º Será punido com suspensão de até 15 (quinze) dias o servidor que, injustificadamente, recusar-se a ser submetido à inspeção médica determinada pela autoridade competente, cessando os efeitos da penalidade uma vez cumprida a determinação.

§ 2º Quando houver conveniência para o serviço, a penalidade de suspensão poderá ser convertida em multa, na base de 50% (cinquenta por cento) por dia de vencimento ou remuneração, ficando o servidor obrigado a permanecer em serviço.

Art. 131. As penalidades de advertência e de suspensão terão seus registros cancelados, após o decurso de 3 (três) e 5 (cinco) anos de efetivo exercício, respectivamente, se o servidor não houver, nesse período, praticado nova infração disciplinar.

PARÁGRAFO ÚNICO. O cancelamento da penalidade não surtirá efeitos retroativos.

Art. 132. A demissão será aplicada nos seguintes casos:

I — crime contra a administração pública;

II — abandono de cargo;

III — inassiduidade habitual;

IV — improbidade administrativa;

V — incontinência pública e conduta escandalosa, na repartição;

VI — insubordinação grave em serviço;

VII — ofensa física, em serviço, a servidor ou a particular, salvo em legítima defesa própria ou de outrem;

VIII — aplicação irregular de dinheiros públicos;

IX — revelação de segredo do qual se apropriou em razão do cargo;

X — lesão aos cofres públicos e dilapidação do patrimônio nacional;

XI — corrupção;

XII — acumulação ilegal de cargos, empregos ou funções públicas;

XIII — transgressão dos incisos IX a XVI do art. 117.

Art. 133. Detectada a qualquer tempo a cumulação ilegal de cargos, empregos ou funções públicas, a autoridade a que se refere o art. 143 notificará o servidor, por intermédio de sua chefia imediata, para apresentar opção no prazo improrrogável de dez dias, contados da data da ciência e, na hipótese de omissão, adotará procedimento sumário para a sua apuração e regularização imediata, cujo processo administrativo disciplinar se desenvolverá nas seguintes fases: *(Alterado pela L. n. 9.527, de 10.12.1997, DOU 11.12.1997)*

I — instauração, com a publicação do ato que constituir a comissão, a ser composta por dois servidores estáveis, e simultaneamente indicar a autoria e a materialidade da transgressão objeto da apuração; *(Alterado pela L. n. 9.527, de 10.12.1997, DOU 11.12.1997)*

II — instrução sumária, que compreende indiciação, defesa e relatório; *(Alterado pela L. n. 9.527, de 10.12.1997, DOU 11.12.1997)*

III — julgamento. *(Alterado pela L. n. 9.527, de 10.12.1997, DOU 11.12.1997)*

§ 1º A indicação da autoria de que trata o inciso I dar-se-á pelo nome e matrícula do servidor, e a materialidade pela descrição dos cargos, empregos ou funções públicas em situação de acumulação ilegal, dos órgãos ou entidades de vinculação, das datas de ingresso, do horário de trabalho e do correspondente regime jurídico. *(Alterado pela L. n. 9.527, de 10.12.1997, DOU 11.12.1997)*

§ 2º A comissão lavrará, até três dias após a publicação do ato que a constituiu, termo de indiciação em que serão transcritas as informações de que trata o parágrafo anterior, bem como promoverá a citação pessoal do servidor indiciado, ou por intermédio de sua chefia imediata, para, no prazo de cinco dias, apresentar defesa escrita, assegurando-se-lhe vista do processo na repartição, observado o disposto nos arts. 163 e 164. *(Alterado pela L. n. 9.527, de 10.12.1997, DOU 11.12.1997)*

§ 3º Apresentada a defesa, a comissão elaborará relatório conclusivo quanto à inocência ou à responsabilidade do servidor, em que resumirá as peças principais dos autos, opinará sobre a licitude da acumulação em exame, indicará o respectivo dispositivo legal e remeterá o processo à autoridade instauradora, para julgamento. *(Alterado pela L. n. 9.527, de 10.12.1997, DOU 11.12.1997)*

§ 4º No prazo de cinco dias, contados do recebimento do processo, a autoridade julgadora proferirá a sua decisão, aplicando-se, quando for o caso, o disposto no § 3º do art. 167. *(Alterado pela L. n. 9.527, de 10.12.1997, DOU 11.12.1997)*

§ 5º A opção pelo servidor até o último dia de prazo para defesa configurará sua boa-fé, hipótese em que se converterá automaticamente em pedido de exoneração do outro cargo. *(Alterado pela L. n. 9.527, de 10.12.1997, DOU 11.12.1997)*

§ 6º Caracterizada a acumulação ilegal e provada a má-fé, aplicar-se-á a pena de demissão, destituição ou cassação de aposentadoria ou disponibilidade em relação aos cargos, empregos ou funções públicas em regime de acumulação ilegal, hipótese em que os órgãos ou entidades de vinculação serão comunicados. *(Alterado pela L. n. 9.527, de 10.12.1997, DOU 11.12.1997)*

§ 7º O prazo para a conclusão do processo administrativo disciplinar submetido ao rito sumário não excederá trinta dias, contados da data de publicação do ato que constituir a comissão, admitida a sua prorrogação por até quinze dias, quando as circunstâncias o exigirem. *(Alterado pela L. n. 9.527, de 10.12.1997, DOU 11.12.1997)*

§ 8º O procedimento sumário rege-se pelas disposições deste artigo, observando-se, no que lhe for aplicável, subsidiariamente, as disposições dos Títulos IV e V desta Lei.

Art. 134. Será cassada a aposentadoria ou a disponibilidade do inativo que houver praticado, na atividade, falta punível com a demissão.

Art. 135. A destituição de cargo em comissão exercido por não ocupante de cargo efetivo será aplicada nos casos de infração sujeita às penalidades de suspensão e de demissão.

PARÁGRAFO ÚNICO. Constatada a hipótese de que trata este artigo, a exoneração efetuada nos termos do art. 35 será convertida em destituição de cargo em comissão.

Art. 136. A demissão, ou a destituição de cargo em comissão, nos casos dos incisos IV, VIII, X e XI do art. 132, implica a indisponibilidade dos bens e o ressarcimento ao erário, sem prejuízo da ação penal cabível.

Art. 137. A demissão, ou a destituição de cargo em comissão, por infringência do art. 117, incisos IX e XI, incompatibiliza o ex-servidor para nova investidura em cargo público federal, pelo prazo de 5 (cinco) anos.

PARÁGRAFO ÚNICO. Não poderá retornar ao serviço público federal o servidor que for demitido ou destituído do cargo em comissão por infringência do art. 132, incisos I, IV, VIII, X e XI.

Art. 138. Configura abandono de cargo a ausência intencional do servidor ao serviço por mais de trinta dias consecutivos.

Art. 139. Entende-se por inassiduidade habitual a falta ao serviço, sem causa justificada, por sessenta dias, interpoladamente, durante o período de doze meses.

Art. 140. Na apuração de abandono de cargo ou inassiduidade habitual, também será adotado o procedimento sumário a que se refere o art. 133, observando-se especialmente que:

I — a indicação da materialidade dar-se-á:

a) na hipótese de abandono de cargo, pela indicação precisa do período de ausência intencional do servidor ao serviço superior a trinta dias;

b) no caso de inassiduidade habitual, pela indicação dos dias de falta ao serviço sem causa justificada, por período igual ou superior a sessenta dias interpoladamente, durante o período de doze meses.

II — após a apresentação da defesa a comissão elaborará relatório conclusivo quanto à inocência ou à responsabilidade do servidor, em que resumirá as peças principais dos autos, indicará o respectivo dispositivo legal, opinará, na hipótese de abandono de cargo, sobre a intencionalidade da ausência ao serviço superior a trinta dias e remeterá o processo à autoridade instauradora para julgamento. *(Alterado pela L. n. 9.527, de 10.12.1997, DOU 11.12.1997)*

Art. 141. As penalidades disciplinares serão aplicadas:

I — pelo Presidente da República, pelos Presidentes das Casas do Poder Legislativo e dos Tribunais Federais e pelo Procurador-Geral da República, quando se tratar de demissão e cassação de aposentadoria ou disponibilidade de servidor vinculado ao respectivo Poder, órgão, ou entidade;

II — pelas autoridades administrativas de hierarquia imediatamente inferior àquelas mencionadas no inciso anterior quando se tratar de suspensão superior a 30 (trinta) dias;

III — pelo chefe da repartição e outras autoridades na forma dos respectivos regimentos ou regulamentos, nos casos de advertência ou de suspensão de até 30 (trinta) dias;

IV — pela autoridade que houver feito a nomeação, quando se tratar de destituição de cargo em comissão.

— v. Resolução n. 272, do TCU, de 18.11.15, DOU 20.11.15, que regulamenta no âmbito do Tribunal de Contas da União, a competência para julgamento a que se refere o art. 141 da Lei n. 8.112, de 11.12.90 e da outras providências (não publicada nesta obra)

Art. 142. A ação disciplinar prescreverá:

I — em 5 (cinco) anos, quanto às infrações puníveis com demissão, cassação de aposentadoria ou disponibilidade e destituição de cargo em comissão;

II — em 2 (dois) anos, quanto à suspensão;

III — em 180 (cento e oitenta) dias, quanto à advertência.

§ 1º O prazo de prescrição começa a correr da data em que o fato se tornou conhecido.

§ 2º Os prazos de prescrição previstos na lei penal aplicam-se às infrações disciplinares capituladas também como crime.

§ 3º A abertura de sindicância ou a instauração de processo disciplinar interrompe a prescrição, até a decisão final proferida por autoridade competente.

§ 4º Interrompido o curso da prescrição, o prazo começará a correr a partir do dia em que cessar a interrupção.

TÍTULO V
Do Processo Administrativo Disciplinar

CAPÍTULO I
Disposições Gerais

Art. 143. A autoridade que tiver ciência de irregularidade no serviço público é obrigada a promover a sua apuração imediata, mediante sindicância ou processo administrativo disciplinar, assegurada ao acusado ampla defesa.

§ 1º Compete ao órgão central do SIPEC supervisionar e fiscalizar o cumprimento do disposto neste artigo. *(Alterado pela L. n. 9.527, de 10.12.1997, DOU 11.12.1997) Revogado pela Lei n. 11.204, de 5.12.2005, DOU 6.12.2005.*

§ 2º Constatada a omissão no cumprimento da obrigação a que se refere o *caput* deste artigo, o titular do órgão central do SIPEC designará a comissão de que trata o art. 149. *(Alterado pela L. n. 9.527, de 10.12.1997, DOU 11.12.1997) Revogado pela Lei n. 11.204, de 5.12.2005, DOU 6.12.2005.*

§ 3º A apuração de que trata o *caput*, por solicitação da autoridade a que se refere, poderá ser promovida por autoridade de órgão ou entidade diverso daquele em que tenha ocorrido a irregularidade, mediante competência específica para tal finalidade, delegada em caráter permanente ou temporário pelo Presidente da República, pelos presidentes das Casas do Poder Legislativo e dos Tribunais Federais e pelo Procurador-Geral da República, no âmbito do respectivo Poder, órgão ou entidade, preservadas as competências para o julgamento que se seguir à apuração. *(Acrescentado pela L. n. 9.527, de 10.12.1997, DOU 11.12.1997).*

Art. 144. As denúncias sobre irregularidades serão objeto de apuração, desde que contenham a identificação e o endereço do denunciante e sejam formuladas por escrito, confirmada a autenticidade.

PARÁGRAFO ÚNICO. Quando o fato narrado não configurar evidente infração disciplinar ou ilícito penal, a denúncia será arquivada, por falta de objeto.

Art. 145. Da sindicância poderá resultar:

I — arquivamento do processo;

II — aplicação de penalidade de advertência ou suspensão de até 30 (trinta) dias;

III — instauração de processo disciplinar.

PARÁGRAFO ÚNICO. O prazo para conclusão da sindicância não excederá 30 (trinta) dias, podendo ser prorrogado por igual período, a critério da autoridade superior.

Art. 146. Sempre que o ilícito praticado pelo servidor ensejar a imposição de penalidade de suspensão por mais de 30 (trinta) dias, de demissão, cassação de aposentadoria ou disponibilidade, ou destituição de cargo em comissão, será obrigatória a instauração de processo disciplinar.

CAPÍTULO II
Do Afastamento Preventivo

Art. 147. Como medida cautelar e a fim de que o servidor não venha a influir na apuração da irregularidade, a autoridade instauradora do processo disciplinar poderá determinar o seu afastamento do exercício do cargo, pelo prazo de até 60 (sessenta) dias, sem prejuízo da remuneração.

PARÁGRAFO ÚNICO. O afastamento poderá ser prorrogado por igual prazo, findo o qual cessarão os seus efeitos, ainda que não concluído o processo.

CAPÍTULO III
Do Processo Disciplinar

Art. 148. O processo disciplinar é o instrumento destinado a apurar responsabilidade de servidor por infração praticada no exercício de suas atribuições, ou que tenha relação com as atribuições do cargo em que se encontre investido.

Art. 149. O processo disciplinar será conduzido por comissão composta de três servidores estáveis designados pela autoridade competente, que indicará, dentre eles, o seu presidente, que deverá ser ocupante de cargo efetivo superior ou de mesmo nível, ou ter nível de escolaridade igual ou superior ao do indiciado. *(Alterado pela L. n. 9.527, de 10.12.1997, DOU 11.12.1997)*

§ 1º A Comissão terá como secretário servidor designado pelo seu presidente, podendo a indicação recair em um de seus membros.

§ 2º Não poderá participar de comissão de sindicância ou de inquérito, cônjuge, companheiro ou parente do acusado, consangüíneo ou afim, em linha reta ou colateral, até o terceiro grau.

Art. 150. A Comissão exercerá suas atividades com independência e imparcialidade, assegurado o sigilo necessário à elucidação do fato ou exigido pelo interesse da administração.

PARÁGRAFO ÚNICO. As reuniões e as audiências das comissões terão caráter reservado.

Art. 151. O processo disciplinar se desenvolve nas seguintes fases:

I — instauração, com a publicação do ato que constituir a comissão;

II — inquérito administrativo, que compreende instrução, defesa e relatório;

III — julgamento.

Art. 152. O prazo para a conclusão do processo disciplinar não excederá 60 (sessenta) dias, contados da data de publicação do ato que constituir a comissão, admitida a sua prorrogação por igual prazo, quando as circunstâncias o exigirem.

§ 1º Sempre que necessário, a comissão dedicará tempo integral aos seus trabalhos, ficando seus membros dispensados do ponto, até a entrega do relatório final.

§ 2º As reuniões da comissão serão registradas em atas que deverão detalhar as deliberações adotadas.

SEÇÃO I
Do Inquérito

Art. 153. O inquérito administrativo obedecerá ao princípio do contraditório, assegurada ao acusado ampla defesa, com a utilização dos meios e recursos admitidos em direito.

Art. 154. Os autos da sindicância integrarão o processo disciplinar, como peça informativa da instrução.

PARÁGRAFO ÚNICO. Na hipótese de o relatório da sindicância concluir que a infração está capitulada como ilícito penal, a autoridade competente encaminhará cópia dos autos ao Ministério Público, independentemente da imediata instauração do processo disciplinar.

Art. 155. Na fase do inquérito, a comissão promoverá a tomada de depoimentos, acareações, investigações e diligências cabíveis, objetivando a coleta de prova, recorrendo, quando necessário, a técnicos e peritos, de modo a permitir a completa elucidação dos fatos.

Art. 156. É assegurado ao servidor o direito de acompanhar o processo pessoalmente ou por intermédio de procurador, arrolar e reinquirir testemunhas, produzir provas e contraprovas e formular quesitos, quando se tratar de prova pericial.

§ 1º O presidente da comissão poderá denegar pedidos considerados impertinentes, meramente protelatórios, ou de nenhum interesse para o esclarecimento dos fatos.

§ 2º Será indeferido o pedido de prova pericial, quando a comprovação do fato independer de conhecimento especial de perito.

Art. 157. As testemunhas serão intimadas a depor mediante mandado expedido pelo presidente da comissão, devendo a segunda via, com o ciente do interessado, ser anexada aos autos.

PARÁGRAFO ÚNICO. Se a testemunha for servidor público, a expedição do mandado será imediatamente comunicada ao chefe da repartição onde serve, com a indicação do dia e hora marcados para inquirição.

Art. 158. O depoimento será prestado oralmente e reduzido a termo, não sendo lícito à testemunha trazê-lo por escrito.

§ 1º As testemunhas serão inquiridas separadamente.

§ 2º Na hipótese de depoimentos contraditórios ou que se infirmem, proceder-se-á à acareação entre os depoentes.

Art. 159. Concluída a inquirição das testemunhas, a comissão promoverá o interrogatório do acusado, observados os procedimentos previstos nos arts. 157 e 158.

§ 1º No caso de mais de um acusado, cada um deles será ouvido separadamente, e sempre que divergirem em suas declarações sobre fatos ou circunstâncias, será promovida a acareação entre eles.

§ 2º O procurador do acusado poderá assistir ao interrogatório, bem como à inquirição das testemunhas, sendo-lhe vedado interferir nas perguntas e respostas, facultando-se-lhe, porém, reinquiri-las, por intermédio do presidente da comissão.

Art. 160. Quando houver dúvida sobre a sanidade mental do acusado, a comissão proporá à autoridade competente que ele seja submetido a exame por junta médica oficial, da qual participe pelo menos um médico psiquiatra.

PARÁGRAFO ÚNICO. O incidente de sanidade mental será processado em auto apartado e apenso ao processo principal, após a expedição do laudo pericial.

Art. 161. Tipificada a infração disciplinar, será formulada a indiciação do servidor, com a especificação dos fatos a ele imputados e das respectivas provas.

§ 1º O indiciado será citado por mandado expedido pelo presidente da comissão para apresentar defesa escrita, no prazo de 10 (dez) dias, assegurando-se-lhe vista do processo na repartição.

§ 2º Havendo dois ou mais indiciados, o prazo será comum e de 20 (vinte) dias.

§ 3º O prazo de defesa poderá ser prorrogado pelo dobro, para diligências reputadas indispensáveis.

§ 4º No caso de recusa do indiciado em apor o ciente na cópia da citação, o prazo para defesa contar-se-á da data declarada, em termo próprio, pelo membro da comissão que fez a citação, com a assinatura de 2 (duas) testemunhas.

Art. 162. O indiciado que mudar de residência fica obrigado a comunicar à comissão o lugar onde poderá ser encontrado.

Art. 163. Achando-se o indiciado em lugar incerto e não sabido, será citado por edital, publicado no Diário Oficial da União e em jornal de grande circulação na localidade do último domicílio conhecido, para apresentar defesa.

PARÁGRAFO ÚNICO. Na hipótese deste artigo, o prazo para defesa será de 15 (quinze) dias a partir da última publicação do edital.

Art. 164. Considerar-se-á revel o indiciado que, regularmente citado, não apresentar defesa no prazo legal.

§ 1º A revelia será declarada, por termo, nos autos do processo e devolverá o prazo para a defesa.

§ 2º Para defender o indiciado revel, a autoridade instauradora do processo designará um servidor como defensor dativo, que deverá ser ocupante de cargo efetivo superior ou de mesmo nível, ou ter nível de escolaridade igual ou superior ao do indiciado. *(Redação dada L. n. 9.527, de 10.12.1997, DOU 11.12.1997)*

Art. 165. Apreciada a defesa, a comissão elaborará relatório minucioso, onde resumirá as peças principais dos autos e mencionará as provas em que se baseou para formar a sua convicção.

§ 1º O relatório será sempre conclusivo quanto à inocência ou à responsabilidade do servidor.

§ 2º Reconhecida a responsabilidade do servidor, a comissão indicará o dispositivo legal ou regulamentar transgredido, bem como as circunstâncias agravantes ou atenuantes.

Art. 166. O processo disciplinar, com o relatório da comissão, será remetido à autoridade que determinou a sua instauração, para julgamento.

SEÇÃO II
Do Julgamento

Art. 167. No prazo de 20 (vinte) dias, contados do recebimento do processo, a autoridade julgadora proferirá a sua decisão.

§ 1º Se a penalidade a ser aplicada exceder a alçada da autoridade instauradora do processo, este será encaminhado à autoridade competente, que decidirá em igual prazo.

§ 2º Havendo mais de um indiciado e diversidade de sanções, o julgamento caberá à autoridade competente para a imposição da pena mais grave.

§ 3º Se a penalidade prevista for a demissão ou cassação de aposentadoria ou disponibilidade, o julgamento caberá às autoridades de que trata o inciso I do art. 141.

§ 4º Reconhecida pela comissão a inocência do servidor, a autoridade instauradora do processo determinará o seu arquivamento, salvo se flagrantemente contrária à prova dos autos. *(Acrescentado pela L. n. 9.527, de 10.12.1997, DOU 11.12.1997)*

Art. 168. O julgamento acatará o relatório da comissão, salvo quando contrário às provas dos autos.

PARÁGRAFO ÚNICO. Quando o relatório da comissão contrariar as provas dos autos, a autoridade julgadora poderá, motivadamente, agravar a penalidade proposta, abrandá-la ou isentar o servidor de responsabilidade.

Art. 169. Verificada a ocorrência de vício insanável, a autoridade que determinou a instauração do processo ou outra de hierarquia superior declarará a sua nulidade, total ou parcial, e ordenará, no mesmo ato, a constituição de outra comissão para instauração de novo processo. *(Alterado pela L. n. 9.527, de 10.12.1997, DOU 11.12.1997)*.

§ 1º O julgamento fora do prazo legal não implica nulidade do processo.

§ 2º A autoridade julgadora que der causa à prescrição de que trata o art. 142, § 2º, será responsabilizada na forma do Capítulo IV do Título IV.

Art. 170. Extinta a punibilidade pela prescrição, a autoridade julgadora determinará o registro do fato nos assentamentos individuais do servidor.

Art. 171. Quando a infração estiver capitulada como crime, o processo disciplinar será remetido ao Ministério Público para instauração da ação penal, ficando trasladado na repartição.

Art. 172. O servidor que responder a processo disciplinar só poderá ser exonerado a pedido, ou aposentado voluntariamente, após a conclusão do processo e o cumprimento da penalidade, acaso aplicada.

PARÁGRAFO ÚNICO. Ocorrida a exoneração de que trata o parágrafo único, inciso I do art. 34, o ato será convertido em demissão, se for o caso.

Art. 173. Serão assegurados transporte e diárias:

I — ao servidor convocado para prestar depoimento fora da sede de sua repartição, na condição de testemunha, denunciado ou indiciado;

II — aos membros da comissão e ao secretário, quando obrigados a se deslocarem da sede dos trabalhos para a realização de missão essencial ao esclarecimento dos fatos.

SEÇÃO III
Da Revisão do Processo

Art. 174. O processo disciplinar poderá ser revisto, a qualquer tempo, a pedido ou de ofício, quando se aduzirem fatos novos ou circunstâncias susceptíveis de justificar a inocência do punido ou a inadequação da penalidade aplicada.

§ 1º Em caso de falecimento, ausência ou desaparecimento do servidor, qualquer pessoa da família poderá requerer a revisão do processo.

§ 2º No caso de incapacidade mental do servidor, a revisão será requerida pelo respectivo curador.

Art. 175. No processo revisional, o ônus da prova cabe ao requerente.

Art. 176. A simples alegação de injustiça da penalidade não constitui fundamento para a revisão, que requer elementos novos, ainda não apreciados no processo originário.

Art. 177. O requerimento de revisão do processo será dirigido ao Ministro do Estado ou autoridade equivalente, que, se autorizar a revisão, encaminhará o pedido ao dirigente do órgão ou entidade onde se originou o processo disciplinar.

PARÁGRAFO ÚNICO. Deferida a petição, a autoridade competente providenciará a constituição de comissão, na forma do art. 149.

Art. 178. A revisão correrá em apenso ao processo originário.

PARÁGRAFO ÚNICO. Na petição inicial, o requerente pedirá dia e hora para a produção de provas e inquirição das testemunhas que arrolar.

Art. 179. A comissão revisora terá 60 (sessenta) dias para a conclusão dos trabalhos.

Art. 180. Aplicam-se aos trabalhos da comissão revisora, no que couber, as normas e procedimentos próprios da comissão do processo disciplinar.

Art. 181. O julgamento caberá à autoridade que aplicou a penalidade, nos termos do art. 141.

PARÁGRAFO ÚNICO. O prazo para julgamento será de 20 (vinte) dias, contados do recebimento do processo, no curso do qual a autoridade julgadora poderá determinar diligências.

Art. 182. Julgada procedente a revisão, será declarada sem efeito a penalidade aplicada, restabelecendo-se todos os direitos do servidor, exceto em relação à destituição de cargo em comissão, que será convertida em exoneração.

PARÁGRAFO ÚNICO. Da revisão do processo não poderá resultar agravamento de penalidade.

TÍTULO VI
Da Seguridade Social do Servidor

CAPÍTULO I
Disposições Gerais

Art. 183. A União manterá Plano de Seguridade Social para o servidor e sua família.

§ 1º O servidor ocupante de cargo em comissão que não seja, simultaneamente, ocupante de cargo ou emprego efetivo na administração pública direta, autárquica e fundacional não terá direito aos benefícios do Plano de Seguridade Social, com exceção da assistência à saúde. *(Redação dada pela Lei n. 10.667, de 14.5.2003, DOU 15.5.2003)*

§ 2º O servidor afastado ou licenciado do cargo efetivo, sem direito à remuneração, inclusive para servir em organismo oficial internacional do qual o Brasil seja membro efetivo ou com o qual coopere, ainda que contribua para regime de previdência social no exterior, terá suspenso o seu vínculo com o regime do Plano de Seguridade Social do Servidor Público enquanto durar o afastamento ou a licença, não lhes assistindo, neste período, os benefícios do mencionado regime de previdência. *(Incluído pela Lei n. 10.667, de 14.5.2003)* ***Redação vigente:*** *a Medida Provisória n. 689, de 31.8.2015, que revogava este parágrafo teve seu prazo de vigência encerrado no dia 7 de fevereiro do corrente ano, conforme Ato n. 1, do Congresso Nacional (DOU 12.2.16), de forma que fica mantida a redação da Lei n. 10.667, de 14.5.03.*

§ 3º Será assegurada ao servidor licenciado ou afastado sem remuneração a manutenção da vinculação ao regime do Plano de Seguridade Social do Servidor Público, mediante o recolhimento mensal da respectiva contribuição, no mesmo percentual devido pelos servidores em atividade, incidente sobre a remuneração total do cargo a que faz jus no exercício de suas atribuições, computando-se, para esse efeito, inclusive, as vantagens pessoais. *(Incluído pela Lei n. 10.667, de 14.5.2003)* ***Redação vigente:*** *a Medida Provisória n. 689, de 31.8.15, que alterava a redação deste parágrafo teve seu prazo de vigência encerrado no dia 7 de fevereiro do corrente ano, conforme Ato n. 1, do Congresso Nacional (DOU 12.2.16), de forma que fica mantida a redação da Lei n. 10.667, de 14.5.03.*

§ 4º O recolhimento de que trata o § 3º deve ser efetuado até o segundo dia útil após a data do pagamento das remunerações dos servidores públicos, aplicando-se os procedimentos de cobrança e execução dos tributos federais quando não recolhidos até a data do vencimento. (NR) *(Acrescentado pela Lei n. 10.667, de 14.5.2003, DOU 15.5.2003).*

Art. 184. O Plano de Seguridade Social visa a dar cobertura aos riscos a que estão sujeitos o servidor e sua família, e compreende um conjunto de benefícios e ações que atendam às seguintes finalidades:

I — garantir meios de subsistência nos eventos de doença, invalidez, velhice, acidente em serviço, inatividade, falecimento e reclusão;

II — proteção à maternidade, à adoção e à paternidade;

III — assistência à saúde.

PARÁGRAFO ÚNICO. Os benefícios serão concedidos nos termos e condições definidos em regulamento, observadas as disposições desta Lei.

Art. 185. Os benefícios do Plano de Seguridade Social do servidor compreendem:

I — quanto ao servidor:

a) aposentadoria;

b) auxílio-natalidade;

c) salário-família;

d) licença para tratamento de saúde;

e) licença à gestante, à adotante e licença-paternidade;

f) licença por acidente em serviço;

g) assistência à saúde;

h) garantia de condições individuais e ambientais de trabalho satisfatórias;

II — quanto ao dependente:

a) pensão vitalícia e temporária;

b) auxílio-funeral;

c) auxílio-reclusão;

d) assistência à saúde.

§ 1º As aposentadorias e pensões serão concedidas e mantidas pelos órgãos ou entidades aos quais se encontram vinculados os servidores, observado o disposto nos arts. 189 e 224.

§ 2º O recebimento indevido de benefícios havidos por fraude, dolo ou má-fé, implicará devolução ao erário do total auferido, sem prejuízo da ação penal cabível.

CAPÍTULO II
Dos Benefícios

SEÇÃO I
Da Aposentadoria

— V. art. 40, da Constituição Federal

Art. 186. O servidor será aposentado:

I — por invalidez permanente, sendo os proventos integrais quando decorrente de acidente em serviço, moléstia profissional ou doença grave, contagiosa ou incurável, especificada em lei, e proporcionais nos demais casos;

II — compulsoriamente, aos setenta anos de idade, com proventos proporcionais ao tempo de serviço;

III — voluntariamente:

a) aos 35 (trinta e cinco) anos de serviço, se homem, e aos 30 (trinta) se mulher, com proventos integrais;

b) aos 30 (trinta) anos de efetivo exercício em funções de magistério, se professor, e 25 (vinte e cinco) se professora, com proventos integrais;

c) aos 30 (trinta) anos de serviço, se homem, e aos 25 (vinte e cinco) se mulher, com proventos, proporcionais a esse tempo;

d) aos 65 (sessenta e cinco) anos de idade, se homem e aos 60 (sessenta) se mulher, com proventos proporcionais ao tempo de serviço.

§ 1º Consideram-se doenças graves, contagiosas ou incuráveis, a que se refere o inciso I deste artigo, tuberculose ativa, alienação mental, esclerose múltipla, neoplasia maligna, cegueira posterior ao ingresso no serviço público, hanseníase, cardiopatia grave, doença de Parkinson, paralisia irreversível e incapacitante, espondiloartrose anquilosante, nefropatia grave, estados avançados do mal de Paget (osteíte deformante), Síndrome da Imunodeficiência Adquirida — AIDS, e outras que a lei indicar, com base na medicina especializada.

§ 2º Nos casos de exercício de atividades consideradas insalubres ou perigosas, bem como nas hipóteses previstas no art. 71, a aposentadoria de que trata o inciso III, "a" e "c", observará o disposto em lei específica.

§ 3º Na hipótese do inciso I, o servidor será submetido à junta médica oficial, que atestará a invalidez quando caracterizada a incapacidade para o desempenho das atribuições do cargo ou a impossibilidade de se aplicar o disposto no art. 24. *(Acrescentado pela L. n. 9.527, de 10.12.1997, DOU 11.12.1997).*

Art. 187. A aposentadoria compulsória será automática, e declarada por ato, com vigência a partir do dia imediato àquele em que o servidor atingir a idade-limite de permanência no serviço ativo.

Art. 188. A aposentadoria voluntária ou por invalidez vigorará a partir da data da publicação do respectivo ato.

§ 1º A aposentadoria por invalidez será precedida de licença para tratamento de saúde, por período não excedente a 24 (vinte e quatro) meses.

§ 2º Expirado o período de licença e não estando em condições de reassumir o cargo ou de ser readaptado, o servidor será aposentado.

§ 3º O lapso de tempo compreendido entre o término da licença e a publicação do ato da aposentadoria será considerado como de prorrogação da licença.

§ 4º Para os fins do disposto no § 1º deste artigo, serão consideradas apenas as licenças motivadas pela enfermidade ensejadora da invalidez ou doenças correlacionadas. *(Acrescentado pela Lei n. 11.907, de 2.2.2009, DOU 3.2.2009)*

§ 5º A critério da Administração, o servidor em licença para tratamento de saúde ou aposentado por invalidez poderá ser convocado a qualquer momento, para avaliação das condições que ensejaram o afastamento ou a aposentadoria. (NR) *(Acrescentado pela Lei n. 11.907, de 2.2.2009, DOU 3.2.2009)*

Art. 189. O provento da aposentadoria será calculado com observância do disposto no § 3º do art. 41, e revisto na mesma data e proporção, sempre que se modificar a remuneração dos servidores em atividade.

PARÁGRAFO ÚNICO. São estendidos aos inativos quaisquer benefícios ou vantagens posteriormente concedidas aos servidores em atividade, inclusive quando decorrentes de transformação ou reclassificação do cargo ou função em que se deu a aposentadoria.

Art. 190. O servidor aposentado com provento proporcional ao tempo de serviço se acometido de qualquer das moléstias especificadas no § 1º do art. 186 desta Lei e, por esse motivo, for considerado inválido por junta médica oficial passará a perceber provento integral, calculado com base no fundamento legal de concessão da aposentadoria. (NR) *(Redação dada pela Lei n. 11.907, de 2.2.2009, DOU 3.2.2009)*

Art. 191. Quando proporcional ao tempo de serviço, o provento não será inferior a 1/3 (um terço) da remuneração da atividade.

Art. 192. *(Revogado pela Lei n. 9.527, de 10.12.1997, DOU de 11.12.1997)*

Art. 193. *(Revogado pela Lei n. 9.527, de 10.12.1997, DOU de 11.12.1997)*

Art. 194. Ao servidor aposentado será paga a gratificação natalina, até o dia vinte do mês de dezembro, em valor equivalente ao respectivo provento, deduzido o adiantamento recebido.

Art. 195. Ao ex-combatente que tenha efetivamente participado de operações bélicas, durante a Segunda Guerra Mundial, nos termos da Lei n. 5.315, de 12 de setembro de 1967, será concedida aposentadoria com provento integral, aos 25 (vinte e cinco) anos de serviço efetivo.

SEÇÃO II
Do Auxílio-Natalidade

Art. 196. O auxílio-natalidade é devido à servidora por motivo de nascimento de filho, em quantia equivalente ao menor vencimento do serviço público, inclusive no caso de natimorto.

§ 1º Na hipótese de parto múltiplo, o valor será acrescido de 50% (cinquenta por cento), por nascituro.

§ 2º O auxílio será pago ao cônjuge ou companheiro servidor público, quando a parturiente não for servidora.

Nota: V. Portaria n. 6 de 16.1.17, DOU 18.1.17, que divulga o valor do menor e maior vencimento básico da Administração Pública federal, para efeito de pagamento de auxílio-natalidade, de que trata o art. 196 da Lei n. 8.112, de 11 de dezembro de 1990, e para efeitos de pagamento da gratificação por encargo de curso ou concurso, de que trata o art. 76-A da Lei n. 8.112, de 11 de dezembro de 1990, não publicada nesta obra.

SEÇÃO III
Do Salário-Família

Art. 197. O salário-família é devido ao servidor ativo ou ao inativo, por dependente econômico.

PARÁGRAFO ÚNICO. Consideram-se dependentes econômicos para efeito de percepção do salário-família:

I — o cônjuge ou companheiro e os filhos, inclusive os enteados até 21 (vinte e um) anos de idade ou, se estudante, até 24 (vinte e quatro) anos ou, se inválido, de qualquer idade;

II — o menor de 21 (vinte e um) anos que, mediante autorização judicial, viver na companhia e às expensas do servidor, ou do inativo;

III — a mãe e o pai sem economia própria.

Art. 198. Não se configura a dependência econômica quando o beneficiário do salário-família perceber rendimento do trabalho ou de qualquer outra fonte, inclusive pensão ou provento da aposentadoria, em valor igual ou superior ao salário mínimo.

Art. 199. Quando o pai e mãe forem servidores públicos e viverem em comum, o salário-família será pago a um deles; quando separados, será pago a um e outro, de acordo com a distribuição dos dependentes.

PARÁGRAFO ÚNICO. Ao pai e à mãe equiparam-se o padrasto, a madrasta e, na falta destes, os representantes legais dos incapazes.

Art. 200. O salário-família não está sujeito a qualquer tributo, nem servirá de base para qualquer contribuição, inclusive para a Previdência Social.

Art. 201. O afastamento do cargo efetivo, sem remuneração, não acarreta a suspensão do pagamento do salário-família.

SEÇÃO IV
Da Licença para Tratamento de Saúde

— V. Decreto n. 7.003, de 9.11.2009, (DOU 10.11.2009), que regulamenta a licença para tratamento de saúde, de que tratam os arts. 202 a 205 da Lei n. 8.112, de 11.12.1990, e dá outras providências)

Art. 202. Será concedida ao servidor licença para tratamento de saúde, a pedido ou de ofício, com base em perícia médica, sem prejuízo da remuneração a que fizer jus.

Art. 203. A licença de que trata o art. 202 desta Lei será concedida com base em perícia oficial. *(Redação dada pela Lei n. 11.907, de 2.2.2009, DOU 3.2.2009)*

§ 1º Sempre que necessário, a inspeção médica será realizada na residência do servidor ou no estabelecimento hospitalar onde se encontrar internado. *(Redação dada pela L. n. 9.527, de 10.12.1997, DOU 11.12.1997)*

§ 2º Inexistindo médico no órgão ou entidade no local onde se encontra ou tenha exercício em caráter permanente o servidor, e não se configurando as hipóteses previstas nos parágrafos do art. 230, será aceito atestado passado por médico particular. *(Redação dada pela Lei n. 9.527, de 10.12.1997, DOU 11.12.1997)*

§ 3º No caso do § 2º deste artigo, o atestado somente produzirá efeitos depois de recepcionado pela unidade de recursos humanos do órgão ou entidade. *(Redação dada pela Lei n. 11.907, de 2.2.2009, DOU 3.2.2009)*

§ 4º A licença que exceder o prazo de 120 (cento e vinte) dias no período de 12 (doze) meses a contar do primeiro dia de afastamento será concedida mediante avaliação por junta médica oficial. *(Redação dada pela Lei n. 11.907, de 2.2.2009, DOU 3.2.2009)*

§ 5º A perícia oficial para concessão da licença de que trata o *caput* deste artigo, bem como nos demais casos de perícia oficial previstos nesta Lei, será efetuada por cirurgiões-dentistas, nas hipóteses em que abranger o campo de atuação da odontologia. (NR) *(Acrescentado pela Lei n. 11.907, de 2.2.2009, DOU 3.2.2009)*

Art. 204. A licença para tratamento de saúde inferior a 15 (quinze) dias, dentro de 1 (um) ano, poderá ser dispensada de perícia oficial, na forma definida em regulamento. (NR). *(Redação dada pela Lei n. 11.907, de 2.2.2009, DOU 3.2.2009)*

Art. 205. O atestado e o laudo da junta médica não se referirão ao nome ou natureza da doença, salvo quando se tratar de lesões produzidas por acidente em serviço, doença profissional ou qualquer das doenças especificadas no art. 186, § 1º.

Art. 206. O servidor que apresentar indícios de lesões orgânicas ou funcionais será submetido à inspeção médica.

Art. 206-A. O servidor será submetido a exames médicos periódicos, nos termos e condições definidos em regulamento. *(Acrescentado pela Lei n. 11.907, de 2.2.2009, DOU 3.2.2009).*

PARÁGRAFO ÚNICO. Para os fins do disposto no *caput*, a União e suas entidades autárquicas e fundacionais poderão:

I — prestar os exames médicos periódicos diretamente pelo órgão ou entidade à qual se encontra vinculado o servidor;

II — celebrar convênio ou instrumento de cooperação ou parceria com os órgãos e entidades da administração direta, suas autarquias e fundações;

III — celebrar convênios com operadoras de plano de assistência à saúde, organizadas na modalidade de autogestão, que possuam autorização de funcionamento do órgão regulador, na forma do art. 230; ou

IV — prestar os exames médicos periódicos mediante contrato administrativo, observado o disposto na Lei n. 8.666, de 21 de junho de 1993, e demais normas pertinentes. (NR) *(Redação do parágrafo único e incisos I a IV dada pela Lei n. 12.998, de 18.6.14, DOU 20.6.14)*

SEÇÃO V
Da Licença à Gestante, à Adotante e da Licença-Paternidade

— V. Decreto n. 6.690, de 11.12.2008, DOU 12.12.2008, que institui o Programa de Prorrogação da Licença à Gestante e à Adotante, estabelece os critérios de adesão ao Programa e dá outras providências (não publicada nesta obra)

Art. 207. Será concedida licença à servidora gestante por 120 (cento e vinte) dias consecutivos, sem prejuízo da remuneração.

§ 1º A licença poderá ter início no primeiro dia do nono mês de gestação, salvo antecipação por prescrição médica.

§ 2º No caso de nascimento prematuro, a licença terá início a partir do parto.

§ 3º No caso de natimorto, decorridos 30 (trinta) dias do evento, a servidora será submetida a exame médico, e se julgada apta, reassumirá o exercício.

§ 4º No caso de aborto atestado por médico oficial, a servidora terá direito a 30 (trinta) dias de repouso remunerado.

Art. 208. Pelo nascimento ou adoção de filhos, o servidor terá direito à licença-paternidade de 5 (cinco) dias consecutivos.

— V. Decreto n. 8.737, de 3.5.16, DOU 4.5.16, que institui o Programa de Prorrogação da Licença-paternidade para os servidores regidos pela Lei n. 8.112, de 11.12.90. p. 625

Art. 209. Para amamentar o próprio filho, até a idade de seis meses, a servidora lactante terá direito, durante a jornada de trabalho, a uma hora de descanso, que poderá ser parcelada em dois períodos de meia hora.

Art. 210. À servidora que adotar ou obtiver guarda judicial de criança até 1 (um) ano de idade, serão concedidos 90 (noventa) dias de licença remunerada.

PARÁGRAFO ÚNICO. No caso de adoção ou guarda judicial de criança com mais de 1 (um) ano de idade, o prazo de que trata este artigo será de 30 (trinta) dias.

SEÇÃO VI
Da Licença por Acidente em Serviço

Art. 211. Será licenciado, com remuneração integral, o servidor acidentado em serviço.

Art. 212. Configura acidente em serviço o dano físico ou mental sofrido pelo servidor, que se relacione, mediata ou imediatamente, com as atribuições do cargo exercido.

PARÁGRAFO ÚNICO. Equipara-se ao acidente em serviço o dano:

I — decorrente de agressão sofrida e não provocada pelo servidor no exercício do cargo;

II — sofrido no percurso da residência para o trabalho e vice-versa.

Art. 213. O servidor acidentado em serviço que necessite de tratamento especializado poderá ser tratado em instituição privada, à conta de recursos públicos.

PARÁGRAFO ÚNICO. O tratamento recomendado por junta médica oficial constitui medida de exceção e somente será admissível quando inexistirem meios e recursos adequados em instituição pública.

Art. 214. A prova do acidente será feita no prazo de 10 (dez) dias, prorrogável quando as circunstâncias o exigirem.

SEÇÃO VII
Da Pensão

Art. 215. Por morte do servidor, os dependentes, nas hipóteses legais, fazem jus à pensão a partir da data de óbito, observado o limite estabelecido no inciso XI do *caput* do art. 37 da Constituição Federal e no art. 2º da Lei n. 10.887, de 18 de junho de 2004. (NR) *(Redação dada pela Lei n. 13.135, de 17.6.15, DOU 18.6.15)*

Art. 216. As pensões distinguem-se quanto à natureza, em vitalícias e temporárias. *(Revogado pela Lei n. 13.135, de 17.6.15, DOU 18.6.15)*

§ 1º A pensão vitalícia é composta de cota ou cotas permanentes, que somente se extinguem ou revertem com a morte de seus beneficiários. *(Revogado pela Lei n. 13.135, de 17.6.15, DOU 18.6.15)*

§ 2º A pensão temporária é composta de cota ou cotas que podem se extinguir ou reverter por motivo de morte, cessação de invalidez ou maioridade do beneficiário. *(Revogado pela Lei n. 13.135, de 17.6.15, DOU 18.6.15)*

Art. 217. São beneficiários das pensões:

I — o cônjuge;

a) (Revogada);

b) (Revogada);

c) (Revogada);

d) (Revogada);

e) (Revogada); *(Lei n. 13.135, de 17.6.15, DOU 18.6.15)*

II — o cônjuge divorciado ou separado judicialmente ou de fato, com percepção de pensão alimentícia estabelecida judicialmente; *(Redação dada pela Lei n. 13.135, de 17.6.15, DOU 18.6.15)*

a) (Revogada);

b) (Revogada);

c) (Revogada);

d) (Revogada); *(Lei n. 13.135, de 17.6.15, DOU 18.6.15)*

III — o companheiro ou companheira que comprove união estável como entidade familiar; *(Redação dada pela Lei n. 13.135, de 17.6.15, DOU 18.6.15)*

IV — o filho de qualquer condição que atenda a um dos seguintes requisitos:

a) seja menor de 21 (vinte e um) anos; *(Redação dada pela Lei n. 13.135, de 17.6.15, DOU 18.6.15)*

b) seja inválido; *(Redação dada pela Lei n. 13.135, de 17.6.15, DOU 18.6.15)*

c) tenha deficiência grave; ou *(Redação dada pela Lei n. 13.135, de 17.6.15, DOU 18.6.15)*

Nota: Vigência. De acordo com o art. 6º da Lei n. 13.135, de 17.6.15, a alteração procedida no inciso IV, da alínea "c", da Lei n. 8.112/90, entrará em vigor em dois anos após a publicação da lei.

d) tenha deficiência intelectual ou mental, nos termos do regulamento; *(Redação dada pela Lei n. 13.135, de 17.6.15, DOU 18.6.15)*

V — a mãe e o pai que comprovem dependência econômica do servidor; e *(Redação dada pela Lei n. 13.135, de 17.6.15, DOU 18.6.15)*

VI — o irmão de qualquer condição que comprove dependência econômica do servidor e atenda a um dos requisitos previstos no inciso IV. *(Redação dada pela Lei n. 13.135, de 17.6.15, DOU 18.6.15)*

§ 1º A concessão de pensão aos beneficiários de que tratam os incisos I a IV do *caput* exclui os beneficiários referidos nos incisos V e VI. *(Redação dada pela Lei n. 13.135, de 17.6.15, DOU 18.6.15)*

§ 2º A concessão de pensão aos beneficiários de que trata o inciso V do *caput* exclui o beneficiário referido no inciso VI. *(Redação dada pela Lei n. 13.135, de 17.6.15, DOU 18.6.15)*

§ 3º O enteado e o menor tutelado equiparam-se a filho mediante declaração do servidor e desde que comprovada dependência econômica, na forma estabelecida em regulamento. (NR) *(Redação dada pela Lei n. 13.135, de 17.6.15, DOU 18.6.15)*

Art. 218. Ocorrendo habilitação de vários titulares à pensão, o seu valor será distribuído em partes iguais entre os beneficiários habilitados. *(Redação dada pela Lei n. 13.135, de 17.6.15, DOU 18.6.15)*

§ 1º (Revogado). *(Lei n. 13.135, de 17.6.15, DOU 18.6.15)*

§ 2º (Revogado). *(Lei n. 13.135, de 17.6.15, DOU 18.6.15)*

§ 3º (Revogado). (NR) *(Lei n. 13.135, de 17.6.15, DOU 18.6.15)*

Art. 219. A pensão poderá ser requerida a qualquer tempo, prescrevendo tão somente as prestações exigíveis há mais de 5 (cinco) anos.

PARÁGRAFO ÚNICO. Concedida a pensão, qualquer prova posterior ou habilitação tardia que implique exclusão de beneficiário ou redução de pensão só produzirá efeitos a partir da data em que for oferecida.

Art. 220. Perde o direito à pensão por morte: *(Redação dada pela Lei n. 13.135, de 17.6.15, DOU 18.6.15)*

I — após o trânsito em julgado, o beneficiário condenado pela prática de crime de que tenha dolosamente resultado a morte do servidor; *(Redação dada pela Lei n. 13.135, de 17.6.15, DOU 18.6.15)*

II — o cônjuge, o companheiro ou a companheira se comprovada, a qualquer tempo, simulação ou fraude no casamento ou na união estável, ou a formalização desses com o fim exclusivo de constituir benefício previdenciário, apuradas em processo judicial no qual será assegurado o direito ao contraditório e à ampla defesa. (NR) *(Redação dada pela Lei n. 13.135, de 17.6.15, DOU 18.6.15)*

Art. 221. Será concedida pensão provisória por morte presumida do servidor, nos seguintes casos:

I — declaração de ausência, pela autoridade judiciária competente;

II — desaparecimento em desabamento, inundação, incêndio ou acidente não caracterizado como em serviço;

III — desaparecimento no desempenho das atribuições do cargo ou em missão de segurança.

PARÁGRAFO ÚNICO. A pensão provisória será transformada em vitalícia ou temporária, conforme o caso, decorridos 5 (cinco) anos de sua vigência, ressalvado o eventual reaparecimento do servidor, hipótese em que o benefício será automaticamente cancelado.

Art. 222. Acarreta perda da qualidade de beneficiário:

I — o seu falecimento;

II — a anulação do casamento, quando a decisão ocorrer após a concessão da pensão ao cônjuge;

III — a cessação da invalidez, em se tratando de beneficiário inválido, o afastamento da deficiência, em se tratando de beneficiário com deficiência, ou o levantamento da interdição, em se tratando de beneficiário com deficiência intelectual ou mental que o torne absoluta ou relativamente incapaz, respeitados os períodos mínimos decorrentes da aplicação das alíneas "a" e "b" do inciso VII; *(Redação dada pela Lei n. 13.135, de 17.6.15, DOU 18.6.15)*

IV — o implemento da idade de 21 (vinte e um) anos, pelo filho ou irmão; *(Redação dada pela Lei n. 13.135, de 17.6.15, DOU 18.6.15)*

V — a acumulação de pensão na forma do art. 225;

VI — a renúncia expressa; e *(Redação dada pela Lei n. 13.135, de 17.6.15, DOU 18.6.15)*

VII — em relação aos beneficiários de que tratam os incisos I a III do *caput* do art. 217: *(Redação dada pela Lei n. 13.135, de 17.6.15, DOU 18.6.15)*

a) o decurso de 4 (quatro) meses, se o óbito ocorrer sem que o servidor tenha vertido 18 (dezoito) contribuições mensais ou se o casamento ou a união estável tiverem sido iniciados em menos de 2 (dois) anos antes do óbito do servidor; *(Redação dada pela Lei n. 13.135, de 17.6.15, DOU 18.6.15)*

b) o decurso dos seguintes períodos, estabelecidos de acordo com a idade do pensionista na data de óbito do servidor, depois de vertidas 18 (dezoito) contribuições mensais e pelo menos 2 (dois) anos após o início do casamento ou da união estável: *(Redação dada pela Lei n. 13.135, de 17.6.15, DOU 18.6.15)*

1) 3 (três) anos, com menos de 21 (vinte e um) anos de idade;

2) 6 (seis) anos, entre 21 (vinte e um) e 26 (vinte e seis) anos de idade;

3) 10 (dez) anos, entre 27 (vinte e sete) e 29 (vinte e nove) anos de idade;

4) 15 (quinze) anos, entre 30 (trinta) e 40 (quarenta) anos de idade;

5) 20 (vinte) anos, entre 41 (quarenta e um) e 43 (quarenta e três) anos de idade;

6) vitalícia, com 44 (quarenta e quatro) ou mais anos de idade. *(Redação dada pela Lei n. 13.135, de 17.6.15, DOU 18.6.15)*

§ 1º A critério da administração, o beneficiário de pensão cuja preservação seja motivada por invalidez, por incapacidade ou por deficiência poderá ser convocado a qualquer momento para avaliação das referidas condições. *(Redação dada pela Lei n. 13.135, de 17.6.15, DOU 18.6.15)*

§ 2º Serão aplicados, conforme o caso, a regra contida no inciso III ou os prazos previstos na alínea "b" do inciso VII, ambos do *caput*, se o óbito do servidor decorrer de acidente de qualquer natureza ou de doença profissional ou do trabalho, independentemente do recolhimento de 18 (dezoito) contribuições mensais ou da comprovação de 2 (dois) anos de casamento ou de união estável. *(Redação dada pela Lei n. 13.135, de 17.6.15, DOU 18.6.15)*

§ 3º Após o transcurso de pelo menos 3 (três) anos e desde que nesse período se verifique o incremento mínimo de um ano inteiro na média nacional única, para ambos os sexos, correspondente à expectativa de sobrevida da população brasileira ao nascer, poderão ser fixadas, em números inteiros, novas idades para os fins previstos na alínea "b" do inciso VII do *caput*, em ato do Ministro de Estado do Planejamento, Orçamento e Gestão, limitado o acréscimo na comparação com as idades anteriores ao referido incremento. *(Redação dada pela Lei n. 13.135, de 17.6.15, DOU 18.6.15)*

§ 4º O tempo de contribuição a Regime Próprio de Previdência Social (RPPS) ou ao Regime Geral de Previdência Social (RGPS) será considerado na contagem das 18 (dezoito) contribuições mensais referidas nas alíneas "a" e "b" do inciso VII do *caput*. (NR) *(Redação dada pela Lei n. 13.135, de 17.6.15, DOU 18.6.15)*

Art. 223. Por morte ou perda da qualidade de beneficiário, a respectiva cota reverterá para os cobeneficiários. *(Redação dada pela Lei n. 13.135, de 17.6.15, DOU 18.6.15)*

I — (Revogado); *(Lei n. 13.135, de 17.6.15, DOU 18.6.15)*

II — (Revogado). (NR) *(Redação dada pela Lei n. 13.135, de 17.6.15, DOU 18.6.15)*

Art. 224. As pensões serão automaticamente atualizadas na mesma data e na mesma proporção dos reajustes dos vencimentos dos servidores, aplicando-se o disposto no parágrafo único do art. 189.

Art. 225. Ressalvado o direito de opção, é vedada a percepção cumulativa de pensão deixada por mais de um cônjuge ou companheiro ou companheira e de mais de 2 (duas) pensões. (NR) *(Redação dada pela Lei n. 13.135, de 17.6.15, DOU 18.6.15)*

SEÇÃO VIII
Do Auxílio-Funeral

Art. 226. O auxílio-funeral é devido à família do servidor falecido na atividade ou aposentado, em valor equivalente a um mês da remuneração ou provento.

§ 1º No caso de acumulação legal de cargos, o auxílio será pago somente em razão do cargo de maior remuneração.

§ 2º (Vetado).

§ 3º O auxílio será pago no prazo de 48 (quarenta e oito) horas, por meio de procedimento sumaríssimo, à pessoa da família que houver custeado o funeral.

Art. 227. Se o funeral for custeado por terceiro, este será indenizado, observado o disposto no artigo anterior.

Art. 228. Em caso de falecimento de servidor em serviço fora do local de trabalho, inclusive no exterior, as despesas de transporte do corpo correrão à conta de recursos da União, autarquia ou fundação pública.

SEÇÃO IX
Do Auxílio-Reclusão

Art. 229. À família do servidor ativo é devido o auxílio-reclusão, nos seguinte valores:

I — dois terços da remuneração, quando afastado por motivo de prisão, em flagrante ou preventiva, determinada pela autoridade competente, enquanto perdurar a prisão;

II — metade da remuneração, durante o afastamento, em virtude de condenação, por sentença definitiva, à pena que não determine a perda de cargo.

§ 1º Nos casos previstos no inciso I deste artigo, o servidor terá direito à integralização de remuneração, desde que absolvido.

§ 2º O pagamento do auxílio-reclusão cessará a partir do dia imediato àquele em que o servidor for posto em liberdade, ainda que condicional.

— *V. art. 22 da Lei n. 8.460, de 17 de setembro de 1992, alterado pela Lei n. 9.527, de 10.12.1997, abaixo reproduzido:*

Art. 22. O Poder Executivo disporá sobre a concessão mensal do auxílio-alimentação por dia trabalhado, aos servidores públicos federais civis ativos da Administração Pública Federal direta, autárquica e fundacional.

§ 1º A concessão do auxílio-alimentação será feita em pecúnia e terá caráter indenizatório.

§ 2º O servidor que acumule cargo ou emprego na forma da Constituição fará jus à percepção de um único auxílio-alimentação, mediante opção.

§ 3º O auxílio-alimentação não será

a) incorporado ao vencimento, remuneração, provento ou pensão;

b) configurado como rendimento tributável e nem sofrerá incidência de contribuição para o Plano de Seguridade Social do servidor público;

c) caracterizado com salário-utilidade ou prestação salarial *in natura*.

§ 4º O auxílio-alimentação será custeado com recursos do órgão ou entidade em que o servidor estiver em exercício, ressalvado o direito de opção pelo órgão ou entidade de origem.

§ 5º O auxílio-alimentação é inacumulável com outros de espécie semelhante, tais como auxílio para a cesta básica ou vantagem pessoal originária de qualquer forma de auxílio ou benefício alimentação.

§ 6º Considerar-se-á para o desconto do auxílio-alimentação, por dia não trabalhado, a proporcionalidade de 22 dias.

§ 7º Para os efeitos deste artigo, considera-se como dia trabalhado a participação do servidor, em programa de treinamento regularmente instituído, conferências, congressos, treinamentos, ou outros eventos similares, sem deslocamento da sede.

§ 8º As diárias sofrerão desconto correspondente ao auxílio-alimentação a que fizer jus o servidor, exceto, aquelas eventualmente pagas em finais de semana e feriados, observada a proporcionalidade prevista no § 6º. (Este artigo foi incluído por estar dentro do Capítulo dos Benefícios).

— ***Vide MP n. 2.165-36, de 23.8.2001, DOU 24.8.2001, que institui o Auxílio-Transporte aos militares, servidores e empregados públicos da Administração Federal direta, autárquica e fundacional da União, e revoga o § 1º do art. 1º da Lei n. 7.418, de 16 de dezembro de 1985.***

§ 3º Ressalvado o disposto neste artigo, o auxílio-reclusão será devido, nas mesmas condições da pensão por morte, aos dependentes do segurado recolhido à prisão. (NR) *(Redação dada pela Lei n. 13.135, de 17.6.15, DOU 18.6.15)*

CAPÍTULO III
Da Assistência à Saúde

Art. 230. A assistência à saúde do servidor, ativo ou inativo, e de sua família, compreende assistência médica, hospitalar, odontológica, psicológica e farmacêutica, terá como diretriz básica o implemento de ações preventivas voltadas para a promoção da saúde e será prestada pelo Sistema Único de Saúde — SUS, diretamente pelo órgão ou entidade ao qual estiver vinculado o servidor, ou mediante convênio ou contrato, ou ainda na forma de auxílio, mediante ressarcimento parcial do valor despendido pelo servidor, ativo ou inativo, e seus dependentes ou pensionistas com planos ou seguros privados de assistência à saúde, na forma estabelecida em regulamento. *(Redação dada pela Lei n. 11.302, de 10.5.2006, DOU 11.5.2006)*

§ 1º Nas hipóteses previstas nesta lei em que seja exigida perícia, avaliação ou inspeção médica, na ausência de médico ou junta médica oficial, para a sua realização o órgão ou entidade celebrará, preferencialmente, convênio com unidades de atendimento do sistema público de saúde, entidades sem fins lucrativos declaradas de utilidade pública, ou com o Instituto Nacional do Seguro Social — INSS. *(Parágrafo acrescentado pela Lei n. 9.527, de 10.12.1997, DOU 11.12.1997)*

§ 2º Na impossibilidade, devidamente justificada, da aplicação do disposto no parágrafo anterior, o órgão ou entidade promoverá a contratação da prestação de serviços por pessoa jurídica, que constituirá junta médica especificamente para esses fins, indicando os nomes e especialidades dos seus integrantes, com a comprovação de suas habilitações e de que não estejam respondendo a processo disciplinar junto à entidade fiscalizadora da profissão. *(Parágrafo acrescentado pela Lei n. 9.527, de 10.12.1997, DOU 11.12.1997)*

§ 3º Para os fins do disposto no *caput* deste artigo, ficam a União e suas entidades autárquicas e fundacionais autorizadas a:

I — celebrar convênios exclusivamente para a prestação de serviços de assistência à saúde para os seus servidores ou empregados ativos, aposentados, pensionistas, bem como para seus respectivos grupos familiares definidos, com entidades de autogestão por elas patrocinadas por meio de instrumentos jurídicos efetivamente celebrados e publicados até 12 de fevereiro de 2006 e que possuam autorização de funcionamento do órgão regulador, sendo certo que os convênios celebrados depois dessa data somente poderão sê-lo na forma da regulamentação específica sobre patrocínio de autogestões, a ser publicada pelo mesmo órgão regulador, no prazo de 180 (cento e oitenta) dias da vigência desta Lei, normas essas também aplicáveis aos convênios existentes até 12 de fevereiro de 2006;

II — contratar, mediante licitação, na forma da Lei n. 8.666, de 21 de junho de 1993, operadoras de planos e seguros privados de assistência à saúde que possuam autorização de funcionamento do órgão regulador; *(Parágrafo acrescentado pela Lei n. 11.302, de 10.5.2006, DOU 11.5.2006)*

III — *(Vetado)*

§ 4º *(Vetado)*

§ 5º O valor do ressarcimento fica limitado ao total despendido pelo servidor ou pensionista civil com plano ou seguro privado de assistência à saúde. (NR) *(Parágrafo acrescentado pela Lei n. 11.302, de 10.5.2006, DOU 11.5.2006)*

— v. Portaria SEGEP/MP n. 235, de 5.12.14, DOU 8.1.214, que aprova o anexo a esta Portaria, que dá nova redação ao Manual de Perícia Oficial em Saúde do Servidor Público Federal, sobre os procedimentos a serem observados quando da aplicação da Perícia Oficial em Saúde, de que trata a Lei n. 8.112, de 11 de dezembro de 1990 e demais normas aplicadas à matéria (não publicada nesta obra)

CAPÍTULO IV
Do Custeio

Art. 231. *(Revogado pela Lei n. 9.783, de 28.1.99, DOU 29.1.99)*

TÍTULO VII

CAPÍTULO ÚNICO
Da Contratação Temporária de Excepcional Interesse Público

Art. 232. a 235. *(Revogados pela L. n. 8.745, de 9.12.93, p. ???)*

TÍTULO VIII

CAPÍTULO ÚNICO
Das Disposições Gerais

Art. 236. O Dia do Servidor Público será comemorado a vinte e oito de outubro.

Art. 237. Poderão ser instituídos, no âmbito dos Poderes Executivo, Legislativo e Judiciário, os seguintes incentivos funcionais, além daqueles já previstos nos respectivos planos de carreira:

I — prêmios pela apresentação de ideias, inventos ou trabalhos que favoreçam o aumento de produtividade e a redução dos custos operacionais;

II — concessão de medalhas, diplomas de honra ao mérito, condecoração e elogio.

Art. 238. Os prazos previstos nesta Lei serão contados em dias corridos, excluindo-se o dia do começo e incluindo-se o do vencimento, ficando prorrogado, para o primeiro dia útil seguinte, o prazo vencido em dia em que não haja expediente.

Art. 239. Por motivo de crença religiosa ou de convicção filosófica ou política, o servidor não poderá ser privado de quaisquer dos seus direitos, sofrer discriminação em sua vida funcional, nem eximir-se do cumprimento de seus deveres.

Art. 240. Ao servidor público civil é assegurado, nos termos da Constituição Federal, o direito à livre associação sindical e os seguintes direitos, entre outros, dela decorrentes:

a) de ser representado pelo sindicato, inclusive como substituto processual;

b) de inamovibilidade do dirigente sindical, até um ano após o final do mandato, exceto se a pedido;

c) de descontar em folha, sem ônus para a entidade sindical a que for filiado, o valor das mensalidades e contribuições definidas em assembleia geral da categoria;

— As letras "d" e "e" foram revogadas pela Lei n. 9.527, de 10.12.1997, DOU 11.12.1997.

Art. 241. Consideram-se da família do servidor, além do cônjuge e filhos, quaisquer pessoas que vivam às suas expensas e constem do seu assentamento individual.

PARÁGRAFO ÚNICO. Equipara-se ao cônjuge a companheira ou companheiro, que comprove união estável como entidade familiar.

Art. 242. Para os fins desta Lei, considera-se sede o município onde a repartição estiver instalada e onde o servidor tiver exercício, em caráter permanente.

TÍTULO IX

CAPÍTULO ÚNICO
Das Disposições Transitórias e Finais

Art. 243. Ficam submetidos ao regime jurídico instituído por esta Lei, na qualidade de servidores públicos os servidores dos Poderes da União, dos ex-Territórios, das autarquias, inclusive as em regime especial, e das fundações públicas, regidos pela Lei n. 1.711, de 28 de outubro de 1952 — Estatuto dos Funcionários Públicos Civis da União, ou pela Consolidação das Leis do Trabalho, aprovada pelo Decreto-lei n. 5.452, de 1º de maio de 1943, exceto os contratados por prazo determinado, cujos contratos não poderão ser prorrogados após o vencimento do prazo de prorrogação.

§ 1º Os empregos ocupados pelos servidores incluídos no regime instituído por esta Lei ficam transformados em cargos, na data de sua publicação.

§ 2º As funções de confiança exercidas por pessoas não integrantes de tabela permanente do órgão ou entidade onde têm exercício ficam transformadas em cargos em comissão, e mantidas enquanto não for implantado o plano de cargos dos órgãos ou entidades na forma da lei.

§ 3º As Funções de Assessoramento Superior — FAS, exercidas por servidor integrante de quadro ou tabela de pessoal, ficam extintas na data da vigência desta Lei.

§ 4º (Vetado).

§ 5º O regime jurídico desta Lei é extensivo aos serventuários da Justiça, remunerados com recursos da União, no que couber.

§ 6º Os empregos dos servidores estrangeiros com estabilidade no serviço público, enquanto não adquirirem a nacionalidade brasileira, passarão a integrar tabela em extinção, do respectivo órgão ou entidade, sem prejuízo dos direitos inerentes aos planos de carreira aos quais se encontrem vinculados os empregos.

§ 7º Os servidores públicos de que trata o *caput* deste artigo, não amparados pelo art. 19 do Ato das Disposições Constitucionais Transitórias, poderão, no interesse da Administração e conforme critérios estabelecidos em regulamento, ser exonerados mediante indenização de um mês de remuneração por ano de efetivo exercício no serviço público federal. *(Acrescentado pela Lei n. 9.527, de 10.12.1997, DOU 11.12.1997)*

§ 8º Para fins de incidência do imposto de renda na fonte e na declaração de rendimentos, serão considerados como indenizações isentas os pagamentos efetuados a título de indenização prevista no parágrafo anterior. *(Acrescentado pela Lei n. 9.527, de 10.12.1997, DOU 11.12.1997)*

§ 9º Os cargos vagos em decorrência da aplicação do disposto no § 7º poderão ser extintos pelo Poder Executivo quando considerados desnecessários. *(Acrescentado pela Lei n. 9.527, de 10.12.1997, DOU 11.12.1997)*

Art. 244. Os adicionais por tempo de serviço, já concedidos aos servidores abrangidos por esta Lei, ficam transformados em anuênio.

Art. 245. A licença especial disciplinada pelo art. 116 da Lei n. 1.711, de 1952, ou por outro diploma legal, fica transformada em licença-prêmio por assiduidade, na forma prevista nos arts. 87 a 90.

Art. 246. (Vetado).

Art. 247. Para efeito do disposto no Título VI desta Lei, haverá ajuste de contas com a Previdência Social, correspondente ao período de contribuição por parte dos servidores celetistas abrangidos pelo art. 243. *(Redação dada pela Lei n. 8.162/91).*

Art. 248. As pensões estatutárias, concedidas até a vigência desta Lei, passam a ser mantidas pelo órgão ou entidade de origem do servidor.

Art. 249. Até a edição da lei prevista no § 1º do art. 231, os servidores abrangidos por esta Lei contribuirão na forma e nos percentuais atualmente estabelecidos para o servidor civil da União, conforme regulamento próprio.

Art. 250. O servidor que já tiver satisfeito ou vier a satisfazer, dentro de 1 (um) ano, as condições necessárias para a aposentadoria nos termos do inciso II do art. 184 do antigo Estatuto dos Funcionários Públicos Civis da União, Lei n. 1.711, de 28 de outubro de 1952, aposentar-se-á com a vantagem prevista naquele dispositivo. (Mantido pelo Congresso Nacional)

Art. 251. *(Revogado pela Lei n. 9.527, de 10.12.1997, DOU de 11.12.1997)*

Art. 252. Esta Lei entra em vigor na data de sua publicação, com efeitos financeiros a partir do primeiro dia do mês subsequente.

Art. 253. Ficam revogadas a Lei n. 1.711, de 28 de outubro de 1952, e respectiva legislação complementar, bem como as demais disposições em contrário.

Brasília, em 11 de dezembro de 1990; 169º da Independência e 102º da República.

FERNANDO COLLOR
JARBAS PASSARINHO

DECRETO N. 8.737, DE 3 DE MAIO DE 2016

(DOU 4.5.2016)

Institui o Programa de Prorrogação da Licença-Paternidade para os servidores regidos pela Lei n. 8.112, de 11 de dezembro de 1990.

A PRESIDENTA DA REPÚBLICA, no uso da atribuição que lhe confere o art. 84, *caput*, inciso IV, da Constituição, e tendo em vista o disposto na Lei n. 11.770, de 9 de setembro de 2008,

DECRETA:

Art. 1º Fica instituído o Programa de Prorrogação da Licença-Paternidade para os servidores regidos pela Lei n. 8.112, de 11 de dezembro de 1990.

Art. 2º A prorrogação da licença-paternidade será concedida ao servidor público que requeira o benefício no prazo de dois dias úteis após o nascimento ou a adoção e terá duração de quinze dias, além dos cinco dias concedidos pelo art. 208 da Lei n. 8.112, de 1990.

§ 1º A prorrogação se iniciará no dia subsequente ao término da licença de que trata o art. 208 da Lei n. 8.112, de 1990.

§ 2º O disposto neste Decreto é aplicável a quem adotar ou obtiver guarda judicial para fins de adoção de criança.

§ 3º Para os fins do disposto no § 2º, considera-se criança a pessoa de até doze anos de idade incompletos.

Art. 3º O beneficiado pela prorrogação da licença-paternidade não poderá exercer qualquer atividade remunerada durante a prorrogação da licença-paternidade.

PARÁGRAFO ÚNICO. O descumprimento do disposto neste artigo implicará o cancelamento da prorrogação da licença e o registro da ausência como falta ao serviço.

Art. 4º O servidor em gozo de licença-paternidade na data de entrada em vigor deste Decreto poderá solicitar a prorrogação da licença, desde que requerida até o último dia da licença ordinária de cinco dias.

Art. 5º O Ministério do Planejamento, Orçamento e Gestão poderá expedir normas complementares para execução deste Decreto.

Art. 6º Este Decreto entra em vigor na data de sua publicação.

Brasília, 3 de maio de 2016; 195º da Independência e 128º da República.

DILMA ROUSSEFF
VALDIR MOYSÉS SIMÃO

LEI COMPLEMENTAR N. 152, DE 3 DE DEZEMBRO DE 2015

(DOU 4.12.15)

Dispõe sobre a aposentadoria compulsória por idade, com proventos proporcionais, nos termos do inciso II do § 1º do art. 40 da Constituição Federal.

A PRESIDENTA DA REPÚBLICA

Faço saber que o Congresso Nacional decreta e eu promulgo, nos termos do § 5º do art. 66 da Constituição, a seguinte Lei Complementar:

Art. 1º Esta Lei Complementar dispõe sobre a aposentadoria compulsória por idade, com proventos proporcionais, no âmbito da União, dos Estados, do Distrito Federal e dos Municípios, dos agentes públicos aos quais se aplica o inciso II do § 1º do art. 40 da Constituição Federal

Art. 2º Serão aposentados compulsoriamente, com proventos proporcionais ao tempo de contribuição, aos 75 (setenta e cinco) anos de idade:

I — os servidores titulares de cargos efetivos da União, dos Estados, do Distrito Federal e dos Municípios, incluídas suas autarquias e fundações;

II — os membros do Poder Judiciário;

III os membros do Ministério Público;

IV — os membros das Defensorias Públicas;

V — os membros dos Tribunais e dos Conselhos de Contas.

PARÁGRAFO ÚNICO. Aos servidores do Serviço Exterior Brasileiro, regidos pela Lei n. 11.440, de 29 de dezembro de 2006, o disposto neste artigo será aplicado progressivamente à razão de 1 (um) ano adicional de limite para aposentadoria compulsória ao fim de cada 2 (dois) anos, a partir da vigência desta Lei Complementar, até o limite de 75 (setenta e cinco) anos previsto no *caput*.

Art. 3º Revoga-se o inciso I do art. 1º da Lei Complementar n. 51, de 20 de dezembro de 1985.

Art. 4º Esta Lei Complementar entra em vigor na data de sua publicação.

Brasília, 3 de dezembro de 2015; 194º da Independência e 127º da República.

DILMA ROUSSEFF

LEI COMPLEMENTAR N. 101, DE 4 DE MAIO DE 2000

(DOU 5.5.2000)

Estabelece normas de finanças públicas voltadas para a responsabilidade na gestão fiscal e dá outras providências

O PRESIDENTE DA REPÚBLICA,

Faço saber que o Congresso Nacional decreta e eu sanciono a seguinte Lei Complementar:

CAPÍTULO I
Disposições Preliminares

Art. 1º Esta Lei Complementar estabelece normas de finanças públicas voltadas para a responsabilidade na gestão fiscal, com amparo no Capítulo II do Título VI da Constituição.

§ 1º A responsabilidade na gestão fiscal pressupõe a ação planejada e transparente, em que se previnem riscos e corrigem desvios capazes de afetar o equilíbrio das contas públicas, mediante o cumprimento de metas de resultados entre receitas e despesas e a obediência a limites e condições no que tange a renúncia de receita, geração de despesas com pessoal, da seguridade social e outras, dívidas consolidada e mobiliária, operações de crédito, inclusive por antecipação de receita, concessão de garantia e inscrição em Restos a Pagar.

§ 2º As disposições desta Lei Complementar obrigam a União, os Estados, o Distrito Federal e os Municípios.

§ 3º Nas referências:

I — à União, aos Estados, ao Distrito Federal e aos Municípios, estão compreendidos:

a) o Poder Executivo, o Poder Legislativo, neste abrangidos os Tribunais de Contas, o Poder Judiciário e o Ministério Público;

b) as respectivas administrações diretas, fundos, autarquias, fundações e empresas estatais dependentes;

II — a Estados entende-se considerado o Distrito Federal;

III — a Tribunais de Contas estão incluídos: Tribunal de Contas da União, Tribunal de Contas do Estado e, quando houver, Tribunal de Contas dos Municípios e Tribunal de Contas do Município.

Art. 2º Para os efeitos desta Lei Complementar, entende-se como:

I — ente da Federação: a União, cada Estado, o Distrito Federal e cada Município;

II — empresa controlada: sociedade cuja maioria do capital social com direito a voto pertença, direta ou indiretamente, a ente da Federação;

III — empresa estatal dependente: empresa controlada que receba do ente controlador recursos financeiros para pagamento de despesas com pessoal ou de custeio em geral ou de capital, excluídos, no último caso, aqueles provenientes de aumento de participação acionária;

IV — receita corrente líquida: somatório das receitas tributárias, de contribuições, patrimoniais, industriais, agropecuárias, de serviços, transferências correntes e outras receitas também correntes, deduzidos:

a) na União, os valores transferidos aos Estados e Municípios por determinação constitucional ou legal, e as contribuições mencionadas na alínea *a* do inciso I e no inciso II do art. 195, e no art. 239 da Constituição;

b) nos Estados, as parcelas entregues aos Municípios por determinação constitucional;

c) na União, nos Estados e nos Municípios, a contribuição dos servidores para o custeio do seu sistema de previdência e assistência social e as receitas provenientes da compensação financeira citada no § 9º do art. 201 da Constituição.

§ 1º Serão computados no cálculo da receita corrente líquida os valores pagos e recebidos em decorrência da Lei Complementar n. 87, de 13 de setembro de 1996, e do fundo previsto pelo art. 60 do Ato das Disposições Constitucionais Transitórias.

§ 2º Não serão considerados na receita corrente líquida do Distrito Federal e dos Estados do Amapá e de Roraima os recursos recebidos da União para atendimento das despesas de que trata o inciso V do § 1º do art. 19.

§ 3º A receita corrente líquida será apurada somando-se as receitas arrecadadas no mês em referência e nos onze anteriores, excluídas as duplicidades.

....

CAPÍTULO IV
Da Despesa Pública

SEÇÃO I
Da Geração da Despesa

Art. 15. Serão consideradas não autorizadas, irregulares e lesivas ao patrimônio público a geração de despesa ou assunção de obrigação que não atendam o disposto nos arts. 16 e 17.

Art. 16. A criação, expansão ou aperfeiçoamento de ação governamental que acarrete aumento da despesa será acompanhado de:

I — estimativa do impacto orçamentário-financeiro no exercício em que deva entrar em vigor e nos dois subsequentes;

II — declaração do ordenador da despesa de que o aumento tem adequação orçamentária e financeira com a lei orçamentária anual e compatibilidade com o plano plurianual e com a lei de diretrizes orçamentárias.

§ 1º Para os fins desta Lei Complementar, considera-se:

I — adequada com a lei orçamentária anual, a despesa objeto de dotação específica e suficiente, ou que esteja abrangida por crédito genérico, de forma que somadas todas as despesas da mesma espécie, realizadas e a realizar, previstas no programa de trabalho, não sejam ultrapassados os limites estabelecidos para o exercício;

II — compatível com o plano plurianual e a lei de diretrizes orçamentárias, a despesa que se conforme com as diretrizes, objetivos, prioridades e metas previstos nesses instrumentos e não infrinja qualquer de suas disposições.

§ 2º A estimativa de que trata o inciso I do *caput* será acompanhada das premissas e metodologia de cálculo utilizadas.

§ 3º Ressalva-se do disposto neste artigo a despesa considerada irrelevante, nos termos em que dispuser a lei de diretrizes orçamentárias.

§ 4º As normas do *caput* constituem condição prévia para:

I — empenho e licitação de serviços, fornecimento de bens ou execução de obras;

II — desapropriação de imóveis urbanos a que se refere o § 3º do art. 182 da Constituição.

SUBSEÇÃO I
Da Despesa Obrigatória de Caráter Continuado

Art. 17. Considera-se obrigatória de caráter continuado a despesa corrente derivada de lei, medida provisória ou ato administrativo normativo que fixem para o ente a obrigação legal de sua execução por um período superior a dois exercícios.

§ 1º Os atos que criarem ou aumentarem despesa de que trata o *caput* deverão ser instruídos com a estimativa prevista no inciso I do art. 16 e demonstrar a origem dos recursos para seu custeio.

§ 2º Para efeito do atendimento do § 1º, o ato será acompanhado de comprovação de que a despesa criada ou aumentada não afetará as metas de resultados fiscais previstas no anexo referido no § 1º do art. 4º, devendo seus efeitos financeiros, nos períodos seguintes, ser compensados pelo aumento permanente de receita ou pela redução permanente de despesa.

§ 3º Para efeito do § 2º, considera-se aumento permanente de receita o proveniente da elevação de alíquotas, ampliação da base de cálculo, majoração ou criação de tributo ou contribuição.

§ 4º A comprovação referida no § 2º, apresentada pelo proponente, conterá as premissas e metodologia de cálculo utilizadas, sem prejuízo do exame de compatibilidade da despesa com as demais normas do plano plurianual e da lei de diretrizes orçamentárias.

§ 5º A despesa de que trata este artigo não será executada antes da implementação das medidas referidas no § 2º, as quais integrarão o instrumento que a criar ou aumentar.

§ 6º O disposto no § 1º não se aplica às despesas destinadas ao serviço da dívida nem ao reajustamento de remuneração de pessoal de que trata o inciso X do art. 37 da Constituição.

§ 7º Considera-se aumento de despesa a prorrogação daquela criada por prazo determinado.

SEÇÃO II
Das Despesas com Pessoal

SUBSEÇÃO I
Definições e Limites

Art. 18. Para os efeitos desta Lei Complementar, entende-se como despesa total com pessoal: o somatório dos gastos do ente da Federação com os ativos, os inativos e os pensionistas, relativos a mandatos eletivos, cargos, funções ou empregos, civis, militares e de membros de Poder, com quaisquer espécies remuneratórias, tais como vencimentos e vantagens, fixas e variáveis, subsídios, proventos da aposentadoria, reformas e pensões, inclusive adicionais, gratificações, horas extras e vantagens pessoais de qualquer natureza, bem como encargos sociais e contribuições recolhidas pelo ente às entidades de previdência.

§ 1º Os valores dos contratos de terceirização de mão de obra que se referem à substituição de servidores e empregados públicos serão contabilizados como "Outras Despesas de Pessoal".

§ 2º A despesa total com pessoal será apurada somando-se a realizada no mês em referência com as dos onze imediatamente anteriores, adotando-se o regime de competência.

Art. 19. Para os fins do disposto no *caput* do art. 169 da Constituição, a despesa total com pessoal, em cada período de apuração e em cada ente da Federação, não poderá exceder os percentuais da receita corrente líquida, a seguir discriminados:

I — União: 50% (cinquenta por cento);

II — Estados: 60% (sessenta por cento);

III — Municípios: 60% (sessenta por cento).

§ 1º Na verificação do atendimento dos limites definidos neste artigo, não serão computadas as despesas:

I — de indenização por demissão de servidores ou empregados;

II — relativas a incentivos à demissão voluntária;

III — derivadas da aplicação do disposto no inciso II do § 6º do art. 57 da Constituição;

IV — decorrentes de decisão judicial e da competência de período anterior ao da apuração a que se refere o § 2º do art. 18;

V — com pessoal, do Distrito Federal e dos Estados do Amapá e Roraima, custeadas com recursos transferidos pela União na forma dos incisos XIII e XIV do art. 21 da Constituição e do art. 31 da Emenda Constitucional n. 19;

VI — com inativos, ainda que por intermédio de fundo específico, custeadas por recursos provenientes:

a) da arrecadação de contribuições dos segurados;

b) da compensação financeira de que trata o § 9º do art. 201 da Constituição;

c) das demais receitas diretamente arrecadadas por fundo vinculado a tal finalidade, inclusive o produto da alienação de bens, direitos e ativos, bem como seu superávit financeiro.

§ 2º Observado o disposto no inciso IV do § 1º, as despesas com pessoal decorrentes de sentenças judiciais serão incluídas no limite do respectivo Poder ou órgão referido no art. 20.

Art. 20. A repartição dos limites globais do art. 19 não poderá exceder os seguintes percentuais:

I — na esfera federal:

a) 2,5% (dois inteiros e cinco décimos por cento) para o Legislativo, incluído o Tribunal de Contas da União;

b) 6% (seis por cento) para o Judiciário;

c) 40,9% (quarenta inteiros e nove décimos por cento) para o Executivo, destacando-se 3% (três por cento) para as despesas com pessoal decorrentes do que dispõem os incisos XIII e XIV do art. 21 da Constituição e o art. 31 da Emenda Constitucional n. 19, repartidos de forma proporcional à média das despesas relativas a cada um destes dispositivos, em percentual da receita corrente líquida, verificadas nos três exercícios financeiros imediatamente anteriores ao da publicação desta Lei Complementar;

d) 0,6% (seis décimos por cento) para o Ministério Público da União;

II — na esfera estadual:

a) 3% (três por cento) para o Legislativo, incluído o Tribunal de Contas do Estado;

b) 6% (seis por cento) para o Judiciário;

c) 49% (quarenta e nove por cento) para o Executivo;

d) 2% (dois por cento) para o Ministério Público dos Estados;

III — na esfera municipal:

a) 6% (seis por cento) para o Legislativo, incluído o Tribunal de Contas do Município, quando houver;

b) 54% (cinquenta e quatro por cento) para o Executivo.

§ 1º Nos Poderes Legislativo e Judiciário de cada esfera, os limites serão repartidos entre seus órgãos de forma proporcional à média das despesas com pessoal, em percentual da receita corrente líquida, verificadas nos três exercícios financeiros imediatamente anteriores ao da publicação desta Lei Complementar.

§ 2º Para efeito deste artigo entende-se como órgão:

I — o Ministério Público;

II — no Poder Legislativo:

a) Federal, as respectivas Casas e o Tribunal de Contas da União;

b) Estadual, a Assembleia Legislativa e os Tribunais de Contas;

c) do Distrito Federal, a Câmara Legislativa e o Tribunal de Contas do Distrito Federal;

d) Municipal, a Câmara de Vereadores e o Tribunal de Contas do Município, quando houver;

III — no Poder Judiciário:

a) Federal, os tribunais referidos no art. 92 da Constituição;

b) Estadual, o Tribunal de Justiça e outros, quando houver.

§ 3º Os limites para as despesas com pessoal do Poder Judiciário, a cargo da União por força do inciso XIII do art. 21 da Constituição, serão estabelecidos mediante aplicação da regra do § 1º.

§ 4º Nos Estados em que houver Tribunal de Contas dos Municípios, os percentuais definidos nas alíneas *a* e *c* do inciso II do *caput* serão, respectivamente, acrescidos e reduzidos em 0,4% (quatro décimos por cento).

§ 5º Para os fins previstos no art. 168 da Constituição, a entrega dos recursos financeiros correspondentes à despesa total com pessoal por Poder e órgão será a resultante da aplicação dos percentuais definidos neste artigo, ou aqueles fixados na lei de diretrizes orçamentárias.

§ 6º *(Vetado).*

SUBSEÇÃO II
Do Controle da Despesa Total com Pessoal

Art. 21. É nulo de pleno direito o ato que provoque aumento da despesa com pessoal e não atenda:

I — as exigências dos arts. 16 e 17 desta Lei Complementar, e o disposto no inciso XIII do art. 37 e no § 1º do art. 169 da Constituição;

II — o limite legal de comprometimento aplicado às despesas com pessoal inativo.

PARÁGRAFO ÚNICO. Também é nulo de pleno direito o ato de que resulte aumento da despesa com pessoal expedido nos cento e oitenta dias anteriores ao final do mandato do

Legislação Complementar

titular do respectivo Poder ou órgão referido no art. 20.

Art. 22. A verificação do cumprimento dos limites estabelecidos nos arts. 19 e 20 será realizada ao final de cada quadrimestre.

PARÁGRAFO ÚNICO. Se a despesa total com pessoal exceder a 95% (noventa e cinco por cento) do limite, são vedados ao Poder ou órgão referido no art. 20 que houver incorrido no excesso:

I — concessão de vantagem, aumento, reajuste ou adequação de remuneração a qualquer título, salvo os derivados de sentença judicial ou de determinação legal ou contratual, ressalvada a revisão prevista no inciso X do art. 37 da Constituição;

II — criação de cargo, emprego ou função;

III — alteração de estrutura de carreira que implique aumento de despesa;

IV — provimento de cargo público, admissão ou contratação de pessoal a qualquer título, ressalvada a reposição decorrente de aposentadoria ou falecimento de servidores das áreas de educação, saúde e segurança;

V — contratação de hora extra, salvo no caso do disposto no inciso II do § 6º do art. 57 da Constituição e as situações previstas na lei de diretrizes orçamentárias.

Art. 23. Se a despesa total com pessoal, do Poder ou órgão referido no art. 20, ultrapassar os limites definidos no mesmo artigo, sem prejuízo das medidas previstas no art. 22, o percentual excedente terá de ser eliminado nos dois quadrimestres seguintes, sendo pelo menos um terço no primeiro, adotando-se, entre outras, as providências previstas nos §§ 3º e 4º do art. 169 da Constituição.

§ 1º No caso do inciso I do § 3º do art. 169 da Constituição, o objetivo poderá ser alcançado tanto pela extinção de cargos e funções quanto pela redução dos valores a eles atribuídos.

§ 2º É facultada a redução temporária da jornada de trabalho com adequação dos vencimentos à nova carga horária.

§ 3º Não alcançada a redução no prazo estabelecido, e enquanto perdurar o excesso, o ente não poderá:

I — receber transferências voluntárias;

II — obter garantia, direta ou indireta, de outro ente;

III — contratar operações de crédito, ressalvadas as destinadas ao refinanciamento da dívida mobiliária e as que visem à redução das despesas com pessoal.

§ 4º As restrições do § 3º aplicam-se imediatamente se a despesa total com pessoal exceder o limite no primeiro quadrimestre do último ano do mandato dos titulares de Poder ou órgão referidos no art. 20.

SEÇÃO III
Das Despesas com a Seguridade Social

Art. 24. Nenhum benefício ou serviço relativo à seguridade social poderá ser criado, majorado ou estendido sem a indicação da fonte de custeio total, nos termos do § 5º do art. 195 da Constituição, atendidas ainda as exigências do art. 17.

§ 1º É dispensada da compensação referida no art. 17 o aumento de despesa decorrente de:

I — concessão de benefício a quem satisfaça as condições de habilitação prevista na legislação pertinente;

II — expansão quantitativa do atendimento e dos serviços prestados;

III — reajustamento de valor do benefício ou serviço, a fim de preservar o seu valor real.

§ 2º O disposto neste artigo aplica-se a benefício ou serviço de saúde, previdência e assistência social, inclusive os destinados aos servidores públicos e militares, ativos e inativos, e aos pensionistas.

....

CAPÍTULO IX
Da Transparência, Controle e Fiscalização

SEÇÃO I
Da Transparência da Gestão Fiscal

Art. 48. São instrumentos de transparência da gestão fiscal, aos quais será dada ampla divulgação, inclusive em meios eletrônicos de acesso público: os planos, orçamentos e leis de diretrizes orçamentárias; as prestações de contas e o respectivo parecer prévio; o Relatório Resumido da Execução Orçamentária e o Relatório de Gestão Fiscal; e as versões simplificadas desses documentos.

§ 1º A transparência será assegurada também mediante: *(Renumerado pela Lei Complementar n. 156, de 28.12.16, DOU 29.12.16)*

I — incentivo à participação popular e realização de audiências públicas, durante os processos de elaboração e discussão dos planos, lei de diretrizes orçamentárias e orçamentos; *(Acrescentado pela Lei Complementar n. 131, de 27.5.2009, DOU 28.5.2009).*

II — liberação ao pleno conhecimento e acompanhamento da sociedade, em tempo real, de informações pormenorizadas sobre a execução orçamentária e financeira, em meios eletrônicos de acesso público; e *(Redação dada pela Emenda Constitucional n. 156, de 28.12.16, DOU 29.12.16)*

III — adoção de sistema integrado de administração financeira e controle, que atenda a padrão mínimo de qualidade estabelecido pelo Poder Executivo da União e ao disposto no art. 48-A. *(Acrescentado pela Lei Complementar n. 131, de 27.5.2009, DOU 28.5.2009).*

§ 2º A União, os Estados, o Distrito Federal e os Municípios disponibilizarão suas informações e dados contábeis, orçamentários e fiscais conforme periodicidade, formato e sistema estabelecidos pelo órgão central de contabilidade da União, os quais deverão ser divulgados em meio eletrônico de amplo acesso público. *(Incluído pela Emenda Constitucional n. 156, de 28.12.16, DOU 29.12.16)*

§ 3º Os Estados, o Distrito Federal e os Municípios encaminharão ao Ministério da Fazenda, nos termos e na periodicidade a serem definidos em instrução específica deste órgão, as informações necessárias para a constituição do registro eletrônico centralizado e atualizado das dívidas públicas interna e externa, de que trata o § 4º do art. 32. *(Incluído pela Emenda Constitucional n. 156, de 28.12.16, DOU 29.12.16)*

§ 4º A inobservância do disposto nos §§ 2º e 3º ensejará as penalidades previstas no § 2º do art. 51. *(Incluído pela Emenda Constitucional n. 156, de 28.12.16, DOU 29.12.16)*

§ 5º Nos casos de envio conforme disposto no § 2º para todos os efeitos, a União, os Estados, o Distrito Federal e os Municípios cumprem o dever de ampla divulgação a que se refere o *caput*. *(Incluído pela Emenda Constitucional n. 156, de 28.12.16, DOU 29.12.16)*

§ 6º Todos os Poderes e órgãos referidos no art. 20, incluídos autarquias, fundações públicas, empresas estatais dependentes e fundos, do ente da Federação devem utilizar sistemas únicos de execução orçamentária e financeira, mantidos e gerenciados pelo Poder Executivo, resguardada a autonomia. (NR) *(Incluído pela Emenda Constitucional n. 156, de 28.12.16, DOU 29.12.16)*

Art. 48-A. Para os fins a que se refere o inciso II do parágrafo único do art. 48, os entes da Federação disponibilizarão a qualquer pessoa física ou jurídica o acesso a informações referentes a: *(Acrescentado pela Lei Complementar n. 131, de 27.5.2009, DOU 28.5.2009).*

I — quanto à despesa: todos os atos praticados pelas unidades gestoras no decorrer da execução da despesa, no momento de sua realização, com a disponibilização mínima dos dados referentes ao número do correspondente processo, ao bem fornecido ou ao serviço prestado, à pessoa física ou jurídica beneficiária do pagamento e, quando for o caso, ao procedimento licitatório realizado; *(Acrescentado pela Lei Complementar n. 131, de 27.5.2009, DOU 28.5.2009).*

II — quanto à receita: o lançamento e o recebimento de toda a receita das unidades gestoras, inclusive referente a recursos extraordinários. *(Acrescentado pela Lei Complementar n. 131, de 27.5.2009, DOU 28.5.2009).*

....

CAPÍTULO X
Disposições Finais e Transitórias

....

Art. 68. Na forma do art. 250 da Constituição, é criado o Fundo do Regime Geral de Previdência Social, vinculado ao Ministério da Previdência e Assistência Social, com a finalidade de prover recursos para o pagamento dos benefícios do regime geral da previdência social.

§ 1º O Fundo será constituído de:

I — bens móveis e imóveis, valores e rendas do Instituto Nacional do Seguro Social não utilizados na operacionalização deste;

II — bens e direitos que, a qualquer título, lhe sejam adjudicados ou que lhe vierem a ser vinculados por força de lei;

III — receita das contribuições sociais para a seguridade social, previstas na alínea *a* do inciso I e no inciso II do art. 195 da Constituição;

IV — produto da liquidação de bens e ativos de pessoa física ou jurídica em débito com a Previdência Social;

V — resultado da aplicação financeira de seus ativos;

VI — recursos provenientes do orçamento da União.

§ 2º O Fundo será gerido pelo Instituto Nacional do Seguro Social, na forma da lei.

Art. 69. O ente da Federação que mantiver ou vier a instituir regime próprio de previdência social para seus servidores conferir-lhe-á caráter contributivo e o organizará com base em normas de contabilidade e atuária que preservem seu equilíbrio financeiro e atuarial.

Art. 70. O Poder ou órgão referido no art. 20 cuja despesa total com pessoal no exercício anterior ao da publicação desta Lei Complementar estiver acima dos limites estabelecidos nos arts. 19 e 20 deverá enquadrar-se no respectivo limite em até dois exercícios, eliminando o excesso, gradualmente, à razão de, pelo menos, 50% a.a. (cinquenta por cento ao ano), mediante a adoção, entre outras, das medidas previstas nos arts. 22 e 23.

PARÁGRAFO ÚNICO. A inobservância do disposto no *caput*, no prazo fixado, sujeita o ente às sanções previstas no § 3º do art. 23.

Art. 71. Ressalvada a hipótese do inciso X do art. 37 da Constituição, até o término do terceiro exercício financeiro seguinte à entrada em vigor desta Lei Complementar, a despesa total com pessoal dos Poderes e órgãos referidos no art. 20 não ultrapassará, em percentual da receita corrente líquida, a despesa verificada no exercício imediatamente anterior, acrescida de até 10% (dez por cento), se esta for inferior ao limite definido na forma do art. 20.

Art. 72. A despesa com serviços de terceiros dos Poderes e órgãos referidos no art. 20 não poderá exceder, em percentual da receita corrente líquida, a do exercício anterior à entrada em vigor desta Lei Complementar, até o término do terceiro exercício seguinte.

Art. 73. As infrações dos dispositivos desta Lei Complementar serão punidas segundo o Decreto-lei n. 2.848, de 7 de dezembro de 1940 (Código Penal); a Lei n. 1.079, de 10 de abril de 1950; o Decreto-lei n. 201, de 27 de fevereiro de 1967; a Lei n. 8.429, de 2 de junho de 1992; e demais normas da legislação pertinente.

Art. 73-A. Qualquer cidadão, partido político, associação ou sindicato é parte legítima para denunciar ao respectivo Tribunal de Contas e ao órgão competente do Ministério Público o descumprimento das prescrições estabelecidas nesta Lei Complementar. *(Acrescentado pela Lei Complementar n. 131, de 27.5.2009, DOU 28.5.2009).*

Art. 73-B. Ficam estabelecidos os seguintes prazos para o cumprimento das determinações dispostas nos incisos II e III do parágrafo único do art. 48 e do art. 48-A: *(Acrescentado pela Lei Complementar n. 131, de 27.5.2009, DOU 28.5.2009).*

I — 1 (um) ano para a União, os Estados, o Distrito Federal e os Municípios com mais de 100.000 (cem mil) habitantes; *(Acrescentado pela Lei Complementar n. 131, de 27.5.2009, DOU 28.5.2009).*

II — 2 (dois) anos para os Municípios que tenham entre 50.000 (cinquenta mil) e 100.000 (cem mil) habitantes; *(Acrescentado pela Lei Complementar n. 131, de 27.5.2009, DOU 28.5.2009).*

III — 4 (quatro) anos para os Municípios que tenham até 50.000 (cinquenta mil) habitantes. *(Acrescentado pela Lei Complementar n. 131, de 27.5.2009, DOU 28.5.2009).*

PARÁGRAFO ÚNICO. Os prazos estabelecidos neste artigo serão contados a partir da data de publicação da lei complementar que introduziu os dispositivos referidos no *caput* deste artigo. *(Acrescentado pela Lei Complementar n. 131, de 27.5.2009, DOU 28.5.2009).*

Art. 73-C. O não atendimento, até o encerramento dos prazos previstos no art. 73-B, das determinações contidas nos incisos II e III do parágrafo único do art. 48 e no art. 48-A sujeita o ente à sanção prevista no inciso I do § 3º do art. 23. *(Acrescentado pela Lei Complementar n. 131, de 27.5.2009, DOU 28.5.2009).*

Art. 74. Esta Lei Complementar entra em vigor na data da sua publicação.

Art. 75. Revoga-se a Lei Complementar n. 96, de 31 de maio de 1999.

FERNANDO HENRIQUE CARDOSO
PEDRO MALAN
MARTUS TAVARES

DECRETO N. 1.480, DE 3 DE MAIO DE 1995

(DOU 4.5.1995)

Dispõe sobre os procedimentos a serem adotados em caso de paralisações dos serviços públicos federais, enquanto não regulado o disposto no art. 37, inciso VII, da Constituição

O PRESIDENTE DA REPÚBLICA, no uso das atribuições que lhe confere o art. 84, incisos II e IV, da Constituição, e tendo em vista o disposto nos arts. 116, inciso X, e 117, inciso I, da Lei n. 8.112, de 11 de dezembro de 1990,

DECRETA:

Art. 1º Até que seja editada a lei complementar a que alude o art. 37, inciso VII, da Constituição, as faltas decorrentes de participação de servidor público federal, regido pela Lei n. 8.112, de 11 de dezembro de 1990, em movimento de paralisação de serviços públicos não poderão, em nenhuma hipótese, ser objeto de:

I — abono;

II — compensação; ou

III — cômputo, para fins de contagem de tempo de serviço ou de qualquer vantagem que o tenha por base.

§ 1º Para os fins de aplicação do disposto neste artigo, a chefia imediata do servidor transmitirá ao órgão de pessoal respectivo a relação dos servidores cujas faltas se enquadrem na hipótese nele prevista, discriminando, dentre os relacionados, os ocupantes de cargos em comissão e os que percebam função gratificada.

§ 2º A inobservância do disposto no parágrafo precedente implicará na exoneração ou dispensa do titular da chefia imediata, sem prejuízo do ressarcimento ao Tesouro Nacional dos valores por este despendidos em razão do ato comissivo ou omissivo, apurado em processo administrativo regular.

Art. 2º Serão imediatamente exonerados ou dispensados os ocupantes de cargos em comissão ou de funções gratificadas constantes da relação a que alude o artigo precedente.

Art. 3º No caso em que a União, autarquia ou fundação pública for citada em causa cujo objeto seja a indenização por interrupção, total ou parcial, da prestação dos serviços desenvolvidos pela Administração Pública Federal, em decorrência de movimento de paralisação, será obrigatória a denunciação à lide dos servidores que tiverem concorrido para o dano.

PARÁGRAFO ÚNICO. Compete ao Advogado-Geral da União expedir as instruções necessárias ao cumprimento do disposto neste artigo.

Art. 4º Este Decreto entra vigor na data de sua publicação.

Brasília, 3 de maio de 1995; 174º da Independência e 107º da República.

FERNANDO HENRIQUE CARDOSO
LUIZ CARLOS BRESSER PEREIRA

LEI N. 8.162, DE 8 DE JANEIRO DE 1991

(DOU 9.1.1991 — LTr 55-4/504)

Dispõe sobre a revisão dos vencimentos, salários, proventos e demais retribuições dos servidores civis e a fixação dos soldos dos militares do poder executivo, na administração direta, autárquica e fundacional, e dá outras providências (considera extintos, a partir de 12 de dezembro de 1990, os contratos individuais de trabalho dos servidores que passaram ao regime da Lei n. 8.112/90. ver art. 7º)

O PRESIDENTE DA REPÚBLICA,

Faço saber que o Congresso Nacional decreta e eu sanciono a seguinte Lei:

Art. 1º A partir de 1º de janeiro de 1991, os vencimentos, salários, proventos e demais retribuições dos servidores civis do Poder Executivo, Autarquias e Fundações Públicas serão reajustados em oitenta e um por cento, e o soldo do Almirante-de-Esquadra ficará fixado em Cr$ 129.899,40 (cento e vinte e nove mil, oitocentos e noventa e nove cruzeiros e quarenta centavos).

PARÁGRAFO ÚNICO. O disposto neste artigo abrange as parcelas percebidas em caráter permanente a título de indenização, os auxílios e abonos, e o salário-família dos servidores regidos pela Lei n. 8.112, de 11 de dezembro de 1990, o abono e o salário-família dos militares, e a remuneração dos cargos de natureza especial de que trata o art. 26 da Lei n. 8.028, de 12 de abril de 1990, alterado pelo art. 2º desta Lei.

Art. 2º O art. 26 da Lei n. 8.028, de 12 de abril de 1990, passa a vigorar com as seguintes modificações:

"Art. 26. ....

....

V — sete cargos do Secretário da Presidência da República, sendo um em cada Secretaria de que trata a alínea *c* do parágrafo único do art. 1º;

VI — oito cargos de Secretário-Executivo, sendo um em cada Ministério de que tratam os incisos I, V e VII a XII do art. 17, três cargos de Secretário-Geral, no Ministério de que trata o inciso IV do mesmo artigo e um cargo de Subsecretário-Geral da Secretaria-Geral da Presidência da República.

§ 1º Os titulares dos cargos especificados neste artigo perceberão vencimento mensal de:

a) Cr$ 127.530,00 (cento e vinte e sete mil, quinhentos e trinta cruzeiros), os referidos nos incisos I a IV;

b) Cr$ 117.878,00 (cento e dezessete mil, oitocentos e setenta e oito cruzeiros), os mencionados no inciso V, bem assim o de Consultor-Geral da República;

c) Cr$ 108.225,00 (cento e oito mil, duzentos e vinte e cinco cruzeiros), os de que trata o inciso VI.

§ 2º Aos vencimentos fixados no parágrafo anterior será acrescida representação mensal equivalente a cem por cento do respectivo valor.

§ 3º Os vencimentos fixados no § 1º serão atualizados nas mesmas datas e índices em que forem reajustados os vencimentos dos servidores públicos federais.

§ 4º Os servidores federais, estaduais, do Distrito Federal e dos Municípios, investidos nos cargos especificados neste artigo, poderão optar pela remuneração a que façam jus nos órgãos ou entidades de origem, com direito de perceber a importância correspondente a cinquenta e cinco por cento do vencimento fixado no § 1º, acrescida da representação mensal.

Art. 3º Aos ocupantes dos cargos de Ministro de Estado é facultado optar pela remuneração:

I — do mandato, em se tratando de Deputado Federal ou de Senador;

II — do cargo ou emprego efetivo de que seja titular na União, Estado, Distrito Federal, Município, autarquia, fundação pública, sociedade de economia mista ou em empresa pública.

PARÁGRAFO ÚNICO. Na hipótese do inciso I, o Ministro de Estado perceberá a vantagem pecuniária instituída pela Lei n. 7.374, de 30 de setembro de 1985; e, na do inciso II, a representação mensal do respectivo cargo, acrescida da mesma vantagem pecuniária.

Art. 4º Correção à conta das dotações orçamentárias próprias dos órgãos interessados, consoante se dispuser em regulamento, as despesas de deslocamento, de alimentação e de pousada dos colaboradores eventuais, inclusive membros de colegiado integrantes de estrutura regimental de Ministério e das Secretarias da Presidência da República, quando em viagem de serviço. *(Redação dada pela Lei n. 8.216, de 13.8.1991).*

Art. 5º *(Revogado pela Lei n. 9.527, de 10.12.1997, DOU de 11.12.1997)*

Art. 6º O saldo da conta vinculada ao Fundo de Garantia do Tempo de Serviço — FGTS, do servidor a que se aplique o regime da Lei n. 8.112, de 1990, poderá ser sacado nas hipóteses previstas nos incisos III a VII do art. 20 da Lei n. 8.036, de 11 de maio de 1990.

§ 1º *(Revogado pela Lei n. 8.678 de 13.7.1993) (LTr-57-08/1024)*

§ 2º O saldo da conta individualizada do FGTS, de servidor não optante, reverterá em favor da União ou da entidade depositante.

Art. 7º São considerados extintos, a partir de 12 de dezembro de 1990, os contratos individuais de trabalho dos servidores que passaram ao regime jurídico instituído pela Lei n. 8.112, de 1990, ficando-lhe assegurada a contagem de tempo anterior de serviço público federal para todos os fins, exceto:

I — anuênio;(*)

II — incorporação da gratificação de que trata o art. 62 da citada lei; *(Revogado pela Lei n. 8.911, de 11.7.1994)*

III — licença-prêmio por assiduidade.(*)

PARÁGRAFO ÚNICO. No caso do inciso III, o tempo anterior de serviço será contado para efeito da aplicação do disposto no art. 5º.

Art. 8º A partir de 1º de abril de 1991, os servidores qualificados no art. 243 da Lei n. 8.112, de 1990, passam a contribuir mensalmente para o Plano de Seguridade Social do Servidor, instituído pelo art. 183 da mesma lei.

Art. 9º *(Revogado pela Lei n. 8.688, de 21.7.1993)*

Art. 10. *(Revogado pela Lei n. 8.688, de 21.7.1993)*

Art. 11. O art. 247 da Lei n. 8.112, de 1990, passa a vigorar com a seguinte redação:

— O art. 247 da Lei n. 8.112/90 já está com redação dada por esta Lei.

Art. 12. É declarada extinta a Gratificação Especial instituída pela Lei n. 4.341, de 13 de junho de 1964, em decorrência da incorporação aos vencimentos dos servidores que faziam jus à sua percepção.

Art. 13. Aplicam-se no que couber à Tabela de Vencimentos de que trata o Anexo desta Lei, os percentuais estabelecidos no § 5º do art. 2º da Lei n. 7.923, de 1989.

PARÁGRAFO ÚNICO. É assegurada, como vantagem pessoal nominalmente identificável, a diferença porventura resultante da aplicação do disposto neste artigo aos servidores que percebiam as referidas vantagens nos termos da legislação anterior.

Art. 14. O disposto no inciso II do § 5º do art. 2º da Lei n. 7.923, de 12 de dezembro de 1989, aplica-se aos Cursos de Formação e de Aperfeiçoamento, respectivamente, ministrados pelo Centro de Formação e Aperfeiçoamento de Recursos Humanos — CEFARH, ou equivalente, instituído através do inciso V do art. 16 da Lei n. 8.028, de 1990, conforme dispuser o regulamento.

Art. 15. Fica instituída Gratificação por Operações Especiais, devida aos servidores pertencentes às Categorias Funcionais dos Grupos Polícia Federal e Polícia Civil do Distrito Federal, pelas peculiaridades de exercício decorrentes da integral e exclusiva dedicação às atividades do cargo e riscos a que estão sujeitos.

§ 1º O valor da gratificação corresponde a noventa por cento do vencimento do cargo efetivo.

§ 2º A gratificação não se incorpora ao vencimento, nem será computada ou acumulada para fins de concessão de acréscimos ulteriores, sob o mesmo título ou idêntico fundamento.

§ 3º (Vetado).

— *Caput* e parágrafos revogados pelas Leis ns. 9.264, 7.2.96 e 9.266, 15.3.1996

Art. 16. Na aplicação do disposto nesta Lei observar-se-á o limite estabelecido no *caput* do art. 1º do Decreto-lei n. 2.355, de 27 de agosto de 1987, com a redação dada pelo art. 14 da Lei n. 7.923, de 12 de dezembro de 1989.

Art. 17. Os efeitos financeiros decorrentes do disposto nesta Lei vigoram a partir de 1º de janeiro de 1991.

Art. 18. *(Revogado pela Lei n. 8.688, de 21.7.1993)*

(*) A Resolução n. 35, de 2.9.1999 do Senado Federal suspendeu a execução dos incisos I e III do art. 7º desta Lei, nos termos do art. 48, item 28, do seu Regulamento Interno, DOU 3.9.1999, p. 1.

Art. 19. Esta Lei entra em vigor na data de sua publicação.

Art. 20. Revogam-se as disposições em contrário.

Brasília, em 8 de janeiro de 1991; 170º da Independência e 103º da República.

FERNANDO COLLOR
JARBAS PASSARINHO
ZÉLIA M. CARDOSO DE MELLO

LEI N. 8.666, DE 21 DE JUNHO DE 1993

(DOU 22.6.1993 e republicado em 6.7.1994 e retificado em 6.7.1994)

Regulamenta o art. 37, inciso XXI, da Constituição Federal, institui normas para licitações e contratos da administração pública e dá outras providências

....

Art. 3º...

....

§ 2º...

V — produzidos ou prestados por empresas que comprovem cumprimento de reserva de cargos prevista em lei para pessoa com deficiência ou para reabilitado da Previdência Social e que atendam às regras de acessibilidade previstas na legislação. *(Redação dada pela Lei n. 13.146, de 6.7.15, DOU 7.7.15, com vigência após decorridos 180 dias de sua publicação oficial)*

....

§ 5º Nos processos de licitação, poderá ser estabelecida margem de preferência para: *(Redação dada pela Lei n. 13.146, de 6.7.15, DOU 7.7.15, com vigência após decorridos 180 dias de sua publicação oficial)*

I — produtos manufaturados e para serviços nacionais que atendam a normas técnicas brasileiras; e *(Redação dada pela Lei n. 13.146, de 6.7.15, DOU 7.7.15, com vigência após decorridos 180 dias de sua publicação oficial)*

II — bens e serviços produzidos ou prestados por empresas que comprovem cumprimento de reserva de cargos prevista em lei para pessoa com deficiência ou para reabilitado da Previdência Social e que atendam às regras de acessibilidade previstas na legislação. (NR) *(Redação dada pela Lei n. 13.146, de 6.7.15, DOU 7.7.15, com vigência após decorridos 180 dias de sua publicação oficial)*

....

Art. 27. Para a habilitação nas licitações exigir-se-á dos interessados, exclusivamente, documentação relativa a:

I — habilitação jurídica;

II — qualificação técnica;

III — qualificação econômico-financeira;

IV — regularidade fiscal e trabalhista; *(Redação dada pela Lei n. 12.440, de 7.7.2011, DOU 8.7.2011)*

V — cumprimento do disposto no inciso XXXIII do art. 7º da Constituição Federal. *(Acrescentado pela Lei n. 9.854, de 27.10.1999, DOU 28.10.1999)*

Art. 28. A documentação relativa à habilitação jurídica, conforme o caso, consistirá em:

I — cédula de identidade;

II — registro comercial, no caso de empresa individual;

III — ato constitutivo, estatuto ou contrato social em vigor, devidamente registrado, em se tratando de sociedades comerciais, e, no caso de sociedades por ações, acompanhado de documentos de eleição de seus administradores;

IV — inscrição do ato constitutivo, no caso de sociedades civis, acompanhada de prova de diretoria em exercício;

V — decreto de autorização, em se tratando de empresa ou sociedade estrangeira em funcionamento no País, e ato de registro ou autorização para funcionamento expedido pelo órgão competente, quando a atividade assim o exigir.

Art. 29. A documentação relativa à regularidade fiscal e trabalhista, conforme o caso, consistirá em: *(Redação dada pela Lei n. 12.440, de 7.7.2011, DOU 8.7.2011)*

I — prova de inscrição no Cadastro de Pessoas Físicas (CPF) ou no Cadastro Geral de Contribuintes (CGC);

II — prova de inscrição no cadastro de contribuintes estadual ou municipal, se houver, relativo ao domicílio ou sede do licitante, pertinente ao seu ramo de atividade e compatível com o objeto contratual;

III — prova de regularidade para com a Fazenda Federal, Estadual e Municipal do domicílio ou sede do licitante, ou outra equivalente, na forma da lei;

IV — prova de regularidade relativa à Seguridade Social e ao Fundo de Garantia por Tempo de Serviço (FGTS), demonstrando situação regular no cumprimento dos encargos sociais instituídos por lei. *(Redação dada pela Lei n. 8.883, de 8.6.1994, DOU 9.6.1994 e Retificada DOU de 24.6.1994)*

V — prova de inexistência de débitos inadimplidos perante a Justiça do Trabalho, mediante a apresentação de certidão negativa, nos termos do Título VII-A da Consolidação das Leis do Trabalho, aprovada pelo Decreto-lei n. 5.452, de 1º de maio de 1943. *(Acrescentado pela Lei n. 12.440, de 7.7.2011, DOU 8.7.2011)*

....

SEÇÃO IV
Da Execução dos Contratos

Art. 66. O contrato deverá ser executado fielmente pelas partes, de acordo com as cláusulas avençadas e as normas desta Lei, respondendo cada uma pelas consequências de sua inexecução total ou parcial.

Art. 66-A. As empresas enquadradas no inciso V do § 2º e no inciso II do § 5º do art. 3º desta Lei deverão cumprir, durante todo o período de execução do contrato, a reserva de cargos prevista em lei para pessoa com deficiência ou para reabilitado da Previdência Social, bem como as regras de acessibilidade previstas na legislação. *(Redação dada pela Lei n. 13.146, de 6.7.15, DOU 7.7.15, com vigência após decorridos 180 dias de sua publicação oficial)*

PARÁGRAFO ÚNICO. Cabe à administração fiscalizar o cumprimento dos requisitos de acessibilidade nos serviços e nos ambientes de trabalho. *(Redação dada pela Lei n. 13.146, de 6.7.15, DOU 7.7.15, com vigência após decorridos 180 dias de sua publicação oficial)*

Art. 67. A execução do contrato deverá ser acompanhada e fiscalizada por um representante da Administração especialmente designado, permitida a contratação de terceiros para assisti-lo e subsidiá-lo de informações pertinentes a essa atribuição.

§ 1º O representante da Administração anotará em registro próprio todas as ocorrências relacionadas com a execução do contrato, determinando o que for necessário à regularização das faltas ou defeitos observados.

§ 2º As decisões e providências que ultrapassarem a competência do representante deverão ser solicitadas a seus superiores em tempo hábil para a adoção das medidas convenientes.

Art. 68. O contratado deverá manter preposto, aceito pela Administração, no local da obra ou serviço, para representá-lo na execução do contrato.

Art. 69. O contratado é obrigado a reparar, corrigir, remover, reconstruir ou substituir, às suas expensas, no total ou em parte, o objeto do contrato em que se verificarem vícios, defeitos ou incorreções resultantes da execução ou de materiais empregados.

Art. 70. O contratado é responsável pelos danos causados diretamente à Administração ou a terceiros, decorrentes de sua culpa ou dolo na execução do contrato, não excluindo ou reduzindo essa responsabilidade a fiscalização ou o acompanhamento pelo órgão interessado.

Art. 71. O contratado é responsável pelos encargos trabalhistas, previdenciários, fiscais e comerciais resultantes da execução do contrato.

§ 1º A inadimplência do contratado, com referência aos encargos trabalhistas, fiscais e comerciais não transfere à Administração Pública a responsabilidade por seu pagamento, nem poderá onerar o objeto do contrato ou restringir a regularização e o uso das obras e edificações, inclusive perante o Registro de Imóveis. *(Redação dada pela Lei n. 9.032, de 28.4.1995, DOU 29.4.1995)*

§ 2º A Administração Pública responde solidariamente com o contratado pelos encargos previdenciários resultantes da execução do contrato, nos termos do art. 31 da Lei n. 8.212, de 24 de julho de 1991. *(Redação dada pela Lei n. 9.032, de 28.4.1995, DOU 29.4.1995)*

§ 3º (Vetado). *(Acrescentado pela Lei n. 8.883, de 8.6.1994, DOU 9.6.1994 e retificada no DOU de 24.6.1994)*

Art. 72. O contratado, na execução do contrato, sem prejuízo das responsabilidades contratuais e legais, poderá subcontratar partes da obra, serviço ou fornecimento, até o limite admitido, em cada caso, pela Administração.

Art. 73. Executado o contrato, o seu objeto será recebido:

I — em se tratando de obras e serviços:

a) provisoriamente, pelo responsável por seu acompanhamento e fiscalização, mediante termo circunstanciado, assinado pelas partes em até 15 (quinze) dias da comunicação escrita do contratado;

b) definitivamente, por servidor ou comissão designada pela autoridade competente, mediante termo circunstanciado, assinado pelas partes, após o decurso do prazo de observação, ou vistoria que comprove a adequação do objeto aos termos contratuais, observado o disposto no art. 69 desta Lei;

II — em se tratando de compras ou de locação de equipamentos:

a) provisoriamente, para efeito de posterior verificação da conformidade do material com a especificação;

b) definitivamente, após a verificação da qualidade e quantidade do material e consequente aceitação.

§ 1º Nos casos de aquisição de equipamentos de grande vulto, o recebimento far-se-á mediante termo circunstanciado e, nos demais, mediante recibo.

§ 2º O recebimento provisório ou definitivo não exclui a responsabilidade civil pela solidez e segurança da obra ou do serviço, nem ético-profissional pela perfeita execução do contrato, dentro dos limites estabelecidos pela lei ou pelo contrato.

§ 3º O prazo a que se refere a alínea "b" do inciso I deste artigo não poderá ser superior a 90 (noventa) dias, salvo em casos excepcionais, devidamente justificados e previstos no edital.

§ 4º Na hipótese de o termo circunstanciado ou a verificação a que se refere este artigo não serem, respectivamente, lavrado ou procedida dentro dos prazos fixados, reputar-se-ão como realizados, desde que comunicados à Administração nos 15 (quinze) dias anteriores à exaustão dos mesmos.

Art. 74. Poderá ser dispensado o recebimento provisório nos seguintes casos:

I — gêneros perecíveis e alimentação preparada;

II — serviços profissionais;

III — obras e serviços de valor até o previsto no art. 23, inciso II, alínea "a", desta Lei, desde que não se componham de aparelhos, equipamentos e instalações sujeitos à verificação de funcionamento e produtividade.

PARÁGRAFO ÚNICO. Nos casos deste artigo, o recebimento será feito mediante recibo.

Art. 75. Salvo disposições em contrário constantes do edital, do convite ou de ato normativo, os ensaios, testes e demais provas exigidos por normas técnicas oficiais para a boa execução do objeto do contrato correm por conta do contratado.

Art. 76. A Administração rejeitará, no todo ou em parte, obra, serviço ou fornecimento executado em desacordo com o contrato.

....

LEI N. 13.460, DE 26 DE JUNHO DE 2017

(DOU 27.6.2017)

Dispõe sobre participação, proteção e defesa dos direitos do usuário dos serviços públicos da administração pública

O PRESIDENTE DA REPÚBLICA Faço saber que o Congresso Nacional decreta e eu sanciono a seguinte Lei:

CAPÍTULO I
Disposições Preliminares

Art. 1º Esta Lei estabelece normas básicas para participação, proteção e defesa dos direitos do usuário dos serviços públicos prestados direta ou indiretamente pela administração pública.

§ 1º O disposto nesta Lei aplica-se à administração pública direta e indireta da União, dos Estados, do Distrito Federal e dos Municípios, nos termos do inciso I do § 3º do art. 37 da Constituição Federal.

§ 2º A aplicação desta Lei não afasta a necessidade de cumprimento do disposto:

I — em normas regulamentadoras específicas, quando se tratar de serviço ou atividade sujeitos a regulação ou supervisão; e

II — na Lei n. 8.078, de 11 de setembro de 1990, quando caracterizada relação de consumo.

§ 3º Aplica-se subsidiariamente o disposto nesta Lei aos serviços públicos prestados por particular.

Art. 2º Para os fins desta Lei, considera-se:

I — usuário — pessoa física ou jurídica que se beneficia ou utiliza, efetiva ou potencialmente, de serviço público;

II — serviço público — atividade administrativa ou de prestação direta ou indireta de bens ou serviços à população, exercida por órgão ou entidade da administração pública;

III — administração pública — órgão ou entidade integrante da administração pública de qualquer dos Poderes da União, dos Estados, do Distrito Federal e dos Municípios, a Advocacia Pública e a Defensoria Pública;

IV — agente público — quem exerce cargo, emprego ou função pública, de natureza civil ou militar, ainda que transitoriamente e sem remuneração; e

V — manifestações — reclamações, denúncias, sugestões, elogios e demais pronunciamentos de usuários que tenham como objeto a prestação de serviços públicos e a conduta de agentes públicos na prestação e fiscalização de tais serviços.

PARÁGRAFO ÚNICO. O acesso do usuário a informações será regido pelos termos da Lei n. 12.527, de 18 de novembro de 2011.

Art. 3º Com periodicidade mínima anual, cada Poder e esfera de Governo publicará quadro geral dos serviços públicos prestados, que especificará os órgãos ou entidades responsáveis por sua realização e a autoridade administrativa a quem estão subordinados ou vinculados.

Art. 4º Os serviços públicos e o atendimento do usuário serão realizados de forma adequada, observados os princípios da regularidade, continuidade, efetividade, segurança, atualidade, generalidade, transparência e cortesia.

CAPÍTULO II
Dos Direitos Básicos e Deveres dos Usuários

Art. 5º O usuário de serviço público tem direito à adequada prestação dos serviços, devendo os agentes públicos e prestadores de serviços públicos observar as seguintes diretrizes:

I — urbanidade, respeito, acessibilidade e cortesia no atendimento aos usuários;

II — presunção de boa-fé do usuário;

III — atendimento por ordem de chegada, ressalvados casos de urgência e aqueles em que houver possibilidade de agendamento, asseguradas as prioridades legais às pessoas com deficiência, aos idosos, às gestantes, às lactantes e às pessoas acompanhadas por crianças de colo;

IV — adequação entre meios e fins, vedada a imposição de exigências, obrigações, restrições e sanções não previstas na legislação;

V — igualdade no tratamento aos usuários, vedado qualquer tipo de discriminação;

VI — cumprimento de prazos e normas procedimentais;

VII — definição, publicidade e observância de horários e normas compatíveis com o bom atendimento ao usuário;

VIII — adoção de medidas visando a proteção à saúde e a segurança dos usuários;

IX — autenticação de documentos pelo próprio agente público, à vista dos originais apresentados pelo usuário, vedada a exigência de reconhecimento de firma, salvo em caso de dúvida de autenticidade;

X — manutenção de instalações salubres, seguras, sinalizadas, acessíveis e adequadas ao serviço e ao atendimento;

XI — eliminação de formalidades e de exigências cujo custo econômico ou social seja superior ao risco envolvido;

XII — observância dos códigos de ética ou de conduta aplicáveis às várias categorias de agentes públicos;

XIII — aplicação de soluções tecnológicas que visem a simplificar processos e procedimentos de atendimento ao usuário e a propiciar melhores condições para o compartilhamento das informações;

XIV — utilização de linguagem simples e compreensível, evitando o uso de siglas, jargões e estrangeirismos; e

XV — vedação da exigência de nova prova sobre fato já comprovado em documentação válida apresentada.

Art. 6º São direitos básicos do usuário:

I — participação no acompanhamento da prestação e na avaliação dos serviços;

II — obtenção e utilização dos serviços com liberdade de escolha entre os meios oferecidos e sem discriminação;

III — acesso e obtenção de informações relativas à sua pessoa constantes de registros ou bancos de dados, observado o disposto no inciso X do *caput* do art. 5º da Constituição Federal e na Lei n. 12.527, de 18 de novembro de 2011;

IV — proteção de suas informações pessoais, nos termos da Lei n. 12.527, de 18 de novembro de 2011;

V — atuação integrada e sistêmica na expedição de atestados, certidões e documentos comprobatórios de regularidade; e

VI — obtenção de informações precisas e de fácil acesso nos locais de prestação do serviço, assim como sua disponibilização na internet, especialmente sobre:

a) horário de funcionamento das unidades administrativas;

b) serviços prestados pelo órgão ou entidade, sua localização exata e a indicação do setor responsável pelo atendimento ao público;

c) acesso ao agente público ou ao órgão encarregado de receber manifestações;

d) situação da tramitação dos processos administrativos em que figure como interessado; e

e) valor das taxas e tarifas cobradas pela prestação dos serviços, contendo informações para a compreensão exata da extensão do serviço prestado.

Art. 7º Os órgãos e entidades abrangidos por esta Lei divulgarão Carta de Serviços ao Usuário.

§ 1º A Carta de Serviços ao Usuário tem por objetivo informar o usuário sobre os serviços prestados pelo órgão ou entidade, as formas de acesso a esses serviços e seus compromissos e padrões de qualidade de atendimento ao público.

§ 2º A Carta de Serviços ao Usuário deverá trazer informações claras e precisas em relação a cada um dos serviços prestados, apresentando, no mínimo, informações relacionadas a:

I — serviços oferecidos;

II — requisitos, documentos, formas e informações necessárias para acessar o serviço;

III — principais etapas para processamento do serviço;

IV — previsão do prazo máximo para a prestação do serviço;

V — forma de prestação do serviço; e

VI — locais e formas para o usuário apresentar eventual manifestação sobre a prestação do serviço.

§ 3º Além das informações descritas no § 2º, a Carta de Serviços ao Usuário deverá detalhar os compromissos e padrões de qualidade do atendimento relativos, no mínimo, aos seguintes aspectos:

I — prioridades de atendimento;

II — previsão de tempo de espera para atendimento;

III — mecanismos de comunicação com os usuários;

IV — procedimentos para receber e responder as manifestações dos usuários; e

V — mecanismos de consulta, por parte dos usuários, acerca do andamento do serviço solicitado e de eventual manifestação.

§ 4º A Carta de Serviços ao Usuário será objeto de atualização periódica e de permanente divulgação mediante publicação em sítio eletrônico do órgão ou entidade na internet.

§ 5º Regulamento específico de cada Poder e esfera de Governo disporá sobre a operacionalização da Carta de Serviços ao Usuário.

Art. 8º São deveres do usuário:

I — utilizar adequadamente os serviços, procedendo com urbanidade e boa-fé;

II — prestar as informações pertinentes ao serviço prestado quando solicitadas;

III — colaborar para a adequada prestação do serviço; e

IV — preservar as condições dos bens públicos por meio dos quais lhe são prestados os serviços de que trata esta Lei.

CAPÍTULO III
Das Manifestações dos Usuários de Serviços Públicos

Art. 9º Para garantir seus direitos, o usuário poderá apresentar manifestações perante a administração pública acerca da prestação de serviços públicos.

Art. 10. A manifestação será dirigida à ouvidoria do órgão ou entidade responsável e conterá a identificação do requerente.

§ 1º A identificação do requerente não conterá exigências que inviabilizem sua manifestação.

§ 2º São vedadas quaisquer exigências relativas aos motivos determinantes da apresentação de manifestações perante a ouvidoria.

§ 3º Caso não haja ouvidoria, o usuário poderá apresentar manifestações diretamente ao órgão ou entidade responsável pela execução do serviço e ao órgão ou entidade a que se subordinem ou se vinculem.

§ 4º A manifestação poderá ser feita por meio eletrônico, ou correspondência convencional, ou verbalmente, hipótese em que deverá ser reduzida a termo.

§ 5º No caso de manifestação por meio eletrônico, prevista no § 4º, respeitada a legislação específica de sigilo e proteção de dados, poderá a administração pública ou sua ouvidoria requerer meio de certificação da identidade do usuário.

§ 6º Os órgãos e entidades públicos abrangidos por esta Lei deverão colocar à disposição do usuário formulários simplificados e de fácil compreensão para a apresentação do requerimento previsto no *caput*, facultada ao usuário sua utilização.

§ 7º A identificação do requerente é informação pessoal protegida com restrição de acesso nos termos da Lei n. 12.527, de 18 de novembro de 2011.

Art. 11. Em nenhuma hipótese, será recusado o recebimento de manifestações formuladas nos termos desta Lei, sob pena de responsabilidade do agente público.

Art. 12. Os procedimentos administrativos relativos à análise das manifestações observarão os princípios da eficiência e da celeridade, visando a sua efetiva resolução.

PARÁGRAFO ÚNICO. A efetiva resolução das manifestações dos usuários compreende:

I — recepção da manifestação no canal de atendimento adequado;

II — emissão de comprovante de recebimento da manifestação;

III — análise e obtenção de informações, quando necessário;

IV — decisão administrativa final; e

V — ciência ao usuário.

CAPÍTULO IV
Das Ouvidorias

Art. 13. As ouvidorias terão como atribuições precípuas, sem prejuízo de outras estabelecidas em regulamento específico:

I — promover a participação do usuário na administração pública, em cooperação com outras entidades de defesa do usuário;

II — acompanhar a prestação dos serviços, visando a garantir a sua efetividade;

III — propor aperfeiçoamentos na prestação dos serviços;

IV — auxiliar na prevenção e correção dos atos e procedimentos incompatíveis com os princípios estabelecidos nesta Lei;

V — propor a adoção de medidas para a defesa dos direitos do usuário, em observância às determinações desta Lei;

VI — receber, analisar e encaminhar às autoridades competentes as manifestações, acompanhando o tratamento e a efetiva conclusão das manifestações de usuário perante órgão ou entidade a que se vincula; e

VII — promover a adoção de mediação e conciliação entre o usuário e o órgão ou a entidade pública, sem prejuízo de outros órgãos competentes.

Art. 14. Com vistas à realização de seus objetivos, as ouvidorias deverão:

I — receber, analisar e responder, por meio de mecanismos proativos e reativos, as manifestações encaminhadas por usuários de serviços públicos; e

II — elaborar, anualmente, relatório de gestão, que deverá consolidar as informações mencionadas no inciso I, e, com base nelas, apontar falhas e sugerir melhorias na prestação de serviços públicos.

Art. 15. O relatório de gestão de que trata o inciso II do *caput* do art. 14 deverá indicar, ao menos:

I — o número de manifestações recebidas no ano anterior;

II — os motivos das manifestações;

III — a análise dos pontos recorrentes; e

IV — as providências adotadas pela administração pública nas soluções apresentadas.

PARÁGRAFO ÚNICO. O relatório de gestão será:

I — encaminhado à autoridade máxima do órgão a que pertence a unidade de ouvidoria; e

II — disponibilizado integralmente na internet.

Art. 16. A ouvidoria encaminhará a decisão administrativa final ao usuário, observado o prazo de trinta dias, prorrogável de forma justificada uma única vez, por igual período.

PARÁGRAFO ÚNICO. Observado o prazo previsto no *caput*, a ouvidoria poderá solicitar informações e esclarecimentos diretamente a agentes públicos do órgão ou entidade a que se vincula, e as solicitações devem ser respondidas no prazo de vinte dias, prorrogável de forma justificada uma única vez, por igual período.

Art. 17. Atos normativos específicos de cada Poder e esfera de Governo disporão sobre a organização e o funcionamento de suas ouvidorias.

CAPÍTULO V
Dos Conselhos de Usuários

Art. 18. Sem prejuízo de outras formas previstas na legislação, a participação dos usuários no acompanhamento da prestação e na avaliação dos serviços públicos será feita por meio de conselhos de usuários.

PARÁGRAFO ÚNICO. Os conselhos de usuários são órgãos consultivos dotados das seguintes atribuições:

I — acompanhar a prestação dos serviços;

II — participar na avaliação dos serviços;

III — propor melhorias na prestação dos serviços;

IV — contribuir na definição de diretrizes para o adequado atendimento ao usuário; e

V — acompanhar e avaliar a atuação do ouvidor.

Art. 19. A composição dos conselhos deve observar os critérios de representatividade e pluralidade das partes interessadas, com vistas ao equilíbrio em sua representação.

PARÁGRAFO ÚNICO. A escolha dos representantes será feita em processo aberto ao público e diferenciado por tipo de usuário a ser representado.

Art. 20. O conselho de usuários poderá ser consultado quanto à indicação do ouvidor.

Art. 21. A participação do usuário no conselho será considerada serviço relevante e sem remuneração.

Art. 22. Regulamento específico de cada Poder e esfera de Governo disporá sobre a organização e funcionamento dos conselhos de usuários.

CAPÍTULO VI
DA AVALIAÇÃO CONTINUADA DOS SERVIÇOS PÚBLICOS

Art. 23. Os órgãos e entidades públicos abrangidos por esta Lei deverão avaliar os serviços prestados, nos seguintes aspectos:

I — satisfação do usuário com o serviço prestado;

II — qualidade do atendimento prestado ao usuário;

III — cumprimento dos compromissos e prazos definidos para a prestação dos serviços;

IV — quantidade de manifestações de usuários; e

V — medidas adotadas pela administração pública para melhoria e aperfeiçoamento da prestação do serviço.

§ 1º A avaliação será realizada por pesquisa de satisfação feita, no mínimo, a cada um ano, ou por qualquer outro meio que garanta significância estatística aos resultados.

§ 2º O resultado da avaliação deverá ser integralmente publicado no sítio do órgão ou entidade, incluindo o ranking das entidades com maior incidência de reclamação dos usuários na periodicidade a que se refere o § 1º, e servirá de subsídio para reorientar e ajustar os serviços prestados, em especial quanto ao cumprimento dos compromissos e dos padrões de qualidade de atendimento divulgados na Carta de Serviços ao Usuário.

Art. 24. Regulamento específico de cada Poder e esfera de Governo disporá sobre a avaliação da efetividade e dos níveis de satisfação dos usuários.

CAPÍTULO VII
DISPOSIÇÕES FINAIS E TRANSITÓRIAS

Art. 25. Esta Lei entra em vigor, a contar da sua publicação, em:

I — trezentos e sessenta dias para a União, os Estados, o Distrito Federal e os Municípios com mais de quinhentos mil habitantes;

II — quinhentos e quarenta dias para os Municípios entre cem mil e quinhentos mil habitantes; e

III — setecentos e vinte dias para os Municípios com menos de cem mil habitantes.

Brasília, 26 de junho de 2017; 196º da Independência e 129º da República.

Michel Temer
Torquato Jardim
Dyogo Henrique de Oliveira
Wagner de Campos Rosário

LEI N. 9.469, DE 10 DE JULHO DE 1997

(DOU 11.7.1997)

Regulamenta o disposto no inciso VI do art. 4º da Lei Complementar n. 73, de 10 de fevereiro de 1993; dispõe sobre a intervenção da União nas causas em que figurarem, como autores ou réus, entes da administração indireta; regula os pagamentos devidos pela fazenda pública em virtude de sentença judiciária; revoga a Lei n. 8.197, de 27 de junho de 1991, e a Lei n. 9.081, de 19 de julho de 1995, e dá outras providências

Faço saber que o PRESIDENTE DA REPÚBLICA adotou a Medida Provisória n. 1.561-6, de 12 de junho de 1997, que o Congresso Nacional aprovou, e eu, Antonio Carlos Magalhães, Presidente, para os efeitos do disposto no parágrafo único do art. 62 da Constituição Federal, promulgo a seguinte Lei:

Art. 1º O Advogado-Geral da União, diretamente ou mediante delegação, e os dirigentes máximos das empresas públicas federais, em conjunto com o dirigente estatutário da área afeta ao assunto, poderão autorizar a realização de acordos ou transações para prevenir ou terminar litígios, inclusive os judiciais.

§ 1º Poderão ser criadas câmaras especializadas, compostas por servidores públicos ou empregados públicos efetivos, com o objetivo de analisar e formular propostas de acordos ou transações.

§ 2º Não se aplica o disposto neste artigo às causas relativas ao patrimônio imobiliário da União. *(Revogado pela Lei n. 12.348, de 15.12.2010, DOU 16.12.2010)*

§ 3º Regulamento disporá sobre a forma de composição das câmaras de que trata o § 1º, que deverão ter como integrante pelo menos um membro efetivo da Advocacia-Geral da União ou, no caso das empresas públicas, um assistente jurídico ou ocupante de função equivalente.

§ 4º Quando o litígio envolver valores superiores aos fixados em regulamento, o acordo ou a transação, sob pena de nulidade, dependerá de prévia e expressa autorização do Advogado-Geral da União e do Ministro de Estado a cuja área de competência estiver afeto o assunto, ou ainda do Presidente da Câmara dos Deputados, do Senado Federal, do Tribunal de Contas da União, de Tribunal ou Conselho, ou do Procurador-Geral da República, no caso de interesse dos órgãos dos Poderes Legislativo e Judiciário ou do Ministério Público da União, excluídas as empresas públicas federais não dependentes, que necessitarão apenas de prévia e expressa autorização dos dirigentes de que trata o *caput*.

§ 5º Na transação ou acordo celebrado diretamente pela parte ou por intermédio de procurador para extinguir ou encerrar processo judicial, inclusive os casos de extensão administrativa de pagamentos postulados em juízo, as partes poderão definir a responsabilidade de cada uma pelo pagamento dos honorários dos respectivos advogados. (NR) *(Redação do caput e §§ 1º, 3º a 5º dada pela Lei n. 13.140, de 26 6 2015, DOU 29.6.15, com vigência após decorridos cento e oitenta dias da publicação da mesma lei — art. 47)*

Art. 1º-A O Advogado-Geral da União poderá dispensar a inscrição de crédito, autorizar o não ajuizamento de ações e a não interposição de recursos, assim como o requerimento de extinção das ações em curso ou de desistência dos respectivos recursos judiciais, para cobrança de créditos da União e das autarquias e fundações públicas federais, observados os critérios de custos de administração e cobrança. *(Acrescentado pela Lei n. 11.941, de 27.5.2009, DOU 28.5.2009)*

PARÁGRAFO ÚNICO. O disposto neste artigo não se aplica à Dívida Ativa da União e aos processos em que a União seja autora, ré, assistente ou opoente cuja representação judicial seja atribuída à Procuradoria-Geral da Fazenda Nacional. *(Acrescentado pela Lei n. 11.941, de 27.5.2009, DOU 28.5.2009)*

Art. 1º-B. Os dirigentes máximos das empresas públicas federais poderão autorizar a não propositura de ações e a não interposicão de recursos, assim como o requerimento de extinção das ações em curso ou de desistência dos respectivos recursos judiciais, para cobrança de créditos, atualizados, de valor igual ou inferior a R$ 10.000,00 (dez mil reais), em que interessadas essas entidades na qualidade de autoras, rés, assistentes ou opoentes, nas condições aqui estabelecidas. *(Acrescentado pela Lei n. 11.941, de 27.5.2009, DOU 28.5.2009)*

PARÁGRAFO ÚNICO. Quando a causa envolver valores superiores ao limite fixado neste artigo, o disposto no *caput*, sob pena de nulidade, dependerá de prévia e expressa autorização do Ministro de Estado ou do titular da Secretaria da Presidência da República a cuja área de competência estiver afeto o assunto, excluído o caso das empresas públicas não dependentes que necessitarão apenas de prévia e expressa autorização de seu dirigente máximo. *(Acrescentado pela Lei n. 11.941, de 27.5.2009, DOU 28.5.2009)*

Art. 1º-C. Verificada a prescrição do crédito, o representante judicial da União, das autarquias e fundações públicas federais não efetivará a inscrição em dívida ativa dos créditos, não procederá ao ajuizamento, não recorrerá e desistirá dos recursos já interpostos. *(Acrescentado pela Lei n. 11.941, de 27.5.2009, DOU 28.5.2009)*

Art. 2º O Procurador-Geral da União, o Procurador-Geral Federal, o Procurador-Geral do Banco Central do Brasil e os dirigentes das empresas públicas federais mencionadas no *caput* do art. 1º poderão autorizar, diretamente ou mediante delegação, a realização de acordos para prevenir ou terminar, judicial ou extrajudicialmente, litígio que envolver valores inferiores aos fixados em regulamento.

§ 1º No caso das empresas públicas federais, a delegação é restrita a órgão colegiado formalmente constituído, composto por pelo menos um dirigente estatutário.

§ 2º O acordo de que trata o *caput* poderá consistir no pagamento do débito em parcelas mensais e sucessivas, até o limite máximo de sessenta.

§ 3º O valor de cada prestação mensal, por ocasião do pagamento, será acrescido de juros equivalentes à taxa referencial do Sistema Especial de Liquidação e de Custódia — SELIC para títulos federais, acumulada mensalmente, calculados a partir do mês subsequente ao da consolidação até o mês anterior ao do pagamento e de um por cento relativamente ao mês em que o pagamento estiver sendo efetuado.

§ 4º Inadimplida qualquer parcela, após trinta dias, instaurar-se-á o processo de execução ou nele prosseguir-se-á, pelo saldo. (NR) *(Redação do caput e §§ dada pela Lei n. 13.140, de 26.6.2015, DOU 29.6.15, com vigência após decorridos cento e oitenta dias da publicação da mesma lei — art. 47)*

Art. 3º As autoridades indicadas no *caput* do art. 1º poderão concordar com pedido de desistência da ação, nas causas de quaisquer valores, desde que o autor renuncie expressamente ao direito sobre que se funda a ação (art. 269, inciso V, do Código de Processo Civil).

PARÁGRAFO ÚNICO. Quando a desistência de que trata este artigo decorrer de prévio requerimento do autor dirigido à administração pública federal para apreciação de pedido

Legislação Complementar

administrativo com o mesmo objeto da ação, esta não poderá negar o seu deferimento exclusivamente em razão da renúncia prevista no *caput* deste artigo. (NR) *(Acrescentado pela Lei n. 11.941, de 27.5.2009, DOU 28.5.2009)*

Art. 4º Não havendo Súmula da Advocacia Geral da União (arts. 4º, inciso XII, e 43, da Lei Complementar n. 73/93), o Advogado-Geral da União poderá dispensar a propositura de ações ou a interposição de recursos judiciais, quando a controvérsia jurídica estiver sendo iterativamente decidida pelo Supremo Tribunal Federal ou pelos Tribunais Superiores.

Art. 4º-A. O termo de ajustamento de conduta, para prevenir ou terminar litígios, nas hipóteses que envolvam interesse público da União, suas autarquias e fundações, firmado pela Advocacia-Geral da União, deverá conter:

I — a descrição das obrigações assumidas;

II — o prazo e o modo para o cumprimento das obrigações;

III — a forma de fiscalização da sua observância;

IV — os fundamentos de fato e de direito; e

V — a previsão de multa ou de sanção administrativa, no caso de seu descumprimento.

PARÁGRAFO ÚNICO. A Advocacia-Geral da União poderá solicitar aos órgãos e entidades públicas federais manifestação sobre a viabilidade técnica, operacional e financeira das obrigações a serem assumidas em termo de ajustamento de conduta, cabendo ao Advogado-Geral da União a decisão final quanto à sua celebração. *(Acrescentado pela Lei n. 12.249, de 11.6.2010, DOU 14.6.2010)*

Art. 5º A União poderá intervir nas causas em que figurarem, como autoras ou rés, autarquias, fundações públicas, sociedades de economia mista e empresas públicas federais.

PARÁGRAFO ÚNICO. As pessoas jurídicas de direito público poderão, nas causas cuja decisão possa ter reflexos, ainda que indiretos, de natureza econômica, intervir, independentemente da demonstração de interesse jurídico, para esclarecer questões de fato e de direito, podendo juntar documentos e memoriais reputados úteis ao exame da matéria e, se for o caso, recorrer, hipótese em que, para fins de deslocamento de competência, serão consideradas partes.

Art. 6º Os pagamentos devidos pela Fazenda Pública federal, estadual ou municipal e pelas autarquias e fundações públicas, em virtude de sentença judiciária, far-se-ão, exclusivamente, na ordem cronológica da apresentação dos precatórios judiciários e à conta do respectivo crédito.

§ 1º É assegurado o direito de preferência aos credores de obrigação de natureza alimentícia, obedecida, entre eles, a ordem cronológica de apresentação dos respectivos precatórios judiciários. *(Renumerado como parágrafo primeiro pela MP n. 2.226, de 4.9.2001, DOU 5.9.2001).*

§ 2º O acordo ou a transação celebrada diretamente pela parte ou por intermédio de procurador para extinguir ou encerrar processo judicial, inclusive nos casos de extensão administrativa de pagamentos postulados em juízo, implicará sempre a responsabilidade de cada uma das partes pelo pagamento dos honorários de seus respectivos advogados, mesmo que tenham sido objeto de condenação transitada em julgado.(NR) *(Acrescentado pela MP n. 2.226, de 4.9.2001, DOU 5.9.2001). (Vide ADIN n. 2.527-9, STF) (Revogado pela Lei n. 13.140, de 26.6.2015, DOU 29.6.2015)*

Art. 7º As disposições desta Lei não se aplicam às autarquias, às fundações e às empresas públicas federais quando contrariarem as normas em vigor que lhes sejam específicas. *(Revogado pela Lei n. 11.941, de 27.5.2009, DOU 28.5.2009).*

Art. 7º-A. As competências previstas nesta Lei aplicam-se concorrentemente àquelas específicas existentes na legislação em vigor em relação às autarquias, às fundações e às empresas públicas federais não dependentes. *(Acrescentado pela Lei n. 11.941, de 27.5.2009, DOU 28.5.2009)*

Art. 8º Aplicam-se às disposições desta Lei, no que couber, as ações propostas e aos recursos interpostos pelas entidades legalmente sucedidas pela União.

Art. 9º A representação judicial das autarquias e fundações públicas por seus procuradores ou advogados, ocupantes de cargos efetivos dos respectivos quadros, independe da apresentação do instrumento de mandato.

Art. 10. Aplica-se às autarquias e fundações públicas o disposto nos arts. 188 e 475, *caput*, e no seu inciso II, do Código de Processo Civil.

Art. 10-A. Ficam convalidados os acordos ou transações, em juízo, para terminar o litígio, realizados pela União ou pelas autarquias, fundações ou empresas públicas federais não dependentes durante o período de vigência da Medida Provisória n. 449, de 3 de dezembro de 2008, que estejam de acordo com o disposto nesta Lei. *(Acrescentado pela Lei n. 11.941, de 27.5.2009, DOU 28.5.2009)*

Art. 11. Ficam convalidados os atos praticados com base na Medida Provisória n. 1.561-5, de 15 de maio de 1997.

Art. 12. Revogam-se a Lei n. 8.197, de 27 de junho de 1991, e a Lei n. 9.081, de 19 de julho de 1995.

Art. 13. Esta Lei entra em vigor na data de sua publicação.

Congresso Nacional, em 10 de julho de 1997, 176º da Independência e 109º da República.

ANTÔNIO CARLOS MAGALHÃES
Presidente do Congresso Nacional

LEI N. 8.429, DE 2 DE JUNHO DE 1992

(DOU 3.6.1992)

Dispõe sobre as sanções aplicáveis aos agentes públicos nos casos de enriquecimento ilícito no exercício de mandato, cargo, emprego ou função na administração pública direta, indireta ou fundacional e dá outras providências

— V. Art. 73, da Lei Complementar n. 101, de 4.5.2000, DOU 5.5.2000)

— V. Lei n. 10.628, de 24.12.2002 (DOU 26.12.2002) que altera o art. 84, do Decreto-lei n. 3.689, de 3.8.41 — Código de Processo Penal, ao estabelecer a competência pela prerrogativa de foro em razão do exercício de função pública (não publicada nesta obra)

O PRESIDENTE DA REPÚBLICA,

Faço saber que o Congresso Nacional decreta e eu sanciono a seguinte Lei:

CAPÍTULO I
Das Disposições Gerais

Art. 1º Os atos de improbidade praticados por qualquer agente público, servidor ou não, contra a administração direta, indireta ou fundacional de qualquer dos Poderes da União, dos Estados, do Distrito Federal, dos Municípios, de Território, de empresa incorporada ao patrimônio público ou de entidade para cuja criação ou custeio o erário haja concorrido ou concorra com mais de cinquenta por cento do patrimônio ou da receita anual, serão punidos na forma desta Lei.

PARÁGRAFO ÚNICO. Estão também sujeitos às penalidades desta Lei os atos de improbidade praticados contra o patrimônio de entidade que receba subvenção, benefício ou incentivo, fiscal ou creditício, de órgão público bem como daquelas para cuja criação ou custeio o erário haja concorrido ou concorra com menos de cinquenta por cento do patrimônio ou da receita anual, limitando-se, nestes casos, a sanção patrimonial à repercussão do ilícito sobre a contribuição dos cofres públicos.

Art. 2º Reputa-se agente público, para os efeitos desta Lei, todo aquele que exerce, ainda que transitoriamente ou sem remuneração, por eleição, nomeação, designação, contratação ou qualquer outra forma de investidura ou vínculo, mandato, cargo, emprego ou função nas entidades mencionadas no artigo anterior.

Art. 3º As disposições desta Lei são aplicáveis, no que couber, àquele que, mesmo não sendo agente público, induza ou concorra para a prática do ato de improbidade ou dele se beneficie sob qualquer forma direta ou indireta.

Art. 4º Os agentes públicos de qualquer nível ou hierarquia são obrigados a velar pela estrita observância dos princípios de legalidade, impessoalidade, moralidade e publicidade no trato dos assuntos que lhe são afetos.

Art. 5º Ocorrendo lesão ao patrimônio público por ação ou omissão, dolosa ou culposa, do agente ou de terceiro, dar-se-á o integral ressarcimento do dano.

Art. 6º No caso do enriquecimento ilícito, perderá o agente público ou terceiro beneficiário os bens ou valores acrescidos ao seu patrimônio.

Art. 7º Quando o ato de improbidade causar lesão ao patrimônio público ou ensejar enriquecimento ilícito, caberá a autoridade administrativa responsável pelo inquérito representar ao Ministério Público, para a indisponibilidade dos bens do indiciado.

PARÁGRAFO ÚNICO. A indisponibilidade a que se refere o *caput* deste artigo recairá sobre bens que assegurem o integral ressarcimento do dano, ou sobre o acréscimo patrimonial resultante do enriquecimento ilícito.

Art. 8º O sucessor daquele que causar lesão ao patrimônio público ou se enriquecer ilicitamente está sujeito às cominações desta Lei até o limite do valor da herança.

CAPÍTULO II
Dos Atos de Improbidade Administrativa

SEÇÃO I
Dos Atos de Improbidade Administrativa que Importam Enriquecimento Ilícito

Art. 9º Constitui ato de improbidade administrativa importando enriquecimento ilícito auferir qualquer tipo de vantagem patrimonial indevida em razão do exercício de cargo, mandato, função, emprego ou atividade nas entidades mencionadas no art. 1º desta Lei, e notadamente:

I — receber, para si ou para outrem, dinheiro, bem móvel ou imóvel, ou qualquer outra vantagem econômica, direta ou indireta, a título de comissão, percentagem, gratificação ou presente de quem tenha interesse, direto ou indireto, que possa ser atingido ou amparado por ação ou omissão decorrente das atribuições do agente público;

II — perceber vantagem econômica, direta ou indireta, para facilitar a aquisição, permuta ou locação de bem móvel ou imóvel, ou a contratação de serviços pelas entidades referidas no art. 1º por preço superior ao valor de mercado;

III — perceber vantagem econômica, direta ou indireta, para facilitar a alienação, permuta ou locação de bem público ou o fornecimento de serviço por ente estatal por preço inferior ao valor de mercado;

IV — utilizar, em obra ou serviço particular, veículos, máquinas, equipamentos ou material de qualquer natureza, de propriedade ou à disposição de qualquer das entidades mencionadas no art. 1º desta Lei, bem como o trabalho de servidores públicos, empregados ou terceiros contratados por essas entidades;

V — receber vantagem econômica de qualquer natureza, direta ou indireta, para tolerar a exploração ou a prática de jogos de azar, de lenocínio, de narcotráfico, de contrabando, de usura ou de qualquer outra atividade ilícita, ou aceitar promessa de tal vantagem;

VI — receber vantagem econômica de qualquer natureza, direta ou indireta, para fazer declaração falsa sobre medição ou avaliação em obras públicas ou qualquer outro serviço, ou sobre quantidade, peso, medida, qualidade ou característica de mercadorias ou bens fornecidos a qualquer das entidades mencionadas no art. 1º desta Lei;

VII — adquirir, para si ou para outrem, no exercício de mandato, cargo, emprego ou função pública, bens de qualquer natureza cujo valor seja desproporcional à evolução do patrimônio ou à renda do agente público;

VIII — aceitar emprego, comissão ou exercer atividade de consultoria ou assessoramento para pessoa física ou jurídica que tenha interesse suscetível de ser atingido ou amparado por ação ou omissão decorrente das atribuições do agente público, durante a atividade;

IX — perceber vantagem econômica para intermediar a liberação ou aplicação de verba pública de qualquer natureza;

X — receber vantagem econômica de qualquer natureza, direta ou indiretamente, para omitir ato de ofício, providência ou declaração a que esteja obrigado;

XI — incorporar, por qualquer forma, ao seu patrimônio bens, rendas, verbas ou valores integrantes do acervo patrimonial das entidades mencionadas no art. 1º desta Lei;

XII — usar, em proveito próprio, bens, rendas, verbas ou valores integrantes do acervo patrimonial das entidades mencionadas no art. 1º desta Lei.

SEÇÃO II
Dos Atos de Improbidade Administrativa que causam Prejuízo ao Erário

Art. 10. Constitui ato de improbidade administrativa que causa lesão ao erário qualquer ação ou omissão, dolosa ou culposa, que enseje perda patrimonial, desvio, apropriação, malbaratamento ou dilapidação dos bens ou haveres das entidades referidas no art. 1º desta Lei, e notadamente:

I — facilitar ou concorrer por qualquer forma para a incorporação ao patrimônio particular, de pessoa física ou jurídica, de bens, rendas, verbas ou valores integrantes do acervo patrimonial das entidades mencionadas no art. 1º desta Lei;

II — permitir ou concorrer para que pessoa física ou jurídica privada utilize bens, rendas, verbas ou valores integrantes do acervo patrimonial das entidades mencionadas no art. 1º desta Lei, sem a observância das formalidades legais ou regulamentares aplicáveis à espécie;

III — doar à pessoa física ou jurídica bem como ao ente despersonalizado, ainda que de fins educativos ou assistenciais, bens, rendas, verbas ou valores do patrimônio de qualquer das entidades mencionadas no art. 1º desta Lei, sem observância das formalidades legais e regulamentares aplicáveis à espécie;

IV — permitir ou facilitar a alienação, permuta ou locação de bem integrante do patrimônio de qualquer das entidades referidas no art. 1º desta Lei, ou ainda a prestação de serviço por parte delas, por preço inferior ao de mercado;

V — permitir ou facilitar a aquisição, permuta ou locação de bem ou serviço por preço superior ao de mercado;

VI — realizar operação financeira sem observância das normas legais e regulamentares ou aceitar garantia insuficiente ou inidônea;

VII — conceder benefício administrativo ou fiscal sem a observância das formalidades legais ou regulamentares aplicáveis à espécie;

VIII — frustrar a licitude de processo licitatório ou de processo seletivo para celebração de parcerias com entidades sem fins lucrativos, ou dispensá-los indevidamente; *(Redação dada pela Lei n. 13.019, de 31.7.2014, DOU 1.8.2014)*

IX — ordenar ou permitir a realização de despesas não autorizadas em lei ou regulamento;

X — agir negligentemente na arrecadação de tributo ou renda, bem como no que diz respeito à conservação do patrimônio público;

XI — liberar verba pública sem a estrita observância das normas pertinentes ou influir de qualquer forma para a sua aplicação irregular;

XII — permitir, facilitar ou concorrer para que terceiro se enriqueça ilicitamente;

XIII — permitir que se utilize, em obra ou serviço particular, veículos, máquinas, equipamentos ou material de qualquer natureza, de propriedade ou à disposição de qualquer das entidades mencionadas no art. 1º desta Lei, bem como o trabalho de servidor público, empregados ou terceiros contratados por essas entidades.

XIV — celebrar contrato ou outro instrumento que tenha por objeto a prestação de serviços públicos por meio da gestão associada sem observar as formalidades previstas na lei; *(Acrescentado pela Lei n. 11.107, de 6.4.2005, DOU 7.4.2005)*

XV — celebrar contrato de rateio de consórcio público sem suficiente e prévia dotação orçamentária, ou sem observar as formalidade previstas na lei. (NR). *(Acrescentado pela Lei n. 11.107, de 6.4.2005, DOU 7.4.2005)*

XVI — facilitar ou concorrer, por qualquer forma, para a incorporação, ao patrimônio particular de pessoa física ou jurídica, de bens, rendas, verbas ou valores públicos transferidos pela administração pública a entidades privadas mediante celebração de parcerias, sem a observância das formalidades legais ou regulamentares aplicáveis à espécie; *(Acrescentado pela Lei n. 13.019, de 31.7.2014, DOU 1.8.2014)*

XVII — permitir ou concorrer para que pessoa física ou jurídica privada utilize bens, rendas, verbas ou valores públicos transferidos pela administração pública a entidade privada mediante celebração de parcerias, sem a observância das formalidades legais ou regulamentares aplicáveis à espécie; *(Acrescentado pela Lei n. 13.019, de 31.7.2014, DOU 1.8.2014)*

XVIII — celebrar parcerias da administração pública com entidades privadas sem a observância das formalidades legais ou regulamentares aplicáveis à espécie; *(Acrescentado pela Lei n. 13.019, de 31.7.2014, DOU 1.8.2014)*

XIX — frustrar a licitude de processo seletivo para celebração de parcerias da administração pública com entidades privadas ou dispensá-lo indevidamente; *(Acrescentado pela Lei n. 13.019, de 31.7.2014, DOU 1.8.2014)*

XX — agir negligentemente na celebração, fiscalização e análise das prestações de contas de parcerias firmadas pela administração pública com entidades privadas; *(Acrescentado pela Lei n. 13.019, de 31.7.2014, DOU 1.8.2014)*

XXI — liberar recursos de parcerias firmadas pela administração pública com entidades privadas sem a estrita observância das normas pertinentes ou influir de qualquer forma para a sua aplicação irregular. (NR) *(Acrescentado pela Lei n. 13.019, de 31.7.2014, DOU 1.8.2014)*

SEÇÃO II-A
Dos Atos de Improbidade Administrativa decorrentes de concessão ou aplicação indevida de benefício financeiro ou tributário (Seção acrescentada pela Lei Complementar n. 157, de 29.12.16, DOU 30.12.16)

Art. 10-A. Constitui ato de improbidade administrativa qualquer ação ou omissão para conceder, aplicar ou manter benefício financeiro ou tributário contrário ao que dispõem o *caput* e o § 1º do art. 8º-A da Lei Complementar n. 116, de 31 de julho de 2003.

SEÇÃO III
Dos Atos de Improbidade Administrativa que Atentam contra os Princípios da Administração Pública

Art. 11. Constitui ato de improbidade administrativa que atenta contra os princípios da administração pública qualquer ação ou omissão que viole os deveres de honestidade, imparcialidade, legalidade, e lealdade às instituições, e notadamente:

I — praticar ato visando fim proibido em lei ou regulamento ou diverso daquele previsto, na regra de competência;

II — retardar ou deixar de praticar, indevidamente, ato de ofício;

III — revelar fato ou circunstância de que tem ciência em razão das atribuições e que deva permanecer em segredo;

IV — negar publicidade aos atos oficiais;

V — frustrar a licitude de concurso público;

VI — deixar de prestar contas quando esteja obrigado a fazê-lo;

VII — revelar ou permitir que chegue ao conhecimento de terceiro, antes da respectiva divulgação oficial, teor de medida política ou econômica capaz de afetar o preço de mercadoria, bem ou serviço.

VIII — descumprir as normas relativas à celebração, fiscalização e aprovação de contas de parcerias firmadas pela administração pública com entidades privadas. (NR) *(Acrescentado pela Lei n. 13.019, de 31.7.2014, DOU 1.8.2014)*

IX — deixar de cumprir a exigência de requisitos de acessibilidade previstos na legislação. (NR) *(Acrescentado pela Lei n. 13.146, de 6.7.15, DOU 7.7.15, com vigência após decorridos 180 dias de sua publicação oficial)*

CAPÍTULO III
Das Penas

Art. 12. Independentemente das sanções penais, civis e administrativas, previstas na legislação específica, está o responsável pelo ato de improbidade sujeito às seguintes cominações, que podem ser aplicadas isolada ou cumulativamente, de acordo com a gravidade do fato: *(Redação dada pela Lei n. 12.120, de 15.12.2009, DOU 16.12.2009)*

I — na hipótese do art. 9º, perda dos bens ou valores acrescidos ilicitamente ao patrimônio, ressarcimento integral do dano, quando houver, perda da função pública, suspensão dos direitos políticos de oito a dez anos, pagamento de multa civil de até três vezes o valor do acréscimo patrimonial e proibição de contratar com o Poder Público ou receber benefícios ou incentivos fiscais ou creditícios, direta ou indiretamente, ainda que por intermédio de pessoa jurídica da qual seja sócio majoritário, pelo prazo de dez anos;

II — na hipótese do art. 10, ressarcimento integral do dano, perda dos bens ou valores acrescidos ilicitamente ao patrimônio, se concorrer esta circunstância, perda da função pública, suspensão dos direitos políticos de cinco a oito anos, pagamento de multa civil de até duas vezes o valor do dano e proibição de contratar com o Poder Público ou receber benefícios ou incentivos fiscais ou creditícios, direta ou indiretamente, ainda que por intermédio de pessoa jurídica da qual seja sócio majoritário, pelo prazo de cinco anos;

III — na hipótese do art. 11, ressarcimento integral do dano, se houver, perda da função pública, suspensão dos direitos políticos de três a cinco anos, pagamento de multa civil de até cem vezes o valor da remuneração percebida pelo agente e proibição de contratar com o Poder Público ou receber benefícios ou incentivos fiscais ou creditícios, direta ou indiretamente, ainda que por intermédio de pessoa jurídica da qual seja sócio majoritário, pelo prazo de três anos.

IV — na hipótese prevista no art. 10-A, perda da função pública, suspensão dos direitos políticos de 5 (cinco) a 8 (oito) anos e multa civil de até 3 (três) vezes o valor do benefício financeiro ou tributário concedido. (NR) *(Incluído pela Lei Complementar n. 157, de 29.12.16, DOU 30.12.16)*

PARÁGRAFO ÚNICO. Na fixação das penas previstas nesta Lei o juiz levará em conta a extensão do dano causado, assim como o proveito patrimonial obtido pelo agente.

CAPÍTULO IV
Da Declaração de Bens

Art. 13. A posse e o exercício de agente público ficam condicionados à apresentação de declaração dos bens e valores que compõem o seu patrimônio privado, a fim de ser arquivada no Serviço de Pessoal competente.

§ 1º A declaração compreenderá imóveis, móveis, semoventes, dinheiro, títulos, ações, e qualquer outra espécie de bens e valores patrimoniais, localizados no País ou no exterior, e, quando for o caso, abrangerá os bens e valores patrimoniais do cônjuge ou companheiro, dos filhos e de outras pessoas que vivam sob a dependência econômica do declarante, excluídos apenas os objetos e utensílios de uso doméstico.

§ 2º A declaração de bens será anualmente atualizada e na data em que o agente público deixar o exercício do mandato, cargo, emprego ou função.

§ 3º Será punido com a pena de demissão, a bem do serviço público, sem prejuízo de outras sanções cabíveis, o agente público que se recusar a prestar declaração dos bens, dentro do prazo determinado, ou que a prestar falsa.

§ 4º O declarante, a seu critério, poderá entregar cópia da declaração anual de bens apresentada à Delegacia da Receita Federal na conformidade da legislação do Imposto sobre a Renda e proventos de qualquer natureza, com as necessárias atualizações, para suprir a exigência contida no *caput* e no § 2º deste artigo.

— V. Decreto n. 5.483, de 30 de junho de 2005 (DOU 1.7.2005), que regulamenta, no âmbito do Poder Executivo Federal, o art. 13 da Lei n. 8.429, de 2 de junho de 1992, institui a sindicância patrimonial e dá outras providências.

CAPÍTULO V
Do Procedimento Administrativo e do Processo Judicial

Art. 14. Qualquer pessoa poderá representar à autoridade administrativa competente para que seja instaurada investigação destinada a apurar a prática de ato de improbidade.

§ 1º A representação, que será escrita ou reduzida a termo e assinada, conterá a qualificação do representante, as informações sobre o fato e sua autoria e a indicação das provas de que tenha conhecimento.

§ 2º A autoridade administrativa rejeitará a representação, em despacho fundamentado, se esta não contiver as formalidades estabelecidas no § 1º deste artigo. A rejeição não impede a representação ao Ministério Público, nos termos do art. 22 desta Lei.

§ 3º Atendidos os requisitos da representação, a autoridade determinará a imediata apuração dos fatos que, em se tratando de servidores federais, será processada na forma prevista nos arts. 148 a 182 da Lei n. 8.112, de 11 de dezembro de 1990 e, em se tratando de servidor militar, de acordo com os respectivos regulamentos disciplinares.

Art. 15. A comissão processante dará conhecimento ao Ministério Público e ao Tribunal ou Conselho de Contas da existência de procedimento administrativo para apurar a prática de ato de improbidade.

PARÁGRAFO ÚNICO. O Ministério Público ou Tribunal ou Conselho de Contas poderá, a requerimento, designar representante para acompanhar o procedimento administrativo.

Art. 16. Havendo fundados indícios de responsabilidade, a comissão representará ao Ministério Público ou à Procuradoria do órgão para que requeira ao juízo competente a decretação do sequestro dos bens do agente ou terceiro que tenha enriquecido ilicitamente ou causado dano ao patrimônio público.

§ 1º O pedido de sequestro será processado de acordo com o disposto nos arts. 822 e 825 do Código de Processo Civil.

§ 2º Quando for o caso, o pedido incluirá a investigação, o exame e o bloqueio de bens, contas bancárias e aplicações financeiras mantidas pelo indiciado no exterior, nos termos da lei e dos tratados internacionais.

Art. 17. A ação principal, que terá o rito ordinário, será proposta pelo Ministério Público ou pela pessoa jurídica interessada, dentro de trinta dias da efetivação da medida cautelar.

§ 1º É vedada a transação, acordo ou conciliação nas ações de que trata o *caput*. *(Revogado pela MP n. 703, de 18.12.2015, DOU 21.12.2015)*

§ 2º A Fazenda Pública, quando for o caso, promoverá as ações necessárias à complementação do ressarcimento do patrimônio público.

§ 3º No caso de a ação principal ter sido proposta pelo Ministério Público, aplica-se no que couber, o disposto no § 3º do art. 6º da Lei n. 4.717, de 29.6.65. *(Redação dada pela Lei n. 9.366, de 16.12.1996, DOU 18.12.1996).*

§ 4º O Ministério Público, se não intervier no processo como parte, atuará obrigatoriamente, como fiscal da lei, sob pena de nulidade.

§ 5º A propositura da ação prevenirá a jurisdição do juízo para todas as ações posteriormente intentadas que possuam a mesma causa de pedir ou o mesmo objeto. (NR) *(Parágrafo acrescentado pela MP 2.180-35, de 24.8.2001, DOU 27.8.2001).*

§ 6º A ação será instruída com documentos ou justificação que contenham indícios suficientes da existência do ato de improbidade ou com razões fundamentadas da impossibilidade de apresentação de qualquer dessas provas, observada a legislação vigente, inclusive as disposições inscritas nos arts. 16 a 18 do Código de Processo Civil.

§ 7º Estando a inicial em devida forma, o juiz mandará autuá-la e ordenará a notificação do requerido, para oferecer manifestação por escrito, que poderá ser instruída com documentos e justificações, dentro do prazo de quinze dias.

§ 8º Recebida a manifestação, o juiz, no prazo de trinta dias, em decisão fundamentada, rejeitará a ação, se convencido da inexistência do ato de improbidade, da improcedência da ação ou da inadequação da via eleita.

§ 9º Recebida a petição inicial, será o réu citado para apresentar contestação.

§ 10. Da decisão que receber a petição inicial, caberá agravo de instrumento.

§ 11. Em qualquer fase do processo, reconhecida a inadequação da ação de improbidade, o juiz extinguirá o processo sem julgamento do mérito.

§ 12. Aplica-se aos depoimentos ou inquirições realizadas nos processos regidos por esta Lei o disposto no art. 221, *caput* e § 1º, do Código de Processo Penal. *(NR) (Parágrafos 6º a 12º, acrescentados pela MP n. 2.225, de 4.9.2001, DOU 5.9.2001).*

§ 13. Para os efeitos deste artigo, também se considera pessoa jurídica interessada o ente tributante que figurar no polo ativo da obrigação tributária de que tratam o § 4º do art. 3º e o art. 8º-A da Lei Complementar n. 116, de 31 de julho de 2003. (NR) *(Incluído pela Lei Complementar n. 157, de 29.12.16, DOU 30.12.16)*

Art. 18. A sentença que julgar procedente ação civil de reparação de dano ou decretar a perda dos bens havidos ilicitamente determinará o pagamento ou a reversão dos bens, conforme o caso, em favor da pessoa jurídica prejudicada pelo ilícito.

CAPÍTULO VI
Das Disposições Penais

Art. 19. Constitui crime a representação por ato de improbidade contra agente público ou terceiro beneficiário quando o autor da denúncia o sabe inocente.

Pena: detenção de seis a dez meses de multa.

PARÁGRAFO ÚNICO. Além da sanção penal, o denunciante está sujeito a indenizar o denunciado pelos danos materiais, morais ou à imagem que houver provocado.

Art. 20. A perda da função pública e a suspensão dos direitos políticos só se efetivam com o trânsito em julgado da sentença condenatória.

PARÁGRAFO ÚNICO. A autoridade judicial ou administrativa competente poderá determinar o afastamento do agente público do exercício do cargo, emprego ou função, sem prejuízo da remuneração, quando a medida se fizer necessária à instrução processual.

Art. 21. A aplicação das sanções previstas nesta Lei independe:

I — da efetiva ocorrência de dano ao patrimônio público, salvo quanto à pena de ressarcimento; *(Redação dada pela Lei n. 12.120, de 15.12.2009, DOU 16.12.2009)*

II — da aprovação ou rejeição das contas pelo órgão de controle interno ou pelo Tribunal ou Conselho de Contas.

Art. 22. Para apurar qualquer ilícito previsto nesta Lei, o Ministério Público, de ofício, a requerimento de autoridade administrativa ou mediante representação formulada de acordo com o disposto no art. 14, poderá requisitar a instauração de inquérito policial ou procedimento administrativo.

CAPÍTULO VII
Da Prescrição

Art. 23. As ações destinadas a levar a efeito as sanções previstas nesta Lei podem ser propostas:

I — até cinco anos após o término do exercício de mandato, de cargo em comissão ou de função de confiança;

II — dentro do prazo prescricional previsto em lei específica para faltas disciplinares puníveis com demissão a bem do serviço público, nos casos de exercício de cargo efetivo ou emprego.

III — até cinco anos da data da apresentação à administração pública da prestação de contas final pelas entidades referidas no parágrafo único do art. 1º desta Lei. (NR) *(Redação dada pela Lei n. 13.204, de 14.12.2015, DOU 15.12.2015)*

CAPÍTULO VIII
Das Disposições Finais

Art. 24. Esta Lei entra em vigor na data de sua publicação.

Art. 25. Ficam revogadas as Leis ns. 3.164, de 1º de junho de 1957, e 3.502, de 21 de dezembro de 1958 e demais disposições em contrário.

Fernando Collor
Célio Borja

LEI N. 8.437, DE 30 DE JUNHO DE 1992

(DOU 1º.7.1992)

Dispõe sobre a concessão de medidas cautelares contra atos do poder público e dá outras providências

O PRESIDENTE DA REPÚBLICA,

Faço saber que o Congresso Nacional decreta e eu sanciono a seguinte Lei:

Art. 1º Não será cabível medida liminar contra atos do Poder Público, no procedimento cautelar ou em quaisquer outras ações de natureza cautelar ou preventiva, toda vez que providência semelhante não puder ser concedida em ações de mandado de segurança, em virtude de vedação legal. *(V. L. n. 9.494, de 10.9.1997).*

§ 1º Não será cabível, no juízo de primeiro grau, medida cautelar inominada ou a sua liminar, quando impugnado ato de autoridade sujeita, na via de mandado de segurança, à competência originária de tribunal.

§ 2º O disposto no parágrafo anterior não se aplica aos processos de ação popular e de ação civil pública.

§ 3º Não será cabível medida liminar que esgote, no todo ou em parte, o objeto da ação.

§ 4º Nos casos em que cabível medida liminar, sem prejuízo da comunicação ao dirigente do órgão ou entidade, o respectivo representante judicial dela será imediatamente intimado.

§ 5º Não será cabível medida liminar que defira compensação de créditos tributários ou previdenciários. (NR) *(Redação dos §§ 4º e 5º dada pela MP n. 2.180-35, de 24.8.2001, DOU 27.8.2001)*

Art. 2º No mandado de segurança coletivo e na ação civil pública, a liminar será concedida, quando cabível, após a audiência do representante judicial da pessoa jurídica de direito público, que deverá se pronunciar no prazo de setenta e duas horas.

Art. 3º O recurso voluntário ou *ex officio*, interposto contra sentença em processo cautelar, proferida contra pessoa jurídica de direito público ou seus agentes, que importe em outorga ou adição de vencimentos ou de reclassificação funcional, terá efeito suspensivo.

Art. 4º Compete ao presidente do tribunal, ao qual couber o conhecimento do respectivo recurso, suspender, em despacho fundamentado, a execução da liminar nas ações movidas contra o Poder Público ou seus agentes, a requerimento do Ministério Público ou da pessoa jurídica de direito público interessada, em caso de manifesto interesse público ou de flagrante ilegitimidade, e para evitar grave lesão à ordem, à saúde, à segurança e à economia públicas *(V. L. n. 9.494, de 10.9.1997).*

§ 1º Aplica-se o disposto neste artigo à sentença proferida em processo de ação cautelar inominada, no processo de ação popular e na ação civil pública, enquanto não transitada em julgado.

§ 2º O Presidente do Tribunal poderá ouvir o autor e o Ministério Público, em setenta e duas horas. *(Redação dada pela MP n. 2.180-35, de 24.8.2001, DOU 27.8.2001)*

§ 3º Do despacho que conceder ou negar a suspensão, caberá agravo, no prazo de cinco dias, que será levado a julgamento na sessão seguinte a sua interposição. *(Acrescentado pela MP n. 2.180-35, de 24.8.2001, DOU 27.8.2001)*

§ 4º Se do julgamento do agravo de que trata o § 3º resultar a manutenção ou o restabelecimento da decisão que se pretende suspender, caberá novo pedido de suspensão ao Presidente do Tribunal competente para conhecer de eventual recurso especial ou extraordinário. *(Acrescentado pela MP n. 2.180-35, de 24.8.2001, DOU 27.8.2001)*

§ 5º É cabível também o pedido de suspensão a que se refere o § 4º, quando negado provimento a agravo de instrumento interposto contra a liminar a que se refere este artigo. *(Acrescentado pela MP n. 2.180-35, de 24.8.2001, DOU 27.8.2001)*

§ 6º A interposição do agravo de instrumento contra liminar concedida nas ações movidas contra o Poder Público e seus agentes não prejudica nem condiciona o julgamento do pedido de suspensão a que se refere este artigo.

§ 7º O Presidente do Tribunal poderá conferir ao pedido efeito suspensivo liminar, se constatar, em juízo prévio, a plausibilidade do direito invocado e a urgência na concessão da medida. *(Acrescentado pela MP n. 2.180-35, de 24.8.2001, DOU 27.8.2001)*

§ 8º As liminares cujo objeto seja idêntico poderão ser suspensas em uma única decisão, podendo o Presidente do Tribunal estender os efeitos da suspensão a liminares supervenientes, mediante simples aditamento do pedido original. (NR) *(Acrescentado pela MP n. 2.180-35, de 24.8.2001, DOU 27.8.2001)*

§ 9º A suspensão deferida pelo Presidente do Tribunal vigorará até o trânsito em julgado da decisão de mérito na ação principal. (NR) *(Acrescentado pela MP n. 2.180-35, de 24.8.2001, DOU 27.8.2001)*

Art. 5º Esta Lei entra em vigor na data de sua publicação.

Art. 6º Revogam-se as disposições em contrário.

Brasília, 30 de junho de 1992; 171º da Independência e 104º da República.

Fernando Collor
Célio Borja
Marcílio Marques Moreira

LEI N. 9.717, DE 27 DE NOVEMBRO DE 1998

(DOU 28.11.1998)

Dispõe sobre regras gerais para a organização e o funcionamento dos regimes próprios de previdência social dos servidores públicos da União, dos Estados, do Distrito Federal e dos Municípios, dos Militares dos Estados e do Distrito Federal, e dá outras providências

— V. Decreto n. 3.788, de 11.4.2001, DOU 12.4.2001, que instituiu a emissão do Certificado de Regularidade Previdenciária — CRP dos Estados, do Distrito Federal e dos Municípios e Portaria n. 204, de 10.7.2008, DOU 11.7.2008, que dispõe sobre a emissão do Certificado de Regularidade Previdenciária — CRP e dá outras providências (não publicada nesta obra).

O PRESIDENTE DA REPÚBLICA,

Faço saber que o Congresso Nacional decreta e eu sanciono a seguinte lei:

Art. 1º Os regimes próprios de previdência social dos servidores públicos da União, dos Estados, do Distrito Federal e dos Municípios, dos militares dos Estados e do Distrito Federal deverão ser organizados, baseados em normas gerais de contabilidade e atuária, de modo a garantir o seu equilíbrio financeiro e atuarial, observados os seguintes critérios:

I — realização de avaliação atuarial inicial e em cada balanço, utilizando-se parâmetros gerais, para a organização e revisão do plano de custeio e benefícios; *(Redação dada pela MP n. 2.187-13, de 24.8.2001, DOU 27.8.2001)*

II — financiamento mediante recursos provenientes da União, dos Estados, do Distrito Federal e dos Municípios e das contribuições do pessoal civil e militar, ativo, inativo e dos pensionistas, para os seus respectivos regimes;

III — as contribuições e os Recursos vinculados ao Fundo Previdenciário da União, dos Estados, do Distrito Federal e dos Municípios e as contribuições do pessoal civil e militar, ativo, inativo, e dos pensionistas, somente poderão ser utilizadas para pagamento de benefícios previdenciários dos respectivos regimes, ressalvadas as despesas administrativas estabelecidas no art. 6º, inciso VIII, desta Lei, observado os limites de gastos estabelecidos em parâmetros gerais; *(Alterado pela MP n. 2.187-13, de 24.8.2001, DOU 27.8.2001)*

IV — cobertura de um número mínimo de segurados, de modo que os regimes possam garantir diretamente a totalidade dos riscos cobertos no plano de benefícios, preservando o equilíbrio atuarial sem necessidade de resseguro, conforme parâmetros gerais;

V — cobertura exclusiva a servidores públicos titulares de cargos efetivos e a militares, e a seus respectivos dependentes, de cada ente estatal, vedado o pagamento de benefícios, mediante convênios ou consórcios entre Estados, entre Estados e Municípios e entre Municípios;

VI — pleno acesso dos segurados às informações relativas à gestão do regime e participação de representantes dos servidores públicos e dos militares, ativos e inativos, nos colegiados e instâncias de decisão em que os seus interesses sejam objeto de discussão e deliberação;

VII — registro contábil individualizado das contribuições de cada servidor e dos entes estatais, conforme diretrizes gerais;

VIII — identificação e consolidação em demonstrativos financeiros e orçamentários de todas as despesas fixas e variáveis com pessoal inativo civil, militar e pensionistas, bem como dos encargos incidentes sobre os proventos e pensões pagos;

IX — sujeição às inspeções e auditorias de natureza atuarial, contábil, financeira, orçamentária e patrimonial dos órgãos de controle interno e externo.

X — vedação de inclusão nos benefícios, para efeito de percepção destes, de parcelas remuneratórias pagas em decorrência de local de trabalho, de função de confiança ou de cargo em comissão, exceto quando tais parcelas integrarem a remuneração de contribuição do servidor que se aposentar com fundamento no art. 40 da Constituição Federal, respeitado, em qualquer hipótese, o limite previsto no § 2º do citado artigo; *(Acrescentado pela Lei n. 10.887, de 18.6.2004, DOU 21.6.2004)*

XI — vedação de inclusão nos benefícios, para efeito de percepção destes, do abono de permanência de que tratam o § 19 do art. 40 da Constituição Federal, o § 5º do art. 2º e o § 1º do art. 3º da Emenda Constitucional n. 41, de 19 de dezembro de 2003. *(Acrescentado pela Lei n. 10.887, de 18.6.2004, DOU 21.6.2004)*

PARÁGRAFO ÚNICO. Aplicam-se, adicionalmente, aos regimes próprios de previdência social dos entes da Federação os incisos II, IV a IX do art. 6º. (NR) *(Parágrafo acrescentado pela MP n. 2.187-13, de 24.8.2001, DOU 27.8.2001).*

Art. 1º-A O servidor público titular de cargo efetivo da União, dos Estados, do Distrito Federal e dos Municípios ou o militar dos Estados e do Distrito Federal filiado a regime próprio de previdência social, quando cedido a órgão ou entidade de outro ente da federação, com ou sem ônus para o cessionário, permanecerá vinculado ao regime de origem. (NR) *(Acrescentado pela MP n. 2.187-13 de 24.8.2001, DOU 27.8.2001).*

Art. 2º A contribuição da União, dos Estados, do Distrito Federal e dos Municípios, incluídas suas autarquias e fundações, aos regimes próprios de previdência social a que estejam vinculados seus servidores não poderá ser inferior ao valor da contribuição do servidor ativo, nem superior ao dobro desta contribuição.

§ 1º A União, os Estados, o Distrito Federal e os Municípios são responsáveis pela cobertura de eventuais insuficiências financeiras do respectivo regime próprio, decorrentes do pagamento de benefícios previdenciários.

§ 2º A União, os Estados, o Distrito Federal e os Municípios publicarão, até 30 (trinta) dias após o encerramento de cada bimestre, demonstrativo financeiro e orçamentário da receita e despesa previdenciárias acumuladas no exercício financeiro em curso. *(Art. 2º e §§ 1º e 2º com a redação dada pela Lei n. 10.887, de 18.6.2004, DOU 21.6.2004).*

(Os §§ 3º, 4º, 5º, 6º e 7º deste artigo foram revogados pela Lei n. 10.887, de 18.6.2004, DOU 21.6.2004).

Art. 2º-A. *(Revogado pela Lei n. 10.887, de 18.6.2004, DOU 21.6.2004).*

Art. 3º As alíquotas de contribuição dos servidores ativos dos Estados, do Distrito Federal e dos Municípios para os respectivos regimes próprios de previdência social não serão inferiores às dos servidores titulares de cargos efetivos da União, devendo ainda ser observadas, no caso das contribuições sobre os proventos dos inativos e sobre as pensões, as mesmas alíquotas aplicadas às remunerações dos servidores em atividade do respectivo ente estatal. *(Redação dada pela Lei n. 10.887, de 18.6.2004, DOU 21.6.2004)*

Art. 4º *(Revogado pela Lei n. 10.887, de 18.6.2004, DOU 21.6.2004)*

Art. 5º Os regimes próprios de previdência social dos servidores públicos da União, dos Estados, do Distrito Federal e dos Municípios, dos militares dos Estados e do Distrito Federal não poderão conceder benefícios distintos dos previstos no Regime Geral de Previdência Social, de que trata a Lei n. 8.213, de 24 de julho de 1991, salvo disposição em contrário da Constituição Federal.

PARÁGRAFO ÚNICO. Fica vedada a concessão de aposentadoria especial, nos termos do § 4º do art. 40 da Constituição Federal, até que lei complementar federal discipline a matéria. (NR) *(Parágrafo acrescentado pela MP n. 2.187-13, de 24.8.2001, DOU 27.8.2001).*

Art. 6º Fica facultada à União, aos Estados, ao Distrito Federal e aos Municípios, a constituição de fundos integrados de bens, direitos e ativos, com finalidade previdenciária, desde que observados os critérios de que trata o art. 1º e, adicionalmente, os seguintes preceitos:

I — estabelecimento de estrutura técnico-administrativa, com conselhos de administração e fiscal e autonomia financeira; *(Inciso revogado pela MP n. 2.187-13, de 24.8.2001, DOU 27.8.2001)*

II — existência de conta do fundo distinta da conta do Tesouro da unidade federativa;

III — aporte de capital inicial em valor a ser definido conforme diretrizes gerais; *(Inciso revogado pela MP n. 2.187-13, de 24.8.2001, DOU 27.8.2001)*

IV — aplicação de recursos, conforme estabelecido pelo Conselho Monetário Nacional;

V — vedação da utilização de recursos do fundo de bens, direitos e ativos para empréstimos de qualquer natureza, inclusive à União, aos Estados, ao Distrito Federal e aos Municípios, a entidades da administração indireta e aos respectivos segurados;

VI — vedação à aplicação de recursos em títulos públicos, com exceção de títulos do Governo Federal;

VII — avaliação de bens, direitos e ativos de qualquer natureza integrados ao fundo, em conformidade com a Lei n. 4.320, de 17 de março de 1964 e alterações subsequentes;

VIII — estabelecimento de limites para a taxa de administração, conforme parâmetros gerais;

IX — constituição e extinção do fundo mediante lei.

Art. 7º O descumprimento do disposto nesta Lei pelos Estados, Distrito Federal e Municípios e pelos respectivos fundos, implicará, a partir de 1º de julho de 1999:

I — suspensão das transferências voluntárias de recursos pela União;

II — impedimento para celebrar acordos, contratos, convênios ou ajustes, bem como receber empréstimos, financiamentos, avais e subvenções em geral de órgãos ou entidades da Administração direta e indireta da União;

III — suspensão de empréstimos e financiamentos por instituições financeiras federais.

IV — suspensão do pagamento dos valores devidos pelo Regime Geral de Previdência Social em razão da Lei n. 9.796, de 5 de maio de 1999. (NR) *(Parágrafo acrescentado pela MP n. 2.187-13, de 24.8.2001, DOU 27.8.2001).*

Art. 8º Os dirigentes do órgão ou da entidade gestora do regime próprio de previdência social dos entes estatais, bem como os membros dos conselhos administrativo e fiscal dos fundos de que trata o art. 6º, respondem diretamente por infração ao disposto nesta Lei, sujeitando-se, no que couber, ao regime repressivo da Lei n. 6.435, de 15 de julho de 1977, e alterações subsequentes, conforme diretrizes gerais.

PARÁGRAFO ÚNICO. As infrações serão apuradas mediante processo administrativo que tenha por base o auto, a representação ou a denúncia positiva dos fatos irregulares, em que se assegure ao acusado o contraditório e a ampla defesa, em conformidade com diretrizes gerais.

Art. 9º Compete à União, por intermédio do Ministério da Previdência e Assistência Social:

I — a orientação, supervisão e o acompanhamento dos regimes próprios de previdência social dos servidores públicos e dos militares da União, dos Estados, do Distrito Federal e dos Municípios, e dos fundos a que se refere o art. 6º, para o fiel cumprimento dos dispositivos desta Lei;

II — o estabelecimento e a publicação dos parâmetros e das diretrizes gerais previstos nesta Lei.

III — a apuração de infrações, por servidor credenciado, e a aplicação de penalidades, por órgão próprio, nos casos previstos no art. 8º desta Lei. *(Alterado pela MP n. 2.187-13, de 24.8.2001, DOU 27.8.2001)*

PARÁGRAFO ÚNICO. A União, os Estados, o Distrito Federal e os Municípios prestarão ao Ministério da Previdência e Assistência Social, quando solicitados, informações sobre regime próprio de previdência social e fundo previdenciário previsto no art. 6º desta Lei. (NR) *(Alterado pela MP n. 2.187-13, de 24.8.2001, DOU 27.8.2001)*

Art. 10. No caso de extinção de regime próprio de previdência social, a União, o Estado, o Distrito Federal e os Municípios assumirão integralmente a responsabilidade pelo pagamento dos benefícios concedidos durante a sua vigência, bem como daqueles benefícios cujos requisitos necessários a sua concessão foram implementados anteriormente à extinção do regime próprio de previdência social.

Art. 11. Esta Lei entra em vigor na data de sua publicação.

FERNANDO HENRIQUE CARDOSO
WALDECK ORNÉLAS

LEI N. 10.887, DE 18 DE JUNHO DE 2004

(DOU 21.6.2004)

Dispõe sobre a aplicação de disposições da Emenda Constitucional n. 41, de 19 de dezembro de 2003, altera dispositivos das Leis ns. 9.717, de 27 de novembro de 1998, 8.213, de 24 de julho de 1991 e 9.532, de 10 de dezembro de 1997, e dá outras providências

Nota: A Medida Provisória n. 556, de 23.12.2011, que "altera a Lei n. 10.887, de 18 de junho de 2004, relativa à contribuição do Plano de Seguridade do Servidor Público, prorroga a vigência do Regime Tributário para Incentivo à Modernização e à Ampliação da Estrutura Portuária, de que trata a Lei n. 11.033, de 21 de dezembro de 2004, e dá outras providências" teve seu prazo de vigência encerrado no dia 31 de maio do corrente ano, conforme Ato Declaratório do Presidente da Mesa do Congresso Nacional n. 25, de 2012, publicado no DOU de 14.6.2012. Portanto, as alterações que faziam parte do texto da Lei n. 10.887, de 18.6.2004, na 39ª edição, por força da mencionada Medida Provisória, já não constam desta edição, restabelecendo-se a redação anterior dos dispositivos legais que tiveram vigência provisória.

O PRESIDENTE DA REPÚBLICA,

Faço saber que o Congresso Nacional decreta e eu sanciono a seguinte Lei:

Art. 1º No cálculo dos proventos de aposentadoria dos servidores titulares de cargo efetivo de qualquer dos Poderes da União, dos Estados, do Distrito Federal e dos Municípios, incluídas suas autarquias e fundações, previsto no § 3º do art. 40 da Constituição Federal e no art. 2º da Emenda Constitucional n. 41, de 19 de dezembro de 2003, será considerada a média aritmética simples das maiores remunerações, utilizadas como base para as contribuições do servidor aos regimes de previdência a que esteve vinculado, correspondentes a 80% (oitenta por cento) de todo o período contributivo desde a competência julho de 1994 ou desde a do início da contribuição, se posterior àquela competência.

§ 1º As remunerações consideradas no cálculo do valor inicial dos proventos terão os seus valores atualizados mês a mês de acordo com a variação integral do índice fixado para a atualização dos salários de contribuição considerados no cálculo dos benefícios do regime geral de previdência social.

§ 2º A base de cálculo dos proventos será a remuneração do servidor no cargo efetivo nas competências a partir de julho de 1994 em que não tenha havido contribuição para regime próprio.

— V. Emenda Constitucional n. 47, de 5.7.2005, DOU 6.7.2005.

§ 3º Os valores das remunerações a serem utilizadas no cálculo de que trata este artigo serão comprovados mediante documento fornecido pelos órgãos e entidades gestoras dos regimes de previdência aos quais o servidor esteve vinculado ou por outro documento público, na forma do regulamento.

§ 4º Para os fins deste artigo, as remunerações consideradas no cálculo da aposentadoria, atualizadas na forma do § 1º deste artigo, não poderão ser:

I — inferiores ao valor do salário mínimo;

II — superiores ao limite máximo do salário de contribuição, quanto aos meses em que o servidor esteve vinculado ao regime geral de previdência social.

§ 5º Os proventos, calculados de acordo com o *caput* deste artigo, por ocasião de sua concessão, não poderão ser inferiores ao valor do salário mínimo nem exceder a remuneração do respectivo servidor no cargo efetivo em que se deu a aposentadoria.

Art. 2º Aos dependentes dos servidores titulares de cargo efetivo e dos aposentados de qualquer dos Poderes da União, dos Estados, do Distrito Federal e dos Municípios, incluídas suas autarquias e fundações, falecidos a partir da data de publicação desta Lei, será concedido o benefício de pensão por morte, que será igual:

I — à totalidade dos proventos percebidos pelo aposentado na data anterior à do óbito, até o limite máximo estabelecido para os benefícios do regime geral de previdência social, acrescida de 70% (setenta por cento) da parcela excedente a este limite; ou

II — à totalidade da remuneração do servidor no cargo efetivo na data anterior à do óbito, até o limite máximo estabelecido para os benefícios do regime geral de previdência social, acrescida de 70% (setenta por cento) da parcela excedente a este limite, se o falecimento ocorrer quando o servidor ainda estiver em atividade.

PARÁGRAFO ÚNICO. Aplica-se ao valor das pensões o limite previsto no art. 40, § 2º, da Constituição Federal.

Art. 3º Para os fins do disposto no inciso XI do art. 37 da Constituição Federal, a União, os Estados, o Distrito Federal e os Municípios instituirão sistema integrado de dados relativos às remunerações, proventos e pensões pagos aos respectivos servidores e militares, ativos e inativos, e pensionistas, na forma do regulamento.

Art. 4º A contribuição social do servidor público ativo de quaisquer dos Poderes da União, incluídas as suas autarquias e fundações, para a manutenção do respectivo regime próprio de previdência social, será calculada mediante a aplicação das seguintes alíquotas: *(Redação dada pela MP n. 805, de 30.10.17, DOU ed. extra 30.10.17)*

I — onze por cento sobre a parcela da base de contribuição cujo valor seja igual ou inferior ao limite máximo estabelecido para os benefícios do Regime Geral de Previdência Social — RGPS; e *(Redação dada pela MP n. 805, de 30.10.17, DOU ed. extra 30.10.17)*

II — quatorze por cento sobre a parcela da base de contribuição que supere o limite máximo estabelecido para os benefícios do RGPS. *(Redação dada pela MP n. 805, de 30.10.17, DOU ed. extra 30.10.17)*

a) *(Revogado pela MP n. 805, de 30.10.17, DOU ed. extra 30.10.17)*

b) *(Revogado pela MP n. 805, de 30.10.17, DOU ed. extra 30.10.17)*

§ 1º Entende-se como base de contribuição o vencimento do cargo efetivo, acrescido das vantagens pecuniárias permanentes estabelecidas em lei, os adicionais de caráter individual ou quaisquer outras vantagens, excluídas:

I — as diárias para viagens;

II — a ajuda de custo em razão de mudança de sede;

III — a indenização de transporte;

IV — o salário-família;

V — o auxílio-alimentação;

VI — o auxílio pré-escolar; *(Redação dada pela MP n. 805, de 30.10.17, DOU ed. extra 30.10.17)*

VII — as parcelas remuneratórias pagas em decorrência do local de trabalho;

VIII — a parcela percebida em decorrência do exercício de cargo em comissão ou de função comissionada ou gratificada;

IX — o abono de permanência de que tratam o § 19 do art. 40 da Constituição Federal, o § 5º do art. 2º e o § 1º do art. 3º da Emenda Constitucional n. 41, de 19 de dezembro de 2003;

X — o adicional de férias;

XI — o adicional noturno;

XII — o adicional por serviço extraordinário;

XIII — a parcela paga a título de assistência à saúde suplementar;

XIV — a parcela paga a título de assistência pré-escolar;

XV — a parcela paga a servidor público indicado para integrar conselho ou órgão deliberativo, na condição de representante do governo, de órgão ou de entidade da administração pública do qual é servidor;

XVI — o auxílio-moradia;

XVII — a Gratificação por Encargo de Curso ou Concurso, de que trata o art. 76-A da Lei n. 8.112, de 11 de dezembro de 1990;

XVIII — a Gratificação Temporária das Unidades dos Sistemas Estruturadores da Administração Pública Federal (GSISTE), instituída pela Lei n. 11.356, de 19 de outubro de 2006;

XIX — a Gratificação Temporária do Sistema de Administração dos Recursos de Informação e Informática (GSISP), instituída pela Lei n. 11.907, de 2 de fevereiro de 2009; *(Redação dada pela Lei n. 13.328, de 29.7.16, DOU 29.7.16)*

XX — a Gratificação Temporária de Atividade em Escola de Governo (GAEG), instituída pela Lei n. 11.907, de 2 de fevereiro de 2009; *(Acrescentado pela Lei n. 13.328, de 29.7.16, DOU 29.7.16)*

XXI — a Gratificação Específica de Produção de Radioisótopos e Radiofármacos (GEPR), instituída pela Lei n. 11.907, de 2 de fevereiro de 2009; *(Acrescentado pela Lei n. 13.328, de 29.7.16, DOU 29.7.16)*

XXII — a Gratificação de Raio X. *(Acrescentado pela Lei n. 13.328, de 29.7.16, DOU 29.7.16)*

XXIII — a parcela relativa ao Bônus de Eficiência e Produtividade na Atividade Tributária e Aduaneira, recebida pelos servidores da carreira Tributária e Aduaneira da Receita Federal do Brasil; *(Incluído pela Lei n. 13.464, de 10.7.17, DOU 11.7.17)*

XXIV — a parcela relativa ao Bônus de Eficiência e Produtividade na Atividade de Auditoria-Fiscal do Trabalho, recebida pelos servidores da carreira de Auditoria-Fiscal do Trabalho. *(Incluído pela Lei n. 13.464, de 10.7.17, DOU 11.7.17)*

XXV — o adicional de irradiação ionizante. *(Redação dada pela MP n. 805, de 30.10.17, DOU ed. extra 30.10.17)*

§ 2º O servidor ocupante de cargo efetivo poderá optar pela inclusão, na base de cálculo da contribuição, de parcelas remuneratórias percebidas em decorrência de local de trabalho e do exercício de cargo em comissão ou de função comissionada ou gratificada, da Gratificação Temporária das Unidades dos Sistemas Estruturadores da Administração Pública Federal (GSISTE), da Gratificação Temporária do Sistema de Administração dos Recursos de Informação e Informática (GSISP), da Gratificação Temporária de Atividade em Escola de Governo (GAEG), da Gratificação Específica de Produção de Radioisótopos e Radiofármacos (GEPR), da Gratificação de Raio X e daquelas recebidas a título de adicional noturno ou de adicional por serviço extraordinário, para efeito de cálculo do benefício a ser concedido com fundamento no art. 40 da Constituição Federal e no art. 2º da Emenda Constitucional n. 41, de 19 de dezembro de 2003, respeitada, em qualquer hipótese, a limitação estabelecida no § 2º do art. 40 da Constituição Federal. (NR) *(Redação dada pela Lei n. 13.328, de 29.7.16, DOU 29.7.16)*

— V. Emenda Constitucional n. 47, de 5.7.2005, DOU 6.7.2005.

§ 3º A alíquota estabelecida no inciso II do caput não se aplica ao servidor: *(Redação dada pela MP n. 805, de 30.10.17, DOU ed. extra 30.10.17)*

I — que tiver ingressado no serviço público até a data da publicação do ato de instituição do regime de previdência complementar para os servidores públicos federais titulares de cargo efetivo e que opte por aderir ao regime de previdência complementar ali referido; ou *(Redação dada pela MP n. 805, de 30.10.17, DOU ed. extra 30.10.17)*

II — que tiver ingressado no serviço público a partir da data a que se refere a alínea "a", independentemente de adesão ao regime de previdência complementar ali referido. (NR) *(Redação dada pela MP n. 805, de 30.10.17, DOU ed. extra 30.10.17)*

Art. 5º Os aposentados e os pensionistas de quaisquer dos Poderes da União, incluídas as suas autarquias e fundações, contribuirão com alíquota de quatorze por cento, incidente sobre o valor da parcela dos proventos de aposentadoria e de pensão que supere o limite máximo estabelecido para os benefícios do RGPS. *(Redação dada pela MP n. 805, de 30.10.17, DOU ed. extra 30.10.17)*

PARÁGRAFO ÚNICO. A contribuição de que trata o *caput* incidirá apenas sobre as parcelas de proventos de aposentadoria e de pensão que superem o dobro do limite máximo estabelecido para os benefícios do RGPS quando o beneficiário, na forma da lei, for portador de doença incapacitante. (NR) *(Redação dada pela MP n. 805, de 30.10.17, DOU ed. extra 30.10.17)*

Art. 6º Os aposentados e os pensionistas de qualquer dos Poderes da União, incluídas suas autarquias e fundações, em gozo desses benefícios na data de publicação da Emenda Constitucional n. 41, de 19 de dezembro de 2003, contribuirão com 11% (onze por cento), incidentes sobre a parcela dos proventos de aposentadorias e pensões que supere 60% (sessenta por cento) do limite máximo estabelecido para os benefícios do regime geral de previdência social. *(Revogado pela MP n. 805, de 30.10.17, DOU ed. extra 30.10.17)*

PARÁGRAFO ÚNICO. A contribuição de que trata o *caput* deste artigo incidirá sobre os proventos de aposentadorias e pensões concedidas aos servidores e seus dependentes que tenham cumprido todos os requisitos para obtenção desses benefícios com base nos critérios da legislação vigente até 31 de dezembro de 2003.

— V. Emenda Constitucional n. 47, de 5.7.2005, DOU 6.7.2005.

Art. 7º O servidor ocupante de cargo efetivo que tenha completado as exigências para aposentadoria voluntária estabelecidas na alínea *a* do inciso III do § 1º do art. 40 da Constituição Federal, no § 5º do art. 2º ou no § 1º do art. 3º da Emenda Constitucional n. 41, de 19 de dezembro de 2003, e que opte por permanecer em atividade fará jus a abono de permanência equivalente ao valor da sua contribuição previdenciária até completar as exigências para aposentadoria compulsória contidas no inciso II do § 1º do art. 40 da Constituição Federal.

Art. 8º A contribuição da União, de suas autarquias e fundações para o custeio do regime de previdência, de que trata o art. 40 da Constituição Federal, será o dobro da contribuição do servidor ativo, devendo o produto de sua arrecadação ser contabilizado em conta específica.

PARÁGRAFO ÚNICO. A União é responsável pela cobertura de eventuais insuficiências financeiras do regime decorrentes do pagamento de benefícios previdenciários.

Art. 8º-A. A responsabilidade pela retenção e recolhimento das contribuições de que tratam os arts. 4º a 6º e 8º será do dirigente e do ordenador de despesa do órgão ou entidade que efetuar o pagamento da remuneração ou do benefício.

§ 1º O recolhimento das contribuições de que trata este artigo deve ser efetuado:

I — até o dia 15, no caso de pagamentos de remunerações ou benefícios efetuados no primeiro decêndio do mês;

II — até o dia 25, no caso de pagamentos de remunerações ou benefícios efetuados no segundo decêndio do mês; ou

III — até o dia 5 do mês posterior, no caso de pagamentos de remunerações ou benefícios efetuados no último decêndio do mês.

§ 2º O não recolhimento das contribuições nos prazos previstos no § 1º:

I — enseja a aplicação dos acréscimos de mora previstos para os tributos federais; e

II — sujeita o responsável às sanções penais e administrativas cabíveis.(NR) *(Caput e §§ acrescentado pela Lei n. 12.350, de 20.12.2010, DOU 21.12.2010)*

§ 3º A não retenção das contribuições pelo órgão pagador sujeita o responsável às sanções penais e administrativas, cabendo a esse órgão apurar os valores não retidos e proceder ao desconto na folha de pagamento do servidor ativo, do aposentado e do pensionista, em rubrica e classificação contábil específicas, podendo essas contribuições ser parceladas na forma do art. 46 da Lei n. 8.112, de 11 de dezembro de 1990, observado o disposto no art. 56 da Lei n. 9.784, de 29 de janeiro de 1999. *(Incluído pela Lei n. 12.688, de 18.7.2012, DOU 19.7.2012 e texto retificado no DOU 19.7.2012, ed. Extra)*

§ 4º Caso o órgão público não observe o disposto no § 3º, a Secretaria da Receita Federal do Brasil formalizará representações aos órgãos de controle e constituirá o crédito tributário relativo à parcela devida pelo servidor ativo, aposentado ou pensionista. (NR) *(Incluído pela Lei n. 12.688, de 18.7.2012, DOU 19.7.2012 e texto retificado no DOU 19.7.2012, ed. Extra)*

Art. 9º A unidade gestora do regime próprio de previdência dos servidores, prevista no art. 40, § 20, da Constituição Federal:

I — contará com colegiado, com participação paritária de representantes e de servidores dos Poderes da União, cabendo-lhes acompanhar e fiscalizar sua administração, na forma do regulamento;

II — procederá, no mínimo a cada 5 (cinco) anos, a recenseamento previdenciário, abrangendo todos os aposentados e pensionistas do respectivo regime;

III — disponibilizará ao público, inclusive por meio de rede pública de transmissão de dados, informações atualizadas sobre as receitas e despesas do respectivo regime, bem como os critérios e parâmetros adotados para garantir o seu equilíbrio financeiro e atuarial.

Art. 10. A Lei n. 9.717, de 27 de novembro de 1998, com a redação dada pela Medida Provisória n. 2.187-13, de 24 de agosto de 2001, passa a vigorar com as seguintes alterações:

(Na Lei n. 9.717, de 27.11.1998, foram introduzidas as alterações trazidas por esta Lei)

Art. 11. A Lei n. 8.212, de 24 de julho de 1991, passa a vigorar com as seguintes alterações:

"Art. 12. ....

j) o exercente de mandato eletivo federal, estadual ou municipal, desde que não vinculado a regime próprio de previdência social;" (NR)

"Art. 69. ....

§ 4º Para efeito do disposto no *caput* deste artigo, o Ministério da Previdência Social e o Instituto Nacional do Seguro Social — INSS procederão, no mínimo a cada 5 (cinco) anos, ao recenseamento previdenciário, abrangendo todos os aposentados e pensionistas do regime geral de previdência social." (NR)

"Art. 80. ....

VII — disponibilizará ao público, inclusive por meio de rede pública de transmissão de dados, informações atualizadas sobre as receitas e despesas do regime geral de previdência social, bem como os critérios e parâmetros adotados para garantir o equilíbrio financeiro e atuarial do regime." (NR)

Art. 12. A Lei n. 8.213, de 24 de julho de 1991, passa a vigorar com as seguintes alterações:

"Art. 11. ....

I — ....

j) o exercente de mandato eletivo federal, estadual ou municipal, desde que não vinculado a regime próprio de previdência social;

...." (NR)

"Art. 29-B. Os salários de contribuição considerados no cálculo do valor do benefício serão corrigidos mês a mês de acordo com a variação integral do Índice Nacional de Preços ao Consumidor — INPC, calculado pela Fundação Instituto Brasileiro de Geografia e Estatística — IBGE."

Art. 13. O art. 11 da Lei n. 9.532, de 10 de dezembro de 1997, passa a vigorar com a seguinte redação:

"Art. 11. As deduções relativas às contribuições para entidades de previdência privada, a que se refere a alínea *e* do inciso II do art. 8º da Lei n. 9.250, de 26 de dezembro de 1995, e às contribuições para o Fundo de Aposentadoria Programada Individual — Fapi, a que se refere a Lei n. 9.477, de 24 de julho de 1997, cujo ônus seja da própria pessoa física, ficam condicionadas ao recolhimento, também, de contribuições para o regime geral de previdência social ou, quando for o caso, para regime próprio de previdência social dos servidores titulares de cargo efetivo da União, dos Estados, do Distrito Federal ou dos Municípios, observada a contribuição mínima, e limitadas a 12% (doze por cento) do total dos rendimentos computados na determinação da base de cálculo do imposto devido na declaração de rendimentos.

§ 1º Aos resgates efetuados pelos quotistas de Fundo de Aposentadoria Programada Individual — Fapi aplicam-se, também, as normas de incidência do imposto de renda de que trata o art. 33 da Lei n. 9.250, de 26 de dezembro de 1995.

§ 2º Na determinação do lucro real e da base de cálculo da contribuição social sobre o lucro líquido, o valor das despesas com contribuições para a previdência privada, a que se refere o inciso V do art. 13 da Lei n. 9.249, de 26 de dezembro de 1995, e para os Fundos de Aposentadoria Programada Individual — Fapi, a que se refere a Lei n. 9.477, de 24 de julho de 1997, cujo ônus seja da pessoa jurídica, não poderá exceder, em cada período de apuração, a 20% (vinte por cento) do total dos salários dos empregados e da remuneração dos dirigentes da empresa, vinculados ao referido plano.

§ 3º O somatório das contribuições que exceder o valor a que se refere o § 2º deste artigo deverá ser adicionado ao lucro líquido para efeito de determinação do lucro real e da base de cálculo da contribuição social sobre o lucro líquido.

§ 4º O disposto neste artigo não elide a observância das normas do art. 7º da Lei n. 9.477, de 24 de julho de 1997.

§ 5º Excetuam-se da condição de que trata o *caput* deste artigo os beneficiários de aposentadoria ou pensão concedidas por regime próprio de previdência ou pelo regime geral de previdência social." (NR)

Art. 14. O art. 12 da Lei n. 10.666, de 8 de maio de 2003, passa a vigorar com a seguinte redação:

"Art. 12. Para fins de compensação financeira entre o regime geral de previdência social e os regimes próprios de previdência social dos servidores da União, dos Estados, do Distrito Federal e dos Municípios, os regimes instituidores apresentarão aos regimes de origem até o mês de maio de 2007 os dados relativos aos benefícios em manutenção em 5 de maio de 1999 concedidos a partir da promulgação da Constituição Federal." (NR)

Art. 15. Os proventos de aposentadoria e as pensões de que tratam os arts. 1º e 2º desta Lei serão reajustados, a partir de janeiro de 2008, na mesma data e índice em que se der o reajuste dos benefícios do regime geral de previdência social, ressalvados os beneficiados pela garantia de paridade de revisão de proventos de aposentadoria e pensões de acordo com a legislação vigente *(Redação dada pela Lei n. 11.784, de 22.9.2008, DOU 23.9.2008, Ret. DOU 2.10.2008 e 31.10.2008)*

Art. 16. As contribuições a que se referem os arts. 4º, 5º e 6º desta Lei serão exigíveis a partir de 20 de maio de 2004.

§ 1º Decorrido o prazo estabelecido no *caput* deste artigo, os servidores abrangidos pela isenção de contribuição referida no § 1º do art. 3º e no § 5º do art. 8º da Emenda Constitucional n. 20, de 15 de dezembro de 1998, passarão a recolher contribuição previdenciária correspondente, fazendo jus ao abono a que se refere o art. 7º desta Lei.

§ 2º A contribuição de que trata o art. 1º da Lei n. 9.783, de 28 de janeiro de 1999, fica mantida até o início do recolhimento da contribuição a que se refere o *caput* deste artigo, para os servidores ativos.

Art. 16-A. A contribuição do Plano de Seguridade do Servidor Público (PSS), decorrente de valores pagos em cumprimento de decisão judicial, ainda que derivada de homologação de acordo, será retida na fonte, no momento do pagamento ao beneficiário ou seu representante legal, pela instituição financeira responsável pelo pagamento, por intermédio da quitação da guia de recolhimento remetida pelo setor de precatórios do Tribunal respectivo, no caso de pagamento de precatório ou requisição de pequeno valor, ou pela fonte pagadora, no caso de implantação de rubrica específica em folha, mediante a aplicação da alíquota de 11% (onze por cento) sobre o valor pago. *(Redação dada pela Lei n. 12.350, de 20.12.2010, DOU 21.12.2010.).*

PARÁGRAFO ÚNICO. O recolhimento da contribuição deverá ser efetuado nos mesmos prazos previstos no § 1º do art. 8º-A, de acordo com a data do pagamento. (NR) *(Redação dada pela Lei n. 12.688, de 18.7.2012, DOU 19.7.2012 e texto retificado no DOU 19.7.2012, ed. Extra)*

Art. 17. Esta Lei entra em vigor na data de sua publicação.

Art. 18. Ficam revogados os §§ 3º, 4º, 5º, 6º e 7º do art. 2º, o art. 2º-A e o art. 4º da Lei n. 9.717, de 27 de novembro de 1998, o art. 8º da Medida Provisória n. 2.187-13, de 24 de agosto de 2001, na parte em que dá nova redação ao inciso X do art. 1º, ao art. 2º e ao art. 2º-A da Lei n. 9.717, de 27 de novembro de 1998, e a Lei n. 9.783, de 28 de janeiro de 1999.

Brasília, 18 de junho de 2004; 183º da Independência e 116º da República.

LUIZ INÁCIO LULA DA SILVA
GUIDO MANTEGA
AMIR LANDO

LEI N. 8.745, DE 9 DE DEZEMBRO DE 1993

(DOU 10.12.1993)

Dispõe sobre a contratação por tempo determinado para atender a necessidade temporária de excepcional interesse público, nos termos do inciso IX do art. 37 da Constituição Federal, e dá outras providências

— V. Lei n. 10.470, de 25 de junho de 2002, cria cargos efetivos, cargos comissionados e gratificações no âmbito da Administração Pública Federal, e dá outras providências (não publicada nesta obra)

— V. Decreto n. 6.479, de 11 de junho de 2008 (DOU 12.6.2008) que altera o Anexo ao Decreto n. 4.748, de 16 de junho de 2003, para modificar a remuneração de servidores temporários, dispõe sobre a remuneração para as hipóteses de contratações previstas no art. 2º, inciso VI, alíneas "i", "j" e "l", da Lei n. 8.745, de 9 de dezembro de 1993, e sobre o processo seletivo simplificado nas hipóteses das alíneas "i" e "j" do dispositivo citado (não publicado nesta obra)

— V. Lei n. 12.084, de 30.10.2009, DOU 3.11.2009, que autoriza, em caráter excepcional, a prorrogação de contratos por tempo determinado firmados com fundamento nas alíneas "d" e "h" do inciso VI do art. 2º da Lei n. 8.745, de 9 de dezembro de 1993, e dá outras providências (não publicada nesta obra)

O PRESIDENTE DA REPÚBLICA,

Faço saber que o Congresso Nacional decreta e eu sanciono a seguinte Lei:

Art. 1º Para atender a necessidade temporária de excepcional interesse público, os órgãos da Administração Federal direta, as autarquias e as fundações públicas poderão efetuar contratação de pessoal por tempo determinado, nas condições e prazos previstos nesta Lei.

Art. 2º Considera-se necessidade temporária de excepcional interesse público:

I — assistência a situações de calamidade pública;

II — assistência a emergências em saúde pública; *(Redação dada pela Lei n. 12.314, de 19.8.2010, DOU 20.8.2010)*

III — realização de recenseamentos e outras pesquisas de natureza estatística efetuadas pela Fundação Instituto Brasileiro de Geografia e Estatística — IBGE; *(Redação dada pela Lei n. 9.849, de 26.10.1999, DOU 27.10.1999. Ed. extra)*

IV — admissão de professor substituto e professor visitante;

V — admissão de professor e pesquisador visitante estrangeiro;

VI — atividades: *(Redação dada pela Lei n. 9.849, de 26.10.1999, DOU 27.10.1999)*

a) especiais nas organizações das Forças Armadas para atender à área industrial ou a encargos temporários de obras e serviços de engenharia;

b) de identificação e demarcação territorial; *(Redação dada pela Lei n. 11.784, de 22.9.2008, DOU 23.9.2008, Ret. DOU 2.10.2008 e 31.10.2008) (Redação dada pela Lei n. 9.849, de 26.10.1999, DOU 27.10.2009. Ed. extra)*

c) Revogado pela Lei n. 10.667, de 14.5.2003, DOU 15.5.2003.

d) finalísticas do Hospital das Forças Armadas; *(V. art. 173, da Lei n. 11.784, de 22.9.2008, DOU 23.9.2008, ret. 2.10 e 31.10.2008)*

e) de pesquisa e desenvolvimento de produtos destinados à segurança de sistemas de informações, sob responsabilidade do Centro de Pesquisa e Desenvolvimento para a Segurança das Comunicações — CEPESC; *(Redação dada pela Lei n. 9.849, de 26.10.1999, DOU 27.10.1999. Ed. extra)*

f) de vigilância e inspeção, relacionadas à defesa agropecuária, no âmbito do Ministério da Agricultura e do Abastecimento, para atendimento de situações emergenciais ligadas ao comércio internacional de produtos de origem animal ou vegetal ou de iminente risco à saúde animal, vegetal ou humana; *(Redação dada pela Lei n. 9.849, de 26.10.1999, DOU 27.10.1999. Ed. extra)*

g) desenvolvidas no âmbito dos projetos do Sistema de Vigilância da Amazônia — SIVAM e do Sistema de Proteção da Amazônia — SIPAM.

h) técnicas especializadas, no âmbito de projetos de cooperação com prazo determinado, implementados mediante acordos internacionais, desde que haja, em seu desempenho, subordinação do contratado ao órgão ou entidade pública. *(Acrescentado pela Lei n. 10.667, de 14.5.2003, DOU 15.5.2003).*

i) técnicas especializadas necessárias à implantação de órgãos ou entidades ou de novas atribuições definidas para organizações existentes ou as decorrentes de aumento transitório no volume de trabalho que não possam ser atendidas mediante a aplicação do art. 74 da Lei n. 8.112, de 11 de dezembro de 1990; *(Acrescentado pela Lei n. 11.784, de 22.9.2008, DOU 23.9.2008, Ret. DOU 2.10.2008 e 31.10.2008)*

j) técnicas especializadas de tecnologia da informação, de comunicação e de revisão de processos de trabalho, não alcançadas pela alínea *i* e que não se caracterizem como atividades permanentes do órgão ou entidade; *(Acrescentado pela Lei n. 11.784, de 22.9.2008, DOU 23.9.2008, Ret. DOU 2.10.2008 e 31.10.2008)*

l) didático-pedagógicas em escolas de governo; e *(Acrescentado pela Lei n. 11.784, de 22.9.2008, DOU 23.9.2008, Ret. DOU 2.10.2008 e 31.10.2008)*

m) de assistência à saúde para comunidades indígenas; e *(Acrescentado pela Lei n. 11.784, de 22.9.2008, DOU 23.9.2008, Ret. DOU 2.10.2008 e 31.10.2008)*

VII — admissão de professor, pesquisador e tecnólogo substitutos para suprir a falta de professor, pesquisador ou tecnólogo ocupante de cargo efetivo, decorrente de licença para exercer atividade empresarial relativa à inovação. *(Acrescentado pela Lei n. 10.973, 2.12.2004, DOU 3.12.2004, retificada no DOU 16.3.2005)*

VIII — admissão de pesquisador, de técnico com formação em área tecnológica de nível intermediário ou de tecnólogo, nacionais ou estrangeiros, para projeto de pesquisa com prazo determinado, em instituição destinada à pesquisa, ao desenvolvimento e à inovação; *(Redação dada pela Lei n. 13.243, de 11.1.16, DOU 12.1.16)*

IX — combate a emergências ambientais, na hipótese de declaração, pelo Ministro de Estado do Meio Ambiente, da existência de emergência ambiental na região específica. *(Acrescentado pela Lei n. 11.784, de 22.9.2008, DOU 23.9.2008, Ret. DOU 2.10.2008 e 31.10.2008)*

X — admissão de professor para suprir demandas decorrentes da expansão das instituições federais de ensino, respeitados os limites e as condições fixados em ato conjunto dos Ministérios do Planejamento, Orçamento e Gestão e da Educação. *(Incluído pela Lei n. 12.425, de 17.6.2011, DOU 20.6.2011)*

XI — admissão de professor para suprir demandas excepcionais decorrentes de programas e projetos de aperfeiçoamento de médicos na área de atenção básica em saúde em regiões prioritárias para o Sistema Único de Saúde — SUS, mediante integração ensino-serviço, respeitados os limites e as condições fixados em ato conjunto dos Ministros de Estado do Planejamento, Orçamento e Gestão, da Saúde e da Educação. (NR) *(Redação dada pela Lei n. 12.871, de 22.10.2013, DOU 23.10.2013)*

§ 1º A contratação de professor substituto de que trata o inciso IV do *caput* poderá ocorrer para suprir a falta de professor efetivo em razão de: *(Incluído pela Lei n. 12.425, de 17.6.2011, DOU 20.6.2011)*

I — vacância do cargo; *(Incluído pela Lei n. 12.425, de 17.6.2011, DOU 20.6.2011)*

II — afastamento ou licença, na forma do regulamento; ou *(Incluído pela Lei n. 12.425, de 17.6.2011, DOU 20.6.2011)*

III — nomeação para ocupar cargo de direção de reitor, vice-reitor, pró-reitor e diretor de *campus*. *(Incluído pela Lei n. 12.425, de 17.6.2011, DOU 20.6.2011)*

§ 2º O número total de professores de que trata o inciso IV do *caput* não poderá ultrapassar 20% (vinte por cento) do total de docentes efetivos em exercício na instituição federal de ensino. *(Incluído pela Lei n. 12.425, de 17.6.2011, DOU 20.6.2011)*

§ 3º As contratações a que se refere a alínea *h* do inciso VI serão feitas exclusivamente por projeto, vedado o aproveitamento dos contratados em qualquer área da administração pública. *(Incluído pela Lei n. 10.667, de 14.5.2003)*

§ 4º Ato do Poder Executivo disporá, para efeitos desta Lei, sobre a declaração de emergências em saúde pública. *(Incluído pela Lei n. 12.314, de 19.8.2010, DOU 20.8.2010)*

§ 5º A contratação de professor visitante e de professor visitante estrangeiro, de que tratam os incisos IV e V do *caput*, tem por objetivo:

I — apoiar a execução dos programas de pós-graduação *stricto sensu*;

II — contribuir para o aprimoramento de programas de ensino, pesquisa e extensão;

III — contribuir para a execução de programas de capacitação docente; ou

IV — viabilizar o intercâmbio científico e tecnológico.

§ 6º A contratação de professor visitante e o professor visitante estrangeiro, de que tratam os incisos IV e V do *caput*, deverão:

I — atender a requisitos de titulação e competência profissional; ou

II — ter reconhecido renome em sua área profissional, atestado por deliberação do Conselho Superior da instituição contratante.

§ 7º São requisitos mínimos de titulação e competência profissional para a contratação de professor visitante ou de professor visitante estrangeiro, de que tratam os incisos IV e V do *caput*:

I — ser portador do título de doutor, no mínimo, há 2 (dois) anos;

II — ser docente ou pesquisador de reconhecida competência em sua área; e

III — ter produção científica relevante, preferencialmente nos últimos 5 (cinco) anos.

§ 8º Excepcionalmente, no âmbito das Instituições da Rede Federal de Educação Profissional, Científica e Tecnológica, poderão ser contratados professor visitante ou professor visitante estrangeiro, sem o título de doutor, desde que possuam comprovada competência em ensino, pesquisa e extensão tecnológicos ou reconhecimento da qualificação profissional pelo mercado de trabalho, na forma prevista pelo Conselho Superior da instituição contratante.

§ 9º A contratação de professores substitutos, professores visitantes e professores visitantes estrangeiros poderá ser autorizada pelo dirigente da instituição, condicionada à existência de recursos orçamentários e financeiros para fazer frente às despesas decorrentes da contratação e ao quantitativo máximo de contratos estabelecido para a IFE.

§ 10. A contratação dos professores substitutos fica limitada ao regime de trabalho de 20 (vinte) horas ou 40 (quarenta) horas. (NR) *(Redação dos §§ 5º ao 10 dada pela Lei n. 12.772, de 28.12.2012, DOU 31.12.2012)*

Art. 3º O recrutamento do pessoal a ser contratado, nos termos desta Lei, será feito mediante processo seletivo simplificado sujeito a ampla divulgação, inclusive através do "Diário Oficial" da União, prescindindo de concurso público.

§ 1º A contratação para atender às necessidades decorrentes de calamidade pública, de emergência ambiental e de emergências em saúde pública prescindirá de processo seletivo. *(Alteração dada pela Lei n. 12.314, de 19.8.2010, DOU 20.8.2010)*

§ 2º A contratação de pessoal, nos casos do professor visitante referido nos incisos IV e V e nos casos das alíneas *a, d, e, g, l* e *m* do inciso VI e do inciso VIII do *caput* do art. 2º desta Lei, poderá ser efetivada em vista de notória capacidade técnica ou científica do profissional, mediante análise do curriculum vitae. *(Redação dada pela Lei n. 11.784, de 22.9.2008, DOU 23.9.2008, Ret. DOU 2.10.2008 e 31.10.2008)*

§ 3º As contratações de pessoal no caso das alíneas *h* e *i* do inciso VI do art. 2º desta Lei serão feitas mediante processo seletivo simplificado, observados os critérios e condições estabelecidos pelo Poder Executivo. (NR) *(Redação dada pela Lei n. 11.784, de 22.9.2008, DOU 23.9.2008, Ret. DOU 2.10.2008 e 31.10.2008)*

Art. 4º As contratações serão feitas por tempo determinado, observados os seguintes prazos máximos:

I — 6 (seis) meses, nos casos dos incisos I, II e IX do *caput* do art. 2º desta Lei; *(Redação dada pela Lei n. 11.784, de 22.9.2008, DOU 23.9.2008, Retif. DOU 2.10.2008 e 31.10.2008)*

II — 1 (um) ano, nos casos dos incisos III e IV, das alíneas *d* e *f* do inciso VI e do inciso X do *caput* do art. 2º; *(Incluído pela Lei n. 12.425, de 17.6.2011, DOU 20.6.2011)*

III — 2 (dois) anos, nos casos das alíneas *b, e* e *m* do inciso VI do art. 2º; *(Redação dada pela Lei n. 12.314, de 19.8.2010, DOU 20.8.2010)*

IV — 3 (três) anos, nos casos das alíneas *h* e *l* do inciso VI e dos incisos VII, VIII e XI do *caput* do art. 2º desta Lei; *(Redação dada pela Lei n. 12.871, de 22.10.2013, DOU 23.10.2013)*

V — 4 (quatro) anos, nos casos do inciso V e das alíneas *a, g, i* e *j* do inciso VI do *caput* do art. 2º, desta Lei. *(Redação dada pela Lei n. 11.784, de 2008)*

PARÁGRAFO ÚNICO. É admitida a prorrogação dos contratos:

I — no caso do inciso IV, das alíneas "b", "d" e "f" do inciso VI e do inciso X do *caput* do art. 2º, desde que o prazo total não exceda a dois anos; *(Redação dada pela MP n. 632, de 24.12.2013, DOU 26.12.2013)*

II — no caso do inciso III e da alínea *e* do inciso VI do *caput* do art. 2º, desde que o prazo total não exceda a 3 (três) anos; (NR) *(Alteração dada pela Lei n. 12.998, de 18.6.2014, DOU 20.6.2014)*

III — nos casos do inciso V, das alíneas *a, h, l* e "m" do inciso VI e do inciso VIII do *caput* do art. 2º desta Lei, desde que o prazo total não exceda a 4 (quatro) anos; *(Redação dada pela Lei n. 12.314, de 19.8.2010, DOU 20.8.2010).*

IV — no caso das alíneas *g, i* e *j* do inciso VI do *caput* do art. 2º desta Lei, desde que o

Legislação Complementar

prazo total não exceda a 5 (cinco) anos; *(Redação dada pela Lei n. 11.784, de 22.9.2008, DOU 23.9.2008, Ret. DOU 2.10.2008 e 31.10.2008)*

V — no caso do inciso VII e XI do *caput* do art. 2º, desde que o prazo total não exceda 6 (seis) anos. *(Redação dada pela Lei n. 12.871, 22.10.2013, DOU 23.10.2013)*

VI — nos casos dos incisos I e II do *caput* do art. 2º desta Lei, pelo prazo necessário à superação da situação de calamidade pública ou das situações de emergências em saúde pública, desde que não exceda a 2 (dois) anos." (NR) *(Redação dada pela Lei n. 12.314, de 19.8.2010, DOU 20.8.2010).*

Art. 5º As contratações somente poderão ser feitas com observância da dotação orçamentária específica e mediante prévia autorização do Ministro de Estado do Planejamento, Orçamento e Gestão e do Ministro de Estado sob cuja supervisão se encontrar o órgão ou entidade contratante, conforme estabelecido em regulamento. (NR) *(Redação dada pela Lei n. 9.849, de 26.10.1999, DOU, Seção 1, de 28.10.1999).*

Art. 5º-A. Os órgãos e entidades contratantes encaminharão à Secretaria de Recursos Humanos do Ministério do Planejamento, Orçamento e Gestão, para controle do disposto nesta Lei, síntese dos contratos efetivados. (NR) *(Acrescentado pela Lei n. 10.667, de 14.5.2003, DOU 15.5.2003).*

Art. 6º É proibida a contratação, nos termos desta Lei, de servidores da Administração direta ou indireta da União, dos Estados, do Distrito Federal e dos Municípios, bem como de empregados ou servidores de suas subsidiárias e controladas.

§ 1º Excetua-se do disposto no *caput* deste artigo, condicionada à formal comprovação da compatibilidade de horários, a contratação de: *(Redação dada pela Lei n. 11.123, de 7.6.2005, DOU 8.6.2005)*

I — professor substituto nas instituições federais de ensino, desde que o contratado não ocupe cargo efetivo integrante das carreiras de magistério de que trata a Lei n. 7.596, de 10 de abril de 1987; *(Acrescentado pela Lei n. 11.123, 7.6.2005, DOU 8.6.2005)*

II — profissionais de saúde em unidades hospitalares, quando administradas pelo Governo Federal e para atender às necessidades decorrentes de calamidade pública, desde que o contratado não ocupe cargo efetivo ou emprego permanente em órgão ou entidade da administração pública federal direta e indireta. *(Acrescentado pela Lei n. 11.123, de 7.6.2005, DOU 8.6.2005)*

§ 2º Sem prejuízo da nulidade do contrato, a infração do disposto neste artigo importará responsabilidade administrativa da autoridade contratante e do contratado, inclusive, se for o caso, solidariedade quanto à devolução dos valores pagos ao contratado. (NR) *(Alterações introduzidas pela Lei n. 9.849, de 26.10.1999, DOU, Seção 1, de 28.10.1999)*

Art. 7º A remuneração do pessoal contratado nos termos desta Lei será fixada:

I — nos casos dos incisos IV, X e XI do *caput* do art. 2º, em importância não superior ao valor da remuneração fixada para os servidores de final de Carreira das mesmas categorias, nos planos de retribuição ou nos quadros de cargos e salários do órgão ou entidade contratante; *(Alteração dada pela Lei n. 12.998, de 18.6.2014, DOU 20.6.2014)*

II — nos casos dos incisos I a III, V, VI e VIII do *caput* do art. 2º, em importância não superior ao valor da remuneração constante dos planos de retribuição ou dos quadros de cargos e salários do serviço público, para servidores que desempenhem função semelhante, ou, não existindo a semelhança, às condições do mercado de trabalho; e *(Alteração dada pela Lei n. 12.998, de 18.6.2014, DOU 20.6.2014)*

III — no caso do inciso III do art. 2º, quando se tratar de coleta de dados, o valor da remuneração poderá ser formado por unidade produzida, desde que obedecido ao disposto no inciso II deste artigo. *(Redação dada pela Lei n. 9.849, de 26.10.1999, DOU, Seção 1, de 28.10.1999)*

§ 1º Para os efeitos deste artigo, não se consideram as vantagens de natureza individual dos servidores ocupantes de cargos tomados como paradigma. *(Renumerado pela Lei n. 10.667, de 14.5.2003, DOU 15.5.2003)*

§ 2º Caberá ao Poder Executivo fixar as tabelas de remuneração para as hipóteses de contratações previstas nas alíneas *h, i, j, l* e *m* do inciso VI do *caput* do art. 2º. (NR) *(Redação dada pela Lei n. 12.314, de 19.8.2010, DOU 20.8.2010)*

Art. 8º Ao pessoal contratado nos termos desta Lei aplica-se o disposto na Lei n. 8.647, de 13 de abril de 1993.

Art. 9º O pessoal contratado nos termos desta Lei não poderá:

I — receber atribuições, funções ou encargos não previstos no respectivo contrato;

II — ser nomeado ou designado, ainda que a título precário ou em substituição, para o exercício de cargo em comissão ou função de confiança;

III — ser novamente contratado, com fundamento nesta Lei, antes de decorridos 24 (vinte e quatro) meses do encerramento de seu contrato anterior, salvo nas hipóteses dos incisos I e IX do art. 2º desta Lei, mediante prévia autorização, conforme determina o art. 5º desta Lei. *(Redação dada pela Lei n. 11.784, de 22.9.2008, DOU 23.9.2008, Ret. DOU 2.10.2008 e 31.10.2008)*

PARÁGRAFO ÚNICO. *(Revogado. Lei n. 11.784, de 22.9.2008, DOU 23.9.2008, Ret. DOU de 2.10.2008 e 31.10.2008)* (NR)

Art. 10. As infrações disciplinares atribuídas ao pessoal contratado nos termos desta Lei serão apuradas mediante sindicância, concluída no prazo de trinta dias e assegurada ampla defesa.

Art. 11. Aplica-se ao pessoal contratado nos termos desta Lei o disposto nos arts. 53 e 54; 57 a 59; 63 a 80; 97; 104 a 109; 110, incisos I, *in fine*, e II, parágrafo único, a 115; 116, incisos I a V, alíneas *a* e *c*, VI a XII e parágrafo único; 117, incisos I a VI e IX a XVIII; 118 a 126; 127, incisos I, II e III, a 132, incisos I a VII, e IX a XIII; 136 a 142, incisos I, primeira parte, a III, e §§ 1º a 4º; 236; 238 a 242, da Lei n. 8.112, de 11 de dezembro de 1990.

Art. 12. O contrato firmado de acordo com esta Lei extinguir-se-á, sem direito a indenizações:

I — pelo término do prazo contratual;

II — por iniciativa do contratado.

III — pela extinção ou conclusão do projeto, definidos pelo contratante, nos casos da alínea *h* do inciso VI do art. 2º. *(Inciso acrescentado pela Lei n. 10.667, de 14.5.2003, DOU 15.5.2003)*

§ 1º A extinção do contrato, nos casos dos incisos II e III, será comunicada com a antecedência mínima de trinta dias. *(Redação dada pela Lei n. 10.667, de 14.5.2003, DOU 15.5.2003)*

§ 2º A extinção do contrato, por iniciativa do órgão ou entidade contratante, decorrente de conveniência administrativa, importará no pagamento ao contratado de indenização correspondente à metade do que lhe caberia referente ao restante do contrato.

Arts. 13, 14 e 15. *(Revogados pela Lei n. 11.440, de 29.12.2006, DOU 29.12.2006, ed. extra)*

Art. 16. O tempo de serviço prestado em virtude de contratação nos termos desta Lei será contado para todos os efeitos.

Art. 17. Esta Lei entra em vigor na data de sua publicação.

Art. 18. Revogam-se as disposições em contrário, especialmente os arts. 232 a 235 da Lei n. 8.112, de 11 de dezembro de 1990.

Itamar Franco
Romildo Canhim
Arnaldo Leite Pereira

Nota: Declaração de inconstitucionalidade pelo Supremo Tribunal Federal das alíneas *d* e *g* do inciso VI do art. 2º da Lei n. 8.745/1993, com a redação dada pela Lei n. 9.849/1999, limitando-se os efeitos da declaração de inconstitucionalidade para que ocorram um ano após a publicação da decisão final desta ação no Diário Oficial da União quanto à alínea *d*, e, quanto à alínea *g*, após quatro anos. A respeito, a decisão publicada no DOU de 1.4.2014:

SUPREMO TRIBUNAL FEDERAL

PLENÁRIO DECISÕES

Ação Direta de Inconstitucionalidade e Ação Declaratória de Constitucionalidade (Publicação determinada pela Lei n. 9.868, de 10.11.1999)

Julgamentos

AÇÃO DIRETA DE INCONSTITUCIONALIDADE 3.237 (1)

ORIGEM: ADI — 69905 — SUPREMO TRIBUNAL FEDERAL

PROCED : DISTRITO FEDERAL

RELATOR: MIN. JOAQUIM BARBOSA

REQTE.(S) : PROCURADOR-GERAL DA REPÚBLICA

INTDO.(A/S): PRESIDENTE DA REPÚBLICA

ADV.(A/S): ADVOGADO-GERAL DA UNIÃO

INTDO. (A/S): CONGRESSO NACIONAL

Decisão: O Tribunal, por unanimidade e nos termos do voto do Relator, Ministro Joaquim Barbosa (Presidente), julgou parcialmente procedente a ação direta para declarar a inconstitucionalidade das alíneas *d* e *g* do inciso VI do art. 2º da Lei n. 8.745/1993, com a redação dada pela Lei n. 9.849/1999, limitando-se os efeitos da declaração de inconstitucionalidade para que ocorram um ano após a publicação da decisão final desta ação no Diário Oficial da União quanto à alínea *d*, e, quanto à alínea *g*, após quatro anos. Impedido o Ministro Dias Toffoli. Ausentes, justificadamente, o Ministro Celso de Mello e, neste julgamento, a Ministra Rosa Weber. Plenário, 26.3.2014.

LEI N. 8.852, DE 4 DE FEVEREIRO DE 1994

(DOU 7.2.1994 — Supl. Trab. LTr 29/94)

Dispõe sobre a aplicação dos arts. 37, incisos XI e XII, e 39, § 1º, da Constituição Federal (ter presente as modificações introduzidas nos arts. 37 e 39 da Constituição Federal pela Emenda Constitucional n. 19, de 4.6.1998, DOU 5.6.1998 e Emenda Constitucional n. 47 de 5.7.2005, DOU 6.7.2005)

O PRESIDENTE DA REPÚBLICA,

Faço saber que o Congresso Nacional decreta e eu sanciono a seguinte Lei:

Art. 1º Para os efeitos desta Lei, a retribuição pecuniária devida na administração pública direta, indireta e fundacional de qualquer dos Poderes da União compreende:

I — como vencimento básico:

a) a retribuição a que se refere o art. 40 da Lei n. 8.112, de 11 de dezembro de 1990, devida pelo efetivo exercício do cargo, para os servidores civis por ela regidos; *(V. Lei n. 9.367, de 16.12.1996, DOU 18.12.1996)*

b) o soldo definido nos termos do art. 6º da Lei n. 8.237, de 30 de setembro de 1991, para os servidores militares; *(Revogado pela Medida Provisória n. 2.215-10, de 31.8.2001, DOU 1º.9.2001)*

— V. MP n. 2.215, de 31.8.1991, DOU 1.9.2003, Ed. Extra, não publicada nesta obra, que dispõe sobre a reestruturação da remuneração dos militares das Forças Armadas, altera as Leis ns. 3.765, de 4 de maio de 1960, e 6.880, de 9 de dezembro de 1980, e dá outras providências.

c) o salário básico estipulado em planos ou tabelas de retribuição ou nos contratos de trabalho, convenções, acordos ou dissídios coletivos, para os empregados de empresas públicas, de sociedade de economia mista, de suas subsidiárias, controladas ou coligadas, ou de quaisquer empresas ou entidades de cujo capital ou patrimônio o poder público tenha o controle direto ou indireto, inclusive em virtude de incorporação ao patrimônio público;

II — como vencimentos, a soma do vencimento básico com as vantagens permanentes relativas ao cargo, emprego, posto ou graduação;

III — como remuneração, a soma dos vencimentos com os adicionais de caráter individual e demais vantagens, nestas compreendidas as relativas à natureza ou ao local de trabalho e a prevista no art. 62 da Lei n. 8.112, de 1990, ou outra paga sob o mesmo fundamento, sendo excluídas:

a) diárias;

b) ajuda de custo em razão de mudança de sede ou indenização de transporte;

c) auxílio-fardamento;

d) gratificação de compensação orgânica, a que se refere o art. 18 da Lei n. 8.237, de 1991;

e) salário-família;

f) gratificação ou adicional natalino, ou décimo terceiro salário;

g) abono pecuniário resultante da conversão de até 1/3 (um terço) das férias;

h) adicional ou auxílio-natalidade;

i) adicional ou auxílio-funeral;

j) adicional de férias, até o limite de 1/3 (um terço) sobre a retribuição habitual;

l) adicional pela prestação de serviço extraordinário, para atender situações excepcionais e temporárias, obedecidos os limites de duração previstos em lei, contratos, regulamentos, convenções, acordos ou dissídios coletivos e desde que o valor pago não exceda em mais de 50% (cinquenta por cento) o estipulado para a hora de trabalho na jornada normal;

m) adicional noturno, enquanto o serviço permanecer sendo prestado em horário que fundamente sua concessão;

n) adicional por tempo de serviço;

o) conversão de licença-prêmio em pecúnia facultada para os empregados de empresa pública ou sociedade de economia mista por ato normativo, estatutário ou regulamentar anterior a 1º de fevereiro de 1994;

p) adicional de insalubridade, de periculosidade ou pelo exercício de atividades penosas percebido durante o período em que o beneficiário estiver sujeito às condições ou aos riscos que deram causa à sua concessão;

q) hora repouso e alimentação e adicional de sobreaviso, a que se referem, respectivamente, o inciso II do art. 3º e o inciso II do art. 6º da Lei n. 5.811, de 11 de outubro de 1972;

r) outras parcelas cujo caráter indenizatório esteja definido em lei, ou seja reconhecido, no âmbito das empresas públicas e sociedades de economia mista, por ato do Poder Executivo. *(parte mantida pelo Congresso Nacional, DOU de 5.4.1994)*

§ 1º O disposto no inciso III abrange adiantamentos desprovidos de natureza indenizatória.

§ 2º As parcelas de retribuição excluídas do alcance do inciso III não poderão ser calculadas sobre base superior ao limite estabelecido no art. 3º.

Art. 2º Para os fins do inciso XII do art. 37 da Constituição Federal, o maior valor de vencimentos corresponderá, no Poder Executivo, a no máximo 90% (noventa por cento) da remuneração devida ao Ministro de Estado.

Art. 3º O limite máximo da remuneração, para os efeitos do inciso XI do art. 37 da Constituição Federal, corresponde aos valores percebidos, em espécie, a qualquer título, por membros do Congresso Nacional, Ministros de Estado e Ministros do Supremo Tribunal Federal.

PARÁGRAFO ÚNICO. *(Vetado).*

Art. 4º O disposto nos arts. 1º a 3º aplica-se também:

I — ao somatório das retribuições pecuniárias percebidas por servidores ou empregados cedidos ou requisitados provenientes de todas as fontes;

II — à retribuição pecuniária dos dirigentes dos órgãos e entidades da administração direta e indireta;

III — à retribuição pecuniária dos servidores do Distrito Federal, quando oficiais ou praças da Polícia Militar e do Corpo de Bombeiros Militar ou ocupantes de cargos da Polícia Civil;

IV — aos proventos da inatividade e às pensões decorrentes do falecimento de servidor público federal.

Art. 5º O Poder Legislativo, o Poder Judiciário e, no âmbito do Poder Executivo, os dirigentes de órgãos da administração direta e os responsáveis pela direção ou presidência de entidade integrante da administração federal indireta, bem como o Ministério Público da União, adotarão as medidas indispensáveis à adequação das situações que se encontrem em desacordo com o disposto nos arts. 2º e 3º, procedendo:

I — ao ajuste dos planos ou tabelas de retribuição a que se refere a alínea *c* do inciso I do art. 1º, ou das normas que disciplinam a concessão de vantagem permanente relativa ao cargo, emprego, posto ou graduação;

II — à transformação em vantagem pessoal, nominalmente identificada, sujeita ao limite previsto no art. 3º, das parcelas que excederem o montante a que se refere o art. 2º, aplicando-se a essa vantagem os mesmos percentuais de reajuste por ocasião das revisões ou antecipações de vencimento, soldo ou salário básico, observado o disposto no § 3º do art. 6º *(parte mantida pelo Congresso Nacional, DOU 5.4.1994)*

III — à redução das remunerações ou dos proventos de aposentadoria que ultrapassarem o limite estabelecido no art. 3º, atendendo-se ao que determinam o *caput* do art. 37 da Constituição Federal e o art. 17 do Ato das Disposições Constitucionais Transitórias.

§ 1º Cumpre ao órgão ou entidade cessionário ou requisitante a adoção das providências a que se refere este artigo para os servidores ou empregados incluídos na hipótese do inciso I do art. 4º.

§ 2º As providências necessárias ao cumprimento do disposto neste artigo serão adotadas no prazo máximo de 60 (sessenta) dias, contados da publicação desta Lei, com efeitos financeiros a partir de 1º de fevereiro de 1994, ficando os responsáveis por sua execução sujeitos às sanções previstas na legislação.

Art. 6º Fica instituída Comissão com a finalidade de propor definições e especificações das atribuições dos cargos efetivos e comissionados, inclusive os de livre nomeação e exoneração, na Administração Pública Federal, no âmbito de cada Poder, visando criar condições para que seja alcançada a isonomia de vencimentos.

§ 1º A Comissão, além do presidente, será composta por 11 (onze) membros e sua composição respeitará a autonomia e a harmonia entre os Poderes da União, mediante indicação de representantes do Executivo (dois), do Legislativo (dois), do Judiciário (dois), do Tribunal de Contas da União (um), do Ministério Público da União (um) e dos servidores (três), sendo cada um destes representantes de entidade sindical dos servidores do respectivo Poder.

§ 2º A Comissão será presidida pelo Ministro de Estado Chefe da Secretaria da Administração Federal, a quem serão feitas as indicações para sua composição.

§ 3º Sem prejuízo do que determina no *caput*, cumpre à comissão de que cuida este artigo examinar as situações decorrentes da aplicação do inciso II do art. 5º e propor soluções de caráter definitivo para seu equacionamento. *(parte mantida pelo Congresso Nacional, DOU 5.4.1994).*

§ 4º A Comissão iniciará suas atividades no prazo de 10 (dez) dias, contados da publicação desta Lei, e concluirá os trabalhos em 90 (noventa) dias, contados do início de suas atividades.

Art. 7º No âmbito da administração direta e indireta do Poder Executivo, as Secretarias de Planejamento, Coordenação e Orçamento e da Administração Federal da Presidência da República, e o Estado Maior das Forças Armadas emitirão instruções para o cumprimento do estabelecido no art. 5º e exercerão a coordenação e fiscalização das providências necessárias à execução do disposto nesta Lei.

Art. 8º Esta Lei entra em vigor na data de sua publicação.

Brasília, 4 de fevereiro de 1994; 173º da Independência e 106º da República.

ITAMAR FRANCO
FERNANDO HENRIQUE CARDOSO
ALEXIS STEPANENKO
ARNALDO LEITE PEREIRA
ROMILDO CANHIM

LEI N. 9.962, DE 22 DE FEVEREIRO DE 2000

(DOU 23.2.2000)

Disciplina o regime de emprego público do pessoal da administração federal direta, autárquica e fundacional, e dá outras providências

O PRESIDENTE DA REPÚBLICA,

Faço saber que o Congresso Nacional decreta e eu sanciono a seguinte lei:

Art. 1º O pessoal admitido para emprego público na Administração federal direta, autárquica e fundacional terá sua relação de trabalho regida pela Consolidação das Leis do Trabalho, aprovada pelo Decreto-lei n. 5.452, de 1º de maio de 1943, e legislação trabalhista correlata, naquilo que a lei não dispuser em contrário.

§ 1º Leis específicas disporão sobre a criação dos empregos de que trata esta Lei no âmbito da Administração direta, autárquica e fundacional do Poder Executivo, bem como sobre a transformação dos atuais cargos em empregos.

§ 2º É vedado:

I — submeter ao regime de que trata esta lei:

a) (vetado);

b) cargos públicos de provimento em comissão;

II — alcançar, nas leis a que se refere o § 1º, servidores regidos pela Lei n. 8.112, de 11 de dezembro de 1990, às datas das respectivas publicações.

§ 3º Estende-se o disposto no § 2º a criação de empregos ou à transformação de cargos em empregos não abrangidas pelo § 1º.

§ 4º *(Vetado).*

Art. 2º A contratação de pessoal para emprego público deverá ser precedida de concurso público de provas ou de provas e títulos, conforme a natureza e a complexidade do emprego.

Art. 3º O contrato de trabalho por prazo indeterminado somente será rescindido por ato unilateral da Administração pública nas seguintes hipóteses:

I — prática de falta grave, dentre as enumeradas no art. 482 da Consolidação das Leis do Trabalho — CLT;

II — acumulação ilegal de cargos, empregos ou funções públicas;

III — necessidade de redução de quadro de pessoal, por excesso de despesa, nos termos da lei complementar a que se refere o art. 169 da Constituição Federal;

IV — insuficiência de desempenho, apurada em procedimento no qual se assegurem pelo menos um recurso hierárquico dotado de efeito

Legislação Complementar

suspensivo, que será apreciado em trinta dias, e o prévio conhecimento dos padrões mínimos exigidos para continuidade da relação de emprego, obrigatoriamente estabelecido de acordo com as peculiaridades das atividades exercidas.

PARÁGRAFO ÚNICO. Excluem-se da obrigatoriedade dos procedimentos previstos no *caput* as contratações de pessoal decorrentes da autonomia de gestão de que trata o § 8º do art. 37 da Constituição Federal.

Art. 4º Aplica-se às leis a que se refere o parágrafo 1º do art. 1º desta lei o disposto no art. 246 da Constituição Federal.

Art. 5º Esta lei entra em vigor na data de sua publicação.

Brasília, 22 de fevereiro de 2000; 179º da Independência e 112º da República.

FERNANDO HENRIQUE CARDOSO
MARTUS TAVARES

DECRETO N. 1.171, DE 22 DE JUNHO DE 1994

Aprova o Código de Ética Profissional do Servidor Público Civil do Poder Executivo Federal

— V. Decreto n. 4.081, de 11.1.2002 (DOU 14.1.2002), que institui o Código de Conduta Ética dos Agentes Públicos em exercício na Presidência e Vice-Presidência da República (não publicada nesta obra)

O PRESIDENTE DA REPÚBLICA, no uso das atribuições que lhe confere o art. 84, incisos IV e VI, e ainda tendo em vista o disposto no art. 37 da Constituição, bem como nos arts. 116 e 117 da Lei n. 8.112, de 11 de dezembro de 1990, e nos arts. 10, 11 e 12 da Lei n. 8.429, de 2 de junho de 1992, decreta:

Art. 1º Fica aprovado o Código de Ética Profissional do Servidor Público Civil do Poder Executivo Federal, que com este baixa.

Art. 2º Os órgãos e entidades da Administração Pública Federal direta e indireta implementarão, em sessenta dias, as providências necessárias à plena vigência do Código de Ética, inclusive mediante a Constituição da respectiva Comissão de Ética, integrada por três servidores ou empregados titulares de cargo efetivo ou emprego permanente.

PARÁGRAFO ÚNICO. A constituição da Comissão de Ética será comunicada à Secretaria da Administração Federal da Presidência da República, com a indicação dos respectivos membros titulares e suplentes.

Art. 3º Este Decreto entra em vigor na data de sua publicação.

ITAMAR FRANCO
Presidente da República
ROMILDO CANHIM

ANEXO AO DECRETO N. 1.171, DE 22 DE JUNHO DE 1994

Código de Ética Profissional do Servidor Público Civil do Poder Executivo Federal

CAPÍTULO I

SEÇÃO I

Das Regras Deontológicas

I — A dignidade, o decoro, o zelo, a eficácia e a consciência dos princípios morais são primados maiores que devem nortear o servidor público, seja no exercício do cargo ou função, ou fora dele, já que refletirá o exercício da vocação do próprio poder estatal. Seus atos, comportamentos e atitudes serão direcionados para a preservação da honra e da tradição dos serviços públicos.

II — O servidor público não poderá jamais desprezar o elemento ético de sua conduta. Assim, não terá que decidir somente entre o legal e o ilegal, o justo e o injusto, o conveniente e o inconveniente, o oportuno e o inoportuno, mas principalmente entre o honesto e o desonesto, consoante as regras contidas no art. 37, *caput* e § 4º, da Constituição Federal.

III — A moralidade da Administração Pública não se limita à distinção entre o bem e o mal, devendo ser acrescida da ideia de que o fim é sempre o bem comum. O equilíbrio entre a legalidade e a finalidade, na conduta do servidor público, é que poderá consolidar a moralidade do ato administrativo.

IV — A remuneração do servidor público é custeada pelos tributos pagos direta ou indiretamente por todos, até por ele próprio, e por isso se exige, como contrapartida, que a moralidade administrativa se integre no Direito como elemento indissociável de sua aplicação e de sua finalidade, erigindo-se, como consequência, em fator de legalidade.

V — O trabalho desenvolvido pelo servidor público perante a comunidade deve ser entendido como acréscimo ao seu próprio bem-estar, já que, como cidadão, integrante da sociedade, o êxito desse trabalho pode ser considerado como seu maior patrimônio.

VI — A função pública deve ser tida como exercício profissional e, portanto, se integra na vida particular de cada servidor público. Assim, os fatos e atos verificados na conduta do dia a dia em sua vida privada poderão acrescer ou diminuir o seu bom conceito na vida funcional.

VII — Salvo os casos de segurança nacional, investigações policiais ou interesse superior do Estado e da Administração Pública, a serem preservados em processo previamente declarado sigiloso, nos termos da lei, a publicidade de qualquer ato administrativo constitui requisito de eficácia e moralidade, ensejando sua omissão, comprometimento ético contra o bem comum, imputável a quem a negar.

VIII — Toda pessoa tem direito à verdade. O servidor não pode omiti-la ou falseá-la, ainda que contrária aos interesses da própria pessoa interessada ou da Administração Pública. Nenhum Estado pode crescer ou estabilizar-se sobre o poder corruptivo do hábito do erro, da opressão ou da mentira, que sempre aniquilam até mesmo a dignidade humana quanto mais a de uma Nação.

IX — A cortesia, a boa vontade, o cuidado e o tempo dedicados ao serviço público caracterizam o esforço pela disciplina. Tratar mal uma pessoa que paga seus tributos direta ou indiretamente significa causar-lhe dano moral. Da mesma forma, causar dano a qualquer bem pertencente ao patrimônio público, deteriorando-o, por descuido ou má vontade, não constitui apenas uma ofensa ao equipamento e às instalações ou ao Estado, mas a todos os homens de boa vontade que dedicaram sua inteligência, seu tempo, suas esperanças e seus esforços para construí-los.

X — Deixar o servidor público, qualquer pessoa à espera de solução que compete ao setor em que exerça suas funções, permitindo a formação de longas filas, ou qualquer outra espécie de atraso na prestação do serviço, não caracteriza apenas atitude contra a ética ou ato de desumanidade, mas principalmente grave dano moral aos usuários dos serviços públicos.

XI — O servidor deve prestar toda a sua atenção às ordens legais de seus superiores, velando atentamente por seu cumprimento, e, assim, evitando a conduta negligente. Os repetidos erros, o descaso e o acúmulo de desvios tornam-se, às vezes, difíceis de corrigir e caracterizam até mesmo imprudência no desempenho da função pública.

XII — Toda ausência injustificada do servidor de seu local de trabalho é fator de desmoralização do serviço público, o que quase sempre conduz à desordem nas relações humanas.

XIII — O servidor que trabalha em harmonia com a estrutura organizacional, respeitando seus colegas e cada concidadão, colabora e de todos pode receber colaboração, pois sua atividade pública é a grande oportunidade para o crescimento e o engrandecimento da Nação.

SEÇÃO II

Dos Principais Deveres do Servidor Público

XIV — São deveres fundamentais do servidor público:

a) desempenhar, a tempo, as atribuições do cargo, função ou emprego público de que seja titular;

b) exercer suas atribuições com rapidez, perfeição e rendimento, pondo fim ou procurando prioritariamente resolver situações procrastinatórias, principalmente diante de filas ou de qualquer outra espécie de atraso na prestação dos serviços pelo setor em que exerça suas atribuições, com o fim de evitar dano moral ao usuário;

c) ser probo, reto, leal e justo, demonstrando toda a integridade do seu caráter, escolhendo sempre, quando estiver diante de duas opções, a melhor e a mais vantajosa para o bem comum;

d) jamais retardar qualquer prestação de contas, condição essencial da gestão dos bens, direitos e serviços da coletividade a seu cargo;

e) tratar cuidadosamente os usuários dos serviços aperfeiçoando o processo de comunicação e contato com o público;

f) ter consciência de que seu trabalho é regido por princípios éticos que se materializam na adequada prestação dos serviços públicos;

g) ser cortês, ter urbanidade, disponibilidade e atenção, respeitando a capacidade e as limitações individuais de todos os usuários do serviço público, sem qualquer espécie de preconceito ou distinção de raça, sexo, nacionalidade, cor, idade, religião, cunho político e posição social, abstendo-se, dessa forma, de causar-lhes dano moral;

h) ter respeito à hierarquia, porém, sem nenhum temor de representar contra qualquer comprometimento indevido da estrutura em que se funda o Poder Estatal;

i) resistir a todas as pressões de superiores hierárquicos, de contratantes, interessados e outros que visem obter quaisquer favores, benesses ou vantagens indevidas em decorrência de ações imorais, ilegais ou aéticas e denunciá-las;

j) zelar, no exercício do direito de greve, pelas exigências específicas da defesa da vida e da segurança coletiva;

l) ser assíduo e frequente ao serviço, na certeza de que sua ausência provoca danos ao trabalho ordenado, refletindo negativamente em todo o sistema;

m) comunicar imediatamente a seus superiores todo e qualquer ato ou fato contrário ao interesse público, exigindo as providências cabíveis;

n) manter limpo e em perfeita ordem o local de trabalho, seguindo os métodos mais adequados à sua organização e distribuição;

o) participar dos movimentos e estudos que se relacionem com a melhoria do exercício de suas funções, tendo por escopo a realização do bem comum;

p) apresentar-se ao trabalho com vestimentas adequadas ao exercício da função;

q) manter-se atualizado com as instruções, as normas de serviço e a legislação pertinentes ao órgão onde exerce suas funções;

r) cumprir, de acordo com as normas do serviço e as instruções superiores, as tarefas de seu cargo ou função, tanto quanto possível, com critério, segurança e rapidez, mantendo tudo sempre em boa ordem;

s) facilitar a fiscalização de todos os atos ou serviços por quem de direito;

t) exercer com estrita moderação as prerrogativas funcionais que lhe sejam atribuídas, abstendo-se de fazê-lo contrariamente aos legítimos interesses dos usuários ao serviço público e dos jurisdicionados administrativos;

u) abster-se, de forma absoluta, de exercer sua função, poder ou autoridade com finalidade estranha ao interesse público, mesmo que observando as formalidades legais e não cometendo qualquer violação expressa à lei;

v) divulgar e informar a todos os integrantes da sua classe sobre a existência deste Código de Ética, estimulando o seu integral cumprimento.

SEÇÃO III

Das Vedações ao Servidor Público

XV — É vedado ao servidor público:

a) o uso do cargo ou função, facilidades, amizades, tempo, posição e influências, para obter qualquer favorecimento, para si ou para outrem;

b) prejudicar deliberadamente a reputação de outros servidores ou de cidadãos que deles dependam;

c) ser, em função de seu espírito de solidariedade, conivente com erro ou infração a este Código de Ética ou ao Código de Ética de sua profissão;

d) usar de artifícios para procrastinar ou dificultar o exercício regular de direito por qualquer pessoa, causando-lhe dano moral ou material;

e) deixar de utilizar os avanços técnicos e científicos ao seu alcance ou do seu conhecimento para atendimento do seu mister;

f) permitir que perseguições, simpatias, antipatias, caprichos, paixões ou interesses de ordem pessoal interfiram no trato com o público, com os jurisdicionados administrativos ou com colegas hierarquicamente superiores ou inferiores;

g) pleitear, solicitar, provocar, sugerir ou receber qualquer tipo de ajuda financeira, gratificação, prêmio, comissão, doação ou vantagem de qualquer espécie, para si, familiares ou qualquer pessoa, para o cumprimento da sua missão ou para influenciar outro servidor para o mesmo fim;

h) alterar ou deturpar o teor de documentos que deva encaminhar para providências;

i) iludir ou tentar iludir qualquer pessoa que necessite do atendimento em serviços públicos;

j) desviar servidor público para atendimento a interesse particular;

l) retirar da repartição pública, sem estar legalmente autorizado, qualquer documento, livro ou bem pertencente ao patrimônio público;

m) fazer uso de informações privilegiadas obtidas no âmbito interno de seu serviço, em benefício próprio, de parentes, de amigos ou de terceiros;

n) apresentar-se embriagado no serviço ou fora dele habitualmente;

o) dar o seu concurso a qualquer instituição que atente contra a moral, a honestidade ou a dignidade da pessoa humana;

p) exercer atividade profissional aética ou ligar o seu nome a empreendimentos de cunho duvidoso.

CAPÍTULO II

Das Comissões de Ética

XVI — Em todos os órgãos e entidades da Administração Pública Federal direta, indireta, autárquica e fundacional, ou em qualquer órgão ou entidade que exerça atribuições delegadas pelo poder público, deverá ser criada uma Comissão de Ética, encarregada de orientar e aconselhar sobre a ética profissional do servidor, no tratamento com as pessoas e com o patrimônio público, competindo-lhe conhecer concretamente de imputação ou de procedimento susceptível de censura.

XVII — *(Revogado pelo Decreto n. 6.029, de 1º.2.2007 (DOU 2.2.2007)*

XVIII — À Comissão de Ética incumbe fornecer, aos organismos encarregados da execução do quadro de carreira dos servidores, os registros sobre sua conduta ética, para o efeito de instruir e fundamentar promoções e para todos os demais procedimentos próprios da carreira do servidor público.

XIX — *(Revogado pelo Decreto n. 6.029, de 1º.2.2007 (DOU 2.2.2007)*

XX — *(Revogado pelo Decreto n. 6.029, de 1º.2.2007 (DOU 2.2.2007)*

XXI — *(Revogado pelo Decreto n. 6.029, de 1º.2.2007 (DOU 2.2.2007)*

XXII — A pena aplicável ao servidor público pela Comissão de Ética é a de censura e sua fundamentação constará do respectivo parecer, assinado por todos os seus integrantes, com ciência do faltoso.

XXIII — *(Revogado pelo Decreto n. 6.029, de 1º.2.2007 (DOU 2.2.2007)*

XXIV — Para fins de apuração do comprometimento ético, entende-se por servidor público todo aquele que, por força de lei, contrato ou de qualquer ato jurídico, preste serviços de natureza permanente, temporária ou excepcional, ainda que sem retribuição financeira, desde que ligado direta ou indiretamente a qualquer órgão do poder estatal, como as autarquias, as fundações públicas, as entidades paraestatais, as empresas públicas e as sociedades de economia mista, ou em qualquer setor onde prevaleça o interesse do Estado.

XXV — *(Revogado pelo Decreto n. 6.029, de 1º.2.2007 (DOU 2.2.2007)*

DECRETO N. 2.271, DE 7 DE JULHO DE 1997

(DOU 8.7.1997)

Dispõe sobre a contratação de serviços pela administração pública federal direta, autárquica e fundacional, e dá outras providências

O PRESIDENTE DA REPÚBLICA, no uso da atribuição que lhe confere o art. 84, inciso IV, da Constituição, e tendo em vista o disposto no § 7º do art. 10 do Decreto-lei n. 200, de 25 de fevereiro de 1967, decreta:

Art. 1º No âmbito da Administração Pública Federal direta, autárquica e fundacional poderão ser objeto de execução indireta as atividades materiais acessórias, instrumentais ou complementares aos assuntos que constituem área de competência legal do órgão ou entidade.

§ 1º As atividades de conservação, limpeza, segurança, vigilância, transportes, informática, copeiragem, recepção, reprografia, telecomunicações e manutenção de prédios, equipamentos e instalações serão, de preferência, objeto de execução indireta.

§ 2º Não poderão ser objeto de execução indireta as atividades inerentes às categorias funcionais abrangidas pelo plano de cargos do órgão ou entidade, salvo expressa disposição legal em contrário ou quando se tratar de cargo extinto, total ou parcialmente, no âmbito do quadro geral de pessoal.

Art. 2º A contratação deverá ser precedida e instruída com plano de trabalho aprovado pela autoridade máxima do órgão ou entidade, ou a quem esta delegar competência, e que conterá, no mínimo:

I — justificativa da necessidade dos serviços;

II — relação entre a demanda prevista e a quantidade de serviço a ser contratada;

III — demonstrativo de resultados a serem alcançados em termos de economicidade e de melhor aproveitamento dos recursos humanos, materiais ou financeiros disponíveis.

Art. 3º O objeto da contratação será definido de forma expressa no edital de licitação e no contrato exclusivamente como prestação de serviços.

§ 1º Sempre que a prestação do serviço objeto da contratação puder ser avaliada por determinada unidade quantitativa de serviço prestado, esta deverá estar prevista no edital e no respectivo contrato, e será utilizada como um dos parâmetros de aferição de resultados.

§ 2º Os órgãos e entidades contratantes poderão fixar nos respectivos editais de licitação, o preço máximo que se dispõem a pagar pela realização dos serviços, tendo por base os preços de mercado, inclusive aqueles praticados entre contratantes da iniciativa privada.

Art. 4º É vedada a inclusão de disposições nos instrumentos contratuais que permitam:

I — indexação de preços por índices gerais, setoriais ou que reflitam a variação de custos;

II — caracterização exclusiva do objeto como fornecimento de mão de obra;

III — previsão de reembolso de salários pela contratante;

IV — subordinação dos empregados da contratada à administração da contratante.

Art. 5º Os contratos de que trata este Decreto, que tenham por objeto a prestação de serviços executados de forma contínua poderão, desde que previsto no edital, admitir repactuação visando à adequação aos novos preços de mercado, observados o interregno mínimo de um ano e a demonstração analítica da variação dos componentes dos custos do contrato, devidamente justificada.

PARÁGRAFO ÚNICO. Efetuada a repactuação, o órgão ou entidade divulgará, imediatamente, por intermédio do Sistema Integrado de Administração de Serviços Gerais — SIASG, os novos valores e a variação ocorrida.

Art. 6º A administração indicará um gestor do contrato, que será responsável pelo acompanhamento e fiscalização da sua execução, procedendo ao registro das ocorrências e adotando as providências necessárias ao seu fiel cumprimento, tendo por parâmetro os resultados previstos no contrato.

Art. 7º Os órgãos e entidades contratantes divulgarão ou manterão em local visível e acessível ao público, listagem mensalmente atualizada dos contratos firmados, indicando a contratada, o objeto, valor mensal e quantitativo de empregados envolvidos em cada contrato de prestação de serviços.

Art. 8º O Ministério da Administração Federal e Reforma do Estado expedirá, quando necessário, normas complementares ao cumprimento do disposto neste Decreto.

Art. 9º As contratações visando à prestação de serviços, efetuadas por empresas públicas, sociedades de economia mista e demais empresas controladas direta ou indiretamente pela União, serão disciplinadas por resoluções do Conselho de Coordenação das Empresas Estatais — CCE.

Art. 10. Este Decreto entra em vigor na data de sua publicação.

Art. 11. Ficam revogados o Decreto n. 2.031, de 11 de outubro de 1996, e o art. 6º do Decreto n. 99.188, de 17 de março de 1990, na redação dada pelo Decreto n. 804, de 20 de abril de 1993.

Brasília, 7 de julho de 1997; 176º da Independência e 109º da República.

FERNANDO HENRIQUE CARDOSO
PEDRO MALAN
ANTONIO KANDIR
CLAUDIA MARIA COSTIN

DECRETO N. 7.674, DE 20 DE JANEIRO DE 2012

(DOU 23.1.2012)

Dispõe sobre o subsistema de relações de trabalho no Serviço Público Federal

A PRESIDENTA DA REPÚBLICA, no uso da atribuição que lhe confere o art. 84, inciso VI, alínea "a", da Constituição,

DECRETA:

Art. 1º Este Decreto disciplina a organização do processo de diálogo com vistas ao tratamento dos conflitos nas relações de trabalho no âmbito do Poder Executivo federal, por meio da negociação de termos e condições de trabalho entre suas autoridades e os servidores públicos federais da administração pública federal direta, autárquica e fundacional.

Art. 2º O processo de diálogo de que trata o art. 1º fica organizado sob a forma de subsistema, denominado Subsistema de Relações de Trabalho no Serviço Público Federal — SISRT, integrante do Sistema de Pessoal Civil da Administração Federal — SIPEC, criado pelo Decreto n. 67.326, de 5 de outubro de 1970.

Art. 3º A negociação de termos e condições de trabalho, no âmbito do SISRT, tem como objetivo a democratização das relações de trabalho e a busca da solução de conflitos por meio da redefinição das condições de trabalho.

Art. 4º O SISRT compreende o conjunto de atividades relacionadas com o diálogo com vistas ao tratamento dos conflitos decorrentes das relações do trabalho e à negociação de termos e condições de trabalho no âmbito da administração pública federal direta, autárquica e fundacional e das organizações de servidores, tendo por fim a solução dos conflitos.

Art. 5º O SISRT compreende:

I — órgão central — o Ministério do Planejamento, Orçamento e Gestão, por meio do órgão definido em sua estrutura regimental;

II — órgãos setoriais — departamentos ou outras unidades nos Ministérios e nos órgãos da Presidência da República, definidos em suas estruturas regimentais, responsáveis pelas instâncias setoriais de negociação permanente; e

III — órgãos seccionais — departamentos ou outras unidades nas autarquias e fundações, definidos em suas estruturas regimentais, responsáveis pelas instâncias seccionais de negociação permanente.

Art. 6º Ao órgão central do SISRT compete:

I — exercer a competência normativa em matéria de negociação de termos e condições de trabalho e solução de conflitos no serviço público federal;

II — organizar e supervisionar o SISRT;

III — exercer, como órgão central do SISRT, a interlocução com os servidores públicos, por meio de procedimentos de negociação de termos e condições de trabalho, da Ouvidoria-Geral do Servidor Público e de outros instrumentos;

IV — organizar e manter atualizado cadastro nacional das entidades sindicais representativas de servidores públicos federais;

V — propor a formulação de políticas e diretrizes que garantam a democratização das relações de trabalho na administração pública federal;

VI — propor medidas para a solução, por meio do diálogo institucional, de conflitos surgidos em razão da fixação de condições de trabalho, direitos e benefícios dos servidores públicos, conforme diretrizes estabelecidas pelo Presidente da República;

VII — articular a participação dos órgãos e entidades da administração pública federal direta, suas autarquias e fundações, nos procedimentos de diálogo institucional surgidos em razão da fixação de condições de trabalho;

VIII — difundir e fomentar a democratização das relações de trabalho no setor público; e

IX — registrar em conjunto com as entidades representativas, os consensos do processo negocial.

§ 1º O órgão central do SISRT prestará orientação nas questões referentes à interlocução com as entidades sindicais e associações representativas dos servidores públicos federais da administração pública federal direta, autárquica e fundacional, no âmbito das instâncias nacionais, setoriais e seccionais de negociação permanente.

§ 2º A proposição de medidas para a solução dos conflitos deverá contar com a participação, na sua formulação, do órgão setorial ou dos órgãos setoriais a cujo quadro de pessoal pertençam os servidores afetados.

Art. 7º Este Decreto entra em vigor na data de sua publicação.

Brasília, 20 de janeiro de 2012; 191º da Independência e 124º da República.

DILMA ROUSSEFF
MIRIAM BELCHIOR

INSTRUÇÃO NORMATIVA N. 1, GM/MTE, DE 6 DE MARÇO DE 2002

(DOU 8.3.2002)

Dispõe sobre o recolhimento da contribuição sindical prevista no art. 578 da CLT relativamente aos empregados do setor público

O MINISTRO DE ESTADO DO TRABALHO E EMPREGO, no uso das atribuições que lhe confere o art. 87, inciso II, da Constituição Federal, e

Considerando a necessidade de uniformizar o procedimento de recolhimento da contribuição sindical, prevista no art. 578 e seguintes da Consolidação das Leis do Trabalho — CLT, pela administração pública federal, estadual e municipal, direta e indireta;

Considerando a atribuição prevista no art. 610, da Consolidação das Leis do Trabalho, resolve:

Art. 1º Os órgãos da administração pública federal, estadual e municipal, direta e indireta, recolherão a contribuição sindical prevista no art. 578 da CLT, exclusivamente por meio da Guia de Recolhimento da Contribuição Sindical — GRCS até o dia 30 de abril de cada ano, em favor da entidade sindical regularmente registrada no Ministério do Trabalho e Emprego e detentora do código de enquadramento sindical, observado o disposto no art. 585 da CLT.

Art. 2º Esta Instrução Normativa entra em vigor na data de sua publicação.

FRANCISCO DORNELLES

LEI N. 10.522, DE 19 DE JULHO DE 2002

(DOU 22.7.2002)

Dispõe sobre o cadastro informativo dos créditos não quitados de órgãos e entidades federais e dá outras

....

Art. 10-A. O empresário ou a sociedade empresária que pleitear ou tiver deferido o processamento da recuperação judicial, nos termos dos arts. 51, 52 e 70 da Lei n. 11.101, de 9 de fevereiro de 2005, poderão parcelar seus débitos com a Fazenda Nacional, em 84 (oitenta e quatro) parcelas mensais e consecutivas, calculadas observando-se os seguintes percentuais mínimos, aplicados sobre o valor da dívida consolidada:

I — da 1ª à 12ª prestação: 0,666% (seiscentos e sessenta e seis milésimos por cento);

II — da 13ª à 24ª prestação: 1% (um por cento);

III — da 25ª à 83ª prestação: 1,333% (um inteiro e trezentos e trinta e três milésimos por cento); e

IV — 84ª prestação: saldo devedor remanescente.

§ 1º O disposto neste artigo aplica-se à totalidade dos débitos do empresário ou da sociedade empresária constituídos ou não, inscritos ou não em Dívida Ativa da União, mesmo que discutidos judicialmente em ação proposta pelo sujeito passivo ou em fase de execução fiscal já ajuizada, ressalvados exclusivamente os débitos incluídos em parcelamentos regidos por outras leis.

§ 2º No caso dos débitos que se encontrarem sob discussão administrativa ou judicial, submetidos ou não à causa legal de suspensão de exigibilidade, o sujeito passivo deverá comprovar que desistiu expressamente e de forma irrevogável da impugnação ou do recurso interposto, ou da ação judicial, e, cumulativamente, renunciou a quaisquer alegações de direito sobre as quais se fundem a ação judicial e o recurso administrativo.

§ 3º O empresário ou a sociedade empresária poderá, a seu critério, desistir dos parcelamentos em curso, independentemente da modalidade, e solicitar que eles sejam parcelados nos termos deste artigo.

§ 4º Além das hipóteses previstas no art. 14-B, é causa de rescisão do parcelamento a não concessão da recuperação judicial de que trata o art. 58 da Lei n. 11.101, de 9 de fevereiro de 2005, bem como a decretação da falência da pessoa jurídica.

§ 5º O empresário ou a sociedade empresária poderá ter apenas um parcelamento de que trata o *caput*, cujos débitos constituídos, inscritos ou não em Dívida Ativa da União, poderão ser incluídos até a data do pedido de parcelamento.

§ 6º A concessão do parcelamento não implica a liberação dos bens e direitos do devedor ou de seus responsáveis que tenham sido constituídos em garantia dos respectivos créditos.

§ 7º O parcelamento referido no *caput* observará as demais condições previstas nesta Lei, ressalvado o disposto no § 1º do art. 11, no inciso II do § 1º do art. 12, nos incisos I, II e VIII do art. 14 e no § 2º do art. 14-A. *(Redação do caput, incisos, e parágrafos dada pela Lei n. 13.043, de 13.11.14, DOU 14.11.14)*

§ 8º O disposto neste artigo aplica-se, no que couber, aos créditos de qualquer natureza das autarquias e fundações públicas federais. (NR) *(Redação dada pela Lei n. 13.494, de 24.10.17, DOU 25.10.17)*

....

Art. 19. Fica a Procuradoria-Geral da Fazenda Nacional autorizada a não contestar, a não interpor recurso ou a desistir do que tenha sido interposto, desde que inexista outro fundamento relevante, na hipótese de a decisão versar sobre: *(Redação dada pela Lei n. 11.033, de 21.12.2004, DOU 22.12.2004)*

....

II — matérias que, em virtude de jurisprudência pacífica do Supremo Tribunal Federal, do Superior Tribunal de Justiça, do Tribunal Superior do Trabalho e do Tribunal Superior Eleitoral, sejam objeto de ato declaratório do Procurador-Geral da Fazenda Nacional, aprovado pelo Ministro de Estado da Fazenda; *(Redação dada pela Lei n. 12.844, de 19.7.2013, DOU 19.7.2013, Ed. Extra)*

....

LEI N. 12.618, DE 30 DE ABRIL DE 2012

(DOU 2.5.2012)

Institui o regime de previdência complementar para os servidores públicos federais titulares de cargo efetivo, inclusive os membros dos órgãos que menciona; fixa o limite máximo para a concessão de aposentadorias e pensões pelo regime de previdência de que trata o art. 40 da Constituição Federal; autoriza a criação de 3 (três) entidades fechadas de previdência complementar, denominadas Fundação de Previdência Complementar do Servidor Público Federal do Poder Executivo (Funpresp-Exe), Fundação de Previdência Complementar do Servidor Público Federal do Poder Legislativo (FUNPRESP-LEG) e Fundação de Previdência Complementar do Servidor Público Federal do Poder Judiciário (Funpresp-Jud); altera dispositivos da Lei n. 10.887, de 18 de junho de 2004; e dá outras providências

A PRESIDENTA DA REPÚBLICA

Faço saber que o Congresso Nacional decreta e eu sanciono a seguinte Lei:

CAPÍTULO I
Do Regime de Previdência Complementar

Art. 1º É instituído, nos termos desta Lei, o regime de previdência complementar a que se referem os §§ 14, 15 e 16 do art. 40 da Constituição Federal para os servidores públicos titulares de cargo efetivo da União, suas autarquias e fundações, inclusive para os membros do Poder Judiciário, do Ministério Público da União e do Tribunal de Contas da União.

§ 1º Os servidores e os membros referidos no *caput* deste artigo que tenham ingressado no serviço público até a data anterior ao início da vigência do regime de previdência complementar poderão, mediante prévia e expressa opção, aderir ao regime de que trata este artigo, observado o disposto no art. 3º desta Lei. *(Parágrafo único renumerado como § 1º pela Lei n. 13.183, de 4.11.15, DOU 5.11.15)*

§ 2º Os servidores e os membros referidos no *caput* deste artigo com remuneração superior ao limite máximo estabelecido para os benefícios do Regime Geral de Previdência Social, que venham a ingressar no serviço público a partir do início da vigência do regime de previdência complementar de que trata esta Lei, serão automaticamente inscritos no respectivo plano de previdência complementar desde a data de entrada em exercício. *(Incluído pela Lei n. 13.183, de 4.11.2015, DOU 5.11.2015)*

§ 3º Fica assegurado ao participante o direito de requerer, a qualquer tempo, o cancelamento de sua inscrição, nos termos do regulamento do plano de benefícios. *(Incluído pela Lei n. 13.183, de 4.11.2015, DOU 5.11.2015)*

§ 4º Na hipótese do cancelamento ser requerido no prazo de até noventa dias da data da inscrição, fica assegurado o direito à restituição integral das contribuições vertidas, a ser paga em até sessenta dias do pedido de cancelamento, corrigidas monetariamente. *(Incluído pela Lei n. 13.183, de 4.11.2015, DOU 5.11.2015)*

§ 5º O cancelamento da inscrição previsto no § 4º não constitui resgate. *(Incluído pela Lei n. 13.183, de 4.11.2015, DOU 5.11.2015)*

§ 6º A contribuição aportada pelo patrocinador será devolvida à respectiva fonte pagadora no mesmo prazo da devolução da contribuição aportada pelo participante. (NR). *(Incluído pela Lei n. 13.183, de 4.11.2015, DOU 5.11.2015)*

Art. 2º Para os efeitos desta Lei, entende-se por:

I — patrocinador: a União, suas autarquias e fundações, em decorrência da aplicação desta Lei;

II — participante: o servidor público titular de cargo efetivo da União, inclusive o membro do Poder Judiciário, do Ministério Público e do Tribunal de Contas da União, que aderir aos planos de benefícios administrados pelas entidades a que se refere o art. 4º desta Lei;

III — assistido: o participante ou o seu beneficiário em gozo de benefício de prestação continuada.

Art. 3º Aplica-se o limite máximo estabelecido para os benefícios do regime geral de previdência social às aposentadorias e pensões a serem concedidas pelo regime de previdência da União de que trata o art. 40 da Constituição Federal, observado o disposto na Lei n. 10.887, de 18 de junho de 2004, aos servidores e membros referidos no *caput* do art. 1º desta Lei que tiverem ingressado no serviço público:

I — a partir do início da vigência do regime de previdência complementar de que trata o art. 1º desta Lei, independentemente de sua adesão ao plano de benefícios; e

II — até a data anterior ao início da vigência do regime de previdência complementar de que trata o art. 1º desta Lei, e nele tenham permanecido sem perda do vínculo efetivo, e que exerçam a opção prevista no § 16 do art. 40 da Constituição Federal.

§ 1º É assegurado aos servidores e membros referidos no inciso II do *caput* deste artigo o direito a um benefício especial calculado com base nas contribuições recolhidas ao regime de previdência da União, dos Estados, do Distrito Federal ou dos Municípios de que trata o art. 40 da Constituição Federal, observada a sistemática estabelecida nos §§ 2º a 3º deste artigo e o direito à compensação financeira de que trata o § 9º do art. 201 da Constituição Federal, nos termos da lei.

§ 2º O benefício especial será equivalente à diferença entre a média aritmética simples das maiores remunerações anteriores à data de mudança do regime, utilizadas como base para as contribuições do servidor ao regime de previdência da União, dos Estados, do Distrito Federal ou dos Municípios, atualizadas pelo Índice Nacional de Preços ao Consumidor Amplo (IPCA), divulgado pela Fundação Instituto Brasileiro de Geografia e Estatística (IBGE), ou outro índice que venha a substituí-lo, correspondentes a 80% (oitenta por cento) de todo o período contributivo desde a competência julho de 1994 ou desde a do início da contribuição, se posterior àquela competência, e o limite máximo a que se refere o *caput* deste artigo, na forma regulamentada pelo Poder Executivo, multiplicada pelo fator de conversão.

§ 3º O fator de conversão de que trata o § 2º deste artigo, cujo resultado é limitado ao máximo de 1 (um), será calculado mediante a aplicação da seguinte fórmula:

$$FC = Tc/Tt$$

Onde: FC = fator de conversão;

Tc = quantidade de contribuições mensais efetuadas para o regime de previdência da União de que trata o art. 40 da Constituição Federal, efetivamente pagas pelo servidor titular de cargo efetivo da União ou por membro do Poder Judiciário, do Tribunal de Contas e do Ministério Público da União até a data da opção;

Tt = 455, quando servidor titular de cargo efetivo da União ou membro do Poder Judiciário, do Tribunal de Contas e do Ministério Público da União, se homem, nos termos da alínea "a" do inciso III do art. 40 da Constituição Federal;

Tt = 390, quando servidor titular de cargo efetivo da União ou membro do Poder Judiciário, do Tribunal de Contas e do Ministério Público da União, se mulher, ou professor de educação infantil e do ensino fundamental, nos termos do § 5º do art. 40 da Constituição Federal, se homem;

Tt = 325, quando servidor titular de cargo efetivo da União de professor de educação infantil e do ensino fundamental, nos termos do § 5º do art. 40 da Constituição Federal, se mulher.

§ 4º O fator de conversão será ajustado pelo órgão competente para a concessão do benefício quando, nos termos das respectivas leis complementares, o tempo de contribuição exigido para concessão da aposentadoria de servidor com deficiência, ou que exerça atividade de risco, ou cujas atividades sejam exercidas sob condições especiais que prejudiquem a saúde ou a integridade física, for inferior ao Tt de que trata o § 3º.

§ 5º O benefício especial será pago pelo órgão competente da União, por ocasião da concessão de aposentadoria, inclusive por invalidez, ou pensão por morte pelo regime próprio de previdência da União, de que trata o art. 40 da Constituição Federal, enquanto perdurar o benefício pago por esse regime, inclusive junto com a gratificação natalina.

§ 6º O benefício especial calculado será atualizado pelo mesmo índice aplicável ao benefício de aposentadoria ou pensão mantido pelo regime geral de previdência social.

§ 7º O prazo para a opção de que trata o inciso II do *caput* deste artigo será de 24 (vinte e quatro) meses, contados a partir do início da vigência do regime de previdência complementar instituído no *caput* do art. 1º desta Lei.

§ 8º O exercício da opção a que se refere o inciso II do *caput* é irrevogável e irretratável, não sendo devida pela União e suas autarquias e fundações públicas qualquer contrapartida referente ao valor dos descontos já efetuados sobre a base de contribuição acima do limite previsto no *caput* deste artigo.

CAPÍTULO II
Das Entidades Fechadas de Previdência Complementar

SEÇÃO I
Da Criação das Entidades

Art. 4º É a União autorizada a criar, observado o disposto no art. 26 e no art. 31, as seguintes entidades fechadas de previdência complementar, com a finalidade de administrar e executar planos de benefícios de caráter previdenciário nos termos das Leis Complementares ns. 108 e 109, de 29 de maio de 2001:

I — a Fundação de Previdência Complementar do Servidor Público Federal do Poder Executivo (Funpresp-Exe), para os servidores públicos titulares de cargo efetivo do Poder Executivo, por meio de ato do Presidente da República;

II — a Fundação de Previdência Complementar do Servidor Público Federal do Poder Legislativo (Funpresp-Leg), para os servidores públicos titulares de cargo efetivo do Poder Legislativo e do Tribunal de Contas da União e para os membros deste Tribunal, por meio de ato conjunto dos Presidentes da Câmara dos Deputados e do Senado Federal; e

III — a Fundação de Previdência Complementar do Servidor Público Federal do Poder Judiciário (Funpresp-Jud), para os servidores públicos titulares de cargo efetivo e para os membros do Poder Judiciário, por meio de ato do Presidente do Supremo Tribunal Federal.

§ 1º A Funpresp-Exe, a Funpresp-Leg e a Funpresp-Jud serão estruturadas na forma de fundação, de natureza pública, com personalidade jurídica de direito privado, gozarão de autonomia administrativa, financeira e gerencial e terão sede e foro no Distrito Federal.

§ 2º Por ato conjunto das autoridades competentes para a criação das fundações previstas nos incisos I a III, poderá ser criada fundação que contemple os servidores públicos de 2 (dois) ou dos 3 (três) Poderes.

§ 3º Consideram-se membros do Tribunal de Contas da União, para os efeitos desta Lei, os Ministros, os Auditores de que trata o § 4º do art. 73 da Constituição Federal e os Subprocuradores-Gerais e Procuradores do Ministério Público junto ao Tribunal de Contas da União.

SEÇÃO II
Da Organização das Entidades

Art. 5º A estrutura organizacional das entidades de que trata esta Lei será constituída de conselho deliberativo, conselho fiscal e diretoria executiva, observadas as disposições da Lei Complementar n. 108, de 29 de maio de 2001.

§ 1º Os Conselhos Deliberativos terão composição paritária e cada um será integrado por 6 (seis) membros.

§ 2º Os Conselhos Fiscais terão composição paritária e cada um deles será integrado por 4 (quatro) membros.

§ 3º Os membros dos conselhos deliberativos e dos conselhos fiscais das entidades fechadas serão designados pelos Presidentes da República e do Supremo Tribunal Federal e por ato conjunto dos Presidentes da Câmara dos Deputados e do Senado Federal, respectivamente.

§ 4º A presidência dos conselhos deliberativos será exercida pelos membros indicados pelos patrocinadores, na forma prevista no estatuto das entidades fechadas de previdência complementar.

§ 5º A presidência dos conselhos fiscais será exercida pelos membros indicados pelos participantes e assistidos, na forma prevista no estatuto das entidades fechadas de previdência complementar.

§ 6º As diretorias executivas serão compostas, no máximo, por 4 (quatro) membros, nomeados pelos conselhos deliberativos das entidades fechadas de previdência complementar.

§ 7º VETADO.

§ 8º A remuneração e as vantagens de qualquer natureza dos membros das diretorias executivas das entidades fechadas de previdência complementar serão fixadas pelos seus conselhos deliberativos em valores compatíveis com os níveis prevalecentes no mercado de trabalho para profissionais de graus equivalentes de formação profissional e de especialização, observado o disposto no inciso XI do art. 37 da Constituição Federal.

§ 9º A remuneração dos membros dos conselhos deliberativo e fiscal é limitada a 10% (dez por cento) do valor da remuneração dos membros da diretoria executiva.

§ 10. Os requisitos previstos nos incisos I a IV do art. 20 da Lei Complementar n. 108, de 29 de maio de 2001, estendem-se aos membros dos conselhos deliberativos e fiscais das entidades fechadas de previdência complementar.

§ 11. As entidades fechadas de previdência complementar poderão criar, observado o disposto no estatuto e regimento interno, comitês de assessoramento técnico, de caráter consultivo, para cada plano de benefícios por elas administrado, com representação paritária entre os patrocinadores e os participantes e assistidos, sendo estes eleitos pelos seus pares, com as atribuições de apresentar propostas e sugestões quanto à gestão da entidade e sua política de investimentos e à situação financeira e atuarial dos respectivos planos de benefícios e de formular recomendações prudenciais a elas relacionadas.

§ 12. VETADO.

SEÇÃO III
Disposições Gerais

Art. 6º É exigida a instituição de código de ética e de conduta, inclusive com regras para prevenir conflito de interesses e proibir operações dos dirigentes com partes relacionadas, que terá ampla divulgação, especialmente entre os participantes e assistidos e as partes relacionadas, cabendo aos conselhos fiscais das entidades fechadas de previdência complementar assegurar o seu cumprimento.

PARÁGRAFO ÚNICO. Compete ao órgão fiscalizador das entidades fechadas de previdência complementar definir o universo das partes relacionadas a que se refere o *caput* deste artigo.

Art. 7º O regime jurídico de pessoal das entidades fechadas de previdência complementar referidas no art. 4º desta Lei será o previsto na legislação trabalhista.

Art. 8º Além da sujeição às normas de direito público que decorram de sua instituição pela União como fundação de direito privado, integrante da sua administração indireta, a natureza pública das entidades fechadas a que se refere o § 15 do art. 40 da Constituição Federal consistirá na:

I — submissão à legislação federal sobre licitação e contratos administrativos;

II — realização de concurso público para a contratação de pessoal, no caso de empregos permanentes, ou de processo seletivo, em se tratando de contrato temporário, conforme a Lei n. 8.745, de 9 de dezembro de 1993;

III — publicação anual, na imprensa oficial ou em sítio oficial da administração pública certificado digitalmente por autoridade para esse fim credenciada no âmbito da Infraestrutura de Chaves Públicas Brasileira (ICP Brasil), de seus demonstrativos contábeis, atuariais, financeiros e de benefícios, sem prejuízo do fornecimento de informações aos participantes e assistidos dos planos de benefícios e ao órgão fiscalizador das entidades fechadas de previdência complementar, na forma das Leis Complementares ns. 108 e 109, de 29 de maio de 2001.

Art. 9º A administração das entidades fechadas de previdência complementar referidas no art. 4º desta Lei observará os princípios que regem a administração pública, especialmente os da eficiência e da economicidade, devendo adotar mecanismos de gestão operacional que maximizem a utilização de recursos, de forma a otimizar o atendimento aos participantes e assistidos e diminuir as despesas administrativas.

§ 1º As despesas administrativas referidas no *caput* deste artigo serão custeadas na forma dos regulamentos dos planos de benefícios, observado o disposto no *caput* do art. 7º da Lei Complementar n. 108, de 29 de maio de 2001, e ficarão limitadas aos valores estritamente necessários à sustentabilidade do funcionamento das entidades fechadas de previdência complementar.

§ 2º O montante de recursos destinados à cobertura das despesas administrativas será revisto ao final de cada ano, com vistas ao atendimento do disposto neste artigo.

Art. 10. As entidades fechadas de previdência complementar referidas no art. 4º desta Lei serão mantidas integralmente por suas receitas, oriundas das contribuições de patrocinadores, participantes e assistidos, dos resultados financeiros de suas aplicações e de doações e legados de qualquer natureza, observado o disposto no § 3º do art. 202 da Constituição Federal.

Art. 11. A União, suas autarquias e fundações são responsáveis, na qualidade de patrocinadores, pelo aporte de contribuições e pelas transferências às entidades fechadas de previdência complementar das contribuições descontadas dos seus servidores, observado o disposto nesta Lei e nos estatutos respectivos das entidades.

§ 1º As contribuições devidas pelos patrocinadores deverão ser pagas de forma centralizada pelos respectivos Poderes da União, pelo Ministério Público da União e pelo Tribunal de Contas da União.

§ 2º O pagamento ou a transferência das contribuições após o dia 10 (dez) do mês seguinte ao da competência:

I — enseja a aplicação dos acréscimos de mora previstos para os tributos federais; e

II — sujeita o responsável às sanções penais e administrativas cabíveis.

CAPÍTULO III
Dos Planos de Benefícios

SEÇÃO I
Das Linhas Gerais dos Planos de Benefícios

Art. 12. Os planos de benefícios da Funpresp-Exe, da Funpresp-Leg e da Funpresp-Jud serão estruturados na modalidade de contribuição definida, nos termos da regulamentação estabelecida pelo órgão regulador das entidades fechadas de previdência complementar, e financiados de acordo com os planos de custeio definidos nos termos do art. 18 da Lei Complementar n. 109, de 29 de maio de 2001, observadas as demais disposições da Lei Complementar n. 108, de 29 de maio de 2001.

§ 1º A distribuição das contribuições nos planos de benefícios e nos planos de custeio será revista sempre que necessário, para manter o equilíbrio permanente dos planos de benefícios.

§ 2º Sem prejuízo do disposto no § 3º do art. 18 da Lei Complementar n. 109, de 29 de maio de 2001, o valor do benefício programado será calculado de acordo com o montante do saldo da conta acumulado pelo participante, devendo o valor do benefício estar permanentemente ajustado ao referido saldo.

§ 3º Os benefícios não programados serão definidos nos regulamentos dos planos, observado o seguinte:

I — devem ser assegurados, pelo menos, os benefícios decorrentes dos eventos invalidez e morte e, se for o caso, a cobertura de outros riscos atuariais; e

II — terão custeio específico para sua cobertura.

§ 4º Na gestão dos benefícios de que trata o § 3º deste artigo, as entidades fechadas de previdência complementar referidas no art. 4º desta Lei poderão contratá-los externamente ou administrá-los em seus próprios planos de benefícios.

§ 5º A concessão dos benefícios de que trata o § 3º aos participantes ou assistidos pela entidade fechada de previdência social é condicionada à concessão do benefício pelo regime próprio de previdência social.

Art. 13. Os requisitos para aquisição, manutenção e perda da qualidade de participante, assim como os requisitos de elegibilidade e a forma de concessão, cálculo e pagamento dos benefícios, deverão constar dos regulamentos dos planos de benefícios, observadas as disposições das Leis Complementares ns. 108 e 109, de 29 de maio de 2001, e a regulamentação do órgão regulador das entidades fechadas de previdência complementar.

PARÁGRAFO ÚNICO. O servidor com remuneração inferior ao limite máximo estabelecido para os benefícios do regime geral de previdência social poderá aderir aos planos de benefícios administrados pelas entidades fechadas de previdência complementar de que trata esta Lei, sem contrapartida do patrocinador, cuja base de cálculo será definida nos regulamentos.

Art. 14. Poderá permanecer filiado aos respectivos planos de benefícios o participante:

I — cedido a outro órgão ou entidade da administração pública direta ou indireta da União, Estados, Distrito Federal e Municípios, inclusive suas empresas públicas e sociedades de economia mista;

II — afastado ou licenciado do cargo efetivo temporariamente, com ou sem recebimento de remuneração;

III — que optar pelo benefício proporcional diferido ou autopatrocínio, na forma do regulamento do plano de benefícios.

§ 1º Os regulamentos dos planos de benefícios disciplinarão as regras para a manutenção do custeio do plano de benefícios, observada a legislação aplicável.

§ 2º Os patrocinadores arcarão com as suas contribuições somente quando a cessão, o afastamento ou a licença do cargo efetivo implicar ônus para a União, suas autarquias e fundações.

§ 3º Havendo cessão com ônus para o cessionário, este deverá recolher às entidades fechadas de previdência complementar referidas no art. 4º desta Lei a contribuição aos planos de benefícios, nos mesmos níveis e condições que seria devida pelos patrocinadores, na forma definida nos regulamentos dos planos.

SEÇÃO II

Dos Recursos Garantidores

Art. 15. A aplicação dos recursos garantidores correspondentes às reservas, às provisões e aos fundos dos planos de benefícios da Funpresp-Exe, da Funpresp-Leg e da Funpresp-Jud obedecerá às diretrizes e aos limites prudenciais estabelecidos pelo Conselho Monetário Nacional (CMN).

§ 1º A gestão dos recursos garantidores dos planos de benefícios administrados pelas entidades referidas no *caput* poderá ser realizada por meio de carteira própria, carteira administrada ou fundos de investimento.

§ 2º As entidades referidas no *caput* contratarão, para a gestão dos recursos garantidores prevista neste artigo, somente instituições, administradores de carteiras ou fundos de investimento que estejam autorizados e registrados na Comissão de Valores Mobiliários (CVM).

§ 3º A contratação das instituições a que se refere o § 2º deste artigo será feita mediante licitação, cujos contratos terão prazo total máximo de execução de 5 (cinco) anos.

§ 4º O edital da licitação prevista no § 3º estabelecerá, entre outras, disposições relativas aos limites de taxa de administração e de custos que poderão ser imputados aos fundos, bem como, no que concerne aos administradores, a solidez, o porte e a experiência em gestão de recursos.

§ 5º Cada instituição contratada na forma deste artigo poderá administrar, no máximo, 20% (vinte por cento) dos recursos garantidores correspondentes às reservas técnicas, aos fundos e às provisões.

§ 6 As instituições referidas no § 5º deste artigo não poderão ter qualquer ligação societária com outra instituição que esteja concorrendo na mesma licitação ou que já administre reservas, provisões e fundos da mesma entidade fechada de previdência complementar.

SEÇÃO III

Das Contribuições

Art. 16. As contribuições do patrocinador e do participante incidirão sobre a parcela da base de contribuição que exceder o limite máximo a que se refere o art. 3º desta Lei, observado o disposto no inciso XI do art. 37 da Constituição Federal.

§ 1º Para efeitos desta Lei, considera-se base de contribuição aquela definida pelo § 1º do art. 4º da Lei n. 10.887, de 18 de junho de 2004, podendo o participante optar pela inclusão de parcelas remuneratórias percebidas em decorrência do local de trabalho e do exercício de cargo em comissão ou função de confiança.

§ 2º A alíquota da contribuição do participante será por ele definida anualmente, observado o disposto no regulamento do plano de benefícios.

§ 3º A alíquota da contribuição do patrocinador será igual à do participante, observado o disposto no regulamento do plano de benefícios, e não poderá exceder o percentual de 8,5% (oito inteiros e cinco décimos por cento).

§ 4º Além da contribuição normal, o participante poderá contribuir facultativamente, sem contrapartida do patrocinador, na forma do regulamento do plano.

§ 5º A remuneração do servidor, quando devida durante afastamentos considerados por lei como de efetivo exercício, será integralmente coberta pelo ente público, continuando a incidir a contribuição para o regime instituído por esta Lei.

SEÇÃO IV

Disposições Especiais

Art. 17. O plano de custeio previsto no art. 18 da Lei Complementar n. 109, de 29 de maio de 2001, discriminará o percentual da contribuição do participante e do patrocinador, conforme o caso, para cada um dos benefícios previstos no plano de benefícios, observado o disposto no art. 6º da Lei Complementar n. 108, de 29 de maio de 2001.

§ 1º O plano de custeio referido no *caput* deverá prever parcela da contribuição do participante e do patrocinador com o objetivo de compor o Fundo de Cobertura de Benefícios Extraordinários (FCBE), do qual serão vertidos montantes, a título de contribuições extraordinárias, à conta mantida em favor do participante, nas hipóteses e na forma prevista nesta Lei.

§ 2º As contribuições extraordinárias a que se refere o § 1º serão vertidas nas seguintes hipóteses:

I — morte do participante;

II — invalidez do participante;

III — aposentadoria nas hipóteses dos §§ 4º e 5º do art. 40 da Constituição Federal;

IV — aposentadoria das mulheres, na hipótese da alínea "a" do inciso III do § 1º do art. 40 da Constituição Federal; e

V — sobrevivência do assistido.

§ 3º O montante do aporte extraordinário de que tratam os incisos III e IV do § 2º será equivalente à diferença entre a reserva acumulada pelo participante e o produto desta mesma reserva multiplicado pela razão entre 35 (trinta e cinco) e o número de anos de contribuição exigido para a concessão do benefício pelo regime próprio de previdência social de que trata o art. 40 da Constituição Federal.

Art. 18. As entidades fechadas de previdência complementar referidas no art. 4º desta Lei manterão controles das reservas constituídas em nome do participante, registrando contabilmente as contribuições deste e as dos patrocinadores.

CAPÍTULO IV
Do Controle e da Fiscalização

Art. 19. A constituição, o funcionamento e a extinção da Funpresp-Exe, da Funpresp-Leg e da Funpresp-Jud, a aplicação de seus estatutos, regulamentos dos planos de benefícios, convênios de adesão e suas respectivas alterações, assim como as retiradas de patrocínios, dependerão de prévia e expressa autorização do órgão fiscalizador das entidades fechadas de previdência complementar.

§ 1º Serão submetidas ao órgão fiscalizador das entidades fechadas de previdência complementar:

I — as propostas de aprovação do estatuto e de instituição de planos de benefícios da entidade fechada de previdência complementar, bem como suas alterações; e

II — a proposta de adesão de novos patrocinadores a planos de benefícios em operação na entidade fechada de previdência complementar.

§ 2º No caso da Funpresp-Exe, as propostas de aprovação do estatuto, de adesão de novos patrocinadores e de instituição de planos devem estar acompanhadas de manifestação favorável do Ministério do Planejamento, Orçamento e Gestão e do Ministério da Fazenda.

§ 3º No caso da Funpresp-Leg, as propostas de aprovação do estatuto, de adesão de novos patrocinadores e de instituição de planos devem estar acompanhadas de manifestação favorável das Mesas Diretoras da Câmara dos Deputados e do Senado Federal.

§ 4º No caso da Funpresp-Jud, as propostas de aprovação do estatuto, de adesão de novos patrocinadores e de instituição de planos devem estar acompanhadas de manifestação favorável:

I — do Supremo Tribunal Federal;

II — VETADO.

Art. 20. A supervisão e a fiscalização da Funpresp-Exe, da Funpresp-Leg e da Funpresp-Jud e dos seus planos de benefícios competem ao órgão fiscalizador das entidades fechadas de previdência complementar.

§ 1º A competência exercida pelo órgão referido no *caput* deste artigo não exime os patrocinadores da responsabilidade pela supervisão e fiscalização sistemática das atividades das entidades fechadas de previdência complementar.

§ 2º Os resultados da supervisão e da fiscalização exercidas pelos patrocinadores serão encaminhados ao órgão mencionado no *caput* deste artigo.

Art. 21. Aplica-se, no âmbito da Funpresp-Exe, da Funpresp-Leg e da Funpresp-Jud, o regime disciplinar previsto no Capítulo VII da Lei Complementar n. 109, de 29 de maio de 2001.

CAPÍTULO V
Disposições Finais e Transitórias

Art. 22. Aplica-se o benefício especial de que tratam os §§ 1º a 8º do art. 3º ao servidor público titular de cargo efetivo da União, inclusive ao membro do Poder Judiciário, do Ministério Público e do Tribunal de Contas da União, oriundo, sem quebra de continuidade, de cargo público estatutário de outro ente da federação que não tenha instituído o respectivo regime de previdência complementar e que ingresse em cargo público efetivo federal a partir da instituição do regime de previdência complementar de que trata esta Lei, considerando-se, para esse fim, o tempo de contribuição estadual, distrital ou municipal, assegurada a compensação financeira de que trata o § 9º do art. 201 da Constituição Federal.

Art. 23. Após a autorização de funcionamento da Funpresp-Exe, da Funpresp-Jud e da Funpresp-Leg, nos termos desta Lei, os servidores que deverão compor provisoriamente os conselhos deliberativos e os conselhos fiscais, dispensados da exigência da condição de participante ou assistido dos planos de benefícios das entidades fechadas de previdência complementar, serão nomeados, respectivamente, pelo Presidente da República, pelo Presidente do Supremo Tribunal Federal e por ato conjunto dos Presidentes da Câmara dos Deputados e do Senado Federal.

PARÁGRAFO ÚNICO. O mandato dos conselheiros de que trata o *caput* deste artigo será de 2 (dois) anos, durante os quais será realizada eleição direta para que os participantes e assistidos escolham os seus representantes, e os patrocinadores indicarão os seus representantes.

Art. 24. Para fins de implantação, ficam a Funpresp-Exe, a Funpresp-Leg e a Funpresp-Jud equiparadas às pessoas jurídicas a que se refere o art. 1º da Lei n. 8.745, de 9 de dezembro de 1993, com vistas à contratação de pessoal técnico e administrativo por tempo determinado.

§ 1º Considera-se como necessidade temporária de excepcional interesse público, para os efeitos da Lei n. 8.745, de 9 de dezembro de 1993, a contratação de pessoal técnico e administrativo, por tempo determinado, imprescindível ao funcionamento inicial da Funpresp-Exe, da Funpresp-Leg e da Funpresp-Jud.

§ 2º As contratações observarão o disposto no *caput* do art. 3º, no art. 6º, no inciso II do art. 7º e nos arts. 9º e 12 da Lei n. 8.745, de 9 de dezembro de 1993, e não poderão exceder o prazo de 24 (vinte e quatro) meses.

Art. 25. É a União autorizada, em caráter excepcional, no ato de criação das entidades fechadas de previdência complementar referidas no art. 4º, a promover aporte a título de adiantamento de contribuições futuras, necessário ao regular funcionamento inicial, no valor de:

I — Funpresp-Exe: até R$ 50.000.000,00 (cinquenta milhões de reais);

II — Funpresp-Leg: até R$ 25.000.000,00 (vinte e cinco milhões de reais); e

III — Funpresp-Jud: até R$ 25.000.000,00 (vinte e cinco milhões de reais).

Art. 26. A Funpresp-Exe, a Funpresp-Leg e a Funpresp-Jud deverão entrar em funcionamento em até 240 (duzentos e quarenta) dias após a publicação da autorização de funcionamento concedida pelo órgão fiscalizador das entidades fechadas de previdência complementar.

Art. 27. Aplicam-se ao regime de previdência complementar a que se referem os §§ 14, 15 e 16 do art. 40 da Constituição Federal as disposições das Leis Complementares ns. 108 e 109, de 29 de maio de 2001.

Art. 28. Até que seja promovida a contratação na forma prevista no § 3º do art. 15 desta Lei, a totalidade dos recursos garantidores correspondentes às reservas técnicas, aos fundos e às provisões dos planos de benefícios da Funpresp-Exe, da Funpresp-Leg e da Funpresp-Jud será administrada por instituição financeira federal, mediante taxa de administração praticada a preço de mercado, vedada a cobrança de taxas de performance.

Art. 29. O *caput* do art. 4º da Lei n. 10.887, de 18 de junho de 2004, passa a vigorar com a seguinte redação:

"Art. 4º A contribuição social do servidor público ativo de qualquer dos Poderes da União, incluídas suas autarquias e fundações, para a manutenção do respectivo regime próprio de previdência social, será de 11% (onze por cento), incidentes sobre:

I — a totalidade da base de contribuição, em se tratando de servidor que tiver ingressado no serviço público até a data da publicação do ato de instituição do regime de previdência complementar para os servidores públicos federais titulares de cargo efetivo e não tiver optado por aderir a ele;

II — a parcela da base de contribuição que não exceder ao limite máximo estabelecido para os benefícios do regime geral de previdência social, em se tratando de servidor:

a) que tiver ingressado no serviço público até a data a que se refere o inciso I e tenha optado por aderir ao regime de previdência complementar ali referido; ou b) que tiver ingressado no serviço público a partir da data a que se refere o inciso I, independentemente de adesão ao regime de previdência complementar ali referido." (NR)

Art. 30. Para os fins do exercício do direito de opção de que trata o parágrafo único do art. 1º, considera-se instituído o regime de previdência complementar de que trata esta Lei a partir da data da publicação pelo órgão fiscalizador da autorização de aplicação dos regulamentos dos planos de benefícios de qualquer das entidades de que trata o art. 4º desta Lei.

Art. 31. A Funpresp-Exe, a Funpresp-Leg e a Funpresp-Jud deverão ser criadas pela União no prazo de 180 (cento e oitenta) dias, contado da publicação desta Lei, e iniciar o seu funcionamento nos termos do art. 26.

§ 1º Ultrapassados os prazos de que trata o *caput*, considera-se vigente, para todos os fins, o regime de previdência complementar de que trata esta Lei.

§ 2º Ultrapassados os prazos de que trata o *caput* sem o início do funcionamento de alguma das entidades referidas no art. 4º, os servidores e membros do respectivo Poder poderão aderir ao plano de benefícios da entidade que primeiro entrou em funcionamento até a regularização da situação.

Art. 32. Considera-se ato de improbidade, nos termos do art. 10 da Lei n. 8.429, de 2 de junho de 1992, o descumprimento injustificado dos prazos de que trata o art. 31.

Art. 33. Esta Lei entra em vigor:

I — quanto ao disposto no Capítulo I, na data em que forem criadas quaisquer das entidades de que trata o art. 4º, observado o disposto no art. 31; e

II — quanto aos demais dispositivos, na data de sua publicação.

Brasília, 30 de abril de 2012; 191º da Independência e 124º da República.

Dilma Rousseff
Guido Mantega
Miriam Belchior
Garibaldi Alves Filho
Luís Inácio Lucena Adams

LEI N. 12.772, DE 28 DE DEZEMBRO DE 2012

(DOU 31.12.2012)

Dispõe sobre a estruturação do plano de carreiras e cargos de magistério federal; sobre a carreira do magistério superior, de que trata a Lei n. 7.596, de 10 de abril de 1987; sobre o plano de carreira e cargos de magistério do ensino básico, técnico e tecnológico e sobre o plano de carreiras de magistério do ensino básico federal, de que trata a Lei n. 11.784, de 22 de setembro de 2008; sobre a contratação de professores substitutos, visitantes e estrangeiros, de que trata a Lei n. 8.745 de 9 de dezembro de 1993; sobre a remuneração das carreiras e planos especiais do instituto nacional de estudos e pesquisas educacionais Anísio Teixeira e do fundo nacional de desenvolvimento da educação, de que trata a Lei n. 11.357, de 19 de outubro de 2006; altera remuneração do plano de cargos técnico-administrativos em educação; altera as Leis ns. 8.745, de 9 de dezembro de 1993, 11.784, de 22 de setembro de 2008, 11.091, de 12 de janeiro de 2005, 11.892, de 29 de dezembro de 2008, 11.357, de 19 de outubro de 2006, 11.344, de 8 de setembro de 2006, 12.702, de 7 de agosto de 2012, e 8.168, de 16 de janeiro de 1991; revoga o art. 4º da Lei n. 12.677, de 25 de junho de 2012; e dá outras providências

— Ver **Nota** ao final da lei.

A PRESIDENTA DA REPÚBLICA

Faço saber que o Congresso Nacional decreta e eu sanciono a seguinte Lei:

CAPÍTULO I
Do Plano de Carreiras e Cargos de Magistério Federal

Art. 1º Fica estruturado, a partir de 1º de março de 2013, o Plano de Carreiras e Cargos de Magistério Federal, composto pelas seguintes Carreiras e cargos:

I — Carreira de Magistério Superior, composta pelos cargos, de nível superior, de provimento efetivo de Professor do Magistério Superior, de que trata a Lei n. 7.596, de 10 de abril de 1987;

II — Cargo Isolado de provimento efetivo, de nível superior, de Professor Titular-Livre do Magistério Superior;

III — Carreira de Magistério do Ensino Básico, Técnico e Tecnológico, composta pelos cargos de provimento efetivo de Professor do Ensino Básico, Técnico e Tecnológico, de que trata a Lei n. 11.784, de 22 de setembro de 2008; e

IV — Cargo Isolado de provimento efetivo, de nível superior, de Professor Titular-Livre do Ensino Básico, Técnico e Tecnológico.

§ 1º A Carreira de Magistério Superior é estruturada em classes A, B, C, D e E e respectivos níveis de vencimento na forma do Anexo I. *(Redação dada pela Lei n. 12.863, de 24.9.2013, DOU 25.9.2013)*

§ 2º As classes da Carreira de Magistério Superior receberão as seguintes denominações de acordo com a titulação do ocupante do cargo: *(Redação dada pela Lei n. 12.863, de 24.9.2013, DOU 25.9.2013)*

I — Classe A, com as denominações de: *(Redação dada pela Lei n. 12.863, de 24.9.2013, DOU 25.9.2013)*

a) Professor Adjunto A, se portador do título de doutor; *(Incluído pela Lei n. 12.863, de 24.9.2013, DOU 25.9.2013)*

b) Professor Assistente A, se portador do título de mestre; ou *(Incluído pela Lei n. 12.863, de 24.9.2013, DOU 25.9.2013)*

c) Professor Auxiliar, se graduado ou portador de título de especialista; *(Incluído pela Lei n. 12.863, de 24.9.2013, DOU 25.9.2013)*

II — Classe B, com a denominação de Professor Assistente; *(Redação dada pela Lei n. 12.863, de 24.9.2013, DOU 25.9.2013)*

III — Classe C, com a denominação de Professor Adjunto; *(Redação dada pela Lei n. 12.863, de 24.9.2013, DOU 25.9.2013)*

IV — Classe D, com a denominação de Professor Associado; e *(Redação dada pela Lei n. 12.863, de 24.9.2013, DOU 25.9.2013)*

V — Classe E, com a denominação de Professor Titular. *(Redação dada pela Lei n. 12.863, de 24.9.2013, DOU 25.9.2013)*

§ 3º A Carreira de Magistério do Ensino Básico, Técnico e Tecnológico é composta das seguintes classes, observado o Anexo I: *(Redação dada pela Lei n. 12.863, de 24.9.2013, DOU 25.9.2013)*

I — D I; *(Incluído pela Lei n. 12.863, de 24.9.2013, DOU 25.9.2013)*

II — D II; *(Incluído pela Lei n. 12.863, de 24.9.2013, DOU 25.9.2013)*

III — D III; *(Incluído pela Lei n. 12.863, de 24.9.2013, DOU 25.9.2013)*

IV — D IV; e *(Incluído pela Lei n. 12.863, de 24.9.2013, DOU 25.9.2013)*

V — Titular. *(Incluído pela Lei n. 12.863, de 24.9.2013, DOU 25.9.2013)*

§ 4º Os Cargos Isolados do Plano de Carreiras e Cargos de Magistério Federal são estruturados em uma única classe e nível de vencimento. *(Redação dada pela Lei n. 12.863, de 24.9.2013, DOU 25.9.2013)*

§ 5º O regime jurídico dos cargos do Plano de Carreiras e Cargos de Magistério Federal é o instituído pela Lei n. 8.112, de 11 de dezembro de 1990, observadas as disposições desta Lei. *(Redação dada pela Lei n. 12.863, de 24.9.2013, DOU 25.9.2013)*

§ 6º Os cargos efetivos das Carreiras e Cargos Isolados de que trata o *caput* integram os Quadros de Pessoal das Instituições Federais de Ensino subordinadas ou vinculadas ao Ministério da Educação e ao Ministério da Defesa que tenham por atividade-fim o desenvolvimento e aperfeiçoamento do ensino, pesquisa e extensão, ressalvados os cargos de que trata o § 11 do art. 108-A da Lei n. 11.784, de 22 de setembro de 2008, que integram o Quadro de Pessoal do Ministério do Planejamento, Orçamento e Gestão. *(Incluído pela Lei n. 12.863, de 24.9.2013, DOU 25.9.2013)*

Art. 2º São atividades das Carreiras e Cargos Isolados do Plano de Carreiras e Cargos de Magistério Federal aquelas relacionadas ao ensino, pesquisa e extensão e as inerentes ao exercício de direção, assessoramento, chefia, coordenação e assistência na própria instituição, além daquelas previstas em legislação específica.

§ 1º A Carreira de Magistério Superior destina-se a profissionais habilitados em atividades acadêmicas próprias do pessoal docente no âmbito da educação superior.

§ 2º A Carreira de Magistério do Ensino Básico, Técnico e Tecnológico destina-se a profissionais habilitados em atividades acadêmicas próprias do pessoal docente no âmbito da educação básica e da educação profissional e tecnológica, conforme disposto na Lei n. 9.394, de 20 de dezembro de 1996, e na Lei n. 11.892, de 29 de dezembro de 2008.

§ 3º Os Cargos Isolados de provimento efetivo objetivam contribuir para o desenvolvimento e fortalecimento de competências e alcance da excelência no ensino e na pesquisa nas Instituições Federais de Ensino — IFE.

Art. 3º A partir de 1º de março de 2013, a Carreira de Magistério do Ensino Básico, Técnico e Tecnológico e o Cargo Isolado de Professor Titular do Ensino Básico, Técnico e Tecnológico, de que tratam os incisos I e II do *caput* do art. 106 da Lei n. 11.784, de 2008, passam a pertencer ao Plano de Carreiras e Cargos de Magistério Federal, na forma desta Lei, observada a Tabela de Correlação constante do Anexo II, deixando de pertencer ao Plano de Carreiras de que trata o art. 105 da Lei n. 11.784, de 2008.

PARÁGRAFO ÚNICO. O Cargo Isolado de que trata o *caput* passa a denominar-se Professor Titular-Livre do Ensino Básico, Técnico e Tecnológico.

Art. 4º A partir de 1º de março de 2013, a Carreira de Magistério Superior do Plano Único de Classificação e Retribuição de Cargos e Empregos — PUCRCE, de que trata a Lei n. 7.596, de 1987, passa a pertencer ao Plano de Carreiras e Cargos de Magistério Federal de que trata esta Lei, observada a Tabela de Correlação constante do Anexo II.

PARÁGRAFO ÚNICO. Os cargos vagos da Carreira de que trata o *caput* passam a integrar o Plano de Carreiras e Cargos de Magistério Federal, e o ingresso nos cargos deverá ocorrer na forma e condições dispostas nesta Lei. *(Incluído pela Lei n. 12.863, de 24.9.2013, DOU 25.9.2013)*

Art. 5º A partir de 1º de março de 2013, os cargos de Professor Titular da Carreira de Magistério Superior do PUCRCE passam a integrar a Classe de Professor Titular da Carreira de Magistério Superior do Plano de Carreiras e Cargos de Magistério Federal de que trata esta Lei.

Art. 6º O enquadramento no Plano de Carreiras e Cargos de Magistério Federal não representa, para qualquer efeito legal, inclusive para efeito de aposentadoria, descontinuidade em relação à Carreira, ao cargo e às atribuições atuais desenvolvidas pelos seus ocupantes.

Art. 7º O disposto neste Capítulo aplica-se, no que couber, aos aposentados e pensionistas.

CAPÍTULO II
Do Ingresso nas Carreiras e Cargos Isolados do Plano de Carreiras e Cargos de Magistério Federal

SEÇÃO I
Da Carreira de Magistério Superior e do cargo isolado de Professor Titular-Livre do Magistério Superior

Art. 8º O ingresso na Carreira de Magistério Superior ocorrerá sempre no primeiro nível de vencimento da Classe A, mediante aprovação em concurso público de provas e títulos. *(Redação dada pela Lei n. 12.863, de 24.9.2013, DOU 25.9.2013)*

§ 1º O concurso público de que trata o *caput* tem como requisito de ingresso o título de doutor na área exigida no concurso. *(Redação dada pela Lei n. 12.863, de 24.9.2013, DOU 25.9.2013)*

§ 2º O concurso público referido no *caput* poderá ser organizado em etapas, conforme dispuser o edital de abertura do certame, que estabelecerá as características de cada etapa e os critérios eliminatórios e classificatórios.

§ 3º A IFE poderá dispensar, no edital do concurso, a exigência de título de doutor, substituindo-a pela de título de mestre, de especialista ou por diploma de graduação, quando se tratar de provimento para área de conhecimento ou em localidade com grave carência de detentores da titulação acadêmica de doutor, conforme decisão fundamentada de seu Conselho Superior. *(Incluído pela Lei n. 12.863, de 24.9.2013, DOU 25.9.2013)*

§ 4º (VETADO). *(Incluído pela Lei n. 12.863, de 24.9.2013, DOU 25.9.2013)*

Art. 9º O ingresso no Cargo Isolado de Professor Titular-Livre do Magistério Superior ocorrerá na classe e nível únicos, mediante aprovação em concurso público de provas e títulos, no qual serão exigidos:

I — título de doutor; e

II — 10 (dez) anos de experiência ou de obtenção do título de doutor, ambos na área de conhecimento exigida no concurso, conforme disciplinado pelo Conselho Superior de cada IFE. *(Redação dada pela Lei n. 12.863, de 24.9.2013, DOU 25.9.2013)*

§ 1º O concurso público referido no *caput* será organizado em etapas, conforme dispuser o edital de abertura do certame, e consistirá de prova escrita, prova oral e defesa de memorial.

§ 2º O edital do concurso público de que trata este artigo estabelecerá as características de cada etapa e os critérios eliminatórios e classificatórios do certame.

§ 3º O concurso para o cargo isolado de Titular-Livre será realizado por comissão especial composta, no mínimo, por 75% (setenta e cinco por cento) de profissionais externos à IFE, nos termos de ato do Ministro de Estado da Educação. *(Incluído pela Lei n. 12.863, de 24.9.2013, DOU 22.9.2013)*

SEÇÃO II
Da Carreira de Magistério do Ensino Básico, Técnico e Tecnológico e do Cargo Isolado de Professor Titular-Livre do Ensino Básico, Técnico e Tecnológico

Art. 10. O ingresso nos cargos de provimento efetivo de Professor da Carreira de Magistério do Ensino Básico, Técnico e Tecnológico e da Carreira do Magistério do Ensino Básico Federal ocorrerá sempre no Nível 1 da Classe D I, mediante aprovação em concurso público de provas ou de provas e títulos.

§ 1º No concurso público de que trata o *caput*, será exigido diploma de curso superior em nível de graduação.

§ 2º O concurso público referido no *caput* poderá ser organizado em etapas, conforme dispuser o edital de abertura do certame.

§ 3º O edital do concurso público de que trata este artigo estabelecerá as características de cada etapa do concurso público e os critérios eliminatórios e classificatórios do certame.

§ 4º (VETADO). *(Incluído pela Lei n. 12.863, de 24.9.2013, DOU 25.9.2013)*

Art. 11. O ingresso no Cargo Isolado de Professor Titular-Livre do Ensino Básico, Técnico e Tecnológico ocorrerá na classe e nível únicos, mediante aprovação em concurso público de provas e títulos, no qual serão exigidos:

I — título de doutor; e

II — 10 (dez) anos de experiência ou de obtenção do título de doutor, ambos na área de conhecimento exigida no concurso, conforme disciplinado pelo Conselho Superior de cada IFE. *(Redação dada pela Lei n. 12.863, de 24.9.2013, DOU 25.9.2013)*

§ 1º O concurso público referido no *caput* será organizado em etapas, conforme dispuser o edital de abertura do certame, e consistirá de prova escrita, prova oral e defesa de memorial.

§ 2º O edital do concurso público de que trata este artigo estabelecerá as características de cada etapa e os critérios eliminatórios e classificatórios do certame.

§ 3º O concurso para o cargo isolado de Titular-Livre será realizado por comissão especial composta, no mínimo, por 75% (setenta e cinco por cento) de profissionais externos à IFE, nos termos de ato do Ministro de Estado da Educação. *(Incluído pela Lei n. 12.863, de 24.9.2013, DOU 25.9.2013)*

CAPÍTULO III
Do Desenvolvimento nas Carreiras do Plano de Carreiras e Cargos de Magistério Federal

SEÇÃO I
Da Carreira de Magistério Superior

Art. 12. O desenvolvimento na Carreira de Magistério Superior ocorrerá mediante progressão funcional e promoção.

§ 1º Para os fins do disposto no *caput*, progressão é a passagem do servidor para o nível de vencimento imediatamente superior dentro de uma mesma classe, e promoção, a passagem do servidor de uma classe para outra subsequente, na forma desta Lei.

§ 2º A progressão na Carreira de Magistério Superior ocorrerá com base nos critérios gerais estabelecidos nesta Lei e observará, cumulativamente:

I — o cumprimento do interstício de 24 (vinte e quatro) meses de efetivo exercício em cada nível; e

II — aprovação em avaliação de desempenho.

§ 3º A promoção ocorrerá observados o interstício mínimo de 24 (vinte e quatro) meses no último nível de cada Classe antecedente àquela para a qual se dará a promoção e, ainda, as seguintes condições:

I — para a Classe B, com denominação de Professor Assistente, ser aprovado em processo de avaliação de desempenho; *(Redação dada pela Lei n. 12.863, de 24.9.2013, DOU 25.9.2013)*

II — para a Classe C, com denominação de Professor Adjunto, ser aprovado em processo de avaliação de desempenho; *(Redação dada pela Lei n. 12.863, de 24.9.2013, DOU 25.9.2013)*

III — para a Classe D, com denominação de Professor Associado: *(Redação dada pela Lei n. 12.863, de 24.9.2013, DOU 25.9.2013)*

a) possuir o título de doutor; e

b) ser aprovado em processo de avaliação de desempenho; e

IV — para a Classe E, com denominação de Professor Titular: *(Redação dada pela Lei n. 12.863, de 24.9.2013, DOU 25.9.2013)*

a) possuir o título de doutor;

b) ser aprovado em processo de avaliação de desempenho; e

c) lograr aprovação de memorial que deverá considerar as atividades de ensino, pesquisa, extensão, gestão acadêmica e produção profissional relevante, ou defesa de tese acadêmica inédita.

§ 4º As diretrizes gerais para o processo de avaliação de desempenho para fins de progressão e de promoção serão estabelecidas em ato do Ministério da Educação e do Ministério da Defesa, conforme a subordinação ou vinculação das respectivas IFE e deverão contemplar as atividades de ensino, pesquisa, extensão e gestão, cabendo aos conselhos competentes no âmbito de cada Instituição Federal de Ensino regulamentar os procedimentos do referido processo.

§ 5º O processo de avaliação para acesso à Classe E, com denominação de Titular, será realizado por comissão especial composta por, no mínimo, 75% (setenta e cinco por cento) de profissionais externos à IFE, nos termos de ato do Ministro de Estado da Educação. *(Redação dada pela Lei n. 12.863, de 24.9.2013, DOU 25.9.2013)*

§ 6º Os cursos de mestrado e doutorado, para os fins previstos neste artigo, serão considerados somente se credenciados pelo Conselho Nacional de Educação e, quando realizados no exterior, revalidados por instituição nacional competente.

Art. 13. Os docentes aprovados no estágio probatório do respectivo cargo que atenderem os seguintes requisitos de titulação farão jus a processo de aceleração da promoção: *(Redação dada pela Lei n. 12.863, de 24.9.2013, DOU 25.9.2013)*

I — para o nível inicial da Classe B, com denominação de Professor Assistente, pela apresentação de titulação de mestre; e *(Redação dada pela Lei n. 12.863, de 24.9.2013, DOU 25.9.2013)*

II — para o nível inicial da Classe C, com denominação de Professor Adjunto, pela apresentação de titulação de doutor. *(Redação dada pela Lei n. 12.863, de 24.9.2013, DOU 25.9.2013)*

PARÁGRAFO ÚNICO. Aos servidores ocupantes de cargos da Carreira de Magistério Superior em 1º de março de 2013 ou na data de publicação desta Lei, se posterior, é permitida a aceleração da promoção de que trata este artigo ainda que se encontrem em estágio probatório no cargo.

Art. 13-A. O efeito financeiro da progressão e da promoção a que se refere o *caput* do art. 12 ocorrerá a partir da data em que o docente cumprir o interstício e os requisitos estabelecidos em lei para o desenvolvimento na carreira. *(Incluído pela Lei n. 13.325, de 27.7.16, DOU 29.7.16)*

SEÇÃO II
Da Carreira do Magistério do Ensino Básico, Técnico e Tecnológico

Art. 14. A partir da instituição do Plano de Carreiras e Cargos de Magistério Federal, o desenvolvimento na Carreira de Magistério do Ensino Básico, Técnico e Tecnológico ocorrerá mediante progressão funcional e promoção, na forma disposta nesta Lei.

§ 1º Para os fins do disposto no *caput*, progressão é a passagem do servidor para o nível de vencimento imediatamente superior dentro de uma mesma classe, e promoção, a passagem do servidor de uma classe para outra subsequente, na forma desta Lei.

§ 2º A progressão na Carreira de Magistério do Ensino Básico, Técnico e Tecnológico ocorrerá com base nos critérios gerais estabelecidos nesta Lei e observará, cumulativamente:

I — o cumprimento do interstício de 24 (vinte e quatro) meses de efetivo exercício em cada nível; e

II — aprovação em avaliação de desempenho individual.

§ 3º A promoção ocorrerá observados o interstício mínimo de 24 (vinte e quatro) meses no último nível de cada Classe antecedente àquela para a qual se dará a promoção e, ainda, as seguintes condições:

I — para a Classe D II: ser aprovado em processo de avaliação de desempenho;

II — para a Classe D III: ser aprovado em processo de avaliação de desempenho;

III — para a Classe D IV: ser aprovado em processo de avaliação de desempenho;

IV — para a Classe Titular:

a) possuir o título de doutor;

b) ser aprovado em processo de avaliação de desempenho; e

c) lograr aprovação de memorial que deverá considerar as atividades de ensino, pesquisa, extensão, gestão acadêmica e produção profissional relevante, ou de defesa de tese acadêmica inédita.

§ 4º As diretrizes gerais para o processo de avaliação de desempenho para fins de progressão e de promoção serão estabelecidas em ato do Ministério da Educação e do Ministério da Defesa, conforme a subordinação ou vinculação das respectivas IFE e deverão contemplar as atividades de ensino, pesquisa, extensão e gestão, cabendo aos conselhos competentes no âmbito de cada Instituição Federal de Ensino regulamentar os procedimentos do referido processo.

§ 5º O processo de avaliação para acesso à Classe Titular será realizado por comissão especial composta, no mínimo, por 75% (setenta e cinco por cento) de profissionais externos à IFE, e será objeto de regulamentação por ato do Ministro de Estado da Educação.

§ 6º Os cursos de mestrado e doutorado, para os fins previstos neste artigo, serão considerados somente se credenciados pelo Conselho Federal de Educação e, quando realizados no exterior, revalidados por instituição nacional competente.

Art. 15. Os docentes aprovados no estágio probatório do respectivo cargo que atenderem os seguintes requisitos de titulação farão jus a processo de aceleração da promoção: *(Redação dada pela Lei n. 12.863, de 24.9.2013, DOU 25.9.2013)*

I — de qualquer nível da Classe D I para o nível 1 da classe D II, pela apresentação de título de especialista; e

II — de qualquer nível das Classes D I e D II para o nível 1 da Classe D III, pela apresentação de título de mestre ou doutor.

PARÁGRAFO ÚNICO. Aos servidores ocupantes de cargos da Carreira de Magistério do Ensino Básico, Técnico e Tecnológico em 1º de março de 2013 ou na data de publicação desta Lei, se posterior, é permitida a aceleração da promoção de que trata este artigo ainda que se encontrem em estágio probatório no cargo.

Art. 15-A. O efeito financeiro da progressão e da promoção a que se refere o *caput* do art. 14 ocorrerá a partir da data em que o docente cumprir o interstício e os requisitos estabelecidos em lei para o desenvolvimento na carreira. *(Incluído pela Lei n. 13.325, de 27.7.16, DOU 29.7.16)*

CAPÍTULO IV
Da Remuneração do Plano de Carreiras e Cargos de Magistério Federal

Art. 16. A estrutura remuneratória do Plano de Carreiras e Cargos de Magistério Federal possui a seguinte composição:

I — Vencimento Básico, conforme valores e vigências estabelecidos no Anexo III, para cada Carreira, cargo, classe e nível; e

II — Retribuição por Titulação — RT, conforme disposto no art. 17.

PARÁGRAFO ÚNICO. Fica divulgada, na forma do Anexo III-A, a variação dos padrões de remuneração, estabelecidos em lei, dos cargos do Plano de Carreiras e Cargos de Magistério Federal. (NR)

Art. 17. Fica instituída a RT, devida ao docente integrante do Plano de Carreiras e Cargos de Magistério Federal em conformidade com a Carreira, cargo, classe, nível e titulação comprovada, nos valores e vigência estabelecidos no Anexo IV.

§ 1º A RT será considerada no cálculo dos proventos e das pensões, na forma dos regramentos de regime previdenciário aplicável a cada caso, desde que o certificado ou o título tenham sido obtidos anteriormente à data da inativação.

§ 2º Os valores referentes à RT não serão percebidos cumulativamente para diferentes titulações ou com quaisquer outras Retribuições por Titulação, adicionais ou gratificações de mesma natureza.

Art. 18. No caso dos ocupantes de cargos da Carreira de Magistério do Ensino Básico, Técnico e Tecnológico, para fins de percepção da RT, será considerada a equivalência da titulação exigida com o Reconhecimento de Saberes e Competências — RSC.

§ 1º O RSC de que trata o *caput* poderá ser concedido pela respectiva IFE de lotação do servidor em 3 (três) níveis:

I — RSC-I;

II — RSC-II; e

III — RSC-III.

§ 2º A equivalência do RSC com a titulação acadêmica, exclusivamente para fins de percepção da RT, ocorrerá da seguinte forma:

I — diploma de graduação somado ao RSC-I equivalerá à titulação de especialização;

II — certificado de pós-graduação lato sensu somado ao RSC-II equivalerá a mestrado; e

III — titulação de mestre somada ao RSC-III equivalerá a doutorado.

§ 3º Será criado o Conselho Permanente para Reconhecimento de Saberes e Competências no âmbito do Ministério da Educação, com a finalidade de estabelecer os procedimentos para a concessão do RSC.

§ 4º A composição do Conselho e suas competências serão estabelecidas em ato do Ministro da Educação.

§ 5º O Ministério da Defesa possuirá representação no Conselho de que trata o § 3º, na forma do ato previsto no § 4º.

Art. 19. Em nenhuma hipótese, o RSC poderá ser utilizado para fins de equiparação de titulação para cumprimento de requisitos para a promoção na Carreira.

CAPÍTULO V
Do Regime de Trabalho do Plano de Carreiras e Cargos de Magistério Federal

Art. 20. O Professor das IFE, ocupante de cargo efetivo do Plano de Carreiras e Cargos de Magistério Federal, será submetido a um dos seguintes regimes de trabalho:

I — 40 (quarenta) horas semanais de trabalho, em tempo integral, com dedicação exclusiva às atividades de ensino, pesquisa, extensão e gestão institucional; ou

II — tempo parcial de 20 (vinte) horas semanais de trabalho.

§ 1º Excepcionalmente, a IFE poderá, mediante aprovação de órgão colegiado superior competente, admitir a adoção do regime de 40 (quarenta) horas semanais de trabalho, em tempo integral, observando 2 (dois) turnos diários completos, sem dedicação exclusiva, para áreas com características específicas.

§ 2º O regime de 40 (quarenta) horas com dedicação exclusiva implica o impedimento do exercício de outra atividade remunerada, pública ou privada, com as exceções previstas nesta Lei.

§ 3º Os docentes em regime de 20 (vinte) horas poderão ser temporariamente vinculados ao regime de 40 (quarenta) horas sem dedicação exclusiva após a verificação de inexistência de acúmulo de cargos e da existência de recursos orçamentários e financeiros para as despesas decorrentes da alteração do regime, considerando-se o caráter especial da atribuição do regime de 40 (quarenta) horas sem dedicação exclusiva, conforme disposto no § 1º, nas seguintes hipóteses:

I — ocupação de cargo de direção, função gratificada ou função de coordenação de cursos; ou

II — participação em outras ações de interesse institucional definidas pelo conselho superior da IFE.

§ 4º O professor, inclusive em regime de dedicação exclusiva, desde que não investido em cargo em comissão ou função de confiança, poderá: *(Incluído pela Lei n. 12.863, de 24.9.2013, DOU 25.9.2013)*

I — participar dos órgãos de direção de fundação de apoio de que trata a Lei n. 8.958, de 20 de dezembro de 1994, nos termos definidos pelo Conselho Superior da IFE, observado o cumprimento de sua jornada de trabalho e vedada a percepção de remuneração paga pela fundação de apoio; e *(Incluído pela Lei n. 12.863, de 24.9.2013, DOU 25.9.2013)*

II — ocupar cargo de dirigente máximo de fundação de apoio de que trata a Lei n. 8.958, de 20 de dezembro de 1994, mediante deliberação do Conselho Superior da IFE. (NR) *(Redação dada pela Lei n. 13.243, de 11.1.16, DOU 12.1.16)*

Art. 20-A. Sem prejuízo da isenção ou imunidade previstas na legislação vigente, as fundações de apoio às Instituições de Ensino Superior e as Instituições Científica, Tecnológica e de Inovação (ICTs) poderão remunerar o seu dirigente máximo que: *(Incluído pela Lei n. 13.243, de 11.1.16, DOU 12.1.16)*

I — seja não estatutário e tenha vínculo empregatício com a instituição; *(Incluído pela Lei n. 13.243, de 11.1.16, DOU 12.1.16)*

II — seja estatutário, desde que receba remuneração inferior, em seu valor bruto, a 70% (setenta por cento) do limite estabelecido para a remuneração de servidores do Poder Executivo federal. *(Incluído pela Lei n. 13.243, de 11.1.16, DOU 12.1.16)*

Art. 21. No regime de dedicação exclusiva, será admitida, observadas as condições da regulamentação própria de cada IFE, a percepção de:

I — remuneração de cargos de direção ou funções de confiança;

II — retribuição por participação em comissões julgadoras ou verificadoras relacionadas ao ensino, pesquisa ou extensão, quando for o caso;

III — bolsa de ensino, pesquisa, extensão ou estímulo à inovação paga por agência oficial de fomento, por fundação de apoio devidamente credenciada por IFE ou por organismo internacional amparado por ato, tratado ou convenção internacional; *(Redação dada pela Lei n. 13.243, de 11.1.16, DOU 12.1.16)*

IV — bolsa pelo desempenho de atividades de formação de professores da educação básica, no âmbito da Universidade Aberta do Brasil ou de outros programas oficiais de formação de professores;

V — bolsa para qualificação docente, paga por agências oficiais de fomento ou organismos nacionais e internacionais congêneres;

VI — direitos autorais ou direitos de propriedade intelectual, nos termos da legislação própria, e ganhos econômicos resultantes de projetos de inovação tecnológica, nos termos do art. 13 da Lei n. 10.973, de 2 de dezembro de 2004;

VII — outras hipóteses de bolsas de ensino, pesquisa e extensão, pagas pelas IFE, nos termos de regulamentação de seus órgãos colegiados superiores;

VIII — retribuição pecuniária, na forma de pro labore ou cachê pago diretamente ao docente por ente distinto da IFE, pela participação esporádica em palestras, conferências, atividades artísticas e culturais relacionadas à área de atuação do docente;

IX — Gratificação por Encargo de Curso ou Concurso, de que trata o art. 76-A da Lei n. 8.112, de 1990;

X — Função Comissionada de Coordenação de Curso — FCC, de que trata o art. 7º da Lei n. 12.677, de 25 de junho de 2012; *(Redação dada pela Lei n. 12.863, de 24.9.2013, DOU 25.9.2013)*

XI — retribuição pecuniária, em caráter eventual, por trabalho prestado no âmbito de projetos institucionais de ensino, pesquisa e extensão, na forma da Lei n. 8.958, de 20 de dezembro de 1994; e *(Redação dada pela Lei n. 12.863, de 24.9.2013, DOU 25.9.2013)*

XII — retribuição pecuniária por colaboração esporádica de natureza científica ou tecnológica em assuntos de especialidade do docente, inclusive em polos de inovação tecnológica, devidamente autorizada pela IFE de acordo com suas regras. *(Incluído pela Lei n. 12.863, de 24.9.2013, DOU 25.9.2013)*

§ 1º Considera-se esporádica a participação remunerada nas atividades descritas no inciso VIII do *caput*, autorizada pela IFE, que, no total, não exceda 30 (trinta) horas anuais.

§ 2º Os limites de valor e condições de pagamento das bolsas e remunerações referidas neste artigo, na ausência de disposição específica na legislação própria, serão fixados em normas da IFE.

§ 3º O pagamento da retribuição pecuniária de que trata o inciso XI do *caput* será divulgado na forma do art. 4º-A da Lei n. 8.958, de 20 de dezembro de 1994.

§ 4º As atividades de que tratam os incisos XI e XII do *caput* não excederão, computadas isoladamente ou em conjunto, a 8 (oito) horas semanais ou a 416 (quatrocentas e dezesseis) horas anuais. (NR) *(Redação dada pela Lei n. 13.243, de 11.1.16, DOU 12.1.16)*

Art. 22. O Professor poderá solicitar a alteração de seu regime de trabalho, mediante proposta que será submetida a sua unidade de lotação.

§ 1º A solicitação de mudança de regime de trabalho, aprovada na unidade referida no *caput*, será encaminhada ao dirigente máximo, no caso das IFE vinculadas ao Ministério da Defesa, ou à Comissão Permanente de Pessoal Docente — CPPD de que trata o art. 26, no caso das IFE vinculadas ao Ministério da Educação, para análise e parecer, e posteriormente à decisão final da autoridade ou Conselho Superior competente.

§ 2º É vedada a mudança de regime de trabalho aos docentes em estágio probatório. *(Revogado pela Lei n. 13.325, de 29.7.16, DOU 29.7.16, Ed. Extra)*

§ 3º Na hipótese de concessão de afastamento sem prejuízo de vencimentos, as solicitações de alteração de regime só serão autorizadas após o decurso de prazo igual ao do afastamento concedido.

CAPÍTULO VI
Do Estágio Probatório dos Servidores do Plano de Carreiras e Cargos de Magistério Federal

Art. 23. A avaliação especial de desempenho do servidor em estágio probatório, ocupante de cargo pertencente ao Plano de Carreiras e Cargos de Magistério Federal, será realizada por Comissão de Avaliação de Desempenho designada no âmbito de cada IFE.

PARÁGRAFO ÚNICO. A Comissão de Avaliação de Desempenho deverá ser composta de docentes estáveis, com representações da unidade acadêmica de exercício do docente avaliado e do Colegiado do Curso no qual o docente ministra o maior número de aulas.

Art. 24. Além dos fatores previstos no art. 20 da Lei n. 8.112, de 1990, a avaliação especial de desempenho do docente em estágio probatório deverá considerar:

I — adaptação do professor ao trabalho, verificada por meio de avaliação da capacidade e qualidade no desempenho das atribuições do cargo;

II — cumprimento dos deveres e obrigações do servidor público, com estrita observância da ética profissional;

III — análise dos relatórios que documentam as atividades científico-acadêmicas e administrativas programadas no plano de trabalho da unidade de exercício e apresentadas pelo docente, em cada etapa de avaliação;

IV — a assiduidade, a disciplina, o desempenho didático-pedagógico, a capacidade de iniciativa, produtividade e responsabilidade;

V — participação no Programa de Recepção de Docentes instituído pela IFE; e

VI — avaliação pelos discentes, conforme normatização própria da IFE.

Art. 25. A avaliação de desempenho do servidor ocupante de cargo do Plano de Carreiras e Cargos de Magistério Federal em estágio probatório será realizada obedecendo:

I — o conhecimento, por parte do avaliado, do instrumento de avaliação e dos resultados de todos os relatórios emitidos pela Comissão de Avaliação de Desempenho, resguardando-se o direito ao contraditório; e

II — a realização de reuniões de avaliação com a presença de maioria simples dos membros da Comissão de Avaliação de Desempenho.

CAPÍTULO VII
Da Comissão Permanente de Pessoal Docente

Art. 26. Será instituída uma Comissão Permanente de Pessoal Docente — CPPD, eleita pelos seus pares, em cada IFE, que possua, em seus quadros, pessoal integrante do Plano de Carreiras e Cargos de Magistério Federal. *(Redação dada pela Lei n. 12.863, de 24.9.2013, DOU 25.9.2013)*

§ 1º À CPPD caberá prestar assessoramento ao colegiado competente ou dirigente máximo na instituição de ensino, para formulação e acompanhamento da execução da política de pessoal docente, no que diz respeito a:

I — dimensionamento da alocação de vagas docentes nas unidades acadêmicas;

II — contratação e admissão de professores efetivos e substitutos;

III — alteração do regime de trabalho docente;

IV — avaliação do desempenho para fins de progressão e promoção funcional;

V — solicitação de afastamento de docentes para aperfeiçoamento, especialização, mestrado, doutorado ou pós-doutorado; e

VI — liberação de professores para programas de cooperação com outras instituições, universitárias ou não.

§ 2º Demais atribuições e forma de funcionamento da CPPD serão objeto de regulamentação pelo colegiado superior ou dirigente máximo das instituições de ensino, conforme o caso.

§ 3º No caso das IFE subordinadas ao Ministério da Defesa, a instituição da CPPD é opcional e ficará a critério do dirigente máximo de cada IFE.

CAPÍTULO VIII
Do Corpo Docente

Art. 27. O corpo docente das IFE será constituído pelos cargos efetivos integrantes do Plano de Carreiras e Cargos de que trata esta Lei e pelos Professores Visitantes, Professores Visitantes Estrangeiros e Professores Substitutos.

Art. 28. A contratação temporária de Professores Substitutos, de Professores Visitantes e de Professores Visitantes Estrangeiros será feita de acordo com o que dispõe a Lei n. 8.745, de 1993.

Art. 29. O art. 2º da Lei n. 8.745, de 1993, passa a vigorar com a seguinte redação:

"Art. 2º ....

§ 5º A contratação de professor visitante e de professor visitante estrangeiro, de que tratam os incisos IV e V do *caput*, tem por objetivo:

I — apoiar a execução dos programas de pós-graduação *stricto sensu*;

II — contribuir para o aprimoramento de programas de ensino, pesquisa e extensão;

III — contribuir para a execução de programas de capacitação docente; ou

IV — viabilizar o intercâmbio científico e tecnológico.

§ 6º A contratação de professor visitante e o professor visitante estrangeiro, de que tratam os incisos IV e V do *caput*, deverão:

I — atender a requisitos de titulação e competência profissional; ou

II — ter reconhecido renome em sua área profissional, atestado por deliberação do Conselho Superior da instituição contratante.

§ 7º São requisitos mínimos de titulação e competência profissional para a contratação de professor visitante ou de professor visitante estrangeiro, de que tratam os incisos IV e V do *caput*:

I — ser portador do título de doutor, no mínimo, há 2 (dois) anos;

II — ser docente ou pesquisador de reconhecida competência em sua área; e

III — ter produção científica relevante, preferencialmente nos últimos 5 (cinco) anos.

§ 8º Excepcionalmente, no âmbito das Instituições da Rede Federal de Educação Profissional, Científica e Tecnológica, poderão ser contratados professor visitante ou professor visitante estrangeiro, sem o título de doutor, desde que possuam comprovada competência em ensino, pesquisa e extensão tecnológicos ou reconhecimento da qualificação profissional pelo mercado de trabalho, na forma prevista pelo Conselho Superior da instituição contratante.

§ 9º A contratação de professores substitutos, professores visitantes e professores visitantes estrangeiros poderá ser autorizada pelo dirigente da instituição, condicionada à existência de recursos orçamentários e financeiros para fazer frente às despesas decorrentes da contratação e ao quantitativo máximo de contratos estabelecido para a IFE.

§ 10. A contratação dos professores substitutos fica limitada ao regime de trabalho de 20 (vinte) horas ou 40 (quarenta) horas." (NR)

CAPÍTULO IX
Dos Afastamentos

Art. 30. O ocupante de cargos do Plano de Carreiras e Cargos do Magistério Federal, sem prejuízo dos afastamentos previstos na Lei n. 8.112, de 1990, poderá afastar-se de suas funções, assegurados todos os direitos e vantagens a que fizer jus, para:

I — participar de programa de pós-graduação stricto sensu ou de pós-doutorado, independentemente do tempo ocupado no cargo ou na instituição; *(Redação dada pela Lei n. 12.863, de 24.9.2013, DOU 25.9.2013)*

II — prestar colaboração a outra instituição federal de ensino ou de pesquisa, por período de até 4 (quatro) anos, com ônus para a instituição de origem; e

III — prestar colaboração técnica ao Ministério da Educação, por período não superior a 1 (um) ano e com ônus para a instituição de origem, visando ao apoio ao desenvolvimento de programas e projetos de relevância.

§ 1º Os afastamentos de que tratam os incisos II e III do *caput* somente serão concedidos a servidores aprovados no estágio probatório do respectivo cargo e se autorizado pelo dirigente máximo da IFE, devendo estar vinculados a projeto ou convênio com prazos e finalidades objetivamente definidos.

§ 2º Aos servidores de que trata o *caput* poderá ser concedido o afastamento para realização de programas de mestrado ou doutorado independentemente do tempo de ocupação do cargo.

§ 3º Ato do dirigente máximo ou Conselho Superior da IFE definirá, observada a legislação vigente, os programas de capacitação e os critérios para participação em programas de pós-graduação, com ou sem afastamento do servidor de suas funções.

CAPÍTULO X
Do Enquadramento dos Servidores da Carreira de Magistério do Ensino Básico Federal

Art. 31. A partir de 1º de março de 2013 ou, se posterior, a partir da data de publicação desta Lei, os servidores ocupantes dos cargos da Carreira de Magistério do Ensino Básico Federal, de que trata o inciso I do art. 122 da Lei n. 11.784, de 2008, poderão ser enquadrados na Carreira de Magistério do Ensino Básico, Técnico e Tecnológico, de que trata esta Lei, de acordo com as respectivas atribuições, requisitos de formação profissional e posição relativa na Tabela de Correlação constante do Anexo V.

§ 1º Para fins do disposto no *caput*, os servidores ocupantes dos cargos da Carreira de Magistério do Ensino Básico Federal, de que trata a Lei n. 11.784, de 2008, deverão solicitar o enquadramento à respectiva IFE de lotação até 31 de julho de 2013 ou em até 90 (noventa) dias da publicação desta Lei, se esta ocorrer posteriormente àquela data, na forma do Termo de Solicitação de Enquadramento constante do Anexo VI.

§ 2º Os servidores de que trata o *caput* somente poderão formalizar a solicitação referida no § 1º se atendiam, no momento do ingresso na Carreira de Magistério do Ensino Básico Federal, aos requisitos de titulação estabelecidos para ingresso na Carreira de Magistério do Ensino Básico, Técnico e Tecnológico, conforme disposto no § 1º do art. 10.

§ 3º O enquadramento de que trata o *caput* dependerá de aprovação do Ministério da Defesa, que será responsável pela avaliação das solicitações formalizadas, observando o disposto nos §§ 1º e 2º.

§ 4º O Ministério da Defesa deliberará sobre o deferimento ou indeferimento da solicitação de enquadramento de que trata o § 1º em até 120 (cento e vinte) dias.

§ 5º No caso de deferimento, ao servidor enquadrado serão aplicadas as regras da Carreira de Magistério do Ensino Básico, Técnico e Tecnológico do Plano de Carreiras e Cargos de Magistério Federal, de que trata esta Lei, com efeitos financeiros, se houver, a partir da data de publicação do deferimento, vedados, em qualquer hipótese, efeitos financeiros retroativos.

§ 6º O servidor que não obtiver o deferimento para o enquadramento na Carreira de Magistério do Ensino Básico, Técnico e Tecnológico permanecerá na situação em que se encontrava antes da publicação desta Lei.

§ 7º Os cargos a que se refere o *caput*, enquadrados na Carreira de Magistério do Ensino Básico, Técnico e Tecnológico do Plano de Carreiras e Cargos de Magistério Federal, passam a denominar-se Professor do Magistério do Ensino Básico, Técnico e Tecnológico.

§ 8º O prazo para exercer a solicitação referida no § 1º, no caso de servidores em gozo de licença ou afastamento previstos nos arts. 81 e 102 da Lei n. 8.112, de 1990, será estendido em 30 (trinta) dias contados a partir do término do afastamento.

§ 9º Ao servidor titular de cargo efetivo do Plano de Carreiras de Magistério do Ensino Básico Federal cedido para órgão ou entidade no âmbito do Poder Executivo Federal aplica-se, quanto ao prazo de solicitação de enquadramento, o disposto no § 1º, podendo o servidor permanecer na condição de cedido.

§ 10. Os cargos de provimento efetivo da Carreira de Magistério do Ensino Básico Federal cujos ocupantes forem enquadrados na Carreira de Magistério do Ensino Básico, Técnico e Tecnológico permanecerão integrando o Quadro de Pessoal das Instituições Federais de Ensino subordinadas ou vinculadas ao Ministério da Defesa.

§ 11. Os cargos vagos e os que vierem a vagar da Carreira de Magistério do Ensino Básico Federal de que trata a Lei n. 11.784, de 2008, pertencentes aos Quadros de Pessoal das Instituições Federais de Ensino, subordinadas ou vinculadas ao Ministério da Defesa, passam a integrar a Carreira do Magistério do Ensino Básico, Técnico e Tecnológico e a denominar-se Professor do Ensino Básico, Técnico e Tecnológico, nos respectivos Quadros de Pessoal a que pertencem.

§ 12. O enquadramento e a mudança de denominação dos cargos a que se refere este artigo não representam, para qualquer efeito legal, inclusive para efeito de aposentadoria, descontinuidade em relação à Carreira, ao cargo e às atribuições atuais desenvolvidas pelos seus titulares.

CAPÍTULO XI
Da Estrutura Remuneratória do Plano de Carreiras de Magistério do Ensino Básico Federal

Art. 32. O art. 137 da Lei n. 11.784, de 2008, passa a vigorar com a seguinte redação:

"Art. 137. O posicionamento dos aposentados e dos pensionistas nas tabelas remuneratórias constantes dos Anexos LXXVII, LXXVIII, LXXIX, LXXXIII, LXXXIV, LXXXV, LXXVII-A, LXXXIII-A, LXXIX-A e LXXXV-A desta Lei, respectivamente, será referenciado à situação em que o servidor se encontrava na data da aposentadoria ou em que se originou a pensão, respeitadas as alterações relativas a posicionamentos decorrentes de legislação específica." (NR)

Art. 33. A Lei n. 11.784, de 2008, passa a vigorar acrescida dos seguintes dispositivos:

"Art. 124-A. A partir de 1º de março de 2013, os cargos do Plano de Carreiras de Magistério do Ensino Básico Federal ficam estruturados na forma dos Anexos LXXIV-A e LXXX-A, conforme correlação estabelecida nos Anexos LXXV-A e LXXXI-A desta Lei."

"Art. 132-A. A partir de 1º de março de 2013, a estrutura remuneratória dos titulares de cargos integrantes do Plano de Carreiras de Magistério do Ensino Básico Federal será composta de:

I — Vencimento Básico, conforme valores e vigências constantes dos Anexos LXXVII-A e LXXXIII-A; e

II — Retribuição por Titulação, conforme valores e vigência constantes dos Anexos LXXIX-A e LXXXV-A.

PARÁGRAFO ÚNICO. A partir da data de 1º de março de 2013, ficam extintas a Gratificação Específica de Atividade Docente do Ensino Básico Federal — GEDBF e a Gratificação Específica de Atividade Docente dos Ex-Territórios — GEBEXT."

"Art. 133-A. A partir de 1º de março de 2013, os níveis de Vencimento Básico dos cargos integrantes das Carreiras do Plano de Carreiras do Magistério do Ensino Básico Federal são os constantes dos Anexos LXXVII-A e LXXXIII-A desta Lei."

"Art. 135-A. A partir de 1º de março de 2013, os valores referentes à RT são aqueles fixados nos Anexos LXXIX-A e LXXXV-A desta Lei, observada a nova estrutura das Carreiras do Plano de Carreiras do Magistério do Ensino Básico Federal de que trata o art. 124-A."

"Art. 136-A. A partir de 1º de março de 2013, os integrantes do Plano de Carreiras do Magistério do Ensino Básico Federal deixam de fazer jus à percepção das seguintes gratificações e vantagens:

I — Gratificação Específica de Atividade Docente do Ensino Básico Federal — GEDBF; e

II — Gratificação Específica de Atividade Docente dos Ex-Territórios — GEBEXT, de que trata esta Lei."

CAPÍTULO XII
Disposições Finais e Transitórias

Art. 34. Aos servidores ocupantes de cargos da Carreira de Magistério do Ensino Básico, Técnico e Tecnológico do Plano de Carreiras e Cargos de Magistério Federal na data de 1º de março de 2013, será aplicado, para a primeira progressão ou promoção a ser realizada, observando os critérios de desenvolvimento na Carreira estabelecidos nesta Lei, o interstício de dezoito meses. *(Redação dada pela Lei n. 13.325, de 29.7.16, DOU 29.7.16, Ed. Extra)*

PARÁGRAFO ÚNICO. O interstício de que trata o *caput* não será, em nenhuma hipótese, utilizado para outras progressões ou para servidores ingressos na Carreira após a data de 1º de março de 2013.

Art. 35. Anteriormente à aplicação da Tabela de Correlação do Anexo II, o titular de cargo de provimento efetivo da Carreira do Magistério Superior do PUCRCE, em 31 de dezembro de 2012, posicionado na Classe de Professor Associado daquela Carreira, será reposicionado, satisfeitos os requisitos, da seguinte forma:

I — ao Professor de que trata o *caput* que contar com no mínimo 17 (dezessete) anos de obtenção do título de doutor será concedido reposicionamento para a Classe D, com denominação de Professor Associado, nível 2; *(Redação dada pela Lei n. 12.863, de 2013)*

II — ao Professor de que trata o *caput* que contar com no mínimo 19 (dezenove) anos de obtenção do título de doutor será concedido reposicionamento para a Classe D, com denominação de Professor Associado, nível 3; e *(Redação dada pela Lei n. 12.863, de 24.9.2013, DOU 25.9.2013)*

III — ao Professor de que trata o *caput* que contar com no mínimo 21 (vinte e um) anos de obtenção do título de doutor será concedido reposicionamento para a Classe D, com denominação de Professor Associado, nível 4. *(Redação dada pela Lei n. 12.863, de 24.9.2013, DOU 25.9.2013)*

§ 1º O reposicionamento de que trata este artigo será efetuado mediante requerimento do servidor à respectiva IFE, no prazo de até 90 (noventa) dias a partir da publicação desta Lei, com a apresentação da devida comprovação do tempo de obtenção do título de doutor.

§ 2º O reposicionamento de que trata o *caput* será supervisionado pelo Ministério da Educação e pelo Ministério da Defesa, conforme a vinculação ou subordinação da IFE.

§ 3º Os efeitos do reposicionamento de que trata este artigo serão considerados por ocasião da aplicação da Tabela de Correlação do Anexo II.

§ 4º O reposicionamento de que trata este artigo não gera efeitos financeiros retroativos anteriores a 1º de março de 2013.

§ 5º O reposicionamento de que trata este artigo não se aplica aos servidores que já se encontrem no respectivo nível ou em nível superior ao qual fariam jus a serem reposicionados.

Art. 36. Aos servidores ocupantes de cargos efetivos pertencentes ao Plano de Carreiras e Cargos de Magistério Federal serão concedidos 45 (quarenta e cinco) dias de férias anuais que poderão ser gozadas parceladamente.

Art. 37. Aos servidores de que trata esta Lei, pertencentes ao Plano de Carreiras e Cargos de Magistério Federal, não se aplicam as disposições do Decreto n. 94.664, de 23 de julho de 1987.

Art. 38. O quantitativo de cargos de que trata o art. 110 da Lei n. 11.784, de 2008, vagos na data de publicação desta Lei ficam transformados em cargos de Professor Titular-Livre do Ensino Básico, Técnico e Tecnológico.

Art. 39. Ficam criados 1.200 (mil e duzentos) cargos de Professor Titular-Livre do Magistério Superior, para provimento gradual condicionado à comprovação da disponibilidade orçamentária e autorização pelo Ministério do Planejamento, Orçamento e Gestão.

Art. 40. Ficam criados 526 (quinhentos e vinte e seis) cargos de Professor Titular-Livre do Ensino Básico, Técnico e Tecnológico, para provimento gradual condicionado à comprovação da disponibilidade orçamentária e autorização do Ministério do Planejamento, Orçamento e Gestão.

Art. 41. A Lei n. 11.091, de 12 de janeiro de 2005, passa a vigorar com as seguintes alterações:

"Art. 10. ....

§ 4º No cumprimento dos critérios estabelecidos no Anexo III, é permitido o somatório de cargas horárias de cursos realizados pelo servidor durante a permanência no nível de capacitação em que se encontra e da carga horária que excedeu à exigência para progressão no interstício do nível anterior, vedado o aproveitamento de cursos com carga horária inferior a 20 (vinte) horas-aula. ...." (NR)

"Art. 12. ....

§ 4º A partir de 1º de janeiro de 2013, o Incentivo à Qualificação de que trata o *caput* será concedido aos servidores que possuírem certificado, diploma ou titulação que exceda a exigência de escolaridade mínima para ingresso no cargo do qual é titular, independentemente do nível de classificação em que esteja posicionado, na forma do Anexo IV." (NR)

Art. 42. A Lei n. 11.892, de 29 de dezembro de 2008, passa a vigorar com as seguintes alterações:

"Art. 11. ....

§ 1º Poderão ser nomeados Pró-Reitores os servidores ocupantes de cargo efetivo da Carreira docente ou de cargo efetivo com nível superior da Carreira dos técnico-administrativos do Plano de Carreira dos Cargos Técnico-Administrativos em Educação, desde que possuam o mínimo de 5 (cinco) anos de efetivo exercício em instituição federal de educação profissional e tecnológica." (NR)

Art. 43. A parcela complementar de que tratam os §§ 2º e 3º do art. 15 da Lei n. 11.091, de 12 de janeiro de 2005, não será absorvida por força dos aumentos remuneratórios com efeitos financeiros no período de 2013 a 2017. (NR) *(Redação dada pela Lei n. 13.325, de 29.7.16, DOU 29.7.16, Ed. Extra)*

Art. 44. Os Anexos I-C, III e IV da Lei n. 11.091, de 2005, passam a vigorar na forma dos Anexos XV, XVI e XVII desta Lei.

Art. 45. O Anexo XLVII da Lei n. 12.702, de 7 de agosto de 2012, passa a vigorar na forma do Anexo XVIII desta Lei.

Art. 46. Os Anexos XX-A, XX-B, XXV-B e XXV-C da Lei n. 11.357, de 19 de outubro de 2006, passam a vigorar na forma dos Anexos XIX, XX, XXI e XXII desta Lei.

Art. 47. A Lei n. 11.784, de 22 de setembro de 2008, passa a vigorar acrescida dos Anexos LXXIV-A, LXXX-A, LXXV-A, LXXXI-A, LXXVII-A, LXXXIII-A, LXXIX-A e LXXXV-A, respectivamente na forma dos Anexos VII, VIII, IX, X, XI, XII, XIII e XIV desta Lei.

Art. 48. O § 3º do art. 1º da Lei n. 8.168, de 16 de janeiro de 1991, passa a vigorar com a seguinte redação:

"Art. 1º ....

§ 3º Poderão ser nomeados para cargo de direção ou designados para função gratificada servidores públicos federais da administração direta, autárquica ou fundacional não pertencentes ao quadro permanente da instituição de ensino, respeitado o limite de 10% (dez por cento) do total dos cargos e funções da instituição, admitindo-se, quanto aos cargos de direção, a nomeação de servidores já aposentados. ...." (NR)

Art. 49. Esta Lei entra em vigor na data de sua publicação.

Art. 50. Ficam revogados, a partir de 1º de março de 2013, ou a partir da publicação desta Lei, se posterior àquela data:

I — os arts. 106, 107, 111, 112, 113, 114, 114-A, 115, 116, 117, 120 e os Anexos LXVIII, LXXI, LXXII, LXXIII, LXXIV, LXXVII, LXXVIII, LXXIX, LXXX, LXXXIII, LXXXIV e LXXXV da Lei n. 11.784, de 22 de setembro de 2008;

II — os arts. 4º, 5º, 6º-A, 7º-A, 10 e os Anexos III, IV, IV-A, V.-A e V-B da Lei n. 11.344, de 8 de setembro de 2006; e

III — o art. 4º da Lei n. 12.677, de 25 de junho de 2012.

Brasília, 28 de dezembro de 2012; 191º da Independência e 124º da República.

Dilma Rousseff
Miriam Belchior

Nota: Os anexos referidos pelas Leis acham-se publicados às páginas 6 a 22, do DOU 31.12.2012 (Lei n. 12.772, de 28.12.2012) e às páginas 3 a 5 do DOU 25.9.2013 (Lei n. 12.863, de 25.9.2013)

LEI N. 12.800, DE 23 DE ABRIL DE 2013

(DOU 24.4.2013)

Dispõe sobre as tabelas de salários, vencimentos, soldos e demais vantagens aplicáveis aos servidores civis, aos militares e aos empregados oriundos do ex-território federal de Rondônia integrantes do quadro em extinção de que trata o art. 85 da Lei n. 12.249, de 11 de junho de 2010, e dá outras providências.

A PRESIDENTA DA REPÚBLICA

Faço saber que o Congresso Nacional decreta e eu sanciono a seguinte Lei:

CAPÍTULO I
Âmbito de Aplicação

Art. 1º Esta Lei dispõe sobre a remuneração dos servidores, os soldos dos militares e os salários dos empregados do ex-Território

Federal de Rondônia e Municípios abrangidos pela Emenda Constitucional n. 60, de 11 de novembro de 2009, e integrantes do quadro em extinção de que trata o art. 85 da Lei n. 12.249, de 11 de junho de 2010.

§ 1º Esta Lei também dispõe sobre a situação dos abrangidos pela Emenda Constitucional n. 79, de 27 de maio de 2014. *(Redação dada pela Lei n. 13.121, de 8.5.15, DOU 11.5.15)*

§ 2º Poderão optar pela inclusão nos quadros em extinção a que se refere esta Lei: *(Redação dada pela Lei n. 13.121, de 8.5.15, DOU 11.5.15)*

I — (VETADO); *(Lei n. 13.121, de 8.5.15, DOU 11.5.15)*

II — os servidores admitidos de forma regular; *(Redação dada pela Lei n. 13.121, de 8.5.15, DOU 11.5.15)*

III — os servidores admitidos nos quadros dos ex-Territórios Federais de Rondônia, do Amapá e de Roraima, os servidores dos Estados de Rondônia, do Amapá e de Roraima e os servidores dos respectivos Municípios, admitidos mediante contratos de trabalho, por tempo determinado ou indeterminado, celebrados nos moldes da Consolidação das Leis do Trabalho — CLT, aprovada pelo Decreto-Lei n. 5.452, de 1º de maio de 1943; *(Redação dada pela Lei n. 13.121, de 8.5.15, DOU 11.5.15)*

IV — os servidores abrangidos pela Emenda Constitucional n. 60, de 11 de novembro de 2009, demitidos ou exonerados por força dos Decretos ns. 8.954, de 2000, 8.955, de 2000, 9.043, de 2000, e 9.044, de 2000, do Estado de Rondônia; *(Redação dada pela Lei n. 13.121, de 8.5.15, DOU 11.5.15)*

V — (VETADO); *(Lei n. 13.121, de 8.5.15, DOU 11.5.15)*

VI — (VETADO); e *(Lei n. 13.121, de 8.5.15, DOU 11.5.15)*

VII — (VETADO). (NR) *(Lei n. 13.121, de 8.5.15, DOU 11.5.15)*

CAPÍTULO II
Dos Servidores e dos Militares

Art 2º Nos casos da opção para a inclusão em quadro em extinção da União de que tratam a Emenda Constitucional n. 60, de 11 de novembro de 2009, e a Emenda Constitucional n. 79, de 27 de maio de 2014: *(Redação dada pela Lei n. 13.121, de 8.5.15, DOU 11.5.15)*

I — aplica-se aos policiais e bombeiros militares optantes o disposto nos arts. 3º, 4º e 5º;

II — aplica-se aos policiais civis optantes a tabela de subsídios de que trata o Anexo VI da Lei n. 11.358, de 19 de outubro de 2006; *(Redação dada pela Lei n. 13.121, de 8.5.15, DOU 11.5.15)*

III — aplicam-se aos integrantes das Carreiras de magistério optantes as tabelas de vencimento básico e retribuição por titulação de que trata o Anexo II; e

IV — aplicam-se aos demais servidores optantes as tabelas de vencimento básico e gratificação de desempenho do Plano de Classificação de Cargos dos ex-Territórios Federais — PCC-Ext, nos termos desta Lei; *(Redação dada pela Lei n. 13.121, de 8.5.15, DOU 11.5.15)*

V — (VETADO); *(Lei n. 13.121, de 8.5.15, DOU 11.5.15)*

VI — (VETADO); *(Lei n. 13.121, de 8.5.15, DOU 11.5.15)*

VII — (VETADO); *(Lei n. 13.121, de 8.5.15, DOU 11.5.15)*

VIII — os servidores dos ex-Territórios do Amapá, de Roraima e de Rondônia incorporados a quadro em extinção da União serão enquadrados em cargos de atribuições equivalentes ou assemelhadas, integrantes de planos de cargos e carreiras da União, no nível de progressão alcançado, assegurados os direitos, vantagens e padrões remuneratórios a eles inerentes. *(Redação dada pela Lei n. 13.121, de 8.5.15, DOU 11.5.15)*

IX — aplica-se aos servidores ativos, inativos e pensionistas de que trata o art. 7º da Emenda Constitucional n. 79, de 27 de maio de 2014, a diferença remuneratória decorrente dos reajustes da tabela "a" do Anexo VII da lei decorrente da conversão da Medida Provisória n. 765, de 29 de dezembro de 2016; *(Incluído pela Lei n. 13.464, de 10.7.17, DOU 11.7.17)*

X — (VETADO) *(Incluído pela Lei n. 13.464, de 10.7.17, DOU 11.7.17)*

§ 1º O posicionamento dos servidores optantes de que tratam os incisos I a IV do *caput* nas classes e padrões das tabelas remuneratórias ocorrerá da seguinte forma:

I — no caso dos policiais e bombeiros militares optantes de que trata o inciso I do *caput*, será observada a correlação direta do posto ou graduação ocupado em 1º de janeiro de 2014 ou na data da publicação do deferimento da opção de que trata o *caput*, se esta for posterior;

II — no caso dos policiais civis optantes de que trata o inciso II do *caput*, será considerada uma classe para cada 5 (cinco) anos de serviço prestado no cargo, contados em 1º de janeiro de 2014 ou na data da publicação do deferimento da opção de que trata o *caput*, se esta for posterior;

III — no caso dos servidores docentes do magistério optantes de que trata o inciso III do *caput*, será considerado um padrão para cada 18 (dezoito) meses de serviço prestado no cargo, contados em 1º de março de 2014 ou na data da publicação do deferimento da opção de que trata o *caput*, se esta for posterior, observado para a Classe "Titular" o requisito obrigatório de titulação de doutor; e

IV — no caso dos demais servidores optantes de que trata o inciso IV do *caput*, será considerado um padrão para cada 12 (doze) meses de serviço prestado no cargo, contados em 1º de janeiro de 2014 ou na data da publicação do deferimento da opção de que trata o *caput*, se esta for posterior.

§ 2º Os posicionamentos de que tratam os incisos II, III e IV do § 1º ocorrerão a partir do padrão inicial da tabela remuneratória aplicável ao servidor.

§ 3º Os servidores e os militares mencionados nos incisos I a IV do *caput*, sem prejuízo dos demais requisitos constitucionais, legais e regulamentares para ingresso no quadro em extinção de que trata o art. 85 da Lei n. 12.249, de 11 de junho de 2010, somente poderão optar pelo ingresso no referido quadro se ainda mantiverem o mesmo vínculo funcional efetivo com o Estado de Rondônia existente em 15 de março de 1987, ou, no caso dos servidores municipais, se mantiverem o mesmo vínculo funcional efetivo existente em 23 de dezembro de 1981, ressalvadas, em ambos os casos, as promoções e progressões obtidas em conformidade com a Constituição Federal.

§ 4º Aplica-se aos servidores e aos militares mencionados nos incisos I, II e III do *caput* o disposto no parágrafo único do art. 7º.

§ 5º O disposto nos incisos do *caput* será aplicado a partir da data de publicação do deferimento da opção de que trata o art. 86 da Lei n. 12.249, de 11 de junho de 2010, caso esta seja posterior à data respectiva prevista no *caput*.

§ 6º Sem prejuízo dos demais requisitos constitucionais, legais e regulamentares, somente poderão optar pelo ingresso em quadro em extinção da União: *(Redação dada pela Lei n. 13.121, de 8.5.15, DOU 11.5.15)*

I — os servidores públicos federais da administração direta e indireta, os servidores municipais e os integrantes da carreira policial militar dos ex-Territórios Federais do Amapá e de Roraima que comprovadamente se encontravam no exercício regular de suas funções prestando serviços àqueles ex-Territórios na data em que foram transformados em Estados ou no período entre a transformação e a efetiva instalação desses Estados em 4 de outubro de 1993; *(Redação dada pela Lei n. 13.121, de 8.5.15, DOU 11.5.15)*

II — os servidores e os policiais militares admitidos regularmente pelos governos dos Estados do Amapá e de Roraima no período entre 5 de outubro de 1988 e 4 de outubro de 1993; *(Redação dada pela Lei n. 13.121, de 8.5.15, DOU 11.5.15)*

III — os servidores nos Estados do Amapá e de Roraima com vínculo funcional reconhecido pela União; *(Redação dada pela Lei n. 13.121, de 8.5.15, DOU 11.5.15)*

IV — (VETADO); *(Lei n. 13.121, de 8.5.15, DOU 11.5.15)*

V — (VETADO). *(Lei n. 13.121, de 8.5.15, DOU 11.5.15)*

§ 7º A opção de que trata a Emenda Constitucional n. 79, de 27 de maio de 2014, será exercida na forma do regulamento. (NR) *(Redação dada pela Lei n. 13.121, de 8.5.15, DOU 11.5.15)*

Art. 2º-A. (VETADO). *(Lei n. 13.464, de 10.7.17, DOU 11.7.17)*

Art. 3º A partir da data da publicação do deferimento da opção para a inclusão em quadro em extinção da União, a remuneração dos militares e bombeiros militares optantes de que trata o inciso I do *caput* do art. 2º compõe-se de: *(Redação dada pela Lei n. 13.121, de 8.5.15, DOU 11.5.15)*

I — soldo;

II — adicionais:

a) de Posto ou Graduação;

b) de Certificação Profissional;

c) de Operações Militares; e

d) de Tempo de Serviço, referente aos anuênios a que fizer jus o militar até o limite de 15% (quinze por cento) incidente sobre o soldo; e

III — gratificações:

a) Gratificação Especial de Função Militar — GEFM, de que trata o Anexo XVII da Lei n. 11.356, de 19 de outubro de 2006;

b) Gratificação de Incentivo à Função Militar dos antigos Territórios Federais de Rondônia, Roraima e Amapá e do antigo Distrito Federal — GFM, de que trata o Anexo XXXI da Lei n. 11.907, de 2 de fevereiro de 2009;

c) de Representação;

d) de função de Natureza Especial; e

e) de Serviço Voluntário.

§ 1º Aos policiais e bombeiros militares optantes aplicam-se as Tabelas do Anexo I-A da Lei n. 10.486, de 4 de julho de 2002. *(Redação dada pela Lei n. 13.121, de 8.5.15, DOU 11.5.15)*

§ 2º As gratificações e adicionais de que trata este artigo incidem sobre as tabelas de soldo de que trata o Anexo I-A da Lei n. 10.486, de 4 de julho de 2002, na forma e percentuais previstos nos Anexos II e III da Lei n. 10.486, de 4 de julho de 2002. (NR) *(Redação dada pela Lei n. 13.121, de 8.5.15, DOU 11.5.15)*

Art. 4º (VETADO). *(Lei n. 13.121, de 8.5.15, DOU 11.5.15)*

Art. 5º Fica criado o Plano de Classificação de Cargos dos Ex-Territórios Federais — PCC-Ext, composto dos cargos efetivos de nível superior, intermediário e auxiliar dos ex-Territórios Federais de Rondônia, do Amapá e de Roraima e Municípios, integrantes do quadro em extinção da União, cujos ocupantes tenham obtido o deferimento da opção de que tratam as Emendas Constitucionais ns. 60, de 11 de novembro de 2009, e 79, de 27 de maio de 2014. *(Redação dada pela Lei n. 13.121, de 8.5.15, DOU 11.5.15)*

§ 1º Os cargos de níveis superior, intermediário e auxiliar dos optantes de que trata o caput serão enquadrados no PCC-Ext de acordo com as respectivas denominações, atribuições e requisitos de formação profissional. *(Redação dada pela Lei n. 13.121, de 8.5.15, DOU 11.5.15)*

§ 2º Os cargos efetivos do PCC-Ext estão estruturados em classes e padrões, na forma do Anexo IV, observado o nível de escolaridade do cargo. (NR) *(Redação dada pela Lei n. 13.121, de 8.5.15, DOU 11.5.15)*

§ 3º É vedada a mudança de nível de escolaridade do cargo ocupado pelo servidor em decorrência do disposto nesta Lei.

Art. 6º O desenvolvimento do servidor do PCC-Ext na estrutura de classes e padrões do Anexo IV ocorrerá por meio de progressão e promoção. *(Redação dada pela Lei n. 13.121, de 8.5.15, DOU 11.5.15)*

§ 1º Para fins do disposto no *caput*, progressão é a passagem do servidor de um padrão para outro imediatamente superior, dentro de uma mesma classe, e promoção é a passagem do servidor do último padrão de uma classe para o padrão inicial da classe imediatamente superior.

§ 2º A progressão e a promoção do servidor do PCC-Ext observarão os seguintes requisitos: (NR) *(Redação dada pela Lei n. 13.121, de 8.5.15, DOU 11.5.15)*

I — cumprimento de interstício mínimo de 12 (doze) meses em cada padrão, contados a partir do posicionamento de que trata o inciso IV do § 1º do art. 2º; e

II — avaliação de desempenho com resultado igual ou superior a 70% (setenta por cento) do seu valor máximo, para fins de progressão, e 80% (oitenta por cento) do seu valor máximo, para fins de promoção.

§ 3º A contagem de 12 (doze) meses de efetivo exercício para a progressão e para a promoção, conforme estabelecido no § 2º, será realizada em dias, descontados:

I — os afastamentos remunerados que não forem legalmente considerados de efetivo exercício; e

II — os afastamentos sem remuneração.

§ 4º A avaliação de desempenho de que trata o inciso II do § 2º será realizada pela chefia imediata do servidor e poderá ser a mesma utilizada para fins de pagamento da gratificação de desempenho de que trata o art. 7º.

§ 5º O disposto neste artigo não se aplica aos servidores que se encontrem no último padrão da última classe após o posicionamento de que trata o inciso IV do § 1º do art. 2º.

Art. 7º A estrutura remuneratória do PCC-Ext possui a seguinte composição: *(Redação dada pela Lei n. 13.121, de 8.5.15, DOU 11.5.15)*

I — Vencimento Básico, conforme valores estabelecidos no Anexo V;

II — Gratificação de Desempenho do Plano de Classificação de Cargos dos Ex-Territórios Federais — GDExt, observado o disposto no art. 8º e no Anexo VI; e *(Redação dada pela Lei n. 13.121, de 8.5.15, DOU 11.5.15)*

III — Gratificação Específica de Atividades Auxiliares do PCC-Ext - GEAAPCC-Ext, devida exclusivamente aos integrantes dos cargos de nível auxiliar do PCC-Ext, nos valores constantes do Anexo V. *(Redação dada pela Lei n. 13.121, de 8.5.15, DOU 11.5.15)*

PARÁGRAFO ÚNICO. (VETADO) (NR): *(Redação dada pela Lei n. 13.121, de 8.5.15, DOU 11.5.15)*

I — Vantagens Pessoais e Vantagens Pessoais Nominalmente Identificadas — VPNI, de qualquer origem e natureza, ressalvada a vantagem de que trata o § 1º do art. 12;

II — diferenças individuais e resíduos, de qualquer origem e natureza;

III — valores incorporados à remuneração decorrentes do exercício de função de direção, chefia ou assessoramento ou de cargo em comissão;

IV — valores incorporados à remuneração referentes a quintos ou décimos;

V — valores incorporados à remuneração referentes a adicional por tempo de serviço;

VI — abonos;

VII — valores pagos como representação;

VIII — adicional pelo exercício de atividades insalubres, perigosas ou penosas;

IX — adicional noturno;

X — adicional pela prestação de serviço extraordinário; e

XI — outras gratificações e adicionais, de qualquer origem e natureza, que não estejam explicitamente mencionados nos incisos I, II e III do *caput*.

Art. 8º Fica instituída a Gratificação de Desempenho do Plano de Classificação de Cargos dos Ex-Territórios Federais — GDExt, devida aos titulares dos cargos de provimento efetivo de níveis superior, intermediário e auxiliar do PCC-Ext. *(Redação dada pela Lei n. 13.121, de 8.5.15, DOU 11.5.15)*

§ 1º A GDExt será paga observado o limite máximo de 100 (cem) pontos e o mínimo de 30 (trinta) pontos por servidor, correspondendo cada ponto, em seus respectivos níveis, classes e padrões, ao valor estabelecido no Anexo VI, produzindo efeitos financeiros a partir da data da publicação do deferimento da opção para a inclusão em quadro em extinção da União. *(Redação dada pela Lei n. 13.121, de 8.5.15, DOU 11.5.15)*

§ 2º A pontuação referente ao pagamento da GDExt será obtida por meio de avaliação de desempenho individual realizada pela chefia imediata do servidor, que considerará critérios e fatores que reflitam as competências do servidor aferidas no desempenho individual das tarefas e atividades. *(Redação dada pela Lei n. 13.121, de 8.5.15, DOU 11.5.15)*

§ 3º No caso de impossibilidade de realização de avaliação de desempenho ou até que seja processado o resultado da primeira avaliação, o servidor de que trata o *caput* fará jus à percepção da GDExt no valor de 80 (oitenta) pontos. *(Redação dada pela Lei n. 13.121, de 8.5.15, DOU 11.5.15)*

§ 4º Para fins de incorporação da GDExt aos proventos da aposentadoria ou às pensões, serão adotados os seguintes critérios: *(Redação dada pela Lei n. 13.121, de 8.5.15, DOU 11.5.15)*

I — o valor equivalente à média dos pontos recebidos nos últimos 60 (sessenta) meses, quando percebida a gratificação por período igual ou superior a 60 (sessenta) meses, aos servidores que tenham por fundamento de aposentadoria o disposto nos arts. 3º e 6º da Emenda Constitucional n. 41, de 19 de dezembro de 2003, no art. 3º da Emenda Constitucional n. 47, de 5 de julho de 2005, e aos abrangidos pelo art. 6º-A da Emenda Constitucional n. 41, de 19 de dezembro de 2003;

II — o valor equivalente a 50 (cinquenta) pontos, quando percebida a gratificação por período inferior a 60 (sessenta) meses, aos servidores que tenham por fundamento de aposentadoria o disposto nos art. 3º e 6º da Emenda Constitucional n. 41, de 19 de dezembro de 2003, no art. 3º da Emenda Constitucional n. 47, de 5 de julho de 2005, e aos abrangidos pelo art. 6º-A da Emenda Constitucional n. 41, de 19 de dezembro de 2003;

III — aos beneficiários de pensão amparados pelo parágrafo único do art. 3º da Emenda Constitucional n. 47, de 5 de julho de 2005, e pelo art. 6º-A da Emenda Constitucional n. 41, de 19 de dezembro de 2003, aplica-se o disposto nos incisos I e II, conforme interstício cumprido pelo instituidor; e

IV — aos demais servidores e pensionistas aplica-se o disposto na Lei n. 10.887, de 18 de junho de 2004, ou na Lei n 12.618, de 30 de abril de 2012, conforme o regramento previdenciário aplicável.

§ 5º Os critérios e procedimentos específicos de avaliação de desempenho serão estabelecidos em ato do Poder Executivo federal.

§ 6º O resultado da primeira avaliação gerará efeitos financeiros a partir da data da publicação do ato regulamentar de que trata o § 5º, devendo ser compensadas eventuais diferenças pagas a maior ou a menor até aquela data.

§ 7º A GDExt não poderá ser paga cumulativamente com qualquer outra gratificação de desempenho ou produtividade, independentemente da sua denominação ou base de cálculo. (NR) *(Redação dada pela Lei n. 13.121, de 8.5.15, DOU 11.5.15)*

CAPÍTULO III
Dos Empregados

Art. 9º O reconhecimento de vínculo do empregado da administração direta e indireta ocorrerá no último emprego ocupado ou equivalente para fins de inclusão em quadro em extinção da União. *(Redação dada pela Lei n. 13.121, de 8.5.15, DOU 11.5.15)*

§ 1º No caso do ex-Território Federal de Rondônia, sem prejuízo dos demais requisitos constitucionais, legais e regulamentares para ingresso no quadro em extinção de que trata o art. 85 da Lei n. 12.249, de 11 de junho de 2010, o direito de opção aplica-se apenas: *(Redação dada pela Lei n. 13.121, de 8.5.15, DOU 11.5.15)*

I — aos empregados estaduais que tenham mantido vínculo empregatício amparado pelo mesmo contrato de trabalho em vigor em 15 de março de 1987; *(Redação dada pela Lei n. 13.121, de 8.5.15, DOU 11.5.15)*

II — aos empregados municipais que tenham mantido vínculo empregatício amparado pelo mesmo contrato de trabalho em vigor em 23 de dezembro de 1981; *(Redação dada pela Lei n. 13.121, de 8.5.15, DOU 11.5.15)*

III — aos demitidos ou exonerados por força dos Decretos ns. 8.954, de 2000, 8.955, de 2000, 9.043, de 2000, e 9.044, de 2000, do Estado de Rondônia. *(Redação dada pela Lei n. 13.121, de 8.5.15, DOU 11.5.15)*

§ 2º No caso dos ex-Territórios Federais de Roraima e do Amapá, sem prejuízo dos demais requisitos constitucionais legais e regulamentares para ingresso em quadro em extinção da União, o direito de opção aplica-se apenas: *(Redação dada pela Lei n. 13.121, de 8.5.15, DOU 11.5.15)*

I — aos empregados que tenham mantido vínculo empregatício amparado pelo mesmo contrato de trabalho em vigor em 5 de outubro de 1988; *(Redação dada pela Lei n. 13.121, de 8.5.15, DOU 11.5.15)*

II — (VETADO); e *(Lei n. 13.121, de 8.5.15, DOU 11.5.15)*

III — aos servidores que tenham as mesmas condições dos que foram abrangidos pelo Parecer no FC-3, da Consultoria-Geral da República, publicado no Diário Oficial da União de 24 de novembro de 1989. *(Redação dada pela Lei n. 13.121, de 8.5.15, DOU 11.5.15)*

§ 3º Os empregados de que trata este artigo permanecerão vinculados ao Regime Geral de Previdência Social de que trata o art. 201 da Constituição Federal. (NR) *(Redação dada pela Lei n. 13.121, de 8.5.15, DOU 11.5.15)*

Art. 10. A partir da data da publicação do deferimento da opção para a inclusão em quadro em extinção da União, aplica-se aos empregados públicos optantes a tabela de salários de que trata o Anexo VII. *(Redação dada pela Lei n. 13.121, de 8.5.15, DOU 11.5.15)*

§ 1º O posicionamento dos empregados nas tabelas de que trata o Anexo VII observará:

I — o nível de escolaridade do emprego ocupado na data da entrega do requerimento da opção, observado o disposto nos §§ 1º e 2º do art. 9º; e *(Redação dada pela Lei n. 13.121, de 8.5.15, DOU 11.5.15)*

II — a contagem de um padrão para cada 12 (doze) meses de serviço prestado no emprego, contados da data da publicação do deferimento da opção para a inclusão em quadro em extinção da União. *(Redação dada pela Lei n. 13.121, de 8.5.15, DOU 11.5.15)*

§ 2º Para a progressão e a promoção do empregado será observado o cumprimento de interstício mínimo de 12 (doze) meses em cada padrão, contados a partir do posicionamento de que trata o § 1º.

§ 3º A contagem de 12 (doze) meses de exercício para a progressão e a promoção, conforme estabelecido no § 2º, será realizada em dias, descontados os períodos de suspensão do contrato de trabalho.

§ 4º Para os fins do disposto no § 3º, as situações reconhecidas pela Lei n. 8.112, de 11 de dezembro de 1990, como licença remunerada de efetivo exercício não ensejarão desconto na contagem para a progressão e a promoção.

§ 5º O ingresso em quadro em extinção da União sujeita o empregado, a partir da data da publicação do deferimento da opção, à supressão de quaisquer valores ou vantagens concedidos por decisão administrativa, judicial ou extensão administrativa de decisão judicial, de natureza geral ou individual, ainda que decorrentes de sentença judicial transitada em julgado, observado o disposto no § 2º do art. 12. (NR) *(Redação dada pela Lei n. 13.121, de 8.5.15, DOU 11.5.15)*

Art. 11. Aos empregados de que trata o art. 9º serão devidos os auxílios transporte e alimentação, observadas as normas e regulamentos aplicáveis aos servidores públicos federais.

CAPÍTULO IV
Disposições Finais

Art. 12. A aplicação das disposições relativas ao salário dos empregados e à estrutura remuneratória dos servidores e dos militares abrangidos por esta Lei não poderá implicar redução de remuneração.

§ 1º Na hipótese de redução da remuneração de servidores ou militares em decorrência do disposto nesta Lei, eventual diferença será paga como VPNI, de natureza provisória, que será gradativamente absorvida por ocasião do desenvolvimento por progressão ou promoção, da reorganização ou da reestruturação dos cargos ou das remunerações previstas nesta Lei, ou da concessão de reajuste ou vantagem de qualquer natureza.

§ 2º Na hipótese de redução do salário dos empregados de que trata o art. 9º em decorrência do disposto nesta Lei, eventual diferença será paga como complementação salarial de natureza provisória, que será gradativamente absorvida por ocasião do desenvolvimento por progressão ou promoção, da reestruturação da tabela remuneratória referida no art. 10 ou da concessão de reajuste ou vantagem de qualquer natureza.

§ 3º A VPNI e a complementação salarial provisória de que tratam os §§ 1º e 2º estarão sujeitas exclusivamente à atualização decorrente de revisão geral da remuneração dos servidores públicos federais.

Art. 13. Os servidores e os empregados optantes de que trata esta Lei continuarão prestando serviço aos respectivos Estados ou Municípios, na condição de cedidos, sem ônus para o cessionário, até que sejam aproveitados em órgão ou entidade da administração federal direta ou indireta. (NR) *(Redação dada pela Lei n. 13.121, de 8.5.15, DOU 11.5.15)*

PARÁGRAFO ÚNICO. O aproveitamento será regulamentado por ato do Poder Executivo federal.

Art 14. Fica a União autorizada a delegar competência por meio de convênio de cooperação com os Governadores dos Estados de Rondônia, do Amapá e de Roraima, bem como com seus Municípios, para a prática de atos referentes à promoção, movimentação, reforma, licenciamento, exclusão, exoneração e outros atos disciplinares, inclusive a aplicação de penalidades, e administrativos, previstos nos regulamentos das corporações e nesta Lei, referentes aos policiais e bombeiros militares, aos policiais civis, aos servidores de que tratam os incisos III e IV do *caput* do art. 2º e aos empregados de que trata o art. 9º. (NR) *(Redação dada pela Lei n. 13.121, de 8.5.15, DOU 11.5.15)*

PARÁGRAFO ÚNICO. O convênio estabelecerá, para cada exercício financeiro, os limites de aumento da despesa decorrentes do desempenho das competências nele referidas, observadas as dotações orçamentárias consignadas na lei orçamentária anual.

Art. 15. A autoridade do ente cessionário que tiver ciência de irregularidade no serviço público praticada por servidor oriundo dos ex-Territórios Federais de Rondônia, do Amapá e de Roraima e dos seus Municípios, de que trata esta Lei, promoverá sua apuração imediata, inclusive sobre fatos pretéritos, nos termos da Lei n. 8.112, de 11 de dezembro de 1990. (NR) *(Redação dada pela Lei n. 13.121, de 8.5.15, DOU 11.5.15)*

Art. 16. Os servidores integrantes do PCC-Ext e os referidos nos incisos II e III do *caput* do art. 2º ficam submetidos ao regime jurídico instituído pela Lei n. 8.112, de 11 de dezembro de 1990. (NR) *(Redação dada pela Lei n. 13.121, de 8.5.15, DOU 11.5.15)*

Art. 17. Os empregados de que trata o art. 9º ficam submetidos ao regime jurídico disciplinado pela Consolidação das Leis do Trabalho — CLT, aprovada pelo Decreto-Lei n. 5.452, de 1º de maio de 1943.

Art. 18. Os cargos de que trata esta Lei serão automaticamente extintos quando ocorrer a sua vacância.

Art. 19. Os empregos de que trata esta Lei serão automaticamente extintos em qualquer hipótese de rescisão do contrato de trabalho.

Art. 20. Ressalvado o disposto no § 1º do art. 2º, o tempo de serviço público estadual e municipal anterior à publicação desta Lei somente será contado para fins de aposentadoria e disponibilidade.

Art. 21. A aplicação das determinações desta Lei não representa, para efeito de aposentadoria, descontinuidade em relação às Carreiras, aos cargos e às atribuições atuais desenvolvidas pelos servidores ocupantes de cargos efetivos.

Art. 22. Na hipótese de realização de serviço extraordinário ou em período noturno pelos integrantes do quadro em extinção da União, enquanto permanecerem a serviço dos Estados de Rondônia, do Amapá e de Roraima ou de seus Municípios, eventual ônus financeiro caberá ao ente cessionário. (NR) *(Redação dada pela Lei n. 13.121, de 8.5.15, DOU 11.5.15)*

Art. 23. Fica estabelecido o prazo de 90 (noventa) dias, a contar da data da publicação desta Lei, para o exercício da opção de que trata o art. 86 da Lei n. 12.249, de 11 de junho de 2010, pelos servidores civis, militares e empregados do ex-Território Federal de Rondônia e Municípios abrangidos pela Emenda Constitucional n. 60, de 11 de novembro de 2009.

PARÁGRAFO ÚNICO. O prazo poderá ser prorrogado 1 (uma) única vez, por igual período, por ato do Ministro de Estado do Planejamento, Orçamento e Gestão.

Art. 23-A. Os servidores que integram o Plano de Classificação de Cargos do Quadro em Extinção do Ex-Território Federal de Rondônia — PCC-RO passam a integrar o PCC-Ext. (NR) *(Redação dada pela Lei n. 13.121, de 8.5.15, DOU 11.5.15)*

Art. 23-B. A Comissão Especial dos Ex-Territórios Federais de Rondônia, do Amapá e de Roraima (CEEXT) do Ministério do Planejamento, Desenvolvimento e Gestão procederá, no prazo de 120 (cento e vinte) dias contado da publicação desta Lei, ao enquadramento dos servidores públicos federais de que trata o art. 6º da Emenda Constitucional n. 79, de 27 de maio de 2014 *(Incluído pela Lei n. 13.464, de 10.7.17, DOU 11.7.17)*

PARÁGRAFO ÚNICO. O exercício de função policial, para fins do disposto no *caput* deste artigo, poderá ser comprovado por meio dos seguintes documentos:

I — carteira policial;

II — cautela de armas e algemas;

III — escalas de serviço;

IV — boletins de ocorrência;

V — designação para realizar diligências policiais; ou

VI — outros meios que atestem o exercício de atividade policial.

Art. 24. Esta Lei entra em vigor na data de sua publicação.

Brasília, 23 de abril de 2013; 192º da Independência e 125º da República.

DILMA ROUSSEFF

Miriam Belchior

Nota: V. Art. 3º da Lei n. 13.325, de 29 de junho de 2016 que faz referência a Lei n. 12.772, de 28.12.12, e que dispõe:

Art. 3º Os servidores ocupantes dos cargos da Carreira de Magistério do Ensino Básico Federal, de que trata o inciso I do *caput* do art. 122 da Lei n. 11.784, de 22 de setembro de 2008, que atendam aos requisitos de titulação estabelecidos para ingresso na Carreira de Magistério do Ensino Básico, Técnico e Tecnológico, de que trata a Lei n. 12.772, de 28 de dezembro de 2012, ficam nela enquadrados, de acordo com as atribuições e os requisitos de formação profissional respectivos e a posição relativa na Tabela, exceto quando houver manifestação irretratável do servidor.

§ 1º A manifestação irretratável de que trata o *caput* deverá ser formalizada no prazo de doze meses, contado da data de entrada em vigor desta Lei, mediante a assinatura do termo de opção constante do Anexo I, com efeitos financeiros a partir da data de opção.

§ 2º Os servidores afastados nos termos dos arts. 81 e 102 da Lei n. 8.112, de 11 de dezembro de 1990, poderão exercer o direito à opção durante o afastamento ou em até cento e oitenta dias após o término do afastamento.

§ 3º Aplica-se o disposto no § 1º aos servidores cedidos.

§ 4º A efetivação do enquadramento está condicionada à prévia verificação do Ministério da Defesa quanto ao cumprimento dos requisitos a que se refere o *caput*.

§ 5º Os cargos a que se refere o caput, enquadrados na Carreira de Magistério do Ensino Básico, Técnico e Tecnológico, do Plano de Carreiras e Cargos de Magistério Federal, passam a ser denominados Professor do Magistério do Ensino Básico, Técnico e Tecnológico .

§ 6º Os cargos de provimento efetivo da Carreira de Magistério do Ensino Básico Federal cujos ocupantes forem enquadrados na Carreira de Magistério do Ensino Básico, Técnico e Tecnológico continuarão a integrar o Quadro de Pessoal das Instituições Federais de Ensino subordinadas ou vinculadas ao Ministério da Defesa.

§ 7º O enquadramento e a mudança de denominação dos cargos a que se refere este artigo não representam, para qualquer efeito legal, inclusive para efeito de aposentadoria, descontinuidade em relação à carreira, ao cargo e às atribuições atuais desenvolvidas por seus titulares.

§ 8º Quando a aposentadoria ou a instituição da pensão tenha ocorrido com fundamento nos arts. 3º, 6º ou 6º-A da Emenda Constitucional n. 41, de 19 de dezembro de 2003, ou no art. 3º da Emenda Constitucional n. 47, de 5 de julho de 2005, os efeitos decorrentes do enquadramento de que trata o caput serão aplicados ao posicionamento dos aposentados e pensionistas oriundos da Carreira de Magistério Básico Federal nas tabelas remuneratórias da Carreira de Magistério do Ensino Básico, Técnico e Tecnológico, desde que, durante a atividade, o aposentado ou o instituidor de pensão tenha atendido aos requisitos de titulação estabelecidos para ingresso na Carreira de Magistério do Ensino Básico, Técnico e Tecnológico, exceto quando houver manifestação irretratável do aposentado ou do pensionista.

§ 9º A manifestação irretratável de que trata o § 8º deverá ser formalizada no prazo de doze meses, contado da data de entrada em vigor desta Lei, mediante a assinatura do termo de opção constante do Anexo I, com efeitos financeiros a partir da data de opção.

§ 10. O posicionamento dos aposentados e dos pensionistas nas tabelas remuneratórias de que trata o § 8º será referenciado à situação em que o servidor se encontrava na data da aposentadoria ou em que se originou a pensão, respeitadas as alterações relativas a posicionamentos decorrentes de legislação específica.

§ 11. A efetivação do posicionamento dos aposentados e pensionistas nas tabelas remuneratórias está condicionada à prévia verificação do Ministério da Defesa quanto ao cumprimento dos requisitos de que trata o § 8º.

Os anexos a que se referem à Lei n. 13.325, encontram-se publicados às páginas 61 a 64 do DOU de 29.7.16, ed. extra.

LEI N. 12.813, DE 16 DE MAIO DE 2013

(DOU 17.5.2013)

Dispõe sobre o conflito de interesses no exercício de cargo ou emprego do poder executivo federal e impedimentos posteriores ao exercício do cargo ou emprego; e revoga dispositivos da Lei n. 9.986, de 18 de julho de 2000, e das Medidas Provisórias ns. 2.216-37, de 31 de agosto de 2001, e 2.225-45, de 4 de setembro de 2001

A PRESIDENTA DA REPÚBLICA

Faço saber que o Congresso Nacional decreta e eu sanciono a seguinte Lei:

CAPÍTULO I
Disposições Gerais

Art. 1º As situações que configuram conflito de interesses envolvendo ocupantes de cargo ou emprego no âmbito do Poder Executivo federal, os requisitos e restrições a ocupantes de cargo ou emprego que tenham acesso a informações privilegiadas, os impedimentos posteriores ao exercício do cargo ou emprego e as competências para fiscalização, avaliação e prevenção de conflitos de interesses regulam-se pelo disposto nesta Lei.

Art. 2º Submetem-se ao regime desta Lei os ocupantes dos seguintes cargos e empregos:

I — de ministro de Estado;

II — de natureza especial ou equivalentes;

III — de presidente, vice-presidente e diretor, ou equivalentes, de autarquias, fundações públicas, empresas públicas ou sociedades de economia mista; e

IV — do Grupo-Direção e Assessoramento Superiores — DAS, níveis 6 e 5 ou equivalentes.

PARÁGRAFO ÚNICO. Além dos agentes públicos mencionados nos incisos I a IV, sujeitam-se ao disposto nesta Lei os ocupantes de cargos ou empregos cujo exercício proporcione acesso a informação privilegiada capaz de trazer vantagem econômica ou financeira para o agente público ou para terceiro, conforme definido em regulamento.

Art. 3º Para os fins desta Lei, considera-se:

I — conflito de interesses: a situação gerada pelo confronto entre interesses públicos e privados, que possa comprometer o interesse coletivo ou influenciar, de maneira imprópria, o desempenho da função pública; e

II — informação privilegiada: a que diz respeito a assuntos sigilosos ou aquela relevante ao processo de decisão no âmbito do Poder Executivo federal que tenha repercussão econômica ou financeira e que não seja de amplo conhecimento público.

Art. 4º O ocupante de cargo ou emprego no Poder Executivo federal deve agir de modo a prevenir ou a impedir possível conflito de interesses e a resguardar informação privilegiada.

§ 1º No caso de dúvida sobre como prevenir ou impedir situações que configurem conflito de interesses, o agente público deverá consultar a Comissão de Ética Pública, criada no âmbito do Poder Executivo federal, ou a Controladoria-Geral da União, conforme o disposto no parágrafo único do art. 8º desta Lei.

§ 2º A ocorrência de conflito de interesses independe da existência de lesão ao patrimônio público, bem como do recebimento de qualquer vantagem ou ganho pelo agente público ou por terceiro.

CAPÍTULO II
Das Situações que Configuram Conflito de Interesses no Exercício do Cargo ou Emprego

Art. 5º Configura conflito de interesses no exercício de cargo ou emprego no âmbito do Poder Executivo federal:

I — divulgar ou fazer uso de informação privilegiada, em proveito próprio ou de terceiro, obtida em razão das atividades exercidas;

II — exercer atividade que implique a prestação de serviços ou a manutenção de relação de negócio com pessoa física ou jurídica que tenha interesse em decisão do agente público ou de colegiado do qual este participe;

III — exercer, direta ou indiretamente, atividade que em razão da sua natureza seja incompatível com as atribuições do cargo ou emprego, considerando-se como tal, inclusive, a atividade desenvolvida em áreas ou matérias correlatas;

IV — atuar, ainda que informalmente, como procurador, consultor, assessor ou intermediário de interesses privados nos órgãos ou entidades da administração pública direta ou indireta de qualquer dos Poderes da União, dos Estados, do Distrito Federal e dos Municípios;

V — praticar ato em benefício de interesse de pessoa jurídica de que participe o agente público, seu cônjuge, companheiro ou parentes, consanguíneos ou afins, em linha reta ou colateral, até o terceiro grau, e que possa ser por ele beneficiada ou influir em seus atos de gestão;

VI — receber presente de quem tenha interesse em decisão do agente público ou de colegiado do qual este participe fora dos limites e condições estabelecidos em regulamento; e

VII — prestar serviços, ainda que eventuais, a empresa cuja atividade seja controlada, fiscalizada ou regulada pelo ente ao qual o agente público está vinculado.

PARÁGRAFO ÚNICO. As situações que configuram conflito de interesses estabelecidas neste artigo aplicam-se aos ocupantes dos cargos ou empregos mencionados no art. 2º ainda que em gozo de licença ou em período de afastamento.

CAPÍTULO III
Das Situações que Configuram Conflito de Interesses após o Exercício do Cargo ou Emprego

Art. 6º Configura conflito de interesses após o exercício de cargo ou emprego no âmbito do Poder Executivo federal:

I — a qualquer tempo, divulgar ou fazer uso de informação privilegiada obtida em razão das atividades exercidas; e

II — no período de 6 (seis) meses, contado da data da dispensa, exoneração, destituição, demissão ou aposentadoria, salvo quando expressamente autorizado, conforme o caso, pela Comissão de Ética Pública ou pela Controladoria-Geral da União:

a) prestar, direta ou indiretamente, qualquer tipo de serviço a pessoa física ou jurídica com quem tenha estabelecido relacionamento relevante em razão do exercício do cargo ou emprego;

b) aceitar cargo de administrador ou conselheiro ou estabelecer vínculo profissional com pessoa física ou jurídica que desempenhe atividade relacionada à área de competência do cargo ou emprego ocupado;

c) celebrar com órgãos ou entidades do Poder Executivo federal contratos de serviço, consultoria, assessoramento ou atividades similares, vinculados, ainda que indiretamente, ao órgão ou entidade em que tenha ocupado o cargo ou emprego; ou

d) intervir, direta ou indiretamente, em favor de interesse privado perante órgão ou entidade em que haja ocupado cargo ou emprego ou com o qual tenha estabelecido relacionamento relevante em razão do exercício do cargo ou emprego.

Art. 7º (VETADO).

CAPÍTULO IV
Da Fiscalização e da Avaliação do Conflito de Interesses

Art. 8º Sem prejuízo de suas competências institucionais, compete à Comissão de Ética Pública, instituída no âmbito do Poder Executivo federal, e à Controladoria-Geral da União, conforme o caso:

I — estabelecer normas, procedimentos e mecanismos que objetivem prevenir ou impedir eventual conflito de interesses;

II — avaliar e fiscalizar a ocorrência de situações que configuram conflito de interesses e determinar medidas para a prevenção ou eliminação do conflito;

III — orientar e dirimir dúvidas e controvérsias acerca da interpretação das normas que regulam o conflito de interesses, inclusive as estabelecidas nesta Lei;

IV — manifestar-se sobre a existência ou não de conflito de interesses nas consultas a elas submetidas;

V — autorizar o ocupante de cargo ou emprego no âmbito do Poder Executivo federal a exercer atividade privada, quando verificada a inexistência de conflito de interesses ou sua irrelevância;

VI — dispensar a quem haja ocupado cargo ou emprego no âmbito do Poder Executivo federal de cumprir o período de impedimento a que se refere o inciso II do art. 6º, quando verificada a inexistência de conflito de interesses ou sua irrelevância;

VII — dispor, em conjunto com o Ministério do Planejamento, Orçamento e Gestão, sobre a comunicação pelos ocupantes de cargo ou emprego no âmbito do Poder Executivo federal de alterações patrimoniais relevantes, exercício de atividade privada ou recebimento de propostas de trabalho, contrato ou negócio no setor privado; e

VIII — fiscalizar a divulgação da agenda de compromissos públicos, conforme prevista no art. 11.

PARÁGRAFO ÚNICO. A Comissão de Ética Pública atuará nos casos que envolvam os agentes públicos mencionados nos incisos I a IV do art. 2º e a Controladoria-Geral da União, nos casos que envolvam os demais agentes, observado o disposto em regulamento.

Art. 9º Os agentes públicos mencionados no art. 2º desta Lei, inclusive aqueles que se encontram em gozo de licença ou em período de afastamento, deverão:

I — enviar à Comissão de Ética Pública ou à Controladoria-Geral da União, conforme o caso, anualmente, declaração com informações sobre situação patrimonial, participações societárias, atividades econômicas ou profissionais e indicação sobre a existência de cônjuge, companheiro ou parente, por consanguinidade ou afinidade, em linha reta ou colateral, até o terceiro grau, no exercício de atividades que possam suscitar conflito de interesses; e

II — comunicar por escrito à Comissão de Ética Pública ou à unidade de recursos humanos do órgão ou entidade respectivo, conforme o caso, o exercício de atividade privada ou o recebimento de propostas de trabalho que pretende aceitar, contrato ou negócio no setor privado, ainda que não vedadas pelas normas vigentes, estendendo-se esta obrigação ao período a que se refere o inciso II do art. 6º.

PARÁGRAFO ÚNICO. As unidades de recursos humanos, ao receber a comunicação de exercício de atividade privada ou de recebimento de propostas de trabalho, contrato ou negócio no setor privado, deverão informar ao servidor e à Controladoria-Geral da União as situações que suscitem potencial conflito de interesses entre a atividade pública e a atividade privada do agente.

CAPÍTULO V
Disposições Finais

Art. 10. As disposições contidas nos arts. 4º e 5º e no inciso I do art. 6º estendem-se a todos os agentes públicos no âmbito do Poder Executivo federal.

Art. 11. Os agentes públicos mencionados nos incisos I a IV do art. 2º deverão, ainda, divulgar, diariamente, por meio da rede mundial de computadores — internet, sua agenda de compromissos públicos.

Art. 12. O agente público que praticar os atos previstos nos arts. 5º e 6º desta Lei incorre em improbidade administrativa, na forma do art. 11 da Lei n. 8.429, de 2 de junho de 1992, quando não caracterizada qualquer das condutas descritas nos arts. 9º e 10 daquela Lei.

PARÁGRAFO ÚNICO. Sem prejuízo do disposto no *caput* e da aplicação das demais sanções cabíveis, fica o agente público que se encontrar em situação de conflito de interesses sujeito à aplicação da penalidade disciplinar de demissão, prevista no inciso III do art. 127 e no art. 132 da Lei n. 8.112, de 11 de dezembro de 1990, ou medida equivalente.

Art. 13. O disposto nesta Lei não afasta a aplicabilidade da Lei n. 8.112, de 11 de dezembro de 1990, especialmente no que se refere à apuração das responsabilidades e possível aplicação de sanção em razão de prática de ato que configure conflito de interesses ou ato de improbidade nela previstos.

Art. 14. (VETADO).

Art. 15. (VETADO).

Brasília, 16 de maio de 2013; 192º da Independência e 125 da República.

DILMA ROUSSEFF
MIRIAM BELCHIOR
JORGE HAGE SOBRINHO

PORTARIA GM/MTE N. 654, DE 9 DE MAIO DE 2014

DOU 12.5.2014

Estabelece procedimentos, no âmbito do Ministério do Trabalho e Emprego para concessão, registro e arquivo de solicitação de audiência a particulares

O MINISTRO DE ESTADO DO TRABALHO E EMPREGO, no uso das atribuições que lhe conferem o artigo 87, parágrafo único, inciso II da Constituição Federal, e tendo em vista o disposto na Lei n. 12.813, de 16 de maio de 2013 e no Decreto n. 4.334, de 12 de agosto de 2002, resolve:

Art 1º Estabelecer procedimentos para registro e arquivo de solicitações de audiências concedidas a particulares por agentes públicos em exercício nas Unidades do Ministério do Trabalho e Emprego, ocupantes de cargos de Direção e Assessoramento — DAS 5, 6 e cargos de Natureza Especial, incluindo-se Ministro de Estado.

PARÁGRAFO ÚNICO. Para fins desta Portaria, considera-se:

I — Agente público todo aquele, civil ou militar, que por força de lei, contrato ou qualquer outro ato jurídico detenha atribuição de se manifestar ou decidir sobre ato ou fato sujeito à sua área de atuação;

II — Particular todo aquele que, mesmo ocupante de cargo ou função pública, solicite audiência para tratar de interesse privado seu ou de terceiros.

Art. 2º As concessões de audiências deverão ser precedidas de pedido de audiência, dirigido ao chefe de gabinete, ocupante de cargo equivalente ou servidor designado para esse fim, do órgão a que estiver vinculado o agente público, enviado por meio do serviço de protocolo, fac-símile ou meio eletrônico, contendo, no mínimo, as seguintes informações:

I — identificação do requerente;

II — instituição que representa, se for o caso;

III — assunto a ser tratado, descrito no menor nível de detalhamento possível;

IV — identificação dos acompanhantes, se houver;

V — data e hora em que pretende ser recebido e, quando for o caso, as razões da urgência; e

VI — endereço, telefone ou e-mail para contato.

PARÁGRAFO ÚNICO. Após a análise da solicitação de reunião pelo agente público, ficará a cargo da autoridade responsável, conforme previsto no *caput*, as seguintes atribuições:

I — no caso da aprovação do pleito:

a) informar ao solicitante o local, data e hora da realização da audiência ou a providência adotada, compatível à finalidade do pedido de audiência;

b) cadastrar as concessões de audiência em link destinado a publicação das agendas públicas, disponível do Portal do MTE na internet.

II — no caso de negativa quanto ao pleito, informar as razões, bem como, se for o caso, o novo encaminhamento interno ao pedido.

Art. 3º Qualquer alteração da agenda dos agentes públicos, após publicada no sítio eletrônico do MTE, deverá ser formalmente justificada.

PARÁGRAFO ÚNICO. Todas as audiências concedidas deverão ser registradas em memória de reunião, a ser elaborada por pessoa designada pelo agente público, contendo, no mínimo, as seguintes informações:

I — participantes da audiência, identificando:

a) nome completo e respectivos cargos/funções ocupadas, no caso dos servidores públicos participantes;

b) nome completo, no caso de particular.

II — local, data e hora da audiência;

III — principais assuntos tratados e respectivos encaminhamentos;

Art. 4º O agente público que receber documentos ou informações em audiência, em meio físico ou eletrônico, deverá providenciar imediatamente seu regular registro no protocolo do MTE.

Art. 5º As audiências, sempre em caráter oficial, deverão atender aos seguintes requisitos:

I — realizar-se preferencialmente no órgão a que esteja subordinado o agente público;

II — realizar-se em dia útil, em horário definido; e

III — o agente público deverá estar acompanhado de pelo menos um servidor público.

§ 1º Audiência realizada fora do órgão público, o agente público poderá dispensar o acompanhamento de outro servidor público, devendo manter seu registro em agenda pública no Portal do MTE na Internet.

§ 2º As normas ora estabelecidas poderão, a critério de cada agente público, ser estendidas para as reuniões com servidores públicos de outros órgãos.

Art. 6º Ficará a cargo da Coordenação Geral de Informática — CGI/SPOA, o desenvolvimento de ferramenta necessária ao registro e arquivo das audiências solicitadas aos agentes públicos do MTE, disponível para consulta pública no endereço eletrônico: http://portal.mte.gov.br/imprensa/agendas-de-autoridades.htm.

Art. 7º Esta Portaria entra em vigor na data de sua publicação.

Art. 8º Revogam-se as disposições em contrário.

MANOEL DIAS

LEI N. 12.846, DE 1º DE AGOSTO DE 2013

(DOU 2.8.2013)

Dispõe sobre a responsabilização administrativa e civil de pessoas jurídicas pela prática de atos contra a Administração Pública, Nacional ou Estrangeira, e dá outras providências

A PRESIDENTA DA REPÚBLICA

Faço saber que o Congresso Nacional decreta e eu sanciono a seguinte Lei:

CAPÍTULO I
Disposições Gerais

Art. 1º Esta Lei dispõe sobre a responsabilização objetiva administrativa e civil de pessoas jurídicas pela prática de atos contra a administração pública, nacional ou estrangeira.

PARÁGRAFO ÚNICO. Aplica-se o disposto nesta Lei às sociedades empresárias e às sociedades simples, personificadas ou não, independentemente da forma de organização ou modelo societário adotado, bem como a quaisquer fundações, associações de entidades ou pessoas, ou sociedades estrangeiras, que tenham sede, filial ou representação no território brasileiro, constituídas de fato ou de direito, ainda que temporariamente.

Art. 2º As pessoas jurídicas serão responsabilizadas objetivamente, nos âmbitos administrativo e civil, pelos atos lesivos previstos nesta Lei praticados em seu interesse ou benefício, exclusivo ou não.

Art. 3º A responsabilização da pessoa jurídica não exclui a responsabilidade individual de seus dirigentes ou administradores ou de qualquer pessoa natural, autora, coautora ou partícipe do ato ilícito.

§ 1º A pessoa jurídica será responsabilizada independentemente da responsabilização individual das pessoas naturais referidas no *caput*.

§ 2º Os dirigentes ou administradores somente serão responsabilizados por atos ilícitos na medida da sua culpabilidade.

Art. 4º Subsiste a responsabilidade da pessoa jurídica na hipótese de alteração contratual, transformação, incorporação, fusão ou cisão societária.

§ 1º Nas hipóteses de fusão e incorporação, a responsabilidade da sucessora será restrita à obrigação de pagamento de multa e reparação integral do dano causado, até o limite do patrimônio transferido, não lhe sendo aplicáveis as demais sanções previstas nesta Lei decorrentes de atos e fatos ocorridos antes da data da fusão ou incorporação, exceto no caso de simulação ou evidente intuito de fraude, devidamente comprovados.

§ 2º As sociedades controladoras, controladas, coligadas ou, no âmbito do respectivo contrato, as consorciadas serão solidariamente responsáveis pela prática dos atos previstos nesta Lei, restringindo-se tal responsabilidade à obrigação de pagamento de multa e reparação integral do dano causado.

CAPÍTULO II
Dos Atos Lesivos à Administração Pública Nacional ou Estrangeira

Art. 5º Constituem atos lesivos à administração pública, nacional ou estrangeira, para os fins desta Lei, todos aqueles praticados pelas pessoas jurídicas mencionadas no parágrafo único do art. 1º, que atentem contra o patrimônio público nacional ou estrangeiro, contra princípios da administração pública ou contra os compromissos internacionais assumidos pelo Brasil, assim definidos:

I — prometer, oferecer ou dar, direta ou indiretamente, vantagem indevida a agente público, ou a terceira pessoa a ele relacionada;

II — comprovadamente, financiar, custear, patrocinar ou de qualquer modo subvencionar a prática dos atos ilícitos previstos nesta Lei;

III — comprovadamente, utilizar-se de interposta pessoa física ou jurídica para ocultar ou dissimular seus reais interesses ou a identidade dos beneficiários dos atos praticados;

IV — no tocante a licitações e contratos:

a) frustrar ou fraudar, mediante ajuste, combinação ou qualquer outro expediente, o caráter competitivo de procedimento licitatório público;

b) impedir, perturbar ou fraudar a realização de qualquer ato de procedimento licitatório público;

c) afastar ou procurar afastar licitante, por meio de fraude ou oferecimento de vantagem de qualquer tipo;

d) fraudar licitação pública ou contrato dela decorrente;

e) criar, de modo fraudulento ou irregular, pessoa jurídica para participar de licitação pública ou celebrar contrato administrativo;

f) obter vantagem ou benefício indevido, de modo fraudulento, de modificações ou prorrogações de contratos celebrados com a administração pública, sem autorização em lei, no ato convocatório da licitação pública ou nos respectivos instrumentos contratuais; ou

g) manipular ou fraudar o equilíbrio econômico-financeiro dos contratos celebrados com a administração pública;

V — dificultar atividade de investigação ou fiscalização de órgãos, entidades ou agentes públicos, ou intervir em sua atuação, inclusive no âmbito das agências reguladoras e dos órgãos de fiscalização do sistema financeiro nacional.

§ 1º Considera-se administração pública estrangeira os órgãos e entidades estatais ou representações diplomáticas de país estrangeiro, de qualquer nível ou esfera de governo, bem como as pessoas jurídicas controladas, direta ou indiretamente, pelo poder público de país estrangeiro.

§ 2º Para os efeitos desta Lei, equiparam-se à administração pública estrangeira as organizações públicas internacionais.

§ 3º Considera-se agente público estrangeiro, para os fins desta Lei, quem, ainda que transitoriamente ou sem remuneração, exerça cargo, emprego ou função pública em órgãos, entidades estatais ou em representações diplomáticas de país estrangeiro, assim como em pessoas jurídicas controladas, direta ou indiretamente, pelo poder público de país estrangeiro ou em organizações públicas internacionais.

CAPÍTULO III
Da Responsabilização Administrativa

Art. 6º Na esfera administrativa, serão aplicadas às pessoas jurídicas consideradas responsáveis pelos atos lesivos previstos nesta Lei as seguintes sanções:

I — multa, no valor de 0,1% (um décimo por cento) a 20% (vinte por cento) do faturamento bruto do último exercício anterior ao da instauração do processo administrativo, excluídos os tributos, a qual nunca será inferior à vantagem auferida, quando for possível sua estimação; e

II — publicação extraordinária da decisão condenatória.

§ 1º As sanções serão aplicadas fundamentadamente, isolada ou cumulativamente, de acordo com as peculiaridades do caso concreto e com a gravidade e natureza das infrações.

§ 2º A aplicação das sanções previstas neste artigo será precedida da manifestação jurídica elaborada pela Advocacia Pública ou pelo órgão de assistência jurídica, ou equivalente, do ente público.

§ 3º A aplicação das sanções previstas neste artigo não exclui, em qualquer hipótese, a obrigação da reparação integral do dano causado.

§ 4º Na hipótese do inciso I do *caput*, caso não seja possível utilizar o critério do valor do faturamento bruto da pessoa jurídica, a multa será de R$ 6.000,00 (seis mil reais) a R$ 60.000.000,00 (sessenta milhões de reais).

§ 5º A publicação extraordinária da decisão condenatória ocorrerá na forma de extrato de sentença, a expensas da pessoa jurídica, em meios de comunicação de grande circulação na área da prática da infração e de atuação da pessoa jurídica ou, na sua falta, em publicação de circulação nacional, bem como por meio de afixação de edital, pelo prazo mínimo de 30 (trinta) dias, no próprio estabelecimento ou no local de exercício da atividade, de modo visível ao público, e no sítio eletrônico na rede mundial de computadores.

§ 6º (VETADO).

Art. 7º Serão levados em consideração na aplicação das sanções:

I — a gravidade da infração;

II — a vantagem auferida ou pretendida pelo infrator;

III — a consumação ou não da infração;

IV — o grau de lesão ou perigo de lesão;

V — o efeito negativo produzido pela infração;

VI — a situação econômica do infrator;

VII — a cooperação da pessoa jurídica para a apuração das infrações;

VIII — a existência de mecanismos e procedimentos internos de integridade, auditoria e incentivo à denúncia de irregularidades e a aplicação efetiva de códigos de ética e de conduta no âmbito da pessoa jurídica;

IX — o valor dos contratos mantidos pela pessoa jurídica com o órgão ou entidade pública lesados; e

X — (VETADO).

PARÁGRAFO ÚNICO. Os parâmetros de avaliação de mecanismos e procedimentos previstos no inciso VIII do *caput* serão estabelecidos em regulamento do Poder Executivo federal.

CAPÍTULO IV
Do Processo Administrativo de Responsabilização

Art. 8º A instauração e o julgamento de processo administrativo para apuração da responsabilidade de pessoa jurídica cabem à autoridade máxima de cada órgão ou entidade dos Poderes Executivo, Legislativo e Judiciário, que agirá de ofício ou mediante provocação, observados o contraditório e a ampla defesa.

§ 1º A competência para a instauração e o julgamento do processo administrativo de apuração de responsabilidade da pessoa jurídica poderá ser delegada, vedada a subdelegação.

§ 2º No âmbito do Poder Executivo federal, a Controladoria-Geral da União — CGU terá competência concorrente para instaurar processos administrativos de responsabilização de pessoas jurídicas ou para avocar os processos instaurados com fundamento nesta Lei, para exame de sua regularidade ou para corrigir-lhes o andamento.

Art. 9º Competem à Controladoria-Geral da União — CGU a apuração, o processo e o julgamento dos atos ilícitos previstos nesta Lei, praticados contra a administração pública estrangeira, observado o disposto no Artigo 4 da Convenção sobre o Combate da Corrupção de Funcionários Públicos Estrangeiros em Transações Comerciais Internacionais, promulgada pelo Decreto n. 3.678, de 30 de novembro de 2000.

Art. 10. O processo administrativo para apuração da responsabilidade de pessoa jurídica será conduzido por comissão designada pela autoridade instauradora e composta por 2 (dois) ou mais servidores estáveis.

§ 1º O ente público, por meio do seu órgão de representação judicial, ou equivalente, a pedido da comissão a que se refere o *caput*, poderá requerer as medidas judiciais necessárias para a investigação e o processamento das infrações, inclusive de busca e apreensão.

§ 2º A comissão poderá, cautelarmente, propor à autoridade instauradora que suspenda os efeitos do ato ou processo objeto da investigação.

§ 3º A comissão deverá concluir o processo no prazo de 180 (cento e oitenta) dias contados da data da publicação do ato que a instituir e, ao final, apresentar relatórios sobre os fatos apurados e eventual responsabilidade da pessoa jurídica, sugerindo de forma motivada as sanções a serem aplicadas.

§ 4º O prazo previsto no § 3º poderá ser prorrogado, mediante ato fundamentado da autoridade instauradora.

Art. 11. No processo administrativo para apuração de responsabilidade, será concedido à pessoa jurídica prazo de 30 (trinta) dias para defesa, contados a partir da intimação.

Art. 12. O processo administrativo, com o relatório da comissão, será remetido à autoridade instauradora, na forma do art. 10, para julgamento.

Art. 13. A instauração de processo administrativo específico de reparação integral do dano não prejudica a aplicação imediata das sanções estabelecidas nesta Lei.

PARÁGRAFO ÚNICO. Concluído o processo e não havendo pagamento, o crédito apurado será inscrito em dívida ativa da fazenda pública.

Art. 14. A personalidade jurídica poderá ser desconsiderada sempre que utilizada com abuso do direito para facilitar, encobrir ou dissimular a prática dos atos ilícitos previstos nesta Lei ou para provocar confusão patrimonial, sendo estendidos todos os efeitos das sanções aplicadas à pessoa jurídica aos seus administradores e sócios com poderes de administração, observados o contraditório e a ampla defesa.

Art. 15. A comissão designada para apuração da responsabilidade de pessoa jurídica, após a instauração do processo administrativo, dará conhecimento ao Ministério Público de sua existência, para apuração de eventuais delitos. (NR) *(Redação dada pela MP n. 703, de 18.12.2015, DOU 21.12.2015)*

CAPÍTULO V
Do Acordo de Leniência

Art. 16. A União, os Estados, o Distrito Federal e os Municípios poderão, no âmbito de suas competências, por meio de seus órgãos de controle interno, de forma isolada ou em conjunto com o Ministério Público ou com a Advocacia Pública, celebrar acordo de leniência com as pessoas jurídicas responsáveis pela prática dos atos e pelos fatos investigados e previstos nesta Lei que colaborem efetivamente com as investigações e com o processo administrativo, de forma que dessa colaboração resulte: *(Redação dada pela MP n. 703, de 18.12.2015, DOU 21.12.2015)*

I — a identificação dos demais envolvidos na infração, quando couber; *(Redação dada pela MP n. 703, de 18.12.2015, DOU 21.12.2015)*

II — a obtenção de informações e documentos que comprovem a infração noticiada ou sob investigação; *(Redação dada pela MP n. 703, de 18.12.2015, DOU 21.12.2015)*

III — a cooperação da pessoa jurídica com as investigações, em face de sua responsabilidade objetiva; e *(Redação dada pela MP n. 703, de 18.12.2015, DOU 21.12.2015)*

IV — o comprometimento da pessoa jurídica na implementação ou na melhoria de mecanismos internos de integridade. *(Redação dada pela MP n. 703, de 18.12.2015, DOU 21.12.2015)*

§ 1º O acordo de que trata o *caput* somente poderá ser celebrado se preenchidos, cumulativamente, os seguintes requisitos:

I — a pessoa jurídica seja a primeira a se manifestar sobre seu interesse em cooperar para a apuração do ato ilícito; *(Revogado pela MP n. 703, de 18.12.2015, DOU 21.12.2015)*

II — a pessoa jurídica cesse completamente seu envolvimento na infração investigada a partir da data de propositura do acordo;

III — a pessoa jurídica, em face de sua responsabilidade objetiva, coopere com as investigações e com o processo administrativo, comparecendo, sob suas expensas, sempre que solicitada, a todos os atos processuais, até seu encerramento; e *(Redação dada pela MP n. 703, de 18.12.2015, DOU 21.12.2015)*

IV — a pessoa jurídica se comprometa a implementar ou a melhorar os mecanismos internos de integridade, auditoria, incentivo às denúncias de irregularidades e à aplicação efetiva de código de ética e de conduta. *(Redação dada pela MP n. 703, de 18.12.2015, DOU 21.12.2015)*

§ 2º O acordo de leniência celebrado pela autoridade administrativa:

I — isentará a pessoa jurídica das sanções previstas no inciso II do *caput* do art. 6º e das sanções restritivas ao direito de licitar e contratar previstas na Lei n. 8.666, de 21 de junho de 1993, e em outras normas que tratam de licitações e contratos;

II — poderá reduzir a multa prevista no inciso I do *caput* do art. 6º em até dois terços, não sendo aplicável à pessoa jurídica qualquer outra sanção de natureza pecuniária decorrente das infrações especificadas no acordo; e

III — no caso de a pessoa jurídica ser a primeira a firmar o acordo de leniência sobre os atos e fatos investigados, a redução poderá chegar até a sua completa remissão, não sendo aplicável à pessoa jurídica qualquer outra sanção de natureza pecuniária decorrente das infrações especificadas no acordo. *(Redação do parágrafo e incisos dada pela MP n. 703, de 18.12.2015, DOU 21.12.2015)*

§ 3º O acordo de leniência não exime a pessoa jurídica da obrigação de reparar integralmente o dano causado.

§ 4º O acordo de leniência estipulará as condições necessárias para assegurar a efetividade da colaboração e o resultado útil do processo administrativo e quando estipular a obrigatoriedade de reparação do dano poderá conter cláusulas sobre a forma de amortização, que considerem a capacidade econômica da pessoa jurídica. *(Redação dada pela MP n. 703, de 18.12.2015, DOU 21.12.2015)*

§ 5º Os efeitos do acordo de leniência serão estendidos às pessoas jurídicas que integram o mesmo grupo econômico, de fato e de direito, desde que firmem o acordo em conjunto, respeitadas as condições nele estabelecidas.

§ 6º A proposta de acordo de leniência somente se tornará pública após a efetivação do respectivo acordo, salvo no interesse das investigações e do processo administrativo.

§ 7º Não importará em reconhecimento da prática do ato ilícito investigado a proposta de acordo de leniência rejeitada.

§ 8º Em caso de descumprimento do acordo de leniência, a pessoa jurídica ficará impedida de celebrar novo acordo pelo prazo de 3 (três) anos contados do conhecimento pela administração pública do referido descumprimento.

§ 9º A formalização da proposta de acordo de leniência suspende o prazo prescricional em relação aos atos e fatos objetos de apuração previstos nesta Lei e sua celebração o interrompe. *(Redação dada pela MP n. 703, de 18.12.2015, DOU 21.12.2015)*

§ 10. A Controladoria-Geral da União — CGU é o órgão competente para celebrar os acordos de leniência no âmbito do Poder Executivo federal, bem como no caso de atos lesivos praticados contra a administração pública estrangeira.

§ 11. O acordo de leniência celebrado com a participação das respectivas Advocacias Públicas impede que os entes celebrantes ajuízem ou prossigam com as ações de que tratam o art. 19 desta Lei e o art. 17 da Lei n. 8.429, de 2 de junho de 1992, ou de ações de natureza civil. *(Redação dada pela MP n. 703, de 18.12.2015, DOU 21.12.2015)*

§ 12. O acordo de leniência celebrado com a participação da Advocacia Pública e em conjunto com o Ministério Público impede o ajuizamento ou o prosseguimento da ação já ajuizada por qualquer dos legitimados às ações mencionadas no § 11. *(Redação dada pela MP n. 703, de 18.12.2015, DOU 21.12.2015)*

§ 13. Na ausência de órgão de controle interno no Estado, no Distrito Federal ou no Município, o acordo de leniência previsto no *caput* somente será celebrado pelo chefe do respectivo Poder em conjunto com o Ministério Público. *(Redação dada pela MP n. 703, de 18.12.2015, DOU 21.12.2015)*

§ 14. O acordo de leniência depois de assinado será encaminhado ao respectivo Tribunal de Contas, que poderá, nos termos do inciso II do art. 71 da Constituição Federal, instaurar procedimento administrativo contra a pessoa jurídica celebrante, para apurar prejuízo ao erário, quando entender que o valor constante do acordo não atende o disposto no § 3º. (NR) *(Redação dada pela MP n. 703, de 18.12.2015, DOU 21.12.2015)*

Art. 17. A administração pública poderá também celebrar acordo de leniência com a pessoa jurídica responsável por atos e fatos investigados previstos em normas de licitações e contratos administrativos com vistas à isenção ou à atenuação das sanções restritivas ou impeditivas ao direito de licitar e contratar. (NR) *(Redação dada pela MP n. 703, de 18.12.2015, DOU 21.12.2015)*

Art. 17-A. Os processos administrativos referentes a licitações e contratos em curso em outros órgãos ou entidades que versem sobre o mesmo objeto do acordo de leniência deverão, com a celebração deste, ser sobrestados e, posteriormente, arquivados, em caso de cumprimento integral do acordo pela pessoa jurídica. (NR) *(incluído pela MP n. 703, de 18.12.2015, DOU 21.12.2015)*

Art. 17-B. Os documentos porventura juntados durante o processo para elaboração do acordo de leniência deverão ser devolvidos à pessoa jurídica quando não ocorrer a celebração do acordo, não permanecendo cópias em poder dos órgãos celebrantes. (NR) *(Redação dada pela MP n. 703, de 18.12.2015, DOU 21.12.2015)*

CAPÍTULO VI
Da Responsabilização Judicial

Art. 18. Na esfera administrativa, a responsabilidade da pessoa jurídica não afasta a possibilidade de sua responsabilização na esfera judicial, exceto quando expressamente previsto na celebração de acordo de leniência, observado o disposto no § 11, no § 12 e no § 13 do art. 16. (NR) *(Redação dada pela MP n. 703, de 18.12.2015, DOU 21.12.2015)*

Art. 19. Em razão da prática de atos previstos no art. 5º desta Lei, a União, os Estados, o Distrito Federal e os Municípios, por meio das respectivas Advocacias Públicas ou órgãos de representação judicial, ou equivalentes, e o Ministério Público, poderão ajuizar ação com vistas à aplicação das seguintes sanções às pessoas jurídicas infratoras:

I — perdimento dos bens, direitos ou valores que representem vantagem ou proveito direta ou indiretamente obtidos da infração, ressalvado o direito do lesado ou de terceiro de boa-fé;

II — suspensão ou interdição parcial de suas atividades;

III — dissolução compulsória da pessoa jurídica;

IV — proibição de receber incentivos, subsídios, subvenções, doações ou empréstimos de órgãos ou entidades públicas e de instituições financeiras públicas ou controladas pelo poder público, pelo prazo mínimo de 1 (um) e máximo de 5 (cinco) anos.

§ 1º A dissolução compulsória da pessoa jurídica será determinada quando comprovado:

I — ter sido a personalidade jurídica utilizada de forma habitual para facilitar ou promover a prática de atos ilícitos; ou

II — ter sido constituída para ocultar ou dissimular interesses ilícitos ou a identidade dos beneficiários dos atos praticados.

§ 2º (VETADO).

§ 3º As sanções poderão ser aplicadas de forma isolada ou cumulativa.

§ 4º O Ministério Público ou a Advocacia Pública ou órgão de representação judicial, ou equivalente, do ente público poderá requerer a indisponibilidade de bens, direitos ou valores necessários à garantia do pagamento da multa ou da reparação integral do dano causado, conforme previsto no art. 7º, ressalvado o direito do terceiro de boa-fé.

Art. 20. Nas ações ajuizadas pelo Ministério Público, poderão ser aplicadas as sanções previstas no art. 6º, sem prejuízo daquelas previstas neste Capítulo, desde que constatada a omissão das autoridades competentes para promover a responsabilização administrativa.

PARÁGRAFO ÚNICO. A proposta do acordo de leniência poderá ser feita mesmo após eventual ajuizamento das ações cabíveis. (NR) *(Incluído pela MP n. 703, de 18.12.2015, DOU 21.12.2015)*

Art. 21. Nas ações de responsabilização judicial, será adotado o rito previsto na Lei n. 7.347, de 24 de julho de 1985.

PARÁGRAFO ÚNICO. A condenação torna certa a obrigação de reparar, integralmente, o dano causado pelo ilícito, cujo valor será apurado em posterior liquidação, se não constar expressamente da sentença.

CAPÍTULO VII
Disposições Finais

Art. 22. Fica criado no âmbito do Poder Executivo federal o Cadastro Nacional de Empresas Punidas — CNEP, que reunirá e dará publicidade às sanções aplicadas pelos órgãos ou entidades dos Poderes Executivo, Legislativo e Judiciário de todas as esferas de governo com base nesta Lei.

§ 1º Os órgãos e entidades referidos no *caput* deverão informar e manter atualizados, no Cnep, os dados relativos às sanções por eles aplicadas.

§ 2º O CNEP conterá, entre outras, as seguintes informações acerca das sanções aplicadas:

I — razão social e número de inscrição da pessoa jurídica ou entidade no Cadastro Nacional da Pessoa Jurídica — CNPJ;

II — tipo de sanção; e

III — data de aplicação e data final da vigência do efeito limitador ou impeditivo da sanção, quando for o caso.

§ 3º As autoridades competentes, para celebrarem acordos de leniência previstos nesta Lei, também deverão prestar e manter atualizadas no CNEP, após a efetivação do respectivo acordo, as informações acerca do acordo de leniência celebrado, salvo se esse procedimento vier a causar prejuízo às investigações e ao processo administrativo.

§ 4º Caso a pessoa jurídica não cumpra os termos do acordo de leniência, além das informações previstas no § 3º, deverá ser incluída no CNEP referência ao respectivo descumprimento.

§ 5º Os registros das sanções e acordos de leniência serão excluídos depois de decorrido o prazo previamente estabelecido no ato sancionador ou do cumprimento integral do acordo de leniência e da reparação do eventual dano causado, mediante solicitação do órgão ou entidade sancionadora.

Art. 23. Os órgãos ou entidades dos Poderes Executivo, Legislativo e Judiciário de todas as esferas de governo deverão informar e manter atualizados, para fins de publicidade, no Cadastro Nacional de Empresas Inidôneas e Suspensas — CEIS, de caráter público, instituído no âmbito do Poder Executivo federal, os dados relativos às sanções por eles aplicadas, nos termos do disposto nos arts. 87 e 88 da Lei n. 8.666, de 21 de junho de 1993.

Art. 24. A multa e o perdimento de bens, direitos ou valores aplicados com fundamento nesta Lei serão destinados preferencialmente aos órgãos ou entidades públicas lesadas.

Art. 25. Prescrevem em 5 (cinco) anos as infrações previstas nesta Lei, contados da data da ciência da infração ou, no caso de infração permanente ou continuada, do dia em que tiver cessado.

§ 1º Na esfera administrativa ou judicial, a prescrição será interrompida com a instauração de processo que tenha por objeto a apuração da infração. *(Redação dada pela MP n. 703, de 18.12.2015, DOU 21.12.2015)*

§ 2º Aplica-se o disposto no caput e no § 1º aos ilícitos previstos em normas de licitações e contratos administrativos. (NR) *(Redação dada pela MP n. 703, de 18.12.2015, DOU 21.12.2015)*

Art. 26. A pessoa jurídica será representada no processo administrativo na forma do seu estatuto ou contrato social.

§ 1º As sociedades sem personalidade jurídica serão representadas pela pessoa a quem couber a administração de seus bens.

§ 2º A pessoa jurídica estrangeira será representada pelo gerente, representante ou administrador de sua filial, agência ou sucursal aberta ou instalada no Brasil.

Art. 27. A autoridade competente que, tendo conhecimento das infrações previstas nesta Lei, não adotar providências para a apuração dos fatos será responsabilizada penal, civil e administrativamente nos termos da legislação específica aplicável.

Art. 28. Esta Lei aplica-se aos atos lesivos praticados por pessoa jurídica brasileira contra a administração pública estrangeira, ainda que cometidos no exterior.

Art. 29. O disposto nesta Lei não exclui as competências do Conselho Administrativo de Defesa Econômica, do Ministério da Justiça e do Ministério da Fazenda para processar e julgar fato que constitua infração à ordem econômica.

§ 1º Os acordos de leniência celebrados pelos órgãos de controle interno da União, dos Estados, do Distrito Federal e dos Municípios contarão com a colaboração dos órgãos a que se refere o *caput* quando os atos e fatos apurados acarretarem simultaneamente a infração ali prevista. *(Incluído pela MP n. 703, de 18.12.2015, DOU 21.12.2015)*

§ 2º Se não houver concurso material entre a infração prevista no *caput* e os ilícitos contemplados nesta Lei, a competência e o procedimento para celebração de acordos de leniência observarão o previsto na Lei n. 12.529, de 30 de novembro de 2011, e a referida celebração contará com a participação do Ministério Público. (NR) *(Incluído pela MP n. 703, de 18.12.2015, DOU 21.12.2015)*

Art. 30. Ressalvada a hipótese de acordo de leniência que expressamente as inclua, a aplicação das sanções previstas nesta Lei não afeta os processos de responsabilização e aplicação de penalidades decorrentes de: *(Redação dada pela MP n. 703, de 18.12.2015, DOU 21.12.2015)*

I — ato de improbidade administrativa nos termos da Lei n. 8.429, de 1992; *(Redação dada pela MP n. 703, de 18.12.2015, DOU 21.12.2015)*

II — atos ilícitos alcançados pela Lei n. 8.666, de 1993, ou por outras normas de licitações e contratos da administração pública, inclusive no que se refere ao Regime Diferenciado de Contratações Públicas — RDC, instituído pela Lei n. 12.462, de 2011; e *(Redação dada pela MP n. 703, de 18.12.2015, DOU 21.12.2015)*

III — infrações contra a ordem econômica nos termos da Lei n. 12.529, de 2011. (NR) *(Incluído pela MP n. 703, de 18.12.2015, DOU 21.12.2015)*

Art. 31. Esta Lei entra em vigor 180 (cento e oitenta) dias após a data de sua publicação.

Brasília, 1º de agosto de 2013; 192º da Independência e 125º da República.

DILMA ROUSSEFF
JOSÉ EDUARDO CARDOZO
LUÍS INÁCIO LUCENA ADAMS
JORGE HAGE SOBRINHO

DECRETO N. 8.945, DE 27 DE DEZEMBRO DE 2016

(DOU de 28.12.2016 e republicado em 04.01.2017)

Regulamenta, no âmbito da União, a Lei n. 13.303, de 30 de junho de 2016, que dispõe sobre o estatuto jurídico da empresa pública, da sociedade de economia mista e de suas subsidiárias, no âmbito da União, dos Estados, do Distrito Federal e dos Municípios.

O PRESIDENTE DA REPÚBLICA, no uso das atribuições que lhe confere o art. 84, *caput*, incisos IV e VI, alínea "a", da Constituição, e tendo em vista o disposto na Lei n. 13.303, de 30 de junho de 2016,

DECRETA:

CAPÍTULO I
DISPOSIÇÕES PRELIMINARES

SEÇÃO I
Do âmbito de aplicação e das definições

Art. 1º Este Decreto regulamenta, no âmbito da União, a Lei n. 13.303, de 30 de junho de 2016, que dispõe sobre o estatuto jurídico da empresa pública, da sociedade de economia mista e de suas subsidiárias.

PARÁGRAFO ÚNICO. As disposições deste Decreto se aplicam também às empresas estatais sediadas no exterior e às transnacionais, no que couber.

Art. 2º Para os fins deste Decreto, considera-se:

I — empresa estatal — entidade dotada de personalidade jurídica de direito privado, cuja maioria do capital votante pertença direta ou indiretamente à União;

II — empresa pública — empresa estatal cuja maioria do capital votante pertença diretamente à União e cujo capital social seja constituído de recursos provenientes exclusivamente do setor público;

III — sociedade de economia mista — empresa estatal cuja maioria das ações com direito a voto pertença diretamente à União e cujo capital social admite a participação do setor privado;

IV — subsidiária — empresa estatal cuja maioria das ações com direito a voto pertença direta ou indiretamente a empresa pública ou a sociedade de economia mista;

V — conglomerado estatal — conjunto de empresas estatais formado por uma empresa pública ou uma sociedade de economia mista e as suas respectivas subsidiárias;

VI — sociedade privada — entidade dotada de personalidade jurídica de direito privado, com patrimônio próprio e cuja maioria do capital votante não pertença direta ou indiretamente à União, a Estado, ao Distrito Federal ou a Município; e

VII — administradores — membros do Conselho de Administração e da Diretoria da empresa estatal.

PARÁGRAFO ÚNICO. Incluem-se no inciso IV do *caput* as subsidiárias integrais e as demais sociedades em que a empresa estatal detenha o controle acionário majoritário, inclusive as sociedades de propósito específico.

SEÇÃO II
Da constituição da empresa estatal

Art. 3º A exploração de atividade econômica pela União será exercida por meio de empresas estatais.

Art. 4º A constituição de empresa pública ou de sociedade de economia mista, inclusive por meio de aquisição ou assunção de controle acionário majoritário, dependerá de prévia autorização legal que indique, de forma clara, relevante interesse coletivo ou imperativo de segurança nacional, nos termos do *caput* do art. 173 da Constituição.

Art. 5º O estatuto social da empresa estatal indicará, de forma clara, o relevante interesse coletivo ou o imperativo de segurança nacional, nos termos do *caput* do art. 173 da Constituição.

Art. 6º A constituição de subsidiária, inclusive sediada no exterior ou por meio de aquisição ou assunção de controle acionário majoritário, dependerá de prévia autorização legal, que poderá estar prevista apenas na lei de criação da empresa pública ou da sociedade de economia mista controladora.

Art. 7º Na hipótese de a autorização legislativa para a constituição de subsidiária ser genérica, o Conselho de Administração da empresa estatal terá de autorizar, de forma individualizada, a constituição de cada subsidiária.

PARÁGRAFO ÚNICO. A subsidiária deverá ter objeto social vinculado ao da estatal controladora.

SEÇÃO III
Das participações minoritárias

Art. 8º A participação de empresa estatal em sociedade privada dependerá de:

I — prévia autorização legal, que poderá constar apenas da lei de criação da empresa pública ou da sociedade de economia mista investidora;

II — vinculação com o objeto social da empresa estatal investidora; e

III — na hipótese de a autorização legislativa ser genérica, autorização do Conselho de Administração para participar de cada empresa.

§ 1º A necessidade de autorização legal para participação em empresa privada não se aplica a operações de tesouraria, adjudicação de ações em garantia e participações autorizadas pelo Conselho de Administração em linha com o plano de negócios da empresa estatal.

§ 2º A empresa estatal que possuir autorização legislativa para criar subsidiária e também para participar de outras empresas poderá constituir subsidiária cujo objeto social seja participar de outras sociedades, inclusive minoritariamente, desde que o estatuto social autorize expressamente a constituição de subsidiária como empresa de participações e que cada investimento esteja vinculado ao plano de negócios.

§ 3º O Conselho de Administração da empresa de participações de que trata o § 2º poderá delegar à Diretoria, observada a alçada a ser definida pelo próprio Conselho, a competência para conceder a autorização prevista no inciso III do *caput*.

§ 4º Não se aplica o disposto no inciso III do *caput* nas hipóteses de exercício, por empresa de participações, de direito de preferência e de prioridade para a manutenção de sua participação na sociedade da qual participa.

Art. 9º A empresa estatal que detiver participação equivalente a cinquenta por cento ou menos do capital votante em qualquer outra empresa, inclusive transnacional ou sediada no exterior, deverá elaborar política de participações societárias que contenha práticas de governança e controle proporcionais à relevância, à materialidade e aos riscos do negócio do qual participe.

§ 1º A política referida no *caput* deverá ser aprovada pelo Conselho de Administração da empresa ou, se não houver, de sua controladora, e incluirá:

I — documentos e informações estratégicos do negócio e demais relatórios e informações produzidos por exigência legal ou em razão de acordo de acionistas que sejam considerados essenciais para a defesa de seus interesses na sociedade empresarial investida;

II — relatório de execução do orçamento de capital e de realização de investimentos programados pela sociedade empresarial investida, inclusive quanto ao alinhamento dos custos orçados e dos realizados com os custos de mercado;

III — informe sobre execução da política de transações com partes relacionadas da sociedade empresarial investida;

IV — análise das condições de alavancagem financeira da sociedade empresarial investida;

V — avaliação de inversões financeiras e de processos relevantes de alienação de bens móveis e imóveis da sociedade empresarial investida;

VI — relatório de risco das contratações para execução de obras, fornecimento de bens e prestação de serviços relevantes para os interesses da empresa estatal investidora;

VII — informe sobre execução de projetos relevantes para os interesses da empresa estatal investidora;

VIII — relatório de cumprimento, nos negócios da sociedade empresarial investida, de condicionantes socioambientais estabelecidas pelos órgãos ambientais;

IX — avaliação das necessidades de novos aportes na sociedade empresarial investida e dos possíveis riscos de redução da rentabilidade esperada do negócio; e

X — qualquer outro relatório, documento ou informação produzido pela sociedade empresarial investida, considerado relevante para o cumprimento do comando constante do *caput*.

CAPÍTULO II
DO REGIME SOCIETÁRIO DAS EMPRESAS ESTATAIS

Seção I
Das normas gerais

Art. 10. A sociedade de economia mista será constituída sob a forma de sociedade anônima e estará sujeita ao regime previsto na Lei n. 6.404, de 15 de dezembro de 1976, exceto no que se refere:

I — à quantidade mínima de membros do Conselho de Administração;

II — ao prazo de atuação dos membros do Conselho Fiscal; e

III — às pessoas aptas a propor ação de reparação por abuso do poder de controle e ao prazo prescricional para sua propositura.

§ 1º O disposto no *caput* aplica-se às subsidiárias de sociedade de economia mista, exceto quanto à constituição facultativa do Conselho de Administração e à possibilidade de adoção da forma de sociedade limitada para subsidiárias em liquidação.

§ 2º Além das normas previstas neste Decreto, a empresa estatal com registro na Comissão de Valores Mobiliários — CVM se sujeita ao disposto na Lei n. 6.385, de 7 de dezembro de 1976.

Art. 11. A empresa pública adotará, preferencialmente, a forma de sociedade anônima, que será obrigatória para as suas subsidiárias.

PARÁGRAFO ÚNICO. A empresa pública não poderá:

I — lançar debêntures ou outros títulos ou valores mobiliários, conversíveis em ações; e

II — emitir partes beneficiárias.

Art. 12. As empresas estatais deverão observar as regras de escrituração e elaboração de demonstrações financeiras contidas na Lei n. 6.404, de 1976, e nas normas da CVM, inclusive quanto à obrigatoriedade de auditoria independente por Auditor registrado naquela Autarquia.

PARÁGRAFO ÚNICO. As empresas estatais deverão elaborar demonstrações financeiras trimestrais nos termos do *caput* e divulgá-las em sítio eletrônico.

Art. 13. As empresas estatais deverão observar os seguintes requisitos mínimos de transparência:

I — elaboração de carta anual, subscrita pelos membros do Conselho de Administração, com a explicitação dos compromissos de consecução de objetivos de políticas públicas pela empresa estatal e por suas subsidiárias, em atendimento ao interesse coletivo ou ao imperativo de segurança nacional que justificou a autorização de sua criação, com a definição clara dos recursos a serem empregados para esse fim e dos impactos econômico-financeiros da consecução desses objetivos, mensuráveis por meio de indicadores objetivos;

II — adequação do objeto social, estabelecido no estatuto social, às atividades autorizadas na lei de criação;

III — divulgação tempestiva e atualizada de informações relevantes, em especial aquelas relativas a atividades desenvolvidas, estrutura de controle, fatores de risco, dados econômico-financeiros, comentários dos administradores sobre desempenho, políticas e práticas de governança corporativa e descrição da composição e da remuneração da administração;

IV — elaboração e divulgação de política de divulgação de informações, em conformidade com a legislação em vigor e com as melhores práticas;

V — elaboração de política de distribuição de dividendos, à luz do interesse público que justificou a criação da empresa estatal;

VI — divulgação, em notas explicativas às demonstrações financeiras, dos dados operacionais e financeiros das atividades relacionadas à consecução dos fins de interesse coletivo ou de imperativo de segurança nacional que justificou a criação da empresa estatal;

VII — elaboração e divulgação da política de transações com partes relacionadas, que abranja também as operações com a União e com as demais empresas estatais, em conformidade com os requisitos de competitividade, conformidade, transparência, equidade e comutatividade, que deverá ser revista, no mínimo, anualmente e aprovada pelo Conselho de Administração;

VIII — ampla divulgação, ao público em geral, de carta anual de governança corporativa, que consolide em um único documento escrito, em linguagem clara e direta, as informações de que trata o inciso III;

IX — divulgação anual de relatório integrado ou de sustentabilidade; e

X — divulgação, em local de fácil acesso ao público em geral, dos Relatórios Anuais de Atividades de Auditoria Interna — RAINT, assegurada a proteção das informações sigilosas e das informações pessoais, nos termos do art. 6º, *caput*, inciso III, da Lei n. 12.527, de 18 de novembro de 2011.

§ 1º Para fins de cumprimento do disposto neste artigo, a empresa estatal deverá elaborar carta anual única para os fins dos incisos I e III do *caput*, conforme modelo disponibilizado no sítio eletrônico do Ministério do Planejamento, Desenvolvimento e Gestão.

§ 2º O interesse público da empresa estatal, respeitadas as razões que motivaram a autorização legislativa, manifesta-se por meio do alinhamento entre seus objetivos e aqueles de políticas públicas, na forma explicitada na carta anual a que se refere o inciso I do *caput*.

§ 3º As obrigações e responsabilidades que a empresa estatal assuma em condições distintas às do setor em que atua deverão:

I — estar claramente definidas em lei ou regulamento e estarem previstas em contrato, convênio ou ajuste celebrado com o ente público competente para estabelecê-las, observada a ampla publicidade desses instrumentos; e

II — ter seu custo e suas receitas discriminados e divulgados de forma transparente, inclusive no plano contábil.

§ 4º Além das obrigações contidas neste artigo, as empresas estatais com registro na CVM sujeitam-se ao regime de informações e às regras de divulgação estabelecidos por essa Autarquia.

§ 5º Os documentos resultantes do cumprimento dos requisitos de transparência constantes dos incisos I a X do *caput* deverão ser divulgados no sítio eletrônico da empresa de forma permanente e cumulativa.

Art. 14. As subsidiárias poderão cumprir as exigências estabelecidas por este Decreto por meio de compartilhamento de custos, estruturas, políticas e mecanismos de divulgação com sua controladora.

Seção II
Gestão de riscos e controle interno

Art. 15. A empresa estatal adotará regras de estruturas e práticas de gestão de riscos e controle interno que abranjam:

I — ação dos administradores e empregados, por meio da implementação cotidiana de práticas de controle interno;

II — área de integridade e de gestão de riscos; e

III — auditoria interna e Comitê de Auditoria Estatutário.

Art. 16. A área de integridade e gestão de riscos terá suas atribuições previstas no estatuto social, com mecanismos que assegurem atuação independente, e deverá ser vinculada diretamente ao Diretor-Presidente, podendo ser conduzida por ele próprio ou por outro Diretor estatutário.

§ 1º O Diretor estatutário referido no *caput* poderá ter outras competências.

§ 2º O estatuto social preverá, ainda, a possibilidade de a área de integridade se reportar diretamente ao Conselho de Administração da empresa ou, se não houver, ao Conselho de Administração da controladora, nas situações em que houver suspeita do envolvimento do Diretor-Presidente em irregularidades ou quando este deixar de adotar as medidas necessárias em relação à situação a ele relatada.

§ 3º Serão enviados relatórios trimestrais ao Comitê de Auditoria Estatutário sobre as atividades desenvolvidas pela área de integridade.

Art. 17. A auditoria interna deverá:

I — auxiliar o Conselho de Administração da empresa ou, se não houver, de sua controladora, ao qual se reportará diretamente; e

II — ser responsável por aferir a adequação do controle interno, a efetividade do gerenciamento dos riscos e dos processos de governança e a confiabilidade do processo de coleta, mensuração, classificação, acumulação, registro e divulgação de eventos e transações, visando ao preparo de demonstrações financeiras.

Art. 18. Será elaborado e divulgado pela empresa estatal Código de Conduta e Integridade, que disporá sobre:

I — princípios, valores e missão da empresa estatal, além de orientações sobre a prevenção de conflito de interesses e vedação de atos de corrupção e fraude;

II — instâncias internas responsáveis pela atualização e aplicação do Código de Conduta e Integridade;

III — canal de denúncias que possibilite o recebimento de denúncias internas e externas relativas ao descumprimento do Código de Conduta e Integridade e das demais normas internas de ética e obrigacionais;

IV — mecanismos de proteção que impeçam qualquer espécie de retaliação à pessoa que utilize o canal de denúncias;

V — sanções aplicáveis em caso de violação às regras do Código de Conduta e Integridade; e

VI — previsão de treinamento periódico, no mínimo anual, sobre o Código de Conduta e Integridade, para empregados e administradores, e sobre a política de gestão de riscos, para administradores.

Art. 19. A empresa estatal deverá:

I — divulgar toda e qualquer forma de remuneração dos administradores e Conselheiros Fiscais, de forma detalhada e individual; e

II — adequar constantemente suas práticas ao Código de Conduta e Integridade e a outras regras de boa prática de governança corporativa, na forma estabelecida por este Decreto e pela Comissão Interministerial de Governança Corporativa e de Administração de Participações Societárias da União — CGPAR.

Art. 20. A empresa estatal poderá utilizar a arbitragem para solucionar as divergências entre acionistas e sociedade, ou entre acionistas controladores e acionistas minoritários, nos termos previstos em seu estatuto social.

SEÇÃO III
Do comitê de elegibilidade

Art. 21. A empresa estatal criará comitê de elegibilidade estatutário com as seguintes competências:

I — opinar, de modo a auxiliar os acionistas na indicação de administradores e Conselheiros Fiscais sobre o preenchimento dos requisitos e a ausência de vedações para as respectivas eleições; e

II — verificar a conformidade do processo de avaliação dos administradores e dos Conselheiros Fiscais.

§ 1º O comitê de elegibilidade estatutário deliberará por maioria de votos, com registro em ata.

§ 2º A ata deverá ser lavrada na forma de sumário dos fatos ocorridos, inclusive das dissidências e dos protestos, e conter a transcrição apenas das deliberações tomadas.

§ 3º O comitê de elegibilidade estatutário poderá ser constituído por membros de outros comitês, preferencialmente o de auditoria, por empregados ou Conselheiros de Administração, observado o disposto nos arts. 156 e 165 da Lei n. 6.404, de 1976, sem remuneração adicional.

Art. 22. O órgão ou a entidade da administração pública federal responsável pelas indicações de administradores e Conselheiros Fiscais encaminhará:

I — formulário padronizado para análise do comitê ou da comissão de elegibilidade da empresa estatal, acompanhado dos documentos comprobatórios e da sua análise prévia de compatibilidade; e

II — nome e dados da indicação à Casa Civil da Presidência da República, para fins de aprovação prévia.

§ 1º O formulário padronizado será disponibilizado no sítio eletrônico do Ministério do Planejamento, Desenvolvimento e Gestão.

§ 2º O comitê ou a comissão de elegibilidade deverá opinar, no prazo de oito dias úteis, contado da data de recebimento do formulário padronizado, sob pena de aprovação tácita e responsabilização dos seus membros caso se comprove o descumprimento de algum requisito.

§ 3º Após a manifestação do comitê ou da comissão de elegibilidade, o órgão ou a entidade da administração pública responsável pela indicação do Conselheiro deverá encaminhar sua decisão final de compatibilidade para a Procuradoria-Geral da Fazenda Nacional, no caso de indicação da União para empresa pública ou sociedade de economia mista, ou para a empresa controladora, no caso de indicação para subsidiárias.

§ 4º As indicações dos acionistas minoritários e dos empregados também deverão ser feitas por meio do formulário padronizado disponibilizado pelo Ministério do Planejamento, Desenvolvimento e Gestão e, caso não sejam submetidas previamente ao comitê ou à comissão de elegibilidade, serão verificadas pela secretaria da assembleia ou pelo Conselho de Administração no momento da eleição.

Art. 23. O órgão ou a entidade da administração pública federal responsável pela indicação de administradores ou Conselheiros Fiscais preservará a independência dos membros estatutários no exercício de suas funções.

Seção IV
Do estatuto social

Art. 24. O estatuto social da empresa estatal deverá conter as seguintes regras mínimas:

I — constituição do Conselho de Administração, com, no mínimo, sete e, no máximo, onze membros;

II — definição de, no mínimo, um requisito específico adicional para o cargo de Diretor, em relação ao cargo de Conselheiro de Administração, observado o quantitativo mínimo de três Diretores;

III — avaliação de desempenho, individual e coletiva, de periodicidade anual, dos membros estatutários, observados os seguintes quesitos mínimos para os administradores:

a) exposição dos atos de gestão praticados quanto à licitude e à eficácia da ação administrativa;

b) contribuição para o resultado do exercício; e

c) consecução dos objetivos estabelecidos no plano de negócios e atendimento à estratégia de longo prazo;

IV — constituição obrigatória do Conselho Fiscal e funcionamento de modo permanente;

V — constituição obrigatória do Comitê de Auditoria Estatutário e funcionamento de modo permanente, ficando autorizada a criação de comitê único pelas empresas que possuam subsidiária em sua estrutura;

VI — prazo de gestão unificado para os membros do Conselho de Administração, não superior a dois anos, sendo permitidas, no máximo, três reconduções consecutivas;

VII — prazo de gestão unificado para os membros da Diretoria, não superior a dois anos, permitidas, no máximo, três reconduções consecutivas;

VIII — segregação das funções de Presidente do Conselho de Administração e Presidente da empresa; e

IX — prazo de atuação dos membros do Conselho Fiscal não superior a dois anos, sendo permitidas, no máximo, duas reconduções consecutivas.

§ 1º A constituição do Conselho de Administração é facultativa para as empresas subsidiárias de capital fechado, nos termos do art. 31.

§ 2º No prazo a que se referem os incisos VI, VII e IX do *caput* serão considerados os períodos anteriores de gestão ou de atuação ocorridos há menos de dois anos e a transferência de Diretor para outra Diretoria da mesma empresa estatal.

§ 3º Para fins do disposto no inciso VII do *caput*, no caso de instituição financeira pública federal ou de empresa estatal de capital aberto, não se considera recondução a eleição de Diretor para atuar em outra Diretoria da mesma empresa estatal.

§ 4º Atingidos os prazos máximos a que se referem os incisos VI, VII e IX do *caput*, o retorno de membro estatutário para uma mesma empresa só poderá ocorrer após decorrido período equivalente a um prazo de gestão ou de atuação.

SEÇÃO V
Do acionista controlador

Art. 25. O acionista controlador da empresa estatal responderá pelos atos praticados com abuso de poder, nos termos da Lei n. 6.404, de 1976.

Art. 26. A pessoa jurídica que controla a empresa estatal tem os deveres e as responsabilidades do acionista controlador, estabelecidos na Lei n. 6.404, de 1976, e deverá exercer o poder de controle no interesse da empresa estatal, respeitado o interesse público que justificou a sua criação.

SEÇÃO VI
Do administrador e da assembleia geral

Art. 27. Sem prejuízo do disposto na Lei n. 13.303, de 2016, e em outras leis específicas, o administrador de empresa estatal é submetido às normas previstas na Lei n. 6.404, de 1976, inclusive quanto às regras de eleição, destituição e remuneração.

§ 1º A remuneração dos administradores será sempre fixada pela assembleia geral.

§ 2º O voto da União na assembleia geral que fixar a remuneração dos administradores das empresas estatais federais observará a orientação da Secretaria de Coordenação e Governança das Empresas Estatais do Ministério do Planejamento, Desenvolvimento e Gestão.

§ 3º Toda empresa estatal disporá de assembleia geral, que será regida pelo disposto na Lei n. 6.404, de 1976, inclusive quanto à sua competência para alterar o capital social e o estatuto social da empresa e para eleger e destituir seus Conselheiros a qualquer tempo.

Seção VII
Dos requisitos para ser administrador de empresas estatais

Art. 28. Os administradores das empresas estatais deverão atender os seguintes requisitos obrigatórios:

I — ser cidadão de reputação ilibada;

II — ter notório conhecimento compatível com o cargo para o qual foi indicado;

III — ter formação acadêmica compatível com o cargo para o qual foi indicado; e

IV — ter, no mínimo, uma das experiências profissionais abaixo:

a) dez anos, no setor público ou privado, na área de atuação da empresa estatal ou em área conexa àquela para a qual forem indicados em função de direção superior;

b) quatro anos em cargo de Diretor, de Conselheiro de Administração, de membro de comitê de auditoria ou de chefia superior em empresa de porte ou objeto social semelhante ao da empresa estatal, entendendo-se como cargo de chefia superior aquele situado nos dois níveis hierárquicos não estatutários mais altos da empresa;

c) quatro anos em cargo em comissão ou função de confiança equivalente a nível 4, ou superior, do Grupo-Direção e Assessoramento Superiores — DAS, em pessoa jurídica de direito público interno;

d) quatro anos em cargo de docente ou de pesquisador, de nível superior na área de atuação da empresa estatal; ou

e) quatro anos como profissional liberal em atividade vinculada à área de atuação da empresa estatal.

§ 1º A formação acadêmica deverá contemplar curso de graduação ou pós-graduação reconhecido ou credenciado pelo Ministério da Educação.

§ 2º As experiências mencionadas em alíneas distintas do inciso IV do *caput* não poderão ser somadas para a apuração do tempo requerido.

§ 3º As experiências mencionadas em uma mesma alínea do inciso IV do *caput* poderão ser somadas para a apuração do tempo requerido, desde que relativas a períodos distintos.

§ 4º Somente pessoas naturais poderão ser eleitas para o cargo de administrador de empresas estatais.

§ 5º Os Diretores deverão residir no País.

§ 6º Aplica-se o disposto neste artigo aos administradores das empresas estatais, inclusive aos representantes dos empregados e dos acionistas minoritários, e também às indicações da União ou das empresas estatais para o cargo de administrador em suas participações minoritárias em empresas estatais de outros entes federativos.

Seção VIII
Das vedações para indicação para compor o Conselho de Administração

Art. 29. É vedada a indicação para o Conselho de Administração e para a Diretoria:

I — de representante do órgão regulador ao qual a empresa estatal está sujeita;

II — de Ministro de Estado, de Secretário Estadual e de Secretário Municipal;

III — de titular de cargo em comissão na administração pública federal, direta ou indireta, sem vínculo permanente com o serviço público;

IV — de dirigente estatutário de partido político e de titular de mandato no Poder Legislativo de qualquer ente federativo, ainda que licenciado;

V — de parentes consanguíneos ou afins até o terceiro grau das pessoas mencionadas nos incisos I a IV;

VI — de pessoa que atuou, nos últimos trinta e seis meses, como participante de estrutura decisória de partido político;

VII — de pessoa que atuou, nos últimos trinta e seis meses, em trabalho vinculado a organização, estruturação e realização de campanha eleitoral;

VIII — de pessoa que exerça cargo em organização sindical;

IX — de pessoa física que tenha firmado contrato ou parceria, como fornecedor ou comprador, demandante ou ofertante, de bens ou serviços de qualquer natureza, com a União, com a própria estatal ou com empresa estatal do seu conglomerado estatal, nos três anos anteriores à data de sua nomeação;

X — de pessoa que tenha ou possa ter qualquer forma de conflito de interesse com a pessoa político-administrativa controladora da empresa estatal ou com a própria estatal; e

XI — de pessoa que se enquadre em qualquer uma das hipóteses de inelegibilidade previstas nas alíneas do inciso I do *caput* do art. 1º da Lei Complementar n. 64, de 18 de maio de 1990.

§ 1º Aplica-se a vedação do inciso III do *caput* ao servidor ou ao empregado público aposentado que seja titular de cargo em comissão da administração pública federal direta ou indireta.

§ 2º Aplica-se o disposto neste artigo a todos os administradores das empresas estatais, inclusive aos representantes dos empregados e dos minoritários, e também às indicações da União ou das empresas estatais para o cargo de administrador em suas participações minoritárias em empresas estatais de outros entes federativos.

Seção IX
Da verificação dos requisitos e das vedações para administradores e Conselheiros Fiscais

Art. 30. Os requisitos e as vedações para administradores e Conselheiros Fiscais são de aplicação imediata e devem ser observados nas nomeações e nas eleições realizadas a partir da data de publicação deste Decreto, inclusive nos casos de recondução.

§ 1º Os requisitos deverão ser comprovados documentalmente, na forma exigida pelo formulário padronizado, disponibilizado no sítio eletrônico do Ministério do Planejamento, Desenvolvimento e Gestão.

§ 2º Será rejeitado o formulário que não estiver acompanhado dos documentos comprobatórios.

§ 3º O indicado apresentará declaração de que não incorre em nenhuma das hipóteses de vedação, nos termos do formulário padronizado.

Seção X
Do Conselho de Administração

Art. 31. Todas as empresas estatais, ressalvadas as subsidiárias de capital fechado, deverão ter Conselho de Administração.

Art. 32. Sem prejuízo das competências previstas no art. 142 da Lei n. 6.404, de 1976, e das demais atribuições previstas na Lei n. 13.303, de 2016, compete ao Conselho de Administração:

I — discutir, aprovar e monitorar decisões que envolvam práticas de governança corporativa, relacionamento com partes interessadas, política de gestão de pessoas e código de conduta dos agentes;

II — implementar e supervisionar os sistemas de gestão de riscos e de controle interno estabelecidos para a prevenção e a mitigação dos principais riscos a que está exposta a empresa estatal, inclusive os riscos relacionados à integridade das informações contábeis e financeiras e aqueles relacionados à ocorrência de corrupção e fraude;

III — estabelecer política de divulgação de informações para mitigar o risco de contradição entre as diversas áreas e os executivos da empresa estatal; e

IV — avaliar os Diretores da empresa estatal, nos termos do inciso III do *caput* do art.24, podendo contar com apoio metodológico e procedimental do comitê de elegibilidade estatutário referido no art. 21.

§ 1º Na hipótese de não ter sido constituído Conselho de Administração, as competências previstas no *caput* serão exercidas pela Diretoria.

§ 2º É vedada a existência de membro suplente no Conselho de Administração, inclusive para representante dos empregados.

Art. 33. No Conselho de Administração, é garantida a participação de:

I — um representante dos empregados, escolhido nos termos da Lei n. 12.353, de 28 de dezembro de 2010, inclusive quanto à eleição direta pelos empregados e à dispensa para empresas com menos de duzentos empregados; e

II — no mínimo, um representante dos acionistas minoritários, eleito nos termos da Lei n. 6.404, de 1976.

Art. 34. A remuneração mensal devida aos membros dos Conselhos de Administração da empresa estatal não excederá a dez por cento da remuneração mensal média dos Diretores da empresa, excluídos os valores relativos a adicional de férias e benefícios, sendo vedado o pagamento de participação, de qualquer espécie, nos lucros da empresa.

Art. 35. É vedada a participação remunerada de membros da administração pública federal, direta ou indireta, em mais de dois órgãos colegiados de empresa estatal, incluídos os Conselhos de Administração e Fiscal e os Comitês de Auditoria.

§ 1º Incluem-se na vedação do *caput* os servidores ou os empregados públicos de quaisquer dos Poderes da União, concursados ou não, exceto se estiverem licenciados sem remuneração, e os Diretores das empresas estatais de qualquer ente federativo.

§ 2º Incluem-se na vedação do *caput* os inativos ocupantes de cargo em comissão na administração pública federal direta ou indireta.

Art. 36. A composição do Conselho de Administração deve ter, no mínimo, vinte e cinco por cento de membros independentes.

§ 1º O Conselheiro de Administração independente caracteriza-se por:

I — não ter vínculo com a empresa estatal ou com empresa de seu conglomerado estatal, exceto quanto à participação em Conselho de Administração da empresa controladora ou à participação em seu capital social;

II — não ser cônjuge ou parente consanguíneo ou afim ou por adoção, até o terceiro grau, de chefe do Poder Executivo, de Ministro de Estado, de Secretário de Estado, do Distrito Federal ou de Município ou de administrador da empresa estatal ou de empresa de seu conglomerado estatal;

III — não ter mantido, nos últimos três anos, vínculo de qualquer natureza com a empresa estatal ou com os seus controladores, que possa vir a comprometer a sua independência;

IV — não ser ou não ter sido, nos últimos três anos, empregado ou Diretor da empresa estatal, de empresa de seu conglomerado estatal ou de empresa coligada;

V — não ser fornecedor ou comprador, direto ou indireto, de serviços ou produtos da empresa estatal ou de empresa de seu conglomerado estatal;

VI — não ser empregado ou administrador de empresa ou entidade que ofereça ou demande serviços ou produtos à empresa estatal ou à empresa de seu conglomerado estatal; e

VII — não receber outra remuneração da empresa estatal ou de empresa de seu conglomerado estatal, além daquela relativa ao cargo de Conselheiro, exceto a remuneração decorrente de participação no capital da empresa.

§ 2º Na hipótese de o cálculo do número de Conselheiros independentes não resultar em número inteiro, será feito o arredondamento:

I — para mais, quando a fração for igual ou superior a cinco décimos; e

II — para menos, quando a fração for inferior a cinco décimos.

§ 3º Para os fins deste artigo, serão considerados independentes os Conselheiros eleitos por acionistas minoritários, mas não aqueles eleitos pelos empregados.

§ 4º O Ministério supervisor ao qual a empresa estatal esteja vinculada, ou sua controladora, deverá indicar os membros independentes do Conselho de Administração de que trata o *caput*, caso os demais acionistas não o façam.

Art. 37. É condição para a investidura em cargo de Diretoria da empresa estatal a assunção de compromisso com metas e resultados específicos a serem alcançados, que deverá ser aprovado pelo Conselho de Administração, ao qual incumbe fiscalizar o seu cumprimento.

§ 1º Sem prejuízo do disposto no *caput*, a Diretoria deverá apresentar, até a última reunião ordinária do Conselho de Administração do ano anterior, a quem compete sua aprovação:

I — o plano de negócios para o exercício anual seguinte; e

II — a estratégia de longo prazo atualizada com análise de riscos e oportunidades para, no mínimo, os cinco anos seguintes.

§ 2º Na hipótese de não ter sido constituído Conselho de Administração, a Diretoria-Executiva aprovará o plano de negócios e a estratégia de longo prazo.

§ 3º Compete ao Conselho de Administração da empresa, se houver, ou de sua controladora, sob pena de seus integrantes responderem por omissão, promover anualmente análise quanto ao atendimento das metas e dos resultados na execução do plano de negócios e da estratégia de longo prazo, devendo publicar suas conclusões e informá-las ao Congresso Nacional e ao Tribunal de Contas da União.

§ 4º Excluem-se da obrigação de publicação a que se refere o § 3º as informações de natureza estratégica cuja divulgação possa ser comprovadamente prejudicial ao interesse da empresa estatal.

§ 5º O atendimento das metas e dos resultados na execução do plano de negócios e da estratégia de longo prazo deverá gerar reflexo financeiro para os Diretores das empresas estatais, inclusive nas empresas dependentes ou deficitárias, sob a forma de remuneração variável, nos termos estabelecidos pela Secretaria de Coordenação e Governança das Empresas Estatais do Ministério do Planejamento, Desenvolvimento e Gestão.

SEÇÃO XI
Do Comitê de Auditoria Estatutário

Art. 38. A empresa estatal deverá possuir Comitê de Auditoria Estatutário como órgão auxiliar do Conselho de Administração da empresa, se houver, ou de sua controladora, ao qual se reportará diretamente, observado o disposto no art. 16.

§ 1º Competirá ao Comitê de Auditoria Estatutário, sem prejuízo de outras competências previstas em lei:

I — opinar sobre a contratação e a destituição de auditor independente;

II — supervisionar as atividades dos auditores independentes e avaliar a sua independência, a qualidade dos serviços prestados e a adequação de tais serviços às necessidades da empresa estatal;

III — supervisionar as atividades desenvolvidas nas áreas de controle interno, de auditoria interna e de elaboração das demonstrações financeiras da empresa estatal;

IV — monitorar a qualidade e a integridade dos mecanismos de controle interno, das demonstrações financeiras e das informações e medições divulgadas pela empresa estatal;

V — avaliar e monitorar a exposição ao risco da empresa estatal e requerer, entre outras, informações detalhadas sobre políticas e procedimentos referentes a:

a) remuneração da administração;

b) utilização de ativos da empresa estatal; e

c) gastos incorridos em nome da empresa estatal;

VI — avaliar e monitorar, em conjunto com a administração da estatal e a área de auditoria interna, a adequação e a divulgação das transações com partes relacionadas;

VII — elaborar relatório anual com informações sobre as atividades, os resultados, as conclusões e as suas recomendações, e registrar, se houver, as divergências significativas entre administração, auditoria independente e o Comitê de Auditoria Estatutário em relação às demonstrações financeiras; e

VIII — avaliar a razoabilidade dos parâmetros em que se fundamentam os cálculos atuariais e o resultado atuarial dos planos de benefícios mantidos pelo fundo de pensão, quando a empresa estatal for patrocinadora de entidade fechada de previdência complementar.

§ 2º O Comitê de Auditoria Estatutário deverá possuir meios para receber denúncias, inclusive de caráter sigiloso, internas e externas à empresa estatal, em matérias relacionadas às suas atividades.

§ 3º O Comitê de Auditoria Estatutário deverá realizar, no mínimo, quatro reuniões mensais nas empresas de capital aberto e nas instituições financeiras, ou, no mínimo, duas reuniões nas demais empresas estatais.

§ 4º A empresa estatal deverá divulgar as atas das reuniões do Comitê de Auditoria Estatutário.

§ 5º Na hipótese de o Conselho de Administração considerar que a divulgação da ata possa pôr em risco interesse legítimo da empresa estatal, apenas o seu extrato será divulgado.

§ 6º A restrição de que trata o § 5º não será oponível aos órgãos de controle, que terão total e irrestrito acesso ao conteúdo das atas do Comitê de Auditoria Estatutário, observada a transferência de sigilo.

§ 7º O Comitê de Auditoria Estatutário deverá possuir autonomia operacional e dotação orçamentária, anual ou por projeto, nos limites aprovados pelo Conselho de Administração, para conduzir ou determinar a realização de consultas, avaliações e investigações relacionadas às suas atividades, inclusive com a contratação e a utilização de especialistas externos independentes.

§ 8º A remuneração dos membros do Comitê de Auditoria Estatutário será fixada pela assembleia geral, em montante não inferior à remuneração dos Conselheiros Fiscais.

§ 9º Os membros do Conselho de Administração poderão ocupar cargo no Comitê de Auditoria Estatutário da própria empresa, desde que optem pela remuneração de membro do referido Comitê.

Art. 39. O Comitê de Auditoria Estatutário, eleito e destituído pelo Conselho de Administração, será integrado por, no mínimo, três membros e, no máximo, cinco membros.

§ 1º São condições mínimas para integrar o Comitê de Auditoria Estatutário:

I — não ser ou ter sido, nos doze meses anteriores à nomeação para o Comitê:

a) Diretor, empregado ou membro do Conselho Fiscal da empresa estatal ou de sua controladora, subsidiária, coligada ou sociedade em controle comum, direta ou indireta; e

b) responsável técnico, Diretor, gerente, supervisor ou qualquer outro integrante com função de gerência de equipe envolvida nos trabalhos de auditoria na empresa estatal;

II — não ser cônjuge ou parente consanguíneo ou afim ou por adoção, até o segundo grau, das pessoas referidas no inciso I;

III — não receber qualquer outro tipo de remuneração da empresa estatal ou de sua controladora, subsidiária, coligada ou sociedade em controle comum, direta ou indireta, que não seja aquela relativa à função de membro do Comitê de Auditoria Estatutário;

IV — não ser ou ter sido ocupante de cargo público efetivo, ainda que licenciado, ou de cargo em comissão na administração pública federal direta, nos doze meses anteriores à nomeação para o Comitê de Auditoria Estatutário; e

V — não se enquadrar nas vedações de que tratam os incisos I, IV, IX, X e XI do *caput* do art. 29.

§ 2º O Comitê de Auditoria Estatutário será composto de modo que a maioria dos membros

Legislação Complementar

observe também as demais vedações de que trata o art. 29.

§ 3º O disposto na alínea "a" do inciso I do § 1º não se aplica a empregado de empresa estatal não vinculada ao mesmo conglomerado estatal.

§ 4º O disposto no inciso IV do § 1º se aplica a servidor de autarquia ou fundação que tenha atuação nos negócios da empresa estatal.

§ 5º Os membros do Comitê de Auditoria Estatutário devem ter experiência profissional ou formação acadêmica compatível com o cargo, preferencialmente na área de contabilidade, auditoria ou no setor de atuação da empresa, devendo, no mínimo, um dos membro obrigatoriamente ter experiência profissional reconhecida em assuntos de contabilidade societária.

§ 6º Na formação acadêmica, exige-se curso de graduação ou pós-graduação reconhecido ou credenciado pelo Ministério da Educação.

§ 7º O atendimento às previsões deste artigo deve ser comprovado por meio de documentação mantida na sede da empresa estatal pelo prazo mínimo de cinco anos, contado do último dia de mandato do membro do Comitê de Auditoria Estatutário.

§ 8º É vedada a existência de membro suplente no Comitê de Auditoria Estatutário.

§ 9º O mandato dos membros do Comitê de Auditoria Estatutário será de dois ou três anos, não coincidente para cada membro, permitida uma reeleição.

§ 10. Os membros do Comitê de Auditoria Estatutário poderão ser destituídos pelo voto justificado da maioria absoluta do Conselho de Administração.

§ 11. O Conselho de Administração poderá convidar membros do Comitê de Auditoria Estatutário para assistir às suas reuniões, sem direito a voto.

Seção XII
Do Conselho Fiscal

Art. 40. Além das normas previstas neste Decreto, aplicam-se aos membros do Conselho Fiscal da empresa estatal o disposto na Lei n. 6.404, de 1976, inclusive quanto a seus poderes, deveres e responsabilidades, a requisitos e impedimentos para a investidura e a remuneração.

§ 1º É vedado o pagamento de participação no lucro da empresa para os membros do Conselho Fiscal e o pagamento de remuneração a esses membros em montante superior ao pago para os Conselheiros de Administração.

§ 2º O Conselho Fiscal contará com, no mínimo, um membro indicado pelo Ministério da Fazenda, como representante do Tesouro Nacional, que deverá ser servidor público com vínculo permanente com a administração pública federal.

Art. 41. Os Conselheiros Fiscais das empresas estatais deverão atender os seguintes critérios:

I — ser pessoa natural, residente no País e de reputação ilibada;

II — ter formação acadêmica compatível com o exercício da função;

III — ter experiência mínima de três anos em cargo de:

a) direção ou assessoramento na administração pública, direta ou indireta; ou

b) Conselheiro Fiscal ou administrador em empresa;

IV — não se enquadrar nas vedações de que tratam os incisos I, IV, IX, X e XI do *caput* do art. 29;

V — não se enquadrar nas vedações de que trata o art. 147 da Lei n. 6.404, de 1976; e

VI — não ser ou ter sido membro de órgão de administração nos últimos vinte e quatro meses e não ser empregado da empresa estatal ou de sua subsidiária, ou do mesmo grupo, ou ser cônjuge ou parente, até terceiro grau, de administrador da empresa estatal.

§ 1º A formação acadêmica deverá contemplar curso de graduação ou pós-graduação reconhecido ou credenciado pelo Ministério da Educação.

§ 2º As experiências mencionadas em alíneas distintas do inciso III do *caput* não poderão ser somadas para a apuração do tempo requerido.

§ 3º As experiências mencionadas em uma mesma alínea do inciso III do *caput* poderão ser somadas para apuração do tempo requerido, desde que relativas a períodos distintos.

§ 4º O disposto no inciso VI do *caput* não se aplica aos empregados da empresa estatal controladora, ainda que sejam integrantes de seus órgãos de administração, quando inexistir grupo de sociedades formalmente constituído.

§ 5º Aplica-se o disposto neste artigo aos Conselheiros Fiscais das empresas estatais, inclusive aos representante dos minoritários, e às indicações da União ou das empresas estatais em suas participações minoritárias em empresas estatais de outros entes federativos.

Seção XIII
Do treinamento e do seguro de responsabilidade

Art. 42. Os administradores e Conselheiros Fiscais das empresas estatais, inclusive os representantes de empregados e minoritários, devem participar, na posse e anualmente, de treinamentos específicos disponibilizados pela empresa estatal sobre:

I — legislação societária e de mercado de capitais;

II — divulgação de informações;

III — controle interno;

IV — código de conduta;

V — Lei n. 12.846, de 1º de agosto de 2013; e

VI — demais temas relacionados às atividades da empresa estatal.

PARÁGRAFO ÚNICO. É vedada a recondução do administrador ou do Conselheiro Fiscal que não participar de nenhum treinamento anual disponibilizado pela empresa nos últimos dois anos.

Art. 43. O estatuto da empresa estatal poderá dispor sobre a contratação de seguro de responsabilidade civil pelos administradores.

CAPÍTULO III
DA FUNÇÃO SOCIAL DA EMPRESA ESTATAL

Art. 44. A empresa estatal terá a função social de realização do interesse coletivo ou de atendimento a imperativo da segurança nacional expressa no instrumento de autorização legal para a sua criação.

§ 1º A realização do interesse coletivo de que trata este artigo deverá ser orientada para o alcance do bem-estar econômico e para a alocação socialmente eficiente dos recursos geridos pela empresa estatal, e também para:

I — a ampliação economicamente sustentada do acesso de consumidores aos produtos e serviços da empresa estatal; ou

II — o desenvolvimento ou o emprego de tecnologia brasileira para produção e oferta de produtos e serviços da empresa estatal, sempre de maneira economicamente justificada.

§ 2º A empresa estatal deverá, nos termos da lei, adotar práticas de sustentabilidade ambiental e de responsabilidade social corporativa compatíveis com o mercado em que atua.

§ 3º A empresa estatal poderá celebrar instrumentos de convênio quando observados os seguintes parâmetros cumulativos:

I — a convergência de interesses entre as partes;

II — a execução em regime de mútua cooperação;

III — o alinhamento com a função social de realização do interesse coletivo;

IV — a análise prévia da conformidade do convênio com a política de transações com partes relacionadas;

V — a análise prévia do histórico de envolvimento com corrupção ou fraude, por parte da instituição beneficiada, e da existência de controles e políticas de integridade na instituição; e

VI — a vedação de celebrar convênio com dirigente de partido político, titular de mandato eletivo, empregado ou administrador da empresa estatal, ou com seus parentes consanguíneos ou afins até o terceiro grau, e também com pessoa jurídica cujo proprietário ou administrador seja uma dessas pessoas.

§ 4º Além do disposto no § 3º, a celebração de convênio ou contrato de patrocínio deverá observar os seguintes parâmetros cumulativos adicionais:

I — a destinação para promoção de atividades culturais, sociais, esportivas, educacionais e de inovação tecnológica;

II — a vinculação ao fortalecimento da marca da empresa estatal; e

III — a aplicação, no que couber, da legislação de licitações e contratos.

CAPÍTULO IV
DA FISCALIZAÇÃO PELO ESTADO E PELA SOCIEDADE

Art. 45. Os órgãos de controle externo e interno da União fiscalizarão as empresas estatais, inclusive aquelas domiciliadas no exterior, quanto à legitimidade, à economicidade e à eficácia da aplicação de seus recursos, sob o ponto de vista contábil, financeiro, operacional e patrimonial.

§ 1º Para a realização da atividade fiscalizatória de que trata o *caput*, os órgãos de controle deverão ter acesso irrestrito aos documentos e às informações necessários à realização dos trabalhos, inclusive aqueles classificados como sigilosos pela empresa estatal, nos termos da Lei n. 12.527, de 2011.

§ 2º O grau de confidencialidade será atribuído pelas empresas estatais no ato de entrega dos documentos e das informações solicitados, tornando-se o órgão de controle com o qual foi compartilhada a informação sigilosa corresponsável pela manutenção do seu sigilo.

§ 3º Os atos de fiscalização e de controle dispostos neste Capítulo serão aplicados, também, às empresas estatais transnacionais no que se refere aos atos de gestão e de aplicação do capital nacional, independentemente de estarem incluídos ou não em seus atos e acordos constitutivos.

Art. 46. As informações das empresas estatais relativas a licitações e contratos, inclusive aqueles referentes a bases de preços, constarão de bancos de dados eletrônicos atualizados e com acesso em tempo real aos órgãos de controle externo e interno da União.

§ 1º As demonstrações contábeis auditadas da empresa estatal serão disponibilizadas no sítio eletrônico da empresa na internet, inclusive em formato eletrônico editável.

§ 2º As atas e os demais expedientes oriundos de reuniões, ordinárias ou extraordinárias, dos Conselhos de Administração ou Fiscal das empresas estatais, inclusive gravações e filmagens, quando houver, deverão ser disponibilizados para os órgãos de controle sempre que solicitados, no âmbito dos trabalhos de auditoria.

§ 3º O acesso dos órgãos de controle às informações referidas neste Capítulo será restrito e individualizado.

§ 4º As informações que sejam revestidas de sigilo bancário, estratégico, comercial ou industrial serão assim identificadas, respondendo o servidor responsável pela atividade fiscalizatória administrativa, civil e penalmente pelos danos causados à empresa estatal e a seus acionistas em razão de eventual divulgação indevida.

§ 5º Os critérios para a definição do que deve ser considerado sigilo estratégico, comercial ou industrial serão estabelecidos em Decreto específico.

Art. 47. O controle das despesas decorrentes dos contratos e dos demais instrumentos regidos pela Lei n. 13.303, de 2016, será feito pelos órgãos de controle externo e interno da União, na forma da legislação pertinente, ficando as empresas estatais responsáveis pela demonstração da legalidade e da regularidade da despesa e da execução, nos termos da Constituição.

§ 1º Qualquer cidadão é parte legítima para impugnar edital de licitação por irregularidade quanto à aplicação do disposto na Lei n. 13.303, de 2016, devendo protocolar o pedido no prazo de cinco dias úteis anteriores à data fixada para a ocorrência do certame, devendo a entidade julgar e responder à impugnação no prazo de três dias úteis, sem prejuízo do disposto no § 2º.

§ 2º Qualquer licitante, contratado ou pessoa física ou jurídica poderá representar aos órgãos de controle externo e interno da União contra irregularidades quanto à aplicação do disposto neste Decreto.

§ 3º Os órgãos de controle externo e interno da União poderão solicitar para exame, a qualquer tempo, documentos de natureza contábil, financeira, orçamentária, patrimonial e operacional das empresas estatais sediadas no País e no exterior, obrigando-se os jurisdicionados à adoção das medidas corretivas pertinentes que, em função desse exame, lhes forem determinadas.

Art. 48. As empresas estatais deverão disponibilizar para conhecimento público, por meio eletrônico, informação completa, atualizada mensalmente, sobre a execução de seus contratos e de seu orçamento, admitindo-se retardo de até dois meses para a divulgação das informações.

§ 1º A disponibilização de informações contratuais referentes a operações de perfil estratégico ou que tenham por objeto segredo industrial receberá proteção mínima necessária para lhes garantir a confidencialidade.

§ 2º O disposto no § 1º não será oponível à fiscalização dos órgãos de controle externo e interno da União, sem prejuízo da responsabilização administrativa, civil e penal do servidor que der causa à eventual divulgação dessas informações.

Art. 49. O exercício da supervisão feita pelo Ministério ao qual a empresa estatal esteja vinculada não pode ensejar a redução ou a supressão da autonomia conferida pela lei específica que autorizou a criação da empresa estatal supervisionada ou da autonomia inerente a sua natureza, nem autoriza a ingerência do Ministério supervisor em sua administração e seu funcionamento, devendo a supervisão ser exercida nos limites da legislação aplicável, com foco na realização de políticas públicas transparentes e em harmonia com o objeto social da empresa estatal vinculada e com as diretrizes do Plano Plurianual.

Art. 50. As ações e deliberações do Tribunal de Contas da União, do Ministério da Transparência, Fiscalização e Controladoria-Geral da União — CGU e do Ministério supervisor ao qual a empresa estatal esteja vinculada não podem implicar interferência na gestão das empresas estatais nem ingerência no exercício de suas competências ou na definição da forma de execução das políticas públicas setoriais.

CAPÍTULO V
DO TRATAMENTO DIFERENCIADO PARA EMPRESAS ESTATAIS DE MENOR PORTE

Art. 51. A empresa estatal de menor porte terá tratamento diferenciado apenas quanto aos itens previstos neste Capítulo.

§ 1º Considera-se empresa de menor porte aquela que tiver apurado receita operacional bruta inferior a R$ 90.000.000,00 (noventa milhões de reais) com base na última demonstração contábil anual aprovada pela assembleia geral.

§ 2º Para fins da definição como empresa estatal de menor porte, o valor da receita operacional bruta:

I — das subsidiárias será considerado para definição do enquadramento da controladora; e

II — da controladora e das demais subsidiárias não será considerado para definição da classificação de cada subsidiária.

§ 3º A empresa estatal de menor porte que apurar, nos termos dos § 1º e § 2º, receita operacional bruta igual ou superior a R$ 90.000.000,00 (noventa milhões de reais) terá o tratamento diferenciado cancelado e deverá promover os ajustes necessários no prazo de até um ano, contado do primeiro dia útil do ano imediatamente posterior ao do exercício social em que houver excedido aquele limite.

Art. 52. O Conselho de Administração terá, no mínimo, três Conselheiros e poderá contar com um membro independente, desde que haja previsão estatutária.

Art. 53. A Diretoria-Executiva terá, no mínimo, dois Diretores.

PARÁGRAFO ÚNICO. Fica dispensada a exigência de requisito adicional para o exercício do cargo de Diretor a que se refere o inciso II do *caput* do art. 24.

Art. 54. Os administradores deverão atender obrigatoriamente os seguintes critérios:

I — os requisitos estabelecidos no art. 28, com metade do tempo de experiência previsto em seu inciso IV; e

II — as vedações de que tratam os incisos I, IV, IX, X e XI do *caput* do art. 29.

Art. 55. A representação dos acionistas minoritários no Conselho de Administração observará integralmente o disposto na Lei n. 6.404, de 1976.

Art. 56. Os Conselheiros Fiscais deverão atender os seguintes critérios obrigatórios:

I — ser pessoa natural, residente no País e de reputação ilibada;

II — ter graduação em curso superior reconhecido pelo Ministério da Educação;

III — ter experiência mínima de três anos, em pelo menos uma das seguintes funções:

a) direção ou assessoramento na administração pública federal, direta ou indireta;

b) Conselheiro Fiscal ou administrador em empresa;

c) membro de comitê de auditoria em empresa; e

d) cargo gerencial em empresa;

IV — não se enquadrar nas vedações de que tratam os incisos I, IV, IX, X e XI do *caput* do art. 29; e

V — não ser ter sido membro de órgãos de administração nos últimos vinte e quatro meses e não ser empregado da empresa estatal, de sociedade controlada ou do mesmo grupo, nem ser cônjuge ou parente, até terceiro grau, de administrador da empresa estatal.

§ 1º As experiências mencionadas em alíneas distintas do inciso III do *caput* não poderão ser somadas para a apuração do tempo requerido.

§ 2º As experiências mencionadas nas alíneas do inciso III do *caput* poderão ser somadas para apuração do tempo requerido, desde que relativas a períodos distintos.

§ 3º O disposto no inciso V do *caput* não se aplica a empregado da empresa estatal controladora quando inexistir grupo econômico formalmente constituído.

Art. 57. São condições mínimas para integrar o Comitê de Auditoria Estatutário:

I — não ser ou ter sido, nos doze meses anteriores à nomeação para o Comitê:

a) Diretor ou membro do Conselho Fiscal da empresa estatal ou de sua controladora, subsidiária, coligada ou sociedade em controle comum, direta ou indireta; e

b) responsável técnico, Diretor, gerente, supervisor ou qualquer outro integrante com função de gerência de equipe envolvida nos trabalhos de auditoria na empresa estatal;

II — não ser cônjuge ou parente consanguíneo ou afim, até o segundo grau ou por adoção, das pessoas referidas no inciso I;

III — não se enquadrar nas vedações de que tratam os incisos I, IV, IX, X e XI do *caput* do art. 29; e

IV — ter experiência profissional e formação acadêmica, de que tratam os § 5º e § 6º do art. 39.

CAPÍTULO VI
DISPOSIÇÕES FINAIS

Art. 58. O disposto nos arts. 54 e 56 aplica-se às indicações da União ou das empresas estatais em suas participações minoritárias em empresas privadas.

PARÁGRAFO ÚNICO. As empresas estatais poderão prever critérios adicionais para as suas indicações em suas participações minoritárias em empresas privadas.

Art. 59. O Ministério do Planejamento, Desenvolvimento e Gestão manterá banco de dados público e gratuito, disponível na internet, com a relação das empresas estatais federais.

PARÁGRAFO ÚNICO. As empresas estatais deverão manter seus dados integral e constantemente atualizados no Sistema de Informações das Empresas Estatais — SIEST.

Legislação Complementar

Art. 60. As despesas com publicidade e patrocínio da empresa estatal não ultrapassarão, em cada exercício, o limite de cinco décimos por cento da receita operacional bruta do exercício anterior, com base nas demonstrações contábeis consolidadas do conglomerado estatal.

§ 1º O limite disposto no *caput* poderá ser ampliado até o limite de dois por cento da receita bruta do exercício anterior, por proposta da Diretoria, justificada com base em parâmetros de mercado do setor específico de atuação da estatal, e aprovada pelo Conselho de Administração da empresa pública ou da sociedade de economia mista.

§ 2º É vedado à empresa estatal realizar, em ano de eleições federais, despesas com publicidade e patrocínio que excedam a média dos gastos nos três últimos anos que antecedem o pleito ou no último ano imediatamente anterior à eleição.

Art. 61. Aplicam-se às empresas estatais as sanções estabelecidas na Lei n. 12.846, de 2013, exceto aquelas previstas nos incisos II, III e IV do *caput* do art. 19 da referida Lei.

Art. 62. A investidura em cargo estatutário observará os requisitos e as vedações vigentes na data da posse ou da eleição, no caso de Conselheiro Fiscal.

§ 1º A recondução ou a troca de Diretoria enseja novo ato de posse ou nova eleição, devendo ser considerados os requisitos vigentes no momento da nova posse ou da nova eleição.

§ 2º Para os fins deste Decreto, as indicações de administradores e de Conselheiros fiscais considerarão:

I — compatível a formação acadêmica preferencialmente em:

a) Administração ou Administração Pública;

b) Ciências Atuariais;

c) Ciências Econômicas;

d) Comércio Internacional;

e) Contabilidade ou Auditoria;

f) Direito;

g) Engenharia;

h) Estatística;

i) Finanças;

j) Matemática; e

k) curso aderente à área de atuação da empresa para a qual foi indicado;

II — incompatível a experiência em cargo eletivo equivalente a cargo em comissão equivalente nível 4 ou superior do Grupo DAS, ou conexo à área de atuação das empresas estatais; e

III — compatível a experiência em cargo de Ministro, Secretário Estadual, Secretário Distrital, Secretário Municipal, ou Chefe de Gabinete desses cargos, da Presidência da República e dos Chefes de outros Poderes equivalente a cargo em comissão do Grupo-DAS de nível 4 ou superior.

§ 3º A formação acadêmica deverá contemplar curso de graduação ou pós-graduação reconhecido ou credenciado pelo Ministério da Educação.

CAPÍTULO VII
DISPOSIÇÕES TRANSITÓRIAS

Art. 63. As adaptações requeridas neste Decreto prescindem de alteração da legislação específica sobre a empresa estatal, ainda que essa contenha dispositivo que conflite com o disposto na Lei n. 13.303, de 2016.

Art. 64. As empresas estatais deverão adequar os seus estatutos sociais ao disposto neste Decreto até 30 de junho de 2018, se não fixado prazo inferior pela CGPAR.

§ 1º Enquanto os estatutos sociais não forem alterados para constituir o comitê de elegibilidade de que trata o art. 21, as empresas estatais deverão instituir, no prazo de até quinze dias, contado da data de entrada em vigor deste Decreto, comissão interna, transitória e não estatutária, para exercer temporariamente as competências de que trata o inciso I do *caput* do art. 21.

§ 2º Enquanto os estatutos sociais não forem alterados para constituir o Comitê de Auditoria Estatutário de que trata o art. 38, as empresas estatais poderão instituir colegiado equivalente, transitório e não estatutário, para exercer temporariamente as competências estabelecidas no art. 38, independentemente da observância ao disposto nos § 1º e § 2º do referido artigo.

Art. 65. O Conselho de Administração ou, se não houver, a assembleia geral, deverá estipular calendário para o cumprimento integral do disposto neste Decreto em relação aos itens que prescindem de alteração estatutária.

Art. 66. Os administradores e os Conselheiros Fiscais empossados até 30 de junho de 2016 poderão permanecer no exercício de seus mandatos ou manter os prazos de gestão atuais até o fim dos respectivos prazos, exceto se houver decisão em contrário da assembleia geral ou do Conselho de Administração da empresa estatal.

§ 1º A adaptação ao prazo de gestão e de atuação fixado nos incisos VI, VII e IX do *caput* do art. 24 poderá ser efetivada ao final da gestão e da atuação dos membros eleitos ou até 30 de junho de 2018, o que ocorrer primeiro.

§ 2º O limite de recondução a que se referem os incisos VI, VII e IX do *caput* do art. 24 somente será considerado para os prazos de gestão ou de atuação iniciados após 30 de junho de 2016.

Art. 67. A empresa estatal cujo Conselho de Administração tiver mais de onze membros deverá deixar os cargos excedentes vagos quando houver desligamento de Conselheiro indicado pelo acionista controlador.

Art. 68. A sociedade de economia mista de capital fechado poderá resgatar a totalidade das ações de seu capital que sejam detidas pelos demais acionistas, com base no valor de patrimônio líquido constante do último balanço aprovado pela assembleia geral, transformando-se em empresa pública.

Art. 69. O conglomerado estatal que tiver duas ou mais subsidiárias, com estruturas administrativas próprias e mesmos objetos sociais, deverá avaliar a necessidade de manutenção dessas estruturas, por meio de deliberação do Conselho de Administração da empresa estatal controladora.

Art. 70. O Código de Conduta da Alta Administração Federal deverá ser alterado até 30 de junho de 2018, por meio de proposta da Comissão de Ética Pública da Presidência da República, para:

I — vedar a divulgação, sem autorização do órgão competente da empresa estatal, de informação que possa causar impacto na cotação dos títulos da empresa estatal e em suas relações com o mercado ou com os consumidores e fornecedores; e

II — dispor sobre normas de conduta e integridade.

Art. 71. O regime de licitação e contratação da Lei n. 13.303, de 2016, é autoaplicável, exceto quanto a:

I — procedimentos auxiliares das licitações, de que tratam os art. 63 a art. 67 da Lei n. 13.303, de 2016;

II — procedimento de manifestação de interesse privado para o recebimento de propostas e projetos de empreendimentos, de que trata o § 4º do art. 31 da Lei n. 13.303, de 2016;

III — etapa de lances exclusivamente eletrônica, de que trata o § 4º da art. 32 da Lei n. 13.303, de 2016;

IV — preparação das licitações com matriz de riscos, de que trata o inciso X do *caput* do art. 42 da Lei n. 13.303, de 2016;

V — observância da política de transações com partes relacionadas, a ser elaborada, de que trata o inciso V do *caput* do art. 32 da Lei n. 13.303, de 2016; e

VI — disponibilização na internet do conteúdo informacional requerido nos art. 32, § 3º, art. 39, art. 40 e art. 48 da Lei n. 13.303, de 2016.

§ 1º A empresa estatal deverá editar regulamento interno de licitações e contratos até o dia 30 de junho de 2018, que deverá dispor sobre o estabelecido nos incisos do *caput*, os níveis de alçada decisória e a tomada de decisão, preferencialmente de forma colegiada, e ser aprovado pelo Conselho de Administração da empresa, se houver, ou pela assembleia geral.

§ 2º É permitida a utilização da legislação anterior para os procedimentos licitatórios e contratos iniciados ou celebrados até a edição do regulamento interno referido no § 1º ou até o dia 30 de junho de 2018, o que ocorrer primeiro.

Art. 72. Fica criada a Assembleia Geral:

I — no Banco Nacional de Desenvolvimento — BNDES;

II — na Caixa Econômica Federal;

III — na Casa da Moeda do Brasil;

IV — na Empresa de Tecnologia e Informações da Previdência Social — Dataprev;

V — na Empresa Brasileira de Pesquisa Agropecuária — Embrapa;

VI — na Empresa Gestora de Ativos — Emgea;

VII — na Empresa Gerencial de Projetos Navais — Emgepron;

VIII — na Financiadora de Estudos e Projetos — Finep;

IX — no Hospital de Clínicas de Porto Alegre;

X — na Indústria de Material Bélico do Brasil — Imbel;

XI — na Empresa de Pesquisa Energética EPE; e

XII — no Serviço Federal de Processamento de Dados — Serpro.

PARÁGRAFO ÚNICO. As assembleias gerais criadas na forma do *caput* possuem as competências da Lei n. 6.404, de 1976, e poderão inclusive aprovar alterações no estatuto social da empresa estatal.

Art. 73. Fica a União dispensada de adquirir ações e de exercer o direito de preferência para a subscrição de ações em aumentos de capital de empresas em que possua participação acionária minoritária.

§ 1º Para as participações acionárias minoritárias vinculadas a acordo de acionistas ou em coligadas, o disposto no *caput* depende de autorização do Ministro de Estado da Fazenda, ouvida a Secretaria do Tesouro Nacional.

§ 2º Para as demais participações minoritárias da União, fica também dispensada a manifestação da União sobre os assuntos a serem deliberados pelas assembleias gerais de acionistas, exceto para exercer o direito de eleger membros de órgãos estatutários.

Art. 74. O Decreto n. 2.673, de 16 de julho de 1998, passa a vigorar com as seguintes alterações:

"Art. 2º ....

....

Parágrafo único. O disposto no *caput* não se aplica aos recursos que vierem a ser transferidos pela União ou depositados por acionistas minoritários a partir de 1º de janeiro de 2017, para fins de aumento do capital de empresa ou de sociedade cujo capital social seja constituído de recursos provenientes exclusivamente do setor público, cujo montante efetivamente investido deverá ser capitalizado até a data limite da aprovação das contas do exercício em que ocorrer a transferência." (NR)

"Art. 3º Observado o limite mínimo referido no art. 1º, o Procurador da Fazenda Nacional, nas assembleias de acionistas das sociedades de economia mista e das demais entidades controladas diretamente pela União, somente se manifestará sobre a proposta de destinação do lucro líquido do exercício quando expressamente autorizado pelo Ministro de Estado da Fazenda, à vista do pronunciamento da Secretaria do Tesouro Nacional e da Secretaria de Coordenação e Controle das Empresas Estatais, ressalvado quanto à constituição de reservas obrigatórias por lei ou pelo estatuto social." (NR)

Art. 75. O Decreto n. 1.091, de 21 de março de 1994, passa a vigorar com as seguintes alterações:

"Art. 2º..

....

Parágrafo único. O disposto no *caput* não se aplica aos bancos de investimentos, às empresas de participações e às empresas sediadas no exterior." (NR)

Art. 76. O Decreto n. 2.594, de 15 de maio de 1998, passa a vigorar com as seguintes alterações:

"Art. 41. Os pagamentos para aquisição de bens e direitos no âmbito do PND serão realizados por meio de moeda corrente.

PARÁGRAFO ÚNICO. O Presidente da República, por recomendação do CND, poderá autorizar outros meios de pagamento, no âmbito do PND." (NR)

Art. 77. O Anexo I ao Decreto n. 8.818, de 21 de julho de 2016, passa a vigorar as seguintes alterações:

"Art. 40..

....

VI — ....

....

h) custeio de benefício de assistência à saúde;

i) remuneração dos administradores, liquidantes e Conselheiros e a participação dos dirigentes nos lucros ou nos resultados das empresas;

j) constituição de subsidiária sediada no exterior, inclusive por meio de aquisição ou assunção de controle acionário majoritário; e

k) celebração de acordo de acionistas que contenha cláusulas que permitam, de qualquer forma, a assunção da maioria do capital votante por empresas estatais;

....

XI — acompanhar patrocínio dos planos de benefícios previdenciários das empresas estatais;

XII — instruir o voto da União em assembleia geral sobre a fixação da remuneração dos Diretores das empresas estatais federais, inclusive honorários mensais, benefícios e remuneração variável, observado o disposto no art. 16 da Lei n. 13.303, de 30 de junho de 2016, e as diretrizes da CGPAR; e

XIII — solicitar a elaboração e acompanhar a execução de planos de ação para melhoria da gestão e da eficiência das empresas estatais." (NR)

Art. 78. Ficam revogados:

I — o art. 44 do Decreto n. 2.594, de 15 de maio de 1998;

II — art. 6º do Decreto n. 1.068, de 2 de março de 1994;

III — o Decreto n. 757, de 19 de fevereiro de 1993; e

IV — o parágrafo único do art. 40 do Anexo I ao Decreto n. 8.818, de 21 de julho de 2016.

Art. 79. Este Decreto entra em vigor na data de sua publicação.

Brasília, 27 de dezembro de 2016; 195º da Independência e 128º da República

MICHEL TEMER
Eduardo Refinetti Guardia
Dyogo Henrique de Oliveira

Este texto não substitui o publicado no DOU de 28.12.2016 e republicado em 04.01.2017

LEI N. 13.303, DE 30 DE JUNHO DE 2016

(DOU de 1º.7.2016)

Dispõe sobre o estatuto jurídico da empresa pública, da sociedade de economia mista e de suas subsidiárias, no âmbito da União, dos Estados, do Distrito Federal e dos Municípios.

O VICE-PRESIDENTE DA REPÚBLICA, no exercício do cargo de PRESIDENTE DA REPÚBLICA Faço saber que o Congresso Nacional decreta e eu sanciono a seguinte Lei:

TÍTULO I
DISPOSIÇÕES APLICÁVEIS ÀS EMPRESAS PÚBLICAS E ÀS SOCIEDADES DE ECONOMIA MISTA

CAPÍTULO I
Disposições Preliminares

Art. 1º Esta Lei dispõe sobre o estatuto jurídico da empresa pública, da sociedade de economia mista e de suas subsidiárias, abrangendo toda e qualquer empresa pública e sociedade de economia mista da União, dos Estados, do Distrito Federal e dos Municípios que explore atividade econômica de produção ou comercialização de bens ou de prestação de serviços, ainda que a atividade econômica esteja sujeita ao regime de monopólio da União ou seja de prestação de serviços públicos.

§ 1º O Título I desta Lei, exceto o disposto nos arts. 2º, 3º, 4º, 5º, 6º, 7º, 8º, 11, 12 e 27, não se aplica à empresa pública e à sociedade de economia mista que tiver, em conjunto com suas respectivas subsidiárias, no exercício social anterior, receita operacional bruta inferior a R$ 90.000.000,00 (noventa milhões de reais).

§ 2º O disposto nos Capítulos I e II do Título II desta Lei aplica-se inclusive à empresa pública dependente, definida nos termos do inciso III do art. 2º da Lei Complementar n. 101, de 4 de maio de 2000, que explore atividade econômica, ainda que a atividade econômica esteja sujeita ao regime de monopólio da União ou seja de prestação de serviços públicos.

§ 3º Os Poderes Executivos poderão editar atos que estabeleçam regras de governança destinadas às suas respectivas empresas públicas e sociedades de economia mista que se enquadrem na hipótese do § 1º, observadas as diretrizes gerais desta Lei.

§ 4º A não edição dos atos de que trata o § 3º no prazo de 180 (cento e oitenta) dias a partir da publicação desta Lei submete as respectivas empresas públicas e sociedades de economia mista às regras de governança previstas no Título I desta Lei.

§ 5º Submetem-se ao regime previsto nesta Lei a empresa pública e a sociedade de economia mista que participem de consórcio, conforme disposto no art. 279 da Lei n. 6.404, de 15 de dezembro de 1976, na condição de operadora.

§ 6º Submete-se ao regime previsto nesta Lei a sociedade, inclusive a de propósito específico, que seja controlada por empresa pública ou sociedade de economia mista abrangidas no *caput*.

§ 7º Na participação em sociedade empresarial em que a empresa pública, a sociedade de economia mista e suas subsidiárias não detenham o controle acionário, essas deverão adotar, no dever de fiscalizar, práticas de governança e controle proporcionais à relevância, à materialidade e aos riscos do negócio do qual são partícipes, considerando, para esse fim:

I — documentos e informações estratégicos do negócio e demais relatórios e informações produzidos por força de acordo de acionistas e de Lei considerados essenciais para a defesa de seus interesses na sociedade empresarial investida;

II — relatório de execução do orçamento e de realização de investimentos programados pela sociedade, inclusive quanto ao alinhamento dos custos orçados e dos realizados com os custos de mercado;

III — informe sobre execução da política de transações com partes relacionadas;

IV — análise das condições de alavancagem financeira da sociedade;

V — avaliação de inversões financeiras e de processos relevantes de alienação de bens móveis e imóveis da sociedade;

VI — relatório de risco das contratações para execução de obras, fornecimento de bens e prestação de serviços relevantes para os interesses da investidora;

VII — informe sobre execução de projetos relevantes para os interesses da investidora;

VIII — relatório de cumprimento, nos negócios da sociedade, de condicionantes socioambientais estabelecidas pelos órgãos ambientais;

IX — avaliação das necessidades de novos aportes na sociedade e dos possíveis riscos de redução da rentabilidade esperada do negócio;

X — qualquer outro relatório, documento ou informação produzido pela sociedade empresarial investida considerado relevante para o cumprimento do comando constante do *caput*.

Art. 2º A exploração de atividade econômica pelo Estado será exercida por meio de empresa pública, de sociedade de economia mista e de suas subsidiárias.

§ 1º A constituição de empresa pública ou de sociedade de economia mista dependerá de prévia autorização legal que indique, de forma clara, relevante interesse coletivo ou imperativo de segurança nacional, nos termos do *caput* do art. 173 da Constituição Federal.

§ 2º Depende de autorização legislativa a criação de subsidiárias de empresa pública e de sociedade de economia mista, assim como a participação de qualquer delas em empresa privada, cujo objeto social deve estar relacionado ao da investidora, nos termos do inciso XX do art. 37 da Constituição Federal.

§ 3º A autorização para participação em empresa privada prevista no § 2º não se aplica a operações de tesouraria, adjudicação de ações em garantia e participações autorizadas pelo Conselho de Administração em linha com o plano de negócios da empresa pública, da sociedade de economia mista e de suas respectivas subsidiárias.

Art. 3º Empresa pública é a entidade dotada de personalidade jurídica de direito privado, com criação autorizada por lei e com patrimônio próprio, cujo capital social é integralmente detido pela União, pelos Estados, pelo Distrito Federal ou pelos Municípios.

Legislação Complementar

PARÁGRAFO ÚNICO. Desde que a maioria do capital votante permaneça em propriedade da União, do Estado, do Distrito Federal ou do Município, será admitida, no capital da empresa pública, a participação de outras pessoas jurídicas de direito público interno, bem como de entidades da administração indireta da União, dos Estados, do Distrito Federal e dos Municípios.

Art. 4º Sociedade de economia mista é a entidade dotada de personalidade jurídica de direito privado, com criação autorizada por lei, sob a forma de sociedade anônima, cujas ações com direito a voto pertençam em sua maioria à União, aos Estados, ao Distrito Federal, aos Municípios ou a entidade da administração indireta.

§ 1º A pessoa jurídica que controla a sociedade de economia mista tem os deveres e as responsabilidades do acionista controlador, estabelecidos na Lei n. 6.404, de 15 de dezembro de 1976, e deverá exercer o poder de controle no interesse da companhia, respeitado o interesse público que justificou sua criação.

§ 2º Além das normas previstas nesta Lei, a sociedade de economia mista com registro na Comissão de Valores Mobiliários sujeita-se às disposições da Lei n.6.385, de 7 de dezembro de 1976.

CAPÍTULO II
Do Regime Societário da Empresa Pública e da Sociedade de Economia Mista

Seção I
Das Normas Gerais

Art. 5º A sociedade de economia mista será constituída sob a forma de sociedade anônima e, ressalvado o disposto nesta Lei, estará sujeita ao regime previsto na Lei n. 6.404, de 15 de dezembro de 1976.

Art. 6º O estatuto da empresa pública, da sociedade de economia mista e de suas subsidiárias deverá observar regras de governança corporativa, de transparência e de estruturas, práticas de gestão de riscos e de controle interno, composição da administração e, havendo acionistas, mecanismos para sua proteção, todos constantes desta Lei.

Art. 7º Aplicam-se a todas as empresas públicas, as sociedades de economia mista de capital fechado e as suas subsidiárias as disposições da Lei n. 6.404, de 15 de dezembro de 1976, e as normas da Comissão de Valores Mobiliários sobre escrituração e elaboração de demonstrações financeiras, inclusive a obrigatoriedade de auditoria independente por auditor registrado nesse órgão.

Art. 8º As empresas públicas e as sociedades de economia mista deverão observar, no mínimo, os seguintes requisitos de transparência:

I — elaboração de carta anual, subscrita pelos membros do Conselho de Administração, com a explicitação dos compromissos de consecução de objetivos de políticas públicas pela empresa pública, pela sociedade de economia mista e por suas subsidiárias, em atendimento ao interesse coletivo ou ao imperativo de segurança nacional que justificou a autorização para suas respectivas criações, com definição clara dos recursos a serem empregados para esse fim, bem como dos impactos econômico-financeiros da consecução desses objetivos, mensuráveis por meio de indicadores objetivos;

II — adequação de seu estatuto social à autorização legislativa de sua criação;

III — divulgação tempestiva e atualizada de informações relevantes, em especial as relativas a atividades desenvolvidas, estrutura de controle, fatores de risco, dados econômico-financeiros, comentários dos administradores sobre o desempenho, políticas e práticas de governança corporativa e descrição da composição e da remuneração da administração;

IV — elaboração e divulgação de política de divulgação de informações, em conformidade com a legislação em vigor e com as melhores práticas;

V — elaboração de política de distribuição de dividendos, à luz do interesse público que justificou a criação da empresa pública ou da sociedade de economia mista;

VI — divulgação, em nota explicativa às demonstrações financeiras, dos dados operacionais e financeiros das atividades relacionadas à consecução dos fins de interesse coletivo ou de segurança nacional;

VII — elaboração e divulgação da política de transações com partes relacionadas, em conformidade com os requisitos de competitividade, conformidade, transparência, equidade e comutatividade, que deverá ser revista, no mínimo, anualmente e aprovada pelo Conselho de Administração;

VIII — ampla divulgação, ao público em geral, de carta anual de governança corporativa, que consolide em um único documento escrito, em linguagem clara e direta, as informações de que trata o inciso III;

IX — divulgação anual de relatório integrado ou de sustentabilidade.

§ 1º O interesse público da empresa pública e da sociedade de economia mista, respeitadas as razões que motivaram a autorização legislativa, manifesta-se por meio do alinhamento entre seus objetivos e aqueles de políticas públicas, na forma explicitada na carta anual a que se refere o inciso I do *caput.*

§ 2º Quaisquer obrigações e responsabilidades que a empresa pública e a sociedade de economia mista que explorem atividade econômica assumam em condições distintas às de qualquer outra empresa do setor privado em que atuam deverão:

I — estar claramente definidas em lei ou regulamento, bem como previstas em contrato, convênio ou ajuste celebrado com o ente público competente para estabelecê-las, observada a ampla publicidade desses instrumentos;

II — ter seu custo e suas receitas discriminados e divulgados de forma transparente, inclusive no plano contábil.

§ 3º Além das obrigações contidas neste artigo, as sociedades de economia mista com registro na Comissão de Valores Mobiliários sujeitam-se ao regime informacional estabelecido por essa autarquia e devem divulgar as informações previstas neste artigo na forma fixada em suas normas.

§ 4º Os documentos resultantes do cumprimento dos requisitos de transparência constantes dos incisos I a IX do *caput* deverão ser publicamente divulgados na internet de forma permanente e cumulativa.

Art. 9º A empresa pública e a sociedade de economia mista adotarão regras de estruturas e práticas de gestão de riscos e controle interno que abranjam:

I — ação dos administradores e empregados, por meio da implementação cotidiana de práticas de controle interno;

II — área responsável pela verificação de cumprimento de obrigações e de gestão de riscos;

III — auditoria interna e Comitê de Auditoria Estatutário.

§ 1º Deverá ser elaborado e divulgado Código de Conduta e Integridade, que disponha sobre:

I — princípios, valores e missão da empresa pública e da sociedade de economia mista, bem como orientações sobre a prevenção de conflito de interesses e vedação de atos de corrupção e fraude;

II — instâncias internas responsáveis pela atualização e aplicação do Código de Conduta e Integridade;

III — canal de denúncias que possibilite o recebimento de denúncias internas e externas relativas ao descumprimento do Código de Conduta e Integridade e das demais normas internas de ética e obrigacionais;

IV — mecanismos de proteção que impeçam qualquer espécie de retaliação a pessoa que utilize o canal de denúncias;

V — sanções aplicáveis em caso de violação às regras do Código de Conduta e Integridade;

VI — previsão de treinamento periódico, no mínimo anual, sobre Código de Conduta e Integridade, a empregados e administradores, e sobre a política de gestão de riscos, a administradores.

§ 2º A área responsável pela verificação de cumprimento de obrigações e de gestão de riscos deverá ser vinculada ao diretor-presidente e liderada por diretor estatutário, devendo o estatuto social prever as atribuições da área, bem como estabelecer mecanismos que assegurem atuação independente.

§ 3º A auditoria interna deverá:

I — ser vinculada ao Conselho de Administração, diretamente ou por meio do Comitê de Auditoria Estatutário;

II — ser responsável por aferir a adequação do controle interno, a efetividade do gerenciamento dos riscos e dos processos de governança e a confiabilidade do processo de coleta, mensuração, classificação, acumulação, registro e divulgação de eventos e transações, visando ao preparo de demonstrações financeiras.

§ 4º O estatuto social deverá prever, ainda, a possibilidade de que a área de compliance se reporte diretamente ao Conselho de Administração em situações em que se suspeite do envolvimento do diretor-presidente em irregularidades ou quando este se furtar à obrigação de adotar medidas necessárias em relação à situação a ele relatada.

Art. 10. A empresa pública e a sociedade de economia mista deverão criar comitê estatutário para verificar a conformidade do processo de indicação e de avaliação de membros para o Conselho de Administração e para o Conselho Fiscal, com competência para auxiliar o acionista controlador na indicação desses membros.

PARÁGRAFO ÚNICO. Devem ser divulgadas as atas das reuniões do comitê estatutário referido no *caput* realizadas com o fim de verificar o cumprimento, pelos membros indicados, dos requisitos definidos na política de indicação, devendo ser registradas as eventuais manifestações divergentes de conselheiros.

Art. 11. A empresa pública não poderá:

I — lançar debêntures ou outros títulos ou valores mobiliários, conversíveis em ações;

II — emitir partes beneficiárias.

Art. 12. A empresa pública e a sociedade de economia mista deverão:

I — divulgar toda e qualquer forma de remuneração dos administradores;

II — adequar constantemente suas práticas ao Código de Conduta e Integridade e a outras regras de boa prática de governança corporativa, na forma estabelecida na regulamentação desta Lei.

PARÁGRAFO ÚNICO. A sociedade de economia mista poderá solucionar, mediante arbitragem, as divergências entre acionistas e a sociedade, ou entre acionistas controladores e acionistas minoritários, nos termos previstos em seu estatuto social.

Art. 13. A lei que autorizar a criação da empresa pública e da sociedade de economia mista deverá dispor sobre as diretrizes e restrições a serem consideradas na elaboração do estatuto da companhia, em especial sobre:

I — constituição e funcionamento do Conselho de Administração, observados o número mínimo de 7 (sete) e o número máximo de 11 (onze) membros;

II — requisitos específicos para o exercício do cargo de diretor, observado o número mínimo de 3 (três) diretores;

III — avaliação de desempenho, individual e coletiva, de periodicidade anual, dos administradores e dos membros de comitês, observados os seguintes quesitos mínimos:

a) exposição dos atos de gestão praticados, quanto à licitude e à eficácia da ação administrativa;

b) contribuição para o resultado do exercício;

c) consecução dos objetivos estabelecidos no plano de negócios e atendimento à estratégia de longo prazo;

IV — constituição e funcionamento do Conselho Fiscal, que exercerá suas atribuições de modo permanente;

V — constituição e funcionamento do Comitê de Auditoria Estatutário;

VI — prazo de gestão dos membros do Conselho de Administração e dos indicados para o cargo de diretor, que será unificado e não superior a 2 (dois) anos, sendo permitidas, no máximo, 3 (três) reconduções consecutivas;

VII — (VETADO);

VIII — prazo de gestão dos membros do Conselho Fiscal não superior a 2 (dois) anos, permitidas 2 (duas) reconduções consecutivas.

Seção II
Do Acionista Controlador

Art. 14. O acionista controlador da empresa pública e da sociedade de economia mista deverá:

I — fazer constar do Código de Conduta e Integridade, aplicável à alta administração, a vedação à divulgação, sem autorização do órgão competente da empresa pública ou da sociedade de economia mista, de informação que possa causar impacto na cotação dos títulos da empresa pública ou da sociedade de economia mista e em suas relações com o mercado ou com consumidores e fornecedores;

II — preservar a independência do Conselho de Administração no exercício de suas funções;

III — observar a política de indicação na escolha dos administradores e membros do Conselho Fiscal.

Art. 15. O acionista controlador da empresa pública e da sociedade de economia mista responderá pelos atos praticados com abuso de poder, nos termos da Lei n. 6.404, de 15 de dezembro de 1976.

§ 1º A ação de reparação poderá ser proposta pela sociedade, nos termos do art. 246 da Lei n. 6.404, de 15 de dezembro de 1976, pelo terceiro prejudicado ou pelos demais sócios, independentemente de autorização da assembleia-geral de acionistas.

§ 2º Prescreve em 6 (seis) anos, contados da data da prática do ato abusivo, a ação a que se refere o § 1º.

Seção III
Do Administrador

Art. 16. Sem prejuízo do disposto nesta Lei, o administrador de empresa pública e de sociedade de economia mista é submetido às normas previstas na Lei n. 6.404, de 15 de dezembro de 1976.

PARÁGRAFO ÚNICO. Consideram-se administradores da empresa pública e da sociedade de economia mista os membros do Conselho de Administração e da diretoria.

Art. 17. Os membros do Conselho de Administração e os indicados para os cargos de diretor, inclusive presidente, diretor-geral e diretor-presidente, serão escolhidos entre cidadãos de reputação ilibada e de notório conhecimento, devendo ser atendidos, alternativamente, um dos requisitos das alíneas "a", "b" e "c" do inciso I e, cumulativamente, os requisitos dos incisos II e III:

I — ter experiência profissional de, no mínimo:

a) 10 (dez) anos, no setor público ou privado, na área de atuação da empresa pública ou da sociedade de economia mista ou em área conexa àquela para a qual forem indicados em função de direção superior; ou

b) 4 (quatro) anos ocupando pelo menos um dos seguintes cargos:

1. cargo de direção ou de chefia superior em empresa de porte ou objeto social semelhante ao da empresa pública ou da sociedade de economia mista, entendendo-se como cargo de chefia superior aquele situado nos 2 (dois) níveis hierárquicos não estatutários mais altos da empresa;

2. cargo em comissão ou função de confiança equivalente a DAS-4 ou superior, no setor público;

3. cargo de docente ou de pesquisador em áreas de atuação da empresa pública ou da sociedade de economia mista;

c) 4 (quatro) anos de experiência como profissional liberal em atividade direta ou indiretamente vinculada à área de atuação da empresa pública ou sociedade de economia mista;

II — ter formação acadêmica compatível com o cargo para o qual foi indicado; e

III — não se enquadrar nas hipóteses de inelegibilidade previstas nas alíneas do inciso I do *caput* do art. 1º da Lei Complementar n. 64, de 18 de maio de 1990, com as alterações introduzidas pela Lei Complementar n. 135, de 4 de junho de 2010.

§ 1º O estatuto da empresa pública, da sociedade de economia mista e de suas subsidiárias poderá dispor sobre a contratação de seguro de responsabilidade civil pelos administradores.

§ 2º É vedada a indicação, para o Conselho de Administração e para a diretoria:

I — de representante do órgão regulador ao qual a empresa pública ou a sociedade de economia mista está sujeita, de Ministro de Estado, de Secretário de Estado, de Secretário Municipal, de titular de cargo, sem vínculo permanente com o serviço público, de natureza especial ou de direção e assessoramento superior na administração pública, de dirigente estatutário de partido político e de titular de mandato no Poder Legislativo de qualquer ente da federação, ainda que licenciados do cargo;

II — de pessoa que atuou, nos últimos 36 (trinta e seis) meses, como participante de estrutura decisória de partido político ou em trabalho vinculado a organização, estruturação e realização de campanha eleitoral;

III — de pessoa que exerça cargo em organização sindical;

IV — de pessoa que tenha firmado contrato ou parceria, como fornecedor ou comprador, demandante ou ofertante, de bens ou serviços de qualquer natureza, com a pessoa político-administrativa controladora da empresa pública ou da sociedade de economia mista ou com a própria empresa ou sociedade em período inferior a 3 (três) anos antes da data de nomeação;

V — de pessoa que tenha ou possa ter qualquer forma de conflito de interesse com a pessoa político-administrativa controladora da empresa pública ou da sociedade de economia mista ou com a própria empresa ou sociedade.

§ 3º A vedação prevista no inciso I do § 2º estende-se também aos parentes consanguíneos ou afins até o terceiro grau das pessoas nele mencionadas.

§ 4º Os administradores eleitos devem participar, na posse e anualmente, de treinamentos específicos sobre legislação societária e de mercado de capitais, divulgação de informações, controle interno, código de conduta, a Lei n. 12.846, de 1º de agosto de 2013 (Lei Anticorrupção), e demais temas relacionados às atividades da empresa pública ou da sociedade de economia mista.

§ 5º Os requisitos previstos no inciso I do *caput* poderão ser dispensados no caso de indicação de empregado da empresa pública ou da sociedade de economia mista para cargo de administrador ou como membro de comitê, desde que atendidos os seguintes quesitos mínimos:

I — o empregado tenha ingressado na empresa pública ou na sociedade de economia mista por meio de concurso público de provas ou de provas e títulos;

II — o empregado tenha mais de 10 (dez) anos de trabalho efetivo na empresa pública ou na sociedade de economia mista;

III — o empregado tenha ocupado cargo na gestão superior da empresa pública ou da sociedade de economia mista, comprovando sua capacidade para assumir as responsabilidades dos cargos de que trata o *caput*.

Seção IV
Do Conselho de Administração

Art. 18. Sem prejuízo das competências previstas no art. 142 da Lei n. 6.404, de 15 de dezembro de 1976, e das demais atribuições previstas nesta Lei, compete ao Conselho de Administração:

I — discutir, aprovar e monitorar decisões envolvendo práticas de governança corporativa, relacionamento com partes interessadas, política de gestão de pessoas e código de conduta dos agentes;

II — implementar e supervisionar os sistemas de gestão de riscos e de controle interno estabelecidos para a prevenção e mitigação dos principais riscos a que está exposta a empresa pública ou a sociedade de economia mista, inclusive os riscos relacionados à integridade das informações contábeis e financeiras e os relacionados à ocorrência de corrupção e fraude;

III — estabelecer política de porta-vozes visando a eliminar risco de contradição entre informações de diversas áreas e as dos executivos da empresa pública ou da sociedade de economia mista;

IV — avaliar os diretores da empresa pública ou da sociedade de economia mista, nos termos do inciso III do art. 13, podendo contar com apoio metodológico e procedimental do comitê estatutário referido no art. 10.

Art. 19. É garantida a participação, no Conselho de Administração, de representante dos empregados e dos acionistas minoritários.

§ 1º As normas previstas na Lei n. 12.353, de 28 de dezembro de 2010, aplicam-se à participação de empregados no Conselho de Administração da empresa pública, da sociedade de economia mista e de suas subsidiárias e controladas e das demais empresas em que a União, direta ou indiretamente, detenha a maioria do capital social com direito a voto.

§ 2º É assegurado aos acionistas minoritários o direito de eleger 1 (um) conselheiro, se maior número não lhes couber pelo processo de voto múltiplo previsto na Lei n. 6.404, de 15 de dezembro de 1976.

Art. 20. É vedada a participação remunerada de membros da administração pública, direta ou indireta, em mais de 2 (dois) conselhos, de administração ou fiscal, de empresa pública, de sociedade de economia mista ou de suas subsidiárias.

Art. 21. (VETADO).

PARÁGRAFO ÚNICO. (VETADO).

Seção V
Do Membro Independente do Conselho de Administração

Art. 22. O Conselho de Administração deve ser composto, no mínimo, por 25% (vinte e cinco por cento) de membros independentes ou por pelo menos 1 (um), caso haja decisão pelo exercício da faculdade do voto múltiplo pelos acionistas minoritários, nos termos do art. 141 da Lei n. 6.404, de 15 de dezembro de 1976.

§ 1º O conselheiro independente caracteriza-se por:

I — não ter qualquer vínculo com a empresa pública ou a sociedade de economia mista, exceto participação de capital;

II — não ser cônjuge ou parente consanguíneo ou afim, até o terceiro grau ou por adoção, de chefe do Poder Executivo, de Ministro de Estado, de Secretário de Estado ou Município ou de administrador da empresa pública ou da sociedade de economia mista;

III — não ter mantido, nos últimos 3 (três) anos, vínculo de qualquer natureza com a empresa pública, a sociedade de economia mista ou seus controladores, que possa vir a comprometer sua independência;

IV — não ser ou não ter sido, nos últimos 3 (três) anos, empregado ou diretor da empresa pública, da sociedade de economia mista ou de sociedade controlada, coligada ou subsidiária da empresa pública ou da sociedade de economia mista, exceto se o vínculo for exclusivamente com instituições públicas de ensino ou pesquisa;

V — não ser fornecedor ou comprador, direto ou indireto, de serviços ou produtos da empresa pública ou da sociedade de economia mista, de modo a implicar perda de independência;

VI — não ser funcionário ou administrador de sociedade ou entidade que esteja oferecendo ou demandando serviços ou produtos à empresa pública ou à sociedade de economia mista, de modo a implicar perda de independência;

VII — não receber outra remuneração da empresa pública ou da sociedade de economia mista além daquela relativa ao cargo de conselheiro, à exceção de proventos em dinheiro oriundos de participação no capital.

§ 2º Quando, em decorrência da observância do percentual mencionado no *caput*, resultar número fracionário de conselheiros, proceder-se-á ao arredondamento para o número inteiro:

I — imediatamente superior, quando a fração for igual ou superior a 0,5 (cinco décimos);

II — imediatamente inferior, quando a fração for inferior a 0,5 (cinco décimos).

§ 3º Não serão consideradas, para o cômputo das vagas destinadas a membros independentes, aquelas ocupadas pelos conselheiros eleitos por empregados, nos termos do § 1º do art. 19.

§ 4º Serão consideradas, para o cômputo das vagas destinadas a membros independentes, aquelas ocupadas pelos conselheiros eleitos por acionistas minoritários, nos termos do § 2º do art. 19.

§ 5º (VETADO).

Seção VI
Da Diretoria

Art. 23. É condição para investidura em cargo de diretoria da empresa pública e da sociedade de economia mista a assunção de compromisso com metas e resultados específicos a serem alcançados, que deverá ser aprovado pelo Conselho de Administração, a quem incumbe fiscalizar seu cumprimento.

§ 1º Sem prejuízo do disposto no *caput*, a diretoria deverá apresentar, até a última reunião ordinária do Conselho de Administração do ano anterior, a quem compete sua aprovação:

I — plano de negócios para o exercício anual seguinte;

II — estratégia de longo prazo atualizada com análise de riscos e oportunidades para, no mínimo, os próximos 5 (cinco) anos.

§ 2º Compete ao Conselho de Administração, sob pena de seus integrantes responderem por omissão, promover anualmente análise de atendimento das metas e resultados na execução do plano de negócios e da estratégia de longo prazo, devendo publicar suas conclusões e informá-las ao Congresso Nacional, às Assembleias Legislativas, à Câmara Legislativa do Distrito Federal ou às Câmaras Municipais e aos respectivos tribunais de contas, quando houver.

§ 3º Excluem-se da obrigação de publicação a que se refere o § 2º as informações de natureza estratégica cuja divulgação possa ser comprovadamente prejudicial ao interesse da empresa pública ou da sociedade de economia mista.

Seção VII
Do Comitê de Auditoria Estatutário

Art. 24. A empresa pública e a sociedade de economia mista deverão possuir em sua estrutura societária Comitê de Auditoria Estatutário como órgão auxiliar do Conselho de Administração, ao qual se reportará diretamente.

§ 1º Competirá ao Comitê de Auditoria Estatutário, sem prejuízo de outras competências previstas no estatuto da empresa pública ou da sociedade de economia mista:

I — opinar sobre a contratação e destituição de auditor independente;

II — supervisionar as atividades dos auditores independentes, avaliando sua independência, a qualidade dos serviços prestados e a adequação de tais serviços às necessidades da empresa pública ou da sociedade de economia mista;

III — supervisionar as atividades desenvolvidas nas áreas de controle interno, de auditoria interna e de elaboração das demonstrações financeiras da empresa pública ou da sociedade de economia mista;

IV — monitorar a qualidade e a integridade dos mecanismos de controle interno, das demonstrações financeiras e das informações e medições divulgadas pela empresa pública ou pela sociedade de economia mista;

V — avaliar e monitorar exposições de risco da empresa pública ou da sociedade de economia mista, podendo requerer, entre outras, informações detalhadas sobre políticas e procedimentos referentes a:

a) remuneração da administração;

b) utilização de ativos da empresa pública ou da sociedade de economia mista;

c) gastos incorridos em nome da empresa pública ou da sociedade de economia mista;

VI — avaliar e monitorar, em conjunto com a administração e a área de auditoria interna, a adequação das transações com partes relacionadas;

VII — elaborar relatório anual com informações sobre as atividades, os resultados, as conclusões e as recomendações do Comitê de Auditoria Estatutário, registrando, se houver, as divergências significativas entre administração, auditoria independente e Comitê de Auditoria Estatutário em relação às demonstrações financeiras;

VIII — avaliar a razoabilidade dos parâmetros em que se fundamentam os cálculos atuariais, bem como o resultado atuarial dos planos de benefícios mantidos pelo fundo de pensão, quando a empresa pública ou a sociedade de economia mista for patrocinadora de entidade fechada de previdência complementar.

§ 2º O Comitê de Auditoria Estatutário deverá possuir meios para receber denúncias, inclusive sigilosas, internas e externas à empresa pública ou à sociedade de economia mista, em matérias relacionadas ao escopo de suas atividades.

§ 3º O Comitê de Auditoria Estatutário deverá se reunir quando necessário, no mínimo bimestralmente, de modo que as informações contábeis sejam sempre apreciadas antes de sua divulgação.

§ 4º A empresa pública e a sociedade de economia mista deverão divulgar as atas das reuniões do Comitê de Auditoria Estatutário.

§ 5º Caso o Conselho de Administração considere que a divulgação da ata possa pôr em risco interesse legítimo da empresa pública ou da sociedade de economia mista, a empresa pública ou a sociedade de economia mista divulgará apenas o extrato das atas.

§ 6º A restrição prevista no § 5º não será oponível aos órgãos de controle, que terão total e irrestrito acesso ao conteúdo das atas do Comitê de Auditoria Estatutário, observada a transferência de sigilo.

§ 7º O Comitê de Auditoria Estatutário deverá possuir autonomia operacional e dotação orçamentária, anual ou por projeto, dentro de limites aprovados pelo Conselho de Administração, para conduzir ou determinar a realização de consultas, avaliações e investigações dentro do escopo de suas atividades, inclusive com a contratação e utilização de especialistas externos independentes.

Art. 25. O Comitê de Auditoria Estatutário será integrado por, no mínimo, 3 (três) e, no máximo, 5 (cinco) membros, em sua maioria independentes.

§ 1º São condições mínimas para integrar o Comitê de Auditoria Estatutário:

I — não ser ou ter sido, nos 12 (doze) meses anteriores à nomeação para o Comitê:

a) diretor, empregado ou membro do conselho fiscal da empresa pública ou sociedade de economia mista ou de sua controladora, controlada, coligada ou sociedade em controle comum, direta ou indireta;

b) responsável técnico, diretor, gerente, supervisor ou qualquer outro integrante com função de gerência de equipe envolvida nos trabalhos de auditoria na empresa pública ou sociedade de economia mista;

II — não ser cônjuge ou parente consanguíneo ou afim, até o segundo grau ou por adoção, das pessoas referidas no inciso I;

III — não receber qualquer outro tipo de remuneração da empresa pública ou sociedade de economia mista ou de sua controladora, controlada, coligada ou sociedade em controle comum, direta ou indireta, que não seja aquela relativa à função de integrante do Comitê de Auditoria Estatutário;

IV — não ser ou ter sido ocupante de cargo público efetivo, ainda que licenciado, ou de cargo em comissão da pessoa jurídica de direito público que exerça o controle acionário da empresa pública ou sociedade de economia mista, nos 12 (doze) meses anteriores à nomeação para o Comitê de Auditoria Estatutário.

§ 2º Ao menos 1 (um) dos membros do Comitê de Auditoria Estatutário deve ter reconhecida experiência em assuntos de contabilidade societária.

§ 3º O atendimento às previsões deste artigo deve ser comprovado por meio de documentação mantida na sede da empresa pública ou sociedade de economia mista pelo prazo mínimo de 5 (cinco) anos, contado a partir do último dia de mandato do membro do Comitê de Auditoria Estatutário.

Seção VIII
Do Conselho Fiscal

Art. 26. Além das normas previstas nesta Lei, aplicam-se aos membros do Conselho Fiscal da empresa pública e da sociedade de economia mista as disposições previstas na Lei n. 6.404, de 15 de dezembro de 1976, relativas a seus poderes, deveres e responsabilidades, a requisitos e impedimentos para investidura e a remuneração, além de outras disposições estabelecidas na referida Lei.

§ 1º Podem ser membros do Conselho Fiscal pessoas naturais, residentes no País, com formação acadêmica compatível com o exercício da função e que tenham exercido, por prazo mínimo de 3 (três) anos, cargo de direção ou assessoramento na administração pública ou cargo de conselheiro fiscal ou administrador em empresa.

§ 2º O Conselho Fiscal contará com pelo menos 1 (um) membro indicado pelo ente controlador, que deverá ser servidor público com vínculo permanente com a administração pública.

CAPÍTULO III
Da Função Social da Empresa Pública e da Sociedade de Economia Mista

Art. 27. A empresa pública e a sociedade de economia mista terão a função social de realização do interesse coletivo ou de atendimento a imperativo da segurança nacional expressa no instrumento de autorização legal para a sua criação.

§ 1º A realização do interesse coletivo de que trata este artigo deverá ser orientada para o alcance do bem-estar econômico e para a alocação socialmente eficiente dos recursos geridos pela empresa pública e pela sociedade de economia mista, bem como para o seguinte:

I — ampliação economicamente sustentada do acesso de consumidores aos produtos e serviços da empresa pública ou da sociedade de economia mista;

II — desenvolvimento ou emprego de tecnologia brasileira para produção e oferta de produtos e serviços da empresa pública ou da sociedade de economia mista, sempre de maneira economicamente justificada.

§ 2º A empresa pública e a sociedade de economia mista deverão, nos termos da lei, adotar práticas de sustentabilidade ambiental e de responsabilidade social corporativa compatíveis com o mercado em que atuam.

§ 3º A empresa pública e a sociedade de economia mista poderão celebrar convênio ou contrato de patrocínio com pessoa física ou com pessoa jurídica para promoção de atividades culturais, sociais, esportivas, educacionais e de inovação tecnológica, desde que comprovadamente vinculadas ao fortalecimento de sua marca, observando-se, no que couber, as normas de licitação e contratos desta Lei.

TÍTULO II
DISPOSIÇÕES APLICÁVEIS ÀS EMPRESAS PÚBLICAS, ÀS SOCIEDADES DE ECONOMIA MISTA E ÀS SUAS SUBSIDIÁRIAS QUE EXPLOREM ATIVIDADE ECONÔMICA DE PRODUÇÃO OU COMERCIALIZAÇÃO DE BENS OU DE PRESTAÇÃO DE SERVIÇOS, AINDA QUE A ATIVIDADE ECONÔMICA ESTEJA SUJEITA AO REGIME DE MONOPÓLIO DA UNIÃO OU SEJA DE PRESTAÇÃO DE SERVIÇOS PÚBLICOS.

CAPÍTULO I
Das Licitações

Seção I
Da Exigência de Licitação e dos Casos de Dispensa e de Inexigibilidade

Art. 28. Os contratos com terceiros destinados à prestação de serviços às empresas públicas e às sociedades de economia mista, inclusive de engenharia e de publicidade, à aquisição e à locação de bens, à alienação de bens e ativos integrantes do respectivo patrimônio ou à execução de obras a serem integradas a esse patrimônio, bem como à implementação de ônus real sobre tais bens, serão precedidos de licitação nos termos desta Lei, ressalvadas as hipóteses previstas nos arts. 29 e 30.

§ 1º Aplicam-se às licitações das empresas públicas e das sociedades de economia mista as disposições constantes dos arts. 42 a 49 da Lei Complementar n.123, de 14 de dezembro de 2006.

§ 2º O convênio ou contrato de patrocínio celebrado com pessoas físicas ou jurídicas de que trata o § 3º do art. 27 observará, no que couber, as normas de licitação e contratos desta Lei.

§ 3º São as empresas públicas e as sociedades de economia mista dispensadas da observância dos dispositivos deste Capítulo nas seguintes situações:

I — comercialização, prestação ou execução, de forma direta, pelas empresas mencionadas no *caput*, de produtos, serviços ou obras especificamente relacionados com seus respectivos objetos sociais;

II — nos casos em que a escolha do parceiro esteja associada a suas características particulares, vinculada a oportunidades de negócio definidas e específicas, justificada a inviabilidade de procedimento competitivo.

§ 4º Consideram-se oportunidades de negócio a que se refere o inciso II do § 3º a formação e a extinção de parcerias e outras formas associativas, societárias ou contratuais, a aquisição e a alienação de participação em sociedades e outras formas associativas, societárias ou contratuais e as operações realizadas no âmbito do mercado de capitais, respeitada a regulação pelo respectivo órgão competente.

Art. 29. É dispensável a realização de licitação por empresas públicas e sociedades de economia mista:

I — para obras e serviços de engenharia de valor até R$ 100.000,00 (cem mil reais), desde que não se refiram a parcelas de uma mesma obra ou serviço ou ainda a obras e serviços de mesma natureza e no mesmo local que possam ser realizadas conjunta e concomitantemente;

II — para outros serviços e compras de valor até R$ 50.000,00 (cinquenta mil reais) e para alienações, nos casos previstos nesta Lei, desde que não se refiram a parcelas de um mesmo serviço, compra ou alienação de maior vulto que possa ser realizado de uma só vez;

III — quando não acudirem interessados à licitação anterior e essa, justificadamente, não puder ser repetida sem prejuízo para a empresa pública ou a sociedade de economia mista, bem como para suas respectivas subsidiárias, desde que mantidas as condições preestabelecidas;

IV — quando as propostas apresentadas consignarem preços manifestamente superiores aos praticados no mercado nacional ou incompatíveis com os fixados pelos órgãos oficiais competentes;

V — para a compra ou locação de imóvel destinado ao atendimento de suas finalidades precípuas, quando as necessidades de instalação e localização condicionarem a escolha do imóvel, desde que o preço seja compatível com o valor de mercado, segundo avaliação prévia;

VI — na contratação de remanescente de obra, de serviço ou de fornecimento, em consequência de rescisão contratual, desde que atendida a ordem de classificação da licitação anterior e aceitas as mesmas condições do contrato encerrado por rescisão ou distrato, inclusive quanto ao preço, devidamente corrigido;

VII — na contratação de instituição brasileira incumbida regimental ou estatutariamente da pesquisa, do ensino ou do desenvolvimento institucional ou de instituição dedicada à recuperação social do preso, desde que a contratada detenha inquestionável reputação ético-profissional e não tenha fins lucrativos;

VIII — para a aquisição de componentes ou peças de origem nacional ou estrangeira necessários à manutenção de equipamentos durante o período de garantia técnica, junto ao fornecedor original desses equipamentos, quando tal condição de exclusividade for indispensável para a vigência da garantia;

IX — na contratação de associação de pessoas com deficiência física, sem fins lucrativos e de comprovada idoneidade, para a prestação de serviços ou fornecimento de mão de obra, desde que o preço contratado seja compatível com o praticado no mercado;

X — na contratação de concessionário, permissionário ou autorizado para fornecimento ou suprimento de energia elétrica ou gás natural e de outras prestadoras de serviço público, segundo as normas da legislação específica, desde que o objeto do contrato tenha pertinência com o serviço público.

XI — nas contratações entre empresas públicas ou sociedades de economia mista e suas respectivas subsidiárias, para aquisição ou alienação de bens e prestação ou obtenção de serviços, desde que os preços sejam compatíveis com os praticados no mercado e que o objeto do contrato tenha relação com a atividade da contratada prevista em seu estatuto social;

XII — na contratação de coleta, processamento e comercialização de resíduos sólidos urbanos recicláveis ou reutilizáveis, em áreas com sistema de coleta seletiva de lixo, efetuados por associações ou cooperativas formadas exclusivamente por pessoas físicas de baixa renda que tenham como ocupação econômica a coleta de materiais recicláveis, com o uso de equipamentos compatíveis com as normas técnicas, ambientais e de saúde pública;

XIII — para o fornecimento de bens e serviços, produzidos ou prestados no País, que envolvam, cumulativamente, alta complexidade tecnológica e defesa nacional, mediante parecer de comissão especialmente designada pelo dirigente máximo da empresa pública ou da sociedade de economia mista;

XIV — nas contratações visando ao cumprimento do disposto nos arts. 3º, 4º, 5º e 20 da Lei n. 10.973, de 2 de dezembro de 2004, observados os princípios gerais de contratação dela constantes;

XV — em situações de emergência, quando caracterizada urgência de atendimento de situação que possa ocasionar prejuízo ou comprometer a segurança de pessoas, obras, serviços, equipamentos e outros bens, públicos ou particulares, e somente para os bens necessários ao atendimento da situação emergencial e para as parcelas de obras e serviços que possam ser concluídas no prazo máximo de 180 (cento e oitenta) dias consecutivos e ininterruptos, contado da ocorrência da emergência, vedada a prorrogação dos respectivos contratos, observado o disposto no § 2º;

XVI — na transferência de bens a órgãos e entidades da administração pública, inclusive quando efetivada mediante permuta;

XVII — na doação de bens móveis para fins e usos de interesse social, após avaliação de sua oportunidade e conveniência socioeconômica relativamente à escolha de outra forma de alienação;

XVIII — na compra e venda de ações, de títulos de crédito e de dívida e de bens que produzam ou comercializem.

§ 1º Na hipótese de nenhum dos licitantes aceitar a contratação nos termos do inciso VI do *caput*, a empresa pública e a sociedade de economia mista poderão convocar os licitantes remanescentes, na ordem de classificação, para a celebração do contrato nas condições ofertadas por estes, desde que o respectivo valor seja igual ou inferior ao orçamento estimado para a contratação, inclusive quanto aos preços atualizados nos termos do instrumento convocatório.

§ 2º A contratação direta com base no inciso XV do *caput* não dispensará a responsabilização de quem, por ação ou omissão, tenha dado causa ao motivo ali descrito, inclusive no tocante ao disposto na Lei n. 8.429, de 2 de junho de 1992.

§ 3º Os valores estabelecidos nos incisos I e II do *caput* podem ser alterados, para refletir a variação de custos, por deliberação do Conselho de Administração da empresa pública ou sociedade de economia mista, admitindo-se valores diferenciados para cada sociedade.

Art. 30. A contratação direta será feita quando houver inviabilidade de competição, em especial na hipótese de:

I — aquisição de materiais, equipamentos ou gêneros que só possam ser fornecidos por produtor, empresa ou representante comercial exclusivo;

II — contratação dos seguintes serviços técnicos especializados, com profissionais ou empresas de notória especialização, vedada a inexigibilidade para serviços de publicidade e divulgação:

a) estudos técnicos, planejamentos e projetos básicos ou executivos;

b) pareceres, perícias e avaliações em geral;

c) assessorias ou consultorias técnicas e auditorias financeiras ou tributárias;

d) fiscalização, supervisão ou gerenciamento de obras ou serviços;

e) patrocínio ou defesa de causas judiciais ou administrativas;

f) treinamento e aperfeiçoamento de pessoal;

g) restauração de obras de arte e bens de valor histórico.

§ 1º Considera-se de notória especialização o profissional ou a empresa cujo conceito no campo de sua especialidade, decorrente de desempenho anterior, estudos, experiência, publicações, organização, aparelhamento, equipe técnica ou outros requisitos relacionados com suas atividades, permita inferir que o seu trabalho é essencial e indiscutivelmente o mais adequado à plena satisfação do objeto do contrato.

§ 2º Na hipótese do *caput* e em qualquer dos casos de dispensa, se comprovado, pelo órgão de controle externo, sobrepreço ou superfaturamento, respondem solidariamente pelo dano causado quem houver decidido pela contratação direta e o fornecedor ou o prestador de serviços.

§ 3º O processo de contratação direta será instruído, no que couber, com os seguintes elementos:

I — caracterização da situação emergencial ou calamitosa que justifique a dispensa, quando for o caso;

II — razão da escolha do fornecedor ou do executante;

III — justificativa do preço.

Seção II
Disposições de Caráter Geral sobre Licitações e Contratos

Art. 31. As licitações realizadas e os contratos celebrados por empresas públicas e sociedades de economia mista destinam-se a assegurar a seleção da proposta mais vantajosa, inclusive no que se refere ao ciclo de vida do objeto, e a evitar operações em que se caracterize sobrepreço ou superfaturamento, devendo observar os princípios da impessoalidade, da moralidade, da igualdade, da publicidade, da eficiência, da probidade administrativa, da economicidade, do desenvolvimento nacional sustentável, da vinculação ao instrumento convocatório, da obtenção de competitividade e do julgamento objetivo.

§ 1º Para os fins do disposto no *caput*, considera-se que há:

I — sobrepreço quando os preços orçados para a licitação ou os preços contratados são expressivamente superiores aos preços referenciais de mercado, podendo referir-se ao valor unitário de um item, se a licitação ou a contratação for por preços unitários de serviço, ou ao valor global do objeto, se a licitação ou a contratação for por preço global ou por empreitada;

II — superfaturamento quando houver dano ao patrimônio da empresa pública ou da sociedade de economia mista caracterizado, por exemplo:

a) pela medição de quantidades superiores às efetivamente executadas ou fornecidas;

b) pela deficiência na execução de obras e serviços de engenharia que resulte em diminuição da qualidade, da vida útil ou da segurança;

c) por alterações no orçamento de obras e de serviços de engenharia que causem o desequilíbrio econômico-financeiro do contrato em favor do contratado;

d) por outras alterações de cláusulas financeiras que gerem recebimentos contratuais antecipados, distorção do cronograma físico-financeiro, prorrogação injustificada do prazo contratual com custos adicionais para a empresa pública ou a sociedade de economia mista ou reajuste irregular de preços.

§ 2º O orçamento de referência do custo global de obras e serviços de engenharia deverá ser obtido a partir de custos unitários de insumos ou serviços menores ou iguais à mediana de seus correspondentes no Sistema Nacional de Pesquisa de Custos e Índices da Construção Civil (Sinapi), no caso de construção civil em geral, ou no Sistema de Custos Referenciais de Obras (Sicro), no caso de obras e serviços rodoviários, devendo ser observadas as peculiaridades geográficas.

§ 3º No caso de inviabilidade da definição dos custos consoante o disposto no § 2º, a estimativa de custo global poderá ser apurada por meio da utilização de dados contidos em tabela de referência formalmente aprovada por órgãos ou entidades da administração pública federal, em publicações técnicas especializadas, em banco de dados e sistema específico instituído para o setor ou em pesquisa de mercado.

§ 4º A empresa pública e a sociedade de economia mista poderão adotar procedimento de manifestação de interesse privado para o recebimento de propostas e projetos de empreendimentos com vistas a atender necessidades previamente identificadas, cabendo a regulamento a definição de suas regras específicas.

§ 5º Na hipótese a que se refere o § 4º, o autor ou financiador do projeto poderá participar da licitação para a execução do empreendimento, podendo ser ressarcido pelos custos aprovados pela empresa pública ou sociedade de economia mista caso não vença o certame, desde que seja promovida a cessão de direitos de que trata o art. 80.

Art. 32. Nas licitações e contratos de que trata esta Lei serão observadas as seguintes diretrizes:

I — padronização do objeto da contratação, dos instrumentos convocatórios e das minutas de contratos, de acordo com normas internas específicas;

II — busca da maior vantagem competitiva para a empresa pública ou sociedade de economia mista, considerando custos e benefícios, diretos e indiretos, de natureza econômica, social ou ambiental, inclusive os relativos à manutenção, ao desfazimento de bens e resíduos, ao índice de depreciação econômica e a outros fatores de igual relevância;

III — parcelamento do objeto, visando a ampliar a participação de licitantes, sem perda de economia de escala, e desde que não atinja valores inferiores aos limites estabelecidos no art. 29, incisos I e II;

IV — adoção preferencial da modalidade de licitação denominada pregão, instituída pela Lei n. 10.520, de 17 de julho de 2002, para a aquisição de bens e serviços comuns, assim considerados aqueles cujos padrões de desempenho e qualidade possam ser objetivamente definidos pelo edital, por meio de especificações usuais no mercado;

V — observação da política de integridade nas transações com partes interessadas.

§ 1º As licitações e os contratos disciplinados por esta Lei devem respeitar, especialmente, as normas relativas à:

I — disposição final ambientalmente adequada dos resíduos sólidos gerados pelas obras contratadas;

II — mitigação dos danos ambientais por meio de medidas condicionantes e de compensação ambiental, que serão definidas no procedimento de licenciamento ambiental;

III — utilização de produtos, equipamentos e serviços que, comprovadamente, reduzam o consumo de energia e de recursos naturais;

IV — avaliação de impactos de vizinhança, na forma da legislação urbanística;

V — proteção do patrimônio cultural, histórico, arqueológico e imaterial, inclusive por meio da avaliação do impacto direto ou indireto causado por investimentos realizados por empresas públicas e sociedades de economia mista;

VI — acessibilidade para pessoas com deficiência ou com mobilidade reduzida.

§ 2º A contratação a ser celebrada por empresa pública ou sociedade de economia mista da qual decorra impacto negativo sobre bens do patrimônio cultural, histórico, arqueológico e imaterial tombados dependerá de autorização da esfera de governo encarregada da proteção do respectivo patrimônio, devendo o impacto ser compensado por meio de medidas determinadas pelo dirigente máximo da empresa pública ou sociedade de economia mista, na forma da legislação aplicável.

§ 3º As licitações na modalidade de pregão, na forma eletrônica, deverão ser realizadas exclusivamente em portais de compras de acesso público na internet.

§ 4º Nas licitações com etapa de lances, a empresa pública ou sociedade de economia mista disponibilizará ferramentas eletrônicas para envio de lances pelos licitantes.

Art. 33. O objeto da licitação e do contrato dela decorrente será definido de forma sucinta e clara no instrumento convocatório.

Art. 34. O valor estimado do contrato a ser celebrado pela empresa pública ou pela sociedade de economia mista será sigiloso, facultando-se à contratante, mediante justificação na fase de preparação prevista no inciso I do art. 51 desta Lei, conferir publicidade ao valor estimado do objeto da licitação, sem prejuízo da divulgação do detalhamento dos quantitativos e das demais informações necessárias para a elaboração das propostas.

§ 1º Na hipótese em que for adotado o critério de julgamento por maior desconto, a informação de que trata o *caput* deste artigo constará do instrumento convocatório.

§ 2º No caso de julgamento por melhor técnica, o valor do prêmio ou da remuneração será incluído no instrumento convocatório.

§ 3º A informação relativa ao valor estimado do objeto da licitação, ainda que tenha caráter sigiloso, será disponibilizada a órgãos de controle externo e interno, devendo a empresa pública ou a sociedade de economia mista registrar em documento formal sua disponibilização aos órgãos de controle, sempre que solicitado.

§ 4º (VETADO).

Art. 35. Observado o disposto no art. 34, o conteúdo da proposta, quando adotado o modo de disputa fechado e até sua abertura, os atos e os procedimentos praticados em decorrência desta Lei submetem-se à legislação que regula o acesso dos cidadãos às informações detidas pela administração pública, particularmente aos termos da Lei n. 12.527, de 18 de novembro de 2011.

Art. 36. A empresa pública e a sociedade de economia mista poderão promover a pré-qualificação de seus fornecedores ou produtos, nos termos do art. 64.

Art. 37. A empresa pública e a sociedade de economia mista deverão informar os dados relativos às sanções por elas aplicadas aos contratados, nos termos definidos no art. 83, de forma a manter atualizado o cadastro de empresas inidôneas de que trata o art. 23 da Lei n. 12.846, de 1º de agosto de 2013.

§ 1º O fornecedor incluído no cadastro referido no *caput* não poderá disputar licitação ou participar, direta ou indiretamente, da execução de contrato.

§ 2º Serão excluídos do cadastro referido no *caput*, a qualquer tempo, fornecedores que demonstrarem a superação dos motivos que deram causa à restrição contra eles promovida.

Art. 38. Estará impedida de participar de licitações e de ser contratada pela empresa pública ou sociedade de economia mista a empresa:

I — cujo administrador ou sócio detentor de mais de 5% (cinco por cento) do capital social seja diretor ou empregado da empresa pública ou sociedade de economia mista contratante;

II — suspensa pela empresa pública ou sociedade de economia mista;

III — declarada inidônea pela União, por Estado, pelo Distrito Federal ou pela unidade federativa a que está vinculada a empresa pública ou sociedade de economia mista, enquanto perdurarem os efeitos da sanção;

IV — constituída por sócio de empresa que estiver suspensa, impedida ou declarada inidônea;

V — cujo administrador seja sócio de empresa suspensa, impedida ou declarada inidônea;

VI — constituída por sócio que tenha sido sócio ou administrador de empresa suspensa, impedida ou declarada inidônea, no período dos fatos que deram ensejo à sanção;

VII — cujo administrador tenha sido sócio ou administrador de empresa suspensa, impedida ou declarada inidônea, no período dos fatos que deram ensejo à sanção;

VIII — que tiver, nos seus quadros de diretoria, pessoa que participou, em razão de vínculo de mesma natureza, de empresa declarada inidônea.

PARÁGRAFO ÚNICO. Aplica-se a vedação prevista no *caput*:

I — à contratação do próprio empregado ou dirigente, como pessoa física, bem como à participação dele em procedimentos licitatórios, na condição de licitante;

II — a quem tenha relação de parentesco, até o terceiro grau civil, com:

a) dirigente de empresa pública ou sociedade de economia mista;

b) empregado de empresa pública ou sociedade de economia mista cujas atribuições envolvam a atuação na área responsável pela licitação ou contratação;

c) autoridade do ente público a que a empresa pública ou sociedade de economia mista esteja vinculada.

III — cujo proprietário, mesmo na condição de sócio, tenha terminado seu prazo de gestão ou rompido seu vínculo com a respectiva empresa pública ou sociedade de economia mista promotora da licitação ou contratante há menos de 6 (seis) meses.

Art. 39. Os procedimentos licitatórios, a pré-qualificação e os contratos disciplinados por esta Lei serão divulgados em portal específico mantido pela empresa pública ou sociedade de economia mista na internet, devendo ser adotados os seguintes prazos mínimos para apresentação de propostas ou lances, contados a partir da divulgação do instrumento convocatório:

I — para aquisição de bens:

a) 5 (cinco) dias úteis, quando adotado como critério de julgamento o menor preço ou o maior desconto;

b) 10 (dez) dias úteis, nas demais hipóteses;

II — para contratação de obras e serviços:

a) 15 (quinze) dias úteis, quando adotado como critério de julgamento o menor preço ou o maior desconto;

b) 30 (trinta) dias úteis, nas demais hipóteses;

III — no mínimo 45 (quarenta e cinco) dias úteis para licitação em que se adote como critério de julgamento a melhor técnica ou a melhor combinação de técnica e preço, bem como para licitação em que haja contratação semi-integrada ou integrada.

PARÁGRAFO ÚNICO. As modificações promovidas no instrumento convocatório serão objeto de divulgação nos mesmos termos e prazos dos atos e procedimentos originais, exceto quando a alteração não afetar a preparação das propostas.

Art. 40. As empresas públicas e as sociedades de economia mista deverão publicar e manter atualizado regulamento interno de licitações e contratos, compatível com o disposto nesta Lei, especialmente quanto a:

I — glossário de expressões técnicas;

II — cadastro de fornecedores;

III — minutas-padrão de editais e contratos;

IV — procedimentos de licitação e contratação direta;

V — tramitação de recursos;

VI — formalização de contratos;

VII — gestão e fiscalização de contratos;

VIII — aplicação de penalidades;

IX — recebimento do objeto do contrato.

Art. 41. Aplicam-se às licitações e contratos regidos por esta Lei as normas de direito penal contidas nos arts. 89 a 99 da Lei n. 8.666, de 21 de junho de 1993.

Seção III

Das Normas Específicas para Obras e Serviços

Art. 42. Na licitação e na contratação de obras e serviços por empresas públicas e sociedades de economia mista, serão observadas as seguintes definições:

I — empreitada por preço unitário: contratação por preço certo de unidades determinadas;

II — empreitada por preço global: contratação por preço certo e total;

III — tarefa: contratação de mão de obra para pequenos trabalhos por preço certo, com ou sem fornecimento de material;

IV — empreitada integral: contratação de empreendimento em sua integralidade, com todas as etapas de obras, serviços e instalações necessárias, sob inteira responsabilidade da contratada até a sua entrega ao contratante em condições de entrada em operação, atendidos os requisitos técnicos e legais para sua utilização em condições de segurança estrutural e operacional e com as características adequadas às finalidades para as quais foi contratada;

V — contratação semi-integrada: contratação que envolve a elaboração e o desenvolvimento do projeto executivo, a execução de obras e serviços de engenharia, a montagem, a realização de testes, a pré-operação e as demais operações necessárias e suficientes para a entrega final do objeto, de acordo com o estabelecido nos §§ 1º e 3º deste artigo;

VI — contratação integrada: contratação que envolve a elaboração e o desenvolvimento dos projetos básico e executivo, a execução de obras e serviços de engenharia, a montagem, a realização de testes, a pré-operação e as demais operações necessárias e suficientes para a entrega final do objeto, de acordo com o estabelecido nos §§ 1º, 2º e 3º deste artigo;

VII — anteprojeto de engenharia: peça técnica com todos os elementos de contornos necessários e fundamentais à elaboração do projeto básico, devendo conter minimamente os seguintes elementos:

a) demonstração e justificativa do programa de necessidades, visão global dos investimentos e definições relacionadas ao nível de serviço desejado;

b) condições de solidez, segurança e durabilidade e prazo de entrega;

c) estética do projeto arquitetônico;

d) parâmetros de adequação ao interesse público, à economia na utilização, à facilidade na execução, aos impactos ambientais e à acessibilidade;

e) concepção da obra ou do serviço de engenharia;

f) projetos anteriores ou estudos preliminares que embasaram a concepção adotada;

g) levantamento topográfico e cadastral;

h) pareceres de sondagem;

i) memorial descritivo dos elementos da edificação, dos componentes construtivos e dos materiais de construção, de forma a estabelecer padrões mínimos para a contratação;

VIII — projeto básico: conjunto de elementos necessários e suficientes, com nível de precisão adequado, para, observado o disposto no § 3º, caracterizar a obra ou o serviço, ou o complexo de obras ou de serviços objeto da licitação, elaborado com base nas indicações dos estudos técnicos preliminares, que assegure a viabilidade técnica e o adequado tratamento do impacto ambiental do empreendimento e que possibilite a avaliação do custo da obra e a definição dos métodos e do prazo de execução, devendo conter os seguintes elementos:

a) desenvolvimento da solução escolhida, de forma a fornecer visão global da obra e a identificar todos os seus elementos constitutivos com clareza;

b) soluções técnicas globais e localizadas, suficientemente detalhadas, de forma a minimizar a necessidade de reformulação ou de variantes durante as fases de elaboração do projeto executivo e de realização das obras e montagem;

c) identificação dos tipos de serviços a executar e de materiais e equipamentos a incorporar à obra, bem como suas especificações, de modo a assegurar os melhores resultados para o empreendimento, sem frustrar o caráter competitivo para a sua execução;

d) informações que possibilitem o estudo e a dedução de métodos construtivos, instalações provisórias e condições organizacionais para a obra, sem frustrar o caráter competitivo para a sua execução;

e) subsídios para montagem do plano de licitação e gestão da obra, compreendendo a sua programação, a estratégia de suprimentos, as normas de fiscalização e outros dados necessários em cada caso;

f) (VETADO);

IX — projeto executivo: conjunto dos elementos necessários e suficientes à execução completa da obra, de acordo com as normas técnicas pertinentes;

X — matriz de riscos: cláusula contratual definidora de riscos e responsabilidades entre as partes e caracterizadora do equilíbrio econômico-financeiro inicial do contrato, em termos de ônus financeiro decorrente de eventos supervenientes à contratação, contendo, no mínimo, as seguintes informações:

a) listagem de possíveis eventos supervenientes à assinatura do contrato, impactantes no equilíbrio econômico-financeiro da avença, e previsão de eventual necessidade de prolação de termo aditivo quando de sua ocorrência;

b) estabelecimento preciso das frações do objeto em que haverá liberdade das contratadas para inovar em soluções metodológicas ou tecnológicas, em obrigações de resultado, em termos de modificação das soluções previamente delineadas no anteprojeto ou no projeto básico da licitação;

c) estabelecimento preciso das frações do objeto em que não haverá liberdade das contratadas para inovar em soluções metodológicas ou tecnológicas, em obrigações de meio, devendo haver obrigação de identidade entre a execução e a solução pré-definida no anteprojeto ou no projeto básico da licitação.

§ 1º As contratações semi-integradas e integradas referidas, respectivamente, nos incisos V e VI do *caput* deste artigo restringir-se-ão a obras e serviços de engenharia e observarão os seguintes requisitos:

I — o instrumento convocatório deverá conter:

a) anteprojeto de engenharia, no caso de contratação integrada, com elementos técnicos que permitam a caracterização da obra ou do serviço e a elaboração e comparação, de forma isonômica, das propostas a serem ofertadas pelos particulares;

b) projeto básico, nos casos de empreitada por preço unitário, de empreitada por preço global, de empreitada integral e de contratação semi-integrada, nos termos definidos neste artigo;

c) documento técnico, com definição precisa das frações do empreendimento em que haverá liberdade de as contratadas inovarem em soluções metodológicas ou tecnológicas, seja em termos de modificação das soluções previamente delineadas no anteprojeto ou no projeto básico da licitação, seja em termos de detalhamento dos sistemas e procedimentos construtivos previstos nessas peças técnicas;

d) matriz de riscos;

II — o valor estimado do objeto a ser licitado será calculado com base em valores de mercado, em valores pagos pela administração pública em serviços e obras similares ou em avaliação do custo global da obra, aferido mediante orçamento sintético ou metodologia expedita ou paramétrica;

III — o critério de julgamento a ser adotado será o de menor preço ou de melhor combinação de técnica e preço, pontuando-se na avaliação técnica as vantagens e os benefícios que eventualmente forem oferecidos para cada produto ou solução;

IV — na contratação semi-integrada, o projeto básico poderá ser alterado, desde que demonstrada a superioridade das inovações em termos de redução de custos, de aumento da qualidade, de redução do prazo de execução e de facilidade de manutenção ou operação.

§ 2º No caso dos orçamentos das contratações integradas:

I — sempre que o anteprojeto da licitação, por seus elementos mínimos, assim o permitir, as estimativas de preço devem se basear em orçamento tão detalhado quanto possível, devendo a utilização de estimativas paramétricas e a avaliação aproximada baseada em outras obras similares ser realizadas somente nas frações do empreendimento não suficientemente detalhadas no anteprojeto da licitação, exigindo-se das contratadas, no mínimo, o mesmo nível de detalhamento em seus demonstrativos de formação de preços;

II — quando utilizada metodologia expedita ou paramétrica para abalizar o valor do empreendimento ou de fração dele, consideradas as disposições do inciso I, entre 2 (duas) ou mais técnicas estimativas possíveis, deve ser utilizada nas estimativas de preço-base a que viabilize a maior precisão orçamentária, exigindo-se das licitantes, no mínimo, o mesmo nível de detalhamento na motivação dos respectivos preços ofertados.

§ 3º Nas contratações integradas ou semi-integradas, os riscos decorrentes de fatos supervenientes à contratação associados à escolha da solução de projeto básico pela contratante deverão ser alocados como de sua responsabilidade na matriz de riscos.

§ 4º No caso de licitação de obras e serviços de engenharia, as empresas públicas e as sociedades de economia mista abrangidas por esta Lei deverão utilizar a contratação semi-integrada, prevista no inciso V do *caput*, cabendo a elas a elaboração ou a contratação do projeto básico antes da licitação de que trata este parágrafo, podendo ser utilizadas outras modalidades previstas nos incisos do *caput* deste artigo, desde que essa opção seja devidamente justificada.

§ 5º Para fins do previsto na parte final do § 4º, não será admitida, por parte da empresa pública ou da sociedade de economia mista, como justificativa para a adoção da modalidade de contratação integrada, a ausência de projeto básico.

Art. 43. Os contratos destinados à execução de obras e serviços de engenharia admitirão os seguintes regimes:

I — empreitada por preço unitário, nos casos em que os objetos, por sua natureza, possuam imprecisão inerente de quantitativos em seus itens orçamentários;

II — empreitada por preço global, quando for possível definir previamente no projeto básico, com boa margem de precisão, as quantidades dos serviços a serem posteriormente executados na fase contratual;

III — contratação por tarefa, em contratações de profissionais autônomos ou de pequenas empresas para realização de serviços técnicos comuns e de curta duração;

IV — empreitada integral, nos casos em que o contratante necessite receber o empreendimento, normalmente de alta complexidade, em condição de operação imediata;

V — contratação semi-integrada, quando for possível definir previamente no projeto básico as quantidades dos serviços a serem posteriormente executados na fase contratual, em obra ou serviço de engenharia que possa ser executado com diferentes metodologias ou tecnologias;

VI — contratação integrada, quando a obra ou o serviço de engenharia for de natureza predominantemente intelectual e de inovação tecnológica do objeto licitado ou puder ser executado com diferentes metodologias ou tecnologias de domínio restrito no mercado.

§ 1º Serão obrigatoriamente precedidas pela elaboração de projeto básico, disponível para exame de qualquer interessado, as licitações para a contratação de obras e serviços, com exceção daquelas em que for adotado o regime previsto no inciso VI do *caput* deste artigo.

§ 2º É vedada a execução, sem projeto executivo, de obras e serviços de engenharia.

Art. 44. É vedada a participação direta ou indireta nas licitações para obras e serviços de engenharia de que trata esta Lei:

I — de pessoa física ou jurídica que tenha elaborado o anteprojeto ou o projeto básico da licitação;

II — de pessoa jurídica que participar de consórcio responsável pela elaboração do anteprojeto ou do projeto básico da licitação;

III — de pessoa jurídica da qual o autor do anteprojeto ou do projeto básico da licitação seja administrador, controlador, gerente, responsável técnico, subcontratado ou sócio, neste último caso quando a participação superar 5% (cinco por cento) do capital votante.

§ 1º A elaboração do projeto executivo constituirá encargo do contratado, consoante preço previamente fixado pela empresa pública ou pela sociedade de economia mista.

§ 2º É permitida a participação das pessoas jurídicas e da pessoa física de que tratam os incisos II e III do *caput* deste artigo em licitação ou em execução de contrato, como consultor ou técnico, nas funções de fiscalização, supervisão ou gerenciamento, exclusivamente a serviço da empresa pública e da sociedade de economia mista interessadas.

§ 3º Para fins do disposto no *caput*, considera-se participação indireta a existência de vínculos de natureza técnica, comercial, econômica, financeira ou trabalhista entre o autor do projeto básico, pessoa física ou jurídica, e o licitante ou responsável pelos serviços, fornecimentos e obras, incluindo-se os fornecimentos de bens e serviços a estes necessários.

§ 4º O disposto no § 3º deste artigo aplica-se a empregados incumbidos de levar a efeito atos e procedimentos realizados pela empresa pública e pela sociedade de economia mista no curso da licitação.

Art. 45. Na contratação de obras e serviços, inclusive de engenharia, poderá ser estabelecida remuneração variável vinculada ao desempenho do contratado, com base em metas, padrões de qualidade, critérios de sustentabilidade ambiental e prazos de entrega definidos no instrumento convocatório e no contrato.

PARÁGRAFO ÚNICO. A utilização da remuneração variável respeitará o limite orçamentário fixado pela empresa pública ou pela sociedade de economia mista para a respectiva contratação.

Art. 46. Mediante justificativa expressa e desde que não implique perda de economia de escala, poderá ser celebrado mais de um contrato para executar serviço de mesma natureza quando o objeto da contratação puder ser executado de forma concorrente e simultânea por mais de um contratado.

§ 1º Na hipótese prevista no *caput* deste artigo, será mantido controle individualizado da execução do objeto contratual relativamente a cada um dos contratados.

§ 2º (VETADO).

Seção IV
Das Normas Específicas para Aquisição de Bens

Art. 47. A empresa pública e a sociedade de economia mista, na licitação para aquisição de bens, poderão:

I — indicar marca ou modelo, nas seguintes hipóteses:

a) em decorrência da necessidade de padronização do objeto;

b) quando determinada marca ou modelo comercializado por mais de um fornecedor constituir o único capaz de atender o objeto do contrato;

c) quando for necessária, para compreensão do objeto, a identificação de determinada marca ou modelo apto a servir como referência, situação em que será obrigatório o acréscimo da expressão "ou similar ou de melhor qualidade";

II — exigir amostra do bem no procedimento de pré-qualificação e na fase de julgamento das propostas ou de lances, desde que justificada a necessidade de sua apresentação;

III — solicitar a certificação da qualidade do produto ou do processo de fabricação, inclusive sob o aspecto ambiental, por instituição previamente credenciada.

PARÁGRAFO ÚNICO. O edital poderá exigir, como condição de aceitabilidade da proposta, a adequação às normas da Associação Brasileira de Normas Técnicas (ABNT) ou a certificação da qualidade do produto por instituição credenciada pelo Sistema Nacional de Metrologia, Normalização e Qualidade Industrial (Sinmetro).

Art. 48. Será dada publicidade, com periodicidade mínima semestral, em sítio eletrônico oficial na internet de acesso irrestrito, à relação das aquisições de bens efetivadas pelas empresas públicas e pelas sociedades de economia mista, compreendidas as seguintes informações:

I — identificação do bem comprado, de seu preço unitário e da quantidade adquirida;

II — nome do fornecedor;

III — valor total de cada aquisição.

Seção V
Das Normas Específicas para Alienação de Bens

Art. 49. A alienação de bens por empresas públicas e por sociedades de economia mista será precedida de:

I — avaliação formal do bem contemplado, ressalvadas as hipóteses previstas nos incisos XVI a XVIII do art. 29;

II — licitação, ressalvado o previsto no § 3º do art. 28.

Art. 50. Estendem-se à atribuição de ônus real a bens integrantes do acervo patrimonial de empresas públicas e de sociedades de economia mista as normas desta Lei aplicáveis à sua alienação, inclusive em relação às hipóteses de dispensa e de inexigibilidade de licitação.

Seção VI
Do Procedimento de Licitação

Art. 51. As licitações de que trata esta Lei observarão a seguinte sequência de fases:

I — preparação;

II — divulgação;

III — apresentação de lances ou propostas, conforme o modo de disputa adotado;

IV — julgamento;

V — verificação de efetividade dos lances ou propostas;

VI — negociação;

VII — habilitação;

VIII — interposição de recursos;

IX — adjudicação do objeto;

X — homologação do resultado ou revogação do procedimento.

§ 1º A fase de que trata o inciso VII do *caput* poderá, excepcionalmente, anteceder as referidas nos incisos III a VI do *caput*, desde que expressamente previsto no instrumento convocatório.

§ 2º Os atos e procedimentos decorrentes das fases enumeradas no *caput* praticados por empresas públicas, por sociedades de economia mista e por licitantes serão efetivados preferencialmente por meio eletrônico, nos termos definidos pelo instrumento convocatório, devendo os avisos contendo os resumos dos editais das licitações e contratos abrangidos por esta Lei ser previamente publicados no Diário Oficial da União, do Estado ou do Município e na internet.

Art. 52. Poderão ser adotados os modos de disputa aberto ou fechado, ou, quando o objeto da licitação puder ser parcelado, a combinação de ambos, observado o disposto no inciso III do art. 32 desta Lei.

§ 1º No modo de disputa aberto, os licitantes apresentarão lances públicos e sucessivos, crescentes ou decrescentes, conforme o critério de julgamento adotado.

§ 2º No modo de disputa fechado, as propostas apresentadas pelos licitantes serão sigilosas até a data e a hora designadas para que sejam divulgadas.

Art. 53. Quando for adotado o modo de disputa aberto, poderão ser admitidos:

I — a apresentação de lances intermediários;

II — o reinício da disputa aberta, após a definição do melhor lance, para definição das demais colocações, quando existir diferença de pelo menos 10% (dez por cento) entre o melhor lance e o subsequente.

PARÁGRAFO ÚNICO. Consideram-se intermediários os lances:

I — iguais ou inferiores ao maior já ofertado, quando adotado o julgamento pelo critério da maior oferta;

II — iguais ou superiores ao menor já ofertado, quando adotados os demais critérios de julgamento.

Art. 54. Poderão ser utilizados os seguintes critérios de julgamento:

I — menor preço;

II — maior desconto;

III — melhor combinação de técnica e preço;

IV — melhor técnica;

V — melhor conteúdo artístico;

VI — maior oferta de preço;

VII — maior retorno econômico;

VIII — melhor destinação de bens alienados.

§ 1º Os critérios de julgamento serão expressamente identificados no instrumento convocatório e poderão ser combinados na hipótese de parcelamento do objeto, observado o disposto no inciso III do art. 32.

§ 2º Na hipótese de adoção dos critérios referidos nos incisos III, IV, V e VII do *caput* deste artigo, o julgamento das propostas será efetivado mediante o emprego de parâmetros específicos, definidos no instrumento convocatório, destinados a limitar a subjetividade do julgamento.

§ 3º Para efeito de julgamento, não serão consideradas vantagens não previstas no instrumento convocatório.

§ 4º O critério previsto no inciso II do *caput*:

I — terá como referência o preço global fixado no instrumento convocatório, estendendo-se o desconto oferecido nas propostas ou lances vencedores a eventuais termos aditivos;

II — no caso de obras e serviços de engenharia, o desconto incidirá de forma linear sobre a totalidade dos itens constantes do orçamento estimado, que deverá obrigatoriamente integrar o instrumento convocatório.

§ 5º Quando for utilizado o critério referido no inciso III do *caput*, a avaliação das propostas técnicas e de preço considerará o percentual de ponderação mais relevante, limitado a 70% (setenta por cento).

§ 6º Quando for utilizado o critério referido no inciso VII do *caput*, os lances ou propostas terão o objetivo de proporcionar economia à empresa pública ou à sociedade de economia mista, por meio da redução de suas despesas correntes, remunerando-se o licitante vencedor com base em percentual da economia de recursos gerada.

§ 7º Na implementação do critério previsto no inciso VIII do *caput* deste artigo, será obrigatoriamente considerada, nos termos do respectivo instrumento convocatório, a repercussão, no meio social, da finalidade para cujo atendimento o bem será utilizado pelo adquirente.

§ 8º O descumprimento da finalidade a que se refere o § 7º deste artigo resultará na imediata restituição do bem alcançado ao acervo patrimonial da empresa pública ou da sociedade de economia mista, vedado, nessa hipótese, o pagamento de indenização em favor do adquirente.

Art. 55. Em caso de empate entre 2 (duas) propostas, serão utilizados, na ordem em que se encontram enumerados, os seguintes critérios de desempate:

I — disputa final, em que os licitantes empatados poderão apresentar nova proposta fechada, em ato contínuo ao encerramento da etapa de julgamento;

II — avaliação do desempenho contratual prévio dos licitantes, desde que exista sistema objetivo de avaliação instituído;

III — os critérios estabelecidos no art. 3º da Lei n. 8.248, de 23 de outubro de 1991, e no § 2º do art. 3º da Lei n. 8.666, de 21 de junho de 1993;

IV — sorteio.

Art. 56. Efetuado o julgamento dos lances ou propostas, será promovida a verificação de sua efetividade, promovendo-se a desclassificação daqueles que:

I — contenham vícios insanáveis;

II — descumpram especificações técnicas constantes do instrumento convocatório;

III — apresentem preços manifestamente inexequíveis;

IV — se encontrem acima do orçamento estimado para a contratação de que trata o § 1º do art. 57, ressalvada a hipótese prevista no *caput* do art. 34 desta Lei;

V — não tenham sua exequibilidade demonstrada, quando exigido pela empresa pública ou pela sociedade de economia mista;

VI — apresentem desconformidade com outras exigências do instrumento convocatório, salvo se for possível a acomodação a seus termos antes da adjudicação do objeto e sem que se prejudique a atribuição de tratamento isonômico entre os licitantes.

§ 1º A verificação da efetividade dos lances ou propostas poderá ser feita exclusivamente em relação aos lances e propostas mais bem classificados.

§ 2º A empresa pública e a sociedade de economia mista poderão realizar diligências para aferir a exequibilidade das propostas ou exigir dos licitantes que ela seja demonstrada, na forma do inciso V do *caput*.

§ 3º Nas licitações de obras e serviços de engenharia, consideram-se inexequíveis as propostas com valores globais inferiores a 70% (setenta por cento) do menor dos seguintes valores:

I — média aritmética dos valores das propostas superiores a 50% (cinquenta por cento) do valor do orçamento estimado pela empresa pública ou sociedade de economia mista; ou

II — valor do orçamento estimado pela empresa pública ou sociedade de economia mista.

§ 4º Para os demais objetos, para efeito de avaliação da exequibilidade ou de sobrepreço, deverão ser estabelecidos critérios de aceitabilidade de preços que considerem o preço global, os quantitativos e os preços unitários, assim definidos no instrumento convocatório.

Art. 57. Confirmada a efetividade do lance ou proposta que obteve a primeira colocação na etapa de julgamento, ou que passe a ocupar essa posição em decorrência da desclassificação de outra que tenha obtido colocação superior, a empresa pública e a sociedade de economia mista deverão negociar condições mais vantajosas com quem o apresentou.

§ 1º A negociação deverá ser feita com os demais licitantes, segundo a ordem inicialmente estabelecida, quando o preço do primeiro colocado, mesmo após a negociação, permanecer acima do orçamento estimado.

§ 2º (VETADO).

§ 3º Se depois de adotada a providência referida no § 1º deste artigo não for obtido valor igual ou inferior ao orçamento estimado para a contratação, será revogada a licitação.

Art. 58. A habilitação será apreciada exclusivamente a partir dos seguintes parâmetros:

I — exigência da apresentação de documentos aptos a comprovar a possibilidade da aquisição de direitos e da contração de obrigações por parte do licitante;

II — qualificação técnica, restrita a parcelas do objeto técnica ou economicamente relevantes, de acordo com parâmetros estabelecidos de forma expressa no instrumento convocatório;

III — capacidade econômica e financeira;

IV — recolhimento de quantia a título de adiantamento, tratando-se de licitações em que se utilize como critério de julgamento a maior oferta de preço.

§ 1º Quando o critério de julgamento utilizado for a maior oferta de preço, os requisitos de qualificação técnica e de capacidade econômica e financeira poderão ser dispensados.

§ 2º Na hipótese do § 1º, reverterá a favor da empresa pública ou da sociedade de economia mista o valor de quantia eventualmente exigida no instrumento convocatório a título de adiantamento, caso o licitante não efetue o restante do pagamento devido no prazo para tanto estipulado.

Art. 59. Salvo no caso de inversão de fases, o procedimento licitatório terá fase recursal única.

§ 1º Os recursos serão apresentados no prazo de 5 (cinco) dias úteis após a habilitação e contemplarão, além dos atos praticados nessa fase, aqueles praticados em decorrência do disposto nos incisos IV e V do *caput* do art. 51 desta Lei.

§ 2º Na hipótese de inversão de fases, o prazo referido no § 1º será aberto após a habilitação e após o encerramento da fase prevista no inciso V do *caput* do art. 51, abrangendo o segundo prazo também atos decorrentes da fase referida no inciso IV do *caput* do art. 51 desta Lei.

Art. 60. A homologação do resultado implica a constituição de direito relativo à celebração do contrato em favor do licitante vencedor.

Art. 61. A empresa pública e a sociedade de economia mista não poderão celebrar contrato com preterição da ordem de classificação das propostas ou com terceiros estranhos à licitação.

Art. 62. Além das hipóteses previstas no § 3º do art. 57 desta Lei e no inciso II do § 2º do art. 75 desta Lei, quem dispuser de competência para homologação do resultado poderá revogar a licitação por razões de interesse público decorrentes de fato superveniente que constitua óbice manifesto e incontornável, ou anulá-la por ilegalidade, de ofício ou por provocação de terceiros, salvo quando for viável a convalidação do ato ou do procedimento viciado.

§ 1º A anulação da licitação por motivo de ilegalidade não gera obrigação de indenizar, observado o disposto no § 2º deste artigo.

§ 2º A nulidade da licitação induz à do contrato.

§ 3º Depois de iniciada a fase de apresentação de lances ou propostas, referida no inciso III do *caput* do art. 51 desta Lei, a revogação ou a anulação da licitação somente será efetivada depois de se conceder aos licitantes que manifestem interesse em contestar o respectivo ato prazo apto a lhes assegurar o exercício do direito ao contraditório e à ampla defesa.

§ 4º O disposto no *caput* e nos §§ 1º e 2º deste artigo aplica-se, no que couber, aos atos por meio dos quais se determine a contratação direta.

Seção VII
Dos Procedimentos Auxiliares das Licitações

Art. 63. São procedimentos auxiliares das licitações regidas por esta Lei:

I — pré-qualificação permanente;

II — cadastramento;

III — sistema de registro de preços;

IV — catálogo eletrônico de padronização.

PARÁGRAFO ÚNICO. Os procedimentos de que trata o *caput* deste artigo obedecerão a critérios claros e objetivos definidos em regulamento.

Art. 64. Considera-se pré-qualificação permanente o procedimento anterior à licitação destinado a identificar:

I — fornecedores que reúnam condições de habilitação exigidas para o fornecimento de bem ou a execução de serviço ou obra nos prazos, locais e condições previamente estabelecidos;

II — bens que atendam às exigências técnicas e de qualidade da administração pública.

§ 1º O procedimento de pré-qualificação será público e permanentemente aberto à inscrição de qualquer interessado.

§ 2º A empresa pública e a sociedade de economia mista poderão restringir a participação em suas licitações a fornecedores ou produtos pré-qualificados, nas condições estabelecidas em regulamento.

§ 3º A pré-qualificação poderá ser efetuada nos grupos ou segmentos, segundo as especialidades dos fornecedores.

§ 4º A pré-qualificação poderá ser parcial ou total, contendo alguns ou todos os requisitos de habilitação ou técnicos necessários à contratação, assegurada, em qualquer hipótese, a igualdade de condições entre os concorrentes.

§ 5º A pré-qualificação terá validade de 1 (um) ano, no máximo, podendo ser atualizada a qualquer tempo.

§ 6º Na pré-qualificação aberta de produtos, poderá ser exigida a comprovação de qualidade.

§ 7º É obrigatória a divulgação dos produtos e dos interessados que forem pré-qualificados.

Art. 65. Os registros cadastrais poderão ser mantidos para efeito de habilitação dos inscritos em procedimentos licitatórios e serão válidos por 1 (um) ano, no máximo, podendo ser atualizados a qualquer tempo.

§ 1º Os registros cadastrais serão amplamente divulgados e ficarão permanentemente abertos para a inscrição de interessados.

§ 2º Os inscritos serão admitidos segundo requisitos previstos em regulamento.

§ 3º A atuação do licitante no cumprimento de obrigações assumidas será anotada no respectivo registro cadastral.

§ 4º A qualquer tempo poderá ser alterado, suspenso ou cancelado o registro do inscrito que deixar de satisfazer as exigências estabelecidas para habilitação ou para admissão cadastral.

Art. 66. O Sistema de Registro de Preços especificamente destinado às licitações de que trata esta Lei reger-se-á pelo disposto em decreto do Poder Executivo e pelas seguintes disposições:

§ 1º Poderá aderir ao sistema referido no *caput* qualquer órgão ou entidade responsável pela execução das atividades contempladas no art. 1º desta Lei.

§ 2º O registro de preços observará, entre outras, as seguintes condições:

I — efetivação prévia de ampla pesquisa de mercado;

II — seleção de acordo com os procedimentos previstos em regulamento;

III — desenvolvimento obrigatório de rotina de controle e atualização periódicos dos preços registrados;

IV — definição da validade do registro;

V — inclusão, na respectiva ata, do registro dos licitantes que aceitarem cotar os bens ou serviços com preços iguais ao do licitante vencedor na sequência da classificação do certame, assim como dos licitantes que mantiverem suas propostas originais.

§ 3º A existência de preços registrados não obriga a administração pública a firmar os contratos que deles poderão advir, sendo facultada a realização de licitação específica, assegurada ao licitante registrado preferência em igualdade de condições.

Art. 67. O catálogo eletrônico de padronização de compras, serviços e obras consiste em sistema informatizado, de gerenciamento centralizado, destinado a permitir a padronização dos itens a serem adquiridos pela empresa pública ou sociedade de economia mista que estarão disponíveis para a realização de licitação.

PARÁGRAFO ÚNICO. O catálogo referido no *caput* poderá ser utilizado em licitações cujo critério de julgamento seja o menor preço ou o maior desconto e conterá toda a documentação e todos os procedimentos da fase interna da licitação, assim como as especificações dos respectivos objetos, conforme disposto em regulamento.

CAPÍTULO II
Dos Contratos

Seção I
Da Formalização dos Contratos

Art. 68. Os contratos de que trata esta Lei regulam-se pelas suas cláusulas, pelo disposto nesta Lei e pelos preceitos de direito privado.

Art. 69. São cláusulas necessárias nos contratos disciplinados por esta Lei:

I — o objeto e seus elementos característicos;

II — o regime de execução ou a forma de fornecimento;

III — o preço e as condições de pagamento, os critérios, a data-base e a periodicidade do reajustamento de preços e os critérios de atualização monetária entre a data do adimplemento das obrigações e a do efetivo pagamento;

IV — os prazos de início de cada etapa de execução, de conclusão, de entrega, de observação, quando for o caso, e de recebimento;

V — as garantias oferecidas para assegurar a plena execução do objeto contratual, quando exigidas, observado o disposto no art. 68;

VI — os direitos e as responsabilidades das partes, as tipificações das infrações e as respectivas penalidades e valores das multas;

VII — os casos de rescisão do contrato e os mecanismos para alteração de seus termos;

VIII — a vinculação ao instrumento convocatório da respectiva licitação ou ao termo que a dispensou ou a inexigiu, bem como ao lance ou proposta do licitante vencedor;

IX — a obrigação do contratado de manter, durante a execução do contrato, em compatibilidade com as obrigações por ele assumidas, as condições de habilitação e qualificação exigidas no curso do procedimento licitatório;

X — matriz de riscos.

§ 1º (VETADO).

§ 2º Nos contratos decorrentes de licitações de obras ou serviços de engenharia em que tenha sido adotado o modo de disputa aberto, o contratado deverá reelaborar e apresentar à empresa pública ou à sociedade de economia mista e às suas respectivas subsidiárias, por meio eletrônico, as planilhas com indicação dos quantitativos e dos custos unitários, bem como do detalhamento das Bonificações e Despesas Indiretas (BDI) e dos Encargos Sociais (ES), com os respectivos valores adequados ao lance vencedor, para fins do disposto no inciso III do *caput* deste artigo.

Art. 70. Poderá ser exigida prestação de garantia nas contratações de obras, serviços e compras.

§ 1º Caberá ao contratado optar por uma das seguintes modalidades de garantia:

I — caução em dinheiro;

II — seguro-garantia;

III — fiança bancária.

§ 2º A garantia a que se refere o *caput* não excederá a 5% (cinco por cento) do valor do contrato e terá seu valor atualizado nas mesmas condições nele estabelecidas, ressalvado o previsto no § 3º deste artigo.

§ 3º Para obras, serviços e fornecimentos de grande vulto envolvendo complexidade técnica e riscos financeiros elevados, o limite de garantia previsto no § 2ºpoderá ser elevado para até 10% (dez por cento) do valor do contrato.

§ 4º A garantia prestada pelo contratado será liberada ou restituída após a execução do contrato, devendo ser atualizada monetariamente na hipótese do inciso I do § 1º deste artigo.

Art. 71. A duração dos contratos regidos por esta Lei não excederá a 5 (cinco) anos, contados a partir de sua celebração, exceto:

I — para projetos contemplados no plano de negócios e investimentos da empresa pública ou da sociedade de economia mista;

II — nos casos em que a pactuação por prazo superior a 5 (cinco) anos seja prática rotineira de mercado e a imposição desse prazo inviabilize ou onere excessivamente a realização do negócio.

PARÁGRAFO ÚNICO. É vedado o contrato por prazo indeterminado.

Art. 72. Os contratos regidos por esta Lei somente poderão ser alterados por acordo entre as partes, vedando-se ajuste que resulte em violação da obrigação de licitar.

Art. 73. A redução a termo do contrato poderá ser dispensada no caso de pequenas despesas de pronta entrega e pagamento das quais não resultem obrigações futuras por parte da empresa pública ou da sociedade de economia mista.

PARÁGRAFO ÚNICO. O disposto no *caput* não prejudicará o registro contábil exaustivo dos valores despendidos e a exigência de recibo por parte dos respectivos destinatários.

Art. 74. É permitido a qualquer interessado o conhecimento dos termos do contrato e a obtenção de cópia autenticada de seu inteiro teor ou de qualquer de suas partes, admitida a exigência de ressarcimento dos custos, nos termos previstos na Lei n. 12.527, de 18 de novembro de 2011.

Art. 75. A empresa pública e a sociedade de economia mista convocarão o licitante vencedor ou o destinatário de contratação com dispensa ou inexigibilidade de licitação para assinar o termo de contrato, observados o prazo e as condições estabelecidos, sob pena de decadência do direito à contratação.

§ 1º O prazo de convocação poderá ser prorrogado 1 (uma) vez, por igual período.

§ 2º É facultado à empresa pública ou à sociedade de economia mista, quando o convocado não assinar o termo de contrato no prazo e nas condições estabelecidos:

I — convocar os licitantes remanescentes, na ordem de classificação, para fazê-lo em igual prazo e nas mesmas condições propostas pelo primeiro classificado, inclusive quanto aos preços atualizados em conformidade com o instrumento convocatório;

II — revogar a licitação.

Art. 76. O contratado é obrigado a reparar, corrigir, remover, reconstruir ou substituir, às suas expensas, no total ou em parte, o objeto do contrato em que se verificarem vícios, defeitos ou incorreções resultantes da execução ou de materiais empregados, e responderá por danos causados diretamente a terceiros ou à empresa pública ou sociedade de economia mista, independentemente da comprovação de sua culpa ou dolo na execução do contrato.

Art. 77. O contratado é responsável pelos encargos trabalhistas, fiscais e comerciais resultantes da execução do contrato.

§ 1º A inadimplência do contratado quanto aos encargos trabalhistas, fiscais e comerciais não transfere à empresa pública ou à sociedade de economia mista a responsabilidade por seu pagamento, nem poderá onerar o objeto do contrato ou restringir a regularização e o uso das obras e edificações, inclusive perante o Registro de Imóveis.

§ 2º (VETADO).

Art. 78. O contratado, na execução do contrato, sem prejuízo das responsabilidades contratuais e legais, poderá subcontratar partes da obra, serviço ou fornecimento, até o limite admitido, em cada caso, pela empresa pública ou pela sociedade de economia mista, conforme previsto no edital do certame.

§ 1º A empresa subcontratada deverá atender, em relação ao objeto da subcontratação, as exigências de qualificação técnica impostas ao licitante vencedor.

§ 2º É vedada a subcontratação de empresa ou consórcio que tenha participado:

I — do procedimento licitatório do qual se originou a contratação;

II — direta ou indiretamente, da elaboração de projeto básico ou executivo.

§ 3º As empresas de prestação de serviços técnicos especializados deverão garantir que os integrantes de seu corpo técnico executem pessoal e diretamente as obrigações a eles imputadas, quando a respectiva relação for apresentada em procedimento licitatório ou em contratação direta.

Art. 79. Na hipótese do § 6º do art. 54, quando não for gerada a economia prevista no lance ou proposta, a diferença entre a economia contratada e a efetivamente obtida será descontada da remuneração do contratado.

PARÁGRAFO ÚNICO. Se a diferença entre a economia contratada e a efetivamente obtida for superior à remuneração do contratado, será aplicada a sanção prevista no contrato, nos termos do inciso VI do *caput* do art. 69 desta Lei.

Art. 80. Os direitos patrimoniais e autorais de projetos ou serviços técnicos especializados desenvolvidos por profissionais autônomos ou por empresas contratadas passam a ser propriedade da empresa pública ou sociedade de economia mista que os tenha contratado, sem prejuízo da preservação da identificação dos respectivos autores e da responsabilidade técnica a eles atribuída.

Seção II

Da Alteração dos Contratos

Art. 81. Os contratos celebrados nos regimes previstos nos incisos I a V do art. 43 contarão com cláusula que estabeleça a possibilidade de alteração, por acordo entre as partes, nos seguintes casos:

I — quando houver modificação do projeto ou das especificações, para melhor adequação técnica aos seus objetivos;

II — quando necessária a modificação do valor contratual em decorrência de acréscimo ou diminuição quantitativa de seu objeto, nos limites permitidos por esta Lei;

III — quando conveniente a substituição da garantia de execução;

IV — quando necessária a modificação do regime de execução da obra ou serviço, bem como do modo de fornecimento, em face de verificação técnica da inaplicabilidade dos termos contratuais originários;

V — quando necessária a modificação da forma de pagamento, por imposição de circunstâncias supervenientes, mantido o valor inicial atualizado, vedada a antecipação do pagamento, com relação ao cronograma financeiro fixado, sem a correspondente contraprestação de fornecimento de bens ou execução de obra ou serviço;

VI — para restabelecer a relação que as partes pactuaram inicialmente entre os encargos do contratado e a retribuição da administração para a justa remuneração da obra, serviço ou fornecimento, objetivando a manutenção do equilíbrio econômico-financeiro inicial do contrato, na hipótese de sobrevirem fatos imprevisíveis, ou previsíveis porém de consequências incalculáveis, retardadores ou impeditivos da execução do ajustado, ou, ainda, em caso de força maior, caso fortuito ou fato do príncipe, configurando álea econômica extraordinária e extracontratual.

§ 1º O contratado poderá aceitar, nas mesmas condições contratuais, os acréscimos ou supressões que se fizerem nas obras, serviços ou compras, até 25% (vinte e cinco por cento) do valor inicial atualizado do contrato, e, no caso particular de reforma de edifício ou de equipamento, até o limite de 50% (cinquenta por cento) para os seus acréscimos.

§ 2º Nenhum acréscimo ou supressão poderá exceder os limites estabelecidos no § 1º, salvo as supressões resultantes de acordo celebrado entre os contratantes.

§ 3º Se no contrato não houverem sido contemplados preços unitários para obras ou serviços, esses serão fixados mediante acordo entre as partes, respeitados os limites estabelecidos no § 1º.

§ 4º No caso de supressão de obras, bens ou serviços, se o contratado já houver adquirido os materiais e posto no local dos trabalhos, esses materiais deverão ser pagos pela empresa pública ou sociedade de economia mista pelos custos de aquisição regularmente comprovados e monetariamente corrigidos, podendo caber indenização por outros danos eventualmente decorrentes da supressão, desde que regularmente comprovados.

§ 5º A criação, a alteração ou a extinção de quaisquer tributos ou encargos legais, bem como a superveniência de disposições legais, quando ocorridas após a data da apresentação da proposta, com comprovada repercussão nos preços contratados, implicarão a revisão destes para mais ou para menos, conforme o caso.

§ 6º Em havendo alteração do contrato que aumente os encargos do contratado, a empresa pública ou a sociedade de economia mista deverá restabelecer, por aditamento, o equilíbrio econômico-financeiro inicial.

§ 7º A variação do valor contratual para fazer face ao reajuste de preços previsto no próprio contrato e as atualizações, compensações ou penalizações financeiras decorrentes das condições de pagamento nele previstas, bem como o empenho de dotações orçamentárias suplementares até o limite do seu valor corrigido, não caracterizam alteração do contrato e podem ser registrados por simples apostila, dispensada a celebração de aditamento.

§ 8º É vedada a celebração de aditivos decorrentes de eventos supervenientes alocados, na matriz de riscos, como de responsabilidade da contratada.

Seção III

Das Sanções Administrativas

Art. 82. Os contratos devem conter cláusulas com sanções administrativas a serem aplicadas em decorrência de atraso injustificado na execução do contrato, sujeitando o contratado a multa de mora, na forma prevista no instrumento convocatório ou no contrato.

§ 1º A multa a que alude este artigo não impede que a empresa pública ou a sociedade de economia mista rescinda o contrato e aplique as outras sanções previstas nesta Lei.

§ 2º A multa, aplicada após regular processo administrativo, será descontada da garantia do respectivo contratado.

§ 3º Se a multa for de valor superior ao valor da garantia prestada, além da perda desta, responderá o contratado pela sua diferença, a qual será descontada dos pagamentos eventualmente devidos pela empresa pública ou pela sociedade de economia mista ou, ainda, quando for o caso, cobrada judicialmente.

Art. 83. Pela inexecução total ou parcial do contrato a empresa pública ou a sociedade de economia mista poderá, garantida a prévia defesa, aplicar ao contratado as seguintes sanções:

I — advertência;

II — multa, na forma prevista no instrumento convocatório ou no contrato;

III — suspensão temporária de participação em licitação e impedimento de contratar com a entidade sancionadora, por prazo não superior a 2 (dois) anos.

§ 1º Se a multa aplicada for superior ao valor da garantia prestada, além da perda desta, responderá o contratado pela sua diferença, que será descontada dos pagamentos eventualmente devidos pela empresa pública ou pela sociedade de economia mista ou cobrada judicialmente.

§ 2º As sanções previstas nos incisos I e III do *caput* poderão ser aplicadas juntamente com a do inciso II, devendo a defesa prévia do interessado, no respectivo processo, ser apresentada no prazo de 10 (dez) dias úteis.

Art. 84. As sanções previstas no inciso III do art. 83 poderão também ser aplicadas às empresas ou aos profissionais que, em razão dos contratos regidos por esta Lei:

I — tenham sofrido condenação definitiva por praticarem, por meios dolosos, fraude fiscal no recolhimento de quaisquer tributos;

II — tenham praticado atos ilícitos visando a frustrar os objetivos da licitação;

III — demonstrem não possuir idoneidade para contratar com a empresa pública ou a sociedade de economia mista em virtude de atos ilícitos praticados.

CAPÍTULO III

Da Fiscalização pelo Estado e pela Sociedade

Art. 85. Os órgãos de controle externo e interno das 3 (três) esferas de governo fiscalizarão as empresas públicas e as sociedades de economia mista a elas relacionadas, inclusive aquelas domiciliadas no exterior, quanto à legitimidade, à economicidade e à eficácia da aplicação de seus recursos, sob o ponto de vista contábil, financeiro, operacional e patrimonial.

§ 1º Para a realização da atividade fiscalizatória de que trata o *caput*, os órgãos de controle deverão ter acesso irrestrito aos documentos e às informações necessários à realização dos trabalhos, inclusive aqueles classificados como sigilosos pela empresa pública ou pela sociedade de economia mista, nos termos da Lei n.12.527, de 18 de novembro de 2011.

§ 2º O grau de confidencialidade será atribuído pelas empresas públicas e sociedades de economia mista no ato de entrega dos documentos e informações solicitados, tornando-se o órgão de controle com o qual foi compartilhada a informação sigilosa corresponsável pela manutenção do seu sigilo.

§ 3º Os atos de fiscalização e controle dispostos neste Capítulo aplicar-se-ão, também, às empresas públicas e às sociedades de economia mista de caráter e constituição transnacional no que se refere aos atos de gestão e aplicação do capital nacional, independentemente de estarem incluídos ou não em seus respectivos atos e acordos constitutivos.

Art. 86. As informações das empresas públicas e das sociedades de economia mista relativas a licitações e contratos, inclusive aqueles referentes a bases de preços, constarão de bancos de dados eletrônicos atualizados e com acesso em tempo real aos órgãos de controle competentes.

§ 1º As demonstrações contábeis auditadas da empresa pública e da sociedade de economia mista serão disponibilizadas no sítio eletrônico da empresa ou da sociedade na internet, inclusive em formato eletrônico editável.

§ 2º As atas e demais expedientes oriundos de reuniões, ordinárias ou extraordinárias, dos conselhos de administração ou fiscal das empresas públicas e das sociedades de economia mista, inclusive gravações e filmagens, quando houver, deverão ser disponibilizados para os órgãos de controle sempre que solicitados, no âmbito dos trabalhos de auditoria.

§ 3º O acesso dos órgãos de controle às informações referidas no *caput* e no § 2º será restrito e individualizado.

§ 4º As informações que sejam revestidas de sigilo bancário, estratégico, comercial ou industrial serão assim identificadas, respondendo o servidor administrativa, civil e penalmente pelos danos causados à empresa pública ou à sociedade de economia mista e a seus acionistas em razão de eventual divulgação indevida.

§ 5º Os critérios para a definição do que deve ser considerado sigilo estratégico, comercial ou industrial serão estabelecidos em regulamento.

Art. 87. O controle das despesas decorrentes dos contratos e demais instrumentos regidos por esta Lei será feito pelos órgãos do sistema de controle interno e pelo tribunal de contas competente, na forma da legislação pertinente, ficando as empresas públicas e as sociedades de economia mista responsáveis pela demonstração da legalidade e da regularidade da despesa e da execução, nos termos da Constituição.

§ 1º Qualquer cidadão é parte legítima para impugnar edital de licitação por irregularidade na aplicação desta Lei, devendo protocolar o pedido até 5 (cinco) dias úteis antes da data fixada para a ocorrência do certame, devendo a entidade julgar e responder à impugnação em até 3 (três) dias úteis, sem prejuízo da faculdade prevista no § 2º.

§ 2º Qualquer licitante, contratado ou pessoa física ou jurídica poderá representar ao tribunal de contas ou aos órgãos integrantes do sistema de controle interno contra irregularidades na aplicação desta Lei, para os fins do disposto neste artigo.

§ 3º Os tribunais de contas e os órgãos integrantes do sistema de controle interno poderão solicitar para exame, a qualquer tempo, documentos de natureza contábil, financeira, orçamentária, patrimonial e operacional das empresas públicas, das sociedades de economia mista e de suas subsidiárias no Brasil e no exterior, obrigando-se, os jurisdicionados, à adoção das medidas corretivas pertinentes que, em função desse exame, lhes forem determinadas.

Art. 88. As empresas públicas e as sociedades de economia mista deverão disponibilizar para conhecimento público, por meio eletrônico, informação completa mensalmente atualizada sobre a execução de seus contratos e de seu orçamento, admitindo-se retardo de até 2 (dois) meses na divulgação das informações.

§ 1º A disponibilização de informações contratuais referentes a operações de perfil estratégico ou que tenham por objeto segredo industrial receberá proteção mínima necessária para lhes garantir confidencialidade.

§ 2º O disposto no § 1º não será oponível à fiscalização dos órgãos de controle interno e do tribunal de contas, sem prejuízo da responsabilização administrativa, civil e penal do servidor que der causa à eventual divulgação dessas informações.

Art. 89. O exercício da supervisão por vinculação da empresa pública ou da sociedade de economia mista, pelo órgão a que se vincula, não pode ensejar a redução ou a supressão da autonomia conferida pela lei específica que autorizou a criação da entidade supervisionada ou da autonomia inerente a sua natureza, nem autoriza a ingerência do supervisor em sua administração e funcionamento, devendo a supervisão ser exercida nos limites da legislação aplicável.

Art. 90. As ações e deliberações do órgão ou ente de controle não podem implicar interferência na gestão das empresas públicas e das sociedades de economia mista a ele submetidas nem ingerência no exercício de suas competências ou na definição de políticas públicas.

TÍTULO III

DISPOSIÇÕES FINAIS E TRANSITÓRIAS

Art. 91. A empresa pública e a sociedade de economia mista constituídas anteriormente à vigência desta Lei deverão, no prazo de 24 (vinte e quatro) meses, promover as adaptações necessárias à adequação ao disposto nesta Lei.

§ 1º A sociedade de economia mista que tiver capital fechado na data de entrada em vigor desta Lei poderá, observado o prazo estabelecido no *caput*, ser transformada em empresa pública, mediante resgate, pela empresa, da totalidade das ações de titularidade de acionistas privados, com base no valor de patrimônio líquido constante do último balanço aprovado pela assembleia-geral.

§ 2º (VETADO).

§ 3º Permanecem regidos pela legislação anterior procedimentos licitatórios e contratos iniciados ou celebrados até o final do prazo previsto no *caput*.

Art. 92. O Registro Público de Empresas Mercantis e Atividades Afins manterá banco de dados público e gratuito, disponível na internet, contendo a relação de todas as empresas públicas e as sociedades de economia mista.

PARÁGRAFO ÚNICO. É a União proibida de realizar transferência voluntária de recursos a Estados, ao Distrito Federal e a Municípios que não fornecerem ao Registro Público de Empresas Mercantis e Atividades Afins as informações relativas às empresas públicas e às sociedades de economia mista a eles vinculadas.

Art. 93. As despesas com publicidade e patrocínio da empresa pública e da sociedade de economia mista não ultrapassarão, em cada exercício, o limite de 0,5% (cinco décimos por cento) da receita operacional bruta do exercício anterior.

§ 1º O limite disposto no *caput* poderá ser ampliado, até o limite de 2% (dois por cento) da receita bruta do exercício anterior, por proposta da diretoria da empresa pública ou da sociedade de economia mista justificada com base em parâmetros de mercado do setor específico de atuação da empresa ou da sociedade e aprovada pelo respectivo Conselho de Administração.

§ 2º É vedado à empresa pública e à sociedade de economia mista realizar, em ano de eleição para cargos do ente federativo a que sejam vinculadas, despesas com publicidade e patrocínio que excedam a média dos gastos nos 3 (três) últimos anos que antecedem o pleito ou no último ano imediatamente anterior à eleição.

Art. 94. Aplicam-se à empresa pública, à sociedade de economia mista e às suas subsidiárias as sanções previstas na Lei n. 12.846, de 1º de agosto de 2013, salvo as previstas nos incisos II, III e IV do *caput* do art. 19 da referida Lei.

Art. 95. A estratégia de longo prazo prevista no art. 23 deverá ser aprovada em até 180 (cento e oitenta) dias da data de publicação da presente Lei.

Art. 96. Revogam-se:

I — o § 2º do art. 15 da Lei n. 3.890-A, de 25 de abril de 1961, com a redação dada pelo art. 19 da Lei n. 11.943, de 28 de maio de 2009;

II — os arts. 67 e 68 da Lei n. 9.478, de 6 de agosto de 1997.

Art. 97. Esta Lei entra em vigor na data de sua publicação.

Brasília, 30 de junho de 2016; 195º da Independência e 128º da República.

Michel Temer
Alexandre de Moraes
Henrique Meirelles
Dyogo Henrique de Oliveira

LEI N. 13.371, DE 14 DE DEZEMBRO DE 2016

(DOU 15.12.2016)

Altera a remuneração de servidores públicos; estabelece opção por novas regras de incorporação de gratificação de desempenho às aposentadorias e pensões; e dá outras providências

O PRESIDENTE DA REPÚBLICA

Faço saber que o Congresso Nacional decreta e eu sanciono a seguinte Lei:

CAPÍTULO I
Das Carreiras de Policial Federal e de Policial Rodoviário Federal

Art. 1º Os Anexos II e III da Lei no 11.358, de 19 de outubro de 2006, passam a vigorar na forma dos Anexos I e II, respectivamente.

CAPÍTULO II
Da Carreira de Perito Federal Agrário

Art. 2º Os Anexos II e III da Lei n. 10.550, de 13 de novembro de 2002, passam a vigorar na forma dos Anexos III e IV, respectivamente.

CAPÍTULO III
Da Carreira de Desenvolvimento de Políticas Sociais

Art. 3º Os Anexos II e III da Lei no 12.094, de 19 de novembro de 2009, passam a vigorar na forma dos Anexos V e VI, respectivamente.

CAPÍTULO IV
Das Carreiras e do Plano Especial de Cargos do Departamento Nacional de Infraestrutura de Transportes — DNIT

Art. 4º Os Anexos II, V, VII e VIII da Lei n. 11.171, de 2 de setembro de 2005, passam a vigorar na forma dos Anexos VII, VIII, IX e X, respectivamente.

CAPÍTULO V
Da Opção Referente às Gratificações de Desempenho

Art. 5º É facultado aos servidores, aos aposentados e aos pensionistas que estejam sujeitos ao disposto nos arts. 3º, 6º ou 6º-A da Emenda Constitucional n. 41, de 19 de dezembro de 2003, ou no art. 3º da Emenda Constitucional n. 47, de 5 de julho de 2005, optar pela incorporação de gratificações de desempenho aos proventos de aposentadoria ou de pensão, nos termos dos arts. 6º e 7º, relativamente aos seguintes cargos, planos e carreiras:

I — de Perito Federal Agrário;

II — de Desenvolvimento de Políticas Sociais; e

III — do Departamento Nacional de Infraestrutura de Transportes.

PARÁGRAFO ÚNICO. A opção de que trata o *caput* somente poderá ser exercida se o servidor tiver percebido gratificações de desempenho por, no mínimo, sessenta meses, antes da data da aposentadoria ou da instituição da pensão.

Art. 6º Os servidores de que trata o art. 5º podem optar, em caráter irretratável, pela incorporação de gratificações de desempenho aos proventos de aposentadoria ou de pensão nos seguintes termos:

I — a partir de 1º de janeiro de 2017, 67% (sessenta e sete por cento) do valor referente à média dos pontos da gratificação de desempenho recebidos nos últimos sessenta meses de atividade;

II — a partir de 1º de janeiro de 2018, 84% (oitenta e quatro por cento) do valor referente à média dos pontos da gratificação de desempenho recebidos nos últimos sessenta meses de atividade; e

III — a partir de 1º de janeiro de 2019, o valor integral da média dos pontos da gratificação de desempenho recebidos nos últimos sessenta meses de atividade.

§ 1º Para fins de cálculo do valor devido, o percentual da média dos pontos de que tratam os incisos I a III do *caput* será aplicado sobre o valor do ponto correspondente ao posicionamento do servidor na tabela remuneratória na data da aposentadoria ou da instituição da pensão, respeitadas as alterações relativas a posicionamentos decorrentes de legislação específica.

§ 2º A opção de que trata o *caput* deverá ser formalizada no momento do requerimento de aposentadoria ou, no caso de falecimento do servidor em atividade, no momento do requerimento da pensão.

§ 3º O termo de opção assinado pelo servidor no momento do requerimento da aposentadoria condiciona a pensão que vier a ser instituída.

§ 4º No caso de falecimento do servidor em atividade, o termo de opção que venha a ser firmado por um pensionista condiciona os demais, ressalvada a possibilidade de os demais pensionistas manifestarem rejeição, a qualquer tempo, ao termo firmado.

§ 5º Eventual diferença entre o valor que o servidor ou o pensionista receberia antes da opção e o valor decorrente da aplicação das regras dispostas nos incisos I e II do *caput* será paga a título de parcela complementar, de natureza provisória, até a implantação das parcelas subsequentes.

Art. 7º Para as aposentadorias e as pensões já instituídas na data de entrada em vigor desta Lei, a opção, em caráter irretratável, pela incorporação de gratificações de desempenho aos proventos nos termos dos incisos I a III do *caput* do art. 6º deverá ser feita da data de entrada em vigor desta Lei até 31 de outubro de 2018.

§ 1º O termo de opção assinado pelo aposentado condiciona a pensão que vier a ser instituída.

§ 2º Na hipótese de haver mais de um pensionista de um mesmo instituidor, aplica-se o disposto no § 4º do art. 6º.

§ 3º Eventual diferença entre o valor que o aposentado ou o pensionista recebia antes da opção e o valor decorrente da aplicação das regras dispostas nos incisos I e II do *caput* do art. 6º será paga a título de parcela complementar, de natureza provisória, até a implantação das parcelas subsequentes.

Art. 8º Para fins do disposto no § 5º do art. 6º e no § 3º do art. 7º, será considerado o valor do ponto vigente a partir de 1º de janeiro de 2017.

Art. 9º A opção de que tratam os arts. 6º e 7º somente será válida com a assinatura de termo de opção na forma do Anexo XI, que incluirá a expressa concordância do servidor, do aposentado ou do pensionista com:

I — a forma, os prazos e os percentuais definidos nos arts. 6º e 7º;

II — a renúncia à forma de cálculo de incorporação da gratificação de desempenho reconhecida por decisão administrativa ou judicial, inclusive transitada em julgado; e

III — a renúncia ao direito de pleitear, na via administrativa ou judicial, quaisquer valores ou vantagens decorrentes da forma de cálculo da gratificação de desempenho incorporada aos proventos de aposentadoria e pensão, exceto em caso de comprovado erro material.

PARÁGRAFO ÚNICO. Na hipótese de pagamento em duplicidade de valores referentes às gratificações de desempenho previstas nesta Lei, fica o ente público autorizado a reaver a importância paga a maior administrativamente, por meio de desconto direto nos proventos.

Art. 10. Esta Lei entra em vigor na data de sua publicação, produzindo efeitos a partir de 1º de janeiro de 2017 ou a partir da data de sua publicação, se posterior.

Brasília, 14 de dezembro de 2016; 195º da Independência e 128º da República.

Michel Temer
Alexandre de Moraes
Esteves Pedro Colnago Junior
Grace Maria Fernandes Mendonça

(*) Os anexos desta lei estão publicados nas páginas 2 a 6 do DOU de 15.12.2016.

Legislação Complementar

LEI N. 4.375, DE 17 DE AGOSTO DE 1964

(DOU 3.9.1964 — LTr 28/717)

Lei do Serviço Militar

(Artigos mais diretamente relacionados com a CLT)

....

Art. 30. São dispensados de incorporação os brasileiros da classe convocada:

....

e) operários, funcionários ou empregados de estabelecimentos ou empresas industriais de interesse militar, de transporte e de comunicações, que forem, anualmente, declarados diretamente relacionados com a Segurança Nacional pelo Estado-Maior das Forças Armadas (EMFA).

§ 1º Quando os convocados de que trata a letra "e" forem dispensados de incorporação, esta deverá ser solicitada pelos estabelecimentos ou empresas amparadas, até o início da seleção da classe respectiva, de acordo com a regulamentação da presente lei.

....

Art. 40-A. O Certificado de Isenção e o Certificado de Dispensa de Incorporação dos brasileiros concluintes dos cursos de Medicina, Farmácia, Odontologia e Veterinária terão validade até a diplomação e deverão ser revalidados pela região militar competente para ratificar a dispensa ou recolhidos, no caso de incorporação, a depender da necessidade das Forças Armadas. *(Acrescentado pela Lei n. 12.336, de 26.10.2010, DOU 27.10.2010)*

....

Art. 60. O funcionários públicos federais, estaduais ou municipais, bem como os empregados, operários ou trabalhadores, qualquer que seja a natureza da entidade em que exerçam suas atividades, quando incorporados ou matriculados em Órgãos de Formação de Reserva, por motivo de convocação para prestação do Serviço Militar inicial estabelecido pelo art. 16, desde que para isso forçados a abandonarem o cargo ou emprego, terão assegurado o retorno ao cargo ou emprego respectivo, dentro dos 30 (trinta) dias que se seguirem ao licenciamento, ou término de curso, salvo se declararem, por ocasião da incorporação ou matrícula, não pretender a ele voltar.

§ 1º Esses convocados, durante o tempo em que estiverem incorporados a organizações militares da Ativa ou matriculados em órgãos de formação de Reserva, nenhuma remuneração, vencimentos ou salários perceberão das organizações a que pertenciam. *(Redação L. n. 4.754, 18.8.1965).*

§ 2º Perderá o direito de retorno ao emprego, cargo ou função que exercia ao ser incorporado, o convocado que engajar.

§ 3º Compete ao Comandante, Diretor ou Chefe de Organização Militar em que for incorporado ou matriculado o convocado comunicar sua pretensão à entidade a que caiba reservar a função, cargo ou emprego e, bem assim, se for o caso, o engajamento concedido; essas comunicações deverão ser feitas dentro dos 20 (vinte) dias que se seguirem à incorporação ou concessão de engajamento.

§ 4º Todo convocado matriculado em Órgão de formação de Reserva que seja obrigado a faltar a suas atividades civis, por força de exercícios ou manobras, ou reservista que seja chamado, para fins de exercício de apresentação das reservas ou cerimônia cívica, do Dia do Reservista, terá suas faltas abonadas para todos os efeitos. *(Redação DL n. 715, 30.7.1969).*

Art. 61. Os brasileiros, quando incorporados, por motivo de convocação para manobras, exercícios, manutenção da ordem interna ou guerra, terão assegurado o retorno ao cargo, função ou emprego que exerciam ao serem convocados e garantido o direito a 2/3 (dois terços) da respectiva remuneração, durante o tempo em que permanecerem incorporados; vencerão pelo Exército, Marinha ou Aeronáutica apenas as gratificações regulamentares.

§ 1º Aos convocados fica assegurado o direito de optar pelos vencimentos, salários ou remuneração que mais lhes convenham.

§ 2º Perderá a garantia e o direito assegurado por este artigo, o incorporado que obtiver engajamento.

§ 3º Compete ao Comandante, Diretor ou Chefe da Organização Militar em que for incorporado o convocado, comunicar à entidade a que caiba reservar a função, cargo ou emprego, a sua pretensão, opção, quanto aos vencimentos e, se for o caso, o engajamento concedido; a comunicação relativa ao retorno à função deverá ser feita dentro dos 30 (trinta) dias que se seguirem à incorporação; as mais, tão logo venham a ocorrer.

....

Art. 63. Os convocados contarão, de acordo com o estabelecido na Legislação Militar, para efeito de aposentadoria, o tempo de serviço ativo prestado nas Forças Armadas, quando a elas incorporados.

PARÁGRAFO ÚNICO. Igualmente serão computados para efeito de aposentadoria o serviço prestado pelo convocado matriculado em Órgão de Formação de Reserva na base de 1 (um) dia para período de 8 (oito) horas de instrução, desde que concluam com aproveitamento a sua formação.

Art. 64. Em caso de infração às disposições desta lei, relativamente à exigência de estar em dia com as obrigações militares, poderá o interessado dirigir-se às autoridades militares fixadas na regulamentação desta lei, tendo em vista sobreguardar seus direitos ou interesses.

Art. 65. Constituem deveres de Reservista:

....

c) apresentar-se, anualmente, no local e data que forem fixados, para fins de exercício de apresentação das reservas ou cerimônia cívica do dia do Reservista.

Art. 66. Participarão da execução da presente Lei:

....

g) as empresas, companhias e instituições de qualquer natureza.

PARÁGRAFO ÚNICO. Essa participação consistirá:

a) obrigatoriedade, na remessa de informações estabelecidas na regulamentação dessa lei.

Art. 67. As autoridades ou os responsáveis pelas repartições incumbidas da fiscalização do exercício profissional não poderão conceder a carteira profissional nem registrar diplomas de profissões liberais a brasileiros, sem que esses apresentem, previamente, prova de que estão em dia com as obrigações militares, obedecido o disposto nos arts. 74 e 75 desta lei. *(Redação L. n. 4.754, 18.8.1965).*

....

Art. 74. Nenhum brasileiro, entre 1º de janeiro do ano em que completar 19 (dezenove) e 31 de janeiro do ano em que completar 45 (quarenta e cinco) anos de idade, poderá sem fazer prova de que está em dia com as obrigações militares:

....

b) ingressar como funcionário, empregado ou associado em instituição, empresa ou associação oficial ou oficializada ou subvencionada ou cuja existência ou funcionamento depende de autorização ou reconhecimento do Governo Federal, dos Territórios, ou Municipal.

....

e) obter carteira profissional, matrícula ou inscrição para o exercício de qualquer função e licença de indústria e profissão.

....

LEI N. 8.632, DE 4 DE MARÇO DE 1993

(DOU 5.3.1993 — LTr 57-03/382)

Concede anistia a dirigentes ou representantes sindicais punidos por motivação política

O PRESIDENTE DA REPÚBLICA,

Faço saber que o Congresso Nacional decreta e eu sanciono a seguinte Lei:

Art. 1º É concedida anistia aos dirigentes ou representantes sindicais que, no período compreendido entre 5 de outubro de 1988 e a publicação desta Lei, sofreram punições em virtude de motivação política, de participação em movimento reivindicatório ou outra modalidade de exercício do mandato ou representação sindical, assegurado o pagamento dos salários do período da suspensão disciplinar e, aos demitidos, a reintegração ao emprego com todos os direitos.

Art. 2º *(Vetado).*

Art. 3º Esta Lei entra em vigor na data de sua publicação.

Art. 4º Revogam-se as disposições em contrário.

Brasília, 4 de março de 1993; 172º da Independência e 105º da República.

ITAMAR FRANCO

WALTER BARELLI

RAZÕES DO VETO
Mensagem n. 110

Senhor Presidente do Senado Federal,

Comunico a Vossa Excelência que, nos termos do parágrafo 1º do art. 66 da Constituição Federal, decidi vetar parcialmente o Projeto de Lei n. 154, de 1992 (n. 3.424/92 na Câmara dos Deputados), que "Concede anistia a dirigentes ou representantes sindicais punidos por movimentação política".

O dispositivo ora vetado é o art. 2º, do seguinte teor:

"Art. 2º A anistia de que trata o artigo anterior não beneficia aqueles cuja punição tiver decorrido de falta grave, apurada nos termos das alíneas *a, c, d* e *l* do art. 482 da CLT."

Na proposta oriunda do Poder Executivo, esse artigo não discriminava entre as faltas graves para efeito de inaplicação da anistia, mas sofreu alteração no Congresso Nacional, que a limitou às quatro hipóteses referidas no texto acima transcrito.

Assim, verifica-se que a redação aprovada não leva em conta hipóteses fundamentais que caracterizam falta grave, segundo o próprio art. 482 da CLT, tais como incontinência de conduta ou mau procedimento (alínea *b*), desídia do empregado no desempenho das respectivas funções (alínea *e*), embriaguez habitual ou em serviço (alínea *f*), violação de segredo de empresa (alínea *g)*, ato de indisciplina ou de insubordinação (alínea *h*), prática de ato lesivo à honra e à boa fama ou ofensas físicas praticadas contra o empregador e superiores hierárquicos (alínea *k*), entre outras.

Como a Constituição Federal, ao excluir da proteção contra a dispensa os dirigentes ou representantes sindicais que praticassem falta grave (art. 8º, VIII), não estabeleceu distinção quanto às suas modalidades, o texto ora vetado, limitando-as para o mesmo fim e, portanto, introduzindo exceções (em suma, distinguindo onde a Lei Maior não distinguiu), incide no vício de inconstitucionalidade.

Ademais, a supressão do art. 2º não compromete a propositura, já que o seu conteúdo remanescente atenderá de modo cabal à justa e desejada anistia.

Estas, Senhor Presidente, as razões que me levaram a vetar em parte o projeto em causa, as quais ora submeto à elevada apreciação dos Senhores Membros do Congresso Nacional.

Brasília, 4 de março de 1993.

ITAMAR FRANCO

PORTARIA MTb/GM N. 937, DE 23 DE JULHO DE 1993

(DOU 26.7.1993)

Dispõe sobre a isenção da contribuição sindical para as entidades de fins filantrópicos

O MINISTRO DE ESTADO DO TRABALHO, no uso das atribuições que lhe conferem o art. 87, parágrafo único, inciso II, da Constituição Federal e o art. 913 da Consolidação das Leis do Trabalho,

Considerando que, na forma do disposto no § 5º do art. 580, da Consolidação das Leis do Trabalho, as entidades ou instituições, sem registro de capital social, considerarão como capital para os efeitos do cálculo da contribuição sindical, o valor resultante da aplicação do percentual de 40% (quarenta por cento) sobre o movimento econômico registrado no exercício imediatamente anterior;

Considerando que o parágrafo 6º do art. 580 da Consolidação das Leis do Trabalho exclui as entidades ou instituições que comprovarem que não exercem atividade econômica com fins lucrativos, da exigência do § 5º do mesmo dispositivo consolidado, pertinente ao recolhimento da contribuição sindical, resolve:

Art. 1º Para efeito do disposto no § 6º do art. 580 da CLT, consideram-se entidades ou instituições não exercentes de atividades econômicas com fins lucrativos, as sociedades, associações e fundações de caráter beneficente, filantrópico, assistencial, caritativo ou religioso, *mantidas*, exclusivamente, por contribuições, doações, auxílios e/ou subvenções, e que:

a) apliquem seus recursos integralmente na manutenção e desenvolvimento de seus objetivos;

b) não remunerem seus dirigentes;

c) não distribuam lucros a qualquer título; e

d) mantenham escrituração de suas receitas e despesas em livros revestidos das formalidades que assegurem a respectiva exatidão.

Art. 2º A isenção prevista nesta Portaria será reconhecida por despacho do Ministro do Trabalho mediante requerimento da entidade ou instituição interessada, acompanhado de documentos comprobatórios da situação estipulada no item precedente.

Art. 3º A isenção do pagamento da contribuição sindical, concedida na forma do item anterior, será cancelada se, a qualquer tempo, as sociedades, associações e fundações beneficiadas deixarem de satisfazer as condições estabelecidas no item I desta Portaria.

Art. 4º As dúvidas no cumprimento desta Portaria serão dirimidas pelo Secretário de Relações do Trabalho, que expedirá instruções necessárias à sua execução.

Art. 5º Esta Portaria entra em vigor na data de sua publicação, revogadas as Portarias n. 3.015, de 17 de janeiro de 1979, n. 3.583, de 16 de outubro de 1991 e demais disposições em contrário.

WALTER BARELLI

LEI N. 12.815, DE 5 DE JUNHO DE 2013

(DOU ED. EXTRA 5.6.2013)

Dispõe sobre a exploração direta e indireta pela união de portos e instalações portuárias e sobre as atividades desempenhadas pelos operadores portuários; altera as Leis ns. 5.025, de 10 de junho de 1966, 10.233, de 5 de junho de 2001, 10.683, de 28 de maio de 2003, 9.719, de 27 de novembro de 1998, e 8.213, de 24 de julho de 1991; revoga as Leis ns. 8.630, de 25 de fevereiro de 1993, e 11.610, de 12 de dezembro de 2007, e dispositivos das Leis ns. 11.314, de 3 de julho de 2006, e 11.518, de 5 de setembro de 2007; e dá outras providências

A PRESIDENTA DA REPÚBLICA

Faço saber que o Congresso Nacional decreta e eu sanciono a seguinte Lei:

CAPÍTULO I
Definições e Objetivos

Art. 1º Esta Lei regula a exploração pela União, direta ou indiretamente, dos portos e instalações portuárias, e as atividades desempenhadas pelos operadores portuários.

§ 1º A exploração indireta do porto organizado e das instalações portuárias nele localizadas ocorrerá mediante concessão e arrendamento de bem público.

§ 2º A exploração indireta das instalações portuárias localizadas fora da área do porto organizado ocorrerá mediante autorização, nos termos desta Lei.

§ 3º As concessões, os arrendamentos e as autorizações de que trata esta Lei serão outorgados a pessoa jurídica que demonstre capacidade para seu desempenho, por sua conta e risco.

Art. 2º Para fins desta Lei, consideram-se:

I — porto organizado: bem público construído e aparelhado para atender a necessidades de navegação, de movimentação de passageiros ou de movimentação e armazenagem de mercadorias, e cujo tráfego e operações portuárias estejam sob jurisdição de autoridade portuária;

II — área do porto organizado: área delimitada por ato do Poder Executivo, que compreende as instalações portuárias e a infraestrutura de proteção e de acesso ao porto organizado;

III — instalação portuária: instalação localizada dentro ou fora da área do porto organizado e utilizada em movimentação de passageiros, em movimentação ou armazenagem de mercadorias, destinadas ou provenientes de transporte aquaviário;

IV — terminal de uso privado: instalação portuária explorada mediante autorização e localizada fora da área do porto organizado;

V — estação de transbordo de cargas: instalação portuária explorada mediante autorização, localizada fora da área do porto organizado e utilizada exclusivamente para operação de transbordo de mercadorias em embarcações de navegação interior ou cabotagem;

VI — instalação portuária pública de pequeno porte: instalação portuária explorada mediante autorização, localizada fora do porto organizado e utilizada em movimentação de passageiros ou mercadorias em embarcações de navegação interior;

VII — instalação portuária de turismo: instalação portuária explorada mediante arrendamento ou autorização e utilizada em embarque, desembarque e trânsito de passageiros, tripulantes e bagagens, e de insumos para o provimento e abastecimento de embarcações de turismo;

VIII — (VETADO):

a) (VETADO);

b) (VETADO); e

c) (VETADO);

IX — concessão: cessão onerosa do porto organizado, com vistas à administração e à exploração de sua infraestrutura por prazo determinado;

X — delegação: transferência, mediante convênio, da administração e da exploração do porto organizado para Municípios ou Estados, ou a consórcio público, nos termos da Lei n. 9.277, de 10 de maio de 1996;

XI — arrendamento: cessão onerosa de área e infraestrutura públicas localizadas dentro do porto organizado, para exploração por prazo determinado;

XII — autorização: outorga de direito à exploração de instalação portuária localizada fora da área do porto organizado e formalizada mediante contrato de adesão; e

XIII — operador portuário: pessoa jurídica pré-qualificada para exercer as atividades de movimentação de passageiros ou movimentação e armazenagem de mercadorias, destinadas ou provenientes de transporte aquaviário, dentro da área do porto organizado.

Art. 3º A exploração dos portos organizados e instalações portuárias, com o objetivo de aumentar a competitividade e o desenvolvimento do País, deve seguir as seguintes diretrizes:

I — expansão, modernização e otimização da infraestrutura e da superestrutura que integram os portos organizados e instalações portuárias;

II — garantia da modicidade e da publicidade das tarifas e preços praticados no setor, da qualidade da atividade prestada e da efetividade dos direitos dos usuários;

III — estímulo à modernização e ao aprimoramento da gestão dos portos organizados e instalações portuárias, à valorização e à qualificação da mão de obra portuária, e à eficiência das atividades prestadas;

IV — promoção da segurança da navegação na entrada e saída das embarcações dos portos; e

V — estímulo à concorrência, incentivando a participação do setor privado e assegurando o amplo acesso aos portos organizados, instalações e atividades portuárias.

CAPÍTULO II
Da Exploração dos Portos e Instalações Portuárias

SEÇÃO I
Da Concessão de Porto Organizado e do Arrendamento de Instalação Portuária

Art. 4º A concessão e o arrendamento de bem público destinado à atividade portuária serão realizados mediante a celebração de contrato, sempre precedida de licitação, em conformidade com o disposto nesta Lei e no seu regulamento.

Art. 5º São essenciais aos contratos de concessão e arrendamento as cláusulas relativas:

I — ao objeto, à área e ao prazo;

II — ao modo, forma e condições da exploração do porto organizado ou instalação portuária;

III — aos critérios, indicadores, fórmulas e parâmetros definidores da qualidade da atividade prestada, assim como às metas e prazos para o alcance de determinados níveis de serviço;

IV — ao valor do contrato, às tarifas praticadas e aos critérios e procedimentos de revisão e reajuste;

V — aos investimentos de responsabilidade do contratado;

VI — aos direitos e deveres dos usuários, com as obrigações correlatas do contratado e as sanções respectivas;

VII — às responsabilidades das partes;

VIII — à reversão de bens;

IX — aos direitos, garantias e obrigações do contratante e do contratado, inclusive os relacionados a necessidades futuras de suplementação, alteração e expansão da atividade e consequente modernização, aperfeiçoamento e ampliação das instalações;

X — à forma de fiscalização das instalações, dos equipamentos e dos métodos e práticas de execução das atividades, bem como à indicação dos órgãos ou entidades competentes para exercê-las;

XI — às garantias para adequada execução do contrato;

XII — à responsabilidade do titular da instalação portuária pela inexecução ou deficiente execução das atividades;

XIII — às hipóteses de extinção do contrato;

XIV — à obrigatoriedade da prestação de informações de interesse do poder concedente, da Agência Nacional de Transportes Aquaviários — ANTAQ e das demais autoridades que atuam no setor portuário, inclusive as de interesse específico da Defesa Nacional, para efeitos de mobilização;

XV — à adoção e ao cumprimento das medidas de fiscalização aduaneira de mercadorias, veículos e pessoas;

XVI — ao acesso ao porto organizado ou à instalação portuária pelo poder concedente, pela ANTAQ e pelas demais autoridades que atuam no setor portuário;

XVII — às penalidades e sua forma de aplicação; e

XVIII — ao foro.

§ 1º (VETADO).

§ 2º Findo o prazo dos contratos, os bens vinculados à concessão ou ao arrendamento reverterão ao patrimônio da União, na forma prevista no contrato.

Art. 6º Nas licitações dos contratos de concessão e arrendamento, serão considerados como critérios para julgamento, de forma isolada ou combinada, a maior capacidade de movimentação, a menor tarifa ou o menor tempo de movimentação de carga, e outros estabelecidos no edital, na forma do regulamento.

§ 1º As licitações de que trata este artigo poderão ser realizadas na modalidade leilão, conforme regulamento.

§ 2º Compete à ANTAQ, com base nas diretrizes do poder concedente, realizar os procedimentos licitatórios de que trata este artigo.

§ 3º Os editais das licitações de que trata este artigo serão elaborados pela ANTAQ, observadas as diretrizes do poder concedente.

§ 4º (VETADO).

§ 5º Sem prejuízo das diretrizes previstas no art. 3º, o poder concedente poderá determinar a transferência das competências de elaboração do edital e a realização dos procedimentos licitatórios de que trata este artigo à Administração do Porto, delegado ou não.

§ 6º O poder concedente poderá autorizar, mediante requerimento do arrendatário, na forma do regulamento, expansão da área arrendada para área contígua dentro da poligonal do porto organizado, sempre que a medida trouxer comprovadamente eficiência na operação portuária.

Art. 7º A ANTAQ poderá disciplinar a utilização em caráter excepcional, por qualquer interessado, de instalações portuárias arrendadas ou exploradas pela concessionária, assegurada a remuneração adequada ao titular do contrato.

SEÇÃO II
Da Autorização de Instalações Portuárias

Art. 8º Serão exploradas mediante autorização, precedida de chamada ou anúncio público e, quando for o caso, processo seletivo público, as instalações portuárias localizadas fora da área do porto organizado, compreendendo as seguintes modalidades:

I — terminal de uso privado;

II — estação de transbordo de carga;

III — instalação portuária pública de pequeno porte;

IV — instalação portuária de turismo;

V — (VETADO).

§ 1º A autorização será formalizada por meio de contrato de adesão, que conterá as cláusulas essenciais previstas no *caput* do art. 5º, com exceção daquelas previstas em seus incisos IV e VIII.

§ 2º A autorização de instalação portuária terá prazo de até 25 (vinte e cinco) anos, prorrogável por períodos sucessivos, desde que:

I — a atividade portuária seja mantida; e

II — o autorizatário promova os investimentos necessários para a expansão e modernização das instalações portuárias, na forma do regulamento.

§ 3º A ANTAQ adotará as medidas para assegurar o cumprimento dos cronogramas de investimento previstos nas autorizações e poderá exigir garantias ou aplicar sanções, inclusive a cassação da autorização.

§ 4º (VETADO).

Art. 9º Os interessados em obter a autorização de instalação portuária poderão requerê-la à ANTAQ a qualquer tempo, na forma do regulamento.

§ 1º Recebido o requerimento de autorização de instalação portuária, a ANTAQ deverá:

I — publicar o extrato do requerimento, inclusive na internet; e

II — promover a abertura de processo de anúncio público, com prazo de 30 (trinta) dias, para identificar a existência de outros interessados na obtenção de autorização de instalação portuária na mesma região e com características semelhantes.

§ 2º (VETADO).

§ 3º (VETADO).

Art. 10. O poder concedente poderá determinar à ANTAQ, a qualquer momento e em consonância com as diretrizes do planejamento e das políticas do setor portuário, a abertura de processo de chamada pública para identificar a existência de interessados na obtenção de autorização de instalação portuária, na forma do regulamento e observado o prazo previsto no inciso II do § 1º do art. 9º.

Art. 11. O instrumento da abertura de chamada ou anúncio público indicará obrigatoriamente os seguintes parâmetros:

I — a região geográfica na qual será implantada a instalação portuária;

II — o perfil das cargas a serem movimentadas; e

III — a estimativa do volume de cargas ou de passageiros a ser movimentado nas instalações portuárias.

PARÁGRAFO ÚNICO. O interessado em autorização de instalação portuária deverá apresentar título de propriedade, inscrição de ocupação, certidão de aforamento, cessão de direito real ou outro instrumento jurídico que assegure o direito de uso e fruição do respectivo terreno, além de outros documentos previstos no instrumento de abertura.

Art. 12. Encerrado o processo de chamada ou anúncio público, o poder concedente deverá analisar a viabilidade locacional das propostas e sua adequação às diretrizes do planejamento e das políticas do setor portuário.

§ 1º Observado o disposto no regulamento, poderão ser expedidas diretamente as autorizações de instalação portuária quando:

I — o processo de chamada ou anúncio público seja concluído com a participação de um único interessado; ou

II — havendo mais de uma proposta, não haja impedimento locacional à implantação de todas elas de maneira concomitante.

§ 2º Havendo mais de uma proposta e impedimento locacional que inviabilize sua implantação de maneira concomitante, a ANTAQ deverá promover processo seletivo público, observados os princípios da legalidade, impessoalidade, moralidade, publicidade e eficiência.

§ 3º O processo seletivo público de que trata o § 2º atenderá ao disposto no regulamento e considerará como critério de julgamento, de forma isolada ou combinada, a maior capacidade de movimentação, a menor tarifa ou o menor tempo de movimentação de carga, e outros estabelecidos no edital.

§ 4º Em qualquer caso, somente poderão ser autorizadas as instalações portuárias compatíveis com as diretrizes do planejamento e das políticas do setor portuário, na forma do *caput*.

Art. 13. A ANTAQ poderá disciplinar as condições de acesso, por qualquer interessado, em caráter excepcional, às instalações portuárias autorizadas, assegurada remuneração adequada ao titular da autorização.

SEÇÃO III
Dos Requisitos para a Instalação dos Portos e Instalações Portuárias

Art. 14. A celebração do contrato de concessão ou arrendamento e a expedição de autorização serão precedidas de:

I — consulta à autoridade aduaneira;

II — consulta ao respectivo Poder Público municipal; e

III — emissão, pelo órgão licenciador, do termo de referência para os estudos ambientais com vistas ao licenciamento.

SEÇÃO IV
Da Definição da Área de Porto Organizado

Art. 15. Ato do Presidente da República disporá sobre a definição da área dos portos organizados, a partir de proposta da Secretaria de Portos da Presidência da República.

PARÁGRAFO ÚNICO. A delimitação da área deverá considerar a adequação dos acessos marítimos e terrestres, os ganhos de eficiência e competitividade decorrente da escala das operações e as instalações portuárias já existentes.

CAPÍTULO III
Do Poder Concedente

Art. 16. Ao poder concedente compete:

I — elaborar o planejamento setorial em conformidade com as políticas e diretrizes de logística integrada;

II — definir as diretrizes para a realização dos procedimentos licitatórios, das chamadas públicas e dos processos seletivos de que trata esta Lei, inclusive para os respectivos editais e instrumentos convocatórios;

III — celebrar os contratos de concessão e arrendamento e expedir as autorizações de instalação portuária, devendo a ANTAQ fiscalizá-los em conformidade com o disposto na Lei n. 10.233, de 5 de junho de 2001; e

IV — estabelecer as normas, os critérios e os procedimentos para a pré-qualificação dos operadores portuários.

§ 1º Para os fins do disposto nesta Lei, o poder concedente poderá celebrar convênios ou instrumentos congêneres de cooperação técnica e administrativa com órgãos e entidades da administração pública federal, dos Estados, do Distrito Federal e dos Municípios, inclusive com repasse de recursos.

§ 2º No exercício da competência prevista no inciso II do *caput*, o poder concedente deverá ouvir previamente a Agência Nacional do Petróleo, Gás Natural e Biocombustíveis sempre que a licitação, a chamada pública ou o processo seletivo envolver instalações portuárias voltadas à movimentação de petróleo, gás natural, seus derivados e biocombustíveis.

CAPÍTULO IV
Da Administração do Porto Organizado

SEÇÃO I
Das Competências

Art. 17. A administração do porto é exercida diretamente pela União, pela delegatária ou pela entidade concessionária do porto organizado.

§ 1º Compete à administração do porto organizado, denominada autoridade portuária:

I — cumprir e fazer cumprir as leis, os regulamentos e os contratos de concessão;

II — assegurar o gozo das vantagens decorrentes do melhoramento e aparelhamento do porto ao comércio e à navegação;

III — pré-qualificar os operadores portuários, de acordo com as normas estabelecidas pelo poder concedente;

IV — arrecadar os valores das tarifas relativas às suas atividades;

V — fiscalizar ou executar as obras de construção, reforma, ampliação, melhoramento e conservação das instalações portuárias;

VI — fiscalizar a operação portuária, zelando pela realização das atividades com regularidade, eficiência, segurança e respeito ao meio ambiente;

VII — promover a remoção de embarcações ou cascos de embarcações que possam prejudicar o acesso ao porto;

VIII — autorizar a entrada e saída, inclusive atracação e desatracação, o fundeio e o tráfego de embarcação na área do porto, ouvidas as demais autoridades do porto;

IX — autorizar a movimentação de carga das embarcações, ressalvada a competência da autoridade marítima em situações de assistência e salvamento de embarcação, ouvidas as demais autoridades do porto;

X — suspender operações portuárias que prejudiquem o funcionamento do porto, ressalvados os aspectos de interesse da autoridade marítima responsável pela segurança do tráfego aquaviário;

XI — reportar infrações e representar perante a ANTAQ, visando à instauração de processo administrativo e aplicação das penalidades previstas em lei, em regulamento e nos contratos;

XII — adotar as medidas solicitadas pelas demais autoridades no porto;

XIII — prestar apoio técnico e administrativo ao conselho de autoridade portuária e ao órgão de gestão de mão de obra;

XIV — estabelecer o horário de funcionamento do porto, observadas as diretrizes da Secretaria de Portos da Presidência da República, e as jornadas de trabalho no cais de uso público; e

XV — organizar a guarda portuária, em conformidade com a regulamentação expedida pelo poder concedente.

§ 2º A autoridade portuária elaborará e submeterá à aprovação da Secretaria de Portos da Presidência da República o respectivo Plano de Desenvolvimento e Zoneamento do Porto.

§ 3º O disposto nos incisos IX e X do § 1º não se aplica à embarcação militar que não esteja praticando comércio.

§ 4º A autoridade marítima responsável pela segurança do tráfego pode intervir para assegurar aos navios da Marinha do Brasil a prioridade para atracação no porto.

§ 5º (VETADO).

Art. 18. Dentro dos limites da área do porto organizado, compete à administração do porto:

I — sob coordenação da autoridade marítima:

a) estabelecer, manter e operar o balizamento do canal de acesso e da bacia de evolução do porto;

b) delimitar as áreas de fundeadouro, de fundeio para carga e descarga, de inspeção sanitária e de polícia marítima;

c) delimitar as áreas destinadas a navios de guerra e submarinos, plataformas e demais embarcações especiais, navios em reparo ou aguardando atracação e navios com cargas inflamáveis ou explosivas;

d) estabelecer e divulgar o calado máximo de operação dos navios, em função dos levantamentos batimétricos efetuados sob sua responsabilidade; e

e) estabelecer e divulgar o porte bruto máximo e as dimensões máximas dos navios que trafegarão, em função das limitações e características físicas do cais do porto;

II — sob coordenação da autoridade aduaneira:

a) delimitar a área de alfandegamento; e

b) organizar e sinalizar os fluxos de mercadorias, veículos, unidades de cargas e de pessoas.

Art. 19. A administração do porto poderá, a critério do poder concedente, explorar direta ou indiretamente áreas não afetas às operações portuárias, observado o disposto no respectivo Plano de Desenvolvimento e Zoneamento do Porto.

PARÁGRAFO ÚNICO. O disposto no *caput* não afasta a aplicação das normas de licitação e contratação pública quando a administração do porto for exercida por órgão ou entidade sob controle estatal.

Art. 20. Será instituído em cada porto organizado um conselho de autoridade portuária, órgão consultivo da administração do porto.

§ 1º O regulamento disporá sobre as atribuições, o funcionamento e a composição dos conselhos de autoridade portuária, assegurada a participação de representantes da classe empresarial, dos trabalhadores portuários e do Poder Público.

§ 2º A representação da classe empresarial e dos trabalhadores no conselho a que alude o *caput* será paritária.

§ 3º A distribuição das vagas no conselho a que alude o *caput* observará a seguinte proporção:

I — 50% (cinquenta por cento) de representantes do poder público;

II — 25% (vinte e cinco por cento) de representantes da classe empresarial; e

III — 25% (vinte e cinco por cento) de representantes da classe trabalhadora.

Art. 21. Fica assegurada a participação de um representante da classe empresarial e outro da classe trabalhadora no conselho de administração ou órgão equivalente da administração do porto, quando se tratar de entidade sob controle estatal, na forma do regulamento.

PARÁGRAFO ÚNICO. A indicação dos representantes das classes empresarial e trabalhadora a que alude o *caput* será feita pelos respectivos representantes no conselho de autoridade portuária.

Art. 22. A Secretaria de Portos da Presidência da República coordenará a atuação integrada dos órgãos e entidades públicos nos portos organizados e instalações portuárias, com a finalidade de garantir a eficiência e a qualidade de suas atividades, nos termos do regulamento.

SEÇÃO II
Da Administração Aduaneira nos Portos Organizados e nas Instalações Portuárias Alfandegadas

Art. 23. A entrada ou saída de mercadorias procedentes do exterior ou a ele destinadas somente poderá efetuar-se em portos ou instalações portuárias alfandegados.

PARÁGRAFO ÚNICO. O alfandegamento de portos organizados e instalações portuárias destinados à movimentação e armazenagem de mercadorias importadas ou à exportação será efetuado após cumpridos os requisitos previstos na legislação específica.

Art. 24. Compete ao Ministério da Fazenda, por intermédio das repartições aduaneiras:

I — cumprir e fazer cumprir a legislação que regula a entrada, a permanência e a saída de quaisquer bens ou mercadorias do País;

II — fiscalizar a entrada, a permanência, a movimentação e a saída de pessoas, veículos, unidades de carga e mercadorias, sem prejuízo das atribuições das outras autoridades no porto;

III — exercer a vigilância aduaneira e reprimir o contrabando e o descaminho, sem prejuízo das atribuições de outros órgãos;

IV — arrecadar os tributos incidentes sobre o comércio exterior;

V — proceder ao despacho aduaneiro na importação e na exportação;

VI — proceder à apreensão de mercadoria em situação irregular, nos termos da legislação fiscal;

VII — autorizar a remoção de mercadorias da área portuária para outros locais, alfandegados ou não, nos casos e na forma prevista na legislação aduaneira;

VIII — administrar a aplicação de regimes suspensivos, exonerativos ou devolutivos de tributos às mercadorias importadas ou a exportar;

IX — assegurar o cumprimento de tratados, acordos ou convenções internacionais no plano aduaneiro; e

X — zelar pela observância da legislação aduaneira e pela defesa dos interesses fazendários nacionais.

§ 1º No exercício de suas atribuições, a autoridade aduaneira terá livre acesso a quaisquer dependências do porto ou instalação portuária, às embarcações atracadas ou não e aos locais onde se encontrem mercadorias procedentes do exterior ou a ele destinadas.

§ 2º No exercício de suas atribuições, a autoridade aduaneira poderá, sempre que julgar necessário, requisitar documentos e informações e o apoio de força pública federal, estadual ou municipal.

CAPÍTULO V
Da Operação Portuária

Art. 25. A pré-qualificação do operador portuário será efetuada perante a administração do porto, conforme normas estabelecidas pelo poder concedente.

§ 1º As normas de pré-qualificação devem obedecer aos princípios da legalidade, impessoalidade, moralidade, publicidade e eficiência.

§ 2º A administração do porto terá prazo de 30 (trinta) dias, contado do pedido do interessado, para decidir sobre a pré-qualificação.

§ 3º Em caso de indeferimento do pedido mencionado no § 2º, caberá recurso, no prazo de 15 (quinze) dias, dirigido à Secretaria de Portos da Presidência da República, que deverá apreciá-lo no prazo de 30 (trinta) dias, nos termos do regulamento.

§ 4º Considera-se pré-qualificada como operador portuário a administração do porto.

Art. 26. O operador portuário responderá perante:

I — a administração do porto pelos danos culposamente causados à infraestrutura, às instalações e ao equipamento de que a administração do porto seja titular, que se encontre a seu serviço ou sob sua guarda;

II — o proprietário ou consignatário da mercadoria, pelas perdas e danos que ocorrerem durante as operações que realizar ou em decorrência delas;

III — o armador pelas avarias ocorridas na embarcação ou na mercadoria dada a transporte;

IV — o trabalhador portuário pela remuneração dos serviços prestados e respectivos encargos;

V — o órgão local de gestão de mão de obra do trabalho avulso pelas contribuições não recolhidas;

VI — os órgãos competentes pelo recolhimento dos tributos incidentes sobre o trabalho portuário avulso; e

VII — a autoridade aduaneira pelas mercadorias sujeitas a controle aduaneiro, no período em que lhe estejam confiadas ou quando tenha controle ou uso exclusivo de área onde se encontrem depositadas ou devam transitar.

PARÁGRAFO ÚNICO. Compete à administração do porto responder pelas mercadorias a que se referem os incisos II e VII do *caput* quando estiverem em área por ela controlada e após o seu recebimento, conforme definido pelo regulamento de exploração do porto.

Art. 27. As atividades do operador portuário estão sujeitas às normas estabelecidas pela ANTAQ.

§ 1º O operador portuário é titular e responsável pela coordenação das operações portuárias que efetuar.

§ 2º A atividade de movimentação de carga a bordo da embarcação deve ser executada de acordo com a instrução de seu comandante ou de seus prepostos, responsáveis pela segurança da embarcação nas atividades de arrumação ou retirada da carga, quanto à segurança da embarcação.

Art. 28. É dispensável a intervenção de operadores portuários em operações:

I — que, por seus métodos de manipulação, suas características de automação ou mecanização, não requeiram a utilização de mão de obra ou possam ser executadas exclusivamente pela tripulação das embarcações;

II — de embarcações empregadas:

a) em obras de serviços públicos nas vias aquáticas do País, executadas direta ou indiretamente pelo Poder Público;

b) no transporte de gêneros de pequena lavoura e da pesca, para abastecer mercados de âmbito municipal;

c) na navegação interior e auxiliar;

d) no transporte de mercadorias líquidas a granel; e

e) no transporte de mercadorias sólidas a granel, quando a carga ou descarga for feita por aparelhos mecânicos automáticos, salvo quanto às atividades de rechego;

III — relativas à movimentação de:

a) cargas em área sob controle militar, quando realizadas por pessoal militar ou vinculado a organização militar;

b) materiais por estaleiros de construção e reparação naval; e

c) peças sobressalentes, material de bordo, mantimentos e abastecimento de embarcações; e

IV — relativas ao abastecimento de aguada, combustíveis e lubrificantes para a navegação.

PARÁGRAFO ÚNICO. (VETADO).

Art. 29. As cooperativas formadas por trabalhadores portuários avulsos, registrados de acordo com esta Lei, poderão estabelecer-se como operadores portuários.

Art. 30. A operação portuária em instalações localizadas fora da área do porto organizado será disciplinada pelo titular da respectiva autorização, observadas as normas estabelecidas pelas autoridades marítima, aduaneira, sanitária, de saúde e de polícia marítima.

Art. 31. O disposto nesta Lei não prejudica a aplicação das demais normas referentes ao transporte marítimo, inclusive as decorrentes de convenções internacionais ratificadas, enquanto vincularem internacionalmente o País.

CAPÍTULO VI
Do Trabalho Portuário

Art. 32. Os operadores portuários devem constituir em cada porto organizado um órgão de gestão de mão de obra do trabalho portuário, destinado a:

I — administrar o fornecimento da mão de obra do trabalhador portuário e do trabalhador portuário avulso;

II — manter, com exclusividade, o cadastro do trabalhador portuário e o registro do trabalhador portuário avulso;

III — treinar e habilitar profissionalmente o trabalhador portuário, inscrevendo-o no cadastro;

IV — selecionar e registrar o trabalhador portuário avulso;

V — estabelecer o número de vagas, a forma e a periodicidade para acesso ao registro do trabalhador portuário avulso;

VI — expedir os documentos de identificação do trabalhador portuário; e

VII — arrecadar e repassar aos beneficiários os valores devidos pelos operadores portuários relativos à remuneração do trabalhador portuário avulso e aos correspondentes encargos fiscais, sociais e previdenciários.

PARÁGRAFO ÚNICO. Caso celebrado contrato, acordo ou convenção coletiva de trabalho entre trabalhadores e tomadores de serviços, o disposto no instrumento precederá o órgão gestor e dispensará sua intervenção nas relações entre capital e trabalho no porto.

Art. 33. Compete ao órgão de gestão de mão de obra do trabalho portuário avulso:

I — aplicar, quando couber, normas disciplinares previstas em lei, contrato, convenção ou acordo coletivo de trabalho, no caso de transgressão disciplinar, as seguintes penalidades:

a) repreensão verbal ou por escrito;

b) suspensão do registro pelo período de 10 (dez) a 30 (trinta) dias; ou

c) cancelamento do registro;

II — promover:

a) a formação profissional do trabalhador portuário e do trabalhador portuário avulso, adequando-a aos modernos processos de movimentação de carga e de operação de aparelhos e equipamentos portuários;

b) o treinamento multifuncional do trabalhador portuário e do trabalhador portuário avulso; e

c) a criação de programas de realocação e de cancelamento do registro, sem ônus para o trabalhador;

III — arrecadar e repassar aos beneficiários contribuições destinadas a incentivar o cancelamento do registro e a aposentadoria voluntária;

IV — arrecadar as contribuições destinadas ao custeio do órgão;

V — zelar pelas normas de saúde, higiene e segurança no trabalho portuário avulso; e

VI — submeter à administração do porto propostas para aprimoramento da operação portuária e valorização econômica do porto.

§ 1º O órgão não responde por prejuízos causados pelos trabalhadores portuários avulsos aos tomadores dos seus serviços ou a terceiros.

§ 2º O órgão responde, solidariamente com os operadores portuários, pela remuneração devida ao trabalhador portuário avulso e pelas indenizações decorrentes de acidente de trabalho.

§ 3º O órgão pode exigir dos operadores portuários garantia prévia dos respectivos pagamentos, para atender a requisição de trabalhadores portuários avulsos.

§ 4º As matérias constantes nas alíneas *a* e *b* do inciso II deste artigo serão discutidas em fórum permanente, composto, em caráter paritário, por representantes do governo e da sociedade civil.

§ 5º A representação da sociedade civil no fórum previsto no § 4º será paritária entre trabalhadores e empresários.

Art. 34. O exercício das atribuições previstas nos arts. 32 e 33 pelo órgão de gestão de mão de obra do trabalho portuário avulso não implica vínculo empregatício com trabalhador portuário avulso.

Art. 35. O órgão de gestão de mão de obra pode ceder trabalhador portuário avulso, em caráter permanente, ao operador portuário.

Art. 36. A gestão da mão de obra do trabalho portuário avulso deve observar as normas do contrato, convenção ou acordo coletivo de trabalho.

Art. 37. Deve ser constituída, no âmbito do órgão de gestão de mão de obra, comissão paritária para solucionar litígios decorrentes da aplicação do disposto nos arts. 32, 33 e 35.

§ 1º Em caso de impasse, as partes devem recorrer à arbitragem de ofertas finais.

§ 2º Firmado o compromisso arbitral, não será admitida a desistência de qualquer das partes.

§ 3º Os árbitros devem ser escolhidos de comum acordo entre as partes e o laudo arbitral proferido para solução da pendência constitui título executivo extrajudicial.

§ 4º As ações relativas aos créditos decorrentes da relação de trabalho avulso prescrevem em 5 (cinco) anos até o limite de 2 (dois) anos após o cancelamento do registro ou do cadastro no órgão gestor de mão de obra.

Art. 38. O órgão de gestão de mão de obra terá obrigatoriamente 1 (um) conselho de supervisão e 1 (uma) diretoria-executiva.

§ 1º O conselho de supervisão será composto por 3 (três) membros titulares e seus suplentes, indicados na forma do regulamento, e terá como competência:

I — deliberar sobre a matéria contida no inciso V do *caput* do art. 32;

II — editar as normas a que se refere o art. 42; e

III — fiscalizar a gestão dos diretores, examinar, a qualquer tempo, os livros e papéis do órgão, e solicitar informações sobre quaisquer atos praticados pelos diretores ou seus prepostos.

§ 2º A diretoria executiva será composta por 1 (um) ou mais diretores, designados e destituíveis na forma do regulamento, cujo prazo de gestão será de 3 (três) anos, permitida a redesignação.

§ 3º Até 1/3 (um terço) dos membros do conselho de supervisão poderá ser designado para cargos de diretores.

§ 4º No silêncio do estatuto ou contrato social, competirá a qualquer diretor a representação do órgão e a prática dos atos necessários ao seu funcionamento regular.

Art. 39. O órgão de gestão de mão de obra é reputado de utilidade pública, sendo-lhe vedado ter fins lucrativos, prestar serviços a terceiros ou exercer qualquer atividade não vinculada à gestão de mão de obra.

Art. 40. O trabalho portuário de capatazia, estiva, conferência de carga, conserto de carga, bloco e vigilância de embarcações, nos portos organizados, será realizado por trabalhadores portuários com vínculo empregatício por prazo indeterminado e por trabalhadores portuários avulsos.

§ 1º Para os fins desta Lei, consideram-se:

I — capatazia: atividade de movimentação de mercadorias nas instalações dentro do porto, compreendendo o recebimento, conferência, transporte interno, abertura de volumes para a conferência aduaneira, manipulação, arrumação e entrega, bem como o carregamento e descarga de embarcações, quando efetuados por aparelhamento portuário;

II — estiva: atividade de movimentação de mercadorias nos conveses ou nos porões das embarcações principais ou auxiliares, incluindo o transbordo, arrumação, peação e despeação, bem como o carregamento e a descarga, quando realizados com equipamentos de bordo;

III — conferência de carga: contagem de volumes, anotação de suas características, procedência ou destino, verificação do estado das mercadorias, assistência à pesagem, conferência do manifesto, e demais serviços correlatos, nas operações de carregamento e descarga de embarcações;

IV — conserto de carga: reparo e restauração das embalagens de mercadorias, nas operações de carregamento e descarga de embarcações, reembalagem, marcação, remarcação, carimbagem, etiquetagem, abertura de volumes para vistoria e posterior recomposição;

V — vigilância de embarcações: atividade de fiscalização da entrada e saída de pessoas a bordo das embarcações atracadas ou fundeadas ao largo, bem como da movimentação de mercadorias nos portalós, rampas, porões, conveses, plataformas e em outros locais da embarcação; e

VI — bloco: atividade de limpeza e conservação de embarcações mercantes e de seus tanques, incluindo batimento de ferrugem, pintura, reparos de pequena monta e serviços correlatos.

§ 2º A contratação de trabalhadores portuários de capatazia, bloco, estiva, conferência de carga, conserto de carga e vigilância de embarcações com vínculo empregatício por prazo indeterminado será feita exclusivamente dentre trabalhadores portuários avulsos registrados.

§ 3º O operador portuário, nas atividades a que alude o *caput*, não poderá locar ou tomar mão de obra sob o regime de trabalho temporário de que trata a Lei n. 6.019, de 3 de janeiro de 1974.

§ 4º As categorias previstas no *caput* constituem categorias profissionais diferenciadas.

Art. 41. O órgão de gestão de mão de obra:

I — organizará e manterá cadastro de trabalhadores portuários habilitados ao desempenho das atividades referidas no § 1º do art. 40; e

II — organizará e manterá o registro dos trabalhadores portuários avulsos.

§ 1º A inscrição no cadastro do trabalhador portuário dependerá exclusivamente de prévia habilitação profissional do trabalhador interessado, mediante treinamento realizado em entidade indicada pelo órgão de gestão de mão de obra.

§ 2º O ingresso no registro do trabalhador portuário avulso depende de prévia seleção e inscrição no cadastro de que trata o inciso I do *caput*, obedecidas a disponibilidade de vagas e a ordem cronológica de inscrição no cadastro.

§ 3º A inscrição no cadastro e o registro do trabalhador portuário extinguem-se por morte ou cancelamento.

Art. 42. A seleção e o registro do trabalhador portuário avulso serão feitos pelo órgão de gestão de mão de obra avulsa, de acordo com as normas estabelecidas em contrato, convenção ou acordo coletivo de trabalho.

Art. 43. A remuneração, a definição das funções, a composição dos ternos, a multifuncionalidade e as demais condições do trabalho avulso serão objeto de negociação entre as entidades representativas dos trabalhadores portuários avulsos e dos operadores portuários.

PARÁGRAFO ÚNICO. A negociação prevista no *caput* contemplará a garantia de renda mínima inserida no item 2 do art. 2 da Convenção n. 137 da Organização Internacional do Trabalho — OIT.

Art. 44. É facultada aos titulares de instalações portuárias sujeitas a regime de autorização a contratação de trabalhadores a prazo indeterminado, observado o disposto no contrato, convenção ou acordo coletivo de trabalho.

Art. 45. (VETADO).

CAPÍTULO VII
Das Infrações e Penalidades

Art. 46. Constitui infração toda ação ou omissão, voluntária ou involuntária, que importe em:

I — realização de operações portuárias com infringência ao disposto nesta Lei ou com inobservância dos regulamentos do porto;

II — recusa injustificada, por parte do órgão de gestão de mão de obra, da distribuição de trabalhadores a qualquer operador portuário; ou

III — utilização de terrenos, área, equipamentos e instalações portuárias, dentro ou fora do porto organizado, com desvio de finalidade ou com desrespeito à lei ou aos regulamentos.

PARÁGRAFO ÚNICO. Responde pela infração, conjunta ou isoladamente, qualquer pessoa física ou jurídica que, intervindo na operação portuária, concorra para sua prática ou dela se beneficie.

Art. 47. As infrações estão sujeitas às seguintes penas, aplicáveis separada ou cumulativamente, de acordo com a gravidade da falta:

I — advertência;

II — multa;

III — proibição de ingresso na área do porto por período de 30 (trinta) a 180 (cento e oitenta) dias;

IV — suspensão da atividade de operador portuário, pelo período de 30 (trinta) a 180 (cento e oitenta) dias; ou

V — cancelamento do credenciamento do operador portuário.

PARÁGRAFO ÚNICO. Sem prejuízo do disposto nesta Lei, aplicam-se subsidiariamente às infrações previstas no art. 46 as penalidades estabelecidas na Lei n. 10.233, de 5 de junho de 2001, separada ou cumulativamente, de acordo com a gravidade da falta.

Art. 48. Apurada, no mesmo processo, a prática de 2 (duas) ou mais infrações pela mesma pessoa física ou jurídica, aplicam-se cumulativamente as penas a elas cominadas, se as infrações não forem idênticas.

§ 1º Serão reunidos em um único processo os diversos autos ou representações de infração continuada, para aplicação da pena.

§ 2º Serão consideradas continuadas as infrações quando se tratar de repetição de falta ainda não apurada ou objeto do processo, de cuja instauração o infrator não tenha conhecimento, por meio de intimação.

Art. 49. Na falta de pagamento de multa no prazo de 30 (trinta) dias, contado da ciência pelo infrator da decisão final que impuser a penalidade, será realizado processo de execução.

Art. 50. As importâncias pecuniárias resultantes da aplicação das multas previstas nesta Lei reverterão para a ANTAQ, na forma do inciso V do *caput* do art. 77 da Lei n. 10.233, de 5 de junho de 2001.

Art. 51. O descumprimento do disposto nos arts. 36, 39 e 42 desta Lei sujeitará o infrator à multa prevista no inciso I do art. 10 da Lei n. 9.719, de 27 de novembro de 1998, sem prejuízo das demais sanções cabíveis.

Art. 52. O descumprimento do disposto no *caput* e no § 3º do art. 40 desta Lei sujeitará o infrator à multa prevista no inciso III do art. 10 da Lei n. 9.719, de 27 de novembro de 1998, sem prejuízo das demais sanções cabíveis.

CAPÍTULO VIII
Do Programa Nacional de Dragagem Portuária e Hidroviária II

Art. 53. Fica instituído o Programa Nacional de Dragagem Portuária e Hidroviária II, a ser implantado pela Secretaria de Portos da Presidência da República e pelo Ministério dos Transportes, nas respectivas áreas de atuação.

§ 1º O Programa de que trata o *caput* abrange, dentre outras atividades:

I — as obras e serviços de engenharia de dragagem para manutenção ou ampliação de áreas portuárias e de hidrovias, inclusive canais de navegação, bacias de evolução e de fundeio, e berços de atracação, compreendendo a remoção do material submerso e a escavação ou derrocamento do leito;

II — o serviço de sinalização e balizamento, incluindo a aquisição, instalação, reposição, manutenção e modernização de sinais náuticos e equipamentos necessários às hidrovias e ao acesso aos portos e terminais portuários;

III — o monitoramento ambiental; e

IV — o gerenciamento da execução dos serviços e obras.

§ 2º Para fins do Programa de que trata o *caput*, consideram-se:

I — dragagem: obra ou serviço de engenharia que consiste na limpeza, desobstrução, remoção, derrocamento ou escavação de material do fundo de rios, lagos, mares, baías e canais;

II — draga: equipamento especializado acoplado à embarcação ou à plataforma fixa,

Legislação Complementar

móvel ou flutuante, utilizado para execução de obras ou serviços de dragagem;

III — material dragado: material retirado ou deslocado do leito dos corpos d'água decorrente da atividade de dragagem e transferido para local de despejo autorizado pelo órgão competente;

IV — empresa de dragagem: pessoa jurídica que tenha por objeto a realização de obra ou serviço de dragagem com a utilização ou não de embarcação; e

V — sinalização e balizamento: sinais náuticos para o auxílio à navegação e à transmissão de informações ao navegante, de forma a possibilitar posicionamento seguro de acesso e tráfego.

Art. 54. A dragagem por resultado compreende a contratação de obras de engenharia destinadas ao aprofundamento, alargamento ou expansão de áreas portuárias e de hidrovias, inclusive canais de navegação, bacias de evolução e de fundeio e berços de atracação, bem como os serviços de sinalização, balizamento, monitoramento ambiental e outros com o objetivo de manter as condições de profundidade e segurança estabelecidas no projeto implantado.

§ 1º As obras ou serviços de dragagem por resultado poderão contemplar mais de um porto, num mesmo contrato, quando essa medida for mais vantajosa para a administração pública.

§ 2º Na contratação de dragagem por resultado, é obrigatória a prestação de garantia pelo contratado.

§ 3º A duração dos contratos de que trata este artigo será de até 10 (dez) anos, improrrogável.

§ 4º As contratações das obras e serviços no âmbito do Programa Nacional de Dragagem Portuária e Hidroviária II poderão ser feitas por meio de licitações internacionais e utilizar o Regime Diferenciado de Contratações Públicas, de que trata a Lei n. 12.462, de 4 de agosto de 2011.

§ 5º A administração pública poderá contratar empresa para gerenciar e auditar os serviços e obras contratados na forma do *caput*.

Art. 55. As embarcações destinadas à dragagem sujeitam-se às normas específicas de segurança da navegação estabelecidas pela autoridade marítima e não se submetem ao disposto na Lei n. 9.432, de 8 de janeiro de 1997.

CAPÍTULO IX
Disposições Finais e Transitórias

Art. 56. (VETADO).

PARÁGRAFO ÚNICO. (VETADO).

Art. 57. Os contratos de arrendamento em vigor firmados sob a Lei n. 8.630, de 25 de fevereiro de 1993, que possuam previsão expressa de prorrogação ainda não realizada, poderão ter sua prorrogação antecipada, a critério do poder concedente.

§ 1º A prorrogação antecipada de que trata o *caput* dependerá da aceitação expressa de obrigação de realizar investimentos, segundo plano elaborado pelo arrendatário e aprovado pelo poder concedente em até 60 (sessenta) dias.

§ 2º (VETADO).

§ 3º Caso, a critério do poder concedente, a antecipação das prorrogações de que trata o *caput* não seja efetivada, tal decisão não implica obrigatoriamente na recusa da prorrogação contratual prevista originalmente.

§ 4º (VETADO).

§ 5º O Poder Executivo deverá encaminhar ao Congresso Nacional, até o último dia útil do mês de março de cada ano, relatório detalhado sobre a implementação das iniciativas tomadas com base nesta Lei, incluindo, pelo menos, as seguintes informações:

I — relação dos contratos de arrendamento e concessão em vigor até 31 de dezembro do ano anterior, por porto organizado, indicando data dos contratos, empresa detentora, objeto detalhado, área, prazo de vigência e situação de adimplemento com relação às cláusulas contratuais;

II — relação das instalações portuárias exploradas mediante autorizações em vigor até 31 de dezembro do ano anterior, segundo a localização, se dentro ou fora do porto organizado, indicando data da autorização, empresa detentora, objeto detalhado, área, prazo de vigência e situação de adimplemento com relação às cláusulas dos termos de adesão e autorização;

III — relação dos contratos licitados no ano anterior com base no disposto no art. 56 desta Lei, por porto organizado, indicando data do contrato, modalidade da licitação, empresa detentora, objeto, área, prazo de vigência e valor dos investimentos realizados e previstos nos contratos de concessão ou arrendamento;

IV — relação dos termos de autorização e os contratos de adesão adaptados no ano anterior, com base no disposto nos arts. 58 e 59 desta Lei, indicando data do contrato de autorização, empresa detentora, objeto, área, prazo de vigência e valor dos investimentos realizados e previstos nos termos de adesão e autorização;

V — relação das instalações portuárias operadas no ano anterior com base no previsto no art. 7º desta Lei, indicando empresa concessionária, empresa que utiliza efetivamente a instalação portuária, motivo e justificativa da utilização por interessado não detentor do arrendamento ou concessão e prazo de utilização.

Art. 58. Os termos de autorização e os contratos de adesão em vigor deverão ser adaptados ao disposto nesta Lei, em especial ao previsto nos §§ 1º a 4º do art. 8º, independentemente de chamada pública ou processo seletivo.

PARÁGRAFO ÚNICO. A ANTAQ deverá promover a adaptação de que trata o *caput* no prazo de 1 (um) ano, contado da data de publicação desta Lei.

Art. 59. As instalações portuárias enumeradas nos incisos I a IV do *caput* do art. 8º, localizadas dentro da área do porto organizado, terão assegurada a continuidade das suas atividades, desde que realizada a adaptação nos termos do art. 58.

PARÁGRAFO ÚNICO. Os pedidos de autorização para exploração de instalações portuárias enumeradas nos incisos I a IV do art. 8º, localizadas dentro da área do porto organizado, protocolados na ANTAQ até dezembro de 2012, poderão ser deferidos pelo poder concedente, desde que tenha sido comprovado até a referida data o domínio útil da área.

Art. 60. Os procedimentos licitatórios para contratação de dragagem homologados e os contratos de dragagem em vigor na data da publicação desta Lei permanecem regidos pelo disposto na Lei n. 11.610, de 12 de dezembro de 2007.

Art. 61. Até a publicação do regulamento previsto nesta Lei, ficam mantidas as regras para composição dos conselhos da autoridade portuária e dos conselhos de supervisão e diretorias executivas dos órgãos de gestão de mão de obra.

Art. 62. O inadimplemento, pelas concessionárias, arrendatárias, autorizatárias e operadoras portuárias, no recolhimento de tarifas portuárias e outras obrigações financeiras perante a administração do porto e a ANTAQ, assim declarado em decisão final, impossibilita a inadimplente de celebrar ou prorrogar contratos de concessão e arrendamento, bem como obter novas autorizações.

§ 1º Para dirimir litígios relativos aos débitos a que se refere o *caput*, poderá ser utilizada a arbitragem, nos termos da Lei n. 9.307, de 23 de setembro de 1996.

> **Nota:** Vide Decreto n. 8.465, de 8 de junho de 2015, DOU de 9.06.2015, que regulamenta o § 1º do art. 62 da Lei n. 12.815, de 5 de junho de 2013, para dispor sobre os critérios de arbitragem para dirimir litígios no âmbito do setor portuário.

§ 2º O impedimento previsto no *caput* também se aplica às pessoas jurídicas, direta ou indiretamente, controladoras, controladas, coligadas, ou de controlador comum com a inadimplente.

Art. 63. As Companhias Docas observarão regulamento simplificado para contratação de serviços e aquisição de bens, observados os princípios constitucionais da publicidade, impessoalidade, moralidade, economicidade e eficiência.

Art. 64. As Companhias Docas firmarão com a Secretaria de Portos da Presidência da República compromissos de metas e desempenho empresarial que estabelecerão, nos termos do regulamento:

I — objetivos, metas e resultados a serem atingidos, e prazos para sua consecução;

II — indicadores e critérios de avaliação de desempenho;

III — retribuição adicional em virtude do seu cumprimento; e

IV — critérios para a profissionalização da gestão das Docas.

Art. 65. Ficam transferidas à Secretaria de Portos da Presidência da República as competências atribuídas ao Ministério dos Transportes e ao Departamento Nacional de Infraestrutura de Transportes — DNIT em leis gerais e específicas relativas a portos fluviais e lacustres, exceto as competências relativas a instalações portuárias públicas de pequeno porte.

Art. 66. Aplica-se subsidiariamente às licitações de concessão de porto organizado e de arrendamento de instalação portuária o disposto nas Leis ns. 12.462, de 4 de agosto de 2011, 8.987, de 13 de fevereiro de 1995, e 8.666, de 21 de junho de 1993.

Art. 67. Aplica-se subsidiariamente a esta Lei o disposto na Lei n. 10.233, de 5 de junho de 2001, em especial no que se refere às competências e atribuições da ANTAQ.

Art. 68. As poligonais de áreas de portos organizados que não atendam ao disposto no art. 15 deverão ser adaptadas no prazo de 1 (um) ano.

Art. 69. (VETADO).

Art. 70. O art. 29 da Lei n. 5.025, de 10 de junho de 1966, passa a vigorar com a seguinte redação:

> "Art. 29. Os serviços públicos necessários à importação e exportação deverão ser centralizados pela administração pública em todos os portos organizados.
>
> § 1º Os serviços de que trata o *caput* serão prestados em horário corrido e coincidente com a operação de cada porto, em turnos, inclusive aos domingos e feriados.
>
> § 2º O horário previsto no § 1º poderá ser reduzido por ato do Poder Executivo, desde que não haja prejuízo à segurança nacional e à operação portuária. (NR)

Art. 71. A Lei n. 10.233, de 5 de junho de 2001, passa a vigorar com as seguintes alterações:

> "Art. 13. Ressalvado o disposto em legislação específica, as outorgas a que se refere o inciso I do *caput* do art. 12 serão realizadas sob a forma de:
>
> ...." (NR)
>
> "Art. 14. Ressalvado o disposto em legislação específica, o disposto no art. 13 aplica-se conforme as seguintes diretrizes:
>
> ....
>
> III — depende de autorização:
>
> ....

c) a construção e a exploração das instalações portuárias de que trata o art. 8º da Lei na qual foi convertida a Medida Provisória n. 595, de 6 de dezembro de 2012.

....

g) (revogada);

h) (revogada);

...." (NR)

"Art. 20. ....

I — implementar, nas respectivas esferas de atuação, as políticas formuladas pelo Conselho Nacional de Integração de Políticas de Transporte, pelo Ministério dos Transportes e pela Secretaria de Portos da Presidência da República, nas respectivas áreas de competência, segundo os princípios e diretrizes estabelecidos nesta Lei;

...." (NR)

"Art. 21. Ficam instituídas a Agência Nacional de Transportes Terrestres — ANTT e a Agência Nacional de Transportes Aquaviários — ANTAQ, entidades integrantes da administração federal indireta, submetidas ao regime autárquico especial e vinculadas, respectivamente, ao Ministério dos Transportes e à Secretaria de Portos da Presidência da República, nos termos desta Lei.

...." (NR)

"Art. 23. Constituem a esfera de atuação da ANTAQ:

....

II — os portos organizados e as instalações portuárias neles localizadas;

III — as instalações portuárias de que trata o art. 8º da Lei na qual foi convertida a Medida Provisória n. 595, de 6 de dezembro de 2012;

....

§ 1º A ANTAQ articular-se-á com órgãos e entidades da administração, para resolução das interfaces do transporte aquaviário com as outras modalidades de transporte, com a finalidade de promover a movimentação intermodal mais econômica e segura de pessoas e bens.

...." (NR)

"Art. 27. ....

I — promover estudos específicos de demanda de transporte aquaviário e de atividades portuárias;

....

III — propor ao Ministério dos Transportes o plano geral de outorgas de exploração da infraestrutura aquaviária e de prestação de serviços de transporte aquaviário;

a) (revogada);

b) (revogada);

....

VII — promover as revisões e os reajustes das tarifas portuárias, assegurada a comunicação prévia, com antecedência mínima de 15 (quinze) dias úteis, ao poder concedente e ao Ministério da Fazenda;

....

XIV — estabelecer normas e padrões a serem observados pelas administrações portuárias, concessionários, arrendatários, autorizatários e operadores portuários, nos termos da Lei na qual foi convertida a Medida Provisória n. 595, de 6 de dezembro de 2012;

XV — elaborar editais e instrumentos de convocação e promover os procedimentos de licitação e seleção para concessão, arrendamento ou autorização da exploração de portos organizados ou instalações portuárias, de acordo com as diretrizes do poder concedente, em obediência ao disposto na Lei na qual foi convertida a Medida Provisória n. 595, de 6 de dezembro de 2012;

XVI — cumprir e fazer cumprir as cláusulas e condições dos contratos de concessão de porto organizado ou dos contratos de arrendamento de instalações portuárias quanto à manutenção e reposição dos bens e equipamentos reversíveis à União de que trata o inciso VIII do *caput* do art. 5º da Lei na qual foi convertida a Medida Provisória n. 595, de 6 de dezembro de 2012;

....

XXII — fiscalizar a execução dos contratos de adesão das autorizações de instalação portuária de que trata o art. 8º da Lei na qual foi convertida a Medida Provisória n. 595, de 6 de dezembro de 2012;

....

XXV — celebrar atos de outorga de concessão para a exploração da infraestrutura aquaviária, gerindo e fiscalizando os respectivos contratos e demais instrumentos administrativos;

XXVI — fiscalizar a execução dos contratos de concessão de porto organizado e de arrendamento de instalação portuária, em conformidade com o disposto na Lei na qual foi convertida a Medida Provisória n. 595, de 6 de dezembro de 2012.

XXVII — (revogado).

§ 1º ....

II — participar de foros internacionais, sob a coordenação do Poder Executivo; e

....

§ 3º (revogado).

§ 4º (revogado)" (NR)

"Art. 33. Ressalvado o disposto em legislação específica, os atos de outorga de autorização, concessão ou permissão editados e celebrados pela ANTT e pela ANTAQ obedecerão ao disposto na Lei n. 8.987, de 13 de fevereiro de 1995, nas Subseções II, III, IV e V desta Seção e nas regulamentações complementares editadas pelas Agências." (NR)

"Art. 34-A. ....

....

§ 2º O edital de licitação indicará obrigatoriamente, ressalvado o disposto em legislação específica:

...." (NR)

"Art. 35. O contrato de concessão deverá refletir fielmente as condições do edital e da proposta vencedora e terá como cláusulas essenciais, ressalvado o disposto em legislação específica, as relativas a:

...." (NR)

"Art. 43. A autorização, ressalvado o disposto em legislação específica, será outorgada segundo as diretrizes estabelecidas nos arts. 13 e 14 e apresenta as seguintes características:

...." (NR)

"Art. 44. A autorização, ressalvado o disposto em legislação específica, será disciplinada em regulamento próprio e será outorgada mediante termo que indicará:

...." (NR)

"Art. 51-A. Fica atribuída à ANTAQ a competência de fiscalização das atividades desenvolvidas pelas administrações de portos organizados, pelos operadores portuários e pelas arrendatárias ou autorizatárias de instalações portuárias, observado o disposto na Lei na qual foi convertida a Medida Provisória n. 595, de 6 de dezembro de 2012.

§ 1º Na atribuição citada no *caput* incluem-se as administrações dos portos objeto de convênios de delegação celebrados nos termos da Lei n. 9.277, de 10 de maio de 1996.

§ 2º A ANTAQ prestará ao Ministério dos Transportes ou à Secretaria de Portos da Presidência da República todo apoio necessário à celebração dos convênios de delegação." (NR)

"Art. 56. ....

PARÁGRAFO ÚNICO. Cabe ao Ministro de Estado dos Transportes ou ao Ministro de Estado Chefe da Secretaria de Portos da Presidência da República, conforme o caso, instaurar o processo administrativo disciplinar, competindo ao Presidente da República determinar o afastamento preventivo, quando for o caso, e proferir o julgamento." (NR)

"Art. 67. As decisões das Diretorias serão tomadas pelo voto da maioria absoluta de seus membros, cabendo ao Diretor-Geral o voto de qualidade, e serão registradas em atas.

PARÁGRAFO ÚNICO. As datas, as pautas e as atas das reuniões de Diretoria, assim como os documentos que as instruam, deverão ser objeto de ampla publicidade, inclusive por meio da internet, na forma do regulamento." (NR)

"Art. 78. A ANTT e a ANTAQ submeterão ao Ministério dos Transportes e à Secretaria de Portos da Presidência da República, respectivamente, suas propostas orçamentárias anuais, nos termos da legislação em vigor.

...." (NR)

"Art. 78-A. ....

§ 1º Na aplicação das sanções referidas no *caput*, a ANTAQ observará o disposto na Lei na qual foi convertida a Medida Provisória n. 595, de 6 de dezembro de 2012.

§ 2º A aplicação da sanção prevista no inciso IV do *caput*, quando se tratar de concessão de porto organizado ou arrendamento e autorização de instalação portuária, caberá ao poder concedente, mediante proposta da ANTAQ." (NR)

"Art. 81. ....

....

III — instalações e vias de transbordo e de interface intermodal, exceto as portuárias;

IV — (revogado)." (NR)

"Art. 82. ....

....

§ 2º No exercício das atribuições previstas neste artigo e relativas a vias navegáveis, o DNIT observará as prerrogativas específicas da autoridade marítima.

...." *(NR)*

Art. 72. A Lei n. 10.683, de 28 de maio de 2003, passa a vigorar com as seguintes alterações:

"Art. 24-A. À Secretaria de Portos compete assessorar direta e imediatamente o Presidente da República na formulação de políticas e diretrizes para o desenvolvimento e o fomento do setor de portos e instalações portuárias marítimos, fluviais e lacustres e, especialmente, promover a execução e a avaliação de medidas, programas e projetos de apoio ao desenvolvimento da infraestrutura e da superestrutura dos portos e instalações portuárias marítimos, fluviais e lacustres.

....

§ 2º ....

III — a elaboração dos planos gerais de outorgas;

....

V — o desenvolvimento da infraestrutura e da superestrutura aquaviária dos portos e instalações portuárias sob sua esfera de atuação, com a finalidade de promover a segurança e a eficiência do transporte aquaviário de cargas e de passageiros.

...." (NR)

"Art. 27. ....

....

XXII — ....

a) política nacional de transportes ferroviário, rodoviário e aquaviário;

b) marinha mercante e vias navegáveis; e

c) participação na coordenação dos transportes aeroviários.

...." (NR)

Art. 73. A Lei n. 9.719, de 27 de novembro de 1998, passa a vigorar acrescida do seguinte art. 10-A:

"Art. 10-A. É assegurado, na forma do regulamento, benefício assistencial mensal, de até 1 (um) salário mínimo, aos trabalhadores portuários avulsos, com mais de 60 (sessenta) anos, que não cumprirem os requisitos para a aquisição das modalidades de aposentadoria previstas nos arts. 42, 48, 52 e 57 da Lei n. 8.213, de 24 de julho de 1991, e que não possuam meios para prover a sua subsistência.

PARÁGRAFO ÚNICO. O benefício de que trata este artigo não pode ser acumulado pelo beneficiário com qualquer outro no âmbito da seguridade social ou de outro regime, salvo os da assistência médica e da pensão especial de natureza indenizatória."

Art. 74. (VETADO).

Art. 75. Esta Lei entra em vigor na data de sua publicação.

Art. 76. Ficam revogados:

I — a Lei n. 8.630, de 25 de fevereiro de 1993;

II — a Lei n. 11.610, de 12 de dezembro de 2007;

III — o art. 21 da Lei n. 11.314, de 3 de julho de 2006;

IV — o art. 14 da Lei n. 11.518, de 5 de setembro de 2007; e

V — os seguintes dispositivos da Lei n. 10.233, de 5 de junho de 2001:

a) as alíneas *g* e *h* do inciso III do *caput* do art. 14;

b) as alíneas *a* e *b* do inciso III do *caput* do art. 27;

c) o inciso XXVII do *caput* do art. 27;

d) os § 3º e § 4º do art. 27; e

e) o inciso IV do *caput* do art. 81.

VI — o art. 11 da Lei n. 9.719, de 27 de novembro de 1998.

Brasília, 5 de junho de 2013; 192º da Independência e 125º da República.

DILMA ROUSSEFF
JOSÉ EDUARDO CARDOZO
GUIDO MANTEGA
CÉSAR BORGES
MANOEL DIAS
MIRIAM BELCHIOR
GARIBALDI ALVES FILHO
LUÍS INÁCIO LUCENA ADAMS
MÁRIO LIMA JÚNIO

DECRETO N. 8.033, DE 27 DE JUNHO DE 2013

(DOU 28.6.2013)

Regulamenta o disposto na Lei n. 12.815, de 5 de junho de 2013, e as demais disposições legais que regulam a exploração de portos organizados e de instalações portuárias

A PRESIDENTA DA REPÚBLICA, no uso das atribuições que lhe conferem os arts. 84, *caput*, incisos IV e VI, alínea "a", e 21, *caput*, inciso XII, alínea "f", da Constituição, e tendo em vista o disposto nas Leis n. 12.815, de 5 de junho de 2013, n. 10.233, de 5 de junho de 2001, e n. 10.683, de 28 de maio de 2003,

DECRETA:

CAPÍTULO I
Disposições Preliminares

Art. 1º Este Decreto regulamenta o disposto na Lei nº 12.815, de 5 de junho de 2013, e as demais disposições legais que regulam a exploração de portos organizados e de instalações portuárias.

PARÁGRAFO ÚNICO. O poder concedente será exercido pela União por intermédio do Ministério dos Transportes, Portos e Aviação Civil, ouvidas as respectivas Secretarias. *(Redação dada pelo Decreto n..9.048, de 10.5.17, DOU 11.5.17)*

Art. 2º Sem prejuízo de outras atribuições previstas na legislação específica, compete ao poder concedente:

I — elaborar o plano geral de outorgas do setor portuário;

II — disciplinar conteúdo, forma e periodicidade de atualização dos planos de desenvolvimento e zoneamento dos portos;

III — definir diretrizes para a elaboração dos regulamentos de exploração dos portos;

IV — aprovar a transferência de titularidade de contratos de concessão, de arrendamento ou de autorização previamente analisados pela Agência Nacional de Transportes Aquaviários — Antaq; *(Redação dada pelo Decreto n. 9.048, de 10.5.17, DOU 11.5.17)*

V — aprovar a realização de investimentos não previstos nos contratos de concessão ou de arrendamento, na forma do art. 42; *(Redação dada pelo Decreto n. 9.048, de 10.5.17, DOU 11.5.17)*

VI — conduzir e aprovar, sempre que necessários, os estudos de viabilidade técnica, econômica e ambiental do objeto da concessão ou do arrendamento; e

VII — aprovar e encaminhar ao Congresso Nacional o relatório de que trata o § 5º do art. 57 da Lei n. 12.815, de 2013.

PARÁGRAFO ÚNICO. O plano geral de outorgas do setor portuário a que se refere o inciso I do *caput* terá caráter orientativo, com a finalidade de subsidiar decisões relacionadas às outorgas portuárias em todas as suas modalidades, e conterá: *(Incluído pelo Decreto n. 9.048, de 10.5.17, DOU 11.5.17)*

I — informações relativas aos portos e às instalações portuárias brasileiros; e *(Incluído pelo Decreto n. 9.048, de 2017)*

II — orientações quanto aos requisitos e aos procedimentos a serem adotados para novas outorgas, conforme as características necessárias a cada modalidade. *(Incluído pelo Decreto n. 9.048, de 10.5.17, DOU 11.5.17)*

Art. 3º Sem prejuízo de outras atribuições previstas na legislação específica, compete à Antaq:

I — analisar a transferência de controle societário ou de titularidade de contratos de concessão ou de arrendamento;

I — analisar a transferência de titularidade de contratos de concessão, de arrendamento ou de autorização; *(Redação dada pelo Decreto n. 9.048, de 10.5.17, DOU 1.5.17)*

II — analisar as propostas de realização de investimentos não previstos nos contratos de concessão ou de arrendamento;

III — arbitrar, na esfera administrativa, os conflitos de interesses e as controvérsias sobre os contratos não solucionados entre a administração do porto e a arrendatária;

IV — arbitrar, em grau de recurso, os conflitos entre agentes que atuem no porto organizado, ressalvadas as competências das demais autoridades públicas;

V — apurar, de ofício ou mediante provocação, práticas abusivas ou tratamentos discriminatórios, ressalvadas as competências previstas na Lei n. 12.529, de 30 de novembro de 2011; *(Redação dada pelo Decreto n. 9.048, de 10.5.17, DOU 11.5.17)*

VI — elaborar o relatório de que trata o § 5º do art. 57 da Lei n. 12.815, de 2013, e encaminhá-lo ao poder concedente; *(Redação dada pelo Decreto n. 9.048, de 10.5.17, DOU 11.5.17)*

VII — analisar e aprovar a transferência de controle societário de contratos de concessão, de arrendamento e de autorização; e *(Incluído pelo Decreto n. 9.048, de 10.5.17, DOU 11.5.17)*

VIII — arbitrar, na esfera administrativa, os conflitos de interesse e as controvérsias não solucionados entre a administração do porto e o autorizatário. *(Incluído pelo Decreto n. 9.048, de 10.5.17, DOU 11.5.17)*

PARÁGRAFO ÚNICO. A Antaq seguirá as orientações do plano geral de outorgas para a realização: *(Redação dada pelo Decreto n. 9.048, de 10.5.17, DOU 11.5.17)*

I — das licitações de concessão e de arrendamento; e *(Incluído pelo Decreto n. 9.048, de 10.5.17, DOU 11.5.17)*

II — das chamadas públicas para autorização de instalações portuárias. *(Incluído pelo Decreto n. 9.048, de 10.5.17, DOU 11.5.17)*

Art. 4º Sem prejuízo de outras atribuições previstas na legislação específica, compete à administração do porto:

I — estabelecer o regulamento de exploração do porto, observadas as diretrizes do poder concedente; e

II — decidir sobre conflitos que envolvam agentes que atuam no porto organizado, ressalvadas as competências das demais autoridades públicas.

PARÁGRAFO ÚNICO. Nas concessões de porto organizado, o contrato disciplinará a extensão e a forma do exercício das competências da administração do porto.

CAPÍTULO II
Da Exploração dos Portos e das Instalações Portuárias Localizadas dentro da Área do Porto Organizado

Seção I
Das disposições gerais sobre a licitação da concessão e do arrendamento

Art. 5º A licitação para a concessão e para o arrendamento de bem público destinado à atividade portuária será regida pelo disposto na Lei n. 12.815, de 2013, na Lei n. 12.462, de 4 de agosto de 2011, neste Decreto e, subsidiariamente, no Decreto n. 7.581, de 11 de outubro de 2011.

PARÁGRAFO ÚNICO. Na hipótese de transferência das competências para a elaboração do edital ou para a realização dos procedimentos licitatórios de que trata o § 5º do art. 6º da Lei n. 12.815, de 2013, a administração do porto deverá observar o disposto neste Decreto, sem prejuízo do acompanhamento dos atos e procedimentos pela Antaq.

Art. 6º A realização dos estudos prévios de viabilidade técnica, econômica e ambiental do objeto do arrendamento ou da concessão observará as diretrizes do planejamento do setor portuário, de forma a considerar o uso racional da infraestrutura de acesso aquaviário e terrestre e as características de cada empreendimento. *(Redação dada pelo Decreto n. 9.048, de 10.5.17, DOU 11.5.17)*

§ 1º Os estudos de que trata o *caput* poderão ser realizados em versão simplificada, conforme disciplinado pela Antaq, sempre que:

I — não haja alteração substancial da destinação da área objeto da concessão ou do arrendamento;

II — não haja alteração substancial das atividades desempenhadas pela concessionária ou pela arrendatária; *(Redação dada pelo Decreto n. 9.048, de 2017)*

III — o objeto e as condições da concessão ou do arrendamento permitam, conforme estabelecido pelo poder concedente; ou *(Redação dada pelo Decreto n. 9.048, de 10.5.17, DOU 11.5.17)*

IV — o valor do contrato seja inferior a cem vezes o limite previsto no art. 23, *caput*, inciso I, alínea "c", da Lei n. 8.666, de 21 de junho de 1993, e o prazo de vigência do contrato seja, no máximo, de dez anos. *(Incluído pelo Decreto n. 9.048, de 10.517, DOU 11.5.17)*

§ 2º As administrações dos portos encaminharão ao poder concedente e à Antaq todos os documentos e informações necessários ao desenvolvimento dos estudos previstos neste artigo.

§ 3º O poder concedente poderá autorizar a elaboração, por qualquer interessado, dos estudos de que trata o *caput* e, caso esses sejam utilizados para a licitação, deverá assegurar o ressarcimento dos dispêndios correspondentes.

§ 4º O escopo e a profundidade dos estudos de que trata o *caput* considerarão os riscos de engenharia e ambientais associados à complexidade das obras e ao local do empreendimento. *(Incluído pelo Decreto n. 9.048, de 10.5.17, DOU 11.5.17)*

§ 5º As modelagens dos estudos de viabilidade deverão observar a complexidade da atividade econômica dos diversos modelos de terminais portuários, incluídos aqueles associados a outros modelos de exploração econômica. *(Incluído pelo Decreto n. 9.048, de 10.5.17, DOU 11.5.17)*

Art. 7º Definido o objeto da licitação, a Antaq deverá adotar as providências previstas no art. 14 da Lei n. 12.815, de 2013.

Seção II
Do edital da licitação

Art. 8º O edital definirá os critérios objetivos para o julgamento da licitação e disporá sobre:

I — o objeto, a área, o prazo e a possibilidade de prorrogação do contrato;

II — os prazos, os locais, os horários e as formas de recebimento da documentação exigida para a habilitação e das propostas, do julgamento da licitação e da assinatura dos contratos;

III — os prazos, os locais e os horários em que serão fornecidos aos interessados os dados, estudos e projetos necessários à elaboração dos orçamentos e à apresentação das propostas;

IV — os critérios e a relação dos documentos exigidos para aferição da capacidade técnica e econômico-financeira, da regularidade jurídica e fiscal dos licitantes e da garantia da proposta e da execução do contrato;

V — a relação dos bens afetos ao arrendamento ou à concessão;

VI — as regras para pedido de esclarecimento, impugnação administrativa e interposição de recursos; e

VII — a minuta do contrato de arrendamento ou de concessão e seus anexos.

PARÁGRAFO ÚNICO. O edital de licitação poderá impor ao vencedor a obrigação de indenizar o antigo titular pela parcela não amortizada dos investimentos realizados em bens afetos ao arrendamento ou à concessão, desde que tenham sido aprovados pelo poder concedente.

Art. 9º Nas licitações de concessão e de arrendamento, serão utilizados, de forma combinada ou isolada, os seguintes critérios para julgamento: *(Redação dada pelo Decreto n. 8.464, de 8.6.15, DOU 9.6.15)*

I — maior capacidade de movimentação; *(Incluído pelo Decreto n. 8.464, de 8.6.15, DOU 9.6.15)*

II — menor tarifa; *(Incluído pelo Decreto n. 8.464, de 8.6.15, DOU 9.6.15)*

III — menor tempo de movimentação de carga; *(Incluído pelo Decreto n. 8.464, de 8.6.15, DOU 9.6.15)*

IV — maior valor de investimento; *(Incluído pelo Decreto n. 8.464, de 8.6.615, DOU 9.6.15)*

V — menor contraprestação do poder concedente; *(Incluído pelo Decreto n. 8.464, de 8.6.15, DOU 9.6.15)*

VI — melhor proposta técnica, conforme critérios objetivos estabelecidos pelo poder concedente; ou *(Incluído pelo Decreto n. 8.464, de 8.6.15, DOU 9.6.15)*

VII — maior valor de outorga. *(Incluído pelo Decreto n. 8.464, de 8.6.15, DOU 9.6.15)*

§ 1º *(Revogado pelo Decreto n. 8.464, de 8.6.15, DOU 9.6.15)*

I — *(Revogado pelo Decreto n. 8.464, de 8.6.15, DOU 9.6.15)*

II — *(Revogado pelo Decreto n. 8.464, de 8.6.15, DOU 9.6.15)*

III — *(Revogado pelo Decreto n. 8.464, de 8.6.15, DOU 9.6.15)*

§ 2º *(Revogado pelo Decreto n. 9.048, de 10.5.17, DOU 11.5.17)*

I — capacidade estática, entendida como a quantidade máxima de carga que pode ser armazenada na instalação portuária a qualquer tempo; *(Revogado pelo Decreto n. 9.048, de 10.5.17, DOU 11.5.17)*

II — capacidade dinâmica, entendida como a quantidade máxima de carga que pode ser movimentada na instalação portuária durante certo período de tempo e em nível adequado de serviço; ou *(Revogado pelo Decreto n. 9.048, de 10.5.17, DOU 11.5.17)*

III — capacidade efetiva, entendida como a quantidade de carga movimentada na instalação portuária, durante certo período de tempo e em nível adequado de serviço. *(Revogado pelo Decreto n. 9.048, de 10.5.17, DOU 11.5.1717)*

§ 3º O menor tempo de movimentação poderá corresponder: *(Revogado pelo Decreto n. 9.048, de 10.5.17, DOU 11.5.17)*

I — ao menor tempo médio de movimentação de determinadas cargas; *(Revogado pelo Decreto n. 9.048, de 10.5.17, DOU 11.5.17)*

II — ao menor tempo médio de atendimento de uma embarcação de referência; ou *(Revogado pelo Decreto n. 9.048, de 10.5.17, DOU 11.5.17)*

III — a outros critérios de aferição da eficiência do terminal na movimentação de cargas, conforme fixado no edital. *(Revogado pelo Decreto n. 9.048, de 10.5.17, DOU 11.5.17)*

Art. 10. Na fase de habilitação das licitações previstas neste Decreto, será aplicado, no que couber, o disposto nos arts. 27 a 33 da Lei n. 8.666, de 21 de junho de 1993.

PARÁGRAFO ÚNICO. Para a qualificação técnica nas licitações de arrendamento, o edital poderá estabelecer que o licitante assuma o compromisso de:

I — obter sua pré-qualificação como operador portuário perante a administração do porto; ou

II — contratar um operador portuário pré-qualificado perante a administração do porto para o desempenho das operações portuárias, sem prejuízo do integral cumprimento das metas de qualidade e de outras obrigações estabelecidas no contrato.

Art. 11. Será adotado o prazo mínimo de cem dias para a apresentação de propostas, contado da data de publicação do edital. *(Redação dada pelo Decreto n. 9.048, de 10.5.17, DOU 11.5.17)*

§ 1º Será conferida publicidade ao edital mediante:

I — publicação de extrato do edital no Diário Oficial da União; e

II — divulgação no sítio eletrônico do Ministério dos Transportes, Portos e Aviação Civil e da Antaq. *(Redação dada pelo Decreto n. 9.048, de 10.5.17, DOU 11.5.17)*

§ 2º As eventuais modificações no edital serão divulgadas no mesmo prazo dos atos e procedimentos originais, exceto quando a alteração não comprometer a formulação das propostas.

§ 3º Quando o valor do contrato for superior a cem vezes o limite estabelecido no art. 23, *caput*, inciso I, alínea "c", da Lei n. 8.666, de 1993, a Antaq deverá convocar, com antecedência mínima de dez dias úteis de sua realização, audiência pública, a qual deverá ocorrer com antecedência mínima de quinze dias úteis da data prevista para a publicação do edital. *(Redação dada pelo Decreto n. 9.048, de 10.5.17, DOU 11.5.17)*

§ 4º Nas hipóteses em que for necessária a realização de estudos prévios de viabilidade técnica, econômica e ambiental, nos termos do § 1º do art. 6º, o prazo para apresentação de propostas será, no mínimo, de quarenta e cinco dias. *(Incluído pelo Decreto n. 9.048, de 10.5.17, DOU 11.5.17)*

Seção III

Do procedimento licitatório

Art. 12. O procedimento licitatório observará as fases e a ordem previstas no art. 12 da Lei n. 12.462, de 2011.

PARÁGRAFO ÚNICO. As licitações adotarão preferencialmente os modos de disputa aberto ou combinado.

Art. 13. Após o encerramento da fase de apresentação de propostas, a comissão de licitação classificará as propostas em ordem decrescente, observadas as particularidades dos critérios de julgamento adotados.

§ 1º A comissão de licitação poderá negociar condições mais vantajosas com os licitantes.

§ 2º A negociação de que trata o § 1º será promovida segundo a ordem de classificação das propostas, assegurada a publicidade sobre seus termos e condições.

§ 3º Encerrada a sessão de julgamento, será dada publicidade à respectiva ata, com a ordem de classificação das propostas.

Art. 14. O procedimento licitatório terá fase recursal única, que se seguirá à habilitação do vencedor, exceto na hipótese de inversão de fases.

§ 1º Na fase recursal, serão analisados os recursos referentes ao julgamento das propostas ou lances e à habilitação do vencedor.

§ 2º Os licitantes que desejarem recorrer em face dos atos do julgamento da proposta ou da habilitação deverão manifestar, imediatamente após o término de cada sessão, sua intenção de recorrer, sob pena de preclusão.

Art. 15. O recurso será dirigido à Diretoria da Antaq, por intermédio da comissão de licitação, que apreciará sua admissibilidade.

§ 1º A comissão de licitação poderá, de ofício ou mediante provocação, reconsiderar sua decisão em até cinco dias úteis ou, nesse mesmo prazo, encaminhar o recurso à Antaq devidamente instruído.

§ 2º A Antaq deverá proferir sua decisão no prazo de cinco dias úteis, contado da data de seu recebimento.

Art. 16. Exauridos os recursos administrativos, o procedimento licitatório será encerrado e encaminhado ao poder concedente, que poderá:

I — determinar o retorno dos autos para saneamento de irregularidades que forem supríveis;

II — anular o procedimento, no todo ou em parte, por vício insanável;

III — revogar o procedimento por motivo de conveniência e oportunidade; ou

IV — adjudicar o objeto.

§ 1º As normas referentes à anulação e à revogação de licitações previstas no art. 49 da Lei n. 8.666, de 1993, aplicam-se às contratações regidas por este Decreto.

§ 2º Caberá recurso da anulação ou da revogação da licitação no prazo de cinco dias úteis, contado da data da decisão.

Art. 17. Convocado para assinar o contrato, o interessado deverá observar os prazos e as condições estabelecidos no edital, sob pena de decadência do direito à contratação, sem prejuízo das sanções previstas na Lei n. 12.462, de 2011, e na Lei n. 8.666, de 1993.

§ 1º É facultado ao poder concedente, quando o convocado não assinar o contrato no prazo e nas condições estabelecidos:

I — determinar à Antaq que revogue a licitação, sem prejuízo da aplicação das cominações previstas na Lei n. 8.666, de 1993; ou

II — determinar à Antaq que convoque os licitantes remanescentes, na ordem de classificação, para a celebração do contrato nas condições ofertadas pelo licitante vencedor.

§ 2º Na hipótese de nenhum dos licitantes aceitar a contratação nos termos do inciso II do § 1º, o poder concedente poderá determinar à Antaq que convoque os licitantes remanescentes, na ordem de classificação, para a celebração do contrato nas condições por eles ofertadas, desde que a proposta apresente condições melhores que o mínimo estipulado no edital.

Art. 18. Nos procedimentos licitatórios regidos por este Decreto, caberão:

I — pedidos de esclarecimento e impugnações ao edital, com antecedência mínima de cinco dias úteis da data de abertura das propostas; e

II — representações, no prazo de cinco dias úteis, contado da data da intimação, relativamente a atos de que não caiba recurso hierárquico.

§ 1º O prazo para apresentação de contrarrazões será o mesmo do recurso e começará imediatamente após o encerramento do prazo recursal.

§ 2º É assegurado aos licitantes vista dos documentos indispensáveis à defesa de seus interesses.

Seção IV

Dos contratos de concessão e de arrendamento

Art. 19. Os contratos de concessão e de arrendamento terão prazo determinado de até trinta e cinco anos, prorrogável por sucessivas vezes, a critério do poder concedente, até o limite máximo de setenta anos, incluídos o prazo de vigência original e todas as prorrogações. *(Redação dada pelo Decreto n. 9.048, de 10.5.17, DOU 11.5.17)*

§ 1º Nas hipóteses em que for possível a prorrogação dos contratos, caberá ao órgão ou à entidade competente fundamentar a vantagem das prorrogações em relação à realização de nova licitação de contrato de concessão ou de arrendamento. *(Incluído pelo Decreto n. 9.048, de 10.5.17, DOU 11.5.17)*

§ 2º Os prazos de que trata o *caput* serão fixados de modo a permitir a amortização e a remuneração adequada dos investimentos previstos no contrato, quando houver, conforme indicado no estudo de viabilidade a que se refere o art. 6º. *(Incluído pelo Decreto n. 9.048, de 10.5.17, DOU 11.5.17)*

§ 3º São requisitos para a prorrogação de contratos de concessão ou de arrendamento portuário, sem prejuízo de outros previstos em lei ou regulamento: *(Redação dada pelo Decreto n. 9.048, de 10.5.17, DOU 11.5.1717)*

I — a manutenção das condições de: *(Incluído pelo Decreto n. 9.048, de 10.5.17, DOU 11.5.17)*

a) habilitação jurídica; *(Incluída pelo Decreto n. 9.048, de 10.5.17, DOU 11.5.17)*

b) qualificação técnica; *(Incluída pelo Decreto n. 9.048, de 10.5.17, DOU 115.17)*

c) qualificação econômico-financeira; *(Incluída pelo Decreto n. 9.048, de 10.5.17, DOU 11.5.17)*

d) regularidade fiscal e trabalhista; e *(Incluída pelo Decreto n. 9.048, de 10.5.17, DOU 11.5.17)*

e) cumprimento do disposto no inciso XXXIII do *caput* do art. 7º da Constituição; *(Incluída pelo Decreto n. 9.048, de 10.5.17, DOU 11.5.17)*

II — a adimplência junto à administração do porto e à Antaq, na forma do art. 62 da Lei n. 12.815, de 2013; e *(Incluído pelo Decreto n. 9.048, de 10.5.17, DOU 11.5.17)*

III — a compatibilidade com as diretrizes e o planejamento de uso e ocupação da área, conforme estabelecido no plano de desenvolvimento e zoneamento do porto. *(Incluído pelo Decreto n. 9.048, de 10.5.17, DOU 11.5.17)*

§ 4º A concessionária ou a arrendatária deverá manifestar formalmente interesse na prorrogação do contrato ao poder concedente com antecedência mínima de sessenta meses em relação ao encerramento da vigência, ressalvadas as exceções que sejam estabelecidas em ato do poder concedente. *(Incluído pelo Decreto n. 9.048, de 10.5.17, DOU 1.5.17)*

Art. 19-A. Os contratos de arrendamento portuário em vigor firmados sob a Lei n. 8.630, de 25 de fevereiro de 1993, que possuam previsão expressa de prorrogação ainda não realizada poderão ter sua prorrogação antecipada, a critério do poder concedente. *(Incluído pelo Decreto n. 9.048, de 10.5.17, DOU 11.5.17)*

§ 1º Considera-se prorrogação antecipada aquela que ocorrer previamente ao último quinquênio de vigência do contrato. *(Incluído pelo Decreto n. 9.048, de 10.5.17, DOU 11.5.17)*

§ 2º Além dos requisitos necessários à prorrogação ordinária, a prorrogação antecipada exige a aceitação pelo arrendatário da obrigação de realizar investimentos novos e imediatos, não amortizáveis durante a vigência original do contrato, conforme plano de investimento aprovado pelo poder concedente. *(Incluído pelo Decreto n. 9.048, de 10.5.17, DOU 11.5.17)*

§ 3º O plano de investimento a ser apresentado pelo arrendatário para fins de prorrogação antecipada deverá ser analisado pelo poder concedente no prazo de sessenta dias. *(Incluído pelo Decreto n. 9.048, de 10.5.17, DOU 11.5.17)*

§ 4º Os investimentos que o arrendatário tenha se obrigado a realizar poderão ser escalonados ao longo da vigência do contrato, conforme o cronograma físico-financeiro previsto no estudo de viabilidade a que se refere o art. 6º, sem prejuízo do atendimento ao disposto no § 2º. *(Incluído pelo Decreto n. 9.048, de 10.5.17, DOU 11.5.17)*

§ 5º A rejeição da prorrogação antecipada não impede que posteriormente seja aprovado novo pedido de prorrogação antecipada com base em outras justificativas ou que seja realizada a prorrogação ordinária do contrato. *(Incluído pelo Decreto n. 9.048, de 10.5.17, DOU 11.5.17)*

§ 6º Sem prejuízo da obrigatoriedade de atendimento ao disposto no § 2º, aplica-se ao cronograma de investimentos, para fins de prorrogação antecipada, o disposto no art. 24-B. *(Incluído pelo Decreto n. 9.048, de 10.5.17, DOU 11.5.17)*

Art. 20. O objeto do contrato de concessão poderá abranger:

I — o desempenho das funções da administração do porto e a exploração direta e indireta das instalações portuárias;

II — o desempenho das funções da administração do porto e a exploração indireta das instalações portuárias, vedada a sua exploração direta; ou

III — o desempenho, total ou parcial, das funções de administração do porto, vedada a exploração das instalações portuárias.

Art. 21. Os contratos celebrados entre a concessionária e terceiros serão regidos pelas normas de direito privado, não se estabelecendo qualquer relação jurídica entre os terceiros e o poder concedente, sem prejuízo das atividades regulatória e fiscalizatória da Antaq.

§ 1º A execução das atividades contratadas com terceiros pressupõe o cumprimento:

I — do plano de desenvolvimento e zoneamento do porto;

II — das normas aplicáveis aos serviços concedidos e contratados; e

III — das condições estabelecidas no edital de licitação e no contrato de concessão, inclusive quanto às tarifas e aos preços praticados.

§ 2º Os contratos celebrados entre a concessionária e terceiros terão sua vigência máxima limitada ao prazo previsto para a concessão.

Art. 22. Os contratos de arrendamento e demais instrumentos voltados à exploração de áreas nos portos organizados vigentes no momento da celebração do contrato de concessão poderão ter sua titularidade transferida à concessionária, conforme previsto no edital de licitação.

§ 1º A concessionária deverá respeitar os termos contratuais originalmente pactuados.

§ 2º A transferência da titularidade afasta a aplicação das normas de direito público sobre os contratos.

Art. 23. Os contratos de concessão e arrendamento deverão resguardar o direito de passagem de infraestrutura de terceiros na área objeto dos contratos, conforme disciplinado pela Antaq e mediante justa indenização.

Art. 24. O poder concedente poderá autorizar, mediante requerimento do arrendatário, a expansão da área arrendada para área contígua dentro da poligonal do porto organizado, quando: *(Redação dada pelo Decreto n. 9.048, de 10.5.17, DOU 11.5.17)*

I — a medida trouxer comprovadamente ganhos de eficiência à operação portuária; ou *(Incluído pelo Decreto n. 9.048, de 10.5.17, DOU 11.5.17)*

II — quando comprovada a inviabilidade técnica, operacional ou econômica de realização de licitação de novo arrendamento portuário. *(Incluído pelo Decreto n. 9.048, de 10.5.17, DOU 11.5.17)*

§ 1º A comprovação dos ganhos de eficiência à operação portuária ocorrerá por meio da comparação dos resultados advindos da exploração da área total expandida com os resultados que seriam obtidos com a exploração das áreas isoladamente, observados os aspectos concorrenciais e as diretrizes de planejamento setorial. *(Incluído pelo Decreto n. 9.048, de 10.5.17, DOU 11.5.17)*

§ 2º A recomposição do equilíbrio econômico-financeiro do contrato poderá ser excepcionalmente dispensada quando a expansão do arrendamento para área contígua não alterar substancialmente os resultados da exploração da instalação portuária. *(Incluído pelo Decreto n. 9.048, de 10.5.17, DOU 11.5.17)*

Art. 24-A. A área dos arrendamentos portuários poderá ser substituída, no todo ou em parte, por área não arrendada dentro do mesmo porto organizado, conforme o plano de desenvolvimento e zoneamento do porto, ouvida previamente a autoridade portuária, e desde que: *(Incluído pelo Decreto n. 9.048, de 10.5.17, DOU 11.5.17)*

I — a medida comprovadamente traga ganhos operacionais à atividade portuária ou, no caso de empecilho superveniente, ao uso da área original; e *(Incluído pelo Decreto n. 9.048, de 10.5.17, DOU 11.5.17)*

II — seja recomposto o equilíbrio econômico-financeiro do contrato. *(Incluído pelo Decreto n. 9.048, de 10.5.17, DOU 11.5.17)*

§ 1º O poder concedente e o arrendatário são partes competentes para iniciar o processo de substituição de área previsto no *caput*. *(Incluído pelo Decreto n. 9.048, de 10.5.17, DOU 11.5.17)*

§ 2º Caso não esteja de acordo com a decisão do poder concedente, o arrendatário poderá: *(Incluído pelo Decreto n. 9.048, de 10.5.17, DOU 11.5.17)*

I — solicitar a rescisão do contrato, quando a iniciativa do processo for do poder concedente; ou *(Incluído pelo Decreto n. 9.048, de 10.5.17, DOU 11.5.17)*

II — desistir do pedido de substituição de área, quando a iniciativa do processo for do próprio arrendatário. *(Incluído pelo Decreto n. 9.048, de 2017)*

§ 3º Na hipótese prevista no inciso I do § 2º, o arrendatário não se sujeitará à penalidade por rescisão antecipada do contrato. *(Incluído pelo Decreto n. 9.048, de 10.5.17, DOU 11.5.17)*

§ 4º A substituição das áreas de que trata o *caput* deverá ser precedida de: *(Incluído pelo Decreto n. 9.048, de 10.5.17, DOU 11.5.17)*

I — consulta à autoridade aduaneira; *(Incluído pelo Decreto n. 9.048, de 10.5.17, DOU 11.5.17)*

II — consulta ao respectivo poder público municipal; *(Incluído pelo Decreto n. 9.048, de 10.5.17, DOU 11.5.17)*

III — consulta pública; *(Incluído pelo Decreto n. 9.048, de 10.5.17, DOU 11.5.17)*

IV — emissão, pelo órgão licenciador, do termo de referência para os estudos ambientais com vistas ao licenciamento; e *(Incluído pelo Decreto n. 9.048, de 10.5.17, DOU 11.5.17)*

V — manifestação sobre os possíveis impactos concorrenciais do remanejamento. *(Incluído pelo Decreto n. 9.048, de 10.5.17, DOU 11.5.17)*

Art. 24-B. O cronograma de investimentos previsto em contrato de concessão ou de arrendamento poderá ser revisto para melhor adequação ao interesse público em razão de evento superveniente, assegurada a preservação da equação econômico-financeira original. *(Incluído pelo Decreto n. 9.048, de 10.5.17, DOU 11.5.17)*

Seção V

Da exploração direta ou indireta de áreas não afetas às operações portuárias

Art. 25. As áreas não afetas às operações portuárias e suas destinações serão previstas no plano de desenvolvimento e zoneamento do porto.

§ 1º Para a exploração indireta das áreas referidas no *caput*, a administração do porto submeterá à aprovação do poder concedente a proposta de uso da área. *(Incluído pelo Decreto n. 9.048, de 10.5.17, DOU 11.5.17)*

§ 2º Para fins deste Decreto, considera-se não afeta às operações portuárias a área localizada dentro da poligonal do porto organizado que, de acordo com o plano de desenvolvimento e zoneamento do porto, não seja diretamente destinada ao exercício das atividades de movimentação de passageiros, movimentação ou armazenagem de mercadorias, destinados ou provenientes de transporte aquaviário. *(Incluído pelo Decreto n. 9.048, de 10.5.17, DOU 11.5.17)*

CAPÍTULO III
Da Autorização de Instalações Portuárias

Art. 26. Serão exploradas mediante autorização, formalizada por meio da celebração de contrato de adesão, as instalações portuárias localizadas fora da área do porto organizado, compreendendo as seguintes modalidades:

I — terminal de uso privado;

II — estação de transbordo de carga;

III — instalação portuária pública de pequeno porte; e

IV — instalação portuária de turismo.

§ 1º O início da operação da instalação portuária deverá ocorrer no prazo de até cinco anos, contado da data da celebração do contrato de adesão, prorrogável a critério do poder concedente. *(Redação dada pelo Decreto n. 9.048, de 10.5.17, DOU 11.5.17)*

§ 2º O pedido de prorrogação do prazo para o início da operação deverá ser justificado e acompanhado de documentação que comprove a exequibilidade do novo cronograma.

Art. 27. Os interessados em obter a autorização de instalação portuária poderão requerê-la à Antaq, a qualquer tempo, mediante a apresentação dos seguintes documentos, entre outros que poderão ser exigidos pela Antaq:

I — declaração de adequação do empreendimento às diretrizes do planejamento e das políticas do setor portuário, emitida pelo poder concedente; *(Redação dada pelo Decreto n. 9.048, de 10.5.17, DOU 11.5.17)*

II — memorial descritivo das instalações, com as especificações estabelecidas pela Antaq, que conterá, no mínimo: *(Redação dada pelo Decreto n. 9.048, de 10.5.17, DOU 11.5.17)*

a) descrição da poligonal das áreas por meio de coordenadas georreferenciadas, discriminando separadamente a área pretendida em terra, a área pretendida para instalação de estrutura física sobre a água, a área pretendida para berços de atracação e a área necessária para a bacia de evolução e para o canal de acesso; *(Incluída pelo Decreto n. 9.048, de 10.5.17, DOU 11.5.17)*

b) descrição dos acessos terrestres e aquaviários existentes e aqueles a serem construídos; *(Incluída pelo Decreto n. 9.048, de 10.5.17, DOU 11.5.17)*

c) descrição do terminal, inclusive quanto às instalações de acostagem e armazenagem, os seus berços de atracação e as suas finalidades; *(Incluída pelo Decreto n. 9.048, de 10.5.17, DOU 11.5.17)*

d) especificação da embarcação-tipo por berço; *(Incluída pelo Decreto n. 9.048, de 10.5.17, DOU 11.5.17)*

e) descrição dos principais equipamentos de carga e descarga das embarcações e de movimentação das cargas nas instalações de armazenagem, informando a quantidade existente, a capacidade e a utilização; *(Incluída pelo Decreto n. 9.048, de 10.5.17, DOU 11.5.17)*

f) cronograma físico e financeiro para a implantação da instalação portuária; *(Incluída pelo Decreto n. 9.048, de 10.5.17, DOU 11.5.17)*

g) estimativa da movimentação de cargas ou de passageiros; e *(Incluída pelo Decreto n. 9.048, de 10.5.17, DOU 11.5.17)*

h) valor global do investimento; *(Incluída pelo Decreto n. 9.048, de 10.5.17, DO 11.5.17)*

III — título de propriedade, inscrição de ocupação, certidão de aforamento ou contrato de cessão sob regime de direito real, ou outro instrumento jurídico que assegure o direito de uso e fruição do terreno; *(Incluído pelo Decreto n. 9.048, de 10.5.17, DOU 11.5.17)*

IV — comprovação do atendimento ao disposto no art. 14 da Lei n. 12.815, de 2013; *(Incluído pelo Decreto n. 9.048, de 10.5.17, DOU 11.5.17)*

V — documentação comprobatória de sua regularidade perante as Fazendas federal, estadual e municipal da sede da pessoa jurídica e o Fundo de Garantia do Tempo de Serviço — FGTS; e *(Incluído pelo Decreto n. 9.048, de 10.5.17, DOU 11.5.17)*

VI — parecer favorável da autoridade marítima, que deverá responder à consulta em prazo não superior a quinze dias. *(Incluído pelo Decreto n. 9.048, de 10.5.17, DOU 11.5.17)*

§ 1º Recebido o requerimento de autorização, a Antaq deverá: *(Incluído pelo Decreto n. 9.048, de 10.5.17, DOU 11.5.17)*

I — publicar em seu sítio eletrônico, em até cinco dias, a íntegra do conteúdo do requerimento e seus anexos; e *(Incluído pelo Decreto n. 9.048, de 10.5.17, DOU 11.5.17)*

II — desde que a documentação esteja em conformidade com o disposto no *caput*, promover, em até dez dias, a abertura de processo de anúncio público, com prazo de trinta dias, a fim de identificar a existência de outros interessados em autorização de instalação portuária na mesma região e com características semelhantes. (Incluído pelo Decreto n. 9.048, de 10.517, DOU 11.5.17)

§ 2º Em relação às áreas da União necessárias à implantação da instalação portuária, a Antaq poderá admitir, para os fins do disposto no inciso III do *caput*, a apresentação de certidão emitida pela Secretaria do Patrimônio da União do Ministério do Planejamento, Desenvolvimento e Gestão que ateste que a área requerida se encontra disponível para futura destinação ao empreendedor autorizado pelo poder concedente. *(Incluído pelo Decreto n. 9.048, de 10.5.17, DOU 11.5.17)*

§ 3º Na hipótese de ser admitido o processamento do pedido de autorização com base na certidão de que trata o § 2º, o contrato de adesão poderá ser celebrado pelo poder concedente com condição suspensiva de sua eficácia à apresentação, pelo interessado e em prazo a ser estabelecido no contrato, da documentação que lhe assegure o direito de uso e fruição da área. *(Incluído pelo Decreto n. 9.048, de 10.5.17, DOU 11.5.17)*

§ 4º A seleção do empreendedor portuário pelo poder concedente, mediante a assinatura do contrato de adesão, autoriza a Secretaria do Patrimônio da União do Ministério do Planejamento, Desenvolvimento e Gestão a destinar diretamente ao interessado a área correspondente, tanto a parte terrestre quanto a aquática, independentemente de contiguidade, desde que observado o disposto no parágrafo único do art. 42 da Lei n. 9.636, de 15 de maio de 1998, quando se tratar de cessão de uso. *(Incluído pelo Decreto n. 9.048, de 10.5.17, DOU 11.5.17)*

§ 5º A apresentação de documentação em desconformidade com o disposto neste Decreto ou com as normas da Antaq ensejará a desclassificação da proposta e a convocação dos demais interessados na ordem de classificação no processo seletivo público. *(Incluído pelo Decreto n. 9.048, de 10.5.17, DOU 11.5.17)*

Art. 28. O poder concedente poderá determinar à Antaq, a qualquer momento e em consonância com as diretrizes do planejamento e das políticas do setor portuário, a abertura de processo de chamada pública para identificar a existência de interessados na obtenção de autorização de instalação portuária.

Art. 29. O instrumento da abertura de chamada ou de anúncio públicos, cujos extratos serão publicados no Diário Oficial da União e no sítio eletrônico da Antaq, indicará obrigatoriamente os seguintes parâmetros:

I — a região geográfica na qual será implantada a instalação portuária;

II — o perfil das cargas a serem movimentadas; e

III — a estimativa do volume de cargas ou de passageiros a ser movimentado nas instalações portuárias.

§ 1º O perfil de cargas a serem movimentadas será classificado conforme uma ou mais das seguintes modalidades:

I — granel sólido;

II — granel líquido e gasoso;

III — carga geral; ou

IV — carga conteinerizada.

§ 2º Todas as propostas apresentadas durante o prazo de chamada ou de anúncio públicos, que se encontrem na mesma região geográfica, deverão ser reunidas em um mesmo procedimento e analisadas conjuntamente, independentemente do tipo de carga.

§ 3º Para participar de chamada ou de anúncio públicos, os demais interessados deverão apresentar a documentação exigida no *caput* do art. 27.

Art. 30. A análise de viabilidade locacional fica delegada à Antaq. *(Redação dada pelo Decreto n. 9.048, de 10.5.17, DOU 11.5.17)*

PARÁGRAFO ÚNICO. Para os fins deste Decreto, considera-se viabilidade locacional a possibilidade da implantação física de duas ou mais instalações portuárias na mesma região geográfica que não gere impedimento operacional a qualquer uma delas.

Art. 31. Poderão ser expedidas diretamente, independente da realização de processo seletivo público, as autorizações de instalação portuária quando:

I — o processo de chamada ou anúncio públicos for concluído com a participação de um único interessado; ou

II — não existir impedimento locacional à implantação concomitante de todas as instalações portuárias solicitadas.

PARÁGRAFO ÚNICO. Em qualquer caso, somente poderão ser autorizadas as instalações portuárias compatíveis com as diretrizes do planejamento e das políticas do setor portuário.

Art. 32. Nos casos de inviabilidade locacional à implantação concomitante das instalações portuárias solicitadas, a Antaq deverá:

I — definir os critérios de julgamento a serem utilizados no processo seletivo público; e

II — conferir prazo de trinta dias para que os interessados reformulem suas propostas, adaptando-as à participação no processo seletivo público.

§ 1º Eliminado o impedimento locacional após a reformulação prevista no inciso II do *caput*, as propostas deverão ser novamente submetidas à aprovação do poder concedente, que poderá autorizar as instalações portuárias na forma do art. 31.

§ 2º Mantido o impedimento locacional após a reformulação prevista no inciso II do *caput*, caberá à Antaq promover processo seletivo público para seleção da melhor proposta.

§ 3º A Antaq disciplinará os procedimentos e prazos para realização do processo seletivo público de que trata este artigo.

§ 4º Será exigida garantia de execução do autorizatário apenas no caso de realização de processo seletivo público, na forma estabelecida pelas normas da Antaq. *(Incluído pelo Decreto n. 9.048, de 10.5.17, DOU 11.5.17)*

Art. 33. Encerrada a chamada ou anúncio públicos na forma do art. 31 ou encerrado o processo seletivo público na forma do art. 32, os interessados terão o prazo de noventa dias, contado da data de publicação da decisão, para apresentar à Antaq os seguintes documentos, além de outros que venham a ser exigidos por norma específica: *(Revogado pelo Decreto n. 9.048, de 10.5.17, DOU 11.5.17)*

I — comprovação de atendimento do disposto no art. 14 da Lei n. 12.815, de 2013; *(Revogado pelo Decreto n. 9.048, de 10.5.17, DOU 11.5.17)*

II — as garantias de execução a serem firmadas no momento de emissão da autorização, nos termos estabelecidos pela Antaq; *(Revogado pelo Decreto n. 9.048, de 2017)*

III — a documentação comprobatória de sua regularidade perante as Fazendas federal, estadual e municipal da sede da pessoa jurídica e o Fundo de Garantia do Tempo de Serviço — FGTS; e *(Revogado pelo Decreto n. 9.048, de 2017)*

IV — parecer favorável da autoridade marítima, que deverá responder à consulta em prazo não superior a quinze dias. *(Revogado pelo Decreto n. 9.048, de 2017)*

PARÁGRAFO ÚNICO. O descumprimento do prazo a que se refere o *caput* ou a apresentação de documentação em desconformidade com o disposto neste Decreto ou nas normas da Antaq ensejará a desclassificação da proposta e a convocação dos demais interessados na ordem de classificação no processo seletivo público. *(Revogado pelo Decreto n. 9.048, de 2017)*

Art. 34. Encerrados os procedimentos para autorização, a Antaq enviará a documentação ao poder concedente para a celebração do contrato de adesão. *(Redação dada pelo Decreto n. 9.048, de 2017)*

PARÁGRAFO ÚNICO. Celebrados os contratos de adesão, os processos serão restituídos à Antaq para acompanhamento.

Art. 35. Fica dispensada a celebração de novo contrato de adesão ou a realização de novo anúncio público nas seguintes hipóteses, que dependerão somente da aprovação do poder concedente: *(Redação dada pelo Decreto n. 9.048, de 2017)*

I — a transferência de titularidade da autorização, desde que preservadas as condições estabelecidas no contrato de adesão original; *(Redação dada pelo Decreto n. 9.048, de 2017)*

II — a ampliação da área da instalação portuária, desde que haja viabilidade locacional; ou *(Redação dada pelo Decreto n. 9.048, de 2017)*

III — as alterações efetuadas no cronograma físico e financeiro ou no montante de investimentos previstos para a implantação da instalação portuária. *(Incluído pelo Decreto n. 9.048, de 2017)*

§ 1º Nos casos de ampliação de área que envolva imóvel da União, será aplicado o disposto no § 2º do art. 27 e será autorizada a celebração de termo aditivo com condição suspensiva de sua eficácia, nos termos do § 3º do art. 27. *(Incluído pelo Decreto n. 9.048, de 2017)*

§ 2º Poderá ser dispensada a aprovação do poder concedente quando a ampliação de área não implicar a necessidade de novo exame de viabilidade locacional, na forma a ser estabelecida em ato do Ministro de Estado dos Transportes, Portos e Aviação Civil. *(Incluído pelo Decreto n. 9.048, de 2017)*

§ 3º Na hipótese de que trata o § 1º, o autorizatário comunicará previamente ao poder concedente a intenção de ampliar a área de sua instalação portuária e apresentará o instrumento jurídico que assegure o direito de uso e fruição do terreno e os demais documentos que venham a ser exigidos em ato do poder concedente. *(Incluído pelo Decreto n. 9.048, de 2017)*

§ 4º Apresentada a comunicação a que se refere o § 3º, o poder concedente examinará a regularidade do pedido de ampliação de área e, se for o caso, assegurado ao autorizatário os princípios da ampla defesa e do contraditório, notificará os fatos à Antaq para que esta adote as medidas cabíveis. *(Incluído pelo Decreto n. 9.048, de 2017)*

§ 5º Exceto quando vedado no contrato de adesão, o aumento da capacidade de movimentação ou de armazenagem sem ampliação de área dependerá de comunicação ao poder concedente com antecedência de sessenta dias. *(Incluído pelo Decreto n. 9.048, de 2017)*

§ 6º O disposto no *caput* aplica-se aos demais pleitos de aumento da capacidade de movimentação ou de armazenagem não abrangidos pelo disposto no § 5º. *(Incluído pelo Decreto n. 9.048, de 2017)*

§ 7º Nos casos de transferência de titularidade, o autorizatário deverá comunicar o fato à Secretaria do Patrimônio da União do Ministério do Planejamento, Desenvolvimento e Gestão. *(Incluído pelo Decreto n. 9.048, de 2017)*

Art. 35-A O contrato de adesão conterá cláusulas que preservem: *(Incluído pelo Decreto n. 9.048, de 2017)*

I — a liberdade de preços das atividades, nos termos do art. 45 da Lei n. 10.233, de 5 de junho de 2001; e *(Incluído pelo Decreto n. 9.048, de 2017)*

II — a prerrogativa do autorizatário para disciplinar a operação portuária, nos termos do art. 30 da Lei n. 12.815, de 2013, sem prejuízo das competências da Antaq. *(Incluído pelo Decreto n. 9.048, de 2017)*

CAPÍTULO IV
Do Conselho de Autoridade Portuária

Art. 36. Será instituído em cada porto organizado um conselho de autoridade portuária, órgão consultivo da administração do porto.

§ 1º Compete ao conselho de autoridade portuária sugerir:

I — alterações do regulamento de exploração do porto;

II — alterações no plano de desenvolvimento e zoneamento do porto;

III — ações para promover a racionalização e a otimização do uso das instalações portuárias;

IV — medidas para fomentar a ação industrial e comercial do porto;

V — ações com objetivo de desenvolver mecanismos para atração de cargas;

VI — medidas que visem estimular a competitividade; e

VII — outras medidas e ações de interesse do porto.

§ 2º Compete ao conselho de autoridade portuária aprovar o seu regimento interno.

Art. 37. Cada conselho de autoridade portuária será constituído pelos membros titulares e seus suplentes:

I — do Poder Público, sendo:

a) quatro representantes da União, dentre os quais será escolhido o presidente do conselho;

b) um representante da autoridade marítima;

c) um representante da administração do porto;

d) um representante do Estado onde se localiza o porto; e

e) um representante dos Municípios onde se localizam o porto ou os portos organizados abrangidos pela concessão;

II — da classe empresarial, sendo:

a) dois representantes dos titulares de arrendamentos de instalações portuárias;

b) um representante dos operadores portuários; e

c) um representante dos usuários; e

III — da classe dos trabalhadores portuários, sendo:

a) dois representantes dos trabalhadores portuários avulsos; e

b) dois representante dos demais trabalhadores portuários.

§ 1º Para os efeitos do disposto neste artigo, os membros e seus suplentes do conselho serão indicados:

I — pelo Ministro de Estado dos Transportes, Portos e Aviação Civil; pelo Comandante da Marinha; pela administração do porto; pelo Governador de Estado e pelo Prefeito do Município, respectivamente, na hipótese prevista no inciso I do *caput*; e *(Redação dada pelo Decreto n. 9.048, de 2017)*

II — pelas entidades de classe local das respectivas categorias profissionais e econômicas, nos casos dos incisos II e III do *caput*.

§ 2º Ato do Ministro de Estado dos Transportes, Portos e Aviação Civil definirá as entidades responsáveis pela indicação de que trata o inciso II do § 1º e os procedimentos a serem adotados para as indicações. *(Redação dada pelo Decreto n. 9.048, de 2017)*

§ 3º Os membros do conselho serão designados por ato do Ministro de Estado dos Transportes, Portos e Aviação Civil para mandato de dois anos, admitida uma recondução por igual período. *(Redação dada pelo Decreto n. 9.048, de 2017)*

§ 4º A participação no conselho de autoridade portuária será considerada prestação de serviço público relevante, não remunerada.

§ 5º As deliberações do conselho serão tomadas de acordo com as seguintes regras:

I — cada representante terá direito a um voto; e

II — o presidente do conselho terá voto de qualidade.

§ 6º Perderá o mandato o membro do conselho que faltar, injustificadamente, a três reuniões consecutivas ou seis alternadas, assumindo a vaga o seu suplente até a efetivação de nova indicação.

CAPÍTULO V
Do Órgão Gestor de Mão de Obra

Art. 38. O órgão de gestão de mão de obra terá, obrigatoriamente, um conselho de supervisão e uma diretoria-executiva.

§ 1º O conselho de supervisão será composto por três membros titulares, e seus suplentes, cujo prazo de gestão será de três anos, admitida a redesignação, sendo: *(Redação dada pelo Decreto n. 9.048, de 2017)*

I — um indicado pela entidade de classe local, responsável pela indicação do representante dos operadores portuários no Conselho de Autoridade Portuária; *(Redação dada pelo Decreto n. 9.048, de 2017)*

II — um indicado pela entidade de classe local, responsável pela indicação do representante dos usuários no Conselho de Autoridade Portuária; e *(Redação dada pelo Decreto n. 9.048, de 2017)*

III — um indicado pela maioria das entidades de classe local, responsável pelas indicações dos representantes do segmento laboral no Conselho de Autoridade Portuária. *(Incluído pelo Decreto n. 9.048, de 2017)*

§ 2º Ato do Ministro de Estado dos Transportes, Portos e Aviação Civil definirá os procedimentos a serem adotados para as indicações de que trata o § 1º e os critérios de desempate. *(Redação dada pelo Decreto n. 9.048, de 2017)*

§ 3º A Diretoria-Executiva será composta por um ou mais diretores, que serão designados e destituídos a qualquer tempo, pela entidade local, responsável pela indicação do representante dos operadores portuários no Conselho de Autoridade Portuária, cujo prazo de gestão será de três anos, permitida a redesignação. *(Redação dada pelo Decreto n. 9.048, de 2017)*

§ 4º Caso a Diretoria-Executiva seja composta por dois membros ou mais, um deles poderá ser indicado pelas respectivas entidades de classe das categorias profissionais relativas às atividades previstas no § 1º do art. 40 da Lei n. 12.815, de 2013, conforme definido em convenção coletiva.

§ 5º Até um terço dos membros do conselho de supervisão poderá ser designado para exercício de cargos de diretores.

CAPÍTULO VI
Do Fórum Permanente para Qualificação do Trabalhador Portuário e do Sine-Porto

Art. 39. Fica instituído o Fórum Nacional Permanente para Qualificação do Trabalhador Portuário, com a finalidade de discutir as questões relacionadas a formação, qualificação e certificação profissional do trabalhador portuário e do trabalhador portuário avulso, em especial:

I — sua adequação aos modernos processos de movimentação de carga e de operação de aparelhos e equipamentos portuários; e

II — o treinamento multifuncional do trabalhador portuário e do trabalhador portuário avulso.

§1º Integrarão o Fórum Nacional Permanente para Qualificação do Trabalhador Portuário:

I — um representante de cada um dos seguintes órgãos e entidades:

a) Ministério do Trabalho, que o coordenará; *(Redação dada pelo Decreto n. 9.048, de 2017)*

b) Ministério dos Transportes, Portos e Aviação Civil; *(Redação dada pelo Decreto n. 9.048, de 2017)*

c) Ministério do Planejamento, Desenvolvimento e Gestão; *(Redação dada pelo Decreto n. 9.048, de 2017)*

d) Ministério da Educação;

e) Secretaria-Geral da Presidência da República; e

f) Comando da Marinha;

II — três representantes de entidades empresariais, sendo:

a) um representante dos titulares de arrendamentos de instalações portuárias;

b) um representante dos operadores portuários; e

c) um representante dos usuários; e

III — três representantes da classe trabalhadora, sendo:

a) dois representantes dos trabalhadores portuários avulsos; e

b) um representante dos demais trabalhadores portuários.

§ 2º Os representantes de que tratam os incisos II e III do § 1º cumprirão mandatos de dois anos, permitida a recondução.

§ 3º Perderá o mandato o membro do Fórum de que tratam os incisos II e III do § 1º que faltar, injustificadamente, a três reuniões consecutivas ou seis alternadas, assumindo a vaga o seu suplente até a efetivação de nova indicação.

§ 4º Ato do Ministro de Estado dos Transportes, Portos e Aviação Civil definirá as entidades responsáveis pela indicação de que trata os incisos II e III do § 1º e os procedimentos a serem adotados para as indicações. *(Redação dada pelo Decreto n. 9.048, de 2017)*

§ 5º A participação no Fórum será considerada prestação de serviço público relevante, não remunerada.

Art. 40. O Ministério do Trabalho e Emprego instituirá, no âmbito do Sistema Nacional de Emprego — SINE, banco de dados específico com o objetivo de organizar a identificação e a oferta de mão de obra qualificada para o setor portuário, intitulado SINE-PORTO. *(Redação dada pelo Decreto n. 8.071, de 2013)*

§ 1º Constarão do SINE-PORTO, no mínimo, as seguintes informações: *(Redação dada pelo Decreto n. 8.071, de 2013)*

I — identificação do trabalhador; *(Incluído pelo Decreto n. 8.071, de 2013)*

II — qualificação profissional obtida para o exercício das funções; e *(Incluído pelo Decreto n. 8.071, de 2013)*

III — registro ou cadastramento em órgão de gestão de mão de obra, quando couber. *(Incluído pelo Decreto n. 8.071, de 2013)*

§ 2º Os trabalhadores portuários avulsos inscritos no respectivo órgão de gestão de mão de obra, constantes no SINE-PORTO, terão preferência no acesso a programas de formação ou qualificação profissional oferecidos no âmbito do SINE ou do Programa Nacional de Acesso ao Ensino Técnico e Emprego — Pronatec, de que trata a Lei n. 12.513, de 26 de outubro de 2011. *(Redação dada pelo Decreto n. 8.071, de 2013)*

CAPÍTULO VII
Disposições Finais

Art. 41. A participação de um representante da classe empresarial e outro da classe trabalhadora no conselho de administração ou órgão equivalente da administração do porto, quando se tratar de entidade sob controle estatal, deverá estar prevista nos estatutos sociais das empresas públicas e sociedades de economia mista.

§ 1º A indicação dos representantes das classes empresarial e trabalhadora de que trata o *caput* será feita pelos respectivos representantes no conselho de autoridade portuária.

§ 2º A indicação do representante da classe trabalhadora e seu suplente recairá obrigatoriamente sobre empregado da entidade sob controle estatal.

§ 3º Os representantes da classe empresarial e da classe trabalhadora estão sujeitos aos critérios e exigências para o cargo de conselheiro de administração previstos em lei e no estatuto da respectiva entidade.

§ 4º Serão observadas, quanto aos requisitos e impedimentos para a participação nos conselhos de que trata o art. 21 da Lei n. 12.815, de 2013, as disposições constantes da legislação sobre conflitos de interesse no âmbito da administração pública federal e, subsidiariamente, da Lei n. 6.404, de 15 de dezembro de 1976.

Art. 42. A realização de investimentos não previstos nos contratos deverá ser precedida:

I — de comunicação à Antaq, no caso das instalações portuárias autorizadas; e

II — de aprovação do poder concedente, precedida de análise da Antaq, no caso das concessões e dos arrendamentos. *(Redação dada pelo Decreto n. 9.048, de 2017)*

§ 1º O poder concedente poderá, mediante requerimento do interessado, autorizar a realização de investimentos imediatos e urgentes previamente à análise que compete à Antaq nas hipóteses de: *(Incluído pelo Decreto n. 9.048, de 2017)*

I — investimento necessário para o cumprimento de exigências de órgãos ou entidades integrantes da administração pública com competência para intervir nas operações portuárias; *(Incluído pelo Decreto n. 9.048, de 2017)*

II — investimento necessário para restaurar a operacionalidade da instalação portuária em razão de fato superveniente que impeça ou dificulte a oferta de serviços portuários; ou *(Incluído pelo Decreto n. 9.048, de 2017)*

III — investimento para fins de aumento da eficiência operacional ou ampliação de capacidade da instalação portuária quando a medida for comprovadamente urgente para o atendimento adequado aos usuários. *(Incluído pelo Decreto n. 9.048, de 2017)*

§ 2º Na hipótese de que trata o inciso III do § 1º, o requerimento de autorização de investimento em caráter de urgência deverá ser acompanhado por: *(Incluído pelo Decreto n. 9.048, de 2017)*

I — manifestação favorável da autoridade portuária quanto à urgência da realização imediata do investimento proposto; e *(Incluído pelo Decreto n. 9.048, de 2017)*

II — plano de investimento. *(Incluído pelo Decreto n. 9.048, de 2017)*

§ 3º Nas hipóteses de que tratam os incisos I e II do § 1º, o interessado deverá apresentar o plano de investimento no prazo a ser estabelecido pelo poder concedente. *(Incluído pelo Decreto n. 9.048, de 2017)*

§ 4º Previamente à autorização para realizar investimento em caráter de urgência, o poder concedente deverá: *(Incluído pelo Decreto n. 9.048, de 2017)*

I — avaliar se o pedido está enquadrado em uma das hipóteses previstas no § 1º; e *(Incluído pelo Decreto n. 9.048, de 2017)*

II — aprovar, se for o caso, o plano de investimento apresentado pelo interessado. *(Incluído pelo Decreto n. 9.048, de 2017)*

§ 5º O interessado poderá, a seu critério, requerer que o seu plano de investimento só seja apreciado pelo poder concedente após a autorização de investimento em caráter de urgência, hipótese em que fica dispensada a exigência do inciso II do § 4º. *(Incluído pelo Decreto n. 9.048, de 2017)*

§ 6º Previamente à autorização para realizar investimento em caráter de urgência, o interessado firmará termo de risco de investimentos, no qual assumirá: *(Incluído pelo Decreto n. 9.048, de 2017)*

I — o risco de rejeição do seu plano de investimento pelo poder concedente por incompatibilidade com a política pública, caso não tenha sido previamente apreciado; *(Incluído pelo Decreto n. 9.048, de 2017)*

II — o risco de ser determinada a revisão do seu plano de investimentos; *(Incluído pelo Decreto n. 9.048, de 2017)*

III — o risco de rejeição do seu estudo de viabilidade técnica, econômica e ambiental pela Antaq; e *(Incluído pelo Decreto n. 9.048, de 2017)*

IV — outros riscos discriminados no instrumento de termo de risco de investimentos. *(Incluído pelo Decreto n. 9.048, de 2017)*

§ 7º Após a autorização para realizar investimento em caráter de urgência, se for o caso, serão adotadas as demais medidas necessárias à preservação do equilíbrio econômico-financeiro do contrato. *(Incluído pelo Decreto n. 9.048, de 2017)*

§ 8º O disposto nos § 1º ao § 7º somente se aplica à hipótese de que trata o inciso II do *caput*. *(Incluído pelo Decreto n. 9.048, de 2017)*

Art. 42-A. Nos casos de arrendamento portuário, o poder concedente poderá autorizar investimentos, fora da área arrendada, na infraestrutura comum do porto organizado, desde que haja anuência da administração do porto. *(Incluído pelo Decreto n. 9.048, de 2017)*

PARÁGRAFO ÚNICO. Os investimentos novos de que trata o *caput* ensejarão recomposição do equilíbrio econômico-financeiro do contrato do proponente. *(Incluído pelo Decreto n. 9.048, de 2017)*

Legislação Complementar

Art. 42-B. A administração do porto organizado poderá negociar a antecipação de receitas de tarifas junto aos usuários para fins de realização de investimentos imediatos na infraestrutura custeada pela tarifa, respeitado o equilíbrio das contas da administração portuária. *(Incluído pelo Decreto n. 9.048, de 2017)*

§ 1º A antecipação de receitas de que trata o *caput* somente será admitida quando: *(Incluído pelo Decreto n. 9.048, de 2017)*

I — houver sido comunicada à Antaq com antecedência mínima de trinta dias; *(Incluído pelo Decreto n. 9.048, de 2017)*

II — a entidade encarregada da administração do porto for constituída sob a forma de sociedade empresária e não estiver enquadrada como empresa estatal dependente; *(Incluído pelo Decreto n. 9.048, de 2017)*

III — as receitas e as despesas relativas à administração do porto estiverem contabilizadas de forma segregada de qualquer outro empreendimento; e *(Incluído pelo Decreto n. 9.048, de 2017)*

IV — não abranger receitas relativas a período superveniente ao encerramento da delegação, quando for o caso. *(Incluído pelo Decreto n. 9.048, de 2017)*

§ 2º A Antaq poderá: *(Incluído pelo Decreto n. 9.048, de 2017)*

I — no prazo de até vinte dias após a comunicação de que trata o § 1º, suspender a realização da operação, caso considere necessários mais esclarecimentos pela administração do porto ou se houver algum indício de que a operação deva ser proibida; *(Incluído pelo Decreto n. 9.048, de 2017)*

II — proibir a realização da operação, fundamentadamente, quando houver sido tempestivamente determinada a sua suspensão e: *(Incluído pelo Decreto n. 9.048, de 2017)*

a) não estiver presente algum dos requisitos indicados no *caput* ou no § 1º; ou *(Incluída pelo Decreto n. 9.048, de 2017)*

b) a medida for considerada incompatível com as políticas definidas para o setor portuário pelo poder concedente. *(Incluída pelo Decreto n. 9.048, de 2017)*

§ 3º O valor antecipado pelos usuários na forma do *caput* poderá ser pago, conforme definido previamente pelas partes: *(Incluído pelo Decreto n. 9.048, de 2017)*

I — à administração do porto; ou *(Incluído pelo Decreto n. 9.048, de 2017)*

II — diretamente à empresa encarregada pela execução das obras de infraestrutura, na forma estabelecida no contrato, após a autorização da administração do porto específica para cada pagamento. *(Incluído pelo Decreto n. 9.048, de 2017)*

§ 4º Na hipótese prevista neste artigo, a contratação será realizada pela administração do porto. *(Incluído pelo Decreto n. 9.048, de 2017)*

§ 5º O disposto neste artigo aplica-se, inclusive, aos titulares de instalações portuárias arrendadas, autorizadas e aos demais usuários que recolham as tarifas para posterior repasse à administração do porto. *(Incluído pelo Decreto n. 9.048, de 2017)*

Art. 42-C. A administração do porto poderá negociar a antecipação de receitas a título de valor de arrendamento para fins de realização de investimentos imediatos na infraestrutura comum do porto, respeitado o equilíbrio das contas da administração portuária. *(Incluído pelo Decreto n. 9.048, de 2017)*

§ 1º A antecipação de receitas de que trata o *caput* somente será admitida quando: *(Incluído pelo Decreto n. 9.048, de 2017)*

I — houver sido comunicada à Antaq com antecedência mínima de trinta dias; *(Incluído pelo Decreto n. 9.048, de 2017)*

II — a entidade encarregada da administração do porto for constituída sob a forma de sociedade empresária e não estiver enquadrada como empresa estatal dependente; *(Incluído pelo Decreto n. 9.048, de 2017)*

III — as receitas e as despesas relativas à administração do porto estiverem contabilizadas de forma segregada de qualquer outro empreendimento; e *(Incluído pelo Decreto n. 9.048, de 2017)*

IV — não abranger receitas relativas a período superveniente ao encerramento da delegação, quando for o caso. *(Incluído pelo Decreto n. 9.048, de 2017)*

§ 2º A Antaq poderá: *(Incluído pelo Decreto n. 9.048, de 2017)*

I — no prazo de até vinte dias após a comunicação de que trata o § 1º, suspender a realização da operação, caso considere necessários mais esclarecimentos pela administração do porto ou se houver algum indício de que a operação deva ser proibida; *(Incluído pelo Decreto n. 9.048, de 2017)*

II — proibir a realização da operação, fundamentadamente, quando houver sido tempestivamente determinada a sua suspensão e: *(Incluído pelo Decreto n. 9.048, de 2017)*

a) não estiver presente algum dos requisitos indicados no *caput* ou no § 1º; ou *(Incluída pelo Decreto n. 9.048, de 2017)*

b) a medida for considerada incompatível com as políticas definidas para o setor portuário pelo poder concedente. *(Incluída pelo Decreto n. 9.048, de 2017)*

§ 3º O valor antecipado pelos arrendatários na forma do *caput* poderá ser pago, conforme definido previamente pelas partes: *(Incluído pelo Decreto n. 9.048, de 2017)*

I — à administração do porto; ou *(Incluído pelo Decreto n. 9.048, de 2017)*

II — diretamente à empresa encarregada pela execução das obras de infraestrutura, na forma estabelecida no contrato, após a autorização da administração do porto específica para cada pagamento. *(Incluído pelo Decreto n. 9.048, de 2017)*

§ 4º Na hipótese prevista neste artigo, a contratação será realizada pela administração do porto. *(Incluído pelo Decreto n. 9.048, de 2017)*

Art. 43. Os requerimentos de autorização de instalação portuária apresentados à Antaq até a data de publicação deste Decreto e que atendam ao disposto na Lei n. 12.815, de 2013, poderão ensejar a abertura imediata de processo de anúncio público.

PARÁGRAFO ÚNICO. Na hipótese de os requerimentos de que trata o *caput* não atenderem integralmente ao disposto no inciso I do *caput* do art. 27, os interessados poderão apresentar à Antaq a documentação faltante durante o prazo de trinta dias, a que se refere o inciso II do parágrafo único do art. 27.

Art. 44. A Antaq poderá disciplinar, após consulta pública, as condições de acesso por qualquer interessado, em caráter excepcional, às instalações portuárias arrendadas, autorizadas ou exploradas pela concessionária, assegurada a remuneração adequada a seu titular. *(Redação dada pelo Decreto n. 9.048, de 2017)*

PARÁGRAFO ÚNICO. Em qualquer hipótese, a operação portuária será realizada pelo titular do contrato ou por terceiro por ele indicado. *(Incluído pelo Decreto n. 9.048, de 2017)*

Art. 45. Ato conjunto dos Ministros de Estado dos Transportes, Portos e Aviação Civil, da Fazenda, do Planejamento, Desenvolvimento e Gestão e do Desenvolvimento Social e Agrário disporá sobre a concessão do benefício assistencial de que trata o art. 10-A da Lei n. 9.719, de 27 de novembro de 1998, e disciplinará: *(Incluído pelo Decreto n. 9.048, de 2017)*

I — o valor do benefício;

II — os critérios para a comprovação pelo trabalhador portuário avulso da insuficiência de meios para prover a sua subsistência;

III — os procedimentos para o requerimento e a concessão do benefício; e

IV — as hipóteses de perda ou cassação do benefício.

PARÁGRAFO ÚNICO. Para fins de habilitação ao benefício será exigida, cumulativamente, a comprovação de:

I — no mínimo quinze anos de registro ou cadastro como trabalhador portuário avulso;

II — comparecimento a, no mínimo, oitenta por cento das chamadas realizadas pelo respectivo órgão de gestão de mão de obra; e

III — comparecimento a, no mínimo, oitenta por cento dos turnos de trabalho para os quais tenha sido escalado no período.

Art. 46. Ato conjunto dos Ministros de Estado dos Transportes, Portos e Aviação Civil e do Planejamento, Desenvolvimento e Gestão estabelecerá os procedimentos para cessão de áreas públicas da União, com vistas à implantação de instalações portuárias. *(Redação dada pelo Decreto n. 9.048, de 2017)*

Art. 47. Deverão ser publicados em até cento e oitenta dias, contados da data de publicação deste Decreto, os atos a que se referem os seguintes dispositivos:

I — § 2º do art. 37;

II — § 2º do art. 38;

III — § 4º do art. 39;

IV — art. 44;

V — art. 45; e

VI — art. 46.

Art. 47-A. Caberá à Antaq a regulamentação de outras formas de ocupação e exploração de áreas e instalações portuárias não previstas neste Decreto e na legislação específica. *(Incluído pelo Decreto n. 9.048, de 2017)*

Art. 48. Ficam revogados:

I — o Decreto n. 4.391, de 26 de setembro de 2002; e

II — o Decreto n. 6.620, de 29 de outubro de 2008.

Art. 49. Este Decreto entra em vigor na data de sua publicação.

Brasília, 27 de junho de 2013; 192º da Independência e 125º da República.

DILMA ROUSSEFF
GUIDO MANTEGA
MANOEL DIAS
MIRIAM BELCHIOR
GARIBALDI ALVES FILHO
TEREZA CAMPELLO
GILBERTO CARVALHO
LUÍS INÁCIO LUCENA ADAMS
LEÔNIDAS CRISTINO

DECRETO N. 1.035, DE 30 DE DEZEMBRO DE 1993

(DOU 3.1.1994)

Dispõe sobre o recolhimento do adicional de indenização do trabalhador portuário avulso, e dá outras providências

O PRESIDENTE DA REPÚBLICA, no uso da atribuição que lhe confere o art. 84, inciso IV, da Constituição, e tendo em vista o disposto nos arts. 61 a 67 da Lei n. 8.630, de 25 de fevereiro de 1993, Decreta:

Art. 1º O recolhimento do Adicional de Indenização do Trabalhador Portuário Avulso — AITP será efetuado pelos operadores portuários responsáveis pelas cargas e descargas das mercadorias importadas ou a exportar, objeto do comércio na navegação de longo curso, à razão de:

I — 0,7 (sete décimos) de UFIR, por tonelada de granel sólido, ou fração;

II — 1 (uma) UFIR, por tonelada de granel líquido, ou fração;

III — 0,6 (seis décimos) de UFIR, por tonelada de carga geral, solta ou unitizada, ou fração.

§ 1º O AITP será recolhido até 10 (dez) dias após a entrada da embarcação no porto de carga ou descarga, em agência do Banco do Brasil S/A., na praça de localização do porto.

§ 2º Os operadores portuários, no prazo estabelecido no parágrafo anterior, deverão apresentar à Secretaria da Receita Federal o comprovante do recolhimento do AITP.

§ 3º As unidades da Secretaria da Receita Federal não darão seguimento a despachos de mercadorias importadas ou a exportar, sem a comprovação do pagamento do AITP.

Art. 2º É facultado aos operadores portuários, para antecipar e agilizar o despacho aduaneiro das mercadorias, recolherem o AITP:

I — na importação, antes do registro da Declaração de Importação ou da Declaração de Trânsito Aduaneiro;

II — na exportação, antes da apresentação, à Secretaria da Receita Federal, dos documentos que instruem o despacho.

PARÁGRAFO ÚNICO. Nos casos de mercadorias destinadas à exportação, em trânsito aduaneiro até o porto de embarque, o recolhimento do AITP poderá ser efetuado até a conclusão do trânsito.

Art. 3º Para os fins previstos neste Decreto ficam equiparados aos operadores portuários os importadores, exportadores ou consignatários das mercadorias importadas ou a exportar.

Art. 4º O AITP será recolhido por intermédio de guia própria, conforme modelo anexo a este Decreto.

§ 1º Cada guia deverá corresponder a um único despacho de importação ou de exportação.

§ 2º Fica o Ministro dos Transportes autorizado a alterar o modelo de guia de que trata este artigo.

Art. 5º Observado o disposto no § 2º do art. 67 da Lei n. 8.630, de 25 de fevereiro de 1993, o Ministro da Fazenda estabelecerá diretrizes para a aplicação dos recursos do Fundo de Indenização do Trabalhador Portuário Avulso — FITP.

§ 1º O Banco Central do Brasil fixará, em favor do Banco do Brasil S/A, taxa de remuneração pela gestão do Fundo.

§ 2º A taxa a que se refere este artigo deverá corresponder aos custos operacionais do Banco do Brasil S/A., podendo ser revista semestralmente, para mais ou para menos, caso se verifique variação dos referidos custos.

Art. 6º O FITP fica sujeito à auditoria da Secretaria de Controle Interno do Ministério dos Transportes.

Art. 7º Este Decreto entra em vigor na data de sua publicação.

Brasília, 30 de dezembro de 1993; 172º da Independência e 105º da República.

Itamar Franco

LEI N. 7.002, DE 14 DE JUNHO DE 1982

(DOU 15.6.1982)

Autoriza a implantação de jornada noturna especial nos portos organizados, e dá outras providências

O PRESIDENTE DA REPÚBLICA:

Faço saber que o Congresso Nacional decreta e eu sanciono a seguinte Lei:

Art. 1º A administração do porto, mediante prévia aprovação da Empresa de Portos do Brasil S/A. — PORTOBRÁS, poderá adotar, para serviços de capatazias realizados no período noturno, jornada especial de trabalho de 6 (seis) horas ininterruptas, de 60 (sessenta) minutos cada.

Art. 2º A remuneração básica da jornada especial será a mesma da jornada ordinária diurna, acrescida de adicional noturno de até 50% (cinquenta por cento), incidente sobre as 6 (seis) horas trabalhadas e sua eventual hora de prorrogação.

PARÁGRAFO ÚNICO. Os valores do adicional noturno e do acréscimo da hora extraordinária serão estabelecidos em acordo coletivo de trabalho, homologado pelo Conselho Nacional de Política Salarial.

Art. 3º Esta Lei entra em vigor na data de sua publicação, revogadas as disposições em contrário.

Brasília, 14 de junho de 1982. 161º da Independência e 94º da República.

João Figueiredo

DECRETO N. 1.596, DE 17 DE AGOSTO DE 1995

(DOU 18.8.1995)

Autoriza a realização de levantamento dos trabalhadores portuários em atividade, e dá outras providências

O PRESIDENTE DA REPÚBLICA, no uso da atribuição que lhe confere o art. 84, inciso IV da Constituição, decreta:

Art. 1º Fica autorizada a realização de levantamento dos trabalhadores portuários em atividade, com a finalidade de:

I — apoiar o planejamento do treinamento e da habilitação profissional do trabalhador portuário, com vínculo empregatício e avulso;

II — fornecer subsídios à tomada de medidas que contribuam para o equilíbrio social nas relações capital-trabalho, previstas na Lei n. 8.630, de 25 de fevereiro de 1993, e em face da modernização do processamento de cargas e do aumento da produtividade nos portos;

III — fornecer elementos que possibilitem a fiscalização da atuação dos órgãos de gestão de mão de obra;

IV — atender a outras necessidades consideradas essenciais ao planejamento econômico e social;

V — identificar os trabalhadores portuários com vínculo empregatício e avulsos em atividade, com vistas à divulgação das informações pertinentes ao preenchimento das condições estabelecidas nos arts. 54, 55, 70 e 71 da Lei n. 8.630, de 1993.

Art. 2º O levantamento a que se refere o artigo anterior terá início no dia 26 de setembro de 1995, e deverá estar concluído até o dia 29 de dezembro de 1995.

Art. 3º O levantamento será coordenado pelo Grupo Executivo de Modernização dos Portos (GEMPO), criado pelo Decreto n. 1.467, de 27 de abril de 1995, com apoio dos Ministérios dos Transportes, do Trabalho e da Marinha, e abrangerá os trabalhadores portuários com vínculo empregatício e avulsos em atividade, conforme definidos pela Lei n. 8.630, de 1993.

§ 1º Para fins de dimensionamento do contingente total de mão de obra com vínculo empregatício com as administrações dos portos, serão levantados os trabalhadores em capatazia e todos os demais com vínculo empregatício direto com as administrações dos portos.

§ 2º Não serão levantados os empregados de terceiros que, por força de contrato de trabalho, prestem serviços às administrações dos portos organizados.

Art. 4º Para execução do levantamento a que se refere o art. 1º deste Decreto, ficam criadas a Comissão Nacional de Levantamento e as Comissões Locais de Levantamento, sendo estas uma em cada porto organizado marítimo ou fluvial.

§ 1º A Comissão Nacional de Levantamento será presidida por um membro do GEMPO, e nela terá direito à participação um representante de cada federação de trabalhadores e operadores portuários.

§ 2º A Comissão Nacional de Levantamento será apoiada por equipe de técnicos dos Ministérios dos Transportes, do Trabalho e da Marinha.

§ 3º Cada Comissão Local de Levantamento será presidida por um membro do órgão local do Ministério do Trabalho, e nela terá direito à participação um representante do sindicato dos trabalhadores que estiverem sendo levantados e um representante do sindicato dos operadores portuários.

§ 4º A Comissão Local de Levantamento contará com equipe de levantamento, fornecida pelo Ministério da Marinha.

§ 5º Os membros das Comissões Nacional e Locais de Levantamento serão designados pelo Ministro de Estado Chefe da Casa Civil da Presidência da República, observadas as indicações a que se refere o *caput* do art. 5º.

Art. 5º As federações e sindicatos de trabalhadores e operadores portuários poderão indicar ao GEMPO, no prazo de vinte dias, contados da data de publicação deste Decreto, os seus representantes e respectivos suplentes nas Comissões Nacional e Locais de Levantamento.

§ 1º As federações e sindicatos que não indicarem seus representantes na forma do *caput* deste artigo perderão o direito de acompanhar os trabalhos do levantamento.

§ 2º As funções de membros das Comissões Nacional e Locais de Levantamento serão consideradas serviço relevante e não serão remuneradas.

Art. 6º Os trabalhadores mencionados no *caput* e no § 1º do art. 3º deste Decreto serão levantados por meio do Boletim de Atualização, que será preenchido no ato do levantamento e assinado pelo presidente da Comissão Local de Levantamento com o testemunho dos demais membros.

§ 1º As informações registradas no Boletim de Atualização deverão refletir fielmente a situação do levantado em 31 de dezembro de 1990, em 25 de fevereiro de 1993 e na data do levantamento.

§ 2º O GEMPO deverá providenciar a publicação no Diário Oficial da União, até 29 de janeiro de 1996, da relação dos trabalhadores portuários que comprovaram o preenchimento dos requisitos estabelecidos na Lei n. 8.630, de 1993.

§ 3º Uma via dos Boletins de Atualização, as atas, relações e demais documentos relativos ao levantamento serão encaminhados, até 29 de janeiro de 1996, ao órgão local do Ministério do Trabalho para arquivo.

Art. 7º Os trabalhadores portuários que se sentirem prejudicados terão o direito de, individualmente ou por intermédio do respectivo sindicato, interpor recurso administrativo ao órgão local do Ministério do Trabalho, no prazo de trinta dias após a divulgação do resultado do levantamento no Diário Oficial da União.

PARÁGRAFO ÚNICO. Os recursos que eventualmente forem interpostos na forma do *caput* deste artigo não terão efeito suspensivo quanto às disposições deste Decreto.

Art. 8º A regularização da situação dos trabalhadores portuários avulsos levantados e não contemplados pelas disposições do § 2º do art. 6º deste Decreto será objeto de negociação coletiva entre as entidades representativas dos trabalhadores portuários avulsos e dos operadores portuários.

PARÁGRAFO ÚNICO. Na hipótese de impasse nas negociações, o assunto será decidido por árbitro ou mediador, escolhido de comum acordo pelas partes ou, a pedido destas, pelo Ministério do Trabalho.

Art. 9º Decorrido o prazo de noventa dias da data da divulgação dos resultados do levantamento no Diário Oficial da União, fica vedado o exercício do trabalho portuário avulso para trabalhadores não cadastrados e registrados no órgão gestor de mão de obra.

PARÁGRAFO ÚNICO. Ficam excluídos da proibição de que trata o *caput* deste artigo os trabalhadores selecionados, cadastrados e registrados de conformidade com as condições pactuadas em contrato, acordo ou convenção coletiva de trabalho, celebrado entre as entidades sindicais representativas dos trabalhadores e dos tomadores de serviço.

Art. 10. São documentos hábeis para comprovar as condições de matrícula, registro, credenciamento e exercício das atividades previstas nos arts. 54, 55, 70 e 71 da Lei n. 8.630, de 1993:

I — Carteira da Delegacia do Trabalho Marítimo;

II — Carteira de Identificação e Registro do Ministério da Marinha;

III — Carteira de Avulso expedida pela Delegacia Regional do Trabalho;

IV — Carteira de Trabalho e Previdência Social;

V — comprovante do sindicato quanto à data e ao número de cadastramento na força supletiva;

VI — comprovante do sindicato quanto à data e ao número de registro no quadro efetivo do sindicato;

VII — outros documentos comprobatórios.

Art. 11. São documentos hábeis para comprovar a situação do trabalhador, no que se refere ao exercício do trabalho portuário, três extratos do Fundo de Garantia do Tempo de Serviço — FGTS ou Relação de Trabalhadores Avulsos (RTA), em cada ano do período de 1991 a 1995.

Art. 12. Será entregue ao trabalhador, a título de comprovante de comparecimento ao levantamento, uma via do Boletim de Atualização devidamente certificado.

Art. 13. Compete ao Ministério da Marinha apoiar as equipes de levantamento, referidas no § 4º do art. 4º, bem como processar os dados coletados e fornecer os relatórios correspondentes.

PARÁGRAFO ÚNICO. As Comissões Locais de Levantamento funcionarão em dependências das Administrações dos Portos Organizados, ou de outros órgãos da Administração Pública Federal, conforme indicação do Ministério da Marinha.

Art. 14. As Comissões Nacional e Locais de Levantamento, no desempenho de suas atribuições, poderão solicitar a colaboração de outros órgãos da Administração Pública Federal e de entidades públicas privadas.

Art. 15. Os Ministros de Estado Chefe da Casa Civil da Presidência da República, da Marinha, do Trabalho e dos Transportes, mediante portaria interministerial, baixarão as instruções complementares para execução do levantamento a que se refere o art. 1º.

Art. 16. Este Decreto entra em vigor na data de sua publicação.

Brasília, 17 de agosto de 1995; 174º da Independência e 107º da República.

FERNANDO HENRIQUE CARDOSO
MAURO CÉSAR RODRIGUES PEREIRA
ODACIR KLEIN
PAULO PAIVA
CLÓVIS DE BARROS CARVALHO

LEI N. 5.085, DE 27 DE AGOSTO DE 1966

(DOU 31.8.1966)

Reconhece aos trabalhadores avulsos o direito a férias

O PRESIDENTE DA REPÚBLICA. Faço saber que o Congresso Nacional decreta e eu sanciono a seguinte Lei:

Art. 1º É reconhecido aos trabalhadores avulsos, inclusive aos estivadores, conferentes e consertadores de carga e descarga, vigias portuários, arrumadores e ensacadores de café e de cacau, o direito a férias anuais remuneradas, aplicando-se aos mesmos, no que couber, as disposições constantes das Seções I a V, do Capítulo IV, do Título II, arts. 130 a 147, da Consolidação das Leis do Trabalho, aprovada pelo Decreto-lei n. 5.452, de 1.5.1943.

Art. 2º As férias serão pagas pelos empregadores que adicionarão, ao salário normal do trabalhador avulso, uma importância destinada a esse fim.

Art. 3º Os sindicatos representativos das respectivas categorias profissionais agirão como intermediários, recebendo as importâncias correspondentes às férias, fiscalizando o preenchimento das condições, legais e regulamentares, aquisitivas do direito, e efetuando o pagamento das férias aos trabalhadores, sindicalizados ou não, que fizerem jus a elas.

Art. 4º O Poder Executivo, dentro de 60 (sessenta) dias, regulamentará a presente lei, fixando o *quantum* percentual a ser acrescido ao salário para o pagamento das férias, que deverá ter em vista a relação existente entre o número de dias e horas trabalhadas e os referentes às férias, e estabelecendo a importância a ser recebida pelos sindicatos para atender às necessárias despesas de administração.

Art. 5º Esta lei entra em vigor na data de sua publicação.

Art. 6º Revogam-se as disposições em contrário.

Brasília, 27 de agosto de 1966; 145º da Independência e 78º da República.

LEI N. 9.719, DE 27 DE NOVEMBRO DE 1998

(DOU 30.11.1998)

Dispõe sobre normas e condições gerais de proteção ao trabalho portuário, institui multas pela inobservância de seus preceitos, e dá outras providências

— V. Portaria GM/MTE n. 112, de 20.1.12, p. 739

Faço saber que o PRESIDENTE DA REPÚBLICA adotou a Medida Provisória n. 1.728-19, de 11 de novembro de 1998, que o Congresso Nacional aprovou, e eu, Antonio Carlos Magalhães, Presidente, para os efeitos do disposto no parágrafo único do art. 62 da Constituição Federal, promulgo a seguinte lei:

Art. 1º Observado o disposto nos arts. 18 e seu parágrafo único, 19 e seus parágrafos, 20, 21, 22, 25 e 27 e seus parágrafos, 29, 47, 49 e 56 e seu parágrafo único, da Lei n. 8.630, de 25 de fevereiro de 1993, a mão de obra do trabalho portuário avulso deverá ser requisitada ao órgão gestor de mão de obra.

Art. 2º Para os fins previstos no art. 1º desta Lei:

I — cabe ao operador portuário recolher ao órgão gestor de mão de obra os valores devidos pelos serviços executados, referentes à remuneração por navio, acrescidos dos percentuais relativos a décimo terceiro salário, férias, Fundo de Garantia do Tempo de Serviço — FGTS, encargos fiscais e previdenciários, no prazo de vinte e quatro horas da realização do serviço, para viabilizar o pagamento ao trabalhador portuário avulso;

II — cabe ao órgão gestor de mão de obra efetuar o pagamento da remuneração pelos serviços executados e das parcelas referentes a décimo terceiro salário e férias, diretamente ao trabalhador portuário avulso.

§ 1º O pagamento da remuneração pelos serviços executados será feito no prazo de quarenta e oito horas após o término do serviço.

§ 2º Para efeito do disposto no inciso II, o órgão gestor de mão de obra depositará as parcelas referentes às férias e ao décimo terceiro salário, separada e respectivamente, em contas individuais vinculadas, a serem abertas e movimentadas às suas expensas, especialmente para este fim, em instituição bancária de sua livre escolha, sobre as quais deverão incidir rendimentos mensais com base nos parâmetros fixados para atualização dos saldos dos depósitos de poupança.

§ 3º Os depósitos a que se refere o parágrafo anterior serão efetuados no dia 2 do mês seguinte ao da prestação do serviço, prorrogado o prazo para o primeiro dia útil subsequente se o vencimento cair em dia em que não haja expediente bancário.

§ 4º O operador portuário e o órgão gestor de mão de obra são solidariamente responsáveis pelo pagamento dos encargos trabalhistas, das contribuições previdenciárias e demais obrigações, inclusive acessórias, devidas à Seguridade Social, arrecadadas pelo Instituto Nacional do Seguro Social — INSS, vedada a invocação do benefício de ordem.

§ 5º Os prazos previstos neste artigo podem ser alterados mediante convenção coletiva firmada entre entidades sindicais representativas dos trabalhadores e operadores portuários, observado o prazo legal para recolhimento dos encargos fiscais, trabalhistas e previdenciários.

§ 6º A liberação das parcelas referentes à décimo terceiro salário e férias, depositadas nas contas individuais vinculadas, e o recolhimento do FGTS e dos encargos fiscais e previdenciários serão efetuados conforme regulamentação do Poder Executivo.

Art. 3º O órgão gestor de mão de obra manterá o registro do trabalhador portuário avulso que:

I — for cedido ao operador portuário para trabalhar em caráter permanente;

II — constituir ou se associar a cooperativa formada para se estabelecer como operador portuário, na forma do art. 17 da Lei n. 8.630, de 1993.

§ 1º Enquanto durar a cessão ou a associação de que tratam os incisos I e II deste artigo, o trabalhador deixará de concorrer à escala como avulso.

§ 2º É vedado ao órgão gestor de mão de obra ceder trabalhador portuário avulso cadastrado a operador portuário, em caráter permanente.

Art. 4º É assegurado ao trabalhador portuário avulso cadastrado no órgão gestor de mão de obra o direito de concorrer à escala diária complementando a equipe de trabalho do quadro dos registrados.

Art. 5º A escalação do trabalhador portuário avulso, em sistema de rodízio, será feita pelo órgão gestor de mão de obra.

Art. 6º Cabe ao operador portuário e ao órgão gestor de mão de obra verificar a presença, no local de trabalho, dos trabalhadores constantes da escala diária.

PARÁGRAFO ÚNICO. Somente fará jus à remuneração o trabalhador avulso que, constante da escala diária, estiver em efetivo serviço.

Art. 7º O órgão gestor de mão de obra deverá, quando exigido pela fiscalização do Ministério do Trabalho e do INSS, exibir as listas de escalação diária dos trabalhadores portuários avulsos, por operador portuário e por navio.

PARÁGRAFO ÚNICO. Caberá exclusivamente ao órgão gestor de mão de obra a responsabilidade pela exatidão dos dados lançados nas listas diárias referidas no *caput* deste artigo, assegurando que não haja preterição do trabalhador regularmente registrado e simultaneidade na escalação.

Art. 8º Na escalação diária do trabalhador portuário avulso deverá sempre ser observado um intervalo mínimo de onze horas consecutivas entre duas jornadas, salvo em situações excepcionais, constantes de acordo ou convenção coletiva de trabalho.

Art. 9º Compete ao órgão gestor de mão de obra, ao operador portuário e ao empregador, conforme o caso, cumprir e fazer cumprir as normas concernentes a saúde e segurança do trabalho portuário.

PARÁGRAFO ÚNICO. O Ministério do Trabalho estabelecerá as normas regulamentadoras de que trata o *caput* deste artigo.

Art. 10. O descumprimento do disposto nesta Lei sujeitará o infrator às seguintes multas:

I — de R$ 173,00 (cento e setenta e três reais) a R$ 1.730,00 (um mil, setecentos e trinta reais), por infração ao *caput* do art. 7º;

II — de R$ 575,00 (quinhentos e setenta e cinco reais) a R$ 5.750,00 (cinco mil, setecentos e cinquenta reais), por infração às normas de segurança do trabalho portuário, e de R$ 345,00 (trezentos e quarenta e cinco reais) a R$ 3.450,00 (três mil, quatrocentos e cinquenta reais), por infração às normas de saúde do trabalho, nos termos do art. 9º;

III — de R$ 345,00 (trezentos e quarenta e cinco reais) a R$ 3.450,00 (três mil, quatrocentos e cinquenta reais), por trabalhador em situação irregular, por infração ao parágrafo único do art. 7º e aos demais artigos.

PARÁGRAFO ÚNICO. As multas previstas neste artigo serão graduadas segundo a natureza da infração, sua extensão e a intenção de quem a praticou, e aplicadas em dobro em caso de reincidência, oposição à fiscalização e desacato à autoridade, sem prejuízo das penalidades previstas na legislação previdenciária.

Art. 10-A. É assegurado, na forma do regulamento, benefício assistencial mensal, de até 1 (um) salário mínimo, aos trabalhadores portuários avulsos, com mais de 60 (sessenta) anos, que não cumprirem os requisitos para a aquisição das modalidades de aposentadoria previstas nos arts. 42, 48, 52 e 57 da Lei n. 8.213, de 24 de julho de 1991, e que não possuam meios para prover a sua subsistência. *(Artigo acrescentado pela Lei n. 12.815, de 5.6.2013, DOU 5.6.213 ed. extra)*

PARÁGRAFO ÚNICO. O benefício de que trata este artigo não pode ser acumulado pelo beneficiário com qualquer outro no âmbito da seguridade social ou de outro regime, salvo os da assistência médica e da pensão especial de natureza indenizatória. *(Parágrafo acrescentado pela Lei n. 12.815, de 5.6.2013, DOU 5.6.213 ed. extra)*

Art. 11. *(Revogado pela Lei n. 12.815, de 5.6.2013, DOU 5.6.2013, ed. extra.)*

Art. 12. O processo de autuação e imposição das multas previsto nesta Lei obedecerá ao disposto no Título VII da Consolidação das Leis do Trabalho ou na legislação previdenciária, conforme o caso.

Art. 13. Esta Lei também se aplica aos requisitantes de mão de obra de trabalhador portuário avulso junto ao órgão gestor de mão de obra que não sejam operadores portuários.

Art. 14. Compete ao Ministério do Trabalho e ao INSS a fiscalização da observância das disposições contidas nesta Lei, devendo as autoridades de que trata o art. 3º da Lei n. 8.630, de 1993, colaborar com os Agentes da Inspeção do Trabalho e Fiscais do INSS em sua ação fiscalizadora, nas instalações portuárias ou a bordo de navios.

Art. 15. Ficam convalidados os atos praticados com base na Medida Provisória n. 1.679-18, de 26 de outubro de 1998.

Art. 16. Esta Lei entra em vigor na data de sua publicação.

Art. 17. *(Revoga-se a Medida Provisória n. 1.679-18, de 26 de outubro de 1998)*

Congresso Nacional, em 27 de novembro de 1998; 177º da Independência e 110º da República.

Antonio Carlos Magalhães

LEI N. 9.307, DE 23 DE SETEMBRO DE 1996

(DOU 24.9.1996)

Dispõe sobre a arbitragem

O PRESIDENTE DA REPÚBLICA

Faço saber que o Congresso Nacional decreta e eu sanciono a seguinte Lei:

Capítulo I
Disposições Gerais

Art. 1º As pessoas capazes de contratar poderão valer-se da arbitragem para dirimir litígios relativos a direitos patrimoniais disponíveis.

§ 1º A administração pública direta e indireta poderá utilizar-se da arbitragem para dirimir conflitos relativos a direitos patrimoniais disponíveis. *(Incluído pela Lei n. 13.129, de 2015)* (Vigência)

§ 2º A autoridade ou o órgão competente da administração pública direta para a celebração de convenção de arbitragem é a mesma para a realização de acordos ou transações. *(Incluído pela Lei n. 13.129, de 2015)* (Vigência)

Art. 2º A arbitragem poderá ser de direito ou de equidade, a critério das partes.

§ 1º Poderão as partes escolher, livremente, as regras de direito que serão aplicadas na arbitragem, desde que não haja violação aos bons costumes e à ordem pública.

§ 2º Poderão, também, as partes convencionar que a arbitragem se realize com base nos princípios gerais de direito, nos usos e costumes e nas regras internacionais de comércio.

§ 3º A arbitragem que envolva a administração pública será sempre de direito e respeitará o princípio da publicidade. *(Incluído pela Lei n. 13.129, de 2015)* (Vigência)

Capítulo II
Da Convenção de Arbitragem e seus Efeitos

Art. 3º As partes interessadas podem submeter a solução de seus litígios ao juízo arbitral mediante convenção de arbitragem, assim entendida a cláusula compromissória e o compromisso arbitral.

Art. 4º A cláusula compromissória é a convenção através da qual as partes em um contrato comprometem-se a submeter à arbitragem os litígios que possam vir a surgir, relativamente a tal contrato.

§ 1º A cláusula compromissória deve ser estipulada por escrito, podendo estar inserta no próprio contrato ou em documento apartado que a ele se refira.

§ 2º Nos contratos de adesão, a cláusula compromissória só terá eficácia se o aderente tomar a iniciativa de instituir a arbitragem ou concordar, expressamente, com a sua instituição, desde que por escrito em documento anexo ou em negrito, com a assinatura ou visto especialmente para essa cláusula.

§ 3º (VETADO). *(Incluído pela Lei n. 13.129, de 2015)* (Vigência)

§ 4º (VETADO). *(Incluído pela Lei n. 13.129, de 2015)* (Vigência)

Art. 5º Reportando-se as partes, na cláusula compromissória, às regras de algum órgão arbitral institucional ou entidade especializada, a arbitragem será instituída e processada de acordo com tais regras, podendo, igualmente, as partes estabelecer na própria cláusula, ou em outro documento, a forma convencionada para a instituição da arbitragem.

Art. 6º Não havendo acordo prévio sobre a forma de instituir a arbitragem, a parte interessada manifestará à outra parte sua intenção de dar início à arbitragem, por via postal ou por outro meio qualquer de comunicação, mediante comprovação de recebimento, convocando-a para, em dia, hora e local certos, firmar o compromisso arbitral.

PARÁGRAFO ÚNICO. Não comparecendo a parte convocada ou, comparecendo, recusar-se a firmar o compromisso arbitral, poderá a outra parte propor a demanda de que trata o art. 7º desta Lei, perante o órgão do Poder Judiciário a que, originariamente, tocaria o julgamento da causa.

Art. 7º Existindo cláusula compromissória e havendo resistência quanto à instituição da arbitragem, poderá a parte interessada requerer a citação da outra parte para comparecer em juízo a fim de lavrar-se o compromisso, designando o juiz audiência especial para tal fim.

§ 1º O autor indicará, com precisão, o objeto da arbitragem, instruindo o pedido com o documento que contiver a cláusula compromissória.

§ 2º Comparecendo as partes à audiência, o juiz tentará, previamente, a conciliação acerca do litígio. Não obtendo sucesso, tentará o juiz conduzir as partes à celebração, de comum acordo, do compromisso arbitral.

§ 3º Não concordando as partes sobre os termos do compromisso, decidirá o juiz, após ouvir o réu, sobre seu conteúdo, na própria audiência ou no prazo de dez dias, respeitadas as disposições da cláusula compromissória e atendendo ao disposto nos arts. 10 e 21, § 2º, desta Lei.

§ 4º Se a cláusula compromissória nada dispuser sobre a nomeação de árbitros, caberá ao juiz, ouvidas as partes, estatuir a respeito, podendo nomear árbitro único para a solução do litígio.

§ 5º A ausência do autor, sem justo motivo, à audiência designada para a lavratura do compromisso arbitral, importará a extinção do processo sem julgamento de mérito.

§ 6º Não comparecendo o réu à audiência, caberá ao juiz, ouvido o autor, estatuir a respeito do conteúdo do compromisso, nomeando árbitro único.

§ 7º A sentença que julgar procedente o pedido valerá como compromisso arbitral.

Art. 8º A cláusula compromissória é autônoma em relação ao contrato em que estiver inserta, de tal sorte que a nulidade deste não implica, necessariamente, a nulidade da cláusula compromissória.

PARÁGRAFO ÚNICO. Caberá ao árbitro decidir de ofício, ou por provocação das partes, as questões acerca da existência, validade e eficácia da convenção de arbitragem e do contrato que contenha a cláusula compromissória.

Art. 9º O compromisso arbitral é a convenção através da qual as partes submetem um litígio à arbitragem de uma ou mais pessoas, podendo ser judicial ou extrajudicial.

§ 1º O compromisso arbitral judicial celebrar-se-á por termo nos autos, perante o juízo ou tribunal, onde tem curso a demanda.

§ 2º O compromisso arbitral extrajudicial será celebrado por escrito particular, assinado por duas testemunhas, ou por instrumento público.

Art. 10. Constará, obrigatoriamente, do compromisso arbitral:

I — o nome, profissão, estado civil e domicílio das partes;

II — o nome, profissão e domicílio do árbitro, ou dos árbitros, ou, se for o caso, a identificação da entidade à qual as partes delegaram a indicação de árbitros;

III — a matéria que será objeto da arbitragem; e

IV — o lugar em que será proferida a sentença arbitral.

Art. 11. Poderá, ainda, o compromisso arbitral conter:

I — local, ou locais, onde se desenvolverá a arbitragem;

II — a autorização para que o árbitro ou os árbitros julguem por equidade, se assim for convencionado pelas partes;

III — o prazo para apresentação da sentença arbitral;

IV — a indicação da lei nacional ou das regras corporativas aplicáveis à arbitragem, quando assim convencionarem as partes;

V — a declaração da responsabilidade pelo pagamento dos honorários e das despesas com a arbitragem; e

VI — a fixação dos honorários do árbitro, ou dos árbitros.

PARÁGRAFO ÚNICO. Fixando as partes os honorários do árbitro, ou dos árbitros, no compromisso arbitral, este constituirá título executivo extrajudicial; não havendo tal estipulação, o árbitro requererá ao órgão do Poder Judiciário que seria competente para julgar, originariamente, a causa que os fixe por sentença.

Art. 12. Extingue-se o compromisso arbitral:

I — escusando-se qualquer dos árbitros, antes de aceitar a nomeação, desde que as partes tenham declarado, expressamente, não aceitar substituto;

II — falecendo ou ficando impossibilitado de dar seu voto algum dos árbitros, desde que as partes declarem, expressamente, não aceitar substituto; e

III — tendo expirado o prazo a que se refere o art. 11, inciso III, desde que a parte interessada tenha notificado o árbitro, ou o presidente do tribunal arbitral, concedendo-lhe o prazo de dez dias para a prolação e apresentação da sentença arbitral.

Capítulo III
Dos Árbitros

Art. 13. Pode ser árbitro qualquer pessoa capaz e que tenha a confiança das partes.

§ 1º As partes nomearão um ou mais árbitros, sempre em número ímpar, podendo nomear, também, os respectivos suplentes.

§ 2º Quando as partes nomearem árbitros em número par, estes estão autorizados, desde logo, a nomear mais um árbitro. Não havendo acordo, requererão as partes ao órgão do Poder Judiciário a que tocaria, originariamente, o julgamento da causa a nomeação do árbitro, aplicável, no que couber, o procedimento previsto no art. 7º desta Lei.

§ 3º As partes poderão, de comum acordo, estabelecer o processo de escolha dos árbitros, ou adotar as regras de um órgão arbitral institucional ou entidade especializada.

§ 4º Sendo nomeados vários árbitros, estes, por maioria, elegerão o presidente do tribunal arbitral. Não havendo consenso, será designado presidente o mais idoso.

§ 4º As partes, de comum acordo, poderão afastar a aplicação de dispositivo do regulamento do órgão arbitral institucional ou entidade especializada que limite a escolha do árbitro único, coárbitro ou presidente do tribunal à respectiva lista de árbitros, autorizado o controle da escolha pelos órgãos competentes da instituição, sendo que, nos casos de impasse e arbitragem multiparte, deverá ser observado o que dispuser o regulamento aplicável. *(Redação dada pela Lei n. 13.129, de 2015)* (Vigência)

§ 5º O árbitro ou o presidente do tribunal designará, se julgar conveniente, um secretário, que poderá ser um dos árbitros.

§ 6º No desempenho de sua função, o árbitro deverá proceder com imparcialidade, independência, competência, diligência e discrição.

§ 7º Poderá o árbitro ou o tribunal arbitral determinar às partes o adiantamento de verbas para despesas e diligências que julgar necessárias.

Art. 14. Estão impedidos de funcionar como árbitros as pessoas que tenham, com as partes ou com o litígio que lhes for submetido, algumas das relações que caracterizam os casos de impedimento ou suspeição de juízes, aplicando-se-lhes, no que couber, os mesmos deveres e responsabilidades, conforme previsto no Código de Processo Civil.

§ 1º As pessoas indicadas para funcionar como árbitro têm o dever de revelar, antes da aceitação da função, qualquer fato que denote dúvida justificada quanto à sua imparcialidade e independência.

§ 2º O árbitro somente poderá ser recusado por motivo ocorrido após sua nomeação. Poderá, entretanto, ser recusado por motivo anterior à sua nomeação, quando:

a) não for nomeado, diretamente, pela parte; ou

b) o motivo para a recusa do árbitro for conhecido posteriormente à sua nomeação.

Art. 15. A parte interessada em arguir a recusa do árbitro apresentará, nos termos do art. 20, a respectiva exceção, diretamente ao árbitro ou ao presidente do tribunal arbitral, deduzindo suas razões e apresentando as provas pertinentes.

PARÁGRAFO ÚNICO. Acolhida a exceção, será afastado o árbitro suspeito ou impedido, que será substituído, na forma do art. 16 desta Lei.

Art. 16. Se o árbitro escusar-se antes da aceitação da nomeação, ou, após a aceitação, vier a falecer, tornar-se impossibilitado para o exercício da função, ou for recusado, assumirá seu lugar o substituto indicado no compromisso, se houver.

§ 1º Não havendo substituto indicado para o árbitro, aplicar-se-ão as regras do órgão arbitral institucional ou entidade especializada, se as partes as tiverem invocado na convenção de arbitragem.

§ 2º Nada dispondo a convenção de arbitragem e não chegando as partes a um acordo sobre a nomeação do árbitro a ser substituído, procederá a parte interessada da forma prevista no art. 7º desta Lei, a menos que as partes tenham declarado, expressamente, na convenção de arbitragem, não aceitar substituto.

Art. 17. Os árbitros, quando no exercício de suas funções ou em razão delas, ficam equiparados aos funcionários públicos, para os efeitos da legislação penal.

Art. 18. O árbitro é juiz de fato e de direito, e a sentença que proferir não fica sujeita a recurso ou a homologação pelo Poder Judiciário.

Capítulo IV
Do Procedimento Arbitral

Art. 19. Considera-se instituída a arbitragem quando aceita a nomeação pelo árbitro, se for único, ou por todos, se forem vários.

§ 1º Instituída a arbitragem e entendendo o árbitro ou o tribunal arbitral que há necessidade de explicitar questão disposta na convenção de arbitragem, será elaborado, juntamente com as partes, adendo firmado por todos, que passará a fazer parte integrante da convenção de arbitragem. *(Incluído pela Lei n. 13.129, de 2015)* (Vigência)

§ 2º A instituição da arbitragem interrompe a prescrição, retroagindo à data do requerimento de sua instauração, ainda que extinta a arbitragem por ausência de jurisdição. *(Incluído pela Lei n. 13.129, de 2015)* (Vigência)

Art. 20. A parte que pretender arguir questões relativas à competência, suspeição ou impedimento do árbitro ou dos árbitros, bem como nulidade, invalidade ou ineficácia da convenção de arbitragem, deverá fazê-lo na primeira oportunidade que tiver de se manifestar, após a instituição da arbitragem.

§ 1º Acolhida a arguição de suspeição ou impedimento, será o árbitro substituído nos termos do art. 16 desta Lei, reconhecida a incompetência do árbitro ou do tribunal arbitral, bem como a nulidade, invalidade ou ineficácia da convenção de arbitragem, serão as partes remetidas ao órgão do Poder Judiciário competente para julgar a causa.

§ 2º Não sendo acolhida a arguição, terá normal prosseguimento a arbitragem, sem prejuízo de vir a ser examinada a decisão pelo órgão do Poder Judiciário competente, quando da eventual propositura da demanda de que trata o art. 33 desta Lei.

Art. 21. A arbitragem obedecerá ao procedimento estabelecido pelas partes na convenção de arbitragem, que poderá reportar-se às regras de um órgão arbitral institucional ou entidade especializada, facultando-se, ainda, às partes delegar ao próprio árbitro, ou ao tribunal arbitral, regular o procedimento.

§ 1º Não havendo estipulação acerca do procedimento, caberá ao árbitro ou ao tribunal arbitral discipliná-lo.

§ 2º Serão, sempre, respeitados no procedimento arbitral os princípios do contraditório, da igualdade das partes, da imparcialidade do árbitro e de seu livre convencimento.

§ 3º As partes poderão postular por intermédio de advogado, respeitada, sempre, a faculdade de designar quem as represente ou assista no procedimento arbitral.

§ 4º Competirá ao árbitro ou ao tribunal arbitral, no início do procedimento, tentar a conciliação das partes, aplicando-se, no que couber, o art. 28 desta Lei.

Art. 22. Poderá o árbitro ou o tribunal arbitral tomar o depoimento das partes, ouvir testemunhas e determinar a realização de perícias ou outras provas que julgar necessárias, mediante requerimento das partes ou de ofício.

§ 1º O depoimento das partes e das testemunhas será tomado em local, dia e hora previamente comunicados, por escrito, e reduzido a termo, assinado pelo depoente, ou a seu rogo, e pelos árbitros.

§ 2º Em caso de desatendimento, sem justa causa, da convocação para prestar depoimento pessoal, o árbitro ou o tribunal arbitral levará em consideração o comportamento da parte faltosa, ao proferir sua sentença; se a ausência for de testemunha, nas mesmas circunstâncias, poderá o árbitro ou o presidente do tribunal arbitral requerer à autoridade judiciária que conduza a testemunha renitente, comprovando a existência da convenção de arbitragem.

§ 3º A revelia da parte não impedirá que seja proferida a sentença arbitral.

§ 4º *(Revogado pela Lei n. 13.129, de 2015)* (Vigência)

§ 5º Se, durante o procedimento arbitral, um árbitro vier a ser substituído fica a critério do substituto repetir as provas já produzidas.

CAPÍTULO IV-A
DAS TUTELAS CAUTELARES E DE URGÊNCIA

(Incluído pela Lei n. 13.129, de 2015) (vigência)

Art. 22-A. Antes de instituída a arbitragem, as partes poderão recorrer ao Poder Judiciário para a concessão de medida cautelar ou de urgência. *(Incluído pela Lei n. 13.129, de 2015)* (Vigência)

PARÁGRAFO ÚNICO. Cessa a eficácia da medida cautelar ou de urgência se a parte interessada não requerer a instituição da arbitragem no prazo de 30 (trinta) dias, contado da data de efetivação da respectiva decisão. *(Incluído pela Lei n. 13.129, de 2015)* (Vigência)

Art. 22-B. Instituída a arbitragem, caberá aos árbitros manter, modificar ou revogar a medida cautelar ou de urgência concedida pelo Poder Judiciário. *(Incluído pela Lei n. 13.129, de 2015)* (Vigência)

PARÁGRAFO ÚNICO. Estando já instituída a arbitragem, a medida cautelar ou de urgência será requerida diretamente aos árbitros. *(Incluído pela Lei n. 13.129, de 2015)* (Vigência)

CAPÍTULO IV-B
DA CARTA ARBITRAL

(Incluído pela Lei n. 13.129, de 2015) (vigência)

Art. 22-C. O árbitro ou o tribunal arbitral poderá expedir carta arbitral para que o órgão jurisdicional nacional pratique ou determine o cumprimento, na área de sua competência territorial, de ato solicitado pelo árbitro. *(Incluído pela Lei n. 13.129, de 2015)* (Vigência)

PARÁGRAFO ÚNICO. No cumprimento da carta arbitral será observado o segredo de justiça, desde que comprovada a confidencialidade estipulada na arbitragem. *(Incluído pela Lei n. 13.129, de 2015)* (Vigência)

Capítulo V
Da Sentença Arbitral

Art. 23. A sentença arbitral será proferida no prazo estipulado pelas partes. Nada tendo sido convencionado, o prazo para a apresentação da sentença é de seis meses, contado da instituição da arbitragem ou da substituição do árbitro.

§ 1º Os árbitros poderão proferir sentenças parciais. *(Incluído pela Lei n. 13.129, de 2015)* (Vigência)

§ 2º As partes e os árbitros, de comum acordo, poderão prorrogar o prazo para proferir a sentença final. *(Incluído pela Lei n. 13.129, de 2015)* (Vigência)

Art. 24. A decisão do árbitro ou dos árbitros será expressa em documento escrito.

§ 1º Quando forem vários os árbitros, a decisão será tomada por maioria. Se não houver acordo majoritário, prevalecerá o voto do presidente do tribunal arbitral.

§ 2º O árbitro que divergir da maioria poderá, querendo, declarar seu voto em separado.

Art. 25. *(Revogado pela Lei n. 13.129, de 2015)* (Vigência)

PARÁGRAFO ÚNICO.-*(Revogado pela Lei n. 13.129, de 2015)* (Vigência)

Art. 26. São requisitos obrigatórios da sentença arbitral:

I — o relatório, que conterá os nomes das partes e um resumo do litígio;

II — os fundamentos da decisão, onde serão analisadas as questões de fato e de direito, mencionando-se, expressamente, se os árbitros julgaram por equidade;

III — o dispositivo, em que os árbitros resolverão as questões que lhes forem submetidas e estabelecerão o prazo para o cumprimento da decisão, se for o caso; e

IV — a data e o lugar em que foi proferida.

PARÁGRAFO ÚNICO. A sentença arbitral será assinada pelo árbitro ou por todos os árbitros. Caberá ao presidente do tribunal arbitral, na hipótese de um ou alguns dos árbitros não poder ou não querer assinar a sentença, certificar tal fato.

Art. 27. A sentença arbitral decidirá sobre a responsabilidade das partes acerca das custas e despesas com a arbitragem, bem como sobre verba decorrente de litigância de má-fé, se for o caso, respeitadas as disposições da convenção de arbitragem, se houver.

Art. 28. Se, no decurso da arbitragem, as partes chegarem a acordo quanto ao litígio, o árbitro ou o tribunal arbitral poderá, a pedido das partes, declarar tal fato mediante sentença arbitral, que conterá os requisitos do art. 26 desta Lei.

Art. 29. Proferida a sentença arbitral, dá-se por finda a arbitragem, devendo o árbitro, ou o presidente do tribunal arbitral, enviar cópia da decisão às partes, por via postal ou por outro meio qualquer de comunicação, mediante comprovação de recebimento, ou, ainda, entregando-a diretamente às partes, mediante recibo.

Art. 30. No prazo de 5 (cinco) dias, a contar do recebimento da notificação ou da ciência pessoal da sentença arbitral, salvo se outro prazo for acordado entre as partes, a parte interessada, mediante comunicação à outra parte, poderá solicitar ao árbitro ou ao tribunal arbitral que: *(Redação dada pela Lei n. 13.129, de 2015)* (Vigência)

I — corrija qualquer erro material da sentença arbitral;

II — esclareça alguma obscuridade, dúvida ou contradição da sentença arbitral, ou se pronuncie sobre ponto omitido a respeito do qual devia manifestar-se a decisão.

PARÁGRAFO ÚNICO. O árbitro ou o tribunal arbitral decidirá no prazo de 10 (dez) dias ou em prazo acordado com as partes, aditará a sentença arbitral e notificará as partes na forma do art. 29. *(Redação dada pela Lei n. 13.129, de 2015)* (Vigência)

Art. 31. A sentença arbitral produz, entre as partes e seus sucessores, os mesmos efeitos da sentença proferida pelos órgãos do Poder Judiciário e, sendo condenatória, constitui título executivo.

Art. 32. É nula a sentença arbitral se:

I — for nula a convenção de arbitragem; *(Redação dada pela Lei n. 13.129, de 2015)* (Vigência)

II — emanou de quem não podia ser árbitro;

III — não contiver os requisitos do art. 26 desta Lei;

IV — for proferida fora dos limites da convenção de arbitragem;

V — *(Revogado pela Lei n. 13.129, de 2015)* (Vigência)

VI — comprovado que foi proferida por prevaricação, concussão ou corrupção passiva;

VII — proferida fora do prazo, respeitado o disposto no art. 12, inciso III, desta Lei; e

VIII — forem desrespeitados os princípios de que trata o art. 21, § 2º, desta Lei.

Art. 33. A parte interessada poderá pleitear ao órgão do Poder Judiciário competente a declaração de nulidade da sentença arbitral, nos casos previstos nesta Lei. (Redação dada pela Lei n. 13.129, de 2015) (Vigência)

§ 1º A demanda para a declaração de nulidade da sentença arbitral, parcial ou final, seguirá as regras do procedimento comum, previstas na Lei n. 5.869, de 11 de janeiro de 1973 (Código de Processo Civil), e deverá ser proposta no prazo de até 90 (noventa) dias após o recebimento da notificação da respectiva sentença, parcial ou final, ou da decisão do pedido de esclarecimentos. *(Redação dada pela Lei n. 13.129, de 2015)* (Vigência)

§ 2º A sentença que julgar procedente o pedido declarará a nulidade da sentença arbitral, nos casos do art. 32, e determinará, se for o caso, que o árbitro ou o tribunal profira nova sentença arbitral. *(Redação dada pela Lei n. 13.129, de 2015)* (Vigência)

§ 3º A decretação da nulidade da sentença arbitral também poderá ser requerida na impugnação ao cumprimento da sentença, nos termos dos arts. 525 e seguintes do Código de Processo Civil, se houver execução judicial. *(Redação dada pela Lei n. 13.105, de 2015)* (Vigência)

§ 4º A parte interessada poderá ingressar em juízo para requerer a prolação de sentença arbitral complementar, se o árbitro não decidir todos os pedidos submetidos à arbitragem. *(Incluído pela Lei n. 13.129, de 2015)* (Vigência)

Capítulo VI
Do Reconhecimento e Execução de Sentenças Arbitrais Estrangeiras

Art. 34. A sentença arbitral estrangeira será reconhecida ou executada no Brasil de conformidade com os tratados internacionais com eficácia no ordenamento interno e, na sua ausência, estritamente de acordo com os termos desta Lei.

PARÁGRAFO ÚNICO. Considera-se sentença arbitral estrangeira a que tenha sido proferida fora do território nacional.

Art. 35. Para ser reconhecida ou executada no Brasil, a sentença arbitral estrangeira está sujeita, unicamente, à homologação do Superior Tribunal de Justiça. *(Redação dada pela Lei n. 13.129, de 2015)* (Vigência)

Art. 36. Aplica-se à homologação para reconhecimento ou execução de sentença arbitral estrangeira, no que couber, o disposto nos arts. 483 e 484 do Código de Processo Civil.

Art. 37. A homologação de sentença arbitral estrangeira será requerida pela parte interessada, devendo a petição inicial conter as indicações da lei processual, conforme o art. 282 do Código de Processo Civil, e ser instruída, necessariamente, com:

I — o original da sentença arbitral ou uma cópia devidamente certificada, autenticada pelo consulado brasileiro e acompanhada de tradução oficial;

II — o original da convenção de arbitragem ou cópia devidamente certificada, acompanhada de tradução oficial.

Art. 38. Somente poderá ser negada a homologação para o reconhecimento ou execução de sentença arbitral estrangeira, quando o réu demonstrar que:

I — as partes na convenção de arbitragem eram incapazes;

II — a convenção de arbitragem não era válida segundo a lei à qual as partes a submeteram, ou, na falta de indicação, em virtude da lei do país onde a sentença arbitral foi proferida;

III — não foi notificado da designação do árbitro ou do procedimento de arbitragem, ou tenha sido violado o princípio do contraditório, impossibilitando a ampla defesa;

IV — a sentença arbitral foi proferida fora dos limites da convenção de arbitragem, e não foi possível separar a parte excedente daquela submetida à arbitragem;

V — a instituição da arbitragem não está de acordo com o compromisso arbitral ou cláusula compromissória;

VI — a sentença arbitral não se tenha, ainda, tornado obrigatória para as partes, tenha sido anulada, ou, ainda, tenha sido suspensa por órgão judicial do país onde a sentença arbitral for prolatada.

Art. 39. A homologação para o reconhecimento ou a execução da sentença arbitral estrangeira também será denegada se o Superior Tribunal de Justiça constatar que: *(Redação dada pela Lei n. 13.129, de 2015)* (Vigência)

I — segundo a lei brasileira, o objeto do litígio não é suscetível de ser resolvido por arbitragem;

II — a decisão ofende a ordem pública nacional.

PARÁGRAFO ÚNICO. Não será considerada ofensa à ordem pública nacional a efetivação da citação da parte residente ou domiciliada no Brasil, nos moldes da convenção de arbitragem ou da lei processual do país onde se realizou a arbitragem, admitindo-se, inclusive, a citação postal com prova inequívoca de recebimento, desde que assegure à parte brasileira tempo hábil para o exercício do direito de defesa.

Art. 40. A denegação da homologação para reconhecimento ou execução de sentença arbitral estrangeira por vícios formais, não obsta que a parte interessada renove o pedido, uma vez sanados os vícios apresentados.

Capítulo VII
Disposições Finais

Art. 41. Os arts. 267, inciso VII; 301, inciso IX; e 584, inciso III, do Código de Processo Civil passam a ter a seguinte redação:

"Art. 267. ....

VII — pela convenção de arbitragem;"

"Art. 301. ....

IX — convenção de arbitragem;"

"Art. 584. ....

III — a sentença arbitral e a sentença homologatória de transação ou de conciliação;"

Art. 42. O art. 520 do Código de Processo Civil passa a ter mais um inciso, com a seguinte redação:

"Art. 520. ....

VI — julgar procedente o pedido de instituição de arbitragem."

Art. 43. Esta Lei entrará em vigor sessenta dias após a data de sua publicação.

Art. 44. Ficam revogados os arts. 1.037 a 1.048 da Lei n. 3.071, de 1º de janeiro de 1916, Código Civil Brasileiro; os arts. 101 e 1.072 a 1.102 da Lei n. 5.869, de 11 de janeiro de 1973, Código de Processo Civil; e demais disposições em contrário.

Brasília, 23 de setembro de 1996; 175º da Independência e 108º da República.

Fernando Henrique Cardoso
Nelson A. Jobim

LEI N. 10.224, DE 15 DE MAIO DE 2001

(DOU 16.5.2001)

Altera o Decreto-lei n. 2.848, de 7 de dezembro de 1940 — Código Penal, para dispor sobre o crime de assédio sexual e dá outras providências

O PRESIDENTE DA REPÚBLICA,

Faço saber que o Congresso Nacional decreta e eu sanciono a seguinte Lei:

Art. 1º O Decreto-lei n. 2.848, de 7 de dezembro de 1940 — Código Penal, passa a vigorar acrescido do seguinte art. 216-A:

"Assédio sexual" (AC)(*)

"Art. 216-A. Constranger alguém com o intuito de obter vantagem ou favorecimento sexual, prevalecendo-se o agente da sua condição de superior hierárquico ou ascendência inerentes ao exercício de emprego, cargo ou função." (AC)

"Pena — detenção, de 1 (um) a 2 (dois) anos." (AC)

"Parágrafo único. *(Vetado)*."

"§ 2º A pena é aumentada em até um terço se a vítima é menor de 18 (dezoito) anos." (NR) *(Acrescentado pela Lei n. 12.015, de 7.8.2009, DOU 10.8.2009)*

Art. 2º Esta lei entra em vigor na data de sua publicação.

Brasília, 15 de maio de 2001; 180º da Independência e 113º da República.

Fernando Henrique Cardoso
José Gregori

LEI N. 10.778, DE 24 DE NOVEMBRO DE 2003

(DOU 25.11.2003)

Estabelece a notificação compulsória, no território nacional, do caso de violência contra a mulher que for atendida em serviços de saúde públicos ou privados

O PRESIDENTE DA REPÚBLICA,

Faço saber que o Congresso Nacional decreta e eu sanciono a seguinte Lei:

Art. 1º Constitui objeto de notificação compulsória, em todo o território nacional, a violência contra a mulher atendida em serviços de saúde públicos e privados.

§ 1º Para os efeitos desta Lei, entende-se por violência contra a mulher qualquer ação ou conduta, baseada no gênero, inclusive decorrente de discriminação ou desigualdade étnica, que cause morte, dano ou sofrimento físico, sexual ou psicológico à mulher, tanto no âmbito público quanto no privado. *(Redação dada pela Lei n. 12.288, de 20.7.2010, DOU 21.7.2010)*.

§ 2º Entender-se-á que violência contra a mulher inclui violência física, sexual e psicológica e que:

(*) AC = Acréscimo

I — tenha ocorrido dentro da família ou unidade doméstica ou em qualquer outra relação interpessoal, em que o agressor conviva ou haja convivido no mesmo domicílio que a mulher e que compreende, entre outros, estupro, violação, maus-tratos e abuso sexual;

II — tenha ocorrido na comunidade e seja perpetrada por qualquer pessoa e que compreende, entre outros, violação, abuso sexual, tortura, maus-tratos de pessoas, tráfico de mulheres, prostituição forçada, sequestro e assédio sexual no lugar de trabalho, bem como em instituições educacionais, estabelecimentos de saúde ou qualquer outro lugar; e

III — seja perpetrada ou tolerada pelo Estado ou seus agentes, onde quer que ocorra.

§ 3º Para efeito da definição serão observados também as convenções e acordos internacionais assinados pelo Brasil, que disponham sobre prevenção, punição e erradicação da violência contra a mulher.

Art. 2º A autoridade sanitária proporcionará as facilidades ao processo de notificação compulsória, para o fiel cumprimento desta Lei.

Art. 3º A notificação compulsória dos casos de violência de que trata esta Lei tem caráter sigiloso, obrigando nesse sentido as autoridades sanitárias que a tenham recebido.

PARÁGRAFO ÚNICO. A identificação da vítima de violência referida nesta Lei, fora do âmbito dos serviços de saúde, somente poderá efetivar-se, em caráter excepcional, em caso de risco à comunidade ou à vítima, a juízo da autoridade sanitária e com conhecimento prévio da vítima ou do seu responsável.

Art. 4º As pessoas físicas e as entidades, públicas ou privadas, abrangidas ficam sujeitas às obrigações previstas nesta Lei.

Art. 5º A inobservância das obrigações estabelecidas nesta Lei constitui infração da legislação referente à saúde pública, sem prejuízo das sanções penais cabíveis.

Art. 6º Aplica-se, no que couber, à notificação compulsória prevista nesta Lei, o disposto na Lei n. 6.259, de 30 de outubro de 1975.

Art. 7º O Poder Executivo, por iniciativa do Ministério da Saúde, expedirá a regulamentação desta Lei.

Art. 8º Esta Lei entrará em vigor 120 (cento e vinte) dias após a sua publicação.

Brasília, 24 de novembro de 2003; 182º da Independência e 115º da República.

Luiz Inácio Lula da Silva
Humberto Sérgio Costa Lima
José Dirceu de Oliveira e Silva

LEI N. 10.803, DE 11 DE DEZEMBRO DE 2003

(DOU 12.12.2003)

Altera o art. 149 do Decreto-lei n. 2.848, de 7 de dezembro de 1940. Código Penal, para estabelecer penas ao crime nele tipificado e indicar as hipóteses em que se configura condição análoga à de escravo

O PRESIDENTE DA REPÚBLICA

Faço saber que o Congresso Nacional decreta e eu sanciono a seguinte Lei:

Art. 1º O art. 149 do Decreto-lei n. 2.848, de 7 de dezembro de 1940, passa a vigorar com a seguinte redação:

"Art. 149. Reduzir alguém a condição análoga à de escravo, quer submetendo-o a trabalhos forçados ou a jornada exaustiva, quer sujeitando-o a condições degradantes de trabalho, quer restringindo, por qualquer meio, sua locomoção em razão de dívida contraída com o empregador ou preposto:

Pena — reclusão, de dois a oito anos, e multa, além da pena correspondente à violência.

§ 1º Nas mesmas penas incorre quem:

I — cerceia o uso de qualquer meio de transporte por parte do trabalhador, com o fim de retê-lo no local de trabalho;

II — mantém vigilância ostensiva no local de trabalho ou se apodera de documentos ou objetos pessoais do trabalhador, com o fim de retê-lo no local de trabalho.

§ 2º A pena é aumentada de metade, se o crime é cometido:

I — contra criança ou adolescente;

II — por motivo de preconceito de raça, cor, etnia, religião ou origem." (NR)

Art. 2º Esta Lei entra em vigor na data de sua publicação.

Brasília, 11 de dezembro de 2003; 182º da Independência e 115º da República.

LUIZ INÁCIO LULA DA SILVA
MÁRCIO THOMAZ BASTOS

MULTAS ADMINISTRATIVAS TRABALHISTAS APLICAÇÃO

PORTARIA GM/MTb N. 290, DE 11 DE ABRIL DE 1997

(DOU 18.4.1997)

Aprova normas para a imposição de multas administrativas previstas na legislação trabalhista

— V. Lei n. 10.522, 19.7.2002, DOU 22.7.2002, art. 29, que dispõe "Os débitos de qualquer natureza para com a Fazenda Nacional e os decorrentes de contribuições arrecadadas pela União, constituídos ou não, cujos fatos geradores tenham ocorrido até 31 de dezembro de 1994, que não hajam sido objeto de parcelamento requerido até 31 de agosto de 1995, expressos em quantidade de UFIR, serão reconvertidos para real, com base no valor daquela fixado para 1º de janeiro de 1997."

O MINISTRO DE ESTADO DO TRABALHO, no uso da atribuição que lhe confere o art. 87, parágrafo único, inciso II da Constituição,

Considerando a necessidade de definir critérios para a gradação das multas administrativas variáveis previstas na legislação trabalhista, resolve:

Art. 1º Ficam aprovadas as tabelas constantes nos anexos I, II e III, desta portaria.

Art. 2º As multas administrativas variáveis, quando a lei não determinar sua imposição pelo valor máximo, serão graduadas observando-se os seguintes critérios:

I — natureza da infração (arts. 75 e 351 da CLT);

II — intenção do infrator (arts. 75 e 351 da CLT);

III — meios ao alcance do infrator para cumprir a lei (art. 5º da Lei n. 7.855/89);

IV — extenção da infração (arts. 75 e 351 da CLT);

V — situação econômico-financeira do infrator (art. 5º da Lei n. 7.855/89).

Parágrafo único. O valor final da multa administrativa variável será calculado aplicando-se o percentual fixo de 20% do valor máximo previsto na lei, acrescidos os percentuais de 8% a 40%, conforme o porte econômico do infrator e de 40%, conforme a extensão da infração, cumulativamente, nos termos das tabelas constantes no Anexo III.

Art. 3º A multa prevista no art. 25, da Lei n. 7.998 de janeiro de 1990, será imposta na forma do disposto no art. 9º, da Portaria n. 1.127, de 22 de fevereiro de 1996.

Art. 4º Esta portaria entra em vigor na data de sua publicação.

PAULO PAIVA

ANEXO I

Tabela das Multas Administrativas de Valor Fixo (em UFIR)
Valor da UFIR para o exercício do ano 2000 — R$ 1,0641 — V. Lei n. 10.192, de 14.2.2001, DOU 16.2.2001, arts. 6º a 8º, p. 639

NATUREZA	INFRAÇÃO	BASE LEGAL	QUANTIDADE	OBSERVAÇÕES
Obrigatoriedade da CTPS	CLT art. 13	CLT art. 55	378,2847	
Falta anotação da CTPS	CLT art. 29	CLT art. 54	278,2847	
Falta registro de empregado	CLT art. 41	CLT art. 47	378,2847	Por empregado, dobrado na reincidência
Falta de autentificação LRE/FRE	CLT art. 41 parágrafo único	CLT art. 47 parágrafo único	189,1424	Dobrado na reincidência.
Falta de autentificação LRE/FRE	CLT art. 41 parágrafo único	CLT art. 47 parágrafo único	189,1424	Dobrado na reincidência
Falta de autentificação LRE/FRE	CLT art. 42 parágrafo único	CLT art. 47 parágrafo único	189,1424	Dobrado na reincidência
Venda CTPS (igual ou semelhante)	CLT art. 51	CLT art. 51	1.134,8541	
Extravio ou inutilização CTPS	CLT art. 52	CLT art. 52	189,1424	
Retenção da CTPS	CLT art. 53	CLT art. 53	189,1424	
Não comparecimento audiência p/ anotação CTPS	CLT art. 54	CLT art. 54	378,2847	
Cobrança CTPS pelo sindicato	CLT art. 56	CLT art. 56	1.134,8541	
Férias	CLT arts. 129/152	CLT art. 153	160,0000	Por empregado, dobrado na reincidência, embaraço ou resistência
Trabalho do menor (Criança e Adolescente)	CLT arts. 402/441	CLT art. 434	378,2847	Por menor irregular até o máximo de 1.891,4236 quando infrator primário. Dobrado esse máximo na reincidência
Anotação indevida CTPS	CLT art. 435	CLT art. 435	378,2847	
Contrato individual de trabalho	CLT art.442/508	CLT art. 510	378,2847	Dobrado na reincidência
Atraso Pagamento de Salário	CLT art. 459 § 1º	art. 4º Lei n. 7.855/89	160,0000	Por empregado prejudicado
Não Pagamento de Verbas Recisórias Prazo Previsto	CLT art. 477 § 8º	CLT art. 477 § 8º	160,0000	Por empregado prejudicado + multa 1 (um) salário, corrigido, para o empregado
13º Salário	Lei n. 4.090/62	Lei n. 7.855/89 art. 3º	160,0000	Por empregado, dobrado na reincidência
Vale-transporte	Lei n. 7.418/85	Lei n. 7.855/89 art. 3º	160.0000	Por empregado, dobrado na reincidência
Entrega de CAGED c/ atraso até 30 dias	Lei n. 4.923/65	Lei n. 4.923/65 art. 10, parágrafo único	4,2000	Por empregado

Legislação Complementar

NATUREZA	INFRAÇÃO	BASE LEGAL	QUANTIDADE	OBSERVAÇÕES
Entrega de CAGED c/ atraso até 31 dias a 60 dias	Lei n. 4.923/65	Lei n. 4.923/65 art. 10, parágrafo único	6,3000	Por empregado
Falta de CAGED/entrega c/ atraso acima de 60 dias	Lei n. 4.923/65	Lei n. 4.923/65 art. 10	12,6000	Por empregado
Trabalho temporário	Lei n. 6.019/74	Lei n. 7.855/89 art. 3º	160,0000	Por empregado, dobrado na reincidência
Atividade petrolífera	Lei n. 5.811/72	Lei n. 7.855/89 art. 3º	160,0000	Por empregado, dobrado na reincidência
Aeronauta	Lei n. 7.183/84	Lei n. 7.855/89 art. 3º	160,0000	Por empregado, dobrado na reincidência

FUNDAMENTAÇÃO LEGAL:

1 — Decreto-lei n. 5.452, de 1º de maio de 1943
2 — Lei n. 4.923, de 23 de dezembro de 1965 — (art. 11)
3 — Decreto-lei n. 193, de 24 de fevereiro de 1967 — (art. 1º)
4 — Decreto-lei n. 229, de 28 de fevereiro de 1967
5 — Lei n. 5.562, de 12 de dezembro de 1968 — (art. 2º)
6 — Lei n. 6.205, de 29 de abril de 1975 — (art. 2º, parágrafo único)
7 — Decreto n. 75.704, de 8 de maio de 1975
8 — Lei n. 6.514, de 22 de dezembro de 1977
9 — Lei n. 6.986, de 13 de abril de 1982 — (art. 7º)
10 — Lei n. 7.855, de 24 de outubro de 1989 — (arts. 2º a 6º)
11 — Lei n. 8.177, de 1º de março de 1991 — (art. 3º)
12 — Lei n. 8.178, de 1º de março de 1991 — (art. 21)
13 — Lei n. 8.218, de 29 de agosto de 1991 — (art. 10)
14 — Lei n. 8.383, de 30 de dezembro de 1991 — (arts. 1º e 3º)

ANEXO II
Tabela das Multas Administrativas de Valor Variável (em UFIR)

NATUREZA	INFRAÇÃO	BASE LEGAL	QUANTIDADE		OBSERVAÇÕES
			Mín.	Máx.	
Duração do trabalho	CLT arts. 57/74	CLT art. 75	37,8285	3.782,8472	Dobrado na reincidência oposição ou desacato
Salário Mínimo	CLT arts. 76/126	CLT art. 120	37,8285	1.153,1389	Dobrado na reincidência
Segurança do trabalho	CLT arts. 154/200	CLT art. 201	630,4745	6.304,7452	Vr. Máximo reincidência embaraço, resistência, artifício, simulação
Medicina do Trabalho	CLT arts. 154/200	CLT art. 201	378,2847	3.782,8472	Vr. Máximo reincidência embaraço, resistência, artifício, simulação
Duração e Condições Especiais do Trabalho	CLT arts. 224/350	CLT art. 351	37,8285	3.782,8472	Dobrado na reincidência, oposição ou desacato
Nacionalização do Trabalho	CLT arts. 352/371	CLT art. 364	75,6569	7.565,6943	
Trabalho da Mulher	CLT arts. 372/400	CLT art. 401	75,6569	756,5964	Vr. Máximo na reincidêcia artifício, simulação ou fraude
Contribuição sindical	CLT arts. 578/610	CLT art. 598	7,5657	7.565,6943	
Fiscalização	CLT arts. 626/642	CLT art. 630 § 6º	189,1424	1.891,4236	
FGTS: Falta de depósito	Lei n. 8.036/90 art. 23,I	Lei n. 8.036/90 art. 23, § 2º "b"	10,0000	100,0000	Por empregado, dobrado na reincidência, fraude, simulação, artifício, ardil, resistência, embaraço ou desacato
FGTS: omitir informações sobre a conta vinculada do trabalhador	Lei n. 8.036/90 art. 23, II	Lei n. 8.036/90 art. 23, § 2º,"a"	2,0000	5,0000	Por empregado, dobrado na reincidência, fraude, simulação, artifício, ardil, resistência, embaraço ou desacato
FGTS: deixar de computar parcela de remuneração	Lei n. 8.036/90 art. 23, IV	Lei n. 8.036/90 art. 23 § 2º,"b"	10,0000	100,0000	Por empregado, dobrado na reincidência, fraude, simulação, artifício, ardil, resistência, embaraço ou desacato
Seguro-desemprego	Lei n. 7.998/90 art. 24	Lei n. 7.998/90 art. 25	400,0000	40.000,0000	Dobrado na reincidência, oposição ou desacato
RAIS: não entregar no prazo previsto, entregar com erro, omissão ou declaração falsa	Decreto 76.900/75 art. 7º c/ Lei n. 7.998/90 art. 24	Lei n. 7.998/90 art. 25	400,0000	40.000,0000	Dobrado na reincidência, oposição ou desacato Gradação conforme Port. MTb. n. 319, de 26.2.93 (art. 6º) e 1.127, de 22.11.1996
Trabalho rural (ver IN Intersecretarial SEFIT/SSST/ MTb n. 1, de 24.3.1994, que prevê mesmos critérios para o trabalho urbano e o rural, por força da CF)	Lei n. 5.889/73 art. 9º	Lei n. 5.889/73 art. 18	3,7828	378,2847	Por empregado, limitado a 151,3140 quando o infrator for primário Dobrado na reincidência oposição ou desacato.
Radialista	Lei n. 6.615/78	Lei n. 6.615/78 art. 27	107,1738	1.071,7382	53,5869 por empregado. Valor máximo na reincidência, embaraço, resistência, artifício ou simulação

NATUREZA	INFRAÇÃO	BASE LEGAL	QUANTIDADE		OBSERVAÇÕES
			Mín.	Máx.	
Jornalista	Decreto-lei n. 972/69	Decreto Lei n. 972/69, art. 13	53,5869	535,8692	
Artista	Lei n. 6.533/78	Lei n. 6.533/78, Art. 33	107,1738	1.071,7382	53,5869 por empregado. Valor máximo na reincidência, embaraço, resistência, artifício ou simulação
Publicitário	Lei n. 4.680/65	Lei n. 4.680/65, art. 16	3,7828	378,2847	Valores sem expressão na moeda atual, por falta de base legal para atualização ou majoração até 7/89.
Repouso semanal remunerado	Lei n. 605/49	Lei n. 605/49, art. 12	0,0000	0,0040	Idem

FUNDAMENTAÇÃO LEGAL:

1 — Decreto-lei n. 5.452, de 1º de maio de 1943
2 — Lei n. 4.923,de 23 de dezembro de 1965 — (art. 11)
3 — Decreto-lei n. 193, de 24 de fevereiro de 1967 — (art. 1º)
4 — Decreto-lei n. 229, de 28 de fevereiro de 1967
5 — Lei n. 5.562,de 12 de dezembro de 1968 — (art. 2º)
6 — Lei n. 6.205, de 29 de abril de 1975 — (art. 2º, parágrafo único)
7 — Decreto n. 75.704, de 8 de maio de 1975
8 — Lei n. 6.514, de 22 de dezembro de 1977
9 — Lei n. 6.986, de 13 de abril de 1982 — (art. 7º)
10 — Lei n. 7.855, de 24 de outubro de 1989 — (art. 2º a 6º)
11 — Lei n. 8.177, de 1º de março de 1991 — (art. 3º)
12 — Lei n. 8.178, de 1º de março de 1991 — (art. 21)
13 — Lei n. 8.218, de 29 de março de 1991 — (art. 10)
14 — Lei n. 8.383, de 30 de dezembro de 1991 — (arts. 1º e 3º)

ANEXO III

A — TABELA EM UFIR DE GRADUAÇÃO DAS MULTAS DE VALOR VARIÁVEL (art. 5º)

CRITÉRIOS	VALOR A SER ATRIBUÍDO
I — Natureza da infração Intenção do infrator de praticar a infração Meios ao alcance do infrator para cumprir a lei	20% do valor máximo previsto para multa, equivalente ao conjunto dos três critérios. Obs.: Percentual fixo aplicável a todas as infrações, conforme tabela "B" abaixo.
II — Porte Econômico do infrator	De 8% a 40% do valor máximo previsto para a multa, conforme tabela abaixo.
III — Extensão da infração	a) 40% do valor máximo previsto para a multa, quando se tratar de infração a: — Capítulos II e III do Título II da CLT (Duração do Trabalho e Salário Mínimo) — Capítulos II e III do Título III da CLT (Disposições especiais sobre duração e condições de trabalho e Proteção do Trabalho da Mulher)
	— Capítulos I do Título VII da CLT (Fiscalização, Autuação e Imposição de Multas) — Art. 23 da Lei n. 8.036/90 (Fundo de Garantia do Tempo de Serviço) b) De 8% a 40% do valor máximo previsto para a multa aplicável às demais infrações, conforme tabela "C" abaixo

Obs.: O valor da multa corresponderá à soma dos valores resultantes da aplicação dos percentuais relativos aos três níveis de critérios acima (I, II e III)

B — TABELA EM UFIR DO PERCENTUAL FIXO APLICÁVEL A TODAS AS INFRAÇÕES

Base Legal								
Arts. 75 e 351 da CLT	Art. 120 da CLT	Arts. 364 e 598 da CLT	Art. 401 da CLT	Art. 630, § 6º, da CLT	Art. 16, Lei n. 4.680/65 Art. 18, Lei n. 5.889/73	Art. 13 Decreto-lei n. 972/69	Art. 23, § 2º "a", da Lei n. 8.036/90	Art. 23, § 2º, "b", da Lei n. 8.036/90
756,5694	302,6277	1.513,1388	151,3138	378,2847	75,6569	107,1738	1,0000	20,0000

C) TABELA EM UFIR DE GRADAÇÃO DE MULTAS DE VALOR VARIÁVEL APLICÁVEL AOS CRITÉRIOS II E III, ALÍNEA "B", DO QUADRO ACIMA

Quantidade de Empregados	%	Base Legal								
		Art. 75 e 351 da CLT	Art. 120 da CLT	Arts. 364 e 598 da CLT	Art. 401 da CLT	Art. 630, § 6º, da CLT	Art. 16, Lei n. 4.680/65 Art. 18, Lei n. 5.889/73	Art. 13, Decreto-lei n. 972/69	Art. 23, § 2º, "a", da Lei n. 8.036/90	Art. 23, § 2º, "b", da Lei n. 8.036/90
de 01 a 10	8	302,6277	121,0511	605,2555	60,5255	151,3138	30,2627	42,8695	0,4000	8,0000
de 11 a 30	16	605,2555	242,1022	1.210,5111	121.0511	302,6277	60,5255	85,7390	0,8000	16,0000
de 31 a 60	24	907,8833	363,1533	1.815,7666	181,5766	453,9416	90,7883	128,6086	1,2000	24,0000
de 61 a 100	32	1.210,5111	484,2044	2.421,0221	242,1022	605,2555	121,0511	171,4781	1,6000	32,0000
acima de 100	40	1.513,1388	605,2555	3.026,2777	302,6277	756,5694	151,3138	214,3476	2,0000	40,0000

TABELA PARA IMPOSIÇÃO DE MULTAS VARIÁVEIS DA LEGISLAÇÃO TRABALHISTA

Natureza da Infração	Artigo Infringido	Artigo Imposição	Quantidade de empregados da empresa					
			01 A 10	11 A 30	31 A 60	61 A 100	Mais de 100	Obs.
Duração do Trabalho	57 A 74	75	2.737,22	3.059,24	3.381,65	3.703,30	4.025,32	1
Salário mínimo	76 A 126	120	1.094,88	1.223,69	1.352,51	1.481,32	1.610,13	2
Condições Especiais	224 A 350	351	2.737,22	3.059,24	3.381,27	3.703,30	4.025,32	1
Nacionalização do Trabalho	352 A 371	364	2.898,23	4.186,34	5.474,44	6.762,55	8.050,65	
Trabalho da Mulher	372 A 400	401	547,44	611.84	676,25	740,66	805,06	3
Contribuição Sindical	578 A 610	598	2.898,23	4.186,34	5.474,44	6.762,55	8.050,65	
Fiscalização	626 A 642	630 § 6º	1.368,61	1.525,16	1.690,63	1.851,65	2.012,66	
FGTS — Falta de depósito Lei n. 8.036/90	23 § 1º, inc I	23 § 2º, al. *b*	72,35	80,87	89,38	97.89	106,41	4
FGTS — Omitir inform. s/ a conta vinculada	23 § 1º, inc I	23 § 2º, al. *b*	3,61	4,04	4,46	4,89	5,32	4
FGTS — Apresent. Inform. c/erro/omissão	23 § 1º, inc I	23 § 2º, al. *b*	3,61	4,04	4,46	4,89	5,32	4
FGTS — Deixar de comput. parc. remuner.	23 § 1º, inc I	23 § 2º, al. *b*	72,35	80,87	89,38	97,89	106,41	4
FGTS — Deixar de depositar após Notific.	23 § 1º, inc I	23 § 2º, al. *b*	72,35	80,87	89,38	97,89	106,41	4
Seguro Desemprego — Lei n. 7.998/90	24	25	15.323,04	22.133,28	28.943,52	35.753,76	42.564,00	1
RAIS	V. Portaria MTE/GM n. 14, de 10.2.2006, DOU 13.2.2006, p. 739							
Trabalho Rural — Lei n. 5.889/73		18	144,91	209,31	273,72	338,12	402,53	5
Jornalista — Dec. Lei n. 972/69		13	205,27	296,51	387,74	478,98	570,21	
Publicitário — Lei n. 4.680/65		16	144,91	209,31	273,72	338,76	402,53	

1. Dobrada na reincidência, oposição, desacato.

2. Dobrada na reincidência.

3. Aplicar valor máximo na reincidência, artifício, simulação/fraude.

4. Por empregado, dobrada na reincidênca, fraude, simulação, artifício, ardil, resistência, embaraço ou dasacato.

5. Por empregado, limitado a 151,3140 quando primário, dobrada na reincidência/oposição/desacato.

TABELA PARA IMPOSIÇÃO DE MULTAS FIXAS DA LEGISLAÇÃO TRABALHISTA

Natureza da Infração	Artigo Infringido	Artigo Imposição	Valor em Reais	
Obrigatoriedade da CTPS	13	55	402,53	Por ocorrência
Falta de Anotação	29	54	402,53	Por ocorrência
Falta de Registro	41	47	402,53	Por empregado, dobrada na reincidência
Falta de atualização do LRE/FRE	41 § único	47 parágrafo único	201,26	Dobrada na reincidência
Falta de altenticação do LRE/FRE	42	47 parágrafo único	201,26	Dobrada na reincidência
Venda de CTPS	51	51	1.207,59	Por ocorrência
Extravio/Inutilização de CTPS	52	52	201,26	Por ocorrência
Retenção de CTPS	53	53	201,26	Por ocorrência
Não Comparecim. Audiência p/anotação CTPS	54	54	402,53	Por ocorrência
Cobrança CTPS pelo Sindicato	56	56	1.207,59	Por ocorrência
Férias	129/152	153	170,25	Por empregado, dobrada na reincid/embar/resist.
Trabalho Menor (criança ou adolescente)	402/441	434	402,53	Por menor até 5, dobrado o máximo na reincid.
Anotação Indevida da CTPS	435	435	402,53	Por ocorrência
Contrato individual de Trabalho	442/508	510	402,53	Dobrado na reincidência
Atraso no pagamento do Salário	459 § 1º	4º, Lei n. 7.855/89	170,25	Por empregado prejudicado + 1 sal. p/o empreg.

Natureza da Infração	Artigo Infringido	Artigo Imposição	Valor em Reais	
Não Pagto. de Verbas Rescis. no prazo previsto	477 § 6º	477 § 8º	170,25	Por empregado prejudicado + 1 sal. p/o empreg.
13º Salário	Lei n. 4.090/62	3º, I, Lei n. 7.855/89	170,25	Por empregado, dobrada na reincidência
Vale-Transporte	Lei n. 7.418/85	3º, V, Lei n. 7.855/89	170,25	Por empregado, dobrada na reincidência
Entrega do CAGED c/atraso até 30 dias	Lei n. 4.923/65	10º, Lei n. 4.923/65	4,46	Por empregado
Entrega do CAGED c/atraso 31 a 60 d.	Lei n. 4.923/65	10º, Lei n. 4.923/65	6,30	Por empregado
Não entrega ou entrega CAGED atraso. > 60 d.	Lei n. 4.923/65	10º, Lei n. 4.923/65	13,40	Por empregado
Trabalho Temporário	Lei n. 6.019/74	3º, III, Lei n. 7.855/89	170,25	Por empregado dobrado na reincidência
Atividade Petrolífera	Lei n. 5.811/72	3º, II, Lei n. 7.855/89	170,25	Por empregado dobrado na reincidência
Aeronauta	Lei n. 7.183/84	3º, IV, Lei n. 7.855/89	170,25	Por empregado dobrado na reincidência
Seguro-Desemprego	Lei n. 2.284/86	3º, VI, Lei n. 7.855/89	170,25	Por empregado dobrado na reincidência

(*) Tabela fornecida pela Delegacia Regional do Trabalho de São Paulo com a conversão dos valores de UFIRs para Reais.

PORTARIA GM/MTE N. 112, DE 20 DE JANEIRO DE 2012

(DOU 23.1.2012)

Dispõe sobre os critérios a serem aplicados na gradação das multas de valor variável previstas na legislação trabalhista

O MINISTRO DE ESTADO DO TRABALHO E EMPREGO — INTERINO, no uso da atribuição que lhe confere o art. 87, parágrafo único, inciso II, da Constituição Federal,

Considerando a necessidade de definir critérios para a gradação das multas administrativas variáveis previstas na legislação trabalhista, resolve:

Art. 1º Serão calculadas em conformidade com os critérios previstos na Portaria MTb n. 290, de 11 de abril de 1997 as multas variáveis a que se referem:

a) o art. 25 da Lei n. 7.998, de 11 de janeiro de 1990, especificamente quanto à infração de fraude ao seguro-desemprego;

b) o art. 10, incisos I e III e o art. 11, da Lei n. 9.719, de 27 de novembro de 1998;

c) o art. 12, da Lei n. 605/1949, com redação dada pela Lei n. 12.544, de 8 de dezembro de 2011.

Art. 2º O presente instrumento normativo não se aplica às demais multas de valor variável, para as quais haja critérios de gradação previstos em portarias específicas, ficando ratificadas aquelas multas já aplicadas conforme os critérios vigentes à época da sua aplicação.

Art. 3º Revoga-se a Portaria n. 746/2000.

Art. 4º Esta Portaria entra em vigor na data de sua publicação.

PAULO ROBERTO DOS SANTOS PINTO

PORTARIA GM/MTPS N. 472, DE 28 DE ABRIL DE 2016

(DOU 29.4.2016)

Dispõe sobre os critérios a serem aplicados na gradação da multa de valor variável prevista no art. 2º, da Lei n. 12.436 de 6 de julho de 2011 que veda o emprego de práticas que estimulem o aumento de velocidade por motociclistas profissionais.

O MINISTRO DE ESTADO DO TRABALHO E PREVIDÊNCIA SOCIAL, no uso da competência que lhe confere o art. 87, parágrafo único, II, da Constituição Federal e considerando a Lei n. 8.383, de 30 de dezembro de 1991, que instituiu a Unidade Fiscal de Referência — UFIR como medida de valor e atualização monetária de multas e penalidades de qualquer natureza, resolve:

Art. 1º Esta Portaria tem por objeto definir critérios para a gradação de multa administrativa variável prevista na Lei n. 12.436 de 6 de julho de 2011.

Art. 2º Os critérios previstos no art. 2º e ANEXO III da Portaria MTb n. 290, de 11 de abril de 1997 serão aplicados para o cálculo da multa prevista no art. 2º da Lei n. 12.436 de 6 de julho de 2011 que prevê penalidade de R$ 300,00 (trezentos reais) a R$ 3.000,00 (três mil reais) ao empregador ou ao tomador de serviço pela infração de qualquer dispositivo daquela Lei.

Art. 3º Esta Portaria entra em vigor na data de sua publicação

MIGUEL SOLDATELLI ROSSETTO

PORTARIA GM/MTE N. 14, DE 10 DE FEVEREIRO DE 2006

(DOU 13.2.2006)

Aprova normas para a imposição da multa administrativa variável prevista no art. 25 da Lei n. 7.998, de 11 de janeiro de 1990, pelo descumprimento da obrigação de declaração da Relação Anual de Informações Sociais — RAIS

O MINISTRO DE ESTADO DO TRABALHO E EMPREGO, no uso da atribuição que lhe confere os incisos I e II do parágrafo único do art. 87 da Constituição Federal, resolve:

Art. 1º Esta Portaria fixa parâmetros para a gradação da multa administrativa variável prevista no art. 25 da Lei n. 7.998, de 11 de janeiro de 1990, pelo não cumprimento das obrigações relativas à declaração da Relação Anual de Informações Sociais — RAIS.

Art. 2º O empregador que não entregar a RAIS no prazo legal ficará sujeito à multa prevista no art. 25 da Lei n. 7.998, de 1990, a ser cobrada em valores monetários a partir de R$ 425,64 (quatrocentos e vinte e cinco reais e sessenta e quatro centavos), acrescidos de R$ 106,40 (cento e seis reais e quarenta centavos) por bimestre de atraso, contados até a data de entrega da RAIS respectiva ou da lavratura do auto de infração, se este ocorrer primeiro.

PARÁGRAFO ÚNICO. O valor da multa resultante da aplicação do previsto no *caput* deste artigo, quando decorrente da lavratura de Auto de infração, deverá ser acrescido de percentuais, em relação ao valor máximo da multa prevista no art. 25 da Lei n. 7.998, de 1990, a critério da autoridade julgadora, na seguinte proporção:

I — de 0% a 4% — para empresas com 0 a 25 empregados;

II — de 5% a 8,0% — para empresas com 26 a 50 empregados;

III — de 9% a 12% — para empresas com 51 a 100 empregados;

IV — de 13% a 16,0% — para empresas com 101 a 500 empregados; e

V — de 17% a 20,0% — para empresas com mais de 500 empregados. *(Redação do art. 2º e incs. dada pela Portaria MTE n. 688, de 24.4.2009, DOU 27.4.2009)*

Art. 3º O empregador que omitir informações ou prestar declaração falsa ou inexata ficará sujeito à multa prevista no art. 25 da Lei n. 7.998, de 1990, a ser cobrada em valores monetários a partir de R$ 425,64 (quatrocentos e vinte e cinco reais e sessenta e quatro centavos), acrescidos de R$ 26,60 (vinte e seis reais e sessenta centavos) por empregado omitido ou declarado falsa ou inexatamente.

Art. 4º O valor resultante da aplicação dos arts. 2º e 3º será dobrado se o atraso na entrega ou correção do erro ou omissão ultrapassar o último dia do ano de exercício para entrega da RAIS em referência.

Art. 5º As multas previstas nesta Portaria serão aplicadas em dobro no caso de reincidência, oposição à fiscalização ou desacato à autoridade.

Art. 6º Esta Portaria entra em vigor na data da sua publicação.

Luiz Marinho

PORTARIA GM/MTE N. 706, DE 28 DE MAIO DE 2015

(DOU 29.5.2015)

Dispõe sobre a conversão em advertência das penalidades decorrentes de infrações ao disposto na Lei n. 12.619, de 30 de abril de 2012, em conformidade com o disposto no art. 22, inciso I, da Lei n. 13.103, de 2 de março de 2015, bem como do ressarcimento a que terão direito aqueles que já pagaram as multas impostas.

O MINISTRO DE ESTADO DO TRABALHO E EMPREGO, no uso da atribuição que lhe confere o art. 87, parágrafo único, inciso II, da Constituição Federal, considerando a necessidade de regulamentar o art. 22, inciso I, da Lei n. 13.103, de 2 de março de 2015, resolve:

Art. 1º Ficam convertidas em sanção de advertência as penalidades decorrentes de infrações ao disposto na Lei n. 12.619, de 30 de abril de 2012, que incluiu a Seção IV-A no Capítulo I da Consolidação das Leis do Trabalho — CLT, aprovada pelo Decreto-Lei n. 5.452, de 1º de maio de 1943, na forma prevista nesta portaria.

§ 1º Os processos atualmente em trâmite receberão análise sumária.

§ 2º Após o cumprimento do parágrafo anterior, se os autos forem considerados procedentes, as multas serão convertidas em sanção de advertência e a Unidade de Multas e Recursos na qual tramita o processo notificará o empregador da sanção de advertência aplicada, através de publicação no Diário Oficial da União, utilizando o modelo do Anexo I da presente portaria.

Art. 2º Os empregadores que foram autuados em razão do descumprimento dos dispositivos da CLT alterados pela Lei n. 12.619, de 30 de abril de 2012 e que já quitaram as multas impostas em virtude da decisão de procedência dos autos de infração lavrados poderão fazer jus à restituição dos valores pagos.

§ 1º O empregador deverá protocolar solicitação da restituição mencionada no *caput* na Unidade de Multas e Recursos em que o processo tramitou.

§ 2º Verificado que o empregador preenche os requisitos para ter os valores pagos restituídos, a Unidade de Multas e Recursos encaminhará ofício à Receita Federal do Brasil comunicando acerca do fato, para que o órgão arrecadador possa proceder aos trâmites necessários para a devolução dos valores.

Art. 3º Esta Portaria entra em vigor na data de sua publicação.

Manoel Dias

O Anexo I acha-se publicado à página do DOU de 29.5.15, p. 139.

LEI N. 9.872, DE 23 DE NOVEMBRO DE 1999

(DOU 24.11.1999)

Cria o Fundo de Aval para a Geração de Emprego e Renda — FUNPROGER, altera o art. 11 da Lei n. 9.365, de 16 de dezembro de 1996, e dá outras providências

Faço saber que o PRESIDENTE DA REPÚBLICA adotou a Medida Provisória n. 1.922-1, de 4 de novembro de 1999, que o Congresso Nacional aprovou, e eu, Antonio Carlos Magalhães, Presidente, para os efeitos do disposto no parágrafo único do art. 62 da Constituição Federal, promulgo a seguinte Lei:

....

Art. 9º É concedida anistia das multas já aplicadas, por infração à legislação trabalhista, de valor consolidado igual ou inferior a R$ 1.000,00 (mil reais).

§ 1º Entende-se por valor consolidado o resultante da atualização do respectivo valor originário, mais os encargos e acréscimos legais vencidos, até a data da apuração.

§ 2º Não se aplica o disposto no *caput* quando o valor total dos débitos de um mesmo devedor for superior ao limite estabelecido neste artigo.

Art. 10. Ficam convalidados os atos praticados com base na Medida Provisória n. 1.922, de 5 de outubro de 1999.

Art. 11. Esta Lei entra em vigor na data de sua publicação.

Congresso Nacional, em 23 de novembro de 1999; 178º da Independência e 111º da República.

Senador Antonio Carlos Magalhães,
Presidente.

INSTRUÇÃO NORMATIVA SIT N. 133, DE 21 DE AGOSTO DE 2017

(DOU 23.8.17)

Dispõe sobre o procedimento especial para a ação fiscal de que trata o art. 627-A da CLT.

A SECRETÁRIA DE INSPEÇÃO DO TRABALHO, no exercício de suas atribuições legais e tendo em vista o disposto no art. 17, item 2, da Convenção n. 81 da Organização Internacional do Trabalho — OIT, o disposto no art. 627-A da CLT e com base nos arts. 27, 28, 29 e 38 do Decreto n. 4.552, de 27 de dezembro de 2002, resolve:

Art. 1º Poderá ser instaurado procedimento especial para a ação fiscal, objetivando a orientação sobre o cumprimento das leis de proteção ao trabalho, bem como a prevenção e o saneamento de infrações à legislação mediante a lavratura de Termo de Compromisso.

§ 1º O procedimento especial previsto no caput poderá ser instaurado pelo Auditor-Fiscal do Trabalho quando concluir pela ocorrência de motivo grave ou relevante que impossibilite ou dificulte o cumprimento da legislação trabalhista por pessoas ou setor econômico sujeito à inspeção do trabalho, com a anuência da chefia imediata.

§ 2º A chefia de fiscalização poderá instaurar o procedimento especial sempre que identificar a ocorrência de:

I — motivo grave ou relevante que impossibilite ou dificulte o cumprimento da legislação trabalhista pelo tomador ou intermediador de serviços;

II — situação reiteradamente irregular em setor econômico.

§ 3º Não serão objeto de procedimento especial para a ação fiscal as situações de grave e iminente risco ao trabalhador.

§ 4º Nas hipóteses de ação fiscal já iniciada, apenas o Auditor- Fiscal do Trabalho destinatário da Ordem de Serviço poderá instaurar o procedimento especial para a ação fiscal em face daquela pessoa sujeita à inspeção do trabalho.

§ 5º Havendo mais de um Auditor-Fiscal do Trabalho designado na Ordem de Serviço, é necessária a concordância de todos os integrantes da Ordem de Serviço para a instauração do procedimento especial para a ação fiscal.

§ 6º O procedimento especial para a ação fiscal deverá ser instaurado diretamente em face das pessoas sujeitas à inspeção do trabalho obrigadas ao cumprimento das normas de proteção ao trabalho.

§ 7º O Termo de Compromisso somente poderá ser lavrado no curso do procedimento especial para a ação fiscal, instaurado mediante Ordem de Serviço prévia e com o devido registro em Relatório de Inspeção — RI no Sistema de Federal de Inspeção do Trabalho Web — SFITWEB.

§ 8º As obrigações constantes do Termo de Compromisso corresponderão às previstas nas leis de proteção do trabalho e impostas às pessoas sujeitas à inspeção do trabalho, sendo vedada a criação de novas obrigações ou a alteração de obrigações dispostas na legislação.

§ 9º Deverão constar do Termo de Compromisso as orientações necessárias ao efetivo cumprimento das normas de proteção ao trabalho, bem como os prazos para o saneamento das infrações.

Art. 2º O Auditor-Fiscal do Trabalho, concluindo pela necessidade de instauração do procedimento especial para ação fiscal, solicitará à chefia imediata anuência prévia para a sua instauração, explicitando os motivos ensejadores.

§ 1º A instauração do procedimento independe da lavratura prévia do auto de infração.

§ 2º Com a anuência, a chefia imediata expedirá notificação para comparecimento da pessoa sujeita à inspeção do trabalho à unidade do Ministério do Trabalho — MTb.

§ 3º A notificação deverá explicitar os motivos ensejadores da instauração do procedimento especial.

Art. 3º Na hipótese do § 2º do art. 1º, a chefia da fiscalização, concluindo pela necessidade de instauração do procedimento especial para a ação fiscal, solicitará ao chefe da Seção de Fiscalização do Trabalho ou da Seção de Segurança e Saúde no Trabalho das Superintendências constantes do Anexo I da Portaria n. 153, de 12 de fevereiro de 2009, ou ao chefe da Seção de Inspeção do Trabalho das Superintendências constantes dos Anexos II e III da Portaria n. 153, de 12 de fevereiro de 2009, anuência prévia para a sua instauração, explicitando os motivos ensejadores.

§ 1º O chefe da Seção de Fiscalização do Trabalho ou da Seção de Segurança e Saúde no Trabalho das Superintendências constantes do Anexo I da Portaria n. 153, de 12 de fevereiro de 2009, bem como o chefe da Seção de Inspeção do Trabalho das Superintendências constantes dos Anexos II e III da Portaria n. 153, de 12 de fevereiro de 2009, que concluir pela necessidade de instauração do procedimento especial para a ação fiscal deverá solicitar à Secretaria de Inspeção do Trabalho anuência prévia para a sua instauração, explicitando os motivos ensejadores.

§ 2º A chefia da fiscalização que solicitar anuência para a instauração do procedimento especial, após autorizada, ficará responsável por expedir notificação para comparecimento da pessoa sujeita à inspeção do trabalho à unidade do Ministério do Trabalho, executar os trabalhos relativos ao procedimento especial para a ação fiscal, assinar eventual Termo de Compromisso e verificar o seu cumprimento.

§ 3º A notificação deverá explicitar os motivos ensejadores da instauração do procedimento especial.

§ 4º A SIT será responsável pela emissão das Ordens de Serviço necessárias à instauração do procedimento a que se refere o § 1º.

Art. 4º A Chefia imediata supervisionará o procedimento especial para a ação fiscal, atribuição que poderá ser delegada aos coordenadores de projeto.

Art. 5º O procedimento especial será instaurado e terá seus trabalhos desenvolvidos nos órgãos do Ministério do Trabalho, salvo em situações excepcionais, devidamente justificadas pelo Auditor- Fiscal do Trabalho.

Art. 6º As pessoas sujeitas à inspeção do trabalho submetidas ao procedimento especial para a ação fiscal poderão firmar Termo de Compromisso, que fixará o prazo de até 120 (cento e vinte) dias para o saneamento das irregularidades, ressalvadas as hipóteses previstas em normas específicas.

§ 1º Para a fixação de prazo superior ao previsto no *caput*, será obrigatória a anuência da chefia imediata.

§ 2º O prazo a que se refere o parágrafo anterior não poderá ser superior a um ano.

§ 3º Havendo mais de um Auditor-Fiscal do Trabalho designado na Ordem de Serviço, é necessário que o Termo de Compromisso seja assinado por todos os integrantes da referida Ordem de Serviço.

Art. 7º O Termo de Compromisso será firmado em duas vias.

§ 1º A primeira via do Termo de Compromisso será entregue à pessoa sujeita à inspeção do trabalho.

§ 2º O Auditor-Fiscal do Trabalho signatário protocolizará a segunda via na unidade do Ministério do Trabalho, que será encaminhada à chefia imediata para arquivamento.

§ 3º Na hipótese em que a chefia de fiscalização instaurar o procedimento especial para a ação fiscal, a segunda via do Termo de Compromisso será arquivada na unidade local do Ministério do Trabalho.

Art. 8º O prazo para a assinatura do Termo de Compromisso é de 30 (trinta) dias contados da ciência da pessoa sujeita à inspeção do trabalho quanto à instauração do procedimento especial para a ação fiscal.

Art. 9º Durante o prazo fixado no Termo, o compromissado poderá ser fiscalizado para verificação de seu cumprimento, complementação de diagnóstico e esclarecimento de fatos, sem prejuízo da ação fiscal em atributos não contemplados no referido termo.

Art. 10. O Auditor-Fiscal do Trabalho responsável pela instauração do procedimento especial consignará as informações relativas ao procedimento especial no Livro de Inspeção do Trabalho — LIT ou em sistema eletrônico que o substitua.

Art. 11. Quando o procedimento especial para a ação fiscal for frustrado pelo não atendimento da notificação, pela recusa de firmar Termo de Compromisso ou pelo descumprimento de qualquer cláusula compromissada, serão lavrados, de imediato, os respectivos autos de infração.

PARÁGRAFO ÚNICO. Na hipótese do caput poderá ser encaminhado relatório circunstanciado à Advocacia-Geral da União, ao Ministério Público do Trabalho e aos demais órgãos competentes.

Art. 12. Havendo Termo de Compromisso firmado, o procedimento especial para a ação fiscal somente poderá ser finalizado após a verificação do seu cumprimento pelo Auditor-Fiscal do Trabalho signatário.

PARÁGRAFO ÚNICO. Na hipótese de impossibilidade legal do Auditor-Fiscal do Trabalho signatário realizar a verificação do cumprimento do Termo de Compromisso, a chefia imediata designará novo Auditor-Fiscal do Trabalho para verificar o seu cumprimento mediante a emissão de Ordem de Serviço.

Art. 13. Os procedimentos especiais para a ação fiscal já instaurados e os Termos de Compromissos já lavrados na data de publicação da presente Instrução Normativa continuam sendo regidos pela Instrução Normativa n. 23, de 23 de maio de 2001.

Art. 14. Os casos omissos serão dirimidos pela Secretaria de Inspeção do Trabalho.

Art. 15. Esta Instrução Normativa entrará em vigor na data de sua publicação.

Art. 16. Revoga-se a Instrução Normativa n. 23, de 23 de maio de 2001.

MARIA TERESA PACHECO JENSEN

LEI N. 9.873, DE 23 DE NOVEMBRO DE 1999

(DOU 24.11.1999, ED. EXTRA)

Estabelece prazo de prescrição para o exercício de ação punitiva pela administração pública federal, direta e indireta, e dá outras providências

Faço saber que o PRESIDENTE DA REPÚBLICA adotou a Medida Provisória n. 1.859-17, de 1999, que o Congresso Nacional aprovou, e eu, Antonio Carlos Magalhães, Presidente, para os efeitos do disposto no parágrafo único do art. 62 da Constituição Federal, promulgo a seguinte Lei:

Art. 1º Prescreve em cinco anos a ação punitiva da Administração Pública Federal, direta e indireta, no exercício do poder de polícia, objetivando apurar infração à legislação em vigor, contados da data da prática do ato ou, no caso de infração permanente ou continuada, do dia em que tiver cessado.

§ 1º Incide a prescrição no procedimento administrativo paralisado por mais de três anos, pendente de julgamento ou despacho, cujos autos serão arquivados de ofício ou mediante requerimento da parte interessada, sem prejuízo da apuração da responsabilidade funcional decorrente da paralisação, se for o caso.

§ 2º Quando o fato objeto da ação punitiva da Administração também constituir crime, a prescrição reger-se-á pelo prazo previsto na lei penal.

Art. 1º-A Constituído definitivamente o crédito não tributário, após o término regular do processo administrativo, prescreve em 5 (cinco) anos a ação de execução da administração pública federal relativa a crédito decorrente da aplicação de multa por infração à legislação em vigor. *(Acrescentado pela Lei n. 11.941, de 27.5.2009, DOU 28.5.2009)*

Art. 2º Interrompe-se a prescrição da ação punitiva: *(Redação dada Lei n. 11.941, de 27.5.2009, DOU 28.5.2009)*

I — pela notificação ou citação do indiciado ou acusado, inclusive por meio de edital; *(Redação dada Lei n. 11.941, de 27.5.2009, DOU 28.5.2009)*

II — por qualquer ato inequívoco, que importe apuração do fato;

III — pela decisão condenatória recorrível.

IV — por qualquer ato inequívoco que importe em manifestação expressa de tentativa de solução conciliatória no âmbito interno da administração pública federal. (NR) *(Redação dada Lei n. 11.941, de 27.5.2009, DOU 28.5.2009)*

Art. 2º-A Interrompe-se o prazo prescricional da ação executória: *(Redação dada Lei n. 11.941, de 27.5.2009, DOU 28.5.2009)*

I — pelo despacho do juiz que ordenar a citação em execução fiscal; *(Redação dada Lei n. 11.941, de 27.5.2009, DOU 28.5.2009)*

II — pelo protesto judicial; *(Redação dada Lei n. 11.941, de 27.5.2009, DOU 28.5.2009)*

III — por qualquer ato judicial que constitua em mora o devedor; *(Redação dada Lei n. 11.941, de 27.5.2009, DOU 28.5.2009)*

IV — por qualquer ato inequívoco, ainda que extrajudicial, que importe em reconhecimento do débito pelo devedor; *(Redação dada Lei n. 11.941, de 27.5.2009, DOU 28.5.2009)*

V — por qualquer ato inequívoco que importe em manifestação expressa de tentativa de solução conciliatória no âmbito interno da administração pública federal. *(Redação dada Lei n. 11.941, de 27.5.2009, DOU 28.5.2009)*

Art. 3º Suspende-se a prescrição durante a vigência:

I — dos compromissos de cessação ou de desempenho, respectivamente, previstos nos arts. 53 e 58 da Lei n. 8.884, de 11 de junho de 1994;

II — do termo de compromisso de que trata o § 5º do *caput* do art. 11 da Lei n. 6.385, de 7 de dezembro de 1976, e de que tratam o art. 12 ao art. 16 da Medida Provisória n. 784, de 7 de junho de 2017. (NR) *(Redação dada pela Medida Provisória n. 784, de 7.6.17, DOU 8.6.17)*

Art. 4º Ressalvadas as hipóteses de interrupção previstas no art. 2º, para as infrações ocorridas há mais de três anos, contados do dia 1º de julho de 1998, a prescrição operará em dois anos, a partir dessa data.

Art. 5º O disposto nesta Lei não se aplica às infrações de natureza funcional e aos processos e procedimentos de natureza tributária.

Art. 6º Ficam convalidados os atos praticados com base na Medida Provisória n. 1.859-16, de 24 de setembro de 1999.

Art. 7º Esta Lei entra em vigor na data de sua publicação.

Art. 8º Ficam revogados o art. 33 da Lei n. 6.385, de 1976, com a redação dada pela Lei n. 9.457, de 1997, o art. 28 da Lei n. 8.884, de 1994, e demais disposições em contrário, ainda que constantes de lei especial.

Congresso Nacional, em 23 de novembro de 1999; 178º da Independência e 111º da República.

Senador Antônio Carlos Magalhães
Presidente

LEI N. 12.737, DE 30 DE NOVEMBRO DE 2012

(DOU 3.12.2012)

Dispõe sobre a tipificação criminal de delitos informáticos; altera o Decreto-lei n. 2.848, de 7 de dezembro de 1940 — Código Penal; e dá outras providências

A PRESIDENTA DA REPÚBLICA,

Faço saber que o Congresso Nacional decreta e eu sanciono a seguinte Lei:

Art. 1º Esta Lei dispõe sobre a tipificação criminal de delitos informáticos e dá outras providências.

Art. 2º O Decreto-lei n. 2.848, de 7 de dezembro de 1940 — Código Penal, fica acrescido dos seguintes arts. 154-A e 154-B:

"Invasão de dispositivo informático

Art. 154-A. Invadir dispositivo informático alheio, conectado ou não à rede de computadores, mediante violação indevida de mecanismo de segurança e com o fim de obter, adulterar ou destruir dados ou informações sem autorização expressa ou tácita do titular do dispositivo ou instalar vulnerabilidades para obter vantagem ilícita:

Pena — detenção, de 3 (três) meses a 1 (um) ano, e multa.

§ 1º Na mesma pena incorre quem produz, oferece, distribui, vende ou difunde dispositivo ou programa de computador com o intuito de permitir a prática da conduta definida no caput.

§ 2º Aumenta-se a pena de um sexto a um terço se da invasão resulta prejuízo econômico.

§ 3º Se da invasão resultar a obtenção de conteúdo de comunicações eletrônicas privadas, segredos comerciais ou industriais, informações sigilosas, assim definidas em lei, ou o controle remoto não autorizado do dispositivo invadido:

Pena — reclusão, de 6 (seis) meses a 2 (dois) anos, e multa, se a conduta não constitui crime mais grave.

§ 4º Na hipótese do § 3º, aumenta-se a pena de um a dois terços se houver divulgação, comercialização ou transmissão a terceiro, a qualquer título, dos dados ou informações obtidos.

§ 5º Aumenta-se a pena de um terço à metade se o crime for praticado contra:

I — Presidente da República, governadores e prefeitos;

II — Presidente do Supremo Tribunal Federal;

III — Presidente da Câmara dos Deputados, do Senado Federal, de Assembleia Legislativa de Estado, da Câmara Legislativa do Distrito Federal ou de Câmara Municipal; ou

IV — dirigente máximo da administração direta e indireta federal, estadual, municipal ou do Distrito Federal."

"Ação penal

Art. 154-B. Nos crimes definidos no art. 154-A, somente se procede mediante representação, salvo se o crime é cometido contra a administração pública direta ou indireta de qualquer dos Poderes da União, Estados, Distrito Federal ou Municípios ou contra empresas concessionárias de serviços públicos."

Art. 3º Os arts. 266 e 298 do Decreto-lei n. 2.848, de 7 de dezembro de 1940 — Código Penal, passam a vigorar com a seguinte redação:

"Interrupção ou perturbação de serviço telegráfico, telefônico, informático, telemático ou de informação de utilidade pública

Art. 266. ....

§ 1º Incorre na mesma pena quem interrompe serviço telemático ou de informação de utilidade pública, ou impede ou dificulta-lhe o restabelecimento.

§ 2º Aplicam-se as penas em dobro se o crime é cometido por ocasião de calamidade pública." (NR)

"Falsificação de documento particular

Art. 298. ....

Falsificação de cartão

Parágrafo único. Para fins do disposto no *caput*, equipara-se a documento particular o cartão de crédito ou débito." (NR)

Art. 4º Esta Lei entra em vigor após decorridos 120 (cento e vinte) dias de sua publicação oficial.

Brasília, 30 de novembro de 2012; 191º da Independência e 124º da República.

Dilma Rousseff
José Eduardo Cardozo

LEI N. 12.965, DE 23 DE ABRIL DE 2014

(DOU 24.4.2014)

Estabelece princípios, garantias, direitos e deveres para o uso da Internet no Brasil.

A PRESIDENTA DA REPÚBLICA

Faço saber que o Congresso Nacional decreta e eu sanciono a seguinte Lei:

CAPÍTULO I
Disposições Preliminares

Art. 1º Esta Lei estabelece princípios, garantias, direitos e deveres para o uso da internet no Brasil e determina as diretrizes para atuação da União, dos Estados, do Distrito Federal e dos Municípios em relação à matéria.

Art. 2º A disciplina do uso da internet no Brasil tem como fundamento o respeito à liberdade de expressão, bem como:

I — o reconhecimento da escala mundial da rede;

II — os direitos humanos, o desenvolvimento da personalidade e o exercício da cidadania em meios digitais;

III — a pluralidade e a diversidade;

IV — a abertura e a colaboração;

V — a livre-iniciativa, a livre concorrência e a defesa do consumidor; e

VI — a finalidade social da rede.

Art. 3º A disciplina do uso da internet no Brasil tem os seguintes princípios:

I — garantia da liberdade de expressão, comunicação e manifestação de pensamento, nos termos da Constituição Federal;

II — proteção da privacidade;

III — proteção dos dados pessoais, na forma da lei;

IV — preservação e garantia da neutralidade de rede;

V — preservação da estabilidade, segurança e funcionalidade da rede, por meio de medidas técnicas compatíveis com os padrões internacionais e pelo estímulo ao uso de boas práticas;

VI — responsabilização dos agentes de acordo com suas atividades, nos termos da lei;

VII — preservação da natureza participativa da rede;

VIII — liberdade dos modelos de negócios promovidos na internet, desde que não conflitem com os demais princípios estabelecidos nesta Lei.

PARÁGRAFO ÚNICO. Os princípios expressos nesta Lei não excluem outros previstos no ordenamento jurídico pátrio relacionados à matéria ou nos tratados internacionais em que a República Federativa do Brasil seja parte.

Art. 4º A disciplina do uso da internet no Brasil tem por objetivo a promoção:

I — do direito de acesso à internet a todos;

II — do acesso à informação, ao conhecimento e à participação na vida cultural e na condução dos assuntos públicos;

III — da inovação e do fomento à ampla difusão de novas tecnologias e modelos de uso e acesso; e

IV — da adesão a padrões tecnológicos abertos que permitam a comunicação, a acessibilidade e a interoperabilidade entre aplicações e bases de dados.

Art. 5º Para os efeitos desta Lei, considera-se:

I — internet: o sistema constituído do conjunto de protocolos lógicos, estruturado em escala mundial para uso público e irrestrito, com a finalidade de possibilitar a comunicação de dados entre terminais por meio de diferentes redes;

II — terminal: o computador ou qualquer dispositivo que se conecte à internet;

III — endereço de protocolo de internet (endereço IP): o código atribuído a um terminal de uma rede para permitir sua identificação, definido segundo parâmetros internacionais;

IV — administrador de sistema autônomo: a pessoa física ou jurídica que administra blocos de endereço IP específicos e o respectivo sistema autônomo de roteamento, devidamente cadastrada no ente nacional responsável pelo registro e distribuição de endereços IP geograficamente referentes ao País;

V — conexão à internet: a habilitação de um terminal para envio e recebimento de pacotes de dados pela internet, mediante a atribuição ou autenticação de um endereço IP;

VI — registro de conexão: o conjunto de informações referentes à data e hora de início e término de uma conexão à internet, sua duração e o endereço IP utilizado pelo terminal para o envio e recebimento de pacotes de dados;

VII — aplicações de internet: o conjunto de funcionalidades que podem ser acessadas por meio de um terminal conectado à internet; e

VIII — registros de acesso a aplicações de internet: o conjunto de informações referentes à data e hora de uso de uma determinada aplicação de internet a partir de um determinado endereço IP.

Art. 6º Na interpretação desta Lei serão levados em conta, além dos fundamentos, princípios e objetivos previstos, a natureza da internet, seus usos e costumes particulares e sua importância para a promoção do desenvolvimento humano, econômico, social e cultural.

CAPÍTULO II
Dos Direitos e Garantias dos Usuários

Art. 7º O acesso à internet é essencial ao exercício da cidadania, e ao usuário são assegurados os seguintes direitos:

I — inviolabilidade da intimidade e da vida privada, sua proteção e indenização pelo dano material ou moral decorrente de sua violação;

II — inviolabilidade e sigilo do fluxo de suas comunicações pela internet, salvo por ordem judicial, na forma da lei;

III — inviolabilidade e sigilo de suas comunicações privadas armazenadas, salvo por ordem judicial;

IV — não suspensão da conexão à internet, salvo por débito diretamente decorrente de sua utilização;

V — manutenção da qualidade contratada da conexão à internet;

VI — informações claras e completas constantes dos contratos de prestação de serviços, com detalhamento sobre o regime de proteção aos registros de conexão e aos registros de acesso a aplicações de internet, bem como sobre práticas de gerenciamento da rede que possam afetar sua qualidade;

VII — não fornecimento a terceiros de seus dados pessoais, inclusive registros de conexão, e de acesso a aplicações de internet, salvo mediante consentimento livre, expresso e informado ou nas hipóteses previstas em lei;

VIII — informações claras e completas sobre coleta, uso, armazenamento, tratamento e proteção de seus dados pessoais, que somente poderão ser utilizados para finalidades que:

a) justifiquem sua coleta;

b) não sejam vedadas pela legislação; e

c) estejam especificadas nos contratos de prestação de serviços ou em termos de uso de aplicações de internet;

IX — consentimento expresso sobre coleta, uso, armazenamento e tratamento de dados pessoais, que deverá ocorrer de forma destacada das demais cláusulas contratuais;

X — exclusão definitiva dos dados pessoais que tiver fornecido a determinada aplicação de internet, a seu requerimento, ao término da relação entre as partes, ressalvadas as hipóteses de guarda obrigatória de registros previstas nesta Lei;

XI — publicidade e clareza de eventuais políticas de uso dos provedores de conexão à internet e de aplicações de internet;

XII — acessibilidade, consideradas as características físicomotoras, perceptivas, sensoriais, intelectuais e mentais do usuário, nos termos da lei; e

XIII — aplicação das normas de proteção e defesa do consumidor nas relações de consumo realizadas na internet.

Art. 8º A garantia do direito à privacidade e à liberdade de expressão nas comunicações é condição para o pleno exercício do direito de acesso à internet.

PARÁGRAFO ÚNICO. São nulas de pleno direito as cláusulas contratuais que violem o disposto no caput, tais como aquelas que:

I — impliquem ofensa à inviolabilidade e ao sigilo das comunicações privadas, pela internet; ou

II — em contrato de adesão, não ofereçam como alternativa ao contratante a adoção do foro brasileiro para solução de controvérsias decorrentes de serviços prestados no Brasil.

CAPÍTULO III
Da Provisão de Conexão e de Aplicações de Internet

Seção I
Da Neutralidade de Rede

Art. 9º O responsável pela transmissão, comutação ou roteamento tem o dever de tratar de forma isonômica quaisquer pacotes de dados, sem distinção por conteúdo, origem e destino, serviço, terminal ou aplicação.

§ 1º A discriminação ou degradação do tráfego será regulamentada nos termos das atribuições privativas do Presidente da República previstas no inciso IV do art. 84 da Constituição Federal, para a fiel execução desta Lei, ouvidos o Comitê Gestor da Internet e a Agência Nacional de Telecomunicações, e somente poderá decorrer de:

I — requisitos técnicos indispensáveis à prestação adequada dos serviços e aplicações; e

II — priorização de serviços de emergência.

§ 2º Na hipótese de discriminação ou degradação do tráfego prevista no § 1º, o responsável mencionado no *caput* deve:

I — abster-se de causar dano aos usuários, na forma do art. 927 da Lei n. 10.406, de 10 de janeiro de 2002 — Código Civil;

II — agir com proporcionalidade, transparência e isonomia;

III — informar previamente de modo transparente, claro e suficientemente descritivo aos seus usuários sobre as práticas de gerenciamento e mitigação de tráfego adotadas, inclusive as relacionadas à segurança da rede; e

IV — oferecer serviços em condições comerciais não discriminatórias e abster-se de praticar condutas anticoncorrenciais.

§ 3º Na provisão de conexão à internet, onerosa ou gratuita, bem como na transmissão, comutação ou roteamento, é vedado bloquear, monitorar, filtrar ou analisar o conteúdo dos pacotes de dados, respeitado o disposto neste artigo.

Seção II
Da Proteção aos Registros, aos Dados Pessoais e às Comunicações Privadas

Art. 10. A guarda e a disponibilização dos registros de conexão e de acesso a aplicações de internet de que trata esta Lei, bem como de dados pessoais e do conteúdo de comunicações privadas, devem atender à preservação da intimidade, da vida privada, da honra e da imagem das partes direta ou indiretamente envolvidas.

§ 1º O provedor responsável pela guarda somente será obrigado a disponibilizar os registros mencionados no *caput*, de forma autônoma ou associados a dados pessoais ou a outras informações que possam contribuir para a identificação do usuário ou do terminal, mediante ordem judicial, na forma do disposto na Seção IV deste Capítulo, respeitado o disposto no art. 7º.

§ 2º O conteúdo das comunicações privadas somente poderá ser disponibilizado mediante ordem judicial, nas hipóteses e na forma que a lei estabelecer, respeitado o disposto nos incisos II e III do art. 7º.

§ 3º O disposto no *caput* não impede o acesso aos dados cadastrais que informem qualificação pessoal, filiação e endereço, na forma da lei, pelas autoridades administrativas que detenham competência legal para a sua requisição.

§ 4º As medidas e os procedimentos de segurança e de sigilo devem ser informados pelo responsável pela provisão de serviços de forma clara e atender a padrões definidos em regulamento, respeitado seu direito de confidencialidade quanto a segredos empresariais.

Art. 11. Em qualquer operação de coleta, armazenamento, guarda e tratamento de registros, de dados pessoais ou de comunicações por provedores de conexão e de aplicações de internet em que pelo menos um desses atos ocorra em território nacional, deverão ser obrigatoriamente respeitados a legislação brasileira e os direitos à privacidade, à proteção dos dados pessoais e ao sigilo das comunicações privadas e dos registros.

§ 1º O disposto no caput aplica-se aos dados coletados em território nacional e ao conteúdo das comunicações, desde que pelo menos um dos terminais esteja localizado no Brasil.

§ 2º O disposto no *caput* aplica-se mesmo que as atividades sejam realizadas por pessoa jurídica sediada no exterior, desde que oferte serviço ao público brasileiro ou pelo menos uma integrante do mesmo grupo econômico possua estabelecimento no Brasil.

§ 3º Os provedores de conexão e de aplicações de internet deverão prestar, na forma da regulamentação, informações que permitam a verificação quanto ao cumprimento da legislação brasileira referente à coleta, à guarda, ao armazenamento ou ao tratamento de dados, bem como quanto ao respeito à privacidade e ao sigilo de comunicações.

§ 4º Decreto regulamentará o procedimento para apuração de infrações ao disposto neste artigo.

Art. 12. Sem prejuízo das demais sanções cíveis, criminais ou administrativas, as infrações às normas previstas nos arts. 10 e 11 ficam sujeitas, conforme o caso, às seguintes sanções, aplicadas de forma isolada ou cumulativa:

I — advertência, com indicação de prazo para adoção de medidas corretivas;

II — multa de até 10% (dez por cento) do faturamento do grupo econômico no Brasil no seu último exercício, excluídos os tributos, considerados a condição econômica do infrator e o princípio da proporcionalidade entre a gravidade da falta e a intensidade da sanção;

III — suspensão temporária das atividades que envolvam os atos previstos no art. 11; ou

IV — proibição de exercício das atividades que envolvam os atos previstos no art. 11.

PARÁGRAFO ÚNICO. Tratando-se de empresa estrangeira, responde solidariamente pelo pagamento da multa de que trata o caput sua filial, sucursal, escritório ou estabelecimento situado no País.

Subseção I
Da Guarda de Registros de Conexão

Art. 13. Na provisão de conexão à internet, cabe ao administrador de sistema autônomo respectivo o dever de manter os registros de conexão, sob sigilo, em ambiente controlado e de segurança, pelo prazo de 1 (um) ano, nos termos do regulamento.

§ 1º A responsabilidade pela manutenção dos registros de conexão não poderá ser transferida a terceiros.

§ 2º A autoridade policial ou administrativa ou o Ministério Público poderá requerer cautelarmente que os registros de conexão sejam guardados por prazo superior ao previsto no *caput*.

§ 3º Na hipótese do § 2º, a autoridade requerente terá o prazo de 60 (sessenta) dias, contados a partir do requerimento, para ingressar com o pedido de autorização judicial de acesso aos registros previstos no *caput*.

§ 4º O provedor responsável pela guarda dos registros deverá manter sigilo em relação ao requerimento previsto no § 2º, que perderá sua eficácia caso o pedido de autorização judicial seja indeferido ou não tenha sido protocolado no prazo previsto no § 3º.

§ 5º Em qualquer hipótese, a disponibilização ao requerente dos registros de que trata este artigo deverá ser precedida de autorização judicial, conforme disposto na Seção IV deste Capítulo.

§ 6º Na aplicação de sanções pelo descumprimento ao disposto neste artigo, serão considerados a natureza e a gravidade da infração, os danos dela resultantes, eventual vantagem auferida pelo infrator, as circunstâncias agravantes, os antecedentes do infrator e a reincidência.

Subseção II
Da Guarda de Registros de Acesso a Aplicações de Internet na Provisão de Conexão

Art. 14. Na provisão de conexão, onerosa ou gratuita, é vedado guardar os registros de acesso a aplicações de internet.

Subseção III
Da Guarda de Registros de Acesso a Aplicações de Internet na Provisão de Aplicações

Art. 15. O provedor de aplicações de internet constituído na forma de pessoa jurídica e que exerça essa atividade de forma organizada, profissionalmente e com fins econômicos deverá manter os respectivos registros de acesso a aplicações de internet, sob sigilo, em ambiente controlado e de segurança, pelo prazo de 6 (seis) meses, nos termos do regulamento.

§ 1º Ordem judicial poderá obrigar, por tempo certo, os provedores de aplicações de internet que não estão sujeitos ao disposto no *caput* a guardarem registros de acesso a aplicações de internet, desde que se trate de registros relativos a fatos específicos em período determinado.

§ 2º A autoridade policial ou administrativa ou o Ministério Público poderão requerer cautelarmente a qualquer provedor de aplicações de internet que os registros de acesso a aplicações de internet sejam guardados, inclusive por prazo superior ao previsto no caput, observado o disposto nos §§ 3º e 4º do art. 13.

§ 3º Em qualquer hipótese, a disponibilização ao requerente dos registros de que trata este artigo deverá ser precedida de autorização judicial, conforme disposto na Seção IV deste Capítulo.

§ 4º Na aplicação de sanções pelo descumprimento ao disposto neste artigo, serão considerados a natureza e a gravidade da infração, os danos dela resultantes, eventual vantagem auferida pelo infrator, as circunstâncias agravantes, os antecedentes do infrator e a reincidência.

Art. 16. Na provisão de aplicações de internet, onerosa ou gratuita, é vedada a guarda:

I — dos registros de acesso a outras aplicações de internet sem que o titular dos dados tenha consentido previamente, respeitado o disposto no art. 7º; ou

II — de dados pessoais que sejam excessivos em relação à finalidade para a qual foi dado consentimento pelo seu titular.

Art. 17. Ressalvadas as hipóteses previstas nesta Lei, a opção por não guardar os registros de acesso a aplicações de internet não implica responsabilidade sobre danos decorrentes do uso desses serviços por terceiros.

Seção III
Da Responsabilidade por Danos Decorrentes de Conteúdo Gerado por Terceiros

Art. 18. O provedor de conexão à internet não será responsabilizado civilmente por danos decorrentes de conteúdo gerado por terceiros.

Art. 19. Com o intuito de assegurar a liberdade de expressão e impedir a censura, o provedor de aplicações de internet somente poderá ser responsabilizado civilmente por danos decorrentes de conteúdo gerado por terceiros se, após ordem judicial específica, não tomar as providências para, no âmbito e nos limites técnicos do seu serviço e dentro do prazo assinalado, tornar indisponível o conteúdo apontado como infringente, ressalvadas as disposições legais em contrário.

§ 1º A ordem judicial de que trata o *caput* deverá conter, sob pena de nulidade, identificação clara e específica do conteúdo apontado como infringente, que permita a localização inequívoca do material.

§ 2º A aplicação do disposto neste artigo para infrações a direitos de autor ou a direitos conexos depende de previsão legal específica, que deverá respeitar a liberdade de expressão e demais garantias previstas no art. 5º da Constituição Federal.

§ 3º As causas que versem sobre ressarcimento por danos decorrentes de conteúdos disponibilizados na internet relacionados à honra, à reputação ou a direitos de personalidade, bem como sobre a indisponibilização desses conteúdos por provedores de aplicações de internet, poderão ser apresentadas perante os juizados especiais.

§ 4º O juiz, inclusive no procedimento previsto no § 3º, poderá antecipar, total ou parcialmente, os efeitos da tutela pretendida no pedido inicial, existindo prova inequívoca do fato e considerado o interesse da coletividade na disponibilização do conteúdo na internet, desde que presentes os requisitos de verossimilhança da alegação do autor e de fundado receio de dano irreparável ou de difícil reparação.

Art. 20. Sempre que tiver informações de contato do usuário diretamente responsável pelo conteúdo a que se refere o art. 19, caberá ao provedor de aplicações de internet comunicar-lhe os motivos e informações relativos à indisponibilização de conteúdo, com informações que permitam o contraditório e a ampla defesa em juízo, salvo expressa previsão legal ou expressa determinação judicial fundamentada em contrário.

PARÁGRAFO ÚNICO. Quando solicitado pelo usuário que disponibilizou o conteúdo tornado indisponível, o provedor de aplicações de internet que exerce essa atividade de forma organizada, profissionalmente e com fins econômicos substituirá o conteúdo tornado indisponível pela motivação ou pela ordem judicial que deu fundamento à indisponibilização.

Art. 21. O provedor de aplicações de internet que disponibilize conteúdo gerado por terceiros será responsabilizado subsidiariamente pela violação da intimidade decorrente da divulgação, sem autorização de seus participantes, de imagens, de vídeos ou de outros materiais contendo cenas de nudez ou de atos sexuais de caráter privado quando, após o recebimento de notificação pelo participante ou seu representante legal, deixar de promover, de forma diligente, no âmbito e nos limites técnicos do seu serviço, a indisponibilização desse conteúdo.

PARÁGRAFO ÚNICO. A notificação prevista no caput deverá conter, sob pena de nulidade, elementos que permitam a identificação específica do material apontado como violador da intimidade do participante e a verificação da legitimidade para apresentação do pedido.

Seção IV
Da Requisição Judicial de Registros

Art. 22. A parte interessada poderá, com o propósito de formar conjunto probatório em processo judicial cível ou penal, em caráter incidental ou autônomo, requerer ao juiz que ordene ao responsável pela guarda o fornecimento de registros de conexão ou de registros de acesso a aplicações de internet.

PARÁGRAFO ÚNICO. Sem prejuízo dos demais requisitos legais, o requerimento deverá conter, sob pena de inadmissibilidade:

I — fundados indícios da ocorrência do ilícito;

II — justificativa motivada da utilidade dos registros solicitados para fins de investigação ou instrução probatória; e

III — período ao qual se referem os registros.

Art. 23. Cabe ao juiz tomar as providências necessárias à garantia do sigilo das informações recebidas e à preservação da intimidade, da vida privada, da honra e da imagem do usuário, podendo determinar segredo de justiça, inclusive quanto aos pedidos de guarda de registro.

CAPÍTULO IV
Da Atuação do Poder Público

Art. 24. Constituem diretrizes para a atuação da União, dos Estados, do Distrito Federal e dos Municípios no desenvolvimento da internet no Brasil:

I — estabelecimento de mecanismos de governança multiparticipativa, transparente, colaborativa e democrática, com a participação do governo, do setor empresarial, da sociedade civil e da comunidade acadêmica;

II — promoção da racionalização da gestão, expansão e uso da internet, com participação do Comitê Gestor da internet no Brasil;

III — promoção da racionalização e da interoperabilidade tecnológica dos serviços de governo eletrônico, entre os diferentes Poderes e âmbitos da Federação, para permitir o intercâmbio de informações e a celeridade de procedimentos;

IV — promoção da interoperabilidade entre sistemas e terminais diversos, inclusive entre os diferentes âmbitos federativos e diversos setores da sociedade;

V — adoção preferencial de tecnologias, padrões e formatos abertos e livres;

VI — publicidade e disseminação de dados e informações públicos, de forma aberta e estruturada;

VII — otimização da infraestrutura das redes e estímulo à implantação de centros de armazenamento, gerenciamento e disseminação de dados no País, promovendo a qualidade técnica, a inovação e a difusão das aplicações de internet, sem prejuízo à abertura, à neutralidade e à natureza participativa;

VIII — desenvolvimento de ações e programas de capacitação para uso da internet;

IX — promoção da cultura e da cidadania; e

X — prestação de serviços públicos de atendimento ao cidadão de forma integrada, eficiente, simplificada e por múltiplos canais de acesso, inclusive remotos.

Art. 25. As aplicações de internet de entes do poder público devem buscar:

I — compatibilidade dos serviços de governo eletrônico com diversos terminais, sistemas operacionais e aplicativos para seu acesso;

II — acessibilidade a todos os interessados, independentemente de suas capacidades físico-motoras, perceptivas, sensoriais, intelectuais, mentais, culturais e sociais, resguardados os aspectos de sigilo e restrições administrativas e legais;

III — compatibilidade tanto com a leitura humana quanto com o tratamento automatizado das informações;

IV — facilidade de uso dos serviços de governo eletrônico; e

V — fortalecimento da participação social nas políticas públicas.

Art. 26. O cumprimento do dever constitucional do Estado na prestação da educação, em todos os níveis de ensino, inclui a capacitação, integrada a outras práticas educacionais, para o uso seguro, consciente e responsável da internet como ferramenta para o exercício da cidadania, a promoção da cultura e o desenvolvimento tecnológico.

Art. 27. As iniciativas públicas de fomento à cultura digital e de promoção da internet como ferramenta social devem:

I — promover a inclusão digital;

II — buscar reduzir as desigualdades, sobretudo entre as diferentes regiões do País, no acesso às tecnologias da informação e comunicação e no seu uso; e

III — fomentar a produção e circulação de conteúdo nacional.

Art. 28. O Estado deve, periodicamente, formular e fomentar estudos, bem como fixar metas, estratégias, planos e cronogramas, referentes ao uso e desenvolvimento da internet no País.

CAPÍTULO V
Disposições Finais

Art. 29. O usuário terá a opção de livre escolha na utilização de programa de computador em seu terminal para exercício do controle parental de conteúdo entendido por ele como impróprio a seus filhos menores, desde que respeitados os princípios desta Lei e da Lei n. 8.069, de 13 de julho de 1990 — Estatuto da Criança e do Adolescente.

PARÁGRAFO ÚNICO. Cabe ao poder público, em conjunto com os provedores de conexão e de aplicações de internet e a sociedade civil, promover a educação e fornecer informações sobre o uso dos programas de computador previstos no *caput*, bem como para a definição de boas práticas para a inclusão digital de crianças e adolescentes.

Art. 30. A defesa dos interesses e dos direitos estabelecidos nesta Lei poderá ser exercida em juízo, individual ou coletivamente, na forma da lei.

Art. 31. Até a entrada em vigor da lei específica prevista no § 2º do art. 19, a responsabilidade do provedor de aplicações de internet por danos decorrentes de conteúdo gerado por terceiros, quando se tratar de infração a direitos de autor ou a direitos conexos, continuará a ser disciplinada pela legislação autoral vigente aplicável na data da entrada em vigor desta Lei.

Art. 32. Esta Lei entra em vigor após decorridos 60 (sessenta) dias de sua publicação oficial.

Brasília, 23 de abril de 2014; 193º da Independência e 126º da República.

DILMA ROUSSEFF
José Eduardo Cardozo
Miriam Belchior
Paulo Bernardo Silva
Clélio Campolina Diniz

DECRETO N. 8.771, DE 11 DE MAIO DE 2016

(DOU 11.5.16. ed. extra)

Regulamenta a Lei n. 12.965, de 23 de abril de 2014, para tratar das hipóteses admitidas de discriminação de pacotes de dados na internet e de degradação de tráfego, indicar procedimentos para guarda e proteção de dados por provedores de conexão e de aplicações, apontar medidas de transparência na requisição de dados cadastrais pela administração pública e estabelecer parâmetros para fiscalização e apuração de infrações.

A PRESIDENTA DA REPÚBLICA, no uso da atribuição que lhe confere o art. 84, *caput*, inciso IV, da Constituição, e tendo em vista o disposto na Lei n. 12.965, de 23 de abril de 2014,

DECRETA:

CAPÍTULO I
Disposições Gerais

Art. 1º Este Decreto trata das hipóteses admitidas de discriminação de pacotes de dados na internet e de degradação de tráfego, indica procedimentos para guarda e proteção de dados por provedores de conexão e de aplicações, aponta medidas de transparência na requisição de dados cadastrais pela administração pública e estabelece parâmetros para fiscalização e apuração de infrações contidas na Lei n. 12.965, de 23 de abril de 2014.

Art. 2º O disposto neste Decreto se destina aos responsáveis pela transmissão, pela comutação ou pelo roteamento e aos provedores de conexão e de aplicações de internet, definida nos termos do inciso I do *caput* do art. 5º da Lei n. 12.965, de 2014.

PARÁGRAFO ÚNICO. O disposto neste Decreto não se aplica:

I — aos serviços de telecomunicações que não se destinem ao provimento de conexão de internet; e

II — aos serviços especializados, entendidos como serviços otimizados por sua qualidade assegurada de serviço, de velocidade ou de segurança, ainda que utilizem protocolos lógicos TCP/IP ou equivalentes, desde que:

a) não configurem substituto à internet em seu caráter público e irrestrito; e

b) sejam destinados a grupos específicos de usuários com controle estrito de admissão.

CAPÍTULO II
Da Neutralidade de Rede

Art. 3º A exigência de tratamento isonômico de que trata o art. 9º da Lei n. 12.965, de 2014, deve garantir a preservação do caráter público e irrestrito do acesso à internet e os fundamentos, princípios e objetivos do uso da internet no País, conforme previsto na Lei n. 12.965, de 2014.

Art. 4º A discriminação ou a degradação de tráfego são medidas excepcionais, na medida em que somente poderão decorrer de requisitos técnicos indispensáveis à prestação adequada de serviços e aplicações ou da priorização de serviços de emergência, sendo necessário o cumprimento de todos os requisitos dispostos no art. 9º, § 2º, da Lei n. 12.965, de 2014.

Art. 5º Os requisitos técnicos indispensáveis à prestação adequada de serviços e aplicações devem ser observados pelo responsável de atividades de transmissão, de comutação ou de roteamento, no âmbito de sua respectiva rede, e têm como objetivo manter sua estabilidade, segurança, integridade e funcionalidade.

§ 1º Os requisitos técnicos indispensáveis apontados no *caput* são aqueles decorrentes de:

I — tratamento de questões de segurança de redes, tais como restrição ao envio de mensagens em massa (*spam*) e controle de ataques de negação de serviço; e

II — tratamento de situações excepcionais de congestionamento de redes, tais como rotas alternativas em casos de interrupções da rota principal e em situações de emergência.

§ 2º A Agência Nacional de Telecomunicações — Anatel atuará na fiscalização e na apuração de infrações quanto aos requisitos técnicos elencados neste artigo, consideradas as diretrizes estabelecidas pelo Comitê Gestor da Internet — CGIbr.

Art. 6º Para a adequada prestação de serviços e aplicações na internet, é permitido o gerenciamento de redes com o objetivo de preservar sua estabilidade, segurança e funcionalidade, utilizando-se apenas de medidas técnicas compatíveis com os padrões internacionais, desenvolvidos para o bom funcionamento da internet, e observados os parâmetros regulatórios expedidos pela Anatel e consideradas as diretrizes estabelecidas pelo CGIbr.

Art. 7º O responsável pela transmissão, pela comutação ou pelo roteamento deverá adotar medidas de transparência para explicitar ao usuário os motivos do gerenciamento que implique a discriminação ou a degradação de que trata o art. 4º, tais como:

I — a indicação nos contratos de prestação de serviço firmado com usuários finais ou provedores de aplicação; e

II — a divulgação de informações referentes às práticas de gerenciamento adotadas em seus sítios eletrônicos, por meio de linguagem de fácil compreensão.

PARÁGRAFO ÚNICO. As informações de que trata esse artigo deverão conter, no mínimo:

I — a descrição dessas práticas;

II — os efeitos de sua adoção para a qualidade de experiência dos usuários; e

III — os motivos e a necessidade da adoção dessas práticas.

Art. 8º A degradação ou a discriminação decorrente da priorização de serviços de emergência somente poderá decorrer de:

I — comunicações destinadas aos prestadores dos serviços de emergência, ou comunicação entre eles, conforme previsto na regulamentação da Agência Nacional de Telecomunicações — Anatel; ou

II — comunicações necessárias para informar a população em situações de risco de desastre, de emergência ou de estado de calamidade pública.

PARÁGRAFO ÚNICO. A transmissão de dados nos casos elencados neste artigo será gratuita.

Art. 9º Ficam vedadas condutas unilaterais ou acordos entre o responsável pela transmissão, pela comutação ou pelo roteamento e os provedores de aplicação que:

I — comprometam o caráter público e irrestrito do acesso à internet e os fundamentos, os princípios e os objetivos do uso da internet no País;

II — priorizem pacotes de dados em razão de arranjos comerciais; ou

III — privilegiem aplicações ofertadas pelo próprio responsável pela transmissão, pela comutação ou pelo roteamento ou por empresas integrantes de seu grupo econômico.

Art. 10. As ofertas comerciais e os modelos de cobrança de acesso à internet devem preservar uma internet única, de natureza aberta, plural e diversa, compreendida como um meio para a promoção do desenvolvimento humano, econômico, social e cultural, contribuindo para a construção de uma sociedade inclusiva e não discriminatória.

CAPÍTULO III
Da proteção aos registros, aos dados pessoais e às comunicações privadas

Seção I
Da requisição de dados cadastrais

Art. 11. As autoridades administrativas a que se refere o art. 10, § 3º, da Lei n. 12.965, de 2014, indicarão o fundamento legal de competência expressa para o acesso e a motivação para o pedido de acesso aos dados cadastrais.

§ 1º O provedor que não coletar dados cadastrais deverá informar tal fato à autoridade solicitante, ficando desobrigado de fornecer tais dados.

§ 2º São considerados dados cadastrais:

I — a filiação;

II — o endereço; e

III — a qualificação pessoal, entendida como nome, prenome, estado civil e profissão do usuário.

§ 3º Os pedidos de que trata o *caput* devem especificar os indivíduos cujos dados estão sendo requeridos e as informações desejadas, sendo vedados pedidos coletivos que sejam genéricos ou inespecíficos.

Art. 12. A autoridade máxima de cada órgão da administração pública federal publicará anualmente em seu sítio na internet relatórios estatísticos de requisição de dados cadastrais, contendo:

I — o número de pedidos realizados;

II — a listagem dos provedores de conexão ou de acesso a aplicações aos quais os dados foram requeridos;

III — o número de pedidos deferidos e indeferidos pelos provedores de conexão e de acesso a aplicações; e

IV — o número de usuários afetados por tais solicitações.

Seção II
Padrões de segurança e sigilo dos registros, dados pessoais e comunicações privadas

Art. 13. Os provedores de conexão e de aplicações devem, na guarda, armazenamento e tratamento de dados pessoais e comunicações privadas, observar as seguintes diretrizes sobre padrões de segurança:

I — o estabelecimento de controle estrito sobre o acesso aos dados mediante a definição de responsabilidades das pessoas que terão possibilidade de acesso e de privilégios de acesso exclusivo para determinados usuários;

II — a previsão de mecanismos de autenticação de acesso aos registros, usando, por exemplo, sistemas de autenticação dupla para assegurar a individualização do responsável pelo tratamento dos registros;

Legislação Complementar

III — a criação de inventário detalhado dos acessos aos registros de conexão e de acesso a aplicações, contendo o momento, a duração, a identidade do funcionário ou do responsável pelo acesso designado pela empresa e o arquivo acessado, inclusive para cumprimento do disposto no art. 11, § 3º, da Lei n. 12.965, de 2014; e

IV — o uso de soluções de gestão dos registros por meio de técnicas que garantam a inviolabilidade dos dados, como encriptação ou medidas de proteção equivalentes.

§ 1º Cabe ao CGIbr promover estudos e recomendar procedimentos, normas e padrões técnicos e operacionais para o disposto nesse artigo, de acordo com as especificidades e o porte dos provedores de conexão e de aplicação.

§ 2º Tendo em vista o disposto nos incisos VII a X do *caput* do art. 7º da Lei n. 12.965, de 2014, os provedores de conexão e aplicações devem reter a menor quantidade possível de dados pessoais, comunicações privadas e registros de conexão e acesso a aplicações, os quais deverão ser excluídos:

I — tão logo atingida a finalidade de seu uso; ou

II — se encerrado o prazo determinado por obrigação legal.

Art. 14. Para os fins do disposto neste Decreto, considera-se:

I — dado pessoal — dado relacionado à pessoa natural identificada ou identificável, inclusive números identificativos, dados locacionais ou identificadores eletrônicos, quando estes estiverem relacionados a uma pessoa; e

II — tratamento de dados pessoais — toda operação realizada com dados pessoais, como as que se referem a coleta, produção, recepção, classificação, utilização, acesso, reprodução, transmissão, distribuição, processamento, arquivamento, armazenamento, eliminação, avaliação ou controle da informação, modificação, comunicação, transferência, difusão ou extração.

Art. 15. Os dados de que trata o art. 11 da Lei n. 12.965, de 2014, deverão ser mantidos em formato interoperável e estruturado, para facilitar o acesso decorrente de decisão judicial ou determinação legal, respeitadas as diretrizes elencadas no art. 13 deste Decreto.

Art. 16. As informações sobre os padrões de segurança adotados pelos provedores de aplicação e provedores de conexão devem ser divulgadas de forma clara e acessível a qualquer interessado, preferencialmente por meio de seus sítios na internet, respeitado o direito de confidencialidade quanto aos segredos empresariais.

CAPÍTULO IV

Da fiscalização e da transparência

Art. 17. A Anatel atuará na regulação, na fiscalização e na apuração de infrações, nos termos da Lei n. 9.472, de 16 de julho de 1997.

Art. 18. A Secretaria Nacional do Consumidor atuará na fiscalização e na apuração de infrações, nos termos da Lei n. 8.078, de 11 de setembro de 1990.

Art. 19. A apuração de infrações à ordem econômica ficará a cargo do Sistema Brasileiro de Defesa da Concorrência, nos termos da Lei n. 12.529, de 30 de novembro de 2011.

Art. 20. Os órgãos e as entidades da administração pública federal com competências específicas quanto aos assuntos relacionados a este Decreto atuarão de forma colaborativa, consideradas as diretrizes do CGIbr, e deverão zelar pelo cumprimento da legislação brasileira, inclusive quanto à aplicação das sanções cabíveis, mesmo que as atividades sejam realizadas por pessoa jurídica sediada no exterior, nos termos do art. 11 da Lei n. 12.965, de 2014.

Art. 21. A apuração de infrações à Lei n. 12.965, de 2014, e a este Decreto atenderá aos procedimentos internos de cada um dos órgãos fiscalizatórios e poderá ser iniciada de ofício ou mediante requerimento de qualquer interessado.

Art. 22. Este Decreto entra em vigor trinta dias após a data de sua publicação.

Brasília, 11 de maio de 2016; 195º da Independência e 128º da República.

DILMA ROUSSEFF

Eugênio José Guilherme de Aragão

André Peixoto Figueiredo Lima

João Luiz Silva Ferreira

Emília Maria Silva Ribeiro Curi

LEI N. 11.101, DE 9 DE FEVEREIRO DE 2005

(DOU 9.2.2005)

Regula a recuperação judicial, a extrajudicial e a falência do empresário e da sociedade empresária

ver p. 816

ATO N. 245 DO TST, DE 5 DE AGOSTO DE 1999

(DJ 10.8.1999, LTr 63-08/1146)

Resolve centralizar para garantia das partes, o recebimento de petições mediante fac-símile na subsecretaria de cadastramento processual, observado o horário fixado na Resolução Administrativa n. 200/95 para protocolização do documento

O PRESIDENTE DO TRIBUNAL SUPERIOR DO TRABALHO, no uso de suas atribuições legais e regimentais, de conformidade com o disposto na letra *b* do inciso I do art. 96 da Constituição Federal, na letra *c* do art. 707 da CLT e no inciso XXXVIII do art. 42 do Regimento Interno da Corte;

Considerando a edição da Lei n. 9.800, de 26 de maio de 1999, publicada em 27 seguinte, que permite "às partes a utilização de sistema de transmissão de dados e imagens tipo fac-símile ou outro similar, para a prática de atos processuais que dependam de petição escrita" (art. 1º);

Considerando a necessidade de regulamentação interna para o efetivo cumprimento da regra estabelecida no art. 1º da aludida lei;

Considerando a possibilidade de eventual extravio e comprometimento dos prazos pelo recebimento de petições, mediante o novo método, em vários equipamentos instalados nesta Corte;

Considerando a necessidade de evitar a ocorrência de controvérsias a respeito da data de apresentação das petições;

Considerando a necessidade de registro e cadastramento das peças pela Subsecretaria de Cadastramento Processual;

Considerando a Resolução Administrativa n. 200/95, que estabelece o horário das 10 (dez) às 19 (dezenove) horas para o atendimento ao público na Subsecretaria de Cadastramento Processual; resolve:

1 — Centralizar, para garantia das partes, o recebimento de petições mediante fac-símile na Subsecretaria de Cadastramento Processual, observado o horário fixado na Resolução Administrativa n. 200/95 para protocolização do documento.

2 — Estabelecer que os números (061) 216-4808, 216-4809 e 216-4810, instalados na Subsecretaria de Cadastramento Processual, serão de utilização específica para cumprimento do disposto no art. 1º da Lei n. 9.800, de 26 de maio de 1999, funcionando nos dias de expediente do Tribunal, no período compreendido entre 10 (dez) e 19 (dezenove) horas.

Este ato entra em vigor no dia de sua publicação no Diário da Justiça. Publique-se no DJ e no BI.

Ministro *Wagner Pimenta*

ATO DO PRESIDENTE DO TST N. 3 SEGJUD. GP, DE 3 DE JANEIRO DE 2012

(DJe 31.1.2012)

Dispõe sobre a obrigatoriedade, na autuação das ações originárias de competência do Tribunal Superior do Trabalho, do registro do número de inscrição das partes no cadastro de pessoas físicas ou jurídicas mantido pela Receita Federal do Brasil

O PRESIDENTE DO TRIBUNAL SUPERIOR DO TRABALHO, no uso de suas atribuições legais e regimentais,

Considerando que, na autuação das ações originárias de competência do Tribunal Superior do Trabalho, o registro do número de inscrição das partes no cadastro de pessoas físicas ou jurídicas mantido pela Receita Federal do Brasil tornará mais precisa a identificação dos atores da relação processual;

Considerando o disposto no art. 15 da Lei n. 11.419 de 19 de dezembro de 2006, que atribui às partes, ao distribuir a petição inicial de qualquer ação judicial, o ônus processual de informar o número de inscrição no cadastro de pessoas físicas ou jurídicas, conforme o caso, salvo impossibilidade que comprometa o acesso à justiça;

Considerando o que estabelece a Resolução n. 46 do Conselho Nacional de Justiça, no sentido de que o cadastramento de partes nos processos deverá ser realizado, prioritariamente, pelo nome ou razão social constante do cadastro de pessoas físicas ou jurídicas mantido pela Receita Federal do Brasil,

RESOLVE:

Art. 1º O autor informará na petição inicial das ações originárias propostas perante o Tribunal Superior do Trabalho, *a partir de 1º de março de 2012*, o número de inscrição das partes no cadastro de pessoas físicas ou jurídicas da Receita Federal do Brasil, conforme o caso, salvo impossibilidade que comprometa o acesso à justiça, expressamente justificada na própria petição.

Art. 2º A Coordenadoria de Cadastramento Processual desta Corte (Protocolo) não receberá petição inicial física que não contiver o número de inscrição das partes no cadastro de pessoas físicas ou jurídicas, tampouco a justificativa para a ausência dessa informação.

Art. 3º Recebida a petição inicial, no TST, por meio do Sistema eDOC, a Secretaria-Geral Judiciária, se for o caso, intimará o autor para, no prazo de 10 (dez) dias, informar o número de inscrição das partes no cadastro de pessoas físicas ou jurídicas da Receita Federal do Brasil, ou, alternativamente, justificar a impossibilidade de fornecer o dado, sob pena de arquivamento da petição.

Art. 4º A petição inicial será encaminhada à consideração do Presidente do Tribunal Superior do Trabalho, sempre que houver justificativa do autor para a ausência de informação do número de inscrição das partes no cadastro de pessoas físicas ou jurídicas.

Art. 5º Nas ações originárias propostas perante o Tribunal Superior do Trabalho, o cadastramento de partes no processo será realizado, prioritariamente, pelo nome ou razão social constante do cadastro de pessoas físicas ou jurídicas mantido pela Receita Federal do Brasil, mediante alimentação automática, observados os convênios e condições tecnológicas disponíveis, vedado o uso dos tipos itálico e negrito.

PARÁGRAFO ÚNICO. Em caso de divergência entre o nome ou razão social informados na petição inicial com os constantes da base de dados da Receita Federal do Brasil, a Secretaria-Geral Judiciária intimará o autor para, no prazo de 10 (dez) dias, esclarecer a contradição.

Publique-se.

Brasília, 3 de janeiro de 2012.

Ministro JOÃO ORESTE DALAZEN

ATO DO PRESIDENTE DO TST N. 589 SEGJUD.GP, DE 30 DE AGOSTO DE 2013

(DEJT 2.9.2013)

Dispõe sobre a tramitação de processos em segredo de justiça no âmbito do TST

O PRESIDENTE DO TRIBUNAL SUPERIOR DO TRABALHO, no uso das atribuições legais e regimentais,

CONSIDERANDO o disposto nos arts. 93, inciso IX, da Constituição Federal e 155 do Código de Processo Civil,

RESOLVE

Art. 1º Os gabinetes dos Ministros, a Secretaria-Geral Judiciária e as Secretarias dos Órgãos Judicantes do Tribunal Superior do Trabalho deverão zelar pelo sigilo inerente ao processo com trâmite em segredo de justiça.

Art. 2º Nos processos em grau de recurso, se já houver indicação de que tramitaram em segredo de justiça no Juízo *a quo*, a Coordenadoria de Classificação, Autuação e Distribuição de Processos — CCADP manterá o registro na autuação.

Art. 3º Nas ações originárias, havendo pedido expresso de trâmite em segredo de justiça, a CCADP fará a autuação com o respectivo indicador, certificando o ato.

Art. 4º O Relator sorteado determinará a retificação do registro de trâmite em segredo de justiça, lançado na autuação, se considerar ausentes os elementos que justifiquem o procedimento.

Art. 5º No momento da autuação, a CCADP cadastrará as partes com as iniciais dos nomes ou razão social, conforme o caso.

Art. 6º As decisões proferidas nos processos em segredo de justiça não conterão dados que possibilitem a identificação das partes envolvidas, bem como não serão objeto de indexação na base de pesquisa de jurisprudência do Tribunal Superior do Trabalho.

PARÁGRAFO ÚNICO. Nas decisões de que trata o *caput* deste artigo, as partes serão identificadas pelas iniciais dos nomes ou razão social, conforme o caso.

Art. 7º A publicação oficial de qualquer decisão ou ato ordinatório não conterá elementos que identifiquem as partes.

Art. 8º O acesso aos autos de processo físico ou eletrônico que tramita em segredo de justiça será restrito às partes, aos advogados com procuração e ao Ministério Público do Trabalho para emissão de parecer, nos casos previstos em lei.

Art. 9º Este Ato entra em vigor na data de sua publicação.

Publique-se.

Brasília, 30 de agosto de 2013.

Ministro CARLOS ALBERTO REIS DE PAULA
Presidente do Tribunal Superior do Trabalho

INSTRUÇÃO NORMATIVA N. 3, DO TST, DE 5 DE MARÇO DE 1993(*)

DEJT 13.12.2013

(RESOL. N. 190, DE 11.12.2013)

Interpreta o art. 8º da Lei n. 8.542, de 23.12.1992 (DOU 24.12.1992), que trata do depósito para recurso nas ações na Justiça do Trabalho e a Lei n. 12.275, de 29 de junho de 2010, que altera a redação do inciso I do § 5º do art. 897 e acresce o § 7º ao art. 899, ambos da Consolidação das Leis do Trabalho — CLT, aprovada pelo Decreto-lei n. 5.452, de 1º de maio de 1943.

I — Os depósitos de que trata o art. 40, e seus parágrafos, da Lei n. 8.177/1991, com a redação dada pelo art. 8º da Lei n. 8.542/1992, e o depósito de que tratam o § 5º, I,do art. 897 e o § 7º do art. 899, ambos da CLT, com a redação dada pela Lei n. 12.275, de 29.6.2010, não têm natureza jurídica de taxa de recurso, mas de garantia do juízo recursal, que pressupõe decisão condenatória ou executória de obrigação de pagamento em pecúnia, com valor líquido ou arbitrado.

II — No processo de conhecimento dos dissídios individuais o valor do depósito é limitado a R$5.889,50 (cinco mil, oitocentos e oitenta e nove reais e cinquenta centavos), ou novo valor corrigido, para o recurso ordinário, e a R$11.779,02 (onze mil, setecentos e setenta e nove reais e dois centavos), ou novo valor corrigido, para cada um dos recursos subsequentes, isto é, de revista, de embargos (ditos impropriamente infringentes) e extraordinário, para o Supremo Tribunal Federal, observando-se o seguinte:

a) para o recurso de agravo de instrumento, o valor do "depósito recursal corresponderá a 50% (cinquenta por cento) do valor do depósito do recurso ao qual se pretende destrancar";

b) depositado o valor total da condenação, nenhum depósito será exigido nos recursos das decisões posteriores, salvo se o valor da condenação vier a ser ampliado;

c) se o valor constante do primeiro depósito, efetuado no limite legal, é inferior ao da condenação, será devida complementação de depósito em recurso posterior, observado o valor nominal remanescente da condenação e/ou os limites legais para cada novo recurso;

d) havendo acréscimo ou redução da condenação em grau recursal, o juízo prolator da decisão arbitrará novo valor à condenação, quer para a exigibilidade de depósito ou complementação do já depositado, para o caso de recurso subsequente, quer para liberação do valor excedente decorrente da redução da condenação;

e) nos dissídios individuais singulares o depósito será efetivado pelo recorrente, mediante a utilização das guias correspondentes, na conta do empregado no FGTS — Fundo de Garantia do Tempo de Serviço, em conformidade com os §§ 4º e 5º do art. 899 da CLT, ou fora dela, desde que feito na sede do juízo e permaneça à disposição deste, mediante guia de depósito judicial extraída pela Secretaria Judiciária;

f) nas reclamatórias plúrimas e nas em que houver substituição processual, será arbitrado o valor total da condenação, para o atendimento da exigência legal do depósito recursal, em conformidade com as alíneas anteriores, mediante guia de depósito judicial extraída pela Secretaria Judiciária do órgão em que se encontra o processo;

g) a expedição de Mandado de Citação Penhora e Avaliação em fase definitiva ou provisória de execução deverá levar em conta a dedução dos valores já depositados nos autos, em especial o depósito recursal;

h) com o trânsito em julgado da decisão que absolveu o demandado da condenação, ser-lhe-á autorizado o levantamento do valor depositado e seus acréscimos.

III — Julgada procedente ação rescisória e imposta condenação em pecúnia, será exigido um único depósito recursal, até o limite máximo de R$11.779,02 (onze mil, setecentos e setenta e nove reais e dois centavos), ou novo valor corrigido, dispensado novo depósito para os recursos subsequentes, salvo o depósito do agravo de instrumento, previsto na Lei n. 12.275/2010, observando-se o seguinte:

a) o depósito será efetivado pela parte recorrente vencida, mediante guia de depósito judicial expedida pela Secretaria Judiciária, à disposição do juízo da causa;

b) com o trânsito em julgado da decisão, se condenatória, o valor depositado e seus acréscimos serão considerados na execução; se absolutória, será liberado o levantamento do valor do depositado e seus acréscimos.

IV — A exigência de depósito no processo de execução observará o seguinte:

a) a inserção da vírgula entre as expressões "...aos embargos" e "à execução..." é atribuída a erro de redação, devendo ser considerada a locução "embargos à execução";

b) dada a natureza jurídica dos embargos à execução, não será exigido depósito para a sua oposição quando estiver suficientemente garantida a execução por depósito recursal já existente nos autos, efetivado no processo de conhecimento, que permaneceu vinculado à execução, e/ou pela nomeação ou apreensão judicial de bens do devedor, observada a ordem preferencial estabelecida em lei;

c) garantida integralmente a execução nos embargos, só haverá exigência de depósito em qualquer recurso subsequente do devedor se tiver havido elevação do valor do débito, hipótese em que o depósito recursal corresponderá ao valor do acréscimo, sem qualquer limite;

d) o depósito previsto no item anterior será efetivado pelo executado recorrente, mediante guia de depósito judicial expedida pela Secretaria Judiciária, à disposição do juízo da execução;

(*) Republicação da Instrução Normativa n. 3, com as alterações introduzidas pela Resolução n. 190, de 11 de dezembro de 2013.

e) com o trânsito em julgado da decisão que liquidar a sentença condenatória, serão liberados em favor do exequente os valores disponíveis, no limite da quantia exequenda, prosseguindo, se for o caso, a execução por crédito remanescente, e autorizando-se o levantamento, pelo executado, dos valores que acaso sobejarem.

V — Nos termos da redação do § 3º do art. 40, não é exigido depósito para recurso ordinário interposto em dissídio coletivo, eis que a regra aludida atribui apenas valor ao recurso, com efeitos limitados, portanto, ao cálculo das custas processuais.

VI — Os valores alusivos aos limites de depósito recursal serão reajustados anualmente pela variação acumulada do INPC do IBGE dos doze meses imediatamente anteriores, e serão calculados e publicados no Diário Eletrônico da Justiça do Trabalho por ato do Presidente do Tribunal Superior do Trabalho, tornando-se obrigatória a sua observância a partir do quinto dia seguinte ao da publicação.

VII — Toda decisão condenatória ilíquida deverá conter o arbitramento do valor da condenação. O acréscimo de condenação em grau recursal, quando ilíquido, deverá ser arbitrado também para fins de depósito.

VIII — O depósito judicial, realizado na conta do empregado no FGTS ou em estabelecimento bancário oficial, mediante guia à disposição do juízo, será da responsabilidade da parte quanto à exatidão dos valores depositados e deverá ser comprovado, nos autos, pelo recorrente, no prazo do recurso a que se refere, independentemente da sua antecipada interposição, observado o limite do valor vigente na data da efetivação do depósito, bem como o contido no item VI, salvo no que se refere à comprovação do depósito recursal em agravo de instrumento, que observará o disposto no art. 899, § 7º, da CLT, com a redação da Lei n. 12.275/2010.

IX — é exigido depósito recursal para o recurso adesivo, observados os mesmos critérios e procedimentos do recurso principal previsto nesta Instrução Normativa.

X — Não é exigido depósito recursal, em qualquer fase do processo ou grau de jurisdição, dos entes de direito público externo e das pessoas de direito público contempladas no Decreto-lei n. 779, de 21.8.69, bem assim da massa falida e da herança jacente.

XI — Não se exigirá a efetivação de depósito em qualquer fase ou grau recursal do processo, fora das hipóteses previstas nesta Instrução Normativa.

XII — Havendo acordo para extinção do processo, as partes disporão sobre o valor depositado. Na ausência de expressa estipulação dos interessados, o valor disponível será liberado em favor da parte depositante.

INSTRUÇÃO NORMATIVA N. 15 DO TST, DE 8 DE OUTUBRO DE 1998

(DJ 15.10.1998)

Aprova normas relativas ao depósito recursal na justiça do trabalho (Resolução n. 88/98 do TST)

O Órgão Especial do Tribunal Superior do Trabalho, no uso das suas atribuições legais e regimentais,

Considerando o cancelamento dos Enunciados ns. 216 e 165;

Considerando a nova regulamentação do depósito recursal constante da Circular n. 149/98, da Caixa Econômica Federal, publicada no Diário Oficial da União de 4.9.1998;

Considerando a necessidade de uniformização de entendimentos quanto à regularidade do depósito recursal na Justiça do Trabalho;

Resolve que a validade do depósito recursal na Justiça do Trabalho condiciona-se à observância das exigências contidas no item 5 e seus subitens, da Circular n. 149/98, da Caixa Econômica Federal, a seguir transcrita:

5. Do Depósito Recursal

5.1 Depósito, referente a causas trabalhistas, previsto no art. 899 da Consolidação das Leis do Trabalho — CLT, efetuado como condição necessária à interposição de recurso contra decisão proferida pela Justiça do Trabalho.

5.2 Deve ser efetivado em conta vinculada do FGTS, aberta para este fim específico, mediante GRE, avulsa e apresentada em 3 (três) vias, com a seguinte destinação:

— 1ª Via — Caixa/Banco;

— 2ª Via — Empregador;

— 3ª Via — Processo/JCJ.

5.3 Cada GRE obrigará o depósito recursal relativo a apenas um processo, identificado no campo 17, e poderá ser autenticada em qualquer agência bancária, no ato da efetivação do depósito.

5.4 São informações indispensáveis à qualificação dos recolhimentos referentes ao depósito recursal.

5.4.1 Do Depositante (Empregador)

— Razão Social/Nome do Empregador (campo 03);

— CGC/CNPJ/CEI (campo 04);

— Endereço (campos 05 a 09).

5.4.1.1 Na inexistência por impossibilidade de cadastramento do empregador junto ao CGC/CNPJ/CEL, admite-se, excepcionalmente, a indicação do CPF do empregador.

5.4.1.2 No caso de empregado doméstico deverá ser indicado o número do CPF do empregador.

5.4.2 Do Trabalhador

— Nome (campo 21);

— Número PIS/PASEP (campo 23).

5.4.2.1 No caso de Sindicato, Federação ou Confederação atuando como substituto processual, deverá ser informado, no campo 21, o nome/razão social do mesmo.

5.4.2.2 Tratando-se de ação conjunta, deverá ser indicado, no campo 21, o nome de um dos reclamantes, seguido da expressão "e outros".

5.4.2.3 Na hipótese da inexistência, por impossibilidade de cadastramento do trabalhador junto ao cadastro do PIS/PASEP e para aqueles cujas relações trabalhistas tenham encerrado anteriormente a 1.1.72, admite-se, excepcionalmente, a indicação do número do Processo/Juízo.

5.4.3 Do Processo

— Informações complementares (campo 17): deverá ser preenchido com o número do processo, bem como do Juízo correspondente (na forma: n. do processo, Seção, Vara etc.).

5.4.4 Do Depósito

— Competência (campo 18) — deverá ser preenchido no formato MM/AA correspondente ao mês/ano em que o recolhimento está sendo efetuado;

— Código de recolhimento (campo 19): deverá ser preenchido sempre com o código 418;

— Valor (campo 27): deverá ser preenchido com o valor determinado pelo Juízo.

5.5 A movimentação da conta aberta para abrigar depósito recursal dar-se-á, exclusivamente, através de Alvará Judicial, em qualquer Agência da Caixa ou, não estando esta presente na localidade, em qualquer banco integrante da rede arrecadora e pagadora do FGTS.

5.5.1 O Alvará deverá ser dirigido à Caixa Econômica Federal (mantenedora legal das contas vinculadas do FGTS), devendo nele constar:

— identificação do processo;

— identificação do depositante;

— nome(s) do(s) beneficiário(s) e forma de rateio (percentual/valor), quando for o caso.

Sala de Sessões, 8 de outubro de 1998.

Luzia de Andrade Costa Freitas,
Diretora-Geral de Coordenação Judiciária

INSTRUÇÃO NORMATIVA N. 16 DO TST, DE 5 DE OUTUBRO DE 2000

(DJ 3.11.2000)

Uniformiza a interpretação da Lei n. 9.756, de 17 de dezembro de 1998, com relação a Agravo de Instrumento

I — O Agravo de Instrumento se rege, na Justiça do Trabalho, pelo art. 897, alínea *b*, §§ 2º, 4º, 5º, 6º e 7º, da Consolidação das Leis do Trabalho, pelos demais dispositivos do direito processual do trabalho e, no que omisso, pelo direito processual comum, desde que compatível com as normas e princípios daquele, na forma desta Instrução.

a) Não se aplicam aos agravos de instrumento opostos antes de 18 de dezembro de 1998, data da publicação da Lei n. 9.756, as disposições desse diploma legal, salvo aquelas relativas ao cancelamento da possibilidade de concessão de efeito suspensivo à revista.

II — Limitado o seu cabimento, no processo do trabalho, aos despachos que denegarem a interposição de recurso (art. 897, alínea *b*, da CLT), o agravo de instrumento será dirigido à autoridade judiciária prolatora do despacho agravado, no prazo de oito dias de sua intimação, e processado em autos apartados.

§ 1º Revogado pelo Ato GDGCJ-GP n. 162/03 de 28.4.2003, DJ 25.3 e rep. 7.5.2003.

§ 2º Revogado pelo Ato GDGCJ-GP n. 162/03, de 28.4.2003, DJ 2.5.2003 e rep. 7.5.2003.

III — O agravo não será conhecido se o instrumento não contiver as peças necessárias para o julgamento do recurso denegado, incluindo a cópia do respectivo arrazoado e da comprovação de satisfação de todos os pressupostos extrínsecos do recurso principal.

IV — O agravo de instrumento, protocolizado e autuado, será concluso ao juiz prolator do despacho agravado, para reforma ou confirmação da decisão impugnada, observada a competência estabelecida nos arts. 659, inciso VI, e 682, inciso IX, da CLT.

V — Será certificada nos autos principais a interposição do agravo de instrumento e a decisão que determina o seu processamento ou a decisão que reconsidera o despacho agravado.

VI — Mantida a decisão agravada, será intimado o agravado a apresentar contrarrazões relativas ao agravo e, simultaneamente, ao recurso principal, juntando as peças que entender necessárias para o julgamento de ambos, encaminhando-se, após, os autos do agravo ao Juízo competente.

VII — Provido o agravo, o órgão julgador deliberará quanto ao julgamento do recurso destrancado, observando-se, daí em diante, o procedimento relativo a tal recurso, com designação de relator e de revisor, se for o caso.

VIII — Da certidão de julgamento do agravo provido constará o resultado da deliberação relativa à apreciação do recurso destrancado.

IX — As peças trasladadas conterão informações que identifiquem o processo do qual foram extraídas, autenticadas uma a uma, no anverso ou verso. Tais peças poderão ser declaradas autenticas pelo próprio advogado, sob sua responsabilidade pessoal. Não será válida a cópia de despacho ou decisão que não contenha a assinatura do juiz prolator, nem as certidões subscritas por serventuário sem as informações acima exigidas. (NR)

X — Cumpre às partes providenciar a correta formação do instrumento, não comportando a omissão em conversão em diligência para suprir a ausência de peças, ainda que essenciais.

XI — O agravo de instrumento não requer preparo.

XII — A tramitação e o julgamento de agravo de instrumento no Juízo competente obedecerão à disciplina legal e ao constante dos respectivos Regimentos Internos.

XIII — O agravo de instrumento de despacho denegatório de recurso extraordinário obedecerá à disciplina especial, na forma de Resolução da Suprema Corte.

XIV — Fica revogada a Instrução Normativa n. 06.

Sala de Sessões, 21 de novembro de 2002.

Valério Augusto Freitas do Carmo,
Diretor-Geral de Coordenação Judiciária

INSTRUÇÃO NORMATIVA N. 17 DO TST, DE 5 DE OUTUBRO DE 2000(*)

(DEJT 24.9.2012, Resol. n. 91/99)

Uniformiza a interpretação da Lei n. 9.756, de 17 de dezembro de 1998, com relação ao recurso de revista

I — Aplica-se ao processo do trabalho o disposto no parágrafo único do art. 120 do Código de Processo Civil, segundo a redação dada pela Lei n. 9.756/98, relativo ao conflito de competência, nos seguintes termos:

Havendo jurisprudência dominante no Tribunal sobre a questão suscitada, o relator poderá decidir, de plano, o conflito de competência, cabendo agravo, no prazo de oito dias, contado da intimação às partes, para o órgão recursal competente.

II — Aplica-se ao processo do trabalho o parágrafo único acrescido ao art. 481 do Código de Processo Civil, conforme redação dada pela Lei n. 9.756/98, no que tange à declaração de inconstitucionalidade, nos seguintes termos:

Os órgãos fracionários dos Tribunais não submeterão ao plenário, ou ao órgão especial, a arguição de inconstitucionalidade, quando já houver pronunciamento destes, ou do plenário do Supremo Tribunal Federal, sobre a questão.

III — Aplica-se ao Processo do Trabalho o art. 557, *caput* e §§ 1º-A, 1º e 2º do Código de Processo Civil, segundo a redação dada pela Lei n. 9.756/98, adequando-se o prazo do agravo ao prazo de oito dias.

IV — Os beneficiários da justiça gratuita estão dispensados do recolhimento antecipado da multa prevista no § 2º do art. 557 do CPC.

V — As demais disposições oriundas de alteração do processo civil, resultante da Lei n. 9.756/98, consideram-se inaplicáveis ao processo do trabalho, especialmente o disposto no art. 511, *caput*, e seu § 2º.

Sala de Sessões, 17 de dezembro de 1999.

Luzia de Andrade Costa Freitas,
Diretora-Geral de Coordenação Judiciária

(*) Republicada em cumprimento ao disposto no art. 2º da Resolução n. 184, de 14 de setembro de 2012. (DEJT 24.9.2012, p. 3/4).

INSTRUÇÃO NORMATIVA N. 18 DO TST, DE 17 DE DEZEMBRO DE 1999

(DJ 12.1.2000)

Considera-se válida para comprovação do depósito recursal na Justiça do Trabalho a guia respectiva em que conste pelo menos o nome do recorrente e do Recorrido; o número do processo; a designação do juízo por onde tramitou o feito e a explicação do valor depositado, desde que autenticada pelo Banco recebedor.

Revogam-se as disposições em contrário (REs. n. 92/99).

Sala de Sessões, 17 de dezembro de 1999.

Luzia de Andrade Costa Freitas,
Diretora-Geral de Coordenação Judiciária

INSTRUÇÃO NORMATIVA N. 19 DO TST, DE 27 DE ABRIL DE 2000

(DJ 9.5.2000)

Aprova normas relativas a inserção de tema na Orientação Jurisprudencial do Tribunal Superior do Trabalho

O precedente jurisprudencial deve ser inserido pela Comissão de Jurisprudência na Orientação Jurisprudencial desta Corte quando:

1 — as 5 (cinco) Turmas decidirem no mesmo sentido quanto à matéria; ou

2 — houver 3 (três) acórdãos da Seção Especializada em Dissídios Individuais e, pelo menos, 3 (três) acórdãos de 3 (três) Turmas no mesmo sentido; ou

3 — houver, pelo menos, 2 (duas) decisões unânimes de cada uma das duas Subseções da Seção Especializada em Dissídios Individuais sobre a mesma matéria; ou

4 — o Tribunal Pleno, mediante provocação da Comissão Permanente de Jurisprudência, decidir conflito entre 5 (cinco) decisões reiteradas da Subseção I Especializada em Dissídios Individuais sobre determinada tese, contrárias a decisões reiteradas de 3 (três) Turmas;

5 — os verbetes relativos à precedentes da Subseção II Especializada em Dissídios Individuais, após aprovados pela referida Subseção, serão encaminhados à Comissão Permanente de Jurisprudência para publicação na Orientação da Jurisprudência da Corte. Se a Comissão entender conveniente, submeterá a proposta da Subseção II Especializada em Dissídios Individuais ao egrégio Tribunal Pleno.

6 — por moção subscrita por 8 (oito) ministros e dirigida à Comissão Permanente de Jurisprudência, será submetida ao egrégio Tribunal Pleno a proposta de retirada de tema inserto no repositório da Orientação Jurisprudencial do Tribunal Superior do Trabalho.

Sala de Sessões, 27 de abril de 2000.

Luzia de Andrade Costa Freitas,
Diretora-Geral de Coordenação Judiciária

INSTRUÇÃO NORMATIVA N. 20 DO TST, DE 7 DE NOVEMBRO DE 2002(**)

(DEJT 13.12.13)

Dispõe sobre os procedimentos para o recolhimento de custas e emolumentos devidos à união no âmbito da Justiça do Trabalho.

O Tribunal Superior do Trabalho, em sua composição Plena, Considerando o disposto na Lei n. 10.537, de 27 de agosto de 2002, que alterou os arts. 789 e 790 da Consolidação das Leis do Trabalho — CLT, sobre custas e emolumentos na Justiça do Trabalho, RESOLVEU expedir as seguintes instruções:

I — O pagamento das custas e dos emolumentos no âmbito da Justiça do Trabalho deverá ser realizado, exclusivamente, mediante Guia de Recolhimento da União — GRU Judicial, em 4 (quatro) vias, sendo ônus da parte interessada realizar seu correto preenchimento, observando-se as seguintes instruções:

a) o preenchimento da GRU Judicial será *on line*, no sítio da Secretaria do Tesouro Nacional na internet;

b) o pagamento da GRU — Judicial poderá ser efetivado em dinheiro, na Caixa Econômica Federal e no Banco do Brasil S/A, ou em cheque, apenas no Banco do Brasil S/A.

c) o campo inicial da GRU Judicial, denominado Unidade Gestora (UG), será preenchido com o código correspondente ao Tribunal Superior do Trabalho ou ao Tribunal Regional do Trabalho onde se encontra o processo. Os códigos constam do Anexo I;

d) o campo denominado Gestão será preenchido, sempre, com a seguinte numeração: 00001 — Tesouro Nacional.

II — As 4 (quatro) vias serão assim distribuídas: uma ficará retida no banco arrecadador; a segunda deverá ser anexada ao processo mediante petição do interessado; a terceira será entregue pelo interessado na secretaria do órgão judicante; a quarta ficará na Código para aferir autenticidade deste caderno: 72270 posse de quem providenciou o recolhimento.

III — É ônus da parte zelar pela exatidão do recolhimento das custas e/ou dos emolumentos, bem como requerer a juntada aos autos dos respectivos comprovantes.

IV — (Revogado).

V — O recolhimento das custas e emolumentos será realizado nos seguintes códigos:

a) 18740-2 — STN — CUSTAS JUDICIAIS (CAIXA/BB);

b) 18770-4 — STN — EMOLUMENTOS (CAIXA/BB).

Para esses códigos de arrecadação, os pagamentos não estão submetidos à restrição de valores inferiores a R$ 10,00 (dez reais), de conformidade com a nota SRF/Corat/Codac/Dirar/n. 174, de 14 de outubro de 2002.

(**) Republicação da Instrução Normativa n. 20, com as alterações introduzidas pela Resolução n. 191, de 11 de dezembro de 2013.

Legislação Complementar

VI — As secretarias das Varas do Trabalho e dos Tribunais Regionais do Trabalho informarão, mensalmente, aos setores encarregados pela elaboração da estatística do órgão, os valores de arrecadação de custas e emolumentos, baseando-se nas GRUs Judiciais que deverão manter arquivadas.

VII — (Revogado).

VIII — O comprovante de pagamento efetuado por meio de transferência eletrônica de fundos deverá ser apresentado pela parte em duas vias: a primeira será anexada ao processo, a segunda ficará arquivada na secretaria.

VIII-A — O requerimento de restituição dos valores indevidamente recolhidos, por meio de GRU judicial, de forma total ou parcial, a título de custas processuais e/ou emolumentos, deverá ser formalizado pelo interessado na Unidade Judiciária em que tramita o processo, acompanhado dos documentos comprobatórios das alegações, juntamente com o número do CNPJ ou CPF e dos respectivos dados bancários.

IX — Nos dissídios coletivos, as partes vencidas responderão solidariamente pelo pagamento das custas.

X — Não serão fixadas, no processo de conhecimento, custas inferiores a R$ 10,64 (dez reais e sessenta e quatro centavos), ainda que o resultado do cálculo seja inferior a este valor.

XI — As custas serão satisfeitas pelo vencido, após o trânsito em julgado da decisão. Em caso de recurso, a parte deverá recolher as custas e comprovar o seu pagamento no prazo recursal.

XII — O preparo de recurso da competência do Supremo Tribunal Federal será feito no prazo e na forma do disposto no Regimento Interno daquela Corte e segundo a sua "Tabela de Custas".

XIII — No processo de execução, as custas não serão exigidas por ocasião do recurso, devendo ser suportadas pelo executado ao final.

XIV — a tabela de custas da Justiça do Trabalho, referente ao processo de execução, vigorará com os seguintes valores:

a) AUTOS DE ARREMATAÇÃO, DE ADJUDICAÇÃO E DE REMIÇÃO: 5% (cinco por cento) sobre o respectivo valor, até o máximo de R$ 1.915,38 (um mil, novecentos e quinze reais e trinta e oito centavos);

b) ATOS DOS OFICIAIS DE JUSTIÇA, POR DILIGÊNCIA CERTIFICADA:

b1) em zona urbana: R$ 11,06 (onze reais e seis centavos);

b2) em zona rural: R$ 22,13 (vinte e dois reais e treze centavos);

c) AGRAVO DE INSTRUMENTO: R$ 44,26 (quarenta e quatro reais e vinte e seis centavos);

d) AGRAVO DE PETIÇÃO: R$ 44,26 (quarenta e quatro reais e vinte e seis centavos);

e) EMBARGOS À EXECUÇÃO, EMBARGOS DE TERCEIRO E EMBARGOS À ARREMATAÇÃO: R$ 44,26 (quarenta e quatro reais e vinte e seis centavos);

f) RECURSO DE REVISTA: R$ 55,35 (cinquenta e cinco reais e trinta e cinco centavos);

g) IMPUGNAÇÃO À SENTENÇA DE LIQUIDAÇÃO: R$ 55,35 (cinquenta e cinco reais e trinta e cinco centavos);

h) DESPESA DE ARMAZENAGEM EM DEPÓSITO JUDICIAL:

por dia: 0,1% (um décimo por cento) do valor da avaliação;

i) CÁLCULOS DE LIQUIDAÇÃO REALIZADOS PELO CONTADOR DO JUÍZO:

Sobre o valor liquidado: 0,5% (cinco décimos por cento) até o limite de R$ 638,46 (seiscentos e trinta e oito reais e quarenta e seis centavos).

XV — A tabela de emolumentos da Justiça do Trabalho vigorará com os seguintes valores:

a) AUTENTICAÇÃO DE TRASLADO DE PEÇAS MEDIANTE CÓPIA REPROGRÁFICA APRESENTADA PELAS PARTES:

por folha: R$ 0,55 (cinquenta e cinco centavos de real);

b) FOTOCÓPIA DE PEÇAS:

por folha: R$ 0,28 (vinte e oito centavos de real);

c) AUTENTICAÇÃO DE PEÇAS:

por folha: R$ 0,55 (cinquenta e cinco centavos de real);

d) CARTAS DE SENTENÇA, DE ADJUDICAÇÃO, DE REMIÇÃO E DE ARREMATAÇÃO:

por folha: R$ 0,55 (cinquenta e cinco centavos de real);

e) CERTIDÕES:

por folha: R$ 5,53 (cinco reais e cinquenta e três centavos de real)

XVI — Os emolumentos serão suportados pelo requerente.

XVII — Os órgãos da Justiça do Trabalho não estão obrigados a manter serviços de reprografia para atendimento ao público externo, tampouco autenticar fotocópias apresentadas pelas partes.

XVIII — As requisições de traslados serão atendidas sem o comprometimento das atividades normais das secretarias.

Sala de Sessões, 07 de novembro de 2002.

VALÉRIO AUGUSTO FREITAS DO CARMO
Diretor-Geral de Coordenação Judiciária

INSTRUÇÃO NORMATIVA N. 23 DO TST, DE 5 DE AGOSTO DE 2003

(Resolução n. 118, de 5.8.2003 — DJ 14.8.2003)

Dispõe sobre Petições de Recurso de Revista Resolução n. 118/03

Certifico e Dou Fé que o Egrégio Pleno do Tribunal Superior do Trabalho, em sessão extraordinária hoje realizada, sob a Presidência do Exmo. Sr. Ministro Francisco Fausto Paula de Medeiros, Presidente do Tribunal Superior do Trabalho, presentes os Exmos. Srs. Ministros Rider Nogueira de Brito, Milton de Moura França, João Oreste Dalazen, Carlos Alberto Reis de Paula, Antônio José de Barros Levenhagen, Ives Gandra Martins Filho, João Batista Brito Pereira, Maria Cristina Irigoyen Peduzzi, José Simpliciano Fontes de Faria Fernandes, Renato de Lacerda Paiva, Emmanoel Pereira e Lélio Bentes Corrêa, e a Exma. Subprocuradora-Geral do Trabalho, Dr. Guiomar Sanches Mendonça, Resolveu, por unanimidade, cancelar a Instrução Normativa n. 22 e editar a Instrução Normativa n. 23, dispondo sobre petições de recurso de revista, nos termos a seguir transcritos:

Considerando a necessidade de racionalizar o funcionamento da Corte, para fazer frente à crescente demanda recursal, e de otimizar a utilização dos recursos da informática, visando à celeridade da prestação jurisdicional, anseio do jurisdicionado;

Considerando a natureza extraordinária do recurso de revista e a exigência legal de observância de seus pressupostos de admissibilidade;

Considerando que a elaboração do recurso de maneira adequada atende aos interesses do próprio recorrente, principalmente na viabilização da prestação jurisdicional;

Considerando que o advogado desempenha papel essencial à administração da Justiça, colaborando como partícipe direto no esforço de aperfeiçoamento da atividade jurisdicional, merecendo assim atenção especial na definição dos parâmetros técnicos que racionalizam e objetivam seu trabalho;

Considerando que facilita o exame do recurso a circunstância de o recorrente indicar as folhas em que se encontra a prova da observância dos pressupostos extrínsecos do recurso;

Considerando que, embora a indicação dessas folhas não seja requisito legal para conhecimento do recurso, é recomendável que o recorrente o faça;

Resolve, quanto às petições de recurso de revista:

I — Recomendar sejam destacados os tópicos do recurso e, ao demonstrar o preenchimento dos seus pressupostos extrínsecos, sejam indicadas as folhas dos autos em que se encontram:

a) a procuração e, no caso de elevado número de procuradores, a posição em que se encontra(m) o(s) nome(s) do(s) subscritor(es) do recurso;

b) a ata de audiência em que o causídico atuou, no caso de mandato tácito;

c) o depósito recursal e as custas, caso já satisfeitos na instância ordinária;

d) os documentos que comprovam a tempestividade do recurso (indicando o início e o termo do prazo, com referência aos documentos que o demonstram).

II — Explicitar que é ônus processual da parte demonstrar o preenchimento dos pressupostos intrínsecos do recurso de revista, indicando:

a) qual o trecho da decisão recorrida que consubstancia o prequestionamento da controvérsia trazida no recurso;

b) qual o dispositivo de lei, súmula, orientação jurisprudencial do TST ou ementa (com todos os dados que permitam identificá-la) que atrita com a decisão regional.

III — Reiterar que, para comprovação da divergência justificadora do recurso, é necessário que o recorrente:

a) junte certidão ou cópia autenticada do acórdão paradigma ou cite a fonte oficial ou repositório em que foi publicado;

b) transcreva, nas razões recursais, as ementas e/ou trechos dos acórdãos trazidos à configuração do dissídio, demonstrando os conflitos de teses que justifiquem o conhecimento do recurso, ainda que os acórdãos já se encontrem nos autos ou venham a ser juntados com o recurso.

IV — Aplica-se às contrarrazões o disposto nesta Instrução, no que couber.

Sala de Sessões, 5 de agosto de 2003.

VALÉRIO AUGUSTO FREITAS DO CARMO
Diretor-Geral de Coordenação Judiciária

INSTRUÇÃO NORMATIVA N. 24 DO TST, DE 2 DE OUTUBRO DE 2003

(Resol. n. 120/03, do TP do TST, DJ 9.10.2003)

Dispõe sobre a faculdade de o Ministro Presidente do Tribunal Superior do Trabalho designar audiência prévia de conciliação, no caso de pedido de efeito suspensivo a Recurso Ordinário interposto à decisão normativa da Justiça do Trabalho

O TRIBUNAL SUPERIOR DO TRABALHO, em sua composição plena, no uso de suas atribuições legais e regimentais, sob a Presidência do Exmo. Sr. Ministro Francisco Fausto Paula de Medeiros,

Considerando o disposto no art. 14 da Lei n. 10.192, de 14 de fevereiro de 2001, pelo qual foi concedida ao Presidente do Tribunal Superior do Trabalho a prerrogativa de suspender, "na medida e extensão" que entender convenientes, a eficácia de decisão normativa da Justiça do Trabalho, até o julgamento do recurso ordinário interposto em autos de dissídio coletivo;

Considerando a inexistência de regulamentação dos procedimentos a serem observados pela Presidência da Corte relativamente aos pedidos de efeito suspensivo;

Considerando a marcante característica conciliatória da Justiça do Trabalho, presente, sobretudo, na sua atuação nos dissídios coletivos;

Considerando os bons resultados alcançados com a praxe que vem sendo adotada no sentido de mediar os conflitos por ocasião do recebimento de pedido de efeito suspensivo de cláusula de sentença normativa;

Considerando a instrumentalidade do processo,

Resolve:

I — Ao Presidente do Tribunal Superior do Trabalho é facultada a designação de audiência de conciliação relativamente a pedido de concessão de efeito suspensivo a recurso ordinário interposto à decisão normativa da Justiça do Trabalho;

II — Poderá o Presidente do Tribunal Superior do Trabalho, antes de designar audiência prévia de conciliação, conceder ao requerido o prazo de 5 (cinco) dias, para, querendo, manifestar-se sobre o pedido de efeito suspensivo;

III — O Ministério Público do Trabalho, por intermédio da Procuradoria-Geral do Trabalho, será comunicado do dia, hora e local da realização da audiência, enquanto as partes serão notificadas;

IV - Havendo transação nessa audiência, as condições respectivas constarão de ata, facultando-se ao Ministério Público do Trabalho emitir parecer oral, sendo, em seguida, sorteado Relator, que submeterá o acordo à apreciação da Seção Especializada em Dissídios Coletivos, na primeira sessão ordinária subsequente ou em sessão extraordinária designada para esse fim;

V — O Presidente do Tribunal Superior do Trabalho poderá submeter o pedido de efeito suspensivo à apreciação da Seção Especializada em Dissídios Coletivos, desde que repute a matéria de alta relevância.

Sala de Sessões, 2 de outubro de 2003.

Valério Augusto Freitas do Carmo

INSTRUÇÃO NORMATIVA N. 26 DO TST, DE 2 DE SETEMBRO DE 2004

(Resol. n. 124/04, do DJ 17.9.2004)(*)

Dispõe sobre a guia de recolhimento do depósito recursal

O TRIBUNAL SUPERIOR DO TRABALHO, no gozo de suas prerrogativas constitucionais e legais,

Considerando que o depósito recursal, nos termos do art. 899 da CLT, deve ser feito em conta vinculada do Fundo de Garantia do Tempo de Serviço — FGTS, aberta para fim específico;

Considerando que os recolhimentos, a título de depósito recursal, realizam-se por intermédio da Guia de Recolhimento do FGTS e Informações à Previdência Social — GFIP, de conformidade com o disposto no item 10.2 da Circular Caixa n. 321, de 20 de maio de 2004;

Considerando a possibilidade da emissão da Guia de Recolhimento do FGTS e Informações à Previdência Social, pelo aplicativo da Caixa Econômica Federal denominado "Sistema Empresa de Recolhimento do FGTS e Informações à Previdência Social — SEFIP" (GFIP emitida eletronicamente), conforme previsto no item 4.1.1 da Circular Caixa n. 321, de 20 de maio de 2004;

Considerando a inovação trazida pela Circular Caixa n. 321, de 20 de maio de 2004, item 10.4, autorizando o recolhimento do depósito recursal mediante a utilização da Guia de Recolhimento do FGTS e Informações à Previdência Social — GFIP, emitida pelo aplicativo "SEFIP" (GFIP emitida eletronicamente), sem prejuízo do uso da GFIP avulsa;

Resolveu expedir as seguintes instruções:

I — O depósito recursal previsto no art. 899 da CLT poderá ser efetuado mediante a utilização da Guia de Recolhimento do FGTS e Informações à Previdência Social — GFIP, gerada pelo aplicativo da Caixa Econômica Federal denominado "Sistema Empresa de Recolhimento do FGTS e Informações à Previdência Social — SEFIP" (GFIP emitida eletronicamente), conforme Anexo 1, ou por intermédio da GFIP avulsa, disponível no comércio e no sítio da Caixa Econômica Federal (Anexo 2).

II — A GFIP emitida eletronicamente, para fins de depósito recursal, ostentará no seu cabeçalho o seguinte título "Guia de Recolhimento para Fins de Recurso Junto à Justiça do Trabalho".

III — O empregador que fizer uso da GFIP gerada eletronicamente poderá efetuar o recolhimento do depósito judicial via *Internet Banking* ou diretamente em qualquer agência da Caixa Econômica Federal ou dos bancos conveniados.

IV — A comprovação da efetivação do depósito recursal, dar se-á obrigatoriamente das seguintes formas:

No caso de pagamento efetuado em agências da Caixa Econômica Federal ou dos bancos conveniados, mediante a juntada aos autos da guia GFIP devidamente autenticada, e na hipótese de recolhimento feito via *Internet*, com a apresentação do "Comprovante de Recolhimento/FGTS — via *Internet Banking*" (Anexo 3), bem como da Guia de Recolhimento para Fins de Recurso junto à Justiça do Trabalho (Anexo 2), para confrontação dos respectivos códigos de barras, que deverão coincidir.

Sala de Sessões, 2 de setembro de 2004.

Valério Augusto Freitas do Carmo
Diretor-Geral de Coordenação Judiciária

INSTRUÇÃO NORMATIVA N. 27 DO TST, DE 16 DE FEVEREIRO DE 2005

(Resol. 126/05 do TP do TST, DJ 22.2.2005 e alterada pela Resol. 133/05, DJ 5.7.2005)

Dispõe sobre normas procedimentais aplicáveis ao processo do trabalho em decorrência da ampliação da competência da Justiça do Trabalho pela Emenda Constitucional n. 45/2004

Art. 1º As ações ajuizadas na Justiça do Trabalho tramitarão pelo rito Ordinário ou Sumaríssimo, conforme previsto na Consolidação das Leis do Trabalho, excepcionando-se, apenas, as que, por disciplina legal expressa, estejam sujeitas a rito especial, tais como o Mandado de Segurança, *Habeas Corpus*, *Habeas Data*, Ação Rescisória, Ação Cautelar e Ação de Consignação em Pagamento.

Art. 2º A sistemática recursal a ser observada é a prevista na Consolidação das Leis do Trabalho, inclusive no tocante à nomenclatura, à alçada, aos prazos e às competências.

PARÁGRAFO ÚNICO. O depósito recursal a que se refere o art. 899 da CLT é sempre exigível como requisito extrínseco do recurso, quando houver condenação em pecúnia.

Art. 3º Aplicam-se quanto às custas as disposições da Consolidação das Leis do Trabalho.

§ 1º As custas serão pagas pelo vencido, após o trânsito em julgado da decisão.

§ 2º Na hipótese de interposição de recurso, as custas deverão ser pagas e comprovado seu recolhimento no prazo recursal (arts. 789, 789-A, 790 e 790-A da CLT).

§ 3º Salvo nas lides decorrentes da relação de emprego, é aplicável o princípio da sucumbência recíproca, relativamente às custas.

Art. 4º Aos emolumentos aplicam-se as regras previstas na Consolidação das Leis do Trabalho, conforme previsão dos arts. 789-B e 790 da CLT.

PARÁGRAFO ÚNICO. Os entes públicos mencionados no art. 790-A da CLT são isentos do pagamento de emolumentos. *(Acrescentado pela Resolução n. 133/2005)*

Art. 5º Exceto nas lides decorrentes da relação de emprego, os honorários advocatícios são devidos pela mera sucumbência.

Art. 6º Os honorários periciais serão suportados pela parte sucumbente na pretensão objeto da perícia, salvo se beneficiária da justiça gratuita.

PARÁGRAFO ÚNICO. Faculta-se ao Juiz, em relação à perícia, exigir depósito prévio dos honorários, ressalvadas as lides decorrentes da relação de emprego.

Art. 7º Esta Resolução entrará em vigor na data da sua publicação.

Sala de sessões, 16 de fevereiro de 2005.

Valério Augusto Freitas do Carmo
Diretor-Geral de Coordenação Judiciária

(*) Republicada em razão de erro material no número do anexo.

Legislação Complementar

INSTRUÇÃO NORMATIVA N. 29 DO TST, DE 5 DE AGOSTO DE 2005

(Resol. Administrativa n. 136/05 — DJ 9.8.2005)

Dispõe sobre a prioridade na tramitação dos processos em que é parte pessoa portadora de deficiência

CONSIDERANDO o teor do Ofício n. 427/2005/PFDC/MPF, oriundo do Ministério Público Federal — Procuradoria Federal dos direitos dos cidadãos, que requer prioridade de tramitação nos feitos em que estejam em causa direitos de pessoas com deficiência, e

CONSIDERANDO o disposto no art. 9º da Lei n. 7.853, de 24 de outubro de 1989, estabelecendo que a "Administração Pública Federal conferirá aos assuntos relativos às pessoas portadoras de deficiência tratamento prioritário e apropriado, para que lhes seja efetivamente ensejado o pleno exercício de seus direitos individuais e sociais, bem como sua integração social",

RESOLVE:

Art. 1º Assegurar, no Tribunal Superior do Trabalho, prioridade na tramitação dos processos cuja parte ou interveniente seja pessoa portadora de deficiência, desde que a causa discutida em juízo tenha como fundamento a própria deficiência.

PARÁGRAFO ÚNICO. Considera-se pessoa portadora de deficiência a que se enquadra nas categorias definidas no art. 4º do Decreto n. 3.298, de 20 de dezembro de 1999.

Art. 2º A prioridade será concedida mediante requerimento da parte ou interveniente, que deverá juntar ao pedido atestado médico comprovando sua condição.

I — O pedido será dirigido ao Presidente do Tribunal Superior do Trabalho, ao Presidente de Turma ou ao Relator do Processo, conforme as normas de competência.

II — O atestado médico referido no *caput* deste artigo deverá indicar a deficiência, de acordo com os critérios constantes do art. 4º do Decreto n. 3.298/99 e art. 5º do Decreto n. 5.296/2004.

Art. 3º A garantia de prioridade estende-se ao atendimento imediato, nas secretarias e subsecretarias desta Corte, da pessoa portadora de deficiência.

Art. 4º Esta Instrução Normativa entra em vigor na data de sua publicação.

Sala de sessões, 4 de agosto de 2005

VALÉRIO AUGUSTO FREITAS DO CARMO,
Diretor-Geral de Coordenação Judiciária

INSTRUÇÃO NORMATIVA N. 30/2007 DO TST, DE 13 DE SETEMBRO DE 2007(*)

(Resolução TST/TP n. 192, de 11 de dezembro de 2013 DEJT 13.12.2013)

Regulamenta, no âmbito da Justiça do Trabalho, a Lei n. 11.419, de 19 de dezembro de 2006, que dispõe sobre a informatização do processo judicial

CAPÍTULO I
Informatização do Processo Judicial no Âmbito da Justiça do Trabalho

Art. 1º O uso de meio eletrônico na tramitação de processos judiciais, comunicação de atos e transmissão de peças processuais, na Justiça do Trabalho, será disciplinado pela presente instrução normativa.

Art. 2º Os Tribunais Regionais do Trabalho disponibilizarão em suas dependências e nas Varas do Trabalho, para os usuários dos serviços de peticionamento eletrônico que necessitarem, equipamentos de acesso à rede mundial de computadores e de digitalização do processo, para a distribuição de peças processuais.

PARÁGRAFO ÚNICO. Os Tribunais Regionais do Trabalho terão o prazo de um ano da publicação da presente instrução normativa para atenderem ao disposto no presente artigo.

CAPÍTULO II
Assinatura Eletrônica

Art. 3º No âmbito da Justiça do Trabalho, o envio de petições, de recursos e a prática de atos processuais em geral por meio eletrônico serão admitidos mediante uso de assinatura eletrônica.

Art. 4º A assinatura eletrônica, no âmbito da Justiça do Trabalho, será admitida sob as seguintes modalidades:

I — assinatura digital, baseada em certificado digital emitido pelo ICP — Brasil, com uso de cartão e senha;

II — assinatura cadastrada, obtida perante o Tribunal Superior do Trabalho ou Tribunais Regionais do Trabalho, com fornecimento de login e senha.

§ 1º Para o uso de qualquer das duas modalidades de assinatura eletrônica, o usuário deverá se credenciar previamente perante o Tribunal Superior do Trabalho ou o Tribunal Regional do Trabalho com jurisdição sobre a cidade em que tenha domicílio, mediante o preenchimento de formulário eletrônico, disponibilizado no Portal da Justiça do Trabalho (Portal-JT).

§ 2º No caso de assinatura digital, em que a identificação presencial já se realizou perante a Autoridade Certificadora, o credenciamento se dará pela simples identificação do usuário por meio de seu certificado digital e remessa do formulário devidamente preenchido.

§ 3º No caso da assinatura cadastrada, o interessado deverá comparecer, pessoalmente, perante o órgão do Tribunal no qual deseje cadastrar sua assinatura eletrônica, munido do formulário devidamente preenchido, obtendo senhas e informações para a operacionalização de sua assinatura eletrônica.

§ 4º Ao credenciado será atribuído registro e meio de acesso ao sistema, de modo a preservar o sigilo (mediante criptografia de senha), a identificação e a autenticidade de suas comunicações.

§ 5º Alterações de dados cadastrais poderão ser feitas pelos usuários, a qualquer momento, na seção respectiva do Portal-JT.

§ 6º O credenciamento implica a aceitação das normas estabelecidas nesta Instrução Normativa e a responsabilidade do credenciado pelo uso indevido da assinatura eletrônica.

CAPÍTULO III
Sistema de Peticionamento Eletrônico

Art. 5º A prática de atos processuais por meio eletrônico pelas partes, advogados e peritos será feita, na Justiça do Trabalho; através do Sistema Integrado de Protocolização e Fluxo de Documentos Eletrônicos (e-DOC).

§ 1º O e-DOC é um serviço de uso facultativo, disponibilizado no Portal-JT, na Internet.

§ 2º (Revogado).

§ 3º O sistema do e-DOC deverá buscar identificar, dentro do possível, os casos de ocorrência de prevenção, litispendência e coisa julgada.

§ 4º A parte desassistida de advogado que desejar utilizar o sistema do e-DOC deverá se cadastrar, antes, nos termos desta Instrução Normativa.

Art. 6º As petições, acompanhadas ou não de anexos, apenas serão aceitas em formato PDF (Portable Document Format), no tamanho máximo, por operação, de 5 Megabytes. *(Alteração dada pela Resolução n. 196, de 4.5.15, DEJT 6.5.15)*

PARÁGRAFO ÚNICO. Não se admitirá o fracionamento de petição, tampouco dos documentos que a acompanham, para fins de transmissão.

Art. 7º O envio da petição por intermédio do e-DOC dispensa a apresentação posterior dos originais ou de fotocópias autenticadas, inclusive aqueles destinados à comprovação de pressupostos de admissibilidade do recurso.

Art. 8º O acesso ao e-DOC depende da utilização, pelo usuário, da sua assinatura eletrônica.

PARÁGRAFO ÚNICO. Salvo impossibilidade que comprometa o acesso à justiça, a parte deverá informar, ao distribuir a petição inicial de qualquer ação judicial em meio eletrônico, o número no cadastro de pessoas físicas ou jurídicas, conforme o caso, perante a Secretaria da Receita Federal.

Art. 9º O Sistema Integrado de Protocolização e Fluxo de Documentos Eletrônicos (e-DOC), no momento do recebimento da petição, expedirá recibo ao remetente, que servirá como comprovante de entrega da petição e dos documentos que a acompanharam.

§ 1º Constarão do recibo as seguintes informações:

I — o número de protocolo da petição gerado pelo Sistema;

II — o número do processo e o nome das partes, se houver, o assunto da petição e o órgão destinatário da petição, informados pelo remetente;

III — a data e o horário do recebimento da petição no Tribunal, conforme o horário oficial de Brasília; *(Redação pela Resol. n. 215, de 28.11.16, DJe 30.11.16)*

IV — as identificações do remetente da petição e do usuário que assinou eletronicamente o documento.

§ 2º O usuário poderá consultar no e-DOC as petições e documentos que tenham sido enviados há menos de dois anos, bem como os respectivos recibos. *(Alteração dada pela Resolução n. 196, de 4.5.15, DEJT 6.5.15)*

Art. 9º-A. O sistema armazenará em sua base de dados, por dois anos, cópias de segurança dos documentos transmitidos por intermédio do e-Doc, prazo após o qual serão excluídas. *(Redação dada pela Resolução n. 196, de 4.5.15, DEJT 6.5.15)*

Art. 10. Incumbe aos Tribunais, por intermédio das respectivas unidades administrativas responsáveis pela recepção das petições transmitidas pelo e-DOC:

I — imprimir as petições e seus documentos, caso existentes, anexando-lhes o comprovante de recepção gerado pelo Sistema, enquanto não generalizada a virtualização do processo, que dispensará os autos físicos;

II — verificar, diariamente, no sistema informatizado, a existência de petições eletrônicas pendentes de processamento.

Art. 11. São de exclusiva responsabilidade dos usuários:

I — o sigilo da assinatura digital, não sendo oponível, em qualquer hipótese, alegação de seu uso indevido;

II — a equivalência entre os dados informados para o envio (número do processo e unidade judiciária) e os constantes da petição remetida;

III — as condições das linhas de comunicação e acesso ao seu provedor da Internet;

IV — a edição da petição e anexos em conformidade com as restrições impostas

(*) Republicação da Instrução Normativa n. 30, com as alterações introduzidas pela Resolução n. 192, de 11 de dezembro de 2013.

pelo serviço, no que se refere à formatação e tamanho do arquivo enviado;

V — o acompanhamento da divulgação dos períodos em que o serviço não estiver disponível em decorrência de manutenção no sítio do Tribunal.

§ 1º A não obtenção, pelo usuário, de acesso ao Sistema, além de eventuais defeitos de transmissão ou recepção de dados, não serve de escusa para o descumprimento dos prazos legais.

§ 2º Deverão os Tribunais informar, nos respectivos sítios, os períodos em que, eventualmente, o sistema esteve indisponível.

Art. 12. Consideram-se realizados os atos processuais por meio eletrônico no dia e hora do seu recebimento pelo sistema do e-DOC.

§ 1º Quando a petição eletrônica for enviada para atender prazo processual, serão consideradas tempestivas as transmitidas até as 24 (vinte e quatro) horas do seu último dia.

§ 2º Incumbe ao usuário observar como referência o horário oficial de Brasília, atentando para os fusos horários existentes no país. *(Redação pela Resol. n. 215, de 28.11.16, DJe 30.11.16)*

§ 3º Não serão considerados, para efeito de tempestividade, o horário da conexão do usuário à Internet, o horário do acesso ao sítio do Tribunal, tampouco os horários consignados nos equipamentos do remetente e da unidade destinatária, mas o de recebimento no órgão da Justiça do Trabalho.

Art. 13. O uso inadequado do e-DOC que venha a causar prejuízo às partes ou à atividade jurisdicional importa bloqueio do cadastramento do usuário, a ser determinado pela autoridade judiciária competente.

CAPÍTULO IV
Comunicação e Informação dos Atos Processuais no Portal da Justiça do Trabalho

Art. 14. O Portal da Justiça do Trabalho (Portal-JT) é o sítio corporativo da instituição, abrangendo todos os Tribunais trabalhistas do país, gerenciado pelo Conselho Superior da Justiça do Trabalho e operado pelo Tribunal Superior do Trabalho e pelos Tribunais Regionais do Trabalho, incluindo, entre outras funcionalidades:

I — o Diário da Justiça do Trabalho Eletrônico (DJT), para publicação de atos judiciais e administrativos dos Tribunais e Varas do Trabalho;

II — Sistemas de Pesquisa de Jurisprudência, de Legislação Trabalhista e Atos Normativos da Justiça do Trabalho, de acompanhamento processual, de acervo bibliográfico, com Banco de Dados Geral integrado pelos julgados e atos administrativos de todos os Tribunais trabalhistas do país;

III — Informações gerais sobre os Tribunais e Varas do Trabalho, incluindo memória da Justiça do Trabalho, dados estatísticos, magistrados, concursos e licitações, entre outros;

IV — Informações sobre o Conselho Superior da Justiça do Trabalho (CSJT), incluindo seu Regimento Interno, suas resoluções e decisões, além de seus integrantes e estrutura do órgão;

V — Informações sobre a Escola Nacional de Formação e Aperfeiçoamento de Magistrados do Trabalho (ENAMAT), incluindo quadro diretivo, de professores, de alunos e de cursos, bem como disponibilizando ambiente para o ensino à distância;

VI — Sistemas de Assinatura Eletrônica, Peticionamento Eletrônico (e-DOC) e de Carta Eletrônica (CE).

VII — Informações sobre a Corregedoria-Geral da Justiça do Trabalho.

PARÁGRAFO ÚNICO. O conteúdo das publicações de que trata este artigo deverá ser assinado digitalmente, na forma desta Instrução Normativa.

Art. 15. A publicação eletrônica no DJT substitui qualquer outro meio e publicação oficial, para quaisquer efeitos legais, à exceção dos casos que, por lei, exigem intimação ou vista pessoal.

§ 1º Os atos processuais praticados pelos magistrados trabalhistas a serem publicados no DJT serão assinados digitalmente no momento de sua prolação.

§ 2º Considera-se como data da publicação o primeiro dia útil seguinte ao da disponibilização da informação no DJT.

§ 3º Os prazos processuais terão início no primeiro dia útil que seguir ao considerado como data da publicação.

Art. 16. As intimações serão feitas por meio eletrônico no Portal-JT aos que se credenciarem na forma desta Instrução Normativa, dispensando-se a publicação no órgão oficial, inclusive eletrônico.

§ 1º Considerar-se-á realizada a intimação no dia em que o intimando efetivar a consulta eletrônica ao teor da intimação, certificando-se nos autos a sua realização.

§ 2º Na hipótese do § 1º deste artigo, nos casos em que a consulta se dê em dia não útil, a intimação será considerada como realizada no primeiro dia útil seguinte.

§ 3º A consulta referida nos §§ 1º e 2º deste artigo deverá ser feita em até 10 (dez) dias corridos contados da data do envio da intimação, sob pena de considerar-se a intimação automaticamente realizada na data do término desse prazo.

§ 4º A intimação de que trata este artigo somente será realizada nos processos em que todas as partes estejam credenciadas na forma desta Instrução Normativa, de modo a uniformizar a contagem dos prazos processuais.

§ 5º Nos casos urgentes em que a intimação feita na forma deste artigo possa causar prejuízo a quaisquer das partes ou nos casos em que for evidenciada qualquer tentativa de burla ao sistema, o ato processual deverá ser realizado por outro meio que atinja a sua finalidade, conforme determinado pelo juiz.

§ 6º As intimações feitas na forma deste artigo, inclusive da Fazenda Pública, serão consideradas pessoais para todos os efeitos legais.

§ 7º Observadas as formas e as cautelas deste artigo, as citações, inclusive da Fazenda Pública, poderão ser feitas por meio eletrônico, desde que a íntegra dos autos seja acessível ao citando.

Art. 17. As cartas precatórias, rogatórias e de ordem, no âmbito da Justiça do Trabalho, serão transmitidas exclusivamente de forma eletrônica, através do Sistema de Carta Eletrônica (CE) já referido, com dispensa da remessa física de documentos.

§ 1º A utilização do Sistema de Carta Eletrônica fora do âmbito da Justiça do Trabalho dependerá da aceitação pelos demais órgãos do Poder Judiciário.

§ 2º Eventuais falhas na transmissão eletrônica dos dados não desobriga os magistrados e serventuários do cumprimento dos prazos legais, cabendo, nesses casos, a utilização de outros meios previstos em lei para a remessa das cartas.

Art. 18. As petições e demais documentos referentes às cartas precatórias, rogatórias e de ordem, não apresentados pelas partes em meio eletrônico, serão digitalizados e inseridos no Sistema de Carta Eletrônica.

Art. 19. Os documentos em meio físico, em poder do Juízo deprecado, deverão ser adequadamente organizados e arquivados, obedecidos os critérios estabelecidos na Lei n. 8.159, de 8 de janeiro de 1991, e no Decreto n. 4.073, de 3 de janeiro de 2002.

PARÁGRAFO ÚNICO. Poderá o Juízo deprecante, em casos excepcionais, solicitar o documento físico em poder do Juízo deprecado.

Art. 20. Serão certificados nos autos principais todos os fatos relevantes relativos ao andamento da carta, obtidos junto ao sistema Carta Eletrônica (CE), com impressão e juntada apenas dos documentos essenciais à instrução do feito, nos casos de autos em papel.

Art. 21. Os Tribunais Regionais do Trabalho ficarão obrigados a comunicar à Presidência do Conselho Superior da Justiça do Trabalho qualquer alteração na competência territorial de suas Varas do Trabalho.

CAPÍTULO V
Processo Eletrônico

Art. 22. Na Justiça do Trabalho, os atos processuais do processo eletrônico serão assinados eletronicamente na forma estabelecida nesta Instrução Normativa.

Art. 23. No processo eletrônico, todas as citações, intimações e notificações, inclusive da Fazenda Pública, serão feitas por meio eletrônico.

§ 1º As citações, intimações, notificações e remessas que viabilizem o acesso à íntegra do processo correspondente serão consideradas vista pessoal do interessado para todos os efeitos legais.

§ 2º Quando, por motivo técnico, for inviável o uso do meio eletrônico para a realização de citação, intimação ou notificação, esses atos processuais poderão ser praticados segundo as regras ordinárias, digitalizando-se o documento físico, que deverá ser posteriormente destruído.

Art. 24. A distribuição da petição inicial e a juntada da contestação, dos recursos e das petições em geral, todos em formato digital, nos autos de processo eletrônico, podem ser feitas diretamente pelos advogados públicos e privados, sem necessidade da intervenção do cartório ou secretaria judicial, situação em que a autuação deverá se dar de forma automática, fornecendo-se o recibo eletrônico de protocolo.

§ 1º Quando o ato processual tiver que ser praticado em determinado prazo, por meio de petição eletrônica, serão considerados tempestivos os efetivados até as 24 (vinte e quatro) horas do último dia.

§ 2º No caso do § 1º deste artigo, se o serviço respectivo do Portal-JT se tornar indisponível por motivo técnico que impeça a prática do ato no termo final do prazo, este fica automaticamente prorrogado para o primeiro dia útil seguinte à resolução do problema.

Art. 25. Os documentos produzidos eletronicamente e juntados aos processos eletrônicos com garantia da origem e de seu signatário, na forma estabelecida nesta Instrução Normativa, serão considerados originais para todos os efeitos legais.

§ 1º Os extratos digitais e os documentos digitalizados e juntados aos autos pelos órgãos da Justiça do Trabalho e seus auxiliares, pelo Ministério Público e seus auxiliares, pelas procuradorias, pelas autoridades policiais, pelas repartições públicas em geral e por advogados públicos e privados têm a mesma força probante dos originais, ressalvada a alegação motivada e fundamentada de adulteração antes ou durante o processo de digitalização.

§ 2º A arguição de falsidade do documento original será processada eletronicamente na forma da lei processual em vigor.

§ 3º Os originais dos documentos digitalizados, mencionados no § 1º deste artigo, deverão ser preservados pelo seu detentor até o trânsito em julgado da sentença ou, quando admitida, até o final do prazo para interposição de ação rescisória.

§ 4º Os documentos cuja digitalização seja tecnicamente inviável devido ao grande volume ou por motivo de ilegibilidade deverão ser apresentados ao cartório ou secretaria no prazo de 10 (dez) dias contados do envio de petição eletrônica comunicando o fato, os quais serão devolvidos à parte após o trânsito em julgado.

§ 5º Os documentos digitalizados juntados em processo eletrônico somente estarão disponíveis para acesso por meio da rede externa para suas respectivas partes processuais e para o Ministério Público, respeitado o disposto em lei para as situações de sigilo e de segredo de justiça.

Art. 26. A conservação dos autos do processo poderá ser efetuada total ou parcialmente por meio eletrônico.

§ 1º Os autos dos processos eletrônicos serão protegidos por meio de sistemas de segurança de acesso e armazenados de forma a preservar a integridade dos dados, sendo dispensada a formação de autos suplementares.

§ 2º Os autos de processos eletrônicos que tiverem de ser remetidos a outro juízo ou instância superior que não disponham de sistema compatível deverão ser impressos em papel e autuados na forma dos arts. 166 a 168 do CPC.

§ 3º No caso do § 2º deste artigo, o escrivão ou o chefe de secretaria certificará os autores ou a origem dos documentos produzidos nos autos, acrescentando, ressalvada a hipótese de existir segredo de justiça, a forma pela qual o banco de dados poderá ser acessado para aferir a autenticidade das peças e das respectivas assinaturas digitais.

§ 4º Feita a autuação na forma estabelecida no § 2º deste artigo, o processo seguirá a tramitação legalmente estabelecida para os processos físicos.

§ 5º A digitalização de autos em mídia não digital, em tramitação ou já arquivados, será precedida de publicação de editais de intimações ou da intimação pessoal das partes e de seus procuradores, para que, no prazo preclusivo de 30 (trinta) dias, se manifestem sobre o desejo de manterem pessoalmente a guarda de algum dos documentos originais.

Art. 27. O magistrado poderá determinar que sejam realizados por meio eletrônico a exibição e o envio de dados e de documentos necessários à instrução do processo.

§ 1º Consideram-se cadastros públicos, para os efeitos deste artigo, dentre outros existentes ou que venham a ser criados, ainda que mantidos por concessionárias de serviço público ou empresas privadas, os que contenham informações indispensáveis ao exercício da função judicante.

§ 2º O acesso de que trata este artigo dar-se-á por qualquer meio tecnológico disponível, preferentemente o de menor custo, considerada sua eficiência.

CAPÍTULO VI

Disposições Gerais, Finais e Transitórias

Art. 28. Os credenciamentos de assinatura eletrônica já feitos pelos Tribunais Regionais do Trabalho antes da publicação desta Instrução Normativa e que estejam em desacordo com as regras nela estabelecidas terão validade por 180 (cento e oitenta) dias da última publicação desta Resolução, devendo os interessados promover o credenciamento adequado até essa data.

Art. 29. Os casos omissos desta Instrução Normativa serão resolvidos pelos Presidentes dos Tribunais, no âmbito de suas esferas de competência.

Art. 30. Para efeito do disposto no § 5º do art. 4º da Lei n. 11.419, de 19 de dezembro de 2006, a presente Instrução Normativa será publicada durante 30 (trinta) dias no Diário Oficial em uso, dando-lhe ampla divulgação.

Art. 31. A presente Instrução Normativa entra em vigor 90 (noventa) dias após a sua última publicação, revogada a Instrução Normativa n. 28 desta Corte.

Sala de sessões, 13 de setembro de 2007.

Ana Lúcia Rego Queiroz
Secretário do Tribunal Pleno e da Seção Especializada em Dissídios Coletivos

INSTRUÇÃO NORMATIVA N. 31 DO TST, DE 27 DE SETEMBRO DE 2007

(Resol. 141/07, TP, DJ 9.10.2007)

Regulamenta a forma de realização do depósito prévio em Ação Rescisória de que trata o art. 836 da CLT, com redação dada pela Lei n. 11.495, de 22 de junho de 2007

Art. 1º O depósito prévio em ação rescisória de que trata o art. 836 da CLT, com redação dada pela Lei n. 11.495, de 22 de junho de 2007, deverá ser realizado na forma preconizada na Instrução Normativa n. 21 desta Corte, observando-se as seguintes peculiaridades quanto ao preenchimento da guia de acolhimento de depósito judicial:

I — nos campos relativos à identificação do processo deverão ser informados os dados do processo em que foi proferida a decisão rescindenda;

II — o campo "Tipo de Depósito" deverá ser preenchido com o número 1 (primeiro depósito), ainda que outros depósitos judiciais tenham sido efetuados no processo originário;

III — o campo "Motivo do Depósito" deverá ser preenchido com o número 4 (Outros).

Art. 2º O valor da causa da ação rescisória que visa desconstituir decisão da fase de conhecimento corresponderá:

I — no caso de improcedência, ao valor dado à causa do processo originário ou aquele que for fixado pelo Juiz;

II — no caso de procedência, total ou parcial, ao respectivo valor arbitrado à condenação.

Art. 3º O valor da causa da ação rescisória que visa desconstituir decisão da fase de execução corresponderá ao valor apurado em liquidação de sentença.

Art. 4º O valor da causa da ação rescisória, quer objetive desconstituir decisão da fase de conhecimento ou decisão da fase de execução, será reajustado pela variação cumulada do INPC do IBGE até a data do seu ajuizamento.

Art. 5º O valor depositado será revertido em favor do réu, a título de multa, caso o pedido deduzido na ação rescisória seja julgado, por unanimidade de votos, improcedente ou inadmissível. *(Redação dada pela Res. n. 154, de 16.2.2009, DJe/TST de 19.2.2009)*

Art. 6º O depósito prévio não será exigido da massa falida e quando o autor perceber salário igual ou inferior ao dobro do mínimo legal, ou declarar, sob as penas da lei, que não está em condições de pagar as custas do processo sem prejuízo do sustento próprio ou de sua família.

Art. 7º Esta Instrução Normativa entra em vigor na data de sua publicação. Sala de Sessões, 27 de setembro de 2007.

Ana Lucia Rego Queiroz
Secretária do Tribunal Pleno

INSTRUÇÃO NORMATIVA N. 32, DE 19 DE DEZEMBRO DE 2007

(DJ 14.1.2008)

Uniformiza procedimentos para a expedição de precatórios e requisições de pequeno valor no âmbito da Justiça do Trabalho e dá outras providências

Art. 1º Os pagamentos devidos pelas Fazendas Públicas Federal, Estadual, Distrital ou Municipal, em virtude de sentença judicial transitada em julgado, serão realizados exclusivamente na ordem de apresentação dos precatórios e à conta dos créditos respectivos, na forma da lei.

PARÁGRAFO ÚNICO. Não estão sujeitos à expedição de precatórios os pagamentos de obrigações definidas em lei como de pequeno valor.

Art. 2º É obrigatória a inclusão, no orçamento das entidades de Direito Público, de verba necessária ao pagamento de seus débitos oriundos de sentenças transitadas em julgado, constantes de precatórios judiciários, apresentados até 1º de julho, fazendo-se o pagamento até o final do exercício seguinte, quando terão seus valores atualizados monetariamente.

Art. 3º Reputa-se de pequeno valor o crédito cuja importância atualizada, por beneficiário, seja igual ou inferior a:

I — 60 (sessenta) salários mínimos, se a devedora for a Fazenda Pública Federal;

II — 40 (quarenta) salários mínimos, ou o valor estipulado pela legislação local, se as devedoras forem as Fazendas Públicas Estadual e Distrital; e

III — 30 (trinta) salários mínimos, ou o valor estipulado pela legislação local, se a devedora for a Fazenda Pública Municipal.

Art. 4º Ao credor de importância superior à estabelecida na definição de pequeno valor, fica facultado renunciar ao crédito do valor excedente e optar pelo pagamento do saldo dispensando-se o precatório.

§ 1º Não é permitido o fracionamento do valor da execução relativamente ao mesmo beneficiário, de modo que se faça o pagamento, em parte, por intermédio de requisição de pequeno valor e, em parte, mediante expedição de precatório.

§ 2º Na hipótese de crédito de valor aproximado ao de pequeno valor legalmente previsto, o Presidente do Tribunal ou o Juízo Auxiliar de Conciliação de Precatórios consultará o credor quanto ao interesse em renunciar parcialmente ao crédito de modo a afastar a necessidade de expedição do precatório.

Art. 5º As requisições de pagamento que decorram de precatório ou as de pequeno valor, quando a devedora for a União, serão expedidas pelo Juiz da execução e dirigidas ao presidente do Tribunal, a quem compete:

a) examinar a regularidade formal da requisição;

b) corrigir, de ofício ou a requerimento das partes, inexatidões materiais ou retificar erros de cálculos, vinculados à utilização de critério em descompasso com a lei ou com o título executivo judicial, desde que o critério não haja sido objeto de debate quer na fase de conhecimento, quer na fase de execução;

c) expedir o ofício requisitório; e

d) zelar pela obediência à ordem de preferência de pagamento dos créditos, na hipótese de precatórios.

Art. 6º Nos casos de créditos de pequeno valor de responsabilidade das Fazendas Públicas Estadual, Distrital ou Municipal, as requisições serão encaminhadas pelo Juiz da execução ao próprio devedor.

Art. 7º Na hipótese de reclamação plúrima será considerado o valor devido a cada litisconsorte, expedindo-se, simultaneamente, se for o caso:

a) requisições de pequeno valor em favor dos exequentes cujos créditos não ultrapassam os limites definidos no art. 3º desta Instrução; e

b) requisições mediante precatório para os demais credores.

PARÁGRAFO ÚNICO. Os honorários advocatícios e periciais serão considerados parcela autônoma, não se somando ao crédito dos exequentes para fins de classificação do requisitório de pequeno valor.

Art. 8º É vedado requisitar pagamento em execução provisória.

Art. 9º O Juiz da execução informará na requisição os seguintes dados constantes do processo:

I — número do processo;

II — nomes das partes e de seus procuradores;

III — nomes dos beneficiários e respectivos números no CPF ou no CNPJ, inclusive quando se tratar de advogados, peritos e outros;

IV — natureza do crédito (comum ou alimentar) e espécie da requisição (RPV ou precatório);

VI — valor individualizado por beneficiário e valor total da requisição;

VII — data-base considerada para efeito de atualização monetária dos valores; e

VIII — data do trânsito em julgado da sentença ou acórdão.

PARÁGRAFO ÚNICO. Ausentes quaisquer dos dados especificados, o Tribunal restituirá a requisição à origem, para regularização.

Art. 10. Os precatórios e as requisições de pequeno valor serão processados nos próprios autos do processo que os originaram.

Art. 11. O pagamento das requisições obedecerá estritamente à ordem cronológica de apresentação nos Tribunais.

Art. 12. Os valores destinados aos pagamentos decorrentes de precatórios e de requisições de pequeno valor serão depositados em instituição bancária oficial, abrindo-se conta remunerada e individualizada para cada beneficiário.

Art. 13. Incumbirá ao Juiz da execução comunicar ao Presidente do Tribunal ou ao Juízo Auxiliar de Conciliação de Precatórios, no prazo de 5 (cinco) dias, a efetivação do pagamento ao credor.

Art. 14. O Presidente do Tribunal, exclusivamente na hipótese de preterição do direito de precedência do credor, fica autorizado a proceder ao sequestro de verba do devedor, desde que requerido pelo exequente e depois de ouvido o Ministério Público.

Art. 15. As requisições de pequeno valor — RPV encaminhadas ao devedor deverão ser pagas no prazo de 60 (sessenta) dias.

PARÁGRAFO ÚNICO. Na hipótese de não cumprimento da requisição judicial, o Juiz determinará o sequestro do numerário suficiente ao cumprimento da decisão.

Art. 16. Os Tribunais Regionais do Trabalho instituirão Juízo Auxiliar de Conciliação de Precatórios, com o objetivo de incluir em pauta, observada a ordem cronológica de apresentação, os precatórios e as requisições de pequeno valor (RPV) já consignadas em precatório, para tentativa de acordo.

PARÁGRAFO ÚNICO. Caberá ao Juízo Auxiliar de Conciliação de Precatórios, sem prejuízo de outras atribuições, o controle da listagem da ordem preferencial dos credores, a realização de cálculos, o acompanhamento de contas bancárias e a celebração de convênios entre os entes públicos devedores e o Tribunal Regional do Trabalho, para repasse mensal de verbas necessárias ao pagamento dos precatórios.

Art. 17. Será designado pelo Presidente do Tribunal um Juiz do Trabalho substituto para atuar no Juízo Auxiliar de Conciliação de Precatórios.

§ 1º O Juízo Auxiliar de Conciliação de Precatórios determinará a inclusão em pauta de todos os precatórios, observada a ordem cronológica, para tentativa de conciliação.

§ 2º As partes e seus procuradores serão convocados para audiência de conciliação, que poderá ser realizada apenas com a presença dos procuradores, desde que possuam poderes para transigir, receber e dar quitação.

§ 3º O Ministério Público do Trabalho será comunicado do dia, local e horário da realização da audiência de conciliação.

Art. 18. As partes poderão, a qualquer tempo, solicitar a reinclusão do precatório em pauta, para nova tentativa de conciliação.

Art. 19. Os precatórios conciliados serão quitados, na ordem cronológica, observando-se o repasse realizado pelo ente público devedor.

Art. 20. Os precatórios que não foram objeto de conciliação serão pagos na ordem cronológica de apresentação.

Art. 21. Frustrada a tentativa de conciliação referente a precatório cujo prazo para pagamento já venceu os autos serão encaminhados à Presidência do Tribunal, para deliberar sobre eventual pedido de intervenção.

Art. 22. O Presidente do Tribunal deverá fundamentar a decisão relativa ao encaminhamento do pedido de intervenção, justificando a necessidade da adoção da medida excepcional.

Art. 23. O pedido de intervenção deverá ser instruído, obrigatoriamente, com as seguintes peças:

a) petição do credor, dirigida ao Presidente do Tribunal Regional do Trabalho, requerendo o encaminhamento do pedido de intervenção ao Supremo Tribunal Federal ou ao Tribunal de Justiça, conforme o caso;

b) impugnação do ente público ao pedido, se houver;

c) manifestação do Ministério Público do Trabalho da Região;

d) decisão fundamentada do Presidente do Tribunal Regional do Trabalho relativa à admissibilidade do encaminhamento do pedido de intervenção; e

e) ofício requisitório que permita a verificação da data de expedição do precatório e o ano de sua inclusão no orçamento.

PARÁGRAFO ÚNICO. O pedido de intervenção em Estado-membro será encaminhado ao Supremo Tribunal Federal por intermédio da Corregedoria-Geral da Justiça do Trabalho, enquanto o pedido de intervenção em município será enviado diretamente pelo Presidente do Tribunal Regional do Trabalho ao Tribunal de Justiça do respectivo Estado.

Art. 24. Fica revogada a Resolução n. 67, de 10 de abril de 1997, que aprovou a Instrução Normativa n. 11.

Art. 25. Esta Resolução entra em vigor na data de sua publicação.

Brasília, 19 de dezembro de 2007.

RIDER NOGUEIRA DE BRITO
Ministro Presidente do Tribunal Superior do Trabalho

INSTRUÇÃO NORMATIVA TST N. 34, DE 16 DE NOVEMBRO DE 2009

(DEJT 20.11.2009)

Dispõe sobre a guia a ser utilizada, na Justiça do Trabalho, para o recolhimento do depósito prévio destinado à propositura de ação anulatória de débito fiscal resultante de penalidade administrativa imposta por autoridade do Ministério do Trabalho e Emprego

Art. 1º Na Justiça do Trabalho, o depósito prévio para o ajuizamento de ação anulatória de débito fiscal, resultante de penalidade administrativa imposta por autoridade do Ministério do Trabalho e Emprego, será efetuado em guia definida em instrução normativa específica da Secretaria da Receita Federal do Brasil, presentemente objeto do Anexo I da Instrução Normativa n. 421/2004-SRF.

Art. 2º Esta Instrução Normativa entrará em vigor na data de sua publicação.

Ministro MILTON DE MOURA FRANÇA
Presidente do Tribunal Superior do Trabalho

INSTRUÇÃO NORMATIVA N. 35, DE 1 DE OUTUBRO DE 2012

RESOLUÇÃO N. 187, DE 1º DE OUTUBRO DE 2012

(DEJT 5.10.2012)

O Egrégio Órgão Especial do Tribunal Superior do Trabalho, em sessão ordinária hoje realizada, sob a Presidência do Excelentíssimo Ministro João Oreste Dalazen, Presidente do Tribunal, presentes os Exmos. Srs. Ministros Maria Cristina Irigoyen Peduzzi, Vice-Presidente, Carlos Alberto Reis de Paula, Ives Gandra da Silva Martins Filho, João Batista Brito Pereira, Renato de Lacerda Paiva, Luiz Philippe Vieira de Mello Filho, Alberto Luiz Bresciani de Fontan Pereira, Dora Maria da Costa, Fernando Eizo Ono, Guilherme Augusto Caputo Bastos, Márcio Eurico Vitral Amaro, Walmir Oliveira da Costa e o Exmo Sr. Procurador-Geral do Trabalho, Dr. Luis Antônio Camargo de Melo,

Considerando a Emenda Regimental n. 4, de 14 de setembro de 2012, aprovada pelo Tribunal Pleno do Tribunal Superior do Trabalho, que atribuiu competência ao Presidente de Turma do Colendo TST, para admissibilidade dos Embargos à Subseção I da Seção Especializada em Dissídios Individuais,

Considerando o disposto nos arts. 769 e 894 da CLT c/c o art. 557 do CPC,

Considerando a necessidade de otimizar o fluxo do recurso de Embargos à Subseção I da Seção Especializada em Dissídios Individuais, visando à celeridade processual e a efetividade da prestação jurisdicional, em atenção ao disposto no art. 5º, LXXVIII, da Constituição Federal,

RESOLVE

Aprovar a Instrução Normativa n 35, nos seguintes Termos:

Dispõe sobre a admissibilidade do recurso de embargos à Subseção I da Seção Especializada em Dissídios Individuais por decisão do Presidente de Turma do Tribunal Superior do Trabalho

Art. 1º A Secretaria da Turma deverá observar os seguintes procedimentos quando

Legislação Complementar

da interposição do recurso de Embargos à Subseção I da Seção Especializada em Dissídios Individuais:

I — autuação;

II — conclusão ao Presidente da Turma para proferir despacho.

Art. 2º O Presidente da Turma procederá ao exame prévio de admissibilidade do recurso de Embargos, proferindo despacho fundamentado.

§ 1º Recebido o recurso de Embargos, deverá ser enviado à Secretaria da Turma, com o fim de intimação da parte embargada para impugnação.

§ 2º Do despacho que não admitir o recurso de Embargos, caberá Agravo, observando-se os seguintes procedimentos:

I — autuação do Agravo em Embargos pela Secretaria da Turma;

II — intimação ao embargado para impugnação aos Embargos e contrarrazões ao Agravo.

§ 3º Após exaurido o prazo para impugnação/contrarrazões, os autos deverão ser remetidos para a distribuição.

Art. 3º Provido o Agravo, publicar-se-á a certidão para efeito de intimação das partes, dela constando que o julgamento dos Embargos dar-se-á na primeira sessão ordinária subsequente à data da publicação.

Art. 4º No caso de interposição simultânea dos Embargos e de Recurso Extraordinário, seguirá o fluxo objeto da presente Instrução Normativa apenas após o trâmite relacionado com o Recurso Extraordinário.

Art. 5º Essa norma entra em vigor na data de sua publicação.

Brasília, 1º de outubro de 2012.

Ministro JOÃO ORESTE DALAZEN
Presidente do Tribunal Superior do Trabalho

INSTRUÇÃO NORMATIVA N. 36, DE 14 DE NOVEMBRO DE 2012

RESOLUÇÃO N. 188, DE 14 DE NOVEMBRO DE 2012

(DEJT 31.1.2013)

O Egrégio Órgão Especial do Tribunal Superior do Trabalho, em sessão ordinária hoje realizada, sob a Presidência do Excelentíssimo Ministro João Oreste Dalazen, Presidente do Tribunal, presentes os Exmos. Srs. Ministros Antônio José de Barros Levenhagen, Corregedor-Geral da Justiça do Trabalho, Carlos Alberto Reis de Paula, Ives Gandra da Silva Martins Filho, João Batista Brito Pereira, Renato de Lacerda Paiva, Luiz Philippe Vieira de Mello Filho, Alberto Luiz Bresciani de Fontan Pereira, Dora Maria da Costa, Guilherme Augusto Caputo Bastos, Walmir Oliveira da Costa e a Exma. Sra. Procuradora-Regional do Trabalho, Dra. Eliane Araque dos Santos,

Considerando a necessidade de uniformização dos procedimentos relativos à realização do depósito judicial para pagamentos, garantia de execução, encargos processuais e levantamento de valores, excetuados os depósitos recursais, nesta Justiça do Trabalho;

Considerando a possibilidade de os depósitos de que trata esta Instrução Normativa serem também realizados através da Transferência Eletrônica Disponível — TED;

Considerando a necessidade de maior segurança aos procedimentos operacionais de emissão de Guias de Depósito para recolhimento de valores em contas judiciais;

Considerando que os Tribunais disporão de serviço de emissão de guia de depósito eletrônico nos seus portais da Rede Mundial de Computadores — Internet;

Considerando as facilidades da informática e os recursos tecnológicos presentes na Justiça do Trabalho, a possibilitar a troca de arquivos eletrônicos com o Banco do Brasil S.A. e a Caixa Econômica Federal a fim de agilizar o trâmite processual;

Considerando a decisão proferida pelo Órgão Especial desta Corte nos autos do processo n. TST-PA-3464-90.2012.5.2000.0000,

RESOLVE

Aprovar a Instrução Normativa n. 36, nos seguintes termos:

INSTRUÇÃO NORMATIVA N. 36/2012

Regulamenta, na Justiça do Trabalho, o acolhimento e o levantamento de depósitos judiciais

TÍTULO I

Do Acolhimento de Depósitos Judiciais

Art. 1º Os depósitos judiciais na Justiça do Trabalho, a exceção dos depósitos recursais, serão realizados em conta judicial pelos seguintes meios disponíveis:

I — depósito direto em espécie ou cheque;

II — boleto bancário;

III — transferência eletrônica disponível — TED;

IV — penhora eletrônica de dinheiro (Sistema BACEN-JUD);

V — cartão de crédito ou débito.

Art. 2º Os depósitos judiciais, de que trata o artigo anterior, serão efetivados pelo interessado diretamente na instituição financeira depositária (Banco do Brasil S.A. e Caixa Econômica Federal), utilizando-se obrigatoriamente dos modelos padronizados de guia constantes dos anexos desta Instrução Normativa.

§ 1º Os valores discriminados em campos de detalhamento na guia são exclusivamente informativos e de responsabilidade do depositante.

§ 2º As responsabilidades do Banco do Brasil S.A. e da Caixa Econômica Federal limitam-se ao processamento e a contabilização do valor global ao depósito.

§ 3º Na hipótese de boleto bancário, o depositante poderá efetuar o depósito em qualquer agência da rede bancária do Brasil ou correspondente bancário.

Art. 3º As guias de depósito poderão ser obtidas pelo interessado na secretaria da Vara do Trabalho ou no Tribunal, quando não houver o serviço de emissão de guia de depósito fornecido pelos Tribunais do Trabalho nos seus portais na Rede Mundial de Computadores — internet.

PARÁGRAFO ÚNICO. Quando do fornecimento e preenchimento de guia de depósito no portal na rede mundial de computadores – internet, as informações cadastrais e valores disponíveis nas respectivas bases de dados serão capturadas automaticamente dos sistemas dos Tribunais.

Art. 4º É permitido o uso do cartão de crédito ou de débito para recolhimento de depósitos judiciais, sempre sem ônus para os Tribunais e com ônus para o devedor.

PARÁGRAFO ÚNICO. Em caso de desfazimento de transações por contestação do usuário do cartão de crédito, de acordo com as regras contratuais, os autos do processo serão conclusos ao juízo para decisão.

Art. 5º O depositante que optar pelo recolhimento via transferência eletrônica disponível — TED deverá obter o código "ID" (identificação de depósito) mediante o preenchimento da guia de depósito eletrônico ou boleto bancário nos portais dos Tribunais, do Banco do Brasil S.A. ou da Caixa Econômica Federal.

§ 1º Nesta opção o depositante deverá informar o "ID" ao banco de seu relacionamento que, de posse dele, realizará a transferência do recurso via transferência eletrônica disponível — TED.

§ 2º Realizada a transferência, o Banco do Brasil S.A. ou a Caixa Econômica Federal efetuará o depósito com todos os dados informados e tornará disponível o recibo respectivo via rede mundial de computadores — internet, no sítio do Banco do Brasil S.A. ou da Caixa Econômica Federal.

Art. 6º Uma vez disponível a guia de depósito eletrônica ou o boleto bancário com "ID" no portal do respectivo Tribunal, as instituições financeiras ficam dispensadas de fornecê-la.

Art. 7º Obtido o "ID" no portal do Tribunal, os dados da guia de depósito eletrônico ou do boleto bancário serão encaminhados pelo Tribunal à instituição financeira encarregada do recebimento, por transferência de arquivo via FTP ou de informação via WebService, com garantia de autenticidade, conforme previsto nos Manuais anexos a esta Instrução Normativa.

PARÁGRAFO ÚNICO. Os modelos dos arquivos, as informações trocadas via WebService e o cálculo do "ID" das guias ou boletos bancários respeitarão os critérios estabelecidos nos Manuais anexos a esta Instrução Normativa.

Art. 8º O recibo deverá ser apresentado pelo depositante nos autos do processo a que se referir o depósito.

PARÁGRAFO ÚNICO. A comprovação ficará dispensada quando o depósito for realizado na forma do art. 7º, hipótese em que o Banco do Brasil S.A. e Caixa Econômica Federal, imediatamente após o processamento bancário de cada dia útil, encaminharão aos Tribunais arquivo eletrônico ou fornecerão via WebService informações de todos os depósitos do período, devendo a secretaria da Vara do Trabalho ou o Tribunal juntar aos autos do respectivo processo, no mesmo dia do recebimento do arquivo, o comprovante das informações dos depósitos encaminhados eletronicamente pelas instituições financeiras.

Art. 9º Os depósitos judiciais oriundos do sistema BACENJUD, cartão de crédito ou débito, bem como os depósitos em lote feitos por empresas conveniadas com o Banco do Brasil S.A. ou Caixa Econômica Federal, deverão ser encaminhados aos tribunais em arquivo próprio ou via WebService, após o processamento bancário de cada dia útil, para juntada do comprovante nos autos do respectivo processo.

PARÁGRAFO ÚNICO. No depósito judicial oriundo do sistema BACENJUD, o fornecimento do "ID" será de responsabilidade do Banco Central do Brasil; no depósito judicial feito por empresas conveniadas com o Banco do Brasil S.A. ou a Caixa Econômica Federal o fornecimento do "ID" será de responsabilidade dessas instituições financeiras; e nos demais casos o "ID" será gerado pelo Tribunal.

TÍTULO II

Do Levantamento de Depósitos Judiciais

Art. 10. O levantamento de depósitos judiciais será feito sempre por alvará de levantamento.

PARÁGRAFO ÚNICO. Os tribunais deverão utilizar os modelos padronizados de alvarás de levantamento constantes nos anexos desta Instrução Normativa.

Art. 11. A secretaria da Vara do Trabalho ou o Tribunal poderá gerar, a qualquer momento, os alvarás de levantamento, sempre vinculados a uma guia de depósito com saldo confirmado pelo respectivo banco depositário.

Art. 12. Após a geração de um alvará de levantamento, o Tribunal deverá remeter ao banco depositário as informações do alvará gerado através de transferência de arquivo via WebService, conforme padrões definidos nos anexos desta Instrução Normativa.

Art. 13. Será de responsabilidade do Tribunal o controle dos usuários autorizados a emitir os alvarás de levantamento, sendo recomendado seguir os padrões de assinatura eletrônica estipulados no art. 1º, § 2º, III, da Lei n. 11.419/2006.

PARÁGRAFO ÚNICO. No caso de alvarás de levantamento processados via WebService pelo BANCO DO BRASIL S.A. será necessário o certificado pessoal (A3) emitido por autoridade certificadora credenciada pelo ICP-Brasil.

Art. 14. Será de responsabilidade do Banco do Brasil S.A. e da Caixa Econômica Federal certificar-se de que os arquivos ou informações de alvarás de levantamento recebidos para cumprimento foram enviados pelo Tribunal que assina o arquivo ou a informação transmitida.

Art. 15. Os valores constantes dos alvarás de levantamento poderão ser sacados em qualquer agência do banco depositário.

§ 1º Os saques reger-se-ão pelas normas aplicáveis aos depósitos bancários, com prazo de até 24 (vinte e quatro) horas para a agência efetuar o pagamento, a contar da apresentação dos documentos de identificação ao gerente.

§ 2º Os saques deverão ser realizados pessoalmente pelo beneficiário indicado como sacador no alvará de levantamento de valores.

§ 3º Diante da necessidade de representação do beneficiário, a eventual habilitação de procurador, tutor ou curador deverá ocorrer nos autos do processo, devendo a Vara do Trabalho ou o Tribunal, quando for o caso, cancelar o alvará de levantamento de valores anteriormente emitido para em seguida emitir um novo alvará figurando o representante como beneficiário.

Art. 16. Os valores constantes dos alvarás de levantamento poderão ser creditados automaticamente em conta corrente ou poupança de titularidade do beneficiário, ainda que em instituição financeira diversa de onde o depósito esteja custodiado, incumbindo ao credor prover a despesa da transferência nas hipóteses em que o crédito não remanescer na instituição financeira onde o depósito esteja custodiado. *(Redação dada pela Resolução n. 213, de 3 de outubro de 2016)*

§ 1º Fica autorizada a instituição financeira em que custodiado o depósito a deduzir do valor levantado o custo do crédito automático apenas nas hipóteses de transferência para instituição financeira diversa de onde o depósito esteja custodiado. *(Redação dada pela Resolução n. 213, de 3 de outubro de 2016) [...] (Renumerado de parágrafo único para § 1º pela Resol. n. 216, de 6.3.17, DEJT 8.3.17)*

§ 2º No caso de o juízo fazer uso da faculdade prevista no 'caput', deverá intimar previamente o patrono da causa, para que, no prazo de 5 (cinco) dias, junte o contrato de honorários, para que seja reservado o valor nele previsto no montante depositado em favor do exequente beneficiário. *(Acrescentado pela Resol. TST n. 216, de 6.3.17, DEJT 8.3.17)*

Art. 17. O Tribunal poderá enviar à instituição financeira ordem de cancelamento do alvará de levantamento transmitido, devendo aguardar o retorno do cumprimento da ordem para confirmar ou não a operação em seu sistema de gerenciamento de processos.

PARÁGRAFO ÚNICO. A instituição financeira deverá fornecer retorno imediato do sucesso ou não da execução da ordem de cancelamento.

Art. 18. O valor constante do alvará de levantamento será corrigido pelo índice aplicado à conta objeto do pagamento, a partir da data de atualização nele informada.

PARÁGRAFO ÚNICO. Caso a data de atualização não seja informada no alvará, o banco depositário pagará o valor nominal informado, sem qualquer atualização.

Art. 19. O Tribunal poderá enviar alvará de levantamento de todo o saldo remanescente na conta, no entanto, deverá controlar em seu sistema de gerenciamento de processos se todas as ordens de levantamento emitida, referentes àqueles depósitos, já foram cumpridas.

TÍTULO III

Das Disposições Gerais e Transitórias

Art. 20. As instituições financeiras deverão fornecer aos Tribunais ferramenta para consulta dos saldos disponíveis nas contas judiciais ativas e inativas, emitindo relatórios gerenciais consolidados, conforme prazo de inatividade definido pelo respectivo Tribunal.

Art. 21. O Conselho Superior da Justiça do Trabalho designará um Comitê Gestor, que contará com a participação de representantes das instituições financeiras oficiais depositárias, para tratar dos assuntos referentes à integração bancária.

Art. 22. Os Tribunais do Trabalho deverão, no prazo de 60 dias a contar da publicação desta norma, adaptar os seus sistemas internos e portais na Rede Mundial de Computadores — Internet para cumprimento do disposto nesta Instrução Normativa.

Art. 23. O Conselho Superior da Justiça do Trabalho atualizará os anexos desta Instrução Normativa sempre que necessário para a adequada evolução dos controles de acolhimento e levantamento de depósitos judiciais.

Art. 24. Esta Instrução Normativa entrará em vigor na data da sua publicação, revogando-se a Instrução Normativa n. 33/2008.

Considerando que a matéria tem ampla repercussão no primeiro e segundo graus de jurisdição, terá vigência até que o Conselho Superior da Justiça do Trabalho edite Resolução dispondo a respeito.

Brasília, 14 de novembro de 2012.

Ministro João Oreste Dalazen
Presidente do Tribunal Superior do Trabalho

RESOLUÇÃO TST/ÓRGÃO ESPECIAL N. 195, DE 2 DE MARÇO DE 2015

(DEJ 3.3.2015)

Edita a Instrução Normativa n. 37, que regulamenta procedimentos em caso de Incidente de Uniformização de Jurisprudência no âmbito dos TRTs, suscitado na forma do art. 896, § 4º, da CLT.

O EGRÉGIO ÓRGÃO ESPECIAL DO TRIBUNAL SUPERIOR DO TRABALHO, em sessão ordinária hoje realizada, sob a Presidência do Excelentíssimo Senhor Ministro Antonio José de Barros Levenhagen, Presidente do Tribunal, presentes os Excelentíssimos Senhores Ministros Ives Gandra da Silva Martins Filho, Vice-Presidente do Tribunal, João Oreste Dalazen, Maria Cristina Irigoyen Peduzzi, Renato de Lacerda Paiva, Emmanoel Pereira, Guilherme Augusto Caputo Bastos, Walmir Oliveira da Costa, Maurício Godinho Delgado, Augusto César Leite de Carvalho, Delaíde Alves Miranda Arantes, Hugo Carlos Scheuermann, Alexandre de Souza Agra Belmonte e o Excelentíssimo Subprocurador-Geral do Trabalho, Dr. Aluísio Aldo da Silva Júnior, considerando a atual redação do art. 896, § 4º, da CLT, conferida pela Lei n. 13.015/14, que autoriza o Tribunal Superior do Trabalho, constatando a existência de decisões atuais e conflitantes no âmbito do mesmo Tribunal Regional do Trabalho sobre o tema objeto do recurso de revista, a determinar o retorno dos autos à Corte de origem, a fim de que proceda à uniformização da jurisprudência local, considerando a necessidade de regulamentar e uniformizar os procedimentos em caso de acolhimento de Incidente de Uniformização de Jurisprudência no âmbito dos TRTs, suscitado na forma do art. 896, § 4º, da CLT,

RESOLVE

Aprovar a Instrução Normativa n. 37, nos seguintes termos:

INSTRUÇÃO NORMATIVA N. 37/2015

Regulamenta os procedimentos em caso de Incidente de Uniformização de Jurisprudência no âmbito dos TRTs, suscitado na forma do art. 896, § 4º, da CLT.

Art. 1º Para efeito do Incidente de Uniformização de Jurisprudência (IUJ) previsto nos §§ 4º e 5º do art. 896 da CLT, com a redação da Lei n. 13.015/14, considerar-se-á dissenso jurisprudencial sobre idêntica questão jurídica no âmbito do mesmo Tribunal Regional do Trabalho:

I — a discrepância subsistente de julgados entre órgãos fracionários da Corte, ainda que não uniformizada a matéria;

II — a divergência subsistente de julgados entre órgão fracionário e o Tribunal Pleno ou o Órgão Especial em decisão uniformizadora, sumulada ou não, ainda que anterior à Lei n. 13.015/14.

Art. 2º O Ministro Relator no Tribunal Superior Trabalho, ao decidir, monocraticamente, de ofício ou mediante provocação, pela suscitação de Incidente de Uniformização de Jurisprudência (IUJ) no âmbito de Tribunal Regional do Trabalho, no caso do art. 896, § 4º, da CLT, além do sobrestamento do julgamento do recurso do caso concreto:

I — determinará a devolução dos autos à Corte de origem, ainda que já suscitado IUJ sobre a mesma matéria no mesmo Tribunal em outro processo;

II — expedirá imediatamente ofício ao Presidente do Tribunal Superior do Trabalho para que este dê ciência ao Presidente do Tribunal Regional do Trabalho, para os efeitos do art. 6º, bem assim aos demais Ministros da Corte;

III — expedirá ofício ao Ministro Presidente da Comissão de Jurisprudência e de Precedentes Normativos do TST em que lhe dará ciência da decisão e informará: o Tribunal Regional do Trabalho, o número do processo, a classe e o tema objeto de IUJ;

IV — determinará a publicação da decisão no DEJT.

§ 1º Os Ministros da Corte, cientes do ofício expedido pelo Ministro Presidente Tribunal Superior do Trabalho comunicando a suscitação de IUJ, suspenderão o julgamento de outros recursos de revista de sua relatoria, oriundos do mesmo Tribunal Regional do Trabalho, que versem sobre idêntica questão jurídica, e determinarão a devolução dos autos ao respectivo TRT, mediante decisão fundamentada, desde que tempestivo o recurso de revista, observadas as formalidades dos incisos II e III.

§ 2º O IUJ somente será suscitado nos recursos de revista, inclusive aqueles oriundos dos agravos de instrumento providos.

Art. 3º Até a implantação do banco de dados a que se refere o art. 7º, a Comissão de Jurisprudência e de Precedentes Normativos do TST organizará, manterá e atualizará, disponibilizado na intranet, registro dos Incidentes de Uniformização de Jurisprudência (IUJ) concernentes a cada Tribunal Regional do Trabalho, de que constarão os seguintes dados:

I — classe e número do processo em que acolhida a suscitação de IUJ;

II — Tribunal Regional do Trabalho de origem;

III — tema(s) objeto de IUJ;

IV — Ministro Relator;

V — data da suspensão do julgamento do processo.

Art. 4º A Secretaria-Geral-Judiciária do TST providenciará códigos de movimentação específicos para os processos remetidos e recebidos dos Tribunais Regionais do Trabalho em decorrência da decisão que deferiu a suscitação de Incidente de Uniformização de Jurisprudência (IUJ).

Art. 5º O Presidente ou o Vice-Presidente do Tribunal Regional do Trabalho, ciente do ofício da Presidência do Tribunal Superior do Trabalho aludido no art. 2º, inciso II, antes de emitir juízo de admissibilidade em recurso de revista, deverá suscitar Incidente de Uniformização de Jurisprudência em todos os outros processos que tratam da mesma matéria, enquanto não uniformizada a jurisprudência interna, e sobrestar a remessa ao TST dos respectivos autos até o julgamento do IUJ referente ao caso concreto e a reapreciação da questão no órgão fracionário prolator do acórdão originário recorrido.

Art. 6º Julgado o Incidente de Uniformização de Jurisprudência, o Presidente do Tribunal Regional do Trabalho comunicará imediatamente a decisão ao Presidente do Tribunal Superior do Trabalho para ulterior ciência e providências de registro da Comissão de Jurisprudência e de Precedentes Normativos.

Art. 7º O Tribunal Superior do Trabalho, para efeito do disposto no art. 896, § 4º, da CLT, instituirá o Banco Nacional de Jurisprudência Uniformizada — BANJUR, vinculado à Comissão de Jurisprudência e de Precedentes Normativos do TST, contendo, pelo menos, os registros referidos no art. 3º, as súmulas, orientações jurisprudenciais e teses jurídicas prevalecentes nos Tribunais Regionais do Trabalho.

PARÁGRAFO ÚNICO. As informações contidas no BANJUR serão públicas, podendo o interessado acessá-las no sítio do Tribunal Superior do Trabalho na internet.

Art. 8º No prazo de cinco dias, da publicação da presente Resolução, os Ministros que já acolheram Incidente de Uniformização de Jurisprudência (IUJ) expedirão os ofícios a que alude o art. 2º, incisos II e III.

Publique-se.

RESOLUÇÃO TST/ÓRGÃO ESPECIAL N. 201, DE 10 DE NOVEMBRO DE 2015

(DEJT 17.11.2015)

Edita a Instrução Normativa n. 38, que regulamenta o procedimento do Incidente de Julgamento dos Recursos de Revista e de Embargos à SbDI-1 repetitivos.

O EGRÉGIO ÓRGÃO ESPECIAL DO TRIBUNAL SUPERIOR DO TRABALHO, em Sessão Extraordinária hoje realizada, sob a Presidência do Excelentíssimo Senhor Ministro Antonio José de Barros Levenhagen, Presidente do Tribunal, presentes os Excelentíssimos Senhores Ministros João Oreste Dalazen, Maria Cristina Irigoyen Peduzzi, Emmanoel Pereira, Guilherme Augusto Caputo Bastos, Walmir Oliveira da Costa, Maurício Godinho Delgado, Augusto César Leite de Carvalho, Delaíde Alves Miranda Arantes, Hugo Carlos Scheuermann e a Excelentíssima Vice Procuradora-Geral do Trabalho, Dr.ª Cristina Aparecida Ribeiro Brasiliano, considerando a edição da Lei n. 13.015, de 21 de julho de 2014, que, entre outras providências, acrescentou os arts. 896-B e 896-C à CLT para introduzir, no âmbito do processo do trabalho, a sistemática do julgamento dos recursos repetitivos, e do ATO desta Presidência n. 491/SEGJUD.GP, de 23 de setembro de 2014, que fixou parâmetros procedimentais mínimos para dar efetividade à referida lei, considerando ainda a necessidade de aperfeiçoamento e de detalhamento dessa sistemática para sua segura e efetiva aplicação no âmbito da jurisdição trabalhista,

RESOLVE:

Aprovar a Instrução Normativa n. 38, nos seguintes termos:

INSTRUÇÃO NORMATIVA N. 38/2015

Art. 1º As normas do Código de Processo Civil relativas ao julgamento dos recursos extraordinário e especial repetitivos aplicam-se, no que couber, ao recurso de revista e ao recurso de embargos repetitivos (CLT, arts. 894, II e 896 da CLT).

Art. 2º Havendo multiplicidade de recursos de revista ou de embargos para a Subseção de Dissídios Individuais I (SbDI-1) fundados em idêntica questão de direito, a questão poderá ser afetada a essa Subseção ou ao Tribunal Pleno, por decisão da maioria simples de seus membros, mediante requerimento de um dos Ministros que a compõem, considerando a relevância da matéria ou a existência de entendimentos divergentes entre os Ministros dessa Subseção ou das Turmas do Tribunal.

§ 1º O requerimento fundamentado de um dos Ministros da Subseção de Dissídios Individuais I de afetação da questão a ser julgada em incidente de recursos repetitivos deverá indicar um ou mais recursos de revista ou de embargos representativos da controvérsia e ser formulado por escrito diretamente ao Presidente da SbDI-1 ou, oralmente, em questão preliminar suscitada quando do julgamento de processo incluído na pauta de julgamentos da Subseção.

§ 2º De forma concorrente, quando a Turma do Tribunal Superior do Trabalho entender necessária a adoção do procedimento de julgamento de recursos de revista repetitivos, seu Presidente deverá submeter ao Presidente da Subseção de Dissídios Individuais I a proposta de afetação do recurso de revista, para os efeitos dos arts. 896-B e 896-C da CLT.

§ 3º O Presidente da Subseção submeterá a proposta de afetação ao colegiado, se formulada por escrito, no prazo máximo de 30 dias de seu recebimento, ou de imediato, se suscitada em questão preliminar, quando do julgamento de determinado processo pela SbDI-1, após o que:

I — acolhida a proposta, por maioria simples, o colegiado também decidirá se a questão será analisada pela própria SbDI-1 ou pelo Tribunal Pleno;

II — acolhida a proposta, a desistência da ação ou do recurso não impede a análise da questão objeto de julgamento de recursos repetitivos;

III — na hipótese do inciso I, o processo será distribuído a um relator e a um revisor do órgão jurisdicional correspondente, para sua tramitação nos termos do art. 896-C da CLT;

IV — rejeitada a proposta, se for o caso, os autos serão devolvidos ao órgão julgador respectivo, para que o julgamento do recurso prossiga regularmente.

§ 4º Não será admitida sustentação oral versando, de forma específica, sobre a proposta de afetação.

§ 5º A critério do Presidente da Subseção, as propostas de afetação formuladas por escrito por um dos Ministros da Subseção de Dissídios Individuais I ou pelo Presidente de Turma do Tribunal Superior do Trabalho poderão ser apreciadas pela SbDI-1 por meio eletrônico, nos termos e para os efeitos do § 3º, I, deste artigo, do que serão as partes cientificadas pelo Diário da Justiça.

§ 6º Caso surja alguma divergência entre os integrantes do colegiado durante o julgamento eletrônico, este ficará imediatamente suspenso, devendo a proposta de afetação ser apreciada em sessão presencial.

Art. 3º O Presidente da Subseção de Dissídios Individuais I que afetar processo para julgamento sob o rito dos recursos repetitivos deverá expedir comunicação aos demais Presidentes de Turma, que poderão afetar outros processos sobre a questão para julgamento conjunto, a fim de conferir ao órgão julgador visão global da questão.

Art. 4º Somente poderão ser afetados recursos representativos da controvérsia que sejam admissíveis e que, a critério do relator do incidente de julgamento dos recursos repetitivos, contenham abrangente argumentação e discussão a respeito da questão a ser decidida.

PARÁGRAFO ÚNICO. O relator desse incidente não fica vinculado às propostas de afetação de que trata o artigo anterior, podendo recusá-las por desatenderem aos requisitos previstos no caput deste artigo e, ainda, selecionar outros recursos representativos da controvérsia.

Art. 5º Selecionados os recursos, o relator, na Subseção Especializada em Dissídios Individuais ou no Tribunal Pleno, constatada a presença do pressuposto do *caput* do art. 896-C da CLT, proferirá decisão de afetação, sempre fundamentada, na qual:

I — identificará com precisão a questão a ser submetida a julgamento;

II — poderá determinar a suspensão dos recursos de revista ou de embargos de que trata o § 5º do art. 896-C da CLT;

III — poderá solicitar aos Tribunais Regionais do Trabalho informações a respeito da controvérsia, a serem prestadas no prazo de 15 (quinze) dias, e requisitar aos Presidentes ou Vice-Presidentes dos Tribunais Regionais do Trabalho a remessa de até dois recursos de revista representativos da controvérsia;

IV — concederá o prazo de 15 (quinze) dias para a manifestação escrita das pessoas, órgãos ou entidades interessados na controvérsia, que poderão ser admitidos como amici curiae.

V — informará aos demais Ministros sobre a decisão de afetação;

VI — poderá conceder vista ao Ministério Público e às partes, nos termos e para os efeitos do § 9º do art. 896-C da CLT.

Art. 6º O Presidente do Tribunal Superior do Trabalho oficiará os Presidentes dos Tribunais Regionais do Trabalho, com cópia da decisão de afetação, para que suspendam os recursos de revista interpostos em casos idênticos aos afetados como recursos repetitivos e ainda não encaminhados a este Tribunal, bem como os recursos ordinários interpostos contra as sentenças proferidas em casos idênticos aos afetados como recursos repetitivos, até o pronunciamento definitivo do Tribunal Superior do Trabalho.

Art. 7º Caberá ainda ao Presidente do Tribunal de origem, caso receba a requisição de que trata o inciso III do art. 5º desta Instrução Normativa, admitir até dois recursos representativos da controvérsia, os quais serão encaminhados ao Tribunal Superior do Trabalho.

Art. 8º Se, após receber os recursos de revista selecionados pelo Presidente ou Vice-Presidente do Tribunal Regional do Trabalho, não se proceder à sua afetação, o relator, no Tribunal Superior do Trabalho, comunicará o fato ao Presidente ou Vice-Presidente que os houver enviado, para que seja revogada a decisão de suspensão referida no art. 896-C, § 4º, da CLT.

Art. 9º As partes deverão ser intimadas da decisão de suspensão de seu processo, a ser proferida pelo respectivo relator.

§ 1º A parte poderá requerer o prosseguimento de seu processo se demonstrar a intempestividade do recurso nele interposto ou a existência de distinção entre a questão de direito a ser decidida no seu processo e aquela a ser julgada sob o rito dos recursos repetitivos.

§ 2º O requerimento a que se refere o § 1º será dirigido:

I — ao juiz, se o processo sobrestado estiver em primeiro grau;

II — ao relator, se o processo sobrestado estiver no tribunal de origem;

III — ao relator do acórdão recorrido, se for sobrestado recurso de revista no tribunal de origem;

IV — ao relator, no Tribunal Superior do Trabalho, do recurso de revista ou de embargos cujo processamento houver sido sobrestado.

§ 3º A outra parte deverá ser ouvida sobre o requerimento, no prazo de cinco dias.

§ 4º Reconhecida a distinção no caso:

I — dos incisos I, II e IV do § 2º, o próprio juiz ou relator dará prosseguimento ao processo;

II — do inciso III do § 2º, o relator comunicará a decisão ao presidente ou ao vice-presidente que houver determinado o sobrestamento, para que este dê normal prosseguimento ao processo.

§ 5º A decisão que resolver o requerimento a que se refere o § 1º é irrecorrível de imediato, nos termos do art. 893, § 1º, da CLT.

Art. 10. Para instruir o procedimento, pode o relator fixar data para, em audiência pública, ouvir depoimentos de pessoas com experiência e conhecimento na matéria, sempre que entender necessário o esclarecimento de questões ou circunstâncias de fato subjacentes à controvérsia objeto do incidente de recursos repetitivos.

§ 1º O relator poderá também admitir, tanto na audiência pública quanto no curso do procedimento, a manifestação, como *amici curiae*, de pessoas, órgãos ou entidades com interesse na controvérsia, considerando a relevância da matéria e assegurando o contraditório e a isonomia de tratamento.

§ 2º A manifestação de que trata o § 1º somente será admitida até a inclusão do processo em pauta.

Art. 11. Os recursos afetados deverão ser julgados no prazo de um ano e terão preferência sobre os demais feitos.

§ 1º Na hipótese de não ocorrer o julgamento no prazo de um ano a contar da publicação da decisão de que trata o art. 5º desta Instrução Normativa, cessam automaticamente, em todo o território nacional, a afetação e a suspensão dos processos, que retomarão seu curso normal.

§ 2º Ocorrendo a hipótese do § 1º, é permitida, nos termos e para os efeitos do art. 2º desta Instrução Normativa e do art. 896-C da CLT, a formulação de outra proposta de afetação de processos representativos da controvérsia para instauração e julgamento de recursos repetitivos para ser apreciada e decidida pela SbDI-1 deste Tribunal.

Art. 12. O conteúdo do acórdão paradigma abrangerá a análise de todos os fundamentos da tese jurídica discutida, favoráveis ou contrários.

PARÁGRAFO ÚNICO. É vedado ao órgão colegiado decidir, para os fins do art. 896-C da CLT, questão não delimitada na decisão de afetação.

Art. 13. Decidido o recurso representativo da controvérsia, os órgãos jurisdicionais respectivos declararão prejudicados os demais recursos versando sobre idêntica controvérsia ou os decidirão, aplicando a tese firmada.

PARÁGRAFO ÚNICO. Quando os recursos requisitados do Tribunal Regional do Trabalho contiverem outras questões além daquela que é objeto da afetação, caberá ao órgão jurisdicional competente, em acórdão específico para cada processo, decidir esta em primeiro lugar e depois as demais.

Art. 14. Publicado o acórdão paradigma:

I — o Presidente ou Vice-Presidente do Tribunal de origem negará seguimento aos recursos de revista sobrestados na origem, se o acórdão recorrido coincidir com a orientação do Tribunal Superior do Trabalho;

II — o órgão que proferiu o acórdão recorrido, na origem, reexaminará o processo de competência originária ou o recurso anteriormente julgado, na hipótese de o acórdão recorrido contrariar a orientação do Tribunal Superior do Trabalho;

III — os processos porventura suspensos em primeiro e segundo graus de jurisdição retomarão o curso para julgamento e aplicação da tese firmada pelo Tribunal Superior do Trabalho.

Art. 15. Para fundamentar a decisão de manutenção do entendimento, o órgão que proferiu o acórdão recorrido deverá demonstrar a existência de distinção, por se tratar de caso particularizado por hipótese fática distinta ou questão jurídica não examinada, a impor solução diversa.

§ 1º Na hipótese de que trata o *caput* deste artigo, o recurso de revista será submetido a novo exame de sua admissibilidade pelo Presidente ou Vice Presidente do Tribunal Regional, retomando o processo o seu curso normal.

§ 2º Realizado o juízo de retratação, com alteração do acórdão divergente, o Tribunal de origem, se for o caso, decidirá as demais questões ainda não decididas, cujo enfrentamento se tornou necessário em decorrência da alteração.

§ 3º Quando for alterado o acórdão divergente na forma do § 1º e o recurso anteriormente interposto versar sobre outras questões, o Presidente ou Vice Presidente do Tribunal Regional, independentemente de ratificação do recurso, procederá a novo juízo de admissibilidade, retomando o processo o seu curso normal.

Art. 16. A parte poderá desistir da ação em curso no primeiro grau de jurisdição, antes de proferida a sentença, se a questão nela discutida for idêntica à resolvida pelo recurso representativo da controvérsia.

§ 1º Se a desistência ocorrer antes de oferecida a defesa, a parte, se for o caso, ficará dispensada do pagamento de custas e de honorários de advogado.

§ 2º A desistência apresentada nos termos do *caput* deste artigo independe de consentimento do reclamado, ainda que apresentada contestação.

Art. 17. Caberá revisão da decisão firmada em julgamento de recursos repetitivos quando se alterar a situação econômica, social ou jurídica, caso em que será respeitada a segurança jurídica das relações firmadas sob a égide da decisão anterior, podendo o Tribunal Superior do Trabalho modular os efeitos da decisão que a tenha alterado.

Art. 18. Caso a questão afetada e julgada sob o rito dos recursos repetitivos também contenha questão constitucional, a decisão proferida pelo Tribunal Pleno não obstará o conhecimento de eventuais recursos extraordinários sobre a questão constitucional.

Art. 19. Aos recursos extraordinários interpostos perante o Tribunal Superior do Trabalho será aplicado o procedimento previsto no Código de Processo Civil para o julgamento dos recursos extraordinários repetitivos, cabendo ao Presidente do Tribunal Superior do Trabalho selecionar um ou mais recursos representativos da controvérsia e encaminhá-los ao Supremo Tribunal Federal, sobrestando os demais até o pronunciamento definitivo da Corte, na forma ali prevista.

Art. 20. Quando o julgamento dos embargos à SbDI-1 envolver relevante questão de direito, com grande repercussão social, sem repetição em múltiplos processos mas a respeito da qual seja conveniente a prevenção ou a composição de divergência entre as turmas ou os demais órgãos fracionários do. Tribunal Superior do Trabalho, poderá a SbDI-1, por iniciativa de um de seus membros e após a aprovação da maioria de seus integrantes, afetar o seu julgamento ao Tribunal Pleno.

PARÁGRAFO ÚNICO. Aplica-se a este incidente, no que couber, o que esta Instrução Normativa dispõe sobre o incidente de julgamento de recursos repetitivos.

Art. 21. O Tribunal Superior do Trabalho deverá manter e dar publicidade às questões de direito objeto dos recursos repetitivos já julgados, pendentes de julgamento ou já reputadas sem relevância, bem como daquelas objeto das decisões proferidas por sua composição plenária, nos termos do § 13 do art. 896 da CLT e do art. 20 desta Instrução Normativa.

PARÁGRAFO ÚNICO. As decisões, organizadas por questão jurídica julgada, serão divulgadas, preferencialmente, na rede mundial de computadores e constarão do Banco Nacional de Jurisprudência Uniformizadora — BANJUR, instituído pelo art. 7º da Instrução Normativa n. 37/2015, aprovada pela Resolução n. 195, de 02.03.2015, do Tribunal Superior do Trabalho.

Art. 22. Após a publicação da presente Instrução Normativa, ficam expressamente revogados os arts. 7º a 22 do Ato n. 491/SEGJUD.GP, de 23 de setembro de 2014.

Ministro Antonio José de Barros Levenhagen,
Presidente do Tribunal Superior do Trabalho

RESOLUÇÃO N. 203, DE 15 DE MARÇO DE 2016

(DEJT 16.3.16)

Edita a Instrução Normativa n. 39, que dispõe sobre as normas do Código de Processo Civil de 2015 aplicáveis e inaplicáveis ao Processo do Trabalho, de forma não exaustiva.

O EGRÉGIO PLENO DO TRIBUNAL SUPERIOR DO TRABALHO, em Sessão Extraordinária hoje realizada, sob a Presidência do Excelentíssimo Senhor Ministro Ives Gandra da Silva Martins Filho, Presidente do Tribu-

Legislação Complementar

nal, presentes os Excelentíssimos Senhores Ministros Emmanoel Pereira, Vice-Presidente do Tribunal, Renato de Lacerda Paiva, Corregedor-Geral da Justiça do Trabalho, João Oreste Dalazen, Antonio José de Barros Levenhagen, João Batista Brito Pereira, Maria Cristina Irigoyen Peduzzi, Aloysio Corrêa da Veiga, Luiz Philippe Vieira de Mello Filho, Alberto Luiz Bresciani de Fontan Pereira, Maria de Assis Calsing, Dora Maria da Costa, Guilherme Augusto *Caput*o Bastos, Márcio Eurico Vitral Amaro, Walmir Oliveira da Costa, Maurício Godinho Delgado, Kátia Magalhães Arruda, Augusto César Leite de Carvalho, José Roberto Freire Pimenta, Delaíde Alves Miranda Arantes, Hugo Carlos Scheuermann, Alexandre de Souza Agra Belmonte, Cláudio Mascarenhas Brandão, Douglas Alencar Rodrigues, Maria Helena Mallmann e a Excelentíssima Vice-Procuradora-Geral do Trabalho, Drª Cristina Aparecida Ribeiro Brasiliano,

Considerando a vigência de novo Código de Processo Civil (Lei n. 13.105, de 17.3.2015) a partir de 18 de março de 2016,

Considerando a imperativa necessidade de o Tribunal Superior do Trabalho posicionar-se, ainda que de forma não exaustiva, sobre as normas do Código de Processo Civil de 2015 aplicáveis e inaplicáveis ao Processo do Trabalho,

Considerando que as normas dos arts. 769 e 889 da CLT não foram revogadas pelo art. 15 do CPC de 2015, em face do que estatui o art. 2º, § 2º da Lei de Introdução às Normas do Direito Brasileiro, considerando a plena possibilidade de compatibilização das normas em apreço,

Considerando o disposto no art. 1046, § 2º, do CPC, que expressamente preserva as “disposições especiais dos procedimentos regulados em outras leis”, dentre as quais sobressaem as normas especiais que disciplinam o Direito Processual do Trabalho,

Considerando o escopo de identificar apenas questões polêmicas e algumas das questões inovatórias relevantes para efeito de aferir a compatibilidade ou não de aplicação subsidiária ou supletiva ao Processo do Trabalho do Código de Processo Civil de 2015,

Considerando a exigência de transmitir segurança jurídica aos jurisdicionados e órgãos da Justiça do Trabalho, bem assim o escopo de prevenir nulidades processuais em detrimento da desejável celeridade,

Considerando que o Código de Processo Civil de 2015 não adota de forma absoluta a observância do princípio do contraditório prévio como vedação à decisão surpresa, como transparece, entre outras, das hipóteses de julgamento liminar de improcedência do pedido (art. 332, *caput* e § 1º, conjugado com a norma explícita do parágrafo único do art. 487), de tutela provisória liminar de urgência ou da evidência (parágrafo único do art. 9º) e de indeferimento liminar da petição inicial (CPC, art. 330),

Considerando que o conteúdo da aludida garantia do contraditório há que se compatibilizar com os princípios da celeridade, da, oralidade e da concentração de atos processuais no Processo do Trabalho, visto que este, por suas especificidades e pela natureza alimentar das pretensões nele deduzidas, foi concebido e estruturado para a outorga rápida e impostergável da tutela jurisdicional (CLT, art. 769),

considerando que está *sub judice* no Tribunal Superior do Trabalho a possibilidade de imposição de multa pecuniária ao executado e de liberação de depósito em favor do exequente, na pendência de recurso, o que obsta, de momento, qualquer manifestação da Corte sobre a incidência no Processo do Trabalho das normas dos arts. 520 a 522 e § 1º do art. 523 do CPC de 2015,

Considerando que os enunciados de súmulas dos Tribunais do Trabalho a que se referem os incisos V e VI do § 1º do art. 489 do CPC de 2015 são exclusivamente os que contenham os fundamentos determinantes da decisão (*ratio decidendi* — art. 926, § 2º),

RESOLVE:

Aprovar a Instrução Normativa n. 39, nos seguintes termos:

INSTRUÇÃO NORMATIVA N. 39/2016

Dispõe sobre as normas do Código de Processo Civil de 2015 aplicáveis e inaplicáveis ao Processo do Trabalho, de forma não exaustiva.

Art. 1º Aplica-se o Código de Processo Civil, subsidiária e supletivamente, ao Processo do Trabalho, em caso de omissão e desde que haja compatibilidade com as normas e princípios do Direito Processual do Trabalho, na forma dos arts. 769 e 889 da CLT e do art. 15 da Lei n. 13.105, de 17.3.2015.

§ 1º Observar-se-á, em todo caso, o princípio da irrecorribilidade em separado das decisões interlocutórias, de conformidade com o art. 893, § 1º da CLT e Súmula n. 214 do TST.

§ 2º O prazo para interpor e contra-arrazoar todos os recursos trabalhistas, inclusive agravo interno e agravo regimental, é de oito dias (art. 6º da Lei n. 5.584/70 e art. 893 da CLT), exceto embargos de declaração (CLT, art. 897-A).

Art. 2º Sem prejuízo de outros, não se aplicam ao Processo do Trabalho, em razão de inexistência de omissão ou por incompatibilidade, os seguintes preceitos do Código de Processo Civil:

I — art. 63 (modificação da competência territorial e eleição de foro);

II — art. 190 e parágrafo único (negociação processual);

III — art. 219 (contagem de prazos em dias úteis);

IV — art. 334 (audiência de conciliação ou de mediação);

V — art. 335 (prazo para contestação);

VI — art. 362, III (adiamento da audiência em razão de atraso injustificado superior a 30 minutos);

VII — art. 373, §§ 3º e 4º (distribuição diversa do ônus da prova por convenção das partes);

VIII — arts. 921, §§ 4º e 5º, e 924, V (prescrição intercorrente);

IX — art. 942 e parágrafos (prosseguimento de julgamento não unânime de apelação);

X — art. 944 (notas taquigráficas para substituir acórdão);

XI — art. 1010, § 3º(desnecessidade de o juízo *a quo* exercer controle de admissibilidade na apelação);

XII — arts. 1043 e 1044 (embargos de divergência);

XIII — art. 1070 (prazo para interposição de agravo).

Art. 3º Sem prejuízo de outros, aplicam-se ao Processo do Trabalho, em face de omissão e compatibilidade, os preceitos do Código de Processo Civil que regulam os seguintes temas:

I — art. 76, §§ 1º e 2º (saneamento de incapacidade processual ou de irregularidade de representação);

II — art. 138 e parágrafos (*amicus curiae*);

III — art. 139, exceto a parte final do inciso V (poderes, deveres e responsabilidades do juiz);

IV — art. 292, V (valor pretendido na ação indenizatória, inclusive a fundada em dano moral);

V — art. 292, § 3º (correção de ofício do valor da causa);

VI — arts. 294 a 311 (tutela provisória);

VII — art. 373, §§ 1º e 2º (distribuição dinâmica do ônus da prova);

VIII — art. 485, § 7º (juízo de retratação no recurso ordinário);

IX — art. 489 (fundamentação da sentença);

X — art. 496 e parágrafos (remessa necessária);

XI — arts. 497 a 501 (tutela específica);

XII — arts. 536 a 538 (cumprimento de sentença que reconheça a exigibilidade de obrigação de fazer, de não fazer ou de entregar coisa);

XIII — arts. 789 a 796 (responsabilidade patrimonial);

XIV — art. 805 e parágrafo único (obrigação de o executado indicar outros meios mais eficazes e menos onerosos para promover a execução);

XV — art. 833, incisos e parágrafos (bens impenhoráveis);

XVI — art. 835, incisos e §§ 1º e 2º (ordem preferencial de penhora);

XVII — art. 836, §§ 1º e 2º (procedimento quando não encontrados bens penhoráveis);

XVIII — art. 841, §§ 1º e 2º (intimação da penhora);

XIX — art. 854 e parágrafos (BacenJUD);

XX — art. 895 (pagamento parcelado do lanço);

XXI — art. 916 e parágrafos (parcelamento do crédito exequendo);

XXII — art. 918 e parágrafo único (rejeição liminar dos embargos à execução);

XXIII — arts. 926 a 928 (jurisprudência dos tribunais);

XXIV — art. 940 (vista regimental);

XXV — art. 947 e parágrafos (incidente de assunção de competência);

XXVI — arts. 966 a 975 (ação rescisória);

XXVII — arts. 988 a 993 (reclamação);

XXVIII — arts. 1013 a 1014 (efeito devolutivo do recurso ordinário — força maior);

XXIX — art. 1021 (salvo quanto ao prazo do agravo interno).

Art. 4º Aplicam-se ao Processo do Trabalho as normas do CPC que regulam o princípio do contraditório, em especial os artigos 9º e 10, no que vedam a decisão surpresa.

§ 1º Entende-se por “decisão surpresa” a que, no julgamento final do mérito da causa, em qualquer grau de jurisdição, aplicar fundamento jurídico ou embasar-se em fato não submetido à audiência prévia de uma ou de ambas as partes.

§ 2º Não se considera “decisão surpresa” a que, à luz do ordenamento jurídico nacional e dos princípios que informam o Direito Processual do Trabalho, as partes tinham obrigação de prever, concernente às condições da ação, aos pressupostos de admissibilidade de recurso e aos pressupostos processuais, salvo disposição legal expressa em contrário.

Art. 5º Aplicam-se ao Processo do Trabalho as normas do art. 356, §§ 1º a 4º, do CPC que regem o julgamento antecipado parcial do mérito, cabendo recurso ordinário de imediato da sentença.

Art. 6º Aplica-se ao Processo do Trabalho o incidente de desconsideração da personalidade jurídica regulado no Código de Processo Civil (arts. 133 a 137), assegurada a iniciativa também do juiz do trabalho na fase de execução (CLT, art. 878).

§ 1º Da decisão interlocutória que acolher ou rejeitar o incidente:

I — na fase de cognição, não cabe recurso de imediato, na forma do art. 893, § 1º da CLT;

II — na fase de execução, cabe agravo de petição, independentemente de garantia do juízo;

III — cabe agravo interno se proferida pelo Relator, em incidente instaurado originariamente no tribunal (CPC, art. 932, inciso VI).

§ 2º A instauração do incidente suspenderá o processo, sem prejuízo de concessão da tutela de urgência de natureza cautelar de que trata o art. 301 do CPC.

Art. 7º Aplicam-se ao Processo do Trabalho as normas do art. 332 do CPC, com as necessárias adaptações à legislação processual trabalhista, cumprindo ao juiz do trabalho julgar liminarmente improcedente o pedido que contrariar:

I — enunciado de súmula do Supremo Tribunal Federal ou do Tribunal Superior do Trabalho (CPC, art. 927, inciso V);

II — acórdão proferido pelo Supremo Tribunal Federal ou pelo Tribunal Superior do Trabalho em julgamento de recursos repetitivos (CLT, art. 896-B; CPC, art. 1046, § 4º);

III — entendimento firmado em incidente de resolução de demandas repetitivas ou de assunção de competência;

IV — enunciado de súmula de Tribunal Regional do Trabalho sobre direito local, convenção coletiva de trabalho, acordo coletivo de trabalho, sentença normativa ou regulamento empresarial de observância obrigatória em área territorial que não exceda à jurisdição do respectivo Tribunal (CLT, art. 896, "b", a *contrario sensu).*

PARÁGRAFO ÚNICO. O juiz também poderá julgar liminarmente improcedente o pedido se verificar, desde logo, a ocorrência de decadência.

Art. 8º Aplicam-se ao Processo do Trabalho as normas dos arts. 976 a 986 do CPC que regem o incidente de resolução de demandas repetitivas (IRDR).

§ 1º Admitido o incidente, o relator suspenderá o julgamento dos processos pendentes, individuais ou coletivos, que tramitam na Região, no tocante ao tema objeto de IRDR, sem prejuízo da instrução integral das causas e do julgamento dos eventuais pedidos distintos e cumulativos igualmente deduzidos em tais processos, inclusive, se for o caso, do julgamento antecipado parcial do mérito.

§ 2º Do julgamento do mérito do incidente caberá recurso de revista para o Tribunal Superior do Trabalho, dotado de efeito meramente devolutivo, nos termos dos arts. 896 e 899 da CLT.

§ 3º Apreciado o mérito do recurso, a tese jurídica adotada pelo Tribunal Superior do Trabalho será aplicada no território nacional a todos os processos, individuais ou coletivos, que versem sobre idêntica questão de direito.

Art. 9º O cabimento dos embargos de declaração no Processo do Trabalho, para impugnar qualquer decisão judicial, rege-se pelo art. 897-A da CLT e, supletivamente, pelo Código de Processo Civil (arts. 1022 a 1025; §§ 2º, 3º e 4º do art. 1026), excetuada a garantia de prazo em dobro para litisconsortes (§ 1º do art. 1023).

PARÁGRAFO ÚNICO. A omissão para fins do prequestionamento ficto a que alude o art. 1025 do CPC dá-se no caso de o Tribunal Regional do Trabalho, mesmo instado mediante embargos de declaração, recusar-se a emitir tese sobre questão jurídica pertinente, na forma da Súmula n. 297, item III, do Tribunal Superior do Trabalho.

Art. 10. Aplicam-se ao Processo do Trabalho as normas do parágrafo único do art. 932 do CPC, §§ 1º a 4º do art. 938 e §§ 2º e 7º do art. 1007.

PARÁGRAFO ÚNICO. A insuficiência no valor do preparo do recurso, no Processo do Trabalho, para os efeitos do § 2º do art. 1007 do CPC, concerne unicamente às custas processuais, não ao depósito recursal. *(Revogado pela Resolução TST n. 218, de 17.4.17, DEJT 20.4.17)*

Art. 11. Não se aplica ao Processo do Trabalho a norma do art. 459 do CPC no que permite a inquirição direta das testemunhas pela parte (CLT, art. 820).

Art. 12. Aplica-se ao Processo do Trabalho o parágrafo único do art. 1034 do CPC. Assim, admitido o recurso de revista por um fundamento, devolve-se ao Tribunal Superior do Trabalho o conhecimento dos demais fundamentos para a solução apenas do capítulo impugnado.

Art. 13. Por aplicação supletiva do art. 784, I (art. 15 do CPC), o cheque e a nota promissória emitidos em reconhecimento de dívida inequivocamente de natureza trabalhista também são títulos extrajudiciais para efeito de execução perante a Justiça do Trabalho, na forma do art. 876 e segs. da CLT.

Art. 14. Não se aplica ao Processo do Trabalho o art. 165 do CPC, salvo nos conflitos coletivos de natureza econômica (Constituição Federal, art. 114, §§ 1º e 2º).

Art. 15. O atendimento à exigência legal de fundamentação das decisões judiciais (CPC, art. 489, § 1º) no Processo do Trabalho observará o seguinte:

I — por força dos arts. 332 e 927 do CPC, adaptados ao Processo do Trabalho, para efeito dos incisos V e VI do § 1º do art. 489 considera-se "precedente" apenas:

a) acórdão proferido pelo Supremo Tribunal Federal ou pelo Tribunal Superior do Trabalho em julgamento de recursos repetitivos (CLT, art. 896-B; CPC, art. 1046, § 4º);

b) entendimento firmado em incidente de resolução de demandas repetitivas ou de assunção de competência;

c) decisão do Supremo Tribunal Federal em controle concentrado de constitucionalidade;

d) tese jurídica prevalecente em Tribunal Regional do Trabalho e não conflitante com súmula ou orientação jurisprudencial do Tribunal Superior do Trabalho (CLT, art. 896, § 6º);

e) decisão do plenário, do órgão especial ou de seção especializada competente para uniformizar a jurisprudência do tribunal a que o juiz estiver vinculado ou do Tribunal Superior do Trabalho.

II — para os fins do art. 489, § 1º, incisos V e VI do CPC, considerar-se-ão unicamente os precedentes referidos no item anterior, súmulas do Supremo Tribunal Federal, orientação jurisprudencial e súmula do Tribunal Superior do Trabalho, súmula de Tribunal Regional do Trabalho não conflitante com súmula ou orientação jurisprudencial do TST, que contenham explícita referência aos fundamentos determinantes da decisão (*ratio decidendi*).

III — não ofende o art. 489, § 1º, inciso IV do CPC a decisão que deixar de apreciar questões cujo exame haja ficado prejudicado em razão da análise anterior de questão subordinante.

IV — o art. 489, § 1º, IV, do CPC não obriga o juiz ou o Tribunal a enfrentar os fundamentos jurídicos invocados pela parte, quando já tenham sido examinados na formação dos precedentes obrigatórios ou nos fundamentos determinantes de enunciado de súmula.

V — decisão que aplica a tese jurídica firmada em precedente, nos termos do item I, não precisa enfrentar os fundamentos já analisados na decisão paradigma, sendo suficiente, para fins de atendimento das exigências constantes no art. 489, § 1º, do CPC, a correlação fática e jurídica entre o caso concreto e aquele apreciado no incidente de solução concentrada.

VI — é ônus da parte, para os fins do disposto no art. 489, § 1º, V e VI, do CPC, identificar os fundamentos determinantes ou demonstrar a existência de distinção no caso em julgamento ou a superação do entendimento, sempre que invocar precedente ou enunciado de súmula.

Art. 16. Para efeito de aplicação do § 5º do art. 272 do CPC, não é causa de nulidade processual a intimação realizada na pessoa de advogado regularmente habilitado nos autos, ainda que conste pedido expresso para que as comunicações dos atos processuais sejam feitas em nome de outro advogado, se o profissional indicado não se encontra previamente cadastrado no Sistema de Processo Judicial Eletrônico, impedindo a serventia judicial de atender ao requerimento de envio da intimação direcionada. A decretação de nulidade não pode ser acolhida em favor da parte que lhe deu causa (CPC, art. 276).

Art. 17. Sem prejuízo da inclusão do devedor no Banco Nacional de Devedores Trabalhistas (CLT, art. 642-A), aplicam-se à execução trabalhista as normas dos artigos 495, 517 e 782, §§ 3º, 4º e 5º do CPC, que tratam respectivamente da hipoteca judiciária, do protesto de decisão judicial e da inclusão do nome do executado em cadastros de inadimplentes.

Art. 18. Esta Instrução Normativa entrará em vigor na data da sua publicação.

Ministro IVES GANDRA DA SILVA MARTINS FILHO,
Presidente do Tribunal Superior do Trabalho

RESOLUÇÃO N. 205, DE 15 DE MARÇO DE 2016

(DEJT 17.3.2016)

Edita a Instrução Normativa n. 40, que dispõe sobre o cabimento de agravo de instrumento em caso de admissibilidade parcial de recurso de revista no Tribunal Regional do Trabalho e dá outras providências.

O EGRÉGIO PLENO DO TRIBUNAL SUPERIOR DO TRABALHO, em Sessão Extraordinária hoje realizada, sob a Presidência do Excelentíssimo Senhor Ministro Ives Gandra da Silva Martins Filho, Presidente do Tribunal, presentes os Excelentíssimos Senhores Ministros Emmanoel Pereira, Vice-Presidente do Tribunal, Renato de Lacerda Paiva, Corregedor-Geral da Justiça do Trabalho, João Oreste Dalazen, Antonio José de Barros Levenhagen, João Batista Brito Pereira, Maria Cristina Irigoyen Peduzzi, Aloysio Corrêa da Veiga, Luiz Philippe Vieira de Mello Filho, Alberto Luiz Bresciani de Fontan Pereira, Maria de Assis Calsing, Dora Maria da Costa, Guilherme Augusto *Caput*o Bastos, Márcio Eurico Vitral Amaro, Walmir Oliveira da Costa, Maurício Godinho Delgado, Kátia Magalhães Arruda, Augusto César Leite de Carvalho, José Roberto Freire Pimenta, Delaíde Alves Miranda Arantes, Hugo Carlos Scheuermann, Alexandre de Souza Agra Belmonte, Cláudio Mascarenhas Brandão, Douglas Alencar Rodrigues, Maria Helena Mallmann e a Excelentíssima Vice-Procuradora-Geral do Trabalho, Drª Cristina Aparecida Ribeiro Brasiliano,

Considerando o cancelamento da Súmula n. 285 e da Orientação Jurisprudencial n. 377 da SBDI-1 pelo Pleno do Tribunal Superior do Trabalho,

Considerando a necessidade de explicitar-se o novo entendimento do Tribunal sobre a matéria, a bem da segurança jurídica dos jurisdicionados e da imprescindível orientação e planejamento da Presidência dos Tribunais Regionais do Trabalho,

Considerando a conveniência de modulação dos efeitos do aludido cancelamento para não surpreender as partes, como se impõe da aplicação analógica do art. 896 § 17 da CLT,

Considerando que, não obstante o Código de Processo Civil haja extinto o procedimento para disciplinar o incidente de uniformização de jurisprudência (IUJ), o instituto continua previsto no art. 896, §§ 3º a 6º da CLT,

RESOLVE:

Aprovar a Instrução Normativa n. 40, nos seguintes termos:

INSTRUÇÃO NORMATIVA N. 40/2016

Dispõe sobre o cabimento de agravo de instrumento em caso de admissibilidade parcial de recurso de revista no Tribunal Regional do Trabalho e dá outras providências

Art. 1º Admitido apenas parcialmente o recurso de revista, constitui ônus da parte impugnar, mediante agravo de instrumento, o capítulo denegatório da decisão, sob pena de preclusão.

§ 1º Se houver omissão no juízo de admissibilidade do recurso de revista quanto a um ou mais temas, é ônus da parte interpor embargos de declaração para o órgão prolator da decisão embargada supri-la (CPC, art. 1024, § 2º), sob pena de preclusão.

§ 2º Incorre em nulidade a decisão regional que se abstiver de exercer controle de admissibilidade sobre qualquer tema objeto de recurso de revista, não obstante interpostos embargos de declaração (CF/88, art. 93, inciso IX e § 1º do art. 489 do CPC de 2015).

§ 3º No caso do parágrafo anterior, sem prejuízo da nulidade, a recusa do Presidente do Tribunal Regional do Trabalho a emitir juízo de admissibilidade sobre qualquer tema equivale à decisão denegatória. É ônus da parte, assim, após a intimação da decisão dos embargos de declaração, impugná-la mediante agravo de instrumento (CLT, art. 896, § 12), sob pena de preclusão.

§ 4º Faculta-se ao Ministro Relator, por decisão irrecorrível (CLT, art. 896, § 5º, por analogia), determinar a restituição do agravo de instrumento ao Presidente do Tribunal Regional do Trabalho de origem para que complemente o juízo de admissibilidade, desde que interpostos embargos de declaração.

Art. 2º Após a vigência do Código de Processo Civil de 2015, subsiste o Incidente de Uniformização de Jurisprudência da CLT (art. 896, §§ 3º, 4º, 5º e 6º), observado o procedimento previsto no regimento interno do Tribunal Regional do Trabalho.

Art. 3º A presente instrução normativa vigerá a partir de sua publicação, exceto o art. 1º, que vigorará a partir de 15 de abril de 2016.

Ministro IVES GANDRA DA SILVA MARTINS FILHO,
Presidente do Tribunal
Superior do Trabalho

ATO N. 342 TST.SEJUD.GP, DE 27 DE JULHO DE 2010(*)

(DJe 29.7.2010)

Regulamenta o Processo Judicial Eletrônico no âmbito do Tribunal Superior do Trabalho

O PRESIDENTE DO TRIBUNAL SUPERIOR DO TRABALHO, no uso de suas atribuições legais e regimentais,

Considerando a Instrução Normativa n. 30, que regulamenta, no âmbito da Justiça do Trabalho, a Lei n. 11.419, de 19 de dezembro de 2006;

Considerando o Ato Conjunto TST/CSJT n. 10, de 28 de junho de 2010, que regulamenta a transmissão de peças processuais, por meio eletrônico, entre os Tribunais Regionais do Trabalho e o Tribunal Superior do Trabalho e dá outras providências,

RESOLVE:

Da Tramitação do Processo Eletrônico no TST

Art. 1º Os processos judiciais que ingressarem no Tribunal Superior do Trabalho, a partir de 2 de agosto de 2010, tramitarão em meio eletrônico.

Art. 2º O processo judicial eletrônico, para os fins deste Ato, será formado pelos arquivos enviados pelos Tribunais Regionais do Trabalho, na forma prevista no Ato Conjunto TST/CSJT n. 10/2010, petições e documentos apresentados pelas partes, atos processuais praticados nesta Corte e pareceres emitidos pelo Ministério Público do Trabalho.

Art. 3º Os atos processuais praticados pelos Ministros e servidores do TST serão assinados eletronicamente, nos termos da Lei n. 11.419/2006.

Art. 4º As peças processuais apresentadas pelas partes continuarão a ser protocoladas pelos meios hoje disponíveis, até o desenvolvimento de ferramentas eletrônicas específicas.

Art. 5º As petições apresentadas em meio físico, vinculadas a processos eletrônicos, serão digitalizadas pela Coordenadoria de Cadastramento Processual e mantidas em guarda provisória por um ano, podendo ser retiradas pelas partes após o sexto mês.

§ 1º Transcorrido o prazo de um ano de sua apresentação, as petições serão eliminadas. *(Redada dada pelo Ato do TST n. 559, SEJUD.GP, de 30.11.2010)*

§ 2º As peças em meio físico apresentadas pelas partes da tribuna das salas de sessões, vinculadas a processos eletrônicos, serão encaminhadas à Coordenadoria de Cadastramento Processual para os procedimentos descritos no *caput* e no § 1º. *(Redada dada pelo Ato do TST n. 559, SEJUD.GP, de 30.11.2010)*

Art. 6º A remessa do processo eletrônico ao TRT de origem para diligências ou baixa definitiva obedecerá ao disposto no Ato Conjunto TST/CSJT n. 10/2010, de 28 de junho de 2010.

Da Visualização dos Processos por Usuários Externos

Art. 7º A visualização dos processos eletrônicos é um serviço disponível no sítio do TST a advogados e procuradores, mediante cadastro, e, não possui efeito de intimação.

Art. 8º São considerados usuários externos os advogados, procuradores e demais representantes judiciais dos entes públicos.

PARÁGRAFO ÚNICO. As procuradorias poderão indicar servidores para acessar o sistema de visualização de processos eletrônicos.

Art. 9º Os procuradores do Ministério Público do Trabalho deverão anexar, por meio eletrônico, o seu parecer.

(*) Republicado em razão das alterações introduzidas pelo ATO.SEJUD.GP N. 559/2010.

PARÁGRAFO ÚNICO. Os pareceres anexados aos processos serão assinados eletronicamente, na forma da Lei n. 11.419/2006.

Art. 10. As secretarias dos órgãos judicantes e a Coordenadoria de Recursos manterão, em suas dependências, terminais de computadores disponíveis para visualização do processo eletrônico, sendo facultada a gravação da íntegra do processo em dispositivo eletrônico.

PARÁGRAFO ÚNICO. A visualização dos processos eletrônicos que tramitam em segredo de justiça estará disponível apenas às partes e aos seus procuradores constituídos no feito.

Do Cadastro de Advogados

Art. 11. O cadastro de advogado regularmente inscrito na OAB será realizado com o preenchimento de formulário disponível no sistema de visualização de peças, no sítio do TST (www.tst.jus.br) *(Redação dada pelo Ato TST n. 415, SEJUD.GP, de 1.9.2010)*

§ 1º A validação é realizada mediante o comparecimento do usuário à Secretaria Judiciária do TST, munido do original dos documentos indicados no formulário, vedada a possibilidade da validação por despachante ou procurador. *(Redação dada pelo Ato TST n. 415, SEJUD.GP, de 1.9.2010)*

§ 2º O usuário que preencher o cadastro utilizando o certificado digital (ICP-Brasil) fica dispensado da validação presencial. *(Redação dada pelo Ato TST n. 415, SEJUD.GP, de 1.9.2010)*

§ 3º Validado o cadastro, o advogado será credenciado e receberá, no endereço eletrônico indicado no formulário, o login e a senha para acesso ao sistema. *(Redação dada pelo Ato do TST n. 415, SEJUD.GP, de 1.9.2010)*

Do Cadastro de Procuradores e Servidores Autorizados

Art. 12. As procuradorias deverão encaminhar previamente à Secretaria Judiciária, por meio do endereço eletrônico pe_cadastro@tst.jus.br, a relação de procuradores e de servidores autorizados a realizar o cadastro com os dados constantes da tabela contida no Anexo deste Ato.

Art. 13. O cadastro de procuradores e de servidores autorizados será realizado com a inserção do respectivo CPF em campo específico do sistema de visualização de peças disponível no sítio do TST.

PARÁGRAFO ÚNICO. Após a validação do cadastro pela Secretaria Judiciária, o procurador ou o servidor autorizado será credenciado e, receberá, no endereço eletrônico corporativo indicado, o *login* e a senha para visualização dos processos.

Disposições Finais e Transitórias

Art. 14. Os esclarecimentos sobre o conteúdo ilegível de peças digitalizadas ou a sua ausência no arquivo eletrônico, desde que comprometam a análise do processo, deverão ser solicitados, via Malote Digital, pelas Secretarias dos Órgãos Judicantes, Secretaria da Corregedoria-Geral da Justiça do Trabalho, Secretaria Judiciária ou Coordenadoria de Recursos, por determinação dos Ministros, ao Tribunal que mantém a guarda dos processos físicos. *(Redação dada pelo Ato do TST n. 559, SEJUD.GP, de 30.11.2010)*

Art. 15. As intimações pessoais, exigidas por força de lei, serão realizadas pelo meio hoje disponível até o desenvolvimento de ferramenta própria para intimação eletrônica.

PARÁGRAFO ÚNICO. As peças a que se refere o *caput* serão digitalizadas e anexadas ao processo eletrônico pela unidade responsável pela expedição do ofício.

Art. 16. As alterações no cadastro de advogados, procuradores e servidores das procuradorias deverão ser comunicadas à Secretaria Judiciária do TST por meio do endereço eletrônico pe_cadastro@tst.jus.br.

Art. 17. Os feitos pendentes na data do início de vigência deste Ato continuarão a tramitar em autos físicos, permitida a sua conversão para meio eletrônico, mediante a digitalização dos autos.

§ 1º Realizada a conversão, o processo passa a tramitar exclusivamente em meio eletrônico.

§ 2º A conversão deverá ser certificada nos autos eletrônicos e nos físicos.

§ 3º Os processos físicos em tramitação no TST que forem incluídos no fluxo eletrônico serão devolvidos ao TRT de origem e aqueles relativos à competência originária desta Corte serão arquivados.

§ 4º O processo físico que tramite conjuntamente com o processo eletrônico deverá ser digitalizado e incluído no fluxo eletrônico pelas Secretarias dos Órgãos Judicantes, Secretaria da Corregedoria-Geral da Justiça do Trabalho ou Coordenadoria de Recursos, mediante despacho dos Ministros. *(Redação dada pelo Ato do TST n. 559, SEJUD.GP, de 30.11.2010)*

Art. 18. Os casos não previstos neste Ato deverão ser submetidos, formalmente, à apreciação da Presidência do Tribunal.

Art. 19. Este Ato entra em vigor em 2 de agosto de 2010 e revoga o Ato n. 677/TST. SEJUD.GP, de 4 de novembro de 2009.

Publique-se.

Brasília, 28 de julho de 2010.

Ministro MILTON DE MOURA FRANÇA
Presidente do Tribunal Superior do Trabalho

RESOLUÇÃO ADMINISTRATIVA N. 1.276, DO TRIBUNAL SUPERIOR DO TRABALHO, DE 22 DE NOVEMBRO DE 2007

(DOU 27.11.2007)

Dispõe sobre a criação, composição e competência do Órgão Especial do Tribunal Superior do Trabalho, e sobre a competência do Tribunal Pleno

O Egrégio Órgão Especial do Tribunal Superior do Trabalho, em sessão ordinária hoje realizada, sob a Presidência do Exmo. Sr. Ministro Rider Nogueira de Brito, Presidente do Tribunal, presentes os Exmos. Srs. Ministros Milton de Moura França, Vice-Presidente, João Oreste Dalazen, Corregedor-Geral da Justiça do Trabalho, Vantuil Abdala, Carlos Alberto Reis de Paula, Antônio José de Barros Levenhagen, Ives Gandra da Silva Martins Filho, João Batista Brito Pereira, Maria Cristina Irigoyen Peduzzi, José Simpliciano Fontes de Faria Fernandes, Emmanoel Pereira, Aloysio Corrêa da Veiga, Horácio Raymundo de Senna Pires, Rosa Maria Weber Candiota da Rosa, Luiz Philippe Vieira de Mello Filho, Alberto Luiz Bresciani de Fontan Pereira, Maria de Assis Calsing, Dora Maria da Costa, Pedro Paulo Teixeira Manus, Fernando Eizo Ono, Guilherme Augusto Caputo Bastos, Márcio Eurico Vitral Amaro, Walmir Oliveira da Costa e Maurício Godinho Delgado e a Exma. Sra. Subprocuradora-Geral do Trabalho, Dra. Maria Guiomar Sanches de Mendonça,

Considerando o disposto no inciso XI do art. 93 da Constituição Federal, o qual estabelece que, nos tribunais com número superior a vinte e cinco julgadores, poderá ser constituído órgão especial, com o mínimo de onze e o máximo de vinte e cinco membros, para o exercício das atribuições administrativas e jurisdicionais delegadas da competência do tribunal pleno, provendo-se metade das vagas por antiguidade e a outra metade por eleição pelo Tribunal Pleno, resolve:

Art. 1º Fica criado o Órgão Especial do Tribunal Superior do Trabalho, que será integrado pelos 7 (sete) Ministros mais antigos, incluídos os Membros da Direção, e por 7 (sete) Ministros eleitos pelo Tribunal Pleno. Os Ministros integrantes do Órgão Especial comporão também outras Seções do Tribunal.

PARÁGRAFO ÚNICO. O quórum para o funcionamento do Órgão Especial é de 8 (oito) Ministros, sendo necessária maioria absoluta quando a deliberação se der sobre disponibilidade ou aposentadoria de Magistrado.

Art. 2º Compete ao Órgão Especial:

I — em matéria judiciária:

a) processar e julgar as reclamações destinadas à preservação da competência dos órgãos do Tribunal, assim considerados aqueles mencionados no art. 61 do Regimento Interno do Tribunal Superior do Trabalho, ou a garantir a autoridade de suas decisões;

b) julgar mandado de segurança impetrado contra atos do Presidente ou de qualquer Ministro do Tribunal, ressalvada a competência das Seções Especializadas;

c) julgar os recursos interpostos de decisões dos Tribunais Regionais do Trabalho em mandado de segurança de interesse de Juízes e servidores da Justiça do Trabalho;

d) julgar os recursos interpostos de decisão em matéria de concurso para a Magistratura do Trabalho;

e) julgar os recursos ordinários interpostos a agravo regimental e a mandado de segurança que tenha apreciado despacho de Presidente de Tribunal Regional em sede de precatório; e

f) deliberar sobre as demais matérias jurisdicionais não incluídas na competência dos outros Órgãos do Tribunal.

II — em matéria administrativa:

a) proceder à abertura e ao encerramento do semestre judiciário, respectivamente no primeiro e no último dia útil de cada período;

b) eleger os Membros do Conselho da Ordem do Mérito Judiciário do Trabalho e os das Comissões previstas no Regimento Interno do Tribunal Superior do Trabalho;

c) aprovar e emendar o Regulamento Geral da Secretaria do Tribunal Superior do Trabalho, o Regimento da Corregedoria-Geral da Justiça do Trabalho, o Regulamento da Ordem do Mérito Judiciário do Trabalho, os Estatutos da Escola Nacional de Formação e Aperfeiçoamento de Magistrados do Trabalho — ENAMAT e o Regimento Interno do Conselho Superior da Justiça do Trabalho — CSJT;

d) opinar sobre propostas de alterações da legislação trabalhista, inclusive processual, quando entender que deve manifestar-se oficialmente;

e) propor ao Legislativo, após a deliberação do Conselho Superior da Justiça do Trabalho, a criação, extinção ou modificação da composição de Tribunais Regionais do Trabalho e Varas do Trabalho, assim como a alteração de jurisdição e de sede destes;

f) propor ao Legislativo a criação, extinção e transformação de cargos e funções públicas e a fixação dos respectivos vencimentos ou gratificações;

g) escolher, mediante escrutínio secreto e pelo voto da maioria absoluta dos seus Membros, Juízes de Tribunal Regional para substituir temporariamente Ministro do Tribunal;

h) aprovar a lista dos admitidos na Ordem do Mérito Judiciário do Trabalho;

i) aprovar as instruções dos concursos para provimento dos cargos do Quadro de Pessoal do Tribunal e homologar seu resultado final;

j) aprovar a lotação das funções comissionadas do Quadro de Pessoal do Tribunal;

l) conceder licença, férias e outros afastamentos aos Membros do Tribunal;

m) fixar e rever as diárias e as ajudas de custo do Presidente, dos Ministros e servidores do Tribunal;

n) designar as comissões temporárias para exame e elaboração de estudo sobre matéria relevante, respeitada a competência das comissões permanentes;

o) baixar instruções de concurso para provimento dos cargos de Juiz do Trabalho Substituto;

p) examinar as matérias encaminhadas pelo Conselho Superior da Justiça do Trabalho;

q) julgar os recursos de decisões ou atos do Presidente do Tribunal em matéria administrativa;

r) julgar os recursos interpostos das decisões dos Tribunais Regionais do Trabalho em processo administrativo disciplinar envolvendo magistrado, estritamente para controle da legalidade;

s) julgar agravos regimentais interpostos contra decisões proferidas pelo Corregedor-Geral da Justiça do Trabalho; e

t) julgar os recursos ordinários em agravos regimentais interpostos contra decisões proferidas em reclamações correicionais ou em pedidos de providências, que envolvam impugnações de cálculos de precatórios.

Art. 3º Compete ao Tribunal Pleno:

I — eleger, por escrutínio secreto, o Presidente e o Vice-Presidente do Tribunal Superior do Trabalho, o Corregedor-Geral da Justiça do Trabalho, 7 (sete) Ministros para integrar o Órgão Especial, o Diretor, o Vice-Diretor e os Membros do Conselho Consultivo da Escola Nacional de Formação e Aperfeiçoamento de Magistrados do Trabalho — ENAMAT, os Ministros Membros do Conselho Superior da Justiça do Trabalho — CSJT e respectivos suplentes e os Membros do Conselho Nacional de Justiça — CNJ;

II — dar posse aos Membros eleitos para os cargos de Direção do Tribunal Superior do Trabalho, aos Ministros nomeados para o Tribunal, aos Membros da Direção e do Conselho Consultivo da Escola Nacional de Formação e Aperfeiçoamento de Magistrados do Trabalho — ENAMAT;

III — escolher os integrantes das listas para preenchimento das vagas de Ministro do Tribunal;

IV — deliberar sobre prorrogação do prazo para a posse no cargo de Ministro do Tribunal Superior do Trabalho e o início do exercício;

V — decidir sobre declaração de inconstitucionalidade de lei ou ato normativo do Poder Público, quando aprovada a arguição pelas Seções Especializadas ou Turmas;

VI — aprovar, modificar ou revogar, em caráter de urgência e com preferência na pauta, Súmula da Jurisprudência predominante em dissídios individuais e os Precedentes Normativos da Seção Especializada em Dissídios Coletivos; e

VII — aprovar e emendar o Regimento Interno do Tribunal Superior do Trabalho.

Art. 4º Para o funcionamento do Tribunal Pleno é exigida a presença de, no mínimo, 14 (quatorze) Ministros, sendo necessária maioria absoluta quando a deliberação se der sobre:

I — escolha dos nomes que integrarão a lista destinada ao preenchimento de vaga de Ministro do Tribunal, observado o disposto no art. 4º, § 2º, inc. II, do Regimento Interno do Tribunal Superior do Trabalho;

II — aprovação de Emenda Regimental;

III — eleição dos Ministros para os cargos de Direção do Tribunal;

IV — aprovação, revisão ou cancelamento de Súmula ou de Precedente Normativo; e

V — declaração de inconstitucionalidade de lei ou de ato normativo do poder público.

PARÁGRAFO ÚNICO. Será tomada por dois terços dos votos dos Ministros do Tribunal Pleno a deliberação preliminar referente à existência de relevante interesse público que fundamenta a proposta de edição de Súmula, dispensadas as exigências regimentais, nos termos previstos no Regimento Interno do Tribunal Superior do Trabalho.

Art. 5º As atividades de apoio ao Órgão Especial serão realizadas pela Secretaria do Tribunal Pleno e da Seção Especializada em Dissídios Coletivos, que passa a se denominar Secretaria do Tribunal Pleno, do Órgão Especial e da Seção Especializada em Dissídios Coletivos.

Art. 6º Esta Resolução Administrativa entra em vigor na data de sua publicação.

Brasília, 22 de novembro de 2007.

RIDER DE BRITO
Ministro Presidente do Tribunal Superior do Trabalho

ATO CONJUNTO — TST. CSJT.GP.SG N. 21, DE 7 DE DEZEMBRO DE 2010

(DJe 9.12.2010)

Dispõe sobre o recolhimento de custas e emolumentos na Justiça do Trabalho

O PRESIDENTE DO TRIBUNAL SUPERIOR DO TRABALHO E DO CONSELHO SUPERIOR DA JUSTIÇA DO TRABALHO, no uso de suas atribuições legais e regimentais,

Considerando o contido no Processo Administrativo n. 503.019/2010-1,

RESOLVE:

Art. 1º A partir de 1º de janeiro de 2011, o pagamento das custas e dos emolumentos no âmbito da Justiça do Trabalho deverá ser realizado, exclusivamente, mediante Guia de Recolhimento da União — GRU Judicial, sendo ônus da parte interessada efetuar seu correto preenchimento.

Art. 2º A emissão da GRU Judicial deverá ser realizada por meio do sítio da Secretaria do Tesouro Nacional na internet (<www.stn.fazenda.gov.br>), ou em Aplicativo Local instalado no Tribunal, devendo o recolhimento ser efetuado exclusivamente no Banco do Brasil ou na Caixa Econômica Federal.

§ 1º O preenchimento da GRU Judicial deverá obedecer às orientações contidas no Anexo I.

§ 2º O pagamento poderá ser feito em dinheiro em ambas as instituições financeiras ou em cheque somente no Banco do Brasil.

Art. 3º Na emissão da GRU Judicial serão utilizados os seguintes códigos de recolhimento:

18740-2 — STN-CUSTAS JUDICIAIS (CAIXA/BB)

18770-4 — STN-EMOLUMENTOS (CAIXA/BB)

Art. 4º Até 31 de dezembro de 2010, serão válidos tanto os recolhimentos efetuados por meio de Documento de Arrecadação de Receitas Federais — DARF, em conformidade com as regras previstas na Instrução Normativa n. 20 do Tribunal Superior do Trabalho, de 24 de setembro de 2002, quanto os realizados de acordo com as diretrizes estabelecidas por este Ato.

Art. 5º Este Ato entra em vigor na data de sua publicação.

Brasília, 7 de dezembro de 2010.

Ministro MILTON DE MOURA FRANÇA
Presidente do Tribunal Superior do Trabalho e do Conselho Superior da Justiça do Trabalho

ATO CONJUNTO N. 21/2010 — TST.CSJT.GP.SG

ANEXO I

— O campo "Unidade Gestora" deverá ser preenchido com o código do tribunal favorecido pelo recolhimento, conforme relação constante do Anexo II.

— No campo "Gestão" deverá constar o código 00001.

— O campo "Código de Recolhimento" deverá ser preenchido com um dos seguintes códigos, conforme o caso:

18740-2 — STN-CUSTAS JUDICIAIS (CAIXA/BB)

18770-4 — STN-EMOLUMENTOS (CAIXA/BB)

— O campo "número do processo/referência" deverá ser preenchido, sem pontos ou hífens, excluindo-se os quatro últimos dígitos, que deverão ser informados no campo "Vara".

Os demais campos deverão ser preenchidos conforme as regras estabelecidas pela Secretaria do Tesouro Nacional.

ATO CONJUNTO N. 21/2010 — TST.CSJT.GP.SG

ANEXO II

UNIDADE GESTORA	CÓDIGO
Tribunal Superior do Trabalho	080001
Tribunal Regional do Trabalho da 1ª Região	080009
Tribunal Regional do Trabalho da 2ª Região	080010
Tribunal Regional do Trabalho da 3ª Região	080008
Tribunal Regional do Trabalho da 4ª Região	080014
Tribunal Regional do Trabalho da 5ª Região	080007
Tribunal Regional do Trabalho da 6ª Região	080006
Tribunal Regional do Trabalho da 7ª Região	080004
Tribunal Regional do Trabalho da 8ª Região	080003
Tribunal Regional do Trabalho da 9ª Região	080012
Tribunal Regional do Trabalho da 10ª Região	080016
Tribunal Regional do Trabalho da 11ª Região	080002
Tribunal Regional do Trabalho da 12ª Região	080013
Tribunal Regional do Trabalho da 13ª Região	080005
Tribunal Regional do Trabalho da 14ª Região	080015
Tribunal Regional do Trabalho da 15ª Região	080011
Tribunal Regional do Trabalho da 16ª Região	080018
Tribunal Regional do Trabalho da 17ª Região	080019
Tribunal Regional do Trabalho da 18ª Região	080020
Tribunal Regional do Trabalho da 19ª Região	080022
Tribunal Regional do Trabalho da 20ª Região	080023
Tribunal Regional do Trabalho da 21ª Região	080021
Tribunal Regional do Trabalho da 22ª Região	080024
Tribunal Regional do Trabalho da 23ª Região	080025
Tribunal Regional do Trabalho da 24ª Região	080026

RESOLUÇÃO ADMINISTRATIVA TST N. 1.340, DE 1º DE JUNHO DE 2009

(DJe/TST 8.6.2009)

Referenda ato da Presidência que autoriza o Presidente do Tribunal a decidir, monocraticamente, os Agravos de Instrumento em Recurso de Revista e os Recursos de Revista pendentes de distribuição, nas hipóteses que especifica

O Egrégio Órgão Especial do Tribunal Superior do Trabalho, em sessão ordinária hoje realizada, sob a Presidência do Exmo. Sr. Ministro Milton de Moura França, Presidente do Tribunal, presentes os Exmos. Ministros João Oreste Dalazen, Vice-Presidente, Antônio José Barros Levenhagen, Ives Gandra da Silva Martins Filho, João Batista Brito Pereira, Maria Cristina Irigoyen Peduzzi, José Simpliciano Fontes de Faria Fernandes, Renato de Lacerda Paiva, Emmanoel Pereira, Lelio Bentes Corrêa, Aloysio Corrêa da Veiga e Horácio Raymundo de Senna Pires e a Exma. Subprocuradora-Geral do Trabalho, Dra. Maria Guiomar Sanches de Mendonça,

RESOLVEU

Referendar o ATO.SETPOEDC.GP. n. 310/2009, praticado pela Presidência *ad referendum* do Órgão Especial, nos termos a seguir transcritos: "ATO.SETPOEDC.GP n. 310/2009 — Autoriza o Presidente do Tribunal a decidir, monocraticamente, os agravos de instrumento em recurso de revista e os recursos de revista pendentes de distribuição, nas hipóteses que especifica.

O PRESIDENTE DO TRIBUNAL SUPERIOR DO TRABALHO, no uso de suas atribuições legais e regimentais, *ad referendum* do Órgão Especial, Considerando o disposto no art. 5º, inciso LXXVIII, da Constituição da República, que assegura às partes o direito a razoável duração do processo e os meios que garantam a celeridade de sua tramitação,

RESOLVEU

Art. 1º Fica o Presidente do Tribunal autorizado a decidir, monocraticamente, os agravos de instrumento em recurso de revista e os recursos de revista pendentes de distribuição que não preencham os pressupostos extrínsecos de admissibilidade.

Art. 2º Compete, ainda, ao Presidente, antes da distribuição:

I — negar provimento a agravo de instrumento manifestamente incabível;

II — negar provimento ao agravo de instrumento na hipótese de o recurso de revista não atender os pressupostos extrínsecos de admissibilidade;

III — negar provimento ao agravo de instrumento para manter o despacho que denegou seguimento ao recurso de revista, por estar a decisão do Tribunal Regional em conformidade com súmula ou orientação jurisprudencial de direito material, da Corte.

Art. 3º Os embargos de declaração serão julgados pelo Presidente.

PARÁGRAFO ÚNICO. Postulando o embargante efeito modificativo, os embargos de declaração serão convertidos em agravo, em face dos princípios da fungibilidade e celeridade processual, e distribuídos no âmbito das Turmas do Tribunal.

Art. 4º Havendo interposição de agravo contra a decisão da Presidência, o processo será distribuído no âmbito das Turmas do Tribunal.

Art. 5º Este Ato entra em vigor na data de sua publicação, ficando revogadas as Resoluções Administrativas ns. 1.171/2006, 1.185/2006 e 1.242/2007."

Brasília, 1º de junho de 2009.

MILTON DE MOURA FRANÇA
Ministro Presidente do Tribunal Superior do Trabalho

RESOLUÇÃO ADMINISTRATIVA TST N. 1.418, DE 30 DE AGOSTO DE 2010

(DJe/TST 31.8.2010)

Regulamenta o processamento do Agravo de Instrumento interposto de despacho que negar seguimento a Recurso de Competência do Tribunal Superior do Trabalho

O Egrégio Órgão Especial do Tribunal Superior do Trabalho, em sessão extraordinária hoje realizada, sob a Presidência do Exmo. Sr. Ministro Milton de Moura França, Presidente do Tribunal, presentes os Exmos. Srs. Ministros João Oreste Dalazen, Vice-Presidente, Antônio José de Barros Levenhagen, Ives Gandra Martins Filho, Brito Pereira, Maria Cristina Irigoyen Peduzzi, Renato de Lacerda Paiva, Emmanoel Pereira, Lelio Bentes Corrêa, Aloysio Corrêa da Veiga, Horácio de Senna Pires, Rosa Maria Weber Candiota da Rosa e Luiz Philippe Vieira de Mello Filho e o Exmo. Sr. Vice-Procurador-Geral do Trabalho, Dr. Jeferson Luiz Pereira Coelho,

Considerando o Ato.SEJUD.GP n. 342/2010, que implantou e regulamentou o processo eletrônico no âmbito do Tribunal Superior do Trabalho, por força da Lei n. 11.419, de 19 de dezembro de 2006;

Considerando que, em razão dessa nova realidade normativa, já não há mais razão para o trâmite de processos físicos nesta Corte;

Considerando que a existência do processo judicial eletrônico deve substituir o processo físico e que a coexistência de ambos resulta em duplicidade antieconômica;

Considerando a digitalização de processos, pelos Tribunais Regionais, para a remessa ao Tribunal Superior do Trabalho, conforme previsto no Ato Conjunto TST.CSJT n. 10/2010;

Considerando que a remessa eletrônica de processos dos Tribunais Regionais para o Tribunal Superior do Trabalho não impede o prosseguimento dos procedimentos concernentes à execução na origem,

RESOLVEU

Art. 1º O agravo de instrumento interposto de despacho que negar seguimento a recurso para o Tribunal Superior do Trabalho deve ser processado nos autos do recurso denegado.

Art. 2º Após a juntada da petição de agravo de instrumento, o processo será concluso ao juiz prolator do despacho agravado, para sua reforma ou confirmação.

§ 1º Mantido o despacho e não havendo outro recurso admitido, o agravo de instrumento será autuado no TRT.

§ 2º Havendo agravo de instrumento e também recurso admitido, o processo será remetido ao TST com a classe processual anterior à interposição dos recursos, cabendo ao TST proceder à devida autuação do processo.

Art. 3º Nos processos em que haja agravo de instrumento e também recurso admitido, se provido o agravo, publicar-se-á certidão para efeito de intimação das partes, dela constando que o julgamento de ambos os recursos dar-se-á na primeira sessão ordinária subsequente à data da publicação, determinando-se ainda a reautuação do processo e a alteração dos registros.

§ 1º Julgados os recursos, será lavrado um único acórdão, que consignará também os fundamentos do provimento do agravo de instrumento, fluindo a partir da data da publicação do acórdão o prazo para interposição de recursos.

§ 2º Se não for conhecido ou provido o agravo de instrumento, será de imediato julgado o recurso, com lavratura de um único acórdão, que consignará os fundamentos de ambas as decisões.

Art. 4º Interposto apenas agravo de instrumento, se lhe for dado provimento, observar-se-á o procedimento descrito no art. 3º, § 1º.

Art. 5º Esta Resolução Administrativa entra em vigor na data da sua publicação.

Ministro MILTON DE MOURA FRANÇA
Presidente do Tribunal Superior do Trabalho

RESOLUÇÃO N. 66 DO CONSELHO SUPERIOR DA JUSTIÇA DO TRABALHO DE 10 DE JUNHO DE 2010

(DJe 15.6.2010)

Regulamenta, no âmbito da Justiça do Trabalho de primeiro e segundo graus, a responsabilidade pelo pagamento e antecipação de honorários do perito, do tradutor e do intérprete, no caso de concessão à parte do benefício de Justiça Gratuita

O PRESIDENTE DO CONSELHO SUPERIOR DA JUSTIÇA DO TRABALHO, no uso de suas atribuições regimentais,

Considerando o princípio constitucional de acesso dos cidadãos ao Poder Judiciário e o dever do Estado de prestar assistência judiciária integral e gratuita às pessoas carentes, conforme disposto nos incisos XXXV, LV e LXXIV do art. 5º da Constituição Federal;

Considerando o direito social do trabalhador à redução dos riscos inerentes ao trabalho, por meio de normas de saúde, higiene e segurança (inciso XXII, art. 7º, da Constituição Federal);

Considerando a ampliação da competência material da Justiça do Trabalho, determinada pela Emenda Constitucional n. 45/2004, bem como a necessidade de prova pericial, principalmente nos casos em que se discute indenização por dano moral, dano material, doença profissional, acidente de trabalho, insalubridade ou periculosidade;

Considerando o art. 790-B da Consolidação das Leis do Trabalho que dispõe que "a responsabilidade pelo pagamento dos honorários periciais é da parte sucumbente na pretensão objeto da perícia, salvo se beneficiária de justiça gratuita";

Considerando a existência de rubrica orçamentária específica destinada a despesas resultantes da elaboração de laudos periciais, em processos que envolvam pessoas carentes;

Considerando a necessidade de regulamentar o pagamento de honorários periciais no âmbito da Justiça do Trabalho de 1ª e 2ª Instâncias, de modo a serem uniformizados os procedimentos atinentes à matéria;

Considerando as decisões proferidas nos autos dos processos nos CSJT-268/2006-000-90-00.4 e CSJT-2012616-70.2008.5.2000.0000,

RESOLVE:

Regulamentar, no âmbito da Justiça do Trabalho de primeiro e segundo graus, a responsabilidade pelo pagamento e antecipação de honorários do perito, do tradutor e do intérprete, no caso de concessão à parte do benefício de justiça gratuita, nos termos da presente Resolução.

Art. 1º Os Tribunais Regionais do Trabalho deverão destinar recursos orçamentários para:

I — o pagamento de honorários periciais, sempre que à parte sucumbente na pretensão for concedido o benefício da justiça gratuita;

II — o pagamento de honorários a tradutores e intérpretes, que será realizado após atestada a prestação dos serviços pelo juízo processante, de acordo com a tabela constante do Anexo.

§ 1º Os valores serão consignados sob a rubrica "Assistência Judiciária a Pessoas Carentes", em montante estimado que atenda à demanda da Região, segundo parâmetros que levem em conta o movimento processual.

§ 2º O juiz poderá ultrapassar em até 3 (três) vezes os valores fixados na tabela constante do Anexo, observados o grau de especialização do tradutor ou intérprete e a

Legislação Complementar

complexidade do trabalho, comunicando-se ao Corregedor do Tribunal.

Art. 2º A responsabilidade da União pelo pagamento de honorários periciais, em caso de concessão do benefício da justiça gratuita, está condicionada ao atendimento simultâneo dos seguintes requisitos:

I — fixação judicial de honorários periciais;

II — sucumbência da parte na pretensão objeto da perícia;

III — trânsito em julgado da decisão.

§ 1º A concessão da justiça gratuita a empregador, pessoa física, dependerá da comprovação de situação de carência que inviabilize a assunção dos ônus decorrentes da demanda judicial.

§ 2º O pagamento dos honorários poderá ser antecipado, para despesas iniciais, em valor máximo equivalente a R$ 350,00 (trezentos e cinquenta reais), efetuando-se o pagamento do saldo remanescente após o trânsito em julgado da decisão, se a parte for beneficiária de justiça gratuita.

§ 3º No caso de reversão da sucumbência, quanto ao objeto da perícia, caberá ao reclamado-executado ressarcir o erário dos honorários periciais adiantados, mediante o recolhimento da importância adiantada em GRU — Guia de Recolhimento da União, em código destinado ao Fundo de "assistência judiciária a pessoas carentes", sob pena de execução específica da verba. (NR)

Art. 3º Em caso de concessão do benefício da justiça gratuita, o valor dos honorários periciais, observado o limite de R$ 1.000,00 (um mil reais), será fixado pelo juiz, atendidos:

I — a complexidade da matéria;

II — o grau de zelo profissional;

III — o lugar e o tempo exigidos para a prestação do serviço;

IV — as peculiaridades regionais.

PARÁGRAFO ÚNICO. A fixação dos honorários periciais, em valor maior do que o limite estabelecido neste artigo, deverá ser devidamente fundamentada.

Art. 4º Havendo disponibilidade orçamentária, os valores fixados nesta Resolução serão reajustados anualmente no mês de janeiro, com base na variação do IPCA-E do ano anterior ou outro índice que o substitua, por ato normativo do Presidente do Tribunal.

Art. 5º O pagamento dos honorários efetuar-se-á mediante determinação do presidente do Tribunal, após requisição expedida pelo Juiz do feito, observando-se, rigorosamente, a ordem cronológica de apresentação das requisições e as deduções das cotas previdenciárias e fiscais, sendo o valor líquido depositado em conta bancária indicada pelo perito, tradutor ou intérprete.

PARÁGRAFO ÚNICO. O valor dos honorários será atualizado pelo IPCAE ou outro índice que o substitua, a partir da data do arbitramento até o seu efetivo pagamento.

Art. 6º As requisições deverão indicar, obrigatoriamente: o número do processo, o nome das partes e respectivos CPF ou CNPJ; o valor dos honorários, especificando se de adiantamento ou se finais; o número da conta bancária para crédito; natureza e característica da atividade desempenhada pelo auxiliar do Juízo; declaração expressa de reconhecimento, pelo Juiz, do direito à justiça gratuita; certidão do trânsito em julgado e da sucumbência na perícia, se for o caso; e o endereço, telefone e inscrição no INSS do perito, tradutor ou intérprete.

Art. 7º Os Tribunais Regionais do Trabalho poderão manter sistema de credenciamento de peritos, tradutores e intérpretes para fins de designação, preferencialmente, de profissionais inscritos nos órgãos de classe competentes e que comprovem sua especialidade na matéria sobre a qual deverão opinar, a ser atestada por meio de certidão do órgão profissional a que estiverem vinculados.

Art. 8º As Presidências de Tribunais Regionais do Trabalho ficam autorizadas a celebrar convênios com instituições com notória experiência em avaliação e consultoria nas áreas de Meio Ambiente, Promoção da Saúde, Segurança e Higiene do Trabalho, e outras, capazes de realizar as perícias requeridas pelos Juízes.

Art. 9º O pagamento dos honorários está condicionado à disponibilidade orçamentária, transferindo-se para o exercício financeiro subsequente as requisições não atendidas.

Art. 10. Nas ações contendo pedido de adicional de insalubridade, de periculosidade, de indenização por acidente do trabalho ou qualquer outro atinente à segurança e saúde do trabalhador, o Juiz poderá determinar a notificação da empresa reclamada para trazer aos autos cópias dos LTCAT (Laudo Técnico de Condições Ambientais de Trabalho), PCMSO (Programa de Controle Médico de Saúde Ocupacional) e PPRA (Programa de Prevenção de Riscos Ambientais), e de laudo pericial da atividade ou local de trabalho, passível de utilização como prova emprestada, referentes ao período em que o reclamante prestou serviços na empresa.

Art. 11. Fica revogada a Resolução n. 35/2007.

Art. 12. Esta Resolução entra em vigor na data de sua publicação.

Brasília, 10 de junho de 2010.

MINISTRO MILTON DE MOURA FRANÇA
Presidente do Conselho Superior da Justiça do Trabalho

Anexo da Resolução n. 66/2010

TABELA
Honorários dos Tradutores e dos Intérpretes

ATIVIDADES	VALOR (R$)
Tradução/versão de textos: valor até as três primeiras laudas*	— 35,22
Tradução/versão, por lauda excedente às três primeiras	— 9,39
Interpretação em audiências/sessões com até três horas de duração	— 58,70
Interpretação em audiências/sessões, por hora excedente às três primeiras	— 23,48

*Nota: na tradução/versão, cada lauda terá a configuração mínima de trinta e cinco linhas e cada linha terá, pelo menos, setenta toques."

RESOLUÇÃO N. 78, DE 2 DE JUNHO DE 2011, DO CONSELHO SUPERIOR DA JUSTIÇA DO TRABALHO

(DEJT 6.6.2011)

O CONSELHO SUPERIOR DA JUSTIÇA DO TRABALHO, em sessão ordinária hoje realizada, sob a presidência do Exmo. Ministro Conselheiro João Oreste Dalazen (Presidente), presentes os Exmos. Ministros Conselheiros Maria Cristina Irigoyen Peduzzi, Antônio José de Barros Levenhagen, Renato de Lacerda Paiva, Emmanoel Pereira e Lelio Bentes Corrêa e os Exmos. Desembargadores Conselheiros Gilmar Cavalieri, Márcia Andrea Farias da Silva, Eduardo Augusto Lobato, Marcio Vasques Thibau de Almeida e José Maria Quadros de Alencar, presentes o Exmo. Subprocurador-Geral do Trabalho Dr. Luís Antônio Camargo de Melo e o Exmo. Juiz Presidente da ANAMATRA, Luciano Athayde Chaves,

Considerando a decisão proferida pelo Plenário no julgamento do Processo n. CSJT-24342-07.2010.5.2000.0000,

RESOLVE:

Art. 1º Os §§ 1º e 2º do art. 3º da Resolução n. 66, de 10 de junho de 2010, que regulamenta, no âmbito da Justiça do Trabalho de primeiro e segundo graus, a responsabilidade pelo pagamento e antecipação de honorários do perito, do tradutor e do intérprete, no caso de concessão à parte do benefício de justiça gratuita, passam a vigorar com a seguinte redação:

"§ 1º Os Tribunais Regionais do Trabalho poderão fixar, por meio de atos regulamentares, os valores passíveis de reembolso pela União, a título de honorários periciais, até o montante máximo previsto no *caput* do art. 3º desta Resolução, ou seja, até R$1.000,00 (mil reais);

§ 2º A fixação dos honorários periciais, em valor maior do que o limite estabelecido neste artigo e observada a ressalva que consta do *caput*, deverá ser devidamente fundamentada."

Art. 2º Esta Resolução entra em vigor na data de sua publicação.

Brasília, 2 de junho de 2011.

MINISTRA MARIA CRISTINA IRIGOYEN PEDUZZI
Vice-Presidente, no exercício da Presidência do Conselho Superior da Justiça do Trabalho

RESOLUÇÃO ADMINISTRATIVA N. 874, DE 1º DE JULHO DE 2002

(DJ 4.7.2002)

Teses jurídicas não apreciadas pelo TST — Tratamento diferenciado para apreciação de imediato — Inovação jurisprudencial

Certifico e dou fé que o Egrégio Pleno do Tribunal Superior do Trabalho, em sessão ordinária hoje realizada, sob a Presidência do Exmo. Ministro Presidente Francisco Fausto, presentes os Exmos. Ministros Vantuil Abdala, Vice-Presidente, Ronaldo Lopes Leal, Corregedor-Geral da Justiça do Trabalho, Wagner Pimenta, Rider Nogueira de Brito, José Luciano de Castilho Pereira, Milton de Moura França, Gelson de Azevedo, Carlos Alberto Reis de Paula, Antônio José de Barros Levenhagen, João Batista Brito Pereira, Maria Cristina Irigoyen Peduzzi, José Simpliciano Fontes de Faria Fernandes e Renato de Lacerda Paiva e a Exma. Vice-Procuradora-Geral do Trabalho, Dra. Guiomar Rechia Gomes, considerando que a Corregedoria-Geral da Justiça do Trabalho constatou que a longa defasagem temporal entre os julgamentos dos TRTs e os do TST vem acarretando a tardia uniformização dos julgados à medida em que, no momento do exame da matéria controvertida no Tribunal Superior do Trabalho, os Tribunais Regionais já assentaram tese sobre ela, e, ausente a uniformização, já mandaram subir centenas de Recursos de Revista ao Tribunal Superior do Trabalho; considerando que a intercorrência de novas normas positivas pode afetar o conteúdo dos verbetes uniformizadores do Tribunal Superior do Trabalho, dando ensejo à indiscriminada subida de Recursos de Revista ao TST por aparente desrespeito a tais verbetes; considerando que o Tribunal Pleno aprovou que se tomassem dois tipos de providências, conforme a natureza dos fenômenos acima descritos, Resolveu, por unanimidade: I — a Corregedoria-Geral da Justiça do Trabalho tomará providências junto aos Presidentes dos Tribunais Regionais do Trabalho e/ou Corregedores Regionais do Trabalho para que, ao admitirem Recursos de Revista ou processarem Agravos de Instrumento abrangendo teses jurídicas que se reiteram no âmbito do Tribunal Regional e ainda não apreciadas pelo TST, identifique os processos respectivos registrando em suas capas a expressão "RA n. 874/2002-TST" em letras destacadas; II — os processos referidos no item I, ao ingressarem no TST, terão autuação, distribuição e julgamento destacados, devendo o setor competente identificá-los na respectiva capa com a expressão "RA n. 874/2002-TST", em todas as fases processuais no âmbito do TST; III — quando do julgamento desses processos, o Relator deverá esclarecer que se trata de hipótese prevista na Resolução Administrativa n. 874/2002 do TST; IV — a Comissão de Jurisprudência e de Precedentes Normativos examinará as eventuais repercussões de novas normas positivas nos verbetes sumulados e de jurisprudência dominante, cabendo-lhe tomar as providências no sentido de, alternativamente, adaptar tais verbetes à nova ordem positiva ou submeter proposta de alteração deles ao Tribunal Pleno.

Sala de Sessões, 1 de julho de 2002.

VALÉRIO AUGUSTO FREITAS DO CARMO,
Diretor-Geral de Coordenação Judiciária

RESOLUÇÃO N. 8, DO CONSELHO SUPERIOR DA JUSTIÇA DO TRABALHO, DE 27 DE OUTUBRO DE 2005

(DJU 3.11.2005)

Estabelece a tabela única para atualização e conversão de débitos trabalhistas — Sistema Único de Cálculo (SUCJT)

O PRESIDENTE DO CONSELHO SUPERIOR DA JUSTIÇA DO TRABALHO no uso de suas atribuições legais e tendo em conta o decidido no Processo CSJT — 99/2005-000-90-00.1 na Sessão do dia 27 de outubro de 2005;

Considerando que compete ao Conselho Superior da Justiça do Trabalho expedir normas gerais que se refiram a sistemas relativos a atividades auxiliares comuns que necessitem de coordenação central conforme o disposto no art. 5º, inciso II, do Regimento Interno do Conselho Superior da Justiça do Trabalho;

Considerando a ausência de uniformização no sistema de cálculos trabalhistas, atualmente sujeito a critérios díspares no âmbito dos Tribunais Regionais do Trabalho e das Varas do Trabalho;

Considerando a imperiosa necessidade de padronização de critérios para se afastar o tratamento desigual emprestado às partes conforme a Região de que emane o cálculo do débito trabalhista;

Considerando a conveniência de adoção de um sistema unificado de cálculos na Justiça do Trabalho que viabilize o compartilhamento de dados entre usuários internos e externos, visando ao melhor atendimento dos princípios constitucionais da eficiência, da publicidade e da presteza na outorga da prestação jurisdicional;

Considerando o aprimoramento (nova versão) encetado no Sistema Único de Cálculos da Justiça do Trabalho (SUCJT), atualmente franqueado aos interessados no sítio do Tribunal Superior do Trabalho, ao implementar novas funcionalidades visando a atender às necessidades dos usuários;

Resolve

Art. 1º É aprovada a Tabela Única para Atualização e Conversão de Débitos Trabalhistas, constante do Anexo I, que será aplicada na elaboração de todos os cálculos de débitos trabalhistas no âmbito da Justiça do Trabalho.

§ 1º A Tabela Única será disponibilizada a todos os interessados através dos sítios da internet do Conselho Superior da Justiça do Trabalho, do Tribunal Superior do Trabalho e dos Tribunais Regionais do Trabalho. *(Redação dada pela Resol. CSJT n. 181, de 24.2.17, DEJT 6.3.17)*

§ 2º Caberá à Coordenadoria de Cálculos em Precatórios e Requisições de Pequeno Valor do Tribunal Regional do Trabalho da 2ª Região: *(Redação dada pela Resol. CSJT n. 181, de 24.2.17, DEJT 6.3.17)*

I — promover a atualização da Tabela Única, até o terceiro dia útil de cada mês, de acordo com a variação da TR do dia 1º ao último dia de cada mês, ou mediante outro índice por que venha a ser substituída;

II — incorporar os novos coeficientes de atualização monetária à Tabela Única disponibilizada na forma do § 1º;

III — apurar os novos coeficientes de atualização monetária mediante arredondamento até a nona casa decimal.

IV — orientar os usuários quanto à correta utilização da tabela e aplicação dos índices. *(Redação dada pela Resol. CSJT n. 181, de 24.2.17, DEJT 6.3.17)*

§ 3º Caberá à Seção de Serviços e Sistemas Nacionais, unidade vinculada à SETIC/CSJT, o acompanhamento da atualização da tabela e o contato com a Assessoria Econômica do Tribunal Regional do Trabalho da 2ª Região, visando a sua manutenção e disponibilidade. (NR) *(Incluído pela Resol. CSJT n. 181, de 24.2.17, DEJT 6.3.17)*

Art. 2º É aprovado, integrado pela Tabela Única a que se refere o art. 1º, o Sistema Único de Cálculos da Justiça do Trabalho — SUCJT (versão 2.4), que será disponibilizado a todos os interessados nos sítios da internet do Conselho Superior da Justiça do Trabalho e do Tribunal Superior do Trabalho.

Art. 3º A Tabela Única para Atualização e Conversão de Débitos Trabalhistas vigerá a partir de 1º de novembro de 2005 e sucederá a todas às demais tabelas afins editadas pelos Tribunais Regionais do Trabalho.

Registre-se. Publique-se. Cumpra-se.

Brasília, 27 de outubro de 2005.

VANTUIL ABDALA
Presidente do Conselho Superior da Justiça do Trabalho

RESOLUÇÃO ADMINISTRATIVA DO TST/PLENO N. 940, DE 30 DE JUNHO DE 2003

Certifico e dou fé que o Egrégio Pleno do Tribunal Superior do Trabalho, em sessão extraordinária hoje realizada, sob a Presidência do Exmo. Sr. Ministro Francisco Fausto Paula de Medeiros, Presidente do Tribunal Superior do Trabalho, presentes os Exmos. Srs. Ministros Vantuil Abdala, Vice-Presidente, Ronaldo Lopes Leal, Corregedor-Geral da Justiça do Trabalho, Rider Nogueira de Brito, José Luciano de Castilho Pereira, Milton de Moura França, João Oreste Dalazen, Carlos Alberto Reis de Paula, Antônio José de Barros Levenhagen, João Batista Brito Pereira, José Simpliciano Fontes de Faria Fernandes, Renato de Lacerda Paiva e Emmanoel Pereira, e o Exmo. Procurador-Geral do Trabalho, Dr. Guilherme Mastrichi Basso, RESOLVEU, por unanimidade, estabelecer os seguintes procedimentos a serem observados pelas Secretarias e Subsecretarias do Tribunal Superior do Trabalho, em face do disposto na Lei n. 8.906, de 4 de julho de 1994, e no Regulamento-Geral do Estatuto da Advocacia e da Ordem dos Advogados do Brasil:

1. Os processos serão entregues, com carga, ao advogado com poderes de representação nos autos ou a estagiário inscrito na Ordem dos Advogados do Brasil, desde que credenciado, nos termos do art. 29, § 1º, inciso II, do Regulamento-Geral do Estatuto da Advocacia e da OAB.

2. O credenciamento do estagiário será feito observando-se os seguintes critérios:

2.1. deverá ser solicitado por advogado, mediante petição dirigida ao Presidente desta Corte, informando o nome e o número de inscrição do estagiário na OAB.

2.2. na petição de credenciamento, o advogado declarará ser o responsável pelos atos praticados pelo estagiário no processo, inclusive os relacionados à retirada e devolução de autos.

2.3. deferido o pedido de credenciamento, o gabinete da Diretoria-Geral de Coordenação Judiciária fará os registros correspondentes no Sistema de Informações Judiciárias do Tribunal, arquivando, em seguida, a petição.

2.4. o credenciamento do estagiário vigorará até o momento em que o advogado, mediante petição, requeira ao Presidente do Tribunal o seu cancelamento.

3. Deverá o servidor, no momento da retirada dos autos da Secretaria ou Subsecretaria, registrar no Sistema de Informações Judiciárias — SIJ os dados do processo, o nome do advogado e do estagiário, os respectivos números de inscrição na OAB, o endereço e telefone do escritório, bem assim a data da entrega dos autos e o dia em que deverão ser restituídos ao Tribunal.

3. A As Secretarias e Subsecretarias desta Corte, quando da entrega de autos em carga a estagiário devidamente credenciado, deverão observar se o advogado credenciante possui poderes de representação nos autos. *(Acrescido pela Resol. Admin. TST n. 1.178/06)*

3.1. na entrega e na devolução dos autos, a guia emitida deverá ser assinada pelo servidor e pelo advogado ou estagiário, a fim de se resguardarem responsabilidades.

4. Caso os autos sejam restituídos ao Tribunal em desconformidade com os parâmetros da lei (fora do prazo, faltando volumes, autos danificados etc.), a ocorrência deverá ser certificada, para a adoção das providências cabíveis e o imediato descredenciamento do estagiário perante esta Corte, por 60 (sessenta) dias. *(Redação dada pela Resol. Admin. TST n. 962/03)*

4.1. Transcorrido o prazo, o advogado responsável poderá solicitar o recadastramento do estagiário, vedando-se o recredenciamento por mais de uma vez. *(Redação dada pela Resol. Admin. TST n. 962/03)*

5. Havendo acórdão ou despacho pendente de publicação, o advogado constituído no processo poderá ter ciência do inteiro teor do decidido, desde que assine o respectivo Termo de Contrafé. *(Redação dada pela Resol. Admin. TST n. 1.178/06)*

5-A. Os autos não poderão ser retirados da Secretaria quando estiver correndo prazo comum às partes. *(Acrescido pela Resol. Admin. TST n. 1.178/06)*

Legislação Complementar

5.1. do termo lavrado constará advertência no sentido de que a contrafé possui eficácia de intimação.

6. Fica revogada a Resolução Administrativa n. 250/95.

Sala de Sessões, 30 de junho de 2003.

Valério Augusto Freitas do Carmo
Diretor-Geral de Coordenação Judiciária

RESOLUÇÃO ADMINISTRATIVA DO TST/PLENO N. 958, DE 2 DE OUTUBRO DE 2003

(DJ 9.10.2003)

Certifico e dou fé que o Egrégio Pleno do Tribunal Superior do Trabalho, em sessão ordinária hoje realizada, sob a Presidência do Exmo. Sr. Ministro Francisco Fausto, Presidente do Tribunal, presentes os Exmos. Srs. Ministros Vantuil Abdala, Vice-Presidente, Ronaldo Lopes Leal, Corregedor-Geral da Justiça do Trabalho, Rider Nogueira de Brito, José Luciano de Castilho Pereira, Milton de Moura França, João Oreste Dalazen, Gelson de Azevedo, Carlos Alberto Reis de Paula, Antônio José de Barros Levenhagen, João Batista Brito Pereira, Maria Cristina Irigoyen Peduzzi, Renato de Lacerda Paiva, Emmanoel Pereira e Lelio Bentes Corrêa, e a Exma. Subprocuradora-Geral do Trabalho, Dra. Ivana Auxiliadora Mendonça Santos, RESOLVEU, por unanimidade: 1) autorizar advogados, estagiários e credenciados a restituírem os autos às secretarias dos Órgãos Judicantes até 2 (dois) dias úteis após o término do prazo legal de devolução; 2) decorrido o prazo de prorrogação, e não restituídos os autos, as secretarias dos Órgãos Judicantes tomarão medidas no intuito de recuperá-los, comunicando o fato ao Presidente do Órgão Judicante, para adoção das providências cabíveis, e 3) havendo necessidade, o Presidente do Órgão Judicante requisitará os autos ao final do prazo legal de restituição.

Sala de Sessões, 2 de outubro de 2003.

Valério Augusto Freitas do Carmo,
Diretor-Geral de Coordenação Judiciária

LEI N. 9.254, DE 3 DE JANEIRO DE 1996

(DOU 4.1.1996)

Altera a redação do art. 12 da Lei n. 7.520, de 15 de julho de 1986

— V. Art. 114, da CF

O PRESIDENTE DA REPÚBLICA,

Faço saber que o Congresso Nacional decreta e eu sanciono a seguinte Lei:

Art. 1º O art. 12 da Lei n. 7.520, de 15 de julho de 1986, passa a vigorar com a seguinte redação:

"Art. 12. Compete exclusivamente ao Tribunal Regional do Trabalho da 2ª Região processar, conciliar e julgar os dissídios coletivos nos quais a decisão a ser proferida deva produzir efeitos em área territorial alcançada, em parte, pela jurisdição desse mesmo Tribunal e, em outra parte, pela jurisdição do Tribunal Regional do Trabalho da 15ª Região."

Art. 2º Esta lei entra em vigor na data de sua publicação.

Art. 3º Revogam-se as disposições em contrário.

Brasília, 3 de janeiro de 1996; 175º da Independência e 108º da República.

Fernando Henrique Cardoso,
Nelson A. Jobim

CONSOLIDAÇÃO DOS PROVIMENTOS DA CORREGEDORIA-GERAL DA JUSTIÇA DO TRABALHO

(DJE 23.2.2016)

Os temas tratados na Consolidação dos Provimentos da CGJT constam do índice alfabético remissivo da seguinte forma:

FOLHAS DOS AUTOS

— folhas em branco: Provimentos — CPCGJT, art. 47

— numeração das folhas: Provimentos — CPCGJT, art. 46

O Ministro Corregedor-Geral da Justiça do Trabalho, no uso das atribuições que lhe confere o art. 6º, inciso V, do Regimento Interno da Corregedoria-Geral da Justiça do Trabalho, Considerando que a Consolidação dos Provimentos da Corregedoria-Geral da Justiça do Trabalho destina-se ao disciplinamento de normas procedimentais aplicáveis no âmbito das Varas do Trabalho e dos Tribunais Regionais do Trabalho; Considerando ser imperativa a compatibilização da atual Consolidação com a dinâmica legislativa e a própria mudança de práticas procedimentais; Considerando a necessidade de inserção e sistematização de atos esparsos editados, bem como a atualização da Consolidação dos Provimentos da Corregedoria-Geral da Justiça do Trabalho;

RESOLVE:

Atualizar e sistematizar a Consolidação dos Provimentos da Corregedoria-Geral da Justiça do Trabalho, que passará a vigorar com a seguinte redação:

CONSOLIDAÇÃO DOS PROVIMENTOS DA CORREGEDORIA-GERAL DA JUSTIÇA DO TRABALHO

TÍTULO I
Disposição Inicial

Art. 1º A Consolidação dos Provimentos da Corregedoria-Geral da Justiça do Trabalho tem por finalidade o disciplinamento sistematizado de regras procedimentais a serem observadas no âmbito da Justiça do Trabalho de 1º e 2º graus de jurisdição.

TÍTULO II
Disposições Gerais

CAPÍTULO I
Magistrado

SEÇÃO I
Vitaliciamento

Art. 2º Os Tribunais Regionais do Trabalho regulamentarão o procedimento de vitaliciamento dos juízes do trabalho substitutos, devendo, para tanto, constituir Comissão de Vitaliciamento para os juízes substitutos vitaliciandos.

§ 1º A Comissão de Vitaliciamento será composta por, no mínimo, três desembargadores do trabalho, eleitos pelo Pleno ou Órgão Especial do respectivo Tribunal, um dos quais integrante da direção ou do Conselho da Escola Judicial.

§ 2º O mandato dos membros da Comissão de Vitaliciamento coincidirá com o mandato dos desembargadores integrantes da administração do Tribunal Regional do Trabalho.

Art. 3º O procedimento de vitaliciamento, sob a condução e responsabilidade do desembargador corregedor regional, será iniciado a partir do exercício na magistratura.

PARÁGRAFO ÚNICO. A corregedoria regional, para esse fim, formará autos de procedimento administrativo individualizado referente a cada juiz.

Art. 4º Constituem requisitos para o vitaliciamento:

I — a frequência e o aproveitamento no Curso de Formação Inicial, Módulo Nacional, ministrado pela Escola Nacional de Formação e Aperfeiçoamento de Magistrados do Trabalho — ENAMAT;

II — a frequência e o aproveitamento no Curso de Formação Inicial, Módulo Regional, ministrado por Escola Judicial;

III — a permanência, no mínimo, de sessenta dias à disposição da Escola Judicial, com aulas teórico-práticas intercaladas e integradas com prática jurisdicional;

IV — a submissão à carga semestral e anual de horas-aula de atividades de formação inicial nacionalmente definida pela ENAMAT, conjugadas com aulas teóricas e práticas, sob a supervisão da Escola Judicial.

Art. 5º Compete ao desembargador corregedor regional avaliar permanentemente o juiz vitaliciando com relação ao desempenho, à idoneidade moral e à adaptação para o exercício do cargo.

PARÁGRAFO ÚNICO. A avaliação de desempenho será realizada mediante a análise dos dados colhidos pela secretaria da corregedoria regional, cabendo ao desembargador corregedor regional determinar as providências necessárias junto aos diversos setores do tribunal para instrução do expediente.

Art. 6º O desembargador do trabalho corregedor regional e o diretor da Escola Judicial avaliarão o desempenho do juiz vitaliciando, com fundamento em critérios objetivos de caráter qualitativo e quantitativo do trabalho desenvolvido.

§ 1º O diretor da Escola Judicial avaliará:

I — o cumprimento dos requisitos constantes do art. 4º deste Ato Conjunto;

II — a frequência e/ou o aproveitamento nos demais cursos de que participou o magistrado para aperfeiçoamento profissional;

III — a estrutura lógico-jurídica dos pronunciamentos decisórios emitidos.

§ 2º O desembargador corregedor regional avaliará, como critério qualitativo:

I — a presteza e a segurança no exercício da função jurisdicional;

II — a solução de correições parciais e pedidos de providências contra o magistrado;

III — os elogios recebidos e as penalidades sofridas.

§ 3º Somente deverá ser deflagrada a abertura de procedimento administrativo para verificação de descumprimento do prazo de lei para a prolação de sentenças ou decisões interlocutórias pelos juízes de 1º grau quando excedido em 20 (vinte) dias o lapso temporal a que se referem os incisos II e III do art. 226 do Código de Processo Civil. *(Revogado pelo Ato CGJT n. 1, de 10.2.17, DEJT 10.2.17)*

§ 4º O desembargador corregedor regional avaliará, como critério quantitativo, com base nos dados estatísticos referentes à produtividade:

I — o número de audiências presididas pelo juiz em cada mês, bem como o daquelas a que não compareceu sem causa justificada;

II — o prazo médio para julgamento de processos depois de encerrada a audiência de instrução;

III — o número de sentenças proferidas em cada mês;

IV — o número de decisões em liquidação de sentença que não sejam meramente homologatórias de cálculo e o número de decisões proferidas em embargos à execução, embargos à arrematação, embargos de terceiro e embargos à adjudicação;

V — o uso efetivo e constante dos Sistemas BACEN JUD, INFOJUD e RENAJUD e de outras ferramentas tecnológicas que vierem a ser disponibilizadas pelo tribunal.

§ 5º Os prazos para a prática de atos decisórios estarão suspensos nos períodos em que os magistrados estiverem em atividades presenciais de Formação Inicial, Continuada ou de Formadores a cargo da ENAMAT ou das Escolas Judiciais.

Art. 7º No momento em que o juiz do trabalho substituto completar um ano e seis meses de exercício da magistratura, incumbe ao desembargador corregedor regional e ao desembargador diretor da Escola Judicial do Tribunal Regional do Trabalho emitir pareceres, no prazo comum de sessenta dias, sobre o vitaliciamento, submetendo-os prontamente à apreciação do Pleno ou do Órgão Especial do tribunal.

PARÁGRAFO ÚNICO. Faculta-se ao desembargador corregedor regional e ao desembargador diretor da Escola Judicial a emissão conjunta do parecer a que se refere o *caput* deste parágrafo.

Art. 8º O tribunal, antes de o juiz do trabalho substituto completar dois anos de exercício, deliberará sobre o vitaliciamento.

Art. 9º A Comissão de Vitaliciamento poderá solicitar:

I — por iniciativa própria ou a requerimento de qualquer dos desembargadores do Tribunal Regional do Trabalho, informações sobre juiz vitaliciando à Ordem dos Advogados do Brasil, ao Ministério Público e a outros órgãos ou entidades correlatas;

II — à Escola Judicial a formação de quadro de juízes orientadores, composto por magistrados ativos que contem com tempo de judicatura na Região não inferior a cinco anos e que demonstrem aptidão para a formação e o acompanhamento dos juízes vitaliciandos.

§ 1º Está impedido de atuar como juiz orientador o magistrado que for cônjuge, companheiro, parente consanguíneo ou afim, em linha reta ou colateral, até o 3º grau, amigo íntimo ou inimigo do juiz vitaliciando.

§ 2º Ao juiz orientador, sem prejuízo de outras atribuições que lhe forem delegadas, compete:

I — acompanhar e orientar o juiz vitaliciando;

II — propor à Escola Judicial a realização de atividades formativas para aprimoramento do juiz em processo de vitaliciamento, se identificadas eventuais dificuldades no exercício da judicatura.

Art. 10. O juiz do trabalho substituto deverá encaminhar à Comissão de Vitaliciamento, trimestralmente, relatório circunstanciado em que descreva o método de trabalho funcional adotado e a unidade judiciária de sua atuação.

Art. 11. A secretaria da corregedoria regional prestará apoio administrativo à Comissão de Vitaliciamento, mantendo, para isso, assentamentos individuais em que serão reunidas as informações relativas aos juízes vitaliciandos.

Art. 12. O afastamento do juiz vitaliciando do efetivo exercício de suas atividades funcionais por mais de noventa dias implicará a prorrogação, por igual período, do processo de vitaliciamento.

Art. 13. Aos juízes em vitaliciamento será assegurada vista dos relatórios elaborados pela Comissão de Vitaliciamento e das demais informações constantes de seu processo de vitaliciedade, sendo-lhes garantido o prazo de dez dias para manifestação.

Art. 14. Caso o Tribunal Regional do Trabalho não promova a instauração do processo de vitaliciamento antes de encerrado o período de avaliação, o juiz vitaliciando será considerado vitalício, sem prejuízo da abertura e prosseguimento de eventual processo administrativo disciplinar, para apuração de fatos relevantes e graves que lhe hajam sido imputados, preservando-se o direito ao contraditório e à ampla defesa.

Art. 15. Devidamente instruído o processo de vitaliciamento, será ele incluído, para deliberação, na data da primeira sessão subsequente do Pleno ou do Órgão Especial do Tribunal Regional do Trabalho.

Art. 16. A declaração de vitaliciamento do magistrado pelo Pleno ou Órgão Especial do Tribunal Regional do Trabalho possui efeitos imediatos, concomitantes à implementação dos dois anos de exercício no cargo, afastada qualquer graduação entre os juízes que adquirirem essa prerrogativa.

SEÇÃO II
Local de Residência do Juiz

Art. 17. O juiz titular residirá na sede em que se encontra instalada a vara do trabalho, salvo autorização do Tribunal.

Art. 18. Os tribunais regionais do trabalho, em casos excepcionais, poderão conceder aos magistrados autorização para fixar residência fora da sede da vara do trabalho, desde que não haja prejuízo à efetiva prestação jurisdicional.

PARÁGRAFO ÚNICO. As autorizações serão concedidas caso a caso.

Art. 19. Os tribunais regionais do trabalho disciplinarão os critérios objetivos de autorização, em caráter excepcional, para que o juiz titular resida fora da sede da respectiva vara (Resolução n. 37/2007 do CNJ), contemplando os seguintes requisitos mínimos:

I — cumprimento dos prazos legais;

II — assiduidade do magistrado, compatível com o movimento processual da vara do trabalho, estando à disposição das partes e advogados ou realizando audiências por, pelo menos, três dias úteis na semana, determinando, ainda, sejam afixadas nas Secretarias dos órgãos judicantes as datas em que os magistrados prestarão atendimento nas varas, bem assim aquelas em que se encontrarão fora da sede do juízo, mas no exercício de suas respectivas funções.

SEÇÃO III
Impedimentos e Suspeições

Art. 20. Se o juiz de 1º grau não reconhecer o impedimento ou a suspeição alegada, será aplicado o procedimento previsto no art. 146 do Código de Processo Civil, exceto, quanto a este último, na parte relativa à condenação às custas ao magistrado.

PARÁGRAFO ÚNICO. Acolhido o impedimento ou a suspeição do juiz, será designado outro magistrado para dar prosseguimento ao processo, incluindo-o em pauta de julgamento, se for o caso, no prazo máximo de 10 (dez) dias.

Art. 21. Na hipótese de impedimento ou suspeição de desembargador do trabalho, contemporânea ao julgamento do processo, este será mantido em pauta com a convocação de outro desembargador para compor o *quorum* do julgamento.

SEÇÃO IV
Dever de Comunicação à OAB de Incompatibilidade ou Impedimento ao Exercício da Advocacia

Art. 22. O magistrado que tiver conhecimento de incompatibilidade ou impedimento para o exercício da advocacia, nos termos dos arts. 27 a 30 da Lei n. 8.906/1994, comunicará à Ordem dos Advogados do Brasil — OAB.

PARÁGRAFO ÚNICO. A comunicação será limitada à descrição dos fatos ensejadores da incompatibilidade ou do impedimento, sendo vedado ao magistrado externar sobre eles juízo de valor.

CAPÍTULO II
Corregedor Regional

SEÇÃO I
Deveres e Vedações

Art. 23. É dever do desembargador corregedor regional:

I — realizar correição ordinária anual presencial nas varas do trabalho e demais unidades judiciárias da região, sem prejuízo de correição extraordinária;

II — apurar e controlar a regularidade na utilização do Sistema BACEN JUD pelos juízes titulares de vara do trabalho e substitutos, em especial nas correições ordinárias, verificando se há casos em que, injustificadamente, o magistrado não emitiu ordem eletrônica de transferência de valores bloqueados ou de desbloqueio em tempo razoável, cumprindo-lhe adotar, se for o caso, as providências administrativas para orientação dos juízes e coibição de irregularidades detectadas;

III — promover a apuração de responsabilidade funcional de juízes de vara do trabalho da região, titulares e substitutos, em caso de infração disciplinar, observadas as disposições normativas a respeito;

IV — velar pela observância dos prazos para prolação de sentença.

PARÁGRAFO ÚNICO. Somente deverá ser deflagrada a abertura de procedimento administrativo para verificação de descumprimento do prazo de lei para a prolação de sentenças ou decisões interlocutórias pelos juízes de 1º grau quando excedido em mais de 60 (sessenta) dias o lapso temporal a que se referem os incs. II e III do art. 226 do Código de Processo Civil. *(Redação dada pelo Ato CGJT n. 1, de 10.2.17, DEJT 10.2.17)*

Art. 24. É lícito aos presidentes, vice-presidentes e corregedores dos tribunais regionais do trabalho procederem à convocação de juízes de 1º grau em auxílio às atribuições inerentes à Presidência, à Vice-Presidência e à Corregedoria Regional (Resolução n. 72/2009 do CNJ).

PARÁGRAFO ÚNICO. É dado, também, ao presidente do tribunal convocar um juiz auxiliar para atuação exclusiva na gestão e supervisão dos procedimentos relacionados aos precatórios e requisições de pequeno valor (Resolução n. 72/2009 do CNJ).

Art. 25. É vedado ao desembargador corregedor regional:

I — convocar juiz titular de vara do trabalho ou juiz do trabalho substituto para auxiliar nas correições;

II — permitir que magistrado de 1º grau, estranho à vara do trabalho sob correição, acompanhe a atividade correicional ou manipule processos em trâmite na vara corrigenda;

III — delegar atribuições instrutórias a juiz auxiliar da Corregedoria, em procedimento, de qualquer natureza, instaurado contra magistrado de 1º grau.

SEÇÃO II
Correições Ordinárias nas Varas do Trabalho

Art. 26. Por ocasião da correição ordinária anual em cada vara do trabalho, são aspectos de exame e registro obrigatório em ata:

I — a averiguação da existência de pronunciamento explícito sobre a admissibilidade dos recursos ordinários e agravos de petição interpostos, não se reputando atendida a exigência em caso de despacho nos quais haja referência às locuções "Processe-se o recurso, na forma da lei" ou "Admito o recurso, na forma da lei";

Legislação Complementar

II — a assiduidade na vara do trabalho do juiz titular ou substituto;

III — a quantidade de dias da semana em que se realizam audiências;

IV — os principais prazos da vara do trabalho (inicial, instrução e julgamento) e o número de processos aguardando sentença na fase de conhecimento e incidentais à fase de execução;

V — a análise de processos, por amostragem, na fase de execução, em especial para averiguar-se:

a) o exaurimento das iniciativas do juiz objetivando tornar exitosa a execução mediante a utilização do BACEN JUD, INFOJUD, RENAJUD, SIMBA — Sistema de Investigação de Movimentações Bancárias e a aplicação subsidiária dos arts. 772 a 777 do CPC;

b) o registro, no sistema informatizado, de todos os atos processuais relevantes praticados, mormente liquidação de sentença, quitação, oposição de embargos e data de conclusão ao juiz para sentença em processos incidentais;

c) a fiscalização do uso regular dos sistemas BACEN JUD e INFOJUD;

d) se o juiz, imediatamente após a liquidação da sentença, em que se apure crédito de valor inequivocamente superior ao do depósito recursal, haja ordenado a pronta liberação deste em favor do credor, de ofício ou a seu requerimento;

e) se há inclusão em pauta de processos na fase de execução;

f) se há registro fidedigno, no sistema informatizado, dos atos processuais praticados;

g) se foi determinada pelo juiz a citação do sócio em caso de desconsideração da personalidade jurídica da empresa executada, por meio de decisão fundamentada, para que, no prazo de 48 (quarenta e oito) horas, indique bens da sociedade (art. 795 do CPC) ou, não os havendo, garanta a execução, sob pena de penhora, com o fim de habilitá-lo à via dos embargos à execução para imprimir, inclusive, discussão sobre a existência da sua responsabilidade executiva secundária.

CAPÍTULO III
Ministério Público do Trabalho

Art. 27. Os membros do Ministério Público do Trabalho serão cientificados pessoalmente das decisões proferidas pela Justiça do Trabalho nas causas em que o órgão haja atuado como parte ou como fiscal da lei.

PARÁGRAFO ÚNICO. As intimações serão pessoais, mediante o envio dos autos às respectivas sedes das procuradorias regionais do trabalho, ou da forma como for ajustado entre o Presidente do Tribunal e o Procurador-Chefe Regional.

Art. 28. Às Procuradorias Regionais do Trabalho serão enviados processos para parecer nas seguintes hipóteses:

I — obrigatoriamente, quando for parte pessoa jurídica de direito público, Estado estrangeiro ou organismo internacional;

II — facultativamente, e de forma seletiva, por iniciativa do relator, quando a matéria, por sua relevância, recomendar a prévia manifestação do Ministério Público;

III — por iniciativa do Ministério Público do Trabalho, quando este reputar presente interesse público que justifique a sua intervenção;

IV — por determinação legal, os mandados de segurança, de competência originária ou em grau recursal, as ações civis coletivas, os dissídios coletivos, caso não haja sido emitido parecer na instrução, e os processos em que forem parte indígena ou respectivas comunidades e organizações.

PARÁGRAFO ÚNICO. Os processos nos quais figure como parte pessoa jurídica de direito público, Estado estrangeiro ou organismo internacional serão encaminhados às Procuradorias Regionais do Trabalho imediatamente após os registros de autuação, salvo se houver necessidade de pronta manifestação do desembargador do trabalho relator.

Art. 29. É permitida a presença dos membros do Ministério Público do Trabalho em sessão convertida em conselho pelos Tribunais Regionais do Trabalho.

Art. 30. Será assegurado aos membros do Ministério Público do Trabalho assento à direita da presidência no julgamento de qualquer processo, judicial ou administrativo, em curso perante Tribunais Regionais do Trabalho.

PARÁGRAFO ÚNICO. Igual prerrogativa será assegurada nas audiências das varas do trabalho a que comparecer o membro do Ministério Público do Trabalho, na condição de parte ou na de fiscal da lei, desde que haja disponibilidade de espaço ou possibilidade de adaptação das unidades judiciárias (Resolução n. 7/2005 do CSJT).

CAPÍTULO IV
Normas Procedimentais do Processo

SEÇÃO I
Autuação

Art. 31. Constarão dos registros de autuação dos processos judiciais da Justiça do Trabalho de 1º e 2º graus os seguintes dados, exceto se a informação não estiver disponível nos autos ou nos sistemas informatizados do tribunal:

I — Cadastro geral do processo:

a) classe do processo;

b) número do processo, na forma instituída pelas disposições normativas vigentes;

c) data de autuação;

d) número do processo de referência, se houver;

e) assuntos;

f) valor da causa;

g) tribunal regional do trabalho de origem;

h) vara do trabalho de origem;

i) comarca de origem;

j) quantidade de volumes, se for o caso;

l) quantidade de apensos, se for o caso;

m) quantidade de volume de documentos, se for o caso;

n) data de ajuizamento da ação;

o) data de envio do processo;

p) segredo de justiça, menor, falência, idoso, portador de doença grave, deficiente físico, procedimento sumaríssimo, Resolução Administrativa n. 874/2002 do TST e acidente de trabalho.

II — Registro das partes:

a) nome completo e endereço;

b) RG (e órgão expedidor);

c) CNPJ ou CPF;

d) CEI (número da matrícula do empregador pessoa física perante o INSS);

e) NIT (número de inscrição do trabalhador perante o INSS);

f) PIS ou PASEP;

g) CTPS;

h) pessoa física ou pessoa jurídica;

i) empregado ou empregador;

j) ente público (União/estado-membro/Distrito Federal/município);

l) código do ramo de atividade do empregador;

m) situação das partes no processo (ativa/não ativa).

III — Registro de advogados e estagiários:

a) nome completo;

b) endereço;

c) número de registro na OAB, letra, unidade da federação;

d) situação no processo (ativo/não ativo, registro suspenso, data de início da suspensão, data do término da suspensão, registro cassado).

IV — Cadastro relativo às partes e advogados:

a) endereço;

b) complemento (sala, bloco, apartamento etc.);

c) bairro;

d) cidade;

e) unidade da federação;

f) CEP;

g) telefone;

h) fac-símile;

i) correio eletrônico.

PARÁGRAFO ÚNICO. Os códigos das atividades econômicas constam do Anexo I e os dados contidos nos incisos I, II, III e IV do *caput* deste artigo bem como o tamanho dos campos correspondentes constam do Anexo II, ambos desta Consolidação.

Art. 32. Os tribunais regionais do trabalho e as varas do trabalho manterão em suas bases de dados o histórico relativo aos registros das partes e advogados, sendo obrigatório o envio dessas informações ao órgão de destino do processo.

PARÁGRAFO ÚNICO. A transferência de dados entre os órgãos da Justiça do Trabalho ocorrerá em meio digital, obedecendo aos critérios definidos pela Corregedoria-Geral da Justiça do Trabalho.

Subseção I
Numeração Única

Art. 33. Os processos judiciais receberão numeração única, na forma das disposições normativas vigentes, vedando-se o registro e a publicidade de número diverso.

Subseção II
Tabelas Processuais Unificadas

Art. 34. O registro de classes, movimentos e assuntos observará as tabelas processuais unificadas aprovadas pelo CNJ e pela Corregedoria-Geral da Justiça do Trabalho.

PARÁGRAFO ÚNICO. As tabelas unificadas serão disponibilizadas aos tribunais regionais do trabalho e às varas do trabalho, pela Corregedoria-Geral da Justiça do Trabalho, na página do Tribunal Superior do Trabalho na Internet.

Art. 35. É vedada a utilização de classes processuais não aprovadas pelo CNJ.

Art. 36. Na ausência de classe processual específica na respectiva tabela unificada, o processo será classificado pelo gênero da ação, quando possível, caso em que cópia da petição inicial será imediatamente remetida ao Grupo Gestor Regional das Tabelas Processuais Unificadas, para exame da necessidade de se criar nova classe processual.

PARÁGRAFO ÚNICO. O Grupo Gestor Regional, na hipótese de emitir parecer favorável, encaminhará ao Grupo Gestor Nacional a proposta de criação da nova classe processual.

Art. 37. Os tribunais regionais do trabalho, por intermédio dos respectivos Grupos Gestores Regionais, poderão propor ao Grupo Gestor Nacional o aperfeiçoamento das Tabelas Processuais Unificadas.

§ 1º A proposta de aperfeiçoamento a ser enviada ao Grupo Gestor Nacional deverá ser acompanhada de parecer favorável do Grupo Gestor Regional, fundamentando a necessidade da inclusão, exclusão ou alteração de itens das tabelas.

§ 2º A proposta de alteração da tabela de classes processuais, aprovada pelo Grupo Gestor Nacional da Justiça do Trabalho, será encaminhada ao Comitê Gestor Nacional do CNJ.

Subseção III
Registro do Nome das Partes e Advogados

Art. 38. No registro do nome de partes e advogados, serão observados os seguintes padrões:

I — o cadastramento de partes no processo deverá ser realizado, prioritariamente, pelo nome ou razão social constante do cadastro de pessoas físicas ou jurídicas perante a Secretaria da Receita Federal do Brasil, mediante alimentação automática, observados os convênios e condições tecnológicas disponíveis, vedado o uso dos tipos itálico e negrito;

II — as abreviaturas de palavras são vedadas, salvo se impossível identificar sua escrita completa ou fizerem parte do nome fantasia ou da razão social do empregador;

III — as seguintes siglas serão adotadas como padrão: S.A., Ltda., S/C, Cia. e ME;

IV — as siglas que não fazem parte da razão social serão grafadas após o nome da empresa, em letras maiúsculas e precedidas de hífen;

V — os registros complementares ao nome da parte serão grafados da seguinte forma, exemplificativamente: José da Silva (Espólio de), União (Extinto INAMPS), Banco do Estado do Rio de Janeiro S.A. — BANERJ (em Liquidação Extrajudicial), José da Silva e Outro;

VI — na grafia do nome de autoridades, não se utilizará pronome de tratamento.

Art. 39. O nome do sócio constará da autuação do processo sempre que incluído pelo juiz no polo passivo da execução.

Subseção IV
Identificação das Partes

Art. 40. O juiz zelará pela precisa identificação das partes no processo, a fim de propiciar o cumprimento das obrigações fiscais e previdenciárias, o levantamento dos depósitos de FGTS, o bloqueio eletrônico de numerário em instituições financeiras e o preenchimento da guia de depósito judicial trabalhista.

Art. 41. Salvo impossibilidade que comprometa o acesso à justiça, o juiz do trabalho determinará às partes a apresentação das seguintes informações:

a) no caso de pessoa física, o número da CTPS, RG e órgão expedidor, CPF e PIS/PASEP ou NIT (Número de Inscrição do Trabalhador);

b) no caso de pessoa jurídica, o número do CNPJ e do CEI (Cadastro Específico do INSS), bem como cópia do contrato social ou da última alteração feita no contrato original, constando o número do CPF do(s) proprietário(s) e do(s) sócio(s) da empresa demandada.

PARÁGRAFO ÚNICO. Não sendo possível obter das partes o número do PIS/PASEP ou do NIT, no caso de trabalhador, e o número da matrícula no Cadastro Específico do INSS — CEI, relativamente ao empregador pessoa física, o juiz determinará à parte que forneça o número da CTPS, a data de seu nascimento e o nome da genitora.

Art. 42. À parte será assegurado prazo para apresentar as informações, sem prejuízo da continuidade da audiência.

Subseção V
Tramitação Preferencial

Art. 43. Os tribunais regionais do trabalho e as varas do trabalho, nos processos com tramitação preferencial, registrarão, na capa dos autos, em letras destacadas, os seguintes dizeres, conforme o caso:

a) "TRAMITAÇÃO PREFERENCIAL — Lei 12.008/2009";

b) "TRAMITAÇÃO PREFERENCIAL — Recuperação Judicial ou Falência";

c) "TRAMITAÇÃO PREFERENCIAL — Rito Sumaríssimo";

d) "TRAMITAÇÃO PREFERENCIAL — Resolução Administrativa 874/2002 do TST";

e) "TRAMITAÇÃO PREFERENCIAL — Acidente de Trabalho" (Recomendação Conjunta 1/GP.CGJT, de 3 de maio de 2011).

Subseção VI
Segredo de Justiça

Art. 44. Os processos protegidos pelo segredo de justiça receberão na capa dos autos a seguinte identificação: "SEGREDO DE JUSTIÇA".

PARÁGRAFO ÚNICO. A informação de que o processo está protegido pelo segredo de justiça constará, também, dos sistemas informatizados de acompanhamento processual das varas do trabalho e do tribunal.

SEÇÃO II
Procedimentos em Autos Físicos

Subseção I
Juntada de Documento de Tamanho Irregular

Art. 45. Para que todas as folhas dos autos do processo apresentem a mesma dimensão, os documentos de tamanho irregular serão previamente afixados em folha de papel proporcional aos autos.

Subseção II
Numeração das Folhas

Art. 46. As folhas serão numeradas em sequência, vedando-se a prática de repetir o número da folha anterior acrescido de letra do alfabeto.

Subseção III
Folhas em Branco

Art. 47. As folhas em branco de autos do processo serão inutilizadas mediante o registro dos dizeres "EM BRANCO", provendo- se a identificação do serventuário que o tiver lançado.

Subseção IV
Abertura de Novos Volumes

Art. 48. Sempre que os autos do processo atingirem cerca de 200 (duzentas) folhas, será aberto novo volume.

PARÁGRAFO ÚNICO. Na abertura do novo volume, não haverá desmembramento de petição nem de atos processuais.

Art. 49. A capa do volume de autos do processo não será numerada, iniciando-se a numeração das folhas do volume recém-aberto a partir da última folha do volume imediatamente anterior.

Subseção V
Autenticação de Cópias de Peças

Art. 50. As fotocópias de acórdãos expedidas pelos serviços competentes dos tribunais regionais do trabalho conterão a indispensável autenticação.

§ 1º Autenticada a cópia, a fotocópia que se extrair dessa peça também deverá estar autenticada.

§ 2º As cópias reprográficas, xerográficas e similares de peças processuais poderão ser autenticadas por chancela mecânica, indicativa do órgão emitente, servidor responsável, cargo e data, sendo desnecessária a existência de rubrica nas referidas peças processuais.

Art. 51. O documento em cópia oferecido para prova poderá ser declarado autêntico pelo patrono da parte, sob sua responsabilidade pessoal, na forma do art. 830 da CLT.

Art. 52. Os tribunais regionais do trabalho disponibilizarão em local de destaque, nos respectivos sítios na rede mundial de computadores, acesso à consulta pública do PJe-JT, para verificar a autenticidade de documentos extraídos dos autos digitais, na forma expressa na Resolução 136/2014 do CSJT.

Subseção VI
Da Distribuição

Art. 53. Devem os tribunais regionais do trabalho desenvolver esforços no sentido de proceder à distribuição imediata dos processos no 1º e no 2º graus de jurisdição.

PARÁGRAFO ÚNICO. É vedada a suspensão e a limitação da distribuição dos feitos no âmbito dos tribunais regionais do trabalho.

Subseção VII
Carga dos Autos — Prazo Comum

Art. 54. Os autos dos processos que não tramitem em segredo de justiça poderão ser confiados em carga temporária de até 45 (quarenta e cinco) minutos a advogado, mesmo sem procuração, para exame e obtenção de cópias, mediante exibição de documento de identificação profissional e registro no livro de carga (art. 7º, inc. XIII, da Lei n. 8.906/94).

PARÁGRAFO ÚNICO. Idêntica providência poderá ser adotada em favor de advogado regularmente constituído nos autos, no caso de prazo comum.

Subseção VIII
Aposição de Assinatura
e Rubrica

Art. 55. A assinatura e rubrica apostas nas decisões, termos, despachos, atos e documentos judiciais de autos físicos serão seguidas da repetição completa do nome do signatário e da indicação do respectivo cargo ou função.

SEÇÃO III
Notificação de Entes Públicos, Estado Estrangeiro
ou Organismo Internacional

Art. 56. As secretarias das varas do trabalho velarão para que nas ações ajuizadas em desfavor de entes públicos (Decreto-lei n. 779/69), inclusive Estado estrangeiro ou organismo internacional, observe-se lapso temporal para preparação da defesa de, no mínimo, 20 (vinte) dias entre o recebimento da notificação citatória e a realização da audiência.

SEÇÃO IV
Audiências — Normas Procedimentais
no Dissídio Individual

Art. 57. Constarão da ata ou termo de audiência:

I — o motivo determinante do adiamento da audiência na vara do trabalho, inclusive daquele requerido de comum acordo pelas partes;

II — o registro da outorga, pela parte, em audiência, de poderes de representação ao advogado que a esteja acompanhando.

PARÁGRAFO ÚNICO. As secretarias dos tribunais regionais do trabalho e das varas do trabalho, quando solicitadas, fornecerão às partes certidão da outorga de procuração *apud acta*.

SEÇÃO V
Prova Pericial

Art. 58. Aplica-se à prova pericial o disposto no art. 464, § 1º, incisos I a III, do CPC (art. 769 da CLT).

PARÁGRAFO ÚNICO. Sempre que ordenada a realização de perícia, o diretor de secretaria registrará o respectivo objeto no sistema.

Art. 59. Em caso de concessão do benefício da justiça gratuita, os honorários periciais a cargo do reclamante sucumbente arbitrados pelo juiz poderão ser suportados por recursos do orçamento dos tribunais regionais do trabalho, nos limites e condições estabelecidos nas normas regulamentares vigentes.

SEÇÃO VI
Anotação na Carteira de Trabalho e Previdência Social

Art. 60. Na falta de registros obrigatórios na Carteira de Trabalho e Previdência Social do empregado ou nos casos de retificação de dados, o juiz determinará à secretaria da vara do trabalho, na sentença ou no termo de homologação de acordo, que proceda às anotações ausentes.

Art. 61. Na hipótese de anotação de verba com repercussão no cálculo da contribuição previdenciária, a vara do trabalho comunicará o fato à Secretaria da Receita Federal do Brasil, no prazo de 48 (quarenta e oito) horas, mediante o preenchimento do formulário constante do Anexo III desta Consolidação.

PARÁGRAFO ÚNICO. Em caso de anotação decorrente de sentença judicial, a comunicação será feita apenas após o trânsito em julgado da decisão.

SEÇÃO VII
Termos e Certidões

Art. 62. Constarão dos termos e certidões a data e a assinatura do servidor que os tenha firmado.

Art. 63. Constarão da certidão de julgamento em 2º grau de jurisdição:

I — número do processo;

II — nome das partes e dos advogados que sustentaram oralmente;

III — nome do desembargador do trabalho que presidiu a sessão;

IV — nome do relator e do revisor, se for o caso, e dos desembargadores do trabalho que participaram da sessão;

V — situação do juiz, desde que convocado, apontando-se o dispositivo da Lei Orgânica da Magistratura Nacional que autorizou a convocação;

VI — nome do representante do Ministério Público do Trabalho presente à sessão;

VII — conclusão do julgamento, com a indicação dos votos vencidos, se houver;

VIII — registro da suspensão do julgamento em decorrência de pedido de vista regimental e dos votos já proferidos em sessão;

IX — designação do redator do acórdão, se for o caso;

X — impedimentos e suspeições declarados pelos desembargadores do trabalho;

XI — data da realização da sessão.

SEÇÃO VIII
Normas Procedimentais no Dissídio Coletivo

Subseção I
Lavratura de Acórdão

Art. 64. No dissídio coletivo, constará do acórdão o inteiro teor das cláusulas deferidas, bem como os fundamentos do deferimento ou indeferimento.

PARÁGRAFO ÚNICO. Modificada a redação da cláusula pelo Tribunal, o novo texto constará do acórdão.

Art. 65. A certidão de julgamento será publicada de imediato, independentemente da redação da ata final dos trabalhos e da lavratura do acórdão.

Art. 66. Do acórdão constará o valor das custas processuais.

Subseção II
Cláusulas Conciliadas — Remissão à Norma Anterior

Art. 67. Na hipótese de acordo submetido à homologação do tribunal em que conste apenas remissão a normas anteriores, o relator ordenará às partes que explicitem o teor das cláusulas conciliadas.

SEÇÃO IX
Custas Processuais

Art. 68. Constará das decisões proferidas pela Justiça do Trabalho de 1º e 2º graus de jurisdição, nos dissídios individuais, o valor das custas processuais, a ser calculado, no caso de improcedência da reclamação, sobre o valor dado à causa, e, no caso de procedência sobre o valor arbitrado à condenação, a cargo do reclamante ou do reclamado, dependendo de quem tenha sucumbido na ação.

§ 1º A isenção quanto ao pagamento de custas não exime o magistrado de fixar na decisão o respectivo valor.

§ 2º Nos acordos, o rateio das custas processuais será proporcional entre as partes, se de outra forma não for convencionado.

Art. 69. Nos dissídios coletivos, as partes vencidas responderão solidariamente pelo pagamento das custas.

Art. 70. Nos dissídios coletivos de natureza econômica em que for instituída norma ou condição de trabalho em favor da categoria profissional, o pagamento integral das custas processuais caberá à empresa ou à entidade sindical patronal que integrou a relação processual.

SEÇÃO X
Depósito Judicial Trabalhista — Guias

Art. 71. As guias de depósito judicial para pagamentos, garantia de execução, encargos processuais e levantamento de valores, excetuados os depósitos recursais, seguirão o modelo único padrão estabelecido na Instrução Normativa 36 do Tribunal Superior do Trabalho, ou outra que venha a substituí-la.

§ 1º Os valores relativos à atualização dos créditos exequendos serão recolhidos por meio da guia de depósito judicial.

§ 2º As guias de depósito judicial baixadas da Internet serão impressas em papel tamanho A4 com orientação no modo paisagem.

Art. 72. As vias destinadas ao alvará deverão ser preenchidas após a autorização judicial para o levantamento do depósito realizado.

§ 1º O juiz deverá dar ciência ao devedor-executado ou ao seu sucessor da decisão ou despacho que autorizar a liberação total ou parcial do depósito judicial a favor da parte vencedora.

§ 2º A decisão ou despacho que autorizar o levantamento, total ou parcial, do depósito judicial, deverá também autorizar o recolhimento, pela fonte pagadora, dos valores apurados a título de imposto de renda, de responsabilidade da parte vencedora, a serem deduzidos do seu crédito, destinados ao recolhimento na forma da lei.

SEÇÃO XI
Recurso de Revista

Art. 73. As decisões de admissibilidade do recurso de revista contemplarão a identificação da especificidade ou da inespecificidade dos arestos paradigmas e/ou a vulneração de dispositivo de lei e/ou da Constituição da República, em atenção aos lindes do juízo de prelibação dos recursos, delineados no art. 896, § 1º, da CLT, tudo de tal modo que elas não se mostrem excessivamente concisas nem excessivamente elásticas.

Art. 74. Para efeito de intimação das decisões de admissibilidade dos recursos de revista, basta sua divulgação no órgão oficial.

Art. 75. Ao presidente do tribunal regional do trabalho caberá avaliar a conveniência e a oportunidade de implantação de juízo conciliatório em recurso de revista.

SEÇÃO XII
Execução

Subseção I
Normas Procedimentais na Fase de Execução

Art. 76. Cabe ao juiz na fase de execução:

I — ordenar a pronta liberação do depósito recursal, em favor do reclamante, de ofício ou a requerimento do interessado, após o trânsito em julgado da sentença condenatória, desde que o valor do crédito trabalhista seja inequivocamente superior ao do depósito recursal, prosseguindo a execução depois pela diferença;

II — promover a realização semanal de audiências de conciliação em processos na fase de execução, independentemente de requerimento das partes, selecionando-se aqueles com maior possibilidade de êxito na composição;

III — determinar a revisão periódica dos processos em execução que se encontrem em arquivo provisório, com a execução suspensa, a fim de renovar providências coercitivas, por meio da utilização dos Sistemas BACEN JUD, INFOJUD, RENAJUD e SIMBA, valendo-se, se for o caso, da aplicação subsidiária dos arts. 772 a 777 do CPC;

Art. 77. Exauridas em vão as referidas medidas coercitivas, ultimadas de ofício pelo magistrado, a remessa ao arquivo provisório de autos de processo em execução será precedida de lavratura de certidão do diretor de secretaria, da qual constará o insucesso dessas medidas complementares e a inexistência de depósito judicial ou recursal, que deverá ser publicada.

Subseção II
Alienação de bens

Art. 78. Ao determinar a alienação de bem, deverá o magistrado fazer constar expressamente do edital, além dos requisitos do art. 886 do CPC, a isenção do arrematante/alienante dos créditos tributários relativos a impostos cujo fato gerador seja a propriedade, o domínio útil ou a posse de bens imóveis, e bem assim os relativos a taxas pela prestação de serviços referentes a tais bens, ou a contribuições de melhoria da União, Estados, Municípios e Distrito Federal, salvo quando conste do título a prova de sua quitação, seja em hasta pública ou em alienação particular, estejam ou não inscritos na dívida ativa (art. 130, parágrafo único, do CTN). *(Incluído pelo Ato n. 10/GCGJT, de 18 de agosto de 2016)*

Subseção III
Semana Nacional da Execução Trabalhista

Art. 79. Durante a Semana Nacional da Execução Trabalhista deverão ser realizadas pautas ordinárias de audiência, exclusivamente formadas por autos em fase de execução, liquidados e que não foram voluntariamente pagos após a citação do art. 880 da CLT, ficando suspensa a contagem do prazo médio de tramitação dos processos em fase de conhecimento.

PARÁGRAFO ÚNICO. Infrutífera a conciliação, além das providências coercitivas previstas no art. 76, III, o juiz, caso necessário, expedirá mandado para protesto extrajudicial, em cartório, do título executivo não quitado. *(Incluído pelo Ato n. 10/GCGJT, de 18 de agosto de 2016)*

Subseção IV
Normas Procedimentais Referentes à Execução contra Empresas em Recuperação Judicial

Art. 80. Deferida a recuperação judicial, caberá ao juiz do trabalho, que entender pela cessação da competência para prosseguimento da execução trabalhista, determinar a expedição de Certidão de Habilitação de Crédito para ser submetida à apreciação do administrador judicial.

PARÁGRAFO ÚNICO. Da Certidão de habilitação de Crédito deverá constar:

I — nome do exequente, data da distribuição da reclamação trabalhista, da sentença condenatória e a de seu trânsito em julgado;

II — a especificação dos títulos e valores integrantes da sanção jurídica, das multas, dos encargos fiscais e sociais (imposto de renda e contribuição previdenciária), dos honorários advocatícios e periciais, se houver, e demais despesas processuais;

III — data da decisão homologatória dos cálculos e do seu trânsito em julgado;

IV — o nome do advogado que o exequente tiver constituído, seu endereço, para eventual intimação, e número de telefone a fim de facilitar possível contato direto pelo administrador judicial.

Art. 81. Expedida a Certidão de Habilitação de Crédito, os juízes do trabalho deverão se abster de encaminhar diretamente às secretarias dos juízes de direito ou dos juízes das varas especializadas em recuperações judiciais e falências ou mesmo ao administrador judicial os autos das execuções trabalhistas e/ ou Certidões de Créditos Trabalhistas.

Art. 82. Os juízes do trabalho manterão em seus arquivos os autos das execuções trabalhistas que tenham sido suspensas em decorrência do deferimento da recuperação judicial, de modo que, com o seu encerramento ou com o encerramento da quebra em que ela tenha sido convolada (art. 156 e seguintes da Lei n. 11.101/2005), seja retomado o seu prosseguimento, para cobrança dos créditos que não tenham sido totalmente satisfeitos.

Art. 83. O juiz do trabalho contrário à cessação da competência para prosseguimento da execução trabalhista contra a empresa recuperanda, deverá proferir decisão fundamentada, da qual dará ciência aos juízes de direito das comarcas ou aos juízes das varas especializadas, que tenham deferido o pedido de recuperação judicial, para adoção de medida judicial pertinente.

Art. 84. As disposições desta Subseção não se aplicam no caso de o juiz do trabalho determinar o direcionamento da execução contra sócio ou sócios da empresa, na esteira da teoria da desconsideração da personalidade jurídica, ou determinar o seu direcionamento à empresa que integre grupo econômico do qual faça parte a empresa recuperanda.

Subseção V
Arquivamento Provisório ou Definitivo do Processo de Execução

Art. 85. O arquivamento provisório do processo de execução, no âmbito da Justiça do Trabalho, por não ter sido localizado o devedor nem encontrados bens penhoráveis, corresponde à suspensão da execução de que tratam os arts. 40 da Lei n. 6.830/80 e 921, inc. III, do CPC.

PARÁGRAFO ÚNICO. É assegurado ao credor requerer, nos termos do § 3º do art. 40 da Lei n. 6.830/80, ou ao juiz o determinar de ofício, na conformidade do artigo 878 da CLT, o desarquivamento do processo com vistas a dar seguimento à execução.

Art. 86. O arquivamento definitivo do processo de execução, no âmbito da Justiça do Trabalho, decorre da declaração, por sentença, da extinção da execução, pela verificação de uma das hipóteses contempladas nos incisos II, III e IV do art. 924 do CPC, por se achar exaurida a prestação jurisdicional.

Subseção VI
Certidão de Crédito Trabalhista

Art. 87. Exauridos em vão os meios de coerção do devedor, deverá ser providenciada a atualização dos dados cadastrais das partes tanto quanto a situação do devedor no Banco Nacional de Devedores Trabalhistas, nos termos da Resolução Administrativa n. 1.470/2011 do TST, e, em seguida, expedida Certidão de Crédito Trabalhista.

Art. 88. A Certidão de Crédito Trabalhista observará o modelo constante do Anexo V e deverá conter:

I — o nome e o endereço das partes, incluídos eventuais corresponsáveis pelo débito, bem como o número do respectivo processo;

II — o número de inscrição do credor e do devedor no Cadastro Nacional de Pessoas Físicas (CPF) e no Cadastro Nacional de Pessoas Jurídicas (CNPJ) da Receita Federal do Brasil;

III — os títulos e os valores integrantes da sanção jurídica, imposta em sentença condenatória transitada em julgado, e os valores dos recolhimentos previdenciários, fiscais, dos honorários, advocatícios e/ou periciais, se houver, das custas e demais despesas processuais;

IV — cópia da decisão exequenda e da decisão homologatória da conta de liquidação, já transitada em julgado, para posterior incidência de juros e atualização monetária.

Art. 89. O credor será comunicado sobre a obrigatoriedade de comparecimento à secretaria da vara do trabalho para, no prazo de 30 (trinta) dias, retirar a Certidão de Crédito Trabalhista e os documentos de seu interesse.

PARÁGRAFO ÚNICO. A secretaria da vara do trabalho deverá criar arquivo, preferencialmente digital, para manutenção permanente das Certidões de Créditos Trabalhistas originais não entregues aos exequentes e das demais certidões expedidas.

Subseção VII
Conversão de Autos Físicos de Processos de Execução Arquivados Provisoriamente em Certidões de Créditos Trabalhistas

Art. 90. A localização do devedor ou de bens passíveis de penhora, por meio de requerimento do credor ou por iniciativa do juiz da execução, implicará, a qualquer tempo, o prosseguimento da execução (art. 40, § 3º, da Lei n. 6.830/80).

Art. 91. Para prevenir possível colapso organizacional das varas do trabalho, com a manutenção de processos físicos arquivados provisoriamente, o juiz do trabalho procederá a sua convolação em Certidões de Créditos Trabalhistas, preservada a numeração original, com base na qual se dará continuidade à execução.

PARÁGRAFO ÚNICO. Os autos físicos do processo de execução que não tenham sido arquivados provisoriamente, mas que estejam em via de o serem, expedida a certidão de que trata o art. 78 desta Consolidação, deverão também ser convertidos em Certidões de Créditos Trabalhistas.

Art. 92. Para fins de estatística, haverá, com a conversão de autos físicos arquivados provisoriamente em Certidões de Créditos Trabalhistas, um único processo em execução.

Art. 93. Os autos físicos de processos de execução que tenham sido arquivados provisoriamente ou que estejam prestes a sê-lo, quando reautuados em Certidões de Créditos Trabalhistas, terão movimentação regular, incumbindo ao juiz do trabalho os conduzir a partir das referidas certidões, permitido o encaminhamento dos autos físicos pretéritos a arquivo morto, inclusive para os fins da Lei n. 7.787/87.

Art. 94. Após a convolação dos autos físicos de processos arquivados provisoriamente em Certidões de Créditos Trabalhistas, as execuções passarão a tramitar com base naquelas certidões, mediante nova autuação, mantida a numeração do processo de execução original.

PARÁGRAFO ÚNICO. No prosseguimento das execuções, por meio das Certidões de Créditos Trabalhistas, caberá ao juiz do trabalho, de ofício ou a requerimento do exequente, se a tanto ainda for necessário, utilizar periodicamente os Sistemas BACENJUD, RENAJUD e INFOJUD, sem distinção dos créditos dos exequentes e de terceiros, tampouco das despesas processuais, valendo-se da aplicação subsidiária dos arts. 772 a 777 do CPC.

Subseção VIII
BACEN JUD — Bloqueio, Desbloqueio e Transferência de Valores

Art. 95. Em execução definitiva por quantia certa, se o executado, regularmente citado, não efetuar o pagamento do débito nem garantir a execução, conforme dispõe o art. 880 da CLT, o juiz deverá, de ofício ou a requerimento da parte, emitir ordem judicial de bloqueio mediante o Sistema BACEN JUD, com precedência sobre outras modalidades de constrição judicial.

Art. 96. Relativamente ao Sistema BACEN JUD, cabe ao juiz do trabalho:

I — abster-se de emitir ordem judicial de bloqueio promovida em face de Estado estrangeiro ou organismo internacional;

II — não encaminhar às instituições financeiras, por intermédio de ofício-papel, solicitação de informações e ordens judiciais de bloqueio, desbloqueio e transferência de valores quando for possível a prática do ato por meio do Sistema BACEN JUD;

III — velar diariamente para que, em caso de bloqueio efetivado, haja pronta emissão de ordem de transferência dos valores para uma conta em banco oficial ou emissão de ordem de desbloqueio;

IV — proceder à correta identificação dos executados quando da expedição das ordens de bloqueio de numerário em contas bancárias mediante o Sistema BACEN JUD, informando o registro do número de inscrição no CPF ou CNPJ, a fim de evitar a indevida constrição de valores de titularidade de pessoas físicas ou jurídicas homônimas.

Art. 97. O acesso do juiz ao Sistema BACEN JUD ocorrerá por meio de senhas pessoais e intransferíveis, após o cadastramento realizado pelo gerente setorial de segurança da informação do respectivo tribunal, denominado Máster.

PARÁGRAFO ÚNICO. As operações de bloqueio, desbloqueio, transferência de valores e solicitação de informações são restritas às senhas dos juízes.

Art. 98. O presidente do tribunal regional do trabalho indicará dois Másteres, no mínimo, ao Banco Central do Brasil.

§ 1º Os Másteres do Sistema manterão atualizados os dados dos juízes cadastrados junto ao Banco Central do Brasil.

§ 2º O descredenciamento de Máster ou de qualquer usuário do Sistema BACEN JUD será imediatamente comunicado, pelo presidente do tribunal regional do trabalho, ao Banco Central do Brasil.

Art. 99. O juiz, ao receber as respostas das instituições financeiras, emitirá ordem judicial eletrônica de transferência do valor da condenação para conta judicial, em estabelecimento oficial de crédito, ou providenciará o desbloqueio do valor.

PARÁGRAFO ÚNICO. O termo inicial do prazo para oposição de embargos à execução é a data da intimação da parte, pelo juiz, de que se efetivou bloqueio de numerário em sua conta.

Art. 100. É obrigatória a observância pelos juízes das normas sobre o BACEN JUD estabelecidas no regulamento que integra o convênio firmado entre o Banco Central do Brasil e os tribunais do trabalho.

Subseção IX
BACEN JUD — Cadastramento e Conta Única

Art. 101. As pessoas físicas e jurídicas poderão requerer, por si ou por seus representantes estatutários, ou mesmo por advogado devidamente constituído, mediante exibição de instrumento de procuração, o cadastramento de conta única apta a acolher bloqueios eletrônicos realizados por meio do sistema BACEN JUD.

Art. 102. O requerimento será dirigido ao Corregedor-Geral da Justiça do Trabalho, conforme formulário eletrônico disponibilizado pela Corregedoria-Geral da Justiça do Trabalho, na página do Tribunal Superior do Trabalho na Internet, do qual constará declaração expressa de ciência e concordância do requerente com as normas relativas ao cadastramento de contas previstas na presente Consolidação e na Resolução n. 61/2008 do CNJ.

§ 1º O requerimento de cadastramento de conta única será instruído com:

I — cópia do cartão do CNPJ ou do CPF;

II — comprovante da conta bancária indicada para acolher o bloqueio, expedido pela instituição financeira, contendo, obrigatoriamente:

a) titularidade (nome da empresa e número do CNPJ ou do CPF);

b) nome do banco;

c) código da agência (com quatro dígitos, sem o dígito verificador;

d) número da conta corrente (com o dígito verificador);

III — contrato social do qual constem os dados do representante legal da empresa; *(Redação dada pelo Ato GCGJT n. 6, de 31.5.17, DEJT 31.5.17)*

IV — na hipótese de advogado constituído, instrumento de procuração que habilite o subscritor do pedido a atuar, ainda que administrativamente, em nome do requerente; *(Redação dada pelo Ato GCGJT n. 6, de 31.5.17, DEJT 31.5.17)*

V — documento de identificação que demonstre a autenticidade da assinatura do subscritor do pedido. *(Redação dada pelo Ato GCGJT n. 6, de 31.5.17, DEJT 31.5.17)*

§ 2º As instituições integrantes do Sistema Financeiro Nacional que solicitarem cadastramento de conta única não estão obrigadas a fornecer o número da conta indicada para o bloqueio, podendo informar apenas o nome do Banco ou o número da agência que cumprirá a ordem.

§ 3º O envio do requerimento e dos respectivos documentos deverá ser realizado exclusivamente por meio do Sistema Bacen Jud Digital — JT, sendo automaticamente descartados se encaminhados por outra via. *(Redação dada pelo Ato GCGJT n. 6, de 31.5.17, DEJT 31.5.17)*

§ 4º É de responsabilidade do requerente a veracidade das informações prestadas e a autenticidade dos documentos enviados, assim como a preservação dos originais dos documentos, que poderão ser eventualmente solicitados pela Secretaria da Corregedoria-Geral para o esclarecimento de dúvidas. *(Redação dada pelo Ato GCGJT n. 6, de 31.5.17, DEJT 31.5.17)*

§ 5º Incumbe ao requerente o acompanhamento do pedido pelo Sistema Bacen Jud Digital — JT. *(Redação dada pelo Ato GCGJT n. 6, de 31.5.17, DEJT 31.5.17)*

§ 6º Havendo erro no requerimento ou em algum documento enviado passível de solução pelo requerente, ser-lhe-á concedido prazo de 60 dias para que o faça, a contar do primeiro dia útil após a data do registro da pendência no Sistema Bacen Jud Digital — JT. *(Redação dada pelo Ato GCGJT n. 6, de 31.5.17, DEJT 31.5.17)*

§ 7º Ultrapassado o prazo de que trata o parágrafo anterior, o pedido será indeferido, cabendo ao interessado formalizar novo requerimento, anexando a este toda a documentação necessária ao cadastramento. *(Redação dada pelo Ato GCGJT n. 6, de 31.5.17, DEJT 31.5.17)*

Art. 103. Tratando-se de grupo econômico, empresa com filiais e situações análogas, faculta-se o cadastramento de uma conta única para mais de uma pessoa jurídica ou natural.

§ 1º Nessa hipótese, o titular da conta indicada apresentará:

I — cópias dos cartões do CNPJ ou do CPF;

II — declaração de plena concordância com a efetivação de bloqueio de valores decorrente de ordem judicial expedida contra as pessoas por ele relacionadas;

III — declaração dos representantes legais das pessoas jurídicas e das pessoas naturais de plena concordância com o direcionamento das ordens judiciais de bloqueio para a conta especificada;

IV — declaração de instituição financeira de que está ciente e apta a direcionar, para a conta especificada, as ordens judiciais de bloqueio expedidas contra as pessoas arroladas.

§ 2º No caso de grupo econômico, a empresa titular da conta deverá também apresentar:

I — requerimento explicitando se a conta única indicada, de sua própria titularidade, é extensiva às empresas relacionadas na declaração do banco;

II — documentação que comprove a existência do alegado grupo econômico em relação ao universo das empresas noticiadas na declaração apresentada

Art. 104. O deferimento do cadastramento de conta única no Sistema BACEN JUD valerá para todos os órgãos da Justiça Comum dos Estados e Distrito Federal, Justiça Federal, Justiça Militar da União e Justiça do Trabalho.

Art. 105. A pessoa física ou jurídica obriga-se a manter na conta indicada numerário suficiente para o cumprimento da ordem judicial.

Subseção X
BACEN JUD — Descadastramento, Recadastramento e Alteração de Conta Única

Art. 106. Caberá Pedido de Providências de iniciativa do juiz que preside a execução ao constatar que a pessoa física ou jurídica não mantém numerário suficiente na conta única cadastrada no sistema BACEN JUD para o atendimento à ordem judicial de bloqueio.

§ 1º Em ofício dirigido ao Ministro Corregedor-Geral da Justiça do Trabalho, o juiz indicará os dados do executado que possui conta única cadastrada no Sistema BACEN JUD (nome e CNPJ ou CPF) e anexará cópia do Detalhamento da Ordem Judicial de Bloqueio de Valores que obteve resposta negativa da instituição financeira.

§ 2º Autuado o Pedido de Providências, será aberto o prazo de 15 (quinze) dias para apresentação de justificativa para a ausência de numerário.

Art. 107. Não cabe Pedido de Providências na hipótese de suposta recusa da instituição financeira em acatar a ordem judicial de transferência do numerário bloqueado.

Art. 108. Na ausência de numerário bastante para atender à ordem judicial de bloqueio, a ordem será direcionada às demais instituições financeiras e a conta única poderá ser descadastrada.

PARÁGRAFO ÚNICO. Ao responder à intimação para se manifestar no Pedido de Providências apresentado a Corregedoria-Geral da Justiça do Trabalho, nos termos do § 2º do art. 96 desta Consolidação, a parte interessada apresentará as justificativas que entender cabíveis.

Art. 109. Na hipótese de a solicitação de cadastramento ter sido efetivada por outro Tribunal, o Corregedor-Geral comunicará a desabilitação da conta única ao respectivo Tribunal.

Art. 110. O executado poderá requerer o recadastramento da conta ou indicar outra para o bloqueio após 6 (seis) meses da data de publicação da decisão de descredenciamento no Diário Eletrônico da Justiça do Trabalho.

Art. 111. A reincidência quanto à ausência de fundos para o atendimento das ordens judiciais de bloqueio implicará novo descadastramento, desta vez pelo prazo de 1 (um) ano.

§ 1º O executado, após o prazo referido no *caput*, poderá postular novo recadastramento.

§ 2º Em caso de nova reincidência, o descadastramento será definitivo.

Art. 112. A inatividade da instituição financeira mantenedora da conta única cadastrada implicará a desabilitação automática do cadastramento.

Art. 113. Os pedidos de recadastramento, bem como os de alteração da conta cadastrada, serão realizados por meio do Sistema Bacen Jud Digital — JT, instruindo-se a petição com os mesmos documentos exigidos para o cadastramento originário da conta. *(Redação dada pelo Ato GCGJT n. 6, de 31.5.17, DEJT 31.5.17)*

PARÁGRAFO ÚNICO. No caso de pedido de alteração de conta única cadastrada em outro local, o interessado deverá dirigir-se ao órgão onde foi efetuado o cadastro originário.

Art. 114. O cadastramento poderá ser cancelado mediante requerimento do titular da conta única à autoridade que o tenha deferido, a qual determinará seu cancelamento em até 30 dias contados a partir da data do respectivo protocolo.

PARÁGRAFO ÚNICO. O descadastramento de conta única cadastrada pelo Tribunal Superior do Trabalho deverá ser solicitado pelo interessado através do Sistema Bacen Jud Digital — JT, acompanhado dos documentos previstos no art. 102, § 1º, III, IV e V, desta Consolidação. *(Redação dada pelo Ato GCGJT n. 6, de 31.5.17, DEJT 31.5.17)*

Art. 114-A. Compete à Secretaria da Corregedoria-Geral da Justiça do Trabalho apreciar as solicitações de cadastramento, bem como os pedidos de alteração, recadastramento e descadastramento de conta única dirigidos ao Tribunal Superior do Trabalho, ressalvada a competência do Corregedor-Geral da Justiça do Trabalho para a apreciação dos Pedidos de Providências atinentes ao cumprimento do Sistema BACEN JUD. *(Redação dada pelo Ato GCGJT n. 6, de 31.5.17, DEJT 31.5.17)*

Art. 115. Constitui ônus da pessoa física ou jurídica titular de conta única cadastrada no Sistema BACEN JUD zelar pela regularidade dos dados cadastrados, requerendo em tempo oportuno as alterações que se fizerem necessárias, de forma a manter a conta apta ao recebimento de ordens judiciais de bloqueios eletrônicos.

SEÇÃO XIII
Execução Provisória — Digitalização de Processos com recurso para o Tribunal Superior do Trabalho Tramitação das Ações Pelo Sistema do PJe-JT

Subseção I
Da Execução Provisória em Autos Físicos

Art. 116. A execução provisória, em meio físico, correrá nos autos principais e receberá numeração própria e independente, de acordo com a sua classe (ExProvAS), com registro do processo principal de referência.

Art. 117. A folha de rosto da classe ExProvAS será sobreposta à da classe dos autos principais, para fins de continuidade da tramitação processual.

Art. 118. Após o trânsito em julgado, a execução provisória será convertida em definitiva, com o lançamento do movimento processual correspondente, efetuando-se a baixa definitiva da classe ExProvAS no sistema. A folha de rosto da classe dos autos principais deverá ser restabelecida, para fins de tramitação da execução definitiva.

Subseção II
Da Execução Provisória em Autos Físicos Convertidos em Eletrônicos

Art. 119. Fica facultada, a requerimento da parte ou de ofício, a tramitação de execução provisória no Sistema PJe-JT, em classe própria (ExProvAS), mediante digitalização das peças necessárias à formação dos autos eletrônicos.

Art. 120. A tramitação de execução provisória em meio eletrônico no Sistema PJe-JT será precedida de intimação das partes e de seus advogados, para adoção das providências necessárias à aquisição de certificação digital e para prévio cadastramento no sistema.

§ 1º O termo de abertura para cadastramento da classe ExProvAS servirá de certidão.

§ 2º As partes poderão peticionar no Sistema PJe-JT, anexando as peças complementares que entenderem necessárias ao processamento da execução provisória em autos eletrônicos.

Art. 121. Efetivado o trânsito em julgado da decisão exequenda, com a conversão da execução provisória em definitiva, os autos da execução provisória (ExProvAS) deverão ser baixados, com o lançamento do movimento processual correspondente.

PARÁGRAFO ÚNICO. A Secretaria da Vara providenciará a formação dos autos eletrônicos para processamento da execução definitiva no Sistema PJe-JT, com a utilização do Cadastramento da Liquidação e Execução — CLE, na forma disciplinada pela Resolução n. 136/2014 do CSJT.

Subseção III
Da Execução Provisória em Autos Originariamente Eletrônicos

Art. 122. Até que seja desenvolvido fluxo específico no Sistema PJe-JT, a execução provisória tramitará em classe própria (ExProvAS), aplicando-se, no que couber, as disposições da Subseção II.

Art. 123. Transitada em julgado a decisão exequenda, a Secretaria da Vara anexará aos autos principais os arquivos eletrônicos das peças inéditas dos autos da classe ExProvAS para processamento da execução definitiva, sendo vedada a utilização do Cadastramento da Liquidação e Execução — CLE.

Seção XIV
Contribuições Sociais — Reclamação Trabalhista ajuizada Contra Massa Falida

Art. 124. Nas reclamações trabalhistas ajuizadas contra massa falida, apurados os valores devidos a título de contribuições sociais, será expedida certidão de habilitação de crédito previdenciário, que deverá conter:

I — indicação da vara do trabalho;

II — número do processo;

III — identificação das partes, com a informação dos números do CPF e CNPJ;

IV — valores devidos a título de contribuições sociais, discriminando-se os relativos à cota do empregado e do empregador;

V — data de atualização dos cálculos;

VI — indicação da vara em que tramita o processo alimentar;

VII — número do processo falimentar;

VIII — identificação e endereço do síndico ou administrador judicial.

Art. 125. À certidão de que trata o artigo anterior será anexada cópia dos seguintes documentos:

I — petição inicial;

II — acordo ou sentença e decisão proferida pelo tribunal regional do trabalho ou pelo Tribunal Superior do Trabalho;

III — certidão de trânsito em julgado ou do decurso do prazo para recurso;

IV — cálculos de liquidação da sentença homologados pelo juiz do trabalho;

V — decisão homologatória dos cálculos de liquidação da sentença;

VI — outros que o juiz do trabalho considerar necessários.

PARÁGRAFO ÚNICO. As cópias serão autenticadas elas secretarias das varas do trabalho, sem prejuízo do que autoriza o art. 830 da CLT.

Art. 126. A certidão de habilitação de crédito previdenciário e os documentos que a instruem serão enviados, por ofício, ao administrador judicial do processo de falência, dando-se ciência do ato ao representante judicial da União.

Seção XV
Intervenção nos Estados-Membros e Municípios

Art. 127. Os presidentes dos tribunais regionais do trabalho fundamentarão os pedidos de intervenção dirigidos ao Supremo Tribunal Federal e aos tribunais de justiça dos estados, justificando a necessidade da adoção da medida excepcional.

PARÁGRAFO ÚNICO. A intervenção deverá ser requerida pelo credor do estado-membro ou do município.

Art. 128. O pedido de intervenção em estado-membro será encaminhado ao Supremo Tribunal Federal por intermédio da Corregedoria-Geral da Justiça do Trabalho, enquanto o requerimento de intervenção em município será remetido diretamente ao tribunal de justiça local pelo presidente do tribunal regional do trabalho.

Art. 129. O pedido de intervenção em estado-membro ou em município será instruído com as seguintes peças:

I — petição do credor, dirigida ao presidente do tribunal regional do trabalho, requerendo o encaminhamento do pedido de intervenção ao Supremo Tribunal Federal ou ao tribunal de justiça local, conforme o caso;

II — impugnação do ente público, quando houver;

III — manifestação do órgão do Ministério Público que atua perante o tribunal regional do trabalho;

IV — decisão fundamentada do presidente do tribunal regional do trabalho admitindo o encaminhamento do pedido de intervenção;

V — ofício requisitório que possibilite a verificação da data de expedição do precatório e o ano de sua inclusão no orçamento.

CAPÍTULO V
Normas Procedimentais Administrativas

SEÇÃO I
Disponibilização dos Despachos e Decisões na Internet

Art. 130. Juntamente com o andamento do processo, os tribunais regionais do trabalho disponibilizarão, na Internet, o inteiro teor dos despachos, decisões e sentenças proferidas nos autos e as datas em que foram divulgados na imprensa oficial.

PARÁGRAFO ÚNICO. Os tribunais regionais do trabalho observarão, no mais, as disposições contidas nas Resoluções ns. 121/2010 e 143/2011 do CNJ.

Seção II
Informações Estatísticas
Sistema de Gerenciamento de Informações Administrativas e Judiciárias da Justiça do Trabalho — e-Gestão

Art. 131. O Sistema de Gerenciamento de Informações Administrativas e Judiciárias da Justiça do Trabalho — e-Gestão é ferramenta eletrônica de apoio destinada a disponibilizar aos usuários acesso às informações relativas à estrutura administrativa e ao exercício da atividade judiciária dos órgãos do Judiciário do Trabalho de 1º e 2º graus.

Art. 132. O controle estatístico-processual do movimento judiciário e da atuação jurisdicional dos 1º e 2º graus da Justiça do Trabalho, por seus órgãos e juízes, de interesse da Corregedoria-Geral da Justiça do Trabalho, será realizado mediante as informações disponibilizadas no Sistema e-Gestão.

Art. 133. O Sistema e-Gestão é regido pelos princípios da obrigatoriedade e da presunção da veracidade das informações disponibilizadas.

PARÁGRAFO ÚNICO. É de responsabilidade dos presidentes dos tribunais regionais do trabalho a fidedignidade das informações estatísticas disponibilizadas no Sistema e-Gestão.

Art. 134. O Sistema e-Gestão será administrado pela Corregedoria-Geral da Justiça do Trabalho, assessorada pelo Comitê Gestor Nacional.

§ 1º As atribuições e composição do Comitê Gestor Nacional serão instituídas por ato da Corregedoria-Geral da Justiça do Trabalho.

§ 2º As comunicações com o Comitê Gestor Nacional deverão ser feitas por meio do *software* Jira, mantido pelo Tribunal Superior do Trabalho *(Redação dada pelo Ato GCGJT n. 8, de 24 de junho de 2016).*

Art. 135. Os presidentes dos tribunais regionais do trabalho deverão instituir comitês gestores regionais para receberem as orientações do Comitê Gestor Nacional quanto às regras para a coleta e disponibilização das informações, as quais serão repassadas aos respectivos tribunais regionais do trabalho e varas do trabalho da região.

§ 1º O comitê gestor regional do sistema e-Gestão será coordenado preferencialmente por desembargador e deverá ter composição multidisciplinar, contando com pelo menos um juiz de 1º grau e por servidores afeitos às áreas de tecnologia da informação, de estatística, de pessoal e de negócio judicial de 1º e 2º graus.

§ 2º O Comitê Regional reunir-se-á mensalmente para, entre outras ações, corrigir eventuais inconsistências nos dados remetidos ao TST, retratadas nos relatórios da pasta denominada "Relatórios de Detalhamento de Erros" do Sistema e-Gestão, e encaminhará ao Comitê Gestor Nacional do Sistema e-Gestão a respectiva ata.

Art. 136. As informações disponibilizadas no Sistema e-Gestão pelos tribunais regionais do trabalho e as varas do trabalho deverão observar os modelos previamente aprovados pelo Ministro Corregedor-Geral da Justiça do Trabalho.

§ 1º As informações contidas nos manuais de orientação de 1º e 2º graus do Sistema e-Gestão deverão ser disponibilizadas, semanalmente, às sextas-feiras, e, mensalmente, até o dia 15 (quinze) do mês seguinte ao da realização das atividades.

§ 2º Os erros materiais porventura existentes nas informações disponibilizadas mensalmente no Sistema e-Gestão poderão ser corrigidos até 1º de março do ano subsequente ao ano de referência das informações.

Art. 137. O Manual do Usuário com o detalhamento das funcionalidades do Sistema e-Gestão e os Manuais de Orientações dos 1º e 2º graus serão disponibilizados na página de acesso ao sistema.

Art. 138. São usuários do Sistema e-Gestão os magistrados e servidores da Justiça do Trabalho.

§ 1º O acesso ao sistema será feito pela Internet para usuários credenciados.

§ 2º A autorização será concedida mediante solicitação de credenciamento à Corregedoria--Geral ou ao Coordenador do Comitê Gestor Regional, conforme o caso.

Art. 139. A Coordenadoria de Estatística e Pesquisa do Tribunal Superior do Trabalho terá a atribuição de elaborar e disponibilizar os relatórios estatísticos oficiais, para fins de inspeção e correição permanentes, conforme modelos previamente estabelecidos pelo Ministro Corregedor-Geral da Justiça do Trabalho.

PARÁGRAFO ÚNICO. O Comitê Gestor Nacional definirá os relatórios a serem disponibilizados para consulta aos usuários do sistema.

Art. 140. Os presidentes dos tribunais regionais do trabalho, para os efeitos do art. 37 da Lei Complementar n. 35/79 — Loman — publicarão, mensalmente, até o dia 20 (vinte) do mês subsequente ao de apuração, os dados estatísticos sobre os trabalhos do tribunal no mês anterior, de acordo com modelo previamente aprovado pelo Ministro Corregedor-Geral da Justiça do Trabalho.

Art. 141. Os tribunais regionais do trabalho divulgarão, em local de destaque de seus respectivos sites na internet, os relatórios de produção mensal dos órgãos judiciais e magistrados de 1º e de 2º graus.

§ 1º Os relatórios, em formato pdf, serão extraídos do sistema e-Gestão e disponibilizados mediante links a partir de banner próprio de cada tribunal regional, intitulado "Produção dos Magistrados".

§ 2º Os relatórios de que trata o parágrafo anterior serão os disponíveis nas subpastas "Transparência" e "Produção" do sistema e-Gestão, sendo:

I — Para o 1º grau:

a) Varas do trabalho — conhecimento;

b) Varas do trabalho — execução;

c) Juízes — conhecimento;

d) Juízes — execução.

II — Para o 2º grau:

a) Tribunal;

b) Magistrados.

§ 3º Os relatórios deverão estar disponíveis, mensalmente, no decorrer do mês subsequente àquele em referência, devendo ser mantidos os anteriores, organizados por ano e mês.

TÍTULO III

Disposições Finais

Art. 142. Esta Consolidação dos Provimentos entrará em vigor no dia 16 de março de 2016.

Art. 143. Ficam revogadas as disposições em contrário, inclusive a Recomendação 1/2013 da Corregedoria-Geral da Justiça do Trabalho.

Brasília, 23 de fevereiro de 2016.

JOÃO BATISTA BRITO PEREIRA,
Ministro Corregedor-Geral da Justiça do Trabalho

Nota: Os anexos referidos na Consolidação dos Provimentos da Corregedoria Geral da Justiça encontram-se publicados à página 19, do DJE n. 1.923, de 23.2.16

PROVIMENTO TST/CG N. 1, DE 18 DE FEVEREIRO DE 2004

(DJ 20.2.2004)

Determina aos Tribunais Regionais do Trabalho a elaboração de súmula de sua jurisprudência dominante

O Ministro Ronaldo Leal, Corregedor-Geral da Justiça do Trabalho, no uso de suas atribuições legais e regimentais,

Considerando:

1. a representação que faz a 3ª Turma deste Tribunal a esta Corregedoria, ao apreciar Recurso de Revista provindo do 11º TRT;

2. que é inaceitável que os Tribunais Regionais decidam de forma díspar a mesma matéria, embora com a mesma composição;

3. que a prestação jurisdicional é dada em função do jurisdicionado, destinatário dela, o que exige dos Tribunais as adequações necessárias para que o Poder Judiciário não caia no descrédito público;

Resolve determinar:

Art. 1º Os Tribunais Regionais do Trabalho deverão elaborar a súmula de sua jurisprudência dominante e alertar todos os Juízes, inclusive os convocados, sobre a conveniência de observá-la.

Art. 2º Revogam-se as disposições em contrário.

Este Provimento entra em vigor na data da sua publicação.

Publique-se.

Cumpra-se.

Brasília-DF, 18 de fevereiro de 2004.

RONALDO LEAL
Corregedor-Geral da Justiça do Trabalho

PROVIMENTO CGJT N. 001, DE 3 DE MAIO DE 2012

(DEJT 4.5.2012)

Dispõe sobre os procedimentos a serem adotados pelos MM. Juízos do Trabalho relativamente a credores trabalhistas de empresa falida ou em recuperação judicial e dá outras providências

O CORREGEDOR-GERAL DA JUSTIÇA DO TRABALHO, no uso da atribuição regimental que lhe é conferida pelo art. 6º, inciso V, do Regimento Interno da Corregedoria-Geral da Justiça do Trabalho,

Considerando ser da competência das Varas do Trabalho ultimar a liquidação da sentença condenatória ilíquida, nos termos do art. 6º, § 1º, da Lei n. 11.101/2005;

Considerando que após a liquidação do crédito trabalhista impõe-se a sua habilitação perante o Administrador Judicial da Empresa Falida ou em Recuperação Judicial, a teor do art. 7º da Legislação Extravagante, cabendo para tanto ao Juízo do Trabalho expedir a competente Certidão de Habilitação de Crédito;

Considerando que todos os bens e créditos da Empresa Falida, inclusive aqueles objeto de constrição judicial e os produtos obtidos em leilão realizado no âmbito do Judiciário do Trabalho, sujeitam-se à força atrativa do Juízo Falimentar, com a consequente suspensão da execução trabalhista, na conformidade do art. 108, § 3º, da Lei n. 11.101/2005;

Considerando que, aprovado e homologado o Plano de Recuperação Judicial, é do Juízo de Falências e Recuperações Judiciais a competência para a prática de quaisquer atos de execução referentes a reclamações trabalhistas movidas contra a Empresa Recuperanda, de acordo com a jurisprudência consolidada no STJ e no STF;

Considerando que a elaboração da Relação de Credores e subsequente Quadro Geral de Credores é atribuição do Administrador Judicial e não do Cartório do Juízo de Falência, segundo disposto nos arts. 7º a 20 da Legislação Extravagante,

RESOLVE:

Art. 1º No caso de execução de crédito trabalhista em que se tenha dado a decretação da falência do executado ou este se encontre em recuperação judicial, caberá aos MM. Juízes das Varas do Trabalho orientar os respectivos credores para que providenciem a habilitação dos seus créditos perante o Administrador Judicial da Empresa Falida ou em Recuperação Judicial, expedindo para tanto Certidão de Habilitação de Crédito.

PARÁGRAFO ÚNICO. Expedida a Certidão de Habilitação de Crédito, os MM. Juízos das Varas do Trabalho deverão se abster de encaminhar diretamente aos MM. Juízos de Falências e Recuperações Judiciais os autos das execuções trabalhistas e/ou Certidões de Créditos Trabalhistas, com vistas à habilitação, inclusão ou exclusão de credores da Relação de Credores e do Quadro Geral de Credores, pois tal atribuição não é do Cartório Falimentar, mas do Administrador Judicial.

Art. 2º Os MM. Juízos das Varas do Trabalho manterão em seus arquivos os autos das execuções que tenham sido suspensas em decorrência da decretação da recuperação judicial ou da falência, a fim de que, com o encerramento da quebra, seja retomado o seu prosseguimento, desde que os créditos não tenham sido totalmente satisfeitos, em relação aos quais não corre a prescrição enquanto durar o processo falimentar, nos termos do art. 6º Lei n. 11.101/2005.

Art. 3º É assegurado aos MM. Juízos das Varas do Trabalho, ainda que as ações trabalhistas se achem pendentes de julgamento, formular pedidos de reserva de valor diretamente aos MM. Juízos de Falência, os quais serão atendidos na medida das forças da Massa Falida, na conformidade do disposto no art. 6º, § 3º, da Lei n. 11.101/2005.

Art. 4º Este Provimento entrará em vigor na data da sua publicação.

Publique-se no DEJT.

Dê-se ciência aos Presidentes e Corregedores dos Tribunais Regionais do Trabalho, mediante ofício, do inteiro teor deste Provimento, solicitando de Suas Excelências que o divulguem junto às Varas do Trabalho das respectivas jurisdições.

Brasília, 3 de maio de 2012.

ANTONIO JOSÉ DE BARROS LEVENHAGEN
Ministro Corregedor-Geral da Justiça do Trabalho

ATO GDGCJ GP N. 484, DO TRIBUNAL SUPERIOR DO TRABALHO, DE 25 DE NOVEMBRO DE 2003

(DJ 27.11.2003)

O MINISTRO PRESIDENTE DO TRIBUNAL SUPERIOR DO TRABALHO, no uso de suas atribuições legais e regimentais,

Considerando a garantia de prioridade, em qualquer instância, na tramitação dos processos em que o idoso é parte ou interveniente;

Considerando o disposto no art. 71 da Lei n. 10.741, de 1º de outubro de 2003, que reduziu para 60 (sessenta) anos de idade o direito à obtenção dessa garantia;

Considerando a necessidade de uniformizar os procedimentos no âmbito das Subsecretarias e Secretarias desta Corte, resolve:

1 — Assegurar, no Tribunal Superior do Trabalho, prioridade na tramitação dos processos em que figure como parte ou interveniente pessoa com idade igual ou superior a 60 (sessenta) anos de idade;

2 — A prioridade será concedida mediante requerimento da parte ou do interveniente e da prova de idade, dirigidos ou ao Presidente do Tribunal Superior do Trabalho, ou aos Presidentes das Turmas, ou ao relator do processo, conforme as normas de competência aplicáveis ao caso;

3 — As Secretarias e Subsecretarias que estejam na posse do processo, desde que deferido o pedido de tramitação preferencial, procederão aos respectivos registros no Sistema de Informações Judiciárias — SIJ, em campo próprio, e anotarão na capa dos autos "Tramitação preferencial — Lei n. 10.741/2003", mediante a aposição de carimbo, a ser providenciado pela Diretoria-Geral de Coordenação Judiciária;

5 — A garantia de prioridade estende-se ao atendimento imediato do idoso, nas Secretarias e Subsecretarias.

6 — Revoga-se o Ato GDGCJ.GP n. 110/2001.

7 — O presente Ato entrará em vigor em 2 de janeiro de 2004.

Publique-se no BI e no DJ.

Brasília, 25 de novembro de 2003.

FRANCISCO FAUSTO,
Ministro Presidente do Tribunal Superior do Trabalho

RECOMENDAÇÃO CONJUNTA GP.CGJT. N. 3, DE 27 DE SETEMBRO DE 2013

(DEJT 30.9.2013)

Recomenda o encaminhamento de cópia das sentenças que reconheçam a presença de agentes insalubres no Meio Ambiente do Trabalho ao Ministério do Trabalho e Emprego, a fim de subsidiar o planejamento de ações de fiscalização

O PRESIDENTE DO TRIBUNAL SUPERIOR DO TRABALHO E O CORREGEDOR-GERAL DA JUSTIÇA DO TRABALHO, no uso de suas atribuições legais e regulamentares, e

Considerando o dever de a Justiça do Trabalho contribuir para o alcance dos fundamentos do Estado Democrático de Direito, em especial para a edificação da dignidade da pessoa humana, da cidadania e dos valores sociais do trabalho e da livre iniciativa;

Considerando as dezenas de milhares de processos envolvendo a constatação de agentes insalubres no meio ambiente do trabalho, sem o pagamento do respectivo adicional ou a adoção de medidas que eliminem ou neutralizem o agente nocivo;

Considerando a competência residual de administrar os órgãos da Justiça e o dever de, por meio da gestão das informações que produz, contribuir para a atuação de outros ramos do Poder Público;

Considerando o Protocolo de Cooperação Técnica celebrado pelo Tribunal Superior do Trabalho, Conselho Superior da Justiça do Trabalho, Ministério da Saúde, Ministério do Trabalho e Emprego, Ministério da Previdência Social e Advocacia-Geral da União visando à implementação de programas nacionais voltados à prevenção de acidentes de trabalho;

Considerando o Acordo de Cooperação Técnica firmado entre o Tribunal Superior do Trabalho, o Conselho Superior da Justiça do Trabalho e o Ministério do Trabalho e Emprego em 18 de setembro de 2013, por ocasião da abertura do 2º Seminário Nacional de Prevenção de Acidentes de Trabalho;

RESOLVEM:

Recomendar aos Juízes do Trabalho que enviem cópia das decisões em que haja o reconhecimento, por meio de prova pericial, de agente insalubre no meio ambiente do trabalho ao endereço eletrônico sentenças.dsst@mte.gov.br, com cópia para insalubridade@tst.jus.br, contendo no corpo do e-mail:

I) Identificação do número do processo;

II) Identificação do empregador, com denominação social/nome e CNPJ/CPF;

III) Endereço do estabelecimento, com código postal (CEP);

IV) Indicação do agente insalubre constatado.

Brasília, 27 de setembro de 2013.

Ministro CARLOS ALBERTO REIS DE PAULA
Presidente do Tribunal Superior do Trabalho

RESOLUÇÃO ADMINISTRATIVA N. 1.470/2011, DO ÓRGÃO ESPECIAL DO TRIBUNAL SUPERIOR DO TRABALHO

(ALTERADA PELO ATO TST.GP N. 772/2011, ATO TST.GP N. 1/2012 E ATO N. 317 GP, DE 11.5.2012)(*)

(DJe/TST 21.12.2011)

Regulamenta a expedição da Certidão Negativa de Débitos Trabalhistas — CNDT e dá outras providências

O EGRÉGIO ÓRGÃO ESPECIAL DO TRIBUNAL SUPERIOR DO TRABALHO, em sessão extraordinária hoje realizada, sob a Presidência do Excelentíssimo senhor Ministro João Oreste Dalazen, Presidente do Tribunal, presentes o Exmos. senhores Ministros Maria Cristina Irigoyen Peduzzi, Vice-Presidente, Antônio José de Barros Levenhagen, Corregedor-Geral da Justiça do Trabalho, Milton de Moura França, Carlos Alberto Reis de Paula, Ives Gandra da Silva Martins Filho, João Batista Brito Pereira, Horácio Raymundo de Senna Pires, Rosa Maria Weber Candiota da Rosa, Luiz Philippe Vieira de Mello Filho, Alberto Luiz Bresciani de Fontan Pereira, Dora Maria da Costa, Fernando Eizo Ono, Márcio Eurico Vitral Amaro e o Exmo. Procurador-Geral do Trabalho, Dr. Luis Antônio Camargo de Melo,

Considerando a edição da Lei n. 12.440, de 7 de julho de 2011, que instituiu a Certidão Negativa de Débitos Trabalhistas — CNDT;

Considerando que a expedição da CNDT, eletrônica e gratuita, pressupõe a existência de base de dados integrada, de âmbito nacional, com informações sobre as pessoas físicas e jurídicas inadimplentes perante a Justiça do Trabalho;

Considerando a necessidade de padronizar e regulamentar a frequência, o conteúdo e o formato dos arquivos a serem disponibilizados pelos Tribunais Regionais do Trabalho com os dados necessários à expedição da CNDT;

(*) Resolução Administrativa republicada ante a determinação contida no art. 5º do Ato TST.GP. N. 772/2011.

RESOLVE

Art. 1º É instituído o Banco Nacional de Devedores Trabalhistas — BNDT, composto dos dados necessários à identificação das pessoas naturais e jurídicas, de direito público e privado, inadimplentes perante a Justiça do Trabalho quanto às obrigações:

I — estabelecidas em sentença condenatória transitada em julgado ou em acordos judiciais trabalhistas; ou

II — decorrentes de execução de acordos firmados perante o Ministério Público do Trabalho ou Comissão de Conciliação Prévia.

§ 1º É obrigatória a inclusão no BNDT do devedor que, devidamente cientificado, não pagar o débito ou descumprir obrigação de fazer ou não fazer, no prazo previsto em lei. *(Redação dada pelo Ato TST n. 1, de 2.1.2012, DJe 2.1.2012)*

§ 1º-A Antes de efetivar a ordem de inclusão do devedor no BNDT, em caso de execução por quantia certa, o Juízo da Execução determinará o bloqueio eletrônico de numerário por meio do sistema BACENJUD (art. 655, I, CPC) e também registrará no sistema, quando for o caso, a informação sobre a existência de garantia total da execução. *(Acrescentado pelo Ato TST n. 1, de 2.1.2012, DJe 2.1.2012)*

§ 1º-B. Não será inscrita no Banco Nacional de Devedores Trabalhistas a pessoa jurídica que goze do privilégio do pagamento de seus débitos por meio do sistema previsto no art. 100 da Constituição da República, antes de vencido o prazo para quitação do precatório. *(Acrescentado pelo Ato n. 317/GP DE 11.5.2012, DJe 17.5.2012)*

§ 1º-C. A pessoa jurídica que houver adotado o regime especial de pagamento de precatórios instituído pela Emenda Constitucional n. 62/2009 não será inscrita no Banco Nacional de Devedores Trabalhistas, desde que mantenha pontualidade nos depósitos. *(Acrescentado pelo Ato n. 317/GP DE 11.5.2012, DJe 17.5.2012)*

§ 2º A garantia total da execução por depósito, bloqueio de numerário ou penhora de bens suficientes, devidamente formalizada, ensejará a expedição de Certidão Positiva de Débitos Trabalhistas, com os mesmos efeitos da CNDT.

§ 3º Não será inscrito no Banco Nacional de Devedores Trabalhistas o devedor cujo débito é objeto de execução provisória.

§ 4º Uma vez inscrito, o devedor comporá pré-cadastro para a emissão da CNDT e disporá do prazo improrrogável de 30 (trinta) dias para cumprir a obrigação ou regularizar a situação, a fim de evitar a positivação de seus registros junto ao BNDT. *(Redação dada pelo Ato TST n. 1, de 2.1.2012, DJe 2.1.2012)*

§ 5º Transcorrido o prazo de que trata o parágrafo anterior, a inclusão do devedor inadimplente acarretará, conforme o caso, a emissão de Certidão Positiva ou de Certidão Positiva com efeito de negativa, na forma do art. 6º desta Resolução. *(Acrescentado pelo Ato TST n. 1, de 2.1.2012, DJe 2.1.2012)*

§ 6º A alteração dos dados do devedor no BNDT, no curso do prazo fixado no § 4º, não renova ou modifica o prazo ali previsto. *(Acrescentado pelo Ato TST n. 1, de 2.1.2012, DJe 2.1.2012)*

Art. 2º A inclusão, a alteração e a exclusão de dados no Banco Nacional de Devedores Trabalhistas serão sempre precedidas de determinação judicial expressa, preferencialmente por meio eletrônico.

§ 1º Na execução por Carta, caberá ao Juízo Deprecante a determinação de que trata o *caput*. *(Alterado pelo ATO GP n. 772/2011, de 13.12.2011)*

§ 2º As alterações no BNDT decorrentes de decisão de Tribunal Regional do Trabalho ou do Tribunal Superior do Trabalho serão imediatamente comunicadas ao juízo de origem, a quem caberá a atualização. *(Incluído pelo ATO GP n. 772/2011, de 13.12.2011)*

§ 3º Caberá aos Tribunais Regionais do Trabalho, observado o disposto no parágrafo anterior, determinar a atualização dos dados do BNDT antes do envio dos autos ao TST para julgamento de eventual recurso interposto. *(Incluído pelo ATO GP n. 772/2011, de 13.12.2011)*

§ 4º O Desembargador competente para emitir despacho de admissibilidade em recurso dirigido ao TST velará pelo cumprimento das normas dos §§ 2º e 3º. *(Incluído pelo ATO GP n. 772/2011, de 13.12.2011)*

Art. 3º Os Tribunais Regionais do Trabalho disponibilizarão diariamente arquivo eletrônico com os seguintes dados necessários à alimentação do Banco Nacional de Devedores Trabalhistas, no formato a ser definido pela Secretaria de Tecnologia da Informação do TST:

I — número dos autos do processo, observada a numeração única prevista na Resolução CNJ n. 65/2008;

II — número de inscrição do devedor no Cadastro de Pessoas Físicas (CPF) ou no Cadastro Nacional de Pessoas Jurídicas (CNPJ) da Receita Federal do Brasil (RFB);

III — nome ou razão social do devedor, observada a grafia constante da base de dados do CPF ou do CNPJ da RFB;

IV — existência de depósito, bloqueio de numerário ou penhora suficiente à garantia do débito, se for o caso;

V — suspensão da exigibilidade do débito trabalhista, quando houver.

§ 1º Os dados de inclusão de devedor no Banco serão precedidos de conferência do respectivo nome ou razão social e do número do CPF ou do CNPJ com a base de dados da Receita Federal do Brasil, cujos meios de acesso o Tribunal Superior do Trabalho fornecerá.

§ 2º Serão armazenadas as datas de inclusão e exclusão dos devedores e das informações previstas nos incisos IV e V, bem como o registro do usuário responsável pelo lançamento dos dados.

§ 3º Nas execuções promovidas contra dois ou mais devedores, as informações sobre a suspensão da exigibilidade do débito ou garantia da execução por depósito, bloqueio de numerário ou penhora suficiente deverão ser individualizadas por devedor.

§ 4º Paga a dívida ou satisfeita a obrigação, o Juiz da execução determinará a imediata exclusão do(s) devedor(es) do Banco Nacional de Devedores Trabalhistas.

§ 5º Sempre que houver modificação das informações descritas nos incisos IV e V, atualizar-se-ão os dados no Banco Nacional de Devedores Trabalhistas.

Certidão Negativa de Débitos Trabalhistas

Art. 4º A Certidão Negativa de Débitos Trabalhistas — CNDT será expedida gratuita e eletronicamente em todo o território nacional, observado o modelo constante do Anexo I, no período de pré-cadastro a que alude o § 4º do art. 1º, e para comprovar a inexistência de débitos inadimplidos perante a Justiça do Trabalho, tendo como base de dados o Banco Nacional de Devedores Trabalhistas. *(Redação dada pelo Ato TST n. 1, de 2.1.2012, DJe 2.1.2012)*

§ 1º O interessado requererá a CNDT nas páginas eletrônicas do Tribunal Superior do Trabalho (http://www.tst.jus.br), do Conselho Superior da Justiça do Trabalho (http://www.csjt.jus.br) e dos Tribunais Regionais do Trabalho na internet, as quais manterão, permanentemente, hiperlink de acesso ao sistema de expedição. *(Redação dada pelo Ato TST n. 1, de 2.1.2012, DJe 2.1.2012)*

§ 2º O sistema de expedição da CNDT também disponibilizará consulta pública dos dados referentes aos devedores inscritos no pré-cadastro do BNDT e ainda não positivados, no prazo a que alude o § 4º do art. 1º, observado o modelo constante do Anexo IV. *(Acrescentado pelo Ato TST n. 1, de 2.1.2012, DJe 2.1.2012)*

Art. 5º O requerimento da CNDT indicará, obrigatoriamente, o CPF ou o CNPJ da pessoa sobre quem deva versar a certidão.

§ 1º No caso de pessoa jurídica, a CNDT certificará a empresa em relação a todos os seus estabelecimentos, agências e filiais.

§ 2º A certidão conterá:

I — informação de que os dados estão atualizados até 2 (dois) dias anteriores à data da sua expedição; e

II — código de segurança para o controle de sua autenticidade no próprio sistema de emissão.

Certidão Positiva de Débitos Trabalhistas

Art. 6º A Certidão Negativa de Débitos Trabalhistas — CNDT não será obtida quando, decorrido o prazo de regularização a que se refere o art. 1º, § 4º, constar do Banco Nacional de Devedores Trabalhistas o número de inscrição no CPF ou no CNPJ da pessoa sobre quem deva versar. *(Redação dada pelo Ato TST n. 1, de 2.1.2012, DJe 2.1.2012)*

§ 1º Na hipótese prevista no *caput*, expedir-se-á Certidão Positiva de Débitos Trabalhistas — CPDT, observado o modelo constante do Anexo II.

§ 2º Suspensa a exigibilidade do débito ou garantida a execução por depósito, bloqueio de numerário ou penhora de bens suficientes, devidamente formalizada, expedir-se-á Certidão Positiva de Débitos Trabalhistas com os mesmos efeitos da Certidão Negativa de Débitos Trabalhistas, observado o modelo constante do Anexo III.

Art. 7º O Tribunal Superior do Trabalho manterá repositório de todas as informações constantes do banco de dados da CNDT pelo prazo mínimo de 5 (cinco) anos.

Gestão e Fiscalização

Art. 8º A gestão técnica do Banco Nacional de Devedores Trabalhistas e do sistema de expedição da Certidão Negativa de Débitos Trabalhistas caberá a um Comitê a ser instituído e regulamentado pela Presidência do Tribunal Superior do Trabalho.

PARÁGRAFO ÚNICO. Integrará o Comitê um representante indicado pelo Corregedor-Geral da Justiça do Trabalho.

Art. 9º À Corregedoria-Geral da Justiça do Trabalho caberá fiscalizar e orientar os Tribunais Regionais do Trabalho e as Corregedorias Regionais quanto ao cumprimento da presente Resolução, especialmente no que concerne:

I — ao fiel registro, no sistema dos Tribunais Regionais do Trabalho, dos atos processuais relativos à execução trabalhista, necessários à expedição da CNDT;

II — à obrigatoriedade de inclusão e exclusão dos devedores no Banco Nacional de Devedores Trabalhistas;

III — à atualização dos dados no Banco Nacional de Devedores Trabalhistas, sempre que houver modificação das informações descritas nos incisos IV e V do art. 3º desta Resolução;

IV — à disponibilização correta e tempestiva dos dados necessários à alimentação do Banco Nacional de Devedores Trabalhistas; e

V — à existência e manutenção de *hiperlink* de acesso ao sistema de expedição da CNDT nas páginas eletrônicas dos Tribunais Regionais do Trabalho.

Disposições Finais e Transitórias

Art. 10. O sistema de expedição da Certidão Negativa de Débitos Trabalhistas estará disponível ao público a partir de 4 (quatro) de janeiro de 2012.

§ 1º A partir da data prevista no *caput*, os Tribunais Regionais do Trabalho e as Varas do Trabalho não emitirão certidão com a mesma finalidade e conteúdo da CNDT, salvo em caráter excepcional e urgente em que, após comprovada a emissão da certidão nacional pelo interessado, constatar-se que a informação pretendida ainda não está registrada no BNDT (art. 5º, § 2º, I).

§ 2º A CNDT pode ser exigida para fins de transação imobiliária, mas não exclui a emissão, pelos Tribunais e Varas do Trabalho, de certidão específica para esse fim.

Art. 10-A Para os devedores incluídos no BNDT até o dia 4 de janeiro de 2012, o prazo de regularização de que trata o art. 1º, § 4º desta Resolução terá início nessa data. *(Redação dada pelo Ato TST n. 1, de 2.1.2012, DJe 2.1.2012)*

Art. 11. Os Tribunais Regionais do Trabalho encaminharão ao Tribunal Superior do Trabalho, no prazo de 15 (quinze) dias, contados da publicação desta Resolução, plano de ação com cronograma detalhado das medidas a serem implementadas para o seu integral cumprimento.

Art. 12. No tocante aos processos em fase de execução atualmente em trâmite nos Tribunais Regionais do Trabalho ou no Tribunal Superior do Trabalho, em que ainda não houve alimentação dos dados no BNDT, caberá ao juízo de origem determinar a adoção dessa providência quando da devolução dos autos físicos principais, ressalvada a hipótese do § 2º do art. 2º desta Resolução.

Art. 13. Esta Resolução entra em vigor na data de sua publicação.

Os anexos I, II, III e IV referidos na presente Resolução podem ser obtidos no DJe/TST de 2.1.2012, p. 2 a 4.

RECOMENDAÇÃO CGJT N. 002, DE 2 DE MAIO DE 2011

(DEJT 2.5.2011)

O CORREGEDOR-GERAL DA JUSTIÇA DO TRABALHO, no uso das atribuições que lhe são conferidas pelos arts. 5º, inciso III, do Regimento Interno da Corregedoria-Geral da Justiça do Trabalho, e 39 do Regimento Interno do Tribunal Superior do Trabalho,

Considerando o ATO.GCGJT N. 11/2011 pelo qual fora cancelada a recomendação contida na letra "g" da Recomendação n. 1/2011 da Corregedoria-Geral da Justiça do Trabalho, referente à expedição de mandado de protesto notarial de sentença judicial condenatória, integrante da estrutura mínima sequencial de atos de execução a ser observada pelos Juízes da execução antes do arquivamento dos autos;

Considerando a necessidade de ser editada outra recomendação que substitua a Recomendação n. 1/2011 da Corregedoria-Geral da Justiça do Trabalho,

RESOLVE:

Recomendar à criteriosa consideração dos Senhores Juízes da execução o seguinte iter procedimental:

a) Citação do executado;

b) Bloqueio de valores do executado via sistema do BACENJUD;

c) Desconsideração da personalidade jurídica da empresa executada, nos termos dos arts. 79 e 80 da Consolidação dos Provimentos da Corregedoria-Geral da Justiça do Trabalho;

d) Registro no sistema informatizado e citação do sócio;

e) Pesquisa de bens de todos os corresponsáveis via sistemas BACENJUD, RENAJUD e INFOJUD;

f) Mandado de penhora;

g) Arquivamento provisório;

h) Emissão de Certidão de Crédito Trabalhista após prazo mínimo de 1 ano de arquivamento provisório, e renovação da pesquisa de bens de todos corresponsáveis com as ferramentas tecnológicas disponíveis;

i) Arquivamento definitivo;

j) Audiência de tentativa conciliatória a qualquer momento.

Art. 2º Esta recomendação entra em vigor na data de sua publicação.

Publique-se no Boletim Interno e no Diário Eletrônico da Justiça do Trabalho. Dê-se ciência aos Presidentes e Corregedores dos Tribunais Regionais do Trabalho, mediante ofício, do inteiro teor desta Recomendação, solicitando de Suas Excelências que a divulguem junto às Varas do Trabalho, integrantes da respectiva jurisdição.

Brasília, 2 de maio de 2011.

ANTÔNIO JOSÉ DE BARROS LEVENHAGEN

ATO GCGJT N. 001, DE 1º DE FEVEREIRO DE 2012, DA CORREGEDORIA GERAL DA JUSTIÇA DO TRABALHO

(DEJT 3.2.2012)

Dispõe sobre a conversão de autos físicos de processos arquivados provisoriamente em certidão de crédito trabalhista para continuidade dos atos executivos e dá outras providências

O CORREGEDOR-GERAL DA JUSTIÇA DO TRABALHO, no uso das atribuições legais e regimentais que lhe são conferidas pelo art. 6º, inciso V, do Regimento Interno da Corregedoria-Geral da Justiça do Trabalho,

Considerando o disposto no ATO GCGJT n. 17/2011, em que fora elucidado o significado das locuções "arquivamento provisório do processo de execução" e "arquivamento definitivo do processo de execução", no âmbito do Judiciário do Trabalho, tendo como precedente a decisão do Conselho Nacional de Justiça, proferida nos autos da Consulta n. 0000534-85.2011.2.00.0000;

Considerando a necessidade de se prevenir possível colapso organizacional das Varas do Trabalho com a manutenção física dos processos arquivados provisoriamente;

RESOLVE:

Art. 1º Exauridos em vão os meios de coerção do devedor, deverá ser providenciada a atualização dos dados cadastrais das partes tanto quanto a situação do devedor no Banco Nacional de Devedores Trabalhistas, na conformidade da Resolução Administrativa n. 1.470/2011, e, em seguida, expedida Certidão de Crédito Trabalhista.

Art. 2º A Certidão de Crédito Trabalhista será expedida conforme modelo constante do Anexo I e deverá conter:

I — o nome e o endereço das partes, incluídos eventuais corresponsáveis pelo débito, bem como o número do respectivo processo;

II — o número de inscrição do credor e do devedor no Cadastro de Pessoas Físicas (CPF) e no Cadastro Nacional de Pessoas Jurídicas (CNPJ) da Receita Federal do Brasil;

III — o valor do débito, do crédito do exequente, dos recolhimentos previdenciários e fiscais, dos honorários, das custas e das despesas processuais;

IV — a data de homologação da conta de liquidação, para posterior incidência de juros e atualização monetária.

Art. 3º A Certidão de Crédito Trabalhista deverá ser instruída com cópias autenticadas, pela Secretaria da Vara do Trabalho, dos seguintes documentos:

I — decisão exequenda;

II — decisão homologatória dos cálculos de liquidação.

Art. 4º O credor será comunicado sobre a obrigatoriedade de comparecimento à Secretaria da Vara do Trabalho para, no prazo de 30 (trinta) dias, retirar a Certidão de Crédito Trabalhista e os documentos de seu interesse.

PARÁGRAFO ÚNICO. Decorrido o prazo, os autos do processo serão arquivados provisoriamente.

Art. 5º A Secretaria da Vara do Trabalho deverá criar arquivo, preferencialmente digital, para manutenção permanente das Certidões de Crédito Trabalhista originais não entregues aos exequentes e das demais certidões expedidas.

Art. 6º Localizado o devedor ou encontrados bens passíveis de penhora, é assegurado ao credor, de posse da Certidão de Crédito Trabalhista, requerer, a qualquer tempo, o prosseguimento da execução, a teor do § 3º do art. 40 da Lei n. 6.830/80.

PARÁGRAFO ÚNICO. A execução prosseguirá sem o desarquivamento dos autos físicos, mediante a reautuação do processo com a Certidão de Crédito Trabalhista, preservada a numeração original.

Art. 7º Para os fins de que trata a Lei n. 7.627/87, aplicar-se-ão aos processos arquivados provisoriamente, nos termos deste Ato, as mesmas regras adotadas para os processos arquivados definitivamente.

Art. 8º Este Ato entrará em vigor na data da sua publicação.

Publique-se no DEJT. Dê-se ciência aos Presidentes e Corregedores dos Tribunais Regionais do Trabalho, mediante ofício, do inteiro teor deste Ato, solicitando de Suas Excelências que o divulguem junto às Varas do Trabalho da respectiva jurisdição.

Brasília, 1º de fevereiro de 2012.

ANTÔNIO JOSÉ DE BARROS LEVENHAGEN
Ministro Corregedor-Geral da Justiça do Trabalho

Descrição: Anexo I — Certidão de Crédito Trabalhista (Acha-se publicado à pagina 6 do DEJT do dia 3.2.2012)

RECOMENDAÇÃO GCGJT N. 1, DE 24 DE JUNHO DE 2016

(DEJT 24.6.2016)

O MINISTRO CORREGEDOR-GERAL DA JUSTIÇA DO TRABALHO, no uso das atribuições legais e regimentais,

Considerando o disposto no art. 6º da Instrução Normativa n. 39/2016 do Tribunal Superior do Trabalho, segundo o qual "Aplica-se ao Processo do Trabalho o incidente de desconsideração da personalidade jurídica regulado no Código de Processo Civil (arts. 133 a 137), assegurada a iniciativa também do juiz do trabalho na fase de execução (CLT, art. 878)",

Considerando que o procedimento para instauração e processamento do incidente de desconsideração da personalidade jurídica encontra-se regulado no Código de Processo Civil (arts. 133 a 137) e na referida Instrução Normativa,

Considerando o disposto no Ato n. 05/CGJT, de 29 de março de 2016, que revogou os arts. 78 e 79 da Consolidação dos Provimentos da Corregedoria-Geral da Justiça do Trabalho, que tratavam dos procedimentos a serem adotados pelos Tribunais Regionais ao aplicarem a teoria da desconsideração da personalidade jurídica,

Considerando que vários Tribunais Regionais do Trabalho ainda possuem atos internos ou provimentos em vigor tratando dos procedimentos a serem adotados na aplicação da teoria da desconsideração da personalidade jurídica de modo contrário aos regulados pelo Novo Código de Processo Civil e pela Instrução Normativa n. 39/2016 do Tribunal Superior do Trabalho, RESOLVE:

RECOMENDAR aos Tribunais Regionais do Trabalho a revogação dos dispositivos contidos em seus atos internos ou provimentos que tratem dos procedimentos a serem adotados na aplicação da teoria da desconsideração da personalidade jurídica de modo contrário aos regulados pelo Novo Código de Processo Civil e pela Instrução Normativa n. 39/2016 do Tribunal Superior do Trabalho.

Publique-se.

Dê-se ciência ao Ministro Presidente do Tribunal Superior do Trabalho, aos Desembargadores Presidentes e Corregedores dos Tribunais Regionais do Trabalho, mediante ofício, do inteiro teor desta Recomendação.

Ministro RENATO DE LACERDA PAIVA,
Corregedor-Geral da Justiça do Trabalho
Coordenadoria de Recursos

ATO CONJUNTO CSJT.TST. GP N. 24/2014

(DEJT-CSJT 18.11.2014)

Institui a Política Nacional de Responsabilidade Socioambiental da Justiça do Trabalho — PNRSJT.

O PRESIDENTE DO CONSELHO SUPERIOR DA JUSTIÇA DO TRABALHO e do TRIBUNAL SUPERIOR DO TRABALHO, no uso de suas atribuições legais e regimentais,

Considerando os princípios e normativos referentes à responsabilidade socioambiental, aos direitos humanos e à promoção do desenvolvimento sustentável, em especial a fundamentação legal constante do Anexo A;

Considerando que promover a cidadania e a responsabilidade socioambiental são objetivos estratégicos da Justiça do Trabalho;

Considerando a necessidade de contribuir para a integração e a efetividade das diversas ações de responsabilidade socioambiental da Justiça do Trabalho; e

Considerando a decisão proferida pelo Plenário do Conselho Superior da Justiça do Trabalho nos autos do Processo CSJT n. AN-6503-27.2014.5.90.0000,

RESOLVE

Editar o presente Ato Conjunto, nos termos a seguir:

Art. 1º Instituir a Política Nacional de Responsabilidade Socioambiental da Justiça do Trabalho (PNRSJT), que estabelece princípios, objetivos, instrumentos e diretrizes a serem observados na formulação de políticas próprias do Conselho Superior da Justiça do Trabalho (CSJT), do Tribunal Superior do Trabalho (TST) e dos Tribunais Regionais do Trabalho (TRTs).

PARÁGRAFO ÚNICO. As políticas próprias do CSJT e dos Tribunais consistem nas estratégias internas para viabilizar a estrutura organizacional e os instrumentos da responsabilidade socioambiental, assim como nas iniciativas que serão elaboradas com base nas diretrizes da Política Nacional.

Art. 2º As políticas do CSJT e dos Tribunais devem ser aprovadas pelos respectivos Presidentes, integrar a estratégia organizacional e ser consideradas na implementação das atividades da organização. consideradas na implementação das atividades da organização.

Art. 3º As políticas de cada órgão serão definidas com ampla participação de magistrados, servidores e, quando for o caso, estagiários, prestadores de serviços, público externo e demais partes interessadas.

Art. 4º Os Tribunais devem elaborar suas políticas de acordo com a metodologia e o cronograma constantes do Anexo B.

Art. 5º As revisões e atualizações dos Planejamentos Estratégicos dos Tribunais e do CSJT devem contemplar as respectivas políticas socioambientais.

DAS DEFINIÇÕES

Art. 6º Para os efeitos deste documento aplicam-se os seguintes termos e definições:

I — Accountability — princípio que pressupõe responsabilizar-se pelas consequências de suas ações e decisões, respondendo pelos seus impactos na sociedade, na economia e no meio ambiente, principalmente aqueles com consequências negativas significativas, prestando contas aos órgãos de governança da organização, a autoridades legais e, de modo mais amplo, às partes interessadas, declarando os seus erros e as medidas cabíveis para remediá-los;

II — Agente público — é todo aquele que exerce, ainda que transitoriamente ou sem remuneração, por eleição, nomeação, designação, contratação ou qualquer forma de investidura ou vínculo, mandato, cargo, emprego ou função pública;

III — Boas práticas — iniciativas e ações reconhecidas pela eficiência, eficácia e efetividade, revestidas de valor para os envolvidos e que possam ser replicadas;

IV — Comportamento ético e responsável — comportamento que esteja de acordo com os princípios de conduta moral aceitos no contexto de uma situação específica, com base nos valores de honestidade, equidade e integridade, implicando a preocupação com pessoas, animais e meio ambiente, e que seja consistente com as normas internacionais de comportamento;

V — Corpo funcional — magistrados e servidores da Justiça do Trabalho;

VI — Impacto ambiental — alteração positiva ou negativa no meio ambiente ou em algum de seus componentes por determinada ação ou atividade humana;

VII — Meio ambiente — conjunto de condições, leis, influências e interações de ordem física, química e biológica, que permite, abriga e rege a vida em todas as suas formas;

VIII — Organizações comunitárias locais — conjunto de pessoas de uma determinada região que empreendem esforços para obtenção de melhorias para a comunidade, em parceria ou não com o Estado e/ou outros atores sociais. Essas organizações comunitárias podem ser formais ou informais;

IX — Partes interessadas — pessoa ou grupo que tem interesse nas decisões e atividades da organização ou por ela possa ser afetada. A parte interessada pode também ser chamada de stakeholder;

X — Práticas leais de operação — conduta ética no relacionamento dos órgãos da Justiça do Trabalho com outras organizações, como órgãos públicos, parceiros, fornecedores de bens e serviços e outras organizações com as quais interagem;

XI — Práticas internas de trabalho — compreende as políticas e práticas de trabalho realizadas dentro, para e em nome da organização, por magistrados, servidores e demais agentes públicos;

XII — Responsabilidade socioambiental — responsabilidade de uma organização pelos impactos de suas decisões e atividades na sociedade e no meio ambiente, por meio de um comportamento ético e transparente, que:

a) contribua para o desenvolvimento sustentável, inclusive a saúde e bem estar da sociedade;

b) leve em consideração as expectativas das partes interessadas e os interesses difusos e coletivos;

c) esteja em conformidade com a legislação aplicável e seja consistente com as normas internacionais de direitos humanos, direitos sociais, proteção ao trabalho e de comportamento;

d) esteja integrada em toda a organização e seja praticada em suas relações;

XIII — Sustentabilidade — interação do ser humano com o planeta que considere a manutenção da capacidade da Terra de suportar a vida em toda a sua diversidade e não comprometa a satisfação das necessidades de populações presentes e futuras. Essa interação inclui objetivos de qualidade de vida, justiça e participação social;

XIV — Trabalho Decente — o Trabalho Decente é o ponto de convergência dos quatro objetivos estratégicos da OIT: respeito aos direitos no trabalho (em especial aqueles definidos como fundamentais pela Declaração Relativa aos Direitos e Princípios Fundamentais no Trabalho e seu seguimento adotada em 1998: (i) liberdade sindical e reconhecimento efetivo do direito de negociação coletiva; (ii) eliminação de todas as formas de trabalho forçado; (iii) abolição efetiva do trabalho infantil; (iv) eliminação de todas as formas de discriminação em matéria de emprego e ocupação), a promoção do emprego produtivo e de qualidade, a extensão da proteção social e o fortalecimento do diálogo social;

XV — Trabalho voluntário — atividade não remunerada realizada por pessoa física, sem vínculo empregatício, para entidade pública de qualquer natureza ou para instituição privada sem fins lucrativos, que tenha objetivos cívicos, culturais, educacionais, de inclusão social, de fortalecimento da cidadania, científicos, recreativos ou de assistência social, inclusive mutualidade;

XVI — Transparência — franqueza sobre decisões e atividades que afetam a sociedade, a economia, e o meio ambiente, assim como a disposição de comunicá-las de forma clara, precisa, acessível, tempestiva, honesta e completa;

XVII — Usuário — indivíduo, profissional ou organização que utiliza os serviços da Justiça do Trabalho.

DOS PRINCÍPIOS

Art. 7º Na elaboração das Políticas, bem como nas atividades dos órgãos, deverão ser considerados os seguintes princípios da PNRSJT:

I — Sustentabilidade;

II — Compromisso com o trabalho decente;

III — Accountability;

IV — Transparência;

V — Comportamento ético;

VI — Respeito aos interesses das partes interessadas (stakholders);

VII — Respeito pelo Estado Democrático de Direito;

VIII — Respeito às Normas Internacionais de Comportamento;

IX — Respeito pelos Direitos Humanos.

DOS OBJETIVOS

Art. 8º São objetivos da PNRSJT:

I — Estabelecer instrumentos e diretrizes de responsabilidade socioambiental;

II — Promover a integração e a efetividade das ações de responsabilidade socioambiental;

III — Promover o valor social do trabalho e a dignificação do trabalhador;

IV — Promover a gestão eficiente e eficaz dos recursos sociais, ambientais e econômicos;

V — Contribuir para o fortalecimento das políticas públicas voltadas para o desenvolvimento sustentável.

DA ESTRUTURA ORGANIZACIONAL

Art. 9º O Conselho Superior da Justiça do Trabalho, o Tribunal Superior do Trabalho e os Tribunais Regionais do Trabalho devem possuir unidade de Gestão Socioambiental que tenha como atribuição propor, coordenar, planejar, organizar, assessorar, supervisionar e apoiar as atividades do órgão, a fim de promover a integração e a efetividade da responsabilidade socioambiental.

I — A unidade de Gestão Socioambiental será vinculada, preferencialmente, à Secretaria Geral da Presidência ou à Diretoria-Geral;

II — A unidade de Gestão Socioambiental deve ter estrutura que assegure o desempenho de suas atribuições.

Art. 10. Os Tribunais devem manter Comissão com formação multissetorial, à qual caberá acompanhar e dar suporte à unidade de Gestão Socioambiental no planejamento das ações e na proposição de projetos socioambientais.

Art. 11. Os Tribunais designarão agentes multiplicadores, voluntários, em cada uma das unidades de apoio administrativo e judiciário, que terão a atribuição de estimular o comportamento proativo e zelar pelas práticas socioambientais em seus locais de trabalho.

PARÁGRAFO ÚNICO. Recomenda-se que os Tribunais incluam em suas políticas internas mecanismos de capacitação, incentivo e apoio ao desempenho dos agentes multiplicadores.

DOS INSTRUMENTOS DE IMPLEMENTAÇÃO E MONITORAMENTO

Art. 12. São instrumentos de implementação e monitoramento da PNRSJT:

I — Capacitação;

II — Comunicação;

III — Encontro anual;

IV — Relatório anual;

V — Comitê Gestor.

Art. 13. O CSJT, o TST e os TRTs devem inserir o tema da responsabilidade socioambiental em seus programas de capacitação para magistrados e servidores, a fim de desenvolver conhecimentos, habilidades e atitudes em consonância com os princípios e diretrizes desta Política.

Art. 14. As áreas de comunicação do CSJT, do TST e dos TRTs deverão incluir a responsabilidade socioambiental e as ações a ela vinculadas em seu plano de comunicação.

Art. 15. Será realizado anualmente o encontro de responsabilidade socioambiental da Justiça do Trabalho com os seguintes objetivos:

I — Proporcionar maior participação de magistrados e servidores, a fim de que a Política tenha maior alcance;

II — Compartilhar experiências que aprimorem as atuações dos Tribunais e sirvam de subsídios para a atualização da Política;

III — Promover a corresponsabilidade e a descentralização do debate sobre o tema.

Art. 16. O CSJT publicará, anualmente, o Relatório de Responsabilidade Socioambiental da Justiça do Trabalho, com base nos relatórios apresentados pelos Tribunais.

PARÁGRAFO ÚNICO. O CSJT orientará os Tribunais quanto à metodologia de construção dos relatórios.

Art. 17. Será instituído Comitê Gestor da PNRSJT com as seguintes atribuições:

I — Revisar e atualizar a PNRSJT;

II — Manter atualizado o Banco de Boas Práticas da Justiça do Trabalho com as informações referentes à responsabilidade socioambiental da Justiça do Trabalho;

III — Organizar os Encontros Anuais de Responsabilidade Socioambiental da Justiça do Trabalho.

DAS DIRETRIZES

Art. 18. São eixos de atuação da PNRSJT:

I — Direitos Humanos;

II — Práticas internas de trabalho;

III — Meio ambiente;

IV — Práticas leais de operação;

V — Questões relativas ao usuário-cidadão;

VI — Envolvimento e desenvolvimento da comunidade.

Art. 19. Para a implementação das diretrizes desta Política, os órgãos da Justiça do Trabalho devem adotar a *due diligence*, ou seja, ser proativos no sentido de identificar impactos negativos reais e potenciais de suas decisões e atividades.

DIREITOS HUMANOS

Art. 20. O Tribunal Superior do Trabalho, os Tribunais Regionais do Trabalho e, no que couber, o Conselho Superior da Justiça do Trabalho, na elaboração de suas políticas próprias, devem atender às seguintes diretrizes em direitos humanos:

I — Promover o respeito à diversidade e à equidade, de forma a combater a discriminação que se baseie em preconceito e envolva distinção, exclusão e preferência que tenham o efeito de anular a igualdade de tratamento ou oportunidades;

II — Garantir a acessibilidade às pessoas com deficiência ou com mobilidade reduzida em todas as suas instalações, serviços e processos;

III — Contribuir para a erradicação do trabalho infantil e para proteger o adolescente do trabalho ilegal;

IV — Contribuir para a eliminação de todas as formas de trabalho forçado ou compulsório.

PRÁTICAS INTERNAS DE TRABALHO

Art. 21. O Tribunal Superior do Trabalho, os Tribunais Regionais do Trabalho e, no que couber, o Conselho Superior da Justiça do Trabalho, na elaboração de suas políticas próprias, devem garantir a melhoria efetiva da qualidade de vida no trabalho, atendendo às seguintes diretrizes em práticas internas de trabalho:

I — Promover a saúde ocupacional e prevenir riscos e doenças relacionados ao trabalho;

II — Valorizar o corpo funcional, promovendo o seu desenvolvimento pessoal e de suas competências profissionais de forma equânime;

III — Estabelecer critérios objetivos para lotação e ocupação de funções com base nas competências do servidor;

IV — Prevenir e coibir o assédio moral e sexual, garantindo relações de trabalho nas quais predominem a dignidade, o respeito e os direitos do cidadão;

V — Proporcionar condições de trabalho que permitam equilíbrio entre trabalho e vida pessoal;

VI — Fornecer aos magistrados e servidores, de forma acessível, clara, compreensível e antecipada, todas as informações sobre os atos administrativos que possam afetá-los.

MEIO AMBIENTE

Art. 22. O Tribunal Superior do Trabalho, os Tribunais Regionais do Trabalho e, no que couber, o Conselho Superior da Justiça do Trabalho, na elaboração de suas políticas próprias, devem atender às seguintes diretrizes em meio ambiente:

I — Identificar riscos, potenciais e efetivos, e promover ações que objetivem evitar e mitigar impactos ambientais negativos, provocados por suas atividades;

II — Realizar contratações de bens e serviços que atendam a critérios e práticas de sustentabilidade;

III — Construir, reformar e manutenir as edificações atendendo a critérios e práticas de sustentabilidade;

IV — Elaborar plano de gerenciamento de resíduos sólidos em conformidade com a Política Nacional dos Resíduos Sólidos;

V — Promover a gestão sustentável dos recursos naturais, mediante redução do consumo, uso eficiente de insumos e materiais, bem como minimizar a geração de resíduos e poluentes;

VI — Promover práticas que incentivem o transporte compartilhado, não motorizado ou não poluente, disponibilizando estrutura adequada, conforme o caso.

PRÁTICAS LEGAIS DE OPERAÇÃO

Art. 23. O Tribunal Superior do Trabalho, os Tribunais Regionais do Trabalho e, no que couber, o Conselho Superior da Justiça do Trabalho, na elaboração de suas políticas próprias, devem atender às seguintes diretrizes em Práticas Leais de Operação:

I — Combater a corrupção e a improbidade administrativa mediante a identificação dos riscos, o fortalecimento de instrumentos que eliminem tais práticas e a conscientização de magistrados, servidores, empresas terceirizadas e fornecedores;

II — Fortalecer os canais de comunicação para denúncia de práticas e tratamento antiético e injusto, que permitam o acompanhamento do caso sem medo de represálias;

III — Promover a conscientização de magistrados e servidores acerca do comportamento ético e responsável nas relações institucionais, no envolvimento político e na solução de conflitos de interesse;

IV — Exercer e proteger o direito de propriedade intelectual e física, levando em consideração as expectativas da sociedade, os direitos humanos e as necessidades básicas do indivíduo.

QUESTÕES RELATIVAS AO USUÁRIO

Art. 24. O Tribunal Superior do Trabalho, os Tribunais Regionais do Trabalho e, no que couber, o Conselho Superior da Justiça do Trabalho, na elaboração de suas políticas próprias, devem atender às seguintes diretrizes em questões relativas ao usuário-cidadão:

I — Manter canais de comunicação transparentes, permanentes e estruturados para estabelecer diálogo amplo com o usuário da Justiça do Trabalho;

II — Fortalecer as ouvidorias, proporcionando-lhes os meios adequados para a realização de sua missão de contribuir com o aprimoramento da Justiça do Trabalho;

III — Proporcionar à sociedade, em especial a trabalhadores e empregadores, informações e orientações sobre os direitos e deveres fundamentais da relação de trabalho.

ENVOLVIMENTO E DESENVOLVIMENTO DA COMUNIDADE

Art. 25. O Tribunal Superior do Trabalho, os Tribunais Regionais do Trabalho e, no que couber, o Conselho Superior da Justiça do Trabalho, na elaboração de suas políticas próprias, devem estabelecer ações junto à comunidade, considerando as seguintes diretrizes:

I — Identificar oportunidades de atuar positivamente nas dimensões social, ambiental, cultural e econômica;

II — Alinhar-se às políticas públicas existentes e às ações desenvolvidas por organizações comunitárias locais;

III — Dialogar com as organizações comunitárias locais ou grupos de pessoas acerca das ações a serem implantadas;

IV — Estimular e apoiar o trabalho voluntário do seu corpo funcional, quando for o caso.

Art. 26. Este Ato Conjunto entra em vigor na data de sua publicação.

Brasília, 13 de novembro de 2014.

MINISTRO ANTONIO JOSÉ DE BARROS LEVENHAGEN
Presidente do Conselho Superior da Justiça do Trabalho e do Tribunal Superior do Trabalho

Obs.: Os anexos referidos no ATO supracitado encontram publicados às p. 6 e 7 do DEJT n. 1.605/2014, do dia 18.11.14, Caderno Administrativo do Conselho Superior da Justiça do Trabalho.

ATO CONJUNTO GP.CGJT N. 4, DE 9 DE DEZEMBRO DE 2013

(DEJT 10.12.2013)

Altera a Recomendação Conjunta n. 1/2011

O PRESIDENTE DO TRIBUNAL SUPERIOR DO TRABALHO e o CORREGEDOR-GERAL DA JUSTIÇA DO TRABALHO, no uso de suas atribuições legais e regimentais,

Considerando o caráter preventivo das ações coletivas que versem sobre acidentes de trabalho e a necessidade de priorizar o julgamento desses processos;

RESOLVEM:

Art. 1º Alterar a Recomendação Conjunta n. 1/GP. CGJT, de 3 de maio de 2011, para que passe a constar a seguinte redação: "RECOMENDAR aos Desembargadores dos Tribunais Regionais do Trabalho e aos Juízes do Trabalho que confiram prioridade à trami-

Legislação Complementar

tação e ao julgamento das ações coletivas e das reclamações trabalhistas que envolvam acidentes de trabalho."

Art. 2º Republique-se a Recomendação Conjunta n. 1/GP.CGJT, de 3 de maio de 2011, consolidando a alteração introduzida.

Art. 3º Este Ato entra em vigor na data de sua publicação.

Ministro Carlos Alberto Reis de Paula
Presidente do Tribunal Superior do Trabalho

Ministro Ives Gandra da Silva Martins Filho
Corregedor-Geral da Justiça do Trabalho

RESOLUÇÃO N. 127, DE 15 DE MARÇO DE 2011, DO CONSELHO NACIONAL DE JUSTIÇA

(DJ-e 18.3.2011)

Dispõe sobre o pagamento de honorários de perito, tradutor e intérprete, em casos de beneficiários da Justiça Gratuita, no âmbito da Justiça de Primeiro e Segundo Graus

O PRESIDENTE DO CONSELHO NACIONAL DE JUSTIÇA, no uso de suas atribuições constitucionais e regimentais,

Considerando a necessidade de observância do princípio da eficiência administrativa pelo Poder Judiciário, inserto no art. 37, *caput*, da Constituição Federal;

Considerando a necessidade, em muitos processos, de produção de prova pericial para demonstração da procedência da pretensão posta em juízo e a regra geral vertida no art. 19 do Código de Processo Civil, de antecipação da despesa do ato pela parte que o requer;

Considerando os incisos XXXV, LV e LXXIV do art. 5º da Constituição Federal, garantidores do amplo acesso à Justiça e da assistência judiciária integral e gratuita às pessoas que comprovarem insuficiência de recursos pelo Estado;

Considerando a existência de regulamentação da matéria nas esferas trabalhista e federal, a teor das Resoluções n. 35/07 do Conselho Superior da Justiça do Trabalho e n. 558/07 do Conselho da Justiça Federal;

Considerando a necessidade de regulamentar o pagamento de honorários periciais, na esfera cível, no âmbito da Justiça Estadual de primeiro e segundo graus, quando o responsável pelo pagamento destes é contemplado com a assistência judiciária gratuita;

Considerando a missão de planejamento estratégico do Poder Judiciário cometida constitucionalmente ao Conselho Nacional de Justiça, nos moldes do art. 103-B, § 4º, I, da Constituição Federal, com o escopo de uniformizar os procedimentos com relação ao tema;

Resolve

Art. 1º Recomenda-se aos Tribunais que destinem, sob rubrica específica, parte do seu orçamento ao pagamento de honorários de perito, tradutor ou intérprete, quando, nos processos de natureza cível, à parte sucumbente no objeto da perícia for deferido o benefício da justiça gratuita.

Art. 2º Os Tribunais poderão manter banco de peritos credenciados, para fins de designação, preferencialmente, de profissionais inscritos nos órgãos de classe competentes e que comprovem a especialidade na matéria sobre a qual deverão opinar, a ser atestada por meio de certidão do órgão profissional a que estiverem vinculados.

Art. 3º As Presidências dos Tribunais ficam autorizadas a celebrar convênios com profissionais, empresas ou instituições com notória experiência em avaliação e consultoria nos ramos de atividades capazes de realizar as perícias requeridas pelos juízes.

Art. 4º A designação de perito, tradutor ou intérprete é cometida exclusivamente ao juiz da causa, sendo-lhe vedado nomear cônjuge, companheiro(a) e parente, em linha reta ou colateral, até o terceiro grau, de magistrado ou de servidor do juízo.

PARÁGRAFO ÚNICO. Poderá o juiz, ainda, substituir o perito, tradutor ou intérprete, desde que o faça de forma fundamentada.

Art. 5º São requisitos essenciais para a percepção dos honorários periciais, de tradutor ou intérprete, nas hipóteses em que a parte responsável pelo pagamento, porque sucumbente no objeto da perícia, é beneficiária da justiça gratuita, a fixação deles por decisão judicial e o trânsito em julgado da decisão.

Art. 6º O valor dos honorários periciais, de tradutor ou intérprete, a serem pagos pelo Poder Judiciário em relação a pleito de beneficiário de gratuidade de Justiça, será limitado a R$ 1.000,00 (um mil reais), independentemente do valor fixado pelo juiz, que considerará a complexidade da matéria, os graus de zelo profissional e especialização do perito, o lugar e o tempo exigidos para a prestação do serviço e as peculiaridades regionais.

§ 1º O montante que eventualmente ultrapassar o valor previsto no *caput* poderá vir a ser cobrado pelo perito, nos termos do art. 12 da Lei 1.060/50.

§ 2º Ainda que haja processos incidentes, tais honorários deverão ser fixados em valor único, em razão da natureza da ação principal.

§ 3º A fixação dos honorários de que trata este artigo, em valor maior do que o limite estabelecido neste artigo, deverá ser devidamente fundamentada, podendo o juiz ultrapassar em até 5 (cinco) vezes o limite máximo definido neste artigo.

Art. 7º Poderá haver adiantamento de despesas iniciais de perito, em valor equivalente a R$ 350,00 (trezentos e cinquenta reais), se este, comprovadamente, demonstrar a necessidade de valores para a satisfação de despesas decorrentes do encargo recebido, efetuando-se o pagamento do saldo remanescente após o trânsito em julgado da decisão.

PARÁGRAFO ÚNICO. Havendo reversão da sucumbência, quanto ao objeto da perícia, caberá ao Executado ressarcir o erário dos honorários periciais adiantados, sob pena de execução específica da verba.

Art. 8º Se vencida na causa entidade pública, o perito, tradutor ou intérprete serão pagos conforme ordem de pagamento apresentada ao Tribunal respectivo.

Art. 9º O pagamento dos honorários periciais, de tradutor ou intérprete efetuar-se-á mediante determinação do presidente do Tribunal, após requisição expedida pelo juiz do feito, observando-se, rigorosamente, a ordem cronológica de apresentação das requisições e as deduções das cotas previdenciárias e fiscais, sendo o valor líquido depositado em conta bancária indicada pelo perito.

§ 1º As requisições deverão indicar, obrigatoriamente: o número do processo, o nome das partes e respectivos CPF ou CNPJ; o valor dos honorários, especificando se de adiantamento ou se finais; o número da conta bancária para crédito; natureza e característica da perícia; declaração expressa de reconhecimento, pelo Juiz, do direito à justiça gratuita; certidão do trânsito em julgado e da sucumbência na perícia, se for o caso; endereço, telefone e inscrição no INSS do perito.

§ 2º O valor dos honorários será atualizado pelo IPCA-E ou outro índice que o substitua, a partir da data do arbitramento até o seu efetivo pagamento.

Art. 10. Os valores de que trata esta Resolução serão reajustados anualmente, no mês de janeiro, por meio de Portaria do Presidente do Tribunal, com base na variação do IPCA-E do ano anterior ou outro índice que o substitua, desde que haja disponibilidade orçamentária.

PARÁGRAFO ÚNICO. O disposto nos arts. 6º e 7º desta Resolução será aplicado aos honorários periciais devidos pelo Instituto Nacional de Seguro Social em ações de acidente de trabalho.

Art. 11. Os Tribunais farão controle informatizado dos dados da ação, da quantidade de processos e de pessoas físicas assistidas, bem como do montante pago aos peritos.

Art. 12. Caberá às Corregedorias dos Tribunais acompanhar o cumprimento desta Resolução no âmbito de suas competências.

Art. 13. A presente resolução entra em vigor 60 (sessenta) dias após a sua publicação.

Ministro Cezar Peluso
Presidente

LEI N. 11.419, DE 19 DE DEZEMBRO DE 2006

(DOU 20.12.2006)

Dispõe sobre a informatização do Processo Judicial; altera a Lei n. 5.869, de 11 de janeiro de 1973 — Código de Processo Civil; e dá outras providências

O PRESIDENTE DA REPÚBLICA,

Faço saber que o Congresso Nacional decreta e eu sanciono a seguinte Lei:

CAPÍTULO I
Da Informatização do Processo Judicial

Art. 1º O uso de meio eletrônico na tramitação de processos judiciais, comunicação de atos e transmissão de peças processuais será admitido nos termos desta Lei.

§ 1º Aplica-se o disposto nesta Lei, indistintamente, aos processos civil, penal e trabalhista, bem como aos juizados especiais, em qualquer grau de jurisdição.

§ 2º Para o disposto nesta Lei, considera-se:

I — meio eletrônico qualquer forma de armazenamento ou tráfego de documentos e arquivos digitais;

II — transmissão eletrônica toda forma de comunicação a distância com a utilização de redes de comunicação, preferencialmente a rede mundial de computadores;

III — assinatura eletrônica as seguintes formas de identificação inequívoca do signatário:

a) assinatura digital baseada em certificado digital emitido por Autoridade Certificadora credenciada, na forma de lei específica;

b) mediante cadastro de usuário no Poder Judiciário, conforme disciplinado pelos órgãos respectivos.

Art. 2º O envio de petições, de recursos e a prática de atos processuais em geral por meio eletrônico serão admitidos mediante uso de assinatura eletrônica, na forma do art. 1º desta

Lei, sendo obrigatório o credenciamento prévio no Poder Judiciário, conforme disciplinado pelos órgãos respectivos.

§ 1º O credenciamento no Poder Judiciário será realizado mediante procedimento no qual esteja assegurada a adequada identificação presencial do interessado.

§ 2º Ao credenciado será atribuído registro e meio de acesso ao sistema, de modo a preservar o sigilo, a identificação e a autenticidade de suas comunicações.

§ 3º Os órgãos do Poder Judiciário poderão criar um cadastro único para o credenciamento previsto neste artigo.

Art. 3º Consideram-se realizados os atos processuais por meio eletrônico no dia e hora do seu envio ao sistema do Poder Judiciário, do que deverá ser fornecido protocolo eletrônico.

PARÁGRAFO ÚNICO. Quando a petição eletrônica for enviada para atender prazo processual, serão consideradas tempestivas as transmitidas até as 24 (vinte e quatro) horas do seu último dia.

CAPÍTULO II
Da Comunicação Eletrônica dos Atos Processuais

Art. 4º Os tribunais poderão criar Diário da Justiça eletrônico, disponibilizado em sítio da rede mundial de computadores, para publicação de atos judiciais e administrativos próprios e dos órgãos a eles subordinados, bem como comunicações em geral.

§ 1º O sítio e o conteúdo das publicações de que trata este artigo deverão ser assinados digitalmente com base em certificado emitido por Autoridade Certificadora credenciada na forma da lei específica.

§ 2º A publicação eletrônica na forma deste artigo substitui qualquer outro meio e publicação oficial, para quaisquer efeitos legais, à exceção dos casos que, por lei, exigem intimação ou vista pessoal.

§ 3º Considera-se como data da publicação o primeiro dia útil seguinte ao da disponibilização da informação no Diário da Justiça eletrônico.

§ 4º Os prazos processuais terão início no primeiro dia útil que seguir ao considerado como data da publicação.

§ 5º A criação do Diário da Justiça eletrônico deverá ser acompanhada de ampla divulgação, e o ato administrativo correspondente será publicado durante 30 (trinta) dias no diário oficial em uso.

Art. 5º As intimações serão feitas por meio eletrônico em portal próprio aos que se cadastrarem na forma do art. 2º desta Lei, dispensando-se a publicação no órgão oficial, inclusive eletrônico.

§ 1º Considerar-se-á realizada a intimação no dia em que o intimando efetivar a consulta eletrônica ao teor da intimação, certificando-se nos autos a sua realização.

§ 2º Na hipótese do § 1º deste artigo, nos casos em que a consulta se dê em dia não útil, a intimação será considerada como realizada no primeiro dia útil seguinte.

§ 3º A consulta referida nos §§ 1º e 2º deste artigo deverá ser feita em até 10 (dez) dias corridos contados da data do envio da intimação, sob pena de considerar-se a intimação automaticamente realizada na data do término desse prazo.

§ 4º Em caráter informativo, poderá ser efetivada remessa de correspondência eletrônica, comunicando o envio da intimação e a abertura automática do prazo processual nos termos do § 3º deste artigo, aos que manifestarem interesse por esse serviço.

§ 5º Nos casos urgentes em que a intimação feita na forma deste artigo possa causar prejuízo a quaisquer das partes ou nos casos em que for evidenciada qualquer tentativa de burla ao sistema, o ato processual deverá ser realizado por outro meio que atinja a sua finalidade, conforme determinado pelo juiz.

§ 6º As intimações feitas na forma deste artigo, inclusive da Fazenda Pública, serão consideradas pessoais para todos os efeitos legais.

Art. 6º Observadas as formas e as cautelas do art. 5º desta Lei, as citações, inclusive da Fazenda Pública, excetuadas as dos Direitos Processuais Criminal e Infracional, poderão ser feitas por meio eletrônico, desde que a íntegra dos autos seja acessível ao citando.

Art. 7º As cartas precatórias, rogatórias, de ordem e, de um modo geral, todas as comunicações oficiais que transitem entre órgãos do Poder Judiciário, bem como entre os deste e os dos demais Poderes, serão feitas preferentemente por meio eletrônico.

CAPÍTULO III
Do Processo Eletrônico

Art. 8º Os órgãos do Poder Judiciário poderão desenvolver sistemas eletrônicos de processamento de ações judiciais por meio de autos total ou parcialmente digitais, utilizando, preferencialmente, a rede mundial de computadores e acesso por meio de redes internas e externas.

PARÁGRAFO ÚNICO. Todos os atos processuais do processo eletrônico serão assinados eletronicamente na forma estabelecida nesta Lei.

Art. 9º No processo eletrônico, todas as citações, intimações e notificações, inclusive da Fazenda Pública, serão feitas por meio eletrônico, na forma desta Lei.

§ 1º As citações, intimações, notificações e remessas que viabilizem o acesso à íntegra do processo correspondente serão consideradas vista pessoal do interessado para todos os efeitos legais.

§ 2º Quando, por motivo técnico, for inviável o uso do meio eletrônico para a realização de citação, intimação ou notificação, esses atos processuais poderão ser praticados segundo as regras ordinárias, digitalizando-se o documento físico, que deverá ser posteriormente destruído.

Art. 10. A distribuição da petição inicial e a juntada da contestação, dos recursos e das petições em geral, todos em formato digital, nos autos de processo eletrônico, podem ser feitas diretamente pelos advogados públicos e privados, sem necessidade da intervenção do cartório ou secretaria judicial, situação em que a autuação deverá se dar de forma automática, fornecendo-se recibo eletrônico de protocolo.

§ 1º Quando o ato processual tiver que ser praticado em determinado prazo, por meio de petição eletrônica, serão considerados tempestivos os efetivados até as 24 (vinte e quatro) horas do último dia.

§ 2º No caso do § 1º deste artigo, se o Sistema do Poder Judiciário se tornar indisponível por motivo técnico, o prazo fica automaticamente prorrogado para o primeiro dia útil seguinte à resolução do problema.

§ 3º Os órgãos do Poder Judiciário deverão manter equipamentos de digitalização e de acesso à rede mundial de computadores à disposição dos interessados para distribuição de peças processuais.

Art. 11. Os documentos produzidos eletronicamente e juntados aos processos eletrônicos com garantia da origem e de seu signatário, na forma estabelecida nesta Lei, serão considerados originais para todos os efeitos legais.

§ 1º Os extratos digitais e os documentos digitalizados e juntados aos autos pelos órgãos da Justiça e seus auxiliares, pelo Ministério Público e seus auxiliares, pelas procuradorias, pelas autoridades policiais, pelas repartições públicas em geral e por advogados públicos e privados têm a mesma força probante dos originais, ressalvada a alegação motivada e fundamentada de adulteração antes ou durante o processo de digitalização.

§ 2º A arguição de falsidade do documento original será processada eletronicamente na forma da lei processual em vigor.

§ 3º Os originais dos documentos digitalizados, mencionados no § 2º deste artigo, deverão ser preservados pelo seu detentor até o trânsito em julgado da sentença ou, quando admitida, até o final do prazo para interposição de ação rescisória.

§ 4º (VETADO)

§ 5º Os documentos cuja digitalização seja tecnicamente inviável devido ao grande volume ou por motivo de ilegibilidade deverão ser apresentados ao cartório ou secretaria no prazo de 10 (dez) dias contados do envio de petição eletrônica comunicando o fato, os quais serão devolvidos à parte após o trânsito em julgado.

§ 6º Os documentos digitalizados juntados em processo eletrônico somente estarão disponíveis para acesso por meio da rede externa para suas respectivas partes processuais e para o Ministério Público, respeitado o disposto em lei para as situações de sigilo e de segredo de justiça.

Art. 12. A conservação dos autos do processo poderá ser efetuada total ou parcialmente por meio eletrônico.

§ 1º Os autos dos processos eletrônicos deverão ser protegidos por meio de sistemas de segurança de acesso e armazenados em meio que garanta a preservação e integridade dos dados, sendo dispensada a formação de autos suplementares.

§ 2º Os autos de processos eletrônicos que tiverem de ser remetidos a outro juízo ou instância superior que não disponham de sistema compatível deverão ser impressos em papel, autuados na forma dos arts. 166 a 168 da Lei n. 5.869, de 11 de janeiro de 1973 — Código de Processo Civil, ainda que de natureza criminal ou trabalhista, ou pertinentes a juizado especial.

§ 3º No caso do § 2º deste artigo, o escrivão ou o chefe de secretaria certificará os autores ou a origem dos documentos produzidos nos autos, acrescentando, ressalvada a hipótese de existir segredo de justiça, a forma pela qual o banco de dados poderá ser acessado para aferir a autenticidade das peças e das respectivas assinaturas digitais.

§ 4º Feita a autuação na forma estabelecida no § 2º deste artigo, o processo seguirá a tramitação legalmente estabelecida para os processos físicos.

§ 5º A digitalização de autos em mídia não digital, em tramitação ou já arquivados, será precedida de publicação de editais de intimações ou da intimação pessoal das partes e de seus procuradores, para que, no prazo preclusivo de 30 (trinta) dias, se manifestem sobre o desejo de manterem pessoalmente a guarda de algum dos documentos originais.

Art. 13. O magistrado poderá determinar que sejam realizados por meio eletrônico a exibição e o envio de dados e de documentos necessários à instrução do processo.

§ 1º Consideram-se cadastros públicos, para os efeitos deste artigo, dentre outros existentes ou que venham a ser criados, ainda que mantidos por concessionárias de serviço público ou empresas privadas, os que contenham informações indispensáveis ao exercício da função judicante.

§ 2º O acesso de que trata este artigo dar-se-á por qualquer meio tecnológico disponível, preferentemente o de menor custo, considerada sua eficiência.

§ 3º (VETADO)

CAPÍTULO IV
Disposições Gerais e Finais

Art. 14. Os sistemas a serem desenvolvidos pelos órgãos do Poder Judiciário deverão usar, preferencialmente, programas com código aberto, acessíveis ininterruptamente por meio da rede mundial de computadores, priorizando-se a sua padronização.

PARÁGRAFO ÚNICO. Os sistemas devem buscar identificar os casos de ocorrência de prevenção, litispendência e coisa julgada.

Art. 15. Salvo impossibilidade que comprometa o acesso à justiça, a parte deverá informar, ao distribuir a petição inicial de qualquer ação judicial, o número no cadastro de pessoas físicas ou jurídicas, conforme o caso, perante a Secretaria da Receita Federal.

PARÁGRAFO ÚNICO. Da mesma forma, as peças de acusação criminais deverão ser instruídas pelos membros do Ministério Público ou pelas autoridades policiais com os números de registros dos acusados no Instituto Nacional de Identificação do Ministério da Justiça, se houver.

Art. 16. Os livros cartorários e demais repositórios dos órgãos do Poder Judiciário poderão ser gerados e armazenados em meio totalmente eletrônico.

Art. 17. (VETADO)

Art. 18. Os órgãos do Poder Judiciário regulamentarão esta Lei, no que couber, no âmbito de suas respectivas competências.

Art. 19. Ficam convalidados os atos processuais praticados por meio eletrônico até a data de publicação desta Lei, desde que tenham atingido sua finalidade e não tenha havido prejuízo para as partes.

Art. 20. A Lei n. 5.869, de 11 de janeiro de 1973 — Código de Processo Civil, passa a vigorar com as seguintes alterações:

"Art. 38. ....

PARÁGRAFO ÚNICO. A procuração pode ser assinada digitalmente com base em certificado emitido por Autoridade Certificadora credenciada, na forma da lei específica." (NR)

"Art. 154. ....

PARÁGRAFO ÚNICO. Os tribunais, no âmbito da respectiva jurisdição, poderão disciplinar a prática e a comunicação oficial dos atos processuais por meios eletrônicos, atendidos os requisitos de autenticidade, integridade, validade jurídica e interoperabilidade da Infraestrutua de Chaves Públicas Brasileira — ICP — Brasil. *(Incluído pela Lei n. 11.280, de 16.2.2006, DOU 17.2.2006)*

§ 2º Todos os atos e termos do processo podem ser produzidos, transmitidos, armazenados e assinados por meio eletrônico, na forma da lei." (NR)

"Art. 164. ....

PARÁGRAFO ÚNICO. A assinatura dos juízes, em todos os graus de jurisdição, pode ser feita eletronicamente, na forma da lei." (NR)

"Art. 169. ....

§ 1º É vedado usar abreviaturas.

§ 2º Quando se tratar de processo total ou parcialmente eletrônico, os atos processuais praticados na presença do juiz poderão ser produzidos e armazenados de modo integralmente digital em arquivo eletrônico inviolável, na forma da lei, mediante registro em termo que será assinado digitalmente pelo juiz e pelo escrivão ou chefe de secretaria, bem como pelos advogados das partes.

§ 3º No caso do § 2º deste artigo, eventuais contradições na transcrição deverão ser suscitadas oralmente no momento da realização do ato, sob pena de preclusão, devendo o juiz decidir de plano, registrando-se a alegação e a decisão no termo." (NR)

"Art. 202. ....

§ 3º A carta de ordem, carta precatória ou carta rogatória pode ser expedida por meio eletrônico, situação em que a assinatura do juiz deverá ser eletrônica, na forma da lei." (NR)

"Art. 221. ....

IV — por meio eletrônico, conforme regulado em lei própria." (NR)

"Art. 237. ....

PARÁGRAFO ÚNICO. As intimações podem ser feitas de forma eletrônica, conforme regulado em lei própria." (NR)

"Art. 365. ....

V — os extratos digitais de bancos de dados, públicos e privados, desde que atestado pelo seu emitente, sob as penas da lei, que as informações conferem com o que consta na origem;

VI — as reproduções digitalizadas de qualquer documento, público ou particular, quando juntados aos autos pelos órgãos da Justiça e seus auxiliares, pelo Ministério Público e seus auxiliares, pelas procuradorias, pelas repartições públicas em geral e por advogados públicos ou privados, ressalvada a alegação motivada e fundamentada de adulteração antes ou durante o processo de digitalização.

§ 1º Os originais dos documentos digitalizados, mencionados no inciso VI do *caput* deste artigo, deverão ser preservados pelo seu detentor até o final do prazo para interposição de ação rescisória.

§ 2º Tratando-se de cópia digital de título executivo extrajudicial ou outro documento relevante à instrução do processo, o juiz poderá determinar o seu depósito em cartório ou secretaria." (NR)

"Art. 399. ....

§ 1º Recebidos os autos, o juiz mandará extrair, no prazo máximo e improrrogável de 30 (trinta) dias, certidões ou reproduções fotográficas das peças indicadas pelas partes ou de ofício; findo o prazo, devolverá os autos à repartição de origem.

§ 2º As repartições públicas poderão fornecer todos os documentos em meio eletrônico conforme disposto em lei, certificando, pelo mesmo meio, que se trata de extrato fiel do que consta em seu banco de dados ou do documento digitalizado." (NR)

"Art. 417. ....

§ 1º O depoimento será passado para a versão datilográfica quando houver recurso da sentença ou noutros casos, quando o juiz o determinar, de ofício ou a requerimento da parte.

§ 2º Tratando-se de processo eletrônico, observar-se-á o disposto nos §§ 2º e 3º do art. 169 desta Lei." (NR)

"Art. 457. ....

§ 4º Tratando-se de processo eletrônico, observar-se-á o disposto nos §§ 2º e 3º do art. 169 desta Lei." (NR)

"Art. 556. ....

PARÁGRAFO ÚNICO. Os votos, acórdãos e demais atos processuais podem ser registrados em arquivo eletrônico inviolável e assinados eletronicamente, na forma da lei, devendo ser impressos para juntada aos autos do processo quando este não for eletrônico." (NR)

Art. 21. (VETADO)

Art. 22. Esta Lei entra em vigor 90 (noventa) dias depois de sua publicação.

Brasília, 19 de dezembro de 2006; 185º da Independência e 118º da República.

Luiz Inácio Lula da Silva
Márcio Thomaz Bastos

RESOLUÇÃO CSJT N. 185, DE 24 DE MARÇO DE 2017

(DEJT 5.4.2017)

Dispõe sobre a padronização do uso, governança, infraestrutura e gestão do Sistema Processo Judicial Eletrônico (PJe) instalado na Justiça do Trabalho e dá outras providências.

O CONSELHO SUPERIOR DA JUSTIÇA DO TRABALHO, em sessão ordinária hoje realizada, sob a presidência do Exmo. Ministro Conselheiro Presidente Ives Gandra da Silva Martins Filho, presentes os Exmos. Ministros Conselheiros Renato de Lacerda Paiva, Guilherme Augusto *Caputo* Bastos, Márcio Eurico Vitral Amaro e Walmir Oliveira da Costa; os Exmos. Desembargadores Conselheiros Francisco José Pinheiro Cruz, Maria das Graças Cabral Viegas Paranhos, Gracio Ricardo Barboza Petrone e Fabio Túlio Correia Ribeiro; a Exma. Vice-Procuradora-Geral do Trabalho, Dra. Cristina Aparecida Ribeiro Brasiliano; e o Exmo. Diretor Administrativo no exercício da Vice-Presidência da Associação Nacional dos Magistrados da Justiça do Trabalho — ANAMATRA, Juiz Paulo da Cunha Boal,

Considerando as diretrizes contidas na Lei n. 11.419, de 19 de dezembro de 2006, que dispõe sobre a informatização do processo judicial;

Considerando o caráter de generalidade da regulamentação do Conselho Nacional de Justiça (CNJ) que institui o Sistema Processo Judicial Eletrônico — PJe como sistema informatizado de processo judicial no âmbito do Poder Judiciário e estabelece os parâmetros para o seu funcionamento;

Considerando a necessidade de regulamentar a prática eletrônica de atos processuais conforme as especificidades do Pje instalado na Justiça do Trabalho e as disposições de direito processual do trabalho e da Lei n. 13.105/15 — Código de Processo Civil (CPC);

Considerando a importância de se padronizar e aperfeiçoar as estruturas de governança, infraestrutura, gestão e uso do PJe à realidade dos Tribunais Regionais do Trabalho (TRTs);

Considerando as disposições aplicadas ao direito processual do trabalho, que atribuem ao Conselho Nacional de Justiça e, supletivamente, aos tribunais, a competência para regulamentar a prática e a comunicação oficial de atos processuais por meio eletrônico, além de velar pela compatibilidade dos sistemas, disciplinando a incorporação progressiva de novos avanços tecnológicos, na forma dos arts. 193 a 199 do CPC; e

Considerando a decisão proferida no processo CSJT-AN-7304-40.2014.5.90.0000,

RESOLVE:

Ratificar a instituição do Sistema Processo Judicial Eletrônico (PJe) instalado na Justiça do Trabalho como sistema informatizado único para a tramitação de processos judiciais, estabelecendo os parâmetros para sua governança, infraestrutura, gestão e prática eletrônica de atos processuais, dando outras providências, na forma a seguir:

CAPÍTULO I
Do Processo Judicial Eletrônico Instalado na Justiça do Trabalho

Seção I
Das Disposições Gerais

Art. 1º A tramitação do processo judicial no âmbito da Justiça do Trabalho, a prática eletrônica de atos processuais, nos termos da Lei n. 11.419/06 e arts. 193 a 199, do CPC, serão realizadas exclusivamente por intermédio do Sistema Processo Judicial Eletrônico (PJe) instalado na Justiça do Trabalho, regulamentado por esta Resolução.

Art. 2º Para o disposto nesta Resolução, considera-se que:

I — "Sistema satélite" é aquele periférico ao PJe, que com ele tenha relação e/ou integração negocial, funcional ou técnica e que tenha sido homologado e distribuído pelo Conselho Superior da Justiça do Trabalho (CSJT) para funcionamento conjunto;

II — "Arquivo eletrônico que utilize linguagem padronizada de marcação genérica" é todo aquele que, independente do sufixo que designe seu formato ou função que desempenhe no computador, seja capaz de descrever diversos tipos de dados, gerando metadados;

III — "Usuários externos" do PJe são as partes, estagiários e membros da Advocacia e do Ministério Público, defensores públicos, peritos, leiloeiros, as sociedades de advogados, os terceiros intervenientes e outros auxiliares da justiça; e

IV — "Usuários internos" do PJe são os magistrados e servidores da Justiça do Trabalho, bem como outros a que se reconhecer acesso às funcionalidades internas do Sistema, tais como estagiários e prestadores de serviço.

Art. 3º Os atos processuais terão sua produção, registro, visualização, tramitação, controle e publicação exclusivamente em meio eletrônico e serão assinados digitalmente, contendo elementos que permitam identificar o usuário responsável pela sua prática.

§ 1º A cópia de documento extraída dos autos eletrônicos deverá conter elementos que permitam verificar a sua autenticidade no endereço referente à consulta pública do PJe, cujo acesso também será disponibilizado nos sítios do Conselho Superior da Justiça do Trabalho (CSJT) e dos Tribunais Regionais do Trabalho (TRTs) na rede mundial de computadores.

§ 2º Os usuários são responsáveis pela exatidão das informações prestadas, quando de seu credenciamento, assim como pela guarda, sigilo e utilização da assinatura digital, não sendo oponível, em qualquer hipótese, alegação de uso indevido, nos termos da Medida Provisória n. 2.200-2, de 24 de agosto de 2001.

Seção II

Do Acesso

Art. 4º As partes ou terceiros interessados desassistidos de advogado poderão apresentar peças processuais e documentos em papel, segundo as regras ordinárias, nos locais competentes para recebê-los, que serão inseridos nos autos eletrônicos pela unidade judiciária, em arquivo eletrônico que utilize linguagem padronizada de marcação genérica.

Art. 5º O credenciamento dos advogados no PJe dar-se-á pela identificação do usuário por meio de seu certificado digital e remessa do formulário eletrônico disponibilizado no portal de acesso ao PJe, devidamente preenchido e assinado digitalmente.

§ 1º O credenciamento da sociedade de advogados dar-se-á pela remessa do formulário eletrônico disponibilizado no portal de acesso ao PJe, devidamente preenchido e assinado digitalmente, dispensando-se a identificação do usuário por meio de seu certificado digital.

§ 2º As alterações de dados cadastrais poderão ser feitas pelos próprios usuários, a qualquer momento, utilizando funcionalidade específica do PJe para este fim, salvo as informações obtidas de bancos de dados credenciados, como Receita Federal, Justiça Eleitoral e Ordem dos Advogados do Brasil — OAB —, que deverão ser atualizadas diretamente nas respectivas fontes.

§ 3º O credenciamento implica a aceitação:

I — de remessa ao usuário, pelo CSJT de pesquisas relacionadas ao uso do PJe;

II — de remessa ao usuário, pelo PJe de informações referentes aos processos;

III — das normas estabelecidas nesta Resolução;

IV — das demais normas que vierem a regulamentar o uso do PJe no âmbito da Justiça do Trabalho; e

V — da responsabilidade do credenciado pelo uso indevido da assinatura eletrônica.

§ 4º O credenciamento na forma prevista neste artigo não dispensa:

I — a habilitação de todo advogado e sociedade de advogados nos autos eletrônicos em que atuarem; e

II — a juntada de procuração para postular em Juízo, na forma do art. 104 do CPC.

§ 5º A habilitação nos autos eletrônicos para representação das partes, tanto no polo ativo como no polo passivo, efetivar-se -á mediante requerimento específico de habilitação pelo advogado e habilitando-se apenas aquele que peticionar, em qualquer grau de jurisdição.

§ 6º Poderão ser habilitados os advogados e sociedades de advogados que requeiram, desde que haja pedido e constem da procuração ou substabelecimento, na forma do art. 105 do CPC.

§ 7º É atribuição do magistrado determinar, por despacho ou delegação de ato ordinatório, a alteração da autuação para inativação de advogado indevidamente habilitado, ou que deixou de representar quaisquer das partes.

§ 8º O peticionamento de habilitação nos autos deve ser utilizado apenas para o cadastramento específico do advogado ou da sociedade de advogados no processo, ficando disponível para juntada, como anexos, somente os tipos de documentos de "representação judicial" e de "identificação das partes".

§ 9º O peticionamento avulso, procedimento exclusivo para habilitação nos autos, deve ser utilizado somente por advogados que não tenham representação nos autos, na forma do art. 107, I, do CPC, inabilitando-se, neste caso, a juntada de documentos.

§ 10. O advogado que fizer o requerimento para que as intimações sejam dirigidas a este ou à sociedade de advogados a que estiver vinculado, deverá requerer a habilitação automática nos autos, peticionando com o respectivo certificado digital.

Art. 6º O uso e a concessão de certificados digitais institucionais no âmbito da Justiça do Trabalho de primeiro e segundo graus observarão o disposto na Resolução CSJT n. 164, de 18 de março de 2016.

Subseção I

Dos Perfis de Usuário

Art. 7º Os usuários terão acesso às funcionalidades do PJe de acordo com o perfil que lhes for atribuído no Sistema.

§ 1º A uniformização dos perfis de usuários será definida em ato do presidente do CSJT, observada a natureza de sua atuação na relação jurídico-processual e a padronização da estrutura organizacional e de pessoal dos órgãos da Justiça do Trabalho de primeiro e segundo graus prevista na Resolução CSJT 63/10.

§ 2º Faculta-se aos Tribunais Regionais do Trabalho a atribuição de perfil aos usuários de forma diversa da estabelecida pelo § 1º deste artigo, quando definida em ato do presidente do TRT respectivo, desde que ouvido o Comitê Gestor Regional (CGRPJe) e informada a Coordenação Nacional Executiva do PJe (CNEPJe).

Art. 8º Apenas por ato do presidente do CSJT, ouvido o Comitê Gestor Nacional do PJe instalado na Justiça do Trabalho (CGNPJe), serão:

I — criadas, excluídas ou alteradas as permissões dos perfis de usuários do PJe;

II — excluídos os perfis de usuários já existentes no PJe; e

III — criados novos perfis de usuários do PJe.

Art. 9º Caberá ao magistrado gestor da unidade judiciária, na forma do art. 7º desta Resolução e em estrita observância à função desempenhada por cada servidor, definir os perfis dos usuários nela lotados.

§ 1º Aos estagiários apenas poderá ser atribuído o perfil "estagiário", vedando-se qualquer outra definição.

§ 2º É vedada a definição de perfil de diretor, assessor ou chefe de gabinete aos usuários que não ocupam a referida função, salvo quanto a seus substitutos imediatos, ressalvada a hipótese do art. 7º, § 2º desta Resolução e observado o § 1º deste artigo.

§ 3º Nas localidades em que houver central de mandados ou contadoria centralizada, o perfil de oficial de justiça e de calculista deverá ser definido para os usuários que executam as atividades nas respectivas centrais.

Subseção II

Da Disponibilidade

Art. 10. A disponibilidade do PJe, garantida apenas aos acessos de internet protocol (IP) nacionais, será aferida na forma definida pelo Conselho Nacional de Justiça — CNJ —, havendo, quanto às interrupções:

I — registro em relatório de indisponibilidade do funcionamento;

II — divulgação ao público, no sítio do Tribunal respectivo, na rede mundial de computadores;

III — juntada automática do relatório de indisponibilidade nos processos; e

IV — registro automático da prorrogação dos prazos processuais no PJe.

§ 1º O relatório de que trata o *caput* deste artigo deverá conter, pelo menos, as seguintes informações:

I — data, hora e minuto de início da indisponibilidade;

II — data, hora e minuto de término da indisponibilidade;

III — serviços que ficaram indisponíveis; e

IV — assinatura digital do responsável pela unidade de tecnologia da informação do TRT, ou a quem este delegar, com efeito de certidão, devendo — enquanto não implementada a juntada automática nos processos — estar acessível, preferencialmente, em tempo real, ou, no máximo, até às 12h do dia seguinte ao da indisponibilidade.

§ 2º Os Tribunais Regionais do Trabalho manterão o controle dos registros no PJe acerca de feriados, da ausência de expediente forense, da prática de atos e da suspensão de prazos prevista nos arts. 214 e 220 do CPC.

CAPÍTULO II

Da Padronização do Uso

Art. 11. Os manuais do PJe para todos os usuários, informações gerais das versões e informações de sistemas satélites do PJe serão divulgadas e atualizadas constantemente, inclusive para pessoas com deficiência, no sítio https://pje.csjt.jus.br/manual.

Art. 12. Ato do presidente do CSJT definirá o tamanho máximo dos arquivos e extensões suportadas pelo PJe.

§ 1º O PJe deve dispor de funcionalidade que permita o uso exclusivo de documento digital que utilize linguagem padronizada de marcação genérica, garantindo-se, de todo modo, a faculdade do peticionamento inicial e incidental mediante juntada de arquivo eletrônico portable document format (.pdf) padrão ISO-19005 (PDF/A), sempre com a identificação do tipo de petição a que se refere, a indicação do Juízo a que é dirigida, nomes e prenomes das partes e número do processo.

§ 2º O peticionamento na forma do parágrafo anterior não dispensa a petição redigida no editor de texto do PJe, contendo a indicação do Juízo a que é dirigida, nomes e prenomes das partes, número do processo, a identificação em Sistema do tipo de petição a que se refere e a informação de que o conteúdo da petição está em arquivo eletrônico portable document format (.pdf) padrão ISO-19005 (PDF/A).

§ 3º O Agrupamento de documentos em um mesmo arquivo eletrônico portable document format (.pdf) sempre deverá corresponder a documentos de mesmo tipo, com classificação disponível no PJe.

§ 4º Autoriza-se o uso do tipo "documento diverso" apenas para agrupamento de documentos que não contenham tipo de documento específico no PJe.

§ 5º Nas hipóteses dos parágrafos 3º e 4º deste artigo, sempre haverá o preenchimento do campo "descrição", identificando-se resumidamente a informação correspondente ao conteúdo dos documentos agrupados, além dos períodos a que se referem, vedando-se a descrição que não possibilite a correta identificação do conteúdo do arquivo.

Art. 13. Os usuários externos poderão juntar quantos arquivos se fizerem necessários à ampla e integral atividade probatória, observado o art. 12 desta Resolução e demais atos normativos referentes à matéria.

§ 1º Os arquivos juntados aos autos devem utilizar descrição que identifique, resumidamente, os documentos neles contidos e, se for o caso, os períodos a que se referem, e, individualmente considerados, devem trazer os documentos da mesma espécie, ordenados cronologicamente.

§ 2º O preenchimento dos campos "descrição" e "tipo de documento", exigido pelo PJe para anexação de arquivos à respectiva petição, deve guardar correspondência com a descrição conferida aos arquivos, indicando, no campo de livre descrição, o nome da petição ou incidente, o resumo do requerimento, se for o caso, e a identificação da parte que está peticionando.

Art. 14. As petições, manifestações e documentos serão juntados automaticamente, independentemente de ato de servidor da justiça, na forma do art. 228, § 2º, do CPC.

PARÁGRAFO ÚNICO. Fica dispensada a certificação da juntada, pelo usuário interno, nas hipóteses do *caput* deste artigo.

Art. 15. As petições e os documentos enviados sem observância às normas desta Resolução poderão ser indisponibilizados por expressa determinação do magistrado, com o registro de movimento e exclusão da petição e documentos, assinalando-se, se for o caso, novo prazo para a adequada apresentação da petição.

§ 1º Na exclusão de petição incidental dever-se-á tornar indisponível todo o documento a ela anexado.

§ 2º Sendo a exclusão de que trata este artigo referente à petição cujo tipo gere movimento estatístico, deverá ser precedida de pronunciamento do magistrado, com o registro do movimento correspondente à solução dada ao incidente ou recurso.

Art. 16. A inobservância das disposições deste capítulo ensejará a retirada da visibilidade do documento, e em se tratando de petição inicial, será observada a regra prevista no art. 321 e PARÁGRAFO ÚNICO do CPC.

Seção I
Da Prática Eletrônica dos Atos Processuais

Art. 17. No processo eletrônico, as citações, intimações e notificações, inclusive as destinadas à União, Estados, Distrito Federal, Municípios e suas respectivas autarquias e fundações de direito público serão feitas por meio eletrônico, sem prejuízo da publicação no Diário Eletrônico da Justiça do Trabalho (DEJT) nas hipóteses previstas em lei.

§ 1º O cadastro das partes deverá ser efetivado pela inserção do CPF ou CNPJ respectivo.

§ 2º As citações, intimações e notificações destinadas à União, Estados, Distrito Federal, Municípios e suas respectivas autarquias e fundações de direito público serão realizadas perante os órgãos responsáveis por sua representação processual.

§ 3º É vedada às sociedades de advogados a prática eletrônica de atos processuais, sendo considerada usuária externa apenas para recebimento de intimações, na forma dos arts. 106, I e 272, § 2º, do CPC.

Art. 18. No expediente de notificação inicial ou de citação constará indicação da forma de acesso ao inteiro teor da petição inicial no endereço referente à consulta pública do PJe, cujo acesso também será disponibilizado nos sítios dos TRTs e do CSJT na rede mundial de computadores.

Art. 19. A petição inicial conterá, além dos requisitos do art. 840, § 1º, da CLT, a indicação do CPF ou CNPJ das partes, na forma do art. 15, *caput*, da Lei n. 11.419/06.

§ 1º No lançamento de dados do processo pelo usuário externo, além dos dados contidos no *caput* deste artigo, sempre que possível serão fornecidos, na forma do art. 31, II, da Consolidação dos Provimentos da Corregedoria-Geral da Justiça do Trabalho (CPCGJT):

I — o CEI (Cadastro Específico do INSS contendo número da matrícula do empregador pessoa física);

II — o Número de Identificação do Trabalhador (NIT) perante o INSS;

III — o PIS ou PASEP;

IV — o número da CTPS do empregado; e

V — o CNAE (Classificação Nacional de Atividades Econômicas — código do ramo de atividade) do empregador.

§ 2º O PJe fornecerá, na distribuição da ação, o número atribuído ao processo, o órgão julgador para o qual foi distribuída e, se for o caso, o local, a data e o horário de realização da audiência, da qual estará a parte autora imediatamente intimada.

§ 3º Os dados da autuação automática serão conferidos pela unidade judiciária, que procederá, com determinação do magistrado e registro no PJe, à intimação da parte para alteração em caso de desconformidade com a petição e documentos.

§ 4º A ausência de retificação dos dados da autuação automática, referente à petição inicial, no prazo de 15 (quinze) dias, ensejará a aplicação do disposto no art. 321, parágrafo único, do CPC.

§ 5º A retificação dos dados da autuação será acompanhada de juntada automática de certidão contendo as alterações, inclusive quando houver inclusão ou exclusão de advogado ou parte.

Art. 20. A funcionalidade do PJe que indica a ocorrência de possível prevenção somente deve distribuir o processo ao Juízo presumidamente prevento, cabendo ao magistrado a análise do feito, com o pronunciamento em que reconheça a regularidade da distribuição, ou recuse a prevenção.

§ 1º O PJe deve dispor de funcionalidade que indique a existência de possível litispendência e coisa julgada, sem prejuízo de livre distribuição ou distribuição por prevenção, nos termos do *caput* deste artigo.

§ 2º Nas classes processuais que exigem a indicação de processo de referência, em qualquer grau de jurisdição, haverá distribuição para o Juízo do processo de referência, exceto no ajuizamento de ação rescisória, cabendo ao magistrado reconhecer a regularidade da distribuição ou recusá-la.

§ 3º Nas classes recursais será observada a distribuição por prevenção ao relator para eventual recurso subsequente, interposto no mesmo processo ou em processo conexo, na forma do art. 930, parágrafo único, do CPC, observada a compensação.

§ 4º As funcionalidades do PJe que indicam a ocorrência de possível prevenção, litispendência e coisa julgada deverão contemplar a juntada automática de certidão contendo tais informações.

Art. 21. A distribuição de ação, inclusive incidental, será unicamente por meio eletrônico, mesmo na hipótese de ações cautelares, tutelas de urgência e embargos de terceiros, quando ajuizados em processos que tramitam em meio físico.

Art. 22. A contestação, reconvenção, exceção e documentos deverão ser protocolados no PJe até a realização da proposta conciliatória infrutífera, com a utilização de equipamento próprio, sendo automaticamente juntados, facultada a apresentação de defesa oral, na forma do art. 847, da CLT.

§ 1º No expediente de notificação inicial ou de citação constará orientação para que a contestação, reconvenção, exceção e documentos que as acompanham sejam protocolados no PJe com pelo menos 48h de antecedência da audiência.

§ 2º As partes poderão atribuir segredo de justiça à petição inicial e sigilo à contestação, reconvenção, exceção, petições incidentais e documentos, desde que, justificadamente, fundamentem uma das hipóteses do art. 770, *caput*, da CLT e dos arts. 189 ou 773, do CPC.

§ 3º O magistrado poderá determinar a exclusão de petições e documentos indevidamente protocolados sob sigilo, observado o art. 15 desta Resolução.

§ 4º O PJe deve dispor de funcionalidade que mantenha oculta ao usuário externo a contestação, reconvenção, exceção e documentos que as acompanham, até a realização da proposta conciliatória infrutífera.

§ 5º Na hipótese de celebração de acordo, a contestação, reconvenção, exceção e documentos que as acompanham serão excluídos do PJe, na forma do art. 35 desta Resolução.

Art. 23. As audiências serão sempre reduzidas a termo, ainda que gravadas em áudio e vídeo, e o arquivo eletrônico que utilize linguagem padronizada de marcação genérica daí decorrente será, ao final da audiência:

I — imediatamente assinado pelo magistrado, impossibilitando a alteração de sua forma e conteúdo; ou

II — facultativamente enviado ao PJe, imediatamente após o término da audiência, também impossibilitando a alteração de sua forma e conteúdo e deflagrando o procedimento dos parágrafos 1º e 2º deste artigo.

§ 1º Após o envio do arquivo eletrônico que utilize linguagem padronizada de marcação genérica referido no *caput* para o PJe, a secretaria da sala de audiências, imediatamente após o término da audiência, realizará o lançamento dos movimentos processuais, encaminhando-o para assinatura digital pelo magistrado.

§ 2º O magistrado assinará eletronicamente o arquivo eletrônico que utilize linguagem padronizada de marcação genérica referido no *caput* até o primeiro dia útil subsequente ao término da sessão.

§ 3º Na hipótese de celebração de acordo e ausência de assinatura imediata do arquivo eletrônico que utilize linguagem padronizada de marcação genérica referido no *caput*, havendo requerimento da parte, a ata deverá ser impressa, assinada manualmente pelas partes e magistrado e, então, digitalizada e inserida no PJe.

Art. 24. Os tipos de classe, petição, documentos, movimentos e complementos de movimentos disponibilizados no PJe devem corresponder aos previstos nas tabelas processuais unificadas publicadas pelo CNJ, cujas alterações serão realizadas apenas pela Coordenação Técnica do Sistema PJe (CTPJe) no CSJT e disponibilizadas a cada nova versão do Sistema.

Art. 25. O magistrado, antes de determinar o arquivo definitivo do processo, deverá intimar as partes para, querendo, armazenarem os dados dos autos eletrônicos em assentamento próprio.

Art. 26. Fica dispensada a formação de autos suplementares em casos de exceção de impedimento ou suspeição, agravos de instrumento, agravos regimentais e agravo previsto no art. 1.021 do CPC, exceto quanto:

I — ao agravo de instrumento em mandado de segurança, na forma do art. 7º, § 1º, da Lei n. 12.016/09; e

II — ao pedido de revisão do valor da causa, na forma do art. 2º, § 2º, da Lei n. 5.584/70.

Art. 27. As atas de sessões, quando necessárias para registros passíveis de publicidade, deverão ser lavradas pela secretaria e aprovadas pelo presidente do respectivo órgão colegiado, com envio para publicação na forma do art. 3º desta Resolução.

Art. 28. Durante o recesso judiciário, feriados e período de suspensão de prazo processual prevista no art. 220, do CPC, serão mantidas as publicações no DEJT, observados os termos do art. 4º, § 4º, da Lei n. 11.419/06 e regulamentação do CNJ sobre expediente forense no período natalino e suspensão dos prazos processuais.

CAPÍTULO III
Do Suporte, Desempenho e Infraestrutura

Art. 29. Ato do presidente do CSJT definirá a política de suporte, padronização e atualização da infraestrutura tecnológica do PJe nos órgãos da Justiça do Trabalho de primeiro e segundo graus.

Art. 30. Os eventos que afetem a disponibilidade e desempenho do PJe serão de responsabilidade exclusiva do Tribunal Regional do Trabalho, quando for constatado que a sua infraestrutura tecnológica é dissonante da política de padronização e atualização da infraestrutura tecnológica que suporta o Sistema nos órgãos da Justiça do Trabalho de primeiro e segundo graus.

PARÁGRAFO ÚNICO. Em situações críticas, assim definidas em ato do presidente do CSJT, enquanto não houver a atualização da infraestrutura tecnológica do PJe, o Tribunal Regional do Trabalho também se responsabilizará pela eventual demora ou atraso na solução de problemas que impactem a operação do Sistema.

Art. 31. Os TRTs constituirão equipe específica de testes, composta pelo CGRPJe, além de servidores da área judiciária e magistrados de 1º e 2º graus, inclusive pessoas com deficiência para, com apoio do setor de tecnologia da informação, realizar todas as aferições e experimentos necessários à verificação do pleno funcionamento das novas versões do Sistema disponibilizadas pelo CSJT.

PARÁGRAFO ÚNICO. A migração para novas versões do PJe somente ocorrerá após a realização e homologação das aferições em ambiente idêntico ao de produção, incluindo testes de acessibilidade, carga, rajada, desempenho e infraestrutura nos respectivos TRTs, bem como o envio dos resultados à Coordenação Técnica do PJe no CSJT.

Art. 32. Os TRTs manterão equipe de tecnologia da informação exclusivamente dedicada ao atendimento de demandas do PJe.

PARÁGRAFO ÚNICO. A equipe possuirá competência técnica ao menos em análise de infraestrutura, desenvolvimento, suporte e dados, sendo composta de modo a se adequar ao porte do TRT, observadas a Resolução CSJT n. 63/2010 e a Resolução do CNJ que institui a Estratégia Nacional de Tecnologia da Informação e Comunicação do Poder Judiciário (ENTIC-JUD).

Art. 33. Em casos excepcionais poderá a equipe de tecnologia da informação do TRT, por meio de scripts de bancos de dados, adicionar, excluir e alterar movimentos e complemento de movimentos processuais registrados no PJe, desde que haja, cumulativamente:

I — autorização do CGRPJe;

II — autorização do Comitê Gestor Nacional do Sistema de Gerenciamento de Informações Administrativas e Judiciárias da Justiça do Trabalho (e-Gestão);

III — aquiescência da Coordenação Técnica do PJe no CSJT, por meio de abertura de chamado em software próprio de gestão de demandas do CSJT; e

IV — juntada, preferencialmente automática, de certidão nos autos eletrônicos afetados, contendo tais informações.

Art. 34. O PJe deve dispor de funcionalidade que permita identificar o usuário que promover exclusão, inclusão e alteração de dados, arquivos baixados, bem como o momento de sua ocorrência.

Art. 35. Todos os documentos inseridos no PJe que não forem assinados, classificados e organizados no prazo de 30 (trinta) dias a partir de sua criação, serão excluídos do Sistema.

Art. 36. Os processos arquivados definitivamente serão migrados das bases de dados do PJe e salvos em base desconectada do acesso imediato às informações do Sistema, podendo retornar ao acervo original mediante requerimento ou determinação de magistrado.

Art. 37. Quando tecnicamente viável, as funcionalidades do Sistema poderão ser offline.

CAPÍTULO IV
Da Administração

Art. 38. A administração do PJe instalado na Justiça do Trabalho caberá ao Comitê Gestor Nacional do PJe instalado na Justiça do Trabalho e aos Comitês Gestores Regionais do PJe, compostos por usuários internos e externos do Sistema.

Seção I
Do Comitê Gestor Nacional do PJe (CGNPJe) Instalado na Justiça do Trabalho

Art. 39. O CGNPJe definirá as estratégias e diretrizes de evolução e integração do PJe instalado na Justiça do Trabalho, desempenhando as seguintes atribuições:

I — garantir a adequação do PJe aos requisitos legais e às necessidades da Justiça do Trabalho, inclusive no que diz respeito ao desempenho, escalabilidade e otimização da infraestrutura tecnológica do Sistema;

II — definir as premissas e as estratégias utilizadas para a especificação, desenvolvimento, testes, homologação, implantação e integridade de operação do PJe;

III — fomentar e promover a colaboração entre órgãos e entidades, com vistas ao compartilhamento de esforços e recursos voltados ao desenvolvimento e evolução do PJe, bem como à integração de outros Sistemas ao PJe;

IV — garantir a padronização do PJe nos órgãos da Justiça do Trabalho; e V — propor normas regulamentadoras do PJe ao presidente do CSJT.

Art. 40. O CGNPJe será composto por:

I — dois magistradosdesignados pelo presidente do CSJT, que exercerão a Coordenação Nacional Executiva do PJe (CNEPJe);

II — um presidente ou corregedor de TRT, indicado pelo Colégio de Presidentes e Corregedores de Tribunais Regionais do Trabalho (COLEPRECOR);

III — um secretário ou diretor de tecnologia da informação de TRT, designado pelo presidente do CSJT;

IV — um servidor da Coordenadoria de Gestão Documental do CSJT, designado pelo presidente do CSJT;

V — secretário de tecnologia da informação e comunicação do CSJT; VI — secretário de tecnologia da informação do TST;

VII — um advogado, indicado pelo presidente do Conselho Federal da Ordem dos Advogados do Brasil (OAB);

VIII- um advogado público, indicado pela Advocacia Geral da União (AGU); e

IX — um membro do Ministério Público do Trabalho (MPT), indicado pelo procurador-geral do trabalho.

Subseção I
Da Coordenação Nacional Executiva do PJe (CNEPJe)

Art. 41. A CNEPJe supervisionará a capacitação dos usuários e o gerenciamento, a especificação, o desenvolvimento, a manutenção, a implantação e o suporte do Sistema, também desempenhando, com o auxílio da CTPJe, as seguintes atribuições:

I — planejar e coordenar ações decorrentes das deliberações do CGNPJe;

II — sugerir ao presidente do CSJT a criação de grupos de trabalho, comissões e comitês necessários à evolução e sustentação do PJe;

III — coordenar as atividades desenvolvidas por grupos afetos ao PJe, em especial a Comissão Permanente de Acessibilidade e Inclusão, o Grupo de Parametrização, o Grupo de Requisitos do 1.º grau, o Grupo de Requisitos do 2.º grau e o Grupo Nacional de Negócio;

IV — receber, analisar e deliberar sobre sugestões encaminhadas pelos CGRPJe;

V — acompanhar o cumprimento das diretrizes utilizadas para a especificação, desenvolvimento, testes, homologação, implantação e integridade de operação do PJe;

VI — receber e deliberar preliminarmente sobre propostas de projeto e ações voltadas à evolução e sustentação do PJe;

VII — gerenciar o portfólio de ações e projetos pertinentes ao PJe;

VIII — gerenciar o escopo funcional do PJe no que concerne às particularidades da Justiça do Trabalho;

IX — analisar e deliberar sobre propostas de melhoria e correção de defeitos no PJe, observado o disposto no Acordo de Cooperação Técnica (ACT) CNJ/CSJT n. 10, de 14 de junho de 2016, e a Portaria de Governança CNJ n. 26/2015;

X — gerenciar os requisitos do PJe, conciliando as necessidades dos usuários internos e externos, podendo ser auxiliado pelos grupos de requisitos e grupo nacional de negócio;

XI — deliberar sobre a necessidade de desenvolvimento, manutenção e tratamento de incidentes do PJe, podendo a priorização de tais demandas ser delegada à Coordenação Técnica do PJe no CSJT;

XII — homologar funcionalidades e versões do PJe, podendo delegar tal atribuição ao grupo nacional de negócio;

XIII — analisar, para fins de aprovação prévia, os cronogramas dos TRTs para implantação do PJe em unidades judiciárias; e

XIV — divulgar no sítio do CSJT, quando houver, o planejamento da disponibilização de novas versões do PJe.

Art. 42. A Secretaria-Geral e a Secretaria de Tecnologia da Informação e Comunicação do CSJT prestarão apoio administrativo e técnico às atividades desenvolvidas pela CNEPJe.

Art. 43. A Comissão Permanente de Acessibilidade e Inclusão, o Grupo de Parametrização, o Grupo de Requisitos do 1º grau, o Grupo de Requisitos do 2º grau e o Grupo Nacional de Negócio, todos vinculados à CNEPJe, terão as suas atribuições e composição definidas por ato do presidente do CSJT.

Seção II
Dos Comitês Gestores Regionais (CGRPJe)

Art. 44. Compete aos Comitês Gestores Regionais -CGRPJe, que se reunirão ao menos uma vez por mês, as seguintes atribuições:

I — administrar a estrutura, implementação e funcionamento do PJe, de acordo com as diretrizes fixadas pelo CGNPJe;

II — avaliar a necessidade de manutenção corretiva e evolutiva do PJe e encaminhá-las à CNEPJe;

III — organizar a estrutura de atendimento às demandas de seus usuários internos e externos;

IV — determinar auditorias no PJe, especialmente no que diz respeito à integridade das informações, segurança e adequação da infraestrutura mínima recomendada;

V — garantir a integridade do PJe, no que diz respeito à taxonomia e classes processuais;

VI — propor à CNEPJe alterações visando o aprimoramento do PJe, preferencialmente predispondo-se a desenvolvê-las, por time remoto ou fábrica de software, quando autorizado pela CNEPJe;

VII — fazer cumprir as normas expedidas pelo CNJ, CSJT e CGNPJe;

VIII — divulgar as ações para a implantação do PJe no sítio do respectivo TRT e no DEJT;

IX — apresentar proposta de plano de ação regional para a implantação do Sistema e migração dos sistemas legados para o PJe;

X — acompanhar a execução do plano de ação regional, após a aprovação do presidente do TRT, verificando se as atividades desenvolvidas estão adequadas e em consonância com o planejamento traçado;

XI — monitorar e avaliar periodicamente os resultados do plano de ação regional, com vistas a melhorar a sua qualidade, eficiência e eficácia, aprimorando a execução e corrigindo eventuais falhas;

XII — zelar pela conformidade da infraestrutura que suporta o PJe no TRT com a política de padronização e atualização da infraestrutura tecnológica instituída pelo CSJT;

XIII — garantir o alinhamento entre os roteiros de atendimento de 1º nível dos usuários no TRT aos definidos pela Coordenação Nacional Executiva e Coordenação Técnica do PJe;

XIV — encaminhar semestralmente à CNEPJe, no formato e meio indicados pelo CSJT, relação contendo o nome dos servidores de atendimento e suporte, bem como as estatísticas do trabalho executado no período;

XV — avaliar o risco da atribuição de perfil aos usuários do PJe de forma diversa à prevista no art. 7º, § 1º, desta Resolução, alertando o presidente do TRT respectivo acerca do impacto potencial no desempenho do Sistema; e

XVI — coibir a implantação de sistemas ou módulos que mantenham integração com o PJe, sem prévia anuência e autorização do CSJT, na forma do Acordo de Cooperação Técnica ACT CNJ/CSJT n. 10/2016 e da Portaria de Governança CNJ n. 26/2015.

Art. 45. Cada CGRPJe será composto pelo menos, por:

I — um desembargador, que o presidirá;

II — um magistrado titular de Vara do Trabalho; III — um magistrado auxiliar de Vara do Trabalho;

IV — um servidor da área judiciária, lotado no 2º grau;

V — um servidor diretor de secretaria de Vara do Trabalho;

VI — um servidor oficial de justiça;

VII — um servidor calculista;

VIII — o secretário ou diretor de tecnologia da informação do TRT;

IX — um advogado indicado pela OAB, da secção respectiva, ou pelo Conselho Federal em caso de jurisdição regional em mais de um Estado;

X — um advogado público, indicado pelo Procurador-Geral do Estado em que sediado o TRT; e

XI — um membro do MPT, indicado pela Procuradoria Regional do Trabalho (PRT).

§ 1º Os membros dos CGRPJe serão designados por ato do presidente do TRT.

§ 2º O membro do CGRPJe elencado no inciso I presidirá os trabalhos e designará, dentre os magistrados elencados nos incisos II e III, aquele que exercerá a Coordenação Executiva Regional (CERPJe).

§ 3º O CGRPJe poderá delegar as atribuições dos incisos I, II, IV, X e XI do art. 44 desta Resolução à CERPJe, a qual agirá sempre *ad referendum* do CGRPJe, a este prestando contas de suas ações, mensalmente, nas reuniões do CGRPJe.

§ 4º O presidente do CGRPJe encaminhará à CNEPJe o calendário anual de reuniões ordinárias e, ao final de cada mês, a cópia da ata de reunião.

§ 5º Os presidentes dos TRTs divulgarão e manterão atualizadas no sítio do TRT as atas das reuniões e a relação dos integrantes do CGRPJe, da equipe de sustentação e da equipe de desenvolvimento remoto, referenciando os atos que definiram ou alteraram as suas composições.

Subseção I
Do Administrador do PJe

Art. 46. Compete ao presidente do TRT designar servidores que exercerão a função de administrador do PJe, no 1º e 2º graus, observado o mínimo de:

I — dois servidores da tecnologia da informação para, com o apoio da área de infraestrutura, exercer as atividades relacionadas à configuração de novas versões disponibilizadas pelo CSJT, atualização de fluxos, parametrização, testes preliminares e correções no PJe;

II — dois servidores da área judiciária, para o módulo de 2º grau, com experiência de atuação em áreas como a presidência, vice-presidência, corregedoria, vice-corregedoria, gabinete e secretaria de órgão colegiado;

III — dois servidores da área judiciária, para o módulo de 1º grau, com experiência de atuação em áreas como secretaria de Vara e gabinete de magistrado.

§ 1º A critério do presidente do TRT, observado o impacto no desempenho do Sistema, poderá ser ampliado o número de administradores do PJe, além dos quantitativos indicados nos incisos anteriores, dando-se ciência à CNEPJe.

§ 2º Além dos servidores indicados pelo presidente do TRT, também deverão exercer a função de administrador do PJe os magistrados integrantes do CGRPJe.

§ 3º O perfil de administrador do PJe poderá ter acesso a todas as funcionalidades destinadas aos diretores, assessores e chefes de gabinete em todas as unidades e órgãos de 1º e 2º graus a que estiverem vinculados.

Subseção II
Da Capacitação dos Usuários

Art. 47. Os TRTs promoverão investimentos para a formação e aperfeiçoamento dos usuários, inclusive pessoas com deficiência, com o objetivo de prepará-los para o aproveitamento adequado do PJe.

§ 1º Os servidores de tecnologia da informação serão capacitados para a programação, desenvolvimento, suporte e sustentação da arquitetura e infraestrutura do PJe, inclusive quanto aos aspectos de acessibilidade, bem como em metodologia de desenvolvimento de software e sistema de gestão de chamados definidos pela Coordenação Técnica do PJe no CSJT.

§ 2º Os magistrados de 1º e 2º graus, bem como os servidores usuários do PJe serão capacitados na usabilidade do PJe, tanto no que se refere à prática eletrônica de atos processuais (regras de negócio), como no conhecimento das funcionalidades do Sistema, observando-se o conteúdo mínimo estabelecido pelo Plano Nacional de Capacitação do PJe.

§ 3º Sem prejuízo do disposto no § 2º deste artigo, bem como no desenvolvimento de outras expertises, os magistrados de 1º e 2º graus, bem como os servidores usuários do PJe serão capacitados em:

I — princípios da teoria geral do direito processual eletrônico;

II — uso do editor de textos do PJe; e

III — liquidação de sentenças no Sistema "PJe Calc Tribunais".

§ 4º Os TRTs ficam autorizados a firmar parcerias com as Escolas Superiores de Advocacia (ESA) da secção respectiva e Procuradorias Regionais do Trabalho (PRTs), para a capacitação dos usuários externos.

§ 5º Independente da pactuação de parceria a que se refere o § 4º deste artigo, os TRTs promoverão a capacitação dos advogados na usabilidade do Sistema "PJe Calc Cidadão", fomentando a distribuição de ações e apresentação de defesa, independente do rito, sempre acompanhadas da respectiva planilha de cálculos.

§ 6º O diretor da Escola Judicial (EJUD) de cada TRT encaminhará à CNEPJe, em dezembro de cada ano:

I — o resultado do plano anual de treinamentos executados para os magistrados e servidores, incluindo as avaliações dos treinamentos e instrutores;

II — o planejamento anual de treinamentos vindouros, contendo:

a) a indicação da quantidade de usuários capacitados e a capacitar;

b) as atividades desenvolvidas e a desenvolver; e

c) as horas-aula cumpridas e a cumprir.

III — o nome e currículo dos instrutores que ministraram e ministrarão os cursos.

Art. 48. Sem prejuízo do disposto no art. 47 desta Resolução, o CSJT promoverá, anualmente:

I — dois encontros, um a cada semestre, de caráter técnico, voltados ao debate do nivelamento, atualização e renovação da infraestrutura tecnológica que suporta o PJe;

II — dois encontros, um a cada semestre, de caráter técnico, voltados ao fomento e transferência de conhecimento da manutenção corretiva e evolutiva do PJe, por meio de desenvolvimento do código do Sistema, inclusive quanto aos aspectos de acessibilidade; e

III — duas reuniões, uma a cada semestre, voltado à gestão e governança do PJe, com a participação dos presidentes dos CGRPJe e CERPJe dos TRTs.

PARÁGRAFO ÚNICO. A convocação para os eventos de que trata este artigo é atribuição da CNEPJe.

Art. 49. Sem prejuízo do disposto no art. 47 desta Resolução, o CSJT, às suas expensas promoverá, anualmente, a capacitação de magistrados de 1º e 2º graus, observando:

I — dois encontros, um a cada semestre, voltado à disseminação e debate dos princípios da teoria geral do direito processual eletrônico;

II — dois encontros, um a cada semestre, voltado à prática eletrônica de atos processuais (regras de negócio) e conhecimento das funcionalidades do PJe; e

III — dois encontros, um a cada semestre, voltados à liquidação de sentenças no Sistema "PJe Calc Tribunais".

PARÁGRAFO ÚNICO. Os encontros referidos neste artigo serão transmitidos ao vivo para as EJUDs dos TRTs, além de serem gravados e disponibilizados para acesso seguro na intranet dos TRTs, podendo o CSJT, se for o caso, buscar o apoio administrativo, técnico e operacional da Escola Nacional de Formação e Aperfeiçoamento de Magistrados do Trabalho (ENAMAT).

CAPÍTULO V
Da Implantação

Art. 50. A implantação do PJe poderá ocorrer:

I — a partir da fase de conhecimento, com a superação dos atuais sistemas de gestão das informações processuais mantidos pelo TRT; e

II — a partir das fases de liquidação ou execução, após o trânsito em julgado do título e para os processos de classes executivas.

Art. 51. A partir da implantação do PJe em unidade judiciária, fica vedada a utilização de quaisquer outros sistemas de peticionamento eletrônico relativo aos processos que tramitam no PJe, inclusive o Sistema Integrado de Protocolização e Fluxo de Documentos Eletrônicos — e-Doc.

PARÁGRAFO ÚNICO. O descumprimento da determinação constante do *caput* implicará no descarte dos documentos recebidos, que não constarão de registro algum e não produzirão qualquer efeito legal.

Seção I
Da Migração dos Sistemas Legados para o PJe

Art. 52. No cadastramento do processo físico ou eletrônico, oriundo de sistema legado do TRT, no módulo "Cadastramento da Liquidação, Execução e Conhecimento (CLEC)" do PJe, poderão ser juntados ou transferidos arquivos de documentos existentes no banco de dados local.

§ 1º No cadastramento de processo em fase de conhecimento serão juntadas todas as petições e documentos dos autos originários.

§ 2º No cadastramento de processos em fase de liquidação e execução serão juntados pelas partes, em prazo assinalado pelo magistrado:

I — título executivo judicial ou extrajudicial, ainda que contenham apenas obrigações de fazer ou não fazer;

II — cálculos homologados, se houver; e

III — procurações outorgadas aos mandatários;

IV — comprovação de pagamentos e recolhimentos havidos;

V — decisões supervenientes à coisa julgada, se houver, que implicaram alteração da dívida.

§ 3º No cadastramento de processos em fase de liquidação e execução, a critério do magistrado, serão juntados outros documentos que sejam necessários à completa entrega da prestação jurisdicional.

§ 4º Após o cadastramento do processo no CLEC, os autos legados receberão movimento processual de encerramento, prosseguindo-se com o processo apenas no PJe.

Art. 53. Não deverão ser cadastrados no CLEC os processos que estejam tramitando com a classe ExProv em execução provisória.

Art. 54. As partes e seus procuradores serão intimados, após o cadastramento de processo físico no CLEC, para que, no prazo preclusivo de 30 (trinta) dias, se manifestem sobre o interesse de manterem pessoalmente a guarda de algum dos documentos originais juntados aos autos legados, nos termos do art. 12, § 5º, da Lei n. 11.419/06.

Art. 55. O magistrado deverá conceder prazo razoável para que a parte adote as providências necessárias à regular tramitação do feito no PJe, inclusive credenciamento dos advogados no Sistema e habilitação automática nos autos, nos termos do art. 76 do CPC.

Art. 56. A migração dos sistemas legados para o PJe somente ocorrerá após a realização, pelo TRT, de testes de carga, rajada, desempenho e infraestrutura em ambiente idêntico ao de produção, acrescido dos processos migrados, assegurando-se a disponibilidade do Sistema e encaminhadas as aferições, para anuência, à CNEPJe.

CAPÍTULO VI
Das Disposições Finais e Transitórias

Art. 57. O desenvolvimento de novas funcionalidades e a correção de incidentes no PJe, além da capacitação de usuários e também o uso, desenvolvimento, manutenção, implantação e suporte dos sistemas satélites do PJe observarão o Acordo de Cooperação Técnica CNJ/CSJT n. 10/2016.

§ 1º As ações a que se refere o *caput* serão sempre informadas ao CSJT, para os fins da Portaria de Governança CNJ 26/2015.

§ 2º É vedado o desenvolvimento, manutenção, implantação e suporte de quaisquer funcionalidades dos sistemas satélites do PJe que exportem dados em arquivo eletrônico portable document format (.pdf).

Art. 58. As intervenções que impliquem alterações estruturais do PJe não previstas nesta Resolução somente poderão ser promovidas quando:

I — observem os aspectos de acessibilidade; e

II — autorizadas pelo presidente do CSJT.

Art. 59. Os Estados, Distrito Federal, Municípios e suas respectivas autarquias e fundações públicas de direito privado e de direito público informarão aos presidentes dos TRTs o CNPJ de cadastro dos órgãos responsáveis por sua representação processual.

§ 1º Os presidentes dos TRTs informarão às unidades judiciárias o CNPJ de que trata o *caput* deste artigo, para que se dê cumprimento ao art. 17 desta Resolução.

§ 2º O cadastro da União deverá corresponder a:

I — CNPJ 26.994.558/0001-23 — UNIÃO FEDERAL (AGU);

II — CNPJ 05.489.410/0001-61 — UNIÃO FEDERAL (PGF); e

III — CNPJ 00.394.460/0001-41 — UNIÃO FEDERAL (PGFN).

§ 3º O cadastro do MPT será nacionalmente unificado, conforme definido em ato do presidente do CSJT.

Art. 60. O PJe deve dispor de comunicação entre bases de dados dos TRTs, fazendo-se a expedição das cartas precatórias e de ordem também em meio eletrônico e, quando da devolução ao Juízo deprecante, será encaminhada certidão constando o seu cumprimento, com a materialização apenas de peças essenciais à compreensão dos atos realizados.

§ 1º Havendo na localidade mais de uma Vara do Trabalho com a mesma competência territorial, as cartas precatórias e de ordem recebidas serão cadastradas pelo setor de distribuição respectivo.

§ 2º O acompanhamento da carta precatória deverá ser realizado por meio da consulta pública com login e senha no PJe, registrando-se nos autos principais o procedimento e o andamento atualizado da carta precatória, ficando vedada a emissão de comunicação para este fim.

Art. 61. É vedada a criação de novas soluções de informática para o processo judicial e realização de investimentos nos sistemas eventualmente existentes nos TRTs, bem como a respectiva implantação em unidades judiciárias de 1º e 2º graus.

§ 1º A vedação contida no *caput* deste artigo se aplica inclusive às manutenções necessárias ao funcionamento dos sistemas já implantados.

§ 2º O CSJT manterá, no sistema de gestão de demandas do PJe no CSJT, portfólio dos sistemas satélites do PJe, possibilitando e fomentando o diálogo entre TRTs.

Art. 62. As Varas do Trabalho criadas por lei e os postos avançados deverão ser instalados com a concomitante implantação do PJe.

Art. 63. O magistrado resolverá as questões relativas ao uso do PJe em cada caso concreto não previsto nesta Resolução e demais atos normativos referentes à matéria ouvido previamente o CGRPJe, ressalvados os casos de urgência.

Art. 64. O CSJT promoverá as adequações do PJe aos termos desta Resolução, inclusive quanto aos aspectos de acessibilidade, em 24 (vinte e quatro) meses, contados da publicação.

Art. 65. Sem prejuízo das disposições desta Resolução, bem como do prazo estabelecido no art. 64 desta Resolução, o CSJT promoverá as adequações do PJe aos termos:

I — da Resolução do CNJ que institui o Modelo de Requisitos para Sistemas Informatizados de Gestão de Processos e Documentos do Poder Judiciário (Moreq-jus); e

II — da Resolução do CNJ que orienta a adequação das atividades dos órgãos do Poder Judiciário e de seus serviços auxiliares às determinações exaradas pela Convenção Internacional sobre os Direitos das Pessoas com Deficiência e seu Protocolo Facultativo e pela Lei Brasileira de Inclusão da Pessoa com Deficiência.

Art. 66. Fica vedada a identificação do processo judicial eletrônico (PJe) como sistema de propriedade da Justiça do Trabalho, bem como o uso da sigla "PJe-JT".

Art. 67. Nos casos omissos, aplicam-se as disposições da Resolução CNJ que institui o PJe como sistema de processamento de informações e prática eletrônica de atos processuais, estabelecendo os parâmetros para sua implementação e funcionamento.

Art. 68. O CSJT fica autorizado a contratar fábrica de software, desde que haja disponibilidade orçamentária, para:

I — a manutenção corretiva e evolutiva do PJe;

II — a integração de outros sistemas ao PJe, incluindo-se:

a) a evolução e integração do sistema de Restrições Judiciais sobre Veículos Automotores (RENAJUD) ao PJe; e

b) o desenvolvimento e integração de webservice para acesso e restrição dos dados do sistema de Gerenciamento de Embarcações da Marinha do Brasil (SISGEMB), denominado NAVEJUD, ao PJe.

PARÁGRAFO ÚNICO. Em todos os casos, observar-se-ão o Acordo de Cooperação Técnica CNJ/CSJT n. 10/2016 e a Portaria de Governança CNJ n. 26/2015.

Art. 69. Esta Resolução entra em vigor na data de sua publicação, revogando-se as disposições em contrário, em especial a Resolução CSJT n. 136, de 25 de abril de 2014.

Brasília, 24 de março de 2017.

Ministro IVES GANDRA DA SILVA MARTINS FILHO
Presidente do Conselho Superior
da Justiça do Trabalho

RESOLUÇÃO ADMINISTRATIVA N. 1.589, DE 4 DE FEVEREIRO DE 2013

(DEJT 8.2.2013)

Institui o Sistema Processo Judicial Eletrônico da Justiça do Trabalho — PJE-JT como sistema de processamento de informações e prática de atos processuais e estabelece os parâmetros para sua implementação e funcionamento no Tribunal Superior do Trabalho

O EGRÉGIO ÓRGÃO ESPECIAL DO TRIBUNAL SUPERIOR DO TRABALHO, em sessão ordinária hoje realizada, sob a Presidência do Excelentíssimo Ministro João Oreste Dalazen, Presidente do Tribunal, presentes os Exmos. Srs. Ministros Maria Cristina Irigoyen Peduzzi, Vice-Presidente do Tribunal, Antônio José de Barros Levenhagen, Corregedor-Geral da Justiça do Trabalho, Carlos Alberto Reis de Paula, Ives Gandra da Silva Martins Filho, João Batista Brito Pereira, Renato de Lacerda Paiva,

Luiz Philippe Vieira de Mello Filho, Alberto Luiz Bresciani de Fontan Pereira, Dora Maria da Costa, Fernando Eizo Ono, Guilherme Augusto Caputo Bastos, Márcio Eurico Vitral Amaro, Walmir Oliveira da Costa e o Exmo. Sr. Procurador-Geral do Trabalho, Dr. Luís Antônio Camargo de Melo,

Considerando as diretrizes contidas na Lei n. 11.419, de 19 de dezembro de 2006, que dispõe sobre a informatização do processo judicial, especialmente o disposto no art. 18, que autoriza os órgãos do Poder Judiciário a regulamentarem-na,

Considerando os benefícios advindos da substituição da tramitação de autos em meio impresso pelo meio eletrônico, como instrumento de celeridade e qualidade da prestação jurisdicional,

Considerando a implantação do PJE-JT nas 24 Regiões da Justiça do Trabalho,

Considerando a necessidade de racionalização da utilização dos recursos orçamentários, advinda da utilização de um sistema uno e nacional por todos os Órgãos da Justiça do Trabalho,

Considerando o teor da Resolução CSJT n. 94, de 23 de março de 2012, e a necessidade de regulamentar a implantação do sistema de processo eletrônico também no Tribunal Superior do Trabalho, de modo a uniformizar a normatização em toda a Justiça do Trabalho,

RESOLVE

Instituir o Sistema de Processo Judicial Eletrônico da Justiça do Trabalho — PJe-JT no Tribunal Superior do Trabalho e estabelecer os parâmetros para a sua implementação e funcionamento, na forma a seguir:

CAPÍTULO I
Do Processo Judicial Eletrônico da Justiça do Trabalho

SEÇÃO I
Das Disposições Gerais

Art. 1º A tramitação do processo judicial no âmbito do Tribunal Superior do Trabalho, a prática de atos processuais e sua representação por meio eletrônico, nos termos da Lei n. 11.419, de 19 de dezembro de 2006, serão realizadas por intermédio do Sistema Processo Judicial Eletrônico da Justiça do Trabalho — PJe-JT regulamentado por esta Resolução.

PARÁGRAFO ÚNICO. A implantação do sistema mencionado no *caput* deste artigo ocorrerá de forma gradual, conforme cronograma definido pela Presidência do Tribunal Superior do Trabalho — TST.

Art. 2º O PJe-JT compreenderá o controle do sistema judicial trabalhista nos seguintes aspectos:

I — o controle da tramitação do processo;

II — a padronização de todos os dados e informações compreendidas pelo processo judicial;

III — a produção, registro e publicidade dos atos processuais; e

IV — o fornecimento de dados essenciais à gestão das informações necessárias aos diversos órgãos de supervisão, controle e uso do sistema judiciário trabalhista.

Art. 3º Para o disposto nesta Resolução, considera-se:

I — assinatura digital: assinatura em meio eletrônico, que permite aferir a origem e a integridade do documento, baseada em certificado digital, padrão ICP-BRASIL, tipo A-3 ou A-4, emitido por Autoridade Certificadora Credenciada, na forma de lei específica;

II — autos do processo eletrônico ou autos digitais: conjunto de documentos digitais correspondentes a todos os atos, termos e informações do processo;

III — digitalização: processo de conversão de um documento originalmente confeccionado em papel para o formato digital por meio de dispositivo apropriado;

IV — documento digital: documento codificado em dígitos binários, acessível por meio de sistema computacional;

V — meio eletrônico: qualquer forma de armazenamento ou tráfego de documentos e arquivos digitais;

VI — transmissão eletrônica: toda forma de comunicação à distância com a utilização de redes de comunicação, preferencialmente a rede mundial de computadores;

VII — usuários internos: Ministros e servidores do Tribunal Superior do Trabalho, bem como outros a que se reconhecer acesso às funcionalidades internas do sistema de processamento em meio eletrônico (estagiários, prestadores de serviço, etc.);

VIII — usuários externos: todos os demais usuários, incluídos partes, advogados, membros do Ministério Público, peritos e leiloeiros.

§ 1º Os usuários terão acesso às funcionalidades do PJe-JT, de acordo com o perfil que lhes for atribuído no sistema e em razão de sua natureza na relação jurídico-processual.

§ 2º A Presidência do Tribunal Superior do Trabalho adotará as providências necessárias para fornecer, pelo menos, dois certificados digitais para cada Ministro e pelo menos um para os demais usuários internos.

Art. 4º Os atos processuais terão registro, visualização, tramitação e controle exclusivamente em meio eletrônico e serão assinados digitalmente, contendo elementos que permitam identificar o usuário responsável pela sua prática.

§ 1º A cópia de documento extraída dos autos digitais deverá conter elementos que permitam verificar a sua autenticidade no endereço referente à consulta pública do PJe-JT, cujo acesso também será disponibilizado no sítio do Tribunal Superior do Trabalho na Rede Mundial de Computadores.

§ 2º O usuário é responsável pela exatidão das informações prestadas, quando de seu credenciamento, assim como pela guarda, sigilo e utilização da assinatura eletrônica, não sendo oponível, em qualquer hipótese, alegação de uso indevido, nos termos da Medida Provisória n. 2.200-2, de 24 de agosto de 2001.

SEÇÃO II
Do Acesso ao Sistema

Art. 5º Para acesso ao PJe-JT é obrigatória a utilização de assinatura digital a que se refere o inciso I do art. 3º desta Resolução.

PARÁGRAFO ÚNICO. No caso de ato urgente em que o usuário externo não possua certificado digital para o peticionamento, a prática será viabilizada por intermédio de unidade vinculada à Secretaria Geral Judiciária — SEGJUD.

Art. 6º Para o uso da assinatura digital o credenciamento dar-se-á pela simples identificação do usuário por meio de seu certificado digital e remessa do formulário eletrônico, devidamente preenchido, disponibilizado no portal de acesso ao PJe-JT.

§ 1º Alterações de dados cadastrais poderão ser feitas pelos usuários, a qualquer momento, na seção respectiva do portal de acesso ao PJe-JT.

§ 2º O credenciamento implica a aceitação das normas estabelecidas nesta Resolução, assim como nas demais normas que vierem a regulamentar o uso do processo eletrônico no âmbito do TST, e a responsabilidade do credenciado pelo uso indevido da assinatura digital.

Art. 7º O PJe-JT estará disponível 24 horas por dia, ininterruptamente, ressalvados os períodos de manutenção do sistema.

PARÁGRAFO ÚNICO. As manutenções programadas do sistema serão sempre informadas com antecedência e realizadas, preferencialmente, no período das 00h dos sábados às 22h do domingo, ou no horário entre 00h e 06h nos demais dias da semana.

Art. 8º Considera-se indisponibilidade dos sistemas de tramitação eletrônica de processos a falta de oferta ao público externo de qualquer um dos seguintes serviços:

I — consulta aos autos digitais;

II — transmissão eletrônica de atos processuais; ou

III — citações, intimações ou notificações eletrônicas.

§ 1º As falhas de transmissão de dados entre as estações de trabalho do público externo e a rede de comunicação pública, assim como a impossibilidade técnica que decorra de falhas nos equipamentos ou programas dos usuários, não caracterizam indisponibilidade.

§ 2º É de responsabilidade do usuário:

I — o acesso ao seu provedor da internet e a configuração do computador utilizado nas transmissões eletrônicas;

II — o acompanhamento do regular recebimento das petições e documentos transmitidos eletronicamente.

Art. 9º A indisponibilidade definida no artigo anterior será aferida por sistemas de auditoria estabelecidos por ato do Tribunal Superior do Trabalho.

§ 1º Os sistemas de auditoria verificarão a disponibilidade externa dos serviços referidos no art. 8º com a periodicidade mínima de 5 (cinco) minutos.

§ 2º Toda indisponibilidade dos sistemas de tramitação eletrônica de processos será registrada em relatório de interrupções de funcionamento a ser divulgado ao público na rede mundial de computadores, devendo conter, pelo menos, as seguintes informações:

I — data, hora e minuto de início da indisponibilidade;

II — data, hora e minuto de término da indisponibilidade; e,

III — serviços que ficaram indisponíveis.

Art. 10. Os prazos que se vencerem no dia da ocorrência de indisponibilidade de quaisquer dos serviços referidos no art. 8º serão prorrogados para o dia útil seguinte à retomada de funcionamento, quando:

I — a indisponibilidade for superior a 60 minutos, ininterruptos ou não, se ocorrida entre 06h00 e 23h00; e

II — ocorrer indisponibilidade entre 23h00 e 24h00.

§ 1º As indisponibilidades ocorridas entre 00h00 e 06h00 dos dias de expediente forense e as ocorridas em feriados e finais de semana, a qualquer hora, não produzirão o efeito do *caput*.

§ 2º Aos prazos fixados em hora não se aplica a regra prevista no inciso I deste artigo e serão prorrogados na mesma proporção das indisponibilidades ocorridas no intervalo entre 06h00 e 23h00.

§ 3º A prorrogação de que trata este artigo será feita automaticamente nos sistemas que controlem prazo.

Art. 11. A indisponibilidade previamente programada produzirá as consequências definidas pelo Presidente do TST e será ostensivamente comunicada ao público externo com, pelo menos, 5 (cinco) dias de antecedência.

SEÇÃO III
Do Funcionamento do Sistema

Art. 12. O sistema receberá arquivos com tamanho máximo de 1,5 megabytes e apenas nos seguintes formatos:

I — arquivos de texto, no formato PDF (portable document format), com resolução máxima de 300 dpi e formatação A4.

II — arquivos de áudio, no formato MPEG-1 ou MP3 (Moving Picture Experts Group).

III — arquivos de áudio e vídeo (AV), no formato MPEG-4 (Moving Picture Experts Group).

IV — arquivos de imagem, no formato JPEG (Joint Photographic Expertes Group), com resolução máxima de 300 dpi.

§ 1º Partes ou terceiros interessados desassistidos de advogados poderão apresentar peças processuais e documentos em papel, segundo as regras ordinárias, nos locais competentes para o recebimento, que serão digitalizados e inseridos no processo pela Unidade Judiciária.

§ 2º O sistema de armazenamento dos documentos digitais deverá conter funcionalidades que permitam identificar o usuário que promover exclusão, inclusão e alteração de dados, arquivos baixados, bem como o momento de sua ocorrência.

§ 3º A parte ou o advogado poderá juntar quantos arquivos se fizerem necessários à ampla e integral defesa de seus interesses, desde que cada um desses arquivos observe o limite de tamanho máximo fixado no *caput* deste artigo.

§ 4º O recebimento de arquivos nos formatos definidos nos incisos II, III e IV deste artigo somente ocorrerá a partir da implantação da versão correspondente do sistema.

Art. 13. Os documentos produzidos eletronicamente, os extratos digitais e os documentos digitalizados e juntados aos autos pelos órgãos da Justiça do Trabalho e seus auxiliares, pelos membros do Ministério Público, pelas procuradorias e por advogados públicos e privados têm a mesma força probante dos originais, ressalvada a alegação motivada e fundamentada de adulteração.

§ 1º Incumbirá à parte zelar pela qualidade dos documentos juntados por qualquer meio, especialmente quanto à sua legibilidade, para o que se recomenda não utilizar papel reciclado, em virtude de dificultar a respectiva visualização posterior.

§ 2º Os originais dos documentos digitalizados, mencionados no *caput* deste artigo, deverão ser preservados pelo seu detentor até o trânsito em julgado da sentença ou, quando admitida, até o final do prazo para propositura de ação rescisória.

§ 3º A arguição de falsidade do documento original será processada eletronicamente na forma da lei processual em vigor.

§ 4º Os documentos cuja digitalização mostre-se tecnicamente inviável devido ao grande volume ou por motivo de ilegibilidade deverão ser apresentados em secretaria no prazo de 10 (dez) dias contados do envio de petição eletrônica comunicando o fato. Após o trânsito em julgado, os referidos documentos serão devolvidos, incumbindo-se à parte preservá-los, até o final do prazo para propositura de ação rescisória, quando admitida.

Art. 14. Excetuando-se os documentos referidos no artigo anterior, todos os demais documentos apresentados deverão ser retirados pelos interessados, no prazo de 30 dias, para os efeitos do art. 11, § 3º, da Lei n. 11.419/2006.

PARÁGRAFO ÚNICO. Findo o prazo estabelecido no *caput*, poderão ser inutilizados os documentos mantidos em meio impresso.

Art. 15. Os documentos que forem juntados eletronicamente em autos digitais e reputados manifestamente impertinentes pelo Juízo terão sua visualização tornada indisponível por expressa determinação judicial.

Art. 16. Os documentos digitalizados e anexados às petições eletrônicas serão adequadamente classificados e organizados de forma a facilitar o exame dos autos eletrônicos, podendo o Ministro determinar a sua reorganização e classificação, caso não atenda ao disposto neste artigo.

Art. 17. O Tribunal Superior do Trabalho manterá instalados equipamentos à disposição das partes, advogados e interessados para consulta ao conteúdo dos autos digitais e envio de peças processuais e documentos em meio eletrônico.

SEÇÃO IV

Dos Atos Processuais

Art. 18. No processo eletrônico, todas as citações, intimações e notificações, inclusive da Fazenda Pública, far-se-ão por meio eletrônico, preferencialmente mediante publicação no Portal do PJE, sem prejuízo da publicação no Diário de Justiça Eletrônico, quando necessário.

§ 1º As citações, intimações, notificações e remessas que viabilizem o acesso à íntegra do processo correspondente serão consideradas vista pessoal do interessado para todos os efeitos legais.

§ 2º Quando, por motivo técnico, for inviável o uso do meio eletrônico para a realização de citação, intimação ou notificação, esses atos processuais poderão ser praticados segundo as regras ordinárias, digitalizando-se e destruindo-se posteriormente o documento físico.

Art. 19. No instrumento de notificação ou citação constará indicação da forma de acesso ao inteiro teor da petição inicial no endereço referente à consulta pública do PJe-JT, cujo acesso também disponibilizar-se-á no sítio do Tribunal Superior do Trabalho na Rede Mundial de Computadores.

Art. 20. Para efeito da contagem do prazo de 10 (dez) dias corridos de que trata o art. 5º, § 3º, da Lei n. 11.419/2006, nos sistemas de tramitação eletrônica de processos:

I — o dia inicial da contagem é o dia seguinte ao da disponibilização do ato de comunicação no sistema, independentemente de esse dia ser, ou não, de expediente no órgão comunicante;

II — o dia da consumação da intimação ou comunicação é o décimo dia a partir do dia inicial, caso seja de expediente judiciário, ou o primeiro dia útil seguinte, conforme previsto no art. 5º, § 2º, da Lei n. 11.419/2006.

PARÁGRAFO ÚNICO. A intercorrência de feriado, interrupção de expediente ou suspensão de prazo entre o dia inicial e o dia final do prazo para conclusão da comunicação não terá nenhum efeito sobre sua contagem, excetuada a hipótese do inciso II.

Art. 21. A distribuição da petição inicial e a juntada da contestação, dos recursos e das petições em geral, todos em formato digital, nos autos de processo eletrônico devem ser feitas diretamente pelos usuários externos, sem necessidade da intervenção da secretaria judicial, situação em que a autuação ocorrerá de forma automática, fornecendo-se o recibo eletrônico de protocolo.

§ 1º No caso de petição inicial, o sistema fornecerá, imediatamente após o envio, juntamente com a comprovação de recebimento, informações sobre o número atribuído ao processo e o Órgão Julgador para o qual foi distribuída a ação.

§ 2º Os dados da autuação automática serão conferidos por unidade judiciária, que procederá à sua alteração em caso de desconformidade com os documentos apresentados, de tudo ficando registro no sistema.

Art. 22. A comprovação da entrega de expedientes por oficiais de justiça será feita por certidão circunstanciada acerca do cumprimento da diligência, dispensando-se a juntada aos autos de contrafé digitalizada e subscrita pelos destinatários.

Art. 23. As atas e termos de audiência serão assinados digitalmente apenas pelo Ministro, assim como o documento digital, no caso de audiências gravadas em áudio e vídeo, os quais passarão a integrar os autos digitais, mediante registro em termo.

Art. 24. Os atos processuais praticados por usuários externos considerar-se-ão realizados na data e horário do seu recebimento no PJe-JT.

§ 1º A postulação encaminhada considerar-se-á tempestiva quando recebida, integralmente, até as vinte e quatro horas do dia em que se encerra o prazo processual, considerado o horário de Brasília.

§ 2º A suspensão dos prazos processuais não impedirá o encaminhamento de petições e a movimentação de processos eletrônicos, podendo a apreciação dos pedidos decorrentes desses prazos ocorrer, a critério do Ministro, após o término do prazo de suspensão, ressalvados os casos de urgência.

§ 3º O sistema fornecerá ao usuário externo recibo eletrônico da prática do ato processual contendo o número do protocolo gerado pelo sistema, a data e o horário da prática do ato, a identificação do processo, o nome do remetente e/ou do usuário que assinou eletronicamente o documento e, se houver, o assunto, o órgão destinatário da petição e as particularidades de cada arquivo eletrônico, conforme informados pelo remetente.

§ 4º Será de integral responsabilidade do remetente a equivalência entre os dados informados para o envio e os constantes da petição remetida.

§ 5º Não serão considerados, para fins de tempestividade, o horário inicial de conexão do usuário à internet, o horário de acesso do usuário ao sítio eletrônico do Tribunal ou ao PJe-JT, tampouco os horários registrados pelos equipamentos do remetente.

§ 6º A não obtenção de acesso ao PJe-JT e eventual defeito de transmissão ou recepção de dados não imputáveis à indisponibilidade ou impossibilidade técnica do sistema não servirão de escusa para o descumprimento de prazo processual.

Art. 25. A partir da implantação do PJe-JT será dispensada a formação de autos suplementares em casos como de agravos de instrumento, precatórios, agravos regimentais e execução provisória.

Art. 26. Nas classes processuais em que haja a designação de revisor, caberá ao relator determinar a inclusão do processo em pauta, observado o prazo mínimo de 15 (quinze) dias para o revisor preparar o voto.

PARÁGRAFO ÚNICO. Determinada a inclusão, o revisor será cientificado pelo sistema do início do prazo.

SEÇÃO V

Da Consulta e do Sigilo

Art. 27. A consulta ao inteiro teor dos documentos juntados ao PJe-JT somente estará disponível pela rede mundial de computadores, nos termos da Lei n. 11.419/2006 e da Resolução n. 121, de 5 de outubro de 2010, do Conselho Nacional de Justiça — CNJ, para as respectivas partes processuais, advogados em geral, Ministério Público e para os magistrados, sem prejuízo da possibilidade de visualização nas Secretarias dos Órgãos Julgadores, à exceção daqueles que tramitarem em sigilo ou segredo de justiça.

PARÁGRAFO ÚNICO. Para a consulta de que trata o *caput* deste artigo será exigido o credenciamento no sistema.

SEÇÃO VI
Do Uso Inadequado do Sistema

Art. 28. O uso inadequado do sistema que cause prejuízo às partes ou à atividade jurisdicional poderá importar, após determinação da autoridade judiciária competente, no bloqueio provisório do cadastro do usuário, relativamente ao processo em que se deu o evento, ou mesmo ao sistema, dependendo da gravidade do fato, sem prejuízo de outras medidas processuais e legais, observadas as prerrogativas legais, no caso de magistrados, advogados e membros do Ministério Público.

CAPÍTULO II
Da Administração do Sistema no TST

Art. 29. A gestão técnica do PJe-JT no âmbito do Tribunal Superior do Trabalho caberá ao Comitê Gestor do TST, que atuará em permanente diálogo e interação com o Comitê Gestor Nacional.

PARÁGRAFO ÚNICO. Os membros do Comitê Gestor do TST serão designados pelo Presidente e sua coordenação será exercida por um Ministro.

Art. 30. Compete ao Comitê Gestor do TST:

I — administrar o sistema nos aspectos relacionados à sua estrutura, implementação e funcionamento, de acordo com as diretrizes fixadas pelo Comitê Gestor Nacional;

II — avaliar a necessidade de promover a manutenção corretiva e evolutiva;

III — organizar a estrutura de atendimento às demandas de seus usuários internos e externos;

IV — determinar a realização de auditorias no sistema, especialmente no que diz respeito à integridade das suas informações e segurança;

V — garantir a integridade do sistema, no que diz respeito à sua taxonomia e classes processuais;

VI — propor ao Comitê Gestor Nacional alterações visando ao aprimoramento do sistema;

VII — observar as orientações técnicas expedidas pelo Comitê Gestor Nacional.

CAPÍTULO III
Da Implantação

Art. 31. A implantação do PJe-JT implicará, para os processos novos, a superação dos atuais sistemas de gestão das informações processuais mantidos pelo TST, observada a graduação prevista no parágrafo único do art. 1º desta Resolução.

Art. 32. A partir da implantação do PJe-JT, o recebimento de petição inicial ou de prosseguimento, relativas aos processos que nele tramitam, somente pode ocorrer no meio eletrônico próprio do sistema, sendo vedada a utilização do e-DOC ou qualquer outro sistema de peticionamento eletrônico.

Art. 33. A implementação das versões atualizadas do sistema ficará a cargo das equipes técnicas do Tribunal Superior do Trabalho, a partir da liberação e sob a supervisão da SETIN e da gerência técnica do PJe-JT nacional.

PARÁGRAFO ÚNICO. Na atividade a que se refere o *caput* deste artigo está incluída a realização de testes por servidores designados pelo TST.

CAPÍTULO IV
Das Disposições Finais e Transitórias

Art. 34. As intervenções que impliquem alterações estruturais do sistema somente poderão ser promovidas quando autorizadas pela Presidência do Tribunal Superior do Trabalho.

Art. 35. O TST manterá, no âmbito de suas atribuições, estrutura de atendimento e suporte aos usuários do PJe-JT.

Art. 36. As cartas de ordem expedidas para as unidades judiciárias nas quais tenha sido implantado o PJe-JT tramitarão também em meio eletrônico e, quando da devolução, será encaminhada certidão constando o seu cumprimento com a materialização apenas de peças essenciais à compreensão dos atos realizados.

Art. 37. O TST promoverá investimentos para a formação dos usuários internos, com o objetivo de prepará-los para o aproveitamento adequado do PJe-JT.

Art. 38. Os casos não disciplinados na presente Resolução serão resolvidos pela Presidência do Tribunal Superior do Trabalho.

Art. 39. Esta Resolução entra em vigor na data de sua publicação

Brasília, 4 de fevereiro de 2013.

MINISTRO JOÃO ORESTE DALAZEN
Presidente do Tribunal Superior do Trabalho

ATO SEGJUD.GP N. 116 DE 25 DE FEVEREIRO DE 2013

(DJE/TST 25.2.2013)

Dispõe sobre a implantação do sistema Processo Judicial Eletrônico da Justiça do Trabalho — PJE-JT no âmbito do Tribunal Superior do Trabalho, e dá outras providências

O PRESIDENTE DO TRIBUNAL SUPERIOR DO TRABALHO, no uso das atribuições legais e regimentais, Considerando as diretrizes contidas na Lei n. 11.419, de 19 de dezembro de 2006, que dispõe sobre a informatização do processo judicial, especialmente o disposto no art. 18, que autoriza os órgãos do Poder Judiciário a regulamentar a matéria;

Considerando os benefícios advindos da substituição da tramitação de autos em meio físico pelo meio eletrônico, como instrumento de celeridade e qualidade da prestação jurisdicional;

Considerando a necessidade de regulamentar a implantação do Sistema Processo Judicial Eletrônico da Justiça do Trabalho — PJe-JT no Tribunal Superior do Trabalho;

Considerando que já tramitam no sistema PJE-JT mais de 103 (cento e três) mil processos e seria ilógico e irracional que eventual recurso de revista ou agravo de instrumento em recurso de revista, nesses processos, persistam tramitando mediante digitalização de peças;

Considerando o disposto na Resolução Administrativa n. 1589/2013;

RESOLVE

Art. 1º É implantado no Tribunal Superior do Trabalho — TST, a partir de 26 de fevereiro de 2013, o Sistema de Processo Judicial Eletrônico da Justiça do Trabalho — PJe-JT.

PARÁGRAFO ÚNICO. O Sistema PJe-JT, no TST, rege-se pelo disposto no presente Ato, como também pela Resolução Administrativa n. 1589/2013.

Art. 2º A implantação do PJe-JT no TST ocorrerá de forma gradual, iniciando-se pela Sexta Turma e gabinetes dos Ministros vinculados ao aludido colegiado, limitada às classes processuais agravo de instrumento em recurso de revista — AIRR, recurso de revista — RR, recurso de revista com agravo — ARR e ação cautelar — CauInon incidental em processo com qualquer desses tipos de recurso pendente de julgamento e que já tramite no PJe-JT.

PARÁGRAFO ÚNICO. O cronograma de extensão do PJe-JT para outros órgãos julgadores e gabinetes de Ministros será estabelecido e divulgado pela Presidência do TST.

Art. 3º A adoção do Sistema PJe-JT implicará, para os processos iniciados no referido sistema, a superação do atual sistema de gestão das informações processuais mantido pelo TST, observada a graduação e o cronograma previstos no artigo anterior.

Art. 4º A partir da implantação do Sistema PJe-JT, o recebimento de petição inicial ou de prosseguimento, relativas aos processos que tramitam no PJe-JT, somente ocorrerá no meio eletrônico próprio desse sistema, sendo vedada a utilização do e-DOC ou de qualquer outro sistema de peticionamento eletrônico ou físico.

Art. 5º O acesso ao Sistema PJe-JT será por meio do sítio do TST na Rede Mundial de Computadores e dependerá do credenciamento prévio do usuário nesse sistema e da utilização de assinatura digital, baseada em certificado digital, padrão ICPBRASIL, tipo A-3 ou A-4, emitido por Autoridade Certificadora Credenciada, na forma de lei específica.

PARÁGRAFO ÚNICO. No caso de ato urgente, e não sendo o usuário externo portador de certificado digital, o peticionamento será viabilizado por intermédio da Coordenadoria de Cadastramento Processual do TST.

Art. 6º O Sistema PJe-JT estará disponível 24 horas por dia, ininterruptamente, ressalvados os períodos de manutenção, nos termos da Resolução Administrativa do TST n. 1589/2013.

Art. 7º A indisponibilidade do Sistema PJe-JT no âmbito do TST, a que se refere os arts. 8º e 9º da Resolução Administrativa 1589, de 4 de fevereiro de 2013, será registrada em relatório de interrupções de funcionamento a ser divulgado ao público no Portal do TST na rede mundial de computadores, devendo conter, pelo menos, as seguintes informações:

I — data, hora e minuto de início da indisponibilidade;

II — data, hora e minuto de término da indisponibilidade; e,

III — serviços que ficaram indisponíveis.

PARÁGRAFO ÚNICO. O relatório de indisponibilidade será divulgado até às 12h do dia útil seguinte ao da sua ocorrência, pela Secretaria de Tecnologia da Informação do TST — SETIN, sob a supervisão do Comitê Gestor do sistema.

Art. 8º O Sistema PJe-JT será operado por usuários internos e usuários externos.

§ 1º Usuários internos: Ministros, Desembargadores convocados e servidores, bem como outros a que se reconhecer acesso às funcionalidades internas do sistema (estagiários, prestadores de serviço etc.).

§ 2º Usuários externos: todos os demais usuários, incluídos advogados públicos (PGU, PFG e PGFN) e privados, membros do Ministério Público, peritos e leiloeiros.

Art. 9º O usuário é responsável pela exatidão das informações prestadas no momento do credenciamento, assim como pela guarda, sigilo e utilização da assinatura eletrônica, não sendo oponível, em qualquer hipótese, alegação de uso indevido, nos termos da Medida Provisória n. 2.200-2, de 24 de agosto de 2001.

Art. 10. O credenciamento de advogado dependerá do preenchimento de formulário eletrônico disponível no Portal de acesso ao PJE-JT, no sítio do TST na Rede Mundial de Computadores, bem assim da utilização de certificado digital (ICPBrasil), dispensando-se a validação presencial.

Art. 11. Os membros do Ministério Público do Trabalho e os integrantes da Procuradoria-Geral da União, Procuradoria-Geral Federal e Procuradoria-Geral da Fazenda Nacional serão credenciados ou tornados inativos pelos gestores dos próprios órgãos.

PARÁGRAFO ÚNICO. A inatividade será registrada no sistema na hipótese de desligamento da instituição ou situações análogas.

Art. 12. Os usuários internos do TST serão credenciados pelas respectivas unidades administrativas, também responsáveis por torná-los inativos.

Art. 13. A existência de cadastro prévio em qualquer sistema do TST, efetuado por advogado, público ou privado, e por membro do Ministério Público do Trabalho, com ou sem certificado digital, não dispensa novo cadastramento no PJe-JT.

Art. 14. A comunicação dos atos processuais praticados no PJe-JT, durante a fase de implantação do aludido sistema no TST, e até ulterior deliberação, far-se-á, em regra, diretamente pelo sistema (Portal do PJe-JT), à exceção da ciência de inclusão do processo em pauta de órgão julgador colegiado, de decisões monocráticas e de acórdãos, as quais serão realizadas por meio de publicação no Diário Eletrônico da Justiça do Trabalho.

§ 1º O Ministério Público do Trabalho — MPT e os entes públicos representados pela Procuradoria-Geral da União — PGU, Procuradoria-Geral Federal — PGF e Procuradoria-Geral da Fazenda Nacional — PGFN serão assim comunicados dos atos processuais praticados no PJe-JT:

a) Ciência de inclusão do processo em pauta: pessoal, mediante ofício ou mandado judicial;

b) Intimação de acórdão, decisão monocrática e despacho: Portal do PJe-JT;

c) Intimação para emissão de parecer pelo MPT: Portal do PJe-JT.

§ 2º Quando for inviável o uso do meio eletrônico para a realização de intimação ou notificação, esses atos processuais poderão ser praticados segundo as regras ordinárias, digitalizando-se e destruindo-se posteriormente o documento físico.

Art. 15. O cadastramento do processo, a distribuição da petição inicial e a juntada da contestação, dos recursos, do parecer do Ministério Público do Trabalho e das petições em geral, todos em formato digital, aos autos de processo eletrônico, serão realizadas diretamente pelos usuários externos, dispensando-se a intervenção da secretaria judicial, situação em que a autuação ocorrerá de forma automática, fornecendo-se o recibo eletrônico de protocolo.

PARÁGRAFO ÚNICO. A petição inicial conterá a indicação do CPF ou CNPJ da parte autora, conforme determinação do art. 15, *caput*, da Lei n. 11.419/2006.

Art. 16. O sistema fornecerá, imediatamente após o envio da petição inicial, juntamente com a comprovação de recebimento, informações sobre o número atribuído ao processo e o nome do Ministro para o qual foi distribuída a ação.

Art. 17. Os recursos protocolizados nos Tribunais Regionais do Trabalho, dirigidos ao Tribunal Superior do Trabalho, serão juntados ao processo eletrônico na origem e distribuídos automaticamente pelo Sistema PJe-JT.

Art. 18. A Coordenadoria de Classificação, Autuação e Distribuição de Processos — CCADP, durante a fase de implantação do PJe-JT e até ulterior deliberação, fará a conferência dos dados cadastrais do processo eletrônico, como também da adequação da distribuição às regras do Regimento Interno do TST, devendo informar ao Relator eventual erro na distribuição do processo, bem assim a existência de possível impedimento ou prevenção.

PARÁGRAFO ÚNICO. Em caso de erro de cadastramento ou divergência entre os dados cadastrados e os documentos apresentados, a CCADP procederá aos ajustes necessários, de tudo ficando registro no Sistema PJe-JT.

Art. 19. Em caso de prevenção, os processos que não sejam da competência da Sexta Turma desta Corte serão convertidos para o sistema legado, até a implantação do Sistema PJe-JT no órgão prevento.

Art. 20. No sistema legado serão compensados, em igual número, os processos distribuídos no Sistema PJe-JT, observadas as classes processuais.

Art. 21. Nos gabinetes de Ministros e demais unidades internas usuárias do Sistema PJe-JT haverá, pelo menos, 2 (dois) servidores que atuarão como facilitadores em suas respectivas lotações.

§ 1º Os facilitadores serão responsáveis por orientar e dirimir dúvidas dos servidores de sua unidade na utilização do Sistema PJe-JT, realizar a interlocução com os respectivos representantes no Comitê Gestor do PJe-JT no TST e com a Central de Atendimento de Usuários, bem assim receber e dar encaminhamento às sugestões de aperfeiçoamento.

§ 2º As unidades internas usuárias do Sistema PJe-JT deverão indicar os seus facilitadores ao Presidente do Tribunal, no prazo de 15 dias da data da implantação do sistema na respectiva unidade, inclusive para fins de capacitação.

Art. 22. Os casos não disciplinados no presente Ato serão resolvidos pela Presidência do Tribunal Superior do Trabalho.

Art. 23. Este Ato entra em vigor em 26 de fevereiro de 2013.

Brasília, 25 de fevereiro de 2013.

MINISTRO JOÃO ORESTE DALAZEN
Presidente do Tribunal Superior do Trabalho

ATO TST.GP N. 207, DE 15 DE ABRIL DE 2014(*)

Suspende, temporariamente, a vigência do Ato n. 116/SEGJUD.GP, de 25 de fevereiro de 2013 e dá outras providências.

O PRESIDENTE DO TRIBUNAL SUPERIOR DO TRABALHO, no uso de suas atribuições legais e regimentais,

Considerando a relevância do alinhamento entre a versão do PJe-JT que está em processo de implantação no Tribunal Superior do Trabalho e a versão do PJe-JT em desenvolvimento no âmbito do Conselho Superior da Justiça do Trabalho;

Considerando que, no âmbito do Tribunal Superior do Trabalho, ainda não houve a efetiva implementação do PJe-JT, inclusive na 6ª Turma;

Considerando que alguns Tribunais Regionais do Trabalho têm procedido ao envio de recursos em processos que tramitam no PJe-JT pelo eRemessa e mais a conveniência de uniformização desse procedimento;

Considerando a necessidade de ser redimensionado o cronograma de instalação do PJe-JT, no Tribunal Superior do Trabalho, em sintonia com o estabelecido na Resolução 185 do Conselho Nacional de Justiça,

RESOLVE:

Art. 1º Fica suspenso, temporariamente, o Ato n.116/SEGJUD.GP, de 25 de fevereiro de 2013.

Art. 2º Até que seja ultimada a implementação do PJe-JT, no âmbito do TST, os recursos de revista, os agravos de instrumento dos despachos de Presidente de Tribunal Regional que denegarem seguimento a recurso de revista, os recursos ordinários e os respectivos agravos de instrumento nas ações de competência originária dos Regionais, oriundos de processos que estejam tramitando no PJe-JT, serão enviados para apreciação do Tribunal Superior do Trabalho, excepcionalmente e em caráter temporário, por intermédio do eRemessa.

§ 1º Fica permitido ao Tribunal Regional do Trabalho da 7ª Região a transmissão de processos que tramitam pelo sistema PJe-JT na Segunda Instância por meio da ferramenta 'ConectorPJe', em alternativa ao e-Remessa, na forma regulamentada por ofício da Presidência do TST; *(Redação introduzida pelo Ato GP Fonte: Diário Eletrônico da Justiça do Trabalho, Brasília, DF, n. 1839, 22 out. 2015. Caderno Administrativo [do] Tribunal Superior do Trabalho, p. 1-2. Republicação. n. 663, de 12 de dezembro de 2014)*

§ 2º Fica permitido aos Tribunais Regionais do Trabalho da 1ª, 3º e 15ª Regiões o envio de processos que tramitam pelo sistema PJe-JT na Segunda Instância, por meio da ferramenta 'ConectorPJe', em alternativa ao sistema eRemessa, na forma regulamentada por ofício da Presidência do TST; *(Redação introduzida pelo Ato TST. GP n. 217, de 23 de abril de 2015)*

§ 3º Fica permitido aos demais Tribunais Regionais do Trabalho o envio de processos que tramitam pelo sistema PJe-JT na Segunda Instância, por meio da ferramenta ' ConectorPJe', em alternativa ao sistema e-Remessa, na forma regulamentada por ofício da Presidência do TST; *(Redação introduzida pelo Ato TST.SEGJUD.GP n. 550, de 5 de outubro de 2015)*

§ 4º Fica mantido o sistema de digitalização dos recursos a serem remetidos ao TST, relativamente aos processos físicos ainda em curso nos Tribunais Regionais do Trabalho, ou outro sistema que acaso tenha sido adotado na origem. *(Redação introduzida pelo Ato TST.SEGJUD.GP n. 550, de 5 de outubro de 2015)*

Art. 3º Os recursos enviados no formato descrito no art. 2º serão distribuídos aos órgãos judicantes competentes para o seu exame e julgamento.

Art. 4º A baixa de processos transitados em julgado, realizada pelas secretarias dos órgãos judicantes e pela SEGJUD, conforme o caso, será feita com as peças produzidas no TST, por intermédio do e-Remessa, sendo facultado ao Tribunal Regional do Trabalho optar pela íntegra do processo.

PARÁGRAFO ÚNICO. Após o recebimento do processo pelo e-Remessa, incumbirá ao Tribunal Regional do Trabalho realizar a inserção, no sistema do PJeJT, do acórdão do TST e das demais peças processuais necessárias, em formato PDF.

Art. 5º Os casos omissos serão dirimidos pela Presidência do Tribunal Superior do Trabalho.

Art. 6º Este Ato entra em vigor na data de sua publicação.

MINISTRO ANTONIO JOSÉ DE BARROS LEVENHAGEN
Presidente do Tribunal Superior do Trabalho

(*) Republicado em cumprimento ao disposto no art. 2º do ATO GP n. 550/SEGJUD.GP, de 5 de outubro de 2015.

Legislação Complementar

ATO N. 168/TST.GP, DE 4 DE ABRIL DE 2016

(DEJT 5.4.2016)

Dispõe sobre os pedidos de mediação e conciliação pré-processual de conflitos coletivos no âmbito do Tribunal Superior do Trabalho.

O PRESIDENTE DO TRIBUNAL SUPERIOR DO TRABALHO, no uso das atribuições legais e regimentais,

Considerando a competência do Ministro Vice-Presidente para conciliar em Dissídios Coletivos (art. 36, IV, do RITST);

Considerando o disposto no art. 764 da CLT, o qual estabelece a valorização da conciliação como forma de solução de conflitos, incentivando o Judiciário a buscar todos os meios adequados e eficientes para a busca da solução conciliatória;

Considerando o êxito da Vice-Presidência do TST durante o biênio 2014/2016 na solução e prevenção de conflitos coletivos por meio de tratativas pré-processuais, inclusive no sentido de evitar o ajuizamento de dissídios e proporcionar a mais ampla pacificação social no âmbito das categorias profissionais e econômicas submetidas a tal procedimento;

Considerando que a Resolução 125 do CNJ estimula a valorização dos meios adequados de solução de conflitos enquanto política Judiciária;

Considerando os fundamentos invocados no Ato Conjunto TST.CSJT.GP n. 009, de 11 de março de 2016;

Considerando a importância e necessidade de prevenção dos conflitos coletivos de trabalho; RESOLVE:

Art. 1º Fica instituído por meio do presente ato o procedimento de mediação e conciliação pré-processual em dissídios coletivos, a ser conduzido e processado no âmbito da Vice-Presidência do Tribunal Superior do Trabalho.

Art. 2º Podem ser submetidos ao procedimento de mediação e conciliação pré-processual as relações jurídicas passíveis de submissão a dissídio coletivo de natureza econômica, jurídica ou de greve.

Art. 3º A mediação e conciliação pré-processual pode ser requerida por iniciativa de qualquer das partes potenciais de dissídios coletivos.

Art. 4º O pedido de mediação e conciliação pré-processual deverá ser apresentado em petição pela parte interessada, observado o seguinte:

I — a petição poderá ser enviada por meio eletrônico, através do sistema e-DOC, disponível no site do Tribunal Superior do Trabalho, ou por meio físico, em documento protocolizado na Coordenadoria de Cadastramento Processual do Tribunal Superior do Trabalho;

II — a petição deverá conter na primeira folha, de forma expressa, a expressão "Pedido de Mediação e Conciliação Pré-Processual";

III — a petição deverá contar com o relato das tratativas voltadas à solução conciliatória, realizadas até a apresentação do pedido de mediação e conciliação pré-processual;

IV — recebido o pedido, a Coordenadoria de Cadastramento Processual fará o cadastramento da petição e remeterá o feito à Coordenadoria de Classificação, Autuação e Distribuição de Processos que, após as providências cabíveis, fará conclusão à Vice-Presidência do Tribunal.

PARÁGRAFO ÚNICO. O pedido de mediação e conciliação pré-processual deverá ser acompanhado dos seguintes documentos:

I — pauta de reivindicações da categoria profissional;

II — proposta da categoria econômica ou empresa;

III — atas das reuniões voltadas à tentativa de solução conciliatória;

IV — dados da entidade sindical potencialmente suscitada em eventual dissídio coletivo proposto pelo requerente da mediação e conciliação pré- processual;

V — instrumentos normativos vigentes.

Art. 5º Recebido o pedido de mediação e conciliação pré-processual, a Vice-Presidência do Tribunal poderá designar audiência e encaminhar o feito à Secretaria-Geral Judiciária, que providenciará a notificação das partes acerca do dia, hora e local da audiência de mediação, conforme pauta previamente estabelecida.

§ 1º As audiências de conciliação serão realizadas na sede do Tribunal Superior do Trabalho, sob a condução do Ministro Vice-Presidente do Tribunal.

§ 2º Serão resumidos em ata os trâmites da audiência, bem como os acordos ou propostas de acordos.

§ 3º O Ministro Vice-Presidente do Tribunal poderá convidar o Procurador-Geral do Trabalho para participar da audiência a que se refere o *caput*.

Art. 6º A tramitação da mediação e conciliação pré-processual, bem como prazos eventualmente estabelecidos, serão definidos em decisão específica proferida nos autos do procedimento ou na ata de audiência.

Art. 7º Os advogados das partes poderão visualizar as peças produzidas no pedido de mediação e conciliação pré-processual, desde que realize cadastro no sistema de visualização de autos do Tribunal Superior do Trabalho, nos termos do Ato n. 342/SEGJUD.GP, de 27 de julho de 2010.

PARÁGRAFO ÚNICO. O cadastro de advogado regularmente inscrito na OAB será realizado com o preenchimento de formulário disponível no sistema de visualização de peças, no site do Tribunal Superior do Trabalho (www.tst.jus.br).

Art. 8º Os incidentes no âmbito da mediação e conciliação pré-processual ou situações não previstas neste Ato serão resolvidos pela Vice-Presidência do Tribunal.

Art. 9º A Coordenadoria de Estatística e Pesquisas do Tribunal Superior do Trabalho manterá dados estatísticos referentes aos pedidos de mediação e conciliação pré-processual.

Art. 10. Este Ato entra em vigor na data de sua publicação

Ministro IVES GANDRA DA SILVA MARTINS FILHO,
Presidente do Tribunal Superior do Trabalho

ATO CSJT.GP.SG N. 275, DE 28 DE OUTUBRO DE 2015

(DeJT 29.10.2015)

Institui a "Semana Nacional da Conciliação Trabalhista" no âmbito da Justiça do Trabalho, incorporando-a ao seu calendário, e dá outras providências.

O PRESIDENTE DO CONSELHO SUPERIOR DA JUSTIÇA DO TRABALHO, no uso de suas atribuições legais e regimentais,

Considerando os princípios constitucionais da efetividade jurisdicional e celeridade processual (CF, art. 5º, XXXV e LXXVIII);

Considerando o aumento dos processos judiciais, sem o respectivo incremento da estrutura administrativa;

Considerando a relevância do contínuo aprimoramento dos mecanismos consensuais de solução de conflitos;

Considerando que a conciliação sempre foi incentivada pelo Judiciário do Trabalho;

Considerando o êxito da "semana da conciliação ocorrida em 2015, em seu "projeto piloto", no período de 16 a 20 de março, oriunda do Ato CSJT.GP.SG n. 272, de 23 de setembro de 2014;

RESOLVE:

Art. 1º A "Semana Nacional da Conciliação Trabalhista" é incorporada ao calendário da Justiça do Trabalho e deverá realizar-se, anualmente, no âmbito dos órgãos da Justiça do Trabalho de 1º e 2º graus, no mês de maio, com o objetivo de implementar medidas visando a proporcionar maior celeridade aos processos trabalhistas e aprimorar os meios consensuais de solução de conflitos.

PARÁGRAFO ÚNICO. No ano de 2017, a Semana ocorrerá entre os dias 22 e 26 de maio. *(Redação dada pelo Ato CSJT.GP.SG n. 228/2016, de 19.10.2016)*

Art. 2º Os Juízes e Desembargadores do Trabalho deverão empregar seus bons ofícios para conciliar os processos incluídos em pauta da Semana de Conciliação, nos termos do art. 764, §1º, da CLT.

Art. 3º Na Semana Nacional da Conciliação Trabalhista, os tribunais fomentarão o trabalho em regime de mutirão, com a participação de magistrados e servidores de 1º e 2º graus, das unidades judiciárias e administrativas, ativos e inativos.

PARÁGRAFO ÚNICO. Para os fins do *caput*, os tribunais disciplinarão o trabalho voluntário de magistrados e servidores inativos.

Art. 4º Recomenda-se que as Corregedorias Regionais acompanhem a quantidade de processos inseridos nas pautas da Semana Nacional da Conciliação Trabalhista, elaborando relatório para a Presidência do Conselho Superior da Justiça do Trabalho, a ser enviado no prazo de 15 (quinze) dias após o término da respectiva semana.

Art. 5º Compete à Vice-Presidência do Conselho Superior da Justiça do Trabalho coordenar as atividades da Semana Nacional da Conciliação Trabalhista. *(Redação dada pelo Ato CSJT.GP.SG n. 65/2016, de 16.03.2016)*

Art. 6º Fica revogado o Ato CSJT.GP.SG n. 272, de 23 de setembro de 2014.

Ministro ANTONIO JOSÉ DE BARROS LEVENHAGEN,
Presidente do Tribunal Superior do Trabalho
e do Conselho Superior da Justiça
do Trabalho

ATO N. 491/SEGJUD.GP, DE 23 DE SETEMBRO DE 2014(*)

(DEJT 14.11.14)

O PRESIDENTE DO TRIBUNAL SUPERIOR DO TRABALHO, no uso das atribuições legais e regimentais, *ad referendum* do Órgão Especial, considerando a edição da Lei n. 13.015, de 21 de julho de 2014, que instituiu novos requisitos para a admissibilidade de recursos no âmbito da Justiça do Trabalho e introduz a sistemática do recurso repetitivo;

(*) Ato republicado em razão de erro material omisso.

considerando a necessidade de fixação de parâmetros procedimentais mínimos para dar efetividade à referida lei,

RESOLVE

Art. 1º A Lei n. 13.015, de 21 de julho de 2014, aplica-se aos recursos interpostos das decisões publicadas a partir da data de sua vigência.

PARÁGRAFO ÚNICO. As normas procedimentais da Lei n. 13.015/2014 e as que não afetarem o direito processual adquirido de qualquer das partes aplicam-se aos recursos interpostos anteriormente à data de sua vigência, em especial as que regem o sistema de julgamento de recursos de revista repetitivos, o efeito interruptivo dos embargos de declaração e a afetação do recurso de embargos ao Tribunal Pleno do TST, dada a relevância da matéria (art. 7º).

Art. 2º Sem prejuízo da competência do Ministro Relator do recurso de embargos prevista no § 3º do art. 894 da CLT, o Presidente de Turma, na forma do Regimento Interno do Tribunal Superior do Trabalho, denegar-lhe-á seguimento nas hipóteses ali previstas e quando a divergência apresentada não se revelar atual, nos termos do § 2º do mesmo dispositivo legal.

Art. 3º Para efeito de aplicação dos §§ 4º e 5º do art. 896 da CLT, persistindo decisão conflitante com a jurisprudência já uniformizada do Tribunal Regional do Trabalho de origem, deverão os autos retornar à instância *a quo* para sua adequação à súmula regional ou à tese jurídica prevalecente no Tribunal Regional do Trabalho, desde que não conflitante com súmula ou orientação jurisprudencial do Tribunal Superior do Trabalho

Art. 4º A comprovação da existência da súmula regional ou da tese jurídica prevalecente no Tribunal Regional do Trabalho e não conflitante com súmula ou orientação jurisprudencial do Tribunal Superior do Trabalho servirá para os efeitos do art. 896, *a*, da CLT, desde que regularmente demonstrada sua fonte de publicação.

Art. 5º No caso de decisão regional em consonância com súmula ou orientação jurisprudencial do Tribunal Superior do Trabalho, o Relator denegará seguimento ao recurso.

Art. 6º Os Tribunais Regionais do Trabalho deverão manter e dar publicidade a suas súmulas e teses jurídicas prevalecentes mediante banco de dados, organizando-as por questão jurídica decidida e divulgando-as, preferencialmente, na rede mundial de computadores.

Art. 7º a 22. Revogados pela Resolução TST/Órgão Especial n. 201, de 10.11.15, DEJT 17.11.15.

Art. 23. A dispensa de depósito recursal a que se refere o § 8º do art. 899 da CLT não será aplicável aos casos em que o agravo de instrumento se refira a uma parcela de condenação, pelo menos, que não seja objeto de arguição de contrariedade a súmula ou a orientação jurisprudencial do Tribunal Superior do Trabalho.

PARÁGRAFO ÚNICO. Quando a arguição a que se refere o *caput* deste artigo revelar-se manifestamente infundada, temerária ou artificiosa, o agravo de instrumento será considerado deserto.

Publique-se.

Ministro Antonio José de Barros Levenhagen
Presidente do Tribunal Superior do Trabalho

ATO CONJUNTO TST.GP.CGJT N. 01 DE 23 DE JANEIRO DE 2014

(DEJT 31.1.2014)

Dispõe sobre o sistema de transmissão em tempo real, com disponibilização nos sítios da internet *e intranet do TST e dos Tribunais Regionais do Trabalho, de sessão administrativa de encerramento de correição ordinária e de inspeção realizadas pelo corregedor-geral da justiça do trabalho.*

O PRESIDENTE DO TRIBUNAL SUPERIOR DO TRABALHO E O MINISTRO CORREGEDOR-GERAL DA JUSTIÇA DO TRABALHO, no uso das suas atribuições legais e regimentais,

Considerando a necessidade de conferir ampla transparência às atividades correicionais desenvolvidas pelo Corregedor-Geral da Justiça do Trabalho perante os Tribunais Regionais do Trabalho;

Considerando que a transmissão em tempo real das sessões administrativas ou judiciais dos Tribunais, com disponibilização nos sítios da *internet* e *intranet*, possibilita o fácil e rápido acesso dos jurisdicionados, advogados e servidores, aproximando-os das atividades cotidianas do Poder Judiciário, e propiciando, *in casu*, a intercomunicação entre todas as instâncias do Judiciário Trabalhista; e,

Considerando a viabilidade técnica da transmissão em tempo real de sessão administrativa de encerramento de Correição Ordinária e de Inspeção, em face do êxito do projeto piloto, obtido por ocasião das Correições Ordinárias e das Inspeções realizadas nos Tribunais Regionais do Trabalho das 2ª, 4ª, 6ª, 7ª, 9ª, 12ª, 18ª e 23ª Regiões, no corrente ano,

RESOLVEM:

Art. 1º Determinar aos Tribunais Regionais do Trabalho que adotem os procedimentos técnicos, em parceria com a Secretaria de Tecnologia da Informação — SETIN do Tribunal Superior do Trabalho, tendentes a viabilizar a transmissão, em tempo real, nos sítios da *internet* e *intranet* do TST e dos Tribunais Regionais do Trabalho correicionados ou inspecionados, de sessão administrativa de encerramento de Correição Ordinária e de Inspeção realizadas pelo Corregedor-Geral da Justiça do Trabalho, seja por meio de equipamento próprio de transmissão ou por empresa contratada para tal fim.

PARÁGRAFO ÚNICO. A transmissão somente será efetivada com o aval do Corregedor-Geral da Justiça do Trabalho, que expedirá ofícios aos Tribunais Regionais do Trabalho e à referida Secretaria do TST, com antecedência mínima de 7 (sete) dias úteis antes do início da Inspeção ou da Correição Ordinária, a fim de viabilizar os testes e os ajustes necessários da Coordenadoria de Suporte ao Usuário do TST junto aos Tribunais Regionais do Trabalho.

Art. 2º Os eventuais ônus da transmissão serão suportados exclusivamente pelos Tribunais Regionais do Trabalho.

Art. 3º Este Ato Conjunto entrará em vigor na data de sua publicação no DEJT.

Carlos Alberto Reis de Paula
Ministro Presidente do Tribunal Superior do Trabalho

Ives Gandra Martins Filho
Ministro Corregedor-Geral da Justiça do Trabalho

ATO DO PRESIDENTE DO TST SEGJUD N. 55, DE 19 DE FEVEREIRO DE 2014

(DEJT 20.2.2014)

Dispõe sobre a gestão de documentos judiciais, físicos e eletrônicos, do Tribunal Superior do Trabalho

O PRESIDENTE DO TRIBUNAL SUPERIOR DO TRABALHO, no uso das atribuições legais e regimentais,

considerando que a Constituição Federal de 1988, no § 2º do art. 216, dispõe que cabem à administração pública a gestão da documentação governamental e as providências para franquear sua consulta a quantos dela necessitem,

considerando que a Lei n. 8.159/1991, no art. 1º, determina que é dever do Poder Público a gestão documental e a proteção especial a documentos de arquivo, como instrumentos de apoio à administração, à cultura, ao desenvolvimento científico e como elementos de prova e informação,

considerando que a Lei n. 8.159/1991, no art. 20, estabelece que competem aos arquivos do Poder Judiciário Federal a gestão e o recolhimento dos documentos produzidos e recebidos por esse Poder no exercício de suas funções, *"bem como preservar e facultar o acesso aos documentos sob sua guarda"*,

RESOLVE:

DAS DISPOSIÇÕES GERAIS

Art. 1º Para os efeitos deste Ato considera-se:

I — arquivo: o conjunto de documentos produzidos e recebidos pelo Tribunal em decorrência do exercício de atividades específicas, qualquer que seja o suporte da informação;

II — fase corrente: compreende os documentos frequentemente consultados, que possuam forte vínculo com as razões pelas quais foram produzidos, o que justifica sua manutenção nas unidades produtoras ou receptoras;

III — fase intermediária: compreende os documentos com baixa frequência de consultas, o que permite, no caso de acervo físico, sua transferência para locais distantes da unidade produtora, nos quais aguardam a destinação final;

IV — fase permanente: compreende o acervo arquivístico considerado na avaliação como de valor histórico, o que justifica a guarda e manutenção definitiva do documento em razão das informações nele contidas;

V — avaliação: processo de análise de documentos de arquivo, que estabelece os prazos de guarda e a destinação, de acordo com os valores que lhes são atribuídos;

VI — gestão documental: o conjunto de procedimentos e operações técnicas referentes à produção, tramitação, uso, avaliação e arquivamento em fase corrente e intermediária, visando à eliminação ou recolhimento para guarda permanente.

Art. 2º Quanto à custódia, os documentos são agrupados do seguinte modo:

I — aqueles mantidos sob a guarda das diversas unidades do Tribunal se encontram na fase corrente;

II — aqueles transferidos e mantidos sob a guarda da unidade de gestão documental se encontram nas fases intermediária e permanente.

PARÁGRAFO ÚNICO. As fases documentais são definidas pela Tabela de Temporalidade e Destinação de Documentos do Tribunal.

DO ARQUIVAMENTO E DESARQUIVAMENTO

Art. 3º O arquivamento e o desarquivamento de documentos judiciais, inclusive os processos, sejam eles físicos ou eletrônicos, poderão ser determinados pelas seguintes autoridades:

I — Ministros do Tribunal;

II — Secretário-Geral da Presidência;

III — Secretário-Geral Judiciário;

IV — Diretor-Geral da Secretaria do Tribunal;

V — Secretário-Geral do Conselho Superior da Justiça do Trabalho;

VI — Secretários dos Órgãos Judicantes.

Art. 4º O desarquivamento deverá ser solicitado formalmente à unidade de gestão documental.

DAS RESPONSABILIDADES

Art. 5º Na hipótese de desaparecimento ou extravio de documento judicial, o servidor que tomar conhecimento do fato comunicará a sua chefia para que esta adote as providências cabíveis.

DAS DISPOSIÇÕES FINAIS

Art. 6º O fluxo documental se encerra com a destinação final, determinada pelo processo de avaliação.

PARÁGRAFO ÚNICO. A política de avaliação da documentação do Tribunal será formulada pela Comissão de Documentação e aplicada pela Coordenadoria de Gestão Documental e Memória nos termos dos arts. 56 e 57 do Regimento Interno desta Corte.

Art. 7º Os casos omissos serão dirimidos pela Presidência do Tribunal.

Art. 8º Este Ato entra em vigor na data de sua publicação e revoga o Ato GDGCA.GP n. 130, de 29 de março de 2004.

Publique-se.

Brasília, 19 de fevereiro de 2014.

Ministro Carlos Alberto Reis de Paula
Presidente do Tribunal Superior do Trabalho

ATO CONJUNTO N. 001/ TST.GP.GVP, DE 28 DE OUTUBRO DE 2014

(DEJT 29.10.2014)

Delega atribuição ao Coordenador da Coordenadoria de Recursos para a prática de atos de mero expediente.

O PRESIDENTE DO TRIBUNAL SUPERIOR DO TRABALHO E O VICE-PRESIDENTE DO TRIBUNAL SUPERIOR DO TRABALHO, no uso das atribuições legais e regimentais,

Considerando o disposto no art. 93, XIV, da Constituição Federal, que prevê a possibilidade de delegação de atribuição aos servidores para a prática de atos de administração e atos de mero expediente sem caráter decisório;

Considerando o disposto no art. 35, XXXIII, do Regimento Interno desta Corte;

Considerando que o permissivo do art. 162, § 4º, do Código de Processo Civil, ao dispor que "os atos meramente ordinatórios, como a juntada e a vista obrigatória, independem de despacho, devendo ser praticados de ofício pelo servidor e revistos pelo juiz quando necessários", trata de enumeração exemplificativa, e não taxativa;

Considerando que a Vice-Presidência desta Corte não dispõe de Secretaria própria destinada a efetuar os procedimentos relativos à prática dos atos meramente ordinatórios;

Considerando a necessidade de direcionar toda a força de trabalho dos servidores do Gabinete da Vice-Presidência para imprimir maior celeridade e efetividade à prestação jurisdicional quanto aos atos decisórios relativamente aos processos que lhe são afetos, em atenção ao disposto no art. 5º, LXXVIII, da Constituição Federal;

RESOLVEM

Art. 1º Delegar ao Coordenador da Coordenadoria de Recursos, em relação aos recursos extraordinários, atribuição para a prática dos seguintes atos:

I — determinar a juntada de petições;

II — determinar a reautuação do feito;

III — expedir certidões;

IV — baixar ao Tribunal Regional, em diligência, processos que apresentem defeito na digitalização das peças;

V — determinar o desentranhamento e a desvinculação de petições;

VI — determinar a anotação dos registros referentes à tramitação preferencial dos feitos, desde que preenchidos os requisitos legais;

VII — determinar a autuação do agravo interno, nos termos do art. 557, § 1º, do CPC, sujeito a reexame da Vice-Presidência;

VIII — determinar a remessa dos autos ao Ministro Presidente de Turma do TST, na hipótese de interposição simultânea de recurso extraordinário e embargos (CLT, art. 894);

IX — intimar as Partes para procederem à regularização da representação processual;

X — devolver petição protocolada nesta Corte, e os respectivos documentos, quando o processo a que se destina não tramitar no Tribunal Superior do Trabalho, quando estiver endereçada a outro Tribunal, e quando o número do processo ou o nome de quaisquer das Partes não coincidir com os registros constantes do Sistema de Informações Judiciárias desta Corte;

XI — adotar as providências necessárias para assegurar a tramitação conjunta de processos, quando o caso exigir;

XII — determinar o apensamento ou desapensamento de autos e a correção dos registros no sistema;

XIII — determinar o desarquivamento do processo e requerer o envio a esta Corte.

Art. 2º O Coordenador da Coordenadoria de Recursos poderá, ainda, praticar outros atos meramente ordinatórios não previstos no artigo anterior, desde que revistos previamente pela Vice-Presidência.

Art. 3º As petições que demandem análise jurídica de maior complexidade deverão ser submetidas ao Gabinete da Vice-Presidência.

Art. 4º Este Ato Conjunto entrará em vigor 45 (quarenta e cinco) dias após a sua publicação.

Brasília, 28 de outubro de 2014.

Antônio José de Barros Levenhagen
Ministro Presidente do Tribunal Superior do Trabalho

Ives Gandra Martins Filho
Ministro Vice-Presidente do Tribunal Superior do Trabalho

LEI N. 11.417, DE 19 DE DEZEMBRO DE 2006

(DOU 20.12.2006)

Regulamenta o art. 103-A da Constituição Federal e altera a Lei n. 9.784, de 29 de janeiro de 1999, disciplinando a edição, a revisão e o cancelamento de enunciado de súmula vinculante pelo Supremo Tribunal Federal, e dá outras providências

O PRESIDENTE DA REPÚBLICA,

Faço saber que o Congresso Nacional decreta e eu sanciono a seguinte Lei:

Art. 1º Esta Lei disciplina a edição, a revisão e o cancelamento de enunciado de súmula vinculante pelo Supremo Tribunal Federal e dá outras providências.

Art. 2º O Supremo Tribunal Federal poderá, de ofício ou por provocação, após reiteradas decisões sobre matéria constitucional, editar enunciado de súmula que, a partir de sua publicação na imprensa oficial, terá efeito vinculante em relação aos demais órgãos do Poder Judiciário e à administração pública direta e indireta, nas esferas federal, estadual e municipal, bem como proceder à sua revisão ou cancelamento, na forma prevista nesta Lei.

§ 1º O enunciado da súmula terá por objeto a validade, a interpretação e a eficácia de normas determinadas, acerca das quais haja, entre órgãos judiciários ou entre esses e a administração pública, controvérsia atual que acarrete grave insegurança jurídica e relevante multiplicação de processos sobre idêntica questão.

§ 2º O Procurador-Geral da República, nas propostas que não houver formulado, manifestar-se-á previamente à edição, revisão ou cancelamento de enunciado de súmula vinculante.

§ 3º A edição, a revisão e o cancelamento de enunciado de súmula com efeito vinculante dependerão de decisão tomada por 2/3 (dois terços) dos membros do Supremo Tribunal Federal, em sessão plenária.

§ 4º No prazo de 10 (dez) dias após a sessão em que editar, rever ou cancelar enunciado de súmula com efeito vinculante, o Supremo Tribunal Federal fará publicar, em seção especial do Diário da Justiça e do Diário Oficial da União, o enunciado respectivo.

Art. 3º São legitimados a propor a edição, a revisão ou o cancelamento de enunciado de súmula vinculante:

I — o Presidente da República;

II — a Mesa do Senado Federal;

III — a Mesa da Câmara dos Deputados;

IV — o Procurador-Geral da República;

V — o Conselho Federal da Ordem dos Advogados do Brasil;

VI — o Defensor Público-Geral da União;

VII — partido político com representação no Congresso Nacional;

VIII — confederação sindical ou entidade de classe de âmbito nacional;

IX — a Mesa de Assembleia Legislativa ou da Câmara Legislativa do Distrito Federal;

X — o Governador de Estado ou do Distrito Federal;

XI — os Tribunais Superiores, os Tribunais de Justiça de Estados ou do Distrito Federal e Territórios, os Tribunais Regionais Federais, os Tribunais Regionais do Trabalho, os Tribunais Regionais Eleitorais e os Tribunais Militares.

§ 1º O Município poderá propor, incidentalmente ao curso de processo em que seja parte, a edição, a revisão ou o cancelamento de enunciado de súmula vinculante, o que não autoriza a suspensão do processo.

§ 2º No procedimento de edição, revisão ou cancelamento de enunciado da súmula vinculante, o relator poderá admitir, por decisão irrecorrível, a manifestação de terceiros na questão, nos termos do Regimento Interno do Supremo Tribunal Federal.

Art. 4º A súmula com efeito vinculante tem eficácia imediata, mas o Supremo Tribunal Federal, por decisão de 2/3 (dois terços) dos seus membros, poderá restringir os efeitos vinculantes ou decidir que só tenha eficácia a partir de outro momento, tendo em vista razões de segurança jurídica ou de excepcional interesse público.

Art. 5º Revogada ou modificada a lei em que se fundou a edição de enunciado de súmula vinculante, o Supremo Tribunal Federal, de ofício ou por provocação, procederá à sua revisão ou cancelamento, conforme o caso.

Art. 6º A proposta de edição, revisão ou cancelamento de enunciado de súmula vinculante não autoriza a suspensão dos processos em que se discuta a mesma questão.

Art. 7º Da decisão judicial ou do ato administrativo que contrariar enunciado de súmula vinculante, negar-lhe vigência ou aplicá-lo indevidamente caberá reclamação ao Supremo Tribunal Federal, sem prejuízo dos recursos ou outros meios admissíveis de impugnação.

§ 1º Contra omissão ou ato da administração pública, o uso da reclamação só será admitido após esgotamento das vias administrativas.

§ 2º Ao julgar procedente a reclamação, o Supremo Tribunal Federal anulará o ato administrativo ou cassará a decisão judicial impugnada, determinando que outra seja proferida com ou sem aplicação da súmula, conforme o caso.

Art. 8º O art. 56 da Lei n. 9.784, de 29 de janeiro de 1999, passa a vigorar acrescido do seguinte § 3º:

"Art. 56. ....

§ 3º Se o recorrente alegar que a decisão administrativa contraria enunciado da súmula vinculante, caberá à autoridade prolatora da decisão impugnada, se não a reconsiderar, explicitar, antes de encaminhar o recurso à autoridade superior, as razões da aplicabilidade ou inaplicabilidade da súmula, conforme o caso." (NR)

Art. 9º A Lei n. 9.784, de 29 de janeiro de 1999, passa a vigorar acrescida dos seguintes arts. 64-A e 64-B:

"Art. 64-A. Se o recorrente alegar violação de enunciado da súmula vinculante, o órgão competente para decidir o recurso explicitará as razões da aplicabilidade ou inaplicabilidade da súmula, conforme o caso."

"Art. 64-B. Acolhida pelo Supremo Tribunal Federal a reclamação fundada em violação de enunciado da súmula vinculante, dar-se-á ciência à autoridade prolatora e ao órgão competente para o julgamento do recurso, que deverão adequar as futuras decisões administrativas em casos semelhantes, sob pena de responsabilização pessoal nas esferas cível, administrativa e penal."

Art. 10. O procedimento de edição, revisão ou cancelamento de enunciado de súmula com efeito vinculante obedecerá, subsidiariamente, ao disposto no Regimento Interno do Supremo Tribunal Federal.

Art. 11. Esta Lei entra em vigor 3 (três) meses após a sua publicação.

Brasília, 19 de dezembro de 2006; 185º da Independência e 118º da República.

Luiz Inácio Lula da Silva
Márcio Thomaz Bastos

RESOLUÇÃO N. 8, DO CONSELHO NACIONAL DE JUSTIÇA, DE 29 DE NOVEMBRO DE 2005

(DOU 6.12.2005)

Dispõe sobre a regulamentação do expediente forense no período natalino e dá outras providências

O PRESIDENTE DO CONSELHO NACIONAL DE JUSTIÇA, tendo em vista o decidido em sessão plenária do dia 29 de novembro de 2005, no uso de suas atribuições conferidas pela Constituição Federal, especialmente os incisos I e II, § 4º, de seu art. 103-B,

Considerando que o inciso I do art. 62 da Lei n. 5.010, de 30 de maio de 1966, estabelece feriado na Justiça da União, inclusive nos Tribunais Superiores, nos dias compreendidos entre 20 de dezembro e 6 de janeiro;

Considerando que a suspensão do expediente forense, no período de 20 de dezembro a 6 de janeiro, constitui antiga reivindicação dos advogados, sobretudo os de menor poder econômico e não vinculados a grandes escritórios profissionais;

Considerando que a existência de critérios conflitantes, quanto à suspensão do expediente forense, gera incerteza e insegurança entre os usuários da Justiça, podendo inclusive prejudicar o direito de defesa e a produção de provas;

Considerando que o caráter ininterrupto da atividade jurisdicional é garantido, quando da suspensão do expediente forense no período noturno, nos fins de semana e nos feriados, através de sistema de plantões judiciários; resolve:

Art. 1º Os Tribunais de Justiça dos Estados poderão, por meio de deliberação do Órgão Competente, suspender o expediente forense no período de 20 de dezembro a 6 de janeiro, garantindo o atendimento aos casos urgentes, novos ou em curso, através de sistema de plantões.

PARÁGRAFO ÚNICO. O sistema de plantões deve ser amplamente divulgado e fiscalizado pelos órgãos competentes.

Art. 2º A deliberação que aprovar a suspensão do expediente forense suspenderá, igualmente, os prazos processuais e a publicação de acórdãos, sentenças e decisões, bem como a intimação de partes ou advogados, na primeira e segunda instâncias, exceto com relação às medidas consideradas urgentes.

PARÁGRAFO ÚNICO. O Tribunal de Justiça regulamentará o funcionamento de plantões judiciários, de modo a garantir o caráter ininterrupto da atividade jurisdicional.

Art. 3º A suspensão não obsta a prática de ato processual de natureza urgente e necessário à preservação de direitos, nem impede a realização de audiência e de sessão de julgamento já designadas até a data da publicação dessa Resolução.

Art. 4º Esta resolução entra em vigor na data de sua publicação.

Ministro Nelson Jobim

RESOLUÇÃO CNJ N. 232, DE 13 DE JULHO DE 2016

(DJE/CNJ DE 14.07.2016)

Fixa os valores dos honorários a serem pagos aos peritos, no âmbito da Justiça de primeiro e segundo graus, nos termos do disposto no art. 95, § 3º, II, do Código de Processo Civil — Lei n. 13.105/2015.

Origem: Presidência

O PRESIDENTE DO CONSELHO NACIONAL DE JUSTIÇA (CNJ), no uso de suas atribuições legais e regimentais;

Considerando o disposto no art. 156 do Código de Processo Civil, que determina seja o juiz assistido por perito quando a prova do fato depender de conhecimento técnico ou científico, devendo ser formalizado cadastro de profissionais habilitados;

Considerando que o pagamento da perícia de responsabilidade de beneficiário de gratuidade da justiça, quando realizada por particular, poderá ser efetuado com recursos alocados no orçamento da União, do Estado, do Distrito Federal, conforme disposição do art. 95, § 3º, II, do Código de Processo Civil;

Considerando que o valor dos honorários a serem pagos aos profissionais ou aos órgãos que prestarem serviços nos processos será fixado pelo respectivo Tribunal ou, em caso de sua omissão, pelo Conselho Nacional de Justiça;

Considerando a deliberação do Plenário do CNJ no Ato Normativo 0002839-66.2016.2.00.0000, na 16ª Sessão Virtual, realizada em 5 de julho de 2016;

RESOLVE:

Art. 1º Os valores a serem pagos pelos serviços de perícia de responsabilidade de beneficiário da gratuidade da justiça são os fixados na Tabela constante do Anexo desta Resolução, na hipótese do art. 95, § 3º, II, do Código de Processo Civil.

Art. 2º O magistrado, em decisão fundamentada, arbitrará os honorários do profissional ou do órgão nomeado para prestar os serviços nos termos desta Resolução, observando-se, em cada caso:

I — a complexidade da matéria;

II — o grau de zelo e de especialização do profissional ou do órgão;

III — o lugar e o tempo exigidos para a prestação do serviço;

IV — as peculiaridades regionais.

§ 1º O pagamento dos valores de que trata este artigo e do referente à perícia de responsabilidade de beneficiário da gratuidade da justiça será efetuado com recursos alocados no orçamento da União, do Estado ou do Distrito Federal.

§ 2º Quando o valor dos honorários for fixado em montante superior aos definidos em tabela oficial, seu pagamento, a ser realizado pelos cofres públicos, estará limitado àqueles valores estabelecidos por cada Tribunal ou, na sua falta, pelo CNJ, conforme anexo.

§ 3º Em sendo o beneficiário da justiça gratuita vencedor na demanda, a parte contrária, caso não seja beneficiária da assistência judiciária, deverá arcar com o pagamento integral dos honorários periciais arbitrados.

§ 4º O juiz, ao fixar os honorários, poderá ultrapassar o limite fixado na tabela em até 5 (cinco) vezes, desde que de forma fundamentada.

§ 5º Os valores constantes da tabela anexa serão reajustados, anualmente, no mês de janeiro, pela variação do IPCA-E.

Art. 3º Esta Resolução entra em vigor em 90 (noventa) dias após sua publicação.

Ministro Ricardo Lewandowski

ANEXO DA RESOLUÇÃO 232, DE 13 DE JULHO 2016

TABELA HONORÁRIOS PERICIAIS

ESPECIALIDADES	NATUREZA DA AÇÃO E/OU ESPÉCIE DE PERÍCIA A SER REALIZADA	VALOR MÁXIMO
1. CIÊNCIAS ECONÔMICAS/ CONTÁBEIS	1.1 — Laudo produzido em demanda proposta por servidor(es) contra União/Estado/Município	R$ 300,00
	1.2 — Laudo em ação revisional envolvendo negócios jurídicos bancários até 4 (quatro) contratos	R$ 370,00
	1.3 — Laudo em ação revisional envolvendo negócios jurídicos bancários acima de 4 (quatro) contratos	R$ 630,00
	1.4 — Laudo em ação de dissolução e liquidação de sociedades civis e mercantis	R$ 830,00
	1.5 — Outras	R$ 370,00
2. ENGENHARIA/ARQUITETURA	2.1 — Laudo de avaliação de imóvel urbano, conforme normas ABNT respectivas	R$ 430,00
	2.2 — Laudo de avaliação de imóvel rural, conforme normas ABNT respectivas	R$ 530,00
	2.3 — Laudo pericial das condições estruturais de segurança e solidez de imóvel, conforme normas ABNT respectivas	R$ 370,00
	2.4 — Laudo de avaliação de bens fungíveis/imóvel rural/urbano, conforme normas ABNT respectivas	R$ 700,00
	2.5 — Laudo pericial em Ação Demarcatória	R$ 870,00
	2.6 — Laudo de insalubridade e/ou periculosidade, conforme normas técnicas respectivas	R$ 370,00
	2.7 — Outras	R$ 370,00
3. MEDICINA/ODONTOLOGIA	3.1 — Laudo em interdição/DNA	R$ 370,00
	3.2 — Laudo sobre danos físicos e estéticos	R$ 370,00
	3.3 — Outras	R$ 370,00
4. PSICOLOGIA		R$ 300,00
5. SERVIÇO SOCIAL	5.1 — Estudo social	R$ 300,00
6. OUTRAS	6.1 — Laudo de avaliação comercial de bens imóveis	R$ 170,00
	6.2 — Laudo de avaliação comercial de bens imóveis por corretor	R$ 330,00
	6.3 — Outras	R$ 300,00

RESOLUÇÃO CNJ N. 233, DE 13 DE JULHO 2016

(DJE/CNJ DE 14.07.2016)

Dispõe sobre a criação de cadastro de profissionais e órgãos técnicos ou científicos no âmbito da Justiça de primeiro e segundo graus.

O PRESIDENTE DO CONSELHO NACIONAL DE JUSTIÇA (CNJ), no uso de suas atribuições legais e regimentais,

Considerando o disposto nos artigos 156 e seguintes do Código de Processo Civil, que determina seja o juiz assistido por perito quando a prova do fato depender de conhecimento técnico ou científico;

Considerando a necessidade de formação de cadastro, pelos tribunais, de profissionais e de órgãos técnicos e científicos aptos à nomeação pelo juízo;

Considerando a importância de regulamentar o procedimento referente à criação e à manutenção do cadastro de peritos no âmbito da Justiça de primeiro e segundo graus;

Considerando a conveniência de implementação de sistema pelos tribunais visando à agilidade operacional, à padronização e ao melhor controle das informações pertinentes às atividades de contratação de profissionais e de órgãos prestadores de serviços técnico/periciais;

Considerando a deliberação do Plenário do CNJ no Ato Normativo 0002844-88.2016.2.00.0000, na 16ª Sessão Virtual, realizada em 5 de julho de 2016;

RESOLVE:

Art. 1º Os tribunais brasileiros instituirão Cadastro Eletrônico de Peritos e Órgãos Técnicos ou Científicos (CPTEC), destinado ao gerenciamento e à escolha de interessados em prestar serviços de perícia ou de exame técnico nos processos judiciais, nos termos do art. 156, § 1º, do Código de Processo Civil.

§ 1º O CPTEC conterá a lista de profissionais e órgãos aptos a serem nomeados para prestar serviço nos processos a que se refere o *caput* deste artigo, que poderá ser dividida por área de especialidade e por comarca de atuação.

§ 2º Para formação do cadastro, os tribunais deverão realizar consulta pública, por meio de divulgação na rede mundial de computadores ou em jornais de grande circulação, além de consulta direta a universidades, a entidades, órgãos e conselhos de classe, ao Ministério Público, à Defensoria Pública e à Ordem dos Advogados do Brasil, para a indicação de profissionais ou de órgãos técnicos interessados.

Art. 2º Cada tribunal publicará edital fixando os requisitos a serem cumpridos e os documentos a serem apresentados pelos profissionais e pelos órgãos interessados, nos termos desta Resolução.

Art. 3º Os tribunais manterão disponíveis, em seus sítios eletrônicos, a relação dos profissionais e órgãos cujos cadastros tenham sido validados.

PARÁGRAFO ÚNICO. As informações pessoais e o currículo dos profissionais serão disponibilizados, por meio do CPTEC, aos interessados, conforme § 2º do art. 157 do CPC, e aos magistrados e servidores do respectivo tribunal.

Art. 4º O profissional ou o órgão interessado em prestar serviço nos processos deverá apresentar a documentação indicada no edital.

§ 1º O cadastramento é de responsabilidade do próprio profissional ou do órgão interessado e será realizado exclusivamente por meio do sistema disponível no sítio de cada tribunal.

§ 2º A documentação apresentada e as informações registradas no CPTEC são de inteira responsabilidade do profissional ou do órgão interessado, que é garantidor de sua autenticidade e veracidade, sob penas da lei.

§ 3º O cadastramento ou a efetiva atuação do profissional, nas hipóteses de que trata esta Resolução, não gera vínculo empregatício ou estatutário, nem obrigação de natureza previdenciária.

§ 4º Ficam mantidos os cadastros existentes na data da publicação desta Resolução, previstos em atos normativos que não conflitem com as disposições deste artigo.

Art. 5º Cabe a cada tribunal validar o cadastramento e a documentação apresentada pelo profissional ou pelo órgão interessado em prestar os serviços de que trata esta Resolução.

§ 1º Os tribunais poderão criar comissões provisórias para análise e validação da documentação apresentada pelos peritos.

§ 2º Os tribunais realizarão avaliações e reavaliações periódicas, para manutenção do cadastro, relativas à formação profissional, ao conhecimento e à experiência dos peritos e órgãos cadastrados.

Art. 6º É vedada a nomeação de profissional ou de órgão que não esteja regularmente cadastrado, com exceção do disposto no art. 156, § 5º, do Código de Processo Civil.

PARÁGRAFO ÚNICO. O perito consensual, indicado pelas partes, na forma do art. 471 do CPC, fica sujeito às mesmas normas e deve reunir as mesmas qualificações exigidas do perito judicial.

Art. 7º O profissional ou o órgão poderá ter seu nome suspenso ou excluído do CPTEC, por até 5 (cinco) anos, pelo tribunal, a pedido ou por representação de magistrado, observados o direito à ampla defesa e ao contraditório.

§ 1º A representação de que trata o *caput* dar-se-á por ocasião do descumprimento desta Resolução ou por outro motivo relevante.

§ 2º A exclusão ou a suspensão do CPTEC não desonera o profissional ou o órgão de seus deveres nos processos ou nos procedimentos para os quais tenha sido nomeado, salvo determinação expressa do magistrado.

Art. 8º A permanência do profissional ou do órgão no CPTEC fica condicionada à ausência de impedimentos ou de restrições ao exercício profissional.

§ 1º As entidades, os conselhos e os órgãos de fiscalização profissional deverão informar aos tribunais sobre suspensões e outras situações que importem empecilho ao exercício da atividade profissional, mensalmente ou em prazo inferior e, ainda, sempre que lhes for requisitado.

§ 2º Informações comunicadas pelos magistrados acerca do desempenho dos profissionais e dos órgãos credenciados serão anotadas no CPTEC.

§ 3º Para inscrição e atualização do cadastro, os peritos/órgãos deverão informar a ocorrência de prestação de serviços na condição de assistente técnico, apontando sua especialidade, a unidade jurisdicional em que tenha atuado, o número do processo, o período de trabalho e o nome do contratante.

Art. 9º Cabe ao magistrado, nos feitos de sua competência, escolher e nomear profissional para os fins do disposto nesta Resolução.

§ 1º A escolha se dará entre os peritos cadastrados, por nomeação direta do profissional ou por sorteio eletrônico, a critério do magistrado.

§ 2º O juiz poderá selecionar profissionais de sua confiança, entre aqueles que estejam regularmente cadastrados no CPTEC, para atuação em sua unidade jurisdicional, devendo, entre os selecionados, observar o critério equitativo de nomeação em se tratando de profissionais da mesma especialidade.

§ 3º É vedada, em qualquer hipótese, a nomeação de profissional que seja cônjuge, companheiro ou parente, em linha colateral até o terceiro grau de magistrado, de advogado com atuação no processo ou de servidor do juízo em que tramita a causa, para a prestação dos serviços de que trata esta Resolução, devendo declarar, se for o caso, o seu impedimento ou suspeição.

§ 4º Não poderá atuar como perito judicial o profissional que tenha servido como assistente técnico de qualquer das partes, nos 3 (três) anos anteriores.

§ 5º O CPTEC disponibilizará lista dos peritos/órgãos nomeados em cada unidade jurisdicional, permitindo a identificação dos processos em que ela ocorreu, a data correspondente e o valor fixado de honorários profissionais.

Art. 10. Para prestação dos serviços de que trata esta Resolução, será nomeado profissional ou órgão detentor de conhecimento necessário à realização da perícia regularmente cadastrado e habilitado, nos termos do art. 8º desta Resolução.

§ 1º Na hipótese de não existir profissional ou órgão detentor da especialidade necessária cadastrado ou quando indicado conjuntamente pelas partes, o magistrado poderá nomear profissional ou órgão não cadastrado.

§ 2º Para fins do disposto no § 1º deste artigo, o profissional ou o órgão será notificado, no mesmo ato que lhe der ciência da nomeação, para proceder ao seu cadastramento, conforme disposto nesta Resolução, no prazo de 30 (trinta) dias, contados do recebimento da notificação, sob pena de não processamento do pagamento pelos serviços prestados.

Art. 11. O magistrado poderá substituir o perito no curso do processo, mediante decisão fundamentada.

Art. 12. São deveres dos profissionais e dos órgãos cadastrados nos termos desta Resolução:

I — atuar com diligência;

II — cumprir os deveres previstos em lei;

III — observar o sigilo devido nos processos em segredo de justiça;

IV — observar, rigorosamente, a data e os horários designados para a realização das perícias e dos atos técnicos ou científicos;

V — apresentar os laudos periciais e/ou complementares no prazo legal ou em outro fixado pelo magistrado;

VI — manter seus dados cadastrais e informações correlatas anualmente atualizados;

VII — providenciar a imediata devolução dos autos judiciais quando determinado pelo magistrado;

VIII — cumprir as determinações do magistrado quanto ao trabalho a ser desenvolvido;

IX — nas perícias:

a) responder fielmente aos quesitos, bem como prestar os esclarecimentos complementares que se fizerem necessários;

b) identificar-se ao periciando ou à pessoa que acompanhará a perícia, informando os procedimentos técnicos que serão adotados na atividade pericial;

c) devolver ao periciando ou à pessoa que acompanhará a perícia toda a documentação utilizada.

Art. 13. Os profissionais ou os órgãos nomeados nos termos desta Resolução deverão dar cumprimento aos encargos que lhes forem atribuídos, salvo justo motivo previsto em lei ou no caso de força maior, justificado pelo perito, a critério do magistrado, sob pena de sanção, nos termos da lei e dos regulamentos próprios.

Art. 14. Ao detentor de cargo público no âmbito do Poder Judiciário é vedado o exercício do encargo de perito, exceto nas hipóteses do art. 95, § 3º, I, do Código de Processo Civil.

Art. 15. O disposto nesta Resolução não se aplica às nomeações de perícias realizadas até sua entrada em vigor.

Art. 16. Esta Resolução entra em vigor 90 (noventa) dias após a data de sua publicação.

Ministro RICARDO LEWANDOWSKI

RESOLUÇÃO CNJ N. 234, DE 13 DE JULHO 2016

(DJE/CNJ DE 14.07.2016)

Institui o Diário de Justiça Eletrônico Nacional (DJEN), a Plataforma de Comunicações Processuais (Domicílio Eletrônico) e a Plataforma de Editais do Poder Judiciário, para os efeitos da Lei n. 13.105, de 16 de março de 2015 e dá outras providências.

O PRESIDENTE DO CONSELHO NACIONAL DE JUSTIÇA (CNJ), no uso de suas atribuições legais e regimentais,

Considerando o disposto no art. 196 da Lei n. 13.105/2015, que atribui ao CNJ a competência para regulamentar a prática e a comunicação oficial de atos processuais por meio eletrônico e velar pela compatibilidade dos sistemas;

Considerando a previsão para que o CNJ mantenha uma Plataforma de Editais em meio eletrônico;

Considerando o estabelecido no art. 246, § 1º, da Lei n. 13.105/2015, de existência do cadastro para recebimento de comunicações processuais em meio eletrônico, bem como a diversidade de critérios para publicação de atos judiciais nos tribunais brasileiros;

Considerando a dicção do § 3º do art. 205 da Lei n. 13.105/2015, quanto à obrigatória publicação de todos os despachos, decisões interlocutórias, dispositivo das sentenças e ementa dos acórdãos publicados no Diário de Justiça Eletrônico;

Considerando a deliberação do Plenário do CNJ no Ato Normativo 0002840-51.2016.2.00.0000, na 16ª Sessão Virtual, realizada em 5 de julho de 2016,

RESOLVE:

Art. 1º Instituir o Diário de Justiça Eletrônico Nacional (DJEN) como plataforma de editais do CNJ e instrumento de publicação dos atos judiciais dos órgãos do Poder Judiciário.

Art. 2º Instituir a Plataforma de Comunicações Processuais do Poder Judiciário (Domicílio Eletrônico) no âmbito do Poder Judiciário, para os fins previstos nos arts. 246, §§ 1º e 2º, e 1.050 da Lei n. 13.105/2015.

PARÁGRAFO ÚNICO. A Plataforma de Comunicações Processuais deverá conter funcionalidade que permita a interoperabilidade com os órgãos do Poder Judiciário, bem como sistemas públicos e privados, nos termos do Modelo Nacional de Interoperabilidade (MNI), assegurados os requisitos de autenticidade e de integridade previstos no art. 195 da Lei n. 13.105/2015.

Art. 3º A comunicação oficial dos atos processuais por meio eletrônico observará o disposto nesta Resolução.

Art. 4º Para os fins desta Resolução, considera-se:

I — meio eletrônico: qualquer forma de armazenamento ou tráfego de documentos e arquivos digitais;

II — transmissão eletrônica: toda forma de comunicação a distância com a utilização de redes de comunicação, preferencialmente a rede mundial de computadores.

CAPÍTULO I
Do Diário de Justiça Eletrônico Nacional (DJEN)

Art. 5º O Diário de Justiça Eletrônico Nacional (DJEN) substitui os atuais diários de justiça eletrônicos mantidos pelos órgãos do Poder Judiciário e estará disponível no sítio do CNJ na rede mundial de computadores.

Legislação Complementar

§ 1º A publicação do DJEN substitui qualquer outro meio de publicação oficial, para fins de intimação, à exceção dos casos em que a lei exija vista ou intimação pessoal.

§ 2º Na intimação feita pelo DJEN deverá constar, obrigatoriamente, sob pena de nulidade, o tribunal, o órgão julgador, o número único do processo, os nomes das partes, de seus advogados e respectivos números de inscrição na Ordem dos Advogados do Brasil ou, se assim requerido, da sociedade de advogados, nos termos do art. 272 da Lei n. 13.105/2015.

§ 3º A divulgação dos dados processuais no DJEN observará o disposto na Resolução CNJ n. 121/2010, nos processos sujeitos a sigilo ou a segredo de justiça.

Art. 6º Serão objeto de publicação no DJEN:

I — o conteúdo dos despachos, as decisões interlocutórias, o dispositivo das sentenças e a ementa dos acórdãos, conforme previsão do § 3º do art. 205 da Lei n. 13.105/2015;

II — as intimações destinadas aos advogados nos sistemas de processo judicial eletrônico, cuja ciência não exija vista ou intimação pessoal;

III — a lista de distribuição prevista no parágrafo único do art. 285 da Lei n. 13.105/2015;

IV — os atos destinados à plataforma de editais do CNJ, nos termos da Lei n. 13.105/2015;

V — os demais atos, cuja publicação esteja prevista nos regimentos internos e disposições normativas dos tribunais e conselhos.

Art. 7º O conteúdo das publicações incluídas no DJEN deverá ser assinado digitalmente, observados os requisitos da Infraestrutura de Chaves Públicas (ICP Brasil).

CAPÍTULO II

Da Plataforma de Comunicações Processuais do Poder Judiciário

Art. 8º A Plataforma de Comunicações Processuais do Poder Judiciário é o ambiente digital próprio do destinatário da comunicação processual, mantido pelo CNJ na rede mundial de computadores.

§ 1º O cadastro na Plataforma de Comunicações Processuais do Poder Judiciário é obrigatório para a União, os Estados, o Distrito Federal, os Municípios e as entidades da administração indireta, bem como as empresas públicas e privadas, com exceção das microempresas e empresas de pequeno porte, para efeitos de recebimento de citações, constituindo seu domicílio judicial eletrônico, conforme disposto no art. 246, § 1º, da Lei n. 13.105/2015.

§ 2º O cadastro na Plataforma de Comunicações Processuais do Poder Judiciário, para o recebimento de citações, é facultativo para as pessoas físicas e jurídicas não previstas no parágrafo anterior.

§ 3º O disposto no § 1º aplica-se ao Ministério Público, à Defensoria Pública e à Advocacia Pública, conforme disposições do art. 1.050, da Lei n. 13.105/2015, inclusive para o recebimento de intimações, nos moldes do art. 270, *caput* e § 1º, da Lei n. 13.105/2016.

Art. 9º A identificação na Plataforma de Comunicações Processuais do Poder Judiciário será feita por seu número no Cadastro de Pessoas Físicas (CPF) ou Cadastro Nacional de Pessoas Jurídicas (CNPJ) junto à Secretaria da Receita Federal do Brasil, observado o disposto no art. 15 desta Resolução.

Art. 10. A comunicação processual enviada para a Plataforma de Comunicações Processuais do Poder Judiciário substitui as demais formas de comunicação, exceto aquela prevista no art. 5º, § 1º, desta Resolução.

Art. 11. O aperfeiçoamento da comunicação processual por meio eletrônico, com a correspondente abertura do prazo, se houver, ocorrerá no momento em que o destinatário consultar efetivamente o seu teor documental, manifestando inequivocamente sua ciência.

§ 1º Quando a consulta ocorrer em dia não útil, a comunicação processual será considerada como realizada no primeiro dia útil seguinte.

§ 2º Realizada a consulta de que trata o § 1º, o próprio sistema expedirá certidão com a descrição do fato.

§ 3º Não havendo consulta em até 10 (dez) dias corridos contados da data do envio da comunicação processual, considerar-se-á automaticamente realizada na data do término desse prazo, nos termos do art. 5º, § 3º, da Lei n. 11.419/2006, não se aplicando o disposto no art. 219 da Lei n. 13.105/2016 a esse interstício.

Art. 12. O conteúdo das comunicações processuais conterá, no mínimo:

I — o tribunal, o sistema de processo eletrônico, o órgão julgador e o número único do processo judicial, nos termos da Resolução CNJ n. 65, de 16 de fevereiro de 2008;

II — a identificação do responsável pela produção da informação;

III — o prazo para eventual cumprimento de ato processual decorrente da publicação;

IV — o fornecimento de endereço eletrônico, que permita acesso ao conteúdo integral dos documentos que compõem a comunicação processual.

Art. 13. As comunicações processuais permanecerão disponíveis para consulta na Plataforma de Comunicações Processuais do Poder Judiciário correspondente durante 24 (vinte e quatro) meses e serão excluídas após este prazo.

CAPÍTULO III

Disposições Finais

Art. 14. Até que seja implantado o DJEN, as intimações dos atos processuais serão realizadas via Diário de Justiça Eletrônico (DJe) do próprio Órgão.

Art. 15. A partir da disponibilização da Plataforma de Comunicações Processuais prevista nesta Resolução, os interessados terão prazo de 90 (noventa) dias para atualização dos dados cadastrais a serem utilizados pelo sistema, na forma do art. 9º desta Resolução.

Art. 16. O acesso ao ambiente digital previsto nesta Resolução será feito com a utilização de certificado digital reconhecido pela infraestrutura de chaves públicas (ICP Brasil) ou outro meio que permita a identificação inequívoca do destinatário ou seu responsável legal.

Art. 17. O CNJ publicará os requisitos mínimos exigidos para transmissão eletrônica dos atos processuais destinados à Plataforma de Comunicações Processuais do Poder Judiciário.

PARÁGRAFO ÚNICO. A contar da publicação dos requisitos previstos no *caput*, os órgãos do Poder Judiciário terão o prazo de 90 (noventa) dias para adequação de seus sistemas de Processo Judicial Eletrônico, de modo a utilizar os serviços instituídos nesta Resolução.

Art. 18. O CNJ dará ampla divulgação da disponibilidade da Plataforma de Comunicações Processuais e do DJEN, durante os 30 (trinta) dias imediatamente anteriores.

Art. 19. Os sistemas produzidos por intermédio desta Resolução observarão os requisitos de acessibilidade exigidos pelo Modelo de Acessibilidade em Governo Eletrônico (eMAG), destinado aos sítios e portais do governo brasileiro.

Art. 20. Os sistemas de comunicação previstos nesta Resolução deverão conter funcionalidade que permita, em caráter informativo, efetivar a remessa de correspondência eletrônica (e-mail) aos que manifestarem interesse por esse serviço.

Art. 21. Caberá à Comissão Permanente de Tecnologia da Informação e Infraestrutura do CNJ supervisionar o funcionamento das soluções tecnológicas previstas nesta Resolução.

Art. 22. As publicações previstas nesta Resolução não alcançam o Supremo Tribunal Federal.

Art. 23. Esta Resolução entra em vigor na data de sua publicação.

Ministro Ricardo Lewandowski

RESOLUÇÃO CNJ N. 235, DE 13 DE JULHO 2016

(DJE/CNJ DE 14.07.2016)

Dispõe sobre a padronização de procedimentos administrativos decorrentes de julgamentos de repercussão geral, de casos repetitivos e de incidente de assunção de competência previstos na Lei n. 13.105, de 16 de março de 2015 (Código de Processo Civil), no Superior Tribunal de Justiça, no Tribunal Superior Eleitoral, no Tribunal Superior do Trabalho, no Superior Tribunal Militar, nos Tribunais Regionais Federais, nos Tribunais Regionais do Trabalho e nos Tribunais de Justiça dos Estados e do Distrito Federal, e dá outras providências.

O PRESIDENTE DO CONSELHO NACIONAL DE JUSTIÇA (CNJ), no uso de suas atribuições legais e regimentais,

Considerando o § 4º do art. 103-B da Constituição Federal, que fixa a competência do CNJ para o controle da atuação administrativa do Poder Judiciário;

Considerando o disposto no art. 979, *caput*, §§ 1º e 3º, da Lei n. 13.105/2015 — Código de Processo Civil;

Considerando a conveniência de agregar às estruturas orgânico-funcionais já existentes no Superior Tribunal de Justiça, no Tribunal Superior do Trabalho, no Tribunal Superior Eleitoral, no Superior Tribunal Militar, nos Tribunais Regionais Federais, nos Tribunais de Justiça dos Estados e do Distrito Federal para gerenciamento de processos em virtude da repercussão geral e dos recursos repetitivos, a organização dos procedimentos administrativos decorrentes dos incidentes de resolução de demandas repetitivas e de assunção de competência;

Considerando a necessidade de uniformização dos procedimentos administrativos decorrentes de sobrestamento de processos em virtude de julgamento de repercussão geral e de casos repetitivos;

Considerando a conveniência de especialização do corpo funcional do Conselho Nacional de Justiça, do Superior Tribunal de Justiça, do Tribunal Superior do Trabalho, do Tribunal Superior Eleitoral, do Superior Tribunal Militar, dos Tribunais Regionais Federais, dos Tribunais Regionais do Trabalho e dos Tribunais de Justiça dos Estados e do Distrito Federal dedicado às atividades de gerenciamento de dados e do acervo de processos sobrestados em decorrência dos institutos da repercussão geral e dos casos repetitivos, e do incidente de assunção de competência;

Considerando a necessidade de criação de um banco nacional de dados que permita a ampla consulta às informações da repercussão geral, dos casos repetitivos e dos incidentes de assunção de competência do Superior Tribunal de Justiça, do Tribunal Superior do Trabalho, do Tribunal Superior Eleitoral, do Superior Tribunal Militar, dos Tribunais Regionais Federais, dos Tribunais Regionais do Trabalho e dos Tribunais de Justiça dos Estados e do Distrito Federal para otimização do sistema de julgamento de casos repetitivos e de formação concentrada de precedentes obrigatórios previsto no novo Código de Processo Civil;

Considerando o disposto nos arts. 896-B e 896-C da Consolidação das Leis do Trabalho (CLT), com a redação que lhes foi dada pela Lei n. 13.015/2014;

RESOLVE:

CAPÍTULO I
Das Disposições Gerais

Art. 1º A padronização de procedimentos administrativos decorrentes de julgamentos de repercussão geral, de casos repetitivos e de incidente de assunção de competência previstos na Lei n. 13.105, de 16 de março de 2015, Código de Processo Civil (CPC), no Superior Tribunal de Justiça (STJ), no Tribunal Superior do Trabalho (TST), no Tribunal Superior Eleitoral (TSE), no Superior Tribunal Militar (STM), nos Tribunais Regionais Federais, nos Tribunais Regionais do Trabalho e nos Tribunais de Justiça dos Estados e do Distrito Federal segue o disposto nesta Resolução.

Art. 2º O STJ e o TST são os gestores dos recursos repetitivos, de acordo com a competência constitucionalmente definida, sendo responsáveis pela criação de temas e pela divulgação das informações nos termos definidos no CPC e nesta Resolução.

Art. 3º Os Tribunais Regionais Federais, os Tribunais Regionais do Trabalho e os Tribunais de Justiça dos Estados e do Distrito Federal são os gestores do incidente de resolução de demandas repetitivas (IRDR) instaurados no âmbito de sua competência, observadas as determinações legais e o disposto nesta Resolução.

Art. 4º O STJ, o TSE, o TST, o STM, os Tribunais Regionais Federais, os Tribunais Regionais do Trabalho e os Tribunais de Justiça dos Estados e do Distrito Federal são responsáveis pela gestão dos incidentes de assunção de competência (IAC) instaurados no âmbito de sua competência, observadas as determinações legais e o disposto nesta Resolução.

CAPÍTULO II
Do Banco Nacional de Dados de Casos Repetitivos e de Incidentes de Assunção de Competência

Art. 5º Fica criado, no âmbito do CNJ, banco nacional de dados com informações da repercussão geral, dos casos repetitivos e dos incidentes de assunção de competência do Supremo Tribunal Federal (STF), do STJ, do TST, do TSE, do STM, dos Tribunais Regionais Federais, dos Tribunais Regionais do Trabalho e dos Tribunais de Justiça dos Estados e do Distrito Federal.

§ 1º O banco nacional de dados será alimentado continuamente pelos tribunais, com a padronização e as informações previstas nos Anexos I a V desta Resolução.

§ 2º O CNJ disponibilizará as informações para toda a comunidade jurídica, separando em painéis específicos os dados relativos à repercussão geral, aos recursos repetitivos, ao incidente de resolução de demandas repetitivas e ao incidente de assunção de competência admitidos e julgados pelos tribunais.

§ 3º A gestão das informações a que se refere o § 2º deste artigo, bem como a criação do Número Único dos Temas (NUT) de IRDR e de IAC são da competência da Comissão Permanente de Gestão Estratégica, Estatística e Orçamento do CNJ, com o apoio técnico do Departamento de Pesquisas Judiciárias (DPJ).

§ 4º O Número Único dos Temas de IRDR e de IAC conterá as informações previstas nos §§ 4º e 5º do art. 1º da Resolução CNJ n. 65/2008, seguidas de um algarismo identificador do respectivo incidente, além de um número sequencial único gerado por ordem cronológica de cadastro, que será vinculado à descrição do tema, enviada pelos Tribunais Regionais Federais, Tribunais Regionais do Trabalho e pelos Tribunais de Justiça dos Estados e do Distrito Federal.

CAPÍTULO III
Do Núcleo de Gerenciamento de Precedentes

Art. 6º O STJ, o TST, o TSE, o STM, os Tribunais de Justiça dos Estados e do Distrito Federal, os Tribunais Regionais Federais e os Tribunais Regionais do Trabalho devem organizar, como unidade permanente, o Núcleo de Gerenciamento de Precedentes (Nugep) no âmbito de suas estruturas administrativas com as atribuições previstas no art. 7º.

§ 1º O prazo de implantação dos Nugep's será de até 90 (noventa) dias contados da publicação desta Resolução.

§ 2º Para a organização do Nugep, os tribunais deverão aproveitar os servidores e a estrutura administrativa dos Núcleos de Repercussão Geral e Recursos Repetitivos (Nurer), que atuem diretamente com a gestão da repercussão geral e dos recursos repetitivos.

§ 3º O Nugep será vinculado à Presidência ou à Vice-Presidência do tribunal e será supervisionado por uma Comissão Gestora composta por Ministros ou Desembargadores, conforme o caso, representativa de Seção ou Grupo de Câmaras ou congêneres, de acordo com o regimento interno de cada tribunal, por matéria de competência.

§ 4º O Nugep será constituído por, no mínimo, 4 (quatro) servidores, dos quais pelo menos 75% (setenta e cinco por cento) devem integrar, de forma efetiva, o quadro de pessoal do respectivo tribunal e possuir graduação em Direito.

§ 5º Aos tribunais com grande número de processos é facultada a designação de magistrados para compor o Nugep.

§ 6º A critério do tribunal, poderão ser convidados a acompanhar as reuniões da Comissão Gestora de que trata o § 3º um representante da Ordem dos Advogados do Brasil, indicado pelo Conselho Federal, e um representante do Ministério Público.

§ 7º O CNJ designará, por ato da Presidência, os integrantes de seu próprio Nugep, com as atribuições específicas de gerir o banco de dados a que se refere o art. 5º desta Resolução e de providenciar a ampla e específica divulgação de que trata o art. 979 do CPC.

§ 8º Cabe ao DPJ produzir relatórios periódicos a respeito da metodologia de tratamento de casos repetitivos e de formação concentrada de precedentes obrigatórios previstas na Lei n. 13.105, de 16 de março de 2015, Código de Processo Civil.

Seção I
Das Atribuições do Núcleo de Gerenciamento de Precedentes

Art. 7º O Nugep terá como principais atribuições:

I — informar ao Nugep do CNJ e manter na página do tribunal na internet dados atualizados de seus integrantes, tais como nome, telefone e e-mail, com a principal finalidade de permitir a integração entre os tribunais do país, bem como enviar esses dados, observadas as competências constitucionais, ao STF, ao STJ e ao TST, sempre que houver alteração em sua composição;

II — uniformizar, nos termos desta Resolução, o gerenciamento dos procedimentos administrativos decorrentes da aplicação da repercussão geral, de julgamentos de casos repetitivos e de incidente de assunção de competência;

III — acompanhar os processos submetidos à técnica dos casos repetitivos e da assunção de competência em todas as suas fases, nos termos dos arts. 8º e 11 desta Resolução, alimentando o banco de dados a que se refere o art. 5º, observado o disposto nos Anexos I (julgamento de casos repetitivos) ou V (incidente de assunção de competência) desta Resolução;

IV — controlar os dados referentes aos grupos de representativos previstos no art. 9º desta Resolução, bem como disponibilizar informações para as áreas técnicas de cada tribunal quanto à alteração da situação do grupo, inclusive se admitido como Controvérsia ou Tema, conforme o tribunal superior, alimentando o banco de dados a que se refere o art. 5º, observado o disposto no Anexo II desta Resolução;

V — acompanhar a tramitação dos recursos selecionados pelo tribunal como representativos da controvérsia encaminhados ao STF, ao STJ e ao TST (art. 1.036, § 1º, do CPC), a fim de subsidiar a atividade dos órgãos jurisdicionais competentes pelo juízo de admissibilidade e pelo sobrestamento de feitos, alimentando o banco de dados a que se refere o art. 5º, observado o disposto no Anexo III (controvérsia recebida pelo tribunal superior) desta Resolução;

VI — auxiliar os órgãos julgadores na gestão do acervo sobrestado;

VII — manter, disponibilizar e alimentar o banco de dados previsto no art. 5º, com informações atualizadas sobre os processos sobrestados no estado ou na região, conforme o caso, bem como nas turmas e colégios recursais e nos juízos de execução fiscal, identificando o acervo a partir do tema de repercussão geral ou de repetitivos, ou de incidente de resolução de demandas repetitivas e do processo paradigma, conforme a classificação realizada pelos tribunais superiores e o respectivo regional federal, regional do trabalho ou tribunal de justiça, observado o disposto no Anexo IV desta Resolução;

VIII — informar a publicação e o trânsito em julgado dos acórdãos dos paradigmas para os fins dos arts. 985; 1.035, § 8º; 1.039; 1.040 e 1.041 do Código de Processo Civil;

IX — receber e compilar os dados referentes aos recursos sobrestados no estado ou na região, conforme o caso, bem como nas turmas e colégios recursais e nos juízos de execução fiscal;

X — informar ao Nugep do CNJ a existência de processos com possibilidade de gestão perante empresas, públicas e privadas, bem como agências reguladoras de serviços públicos, para implementação de práticas autocompositivas, nos termos do art. 6º, VII, da Resolução CNJ n. 125/2010.

PARÁGRAFO ÚNICO. Os eventos promovidos pelo STF, pelo CNJ, pelo STJ e pelo TST com o objetivo de discutir os institutos de que trata esta Resolução devem contar com a

Legislação Complementar

participação de pelo menos 1 (um) integrante do Nugep de cada tribunal.

CAPÍTULO IV
Da Padronização da Divulgação dos Casos Repetitivos

Art. 8º O STJ, o TST, o TSE, o STM, os Tribunais de Justiça dos Estados e do Distrito Federal, os Tribunais Regionais Federais e os Tribunais Regionais do Trabalho manterão, na sua página na internet, banco de dados pesquisável com os registros eletrônicos dos temas para consulta pública com informações padronizadas de todas as fases percorridas dos casos repetitivos.

PARÁGRAFO ÚNICO. O banco de dados previsto no *caput* conterá, no mínimo, as informações previstas no Anexo I desta Resolução e deverá permitir a consulta das peças eletrônicas dos processos paradigmas essenciais à compreensão da questão discutida e da tese firmada.

Seção I
Do Controle e da Divulgação dos Recursos Representativos da Controvérsia

Art. 9º A fim de permitir a padronização, a organização e o controle dos recursos representativos da controvérsia encaminhados ao STF, ao STJ e ao TST e daqueles que permanecem sobrestados no estado ou na região, conforme o caso, bem como nas turmas e colégios recursais e nos juízos de execução fiscal, os tribunais deverão criar grupo de representativos (GR).

§ 1º O grupo de representativos é o conjunto de processos enviados ao STF, ao STJ ou ao TST, nos termos do § 1º do art. 1.036 do CPC.

§ 2º O conjunto de processos a que se refere o *caput* receberá um número sequencial e descrição da questão jurídica discutida e servirá de controle para os processos em virtude dele sobrestados no âmbito de cada tribunal.

§ 3º O controle dos dados referentes aos grupos de representativos, bem como a disponibilização de informações para as áreas técnicas de cada tribunal quanto à alteração da situação do grupo deve ser gerenciada pelo Nugep, nos termos do Anexo II desta Resolução.

Art. 10. O STJ e o TST poderão organizar os recursos encaminhados pelos tribunais de origem nos termos do art. 9º com a utilização de numeração sequencial correspondente à controvérsia, seguindo, quando aplicável, as disposições previstas no art. 8º desta Resolução.

PARÁGRAFO ÚNICO. Utilizada a faculdade prevista no *caput*, o STJ e o TST deverão criar e disponibilizar, observado o disposto no art. 5º, § 1º, e no art. 8º, banco de dados que conterá, no mínimo, as informações previstas no Anexo II desta Resolução.

CAPÍTULO V
Da Padronização da Divulgação do Incidente de Assunção de Competência

Art. 11. O STJ, o TST, o TSE, o STM, os Tribunais Regionais Federais, os Tribunais Regionais do Trabalho e os Tribunais de Justiça dos Estados e do Distrito Federal manterão, na sua página na internet, banco de dados pesquisável com os registros eletrônicos dos temas, para consulta pública, com informações padronizadas de todas as fases percorridas dos incidentes de assunção de competência ajuizados no respectivo tribunal.

PARÁGRAFO ÚNICO. O banco de dados previsto no *caput* conterá, no mínimo, as informações previstas no Anexo III desta Resolução.

CAPÍTULO VII
Das Disposições Finais e Transitórias

Art. 13. O STJ, o TSE, o TST, o STM, os Tribunais Regionais Federais, os Tribunais Regionais do Trabalho e os Tribunais de Justiça dos Estados e do Distrito Federal deverão implementar as ferramentas tecnológicas necessárias para alimentação do banco nacional de dados previsto no art. 5º desta Resolução.

§ 1º A alimentação dos dados iniciará em 1º de setembro de 2016.

§ 2º Todos os dados serão alimentados via Web Service, em rotina diária.

§ 3º O CNJ disponibilizará ao STF, ao STJ e ao TST amplo acesso ao banco nacional de dados.

Art. 14. Até a completa integração do tribunal ao sistema Web Service, admitir-se-á, pelo prazo de 1 (um) ano, contado a partir de 1º de setembro de 2016, o envio dos dados por formulário eletrônico, observado o modelo definido pelos DPJ e de Tecnologia da Informação do CNJ.

§ 1º A transmissão dos dados constantes nos Anexos I, II, III, IV e V desta Resolução, quando efetuada por formulário eletrônico, deverá ser realizada com periodicidade quinzenal, sendo a primeira relativa à última quinzena do mês anterior, no dia 5 (cinco), e a segunda, referente à primeira quinzena do mês corrente, no dia 20 (vinte).

§ 2º A transmissão dos dados constantes nos Anexos I e II desta Resolução, quando efetuada por formulário eletrônico, deverá ser realizada no prazo de 5 (cinco) dias, contados a partir da data de admissão do incidente de resolução de demanda repetitiva e do incidente de assunção de competência.

Art. 15. O CNJ publicará anualmente relatório com a síntese estruturada das informações previstas nesta Resolução, para os fins do art. 1.069 do Código de Processo Civil.

Art. 16. O TST poderá contar com mais de um Núcleo de Gerenciamento de Precedentes.

Art. 17. Fica revogada a *Resolução CNJ n. 160, de 19 de outubro de 2012.*

Art. 18. Esta resolução entra em vigor na data de sua publicação.

Ministro Ricardo Lewandowski

ANEXO I DA RESOLUÇÃO N. 235, DE 13 DE JULHO DE 2016

Para os fins do art. 8º desta Resolução, apresenta-se as definições dos dados que o STJ, o TST, o TSE, o STM, os Tribunais de Justiça dos Estados e do Distrito Federal e Territórios, os Tribunais Regionais Federais e os Tribunais Regionais do Trabalho deverão disponibilizar para consulta pública na página do tribunal na internet e informar ao CNJ relativos aos casos repetitivos suscitados no respectivo Tribunal.

• **NumTRR — Número do Tema Repetitivo**: número sequencial do Tema objeto do recurso afetado ao rito de julgamento dos recursos repetitivos, conforme organização do STJ e do TST.

• **NUT** — Número Único de Tema de IRDR, criado pelo CNJ, quando houver.

• **QueSubJulg** — Questão Submetida a Julgamento: delimitação da matéria a ser decidida sob a técnica dos casos repetitivos.

• **TesFir** — Tese Firmada: conclusão do órgão julgador referente à questão submetida a julgamento sob a técnica dos casos repetitivos.

• **SitT** — Situação do Tema: descrição da situação do Tema objeto do incidente de resolução de demandas repetitivas ou do recurso repetitivo: IRDR — admitido, admitido — possível revisão de tese, mérito julgado, mérito julgado (REsp pendente, RecRev pendente ou RE pendente), acórdão publicado, sobrestado por tema TST, sobrestado por tema STJ, sobrestado por tema STF, alterado por tema TST, alterado por tema STJ, alterado por tema STF, revisado, transitado em julgado;

• **Recursos Repetitivos** — afetado, afetado — possível revisão de tese, em julgamento, mérito julgado, mérito julgado (RE pendente), acórdão publicado, revisado, sobrestado por tema STF, sem processo vinculado, cancelado, transitado em julgado.

• **Rel — Relator**: magistrado relator do processo submetido a julgamento sob a técnica dos casos repetitivos.

• **OrJulgr — Órgão Julgador**: órgão competente para julgamento do processo repetitivo, conforme as regras estabelecidas no Regimento Interno do respectivo Tribunal e na decisão que submeteu/admitiu o processo para julgamento sob a técnica dos casos repetitivos.

• **CProc — Classe do(s) Processo(s) Paradigma(s)**: código e descrição da Classe do(s) processo(s) selecionado(s) para julgamento sob a técnica dos casos repetitivos.

• **ProcPar — Processo(s) Paradigma(s)**: número do(s) processo(s) selecionado(s) para julgamento sob a técnica dos casos repetitivos.

• **DataAdmA — Data da Admissão do Incidente de Resolução de Demandas Repetitivas (órgão colegiado) ou da Afetação do Recurso ao rito dos repetitivos (órgão colegiado ou decisão unipessoal)**: data da admissão do Incidente de Resolução de Demandas Repetitivas no Tribunal Regional Federal, no Tribunal de Justiça do Estado ou do Distrito Federal e no Tribunal Regional do Trabalho ou da afetação do recurso ao rito dos repetitivos no STJ ou no TST.

• **DataJulT — Data do Julgamento do Tema**: data do julgamento do mérito do Tema objeto do processo submetido à técnica de julgamento dos casos repetitivos.

• **DataPubA — Data da Publicação do Acórdão**: data da publicação do acórdão que julgou o mérito do Tema objeto do processo submetido à técnica de julgamento dos casos repetitivos.

• **DataTJ — Data do Trânsito em Julgado**: Data do trânsito em julgado do acórdão que julgou o mérito do Tema objeto do processo submetido à técnica de julgamento dos casos repetitivos.

• **ASS — Assunto**: código de descrição do Assunto referente à questão submetida a julgamento sob a técnica dos casos repetitivos, de acordo com o último nível constante da Tabela Processual Unificada do CNJ.

• **RefLeg — Referência Legislativa**: dispositivo(s) legal(is) sobre os quais recai o Tema de casos repetitivos.

• **SuspGer — Suspensão Geral**: informação quanto à determinação do STF, do TST ou do STJ de suspensão nacional de processos que possuam a mesma questão submetida a julgamento em incidente de resolução de demandas repetitivas (art. 1.029, § 4º, do CPC).

ANEXO II DA RESOLUÇÃO N. 235, DE 13 DE JULHO DE 2016

Para os fins do art. 9º desta Resolução, apresentam-se as definições dos dados que o STJ, o TSE, o TST, o STM, os Tribunais Regionais Federais, os Tribunais Regionais do Trabalho, os Tribunais de Justiça dos Estados e do Distrito Federal e Territórios deverão disponibilizar para consulta pública na página do tribunal na internet e informar ao CNJ relativos aos **Grupos de Representativos**.

• **NumGR — Número do Grupo de Representativos**: número sequencial em cada Tribunal do Grupo de Representativos.

• **TiT — Título do Grupo de Representativos**: resumo da matéria discutida nos processos selecionados como representativos da controvérsia.

• **DesGR — Descrição do Grupo de Representativos**: verbete descritivo da matéria discutida nos processos selecionados como representativos da controvérsia.

• **Situação do Grupo de Representativos**: descrição da situação do Grupo de Representativos em relação ao andamento, no respectivo tribunal superior, dos processos selecionados: aguardando pronunciamento do tribunal superior, grupo sem processo ativo no tribunal superior, vinculado à controvérsia STF (com o número da controvérsia), vinculado à controvérsia STJ (com o número da controvérsia), vinculado à controvérsia TST (com o número da controvérsia), vinculado ao Tema STF (com o número do Tema), vinculado ao Tema STJ (com o número do Tema), vinculado ao Tema TST (com o número do Tema).

• **CProc — Classe do(s) Processo(s) Paradigma(s)**: código e descrição da Classe do(s) processo(s) selecionado(s) como representativos da controvérsia.

• **ProcPar — Processo(s) Paradigma(s)**: número do(s) processo(s) selecionado(s) como representativos da controvérsia.

• **DataCrGR — Data da Criação do Grupo de Representativos**: data da criação do grupo de representativos que será aquela correspondente ao cumprimento da primeira decisão que admitiu um recurso como representativo da controvérsia.

ANEXO III DA RESOLUÇÃO N. 235, DE 13 DE JULHO DE 2016

Para os fins do art. 10 desta Resolução, apresentam-se as definições dos dados que o STJ e o TST deverão disponibilizar para consulta pública na página do Tribunal na internet e informar ao CNJ relativos às **controvérsias**.

• **NumCT — Número da Controvérsia**: número sequencial em cada Tribunal da controvérsia.

• **TiT — Título da Controvérsia**: resumo da matéria discutida nos processos selecionados como integrantes da controvérsia.

• **DesCT — Descrição da Controvérsia**: verbete descritivo da matéria discutida nos processos selecionados como integrantes da controvérsia.

• **SitCT — Situação da Controvérsia**: descrição da situação da controvérsia em relação ao andamento, no respectivo tribunal superior, dos processos selecionados: controvérsia pendente, controvérsia vinculada ao Tema STJ (com o número do Tema), controvérsia vinculada ao Tema TST (com o número do Tema), controvérsia cancelada.

• **CProc — Classe do(s) Processo(s) Paradigma(s)**: código e descrição da Classe do(s) processo(s) selecionado(s) para integrar a controvérsia.

• **ProcPar — Processo(s) Paradigma(s)**: número do(s) processo(s) selecionado(s) para integrar a controvérsia.

• **Part — Partes**: nome das partes do(s) processo(s) selecionado(s) para integrar controvérsia, conforme cadastrado pelo setor de autuação.

• **DataCrCT — Data da Criação da Controvérsia**: data da criação da controvérsia que será aquela correspondente ao cumprimento de decisão que a admitiu ou da disponibilização da controvérsia, de acordo com regramento próprio no âmbito do STJ ou do TST.

ANEXO IV DA RESOLUÇÃO N. 235, DE 13 DE JULHO DE 2016

Por intermédio do presente Anexo, apresentam-se as definições dos dados que deverão ser informados ao CNJ, relativos aos processos sobrestados, em todas as instâncias e graus de jurisdição, em razão da admissão de incidentes de demandas repetitivas ou afetação de processos ao regime de julgamento dos recursos repetitivos ou de recursos extraordinários com repercussão geral.

• **NProcS — Número dos Processos Sobrestados**: número único de todos os processos sobrestados em razão da criação de um Grupo de Representativos, de uma Controvérsia, da admissão de incidente de resolução de demandas repetitivas, da afetação de recurso especial, de revista ou de embargos ao rito dos recursos repetitivos ou do reconhecimento da repercussão geral de recurso extraordinário.

• **CProcS — Classe dos Processos Sobrestados**: código e descrição da Classe dos processos sobrestados em razão da criação de um Grupo de Representativos, de uma Controvérsia, da admissão de incidente de resolução de demandas repetitivas, da afetação de recurso especial, de revista ou de embargos ao rito dos recursos repetitivos ou do reconhecimento da repercussão geral de recurso extraordinário.

• **Tema — Tema**: Número do Tema ou Controvérsia ou do NUT — Número Único de Temas de IRDR ao qual o processo sobrestado está vinculado.

• **Tipo — Tipo**: incidente ou recurso que gerou o sobrestamento do processo: GR (Grupo de Representativos) Cont (Controvérsia), IRDR (Incidente de Resolução de Demandas Repetitivas), REspRep (Recurso Especial Repetitivo), ReRevRep (Recurso de Revista Repetitivo), RecEmbRep (Recurso de Embargos Repetitivo) ou RG (Repercussão Geral).

• **DataDS — Data da Distribuição**: data da distribuição ou do recebimento do processo sobrestado na instância ou grau de jurisdição em que ocorreu o sobrestamento em razão da criação de um Grupo de Representativos, de uma Controvérsia, da admissão de incidente de resolução de demandas repetitivas, da afetação de recurso especial, de revista ou de embargos ao rito dos recursos repetitivos ou do reconhecimento da repercussão geral de recurso extraordinário.

• **DataS — Data do Sobrestamento**: data do sobrestamento de cada processo em razão da criação de um Grupo de Representativos, de uma Controvérsia, da admissão de incidente de resolução de demandas repetitivas, da afetação de recurso especial, de revista ou de embargos ao rito dos recursos repetitivos ou do reconhecimento da repercussão geral de recurso extraordinário.

• **DataJS — Data do Julgamento**: data da decisão que aplica o entendimento descrito na variável **TesFir — Tese Firmada** a cada processo sobrestado em razão da criação de um Grupo de Representativos, de uma Controvérsia, da admissão de incidente de resolução de demandas repetitivas, da afetação de recurso especial, de revista ou de embargos ao rito dos recursos repetitivos ou do reconhecimento da repercussão geral de recurso extraordinário.

• **DataTJP — Data do Trânsito em Julgado do Processo Sobrestado**: data do trânsito em julgado de cada processo sobrestado em razão da criação de um Grupo de Representativos, de uma Controvérsia, da admissão de incidente de resolução de demandas repetitivas, da afetação de recurso especial, de revista ou de embargos ao rito dos recursos repetitivos ou do reconhecimento da repercussão geral de recurso extraordinário.

• **DataBaixS — Data da Baixa**: data da baixa de cada processo sobrestado em razão da criação de um Grupo de Representativos, de uma Controvérsia, da admissão de incidente de resolução de demandas repetitivas, da afetação de recurso especial, de revista ou de embargos ao rito dos recursos repetitivos ou do reconhecimento da repercussão geral de recurso extraordinário.

• **CodOJulg — Código do Órgão Julgador**: código do órgão julgador onde foi realizado o sobrestamento, conforme lista de códigos do CNJ.

ANEXO V DA RESOLUÇÃO N. 235, DE 13 DE JULHO DE 2016

Para os fins do art. 11 desta Resolução, apresentam-se as definições dos dados que o STJ, o TSE, o TST, o STM, os Tribunais Regionais Federais, os Tribunais Regionais do Trabalho e os Tribunais de Justiça dos Estados e do Distrito Federal e Territórios deverão disponibilizar para consulta pública na página do Tribunal na internet e informar ao CNJ relativos aos incidentes de **assunção de** admitidos no respectivo Tribunal.

• **NumIAC — Número do Incidente de Assunção de Competência**: número sequencial único do incidente de assunção de competência.

• **QueSubJulg — Questão Submetida a Julgamento**: delimitação da matéria a ser decidida sob a técnica da assunção de competência.

• **TesFir — Tese Firmada**: conclusão do órgão julgador referente à questão submetida a julgamento sob a técnica da assunção de competência.

• **SitIAC — Situação do Incidente de Assunção de Competência**: descrição da situação do incidente de assunção de competência: admitido, recusado, mérito julgado, mérito julgado (REsp pendente, RecRev pendente ou RE pendente), acórdão publicado, sobrestado por Tema TST, sobrestado por tema STJ, sobrestado por Tema STF, alterado por Tema TST, alterado por tema STJ, alterado por Tema STF, revisado, transitado em julgado.

• **Rel — Relator**: magistrado relator do processo submetido a julgamento sob a técnica da assunção de competência.

• **OrJulgr — Órgão Julgador**: órgão competente para julgamento do incidente de assunção de competência, conforme as regras estabelecidas no Regimento Interno do respectivo tribunal e na decisão que admitiu o processo para julgamento sob a técnica da assunção de competência.

• **CProc — Classe do(s) Processo(s) Paradigma(s)**: código e descrição da Classe do(s) processo(s) selecionado(s) para julgamento sob a técnica da assunção de competência.

• **ProcPar — Processo(s) Paradigma(s)**: número do(s) processo(s) selecionado(s) para julgamento sob a técnica da assunção de competência.

• **DataInsIAC — Data da Instauração do Incidente de Assunção de Competência**: data da instauração do incidente de assunção de competência (decisão unipessoal — art. 947, § 1º, do CPC).

• **DataAdmIAC — Data da Admissão do Incidente de Assunção de Competência**: data da admissão do incidente de assunção

Legislação Complementar

de competência (órgão colegiado — art. 947, § 2º, do CPC).

• **DataJulIAC — Data do Julgamento do Incidente de Assunção de Competência**: data do julgamento do mérito do incidente de assunção de competência.

• **DataPubA — Data da Publicação do Acórdão**: data da publicação do acórdão que julgou o mérito do incidente de assunção de competência.

• **DataTJ — Data do Trânsito em Julgado**: Data do trânsito em julgado do acórdão que julgou o mérito do incidente de assunção de competência.

• **ASS — Assunto**: código de descrição do Assunto referente à questão submetida a julgamento sob a técnica da assunção de competência, de acordo com o último nível constante da Tabela Processual Unificada do CNJ.

• **RefLeg — Referência Legislativa**: dispositivo(s) legal(is) sobre os quais recai o incidente de assunção de competência.

RESOLUÇÃO CNJ N. 236, DE 13 DE JULHO 2016

(DJE/CNJ DE 14.07.2016)

Regulamenta, no âmbito do Poder Judiciário, procedimentos relativos à alienação judicial por meio eletrônico, na forma preconizada pelo art. 882, § 1º, do novo Código de Processo Civil (Lei n. 13.105/2015).

O PRESIDENTE DO CONSELHO NACIONAL DE JUSTIÇA (CNJ), no uso de suas atribuições legais e regimentais,

Considerando que a eficiência operacional, o acesso ao sistema de Justiça e a responsabilidade social constituem objetivos estratégicos do Poder Judiciário, nos termos da Resolução CNJ 198, de 1º de setembro de 2014;

Considerando o disposto no art. 882, § 1º, do Código de Processo Civil, que confere ao CNJ, no âmbito de sua competência, a regulamentação da alienação judicial realizada por meio da rede mundial de computadores;

Considerando que a alienação judicial eletrônica visa a facilitar a participação dos licitantes, reduzindo custos e agilizando os processos de execução;

Considerando a necessidade de regulamentação uniforme dos leilões eletrônicos em todos os tribunais do país;

Considerando a deliberação do Plenário do CNJ no Ato Normativo 0002842-21.2016.2.00.0000, na 16ª Sessão Virtual, realizada em 5 de julho de 2016;

RESOLVE:

CAPÍTULO I

Seção I
Dos Leiloeiros Judiciais e Corretores

Art. 1º Os leilões judiciais serão realizados exclusivamente por leiloeiros credenciados perante o órgão judiciário, conforme norma local (art. 880, *caput* e § 3º), e deverão atender aos requisitos da ampla publicidade, autenticidade e segurança, com observância das regras estabelecidas na legislação sobre certificação digital.

PARÁGRAFO ÚNICO. As alienações particulares poderão ser realizadas por corretor ou leiloeiro público, conforme valor mínimo fixado pelo juiz.

Art. 2º Caberá ao juiz a designação (art. 883), constituindo requisito mínimo para o credenciamento de leiloeiros públicos e corretores o exercício profissional por não menos que 3 (três) anos, sem prejuízo de disposições complementares editadas pelos tribunais (art. 880, § 3º).

§ 1º O leiloeiro público, por ocasião do credenciamento, deverá apresentar declaração de que:

I — dispõe de propriedade, ou por contrato de locação com vigência durante o período de validade do cadastramento, de imóvel destinado à guarda e à conservação dos bens removidos, com informações sobre a área e endereço atualizado completo (logradouro, número, bairro, município e código de endereçamento postal), no qual deverá ser mantido atendimento ao público;

II — possui sistema informatizado para controle dos bens removidos, com fotos e especificações, para consulta on-line pelo Tribunal, assim como de que dispõe de equipamentos de gravação ou filmagem do ato público de venda judicial dos bens ou contrato com terceiros que possuam tais equipamentos;

III — possui condições para ampla divulgação da alienação judicial, com a utilização dos meios possíveis de comunicação, especialmente publicação em jornais de grande circulação, rede mundial de computadores e material de divulgação impresso;

IV — possui infraestrutura para a realização de leilões judiciais eletrônicos, bem como de que adota medidas reconhecidas pelas melhores práticas do mercado de tecnologia da informação para garantir a privacidade, a confidencialidade, a disponibilidade e a segurança das informações de seus sistemas informatizados, submetida à homologação pelo Tribunal respectivo;

V — não possui relação societária com outro leiloeiro público ou corretor credenciado.

§ 2º Os tribunais poderão criar Comissões Provisórias de Credenciamento de Leiloeiros para definição e análise do cumprimento das disposições editalícias e normativas, em especial os requisitos tecnológicos mencionados neste dispositivo.

Art. 3º Na forma dos impedimentos elencados no art. 890 e incisos do Código de Processo Civil, os leiloeiros públicos, assim como seus respectivos prepostos, não poderão oferecer lances quanto aos bens de cuja venda estejam encarregados.

Art. 4º O credenciamento de novos leiloeiros e corretores públicos será realizado por meio de requerimento dos interessados, conforme procedimento definido pelo Tribunal correspondente.

PARÁGRAFO ÚNICO. O descredenciamento de leiloeiros públicos e corretores ocorrerá a qualquer tempo, a pedido da parte interessada ou pelo descumprimento de dispositivos desta Resolução, mediante ampla defesa e contraditório.

Seção II
Das Responsabilidades

Art. 5º Mediante a celebração do Termo de Credenciamento e Compromisso, em modelo aprovado pelo órgão jurisdicional, o leiloeiro público assumirá, além das obrigações definidas em lei, as seguintes responsabilidades:

I — remoção dos bens penhorados, arrestados ou sequestrados, em poder do executado ou de terceiro, para depósito sob sua responsabilidade, assim como a guarda e a conservação dos referidos bens, na condição de depositário judicial, mediante nomeação pelo juízo competente, independentemente da realização pelo leiloeiro público depositário do leilão do referido bem;

II — divulgação do edital dos leilões de forma ampla ao público em geral, por meio de material impresso, mala direta, publicações em jornais e na rede mundial de computadores, inclusive com imagens reais dos bens nesse canal de comunicação, para melhor aferição de suas características e de seu estado de conservação;

III — exposição dos bens sob sua guarda, mantendo atendimento ao público em imóvel destinado aos bens removidos no horário ininterrupto das 8h às 18h, nos dias úteis, ou por meio de serviço de agendamento de visitas;

IV — responder ou justificar sua impossibilidade, de imediato, a todas as indagações formuladas pelo juízo da execução;

V — comparecer ao local da hasta pública com antecedência necessária ao planejamento das atividades;

VI — comprovar, documentalmente, as despesas decorrentes de remoção, guarda e conservação dos bens;

VII — excluir bens da hasta pública sempre que assim determinar o juízo da execução;

VIII — comunicar, imediatamente, ao juízo da execução, qualquer dano, avaria ou deterioração do bem removido;

IX — comparecer ou nomear preposto igualmente credenciado para participar de reuniões convocadas pelos órgãos judiciais onde atuam ou perante o Tribunal correspondente;

X — manter seus dados cadastrais atualizados;

XI — criar e manter, na rede mundial de computadores, endereço eletrônico e ambiente web para viabilizar a realização de alienação judicial eletrônica e divulgar as imagens dos bens ofertados.

Art. 6º O leiloeiro público deverá comunicar ao juízo, com antecedência, a impossibilidade de promover a alienação judicial por meio eletrônico, a fim de que a autoridade possa designar, se for o caso, servidor para a realização do leilão.

§ 1º Na hipótese do caput, remanescerá ao leiloeiro público a obrigação de disponibilizar equipe e estrutura de apoio para a realização da modalidade eletrônica do leilão, sob pena de descredenciamento sumário, observados o direito à ampla defesa e ao contraditório.

§ 2º A ausência do leiloeiro oficial público deverá ser justificada documentalmente no prazo máximo e improrrogável de 5 (cinco) dias após a realização do leilão, sob pena de descredenciamento, cabendo ao juízo da execução, conforme o caso, por decisão fundamentada, aceitar ou não a justificativa.

Art. 7º Além da comissão sobre o valor de arrematação, a ser fixada pelo magistrado (art. 884, parágrafo único), no mínimo de 5% (cinco por cento) sobre o valor da arrematação (art. 24, parágrafo único, do Decreto n. 21.981/1932), a cargo do arrematante, fará jus o leiloeiro público ao ressarcimento das despesas com a remoção, guarda e conservação dos bens, desde que documentalmente comprovadas, na forma da lei.

§ 1º Não será devida a comissão ao leiloeiro público na hipótese da desistência de que trata o art. 775 do Código de Processo Civil, de anulação da arrematação ou de resultado negativo da hasta pública.

§ 2º Anulada ou verificada a ineficácia da arrematação ou ocorrendo a desistência prevista no art. 775 do Código de Processo Civil, o leiloeiro público e o corretor devolverão ao arrematante o valor recebido a título de comissão, corrigido pelos índices aplicáveis aos créditos respectivos.

§ 3º Na hipótese de acordo ou remição após a realização da alienação, o leiloeiro e o corretor público farão jus à comissão prevista no caput.

§ 4º Se o valor de arrematação for superior ao crédito do exequente, a comissão do leiloeiro público, bem como as despesas com remoção e guarda dos bens, poderá ser deduzida do produto da arrematação.

§ 5º Os leiloeiros públicos credenciados poderão ser nomeados pelo juízo da execução para remover bens e atuar como depositário judicial.

§ 6º A recusa injustificada à ordem do juízo da execução para remoção do bem deverá ser imediatamente comunicada ao Tribunal para análise de eventual descredenciamento.

§ 7º O executado ressarcirá as despesas previstas no caput, inclusive se, depois da remoção, sobrevier substituição da penhora, conciliação, pagamento, remição ou adjudicação.

Art. 8º O juízo da execução deverá priorizar os bens removidos na ordem de designação do leilão, assim como o ressarcimento das despesas com a remoção e guarda, observados os privilégios legais.

Seção III
Da Nomeação dos Leiloeiros Públicos

Art. 9º Os leiloeiros públicos credenciados poderão ser indicados pelo exequente, cuja designação deverá ser realizada pelo juiz, na forma do art. 883, ou por sorteio na ausência de indicação, inclusive na modalidade eletrônica, conforme regras objetivas a serem estabelecidas pelos tribunais.

§ 1º O desenvolvimento de ferramenta eletrônica para realização de sorteio dos leiloeiros públicos ficará a cargo de cada Tribunal.

§ 2º As designações diretas ou por sorteio devem ser feitas de modo equitativo, observadas a impessoalidade, a capacidade técnica do leiloeiro público e a participação em certames anteriores.

§ 3º Nas ações trabalhistas, o leiloeiro será nomeado nos termos do art. 888, § 3º, da Consolidação das Leis do Trabalho.

Art. 10. Os tribunais brasileiros ficam autorizados a editar disposições complementares sobre o procedimento de alienação judicial e dispor sobre o credenciamento dos leiloeiros públicos de que trata o art. 880, § 3º, do Código de Processo Civil, observadas as regras desta Resolução e ressalvada a competência das unidades judiciárias para decidir questões jurisdicionais.

PARÁGRAFO ÚNICO. Os leilões eletrônicos deverão ser realizados por leiloeiro credenciado e nomeado na forma desta Resolução ou, onde não houver leiloeiro público, pelo próprio Tribunal (art. 881, § 1º).

Art. 11. A modalidade eletrônica de leilão judicial será aberta para recepção de lances com, no mínimo, 5 (cinco) dias (art. 887, § 1º) de antecedência da data designada para o início do período em que se realizará o leilão (art. 886, IV), observado o disposto no art. 889, parágrafo único, do Código de Processo Civil.

PARÁGRAFO ÚNICO. O leilão poderá ser simultâneo (eletrônico e presencial), cujo endereço será indicado no edital e a modalidade presencial se dará no último dia do período designado para o leilão eletrônico.

CAPÍTULO II
Do Leilão Eletrônico

Art. 12. O usuário interessado em participar da alienação judicial eletrônica, por meio da rede mundial de computadores, deverá se cadastrar previamente no site respectivo, ressalvada a competência do juízo da **execução para decidir sobre eventuais impedimentos.**

Art. 13. O cadastramento será gratuito e constituirá requisito indispensável para a participação na alienação judicial eletrônica, responsabilizando-se o usuário, civil e criminalmente, pelas informações lançadas por ocasião do cadastramento.

PARÁGRAFO ÚNICO. O cadastramento implicará na aceitação da integralidade das disposições desta Resolução, assim como das demais condições estipuladas no edital respectivo.

Art. 14. Caberá ao leiloeiro do sistema de alienação judicial eletrônica (as próprias unidades judiciais ou as entidades credenciadas) a definição dos critérios de participação na alienação judicial eletrônica com o objetivo de preservar a segurança e a confiabilidade dos lances.

§ 1º O cadastro de licitantes deverá ser eletrônico e sujeito à conferência de identidade em banco de dados oficial.

§ 2º Até o dia anterior ao leilão, o leiloeiro estará disponível para prestar aos interessados os esclarecimentos de quaisquer dúvidas sobre o funcionamento do leilão.

§ 3º O leiloeiro deverá manter telefones disponíveis em seção facilmente visível em seu site na rede mundial de computadores para dirimir eventuais dúvidas referentes às transações efetuadas durante e depois do leilão judicial eletrônico.

Art. 15. O leiloeiro confirmará ao interessado seu cadastramento via e-mail ou por emissão de login e senha provisória, que deverá ser, necessariamente, alterada pelo usuário.

PARÁGRAFO ÚNICO. O uso indevido da senha, de natureza pessoal e intransferível, é de exclusiva responsabilidade do usuário.

Art. 16. Os bens penhorados serão oferecidos em site designado pelo juízo da execução (art. 887, § 2º), com descrição detalhada e preferencialmente por meio de recursos multimídia, para melhor aferição de suas características e de seu estado de conservação.

PARÁGRAFO ÚNICO. Fica o leiloeiro autorizado a fotografar o bem e a visitá-lo, acompanhado ou não de interessados na arrematação.

Art. 17. Os bens a serem alienados estarão em exposição nos locais indicados no site, com a descrição de cada lote, para visitação dos interessados, nos dias e horários determinados.

Art. 18. Os bens serão vendidos no estado de conservação em que se encontram, sem garantia, constituindo ônus do interessado verificar suas condições, antes das datas designadas para a alienação judicial eletrônica.

Art. 19. O leiloeiro suportará os custos e se encarregará da divulgação da alienação, observando as disposições legais e as determinações judiciais a respeito.

Art. 20. O período para a realização da alienação judicial eletrônica (art. 886, IV) terá sua duração definida pelo juiz da execução ou pelo leiloeiro, cuja publicação do edital deverá ser realizada com antecedência mínima de 5 (cinco) dias (art. 887, § 1º) da data inicial do leilão.

Art. 21. Sobrevindo lance nos 3 (três) minutos antecedentes ao termo final da alienação judicial exclusivamente eletrônica, o horário de fechamento do pregão será prorrogado em 3 (três) minutos para que todos os usuários interessados tenham oportunidade de ofertar novos lances.

PARÁGRAFO ÚNICO. No caso de alienação presencial ou simultânea (presencial e eletrônica), o tempo previsto no *caput* deste artigo será de 15 (quinze) segundos.

Art. 22. Durante a alienação, os lances deverão ser oferecidos diretamente no sistema do gestor e imediatamente divulgados on-line, de modo a viabilizar a preservação do tempo real das ofertas.

PARÁGRAFO ÚNICO. Não será admitido sistema no qual os lances sejam realizados por e-mail e posteriormente registrados no site do leiloeiro, assim como qualquer outra forma de intervenção humana na coleta e no registro dos lances.

Art. 23. Com a aceitação do lance, o sistema emitirá guia de depósito judicial identificado vinculado ao juízo da execução.

Art. 24. O pagamento deverá ser realizado de imediato pelo arrematante, por depósito judicial ou por meio eletrônico (art. 892), salvo disposição judicial diversa ou arrematação a prazo (art. 895, § 9º).

Art. 25. A arrematação será considerada perfeita, acabada e irretratável tão logo assinado o auto pelo juiz, pelo arrematante e pelo leiloeiro, observadas as disposições do art. 903 do Código de Processo Civil.

Art. 26. Não sendo efetuados os depósitos, serão comunicados também os lances imediatamente anteriores, para que sejam submetidos à apreciação do juiz, na forma do art. 895, §§ 4º e 5º; art. 896, § 2º; arts. 897 e 898, sem prejuízo da invalidação de que trata o art. 903 do Código de Processo Civil.

Art. 27. Para garantir o bom uso do site e a integridade da transmissão de dados, o juiz da execução poderá determinar o rastreamento do número do IP da máquina utilizada pelo usuário para oferecer seus lances.

Art. 28. O leiloeiro público deverá disponibilizar ao juízo da execução acesso imediato à alienação.

Art. 29. Correrão por conta do arrematante as despesas e os custos relativos à desmontagem, remoção, transporte e transferência patrimonial dos bens arrematados.

Art. 30. Serão de exclusiva responsabilidade do leiloeiro e do corretor público ônus decorrentes da manutenção e operação do site disponibilizado para a realização das alienações judiciais eletrônicas, assim como as despesas com o arquivamento das transmissões e ao perfeito desenvolvimento e implantação do sistema de leilões eletrônicos.

Art. 31. A estrutura física de conexão externa de acesso e segurança ao provedor é de responsabilidade do leiloeiro e do corretor público.

PARÁGRAFO ÚNICO. Caso a alienação judicial eletrônica não possa se realizar em razão de força maior, o início do novo período de pregão deverá ser publicado na forma do art. 897, § 1º, do Código de Processo Civil.

Art. 32. Os lances e dizeres inseridos na sessão on-line correrão exclusivamente por conta e risco do usuário.

Art. 33. Eventuais ocorrências ou problemas que possam afetar ou interferir nas regras desta Resolução serão dirimidos pelo juiz da execução.

Art. 34. Todo o procedimento deverá ser gravado em arquivos eletrônicos e de multimídia, com capacidade para armazenamento de som, dados e imagens.

CAPÍTULO III
Dos Registros Eletrônicos de Penhora

Art. 35. O CNJ celebrará convênios com entidades públicas e privadas, a fim de viabilizar a efetivação da penhora de dinheiro e as averbações de penhoras incidentes sobre bens imóveis e móveis por meio eletrônico, nos termos do art. 837 do Código de Processo Civil.

§ 1º Os convênios a que se refere o *caput* já celebrados por ocasião da vigência desta Resolução ficam por ela convalidados.

§ 2º Até que sejam definidas as normas de segurança sob critérios uniformes do CNJ, ficam reconhecidas as diretrizes adotadas junto a cada instituição conveniada.

Art. 36. Esta Resolução entra em vigor 90 (noventa) dias após a data de sua publicação.

Ministro RICARDO LEWANDOWSKI

Legislação Complementar

ATO CONJUNTO TST/CSJT N. 10, DE 28 DE JUNHO DE 2010

DEJT 29.06.2010

Regulamenta a transmissão de peças processuais, por meio eletrônico, entre os Tribunais Regionais do Trabalho e o Tribunal Superior do Trabalho e dá outras providências.

O **PRESIDENTE DO TRIBUNAL SUPERIOR DO TRABALHO E DO CONSELHO SUPERIOR DA JUSTIÇA DO TRABALHO**, no uso de suas atribuições legais e regimentais,

Considerando a Lei n. 11.419, de 19 de dezembro de 2006, que dispõe sobre a informatização do processo judicial,

Considerando a Instrução Normativa n. 30 do Tribunal Superior do Trabalho,

RESOLVE

Art. 1º Os Tribunais Regionais do Trabalho e o Tribunal Superior do Trabalho transmitirão as peças processuais digitalizadas ou produzidas em ambiente eletrônico por meio do Sistema de Remessa de Peças Processuais — e-Remessa.

§ 1º O Sistema estará disponível na Rede Corporativa de Serviços de Dados para Acesso IP do Judiciário (Rede JT).

§ 2º O Sistema poderá ser acessado pelos órgãos usuários 24 horas por dia, para envio de peças processuais e consulta de informações.

§ 3º A remessa de peças processuais deverá ser, preferencialmente, diária, a fim de permitir melhor desempenho do sistema e-Remessa.

Art. 2º As peças processuais a serem transmitidas pelo e-Remessa deverão estar no formato Portable Document Format (PDF).

PARÁGRAFO ÚNICO. As peças processuais deverão ser digitalizadas com a utilização de software que garanta a qualidade dos documentos no que se refere à nitidez, legibilidade, alinhamento e correta orientação para leitura, e deverão ser armazenadas em arquivo monocromático, com resolução de trezentos pontos por polegada, sendo facultados o reconhecimento ótico de caracteres de texto nas imagens e a indicação dos marcadores que identificam as peças. *(Redação dada pelo Ato Conjunto TST.CSJT n. 32, de 5.12.16, DEJT 7.12.16)*

Art. 3º Os arquivos relativos a processos serão identificados com a classe processual no órgão remetente, o número do processo no formato definido pela Resolução n. 65 do CNJ e a qualificação, nessa ordem, separados por pontos (Classe. Numeração CNJ. Qualificação).

§ 1º O Tribunal remetente utilizará, no campo relativo à qualificação, as seguintes letras identificadoras: "P" para arquivo principal das peças processuais; "A" para arquivo relativo aos apensos; "D" para arquivo de documentos; "L" para arquivo de processo em diligência; "N" para o arquivo de processos retornando para novo julgamento.

§ 2º Em todos os arquivos deverá constar certidão que identifique o órgão responsável pela produção, criação ou geração do documento para remessa eletrônica.

Art. 4º O arquivo relativo à petição será identificado na forma do caput do artigo anterior, tendo a letra "T" como identificador da qualificação.

PARÁGRAFO ÚNICO. Cada petição deverá ser remetida em arquivo único, e, no caso de várias petições relativas ao mesmo processo, cada uma deverá ser remetida em arquivo separado.

Art. 5º A baixa de processos transitados em julgado será feita com as peças produzidas no TST, sendo facultado ao TRT optar pelo recebimento da íntegra do processo.

PARÁGRAFO ÚNICO. Nos processos em diligência serão transmitidas as peças produzidas no TST e o seu retorno será realizado com a remessa das peças geradas pelo TRT.

Art. 6º O e-Remessa estará disponível a partir da publicação deste ato, cabendo aos Tribunais Regionais do Trabalho providenciar a adequação de seus sistemas informatizados, com suporte técnico da Secretaria de Tecnologia da Informação — SETIN do Tribunal Superior do Trabalho.

§ 1º A partir de 2 de agosto de 2010, todos os processos deverão ser enviados ao TST apenas por meio do e-Remessa.

§ 2º O TST poderá solicitar o envio de autos físicos, no caso de ilegibilidade dos documentos digitalizados.

Art. 7º Os processos de todas as classes deverão ser enviados na íntegra, à exceção do Recurso de Revista, que poderá ser remetido ao TST sem as peças relativas às provas.

Art. 8º Qualquer erro no envio de arquivos, seja por remessa indevida ou incompleta, deverá ser comunicado oficialmente ao órgão destinatário, preferencialmente através do Sistema de Malote Digital.

PARÁGRAFO ÚNICO. No âmbito do TST, a comunicação deverá ser dirigida à Coordenadoria de Processos Eletrônicos — CPE.

Art. 9º Os processos físicos em tramitação no TST que forem digitalizados e incluídos no fluxo eletrônico serão devolvidos ao TRT de origem.

Art. 10. O presente Ato entrará em vigor na data de sua publicação e revoga os Atos ns. 673/GDGSET.GP, de 29 de outubro de 2009; 740/GDGSET.GP, de 25 de novembro de 2008; 494/GDGSET.GP, de 16 de julho de 2008,182/GDGSET.GP, de 4 de março de 2008.

Brasília, 28 de junho de 2010.

Ministro MILTON DE MOURA FRANÇA,
Presidente do Tribunal Superior do Trabalho e Presidente do Conselho Superior da Justiça do Trabalho.

LEI N. 12.690, DE 19 DE JULHO DE 2012

(DOU 20.7.2012)

Dispõe sobre a organização e o funcionamento das cooperativas de trabalho; institui o Programa Nacional de Fomento às Cooperativas de Trabalho — PRONACOOP; e revoga o parágrafo único do art. 442 da Consolidação das Leis do Trabalho — CLT, aprovada pelo Decreto-lei n. 5.452, de 1º de maio de 1943

Nota: O art. 30, do Projeto de Lei, aprovado pelo Congresso Nacional que revogava o parágrafo único do artigo art. 442 da CLT foi vetado na sanção presidencial. As razões do veto estão assim dispostas: "O dispositivo da CLT que se pretende revogar disciplina a matéria de forma ampla e suficiente, sendo desnecessária regra específica para as cooperativas de trabalho" (DOU de 20.7.2012, p. 7).

A PRESIDENTA DA REPÚBLICA

Faço saber que o Congresso Nacional decreta e eu sanciono a seguinte Lei:

CAPÍTULO I
Das Cooperativas de Trabalho

Art. 1º A Cooperativa de Trabalho é regulada por esta Lei e, no que com ela não colidir, pelas Leis ns. 5.764, de 16 de dezembro de 1971, e 10.406, de 10 de janeiro de 2002 — Código Civil.

PARÁGRAFO ÚNICO. Estão excluídas do âmbito desta Lei:

I — as cooperativas de assistência à saúde na forma da legislação de saúde suplementar;

II — as cooperativas que atuam no setor de transporte regulamentado pelo poder público e que detenham, por si ou por seus sócios, a qualquer título, os meios de trabalho;

III — as cooperativas de profissionais liberais cujos sócios exerçam as atividades em seus próprios estabelecimentos; e

IV — as cooperativas de médicos cujos honorários sejam pagos por procedimento.

Art. 2º Considera-se Cooperativa de Trabalho a sociedade constituída por trabalhadores para o exercício de suas atividades laborativas ou profissionais com proveito comum, autonomia e autogestão para obterem melhor qualificação, renda, situação socioeconômica e condições gerais de trabalho.

§ 1º A autonomia de que trata o *caput* deste artigo deve ser exercida de forma coletiva e coordenada, mediante a fixação, em Assembleia Geral, das regras de funcionamento da cooperativa e da forma de execução dos trabalhos, nos termos desta Lei.

§ 2º Considera-se autogestão o processo democrático no qual a Assembleia Geral define as diretrizes para o funcionamento e as operações da cooperativa, e os sócios decidem sobre a forma de execução dos trabalhos, nos termos da lei.

Art. 3º A Cooperativa de Trabalho rege-se pelos seguintes princípios e valores:

I — adesão voluntária e livre;

II — gestão democrática;

III — participação econômica dos membros;

IV — autonomia e independência;

V — educação, formação e informação;

VI — intercooperação;

VII — interesse pela comunidade;

VIII — preservação dos direitos sociais, do valor social do trabalho e da livre-iniciativa;

IX — não precarização do trabalho;

X — respeito às decisões de assembleia, observado o disposto nesta Lei;

XI — participação na gestão em todos os níveis de decisão de acordo com o previsto em lei e no Estatuto Social.

Art. 4º A Cooperativa de Trabalho pode ser:

I — de produção, quando constituída por sócios que contribuem com trabalho para a produção em comum de bens e a cooperativa detém, a qualquer título, os meios de produção; e

II — de serviço, quando constituída por sócios para a prestação de serviços especializados a terceiros, sem a presença dos pressupostos da relação de emprego.

PARÁGRAFO ÚNICO. (VETADO).

Art. 5º A Cooperativa de Trabalho não pode ser utilizada para intermediação de mão de obra subordinada.

PARÁGRAFO ÚNICO. (VETADO).

Art. 6º A Cooperativa de Trabalho poderá ser constituída com número mínimo de 7 (sete) sócios.

Art. 7º A Cooperativa de Trabalho deve garantir aos sócios os seguintes direitos, além de outros que a Assembleia Geral venha a instituir:

I — retiradas não inferiores ao piso da categoria profissional e, na ausência deste, não inferiores ao salário mínimo, calculadas de forma proporcional às horas trabalhadas ou às atividades desenvolvidas;

II — duração do trabalho normal não superior a 8 (oito) horas diárias e 44 (quarenta e quatro) horas semanais, exceto quando a atividade, por sua natureza, demandar a prestação de trabalho por meio de plantões ou escalas, facultada a compensação de horários;

III — repouso semanal remunerado, preferencialmente aos domingos;

IV — repouso anual remunerado;

V — retirada para o trabalho noturno superior à do diurno;

VI — adicional sobre a retirada para as atividades insalubres ou perigosas;

VII — seguro de acidente de trabalho.

§ 1º Não se aplica o disposto nos incisos III e IV do *caput* deste artigo nos casos em que as operações entre o sócio e a cooperativa sejam eventuais, salvo decisão assemblear em contrário.

§ 2º A Cooperativa de Trabalho buscará meios, inclusive mediante provisionamento de recursos, com base em critérios que devem ser aprovados em Assembleia Geral, para assegurar os direitos previstos nos incisos I, III, IV, V, VI e VII do *caput* deste artigo e outros que a Assembleia Geral venha a instituir.

§ 3º A Cooperativa de Trabalho, além dos fundos obrigatórios previstos em lei, poderá criar, em Assembleia Geral, outros fundos, inclusive rotativos, com recursos destinados a fins específicos, fixando o modo de formação, custeio, aplicação e liquidação.

§ 4º (VETADO).

§ 5º A Cooperativa de Trabalho constituída nos termos do inciso I do *caput* do art. 4º desta Lei poderá, em Assembleia Geral Extraordinária, estabelecer carência na fruição dos direitos previstos nos incisos I e VII do *caput* deste artigo.

§ 6º As atividades identificadas com o objeto social da Cooperativa de Trabalho prevista no inciso II do *caput* do art. 4º desta Lei, quando prestadas fora do estabelecimento da cooperativa, deverão ser submetidas a uma coordenação com mandato nunca superior a 1 (um) ano ou ao prazo estipulado para a realização dessas atividades, eleita em reunião específica pelos sócios que se disponham a realizá-las, em que serão expostos os requisitos para sua consecução, os valores contratados e a retribuição pecuniária de cada sócio partícipe.

Art. 8º As Cooperativas de Trabalho devem observar as normas de saúde e segurança do trabalho previstas na legislação em vigor e em atos normativos expedidos pelas autoridades competentes.

Art. 9º O contratante da Cooperativa de Trabalho prevista no inciso II do *caput* do art. 4º desta Lei responde solidariamente pelo cumprimento das normas de saúde e segurança do trabalho quando os serviços forem prestados no seu estabelecimento ou em local por ele determinado.

CAPÍTULO II
Do Funcionamento das Cooperativas de Trabalho

Art. 10. A Cooperativa de Trabalho poderá adotar por objeto social qualquer gênero de serviço, operação ou atividade, desde que previsto no seu Estatuto Social.

§ 1º É obrigatório o uso da expressão "Cooperativa de Trabalho" na denominação social da cooperativa.

§ 2º A Cooperativa de Trabalho não poderá ser impedida de participar de procedimentos de licitação pública que tenham por escopo os mesmos serviços, operações e atividades previstas em seu objeto social.

§ 3º A admissão de sócios na cooperativa estará limitada consoante as possibilidades de reunião, abrangência das operações, controle e prestação de serviços e congruente com o objeto estatuído.

§ 4º Para o cumprimento dos seus objetivos sociais, o sócio poderá exercer qualquer atividade da cooperativa, conforme deliberado em Assembleia Geral.

Art. 11. Além da realização da Assembleia Geral Ordinária e Extraordinária para deliberar nos termos dos e sobre os assuntos previstos na Lei n. 5.764, de 16 de dezembro de 1971, e no Estatuto Social, a Cooperativa de Trabalho deverá realizar anualmente, no mínimo, mais uma Assembleia Geral Especial para deliberar, entre outros assuntos especificados no edital de convocação, sobre gestão da cooperativa, disciplina, direitos e deveres dos sócios, planejamento e resultado econômico dos projetos e contratos firmados e organização do trabalho.

§ 1º O destino das sobras líquidas ou o rateio dos prejuízos será decidido em Assembleia Geral Ordinária.

§ 2º As Cooperativas de Trabalho deverão estabelecer, em Estatuto Social ou Regimento Interno, incentivos à participação efetiva dos sócios na Assembleia Geral e eventuais sanções em caso de ausências injustificadas.

§ 3º O quorum mínimo de instalação das Assembleias Gerais será de:

I — 2/3 (dois terços) do número de sócios, em primeira convocação;

II — metade mais 1 (um) dos sócios, em segunda convocação;

III — 50 (cinquenta) sócios ou, no mínimo, 20% (vinte por cento) do total de sócios, prevalecendo o menor número, em terceira convocação, exigida a presença de, no mínimo, 4 (quatro) sócios para as cooperativas que possuam até 19 (dezenove) sócios matriculados.

§ 4º As decisões das assembleias serão consideradas válidas quando contarem com a aprovação da maioria absoluta dos sócios presentes.

§ 5º Comprovada fraude ou vício nas decisões das assembleias, serão elas nulas de pleno direito, aplicando-se, conforme o caso, a legislação civil e penal.

§ 6º A Assembleia Geral Especial de que trata este artigo deverá ser realizada no segundo semestre do ano.

Art. 12. A notificação dos sócios para participação das assembleias será pessoal e ocorrerá com antecedência mínima de 10 (dez) dias de sua realização.

§ 1º Na impossibilidade de notificação pessoal, a notificação dar-se-á por via postal, respeitada a antecedência prevista no *caput* deste artigo.

§ 2º Na impossibilidade de realização das notificações pessoal e postal, os sócios serão notificados mediante edital afixado na sede e em outros locais previstos nos estatutos e publicado em jornal de grande circulação na região da sede da cooperativa ou na região onde ela exerça suas atividades, respeitada a antecedência prevista no *caput* deste artigo.

Art. 13. É vedado à Cooperativa de Trabalho distribuir verbas de qualquer natureza entre os sócios, exceto a retirada devida em razão do exercício de sua atividade como sócio ou retribuição por conta de reembolso de despesas comprovadamente realizadas em proveito da Cooperativa.

Art. 14. A Cooperativa de Trabalho deverá deliberar, anualmente, na Assembleia Geral Ordinária, sobre a adoção ou não de diferentes faixas de retirada dos sócios.

PARÁGRAFO ÚNICO. No caso de fixação de faixas de retirada, a diferença entre as de maior e as de menor valor deverá ser fixada na Assembleia.

Art. 15. O Conselho de Administração será composto por, no mínimo, 3 (três) sócios, eleitos pela Assembleia Geral, para um prazo de gestão não superior a 4 (quatro) anos, sendo obrigatória a renovação de, no mínimo, 1/3 (um terço) do colegiado, ressalvada a hipótese do art. 16 desta Lei.

Art. 16. A Cooperativa de Trabalho constituída por até 19 (dezenove) sócios poderá estabelecer, em Estatuto Social, composição para o Conselho de Administração e para o Conselho Fiscal distinta da prevista nesta Lei e no art. 56 da Lei n. 5.764, de 16 de dezembro de 1971, assegurados, no mínimo, 3 (três) conselheiros fiscais.

CAPÍTULO III
Da Fiscalização e das Penalidades

Art. 17. Cabe ao Ministério do Trabalho e Emprego, no âmbito de sua competência, a fiscalização do cumprimento do disposto nesta Lei.

§ 1º A Cooperativa de Trabalho que intermediar mão de obra subordinada e os contratantes de seus serviços estarão sujeitos à multa de R$ 500,00 (quinhentos reais) por trabalhador prejudicado, dobrada na reincidência, a ser revertida em favor do Fundo de Amparo ao Trabalhador — FAT.

§ 2º Presumir-se-á intermediação de mão de obra subordinada a relação contratual estabelecida entre a empresa contratante e as Cooperativas de Trabalho que não cumprirem o disposto no § 6º do art. 7º desta Lei.

§ 3º As penalidades serão aplicadas pela autoridade competente do Ministério do Trabalho e Emprego, de acordo com o estabelecido no Título VII da Consolidação das Leis do Trabalho — CLT, aprovada pelo Decreto-lei n. 5.452, de 1º de maio de 1943.

Art. 18. A constituição ou utilização de Cooperativa de Trabalho para fraudar deliberadamente a legislação trabalhista, previdenciária e o disposto nesta Lei acarretará aos responsáveis as sanções penais, cíveis e administrativas cabíveis, sem prejuízo da ação judicial visando à dissolução da Cooperativa.

§ 1º (VETADO).

§ 2º Fica inelegível para qualquer cargo em Cooperativa de Trabalho, pelo período de até 5 (cinco) anos, contado a partir da sentença transitada em julgado, o sócio, dirigente ou o administrador condenado pela prática das fraudes elencadas no *caput* deste artigo.

CAPÍTULO IV
Do Programa Nacional de Fomento às Cooperativas de Trabalho — PRONACOOP

Art. 19. É instituído, no âmbito do Ministério do Trabalho e Emprego, o Programa Nacional de Fomento às Cooperativas de Trabalho — PRONACOOP, com a finalidade de promover o desenvolvimento e a melhoria do desempenho econômico e social da Cooperativa de Trabalho.

PARÁGRAFO ÚNICO. O Pronacoop tem como finalidade apoiar:

I — a produção de diagnóstico e plano de desenvolvimento institucional para as Cooperativas de Trabalho dele participantes;

II — a realização de acompanhamento técnico visando ao fortalecimento financeiro, de gestão, de organização do processo produtivo ou de trabalho, bem como à qualificação dos recursos humanos;

III — a viabilização de linhas de crédito;

IV — o acesso a mercados e à comercialização da produção;

V — o fortalecimento institucional, a educação cooperativista e a constituição de cooperativas centrais, federações e confederações de cooperativas;

VI — outras ações que venham a ser definidas por seu Comitê Gestor no cumprimento da finalidade estabelecida no *caput* deste artigo.

Art. 20. É criado o Comitê Gestor do Pronacoop, com as seguintes atribuições:

I — acompanhar a implementação das ações previstas nesta Lei;

II — estabelecer as diretrizes e metas para o Pronacoop;

III — definir as normas operacionais para o Pronacoop;

IV — propor o orçamento anual do Pronacoop;

V — (VETADO);

VI — (VETADO).

§ 1º O Comitê Gestor terá composição paritária entre o governo e entidades representativas do cooperativismo de trabalho.

§ 2º O número de membros, a organização e o funcionamento do Comitê Gestor serão estabelecidos em regulamento.

Art. 21. O Ministério do Trabalho e Emprego poderá celebrar convênios, acordos, ajustes e outros instrumentos que objetivem a cooperação técnico-científica com órgãos do setor público e entidades privadas sem fins lucrativos, no âmbito do Pronacoop.

Art. 22. As despesas decorrentes da implementação do Pronacoop correrão à conta das dotações orçamentárias consignadas anualmente ao Ministério do Trabalho e Emprego.

Art. 23. Os recursos destinados às linhas de crédito do Pronacoop serão provenientes:

I — do Fundo de Amparo ao Trabalhador — FAT;

II — de recursos orçamentários da União; e

III — de outros recursos que venham a ser alocados pelo poder público.

PARÁGRAFO ÚNICO. O Conselho Deliberativo do Fundo de Amparo ao Trabalhador — CODEFAT definirá as diretrizes para a aplicação, no âmbito do Pronacoop, dos recursos oriundos do Fundo de Amparo ao Trabalhador — FAT.

Art. 24. As instituições financeiras autorizadas a operar com os recursos do Pronacoop poderão realizar operações de crédito destinadas a empreendimentos inscritos no Programa sem a exigência de garantias reais, que poderão ser substituídas por garantias alternativas, observadas as condições estabelecidas em regulamento.

PARÁGRAFO ÚNICO. (VETADO).

Art. 25. (VETADO).

CAPÍTULO V
Disposições Finais

Art. 26. É instituída a Relação Anual de Informações das Cooperativas de Trabalho — RAICT, a ser preenchida pelas Cooperativas de Trabalho, anualmente, com informações relativas ao ano-base anterior.

PARÁGRAFO ÚNICO. O Poder Executivo regulamentará o modelo de formulário da RAICT, os critérios para entrega das informações e as responsabilidades institucionais sobre a coleta, processamento, acesso e divulgação das informações.

Art. 27. A Cooperativa de Trabalho constituída antes da vigência desta Lei terá prazo de 12 (doze) meses, contado de sua publicação, para adequar seus estatutos às disposições nela previstas.

Art. 28. A Cooperativa de Trabalho prevista no inciso II do *caput* do art. 4º desta Lei constituída antes da vigência desta Lei terá prazo de 12 (doze) meses, contado de sua publicação, para assegurar aos sócios as garantias previstas nos incisos I, IV, V, VI e VII do *caput* do art. 7º desta Lei, conforme deliberado em Assembleia Geral.

Art. 29. Esta Lei entra em vigor na data de sua publicação.

Art. 30. (VETADO).

Brasília, 19 de julho de 2012; 191º da Independência e 124º da República.

Dilma Rousseff
José Eduardo Cardozo
Nelson Henrique Barbosa Filho
Carlos Daudt Brizola
Miriam Belchior
Luís Inácio Lucena Adams

LEI N. 10.406, DE 10 DE JANEIRO DE 2002 (CÓDIGO CIVIL DE 2002)

(DOU 11.1.2002)

Principais dispositivos do Código Civil de 2002 relacionados com o Direito do Trabalho e relação do trabalho, alguns deles ligados a ampliação da competência da Justiça do Trabalho pela Emenda Constitucional n. 45, de 8 de dezembro de 2004.

PARTE GERAL

LIVRO 1

DAS PESSOAS

TÍTULO I

Das Pessoas Naturais

CAPÍTULO I

Da Personalidade e da Capacidade

Art. 1º Toda pessoa é capaz de direitos e deveres na ordem civil.

Art. 2º A personalidade civil da pessoa começa do nascimento com vida; mas a lei põe a salvo, desde a concepção, os direitos do nascituro.

Art. 3º São absolutamente incapazes de exercer pessoalmente os atos da vida civil os menores de 16 (dezesseis) anos. *(Redação dada pela Lei n. 13.146, de 6.7.15, DOU 7.7.15)*

I — os menores de dezesseis anos; *(Revogado pela Lei n. 13.146, de 6.7.15, DOU 7.7.15)*

II — os que, por enfermidade ou deficiência mental, não tiverem o necessário discernimento para a prática desses atos; *(Revogado pela Lei n. 13.146, de 6.7.15, DOU 7.7.15)*

III — os que, mesmo por causa transitória, não puderem exprimir sua vontade. *(Revogado pela Lei n. 13.146, de 6.7.15, DOU 7.7.15)*

Art. 4º São incapazes, relativamente a certos atos, ou à maneira de os exercer:

I — os maiores de dezesseis e menores de dezoito anos;

II — os ébrios habituais e os viciados em tóxico; *(Redação dada pela Lei n. 13.146, de 6.7.15, DOU 7.7.15)*

III — aqueles que, por causa transitória ou permanente, não puderem exprimir sua vontade; *(Redação dada pela Lei n. 13.146, de 6.7.15, DOU 7.7.15)*

IV — os pródigos.

PARÁGRAFO ÚNICO. A capacidade dos indígenas será regulada por legislação especial. *(Redação dada pela Lei n. 13.146, de 6.7.15, DOU 7.7.15)*

Art. 5º A menoridade cessa aos dezoito anos completos, quando a pessoa fica habilitada à prática de todos os atos da vida civil.

PARÁGRAFO ÚNICO. Cessará, para os menores, a incapacidade:

I — pela concessão dos pais, ou de um deles na falta do outro, mediante instrumento público, independentemente de homologação judicial, ou por sentença do juiz, ouvido o tutor, se o menor tiver dezesseis anos completos;

II — pelo casamento;

III — pelo exercício de emprego público efetivo;

IV — pela colação de grau em curso de ensino superior;

V — pelo estabelecimento civil ou comercial, ou pela existência de relação de emprego, desde que, em função deles, o menor com dezesseis anos completos tenha economia própria.

....

CAPÍTULO II

Dos Direitos da Personalidade

Art. 11. Com exceção dos casos previstos em lei, os direitos da personalidade são intransmissíveis e irrenunciáveis, não podendo o seu exercício sofrer limitação voluntária.

Art. 12. Pode-se exigir que cesse a ameaça, ou a lesão, a direito da personalidade, e reclamar perdas e danos, sem prejuízo de outras sanções previstas em lei.

PARÁGRAFO ÚNICO. Em se tratando de morto, terá legitimação para requerer a medida prevista neste artigo o cônjuge sobrevivente, ou qualquer parente em linha reta, ou colateral até o quarto grau.

....

Art. 16. Toda pessoa tem direito ao nome, nele compreendidos o prenome e o sobrenome.

Art. 17. O nome da pessoa não pode ser empregado por outrem em publicações ou representações que a exponham ao desprezo público, ainda quando não haja intenção difamatória.

Art. 18. Sem autorização, não se pode usar o nome alheio em propaganda comercial.

Art. 19. O pseudônimo adotado para atividades lícitas goza da proteção que se dá ao nome.

Art. 20. Salvo se autorizadas, ou se necessárias à administração da justiça ou à manutenção da ordem pública, a divulgação de escritos, a transmissão da palavra, ou a publicação, a exposição ou a utilização da imagem de uma pessoa poderão ser proibidas, a seu requerimento e sem prejuízo da indenização que couber, se lhe atingirem a honra, a boa fama ou a respeitabilidade, ou se se destinarem a fins comerciais.

PARÁGRAFO ÚNICO. Em se tratando de morto ou de ausente, são partes legítimas para requerer essa proteção o cônjuge, os ascendentes ou os descendentes.

Art. 21. A vida privada da pessoa natural é inviolável, e o juiz, a requerimento do interessado, adotará as providências necessárias para impedir ou fazer cessar ato contrário a esta norma.

TÍTULO II

Das Pessoas Jurídicas

....

Art. 50. Em caso de abuso da personalidade jurídica, caracterizado pelo desvio de finalidade, ou pela confusão patrimonial, pode o juiz decidir, a requerimento da parte, ou do Ministério Público quando lhe couber intervir no processo, que os efeitos de certas e determinadas relações de obrigações sejam estendidos aos bens particulares dos administradores ou sócios da pessoa jurídica.

....

Art. 52. Aplica-se às pessoas jurídicas, no que couber, a proteção dos direitos da personalidade.

....

TÍTULO III

Do Domicílio

Art. 72. É também domicílio da pessoa natural, quanto às relações concernentes à profissão, o lugar onde esta é exercida.

....

LIVRO III

DOS FATOS JURÍDICOS

TÍTULO I

Do Negócio Jurídico

CAPÍTULO I

Disposições Gerais

Art. 104. A validade do negócio jurídico requer:

I — agente capaz;

II — objeto lícito, possível, determinado ou determinável;

III — forma prescrita ou não defesa em lei.

....

Art. 108. Não dispondo a lei em contrário, a escritura pública é essencial à validade dos negócios jurídicos que visem à constituição, transferência, modificação ou renúncia de direitos reais sobre imóveis de valor superior a trinta vezes o maior salário mínimo vigente no País.

....

Art. 110. A manifestação de vontade subsiste ainda que o seu autor haja feito a reserva mental de não querer o que manifestou, salvo se dela o destinatário tinha conhecimento.

Art. 111. O silêncio importa anuência, quando as circunstâncias ou os usos o autorizarem, e não for necessária a declaração de vontade expressa.

Art. 112. Nas declarações de vontade se atenderá mais à intenção nelas consubstanciada do que ao sentido literal da linguagem.

Art. 113. Os negócios jurídicos devem ser interpretados conforme a boa-fé e os usos do lugar de sua celebração.

Art. 114. Os negócios jurídicos benéficos e a renúncia interpretam-se estritamente.

CAPÍTULO II

Da Representação

Art. 115. Os poderes de representação conferem-se por lei ou pelo interessado.

Art. 116. A manifestação de vontade pelo representante, nos limites de seus poderes, produz efeitos em relação ao representado.

....

Código Civil 2002

TÍTULO III

Dos Atos Ilícitos

Art. 186. Aquele que, por ação ou omissão voluntária, negligência ou imprudência, violar direito e causar dano a outrem, ainda que exclusivamente moral, comete ato ilícito.

Art. 187. Também comete ato ilícito o titular de um direito que, ao exercê-lo, excede manifestamente os limites impostos pelo seu fim econômico ou social, pela boa-fé ou pelos bons costumes.

Art. 188. Não constituem atos ilícitos:

I — os praticados em legítima defesa ou no exercício regular de um direito reconhecido;

II — a deterioração ou destruição da coisa alheia, ou a lesão a pessoa, a fim de remover perigo iminente.

PARÁGRAFO ÚNICO. No caso do inciso II, o ato será legítimo somente quando as circunstâncias o tornarem absolutamente necessário, não excedendo os limites do indispensável para a remoção do perigo.

....

TÍTULO I

Da Prescrição e da Decadência

CAPÍTULO I

DA Prescrição

SEÇÃO I

Disposições Gerais

Art. 189. Violado o direito, nasce para o titular a pretensão, a qual se extingue, pela prescrição, nos prazos a que aludem os arts. 205 e 206.

Art. 190. A exceção prescreve no mesmo prazo em que a pretensão.

Art. 191. A renúncia da prescrição pode ser expressa ou tácita, e só valerá, sendo feita, sem prejuízo de terceiro, depois que a prescrição se consumar; tácita é a renúncia quando se presume de fatos do interessado, incompatíveis com a prescrição.

Art. 192. Os prazos de prescrição não podem ser alterados por acordo das partes.

Art. 193. A prescrição pode ser alegada em qualquer grau de jurisdição, pela parte a quem aproveita.

Art. 194. O juiz não pode suprir, de ofício, a alegação de prescrição, salvo se favorecer a absolutamente incapaz. *(Revogado pela Lei n. 11.280, de 16.2.2006, DOU 17.2.2006)*

Art. 195. Os relativamente incapazes e as pessoas jurídicas têm ação contra os seus assistentes ou representantes legais, que derem causa à prescrição, ou não a alegarem oportunamente.

Art. 196. A prescrição iniciada contra uma pessoa continua a correr contra o seu sucessor.

SEÇÃO II

Das causas que impedem ou Suspendem a Prescrição

Art. 197. Não corre a prescrição:

I — entre os cônjuges, na constância da sociedade conjugal;

II — entre ascendentes e descendentes, durante o poder familiar;

III — entre tutelados ou curatelados e seus tutores ou curadores, durante a tutela ou curatela.

Art. 198. Também não corre a prescrição:

I — contra os incapazes de que trata o art. 3º;

II — contra os ausentes do País em serviço público da União, dos Estados ou dos Municípios;

III — contra os que se acharem servindo nas Forças Armadas, em tempo de guerra.

Art. 199. Não corre igualmente a prescrição:

I — pendendo condição suspensiva;

II — não estando vencido o prazo;

III — pendendo ação de evicção.

Art. 200. Quando a ação se originar de fato que deva ser apurado no juízo criminal, não correrá a prescrição antes da respectiva sentença definitiva.

....

SEÇÃO III

Das Causas que Interrompem a Prescrição

Art. 202. A interrupção da prescrição, que somente poderá ocorrer uma vez, dar-se-á:

I — por despacho do juiz, mesmo incompetente, que ordenar a citação, se o interessado a promover no prazo e na forma da lei processual;

II — por protesto, nas condições do inciso antecedente;

....

V — por qualquer ato judicial que constitua em mora o devedor;

VI — por qualquer ato inequívoco, ainda que extrajudicial, que importe reconhecimento do direito pelo devedor.

PARÁGRAFO ÚNICO. A prescrição interrompida recomeça a correr da data do ato que a interrompeu, ou do último ato do processo para a interromper.

....

SEÇÃO IV

Dos Prazos da Prescrição

Art. 205. A prescrição ocorre em dez anos, quando a lei não lhe haja fixado prazo menor.

Art. 206. Prescreve:

§ 1º Em um ano:

I — a pretensão dos hospedeiros ou fornecedores de víveres destinados a consumo no próprio estabelecimento, para o pagamento da hospedagem ou dos alimentos;

....

§ 3º Em três anos:

....

IV — a pretensão de ressarcimento de enriquecimento sem causa;

V — a pretensão de reparação civil;

....

VIII — a pretensão para haver o pagamento de título de crédito, a contar do vencimento, ressalvadas as disposições de lei especial;

§ 5º Em cinco anos;

I — a pretensão de cobrança de dívidas líquidas constantes de instrumento público ou particular

II — a pretensão dos profissionais liberais em geral, procuradores judiciais, curadores e professores pelos seus honorários, contado o prazo da conclusão dos serviços, da cessação dos respectivos contratos ou mandato;

III — a pretensão do vencedor para haver do vencido o que despendeu em juízo

Capítulo II
da Decadência

Art. 207. Salvo disposição legal em contrário, não se aplicam à decadência as normas que impedem, suspendem ou interrompem a prescrição.

Art. 208. Aplica-se à decadência o disposto nos arts. 195 e 198, inciso I.

Art. 209. É nula a renúncia à decadência fixada em lei.

Art. 210. Deve o juiz, de ofício, conhecer da decadência, quando estabelecida por lei.

Art. 211. Se a decadência for convencional, a parte a quem aproveita pode alegá-la em qualquer grau de jurisdição, mas o juiz não pode suprir a alegação.

....

PARTE ESPECIAL

LIVRO I

DO DIREITO DAS OBRIGAÇÕES

TÍTULO I

Das Modalidades das Obrigações

....

CAPÍTULO VI

Das Obrigações Solidárias

SEÇÃO I

Disposições Gerais

Art. 264. Há solidariedade, quando na mesma obrigação concorre mais de um credor, ou mais de um devedor, cada um com direito, ou obrigado, à dívida toda.

Art. 265. A solidariedade não se presume; resulta da lei ou da vontade das partes.

Art. 266. A obrigação solidária pode ser pura e simples para um dos cocredores ou codevedores, e condicional, ou a prazo, ou pagável em lugar diferente, para o outro.

TÍTULO III

Do Adimplemento e Extinção das Obrigações

....

CAPÍTULO V

Da Cláusula Penal

....

Art. 413. A penalidade deve ser reduzida equitativamente pelo juiz se a obrigação principal tiver sido cumprida em parte, ou se o montante da penalidade for manifestamente excessivo, tendo-se em vista a natureza e a finalidade do negócio.

....

TÍTULO V

Dos Contratos em Geral

CAPÍTULO I

Disposições Gerais

SEÇÃO I

Preliminares

Art. 421. A liberdade de contratar será exercida em razão e nos limites da função social do contrato.

Art. 422. Os contratantes são obrigados a guardar, assim na conclusão do contrato, como em sua execução, os princípios de probidade e boa-fé.

Art. 423. Quando houver no contrato de adesão cláusulas ambíguas ou contraditórias, dever-se-á adotar a interpretação mais favorável ao aderente.

....

SEÇÃO II

Da Formação dos Contratos

Art. 429. A oferta ao público equivale a proposta quando encerra os requisitos essenciais ao contrato, salvo se o contrário resultar das circunstâncias ou dos usos.

PARÁGRAFO ÚNICO. Pode revogar-se a oferta pela mesma via de sua divulgação, desde que ressalvada esta faculdade na oferta realizada.

....

TÍTULO VI

Das Várias Espécies de Contrato

CAPÍTULO VII

Da Prestação de Serviço

Art. 593. A prestação de serviço, que não estiver sujeita às leis trabalhistas ou a lei especial, reger-se-á pelas disposições deste Capítulo.

Art. 594. Toda a espécie de serviço ou trabalho lícito, material ou imaterial, pode ser contratada mediante retribuição.

Art. 595. No contrato de prestação de serviço, quando qualquer das partes não souber ler, nem escrever, o instrumento poderá ser assinado a rogo e subscrito por duas testemunhas.

Art. 596. Não se tendo estipulado, nem chegado a acordo as partes, fixar-se-á por arbitramento a retribuição, segundo o costume do lugar, o tempo de serviço e sua qualidade.

Art. 597. A retribuição pagar-se-á depois de prestado o serviço, se, por convenção, ou costume, não houver de ser adiantada, ou paga em prestações.

Art. 598. A prestação de serviço não se poderá convencionar por mais de quatro anos, embora o contrato tenha por causa o pagamento de dívida de quem o presta, ou se destine à execução de certa e determinada obra. Neste caso, decorridos quatro anos, dar-se-á por findo o contrato, ainda que não concluída a obra.

Art. 599. Não havendo prazo estipulado, nem se podendo inferir da natureza do contrato, ou do costume do lugar, qualquer das partes, a seu arbítrio, mediante prévio aviso, pode resolver o contrato.

PARÁGRAFO ÚNICO. Dar-se-á o aviso:

I — com antecedência de oito dias, se o salário se houver fixado por tempo de um mês, ou mais;

II — com antecipação de quatro dias, se o salário se tiver ajustado por semana, ou quinzena;

III — de véspera, quando se tenha contratado por menos de sete dias.

Art. 600. Não se conta no prazo do contrato o tempo em que o prestador de serviço, por culpa sua, deixou de servir.

Art. 601. Não sendo o prestador de serviço contratado para certo e determinado trabalho, entender-se-á que se obrigou a todo e qualquer serviço compatível com as suas forças e condições.

Art. 602. O prestador de serviço contratado por tempo certo, ou por obra determinada, não se pode ausentar, ou despedir, sem justa causa, antes de preenchido o tempo, ou concluída a obra.

PARÁGRAFO ÚNICO. Se se despedir sem justa causa, terá direito à retribuição vencida, mas responderá por perdas e danos. O mesmo dar-se-á, se despedido por justa causa.

Art. 603. Se o prestador de serviço for despedido sem justa causa, a outra parte será obrigada a pagar-lhe por inteiro a retribuição vencida, e por metade a que lhe tocaria de então ao termo legal do contrato.

Art. 604. Findo o contrato, o prestador de serviço tem direito a exigir da outra parte a declaração de que o contrato está findo. Igual direito lhe cabe, se for despedido sem justa causa, ou se tiver havido motivo justo para deixar o serviço.

Art. 605. Nem aquele a quem os serviços são prestados, poderá transferir a outrem o direito aos serviços ajustados, nem o prestador de serviços, sem aprazimento da outra parte, dar substituto que os preste.

Art. 606. Se o serviço for prestado por quem não possua título de habilitação, ou não satisfaça requisitos outros estabelecidos em lei, não poderá quem os prestou cobrar a retribuição normalmente correspondente ao trabalho executado. Mas se deste resultar benefício para a outra parte, o juiz atribuirá a quem o prestou uma compensação razoável, desde que tenha agido com boa-fé.

PARÁGRAFO ÚNICO. Não se aplica a segunda parte deste artigo, quando a proibição da prestação de serviço resultar de lei de ordem pública.

....

CAPÍTULO VIII
Da Empreitada

Art. 610. O empreiteiro de uma obra pode contribuir para ela só com seu trabalho ou com ele e os materiais.

§ 1º A obrigação de fornecer os materiais não se presume; resulta da lei ou da vontade das partes.

§ 2º O contrato para elaboração de um projeto não implica a obrigação de executá-lo, ou de fiscalizar-lhe a execução.

Art. 611. Quando o empreiteiro fornece os materiais, correm por sua conta os riscos até o momento da entrega da obra, a contento de quem a encomendou, se este não estiver em mora de receber. Mas se estiver, por sua conta correrão os riscos.

Art. 612. Se o empreiteiro só forneceu mão de obra, todos os riscos em que não tiver culpa correrão por conta do dono.

Art. 613. Sendo a empreitada unicamente de lavor (art. 610), se a coisa perecer antes de entregue, sem mora do dono nem culpa do empreiteiro, este perderá a retribuição, se não provar que a perda resultou de defeito dos materiais e que em tempo reclamara contra a sua quantidade ou qualidade.

Art. 614. Se a obra constar de partes distintas, ou for de natureza das que se determinam por medida, o empreiteiro terá direito a que também se verifique por medida, ou segundo as partes em que se dividir, podendo exigir o pagamento na proporção da obra executada.

§ 1º Tudo o que se pagou presume-se verificado.

§ 2º O que se mediu presume-se verificado se, em trinta dias, a contar da medição, não forem denunciados os vícios ou defeitos pelo dono da obra ou por quem estiver incumbido da sua fiscalização.

Art. 615. Concluída a obra de acordo com o ajuste, ou o costume do lugar, o dono é obrigado a recebê-la. Poderá, porém, rejeitá-la, se o empreiteiro se afastou das instruções recebidas e dos planos dados, ou das regras técnicas em trabalhos de tal natureza.

Art. 616. No caso da segunda parte do artigo antecedente, pode quem encomendou a obra, em vez de enjeitá-la, recebê-la com abatimento no preço.

Art. 617. O empreiteiro é obrigado a pagar os materiais que recebeu, se por imperícia ou negligência os inutilizar.

Art. 618. Nos contratos de empreitada de edifícios ou outras construções consideráveis, o empreiteiro de materiais e execução responderá, durante o prazo irredutível de cinco anos, pela solidez e segurança do trabalho, assim em razão dos materiais, como do solo.

PARÁGRAFO ÚNICO. Decairá do direito assegurado neste artigo o dono da obra que não propuser a ação contra o empreiteiro, nos cento e oitenta dias seguintes ao aparecimento do vício ou defeito.

Art. 619. Salvo estipulação em contrário, o empreiteiro que se incumbir de executar uma obra, segundo plano aceito por quem a encomendou, não terá direito a exigir acréscimo no preço, ainda que sejam introduzidas modificações no projeto, a não ser que estas resultem de instruções escritas do dono da obra.

PARÁGRAFO ÚNICO. Ainda que não tenha havido autorização escrita, o dono da obra é obrigado a pagar ao empreiteiro os aumentos e acréscimos, segundo o que for arbitrado, se, sempre presente à obra, por continuadas visitas, não podia ignorar o que se estava passando, e nunca protestou.

Art. 620. Se ocorrer diminuição no preço do material ou da mão de obra superior a um décimo do preço global convencionado, poderá este ser revisto, a pedido do dono da obra, para que se lhe assegure a diferença apurada.

Art. 621. Sem anuência de seu autor, não pode o proprietário da obra introduzir modificações no projeto por ele aprovado, ainda que a execução seja confiada a terceiros, a não ser que, por motivos supervenientes ou razões de ordem técnica, fique comprovada a inconveniência ou a excessiva onerosidade de execução do projeto em sua forma originária.

PARÁGRAFO ÚNICO. A proibição deste artigo não abrange alterações de pouca monta, ressalvada sempre a unidade estética da obra projetada.

Art. 622. Se a execução da obra for confiada a terceiros, a responsabilidade do autor do projeto respectivo, desde que não assuma a direção ou fiscalização daquela, ficará limitada aos danos resultantes de defeitos previstos no art. 618 e seu parágrafo único.

Art. 623. Mesmo após iniciada a construção, pode o dono da obra suspendê-la, desde que pague ao empreiteiro as despesas e lucros relativos aos serviços já feitos, mais indenização razoável, calculada em função do que ele teria ganho, se concluída a obra.

Art. 624. Suspensa a execução da empreitada sem justa causa, responde o empreiteiro por perdas e danos.

Art. 625. Poderá o empreiteiro suspender a obra:

I — por culpa do dono, ou por motivo de força maior;

II — quando, no decorrer dos serviços, se manifestarem dificuldades imprevisíveis de execução, resultantes de causas geológicas ou hídricas, ou outras semelhantes, de modo que torne a empreitada excessivamente onerosa, e o dono da obra se opuser ao reajuste do preço inerente ao projeto por ele elaborado, observados os preços;

III — se as modificações exigidas pelo dono da obra, por seu vulto e natureza, forem desproporcionais ao projeto aprovado, ainda que o dono se disponha a arcar com o acréscimo de preço.

Art. 626. Não se extingue o contrato de empreitada pela morte de qualquer das partes, salvo se ajustado em consideração às qualidades pessoais do empreiteiro.

....

SEÇÃO V
Do Mandato Judicial

Art. 692. O mandato judicial fica subordinado às normas que lhe dizem respeito, constantes da legislação processual, e, supletivamente, às estabelecidas neste Código.

CAPÍTULO XI
Da Comissão

Art. 693. O contrato de comissão tem por objeto a aquisição ou a venda de bens pelo comissário, em seu próprio nome, à conta do comitente.

Art. 694. O comissário fica diretamente obrigado para com as pessoas com quem contratar, sem que estas tenham ação contra o comitente, nem este contra elas, salvo se o comissário ceder seus direitos a qualquer das partes.

Art. 695. O comissário é obrigado a agir de conformidade com as ordens e instruções do comitente, devendo, na falta destas, não podendo pedi-las a tempo, proceder segundo os usos em casos semelhantes.

PARÁGRAFO ÚNICO. Ter-se-ão por justificados os atos do comissário, se deles houver resultado vantagem para o comitente, e ainda no caso em que, não admitindo demora a realização do negócio, o comissário agiu de acordo com os usos.

Art. 696. No desempenho das suas incumbências o comissário é obrigado a agir com cuidado e diligência, não só para evitar qualquer prejuízo ao comitente, mas ainda para lhe proporcionar o lucro que razoavelmente se podia esperar do negócio.

PARÁGRAFO ÚNICO. Responderá o comissário, salvo motivo de força maior, por qualquer prejuízo que, por ação ou omissão, ocasionar ao comitente.

Art. 697. O comissário não responde pela insolvência das pessoas com quem tratar, exceto em caso de culpa e no do artigo seguinte.

Art. 698. Se do contrato de comissão constar a cláusula *del credere*, responderá o comissário solidariamente com as pessoas com que houver tratado em nome do comitente, caso em que, salvo estipulação em contrário, o comissário tem direito a remuneração mais elevada, para compensar o ônus assumido.

Art. 699. Presume-se o comissário autorizado a conceder dilação do prazo para pagamento, na conformidade dos usos do lugar onde se realizar o negócio, se não houver instruções diversas do comitente.

Art. 700. Se houver instruções do comitente proibindo prorrogação de prazos para pagamento, ou se esta não for conforme os usos locais, poderá o comitente exigir que o comissário pague incontinenti ou responda pelas consequências da dilação concedida, procedendo-se de igual modo se o comissário não der ciência ao comitente dos prazos concedidos e de quem é seu beneficiário.

Art. 701. Não estipulada a remuneração devida ao comissário, será ela arbitrada segundo os usos correntes no lugar.

Art. 702. No caso de morte do comissário, ou, quando, por motivo de força maior, não puder concluir o negócio, será devida pelo comitente uma remuneração proporcional aos trabalhos realizados.

Art. 703. Ainda que tenha dado motivo à dispensa, terá o comissário direito a ser remunerado pelos serviços úteis prestados ao comitente, ressalvado a este o direito de exigir daquele os prejuízos sofridos.

Art. 704. Salvo disposição em contrário, pode o comitente, a qualquer tempo, alterar as instruções dadas ao comissário, entendendo-se por elas regidos também os negócios pendentes.

Art. 705. Se o comissário for despedido sem justa causa, terá direito a ser remunerado pelos trabalhos prestados, bem como a ser ressarcido pelas perdas e danos resultantes de sua dispensa.

Art. 706. O comitente e o comissário são obrigados a pagar juros um ao outro; o primeiro pelo que o comissário houver adiantado para cumprimento de suas ordens; e o segundo pela mora na entrega dos fundos que pertencerem ao comitente.

Art. 707. O crédito do comissário, relativo a comissões e despesas feitas, goza de privilégio geral, no caso de falência ou insolvência do comitente.

Art. 708. Para reembolso das despesas feitas, bem como para recebimento das comissões devidas, tem o comissário direito de retenção sobre os bens e valores em seu poder em virtude da comissão.

Art. 709. São aplicáveis à comissão, no que couber, as regras sobre mandato.

CAPÍTULO XII
Da Agência e Distribuição

Art. 710. Pelo contrato de agência, uma pessoa assume, em caráter não eventual e sem vínculos de dependência, a obrigação de promover, à conta de outra, mediante retribuição, a realização de certos negócios, em zona determinada, caracterizando-se a distribuição quando o agente tiver à sua disposição a coisa a ser negociada.

PARÁGRAFO ÚNICO. O proponente pode conferir poderes ao agente para que este o represente na conclusão dos contratos.

Art. 711. Salvo ajuste, o proponente não pode constituir, ao mesmo tempo, mais de um agente, na mesma zona, com idêntica incumbência; nem pode o agente assumir o encargo de nela tratar de negócios do mesmo gênero, à conta de outros proponentes.

Art. 712. O agente, no desempenho que lhe foi cometido, deve agir com toda diligência, atendo-se às instruções recebidas do proponente.

Art. 713. Salvo estipulação diversa, todas as despesas com a agência ou distribuição correm a cargo do agente ou distribuidor.

Art. 714. Salvo ajuste, o agente ou distribuidor terá direito à remuneração correspondente aos negócios concluídos dentro de sua zona, ainda que sem a sua interferência.

Art. 715. O agente ou distribuidor tem direito à indenização se o proponente, sem justa causa, cessar o atendimento das propostas ou reduzi-lo tanto que se torna antieconômica a continuação do contrato.

Art. 716. A remuneração será devida ao agente também quando o negócio deixar de ser realizado por fato imputável ao proponente.

Art. 717. Ainda que dispensado por justa causa, terá o agente direito a ser remunerado pelos serviços úteis prestados ao proponente, sem embargo de haver este perdas e danos pelos prejuízos sofridos.

Art. 718. Se a dispensa se der sem culpa do agente, terá ele direito à remuneração até então devida, inclusive sobre os negócios pendentes, além das indenizações previstas em lei especial.

Art. 719. Se o agente não puder continuar o trabalho por motivo de força maior, terá direito à remuneração correspondente aos serviços realizados, cabendo esse direito aos herdeiros no caso de morte.

Art. 720. Se o contrato for por tempo indeterminado, qualquer das partes poderá resolvê-lo, mediante aviso prévio de noventa dias, desde que transcorrido prazo compatível com a natureza e o vulto do investimento exigido do agente.

PARÁGRAFO ÚNICO. No caso de divergência entre as partes, o juiz decidirá da razoabilidade do prazo e do valor devido.

Art. 721. Aplicam-se ao contrato de agência e distribuição, no que couber, as regras concernentes ao mandato e à comissão e as constantes de lei especial.

CAPÍTULO XIII
Da Corretagem

Art. 722. Pelo contrato de corretagem, uma pessoa, não ligada a outra em virtude de mandato, de prestação de serviços ou por qualquer relação de dependência, obriga-se a obter para a segunda um ou mais negócios, conforme as instruções recebidas.

Art. 723. O corretor é obrigado a executar a mediação com diligência e prudência, e a prestar ao cliente, espontaneamente, todas as informações sobre o andamento do negócio. *(Redação dada pela Lei n. 12.236, de 19.5.2010, DOU 20.5.2010)*

PARÁGRAFO ÚNICO. Sob pena de responder por perdas e danos, o corretor prestará ao cliente todos os esclarecimentos acerca da segurança ou do risco do negócio, das alterações de valores e de outros fatores que possam influir nos resultados da incumbência. (NR) *(Redação dada pela Lei n. 12.236, de 19.5.2010, DOU 20.5.2010)*

Art. 724. A remuneração do corretor, se não estiver fixada em lei, nem ajustada entre as partes, será arbitrada segundo a natureza do negócio e os usos locais.

Art. 725. A remuneração é devida ao corretor uma vez que tenha conseguido o resultado previsto no contrato de mediação, ou ainda que este não se efetive em virtude de arrependimento das partes.

Art. 726. Iniciado e concluído o negócio diretamente entre as partes, nenhuma remuneração será devida ao corretor; mas se, por escrito, for ajustada a corretagem com exclusividade, terá o corretor direito à remuneração integral, ainda que realizado o negócio sem a sua mediação, salvo se comprovada sua inércia ou ociosidade.

Art. 727. Se, por não haver prazo determinado, o dono do negócio dispensar o corretor, e o negócio se realizar posteriormente, como fruto da sua mediação, a corretagem lhe será devida; igual solução se adotará se o negócio se realizar após a decorrência do prazo contratual, mas por efeito dos trabalhos do corretor.

Art. 728. Se o negócio se concluir com a intermediação de mais de um corretor, a remuneração será paga a todos em partes iguais, salvo ajuste em contrário.

Art. 729. Os preceitos sobre corretagem constantes deste Código não excluem a aplicação de outras normas da legislação especial.

CAPÍTULO XIV
Do Transporte

SEÇÃO I
Disposições Gerais

Art. 730. Pelo contrato de transporte alguém se obriga, mediante retribuição, a transportar, de um lugar para outro, pessoas ou coisas.

Art. 731. O transporte exercido em virtude de autorização, permissão ou concessão, rege-se pelas normas regulamentares e pelo que for estabelecido naqueles atos, sem prejuízo do disposto neste Código.

Art. 732. Aos contratos de transporte, em geral, são aplicáveis, quando couber, desde que não contrariem as disposições deste Código, os preceitos constantes da legislação especial e de tratados e convenções internacionais.

....

SEÇÃO II
Do Transporte de Pessoas

....

Art. 736. Não se subordina às normas do contrato de transporte o feito gratuitamente, por amizade ou cortesia.

PARÁGRAFO ÚNICO. Não se considera gratuito o transporte quando, embora feito sem remuneração, o transportador auferir vantagens indiretas.

....

TÍTULO IX
Da Responsabilidade Civil

CAPÍTULO I
Da Obrigação de Indenizar

Art. 927. Aquele que, por ato ilícito (arts. 186 e 187), causar dano a outrem, fica obrigado a repará-lo.

PARÁGRAFO ÚNICO. Haverá obrigação de reparar o dano, independentemente de culpa, nos casos especificados em lei, ou quando a atividade normalmente desenvolvida pelo autor do dano implicar, por sua natureza, risco para os direitos de outrem.

....

Art. 932. São também responsáveis pela reparação civil:

....

III — o empregador ou comitente, por seus empregados, serviçais e prepostos, no exercício do trabalho que lhes competir, ou em razão dele;

IV — os donos de hotéis, hospedarias, casas ou estabelecimentos onde se albergue por dinheiro, mesmo para fins de educação, pelos seus hóspedes, moradores e educandos;

....

Art. 933. As pessoas indicadas nos incisos I a V do artigo antecedente, ainda que não haja culpa de sua parte, responderão pelos atos praticados pelos terceiros ali referidos.

Art. 934. Aquele que ressarcir o dano causado por outrem pode reaver o que houver pago daquele por quem pagou, salvo se o causador do dano for descendente seu, absoluta ou relativamente incapaz.

Art. 935. A responsabilidade civil é independente da criminal, não se podendo questionar mais sobre a existência do fato, ou sobre quem seja o seu autor, quando estas questões se acharem decididas no juízo criminal.

....

Art. 940. Aquele que demandar por dívida já paga, no todo ou em parte, sem ressalvar as quantias recebidas ou pedir mais do que for devido, ficará obrigado a pagar ao devedor, no primeiro caso, o dobro do que houver cobrado e, no segundo, o equivalente do que dele exigir, salvo se houver prescrição.

....

CAPÍTULO II
Da Indenização

Art. 944. A indenização mede-se pela extensão do dano.

PARÁGRAFO ÚNICO. Se houver excessiva desproporção entre a gravidade da culpa e o dano, poderá o juiz reduzir, equitativamente, a indenização.

Art. 945. Se a vítima tiver concorrido culposamente para o evento danoso, a sua indenização será fixada tendo-se em conta a gravidade de sua culpa em confronto com a do autor do dano.

....

Art. 949. No caso de lesão ou outra ofensa à saúde, o ofensor indenizará o ofendido das despesas do tratamento e dos lucros cessantes até ao fim da convalescença, além de algum outro prejuízo que o ofendido prove haver sofrido.

Art. 950. Se da ofensa resultar defeito pelo qual o ofendido não possa exercer o seu ofício ou profissão, ou se lhe diminua a capacidade de trabalho, a indenização, além das despesas do tratamento e lucros cessantes até ao fim da convalescença, incluirá pensão correspondente à importância do trabalho para que se inabilitou, ou da depreciação que ele sofreu.

PARÁGRAFO ÚNICO. O prejudicado, se preferir, poderá exigir que a indenização seja arbitrada e paga de uma só vez.

....

TÍTULO X
Das Preferências e Privilégios Creditórios

Art. 964. Têm privilégio especial:

....

VIII — sobre o produto da colheita, para a qual houver concorrido com o seu trabalho, e precipuamente a quaisquer outros créditos, ainda que reais, o trabalhador agrícola, quanto à dívida dos seus salários.

Art. 965. Goza de privilégio geral, na ordem seguinte, sobre os bens do devedor:

....

VII — o crédito pelos salários dos empregados do serviço doméstico do devedor, nos seus derradeiros seis meses de vida;

....

LIVRO II
DO DIREITO DE EMPRESA

TÍTULO I
Do Empresário

CAPÍTULO I
Da Caracterização e da Inscrição

Art. 966. Considera-se empresário quem exerce profissionalmente atividade econômica organizada para a produção ou a circulação de bens ou de serviços.

PARÁGRAFO ÚNICO. Não se considera empresário quem exerce profissão intelectual, de natureza científica, literária ou artística, ainda com o concurso de auxiliares ou colaboradores, salvo se o exercício da profissão constituir elemento de empresa.

Art. 967. É obrigatória a inscrição do empresário no Registro Público de Empresas Mercantis da respectiva sede, antes do início de sua atividade.

Art. 968. A inscrição do empresário far-se-á mediante requerimento que contenha:

I — o seu nome, nacionalidade, domicílio, estado civil e, se casado, o regime de bens;

II — a firma, com a respectiva assinatura autógrafa que poderá ser substituída pela assinatura autenticada com certificação digital ou meio equivalente que comprove a sua autenticidade, ressalvado o disposto no inciso I do § 1º do art. 4º da Lei Complementar n. 123, de 14 de dezembro de 2006; *(Redação dada pela Lei Complementar n. 147, de 7.8.2014, DOU 8.8.2014)*

III — o capital;

IV — o objeto e a sede da empresa.

§ 1º Com as indicações estabelecidas neste artigo, a inscrição será tomada por termo no livro próprio do Registro Público de Empresas Mercantis, e obedecerá a número de ordem contínuo para todos os empresários inscritos.

§ 2º À margem da inscrição, e com as mesmas formalidades, serão averbadas quaisquer modificações nela ocorrentes.

§ 3º Caso venha a admitir sócios, o empresário individual poderá solicitar ao Registro Público de Empresas Mercantis a transformação de seu registro de empresário, para registro de sociedade empresária observado, no que couber, o disposto nos arts. 1.113 a 1.115 deste Código. (NR) *(Acrescentado pela LC n. 128, de 19.12.2008, DOU 22.12.2008)*

§ 4º O processo de abertura, registro, alteração e baixa do microempreendedor individual de que trata o art. 18-A da Lei Complementar n. 123, de 14 de dezembro de 2006, bem como qualquer exigência para o início de seu funcionamento deverão ter trâmite especial e simplificado, preferentemente eletrônico, opcional para o empreendedor, na forma a ser disciplinada pelo Comitê para Gestão da Rede Nacional para a Simplificação do Registro e da Legalização de Empresas e Negócios — CGSIM, de que trata o inciso III do art. 2º da mesma Lei. *(Acrescentado pela Lei n. 12.470, de 31.8.2011, DOU 1.9.2011)*

§ 5º Para fins do disposto no § 4º, poderão ser dispensados o uso da firma, com a respectiva assinatura autógrafa, o capital, requerimentos, demais assinaturas, informações relativas à nacionalidade, estado civil e regime de bens, bem como remessa de documentos, na forma estabelecida pelo CGSIM. (NR) *(Acrescentado pela Lei n. 12.470, de 31.8.2011, DOU 1.9.2011)*

Art. 969. O empresário que instituir sucursal, filial ou agência, em lugar sujeito à jurisdição de outro Registro Público de Empresas Mercantis, neste deverá também inscrevê-la, com a prova da inscrição originária.

PARÁGRAFO ÚNICO. Em qualquer caso, a constituição do estabelecimento secundário deverá ser averbada no Registro Público de Empresas Mercantis da respectiva sede.

Art. 970. A lei assegurará tratamento favorecido, diferenciado e simplificado ao empresário rural e ao pequeno empresário, quanto à inscrição e aos efeitos daí decorrentes.

Art. 971. O empresário, cuja atividade rural constitua sua principal profissão, pode, observadas as formalidades de que tratam o art. 968 e seus parágrafos, requerer inscrição no Registro Público de Empresas Mercantis da respectiva sede, caso em que, depois de inscrito, ficará equiparado, para todos os efeitos, ao empresário sujeito a registro.

....

TÍTULO I-A
Da Empresa Individual de Responsabilidade Limitada

Art. 980-A. A empresa individual de responsabilidade limitada será constituída por uma única pessoa titular da totalidade do capital social, devidamente integralizado, que não será inferior a 100 (cem) vezes o maior salário-mínimo vigente no País.

§ 1º O nome empresarial deverá ser formado pela inclusão da expressão "EIRELI" após a firma ou a denominação social da empresa individual de responsabilidade limitada.

§ 2º A pessoa natural que constituir empresa individual de responsabilidade limitada somente poderá figurar em uma única empresa dessa modalidade.

§ 3º A empresa individual de responsabilidade limitada também poderá resultar da concentração das quotas de outra modalidade societária num único sócio, independentemente das razões que motivaram tal concentração.

§ 4º (VETADO).

§ 5º Poderá ser atribuída à empresa individual de responsabilidade limitada constituída para a prestação de serviços de qualquer natureza a remuneração decorrente da cessão de direitos patrimoniais de autor ou de imagem, nome, marca ou voz de que seja detentor o titular da pessoa jurídica, vinculados à atividade profissional.

§ 6º Aplicam-se à empresa individual de responsabilidade limitada, no que couber, as regras previstas para as sociedades limitadas. *(Acrescentado pela Lei n. 12.441, de 11.7.2011, DOU 12.7.2011)*

TÍTULO II
Da Sociedade

CAPÍTULO ÚNICO
Disposições Gerais

Art. 981. Celebram contrato de sociedade as pessoas que reciprocamente se obrigam a contribuir, com bens ou serviços, para o exercício de atividade econômica e a partilha, entre si, dos resultados.

PARÁGRAFO ÚNICO. A atividade pode restringir-se à realização de um ou mais negócios determinados.

....

Subtítulo I
Da Sociedade não Personificada

CAPÍTULO I
Da Sociedade em Comum

Art. 986. Enquanto não inscritos os atos constitutivos, reger-se-á a sociedade, exceto por ações em organização, pelo disposto neste Capítulo, observadas, subsidiariamente e no que com ele forem compatíveis, as normas da sociedade simples.

Art. 987. Os sócios, nas relações entre si ou com terceiros, somente por escrito podem provar a existência da sociedade, mas os terceiros podem prová-la de qualquer modo.

Art. 988. Os bens e dívidas sociais constituem patrimônio especial, do qual os sócios são titulares em comum.

Art. 989. Os bens sociais respondem pelos atos de gestão praticados por qualquer dos sócios, salvo pacto expresso limitativo de poderes, que somente terá eficácia contra o terceiro que o conheça ou deva conhecer.

Art. 990. Todos os sócios respondem solidária e ilimitadamente pelas obrigações sociais, excluído do benefício de ordem, previsto no art. 1.024, aquele que contratou pela sociedade.

CAPÍTULO II
Da Sociedade em Conta de Participação

Art. 991. Na sociedade em conta de participação, a atividade constitutiva do objeto social é exercida unicamente pelo sócio ostensivo, em seu nome individual e sob sua própria e exclusiva responsabilidade, participando os demais dos resultados correspondentes.

PARÁGRAFO ÚNICO. Obriga-se perante terceiro tão somente o sócio ostensivo; e, exclusivamente perante este, o sócio participante, nos termos do contrato social.

Art. 992. A constituição da sociedade em conta de participação independe de qualquer formalidade e pode provar-se por todos os meios de direito.

Art. 993. O contrato social produz efeito somente entre os sócios, e a eventual inscrição de seu instrumento em qualquer registro não confere personalidade jurídica à sociedade.

PARÁGRAFO ÚNICO. Sem prejuízo do direito de fiscalizar a gestão dos negócios sociais, o sócio participante não pode tomar parte nas relações do sócio ostensivo com terceiros, sob pena de responder solidariamente com este pelas obrigações em que intervier.

....

Subtítulo II
Da Sociedade Personificada

CAPÍTULO I
Da Sociedade Simples

SEÇÃO I
Do Contrato Social

Art. 997. A sociedade constitui-se mediante contrato escrito, particular ou público, que, além de cláusulas estipuladas pelas partes, mencionará:

I — nome, nacionalidade, estado civil, profissão e residência dos sócios, se pessoas naturais, e a firma ou a denominação, nacionalidade e sede dos sócios, se jurídicas;

II — denominação, objeto, sede e prazo da sociedade;

III — capital da sociedade, expresso em moeda corrente, podendo compreender qualquer espécie de bens, suscetíveis de avaliação pecuniária;

IV — a quota de cada sócio no capital social, e o modo de realizá-la;

V — as prestações a que se obriga o sócio, cuja contribuição consista em serviços;

VI — as pessoas naturais incumbidas da administração da sociedade, e seus poderes e atribuições;

VII — a participação de cada sócio nos lucros e nas perdas;

VIII — se os sócios respondem, ou não, subsidiariamente, pelas obrigações sociais.

PARÁGRAFO ÚNICO. É ineficaz em relação a terceiros qualquer pacto separado, contrário ao disposto no instrumento do contrato.

....

SEÇÃO II
Dos Direitos e Obrigações dos Sócios

Art. 1.003. A cessão total ou parcial de quota, sem a correspondente modificação do contrato social com o consentimento dos demais sócios, não terá eficácia quanto a estes e à sociedade.

PARÁGRAFO ÚNICO. Até dois anos depois de averbada a modificação do contrato, responde o cedente solidariamente com o cessionário, perante a sociedade e terceiros, pelas obrigações que tinha como sócio

....

Art. 1.006. O sócio, cuja contribuição consista em serviços, não pode, salvo convenção em contrário, empregar-se em atividade estranha à sociedade, sob pena de ser privado de seus lucros e dela excluído.

....

Art. 1.009. A distribuição de lucros ilícitos ou fictícios acarreta responsabilidade solidária dos administradores que a realizarem e dos sócios que os receberem, conhecendo ou devendo conhecer-lhes a ilegitimidade.

....

SEÇÃO IV
Das Relações com Terceiros

Art. 1.022. A sociedade adquire direitos, assume obrigações e procede judicialmente, por meio de administradores com poderes especiais, ou, não os havendo, por intermédio de qualquer administrador.

Art. 1.023. Se os bens da sociedade não lhe cobrirem as dívidas, respondem os sócios pelo saldo, na proporção em que participem das perdas sociais, salvo cláusula de responsabilidade solidária.

Art. 1.024. Os bens particulares dos sócios não podem ser executados por dívidas da sociedade, senão depois de executados os bens sociais.

Art. 1.025. O sócio, admitido em sociedade já constituída, não se exime das dívidas sociais anteriores à admissão.

....

CAPÍTULO IV
Da Sociedade Limitada

SEÇÃO III
Da Administração

Art. 1.060. A sociedade limitada é administrada por uma ou mais pessoas designadas no contrato social ou em ato separado.

PARÁGRAFO ÚNICO. A administração atribuída no contrato a todos os sócios não se estende de pleno direito aos que posteriormente adquiram essa qualidade.

Art. 1.061. A designação de administradores não sócios dependerá de aprovação da unanimidade dos sócios, enquanto o capital não estiver integralizado, e de 2/3 (dois terços), no mínimo, após a integralização. (NR) *(Redação dada pela Lei n. 12.375, de 30.12.2010, DOU 31.12.2010)*

....

CAPÍTULO VI
Da Sociedade em Comandita por Ações

Art. 1.090. A sociedade em comandita por ações tem o capital dividido em ações, regendo-se pelas normas relativas à sociedade anônima, sem prejuízo das modificações constantes deste Capítulo, e opera sob firma ou denominação.

Art. 1.091. Somente o acionista tem qualidade para administrar a sociedade e, como diretor, responde subsidiária e ilimitadamente pelas obrigações da sociedade.

§ 1º Se houver mais de um diretor, serão solidariamente responsáveis, depois de esgotados os bens sociais.

§ 2º Os diretores serão nomeados no ato constitutivo da sociedade, sem limitação de tempo, e somente poderão ser destituídos por deliberação de acionistas que representem no mínimo dois terços do capital social.

§ 3º O diretor destituído ou exonerado continua, durante dois anos, responsável pelas obrigações sociais contraídas sob sua administração.

Art. 1.092. A assembleia geral não pode, sem o consentimento dos diretores, mudar o objeto essencial da sociedade, prorrogar-lhe o prazo de duração, aumentar ou diminuir o capital social, criar debêntures, ou partes beneficiárias.

CAPÍTULO VII
Da Sociedade Cooperativa

....

Art. 1.095. Na sociedade cooperativa, a responsabilidade dos sócios pode ser limitada ou ilimitada.

§ 1º É limitada a responsabilidade na cooperativa em que o sócio responde somente pelo valor de suas quotas e pelo prejuízo verificado nas operações sociais, guardada a proporção de sua participação nas mesmas operações.

§ 2º É ilimitada a responsabilidade na cooperativa em que o sócio responde solidária e ilimitadamente pelas obrigações sociais.

Art. 1.096. No que a lei for omissa, aplicam-se as disposições referentes à sociedade simples, resguardadas as características estabelecidas no art. 1.094.

CAPÍTULO VIII
Das Sociedades Coligadas

Art. 1.097. Consideram-se coligadas as sociedades que, em suas relações de capital, são controladas, filiadas, ou de simples participação, na forma dos artigos seguintes.

Art. 1.098. É controlada:

I — a sociedade de cujo capital outra sociedade possua a maioria dos votos nas deliberações dos quotistas ou da assembleia geral e o poder de eleger a maioria dos administradores;

II — a sociedade cujo controle, referido no inciso antecedente, esteja em poder de outra, mediante ações ou quotas possuídas por sociedades ou sociedades por esta já controladas.

Art. 1.099. Diz-se coligada ou filiada a sociedade de cujo capital outra sociedade participa com dez por cento ou mais, do capital da outra, sem controlá-la.

Art. 1.100. É de simples participação a sociedade de cujo capital outra sociedade possua menos de dez por cento do capital com direito de voto.

....

CAPÍTULO IX
Da Liquidação da Sociedade

....

Art. 1.104. As obrigações e a responsabilidade do liquidante regem-se pelos preceitos peculiares às dos administradores da sociedade liquidanda.

Art. 1.105. Compete ao liquidante representar a sociedade e praticar todos os atos necessários à sua liquidação, inclusive alienar bens móveis ou imóveis, transigir, receber e dar quitação.

PARÁGRAFO ÚNICO. Sem estar expressamente autorizado pelo contrato social, ou pelo voto da maioria dos sócios, não pode o liquidante gravar de ônus reais os móveis e imóveis, contrair empréstimos, salvo quando indispensáveis ao pagamento de obrigações inadiáveis, nem prosseguir, embora para facilitar a liquidação, na atividade social.

....

Art. 1.110. Encerrada a liquidação, o credor não satisfeito só terá direito a exigir dos sócios, individualmente, o pagamento do seu crédito, até o limite da soma por eles recebida em partilha, e a propor contra o liquidante ação de perdas e danos.

....

CAPÍTULO X
Da Transformação, da Incorporação, da Fusão e da Cisão das Sociedades

Art. 1.113. O ato de transformação independe de dissolução ou liquidação da sociedade, e obedecerá aos preceitos reguladores da constituição e inscrição próprios do tipo em que vai converter-se.

Art. 1.114. A transformação depende do consentimento de todos os sócios, salvo se prevista no ato constitutivo, caso em que o dissidente poderá retirar-se da sociedade, aplicando-se, no silêncio do estatuto ou do contrato social, o disposto no art. 1.031.

Art. 1.115. A transformação não modificará nem prejudicará, em qualquer caso, os direitos dos credores.

PARÁGRAFO ÚNICO. A falência da sociedade transformada somente produzirá efeitos em relação aos sócios que, no tipo anterior, a eles estariam sujeitos, se o pedirem os titulares de créditos anteriores à transformação, e somente a estes beneficiará.

Art. 1.116. Na incorporação, uma ou várias sociedades são absorvidas por outra, que lhes sucede em todos os direitos e obrigações, devendo todas aprová-la, na forma estabelecida para os respectivos tipos.

....

Art. 1.119. A fusão determina a extinção das sociedades que se unem, para formar sociedade nova, que a elas sucederá nos direitos e obrigações.

....

Art. 1.122. Até noventa dias após publicados os atos relativos à incorporação, fusão ou cisão, o credor anterior, por ela prejudicado, poderá promover judicialmente a anulação deles.

§ 1º A consignação em pagamento prejudicará a anulação pleiteada.

§ 2º Sendo ilíquida a dívida, a sociedade poderá garantir-lhe a execução, suspendendo-se o processo de anulação.

§ 3º Ocorrendo, no prazo deste artigo, a falência da sociedade incorporadora, da sociedade nova ou da cindida, qualquer credor anterior terá direito a pedir a separação dos patrimônios, para o fim de serem os créditos pagos pelos bens das respectivas massas.

....

TÍTULO III
Do Estabelecimento

CAPÍTULO ÚNICO
Disposições Gerais

Art. 1.142. Considera-se estabelecimento todo complexo de bens organizado, para exercício da empresa, por empresário, ou por sociedade empresária.

Art. 1.143. Pode o estabelecimento ser objeto unitário de direitos e de negócios jurídicos, translativos ou constitutivos, que sejam compatíveis com a sua natureza.

....

CAPÍTULO III
Dos Prepostos

SEÇÃO I
Disposições Gerais

Art. 1.169. O preposto não pode, sem autorização escrita, fazer-se substituir no desempenho da preposição, sob pena de responder pessoalmente pelos atos do substituto e pelas obrigações por ele contraídas.

Art. 1.170. O preposto, salvo autorização expressa, não pode negociar por conta própria ou de terceiro, nem participar, embora indiretamente, de operação do mesmo gênero da que lhe foi cometida, sob pena de responder por perdas e danos e de serem retidos pelo preponente os lucros da operação.

Art. 1.171. Considera-se perfeita a entrega de papéis, bens ou valores ao preposto, encarregado pelo preponente, se os recebeu sem protesto, salvo nos casos em que haja prazo para reclamação.

SEÇÃO II
Do Gerente

Art. 1.172. Considera-se gerente o preposto permanente no exercício da empresa, na sede desta, ou em sucursal, filial ou agência.

Art. 1.173. Quando a lei não exigir poderes especiais, considera-se o gerente autorizado a praticar todos os atos necessários ao exercício dos poderes que lhe foram outorgados.

PARÁGRAFO ÚNICO. Na falta de estipulação diversa, consideram-se solidários os poderes conferidos a dois ou mais gerentes.

....

Art. 1.175. O preponente responde com o gerente pelos atos que este pratique em seu próprio nome, mas à conta daquele.

Art. 1.176. O gerente pode estar em juízo em nome do preponente, pelas obrigações resultantes do exercício da sua função.

....

LEI COMPLEMENTAR N. 118, DE 9 DE FEVEREIRO DE 2005

(DOU 9.2.2005, Ed. Extra)

Altera e acrescenta dispositivos à Lei n. 5.172, de 25 de outubro de 1966 — Código Tributário Nacional, e dispõe sobre a interpretação do inciso I do art. 168 da mesma Lei. Os artigos desta Lei Complementar aqui relacionados referem-se aos créditos decorrentes da legislação do trabalho e de acidentes do trabalho

O PRESIDENTE DA REPÚBLICA,

Faço saber que o Congresso Nacional decreta e eu sanciono a seguinte Lei:

Art. 1º A Lei n. 5.172, de 25 de outubro de 1966 — Código Tributário Nacional, passa a vigorar com as seguintes alterações:

....

"Art. 186. O crédito tributário prefere a qualquer outro, seja qual for sua natureza ou o tempo de sua constituição, ressalvados os créditos decorrentes da legislação do trabalho ou do acidente de trabalho.

PARÁGRAFO ÚNICO. Na falência:

....

II — a lei poderá estabelecer limites e condições para a preferência dos créditos decorrentes da legislação do trabalho; e

...."

Art. 4º Esta Lei entra em vigor 120 (cento e vinte) dias após sua publicação, observado, quanto ao art. 3º, o disposto no art. 106, inciso I, da Lei n. 5.172, de 25 de outubro de 1966 — Código Tributário Nacional.

Brasília, 9 de fevereiro de 2005; 184º da Independência e 117º da República.

LUIZ INÁCIO LULA DA SILVA
MÁRCIO THOMAZ BASTOS
ANTONIO PALLOCI FILHO
RICARDO JOSÉ RIBEIRO BERZOINI

LEI N. 11.101, DE 9 DE FEVEREIRO DE 2005

Regula a recuperação judicial, a extrajudicial e a falência do empresário e da sociedade empresária.

O PRESIDENTE DA REPÚBLICA

Faço saber que o Congresso Nacional decreta e eu sanciono a seguinte Lei:

CAPÍTULO I
Disposições Preliminares

Art. 1º Esta Lei disciplina a recuperação judicial, a recuperação extrajudicial e a falência do empresário e da sociedade empresária, doravante referidos simplesmente como devedor.

Art. 2º Esta Lei não se aplica a:

I — empresa pública e sociedade de economia mista;

II — instituição financeira pública ou privada, cooperativa de crédito, consórcio, entidade de previdência complementar, sociedade operadora de plano de assistência à saúde, sociedade seguradora, sociedade de capitalização e outras entidades legalmente equiparadas às anteriores.

Art. 3º É competente para homologar o plano de recuperação extrajudicial, deferir a recuperação judicial ou decretar a falência o juízo do local do principal estabelecimento do devedor ou da filial de empresa que tenha sede fora do Brasil.

Art. 4º (VETADO)

CAPÍTULO II
Disposições Comuns à Recuperação Judicial e à Falência

SEÇÃO I
Disposições Gerais

Art. 5º Não são exigíveis do devedor, na recuperação judicial ou na falência:

I — as obrigações a título gratuito;

II — as despesas que os credores fizerem para tomar parte na recuperação judicial ou na falência, salvo as custas judiciais decorrentes de litígio com o devedor.

Art. 6º A decretação da falência ou o deferimento do processamento da recuperação judicial suspende o curso da prescrição e de todas as ações e execuções em face do devedor, inclusive aquelas dos credores particulares do sócio solidário.

§ 1º Terá prosseguimento no juízo no qual estiver se processando a ação que demandar quantia ilíquida.

§ 2º É permitido pleitear, perante o administrador judicial, habilitação, exclusão ou modificação de créditos derivados da relação de trabalho, mas as ações de natureza trabalhista, inclusive as impugnações a que se refere o art. 8º desta Lei, serão processadas perante a justiça especializada até a apuração do respectivo crédito, que será inscrito no quadro-geral de credores pelo valor determinado em sentença.

§ 3º O juiz competente para as ações referidas nos §§ 1º e 2º deste artigo poderá determinar a reserva da importância que estimar devida na recuperação judicial ou na falência, e, uma vez reconhecido líquido o direito, será o crédito incluído na classe própria.

§ 4º Na recuperação judicial, a suspensão de que trata o *caput* deste artigo em hipótese nenhuma excederá o prazo improrrogável de 180 (cento e oitenta) dias contado do deferimento do processamento da recuperação, restabelecendo-se, após o decurso do prazo, o direito dos credores de iniciar ou continuar suas ações e execuções, independentemente de pronunciamento judicial.

§ 5º Aplica-se o disposto no § 2º deste artigo à recuperação judicial durante o período de suspensão de que trata o § 4º deste artigo, mas, após o fim da suspensão, as execuções trabalhistas poderão ser normalmente concluídas, ainda que o crédito já esteja inscrito no quadro-geral de credores.

§ 6º Independentemente da verificação periódica perante os cartórios de distribuição, as ações que venham a ser propostas contra o devedor deverão ser comunicadas ao juízo da falência ou da recuperação judicial:

I — pelo juiz competente, quando do recebimento da petição inicial;

II — pelo devedor, imediatamente após a citação.

§ 7º As execuções de natureza fiscal não são suspensas pelo deferimento da recuperação judicial, ressalvada a concessão de parcelamento nos termos do Código Tributário Nacional e da legislação ordinária específica.

§ 8º A distribuição do pedido de falência ou de recuperação judicial previne a jurisdição para qualquer outro pedido de recuperação judicial ou de falência, relativo ao mesmo devedor.

SEÇÃO II
Da Verificação e da Habilitação de Créditos

Art. 7º A verificação dos créditos será realizada pelo administrador judicial, com base nos livros contábeis e documentos comerciais e fiscais do devedor e nos documentos que lhe forem apresentados pelos credores, podendo contar com o auxílio de profissionais ou empresas especializadas.

§ 1º Publicado o edital previsto no art. 52, § 1º, ou no parágrafo único do art. 99 desta Lei, os credores terão o prazo de 15 (quinze) dias para apresentar ao administrador judicial suas habilitações ou suas divergências quanto aos créditos relacionados.

§ 2º O administrador judicial, com base nas informações e documentos colhidos na forma do *caput* e do § 1º deste artigo, fará publicar edital contendo a relação de credores no prazo de 45 (quarenta e cinco) dias, contado do fim do prazo do § 1º deste artigo, devendo indicar o local, o horário e o prazo comum em que as pessoas indicadas no art. 8º desta Lei terão acesso aos documentos que fundamentaram a elaboração dessa relação.

Art. 8º No prazo de 10 (dez) dias, contado da publicação da relação referida no art. 7º, § 2º, desta Lei, o Comitê, qualquer credor, o devedor ou seus sócios ou o Ministério Público podem apresentar ao juiz impugnação contra a relação de credores, apontando a ausência de qualquer crédito ou manifestando-se contra a legitimidade, importância ou classificação de crédito relacionado.

PARÁGRAFO ÚNICO. Autuada em separado, a impugnação será processada nos termos dos arts. 13 a 15 desta Lei.

Art. 9º A habilitação de crédito realizada pelo credor nos termos do art. 7º, § 1º, desta Lei deverá conter:

I — o nome, o endereço do credor e o endereço em que receberá comunicação de qualquer ato do processo;

II — o valor do crédito, atualizado até a data da decretação da falência ou do pedido de recuperação judicial, sua origem e classificação;

III — os documentos comprobatórios do crédito e a indicação das demais provas a serem produzidas;

IV — a indicação da garantia prestada pelo devedor, se houver, e o respectivo instrumento;

V — a especificação do objeto da garantia que estiver na posse do credor.

PARÁGRAFO ÚNICO. Os títulos e documentos que legitimam os créditos deverão ser exibidos no original ou por cópias autenticadas se estiverem juntados em outro processo.

Art. 10. Não observado o prazo estipulado no art. 7º, § 1º, desta Lei, as habilitações de crédito serão recebidas como retardatárias.

§ 1º Na recuperação judicial, os titulares de créditos retardatários, excetuados os titulares de créditos derivados da relação de trabalho, não terão direito a voto nas deliberações da assembleia-geral de credores.

§ 2º Aplica-se o disposto no § 1º deste artigo ao processo de falência, salvo se, na data da realização da assembleia-geral, já houver sido homologado o quadro-geral de credores contendo o crédito retardatário.

§ 3º Na falência, os créditos retardatários perderão o direito a rateios eventualmente realizados e ficarão sujeitos ao pagamento de custas, não se computando os acessórios compreendidos entre o término do prazo e a data do pedido de habilitação.

§ 4º Na hipótese prevista no § 3º deste artigo, o credor poderá requerer a reserva de valor para satisfação de seu crédito.

§ 5º As habilitações de crédito retardatárias, se apresentadas antes da homologação do quadro-geral de credores, serão recebidas como impugnação e processadas na forma dos arts. 13 a 15 desta Lei.

§ 6º Após a homologação do quadro-geral de credores, aqueles que não habilitaram seu crédito poderão, observado, no que couber, o procedimento ordinário previsto no Código de Processo Civil, requerer ao juízo da falência ou da recuperação judicial a retificação do quadro-geral para inclusão do respectivo crédito.

Art. 11. Os credores cujos créditos forem impugnados serão intimados para contestar a impugnação, no prazo de 5 (cinco) dias, juntando os documentos que tiverem e indicando outras provas que reputem necessárias.

Art. 12. Transcorrido o prazo do art. 11 desta Lei, o devedor e o Comitê, se houver, serão intimados pelo juiz para se manifestar sobre ela no prazo comum de 5 (cinco) dias.

PARÁGRAFO ÚNICO. Findo o prazo a que se refere o *caput* deste artigo, o administrador judicial será intimado pelo juiz para emitir parecer no prazo de 5 (cinco) dias, devendo juntar à sua manifestação o laudo elaborado pelo profissional ou empresa especializada, se for o caso, e todas as informações existentes nos livros fiscais e demais documentos do devedor acerca do crédito, constante ou não da relação de credores, objeto da impugnação.

Art. 13. A impugnação será dirigida ao juiz por meio de petição, instruída com os documentos que tiver o impugnante, o qual indicará as provas consideradas necessárias.

PARÁGRAFO ÚNICO. Cada impugnação será autuada em separado, com os documentos a ela relativos, mas terão uma só autuação as diversas impugnações versando sobre o mesmo crédito.

Art. 14. Caso não haja impugnações, o juiz homologará, como quadro-geral de credores, a relação dos credores constante do edital de que trata o art. 7º, § 2º, desta Lei, dispensada a publicação de que trata o art. 18 desta Lei.

Art. 15. Transcorridos os prazos previstos nos arts. 11 e 12 desta Lei, os autos de impugnação serão conclusos ao juiz, que:

I — determinará a inclusão no quadro-geral de credores das habilitações de créditos não impugnadas, no valor constante da relação referida no § 2º do art. 7º desta Lei;

II — julgará as impugnações que entender suficientemente esclarecidas pelas alegações e provas apresentadas pelas partes, mencionando, de cada crédito, o valor e a classificação;

III — fixará, em cada uma das restantes impugnações, os aspectos controvertidos e decidirá as questões processuais pendentes;

IV — determinará as provas a serem produzidas, designando audiência de instrução e julgamento, se necessário.

Art. 16. O juiz determinará, para fins de rateio, a reserva de valor para satisfação do crédito impugnado.

PARÁGRAFO ÚNICO. Sendo parcial, a impugnação não impedirá o pagamento da parte incontroversa.

Art. 17. Da decisão judicial sobre a impugnação caberá agravo.

PARÁGRAFO ÚNICO. Recebido o agravo, o relator poderá conceder efeito suspensivo à decisão que reconhece o crédito ou determinar a inscrição ou modificação do seu valor ou classificação no quadro-geral de credores, para fins de exercício de direito de voto em assembleia-geral.

Art. 18. O administrador judicial será responsável pela consolidação do quadro-geral de credores, a ser homologado pelo juiz, com base na relação dos credores a que se refere o art. 7º, § 2º, desta Lei e nas decisões proferidas nas impugnações oferecidas.

PARÁGRAFO ÚNICO. O quadro-geral, assinado pelo juiz e pelo administrador judicial, mencionará a importância e a classificação de cada crédito na data do requerimento da recuperação judicial ou da decretação da falência, será juntado aos autos e publicado no órgão oficial, no prazo de 5 (cinco) dias, contado da data da sentença que houver julgado as impugnações.

Art. 19. O administrador judicial, o Comitê, qualquer credor ou o representante do Ministério Público poderá, até o encerramento da recuperação judicial ou da falência, observado, no que couber, o procedimento ordinário previsto no Código de Processo Civil, pedir a exclusão, outra classificação ou a retificação de qualquer crédito, nos casos de descoberta de falsidade, dolo, simulação, fraude, erro essencial ou, ainda, documentos ignorados na época do julgamento do crédito ou da inclusão no quadro-geral de credores.

§ 1º A ação prevista neste artigo será proposta exclusivamente perante o juízo da recuperação judicial ou da falência ou, nas hipóteses previstas no art. 6º, §§ 1º e 2º, desta Lei, perante o juízo que tenha originariamente reconhecido o crédito.

§ 2º Proposta a ação de que trata este artigo, o pagamento ao titular do crédito por ela atingido somente poderá ser realizado mediante a prestação de caução no mesmo valor do crédito questionado.

Art. 20. As habilitações dos credores particulares do sócio ilimitadamente responsável processar-se-ão de acordo com as disposições desta Seção.

SEÇÃO III

Do Administrador Judicial e do Comitê de Credores

Art. 21. O administrador judicial será profissional idôneo, preferencialmente advogado, economista, administrador de empresas ou contador, ou pessoa jurídica especializada.

PARÁGRAFO ÚNICO. Se o administrador judicial nomeado for pessoa jurídica, declarar-se-á, no termo de que trata o art. 33 desta Lei, o nome de profissional responsável pela condução do processo de falência ou de recuperação judicial, que não poderá ser substituído sem autorização do juiz.

Art. 22. Ao administrador judicial compete, sob a fiscalização do juiz e do Comitê, além de outros deveres que esta Lei lhe impõe:

I — na recuperação judicial e na falência:

a) enviar correspondência aos credores constantes na relação de que trata o inciso III do *caput* do art. 51, o inciso III do *caput* do art. 99 ou o inciso II do *caput* do art. 105 desta Lei, comunicando a data do pedido de recuperação judicial ou da decretação da falência, a natureza, o valor e a classificação dada ao crédito;

b) fornecer, com presteza, todas as informações pedidas pelos credores interessados;

c) dar extratos dos livros do devedor, que merecerão fé de ofício, a fim de servirem de fundamento nas habilitações e impugnações de créditos;

d) exigir dos credores, do devedor ou seus administradores quaisquer informações;

e) elaborar a relação de credores de que trata o § 2º do art. 7º desta Lei;

f) consolidar o quadro-geral de credores nos termos do art. 18 desta Lei;

g) requerer ao juiz convocação da assembleia-geral de credores nos casos previstos nesta Lei ou quando entender necessária sua ouvida para a tomada de decisões;

h) contratar, mediante autorização judicial, profissionais ou empresas especializadas para, quando necessário, auxiliá-lo no exercício de suas funções;

i) manifestar-se nos casos previstos nesta Lei;

II — na recuperação judicial:

a) fiscalizar as atividades do devedor e o cumprimento do plano de recuperação judicial;

b) requerer a falência no caso de descumprimento de obrigação assumida no plano de recuperação;

c) apresentar ao juiz, para juntada aos autos, relatório mensal das atividades do devedor;

d) apresentar o relatório sobre a execução do plano de recuperação, de que trata o inciso III do *caput* do art. 63 desta Lei;

III — na falência:

a) avisar, pelo órgão oficial, o lugar e hora em que, diariamente, os credores terão à sua disposição os livros e documentos do falido;

b) examinar a escrituração do devedor;

c) relacionar os processos e assumir a representação judicial da massa falida;

d) receber e abrir a correspondência dirigida ao devedor, entregando a ele o que não for assunto de interesse da massa;

e) apresentar, no prazo de 40 (quarenta) dias, contado da assinatura do termo de compromisso, prorrogável por igual período, relatório sobre as causas e circunstâncias que conduziram à situação de falência, no qual apontará a responsabilidade civil e penal dos envolvidos, observado o disposto no art. 186 desta Lei;

f) arrecadar os bens e documentos do devedor e elaborar o auto de arrecadação, nos termos dos arts. 108 e 110 desta Lei;

g) avaliar os bens arrecadados;

h) contratar avaliadores, de preferência oficiais, mediante autorização judicial, para a avaliação dos bens caso entenda não ter condições técnicas para a tarefa;

i) praticar os atos necessários à realização do ativo e ao pagamento dos credores;

j) requerer ao juiz a venda antecipada de bens perecíveis, deterioráveis ou sujeitos a considerável desvalorização ou de conservação arriscada ou dispendiosa, nos termos do art. 113 desta Lei;

l) praticar todos os atos conservatórios de direitos e ações, diligenciar a cobrança de dívidas e dar a respectiva quitação;

m) remir, em benefício da massa e mediante autorização judicial, bens apenhados, penhorados ou legalmente retidos;

n) representar a massa falida em juízo, contratando, se necessário, advogado, cujos honorários serão previamente ajustados e aprovados pelo Comitê de Credores;

o) requerer todas as medidas e diligências que forem necessárias para o cumprimento desta Lei, a proteção da massa ou a eficiência da administração;

p) apresentar ao juiz para juntada aos autos, até o 10º (décimo) dia do mês seguinte ao vencido, conta demonstrativa da administração, que especifique com clareza a receita e a despesa;

Falência

q) entregar ao seu substituto todos os bens e documentos da massa em seu poder, sob pena de responsabilidade;

r) prestar contas ao final do processo, quando for substituído, destituído ou renunciar ao cargo.

§ 1º As remunerações dos auxiliares do administrador judicial serão fixadas pelo juiz, que considerará a complexidade dos trabalhos a serem executados e os valores praticados no mercado para o desempenho de atividades semelhantes.

§ 2º Na hipótese da alínea *d* do inciso I do *caput* deste artigo, se houver recusa, o juiz, a requerimento do administrador judicial, intimará aquelas pessoas para que compareçam à sede do juízo, sob pena de desobediência, oportunidade em que as interrogará na presença do administrador judicial, tomando seus depoimentos por escrito.

§ 3º Na falência, o administrador judicial não poderá, sem autorização judicial, após ouvidos o Comitê e o devedor no prazo comum de 2 (dois) dias, transigir sobre obrigações e direitos da massa falida e conceder abatimento de dívidas, ainda que sejam consideradas de difícil recebimento.

§ 4º Se o relatório de que trata a alínea *e* do inciso III do *caput* deste artigo apontar responsabilidade penal de qualquer dos envolvidos, o Ministério Público será intimado para tomar conhecimento de seu teor.

Art. 23. O administrador judicial que não apresentar, no prazo estabelecido, suas contas ou qualquer dos relatórios previstos nesta Lei será intimado pessoalmente a fazê-lo no prazo de 5 (cinco) dias, sob pena de desobediência.

PARÁGRAFO ÚNICO. Decorrido o prazo do *caput* deste artigo, o juiz destituirá o administrador judicial e nomeará substituto para elaborar relatórios ou organizar as contas, explicitando as responsabilidades de seu antecessor.

Art. 24. O juiz fixará o valor e a forma de pagamento da remuneração do administrador judicial, observados a capacidade de pagamento do devedor, o grau de complexidade do trabalho e os valores praticados no mercado para o desempenho de atividades semelhantes.

§ 1º Em qualquer hipótese, o total pago ao administrador judicial não excederá 5% (cinco por cento) do valor devido aos credores submetidos à recuperação judicial ou do valor de venda dos bens na falência.

§ 2º Será reservado 40% (quarenta por cento) do montante devido ao administrador judicial para pagamento após atendimento do previsto nos arts. 154 e 155 desta Lei.

§ 3º O administrador judicial substituído será remunerado proporcionalmente ao trabalho realizado, salvo se renunciar sem relevante razão ou for destituído de suas funções por desídia, culpa, dolo ou descumprimento das obrigações fixadas nesta Lei, hipóteses em que não terá direito à remuneração.

§ 4º Também não terá direito a remuneração o administrador que tiver suas contas desaprovadas.

§ 5º A remuneração do administrador judicial fica reduzida ao limite de 2% (dois por cento), no caso de microempresas e empresas de pequeno porte. *(Incluído pela Lei Complementar n. 147, de 2014)*

Art. 25. Caberá ao devedor ou à massa falida arcar com as despesas relativas à remuneração do administrador judicial e das pessoas eventualmente contratadas para auxiliá-lo.

Art. 26. O Comitê de Credores será constituído por deliberação de qualquer das classes de credores na assembleia-geral e terá a seguinte composição:

I — 1 (um) representante indicado pela classe de credores trabalhistas, com 2 (dois) suplentes;

II — 1 (um) representante indicado pela classe de credores com direitos reais de garantia ou privilégios especiais, com 2 (dois) suplentes;

III — 1 (um) representante indicado pela classe de credores quirografários e com privilégios gerais, com 2 (dois) suplentes.

IV — 1 (um) representante indicado pela classe de credores representantes de microempresas e empresas de pequeno porte, com 2 (dois) suplentes. *(Incluído pela Lei Complementar n. 147, de 2014)*

§ 1º A falta de indicação de representante por quaisquer das classes não prejudicará a constituição do Comitê, que poderá funcionar com número inferior ao previsto no *caput* deste artigo.

§ 2º O juiz determinará, mediante requerimento subscrito por credores que representem a maioria dos créditos de uma classe, independentemente da realização de assembleia:

I — a nomeação do representante e dos suplentes da respectiva classe ainda não representada no Comitê; ou

II — a substituição do representante ou dos suplentes da respectiva classe.

§ 3º Caberá aos próprios membros do Comitê indicar, entre eles, quem irá presidi-lo.

Art. 27. O Comitê de Credores terá as seguintes atribuições, além de outras previstas nesta Lei:

I — na recuperação judicial e na falência:

a) fiscalizar as atividades e examinar as contas do administrador judicial;

b) zelar pelo bom andamento do processo e pelo cumprimento da lei;

c) comunicar ao juiz, caso detecte violação dos direitos ou prejuízo aos interesses dos credores;

d) apurar e emitir parecer sobre quaisquer reclamações dos interessados;

e) requerer ao juiz a convocação da assembleia-geral de credores;

f) manifestar-se nas hipóteses previstas nesta Lei;

II — na recuperação judicial:

a) fiscalizar a administração das atividades do devedor, apresentando, a cada 30 (trinta) dias, relatório de sua situação;

b) fiscalizar a execução do plano de recuperação judicial;

c) submeter à autorização do juiz, quando ocorrer o afastamento do devedor nas hipóteses previstas nesta Lei, a alienação de bens do ativo permanente, a constituição de ônus reais e outras garantias, bem como atos de endividamento necessários à continuação da atividade empresarial durante o período que antecede a aprovação do plano de recuperação judicial.

§ 1º As decisões do Comitê, tomadas por maioria, serão consignadas em livro de atas, rubricado pelo juízo, que ficará à disposição do administrador judicial, dos credores e do devedor.

§ 2º Caso não seja possível a obtenção de maioria em deliberação do Comitê, o impasse será resolvido pelo administrador judicial ou, na incompatibilidade deste, pelo juiz.

Art. 28. Não havendo Comitê de Credores, caberá ao administrador judicial ou, na incompatibilidade deste, ao juiz exercer suas atribuições.

Art. 29. Os membros do Comitê não terão sua remuneração custeada pelo devedor ou pela massa falida, mas as despesas realizadas para a realização de ato previsto nesta Lei, se devidamente comprovadas e com a autorização do juiz, serão ressarcidas atendendo às disponibilidades de caixa.

Art. 30. Não poderá integrar o Comitê ou exercer as funções de administrador judicial quem, nos últimos 5 (cinco) anos, no exercício do cargo de administrador judicial ou de membro do Comitê em falência ou recuperação judicial anterior, foi destituído, deixou de prestar contas dentro dos prazos legais ou teve a prestação de contas desaprovada.

§ 1º Ficará também impedido de integrar o Comitê ou exercer a função de administrador judicial quem tiver relação de parentesco ou afinidade até o 3º (terceiro) grau com o devedor, seus administradores, controladores ou representantes legais ou deles for amigo, inimigo ou dependente.

§ 2º O devedor, qualquer credor ou o Ministério Público poderá requerer ao juiz a substituição do administrador judicial ou dos membros do Comitê nomeados em desobediência aos preceitos desta Lei.

§ 3º O juiz decidirá, no prazo de 24 (vinte e quatro) horas, sobre o requerimento do § 2º deste artigo.

Art. 31. O juiz, de ofício ou a requerimento fundamentado de qualquer interessado, poderá determinar a destituição do administrador judicial ou de quaisquer dos membros do Comitê de Credores quando verificar desobediência aos preceitos desta Lei, descumprimento de deveres, omissão, negligência ou prática de ato lesivo às atividades do devedor ou a terceiros.

§ 1º No ato de destituição, o juiz nomeará novo administrador judicial ou convocará os suplentes para recompor o Comitê.

§ 2º Na falência, o administrador judicial substituído prestará contas no prazo de 10 (dez) dias, nos termos dos §§ 1º a 6º do art. 154 desta Lei.

Art. 32. O administrador judicial e os membros do Comitê responderão pelos prejuízos causados à massa falida, ao devedor ou aos credores por dolo ou culpa, devendo o dissidente em deliberação do Comitê consignar sua discordância em ata para eximir-se da responsabilidade.

Art. 33. O administrador judicial e os membros do Comitê de Credores, logo que nomeados, serão intimados pessoalmente para, em 48 (quarenta e oito) horas, assinar, na sede do juízo, o termo de compromisso de bem e fielmente desempenhar o cargo e assumir todas as responsabilidades a ele inerentes.

Art. 34. Não assinado o termo de compromisso no prazo previsto no art. 33 desta Lei, o juiz nomeará outro administrador judicial.

SEÇÃO IV
Da Assembleia-Geral de Credores

Art. 35. A assembleia-geral de credores terá por atribuições deliberar sobre:

I — na recuperação judicial:

a) aprovação, rejeição ou modificação do plano de recuperação judicial apresentado pelo devedor;

b) a constituição do Comitê de Credores, a escolha de seus membros e sua substituição;

c) (VETADO)

d) o pedido de desistência do devedor, nos termos do § 4º do art. 52 desta Lei;

e) o nome do gestor judicial, quando do afastamento do devedor;

f) qualquer outra matéria que possa afetar os interesses dos credores;

II — na falência:

a) (VETADO)

b) a constituição do Comitê de Credores, a escolha de seus membros e sua substituição;

c) a adoção de outras modalidades de realização do ativo, na forma do art. 145 desta Lei;

d) qualquer outra matéria que possa afetar os interesses dos credores.

Art. 36. A assembleia-geral de credores será convocada pelo juiz por edital publicado no órgão oficial e em jornais de grande circulação nas localidades da sede e filiais, com antecedência mínima de 15 (quinze) dias, o qual conterá:

I — local, data e hora da assembleia em 1ª (primeira) e em 2ª (segunda) convocação, não podendo esta ser realizada menos de 5 (cinco) dias depois da 1ª (primeira);

II — a ordem do dia;

III — local onde os credores poderão, se for o caso, obter cópia do plano de recuperação judicial a ser submetido à deliberação da assembleia.

§ 1º Cópia do aviso de convocação da assembleia deverá ser afixada de forma ostensiva na sede e filiais do devedor.

§ 2º Além dos casos expressamente previstos nesta Lei, credores que representem no mínimo 25% (vinte e cinco por cento) do valor total dos créditos de uma determinada classe poderão requerer ao juiz a convocação de assembleia-geral.

§ 3º As despesas com a convocação e a realização da assembleia-geral correm por conta do devedor ou da massa falida, salvo se convocada em virtude de requerimento do Comitê de Credores ou na hipótese do § 2º deste artigo.

Art. 37. A assembleia será presidida pelo administrador judicial, que designará 1 (um) secretário dentre os credores presentes.

§ 1º Nas deliberações sobre o afastamento do administrador judicial ou em outras em que haja incompatibilidade deste, a assembleia será presidida pelo credor presente que seja titular do maior crédito.

§ 2º A assembleia instalar-se-á, em 1ª (primeira) convocação, com a presença de credores titulares de mais da metade dos créditos de cada classe, computados pelo valor, e, em 2ª (segunda) convocação, com qualquer número.

§ 3º Para participar da assembleia, cada credor deverá assinar a lista de presença, que será encerrada no momento da instalação.

§ 4º O credor poderá ser representado na assembleia-geral por mandatário ou representante legal, desde que entregue ao administrador judicial, até 24 (vinte e quatro) horas antes da data prevista no aviso de convocação, documento hábil que comprove seus poderes ou a indicação das folhas dos autos do processo em que se encontre o documento.

§ 5º Os sindicatos de trabalhadores poderão representar seus associados titulares de créditos derivados da legislação do trabalho ou decorrentes de acidente de trabalho que não comparecerem, pessoalmente ou por procurador, à assembleia.

§ 6º Para exercer a prerrogativa prevista no § 5º deste artigo, o sindicato deverá:

I — apresentar ao administrador judicial, até 10 (dez) dias antes da assembleia, a relação dos associados que pretende representar, e o trabalhador que conste da relação de mais de um sindicato deverá esclarecer, até 24 (vinte e quatro) horas antes da assembleia, qual sindicato o representa, sob pena de não ser representado em assembleia por nenhum deles; e

II — (VETADO)

§ 7º Do ocorrido na assembleia, lavrar-se-á ata que conterá o nome dos presentes e as assinaturas do presidente, do devedor e de 2 (dois) membros de cada uma das classes votantes, e que será entregue ao juiz, juntamente com a lista de presença, no prazo de 48 (quarenta e oito) horas.

Art. 38. O voto do credor será proporcional ao valor de seu crédito, ressalvado, nas deliberações sobre o plano de recuperação judicial, o disposto no § 2º do art. 45 desta Lei.

PARÁGRAFO ÚNICO. Na recuperação judicial, para fins exclusivos de votação em assembleia-geral, o crédito em moeda estrangeira será convertido para moeda nacional pelo câmbio da véspera da data de realização da assembleia.

Art. 39. Terão direito a voto na assembleia-geral as pessoas arroladas no quadro-geral de credores ou, na sua falta, na relação de credores apresentada pelo administrador judicial na forma do art. 7º, § 2º, desta Lei, ou, ainda, na falta desta, na relação apresentada pelo próprio devedor nos termos dos arts. 51, incisos III e IV do *caput*, 99, inciso III do *caput*, ou 105, inciso II do *caput*, desta Lei, acrescidas, em qualquer caso, das que estejam habilitadas na data da realização da assembleia ou que tenham créditos admitidos ou alterados por decisão judicial, inclusive as que tenham obtido reserva de importâncias, observado o disposto nos §§ 1º e 2º do art. 10 desta Lei.

§ 1º Não terão direito a voto e não serão considerados para fins de verificação do *quorum* de instalação e de deliberação os titulares de créditos excetuados na forma dos §§ 3º e 4º do art. 49 desta Lei.

§ 2º As deliberações da assembleia-geral não serão invalidadas em razão de posterior decisão judicial acerca da existência, quantificação ou classificação de créditos.

§ 3º No caso de posterior invalidação de deliberação da assembleia, ficam resguardados os direitos de terceiros de boa-fé, respondendo os credores que aprovarem a deliberação pelos prejuízos comprovados causados por dolo ou culpa.

Art. 40. Não será deferido provimento liminar, de caráter cautelar ou antecipatório dos efeitos da tutela, para a suspensão ou adiamento da assembleia-geral de credores em razão de pendência de discussão acerca da existência, da quantificação ou da classificação de créditos.

Art. 41. A assembleia-geral será composta pelas seguintes classes de credores:

I — titulares de créditos derivados da legislação do trabalho ou decorrentes de acidentes de trabalho;

II — titulares de créditos com garantia real;

III — titulares de créditos quirografários, com privilégio especial, com privilégio geral ou subordinados.

IV — titulares de créditos enquadrados como microempresa ou empresa de pequeno porte. *(Incluído pela Lei Complementar n. 147, de 2014)*

§ 1º Os titulares de créditos derivados da legislação do trabalho votam com a classe prevista no inciso I do *caput* deste artigo com o total de seu crédito, independentemente do valor.

§ 2º Os titulares de créditos com garantia real votam com a classe prevista no inciso II do *caput* deste artigo até o limite do valor do bem gravado e com a classe prevista no inciso III do *caput* deste artigo pelo restante do valor de seu crédito.

Art. 42. Considerar-se-á aprovada a proposta que obtiver votos favoráveis de credores que representem mais da metade do valor total dos créditos presentes à assembleia-geral, exceto nas deliberações sobre o plano de recuperação judicial nos termos da alínea *a* do inciso I do *caput* do art. 35 desta Lei, a composição do Comitê de Credores ou forma alternativa de realização do ativo nos termos do art. 145 desta Lei.

Art. 43. Os sócios do devedor, bem como as sociedades coligadas, controladoras, controladas ou as que tenham sócio ou acionista com participação superior a 10% (dez por cento) do capital social do devedor ou em que o devedor ou algum de seus sócios detenham participação superior a 10% (dez por cento) do capital social, poderão participar da assembleia-geral de credores, sem ter direito a voto e não serão considerados para fins de verificação do *quorum* de instalação e de deliberação.

PARÁGRAFO ÚNICO. O disposto neste artigo também se aplica ao cônjuge ou parente, consanguíneo ou afim, colateral até o 2º (segundo) grau, ascendente ou descendente do devedor, de administrador, do sócio controlador, de membro dos conselhos consultivo, fiscal ou semelhantes da sociedade devedora e à sociedade em que quaisquer dessas pessoas exerçam essas funções.

Art. 44. Na escolha dos representantes de cada classe no Comitê de Credores, somente os respectivos membros poderão votar.

Art. 45. Nas deliberações sobre o plano de recuperação judicial, todas as classes de credores referidas no art. 41 desta Lei deverão aprovar a proposta.

§ 1º Em cada uma das classes referidas nos incisos II e III do art. 41 desta Lei, a proposta deverá ser aprovada por credores que representem mais da metade do valor total dos créditos presentes à assembleia e, cumulativamente, pela maioria simples dos credores presentes.

§ 2º Nas classes previstas nos incisos I e IV do art. 41 desta Lei, a proposta deverá ser aprovada pela maioria simples dos credores presentes, independentemente do valor de seu crédito. *(Redação dada pela Lei Complementar n. 147, de 2014)*

§ 3º O credor não terá direito a voto e não será considerado para fins de verificação de *quorum* de deliberação se o plano de recuperação judicial não alterar o valor ou as condições originais de pagamento de seu crédito.

Art. 46. A aprovação de forma alternativa de realização do ativo na falência, prevista no art. 145 desta Lei, dependerá do voto favorável de credores que representem 2/3 (dois terços) dos créditos presentes à assembleia.

CAPÍTULO III
Da Recuperação Judicial

SEÇÃO I
Disposições Gerais

Art. 47. A recuperação judicial tem por objetivo viabilizar a superação da situação de crise econômico-financeira do devedor, a fim de permitir a manutenção da fonte produtora, do emprego dos trabalhadores e dos interesses dos credores, promovendo, assim, a preservação da empresa, sua função social e o estímulo à atividade econômica.

Art. 48. Poderá requerer recuperação judicial o devedor que, no momento do pedido, exerça regularmente suas atividades há mais de 2 (dois) anos e que atenda aos seguintes requisitos, cumulativamente:

I — não ser falido e, se o foi, estejam declaradas extintas, por sentença transitada em julgado, as responsabilidades daí decorrentes;

II — não ter, há menos de 5 (cinco) anos, obtido concessão de recuperação judicial;

III — não ter, há menos de 5 (cinco) anos, obtido concessão de recuperação judicial com base no plano especial de que trata a Seção V deste Capítulo; *(Redação dada pela Lei Complementar n. 147, de 2014)*

IV — não ter sido condenado ou não ter, como administrador ou sócio controlador, pessoa condenada por qualquer dos crimes previstos nesta Lei.

§ 1º A recuperação judicial também poderá ser requerida pelo cônjuge sobrevivente, herdeiros do devedor, inventariante ou sócio remanescente. *(Renumerado pela Lei n. 12.873, de 2013)*

§ 2º Tratando-se de exercício de atividade rural por pessoa jurídica, admite-se a comprovação do prazo estabelecido no caput deste artigo por meio da Declaração de Informações Econômico-fiscais da Pessoa Jurídica — DIPJ que tenha sido entregue tempestivamente. *(Incluído pela Lei n. 12.873, de 2013)*

Art. 49. Estão sujeitos à recuperação judicial todos os créditos existentes na data do pedido, ainda que não vencidos.

§ 1º Os credores do devedor em recuperação judicial conservam seus direitos e privilégios contra os coobrigados, fiadores e obrigados de regresso.

§ 2º As obrigações anteriores à recuperação judicial observarão as condições originalmente contratadas ou definidas em lei, inclusive no que diz respeito aos encargos, salvo se de modo diverso ficar estabelecido no plano de recuperação judicial.

§ 3º Tratando-se de credor titular da posição de proprietário fiduciário de bens móveis ou imóveis, de arrendador mercantil, de proprietário ou promitente vendedor de imóvel cujos respectivos contratos contenham cláusula de irrevogabilidade ou irretratabilidade, inclusive em incorporações imobiliárias, ou de proprietário em contrato de venda com reserva de domínio, seu crédito não se submeterá aos efeitos da recuperação judicial e prevalecerão os direitos de propriedade sobre a coisa e as condições contratuais, observada a legislação respectiva, não se permitindo, contudo, durante o prazo de suspensão a que se refere o § 4º do art. 6º desta Lei, a venda ou a retirada do estabelecimento do devedor dos bens de capital essenciais a sua atividade empresarial.

§ 4º Não se sujeitará aos efeitos da recuperação judicial a importância a que se refere o inciso II do art. 86 desta Lei.

§ 5º Tratando-se de crédito garantido por penhor sobre títulos de crédito, direitos creditórios, aplicações financeiras ou valores mobiliários, poderão ser substituídas ou renovadas as garantias liquidadas ou vencidas durante a recuperação judicial e, enquanto não renovadas ou substituídas, o valor eventualmente recebido em pagamento das garantias permanecerá em conta vinculada durante o período de suspensão de que trata o § 4º do art. 6º desta Lei.

Art. 50. Constituem meios de recuperação judicial, observada a legislação pertinente a cada caso, dentre outros:

I — concessão de prazos e condições especiais para pagamento das obrigações vencidas ou vincendas;

II — cisão, incorporação, fusão ou transformação de sociedade, constituição de subsidiária integral, ou cessão de cotas ou ações, respeitados os direitos dos sócios, nos termos da legislação vigente;

III — alteração do controle societário;

IV — substituição total ou parcial dos administradores do devedor ou modificação de seus órgãos administrativos;

V — concessão aos credores de direito de eleição em separado de administradores e de poder de veto em relação às matérias que o plano especificar;

VI — aumento de capital social;

VII — trespasse ou arrendamento de estabelecimento, inclusive à sociedade constituída pelos próprios empregados;

VIII — redução salarial, compensação de horários e redução da jornada, mediante acordo ou convenção coletiva;

IX — dação em pagamento ou novação de dívidas do passivo, com ou sem constituição de garantia própria ou de terceiro;

X — constituição de sociedade de credores;

XI — venda parcial dos bens;

XII — equalização de encargos financeiros relativos a débitos de qualquer natureza, tendo como termo inicial a data da distribuição do pedido de recuperação judicial, aplicando-se inclusive aos contratos de crédito rural, sem prejuízo do disposto em legislação específica;

XIII — usufruto da empresa;

XIV — administração compartilhada;

XV — emissão de valores mobiliários;

XVI — constituição de sociedade de propósito específico para adjudicar, em pagamento dos créditos, os ativos do devedor.

§ 1º Na alienação de bem objeto de garantia real, a supressão da garantia ou sua substituição somente serão admitidas mediante aprovação expressa do credor titular da respectiva garantia.

§ 2º Nos créditos em moeda estrangeira, a variação cambial será conservada como parâmetro de indexação da correspondente obrigação e só poderá ser afastada se o credor titular do respectivo crédito aprovar expressamente previsão diversa no plano de recuperação judicial.

Seção II
Do Pedido e do Processamento da Recuperação Judicial

Art. 51. A petição inicial de recuperação judicial será instruída com:

I — a exposição das causas concretas da situação patrimonial do devedor e das razões da crise econômico-financeira;

II — as demonstrações contábeis relativas aos 3 (três) últimos exercícios sociais e as levantadas especialmente para instruir o pedido, confeccionadas com estrita observância da legislação societária aplicável e compostas obrigatoriamente de:

a) balanço patrimonial;

b) demonstração de resultados acumulados;

c) demonstração do resultado desde o último exercício social;

d) relatório gerencial de fluxo de caixa e de sua projeção;

III — a relação nominal completa dos credores, inclusive aqueles por obrigação de fazer ou de dar, com a indicação do endereço de cada um, a natureza, a classificação e o valor atualizado do crédito, discriminando sua origem, o regime dos respectivos vencimentos e a indicação dos registros contábeis de cada transação pendente;

IV — a relação integral dos empregados, em que constem as respectivas funções, salários, indenizações e outras parcelas a que têm direito, com o correspondente mês de competência, e a discriminação dos valores pendentes de pagamento;

V — certidão de regularidade do devedor no Registro Público de Empresas, o ato constitutivo atualizado e as atas de nomeação dos atuais administradores;

VI — a relação dos bens particulares dos sócios controladores e dos administradores do devedor;

VII — os extratos atualizados das contas bancárias do devedor e de suas eventuais aplicações financeiras de qualquer modalidade, inclusive em fundos de investimento ou em bolsas de valores, emitidos pelas respectivas instituições financeiras;

VIII — certidões dos cartórios de protestos situados na comarca do domicílio ou sede do devedor e naquelas onde possui filial;

IX — a relação, subscrita pelo devedor, de todas as ações judiciais em que este figure como parte, inclusive as de natureza trabalhista, com a estimativa dos respectivos valores demandados.

§ 1º Os documentos de escrituração contábil e demais relatórios auxiliares, na forma e no suporte previstos em lei, permanecerão à disposição do juízo, do administrador judicial e, mediante autorização judicial, de qualquer interessado.

§ 2º Com relação à exigência prevista no inciso II do *caput* deste artigo, as microempresas e empresas de pequeno porte poderão apresentar livros e escrituração contábil simplificados nos termos da legislação específica.

§ 3º O juiz poderá determinar o depósito em cartório dos documentos a que se referem os §§ 1º e 2º deste artigo ou de cópia destes.

Art. 52. Estando em termos a documentação exigida no art. 51 desta Lei, o juiz deferirá o processamento da recuperação judicial e, no mesmo ato:

I — nomeará o administrador judicial, observado o disposto no art. 21 desta Lei;

II — determinará a dispensa da apresentação de certidões negativas para que o devedor exerça suas atividades, exceto para contratação com o Poder Público ou para recebimento de benefícios ou incentivos fiscais ou creditícios, observando o disposto no art. 69 desta Lei;

III — ordenará a suspensão de todas as ações ou execuções contra o devedor, na forma do art. 6º desta Lei, permanecendo os respectivos autos no juízo onde se processam, ressalvadas as ações previstas nos §§ 1º, 2º e 7º do art. 6º desta Lei e as relativas a créditos excetuados na forma dos §§ 3º e 4º do art. 49 desta Lei;

IV — determinará ao devedor a apresentação de contas demonstrativas mensais enquanto perdurar a recuperação judicial, sob pena de destituição de seus administradores;

V — ordenará a intimação do Ministério Público e a comunicação por carta às Fazendas Públicas Federal e de todos os Estados e Municípios em que o devedor tiver estabelecimento.

§ 1º O juiz ordenará a expedição de edital, para publicação no órgão oficial, que conterá:

I — o resumo do pedido do devedor e da decisão que defere o processamento da recuperação judicial;

II — a relação nominal de credores, em que se discrimine o valor atualizado e a classificação de cada crédito;

III — a advertência acerca dos prazos para habilitação dos créditos, na forma do art. 7º, § 1º, desta Lei, e para que os credores apresentem objeção ao plano de recuperação judicial apresentado pelo devedor nos termos do art. 55 desta Lei.

§ 2º Deferido o processamento da recuperação judicial, os credores poderão, a qualquer tempo, requerer a convocação de assembleia-geral para a constituição do Comitê de Credores ou substituição de seus membros, observado o disposto no § 2º do art. 36 desta Lei.

§ 3º No caso do inciso III do *caput* deste artigo, caberá ao devedor comunicar a suspensão aos juízos competentes.

§ 4º O devedor não poderá desistir do pedido de recuperação judicial após o deferimento de seu processamento, salvo se obtiver aprovação da desistência na assembleia-geral de credores.

SEÇÃO III
Do Plano de Recuperação Judicial

Art. 53. O plano de recuperação será apresentado pelo devedor em juízo no prazo improrrogável de 60 (sessenta) dias da publicação da decisão que deferir o processamento da recuperação judicial, sob pena de convolação em falência, e deverá conter:

I — discriminação pormenorizada dos meios de recuperação a ser empregados, conforme o art. 50 desta Lei, e seu resumo;

II — demonstração de sua viabilidade econômica; e

III — laudo econômico-financeiro e de avaliação dos bens e ativos do devedor, subscrito por profissional legalmente habilitado ou empresa especializada.

PARÁGRAFO ÚNICO. O juiz ordenará a publicação de edital contendo aviso aos credores sobre o recebimento do plano de recuperação e fixando o prazo para a manifestação de eventuais objeções, observado o art. 55 desta Lei.

Art. 54. O plano de recuperação judicial não poderá prever prazo superior a 1 (um) ano para pagamento dos créditos derivados da legislação do trabalho ou decorrentes de acidentes de trabalho vencidos até a data do pedido de recuperação judicial.

PARÁGRAFO ÚNICO. O plano não poderá, ainda, prever prazo superior a 30 (trinta) dias para o pagamento, até o limite de 5 (cinco) salários-mínimos por trabalhador, dos créditos de natureza estritamente salarial vencidos nos 3 (três) meses anteriores ao pedido de recuperação judicial.

SEÇÃO IV
Do Procedimento de Recuperação Judicial

Art. 55. Qualquer credor poderá manifestar ao juiz sua objeção ao plano de recuperação judicial no prazo de 30 (trinta) dias contado da publicação da relação de credores de que trata o § 2º do art. 7º desta Lei.

PARÁGRAFO ÚNICO. Caso, na data da publicação da relação de que trata o *caput* deste artigo, não tenha sido publicado o aviso previsto no art. 53, parágrafo único, desta Lei, contar-se-á da publicação deste o prazo para as objeções.

Art. 56. Havendo objeção de qualquer credor ao plano de recuperação judicial, o juiz convocará a assembleia-geral de credores para deliberar sobre o plano de recuperação.

§ 1º A data designada para a realização da assembleia-geral não excederá 150 (cento e cinquenta) dias contados do deferimento do processamento da recuperação judicial.

§ 2º A assembleia-geral que aprovar o plano de recuperação judicial poderá indicar os membros do Comitê de Credores, na forma do art. 26 desta Lei, se já não estiver constituído.

§ 3º O plano de recuperação judicial poderá sofrer alterações na assembleia-geral, desde que haja expressa concordância do devedor e em termos que não impliquem diminuição dos direitos exclusivamente dos credores ausentes.

§ 4º Rejeitado o plano de recuperação pela assembleia-geral de credores, o juiz decretará a falência do devedor.

Art. 57. Após a juntada aos autos do plano aprovado pela assembleia-geral de credores ou decorrido o prazo previsto no art. 55 desta Lei sem objeção de credores, o devedor apresentará certidões negativas de débitos tributários nos termos dos arts. 151, 205, 206 da Lei n. 5.172, de 25 de outubro de 1966 — Código Tributário Nacional.

Art. 58. Cumpridas as exigências desta Lei, o juiz concederá a recuperação judicial do devedor cujo plano não tenha sofrido objeção de credor nos termos do art. 55 desta Lei ou tenha sido aprovado pela assembleia-geral de credores na forma do art. 45 desta Lei.

§ 1º O juiz poderá conceder a recuperação judicial com base em plano que não obteve aprovação na forma do art. 45 desta Lei, desde que, na mesma assembleia, tenha obtido, de forma cumulativa:

I — o voto favorável de credores que representem mais da metade do valor de todos os créditos presentes à assembleia, independentemente de classes;

II — a aprovação de 2 (duas) das classes de credores nos termos do art. 45 desta Lei ou, caso haja somente 2 (duas) classes com credores votantes, a aprovação de pelo menos 1 (uma) delas;

III — na classe que o houver rejeitado, o voto favorável de mais de 1/3 (um terço) dos credores, computados na forma dos §§ 1º e 2º do art. 45 desta Lei.

§ 2º A recuperação judicial somente poderá ser concedida com base no § 1º deste artigo se o plano não implicar tratamento diferenciado entre os credores da classe que o houver rejeitado.

Art. 59. O plano de recuperação judicial implica novação dos créditos anteriores ao pedido, e obriga o devedor e todos os credores a ele sujeitos, sem prejuízo das garantias, observado o disposto no § 1º do art. 50 desta Lei.

§ 1º A decisão judicial que conceder a recuperação judicial constituirá título executivo judicial, nos termos do art. 584, inciso III, do *caput* da Lei n. 5.869, de 11 de janeiro de 1973 — Código de Processo Civil.

§ 2º Contra a decisão que conceder a recuperação judicial caberá agravo, que poderá ser interposto por qualquer credor e pelo Ministério Público.

Art. 60. Se o plano de recuperação judicial aprovado envolver alienação judicial de filiais ou de unidades produtivas isoladas do devedor, o juiz ordenará a sua realização, observado o disposto no art. 142 desta Lei.

PARÁGRAFO ÚNICO. O objeto da alienação estará livre de qualquer ônus e não haverá sucessão do arrematante nas obrigações do devedor, inclusive as de natureza tributária, observado o disposto no § 1º do art. 141 desta Lei.

Art. 61. Proferida a decisão prevista no art. 58 desta Lei, o devedor permanecerá em recuperação judicial até que se cumpram todas as obrigações previstas no plano que se vencerem até 2 (dois) anos depois da concessão da recuperação judicial.

§ 1º Durante o período estabelecido no *caput* deste artigo, o descumprimento de qualquer obrigação prevista no plano acarretará a convolação da recuperação em falência, nos termos do art. 73 desta Lei.

§ 2º Decretada a falência, os credores terão reconstituídos seus direitos e garantias nas condições originalmente contratadas, deduzidos os valores eventualmente pagos e ressalvados os atos validamente praticados no âmbito da recuperação judicial.

Art. 62. Após o período previsto no art. 61 desta Lei, no caso de descumprimento de qualquer obrigação prevista no plano de recuperação judicial, qualquer credor poderá requerer a execução específica ou a falência com base no art. 94 desta Lei.

Art. 63. Cumpridas as obrigações vencidas no prazo previsto no *caput* do art. 61 desta Lei, o juiz decretará por sentença o encerramento da recuperação judicial e determinará:

I — o pagamento do saldo de honorários ao administrador judicial, somente podendo efetuar a quitação dessas obrigações mediante prestação de contas, no prazo de 30 (trinta) dias, e aprovação do relatório previsto no inciso III do *caput* deste artigo;

II — a apuração do saldo das custas judiciais a serem recolhidas;

III — a apresentação de relatório circunstanciado do administrador judicial, no prazo máximo de 15 (quinze) dias, versando sobre a execução do plano de recuperação pelo devedor;

IV — a dissolução do Comitê de Credores e a exoneração do administrador judicial;

V — a comunicação ao Registro Público de Empresas para as providências cabíveis.

Art. 64. Durante o procedimento de recuperação judicial, o devedor ou seus administradores serão mantidos na condução da atividade empresarial, sob fiscalização do Comitê, se houver, e do administrador judicial, salvo se qualquer deles:

I — houver sido condenado em sentença penal transitada em julgado por crime cometido em recuperação judicial ou falência anteriores ou por crime contra o patrimônio, a economia popular ou a ordem econômica previstos na legislação vigente;

II — houver indícios veementes de ter cometido crime previsto nesta Lei;

III — houver agido com dolo, simulação ou fraude contra os interesses de seus credores;

IV — houver praticado qualquer das seguintes condutas:

a) efetuar gastos pessoais manifestamente excessivos em relação a sua situação patrimonial;

b) efetuar despesas injustificáveis por sua natureza ou vulto, em relação ao capital ou gênero do negócio, ao movimento das operações e a outras circunstâncias análogas;

c) descapitalizar injustificadamente a empresa ou realizar operações prejudiciais ao seu funcionamento regular;

d) simular ou omitir créditos ao apresentar a relação de que trata o inciso III do *caput* do art. 51 desta Lei, sem relevante razão de direito ou amparo de decisão judicial;

V — negar-se a prestar informações solicitadas pelo administrador judicial ou pelos demais membros do Comitê;

VI — tiver seu afastamento previsto no plano de recuperação judicial.

PARÁGRAFO ÚNICO. Verificada qualquer das hipóteses do *caput* deste artigo, o juiz destituirá o administrador, que será substituído na forma prevista nos atos constitutivos do devedor ou do plano de recuperação judicial.

Art. 65. Quando do afastamento do devedor, nas hipóteses previstas no art. 64 desta Lei, o juiz convocará a assembleia-geral de credores para deliberar sobre o nome do gestor judicial que assumirá a administração das atividades do devedor, aplicando-se-lhe, no que couber, todas as normas sobre deveres, impedimentos e remuneração do administrador judicial.

§ 1º O administrador judicial exercerá as funções de gestor enquanto a assembleia-geral não deliberar sobre a escolha deste.

§ 2º Na hipótese de o gestor indicado pela assembleia-geral de credores recusar ou estar impedido de aceitar o encargo para gerir os negócios do devedor, o juiz convocará, no prazo de 72 (setenta e duas) horas, contado da recusa ou da declaração do impedimento nos autos, nova assembleia-geral, aplicado o disposto no § 1º deste artigo.

Art. 66. Após a distribuição do pedido de recuperação judicial, o devedor não poderá alienar ou onerar bens ou direitos de seu ativo permanente, salvo evidente utilidade reconhecida pelo juiz, depois de ouvido o Comitê, com exceção daqueles previamente relacionados no plano de recuperação judicial.

Art. 67. Os créditos decorrentes de obrigações contraídas pelo devedor durante a recuperação judicial, inclusive aqueles relativos a despesas com fornecedores de bens ou serviços e contratos de mútuo, serão considerados extraconcursais, em caso de decretação de falência, respeitada, no que couber, a ordem estabelecida no art. 83 desta Lei.

PARÁGRAFO ÚNICO. Os créditos quirografários sujeitos à recuperação judicial pertencentes a fornecedores de bens ou serviços que continuarem a provê-los normalmente após o pedido de recuperação judicial terão privilégio geral de recebimento em caso de decretação de falência, no limite do valor dos bens ou serviços fornecidos durante o período da recuperação.

Art. 68. As Fazendas Públicas e o Instituto Nacional do Seguro Social — INSS poderão deferir, nos termos da legislação específica, parcelamento de seus créditos, em sede de recuperação judicial, de acordo com os parâmetros estabelecidos na Lei n. 5.172, de 25 de outubro de 1966 — Código Tributário Nacional.

Parágrafo único. As microempresas e empresas de pequeno porte farão jus a prazos 20% (vinte por cento) superiores àqueles regularmente concedidos às demais empresas. *(Incluído pela Lei Complementar n. 147, de 2014)*

Art. 69. Em todos os atos, contratos e documentos firmados pelo devedor sujeito ao procedimento de recuperação judicial deverá ser acrescida, após o nome empresarial, a expressão "em Recuperação Judicial".

PARÁGRAFO ÚNICO. O juiz determinará ao Registro Público de Empresas a anotação da recuperação judicial no registro correspondente.

SEÇÃO V
Do Plano de Recuperação Judicial para Microempresas e Empresas de Pequeno Porte

Art. 70. As pessoas de que trata o art. 1º desta Lei e que se incluam nos conceitos de microempresa ou empresa de pequeno porte, nos termos da legislação vigente, sujeitam-se às normas deste Capítulo.

§ 1º As microempresas e as empresas de pequeno porte, conforme definidas em lei, poderão apresentar plano especial de recuperação judicial, desde que afirmem sua intenção de fazê-lo na petição inicial de que trata o art. 51 desta Lei.

§ 2º Os credores não atingidos pelo plano especial não terão seus créditos habilitados na recuperação judicial.

Art. 71. O plano especial de recuperação judicial será apresentado no prazo previsto no art. 53 desta Lei e limitar-se á às seguintes condições:

I — abrangerá todos os créditos existentes na data do pedido, ainda que não vencidos, excetuados os decorrentes de repasse de recursos oficiais, os fiscais e os previstos nos §§ 3º e 4º do art. 49; *(Redação dada pela Lei Complementar n. 147, de 2014)*

II — preverá parcelamento em até 36 (trinta e seis) parcelas mensais, iguais e sucessivas, acrescidas de juros equivalentes à taxa Sistema Especial de Liquidação e de Custódia — SELIC, podendo conter ainda a proposta de abatimento do valor das dívidas; *(Redação dada pela Lei Complementar n. 147, de 2014)*

III — preverá o pagamento da 1ª (primeira) parcela no prazo máximo de 180 (cento e oitenta) dias, contado da distribuição do pedido de recuperação judicial;

IV — estabelecerá a necessidade de autorização do juiz, após ouvido o administrador judicial e o Comitê de Credores, para o devedor aumentar despesas ou contratar empregados.

PARÁGRAFO ÚNICO. O pedido de recuperação judicial com base em plano especial não acarreta a suspensão do curso da prescrição nem das ações e execuções por créditos não abrangidos pelo plano.

Art. 72. Caso o devedor de que trata o art. 70 desta Lei opte pelo pedido de recuperação judicial com base no plano especial disciplinado nesta Seção, não será convocada assembleia-geral de credores para deliberar sobre o plano, e o juiz concederá a recuperação judicial se atendidas as demais exigências desta Lei.

PARÁGRAFO ÚNICO. O juiz também julgará improcedente o pedido de recuperação judicial e decretará a falência do devedor se houver objeções, nos termos do art. 55, de credores titulares de mais da metade de qualquer uma das classes de créditos previstos no art. 83, computados na forma do art. 45, todos desta Lei. *(Redação dada pela Lei Complementar n. 147, de 2014)*

CAPÍTULO IV
Da Convolação da Recuperação Judicial em Falência

Art. 73. O juiz decretará a falência durante o processo de recuperação judicial:

I — por deliberação da assembleia-geral de credores, na forma do art. 42 desta Lei;

II — pela não apresentação, pelo devedor, do plano de recuperação no prazo do art. 53 desta Lei;

III — quando houver sido rejeitado o plano de recuperação, nos termos do § 4º do art. 56 desta Lei;

IV — por descumprimento de qualquer obrigação assumida no plano de recuperação, na forma do § 1º do art. 61 desta Lei.

PARÁGRAFO ÚNICO. O disposto neste artigo não impede a decretação da falência por inadimplemento de obrigação não sujeita à recuperação judicial, nos termos dos incisos I ou II do *caput* do art. 94 desta Lei, ou por prática de ato previsto no inciso III do *caput* do art. 94 desta Lei.

Art. 74. Na convolação da recuperação em falência, os atos de administração, endividamento, oneração ou alienação praticados durante a recuperação judicial presumem-se válidos, desde que realizados na forma desta Lei.

CAPÍTULO V
Da Falência

SEÇÃO I
Disposições Gerais

Art. 75. A falência, ao promover o afastamento do devedor de suas atividades, visa a preservar e otimizar a utilização produtiva dos bens, ativos e recursos produtivos, inclusive os intangíveis, da empresa.

PARÁGRAFO ÚNICO. O processo de falência atenderá aos princípios da celeridade e da economia processual.

Art. 76. O juízo da falência é indivisível e competente para conhecer todas as ações sobre bens, interesses e negócios do falido, ressalvadas as causas trabalhistas, fiscais e aquelas não reguladas nesta Lei em que o falido figurar como autor ou litisconsorte ativo.

PARÁGRAFO ÚNICO. Todas as ações, inclusive as excetuadas no *caput* deste artigo, terão prosseguimento com o administrador judicial, que deverá ser intimado para representar a massa falida, sob pena de nulidade do processo.

Art. 77. A decretação da falência determina o vencimento antecipado das dívidas do devedor e dos sócios ilimitada e solidariamente responsáveis, com o abatimento proporcional dos juros, e converte todos os créditos em moeda estrangeira para a moeda do País, pelo câmbio do dia da decisão judicial, para todos os efeitos desta Lei.

Art. 78. Os pedidos de falência estão sujeitos a distribuição obrigatória, respeitada a ordem de apresentação.

PARÁGRAFO ÚNICO. As ações que devam ser propostas no juízo da falência estão sujeitas a distribuição por dependência.

Art. 79. Os processos de falência e os seus incidentes preferem a todos os outros na ordem dos feitos, em qualquer instância.

Art. 80. Considerar-se-ão habilitados os créditos remanescentes da recuperação judicial, quando definitivamente incluídos no quadro-geral de credores, tendo prosseguimento as habilitações que estejam em curso.

Art. 81. A decisão que decreta a falência da sociedade com sócios ilimitadamente responsáveis também acarreta a falência destes, que ficam sujeitos aos mesmos efeitos jurídicos produzidos em relação à sociedade falida e, por isso, deverão ser citados para apresentar contestação, se assim o desejarem.

§ 1º O disposto no *caput* deste artigo aplica-se ao sócio que tenha se retirado voluntariamente ou que tenha sido excluído da sociedade, há menos de 2 (dois) anos, quanto às dívidas existentes na data do arquivamento da alteração do contrato, no caso de não terem sido solvidas até a data da decretação da falência.

§ 2º As sociedades falidas serão representadas na falência por seus administradores ou liquidantes, os quais terão os mesmos direitos e, sob as mesmas penas, ficarão sujeitos às obrigações que cabem ao falido.

Art. 82. A responsabilidade pessoal dos sócios de responsabilidade limitada, dos controladores e dos administradores da sociedade falida, estabelecida nas respectivas leis, será apurada no próprio juízo da falência, independentemente da realização do ativo e da prova da sua insuficiência para cobrir o passivo, observado o procedimento ordinário previsto no Código de Processo Civil.

§ 1º Prescreverá em 2 (dois) anos, contados do trânsito em julgado da sentença de encerramento da falência, a ação de responsabilização prevista no *caput* deste artigo.

§ 2º O juiz poderá, de ofício ou mediante requerimento das partes interessadas, ordenar a indisponibilidade de bens particulares dos réus, em quantidade compatível com o dano provocado, até o julgamento da ação de responsabilização.

SEÇÃO II
Da Classificação dos Créditos

Art. 83. A classificação dos créditos na falência obedece à seguinte ordem:

I — os créditos derivados da legislação do trabalho, limitados a 150 (cento e cinquenta) salários-mínimos por credor, e os decorrentes de acidentes de trabalho;

II — créditos com garantia real até o limite do valor do bem gravado;

III — créditos tributários, independentemente da sua natureza e tempo de constituição, excetuadas as multas tributárias;

IV — créditos com privilégio especial, a saber:

a) os previstos no art. 964 da Lei n. 10.406, de 10 de janeiro de 2002;

b) os assim definidos em outras leis civis e comerciais, salvo disposição contrária desta Lei;

c) aqueles a cujos titulares a lei confira o direito de retenção sobre a coisa dada em garantia;

d) aqueles em favor dos microempreendedores individuais e das microempresas e empresas de pequeno porte de que trata a Lei Complementar n. 123, de 14 de dezembro de 2006 *(Incluído pela Lei Complementar n. 147, de 2014)*

V — créditos com privilégio geral, a saber:

a) os previstos no art. 965 da Lei n. 10.406, de 10 de janeiro de 2002;

b) os previstos no parágrafo único do art. 67 desta Lei;

c) os assim definidos em outras leis civis e comerciais, salvo disposição contrária desta Lei;

VI — créditos quirografários, a saber:

a) aqueles não previstos nos demais incisos deste artigo;

b) os saldos dos créditos não cobertos pelo produto da alienação dos bens vinculados ao seu pagamento;

c) os saldos dos créditos derivados da legislação do trabalho que excederem o limite estabelecido no inciso I do *caput* deste artigo;

VII — as multas contratuais e as penas pecuniárias por infração das leis penais ou administrativas, inclusive as multas tributárias;

VIII — créditos subordinados, a saber:

a) os assim previstos em lei ou em contrato;

b) os créditos dos sócios e dos administradores sem vínculo empregatício.

§ 1º Para os fins do inciso II do *caput* deste artigo, será considerado como valor do bem objeto de garantia real a importância efetivamente arrecadada com sua venda, ou, no caso de alienação em bloco, o valor de avaliação do bem individualmente considerado.

§ 2º Não são oponíveis à massa os valores decorrentes de direito de sócio ao recebimento de sua parcela do capital social na liquidação da sociedade.

§ 3º As cláusulas penais dos contratos unilaterais não serão atendidas se as obrigações neles estipuladas se vencerem em virtude da falência.

§ 4º Os créditos trabalhistas cedidos a terceiros serão considerados quirografários.

Art. 84. Serão considerados créditos extraconcursais e serão pagos com precedência sobre os mencionados no art. 83 desta Lei, na ordem a seguir, os relativos a:

I — remunerações devidas ao administrador judicial e seus auxiliares, e créditos derivados da legislação do trabalho ou decorrentes de acidentes de trabalho relativos a serviços prestados após a decretação da falência;

II — quantias fornecidas à massa pelos credores;

III — despesas com arrecadação, administração, realização do ativo e distribuição do seu produto, bem como custas do processo de falência;

IV — custas judiciais relativas às ações e execuções em que a massa falida tenha sido vencida;

V — obrigações resultantes de atos jurídicos válidos praticados durante a recuperação judicial, nos termos do art. 67 desta Lei, ou após a decretação da falência, e tributos relativos a fatos geradores ocorridos após a decretação da falência, respeitada a ordem estabelecida no art. 83 desta Lei.

SEÇÃO III
Do Pedido de Restituição

Art. 85. O proprietário de bem arrecadado no processo de falência ou que se encontre em poder do devedor na data da decretação da falência poderá pedir sua restituição.

PARÁGRAFO ÚNICO. Também pode ser pedida a restituição de coisa vendida a crédito e entregue ao devedor nos 15 (quinze) dias anteriores ao requerimento de sua falência, se ainda não alienada.

Art. 86. Proceder-se-á à restituição em dinheiro:

I — se a coisa não mais existir ao tempo do pedido de restituição, hipótese em que o requerente receberá o valor da avaliação do bem, ou, no caso de ter ocorrido sua venda, o respectivo preço, em ambos os casos no valor atualizado;

II — da importância entregue ao devedor, em moeda corrente nacional, decorrente de adiantamento a contrato de câmbio para exportação, na forma do art. 75, §§ 3º e 4º, da Lei n. 4.728, de 14 de julho de 1965, desde que o prazo total da operação, inclusive eventuais prorrogações, não exceda o previsto nas normas específicas da autoridade competente;

III — dos valores entregues ao devedor pelo contratante de boa-fé na hipótese de revogação ou ineficácia do contrato, conforme disposto no art. 136 desta Lei.

PARÁGRAFO ÚNICO. As restituições de que trata este artigo somente serão efetuadas após o pagamento previsto no art. 151 desta Lei.

Art. 87. O pedido de restituição deverá ser fundamentado e descreverá a coisa reclamada.

§ 1º O juiz mandará autuar em separado o requerimento com os documentos que o instruírem e determinará a intimação do falido, do Comitê, dos credores e do administrador judicial para que, no prazo sucessivo de 5 (cinco) dias, se manifestem, valendo como contestação a manifestação contrária à restituição.

§ 2º Contestado o pedido e deferidas as provas porventura requeridas, o juiz designará audiência de instrução e julgamento, se necessária.

§ 3º Não havendo provas a realizar, os autos serão conclusos para sentença.

Art. 88. A sentença que reconhecer o direito do requerente determinará a entrega da coisa no prazo de 48 (quarenta e oito) horas.

PARÁGRAFO ÚNICO. Caso não haja contestação, a massa não será condenada ao pagamento de honorários advocatícios.

Art. 89. A sentença que negar a restituição, quando for o caso, incluirá o requerente no quadro-geral de credores, na classificação que lhe couber, na forma desta Lei.

Art. 90. Da sentença que julgar o pedido de restituição caberá apelação sem efeito suspensivo.

PARÁGRAFO ÚNICO. O autor do pedido de restituição que pretender receber o bem ou a quantia reclamada antes do trânsito em julgado da sentença prestará caução.

Art. 91. O pedido de restituição suspende a disponibilidade da coisa até o trânsito em julgado.

PARÁGRAFO ÚNICO. Quando diversos requerentes houverem de ser satisfeitos em dinheiro e não existir saldo suficiente para o pagamento integral, far-se-á rateio proporcional entre eles.

Art. 92. O requerente que tiver obtido êxito no seu pedido ressarcirá a massa falida ou a quem tiver suportado as despesas de conservação da coisa reclamada.

Art. 93. Nos casos em que não couber pedido de restituição, fica resguardado o direito dos credores de propor embargos de terceiros, observada a legislação processual civil.

SEÇÃO IV
Do Procedimento para a Decretação da Falência

Art. 94. Será decretada a falência do devedor que:

I — sem relevante razão de direito, não paga, no vencimento, obrigação líquida materializada em título ou títulos executivos protestados cuja soma ultrapasse o equivalente a 40 (quarenta) salários-mínimos na data do pedido de falência;

II — executado por qualquer quantia líquida, não paga, não deposita e não nomeia à penhora bens suficientes dentro do prazo legal;

III — pratica qualquer dos seguintes atos, exceto se fizer parte de plano de recuperação judicial:

a) procede à liquidação precipitada de seus ativos ou lança mão de meio ruinoso ou fraudulento para realizar pagamentos;

b) realiza ou, por atos inequívocos, tenta realizar, com o objetivo de retardar pagamentos ou fraudar credores, negócio simulado ou alienação de parte ou da totalidade de seu ativo a terceiro, credor ou não;

c) transfere estabelecimento a terceiro, credor ou não, sem o consentimento de todos os credores e sem ficar com bens suficientes para solver seu passivo;

d) simula a transferência de seu principal estabelecimento com o objetivo de burlar a legislação ou a fiscalização ou para prejudicar credor;

e) dá ou reforça garantia a credor por dívida contraída anteriormente sem ficar com bens livres e desembaraçados suficientes para saldar seu passivo;

f) ausenta-se sem deixar representante habilitado e com recursos suficientes para pagar os credores, abandona estabelecimento ou tenta ocultar-se de seu domicílio, do local de sua sede ou de seu principal estabelecimento;

g) deixa de cumprir, no prazo estabelecido, obrigação assumida no plano de recuperação judicial.

§ 1º Credores podem reunir-se em litisconsórcio a fim de perfazer o limite mínimo para o pedido de falência com base no inciso I do *caput* deste artigo.

§ 2º Ainda que líquidos, não legitimam o pedido de falência os créditos que nela não se possam reclamar.

§ 3º Na hipótese do inciso I do *caput* deste artigo, o pedido de falência será instruído com os títulos executivos na forma do parágrafo único do art. 9º desta Lei, acompanhados, em qualquer caso, dos respectivos instrumentos de protesto para fim falimentar nos termos da legislação específica.

§ 4º Na hipótese do inciso II do *caput* deste artigo, o pedido de falência será instruído com certidão expedida pelo juízo em que se processa a execução.

§ 5º Na hipótese do inciso III do *caput* deste artigo, o pedido de falência descreverá os fatos que a caracterizam, juntando-se as provas que houver e especificando-se as que serão produzidas.

Art. 95. Dentro do prazo de contestação, o devedor poderá pleitear sua recuperação judicial.

Art. 96. A falência requerida com base no art. 94, inciso I do *caput*, desta Lei, não será decretada se o requerido provar:

I — falsidade de título;

II — prescrição;

III — nulidade de obrigação ou de título;

IV — pagamento da dívida;

V — qualquer outro fato que extinga ou suspenda obrigação ou não legitime a cobrança de título;

VI — vício em protesto ou em seu instrumento;

VII — apresentação de pedido de recuperação judicial no prazo da contestação, observados os requisitos do art. 51 desta Lei;

VIII — cessação das atividades empresariais mais de 2 (dois) anos antes do pedido de falência, comprovada por documento hábil do Registro Público de Empresas, o qual não prevalecerá contra prova de exercício posterior ao ato registrado.

§ 1º Não será decretada a falência de sociedade anônima após liquidado e partilhado seu ativo nem do espólio após 1 (um) ano da morte do devedor.

§ 2º As defesas previstas nos incisos I a VI do *caput* deste artigo não obstam a decretação de falência se, ao final, restarem obrigações não atingidas pelas defesas em montante que supere o limite previsto naquele dispositivo.

Art. 97. Podem requerer a falência do devedor:

I — o próprio devedor, na forma do disposto nos arts. 105 a 107 desta Lei;

II — o cônjuge sobrevivente, qualquer herdeiro do devedor ou o inventariante;

III — o cotista ou o acionista do devedor na forma da lei ou do ato constitutivo da sociedade;

IV — qualquer credor.

§ 1º O credor empresário apresentará certidão do Registro Público de Empresas que comprove a regularidade de suas Atividades.

§ 2º O credor que não tiver domicílio no Brasil deverá prestar caução relativa às custas e ao pagamento da indenização de que trata o art. 101 desta Lei.

Art. 98. Citado, o devedor poderá apresentar contestação no prazo de 10 (dez) dias.

PARÁGRAFO ÚNICO. Nos pedidos baseados nos incisos I e II do *caput* do art. 94 desta Lei, o devedor poderá, no prazo da contestação, depositar o valor correspondente ao total do crédito, acrescido de correção monetária, juros e honorários advocatícios, hipótese em que a falência não será decretada e, caso julgado procedente o pedido de falência, o juiz ordenará o levantamento do valor pelo autor.

Art. 99. A sentença que decretar a falência do devedor, dentre outras determinações:

I — conterá a síntese do pedido, a identificação do falido e os nomes dos que forem a esse tempo seus administradores;

II — fixará o termo legal da falência, sem poder retrotraí-lo por mais de 90 (noventa) dias contados do pedido de falência, do pedido de recuperação judicial ou do 1º(primeiro) protesto por falta de pagamento, excluindo-se, para esta finalidade, os protestos que tenham sido cancelados;

III — ordenará ao falido que apresente, no prazo máximo de 5 (cinco) dias, relação nominal dos credores, indicando endereço, importância, natureza e classificação dos respectivos créditos, se esta já não se encontrar nos autos, sob pena de desobediência;

IV — explicitará o prazo para as habilitações de crédito, observado o disposto no § 1º do art. 7º desta Lei;

V — ordenará a suspensão de todas as ações ou execuções contra o falido, ressalvadas as hipóteses previstas nos §§ 1º e 2º do art. 6º desta Lei;

VI — proibirá a prática de qualquer ato de disposição ou oneração de bens do falido, submetendo-os preliminarmente à autorização judicial e do Comitê, se houver, ressalvados os bens cuja venda faça parte das atividades normais do devedor se autorizada a continuação provisória nos termos do inciso XI do *caput* deste artigo;

VII — determinará as diligências necessárias para salvaguardar os interesses das partes envolvidas, podendo ordenar a prisão preventiva do falido ou de seus administradores quando requerida com fundamento em provas da prática de crime definido nesta Lei;

VIII — ordenará ao Registro Público de Empresas que proceda à anotação da falência no registro do devedor, para que conste a expressão "Falido", a data da decretação da falência e a inabilitação de que trata o art. 102 desta Lei;

IX — nomeará o administrador judicial, que desempenhará suas funções na forma do inciso III do *caput* do art. 22 desta Lei sem prejuízo do disposto na alínea *a* do inciso II do *caput* do art. 35 desta Lei;

X — determinará a expedição de ofícios aos órgãos e repartições públicas e outras entidades para que informem a existência de bens e direitos do falido;

XI — pronunciar-se-á a respeito da continuação provisória das atividades do falido com o administrador judicial ou da lacração dos estabelecimentos, observado o disposto no art. 109 desta Lei;

XII — determinará, quando entender conveniente, a convocação da assembleia-geral de credores para a constituição de Comitê de Credores, podendo ainda autorizar a manutenção do Comitê eventualmente em funcionamento na recuperação judicial quando da decretação da falência;

XIII — ordenará a intimação do Ministério Público e a comunicação por carta às Fazendas Públicas Federal e de todos os Estados e Municípios em que o devedor tiver estabelecimento, para que tomem conhecimento da falência.

PARÁGRAFO ÚNICO. O juiz ordenará a publicação de edital contendo a íntegra da decisão que decreta a falência e a relação de credores.

Art. 100. Da decisão que decreta a falência cabe agravo, e da sentença que julga a improcedência do pedido cabe apelação.

Art. 101. Quem por dolo requerer a falência de outrem será condenado, na sentença que julgar improcedente o pedido, a indenizar o devedor, apurando-se as perdas e danos em liquidação de sentença.

§ 1º Havendo mais de 1 (um) autor do pedido de falência, serão solidariamente responsáveis aqueles que se conduziram na forma prevista no *caput* deste artigo.

§ 2º Por ação própria, o terceiro prejudicado também pode reclamar indenização dos responsáveis.

SEÇÃO V
Da Inabilitação Empresarial, dos Direitos e Deveres do Falido

Art. 102. O falido fica inabilitado para exercer qualquer atividade empresarial a partir da decretação da falência e até a sentença que extingue suas obrigações, respeitado o disposto no § 1º do art. 181 desta Lei.

PARÁGRAFO ÚNICO. Findo o período de inabilitação, o falido poderá requerer ao juiz da falência que proceda à respectiva anotação em seu registro.

Art. 103. Desde a decretação da falência ou do sequestro, o devedor perde o direito de administrar os seus bens ou deles dispor.

PARÁGRAFO ÚNICO. O falido poderá, contudo, fiscalizar a administração da falência, requerer as providências necessárias para a conservação de seus direitos ou dos bens arrecadados e intervir nos processos em que a massa falida seja parte ou interessada, requerendo o que for de direito e interpondo os recursos cabíveis.

Art. 104. A decretação da falência impõe ao falido os seguintes deveres:

I — assinar nos autos, desde que intimado da decisão, termo de comparecimento, com a indicação do nome, nacionalidade, estado civil, endereço completo do domicílio, devendo ainda declarar, para constar do dito termo:

a) as causas determinantes da sua falência, quando requerida pelos credores;

b) tratando-se de sociedade, os nomes e endereços de todos os sócios, acionistas controladores, diretores ou administradores, apresentando o contrato ou estatuto social e a prova do respectivo registro, bem como suas alterações;

c) o nome do contador encarregado da escrituração dos livros obrigatórios;

d) os mandatos que porventura tenha outorgado, indicando seu objeto, nome e endereço do mandatário;

e) seus bens imóveis e os móveis que não se encontram no estabelecimento;

f) se faz parte de outras sociedades, exibindo respectivo contrato;

g) suas contas bancárias, aplicações, títulos em cobrança e processos em andamento em que for autor ou réu;

II — depositar em cartório, no ato de assinatura do termo de comparecimento, os seus livros obrigatórios, a fim de serem entregues ao administrador judicial, depois de encerrados por termos assinados pelo juiz;

III — não se ausentar do lugar onde se processa a falência sem motivo justo e comunicação expressa ao juiz, e sem deixar procurador bastante, sob as penas cominadas na lei;

IV — comparecer a todos os atos da falência, podendo ser representado por procurador, quando não for indispensável sua presença;

V — entregar, sem demora, todos os bens, livros, papéis e documentos ao administrador judicial, indicando-lhe, para serem arrecadados, os bens que porventura tenha em poder de terceiros;

VI — prestar as informações reclamadas pelo juiz, administrador judicial, credor ou Ministério Público sobre circunstâncias e fatos que interessem à falência;

VII — auxiliar o administrador judicial com zelo e presteza;

VIII — examinar as habilitações de crédito apresentadas;

IX — assistir ao levantamento, à verificação do balanço e ao exame dos livros;

X — manifestar-se sempre que for determinado pelo juiz;

XI — apresentar, no prazo fixado pelo juiz, a relação de seus credores;

XII — examinar e dar parecer sobre as contas do administrador judicial.

PARÁGRAFO ÚNICO. Faltando ao cumprimento de quaisquer dos deveres que esta Lei lhe impõe, após intimado pelo juiz a fazê-lo, responderá o falido por crime de desobediência.

SEÇÃO VI
Da Falência Requerida pelo Próprio Devedor

Art. 105. O devedor em crise econômico-financeira que julgue não atender aos requisitos para pleitear sua recuperação judicial deverá requerer ao juízo sua falência, expondo as razões da impossibilidade de prosseguimento da atividade empresarial, acompanhadas dos seguintes documentos:

I — demonstrações contábeis referentes aos 3 (três) últimos exercícios sociais e as levantadas especialmente para instruir o pedido, confeccionadas com estrita observância da legislação societária aplicável e compostas obrigatoriamente de:

a) balanço patrimonial;

b) demonstração de resultados acumulados;

c) demonstração do resultado desde o último exercício social;

d) relatório do fluxo de caixa;

II — relação nominal dos credores, indicando endereço, importância, natureza e classificação dos respectivos créditos;

III — relação dos bens e direitos que compõem o ativo, com a respectiva estimativa de valor e documentos comprobatórios de propriedade;

IV — prova da condição de empresário, contrato social ou estatuto em vigor ou, se não houver, a indicação de todos os sócios, seus endereços e a relação de seus bens pessoais;

V — os livros obrigatórios e documentos contábeis que lhe forem exigidos por lei;

VI — relação de seus administradores nos últimos 5 (cinco) anos, com os respectivos endereços, suas funções e participação societária.

Art. 106. Não estando o pedido regularmente instruído, o juiz determinará que seja emendado.

Art. 107. A sentença que decretar a falência do devedor observará a forma do art. 99 desta Lei.

PARÁGRAFO ÚNICO. Decretada a falência, aplicam-se integralmente os dispositivos relativos à falência requerida pelas pessoas referidas nos incisos II a IV do *caput* do art. 97 desta Lei.

SEÇÃO VII
Da Arrecadação e da Custódia dos Bens

Art. 108. Ato contínuo à assinatura do termo de compromisso, o administrador judicial efetuará a arrecadação dos bens e documentos e a avaliação dos bens, separadamente ou em bloco, no local em que se encontrem, requerendo ao juiz, para esses fins, as medidas necessárias.

§ 1º Os bens arrecadados ficarão sob a guarda do administrador judicial ou de pessoa por ele escolhida, sob responsabilidade daquele, podendo o falido ou qualquer de seus representantes ser nomeado depositário dos bens.

§ 2º O falido poderá acompanhar a arrecadação e a avaliação.

§ 3º O produto dos bens penhorados ou por outra forma apreendidos entrará para a massa, cumprindo ao juiz deprecar, a requerimento do administrador judicial, às autoridades competentes, determinando sua entrega.

§ 4º Não serão arrecadados os bens absolutamente impenhoráveis.

§ 5º Ainda que haja avaliação em bloco, o bem objeto de garantia real será também avaliado separadamente, para os fins do § 1º do art. 83 desta Lei.

Art. 109. O estabelecimento será lacrado sempre que houver risco para a execução da etapa de arrecadação ou para a preservação dos bens da massa falida ou dos interesses dos credores.

Art. 110. O auto de arrecadação, composto pelo inventário e pelo respectivo laudo de avaliação dos bens, será assinado pelo administrador judicial, pelo falido ou seus representantes e por outras pessoas que auxiliarem ou presenciarem o ato.

§ 1º Não sendo possível a avaliação dos bens no ato da arrecadação, o administrador judicial requererá ao juiz a concessão de prazo para apresentação do laudo de avaliação, que não poderá exceder 30 (trinta) dias, contados da apresentação do auto de arrecadação.

§ 2º Serão referidos no inventário:

I — os livros obrigatórios e os auxiliares ou facultativos do devedor, designando-se o estado em que se acham, número e denominação de cada um, páginas escrituradas, data do início da escrituração e do último lançamento, e se os livros obrigatórios estão revestidos das formalidades legais;

II — dinheiro, papéis, títulos de crédito, documentos e outros bens da massa falida;

III — os bens da massa falida em poder de terceiro, a título de guarda, depósito, penhor ou retenção;

IV — os bens indicados como propriedade de terceiros ou reclamados por estes, mencionando-se essa circunstância.

§ 3º Quando possível, os bens referidos no § 2º deste artigo serão individualizados.

§ 4º Em relação aos bens imóveis, o administrador judicial, no prazo de 15 (quinze) dias após a sua arrecadação, exibirá as certidões de registro, extraídas posteriormente à decretação da falência, com todas as indicações que nele constarem.

Art. 111. O juiz poderá autorizar os credores, de forma individual ou coletiva, em razão dos custos e no interesse da massa falida, a adquirir ou adjudicar, de imediato, os bens arrecadados, pelo valor da avaliação, atendida a regra de classificação e preferência entre eles, ouvido o Comitê.

Art. 112. Os bens arrecadados poderão ser removidos, desde que haja necessidade de sua melhor guarda e conservação, hipótese em que permanecerão em depósito sob responsabilidade do administrador judicial, mediante compromisso.

Art. 113. Os bens perecíveis, deterioráveis, sujeitos à considerável desvalorização ou que sejam de conservação arriscada ou dispendiosa, poderão ser vendidos antecipadamente, após a arrecadação e a avaliação, mediante autorização judicial, ouvidos o Comitê e o falido no prazo de 48 (quarenta e oito) horas.

Art. 114. O administrador judicial poderá alugar ou celebrar outro contrato referente aos bens da massa falida, com o objetivo de produzir renda para a massa falida, mediante autorização do Comitê.

§ 1º O contrato disposto no *caput* deste artigo não gera direito de preferência na compra e não pode importar disposição total ou parcial dos bens.

§ 2º O bem objeto da contratação poderá ser alienado a qualquer tempo, independentemente do prazo contratado, rescindindo-se, sem direito a multa, o contrato realizado, salvo se houver anuência do adquirente.

SEÇÃO VIII
Dos Efeitos da Decretação da Falência sobre as Obrigações do Devedor

Art. 115. A decretação da falência sujeita todos os credores, que somente poderão exercer os seus direitos sobre os bens do falido e do sócio ilimitadamente responsável na forma que esta Lei prescrever.

Art. 116. A decretação da falência suspende:

I — o exercício do direito de retenção sobre os bens sujeitos à arrecadação, os quais deverão ser entregues ao administrador judicial;

II — o exercício do direito de retirada ou de recebimento do valor de suas quotas ou ações, por parte dos sócios da sociedade falida.

Art. 117. Os contratos bilaterais não se resolvem pela falência e podem ser cumpridos pelo administrador judicial se o cumprimento reduzir ou evitar o aumento do passivo da massa falida ou for necessário à manutenção e preservação de seus ativos, mediante autorização do Comitê.

§ 1º O contratante pode interpelar o administrador judicial, no prazo de até 90 (noventa) dias, contado da assinatura do termo de sua nomeação, para que, dentro de 10 (dez) dias, declare se cumpre ou não o contrato.

§ 2º A declaração negativa ou o silêncio do administrador judicial confere ao contraente o direito à indenização, cujo valor, apurado em processo ordinário, constituirá crédito quirografário.

Art. 118. O administrador judicial, mediante autorização do Comitê, poderá dar cumprimento a contrato unilateral se esse fato reduzir ou evitar o aumento do passivo da massa falida ou for necessário à manutenção e preservação de seus ativos, realizando o pagamento da prestação pela qual está obrigada.

Art. 119. Nas relações contratuais a seguir mencionadas prevalecerão as seguintes regras:

I — o vendedor não pode obstar a entrega das coisas expedidas ao devedor e ainda em trânsito, se o comprador, antes do requerimento da falência, as tiver revendido, sem fraude, à vista das faturas e conhecimentos de transporte, entregues ou remetidos pelo vendedor;

II — se o devedor vendeu coisas compostas e o administrador judicial resolver não continuar a execução do contrato, poderá o comprador pôr à disposição da massa falida as coisas já recebidas, pedindo perdas e danos;

III — não tendo o devedor entregue coisa móvel ou prestado serviço que vendera ou contratara a prestações, e resolvendo o administrador judicial não executar o contrato, o crédito relativo ao valor pago será habilitado na classe própria;

IV — o administrador judicial, ouvido o Comitê, restituirá a coisa móvel comprada pelo devedor com reserva de domínio do vendedor se resolver não continuar a execução do contrato, exigindo a devolução, nos termos do contrato, dos valores pagos;

V — tratando-se de coisas vendidas a termo, que tenham cotação em bolsa ou mercado, e não se executando o contrato pela efetiva entrega daquelas e pagamento do preço, prestar-se-á a diferença entre a cotação do dia do contrato e a da época da liquidação em bolsa ou mercado;

VI — na promessa de compra e venda de imóveis, aplicar-se-á a legislação respectiva;

VII — a falência do locador não resolve o contrato de locação e, na falência do locatário, o administrador judicial pode, a qualquer tempo, denunciar o contrato;

VIII — caso haja acordo para compensação e liquidação de obrigações no âmbito do sistema financeiro nacional, nos termos da legislação vigente, a parte não falida poderá considerar o contrato vencido antecipadamente, hipótese em que será liquidado na forma estabelecida em regulamento, admitindo-se a compensação de eventual crédito que venha a ser apurado em favor do falido com créditos detidos pelo contratante;

IX — os patrimônios de afetação, constituídos para cumprimento de destinação específica, obedecerão ao disposto na legislação respectiva, permanecendo seus bens, direitos e obrigações separados dos do falido até o advento do respectivo termo ou até o cumprimento de sua finalidade, ocasião em que o administrador judicial arrecadará o saldo a favor da massa falida ou inscreverá na classe própria o crédito que contra ela remanescer.

Art. 120. O mandato conferido pelo devedor, antes da falência, para a realização de negócios, cessará seus efeitos com a decretação da falência, cabendo ao mandatário prestar contas de sua gestão.

§ 1º O mandato conferido para representação judicial do devedor continua em vigor até que seja expressamente revogado pelo administrador judicial.

§ 2º Para o falido, cessa o mandato ou comissão que houver recebido antes da falência, salvo os que versem sobre matéria estranha à atividade empresarial.

Art. 121. As contas correntes com o devedor consideram-se encerradas no momento de decretação da falência, verificando-se o respectivo saldo.

Art. 122. Compensam-se, com preferência sobre todos os demais credores, as dívidas do devedor vencidas até o dia da decretação da falência, provenha o vencimento da sentença de falência ou não, obedecidos os requisitos da legislação civil.

PARÁGRAFO ÚNICO. Não se compensam:

I — os créditos transferidos após a decretação da falência, salvo em caso de sucessão por fusão, incorporação, cisão ou morte; ou

II — os créditos, ainda que vencidos anteriormente, transferidos quando já conhecido o estado de crise econômico-financeira do devedor ou cuja transferência se operou com fraude ou dolo.

Art. 123. Se o falido fizer parte de alguma sociedade como sócio comanditário ou cotista, para a massa falida entrarão somente os haveres que na sociedade ele possuir e forem apurados na forma estabelecida no contrato ou estatuto social.

§ 1º Se o contrato ou o estatuto social nada disciplinar a respeito, a apuração far-se-á judicialmente, salvo se, por lei, pelo contrato ou estatuto, a sociedade tiver de liquidar-se, caso em que os haveres do falido, somente após o pagamento de todo o passivo da sociedade, entrarão para a massa falida.

§ 2º Nos casos de condomínio indivisível de que participe o falido, o bem será vendido e deduzir-se-á do valor arrecadado o que for devido aos demais condôminos, facultada a estes a compra da quota-parte do falido nos termos da melhor proposta obtida.

Art. 124. Contra a massa falida não são exigíveis juros vencidos após a decretação da falência, previstos em lei ou em contrato, se o ativo apurado não bastar para o pagamento dos credores subordinados.

PARÁGRAFO ÚNICO. Excetuam-se desta disposição os juros das debêntures e dos créditos com garantia real, mas por eles responde, exclusivamente, o produto dos bens que constituem a garantia.

Art. 125. Na falência do espólio, ficará suspenso o processo de inventário, cabendo ao administrador judicial a realização de atos pendentes em relação aos direitos e obrigações da massa falida.

Art. 126. Nas relações patrimoniais não reguladas expressamente nesta Lei, o juiz decidirá o caso atendendo à unidade, à universalidade do concurso e à igualdade de tratamento dos credores, observado o disposto no art. 75 desta Lei.

Art. 127. O credor de coobrigados solidários cujas falências sejam decretadas tem o direito de concorrer, em cada uma delas, pela totalidade do seu crédito, até recebê-lo por inteiro, quando então comunicará ao juízo.

§ 1º O disposto no *caput* deste artigo não se aplica ao falido cujas obrigações tenham sido extintas por sentença, na forma do art. 159 desta Lei.

§ 2º Se o credor ficar integralmente pago por uma ou por diversas massas coobrigadas, as que pagaram terão direito regressivo contra as demais, em proporção à parte que pagaram e àquela que cada uma tinha a seu cargo.

§ 3º Se a soma dos valores pagos ao credor em todas as massas coobrigadas exceder o total do crédito, o valor será devolvido às massas na proporção estabelecida no § 2º deste artigo.

§ 4º Se os coobrigados eram garantes uns dos outros, o excesso de que trata o § 3º deste artigo pertencerá, conforme a ordem das obrigações, às massas dos coobrigados que tiverem o direito de ser garantidas.

Art. 128. Os coobrigados solventes e os garantes do devedor ou dos sócios ilimitadamente responsáveis podem habilitar o crédito correspondente às quantias pagas ou devidas, se o credor não se habilitar no prazo legal.

SEÇÃO IX
Da Ineficácia e da Revogação de Atos Praticados antes da Falência

Art. 129. São ineficazes em relação à massa falida, tenha ou não o contratante conhecimento do estado de crise econômico-financeira do devedor, seja ou não intenção deste fraudar credores:

I — o pagamento de dívidas não vencidas realizado pelo devedor dentro do termo legal, por qualquer meio extintivo do direito de crédito, ainda que pelo desconto do próprio título;

II — o pagamento de dívidas vencidas e exigíveis realizado dentro do termo legal, por qualquer forma que não seja a prevista pelo contrato;

III — a constituição de direito real de garantia, inclusive a retenção, dentro do termo legal, tratando-se de dívida contraída anteriormente; se os bens dados em hipoteca forem objeto de outras posteriores, a massa falida receberá a parte que devia caber ao credor da hipoteca revogada;

IV — a prática de atos a título gratuito, desde 2 (dois) anos antes da decretação da falência;

V — a renúncia à herança ou a legado, até 2 (dois) anos antes da decretação da falência;

VI — a venda ou transferência de estabelecimento feita sem o consentimento expresso ou o pagamento de todos os credores, a esse tempo existentes, não tendo restado ao devedor bens suficientes para solver o seu passivo, salvo se, no prazo de 30 (trinta) dias, não houver oposição dos credores, após serem devidamente notificados, judicialmente ou pelo oficial do registro de títulos e documentos;

VII — os registros de direitos reais e de transferência de propriedade entre vivos, por título oneroso ou gratuito, ou a averbação relativa a imóveis realizados após a decretação da falência, salvo se tiver havido prenotação anterior.

PARÁGRAFO ÚNICO. A ineficácia poderá ser declarada de ofício pelo juiz, alegada em defesa ou pleiteada mediante ação própria ou incidentalmente no curso do processo.

Art. 130. São revogáveis os atos praticados com a intenção de prejudicar credores, provando-se o conluio fraudulento entre o devedor e o terceiro que com ele contratar e o efetivo prejuízo sofrido pela massa falida.

Art. 131. Nenhum dos atos referidos nos incisos I a III e VI do art. 129 desta Lei que tenham sido previstos e realizados na forma definida no plano de recuperação judicial será declarado ineficaz ou revogado.

Art. 132. A ação revocatória, de que trata o art. 130 desta Lei, deverá ser proposta pelo administrador judicial, por qualquer credor ou pelo Ministério Público no prazo de 3 (três) anos contado da decretação da falência.

Art. 133. A ação revocatória pode ser promovida:

I — contra todos os que figuraram no ato ou que por efeito dele foram pagos, garantidos ou beneficiados;

II — contra os terceiros adquirentes, se tiveram conhecimento, ao se criar o direito, da intenção do devedor de prejudicar os credores;

III — contra os herdeiros ou legatários das pessoas indicadas nos incisos I e II do *caput* deste artigo.

Art. 134. A ação revocatória correrá perante o juízo da falência e obedecerá ao procedimento ordinário previsto na Lei n. 5.869, de 11 de janeiro de 1973 — Código de Processo Civil.

Art. 135. A sentença que julgar procedente a ação revocatória determinará o retorno dos bens à massa falida em espécie, com todos os acessórios, ou o valor de mercado, acrescidos das perdas e danos.

PARÁGRAFO ÚNICO. Da sentença cabe apelação.

Art. 136. Reconhecida a ineficácia ou julgada procedente a ação revocatória, as partes retornarão ao estado anterior, e o contratante de boa-fé terá direito à restituição dos bens ou valores entregues ao devedor.

§ 1º Na hipótese de securitização de créditos do devedor, não será declarada a ineficácia ou revogado o ato de cessão em prejuízo dos direitos dos portadores de valores mobiliários emitidos pelo securitizador.

§ 2º É garantido ao terceiro de boa-fé, a qualquer tempo, propor ação por perdas e danos contra o devedor ou seus garantes.

Art. 137. O juiz poderá, a requerimento do autor da ação revocatória, ordenar, como medida preventiva, na forma da lei processual civil, o sequestro dos bens retirados do patrimônio do devedor que estejam em poder de terceiros.

Art. 138. O ato pode ser declarado ineficaz ou revogado, ainda que praticado com base em decisão judicial, observado o disposto no art. 131 desta Lei.

PARÁGRAFO ÚNICO. Revogado o ato ou declarada sua ineficácia, ficará rescindida a sentença que o motivou.

SEÇÃO X
Da Realização do Ativo

Art. 139. Logo após a arrecadação dos bens, com a juntada do respectivo auto ao processo de falência, será iniciada a realização do ativo.

Art. 140. A alienação dos bens será realizada de uma das seguintes formas, observada a seguinte ordem de preferência:

I — alienação da empresa, com a venda de seus estabelecimentos em bloco;

II — alienação da empresa, com a venda de suas filiais ou unidades produtivas isoladamente;

III — alienação em bloco dos bens que integram cada um dos estabelecimentos do devedor;

IV — alienação dos bens individualmente considerados.

§ 1º Se convier à realização do ativo, ou em razão de oportunidade, podem ser adotadas mais de uma forma de alienação.

§ 2º A realização do ativo terá início independentemente da formação do quadro-geral de credores.

§ 3º A alienação da empresa terá por objeto o conjunto de determinados bens necessários à operação rentável da unidade de produção, que poderá compreender a transferência de contratos específicos.

§ 4º Nas transmissões de bens alienados na forma deste artigo que dependam de registro público, a este servirá como título aquisitivo suficiente o mandado judicial respectivo.

Art. 141. Na alienação conjunta ou separada de ativos, inclusive da empresa ou de suas filiais, promovida sob qualquer das modalidades de que trata este artigo:

I — todos os credores, observada a ordem de preferência definida no art. 83

desta Lei, sub-rogam-se no produto da realização do ativo;

II — o objeto da alienação estará livre de qualquer ônus e não haverá sucessão do arrematante nas obrigações do devedor, inclusive as de natureza tributária, as derivadas da legislação do trabalho e as decorrentes de acidentes de trabalho.

§ 1º O disposto no inciso II do *caput* deste artigo não se aplica quando o arrematante for:

I — sócio da sociedade falida, ou sociedade controlada pelo falido;

II — parente, em linha reta ou colateral até o 4º (quarto) grau, consanguíneo ou afim, do falido ou de sócio da sociedade falida; ou

III — identificado como agente do falido com o objetivo de fraudar a sucessão.

§ 2º Empregados do devedor contratados pelo arrematante serão admitidos mediante novos contratos de trabalho e o arrematante não responde por obrigações decorrentes do contrato anterior.

Art. 142. O juiz, ouvido o administrador judicial e atendendo à orientação do Comitê, se houver, ordenará que se proceda à alienação do ativo em uma das seguintes modalidades:

I — leilão, por lances orais;

II — propostas fechadas;

III — pregão.

§ 1º A realização da alienação em quaisquer das modalidades de que trata este artigo será antecedida por publicação de anúncio em jornal de ampla circulação, com 15 (quinze) dias de antecedência, em se tratando de bens móveis, e com 30 (trinta) dias na alienação da empresa ou de bens imóveis, facultada a divulgação por outros meios que contribuam para o amplo conhecimento da venda.

§ 2º A alienação dar-se-á pelo maior valor oferecido, ainda que seja inferior ao valor de avaliação.

§ 3º No leilão por lances orais, aplicam-se, no que couber, as regras da Lei n. 5.869, de 11 de janeiro de 1973 — Código de Processo Civil.

§ 4º A alienação por propostas fechadas ocorrerá mediante a entrega, em cartório e sob recibo, de envelopes lacrados, a serem abertos pelo juiz, no dia, hora e local designados no edital, lavrando o escrivão o auto respectivo, assinado pelos presentes, e juntando as propostas aos autos da falência.

§ 5º A venda por pregão constitui modalidade híbrida das anteriores, comportando 2 (duas) fases:

I — recebimento de propostas, na forma do § 3º deste artigo;

II — leilão por lances orais, de que participarão somente aqueles que apresentarem propostas não inferiores a 90% (noventa por cento) da maior proposta ofertada, na forma do § 2º deste artigo.

§ 6º A venda por pregão respeitará as seguintes regras:

I — recebidas e abertas as propostas na forma do § 5º deste artigo, o juiz ordenará a notificação dos ofertantes, cujas propostas atendam ao requisito de seu inciso II, para comparecer ao leilão;

II — o valor de abertura do leilão será o da proposta recebida do maior ofertante presente, considerando-se esse valor como lance, ao qual ele fica obrigado;

III — caso não compareça ao leilão o ofertante da maior proposta e não seja dado lance igual ou superior ao valor por ele ofertado, fica obrigado a prestar a diferença verificada, constituindo a respectiva certidão do juízo título executivo para a cobrança dos valores pelo administrador judicial.

§ 7º Em qualquer modalidade de alienação, o Ministério Público será intimado pessoalmente, sob pena de nulidade.

Art. 143. Em qualquer das modalidades de alienação referidas no art. 142 desta Lei, poderão ser apresentadas impugnações por quaisquer credores, pelo devedor ou pelo Ministério Público, no prazo de 48 (quarenta e oito) horas da arrematação, hipótese em que os autos serão conclusos ao juiz, que, no prazo de 5 (cinco) dias, decidirá sobre as impugnações e, julgando-as improcedentes, ordenará a entrega dos bens ao arrematante, respeitadas as condições estabelecidas no edital.

Art. 144. Havendo motivos justificados, o juiz poderá autorizar, mediante requerimento fundamentado do administrador judicial ou do Comitê, modalidades de alienação judicial diversas das previstas no art. 142 desta Lei.

Art. 145. O juiz homologará qualquer outra modalidade de realização do ativo, desde que aprovada pela assembleia-geral de credores, inclusive com a constituição de sociedade de credores ou dos empregados do próprio devedor, com a participação, se necessária, dos atuais sócios ou de terceiros.

§ 1º Aplica-se à sociedade mencionada neste artigo o disposto no art. 141 desta Lei.

§ 2º No caso de constituição de sociedade formada por empregados do próprio devedor, estes poderão utilizar créditos derivados da legislação do trabalho para a aquisição ou arrendamento da empresa.

§ 3º Não sendo aprovada pela assembleia-geral a proposta alternativa para a realização do ativo, caberá ao juiz decidir a forma que será adotada, levando em conta a manifestação do administrador judicial e do Comitê.

Art. 146. Em qualquer modalidade de realização do ativo adotada, fica a massa falida dispensada da apresentação de certidões negativas.

Art. 147. As quantias recebidas a qualquer título serão imediatamente depositadas em conta remunerada de instituição financeira, atendidos os requisitos da lei ou das normas de organização judiciária.

Art. 148. O administrador judicial fará constar do relatório de que trata a alínea *p* do inciso III do art. 22 os valores eventualmente recebidos no mês vencido, explicitando a forma de distribuição dos recursos entre os credores, observado o disposto no art. 149 desta Lei.

SEÇÃO XI

Do Pagamento aos Credores

Art. 149. Realizadas as restituições, pagos os créditos extraconcursais, na forma do art. 84 desta Lei, e consolidado o quadro-geral de credores, as importâncias recebidas com a realização do ativo serão destinadas ao pagamento dos credores, atendendo à classificação prevista no art. 83 desta Lei, respeitados os demais dispositivos desta Lei e as decisões judiciais que determinam reserva de importâncias.

§ 1º Havendo reserva de importâncias, os valores a ela relativos ficarão depositados até o julgamento definitivo do crédito e, no caso de não ser este finalmente reconhecido, no todo ou em parte, os recursos depositados serão objeto de rateio suplementar entre os credores remanescentes.

§ 2º Os credores que não procederem, no prazo fixado pelo juiz, ao levantamento dos valores que lhes couberam em rateio serão intimados a fazê-lo no prazo de 60 (sessenta) dias, após o qual os recursos serão objeto de rateio suplementar entre os credores remanescentes.

Art. 150. As despesas cujo pagamento antecipado seja indispensável à administração da falência, inclusive na hipótese de continuação provisória das atividades previstas no inciso XI do *caput* do art. 99 desta Lei, serão pagas pelo administrador judicial com os recursos disponíveis em caixa.

Art. 151. Os créditos trabalhistas de natureza estritamente salarial vencidos nos 3 (três) meses anteriores à decretação da falência, até o limite de 5 (cinco) salários-mínimos por trabalhador, serão pagos tão logo haja disponibilidade em caixa.

Art. 152. Os credores restituirão em dobro as quantias recebidas, acrescidas dos juros legais, se ficar evidenciado dolo ou má-fé na constituição do crédito ou da garantia.

Art. 153. Pagos todos os credores, o saldo, se houver, será entregue ao falido.

SEÇÃO XII

Do Encerramento da Falência e da Extinção das Obrigações do Falido

Art. 154. Concluída a realização de todo o ativo, e distribuído o produto entre os credores, o administrador judicial apresentará suas contas ao juiz no prazo de 30 (trinta) dias.

§ 1º As contas, acompanhadas dos documentos comprobatórios, serão prestadas em autos apartados que, ao final, serão apensados aos autos da falência.

§ 2º O juiz ordenará a publicação de aviso de que as contas foram entregues e se encontram à disposição dos interessados, que poderão impugná-las no prazo de 10 (dez) dias.

§ 3º Decorrido o prazo do aviso e realizadas as diligências necessárias à apuração dos fatos, o juiz intimará o Ministério Público para manifestar-se no prazo de 5 (cinco) dias, findo o qual o administrador judicial será ouvido se houver impugnação ou parecer contrário do Ministério Público.

§ 4º Cumpridas as providências previstas nos §§ 2º e 3º deste artigo, o juiz julgará as contas por sentença.

§ 5º A sentença que rejeitar as contas do administrador judicial fixará suas responsabilidades, poderá determinar a indisponibilidade ou o sequestro de bens e servirá como título executivo para indenização da massa.

§ 6º Da sentença cabe apelação.

Art. 155. Julgadas as contas do administrador judicial, ele apresentará o relatório final da falência no prazo de 10 (dez) dias, indicando o valor do ativo e o do produto de sua realização, o valor do passivo e o dos pagamentos feitos aos credores, e especificará justificadamente as responsabilidades com que continuará o falido.

Art. 156. Apresentado o relatório final, o juiz encerrará a falência por sentença.

PARÁGRAFO ÚNICO. A sentença de encerramento será publicada por edital e dela caberá apelação.

Art. 157. O prazo prescricional relativo às obrigações do falido recomeça a correr a partir do dia em que transitar em julgado a sentença do encerramento da falência.

Art. 158. Extingue as obrigações do falido:

I — o pagamento de todos os créditos;

II — o pagamento, depois de realizado todo o ativo, de mais de 50% (cinquenta por cento) dos créditos quirografários, sendo facultado ao falido o depósito da quantia necessária para atingir essa porcentagem se para tanto não bastou a integral liquidação do ativo;

III — o decurso do prazo de 5 (cinco) anos, contado do encerramento da falência, se o falido não tiver sido condenado por prática de crime previsto nesta Lei;

IV — o decurso do prazo de 10 (dez) anos, contado do encerramento da falência, se o falido tiver sido condenado por prática de crime previsto nesta Lei.

Art. 159. Configurada qualquer das hipóteses do art. 158 desta Lei, o falido poderá requerer ao juízo da falência que suas obrigações sejam declaradas extintas por sentença.

§ 1º O requerimento será autuado em apartado com os respectivos documentos e publicado por edital no órgão oficial e em jornal de grande circulação.

§ 2º No prazo de 30 (trinta) dias contado da publicação do edital, qualquer credor pode opor-se ao pedido do falido.

§ 3º Findo o prazo, o juiz, em 5 (cinco) dias, proferirá sentença e, se o requerimento for anterior ao encerramento da falência, declarará extintas as obrigações na sentença de encerramento.

§ 4º A sentença que declarar extintas as obrigações será comunicada a todas as pessoas e entidades informadas da decretação da falência.

§ 5º Da sentença cabe apelação.

§ 6º Após o trânsito em julgado, os autos serão apensados aos da falência.

Art. 160. Verificada a prescrição ou extintas as obrigações nos termos desta Lei, o sócio de responsabilidade ilimitada também poderá requerer que seja declarada por sentença a extinção de suas obrigações na falência.

CAPÍTULO VI
Da Recuperação Extrajudicial

Art. 161. O devedor que preencher os requisitos do art. 48 desta Lei poderá propor e negociar com credores plano de recuperação extrajudicial.

§ 1º Não se aplica o disposto neste Capítulo a titulares de créditos de natureza tributária, derivados da legislação do trabalho ou decorrentes de acidente de trabalho, assim como àqueles previstos nos arts. 49, § 3º, e 86, inciso II do *caput*, desta Lei.

§ 2º O plano não poderá contemplar o pagamento antecipado de dívidas nem tratamento desfavorável aos credores que a ele não estejam sujeitos.

§ 3º O devedor não poderá requerer a homologação de plano extrajudicial, se estiver pendente pedido de recuperação judicial ou se houver obtido recuperação judicial ou homologação de outro plano de recuperação extrajudicial há menos de 2 (dois) anos.

§ 4º O pedido de homologação do plano de recuperação extrajudicial não acarretará suspensão de direitos, ações ou execuções, nem a impossibilidade do pedido de decretação de falência pelos credores não sujeitos ao plano de recuperação extrajudicial.

§ 5º Após a distribuição do pedido de homologação, os credores não poderão desistir da adesão ao plano, salvo com a anuência expressa dos demais signatários.

§ 6º A sentença de homologação do plano de recuperação extrajudicial constituirá título executivo judicial, nos termos do art. 584, inciso III do *caput*, da Lei n. 5.869, de 11 de janeiro de 1973 — Código de Processo Civil.

Art. 162. O devedor poderá requerer a homologação em juízo do plano de recuperação extrajudicial, juntando sua justificativa e o documento que contenha seus termos e condições, com as assinaturas dos credores que a ele aderiram.

Art. 163. O devedor poderá, também, requerer a homologação de plano de recuperação extrajudicial que obriga a todos os credores por ele abrangidos, desde que assinado por credores que representem mais de 3/5 (três quintos) de todos os créditos de cada espécie por ele abrangidos.

§ 1º O plano poderá abranger a totalidade de uma ou mais espécies de créditos previstos no art. 83, incisos II, IV, V, VI e VIII do *caput*, desta Lei, ou grupo de credores de mesma natureza e sujeito a semelhantes condições de pagamento, e, uma vez homologado, obriga a todos os credores das espécies por ele abrangidas, exclusivamente em relação aos créditos constituídos até a data do pedido de homologação.

§ 2º Não serão considerados para fins de apuração do percentual previsto no *caput* deste artigo os créditos não incluídos no plano de recuperação extrajudicial, os quais não poderão ter seu valor ou condições originais de pagamento alteradas.

§ 3º Para fins exclusivos de apuração do percentual previsto no *caput* deste artigo:

I — o crédito em moeda estrangeira será convertido para moeda nacional pelo câmbio da véspera da data de assinatura do plano; e

II — não serão computados os créditos detidos pelas pessoas relacionadas no art. 43 deste artigo.

§ 4º Na alienação de bem objeto de garantia real, a supressão da garantia ou sua substituição somente serão admitidas mediante a aprovação expressa do credor titular da respectiva garantia.

§ 5º Nos créditos em moeda estrangeira, a variação cambial só poderá ser afastada se o credor titular do respectivo crédito aprovar expressamente previsão diversa no plano de recuperação extrajudicial.

§ 6º Para a homologação do plano de que trata este artigo, além dos documentos previstos no *caput* do art. 162 desta Lei, o devedor deverá juntar:

I — exposição da situação patrimonial do devedor;

II — as demonstrações contábeis relativas ao último exercício social e as levantadas especialmente para instruir o pedido, na forma do inciso II do *caput* do art. 51 desta Lei; e

III — os documentos que comprovem os poderes dos subscritores para novar ou transigir, relação nominal completa dos credores, com a indicação do endereço de cada um, a natureza, a classificação e o valor atualizado do crédito, discriminando sua origem, o regime dos respectivos vencimentos e a indicação dos registros contábeis de cada transação pendente.

Art. 164. Recebido o pedido de homologação do plano de recuperação extrajudicial previsto nos arts. 162 e 163 desta Lei, o juiz ordenará a publicação de edital no órgão oficial e em jornal de grande circulação nacional ou das localidades da sede e das filiais do devedor, convocando todos os credores do devedor para apresentação de suas impugnações ao plano de recuperação extrajudicial, observado o § 3º deste artigo.

§ 1º No prazo do edital, deverá o devedor comprovar o envio de carta a todos os credores sujeitos ao plano, domiciliados ou sediados no país, informando a distribuição do pedido, as condições do plano e prazo para impugnação.

§ 2º Os credores terão prazo de 30 (trinta) dias, contado da publicação do edital, para impugnarem o plano, juntando a prova de seu crédito.

§ 3º Para opor-se, em sua manifestação, à homologação do plano, os credores somente poderão alegar:

I — não preenchimento do percentual mínimo previsto no *caput* do art. 163 desta Lei;

II — prática de qualquer dos atos previstos no inciso III do art. 94 ou do art. 130 desta Lei, ou descumprimento de requisito previsto nesta Lei;

III — descumprimento de qualquer outra exigência legal.

§ 4º Sendo apresentada impugnação, será aberto prazo de 5 (cinco) dias para que o devedor sobre ela se manifeste.

§ 5º Decorrido o prazo do § 4º deste artigo, os autos serão conclusos imediatamente ao juiz para apreciação de eventuais impugnações e decidirá, no prazo de 5 (cinco) dias, acerca do plano de recuperação extrajudicial, homologando-o por sentença se entender que não implica prática de atos previstos no art. 130 desta Lei e que não há outras irregularidades que recomendem sua rejeição.

§ 6º Havendo prova de simulação de créditos ou vício de representação dos credores que subscreverem o plano, a sua homologação será indeferida.

§ 7º Da sentença cabe apelação sem efeito suspensivo.

§ 8º Na hipótese de não homologação do plano o devedor poderá, cumpridas as formalidades, apresentar novo pedido de homologação de plano de recuperação extrajudicial.

Art. 165. O plano de recuperação extrajudicial produz efeitos após sua homologação judicial.

§ 1º É lícito, contudo, que o plano estabeleça a produção de efeitos anteriores à homologação, desde que exclusivamente em relação à modificação do valor ou da forma de pagamento dos credores signatários.

§ 2º Na hipótese do § 1º deste artigo, caso o plano seja posteriormente rejeitado pelo juiz, devolve-se aos credores signatários o direito de exigir seus créditos nas condições originais, deduzidos os valores efetivamente pagos.

Art. 166. Se o plano de recuperação extrajudicial homologado envolver alienação judicial de filiais ou de unidades produtivas isoladas do devedor, o juiz ordenará a sua realização, observado, no que couber, o disposto no art. 142 desta Lei.

Art. 167. O disposto neste Capítulo não implica impossibilidade de realização de outras modalidades de acordo privado entre o devedor e seus credores.

CAPÍTULO VII
Disposições Penais

SEÇÃO I
Dos Crimes em Espécie

Fraude a Credores

Art. 168. Praticar, antes ou depois da sentença que decretar a falência, conceder a recuperação judicial ou homologar a recuperação extrajudicial, ato fraudulento de que resulte ou possa resultar prejuízo aos credores, com o fim de obter ou assegurar vantagem indevida para si ou para outrem.

Pena — reclusão, de 3 (três) a 6 (seis) anos, e multa.

Aumento da pena

§ 1º A pena aumenta-se de 1/6 (um sexto) a 1/3 (um terço), se o agente:

I — elabora escrituração contábil ou balanço com dados inexatos;

II — omite, na escrituração contábil ou no balanço, lançamento que deles deveria constar, ou altera escrituração ou balanço verdadeiros;

III — destrói, apaga ou corrompe dados contábeis ou negociais armazenados em computador ou sistema informatizado;

IV — simula a composição do capital social;

V — destrói, oculta ou inutiliza, total ou parcialmente, os documentos de escrituração contábil obrigatórios.

Contabilidade paralela

§ 2º A pena é aumentada de 1/3 (um terço) até metade se o devedor manteve ou movimentou recursos ou valores paralelamente à contabilidade exigida pela legislação.

Concurso de pessoas

§ 3º Nas mesmas penas incidem os contadores, técnicos contábeis, auditores e outros profissionais que, de qualquer modo, concorrerem para as condutas criminosas descritas neste artigo, na medida de sua culpabilidade.

Redução ou substituição da pena

§ 4º Tratando-se de falência de microempresa ou de empresa de pequeno porte, e não se constatando prática habitual de condutas fraudulentas por parte do falido, poderá o juiz reduzir a pena de reclusão de 1/3 (um terço) a 2/3 (dois terços) ou substituí-la pelas penas restritivas de direitos, pelas de perda de bens e valores ou pelas de prestação de serviços à comunidade ou a entidades públicas.

Violação de sigilo empresarial

Art. 169. Violar, explorar ou divulgar, sem justa causa, sigilo empresarial ou dados confidenciais sobre operações ou serviços, contribuindo para a condução do devedor a estado de inviabilidade econômica ou financeira:

Pena — reclusão, de 2 (dois) a 4 (quatro) anos, e multa.

Divulgação de informações falsas

Art. 170. Divulgar ou propalar, por qualquer meio, informação falsa sobre devedor em recuperação judicial, com o fim de levá-lo à falência ou de obter vantagem:

Pena — reclusão, de 2 (dois) a 4 (quatro) anos, e multa.

Indução a erro

Art. 171. Sonegar ou omitir informações ou prestar informações falsas no processo de falência, de recuperação judicial ou de recuperação extrajudicial, com o fim de induzir a erro o juiz, o Ministério Público, os credores, a assembleia-geral de credores, o Comitê ou o administrador judicial:

Pena — reclusão, de 2 (dois) a 4 (quatro) anos, e multa.

Favorecimento de credores

Art. 172. Praticar, antes ou depois da sentença que decretar a falência, conceder a recuperação judicial ou homologar plano de recuperação extrajudicial, ato de disposição ou oneração patrimonial ou gerador de obrigação, destinado a favorecer um ou mais credores em prejuízo dos demais:

Pena — reclusão, de 2 (dois) a 5 (cinco) anos, e multa.

PARÁGRAFO ÚNICO. Nas mesmas penas incorre o credor que, em conluio, possa beneficiar-se de ato previsto no *caput* deste artigo.

Desvio, ocultação ou apropriação de bens

Art. 173. Apropriar-se, desviar ou ocultar bens pertencentes ao devedor sob recuperação judicial ou à massa falida, inclusive por meio da aquisição por interposta pessoa:

Pena — reclusão, de 2 (dois) a 4 (quatro) anos, e multa.

Aquisição, recebimento ou uso ilegal de bens

Art. 174. Adquirir, receber, usar, ilicitamente, bem que sabe pertencer à massa falida ou influir para que terceiro, de boa-fé, o adquira, receba ou use:

Pena — reclusão, de 2 (dois) a 4 (quatro) anos, e multa.

Habilitação ilegal de crédito

Art. 175. Apresentar, em falência, recuperação judicial ou recuperação extrajudicial, relação de créditos, habilitação de créditos ou reclamação falsas, ou juntar a elas título falso ou simulado:

Pena — reclusão, de 2 (dois) a 4 (quatro) anos, e multa.

Exercício ilegal de atividade

Art. 176. Exercer atividade para a qual foi inabilitado ou incapacitado por decisão judicial, nos termos desta Lei:

Pena — reclusão, de 1 (um) a 4 (quatro) anos, e multa.

Violação de impedimento

Art. 177. Adquirir o juiz, o representante do Ministério Público, o administrador judicial, o gestor judicial, o perito, o avaliador, o escrivão, o oficial de justiça ou o leiloeiro, por si ou por interposta pessoa, bens de massa falida ou de devedor em recuperação judicial, ou, em relação a estes, entrar em alguma especulação de lucro, quando tenham atuado nos respectivos processos:

Pena — reclusão, de 2 (dois) a 4 (quatro) anos, e multa.

Omissão dos documentos contábeis obrigatórios

Art. 178. Deixar de elaborar, escriturar ou autenticar, antes ou depois da sentença que decretar a falência, conceder a recuperação judicial ou homologar o plano de recuperação extrajudicial, os documentos de escrituração contábil obrigatórios:

Pena — detenção, de 1 (um) a 2 (dois) anos, e multa, se o fato não constitui crime mais grave.

SEÇÃO II
Disposições Comuns

Art. 179. Na falência, na recuperação judicial e na recuperação extrajudicial de sociedades, os seus sócios, diretores, gerentes, administradores e conselheiros, de fato ou de direito, bem como o administrador judicial, equiparam-se ao devedor ou falido para todos os efeitos penais decorrentes desta Lei, na medida de sua culpabilidade.

Art. 180. A sentença que decreta a falência, concede a recuperação judicial ou concede a recuperação extrajudicial de que trata o art. 163 desta Lei é condição objetiva de punibilidade das infrações penais descritas nesta Lei.

Art. 181. São efeitos da condenação por crime previsto nesta Lei:

I — a inabilitação para o exercício de atividade empresarial;

II — o impedimento para o exercício de cargo ou função em conselho de administração, diretoria ou gerência das sociedades sujeitas a esta Lei;

III — a impossibilidade de gerir empresa por mandato ou por gestão de negócio.

§ 1º Os efeitos de que trata este artigo não são automáticos, devendo ser motivadamente declarados na sentença, e perdurarão até 5 (cinco) anos após a extinção da punibilidade, podendo, contudo, cessar antes pela reabilitação penal.

§ 2º Transitada em julgado a sentença penal condenatória, será notificado o Registro Público de Empresas para que tome as medidas necessárias para impedir novo registro em nome dos inabilitados.

Art. 182. A prescrição dos crimes previstos nesta Lei reger-se-á pelas disposições do Decreto-Lei n. 2.848, de 7 de dezembro de 1940 — Código Penal, começando a correr do dia da decretação da falência, da concessão da recuperação judicial ou da homologação do plano de recuperação extrajudicial.

PARÁGRAFO ÚNICO. A decretação da falência do devedor interrompe a prescrição cuja contagem tenha iniciado com a concessão da recuperação judicial ou com a homologação do plano de recuperação extrajudicial.

SEÇÃO III
Do Procedimento Penal

Art. 183. Compete ao juiz criminal da jurisdição onde tenha sido decretada a falência, concedida a recuperação judicial ou homologado o plano de recuperação extrajudicial, conhecer da ação penal pelos crimes previstos nesta Lei.

Art. 184. Os crimes previstos nesta Lei são de ação penal pública incondicionada.

PARÁGRAFO ÚNICO. Decorrido o prazo a que se refere o art. 187, § 1º, sem que o representante do Ministério Público ofereça denúncia, qualquer credor habilitado ou o administrador judicial poderá oferecer ação penal privada subsidiária da pública, observado o prazo decadencial de 6 (seis) meses.

Art. 185. Recebida a denúncia ou a queixa, observar-se-á o rito previsto nos arts. 531 a 540 do Decreto-Lei n. 3.689, de 3 de outubro de 1941 — Código de Processo Penal.

Art. 186. No relatório previsto na alínea *e* do inciso III do *caput* do art. 22 desta Lei, o administrador judicial apresentará ao juiz da falência exposição circunstanciada, considerando as causas da falência, o procedimento do devedor, antes e depois da sentença, e outras informações detalhadas a respeito da conduta do devedor e de outros responsáveis, se houver, por atos que possam constituir crime relacionado com a recuperação judicial ou com a falência, ou outro delito conexo a estes.

PARÁGRAFO ÚNICO. A exposição circunstanciada será instruída com laudo do contador encarregado do exame da escrituração do devedor.

Art. 187. Intimado da sentença que decreta a falência ou concede a recuperação judicial, o Ministério Público, verificando a ocorrência de qualquer crime previsto nesta Lei, promoverá imediatamente a competente ação penal ou, se entender necessário, requisitará a abertura de inquérito policial.

§ 1º O prazo para oferecimento da denúncia regula-se pelo art. 46 do Decreto-Lei n. 3.689, de 3 de outubro de 1941 — Código de Processo Penal, salvo se o Ministério Público, estando o réu solto ou afiançado, decidir aguardar a apresentação da exposição circunstanciada de que trata o art. 186 desta Lei, devendo, em seguida, oferecer a denúncia em 15 (quinze) dias.

§ 2º Em qualquer fase processual, surgindo indícios da prática dos crimes previstos nesta Lei, o juiz da falência ou da recuperação judicial ou da recuperação extrajudicial cientificará o Ministério Público.

Art. 188. Aplicam-se subsidiariamente as disposições do Código de Processo Penal, no que não forem incompatíveis com esta Lei.

CAPÍTULO VIII
Disposições Finais e Transitórias

Art. 189. Aplica-se a Lei n. 5.869, de 11 de janeiro de 1973 - Código de Processo Civil, no que couber, aos procedimentos previstos nesta Lei.

Art. 190. Todas as vezes que esta Lei se referir a devedor ou falido, compreender-se-á que a disposição também se aplica aos sócios ilimitadamente responsáveis.

Art. 191. Ressalvadas as disposições específicas desta Lei, as publicações ordenadas serão feitas preferencialmente na imprensa oficial e, se o devedor ou a massa falida comportar, em jornal ou revista de circulação regional ou nacional, bem como em quaisquer outros periódicos que circulem em todo o país.

PARÁGRAFO ÚNICO. As publicações ordenadas nesta Lei conterão a epígrafe "recuperação judicial de", "recuperação extrajudicial de" ou "falência de".

Art. 192. Esta Lei não se aplica aos processos de falência ou de concordata ajuizados anteriormente ao início de sua vigência, que serão concluídos nos termos do Decreto-Lei n. 7.661, de 21 de junho de 1945.

§ 1º Fica vedada a concessão de concordata suspensiva nos processos de falência em curso, podendo ser promovida a alienação dos bens da massa falida assim que concluída sua arrecadação, independentemente da formação do quadro-geral de credores e da conclusão do inquérito judicial.

§ 2º A existência de pedido de concordata anterior à vigência desta Lei não obsta o pedido de recuperação judicial pelo devedor que não houver descumprido obrigação no âmbito da concordata, vedado, contudo, o pedido baseado no plano especial de recuperação judicial para microempresas e empresas de pequeno porte a que se refere a Seção V do Capítulo III desta Lei.

§ 3º No caso do § 2º deste artigo, se deferido o processamento da recuperação judicial, o processo de concordata será extinto e os créditos submetidos à concordata serão inscritos por seu valor original na recuperação judicial, deduzidas as parcelas pagas pelo concordatário.

§ 4º Esta Lei aplica-se às falências decretadas em sua vigência resultantes de convolação de concordatas ou de pedidos de falência anteriores, às quais se aplica, até a decretação, o Decreto-Lei n. 7.661, de 21 de junho de 1945, observado, na decisão que decretar a falência, o disposto no art. 99 desta Lei.

§ 5º O juiz poderá autorizar a locação ou arrendamento de bens imóveis ou móveis a fim de evitar a sua deterioração, cujos resultados reverterão em favor da massa. *(Incluído pela Lei n. 11.127, de 2005)*

Art. 193. O disposto nesta Lei não afeta as obrigações assumidas no âmbito das câmaras ou prestadoras de serviços de compensação e de liquidação financeira, que serão ultimadas e liquidadas pela câmara ou prestador de serviços, na forma de seus regulamentos.

Art. 194. O produto da realização das garantias prestadas pelo participante das câmaras ou prestadores de serviços de compensação e de liquidação financeira submetidos aos regimes de que trata esta Lei, assim como os títulos, valores mobiliários e quaisquer outros de seus ativos objetos de compensação ou liquidação serão destinados à liquidação das obrigações assumidas no âmbito das câmaras ou prestadoras de serviços.

Art. 195. A decretação da falência das concessionárias de serviços públicos implica extinção da concessão, na forma da lei.

Art. 196. Os Registros Públicos de Empresas manterão banco de dados público e gratuito, disponível na rede mundial de computadores, contendo a relação de todos os devedores falidos ou em recuperação judicial.

PARÁGRAFO ÚNICO. Os Registros Públicos de Empresas deverão promover a integração de seus bancos de dados em âmbito nacional.

Art. 197. Enquanto não forem aprovadas as respectivas leis específicas, esta Lei aplica-se subsidiariamente, no que couber, aos regimes previstos no Decreto-Lei n. 73, de 21 de novembro de 1966, na Lei n. 6.024, de 13 de março de 1974, no Decreto-Lei n. 2.321, de 25 de fevereiro de 1987, e na Lei n. 9.514, de 20 de novembro de 1997.

Art. 198. Os devedores proibidos de requerer concordata nos termos da legislação específica em vigor na data da publicação desta Lei ficam proibidos de requerer recuperação judicial ou extrajudicial nos termos desta Lei.

Art. 199. Não se aplica o disposto no art. 198 desta Lei às sociedades a que se refere o art. 187 da Lei n. 7.565, de 19 de dezembro de 1986.

§ 1º Na recuperação judicial e na falência das sociedades de que trata o *caput* deste artigo, em nenhuma hipótese ficará suspenso o exercício de direitos derivados de contratos de locação, arrendamento mercantil ou de qualquer outra modalidade de arrendamento de aeronaves ou de suas partes. *(Renumerado do parágrafo único com nova redação pela Lei n. 11.196, de 2005)*

§ 2º Os créditos decorrentes dos contratos mencionados no § 1º deste artigo não se submeterão aos efeitos da recuperação judicial ou extrajudicial, prevalecendo os direitos de propriedade sobre a coisa e as condições contratuais, não se lhes aplicando a ressalva contida na parte final do § 3º do art. 49 desta Lei. *(Incluído pela Lei n. 11.196, de 2005)*

§ 3º Na hipótese de falência das sociedades de que trata o *caput* deste artigo, prevalecerão os direitos de propriedade sobre a coisa relativos a contratos de locação, de arrendamento mercantil ou de qualquer outra modalidade de arrendamento de aeronaves ou de suas partes. *(Incluído pela Lei n. 11.196, de 2005)*

Art. 200. Ressalvado o disposto no art. 192 desta Lei, ficam revogados o Decreto-Lei n. 7.661, de 21 de junho de 1945, e os arts. 503 a 512 do Decreto-Lei n. 3.689, de 3 de outubro de 1941 — Código de Processo Penal.

Art. 201. Esta Lei entra em vigor 120 (cento e vinte) dias após sua publicação.

Brasília, 9 de fevereiro de 2005; 184º da Independência e 117º da República.

LUIZ INÁCIO LULA DA SILVA
Márcio Thomaz Bastos
Antonio Palloci Filho
Ricardo José Ribeiro Berzoini
Luiz Fernando Furlan

Este texto não substitui o publicado no DOU de 9.2.2005 — Edição extra

Falência

LEI N. 13.105, DE 16 DE MARÇO DE 2015

(VIGÊNCIA A PARTIR DE 17.3.2016)

NOVO CÓDIGO DE PROCESSO CIVIL

A PRESIDENTA DA REPÚBLICA

Faço saber que o Congresso Nacional decreta e eu sanciono a seguinte Lei:

PARTE GERAL

LIVRO I
DAS NORMAS PROCESSUAIS CIVIS

TÍTULO ÚNICO
DAS NORMAS FUNDAMENTAIS E DA APLICAÇÃO DAS NORMAS PROCESSUAIS

CAPÍTULO I
DAS NORMAS FUNDAMENTAIS DO PROCESSO CIVIL

Art. 1º O processo civil será ordenado, disciplinado e interpretado conforme os valores e as normas fundamentais estabelecidos na Constituição da República Federativa do Brasil, observando-se as disposições deste Código.

Art. 2º O processo começa por iniciativa da parte e se desenvolve por impulso oficial, salvo as exceções previstas em lei.

Art. 3º Não se excluirá da apreciação jurisdicional ameaça ou lesão a direito.

§ 1º É permitida a arbitragem, na forma da lei.

§ 2º O Estado promoverá, sempre que possível, a solução consensual dos conflitos.

§ 3º A conciliação, a mediação e outros métodos de solução consensual de conflitos deverão ser estimulados por juízes, advogados, defensores públicos e membros do Ministério Público, inclusive no curso do processo judicial.

Art. 4º As partes têm o direito de obter em prazo razoável a solução integral do mérito, incluída a atividade satisfativa.

Art. 5º Aquele que de qualquer forma participa do processo deve comportar-se de acordo com a boa-fé.

Art. 6º Todos os sujeitos do processo devem cooperar entre si para que se obtenha, em tempo razoável, decisão de mérito justa e efetiva.

Art. 7º É assegurada às partes paridade de tratamento em relação ao exercício de direitos e faculdades processuais, aos meios de defesa, aos ônus, aos deveres e à aplicação de sanções processuais, competindo ao juiz zelar pelo efetivo contraditório.

Art. 8º Ao aplicar o ordenamento jurídico, o juiz atenderá aos fins sociais e às exigências do bem comum, resguardando e promovendo a dignidade da pessoa humana e observando a proporcionalidade, a razoabilidade, a legalidade, a publicidade e a eficiência.

Art. 9º Não se proferirá decisão contra uma das partes sem que ela seja previamente ouvida.

PARÁGRAFO ÚNICO. O disposto no *caput* não se aplica:

I — à tutela provisória de urgência;

II — às hipóteses de tutela da evidência previstas no art. 311, incisos II e III;

III — à decisão prevista no art. 701.

Art. 10. O juiz não pode decidir, em grau algum de jurisdição, com base em fundamento a respeito do qual não se tenha dado às partes oportunidade de se manifestar, ainda que se trate de matéria sobre a qual deva decidir de ofício.

Art. 11. Todos os julgamentos dos órgãos do Poder Judiciário serão públicos, e fundamentadas todas as decisões, sob pena de nulidade.

PARÁGRAFO ÚNICO. Nos casos de segredo de justiça, pode ser autorizada a presença somente das partes, de seus advogados, de defensores públicos ou do Ministério Público.

Art. 12. Os juízes e os tribunais atenderão, preferencialmente, à ordem cronológica de conclusão para proferir sentença ou acórdão. (NR) *(Redação dada pela Lei n. 13.256, de 4.2.16, DOU 5.2.16)*

§ 1º A lista de processos aptos a julgamento deverá estar permanentemente à disposição para consulta pública em cartório e na rede mundial de computadores.

§ 2º Estão excluídos da regra do *caput*:

I — as sentenças proferidas em audiência, homologatórias de acordo ou de improcedência liminar do pedido;

II — o julgamento de processos em bloco para aplicação de tese jurídica firmada em julgamento de casos repetitivos;

III — o julgamento de recursos repetitivos ou de incidente de resolução de demandas repetitivas;

IV — as decisões proferidas com base nos arts. 485 e 932;

V — o julgamento de embargos de declaração;

VI — o julgamento de agravo interno;

VII — as preferências legais e as metas estabelecidas pelo Conselho Nacional de Justiça;

VIII — os processos criminais, nos órgãos jurisdicionais que tenham competência penal;

IX — a causa que exija urgência no julgamento, assim reconhecida por decisão fundamentada.

§ 3º Após elaboração de lista própria, respeitar-se-á a ordem cronológica das conclusões entre as preferências legais.

§ 4º Após a inclusão do processo na lista de que trata o § 1º, o requerimento formulado pela parte não altera a ordem cronológica para a decisão, exceto quando implicar a reabertura da instrução ou a conversão do julgamento em diligência.

§ 5º Decidido o requerimento previsto no § 4º, o processo retornará à mesma posição em que anteriormente se encontrava na lista.

§ 6º Ocupará o primeiro lugar na lista prevista no § 1º ou, conforme o caso, no § 3º, o processo que:

I — tiver sua sentença ou acórdão anulado, salvo quando houver necessidade de realização de diligência ou de complementação da instrução;

II — se enquadrar na hipótese do art. 1.040, inciso II.

CAPÍTULO II
Da Aplicação das Normas Processuais

Art. 13. A jurisdição civil será regida pelas normas processuais brasileiras, ressalvadas as disposições específicas previstas em tratados, convenções ou acordos internacionais de que o Brasil seja parte.

Art. 14. A norma processual não retroagirá e será aplicável imediatamente aos processos em curso, respeitados os atos processuais praticados e as situações jurídicas consolidadas sob a vigência da norma revogada.

Art. 15. Na ausência de normas que regulem processos eleitorais, trabalhistas ou administrativos, as disposições deste Código lhes serão aplicadas supletiva e subsidiariamente.

LIVRO II
DA FUNÇÃO JURISDICIONAL

TÍTULO I
Da Jurisdição e da Ação

Art. 16. A jurisdição civil é exercida pelos juízes e pelos tribunais em todo o território nacional, conforme as disposições deste Código.

Art. 17. Para postular em juízo é necessário ter interesse e legitimidade.

Art. 18. Ninguém poderá pleitear direito alheio em nome próprio, salvo quando autorizado pelo ordenamento jurídico.

PARÁGRAFO ÚNICO. Havendo substituição processual, o substituído poderá intervir como assistente litisconsorcial.

Art. 19. O interesse do autor pode limitar-se à declaração:

I — da existência, da inexistência ou do modo de ser de uma relação jurídica;

II — da autenticidade ou da falsidade de documento.

Art. 20. É admissível a ação meramente declaratória, ainda que tenha ocorrido a violação do direito.

TÍTULO II
Dos Limites da Jurisdição Nacional e da Cooperação Internacional

CAPÍTULO I
Dos Limites da Jurisdição Nacional

Art. 21. Compete à autoridade judiciária brasileira processar e julgar as ações em que:

I — o réu, qualquer que seja a sua nacionalidade, estiver domiciliado no Brasil;

II — no Brasil tiver de ser cumprida a obrigação;

III — o fundamento seja fato ocorrido ou ato praticado no Brasil.

PARÁGRAFO ÚNICO. Para o fim do disposto no inciso I, considera-se domiciliada no Brasil a pessoa jurídica estrangeira que nele tiver agência, filial ou sucursal.

Art. 22. Compete, ainda, à autoridade judiciária brasileira processar e julgar as ações:

I — de alimentos, quando:

a) o credor tiver domicílio ou residência no Brasil;

b) o réu mantiver vínculos no Brasil, tais como posse ou propriedade de bens, recebimento de renda ou obtenção de benefícios econômicos;

II — decorrentes de relações de consumo, quando o consumidor tiver domicílio ou residência no Brasil;

III — em que as partes, expressa ou tacitamente, se submeterem à jurisdição nacional.

Art. 23. Compete à autoridade judiciária brasileira, com exclusão de qualquer outra:

I — conhecer de ações relativas a imóveis situados no Brasil;

II — em matéria de sucessão hereditária, proceder à confirmação de testamento particular e ao inventário e à partilha de bens situados no Brasil, ainda que o autor da herança seja de nacionalidade estrangeira ou tenha domicílio fora do território nacional;

III — em divórcio, separação judicial ou dissolução de união estável, proceder à partilha de bens situados no Brasil, ainda que o titular seja de nacionalidade estrangeira ou tenha domicílio fora do território nacional.

Art. 24. A ação proposta perante tribunal estrangeiro não induz litispendência e não obsta a que a autoridade judiciária brasileira conheça da mesma causa e das que lhe são conexas, ressalvadas as disposições em contrário de tratados internacionais e acordos bilaterais em vigor no Brasil.

PARÁGRAFO ÚNICO. A pendência de causa perante a jurisdição brasileira não impede a homologação de sentença judicial estrangeira quando exigida para produzir efeitos no Brasil.

Art. 25. Não compete à autoridade judiciária brasileira o processamento e o julgamento da ação quando houver cláusula de eleição de foro exclusivo estrangeiro em contrato internacional, arguida pelo réu na contestação.

§ 1º Não se aplica o disposto no *caput* às hipóteses de competência internacional exclusiva previstas neste Capítulo.

§ 2º Aplica-se à hipótese do *caput* o art. 63, §§ 1º a 4º.

CAPÍTULO II
Da Cooperação Internacional

Seção I
Disposições Gerais

Art. 26. A cooperação jurídica internacional será regida por tratado de que o Brasil faz parte e observará:

I — o respeito às garantias do devido processo legal no Estado requerente;

II — a igualdade de tratamento entre nacionais e estrangeiros, residentes ou não no Brasil, em relação ao acesso à justiça e à tramitação dos processos, assegurando-se assistência judiciária aos necessitados;

III — a publicidade processual, exceto nas hipóteses de sigilo previstas na legislação brasileira ou na do Estado requerente;

IV — a existência de autoridade central para recepção e transmissão dos pedidos de cooperação;

V — a espontaneidade na transmissão de informações a autoridades estrangeiras.

§ 1º Na ausência de tratado, a cooperação jurídica internacional poderá realizar-se com base em reciprocidade, manifestada por via diplomática.

§ 2º Não se exigirá a reciprocidade referida no § 1º para homologação de sentença estrangeira.

§ 3º Na cooperação jurídica internacional não será admitida a prática de atos que contrariem ou que produzam resultados incompatíveis com as normas fundamentais que regem o Estado brasileiro.

§ 4º O Ministério da Justiça exercerá as funções de autoridade central na ausência de designação específica.

Art. 27. A cooperação jurídica internacional terá por objeto:

I — citação, intimação e notificação judicial e extrajudicial;

II — colheita de provas e obtenção de informações;

III — homologação e cumprimento de decisão;

IV — concessão de medida judicial de urgência;

V — assistência jurídica internacional;

VI — qualquer outra medida judicial ou extrajudicial não proibida pela lei brasileira.

Seção II
Do Auxílio Direto

Art. 28. Cabe auxílio direto quando a medida não decorrer diretamente de decisão de autoridade jurisdicional estrangeira a ser submetida a juízo de delibação no Brasil.

Art. 29. A solicitação de auxílio direto será encaminhada pelo órgão estrangeiro interessado à autoridade central, cabendo ao Estado requerente assegurar a autenticidade e a clareza do pedido.

Art. 30. Além dos casos previstos em tratados de que o Brasil faz parte, o auxílio direto terá os seguintes objetos:

I — obtenção e prestação de informações sobre o ordenamento jurídico e sobre processos administrativos ou jurisdicionais findos ou em curso;

II — colheita de provas, salvo se a medida for adotada em processo, em curso no estrangeiro, de competência exclusiva de autoridade judiciária brasileira;

III — qualquer outra medida judicial ou extrajudicial não proibida pela lei brasileira.

Art. 31. A autoridade central brasileira comunicar-se-á diretamente com suas congêneres e, se necessário, com outros órgãos estrangeiros responsáveis pela tramitação e pela execução de pedidos de cooperação enviados e recebidos pelo Estado brasileiro, respeitadas disposições específicas constantes de tratado.

Art. 32. No caso de auxílio direto para a prática de atos que, segundo a lei brasileira, não necessitem de prestação jurisdicional, a autoridade central adotará as providências necessárias para seu cumprimento.

Art. 33. Recebido o pedido de auxílio direto passivo, a autoridade central o encaminhará à Advocacia-Geral da União, que requererá em juízo a medida solicitada.

PARÁGRAFO ÚNICO. O Ministério Público requererá em juízo a medida solicitada quando for autoridade central.

Art. 34. Compete ao juízo federal do lugar em que deva ser executada a medida apreciar pedido de auxílio direto passivo que demande prestação de atividade jurisdicional.

Seção III
Da Carta Rogatória

Art. 35. (VETADO).

Art. 36. O procedimento da carta rogatória perante o Superior Tribunal de Justiça é de jurisdição contenciosa e deve assegurar às partes as garantias do devido processo legal.

§ 1º A defesa restringir-se-á à discussão quanto ao atendimento dos requisitos para que o pronunciamento judicial estrangeiro produza efeitos no Brasil.

§ 2º Em qualquer hipótese, é vedada a revisão do mérito do pronunciamento judicial estrangeiro pela autoridade judiciária brasileira.

Seção IV
Disposições Comuns às Seções Anteriores

Art. 37. O pedido de cooperação jurídica internacional oriundo de autoridade brasileira competente será encaminhado à autoridade central para posterior envio ao Estado requerido para lhe dar andamento.

Art. 38. O pedido de cooperação oriundo de autoridade brasileira competente e os documentos anexos que o instruem serão encaminhados à autoridade central, acompanhados de tradução para a língua oficial do Estado requerido.

Art. 39. O pedido passivo de cooperação jurídica internacional será recusado se configurar manifesta ofensa à ordem pública.

Art. 40. A cooperação jurídica internacional para execução de decisão estrangeira dar-se-á por meio de carta rogatória ou de ação de homologação de sentença estrangeira, de acordo com o art. 960.

Art. 41. Considera-se autêntico o documento que instruir pedido de cooperação jurídica internacional, inclusive tradução para a língua portuguesa, quando encaminhado ao Estado brasileiro por meio de autoridade central ou por via diplomática, dispensando-se ajuramentação, autenticação ou qualquer procedimento de legalização.

PARÁGRAFO ÚNICO. O disposto no *caput* não impede, quando necessária, a aplicação pelo Estado brasileiro do princípio da reciprocidade de tratamento.

TÍTULO III
Da Competência Interna

CAPÍTULO I
Da Competência

Seção I
Disposições Gerais

Art. 42. As causas cíveis serão processadas e decididas pelo juiz nos limites de sua competência, ressalvado às partes o direito de instituir juízo arbitral, na forma da lei.

Art. 43. Determina-se a competência no momento do registro ou da distribuição da petição inicial, sendo irrelevantes as modificações do estado de fato ou de direito ocorridas posteriormente, salvo quando suprimirem órgão judiciário ou alterarem a competência absoluta.

Art. 44. Obedecidos os limites estabelecidos pela Constituição Federal, a competência é determinada pelas normas previstas neste Código ou em legislação especial, pelas normas de organização judiciária e, ainda, no que couber, pelas constituições dos Estados.

Art. 45. Tramitando o processo perante outro juízo, os autos serão remetidos ao juízo federal competente se nele intervier a União, suas empresas públicas, entidades autárquicas e fundações, ou conselho de fiscalização de atividade profissional, na qualidade de parte ou de terceiro interveniente, exceto as ações:

I — de recuperação judicial, falência, insolvência civil e acidente de trabalho;

II — sujeitas à justiça eleitoral e à justiça do trabalho.

§ 1º Os autos não serão remetidos se houver pedido cuja apreciação seja de competência do juízo perante o qual foi proposta a ação.

§ 2º Na hipótese do § 1º, o juiz, ao não admitir a cumulação de pedidos em razão da incompetência para apreciar qualquer deles, não examinará o mérito daquele em que exista interesse da União, de suas entidades autárquicas ou de suas empresas públicas.

§ 3º O juízo federal restituirá os autos ao juízo estadual sem suscitar conflito se o ente federal cuja presença ensejou a remessa for excluído do processo.

Art. 46. A ação fundada em direito pessoal ou em direito real sobre bens móveis será proposta, em regra, no foro de domicílio do réu.

§ 1º Tendo mais de um domicílio, o réu será demandado no foro de qualquer deles.

§ 2º Sendo incerto ou desconhecido o domicílio do réu, ele poderá ser demandado onde for encontrado ou no foro de domicílio do autor.

§ 3º Quando o réu não tiver domicílio ou residência no Brasil, a ação será proposta no foro de domicílio do autor, e, se este também residir fora do Brasil, a ação será proposta em qualquer foro.

§ 4º Havendo 2 (dois) ou mais réus com diferentes domicílios, serão demandados no foro de qualquer deles, à escolha do autor.

§ 5º A execução fiscal será proposta no foro de domicílio do réu, no de sua residência ou no do lugar onde for encontrado.

Art. 47. Para as ações fundadas em direito real sobre imóveis é competente o foro de situação da coisa.

§ 1º O autor pode optar pelo foro de domicílio do réu ou pelo foro de eleição se o litígio não recair sobre direito de propriedade, vizinhança, servidão, divisão e demarcação de terras e de nunciação de obra nova.

§ 2º A ação possessória imobiliária será proposta no foro de situação da coisa, cujo juízo tem competência absoluta.

Art. 48. O foro de domicílio do autor da herança, no Brasil, é o competente para o inventário, a partilha, a arrecadação, o cumprimento de disposições de última vontade, a impugnação ou anulação de partilha extrajudicial e para todas as ações em que o espólio for réu, ainda que o óbito tenha ocorrido no estrangeiro.

PARÁGRAFO ÚNICO. Se o autor da herança não possuía domicílio certo, é competente:

I — o foro de situação dos bens imóveis;

II — havendo bens imóveis em foros diferentes, qualquer destes;

III — não havendo bens imóveis, o foro do local de qualquer dos bens do espólio.

Art. 49. A ação em que o ausente for réu será proposta no foro de seu último domicílio, também competente para a arrecadação, o inventário, a partilha e o cumprimento de disposições testamentárias.

Art. 50. A ação em que o incapaz for réu será proposta no foro de domicílio de seu representante ou assistente.

Art. 51. É competente o foro de domicílio do réu para as causas em que seja autora a União.

PARÁGRAFO ÚNICO. Se a União for a demandada, a ação poderá ser proposta no foro de domicílio do autor, no de ocorrência do ato ou fato que originou a demanda, no de situação da coisa ou no Distrito Federal.

Art. 52. É competente o foro de domicílio do réu para as causas em que seja autor Estado ou o Distrito Federal.

PARÁGRAFO ÚNICO. Se Estado ou o Distrito Federal for o demandado, a ação poderá ser proposta no foro de domicílio do autor, no de ocorrência do ato ou fato que originou a demanda, no de situação da coisa ou na capital do respectivo ente federado.

Art. 53. É competente o foro:

I — para a ação de divórcio, separação, anulação de casamento e reconhecimento ou dissolução de união estável:

a) de domicílio do guardião de filho incapaz;

b) do último domicílio do casal, caso não haja filho incapaz;

c) de domicílio do réu, se nenhuma das partes residir no antigo domicílio do casal;

II — de domicílio ou residência do alimentando, para a ação em que se pedem alimentos;

III — do lugar:

a) onde está a sede, para a ação em que for ré pessoa jurídica;

b) onde se acha agência ou sucursal, quanto às obrigações que a pessoa jurídica contraiu;

c) onde exerce suas atividades, para a ação em que for ré sociedade ou associação sem personalidade jurídica;

d) onde a obrigação deve ser satisfeita, para a ação em que se lhe exigir o cumprimento;

e) de residência do idoso, para a causa que verse sobre direito previsto no respectivo estatuto;

f) da sede da serventia notarial ou de registro, para a ação de reparação de dano por ato praticado em razão do ofício;

IV — do lugar do ato ou fato para a ação:

a) de reparação de dano;

b) em que for réu administrador ou gestor de negócios alheios;

V — de domicílio do autor ou do local do fato, para a ação de reparação de dano sofrido em razão de delito ou acidente de veículos, inclusive aeronaves.

Seção II
Da Modificação da Competência

Art. 54. A competência relativa poderá modificar-se pela conexão ou pela continência, observado o disposto nesta Seção.

Art. 55. Reputam-se conexas 2 (duas) ou mais ações quando lhes for comum o pedido ou a causa de pedir.

§ 1º Os processos de ações conexas serão reunidos para decisão conjunta, salvo se um deles já houver sido sentenciado.

§ 2º Aplica-se o disposto no *caput*:

I — à execução de título extrajudicial e à ação de conhecimento relativa ao mesmo ato jurídico;

II — às execuções fundadas no mesmo título executivo.

§ 3º Serão reunidos para julgamento conjunto os processos que possam gerar risco de prolação de decisões conflitantes ou contraditórias caso decididos separadamente, mesmo sem conexão entre eles.

Art. 56. Dá-se a continência entre 2 (duas) ou mais ações quando houver identidade quanto às partes e à causa de pedir, mas o pedido de uma, por ser mais amplo, abrange o das demais.

Art. 57. Quando houver continência e a ação continente tiver sido proposta anteriormente, no processo relativo à ação contida será proferida sentença sem resolução de mérito, caso contrário, as ações serão necessariamente reunidas.

Art. 58. A reunião das ações propostas em separado far-se-á no juízo prevento, onde serão decididas simultaneamente.

Art. 59. O registro ou a distribuição da petição inicial torna prevento o juízo.

Art. 60. Se o imóvel se achar situado em mais de um Estado, comarca, seção ou subseção judiciária, a competência territorial do juízo prevento estender-se-á sobre a totalidade do imóvel.

Art. 61. A ação acessória será proposta no juízo competente para a ação principal.

Art. 62. A competência determinada em razão da matéria, da pessoa ou da função é inderrogável por convenção das partes.

Art. 63. As partes podem modificar a competência em razão do valor e do território, elegendo foro onde será proposta ação oriunda de direitos e obrigações.

§ 1º A eleição de foro só produz efeito quando constar de instrumento escrito e aludir expressamente a determinado negócio jurídico.

§ 2º O foro contratual obriga os herdeiros e sucessores das partes.

§ 3º Antes da citação, a cláusula de eleição de foro, se abusiva, pode ser reputada ineficaz de ofício pelo juiz, que determinará a remessa dos autos ao juízo do foro de domicílio do réu.

§ 4º Citado, incumbe ao réu alegar a abusividade da cláusula de eleição de foro na contestação, sob pena de preclusão.

Seção III
Da Incompetência

Art. 64. A incompetência, absoluta ou relativa, será alegada como questão preliminar de contestação.

§ 1º A incompetência absoluta pode ser alegada em qualquer tempo e grau de jurisdição e deve ser declarada de ofício.

§ 2º Após manifestação da parte contrária, o juiz decidirá imediatamente a alegação de incompetência.

§ 3º Caso a alegação de incompetência seja acolhida, os autos serão remetidos ao juízo competente.

§ 4º Salvo decisão judicial em sentido contrário, conservar-se-ão os efeitos de decisão proferida pelo juízo incompetente até que outra seja proferida, se for o caso, pelo juízo competente.

Art. 65. Prorrogar-se-á a competência relativa se o réu não alegar a incompetência em preliminar de contestação.

PARÁGRAFO ÚNICO. A incompetência relativa pode ser alegada pelo Ministério Público nas causas em que atuar.

Art. 66. Há conflito de competência quando:

I — 2 (dois) ou mais juízes se declaram competentes;

II — 2 (dois) ou mais juízes se consideram incompetentes, atribuindo um ao outro a competência;

III — entre 2 (dois) ou mais juízes surge controvérsia acerca da reunião ou separação de processos.

PARÁGRAFO ÚNICO. O juiz que não acolher a competência declinada deverá suscitar o conflito, salvo se a atribuir a outro juízo.

CAPÍTULO II
Da Cooperação Nacional

Art. 67. Aos órgãos do Poder Judiciário, estadual ou federal, especializado ou comum, em todas as instâncias e graus de jurisdição, inclusive aos tribunais superiores, incumbe o dever de recíproca cooperação, por meio de seus magistrados e servidores.

Art. 68. Os juízos poderão formular entre si pedido de cooperação para prática de qualquer ato processual.

Art. 69. O pedido de cooperação jurisdicional deve ser prontamente atendido, prescinde de forma específica e pode ser executado como:

I — auxílio direto;

II — reunião ou apensamento de processos;

III — prestação de informações;

IV — atos concertados entre os juízes cooperantes.

§ 1º As cartas de ordem, precatória e arbitral seguirão o regime previsto neste Código.

§ 2º Os atos concertados entre os juízes cooperantes poderão consistir, além de outros, no estabelecimento de procedimento para:

I — a prática de citação, intimação ou notificação de ato;

II — a obtenção e apresentação de provas e a coleta de depoimentos;

III — a efetivação de tutela provisória;

IV — a efetivação de medidas e providências para recuperação e preservação de empresas;

V — a facilitação de habilitação de créditos na falência e na recuperação judicial;

VI — a centralização de processos repetitivos;

VII — a execução de decisão jurisdicional.

§ 3º O pedido de cooperação judiciária pode ser realizado entre órgãos jurisdicionais de diferentes ramos do Poder Judiciário.

LIVRO III
DOS SUJEITOS DO PROCESSO

TÍTULO I
Das Partes e dos Procuradores

CAPÍTULO I
Da Capacidade Processual

Art. 70. Toda pessoa que se encontre no exercício de seus direitos tem capacidade para estar em juízo.

Art. 71. O incapaz será representado ou assistido por seus pais, por tutor ou por curador, na forma da lei.

Art. 72. O juiz nomeará curador especial ao:

I — incapaz, se não tiver representante legal ou se os interesses deste colidirem com os daquele, enquanto durar a incapacidade;

II — réu preso revel, bem como ao réu revel citado por edital ou com hora certa, enquanto não for constituído advogado.

PARÁGRAFO ÚNICO. A curatela especial será exercida pela Defensoria Pública, nos termos da lei.

Art. 73. O cônjuge necessitará do consentimento do outro para propor ação que verse sobre direito real imobiliário, salvo quando casados sob o regime de separação absoluta de bens.

§ 1º Ambos os cônjuges serão necessariamente citados para a ação:

I — que verse sobre direito real imobiliário, salvo quando casados sob o regime de separação absoluta de bens;

II — resultante de fato que diga respeito a ambos os cônjuges ou de ato praticado por eles;

III — fundada em dívida contraída por um dos cônjuges a bem da família;

IV — que tenha por objeto o reconhecimento, a constituição ou a extinção de ônus sobre imóvel de um ou de ambos os cônjuges.

§ 2º Nas ações possessórias, a participação do cônjuge do autor ou do réu somente é indispensável nas hipóteses de composse ou de ato por ambos praticado.

§ 3º Aplica-se o disposto neste artigo à união estável comprovada nos autos.

Art. 74. O consentimento previsto no art. 73 pode ser suprido judicialmente quando for negado por um dos cônjuges sem justo motivo, ou quando lhe seja impossível concedê-lo.

PARÁGRAFO ÚNICO. A falta de consentimento, quando necessário e não suprido pelo juiz, invalida o processo.

Art. 75. Serão representados em juízo, ativa e passivamente:

I — a União, pela Advocacia-Geral da União, diretamente ou mediante órgão vinculado;

II — o Estado e o Distrito Federal, por seus procuradores;

III — o Município, por seu prefeito ou procurador;

IV — a autarquia e a fundação de direito público, por quem a lei do ente federado designar;

V — a massa falida, pelo administrador judicial;

VI — a herança jacente ou vacante, por seu curador;

VII — o espólio, pelo inventariante;

VIII — a pessoa jurídica, por quem os respectivos atos constitutivos designarem ou, não havendo essa designação, por seus diretores;

IX — a sociedade e a associação irregulares e outros entes organizados sem personalidade jurídica, pela pessoa a quem couber a administração de seus bens;

X — a pessoa jurídica estrangeira, pelo gerente, representante ou administrador de sua filial, agência ou sucursal aberta ou instalada no Brasil;

XI — o condomínio, pelo administrador ou síndico.

§ 1º Quando o inventariante for dativo, os sucessores do falecido serão intimados no processo no qual o espólio seja parte.

§ 2º A sociedade ou associação sem personalidade jurídica não poderá opor a irregularidade de sua constituição quando demandada.

§ 3º O gerente de filial ou agência presume-se autorizado pela pessoa jurídica estrangeira a receber citação para qualquer processo.

§ 4º Os Estados e o Distrito Federal poderão ajustar compromisso recíproco para prática de ato processual por seus procuradores em favor de outro ente federado, mediante convênio firmado pelas respectivas procuradorias.

Art. 76. Verificada a incapacidade processual ou a irregularidade da representação da parte, o juiz suspenderá o processo e designará prazo razoável para que seja sanado o vício.

§ 1º Descumprida a determinação, caso o processo esteja na instância originária:

I — o processo será extinto, se a providência couber ao autor;

II — o réu será considerado revel, se a providência lhe couber;

III — o terceiro será considerado revel ou excluído do processo, dependendo do polo em que se encontre.

§ 2º Descumprida a determinação em fase recursal perante tribunal de justiça, tribunal regional federal ou tribunal superior, o relator:

I — não conhecerá do recurso, se a providência couber ao recorrente;

II — determinará o desentranhamento das contrarrazões, se a providência couber ao recorrido.

CAPÍTULO II
Dos Deveres das Partes e de seus Procuradores

Seção I
Dos Deveres

Art. 77. Além de outros previstos neste Código, são deveres das partes, de seus procuradores e de todos aqueles que de qualquer forma participem do processo:

I — expor os fatos em juízo conforme a verdade;

II — não formular pretensão ou de apresentar defesa quando cientes de que são destituídas de fundamento;

III — não produzir provas e não praticar atos inúteis ou desnecessários à declaração ou à defesa do direito;

IV — cumprir com exatidão as decisões jurisdicionais, de natureza provisória ou final, e não criar embaraços à sua efetivação;

V — declinar, no primeiro momento que lhes couber falar nos autos, o endereço residencial ou profissional onde receberão intimações, atualizando essa informação sempre que ocorrer qualquer modificação temporária ou definitiva;

VI — não praticar inovação ilegal no estado de fato de bem ou direito litigioso.

§ 1º Nas hipóteses dos incisos IV e VI, o juiz advertirá qualquer das pessoas mencionadas no *caput* de que sua conduta poderá ser punida como ato atentatório à dignidade da justiça.

§ 2º A violação ao disposto nos incisos IV e VI constitui ato atentatório à dignidade da justiça, devendo o juiz, sem prejuízo das sanções criminais, civis e processuais cabíveis, aplicar ao responsável multa de até vinte por cento do valor da causa, de acordo com a gravidade da conduta.

§ 3º Não sendo paga no prazo a ser fixado pelo juiz, a multa prevista no § 2º será inscrita como dívida ativa da União ou do Estado após o trânsito em julgado da decisão que a fixou, e sua execução observará o procedimento da execução fiscal, revertendo-se aos fundos previstos no art. 97.

§ 4º A multa estabelecida no § 2º poderá ser fixada independentemente da incidência das previstas nos arts. 523, § 1º, e 536, § 1º.

§ 5º Quando o valor da causa for irrisório ou inestimável, a multa prevista no § 2º poderá ser fixada em até 10 (dez) vezes o valor do salário-mínimo.

§ 6º Aos advogados públicos ou privados e aos membros da Defensoria Pública e do Ministério Público não se aplica o disposto nos §§ 2º a 5º, devendo eventual responsabilidade disciplinar ser apurada pelo respectivo órgão de classe ou corregedoria, ao qual o juiz oficiará.

§ 7º Reconhecida violação ao disposto no inciso VI, o juiz determinará o restabelecimento do estado anterior, podendo, ainda, proibir a parte de falar nos autos até a purgação do atentado, sem prejuízo da aplicação do § 2º.

§ 8º O representante judicial da parte não pode ser compelido a cumprir decisão em seu lugar.

Art. 78. É vedado às partes, a seus procuradores, aos juízes, aos membros do Ministério Público e da Defensoria Pública e a qualquer pessoa que participe do processo empregar expressões ofensivas nos escritos apresentados.

§ 1º Quando expressões ou condutas ofensivas forem manifestadas oral ou presencialmente, o juiz advertirá o ofensor de que não as deve usar ou repetir, sob pena de lhe ser cassada a palavra.

§ 2º De ofício ou a requerimento do ofendido, o juiz determinará que as expressões ofensivas sejam riscadas e, a requerimento do ofendido, determinará a expedição de certidão com inteiro teor das expressões ofensivas e a colocará à disposição da parte interessada.

Seção II
Da Responsabilidade das Partes por Dano Processual

Art. 79. Responde por perdas e danos aquele que litigar de má-fé como autor, réu ou interveniente.

Art. 80. Considera-se litigante de má-fé aquele que:

I — deduzir pretensão ou defesa contra texto expresso de lei ou fato incontroverso;

II — alterar a verdade dos fatos;

III — usar do processo para conseguir objetivo ilegal;

IV — opuser resistência injustificada ao andamento do processo;

V — proceder de modo temerário em qualquer incidente ou ato do processo;

VI — provocar incidente manifestamente infundado;

VII — interpuser recurso com intuito manifestamente protelatório.

Art. 81. De ofício ou a requerimento, o juiz condenará o litigante de má-fé a pagar multa, que deverá ser superior a um por cento e inferior a dez por cento do valor corrigido da causa, a indenizar a parte contrária pelos prejuízos que esta sofreu e a arcar com os honorários advocatícios e com todas as despesas que efetuou.

§ 1º Quando forem 2 (dois) ou mais os litigantes de má-fé, o juiz condenará cada um na proporção de seu respectivo interesse na causa ou solidariamente aqueles que se coligaram para lesar a parte contrária.

§ 2º Quando o valor da causa for irrisório ou inestimável, a multa poderá ser fixada em até 10 (dez) vezes o valor do salário-mínimo.

§ 3º O valor da indenização será fixado pelo juiz ou, caso não seja possível mensurá-lo, liquidado por arbitramento ou pelo procedimento comum, nos próprios autos.

Seção III
Das Despesas, dos Honorários Advocatícios e das Multas

Art. 82. Salvo as disposições concernentes à gratuidade da justiça, incumbe às partes prover as despesas dos atos que realizarem ou requererem no processo, antecipando-lhes o pagamento, desde o início até a sentença final ou, na execução, até a plena satisfação do direito reconhecido no título.

§ 1º Incumbe ao autor adiantar as despesas relativas a ato cuja realização o juiz determinar de ofício ou a requerimento do Ministério Público, quando sua intervenção ocorrer como fiscal da ordem jurídica.

§ 2º A sentença condenará o vencido a pagar ao vencedor as despesas que antecipou.

Art. 83. O autor, brasileiro ou estrangeiro, que residir fora do Brasil ou deixar de residir no país ao longo da tramitação de processo prestará caução suficiente ao pagamento das custas e dos honorários de advogado da parte contrária nas ações que propuser, se não tiver no Brasil bens imóveis que lhes assegurem o pagamento.

§ 1º Não se exigirá a caução de que trata o *caput*:

I — quando houver dispensa prevista em acordo ou tratado internacional de que o Brasil faz parte;

II — na execução fundada em título extrajudicial e no cumprimento de sentença;

III — na reconvenção.

§ 2º Verificando-se no trâmite do processo que se desfalcou a garantia, poderá o interessado exigir reforço da caução, justificando seu pedido com a indicação da depreciação do bem dado em garantia e a importância do reforço que pretende obter.

Art. 84. As despesas abrangem as custas dos atos do processo, a indenização de viagem, a remuneração do assistente técnico e a diária de testemunha.

Art. 85. A sentença condenará o vencido a pagar honorários ao advogado do vencedor.

§ 1º São devidos honorários advocatícios na reconvenção, no cumprimento de sentença, provisório ou definitivo, na execução, resistida ou não, e nos recursos interpostos, cumulativamente.

§ 2º Os honorários serão fixados entre o mínimo de dez e o máximo de vinte por cento sobre o valor da condenação, do proveito econômico obtido ou, não sendo possível mensurá-lo, sobre o valor atualizado da causa, atendidos:

I — o grau de zelo do profissional;

II — o lugar de prestação do serviço;

III — a natureza e a importância da causa;

IV — o trabalho realizado pelo advogado e o tempo exigido para o seu serviço.

§ 3º Nas causas em que a Fazenda Pública for parte, a fixação dos honorários observará os critérios estabelecidos nos incisos I a IV do § 2º e os seguintes percentuais:

I — mínimo de dez e máximo de vinte por cento sobre o valor da condenação ou do proveito econômico obtido até 200 (duzentos) salários-mínimos;

II — mínimo de oito e máximo de dez por cento sobre o valor da condenação ou do proveito econômico obtido acima de 200 (duzentos) salários-mínimos até 2.000 (dois mil) salários-mínimos;

III — mínimo de cinco e máximo de oito por cento sobre o valor da condenação ou do proveito econômico obtido acima de 2.000 (dois mil) salários-mínimos até 20.000 (vinte mil) salários-mínimos;

IV — mínimo de três e máximo de cinco por cento sobre o valor da condenação ou do proveito econômico obtido acima de 20.000 (vinte mil) salários-mínimos até 100.000 (cem mil) salários-mínimos;

V — mínimo de um e máximo de três por cento sobre o valor da condenação ou do proveito econômico obtido acima de 100.000 (cem mil) salários-mínimos.

§ 4º Em qualquer das hipóteses do § 3º:

I — os percentuais previstos nos incisos I a V devem ser aplicados desde logo, quando for líquida a sentença;

II — não sendo líquida a sentença, a definição do percentual, nos termos previstos nos incisos I a V, somente ocorrerá quando liquidado o julgado;

III — não havendo condenação principal ou não sendo possível mensurar o proveito econômico obtido, a condenação em honorários dar-se-á sobre o valor atualizado da causa;

IV — será considerado o salário-mínimo vigente quando prolatada sentença líquida ou o que estiver em vigor na data da decisão de liquidação.

§ 5º Quando, conforme o caso, a condenação contra a Fazenda Pública ou o benefício econômico obtido pelo vencedor ou o valor da causa for superior ao valor previsto no inciso I do § 3º, a fixação do percentual de honorários deve observar a faixa inicial e, naquilo que a exceder, a faixa subsequente, e assim sucessivamente.

§ 6º Os limites e critérios previstos nos §§ 2º e 3º aplicam-se independentemente de qual seja o conteúdo da decisão, inclusive aos casos de improcedência ou de sentença sem resolução de mérito.

§ 7º Não serão devidos honorários no cumprimento de sentença contra a Fazenda Pública que enseje expedição de precatório, desde que não tenha sido impugnada.

§ 8º Nas causas em que for inestimável ou irrisório o proveito econômico ou, ainda, quando o valor da causa for muito baixo, o juiz fixará o valor dos honorários por apreciação equitativa, observando o disposto nos incisos do § 2º.

§ 9º Na ação de indenização por ato ilícito contra pessoa, o percentual de honorários incidirá sobre a soma das prestações vencidas acrescida de 12 (doze) prestações vincendas.

§ 10. Nos casos de perda do objeto, os honorários serão devidos por quem deu causa ao processo.

§ 11. O tribunal, ao julgar recurso, majorará os honorários fixados anteriormente levando em conta o trabalho adicional realizado em grau recursal, observando, conforme o caso, o disposto nos §§ 2º a 6º, sendo vedado ao tribunal, no cômputo geral da fixação de honorários devidos ao advogado do vencedor, ultrapassar os respectivos limites estabelecidos nos §§ 2º e 3º para a fase de conhecimento.

§ 12. Os honorários referidos no § 11 são cumuláveis com multas e outras sanções processuais, inclusive as previstas no art. 77.

§ 13. As verbas de sucumbência arbitradas em embargos à execução rejeitados ou julgados improcedentes e em fase de cumprimento de sentença serão acrescidas no valor do débito principal, para todos os efeitos legais.

§ 14. Os honorários constituem direito do advogado e têm natureza alimentar, com os mesmos privilégios dos créditos oriundos da legislação do trabalho, sendo vedada a compensação em caso de sucumbência parcial.

§ 15. O advogado pode requerer que o pagamento dos honorários que lhe caibam seja efetuado em favor da sociedade de advogados que integra na qualidade de sócio, aplicando-se à hipótese o disposto no § 14.

§ 16. Quando os honorários forem fixados em quantia certa, os juros moratórios incidirão a partir da data do trânsito em julgado da decisão.

§ 17. Os honorários serão devidos quando o advogado atuar em causa própria.

§ 18. Caso a decisão transitada em julgado seja omissa quanto ao direito aos honorários ou ao seu valor, é cabível ação autônoma para sua definição e cobrança.

§ 19. Os advogados públicos perceberão honorários de sucumbência, nos termos da lei.

Art. 86. Se cada litigante for, em parte, vencedor e vencido, serão proporcionalmente distribuídas entre eles as despesas.

PARÁGRAFO ÚNICO. Se um litigante sucumbir em parte mínima do pedido, o outro responderá, por inteiro, pelas despesas e pelos honorários.

Art. 87. Concorrendo diversos autores ou diversos réus, os vencidos respondem proporcionalmente pelas despesas e pelos honorários.

§ 1º A sentença deverá distribuir entre os litisconsortes, de forma expressa, a responsabilidade proporcional pelo pagamento das verbas previstas no *caput*.

§ 2º Se a distribuição de que trata o § 1º não for feita, os vencidos responderão solidariamente pelas despesas e pelos honorários.

Art. 88. Nos procedimentos de jurisdição voluntária, as despesas serão adiantadas pelo requerente e rateadas entre os interessados.

Art. 89. Nos juízos divisórios, não havendo litígio, os interessados pagarão as despesas proporcionalmente a seus quinhões.

Art. 90. Proferida sentença com fundamento em desistência, em renúncia ou em reconhecimento do pedido, as despesas e os honorários serão pagos pela parte que desistiu, renunciou ou reconheceu.

§ 1º Sendo parcial a desistência, a renúncia ou o reconhecimento, a responsabilidade pelas despesas e pelos honorários será proporcional à parcela reconhecida, à qual se renunciou ou da qual se desistiu.

§ 2º Havendo transação e nada tendo as partes disposto quanto às despesas, estas serão divididas igualmente.

§ 3º Se a transação ocorrer antes da sentença, as partes ficam dispensadas do pagamento das custas processuais remanescentes, se houver.

§ 4º Se o réu reconhecer a procedência do pedido e, simultaneamente, cumprir integralmente a prestação reconhecida, os honorários serão reduzidos pela metade.

Art. 91. As despesas dos atos processuais praticados a requerimento da Fazenda Pública, do Ministério Público ou da Defensoria Pública serão pagas ao final pelo vencido.

§ 1º As perícias requeridas pela Fazenda Pública, pelo Ministério Público ou pela Defensoria Pública poderão ser realizadas por entidade pública ou, havendo previsão orçamentária, ter os valores adiantados por aquele que requerer a prova.

§ 2º Não havendo previsão orçamentária no exercício financeiro para adiantamento dos honorários periciais, eles serão pagos no exercício seguinte ou ao final, pelo vencido, caso o processo se encerre antes do adiantamento a ser feito pelo ente público.

Art. 92. Quando, a requerimento do réu, o juiz proferir sentença sem resolver o mérito, o autor não poderá propor novamente a ação sem pagar ou depositar em cartório as despesas e os honorários a que foi condenado.

Art. 93. As despesas de atos adiados ou cuja repetição for necessária ficarão a cargo da parte, do auxiliar da justiça, do órgão do Ministério Público ou da Defensoria Pública ou do juiz que, sem justo motivo, houver dado causa ao adiamento ou à repetição.

Art. 94. Se o assistido for vencido, o assistente será condenado ao pagamento das custas em proporção à atividade que houver exercido no processo.

Art. 95. Cada parte adiantará a remuneração do assistente técnico que houver indicado, sendo a do perito adiantada pela parte que houver requerido a perícia ou rateada quando a perícia for determinada de ofício ou requerida por ambas as partes.

§ 1º O juiz poderá determinar que a parte responsável pelo pagamento dos honorários do perito deposite em juízo o valor correspondente.

§ 2º A quantia recolhida em depósito bancário à ordem do juízo será corrigida monetariamente e paga de acordo com o art. 465, § 4º.

§ 3º Quando o pagamento da perícia for de responsabilidade de beneficiário de gratuidade da justiça, ela poderá ser:

I — custeada com recursos alocados no orçamento do ente público e realizada por servidor do Poder Judiciário ou por órgão público conveniado;

II — paga com recursos alocados no orçamento da União, do Estado ou do Distrito Federal, no caso de ser realizada por particular, hipótese em que o valor será fixado conforme tabela do tribunal respectivo ou, em caso de sua omissão, do Conselho Nacional de Justiça.

§ 4º Na hipótese do § 3º, o juiz, após o trânsito em julgado da decisão final, oficiará a Fazenda Pública para que promova, contra quem tiver sido condenado ao pagamento das despesas processuais, a execução dos valores gastos com a perícia particular ou com a utilização de servidor público ou da estrutura de órgão público, observando-se, caso o responsável pelo pagamento das despesas seja beneficiário de gratuidade da justiça, o disposto no art. 98, § 2º.

§ 5º Para fins de aplicação do § 3º, é vedada a utilização de recursos do fundo de custeio da Defensoria Pública.

Art. 96. O valor das sanções impostas ao litigante de má-fé reverterá em benefício da parte contrária, e o valor das sanções impostas aos serventuários pertencerá ao Estado ou à União.

Art. 97. A União e os Estados podem criar fundos de modernização do Poder Judiciário, aos quais serão revertidos os valores das sanções pecuniárias processuais destinadas à União e aos Estados, e outras verbas previstas em lei.

Seção IV
Da Gratuidade da Justiça

Art. 98. A pessoa natural ou jurídica, brasileira ou estrangeira, com insuficiência de recursos para pagar as custas, as despesas processuais e os honorários advocatícios tem direito à gratuidade da justiça, na forma da lei.

§ 1º A gratuidade da justiça compreende:

I — as taxas ou as custas judiciais;

II — os selos postais;

III — as despesas com publicação na imprensa oficial, dispensando-se a publicação em outros meios;

IV — a indenização devida à testemunha que, quando empregada, receberá do empregador salário integral, como se em serviço estivesse;

V — as despesas com a realização de exame de código genético — DNA e de outros exames considerados essenciais;

VI — os honorários do advogado e do perito e a remuneração do intérprete ou do tradutor nomeado para apresentação de versão em português de documento redigido em língua estrangeira;

VII — o custo com a elaboração de memória de cálculo, quando exigida para instauração da execução;

VIII — os depósitos previstos em lei para interposição de recurso, para propositura de ação e para a prática de outros atos processuais inerentes ao exercício da ampla defesa e do contraditório;

IX — os emolumentos devidos a notários ou registradores em decorrência da prática de registro, averbação ou qualquer outro ato notarial necessário à efetivação de decisão judicial ou à continuidade de processo judicial no qual o benefício tenha sido concedido.

§ 2º A concessão de gratuidade não afasta a responsabilidade do beneficiário pelas despesas processuais e pelos honorários advocatícios decorrentes de sua sucumbência.

§ 3º Vencido o beneficiário, as obrigações decorrentes de sua sucumbência ficarão sob condição suspensiva de exigibilidade e somente poderão ser executadas se, nos 5 (cinco) anos subsequentes ao trânsito em julgado da decisão que as certificou, o credor demonstrar que deixou de existir a situação de insuficiência de recursos que justificou a concessão de gratuidade, extinguindo-se, passado esse prazo, tais obrigações do beneficiário.

§ 4º A concessão de gratuidade não afasta o dever de o beneficiário pagar, ao final, as multas processuais que lhe sejam impostas.

§ 5º A gratuidade poderá ser concedida em relação a algum ou a todos os atos processuais, ou consistir na redução percentual de despesas processuais que o beneficiário tiver de adiantar no curso do procedimento.

§ 6º Conforme o caso, o juiz poderá conceder direito ao parcelamento de despesas processuais que o beneficiário tiver de adiantar no curso do procedimento.

§ 7º Aplica-se o disposto no art. 95, §§ 3º a 5º, ao custeio dos emolumentos previstos no § 1º, inciso IX, do presente artigo, observada a tabela e as condições da lei estadual ou distrital respectiva.

§ 8º Na hipótese do § 1º, inciso IX, havendo dúvida fundada quanto ao preenchimento atual dos pressupostos para a concessão de gratuidade, o notário ou registrador, após praticar o ato, pode requerer, ao juízo competente para decidir questões notariais ou registrais, a revogação total ou parcial do benefício ou a sua substituição pelo parcelamento de que trata o § 6º deste artigo, caso em que o beneficiário será citado para, em 15 (quinze) dias, manifestar-se sobre esse requerimento.

Art. 99. O pedido de gratuidade da justiça pode ser formulado na petição inicial, na contestação, na petição para ingresso de terceiro no processo ou em recurso.

§ 1º Se superveniente à primeira manifestação da parte na instância, o pedido poderá ser formulado por petição simples, nos autos do próprio processo, e não suspenderá seu curso.

§ 2º O juiz somente poderá indeferir o pedido se houver nos autos elementos que evidenciem a falta dos pressupostos legais para a concessão de gratuidade, devendo, antes de indeferir o pedido, determinar à parte a comprovação do preenchimento dos referidos pressupostos.

§ 3º Presume-se verdadeira a alegação de insuficiência deduzida exclusivamente por pessoa natural.

§ 4º A assistência do requerente por advogado particular não impede a concessão de gratuidade da justiça.

§ 5º Na hipótese do § 4º, o recurso que verse exclusivamente sobre valor de honorários de sucumbência fixados em favor do advogado de beneficiário estará sujeito a preparo, salvo se o próprio advogado demonstrar que tem direito à gratuidade.

§ 6º O direito à gratuidade da justiça é pessoal, não se estendendo a litisconsorte ou a sucessor do beneficiário, salvo requerimento e deferimento expressos.

§ 7º Requerida a concessão de gratuidade da justiça em recurso, o recorrente estará dispensado de comprovar o recolhimento do preparo, incumbindo ao relator, neste caso, apreciar o requerimento e, se indeferi-lo, fixar prazo para realização do recolhimento.

Art. 100. Deferido o pedido, a parte contrária poderá oferecer impugnação na contestação, na réplica, nas contrarrazões de recurso ou, nos casos de pedido superveniente ou formulado por terceiro, por meio de petição simples, a ser apresentada no prazo de 15 (quinze) dias, nos autos do próprio processo, sem suspensão de seu curso.

PARÁGRAFO ÚNICO. Revogado o benefício, a parte arcará com as despesas processuais que tiver deixado de adiantar e pagará, em caso de má-fé, até o décuplo de seu valor a título de multa, que será revertida em benefício da Fazenda Pública estadual ou federal e poderá ser inscrita em dívida ativa.

Art. 101. Contra a decisão que indeferir a gratuidade ou a que acolher pedido de sua revogação caberá agravo de instrumento, exceto quando a questão for resolvida na sentença, contra a qual caberá apelação.

§ 1º O recorrente estará dispensado do recolhimento de custas até decisão do relator sobre a questão, preliminarmente ao julgamento do recurso.

§ 2º Confirmada a denegação ou a revogação da gratuidade, o relator ou o órgão colegiado determinará ao recorrente o recolhimento das custas processuais, no prazo de 5 (cinco) dias, sob pena de não conhecimento do recurso.

Art. 102. Sobrevindo o trânsito em julgado de decisão que revoga a gratuidade, a parte deverá efetuar o recolhimento de todas as despesas de cujo adiantamento foi dispensada, inclusive as relativas ao recurso interposto, se houver, no prazo fixado pelo juiz, sem prejuízo de aplicação das sanções previstas em lei.

PARÁGRAFO ÚNICO. Não efetuado o recolhimento, o processo será extinto sem resolução de mérito, tratando-se do autor, e, nos demais casos, não poderá ser deferida a realização de nenhum ato ou diligência requerida pela parte enquanto não efetuado o depósito.

CAPÍTULO III
Dos Procuradores

Art. 103. A parte será representada em juízo por advogado regularmente inscrito na Ordem dos Advogados do Brasil.

PARÁGRAFO ÚNICO. É lícito à parte postular em causa própria quando tiver habilitação legal.

Art. 104. O advogado não será admitido a postular em juízo sem procuração, salvo para evitar preclusão, decadência ou prescrição, ou para praticar ato considerado urgente.

§ 1º Nas hipóteses previstas no *caput*, o advogado deverá, independentemente de caução, exibir a procuração no prazo de 15 (quinze) dias, prorrogável por igual período por despacho do juiz.

§ 2º O ato não ratificado será considerado ineficaz relativamente àquele em cujo nome foi praticado, respondendo o advogado pelas despesas e por perdas e danos.

Art. 105. A procuração geral para o foro, outorgada por instrumento público ou particular assinado pela parte, habilita o advogado a praticar todos os atos do processo, exceto receber citação, confessar, reconhecer a procedência do pedido, transigir, desistir, renunciar ao direito sobre o qual se funda a ação, receber, dar quitação, firmar compromisso e assinar declaração de hipossuficiência econômica, que devem constar de cláusula específica.

§ 1º A procuração pode ser assinada digitalmente, na forma da lei.

§ 2º A procuração deverá conter o nome do advogado, seu número de inscrição na Ordem dos Advogados do Brasil e endereço completo.

§ 3º Se o outorgado integrar sociedade de advogados, a procuração também deverá conter o nome dessa, seu número de registro na Ordem dos Advogados do Brasil e endereço completo.

§ 4º Salvo disposição expressa em sentido contrário constante do próprio instrumento, a procuração outorgada na fase de conhecimento é eficaz para todas as fases do processo, inclusive para o cumprimento de sentença.

Art. 106. Quando postular em causa própria, incumbe ao advogado:

I — declarar, na petição inicial ou na contestação, o endereço, seu número de inscrição na Ordem dos Advogados do Brasil e o nome da sociedade de advogados da qual participa, para o recebimento de intimações;

II — comunicar ao juízo qualquer mudança de endereço.

§ 1º Se o advogado descumprir o disposto no inciso I, o juiz ordenará que se supra a omissão, no prazo de 5 (cinco) dias, antes de determinar a citação do réu, sob pena de indeferimento da petição.

§ 2º Se o advogado infringir o previsto no inciso II, serão consideradas válidas as intimações enviadas por carta registrada ou meio eletrônico ao endereço constante dos autos.

Art. 107. O advogado tem direito a:

I — examinar, em cartório de fórum e secretaria de tribunal, mesmo sem procuração, autos de qualquer processo, independentemente da fase de tramitação, assegurados a obtenção de cópias e o registro de anotações, salvo na hipótese de segredo de justiça, nas quais apenas o advogado constituído terá acesso aos autos;

II — requerer, como procurador, vista dos autos de qualquer processo, pelo prazo de 5 (cinco) dias;

III — retirar os autos do cartório ou da secretaria, pelo prazo legal, sempre que neles lhe couber falar por determinação do juiz, nos casos previstos em lei.

§ 1º Ao receber os autos, o advogado assinará carga em livro ou documento próprio.

§ 2º Sendo o prazo comum às partes, os procuradores poderão retirar os autos somente em conjunto ou mediante prévio ajuste, por petição nos autos.

§ 3º Na hipótese do § 2º, é lícito ao procurador retirar os autos para obtenção de cópias, pelo prazo de 2 (duas) a 6 (seis) horas, independentemente de ajuste e sem prejuízo da continuidade do prazo.

§ 4º O procurador perderá no mesmo processo o direito a que se refere o § 3º se não devolver os autos tempestivamente, salvo se o prazo for prorrogado pelo juiz.

CAPÍTULO IV
Da Sucessão das Partes e dos Procuradores

Art. 108. No curso do processo, somente é lícita a sucessão voluntária das partes nos casos expressos em lei.

Art. 109. A alienação da coisa ou do direito litigioso por ato entre vivos, a título particular, não altera a legitimidade das partes.

§ 1º O adquirente ou cessionário não poderá ingressar em juízo, sucedendo o alienante ou cedente, sem que o consinta a parte contrária.

§ 2º O adquirente ou cessionário poderá intervir no processo como assistente litisconsorcial do alienante ou cedente.

§ 3º Estendem-se os efeitos da sentença proferida entre as partes originárias ao adquirente ou cessionário.

Art. 110. Ocorrendo a morte de qualquer das partes, dar-se-á a sucessão pelo seu espólio ou pelos seus sucessores, observado o disposto no art. 313, §§ 1º e 2º.

Art. 111. A parte que revogar o mandato outorgado a seu advogado constituirá, no mesmo ato, outro que assuma o patrocínio da causa.

PARÁGRAFO ÚNICO. Não sendo constituído novo procurador no prazo de 15 (quinze) dias, observar-se-á o disposto no art. 76.

Art. 112. O advogado poderá renunciar ao mandato a qualquer tempo, provando, na forma prevista neste Código, que comunicou a renúncia ao mandante, a fim de que este nomeie sucessor.

§ 1º Durante os 10 (dez) dias seguintes, o advogado continuará a representar o mandante, desde que necessário para lhe evitar prejuízo

§ 2º Dispensa-se a comunicação referida no *caput* quando a procuração tiver sido outorgada a vários advogados e a parte continuar representada por outro, apesar da renúncia.

TÍTULO II
Do Litisconsórcio

Art. 113. Duas ou mais pessoas podem litigar, no mesmo processo, em conjunto, ativa ou passivamente, quando:

I — entre elas houver comunhão de direitos ou de obrigações relativamente à lide;

II — entre as causas houver conexão pelo pedido ou pela causa de pedir;

III — ocorrer afinidade de questões por ponto comum de fato ou de direito.

§ 1º O juiz poderá limitar o litisconsórcio facultativo quanto ao número de litigantes na fase de conhecimento, na liquidação de sentença ou na execução, quando este comprometer a rápida solução do litígio ou dificultar a defesa ou o cumprimento da sentença.

§ 2º O requerimento de limitação interrompe o prazo para manifestação ou resposta, que recomeçará da intimação da decisão que o solucionar.

Art. 114. O litisconsórcio será necessário por disposição de lei ou quando, pela natureza da relação jurídica controvertida, a eficácia da sentença depender da citação de todos que devam ser litisconsortes.

Art. 115. A sentença de mérito, quando proferida sem a integração do contraditório, será:

I — nula, se a decisão deveria ser uniforme em relação a todos que deveriam ter integrado o processo;

II — ineficaz, nos outros casos, apenas para os que não foram citados.

PARÁGRAFO ÚNICO. Nos casos de litisconsórcio passivo necessário, o juiz determinará ao autor que requeira a citação de todos que devam ser litisconsortes, dentro do prazo que assinar, sob pena de extinção do processo.

Art. 116. O litisconsórcio será unitário quando, pela natureza da relação jurídica, o juiz tiver de decidir o mérito de modo uniforme para todos os litisconsortes.

Art. 117. Os litisconsortes serão considerados, em suas relações com a parte adversa, como litigantes distintos, exceto no litisconsórcio unitário, caso em que os atos e as omissões de um não prejudicarão os outros, mas os poderão beneficiar.

Art. 118. Cada litisconsorte tem o direito de promover o andamento do processo, e todos devem ser intimados dos respectivos atos.

TÍTULO III
Da Intervenção de Terceiros

CAPÍTULO I
Da Assistência

Seção I
Disposições Comuns

Art. 119. Pendendo causa entre 2 (duas) ou mais pessoas, o terceiro juridicamente interessado em que a sentença seja favorável a uma delas poderá intervir no processo para assisti-la.

PARÁGRAFO ÚNICO. A assistência será admitida em qualquer procedimento e em todos os graus de jurisdição, recebendo o assistente o processo no estado em que se encontre.

Art. 120. Não havendo impugnação no prazo de 15 (quinze) dias, o pedido do assistente será deferido, salvo se for caso de rejeição liminar.

PARÁGRAFO ÚNICO. Se qualquer parte alegar que falta ao requerente interesse jurídico para intervir, o juiz decidirá o incidente, sem suspensão do processo.

Seção II
Da Assistência Simples

Art. 121. O assistente simples atuará como auxiliar da parte principal, exercerá os mesmos poderes e sujeitar-se-á aos mesmos ônus processuais que o assistido.

PARÁGRAFO ÚNICO. Sendo revel ou, de qualquer outro modo, omisso o assistido, o assistente será considerado seu substituto processual.

Art. 122. A assistência simples não obsta a que a parte principal reconheça a procedência do pedido, desista da ação, renuncie ao direito sobre o que se funda a ação ou transija sobre direitos controvertidos.

Art. 123. Transitada em julgado a sentença no processo em que interveio o assistente, este não poderá, em processo posterior, discutir a justiça da decisão, salvo se alegar e provar que:

I — pelo estado em que recebeu o processo ou pelas declarações e pelos atos do assistido, foi impedido de produzir provas suscetíveis de influir na sentença;

II — desconhecia a existência de alegações ou de provas das quais o assistido, por dolo ou culpa, não se valeu.

Seção III
Da Assistência Litisconsorcial

Art. 124. Considera-se litisconsorte da parte principal o assistente sempre que a sentença influir na relação jurídica entre ele e o adversário do assistido.

CAPÍTULO II
Da Denunciação da Lide

Art. 125. É admissível a denunciação da lide, promovida por qualquer das partes:

I — ao alienante imediato, no processo relativo à coisa cujo domínio foi transferido ao denunciante, a fim de que possa exercer os direitos que da evicção lhe resultam;

II — àquele que estiver obrigado, por lei ou pelo contrato, a indenizar, em ação regressiva, o prejuízo de quem for vencido no processo.

§ 1º O direito regressivo será exercido por ação autônoma quando a denunciação da lide for indeferida, deixar de ser promovida ou não for permitida.

§ 2º Admite-se uma única denunciação sucessiva, promovida pelo denunciado, contra seu antecessor imediato na cadeia dominial ou quem seja responsável por indenizá-lo, não podendo o denunciado sucessivo promover nova denunciação, hipótese em que eventual direito de regresso será exercido por ação autônoma.

Art. 126. A citação do denunciado será requerida na petição inicial, se o denunciante for autor, ou na contestação, se o denunciante for réu, devendo ser realizada na forma e nos prazos previstos no art. 131.

Art. 127. Feita a denunciação pelo autor, o denunciado poderá assumir a posição de litisconsorte do denunciante e acrescentar novos argumentos à petição inicial, procedendo-se em seguida à citação do réu.

Art. 128. Feita a denunciação pelo réu:

I — se o denunciado contestar o pedido formulado pelo autor, o processo prosseguirá tendo, na ação principal, em litisconsórcio, denunciante e denunciado;

II — se o denunciado for revel, o denunciante pode deixar de prosseguir com sua defesa, eventualmente oferecida, e abster-se de recorrer, restringindo sua atuação à ação regressiva;

III — se o denunciado confessar os fatos alegados pelo autor na ação principal, o denunciante poderá prosseguir com sua defesa ou, aderindo a tal reconhecimento, pedir apenas a procedência da ação de regresso.

PARÁGRAFO ÚNICO. Procedente o pedido da ação principal, pode o autor, se for o caso, requerer o cumprimento da sentença também contra o denunciado, nos limites da condenação deste na ação regressiva.

Art. 129. Se o denunciante for vencido na ação principal, o juiz passará ao julgamento da denunciação da lide.

PARÁGRAFO ÚNICO. Se o denunciante for vencedor, a ação de denunciação não terá o seu pedido examinado, sem prejuízo da condenação do denunciante ao pagamento das verbas de sucumbência em favor do denunciado.

CAPÍTULO III
Do Chamamento ao Processo

Art. 130. É admissível o chamamento ao processo, requerido pelo réu:

I — do afiançado, na ação em que o fiador for réu;

II — dos demais fiadores, na ação proposta contra um ou alguns deles;

III — dos demais devedores solidários, quando o credor exigir de um ou de alguns o pagamento da dívida comum.

Art. 131. A citação daqueles que devam figurar em litisconsórcio passivo será requerida pelo réu na contestação e deve ser promovida no prazo de 30 (trinta) dias, sob pena de ficar sem efeito o chamamento.

PARÁGRAFO ÚNICO. Se o chamado residir em outra comarca, seção ou subseção judiciárias, ou em lugar incerto, o prazo será de 2 (dois) meses.

Art. 132. A sentença de procedência valerá como título executivo em favor do réu que satisfizer a dívida, a fim de que possa exigi-la, por inteiro, do devedor principal, ou, de cada um dos codevedores, a sua quota, na proporção que lhes tocar.

CAPÍTULO IV
Do Incidente de Desconsideração da Personalidade Jurídica

Art. 133. O incidente de desconsideração da personalidade jurídica será instaurado a pedido da parte ou do Ministério Público, quando lhe couber intervir no processo.

§ 1º O pedido de desconsideração da personalidade jurídica observará os pressupostos previstos em lei.

§ 2º Aplica-se o disposto neste Capítulo à hipótese de desconsideração inversa da personalidade jurídica.

Art. 134. O incidente de desconsideração é cabível em todas as fases do processo de conhecimento, no cumprimento de sentença e na execução fundada em título executivo extrajudicial.

§ 1º A instauração do incidente será imediatamente comunicada ao distribuidor para as anotações devidas.

§ 2º Dispensa-se a instauração do incidente se a desconsideração da personalidade jurídica for requerida na petição inicial, hipótese em que será citado o sócio ou a pessoa jurídica.

§ 3º A instauração do incidente suspenderá o processo, salvo na hipótese do § 2º.

§ 4º O requerimento deve demonstrar o preenchimento dos pressupostos legais específicos para desconsideração da personalidade jurídica.

Art. 135. Instaurado o incidente, o sócio ou a pessoa jurídica será citado para manifestar-se e requerer as provas cabíveis no prazo de 15 (quinze) dias.

Art. 136. Concluída a instrução, se necessária, o incidente será resolvido por decisão interlocutória.

PARÁGRAFO ÚNICO. Se a decisão for proferida pelo relator, cabe agravo interno.

Art. 137. Acolhido o pedido de desconsideração, a alienação ou a oneração de bens, havida em fraude de execução, será ineficaz em relação ao requerente.

CAPÍTULO V
Do *Amicus curiae*

Art. 138. O juiz ou o relator, considerando a relevância da matéria, a especificidade do tema objeto da demanda ou a repercussão social da controvérsia, poderá, por decisão irrecorrível, de ofício ou a requerimento das partes ou de quem pretenda manifestar-se, solicitar ou admitir a participação de pessoa natural ou jurídica, órgão ou entidade especializada, com representatividade adequada, no prazo de 15 (quinze) dias de sua intimação.

§ 1º A intervenção de que trata o *caput* não implica alteração de competência nem autoriza a interposição de recursos, ressalvadas a oposição de embargos de declaração e a hipótese do § 3º.

§ 2º Caberá ao juiz ou ao relator, na decisão que solicitar ou admitir a intervenção, definir os poderes do *amicus curiae*.

§ 3º O *amicus curiae* pode recorrer da decisão que julgar o incidente de resolução de demandas repetitivas.

TÍTULO IV
Do Juiz e dos Auxiliares da Justiça

CAPÍTULO I
Dos Poderes, dos Deveres e da Responsabilidade do Juiz

Art. 139. O juiz dirigirá o processo conforme as disposições deste Código, incumbindo-lhe:

I — assegurar às partes igualdade de tratamento;

II — velar pela duração razoável do processo;

III — prevenir ou reprimir qualquer ato contrário à dignidade da justiça e indeferir postulações meramente protelatórias;

IV — determinar todas as medidas indutivas, coercitivas, mandamentais ou sub-rogatórias necessárias para assegurar o cumprimento de ordem judicial, inclusive nas ações que tenham por objeto prestação pecuniária;

V — promover, a qualquer tempo, a autocomposição, preferencialmente com auxílio de conciliadores e mediadores judiciais;

VI — dilatar os prazos processuais e alterar a ordem de produção dos meios de prova, adequando-os às necessidades do conflito de modo a conferir maior efetividade à tutela do direito;

VII — exercer o poder de polícia, requisitando, quando necessário, força policial, além da segurança interna dos fóruns e tribunais;

VIII — determinar, a qualquer tempo, o comparecimento pessoal das partes, para inquiri-las sobre os fatos da causa, hipótese em que não incidirá a pena de confesso;

IX — determinar o suprimento de pressupostos processuais e o saneamento de outros vícios processuais;

X — quando se deparar com diversas demandas individuais repetitivas, oficiar o Ministério Público, a Defensoria Pública e, na medida do possível, outros legitimados a que se referem o art. 5º da Lei n. 7.347, de 24 de julho de 1985, e o art. 82 da Lei n. 8.078, de 11 de setembro de 1990, para, se for o caso, promover a propositura da ação coletiva respectiva.

PARÁGRAFO ÚNICO. A dilação de prazos prevista no inciso VI somente pode ser determinada antes de encerrado o prazo regular.

Art. 140. O juiz não se exime de decidir sob a alegação de lacuna ou obscuridade do ordenamento jurídico.

PARÁGRAFO ÚNICO. O juiz só decidirá por equidade nos casos previstos em lei.

Art. 141. O juiz decidirá o mérito nos limites propostos pelas partes, sendo-lhe vedado conhecer de questões não suscitadas a cujo respeito a lei exige iniciativa da parte.

Art. 142. Convencendo-se, pelas circunstâncias, de que autor e réu se serviram do processo para praticar ato simulado ou conseguir fim vedado por lei, o juiz proferirá decisão que impeça os objetivos das partes, aplicando, de ofício, as penalidades da litigância de má-fé.

Art. 143. O juiz responderá, civil e regressivamente, por perdas e danos quando:

I — no exercício de suas funções, proceder com dolo ou fraude;

II — recusar, omitir ou retardar, sem justo motivo, providência que deva ordenar de ofício ou a requerimento da parte.

PARÁGRAFO ÚNICO. As hipóteses previstas no inciso II somente serão verificadas depois que a parte requerer ao juiz que determine a providência e o requerimento não for apreciado no prazo de 10 (dez) dias.

CAPÍTULO II
Dos Impedimentos e da Suspeição

Art. 144. Há impedimento do juiz, sendo-lhe vedado exercer suas funções no processo:

I — em que interveio como mandatário da parte, oficiou como perito, funcionou como membro do Ministério Público ou prestou depoimento como testemunha;

II — de que conheceu em outro grau de jurisdição, tendo proferido decisão;

III — quando nele estiver postulando, como defensor público, advogado ou membro do Ministério Público, seu cônjuge ou companheiro, ou qualquer parente, consanguíneo ou afim, em linha reta ou colateral, até o terceiro grau, inclusive;

IV — quando for parte no processo ele próprio, seu cônjuge ou companheiro, ou parente, consanguíneo ou afim, em linha reta ou colateral, até o terceiro grau, inclusive;

V — quando for sócio ou membro de direção ou de administração de pessoa jurídica parte no processo;

VI — quando for herdeiro presuntivo, donatário ou empregador de qualquer das partes;

VII — em que figure como parte instituição de ensino com a qual tenha relação de emprego ou decorrente de contrato de prestação de serviços;

VIII — em que figure como parte cliente do escritório de advocacia de seu cônjuge, companheiro ou parente, consanguíneo ou afim, em linha reta ou colateral, até o terceiro grau, inclusive, mesmo que patrocinado por advogado de outro escritório;

IX — quando promover ação contra a parte ou seu advogado.

§ 1º Na hipótese do inciso III, o impedimento só se verifica quando o defensor público, o advogado ou o membro do Ministério Público já integrava o processo antes do início da atividade judicante do juiz.

§ 2º É vedada a criação de fato superveniente a fim de caracterizar impedimento do juiz.

§ 3º O impedimento previsto no inciso III também se verifica no caso de mandato conferido a membro de escritório de advocacia que tenha em seus quadros advogado que individualmente ostente a condição nele prevista, mesmo que não intervenha diretamente no processo.

Art. 145. Há suspeição do juiz:

I — amigo íntimo ou inimigo de qualquer das partes ou de seus advogados;

II — que receber presentes de pessoas que tiverem interesse na causa antes ou depois de iniciado o processo, que aconselhar alguma das partes acerca do objeto da causa ou que subministrar meios para atender às despesas do litígio;

III — quando qualquer das partes for sua credora ou devedora, de seu cônjuge ou companheiro ou de parentes destes, em linha reta até o terceiro grau, inclusive;

IV — interessado no julgamento do processo em favor de qualquer das partes.

§ 1º Poderá o juiz declarar-se suspeito por motivo de foro íntimo, sem necessidade de declarar suas razões.

§ 2º Será ilegítima a alegação de suspeição quando:

I — houver sido provocada por quem a alega;

II — a parte que a alega houver praticado ato que signifique manifesta aceitação do arguido.

Art. 146. No prazo de 15 (quinze) dias, a contar do conhecimento do fato, a parte alegará o impedimento ou a suspeição, em petição específica dirigida ao juiz do processo, na qual indicará o fundamento da recusa, podendo instruí-la com documentos em que se fundar a alegação e com rol de testemunhas.

§ 1º Se reconhecer o impedimento ou a suspeição ao receber a petição, o juiz ordenará imediatamente a remessa dos autos a seu substituto legal, caso contrário, determinará a autuação em apartado da petição e, no prazo de 15 (quinze) dias, apresentará suas razões, acompanhadas de documentos e de rol de testemunhas, se houver, ordenando a remessa do incidente ao tribunal.

§ 2º Distribuído o incidente, o relator deverá declarar os seus efeitos, sendo que, se o incidente for recebido:

I — sem efeito suspensivo, o processo voltará a correr;

II — com efeito suspensivo, o processo permanecerá suspenso até o julgamento do incidente.

§ 3º Enquanto não for declarado o efeito em que é recebido o incidente ou quando este for recebido com efeito suspensivo, a tutela de urgência será requerida ao substituto legal.

§ 4º Verificando que a alegação de impedimento ou de suspeição é improcedente, o tribunal rejeitá-la-á.

§ 5º Acolhida a alegação, tratando-se de impedimento ou de manifesta suspeição, o tribunal condenará o juiz nas custas e remeterá os autos ao seu substituto legal, podendo o juiz recorrer da decisão.

§ 6º Reconhecido o impedimento ou a suspeição, o tribunal fixará o momento a partir do qual o juiz não poderia ter atuado.

§ 7º O tribunal decretará a nulidade dos atos do juiz, se praticados quando já presente o motivo de impedimento ou de suspeição.

Art. 147. Quando 2 (dois) ou mais juízes forem parentes, consanguíneos ou afins, em linha reta ou colateral, até o terceiro grau, inclusive, o primeiro que conhecer do processo impede que o outro nele atue, caso em que o segundo se escusará, remetendo os autos ao seu substituto legal.

Art. 148. Aplicam-se os motivos de impedimento e de suspeição:

I — ao membro do Ministério Público;

II — aos auxiliares da justiça;

III — aos demais sujeitos imparciais do processo.

§ 1º A parte interessada deverá arguir o impedimento ou a suspeição, em petição fundamentada e devidamente instruída, na primeira oportunidade em que lhe couber falar nos autos.

§ 2º O juiz mandará processar o incidente em separado e sem suspensão do processo, ouvindo o arguido no prazo de 15 (quinze) dias e facultando a produção de prova, quando necessária.

§ 3º Nos tribunais, a arguição a que se refere o § 1º será disciplinada pelo regimento interno.

§ 4º O disposto nos §§ 1º e 2º não se aplica à arguição de impedimento ou de suspeição de testemunha.

CAPÍTULO III
Dos Auxiliares da Justiça

Art. 149. São auxiliares da Justiça, além de outros cujas atribuições sejam determinadas pelas normas de organização judiciária, o escrivão, o chefe de secretaria, o oficial de justiça, o perito, o depositário, o administrador, o intérprete, o tradutor, o mediador, o conciliador judicial, o partidor, o distribuidor, o contabilista e o regulador de avarias.

Seção I
Do Escrivão, do Chefe de Secretaria e do Oficial de Justiça

Art. 150. Em cada juízo haverá um ou mais ofícios de justiça, cujas atribuições serão determinadas pelas normas de organização judiciária.

Art. 151. Em cada comarca, seção ou subseção judiciária haverá, no mínimo, tantos oficiais de justiça quantos sejam os juízos.

Art. 152. Incumbe ao escrivão ou ao chefe de secretaria:

I — redigir, na forma legal, os ofícios, os mandados, as cartas precatórias e os demais atos que pertençam ao seu ofício;

II — efetivar as ordens judiciais, realizar citações e intimações, bem como praticar todos os demais atos que lhe forem atribuídos pelas normas de organização judiciária;

III — comparecer às audiências ou, não podendo fazê-lo, designar servidor para substituí-lo;

IV — manter sob sua guarda e responsabilidade os autos, não permitindo que saiam do cartório, exceto:

a) quando tenham de seguir à conclusão do juiz;

b) com vista a procurador, à Defensoria Pública, ao Ministério Público ou à Fazenda Pública;

c) quando devam ser remetidos ao contabilista ou ao partidor;

d) quando forem remetidos a outro juízo em razão da modificação da competência;

V — fornecer certidão de qualquer ato ou termo do processo, independentemente de despacho, observadas as disposições referentes ao segredo de justiça;

VI — praticar, de ofício, os atos meramente ordinatórios.

§ 1º O juiz titular editará ato a fim de regulamentar a atribuição prevista no inciso VI.

§ 2º No impedimento do escrivão ou chefe de secretaria, o juiz convocará substituto e, não o havendo, nomeará pessoa idônea para o ato.

Art. 153. O escrivão ou o chefe de secretaria atenderá, preferencialmente, à ordem cronológica de recebimento para publicação e efetivação dos pronunciamentos judiciais. (NR) *(Redação dada pela Lei n. 13.256, de 4.2.16, DOU 5.2.16)*

§ 1º A lista de processos recebidos deverá ser disponibilizada, de forma permanente, para consulta pública.

§ 2º Estão excluídos da regra do *caput*:

I — os atos urgentes, assim reconhecidos pelo juiz no pronunciamento judicial a ser efetivado;

II — as preferências legais.

§ 3º Após elaboração de lista própria, respeitar-se-ão a ordem cronológica de recebimento entre os atos urgentes e as preferências legais.

§ 4º A parte que se considerar preterida na ordem cronológica poderá reclamar, nos próprios autos, ao juiz do processo, que requisitará informações ao servidor, a serem prestadas no prazo de 2 (dois) dias.

§ 5º Constatada a preterição, o juiz determinará o imediato cumprimento do ato e a instauração de processo administrativo disciplinar contra o servidor.

Art. 154. Incumbe ao oficial de justiça:

I — fazer pessoalmente citações, prisões, penhoras, arrestos e demais diligências próprias do seu ofício, sempre que possível na presença de 2 (duas) testemunhas, certificando no mandado o ocorrido, com menção ao lugar, ao dia e à hora;

II — executar as ordens do juiz a que estiver subordinado;

III — entregar o mandado em cartório após seu cumprimento;

IV — auxiliar o juiz na manutenção da ordem;

V — efetuar avaliações, quando for o caso;

VI — certificar, em mandado, proposta de autocomposição apresentada por qualquer das partes, na ocasião de realização de ato de comunicação que lhe couber.

PARÁGRAFO ÚNICO. Certificada a proposta de autocomposição prevista no inciso VI, o juiz ordenará a intimação da parte contrária para manifestar-se, no prazo de 5 (cinco) dias, sem prejuízo do andamento regular do processo, entendendo-se o silêncio como recusa.

Art. 155. O escrivão, o chefe de secretaria e o oficial de justiça são responsáveis, civil e regressivamente, quando:

I — sem justo motivo, se recusarem a cumprir no prazo os atos impostos pela lei ou pelo juiz a que estão subordinados;

II — praticarem ato nulo com dolo ou culpa.

Seção II
Do Perito

Art. 156. O juiz será assistido por perito quando a prova do fato depender de conhecimento técnico ou científico.

§ 1º Os peritos serão nomeados entre os profissionais legalmente habilitados e os órgãos técnicos ou científicos devidamente inscritos em cadastro mantido pelo tribunal ao qual o juiz está vinculado.

§ 2º Para formação do cadastro, os tribunais devem realizar consulta pública, por meio de divulgação na rede mundial de computadores ou em jornais de grande circulação, além de consulta direta a universidades, a conselhos de classe, ao Ministério Público, à Defensoria Pública e à Ordem dos Advogados do Brasil, para a indicação de profissionais ou de órgãos técnicos interessados.

§ 3º Os tribunais realizarão avaliações e reavaliações periódicas para manutenção do cadastro, considerando a formação profissional, a atualização do conhecimento e a experiência dos peritos interessados.

§ 4º Para verificação de eventual impedimento ou motivo de suspeição, nos termos dos arts. 148 e 467, o órgão técnico ou científico nomeado para realização da perícia informará ao juiz os nomes e os dados de qualificação dos profissionais que participarão da atividade.

§ 5º Na localidade onde não houver inscrito no cadastro disponibilizado pelo tribunal, a nomeação do perito é de livre escolha pelo juiz e deverá recair sobre profissional ou órgão técnico ou científico comprovadamente detentor do conhecimento necessário à realização da perícia.

Art. 157. O perito tem o dever de cumprir o ofício no prazo que lhe designar o juiz, empregando toda sua diligência, podendo escusar-se do encargo alegando motivo legítimo.

§ 1º A escusa será apresentada no prazo de 15 (quinze) dias, contado da intimação, da suspeição ou do impedimento supervenientes, sob pena de renúncia ao direito a alegá-la.

§ 2º Será organizada lista de peritos na vara ou na secretaria, com disponibilização dos documentos exigidos para habilitação à consulta de interessados, para que a nomeação seja distribuída de modo equitativo, observadas a capacidade técnica e a área de conhecimento.

Art. 158. O perito que, por dolo ou culpa, prestar informações inverídicas responderá pelos prejuízos que causar à parte e ficará inabilitado para atuar em outras perícias no prazo de 2 (dois) a 5 (cinco) anos, independentemente das demais sanções previstas em lei, devendo o juiz comunicar o fato ao respectivo órgão de classe para adoção das medidas que entender cabíveis.

Seção III
Do Depositário e do Administrador

Art. 159. A guarda e a conservação de bens penhorados, arrestados, sequestrados ou arrecadados serão confiadas a depositário ou a administrador, não dispondo a lei de outro modo.

Art. 160. Por seu trabalho o depositário ou o administrador perceberá remuneração que o juiz fixará levando em conta a situação dos bens, ao tempo do serviço e às dificuldades de sua execução.

PARÁGRAFO ÚNICO. O juiz poderá nomear um ou mais prepostos por indicação do depositário ou do administrador.

Art. 161. O depositário ou o administrador responde pelos prejuízos que, por dolo ou culpa, causar à parte, perdendo a remuneração que lhe foi arbitrada, mas tem o direito a haver o que legitimamente despendeu no exercício do encargo.

PARÁGRAFO ÚNICO. O depositário infiel responde civilmente pelos prejuízos causados, sem prejuízo de sua responsabilidade penal e da imposição de sanção por ato atentatório à dignidade da justiça.

Seção IV
Do Intérprete e do Tradutor

Art. 162. O juiz nomeará intérprete ou tradutor quando necessário para:

I — traduzir documento redigido em língua estrangeira;

II — verter para o português as declarações das partes e das testemunhas que não conhecerem o idioma nacional;

III — realizar a interpretação simultânea dos depoimentos das partes e testemunhas com deficiência auditiva que se comuniquem por meio da Língua Brasileira de Sinais, ou equivalente, quando assim for solicitado.

Art. 163. Não pode ser intérprete ou tradutor quem:

I — não tiver a livre administração de seus bens;

II — for arrolado como testemunha ou atuar como perito no processo;

III — estiver inabilitado para o exercício da profissão por sentença penal condenatória, enquanto durarem seus efeitos.

Art. 164. O intérprete ou tradutor, oficial ou não, é obrigado a desempenhar seu ofício, aplicando-se-lhe o disposto nos arts. 157 e 158.

Seção V
Dos Conciliadores e Mediadores Judiciais

Art. 165. Os tribunais criarão centros judiciários de solução consensual de conflitos, responsáveis pela realização de sessões e audiências de conciliação e mediação e pelo desenvolvimento de programas destinados a auxiliar, orientar e estimular a autocomposição.

§ 1º A composição e a organização dos centros serão definidas pelo respectivo tribunal, observadas as normas do Conselho Nacional de Justiça.

§ 2º O conciliador, que atuará preferencialmente nos casos em que não houver vínculo anterior entre as partes, poderá sugerir soluções para o litígio, sendo vedada a utilização de qualquer tipo de constrangimento ou intimidação para que as partes conciliem.

§ 3º O mediador, que atuará preferencialmente nos casos em que houver vínculo anterior entre as partes, auxiliará aos interessados a compreender as questões e os interesses em conflito, de modo que eles possam, pelo restabelecimento da comunicação, identificar, por si próprios, soluções consensuais que gerem benefícios mútuos.

Art. 166. A conciliação e a mediação são informadas pelos princípios da independência, da imparcialidade, da autonomia da vontade, da confidencialidade, da oralidade, da informalidade e da decisão informada.

§ 1º A confidencialidade estende-se a todas as informações produzidas no curso do procedimento, cujo teor não poderá ser utilizado para fim diverso daquele previsto por expressa deliberação das partes.

§ 2º Em razão do dever de sigilo, inerente às suas funções, o conciliador e o mediador, assim como os membros de suas equipes, não poderão divulgar ou depor acerca de fatos ou elementos oriundos da conciliação ou da mediação.

§ 3º Admite-se a aplicação de técnicas negociais, com o objetivo de proporcionar ambiente favorável à autocomposição.

§ 4º A mediação e a conciliação serão regidas conforme a livre autonomia dos interessados, inclusive no que diz respeito à definição das regras procedimentais.

Art. 167. Os conciliadores, os mediadores e as câmaras privadas de conciliação e mediação serão inscritos em cadastro nacional e em cadastro de tribunal de justiça ou de tribunal regional federal, que manterá registro de profissionais habilitados, com indicação de sua área profissional.

§ 1º Preenchendo o requisito da capacitação mínima, por meio de curso realizado por entidade credenciada, conforme parâmetro curricular definido pelo Conselho Nacional de Justiça em conjunto com o Ministério da Justiça, o conciliador ou o mediador, com o respectivo certificado, poderá requerer sua inscrição no cadastro nacional e no cadastro de tribunal de justiça ou de tribunal regional federal.

§ 2º Efetivado o registro, que poderá ser precedido de concurso público, o tribunal remeterá ao diretor do foro da comarca, seção ou subseção judiciária onde atuará o conciliador ou o mediador os dados necessários para que seu nome passe a constar da respectiva lista, a ser observada na distribuição alternada e aleatória, respeitado o princípio da igualdade dentro da mesma área de atuação profissional.

§ 3º Do credenciamento das câmaras e do cadastro de conciliadores e mediadores constarão todos os dados relevantes para a sua atuação, tais como o número de processos de que participou, o sucesso ou insucesso da atividade, a matéria sobre a qual versou a controvérsia, bem como outros dados que o tribunal julgar relevantes.

§ 4º Os dados colhidos na forma do § 3º serão classificados sistematicamente pelo tribunal, que os publicará, ao menos anualmente, para conhecimento da população e para fins estatísticos e de avaliação da conciliação, da mediação, das câmaras privadas de conciliação e de mediação, dos conciliadores e dos mediadores.

§ 5º Os conciliadores e mediadores judiciais cadastrados na forma do *caput*, se advogados, estarão impedidos de exercer a advocacia nos juízos em que desempenhem suas funções.

§ 6º O tribunal poderá optar pela criação de quadro próprio de conciliadores e mediadores, a ser preenchido por concurso público de provas e títulos, observadas as disposições deste Capítulo.

Art. 168. As partes podem escolher, de comum acordo, o conciliador, o mediador ou a câmara privada de conciliação e de mediação.

§ 1º O conciliador ou mediador escolhido pelas partes poderá ou não estar cadastrado no tribunal.

§ 2º Inexistindo acordo quanto à escolha do mediador ou conciliador, haverá distribuição entre aqueles cadastrados no registro do tribunal, observada a respectiva formação.

§ 3º Sempre que recomendável, haverá a designação de mais de um mediador ou conciliador.

Art. 169. Ressalvada a hipótese do art. 167, § 6º, o conciliador e o mediador receberão pelo seu trabalho remuneração prevista em tabela fixada pelo tribunal, conforme parâmetros estabelecidos pelo Conselho Nacional de Justiça.

§ 1º A mediação e a conciliação podem ser realizadas como trabalho voluntário, observada a legislação pertinente e a regulamentação do tribunal.

§ 2º Os tribunais determinarão o percentual de audiências não remuneradas que deverão ser suportadas pelas câmaras privadas de conciliação e mediação, com o fim de atender aos processos em que deferida gratuidade da justiça, como contrapartida de seu credenciamento.

Art. 170. No caso de impedimento, o conciliador ou mediador o comunicará imediatamente, de preferência por meio eletrônico, e devolverá os autos ao juiz do processo ou ao coordenador do centro judiciário de solução de conflitos, devendo este realizar nova distribuição.

PARÁGRAFO ÚNICO. Se a causa de impedimento for apurada quando já iniciado o procedimento, a atividade será interrompida, lavrando-se ata com relatório do ocorrido e solicitação de distribuição para novo conciliador ou mediador.

Art. 171. No caso de impossibilidade temporária do exercício da função, o conciliador ou mediador informará o fato ao centro, preferencialmente por meio eletrônico, para que, durante o período em que perdurar a impossibilidade, não haja novas distribuições

Art. 172. O conciliador e o mediador ficam impedidos, pelo prazo de 1 (um) ano, contado do término da última audiência em que atuaram, de assessorar, representar ou patrocinar qualquer das partes.

Art. 173. Será excluído do cadastro de conciliadores e mediadores aquele que:

I — agir com dolo ou culpa na condução da conciliação ou da mediação sob sua responsabilidade ou violar qualquer dos deveres decorrentes do art. 166, §§ 1º e 2º;

II — atuar em procedimento de mediação ou conciliação, apesar de impedido ou suspeito.

§ 1º Os casos previstos neste artigo serão apurados em processo administrativo.

§ 2º O juiz do processo ou o juiz coordenador do centro de conciliação e mediação, se houver, verificando atuação inadequada do mediador ou conciliador, poderá afastá-lo de suas atividades por até 180 (cento e oitenta) dias, por decisão fundamentada, informando o fato imediatamente ao tribunal para instauração do respectivo processo administrativo.

Art. 174. A União, os Estados, o Distrito Federal e os Municípios criarão câmaras de mediação e conciliação, com atribuições relacionadas à solução consensual de conflitos no âmbito administrativo, tais como:

I — dirimir conflitos envolvendo órgãos e entidades da administração pública;

II — avaliar a admissibilidade dos pedidos de resolução de conflitos, por meio de conciliação, no âmbito da administração pública;

III — promover, quando couber, a celebração de termo de ajustamento de conduta.

Art. 175. As disposições desta Seção não excluem outras formas de conciliação e mediação extrajudiciais vinculadas a órgãos institucionais ou realizadas por intermédio de profissionais independentes, que poderão ser regulamentadas por lei específica.

PARÁGRAFO ÚNICO. Os dispositivos desta Seção aplicam-se, no que couber, às câmaras privadas de conciliação e mediação.

TÍTULO V
Do Ministério Público

Art. 176. O Ministério Público atuará na defesa da ordem jurídica, do regime democrático e dos interesses e direitos sociais e individuais indisponíveis.

Art. 177. O Ministério Público exercerá o direito de ação em conformidade com suas atribuições constitucionais.

Art. 178. O Ministério Público será intimado para, no prazo de 30 (trinta) dias, intervir como fiscal da ordem jurídica nas hipóteses previstas em lei ou na Constituição Federal e nos processos que envolvam:

I — interesse público ou social;

II — interesse de incapaz;

III — litígios coletivos pela posse de terra rural ou urbana.

PARÁGRAFO ÚNICO. A participação da Fazenda Pública não configura, por si só, hipótese de intervenção do Ministério Público.

Art. 179. Nos casos de intervenção como fiscal da ordem jurídica, o Ministério Público:

I — terá vista dos autos depois das partes, sendo intimado de todos os atos do processo;

II — poderá produzir provas, requerer as medidas processuais pertinentes e recorrer.

Art. 180. O Ministério Público gozará de prazo em dobro para manifestar-se nos autos, que terá início a partir de sua intimação pessoal, nos termos do art. 183, § 1º.

§ 1º Findo o prazo para manifestação do Ministério Público sem o oferecimento de parecer, o juiz requisitará os autos e dará andamento ao processo.

§ 2º Não se aplica o benefício da contagem em dobro quando a lei estabelecer, de forma expressa, prazo próprio para o Ministério Público.

Art. 181. O membro do Ministério Público será civil e regressivamente responsável quando agir com dolo ou fraude no exercício de suas funções.

TÍTULO VI
Da Advocacia Pública

Art. 182. Incumbe à Advocacia Pública, na forma da lei, defender e promover os interesses públicos da União, dos Estados, do Distrito Federal e dos Municípios, por meio da representação judicial, em todos os âmbitos federativos, das pessoas jurídicas de direito público que integram a administração direta e indireta.

Art. 183. A União, os Estados, o Distrito Federal, os Municípios e suas respectivas autarquias e fundações de direito público gozarão de prazo em dobro para todas as suas manifestações processuais, cuja contagem terá início a partir da intimação pessoal.

§ 1º A intimação pessoal far-se-á por carga, remessa ou meio eletrônico.

§ 2º Não se aplica o benefício da contagem em dobro quando a lei estabelecer, de forma expressa, prazo próprio para o ente público.

Art. 184. O membro da Advocacia Pública será civil e regressivamente responsável quando agir com dolo ou fraude no exercício de suas funções

TÍTULO VII
Da Defensoria Pública

Art. 185. A Defensoria Pública exercerá a orientação jurídica, a promoção dos direitos humanos e a defesa dos direitos individuais e coletivos dos necessitados, em todos os graus, de forma integral e gratuita.

Art. 186. A Defensoria Pública gozará de prazo em dobro para todas as suas manifestações processuais.

§ 1º O prazo tem início com a intimação pessoal do defensor público, nos termos do art. 183, § 1º.

§ 2º A requerimento da Defensoria Pública, o juiz determinará a intimação pessoal da parte patrocinada quando o ato processual depender de providência ou informação que somente por ela possa ser realizada ou prestada.

§ 3º O disposto no *caput* aplica-se aos escritórios de prática jurídica das faculdades de Direito reconhecidas na forma da lei e às entidades que prestam assistência jurídica gratuita em razão de convênios firmados com a Defensoria Pública.

§ 4º Não se aplica o benefício da contagem em dobro quando a lei estabelecer, de forma expressa, prazo próprio para a Defensoria Pública.

Art. 187. O membro da Defensoria Pública será civil e regressivamente responsável quando agir com dolo ou fraude no exercício de suas funções.

LIVRO IV
DOS ATOS PROCESSUAIS

TÍTULO I
Da Forma, do Tempo e do Lugar dos Atos Processuais

CAPÍTULO I
Da Forma dos Atos Processuais

Seção I
Dos Atos em Geral

Art. 188. Os atos e os termos processuais independem de forma determinada, salvo quando a lei expressamente a exigir, considerando-se válidos os que, realizados de outro modo, lhe preencham a finalidade essencial.

Art. 189. Os atos processuais são públicos, todavia tramitam em segredo de justiça os processos:

I — em que o exija o interesse público ou social;

II — que versem sobre casamento, separação de corpos, divórcio, separação, união estável, filiação, alimentos e guarda de crianças e adolescentes;

III — em que constem dados protegidos pelo direito constitucional à intimidade;

IV — que versem sobre arbitragem, inclusive sobre cumprimento de carta arbitral, desde que a confidencialidade estipulada na arbitragem seja comprovada perante o juízo.

§ 1º O direito de consultar os autos de processo que tramite em segredo de justiça e de pedir certidões de seus atos é restrito às partes e aos seus procuradores.

§ 2º O terceiro que demonstrar interesse jurídico pode requerer ao juiz certidão do dispositivo da sentença, bem como de inventário e de partilha resultantes de divórcio ou separação.

Art. 190. Versando o processo sobre direitos que admitam autocomposição, é lícito às partes plenamente capazes estipular mudanças no procedimento para ajustá-lo às especificidades da causa e convencionar sobre os seus ônus, poderes, faculdades e deveres processuais, antes ou durante o processo.

PARÁGRAFO ÚNICO. De ofício ou a requerimento, o juiz controlará a validade das convenções previstas neste artigo, recusando-lhes aplicação somente nos casos de nulidade ou de inserção abusiva em contrato de adesão ou em que alguma parte se encontre em manifesta situação de vulnerabilidade.

Art. 191. De comum acordo, o juiz e as partes podem fixar calendário para a prática dos atos processuais, quando for o caso.

§ 1º O calendário vincula as partes e o juiz, e os prazos nele previstos somente serão modificados em casos excepcionais, devidamente justificados.

§ 2º Dispensa-se a intimação das partes para a prática de ato processual ou a realização de audiência cujas datas tiverem sido designadas no calendário.

Art. 192. Em todos os atos e termos do processo é obrigatório o uso da língua portuguesa.

PARÁGRAFO ÚNICO. O documento redigido em língua estrangeira somente poderá ser juntado aos autos quando acompanhado de versão para a língua portuguesa tramitada por via diplomática ou pela autoridade central, ou firmada por tradutor juramentado.

Seção II
Da Prática Eletrônica de Atos Processuais

Art. 193. Os atos processuais podem ser total ou parcialmente digitais, de forma a permitir que sejam produzidos, comunicados, armazenados e validados por meio eletrônico, na forma da lei.

PARÁGRAFO ÚNICO. O disposto nesta Seção aplica-se, no que for cabível, à prática de atos notariais e de registro.

Art. 194. Os sistemas de automação processual respeitarão a publicidade dos atos, o acesso e a participação das partes e de seus procuradores, inclusive nas audiências e sessões de julgamento, observadas as garantias da disponibilidade, independência da plataforma computacional, acessibilidade e interoperabilidade dos sistemas, serviços, dados e informações que o Poder Judiciário administre no exercício de suas funções.

Art. 195. O registro de ato processual eletrônico deverá ser feito em padrões abertos, que atenderão aos requisitos de autenticidade, integridade, temporalidade, não repúdio, conservação e, nos casos que tramitem em segredo de justiça, confidencialidade, observada a infraestrutura de chaves públicas unificada nacionalmente, nos termos da lei.

Art. 196. Compete ao Conselho Nacional de Justiça e, supletivamente, aos tribunais, regulamentar a prática e a comunicação oficial de atos processuais por meio eletrônico e velar pela compatibilidade dos sistemas, disciplinando a incorporação progressiva de novos avanços tecnológicos e editando, para esse fim, os atos que forem necessários, respeitadas as normas fundamentais deste Código.

Art. 197. Os tribunais divulgarão as informações constantes de seu sistema de automação em página própria na rede mundial de computadores, gozando a divulgação de presunção de veracidade e confiabilidade.

PARÁGRAFO ÚNICO. Nos casos de problema técnico do sistema e de erro ou omissão do auxiliar da justiça responsável pelo registro dos andamentos, poderá ser configurada a justa causa prevista no art. 223, *caput* e § 1º.

Art. 198. As unidades do Poder Judiciário deverão manter gratuitamente, à disposição dos interessados, equipamentos necessários à prática de atos processuais e à consulta e ao acesso ao sistema e aos documentos dele constantes.

PARÁGRAFO ÚNICO. Será admitida a prática de atos por meio não eletrônico no local onde não estiverem disponibilizados os equipamentos previstos no *caput*.

Art. 199. As unidades do Poder Judiciário assegurarão às pessoas com deficiência acessibilidade aos seus sítios na rede mundial de computadores, ao meio eletrônico de prática de atos judiciais, à comunicação eletrônica dos atos processuais e à assinatura eletrônica.

Seção III
Dos Atos das Partes

Art. 200. Os atos das partes consistentes em declarações unilaterais ou bilaterais de vontade produzem imediatamente a constituição, modificação ou extinção de direitos processuais.

PARÁGRAFO ÚNICO. A desistência da ação só produzirá efeitos após homologação judicial.

Art. 201. As partes poderão exigir recibo de petições, arrazoados, papéis e documentos que entregarem em cartório.

Art. 202. É vedado lançar nos autos cotas marginais ou interlineares, as quais o juiz mandará riscar, impondo a quem as escrever multa correspondente à metade do salário-mínimo.

Seção IV
Dos Pronunciamentos do Juiz

Art. 203. Os pronunciamentos do juiz consistirão em sentenças, decisões interlocutórias e despachos.

§ 1º Ressalvadas as disposições expressas dos procedimentos especiais, sentença é o pronunciamento por meio do qual o juiz, com fundamento nos arts. 485 e 487, põe fim à fase cognitiva do procedimento comum, bem como extingue a execução.

§ 2º Decisão interlocutória é todo pronunciamento judicial de natureza decisória que não se enquadre no § 1º.

§ 3º São despachos todos os demais pronunciamentos do juiz praticados no processo, de ofício ou a requerimento da parte.

§ 4º Os atos meramente ordinatórios, como a juntada e a vista obrigatória, independem de despacho, devendo ser praticados de ofício pelo servidor e revistos pelo juiz quando necessário.

Art. 204. Acórdão é o julgamento colegiado proferido pelos tribunais.

Art. 205. Os despachos, as decisões, as sentenças e os acórdãos serão redigidos, datados e assinados pelos juízes.

§ 1º Quando os pronunciamentos previstos no *caput* forem proferidos oralmente, o servidor os documentará, submetendo-os aos juízes para revisão e assinatura.

§ 2º A assinatura dos juízes, em todos os graus de jurisdição, pode ser feita eletronicamente, na forma da lei.

§ 3º Os despachos, as decisões interlocutórias, o dispositivo das sentenças e a ementa dos acórdãos serão publicados no Diário de Justiça Eletrônico.

Seção V
Dos Atos do Escrivão ou do Chefe de Secretaria

Art. 206. Ao receber a petição inicial de processo, o escrivão ou o chefe de secretaria a autuará, mencionando o juízo, a natureza do processo, o número de seu registro, os nomes das partes e a data de seu início, e procederá do mesmo modo em relação aos volumes em formação.

Art. 207. O escrivão ou o chefe de secretaria numerará e rubricará todas as folhas dos autos.

PARÁGRAFO ÚNICO. À parte, ao procurador, ao membro do Ministério Público, ao defensor público e aos auxiliares da justiça é facultado rubricar as folhas correspondentes aos atos em que intervierem.

Art. 208. Os termos de juntada, vista, conclusão e outros semelhantes constarão de notas datadas e rubricadas pelo escrivão ou pelo chefe de secretaria.

Art. 209. Os atos e os termos do processo serão assinados pelas pessoas que neles intervierem, todavia, quando essas não puderem ou não quiserem firmá-los, o escrivão ou o chefe de secretaria certificará a ocorrência.

§ 1º Quando se tratar de processo total ou parcialmente documentado em autos eletrônicos, os atos processuais praticados na presença do juiz poderão ser produzidos e armazenados de modo integralmente digital em arquivo eletrônico inviolável, na forma da lei, mediante registro em termo, que será assinado digitalmente pelo juiz e pelo escrivão ou chefe de secretaria, bem como pelos advogados das partes.

§ 2º Na hipótese do § 1º, eventuais contradições na transcrição deverão ser suscitadas oralmente no momento de realização do ato, sob pena de preclusão, devendo o juiz decidir de plano e ordenar o registro, no termo, da alegação e da decisão.

Art. 210. É lícito o uso da taquigrafia, da estenotipia ou de outro método idôneo em qualquer juízo ou tribunal.

Art. 211. Não se admitem nos atos e termos processuais espaços em branco, salvo os que forem inutilizados, assim como entrelinhas, emendas ou rasuras, exceto quando expressamente ressalvadas.

CAPÍTULO II
Do Tempo e do Lugar dos Atos Processuais

Seção I
Do Tempo

Art. 212. Os atos processuais serão realizados em dias úteis, das 6 (seis) às 20 (vinte) horas.

§ 1º Serão concluídos após as 20 (vinte) horas os atos iniciados antes, quando o adiamento prejudicar a diligência ou causar grave dano.

§ 2º Independentemente de autorização judicial, as citações, intimações e penhoras poderão realizar-se no período de férias forenses, onde as houver, e nos feriados ou dias úteis fora do horário estabelecido neste artigo, observado o disposto no art. 5º, inciso XI, da Constituição Federal.

§ 3º Quando o ato tiver de ser praticado por meio de petição em autos não eletrônicos, essa deverá ser protocolada no horário de funcionamento do fórum ou tribunal, conforme o disposto na lei de organização judiciária local.

Art. 213. A prática eletrônica de ato processual pode ocorrer em qualquer horário até as 24 (vinte e quatro) horas do último dia do prazo.

PARÁGRAFO ÚNICO. O horário vigente no juízo perante o qual o ato deve ser praticado será considerado para fins de atendimento do prazo.

Art. 214. Durante as férias forenses e nos feriados, não se praticarão atos processuais, excetuando-se:

I — os atos previstos no art. 212, § 2º;

II — a tutela de urgência.

Art. 215. Processam-se durante as férias forenses, onde as houver, e não se suspendem pela superveniência delas:

I — os procedimentos de jurisdição voluntária e os necessários à conservação de direitos, quando puderem ser prejudicados pelo adiamento;

II — a ação de alimentos e os processos de nomeação ou remoção de tutor e curador;

III — os processos que a lei determinar.

Art. 216. Além dos declarados em lei, são feriados, para efeito forense, os sábados, os domingos e os dias em que não haja expediente forense.

Seção II
Do Lugar

Art. 217. Os atos processuais realizar-se-ão ordinariamente na sede do juízo, ou, excepcionalmente, em outro lugar em razão de deferência, de interesse da justiça, da natureza do ato ou de obstáculo arguido pelo interessado e acolhido pelo juiz.

CAPÍTULO III
Dos Prazos

Seção I
Disposições Gerais

Art. 218. Os atos processuais serão realizados nos prazos prescritos em lei.

§ 1º Quando a lei for omissa, o juiz determinará os prazos em consideração à complexidade do ato.

§ 2º Quando a lei ou o juiz não determinar prazo, as intimações somente obrigarão a comparecimento após decorridas 48 (quarenta e oito) horas.

§ 3º Inexistindo preceito legal ou prazo determinado pelo juiz, será de 5 (cinco) dias o prazo para a prática de ato processual a cargo da parte.

§ 4º Será considerado tempestivo o ato praticado antes do termo inicial do prazo.

Art. 219. Na contagem de prazo em dias, estabelecido por lei ou pelo juiz, computar-se-ão somente os dias úteis.

PARÁGRAFO ÚNICO. O disposto neste artigo aplica-se somente aos prazos processuais.

Art. 220. Suspende-se o curso do prazo processual nos dias compreendidos entre 20 de dezembro e 20 de janeiro, inclusive.

§ 1º Ressalvadas as férias individuais e os feriados instituídos por lei, os juízes, os membros do Ministério Público, da Defensoria Pública e da Advocacia Pública e os auxiliares da Justiça exercerão suas atribuições durante o período previsto no *caput*.

§ 2º Durante a suspensão do prazo, não se realizarão audiências nem sessões de julgamento.

Art. 221. Suspende-se o curso do prazo por obstáculo criado em detrimento da parte ou ocorrendo qualquer das hipóteses do art. 313, devendo o prazo ser restituído por tempo igual ao que faltava para sua complementação.

PARÁGRAFO ÚNICO. Suspendem-se os prazos durante a execução de programa instituído pelo Poder Judiciário para promover a autocomposição, incumbindo aos tribunais especificar, com antecedência, a duração dos trabalhos.

Art. 222. Na comarca, seção ou subseção judiciária onde for difícil o transporte, o juiz poderá prorrogar os prazos por até 2 (dois) meses.

§ 1º Ao juiz é vedado reduzir prazos peremptórios sem anuência das partes.

§ 2º Havendo calamidade pública, o limite previsto no *caput* para prorrogação de prazos poderá ser excedido.

Art. 223. Decorrido o prazo, extingue-se o direito de praticar ou de emendar o ato processual, independentemente de declaração judicial, ficando assegurado, porém, à parte provar que não o realizou por justa causa.

§ 1º Considera-se justa causa o evento alheio à vontade da parte e que a impediu de praticar o ato por si ou por mandatário.

§ 2º Verificada a justa causa, o juiz permitirá à parte a prática do ato no prazo que lhe assinar.

Art. 224. Salvo disposição em contrário, os prazos serão contados excluindo o dia do começo e incluindo o dia do vencimento.

§ 1º Os dias do começo e do vencimento do prazo serão protraídos para o primeiro dia útil seguinte, se coincidirem com dia em que o expediente forense for encerrado antes ou iniciado depois da hora normal ou houver indisponibilidade da comunicação eletrônica.

§ 2º Considera-se como data de publicação o primeiro dia útil seguinte ao da disponibilização da informação no Diário da Justiça eletrônico.

§ 3º A contagem do prazo terá início no primeiro dia útil que seguir ao da publicação.

Art. 225. A parte poderá renunciar ao prazo estabelecido exclusivamente em seu favor, desde que o faça de maneira expressa.

Art. 226. O juiz proferirá:

I — os despachos no prazo de 5 (cinco) dias;

II — as decisões interlocutórias no prazo de 10 (dez) dias;

III — as sentenças no prazo de 30 (trinta) dias.

Art. 227. Em qualquer grau de jurisdição, havendo motivo justificado, pode o juiz exceder, por igual tempo, os prazos a que está submetido.

Art. 228. Incumbirá ao serventuário remeter os autos conclusos no prazo de 1 (um) dia e executar os atos processuais no prazo de 5 (cinco) dias, contado da data em que:

I — houver concluído o ato processual anterior, se lhe foi imposto pela lei;

II — tiver ciência da ordem, quando determinada pelo juiz.

§ 1º Ao receber os autos, o serventuário certificará o dia e a hora em que teve ciência da ordem referida no inciso II.

§ 2º Nos processos em autos eletrônicos, a juntada de petições ou de manifestações em geral ocorrerá de forma automática, independentemente de ato de serventuário da justiça.

Art. 229. Os litisconsortes que tiverem diferentes procuradores, de escritórios de advocacia distintos, terão prazos contados em dobro para todas as suas manifestações, em qualquer juízo ou tribunal, independentemente de requerimento.

§ 1º Cessa a contagem do prazo em dobro se, havendo apenas 2 (dois) réus, é oferecida defesa por apenas um deles.

§ 2º Não se aplica o disposto no *caput* aos processos em autos eletrônicos.

Art. 230. O prazo para a parte, o procurador, a Advocacia Pública, a Defensoria Pública e o Ministério Público será contado da citação, da intimação ou da notificação.

Art. 231. Salvo disposição em sentido diverso, considera-se dia do começo do prazo:

I — a data de juntada aos autos do aviso de recebimento, quando a citação ou a intimação for pelo correio;

II — a data de juntada aos autos do mandado cumprido, quando a citação ou a intimação for por oficial de justiça;

III — a data de ocorrência da citação ou da intimação, quando ela se der por ato do escrivão ou do chefe de secretaria;

IV — o dia útil seguinte ao fim da dilação assinada pelo juiz, quando a citação ou a intimação for por edital;

V — o dia útil seguinte à consulta ao teor da citação ou da intimação ou ao término do prazo para que a consulta se dê, quando a citação ou a intimação for eletrônica;

VI — a data de juntada do comunicado de que trata o art. 232 ou, não havendo esse, a data de juntada da carta aos autos de origem devidamente cumprida, quando a citação ou a intimação se realizar em cumprimento de carta;

VII — a data de publicação, quando a intimação se der pelo Diário da Justiça impresso ou eletrônico;

VIII — o dia da carga, quando a intimação se der por meio da retirada dos autos, em carga, do cartório ou da secretaria.

§ 1º Quando houver mais de um réu, o dia do começo do prazo para contestar corresponderá à última das datas a que se referem os incisos I a VI do *caput*.

§ 2º Havendo mais de um intimado, o prazo para cada um é contado individualmente.

§ 3º Quando o ato tiver de ser praticado diretamente pela parte ou por quem, de qualquer forma, participe do processo, sem a intermediação de representante judicial, o dia do começo do prazo para cumprimento da determinação judicial corresponderá à data em que se der a comunicação.

§ 4º Aplica-se o disposto no inciso II do *caput* à citação com hora certa.

Art. 232. Nos atos de comunicação por carta precatória, rogatória ou de ordem, a realização da citação ou da intimação será imediatamente informada, por meio eletrônico, pelo juiz deprecado ao juiz deprecante.

Seção II
Da Verificação dos Prazos e das Penalidades

Art. 233. Incumbe ao juiz verificar se o serventuário excedeu, sem motivo legítimo, os prazos estabelecidos em lei.

§ 1º Constatada a falta, o juiz ordenará a instauração de processo administrativo, na forma da lei.

§ 2º Qualquer das partes, o Ministério Público ou a Defensoria Pública poderá representar ao juiz contra o serventuário que injustificadamente exceder os prazos previstos em lei.

Art. 234. Os advogados públicos ou privados, o defensor público e o membro do Ministério Público devem restituir os autos no prazo do ato a ser praticado.

§ 1º É lícito a qualquer interessado exigir os autos do advogado que exceder prazo legal.

§ 2º Se, intimado, o advogado não devolver os autos no prazo de 3 (três) dias, perderá o direito à vista fora de cartório e incorrerá em multa correspondente à metade do salário-mínimo.

§ 3º Verificada a falta, o juiz comunicará o fato à seção local da Ordem dos Advogados do Brasil para procedimento disciplinar e imposição de multa.

§ 4º Se a situação envolver membro do Ministério Público, da Defensoria Pública ou da Advocacia Pública, a multa, se for o caso, será aplicada ao agente público responsável pelo ato.

§ 5º Verificada a falta, o juiz comunicará o fato ao órgão competente responsável pela instauração de procedimento disciplinar contra o membro que atuou no feito.

Art. 235. Qualquer parte, o Ministério Público ou a Defensoria Pública poderá representar ao corregedor do tribunal ou ao Conselho Nacional de Justiça contra juiz ou relator que injustificadamente exceder os prazos previstos em lei, regulamento ou regimento interno.

§ 1º Distribuída a representação ao órgão competente e ouvido previamente o juiz, não sendo caso de arquivamento liminar, será instaurado procedimento para apuração da responsabilidade, com intimação do representado por meio eletrônico para, querendo, apresentar justificativa no prazo de 15 (quinze) dias.

§ 2º Sem prejuízo das sanções administrativas cabíveis, em até 48 (quarenta e oito) horas após a apresentação ou não da justificativa de que trata o § 1º, se for o caso, o corregedor do tribunal ou o relator no Conselho Nacional de Justiça determinará a intimação do representado por meio eletrônico para que, em 10 (dez) dias, pratique o ato.

§ 3º Mantida a inércia, os autos serão remetidos ao substituto legal do juiz ou do relator contra o qual se representou para decisão em 10 (dez) dias.

TÍTULO II
Da Comunicação dos Atos Processuais

CAPÍTULO I
Disposições Gerais

Art. 236. Os atos processuais serão cumpridos por ordem judicial.

§ 1º Será expedida carta para a prática de atos fora dos limites territoriais do tribunal, da comarca, da seção ou da subseção judiciárias, ressalvadas as hipóteses previstas em lei.

§ 2º O tribunal poderá expedir carta para juízo a ele vinculado, se o ato houver de se realizar fora dos limites territoriais do local de sua sede.

§ 3º Admite-se a prática de atos processuais por meio de videoconferência ou outro recurso tecnológico de transmissão de sons e imagens em tempo real.

Art. 237. Será expedida carta:

I — de ordem, pelo tribunal, na hipótese do § 2º do art. 236;

II — rogatória, para que órgão jurisdicional estrangeiro pratique ato de cooperação jurídica internacional, relativo a processo em curso perante órgão jurisdicional brasileiro;

III — precatória, para que órgão jurisdicional brasileiro pratique ou determine o cumprimento, na área de sua competência territorial, de ato relativo a pedido de cooperação judiciária formulado por órgão jurisdicional de competência territorial diversa;

IV — arbitral, para que órgão do Poder Judiciário pratique ou determine o cumprimento, na área de sua competência territorial, de ato objeto de pedido de cooperação judiciária formulado por juízo arbitral, inclusive os que importem efetivação de tutela provisória.

PARÁGRAFO ÚNICO. Se o ato relativo a processo em curso na justiça federal ou em tribunal superior houver de ser praticado em local onde não haja vara federal, a carta poderá ser dirigida ao juízo estadual da respectiva comarca.

CAPÍTULO II
Da Citação

Art. 238. Citação é o ato pelo qual são convocados o réu, o executado ou o interessado para integrar a relação processual.

Art. 239. Para a validade do processo é indispensável a citação do réu ou do executado, ressalvadas as hipóteses de indeferimento da petição inicial ou de improcedência liminar do pedido.

§ 1º O comparecimento espontâneo do réu ou do executado supre a falta ou a nulidade da citação, fluindo a partir desta data o prazo para apresentação de contestação ou de embargos à execução.

§ 2º Rejeitada a alegação de nulidade, tratando-se de processo de:

I — conhecimento, o réu será considerado revel;

II — execução, o feito terá seguimento.

Art. 240. A citação válida, ainda quando ordenada por juízo incompetente, induz litispendência, torna litigiosa a coisa e constitui em mora o devedor, ressalvado o disposto nos arts. 397 e 398 da Lei n. 10.406, de 10 de janeiro de 2002 (Código Civil).

§ 1º A interrupção da prescrição, operada pelo despacho que ordena a citação, ainda que proferido por juízo incompetente, retroagirá à data de propositura da ação.

§ 2º Incumbe ao autor adotar, no prazo de 10 (dez) dias, as providências necessárias para viabilizar a citação, sob pena de não se aplicar o disposto no § 1º.

§ 3º A parte não será prejudicada pela demora imputável exclusivamente ao serviço judiciário.

§ 4º O efeito retroativo a que se refere o § 1º aplica-se à decadência e aos demais prazos extintivos previstos em lei.

Art. 241. Transitada em julgado a sentença de mérito proferida em favor do réu antes da citação, incumbe ao escrivão ou ao chefe de secretaria comunicar-lhe o resultado do julgamento.

Art. 242. A citação será pessoal, podendo, no entanto, ser feita na pessoa do representante legal ou do procurador do réu, do executado ou do interessado.

§ 1º Na ausência do citando, a citação será feita na pessoa de seu mandatário, administrador, preposto ou gerente, quando a ação se originar de atos por eles praticados.

§ 2º O locador que se ausentar do Brasil sem cientificar o locatário de que deixou, na localidade onde estiver situado o imóvel, procurador com poderes para receber citação será citado na pessoa do administrador do imóvel encarregado do recebimento dos aluguéis, que será considerado habilitado para representar o locador em juízo.

§ 3º A citação da União, dos Estados, do Distrito Federal, dos Municípios e de suas respectivas autarquias e fundações de direito público será realizada perante o órgão de Advocacia Pública responsável por sua representação judicial.

Art. 243. A citação poderá ser feita em qualquer lugar em que se encontre o réu, o executado ou o interessado.

PARÁGRAFO ÚNICO. O militar em serviço ativo será citado na unidade em que estiver servindo, se não for conhecida sua residência ou nela não for encontrado.

Art. 244. Não se fará a citação, salvo para evitar o perecimento do direito:

I — de quem estiver participando de ato de culto religioso;

II — de cônjuge, de companheiro ou de qualquer parente do morto, consanguíneo ou afim, em linha reta ou na linha colateral em segundo grau, no dia do falecimento e nos 7 (sete) dias seguintes;

III — de noivos, nos 3 (três) primeiros dias seguintes ao casamento;

IV — de doente, enquanto grave o seu estado.

Art. 245. Não se fará citação quando se verificar que o citando é mentalmente incapaz ou está impossibilitado de recebê-la.

§ 1º O oficial de justiça descreverá e certificará minuciosamente a ocorrência.

§ 2º Para examinar o citando, o juiz nomeará médico, que apresentará laudo no prazo de 5 (cinco) dias.

§ 3º Dispensa-se a nomeação de que trata o § 2º se pessoa da família apresentar declaração do médico do citando que ateste a incapacidade deste.

§ 4º Reconhecida a impossibilidade, o juiz nomeará curador ao citando, observando, quanto à sua escolha, a preferência estabelecida em lei e restringindo a nomeação à causa.

§ 5º A citação será feita na pessoa do curador, a quem incumbirá a defesa dos interesses do citando.

Art. 246. A citação será feita:

I — pelo correio;

II — por oficial de justiça;

III — pelo escrivão ou chefe de secretaria, se o citando comparecer em cartório;

IV — por edital;

V — por meio eletrônico, conforme regulado em lei.

§ 1º Com exceção das microempresas e das empresas de pequeno porte, as empresas públicas e privadas são obrigadas a manter cadastro nos sistemas de processo em autos eletrônicos, para efeito de recebimento de citações e intimações, as quais serão efetuadas preferencialmente por esse meio.

§ 2º O disposto no § 1º aplica-se à União, aos Estados, ao Distrito Federal, aos Municípios e às entidades da administração indireta.

§ 3º Na ação de usucapião de imóvel, os confinantes serão citados pessoalmente, exceto quando tiver por objeto unidade autônoma de prédio em condomínio, caso em que tal citação é dispensada.

Art. 247. A citação será feita pelo correio para qualquer comarca do país, exceto:

I — nas ações de estado, observado o disposto no art. 695, § 3º;

II — quando o citando for incapaz;

III — quando o citando for pessoa de direito público;

IV — quando o citando residir em local não atendido pela entrega domiciliar de correspondência;

V — quando o autor, justificadamente, a requerer de outra forma.

Art. 248. Deferida a citação pelo correio, o escrivão ou o chefe de secretaria remeterá ao citando cópias da petição inicial e do despacho do juiz e comunicará o prazo para resposta, o endereço do juízo e o respectivo cartório.

§ 1º A carta será registrada para entrega ao citando, exigindo-lhe o carteiro, ao fazer a entrega, que assine o recibo.

§ 2º Sendo o citando pessoa jurídica, será válida a entrega do mandado a pessoa com poderes de gerência geral ou de administração ou, ainda, a funcionário responsável pelo recebimento de correspondências.

§ 3º Da carta de citação no processo de conhecimento constarão os requisitos do art. 250.

§ 4º Nos condomínios edilícios ou nos loteamentos com controle de acesso, será válida a entrega do mandado a funcionário da portaria responsável pelo recebimento de correspondência, que, entretanto, poderá recusar o recebimento, se declarar, por escrito, sob as penas da lei, que o destinatário da correspondência está ausente.

Art. 249. A citação será feita por meio de oficial de justiça nas hipóteses previstas neste Código ou em lei, ou quando frustrada a citação pelo correio.

Art. 250. O mandado que o oficial de justiça tiver de cumprir conterá:

I — os nomes do autor e do citando e seus respectivos domicílios ou residências;

II — a finalidade da citação, com todas as especificações constantes da petição inicial, bem como a menção do prazo para contestar, sob pena de revelia, ou para embargar a execução;

III — a aplicação de sanção para o caso de descumprimento da ordem, se houver;

IV — se for o caso, a intimação do citando para comparecer, acompanhado de advogado ou de defensor público, à audiência de conciliação ou de mediação, com a menção do dia, da hora e do lugar do comparecimento;

V — a cópia da petição inicial, do despacho ou da decisão que deferir tutela provisória;

VI — a assinatura do escrivão ou do chefe de secretaria e a declaração de que o subscreve por ordem do juiz.

Art. 251. Incumbe ao oficial de justiça procurar o citando e, onde o encontrar, citá-lo:

I — lendo-lhe o mandado e entregando-lhe a contrafé;

II — portando por fé se recebeu ou recusou a contrafé;

III — obtendo a nota de ciente ou certificando que o citando não a apôs no mandado.

Art. 252. Quando, por 2 (duas) vezes, o oficial de justiça houver procurado o citando em seu domicílio ou residência sem o encontrar, deverá, havendo suspeita de ocultação, intimar qualquer pessoa da família ou, em sua falta, qualquer vizinho de que, no dia útil imediato, voltará a fim de efetuar a citação, na hora que designar.

PARÁGRAFO ÚNICO. Nos condomínios edilícios ou nos loteamentos com controle de acesso, será válida a intimação a que se refere o *caput* feita a funcionário da portaria responsável pelo recebimento de correspondência.

Art. 253. No dia e na hora designados, o oficial de justiça, independentemente de novo despacho, comparecerá ao domicílio ou à residência do citando a fim de realizar a diligência.

§ 1º Se o citando não estiver presente, o oficial de justiça procurará informar-se das razões da ausência, dando por feita a citação, ainda que o citando se tenha ocultado em outra comarca, seção ou subseção judiciárias.

§ 2º A citação com hora certa será efetivada mesmo que a pessoa da família ou o vizinho que houver sido intimado esteja ausente, ou se, embora presente, a pessoa da família ou o vizinho se recusar a receber o mandado.

§ 3º Da certidão da ocorrência, o oficial de justiça deixará contrafé com qualquer pessoa da família ou vizinho, conforme o caso, declarando-lhe o nome.

§ 4º O oficial de justiça fará constar do mandado a advertência de que será nomeado curador especial se houver revelia.

Art. 254. Feita a citação com hora certa, o escrivão ou chefe de secretaria enviará ao réu, executado ou interessado, no prazo de 10 (dez) dias, contado da data da juntada do mandado aos autos, carta, telegrama ou correspondência eletrônica, dando-lhe de tudo ciência.

Art. 255. Nas comarcas contíguas de fácil comunicação e nas que se situem na mesma região metropolitana, o oficial de justiça poderá efetuar, em qualquer delas, citações, intimações, notificações, penhoras e quaisquer outros atos executivos.

Art. 256. A citação por edital será feita:

I — quando desconhecido ou incerto o citando;

II — quando ignorado, incerto ou inacessível o lugar em que se encontrar o citando;

III — nos casos expressos em lei.

§ 1º Considera-se inacessível, para efeito de citação por edital, o país que recusar o cumprimento de carta rogatória.

§ 2º No caso de ser inacessível o lugar em que se encontrar o réu, a notícia de sua citação será divulgada também pelo rádio, se na comarca houver emissora de radiodifusão.

§ 3º O réu será considerado em local ignorado ou incerto se infrutíferas as tentativas de sua localização, inclusive mediante requisição pelo juízo de informações sobre seu endereço nos cadastros de órgãos públicos ou de concessionárias de serviços públicos.

Art. 257. São requisitos da citação por edital:

I — a afirmação do autor ou a certidão do oficial informando a presença das circunstâncias autorizadoras;

II — a publicação do edital na rede mundial de computadores, no sítio do respectivo tribunal e na plataforma de editais do Conselho Nacional de Justiça, que deve ser certificada nos autos;

III — a determinação, pelo juiz, do prazo, que variará entre 20 (vinte) e 60 (sessenta) dias, fluindo da data da publicação única ou, havendo mais de uma, da primeira;

IV — a advertência de que será nomeado curador especial em caso de revelia.

PARÁGRAFO ÚNICO. O juiz poderá determinar que a publicação do edital seja feita também em jornal local de ampla circulação ou por outros meios, considerando as peculiaridades da comarca, da seção ou da subseção judiciárias.

Art. 258. A parte que requerer a citação por edital, alegando dolosamente a ocorrência das circunstâncias autorizadoras para sua realização, incorrerá em multa de 5 (cinco) vezes o salário-mínimo.

PARÁGRAFO ÚNICO. A multa reverterá em benefício do citando.

Art. 259. Serão publicados editais:

I — na ação de usucapião de imóvel;

II — na ação de recuperação ou substituição de título ao portador;

III — em qualquer ação em que seja necessária, por determinação legal, a provocação, para participação no processo, de interessados incertos ou desconhecidos.

CAPÍTULO III
Das Cartas

Art. 260. São requisitos das cartas de ordem, precatória e rogatória:

I — a indicação dos juízes de origem e de cumprimento do ato;

II — o inteiro teor da petição, do despacho judicial e do instrumento do mandato conferido ao advogado;

III — a menção do ato processual que lhe constitui o objeto;

IV — o encerramento com a assinatura do juiz.

§ 1º O juiz mandará trasladar para a carta quaisquer outras peças, bem como instruí-la com mapa, desenho ou gráfico, sempre que esses documentos devam ser examinados, na diligência, pelas partes, pelos peritos ou pelas testemunhas.

§ 2º Quando o objeto da carta for exame pericial sobre documento, este será remetido em original, ficando nos autos reprodução fotográfica.

§ 3º A carta arbitral atenderá, no que couber, aos requisitos a que se refere o *caput* e será instruída com a convenção de arbitragem e com as provas da nomeação do árbitro e de sua aceitação da função.

Art. 261. Em todas as cartas o juiz fixará o prazo para cumprimento, atendendo à facilidade das comunicações e à natureza da diligência.

§ 1º As partes deverão ser intimadas pelo juiz do ato de expedição da carta.

§ 2º Expedida a carta, as partes acompanharão o cumprimento da diligência perante o juízo destinatário, ao qual compete a prática dos atos de comunicação.

§ 3º A parte a quem interessar o cumprimento da diligência cooperará para que o prazo a que se refere o *caput* seja cumprido.

Art. 262. A carta tem caráter itinerante, podendo, antes ou depois de lhe ser ordenado o cumprimento, ser encaminhada a juízo diverso do que dela consta, a fim de se praticar o ato.

PARÁGRAFO ÚNICO. O encaminhamento da carta a outro juízo será imediatamente comunicado ao órgão expedidor, que intimará as partes.

Art. 263. As cartas deverão, preferencialmente, ser expedidas por meio eletrônico, caso em que a assinatura do juiz deverá ser eletrônica, na forma da lei.

Art. 264. A carta de ordem e a carta precatória por meio eletrônico, por telefone ou por telegrama conterão, em resumo substancial, os requisitos mencionados no art. 250, especialmente no que se refere à aferição da autenticidade.

Art. 265. O secretário do tribunal, o escrivão ou o chefe de secretaria do juízo deprecante transmitirá, por telefone, a carta de ordem ou a carta precatória ao juízo em que houver de se cumprir o ato, por intermédio do escrivão do primeiro ofício da primeira vara, se houver na comarca mais de um ofício ou de uma vara, observando-se, quanto aos requisitos, o disposto no art. 264.

§ 1º O escrivão ou o chefe de secretaria, no mesmo dia ou no dia útil imediato, telefonará ou enviará mensagem eletrônica ao secretário do tribunal, ao escrivão ou ao chefe de secretaria do juízo deprecante, lendo-lhe os termos da carta e solicitando-lhe que os confirme.

§ 2º Sendo confirmada, o escrivão ou o chefe de secretaria submeterá a carta a despacho.

Art. 266. Serão praticados de ofício os atos requisitados por meio eletrônico e de telegrama, devendo a parte depositar, contudo, na secretaria do tribunal ou no cartório do juízo deprecante, a importância correspondente às despesas que serão feitas no juízo em que houver de praticar-se o ato.

Art. 267. O juiz recusará cumprimento a carta precatória ou arbitral, devolvendo-a com decisão motivada quando:

I — a carta não estiver revestida dos requisitos legais;

II — faltar ao juiz competência em razão da matéria ou da hierarquia;

III — o juiz tiver dúvida acerca de sua autenticidade.

PARÁGRAFO ÚNICO. No caso de incompetência em razão da matéria ou da hierarquia, o juiz deprecado, conforme o ato a ser praticado, poderá remeter a carta ao juiz ou ao tribunal competente.

Art. 268. Cumprida a carta, será devolvida ao juízo de origem no prazo de 10 (dez) dias, independentemente de traslado, pagas as custas pela parte.

CAPÍTULO IV
Das Intimações

Art. 269. Intimação é o ato pelo qual se dá ciência a alguém dos atos e dos termos do processo.

§ 1º É facultado aos advogados promover a intimação do advogado da outra parte por meio do correio, juntando aos autos, a seguir, cópia do ofício de intimação e do aviso de recebimento.

§ 2º O ofício de intimação deverá ser instruído com cópia do despacho, da decisão ou da sentença.

§ 3º A intimação da União, dos Estados, do Distrito Federal, dos Municípios e de suas respectivas autarquias e fundações de direito público será realizada perante o órgão de Advocacia Pública responsável por sua representação judicial.

Art. 270. As intimações realizam-se, sempre que possível, por meio eletrônico, na forma da lei.

PARÁGRAFO ÚNICO. Aplica-se ao Ministério Público, à Defensoria Pública e à Advocacia Pública o disposto no § 1º do art. 246.

Art. 271. O juiz determinará de ofício as intimações em processos pendentes, salvo disposição em contrário.

Art. 272. Quando não realizadas por meio eletrônico, consideram-se feitas as intimações pela publicação dos atos no órgão oficial.

§ 1º Os advogados poderão requerer que, na intimação a eles dirigida, figure apenas o nome da sociedade a que pertençam, desde que devidamente registrada na Ordem dos Advogados do Brasil.

§ 2º Sob pena de nulidade, é indispensável que da publicação constem os nomes das partes e de seus advogados, com o respectivo número de inscrição na Ordem dos Advogados do Brasil, ou, se assim requerido, da sociedade de advogados.

§ 3º A grafia dos nomes das partes não deve conter abreviaturas.

§ 4º A grafia dos nomes dos advogados deve corresponder ao nome completo e ser a mesma que constar da procuração ou que estiver registrada na Ordem dos Advogados do Brasil.

§ 5º Constando dos autos pedido expresso para que as comunicações dos atos processuais sejam feitas em nome dos advogados indicados, o seu desatendimento implicará nulidade.

§ 6º A retirada dos autos do cartório ou da secretaria em carga pelo advogado, por pessoa credenciada a pedido do advogado ou da sociedade de advogados, pela Advocacia Pública, pela Defensoria Pública ou pelo Ministério Público implicará intimação de qualquer decisão contida no processo retirado, ainda que pendente de publicação.

§ 7º O advogado e a sociedade de advogados deverão requerer o respectivo credenciamento para a retirada de autos por preposto.

§ 8º A parte arguirá a nulidade da intimação em capítulo preliminar do próprio ato que lhe caiba praticar, o qual será tido por tempestivo se o vício for reconhecido.

§ 9º Não sendo possível a prática imediata do ato diante da necessidade de acesso prévio aos autos, a parte limitar-se-á a arguir a nulidade da intimação, caso em que o prazo será contado da intimação da decisão que a reconheça.

Art. 273. Se inviável a intimação por meio eletrônico e não houver na localidade publicação em órgão oficial, incumbirá ao escrivão ou chefe de secretaria intimar de todos os atos do processo os advogados das partes:

I — pessoalmente, se tiverem domicílio na sede do juízo;

II — por carta registrada, com aviso de recebimento, quando forem domiciliados fora do juízo.

Art. 274. Não dispondo a lei de outro modo, as intimações serão feitas às partes, aos seus representantes legais, aos advogados e aos demais sujeitos do processo pelo correio ou, se presentes em cartório, diretamente pelo escrivão ou chefe de secretaria.

PARÁGRAFO ÚNICO. Presumem-se válidas as intimações dirigidas ao endereço constante dos autos, ainda que não recebidas pessoalmente pelo interessado, se a modificação temporária ou definitiva não tiver sido devidamente comunicada ao juízo, fluindo os prazos a partir da juntada aos autos do comprovante de entrega da correspondência no primitivo endereço.

Art. 275. A intimação será feita por oficial de justiça quando frustrada a realização por meio eletrônico ou pelo correio.

§ 1º A certidão de intimação deve conter:

I — a indicação do lugar e a descrição da pessoa intimada, mencionando, quando possível, o número de seu documento de identidade e o órgão que o expediu;

II — a declaração de entrega da contrafé;

III — a nota de ciente ou a certidão de que o interessado não a após no mandado.

§ 2º Caso necessário, a intimação poderá ser efetuada com hora certa ou por edital.

TÍTULO III
Das Nulidades

Art. 276. Quando a lei prescrever determinada forma sob pena de nulidade, a decretação desta não pode ser requerida pela parte que lhe deu causa.

Art. 277. Quando a lei prescrever determinada forma, o juiz considerará válido o ato se, realizado de outro modo, lhe alcançar a finalidade.

Art. 278. A nulidade dos atos deve ser alegada na primeira oportunidade em que couber à parte falar nos autos, sob pena de preclusão.

PARÁGRAFO ÚNICO. Não se aplica o disposto no *caput* às nulidades que o juiz deva decretar de ofício, nem prevalece a preclusão provando a parte legítimo impedimento.

Art. 279. É nulo o processo quando o membro do Ministério Público não for intimado a acompanhar o feito em que deva intervir.

§ 1º Se o processo tiver tramitado sem conhecimento do membro do Ministério Público, o juiz invalidará os atos praticados a partir do momento em que ele deveria ter sido intimado.

§ 2º A nulidade só pode ser decretada após a intimação do Ministério Público, que se manifestará sobre a existência ou a inexistência de prejuízo.

Art. 280. As citações e as intimações serão nulas quando feitas sem observância das prescrições legais.

Art. 281. Anulado o ato, consideram-se de nenhum efeito todos os subsequentes que dele dependam, todavia, a nulidade de uma parte do ato não prejudicará as outras que dela sejam independentes.

Art. 282. Ao pronunciar a nulidade, o juiz declarará que atos são atingidos e ordenará as providências necessárias a fim de que sejam repetidos ou retificados.

§ 1º O ato não será repetido nem sua falta será suprida quando não prejudicar a parte.

§ 2º Quando puder decidir o mérito a favor da parte a quem aproveite a decretação da nulidade, o juiz não a pronunciará nem mandará repetir o ato ou suprir-lhe a falta.

Art. 283. O erro de forma do processo acarreta unicamente a anulação dos atos que não possam ser aproveitados, devendo ser praticados os que forem necessários a fim de se observarem as prescrições legais.

PARÁGRAFO ÚNICO. Dar-se-á o aproveitamento dos atos praticados desde que não resulte prejuízo à defesa de qualquer parte.

TÍTULO IV
Da Distribuição e do Registro

Art. 284. Todos os processos estão sujeitos a registro, devendo ser distribuídos onde houver mais de um juiz.

Art. 285. A distribuição, que poderá ser eletrônica, será alternada e aleatória, obedecendo-se rigorosa igualdade.

PARÁGRAFO ÚNICO. A lista de distribuição deverá ser publicada no Diário de Justiça.

Art. 286. Serão distribuídas por dependência as causas de qualquer natureza:

I — quando se relacionarem, por conexão ou continência, com outra já ajuizada;

II — quando, tendo sido extinto o processo sem resolução de mérito, for reiterado o pedido, ainda que em litisconsórcio com outros autores ou que sejam parcialmente alterados os réus da demanda;

III — quando houver ajuizamento de ações nos termos do art. 55, § 3º, ao juízo prevento.

PARÁGRAFO ÚNICO. Havendo intervenção de terceiro, reconvenção ou outra hipótese de ampliação objetiva do processo, o juiz, de ofício, mandará proceder à respectiva anotação pelo distribuidor.

Art. 287. A petição inicial deve vir acompanhada de procuração, que conterá os endereços do advogado, eletrônico e não eletrônico.

PARÁGRAFO ÚNICO. Dispensa-se a juntada da procuração:

I — no caso previsto no art. 104;

II — se a parte estiver representada pela Defensoria Pública;

III — se a representação decorrer diretamente de norma prevista na Constituição Federal ou em lei.

Art. 288. O juiz, de ofício ou a requerimento do interessado, corrigirá o erro ou compensará a falta de distribuição.

Art. 289. A distribuição poderá ser fiscalizada pela parte, por seu procurador, pelo Ministério Público e pela Defensoria Pública.

Art. 290. Será cancelada a distribuição do feito se a parte, intimada na pessoa de seu advogado, não realizar o pagamento das custas e despesas de ingresso em 15 (quinze) dias.

TÍTULO V
Do Valor da Causa

Art. 291. A toda causa será atribuído valor certo, ainda que não tenha conteúdo econômico imediatamente aferível.

Art. 292. O valor da causa constará da petição inicial ou da reconvenção e será:

I — na ação de cobrança de dívida, a soma monetariamente corrigida do principal, dos juros de mora vencidos e de outras penalidades, se houver, até a data de propositura da ação;

II — na ação que tiver por objeto a existência, a validade, o cumprimento, a modificação, a resolução, a resilição ou a rescisão de ato jurídico, o valor do ato ou o de sua parte controvertida;

III — na ação de alimentos, a soma de 12 (doze) prestações mensais pedidas pelo autor;

IV — na ação de divisão, de demarcação e de reivindicação, o valor de avaliação da área ou do bem objeto do pedido;

V — na ação indenizatória, inclusive a fundada em dano moral, o valor pretendido;

VI — na ação em que há cumulação de pedidos, a quantia correspondente à soma dos valores de todos eles;

VII — na ação em que os pedidos são alternativos, o de maior valor;

VIII — na ação em que houver pedido subsidiário, o valor do pedido principal.

§ 1º Quando se pedirem prestações vencidas e vincendas, considerar-se-á o valor de umas e outras.

§ 2º O valor das prestações vincendas será igual a uma prestação anual, se a obrigação for por tempo indeterminado ou por tempo superior a 1 (um) ano, e, se por tempo inferior, será igual à soma das prestações.

§ 3º O juiz corrigirá, de ofício e por arbitramento, o valor da causa quando verificar que não corresponde ao conteúdo patrimonial em discussão ou ao proveito econômico perseguido pelo autor, caso em que se procederá ao recolhimento das custas correspondentes.

Art. 293. O réu poderá impugnar, em preliminar da contestação, o valor atribuído à causa pelo autor, sob pena de preclusão, e o juiz decidirá a respeito, impondo, se for o caso, a complementação das custas.

LIVRO V
DA TUTELA PROVISÓRIA

TÍTULO I
Disposições Gerais

Art. 294. A tutela provisória pode fundamentar-se em urgência ou evidência.

PARÁGRAFO ÚNICO. A tutela provisória de urgência, cautelar ou antecipada, pode ser concedida em caráter antecedente ou incidental.

Art. 295. A tutela provisória requerida em caráter incidental independe do pagamento de custas.

Art. 296. A tutela provisória conserva sua eficácia na pendência do processo, mas pode, a qualquer tempo, ser revogada ou modificada.

PARÁGRAFO ÚNICO. Salvo decisão judicial em contrário, a tutela provisória conservará a eficácia durante o período de suspensão do processo.

Art. 297. O juiz poderá determinar as medidas que considerar adequadas para efetivação da tutela provisória.

PARÁGRAFO ÚNICO. A efetivação da tutela provisória observará as normas referentes ao cumprimento provisório da sentença, no que couber.

Art. 298. Na decisão que conceder, negar, modificar ou revogar a tutela provisória, o juiz motivará seu convencimento de modo claro e preciso.

Art. 299. A tutela provisória será requerida ao juízo da causa e, quando antecedente, ao juízo competente para conhecer do pedido principal.

PARÁGRAFO ÚNICO. Ressalvada disposição especial, na ação de competência originária de tribunal e nos recursos a tutela provisória será requerida ao órgão jurisdicional competente para apreciar o mérito.

TÍTULO II
Da Tutela de Urgência

CAPÍTULO I
Disposições Gerais

Art. 300. A tutela de urgência será concedida quando houver elementos que evidenciem a probabilidade do direito e o perigo de dano ou o risco ao resultado útil do processo.

§ 1º Para a concessão da tutela de urgência, o juiz pode, conforme o caso, exigir caução real ou fidejussória idônea para ressarcir os danos que a outra parte possa vir a sofrer, podendo a caução ser dispensada se a parte economicamente hipossuficiente não puder oferecê-la.

§ 2º A tutela de urgência pode ser concedida liminarmente ou após justificação prévia.

§ 3º A tutela de urgência de natureza antecipada não será concedida quando houver perigo de irreversibilidade dos efeitos da decisão.

Art. 301. A tutela de urgência de natureza cautelar pode ser efetivada mediante arresto, sequestro, arrolamento de bens, registro de protesto contra alienação de bem e qualquer outra medida idônea para asseguração do direito.

Art. 302. Independentemente da reparação por dano processual, a parte responde pelo prejuízo que a efetivação da tutela de urgência causar à parte adversa, se:

I — a sentença lhe for desfavorável;

II — obtida liminarmente a tutela em caráter antecedente, não fornecer os meios necessários para a citação do requerido no prazo de 5 (cinco) dias;

III — ocorrer a cessação da eficácia da medida em qualquer hipótese legal;

IV — o juiz acolher a alegação de decadência ou prescrição da pretensão do autor.

PARÁGRAFO ÚNICO. A indenização será liquidada nos autos em que a medida tiver sido concedida, sempre que possível.

CAPÍTULO II
Do Procedimento da Tutela Antecipada Requerida em Caráter Antecedente

Art. 303. Nos casos em que a urgência for contemporânea à propositura da ação, a petição inicial pode limitar-se ao requerimento da tutela antecipada e à indicação do pedido de tutela final, com a exposição da lide, do direito que se busca realizar e do perigo de dano ou do risco ao resultado útil do processo.

§ 1º Concedida a tutela antecipada a que se refere o *caput* deste artigo:

I — o autor deverá aditar a petição inicial, com a complementação de sua argumentação, a juntada de novos documentos e a confirmação do pedido de tutela final, em 15 (quinze) dias ou em outro prazo maior que o juiz fixar;

II — o réu será citado e intimado para a audiência de conciliação ou de mediação na forma do art. 334;

III — não havendo autocomposição, o prazo para contestação será contado na forma do art. 335.

§ 2º Não realizado o aditamento a que se refere o inciso I do § 1º deste artigo, o processo será extinto sem resolução do mérito.

§ 3º O aditamento a que se refere o inciso I do § 1º deste artigo dar-se-á nos mesmos autos, sem incidência de novas custas processuais.

§ 4º Na petição inicial a que se refere o *caput* deste artigo, o autor terá de indicar o valor da causa, que deve levar em consideração o pedido de tutela final.

§ 5º O autor indicará na petição inicial, ainda, que pretende valer-se do benefício previsto no *caput* deste artigo.

§ 6º Caso entenda que não há elementos para a concessão de tutela antecipada, o órgão jurisdicional determinará a emenda da petição inicial em até 5 (cinco) dias, sob pena de ser indeferida e de o processo ser extinto sem resolução de mérito.

Art. 304. A tutela antecipada, concedida nos termos do art. 303, torna-se estável se da decisão que a conceder não for interposto o respectivo recurso.

§ 1º No caso previsto no *caput*, o processo será extinto.

§ 2º Qualquer das partes poderá demandar a outra com o intuito de rever, reformar ou invalidar a tutela antecipada estabilizada nos termos do *caput*.

§ 3º A tutela antecipada conservará seus efeitos enquanto não revista, reformada ou invalidada por decisão de mérito proferida na ação de que trata o § 2º.

§ 4º Qualquer das partes poderá requerer o desarquivamento dos autos em que foi concedida a medida, para instruir a petição inicial da ação a que se refere o § 2º, prevento o juízo em que a tutela antecipada foi concedida.

§ 5º O direito de rever, reformar ou invalidar a tutela antecipada, previsto no § 2º deste artigo, extingue-se após 2 (dois) anos, contados da ciência da decisão que extinguiu o processo, nos termos do § 1º.

§ 6º A decisão que concede a tutela não fará coisa julgada, mas a estabilidade dos respectivos efeitos só será afastada por decisão que a revir, reformar ou invalidar, proferida em ação ajuizada por uma das partes, nos termos do § 2º deste artigo.

CAPÍTULO III
Do Procedimento da Tutela Cautelar Requerida em Caráter Antecedente

Art. 305. A petição inicial da ação que visa à prestação de tutela cautelar em caráter antecedente indicará a lide e seu fundamento, a exposição sumária do direito que se objetiva assegurar e o perigo de dano ou o risco ao resultado útil do processo.

PARÁGRAFO ÚNICO. Caso entenda que o pedido a que se refere o *caput* tem natureza antecipada, o juiz observará o disposto no art. 303.

Art. 306. O réu será citado para, no prazo de 5 (cinco) dias, contestar o pedido e indicar as provas que pretende produzir.

Art. 307. Não sendo contestado o pedido, os fatos alegados pelo autor presumir-se-ão aceitos pelo réu como ocorridos, caso em que o juiz decidirá dentro de 5 (cinco) dias.

PARÁGRAFO ÚNICO. Contestado o pedido no prazo legal, observar-se-á o procedimento comum.

Art. 308. Efetivada a tutela cautelar, o pedido principal terá de ser formulado pelo autor no prazo de 30 (trinta) dias, caso em que será apresentado nos mesmos autos em que deduzido o pedido de tutela cautelar, não dependendo do adiantamento de novas custas processuais.

§ 1º O pedido principal pode ser formulado conjuntamente com o pedido de tutela cautelar.

§ 2º A causa de pedir poderá ser aditada no momento de formulação do pedido principal.

§ 3º Apresentado o pedido principal, as partes serão intimadas para a audiência de conciliação ou de mediação, na forma do art. 334, por seus advogados ou pessoalmente, sem necessidade de nova citação do réu.

§ 4º Não havendo autocomposição, o prazo para contestação será contado na forma do art. 335.

Art. 309. Cessa a eficácia da tutela concedida em caráter antecedente, se:

I — o autor não deduzir o pedido principal no prazo legal;

II — não for efetivada dentro de 30 (trinta) dias;

III — o juiz julgar improcedente o pedido principal formulado pelo autor ou extinguir o processo sem resolução de mérito.

PARÁGRAFO ÚNICO. Se por qualquer motivo cessar a eficácia da tutela cautelar, é vedado à parte renovar o pedido, salvo sob novo fundamento.

Art. 310. O indeferimento da tutela cautelar não obsta a que a parte formule o pedido principal, nem influi no julgamento desse, salvo se o motivo do indeferimento for o reconhecimento de decadência ou de prescrição.

TÍTULO III
Da Tutela da Evidência

Art. 311. A tutela da evidência será concedida, independentemente da demonstração de perigo de dano ou de risco ao resultado útil do processo, quando:

I — ficar caracterizado o abuso do direito de defesa ou o manifesto propósito protelatório da parte;

II — as alegações de fato puderem ser comprovadas apenas documentalmente e houver tese firmada em julgamento de casos repetitivos ou em súmula vinculante;

III — se tratar de pedido reipersecutório fundado em prova documental adequada do contrato de depósito, caso em que será decretada a ordem de entrega do objeto custodiado, sob cominação de multa;

IV — a petição inicial for instruída com prova documental suficiente dos fatos constitutivos do direito do autor, a que o réu não oponha prova capaz de gerar dúvida razoável.

PARÁGRAFO ÚNICO. Nas hipóteses dos incisos II e III, o juiz poderá decidir liminarmente.

LIVRO VI
DA FORMAÇÃO, DA SUSPENSÃO E DA EXTINÇÃO DO PROCESSO

TÍTULO I
Da Formação do Processo

Art. 312. Considera-se proposta a ação quando a petição inicial for protocolada, todavia, a propositura da ação só produz quanto ao réu os efeitos mencionados no art. 240 depois que for validamente citado.

TÍTULO II
Da Suspensão do Processo

Art. 313. Suspende-se o processo:

I — pela morte ou pela perda da capacidade processual de qualquer das partes, de seu representante legal ou de seu procurador;

II — pela convenção das partes;

III — pela arguição de impedimento ou de suspeição;

IV — pela admissão de incidente de resolução de demandas repetitivas;

V — quando a sentença de mérito:

a) depender do julgamento de outra causa ou da declaração de existência ou de inexistência de relação jurídica que constitua o objeto principal de outro processo pendente;

b) tiver de ser proferida somente após a verificação de determinado fato ou a produção de certa prova, requisitada a outro juízo;

VI — por motivo de força maior;

VII — quando se discutir em juízo questão decorrente de acidentes e fatos da navegação de competência do Tribunal Marítimo;

VIII — nos demais casos que este Código regula.

IX — pelo parto ou pela concessão de adoção, quando a advogada responsável pelo processo constituir a única patrona da causa. *(Incluído pela Lei n. 13.363,de 25.11.16, DOU 28.11.16)*

X — quando o advogado responsável pelo processo constituir o único patrono da causa e tornar-se pai. *(Incluído pela Lei n. 13.363,de 25.11.16, DOU 28.11.16)*

§ 1º Na hipótese do inciso I, o juiz suspenderá o processo, nos termos do art. 689.

§ 2º Não ajuizada ação de habilitação, ao tomar conhecimento da morte, o juiz determinará a suspensão do processo e observará o seguinte:

I — falecido o réu, ordenará a intimação do autor para que promova a citação do respectivo espólio, de quem for o sucessor ou, se for o caso, dos herdeiros, no prazo que designar, de no mínimo 2 (dois) e no máximo 6 (seis) meses;

II — falecido o autor e sendo transmissível o direito em litígio, determinará a intimação de seu espólio, de quem for o sucessor ou, se for o caso, dos herdeiros, pelos meios de divulgação que reputar mais adequados, para que manifestem interesse na sucessão processual e promovam a respectiva habilitação no prazo designado, sob pena de extinção do processo sem resolução de mérito.

§ 3º No caso de morte do procurador de qualquer das partes, ainda que iniciada a audiência de instrução e julgamento, o juiz determinará que a parte constitua novo mandatário, no prazo de 15 (quinze) dias, ao final do qual extinguirá o processo sem resolução de mérito, se o autor não nomear novo mandatário, ou ordenará o prosseguimento do processo à revelia do réu, se falecido o procurador deste.

§ 4º O prazo de suspensão do processo nunca poderá exceder 1 (um) ano nas hipóteses do inciso V e 6 (seis) meses naquela prevista no inciso II.

§ 5º O juiz determinará o prosseguimento do processo assim que esgotados os prazos previstos no § 4º.

§ 6º No caso do inciso IX, o período de suspensão será de 30 (trinta) dias, contado a partir da data do parto ou da concessão da adoção, mediante apresentação de certidão de nascimento ou documento similar que comprove a realização do parto, ou de termo judicial que tenha concedido a adoção, desde que haja notificação ao cliente. *(Incluído pela Lei n. 13.363,de 25.11.16, DOU 28.11.16)*

§ 7º No caso do inciso X, o período de suspensão será de 8 (oito) dias, contado a partir da data do parto ou da concessão da adoção, mediante apresentação de certidão de nascimento ou documento similar que comprove a realização do parto, ou de termo judicial que tenha concedido a adoção, desde que haja notificação ao cliente. (NR) *(Incluído pela Lei n. 13.363,de 25.11.16, DOU 28.11.16)*

Art. 314. Durante a suspensão é vedado praticar qualquer ato processual, podendo o juiz, todavia, determinar a realização de atos urgentes a fim de evitar dano irreparável, salvo no caso de arguição de impedimento e de suspeição.

Art. 315. Se o conhecimento do mérito depender de verificação da existência de fato delituoso, o juiz pode determinar a suspensão do processo até que se pronuncie a justiça criminal.

§ 1º Se a ação penal não for proposta no prazo de 3 (três) meses, contado da intimação do ato de suspensão, cessará o efeito desse, incumbindo ao juiz cível examinar incidentemente a questão prévia.

§ 2º Proposta a ação penal, o processo ficará suspenso pelo prazo máximo de 1 (um) ano, ao final do qual aplicar-se-á o disposto na parte final do § 1º.

TÍTULO III
Da Extinção do Processo

Art. 316. A extinção do processo dar-se-á por sentença.

Art. 317. Antes de proferir decisão sem resolução de mérito, o juiz deverá conceder à parte oportunidade para, se possível, corrigir o vício.

PARTE ESPECIAL

LIVRO I
DO PROCESSO DE CONHECIMENTO E DO CUMPRIMENTO DE SENTENÇA

TÍTULO I
Do Procedimento Comum

CAPÍTULO I
Disposições Gerais

Art. 318. Aplica-se a todas as causas o procedimento comum, salvo disposição em contrário deste Código ou de lei.

PARÁGRAFO ÚNICO. O procedimento comum aplica-se subsidiariamente aos demais procedimentos especiais e ao processo de execução.

CAPÍTULO II
Da Petição Inicial

Seção I
Dos Requisitos da Petição Inicial

Art. 319. A petição inicial indicará:

I — o juízo a que é dirigida;

II — os nomes, os prenomes, o estado civil, a existência de união estável, a profissão, o número de inscrição no Cadastro de Pessoas Físicas ou no Cadastro Nacional da Pessoa Jurídica, o endereço eletrônico, o domicílio e a residência do autor e do réu;

III — o fato e os fundamentos jurídicos do pedido;

IV — o pedido com as suas especificações;

V — o valor da causa;

VI — as provas com que o autor pretende demonstrar a verdade dos fatos alegados;

VII — a opção do autor pela realização ou não de audiência de conciliação ou de mediação.

§ 1º Caso não disponha das informações previstas no inciso II, poderá o autor, na petição inicial, requerer ao juiz diligências necessárias a sua obtenção.

§ 2º A petição inicial não será indeferida se, a despeito da falta de informações a que se refere o inciso II, for possível a citação do réu.

§ 3º A petição inicial não será indeferida pelo não atendimento ao disposto no inciso II deste artigo se a obtenção de tais informações tornar impossível ou excessivamente oneroso o acesso à justiça.

Art. 320. A petição inicial será instruída com os documentos indispensáveis à propositura da ação.

Art. 321. O juiz, ao verificar que a petição inicial não preenche os requisitos dos arts. 319 e 320 ou que apresenta defeitos e irregularidades capazes de dificultar o julgamento de mérito, determinará que o autor, no prazo de 15 (quinze) dias, a emende ou a complete, indicando com precisão o que deve ser corrigido ou completado.

PARÁGRAFO ÚNICO. Se o autor não cumprir a diligência, o juiz indeferirá a petição inicial.

Seção II
Do Pedido

Art. 322. O pedido deve ser certo.

§ 1º Compreendem-se no principal os juros legais, a correção monetária e as verbas de sucumbência, inclusive os honorários advocatícios.

§ 2º A interpretação do pedido considerará o conjunto da postulação e observará o princípio da boa-fé.

Art. 323. Na ação que tiver por objeto cumprimento de obrigação em prestações sucessivas, essas serão consideradas incluídas no pedido, independentemente de declaração expressa do autor, e serão incluídas na condenação, enquanto durar a obrigação, se o devedor, no curso do processo, deixar de pagá-las ou de consigná-las.

Art. 324. O pedido deve ser determinado.

§ 1º É lícito, porém, formular pedido genérico:

I — nas ações universais, se o autor não puder individuar os bens demandados;

II — quando não for possível determinar, desde logo, as consequências do ato ou do fato;

III — quando a determinação do objeto ou do valor da condenação depender de ato que deva ser praticado pelo réu.

§ 2º O disposto neste artigo aplica-se à reconvenção.

Art. 325. O pedido será alternativo quando, pela natureza da obrigação, o devedor puder cumprir a prestação de mais de um modo.

PARÁGRAFO ÚNICO. Quando, pela lei ou pelo contrato, a escolha couber ao devedor, o juiz lhe assegurará o direito de cumprir a prestação de um ou de outro modo, ainda que o autor não tenha formulado pedido alternativo.

Art. 326. É lícito formular mais de um pedido em ordem subsidiária, a fim de que o juiz conheça do posterior, quando não acolher o anterior.

PARÁGRAFO ÚNICO. É lícito formular mais de um pedido, alternativamente, para que o juiz acolha um deles.

Art. 327. É lícita a cumulação, em um único processo, contra o mesmo réu, de vários pedidos, ainda que entre eles não haja conexão.

§ 1º São requisitos de admissibilidade da cumulação que:

I — os pedidos sejam compatíveis entre si;

II — seja competente para conhecer deles o mesmo juízo;

III — seja adequado para todos os pedidos o tipo de procedimento.

§ 2º Quando, para cada pedido, corresponder tipo diverso de procedimento, será admitida a cumulação se o autor empregar o procedimento comum, sem prejuízo do emprego das técnicas processuais diferenciadas previstas nos procedimentos especiais a que se sujeitam um ou mais pedidos cumulados, que não forem incompatíveis com as disposições sobre o procedimento comum.

§ 3º O inciso I do § 1º não se aplica às cumulações de pedidos de que trata o art. 326.

Art. 328. Na obrigação indivisível com pluralidade de credores, aquele que não participou do processo receberá sua parte, deduzidas as despesas na proporção de seu crédito.

Art. 329. O autor poderá:

I — até a citação, aditar ou alterar o pedido ou a causa de pedir, independentemente de consentimento do réu;

II — até o saneamento do processo, aditar ou alterar o pedido e a causa de pedir, com consentimento do réu, assegurado o contraditório mediante a possibilidade de manifestação deste no prazo mínimo de 15 (quinze) dias, facultado o requerimento de prova suplementar.

PARÁGRAFO ÚNICO. Aplica-se o disposto neste artigo à reconvenção e à respectiva causa de pedir.

Seção III

Do Indeferimento da Petição Inicial

Art. 330. A petição inicial será indeferida quando:

I — for inepta;

II — a parte for manifestamente ilegítima;

III — o autor carecer de interesse processual;

IV — não atendidas as prescrições dos arts. 106 e 321.

§ 1º Considera-se inepta a petição inicial quando:

I — lhe faltar pedido ou causa de pedir;

II — o pedido for indeterminado, ressalvadas as hipóteses legais em que se permite o pedido genérico;

III — da narração dos fatos não decorrer logicamente a conclusão;

IV — contiver pedidos incompatíveis entre si.

§ 2º Nas ações que tenham por objeto a revisão de obrigação decorrente de empréstimo, de financiamento ou de alienação de bens, o autor terá de, sob pena de inépcia, discriminar na petição inicial, dentre as obrigações contratuais, aquelas que pretende controverter, além de quantificar o valor incontroverso do débito.

§ 3º Na hipótese do § 2º, o valor incontroverso deverá continuar a ser pago no tempo e modo contratados.

Art. 331. Indeferida a petição inicial, o autor poderá apelar, facultado ao juiz, no prazo de 5 (cinco) dias, retratar-se.

§ 1º Se não houver retratação, o juiz mandará citar o réu para responder ao recurso.

§ 2º Sendo a sentença reformada pelo tribunal, o prazo para a contestação começará a correr da intimação do retorno dos autos, observado o disposto no art. 334.

§ 3º Não interposta a apelação, o réu será intimado do trânsito em julgado da sentença.

CAPÍTULO III
Da Improcedência Liminar do Pedido

Art. 332. Nas causas que dispensem a fase instrutória, o juiz, independentemente da citação do réu, julgará liminarmente improcedente o pedido que contrariar:

I — enunciado de súmula do Supremo Tribunal Federal ou do Superior Tribunal de Justiça;

II — acórdão proferido pelo Supremo Tribunal Federal ou pelo Superior Tribunal de Justiça em julgamento de recursos repetitivos;

III — entendimento firmado em incidente de resolução de demandas repetitivas ou de assunção de competência;

IV — enunciado de súmula de tribunal de justiça sobre direito local.

§ 1º O juiz também poderá julgar liminarmente improcedente o pedido se verificar, desde logo, a ocorrência de decadência ou de prescrição.

§ 2º Não interposta a apelação, o réu será intimado do trânsito em julgado da sentença, nos termos do art. 241.

§ 3º Interposta a apelação, o juiz poderá retratar-se em 5 (cinco) dias.

§ 4º Se houver retratação, o juiz determinará o prosseguimento do processo, com a citação do réu, e, se não houver retratação, determinará a citação do réu para apresentar contrarrazões, no prazo de 15 (quinze) dias.

CAPÍTULO IV
Da Conversão da Ação Individual em Ação Coletiva

Art. 333. (VETADO).

CAPÍTULO V
Da Audiência de Conciliação ou de Mediação

Art. 334. Se a petição inicial preencher os requisitos essenciais e não for o caso de improcedência liminar do pedido, o juiz designará audiência de conciliação ou de mediação com antecedência mínima de 30 (trinta) dias, devendo ser citado o réu com pelo menos 20 (vinte) dias de antecedência.

§ 1º O conciliador ou mediador, onde houver, atuará necessariamente na audiência de conciliação ou de mediação, observando o disposto neste Código, bem como as disposições da lei de organização judiciária.

§ 2º Poderá haver mais de uma sessão destinada à conciliação e à mediação, não podendo exceder a 2 (dois) meses da data de realização da primeira sessão, desde que necessárias à composição das partes.

§ 3º A intimação do autor para a audiência será feita na pessoa de seu advogado.

§ 4º A audiência não será realizada:

I — se ambas as partes manifestarem, expressamente, desinteresse na composição consensual;

II — quando não se admitir a autocomposição.

§ 5º O autor deverá indicar, na petição inicial, seu desinteresse na autocomposição, e o réu deverá fazê-lo, por petição, apresentada com 10 (dez) dias de antecedência, contados da data da audiência.

§ 6º Havendo litisconsórcio, o desinteresse na realização da audiência deve ser manifestado por todos os litisconsortes.

§ 7º A audiência de conciliação ou de mediação pode realizar-se por meio eletrônico, nos termos da lei.

§ 8º O não comparecimento injustificado do autor ou do réu à audiência de conciliação é considerado ato atentatório à dignidade da justiça e será sancionado com multa de até dois por cento da vantagem econômica pretendida ou do valor da causa, revertida em favor da União ou do Estado.

§ 9º As partes devem estar acompanhadas por seus advogados ou defensores públicos.

§ 10. A parte poderá constituir representante, por meio de procuração específica, com poderes para negociar e transigir.

§ 11. A autocomposição obtida será reduzida a termo e homologada por sentença.

§ 12. A pauta das audiências de conciliação ou de mediação será organizada de modo a respeitar o intervalo mínimo de 20 (vinte) minutos entre o início de uma e o início da seguinte.

CAPÍTULO VI
Da Contestação

Art. 335. O réu poderá oferecer contestação, por petição, no prazo de 15 (quinze) dias, cujo termo inicial será a data:

I — da audiência de conciliação ou de mediação, ou da última sessão de conciliação, quando qualquer parte não comparecer ou, comparecendo, não houver autocomposição;

II — do protocolo do pedido de cancelamento da audiência de conciliação ou de mediação apresentado pelo réu, quando ocorrer a hipótese do art. 334, § 4º, inciso I;

III — prevista no art. 231, de acordo com o modo como foi feita a citação, nos demais casos.

§ 1º No caso de litisconsórcio passivo, ocorrendo a hipótese do art. 334, § 6º, o termo inicial previsto no inciso II será, para cada um dos réus, a data de apresentação de seu respectivo pedido de cancelamento da audiência.

§ 2º Quando ocorrer a hipótese do art. 334, § 4º, inciso II, havendo litisconsórcio passivo e o autor desistir da ação em relação a réu ainda não citado, o prazo para resposta correrá da data de intimação da decisão que homologar a desistência.

Art. 336. Incumbe ao réu alegar, na contestação, toda a matéria de defesa, expondo as razões de fato e de direito com que impugna o pedido do autor e especificando as provas que pretende produzir.

Art. 337. Incumbe ao réu, antes de discutir o mérito, alegar:

I — inexistência ou nulidade da citação;

II — incompetência absoluta e relativa;

III — incorreção do valor da causa;

IV — inépcia da petição inicial;

V — perempção;

VI — litispendência;

VII — coisa julgada;

VIII — conexão;

IX — incapacidade da parte, defeito de representação ou falta de autorização;

X — convenção de arbitragem;

XI — ausência de legitimidade ou de interesse processual;

XII — falta de caução ou de outra prestação que a lei exige como preliminar;

XIII — indevida concessão do benefício de gratuidade de justiça.

§ 1º Verifica-se a litispendência ou a coisa julgada quando se reproduz ação anteriormente ajuizada.

§ 2º Uma ação é idêntica a outra quando possui as mesmas partes, a mesma causa de pedir e o mesmo pedido.

§ 3º Há litispendência quando se repete ação que está em curso.

§ 4º Há coisa julgada quando se repete ação que já foi decidida por decisão transitada em julgado.

§ 5º Excetuadas a convenção de arbitragem e a incompetência relativa, o juiz conhecerá de ofício das matérias enumeradas neste artigo.

§ 6º A ausência de alegação da existência de convenção de arbitragem, na forma prevista neste Capítulo, implica aceitação da jurisdição estatal e renúncia ao juízo arbitral.

Art. 338. Alegando o réu, na contestação, ser parte ilegítima ou não ser o responsável pelo prejuízo invocado, o juiz facultará ao autor, em 15 (quinze) dias, a alteração da petição inicial para substituição do réu.

PARÁGRAFO ÚNICO. Realizada a substituição, o autor reembolsará as despesas e pagará os honorários ao procurador do réu excluído, que serão fixados entre três e cinco por cento do valor da causa ou, sendo este irrisório, nos termos do art. 85, § 8º.

Art. 339. Quando alegar sua ilegitimidade, incumbe ao réu indicar o sujeito passivo da relação jurídica discutida sempre que tiver conhecimento, sob pena de arcar com as despesas processuais e de indenizar o autor pelos prejuízos decorrentes da falta de indicação.

§ 1º O autor, ao aceitar a indicação, procederá, no prazo de 15 (quinze) dias, à alteração da petição inicial para a substituição do réu, observando-se, ainda, o parágrafo único do art. 338.

§ 2º No prazo de 15 (quinze) dias, o autor pode optar por alterar a petição inicial para incluir, como litisconsorte passivo, o sujeito indicado pelo réu.

Art. 340. Havendo alegação de incompetência relativa ou absoluta, a contestação poderá ser protocolada no foro de domicílio do réu, fato que será imediatamente comunicado ao juiz da causa, preferencialmente por meio eletrônico.

§ 1º A contestação será submetida a livre distribuição ou, se o réu houver sido citado por meio de carta precatória, juntada aos autos dessa carta, seguindo-se a sua imediata remessa para o juízo da causa.

§ 2º Reconhecida a competência do foro indicado pelo réu, o juízo para o qual for distribuída a contestação ou a carta precatória será considerado prevento.

§ 3º Alegada a incompetência nos termos do *caput*, será suspensa a realização da audiência de conciliação ou de mediação, se tiver sido designada.

§ 4º Definida a competência, o juízo competente designará nova data para a audiência de conciliação ou de mediação.

Art. 341. Incumbe também ao réu manifestar-se precisamente sobre as alegações de fato constantes da petição inicial, presumindo-se verdadeiras as não impugnadas, salvo se:

I — não for admissível, a seu respeito, a confissão;

II — a petição inicial não estiver acompanhada de instrumento que a lei considerar da substância do ato;

III — estiverem em contradição com a defesa, considerada em seu conjunto.

PARÁGRAFO ÚNICO. O ônus da impugnação especificada dos fatos não se aplica ao defensor público, ao advogado dativo e ao curador especial.

Art. 342. Depois da contestação, só é lícito ao réu deduzir novas alegações quando:

I — relativas a direito ou a fato superveniente;

II — competir ao juiz conhecer delas de ofício;

III — por expressa autorização legal, puderem ser formuladas em qualquer tempo e grau de jurisdição.

CAPÍTULO VII
Da Reconvenção

Art. 343. Na contestação, é lícito ao réu propor reconvenção para manifestar pretensão própria, conexa com a ação principal ou com o fundamento da defesa.

§ 1º Proposta a reconvenção, o autor será intimado, na pessoa de seu advogado, para apresentar resposta no prazo de 15 (quinze) dias.

§ 2º A desistência da ação ou a ocorrência de causa extintiva que impeça o exame de seu mérito não obsta ao prosseguimento do processo quanto à reconvenção.

§ 3º A reconvenção pode ser proposta contra o autor e terceiro.

§ 4º A reconvenção pode ser proposta pelo réu em litisconsórcio com terceiro.

§ 5º Se o autor for substituto processual, o reconvinte deverá afirmar ser titular de direito em face do substituído, e a reconvenção deverá ser proposta em face do autor, também na qualidade de substituto processual.

§ 6º O réu pode propor reconvenção independentemente de oferecer contestação.

CAPÍTULO VIII
Da Revelia

Art. 344. Se o réu não contestar a ação, será considerado revel e presumir-se-ão verdadeiras as alegações de fato formuladas pelo autor.

Art. 345. A revelia não produz o efeito mencionado no art. 344 se:

I — havendo pluralidade de réus, algum deles contestar a ação;

II — o litígio versar sobre direitos indisponíveis;

III — a petição inicial não estiver acompanhada de instrumento que a lei considere indispensável à prova do ato;

IV — as alegações de fato formuladas pelo autor forem inverossímeis ou estiverem em contradição com prova constante dos autos.

Art. 346. Os prazos contra o revel que não tenha patrono nos autos fluirão da data de publicação do ato decisório no órgão oficial.

PARÁGRAFO ÚNICO. O revel poderá intervir no processo em qualquer fase, recebendo-o no estado em que se encontrar.

CAPÍTULO IX
Das Providências Preliminares e do Saneamento

Art. 347. Findo o prazo para a contestação, o juiz tomará, conforme o caso, as providências preliminares constantes das seções deste Capítulo.

Seção I
Da Não Incidência dos Efeitos da Revelia

Art. 348. Se o réu não contestar a ação, o juiz, verificando a inocorrência do efeito da revelia previsto no art. 344, ordenará que o autor especifique as provas que pretenda produzir, se ainda não as tiver indicado.

Art. 349. Ao réu revel será lícita a produção de provas, contrapostas às alegações do autor, desde que se faça representar nos autos a tempo de praticar os atos processuais indispensáveis a essa produção.

Seção II
Do Fato Impeditivo, Modificativo ou Extintivo do Direito do Autor

Art. 350. Se o réu alegar fato impeditivo, modificativo ou extintivo do direito do autor, este será ouvido no prazo de 15 (quinze) dias, permitindo-lhe o juiz a produção de prova.

Seção III
Das Alegações do Réu

Art. 351. Se o réu alegar qualquer das matérias enumeradas no art. 337, o juiz determinará a oitiva do autor no prazo de 15 (quinze) dias, permitindo-lhe a produção de prova.

Art. 352. Verificando a existência de irregularidades ou de vícios sanáveis, o juiz determinará sua correção em prazo nunca superior a 30 (trinta) dias.

Art. 353. Cumpridas as providências preliminares ou não havendo necessidade delas, o juiz proferirá julgamento conforme o estado do processo, observando o que dispõe o Capítulo X.

CAPÍTULO X
Do Julgamento Conforme o Estado do Processo

Seção I
Da Extinção do Processo

Art. 354. Ocorrendo qualquer das hipóteses previstas nos arts. 485 e 487, incisos II e III, o juiz proferirá sentença.

PARÁGRAFO ÚNICO. A decisão a que se refere o *caput* pode dizer respeito a apenas parcela do processo, caso em que será impugnável por agravo de instrumento.

Seção II
Do Julgamento Antecipado do Mérito

Art. 355. O juiz julgará antecipadamente o pedido, proferindo sentença com resolução de mérito, quando:

I — não houver necessidade de produção de outras provas;

II — o réu for revel, ocorrer o efeito previsto no art. 344 e não houver requerimento de prova, na forma do art. 349.

Seção III
Do Julgamento Antecipado Parcial do Mérito

Art. 356. O juiz decidirá parcialmente o mérito quando um ou mais dos pedidos formulados ou parcela deles:

I — mostrar-se incontroverso;

II — estiver em condições de imediato julgamento, nos termos do art. 355.

§ 1º A decisão que julgar parcialmente o mérito poderá reconhecer a existência de obrigação líquida ou ilíquida.

§ 2º A parte poderá liquidar ou executar, desde logo, a obrigação reconhecida na decisão que julgar parcialmente o mérito, independentemente de caução, ainda que haja recurso contra essa interposto.

§ 3º Na hipótese do § 2º, se houver trânsito em julgado da decisão, a execução será definitiva.

§ 4º A liquidação e o cumprimento da decisão que julgar parcialmente o mérito poderão ser processados em autos suplementares, a requerimento da parte ou a critério do juiz.

§ 5º A decisão proferida com base neste artigo é impugnável por agravo de instrumento.

Seção IV
Do Saneamento e da Organização do Processo

Art. 357. Não ocorrendo nenhuma das hipóteses deste Capítulo, deverá o juiz, em decisão de saneamento e de organização do processo:

I — resolver as questões processuais pendentes, se houver;

II — delimitar as questões de fato sobre as quais recairá a atividade probatória, especificando os meios de prova admitidos;

III — definir a distribuição do ônus da prova, observado o art. 373;

IV — delimitar as questões de direito relevantes para a decisão do mérito;

V — designar, se necessário, audiência de instrução e julgamento.

§ 1º Realizado o saneamento, as partes têm o direito de pedir esclarecimentos ou solicitar ajustes, no prazo comum de 5 (cinco) dias, findo o qual a decisão se torna estável.

§ 2º As partes podem apresentar ao juiz, para homologação, delimitação consensual das questões de fato e de direito a que se referem os incisos II e IV, a qual, se homologada, vincula as partes e o juiz.

§ 3º Se a causa apresentar complexidade em matéria de fato ou de direito, deverá o juiz designar audiência para que o saneamento seja feito em cooperação com as partes, oportunidade em que o juiz, se for o caso, convidará as partes a integrar ou esclarecer suas alegações.

§ 4º Caso tenha sido determinada a produção de prova testemunhal, o juiz fixará prazo comum não superior a 15 (quinze) dias para que as partes apresentem rol de testemunhas.

§ 5º Na hipótese do § 3º, as partes devem levar, para a audiência prevista, o respectivo rol de testemunhas.

§ 6º O número de testemunhas arroladas não pode ser superior a 10 (dez), sendo 3 (três), no máximo, para a prova de cada fato.

§ 7º O juiz poderá limitar o número de testemunhas levando em conta a complexidade da causa e dos fatos individualmente considerados.

§ 8º Caso tenha sido determinada a produção de prova pericial, o juiz deve observar o disposto no art. 465 e, se possível, estabelecer, desde logo, calendário para sua realização.

§ 9º As pautas deverão ser preparadas com intervalo mínimo de 1 (uma) hora entre as audiências.

CAPÍTULO XI
Da Audiência de Instrução e Julgamento

Art. 358. No dia e na hora designados, o juiz declarará aberta a audiência de instrução e julgamento e mandará apregoar as partes e os respectivos advogados, bem como outras pessoas que dela devam participar.

Art. 359. Instalada a audiência, o juiz tentará conciliar as partes, independentemente do emprego anterior de outros métodos de solução consensual de conflitos, como a mediação e a arbitragem.

Art. 360. O juiz exerce o poder de polícia, incumbindo-lhe:

I — manter a ordem e o decoro na audiência;

II — ordenar que se retirem da sala de audiência os que se comportarem inconvenientemente;

III — requisitar, quando necessário, força policial;

IV — tratar com urbanidade as partes, os advogados, os membros do Ministério Público e da Defensoria Pública e qualquer pessoa que participe do processo;

V — registrar em ata, com exatidão, todos os requerimentos apresentados em audiência.

Art. 361. As provas orais serão produzidas em audiência, ouvindo-se nesta ordem, preferencialmente:

I — o perito e os assistentes técnicos, que responderão aos quesitos de esclarecimentos requeridos no prazo e na forma do art. 477, caso não respondidos anteriormente por escrito;

II — o autor e, em seguida, o réu, que prestarão depoimentos pessoais;

III — as testemunhas arroladas pelo autor e pelo réu, que serão inquiridas.

PARÁGRAFO ÚNICO. Enquanto depuserem o perito, os assistentes técnicos, as partes e as testemunhas, não poderão os advogados e o Ministério Público intervir ou apartear, sem licença do juiz.

Art. 362. A audiência poderá ser adiada:

I — por convenção das partes;

II — se não puder comparecer, por motivo justificado, qualquer pessoa que dela deva necessariamente participar;

III — por atraso injustificado de seu início em tempo superior a 30 (trinta) minutos do horário marcado.

§ 1º O impedimento deverá ser comprovado até a abertura da audiência, e, não o sendo, o juiz procederá à instrução.

§ 2º O juiz poderá dispensar a produção das provas requeridas pela parte cujo advogado ou defensor público não tenha comparecido à audiência, aplicando-se a mesma regra ao Ministério Público.

§ 3º Quem der causa ao adiamento responderá pelas despesas acrescidas.

Art. 363. Havendo antecipação ou adiamento da audiência, o juiz, de ofício ou a requerimento da parte, determinará a intimação dos advogados ou da sociedade de advogados para ciência da nova designação.

Art. 364. Finda a instrução, o juiz dará a palavra ao advogado do autor e do réu, bem como ao membro do Ministério Público, se for o caso de sua intervenção, sucessivamente, pelo prazo de 20 (vinte) minutos para cada um, prorrogável por 10 (dez) minutos, a critério do juiz.

§ 1º Havendo litisconsorte ou terceiro interveniente, o prazo, que formará com o da prorrogação um só todo, dividir-se-á entre os do mesmo grupo, se não convencionarem de modo diverso.

§ 2º Quando a causa apresentar questões complexas de fato ou de direito, o debate oral poderá ser substituído por razões finais escritas, que serão apresentadas pelo autor e pelo réu, bem como pelo Ministério Público, se for o caso de sua intervenção, em prazos sucessivos de 15 (quinze) dias, assegurada vista dos autos.

Art. 365. A audiência é una e contínua, podendo ser excepcional e justificadamente cindida na ausência de perito ou de testemunha, desde que haja concordância das partes.

PARÁGRAFO ÚNICO. Diante da impossibilidade de realização da instrução, do debate e do julgamento no mesmo dia, o juiz marcará seu prosseguimento para a data mais próxima possível, em pauta preferencial.

Art. 366. Encerrado o debate ou oferecidas as razões finais, o juiz proferirá sentença em audiência ou no prazo de 30 (trinta) dias.

Art. 367. O servidor lavrará, sob ditado do juiz, termo que conterá, em resumo, o ocorrido na audiência, bem como, por extenso, os despachos, as decisões e a sentença, se proferida no ato.

§ 1º Quando o termo não for registrado em meio eletrônico, o juiz rubricar-lhe-á as folhas, que serão encadernadas em volume próprio.

§ 2º Subscreverão o termo o juiz, os advogados, o membro do Ministério Público e o escrivão ou chefe de secretaria, dispensadas as partes, exceto quando houver ato de disposição para cuja prática os advogados não tenham poderes.

§ 3º O escrivão ou chefe de secretaria trasladará para os autos cópia autêntica do termo de audiência.

§ 4º Tratando-se de autos eletrônicos, observar-se-á o disposto neste Código, em legislação específica e nas normas internas dos tribunais.

§ 5º A audiência poderá ser integralmente gravada em imagem e em áudio, em meio digital ou analógico, desde que assegure o rápido acesso das partes e dos órgãos julgadores, observada a legislação específica.

§ 6º A gravação a que se refere o § 5º também pode ser realizada diretamente por qualquer das partes, independentemente de autorização judicial.

Art. 368. A audiência será pública, ressalvadas as exceções legais.

CAPÍTULO XII
Das Provas

Seção I
Disposições Gerais

Art. 369. As partes têm o direito de empregar todos os meios legais, bem como os moralmente legítimos, ainda que não especificados neste Código, para provar a verdade dos fatos em que se funda o pedido ou a defesa e influir eficazmente na convicção do juiz.

Art. 370. Caberá ao juiz, de ofício ou a requerimento da parte, determinar as provas necessárias ao julgamento do mérito.

PARÁGRAFO ÚNICO. O juiz indeferirá, em decisão fundamentada, as diligências inúteis ou meramente protelatórias.

Art. 371. O juiz apreciará a prova constante dos autos, independentemente do sujeito que a tiver promovido, e indicará na decisão as razões da formação de seu convencimento.

Art. 372. O juiz poderá admitir a utilização de prova produzida em outro processo, atribuindo-lhe o valor que considerar adequado, observado o contraditório.

Art. 373. O ônus da prova incumbe:

I — ao autor, quanto ao fato constitutivo de seu direito;

II — ao réu, quanto à existência de fato impeditivo, modificativo ou extintivo do direito do autor.

§ 1º Nos casos previstos em lei ou diante de peculiaridades da causa relacionadas à impossibilidade ou à excessiva dificuldade de cumprir o encargo nos termos do *caput* ou à maior facilidade de obtenção da prova do fato contrário, poderá o juiz atribuir o ônus da prova de modo diverso, desde que o faça por decisão fundamentada, caso em que deverá dar à parte a oportunidade de se desincumbir do ônus que lhe foi atribuído.

§ 2º A decisão prevista no § 1º deste artigo não pode gerar situação em que a desincumbência do encargo pela parte seja impossível ou excessivamente difícil.

§ 3º A distribuição diversa do ônus da prova também pode ocorrer por convenção das partes, salvo quando:

I — recair sobre direito indisponível da parte;

II — tornar excessivamente difícil a uma parte o exercício do direito.

§ 4º A convenção de que trata o § 3º pode ser celebrada antes ou durante o processo.

Art. 374. Não dependem de prova os fatos:

I — notórios;

II — afirmados por uma parte e confessados pela parte contrária;

III — admitidos no processo como incontroversos;

IV — em cujo favor milita presunção legal de existência ou de veracidade.

Art. 375. O juiz aplicará as regras de experiência comum subministradas pela observação do que ordinariamente acontece e, ainda, as regras de experiência técnica, ressalvado, quanto a estas, o exame pericial.

Art. 376. A parte que alegar direito municipal, estadual, estrangeiro ou consuetudinário provar-lhe-á o teor e a vigência, se assim o juiz determinar.

Art. 377. A carta precatória, a carta rogatória e o auxílio direto suspenderão o julgamento da causa no caso previsto no art. 313, inciso V, alínea "b", quando, tendo sido requeridos antes da decisão de saneamento, a prova neles solicitada for imprescindível.

PARÁGRAFO ÚNICO. A carta precatória e a carta rogatória não devolvidas no prazo ou concedidas sem efeito suspensivo poderão ser juntadas aos autos a qualquer momento.

Art. 378. Ninguém se exime do dever de colaborar com o Poder Judiciário para o descobrimento da verdade.

Art. 379. Preservado o direito de não produzir prova contra si própria, incumbe à parte:

I — comparecer em juízo, respondendo ao que lhe for interrogado;

II — colaborar com o juízo na realização de inspeção judicial que for considerada necessária;

III — praticar o ato que lhe for determinado.

Art. 380. Incumbe ao terceiro, em relação a qualquer causa:

I — informar ao juiz os fatos e as circunstâncias de que tenha conhecimento;

II — exibir coisa ou documento que esteja em seu poder.

PARÁGRAFO ÚNICO. Poderá o juiz, em caso de descumprimento, determinar, além da imposição de multa, outras medidas indutivas, coercitivas, mandamentais ou sub-rogatórias.

Seção II
Da Produção Antecipada da Prova

Art. 381. A produção antecipada da prova será admitida nos casos em que:

I — haja fundado receio de que venha a tornar-se impossível ou muito difícil a verificação de certos fatos na pendência da ação;

II — a prova a ser produzida seja suscetível de viabilizar a autocomposição ou outro meio adequado de solução de conflito;

III — o prévio conhecimento dos fatos possa justificar ou evitar o ajuizamento de ação.

§ 1º O arrolamento de bens observará o disposto nesta Seção quando tiver por finalidade apenas a realização de documentação e não a prática de atos de apreensão.

§ 2º A produção antecipada da prova é da competência do juízo do foro onde esta deva ser produzida ou do foro de domicílio do réu.

§ 3º A produção antecipada da prova não previne a competência do juízo para a ação que venha a ser proposta.

§ 4º O juízo estadual tem competência para produção antecipada de prova requerida em face da União, de entidade autárquica ou de empresa pública federal se, na localidade, não houver vara federal.

§ 5º Aplica-se o disposto nesta Seção àquele que pretender justificar a existência de algum fato ou relação jurídica para simples documento e sem caráter contencioso, que exporá, em petição circunstanciada, a sua intenção.

Art. 382. Na petição, o requerente apresentará as razões que justificam a necessidade de antecipação da prova e mencionará com precisão os fatos sobre os quais a prova há de recair.

§ 1º O juiz determinará, de ofício ou a requerimento da parte, a citação de interessados na produção da prova ou no fato a ser provado, salvo se inexistente caráter contencioso.

§ 2º O juiz não se pronunciará sobre a ocorrência ou a inocorrência do fato, nem sobre as respectivas consequências jurídicas.

§ 3º Os interessados poderão requerer a produção de qualquer prova no mesmo procedimento, desde que relacionada ao mesmo fato, salvo se a sua produção conjunta acarretar excessiva demora.

§ 4º Neste procedimento, não se admitirá defesa ou recurso, salvo contra decisão que indeferir totalmente a produção da prova pleiteada pelo requerente originário.

Art. 383. Os autos permanecerão em cartório durante 1 (um) mês para extração de cópias e certidões pelos interessados.

PARÁGRAFO ÚNICO. Findo o prazo, os autos serão entregues ao promovente da medida.

Seção III
Da Ata Notarial

Art. 384. A existência e o modo de existir de algum fato podem ser atestados ou documentados, a requerimento do interessado, mediante ata lavrada por tabelião.

PARÁGRAFO ÚNICO. Dados representados por imagem ou som gravados em arquivos eletrônicos poderão constar da ata notarial.

Seção IV
Do Depoimento Pessoal

Art. 385. Cabe à parte requerer o depoimento pessoal da outra parte, a fim de que esta seja interrogada na audiência de instrução e julgamento, sem prejuízo do poder do juiz de ordená-lo de ofício.

§ 1º Se a parte, pessoalmente intimada para prestar depoimento pessoal e advertida da pena de confesso, não comparecer ou, comparecendo, se recusar a depor, o juiz aplicar-lhe-á a pena.

§ 2º É vedado a quem ainda não depôs assistir ao interrogatório da outra parte.

§ 3º O depoimento pessoal da parte que residir em comarca, seção ou subseção judiciária diversa daquela onde tramita o processo poderá ser colhido por meio de videoconferência ou outro recurso tecnológico de transmissão de sons e imagens em tempo real, o que poderá ocorrer, inclusive, durante a realização da audiência de instrução e julgamento.

Art. 386. Quando a parte, sem motivo justificado, deixar de responder ao que lhe for perguntado ou empregar evasivas, o juiz, apreciando as demais circunstâncias e os elementos de prova, declarará, na sentença, se houve recusa de depor.

Art. 387. A parte responderá pessoalmente sobre os fatos articulados, não podendo servir-se de escritos anteriormente preparados, permitindo-lhe o juiz, todavia, a consulta a notas breves, desde que objetivem completar esclarecimentos.

Art. 388. A parte não é obrigada a depor sobre fatos:

I — criminosos ou torpes que lhe forem imputados;

II — a cujo respeito, por estado ou profissão, deva guardar sigilo;

III — acerca dos quais não possa responder sem desonra própria, de seu cônjuge, de seu companheiro ou de parente em grau sucessível;

IV — que coloquem em perigo a vida do depoente ou das pessoas referidas no inciso III.

PARÁGRAFO ÚNICO. Esta disposição não se aplica às ações de estado e de família.

Seção V
Da Confissão

Art. 389. Há confissão, judicial ou extrajudicial, quando a parte admite a verdade de fato contrário ao seu interesse e favorável ao do adversário.

Art. 390. A confissão judicial pode ser espontânea ou provocada.

§ 1º A confissão espontânea pode ser feita pela própria parte ou por representante com poder especial.

§ 2º A confissão provocada constará do termo de depoimento pessoal.

Art. 391. A confissão judicial faz prova contra o confitente, não prejudicando, todavia, os litisconsortes.

PARÁGRAFO ÚNICO. Nas ações que versarem sobre bens imóveis ou direitos reais sobre imóveis alheios, a confissão de um cônjuge ou companheiro não valerá sem a do outro, salvo se o regime de casamento for o de separação absoluta de bens.

Art. 392. Não vale como confissão a admissão, em juízo, de fatos relativos a direitos indisponíveis.

§ 1º A confissão será ineficaz se feita por quem não for capaz de dispor do direito a que se referem os fatos confessados.

§ 2º A confissão feita por um representante somente é eficaz nos limites em que este pode vincular o representado.

Art. 393. A confissão é irrevogável, mas pode ser anulada se decorreu de erro de fato ou de coação.

PARÁGRAFO ÚNICO. A legitimidade para a ação prevista no *caput* é exclusiva do confitente e pode ser transferida a seus herdeiros se ele falecer após a propositura.

Art. 394. A confissão extrajudicial, quando feita oralmente, só terá eficácia nos casos em que a lei não exija prova literal.

Art. 395. A confissão é, em regra, indivisível, não podendo a parte que a quiser invocar como prova aceitá-la no tópico que a beneficiar e rejeitá-la no que lhe for desfavorável, porém cindir-se-á quando o confitente a ela aduzir fatos novos, capazes de constituir fundamento de defesa de direito material ou de reconvenção.

Seção VI
Da Exibição de Documento ou Coisa

Art. 396. O juiz pode ordenar que a parte exiba documento ou coisa que se encontre em seu poder.

Art. 397. O pedido formulado pela parte conterá:

I — a individuação, tão completa quanto possível, do documento ou da coisa;

II — a finalidade da prova, indicando os fatos que se relacionam com o documento ou com a coisa;

III — as circunstâncias em que se funda o requerente para afirmar que o documento ou a coisa existe e se acha em poder da parte contrária.

Art. 398. O requerido dará sua resposta nos 5 (cinco) dias subsequentes à sua intimação.

PARÁGRAFO ÚNICO. Se o requerido afirmar que não possui o documento ou a coisa, o juiz permitirá que o requerente prove, por qualquer meio, que a declaração não corresponde à verdade.

Art. 399. O juiz não admitirá a recusa se:

I — o requerido tiver obrigação legal de exibir;

II — o requerido tiver aludido ao documento ou à coisa, no processo, com o intuito de constituir prova;

III — o documento, por seu conteúdo, for comum às partes.

Art. 400. Ao decidir o pedido, o juiz admitirá como verdadeiros os fatos que, por meio do documento ou da coisa, a parte pretendia provar se:

I — o requerido não efetuar a exibição nem fizer nenhuma declaração no prazo do art. 398;

II — a recusa for havida por ilegítima.

PARÁGRAFO ÚNICO. Sendo necessário, o juiz pode adotar medidas indutivas, coercitivas, mandamentais ou sub-rogatórias para que o documento seja exibido.

Art. 401. Quando o documento ou a coisa estiver em poder de terceiro, o juiz ordenará sua citação para responder no prazo de 15 (quinze) dias.

Art. 402. Se o terceiro negar a obrigação de exibir ou a posse do documento ou da coisa, o juiz designará audiência especial, tomando-lhe o depoimento, bem como o das partes e, se necessário, o de testemunhas, e em seguida proferirá decisão.

Art. 403. Se o terceiro, sem justo motivo, se recusar a efetuar a exibição, o juiz ordenar-lhe-á que proceda ao respectivo depósito em cartório ou em outro lugar designado, no prazo de 5 (cinco) dias, impondo ao requerente que o ressarça pelas despesas que tiver.

PARÁGRAFO ÚNICO. Se o terceiro descumprir a ordem, o juiz expedirá mandado de apreensão, requisitando, se necessário, força policial, sem prejuízo da responsabilidade por crime de desobediência, pagamento de multa e outras medidas indutivas, coercitivas, mandamentais ou sub-rogatórias necessárias para assegurar a efetivação da decisão.

Art. 404. A parte e o terceiro se escusam de exibir, em juízo, o documento ou a coisa se:

I — concernente a negócios da própria vida da família;

II — sua apresentação puder violar dever de honra;

III — sua publicidade redundar em desonra à parte ou ao terceiro, bem como a seus parentes consanguíneos ou afins até o terceiro grau, ou lhes representar perigo de ação penal;

IV — sua exibição acarretar a divulgação de fatos a cujo respeito, por estado ou profissão, devam guardar segredo;

V — subsistirem outros motivos graves que, segundo o prudente arbítrio do juiz, justifiquem a recusa da exibição;

VI — houver disposição legal que justifique a recusa da exibição.

PARÁGRAFO ÚNICO. Se os motivos de que tratam os incisos I a VI do *caput* disserem respeito a apenas uma parcela do documento, a parte ou o terceiro exibirá a outra em cartório, para dela ser extraída cópia reprográfica, de tudo sendo lavrado auto circunstanciado.

Seção VII
Da Prova Documental

Subseção I
Da Força Probante dos Documentos

Art. 405. O documento público faz prova não só da sua formação, mas também dos fatos que o escrivão, o chefe de secretaria, o tabelião ou o servidor declarar que ocorreram em sua presença.

Art. 406. Quando a lei exigir instrumento público como da substância do ato, nenhuma outra prova, por mais especial que seja, pode suprir-lhe a falta.

Art. 407. O documento feito por oficial público incompetente ou sem a observância das formalidades legais, sendo subscrito pelas partes, tem a mesma eficácia probatória do documento particular.

Art. 408. As declarações constantes do documento particular escrito e assinado ou somente assinado presumem-se verdadeiras em relação ao signatário.

PARÁGRAFO ÚNICO. Quando, todavia, contiver declaração de ciência de determinado fato, o documento particular prova a ciência, mas não o fato em si, incumbindo o ônus de prová-lo ao interessado em sua veracidade.

Art. 409. A data do documento particular, quando a seu respeito surgir dúvida ou impugnação entre os litigantes, provar-se-á por todos os meios de direito.

PARÁGRAFO ÚNICO. Em relação a terceiros, considerar-se-á datado o documento particular:

I — no dia em que foi registrado;

II — desde a morte de algum dos signatários;

III — a partir da impossibilidade física que sobreveio a qualquer dos signatários;

IV — da sua apresentação em repartição pública ou em juízo;

V — do ato ou do fato que estabeleça, de modo certo, a anterioridade da formação do documento.

Art. 410. Considera-se autor do documento particular:

I — aquele que o fez e o assinou;

II — aquele por conta de quem ele foi feito, estando assinado;

III — aquele que, mandando compô-lo, não o firmou porque, conforme a experiência comum, não se costuma assinar, como livros empresariais e assentos domésticos.

Art. 411. Considera-se autêntico o documento quando:

I — o tabelião reconhecer a firma do signatário;

II — a autoria estiver identificada por qualquer outro meio legal de certificação, inclusive eletrônico, nos termos da lei;

III — não houver impugnação da parte contra quem foi produzido o documento.

Art. 412. O documento particular de cuja autenticidade não se duvida prova que o seu autor fez a declaração que lhe é atribuída.

PARÁGRAFO ÚNICO. O documento particular admitido expressa ou tacitamente é indivisível, sendo vedado à parte que pretende utilizar-se dele aceitar os fatos que lhe são favoráveis e recusar os que são contrários ao seu interesse, salvo se provar que estes não ocorreram.

Art. 413. O telegrama, o radiograma ou qualquer outro meio de transmissão tem a mesma força probatória do documento particular se o original constante da estação expedidora tiver sido assinado pelo remetente.

PARÁGRAFO ÚNICO. A firma do remetente poderá ser reconhecida pelo tabelião, declarando-se essa circunstância no original depositado na estação expedidora.

Art. 414. O telegrama ou o radiograma presume-se conforme com o original, provando as datas de sua expedição e de seu recebimento pelo destinatário.

Art. 415. As cartas e os registros domésticos provam contra quem os escreveu quando:

I — enunciam o recebimento de um crédito;

II — contêm anotação que visa a suprir a falta de título em favor de quem é apontado como credor;

III — expressam conhecimento de fatos para os quais não se exija determinada prova.

Art. 416. A nota escrita pelo credor em qualquer parte de documento representativo de obrigação, ainda que não assinada, faz prova em benefício do devedor.

PARÁGRAFO ÚNICO. Aplica-se essa regra tanto para o documento que o credor conservar em seu poder quanto para aquele que se achar em poder do devedor ou de terceiro.

Art. 417. Os livros empresariais provam contra seu autor, sendo lícito ao empresário, todavia, demonstrar, por todos os meios permitidos em direito, que os lançamentos não correspondem à verdade dos fatos.

Art. 418. Os livros empresariais que preencham os requisitos exigidos por lei provam a favor de seu autor no litígio entre empresários.

Art. 419. A escrituração contábil é indivisível, e, se dos fatos que resultam dos lançamentos, uns são favoráveis ao interesse de seu autor e outros lhe são contrários, ambos serão considerados em conjunto, como unidade.

Art. 420. O juiz pode ordenar, a requerimento da parte, a exibição integral dos livros empresariais e dos documentos do arquivo:

I — na liquidação de sociedade;

II — na sucessão por morte de sócio;

III — quando e como determinar a lei.

Art. 421. O juiz pode, de ofício, ordenar à parte a exibição parcial dos livros e dos documentos, extraindo-se deles a suma que interessar ao litígio, bem como reproduções autenticadas.

Art. 422. Qualquer reprodução mecânica, como a fotográfica, a cinematográfica, a fonográfica ou de outra espécie, tem aptidão para fazer prova dos fatos ou das coisas representadas, se a sua conformidade com o documento original não for impugnada por aquele contra quem foi produzida.

§ 1º As fotografias digitais e as extraídas da rede mundial de computadores fazem prova das imagens que reproduzem, devendo, se impugnadas, ser apresentada a respectiva autenticação eletrônica ou, não sendo possível, realizada perícia.

§ 2º Se se tratar de fotografia publicada em jornal ou revista, será exigido um exemplar original do periódico, caso impugnada a veracidade pela outra parte.

§ 3º Aplica-se o disposto neste artigo à forma impressa de mensagem eletrônica.

Art. 423. As reproduções dos documentos particulares, fotográficas ou obtidas por outros processos de repetição, valem como certidões sempre que o escrivão ou o chefe de secretaria certificar sua conformidade com o original.

Art. 424. A cópia de documento particular tem o mesmo valor probante que o original, cabendo ao escrivão, intimadas as partes, proceder à conferência e certificar a conformidade entre a cópia e o original.

Art. 425. Fazem a mesma prova que os originais:

I — as certidões textuais de qualquer peça dos autos, do protocolo das audiências ou de outro livro a cargo do escrivão ou do chefe de secretaria, se extraídas por ele ou sob sua vigilância e por ele subscritas;

II — os traslados e as certidões extraídas por oficial público de instrumentos ou documentos lançados em suas notas;

III — as reproduções dos documentos públicos, desde que autenticadas por oficial público ou conferidas em cartório com os respectivos originais;

IV — as cópias reprográficas de peças do próprio processo judicial declaradas autênticas pelo advogado, sob sua responsabilidade pessoal, se não lhes for impugnada a autenticidade;

V — os extratos digitais de bancos de dados públicos e privados, desde que atestado pelo seu emitente, sob as penas da lei, que as informações conferem com o que consta na origem;

VI — as reproduções digitalizadas de qualquer documento público ou particular, quando juntadas aos autos pelos órgãos da justiça e seus auxiliares, pelo Ministério Público e seus auxiliares, pela Defensoria Pública e seus auxiliares, pelas procuradorias, pelas repartições públicas em geral e por advogados, ressalvada a alegação motivada e fundamentada de adulteração.

§ 1º Os originais dos documentos digitalizados mencionados no inciso VI deverão ser preservados pelo seu detentor até o final do prazo para propositura de ação rescisória.

§ 2º Tratando-se de cópia digital de título executivo extrajudicial ou de documento relevante à instrução do processo, o juiz poderá determinar seu depósito em cartório ou secretaria.

Art. 426. O juiz apreciará fundamentadamente a fé que deva merecer o documento, quando em ponto substancial e sem ressalva contiver entrelinha, emenda, borrão ou cancelamento.

Art. 427. Cessa a fé do documento público ou particular sendo-lhe declarada judicialmente a falsidade.

PARÁGRAFO ÚNICO. A falsidade consiste em:

I — formar documento não verdadeiro;

II — alterar documento verdadeiro.

Art. 428. Cessa a fé do documento particular quando:

I — for impugnada sua autenticidade e enquanto não se comprovar sua veracidade;

II — assinado em branco, for impugnado seu conteúdo, por preenchimento abusivo.

PARÁGRAFO ÚNICO. Dar-se-á abuso quando aquele que recebeu documento assinado com texto não escrito no todo ou em parte formá-lo ou completá-lo por si ou por meio de outrem, violando o pacto feito com o signatário.

Art. 429. Incumbe o ônus da prova quando:

I — se tratar de falsidade de documento ou de preenchimento abusivo, à parte que a arguir;

II — se tratar de impugnação da autenticidade, à parte que produziu o documento.

Subseção II
Da Arguição de Falsidade

Art. 430. A falsidade deve ser suscitada na contestação, na réplica ou no prazo de 15 (quinze) dias, contado a partir da intimação da juntada do documento aos autos.

PARÁGRAFO ÚNICO. Uma vez arguida, a falsidade será resolvida como questão incidental, salvo se a parte requerer que o juiz a decida como questão principal, nos termos do inciso II do art. 19.

Art. 431. A parte arguirá a falsidade expondo os motivos em que funda a sua pretensão e os meios com que provará o alegado.

Art. 432. Depois de ouvida a outra parte no prazo de 15 (quinze) dias, será realizado o exame pericial.

PARÁGRAFO ÚNICO. Não se procederá ao exame pericial se a parte que produziu o documento concordar em retirá-lo.

Art. 433. A declaração sobre a falsidade do documento, quando suscitada como questão principal, constará da parte dispositiva da sentença e sobre ela incidirá também a autoridade da coisa julgada.

Subseção III
Da Produção da Prova Documental

Art. 434. Incumbe à parte instruir a petição inicial ou a contestação com os documentos destinados a provar suas alegações.

PARÁGRAFO ÚNICO. Quando o documento consistir em reprodução cinematográfica ou fonográfica, a parte deverá trazê-lo nos termos do *caput*, mas sua exposição será realizada em audiência, intimando-se previamente as partes.

Art. 435. É lícito às partes, em qualquer tempo, juntar aos autos documentos novos, quando destinados a fazer prova de fatos ocorridos depois dos articulados ou para contrapô-los aos que foram produzidos nos autos.

PARÁGRAFO ÚNICO. Admite-se também a juntada posterior de documentos formados após a petição inicial ou a contestação, bem como dos que se tornaram conhecidos, acessíveis ou disponíveis após esses atos, cabendo à parte que os produzir comprovar o motivo que a impediu de juntá-los anteriormente e incumbindo ao juiz, em qualquer caso, avaliar a conduta da parte de acordo com o art. 5º.

Art. 436. A parte, intimada a falar sobre documento constante dos autos, poderá:

I — impugnar a admissibilidade da prova documental;

II — impugnar sua autenticidade;

III — suscitar sua falsidade, com ou sem deflagração do incidente de arguição de falsidade;

IV — manifestar-se sobre seu conteúdo.

PARÁGRAFO ÚNICO. Nas hipóteses dos incisos II e III, a impugnação deverá basear-se em argumentação específica, não se admitindo alegação genérica de falsidade.

Art. 437. O réu manifestar-se-á na contestação sobre os documentos anexados à inicial, e o autor manifestar-se-á na réplica sobre os documentos anexados à contestação.

§ 1º Sempre que uma das partes requerer a juntada de documento aos autos, o juiz ouvirá, a seu respeito, a outra parte, que disporá do prazo de 15 (quinze) dias para adotar qualquer das posturas indicadas no art. 436.

§ 2º Poderá o juiz, a requerimento da parte, dilatar o prazo para manifestação sobre a prova documental produzida, levando em consideração a quantidade e a complexidade da documentação.

Art. 438. O juiz requisitará às repartições públicas, em qualquer tempo ou grau de jurisdição:

I — as certidões necessárias à prova das alegações das partes;

II — os procedimentos administrativos nas causas em que forem interessados a União, os Estados, o Distrito Federal, os Municípios ou entidades da administração indireta.

§ 1º Recebidos os autos, o juiz mandará extrair, no prazo máximo e improrrogável de 1 (um) mês, certidões ou reproduções fotográficas das peças que indicar e das que forem indicadas pelas partes, e, em seguida, devolverá os autos à repartição de origem.

§ 2º As repartições públicas poderão fornecer todos os documentos em meio eletrônico, conforme disposto em lei, certificando, pelo mesmo meio, que se trata de extrato fiel do que consta em seu banco de dados ou no documento digitalizado.

Seção VIII
Dos Documentos Eletrônicos

Art. 439. A utilização de documentos eletrônicos no processo convencional dependerá de sua conversão à forma impressa e da verificação de sua autenticidade, na forma da lei.

Art. 440. O juiz apreciará o valor probante do documento eletrônico não convertido, assegurado às partes o acesso ao seu teor.

Art. 441. Serão admitidos documentos eletrônicos produzidos e conservados com a observância da legislação específica.

Seção IX
Da Prova Testemunhal

Subseção I
Da Admissibilidade e do Valor da Prova Testemunhal

Art. 442. A prova testemunhal é sempre admissível, não dispondo a lei de modo diverso.

Art. 443. O juiz indeferirá a inquirição de testemunhas sobre fatos:

I — já provados por documento ou confissão da parte;

II — que só por documento ou por exame pericial puderem ser provados.

Art. 444. Nos casos em que a lei exigir prova escrita da obrigação, é admissível a prova testemunhal quando houver começo de prova por escrito, emanado da parte contra a qual se pretende produzir a prova.

Art. 445. Também se admite a prova testemunhal quando o credor não pode ou não podia, moral ou materialmente, obter a prova escrita da obrigação, em casos como o de parentesco, de depósito necessário ou de hospedagem em hotel ou em razão das práticas comerciais do local onde contraída a obrigação.

Art. 446. É lícito à parte provar com testemunhas:

I — nos contratos simulados, a divergência entre a vontade real e a vontade declarada;

II — nos contratos em geral, os vícios de consentimento.

Art. 447. Podem depor como testemunhas todas as pessoas, exceto as incapazes, impedidas ou suspeitas.

§ 1º São incapazes:

I — o interdito por enfermidade ou deficiência mental;

II — o que, acometido por enfermidade ou retardamento mental, ao tempo em que ocorreram os fatos, não podia discerni-los, ou, ao tempo em que deve depor, não está habilitado a transmitir as percepções;

III — o que tiver menos de 16 (dezesseis) anos;

IV — o cego e o surdo, quando a ciência do fato depender dos sentidos que lhes faltam.

§ 2º São impedidos:

I — o cônjuge, o companheiro, o ascendente e o descendente em qualquer grau e o colateral, até o terceiro grau, de alguma das partes, por consanguinidade ou afinidade, salvo se o exigir o interesse público ou, tratando-se de causa relativa ao estado da pessoa, não se puder obter de outro modo a prova que o juiz repute necessária ao julgamento do mérito;

II — o que é parte na causa;

III — o que intervém em nome de uma parte, como o tutor, o representante legal da pessoa jurídica, o juiz, o advogado e outros que assistam ou tenham assistido as partes.

§ 3º São suspeitos:

I — o inimigo da parte ou o seu amigo íntimo;

II — o que tiver interesse no litígio.

§ 4º Sendo necessário, pode o juiz admitir o depoimento das testemunhas menores, impedidas ou suspeitas.

§ 5º Os depoimentos referidos no § 4º serão prestados independentemente de compromisso, e o juiz lhes atribuirá o valor que possam merecer.

Art. 448. A testemunha não é obrigada a depor sobre fatos:

I — que lhe acarretem grave dano, bem como ao seu cônjuge ou companheiro e aos seus parentes consanguíneos ou afins, em linha reta ou colateral, até o terceiro grau;

II — a cujo respeito, por estado ou profissão, deva guardar sigilo.

Art. 449. Salvo disposição especial em contrário, as testemunhas devem ser ouvidas na sede do juízo.

PARÁGRAFO ÚNICO. Quando a parte ou a testemunha, por enfermidade ou por outro motivo relevante, estiver impossibilitada de comparecer, mas não de prestar depoimento, o juiz designará, conforme as circunstâncias, dia, hora e lugar para inquiri-la.

Subseção II
Da Produção da Prova Testemunhal

Art. 450. O rol de testemunhas conterá, sempre que possível, o nome, a profissão, o estado civil, a idade, o número de inscrição no Cadastro de Pessoas Físicas, o número de registro de identidade e o endereço completo da residência e do local de trabalho.

Art. 451. Depois de apresentado o rol de que tratam os §§ 4º e 5º do art. 357, a parte só pode substituir a testemunha:

I — que falecer;

II — que, por enfermidade, não estiver em condições de depor;

III — que, tendo mudado de residência ou de local de trabalho, não for encontrada.

Art. 452. Quando for arrolado como testemunha, o juiz da causa:

I — declarar-se-á impedido, se tiver conhecimento de fatos que possam influir na decisão, caso em que será vedado à parte que o incluiu no rol desistir de seu depoimento;

II — se nada souber, mandará excluir o seu nome.

Art. 453. As testemunhas depõem, na audiência de instrução e julgamento, perante o juiz da causa, exceto:

I — as que prestam depoimento antecipadamente;

II — as que são inquiridas por carta.

§ 1º A oitiva de testemunha que residir em comarca, seção ou subseção judiciária diversa daquela onde tramita o processo poderá ser realizada por meio de videoconferência ou outro recurso tecnológico de transmissão e recepção de sons e imagens em tempo real, o que poderá ocorrer, inclusive, durante a audiência de instrução e julgamento.

§ 2º Os juízos deverão manter equipamento para a transmissão e recepção de sons e imagens a que se refere o § 1º.

Art. 454. São inquiridos em sua residência ou onde exercem sua função:

I — o presidente e o vice-presidente da República;

II — os ministros de Estado;

III — os ministros do Supremo Tribunal Federal, os conselheiros do Conselho Nacional de Justiça e os ministros do Superior Tribunal de Justiça, do Superior Tribunal Militar, do Tribunal Superior Eleitoral, do Tribunal Superior do Trabalho e do Tribunal de Contas da União;

IV — o procurador-geral da República e os conselheiros do Conselho Nacional do Ministério Público;

V — o advogado-geral da União, o procurador-geral do Estado, o procurador-geral do Município, o defensor público-geral federal e o defensor público-geral do Estado;

VI — os senadores e os deputados federais;

VII — os governadores dos Estados e do Distrito Federal;

VIII — o prefeito;

IX — os deputados estaduais e distritais;

X — os desembargadores dos Tribunais de Justiça, dos Tribunais Regionais Federais, dos Tribunais Regionais do Trabalho e dos Tribunais Regionais Eleitorais e os conselheiros dos Tribunais de Contas dos Estados e do Distrito Federal;

XI — o procurador-geral de justiça;

XII — o embaixador de país que, por lei ou tratado, concede idêntica prerrogativa a agente diplomático do Brasil.

§ 1º O juiz solicitará à autoridade que indique dia, hora e local a fim de ser inquirida, remetendo-lhe cópia da petição inicial ou da defesa oferecida pela parte que a arrolou como testemunha.

§ 2º Passado 1 (um) mês sem manifestação da autoridade, o juiz designará dia, hora e local para o depoimento, preferencialmente na sede do juízo.

§ 3º O juiz também designará dia, hora e local para o depoimento, quando a autoridade não comparecer, injustificadamente, à sessão agendada para a colheita de seu testemunho no dia, hora e local por ela mesma indicados.

Art. 455. Cabe ao advogado da parte informar ou intimar a testemunha por ele arrolada do dia, da hora e do local da audiência designada, dispensando-se a intimação do juízo.

§ 1º A intimação deverá ser realizada por carta com aviso de recebimento, cumprindo ao advogado juntar aos autos, com antecedência de pelo menos 3 (três) dias da data da audiência, cópia da correspondência de intimação e do comprovante de recebimento.

§ 2º A parte pode comprometer-se a levar a testemunha à audiência, independentemente da intimação de que trata o § 1º, presumindo-se, caso a testemunha não compareça, que a parte desistiu de sua inquirição.

§ 3º A inércia na realização da intimação a que se refere o § 1º importa desistência da inquirição da testemunha.

§ 4º A intimação será feita pela via judicial quando:

I — for frustrada a intimação prevista no § 1º deste artigo;

II — sua necessidade for devidamente demonstrada pela parte ao juiz;

III — figurar no rol de testemunhas servidor público ou militar, hipótese em que o juiz o requisitará ao chefe da repartição ou ao comando do corpo em que servir;

IV — a testemunha houver sido arrolada pelo Ministério Público ou pela Defensoria Pública;

V — a testemunha for uma daquelas previstas no art. 454.

§ 5º A testemunha que, intimada na forma do § 1º ou do § 4º, deixar de comparecer sem motivo justificado será conduzida e responderá pelas despesas do adiamento.

Art. 456. O juiz inquirirá as testemunhas separada e sucessivamente, primeiro as do autor e depois as do réu, e providenciará para que uma não ouça o depoimento das outras.

PARÁGRAFO ÚNICO. O juiz poderá alterar a ordem estabelecida no *caput* se as partes concordarem.

Art. 457. Antes de depor, a testemunha será qualificada, declarará ou confirmará seus dados e informará se tem relações de parentesco com a parte ou interesse no objeto do processo.

§ 1º É lícito à parte contraditar a testemunha, arguindo-lhe a incapacidade, o impedimento ou a suspeição, bem como, caso a testemunha negue os fatos que lhe são imputados, provar a contradita com documentos ou com testemunhas, até 3 (três), apresentadas no ato e inquiridas em separado.

§ 2º Sendo provados ou confessados os fatos a que se refere o § 1º, o juiz dispensará a testemunha ou lhe tomará o depoimento como informante.

§ 3º A testemunha pode requerer ao juiz que a escuse de depor, alegando os motivos previstos neste Código, decidindo o juiz de plano após ouvidas as partes.

Art. 458. Ao início da inquirição, a testemunha prestará o compromisso de dizer a verdade do que souber e lhe for perguntado.

PARÁGRAFO ÚNICO. O juiz advertirá à testemunha que incorre em sanção penal quem faz afirmação falsa, cala ou oculta a verdade.

Art. 459. As perguntas serão formuladas pelas partes diretamente à testemunha, começando pela que a arrolou, não admitindo o juiz aquelas que puderem induzir a resposta, não tiverem relação com as questões de fato objeto da atividade probatória ou importarem repetição de outra já respondida.

§ 1º O juiz poderá inquirir a testemunha tanto antes quanto depois da inquirição feita pelas partes.

§ 2º As testemunhas devem ser tratadas com urbanidade, não se lhes fazendo perguntas ou considerações impertinentes, capciosas ou vexatórias.

§ 3º As perguntas que o juiz indeferir serão transcritas no termo, se a parte o requerer.

Art. 460. O depoimento poderá ser documentado por meio de gravação.

§ 1º Quando digitado ou registrado por taquigrafia, estenotipia ou outro método idôneo de documentação, o depoimento será assinado pelo juiz, pelo depoente e pelos procuradores.

§ 2º Se houver recurso em processo em autos não eletrônicos, o depoimento somente será digitado quando for impossível o envio de sua documentação eletrônica.

§ 3º Tratando-se de autos eletrônicos, observar-se-á o disposto neste Código e na legislação específica sobre a prática eletrônica de atos processuais.

Art. 461. O juiz pode ordenar, de ofício ou a requerimento da parte:

I — a inquirição de testemunhas referidas nas declarações da parte ou das testemunhas;

II — a acareação de 2 (duas) ou mais testemunhas ou de alguma delas com a parte, quando, sobre fato determinado que possa influir na decisão da causa, divergirem as suas declarações.

§ 1º Os acareados serão reperguntados para que expliquem os pontos de divergência, reduzindo-se a termo o ato de acareação.

§ 2º A acareação pode ser realizada por videoconferência ou por outro recurso tecnológico de transmissão de sons e imagens em tempo real.

Art. 462. A testemunha pode requerer ao juiz o pagamento da despesa que efetuou para comparecimento à audiência, devendo a parte pagá-la logo que arbitrada ou depositá-la em cartório dentro de 3 (três) dias.

Art. 463. O depoimento prestado em juízo é considerado serviço público.

PARÁGRAFO ÚNICO. A testemunha, quando sujeita ao regime da legislação trabalhista, não sofre, por comparecer à audiência, perda de salário nem desconto no tempo de serviço.

Seção X
Da Prova Pericial

Art. 464. A prova pericial consiste em exame, vistoria ou avaliação.

§ 1º O juiz indeferirá a perícia quando:

I — a prova do fato não depender de conhecimento especial de técnico;

II — for desnecessária em vista de outras provas produzidas;

III — a verificação for impraticável.

§ 2º De ofício ou a requerimento das partes, o juiz poderá, em substituição à perícia, determinar a produção de prova técnica simplificada, quando o ponto controvertido for de menor complexidade.

§ 3º A prova técnica simplificada consistirá apenas na inquirição de especialista, pelo juiz, sobre ponto controvertido da causa que demande especial conhecimento científico ou técnico.

§ 4º Durante a arguição, o especialista, que deverá ter formação acadêmica específica na área objeto de seu depoimento, poderá valer-se de qualquer recurso tecnológico de transmissão de sons e imagens com o fim de esclarecer os pontos controvertidos da causa.

Art. 465. O juiz nomeará perito especializado no objeto da perícia e fixará de imediato o prazo para a entrega do laudo.

§ 1º Incumbe às partes, dentro de 15 (quinze) dias contados da intimação do despacho de nomeação do perito:

I — arguir o impedimento ou a suspeição do perito, se for o caso;

II — indicar assistente técnico;

III — apresentar quesitos.

§ 2º Ciente da nomeação, o perito apresentará em 5 (cinco) dias:

I — proposta de honorários;

II — currículo, com comprovação de especialização;

III — contatos profissionais, em especial o endereço eletrônico, para onde serão dirigidas as intimações pessoais.

§ 3º As partes serão intimadas da proposta de honorários para, querendo, manifestar-se no prazo comum de 5 (cinco) dias, após o que o juiz arbitrará o valor, intimando-se as partes para os fins do art. 95.

§ 4º O juiz poderá autorizar o pagamento de até cinquenta por cento dos honorários arbitrados a favor do perito no início dos trabalhos, devendo o remanescente ser pago apenas ao final, depois de entregue o laudo e prestados todos os esclarecimentos necessários.

§ 5º Quando a perícia for inconclusiva ou deficiente, o juiz poderá reduzir a remuneração inicialmente arbitrada para o trabalho.

§ 6º Quando tiver de realizar-se por carta, poder-se-á proceder à nomeação de perito e à indicação de assistentes técnicos no juízo ao qual se requisitar a perícia.

Art. 466. O perito cumprirá escrupulosamente o encargo que lhe foi cometido, independentemente de termo de compromisso.

§ 1º Os assistentes técnicos são de confiança da parte e não estão sujeitos a impedimento ou suspeição.

§ 2º O perito deve assegurar aos assistentes das partes o acesso e o acompanhamento das diligências e dos exames que realizar, com prévia comunicação, comprovada nos autos, com antecedência mínima de 5 (cinco) dias.

Art. 467. O perito pode escusar-se ou ser recusado por impedimento ou suspeição.

PARÁGRAFO ÚNICO. O juiz, ao aceitar a escusa ou ao julgar procedente a impugnação, nomeará novo perito.

Art. 468. O perito pode ser substituído quando:

I — faltar-lhe conhecimento técnico ou científico;

II — sem motivo legítimo, deixar de cumprir o encargo no prazo que lhe foi assinado.

§ 1º No caso previsto no inciso II, o juiz comunicará a ocorrência à corporação profissional respectiva, podendo, ainda, impor multa ao perito, fixada tendo em vista o valor da causa e o possível prejuízo decorrente do atraso no processo.

§ 2º O perito substituído restituirá, no prazo de 15 (quinze) dias, os valores recebidos pelo trabalho não realizado, sob pena de ficar impedido de atuar como perito judicial pelo prazo de 5 (cinco) anos.

§ 3º Não ocorrendo a restituição voluntária de que trata o § 2º, a parte que tiver realizado o adiantamento dos honorários poderá promover execução contra o perito, na forma dos arts. 513 e seguintes deste Código, com fundamento na decisão que determinar a devolução do numerário.

Art. 469. As partes poderão apresentar quesitos suplementares durante a diligência, que poderão ser respondidos pelo perito previamente ou na audiência de instrução e julgamento.

PARÁGRAFO ÚNICO. O escrivão dará à parte contrária ciência da juntada dos quesitos aos autos.

Art. 470. Incumbe ao juiz:

I — indeferir quesitos impertinentes;

II — formular os quesitos que entender necessários ao esclarecimento da causa.

Art. 471. As partes podem, de comum acordo, escolher o perito, indicando-o mediante requerimento, desde que:

I — sejam plenamente capazes;

II — a causa possa ser resolvida por autocomposição.

§ 1º As partes, ao escolher o perito, já devem indicar os respectivos assistentes técnicos para acompanhar a realização da perícia, que se realizará em data e local previamente anunciados.

§ 2º O perito e os assistentes técnicos devem entregar, respectivamente, laudo e pareceres em prazo fixado pelo juiz.

§ 3º A perícia consensual substitui, para todos os efeitos, a que seria realizada por perito nomeado pelo juiz.

Art. 472. O juiz poderá dispensar prova pericial quando as partes, na inicial e na contestação, apresentarem, sobre as questões de fato, pareceres técnicos ou documentos elucidativos que considerar suficientes.

Art. 473. O laudo pericial deverá conter:

I — a exposição do objeto da perícia;

II — a análise técnica ou científica realizada pelo perito;

III — a indicação do método utilizado, esclarecendo-o e demonstrando ser predominantemente aceito pelos especialistas da área do conhecimento da qual se originou;

IV — resposta conclusiva a todos os quesitos apresentados pelo juiz, pelas partes e pelo órgão do Ministério Público.

§ 1º No laudo, o perito deve apresentar sua fundamentação em linguagem simples e com coerência lógica, indicando como alcançou suas conclusões.

§ 2º É vedado ao perito ultrapassar os limites de sua designação, bem como emitir opiniões pessoais que excedam o exame técnico ou científico do objeto da perícia.

§ 3º Para o desempenho de sua função, o perito e os assistentes técnicos podem valer-se de todos os meios necessários, ouvindo testemunhas, obtendo informações, solicitando documentos que estejam em poder da parte, de terceiros ou em repartições públicas, bem como instruir o laudo com planilhas, mapas, plantas, desenhos, fotografias ou outros elementos necessários ao esclarecimento do objeto da perícia.

Art. 474. As partes terão ciência da data e do local designados pelo juiz ou indicados pelo perito para ter início a produção da prova.

Art. 475. Tratando-se de perícia complexa que abranja mais de uma área de conhecimento especializado, o juiz poderá nomear mais de um perito, e a parte, indicar mais de um assistente técnico.

Art. 476. Se o perito, por motivo justificado, não puder apresentar o laudo dentro do prazo, o juiz poderá conceder-lhe, por uma vez, prorrogação pela metade do prazo originalmente fixado.

Art. 477. O perito protocolará o laudo em juízo, no prazo fixado pelo juiz, pelo menos 20 (vinte) dias antes da audiência de instrução e julgamento.

§ 1º As partes serão intimadas para, querendo, manifestar-se sobre o laudo do perito do juízo no prazo comum de 15 (quinze) dias, podendo o assistente técnico de cada uma das partes, em igual prazo, apresentar seu respectivo parecer.

§ 2º O perito do juízo tem o dever de, no prazo de 15 (quinze) dias, esclarecer ponto:

I — sobre o qual exista divergência ou dúvida de qualquer das partes, do juiz ou do órgão do Ministério Público;

II — divergente apresentado no parecer do assistente técnico da parte.

§ 3º Se ainda houver necessidade de esclarecimentos, a parte requererá ao juiz que mande intimar o perito ou o assistente técnico a comparecer à audiência de instrução e julgamento, formulando, desde logo, as perguntas, sob forma de quesitos.

§ 4º O perito ou o assistente técnico será intimado por meio eletrônico, com pelo menos 10 (dez) dias de antecedência da audiência.

Art. 478. Quando o exame tiver por objeto a autenticidade ou a falsidade de documento ou for de natureza médico-legal, o perito será escolhido, de preferência, entre os técnicos dos estabelecimentos oficiais especializados, a cujos diretores o juiz autorizará a remessa dos autos, bem como do material sujeito a exame.

§ 1º Nas hipóteses de gratuidade de justiça, os órgãos e as repartições oficiais deverão cumprir a determinação judicial com preferência, no prazo estabelecido.

§ 2º A prorrogação do prazo referido no § 1º pode ser requerida motivadamente.

§ 3º Quando o exame tiver por objeto a autenticidade da letra e da firma, o perito poderá requisitar, para efeito de comparação, documentos existentes em repartições públicas e, na falta destes, poderá requerer ao juiz que a pessoa a quem se atribuir a autoria do documento lance em folha de papel, por cópia ou sob ditado, dizeres diferentes, para fins de comparação.

Art. 479. O juiz apreciará a prova pericial de acordo com o disposto no art. 371, indicando na sentença os motivos que o levaram a considerar ou a deixar de considerar as conclusões do laudo, levando em conta o método utilizado pelo perito.

Art. 480. O juiz determinará, de ofício ou a requerimento da parte, a realização de nova perícia quando a matéria não estiver suficientemente esclarecida.

§ 1º A segunda perícia tem por objeto os mesmos fatos sobre os quais recaiu a primeira e destina-se a corrigir eventual omissão ou inexatidão dos resultados a que esta conduziu.

§ 2º A segunda perícia rege-se pelas disposições estabelecidas para a primeira.

§ 3º A segunda perícia não substitui a primeira, cabendo ao juiz apreciar o valor de uma e de outra.

Seção XI
Da Inspeção Judicial

Art. 481. O juiz, de ofício ou a requerimento da parte, pode, em qualquer fase do processo, inspecionar pessoas ou coisas, a fim de se esclarecer sobre fato que interesse à decisão da causa.

Art. 482. Ao realizar a inspeção, o juiz poderá ser assistido por um ou mais peritos.

Art. 483. O juiz irá ao local onde se encontre a pessoa ou a coisa quando:

I — julgar necessário para a melhor verificação ou interpretação dos fatos que deva observar;

II — a coisa não puder ser apresentada em juízo sem consideráveis despesas ou graves dificuldades;

III — determinar a reconstituição dos fatos.

PARÁGRAFO ÚNICO. As partes têm sempre direito a assistir à inspeção, prestando esclarecimentos e fazendo observações que considerem de interesse para a causa.

Art. 484. Concluída a diligência, o juiz mandará lavrar auto circunstanciado, mencionando nele tudo quanto for útil ao julgamento da causa.

PARÁGRAFO ÚNICO. O auto poderá ser instruído com desenho, gráfico ou fotografia.

CAPÍTULO XIII
Da Sentença e da Coisa Julgada

Seção I
Disposições Gerais

Art. 485. O juiz não resolverá o mérito quando:

I — indeferir a petição inicial;

II — o processo ficar parado durante mais de 1 (um) ano por negligência das partes;

III — por não promover os atos e as diligências que lhe incumbir, o autor abandonar a causa por mais de 30 (trinta) dias;

IV — verificar a ausência de pressupostos de constituição e de desenvolvimento válido e regular do processo;

V — reconhecer a existência de perempção, de litispendência ou de coisa julgada;

VI — verificar ausência de legitimidade ou de interesse processual;

VII — acolher a alegação de existência de convenção de arbitragem ou quando o juízo arbitral reconhecer sua competência;

VIII — homologar a desistência da ação;

IX — em caso de morte da parte, a ação for considerada intransmissível por disposição legal; e

X — nos demais casos prescritos neste Código.

§ 1º Nas hipóteses descritas nos incisos II e III, a parte será intimada pessoalmente para suprir a falta no prazo de 5 (cinco) dias.

§ 2º No caso do § 1º, quanto ao inciso II, as partes pagarão proporcionalmente as custas, e, quanto ao inciso III, o autor será condenado ao pagamento das despesas e dos honorários de advogado.

§ 3º O juiz conhecerá de ofício da matéria constante dos incisos IV, V, VI e IX, em qualquer tempo e grau de jurisdição, enquanto não ocorrer o trânsito em julgado.

§ 4º Oferecida a contestação, o autor não poderá, sem o consentimento do réu, desistir da ação.

§ 5º A desistência da ação pode ser apresentada até a sentença.

§ 6º Oferecida a contestação, a extinção do processo por abandono da causa pelo autor depende de requerimento do réu.

§ 7º Interposta a apelação em qualquer dos casos de que tratam os incisos deste artigo, o juiz terá 5 (cinco) dias para retratar-se.

Art. 486. O pronunciamento judicial que não resolve o mérito não obsta a que a parte proponha de novo a ação.

§ 1º No caso de extinção em razão de litispendência e nos casos dos incisos I, IV, VI e VII do art. 485, a propositura da nova ação depende da correção do vício que levou à sentença sem resolução do mérito.

§ 2º A petição inicial, todavia, não será despachada sem a prova do pagamento ou do depósito das custas e dos honorários de advogado.

§ 3º Se o autor der causa, por 3 (três) vezes, a sentença fundada em abandono da causa, não poderá propor nova ação contra o réu com o mesmo objeto, ficando-lhe ressalvada, entretanto, a possibilidade de alegar em defesa o seu direito.

Art. 487. Haverá resolução de mérito quando o juiz:

I — acolher ou rejeitar o pedido formulado na ação ou na reconvenção;

II — decidir, de ofício ou a requerimento, sobre a ocorrência de decadência ou prescrição;

III — homologar:

a) o reconhecimento da procedência do pedido formulado na ação ou na reconvenção;

b) a transação;

c) a renúncia à pretensão formulada na ação ou na reconvenção.

PARÁGRAFO ÚNICO. Ressalvada a hipótese do § 1º do art. 332, a prescrição e a decadência não serão reconhecidas sem que antes seja dada às partes oportunidade de manifestar-se.

Art. 488. Desde que possível, o juiz resolverá o mérito sempre que a decisão for favorável à parte a quem aproveitaria eventual pronunciamento nos termos do art. 485.

Seção II
Dos Elementos e dos Efeitos da Sentença

Art. 489. São elementos essenciais da sentença:

I — o relatório, que conterá os nomes das partes, a identificação do caso, com a suma do pedido e da contestação, e o registro das principais ocorrências havidas no andamento do processo;

II — os fundamentos, em que o juiz analisará as questões de fato e de direito;

III — o dispositivo, em que o juiz resolverá as questões principais que as partes lhe submeterem.

§ 1º Não se considera fundamentada qualquer decisão judicial, seja ela interlocutória, sentença ou acórdão, que:

I — se limitar à indicação, à reprodução ou à paráfrase de ato normativo, sem explicar sua relação com a causa ou a questão decidida;

II — empregar conceitos jurídicos indeterminados, sem explicar o motivo concreto de sua incidência no caso;

III — invocar motivos que se prestariam a justificar qualquer outra decisão;

IV — não enfrentar todos os argumentos deduzidos no processo capazes de, em tese, infirmar a conclusão adotada pelo julgador;

V — se limitar a invocar precedente ou enunciado de súmula, sem identificar seus fundamentos determinantes nem demonstrar que o caso sob julgamento se ajusta àqueles fundamentos;

VI — deixar de seguir enunciado de súmula, jurisprudência ou precedente invocado pela parte, sem demonstrar a existência de distinção no caso em julgamento ou a superação do entendimento.

§ 2º No caso de colisão entre normas, o juiz deve justificar o objeto e os critérios gerais da ponderação efetuada, enunciando as razões que autorizam a interferência na norma afastada e as premissas fáticas que fundamentam a conclusão.

§ 3º A decisão judicial deve ser interpretada a partir da conjugação de todos os seus elementos e em conformidade com o princípio da boa-fé.

Art. 490. O juiz resolverá o mérito acolhendo ou rejeitando, no todo ou em parte, os pedidos formulados pelas partes.

Art. 491. Na ação relativa à obrigação de pagar quantia, ainda que formulado pedido genérico, a decisão definirá desde logo a extensão da obrigação, o índice de correção monetária, a taxa de juros, o termo inicial de ambos e a periodicidade da capitalização dos juros, se for o caso, salvo quando:

I — não for possível determinar, de modo definitivo, o montante devido;

II — a apuração do valor devido depender da produção de prova de realização demorada ou excessivamente dispendiosa, assim reconhecida na sentença.

§ 1º Nos casos previstos neste artigo, seguir-se-á a apuração do valor devido por liquidação.

§ 2º O disposto no *caput* também se aplica quando o acórdão alterar a sentença.

Art. 492. É vedado ao juiz proferir decisão de natureza diversa da pedida, bem como condenar a parte em quantidade superior ou em objeto diverso do que lhe foi demandado.

PARÁGRAFO ÚNICO. A decisão deve ser certa, ainda que resolva relação jurídica condicional.

Art. 493. Se, depois da propositura da ação, algum fato constitutivo, modificativo ou extintivo do direito influir no julgamento do mérito, caberá ao juiz tomá-lo em consideração, de ofício ou a requerimento da parte, no momento de proferir a decisão.

PARÁGRAFO ÚNICO. Se constatar de ofício o fato novo, o juiz ouvirá as partes sobre ele antes de decidir.

Art. 494. Publicada a sentença, o juiz só poderá alterá-la:

I — para corrigir-lhe, de ofício ou a requerimento da parte, inexatidões materiais ou erros de cálculo;

II — por meio de embargos de declaração.

Art. 495. A decisão que condenar o réu ao pagamento de prestação consistente em dinheiro e a que determinar a conversão de prestação de fazer, de não fazer ou de dar coisa em prestação pecuniária valerão como título constitutivo de hipoteca judiciária.

§ 1º A decisão produz a hipoteca judiciária:

I — embora a condenação seja genérica;

II — ainda que o credor possa promover o cumprimento provisório da sentença ou esteja pendente arresto sobre bem do devedor;

III — mesmo que impugnada por recurso dotado de efeito suspensivo.

§ 2º A hipoteca judiciária poderá ser realizada mediante apresentação de cópia da sentença perante o cartório de registro imobiliário, independentemente de ordem judicial, de declaração expressa do juiz ou de demonstração de urgência.

§ 3º No prazo de até 15 (quinze) dias da data de realização da hipoteca, a parte informá-la-á ao juízo da causa, que determinará a intimação da outra parte para que tome ciência do ato.

§ 4º A hipoteca judiciária, uma vez constituída, implicará, para o credor hipotecário, o direito de preferência, quanto ao pagamento, em relação a outros credores, observada a prioridade no registro.

§ 5º Sobrevindo a reforma ou a invalidação da decisão que impôs o pagamento de quantia, a parte responderá, independentemente de culpa, pelos danos que a outra parte tiver sofrido em razão da constituição da garantia, devendo o valor da indenização ser liquidado e executado nos próprios autos.

Seção III
Da Remessa Necessária

Art. 496. Está sujeita ao duplo grau de jurisdição, não produzindo efeito senão depois de confirmada pelo tribunal, a sentença:

I — proferida contra a União, os Estados, o Distrito Federal, os Municípios e suas respectivas autarquias e fundações de direito público;

II — que julgar procedentes, no todo ou em parte, os embargos à execução fiscal.

§ 1º Nos casos previstos neste artigo, não interposta a apelação no prazo legal, o juiz ordenará a remessa dos autos ao tribunal, e, se não o fizer, o presidente do respectivo tribunal avocá-los-á.

§ 2º Em qualquer dos casos referidos no § 1º, o tribunal julgará a remessa necessária.

§ 3º Não se aplica o disposto neste artigo quando a condenação ou o proveito econômico obtido na causa for de valor certo e líquido inferior a:

I — 1.000 (mil) salários-mínimos para a União e as respectivas autarquias e fundações de direito público;

II 500 (quinhentos) salários-mínimos para os Estados, o Distrito Federal, as respectivas autarquias e fundações de direito público e os Municípios que constituam capitais dos Estados;

III — 100 (cem) salários-mínimos para todos os demais Municípios e respectivas autarquias e fundações de direito público.

§ 4º Também não se aplica o disposto neste artigo quando a sentença estiver fundada em:

I — súmula de tribunal superior;

II — acórdão proferido pelo Supremo Tribunal Federal ou pelo Superior Tribunal de Justiça em julgamento de recursos repetitivos;

III — entendimento firmado em incidente de resolução de demandas repetitivas ou de assunção de competência;

IV — entendimento coincidente com orientação vinculante firmada no âmbito administrativo do próprio ente público, consolidada em manifestação, parecer ou súmula administrativa.

Seção IV
Do Julgamento das Ações Relativas às Prestações de Fazer, de Não Fazer e de Entregar Coisa

Art. 497. Na ação que tenha por objeto a prestação de fazer ou de não fazer, o juiz, se procedente o pedido, concederá a tutela específica ou determinará providências que assegurem a obtenção de tutela pelo resultado prático equivalente.

PARÁGRAFO ÚNICO. Para a concessão da tutela específica destinada a inibir a prática, a reiteração ou a continuação de um ilícito, ou a sua remoção, é irrelevante a demonstração da ocorrência de dano ou da existência de culpa ou dolo.

Art. 498. Na ação que tenha por objeto a entrega de coisa, o juiz, ao conceder a tutela específica, fixará o prazo para o cumprimento da obrigação.

PARÁGRAFO ÚNICO. Tratando-se de entrega de coisa determinada pelo gênero e pela quantidade, o autor individualizá-la-á na petição inicial, se lhe couber a escolha, ou, se a escolha couber ao réu, este a entregará individualizada, no prazo fixado pelo juiz.

Art. 499. A obrigação somente será convertida em perdas e danos se o autor o requerer ou se impossível a tutela específica ou a obtenção de tutela pelo resultado prático equivalente.

Art. 500. A indenização por perdas e danos dar-se-á sem prejuízo da multa fixada periodicamente para compelir o réu ao cumprimento específico da obrigação.

Art. 501. Na ação que tenha por objeto a emissão de declaração de vontade, a sentença que julgar procedente o pedido, uma vez transitada em julgado, produzirá todos os efeitos da declaração não emitida.

Seção V
Da Coisa Julgada

Art. 502. Denomina-se coisa julgada material a autoridade que torna imutável e indiscutível a decisão de mérito não mais sujeita a recurso.

Art. 503. A decisão que julgar total ou parcialmente o mérito tem força de lei nos limites da questão principal expressamente decidida.

§ 1º O disposto no *caput* aplica-se à resolução de questão prejudicial, decidida expressa e incidentemente no processo, se:

I — dessa resolução depender o julgamento do mérito;

II — a seu respeito tiver havido contraditório prévio e efetivo, não se aplicando no caso de revelia;

III — o juízo tiver competência em razão da matéria e da pessoa para resolvê-la como questão principal.

§ 2º A hipótese do § 1º não se aplica se no processo houver restrições probatórias ou limitações à cognição que impeçam o aprofundamento da análise da questão prejudicial.

Art. 504. Não fazem coisa julgada:

I — os motivos, ainda que importantes para determinar o alcance da parte dispositiva da sentença;

II — a verdade dos fatos, estabelecida como fundamento da sentença.

Art. 505. Nenhum juiz decidirá novamente as questões já decididas relativas à mesma lide, salvo:

I — se, tratando-se de relação jurídica de trato continuado, sobreveio modificação no estado de fato ou de direito, caso em que poderá a parte pedir a revisão do que foi estatuído na sentença;

II — nos demais casos prescritos em lei.

Art. 506. A sentença faz coisa julgada às partes entre as quais é dada, não prejudicando terceiros.

Art. 507. É vedado à parte discutir no curso do processo as questões já decididas a cujo respeito se operou a preclusão.

Art. 508. Transitada em julgado a decisão de mérito, considerar-se-ão deduzidas e repelidas todas as alegações e as defesas que a parte poderia opor tanto ao acolhimento quanto à rejeição do pedido.

CAPÍTULO XIV
Da Liquidação de Sentença

Art. 509. Quando a sentença condenar ao pagamento de quantia ilíquida, proceder-se-á à sua liquidação, a requerimento do credor ou do devedor:

I — por arbitramento, quando determinado pela sentença, convencionado pelas partes ou exigido pela natureza do objeto da liquidação;

II — pelo procedimento comum, quando houver necessidade de alegar e provar fato novo.

§ 1º Quando na sentença houver uma parte líquida e outra ilíquida, ao credor é lícito promover simultaneamente a execução daquela e, em autos apartados, a liquidação desta.

§ 2º Quando a apuração do valor depender apenas de cálculo aritmético, o credor poderá promover, desde logo, o cumprimento da sentença.

§ 3º O Conselho Nacional de Justiça desenvolverá e colocará à disposição dos interessados programa de atualização financeira.

§ 4º Na liquidação é vedado discutir de novo a lide ou modificar a sentença que a julgou.

Art. 510. Na liquidação por arbitramento, o juiz intimará as partes para a apresentação de pareceres ou documentos elucidativos, no prazo que fixar, e, caso não possa decidir de plano, nomeará perito, observando-se, no que couber, o procedimento da prova pericial.

Art. 511. Na liquidação pelo procedimento comum, o juiz determinará a intimação do requerido, na pessoa de seu advogado ou da sociedade de advogados a que estiver vinculado, para, querendo, apresentar contestação no prazo de 15 (quinze) dias, observando-se, a seguir, no que couber, o disposto no Livro I da Parte Especial deste Código.

Art. 512. A liquidação poderá ser realizada na pendência de recurso, processando-se em autos apartados no juízo de origem, cumprindo ao liquidante instruir o pedido com cópias das peças processuais pertinentes.

TÍTULO II
Do Cumprimento da Sentença

CAPÍTULO I
Disposições Gerais

Art. 513. O cumprimento da sentença será feito segundo as regras deste Título, observando-se, no que couber e conforme a natureza da obrigação, o disposto no Livro II da Parte Especial deste Código.

§ 1º O cumprimento da sentença que reconhece o dever de pagar quantia, provisório ou definitivo, far-se-á a requerimento do exequente.

§ 2º O devedor será intimado para cumprir a sentença:

I — pelo Diário da Justiça, na pessoa de seu advogado constituído nos autos;

II — por carta com aviso de recebimento, quando representado pela Defensoria Pública ou quando não tiver procurador constituído nos autos, ressalvada a hipótese do inciso IV;

III — por meio eletrônico, quando, no caso do § 1º do art. 246, não tiver procurador constituído nos autos

IV — por edital, quando, citado na forma do art. 256, tiver sido revel na fase de conhecimento.

§ 3º Na hipótese do § 2º, incisos II e III, considera-se realizada a intimação quando o devedor houver mudado de endereço sem prévia comunicação ao juízo, observado o disposto no parágrafo único do art. 274.

§ 4º Se o requerimento a que alude o § 1º for formulado após 1 (um) ano do trânsito em julgado da sentença, a intimação será feita na pessoa do devedor, por meio de carta com aviso de recebimento encaminhada ao endereço constante dos autos, observado o disposto no parágrafo único do art. 274 e no § 3º deste artigo.

§ 5º O cumprimento da sentença não poderá ser promovido em face do fiador, do coobrigado ou do corresponsável que não tiver participado da fase de conhecimento.

Art. 514. Quando o juiz decidir relação jurídica sujeita a condição ou termo, o cumprimento da sentença dependerá de demonstração de que se realizou a condição ou de que ocorreu o termo.

Art. 515. São títulos executivos judiciais, cujo cumprimento dar-se-á de acordo com os artigos previstos neste Título:

I — as decisões proferidas no processo civil que reconheçam a exigibilidade de obrigação de pagar quantia, de fazer, de não fazer ou de entregar coisa;

II — a decisão homologatória de autocomposição judicial;

III — a decisão homologatória de autocomposição extrajudicial de qualquer natureza;

IV — o formal e a certidão de partilha, exclusivamente em relação ao inventariante, aos herdeiros e aos sucessores a título singular ou universal;

V — o crédito de auxiliar da justiça, quando as custas, emolumentos ou honorários tiverem sido aprovados por decisão judicial;

VI — a sentença penal condenatória transitada em julgado;

VII — a sentença arbitral;

VIII — a sentença estrangeira homologada pelo Superior Tribunal de Justiça;

IX — a decisão interlocutória estrangeira, após a concessão do *exequatur* à carta rogatória pelo Superior Tribunal de Justiça;

X — (VETADO).

§ 1º Nos casos dos incisos VI a IX, o devedor será citado no juízo cível para o cumprimento da sentença ou para a liquidação no prazo de 15 (quinze) dias.

§ 2º A autocomposição judicial pode envolver sujeito estranho ao processo e versar sobre relação jurídica que não tenha sido deduzida em juízo.

Art. 516. O cumprimento da sentença efetuar-se-á perante:

I — os tribunais, nas causas de sua competência originária;

II — o juízo que decidiu a causa no primeiro grau de jurisdição;

III — o juízo cível competente, quando se tratar de sentença penal condenatória, de sentença arbitral, de sentença estrangeira ou de acórdão proferido pelo Tribunal Marítimo.

PARÁGRAFO ÚNICO. Nas hipóteses dos incisos II e III, o exequente poderá optar pelo juízo do atual domicílio do executado, pelo juízo do local onde se encontrem os bens sujeitos à execução ou pelo juízo do local onde deva ser executada a obrigação de fazer ou de não fazer, casos em que a remessa dos autos do processo será solicitada ao juízo de origem.

Art. 517. A decisão judicial transitada em julgado poderá ser levada a protesto, nos termos da lei, depois de transcorrido o prazo para pagamento voluntário previsto no art. 523.

§ 1º Para efetivar o protesto, incumbe ao exequente apresentar certidão de teor da decisão.

§ 2º A certidão de teor da decisão deverá ser fornecida no prazo de 3 (três) dias e indicará o nome e a qualificação do exequente e do executado, o número do processo, o valor da dívida e a data de decurso do prazo para pagamento voluntário.

§ 3º O executado que tiver proposto ação rescisória para impugnar a decisão exequenda pode requerer, a suas expensas e sob sua responsabilidade, a anotação da propositura da ação à margem do título protestado.

§ 4º A requerimento do executado, o protesto será cancelado por determinação do juiz, mediante ofício a ser expedido ao cartório, no prazo de 3 (três) dias, contado da data de protocolo do requerimento, desde que comprovada a satisfação integral da obrigação.

Art. 518. Todas as questões relativas à validade do procedimento de cumprimento da sentença e dos atos executivos subsequentes poderão ser arguidas pelo executado nos próprios autos e nestes serão decididas pelo juiz.

Art. 519. Aplicam-se as disposições relativas ao cumprimento da sentença, provisório ou definitivo, e à liquidação, no que couber, às decisões que concederem tutela provisória.

CAPÍTULO II
Do Cumprimento Provisório da Sentença que Reconhece a Exigibilidade de Obrigação de Pagar Quantia Certa

Art. 520. O cumprimento provisório da sentença impugnada por recurso desprovido de efeito suspensivo será realizado da mesma forma que o cumprimento definitivo, sujeitando-se ao seguinte regime:

I — corre por iniciativa e responsabilidade do exequente, que se obriga, se a sentença for reformada, a reparar os danos que o executado haja sofrido;

II — fica sem efeito, sobrevindo decisão que modifique ou anule a sentença objeto da execução, restituindo-se as partes ao estado anterior e liquidando-se eventuais prejuízos nos mesmos autos;

III — se a sentença objeto de cumprimento provisório for modificada ou anulada apenas em parte, somente nesta ficará sem efeito a execução;

IV — o levantamento de depósito em dinheiro e a prática de atos que importem transferência de posse ou alienação de propriedade ou de outro direito real, ou dos quais possa resultar grave dano ao executado, dependem de caução suficiente e idônea, arbitrada de plano pelo juiz e prestada nos próprios autos.

§ 1º No cumprimento provisório da sentença, o executado poderá apresentar impugnação, se quiser, nos termos do art. 525.

§ 2º A multa e os honorários a que se refere o § 1º do art. 523 são devidos no cumprimento provisório de sentença condenatória ao pagamento de quantia certa.

§ 3º Se o executado comparecer tempestivamente e depositar o valor, com a finalidade de isentar-se da multa, o ato não será havido como incompatível com o recurso por ele interposto.

§ 4º A restituição ao estado anterior a que se refere o inciso II não implica o desfazimento da transferência de posse ou da alienação de propriedade ou de outro direito real eventualmente já realizada, ressalvado, sempre, o direito à reparação dos prejuízos causados ao executado.

§ 5º Ao cumprimento provisório de sentença que reconheça obrigação de fazer, de não fazer ou de dar coisa aplica-se, no que couber, o disposto neste Capítulo.

Art. 521. A caução prevista no inciso IV do art. 520 poderá ser dispensada nos casos em que:

I — o crédito for de natureza alimentar, independentemente de sua origem;

II — o credor demonstrar situação de necessidade;

III — pender o agravo do art. 1.042; *(Redação dada pela Lei n. 13.256, de 4.2.16, DOU 5.2.16)*

IV — a sentença a ser provisoriamente cumprida estiver em consonância com súmula da jurisprudência do Supremo Tribunal Federal ou do Superior Tribunal de Justiça ou em conformidade com acórdão proferido no julgamento de casos repetitivos.

PARÁGRAFO ÚNICO. A exigência de caução será mantida quando da dispensa possa resultar manifesto risco de grave dano de difícil ou incerta reparação.

Art. 522. O cumprimento provisório da sentença será requerido por petição dirigida ao juízo competente.

PARÁGRAFO ÚNICO. Não sendo eletrônicos os autos, a petição será acompanhada de cópias das seguintes peças do processo, cuja autenticidade poderá ser certificada pelo próprio advogado, sob sua responsabilidade pessoal:

I — decisão exequenda;

II — certidão de interposição do recurso não dotado de efeito suspensivo;

III — procurações outorgadas pelas partes;

IV — decisão de habilitação, se for o caso;

V — facultativamente, outras peças processuais consideradas necessárias para demonstrar a existência do crédito.

CAPÍTULO III
Do Cumprimento Definitivo da Sentença que Reconhece a Exigibilidade de Obrigação de Pagar Quantia Certa

Art. 523. No caso de condenação em quantia certa, ou já fixada em liquidação, e no caso de decisão sobre parcela incontroversa, o cumprimento definitivo da sentença far-se-á a requerimento do exequente, sendo o executado intimado para pagar o débito, no prazo de 15 (quinze) dias, acrescido de custas, se houver.

§ 1º Não ocorrendo pagamento voluntário no prazo do *caput*, o débito será acrescido de multa de dez por cento e, também, de honorários de advogado de dez por cento.

§ 2º Efetuado o pagamento parcial no prazo previsto no *caput*, a multa e os honorários previstos no § 1º incidirão sobre o restante.

§ 3º Não efetuado tempestivamente o pagamento voluntário, será expedido, desde logo, mandado de penhora e avaliação, seguindo-se os atos de expropriação.

Art. 524. O requerimento previsto no art. 523 será instruído com demonstrativo discriminado e atualizado do crédito, devendo a petição conter:

I — o nome completo, o número de inscrição no Cadastro de Pessoas Físicas ou no Cadastro Nacional da Pessoa Jurídica do exequente e do executado, observado o disposto no art. 319, §§ 1º a 3º;

II — o índice de correção monetária adotado;

III — os juros aplicados e as respectivas taxas;

IV — o termo inicial e o termo final dos juros e da correção monetária utilizados;

V — a periodicidade da capitalização dos juros, se for o caso;

VI — especificação dos eventuais descontos obrigatórios realizados;

VII — indicação dos bens passíveis de penhora, sempre que possível.

§ 1º Quando o valor apontado no demonstrativo aparentemente exceder os limites da condenação, a execução será iniciada pelo valor pretendido, mas a penhora terá por base a importância que o juiz entender adequada.

§ 2º Para a verificação dos cálculos, o juiz poderá valer-se de contabilista do juízo, que terá o prazo máximo de 30 (trinta) dias para efetuá-la, exceto se outro lhe for determinado.

§ 3º Quando a elaboração do demonstrativo depender de dados em poder de terceiros ou do executado, o juiz poderá requisitá-los, sob cominação do crime de desobediência.

§ 4º Quando a complementação do demonstrativo depender de dados adicionais em poder do executado, o juiz poderá, a requerimento do exequente, requisitá-los, fixando prazo de até 30 (trinta) dias para o cumprimento da diligência.

§ 5º Se os dados adicionais a que se refere o § 4º não forem apresentados pelo executado, sem justificativa, no prazo designado, reputar-se-ão corretos os cálculos apresentados pelo exequente apenas com base nos dados de que dispõe.

Art. 525. Transcorrido o prazo previsto no art. 523 sem o pagamento voluntário, inicia-se o prazo de 15 (quinze) dias para que o executado, independentemente de penhora ou nova intimação, apresente, nos próprios autos, sua impugnação.

§ 1º Na impugnação, o executado poderá alegar:

I — falta ou nulidade da citação se, na fase de conhecimento, o processo correu à revelia;

II — ilegitimidade de parte;

III — inexequibilidade do título ou inexigibilidade da obrigação;

IV — penhora incorreta ou avaliação errônea;

V — excesso de execução ou cumulação indevida de execuções;

VI — incompetência absoluta ou relativa do juízo da execução;

VII — qualquer causa modificativa ou extintiva da obrigação, como pagamento, novação, compensação, transação ou prescrição, desde que supervenientes à sentença.

§ 2º A alegação de impedimento ou suspeição observará o disposto nos arts. 146 e 148.

§ 3º Aplica-se à impugnação o disposto no art. 229.

§ 4º Quando o executado alegar que o exequente, em excesso de execução, pleiteia quantia superior à resultante da sentença, cumprir-lhe-á declarar de imediato o valor que entende correto, apresentando demonstrativo discriminado e atualizado de seu cálculo.

§ 5º Na hipótese do § 4º, não apontado o valor correto ou não apresentado o demonstrativo, a impugnação será liminarmente rejeitada, se o excesso de execução for o seu único fundamento, ou, se houver outro, a impugnação será processada, mas o juiz não examinará a alegação de excesso de execução.

§ 6º A apresentação de impugnação não impede a prática dos atos executivos, inclusive os de expropriação, podendo o juiz, a requerimento do executado e desde que garantido o juízo com penhora, caução ou depósito suficientes, atribuir-lhe efeito suspensivo, se seus fundamentos forem relevantes e se o prosseguimento da execução for manifestamente suscetível de causar ao executado grave dano de difícil ou incerta reparação.

§ 7º A concessão de efeito suspensivo a que se refere o § 6º não impedirá a efetivação dos atos de substituição, de reforço ou de redução da penhora e de avaliação dos bens

§ 8º Quando o efeito suspensivo atribuído à impugnação disser respeito apenas a parte do objeto da execução, esta prosseguirá quanto à parte restante.

§ 9º A concessão de efeito suspensivo à impugnação deduzida por um dos executados não suspenderá a execução contra os que não impugnaram, quando o respectivo fundamento disser respeito exclusivamente ao impugnante.

§ 10. Ainda que atribuído efeito suspensivo à impugnação, é lícito ao exequente requerer o prosseguimento da execução, oferecendo e prestando, nos próprios autos, caução suficiente e idônea a ser arbitrada pelo juiz.

§ 11. As questões relativas a fato superveniente ao término do prazo para apresentação da impugnação, assim como aquelas relativas à validade e à adequação da penhora, da avaliação e dos atos executivos subsequentes, podem ser arguidas por simples petição, tendo o executado, em qualquer dos casos, o prazo de 15 (quinze) dias para formular esta arguição, contado da comprovada ciência do fato ou da intimação do ato.

§ 12. Para efeito do disposto no inciso III do § 1º deste artigo, considera-se também inexigível a obrigação reconhecida em título executivo judicial fundado em lei ou ato normativo considerado inconstitucional pelo Supremo Tribunal Federal, ou fundado em aplicação ou interpretação da lei ou do ato normativo tido pelo Supremo Tribunal Federal como incompatível com a Constituição Federal, em controle de constitucionalidade concentrado ou difuso.

§ 13. No caso do § 12, os efeitos da decisão do Supremo Tribunal Federal poderão ser modulados no tempo, em atenção à segurança jurídica.

§ 14. A decisão do Supremo Tribunal Federal referida no § 12 deve ser anterior ao trânsito em julgado da decisão exequenda.

§ 15. Se a decisão referida no § 12 for proferida após o trânsito em julgado da decisão exequenda, caberá ação rescisória, cujo prazo será contado do trânsito em julgado da decisão proferida pelo Supremo Tribunal Federal.

Art. 526. É lícito ao réu, antes de ser intimado para o cumprimento da sentença, comparecer em juízo e oferecer em pagamento o valor que entender devido, apresentando memória discriminada do cálculo.

§ 1º O autor será ouvido no prazo de 5 (cinco) dias, podendo impugnar o valor depositado, sem prejuízo do levantamento do depósito a título de parcela incontroversa.

§ 2º Concluindo o juiz pela insuficiência do depósito, sobre a diferença incidirão multa de dez por cento e honorários advocatícios, também fixados em dez por cento, seguindo-se a execução com penhora e atos subsequentes.

§ 3º Se o autor não se opuser, o juiz declarará satisfeita a obrigação e extinguirá o processo.

Art. 527. Aplicam-se as disposições deste Capítulo ao cumprimento provisório da sentença, no que couber.

CAPÍTULO IV
Do Cumprimento de Sentença que Reconheça a Exigibilidade de Obrigação de Prestar Alimentos

Art. 528. No cumprimento de sentença que condene ao pagamento de prestação alimentícia ou de decisão interlocutória que fixe alimentos, o juiz, a requerimento do exequente, mandará intimar o executado pessoalmente para, em 3 (três) dias, pagar o débito, provar que o fez ou justificar a impossibilidade de efetuá-lo.

§ 1º Caso o executado, no prazo referido no *caput*, não efetue o pagamento, não prove que o efetuou ou não apresente justificativa da impossibilidade de efetuá-lo, o juiz mandará protestar o pronunciamento judicial, aplicando-se, no que couber, o disposto no art. 517.

§ 2º Somente a comprovação de fato que gere a impossibilidade absoluta de pagar justificará o inadimplemento.

§ 3º Se o executado não pagar ou se a justificativa apresentada não for aceita, o juiz, além de mandar protestar o pronunciamento judicial na forma do § 1º, decretar-lhe-á a prisão pelo prazo de 1 (um) a 3 (três) meses.

§ 4º A prisão será cumprida em regime fechado, devendo o preso ficar separado dos presos comuns.

§ 5º O cumprimento da pena não exime o executado do pagamento das prestações vencidas e vincendas.

§ 6º Paga a prestação alimentícia, o juiz suspenderá o cumprimento da ordem de prisão.

§ 7º O débito alimentar que autoriza a prisão civil do alimentante é o que compreende até as 3 (três) prestações anteriores ao ajuizamento da execução e as que se vencerem no curso do processo.

§ 8º O exequente pode optar por promover o cumprimento da sentença ou decisão desde logo, nos termos do disposto neste Livro, Título II, Capítulo III, caso em que não será admissível a prisão do executado, e, recaindo a penhora em dinheiro, a concessão de efeito suspensivo à impugnação não obsta a que o exequente levante mensalmente a importância da prestação.

§ 9º Além das opções previstas no art. 516, parágrafo único, o exequente pode promover o cumprimento da sentença ou decisão que condena ao pagamento de prestação alimentícia no juízo de seu domicílio.

Art. 529. Quando o executado for funcionário público, militar, diretor ou gerente de empresa ou empregado sujeito à legislação do trabalho, o exequente poderá requerer o desconto em folha de pagamento da importância da prestação alimentícia.

§ 1º Ao proferir a decisão, o juiz oficiará à autoridade, à empresa ou ao empregador, determinando, sob pena de crime de desobediência, o desconto a partir da primeira remuneração posterior do executado, a contar do protocolo do ofício.

§ 2º O ofício conterá o nome e o número de inscrição no Cadastro de Pessoas Físicas do exequente e do executado, a importância a ser descontada mensalmente, o tempo de sua duração e a conta na qual deve ser feito o depósito.

§ 3º Sem prejuízo do pagamento dos alimentos vincendos, o débito objeto de execução pode ser descontado dos rendimentos ou rendas do executado, de forma parcelada, nos termos do *caput* deste artigo, contanto que, somado à parcela devida, não ultrapasse cinquenta por cento de seus ganhos líquidos.

Art. 530. Não cumprida a obrigação, observar-se-á o disposto nos arts. 831 e seguintes.

Art. 531. O disposto neste Capítulo aplica-se aos alimentos definitivos ou provisórios.

§ 1º A execução dos alimentos provisórios, bem como a dos alimentos fixados em sentença ainda não transitada em julgado, se processa em autos apartados.

§ 2º O cumprimento definitivo da obrigação de prestar alimentos será processado nos mesmos autos em que tenha sido proferida a sentença.

Art. 532. Verificada a conduta procrastinatória do executado, o juiz deverá, se for o caso, dar ciência ao Ministério Público dos indícios da prática do crime de abandono material.

Art. 533. Quando a indenização por ato ilícito incluir prestação de alimentos, caberá ao executado, a requerimento do exequente, constituir capital cuja renda assegure o pagamento do valor mensal da pensão.

§ 1º O capital a que se refere o *caput*, representado por imóveis ou por direitos reais sobre imóveis suscetíveis de alienação, títulos da dívida pública ou aplicações financeiras em banco oficial, será inalienável e impenhorável enquanto durar a obrigação do executado, além de constituir-se em patrimônio de afetação.

§ 2º O juiz poderá substituir a constituição do capital pela inclusão do exequente em folha de pagamento de pessoa jurídica de notória capacidade econômica ou, a requerimento do executado, por fiança bancária ou garantia real, em valor a ser arbitrado de imediato pelo juiz.

§ 3º Se sobrevier modificação nas condições econômicas, poderá a parte requerer, conforme as circunstâncias, redução ou aumento da prestação.

§ 4º A prestação alimentícia poderá ser fixada tomando por base o salário-mínimo.

§ 5º Finda a obrigação de prestar alimentos, o juiz mandará liberar o capital, cessar o desconto em folha ou cancelar as garantias prestadas.

CAPÍTULO V
Do Cumprimento de Sentença que Reconheça a Exigibilidade de Obrigação de Pagar Quantia Certa Pela Fazenda Pública

Art. 534. No cumprimento de sentença que impuser à Fazenda Pública o dever de pagar quantia certa, o exequente apresentará demonstrativo discriminado e atualizado do crédito contendo:

I — o nome completo e o número de inscrição no Cadastro de Pessoas Físicas ou no Cadastro Nacional da Pessoa Jurídica do exequente;

II — o índice de correção monetária adotado;

III — os juros aplicados e as respectivas taxas;

IV — o termo inicial e o termo final dos juros e da correção monetária utilizados;

V — a periodicidade da capitalização dos juros, se for o caso;

VI — a especificação dos eventuais descontos obrigatórios realizados.

§ 1º Havendo pluralidade de exequentes, cada um deverá apresentar o seu próprio demonstrativo, aplicando-se à hipótese, se for o caso, o disposto nos §§ 1º e 2º do art. 113.

§ 2º A multa prevista no § 1º do art. 523 não se aplica à Fazenda Pública.

Art. 535. A Fazenda Pública será intimada na pessoa de seu representante judicial, por carga, remessa ou meio eletrônico, para, querendo, no prazo de 30 (trinta) dias e nos próprios autos, impugnar a execução, podendo arguir:

I — falta ou nulidade da citação se, na fase de conhecimento, o processo correu à revelia;

II — ilegitimidade de parte;

III — inexequibilidade do título ou inexigibilidade da obrigação;

IV — excesso de execução ou cumulação indevida de execuções;

V — incompetência absoluta ou relativa do juízo da execução;

VI — qualquer causa modificativa ou extintiva da obrigação, como pagamento, novação, compensação, transação ou prescrição, desde que supervenientes ao trânsito em julgado da sentença.

§ 1º A alegação de impedimento ou suspeição observará o disposto nos arts. 146 e 148.

§ 2º Quando se alegar que o exequente, em excesso de execução, pleiteia quantia superior à resultante do título, cumprirá à executada declarar de imediato o valor que entende correto, sob pena de não conhecimento da arguição.

§ 3º Não impugnada a execução ou rejeitadas as arguições da executada:

I — expedir-se-á, por intermédio do presidente do tribunal competente, precatório em favor do exequente, observando-se o disposto na Constituição Federal;

II — por ordem do juiz, dirigida à autoridade na pessoa de quem o ente público foi citado para o processo, o pagamento de obrigação de pequeno valor será realizado no prazo de 2 (dois) meses contado da entrega da requisição, mediante depósito na agência de banco oficial mais próxima da residência do exequente.

§ 4º Tratando-se de impugnação parcial, a parte não questionada pela executada será, desde logo, objeto de cumprimento.

§ 5º Para efeito do disposto no inciso III do *caput* deste artigo, considera-se também inexigível a obrigação reconhecida em título executivo judicial fundado em lei ou ato normativo considerado inconstitucional pelo Supremo Tribunal Federal, ou fundado em aplicação ou interpretação da lei ou do ato normativo tido pelo Supremo Tribunal Federal como incompatível com a Constituição Federal, em controle de constitucionalidade concentrado ou difuso.

§ 6º No caso do § 5º, os efeitos da decisão do Supremo Tribunal Federal poderão ser modulados no tempo, de modo a favorecer a segurança jurídica.

§ 7º A decisão do Supremo Tribunal Federal referida no § 5º deve ter sido proferida antes do trânsito em julgado da decisão exequenda.

§ 8º Se a decisão referida no § 5º for proferida após o trânsito em julgado da decisão exequenda, caberá ação rescisória, cujo prazo será contado do trânsito em julgado da decisão proferida pelo Supremo Tribunal Federal.

CAPÍTULO VI
Do Cumprimento de Sentença que Reconheça a Exigibilidade de Obrigação de Fazer, de não Fazer ou de Entregar Coisa

Seção I
Do Cumprimento de Sentença que Reconheça a Exigibilidade de Obrigação de Fazer ou de Não Fazer

Art. 536. No cumprimento de sentença que reconheça a exigibilidade de obrigação de fazer ou de não fazer, o juiz poderá, de ofício ou a requerimento, para a efetivação da tutela específica ou a obtenção de tutela pelo resultado prático equivalente, determinar as medidas necessárias à satisfação do exequente.

§ 1º Para atender ao disposto no *caput*, o juiz poderá determinar, entre outras medidas, a imposição de multa, a busca e apreensão, a remoção de pessoas e coisas, o desfazimento de obras e o impedimento de atividade nociva, podendo, caso necessário, requisitar o auxílio de força policial.

§ 2º O mandado de busca e apreensão de pessoas e coisas será cumprido por 2 (dois) oficiais de justiça, observando-se o disposto no art. 846, §§ 1º a 4º, se houver necessidade de arrombamento.

§ 3º O executado incidirá nas penas de litigância de má-fé quando injustificadamente descumprir a ordem judicial, sem prejuízo de sua responsabilização por crime de desobediência.

§ 4º No cumprimento de sentença que reconheça a exigibilidade de obrigação de fazer ou de não fazer, aplica-se o art. 525, no que couber.

§ 5º O disposto neste artigo aplica-se, no que couber, ao cumprimento de sentença que reconheça deveres de fazer e de não fazer de natureza não obrigacional.

Art. 537. A multa independe de requerimento da parte e poderá ser aplicada na fase de conhecimento, em tutela provisória ou na sentença, ou na fase de execução, desde que seja suficiente e compatível com a obrigação e que se determine prazo razoável para cumprimento do preceito.

§ 1º O juiz poderá, de ofício ou a requerimento, modificar o valor ou a periodicidade da multa vincenda ou excluí-la, caso verifique que:

I — se tornou insuficiente ou excessiva;

II — o obrigado demonstrou cumprimento parcial superveniente da obrigação ou justa causa para o descumprimento.

§ 2º O valor da multa será devido ao exequente.

§ 3º A decisão que fixa a multa é passível de cumprimento provisório, devendo ser depositada em juízo, permitido o levantamento do valor após o trânsito em julgado da sentença favorável à parte. *(Redação dada pela Lei n. 13.256, de 4.2.16, DOU 5.2.16)*

§ 4º A multa será devida desde o dia em que se configurar o descumprimento da decisão e incidirá enquanto não for cumprida a decisão que a tiver cominado.

§ 5º O disposto neste artigo aplica-se, no que couber, ao cumprimento de sentença que reconheça deveres de fazer e de não fazer de natureza não obrigacional.

Seção II
Do Cumprimento de Sentença que Reconheça a Exigibilidade de Obrigação de Entregar Coisa

Art. 538. Não cumprida a obrigação de entregar coisa no prazo estabelecido na sentença, será expedido mandado de busca e apreensão ou de imissão na posse em favor do credor, conforme se tratar de coisa móvel ou imóvel.

§ 1º A existência de benfeitorias deve ser alegada na fase de conhecimento, em contestação, de forma discriminada e com atribuição, sempre que possível e justificadamente, do respectivo valor.

§ 2º O direito de retenção por benfeitorias deve ser exercido na contestação, na fase de conhecimento.

§ 3º Aplicam-se ao procedimento previsto neste artigo, no que couber, as disposições sobre o cumprimento de obrigação de fazer ou de não fazer.

TÍTULO III
Dos Procedimentos Especiais

CAPÍTULO I
Da Ação de Consignação em Pagamento

Art. 539. Nos casos previstos em lei, poderá o devedor ou terceiro requerer, com efeito de pagamento, a consignação da quantia ou da coisa devida.

§ 1º Tratando-se de obrigação em dinheiro, poderá o valor ser depositado em estabelecimento bancário, oficial onde houver, situado no lugar do pagamento, cientificando-se o credor por carta com aviso de recebimento, assinado o prazo de 10 (dez) dias para a manifestação de recusa.

§ 2º Decorrido o prazo do § 1º, contado do retorno do aviso de recebimento, sem a manifestação de recusa, considerar-se-á o devedor liberado da obrigação, ficando à disposição do credor a quantia depositada.

§ 3º Ocorrendo a recusa, manifestada por escrito ao estabelecimento bancário, poderá ser proposta, dentro de 1 (um) mês, a ação de consignação, instruindo-se a inicial com a prova do depósito e da recusa.

§ 4º Não proposta a ação no prazo do § 3º, ficará sem efeito o depósito, podendo levantá-lo o depositante.

Art. 540. Requerer-se-á a consignação no lugar do pagamento, cessando para o devedor, à data do depósito, os juros e os riscos, salvo se a demanda for julgada improcedente.

Art. 541. Tratando-se de prestações sucessivas, consignada uma delas, pode o devedor continuar a depositar, no mesmo processo e sem mais formalidades, as que se forem vencendo, desde que o faça em até 5 (cinco) dias contados da data do respectivo vencimento.

Art. 542. Na petição inicial, o autor requererá:

I — o depósito da quantia ou da coisa devida, a ser efetivado no prazo de 5 (cinco) dias contados do deferimento, ressalvada a hipótese do art. 539, § 3º;

II — a citação do réu para levantar o depósito ou oferecer contestação.

PARÁGRAFO ÚNICO. Não realizado o depósito no prazo do inciso I, o processo será extinto sem resolução do mérito.

Art. 543. Se o objeto da prestação for coisa indeterminada e a escolha couber ao credor, será este citado para exercer o direito dentro de 5 (cinco) dias, se outro prazo não constar de lei ou do contrato, ou para aceitar que o devedor a faça, devendo o juiz, ao despachar a petição inicial, fixar lugar, dia e hora em que se fará a entrega, sob pena de depósito.

Art. 544. Na contestação, o réu poderá alegar que:

I — não houve recusa ou mora em receber a quantia ou a coisa devida;

II — foi justa a recusa;

III — o depósito não se efetuou no prazo ou no lugar do pagamento;

IV — o depósito não é integral.

PARÁGRAFO ÚNICO. No caso do inciso IV, a alegação somente será admissível se o réu indicar o montante que entende devido.

Art. 545. Alegada a insuficiência do depósito, é lícito ao autor completá-lo, em 10 (dez) dias, salvo se corresponder a prestação cujo inadimplemento acarrete a rescisão do contrato.

§ 1º No caso do *caput*, poderá o réu levantar, desde logo, a quantia ou a coisa depositada, com a consequente liberação parcial do autor, prosseguindo o processo quanto à parcela controvertida.

§ 2º A sentença que concluir pela insuficiência do depósito determinará, sempre que possível, o montante devido e valerá como título executivo, facultado ao credor promover-lhe o cumprimento nos mesmos autos, após liquidação, se necessária.

Art. 546. Julgado procedente o pedido, o juiz declarará extinta a obrigação e condenará o réu ao pagamento de custas e honorários advocatícios.

PARÁGRAFO ÚNICO. Proceder-se-á do mesmo modo se o credor receber e der quitação.

Art. 547. Se ocorrer dúvida sobre quem deva legitimamente receber o pagamento, o autor requererá o depósito e a citação dos possíveis titulares do crédito para provarem o seu direito.

Art. 548. No caso do art. 547:

I — não comparecendo pretendente algum, converter-se-á o depósito em arrecadação de coisas vagas;

II — comparecendo apenas um, o juiz decidirá de plano;

III — comparecendo mais de um, o juiz declarará efetuado o depósito e extinta a obrigação, continuando o processo a correr unicamente entre os presuntivos credores, observado o procedimento comum.

Art. 549. Aplica-se o procedimento estabelecido neste Capítulo, no que couber, ao resgate do aforamento.

CAPÍTULO II
Da Ação de Exigir Contas

Art. 550. Aquele que afirmar ser titular do direito de exigir contas requererá a citação do réu para que as preste ou ofereça contestação no prazo de 15 (quinze) dias.

§ 1º Na petição inicial, o autor especificará, detalhadamente, as razões pelas quais exige as contas, instruindo-a com documentos comprobatórios dessa necessidade, se existirem.

§ 2º Prestadas as contas, o autor terá 15 (quinze) dias para se manifestar, prosseguindo-se o processo na forma do Capítulo X do Título I deste Livro.

§ 3º A impugnação das contas apresentadas pelo réu deverá ser fundamentada e específica, com referência expressa ao lançamento questionado.

§ 4º Se o réu não contestar o pedido, observar-se-á o disposto no art. 355.

§ 5º A decisão que julgar procedente o pedido condenará o réu a prestar as contas no prazo de 15 (quinze) dias, sob pena de não lhe ser lícito impugnar as que o autor apresentar.

§ 6º Se o réu apresentar as contas no prazo previsto no § 5º, seguir-se-á o procedimento do § 2º, caso contrário, o autor apresentá-las-á no prazo de 15 (quinze) dias, podendo o juiz determinar a realização de exame pericial, se necessário.

Art. 551. As contas do réu serão apresentadas na forma adequada, especificando-se as receitas, a aplicação das despesas e os investimentos, se houver.

§ 1º Havendo impugnação específica e fundamentada pelo autor, o juiz estabelecerá prazo razoável para que o réu apresente os documentos justificativos dos lançamentos individualmente impugnados.

§ 2º As contas do autor, para os fins do art. 550, § 5º, serão apresentadas na forma adequada, já instruídas com os documentos justificativos, especificando-se as receitas, a aplicação das despesas e os investimentos, se houver, bem como o respectivo saldo.

Art. 552. A sentença apurará o saldo e constituirá título executivo judicial.

Art. 553. As contas do inventariante, do tutor, do curador, do depositário e de qualquer outro administrador serão prestadas em apenso aos autos do processo em que tiver sido nomeado.

PARÁGRAFO ÚNICO. Se qualquer dos referidos no *caput* for condenado a pagar o saldo e não o fizer no prazo legal, o juiz poderá destituí-lo, sequestrar os bens sob sua guarda, glosar o prêmio ou a gratificação a que teria direito e determinar as medidas executivas necessárias à recomposição do prejuízo.

CAPÍTULO III
Das Ações Possessórias

Seção I
Disposições Gerais

Art. 554. A propositura de uma ação possessória em vez de outra não obstará a que o juiz conheça do pedido e outorgue a proteção legal correspondente àquela cujos pressupostos estejam provados.

§ 1º No caso de ação possessória em que figure no polo passivo grande número de pessoas, serão feitas a citação pessoal dos ocupantes que forem encontrados no local e a citação por edital dos demais, determinando-se, ainda, a intimação do Ministério Público e, se envolver pessoas em situação de hipossuficiência econômica, da Defensoria Pública.

§ 2º Para fim da citação pessoal prevista no § 1º, o oficial de justiça procurará os ocupantes no local por uma vez, citando-se por edital os que não forem encontrados.

§ 3º O juiz deverá determinar que se dê ampla publicidade da existência da ação prevista no § 1º e dos respectivos prazos processuais, podendo, para tanto, valer-se de anúncios em jornal ou rádio locais, da publicação de cartazes na região do conflito e de outros meios.

Art. 555. É lícito ao autor cumular ao pedido possessório o de:

I — condenação em perdas e danos;

II — indenização dos frutos.

PARÁGRAFO ÚNICO. Pode o autor requerer, ainda, imposição de medida necessária e adequada para:

I — evitar nova turbação ou esbulho;

II — cumprir-se a tutela provisória ou final.

Art. 556. É lícito ao réu, na contestação, alegando que foi o ofendido em sua posse, demandar a proteção possessória e a indenização pelos prejuízos resultantes da turbação ou do esbulho cometido pelo autor.

Art. 557. Na pendência de ação possessória é vedado, tanto ao autor quanto ao réu, propor ação de reconhecimento do domínio, exceto se a pretensão for deduzida em face de terceira pessoa.

PARÁGRAFO ÚNICO. Não obsta à manutenção ou à reintegração de posse a alegação de propriedade ou de outro direito sobre a coisa.

Art. 558. Regem o procedimento de manutenção e de reintegração de posse as normas da Seção II deste Capítulo quando a ação for proposta dentro de ano e dia da turbação ou do esbulho afirmado na petição inicial.

PARÁGRAFO ÚNICO. Passado o prazo referido no *caput*, será comum o procedimento, não perdendo, contudo, o caráter possessório.

Art. 559. Se o réu provar, em qualquer tempo, que o autor provisoriamente mantido ou reintegrado na posse carece de idoneidade financeira para, no caso de sucumbência, responder por perdas e danos, o juiz designar-lhe-á o prazo de 5 (cinco) dias para requerer caução, real ou fidejussória, sob pena de ser depositada a coisa litigiosa, ressalvada a impossibilidade da parte economicamente hipossuficiente.

Seção II
Da Manutenção e da Reintegração de Posse

Art. 560. O possuidor tem direito a ser mantido na posse em caso de turbação e reintegrado em caso de esbulho.

Art. 561. Incumbe ao autor provar:

I — a sua posse;

II — a turbação ou o esbulho praticado pelo réu;

III — a data da turbação ou do esbulho;

IV — a continuação da posse, embora turbada, na ação de manutenção, ou a perda da posse, na ação de reintegração.

Art. 562. Estando a petição inicial devidamente instruída, o juiz deferirá, sem ouvir o réu, a expedição do mandado liminar de manutenção ou de reintegração, caso contrário, determinará que o autor justifique previamente o alegado, citando-se o réu para comparecer à audiência que for designada.

PARÁGRAFO ÚNICO. Contra as pessoas jurídicas de direito público não será deferida a manutenção ou a reintegração liminar sem prévia audiência dos respectivos representantes judiciais.

Art. 563. Considerada suficiente a justificação, o juiz fará logo expedir mandado de manutenção ou de reintegração.

Art. 564. Concedido ou não o mandado liminar de manutenção ou de reintegração, o autor promoverá, nos 5 (cinco) dias subsequentes, a citação do réu para, querendo, contestar a ação no prazo de 15 (quinze) dias.

PARÁGRAFO ÚNICO. Quando for ordenada a justificação prévia, o prazo para contestar será contado da intimação da decisão que deferir ou não a medida liminar.

Art. 565. No litígio coletivo pela posse de imóvel, quando o esbulho ou a turbação afirmado na petição inicial houver ocorrido há mais de ano e dia, o juiz, antes de apreciar o pedido de concessão da medida liminar, deverá designar audiência de mediação, a realizar-se em até 30 (trinta) dias, que observará o disposto nos §§ 2º e 4º.

§ 1º Concedida a liminar, se essa não for executada no prazo de 1 (um) ano, a contar da data de distribuição, caberá ao juiz designar audiência de mediação, nos termos dos §§ 2º a 4º deste artigo.

§ 2º O Ministério Público será intimado para comparecer à audiência, e a Defensoria Pública será intimada sempre que houver parte beneficiária de gratuidade da justiça.

§ 3º O juiz poderá comparecer à área objeto do litígio quando sua presença se fizer necessária à efetivação da tutela jurisdicional.

§ 4º Os órgãos responsáveis pela política agrária e pela política urbana da União, de Estado ou do Distrito Federal e de Município onde se situe a área objeto do litígio poderão ser intimados para a audiência, a fim de se manifestarem sobre seu interesse no processo e sobre a existência de possibilidade de solução para o conflito possessório.

§ 5º Aplica-se o disposto neste artigo ao litígio sobre propriedade de imóvel.

Art. 566. Aplica-se, quanto ao mais, o procedimento comum.

Seção III
Do Interdito Proibitório

Art. 567. O possuidor direto ou indireto que tenha justo receio de ser molestado na posse poderá requerer ao juiz que o segure da turbação ou esbulho iminente, mediante mandado proibitório em que se comine ao réu determinada pena pecuniária caso transgrida o preceito.

Art. 568. Aplica-se ao interdito proibitório o disposto na Seção II deste Capítulo.

CAPÍTULO IV
Da Ação de Divisão e da Demarcação de Terras Particulares

Seção I
Disposições Gerais

Art. 569. Cabe:

I — ao proprietário a ação de demarcação, para obrigar o seu confinante a estremar os respectivos prédios, fixando-se novos limites entre eles ou aviventando-se os já apagados;

II — ao condômino a ação de divisão, para obrigar os demais consortes a estremar os quinhões.

Art. 570. É lícita a cumulação dessas ações, caso em que deverá processar-se primeiramente a demarcação total ou parcial da coisa comum, citando-se os confinantes e os condôminos.

Art. 571. A demarcação e a divisão poderão ser realizadas por escritura pública, desde que maiores, capazes e concordes todos os interessados, observando-se, no que couber, os dispositivos deste Capítulo.

Art. 572. Fixados os marcos da linha de demarcação, os confinantes considerar-se-ão terceiros quanto ao processo divisório, ficando-lhes, porém, ressalvado o direito de vindicar os terrenos de que se julguem despojados por invasão das linhas limítrofes constitutivas do perímetro ou de reclamar indenização correspondente ao seu valor.

§ 1º No caso do *caput*, serão citados para a ação todos os condôminos, se a sentença homologatória da divisão ainda não houver transitado em julgado, e todos os quinhoeiros dos terrenos vindicados, se a ação for proposta posteriormente.

§ 2º Neste último caso, a sentença que julga procedente a ação, condenando a restituir os terrenos ou a pagar a indenização, valerá como título executivo em favor dos quinhoeiros para haverem dos outros condôminos que forem parte na divisão ou de seus sucessores a título universal, na proporção que lhes tocar, a composição pecuniária do desfalque sofrido.

Art. 573. Tratando-se de imóvel georreferenciado, com averbação no registro de imóveis, pode o juiz dispensar a realização de prova pericial.

Seção II
Da Demarcação

Art. 574. Na petição inicial, instruída com os títulos da propriedade, designar-se-á o imóvel pela situação e pela denominação, descrever-se-ão os limites por constituir, aviventar ou renovar e nomear-se-ão todos os confinantes da linha demarcanda.

Art. 575. Qualquer condômino é parte legítima para promover a demarcação do imóvel comum, requerendo a intimação dos demais para, querendo, intervir no processo.

Art. 576. A citação dos réus será feita por correio, observado o disposto no art. 247.

PARÁGRAFO ÚNICO. Será publicado edital, nos termos do inciso III do art. 259.

Art. 577. Feitas as citações, terão os réus o prazo comum de 15 (quinze) dias para contestar.

Art. 578. Após o prazo de resposta do réu, observar-se-á o procedimento comum.

Art. 579. Antes de proferir a sentença, o juiz nomeará um ou mais peritos para levantar o traçado da linha demarcanda.

Art. 580. Concluídos os estudos, os peritos apresentarão minucioso laudo sobre o traçado da linha demarcanda, considerando os títulos, os marcos, os rumos, a fama da vizinhança, as informações de antigos moradores do lugar e outros elementos que coligirem.

Art. 581. A sentença que julgar procedente o pedido determinará o traçado da linha demarcanda.

PARÁGRAFO ÚNICO. A sentença proferida na ação demarcatória determinará a restituição da área invadida, se houver, declarando o domínio ou a posse do prejudicado, ou ambos.

Art. 582. Transitada em julgado a sentença, o perito efetuará a demarcação e colocará os marcos necessários.

PARÁGRAFO ÚNICO. Todas as operações serão consignadas em planta e memorial descritivo com as referências convenientes para a identificação, em qualquer tempo, dos pontos assinalados, observada a legislação especial que dispõe sobre a identificação do imóvel rural.

Art. 583. As plantas serão acompanhadas das cadernetas de operações de campo e do memorial descritivo, que conterá:

I — o ponto de partida, os rumos seguidos e a aviventação dos antigos com os respectivos cálculos;

II — os acidentes encontrados, as cercas, os valos, os marcos antigos, os córregos, os rios, as lagoas e outros;

III — a indicação minuciosa dos novos marcos cravados, dos antigos aproveitados, das culturas existentes e da sua produção anual;

IV — a composição geológica dos terrenos, bem como a qualidade e a extensão dos campos, das matas e das capoeiras;

V — as vias de comunicação;

VI — as distâncias a pontos de referência, tais como rodovias federais e estaduais, ferrovias, portos, aglomerações urbanas e polos comerciais;

VII — a indicação de tudo o mais que for útil para o levantamento da linha ou para a identificação da linha já levantada.

Art. 584. É obrigatória a colocação de marcos tanto na estação inicial, dita marco primordial, quanto nos vértices dos ângulos, salvo se algum desses últimos pontos for assinalado por acidentes naturais de difícil remoção ou destruição.

Art. 585. A linha será percorrida pelos peritos, que examinarão os marcos e os rumos, consignando em relatório escrito a exatidão do memorial e da planta apresentados pelo agrimensor ou as divergências porventura encontradas.

Art. 586. Juntado aos autos o relatório dos peritos, o juiz determinará que as partes se manifestem sobre ele no prazo comum de 15 (quinze) dias.

PARÁGRAFO ÚNICO. Executadas as correções e as retificações que o juiz determinar, lavrar-se-á, em seguida, o auto de demarcação em que os limites demarcandos serão minuciosamente descritos de acordo com o memorial e a planta.

Art. 587. Assinado o auto pelo juiz e pelos peritos, será proferida a sentença homologatória da demarcação.

Seção III
Da Divisão

Art. 588. A petição inicial será instruída com os títulos de domínio do promovente e conterá:

I — a indicação da origem da comunhão e a denominação, a situação, os limites e as características do imóvel;

II — o nome, o estado civil, a profissão e a residência de todos os condôminos, especificando-se os estabelecidos no imóvel com benfeitorias e culturas;

III — as benfeitorias comuns.

Art. 589. Feitas as citações como preceitua o art. 576, prosseguir-se-á na forma dos arts. 577 e 578.

Art. 590. O juiz nomeará um ou mais peritos para promover a medição do imóvel e as operações de divisão, observada a legislação especial que dispõe sobre a identificação do imóvel rural.

PARÁGRAFO ÚNICO. O perito deverá indicar as vias de comunicação existentes, as construções e as benfeitorias, com a indicação dos seus valores e dos respectivos proprietários e ocupantes, as águas principais que banham o imóvel e quaisquer outras informações que possam concorrer para facilitar a partilha.

Art. 591. Todos os condôminos serão intimados a apresentar, dentro de 10 (dez) dias, os seus títulos, se ainda não o tiverem feito, e a formular os seus pedidos sobre a constituição dos quinhões.

Art. 592. O juiz ouvirá as partes no prazo comum de 15 (quinze) dias.

§ 1º Não havendo impugnação, o juiz determinará a divisão geodésica do imóvel.

§ 2º Havendo impugnação, o juiz proferirá, no prazo de 10 (dez) dias, decisão sobre os pedidos e os títulos que devam ser atendidos na formação dos quinhões.

Art. 593. Se qualquer linha do perímetro atingir benfeitorias permanentes dos confinantes feitas há mais de 1 (um) ano, serão elas respeitadas, bem como os terrenos onde estiverem, os quais não se computarão na área dividenda.

Art. 594. Os confinantes do imóvel dividendo podem demandar a restituição dos terrenos que lhes tenham sido usurpados.

§ 1º Serão citados para a ação todos os condôminos, se a sentença homologatória da divisão ainda não houver transitado em julgado, e todos os quinhoeiros dos terrenos vindicados, se a ação for proposta posteriormente.

§ 2º Nesse último caso terão os quinhoeiros o direito, pela mesma sentença que os obrigar à restituição, a haver dos outros condôminos do processo divisório ou de seus sucessores a título universal a composição pecuniária proporcional ao desfalque sofrido.

Art. 595. Os peritos proporão, em laudo fundamentado, a forma da divisão, devendo consultar, quanto possível, a comodidade das partes, respeitar, para adjudicação a cada condômino, a preferência dos terrenos contíguos às suas residências e benfeitorias e evitar o retalhamento dos quinhões em glebas separadas.

Art. 596. Ouvidas as partes, no prazo comum de 15 (quinze) dias, sobre o cálculo e o plano da divisão, o juiz deliberará a partilha.

PARÁGRAFO ÚNICO. Em cumprimento dessa decisão, o perito procederá à demarcação dos quinhões, observando, além do disposto nos arts. 584 e 585, as seguintes regras:

I — as benfeitorias comuns que não comportarem divisão cômoda serão adjudicadas a um dos condôminos mediante compensação;

II — instituir-se-ão as servidões que forem indispensáveis em favor de uns quinhões sobre os outros, incluindo o respectivo valor no orçamento para que, não se tratando de servidões naturais, seja compensado o condômino aquinhoado com o prédio serviente;

III — as benfeitorias particulares dos condôminos que excederem à área a que têm direito serão adjudicadas ao quinhoeiro vizinho mediante reposição;

IV — se outra coisa não acordarem as partes, as compensações e as reposições serão feitas em dinheiro.

Art. 597. Terminados os trabalhos e desenhados na planta os quinhões e as servidões aparentes, o perito organizará o memorial descritivo.

§ 1º Cumprido o disposto no art. 586, o escrivão, em seguida, lavrará o auto de divisão, acompanhado de uma folha de pagamento para cada condômino.

§ 2º Assinado o auto pelo juiz e pelo perito, será proferida sentença homologatória da divisão.

§ 3º O auto conterá:

I — a confinação e a extensão superficial do imóvel;

II — a classificação das terras com o cálculo das áreas de cada consorte e com a respectiva avaliação ou, quando a homogeneidade das terras não determinar diversidade de valores, a avaliação do imóvel na sua integridade;

III — o valor e a quantidade geométrica que couber a cada condômino, declarando-se as reduções e as compensações resultantes da diversidade de valores das glebas componentes de cada quinhão.

§ 4º Cada folha de pagamento conterá:

I — a descrição das linhas divisórias do quinhão, mencionadas as confinantes;

II — a relação das benfeitorias e das culturas do próprio quinhoeiro e das que lhe foram adjudicadas por serem comuns ou mediante compensação;

III — a declaração das servidões instituídas, especificados os lugares, a extensão e o modo de exercício.

Art. 598. Aplica-se às divisões o disposto nos arts. 575 a 578.

CAPÍTULO V
Da Ação de Dissolução Parcial de Sociedade

Art. 599. A ação de dissolução parcial de sociedade pode ter por objeto:

I — a resolução da sociedade empresária contratual ou simples em relação ao sócio falecido, excluído ou que exerceu o direito de retirada ou recesso; e

II — a apuração dos haveres do sócio falecido, excluído ou que exerceu o direito de retirada ou recesso; ou

III — somente a resolução ou a apuração de haveres.

§ 1º A petição inicial será necessariamente instruída com o contrato social consolidado.

§ 2º A ação de dissolução parcial de sociedade pode ter também por objeto a sociedade anônima de capital fechado quando demonstrado, por acionista ou acionistas que representem cinco por cento ou mais do capital social, que não pode preencher o seu fim.

Art. 600. A ação pode ser proposta:

I — pelo espólio do sócio falecido, quando a totalidade dos sucessores não ingressar na sociedade;

II — pelos sucessores, após concluída a partilha do sócio falecido;

III — pela sociedade, se os sócios sobreviventes não admitirem o ingresso do espólio ou dos sucessores do falecido na sociedade, quando esse direito decorrer do contrato social;

IV — pelo sócio que exerceu o direito de retirada ou recesso, se não tiver sido providenciada, pelos demais sócios, a alteração contratual consensual formalizando o desligamento, depois de transcorridos 10 (dez) dias do exercício do direito;

V — pela sociedade, nos casos em que a lei não autoriza a exclusão extrajudicial; ou

VI — pelo sócio excluído.

PARÁGRAFO ÚNICO. O cônjuge ou companheiro do sócio cujo casamento, união estável ou convivência terminou poderá requerer a apuração de seus haveres na sociedade, que serão pagos à conta da quota social titulada por este sócio.

Art. 601. Os sócios e a sociedade serão citados para, no prazo de 15 (quinze) dias, concordar com o pedido ou apresentar contestação.

PARÁGRAFO ÚNICO. A sociedade não será citada se todos os seus sócios o forem, mas ficará sujeita aos efeitos da decisão e à coisa julgada.

Art. 602. A sociedade poderá formular pedido de indenização compensável com o valor dos haveres a apurar.

Art. 603. Havendo manifestação expressa e unânime pela concordância da dissolução, o juiz a decretará, passando-se imediatamente à fase de liquidação.

§ 1º Na hipótese prevista no *caput*, não haverá condenação em honorários advocatícios de nenhuma das partes, e as custas serão rateadas segundo a participação das partes no capital social.

§ 2º Havendo contestação, observar-se-á o procedimento comum, mas a liquidação da sentença seguirá o disposto neste Capítulo.

Art. 604. Para apuração dos haveres, o juiz:

I — fixará a data da resolução da sociedade;

II — definirá o critério de apuração dos haveres à vista do disposto no contrato social; e

III — nomeará o perito.

§ 1º O juiz determinará à sociedade ou aos sócios que nela permanecerem que depositem em juízo a parte incontroversa dos haveres devidos.

§ 2º O depósito poderá ser, desde logo, levantando pelo ex-sócio, pelo espólio ou pelos sucessores.

§ 3º Se o contrato social estabelecer o pagamento dos haveres, será observado o que nele se dispôs no depósito judicial da parte incontroversa.

Art. 605. A data da resolução da sociedade será:

I — no caso de falecimento do sócio, a do óbito;

II — na retirada imotivada, o sexagésimo dia seguinte ao do recebimento, pela sociedade, da notificação do sócio retirante;

III — no recesso, o dia do recebimento, pela sociedade, da notificação do sócio dissidente;

IV — na retirada por justa causa de sociedade por prazo determinado e na exclusão judicial de sócio, a do trânsito em julgado da decisão que dissolver a sociedade; e

V — na exclusão extrajudicial, a data da assembleia ou da reunião de sócios que a tiver deliberado.

Art. 606. Em caso de omissão do contrato social, o juiz definirá, como critério de apuração de haveres, o valor patrimonial apurado em balanço de determinação, tomando-se por referência a data da resolução e avaliando-se bens e direitos do ativo, tangíveis e intangíveis, a preço de saída, além do passivo também a ser apurado de igual forma.

PARÁGRAFO ÚNICO. Em todos os casos em que seja necessária a realização de perícia, a nomeação do perito recairá preferencialmente sobre especialista em avaliação de sociedades.

Art. 607. A data da resolução e o critério de apuração de haveres podem ser revistos pelo juiz, a pedido da parte, a qualquer tempo antes do início da perícia.

Art. 608. Até a data da resolução, integram o valor devido ao ex-sócio, ao espólio ou aos sucessores a participação nos lucros ou os juros sobre o capital próprio declarados pela sociedade e, se for o caso, a remuneração como administrador.

PARÁGRAFO ÚNICO. Após a data da resolução, o ex-sócio, o espólio ou os sucessores terão direito apenas à correção monetária dos valores apurados e aos juros contratuais ou legais.

Art. 609. Uma vez apurados, os haveres do sócio retirante serão pagos conforme disciplinar o contrato social e, no silêncio deste, nos termos do § 2º do art. 1.031 da Lei n. 10.406, de 10 de janeiro de 2002 (Código Civil).

CAPÍTULO VI
Do Inventário e da Partilha

Seção I
Disposições Gerais

Art. 610. Havendo testamento ou interessado incapaz, proceder-se-á ao inventário judicial.

§ 1º Se todos forem capazes e concordes, o inventário e a partilha poderão ser feitos por escritura pública, a qual constituirá documento hábil para qualquer ato de registro, bem como para levantamento de importância depositada em instituições financeiras.

§ 2º O tabelião somente lavrará a escritura pública se todas as partes interessadas estiverem assistidas por advogado ou por defensor público, cuja qualificação e assinatura constarão do ato notarial.

Art. 611. O processo de inventário e de partilha deve ser instaurado dentro de 2 (dois) meses, a contar da abertura da sucessão, ultimando-se nos 12 (doze) meses subsequentes, podendo o juiz prorrogar esses prazos, de ofício ou a requerimento de parte.

Art. 612. O juiz decidirá todas as questões de direito desde que os fatos relevantes estejam provados por documento, só remetendo para as vias ordinárias as questões que dependerem de outras provas.

Art. 613. Até que o inventariante preste o compromisso, continuará o espólio na posse do administrador provisório.

Art. 614. O administrador provisório representa ativa e passivamente o espólio, é obrigado a trazer ao acervo os frutos que desde a abertura da sucessão percebeu, tem direito ao reembolso das despesas necessárias e úteis que fez e responde pelo dano a que, por dolo ou culpa, der causa.

Seção II
Da Legitimidade para Requerer o Inventário

Art. 615. O requerimento de inventário e de partilha incumbe a quem estiver na posse e na administração do espólio, no prazo estabelecido no art. 611.

PARÁGRAFO ÚNICO. O requerimento será instruído com a certidão de óbito do autor da herança.

Art. 616. Têm, contudo, legitimidade concorrente:

I — o cônjuge ou companheiro supérstite;

II — o herdeiro;

III — o legatário;

IV — o testamenteiro;

V — o cessionário do herdeiro ou do legatário;

VI — o credor do herdeiro, do legatário ou do autor da herança;

VII — o Ministério Público, havendo herdeiros incapazes;

VIII — a Fazenda Pública, quando tiver interesse;

IX — o administrador judicial da falência do herdeiro, do legatário, do autor da herança ou do cônjuge ou companheiro supérstite.

Seção III
Do Inventariante e das Primeiras Declarações

Art. 617. O juiz nomeará inventariante na seguinte ordem:

I — o cônjuge ou companheiro sobrevivente, desde que estivesse convivendo com o outro ao tempo da morte deste;

II — o herdeiro que se achar na posse e na administração do espólio, se não houver cônjuge ou companheiro sobrevivente ou se estes não puderem ser nomeados;

III — qualquer herdeiro, quando nenhum deles estiver na posse e na administração do espólio;

IV — o herdeiro menor, por seu representante legal;

V — o testamenteiro, se lhe tiver sido confiada a administração do espólio ou se toda a herança estiver distribuída em legados;

VI — o cessionário do herdeiro ou do legatário;

VII — o inventariante judicial, se houver;

VIII — pessoa estranha idônea, quando não houver inventariante judicial.

PARÁGRAFO ÚNICO. O inventariante, intimado da nomeação, prestará, dentro de 5 (cinco) dias, o compromisso de bem e fielmente desempenhar a função.

Art. 618. Incumbe ao inventariante:

I — representar o espólio ativa e passivamente, em juízo ou fora dele, observando-se, quanto ao dativo, o disposto no art. 75, § 1º;

II — administrar o espólio, velando-lhe os bens com a mesma diligência que teria se seus fossem;

III — prestar as primeiras e as últimas declarações pessoalmente ou por procurador com poderes especiais;

IV — exibir em cartório, a qualquer tempo, para exame das partes, os documentos relativos ao espólio;

V — juntar aos autos certidão do testamento, se houver;

VI — trazer à colação os bens recebidos pelo herdeiro ausente, renunciante ou excluído;

VII — prestar contas de sua gestão ao deixar o cargo ou sempre que o juiz lhe determinar;

VIII — requerer a declaração de insolvência.

Art. 619. Incumbe ainda ao inventariante, ouvidos os interessados e com autorização do juiz:

I — alienar bens de qualquer espécie;

II — transigir em juízo ou fora dele;

III — pagar dívidas do espólio;

IV — fazer as despesas necessárias para a conservação e o melhoramento dos bens do espólio.

Art. 620. Dentro de 20 (vinte) dias contados da data em que prestou o compromisso, o inventariante fará as primeiras declarações, das quais se lavrará termo circunstanciado, assinado pelo juiz, pelo escrivão e pelo inventariante, no qual serão exarados:

I — o nome, o estado, a idade e o domicílio do autor da herança, o dia e o lugar em que faleceu e se deixou testamento;

II — o nome, o estado, a idade, o endereço eletrônico e a residência dos herdeiros e, havendo cônjuge ou companheiro supérstite, além dos respectivos dados pessoais, o regime de bens do casamento ou da união estável;

III — a qualidade dos herdeiros e o grau de parentesco com o inventariado;

IV — a relação completa e individualizada de todos os bens do espólio, inclusive aqueles que devem ser conferidos à colação, e dos bens alheios que nele forem encontrados, descrevendo-se:

a) os imóveis, com as suas especificações, nomeadamente local em que se encontram, extensão da área, limites, confrontações, benfeitorias, origem dos títulos, números das matrículas e ônus que os gravam;

b) os móveis, com os sinais característicos;

c) os semoventes, seu número, suas espécies, suas marcas e seus sinais distintivos;

d) o dinheiro, as joias, os objetos de ouro e prata e as pedras preciosas, declarando-se-lhes especificadamente a qualidade, o peso e a importância;

e) os títulos da dívida pública, bem como as ações, as quotas e os títulos de sociedade, mencionando-se-lhes o número, o valor e a data;

f) as dívidas ativas e passivas, indicando-se-lhes as datas, os títulos, a origem da obrigação e os nomes dos credores e dos devedores;

g) direitos e ações;

h) o valor corrente de cada um dos bens do espólio.

§ 1º O juiz determinará que se proceda:

I — ao balanço do estabelecimento, se o autor da herança era empresário individual;

II — à apuração de haveres, se o autor da herança era sócio de sociedade que não anônima.

§ 2º As declarações podem ser prestadas mediante petição, firmada por procurador com poderes especiais, à qual o termo se reportará.

Art. 621. Só se pode arguir sonegação ao inventariante depois de encerrada a descrição dos bens, com a declaração, por ele feita, de não existirem outros por inventariar.

Art. 622. O inventariante será removido de ofício ou a requerimento:

I — se não prestar, no prazo legal, as primeiras ou as últimas declarações;

II — se não der ao inventário andamento regular, se suscitar dúvidas infundadas ou se praticar atos meramente protelatórios;

III — se, por culpa sua, bens do espólio se deteriorarem, forem dilapidados ou sofrerem dano;

IV — se não defender o espólio nas ações em que for citado, se deixar de cobrar dívidas ativas ou se não promover as medidas necessárias para evitar o perecimento de direitos;

V — se não prestar contas ou se as que prestar não forem julgadas boas;

VI — se sonegar, ocultar ou desviar bens do espólio.

Art. 623. Requerida a remoção com fundamento em qualquer dos incisos do art. 622, será intimado o inventariante para, no prazo de 15 (quinze) dias, defender-se e produzir provas.

PARÁGRAFO ÚNICO. O incidente da remoção correrá em apenso aos autos do inventário.

Art. 624. Decorrido o prazo, com a defesa do inventariante ou sem ela, o juiz decidirá.

PARÁGRAFO ÚNICO. Se remover o inventariante, o juiz nomeará outro, observada a ordem estabelecida no art. 617.

Art. 625. O inventariante removido entregará imediatamente ao substituto os bens do espólio e, caso deixe de fazê-lo, será compelido mediante mandado de busca e apreensão ou de imissão na posse, conforme se tratar de bem móvel ou imóvel, sem prejuízo da multa a ser fixada pelo juiz em montante não superior a três por cento do valor dos bens inventariados.

Seção IV
Das Citações e das Impugnações

Art. 626. Feitas as primeiras declarações, o juiz mandará citar, para os termos do inventário e da partilha, o cônjuge, o companheiro, os herdeiros e os legatários e intimar a Fazenda Pública, o Ministério Público, se houver herdeiro incapaz ou ausente, e o testamenteiro, se houver testamento.

§ 1º O cônjuge ou o companheiro, os herdeiros e os legatários serão citados pelo correio, observado o disposto no art. 247, sendo, ainda, publicado edital, nos termos do inciso III do art. 259.

§ 2º Das primeiras declarações extrair-se-ão tantas cópias quantas forem as partes.

§ 3º A citação será acompanhada de cópia das primeiras declarações.

§ 4º Incumbe ao escrivão remeter cópias à Fazenda Pública, ao Ministério Público, ao testamenteiro, se houver, e ao advogado, se a parte já estiver representada nos autos.

Art. 627. Concluídas as citações, abrir-se-á vista às partes, em cartório e pelo prazo comum de 15 (quinze) dias, para que se manifestem sobre as primeiras declarações, incumbindo às partes:

I — arguir erros, omissões e sonegação de bens;

II — reclamar contra a nomeação de inventariante

III — contestar a qualidade de quem foi incluído no título de herdeiro.

§ 1º Julgando procedente a impugnação referida no inciso I, o juiz mandará retificar as primeiras declarações.

§ 2º Se acolher o pedido de que trata o inciso II, o juiz nomeará outro inventariante, observada a preferência legal.

§ 3º Verificando que a disputa sobre a qualidade de herdeiro a que alude o inciso III demanda produção de provas que não a documental, o juiz remeterá a parte às vias ordinárias e sobrestará, até o julgamento da ação, a entrega do quinhão que na partilha couber ao herdeiro admitido.

Art. 628. Aquele que se julgar preterido poderá demandar sua admissão no inventário, requerendo-a antes da partilha.

§ 1º Ouvidas as partes no prazo de 15 (quinze) dias, o juiz decidirá.

§ 2º Se para solução da questão for necessária a produção de provas que não a documental, o juiz remeterá o requerente às vias ordinárias, mandando reservar, em poder do inventariante, o quinhão do herdeiro excluído até que se decida o litígio.

Art. 629. A Fazenda Pública, no prazo de 15 (quinze) dias, após a vista de que trata o art. 627, informará ao juízo, de acordo com os dados que constam de seu cadastro imobiliário, o valor dos bens de raiz descritos nas primeiras declarações.

Seção V
Da Avaliação e do Cálculo do Imposto

Art. 630. Findo o prazo previsto no art. 627 sem impugnação ou decidida a impugnação que houver sido oposta, o juiz nomeará, se for o caso, perito para avaliar os bens do espólio, se não houver na comarca avaliador judicial.

PARÁGRAFO ÚNICO. Na hipótese prevista no art. 620, § 1º, o juiz nomeará perito para avaliação das quotas sociais ou apuração dos haveres.

Art. 631. Ao avaliar os bens do espólio, o perito observará, no que for aplicável, o disposto nos arts. 872 e 873.

Art. 632. Não se expedirá carta precatória para a avaliação de bens situados fora da comarca onde corre o inventário se eles forem de pequeno valor ou perfeitamente conhecidos do perito nomeado.

Art. 633. Sendo capazes todas as partes, não se procederá à avaliação se a Fazenda Pública, intimada pessoalmente, concordar de forma expressa com o valor atribuído, nas primeiras declarações, aos bens do espólio.

Art. 634. Se os herdeiros concordarem com o valor dos bens declarados pela Fazenda Pública, a avaliação cingir-se-á aos demais.

Art. 635. Entregue o laudo de avaliação, o juiz mandará que as partes se manifestem no prazo de 15 (quinze) dias, que correrá em cartório.

§ 1º Versando a impugnação sobre o valor dado pelo perito, o juiz a decidirá de plano, à vista do que constar dos autos.

§ 2º Julgando procedente a impugnação, o juiz determinará que o perito retifique a avaliação, observando os fundamentos da decisão.

Art. 636. Aceito o laudo ou resolvidas as impugnações suscitadas a seu respeito, lavrar-se-á em seguida o termo de últimas declarações, no qual o inventariante poderá emendar, aditar ou completar as primeiras.

Art. 637. Ouvidas as partes sobre as últimas declarações no prazo comum de 15 (quinze) dias, proceder-se-á ao cálculo do tributo.

Art. 638. Feito o cálculo, sobre ele serão ouvidas todas as partes no prazo comum de 5 (cinco) dias, que correrá em cartório, e, em seguida, a Fazenda Pública.

§ 1º Se acolher eventual impugnação, o juiz ordenará nova remessa dos autos ao contabilista, determinando as alterações que devam ser feitas no cálculo.

§ 2º Cumprido o despacho, o juiz julgará o cálculo do tributo.

Seção VI
Das Colações

Art. 639. No prazo estabelecido no art. 627, o herdeiro obrigado à colação conferirá por termo nos autos ou por petição à qual o termo se reportará os bens que recebeu ou, se já não os possuir, trar-lhes-á o valor.

PARÁGRAFO ÚNICO. Os bens a serem conferidos na partilha, assim como as acessões e as benfeitorias que o donatário fez, calcular-se-ão pelo valor que tiverem ao tempo da abertura da sucessão.

Art. 640. O herdeiro que renunciou à herança ou o que dela foi excluído não se exime, pelo fato da renúncia ou da exclusão, de conferir, para o efeito de repor a parte inoficiosa, as liberalidades que obteve do doador.

§ 1º É lícito ao donatário escolher, dentre os bens doados, tantos quantos bastem para perfazer a legítima e a metade disponível, entrando na partilha o excedente para ser dividido entre os demais herdeiros.

§ 2º Se a parte inoficiosa da doação recair sobre bem imóvel que não comporte divisão cômoda, o juiz determinará que sobre ela se proceda a licitação entre os herdeiros.

§ 3º O donatário poderá concorrer na licitação referida no § 2º e, em igualdade de condições, terá preferência sobre os herdeiros.

Art. 641. Se o herdeiro negar o recebimento dos bens ou a obrigação de os conferir, o juiz, ouvidas as partes no prazo comum de 15 (quinze) dias, decidirá à vista das alegações e das provas produzidas.

§ 1º Declarada improcedente a oposição, se o herdeiro, no prazo improrrogável de 15 (quinze) dias, não proceder à conferência, o juiz mandará sequestrar-lhe, para serem inventariados e partilhados, os bens sujeitos à colação ou imputar ao seu quinhão hereditário o valor deles, se já não os possuir.

§ 2º Se a matéria exigir dilação probatória diversa da documental, o juiz remeterá as partes às vias ordinárias, não podendo o herdeiro receber o seu quinhão hereditário, enquanto pender a demanda, sem prestar caução correspondente ao valor dos bens sobre os quais versar a conferência.

Seção VII
Do Pagamento das Dívidas

Art. 642. Antes da partilha, poderão os credores do espólio requerer ao juízo do inventário o pagamento das dívidas vencidas e exigíveis.

§ 1º A petição, acompanhada de prova literal da dívida, será distribuída por dependência e autuada em apenso aos autos do processo de inventário.

§ 2º Concordando as partes com o pedido, o juiz, ao declarar habilitado o credor, mandará que se faça a separação de dinheiro ou, em sua falta, de bens suficientes para o pagamento.

§ 3º Separados os bens, tantos quantos forem necessários para o pagamento dos credores habilitados, o juiz mandará aliená-los, observando-se as disposições deste Código relativas à expropriação.

§ 4º Se o credor requerer que, em vez de dinheiro, lhe sejam adjudicados, para o seu pagamento, os bens já reservados, o juiz deferir-lhe-á o pedido, concordando todas as partes.

§ 5º Os donatários serão chamados a pronunciar-se sobre a aprovação das dívidas, sempre que haja possibilidade de resultar delas a redução das liberalidades.

Art. 643. Não havendo concordância de todas as partes sobre o pedido de pagamento feito pelo credor, será o pedido remetido às vias ordinárias.

PARÁGRAFO ÚNICO. O juiz mandará, porém, reservar, em poder do inventariante, bens suficientes para pagar o credor quando a dívida constar de documento que comprove suficientemente a obrigação e a impugnação não se fundar em quitação.

Art. 644. O credor de dívida líquida e certa, ainda não vencida, pode requerer habilitação no inventário.

PARÁGRAFO ÚNICO. Concordando as partes com o pedido referido no *caput*, o juiz, ao julgar habilitado o crédito, mandará que se faça separação de bens para o futuro pagamento.

Art. 645. O legatário é parte legítima para manifestar-se sobre as dívidas do espólio:

I — quando toda a herança for dividida em legados;

II — quando o reconhecimento das dívidas importar redução dos legados.

Art. 646. Sem prejuízo do disposto no art. 860, é lícito aos herdeiros, ao separarem bens para o pagamento de dívidas, autorizar que o inventariante os indique à penhora no processo em que o espólio for executado.

Seção VIII
Da Partilha

Art. 647. Cumprido o disposto no art. 642, § 3º, o juiz facultará às partes que, no prazo comum de 15 (quinze) dias, formulem o pedido de quinhão e, em seguida, proferirá a decisão de deliberação da partilha, resolvendo os pedidos das partes e designando os bens que devam constituir quinhão de cada herdeiro e legatário.

PARÁGRAFO ÚNICO. O juiz poderá, em decisão fundamentada, deferir antecipadamente a qualquer dos herdeiros o exercício dos direitos de usar e de fruir de determinado bem, com a condição de que, ao término do inventário, tal bem integre a cota desse herdeiro, cabendo a este, desde o deferimento, todos os ônus e bônus decorrentes do exercício daqueles direitos.

Art. 648. Na partilha, serão observadas as seguintes regras:

I — a máxima igualdade possível quanto ao valor, à natureza e à qualidade dos bens;

II — a prevenção de litígios futuros;

III — a máxima comodidade dos coerdeiros, do cônjuge ou do companheiro, se for o caso.

Art. 649. Os bens insuscetíveis de divisão cômoda que não couberem na parte do cônjuge ou companheiro supérstite ou no quinhão de um só herdeiro serão licitados entre os interessados ou vendidos judicialmente, partilhando-se o valor apurado, salvo se houver acordo para que sejam adjudicados a todos.

Art. 650. Se um dos interessados for nascituro, o quinhão que lhe caberá será reservado em poder do inventariante até o seu nascimento.

Art. 651. O partidor organizará o esboço da partilha de acordo com a decisão judicial, observando nos pagamentos a seguinte ordem:

I — dívidas atendidas;

II — meação do cônjuge;

III — meação disponível;

IV — quinhões hereditários, a começar pelo coerdeiro mais velho.

Art. 652. Feito o esboço, as partes manifestar-se-ão sobre esse no prazo comum de 15 (quinze) dias, e, resolvidas as reclamações, a partilha será lançada nos autos.

Art. 653. A partilha constará:

I — de auto de orçamento, que mencionará:

a) os nomes do autor da herança, do inventariante, do cônjuge ou companheiro supérstite, dos herdeiros, dos legatários e dos credores admitidos;

b) o ativo, o passivo e o líquido partível, com as necessárias especificações;

c) o valor de cada quinhão;

II — de folha de pagamento para cada parte, declarando a quota a pagar-lhe, a razão do pagamento e a relação dos bens que lhe compõem o quinhão, as características que os individualizam e os ônus que os gravam.

PARÁGRAFO ÚNICO. O auto e cada uma das folhas serão assinados pelo juiz e pelo escrivão.

Art. 654. Pago o imposto de transmissão a título de morte e juntada aos autos certidão ou informação negativa de dívida para com a Fazenda Pública, o juiz julgará por sentença a partilha.

PARÁGRAFO ÚNICO. A existência de dívida para com a Fazenda Pública não impedirá o julgamento da partilha, desde que o seu pagamento esteja devidamente garantido.

Art. 655. Transitada em julgado a sentença mencionada no art. 654, receberá o herdeiro os bens que lhe tocarem e um formal de partilha, do qual constarão as seguintes peças:

I — termo de inventariante e título de herdeiros;

II — avaliação dos bens que constituíram o quinhão do herdeiro;

III — pagamento do quinhão hereditário;

IV — quitação dos impostos;

V — sentença.

PARÁGRAFO ÚNICO. O formal de partilha poderá ser substituído por certidão de pagamento do quinhão hereditário quando esse não exceder a 5 (cinco) vezes o salário-mínimo, caso em que se transcreverá nela a sentença de partilha transitada em julgado.

Art. 656. A partilha, mesmo depois de transitada em julgado a sentença, pode ser emendada nos mesmos autos do inventário, convindo todas as partes, quando tenha havido erro de fato na descrição dos bens, podendo o juiz, de ofício ou a requerimento da parte, a qualquer tempo, corrigir-lhe as inexatidões materiais.

Art. 657. A partilha amigável, lavrada em instrumento público, reduzida a termo nos autos do inventário ou constante de escrito particular homologado pelo juiz, pode ser anulada por dolo, coação, erro essencial ou intervenção de incapaz, observado o disposto no § 4º do art. 966.

PARÁGRAFO ÚNICO. O direito à anulação de partilha amigável extingue-se em 1 (um) ano, contado esse prazo:

I — no caso de coação, do dia em que ela cessou;

II — no caso de erro ou dolo, do dia em que se realizou o ato;

III — quanto ao incapaz, do dia em que cessar a incapacidade.

Art. 658. É rescindível a partilha julgada por sentença:

I — nos casos mencionados no art. 657;

II — se feita com preterição de formalidades legais;

III — se preteriu herdeiro ou incluiu quem não o seja.

Seção IX
Do Arrolamento

Art. 659. A partilha amigável, celebrada entre partes capazes, nos termos da lei, será homologada de plano pelo juiz, com observância dos arts. 660 a 663.

§ 1º O disposto neste artigo aplica-se, também, ao pedido de adjudicação, quando houver herdeiro único.

§ 2º Transitada em julgado a sentença de homologação de partilha ou de adjudicação, será lavrado o formal de partilha ou elaborada a carta de adjudicação e, em seguida, serão expedidos os alvarás referentes aos bens e às rendas por ele abrangidos, intimando-se o fisco para lançamento administrativo do imposto de transmissão e de outros tributos porventura incidentes, conforme dispuser a legislação tributária, nos termos do § 2º do art. 662.

Art. 660. Na petição de inventário, que se processará na forma de arrolamento sumário, independentemente da lavratura de termos de qualquer espécie, os herdeiros:

I — requererão ao juiz a nomeação do inventariante que designarem;

II — declararão os títulos dos herdeiros e os bens do espólio, observado o disposto no art. 630;

III — atribuirão valor aos bens do espólio, para fins de partilha.

Art. 661. Ressalvada a hipótese prevista no parágrafo único do art. 663, não se procederá à avaliação dos bens do espólio para nenhuma finalidade.

Art. 662. No arrolamento, não serão conhecidas ou apreciadas questões relativas ao lançamento, ao pagamento ou à quitação de taxas judiciárias e de tributos incidentes sobre a transmissão da propriedade dos bens do espólio.

§ 1º A taxa judiciária, se devida, será calculada com base no valor atribuído pelos herdeiros, cabendo ao fisco, se apurar em processo administrativo valor diverso do estimado, exigir a eventual diferença pelos meios adequados ao lançamento de créditos tributários em geral.

§ 2º O imposto de transmissão será objeto de lançamento administrativo, conforme dispuser a legislação tributária, não ficando as autoridades fazendárias adstritas aos valores dos bens do espólio atribuídos pelos herdeiros.

Art. 663. A existência de credores do espólio não impedirá a homologação da partilha ou da adjudicação, se forem reservados bens suficientes para o pagamento da dívida.

PARÁGRAFO ÚNICO. A reserva de bens será realizada pelo valor estimado pelas partes, salvo se o credor, regularmente notificado, impugnar a estimativa, caso em que se promoverá a avaliação dos bens a serem reservados.

Art. 664. Quando o valor dos bens do espólio for igual ou inferior a 1.000 (mil) salários-mínimos, o inventário processar-se-á na forma de arrolamento, cabendo ao inventariante nomeado, independentemente de assinatura de termo de compromisso, apresentar, com suas declarações, a atribuição de valor aos bens do espólio e o plano da partilha.

§ 1º Se qualquer das partes ou o Ministério Público impugnar a estimativa, o juiz nomeará avaliador, que oferecerá laudo em 10 (dez) dias.

§ 2º Apresentado o laudo, o juiz, em audiência que designar, deliberará sobre a partilha, decidindo de plano todas as reclamações e mandando pagar as dívidas não impugnadas.

§ 3º Lavrar-se-á de tudo um só termo, assinado pelo juiz, pelo inventariante e pelas partes presentes ou por seus advogados.

§ 4º Aplicam-se a essa espécie de arrolamento, no que couber, as disposições do art. 672, relativamente ao lançamento, ao pagamento e à quitação da taxa judiciária e do imposto sobre a transmissão da propriedade dos bens do espólio.

§ 5º Provada a quitação dos tributos relativos aos bens do espólio e às suas rendas, o juiz julgará a partilha.

Art. 665. O inventário processar-se-á também na forma do art. 664, ainda que haja interessado incapaz, desde que concordem todas as partes e o Ministério Público.

Art. 666. Independerá de inventário ou de arrolamento o pagamento dos valores previstos na Lei n. 6.858, de 24 de novembro de 1980.

Art. 667. Aplicam-se subsidiariamente a esta Seção as disposições das Seções VII e VIII deste Capítulo.

Seção X
Disposições Comuns a Todas as Seções

Art. 668. Cessa a eficácia da tutela provisória prevista nas Seções deste Capítulo:

I — se a ação não for proposta em 30 (trinta) dias contados da data em que da decisão foi intimado o impugnante, o herdeiro excluído ou o credor não admitido;

II — se o juiz extinguir o processo de inventário com ou sem resolução de mérito.

Art. 669. São sujeitos à sobrepartilha os bens:

I — sonegados;

II — da herança descobertos após a partilha;

III — litigiosos, assim como os de liquidação difícil ou morosa;

IV — situados em lugar remoto da sede do juízo onde se processa o inventário.

PARÁGRAFO ÚNICO. Os bens mencionados nos incisos III e IV serão reservados à sobrepartilha sob a guarda e a administração do mesmo ou de diverso inventariante, a consentimento da maioria dos herdeiros.

Art. 670. Na sobrepartilha dos bens, observar-se-á o processo de inventário e de partilha.

PARÁGRAFO ÚNICO. A sobrepartilha correrá nos autos do inventário do autor da herança.

Art. 671. O juiz nomeará curador especial:

I — ao ausente, se não o tiver;

II — ao incapaz, se concorrer na partilha com o seu representante, desde que exista colisão de interesses.

Art. 672. É lícita a cumulação de inventários para a partilha de heranças de pessoas diversas quando houver:

I — identidade de pessoas entre as quais devam ser repartidos os bens;

II — heranças deixadas pelos dois cônjuges ou companheiros;

III — dependência de uma das partilhas em relação à outra.

PARÁGRAFO ÚNICO. No caso previsto no inciso III, se a dependência for parcial, por haver outros bens, o juiz pode ordenar a tramitação separada, se melhor convier ao interesse das partes ou à celeridade processual.

Art. 673. No caso previsto no art. 672, inciso II, prevalecerão as primeiras declarações, assim como o laudo de avaliação, salvo se alterado o valor dos bens.

CAPÍTULO VII
Dos Embargos de Terceiro

Art. 674. Quem, não sendo parte no processo, sofrer constrição ou ameaça de constrição sobre bens que possua ou sobre os quais tenha direito incompatível com o ato constritivo, poderá requerer seu desfazimento ou sua inibição por meio de embargos de terceiro.

§ 1º Os embargos podem ser de terceiro proprietário, inclusive fiduciário, ou possuidor.

§ 2º Considera-se terceiro, para ajuizamento dos embargos:

I — o cônjuge ou companheiro, quando defende a posse de bens próprios ou de sua meação, ressalvado o disposto no art. 843;

II — o adquirente de bens cuja constrição decorreu de decisão que declara a ineficácia da alienação realizada em fraude à execução;

III — quem sofre constrição judicial de seus bens por força de desconsideração da personalidade jurídica, de cujo incidente não fez parte;

IV — o credor com garantia real para obstar expropriação judicial do objeto de direito real de garantia, caso não tenha sido intimado, nos termos legais dos atos expropriatórios respectivos.

Art. 675. Os embargos podem ser opostos a qualquer tempo no processo de conhecimento enquanto não transitada em julgado a sentença e, no cumprimento de sentença ou no processo de execução, até 5 (cinco) dias depois da adjudicação, da alienação por iniciativa particular ou da arrematação, mas sempre antes da assinatura da respectiva carta.

PARÁGRAFO ÚNICO. Caso identifique a existência de terceiro titular de interesse em embargar o ato, o juiz mandará intimá-lo pessoalmente.

Art. 676. Os embargos serão distribuídos por dependência ao juízo que ordenou a constrição e autuados em apartado.

PARÁGRAFO ÚNICO. Nos casos de ato de constrição realizado por carta, os embargos serão oferecidos no juízo deprecado, salvo se indicado pelo juízo deprecante o bem constrito ou se já devolvida a carta.

Art. 677. Na petição inicial, o embargante fará a prova sumária de sua posse ou de seu domínio e da qualidade de terceiro, oferecendo documentos e rol de testemunhas.

§ 1º É facultada a prova da posse em audiência preliminar designada pelo juiz.

§ 2º O possuidor direto pode alegar, além da sua posse, o domínio alheio.

§ 3º A citação será pessoal, se o embargado não tiver procurador constituído nos autos da ação principal.

§ 4º Será legitimado passivo o sujeito a quem o ato de constrição aproveita, assim como o será seu adversário no processo principal quando for sua a indicação do bem para a constrição judicial.

Art. 678. A decisão que reconhecer suficientemente provado o domínio ou a posse determinará a suspensão das medidas constritivas sobre os bens litigiosos objeto dos embargos, bem como a manutenção ou a reintegração provisória da posse, se o embargante a houver requerido.

PARÁGRAFO ÚNICO. O juiz poderá condicionar a ordem de manutenção ou de reintegração provisória de posse à prestação de caução pelo requerente, ressalvada a impossibilidade da parte economicamente hipossuficiente.

Art. 679. Os embargos poderão ser contestados no prazo de 15 (quinze) dias, findo o qual se seguirá o procedimento comum.

Art. 680. Contra os embargos do credor com garantia real, o embargado somente poderá alegar que:

I — o devedor comum é insolvente;

II — o título é nulo ou não obriga a terceiro;

III — outra é a coisa dada em garantia.

Art. 681. Acolhido o pedido inicial, o ato de constrição judicial indevida será cancelado, com o reconhecimento do domínio, da manutenção da posse ou da reintegração definitiva do bem ou do direito ao embargante.

CAPÍTULO VIII
Da Oposição

Art. 682. Quem pretender, no todo ou em parte, a coisa ou o direito sobre que controvertem autor e réu poderá, até ser proferida a sentença, oferecer oposição contra ambos.

Art. 683. O opoente deduzirá o pedido em observação aos requisitos exigidos para propositura da ação.

PARÁGRAFO ÚNICO. Distribuída a oposição por dependência, serão os opostos citados, na pessoa de seus respectivos advogados, para contestar o pedido no prazo comum de 15 (quinze) dias.

Art. 684. Se um dos opostos reconhecer a procedência do pedido, contra o outro prosseguirá o opoente.

Art. 685. Admitido o processamento, a oposição será apensada aos autos e tramitará simultaneamente à ação originária, sendo ambas julgadas pela mesma sentença.

PARÁGRAFO ÚNICO. Se a oposição for proposta após o início da audiência de instrução, o juiz suspenderá o curso do processo ao fim da produção das provas, salvo se concluir que a unidade da instrução atende melhor ao princípio da duração razoável do processo.

Art. 686. Cabendo ao juiz decidir simultaneamente a ação originária e a oposição, desta conhecerá em primeiro lugar.

CAPÍTULO IX
Da Habilitação

Art. 687. A habilitação ocorre quando, por falecimento de qualquer das partes, os interessados houverem de suceder-lhe no processo.

Art. 688. A habilitação pode ser requerida:

I — pela parte, em relação aos sucessores do falecido;

II — pelos sucessores do falecido, em relação à parte.

Art. 689. Proceder-se-á à habilitação nos autos do processo principal, na instância em que estiver, suspendendo-se, a partir de então, o processo.

Art. 690. Recebida a petição, o juiz ordenará a citação dos requeridos para se pronunciarem no prazo de 5 (cinco) dias.

PARÁGRAFO ÚNICO. A citação será pessoal, se a parte não tiver procurador constituído nos autos.

Art. 691. O juiz decidirá o pedido de habilitação imediatamente, salvo se este for impugnado e houver necessidade de dilação probatória diversa da documental, caso em que determinará que o pedido seja autuado em apartado e disporá sobre a instrução.

Art. 692. Transitada em julgado a sentença de habilitação, o processo principal retomará o seu curso, e cópia da sentença será juntada aos autos respectivos.

CAPÍTULO X
Das Ações de Família

Art. 693. As normas deste Capítulo aplicam-se aos processos contenciosos de divórcio, separação, reconhecimento e extinção de união estável, guarda, visitação e filiação.

PARÁGRAFO ÚNICO. A ação de alimentos e a que versar sobre interesse de criança ou de adolescente observarão o procedimento previsto em legislação específica, aplicando-se, no que couber, as disposições deste Capítulo.

Art. 694. Nas ações de família, todos os esforços serão empreendidos para a solução consensual da controvérsia, devendo o juiz dispor do auxílio de profissionais de outras áreas de conhecimento para a mediação e conciliação.

PARÁGRAFO ÚNICO. A requerimento das partes, o juiz pode determinar a suspensão do processo enquanto os litigantes se submetem a mediação extrajudicial ou a atendimento multidisciplinar.

Art. 695. Recebida a petição inicial e, se for o caso, tomadas as providências referentes à tutela provisória, o juiz ordenará a citação do réu para comparecer à audiência de mediação e conciliação, observado o disposto no art. 694.

§ 1º O mandado de citação conterá apenas os dados necessários à audiência e deverá estar desacompanhado de cópia da petição inicial, assegurado ao réu o direito de examinar seu conteúdo a qualquer tempo.

§ 2º A citação ocorrerá com antecedência mínima de 15 (quinze) dias da data designada para a audiência.

§ 3º A citação será feita na pessoa do réu.

§ 4º Na audiência, as partes deverão estar acompanhadas de seus advogados ou de defensores públicos.

Art. 696. A audiência de mediação e conciliação poderá dividir-se em tantas sessões quantas sejam necessárias para viabilizar a solução consensual, sem prejuízo de providências jurisdicionais para evitar o perecimento do direito.

Art. 697. Não realizado o acordo, passarão a incidir, a partir de então, as normas do procedimento comum, observado o art. 335.

Art. 698. Nas ações de família, o Ministério Público somente intervirá quando houver interesse de incapaz e deverá ser ouvido previamente à homologação de acordo.

Art. 699. Quando o processo envolver discussão sobre fato relacionado a abuso ou a alienação parental, o juiz, ao tomar o depoimento do incapaz, deverá estar acompanhado por especialista.

CAPÍTULO XI
Da Ação Monitória

Art. 700. A ação monitória pode ser proposta por aquele que afirmar, com base em prova escrita sem eficácia de título executivo, ter direito de exigir do devedor capaz:

I — o pagamento de quantia em dinheiro;

II — a entrega de coisa fungível ou infungível ou de bem móvel ou imóvel;

III — o adimplemento de obrigação de fazer ou de não fazer.

§ 1º A prova escrita pode consistir em prova oral documentada, produzida antecipadamente nos termos do art. 381.

§ 2º Na petição inicial, incumbe ao autor explicitar, conforme o caso:

I — a importância devida, instruindo-a com memória de cálculo;

II — o valor atual da coisa reclamada;

III — o conteúdo patrimonial em discussão ou o proveito econômico perseguido.

§ 3º O valor da causa deverá corresponder à importância prevista no § 2º, incisos I a III.

§ 4º Além das hipóteses do art. 330, a petição inicial será indeferida quando não atendido o disposto no § 2º deste artigo.

§ 5º Havendo dúvida quanto à idoneidade de prova documental apresentada pelo autor, o juiz intimá-lo-á para, querendo, emendar a petição inicial, adaptando-a ao procedimento comum.

§ 6º É admissível ação monitória em face da Fazenda Pública.

§ 7º Na ação monitória, admite-se citação por qualquer dos meios permitidos para o procedimento comum.

Art. 701. Sendo evidente o direito do autor, o juiz deferirá a expedição de mandado de pagamento, de entrega de coisa ou para execução de obrigação de fazer ou de não fazer, concedendo ao réu prazo de 15 (quinze) dias para o cumprimento e o pagamento de honorários advocatícios de cinco por cento do valor atribuído à causa.

§ 1º O réu será isento do pagamento de custas processuais se cumprir o mandado no prazo.

§ 2º Constituir-se-á de pleno direito o título executivo judicial, independentemente de qualquer formalidade, se não realizado o pagamento e não apresentados os embargos previstos no art. 702, observando-se, no que couber, o Título II do Livro I da Parte Especial.

§ 3º É cabível ação rescisória da decisão prevista no *caput* quando ocorrer a hipótese do § 2º.

§ 4º Sendo a ré Fazenda Pública, não apresentados os embargos previstos no art. 702, aplicar-se-á o disposto no art. 496, observando-se, a seguir, no que couber, o Título II do Livro I da Parte Especial.

§ 5º Aplica-se à ação monitória, no que couber, o art. 916.

Art. 702. Independentemente de prévia segurança do juízo, o réu poderá opor, nos próprios autos, no prazo previsto no art. 701, embargos à ação monitória.

§ 1º Os embargos podem se fundar em matéria passível de alegação como defesa no procedimento comum.

§ 2º Quando o réu alegar que o autor pleiteia quantia superior à devida, cumprir-lhe-á declarar de imediato o valor que entende correto, apresentando demonstrativo discriminado e atualizado da dívida.

§ 3º Não apontado o valor correto ou não apresentado o demonstrativo, os embargos serão liminarmente rejeitados, se esse for o seu único fundamento, e, se houver outro fundamento, os embargos serão processados, mas o juiz deixará de examinar a alegação de excesso.

§ 4º A oposição dos embargos suspende a eficácia da decisão referida no *caput* do art. 701 até o julgamento em primeiro grau.

§ 5º O autor será intimado para responder aos embargos no prazo de 15 (quinze) dias.

§ 6º Na ação monitória admite-se a reconvenção, sendo vedado o oferecimento de reconvenção à reconvenção.

§ 7º A critério do juiz, os embargos serão autuados em apartado, se parciais, constituindo-se de pleno direito o título executivo judicial em relação à parcela incontroversa.

§ 8º Rejeitados os embargos, constituir-se-á de pleno direito o título executivo judicial, prosseguindo-se o processo em observância ao disposto no Título II do Livro I da Parte Especial, no que for cabível.

§ 9º Cabe apelação contra a sentença que acolhe ou rejeita os embargos.

§ 10. O juiz condenará o autor de ação monitória proposta indevidamente e de má-fé ao pagamento, em favor do réu, de multa de até dez por cento sobre o valor da causa.

§ 11. O juiz condenará o réu que de má-fé opuser embargos à ação monitória ao pagamento de multa de até dez por cento sobre o valor atribuído à causa, em favor do autor.

CAPÍTULO XII
Da Homologação do Penhor Legal

Art. 703. Tomado o penhor legal nos casos previstos em lei, requererá o credor, ato contínuo, a homologação.

§ 1º Na petição inicial, instruída com o contrato de locação ou a conta pormenorizada das despesas, a tabela dos preços e a relação dos objetos retidos, o credor pedirá a citação do devedor para pagar ou contestar na audiência preliminar que for designada.

§ 2º A homologação do penhor legal poderá ser promovida pela via extrajudicial mediante requerimento, que conterá os requisitos previstos no § 1º deste artigo, do credor a notário de sua livre escolha.

§ 3º Recebido o requerimento, o notário promoverá a notificação extrajudicial do devedor para, no prazo de 5 (cinco) dias, pagar o débito ou impugnar sua cobrança, alegando por escrito uma das causas previstas no art. 704, hipótese em que o procedimento será encaminhado ao juízo competente para decisão.

§ 4º Transcorrido o prazo sem manifestação do devedor, o notário formalizará a homologação do penhor legal por escritura pública.

Art. 704. A defesa só pode consistir em:

I — nulidade do processo;

II — extinção da obrigação;

III — não estar a dívida compreendida entre as previstas em lei ou não estarem os bens sujeitos a penhor legal;

IV — alegação de haver sido ofertada caução idônea, rejeitada pelo credor.

Art. 705. A partir da audiência preliminar, observar-se-á o procedimento comum.

Art. 706. Homologado judicialmente o penhor legal, consolidar-se-á a posse do autor sobre o objeto.

§ 1º Negada a homologação, o objeto será entregue ao réu, ressalvado ao autor o direito de cobrar a dívida pelo procedimento comum, salvo se acolhida a alegação de extinção da obrigação.

§ 2º Contra a sentença caberá apelação, e, na pendência de recurso, poderá o relator ordenar que a coisa permaneça depositada ou em poder do autor.

CAPÍTULO XIII
Da Regulação de Avaria Grossa

Art. 707. Quando inexistir consenso acerca da nomeação de um regulador de avarias, o juiz de direito da comarca do primeiro porto onde o navio houver chegado, provocado por qualquer parte interessada, nomeará um de notório conhecimento.

Art. 708. O regulador declarará justificadamente se os danos são passíveis de rateio na forma de avaria grossa e exigirá das partes envolvidas a apresentação de garantias idôneas para que possam ser liberadas as cargas aos consignatários.

§ 1º A parte que não concordar com o regulador quanto à declaração de abertura da avaria grossa deverá justificar suas razões ao juiz, que decidirá no prazo de 10 (dez) dias.

§ 2º Se o consignatário não apresentar garantia idônea a critério do regulador, este fixará o valor da contribuição provisória com base nos fatos narrados e nos documentos que instruírem a petição inicial, que deverá ser caucionado sob a forma de depósito judicial ou de garantia bancária.

§ 3º Recusando-se o consignatário a prestar caução, o regulador requererá ao juiz a alienação judicial de sua carga na forma dos arts. 879 a 903.

§ 4º É permitido o levantamento, por alvará, das quantias necessárias ao pagamento das despesas da alienação a serem arcadas pelo consignatário, mantendo-se o saldo remanescente em depósito judicial até o encerramento da regulação.

Art. 709. As partes deverão apresentar nos autos os documentos necessários à regulação da avaria grossa em prazo razoável a ser fixado pelo regulador.

Art. 710. O regulador apresentará o regulamento da avaria grossa no prazo de até 12 (doze) meses, contado da data da entrega dos documentos nos autos pelas partes, podendo o prazo ser estendido a critério do juiz.

§ 1º Oferecido o regulamento da avaria grossa, dele terão vista as partes pelo prazo comum de 15 (quinze) dias, e, não havendo impugnação, o regulamento será homologado por sentença.

§ 2º Havendo impugnação ao regulamento, o juiz decidirá no prazo de 10 (dez) dias, após a oitiva do regulador.

Art. 711. Aplicam-se ao regulador de avarias os arts. 156 a 158, no que couber.

CAPÍTULO XIV
Da Restauração de Autos

Art. 712. Verificado o desaparecimento dos autos, eletrônicos ou não, pode o juiz, de ofício, qualquer das partes ou o Ministério Público, se for o caso, promover-lhes a restauração.

PARÁGRAFO ÚNICO. Havendo autos suplementares, nesses prosseguirá o processo.

Art. 713. Na petição inicial, declarará a parte o estado do processo ao tempo do desaparecimento dos autos, oferecendo:

I — certidões dos atos constantes do protocolo de audiências do cartório por onde haja corrido o processo;

II — cópia das peças que tenha em seu poder;

III — qualquer outro documento que facilite a restauração.

Art. 714. A parte contrária será citada para contestar o pedido no prazo de 5 (cinco) dias, cabendo-lhe exibir as cópias, as contrafés e as reproduções dos atos e dos documentos que estiverem em seu poder.

§ 1º Se a parte concordar com a restauração, lavrar-se-á o auto que, assinado pelas partes e homologado pelo juiz, suprirá o processo desaparecido.

§ 2º Se a parte não contestar ou se a concordância for parcial, observar-se-á o procedimento comum.

Art. 715. Se a perda dos autos tiver ocorrido depois da produção das provas em audiência, o juiz, se necessário, mandará repeti-las.

§ 1º Serão reinquiridas as mesmas testemunhas, que, em caso de impossibilidade, poderão ser substituídas de ofício ou a requerimento.

§ 2º Não havendo certidão ou cópia do laudo, far-se-á nova perícia, sempre que possível pelo mesmo perito.

§ 3º Não havendo certidão de documentos, esses serão reconstituídos mediante cópias ou, na falta dessas, pelos meios ordinários de prova.

§ 4º Os serventuários e os auxiliares da justiça não podem eximir-se de depor como testemunhas a respeito de atos que tenham praticado ou assistido.

§ 5º Se o juiz houver proferido sentença da qual ele próprio ou o escrivão possua cópia, esta será juntada aos autos e terá a mesma autoridade da original.

Art. 716. Julgada a restauração, seguirá o processo os seus termos.

PARÁGRAFO ÚNICO. Aparecendo os autos originais, neles se prosseguirá, sendo-lhes apensados os autos da restauração.

Art. 717. Se o desaparecimento dos autos tiver ocorrido no tribunal, o processo de restauração será distribuído, sempre que possível, ao relator do processo.

§ 1º A restauração far-se-á no juízo de origem quanto aos atos nele realizados.

§ 2º Remetidos os autos ao tribunal, nele completar-se-á a restauração e proceder-se-á ao julgamento.

Art. 718. Quem houver dado causa ao desaparecimento dos autos responderá pelas custas da restauração e pelos honorários de advogado, sem prejuízo da responsabilidade civil ou penal em que incorrer.

CAPÍTULO XV
Dos Procedimentos de Jurisdição Voluntária

Seção I
Disposições Gerais

Art. 719. Quando este Código não estabelecer procedimento especial, regem os procedimentos de jurisdição voluntária as disposições constantes desta Seção.

Art. 720. O procedimento terá início por provocação do interessado, do Ministério Público ou da Defensoria Pública, cabendo-lhes formular o pedido devidamente instruído com os documentos necessários e com a indicação da providência judicial.

Art. 721. Serão citados todos os interessados, bem como intimado o Ministério Público, nos casos do art. 178, para que se manifestem, querendo, no prazo de 15 (quinze) dias.

Art. 722. A Fazenda Pública será sempre ouvida nos casos em que tiver interesse.

Art. 723. O juiz decidirá o pedido no prazo de 10 (dez) dias.

PARÁGRAFO ÚNICO. O juiz não é obrigado a observar critério de legalidade estrita, podendo adotar em cada caso a solução que considerar mais conveniente ou oportuna.

Art. 724. Da sentença caberá apelação.

Art. 725. Processar-se-á na forma estabelecida nesta Seção o pedido de:

I — emancipação;

II — sub-rogação;

III — alienação, arrendamento ou oneração de bens de crianças ou adolescentes, de órfãos e de interditos;

IV — alienação, locação e administração da coisa comum;

V — alienação de quinhão em coisa comum;

VI — extinção de usufruto, quando não decorrer da morte do usufrutuário, do termo da sua duração ou da consolidação, e de fideicomisso, quando decorrer de renúncia ou quando ocorrer antes do evento que caracterizar a condição resolutória;

VII — expedição de alvará judicial;

VIII — homologação de autocomposição extrajudicial, de qualquer natureza ou valor.

PARÁGRAFO ÚNICO. As normas desta Seção aplicam-se, no que couber, aos procedimentos regulados nas seções seguintes.

Seção II
Da Notificação e da Interpelação

Art. 726. Quem tiver interesse em manifestar formalmente sua vontade a outrem sobre assunto juridicamente relevante poderá notificar pessoas participantes da mesma relação jurídica para dar-lhes ciência de seu propósito.

§ 1º Se a pretensão for a de dar conhecimento geral ao público, mediante edital, o juiz só a deferirá se a tiver por fundada e necessária ao resguardo de direito.

§ 2º Aplica-se o disposto nesta Seção, no que couber, ao protesto judicial.

Art. 727. Também poderá o interessado interpelar o requerido, no caso do art. 726, para que faça ou deixe de fazer o que o requerente entenda ser de seu direito.

Art. 728. O requerido será previamente ouvido antes do deferimento da notificação ou do respectivo edital:

I — se houver suspeita de que o requerente, por meio da notificação ou do edital, pretende alcançar fim ilícito;

II — se tiver sido requerida a averbação da notificação em registro público.

Art. 729. Deferida e realizada a notificação ou interpelação, os autos serão entregues ao requerente.

Seção III
Da Alienação Judicial

Art. 730. Nos casos expressos em lei, não havendo acordo entre os interessados sobre o modo como se deve realizar a alienação do bem, o juiz, de ofício ou a requerimento dos interessados ou do depositário, mandará aliená-lo em leilão, observando-se o disposto na Seção I deste Capítulo e, no que couber, o disposto nos arts. 879 a 903.

Seção IV
Do Divórcio e da Separação Consensuais, da Extinção Consensual de União Estável e da Alteração do Regime de Bens do Matrimônio

Art. 731. A homologação do divórcio ou da separação consensuais, observados os requisitos legais, poderá ser requerida em petição assinada por ambos os cônjuges, da qual constarão:

I — as disposições relativas à descrição e à partilha dos bens comuns;

II — as disposições relativas à pensão alimentícia entre os cônjuges;

III — o acordo relativo à guarda dos filhos incapazes e ao regime de visitas; e

IV — o valor da contribuição para criar e educar os filhos.

PARÁGRAFO ÚNICO. Se os cônjuges não acordarem sobre a partilha dos bens, far-se-á esta depois de homologado o divórcio, na forma estabelecida nos arts. 647 a 658.

Art. 732. As disposições relativas ao processo de homologação judicial de divórcio ou de separação consensuais aplicam-se, no que couber, ao processo de homologação da extinção consensual de união estável.

Art. 733. O divórcio consensual, a separação consensual e a extinção consensual de união estável, não havendo nascituro ou filhos incapazes e observados os requisitos legais, poderão ser realizados por escritura pública, da qual constarão as disposições de que trata o art. 731.

§ 1º A escritura não depende de homologação judicial e constitui título hábil para qualquer ato de registro, bem como para levantamento de importância depositada em instituições financeiras.

§ 2º O tabelião somente lavrará a escritura se os interessados estiverem assistidos por advogado ou por defensor público, cuja qualificação e assinatura constarão do ato notarial.

Art. 734. A alteração do regime de bens do casamento, observados os requisitos legais, poderá ser requerida, motivadamente, em petição assinada por ambos os cônjuges, na qual serão expostas as razões que justificam a alteração, ressalvados os direitos de terceiros.

§ 1º Ao receber a petição inicial, o juiz determinará a intimação do Ministério Público e a publicação de edital que divulgue a pretendida alteração de bens, somente podendo decidir depois de decorrido o prazo de 30 (trinta) dias da publicação do edital.

§ 2º Os cônjuges, na petição inicial ou em petição avulsa, podem propor ao juiz meio alternativo de divulgação da alteração do regime de bens, a fim de resguardar direitos de terceiros.

§ 3º Após o trânsito em julgado da sentença, serão expedidos mandados de averbação aos cartórios de registro civil e de imóveis e, caso qualquer dos cônjuges seja empresário, ao Registro Público de Empresas Mercantis e Atividades Afins.

Seção V
Dos Testamentos e dos Codicilos

Art. 735. Recebendo testamento cerrado, o juiz, se não achar vício externo que o torne suspeito de nulidade ou falsidade, o abrirá e mandará que o escrivão o leia em presença do apresentante.

§ 1º Do termo de abertura constarão o nome do apresentante e como ele obteve o testamento, a data e o lugar do falecimento do testador, com as respectivas provas, e qualquer circunstância digna de nota.

§ 2º Depois de ouvido o Ministério Público, não havendo dúvidas a serem esclarecidas, o juiz mandará registrar, arquivar e cumprir o testamento.

§ 3º Feito o registro, será intimado o testamenteiro para assinar o termo da testamentária.

§ 4º Se não houver testamenteiro nomeado ou se ele estiver ausente ou não aceitar o encargo, o juiz nomeará testamenteiro dativo, observando-se a preferência legal.

§ 5º O testamenteiro deverá cumprir as disposições testamentárias e prestar contas em juízo do que recebeu e despendeu, observando-se o disposto em lei.

Art. 736. Qualquer interessado, exibindo o traslado ou a certidão de testamento público, poderá requerer ao juiz que ordene o seu cumprimento, observando-se, no que couber, o disposto nos parágrafos do art. 735.

Art. 737. A publicação do testamento particular poderá ser requerida, depois da morte do testador, pelo herdeiro, pelo legatário ou pelo testamenteiro, bem como pelo terceiro detentor do testamento, se impossibilitado de entregá-lo a algum dos outros legitimados para requerê-la.

§ 1º Serão intimados os herdeiros que não tiverem requerido a publicação do testamento.

§ 2º Verificando a presença dos requisitos da lei, ouvido o Ministério Público, o juiz confirmará o testamento.

§ 3º Aplica-se o disposto neste artigo ao codicilo e aos testamentos marítimo, aeronáutico, militar e nuncupativo.

§ 4º Observar-se-á, no cumprimento do testamento, o disposto nos parágrafos do art. 735.

Seção VI
Da Herança Jacente

Art. 738. Nos casos em que a lei considere jacente a herança, o juiz em cuja comarca tiver domicílio o falecido procederá imediatamente à arrecadação dos respectivos bens.

Art. 739. A herança jacente ficará sob a guarda, a conservação e a administração de um curador até a respectiva entrega ao sucessor legalmente habilitado ou até a declaração de vacância.

§ 1º Incumbe ao curador:

I — representar a herança em juízo ou fora dele, com intervenção do Ministério Público;

II — ter em boa guarda e conservação os bens arrecadados e promover a arrecadação de outros porventura existentes;

III — executar as medidas conservatórias dos direitos da herança;

IV — apresentar mensalmente ao juiz balancete da receita e da despesa;

V — prestar contas ao final de sua gestão.

§ 2º Aplica-se ao curador o disposto nos arts. 159 a 161.

Art. 740. O juiz ordenará que o oficial de justiça, acompanhado do escrivão ou do chefe de secretaria e do curador, arrole os bens e descreva-os em auto circunstanciado.

§ 1º Não podendo comparecer ao local, o juiz requisitará à autoridade policial que proceda à arrecadação e ao arrolamento dos bens, com 2 (duas) testemunhas, que assistirão às diligências.

§ 2º Não estando ainda nomeado o curador, o juiz designará depositário e lhe entregará os bens, mediante simples termo nos autos, depois de compromissado.

§ 3º Durante a arrecadação, o juiz ou a autoridade policial inquirirá os moradores da casa e da vizinhança sobre a qualificação do falecido, o paradeiro de seus sucessores e a existência de outros bens, lavrando-se de tudo auto de inquirição e informação.

§ 4º O juiz examinará reservadamente os papéis, as cartas missivas e os livros domésticos e, verificando que não apresentam interesse, mandará empacotá-los e lacrá-los para serem assim entregues aos sucessores do falecido ou queimados quando os bens forem declarados vacantes.

§ 5º Se constar ao juiz a existência de bens em outra comarca, mandará expedir carta precatória a fim de serem arrecadados.

§ 6º Não se fará a arrecadação, ou essa será suspensa, quando, iniciada, apresentarem-se para reclamar os bens o cônjuge ou companheiro, o herdeiro ou o testamenteiro notoriamente reconhecido e não houver oposição motivada do curador, de qualquer interessado, do Ministério Público ou do representante da Fazenda Pública.

Art. 741. Ultimada a arrecadação, o juiz mandará expedir edital, que será publicado na rede mundial de computadores, no sítio do tribunal a que estiver vinculado o juízo e na plataforma de editais do Conselho Nacional de Justiça, onde permanecerá por 3 (três) meses, ou, não havendo sítio, no órgão oficial e na imprensa da comarca, por 3 (três) vezes com intervalos de 1 (um) mês, para que os sucessores do falecido venham a habilitar-se no prazo de 6 (seis) meses contado da primeira publicação.

§ 1º Verificada a existência de sucessor ou de testamenteiro em lugar certo, far-se-á a sua citação, sem prejuízo do edital.

§ 2º Quando o falecido for estrangeiro, será também comunicado o fato à autoridade consular.

§ 3º Julgada a habilitação do herdeiro, reconhecida a qualidade do testamenteiro ou provada a identidade do cônjuge ou companheiro, a arrecadação converter-se-á em inventário.

§ 4º Os credores da herança poderão habilitar-se como nos inventários ou propor a ação de cobrança.

Art. 742. O juiz poderá autorizar a alienação:

I — de bens móveis, se forem de conservação difícil ou dispendiosa;

II — de semoventes, quando não empregados na exploração de alguma indústria;

III — de títulos e papéis de crédito, havendo fundado receio de depreciação;

IV — de ações de sociedade quando, reclamada a integralização, não dispuser a herança de dinheiro para o pagamento;

V — de bens imóveis:

a) se ameaçarem ruína, não convindo a reparação;

b) se estiverem hipotecados e vencer-se a dívida, não havendo dinheiro para o pagamento.

§ 1º Não se procederá, entretanto, à venda se a Fazenda Pública ou o habilitando adiantar a importância para as despesas.

§ 2º Os bens com valor de afeição, como retratos, objetos de uso pessoal, livros e obras de arte, só serão alienados depois de declarada a vacância da herança.

Art. 743. Passado 1 (um) ano da primeira publicação do edital e não havendo herdeiro habilitado nem habilitação pendente, será a herança declarada vacante.

§ 1º Pendendo habilitação, a vacância será declarada pela mesma sentença que a julgar improcedente, aguardando-se, no caso de serem diversas as habilitações, o julgamento da última.

§ 2º Transitada em julgado a sentença que declarou a vacância, o cônjuge, o companheiro, os herdeiros e os credores só poderão reclamar o seu direito por ação direta.

Seção VII
Dos Bens dos Ausentes

Art. 744. Declarada a ausência nos casos previstos em lei, o juiz mandará arrecadar os bens do ausente e nomear-lhes-á curador na forma estabelecida na Seção VI, observando-se o disposto em lei.

Art. 745. Feita a arrecadação, o juiz mandará publicar editais na rede mundial de computadores, no sítio do tribunal a que estiver vinculado e na plataforma de editais do Conselho Nacional de Justiça, onde permanecerá por 1 (um) ano, ou, não havendo sítio, no órgão oficial e na imprensa da comarca, durante 1 (um) ano, reproduzida de 2 (dois) em 2 (dois) meses, anunciando a arrecadação e chamando o ausente a entrar na posse de seus bens.

§ 1º Findo o prazo previsto no edital, poderão os interessados requerer a abertura da sucessão provisória, observando-se o disposto em lei.

§ 2º O interessado, ao requerer a abertura da sucessão provisória, pedirá a citação pessoal dos herdeiros presentes e do curador e, por editais, a dos ausentes para requererem habilitação, na forma dos arts. 689 a 692.

§ 3º Presentes os requisitos legais, poderá ser requerida a conversão da sucessão provisória em definitiva.

§ 4º Regressando o ausente ou algum de seus descendentes ou ascendentes para requerer ao juiz a entrega de bens, serão citados para contestar o pedido os sucessores provisórios ou definitivos, o Ministério Público e o representante da Fazenda Pública, seguindo-se o procedimento comum.

Seção VIII
Das Coisas Vagas

Art. 746. Recebendo do descobridor coisa alheia perdida, o juiz mandará lavrar o respectivo auto, do qual constará a descrição do bem e as declarações do descobridor.

§ 1º Recebida a coisa por autoridade policial, esta a remeterá em seguida ao juízo competente.

§ 2º Depositada a coisa, o juiz mandará publicar edital na rede mundial de computadores, no sítio do tribunal a que estiver vinculado e na plataforma de editais do Conselho Nacional de Justiça ou, não havendo sítio, no órgão oficial e na imprensa da comarca, para que o dono ou o legítimo possuidor a reclame, salvo se se tratar de coisa de pequeno valor e não for possível a publicação no sítio do tribunal, caso em que o edital será apenas afixado no átrio do edifício do fórum.

§ 3º Observar-se-á, quanto ao mais, o disposto em lei.

Seção IX
Da Interdição

Art. 747. A interdição pode ser promovida:

I — pelo cônjuge ou companheiro;

II — pelos parentes ou tutores;

III — pelo representante da entidade em que se encontra abrigado o interditando;

IV — pelo Ministério Público.

PARÁGRAFO ÚNICO. A legitimidade deverá ser comprovada por documentação que acompanhe a petição inicial.

Art. 748. O Ministério Público só promoverá interdição em caso de doença mental grave:

I — se as pessoas designadas nos incisos I, II e III do art. 747 não existirem ou não promoverem a interdição;

II — se, existindo, forem incapazes as pessoas mencionadas nos incisos I e II do art. 747.

Art. 749. Incumbe ao autor, na petição inicial, especificar os fatos que demonstram a incapacidade do interditando para administrar seus bens e, se for o caso, para praticar atos da vida civil, bem como o momento em que a incapacidade se revelou.

PARÁGRAFO ÚNICO. Justificada a urgência, o juiz pode nomear curador provisório ao interditando para a prática de determinados atos.

Art. 750. O requerente deverá juntar laudo médico para fazer prova de suas alegações ou informar a impossibilidade de fazê-lo.

Art. 751. O interditando será citado para, em dia designado, comparecer perante o juiz, que o entrevistará minuciosamente acerca de sua vida, negócios, bens, vontades, preferências e laços familiares e afetivos e sobre o que mais lhe parecer necessário para convencimento quanto à sua capacidade para praticar atos da vida civil, devendo ser reduzidas a termo as perguntas e respostas.

§ 1º Não podendo o interditando deslocar-se, o juiz o ouvirá no local onde estiver.

§ 2º A entrevista poderá ser acompanhada por especialista.

§ 3º Durante a entrevista, é assegurado o emprego de recursos tecnológicos capazes de permitir ou de auxiliar o interditando a expressar suas vontades e preferências e a responder às perguntas formuladas.

§ 4º A critério do juiz, poderá ser requisitada a oitiva de parentes e de pessoas próximas.

Art. 752. Dentro do prazo de 15 (quinze) dias contado da entrevista, o interditando poderá impugnar o pedido.

§ 1º O Ministério Público intervirá como fiscal da ordem jurídica.

§ 2º O interditando poderá constituir advogado, e, caso não o faça, deverá ser nomeado curador especial.

§ 3º Caso o interditando não constitua advogado, o seu cônjuge, companheiro ou qualquer parente sucessível poderá intervir como assistente.

Art. 753. Decorrido o prazo previsto no art. 752, o juiz determinará a produção de prova pericial para avaliação da capacidade do interditando para praticar atos da vida civil.

§ 1º A perícia pode ser realizada por equipe composta por expertos com formação multidisciplinar.

§ 2º O laudo pericial indicará especificadamente, se for o caso, os atos para os quais haverá necessidade de curatela.

Art. 754. Apresentado o laudo, produzidas as demais provas e ouvidos os interessados, o juiz proferirá sentença.

Art. 755. Na sentença que decretar a interdição, o juiz:

I — nomeará curador, que poderá ser o requerente da interdição, e fixará os limites da curatela, segundo o estado e o desenvolvimento mental do interdito;

II — considerará as características pessoais do interdito, observando suas potencialidades, habilidades, vontades e preferências.

§ 1º A curatela deve ser atribuída a quem melhor possa atender aos interesses do curatelado.

§ 2º Havendo, ao tempo da interdição, pessoa incapaz sob a guarda e a responsabilidade do interdito, o juiz atribuirá a curatela a quem melhor puder atender aos interesses do interdito e do incapaz.

§ 3º A sentença de interdição será inscrita no registro de pessoas naturais e imediatamente publicada na rede mundial de computadores, no sítio do tribunal a que estiver vinculado o juízo e na plataforma de editais do Conselho Nacional de Justiça, onde permanecerá por 6 (seis) meses, na imprensa local, 1 (uma) vez, e no órgão oficial, por 3 (três) vezes, com intervalo de 10 (dez) dias, constando do edital os nomes do interdito e do curador, a causa da interdição, os limites da curatela e, não sendo total a interdição, os atos que o interdito poderá praticar autonomamente.

Art. 756. Levantar-se-á a curatela quando cessar a causa que a determinou.

§ 1º O pedido de levantamento da curatela poderá ser feito pelo interdito, pelo curador ou pelo Ministério Público e será apensado aos autos da interdição.

§ 2º O juiz nomeará perito ou equipe multidisciplinar para proceder ao exame do interdito e designará audiência de instrução e julgamento após a apresentação do laudo.

§ 3º Acolhido o pedido, o juiz decretará o levantamento da interdição e determinará a publicação da sentença, após o trânsito em julgado, na forma do art. 755, § 3º, ou, não sendo possível, na imprensa local e no órgão oficial, por 3 (três) vezes, com intervalo de 10 (dez) dias, seguindo-se a averbação no registro de pessoas naturais.

§ 4º A interdição poderá ser levantada parcialmente quando demonstrada a capacidade do interdito para praticar alguns atos da vida civil.

Art. 757. A autoridade do curador estende-se à pessoa e aos bens do incapaz que se encontrar sob a guarda e a responsabilidade do curatelado ao tempo da interdição, salvo se o juiz considerar outra solução como mais conveniente aos interesses do incapaz.

Art. 758. O curador deverá buscar tratamento e apoio apropriados à conquista da autonomia pelo interdito.

Seção X
Disposições Comuns à Tutela e à Curatela

Art. 759. O tutor ou o curador será intimado a prestar compromisso no prazo de 5 (cinco) dias contado da:

I — nomeação feita em conformidade com a lei;

II — intimação do despacho que mandar cumprir o testamento ou o instrumento público que o houver instituído.

§ 1º O tutor ou o curador prestará o compromisso por termo em livro rubricado pelo juiz.

§ 2º Prestado o compromisso, o tutor ou o curador assume a administração dos bens do tutelado ou do interditado.

Art. 760. O tutor ou o curador poderá eximir-se do encargo apresentando escusa ao juiz no prazo de 5 (cinco) dias contado:

I — antes de aceitar o encargo, da intimação para prestar compromisso;

II — depois de entrar em exercício, do dia em que sobrevier o motivo da escusa.

§ 1º Não sendo requerida a escusa no prazo estabelecido neste artigo, considerar-se-á renunciado o direito de alegá-la.

§ 2º O juiz decidirá de plano o pedido de escusa, e, não o admitindo, exercerá o nomeado a tutela ou a curatela enquanto não for dispensado por sentença transitada em julgado.

Art. 761. Incumbe ao Ministério Público ou a quem tenha legítimo interesse requerer, nos casos previstos em lei, a remoção do tutor ou do curador.

PARÁGRAFO ÚNICO. O tutor ou o curador será citado para contestar a arguição no prazo de 5 (cinco) dias, findo o qual observar-se-á o procedimento comum.

Art. 762. Em caso de extrema gravidade, o juiz poderá suspender o tutor ou o curador do exercício de suas funções, nomeando substituto interino.

Art. 763. Cessando as funções do tutor ou do curador pelo decurso do prazo em que era obrigado a servir, ser-lhe-á lícito requerer a exoneração do encargo.

§ 1º Caso o tutor ou o curador não requeira a exoneração do encargo dentro dos 10 (dez) dias seguintes à expiração do termo, entender-se-á reconduzido, salvo se o juiz o dispensar.

§ 2º Cessada a tutela ou a curatela, é indispensável a prestação de contas pelo tutor ou pelo curador, na forma da lei civil.

Seção XI
Da Organização e da Fiscalização das Fundações

Art. 764. O juiz decidirá sobre a aprovação do estatuto das fundações e de suas alterações sempre que o requeira o interessado, quando:

I — ela for negada previamente pelo Ministério Público ou por este forem exigidas modificações com as quais o interessado não concorde;

II — o interessado discordar do estatuto elaborado pelo Ministério Público.

§ 1º O estatuto das fundações deve observar o disposto na Lei n. 10.406, de 10 de janeiro de 2002 (Código Civil).

§ 2º Antes de suprir a aprovação, o juiz poderá mandar fazer no estatuto modificações a fim de adaptá-lo ao objetivo do instituidor.

Art. 765. Qualquer interessado ou o Ministério Público promoverá em juízo a extinção da fundação quando:

I — se tornar ilícito o seu objeto;

II — for impossível a sua manutenção;

III — vencer o prazo de sua existência.

Seção XII
Da Ratificação dos Protestos Marítimos e dos Processos Testemunháveis Formados a Bordo

Art. 766. Todos os protestos e os processos testemunháveis formados a bordo e lançados no livro Diário da Navegação deverão ser apresentados pelo comandante ao juiz de direito do primeiro porto, nas primeiras 24 (vinte e quatro) horas de chegada da embarcação, para sua ratificação judicial.

Art. 767. A petição inicial conterá a transcrição dos termos lançados no livro Diário da Navegação e deverá ser instruída com cópias das páginas que contenham os termos que serão ratificados, dos documentos de identificação do comandante e das testemunhas arroladas, do rol de tripulantes, do documento de registro da embarcação e, quando for o caso, do manifesto das cargas sinistradas e a qualificação de seus consignatários, traduzidos, quando for o caso, de forma livre para o português.

Art. 768. A petição inicial deverá ser distribuída com urgência e encaminhada ao juiz, que ouvirá, sob compromisso a ser prestado no mesmo dia, o comandante e as testemunhas em número mínimo de 2 (duas) e máximo de 4 (quatro), que deverão comparecer ao ato independentemente de intimação.

§ 1º Tratando-se de estrangeiros que não dominem a língua portuguesa, o autor deverá fazer-se acompanhar por tradutor, que prestará compromisso em audiência.

§ 2º Caso o autor não se faça acompanhar por tradutor, o juiz deverá nomear outro que preste compromisso em audiência.

Art. 769. Aberta a audiência, o juiz mandará apregoar os consignatários das cargas indicados na petição inicial e outros eventuais interessados, nomeando para os ausentes curador para o ato.

Art. 770. Inquiridos o comandante e as testemunhas, o juiz, convencido da veracidade dos termos lançados no Diário da Navegação, em audiência, ratificará por sentença o protesto ou o processo testemunhável lavrado a bordo, dispensado o relatório.

PARÁGRAFO ÚNICO. Independentemente do trânsito em julgado, o juiz determinará a entrega dos autos ao autor ou ao seu advogado, mediante a apresentação de traslado.

LIVRO II
DO PROCESSO DE EXECUÇÃO

TÍTULO I
Da Execução em Geral

CAPÍTULO I
Disposições Gerais

Art. 771. Este Livro regula o procedimento da execução fundada em título extrajudicial, e suas disposições aplicam-se, também, no que couber, aos procedimentos especiais de execução, aos atos executivos realizados no procedimento de cumprimento de sentença, bem como aos efeitos de atos ou fatos processuais a que a lei atribuir força executiva.

PARÁGRAFO ÚNICO. Aplicam-se subsidiariamente à execução as disposições do Livro I da Parte Especial.

Art. 772. O juiz pode, em qualquer momento do processo:

I — ordenar o comparecimento das partes;

II — advertir o executado de que seu procedimento constitui ato atentatório à dignidade da justiça;

III — determinar que sujeitos indicados pelo exequente forneçam informações em geral relacionadas ao objeto da execução, tais como documentos e dados que tenham em seu poder, assinando-lhes prazo razoável.

Art. 773. O juiz poderá, de ofício ou a requerimento, determinar as medidas necessárias ao cumprimento da ordem de entrega de documentos e dados.

PARÁGRAFO ÚNICO. Quando, em decorrência do disposto neste artigo, o juízo receber dados sigilosos para os fins da execução, o juiz adotará as medidas necessárias para assegurar a confidencialidade.

Art. 774. Considera-se atentatória à dignidade da justiça a conduta comissiva ou omissiva do executado que:

I — frauda a execução;

II — se opõe maliciosamente à execução, empregando ardis e meios artificiosos;

III — dificulta ou embaraça a realização da penhora;

IV — resiste injustificadamente às ordens judiciais;

V — intimado, não indica ao juiz quais são e onde estão os bens sujeitos à penhora e os respectivos valores, nem exibe prova de sua propriedade e, se for o caso, certidão negativa de ônus.

PARÁGRAFO ÚNICO. Nos casos previstos neste artigo, o juiz fixará multa em montante não superior a vinte por cento do valor atualizado do débito em execução, a qual será revertida em proveito do exequente, exigível nos próprios autos do processo, sem prejuízo de outras sanções de natureza processual ou material.

Art. 775. O exequente tem o direito de desistir de toda a execução ou de apenas alguma medida executiva.

PARÁGRAFO ÚNICO. Na desistência da execução, observar-se-á o seguinte:

I — serão extintos a impugnação e os embargos que versarem apenas sobre questões processuais, pagando o exequente as custas processuais e os honorários advocatícios;

II — nos demais casos, a extinção dependerá da concordância do impugnante ou do embargante.

Art. 776. O exequente ressarcirá ao executado os danos que este sofreu, quando a sentença, transitada em julgado, declarar inexistente, no todo ou em parte, a obrigação que ensejou a execução.

Art. 777. A cobrança de multas ou de indenizações decorrentes de litigância de má-fé ou de prática de ato atentatório à dignidade da justiça será promovida nos próprios autos do processo.

CAPÍTULO II
Das Partes

Art. 778. Pode promover a execução forçada o credor a quem a lei confere título executivo.

§ 1º Podem promover a execução forçada ou nela prosseguir, em sucessão ao exequente originário:

I — o Ministério Público, nos casos previstos em lei;

II — o espólio, os herdeiros ou os sucessores do credor, sempre que, por morte deste, lhes for transmitido o direito resultante do título executivo;

III — o cessionário, quando o direito resultante do título executivo lhe for transferido por ato entre vivos;

IV — o sub-rogado, nos casos de sub-rogação legal ou convencional.

§ 2º A sucessão prevista no § 1º independe de consentimento do executado.

Art. 779. A execução pode ser promovida contra:

I — o devedor, reconhecido como tal no título executivo;

II — o espólio, os herdeiros ou os sucessores do devedor;

III — o novo devedor que assumiu, com o consentimento do credor, a obrigação resultante do título executivo;

IV — o fiador do débito constante em título extrajudicial;

V — o responsável titular do bem vinculado por garantia real ao pagamento do débito;

VI — o responsável tributário, assim definido em lei.

Art. 780. O exequente pode cumular várias execuções, ainda que fundadas em títulos diferentes, quando o executado for o mesmo e desde que para todas elas seja competente o mesmo juízo e idêntico o procedimento.

CAPÍTULO III
Da Competência

Art. 781. A execução fundada em título extrajudicial será processada perante o juízo competente, observando-se o seguinte:

I — a execução poderá ser proposta no foro de domicílio do executado, de eleição constante do título ou, ainda, de situação dos bens a ela sujeitos;

II — tendo mais de um domicílio, o executado poderá ser demandado no foro de qualquer deles;

III — sendo incerto ou desconhecido o domicílio do executado, a execução poderá ser proposta no lugar onde for encontrado ou no foro de domicílio do exequente;

IV — havendo mais de um devedor, com diferentes domicílios, a execução será proposta no foro de qualquer deles, à escolha do exequente;

V — a execução poderá ser proposta no foro do lugar em que se praticou o ato ou em que ocorreu o fato que deu origem ao título, mesmo que nele não mais resida o executado.

Art. 782. Não dispondo a lei de modo diverso, o juiz determinará os atos executivos, e o oficial de justiça os cumprirá.

§ 1º O oficial de justiça poderá cumprir os atos executivos determinados pelo juiz também nas comarcas contíguas, de fácil comunicação, e nas que se situem na mesma região metropolitana.

§ 2º Sempre que, para efetivar a execução, for necessário o emprego de força policial, o juiz a requisitará.

§ 3º A requerimento da parte, o juiz pode determinar a inclusão do nome do executado em cadastros de inadimplentes.

§ 4º A inscrição será cancelada imediatamente se for efetuado o pagamento, se for garantida a execução ou se a execução for extinta por qualquer outro motivo.

§ 5º O disposto nos §§ 3º e 4º aplica-se à execução definitiva de título judicial.

CAPÍTULO IV
Dos Requisitos Necessários para Realizar Qualquer Execução

Seção I
Do Título Executivo

Art. 783. A execução para cobrança de crédito fundar-se-á sempre em título de obrigação certa, líquida e exigível.

Art. 784. São títulos executivos extrajudiciais:

I — a letra de câmbio, a nota promissória, a duplicata, a debênture e o cheque;

II — a escritura pública ou outro documento público assinado pelo devedor;

III — o documento particular assinado pelo devedor e por 2 (duas) testemunhas;

IV — o instrumento de transação referendado pelo Ministério Público, pela Defensoria Pública, pela Advocacia Pública, pelos advogados dos transatores ou por conciliador ou mediador credenciado por tribunal;

V — o contrato garantido por hipoteca, penhor, anticrese ou outro direito real de garantia e aquele garantido por caução;

VI — o contrato de seguro de vida em caso de morte;

VII — o crédito decorrente de foro e laudêmio;

VIII — o crédito, documentalmente comprovado, decorrente de aluguel de imóvel, bem como de encargos acessórios, tais como taxas e despesas de condomínio;

IX — a certidão de dívida ativa da Fazenda Pública da União, dos Estados, do Distrito Federal e dos Municípios, correspondente aos créditos inscritos na forma da lei;

X — o crédito referente às contribuições ordinárias ou extraordinárias de condomínio edilício, previstas na respectiva convenção ou aprovadas em assembleia geral, desde que documentalmente comprovadas;

XI — a certidão expedida por serventia notarial ou de registro relativa a valores de emolumentos e demais despesas devidas pelos atos por ela praticados, fixados nas tabelas estabelecidas em lei;

XII — todos os demais títulos aos quais, por disposição expressa, a lei atribuir força executiva.

§ 1º A propositura de qualquer ação relativa a débito constante de título executivo não inibe o credor de promover-lhe a execução.

§ 2º Os títulos executivos extrajudiciais oriundos de país estrangeiro não dependem de homologação para serem executados.

§ 3º O título estrangeiro só terá eficácia executiva quando satisfeitos os requisitos de formação exigidos pela lei do lugar de sua celebração e quando o Brasil for indicado como o lugar de cumprimento da obrigação.

Art. 785. A existência de título executivo extrajudicial não impede a parte de optar pelo processo de conhecimento, a fim de obter título executivo judicial.

Seção II
Da Exigibilidade da Obrigação

Art. 786. A execução pode ser instaurada caso o devedor não satisfaça a obrigação certa, líquida e exigível consubstanciada em título executivo.

PARÁGRAFO ÚNICO. A necessidade de simples operações aritméticas para apurar o crédito exequendo não retira a liquidez da obrigação constante do título.

Art. 787. Se o devedor não for obrigado a satisfazer sua prestação senão mediante a contraprestação do credor, este deverá provar que a adimpliu ao requerer a execução, sob pena de extinção do processo.

PARÁGRAFO ÚNICO. O executado poderá eximir-se da obrigação, depositando em juízo a prestação ou a coisa, caso em que o juiz não permitirá que o credor a receba sem cumprir a contraprestação que lhe tocar.

Art. 788. O credor não poderá iniciar a execução ou nela prosseguir se o devedor cumprir a obrigação, mas poderá recusar o recebimento da prestação se ela não corresponder ao direito ou à obrigação estabelecidos no título executivo, caso em que poderá requerer a execução forçada, ressalvado ao devedor o direito de embargá-la.

CAPÍTULO V
Da Responsabilidade Patrimonial

Art. 789. O devedor responde com todos os seus bens presentes e futuros para o cumprimento de suas obrigações, salvo as restrições estabelecidas em lei.

Art. 790. São sujeitos à execução os bens:

I — do sucessor a título singular, tratando-se de execução fundada em direito real ou obrigação reipersecutória;

II — do sócio, nos termos da lei;

III — do devedor, ainda que em poder de terceiros;

IV — do cônjuge ou companheiro, nos casos em que seus bens próprios ou de sua meação respondem pela dívida;

V — alienados ou gravados com ônus real em fraude à execução;

VI — cuja alienação ou gravação com ônus real tenha sido anulada em razão do reconhecimento, em ação autônoma, de fraude contra credores;

VII — do responsável, nos casos de desconsideração da personalidade jurídica.

Art. 791. Se a execução tiver por objeto obrigação de que seja sujeito passivo o proprietário de terreno submetido ao regime do direito de superfície, ou o superficiário, responderá pela dívida, exclusivamente, o direito real do qual é titular o executado, recaindo a penhora ou outros atos de constrição exclusivamente sobre o terreno, no primeiro caso, ou sobre a construção ou a plantação, no segundo caso.

§ 1º Os atos de constrição a que se refere o *caput* serão averbados separadamente na matrícula do imóvel, com a identificação do executado, do valor do crédito e do objeto sobre o qual recai o gravame, devendo o oficial destacar o bem que responde pela dívida, se o terreno, a construção ou a plantação, de modo a assegurar a publicidade da responsabilidade patrimonial de cada um deles pelas dívidas e pelas obrigações que a eles estão vinculadas.

§ 2º Aplica-se, no que couber, o disposto neste artigo à enfiteuse, à concessão de uso especial para fins de moradia e à concessão de direito real de uso.

Art. 792. A alienação ou a oneração de bem é considerada fraude à execução:

I — quando sobre o bem pender ação fundada em direito real ou com pretensão reipersecutória, desde que a pendência do processo tenha sido averbada no respectivo registro público, se houver;

II — quando tiver sido averbada, no registro do bem, a pendência do processo de execução, na forma do art. 828;

III — quando tiver sido averbado, no registro do bem, hipoteca judiciária ou outro ato de constrição judicial originário do processo onde foi arguida a fraude;

IV — quando, ao tempo da alienação ou da oneração, tramitava contra o devedor ação capaz de reduzi-lo à insolvência;

V — nos demais casos expressos em lei.

§ 1º A alienação em fraude à execução é ineficaz em relação ao exequente.

§ 2º No caso de aquisição de bem não sujeito a registro, o terceiro adquirente tem o ônus de provar que adotou as cautelas necessárias para a aquisição, mediante a exibição das certidões pertinentes, obtidas no domicílio do vendedor e no local onde se encontra o bem.

§ 3º Nos casos de desconsideração da personalidade jurídica, a fraude à execução verifica-se a partir da citação da parte cuja personalidade se pretende desconsiderar.

§ 4º Antes de declarar a fraude à execução, o juiz deverá intimar o terceiro adquirente, que, se quiser, poderá opor embargos de terceiro, no prazo de 15 (quinze) dias.

Art. 793. O exequente que estiver, por direito de retenção, na posse de coisa pertencente ao devedor não poderá promover a execução sobre outros bens senão depois de excutida a coisa que se achar em seu poder.

Art. 794. O fiador, quando executado, tem o direito de exigir que primeiro sejam executados os bens do devedor situados na mesma comarca, livres e desembargados, indicando-os pormenorizadamente à penhora.

§ 1º Os bens do fiador ficarão sujeitos à execução se os do devedor, situados na mesma comarca que os seus, forem insuficientes à satisfação do direito do credor.

§ 2º O fiador que pagar a dívida poderá executar o afiançado nos autos do mesmo processo.

§ 3º O disposto no *caput* não se aplica se o fiador houver renunciado ao benefício de ordem.

Art. 795. Os bens particulares dos sócios não respondem pelas dívidas da sociedade, senão nos casos previstos em lei.

§ 1º O sócio réu, quando responsável pelo pagamento da dívida da sociedade, tem o direito de exigir que primeiro sejam excutidos os bens da sociedade.

§ 2º Incumbe ao sócio que alegar o benefício do § 1º nomear quantos bens da sociedade situados na mesma comarca, livres e desembargados, bastem para pagar o débito.

§ 3º O sócio que pagar a dívida poderá executar a sociedade nos autos do mesmo processo.

§ 4º Para a desconsideração da personalidade jurídica é obrigatória a observância do incidente previsto neste Código.

Art. 796. O espólio responde pelas dívidas do falecido, mas, feita a partilha, cada herdeiro responde por elas dentro das forças da herança e na proporção da parte que lhe coube.

TÍTULO II
Das Diversas Espécies de Execução

CAPÍTULO I
Disposições Gerais

Art. 797. Ressalvado o caso de insolvência do devedor, em que tem lugar o concurso universal, realiza-se a execução no interesse do exequente que adquire, pela penhora, o direito de preferência sobre os bens penhorados.

PARÁGRAFO ÚNICO. Recaindo mais de uma penhora sobre o mesmo bem, cada exequente conservará o seu título de preferência.

Art. 798. Ao propor a execução, incumbe ao exequente:

I — instruir a petição inicial com:

a) o título executivo extrajudicial;

b) o demonstrativo do débito atualizado até a data de propositura da ação, quando se tratar de execução por quantia certa;

c) a prova de que se verificou a condição ou ocorreu o termo, se for o caso;

d) a prova, se for o caso, de que adimpliu a contraprestação que lhe corresponde ou que lhe assegura o cumprimento, se o executado não for obrigado a satisfazer a sua prestação senão mediante a contraprestação do exequente;

II — indicar:

a) a espécie de execução de sua preferência, quando por mais de um modo puder ser realizada;

b) os nomes completos do exequente e do executado e seus números de inscrição no Cadastro de Pessoas Físicas ou no Cadastro Nacional da Pessoa Jurídica;

c) os bens suscetíveis de penhora, sempre que possível.

PARÁGRAFO ÚNICO. O demonstrativo do débito deverá conter:

I — o índice de correção monetária adotado;

II — a taxa de juros aplicada;

III — os termos inicial e final de incidência do índice de correção monetária e da taxa de juros utilizados;

IV — a periodicidade da capitalização dos juros, se for o caso;

V — a especificação de desconto obrigatório realizado.

Art. 799. Incumbe ainda ao exequente:

I — requerer a intimação do credor pignoratício, hipotecário, anticrético ou fiduciário, quando a penhora recair sobre bens gravados por penhor, hipoteca, anticrese ou alienação fiduciária;

II — requerer a intimação do titular de usufruto, uso ou habitação, quando a penhora recair sobre bem gravado por usufruto, uso ou habitação;

III — requerer a intimação do promitente comprador, quando a penhora recair sobre bem em relação ao qual haja promessa de compra e venda registrada;

IV — requerer a intimação do promitente vendedor, quando a penhora recair sobre direito aquisitivo derivado de promessa de compra e venda registrada;

V — requerer a intimação do superficiário, enfiteuta ou concessionário, em caso de direito de superfície, enfiteuse, concessão de uso especial para fins de moradia ou concessão de direito real de uso, quando a penhora recair sobre imóvel submetido ao regime do direito de superfície, enfiteuse ou concessão;

VI — requerer a intimação do proprietário de terreno com regime de direito de superfície, enfiteuse, concessão de uso especial para fins de moradia ou concessão de direito real de uso, quando a penhora recair sobre direitos do superficiário, do enfiteuta ou do concessionário;

VII — requerer a intimação da sociedade, no caso de penhora de quota social ou de ação de sociedade anônima fechada, para o fim previsto no art. 876, § 7º;

VIII — pleitear, se for o caso, medidas urgentes;

IX — proceder à averbação em registro público do ato de propositura da execução e dos atos de constrição realizados, para conhecimento de terceiros.

X — requerer a intimação do titular da construção-base, bem como, se for o caso, do titular de lajes anteriores, quando a penhora recair sobre o direito real de laje; *(Redação dada pela Lei n. 13.465, de 11.7.17, DOU 8.9.17)*

XI — requerer a intimação do titular das lajes, quando a penhora recair sobre a construção-base. (NR) *(Redação dada pela Lei n. 13.465, de 11.7.17, DOU 8.9.17)*

Art. 800. Nas obrigações alternativas, quando a escolha couber ao devedor, esse será citado para exercer a opção e realizar a prestação dentro de 10 (dez) dias, se outro prazo não lhe foi determinado em lei ou em contrato.

§ 1º Devolver-se-á ao credor a opção, se o devedor não a exercer no prazo determinado.

§ 2º A escolha será indicada na petição inicial da execução quando couber ao credor exercê-la.

Art. 801. Verificando que a petição inicial está incompleta ou que não está acompanhada dos documentos indispensáveis à propositura da execução, o juiz determinará que o exequente a corrija, no prazo de 15 (quinze) dias, sob pena de indeferimento.

Art. 802. Na execução, o despacho que ordena a citação, desde que realizada em observância ao disposto no § 2º do art. 240, interrompe a prescrição, ainda que proferido por juízo incompetente.

PARÁGRAFO ÚNICO. A interrupção da prescrição retroagirá à data de propositura da ação.

Art. 803. É nula a execução se:

I — o título executivo extrajudicial não corresponder a obrigação certa, líquida e exigível;

II — o executado não for regularmente citado;

III — for instaurada antes de se verificar a condição ou de ocorrer o termo.

PARÁGRAFO ÚNICO. A nulidade de que cuida este artigo será pronunciada pelo juiz, de ofício ou a requerimento da parte, independentemente de embargos à execução.

Art. 804. A alienação de bem gravado por penhor, hipoteca ou anticrese será ineficaz em relação ao credor pignoratício, hipotecário ou anticrético não intimado.

§ 1º A alienação de bem objeto de promessa de compra e venda ou de cessão registrada será ineficaz em relação ao promitente comprador ou ao cessionário não intimado.

§ 2º A alienação de bem sobre o qual tenha sido instituído direito de superfície, seja do solo, da plantação ou da construção, será ineficaz em relação ao concedente ou ao concessionário não intimado.

§ 3º A alienação de direito aquisitivo de bem objeto de promessa de venda, de promessa de cessão ou de alienação fiduciária será ineficaz em relação ao promitente vendedor, ao promitente cedente ou ao proprietário fiduciário não intimado.

§ 4º A alienação de imóvel sobre o qual tenha sido instituída enfiteuse, concessão de uso especial para fins de moradia ou concessão de direito real de uso será ineficaz em relação ao enfiteuta ou ao concessionário não intimado.

§ 5º A alienação de direitos do enfiteuta, do concessionário de direito real de uso ou do concessionário de uso especial para fins de moradia será ineficaz em relação ao proprietário do respectivo imóvel não intimado.

§ 6º A alienação de bem sobre o qual tenha sido instituído usufruto, uso ou habitação será ineficaz em relação ao titular desses direitos reais não intimado.

Art. 805. Quando por vários meios o exequente puder promover a execução, o juiz mandará que se faça pelo modo menos gravoso para o executado.

PARÁGRAFO ÚNICO. Ao executado que alegar ser a medida executiva mais gravosa incumbe indicar outros meios mais eficazes e menos onerosos, sob pena de manutenção dos atos executivos já determinados.

CAPÍTULO II
Da Execução para a Entrega de Coisa

Seção I
Da Entrega de Coisa Certa

Art. 806. O devedor de obrigação de entrega de coisa certa, constante de título executivo extrajudicial, será citado para, em 15 (quinze) dias, satisfazer a obrigação.

§ 1º Ao despachar a inicial, o juiz poderá fixar multa por dia de atraso no cumprimento da obrigação, ficando o respectivo valor sujeito a alteração, caso se revele insuficiente ou excessivo.

§ 2º Do mandado de citação constará ordem para imissão na posse ou busca e apreensão, conforme se tratar de bem imóvel ou móvel, cujo cumprimento se dará de imediato, se o executado não satisfizer a obrigação no prazo que lhe foi designado.

Art. 807. Se o executado entregar a coisa, será lavrado o termo respectivo e considerada satisfeita a obrigação, prosseguindo-se a execução para o pagamento de frutos ou o ressarcimento de prejuízos, se houver.

Art. 808. Alienada a coisa quando já litigiosa, será expedido mandado contra o terceiro adquirente, que somente será ouvido após depositá-la.

Art. 809. O exequente tem direito a receber, além de perdas e danos, o valor da coisa, quando essa se deteriorar, não lhe for entregue, não for encontrada ou não for reclamada do poder de terceiro adquirente.

§ 1º Não constando do título o valor da coisa e sendo impossível sua avaliação, o exequente apresentará estimativa, sujeitando-a ao arbitramento judicial.

§ 2º Serão apurados em liquidação o valor da coisa e os prejuízos.

Art. 810. Havendo benfeitorias indenizáveis feitas na coisa pelo executado ou por terceiros de cujo poder ela houver sido tirada, a liquidação prévia é obrigatória.

PARÁGRAFO ÚNICO. Havendo saldo:

I — em favor do executado ou de terceiros, o exequente o depositará ao requerer a entrega da coisa;

II — em favor do exequente, esse poderá cobrá-lo nos autos do mesmo processo.

Seção II
Da Entrega de Coisa Incerta

Art. 811. Quando a execução recair sobre coisa determinada pelo gênero e pela quantidade, o executado será citado para entregá-la individualizada, se lhe couber a escolha.

PARÁGRAFO ÚNICO. Se a escolha couber ao exequente, esse deverá indicá-la na petição inicial.

Art. 812. Qualquer das partes poderá, no prazo de 15 (quinze) dias, impugnar a escolha feita pela outra, e o juiz decidirá de plano ou, se necessário, ouvindo perito de sua nomeação.

Art. 813. Aplicar-se-ão à execução para entrega de coisa incerta, no que couber, as disposições da Seção I deste Capítulo.

CAPÍTULO III
Da Execução das Obrigações de Fazer ou de não Fazer

Seção I
Disposições Comuns

Art. 814. Na execução de obrigação de fazer ou de não fazer fundada em título extrajudicial, ao despachar a inicial, o juiz fixará multa por período de atraso no cumprimento da obrigação e a data a partir da qual será devida.

PARÁGRAFO ÚNICO. Se o valor da multa estiver previsto no título e for excessivo, o juiz poderá reduzi-lo.

Seção II
Da Obrigação de Fazer

Art. 815. Quando o objeto da execução for obrigação de fazer, o executado será citado para satisfazê-la no prazo que o juiz lhe designar, se outro não estiver determinado no título executivo.

Art. 816. Se o executado não satisfizer a obrigação no prazo designado, é lícito ao exequente, nos próprios autos do processo, requerer a satisfação da obrigação à custa do executado ou perdas e danos, hipótese em que se converterá em indenização.

PARÁGRAFO ÚNICO. O valor das perdas e danos será apurado em liquidação, seguindo-se a execução para cobrança de quantia certa.

Art. 817. Se a obrigação puder ser satisfeita por terceiro, é lícito ao juiz autorizar, a requerimento do exequente, que aquele a satisfaça à custa do executado.

PARÁGRAFO ÚNICO. O exequente adiantará as quantias previstas na proposta que, ouvidas as partes, o juiz houver aprovado.

Art. 818. Realizada a prestação, o juiz ouvirá as partes no prazo de 10 (dez) dias e, não havendo impugnação, considerará satisfeita a obrigação.

PARÁGRAFO ÚNICO. Caso haja impugnação, o juiz a decidirá.

Art. 819. Se o terceiro contratado não realizar a prestação no prazo ou se o fizer de modo incompleto ou defeituoso, poderá o exequente requerer ao juiz, no prazo de 15 (quinze) dias, que o autorize a concluí-la ou a repará-la à custa do contratante.

PARÁGRAFO ÚNICO. Ouvido o contratante no prazo de 15 (quinze) dias, o juiz mandará avaliar o custo das despesas necessárias e o condenará a pagá-lo.

Art. 820. Se o exequente quiser executar ou mandar executar, sob sua direção e vigilância, as obras e os trabalhos necessários à realização da prestação, terá preferência, em igualdade de condições de oferta, em relação ao terceiro.

PARÁGRAFO ÚNICO. O direito de preferência deverá ser exercido no prazo de 5 (cinco) dias, após aprovada a proposta do terceiro.

Art. 821. Na obrigação de fazer, quando se convencionar que o executado a satisfaça pessoalmente, o exequente poderá requerer ao juiz que lhe assine prazo para cumpri-la.

PARÁGRAFO ÚNICO. Havendo recusa ou mora do executado, sua obrigação pessoal será convertida em perdas e danos, caso em que se observará o procedimento de execução por quantia certa.

Seção III

Da Obrigação de Não Fazer

Art. 822. Se o executado praticou ato a cuja abstenção estava obrigado por lei ou por contrato, o exequente requererá ao juiz que assine prazo ao executado para desfazê-lo.

Art. 823. Havendo recusa ou mora do executado, o exequente requererá ao juiz que mande desfazer o ato à custa daquele, que responderá por perdas e danos.

PARÁGRAFO ÚNICO. Não sendo possível desfazer-se o ato, a obrigação resolve-se em perdas e danos, caso em que, após a liquidação, se observará o procedimento de execução por quantia certa.

CAPÍTULO IV
Da Execução por Quantia Certa

Seção I

Disposições Gerais

Art. 824. A execução por quantia certa realiza-se pela expropriação de bens do executado, ressalvadas as execuções especiais.

Art. 825. A expropriação consiste em:

I — adjudicação;

II — alienação;

III — apropriação de frutos e rendimentos de empresa ou de estabelecimentos e de outros bens.

Art. 826. Antes de adjudicados ou alienados os bens, o executado pode, a todo tempo, remir a execução, pagando ou consignando a importância atualizada da dívida, acrescida de juros, custas e honorários advocatícios.

Seção II

Da Citação do Devedor e do Arresto

Art. 827. Ao despachar a inicial, o juiz fixará, de plano, os honorários advocatícios de dez por cento, a serem pagos pelo executado.

§ 1º No caso de integral pagamento no prazo de 3 (três) dias, o valor dos honorários advocatícios será reduzido pela metade.

§ 2º O valor dos honorários poderá ser elevado até vinte por cento, quando rejeitados os embargos à execução, podendo a majoração, caso não opostos os embargos, ocorrer ao final do procedimento executivo, levando-se em conta o trabalho realizado pelo advogado do exequente.

Art. 828. O exequente poderá obter certidão de que a execução foi admitida pelo juiz, com identificação das partes e do valor da causa, para fins de averbação no registro de imóveis, de veículos ou de outros bens sujeitos a penhora, arresto ou indisponibilidade.

§ 1º No prazo de 10 (dez) dias de sua concretização, o exequente deverá comunicar ao juízo as averbações efetivadas.

§ 2º Formalizada penhora sobre bens suficientes para cobrir o valor da dívida, o exequente providenciará, no prazo de 10 (dez) dias, o cancelamento das averbações relativas àqueles não penhorados.

§ 3º O juiz determinará o cancelamento das averbações, de ofício ou a requerimento, caso o exequente não o faça no prazo.

§ 4º Presume-se em fraude à execução a alienação ou a oneração de bens efetuada após a averbação.

§ 5º O exequente que promover averbação manifestamente indevida ou não cancelar as averbações nos termos do § 2º indenizará a parte contrária, processando-se o incidente em autos apartados.

Art. 829. O executado será citado para pagar a dívida no prazo de 3 (três) dias, contado da citação.

§ 1º Do mandado de citação constarão, também, a ordem de penhora e a avaliação a serem cumpridas pelo oficial de justiça tão logo verificado o não pagamento no prazo assinalado, de tudo lavrando-se auto, com intimação do executado.

§ 2º A penhora recairá sobre os bens indicados pelo exequente, salvo se outros forem indicados pelo executado e aceitos pelo juiz, mediante demonstração de que a constrição proposta lhe será menos onerosa e não trará prejuízo ao exequente.

Art. 830. Se o oficial de justiça não encontrar o executado, arrestar-lhe-á tantos bens quantos bastem para garantir a execução.

§ 1º Nos 10 (dez) dias seguintes à efetivação do arresto, o oficial de justiça procurará o executado 2 (duas) vezes em dias distintos e, havendo suspeita de ocultação, realizará a citação com hora certa, certificando pormenorizadamente o ocorrido.

§ 2º Incumbe ao exequente requerer a citação por edital, uma vez frustradas a pessoal e a com hora certa.

§ 3º Aperfeiçoada a citação e transcorrido o prazo de pagamento, o arresto converter-se-á em penhora, independentemente de termo.

Seção III

Da Penhora, do Depósito e da Avaliação

Subseção I

Do Objeto da Penhora

Art. 831. A penhora deverá recair sobre tantos bens quantos bastem para o pagamento do principal atualizado, dos juros, das custas e dos honorários advocatícios.

Art. 832. Não estão sujeitos à execução os bens que a lei considera impenhoráveis ou inalienáveis.

Art. 833. São impenhoráveis:

I — os bens inalienáveis e os declarados, por ato voluntário, não sujeitos à execução;

II — os móveis, os pertences e as utilidades domésticas que guarnecem a residência do executado, salvo os de elevado valor ou os que ultrapassem as necessidades comuns correspondentes a um médio padrão de vida;

III — os vestuários, bem como os pertences de uso pessoal do executado, salvo se de elevado valor;

IV — os vencimentos, os subsídios, os soldos, os salários, as remunerações, os proventos de aposentadoria, as pensões, os pecúlios e os montepios, bem como as quantias recebidas por liberalidade de terceiro e destinadas ao sustento do devedor e de sua família, os ganhos de trabalhador autônomo e os honorários de profissional liberal, ressalvado o § 2º;

V — os livros, as máquinas, as ferramentas, os utensílios, os instrumentos ou outros bens móveis necessários ou úteis ao exercício da profissão do executado;

VI — o seguro de vida;

VII — os materiais necessários para obras em andamento, salvo se essas forem penhoradas;

VIII — a pequena propriedade rural, assim definida em lei, desde que trabalhada pela família;

IX — os recursos públicos recebidos por instituições privadas para aplicação compulsória em educação, saúde ou assistência social;

X — a quantia depositada em caderneta de poupança, até o limite de 40 (quarenta) salários-mínimos;

XI — os recursos públicos do fundo partidário recebidos por partido político, nos termos da lei;

XII — os créditos oriundos de alienação de unidades imobiliárias, sob regime de incorporação imobiliária, vinculados à execução da obra.

§ 1º A impenhorabilidade não é oponível à execução de dívida relativa ao próprio bem, inclusive àquela contraída para sua aquisição.

§ 2º O disposto nos incisos IV e X do *caput* não se aplica à hipótese de penhora para pagamento de prestação alimentícia, independentemente de sua origem, bem como às importâncias excedentes a 50 (cinquenta) salários-mínimos mensais, devendo a constrição observar o disposto no art. 528, § 8º, e no art. 529, § 3º.

§ 3º Incluem-se na impenhorabilidade prevista no inciso V do *caput* os equipamentos, os implementos e as máquinas agrícolas pertencentes a pessoa física ou a empresa individual produtora rural, exceto quando tais bens tenham sido objeto de financiamento e estejam vinculados em garantia a negócio jurídico ou quando respondam por dívida de natureza alimentar, trabalhista ou previdenciária.

Art. 834. Podem ser penhorados, à falta de outros bens, os frutos e os rendimentos dos bens inalienáveis.

Art. 835. A penhora observará, preferencialmente, a seguinte ordem:

I — dinheiro, em espécie ou em depósito ou aplicação em instituição financeira;

II — títulos da dívida pública da União, dos Estados e do Distrito Federal com cotação em mercado;

III — títulos e valores mobiliários com cotação em mercado;

IV — veículos de via terrestre;

V — bens imóveis;

VI — bens móveis em geral;

VII — semoventes;

VIII — navios e aeronaves;

IX — ações e quotas de sociedades simples e empresárias;

X — percentual do faturamento de empresa devedora;

XI — pedras e metais preciosos;

XII — direitos aquisitivos derivados de promessa de compra e venda e de alienação fiduciária em garantia;

XIII — outros direitos.

§ 1º É prioritária a penhora em dinheiro, podendo o juiz, nas demais hipóteses, alterar a ordem prevista no *caput* de acordo com as circunstâncias do caso concreto.

§ 2º Para fins de substituição da penhora, equiparam-se a dinheiro a fiança bancária e o seguro garantia judicial, desde que em valor não inferior ao do débito constante da inicial, acrescido de trinta por cento.

§ 3º Na execução de crédito com garantia real, a penhora recairá sobre a coisa dada em garantia, e, se a coisa pertencer a terceiro garantidor, este também será intimado da penhora.

Art. 836. Não se levará a efeito a penhora quando ficar evidente que o produto da execução dos bens encontrados será totalmente absorvido pelo pagamento das custas da execução.

§ 1º Quando não encontrar bens penhoráveis, independentemente de determinação judicial expressa, o oficial de justiça descreverá na certidão os bens que guarnecem a residência ou o estabelecimento do executado, quando este for pessoa jurídica.

§ 2º Elaborada a lista, o executado ou seu representante legal será nomeado depositário provisório de tais bens até ulterior determinação do juiz.

Subseção II
Da Documentação da Penhora, de seu Registro e do Depósito

Art. 837. Obedecidas as normas de segurança instituídas sob critérios uniformes pelo Conselho Nacional de Justiça, a penhora de dinheiro e as averbações de penhoras de bens imóveis e móveis podem ser realizadas por meio eletrônico.

Art. 838. A penhora será realizada mediante auto ou termo, que conterá:

I — a indicação do dia, do mês, do ano e do lugar em que foi feita;

II — os nomes do exequente e do executado;

III — a descrição dos bens penhorados, com as suas características;

IV — a nomeação do depositário dos bens.

Art. 839. Considerar-se-á feita a penhora mediante a apreensão e o depósito dos bens, lavrando-se um só auto se as diligências forem concluídas no mesmo dia.

PARÁGRAFO ÚNICO. Havendo mais de uma penhora, serão lavrados autos individuais.

Art. 840. Serão preferencialmente depositados:

I — as quantias em dinheiro, os papéis de crédito e as pedras e os metais preciosos, no Banco do Brasil, na Caixa Econômica Federal ou em banco do qual o Estado ou o Distrito Federal possua mais da metade do capital social integralizado, ou, na falta desses estabelecimentos, em qualquer instituição de crédito designada pelo juiz;

II — os móveis, os semoventes, os imóveis urbanos e os direitos aquisitivos sobre imóveis urbanos, em poder do depositário judicial;

III — os imóveis rurais, os direitos aquisitivos sobre imóveis rurais, as máquinas, os utensílios e os instrumentos necessários ou úteis à atividade agrícola, mediante caução idônea, em poder do executado.

§ 1º No caso do inciso II do *caput*, se não houver depositário judicial, os bens ficarão em poder do exequente.

§ 2º Os bens poderão ser depositados em poder do executado nos casos de difícil remoção ou quando anuir o exequente.

§ 3º As joias, as pedras e os objetos preciosos deverão ser depositados com registro do valor estimado de resgate.

Art. 841. Formalizada a penhora por qualquer dos meios legais, dela será imediatamente intimado o executado.

§ 1º A intimação da penhora será feita ao advogado do executado ou à sociedade de advogados a que aquele pertença.

§ 2º Se não houver constituído advogado nos autos, o executado será intimado pessoalmente, de preferência por via postal.

§ 3º O disposto no § 1º não se aplica aos casos de penhora realizada na presença do executado, que se reputa intimado.

§ 4º Considera-se realizada a intimação a que se refere o § 2º quando o executado houver mudado de endereço sem prévia comunicação ao juízo, observado o disposto no parágrafo único do art. 274.

Art. 842. Recaindo a penhora sobre bem imóvel ou direito real sobre imóvel, será intimado também o cônjuge do executado, salvo se forem casados em regime de separação absoluta de bens.

Art. 843. Tratando-se de penhora de bem indivisível, o equivalente à quota-parte do coproprietário ou do cônjuge alheio à execução recairá sobre o produto da alienação do bem.

§ 1º É reservada ao coproprietário ou ao cônjuge não executado a preferência na arrematação do bem em igualdade de condições.

§ 2º Não será levada a efeito expropriação por preço inferior ao da avaliação na qual o valor auferido seja incapaz de garantir, ao coproprietário ou ao cônjuge alheio à execução, o correspondente à sua quota-parte calculado sobre o valor da avaliação.

Art. 844. Para presunção absoluta de conhecimento por terceiros, cabe ao exequente providenciar a averbação do arresto ou da penhora no registro competente, mediante apresentação de cópia do auto ou do termo, independentemente de mandado judicial.

Subseção III
Do Lugar de Realização da Penhora

Art. 845. Efetuar-se-á a penhora onde se encontrem os bens, ainda que sob a posse, a detenção ou a guarda de terceiros.

§ 1º A penhora de imóveis, independentemente de onde se localizem, quando apresentada certidão da respectiva matrícula, e a penhora de veículos automotores, quando apresentada certidão que ateste a sua existência, serão realizadas por termo nos autos.

§ 2º Se o executado não tiver bens no foro do processo, não sendo possível a realização da penhora nos termos do § 1º, a execução será feita por carta, penhorando-se, avaliando-se e alienando-se os bens no foro da situação.

Art. 846. Se o executado fechar as portas da casa a fim de obstar a penhora dos bens, o oficial de justiça comunicará o fato ao juiz, solicitando-lhe ordem de arrombamento.

§ 1º Deferido o pedido, 2 (dois) oficiais de justiça cumprirão o mandado, arrombando cômodos e móveis em que se presuma estarem os bens, e lavrarão de tudo auto circunstanciado, que será assinado por 2 (duas) testemunhas presentes à diligência.

§ 2º Sempre que necessário, o juiz requisitará força policial, a fim de auxiliar os oficiais de justiça na penhora dos bens.

§ 3º Os oficiais de justiça lavrarão em duplicata o auto da ocorrência, entregando uma via ao escrivão ou ao chefe de secretaria, para ser juntada aos autos, e a outra à autoridade policial a quem couber a apuração criminal dos eventuais delitos de desobediência ou de resistência.

§ 4º Do auto da ocorrência constará o rol de testemunhas, com a respectiva qualificação.

Subseção IV
Das Modificações da Penhora

Art. 847. O executado pode, no prazo de 10 (dez) dias contado da intimação da penhora, requerer a substituição do bem penhorado, desde que comprove que lhe será menos onerosa e não trará prejuízo ao exequente.

§ 1º O juiz só autorizará a substituição se o executado:

I — comprovar as respectivas matrículas e os registros por certidão do correspondente ofício, quanto aos bens imóveis;

II — descrever os bens móveis, com todas as suas propriedades e características, bem como o estado deles e o lugar onde se encontram;

III — descrever os semoventes, com indicação de espécie, de número, de marca ou sinal e do local onde se encontram;

IV — identificar os créditos, indicando quem seja o devedor, qual a origem da dívida, o título que a representa e a data do vencimento; e

V — atribuir, em qualquer caso, valor aos bens indicados à penhora, além de especificar os ônus e os encargos a que estejam sujeitos.

§ 2º Requerida a substituição do bem penhorado, o executado deve indicar onde se encontram os bens sujeitos à execução, exibir a prova de sua propriedade e a certidão negativa ou positiva de ônus, bem como abster-se de qualquer atitude que dificulte ou embarace a realização da penhora.

§ 3º O executado somente poderá oferecer bem imóvel em substituição caso o requeira com a expressa anuência do cônjuge, salvo se o regime for o de separação absoluta de bens.

§ 4º O juiz intimará o exequente para manifestar-se sobre o requerimento de substituição do bem penhorado.

Art. 848. As partes poderão requerer a substituição da penhora se:

I — ela não obedecer à ordem legal;

II — ela não incidir sobre os bens designados em lei, contrato ou ato judicial para o pagamento;

III — havendo bens no foro da execução, outros tiverem sido penhorados;

IV — havendo bens livres, ela tiver recaído sobre bens já penhorados ou objeto de gravame;

V — ela incidir sobre bens de baixa liquidez;

VI — fracassar a tentativa de alienação judicial do bem; ou

VII — o executado não indicar o valor dos bens ou omitir qualquer das indicações previstas em lei.

PARÁGRAFO ÚNICO. A penhora pode ser substituída por fiança bancária ou por seguro garantia judicial, em valor não inferior ao do débito constante da inicial, acrescido de trinta por cento.

Art. 849. Sempre que ocorrer a substituição dos bens inicialmente penhorados, será lavrado novo termo.

Art. 850. Será admitida a redução ou a ampliação da penhora, bem como sua transferência para outros bens, se, no curso do processo, o valor de mercado dos bens penhorados sofrer alteração significativa.

Art. 851. Não se procede à segunda penhora, salvo se:

I — a primeira for anulada;

II — executados os bens, o produto da alienação não bastar para o pagamento do exequente;

III — o exequente desistir da primeira penhora, por serem litigiosos os bens ou por estarem submetidos a constrição judicial.

Art. 852. O juiz determinará a alienação antecipada dos bens penhorados quando:

I — se tratar de veículos automotores, de pedras e metais preciosos e de outros bens móveis sujeitos à depreciação ou à deterioração;

II — houver manifesta vantagem.

Art. 853. Quando uma das partes requerer alguma das medidas previstas nesta Subseção, o juiz ouvirá sempre a outra, no prazo de 3 (três) dias, antes de decidir.

PARÁGRAFO ÚNICO. O juiz decidirá de plano qualquer questão suscitada.

Subseção V
Da Penhora de Dinheiro em Depósito ou em Aplicação Financeira

Art. 854. Para possibilitar a penhora de dinheiro em depósito ou em aplicação financeira, o juiz, a requerimento do exequente, sem dar ciência prévia do ato ao executado, determinará às instituições financeiras, por meio de sistema eletrônico gerido pela autoridade supervisora do sistema financeiro nacional, que torne indisponíveis ativos financeiros existentes em nome do executado, limitando-se a indisponibilidade ao valor indicado na execução.

§ 1º No prazo de 24 (vinte e quatro) horas a contar da resposta, de ofício, o juiz determinará o cancelamento de eventual indisponibilidade excessiva, o que deverá ser cumprido pela instituição financeira em igual prazo.

§ 2º Tornados indisponíveis os ativos financeiros do executado, este será intimado na pessoa de seu advogado ou, não o tendo, pessoalmente.

§ 3º Incumbe ao executado, no prazo de 5 (cinco) dias, comprovar que:

I — as quantias tornadas indisponíveis são impenhoráveis;

II — ainda remanesce indisponibilidade excessiva de ativos financeiros.

§ 4º Acolhida qualquer das arguições dos incisos I e II do § 3º, o juiz determinará o cancelamento de eventual indisponibilidade irregular ou excessiva, a ser cumprido pela instituição financeira em 24 (vinte e quatro) horas.

§ 5º Rejeitada ou não apresentada a manifestação do executado, converter-se-á a indisponibilidade em penhora, sem necessidade de lavratura de termo, devendo o juiz da execução determinar à instituição financeira depositária que, no prazo de 24 (vinte e quatro) horas, transfira o montante indisponível para conta vinculada ao juízo da execução.

§ 6º Realizado o pagamento da dívida por outro meio, o juiz determinará, imediatamente, por sistema eletrônico gerido pela autoridade supervisora do sistema financeiro nacional, a notificação da instituição financeira para que, em até 24 (vinte e quatro) horas, cancele a indisponibilidade.

§ 7º As transmissões das ordens de indisponibilidade, de seu cancelamento e de determinação de penhora previstas neste artigo far-se-ão por meio de sistema eletrônico gerido pela autoridade supervisora do sistema financeiro nacional.

§ 8º A instituição financeira será responsável pelos prejuízos causados ao executado em decorrência da indisponibilidade de ativos financeiros em valor superior ao indicado na execução ou pelo juiz, bem como na hipótese de não cancelamento da indisponibilidade no prazo de 24 (vinte e quatro) horas, quando assim determinar o juiz.

§ 9º Quando se tratar de execução contra partido político, o juiz, a requerimento do exequente, determinará às instituições financeiras, por meio de sistema eletrônico gerido por autoridade supervisora do sistema bancário, que tornem indisponíveis ativos financeiros somente em nome do órgão partidário que tenha contraído a dívida executada ou que tenha dado causa à violação de direito ou ao dano, ao qual cabe exclusivamente a responsabilidade pelos atos praticados, na forma da lei.

Subseção VI
Da Penhora de Créditos

Art. 855. Quando recair em crédito do executado, enquanto não ocorrer a hipótese prevista no art. 856, considerar-se-á feita a penhora pela intimação:

I — ao terceiro devedor para que não pague ao executado, seu credor;

II — ao executado, credor do terceiro, para que não pratique ato de disposição do crédito.

Art. 856. A penhora de crédito representado por letra de câmbio, nota promissória, duplicata, cheque ou outros títulos far-se-á pela apreensão do documento, esteja ou não este em poder do executado.

§ 1º Se o título não for apreendido, mas o terceiro confessar a dívida, será este tido como depositário da importância.

§ 2º O terceiro só se exonerará da obrigação depositando em juízo a importância da dívida.

§ 3º Se o terceiro negar o débito em conluio com o executado, a quitação que este lhe der caracterizará fraude à execução.

§ 4º A requerimento do exequente, o juiz determinará o comparecimento, em audiência especialmente designada, do executado e do terceiro, a fim de lhes tomar os depoimentos.

Art. 857. Feita a penhora em direito e ação do executado, e não tendo ele oferecido embargos ou sendo estes rejeitados, o exequente ficará sub-rogado nos direitos do executado até a concorrência de seu crédito.

§ 1º O exequente pode preferir, em vez da sub-rogação, a alienação judicial do direito penhorado, caso em que declarará sua vontade no prazo de 10 (dez) dias contado da realização da penhora.

§ 2º A sub-rogação não impede o sub-rogado, se não receber o crédito do executado, de prosseguir na execução, nos mesmos autos, penhorando outros bens.

Art. 858. Quando a penhora recair sobre dívidas de dinheiro a juros, de direito a rendas ou de prestações periódicas, o exequente poderá levantar os juros, os rendimentos ou as prestações à medida que forem sendo depositados, abatendo-se do crédito as importâncias recebidas, conforme as regras de imputação do pagamento.

Art. 859. Recaindo a penhora sobre direito a prestação ou a restituição de coisa determinada, o executado será intimado para, no vencimento, depositá-la, correndo sobre ela a execução.

Art. 860. Quando o direito estiver sendo pleiteado em juízo, a penhora que recair sobre ele será averbada, com destaque, nos autos pertinentes ao direito e na ação correspondente à penhora, a fim de que esta seja efetivada nos bens que forem adjudicados ou que vierem a caber ao executado.

Subseção VII
Da Penhora das Quotas ou das Ações de Sociedades Personificadas

Art. 861. Penhoradas as quotas ou as ações de sócio em sociedade simples ou empresária, o juiz assinará prazo razoável, não superior a 3 (três) meses, para que a sociedade:

I — apresente balanço especial, na forma da lei;

II — ofereça as quotas ou as ações aos demais sócios, observado o direito de preferência legal ou contratual;

III — não havendo interesse dos sócios na aquisição das ações, proceda à liquidação das quotas ou das ações, depositando em juízo o valor apurado, em dinheiro.

§ 1º Para evitar a liquidação das quotas ou das ações, a sociedade poderá adquiri-las sem redução do capital social e com utilização de reservas, para manutenção em tesouraria.

§ 2º O disposto no *caput* e no § 1º não se aplica à sociedade anônima de capital aberto, cujas ações serão adjudicadas ao exequente ou alienadas em bolsa de valores, conforme o caso.

§ 3º Para os fins da liquidação de que trata o inciso III do *caput*, o juiz poderá, a requerimento do exequente ou da sociedade, nomear administrador, que deverá submeter à aprovação judicial a forma de liquidação.

§ 4º O prazo previsto no *caput* poderá ser ampliado pelo juiz, se o pagamento das quotas ou das ações liquidadas:

I — superar o valor do saldo de lucros ou reservas, exceto a legal, e sem diminuição do capital social, ou por doação; ou

II — colocar em risco a estabilidade financeira da sociedade simples ou empresária.

§ 5º Caso não haja interesse dos demais sócios no exercício de direito de preferência, não ocorra a aquisição das quotas ou das ações pela sociedade e a liquidação do inciso III do *caput* seja excessivamente onerosa para a sociedade, o juiz poderá determinar o leilão judicial das quotas ou das ações.

Subseção VIII
Da Penhora de Empresa, de Outros Estabelecimentos e de Semoventes

Art. 862. Quando a penhora recair em estabelecimento comercial, industrial ou agrícola, bem como em semoventes, plantações ou edifícios em construção, o juiz nomeará administrador-depositário, determinando-lhe que apresente em 10 (dez) dias o plano de administração.

§ 1º Ouvidas as partes, o juiz decidirá.

§ 2º É lícito às partes ajustar a forma de administração e escolher o depositário, hipótese em que o juiz homologará por despacho a indicação.

§ 3º Em relação aos edifícios em construção sob regime de incorporação imobiliária, a penhora somente poderá recair sobre as unidades imobiliárias ainda não comercializadas pelo incorporador.

§ 4º Sendo necessário afastar o incorporador da administração da incorporação, será ela exercida pela comissão de representantes dos adquirentes ou, se se tratar de construção financiada, por empresa ou profissional indicado pela instituição fornecedora dos recursos para a obra, devendo ser ouvida, neste último caso, a comissão de representantes dos adquirentes.

Art. 863. A penhora de empresa que funcione mediante concessão ou autorização far-se-á, conforme o valor do crédito, sobre a renda, sobre determinados bens ou sobre todo o patrimônio, e o juiz nomeará como depositário, de preferência, um de seus diretores.

§ 1º Quando a penhora recair sobre a renda ou sobre determinados bens, o administrador-depositário apresentará a forma de administração e o esquema de pagamento, observando-se, quanto ao mais, o disposto em relação ao regime de penhora de frutos e rendimentos de coisa móvel e imóvel.

§ 2º Recaindo a penhora sobre todo o patrimônio, prosseguirá a execução em seus ulteriores termos, ouvindo-se, antes da arrematação ou da adjudicação, o ente público que houver outorgado a concessão.

Art. 864. A penhora de navio ou de aeronave não obsta que continuem navegando ou operando até a alienação, mas o juiz, ao conceder a autorização para tanto, não permitirá que saiam do porto ou do aeroporto antes que o executado faça o seguro usual contra riscos.

Art. 865. A penhora de que trata esta Subseção somente será determinada se não houver outro meio eficaz para a efetivação do crédito.

Subseção IX
Da Penhora de Percentual de Faturamento de Empresa

Art. 866. Se o executado não tiver outros bens penhoráveis ou se, tendo-os, esses forem de difícil alienação ou insuficientes para saldar o crédito executado, o juiz poderá ordenar a penhora de percentual de faturamento de empresa.

§ 1º O juiz fixará percentual que propicie a satisfação do crédito exequendo em tempo razoável, mas que não torne inviável o exercício da atividade empresarial.

§ 2º O juiz nomeará administrador-depositário, o qual submeterá à aprovação judicial a forma de sua atuação e prestará contas mensalmente, entregando em juízo as quantias recebidas, com os respectivos balancetes mensais, a fim de serem imputadas no pagamento da dívida.

§ 3º Na penhora de percentual de faturamento de empresa, observar-se-á, no que couber, o disposto quanto ao regime de penhora de frutos e rendimentos de coisa móvel e imóvel.

Subseção X
Da Penhora de Frutos e Rendimentos de Coisa Móvel ou Imóvel

Art. 867. O juiz pode ordenar a penhora de frutos e rendimentos de coisa móvel ou imóvel quando a considerar mais eficiente para o recebimento do crédito e menos gravosa ao executado.

Art. 868. Ordenada a penhora de frutos e rendimentos, o juiz nomeará administrador-depositário, que será investido de todos os poderes que concernem à administração do bem e à fruição de seus frutos e utilidades, perdendo o executado o direito de gozo do bem, até que o exequente seja pago do principal, dos juros, das custas e dos honorários advocatícios.

§ 1º A medida terá eficácia em relação a terceiros a partir da publicação da decisão que a conceda ou de sua averbação no ofício imobiliário, em caso de imóveis.

§ 2º O exequente providenciará a averbação no ofício imobiliário mediante a apresentação de certidão de inteiro teor do ato, independentemente de mandado judicial.

Art. 869. O juiz poderá nomear administrador-depositário o exequente ou o executado, ouvida a parte contrária, e, não havendo acordo, nomeará profissional qualificado para o desempenho da função.

§ 1º O administrador submeterá à aprovação judicial a forma de administração e a de prestar contas periodicamente.

§ 2º Havendo discordância entre as partes ou entre essas e o administrador, o juiz decidirá a melhor forma de administração do bem.

§ 3º Se o imóvel estiver arrendado, o inquilino pagará o aluguel diretamente ao exequente, salvo se houver administrador.

§ 4º O exequente ou o administrador poderá celebrar locação do móvel ou do imóvel, ouvido o executado.

§ 5º As quantias recebidas pelo administrador serão entregues ao exequente, a fim de serem imputadas ao pagamento da dívida.

§ 6º O exequente dará ao executado, por termo nos autos, quitação das quantias recebidas.

Subseção XI
Da Avaliação

Art. 870. A avaliação será feita pelo oficial de justiça.

PARÁGRAFO ÚNICO. Se forem necessários conhecimentos especializados e o valor da execução o comportar, o juiz nomeará avaliador, fixando-lhe prazo não superior a 10 (dez) dias para entrega do laudo.

Art. 871. Não se procederá à avaliação quando:

I — uma das partes aceitar a estimativa feita pela outra;

II — se tratar de títulos ou de mercadorias que tenham cotação em bolsa, comprovada por certidão ou publicação no órgão oficial;

III — se tratar de títulos da dívida pública, de ações de sociedades e de títulos de crédito negociáveis em bolsa, cujo valor será o da cotação oficial do dia, comprovada por certidão ou publicação no órgão oficial;

IV — se tratar de veículos automotores ou de outros bens cujo preço médio de mercado possa ser conhecido por meio de pesquisas realizadas por órgãos oficiais ou de anúncios de venda divulgados em meios de comunicação, caso em que caberá a quem fizer a nomeação o encargo de comprovar a cotação de mercado.

PARÁGRAFO ÚNICO. Ocorrendo a hipótese do inciso I deste artigo, a avaliação poderá ser realizada quando houver fundada dúvida do juiz quanto ao real valor do bem.

Art. 872. A avaliação realizada pelo oficial de justiça constará de vistoria e de laudo anexados ao auto de penhora ou, em caso de perícia realizada por avaliador, de laudo apresentado no prazo fixado pelo juiz, devendo-se, em qualquer hipótese, especificar:

I — os bens, com as suas características, e o estado em que se encontram;

II — o valor dos bens.

§ 1º Quando o imóvel for suscetível de cômoda divisão, a avaliação, tendo em conta o crédito reclamado, será realizada em partes, sugerindo-se, com a apresentação de memorial descritivo, os possíveis desmembramentos para alienação.

§ 2º Realizada a avaliação e, sendo o caso, apresentada a proposta de desmembramento, as partes serão ouvidas no prazo de 5 (cinco) dias.

Art. 873. É admitida nova avaliação quando:

I — qualquer das partes arguir, fundamentadamente, a ocorrência de erro na avaliação ou dolo do avaliador;

II — se verificar, posteriormente à avaliação, que houve majoração ou diminuição no valor do bem;

III — o juiz tiver fundada dúvida sobre o valor atribuído ao bem na primeira avaliação.

PARÁGRAFO ÚNICO. Aplica-se o art. 480 à nova avaliação prevista no inciso III do *caput* deste artigo.

Art. 874. Após a avaliação, o juiz poderá, a requerimento do interessado e ouvida a parte contrária, mandar:

I — reduzir a penhora aos bens suficientes ou transferi-la para outros, se o valor dos bens penhorados for consideravelmente superior ao crédito do exequente e dos acessórios;

II — ampliar a penhora ou transferi-la para outros bens mais valiosos, se o valor dos bens penhorados for inferior ao crédito do exequente.

Art. 875. Realizadas a penhora e a avaliação, o juiz dará início aos atos de expropriação do bem.

Seção IV
Da Expropriação de Bens

Subseção I
Da Adjudicação

Art. 876. É lícito ao exequente, oferecendo preço não inferior ao da avaliação, requerer que lhe sejam adjudicados os bens penhorados.

§ 1º Requerida a adjudicação, o executado será intimado do pedido:

I — pelo Diário da Justiça, na pessoa de seu advogado constituído nos autos;

II — por carta com aviso de recebimento, quando representado pela Defensoria Pública ou quando não tiver procurador constituído nos autos;

III — por meio eletrônico, quando, sendo o caso do § 1º do art. 246, não tiver procurador constituído nos autos.

§ 2º Considera-se realizada a intimação quando o executado houver mudado de endereço sem prévia comunicação ao juízo, observado o disposto no art. 274, parágrafo único.

§ 3º Se o executado, citado por edital, não tiver procurador constituído nos autos, é dispensável a intimação prevista no § 1º.

§ 4º Se o valor do crédito for:

I — inferior ao dos bens, o requerente da adjudicação depositará de imediato a diferença, que ficará à disposição do executado;

II — superior ao dos bens, a execução prosseguirá pelo saldo remanescente.

§ 5º Idêntico direito pode ser exercido por aqueles indicados no art. 889, incisos II a VIII, pelos credores concorrentes que hajam penhorado o mesmo bem, pelo cônjuge, pelo companheiro, pelos descendentes ou pelos ascendentes do executado.

§ 6º Se houver mais de um pretendente, proceder-se-á a licitação entre eles, tendo preferência, em caso de igualdade de oferta, o cônjuge, o companheiro, o descendente ou o ascendente, nessa ordem.

§ 7º No caso de penhora de quota social ou de ação de sociedade anônima fechada realizada em favor de exequente alheio à sociedade, esta será intimada, ficando responsável por informar aos sócios a ocorrência da penhora, assegurando-se a estes a preferência.

Art. 877. Transcorrido o prazo de 5 (cinco) dias, contado da última intimação, e decididas eventuais questões, o juiz ordenará a lavratura do auto de adjudicação.

§ 1º Considera-se perfeita e acabada a adjudicação com a lavratura e a assinatura do auto pelo juiz, pelo adjudicatário, pelo escrivão ou chefe de secretaria, e, se estiver presente, pelo executado, expedindo-se:

I — a carta de adjudicação e o mandado de imissão na posse, quando se tratar de bem imóvel;

II — a ordem de entrega ao adjudicatário, quando se tratar de bem móvel.

§ 2º A carta de adjudicação conterá a descrição do imóvel, com remissão à sua matrícula e aos seus registros, a cópia do auto de adjudicação e a prova de quitação do imposto de transmissão.

§ 3º No caso de penhora de bem hipotecado, o executado poderá remi-lo até a assinatura do auto de adjudicação, oferecendo preço igual ao da avaliação, se não tiver havido licitantes, ou ao do maior lance oferecido.

§ 4º Na hipótese de falência ou de insolvência do devedor hipotecário, o direito de remição previsto no § 3º será deferido à massa ou aos credores em concurso, não podendo o exequente recusar o preço da avaliação do imóvel.

Art. 878. Frustradas as tentativas de alienação do bem, será reaberta oportunidade para requerimento de adjudicação, caso em que também se poderá pleitear a realização de nova avaliação.

Subseção II
Da Alienação

Art. 879. A alienação far-se-á:

I — por iniciativa particular;

II — em leilão judicial eletrônico ou presencial.

Art. 880. Não efetivada a adjudicação, o exequente poderá requerer a alienação por sua própria iniciativa ou por intermédio de corretor ou leiloeiro público credenciado perante o órgão judiciário.

§ 1º O juiz fixará o prazo em que a alienação deve ser efetivada, a forma de publicidade, o preço mínimo, as condições de pagamento, as garantias e, se for o caso, a comissão de corretagem.

§ 2º A alienação será formalizada por termo nos autos, com a assinatura do juiz, do exequente, do adquirente e, se estiver presente, do executado, expedindo-se:

I — a carta de alienação e o mandado de imissão na posse, quando se tratar de bem imóvel;

II — a ordem de entrega ao adquirente, quando se tratar de bem móvel.

§ 3º Os tribunais poderão editar disposições complementares sobre o procedimento da alienação prevista neste artigo, admitindo, quando for o caso, o concurso de meios eletrônicos, e dispor sobre o credenciamento dos corretores e leiloeiros públicos, os quais deverão estar em exercício profissional por não menos que 3 (três) anos.

§ 4º Nas localidades em que não houver corretor ou leiloeiro público credenciado nos termos do § 3º, a indicação será de livre escolha do exequente.

Art. 881. A alienação far-se-á em leilão judicial se não efetivada a adjudicação ou a alienação por iniciativa particular.

§ 1º O leilão do bem penhorado será realizado por leiloeiro público.

§ 2º Ressalvados os casos de alienação a cargo de corretores de bolsa de valores, todos os demais bens serão alienados em leilão público.

Art. 882. Não sendo possível a sua realização por meio eletrônico, o leilão será presencial.

§ 1º A alienação judicial por meio eletrônico será realizada, observando-se as garantias processuais das partes, de acordo com regulamentação específica do Conselho Nacional de Justiça.

§ 2º A alienação judicial por meio eletrônico deverá atender aos requisitos de ampla publicidade, autenticidade e segurança, com observância das regras estabelecidas na legislação sobre certificação digital.

§ 3º O leilão presencial será realizado no local designado pelo juiz.

Art. 883. Caberá ao juiz a designação do leiloeiro público, que poderá ser indicado pelo exequente.

Art. 884. Incumbe ao leiloeiro público:

I — publicar o edital, anunciando a alienação;

II — realizar o leilão onde se encontrem os bens ou no lugar designado pelo juiz;

III — expor aos pretendentes os bens ou as amostras das mercadorias;

IV — receber e depositar, dentro de 1 (um) dia, à ordem do juiz, o produto da alienação;

V — prestar contas nos 2 (dois) dias subsequentes ao depósito.

PARÁGRAFO ÚNICO. O leiloeiro tem o direito de receber do arrematante a comissão estabelecida em lei ou arbitrada pelo juiz.

Art. 885. O juiz da execução estabelecerá o preço mínimo, as condições de pagamento e as garantias que poderão ser prestadas pelo arrematante.

Art. 886. O leilão será precedido de publicação de edital, que conterá:

I — a descrição do bem penhorado, com suas características, e, tratando-se de imóvel, sua situação e suas divisas, com remissão à matrícula e aos registros;

II — o valor pelo qual o bem foi avaliado, o preço mínimo pelo qual poderá ser alienado, as condições de pagamento e, se for o caso, a comissão do leiloeiro designado;

III — o lugar onde estiverem os móveis, os veículos e os semoventes e, tratando-se de créditos ou direitos, a identificação dos autos do processo em que foram penhorados;

IV — o sítio, na rede mundial de computadores, e o período em que se realizará o leilão, salvo se este se der de modo presencial, hipótese em que serão indicados o local, o dia e a hora de sua realização;

V — a indicação de local, dia e hora de segundo leilão presencial, para a hipótese de não haver interessado no primeiro;

VI — menção da existência de ônus, recurso ou processo pendente sobre os bens a serem leiloados.

PARÁGRAFO ÚNICO. No caso de títulos da dívida pública e de títulos negociados em bolsa, constará do edital o valor da última cotação.

Art. 887. O leiloeiro público designado adotará providências para a ampla divulgação da alienação.

§ 1º A publicação do edital deverá ocorrer pelo menos 5 (cinco) dias antes da data marcada para o leilão.

§ 2º O edital será publicado na rede mundial de computadores, em sítio designado pelo juízo da execução, e conterá descrição detalhada e, sempre que possível, ilustrada dos bens, informando expressamente se o leilão se realizará de forma eletrônica ou presencial.

§ 3º Não sendo possível a publicação na rede mundial de computadores ou considerando o juiz, em atenção às condições da sede do juízo, que esse modo de divulgação é insuficiente ou inadequado, o edital será afixado em local de costume e publicado, em resumo, pelo menos uma vez em jornal de ampla circulação local.

§ 4º Atendendo ao valor dos bens e às condições da sede do juízo, o juiz poderá alterar a forma e a frequência da publicidade na imprensa, mandar publicar o edital em local de ampla circulação de pessoas e divulgar avisos em emissora de rádio ou televisão local, bem como em sítios distintos do indicado no § 2º.

§ 5º Os editais de leilão de imóveis e de veículos automotores serão publicados pela imprensa ou por outros meios de divulgação, preferencialmente na seção ou no local reservados à publicidade dos respectivos negócios.

§ 6º O juiz poderá determinar a reunião de publicações em listas referentes a mais de uma execução.

Art. 888. Não se realizando o leilão por qualquer motivo, o juiz mandará publicar a transferência, observando-se o disposto no art. 887.

PARÁGRAFO ÚNICO. O escrivão, o chefe de secretaria ou o leiloeiro que culposamente der causa à transferência responde pelas despesas da nova publicação, podendo o juiz aplicar-lhe a pena de suspensão por 5 (cinco) dias a 3 (três) meses, em procedimento administrativo regular.

Art. 889. Serão cientificados da alienação judicial, com pelo menos 5 (cinco) dias de antecedência:

I — o executado, por meio de seu advogado ou, se não tiver procurador constituído nos autos, por carta registrada, mandado, edital ou outro meio idôneo;

II — o coproprietário de bem indivisível do qual tenha sido penhorada fração ideal;

III — o titular de usufruto, uso, habitação, enfiteuse, direito de superfície, concessão de uso especial para fins de moradia ou concessão de direito real de uso, quando a penhora recair sobre bem gravado com tais direitos reais;

IV — o proprietário do terreno submetido ao regime de direito de superfície, enfiteuse, concessão de uso especial para fins de moradia ou concessão de direito real de uso, quando a penhora recair sobre tais direitos reais;

V — o credor pignoratício, hipotecário, anticrético, fiduciário ou com penhora anteriormente averbada, quando a penhora recair sobre bens com tais gravames, caso não seja o credor, de qualquer modo, parte na execução;

VI — o promitente comprador, quando a penhora recair sobre bem em relação ao qual haja promessa de compra e venda registrada;

VII — o promitente vendedor, quando a penhora recair sobre direito aquisitivo derivado de promessa de compra e venda registrada;

VIII — a União, o Estado e o Município, no caso de alienação de bem tombado.

PARÁGRAFO ÚNICO. Se o executado for revel e não tiver advogado constituído, não constando dos autos seu endereço atual ou, ainda, não sendo ele encontrado no endereço constante do processo, a intimação considerar-se-á feita por meio do próprio edital de leilão.

Art. 890. Pode oferecer lance quem estiver na livre administração de seus bens, com exceção:

I — dos tutores, dos curadores, dos testamenteiros, dos administradores ou dos liquidantes, quanto aos bens confiados à sua guarda e à sua responsabilidade;

II — dos mandatários, quanto aos bens de cuja administração ou alienação estejam encarregados;

III — do juiz, do membro do Ministério Público e da Defensoria Pública, do escrivão, do chefe de secretaria e dos demais servidores e auxiliares da justiça, em relação aos bens e direitos objeto de alienação na localidade onde servirem ou a que se estender a sua autoridade;

IV — dos servidores públicos em geral, quanto aos bens ou aos direitos da pessoa jurídica a que servirem ou que estejam sob sua administração direta ou indireta;

V — dos leiloeiros e seus prepostos, quanto aos bens de cuja venda estejam encarregados;

VI — dos advogados de qualquer das partes.

Art. 891. Não será aceito lance que ofereça preço vil.

PARÁGRAFO ÚNICO. Considera-se vil o preço inferior ao mínimo estipulado pelo juiz e constante do edital, e, não tendo sido fixado preço mínimo, considera-se vil o preço inferior a cinquenta por cento do valor da avaliação.

Art. 892. Salvo pronunciamento judicial em sentido diverso, o pagamento deverá ser realizado de imediato pelo arrematante, por depósito judicial ou por meio eletrônico.

§ 1º Se o exequente arrematar os bens e for o único credor, não estará obrigado a exibir o preço, mas, se o valor dos bens exceder ao seu crédito, depositará, dentro de 3 (três) dias, a diferença, sob pena de tornar-se sem efeito a arrematação, e, nesse caso, realizar-se-á novo leilão, à custa do exequente.

§ 2º Se houver mais de um pretendente, proceder-se-á entre eles à licitação, e, no caso de igualdade de oferta, terá preferência o cônjuge, o companheiro, o descendente ou o ascendente do executado, nessa ordem.

§ 3º No caso de leilão de bem tombado, a União, os Estados e os Municípios terão, nessa ordem, o direito de preferência na arrematação, em igualdade de oferta.

Art. 893. Se o leilão for de diversos bens e houver mais de um lançador, terá preferência aquele que se propuser a arrematá-los todos, em conjunto, oferecendo, para os bens que não tiverem lance, preço igual ao da avaliação e, para os demais, preço igual ao do maior lance que, na tentativa de arrematação individualizada, tenha sido oferecido para eles.

Art. 894. Quando o imóvel admitir cômoda divisão, o juiz, a requerimento do executado, ordenará a alienação judicial de parte dele, desde que suficiente para o pagamento do exequente e para a satisfação das despesas da execução.

§ 1º Não havendo lançador, far-se-á a alienação do imóvel em sua integridade.

§ 2º A alienação por partes deverá ser requerida a tempo de permitir a avaliação das glebas destacadas e sua inclusão no edital, e, nesse caso, caberá ao executado instruir o requerimento com planta e memorial descritivo subscritos por profissional habilitado.

Art. 895. O interessado em adquirir o bem penhorado em prestações poderá apresentar, por escrito:

I — até o início do primeiro leilão, proposta de aquisição do bem por valor não inferior ao da avaliação;

II — até o início do segundo leilão, proposta de aquisição do bem por valor que não seja considerado vil.

§ 1º A proposta conterá, em qualquer hipótese, oferta de pagamento de pelo menos vinte e cinco por cento do valor do lance à vista e o restante parcelado em até 30 (trinta) meses, garantido por caução idônea, quando se tratar de móveis, e por hipoteca do próprio bem, quando se tratar de imóveis.

§ 2º As propostas para aquisição em prestações indicarão o prazo, a modalidade, o indexador de correção monetária e as condições de pagamento do saldo.

§ 3º (VETADO).

§ 4º No caso de atraso no pagamento de qualquer das prestações, incidirá multa de dez por cento sobre a soma da parcela inadimplida com as parcelas vincendas.

§ 5º O inadimplemento autoriza o exequente a pedir a resolução da arrematação ou promover, em face do arrematante, a execução do valor devido, devendo ambos os pedidos ser formulados nos autos da execução em que se deu a arrematação.

§ 6º A apresentação da proposta prevista neste artigo não suspende o leilão.

§ 7º A proposta de pagamento do lance à vista sempre prevalecerá sobre as propostas de pagamento parcelado.

§ 8º Havendo mais de uma proposta de pagamento parcelado:

I — em diferentes condições, o juiz decidirá pela mais vantajosa, assim compreendida, sempre, a de maior valor;

II — em iguais condições, o juiz decidirá pela formulada em primeiro lugar.

§ 9º No caso de arrematação a prazo, os pagamentos feitos pelo arrematante pertencerão ao exequente até o limite de seu crédito, e os subsequentes, ao executado.

Art. 896. Quando o imóvel de incapaz não alcançar em leilão pelo menos oitenta por cento do valor da avaliação, o juiz o confiará à guarda e à administração de depositário idôneo, adiando a alienação por prazo não superior a 1 (um) ano.

§ 1º Se, durante o adiamento, algum pretendente assegurar, mediante caução idônea, o preço da avaliação, o juiz ordenará a alienação em leilão.

§ 2º Se o pretendente à arrematação se arrepender, o juiz impor-lhe-á multa de vinte por cento sobre o valor da avaliação, em benefício do incapaz, valendo a decisão como título executivo.

§ 3º Sem prejuízo do disposto nos §§ 1º e 2º, o juiz poderá autorizar a locação do imóvel no prazo do adiamento.

§ 4º Findo o prazo do adiamento, o imóvel será submetido a novo leilão.

Art. 897. Se o arrematante ou seu fiador não pagar o preço no prazo estabelecido, o juiz impor-lhe-á, em favor do exequente, a perda da caução, voltando os bens a novo leilão, do qual não serão admitidos a participar o arrematante e o fiador remissos.

Art. 898. O fiador do arrematante que pagar o valor do lance e a multa poderá requerer que a arrematação lhe seja transferida.

Art. 899. Será suspensa a arrematação logo que o produto da alienação dos bens for suficiente para o pagamento do credor e para a satisfação das despesas da execução.

Art. 900. O leilão prosseguirá no dia útil imediato, à mesma hora em que teve início, independentemente de novo edital, se for ultrapassado o horário de expediente forense.

Art. 901. A arrematação constará de auto que será lavrado de imediato e poderá abranger bens penhorados em mais de uma execução, nele mencionadas as condições nas quais foi alienado o bem.

§ 1º A ordem de entrega do bem móvel ou a carta de arrematação do bem imóvel, com o respectivo mandado de imissão na posse, será expedida depois de efetuado o depósito ou prestadas as garantias pelo arrematante, bem como realizado o pagamento da comissão do leiloeiro e das demais despesas da execução.

§ 2º A carta de arrematação conterá a descrição do imóvel, com remissão à sua matrícula ou individuação e aos seus registros, a cópia do auto de arrematação e a prova de pagamento do imposto de transmissão, além da indicação da existência de eventual ônus real ou gravame.

Art. 902. No caso de leilão de bem hipotecado, o executado poderá remi-lo até a assinatura do auto de arrematação, oferecendo preço igual ao do maior lance oferecido.

PARÁGRAFO ÚNICO. No caso de falência ou insolvência do devedor hipotecário, o direito de remição previsto no *caput* defere-se à massa ou aos credores em concurso, não podendo o exequente recusar o preço da avaliação do imóvel.

Art. 903. Qualquer que seja a modalidade de leilão, assinado o auto pelo juiz, pelo arrematante e pelo leiloeiro, a arrematação será considerada perfeita, acabada e irretratável, ainda que venham a ser julgados procedentes os embargos do executado ou a ação autônoma de que trata o § 4º deste artigo, assegurada a possibilidade de reparação pelos prejuízos sofridos.

§ 1º Ressalvadas outras situações previstas neste Código, a arrematação poderá, no entanto, ser:

I — invalidada, quando realizada por preço vil ou com outro vício;

II — considerada ineficaz, se não observado o disposto no art. 804;

III — resolvida, se não for pago o preço ou se não for prestada a caução.

§ 2º O juiz decidirá acerca das situações referidas no § 1º, se for provocado em até 10 (dez) dias após o aperfeiçoamento da arrematação.

§ 3º Passado o prazo previsto no § 2º sem que tenha havido alegação de qualquer das situações previstas no § 1º, será expedida a carta de arrematação e, conforme o caso, a ordem de entrega ou mandado de imissão na posse.

§ 4º Após a expedição da carta de arrematação ou da ordem de entrega, a invalidação da arrematação poderá ser pleiteada por ação autônoma, em cujo processo o arrematante figurará como litisconsorte necessário.

§ 5º O arrematante poderá desistir da arrematação, sendo-lhe imediatamente devolvido o depósito que tiver feito:

I — se provar, nos 10 (dez) dias seguintes, a existência de ônus real ou gravame não mencionado no edital;

II — se, antes de expedida a carta de arrematação ou a ordem de entrega, o executado alegar alguma das situações previstas no § 1º;

III — uma vez citado para responder a ação autônoma de que trata o § 4º deste artigo, desde que apresente a desistência no prazo de que dispõe para responder a essa ação.

§ 6º Considera-se ato atentatório à dignidade da justiça a suscitação infundada de vício com o objetivo de ensejar a desistência do arrematante, devendo o suscitante ser condenado, sem prejuízo da responsabilidade por perdas e danos, ao pagamento de multa, a ser fixada pelo juiz e devida ao exequente, em montante não superior a vinte por cento do valor atualizado do bem.

Seção V
Da Satisfação do Crédito

Art. 904. A satisfação do crédito exequendo far-se-á:

I — pela entrega do dinheiro;

II — pela adjudicação dos bens penhorados.

Art. 905. O juiz autorizará que o exequente levante, até a satisfação integral de seu crédito, o dinheiro depositado para segurar o juízo ou o produto dos bens alienados, bem como do faturamento de empresa ou de outros frutos e rendimentos de coisas ou empresas penhoradas, quando:

I — a execução for movida só a benefício do exequente singular, a quem, por força da penhora, cabe o direito de preferência sobre os bens penhorados e alienados;

II — não houver sobre os bens alienados outros privilégios ou preferências instituídos anteriormente à penhora.

PARÁGRAFO ÚNICO. Durante o plantão judiciário, veda-se a concessão de pedidos de levantamento de importância em dinheiro ou valores ou de liberação de bens apreendidos.

Art. 906. Ao receber o mandado de levantamento, o exequente dará ao executado, por termo nos autos, quitação da quantia paga.

PARÁGRAFO ÚNICO. A expedição de mandado de levantamento poderá ser substituída pela transferência eletrônica do valor depositado em conta vinculada ao juízo para outra indicada pelo exequente.

Art. 907. Pago ao exequente o principal, os juros, as custas e os honorários, a importância que sobrar será restituída ao executado.

Art. 908. Havendo pluralidade de credores ou exequentes, o dinheiro lhes será distribuído e entregue consoante a ordem das respectivas preferências.

§ 1º No caso de adjudicação ou alienação, os créditos que recaem sobre o bem, inclusive os de natureza propter rem, sub-rogam-se sobre o respectivo preço, observada a ordem de preferência.

§ 2º Não havendo título legal à preferência, o dinheiro será distribuído entre os concorrentes, observando-se a anterioridade de cada penhora.

Art. 909. Os exequentes formularão as suas pretensões, que versarão unicamente sobre o direito de preferência e a anterioridade da penhora, e, apresentadas as razões, o juiz decidirá.

CAPÍTULO V
Da Execução contra a Fazenda Pública

Art. 910. Na execução fundada em título extrajudicial, a Fazenda Pública será citada para opor embargos em 30 (trinta) dias.

§ 1º Não opostos embargos ou transitada em julgado a decisão que os rejeitar, expedir-se-á precatório ou requisição de pequeno valor em favor do exequente, observando-se o disposto no art. 100 da Constituição Federal.

§ 2º Nos embargos, a Fazenda Pública poderá alegar qualquer matéria que lhe seria lícito deduzir como defesa no processo de conhecimento.

§ 3º Aplica-se a este Capítulo, no que couber, o disposto nos artigos 534 e 535.

CAPÍTULO VI
Da Execução de Alimentos

Art. 911. Na execução fundada em título executivo extrajudicial que contenha obrigação alimentar, o juiz mandará citar o executado para, em 3 (três) dias, efetuar o pagamento das parcelas anteriores ao início da execução e das que se vencerem no seu curso, provar que o fez ou justificar a impossibilidade de fazê-lo.

PARÁGRAFO ÚNICO. Aplicam-se, no que couber, os §§ 2º a 7º do art. 528.

Art. 912. Quando o executado for funcionário público, militar, diretor ou gerente de empresa, bem como empregado sujeito à legislação do trabalho, o exequente poderá requerer o desconto em folha de pagamento de pessoal da importância da prestação alimentícia.

§ 1º Ao despachar a inicial, o juiz oficiará à autoridade, à empresa ou ao empregador, determinando, sob pena de crime de desobediência, o desconto a partir da primeira remuneração posterior do executado, a contar do protocolo do ofício.

§ 2º O ofício conterá os nomes e o número de inscrição no Cadastro de Pessoas Físicas do exequente e do executado, a importância a ser descontada mensalmente, a conta na qual deve ser feito o depósito e, se for o caso, o tempo de sua duração.

Art. 913. Não requerida a execução nos termos deste Capítulo, observar-se-á o disposto no art. 824 e seguintes, com a ressalva de que, recaindo a penhora em dinheiro, a concessão de efeito suspensivo aos embargos à execução não obsta a que o exequente levante mensalmente a importância da prestação.

TÍTULO III
Dos Embargos à Execução

Art. 914. O executado, independentemente de penhora, depósito ou caução, poderá se opor à execução por meio de embargos.

§ 1º Os embargos à execução serão distribuídos por dependência, autuados em apartado e instruídos com cópias das peças processuais relevantes, que poderão ser declaradas autênticas pelo próprio advogado, sob sua responsabilidade pessoal.

§ 2º Na execução por carta, os embargos serão oferecidos no juízo deprecante ou no juízo deprecado, mas a competência para julgá-los é do juízo deprecante, salvo se versarem unicamente sobre vícios ou defeitos da penhora, da avaliação ou da alienação dos bens efetuadas no juízo deprecado.

Art. 915. Os embargos serão oferecidos no prazo de 15 (quinze) dias, contado, conforme o caso, na forma do art. 231.

§ 1º Quando houver mais de um executado, o prazo para cada um deles embargar conta-se a partir da juntada do respectivo comprovante da citação, salvo no caso de cônjuges ou de companheiros, quando será contado a partir da juntada do último.

§ 2º Nas execuções por carta, o prazo para embargos será contado:

I — da juntada, na carta, da certificação da citação, quando versarem unicamente sobre vícios ou defeitos da penhora, da avaliação ou da alienação dos bens;

II — da juntada, nos autos de origem, do comunicado de que trata o § 4º deste artigo ou, não havendo este, da juntada da carta devidamente cumprida, quando versarem sobre questões diversas da prevista no inciso I deste parágrafo.

§ 3º Em relação ao prazo para oferecimento dos embargos à execução, não se aplica o disposto no art. 229.

§ 4º Nos atos de comunicação por carta precatória, rogatória ou de ordem, a realização da citação será imediatamente informada, por meio eletrônico, pelo juiz deprecado ao juiz deprecante.

Art. 916. No prazo para embargos, reconhecendo o crédito do exequente e comprovando o depósito de trinta por cento do valor em execução, acrescido de custas e de honorários de advogado, o executado poderá requerer que lhe seja permitido pagar o restante em até 6 (seis) parcelas mensais, acrescidas de correção monetária e de juros de um por cento ao mês.

§ 1º O exequente será intimado para manifestar-se sobre o preenchimento dos pressupostos do *caput*, e o juiz decidirá o requerimento em 5 (cinco) dias.

§ 2º Enquanto não apreciado o requerimento, o executado terá de depositar as parcelas vincendas, facultado ao exequente seu levantamento.

§ 3º Deferida a proposta, o exequente levantará a quantia depositada, e serão suspensos os atos executivos.

§ 4º Indeferida a proposta, seguir-se-ão os atos executivos, mantido o depósito, que será convertido em penhora.

§ 5º O não pagamento de qualquer das prestações acarretará cumulativamente:

I — o vencimento das prestações subsequentes e o prosseguimento do processo, com o imediato reinício dos atos executivos;

II — a imposição ao executado de multa de dez por cento sobre o valor das prestações não pagas.

§ 6º A opção pelo parcelamento de que trata este artigo importa renúncia ao direito de opor embargos

§ 7º O disposto neste artigo não se aplica ao cumprimento da sentença.

Art. 917. Nos embargos à execução, o executado poderá alegar:

I — inexequibilidade do título ou inexigibilidade da obrigação;

II — penhora incorreta ou avaliação errônea;

III — excesso de execução ou cumulação indevida de execuções;

IV — retenção por benfeitorias necessárias ou úteis, nos casos de execução para entrega de coisa certa;

V — incompetência absoluta ou relativa do juízo da execução;

VI — qualquer matéria que lhe seria lícito deduzir como defesa em processo de conhecimento.

§ 1º A incorreção da penhora ou da avaliação poderá ser impugnada por simples petição, no prazo de 15 (quinze) dias, contado da ciência do ato.

§ 2º Há excesso de execução quando:

I — o exequente pleiteia quantia superior à do título;

II — ela recai sobre coisa diversa daquela declarada no título;

III — ela se processa de modo diferente do que foi determinado no título;

IV — o exequente, sem cumprir a prestação que lhe corresponde, exige o adimplemento da prestação do executado;

V — o exequente não prova que a condição se realizou.

§ 3º Quando alegar que o exequente, em excesso de execução, pleiteia quantia superior à do título, o embargante declarará na petição inicial o valor que entende correto, apresentando demonstrativo discriminado e atualizado de seu cálculo.

§ 4º Não apontado o valor correto ou não apresentado o demonstrativo, os embargos à execução:

I — serão liminarmente rejeitados, sem resolução de mérito, se o excesso de execução for o seu único fundamento;

II — serão processados, se houver outro fundamento, mas o juiz não examinará a alegação de excesso de execução.

§ 5º Nos embargos de retenção por benfeitorias, o exequente poderá requerer a compensação de seu valor com o dos frutos ou dos danos considerados devidos pelo executado, cumprindo ao juiz, para a apuração dos respectivos valores, nomear perito, observando-se, então, o art. 464.

§ 6º O exequente poderá a qualquer tempo ser imitido na posse da coisa, prestando caução ou depositando o valor devido pelas benfeitorias ou resultante da compensação.

§ 7º A arguição de impedimento e suspeição observará o disposto nos arts. 146 e 148.

Art. 918. O juiz rejeitará liminarmente os embargos:

I — quando intempestivos;

II — nos casos de indeferimento da petição inicial e de improcedência liminar do pedido;

III — manifestamente protelatórios.

PARÁGRAFO ÚNICO. Considera-se conduta atentatória à dignidade da justiça o oferecimento de embargos manifestamente protelatórios.

Art. 919. Os embargos à execução não terão efeito suspensivo.

§ 1º O juiz poderá, a requerimento do embargante, atribuir efeito suspensivo aos embargos quando verificados os requisitos para a concessão da tutela provisória e desde que a execução já esteja garantida por penhora, depósito ou caução suficientes.

§ 2º Cessando as circunstâncias que a motivaram, a decisão relativa aos efeitos dos embargos poderá, a requerimento da parte, ser modificada ou revogada a qualquer tempo, em decisão fundamentada.

§ 3º Quando o efeito suspensivo atribuído aos embargos disser respeito apenas a parte do objeto da execução, esta prosseguirá quanto à parte restante.

§ 4º A concessão de efeito suspensivo aos embargos oferecidos por um dos executados não suspenderá a execução contra os que não embargaram quando o respectivo fundamento disser respeito exclusivamente ao embargante.

§ 5º A concessão de efeito suspensivo não impedirá a efetivação dos atos de substituição, de reforço ou de redução da penhora e de avaliação dos bens.

Art. 920. Recebidos os embargos:

I — o exequente será ouvido no prazo de 15 (quinze) dias;

II — a seguir, o juiz julgará imediatamente o pedido ou designará audiência;

III — encerrada a instrução, o juiz proferirá sentença.

TÍTULO IV
Da Suspensão e da Extinção do Processo de Execução

CAPÍTULO I
Da Suspensão do Processo de Execução

Art. 921. Suspende-se a execução:

I — nas hipóteses dos arts. 313 e 315, no que couber;

II — no todo ou em parte, quando recebidos com efeito suspensivo os embargos à execução;

III — quando o executado não possuir bens penhoráveis;

IV — se a alienação dos bens penhorados não se realizar por falta de licitantes e o exequente, em 15 (quinze) dias, não requerer a adjudicação nem indicar outros bens penhoráveis;

V — quando concedido o parcelamento de que trata o art. 916.

§ 1º Na hipótese do inciso III, o juiz suspenderá a execução pelo prazo de 1 (um) ano, durante o qual se suspenderá a prescrição.

§ 2º Decorrido o prazo máximo de 1 (um) ano sem que seja localizado o executado ou que sejam encontrados bens penhoráveis, o juiz ordenará o arquivamento dos autos.

§ 3º Os autos serão desarquivados para prosseguimento da execução se a qualquer tempo forem encontrados bens penhoráveis.

§ 4º Decorrido o prazo de que trata o § 1º sem manifestação do exequente, começa a correr o prazo de prescrição intercorrente.

§ 5º O juiz, depois de ouvidas as partes, no prazo de 15 (quinze) dias, poderá, de ofício, reconhecer a prescrição de que trata o § 4º e extinguir o processo.

Art. 922. Convindo as partes, o juiz declarará suspensa a execução durante o prazo concedido pelo exequente para que o executado cumpra voluntariamente a obrigação.

PARÁGRAFO ÚNICO. Findo o prazo sem cumprimento da obrigação, o processo retomará o seu curso.

Art. 923. Suspensa a execução, não serão praticados atos processuais, podendo o juiz, entretanto, salvo no caso de arguição de impedimento ou de suspeição, ordenar providências urgentes.

CAPÍTULO II
Da Extinção do Processo de Execução

Art. 924. Extingue-se a execução quando:

I — a petição inicial for indeferida;

II — a obrigação for satisfeita;

III — o executado obtiver, por qualquer outro meio, a extinção total da dívida;

IV — o exequente renunciar ao crédito;

V — ocorrer a prescrição intercorrente.

Art. 925. A extinção só produz efeito quando declarada por sentença.

LIVRO III
DOS PROCESSOS NOS TRIBUNAIS E DOS MEIOS DE IMPUGNAÇÃO DAS DECISÕES JUDICIAIS

TÍTULO I
Da Ordem dos Processos e dos Processos de Competência Originária dos Tribunais

CAPÍTULO I
Disposições Gerais

Art. 926. Os tribunais devem uniformizar sua jurisprudência e mantê-la estável, íntegra e coerente.

§ 1º Na forma estabelecida e segundo os pressupostos fixados no regimento interno, os tribunais editarão enunciados de súmula correspondentes a sua jurisprudência dominante.

§ 2º Ao editar enunciados de súmula, os tribunais devem ater-se às circunstâncias fáticas dos precedentes que motivaram sua criação.

Art. 927. Os juízes e os tribunais observarão:

I — as decisões do Supremo Tribunal Federal em controle concentrado de constitucionalidade;

II — os enunciados de súmula vinculante;

III — os acórdãos em incidente de assunção de competência ou de resolução de demandas repetitivas e em julgamento de recursos extraordinário e especial repetitivos;

IV — os enunciados das súmulas do Supremo Tribunal Federal em matéria constitucional e do Superior Tribunal de Justiça em matéria infraconstitucional;

V — a orientação do plenário ou do órgão especial aos quais estiverem vinculados.

§ 1º Os juízes e os tribunais observarão o disposto no art. 10 e no art. 489, § 1º, quando decidirem com fundamento neste artigo.

§ 2º A alteração de tese jurídica adotada em enunciado de súmula ou em julgamento de casos repetitivos poderá ser precedida de audiências públicas e da participação de pessoas, órgãos ou entidades que possam contribuir para a rediscussão da tese.

§ 3º Na hipótese de alteração de jurisprudência dominante do Supremo Tribunal Federal e dos tribunais superiores ou daquela oriunda de julgamento de casos repetitivos, pode haver modulação dos efeitos da alteração no interesse social e no da segurança jurídica.

§ 4º A modificação de enunciado de súmula, de jurisprudência pacificada ou de tese adotada em julgamento de casos repetitivos observará a necessidade de fundamentação adequada e específica, considerando os princípios da segurança jurídica, da proteção da confiança e da isonomia.

§ 5º Os tribunais darão publicidade a seus precedentes, organizando-os por questão jurídica decidida e divulgando-os, preferencialmente, na rede mundial de computadores.

Art. 928. Para os fins deste Código, considera-se julgamento de casos repetitivos a decisão proferida em:

I — incidente de resolução de demandas repetitivas;

II — recursos especial e extraordinário repetitivos.

PARÁGRAFO ÚNICO. O julgamento de casos repetitivos tem por objeto questão de direito material ou processual.

CAPÍTULO II
Da Ordem dos Processos no Tribunal

Art. 929. Os autos serão registrados no protocolo do tribunal no dia de sua entrada, cabendo à secretaria ordená-los, com imediata distribuição.

PARÁGRAFO ÚNICO. A critério do tribunal, os serviços de protocolo poderão ser descentralizados, mediante delegação a ofícios de justiça de primeiro grau.

Art. 930. Far-se-á a distribuição de acordo com o regimento interno do tribunal, observando-se a alternatividade, o sorteio eletrônico e a publicidade.

PARÁGRAFO ÚNICO. O primeiro recurso protocolado no tribunal tornará prevento o relator para eventual recurso subsequente interposto no mesmo processo ou em processo conexo.

Art. 931. Distribuídos, os autos serão imediatamente conclusos ao relator, que, em 30 (trinta) dias, depois de elaborar o voto, restituí-los-á, com relatório, à secretaria.

Art. 932. Incumbe ao relator:

I — dirigir e ordenar o processo no tribunal, inclusive em relação à produção de prova, bem como, quando for o caso, homologar autocomposição das partes;

II — apreciar o pedido de tutela provisória nos recursos e nos processos de competência originária do tribunal;

III — não conhecer de recurso inadmissível, prejudicado ou que não tenha impugnado especificamente os fundamentos da decisão recorrida;

IV — negar provimento a recurso que for contrário a:

a) súmula do Supremo Tribunal Federal, do Superior Tribunal de Justiça ou do próprio tribunal;

b) acórdão proferido pelo Supremo Tribunal Federal ou pelo Superior Tribunal de Justiça em julgamento de recursos repetitivos;

c) entendimento firmado em incidente de resolução de demandas repetitivas ou de assunção de competência;

V — depois de facultada a apresentação de contrarrazões, dar provimento ao recurso se a decisão recorrida for contrária a:

a) súmula do Supremo Tribunal Federal, do Superior Tribunal de Justiça ou do próprio tribunal;

b) acórdão proferido pelo Supremo Tribunal Federal ou pelo Superior Tribunal de Justiça em julgamento de recursos repetitivos;

c) entendimento firmado em incidente de resolução de demandas repetitivas ou de assunção de competência;

VI — decidir o incidente de desconsideração da personalidade jurídica, quando este for instaurado originariamente perante o tribunal;

VII — determinar a intimação do Ministério Público, quando for o caso;

VIII — exercer outras atribuições estabelecidas no regimento interno do tribunal.

PARÁGRAFO ÚNICO. Antes de considerar inadmissível o recurso, o relator concederá o prazo de 5 (cinco) dias ao recorrente para que seja sanado vício ou complementada a documentação exigível.

Art. 933. Se o relator constatar a ocorrência de fato superveniente à decisão recorrida ou a existência de questão apreciável de ofício ainda não examinada que devam ser considerados no julgamento do recurso, intimará as partes para que se manifestem no prazo de 5 (cinco) dias.

§ 1º Se a constatação ocorrer durante a sessão de julgamento, esse será imediatamente suspenso a fim de que as partes se manifestem especificamente.

§ 2º Se a constatação se der em vista dos autos, deverá o juiz que a solicitou encaminhá-los ao relator, que tomará as providências previstas no *caput* e, em seguida, solicitará a inclusão do feito em pauta para prosseguimento do julgamento, com submissão integral da nova questão aos julgadores.

Art. 934. Em seguida, os autos serão apresentados ao presidente, que designará dia para julgamento, ordenando, em todas as hipóteses previstas neste Livro, a publicação da pauta no órgão oficial.

Art. 935. Entre a data de publicação da pauta e a da sessão de julgamento decorrerá, pelo menos, o prazo de 5 (cinco) dias, incluindo-se em nova pauta os processos que não tenham sido julgados, salvo aqueles cujo julgamento tiver sido expressamente adiado para a primeira sessão seguinte.

§ 1º Às partes será permitida vista dos autos em cartório após a publicação da pauta de julgamento.

§ 2º Afixar-se-á a pauta na entrada da sala em que se realizar a sessão de julgamento.

Art. 936. Ressalvadas as preferências legais e regimentais, os recursos, a remessa necessária e os processos de competência originária serão julgados na seguinte ordem:

I — aqueles nos quais houver sustentação oral, observada a ordem dos requerimentos;

II — os requerimentos de preferência apresentados até o início da sessão de julgamento;

III — aqueles cujo julgamento tenha iniciado em sessão anterior; e

IV — os demais casos.

Art. 937. Na sessão de julgamento, depois da exposição da causa pelo relator, o presidente dará a palavra, sucessivamente, ao recorrente, ao recorrido e, nos casos de sua intervenção, ao membro do Ministério Público, pelo prazo improrrogável de 15 (quinze) minutos para cada um, a fim de sustentarem suas razões, nas seguintes hipóteses, nos termos da parte final do *caput* do art. 1.021:

I — no recurso de apelação;

II — no recurso ordinário;

III — no recurso especial;

IV — no recurso extraordinário;

V — nos embargos de divergência;

VI — na ação rescisória, no mandado de segurança e na reclamação;

VII — (VETADO);

VIII — no agravo de instrumento interposto contra decisões interlocutórias que versem sobre tutelas provisórias de urgência ou da evidência;

IX — em outras hipóteses previstas em lei ou no regimento interno do tribunal.

§ 1º A sustentação oral no incidente de resolução de demandas repetitivas observará o disposto no art. 984, no que couber.

§ 2º O procurador que desejar proferir sustentação oral poderá requerer, até o início da sessão, que o processo seja julgado em primeiro lugar, sem prejuízo das preferências legais.

§ 3º Nos processos de competência originária previstos no inciso VI, caberá sustentação oral no agravo interno interposto contra decisão de relator que o extinga.

§ 4º É permitido ao advogado com domicílio profissional em cidade diversa daquela onde está sediado o tribunal realizar sustentação oral por meio de videoconferência ou outro recurso tecnológico de transmissão de sons e imagens em tempo real, desde que o requeira até o dia anterior ao da sessão.

Art. 938. A questão preliminar suscitada no julgamento será decidida antes do mérito, deste não se conhecendo caso seja incompatível com a decisão.

§ 1º Constatada a ocorrência de vício sanável, inclusive aquele que possa ser conhecido de ofício, o relator determinará a realização ou a renovação do ato processual, no próprio tribunal ou em primeiro grau de jurisdição, intimadas as partes.

§ 2º Cumprida a diligência de que trata o § 1º, o relator, sempre que possível, prosseguirá no julgamento do recurso.

§ 3º Reconhecida a necessidade de produção de prova, o relator converterá o julgamento em diligência, que se realizará no tribunal ou em primeiro grau de jurisdição, decidindo-se o recurso após a conclusão da instrução.

§ 4º Quando não determinadas pelo relator, as providências indicadas nos §§ 1º e 3º poderão ser determinadas pelo órgão competente para julgamento do recurso.

Art. 939. Se a preliminar for rejeitada ou se a apreciação do mérito for com ela compatível, seguir-se-ão a discussão e o julgamento da matéria principal, sobre a qual deverão se pronunciar os juízes vencidos na preliminar.

Art. 940. O relator ou outro juiz que não se considerar habilitado a proferir imediatamente seu voto poderá solicitar vista pelo prazo máximo de 10 (dez) dias, após o qual o recurso será reincluído em pauta para julgamento na sessão seguinte à data da devolução.

§ 1º Se os autos não forem devolvidos tempestivamente ou se não for solicitada pelo juiz prorrogação de prazo de no máximo mais 10 (dez) dias, o presidente do órgão fracionário os requisitará para julgamento do recurso na sessão ordinária subsequente, com publicação da pauta em que for incluído.

§ 2º Quando requisitar os autos na forma do § 1º, se aquele que fez o pedido de vista ainda não se sentir habilitado a votar, o presidente convocará substituto para proferir voto, na forma estabelecida no regimento interno do tribunal.

Art. 941. Proferidos os votos, o presidente anunciará o resultado do julgamento, designando para redigir o acórdão o relator ou, se vencido este, o autor do primeiro voto vencedor.

§ 1º O voto poderá ser alterado até o momento da proclamação do resultado pelo presidente, salvo aquele já proferido por juiz afastado ou substituído.

§ 2º No julgamento de apelação ou de agravo de instrumento, a decisão será tomada, no órgão colegiado, pelo voto de 3 (três) juízes.

§ 3º O voto vencido será necessariamente declarado e considerado parte integrante do acórdão para todos os fins legais, inclusive de pré-questionamento.

Art. 942. Quando o resultado da apelação for não unânime, o julgamento terá prosseguimento em sessão a ser designada com a presença de outros julgadores, que serão convocados nos termos previamente definidos no regimento interno, em número suficiente para garantir a possibilidade de inversão do resultado inicial, assegurado às partes e a eventuais terceiros o direito de sustentar oralmente suas razões perante os novos julgadores.

§ 1º Sendo possível, o prosseguimento do julgamento dar-se-á na mesma sessão, colhendo-se os votos de outros julgadores que porventura componham o órgão colegiado.

§ 2º Os julgadores que já tiverem votado poderão rever seus votos por ocasião do prosseguimento do julgamento.

§ 3º A técnica de julgamento prevista neste artigo aplica-se, igualmente, ao julgamento não unânime proferido em:

I — ação rescisória, quando o resultado for a rescisão da sentença, devendo, nesse caso, seu prosseguimento ocorrer em órgão de maior composição previsto no regimento interno;

II — agravo de instrumento, quando houver reforma da decisão que julgar parcialmente o mérito.

§ 4º Não se aplica o disposto neste artigo ao julgamento:

I — do incidente de assunção de competência e ao de resolução de demandas repetitivas;

II — da remessa necessária;

III — não unânime proferido, nos tribunais, pelo plenário ou pela corte especial.

Art. 943. Os votos, os acórdãos e os demais atos processuais podem ser registrados em documento eletrônico inviolável e assinados eletronicamente, na forma da lei, devendo ser impressos para juntada aos autos do processo quando este não for eletrônico.

§ 1º Todo acórdão conterá ementa.

§ 2º Lavrado o acórdão, sua ementa será publicada no órgão oficial no prazo de 10 (dez) dias.

Art. 944. Não publicado o acórdão no prazo de 30 (trinta) dias, contado da data da sessão de julgamento, as notas taquigráficas o substituirão, para todos os fins legais, independentemente de revisão.

PARÁGRAFO ÚNICO. No caso do *caput*, o presidente do tribunal lavrará, de imediato, as conclusões e a ementa e mandará publicar o acórdão.

Art. 945. *(Revogado pela Lei n. 13.256, de 4.2.16, DOU 5.2.16)*

§ 1º O relator cientificará as partes, pelo Diário da Justiça, de que o julgamento se fará por meio eletrônico.

§ 2º Qualquer das partes poderá, no prazo de 5 (cinco) dias, apresentar memoriais ou discordância do julgamento por meio eletrônico.

§ 3º A discordância não necessita de motivação, sendo apta a determinar o julgamento em sessão presencial.

§ 4º Caso surja alguma divergência entre os integrantes do órgão julgador durante o julgamento eletrônico, este ficará imediatamente suspenso, devendo a causa ser apreciada em sessão presencial.

Art. 946. O agravo de instrumento será julgado antes da apelação interposta no mesmo processo.

PARÁGRAFO ÚNICO. Se ambos os recursos de que trata o *caput* houverem de ser julgados na mesma sessão, terá precedência o agravo de instrumento.

CAPÍTULO III
Do Incidente de Assunção de Competência

Art. 947. É admissível a assunção de competência quando o julgamento de recurso, de remessa necessária ou de processo de competência originária envolver relevante questão de direito, com grande repercussão social, sem repetição em múltiplos processos.

§ 1º Ocorrendo a hipótese de assunção de competência, o relator proporá, de ofício ou a requerimento da parte, do Ministério Público ou da Defensoria Pública, que seja o recurso, a remessa necessária ou o processo de competência originária julgado pelo órgão colegiado que o regimento indicar.

§ 2º O órgão colegiado julgará o recurso, a remessa necessária ou o processo de competência originária se reconhecer interesse público na assunção de competência.

§ 3º O acórdão proferido em assunção de competência vinculará todos os juízes e órgãos fracionários, exceto se houver revisão de tese.

§ 4º Aplica-se o disposto neste artigo quando ocorrer relevante questão de direito a respeito da qual seja conveniente a prevenção ou a composição de divergência entre câmaras ou turmas do tribunal.

CAPÍTULO IV
Do Incidente de Arguição de Inconstitucionalidade

Art. 948. Arguida, em controle difuso, a inconstitucionalidade de lei ou de ato normativo do poder público, o relator, após ouvir o Ministério Público e as partes, submeterá a questão à turma ou à câmara à qual competir o conhecimento do processo.

Art. 949. Se a arguição for:

I — rejeitada, prosseguirá o julgamento;

II — acolhida, a questão será submetida ao plenário do tribunal ou ao seu órgão especial, onde houver.

PARÁGRAFO ÚNICO. Os órgãos fracionários dos tribunais não submeterão ao plenário ou ao órgão especial a arguição de inconstitucionalidade quando já houver pronunciamento destes ou do plenário do Supremo Tribunal Federal sobre a questão.

Art. 950. Remetida cópia do acórdão a todos os juízes, o presidente do tribunal designará a sessão de julgamento.

§ 1º As pessoas jurídicas de direito público responsáveis pela edição do ato questionado poderão manifestar-se no incidente de inconstitucionalidade se assim o requererem, observados os prazos e as condições previstos no regimento interno do tribunal.

§ 2º A parte legitimada à propositura das ações previstas no art. 103 da Constituição Federal poderá manifestar-se, por escrito, sobre a questão constitucional objeto de apreciação, no prazo previsto pelo regimento interno, sendo-lhe assegurado o direito de apresentar memoriais ou de requerer a juntada de documentos.

§ 3º Considerando a relevância da matéria e a representatividade dos postulantes, o relator poderá admitir, por despacho irrecorrível, a manifestação de outros órgãos ou entidades.

CAPÍTULO V
Do Conflito de Competência

Art. 951. O conflito de competência pode ser suscitado por qualquer das partes, pelo Ministério Público ou pelo juiz.

PARÁGRAFO ÚNICO. O Ministério Público somente será ouvido nos conflitos de competência relativos aos processos previstos no art. 178, mas terá qualidade de parte nos conflitos que suscitar.

Art. 952. Não pode suscitar conflito a parte que, no processo, arguiu incompetência relativa.

PARÁGRAFO ÚNICO. O conflito de competência não obsta, porém, a que a parte que não o arguiu suscite a incompetência.

Art. 953. O conflito será suscitado ao tribunal:

I — pelo juiz, por ofício;

II — pela parte e pelo Ministério Público, por petição.

PARÁGRAFO ÚNICO. O ofício e a petição serão instruídos com os documentos necessários à prova do conflito.

Art. 954. Após a distribuição, o relator determinará a oitiva dos juízes em conflito ou, se um deles for suscitante, apenas do suscitado.

PARÁGRAFO ÚNICO. No prazo designado pelo relator, incumbirá ao juiz ou aos juízes prestar as informações.

Art. 955. O relator poderá, de ofício ou a requerimento de qualquer das partes, determinar, quando o conflito for positivo, o sobrestamento do processo e, nesse caso, bem como no de conflito negativo, designará um dos juízes para resolver, em caráter provisório, as medidas urgentes.

PARÁGRAFO ÚNICO. O relator poderá julgar de plano o conflito de competência quando sua decisão se fundar em:

I — súmula do Supremo Tribunal Federal, do Superior Tribunal de Justiça ou do próprio tribunal;

II — tese firmada em julgamento de casos repetitivos ou em incidente de assunção de competência.

Art. 956. Decorrido o prazo designado pelo relator, será ouvido o Ministério Público, no prazo de 5 (cinco) dias, ainda que as informações não tenham sido prestadas, e, em seguida, o conflito irá a julgamento.

Art. 957. Ao decidir o conflito, o tribunal declarará qual o juízo competente, pronunciando-se também sobre a validade dos atos do juízo incompetente.

PARÁGRAFO ÚNICO. Os autos do processo em que se manifestou o conflito serão remetidos ao juiz declarado competente.

Art. 958. No conflito que envolva órgãos fracionários dos tribunais, desembargadores e juízes em exercício no tribunal, observar-se-á o que dispuser o regimento interno do tribunal.

Art. 959. O regimento interno do tribunal regulará o processo e o julgamento do conflito de atribuições entre autoridade judiciária e autoridade administrativa.

CAPÍTULO VI
Da Homologação de Decisão Estrangeira e da Concessão do *exequatur* à Carta Rogatória

Art. 960. A homologação de decisão estrangeira será requerida por ação de homologação de decisão estrangeira, salvo disposição especial em sentido contrário prevista em tratado.

§ 1º A decisão interlocutória estrangeira poderá ser executada no Brasil por meio de carta rogatória.

§ 2º A homologação obedecerá ao que dispuserem os tratados em vigor no Brasil e o Regimento Interno do Superior Tribunal de Justiça.

§ 3º A homologação de decisão arbitral estrangeira obedecerá ao disposto em tratado e em lei, aplicando-se, subsidiariamente, as disposições deste Capítulo.

Art. 961. A decisão estrangeira somente terá eficácia no Brasil após a homologação de sentença estrangeira ou a concessão do *exequatur* às cartas rogatórias, salvo disposição em sentido contrário de lei ou tratado.

§ 1º É passível de homologação a decisão judicial definitiva, bem como a decisão não judicial que, pela lei brasileira, teria natureza jurisdicional.

§ 2º A decisão estrangeira poderá ser homologada parcialmente.

§ 3º A autoridade judiciária brasileira poderá deferir pedidos de urgência e realizar atos de execução provisória no processo de homologação de decisão estrangeira.

§ 4º Haverá homologação de decisão estrangeira para fins de execução fiscal quando prevista em tratado ou em promessa de reciprocidade apresentada à autoridade brasileira.

§ 5º A sentença estrangeira de divórcio consensual produz efeitos no Brasil, independentemente de homologação pelo Superior Tribunal de Justiça.

§ 6º Na hipótese do § 5º, competirá a qualquer juiz examinar a validade da decisão, em caráter principal ou incidental, quando essa questão for suscitada em processo de sua competência.

Art. 962. É passível de execução a decisão estrangeira concessiva de medida de urgência.

§ 1º A execução no Brasil de decisão interlocutória estrangeira concessiva de medida de urgência dar-se-á por carta rogatória.

§ 2º A medida de urgência concedida sem audiência do réu poderá ser executada, desde que garantido o contraditório em momento posterior.

§ 3º O juízo sobre a urgência da medida compete exclusivamente à autoridade jurisdicional prolatora da decisão estrangeira.

§ 4º Quando dispensada a homologação para que a sentença estrangeira produza efeitos no Brasil, a decisão concessiva de medida de urgência dependerá, para produzir efeitos, de ter sua validade expressamente reconhecida pelo juiz competente para dar-lhe cumprimento, dispensada a homologação pelo Superior Tribunal de Justiça.

Art. 963. Constituem requisitos indispensáveis à homologação da decisão:

I — ser proferida por autoridade competente;

II — ser precedida de citação regular, ainda que verificada a revelia;

III — ser eficaz no país em que foi proferida;

IV — não ofender a coisa julgada brasileira;

V — estar acompanhada de tradução oficial, salvo disposição que a dispense prevista em tratado;

VI — não conter manifesta ofensa à ordem pública.

PARÁGRAFO ÚNICO. Para a concessão do *exequatur* às cartas rogatórias, observar-se-ão os pressupostos previstos no *caput* deste artigo e no art. 962, § 2º.

Art. 964. Não será homologada a decisão estrangeira na hipótese de competência exclusiva da autoridade judiciária brasileira.

PARÁGRAFO ÚNICO. O dispositivo também se aplica à concessão do *exequatur* à carta rogatória.

Art. 965. O cumprimento de decisão estrangeira far-se-á perante o juízo federal competente, a requerimento da parte, conforme as normas estabelecidas para o cumprimento de decisão nacional.

PARÁGRAFO ÚNICO. O pedido de execução deverá ser instruído com cópia autenticada da decisão homologatória ou do *exequatur*, conforme o caso.

CAPÍTULO VII
Da Ação Rescisória

Art. 966. A decisão de mérito, transitada em julgado, pode ser rescindida quando:

I — se verificar que foi proferida por força de prevaricação, concussão ou corrupção do juiz;

II — for proferida por juiz impedido ou por juízo absolutamente incompetente;

III — resultar de dolo ou coação da parte vencedora em detrimento da parte vencida ou, ainda, de simulação ou colusão entre as partes, a fim de fraudar a lei;

IV — ofender a coisa julgada;

V — violar manifestamente norma jurídica;

VI — for fundada em prova cuja falsidade tenha sido apurada em processo criminal ou venha a ser demonstrada na própria ação rescisória;

VII — obtiver o autor, posteriormente ao trânsito em julgado, prova nova cuja existência ignorava ou de que não pôde fazer uso, capaz, por si só, de lhe assegurar pronunciamento favorável;

VIII — for fundada em erro de fato verificável do exame dos autos.

§ 1º Há erro de fato quando a decisão rescindenda admitir fato inexistente ou quando considerar inexistente fato efetivamente ocorrido, sendo indispensável, em ambos os casos, que o fato não represente ponto controvertido sobre o qual o juiz deveria ter se pronunciado.

§ 2º Nas hipóteses previstas nos incisos do *caput*, será rescindível a decisão transitada em julgado que, embora não seja de mérito, impeça:

I — nova propositura da demanda; ou

II — admissibilidade do recurso correspondente.

§ 3º A ação rescisória pode ter por objeto apenas 1 (um) capítulo da decisão.

§ 4º Os atos de disposição de direitos, praticados pelas partes ou por outros participantes do processo e homologados pelo juízo, bem como os atos homologatórios praticados no curso da execução, estão sujeitos à anulação, nos termos da lei.

§ 5º Cabe ação rescisória, com fundamento no inciso V do *caput* deste artigo, contra decisão baseada em enunciado de súmula ou acórdão proferido em julgamento de casos repetitivos que não tenha considerado a existência de distinção entre a questão discutida no processo e o padrão decisório que lhe deu fundamento. (NR) *(Incluído pela Lei n. 13.256, de 4.2.16, DOU 5.2.16)*

§ 6º Quando a ação rescisória fundar-se na hipótese do § 5º deste artigo, caberá ao autor, sob pena de inépcia, demonstrar, fundamentadamente, tratar-se de situação particularizada por hipótese fática distinta ou de questão jurídica não examinada, a impor outra solução jurídica. (NR) *(Incluído pela Lei n. 13.256, de 4.2.16, DOU 5.2.16)*

Art. 967. Têm legitimidade para propor a ação rescisória:

I — quem foi parte no processo ou o seu sucessor a título universal ou singular;

II — o terceiro juridicamente interessado;

III — o Ministério Público:

a) se não foi ouvido no processo em que lhe era obrigatória a intervenção;

b) quando a decisão rescindenda é o efeito de simulação ou de colusão das partes, a fim de fraudar a lei;

c) em outros casos em que se imponha sua atuação;

IV — aquele que não foi ouvido no processo em que lhe era obrigatória a intervenção.

PARÁGRAFO ÚNICO. Nas hipóteses do art. 178, o Ministério Público será intimado para intervir como fiscal da ordem jurídica quando não for parte.

Art. 968. A petição inicial será elaborada com observância dos requisitos essenciais do art. 319, devendo o autor:

I — cumular ao pedido de rescisão, se for o caso, o de novo julgamento do processo;

II — depositar a importância de cinco por cento sobre o valor da causa, que se converterá em multa caso a ação seja, por unanimidade de votos, declarada inadmissível ou improcedente.

§ 1º Não se aplica o disposto no inciso II à União, aos Estados, ao Distrito Federal, aos Municípios, às suas respectivas autarquias e fundações de direito público, ao Ministério Público, à Defensoria Pública e aos que tenham obtido o benefício de gratuidade da justiça.

§ 2º O depósito previsto no inciso II do *caput* deste artigo não será superior a 1.000 (mil) salários-mínimos.

§ 3º Além dos casos previstos no art. 330, a petição inicial será indeferida quando não efetuado o depósito exigido pelo inciso II do *caput* deste artigo.

§ 4º Aplica-se à ação rescisória o disposto no art. 332.

§ 5º Reconhecida a incompetência do tribunal para julgar a ação rescisória, o autor será intimado para emendar a petição inicial, a fim de adequar o objeto da ação rescisória, quando a decisão apontada como rescindenda:

I — não tiver apreciado o mérito e não se enquadrar na situação prevista no § 2º do art. 966;

II — tiver sido substituída por decisão posterior.

§ 6º Na hipótese do § 5º, após a emenda da petição inicial, será permitido ao réu complementar os fundamentos de defesa, e, em seguida, os autos serão remetidos ao tribunal competente.

Art. 969. A propositura da ação rescisória não impede o cumprimento da decisão rescindenda, ressalvada a concessão de tutela provisória.

Art. 970. O relator ordenará a citação do réu, designando-lhe prazo nunca inferior a 15 (quinze) dias nem superior a 30 (trinta) dias para, querendo, apresentar resposta, ao fim do qual, com ou sem contestação, observar-se-á, no que couber, o procedimento comum.

Art. 971. Na ação rescisória, devolvidos os autos pelo relator, a secretaria do tribunal expedirá cópias do relatório e as distribuirá entre os juízes que compuserem o órgão competente para o julgamento.

PARÁGRAFO ÚNICO. A escolha de relator recairá, sempre que possível, em juiz que não haja participado do julgamento rescindendo.

Art. 972. Se os fatos alegados pelas partes dependerem de prova, o relator poderá delegar a competência ao órgão que proferiu a decisão rescindenda, fixando prazo de 1 (um) a 3 (três) meses para a devolução dos autos.

Art. 973. Concluída a instrução, será aberta vista ao autor e ao réu para razões finais, sucessivamente, pelo prazo de 10 (dez) dias.

PARÁGRAFO ÚNICO. Em seguida, os autos serão conclusos ao relator, procedendo-se ao julgamento pelo órgão competente.

Art. 974. Julgando procedente o pedido, o tribunal rescindirá a decisão, proferirá, se for o caso, novo julgamento e determinará a restituição do depósito a que se refere o inciso II do art. 968.

PARÁGRAFO ÚNICO. Considerando, por unanimidade, inadmissível ou improcedente o pedido, o tribunal determinará a reversão, em favor do réu, da importância do depósito, sem prejuízo do disposto no § 2º do art. 82.

Art. 975. O direito à rescisão se extingue em 2 (dois) anos contados do trânsito em julgado da última decisão proferida no processo.

§ 1º Prorroga-se até o primeiro dia útil imediatamente subsequente o prazo a que se refere o *caput*, quando expirar durante férias forenses, recesso, feriados ou em dia em que não houver expediente forense.

§ 2º Se fundada a ação no inciso VII do art. 966, o termo inicial do prazo será a data de descoberta da prova nova, observado o prazo máximo de 5 (cinco) anos, contado do trânsito em julgado da última decisão proferida no processo.

§ 3º Nas hipóteses de simulação ou de colusão das partes, o prazo começa a contar, para o terceiro prejudicado e para o Ministério Público, que não interveio no processo, a partir do momento em que têm ciência da simulação ou da colusão.

CAPÍTULO VIII
Do Incidente de Resolução de Demandas Repetitivas

Art. 976. É cabível a instauração do incidente de resolução de demandas repetitivas quando houver, simultaneamente:

I — efetiva repetição de processos que contenham controvérsia sobre a mesma questão unicamente de direito;

II — risco de ofensa à isonomia e à segurança jurídica.

§ 1º A desistência ou o abandono do processo não impede o exame de mérito do incidente.

§ 2º Se não for o requerente, o Ministério Público intervirá obrigatoriamente no incidente e deverá assumir sua titularidade em caso de desistência ou de abandono.

§ 3º A inadmissão do incidente de resolução de demandas repetitivas por ausência de qualquer de seus pressupostos de admissibilidade não impede que, uma vez satisfeito o requisito, seja o incidente novamente suscitado.

§ 4º É incabível o incidente de resolução de demandas repetitivas quando um dos tribunais superiores, no âmbito de sua respectiva competência, já tiver afetado recurso para definição de tese sobre questão de direito material ou processual repetitiva.

§ 5º Não serão exigidas custas processuais no incidente de resolução de demandas repetitivas.

Art. 977. O pedido de instauração do incidente será dirigido ao presidente de tribunal:

I — pelo juiz ou relator, por ofício;

II — pelas partes, por petição;

III — pelo Ministério Público ou pela Defensoria Pública, por petição.

PARÁGRAFO ÚNICO. O ofício ou a petição será instruído com os documentos necessários à demonstração do preenchimento dos pressupostos para a instauração do incidente.

Art. 978. O julgamento do incidente caberá ao órgão indicado pelo regimento interno dentre aqueles responsáveis pela uniformização de jurisprudência do tribunal.

PARÁGRAFO ÚNICO. O órgão colegiado incumbido de julgar o incidente e de fixar a tese jurídica julgará igualmente o recurso, a remessa necessária ou o processo de competência originária de onde se originou o incidente.

Art. 979. A instauração e o julgamento do incidente serão sucedidos da mais ampla e específica divulgação e publicidade, por meio de registro eletrônico no Conselho Nacional de Justiça.

§ 1º Os tribunais manterão banco eletrônico de dados atualizados com informações específicas sobre questões de direito submetidas ao incidente, comunicando-o imediatamente ao Conselho Nacional de Justiça para inclusão no cadastro.

§ 2º Para possibilitar a identificação dos processos abrangidos pela decisão do incidente, o registro eletrônico das teses jurídicas constantes do cadastro conterá, no mínimo, os fundamentos determinantes da decisão e os dispositivos normativos a ela relacionados.

§ 3º Aplica-se o disposto neste artigo ao julgamento de recursos repetitivos e da repercussão geral em recurso extraordinário.

Art. 980. O incidente será julgado no prazo de 1 (um) ano e terá preferência sobre os demais feitos, ressalvados os que envolvam réu preso e os pedidos de habeas corpus.

PARÁGRAFO ÚNICO. Superado o prazo previsto no *caput*, cessa a suspensão dos processos prevista no art. 982, salvo decisão fundamentada do relator em sentido contrário.

Art. 981. Após a distribuição, o órgão colegiado competente para julgar o incidente procederá ao seu juízo de admissibilidade, considerando a presença dos pressupostos do art. 976.

Art. 982. Admitido o incidente, o relator:

I — suspenderá os processos pendentes, individuais ou coletivos, que tramitam no Estado ou na região, conforme o caso;

II — poderá requisitar informações a órgãos em cujo juízo tramita processo no qual se discute o objeto do incidente, que as prestarão no prazo de 15 (quinze) dias;

III — intimará o Ministério Público para, querendo, manifestar-se no prazo de 15 (quinze) dias.

§ 1º A suspensão será comunicada aos órgãos jurisdicionais competentes.

§ 2º Durante a suspensão, o pedido de tutela de urgência deverá ser dirigido ao juízo onde tramita o processo suspenso.

§ 3º Visando à garantia da segurança jurídica, qualquer legitimado mencionado no art. 977, incisos II e III, poderá requerer, ao tribunal competente para conhecer do recurso extraordinário ou especial, a suspensão de todos os processos individuais ou coletivos em curso no território nacional que versem sobre a questão objeto do incidente já instaurado.

§ 4º Independentemente dos limites da competência territorial, a parte no processo em curso no qual se discuta a mesma questão objeto do incidente é legitimada para requerer a providência prevista no § 3º deste artigo.

§ 5º Cessa a suspensão a que se refere o inciso I do *caput* deste artigo se não for interposto recurso especial ou recurso extraordinário contra a decisão proferida no incidente.

Art. 983. O relator ouvirá as partes e os demais interessados, inclusive pessoas, órgãos e entidades com interesse na controvérsia, que, no prazo comum de 15 (quinze) dias, poderão requerer a juntada de documentos, bem como as diligências necessárias para a elucidação da questão de direito controvertida, e, em seguida, manifestar-se-á o Ministério Público, no mesmo prazo.

§ 1º Para instruir o incidente, o relator poderá designar data para, em audiência pública, ouvir depoimentos de pessoas com experiência e conhecimento na matéria.

§ 2º Concluídas as diligências, o relator solicitará dia para o julgamento do incidente.

Art. 984. No julgamento do incidente, observar-se-á a seguinte ordem:

I — o relator fará a exposição do objeto do incidente;

II — poderão sustentar suas razões, sucessivamente:

a) o autor e o réu do processo originário e o Ministério Público, pelo prazo de 30 (trinta) minutos;

b) os demais interessados, no prazo de 30 (trinta) minutos, divididos entre todos, sendo exigida inscrição com 2 (dois) dias de antecedência.

§ 1º Considerando o número de inscritos, o prazo poderá ser ampliado.

§ 2º O conteúdo do acórdão abrangerá a análise de todos os fundamentos suscitados concernentes à tese jurídica discutida, sejam favoráveis ou contrários.

Art. 985. Julgado o incidente, a tese jurídica será aplicada:

I — a todos os processos individuais ou coletivos que versem sobre idêntica questão de direito e que tramitem na área de jurisdição do respectivo tribunal, inclusive àqueles que tramitem nos juizados especiais do respectivo Estado ou região;

II — aos casos futuros que versem idêntica questão de direito e que venham a tramitar no território de competência do tribunal, salvo revisão na forma do art. 986.

§ 1º Não observada a tese adotada no incidente, caberá reclamação.

§ 2º Se o incidente tiver por objeto questão relativa a prestação de serviço concedido, permitido ou autorizado, o resultado do julgamento será comunicado ao órgão, ao ente ou à agência reguladora competente para fiscalização da efetiva aplicação, por parte dos entes sujeitos a regulação, da tese adotada.

Art. 986. A revisão da tese jurídica firmada no incidente far-se-á pelo mesmo tribunal, de ofício ou mediante requerimento dos legitimados mencionados no art. 977, inciso III.

Art. 987. Do julgamento do mérito do incidente caberá recurso extraordinário ou especial, conforme o caso.

§ 1º O recurso tem efeito suspensivo, presumindo-se a repercussão geral de questão constitucional eventualmente discutida.

§ 2º Apreciado o mérito do recurso, a tese jurídica adotada pelo Supremo Tribunal Federal ou pelo Superior Tribunal de Justiça será aplicada no território nacional a todos os processos individuais ou coletivos que versem sobre idêntica questão de direito.

CAPÍTULO IX
Da Reclamação

Art. 988. Caberá reclamação da parte interessada ou do Ministério Público para:

I — preservar a competência do tribunal;

II — garantir a autoridade das decisões do tribunal;

III — garantir a observância de enunciado de súmula vinculante e de decisão do Supremo Tribunal Federal em controle concentrado de constitucionalidade; *(Redação dada pela Lei n. 13.256, de 4.2.16, DOU 5.2.16)*

IV — garantir a observância de acórdão proferido em julgamento de incidente de resolução de demandas repetitivas ou de incidente de assunção de competência; *(Redação dada pela Lei n. 13.256, de 4.2.16, DOU 5.2.16)*

§ 1º A reclamação pode ser proposta perante qualquer tribunal, e seu julgamento compete ao órgão jurisdicional cuja competência se busca preservar ou cuja autoridade se pretenda garantir.

§ 2º A reclamação deverá ser instruída com prova documental e dirigida ao presidente do tribunal.

§ 3º Assim que recebida, a reclamação será autuada e distribuída ao relator do processo principal, sempre que possível.

§ 4º As hipóteses dos incisos III e IV compreendem a aplicação indevida da tese jurídica e sua não aplicação aos casos que a ela correspondam.

§ 5º É inadmissível a reclamação: *(Redação dada pela Lei n. 13.256, de 4.2.16, DOU 5.2.16)*

I — proposta após o trânsito em julgado da decisão reclamada; *(Redação dada pela Lei n. 13.256, de 4.2.16, DOU 5.2.16)*

II — proposta para garantir a observância de acórdão de recurso extraordinário com repercussão geral reconhecida ou de acórdão proferido em julgamento de recursos extraordinário ou especial repetitivos, quando não esgotadas as instâncias ordinárias. *(Redação dada pela Lei n. 13.256, de 4.2.16, DOU 5.2.16)*

§ 6º A inadmissibilidade ou o julgamento do recurso interposto contra a decisão proferida pelo órgão reclamado não prejudica a reclamação.

Art. 989. Ao despachar a reclamação, o relator:

I — requisitará informações da autoridade a quem for imputada a prática do ato impugnado, que as prestará no prazo de 10 (dez) dias;

II — se necessário, ordenará a suspensão do processo ou do ato impugnado para evitar dano irreparável;

III — determinará a citação do beneficiário da decisão impugnada, que terá prazo de 15 (quinze) dias para apresentar a sua contestação.

Art. 990. Qualquer interessado poderá impugnar o pedido do reclamante.

Art. 991. Na reclamação que não houver formulado, o Ministério Público terá vista do processo por 5 (cinco) dias, após o decurso do prazo para informações e para o oferecimento da contestação pelo beneficiário do ato impugnado.

Art. 992. Julgando procedente a reclamação, o tribunal cassará a decisão exorbitante de seu julgado ou determinará medida adequada à solução da controvérsia.

Art. 993. O presidente do tribunal determinará o imediato cumprimento da decisão, lavrando-se o acórdão posteriormente.

TÍTULO II
DOS RECURSOS

CAPÍTULO I
Disposições Gerais

Art. 994. São cabíveis os seguintes recursos:

I — apelação;

II — agravo de instrumento;

III — agravo interno;

IV — embargos de declaração;

V — recurso ordinário;

VI — recurso especial;

VII — recurso extraordinário;

VIII — agravo em recurso especial ou extraordinário;

IX — embargos de divergência.

Art. 995. Os recursos não impedem a eficácia da decisão, salvo disposição legal ou decisão judicial em sentido diverso.

PARÁGRAFO ÚNICO. A eficácia da decisão recorrida poderá ser suspensa por decisão do relator, se da imediata produção de seus efeitos houver risco de dano grave, de difícil ou impossível reparação, e ficar demonstrada a probabilidade de provimento do recurso.

Art. 996. O recurso pode ser interposto pela parte vencida, pelo terceiro prejudicado e pelo Ministério Público, como parte ou como fiscal da ordem jurídica.

PARÁGRAFO ÚNICO. Cumpre ao terceiro demonstrar a possibilidade de a decisão sobre a relação jurídica submetida à apreciação judicial atingir direito de que se afirme titular ou que possa discutir em juízo como substituto processual.

Art. 997. Cada parte interporá o recurso independentemente, no prazo e com observância das exigências legais.

§ 1º Sendo vencidos autor e réu, ao recurso interposto por qualquer deles poderá aderir o outro.

§ 2º O recurso adesivo fica subordinado ao recurso independente, sendo-lhe aplicáveis as mesmas regras deste quanto aos requisitos de admissibilidade e julgamento no tribunal, salvo disposição legal diversa, observado, ainda, o seguinte:

I — será dirigido ao órgão perante o qual o recurso independente fora interposto, no prazo de que a parte dispõe para responder;

II — será admissível na apelação, no recurso extraordinário e no recurso especial;

III — não será conhecido, se houver desistência do recurso principal ou se for ele considerado inadmissível.

Art. 998. O recorrente poderá, a qualquer tempo, sem a anuência do recorrido ou dos litisconsortes, desistir do recurso.

PARÁGRAFO ÚNICO. A desistência do recurso não impede a análise de questão cuja repercussão geral já tenha sido reconhecida e daquela objeto de julgamento de recursos extraordinários ou especiais repetitivos.

Art. 999. A renúncia ao direito de recorrer independe da aceitação da outra parte.

Art. 1.000. A parte que aceitar expressa ou tacitamente a decisão não poderá recorrer.

PARÁGRAFO ÚNICO. Considera-se aceitação tácita a prática, sem nenhuma reserva, de ato incompatível com a vontade de recorrer.

Art. 1.001. Dos despachos não cabe recurso.

Art. 1.002. A decisão pode ser impugnada no todo ou em parte.

Art. 1.003. O prazo para interposição de recurso conta-se da data em que os advogados, a sociedade de advogados, a Advocacia Pública, a Defensoria Pública ou o Ministério Público são intimados da decisão.

§ 1º Os sujeitos previstos no *caput* considerar-se-ão intimados em audiência quando nesta for proferida a decisão.

§ 2º Aplica-se o disposto no art. 231, incisos I a VI, ao prazo de interposição de recurso pelo réu contra decisão proferida anteriormente à citação.

§ 3º No prazo para interposição de recurso, a petição será protocolada em cartório ou conforme as normas de organização judiciária, ressalvado o disposto em regra especial.

§ 4º Para aferição da tempestividade do recurso remetido pelo correio, será considerada como data de interposição a data de postagem.

§ 5º Excetuados os embargos de declaração, o prazo para interpor os recursos e para responder-lhes é de 15 (quinze) dias.

§ 6º O recorrente comprovará a ocorrência de feriado local no ato de interposição do recurso.

Art. 1.004. Se, durante o prazo para a interposição do recurso, sobrevier o falecimento da parte ou de seu advogado ou ocorrer motivo de força maior que suspenda o curso do processo, será tal prazo restituído em proveito da parte, do herdeiro ou do sucessor, contra quem começará a correr novamente depois da intimação.

Art. 1.005. O recurso interposto por um dos litisconsortes a todos aproveita, salvo se distintos ou opostos os seus interesses.

PARÁGRAFO ÚNICO. Havendo solidariedade passiva, o recurso interposto por um devedor aproveitará aos outros quando as defesas opostas ao credor lhes forem comuns.

Art. 1.006. Certificado o trânsito em julgado, com menção expressa da data de sua ocorrência, o escrivão ou o chefe de secretaria, independentemente de despacho, providenciará a baixa dos autos ao juízo de origem, no prazo de 5 (cinco) dias.

Art. 1.007. No ato de interposição do recurso, o recorrente comprovará, quando exigido pela legislação pertinente, o respectivo preparo, inclusive porte de remessa e de retorno, sob pena de deserção.

§ 1º São dispensados de preparo, inclusive porte de remessa e de retorno, os recursos interpostos pelo Ministério Público, pela União, pelo Distrito Federal, pelos Estados, pelos Municípios, e respectivas autarquias, e pelos que gozam de isenção legal.

§ 2º A insuficiência no valor do preparo, inclusive porte de remessa e de retorno, implicará deserção se o recorrente, intimado na pessoa de seu advogado, não vier a supri-lo no prazo de 5 (cinco) dias.

§ 3º É dispensado o recolhimento do porte de remessa e de retorno no processo em autos eletrônicos.

§ 4º O recorrente que não comprovar, no ato de interposição do recurso, o recolhimento do preparo, inclusive porte de remessa e de retorno, será intimado, na pessoa de seu advogado, para realizar o recolhimento em dobro, sob pena de deserção.

§ 5º É vedada a complementação se houver insuficiência parcial do preparo, inclusive porte de remessa e de retorno, no recolhimento realizado na forma do § 4º.

§ 6º Provando o recorrente justo impedimento, o relator relevará a pena de deserção, por decisão irrecorrível, fixando-lhe prazo de 5 (cinco) dias para efetuar o preparo.

§ 7º O equívoco no preenchimento da guia de custas não implicará a aplicação da pena de deserção, cabendo ao relator, na hipótese de dúvida quanto ao recolhimento, intimar o recorrente para sanar o vício no prazo de 5 (cinco) dias.

Art. 1.008. O julgamento proferido pelo tribunal substituirá a decisão impugnada no que tiver sido objeto de recurso.

CAPÍTULO II
Da Apelação

Art. 1.009. Da sentença cabe apelação.

§ 1º As questões resolvidas na fase de conhecimento, se a decisão a seu respeito não comportar agravo de instrumento, não são cobertas pela preclusão e devem ser suscitadas em preliminar de apelação, eventualmente interposta contra a decisão final, ou nas contrarrazões.

§ 2º Se as questões referidas no § 1º forem suscitadas em contrarrazões, o recorrente será intimado para, em 15 (quinze) dias, manifestar-se a respeito delas.

§ 3º O disposto no *caput* deste artigo aplica-se mesmo quando as questões mencionadas no art. 1.015 integrarem capítulo da sentença.

Art. 1.010. A apelação, interposta por petição dirigida ao juízo de primeiro grau, conterá:

I — os nomes e a qualificação das partes;

II — a exposição do fato e do direito;

III — as razões do pedido de reforma ou de decretação de nulidade;

IV — o pedido de nova decisão.

§ 1º O apelado será intimado para apresentar contrarrazões no prazo de 15 (quinze) dias.

§ 2º Se o apelado interpuser apelação adesiva, o juiz intimará o apelante para apresentar contrarrazões.

§ 3º Após as formalidades previstas nos §§ 1º e 2º, os autos serão remetidos ao tribunal pelo juiz, independentemente de juízo de admissibilidade.

Art. 1.011. Recebido o recurso de apelação no tribunal e distribuído imediatamente, o relator:

I — decidi-lo-á monocraticamente apenas nas hipóteses do art. 932, incisos III a V;

II — se não for o caso de decisão monocrática, elaborará seu voto para julgamento do recurso pelo órgão colegiado.

Art. 1.012. A apelação terá efeito suspensivo.

§ 1º Além de outras hipóteses previstas em lei, começa a produzir efeitos imediatamente após a sua publicação a sentença que:

I — homologa divisão ou demarcação de terras;

II — condena a pagar alimentos;

III — extingue sem resolução do mérito ou julga improcedentes os embargos do executado;

IV — julga procedente o pedido de instituição de arbitragem;

V — confirma, concede ou revoga tutela provisória;

VI — decreta a interdição.

§ 2º Nos casos do § 1º, o apelado poderá promover o pedido de cumprimento provisório depois de publicada a sentença.

§ 3º O pedido de concessão de efeito suspensivo nas hipóteses do § 1º poderá ser formulado por requerimento dirigido ao:

I — tribunal, no período compreendido entre a interposição da apelação e sua distribuição, ficando o relator designado para seu exame prevento para julgá-la;

II — relator, se já distribuída a apelação.

§ 4º Nas hipóteses do § 1º, a eficácia da sentença poderá ser suspensa pelo relator se o apelante demonstrar a probabilidade de provimento do recurso ou se, sendo relevante a fundamentação, houver risco de dano grave ou de difícil reparação.

Art. 1.013. A apelação devolverá ao tribunal o conhecimento da matéria impugnada.

§ 1º Serão, porém, objeto de apreciação e julgamento pelo tribunal todas as questões suscitadas e discutidas no processo, ainda que não tenham sido solucionadas, desde que relativas ao capítulo impugnado.

§ 2º Quando o pedido ou a defesa tiver mais de um fundamento e o juiz acolher apenas um deles, a apelação devolverá ao tribunal o conhecimento dos demais.

§ 3º Se o processo estiver em condições de imediato julgamento, o tribunal deve decidir desde logo o mérito quando:

I — reformar sentença fundada no art. 485;

II — decretar a nulidade da sentença por não ser ela congruente com os limites do pedido ou da causa de pedir;

III — constatar a omissão no exame de um dos pedidos, hipótese em que poderá julgá-lo;

IV — decretar a nulidade de sentença por falta de fundamentação.

§ 4º Quando reformar sentença que reconheça a decadência ou a prescrição, o tribunal, se possível, julgará o mérito, examinando as demais questões, sem determinar o retorno do processo ao juízo de primeiro grau.

§ 5º O capítulo da sentença que confirma, concede ou revoga a tutela provisória é impugnável na apelação.

Art. 1.014. As questões de fato não propostas no juízo inferior poderão ser suscitadas na apelação, se a parte provar que deixou de fazê-lo por motivo de força maior.

CAPÍTULO III
Do Agravo de Instrumento

Art. 1.015. Cabe agravo de instrumento contra as decisões interlocutórias que versarem sobre:

I — tutelas provisórias;

II — mérito do processo;

III — rejeição da alegação de convenção de arbitragem;

IV — incidente de desconsideração da personalidade jurídica;

V — rejeição do pedido de gratuidade da justiça ou acolhimento do pedido de sua revogação;

VI — exibição ou posse de documento ou coisa;

VII — exclusão de litisconsorte;

VIII — rejeição do pedido de limitação do litisconsórcio;

IX — admissão ou inadmissão de intervenção de terceiros;

X — concessão, modificação ou revogação do efeito suspensivo aos embargos à execução;

XI — redistribuição do ônus da prova nos termos do art. 373, § 1º;

XII — (VETADO);

XIII — outros casos expressamente referidos em lei.

PARÁGRAFO ÚNICO. Também caberá agravo de instrumento contra decisões interlocutórias proferidas na fase de liquidação de sentença ou de cumprimento de sentença, no processo de execução e no processo de inventário.

Art. 1.016. O agravo de instrumento será dirigido diretamente ao tribunal competente, por meio de petição com os seguintes requisitos:

I — os nomes das partes;

II — a exposição do fato e do direito;

III — as razões do pedido de reforma ou de invalidação da decisão e o próprio pedido;

IV — o nome e o endereço completo dos advogados constantes do processo.

Art. 1.017. A petição de agravo de instrumento será instruída:

I — obrigatoriamente, com cópias da petição inicial, da contestação, da petição que ensejou a decisão agravada, da própria decisão agravada, da certidão da respectiva intimação ou outro documento oficial que comprove a tempestividade e das procurações outorgadas aos advogados do agravante e do agravado;

II — com declaração de inexistência de qualquer dos documentos referidos no inciso I, feita pelo advogado do agravante, sob pena de sua responsabilidade pessoal;

III — facultativamente, com outras peças que o agravante reputar úteis.

§ 1º Acompanhará a petição o comprovante do pagamento das respectivas custas e do porte de retorno, quando devidos, conforme tabela publicada pelos tribunais.

§ 2º No prazo do recurso, o agravo será interposto por:

I — protocolo realizado diretamente no tribunal competente para julgá-lo;

II — protocolo realizado na própria comarca, seção ou subseção judiciárias;

III — postagem, sob registro, com aviso de recebimento;

IV — transmissão de dados tipo fac-símile, nos termos da lei;

V — outra forma prevista em lei.

§ 3º Na falta da cópia de qualquer peça ou no caso de algum outro vício que comprometa a admissibilidade do agravo de instrumento, deve o relator aplicar o disposto no art. 932, parágrafo único.

§ 4º Se o recurso for interposto por sistema de transmissão de dados tipo fac-símile ou similar, as peças devem ser juntadas no momento de protocolo da petição original.

§ 5º Sendo eletrônicos os autos do processo, dispensam-se as peças referidas nos incisos I e II do *caput*, facultando-se ao agravante anexar outros documentos que entender úteis para a compreensão da controvérsia.

Art. 1.018. O agravante poderá requerer a juntada, aos autos do processo, de cópia da petição do agravo de instrumento, do comprovante de sua interposição e da relação dos documentos que instruíram o recurso.

§ 1º Se o juiz comunicar que reformou inteiramente a decisão, o relator considerará prejudicado o agravo de instrumento.

§ 2º Não sendo eletrônicos os autos, o agravante tomará a providência prevista no *caput*, no prazo de 3 (três) dias a contar da interposição do agravo de instrumento.

§ 3º O descumprimento da exigência de que trata o § 2º, desde que arguido e provado pelo agravado, importa inadmissibilidade do agravo de instrumento.

Art. 1.019. Recebido o agravo de instrumento no tribunal e distribuído imediatamente, se não for o caso de aplicação do art. 932, incisos III e IV, o relator, no prazo de 5 (cinco) dias:

I — poderá atribuir efeito suspensivo ao recurso ou deferir, em antecipação de tutela, total ou parcialmente, a pretensão recursal, comunicando ao juiz sua decisão;

II — ordenará a intimação do agravado pessoalmente, por carta com aviso de recebimento, quando não tiver procurador constituído, ou pelo Diário da Justiça ou por carta com aviso de recebimento dirigida ao seu advogado, para que responda no prazo de 15 (quinze) dias, facultando-lhe juntar a documentação que entender necessária ao julgamento do recurso;

III — determinará a intimação do Ministério Público, preferencialmente por meio eletrônico, quando for o caso de sua intervenção, para que se manifeste no prazo de 15 (quinze) dias.

Art. 1.020. O relator solicitará dia para julgamento em prazo não superior a 1 (um) mês da intimação do agravado.

CAPÍTULO IV
Do Agravo Interno

Art. 1.021. Contra decisão proferida pelo relator caberá agravo interno para o respectivo órgão colegiado, observadas, quanto ao processamento, as regras do regimento interno do tribunal.

§ 1º Na petição de agravo interno, o recorrente impugnará especificadamente os fundamentos da decisão agravada.

§ 2º O agravo será dirigido ao relator, que intimará o agravado para manifestar-se sobre o recurso no prazo de 15 (quinze) dias, ao final do qual, não havendo retratação, o relator levá-lo-á a julgamento pelo órgão colegiado, com inclusão em pauta.

§ 3º É vedado ao relator limitar-se à reprodução dos fundamentos da decisão agravada para julgar improcedente o agravo interno.

§ 4º Quando o agravo interno for declarado manifestamente inadmissível ou improcedente em votação unânime, o órgão colegiado, em decisão fundamentada, condenará o agravante a pagar ao agravado multa fixada entre um e cinco por cento do valor atualizado da causa.

§ 5º A interposição de qualquer outro recurso está condicionada ao depósito prévio do valor da multa prevista no § 4º, à exceção da Fazenda Pública e do beneficiário de gratuidade da justiça, que farão o pagamento ao final.

CAPÍTULO V
Dos Embargos de Declaração

Art. 1.022. Cabem embargos de declaração contra qualquer decisão judicial para:

I — esclarecer obscuridade ou eliminar contradição;

II — suprir omissão de ponto ou questão sobre o qual devia se pronunciar o juiz de ofício ou a requerimento;

III — corrigir erro material.

PARÁGRAFO ÚNICO. Considera-se omissa a decisão que:

I — deixe de se manifestar sobre tese firmada em julgamento de casos repetitivos ou em incidente de assunção de competência aplicável ao caso sob julgamento;

II — incorra em qualquer das condutas descritas no art. 489, § 1º.

Art. 1.023. Os embargos serão opostos, no prazo de 5 (cinco) dias, em petição dirigida ao juiz, com indicação do erro, obscuridade, contradição ou omissão, e não se sujeitam a preparo.

§ 1º Aplica-se aos embargos de declaração o art. 229.

§ 2º O juiz intimará o embargado para, querendo, manifestar-se, no prazo de 5 (cinco) dias, sobre os embargos opostos, caso seu eventual acolhimento implique a modificação da decisão embargada.

Art. 1.024. O juiz julgará os embargos em 5 (cinco) dias.

§ 1º Nos tribunais, o relator apresentará os embargos em mesa na sessão subsequente, proferindo voto, e, não havendo julgamento nessa sessão, será o recurso incluído em pauta automaticamente.

§ 2º Quando os embargos de declaração forem opostos contra decisão de relator ou outra decisão unipessoal proferida em tribunal, o órgão prolator da decisão embargada decidi-los-á monocraticamente.

§ 3º O órgão julgador conhecerá dos embargos de declaração como agravo interno se entender ser este o recurso cabível, desde que determine previamente a intimação do recorrente para, no prazo de 5 (cinco) dias, complementar as razões recursais, de modo a ajustá-las às exigências do art. 1.021, § 1º.

§ 4º Caso o acolhimento dos embargos de declaração implique modificação da decisão embargada, o embargado que já tiver interposto outro recurso contra a decisão originária tem o direito de complementar ou alterar suas razões, nos exatos limites da modificação, no prazo de 15 (quinze) dias, contado da intimação da decisão dos embargos de declaração.

§ 5º Se os embargos de declaração forem rejeitados ou não alterarem a conclusão do julgamento anterior, o recurso interposto pela outra parte antes da publicação do julgamento dos embargos de declaração será processado e julgado independentemente de ratificação.

Art. 1.025. Consideram-se incluídos no acórdão os elementos que o embargante suscitou, para fins de pré-questionamento, ainda que os embargos de declaração sejam inadmitidos ou rejeitados, caso o tribunal superior considere existentes erro, omissão, contradição ou obscuridade.

Art. 1.026. Os embargos de declaração não possuem efeito suspensivo e interrompem o prazo para a interposição de recurso.

§ 1º A eficácia da decisão monocrática ou colegiada poderá ser suspensa pelo respectivo juiz ou relator se demonstrada a probabilidade de provimento do recurso ou, sendo relevante a fundamentação, se houver risco de dano grave ou de difícil reparação.

§ 2º Quando manifestamente protelatórios os embargos de declaração, o juiz ou o tribunal, em decisão fundamentada, condenará o embargante a pagar ao embargado multa não excedente a dois por cento sobre o valor atualizado da causa.

§ 3º Na reiteração de embargos de declaração manifestamente protelatórios, a multa será elevada a até dez por cento sobre o valor atualizado da causa, e a interposição de qualquer recurso ficará condicionada ao depósito prévio do valor da multa, à exceção da Fazenda Pública e do beneficiário de gratuidade da justiça, que a recolherão ao final.

§ 4º Não serão admitidos novos embargos de declaração se os 2 (dois) anteriores houverem sido considerados protelatórios.

CAPÍTULO VI
Dos Recursos para o Supremo Tribunal Federal e para o Superior Tribunal de Justiça

Seção I
Do Recurso Ordinário

Art. 1.027. Serão julgados em recurso ordinário:

I — pelo Supremo Tribunal Federal, os mandados de segurança, os habeas data e os mandados de injunção decididos em única instância pelos tribunais superiores, quando denegatória a decisão;

II — pelo Superior Tribunal de Justiça:

a) os mandados de segurança decididos em única instância pelos tribunais regionais federais ou pelos tribunais de justiça dos Estados e do Distrito Federal e Territórios, quando denegatória a decisão;

b) os processos em que forem partes, de um lado, Estado estrangeiro ou organismo internacional e, de outro, Município ou pessoa residente ou domiciliada no País.

§ 1º Nos processos referidos no inciso II, alínea "b", contra as decisões interlocutórias caberá agravo de instrumento dirigido ao Superior Tribunal de Justiça, nas hipóteses do art. 1.015.

§ 2º Aplica-se ao recurso ordinário o disposto nos arts. 1.013, § 3º, e 1.029, § 5º.

Art. 1.028. Ao recurso mencionado no art. 1.027, inciso II, alínea "b", aplicam-se, quanto aos requisitos de admissibilidade e ao procedimento, as disposições relativas à apelação e o Regimento Interno do Superior Tribunal de Justiça.

§ 1º Na hipótese do art. 1.027, § 1º, aplicam-se as disposições relativas ao agravo de instrumento e o Regimento Interno do Superior Tribunal de Justiça.

§ 2º O recurso previsto no art. 1.027, incisos I e II, alínea "a", deve ser interposto perante o tribunal de origem, cabendo ao seu presidente ou vice-presidente determinar a intimação do recorrido para, em 15 (quinze) dias, apresentar as contrarrazões.

§ 3º Findo o prazo referido no § 2º, os autos serão remetidos ao respectivo tribunal superior, independentemente de juízo de admissibilidade.

Seção II
Do Recurso Extraordinário e do Recurso Especial

Subseção I
Disposições Gerais

Art. 1.029. O recurso extraordinário e o recurso especial, nos casos previstos na Constituição Federal, serão interpostos perante o presidente ou o vice-presidente do tribunal recorrido, em petições distintas que conterão:

I — a exposição do fato e do direito;

II — a demonstração do cabimento do recurso interposto;

III — as razões do pedido de reforma ou de invalidação da decisão recorrida.

§ 1º Quando o recurso fundar-se em dissídio jurisprudencial, o recorrente fará a prova da divergência com a certidão, cópia ou citação do repositório de jurisprudência, oficial ou credenciado, inclusive em mídia eletrônica, em que houver sido publicado o acórdão divergente, ou ainda com a reprodução de julgado disponível na rede mundial de computadores, com indicação da respectiva fonte, devendo-se, em qualquer caso, mencionar as circunstâncias que identifiquem ou assemelhem os casos confrontados.

§ 2º *(Revogado pela Lei n. 13.256, de 4.2.16, DOU 5.2.16)*

§ 3º O Supremo Tribunal Federal ou o Superior Tribunal de Justiça poderá desconsiderar vício formal de recurso tempestivo ou determinar sua correção, desde que não o repute grave.

§ 4º Quando, por ocasião do processamento do incidente de resolução de demandas repetitivas, o presidente do Supremo Tribunal Federal ou do Superior Tribunal de Justiça receber requerimento de suspensão de processos em que se discuta questão federal constitucional ou infraconstitucional, poderá, considerando razões de segurança jurídica ou de excepcional interesse social, estender a suspensão a todo o território nacional, até ulterior decisão do recurso extraordinário ou do recurso especial a ser interposto.

§ 5º O pedido de concessão de efeito suspensivo a recurso extraordinário ou a recurso especial poderá ser formulado por requerimento dirigido:

I — ao tribunal superior respectivo, no período compreendido entre a publicação da decisão de admissão do recurso e sua distribuição, ficando o relator designado para seu exame prevento para julgá-lo; *(Redação dada pela Lei n. 13.256, de 4.2.16, DOU 5.2.16)*

II — ao relator, se já distribuído o recurso;

III — ao presidente ou ao vice-presidente do tribunal recorrido, no período compreendido entre a interposição do recurso e a publicação da decisão de admissão do recurso, assim como no caso de o recurso ter sido sobrestado, nos termos do art. 1.037. (NR) *(Redação dada pela Lei n. 13.256, de 4.2.16, DOU 5.2.16)*

Art. 1.030. Recebida a petição do recurso pela secretaria do tribunal, o recorrido será intimado para apresentar contrarrazões no prazo de 15 (quinze) dias, findo o qual os autos serão conclusos ao presidente ou ao vice-presidente do tribunal recorrido, que deverá: *(Redação dada pela Lei n. 13.256, de 4.2.16, DOU 5.2.16)*

I — negar seguimento:

a) a recurso extraordinário que discuta questão constitucional à qual o Supremo Tribunal Federal não tenha reconhecido a existência de repercussão geral ou a recurso extraordinário interposto contra acórdão que esteja em conformidade com entendimento do Supremo Tribunal Federal exarado no regime de repercussão geral; *(Redação dada pela Lei n. 13.256, de 4.2.16, DOU 5.2.16)*

b) a recurso extraordinário ou a recurso especial interposto contra acórdão que esteja em conformidade com entendimento do Supremo Tribunal Federal ou do Superior Tribunal de Justiça, respectivamente, exarado no regime de julgamento de recursos repetitivos; *(Redação dada pela Lei n. 13.256, de 4.2.16, DOU 5.2.16)*

II — encaminhar o processo ao órgão julgador para realização do juízo de retratação, se o acórdão recorrido divergir do entendimento do Supremo Tribunal Federal ou do Superior Tribunal de Justiça exarado, conforme o caso, nos regimes de repercussão geral ou de recursos repetitivos; *(Redação dada pela Lei n. 13.256, de 4.2.16, DOU 5.2.16)*

III — sobrestar o recurso que versar sobre controvérsia de caráter repetitivo ainda não decidida pelo Supremo Tribunal Federal ou pelo Superior Tribunal de Justiça, conforme se trate de matéria constitucional ou infraconstitucional; *(Redação dada pela Lei n. 13.256, de 4.2.16, DOU 5.2.16)*

IV — selecionar o recurso como representativo de controvérsia constitucional ou infraconstitucional, nos termos do § 6º do art. 1.036; *(Redação dada pela Lei n. 13.256, de 4.2.16, DOU 5.2.16)*

V — realizar o juízo de admissibilidade e, se positivo, remeter o feito ao Supremo Tribunal Federal ou ao Superior Tribunal de Justiça, desde que: *(Redação dada pela Lei n. 13.256, de 4.2.16, DOU 5.2.16)*

a) o recurso ainda não tenha sido submetido ao regime de repercussão geral ou de julgamento de recursos repetitivos; *(Redação dada pela Lei n. 13.256, de 4.2.16, DOU 5.2.16)*

b) o recurso tenha sido selecionado como representativo da controvérsia; ou *(Redação dada pela Lei n. 13.256, de 4.2.16, DOU 5.2.16)*

c) o tribunal recorrido tenha refutado o juízo de retratação. *(Redação dada pela Lei n. 13.256, de 4.2.16, DOU 5.2.16)*

§ 1º Da decisão de inadmissibilidade proferida com fundamento no inciso V caberá agravo ao tribunal superior, nos termos do art. 1.042. *(Redação dada pela Lei n. 13.256, de 4.2.16, DOU 5.2.16)*

§ 2º Da decisão proferida com fundamento nos incisos I e III caberá agravo interno, nos termos do art. 1.021. (NR) *(Redação dada pela Lei n. 13.256, de 4.2.16, DOU 5.2.16)*

Art. 1.031. Na hipótese de interposição conjunta de recurso extraordinário e recurso especial, os autos serão remetidos ao Superior Tribunal de Justiça.

§ 1º Concluído o julgamento do recurso especial, os autos serão remetidos ao Supremo Tribunal Federal para apreciação do recurso extraordinário, se este não estiver prejudicado.

§ 2º Se o relator do recurso especial considerar prejudicial o recurso extraordinário, em decisão irrecorrível, sobrestará o julgamento e remeterá os autos ao Supremo Tribunal Federal.

§ 3º Na hipótese do § 2º, se o relator do recurso extraordinário, em decisão irrecorrível, rejeitar a prejudicialidade, devolverá os autos ao Superior Tribunal de Justiça para o julgamento do recurso especial.

Art. 1.032. Se o relator, no Superior Tribunal de Justiça, entender que o recurso especial versa sobre questão constitucional, deverá conceder prazo de 15 (quinze) dias para que o recorrente demonstre a existência de repercussão geral e se manifeste sobre a questão constitucional.

PARÁGRAFO ÚNICO. Cumprida a diligência de que trata o *caput*, o relator remeterá o recurso ao Supremo Tribunal Federal, que, em juízo de admissibilidade, poderá devolvê-lo ao Superior Tribunal de Justiça.

Art. 1.033. Se o Supremo Tribunal Federal considerar como reflexa a ofensa à Constituição afirmada no recurso extraordinário, por pressupor a revisão da interpretação de lei federal ou de tratado, remetê-lo-á ao Superior Tribunal de Justiça para julgamento como recurso especial.

Art. 1.034. Admitido o recurso extraordinário ou o recurso especial, o Supremo Tribunal Federal ou o Superior Tribunal de Justiça julgará o processo, aplicando o direito.

PARÁGRAFO ÚNICO. Admitido o recurso extraordinário ou o recurso especial por um fundamento, devolve-se ao tribunal superior o conhecimento dos demais fundamentos para a solução do capítulo impugnado.

Art. 1.035. O Supremo Tribunal Federal, em decisão irrecorrível, não conhecerá do recurso extraordinário quando a questão constitucional nele versada não tiver repercussão geral, nos termos deste artigo.

§ 1º Para efeito de repercussão geral, será considerada a existência ou não de questões relevantes do ponto de vista econômico, político, social ou jurídico que ultrapassem os interesses subjetivos do processo.

§ 2º O recorrente deverá demonstrar a existência de repercussão geral para apreciação exclusiva pelo Supremo Tribunal Federal.

§ 3º Haverá repercussão geral sempre que o recurso impugnar acórdão que:

I — contrarie súmula ou jurisprudência dominante do Supremo Tribunal Federal;

II — *(Revogado pela Lei n. 13.256, de 4.2.16, DOU 5.2.16)*

III — tenha reconhecido a inconstitucionalidade de tratado ou de lei federal, nos termos do art. 97 da Constituição Federal.

§ 4º O relator poderá admitir, na análise da repercussão geral, a manifestação de terceiros, subscrita por procurador habilitado, nos termos do Regimento Interno do Supremo Tribunal Federal.

§ 5º Reconhecida a repercussão geral, o relator no Supremo Tribunal Federal determinará a suspensão do processamento de todos os processos pendentes, individuais ou coletivos, que versem sobre a questão e tramitem no território nacional.

§ 6º O interessado pode requerer, ao presidente ou ao vice-presidente do tribunal de origem, que exclua da decisão de sobrestamento e inadmita o recurso extraordinário que tenha sido interposto intempestivamente, tendo o recorrente o prazo de 5 (cinco) dias para manifestar-se sobre esse requerimento.

§ 7º Da decisão que indeferir o requerimento referido no § 6º ou que aplicar entendimento firmado em regime de repercussão geral ou em julgamento de recursos repetitivos caberá agravo interno. *(Redação dada pela Lei n. 13.256, de 4.2.16, DOU 5.2.16)*

§ 8º Negada a repercussão geral, o presidente ou o vice-presidente do tribunal de origem negará seguimento aos recursos extraordinários sobrestados na origem que versem sobre matéria idêntica.

§ 9º O recurso que tiver a repercussão geral reconhecida deverá ser julgado no prazo de 1 (um) ano e terá preferência sobre os demais feitos, ressalvados os que envolvam réu preso e os pedidos de habeas corpus.

§ 10. *(Revogado pela Lei n. 13.256, de 4.2.16, DOU 5.2.16)*

§ 11. A súmula da decisão sobre a repercussão geral constará de ata, que será publicada no diário oficial e valerá como acórdão.

Subseção II
Do Julgamento dos Recursos Extraordinário e Especial Repetitivos

Art. 1.036. Sempre que houver multiplicidade de recursos extraordinários ou especiais com fundamento em idêntica questão de direito, haverá afetação para julgamento de acordo com as disposições desta Subseção, observado o disposto no Regimento Interno do Supremo Tribunal Federal e no do Superior Tribunal de Justiça.

§ 1º O presidente ou o vice-presidente de tribunal de justiça ou de tribunal regional federal selecionará 2 (dois) ou mais recursos representativos da controvérsia, que serão encaminhados ao Supremo Tribunal Federal ou ao Superior Tribunal de Justiça para fins de afetação, determinando a suspensão do trâmite de todos os processos pendentes, individuais ou coletivos, que tramitem no Estado ou na região, conforme o caso.

§ 2º O interessado pode requerer, ao presidente ou ao vice-presidente, que exclua da decisão de sobrestamento e inadmita o recurso especial ou o recurso extraordinário que tenha sido interposto intempestivamente, tendo o recorrente o prazo de 5 (cinco) dias para manifestar-se sobre esse requerimento.

§ 3º Da decisão que indeferir o requerimento referido no § 2º caberá apenas agravo interno. (NR) *(Redação dada pela Lei n. 13.256, de 4.2.16, DOU 5.2.16)*

§ 4º A escolha feita pelo presidente ou vice-presidente do tribunal de justiça ou do tribunal regional federal não vinculará o relator no tribunal superior, que poderá selecionar outros recursos representativos da controvérsia.

§ 5º O relator em tribunal superior também poderá selecionar 2 (dois) ou mais recursos representativos da controvérsia para julgamento da questão de direito independentemente da iniciativa do presidente ou do vice-presidente do tribunal de origem.

§ 6º Somente podem ser selecionados recursos admissíveis que contenham abrangente argumentação e discussão a respeito da questão a ser decidida.

Art. 1.037. Selecionados os recursos, o relator, no tribunal superior, constatando a presença do pressuposto do *caput* do art. 1.036, proferirá decisão de afetação, na qual:

I — identificará com precisão a questão a ser submetida a julgamento;

II — determinará a suspensão do processamento de todos os processos pendentes, individuais ou coletivos, que versem sobre a questão e tramitem no território nacional;

III — poderá requisitar aos presidentes ou aos vice-presidentes dos tribunais de justiça ou dos tribunais regionais federais a remessa de um recurso representativo da controvérsia.

§ 1º Se, após receber os recursos selecionados pelo presidente ou pelo vice-presidente de tribunal de justiça ou de tribunal regional federal, não se proceder à afetação, o relator, no tribunal superior, comunicará o fato ao presidente ou ao vice-presidente que os houver enviado, para que seja revogada a decisão de suspensão referida no art. 1.036, § 1º.

§ 2º *(Revogado pela Lei n. 13.256, de 4.2.16, DOU 5.2.16)*

§ 3º Havendo mais de uma afetação, será prevento o relator que primeiro tiver proferido a decisão a que se refere o inciso I do *caput*.

§ 4º Os recursos afetados deverão ser julgados no prazo de 1 (um) ano e terão preferência sobre os demais feitos, ressalvados os que envolvam réu preso e os pedidos de habeas corpus.

§ 5º *(Revogado pela Lei n. 13.256, de 4.2.16, DOU 5.2.16)*

§ 6º Ocorrendo a hipótese do § 5º, é permitido a outro relator do respectivo tribunal superior afetar 2 (dois) ou mais recursos representativos da controvérsia na forma do art. 1.036.

§ 7º Quando os recursos requisitados na forma do inciso III do *caput* contiverem outras questões além daquela que é objeto da afetação, caberá ao tribunal decidir esta em primeiro lugar e depois as demais, em acórdão específico para cada processo.

§ 8º As partes deverão ser intimadas da decisão de suspensão de seu processo, a ser proferida pelo respectivo juiz ou relator quando informado da decisão a que se refere o inciso II do *caput*.

§ 9º Demonstrando distinção entre a questão a ser decidida no processo e aquela a ser julgada no recurso especial ou extraordinário afetado, a parte poderá requerer o prosseguimento do seu processo.

§ 10. O requerimento a que se refere o § 9º será dirigido:

I — ao juiz, se o processo sobrestado estiver em primeiro grau;

II — ao relator, se o processo sobrestado estiver no tribunal de origem;

III — ao relator do acórdão recorrido, se for sobrestado recurso especial ou recurso extraordinário no tribunal de origem;

IV — ao relator, no tribunal superior, de recurso especial ou de recurso extraordinário cujo processamento houver sido sobrestado.

§ 11. A outra parte deverá ser ouvida sobre o requerimento a que se refere o § 9º, no prazo de 5 (cinco) dias.

§ 12. Reconhecida a distinção no caso:

I — dos incisos I, II e IV do § 10, o próprio juiz ou relator dará prosseguimento ao processo;

II — do inciso III do § 10, o relator comunicará a decisão ao presidente ou ao vice-presidente que houver determinado o sobrestamento, para que o recurso especial ou o recurso extraordinário seja encaminhado ao respectivo tribunal superior, na forma do art. 1.030, parágrafo único.

§ 13. Da decisão que resolver o requerimento a que se refere o § 9º caberá:

I — agravo de instrumento, se o processo estiver em primeiro grau;

II — agravo interno, se a decisão for de relator.

Art. 1.038. O relator poderá:

I — solicitar ou admitir manifestação de pessoas, órgãos ou entidades com interesse na controvérsia, considerando a relevância da matéria e consoante dispuser o regimento interno;

II — fixar data para, em audiência pública, ouvir depoimentos de pessoas com experiência e conhecimento na matéria, com a finalidade de instruir o procedimento;

III — requisitar informações aos tribunais inferiores a respeito da controvérsia e, cumprida a diligência, intimará o Ministério Público para manifestar-se.

§ 1º No caso do inciso III, os prazos respectivos são de 15 (quinze) dias, e os atos serão praticados, sempre que possível, por meio eletrônico.

§ 2º Transcorrido o prazo para o Ministério Público e remetida cópia do relatório aos demais ministros, haverá inclusão em pauta, devendo ocorrer o julgamento com preferência sobre os demais feitos, ressalvados os que envolvam réu preso e os pedidos de habeas corpus.

§ 3º O conteúdo do acórdão abrangerá a análise dos fundamentos relevantes da tese jurídica discutida. (NR) *(Redação dada pela Lei n. 13.256, de 4.2.16, DOU 5.2.16)*

Art. 1.039. Decididos os recursos afetados, os órgãos colegiados declararão prejudicados os demais recursos versando sobre idêntica controvérsia ou os decidirão aplicando a tese firmada.

PARÁGRAFO ÚNICO. Negada a existência de repercussão geral no recurso extraordinário afetado, serão considerados automaticamente inadmitidos os recursos extraordinários cujo processamento tenha sido sobrestado.

Art. 1.040. Publicado o acórdão paradigma:

I — o presidente ou o vice-presidente do tribunal de origem negará seguimento aos recursos especiais ou extraordinários sobrestados na origem, se o acórdão recorrido coincidir com a orientação do tribunal superior;

II — o órgão que proferiu o acórdão recorrido, na origem, reexaminará o processo de competência originária, a remessa necessária ou o recurso anteriormente julgado, se o acórdão recorrido contrariar a orientação do tribunal superior;

III — os processos suspensos em primeiro e segundo graus de jurisdição retomarão o curso para julgamento e aplicação da tese firmada pelo tribunal superior;

IV — se os recursos versarem sobre questão relativa a prestação de serviço público objeto de concessão, permissão ou autorização, o resultado do julgamento será comunicado ao órgão, ao ente ou à agência reguladora competente para fiscalização da efetiva aplicação, por parte dos entes sujeitos a regulação, da tese adotada.

§ 1º A parte poderá desistir da ação em curso no primeiro grau de jurisdição, antes de proferida a sentença, se a questão nela discutida for idêntica à resolvida pelo recurso representativo da controvérsia.

§ 2º Se a desistência ocorrer antes de oferecida contestação, a parte ficará isenta do pagamento de custas e de honorários de sucumbência.

§ 3º A desistência apresentada nos termos do § 1º independe de consentimento do réu, ainda que apresentada contestação.

Art. 1.041. Mantido o acórdão divergente pelo tribunal de origem, o recurso especial ou extraordinário será remetido ao respectivo tribunal superior, na forma do art. 1.036, § 1º.

§ 1º Realizado o juízo de retratação, com alteração do acórdão divergente, o tribunal de origem, se for o caso, decidirá as demais questões ainda não decididas cujo enfrentamento se tornou necessário em decorrência da alteração.

§ 2º Quando ocorrer a hipótese do inciso II do *caput* do art. 1.040 e o recurso versar sobre outras questões, caberá ao presidente ou ao vice-presidente do tribunal recorrido, depois do reexame pelo órgão de origem e independentemente de ratificação do recurso, sendo positivo o juízo de admissibilidade, determinar a remessa do recurso ao tribunal superior para julgamento das demais questões. *(Redação dada pela Lei n. 13.256, de 4.2.16, DOU 5.2.16)*

Seção III
Do Agravo em Recurso Especial e em Recurso Extraordinário

Art. 1.042. Cabe agravo contra decisão do presidente ou do vice-presidente do tribunal recorrido que inadmitir recurso extraordinário ou recurso especial, salvo quando fundada na aplicação de entendimento firmado em regime de repercussão geral ou em julgamento de recursos repetitivos. *(Redação dada pela Lei n. 13.256, de 4.2.16, DOU 5.2.16)*

I — *(Revogado pela Lei n. 13.256, de 4.2.16, DOU 5.2.16)*

II — *(Revogado pela Lei n. 13.256, de 4.2.16, DOU 5.2.16)*

III — *(Revogado pela Lei n. 13.256, de 4.2.16, DOU 5.2.16)*

§ 1º *(Revogado pela Lei n. 13.256, de 4.2.16, DOU 5.2.16)*

I — *(Revogado pela Lei n. 13.256, de 4.2.16, DOU 5.2.16)*

II — *(Revogado pela Lei n. 13.256, de 4.2.16, DOU 5.2.16)*

a) *(Revogada pela Lei n. 13.256, de 4.2.16, DOU 5.2.16)*

b) *(Revogada pela Lei n. 13.256, de 4.2.16, DOU 5.2.16)*

§ 2º A petição de agravo será dirigida ao presidente ou ao vice-presidente do tribunal de origem e independe do pagamento de custas e despesas postais, aplicando-se a ela o regime de repercussão geral e de recursos repetitivos, inclusive quanto à possibilidade de sobrestamento e do juízo de retratação. *(Redação dada pela Lei n. 13.256, de 4.2.16, DOU 5.2.16)*

§ 3º O agravado será intimado, de imediato, para oferecer resposta no prazo de 15 (quinze) dias.

§ 4º Após o prazo de resposta, não havendo retratação, o agravo será remetido ao tribunal superior competente.

§ 5º O agravo poderá ser julgado, conforme o caso, conjuntamente com o recurso especial ou extraordinário, assegurada, neste caso, sustentação oral, observando-se, ainda, o disposto no regimento interno do tribunal respectivo.

§ 6º Na hipótese de interposição conjunta de recursos extraordinário e especial, o agravante deverá interpor um agravo para cada recurso não admitido.

§ 7º Havendo apenas um agravo, o recurso será remetido ao tribunal competente, e, havendo interposição conjunta, os autos serão remetidos ao Superior Tribunal de Justiça.

§ 8º Concluído o julgamento do agravo pelo Superior Tribunal de Justiça e, se for o caso, do recurso especial, independentemente de pedido, os autos serão remetidos ao Supremo Tribunal Federal para apreciação do agravo a ele dirigido, salvo se estiver prejudicado.

Seção IV
Dos Embargos de Divergência

Art. 1.043. É embargável o acórdão de órgão fracionário que:

I — em recurso extraordinário ou em recurso especial, divergir do julgamento de qualquer outro órgão do mesmo tribunal, sendo os acórdãos, embargado e paradigma, de mérito;

II — *(Revogado pela Lei n. 13.256, de 4.2.16, DOU 5.2.16)*

III — em recurso extraordinário ou em recurso especial, divergir do julgamento de qualquer outro órgão do mesmo tribunal, sendo um acórdão de mérito e outro que não tenha conhecido do recurso, embora tenha apreciado a controvérsia;

IV — *(Revogado pela Lei n. 13.256, de 4.2.16, DOU 5.2.16)*

§ 1º Poderão ser confrontadas teses jurídicas contidas em julgamentos de recursos e de ações de competência originária.

§ 2º A divergência que autoriza a interposição de embargos de divergência pode verificar-se na aplicação do direito material ou do direito processual.

§ 3º Cabem embargos de divergência quando o acórdão paradigma for da mesma turma que proferiu a decisão embargada, desde que sua composição tenha sofrido alteração em mais da metade de seus membros.

§ 4º O recorrente provará a divergência com certidão, cópia ou citação de repositório oficial ou credenciado de jurisprudência, inclusive em mídia eletrônica, onde foi publicado o acórdão divergente, ou com a reprodução de julgado disponível na rede mundial de computadores, indicando a respectiva fonte, e mencionará as circunstâncias que identificam ou assemelham os casos confrontados.

§ 5º *(Revogado pela Lei n. 13.256, de 4.2.16, DOU 5.2.16)*

Art. 1.044. No recurso de embargos de divergência, será observado o procedimento estabelecido no regimento interno do respectivo tribunal superior.

§ 1º A interposição de embargos de divergência no Superior Tribunal de Justiça interrompe o prazo para interposição de recurso extraordinário por qualquer das partes.

§ 2º Se os embargos de divergência forem desprovidos ou não alterarem a conclusão do julgamento anterior, o recurso extraordinário interposto pela outra parte antes da publicação do julgamento dos embargos de divergência será processado e julgado independentemente de ratificação.

LIVRO COMPLEMENTAR
DISPOSIÇÕES FINAIS E TRANSITÓRIAS

Art. 1.045. Este Código entra em vigor após decorrido 1 (um) ano da data de sua publicação oficial.

Art. 1.046. Ao entrar em vigor este Código, suas disposições se aplicarão desde logo aos processos pendentes, ficando revogada a Lei n. 5.869, de 11 de janeiro de 1973.

§ 1º As disposições da Lei n. 5.869, de 11 de janeiro de 1973, relativas ao procedimento sumário e aos procedimentos especiais que forem revogadas aplicar-se-ão às ações propostas e não sentenciadas até o início da vigência deste Código.

§ 2º Permanecem em vigor as disposições especiais dos procedimentos regulados em outras leis, aos quais se aplicará supletivamente este Código.

§ 3º Os processos mencionados no art. 1.218 da Lei n. 5.869, de 11 de janeiro de 1973, cujo procedimento ainda não tenha sido incorporado por lei submetem-se ao procedimento comum previsto neste Código.

§ 4º As remissões a disposições do Código de Processo Civil revogado, existentes em outras leis, passam a referir-se às que lhes são correspondentes neste Código.

§ 5º A primeira lista de processos para julgamento em ordem cronológica observará a antiguidade da distribuição entre os já conclusos na data da entrada em vigor deste Código.

Art. 1.047. As disposições de direito probatório adotadas neste Código aplicam-se apenas às provas requeridas ou determinadas de ofício a partir da data de início de sua vigência.

Art. 1.048. Terão prioridade de tramitação, em qualquer juízo ou tribunal, os procedimentos judiciais:

I — em que figure como parte ou interessado pessoa com idade igual ou superior a 60 (sessenta) anos ou portadora de doença grave, assim compreendida qualquer das enumeradas no art. 6º, inciso XIV, da Lei n. 7.713, de 22 de dezembro de 1988;

II — regulados pela Lei n. 8.069, de 13 de julho de 1990 (Estatuto da Criança e do Adolescente).

§ 1º A pessoa interessada na obtenção do benefício, juntando prova de sua condição, deverá requerê-lo à autoridade judiciária competente para decidir o feito, que determinará ao cartório do juízo as providências a serem cumpridas.

§ 2º Deferida a prioridade, os autos receberão identificação própria que evidencie o regime de tramitação prioritária.

§ 3º Concedida a prioridade, essa não cessará com a morte do beneficiado, estendendo-se em favor do cônjuge supérstite ou do companheiro em união estável.

§ 4º A tramitação prioritária independe de deferimento pelo órgão jurisdicional e deverá ser imediatamente concedida diante da prova da condição de beneficiário.

Art. 1.049. Sempre que a lei remeter a procedimento previsto na lei processual sem especificá-lo, será observado o procedimento comum previsto neste Código.

PARÁGRAFO ÚNICO. Na hipótese de a lei remeter ao procedimento sumário, será observado o procedimento comum previsto neste Código, com as modificações previstas na própria lei especial, se houver.

Art. 1.050. A União, os Estados, o Distrito Federal, os Municípios, suas respectivas entidades da administração indireta, o Ministério Público, a Defensoria Pública e a Advocacia Pública, no prazo de 30 (trinta) dias a contar da data da entrada em vigor deste Código, deverão se cadastrar perante a administração do tribunal no qual atuem para cumprimento do disposto nos arts. 246, § 2º, e 270, parágrafo único.

Art. 1.051. As empresas públicas e privadas devem cumprir o disposto no art. 246,

§ 1º, no prazo de 30 (trinta) dias, a contar da data de inscrição do ato constitutivo da pessoa jurídica, perante o juízo onde tenham sede ou filial.

PARÁGRAFO ÚNICO. O disposto no *caput* não se aplica às microempresas e às empresas de pequeno porte.

Art. 1.052. Até a edição de lei específica, as execuções contra devedor insolvente, em curso ou que venham a ser propostas, permanecem reguladas pelo Livro II, Título IV, da Lei n. 5.869, de 11 de janeiro de 1973.

Art. 1.053. Os atos processuais praticados por meio eletrônico até a transição definitiva para certificação digital ficam convalidados, ainda que não tenham observado os requisitos mínimos estabelecidos por este Código, desde que tenham atingido sua finalidade e não tenha havido prejuízo à defesa de qualquer das partes.

Art. 1.054. O disposto no art. 503, § 1º, somente se aplica aos processos iniciados após a vigência deste Código, aplicando-se aos anteriores o disposto nos arts. 5º, 325 e 470 da Lei n. 5.869, de 11 de janeiro de 1973.

Art. 1.055. (VETADO).

Art. 1.056. Considerar-se-á como termo inicial do prazo da prescrição prevista no art. 924, inciso V, inclusive para as execuções em curso, a data de vigência deste Código.

Art. 1.057. O disposto no art. 525, §§ 14 e 15, e no art. 535, §§ 7º e 8º, aplica-se às decisões transitadas em julgado após a entrada em vigor deste Código, e, às decisões transitadas em julgado anteriormente, aplica-se o disposto no art. 475-L, § 1º, e no art. 741, parágrafo único, da Lei n. 5.869, de 11 de janeiro de 1973.

Art. 1.058. Em todos os casos em que houver recolhimento de importância em dinheiro, esta será depositada em nome da parte ou do interessado, em conta especial movimentada por ordem do juiz, nos termos do art. 840, inciso I.

Art. 1.059. À tutela provisória requerida contra a Fazenda Pública aplica-se o disposto nos arts. 1º a 4º da Lei n. 8.437, de 30 de junho de 1992, e no art. 7º, § 2º, da Lei n. 12.016, de 7 de agosto de 2009.

Art. 1.060. O inciso II do art. 14 da Lei n. 9.289, de 4 de julho de 1996, passa a vigorar com a seguinte redação: (Vigência)

> "Art. 14. ....
>
> ....
>
> II — aquele que recorrer da sentença adiantará a outra metade das custas, comprovando o adiantamento no ato de interposição do recurso, sob pena de deserção, observado o disposto nos §§ 1º a 7º do art. 1.007 do Código de Processo Civil;
>
> ...." (NR)

Art. 1.061. O § 3º do art. 33 da Lei n. 9.307, de 23 de setembro de 1996 (Lei de Arbitragem), passa a vigorar com a seguinte redação: (Vigência)

> "Art. 33. ....
>
> § 3º A decretação da nulidade da sentença arbitral também poderá ser requerida na impugnação ao cumprimento da sentença, nos termos dos arts. 525 e seguintes do Código de Processo Civil, se houver execução judicial." (NR)

Art. 1.062. O incidente de desconsideração da personalidade jurídica aplica-se ao processo de competência dos juizados especiais.

Art. 1.063. Até a edição de lei específica, os juizados especiais cíveis previstos na Lei n. 9.099, de 26 de setembro de 1995, continuam competentes para o processamento e julgamento das causas previstas no art. 275, inciso II, da Lei n. 5.869, de 11 de janeiro de 1973.

Art. 1.064. O *caput* do art. 48 da Lei n. 9.099, de 26 de setembro de 1995, passa a vigorar com a seguinte redação: (Vigência)

> "Art. 48. ....
>
> Caberão embargos de declaração contra sentença ou acórdão nos casos previstos no Código de Processo Civil.
>
> ...." (NR)

Art. 1.065. O art. 50 da Lei n. 9.099, de 26 de setembro de 1995, passa a vigorar com a seguinte redação: (Vigência)

> "Art. 50. Os embargos de declaração interrompem o prazo para a interposição de recurso." (NR)

Art. 1.066. O art. 83 da Lei n. 9.099, de 26 de setembro de 1995, passam a vigorar com a seguinte redação: (Vigência)

> "Art. 83. Cabem embargos de declaração quando, em sentença ou acórdão, houver obscuridade, contradição ou omissão.
>
> ....
>
> § 2º Os embargos de declaração interrompem o prazo para a interposição de recurso.
>
> ...." (NR)

Art. 1.067. O art. 275 da Lei n. 4.737, de 15 de julho de 1965 (Código Eleitoral), passa a vigorar com a seguinte redação: (Vigência)

> "Art. 275. São admissíveis embargos de declaração nas hipóteses previstas no Código de Processo Civil.
>
> § 1º Os embargos de declaração serão opostos no prazo de 3 (três) dias, contado da data de publicação da decisão embargada, em petição dirigida ao juiz ou relator, com a indicação do ponto que lhes deu causa.
>
> § 2º Os embargos de declaração não estão sujeitos a preparo.
>
> § 3º O juiz julgará os embargos em 5 (cinco) dias.
>
> § 4º Nos tribunais:
>
> I — o relator apresentará os embargos em mesa na sessão subsequente, proferindo voto;
>
> II — não havendo julgamento na sessão referida no inciso I, será o recurso incluído em pauta;
>
> III — vencido o relator, outro será designado para lavrar o acórdão.
>
> § 5º Os embargos de declaração interrompem o prazo para a interposição de recurso.
>
> § 6º Quando manifestamente protelatórios os embargos de declaração, o juiz ou o tribunal, em decisão fundamentada, condenará o embargante a pagar ao embargado multa não excedente a 2 (dois) salários-mínimos.
>
> § 7º Na reiteração de embargos de declaração manifestamente protelatórios, a multa será elevada a até 10 (dez) salários-mínimos." (NR)

Art. 1.068. O art. 274 e o *caput* do art. 2.027 da Lei n. 10.406, de 10 de janeiro de 2002 (Código Civil), passam a vigorar com a seguinte redação: (Vigência)

> "Art. 274. O julgamento contrário a um dos credores solidários não atinge os demais, mas o julgamento favorável aproveita-lhes, sem prejuízo de exceção pessoal que o devedor tenha direito de invocar em relação a qualquer deles." (NR)
>
> "Art. 2.027. A partilha é anulável pelos vícios e defeitos que invalidam, em geral, os negócios jurídicos.
>
> ...." (NR)

Art. 1.069. O Conselho Nacional de Justiça promoverá, periodicamente, pesquisas estatísticas para avaliação da efetividade das normas previstas neste Código.

Art. 1.070. É de 15 (quinze) dias o prazo para a interposição de qualquer agravo, previsto em lei ou em regimento interno de tribunal, contra decisão de relator ou outra decisão unipessoal proferida em tribunal.

Art. 1.071. O Capítulo III do Título V da Lei n. 6.015, de 31 de dezembro de 1973 (Lei de Registros Públicos), passa a vigorar acrescida do seguinte art. 216-A: (Vigência)

> "Art. 216-A. Sem prejuízo da via jurisdicional, é admitido o pedido de reconhecimento extrajudicial de usucapião, que será processado diretamente perante o cartório do registro de imóveis da comarca em que estiver situado o imóvel usucapiendo, a requerimento do interessado, representado por advogado, instruído com:
>
> I — ata notarial lavrada pelo tabelião, atestando o tempo de posse do requerente e seus antecessores, conforme o caso e suas circunstâncias;
>
> II — planta e memorial descritivo assinado por profissional legalmente habilitado, com prova de anotação de responsabilidade técnica no respectivo conselho de fiscalização profissional, e pelos titulares de direitos reais e de outros direitos registrados ou averbados na matrícula do imóvel usucapiendo e na matrícula dos imóveis confinantes;
>
> III — certidões negativas dos distribuidores da comarca da situação do imóvel e do domicílio do requerente;
>
> IV — justo título ou quaisquer outros documentos que demonstrem a origem, a continuidade, a natureza e o tempo da posse, tais como o pagamento dos impostos e das taxas que incidirem sobre o imóvel.
>
> § 1º O pedido será autuado pelo registrador, prorrogando-se o prazo da prenotação até o acolhimento ou a rejeição do pedido.
>
> § 2º Se a planta não contiver a assinatura de qualquer um dos titulares de direitos reais e de outros direitos registrados ou averbados na matrícula do imóvel usucapiendo e na matrícula dos imóveis confinantes, esse será notificado pelo registrador competente, pessoalmente ou pelo correio com aviso de recebimento, para manifestar seu consentimento expresso em 15 (quinze) dias, interpretado o seu silêncio como discordância.
>
> § 3º O oficial de registro de imóveis dará ciência à União, ao Estado, ao Distrito Federal e ao Município, pessoalmente, por intermédio do oficial de registro de títulos e documentos, ou pelo correio com aviso de recebimento, para que se manifestem, em 15 (quinze) dias, sobre o pedido.
>
> § 4º O oficial de registro de imóveis promoverá a publicação de edital em jornal de grande circulação, onde houver, para a ciência de terceiros eventualmente interessados, que poderão se manifestar em 15 (quinze) dias.
>
> § 5º Para a elucidação de qualquer ponto de dúvida, poderão ser solicitadas ou realizadas diligências pelo oficial de registro de imóveis.
>
> § 6º Transcorrido o prazo de que trata o § 4º deste artigo, sem pendência de diligências na forma do § 5º deste artigo e achando-se em ordem a documentação, com inclusão da concordância expressa dos titulares de direitos reais e de outros direitos registrados ou averbados na matrícula do imóvel usucapiendo e na matrícula dos imóveis confinantes, o oficial de registro de imóveis registrará a aquisição do

imóvel com as descrições apresentadas, sendo permitida a abertura de matrícula, se for o caso.

§ 7º Em qualquer caso, é lícito ao interessado suscitar o procedimento de dúvida, nos termos desta Lei.

§ 8º Ao final das diligências, se a documentação não estiver em ordem, o oficial de registro de imóveis rejeitará o pedido.

§ 9º A rejeição do pedido extrajudicial não impede o ajuizamento de ação de usucapião.

§ 10. Em caso de impugnação do pedido de reconhecimento extrajudicial de usucapião, apresentada por qualquer um dos titulares de direito reais e de outros direitos registrados ou averbados na matrícula do imóvel usucapiendo e na matrícula dos imóveis confinantes, por algum dos entes públicos ou por algum terceiro interessado, o oficial de registro de imóveis remeterá os autos ao juízo competente da comarca da situação do imóvel, cabendo ao requerente emendar a petição inicial para adequá-la ao procedimento comum."

Art. 1.072. Revogam-se:

I — o art. 22 do Decreto-Lei n. 25, de 30 de novembro de 1937;

II — os arts. 227, *caput*, 229, 230, 456, 1.482, 1.483 e 1.768 a 1.773 da Lei n. 10.406, de 10 de janeiro de 2002 (Código Civil);

III — os arts. 2º, 3º, 4º, 6º, 7º, 11, 12 e 17 da Lei n. 1.060, de 5 de fevereiro de 1950;

IV — os arts. 13 a 18, 26 a 29 e 38 da Lei n. 8.038, de 28 de maio de 1990;

V — os arts. 16 a 18 da Lei n. 5.478, de 25 de julho de 1968; e

VI — o art. 98, § 4º, da Lei n. 12.529, de 30 de novembro de 2011.

Brasília, 16 de março de 2015; 194º da Independência e 127º da República.

Dilma Rousseff
José Eduardo Cardozo
Jaques Wagner
Joaquim Vieira Ferreira Levy
Luís Inácio Lucena Adams

Este texto não substitui o publicado no DOU de 17.3.2015

SÚMULAS VINCULANTES DO SUPREMO TRIBUNAL FEDERAL
EM MATÉRIA TRABALHISTA

V. Lei n. 11.417, de 19.12.06, DOU 20.12.06, que regulamenta o art. 103-A da Constituição Federal e altera a Lei n. 9.784, de 29 de janeiro de 1999, disciplinando a edição, a revisão e o cancelamento de enunciado de Súmula Vinculante pelo Supremo Tribunal Federal, e dá outras providências, p. 796

ÍNDICE ALFABÉTICO-REMISSIVO

SÚMULAS VINCULANTES DO SUPREMO TRIBUNAL FEDERAL EM MATÉRIA TRABALHISTA

1. Fundo de Garantia do Tempo de Serviço — Lei Complementar n. 110/2001 — Ofende a garantia constitucional do ato jurídico perfeito a decisão que, sem ponderar as circunstâncias do caso concreto, desconsidera a validez e a eficácia de acordo constante de termo de adesão instituído pela Lei Complementar n. 110/2001, (DJ 6.6.07).

4. Salvo nos casos previstos na Constituição, o salário mínimo não pode ser usado como indexador de base de cálculo de vantagem de servidor público ou de empregado, nem ser substituído por decisão judicial. (DJe 9.5.08)

5. A falta de defesa técnica por advogado no processo administrativo disciplinar não ofende a Constituição (DJe 16.5.08)

6. Não viola a Constituição o estabelecimento de remuneração inferior ao salário mínimo para as praças prestadoras de serviço militar inicial (DJe 16.5.08)

8. São inconstitucionais o parágrafo único do art. 5º do Decreto-lei n. 1.569/1.977 e os arts. 45 e 46 da Lei n. 8.212/1991, que tratam de prescrição e decadência de crédito tributário. (DJe 20.6.08)

10. Viola a cláusula de reserva de Plenário (CF, art. 97) a decisão de órgão fracionário de Tribunal que, embora não declare expressamente a inconstitucionalidade de lei ou ato normativo do Poder Público, afasta a sua incidência no todo ou em parte. (DJe 27.6.08)

15. O cálculo de gratificações e outras vantagens do servidor público não incide sobre o abono utilizado para se atingir o salário mínimo. (DJe 1º.7.09)

16. Os arts. 7º, IV, e 39, § 3º (redação da EC n. 19/98), da Constituição referem-se ao total da remuneração percebida pelo servidor público. (DJe 1º.7.09)

Súmulas Vinculantes do STF

17. Durante o período previsto no § 1º do art. 100 da Constituição, não incidem juros de mora sobre os precatórios que nele sejam pagos (DJe 10.11.09)

20. A gratificação de desempenho de atividade técnico-administrativa — GDATA, instituída pela Lei n. 10.404/2002, deve ser deferida aos inativos nos valores correspondentes a 37,5 (trinta e sete vírgula cinco) pontos no período de fevereiro a maio de 2002 e, nos termos do art. 5º, parágrafo único, da Lei n. 10.404/2002, no período de junho de 2002 até a conclusão dos efeitos do último ciclo de avaliação a que se refere o art. 1º da Medida Provisória n. 198/2004, a partir da qual passa a ser de 60 (sessenta) pontos (DJe 10.11.09)

21. É inconstitucional a exigência de depósito ou arrolamento prévios de dinheiro ou bens para admissibilidade de recurso administrativo (DJe 10.11.09)

22. A Justiça do Trabalho é competente para processar e julgar as ações de indenização por danos morais e patrimoniais decorrentes de acidente de trabalho propostas por empregado contra empregador, inclusive aquelas que ainda não possuíam sentença de mérito em primeiro grau quando da promulgação da Emenda Constitucional n. 45/04. (DJe 11.12.09)

23. A Justiça do Trabalho é competente para processar e julgar ação possessória ajuizada em decorrência do exercício do direito de greve pelos trabalhadores da iniciativa privada. (DJe 11.12.09)

25. É ilícita a prisão civil de depositário infiel, qualquer que seja a modalidade do depósito. (DJe 23.12.09)

33. Aplicam-se ao servidor público, no que couber, as regras do regime geral da previdência social sobre aposentadoria especial de que trata o art. 40, § 4º, inciso III da Constituição Federal, até a edição de lei complementar específica. (DJe 24.4.2014)

34. A Gratificação de Desempenho de Atividade de Seguridade Social e do Trabalho — GDASST, instituída pela Lei n. 10.483/2002, deve ser estendida aos inativos no valor correspondente a 60 (sessenta) pontos, desde o advento da Medida Provisória n. 198/2004, convertida na Lei n. 10.971/2004, quando tais inativos façam jus à paridade constitucional (EC ns. 20/1998, 41/2003 e 47/2005). (DJe n. 210 de 24.10.14)

37. Não cabe ao Poder Judiciário, que não tem função legislativa, aumentar vencimentos de servidores públicos sob o fundamento de isonomia. (DJe n. 210 de 24.10.14)

38. É competente o Município para fixar o horário de funcionamento de estabelecimento comercial (DJe n. 55/2015, Publicação: 20.3.15)

39. Compete privativamente à União legislar sobre vencimentos dos membros das polícias civil e militar e do corpo de bombeiros militar do Distrito Federal (DJe n. 55/2015, Publicação: 20.3.15).

40. A contribuição confederativa de que trata o art. 8º, IV, da Constituição Federal, só é exigível dos filiados ao sindicato respectivo (DJe n. 55/2015, Publicação 20.3.15).

42. É inconstitucional a vinculação do reajuste de vencimentos de servidores estaduais ou municipais a índices federais de correção monetária (DJe n. 55/2015, Publicação: 20.3.15).

43. É inconstitucional toda modalidade de provimento que propicie ao servidor investir-se, sem prévia aprovação em concurso público destinado ao seu provimento, em cargo que não integra a carreira na qual anteriormente investido (DJe n. 72/15. 16.4.15).

44. Só por lei se pode sujeitar a exame psicotécnico a habilitação de candidato a cargo público (DJe n. 72/15. 16.4.15).

47. Os honorários advocatícios incluídos na condenação ou destacados do montante principal devido ao credor consubstanciam verba de natureza alimentar cuja satisfação ocorrerá com a expedição de precatório ou requisição de pequeno valor, observada ordem especial restrita aos créditos dessa natureza.

49. Ofende o princípio da livre concorrência lei municipal que impede a instalação de estabelecimentos comerciais do mesmo ramo em determinada área.

50. Norma legal que altera o prazo de recolhimento de obrigação tributária não se sujeita ao princípio da anterioridade (DJe 22.6.15).

51. O reajuste de 28,86%, concedido aos servidores militares pelas Leis ns. 8.622/1993 e 8.627/1993, estende-se aos servidores civis do poder executivo, observadas as eventuais compensações decorrentes dos reajustes diferenciados concedidos pelos mesmos diplomas legais (DJe 22.6.15).

53. A competência da Justiça do Trabalho prevista no art. 114, VIII, da Constituição Federal alcança a execução de ofício das contribuições previdenciárias relativas ao objeto da condenação constante das sentenças que proferir e acordos por ela homologados (DJe 22.6.15).

54. A medida provisória não apreciada pelo congresso nacional podia, até a Emenda Constitucional n. 32/2001, ser reeditada dentro do seu prazo de eficácia de trinta dias, mantidos os efeitos de lei desde a primeira edição. (DJe 22.3.16, Pub. 28.3.16).

55. O direito ao auxílio-alimentação não se estende aos servidores inativos. (DJe 22.3.16, Pub, 28.3.16).

SÚMULAS

ÍNDICE ALFABÉTICO-REMISSIVO

Súmulas Vinculantes do STF

SÚMULAS DO SUPREMO TRIBUNAL FEDERAL
EM MATÉRIA TRABALHISTA

20 — PROCESSO ADMINISTRATIVO — AMPLA DEFESA — DEMISSÃO DE FUNCIONÁRIO ADMITIDO POR CONCURSO

É necessário processo administrativo com ampla defesa, para demissão de funcionário admitido por concurso.

24 — FUNCIONÁRIO SUBSTITUTO INTERINO — DEMISSÍVEL, MESMO ANTES DE CESSAR A CAUSA DA SUBSTITUIÇÃO

Funcionário interino substituto é demissível, mesmo antes de cessar a causa da substituição.

35 — ACIDENTE — MORTE DO AMÁSIO

Em caso de acidente de trabalho ou de transporte, a concubina tem direito de ser indenizada pela morte do amásio, se entre eles não havia impedimento para o matrimônio.

37 — DUPLA APOSENTADORIA

Não tem direito de se aposentar pelo Tesouro Nacional o servidor que não satisfizer as condições estabelecidas na legislação do serviço público federal, ainda que aposentado pela respectiva instituição previdenciária, com direito, em tese, a duas aposentadorias.

128 — TAXA DE ASSISTÊNCIA MÉDICA

É indevida a taxa de assistência médica e hospitalar das instituições de previdência social.

150 — EXECUÇÃO — PRESCRIÇÃO NO MESMO PRAZO DA AÇÃO

Prescreve a execução no mesmo prazo de prescrição da ação.

163 — JUROS MORATÓRIOS — OBRIGAÇÃO ILÍQUIDA — CONTAGEM DESDE A CITAÇÃO INICIAL PARA AÇÃO, SALVO CONTRA A FAZENDA PÚBLICA

Salvo contra a fazenda pública, sendo a obrigação ilíquida, contam-se os juros moratórios desde a citação inicial para a ação.

194 — INSALUBRIDADE — COMPETÊNCIA

É competente o Ministro do Trabalho para especificação das atividades insalubres.

195 — CONTRATO A PRAZO OU POR OBRA CERTA — PRORROGAÇÃO

Contrato de trabalho por obra certa, ou de prazo determinado, transforma-se em contrato de prazo indeterminado, quando prorrogado por mais de quatro anos.

196 — EMPREGADO — ATIVIDADE RURAL

Ainda que exerça atividade rural, o empregado de empresa industrial ou comercial é classificado de acordo com a categoria do empregador.

197 — ESTABILIDADE — DIRIGENTE SINDICAL

O empregado com representação sindical só pode ser despedido mediante inquérito em que se apure falta grave.

198 — FÉRIAS — AUSÊNCIA POR ACIDENTE

As ausências motivadas por acidente do trabalho não são descontáveis do período aquisitivo das férias.

199 — FÉRIAS — EMPREGADO HORISTA

O salário das férias do empregado horista corresponde à média do período aquisitivo, não podendo ser inferior ao mínimo.

200 — FÉRIAS PROPORCIONAIS

Não é inconstitucional a Lei n. 1.530, de 26.12.51, que manda incluir na indenização por despedida injusta parcela correspondente a férias proporcionais.

201 — VENDEDOR PRACISTA — REPOUSO SEMANAL

O vendedor pracista, remunerado mediante comissão, não tem direito ao repouso semanal remunerado.

202 — EQUIPARAÇÃO SALARIAL

Na equiparação de salário, em caso de trabalho igual, toma-se em conta o tempo de serviço na função, e não no emprego.

203 — SALÁRIO MÍNIMO — "VACATIO LEGIS"

Não está sujeita à vacância de 60 dias a vigência de novos níveis de salário mínimo.

204 — TRABALHADOR SUBSTITUTO OU RESERVA

Tem direito o trabalhador substituto, ou de reserva, ao salário mínimo do dia em que fica à disposição do empregador, sem ser aproveitado na função específica; se aproveitado, recebe o salário contratual.

205 — MENOR NÃO APRENDIZ — SALÁRIO

Tem direito a salário integral o menor não sujeito à aprendizagem metódica.

207 — GRATIFICAÇÃO HABITUAL

As gratificações habituais, inclusive a de Natal, consideram-se tacitamente convencionadas, integrando o salário.

209 — SALÁRIO-PRÊMIO — SALÁRIO-PRODUÇÃO

O salário-produção, como outras modalidades de salário-prêmio, é devido, desde que verificada a condição a que estiver subordinado, e não pode ser suprimido, unilateralmente, pelo empregador, quando pago com habitualidade.

212 — ADICIONAL DE PERICULOSIDADE

Tem direito ao adicional de serviço perigoso o empregado de posto de revenda de combustível líquido.

213 — ADICIONAL NOTURNO

É devido o adicional de serviço noturno, ainda que sujeito o empregado ao regime de revezamento.

214 — ADICIONAL NOTURNO

A duração legal da hora de serviço noturno (52 minutos e 30 segundos) constitui vantagem suplementar, que não dispensa o salário adicional.

215 — TEMPO DE SERVIÇO — READMISSÃO

Conta-se a favor do empregado readmitido o tempo de serviço anterior, salvo se houver sido despedido por falta grave ou tiver recebido a indenização legal.

217 — APOSENTADORIA — READMISSÃO

Tem direito de retornar ao emprego, ou ser indenizado em caso de recusa do empregador, o aposentado que recupera a capacidade de trabalho dentro de cinco anos a contar da aposentadoria, que se torna definitiva após esse prazo.

219 — INDENIZAÇÃO DE EMPREGADO READMISSÍVEL

Para a indenização devida a empregado que tinha direito a ser readmitido, e não foi, levam-se em conta as vantagens advindas à sua categoria no período do afastamento.

220 — INDENIZAÇÃO DE ESTÁVEL READMISSÍVEL

A indenização devida a empregado estável, que não é readmitido, ao cessar sua aposentadoria, deve ser paga em dobro.

221 — TRANSFERÊNCIA OU EXTINÇÃO DE ESTABELECIMENTO

A transferência de estabelecimento, ou a sua extinção parcial, por motivo que não seja de força maior, não justifica a transferência de empregado estável.

222 — IDENTIDADE FÍSICA DO JUIZ

O princípio da identidade física do juiz não é aplicável às Juntas de Conciliação e Julgamento, da Justiça do Trabalho.

223 — SINDICATO — ISENÇÃO DE CUSTAS

Concedida isenção de custas ao empregado, por elas não responde o sindicato que o representa em juízo.

224 — JUROS DA MORA

Os juros da mora, nas reclamações trabalhistas, são contados desde a notificação inicial.

225 — CARTEIRA PROFISSIONAL — VALOR PROBATÓRIO

Não é absoluto o valor probatório das anotações da carteira profissional.

227 — CONCORDATA DO EMPREGADOR

A concordata do empregador não impede a execução de crédito nem a reclamação de empregado na Justiça do Trabalho.

228 — EXECUÇÃO — RECURSO EXTRAORDINÁRIO PENDENTE

Não é provisória a execução na pendência de recurso extraordinário, ou de agravo destinado a fazê-lo admitir.

229 — ACIDENTE — INDENIZAÇÃO

A indenização acidentária não exclui a do direito comum, em caso de dolo ou culpa grave do empregador.

230 — ACIDENTE — PRESCRIÇÃO

A prescrição da ação de acidente do trabalho conta-se do exame pericial que comprovar a enfermidade ou verificar a natureza da incapacidade.

232 — ACIDENTE — DIÁRIAS

Em caso de acidente do trabalho, são devidas diárias até doze meses, as quais não se confundem com a indenização acidentária nem com o auxílio-enfermidade.

234 — ACIDENTE — HONORÁRIOS DE ADVOGADO

São devidos honorários de advogado em ação de acidente do trabalho julgada procedente.

235 — ACIDENTE — COMPETÊNCIA — AUTARQUIA SEGURADORA

É competente para a ação de acidente de trabalho a Justiça cível comum, inclusive em segunda instância, ainda que seja parte autarquia seguradora.

236 — ACIDENTE — CUSTAS — AUTARQUIA SEGURADORA

Em ação de acidente do trabalho, a autarquia seguradora não tem isenção de custas.

238 — ACIDENTE — MULTA MORATÓRIA

Em caso de acidente do trabalho, a multa pelo retardamento da liquidação é exigível do segurador sub--rogado, ainda que autarquia.

240 — ACIDENTE — RECURSO — DEPÓSITO

O depósito para recorrer, em ação de acidente do trabalho, é exigível do segurador sub-rogado, ainda que autarquia.

241 — PREVIDÊNCIA — CONTRIBUIÇÃO SOBRE ABONO

A contribuição previdenciária incide sobre o abono incorporado ao salário.

243 — PREVIDÊNCIA — PROVENTOS EM CASO DE DUPLA APOSENTADORIA

Em caso de dupla aposentadoria, os proventos a cargo do IAPFESP não são equiparáveis aos pagos pelo Tesouro Nacional, mas calculados à base da média salarial nos últimos doze meses de serviço.

252 — AÇÃO RESCISÓRIA — JUÍZES QUE PARTICIPARAM DO JULGAMENTO RESCINDENDO — NÃO IMPEDIMENTO

Na ação rescisória, não estão impedidos juízes que participaram do julgamento rescindendo.

254 — JUROS MORATÓRIOS NA LIQUIDAÇÃO — OMISSÃO NO PEDIDO OU NA CONDENAÇÃO

Incluem-se os juros moratórios na liquidação, embora omisso o pedido inicial ou a condenação.

258 — RECONVENÇÃO EM AÇÃO DECLARATÓRIA

É admissível reconvenção em ação declaratória.

259 — DOCUMENTO DE PROCEDÊNCIA ESTRANGEIRA — AUTENTICADOS POR VIA CONSULAR — INSCRIÇÃO NO REGISTRO PÚBLICO — EFEITOS

Para produzir efeito em juízo não é necessária a inscrição, no registro público, de documentos de procedência estrangeira, autenticados por via consular.

266 — MANDADO DE SEGURANÇA — CONTRA LEI EM TESE

Não cabe mandado de segurança contra lei em tese.

267 — MANDADO DE SEGURANÇA — ATO PASSÍVEL DE RECURSO OU CORREIÇÃO

Não cabe mandado de segurança contra ato judicial passível de recurso ou correição.

268 — MANDADO DE SEGURANÇA — DECISÃO COM TRÂNSITO EM JULGADO

Não cabe mandado de segurança contra decisão judicial com trânsito em julgado.

287 — AGRAVO — DEFICIÊNCIA DE FUNDAMENTAÇÃO

Nega-se provimento ao agravo, quando a deficiência na sua fundamentação, ou na do recurso extraordinário, não permitir a exata compreensão da controvérsia.

288 — AGRAVO — FALTA DE TRASLADO

Nega-se provimento ao agravo para subida de recurso extraordinário, quando faltar no traslado o despacho agravado, a decisão recorrida, a petição de recurso extraordinário ou qualquer peça essencial à compreensão da controvérsia.

307 — SALÁRIO — ADICIONAL DE INSALUBRIDADE

É devido o adicional de serviço insalubre, calculado à base do salário mínimo da região, ainda que a remuneração contratual seja superior ao salário mínimo acrescido da taxa de insalubridade.

310 — INTIMAÇÃO NA SEXTA-FEIRA — PRAZO JUDICIAL

Quando a intimação tiver lugar na sexta-feira, ou a publicação com efeito de intimação for feita nesse dia, o prazo judicial terá início na segunda-feira imediata, salvo se não houver expediente, caso em que começará no primeiro dia útil que se seguir.

311 — ACIDENTE — MULTA MORATÓRIA — AÇÃO JUDICIAL

No típico acidente do trabalho, a existência de ação judicial não exclui a multa pelo retardamento da liquidação.

312 — MÚSICO DE ORQUESTRA E ARTISTA

Músico integrante de orquestra da empresa, com atuação permanente e vínculo de subordinação, está sujeito à legislação geral do trabalho, e não à especial dos artistas.

313 — ADICIONAL NOTURNO

Provada a identidade entre o trabalho diurno e o noturno, é devido o adicional, quanto a este, sem a limitação do art. 73, § 3º, da CLT, independentemente da natureza da atividade do empregador.

314 — ACIDENTE — INDENIZAÇÃO — CRITÉRIO

Na composição do dano por acidente do trabalho, ou de transporte, não é contrário à lei tomar para base da indenização o salário do tempo da perícia ou da sentença.

315 — AGRAVO DE INSTRUMENTO — TRASLADO INSUFICIENTE

Indispensável o traslado das razões da revista, para julgamento pelo Tribunal Superior do Trabalho, do agravo para sua admissão.

316 — GREVE — SIMPLES ADESÃO

A simples adesão à greve não constitui falta grave.

317 — EMBARGOS DECLARATÓRIOS

São improcedentes os embargos declaratórios, quando não pedida a declaração do julgado anterior, em que se verificou a omissão.

327 — PRESCRIÇÃO INTERCORRENTE

O direito trabalhista admite a prescrição intercorrente.

337 — ACIDENTE — CONTROVÉRSIA ENTRE SEGURADOR E EMPREGADOR

A controvérsia entre o empregador e o segurador não suspende o pagamento devido ao empregado por acidente do trabalho.

338 — AÇÃO RESCISÓRIA

Não cabe ação rescisória no âmbito da Justiça do Trabalho.

341 — PRESUNÇÃO DE CULPA DO PATRÃO OU COMITENTE — ATO CULPOSO DO EMPREGADO OU PREPOSTO

É presumida a culpa do patrão ou comitente pelo ato culposo do empregado ou preposto.

343 — AÇÃO RESCISÓRIA

Não cabe ação rescisória por ofensa à literal disposição de lei, quando a decisão rescindenda se tiver baseado em texto legal de interpretação controvertida nos tribunais.

349 — PRESCRIÇÃO

A prescrição atinge somente as prestações de mais de dois anos, reclamadas com fundamento em decisão normativa da Justiça do Trabalho, ou em convenção coletiva de trabalho, quando não estiver em causa a própria validade de tais atos.

371 — DUPLA APOSENTADORIA — FERROVIÁRIOS

Ferroviário que foi admitido como servidor autárquico não tem direito a dupla aposentadoria.

372 — DUPLA APOSENTADORIA — SERVIDORES APOSENTADOS

A Lei n. 2.752, de 10.4.1956, sobre dupla aposentadoria, aproveita, quando couber, a servidores aposentados antes de sua publicação.

401 — RECURSOS — REVISTA E EMBARGOS DE DIVERGÊNCIA

Não se conhece do recurso de revista, nem dos embargos de divergência, do processo trabalhista, quando houver jurisprudência firme do Tribunal Superior do Trabalho no mesmo sentido da decisão impugnada, salvo se houver colisão com a jurisprudência do Supremo Tribunal Federal.

402 — VIGIA — ADICIONAL NOTURNO

Vigia noturno tem direito a salário adicional.

403 — INQUÉRITO JUDICIAL — DECADÊNCIA

É de decadência o prazo de trinta dias para a instauração de inquérito judicial, a contar da suspensão, por falta grave, de empregado estável.

432 — RECURSO EXTRAORDINÁRIO

Não cabe recurso extraordinário com fundamento no art. 101, III, *d*, da Constituição Federal, quando a divergência alegada for entre decisões da Justiça do Trabalho.

433 — MANDADO DE SEGURANÇA — COMPETÊNCIA DO TRT

É competente o Tribunal Regional do Trabalho para julgar mandado de segurança contra ato de seu presidente em execução de sentença trabalhista.

434 — ACIDENTE — CONTROVÉRSIA ENTRE SEGURADORES

A controvérsia entre seguradores indicados pelo empregador na ação de acidente do trabalho não suspende o pagamento devido ao acidentado.

439 — FISCALIZAÇÃO — EXAME DE LIVROS

Estão sujeitos à fiscalização tributária ou previdenciária quaisquer livros comerciais, limitado o exame aos pontos objeto da investigação.

450 — HONORÁRIOS — JUSTIÇA GRATUITA

São devidos honorários de advogado sempre que vencedor o beneficiário de Justiça Gratuita.

457 — RECURSO DE REVISTA — ÂMBITO — MÉRITO

O Tribunal Superior do Trabalho, conhecendo da revista, julgará a causa, aplicando o direito à espécie.

458 — EXECUÇÃO — REMIÇÃO PELO EXECUTADO

O processo de execução trabalhista não exclui a remição pelo executado.

459 — INDENIZAÇÃO — ADICIONAIS E GRATIFICAÇÕES

No cálculo da indenização por despedida injusta, incluem-se os adicionais, ou gratificações, que, pela habitualidade, se tenham incorporado ao salário.

460 — INSALUBRIDADE — PERÍCIA E ENQUADRAMENTO

Para efeito do adicional de insalubridade, a perícia judicial, em reclamação trabalhista, não dispensa o enquadramento da atividade entre as insalubres, que é ato da competência do Ministro do Trabalho e Previdência Social.

461 — REPOUSO SEMANAL REMUNERADO — DUPLO

É duplo, e não triplo, o pagamento do salário nos dias destinados a descanso.

462 — INDENIZAÇÃO — REPOUSO SEMANAL REMUNERADO

No cálculo da indenização por despedida injusta, inclui-se, quando devido, o repouso semanal remunerado.

463 — TEMPO DE SERVIÇO MILITAR

Para efeito de indenização e estabilidade, conta-se o tempo em que o empregado esteve afastado, em serviço militar obrigatório, mesmo anteriormente à Lei n. 4.072, de 1.6.1962.

464 — ACIDENTE — INDENIZAÇÃO — REPOUSO SEMANAL

No cálculo da indenização por acidente do trabalho, inclui-se, quando devido, o repouso semanal remunerado.

465 — ACIDENTE — MANUTENÇÃO DE SALÁRIO

O regime de manutenção de salário, aplicável ao IAPM e ao IAPETC, exclui a indenização tarifada na Lei de Acidentes do Trabalho, mas não o benefício previdenciário.

466 — PREVIDÊNCIA — CONTRIBUIÇÕES DE SÓCIOS E DIRIGENTES

Não é inconstitucional a inclusão de sócios e administradores de sociedades e titulares de firmas individuais como contribuintes obrigatórios da previdência social.

467 — PREVIDÊNCIA — CONTRIBUIÇÃO — CÁLCULO

A base de cálculo das contribuições previdenciárias, anteriormente à vigência da Lei Orgânica da Previdência Social, é o salário mínimo mensal, observados os limites da Lei n. 2.755, de 1956.

478 — JUÍZES SUBSTITUTOS DO TRABALHO — PROVIMENTO

O provimento em cargo de Juízes substitutos do Trabalho deve ser feito independentemente de lista tríplice, na ordem de classificação dos candidatos.

501 — ACIDENTE DO TRABALHO — COMPETÊNCIA DA JUSTIÇA ORDINÁRIA ESTADUAL

Compete à Justiça ordinária estadual o processo e o julgamento, em ambas as instâncias, das causas de acidente do trabalho, ainda que promovidas contra a União, suas autarquias, empresas públicas ou sociedades de economia mista.

505 — DECISÕES DA JUSTIÇA DO TRABALHO — RECURSO PARA O SUPREMO TRIBUNAL FEDERAL

Salvo quando contrariarem a Constituição, não cabe recurso para o Supremo Tribunal Federal, de quaisquer decisões da Justiça do Trabalho, inclusive dos presidentes de seus Tribunais.

512 — MANDADO DE SEGURANÇA — CONDENAÇÃO EM HONORÁRIOS DE ADVOGADO — NÃO CABIMENTO

Não cabe condenação em honorários de advogado na ação de mandado de segurança

514 — AÇÃO RESCISÓRIA — SENTENÇA TRANSITADA EM JULGADO

Admite-se ação rescisória contra sentença transitada em julgado, ainda que contra ela não se tenha esgotado todos os recursos.

528 — RECURSO EXTRAORDINÁRIO — ADMISSÃO PARCIAL

Se a decisão contiver partes autônomas, a admissão parcial, pelo Presidente do Tribunal *a quo* de recurso extraordinário que, sobre qualquer delas se manifestar, não limitará apreciação de todas pelo Supremo Tribunal Federal, independentemente de interposição de agravo de instrumento.

529 — ACIDENTE DE TRABALHO — RESPONSABILIDADE DO EMPREGADOR PELA INDENIZAÇÃO

Subsiste a responsabilidade do empregador pela indenização decorrente de acidente do trabalho, quando o segurador, por haver entrado em liquidação, ou por outro motivo, não se encontrar em condições financeiras, de efetuar, na forma da lei, o pagamento que o seguro obrigatório visava garantir.

530 — CONTRIBUIÇÕES DE PREVIDÊNCIA — GRATIFICAÇÃO DE NATAL

Na legislação anterior ao art. 4º da Lei n. 4.749, de 12.8.1965, a contribuição para a previdência social não estava sujeita ao limite estabelecido no art. 69, da Lei n. 3.807, de 26 de agosto de 1960, sobre o 13º salário a que se refere o art. 3º, da Lei n. 4.281, de 8.11.1963.

531 — SALÁRIO PROFISSIONAL — TRABALHADORES DE TRANSPORTES MARÍTIMOS, FLUVIAIS E LACUSTRES

É inconstitucional o Decreto n. 51.668, de 17.1.1963, que estabeleceu salário profissional para trabalhadores de transportes marítimos, fluviais e lacustres.

556 — COMPETÊNCIA DA JUSTIÇA COMUM — CAUSAS EM QUE É PARTE SOCIEDADE DE ECONOMIA MISTA

É competente a Justiça comum para julgar as causas em que é parte sociedade de economia mista.

557 — COMPETÊNCIA DA JUSTIÇA FEDERAL — CAUSAS EM QUE SÃO PARTES A COBAL E A CIBRAZEM

É competente a Justiça Federal para julgar as causas em que são partes a COBAL e a CIBRAZEM.

593 — FGTS — HORAS EXTRAORDINÁRIAS

Incide o percentual do Fundo de Garantia do Tempo de Serviço (FGTS) sobre a parcela da remuneração correspondente a horas extraordinárias de trabalho.

612 — TRABALHADOR RURAL — ACIDENTE DO TRABALHO — INAPLICABILIDADE DA LEI N. 6.367/76

Ao trabalhador rural não se aplicam, por analogia, os benefícios previstos na Lei n. 6.367, de 19.10.1976 (DJ 29, 30 e 31.10.84).

613 — DEPENDENTES DO TRABALHADOR RURAL — PENSÃO PREVIDENCIÁRIA

Os dependentes de trabalhador rural não têm direito à pensão previdenciária, se o óbito ocorreu anteriormente à vigência da Lei Complementar n. 11/1971 (DJ 29, 30 e 31.10.84).

619 — PRISÃO DO DEPOSITÁRIO INFIEL — QUANDO PODE SER DECRETADA (REVOGADA)

A prisão do depositário infiel pode ser decretada no próprio processo em que se constituiu o encargo, independentemente da propositura de ação de depósito (DJ 29, 30 e 31.10.84). (Revogada — DJE/12.12.08)

622 — AGRAVO REGIMENTAL — DECISÃO DO RELATOR QUE CONCEDE OU INDEFERE LIMINAR — MANDADO DE SEGURANÇA

Não cabe agravo regimental contra decisão do relator que concede ou indefere liminar em mandado de segurança (DJ 9, 10 e 13.10.03).

623 — MANDADO DE SEGURANÇA — COMPETÊNCIA ORIGINÁRIA — ART. 102, *N*, DA CF — DELIBERAÇÃO ADMINISTRATIVA DO TRIBUNAL DE ORIGEM — MAIORIA OU TOTALIDADE DE SEUS MEMBROS

Não gera por si só a competência originária do Supremo Tribunal Federal para conhecer do mandado de segurança com base no art. 102, I, *n*, da Constituição, dirigir-se o pedido contra deliberação administrativa do tribunal de origem, da qual haja participado a maioria ou a totalidade de seus membros (DJ 9, 10 e 13.10.03).

624 — MANDADO DE SEGURANÇA CONTRA ATOS DE OUTROS TRIBUNAIS — NÃO COMPETÊNCIA DO SUPREMO TRIBUNAL FEDERAL

Não compete ao Supremo Tribunal Federal conhecer originariamente de mandado de segurança contra atos de outros tribunais (DJ 9, 10 e 13.10.03).

625 — MANDADO DE SEGURANÇA — CONTROVÉRSIA SOBRE MATÉRIA DE DIREITO — CABIMENTO

Controvérsia sobre matéria de direito não impede concessão de mandado de segurança (DJ 9, 10 e 13.10.03).

626 — SUSPENSÃO DA LIMINAR EM MANDADO DE SEGURANÇA — VIGÊNCIA — MANUTENÇÃO PELO SUPREMO TRIBUNAL FEDERAL — OBJETO DA LIMINAR

A suspensão da liminar em mandado de segurança, salvo determinação em contrário da decisão que a deferir, vigorará até o trânsito em julgado da decisão definitiva de concessão da segurança ou, havendo recurso, até a sua manutenção pelo Supremo Tribunal Federal, desde que o objeto da liminar deferida coincida, total ou parcialmente, com o da impetração (DJ 9, 10 e 13.10.03).

627 — MANDADO DE SEGURANÇA — NOMEAÇÃO DE MAGISTRADO DA COMPETÊNCIA DO PRESIDENTE DA REPÚBLICA — AUTORIDADE COATORA

No mandado de segurança contra a nomeação de magistrado da competência do Presidente da República, este é considerado autoridade coatora, ainda que o fundamento da impetração seja nulidade ocorrida em fase anterior do procedimento (DJ 9, 10 e 13.10.03).

628 — INTEGRANTE DE LISTA DE CANDIDATOS — VAGA DA COMPOSIÇÃO DE TRIBUNAL — PARTE LEGÍTIMA PARA IMPUGNAR A VALIDADE DA NOMEAÇÃO DO CONCORRENTE

Integrante de lista de candidatos a determinada vaga da composição de tribunal é parte legítima para impugnar a validade da nomeação de concorrente (DJ 9, 10 e 13.10.03).

629 — MANDADO DE SEGURANÇA COLETIVO — ENTIDADE DE CLASSE EM FAVOR DOS ASSOCIADOS INDEPENDE DA AUTORIZAÇÃO DESTES

A impetração de mandado de segurança coletivo por entidade de classe em favor dos associados independe da autorização destes (DJ 9, 10 e 13.10.03).

630 — ENTIDADE DE CLASSE — LEGITIMAÇÃO — MANDADO DE SEGURANÇA — INTERESSE APENAS A UMA PARTE DA RESPECTIVA CATEGORIA

A entidade de classe tem legitimação para o mandado de segurança ainda quando a pretensão veiculada interesse apenas a uma parte da respectiva categoria (DJ 9, 10 e 13.10.03).

631 — MANDADO DE SEGURANÇA — CITAÇÃO DO LITISCONSORTE NECESSÁRIO — NÃO PROMOÇÃO PELO IMPETRANTE — EXTINÇÃO DO PROCESSO

Extingue-se o processo de mandado de segurança se o impetrante não promove, no prazo assinado, a citação do litisconsorte passivo necessário (DJ 9, 10 e 13.10.03).

632 — PRAZO DECADENCIAL — MANDADO DE SEGURANÇA — CONSTITUCIONALIDADE

É constitucional lei que fixa o prazo de decadência para a impetração de mandado de segurança (DJ 9, 10 e 13.10.03).

633 — HONORÁRIOS ADVOCATÍCIOS — CONDENAÇÃO — RECURSO EXTRAORDINÁRIO EM PROCESSO TRABALHISTA — INCABÍVEL, EXCETO NAS HIPÓTESES PREVISTAS NA LEI N. 5.584/70

É incabível a condenação em verba honorária nos recursos extraordinários interpostos em processo trabalhista, exceto nas hipóteses previstas na Lei n. 5.584/1970 (DJ 9, 10 e 13.10.03).

634 — MEDIDA CAUTELAR — EFEITO SUSPENSIVO A RECURSO EXTRAORDINÁRIO QUE AINDA NÃO FOI OBJETO DE JUÍZO DE ADMISSIBILIDADE NA ORIGEM — INCOMPETÊNCIA DO STF

Não compete ao Supremo Tribunal Federal conceder medida cautelar para dar efeito suspensivo a recurso extraordinário que ainda não foi objeto de juízo de admissibilidade na origem (DJ 9, 10 e 13.10.03).

635 — MEDIDA CAUTELAR — RECURSO EXTRAORDINÁRIO PENDENTE DE JUÍZO DE ADMISSIBILIDADE — COMPETÊNCIA — PRESIDENTE DO TRIBUNAL DE ORIGEM

Cabe ao Presidente do Tribunal de origem decidir o pedido de medida cautelar em recurso extraordinário ainda pendente do seu juízo de admissibilidade (DJ 9, 10 e 13.10.03).

636 — RECURSO EXTRAORDINÁRIO — CONTRARIEDADE AO PRINCÍPIO CONSTITUCIONAL DA LEGALIDADE — INTERPRETAÇÃO DADA A NORMAS INFRACONSTITUCIONAIS PELA DECISÃO RECORRIDA — NÃO CABIMENTO

Não cabe recurso extraordinário por contrariedade ao princípio constitucional da legalidade, quando a sua verificação pressuponha rever a interpretação dada a normas infraconstitucionais pela decisão recorrida (DJ 9, 10 e 13.10.03).

639 — AGRAVO DE INSTRUMENTO — TRASLADO DAS PEÇAS NECESSÁRIAS — TEMPESTIVIDADE DO RECURSO EXTRAORDINÁRIO — APLICAÇÃO DA SÚMULA N. 288

Aplica-se a Súmula n. 288 quando não constarem do traslado do agravo de instrumento as cópias das peças necessárias à verificação da tempestividade do recurso extraordinário não admitido pela decisão agravada (DJ 9, 10 e 13.10.03).

640 — RECURSO EXTRAORDINÁRIO — DECISÃO DE PRIMEIRO GRAU — CAUSAS DE ALÇADA OU TURMA RECURSAL DE JUIZADO ESPECIAL CÍVEL E CRIMINAL

É cabível recurso extraordinário contra decisão proferida por juiz de primeiro grau nas causas de alçada, ou por turma recursal de juizado especial cível e criminal (DJ 9, 10 e 13.10.03).

641 — LITISCONSORTES SUCUMBIDOS — PRAZO PARA RECORRER

Não se conta em dobro o prazo para recorrer, quando só um dos litisconsortes haja sucumbido (DJ 9, 10 e 13.10.03).

644 — PROCURADOR AUTÁRQUICO — INSTRUMENTO DE MANDATO

Ao titular do cargo de procurador de autarquia não se exige a apresentação de instrumento de mandato para reapresentá-la em juízo (DJ 9.12.03).

645 — HORÁRIO DE FUNCIONAMENTO DE ESTABELECIMENTO COMERCIAL — COMPETÊNCIA — MUNICÍPIO

É competente o Município para fixar o horário de funcionamento de estabelecimento comercial (DJ 9, 10 e 13.10.03).

651 — MEDIDA PROVISÓRIA NÃO APRECIADA PELO CONGRESSO NACIONAL — EC N. 32/98 — REEDIÇÃO — EFICÁCIA

A medida provisória não apreciada pelo Congresso Nacional podia, até a EC n. 32/2001, ser reeditada dentro do seu prazo de eficácia de trinta dias, mantidos os efeitos de lei desde a primeira edição (DJ 9, 10 e 13.10.03).

654 — GARANTIA DA IRRETROATIVIDADE DA LEI — ART. 5º, XXXVI, DA CF — NÃO É INVOCÁVEL PELA ENTIDADE ESTATAL QUE A TENHA EDITADO

A garantia da irretroatividade da lei, prevista no art. 5º, XXXVI, da Constituição da República, não é invocável pela entidade estatal que a tenha editado (DJ 9, 10 e 13.10.03).

655 — PRECATÓRIO — EXCEÇÃO PREVISTA NO ART. 100, *CAPUT*, DA CONSTITUIÇÃO — CRÉDITO DE NATUREZA ALIMENTÍCIA — NÃO DISPENSA DO PRECATÓRIO — OBSERVÂNCIA DA ORDEM CRONOLÓGICA

A exceção prevista no art. 100, *caput*, da Constituição, em favor dos créditos de natureza alimentícia, não dispensa a expedição de precatório, limitando-se a isentá-los da observância da ordem cronológica dos precatórios decorrentes de condenações de outra natureza (DJ 9, 10 e 13.10.03).

666 — CONTRIBUIÇÃO CONFEDERATIVA — ART. 8º, IV, DA CONSTITUIÇÃO — FILIADOS — EXIGÊNCIA

A contribuição confederativa de que trata o art. 8º, IV, da Constituição, só é exigível dos filiados ao sindicato respectivo (DJ 9, 10 e 13.10.03).

671 — URP DE ABRIL/MAIO DE 1988 — SERVIDORES PÚBLICOS E TRABALHADORES EM GERAL — DIREITO: 7/30 DE 16,19% — NÃO CUMULATIVIDADE E CORREÇÃO ATÉ O EFETIVO PAGAMENTO

Os servidores públicos e os trabalhadores em geral têm direito, no que concerne à URP de abril/maio de 1988, apenas ao valor correspondente a 7/30 de 16,19% sobre os vencimentos e salários pertinentes aos meses de abril e maio de 1988, não cumulativamente, devidamente corrigido até o efetivo pagamento (DJ 9, 10 e 13.10.03).

672 — REAJUSTE SALARIAL DE 28,86% — LEIS NS. 8.662/93 E 8.627/93 — SERVIDORES MILITARES — EXTENSÃO AOS SERVIDORES CIVIS DO PODER EXECUTIVO — COMPENSAÇÃO

O reajuste de 28,86%, concedido aos servidores militares pelas Leis ns. 8.622/1993 e 8.627/1993, estende-se aos servidores civis do Poder Executivo, observadas as eventuais compensações decorrentes dos reajustes diferenciados concedidos pelos mesmos diplomas legais (DJ 9, 10 e 13.10.03).

675 — TURNOS ININTERRUPTOS DE REVEZAMENTO — INTERVALOS PARA DESCANSO E ALIMENTAÇÃO DURANTE A JORNADA DE SEIS HORAS — NÃO DESCARACTERIZAÇÃO

Os intervalos fixados para descanso e alimentação durante a jornada de seis horas não descaracterizam o sistema de turnos ininterruptos de revezamento para o efeito do art. 7º, XIV, da Constituição (DJ 9, 10 e 13.10.03).

676 — SUPLENTE DO CARGO DE DIREÇÃO DE COMISSÕES INTERNAS DE PREVENÇÕES DE ACIDENTES (CIPA) — ART. 10, II, *A*, DO ADCT — ESTABILIDADE PROVISÓRIA

A garantia da estabilidade provisória prevista no art. 10, II, *a*, do ADCT, também se aplica ao suplente do cargo de direção de comissões internas de prevenção de acidentes (CIPA) (DJ 9, 10 e 13.10.03).

677 — REGISTRO DAS ENTIDADES SINDICAIS — PRINCÍPIO DA UNICIDADE — MINISTÉRIO DO TRABALHO

Até que lei venha a dispor a respeito, incumbe ao Ministério do Trabalho proceder ao registro das entidades sindicais e zelar pela observância do princípio da unicidade (DJ 9, 10 e 13.10.03).

678 — LEI N. 8.162/91, INCISOS I E III DO ART. 7º — CONTAGEM DE TEMPO DE SERVIÇO PELA CLT — ANUÊNIO E LICENÇA-PRÊMIO — INCONSTITUCIONALIDADE

São inconstitucionais os incisos I e III do art. 7º da Lei n. 8.162/1991, que afastam, para efeito de anuênio e de licença-prêmio, a contagem do tempo de serviço regido pela CLT dos servidores que passaram a submeter-se ao Regime Jurídico Único (DJ 9, 10 e 13.10.03).

679 — SERVIDORES PÚBLICOS — FIXAÇÃO DE VENCIMENTOS — CONVENÇÃO COLETIVA — NÃO CABIMENTO

A fixação de vencimentos dos servidores públicos não pode ser objeto de convenção coletiva (DJ 9, 10 e 13.10.03).

680 — SERVIDORES INATIVOS — AUXÍLIO-ALIMENTAÇÃO — NÃO EXTENSÃO

O direito ao auxílio-alimentação não se estende aos servidores inativos (DJ 9, 10 e 13.10.03).

681 — SERVIDORES ESTADUAIS OU MUNICIPAIS — VINCULAÇÃO DO REAJUSTE DE VENCIMENTOS A ÍNDICES FEDERAIS DE CORREÇÃO MONETÁRIA — INCONSTITUCIONALIDADE

É inconstitucional a vinculação do reajuste de vencimentos de servidores estaduais ou municipais a índices federais de correção monetária (DJ 9, 10 e 13.10.03).

682 — SERVIDORES PÚBLICOS — CORREÇÃO MONETÁRIA — ATRASO DOS VENCIMENTOS — NÃO OFENSA A CF

Não ofende a Constituição a correção monetária no pagamento com atraso dos vencimentos de servidores públicos (DJ 9, 10 e 13.10.03).

683 — CONCURSO PÚBLICO — LIMITE DE IDADE PARA INSCRIÇÃO — ART. 7º, XXX, DA CF — NATUREZA DAS ATRIBUIÇÕES DO CARGO A SER PREENCHIDO

O limite de idade para a inscrição em concurso público só se legitima em face do art. 7º, XXX, da Constituição, quando possa ser justificado pela natureza das atribuições do cargo a ser preenchido (DJ 9, 10 e 13.10.03).

684 — CONCURSO PÚBLICO — CANDIDATO — VETO NÃO MOTIVADO À PARTICIPAÇÃO DE CANDIDATO — INCONSTITUCIONALIDADE

É inconstitucional o veto não motivado à participação de candidato a concurso público (DJ 9, 10 e 13.10.03).

685 — SERVIDOR PÚBLICO — PROVIMENTO DE CARGO SEM PRÉVIA APROVAÇÃO EM CONCURSO PÚBLICO DESTINADO AO SEU PROVIMENTO — CARGO QUE NÃO INTEGRA A CARREIRA — INCONSTITUCIONALIDADE

É inconstitucional toda modalidade de provimento que propicie ao servidor investir-se, sem prévia aprovação em concurso público destinado ao seu provimento, em cargo que não integra a carreira na qual anteriormente investido (DJ 9, 10 e 13.10.03).

686 — CANDIDATO A CARGO PÚBLICO — EXAME PSICOTÉCNICO — SÓ POR LEI

Só por lei se pode sujeitar a exame psicotécnico a habilitação de candidato a cargo público (DJ 9, 10 e 13.10.03).

688 — CONTRIBUIÇÃO PREVIDENCIÁRIA — 13º SALÁRIO — LEGÍTIMA A INCIDÊNCIA

É legítima a incidência da contribuição previdenciária sobre o 13º salário (DJ 9, 10 e 13.10.03)

691 — *HABEAS CORPUS* — IMPETRADO CONTRA DECISÃO DO RELATOR — TRIBUNAL SUPERIOR — INDEFERIMENTO DA LIMINAR

Não compete ao Supremo Tribunal Federal conhecer de *habeas corpus* impetrado contra decisão do Relator que, em *habeas corpus* requerido a tribunal superior, indefere a liminar (DJ 9, 10 e 13.10.03).

726 — PROFESSOR — APOSENTADORIA ESPECIAL — TEMPO DE SERVIÇO PRESTADO FORA DA SALA DE AULA

Para efeito de aposentadoria especial de professores, não se computa o tempo de serviço prestado fora da sala de aula (DJ 9.12.03).

727 — AGRAVO DE INSTRUMENTO — DECISÃO QUE NÃO ADMITE RECURSO EXTRAORDINÁRIO — APRECIAÇÃO PELO STF AINDA QUE REFERENTE A CAUSA INSTAURADA NO ÂMBITO DOS JUIZADOS ESPECIAIS

Não pode o magistrado deixar de encaminhar ao Supremo Tribunal Federal o agravo de instrumento interposto da decisão que não admite recurso extraordinário, ainda que referente a causa instaurada no âmbito dos juizados especiais (DJ 9.12.03).

729 — ADC-4 — ANTECIPAÇÃO DE TUTELA — CAUSA DE NATUREZA PREVIDENCIÁRIA

A decisão na ADC-4 não se aplica à antecipação de tutela em causa de natureza previdenciária (DJ 9.12.03).

731 — COMPETÊNCIA — ORIGINÁRIA — INTERESSE GERAL DA MAGISTRATURA — LOMAN — DIREITO À LICENÇA PRÊMIO

Para fim da competência originária do Supremo Tribunal Federal, é de interesse geral da magistratura a questão de saber se, em face da LOMAN, os juízes têm direito à licença-prêmio (DJ 9.12.03).

732 — SALÁRIO-EDUCAÇÃO — COBRANÇA — CONSTITUCIONALIDADE

É constitucional a cobrança da contribuição do salário-educação, seja sob a Carta de 1969, seja sob a Constituição Federal de 1988, e no regime da Lei n. 9.424/1996 (DJ 9.12.03).

733 — RECURSO EXTRAORDINÁRIO — DECISÃO PROFERIDA NO PROCESSAMENTO DE PRECATÓRIO — DESCABIMENTO

Não cabe recurso extraordinário contra decisão proferida no processamento de precatórios (DJ 9.12.03).

734 — RECLAMAÇÃO — TRÂNSITO EM JULGADO — ATO JUDICIAL QUE SE ALEGA TENHA DESRESPEITADO DECISÃO DO STF — DESCABIMENTO

Não cabe reclamação quando já houver transitado em julgado o ato judicial que se alega tenha desrespeitado decisão do Supremo Tribunal Federal (DJ 9.12.03).

735 — RECURSO EXTRAORDINÁRIO — CONTRA ACÓRDÃO QUE DEFERE MEDIDA LIMINAR — DESCABIMENTO

Não cabe recurso extraordinário contra acórdão que defere medida liminar (DJ 9.12.03).

736 — COMPETÊNCIA — AÇÕES QUE TENHAM COMO CAUSA DE PEDIR O DESCUMPRIMENTO DE NORMAS TRABALHISTAS RELATIVAS À SEGURANÇA, HIGIENE E SAÚDE DOS TRABALHADORES — JUSTIÇA DO TRABALHO

Compete à Justiça do Trabalho julgar as ações que tenham como causa de pedir o descumprimento de normas trabalhistas relativas à segurança, higiene e saúde dos trabalhadores (DJ 9.12.03).

SÚMULAS DO SUPERIOR TRIBUNAL DE JUSTIÇA

EM MATÉRIA TRABALHISTA

Nota: Os títulos das ementas são elaborados pelo compilador desta obra para fins de índice

ÍNDICE ALFABÉTICO-REMISSIVO

SÚMULAS DO SUPERIOR TRIBUNAL DE JUSTIÇA

EM MATÉRIA TRABALHISTA

03 — COMPETÊNCIA — CONFLITO

Compete ao Tribunal Regional Federal dirimir conflito de competência verificado, na respectiva Região, entre Juiz Federal e Juiz Estadual investido de jurisdição federal (DJ 18.5.90).

04 — COMPETÊNCIA — SINDICATO — PROCESSO ELEITORAL

Compete à Justiça Estadual julgar causa decorrente do processo eleitoral sindical (DJ 18.5.90).

8 — CORREÇÃO MONETÁRIA — CRÉDITOS HABILITADOS EM CONCORDATA PREVENTIVA — APLICAÇÃO E EXCEÇÃO

Aplica-se a correção monetária aos créditos habilitados em concordata preventiva, salvo durante o período compreendido entre as datas de vigência da Lei n. 7.274, de 10.12.1984, e do Decreto-lei n. 2.283, de 27.2.1986. (DJ. 4.9.1990)

10 — COMPETÊNCIA — JUNTA INSTALADA

Instalada a Junta de Conciliação e Julgamento, cessa a competência do Juiz de Direito em matéria trabalhista, inclusive para a execução das sentenças por ele proferidas (DJ 1º.10.90).

14 — HONORÁRIOS ADVOCATÍCIOS — CORREÇÃO MONETÁRIA

Arbitrados os honorários advocatícios em percentual sobre o valor da causa, a correção monetária incide a partir do respectivo ajuizamento (DJ 14.11.90).

15 — ACIDENTE DO TRABALHO — COMPETÊNCIA: JUSTIÇA COMUM

Compete à Justiça Estadual processar e julgar os litígios decorrentes de acidente do trabalho (DJ 14.11.90).

19 — COMPETÊNCIA — FIXAÇÃO DO HORÁRIO BANCÁRIO

Fixação do horário bancário, para atendimento ao público, é da competência da União (DJ 7.12.90).

32 — COMPETÊNCIA — JUSTIFICAÇÕES JUDICIAIS

Compete à Justiça Federal processar justificações judiciais destinadas a instruir pedidos perante entidades que nela têm exclusividade de foro, ressalvada a aplicação do art. 15, II da Lei n. 5.010/66 (DJ 29.10.91).

33 — COMPETÊNCIA — TERRITORIAL

A incompetência relativa não pode ser declarada de ofício (DJ 29.10.91).

41 — COMPETÊNCIA — MANDADO DE SEGURANÇA

O Superior Tribunal de Justiça não tem competência para processar e julgar, originariamente, mandado de segurança contra ato de outros ou dos respectivos órgãos (DJ 20.5.92).

44 — PREVIDENCIÁRIO — BENEFÍCIO — DISACUSIA

A definição, em ato regulamentar, de grau mínimo de disacusia, não exclui, por si só, a concessão do benefício previdenciário (DJ 26.6.92).

45 — FAZENDA PÚBLICA — CONDENAÇÃO

No reexame necessário, é defeso ao Tribunal, agravar a condenação imposta à Fazenda Pública (DJ 26.6.92).

46 — COMPETÊNCIA — EMBARGOS DE DEVEDOR

Na execução por carta, os embargos do devedor serão decididos no juízo deprecante, salvo se versarem unicamente vícios ou defeitos da penhora, avaliação ou alienação dos bens (DJ 24.8.92).

55 — COMPETÊNCIA — FUNCIONAL

Tribunal Regional Federal não é competente para julgar recurso de decisão proferida por juiz estadual não investido de jurisdição federal (DJ 1º.10.92).

57 — COMPETÊNCIA — AÇÃO DE CUMPRIMENTO

Compete à Justiça Comum Estadual processar e julgar ação de cumprimento fundada em acordo ou convenção coletiva não homologada pela Justiça do Trabalho (DJ 6.10.92).

59 — COMPETÊNCIA — TRÂNSITO EM JULGADO

Não há conflito de competência se já existe sentença com trânsito em julgado, proferida por um dos juízos conflitantes (DJ 14.10.92).

62 — COMPETÊNCIA — CRIME DE FALSA ANOTAÇÃO NA CTPS — EMPRESA PRIVADA

Compete à Justiça Estadual processar e julgar o crime de falsa anotação na Carteira de Trabalho e Previdência Social, atribuído à empresa privada (DJ 26.11.92).

82 — FGTS — MOVIMENTAÇÃO — COMPETÊNCIA

Compete à Justiça Federal, excluídas as reclamações trabalhistas, processar e julgar os feitos relativos à movimentação do FGTS (DJ 2.7.93).

89 — ACIDENTE DO TRABALHO — VIA ADMINISTRATIVA

A ação acidentária prescinde do exaurimento da via administrativa (DJ 26.10.93).

92 — ALIENAÇÃO FIDUCIÁRIA

A terceiro de boa-fé não é oponível a alienação fiduciária não anotada no Certificado de Registro do veículo automotor (DJ 3.11.93).

97 — COMPETÊNCIA — SERVIDOR PÚBLICO

Compete à Justiça do Trabalho processar e julgar reclamação de servidor público relativamente a vantagens trabalhistas anteriores à instituição do regime jurídico único (DJ 3.3.94).

98 — EMBARGOS DE DECLARAÇÃO — PREQUESTIONAMENTO

Embargos de declaração manifestados com notório propósito de prequestionamento não têm caráter protelatório (DJ 25.4.94).

99 — MINISTÉRIO PÚBLICO — LEGITIMIDADE

O Ministério Público tem legitimidade para recorrer no processo em que oficiou como fiscal da lei, ainda que não haja recurso da parte (DJ 25.4.94).

105 — HONORÁRIOS ADVOCATÍCIOS — MANDADO DE SEGURANÇA

Na ação de mandado de segurança não se admite condenação em honorários advocatícios (DJ 3.6.94).

125 — O PAGAMENTO DE FÉRIAS NÃO GOZADAS POR NECESSIDADE DO SERVIÇO

Não está sujeito à incidência do Imposto de Renda (DJ 16.12.94).

134 — EMBARGOS DE TERCEIRO — MEAÇÃO

Embora intimada da penhora em imóvel do casal, o cônjuge do executado, pode opor embargos de terceiro para defesa de sua meação (DJ 5.5.95).

136 — LICENÇA-PRÊMIO — NÃO GOZADA POR NECESSIDADE DE SERVIÇO — IMPOSTO DE RENDA

O pagamento de licença-prêmio não gozada por necessidade do serviço não está sujeito ao imposto de renda (DJ 16.5.95).

137 — COMPETÊNCIA — SERVIDOR PÚBLICO MUNICIPAL — REGIME ESTATUTÁRIO

Compete à Justiça Comum Estadual processar e julgar ação de servidor público municipal, pleiteando direitos relativos ao vínculo estatutário (DJ 19.5.95).

144 — PRECATÓRIO — CRÉDITOS DE NATUREZA ALIMENTÍCIA — PREFERÊNCIA

Os créditos de natureza alimentícia gozam de preferência, desvinculados os precatórios da ordem cronológica dos créditos de natureza diversa (DJ 18.8.95).

147 — COMPETÊNCIA — CRIME PRATICADO CONTRA FUNCIONÁRIO PÚBLICO FEDERAL NO EXERCÍCIO DA FUNÇÃO

Compete à Justiça Federal processar e julgar os crimes praticados contra funcionário público federal, quando relacionados com o exercício da função (DJ 18.12.95).

150 — COMPETÊNCIA — INTERESSE JURÍDICO DA UNIÃO, SUAS AUTARQUIAS OU EMPRESAS PÚBLICAS

Compete à Justiça Federal decidir sobre a existência de interesse jurídico que justifique a presença no processo, da União, suas autarquias ou empresas públicas (DJ 15.2.96).

154 — FGTS — OPTANTES — LEI N. 5.958/93 — TAXA PROGRESSIVA DE JUROS

Os optantes pelo FGTS, nos termos da Lei n. 5.958, de 1973, têm direito à taxa progressiva dos juros, na forma do art. 4º da Lei n. 5.107/1996 (DJ 15.4.96).

161 — COMPETÊNCIA — LEVANTAMENTO DOS VALORES RELATIVOS AO PIS/PASEP E FGTS — FALECIMENTO DO TITULAR DA CONTA

É da competência da Justiça Estadual autorizar o levantamento dos valores relativos ao PIS/PASEP e FGTS, em decorrência do falecimento do titular da conta (DJ 19.6.96).

165 — COMPETÊNCIA — CRIME DE FALSO TESTEMUNHO — PROCESSO DO TRABALHO

Compete à Justiça Federal processar e julgar crime de falso testemunho cometido no processo do trabalho (DJ 2.9.96)

170 — COMPETÊNCIA — PEDIDOS TRABALHISTAS E ESTATUTÁRIO E PEDIDO REMANESCENTE

Compete ao juízo onde primeiro for intentada a ação envolvendo acumulação de pedidos, trabalhista e estatutário, decidi-la nos limites da sua jurisdição, sem prejuízo do ajuizamento de nova causa, com o pedido remanescente, no juízo próprio (DJ 5.11.96).

173 — COMPETÊNCIA DA JUSTIÇA FEDERAL — SERVIDOR DISPENSADO ANTES DA VIGÊNCIA DO REGIME JURÍDICO ÚNICO

Compete à Justiça Federal processar e julgar o pedido de reintegração em cargo público federal, ainda que o servidor tenha sido dispensado antes da instituição do Regime Jurídico Único (DJ 5.11.96).

175 — AÇÃO RESCISÓRIA — INSS — DEPÓSITO PRÉVIO — DESCABIMENTO

Descabe o depósito prévio nas ações rescisórias propostas pelo INSS.

179 — DEPÓSITO JUDICIAL — CORREÇÃO MONETÁRIA — RESPONSABILIDADE DO ESTABELECIMENTO DE CRÉDITO

O estabelecimento de crédito que recebe dinheiro, em depósito judicial, responde pelo pagamento da correção monetária relativa aos valores recolhidos (DJU 17.2.97).

180 — LIDE TRABALHISTA — CONFLITO DE COMPETÊNCIA — JUIZ ESTADUAL E JUNTA DE CONCILIAÇÃO E JULGAMENTO — COMPETÊNCIA DO TRIBUNAL REGIONAL DO TRABALHO DA RESPECTIVA REGIÃO

Na lide trabalhista, compete ao Tribunal Regional do Trabalho dirimir conflito de competência verificado, na respectiva região, entre juiz estadual e Junta de Conciliação e Julgamento (DJU 17.2.97).

201 — HONORÁRIOS ADVOCATÍCIOS — FIXAÇÃO EM SALÁRIOS MÍNIMOS — DESCABIMENTO

Os honorários advocatícios não podem ser fixados em salários mínimos (DJ 4.2.98).

210 — FGTS — COBRANÇA — PRESCRIÇÃO

A ação de cobrança das contribuições para o FGTS. Prescreve em 30 anos (DJ 5.6.98).

215 — IMPOSTO DE RENDA — PROGRAMA DE DEMISSÃO VOLUNTÁRIA — ISENÇÃO

A indenização recebida pela adesão à programa de incentivo à demissão voluntária não está sujeita à incidência do imposto de renda (DJ 4.12.98).

218 — COMPETÊNCIA — AÇÃO DE SERVIDOR PÚBLICO ESTADUAL — CARGO EM COMISSÃO — ESTATUTÁRIO — JUSTIÇA COMUM

Compete à Justiça dos Estados processar e julgar ação de servidor estadual decorrente de direitos e vantagens estatutárias no exercício de cargo em comissão (DJ 24.2.99).

219 — CRÉDITOS — SERVIÇOS PRESTADOS À MASSA FALIDA — PRIVILÉGIOS

Os créditos decorrentes de serviços prestados à massa falida, inclusive a remuneração do síndico, gozam dos privilégios próprios dos trabalhistas. (DJ 25.3.99).

222 — COMPETÊNCIA — CONTRIBUIÇÃO SINDICAL PREVISTA NO ART. 578 DA CLT

Compete à Justiça Comum processar e julgar as ações relativas à Contribuição Sindical prevista no art. 578 da CLT (DJ 2.8.99).

225 — COMPETÊNCIA — TRIBUNAL REGIONAL DO TRABALHO

Compete ao Tribunal Regional do Trabalho apreciar recurso contra sentença proferida por órgão de primeiro grau da Justiça Trabalhista, ainda que para declarar-lhe a nulidade em virtude de incompetência (DJ 25.8.99).

226 — MINISTÉRIO PÚBLICO — LEGITIMIDADE PARA RECORRER — AÇÃO DE ACIDENTE DO TRABALHO

O Ministério Público tem legitimidade para recorrer na ação de acidente do trabalho, ainda que o segurado esteja assistido por advogado.

227 — DANO MORAL — PESSOA JURÍDICA

A pessoa jurídica pode sofrer dano moral (DJ 11.10.99).

230 — COMPETÊNCIA — TRABALHADOR AVULSO PORTUÁRIO — ATO DO ÓRGÃO GESTOR — EXERCÍCIO DA PROFISSÃO

Compete à Justiça Estadual processar e julgar ação movida por trabalhador avulso portuário, em que se impugna ato do órgão gestor de mão de obra de que resulte óbice ao exercício de sua profissão. (DJ 11.10.99). **(Cancelada pela Segunda Seção do STJ, publicado no DJ, 9.11.00).**

236 — COMPETÊNCIA — CONFLITOS DE COMPETÊNCIA ENTRE JUÍZES TRABALHISTAS VINCULADOS A TRIBUNAIS DO TRABALHO DIVERSOS

Não compete ao Superior Tribunal de Justiça dirimir conflitos de competência entre juízes trabalhistas vinculados a Tribunais Regionais do Trabalho diversos (DJ 17.4.00).

239 — ADJUDICAÇÃO COMPULSÓRIA — NÃO SE CONDICIONA AO REGISTRO DO COMPROMISSO DE COMPRA E VENDA NO CARTÓRIO DE IMÓVEIS

O direito à adjudicação compulsória não se condiciona ao registro do compromisso de compra e venda no cartório de imóveis.

242 — AÇÃO DECLARATÓRIA — TEMPO DE SERVIÇO — FINS PREVIDENCIÁRIOS

Cabe ação declaratória para reconhecimento de tempo de serviço para fins previdenciários (DJ 27.11.2000).

249 — FGTS — CORREÇÃO MONETÁRIA — CAIXA ECONÔMICA FEDERAL — LEGITIMIDADE PASSIVA

A Caixa Econômica Federal tem legitimidade passiva para integrar processo em que se discute correção monetária do FGTS (DJ 22.6.01).

252 — FGTS — SALDOS DAS CONTAS — CORREÇÃO PELOS ÍNDICES DE PLANOS ECONÔMICOS (PERDAS)

Os saldos das contas do FGTS, pela legislação infraconstitucional, são corrigidos em 42,72% (IPC) quanto às perdas de janeiro de 1989 e 44,80% (IPC) quanto às de abril de 1990, acolhidos pelo STJ os índices de 18,02% (LBC) quanto às perdas de junho de 1987, de 5,38% (BTN) para maio de 1990 e 7,00% (TR) para fevereiro de 1991, de acordo com o entendimento do STF (RE 226.855-7-RS). (DJ 16.8.01).

253 — ART. 557, DO CPC — REEXAME NECESSÁRIO

O art. 557 do CPC, que autoriza o relator a decidir o recurso, alcança o reexame necessário (DJ 15.8.01).

272 — TRABALHADOR RURAL — SEGURADO ESPECIAL — APOSENTADORIA — RECOLHIMENTO — CONTRIBUIÇÕES FACULTATIVAS

O trabalhador rural, na condição de segurado especial, sujeito à contribuição obrigatória sobre a produção rural comercializada, somente faz jus à aposentadoria por tempo de serviço se recolher contribuições facultativas (DJ 19.9.02).

273 — CARTA PRECATÓRIA — EXPEDIÇÃO — INTIMAÇÃO — DESNECESSÁRIA A INTIMAÇÃO DA DATA DA AUDIÊNCIA NO JUÍZO DEPRECADO

Intimada a defesa da expedição da carta precatória, torna-se desnecessária intimação da data da audiência no juízo deprecado (DJ 19.9.02).

278 — PRESCRIÇÃO — PRAZO PRESCRICIONAL — AÇÃO DE INDENIZAÇÃO — INCAPACIDADE LABORAL

O termo inicial do prazo prescricional, na ação de indenização é a data em que o segurado teve ciência inequívoca da incapacidade laboral (DJ 16.6.03).

281 — DANO MORAL — TARIFAÇÃO PREVISTA NA LEI DE IMPRENSA

A indenização por dano moral não está sujeita à tarifação prevista na Lei de Imprensa. (DJ 13.5.04)

282 — AÇÃO MONITÓRIA — CITAÇÃO — EDITAL — CABIMENTO

Cabe a citação por edital em ação monitória. (DJ 14.5.04)

289 — RESTITUIÇÃO DAS PARCELAS PAGAS — PREVIDÊNCIA PRIVADA — CORREÇÃO

A restituição das parcelas pagas a plano de previdência privada deve ser objeto de correção plena, por índice que recomponha a efetiva desvalorização da moeda. (DJ 14.5.04)

290 — PLANOS DE PREVIDÊNCIA PRIVADA — BENEFICIÁRIO — CONTRIBUIÇÃO — DEVOLUÇÃO — NÃO CABIMENTO

Nos planos de previdência privada, não cabe ao beneficiário a devolução da contribuição efetuada pelo patrocinador. (DJ 14.5.04)

291 — AÇÃO DE COBRANÇA — PARCELAS DE COMPLEMENTAÇÃO — PREVIDÊNCIA PRIVADA — PRESCRIÇÃO

A ação de cobrança de parcelas de complementação de aposentadoria pela previdência privada prescreve em cinco anos. (DJ 14.5.04)

292 — RECONVENÇÃO — AÇÃO MONITÓRIA — CONVERSÃO — PROCEDIMENTO ORDINÁRIO — CABIMENTO

A reconvenção é cabível na ação monitória, após a conversão do procedimento em ordinário. (DJ 14.5.04)

304 — DEPOSITÁRIO — QUE NÃO ASSUME EXPRESSAMENTE O ENCARGO — PRISÃO CIVIL — ILEGALIDADE

É ilegal a decretação da prisão civil daquele que não assume expressamente o encargo de depositário judicial. (DJ 22.11.04)

305 — DEPOSITÁRIO — FALÊNCIA — ARRECADAÇÃO DO BEM PELO SÍNDICO — PRISÃO CIVIL — DESCABIMENTO

É descabida a prisão civil do depositário quando, decretada a falência da empresa, sobrevém a arrecadação do bem pelo síndico. (DJ 22.11.04)

310 — AUXÍLIO-CRECHE — SALÁRIO DE CONTRIBUIÇÃO — NÃO INTEGRAÇÃO AO SALÁRIO

O auxílio-creche não integra o salário de contribuição. (DJ 23.5.05)

314 — EXECUÇÃO FISCAL — NÃO LOCALIZAÇÃO DE BENS PENHORÁVEIS — SUSPENSÃO DO PROCESSO — PRESCRIÇÃO INTERCORRENTE

Em execução fiscal, não localizados bens penhoráveis, suspende-se o processo por um ano, findo o qual se inicia o prazo da prescrição quinquenal intercorrente. (DJ 8.2.06)

328 — EXECUÇÃO CONTRA INSTITUIÇÃO FINANCEIRA — PENHORA

Na execução contra instituição financeira, é penhorável o numerário disponível, excluídas as reservas bancárias mantidas no Banco Central. (DJ 10.8.06)

343 — ADVOGADO — PROCESSO ADMINISTRATIVO DISCIPLINAR — PRESENÇA OBRIGATÓRIA

É obrigatória a presença de advogado em todas as fases do processo administrativo disciplinar. (DJ 21.9.07)

344 — LIQUIDAÇÃO — FORMA DIVERSA NA SENTENÇA — NÃO OFENSA A COISA JULGADA

A liquidação por forma diversa da estabelecida na sentença não ofende a coisa julgada.

345 — HONORÁRIOS ADVOCATÍCIOS — FAZENDA PÚBLICA — EXECUÇÕES INDIVIDUAIS — AÇÕES COLETIVAS, AINDA QUE NÃO EMBARGADA — CABIMENTO

São devidos honorários advocatícios pela Fazenda Pública nas execuções individuais de sentença proferida em ações coletivas, ainda que não embargadas.

346 — MILITARES TEMPORÁRIOS — AQUISIÇÃO DE ESTABILIDADE — CONTAGEM EM DOBRO DE FÉRIAS E LICENÇAS NÃO GOZADAS — VEDAÇÃO

É vedada aos militares temporários, para aquisição de estabilidade, a contagem em dobro de férias e licenças não-gozadas. (DJe 3.3.08)

349 — COMPETÊNCIA — JULGAMENTO DAS EXECUÇÕES FISCAIS DE CONTRIBUIÇÕES DEVIDAS PELO EMPREGADOR AO FGTS — JUSTIÇA FEDERAL OU AOS JUÍZES COM COMPETÊNCIA DELEGADA

Compete à Justiça Federal ou aos juízes com competência delegada o julgamento das execuções fiscais de contribuições devidas pelo empregador ao FGTS. (DJe 19.6.08)

351 — SEGURO DE ACIDENTE DO TRABALHO (SAT) — ALÍQUOTA DE CONTRIBUIÇÃO PARA O SEGURO DE ACIDENTE DO TRABALHO — AFERIÇÃO DO GRAU DE RISCO

A alíquota de contribuição para o Seguro de Acidente do Trabalho (SAT) é aferida pelo grau de risco desenvolvido em cada empresa, individualizada pelo seu CNPJ, ou pelo grau de risco da atividade preponderante quando houver apenas um registro.(DJe 19.6.08)

353 — FGTS — CONTRIBUIÇÃO — DISPOSIÇÕES DO CÓDIGO TRIBUTÁRIO NACIONAL — NÃO APLICAÇÃO

As disposições do Código Tributário Nacional não se aplicam às contribuições para o FGTS. (DJ 19.6.08)

362 — DANO MORAL — CORREÇÃO MONETÁRIA — INCIDÊNCIA DESDE A DATA DO ARBITRAMENTO

A correção monetária do valor da indenização do dano moral incide desde a data do arbitramento. (DJe 3.11.08)

363 — COMPETÊNCIA — AÇÃO DE COBRANÇA AJUIZADA POR PROFISSIONAL LIBERAL CONTRA CLIENTE — JUSTIÇA ESTADUAL

Compete à Justiça estadual processar e julgar a ação de cobrança ajuizada por profissional liberal contra cliente. (DJe 3.11.08)

364 — BEM DE FAMÍLIA — IMPENHORABILIDADE — IMÓVEL PERTENCENTE A PESSOAS SOLTEIRAS, SEPARADAS E VIÚVAS — ABRANGÊNCIA

O conceito de impenhorabilidade de bem de família abrange também o imóvel pertencente a pessoas solteiras, separadas e viúvas. (DJe 4.11.08)

365 — REDE FERROVIÁRIA FEDERAL S/A — INTERVENÇÃO DA UNIÃO — SUCESSÃO — COMPETÊNCIA — JUSTIÇA FEDERAL

A intervenção da União como sucessora da Rede Ferroviária Federal S/A (RFFSA) desloca a competência para a Justiça Federal ainda que a sentença tenha sido proferida por Juízo estadual (DJe 26.11.08)

366 — AÇÃO INDENIZATÓRIA PROPOSTA POR VIÚVA E FILHOS DE EMPREGADO FALECIDO EM ACIDENTE DO TRABALHO — COMPETÊNCIA — JUSTIÇA ESTADUAL

Compete à Justiça estadual processar e julgar ação indenizatória proposta por viúva e filhos de empregado falecido em acidente de trabalho (DJe 26.11.08) (Cancelada — CC 10/977 DJe 5.10.09)

367 — EMENDA CONSTITUCIONAL N. 45/2004 — COMPETÊNCIA — PROCESSOS JÁ SENTENCIADOS — NÃO ALCANCE

A competência estabelecida pela EC n. 45/2004 não alcança os processos já sentenciados (DJe 26.11.08)

373 — DEPÓSITO PRÉVIO — RECURSO ADMINISTRATIVO — ADMISSIBILIDADE — EXIGÊNCIA ILEGÍTIMA

É ilegítima a exigência de depósito prévio para admissibilidade de recurso administrativo (DJe 30.3.09)

375 — FRAUDE À EXECUÇÃO — RECONHECIMENTO — REGISTRO DA PENHORA DO BEM ALIENADO OU DA PROVA DE MÁ-FÉ DO TERCEIRO ADQUIRENTE

O reconhecimento da fraude à execução depende do registro da penhora do bem alienado ou da prova de má-fé do terceiro adquirente. (DJe 30.3.09)

377 — CONCURSO PÚBLICO — PORTADOR DE VISÃO MONOCULAR — VAGAS RESERVADAS AOS DEFICIENTES — DIREITO DE CONCORRER

O portador de visão monocular tem direito de concorrer, em concurso público, às vagas reservadas aos deficientes. (DJe/STJ 5.5.09)

378 — SERVIDOR PÚBLICO — DESVIO DE FUNÇÃO — DIFERENÇAS SALARIAIS DECORRENTES

Reconhecido o desvio de função, o servidor faz jus às diferenças salariais decorrentes (DJe 5.5.09)

386 — FÉRIAS — PROPORCIONAIS E RESPECTIVO ADICIONAL — IMPOSTO DE RENDA — ISENÇÃO

São isentas de imposto de renda as indenizações de férias proporcionais e o respectivo adicional (DJe 1.9.09)

387 — DANO ESTÉTICO E MORAL — INDENIZAÇÃO — CUMULAÇÃO — LICITUDE

É lícita a cumulação das indenizações de dano estético e dano moral (DJe 1.9.09)

393 — EXECUÇÃO FISCAL — EXCEÇÃO DE PRÉ-EXECUTIVIDADE — MATÉRIAS CONHECÍVEIS DE OFÍCIO QUE NÃO DEMANDEM DILAÇÃO PROBATÓRIA — ADMISSIBILIDADE

A exceção de pré-executividade é admissível na execução fiscal relativamente às matérias conhecíveis de ofício que não demandem dilação probatória. (DJe 7.10.09)

396 — CONTRIBUIÇÃO SINDICAL — RURAL — COBRANÇA — CONFEDERAÇÃO NACIONAL DA AGRICULTURA — LEGITIMIDADE ATIVA

A Confederação Nacional da Agricultura tem legitimidade ativa para a cobrança da contribuição sindical rural (DJe 7.10.09)

398 — FGTS — PRESCRIÇÃO — JUROS PROGRESSIVO SOBRE OS SALDOS DA CONTA VINCULADA — LIMITE — PARCELAS VENCIDAS

A prescrição da ação para pleitear os juros progressivos sobre os saldos de conta vinculada do FGTS não atinge o fundo de direito, limitando-se às parcelas vencidas DJe 7.10.09)

400 — EXECUÇÃO FISCAL — ENCARGO DE 20% — DL N. 1.025/1969 — MASSA FALIDA — EXIGÊNCIA

O encargo de 20% previsto no DL n. 1.025/1969 é exigível na execução fiscal proposta contra a massa falida (DJe 7.10.09)

401 — AÇÃO RESCISÓRIA — PRAZO DECADENCIAL — SÓ SE INICIA QUANDO NÃO FOR CABÍVEL QUALQUER RECURSO DO ÚLTIMO PRONUNCIAMENTO JUDICIAL

O prazo decadencial da ação rescisória só se inicia quando não for cabível qualquer recurso do último pronunciamento judicial (DJe 13.10.09)

403 — INDENIZAÇÃO — PUBLICAÇÃO NÃO AUTORIZADA DE IMAGEM DE PESSOA COM FINS ECONÔMICOS OU COMERCIAIS — INDEPENDE DE PROVA DO PREJUÍZO

Independe de prova do prejuízo a indenização pela publicação não autorizada de imagem de pessoa com fins econômicos ou comerciais. DJe 24.11.09

406 — FAZENDA PÚBLICA — RECUSA — SUBSTITUIÇÃO DO BEM PENHORADO POR PRECATÓRIO — POSSIBILIDADE

A Fazenda Pública pode recusar a substituição do bem penhorado por precatório.

409 — EXECUÇÃO FISCAL — PRESCRIÇÃO OCORRIDA ANTES DA PROPOSITURA DA AÇÃO — DECRETAÇÃO DE OFÍCIO — POSSIBILIDADE (ART. 219, § 5º, DO CPC)

Em execução fiscal, a prescrição ocorrida antes da propositura da ação pode ser decretada de ofício (art. 219, § 5º, do CPC (DJe 24.11.09, REP. DJe 25.11.09)

414 — EXECUÇÃO FISCAL — CITAÇÃO POR EDITAL — CABÍVEL QUANDO FRUSTRADAS AS DEMAIS MODALIDADES

A citação por edital na execução fiscal é cabível quando frustradas as demais modalidades (DJe 16.12.09)

417 — PENHORA — DE DINHEIRO — EXECUÇÃO CIVIL — ORDEM DE NOMEAÇÃO DE BENS — CARÁTER NÃO ABSOLUTO

Na execução civil, a penhora de dinheiro na ordem de nomeação de bens não tem caráter absoluto. (DJe 11.3.10)

419 — DEPOSITÁRIO INFIEL — PRISÃO CIVIL — DESCABIMENTO

Descabe a prisão civil do depositário judicial infiel. (DJe 11.3.10)

421 — HONORÁRIOS ADVOCATÍCIOS — DEFENSORIA PÚBLICA — ATUAÇÃO CONTRA A PESSOA JURÍDICA DE DIREITO PUBLICO À QUAL PERTENÇA — DESCABIMENTO

Os honorários advocatícios não são devidos à Defensoria Pública quando ela atua contra a pessoa jurídica de direito público à qual pertença. (DJe 11.3.10)

425 — RETENÇÃO DA CONTRIBUIÇÃO PARA A SEGURIDADE SOCIAL PELO TOMADOR DE SERVIÇOS. NÃO APLICAÇÃO ÀS EMPRESAS OPTANTES PELO SIMPLES.

A retenção da contribuição para a seguridade social pelo tomador do serviço não se aplica às empresas optantes pelo simples.

429 — CITAÇÃO POSTAL — AUTORIZAÇÃO POR LEI — EXIGÊNCIA DE AVISO DE RECEBIMENTO

A citação postal, quando autorizada por lei, exige o aviso de recebimento.

430 — INADIMPLEMENTO DA OBRIGAÇÃO PELA SOCIEDADE. NÃO GERA, POR SI SÓ A RESPONSABILIDADE SOLIDÁRIA DO SÓCIO-GERENTE

O inadimplemento da obrigação tributária pela sociedade não gera, por si só, a responsabilidade solidária do sócio-gerente. (Dje 20.5.10)

435 — EMPRESA DISSOLVIDA IRREGULARMENTE — DOMICÍLIO FISCAL — NÃO COMUNICAÇÃO AOS ÓRGÃOS COMPETENTES — PRESUNÇÃO — EXECUÇÃO FISCAL — DIRECIONAMENTO

Presume-se dissolvida irregularmente a empresa que deixar de funcionar no seu domicílio fiscal, sem comunicação aos órgãos competentes, legitimando o redirecionamento da execução fiscal para o sócio-gerente. (DJe 14.5.10)

445 — FUNDO DE GARANTIA DO TEMPO DE SERVIÇO — EXPURGOS INFLACIONÁRIOS — DIFERENÇAS — TERMO INICIAL — DATA EM QUE DEVERIAM TER SIDO CREDITADAS

As diferenças de correção monetária resultantes de expurgos inflacionários sobre os saldos de FGTS têm como termo inicial a data em que deveriam ter sido creditadas. (DJe 14.5.10)

449 — PENHORA — VAGA DE GARAGEM — MATRÍCULA PRÓPRIA NO REGISTRO DE IMÓVEIS — NÃO CONFIGURAÇÃO COMO BEM DE FAMÍLIA

A vaga de garagem que possui matrícula própria no registro de imóveis não constitui bem de família para efeito de penhora. (DJe 21.6.10)

451 — PENHORA — SEDE DO ESTABELECIMENTO COMERCIAL — LEGITIMIDADE

É legítima a penhora da sede do estabelecimento comercial. (DJe 21.6.10)

452 — AÇÕES DE PEQUENO VALOR — EXTINÇÃO — FACULDADE DA ADMINISTRAÇÃO FEDERAL — VEDADA A ATUAÇÃO JUDICIAL DE OFÍCIO

A extinção das ações de pequeno valor é faculdade da Administração Federal, vedada a atuação judicial de ofício. (DJe 21.6.10)

456 — CORREÇÃO MONETÁRIA — SALÁRIOS DE CONTRIBUIÇÃO — BENEFÍCIO DE AUXÍLIO-DOENÇA, APOSENTADORIA POR INVALIDEZ, PENSÃO OU AUXÍLIO-RECLUSÃO CONCEDIDOS ANTES DA VIGÊNCIA DA CF/1988 — DESCABIMENTO

É incabível a correção monetária dos salários de contribuição considerados no cálculo do salário de benefício de auxílio-doença, aposentadoria por invalidez, pensão ou auxílio-reclusão concedidos antes da vigência da CF/1988 (DJe 8.9.10)

458 — CONTRIBUIÇÃO PREVIDENCIÁRIA — COMISSÃO PAGA AO CORRETOR DE SEGURO — INCIDÊNCIA

A contribuição previdenciária incide sobre a comissão paga ao corretor de seguros. (DJe 8.9.10)

459 — CORREÇÃO MONETÁRIA — FGTS — DÉBITOS RECOLHIDOS PELO EMPREGADOR MAS NÃO REPASSADOS AO FUNDO — TR (TAXA REFERENCIAL) — ÍNDICE APLICADO

A Taxa Referencial (TR) é o índice aplicável, a título de correção monetária, aos débitos com o FGTS recolhidos pelo empregador mas não repassados ao fundo. (DJe 8.9.10)

462 — CAIXA ECONÔMICA FEDERAL — AÇÕES EM QUE REPRESENTA O FGTS — QUANDO SUCUMBENTE — CUSTAS — REEMBOLSO A PARTE VENCEDORA

Nas ações em que representa o FGTS, a CEF, quando sucumbente, não está isenta de reembolsar as custas antecipadas pela parte vencedora. (DJe 8.9.10)

463 — IMPOSTO DE RENDA — INDENIZAÇÃO — HORAS EXTRAORDINÁRIAS TRABALHADAS, AINDA QUE DECORRENTES DE ACORDO COLETIVO — INCIDÊNCIA

Incide imposto de renda sobre os valores percebidos a título de indenização por horas extraordinárias trabalhadas, ainda que decorrentes de acordo coletivo. (DJe 8.9.10)

466 — FUNDO DE GARANTIA DO TEMPO DE SERVIÇO — TITULAR DA CONTA — SAQUE — CONTRATO DE TRABALHO DECLARADO NULO POR AUSÊNCIA DE PRÉVIA APROVAÇÃO EM CONCURSO PÚBLICO

O titular da conta vinculada ao FGTS tem o direito de sacar o saldo respectivo quando declarado nulo seu contrato de trabalho por ausência de prévia aprovação em concurso público. (DJe 25.10.10)

467 — PRESCRIÇÃO — EXECUÇÃO DA MULTA POR INFRAÇÃO AMBIENTAL — PROCESSO ADMINISTRATIVO — PRAZO E CONTAGEM

Prescreve em cinco anos, contados do término do processo administrativo, a pretensão da Administração Pública de promover a execução da multa por infração ambiental. (DJe 25.10.10)

478 — EXECUÇÃO — COTAS CONDOMINIAIS — PREFERÊNCIA SOBRE O HIPOTECÁRIO

Na execução de crédito relativo a cotas condominiais, este tem preferência sobre o hipotecário. (DJe 19.6.12)

479 — INSTITUIÇÕES FINANCEIRAS — RESPONSABILIDADE OBJETIVA — DANOS GERADOS POR FORTUITO INTERNO — FRAUDES E DELITOS PRATICADOS POR TERCEIROS NO ÂMBITO DE OPERAÇÕES BANCÁRIAS

As instituições financeiras respondem objetivamente pelos danos gerados por fortuito interno relativo a fraudes e delitos praticados por terceiros no âmbito de operações bancárias. (DJe 1.8.12).

480 — JUIZO DA RECUPERAÇÃO JUDICIAL — DECISÃO SOBRE A CONSTRIÇÃO DE BENS NÃO ABRANGIDOS PELO PLANO DE RECUPERAÇÃO DA EMPRESA — INCOMPETÊNCIA

O juízo da recuperação judicial não é competente para decidir sobre a constrição de bens não abrangidos pelo plano de recuperação da empresa. (DJe 1.8.12)

481 — JUSTIÇA GRATUITA — PESSOA JURÍDICA COM OU SEM FINS LUCRATIVOS — IMPOSSIBILIDADE DE ARCAR COM OS ENCARGOS PROCESSUAIS — BENEFÍCIO

Faz jus ao benefício da justiça gratuita a pessoa jurídica com ou sem fins lucrativos que demonstrar sua impossibilidade de arcar com os encargos processuais. (DJe 1.8.12)

482 — PROCESSO CAUTELAR — FALTA DE AJUIZAMENTO DA AÇÃO PRINCIPAL NO PRAZO DO ART. 806 DO CPC — PERDA DA EFICÁCIA DA LIMINAR DEFERIDA E A EXTINÇÃO DO PROCESSO CAUTELAR

A falta de ajuizamento da ação principal no prazo do art. 806 do CPC acarreta a perda da eficácia da liminar deferida e a extinção do processo cautelar. (DJe 1.8.12)

483 — INSS — NÃO OBRIGAÇÃO DE EFETUAR O DEPÓSITO PRÉVIO DE PREPARO — PRERROGATIVAS E PRIVILÉGIOS DA FAZENDA PÚBLICA

O INSS não está obrigado a efetuar depósito prévio do preparo por gozar das prerrogativas e privilégios da Fazenda Pública. (DJe 1.8.12)

484 — RECURSO — PREPARO — INTERPOSIÇÃO DO RECURSO APÓS O ENCERRAMENTO DO EXPEDIENTE BANCÁRIO

Admite-se que o preparo seja efetuado no primeiro dia útil subsequente, quando a interposição do recurso ocorrer após o encerramento do expediente bancário. (DJe 1.8.12)

485 — ARBITRAGEM — CONTRATOS QUE CONTENHAM CLÁUSULA ARBITRAL — LEI — APLICAÇÃO AINDA QUE CELEBRADOS ANTES DA SUA EDIÇÃO

A Lei de Arbitragem aplica-se aos contratos que contenham cláusula arbitral, ainda que celebrados antes da sua edição. (DJe 1.8.12)

486 — PENHORA — ÚNICO IMÓVEL — LOCADO A TERCEIRO — RENDA OBTIDA COM A LOCAÇÃO E REVERTIDA PARA A SUBSISTÊNCIA OU MORADIA DA FAMÍLIA — IMPENHORABILIDADE

É impenhorável o único imóvel residencial do devedor que esteja locado a terceiros, desde que a renda obtida com a locação seja revertida para a subsistência ou a moradia da sua família. (DJe 1.8.12)

487 — ART. 741, PARÁGRAFO ÚNICO, DO CPC — SENTENÇAS TRANSITADAS EM JULGADO EM DATA ANTERIOR À DA SUA VIGÊNCIA — NÃO APLICAÇÃO

O parágrafo único do art. 741 do CPC não se aplica às sentenças transitadas em julgado em data anterior à da sua vigência. (DJe 1.8.12)

488 — HONORÁRIOS ADVOCATÍCIOS — REPARTIÇÃO — ART. 6º, § 2º DA LEI N. 9.469/1997 — INAPLICÁVEL A ACORDOS OU TRANSAÇÕES CELEBRADOS EM DATA ANTERIOR À SUA VIGÊNCIA

O § 2º do art. 6º da Lei n. 9.469/1997, que obriga à repartição dos honorários advocatícios, é inaplicável a acordos ou transações celebrados em data anterior à sua vigência. (DJe 1.8.12)

489 — AÇÃO CIVIL PÚBLICA — CONTINÊNCIA — RECONHECIMENTO — JUSTIÇA FEDERAL E JUSTIÇA ESTADUAL — REUNIÃO NA JUSTIÇA FEDERAL

Reconhecida a continência, devem ser reunidas na Justiça Federal as ações civis públicas propostas nesta e na Justiça estadual. (DJe 1.8.12)

490 — REEXAME NECESSÁRIO — DISPENSA — VALOR DA CONDENAÇÃO OU DO DIREITO CONTROVERTIDO INFERIOR A SESSENTA SALÁRIOS MÍNIMOS — SENTENÇAS ILÍQUIDAS — NÃO APLICAÇÃO

A dispensa de reexame necessário, quando o valor da condenação ou do direito controvertido for inferior a sessenta salários mínimos, não se aplica a sentenças ilíquidas. (DJe 1.8.12)

494 — PIS-PASEP — BENEFÍCIO FISCAL — RESSARCIMENTO DO CRÉDITO PRESUMIDO DO IPI — EXPORTAÇÕES — INCIDÊNCIA QUANDO AS MATÉRIAS-PRIMAS OU OS INSUMOS SEJAM ADQUIRIDOS DE PESSOA FÍSICA OU JURÍDICA NÃO CONTRIBUINTE

O benefício fiscal do ressarcimento do crédito presumido do IPI relativo às exportações incide mesmo quando as matérias-primas ou os insumos sejam adquiridos de pessoa física ou jurídica não contribuinte do PIS/PASEP. (DJe 13.8.12)

497 — PENHORA — CRÉDITOS DAS AUTARQUIAS FEDERAIS PREFEREM AOS CRÉDITOS DA FAZENDA ESTADUAL — COEXISTÊNCIA

Os créditos das autarquias federais preferem aos créditos da Fazenda estadual desde que coexistam penhoras sobre o mesmo bem. (DJe 13.8.12)

498 — DANO MORAL — INDENIZAÇÃO — IMPOSTO DE RENDA — NÃO INCIDÊNCIA

Não incide imposto de renda sobre a indenização por danos morais (DJe 13.8.12).

499 — CONTRIBUIÇÕES AO SESC E SENAC — EMPRESA — PRESTADORAS DE SERVIÇOS — SERVIÇO SOCIAL

As empresas prestadoras de serviços estão sujeitas às contribuições ao Sesc e Senac, salvo se integradas noutro serviço social. (DJe 18.3.13)

505 — COMPETÊNCIA — DEMANDAS QUE TÊM POR OBJETO OBRIGAÇÕES DECORRENTES DOS CONTRATOS DE PLANOS DE PREVIDÊNCIA PRIVADA FIRMADOS COM A FUNDAÇÃO REDE FERROVIÁRIA DE SEGURIDADE SOCIAL — REFER — JUSTIÇA ESTADUAL

A competência para processar e julgar as demandas que têm por objeto obrigações decorrentes dos contratos de planos de previdência privada firmados com a Fundação Rede Ferroviária de Seguridade Social — REFER é da Justiça estadual. (DJe 10.2.2014) (RSTJ 1.233, p. ???)

507 — ACUMULAÇÃO — AUXILIO-ACIDENTE COM APOSENTADORIA — LESÃO INCAPACITANTE — ART. 23 DA LEI N. 8.213/91 — DEFINIÇÃO — MOMENTO DA LESÃO NOS CASOS DE DOENÇA PROFISSIONAL OU DO TRABALHO

A acumulação de auxílio-acidente com aposentadoria pressupõe que a lesão incapacitante e a aposentadoria sejam anteriores a 11.11.1997, observado o critério do art. 23 da Lei n. 8.213/1991 para definição do momento da lesão nos casos de doença profissional ou do trabalho. (DJe 31.3.2014)

514 — CEF — RESPONSÁVEL PELO FORNECIMENTO DOS EXTRATOS DAS CONTAS INDIVIDUALIZADAS VINCULADAS AO FGTS DOS TRABALHADORES, INCLUSIVE PARA FINS DE EXIBIÇÃO EM JUÍZO, INDEPENDENTEMENTE DO PERÍODO EM DISCUSSÃO

A CEF é responsável pelo fornecimento dos extratos das contas individualizadas vinculadas ao FGTS dos Trabalhadores participantes do Fundo de Garantia do Tempo de Serviço, inclusive para fins de exibição em juízo, independentemente do período em discussão. (DJe 18.8.14)

515 — REUNIÃO DE EXECUÇÕES FISCAIS — MESMO DEVEDOR — FACULDADE DO JUIZ

A reunião de execuções fiscais contra o mesmo devedor constitui faculdade do Juiz. (DJe 18.8.14)

521 — LEGITIMIDADE — MULTA PENDENTE DE PAGAMENTO IMPOSTA OU SENTENÇA CONDENATÓRIA — EXCLUSIVIDADE DA PROCURADORIA DA FAZENDA

A legitimidade para a execução fiscal de multa pendente de pagamento imposta em sentença condenatória é exclusiva da Procuradoria da Fazenda Pública. (DJe n. 1707/15, 6.4.15)

524 — TRABALHO TEMPORÁRIO — SOCIEDADE EMPRESÁRIA — BASE DE CÁLCULO — ISSQN — INCDÊNCIA E VALORES QUE ENGLOBAM

No tocante à base de cálculo, o ISSQN incide apenas sobre a taxa de agenciamento quando o serviço prestado por sociedade empresária de trabalho temporário for de intermediação, devendo, entretanto, englobar também os valores dos salários e encargos sociais dos trabalhadores por ela contratados nas hipóteses de fornecimento de mão de obra. (DJe 27.4.15.)

525 — CÂMARA DE VEREADORES — NÃO POSSUI PERSONALIDADE JURÍDICA, APENAS PERSONALIDADE JUDICIÁRIA — DEMANDA EM JUIZO APENAS PARA DEFENDER SEUS DIREITOS INSTITUCIONAIS

A Câmara de Vereadores não possui personalidade jurídica, apenas personalidade judiciária, somente podendo demandar em juízo para defender os seus direitos institucionais. (DJe 27.4.15)

529 — SEGURO — RESPONSABILIDADE CIVIL — FACULTATIVO — NÃO CABE O AJUIZAMENTO DE AÇÃO PELO TERCEIRO PREJUDICADO DIRETA E EXCLUSIVAMENTE EM FACE DA SEGURADORA DO APONTADO CAUSADOR DO DANO

No seguro de responsabilidade civil facultativo, não cabe o ajuizamento de ação pelo terceiro prejudicado direta e exclusivamente em face da seguradora do apontado causador do dano. (DJe/STJ 18.5.15, publ. 19.5.15)

549 — BEM DE FAMÍLIA — FIADOR DE CONTRATO DE LOCAÇÃO

É válida a penhora de bem de família pertencente a fiador de contrato de locação. (DJE 19.10.15)

552 — CONCURSO PÚBLICO — PORTADOR DE SURDEZ UNILATERAL — NÃO QUALIFICAÇÃO

O portador de surdez unilateral não se qualifica como pessoa com deficiência para o fim de disputar as vagas reservadas em concursos públicos. (DJE 9.11.15)

554 — RESPONSABILIDADE DA SUCESSORA — ABRANGÊNCIA — TRIBUTOS — MULTAS MORATÓRIAS OU PUNITIVAS

Na hipótese de sucessão empresarial, a responsabilidade da sucessora abrange não apenas os tributos devidos pela sucedida, mas também as multas moratórias ou punitivas referentes a fatos geradores ocorridos até a data da sucessão. (DJE 15.12.15)

556 — IMPOSTO DE RENDA — NÃO INCIDÊNCIA — PREVIDÊNCIA PRIVADA — RESGATE DE CONTRIBUIÇÕES RECOLHIDAS

É indevida a incidência de imposto de renda sobre o valor da complementação de aposentadoria pago por entidade de previdência privada e em relação ao resgate de contribuições recolhidas para referidas entidades patrocinadoras no período de 1º.1.1989 a 31.12.1995, em razão da isenção concedida pelo art. 6º, VII, *b*, da Lei n. 7.713/1988, na redação anterior à que lhe foi dada pela Lei n. 9.250/1995. (DJE: 15.12.15)

557 — RENDA MENSAL INICIAL (RMI) — BENEFÍCIO DE APOSENTADORIA POR INVALIDEZ — AUXÍLIO-DOENÇA — APURAÇÃO — CRITÉRIOS

A renda mensal inicial (RMI) alusiva ao benefício de aposentadoria por invalidez precedido de auxílio-doença será apurada na forma do art. 36, § 7º, do Decreto n. 3.048/1999, observando-se, porém, os critérios previstos no art. 29, § 5º, da Lei n. 8.213/1991, quando intercalados períodos de afastamento e de atividade laboral. (DJE 15.12.15)

558 — EXECUÇÃO FISCAL — FALTA DE INDICAÇÃO DO CPF E/OU RG OU CNPJ DA PARTE EXECUTADA — INDEFERIMENTO INCABÍVEL

Em ações de execução fiscal, a petição inicial não pode ser indeferida sob o argumento da falta de indicação do CPF e/ou RG ou CNPJ da parte executada. (DJE 15.12.15)

559 — PETIÇÃO INICIAL — DESNECESSÁRIA A INSTRUÇÃO COM O DEMONSTRATIVO DE CÁLCULO DO DÉBITO, POR TRATAR-SE DE REQUISITO NÃO PREVISTO NO ART. 6º DA LEI N. 6.830/1980

Em ações de execução fiscal, é desnecessária a instrução da petição inicial com o demonstrativo de cálculo do débito, por tratar-se de requisito não previsto no art. 6º da Lei n. 6.830/1980. (DJE 15.12.15)

560 — DECRETAÇÃO DA INDISPONIBILIDADE DE BENS E DIREITOS — ART. 185-A DO CTN — PRESSUPOSIÇÃO DO EXAURIMENTO DAS DILIGÊNCIAS NA BUSCA POR BENS PENHORÁVEIS — CARACTERIZAÇÃO

A decretação da indisponibilidade de bens e direitos, na forma do art. 185-A do CTN, pressupõe o exaurimento das diligências na busca por bens penhoráveis, o qual fica caracterizado quando infrutíferos o pedido de constrição sobre ativos financeiros e a expedição de ofícios aos registros públicos do domicílio do executado, ao Denatran ou Detran. (DJE 15.12.15)

561 — ATRIBUIÇÕES DE FISCALIZAÇÃO E ATUAÇÃO — FARMÁCIA E DROGARIAS — EXIGÊNCIA DE MANTER PROFISSIONAL LEGALMENTE HABILITADO

Os Conselhos Regionais de Farmácia possuem atribuição para fiscalizar e autuar as farmácias e drogarias quanto ao cumprimento da exigência de manter profissional legalmente habilitado (farmacêutico) durante todo o período de funcionamento dos respectivos estabelecimentos. (DJE 15.12.15)

563 — APLICAÇÃO — ENTIDADES ABERTAS DE PREVIDÊNCIA COMPLEMENTAR, NÃO INCIDINDO NOS CONTRATOS PREVIDENCIÁRIOS CELEBRADOS COM ENTIDADES FECHADAS

O Código de Defesa do Consumidor é aplicável às entidades abertas de previdência complementar, não incidindo nos contratos previdenciários celebrados com entidades fechadas. (DJE 29.2.16)

568 — RELATOR — MONOCRATICAMENTE E NO STJ — DAR OU NEGAR PROVIMENTO A RECURSO — ENTENDIMENTO DOMINANTE ACERCA DO TEMA

O relator, monocraticamente e no Superior Tribunal de Justiça, poderá dar ou negar provimento ao recurso quando houver entendimento dominante acerca do tema. (DJE 16.3.16, Pub. 17.3.16)

576 — CONCEDIDA JUDICIALMENTE — AUSÊNCIA DE REQUERIMENTO ADMINISTRATIVO NO INSS — IMPLANTAÇÃO DA APOSENTADORIA — TERMO INICIAL — DATA DA CITAÇÃO VÁLIDA

Ausente requerimento administrativo no INSS, o termo inicial para a implantação da aposentadoria por invalidez concedida judicialmente será a data da citação válida. Referência: CPC/2015, art. 1.036 (DJE 28.6.16)

577 — TEMPO DE SERVIÇO ANTERIOR AO DOCUMENTO MAIS ANTIGO APRESENTADO — RECONHECIMENTO DESDE QUE AMPARADO EM CONVINCENTE PROVA TESTEMUNHAL COLHIDA SOB O CONTRADITÓRIO

É possível reconhecer o tempo de serviço rural anterior ao documento mais antigo apresentado, desde que amparado em convincente prova testemunhal colhida sob o contraditório. Referência: CPC/2015, art. 1.036. Lei n. 8.213, de 24.07.1991, arts. 55, § 3º, 106 e 142. Decreto n. 3.048, de 06.05.1999, art. 63. Súmula n. 149 do STJ. (DJE 28.6.16)

578 — EMPREGADOS — CULTIVO DA CANA-DE-AÇÚCAR PARA EMPRESA AGROINDUSTRIAL LIGADA AO SETOR SUCROALCOOLEIRO — QUALIDADE DE RURÍCOLA — ISENÇÃO DO FGTS DESDE A EDIÇÃO DA LC N. 11/1971 ATÉ A PROMULGAÇÃO DA CF DE 1988

Os empregados que laboram no cultivo da cana-de-açúcar para empresa agroindustrial ligada ao setor sucroalcooleiro detêm a qualidade de rurícola, ensejando a isenção do FGTS desde a edição da Lei Complementar n. 11/1971 até a promulgação da Constituição Federal de 1988. Referência: CF/1988, art. 7º, III. LC n. 11, de 25.05.1971. CPC/2015, art. 1.036. Lei n. 5.889, de 08.06.1973, arts. 2º e 3º, § 1º. (DJE 28.6.16)

579 — RECURSO ESPECIAL (RE) — INTERPOSTO NA PENDÊNCIA DO JULGAMENTO DOS EMBARGOS DE DECLARAÇÃO — DESNECESSIDADE DE RATIFICAÇÃO QUANDO INALTERADO O RESULTADO ANTERIOR

Não é necessário ratificar o recurso especial interposto na pendência do julgamento dos embargos de declaração, quando inalterado o resultado anterior. Referência: CPC/2015, arts. 218, § 4º e 1.024, § 5º. (DJe 1º.8.16)

581 — RECUPERAÇÃO JUDICIAL — DEVEDOR PRINCIPAL — NÃO IMPEDIMENTO DO PROSSEGUIMENTO DAS AÇÕES E EXECUÇÕES AJUIZADAS CONTRA TERCEIROS DEVEDORES SOLIDÁRIOS OU COOBRIGADOS EM GERAL, POR GARANTIA CAMBIAL, REAL OU FIDEJUSSÓRIA

A recuperação judicial do devedor principal não impede o prosseguimento das ações e execuções ajuizadas contra terceiros devedores solidários ou coobrigados em geral, por garantia cambial, real ou fidejussória. Referência: CPC/2015, art. 1.036. Lei n. 11.101, de 9.2.2005, arts. 6º, 49, § 1º, 52, III (DJe 19.9.16)

583 — ARQUIVAMENTO PROVISÓRIO. ART. 20 DA LEI N. 10.522/02. DÉBITOS INSCRITOS COMO DÍVIDA ATIVA DA UNIÃO PELA PG DA FAZENDA NACIONAL OU POR ELA COBRADOS. NÃO APLICAÇÃO AS EXECUÇÕES FISCAIS MOVIDAS PELOS CONSELHOS DE FISCALIZAÇÃO PROFISSIONAL OU PELAS AUTARQUIAS FEDERAIS.

O arquivamento provisório previsto no art. 20 da Lei n. 10.522/2002, dirigido aos débitos inscritos como dívida ativa da União pela Procuradoria-Geral da Fazenda Nacional ou por ela cobrados, não se aplica às execuções fiscais movidas pelos conselhos de fiscalização profissional ou pelas autarquias federais. (DJe 01.2.17)

584 — SOCIEDADES CORRETORAS DE SEGUROS, QUE NÃO SE CONFUNDEM COM AS SOCIEDADES DE VALORES MOBILIÁRIOS OU COM OS AGENTES AUTÔNOMOS DE SEGURO PRIVADO. FORA DO ROL DE ENTIDADES CONSTANTES DO ART. 22, § 1º, DA LEI N. 8.212/1991. NÃO SUJEIÇÃO À MAJORAÇÃO DA ALÍQUOTA DA COFINS PREVISTA NO ART. 18 DA LEI N. 10.684/2003.

As sociedades corretoras de seguros, que não se confundem com as sociedades de valores mobiliários ou com os agentes autônomos de seguro privado, estão fora do rol de entidades constantes do art. 22, § 1º, da Lei n. 8.212/1991, não se sujeitando à majoração da alíquota da Cofins prevista no art. 18 da Lei n. 10.684/2003. (DJe 01.2.17)

591 — PROVA EMPRESTADA — PROCESSO ADMINISTRATIVO. AUTORIZAÇÃO PELO JUIZO COMPETENTE, RESPEITADOS O CONTRADITÓRIO E AMPLA DEFESA

É permitida a prova emprestada no processo administrativo disciplinar, desde que devidamente autorizada pelo juízo competente e respeitados o contraditório e a ampla defesa. (DJe 18.9.17)

592 — EXCESSO DE PRAZO — CONCLUSÃO DO PROCESSO ADMINISTRATIVO DISCIPLINAR — NULIDADE SE HOUVER DEMONSTRAÇÃO DE PREJUÍZO À DEFESA.

O excesso de prazo para a conclusão do processo administrativo disciplinar só causa nulidade se houver demonstração de prejuízo à defesa. (DJe 18.9.17)

SÚMULAS DO EX-TRIBUNAL FEDERAL DE RECURSOS
EM MATÉRIA TRABALHISTA

ÍNDICE ALFABÉTICO-REMISSIVO

SÚMULAS DO EX-TFR, ATUAL STJ

EM MATÉRIA TRABALHISTA

8 — DUPLA APOSENTADORIA — FERROVIÁRIO DA EFCB

Não constitui obstáculo à concessão da dupla aposentadoria de que trata a Lei n. 2.752/1956, art. 1º e parágrafo único, em favor de ferroviário da Estrada de Ferro Central do Brasil, o fato de deter a condição de extranumerário da União Federal à data da autarquização da referida Estrada e nessa situação ter sido posto à sua disposição, nele obtendo modificações e melhorias funcionais (DJ 17.12.79).

29 — CERTIFICADOS DE QUITAÇÃO E REGULARIDADE — DÉBITO PENDENTE

Os Certificados de Quitação e de Regularidade não podem ser negados, enquanto pendente de decisão, na via administrativa, o débito levantado (DJ 29.1.80).

32 — EXECUÇÃO POR CARTA — CPC, ART. 747 C/C ART. 658 — EMBARGOS DO DEVEDOR

Na execução por carta (CPC, art. 747 c/c art. 658), os embargos do devedor serão decididos no Juízo deprecante, salvo se versarem unicamente vícios ou defeitos da penhora, avaliação ou alienação dos bens (DJ 16.5.80).

33 — EXECUÇÃO POR CARTA — EMBARGOS DE TERCEIRO — COMPETÊNCIA

O juízo deprecado, na execução por carta, é o competente para julgar os embargos de terceiro, salvo se o bem apreendido foi indicado pelo Juízo deprecante (DJ 16.5.80).

34 — DUPLO GRAU DE JURISDIÇÃO

O duplo grau de jurisdição (CPC, art. 475, II) é aplicável quando se trata de sentença proferida contra a União, o Estado e o Município, só incidindo, em relação às autarquias, quando estas forem sucumbentes na execução da dívida ativa (CPC, art. 475, III) (DJ 16.5.80).

38 — CERTIFICADOS DE QUITAÇÃO E DE REGULARIDADE DE SITUAÇÃO

Os Certificados de Quitação e de Regularidade de Situação não podem ser negados, se o débito estiver garantido por penhora regular (CTN, art. 206) (DJ 2.7.80) — V. Súmula n. 29.

44 — FALÊNCIA — EXECUÇÃO — BENS PENHORADOS

Ajuizada a execução fiscal anteriormente à falência, com penhora realizada antes desta, não ficam os bens penhorados sujeitos à arrecadação no juízo falimentar; proposta a execução fiscal contra a massa falida, a penhora far-se-á no rosto dos autos do processo da quebra, citando-se o síndico (DJ 14.10.80).

73 — CERTIFICADO DE QUITAÇÃO OU DE REGULARIDADE DE SITUAÇÃO — MUNICÍPIOS

Não cabe exigir dos Municípios o Certificado de Quitação ou de Regularidade de Situação (DJ 19.3.81).

82 — PIS — COMPETÊNCIA DA JUSTIÇA DO TRABALHO

Compete à Justiça do Trabalho processar e julgar as reclamações pertinentes ao cadastramento no PIS ou indenização compensatória pela falta deste, desde que não envolvam relações de trabalho dos servidores da União, suas autarquias e empresas públicas (DJ 20.5.81).

85 — CONTRIBUIÇÃO PREVIDENCIÁRIA DA EMPRESA, POR SERVIÇOS PRESTADOS PELO TRABALHADOR AUTÔNOMO

A contribuição previdenciária da empresa, por serviços prestados pelo trabalhador autônomo, passou a ser devida a partir da vigência do Decreto-lei n. 959, de 13.10.69 (DJ 12.8.81).

87 — COMPETÊNCIA DA JUSTIÇA COMUM ESTADUAL — COBRANÇA DE CONTRIBUIÇÕES SINDICAIS

Compete à Justiça Comum Estadual o processo e julgamento da ação de cobrança de contribuições sindicais (DJ 12.8.81).

88 — COMPETÊNCIA DA JUSTIÇA DO TRABALHO — RECLAMAÇÃO AJUIZADA CONTRA A REDE FERROVIÁRIA FEDERAL S.A. POR SERVIDOR CEDIDO PELA UNIÃO FEDERAL

Compete à Justiça do Trabalho o processo e julgamento de reclamação ajuizada contra a Rede Ferroviária Federal S.A. por servidor cedido pela União Federal (DJ 27.8.81).

89 — COMPETÊNCIA DE JCJ — CARTA PRECATÓRIA EXPEDIDA POR JUIZ FEDERAL, EM MATÉRIA TRABALHISTA

Compete à Junta de Conciliação e Julgamento, sediada em Comarca do interior, cumprir carta precatória expedida por Juiz Federal, em matéria trabalhista (DJ 27.8.81).

90 — SERVIDOR ESTATUTÁRIO QUE OPTOU PELO REGIME CELETISTA — GRATIFICAÇÃO ADICIONAL POR TEMPO DE SERVIÇO

Ao servidor estatutário que optou pelo regime celetista, na forma da Lei n. 6.184, de 1974, é assegurado o direito à gratificação adicional por tempo de serviço correspondente aos períodos anteriores à opção (cancelada — DJ 20, 21 e 24.3.86).

105 — PRAZOS — FÉRIAS FORENSES — APLICAÇÃO DA REGRA DO ART. 179 DO CPC

Aos prazos em curso no período compreendido entre 20 de dezembro e 6 de janeiro, na Justiça Federal, aplica-se a regra do art. 179 do Código de Processo Civil (DJ 3.3.82).

114 — CAUSAS ENTRE SINDICATOS E SEUS ASSOCIADOS — COMPETÊNCIA DA JUSTIÇA COMUM ESTADUAL

Compete à Justiça Comum Estadual processar e julgar as causas entre os sindicatos e seus associados (DJ 6.5.82).

115 — COMPETÊNCIA DA JUSTIÇA FEDERAL — PROCESSO E JULGAMENTO DE CRIMES CONTRA A ORGANIZAÇÃO DO TRABALHO

Compete à Justiça Federal processar e julgar os crimes contra a organização do trabalho, quando tenham por objeto a organização geral do trabalho, ou direitos dos trabalhadores considerados coletivamente (DJ 11.6.82).

150 — COMPETÊNCIA DA JUSTIÇA DO TRABALHO LITÍGIOS ENTRE A ADMINISTRAÇÃO DIRETA OU INDIRETA DO DISTRITO FEDERAL E SEUS SERVIDORES

Compete à Justiça do Trabalho processar e julgar os litígios entre a Administração Direta ou Indireta do Distrito Federal e os seus servidores, regidos pela legislação trabalhista (DJ 27.2.84).

156 — SINDICATOS — ORGANIZAÇÃO EM FEDERAÇÕES

Sindicatos representativos de atividades econômicas ou profissionais idênticas, ou categoria econômica específica, podem organizar-se em federações (DJ 8.6.84).

169 — COMPETÊNCIA DO JUIZ DE DIREITO NAS COMARCAS EM QUE NÃO FOI CRIADA JCJ

Na comarca em que não foi criada Junta de Conciliação e Julgamento, é competente o Juiz de Direito para processar e julgar litígios de natureza trabalhista (DJ 21, 22 e 23.11.84).

180 — FERROVIÁRIOS — COMPLEMENTAÇÃO DE PROVENTOS DA APOSENTADORIA — COMPETÊNCIA DA JUSTIÇA FEDERAL

Compete à Justiça Federal processar e julgar pedidos de complementação de proventos da aposentadoria dos ferroviários cedidos à Rede Ferroviária Federal S/A. Imprópria a reclamação trabalhista para a espécie (DJ 11.10.85).

184 — SOCIEDADE POR QUOTAS — SÓCIO-GERENTE — EMBARGOS DE TERCEIRO

Em execução movida contra sociedade por quotas, o sócio-gerente, citado em nome próprio, não tem legitimidade para opor embargos de terceiro, visando livrar da constrição judicial seus bens particulares (DJ 7, 8 e 9.10.85).

195 — MANDADO DE SEGURANÇA

O mandado de segurança não é o meio processual idôneo para dirimir litígios trabalhistas (DJ 2, 3 e 4.12.85).

196 — EMBARGOS — EXECUÇÃO TRABALHISTA

Cabem embargos e não agravo de petição, da sentença de liquidação no processo de execução trabalhista (DJ 2, 3 e 4.12.85).

200 — JULGAR CRIME DE FALSIFICAÇÃO OU USO DE DOCUMENTO FALSO PERANTE A JUSTIÇA DO TRABALHO — COMPETÊNCIA DA JUSTIÇA FEDERAL

Compete à Justiça Federal processar e julgar crime de falsificação ou de uso de documento falso perante a Justiça do Trabalho (DJ 2, 3 e 4.12.85 e retificada DJ 13, 16 e 17.12.85).

214 — RELAÇÃO EMPREGATÍCIA — PRESTAÇÃO DE SERVIÇOS DE CARÁTER CONTINUADO

A prestação de serviços de caráter continuado, em atividades de natureza permanente, com subordinação, observância de horário e normas de repartição, mesmo em Grupo-Tarefa, configura relação empregatícia (DJ 3, 4 e 5.6.86).

216 — MANDADO DE SEGURANÇA CONTRA ATO DE AUTORIDADE PREVIDENCIÁRIA — COMPETÊNCIA DA JUSTIÇA FEDERAL

Compete à Justiça Federal processar e julgar mandado de segurança impetrado contra ato de autoridade previdenciária, ainda que localizada em comarca do interior (DJ 3. 4 e 5.6.86).

217 — JUSTIÇA FEDERAL — PRINCÍPIO DA IDENTIDADE FÍSICA DO JUIZ

No âmbito da Justiça Federal, aplica-se aos feitos trabalhistas o princípio da identidade física do juiz (DJ 3, 4 e 5.6.86).

223 — DIFERENÇA SALARIAL — DESVIO FUNCIONAL

O empregado, durante o desvio funcional, tem direito à diferença salarial, ainda que o empregador possua quadro de pessoal organizado em carreira (DJ 21, 22 e 25.8.86).

230 — PROCESSO SELETIVO DE ASCENSÃO FUNCIONAL

No processo seletivo de ascensão funcional das entidades componentes do SINPAS, o servidor somente pode concorrer no âmbito da autarquia a que pertence (DJ 3, 4 e 5.12.86).

240 — EMBARGOS À EXECUÇÃO — INTIMAÇÃO DO REPRESENTANTE DA FAZENDA PÚBLICA

A intimação do representante judicial da Fazenda Pública nos embargos à execução fiscal, será feita pessoalmente (DJ 4, 8 e 9.9.87).

242 — BEM ALIENADO FIDUCIARIAMENTE — EXECUÇÃO

O bem alienado fiduciariamente não pode ser objeto de penhora nas execuções ajuizadas contra o devedor fiduciário (DJ 18, 21 e 22.9.87).

244 — INTERVENÇÃO DA UNIÃO, SUAS AUTARQUIAS E EMPRESAS PÚBLICAS — COMPETÊNCIA

A intervenção da União, suas autarquias e empresas públicas em concurso de credores ou de preferência não desloca a competência para a Justiça Federal (DJ 28, 29 e 30.9.87).

245 — EXECUÇÃO DE SENTENÇA — VALOR DE ALÇADA RECURSAL

Na execução de sentença, prevalece, para efeito da alçada recursal de que trata a Lei n. 6.825, de 1980, o valor apurado na liquidação (DJ 8, 9 e 13.10.87).

246 — CAUSA EM QUE SE DISCUTE MATÉRIA CONSTITUCIONAL — ALÇADA

A causa em que se discute matéria constitucional não está sujeita à alçada de que trata a Lei n. 6.825, de 1980 (DJ 16, 19 e 20.10.87).

261 — LITISCONSÓRCIO ATIVO VOLUNTÁRIO — VALOR DA CAUSA — EFEITO DE ALÇADA RECURSAL

No litisconsórcio ativo voluntário, determina-se o valor da causa, para efeito de alçada recursal, dividindo-se o valor global pelo número de litisconsortes.

262 — JUIZ QUE NÃO COLHEU PROVA EM AUDIÊNCIA

Não se vincula ao processo o juiz que não colheu prova em audiência (DJ 25.10.88).

SÚMULAS DO TRIBUNAL SUPERIOR DO TRABALHO

V. Regimento Interno do Tribunal Superior do Trabalho, artigos 154 a 168, com a redação dada pela Emenda Regimental n. 8/2006, DJ 20.12.06, p. 188/189, que trata da uniformização da jurisprudência, das Súmulas e dos Precedentes Normativos e das Orientações Jurisprudenciais (não publicada nesta obra).

ÍNDICE ALFABÉTICO-REMISSIVO

NR — Nova redação (Resol. 121/03, DJ 21.11.03)
RE — Restaurado (Resol. 121/03, DJ 21.11.03)
Nos respectivos títulos encontram-se as Súmulas canceladas pelo Tribunal Superior do Trabalho e na parte do texto o número da Resolução Administrativa do TST e a data de cancelamento

ADICIONAL DE ANTIGUIDADE

CANCELADAS

Fepasa. Base de cálculo — 79 — Plano de classificação. Incorporação ao salário-base — 250

ADICIONAL DE HORAS EXTRAS

— V. Acordo de compensação de horário

Bancário. Pré-contratação — 199 — Comissionista — 340 (NR) — Hora suplementar. Cálculo — 264 — Regime de compensação de horário semanal — 85 (NR) — Regime de revezamento. Intervalo mínimo de 11 horas — 110

CANCELADAS

Comissionista — 56 — Horas extras não contratadas expressamente — 215

ADICIONAL DE INSALUBRIDADE

Agente nocivo diverso do apontado na inicial — 293 — Base de cálculo. Salário mínimo. CLT, art. 76 — 228 (NR) — Contato intermitente — 47 — Fornecimento. Aparelho protetor — 80 — Fornecimento — Aparelho protetor. Fiscalização — 289 — Integração. Cálculo. Indenização — 139 — Reclassificação ou descaracterização da insalubridade — 248 — Atividade insalubre. Caracterização. Previsão na norma regulamentadora n. 15 da portaria do Ministério do Trabalho n. 3.214/78. Instalações sanitárias — 448

CANCELADAS

Acordo de compensação de horário em atividade insalubridade celebrado por acordo coletivo — 364 — Base de cálculo. Salário profissional — 17 (RE) — Cálculo — Salário mínimo regional — 137 — Constitucionalidade do art. 3º do Decreto-lei n. 389/68 — 162 — Substituição processual. Sindicato — 271 — Trabalhador rural. Perícia — 292

ADICIONAL DE PERICULOSIDADE

Base de cálculo. Alteração pela Lei n. 12.740/12. Atinge somente contrato firmado a partir de sua vigência (Cálculo sobre o salário-básico, conforme o § 1º do art. 193 da CLT) — 191 — III; Bomba de gasolina. Lei n. 2.573/1955 — 39 — Horas de sobreaviso. Integração — 132, II — Cálculo. Salário-base — Nova redação — Res. 121/2003, DJ 21.11.2003 — 191 — Eletricitários. Contratado sob a égide da Lei n. 7.369/1985. Adicional. Calculado sobre a totalidade das parcelas de natureza salarial. Não é válida norma coletiva mediante a qual se determina a incidência do referido adicional sobre o salário básico — 191 — II; Eletricitários. Exposição intermitente — 361 — Exposição permanente e ou intermitente. Condições de risco. Tempo reduzido — 364, I — Incidência. Triênio. Pessoal da Petrobrás — 70 — Integração. Cálculo. Indenização — 132, I — Percentual inferior ao legal. Proporcionalidade. Previsão em instrumento coletivo. Medida de higiene, saúde e segurança do trabalho — 364, II — Permanência a bordo durante o abastecimento da aeronave. Indevido — 447 — Pagamento espontâneo. Caracterização de fato incontroverso. Desnecessária a perícia de que trata o art. 195 da CLT — 453

Cancelada

Substituição processual. Sindicato — 271

ADICIONAL DE PRODUTIVIDADE

Incidência no cálculo do repouso semanal — 225

CANCELADA

Servidor de ex-autarquia administradora de porto que opta pelo regime jurídico da CLT — 121

ADICIONAL NOTURNO

Alteração do turno de trabalho. Supressão — 265 — Gorjetas. Natureza jurídica. Repercussões — Revisão do Enunciado n. 290 — 354 — Habitualidade. Integração ao salário — 60, I — Incidência sobre horas prorrogadas em horário noturno, art. 73, § 5º, da CLT — 60, II — Vigia — 140

CANCELADA

Regime de revezamento. CLT, art. 73. CF/1947, art. 157, III — 130

ADICIONAL POR TEMPO DE SERVIÇO

Integração — Cálculo. Gratificação de função. Bancário. CLT, art. 224, § 2º — 240 — Quinquênio. Complementação de aposentadoria. Lei n. 4.345/64 — 52 — Triênio. Pessoal da Petrobrás. Cálculo. Adicional de periculosidade — 70

CANCELADAS

FEPASA. Base de cálculo — 79 — Funcionário público. Opção. Regime celetista. Congelamento dos quinquênios — 105 — Quinquênios. RFFSA. Base de cálculo — 66 — Reajuste semestral. Lei n. 6.708/79 — 181

ADICIONAL REGIONAL

Petrobras. CF/69, art. 165 — 84 (NR)

ADMINISTRAÇÃO PÚBLICA

Indireta. Contratação. Ausência de concurso público. Nulidade. Ulterior privatização. Convalidação. Insubsistência do vício — 430

ADVOGADO

Pluralidade de advogado. Publicação em nome de advogado diverso daquele expressamente indicado. Nulidade — 427

AGRAVO DE INSTRUMENTO

Cabimento. Recurso de revista — 218 — Feriados. Tempestividade do recurso. Prova. Na hipótese do inciso II, admite-se a reconsideração da análise da tempestividade do recurso, mediante prova documental superveniente, em Agravo Regimental, Agravo de Instrumento ou Embargos de Declaração — 385, III — Recurso de revista. Admissibilidade parcial pelo Juiz Presidente do TRT. Apreciação integral pela Turma do TST — 285 — Cabimento. Embargos para a SDI — 353 (NR)

CANCELADAS

Cabimento. Embargos para a SDI — 335 — Despacho denegatório de recurso de revista. Embargos para o Tribunal Pleno — 183 — Traslado deficiente. Peças essenciais — 272

AGRAVO REGIMENTAL

Agravo regimental. Decisão em agravo regimental. Aplicação da Súm. 333. Juízo de mérito — 192, V — Ação rescisória. Decisão em agravo regimental. Aplicação da Súm. 333. Juízo de mérito. Competência — 192,V — Ação rescisória. Sentença de mérito. Decisão de TRT em agravo regimental confirmando decisão monocrática do relator que, aplicando a Súm. 83 do TST, indeferiu a petição inicial da ação rescisória. Competência do TST — 411 — Cabimento. Embargos para a SDI — 353 (NR) — Feriados. Tempestividade do recurso. Prova. Na hipótese do inciso II, admite-se a reconsideração da análise da tempestividade do recurso, mediante prova documental superveniente, em Agravo Regimental, Agravo de Instrumento ou Embargos de Declaração — 385, III

CANCELADA

Cabimento. Embargos para o Tribunal Pleno — 195

ALÇADA

Ação rescisória. Mandado de segurança. Inaplicável — 365 — Valor da causa — 71 — Vinculação ao salário mínimo — 356

ALTERAÇÃO CONTRATUAL

Cláusulas regulamentares. Vantagens deferidas anteriormente. Revogação ou alteração — 51, I — Prescrição. Prestações sucessivas. Trabalhador urbano — Cancela os Enunciados ns. 168 e 198 — 294

CANCELADAS

Prescrição. Prestações periódicas — 168 — Prescrição. Prestações periódicas — 198

AMBIENTE DE TRABALHO

Artificialmente frio. Horas extras. Art. 253 da CLT. Aplicação analógica — 438

APOSENTADORIA

— V. Aposentadoria por invalidez

— Ferroviário. Rede Ferroviária Federal. Competência da Justiça do Trabalho — 106 — Por invalidez. Cancelamento. Retorno ao emprego — 160 — Prêmio. Regulamento da empresa. Lei n. 5.107/66, art. 17, § 3º — 72 (NR)

CANCELADAS

Contagem do tempo de serviço. Funcionários da União, das autarquias e das sociedades de economia mista. Previdência privada. Lei n. 3.841/60 — 174 — Cômputo do tempo anterior à aposentadoria. Permanência na empresa — 21 — Espontânea. Depósito do FGTS. Período anterior à opção — 295 (NR) — Gratificação natalina proporcional. Lei n. 4.090/62 — 3

APOSENTADORIA POR INVALIDEZ

Auxílio-doença acidentário. Aposentadoria por invalidez. Suspensão do contrato de trabalho. Reconhecimento do direito à manutenção de plano de saúde ou de assistência médica — 440 — Cancelamento da aposentadoria. Retorno ao emprego — 160

ARQUIVAMENTO DO PROCESSO

Ausência do reclamante. Adiamento da instrução — 9 — Prescrição. Interrupção — 268 (NR)

CANCELADA

Inquérito judicial. Não recolhimento das custas processuais — 49

ASSISTÊNCIA

Intervenção. Interesse jurídico — 82 (NR)

ASSISTENTE TÉCNICO (V. HONORÁRIOS PERICIAIS)

ATESTADO MÉDICO

Ordem preferencial estabelecida em lei. Percepção do salário-enfermidade — 15 — Ilisão da revelia — 122 (NR)

carta. Embargos de terceiro. Juízo deprecado — 419 — Funcional. Conflito negativo. TRT e Vara do Trabalho de idêntica região. Não configuração — 420 — Justiça do Trabalho. Cadastramento no PIS — 300 — Justiça do Trabalho. Complementação. Aposentadoria. RFFSA — 106 — Justiça do Trabalho. Dano moral. Relação de trabalho — 392 — Justiça do Trabalho. Greve. Abusividade — Nova redação — 189 — Justiça do Trabalho. Indenização. Não fornecimento. Guias. Seguro-desemprego — 389, I — Justiça do Trabalho. Quadro de carreira — 19 — Execução de ofício. Contribuição social referente ao Seguro de Acidente de Trabalho (SAT). Arts. 114, VIII, e 195, I, "a", da Constituição da República. Competência da Justiça do Trabalho — 454

CANCELADAS

Ação de cumprimento. Desconto assistencial — 224 e 334 — Justiça do Trabalho. Atos institucionais. Reintegração — 150 — Justiça do Trabalho. Ferroviário. Funcionário público — 75 — Justiça do Trabalho. Inconstitucionalidade. Art. 22 da Lei n. 5.107/1966 — 179 — Justiça do Trabalho. Levantamento do FGTS — 176 — Justiça do Trabalho. Servidor temporário. Art. 106 da CF — 123.

COMPLEMENTAÇÃO DE APOSENTADORIA

Coexistência de dois regulamentos de plano de previdência complementar. Opção por um deles. Efeitos de renúncia às regras do outro — 288, II — Complementação de aposentadoria. Data da admissão do empregado — 288, I — Leis Complementares ns. 108 e 19, de 29.05.2001. Entrada em vigor. Regência. Aplicação dos processos em curso — 288, III e IV — Petrobrás. Manual de pessoal — 332 — Proporcionalidade. Norma regulamentar. Banespa — 313 — Prescrição parcial. Diferenças — 327 (NR) — Prescrição total. Complementação de aposentadoria jamais recebida — 326 — Quinquênio. Art. 9º da Lei n. 4.345/64 — 52 — RFFSA. Competência da Justiça do Trabalho — 106 — Regulamento da empresa — 97 — Regulamento da empresa. Instituição de benefício previdenciário por órgão oficial — 92

CONCURSO PÚBLICO

Administração pública indireta. Contratação. Ausência de concurso público. Nulidade. Ulterior privatização. Convalidação. Insubsistência do vício — 430 — Servidor público. Contrato nulo. Efeitos — 363 (NR)

CONDENAÇÃO EM PECÚNIA

Depósito prévio. Art. 899, §§ 1º e 2º, da CLT — 161

CONDENAÇÃO SOLIDÁRIA

Contrato de prestação de serviços. Legalidade — Inciso IV alterado pela Res. n. 96/00, DJ 18.9.00 — 331

CANCELADA

Integrante de grupo econômico, que não participou da relação processual. Execução — 205

CONFISSÃO

Ficta. Prova pré-constituída. Cerceamento de defesa. Produção de prova posterior: Arts. 442 e 443, do CPC/2015, art. 400, I, do CPC/1973 — 74, II — Não comparecimento à audiência em prosseguimento, na qual deveria depor — 74, I — Revelia. Salários incontroversos. Pagamento em dobro — 69 (NR) — Vedação à produção de prova posterior pela parte confessa. Inaplicabilidade ao magistrado — 74, III

CONFLITO DE LEIS TRABALHISTAS NO ESPAÇO

Princípio da "lex loci executionis". Prestação de serviço. Contratação — 207 (Cancelada — Resol. 181/TST DEJT, 18.4.12)

CONSTITUCIONALIDADE

Alínea *b* do art. 896 da CLT — 312 — Art. 118 da Lei n. 8.213/91. Estabilidade provisória. Acidente do trabalho — 378, I — Decisão monocrática. Relator. Art. 932 do CPC/2015. Art. 557 do CPC de 1973. Aplicação subsidiária ao Processo do Trabalho — 435 — Decisões contrárias. STF. Poder normativo do TST — 190 — § 2º do art. 9º do Decreto-lei n. 1.971/82 — 336

CANCELADAS

Art. 2º da Lei n. 4.725/65. Dissídio coletivo — 141 — Art. 3º do Decreto-lei n. 389/68. Insalubridade — 162 — Art. 22 da Lei n. 5.107/66. Competência da Justiça do Trabalho — 179 — Decretos-leis ns. 2.012/83 e 2.045/83. Reajuste salarial — 273

CONTRATO DE EXPERIÊNCIA

Aviso prévio. Art. 481 da CLT — 163 — Gestante. Estabilidade provisória — 244, III — Prorrogação — 188

CANCELADA

Salário-maternidade — 260

CONTRATO DE PRESTAÇÃO DE SERVIÇOS

Inadimplemento das obrigações trabalhistas. Responsabilidade subsidiária. (nova redação) — 331, IV —Irregularidade. Vínculo de emprego — 331, I — Irregularidade. Empresa interposta. Vínculo de emprego. Órgãos da administração pública direta, indireta ou fundacional. CF/88, art. 37, II — 331, II — Legalidade. Responsabilidade subsidiária. Verbas decorrentes da condenação —331, VI — Responsabilidade subsidiária. Administração Pública. Conduta culposa no cumprimento das obrigações da Lei n. 8.666/93 — 331, V — Vínculo de emprego. Serviços de vigilância (Lei n. 7.102/83) e de conservação e limpeza, serviços especializados ligados à atividade-meio — 331, III

CANCELADA

Legalidade — 256

CONTRATO DE TRABALHO

Auxílio-doença acidentário. Aposentadoria por invalidez. Suspensão do contrato de trabalho. Reconhecimento do direito à manutenção de plano de saúde ou de assistência médica — 440 — Convenção coletiva de trabalho ou acordo coletivo de trabalho. Eficácia. Ultratividade — 277 — Dirigente sindical. Estabilidade provisória. Direito ainda que a comunicação do registro da candidatura ou da eleição e da posse seja realizada fora do prazo previsto no art. 543, § 5º, da CLT. Ciência. Ocorra na vigência do contrato de trabalho — 369, I — Nulo. Efeitos — 363 (NR) — Prestação de serviços a mais de uma empresa do mesmo grupo econômico, durante a mesma jornada de trabalho — 129 — Prescrição. Soma de períodos descontínuos de trabalho — 156 — Suspensão. Diretor eleito — 269

CANCELADA

Conflito de leis trabalhistas no espaço. Princípio da "lex loci executionis" — 207

CONTRATO POR PRAZO DETERMINADO

Empregado submetido a esta modalidade de contrato. Direito a garantia provisória de emprego decorrente de acidente de trabalho prevista no art. 118 da Lei n. 8.213/91 — 378, III — Gestante. Direito à estabilidade provisória prevista no art. 10, inciso II, alínea "b", do Ato das Disposições Constitucionais Transitórias, mesmo na hipótese de admissão mediante contrato por tempo determinado — 244, III — Indenização. Opção. FGTS. Art. 479 da CLT. Art. 30, § 3º, do Decreto n. 59.820/66 — 125

CANCELADA

Gratificação natalina proporcional. Lei n. 4.090/62 — 2

CONTRATO POR SAFRA

CANCELADA

Gratificação natalina proporcional. Lei n. 4.090/1962 — 2

CONTRIBUIÇÃO SINDICAL

Rural. Ação de cobrança. Penalidade por atraso no recolhimento. Inaplicabilidade do art. 600 da CLT. Incidência do art. 2º da Lei n. 8.022/1990 — 432

CONTRIBUIÇÃO SOCIAL

Execução de ofício. Contribuição social referente ao Seguro de Acidente de Trabalho (SAT). Arts. 114, VIII, e 195, I, "a", da Constituição da República. Competência da Justiça do Trabalho — 454

CONVENÇÃO COLETIVA DE TRABALHO

Sociedade de economia mista. Audiência prévia do órgão oficial competente — Sindicato. Substituição — Redação dada pela Res. n. 98/00, DJ 18.9.00 — 286

CONVERSÃO EM PECÚNIA (V. LICENÇA-PRÊMIO)

CORREÇÃO AUTOMÁTICA DE SALÁRIOS (V. REAJUSTAMENTO SALARIAL)

CORREÇÃO MONETÁRIA

Benefício previdenciário devido a dependente de ex-empregado. Lei n. 6.899/81 — 311 — Danos morais. Juros de mora e atualização monetária. Termo inicial — 439 — Incidência — 200 — Incidência. Débito trabalhista — 187 — Juros. Liquidação extrajudicial — Revisão do Enunciado n. 284 — 304 — Juros. Omissão. Pedido inicial. Inclusão na liquidação — 211 — Salário. Art. 459 da CLT — 381.

CANCELADAS

Juros. Cálculo. Execução de sentença. Pessoa jurídica de direito público — 193 — Juros. Liquidação extrajudicial — 185 — Juros. Liquidação extrajudicial — 284

CORRETORES DE TÍTULOS

Jornada de trabalho. Empregados de empresas distribuidoras e corretoras de títulos e valores mobiliários — 119

CREDENCIAMENTO BANCÁRIO

Prova dispensável. Depósito recursal — 217

CULPA RECÍPROCA

Rescisão contratual — 14 (NR)

CUSTAS PROCESSUAIS

Ações plúrimas — 36 — Condenação acrescida. Hipótese de não deserção — 25, I; Depósito recursal. Deserção. Massa falida — 86 — Inversão do ônus da sucumbência — 25, II; Prazo. Contagem. Intimação de cálculo

Salário-hora. Empregado sujeito ao regime geral de trabalho (art. 58, *caput*, da CLT). 40 horas semanais. Cálculo. Aplicação do divisor 200 — 431.

DOENÇA GRAVE

Presunção. Empregado portador de doença grave. Estigma ou preconceito. Direito à reintegração — 443.

DUPLO GRAU DE JURISDIÇÃO

Decisão contrária à Fazenda Pública — 303 (NR)

E

EFEITO MODIFICATIVO

Embargos de declaração. Omissão no julgado — 278

EFEITO SUSPENSIVO

Recurso contra sentença normativa. Efeito suspensivo. Cassação — 279

ELETRICITÁRIOS

Adicional de periculosidade. Exposição intermitente — 361 — Sobreaviso. Art. 244, § 2º, da CLT — 229 (NR)

EMBARGOS (TST)

Agravo. Cabimento (NR — CPC/2015) — 353

EMBARGOS DECLARATÓRIOS

Decisão monocrática do relator. Calcada no art. 932 do CPC/2015. Art. 557 do CPC/1973. Juízo integrativo retificador e, não, modificação do julgado — 421, I Decisão monocrática do relator. Art. 557 do CPC. Efeito modificativo. Princípio da fungibilidade e celeridade processual. Conversão de embargos de declaração em agravo — 421, II — Efeito modificativo — 278 — Feriados. Tempestividade do recurso. Prova. Na hipótese do inciso II, admite-se a reconsideração da análise da tempestividade do recurso, mediante prova documental superveniente, em Agravo Regimental, Agravo de Instrumento ou Embargos de Declaração — 385, III — Preclusão. Omissão em recurso de revista ou de embargos — 184

CANCELADAS

Prazo recursal. Suspensão — 213

EMBARGOS DE TERCEIRO

Execução por carta. Competência do juízo deprecante. Embargos de terceiro — 419

EMBARGOS INFRINGENTES

CANCELADA

JCJ. Notificação das partes — 133

EMPREGADO ESTÁVEL

Optante. Rescisão por acordo. Indenização em dobro — 54

EMPRESA EM LIQUIDAÇÃO EXTRAJUDICIAL

Juros. Correção monetária — Revisão da Súmula n. 284 — 304

CANCELADAS

Juros. Correção monetária — 185 e 284

EMPRESA DE PROCESSAMENTO DE DADOS

Bancário. Grupo econômico — 239

ENGENHEIRO

Jornada de Trabalho. Lei n. 3.999/1961. Salário mínimo da categoria para jornada de 4 horas — 370.

ENTIDADE DE DIREITO PÚBLICO (V. PESSOA JURÍDICA DE DIREITO PÚBLICO)

EQUIPARAÇÃO (V. BANCÁRIOS — SUMÚLAS NS. 55, 117, 119, 239 E 257)

EQUIPARAÇÃO SALARIAL

Contemporaneidade na função. Situação pretérita — 6, IV Em cadeia. Paradigma remoto. Requisitos para configuração — 6, VI — Empregado cedido. Função em órgão governamental estranho à cedente. Responsabilidade pelos salários — 6, V — Exercício da mesma função. Não importa se os cargos têm, ou não, a mesma denominação — 6, III — Mesma localidade. Conceito — 6, X — Ônus. Equiparação — 6, VIII — Prescrição parcial. Incidência — 6, IX — Quadro de carreira. Preterição — 127 — Quadro de carreira homologado. Art. 461, § 2º, da CLT — 6, I — Requisitos do art. 461 da CLT preenchidos. Desnível salarial tenha origem em decisão judicial que beneficiou o paradigma, exceto se decorrente de vantagem pessoal ou de tese jurídica superada pela jurisprudência de Corte Superior — 6, VI, "a"; em cadeia; paradigma remoto, tempo de serviço; à exceção do paradigma imediato — 6, VI, "b" — Tempo de serviço na função. Trabalho igual — 6, II — Trabalho intelectual. Perfeição técnica. Critérios objetivos — 6, VII — Sociedade de economia mista. Art. 37, XIII, da CF/1988. Possibilidade — 455

CANCELADAS

Contemporaneidade na função. — 22 (Cancelada em decorrência da sua incorporação à nova redação da Súmula n. 6) — Empregado cedido. Função em órgão governamental estranho à cedente. — 111 (Cancelada em decorrência da sua incorporação à nova redação da Súmula n. 6) — Decisão judicial. Art. 461 da CLT — Redação dada pela Res. n. 100/2000, DJ 18.9.2000. — 120 (Cancelada em decorrência da sua incorporação à nova redação da Súmula n. 6) — Ônus da prova. — 111 (Cancelada em decorrência da sua incorporação à nova redação da Súmula n. 6) — Prescrição parcial — Nova redação — Res. n. 121/2003, DJ 21.11.2003. — 274 (Cancelada em decorrência da sua incorporação à nova redação da Súmula n. 6) — Quadro de carreira. Homologação. CNPS. Art. 461, § 2º, da CLT — 231 — Tempo de serviço na função. Trabalho igual — 135 (Cancelada em decorrência da sua incorporação à nova redação da Súmula n. 6)

ESTABILIDADE

Art. 41 da CF/1988. Servidor público celetista. Administração direta, autárquica ou fundacional. — 390, I — Art. 41 da CF/1988. Servidor público celetista. Empresa pública e sociedade de economia mista — 390, II — CONAB. Aviso DIREH — 355 — Equivalência jurídica. Regime do FGTS. Indenização — 98, I — Estabilidade contratual ou regulamentar. Regime do FGTS. Compatibilidade — 98, II — Regulamento Interno de Pessoal — BANDEPE — 345 — Rescisão do contrato por acordo. Indenização em dobro — 54

CANCELADA

Decenal. Despedida obstativa — 26

ESTABILIDADE FINANCEIRA

Gratificação de função percebida por dez anos ou mais. Reversão ao cargo efetivo — 372, I

ESTABILIDADE PROVISÓRIA

Acidente do trabalho. Constitucionalidade. Art. 118 da Lei n. 8.213/1991 — 378, I — Acidente do trabalho. Auxílio-Doença. Pressupostos. Doença profissional. Relação de causalidade — 378, II — CIPA. Extinção do estabelecimento. Despedida arbitrária. Reintegração. Impossibilidade. Indenização — 339, II — CIPA. Suplente. Garantia de emprego a partir da CF/88 — 339, I — Concessão de aviso prévio — 348 — Dirigente sindical. Categoria diferenciada. Atividade pertinente — 369, III — Dirigente sindical. Comunicação. Indispensável — 369, I — Dirigente sindical. Despedida. Falta grave. Inquérito judicial — 379 — Dirigente sindical. Limitação do art. 522 da CLT. Recepcionada pela CF/88 — 369, II — Dirigente sindical. Extinção da atividade empresarial no âmbito da base territorial do sindicato. Insubsistência da estabilidade — 369, IV — Dirigente sindical. Registro da candidatura no curso do aviso prévio. Não assegurada — 369, V — Gestante. Direito à estabilidade provisória prevista no art. 10, inciso II, alínea "b", do Ato das Disposições Constitucionais Transitórias, mesmo na hipótese de admissão mediante contrato por tempo determinado — 244, III — Gestante. Estabilidade provisória. Desconhecimento do estado gravídico. Indenização — 244, I — Gestante. Contrato de experiência — 244, III — Gestante. Reintegração. Direito — 244, II — Pedido de reintegração. Salário relativo ao período estabilitário exaurido. Julgamento extra petita — 396, II — Período estabilitário exaurido. Reintegração. Efeitos financeiros — 396, I.

CANCELADA

Dirigentes de associações profissionais — 222

EXECUÇÃO

Admissibilidade. Recurso de revista — Revisão do Enunciado n. 210 — 266 —Embargos (Recurso). Admissibilidade. Processo em fase de execução. Acórdão de Turma publicado na vigência da Lei n. 11.496, de 26.6.07. Divergência de interpretação de dispositivo constitucional — Res. 177/2012, DEJT divulgado em 13, 14 e 15.2.12 — 433

CANCELADAS

Admissibilidade. Recurso de revista — 210 — Correção monetária. Juros. Cálculo. Pessoa jurídica de direito público — 193 — Grupo econômico. Solidariedade — 205

EXPOSIÇÃO PERMANENTE E INTERMITENTE (V. ADICIONAL DE PERICULOSIDADE — SÚMULAS NS. 47 E 361)

F

FAC-SIMILE

— V. Prazo

Aplicabilidade da Lei n. 9.800/99. Vigência. (conversão da OJ 194 da SDI-1) — 387, I — Fac-símile. Aplicabilidade da Lei n. 9.800/99. Documento dirigido diretamente ao órgão jurisdicional. Transmissão entre particulares. Não aplicação — 387, IV — Fac-símile. Juntada de originais. Ato que não depende de notificação. "Dies a quo". CPC/2015, art. 224. CPC, art. 184/1973. Inaplicável. (conversão da OJ 337 da SDI-1) — 387, III — Fac-símile. Lei n. 9.800/99, art. 2º. Prazo. Apresentação dos originais. (conversão da OJ 337 da SDI-1)— 387, II

FALTA AO SERVIÇO

Acidente do trabalho. Duração de férias e cálculo da gratificação natalina — 46 — Atestado médico. Ordem preferencial estabelecida em lei — 15 — Ausências legais. Cálculo. Férias — 89 — Cessação do benefício previdenciário. Abandono de emprego — 32 (NR) — Comparecimento

HONORÁRIOS ADVOCATÍCIOS

Ação rescisória. Lides que não derivam da relação de emprego. Responsabilidade pelo pagamento. Sucumbenciais. CPC/2015, arts. 85. 86, 87 e 90 —219, IV; Art. 133 da CF/88. Súmula n. 219 — 329 — Assistência judiciária sindical ou de substituição processual sindical, excetuados da Fazenda Pública. Devido e critérios para o pagamento (CPC/2015, art. 85, § 2º) — 219, V — Causas. Fazenda Pública. Percentuais. Honorários contemplados no CPC/2015 — 219, VI — Devidos. Honorários advocatícios. Causas em que o ente sindical figure como substituto processual — 219, III — Hipótese de cabimento — 219, I — Honorários advocatícios em ação rescisória. Cabimento. (nova redação) — 219, II

CANCELADAS

Lei n. 1.060/50 — 11 — Substituição processual. Sindicato — 220 e 310

HONORÁRIOS PERICIAIS

Assistente — 341 — Beneficiário da justiça gratuita. Responsabilidade da União pelo pagamento. Resolução n. 66/2010 do CSJT. Observância — 457

CANCELADA

Responsabilidade — 236

HORAS DE SOBREAVISO (V. SOBREAVISO)

HORAS EXTRAS (V. BANCÁRIO)

Acordo individual para compensação de horas. Validade, salvo se houver norma coletiva em sentido contrário — 85, II — Adicional de periculosidade. Integração. Cálculo. Indenização — 132, I — Ajuste. Acordo individual escrito. Acordo coletivo. Convenção coletiva — 85, I — Apuração. Média física — 347 — Atividade insalubre. Acordo coletivo. Validade — 349 — Atividade insalubre. Inspeção prévia e permissão da autoridade, na forma do art. 60 da CLT — 85, VI — Aviso prévio. Redução da jornada. Substituição pelo pagamento das horas correspondentes — 230 — Base de cálculo — 264 — Banco de horas não aplicação. Regime compensatório. Instituição por negociação coletiva — 85, V — Cálculo. Integração. Gratificação por tempo de serviço. Bancário — 226 — Cartão de ponto. Registro. Minutos que antecedem e sucedem a jornada de trabalho — 366 — Comissionista. Horas extras — Nova redação — Res. n. 121/2003, DJ 21.11.2003 — 340 — Ferroviário. Estação do interior. Art. 243 da CLT — 61 — Gorjetas. Natureza jurídica. Repercussões — Revisão da Súmula n. 290 — 354 — Gratificação semestral. Repercussão — Nova redação — Res. n. 121/2003, DJ 21.11.2003 — 253 — Habitualidade. Cálculo. Repouso remunerado — 172 — Habitualidade. Descaracterização. Adicional — 85, IV —Habitualidade. Cálculo. Gratificação natalina — 45 — Habitualidade. Cálculo. Indenização por tempo de serviço — 24 — Habitualidade. Gratificação semestral — Nova redação — Res. n. 121/2003, DJ 21.11.2003 — 115 — Habitualidade. Integração não limitada a duas horas diárias — 376, II — Habitualidade. Supressão. Indenização — Revisão da Súmula n. 76 — 291 — Horas *caput*. Adicional de horas extras — 90, V — Incidência. FGTS — 63 — Intervalos concedidos pelo empregador. Jornada de trabalho — 118 — Lei n. 8.923/94. Não concessão ou a concessão parcial do intervalo intrajornada mínimo, para repouso e alimentação, a empregados urbanos e rurais. Implicação. Remuneração e efeitos — 437, I — Limitação legal a duas horas diárias. Pagamento de todas as horas trabalhadas — 376, I — Marítimo. Permanência do tripulante a bordo do navio — 96 — Médico e Engenheiro. Leis ns. 3.999/1961 e 4.950/1966 não estipulam jornada reduzida — 370 — Não atendimento das exigências legais. Horas extras. Adicional — 85, III — Ônus da prova. Cartões de ponto. Registro de horários de entrada e saída invariáveis. Invalidade — 338, III — Ônus da prova. Juntada de cartões de ponto. Ausência injustificada. Presunção relativa — 338, I — Ônus da prova. Presunção de veracidade. Previsão em instrumento coletivo. Elisão — 338, II — Petroleiros. Jornada de trabalho. Turnos ininterruptos de revezamento. Lei n. 5.811/1972. CF/1988 — 391-1 — Petroleiros. Turnos ininterruptos de revezamento. Alteração da jornada para horário fixo. Art. 10 da Lei n. 5.811/1972. CF/1988 — 391, II. — Regime de revezamento. Intervalo mínimo de 11 horas. Jornada de trabalho — 110 — Regime de sobreaviso. Caracterização — 428 — Ultrapassada habitualmente a jornada de seis horas de trabalho. Devido o gozo do intervalo intrajornada mínimo de uma hora. Remuneração. Art. 71, *caput* e § 4º da CLT — 437, IV — Minutos que antecedem e sucedem a jornada de trabalho. Lei n. 10.243, de 19.6.2001. Norma coletiva. Flexibilização. Impossibilidade — 449

CANCELADAS

Balconista. Comissionista — 56 — Habitualidade. Integração. Cálculo. Aviso prévio indenizado — 94 — Habitualidade. Integração. Férias — 151 — Habitualidade. Supressão — 76 — Jornada de trabalho. Intervalo entre turnos. Penalidade administrativa — 88 — Não contratadas expressamente. Adicional de horas extras — 215

HORAS *IN ITINERE*

Adicional de horas extras — 90, V — Cômputo na jornada de trabalho. Fornecimento de transporte — 320 — Local de difícil acesso ou ausência de transporte público — 90, I — Incompatibilidade entre horários de início, término da jornada e transporte público regular — 90, II — Insuficiência de transporte público — 90, III (Ex-Súmula n. 324) — Trecho não servido por transporte público — 90, IV (Ex-Súmula n. 325)

HORAS NOTURNAS

Duração. Vigia — 65 — Duração. Petroleiro — 112

I

IDENTIDADE FÍSICA

Inaplicabilidade. Varas do Trabalho (Cancelada pela Resol. 185/2012, DEJT divulgado em 25, 26 e 27.9.2012) — 136

INDENIZAÇÃO

Adicional de insalubridade. Integração. Cálculo — 139 — Adicional de periculosidade. Integração. Cálculo — 132 — Aposentadoria espontânea. Período anterior à opção pelo FGTS — 295 (NR) — Cálculo. Gratificação natalina — 148 — Cessação da atividade da empresa. Direito ao aviso prévio — 44 — Equivalência jurídica entre o regime do FGTS e a estabilidade da CLT — 98, I — Falta grave no decurso do prazo do aviso prévio — 73 (NR) — Férias. Base de cálculo — 7 — Gestante. Direito à estabilidade provisória prevista no art. 10, inciso II, alínea "b", do Ato das Disposições Constitucionais Transitórias, mesmo na hipótese de admissão mediante contrato por tempo determinado — 244, III — Horas extras habituais. Supressão — Revisão do Enunciado n. 76 —291 — Por antiguidade. Gratificação semestral. Repercussão — 253 (NR)

CANCELADA

Aviso prévio. Integração. Horas extras — 94 — Demissão. Atos institucionais. Incompetência da Justiça do Trabalho — 150 — Férias. Repousos semanais e feriados intercorrentes — 147 — Horas extras habituais. Supressão — 76

INDENIZAÇÃO ADICIONAL

Aviso prévio. Art. 9º da Lei n. 6.708/79 — Redação dada pela Res. n. 5/83, DJ 9.11.83 — 182 — Base de cálculo. Art. 9º das Leis ns. 6.708/79 e 7.238/84 — 242 — Dispensa imotivada. Trintídio que antecede à data-base. Pagamento das verbas rescisórias com salário corrigido. Leis ns. 6.708/79 e 7238/84 — 314

CANCELADA

Dispensa imotivada. Trintídio que antecede a data-base. Art. 9º das Leis ns. 6.708/79 e 7.238/84 — 306

INDENIZAÇÃO EM DOBRO

Conversão. Reintegração — 28 (NR) — Empregado estável. Optante. Rescisão por acordo — 54

INDENIZAÇÃO POR TEMPO DE SERVIÇO

Cálculo. Horas extras. Habitualidade — 24

CANCELADA

Readmissão a curto prazo. Fraude à lei — 20

INQUÉRITO JUDICIAL

Decadência. Abandono de emprego — 62

CANCELADA

Custas processuais. Arquivamento do processo — 49

INSTRUMENTOS TELEMÁTICOS OU INFORMATIZADOS

Sobreaviso. Aplicação analógica do art. 244, § 2º da CLT — 428

INTERESSE DE AGIR

Intervenção assistencial. Interesse jurídico — 82 (NR)

INTERVALO INTERJORNADA

Regime de revezamento. Intervalo mínimo de 11 horas consecutivas para descanso entre jornadas. Horas extras — 110 — Turnos ininterruptos de revezamento. Intervalos intrajornada e semanal — 360

INTERVALO INTRAJORNADA

Digitador. Intervalos intrajornada. Aplicação analógica do art. 72 da CLT — 346 — Jornada de trabalho. Horas extras. Intervalos concedidos pelo empregador não previstos em lei — 118 — Intervalo intrajornada para repouso e alimentação. Art. 71 da CLT. Natureza salarial — 437 — Intervalo para recuperação térmica do empregado. Ambiente artificialmente frio. Horas extras. Art. 253 da CLT. Aplicação analógica — 438 — Turnos ininterruptos de revezamento. Intervalos intrajornada e semanal — 360

CANCELADA

Jornada de trabalho. Intervalo entre turnos. Penalidade administrativa — 88

INTIMAÇÃO

Na sexta-feira. Contagem. Prazo judicial — 1 — Da sentença. Não juntada a ata ao processo. Contagem. Prazo para recurso — 30 — Do cálculo. Prazo para pagamento das custas processuais — 53 — Pluralidade de advogados. Publicação em nome de advogado diverso daquele expressamente indicado. Nulidade — 427 — Prazo judicial. Notificação ou intimação em sábado — 262, I — Recesso forense. Férias coletivas dos Ministros do TST. Suspensão do prazo recursal — 262, II

CANCELADA

Da sentença. Parte que não comparece à audiência de julgamento. Prazo para recurso — 37

IPC (V. PLANOS ECONÔMICOS)

J

JORNADA DE TRABALHO (V. BANCÁRIO E HORAS EXTRAS)

CANCELADA

JUIZ

JUÍZO DE ADMISSIBILIDADE

JUNTADA DE DOCUMENTOS

CANCELADA

JUROS (V. CORREÇÃO MONETÁRIA)

JUS POSTULANDI

JUSTIÇA GRATUITA

L

LICENÇA-PRÊMIO (V. TEMPO DE SERVIÇO E CONVERSÃO EM PECÚNIA)

LIMITAÇÃO À DATA-BASE

LIQUIDAÇÃO EXTRAJUDICIAL (V. EMPRESA EM LIQUIDAÇÃO EXTRAJUDICIAL)

M

MANDADO DE SEGURANÇA

CANCELADA

MANDATO

CANCELADA

MARÍTIMO

MASSA FALIDA

MATÉRIA CONTROVERTIDA

MÉDICO

MENOR

CANCELADA

MINISTÉRIO DO TRABALHO E EMPREGO

MORA

MULTA

N

NORMA COLETIVA (V. REAJUSTE SALARIAL)

Súmulas do TST

R

RADIOLOGISTA

Técnico. Salário profissional. Lei n. 7.394/85 — 358

READMISSÃO

Cômputo do período anterior — 138

CANCELADA

Fraude à lei — 20

REAJUSTAMENTO SALARIAL

Gatilhos. Decretos-leis ns. 2.284/86 e 2.302/86. Servidor público celetista — 319 — IPC de março. Plano Collor — 315 — Planos econômicos. Diferenças. Limitação à data-base — 322 — Previsão em norma coletiva. Prevalência da Legislação de política salarial — 375

CANCELADAS

Adicional por tempo de serviço. Reajuste semestral. Lei n. 6.708/1979 — 181 — Art. 2º da Lei n. 4.725/65. Dissídio coletivo. Constitucionalidade — 141 — Curso do aviso prévio — 5 — Decretos-leis ns. 2.012/83 e 2.045/83. Constitucionalidade — 273 — Distrito Federal e autarquias. Correção automática. Lei n. 6.708/79 — 235 — Funcionário público cedido. RFFSA. Art. 10 da Lei n. 4.564/64. Arts. 5º e 20 da Lei n. 4.345/64 — 116 — Funcionário público cedido. RFFSA. Art. 1º da Lei n. 4.564/64. Arts. 5º e 29 da Lei n. 4.345/64 — 252 — IPC de junho. Plano Bresser — 316 — Normativo. Categoria profissional de industriários. Trabalhador rural. Usinas de açúcar — 57 — URP de abril e maio. Decreto-lei n. 2.425/88 — 323 — URP de fevereiro. Plano Verão — 317 — Setorizado. Tabela única — 249

RECURSO

Interposição antes da publicação do acórdão impugnado. Extemporaneidade. Não conhecimento TST, OJSDI-1 n. 357 (cancelada em decorrência da sua conversão na Súmula n. 434, que também foi cancelada pela Resol. n. 198/2015, republicada em razão de erro material no DEJT divulgado em 12.15 e 16.6.15

RECURSO ADESIVO

Prazo. Pertinência no processo do trabalho. Correlação de matérias — Revisão do Enunciado n. 196 — 263

CANCELADAS

Cabimento. Art. 500 do CPC — 175 e 196

RECURSO DE EMBARGOS

Admissibilidade. Decisões superadas por iterativa, notória e atual jurisprudência — Redação dada pela Res. n. 99/2000, DJ 18.9.2000 — 333 — Admissibilidade. Pressuposto. Violação legal. Indicação expressa de preceito — 221, I — Admissibilidade. Processo em fase de execução. Acórdão de turma publicado na vigência da Lei n. 11.496, de 26.6.07. Divergência de interpretação de dispositivo constitucional — Res. 177/2012, DEJT divulgado em 13, 14 e 15.2.12 — 433 — Admissibilidade. Violação legal. Interpretação razoável — 221, II — Agravo. Cabimento (atualizada em decorrência do CPC/2015) — 353 — Cabimento. Arts. 896 e 894, letra "b", da CLT. Reexame de fatos e provas — 126 — Conhecimento. Comprovação da divergência jurisprudencial. Abrangência de todos os fundamentos da decisão recorrida — 23 — Comprovação de divergência jurisprudencial — 337, I, "a" e "b" — Decisão em agravo regimental e de instrumento — Nova redação — Res. n. 128/2005, DJ 16.3.2005 (atualizada em decorrência do CPC/2015) — 353 — Divergência jurisprudencial específica. Interpretação diversa de idêntico dispositivo legal — 296, I — Divergência jurisprudencial. Discussão sobre especificidade de jurisprudência trazida no recurso de revista. Alegação de ofensa ao art. 896 da CLT — 296, II — Divergência jurisprudencial. Repositório autorizado. Comprovação. Indicação de aresto extraído de repositório oficial na internet; exigências — 337, IV — Divergência jurisprudencial. Repositório autorizado. Validade das edições anteriores à concessão do registro — 337, II — Embargos. Agravo. Cabimento (atualizada em decorrência do CPC/2015) — 353 — Existência de código de autenticidade na cópia; formato pdf, equivalência: — 337, V — Mera indicação da data de publicação, em fonte oficial. Divergência jurisprudencial. Conflito de teses. Invalidade — 337, III, Preclusão. Omissão. Embargos declaratórios — 184 — Prequestionamento. Oportunidade — Nova redação — Res. n. 121/2003, DJ 21.11.2003 — 297 — Recurso adesivo. Pertinência no processo do trabalho. Correlação de matérias — Revisão da Súmula n. 196 — 283 — Procedimento sumaríssimo. Conhecimento. Recurso interposto após vigência da Lei n. 11.496, de 22.6.2007, que conferiu nova redação ao art. 894, da CLT — 458

CANCELADAS

Cabimento. Decisão em agravo de instrumento. Despacho denegatório. Recurso de revista — 335 — Cabimento. Decisão em agravo de instrumento. Despacho denegatório. Recurso de revista — Cancelada — Res. n. 121/2003, DJ 21.11.2003 — 183 — Cabimento. Decisão em agravo regimental — 195 — Comprovação da divergência jurisprudencial — 38 — Conhecimento. Decisões superadas por iterativa, notória e atual jurisprudência — 42 — Recurso adesivo. Prazo — 196

RECURSO DE REVISTA

Ação rescisória. Competência do TRT. Recurso de revista ou de embargos não conhecidos — 192, I — Ação rescisória. Competência do TST. Recurso de revista ou de embargos não conhecidos. Súm. 333 — 192, II — Admissibilidade. Decisões superadas por iterativa, notória e atual jurisprudência — Redação dada pela Res. n. 99/00, DJ 18.9.00 — 333 — Admissibilidade. Execução de sentença — Revisão do Enunciado n. 210 — 266 — Admissibilidade. Interpretação razoável — 221, II (NR) — Admissibilidade. Pressuposto. Violação legal. Indicação preceito, — 221 — Cabimento. Agravo de instrumento — 218 — Cabimento. Arts. 896 e 894, letra b, da CLT. Reexame de fatos e provas — 126 — Comprovação de divergência jurisprudencial — 337, I, "a" e "b" — Conhecimento. Comprovação da divergência jurisprudencial. Abrangência de todos os fundamentos da decisão recorrida — 23 — Constitucionalidade. Alínea *b* do art. 896 da CLT. Lei n. 7.701/88 — 312 — Despacho denegatório. Embargos. Cabimento. Agravo regimental e de instrumento — 353 (atualizada em decorrência do CPC/2015) — Divergência jurisprudencial específica. Interpretação diversa de idêntico dispositivo legal — 296, I — Preclusão. Omissão. Embargos declaratórios — 184 — Divergência jurisprudencial. Repositório autorizado. Comprovação. Indicação de aresto extraído de repositório oficial na internet; exigências — 337, IV — Divergência jurisprudencial. Repositório autorizado. Validade das edições anteriores à concessão do registro — 337, II — Embargos. Agravo. Cabimento (atualizada em decorrência do CPC/2015) — 353 — Existência de código de autenticidade na cópia; formato pdf, equivalência: — 337, V — Mera indicação da data de publicação, em fonte oficial. Divergência jurisprudencial. Conflito de teses. Invalidade — 337, III — Prequestionamento. Oportunidade — 297 (NR) — Inaplicável a exigência do item I, da Súmula n. 422, relativamente ao recurso ordinário da competência de Tribunal Regional do Trabalho, exceto em caso de recurso cuja motivação é inteiramente dissociada dos fundamentos da sentença: TST, Súmula n. 422, III — Motivação secundária e impertinente, consubstanciada em despacho de admissibilidade de recurso ou em decisão monocrática; não aplicação do entendimento referido no item I, da Súmula n. 422: TST, Súmula n. 422, II — Razões do recorrente sem impugnação dos fundamentos da decisão recorrida, nos termos em proferida; não se conhece recurso para o TST: TST, Súmula n. 422, I — Recurso adesivo. Pertinência no processo do trabalho. Correlação de matérias — Revisão do Enunciado n. 196 — 283 — Recurso de revista fundamentado em contrariedade a orientação jurisprudencial. Inadmissibilidade. Art. 896, § 6º, da CLT, acrescentado pela Lei n. 9.957, de 12.01.2000 — 442 — Violação de lei. Indicação de preceito — 221

CANCELADAS

Admissibilidade. Execução de sentença — 210 — Admissibilidade. Interpretação de cláusula contratual — 208 — Admissibilidade. Violação legal. Interpretação razoável — 221, II — Cabimento. Decisão em agravo de instrumento. Despacho denegatório. Recurso de revista — 183 — Comprovação da divergência jurisprudencial — 38 — Conhecimento. Decisões superadas por iterativa, notória e atual jurisprudência — 42 — Despacho denegatório. Decisão em agravo de instrumento. Embargos. Cabimento — 335 — Recurso adesivo. Prazo — 196 — Recurso de revista. Admissibilidade parcial pelo Juiz-Presidente do Tribunal Regional do Trabalho. Efeito — 285 (cancelada a partir de 16.4.16)

RECURSO ORDINÁRIO

Ação rescisória — 158 — Efeito devolutivo. Profundidade. Art. 1.013, § 1º do CPC/2015 (Art. 515, § 1º, do CPC de 1973 — 393, I e II). Aplicação — 393 — Inaplicável a exigência do item I, da Súmula n. 422, relativamente ao recurso ordinário da competência de Tribunal Regional do Trabalho, exceto em caso de recurso cuja motivação é inteiramente dissociada dos fundamentos da sentença — 422, III — Mandado de segurança — Revisão do Enunciado n. 154 — 201 — Recurso adesivo. Pertinência no processo do trabalho. Correlação de matérias — Revisão do Enunciado n. 196 — 283

CANCELADAS

Impugnação à investidura de vogal — 167 — Mandado de segurança — 154 — Recurso adesivo. Prazo — 196

REGIME DE COMPENSAÇÃO DE HORÁRIO (V. ACORDO DE COMPENSAÇÃO DE HORÁRIO)

REGIME DE REVEZAMENTO

Intervalo mínimo de 11 horas. Jornada de trabalho. Horas extras — 110 — Intervalos intrajornadas e semanal — 360

CANCELADA

Adicional noturno. Art. 73, CLT. Art. 157, III, CF/46 — 130

REGIME JURÍDICO (V. SERVIDOR PÚBLICO)

Pessoal de obras — 58 — Funcionário público. Opção pelo regime celetista. Supressão das vantagens estatutárias — 243 — Servidores públicos celetistas. Reajustes salariais (gatilhos). Decretos-leis ns. 2.284/86 e 2.302/86 — 319

REGULAMENTO DA EMPRESA (V. NORMA REGULAMENTAR)

REINTEGRAÇÃO

Conversão. Indenização em dobro — 28 Presunção. Empregado portador de doença grave. Estigma ou preconceito. Direito à reintegração — 443 — Gestante. Estabilidade provisória. Direito à reintegração durante período da garantia de emprego — 244, II

CANCELADA

Competência da Justiça do Trabalho. Atos institucionais — 150

RELAÇÃO DE EMPREGO (V. VÍNCULO EMPREGATÍCIO)

RELAÇÃO NOMINAL DE EMPREGADOS

CANCELADA

Depósito recursal. Autenticação mecânica — 216

REPOSITÓRIO AUTORIZADO DE JURISPRUDÊNCIA

Autorizado após a interposição do recurso — 337, II — Comprovação da divergência jurisprudencial. Exigências — 337, I — Demonstração de conflitos de teses. Requisitos exigidos — 337, III — Validade da comprovação de divergência jurisprudencial. Aresto extraído de repositório oficial na internet. Exigências — 337, IV — Validade das edições anteriores à concessão do registro — 337, II.

REPOUSO SEMANAL REMUNERADO

Atestado médico. Justificação da ausência do empregado — 15 — Bancário. Sábado. Dia útil — 113 — Cálculo. Horas extras. Habitualidade — 172 — Comissionista — 27 — Gorjetas. Natureza jurídica. Repercussões — Revisão do Enunciado n. 290 — 354 — Professor — 351 — Repercussão. Gratificação por tempo de serviço e produtividade — 225 — Turnos ininterruptos de revezamento. Intervalos intrajornada e semanal — 360

CANCELADA

Intercorrentes nas férias indenizadas — 147

REPRESENTAÇÃO

Pessoa Jurídica. Procuração. Invalidade. Identificação do outorgante e de seu representante. Prazo para que seja sanado o vício. Providências (art. 76, § 1º do CPC/2015). Efeitos — 456, II — Representação. Pessoa Jurídica. Procuração. Invalidade. Identificação do outorgante e de seu representante — 456 — I — Representação da parte. Irregularidade. Constatação na fase recursal. Providências (art. 76, § 2º do CPC/2015)

REPRESENTAÇÃO PROCESSUAL

Cláusula com ressalva de vigência. Prorrogação até o final da demanda — 395, I — Cláusula fixando prazo para juntada — 395, II — Irregularidade. Hipóteses dos itens II e IV. Suspensão do processo e prazo para que seja sanado o vício (art. 76 do CPC/2015) — 395, V — Irregularidade de representação. Substabelecimento anterior à procuração — 395, IV — Mandato expresso. Ausência de poderes para substabelecer. Código Civil de 2002, art. 667 e parágrafos. (Código Civil de 1916, art. 1300, §§ 1º e 2º) — 395, III — Procuração. Juntada — 164 (NR) — Procurador da União, Estados, Municípios e Distrito Federal, suas autarquias e fundações públicas. Juntada de instrumento de mandato — 436 — Pessoa jurídica. Procuração. Invalidade. Identificação do outorgante e de seu representante — 456

CANCELADAS

Mandato expresso. Ausência de firma reconhecida — 270 — Sindicato. Dissídio coletivo. Art. 859 da CLT — 177

RESCISÃO CONTRATUAL

Aviso prévio. Concessão na fluência da garantia de emprego — 348 — Aviso prévio. Indenização compensatória. Lei n. 6.708/79 — Redação dada pela Res. n. 5/83, DJ 9.11.83 — 182 — Aviso prévio. Proporcionalidade. Lei n. 12.506, de 13.10.11. Vigência — 441 —Cessação da atividade da empresa. Direito ao aviso prévio — 44 — Cessação das atividades da empresa. Salário — 173 — Contrato de experiência. Aviso prévio. Art. 481 da CLT — 163 — Contrato por tempo determinado. Opção. FGTS. Dispensa sem justa causa. Indenização. Art. 479 da CLT. Art. 30, § 3º, do Decreto n. 59.820/66 — 125 — Culpa recíproca. Aviso prévio. Férias proporcionais. Gratificação natalina — 14 (NR) — Dispensa sem justa causa. Professor. Férias escolares — 10 — Empregado estável. Acordo. Indenização em dobro — 54 — Falta grave. Curso do prazo do aviso prévio — 73 (NR) — Férias indenizadas. Base de cálculo. Remuneração do empregado — 7 — Férias proporcionais — 171 (NR) — Iniciativa do empregado. Férias proporcionais — 261 (NR) — Iniciativa do empregado. Gratificação natalina. Lei n. 4.090/62 — 157 — Mora salarial. Pagamento dos salários em audiência — 13 — Multa do Art. 477, § 8º, da CLT. Incidência. Reconhecimento judicial da relação de emprego — 462 — Ônus da prova — 212 — Professor. Dispensa sem justa causa. Término do ano letivo ou no curso de férias escolares. Aviso prévio — 10 —Revelia. Confissão. Salários incontroversos. Pagamento em dobro — 69 (NR) — Trintídio que antecede à data-base. Pagamento das verbas rescisórias com salário corrigido. Indenização adicional. Leis ns. 6.708/79 e 7.238/84 — 314

CANCELADAS

Aposentadoria. Gratificação natalina proporcional. Lei n. 4.090/62 — 3 — Atos institucionais. Incompetência da Justiça do Trabalho — 150 — Contratos a prazo. Gratificação natalina proporcional. Lei n. 4.090/62 — 2 — Despedida indireta. Aviso prévio — 31 — Despedida obstativa. Estabilidade decenal — 26 — Gestante. Dispensa sem justa causa. Salário-maternidade — 142 — Readmissão. Fraude à lei — 20 — Trintídio que antecede a data-base Indenização adicional. Arts. 9º das Leis ns. 6.708/79 e 7.238/84 — 306

RESPONSABILIDADE SOLIDÁRIA OU SUBSIDIÁRIA

Contrato de prestação de serviços. Legalidade — Inciso IV alterado pela Res. n. 96/00, DJ 18.9.00 — 331

CANCELADA

Integrante de grupo econômico, que não participou da relação processual. Execução — 205

REVELIA

Confissão. Salários incontroversos. Pagamento em dobro — 69 (NR) — Apresentação de atestado médico. Requisito para desfazer a pena de revelia — 122 (NR)

RURÍCOLA (V. TRABALHADOR RURAL)

S

SALÁRIO

Cessação das atividades da empresa — 173 — Complessivo — 91 — Correção monetária. Art. 459, da CLT — 381 — Estabilidade provisória. Período estabilitário exaurido. Reintegração não assegurada. Efeitos financeiros — 396, I — Hora. 40 horas semanais. Cálculo. Aplicação do divisor 200 — 431 — Mora. Pagamento em audiência. Rescisão do contrato de trabalho — 13 — Substituição — 159 (NR)

SALÁRIO-ENFERMIDADE

Ordem preferencial dos atestados médicos estabelecida em lei — 15

SALÁRIO-FAMÍLIA

Termo inicial da obrigação. Prova da filiação — 254 — Trabalhador rural — Revisão do Enunciado n. 227 — 344

CANCELADA

Trabalhador rural — 227

SALÁRIO-HORA

Bancário. Divisor — 124 —. Salário-hora. Empregado sujeito ao regime geral de trabalho (art. 58, *caput*, da CLT). 40 horas semanais. Cálculo. Aplicação do divisor 200 — 431 — Horas extras habituais. Apuração. Média física — 347

CANCELADA

Bancário. Hora de salário. Divisor — 343 (Cancelada pela Resol. 185/12 DEJT divulgado em 25, 26 e 27.9.12)

SALÁRIO-MATERNIDADE

CANCELADAS

Gestante. Contrato de experiência — 260 — Gestante. Dispensa sem justa causa — 142

SALÁRIO MÍNIMO

Art. 76 da CLT. Base de cálculo. Adicional de insalubridade — 228 (NR) — Vinculação. Alçada — 356

CANCELADAS

Majoração. Complementação do depósito recursal. Art. 899 da CLT — 35 — Vigência — 131 — Menor não aprendiz — 134 — Regional. Cálculo Adicional de insalubridade — 137

SALÁRIO PROFISSIONAL

Base de cálculo. Adicional de insalubridade — 17 (NR) — Médicos e dentistas. Proporcionalidade. Horas trabalhadas — 143 — Radiologista. Técnico. Lei n. 7.394/85 — 358

SALÁRIO-UTILIDADE (V. UTILIDADE IN NATURA)

Alimentação. Natureza jurídica — 241 — Percentuais — 258 (NR)

SEGURO DE ACIDENTE DE TRABALHO

Execução de ofício. Contribuição social referente ao Seguro de Acidente de Trabalho (SAT). Arts. 114, VIII, e 195, I, "a", da Constituição da República. Competência da Justiça do Trabalho — 454

SEGURO-DESEMPREGO

Competência da Justiça do Trabalho — 389, I — Guias. Não fornecimento. Indenização substitutiva — 389, II

SENTENÇA NORMATIVA

Ação de cumprimento. Trânsito em julgado da sentença normativa — 246 — Convenção coletiva de trabalho ou acordo coletivo de trabalho. Eficácia. Ultratividade — 277 — Prescrição. Termo inicial. Ação de cumprimento — 350 — Recurso. Efeito suspensivo. Cassação — 279 — Vigência. Repercussão nos contratos de trabalho — 277

SERVIDOR PÚBLICO (V. ADMINISTRAÇÃO PÚBLICA)

Cedido. Gratificação natalina. Lei n. 4.090/62 — 50 — Celetista. Reajuste salarial (gatilhos). Decretos-leis ns. 2284/86 e 2302/86 — 319 — Contrato nulo. Efeitos — 363 (NR)

CANCELADAS

Distrito Federal e autarquias. Correção automática de salários. Lei n. 6.708/79 — 235 — Regime da Lei n. 1.890/53. Opção. Estatutário. Licença-prêmio — 103 — Temporário. Competência da Justiça do Trabalho. Art. 106 da CF — 123

SINDICATO (DISSÍDIO COLETIVO, HONORÁRIOS ADVOCATÍCIOS E SUBSTITUIÇÃO PROCESSUAL)
Contribuição sindical rural. Ação de cobrança. Penalidade por atraso no recolhimento. Inaplicabilidade do art. 600 da CLT. Incidência do art. 2º da Lei n. 8.022/1990. — Res. 177/2012, DEJT divulgado em 13, 14 e 15.2.12 — 432

SOBREAVISO
Eletricitários. Art. 244, § 2º, da CLT — 229 (NR) — Adicional de periculosidade. Integração incabível — 132, II — Aplicação analógica do art. 244, § 2º da CLT — 428

SOCIEDADE DE ECONOMIA MISTA
Contrato de prestação de serviços. Legalidade — Inciso IV alterado pela Res. n. 96/00, DJ 18.9.00 — 331 — Custas. Isenção. Decreto-lei n. 779/69 — 170 — Equiparação salarial. Sociedade de economia mista. Art. 37, XIII, da CF/1988. Possibilidade — 455

CANCELADA
Convenção coletiva. Audiência prévia do órgão oficial competente — 280

SUBSTABELECIMENTO
Cláusula com ressalva de vigência. Prorrogação até o final da demanda — 395, I — Cláusula fixando prazo para juntada — 395, II— Irregularidade de representação. Hipóteses dos itens II e IV. Suspensão do processo e prazo para que seja sanado o vício (art. 76 do CPC/2015) — 395, V — Mandato expresso. Ausência de poderes para substabelecer. Código Civil de 2002, art. 667 e parágrafos. (Código Civil de 1916, art. 1300, §§ 1º e 2º) — 395, III

SUBSTITUIÇÃO
Substituição de caráter não eventual. Férias. Direito ao salário contratual do substituído — 159, I — Vago o cargo em definitivo. Empregado que passa a ocupá-lo não tem direito a salário igual do antecessor — 159, II

SUBSTITUIÇÃO PROCESSUAL
Sindicato. Convenção coletiva — Redação dada pela Res. n. 98/00, DJ 18.9.00 — 286

CANCELADAS
Ação de cumprimento. Desistência da ação — 180 — Desistência da ação — 255 — Federação. Legitimidade. Ação de cumprimento — 359 — Sindicato — 310 — Sindicato. Adicionais de insalubridade e de periculosidade — 271 — Sindicato. Honorários advocatícios. Cabimento — 220

SUPLENTE (V. CIPA)

SUSPEIÇÃO (V. TESTEMUNHA)

T

TAREFEIRO
Férias. Base de cálculo — 149

TÉCNICO EM RADIOLOGIA
Radiologista. Salário profissional. Lei n. 7.394/85 — 358

TELEFONISTA
Empresa que não explora o serviço de telefonia. Jornada de trabalho. Art. 227 e parágrafos da CLT — 178

TEMPO À DISPOSIÇÃO DO EMPREGADOR
— Art. 4º da CLT. Período de deslocamento entre a Portaria e o local de trabalho — 429

TEMPO DE SERVIÇO
— V — Horas Extras — (Horas *caput*) — equiparação salarial
Adicional de tempo de serviço (quinquênios). Art. 19 da Lei n. 4.345/64 — 52 — Cômputo do período anterior à readmissão — 138 — Diretor eleito. Suspensão do contrato de trabalho — 269 — Na função. Trabalho igual. Equiparação salarial — 6, II — Prescrição. Soma de períodos descontínuos de trabalho — 156

CANCELADAS
Adicional de antiguidade. Fepasa. Base de cálculo — 79 — Adicional por tempo de serviço. Reajuste semestral. Lei n. 6.708/79 — 181 — Cômputo. Período anterior à aposentadoria. Permanência na empresa — 21 — Contagem. Funcionários da União, das autarquias e das sociedades de economia mista. Aposentadoria. Previdência privada. Lei n. 3.841/60 — 174 — Funcionário público. Opção. Regime celetista. Congelamento dos quinquênios — 105 — Quinquênios. Rede Ferroviária Federal S/A. Base de cálculo — 66 — Regime da Lei n. 1.890/53. Opção. Estatutário. Licença-prêmio — 103

TERÇO CONSTITUCIONAL
Férias — 328

TERMO DE CONCILIAÇÃO
Ação rescisória — 253

TESTEMUNHA
Ação contra a mesma reclamada. Suspeição — 357

TÍTULO EXECUTIVO JUDICIAL
Juros da mora e correção monetária. Independência do pedido inicial e do título executivo judicial — 211

CANCELADA
Integrante de grupo econômico, que não participou da relação processual. Execução. Solidariedade — 205

TRABALHADOR RURAL
Salário-família — Revisão do Enunciado n. 227 — 344

CANCELADAS
Adicional de insalubridade — 292 — Férias — 104 — Gratificação natalina. Lei n. 4.090/62 — 34 — Salário-família — 227 — Usinas de açúcar. Categoria profissional de industriários — 57

TRABALHO INTELECTUAL
Equiparação salarial. Perfeição técnica. Critérios objetivos — 6, VII

TRABALHO NOTURNO
Petroleiro. Hora reduzida. Lei n. 5.811/72. Art. 73, § 2º, da CLT — 112 — Vigia. Adicional noturno — 140 — Vigia. Hora reduzida — 65

TRANSFERÊNCIA
Abusiva. Art. 469, § 1º, da CLT — 43 — Ato unilateral. Despesa de transporte — 29 — Para o período diurno de trabalho. Supressão do adicional noturno — 265

TRANSPORTE
Fornecido pelo empregador. Local de difícil acesso. Horas *caput* — Redação dada pela RA n. 80/1978, DJ 10.11.1978 — 90, I — Horas *caput*. Súmula n. 90. Insuficiência de transporte público — 90, III — Horas *caput*. Súmula n. 90. Trecho não servido por transporte público — 90, IV — Horas *caput*. Transporte fornecido pelo empregador. Local de difícil acesso. Cobrança — 320 — Transferência para local mais distante da residência. Despesa de transporte — 29

TRASLADO DE PEÇAS (V. AGRAVO DE INSTRUMENTO)

TURNOS ININTERRUPTOS DE REVEZAMENTO
Fixação de jornada de Trabalho mediante negociação coletiva. Validade — 423 — Intervalos intrajornada e semanal — 360 — Petroleiros. Alteração da jornada para horário fixo. Art. 10 da Lei n. 5.811/1972. CF/1988 — 391, II — Petroleiros. Horas extras. Lei n. 5.811/1972. CF/1988 — 391, I

U

ULTRATIVIDADE
Convenção coletiva de trabalho ou acordo coletivo de trabalho. Eficácia — 277

URP (V. PLANOS ECONÔMICOS)
Diferenças salariais. Planos econômicos. Limitação à data--base — 322

UTILIDADE *IN NATURA*
Cigarro. Não integração ao salário — 367, II— Habitação. Energia Elétrica. Veículo. Indispensáveis para a realização do trabalho. Natureza indenizatória — 367, I

V

VALE-TRANSPORTE
Ônus da prova. Empregador — 460

VANTAGENS
Cláusulas regulamentares. Revogação — 51

VIGIA
Adicional noturno — 140 — Noturno. Hora reduzida — 65

CANCELADA
Estabelecimento bancário. Jornada de trabalho. CLT, art. 224, § 2º — 59

VIGIA PORTUÁRIO
Terminal privativo. Requisição. Sindicato — 309

VIGILANTE
Equiparação. Bancário — 257

VÍNCULO EMPREGATÍCIO
Contrato de prestação de serviços. Legalidade — Revisão do Enunciado n. 256 — 331 — Diretor eleito. Suspensão. Contrato de trabalho — 269 — Multa do Art. 477, § 8º, da CLT. Incidência. Reconhecimento judicial da relação de emprego — 462 — Policial militar. CLT, art. 3º — 386

CANCELADA
Contrato de prestação de serviços. Legalidade — 256

VOGAL

CANCELADA
Impugnação à investidura. Cabimento de recurso para o TST — 167

SÚMULAS DO TRIBUNAL SUPERIOR DO TRABALHO(*)

Notas: 1. O Tribunal Superior do Trabalho, pela Resolução Administrativa n. 44/85, de 28.6.1985 (DJ 11.7.1985) resolveu que, a partir desta data, os verbetes da Súmula da Jurisprudência Predominante do TST serão denominados "Enunciados", mantendo-se sua numeração sequencial.

2. A Resol. Adm. do TST (Pleno) n. 121, de 28.10.2003, DJ 19.11.2003, republicada no DJ 25.11.2003, revisou, restaurou, manteve e cancelou Enunciados de Súmula, especificando também aqueles que permanecem na mesma situação de cancelados. Consta na parte final de cada Enunciado a observação dos que foram revisados, restaurados e cancelados pela mencionada Resolução. Aqueles que foram mantidos estão grafados com um asterisco e os que permaneceram cancelados com dois asteriscos, conforme abaixo.

(*) Mantido pela Res. Adm. do TST (Pleno) n. 121, de 28.10.2003, DJ 19.11.2003, Rep. DJ 25.11.2003.

(**) Permanece cancelado. Res. Adm. do TST (Pleno) n. 121, de 28.10.2003, DJ 19.11.2003, Rep. DJ 25.11.2003.

Pela Resolução Administrativa n. 129, de 5.4.2005 (DJ 22.4.2005), o Tribunal Superior do Trabalhou alterou a denominação dos verbetes da jurisprudência predominante do Tribunal Superior do Trabalho de "Enunciado" para "Súmula". Por essa Resolução foram também incorporadas súmulas a outras existentes e incorporadas ou convertidas as Orientações Jurisprudenciais da Subseção I e II da Seção Especializada em Dissídios Individuais em súmulas, conforme a hipótese. Foram introduzidas em algumas delas nova redação ou alteração de título ou ainda de dispositivo, bem como o cancelamento de outras. A Resolução n.139, 4.8.2005, DJ 22.8.2005, também converteu várias Orientações Jurisprudenciais da Subseção II em Súmulas, alterando o título ou inserindo dispositivo nas respectivas Orientações e o cancelamento de outras.

3. A Lei n. 13.467, de 13.7.17, que alterou vários dispositivos da CLT, da Lei n. 6.019, de 3.1.74, cujas modificações refletem nas Súmulas, Orientações Jurisprudenciais e Precedente Normativo do Tribunal Superior do Trabalho, de forma que é esperado o cancelamento, complementação ou mesmo a necessária modulação para adequação à nova realidade que acontecerá quando entrará em vigor a referida Lei, ou seja, em 11 de novembro de 2017. Apenas para orientação dos nossos Leitores, tomamos a iniciativa de apontar com (***) ao final de cada texto das Súmulas, Orientações e Precedente Normativo que sofrerão reflexos com a nova Lei, ressalvando-se, no entanto, que, com devida apreciação dos casos controvertidos pelo Judiciário Trabalhista é que se terá a real dimensão sobre as modificações ocorridas. Não se descarta também a declaração de inconstitucionalidade de normas da citada Lei. Aliás, já existe ação direta de inconstitucionalidade promovida pelo Procurador Geral da República que recebeu o n. ADI 5.766-MC –DF, em que se questiona os artigos 790-B, § 4º, 791-A, § 4º e 844, § 2º da CLT, os quais tratam de justiça gratuita e honorários advocatícios sucumbenciais no processo do trabalho.

1 — PRAZO JUDICIAL(*)

Quando a intimação tiver lugar na sexta-feira, ou a publicação com efeito de intimação for feita nesse dia, o prazo judicial será contado da segunda-feira imediata, inclusive, salvo se não houver expediente, caso em que fluirá no dia útil que se seguir. (RA 28/1969, DO-GB 21.8.1969)(***)

2 — GRATIFICAÇÃO NATALINA — CANCELADA

É devida a gratificação natalina proporcional (Lei n. 4.090, de 1962) na extinção dos contratos a prazo, entre estes incluídos os de safra, ainda que a relação de emprego haja findado antes de dezembro. (RA 28/1969, DO-GB 21.8.1969) *[Cancelada pela Res. Adm. do TST (PLENO) n. 121, de 28.10.2003, DJ 19.11.2003, Rep. DJ 25.11.2003]*

3 — GRATIFICAÇÃO NATALINA — CANCELADA

É devida a gratificação natalina proporcional (Lei n. 4.090, de 1962) na cessação da relação de emprego resultante da aposentadoria do trabalhador, ainda que verificada antes de dezembro. (RA 28/1969, DO-GB 21.8.1969) *[Cancelada pela Res. Adm. do TST (PLENO) n. 121, de 28.10.2003, DJ 19.11.2003, Rep. DJ 25.11.2003]*

4 — CUSTAS — CANCELADA

As pessoas jurídicas de direito público não estão sujeitas a prévio pagamento de custas, nem a depósito da importância da condenação, para o processamento de recurso na Justiça do Trabalho. (RA 28/1969, DO-GB 21.8.1969) *[Cancelada pela Res. Adm. do TST (PLENO) n. 121, de 28.10.2003, DJ 19.11.2003, Rep. DJ 25.11.2003]*

5 — REAJUSTAMENTO SALARIAL — CANCELADA

O reajustamento salarial coletivo, determinado no curso do aviso prévio, beneficia o empregado pré-avisado da despedida, mesmo que tenha recebido antecipadamente os salários correspondentes ao período do aviso, que integra o seu tempo de serviço para todos os efeitos legais. (RA 28/1969, DO-GB 21.8.1969) *[Cancelada pela Res. Adm. do TST (PLENO) n. 121, de 28.10.2003, DJ 19.11.2003, Rep. DJ 25.11.2003]*

6 — EQUIPARAÇÃO SALARIAL. ART. 461 DA CLT (REDAÇÃO DO ITEM VI ALTERADA) — RES. N. 198/2015, REPUBLICADA EM RAZÃO DE ERRO MATERIAL — DEJT DIVULGADO EM 12, 15 E 16.6.2015

I — Para os fins previstos no § 2º do art. 461 da CLT, só é válido o quadro de pessoal organizado em carreira quando homologado pelo Ministério do Trabalho, excluindo-se, apenas, dessa exigência o quadro de carreira das entidades de direito público da administração direta, autárquica e fundacional aprovado por ato administrativo da autoridade competente. (ex-Súmula n. 06 — alterada pela Res. n. 104/2000, DJ 20.12.2000)(***)

II — Para efeito de equiparação de salários em caso de trabalho igual, conta-se o tempo de serviço na função e não no emprego. (ex-Súmula n. 135 — RA 102/1982, DJ 11.10.1982 e DJ 15.10.1982)

III — A equiparação salarial só é possível se o empregado e o paradigma exercerem a mesma função, desempenhando as mesmas tarefas, não importando se os cargos têm, ou não, a mesma denominação. (ex-OJ da SBDI-1 n. 328 — DJ 9.12.2003)(***)

IV — É desnecessário que, ao tempo da reclamação sobre equiparação salarial, reclamante e paradigma estejam a serviço do estabelecimento, desde que o pedido se relacione com situação pretérita. (ex-Súmula n. 22 — RA 57/1970, DO-GB 27.11.1970)

V — A cessão de empregados não exclui a equiparação salarial, embora exercida a função em órgão governamental estranho à cedente, se esta responde pelos salários do paradigma e do reclamante. (ex-Súmula n. 111 — RA 102/1980, DJ 25.9.1980)

VI — Presentes os pressupostos do art. 461 da CLT, é irrelevante a circunstância de que o desnível salarial tenha origem em decisão judicial que beneficiou o paradigma, exceto: a) se decorrente de vantagem pessoal ou de tese jurídica superada pela jurisprudência de Corte Superior; b) na hipótese de equiparação salarial em cadeia, suscitada em defesa, se o empregador produzir prova do alegado fato modificativo, impeditivo ou extintivo do direito à equiparação salarial em relação ao paradigma remoto, considerada irrelevante, para esse efeito, a existência de diferença de tempo de serviço na função superior a dois anos entre o reclamante e os empregados paradigmas componentes da cadeia equiparatória, à exceção do paradigma imediato.(***)

VII — Desde que atendidos os requisitos do art. 461 da CLT, é possível a equiparação salarial de trabalho intelectual, que pode ser avaliado por sua perfeição técnica, cuja aferição terá critérios objetivos. (ex-OJ da SBDI-1 n. 298 — DJ 11.8.2003)

VIII — É do empregador o ônus da prova do fato impeditivo, modificativo ou extintivo da equiparação salarial. (ex-Súmula n. 68 — RA 9/1977, DJ 11.2.1977)

IX — Na ação de equiparação salarial, a prescrição é parcial e só alcança as diferenças salariais vencidas no período de 5 (cinco) anos que precedeu o ajuizamento. (ex-Súmula n. 274 — alterada pela Res. n. 121/2003, DJ 21.11.2003)

X — O conceito de "mesma localidade" de que trata o art. 461 da CLT refere-se, em princípio, ao mesmo município, ou a municípios distintos que, comprovadamente, pertençam à mesma região metropolitana. (ex-OJ da SBDI-1 n. 252 — inserida em 13.3.2002)

7 — FÉRIAS(*)

A indenização pelo não-deferimento das férias no tempo oportuno será calculada com base na remuneração devida ao empregado na época da reclamação ou, se for o caso, na da extinção do contrato. (RA 28/1969, DO-GB 21.8.1969)

8 — JUNTADA DE DOCUMENTO(*)

A juntada de documentos na fase recursal só se justifica quando provado o justo impedimento para sua oportuna apresentação ou se referir a fato posterior à sentença. (RA 28/1969, DO-GB 21.8.1969)

9 — AUSÊNCIA DO RECLAMANTE(*)

A ausência do reclamante, quando adiada a instrução após contestada a ação em audiência, não importa arquivamento do processo. (RA 28/1969, DO-GB 21.8.1969)

10 — PROFESSOR — DISPENSA SEM JUSTA CAUSA. TÉRMINO DO ANO LETIVO OU NO CURSO DE FÉRIAS ESCOLARES. AVISO PRÉVIO (REDAÇÃO ALTERADA EM SESSÃO DO TRIBUNAL PLENO REALIZADA EM 14.9.2012 — RES. N. 185/2012, DEJT DIVULGADO EM 25.9.2012)

O direito aos salários do período de férias escolares assegurado aos professores (art. 322, *caput* e § 3º, da CLT) não exclui o direito ao aviso prévio, na hipótese de dispensa sem justa causa ao término do ano letivo ou no curso das férias escolares.

11 — HONORÁRIOS DE ADVOGADO — CANCELADA

É inaplicável na Justiça do Trabalho o disposto no art. 64 do Código de Processo Civil, sendo os honorários de advogado somente devidos nos termos do preceituado na Lei n. 1.060, de 1950. (RA 28/1969, DO-GB 21.8.1969) *[Cancelada pela Res. Adm. do TST (PLENO) n. 121, de 28.10.2003, DJ 19.11.2003, Rep. DJ 25.11.2003]*

12 — CARTEIRA PROFISSIONAL(*)

As anotações apostas pelo empregador na carteira profissional do empregado não geram presunção *juris et de jure*, mas apenas *juris tantum*. (RA 28/1969, DO-GB 21.8.1969)

13 — MORA(*)

O só pagamento dos salários atrasados em audiência não ilide a mora capaz de determinar a rescisão do contrato de trabalho. (RA 28/1969, DO-GB 21.8.1969)

14 — CULPA RECÍPROCA — NOVA REDAÇÃO

Reconhecida a culpa recíproca na rescisão do contrato de trabalho (art. 484 da CLT), o empregado tem direito a 50% (cinquenta por cento) do valor do aviso prévio, do décimo terceiro salário e das férias proporcionais.

Histórico:

Redação original — RA 28/1969, DO-GB 21.8.1969 *[Revisada pela Res. Adm. do TST (PLENO) n. 121, de 28.10.2003, DJ 19.11.2003, Rep. DJ 25.11.2003]*

15 — ATESTADO MÉDICO(*)

A justificação da ausência do empregado motivada por doença, para a percepção do salário-enfermidade e da remuneração do repouso semanal, deve observar a ordem preferencial dos atestados médicos estabelecida em lei. (RA 28/1969, DO-GB 21.8.1969)

16 — NOTIFICAÇÃO — NOVA REDAÇÃO

Presume-se recebida a notificação 48 (quarenta e oito) horas depois de sua postagem. O seu não recebimento ou a entrega após o decurso desse prazo constitui ônus de prova do destinatário.

Histórico:

Redação original — RA 28/1969, DO-GB 21.8.1969 *[Revisada pela Res. Adm. do TST (PLENO) n. 121, de 28.10.2003, DJ 19.11.2003, Rep. DJ 25.11.2003]*

17 — ADICIONAL DE INSALUBRIDADE — CÁLCULO — SALÁRIO PROFISSIONAL — RESTAURADA (CANCELADA NA SESSÃO DO TRIBUNAL PLENO REALIZADA EM 26.6.08) — RES. N. 148/2008, DJ 4 E 7.7.2008 — REPUBLICADA DJ 8, 9 E 10.7.2008

O adicional de insalubridade devido a empregado que, por força de lei, convenção coletiva ou sentença normativa, percebe salário profissional será sobre este calculado. (RA 28/1969, DO-GB 21.8.1969)

Histórico:

Cancelado — Res. 29/1994, DJ 12.5.1994 *[Restaurada pela Res. Adm. do TST (PLENO) n. 121, de 28.10.2003, DJ 19.11.2003, Rep. DJ 25.11.2003]*

18 — COMPENSAÇÃO(*)

A compensação, na Justiça do Trabalho, está restrita a dívidas de natureza trabalhista. (RA 28/1969, DO-GB 21.8.1969)

19 — QUADRO DE CARREIRA(*)

A Justiça do Trabalho é competente para apreciar reclamação de empregado que tenha por objeto direito fundado em quadro de carreira. (RA 28/1969, DO-GB 21.8.1969)

20 — RESILIÇÃO CONTRATUAL — CANCELADA — RES. N. 106/2001, DJ 21.3.2001 (**)

Não obstante o pagamento da indenização de antiguidade, presume-se em fraude à lei a resilição contratual, se o empregado permaneceu prestando serviço ou tiver sido, em curto prazo, readmitido. (RA 57/1970, DO-GB 27.11.1970)

21 — APOSENTADORIA — CANCELADA — RES. N. 30/1994, DJ 12.5.1994(*)

O empregado aposentado tem direito ao cômputo do tempo anterior à aposentadoria, se permanecer a serviço da empresa ou a ela retornar. (RA 57/1970, DO-GB 27.11.1970)

22 — EQUIPARAÇÃO SALARIAL — PARADIGMA DESPEDIDO — CANCELADA EM DECORRÊNCIA DA SUA INCORPORAÇÃO À NOVA REDAÇÃO DA SÚMULA N. 6 — RES. N. 129/05 — DJ 20.4.2005

É desnecessário que, ao tempo da reclamação sobre equiparação salarial, reclamante e paradigma estejam a serviço do estabelecimento, desde que o pedido se relacione com situação pretérita. (RA 57/1970, DO-GB 27.11.1970)

23 — RECURSO(*)

Não se conhece de recurso de revista ou de embargos, se a decisão recorrida resolver determinado item do pedido por diversos fundamentos e a jurisprudência transcrita não abranger a todos. (RA 57/1970, DO-GB 27.11.1970)

24 — SERVIÇO EXTRAORDINÁRIO(*)

Insere-se no cálculo da indenização por antiguidade o salário relativo a serviço extraordinário, desde que habitualmente prestado. (RA 57/1970, DO-GB 27.11.1970)

25 — CUSTAS PROCESSUAIS. INVERSÃO DO ÔNUS DA SUCUMBÊNCIA. (ALTERADA A SÚMULA E INCORPORADAS AS ORIENTAÇÕES JURISPRUDENCIAIS NS. 104 E 186 DA SBDI-1) — RES. N. 197/2015 — DEJT DIVULGADO EM 14, 15 E 18.5.2015

I — A parte vencedora na primeira instância, se vencida na segunda, está obrigada, independentemente de intimação, a pagar as custas fixadas na sentença originária, das quais ficara isenta a parte então vencida;

II — No caso de inversão do ônus da sucumbência em segundo grau, sem acréscimo ou atualização do valor das custas e se estas já foram devidamente recolhidas, descabe um novo pagamento pela parte vencida, ao recorrer. Deverá ao final, se sucumbente, reembolsar a quantia; (ex-OJ n. 186 da SBDI-I)

III — Não caracteriza deserção a hipótese em que, acrescido o valor da condenação, não houve fixação ou cálculo do valor devido a título de custas e tampouco intimação da parte para o preparo do recurso, devendo ser as custas pagas ao final; (ex-OJ n. 104 da SBDI-I)

IV — O reembolso das custas à parte vencedora faz-se necessário mesmo na hipótese em que a parte vencida for pessoa isenta do seu pagamento, nos termos do art. 790-A, parágrafo único, da CLT.

26 — ESTABILIDADE — CANCELADA

Presume-se obstativa à estabilidade a despedida, sem justo motivo, do empregado que alcançar nove anos de serviço na empresa. (RA 57/1970, DO-GB 27.11.1970) *[Cancelada pela Res. Adm. do TST (PLENO) n. 121, de 28.10.2003, DJ 19.11.2003, Rep. DJ 25.11.2003]*

27 — COMISSIONISTA(*)

É devida a remuneração do repouso semanal e dos dias feriados ao empregado comissionista, ainda que pracista. (RA 57/1970, DO-GB 27.11.1970)

28 — INDENIZAÇÃO — NOVA REDAÇÃO

No caso de se converter a reintegração em indenização dobrada, o direito aos salários é assegurado até a data da primeira decisão que determinou essa conversão.

Histórico:

Redação original — RA 57/1970, DO-GB 27.11.1970 *[Revisada pela Res. Adm. do TST (PLENO) n. 121, de 28.10.2003, DJ 19.11.2003, Rep. DJ 25.11.2003]*

29 — TRANSFERÊNCIA(*)

Empregado transferido, por ato unilateral do empregador, para local mais distante de sua residência, tem direito a suplemento salarial correspondente ao acréscimo da despesa de transporte. (RA 57/1970, DO-GB 27.11.1970)

30 — INTIMAÇÃO DA SENTENÇA(*)

Quando não juntada a ata ao processo em 48 horas, contadas da audiência de julgamento (art. 851, § 2º, da CLT), o prazo para recurso será contado da data em que a parte receber a intimação da sentença. (RA 57/1970, DO-GB 27.11.1970)

31 — AVISO PRÉVIO — CANCELADA — RES. N. 31/1994, DJ 12.5.1994 — REFERÊNCIA LEI N. 7.108/1983 (**)

É incabível o aviso prévio na despedida indireta. (RA 57/1970, DO-GB 27.11.1970)

32 — ABANDONO DE EMPREGO — NOVA REDAÇÃO

Presume-se o abandono de emprego se o trabalhador não retornar ao serviço no prazo de 30 (trinta) dias após a cessação do benefício previdenciário nem justificar o motivo de não o fazer.

Histórico:

Redação original — RA 57/1970, DO-GB 27.11.1970 *[Revisada pela Res. Adm. do TST (PLENO) n. 121, de 28.10.2003, DJ 19.11.2003, Rep. DJ 25.11.2003]*

33 — MANDADO DE SEGURANÇA — DECISÃO JUDICIAL TRANSITADA EM JULGADO(*)

Não cabe mandado de segurança de decisão judicial transitada em julgado. (RA 57/1970, DO-GB 27.11.1970)

34 — GRATIFICAÇÃO NATALINA — CANCELADA

A gratificação natalina, instituída pela Lei n. 4.090, de 1962, é devida ao empregado rural. (RA 57/1970, DO-GB 27.11.1970) *[Cancelada pela Res. Adm. do TST (PLENO) n. 121, de 28.10.2003, DJ 19.11.2003, Rep. DJ 25.11.2003]*

35 — DEPÓSITO RECURSAL — COMPLEMENTAÇÃO — CANCELADA

A majoração do salário mínimo não obriga o recorrente a complementar o depósito de que trata o art. 899 da CLT. (RA 57/1970, DO-GB 27.11.1970) *[Cancelada pela Res. Adm. do TST (PLENO) n. 121, de 28.10.2003, DJ 19.11.2003, Rep. DJ 25.11.2003]*

36 — CUSTAS(*)

Nas ações plúrimas, as custas incidem sobre o respectivo valor global. (RA 57/1970, DO-GB 27.11.1970)

37 — PRAZO — CANCELADA — RES. N. 32/1994, DJ 12.5.1994 (**)

O prazo para recurso da parte que não comparece à audiência de julgamento, apesar de notificada, conta-se da intimação da sentença. (RA 57/1970, DO-GB 27.11.1970)

38 — RECURSO — CANCELADA

Para comprovação da divergência justificadora do recurso é necessário que o recorrente junte certidão, ou documento equivalente, do acórdão paradigma ou faça transcrição do trecho pertinente à hipótese, indicando sua origem e esclarecendo a fonte da publicação, isto é, órgão oficial ou repertório idôneo de jurisprudência. (RA 57/1970, DO-GB 27.11.1970)

Histórica:

Revista pela Súmula n. 337 — Res. 35/1994, DJ 18.11.1994 — Republicada DJ 30.11.1994. *[Cancelada pela Res. Adm. do TST (PLENO) n. 121, de 28.10.2003, DJ 19.11.2003, Rep. DJ 25.11.2003]*

39 — PERICULOSIDADE(*)

Os empregados que operam em bomba de gasolina têm direito ao adicional de periculosidade (Lei n. 2.573, de 15.08.1955). (RA 41/1973, DJ 14.6.1973)

40 — PROCESSO ADMINISTRATIVO — CANCELADA

Não cabe recurso ao Tribunal Superior do Trabalho contra decisão em processo administrativo, de interesse de funcionário, proferida por Tribunal Regional do Trabalho. (RA 41/1973, DJ 14.6.1973)

Histórico:

Revista pela Súmula n. 302 — Res. n. 1/1990, DJ 2.4.1990 *[Cancelada pela Res. Adm. do TST (PLENO) n. 121, de 28.10.2003, DJ 19.11.2003, Rep. DJ 25.11.2003]*

41 — QUITAÇÃO — CANCELADA

A quitação, nas hipóteses dos §§ 1º e 2º do art. 477 da CLT concerne exclusivamente aos valores discriminados no documento respectivo. (RA 41/1973, DJ 14.6.1973)

Histórico:

Revista pela Súmula n. 330 — Res. 22/1993 , DJ 21.12.1993 *[Cancelada pela Res. Adm. do TST (PLENO) n. 121, de 28.10.2003, DJ 19.11.2003, Rep. DJ 25.11.2003]*

42 — RECURSO — CANCELADA

Não ensejam o conhecimento de revista ou de embargos decisões superadas por iterativa, notória e atual jurisprudência do Pleno. (RA 41/1973, DJ 14.6.1973)

Histórico:

Revista pela Súmula n. 333 — Res. 25/1994, DJ 12.5.1994 *[Cancelada pela Res. Adm. do TST (PLENO) n. 121, de 28.10.2003, DJ 19.11.2003, Rep. DJ 25.11.2003]*

43 — TRANSFERÊNCIA(*)

Presume-se abusiva a transferência de que trata o § 1º do art. 469 da CLT, sem comprovação da necessidade do serviço. (RA 41/1973, DJ 14.6.1973)

44 — AVISO PRÉVIO(*)

A cessação da atividade da empresa, com o pagamento da indenização, simples ou em dobro, não exclui, por si só, o direito do empregado ao aviso prévio. (RA 41/1973, DJ 14.6.1973)

45 — SERVIÇO SUPLEMENTAR(*)

A remuneração do serviço suplementar, habitualmente prestado, integra o cálculo da gratificação natalina prevista na Lei n. 4.090, de 13.7.1962. (RA 41/1973, DJ 14.6.1973)

46 — ACIDENTE DE TRABALHO(*)

As faltas ou ausências decorrentes de acidente do trabalho não são consideradas para os efeitos de duração de férias e cálculo da gratificação natalina. (RA 41/1973, DJ 14.6.1973)

47 — INSALUBRIDADE(*)

O trabalho executado em condições insalubres, em caráter intermitente, não afasta, só por essa circunstância, o direito à percepção do respectivo adicional. (RA 41/1973, DJ 14.6.1973)

48 — COMPENSAÇÃO(*)

A compensação só poderá ser arguida com a contestação. (RA 41/1973, DJ 14.6.1973)

49 — INQUÉRITO JUDICIAL — CANCELADA

No inquérito judicial, contadas e não pagas as custas no prazo fixado pelo juízo, será determinado o arquivamento do processo. (RA 41/1973, DJ 14.6.1973) *[Cancelada pela Res. Adm. do TST (PLENO) n. 121, de 28.10.2003, DJ 19.11.2003, Rep. DJ 25.11.2003]*

50 — GRATIFICAÇÃO NATALINA(*)

A gratificação natalina, instituída pela Lei n. 4.090, de 13.7.1962, é devida pela empresa cessionária ao servidor público cedido enquanto durar a cessão. (RA 41/1973, DJ 14.6.1973)

51 — NORMA REGULAMENTAR — VANTAGENS E OPÇÃO PELO NOVO REGULAMENTO — ART. 468 DA CLT. (INCORPORADA A ORIENTAÇÃO JURISPRUDENCIAL N. 163 DA SBDI-I — RES. N. 129/2005 — DJ 20.4.2005)

I — As cláusulas regulamentares, que revoguem ou alterem vantagens deferidas anteriormente, só atingirão os trabalhadores admitidos após a revogação ou alteração do regulamento. (ex-Súmula n. 51 — RA 41/73, DJ 14.6.1973)

II — Havendo a coexistência de dois regulamentos da empresa, a opção do empregado por um deles tem efeito jurídico de renúncia às regras do sistema do outro. (ex-OJ n. 163 — Inserida em 26.3.1999)

52 — TEMPO DE SERVIÇO(*)

O adicional de tempo de serviço (quinquênio) é devido, nas condições estabelecidas no art. 19 da Lei n. 4.345, de 26.6.1964, aos contratados sob o regime da CLT, pela empresa a que se refere a mencionada lei, inclusive para o fim de complementação de aposentadoria. (RA 41/1973, DJ 14.6.1973)

53 — CUSTAS(*)

O prazo para pagamento das custas, no caso de recurso, é contado da intimação do cálculo. (RA 41/1973, DJ 14.6.1973)

54 — OPTANTE(*)

Rescindindo por acordo seu contrato de trabalho, o empregado estável optante tem direito ao mínimo de 60% (sessenta por cento) do total da indenização em dobro, calculada sobre o maior salário percebido no emprego. Se houver recebido menos do que esse total, qualquer que tenha sido a forma de transação, assegura-se-lhe a complementação até aquele limite. (RA 105/1974, DJ 24.10.1974)

55 — FINANCEIRAS(*)

As empresas de crédito, financiamento ou investimento, também denominadas financeiras, equiparam-se aos estabelecimentos bancários para os efeitos do art. 224 da CLT. (RA 105/1974, DJ 24.10.1974)

56 — BALCONISTA — CANCELADA

O balconista que recebe comissão tem direito ao adicional de 20% (vinte por cento) pelo trabalho em horas extras, calculado sobre o valor das comissões referentes a essas horas. (RA 105/1974, DJ 24.10.1974)

Histórico:

Revista pela Súmula n. 340 — Res. 40/1995, DJ 17.2.1995 *[Cancelada pela Res. Adm. do TST (PLENO) n. 121, de 28.10.2003, DJ 19.11.2003, Rep. DJ 25.11.2003]*

57 — TRABALHADOR RURAL — CANCELADA — RES. N. 3/1993, DJ 6.5.1993(**)

Os trabalhadores agrícolas das usinas de açúcar integram categoria profissional de industriários, beneficiando-se dos aumentos normativos obtidos pela referida categoria. (RA 105/1974, DJ 24.10.1974)

58 — PESSOAL DE OBRAS(*)

Ao empregado admitido como pessoal de obras, em caráter permanente e não amparado pelo regime estatutário, aplica-se a legislação trabalhista. (RA 105/1974, DJ 24.10.1974)

59 — VIGIA — CANCELADA

Vigia de estabelecimento bancário não se beneficia da jornada de trabalho reduzida prevista no art. 224 da CLT. (RA 105/1974, DJ 24.10.1974) *[Cancelada pela Res. Adm. do TST (PLENO) n. 121, de 28.10.2003, DJ 19.11.2003, Rep. DJ 25.11.2003]*

60 — ADICIONAL NOTURNO — INTEGRAÇÃO NO SALÁRIO E PRORROGAÇÃO EM HORÁRIO DIURNO. (INCORPORADA ORIENTAÇÃO JURISPRUDENCIAL N. 6 DA SBDI-1 — RES. N. 129/2005 — DJ 20.4.2005)

I — O adicional noturno, pago com habitualidade, integra o salário do empregado para todos os efeitos. (ex-Súmula n. 60 — RA 105/74, DJ 24.10.1974)

II — Cumprida integralmente a jornada no período noturno e prorrogada esta, devido é também o adicional quanto às horas prorrogadas. Exegese do art. 73, § 5º, da CLT. (ex-OJ n. 6 da SBDI-1 — Inserida em 25.11.1996)

61 — FERROVIÁRIO(*)

Aos ferroviários que trabalham em estação do interior, assim classificada por autoridade competente, não são devidas horas extras (art. 243 da CLT). (RA 105/1974, DJ 24.10.1974)

62 — ABANDONO DE EMPREGO(*)

O prazo de decadência do direito do empregador de ajuizar inquérito em face do empregado que incorre em abandono de emprego é contado a partir do momento em que o empregado pretendeu seu retorno ao serviço. (RA 105/1974, DJ 24.10.1974)

63 — FUNDO DE GARANTIA(*)

A contribuição para o Fundo de Garantia do Tempo de Serviço incide sobre a remuneração mensal devida ao empregado, inclusive horas extras e adicionais eventuais. (RA 105/1974, DJ 24.10.1974)

64 — PRESCRIÇÃO — CANCELADA

A prescrição para reclamar contra anotação de carteira profissional, ou omissão desta, flui da data de cessação do contrato de trabalho. (RA 52/1975, DJ 5.6.1975) *[Cancelado pela Res. Adm. do TST (PLENO) n. 121, de 28.10.2003, DJ 19.11.2003, Rep. DJ 25.11.2003]*

65 — VIGIA(*)

O direito à hora reduzida de 52 minutos e 30 segundos aplica-se ao vigia noturno. (RA 5/1976, DJ 26.2.1976)

66 — TEMPO DE SERVIÇO — CANCELADA

Os quinquênios devidos ao pessoal da Rede Ferroviária Federal S.A. serão calculados sobre o salário do cargo efetivo, ainda que o trabalhador exerça cargo ou função em comissão. (RA 7/1977, DJ 11.2.1977) *[Cancelada pela Res. Adm. do TST (PLENO) n. 121, de 28.10.2003, DJ 19.11.2003, Rep. DJ 25.11.2003]*

67 — GRATIFICAÇÃO — FERROVIÁRIO(*)

Chefe de trem, regido pelo estatuto dos ferroviários (Decreto n. 35.530, de 19.9.1959), não tem direito à gratificação prevista no respectivo art. 110. (RA 8/1977, DJ 11.02.1977)

68 — PROVA — EQUIPARAÇÃO SALARIAL. (CANCELADA EM DECORRÊNCIA DA SUA INCORPORAÇÃO À NOVA REDAÇÃO DA SÚMULA N. 6 — RES. N. 129/2005 — DJ 20.4.2005)

É do empregador o ônus da prova do fato impeditivo, modificativo ou extintivo da equiparação salarial. (RA 9/77, DJ 11.2.1977)

69 — RESCISÃO DO CONTRATO — NOVA REDAÇÃO

A partir da Lei n. 10.272, de 5.9.2001, havendo rescisão do contrato de trabalho e sendo revel e confesso quanto à matéria de fato, deve ser o empregador condenado ao pagamento das verbas rescisórias, não quitadas na primeira audiência, com acréscimo de 50% (cinquenta por cento).

Histórico:

Redação original — RA 10/1977, DJ 11.2.1977 *[Revisada pela Res. Adm. do TST (PLENO) n. 121, de 28.10.2003, DJ 19.11.2003, Rep. DJ 25.11.2003]*

70 — ADICIONAL DE PERICULOSIDADE(*)

O adicional de periculosidade não incide sobre os triênios pagos pela Petrobrás. (RA 69/1978, DJ 26.9.1978)

71 — ALÇADA(*)

A alçada é fixada pelo valor dado à causa na data de seu ajuizamento, desde que não impugnado, sendo inalterável no curso do processo. (RA 69/1978, DJ 26.9.1978)

72 — APOSENTADORIA — NOVA REDAÇÃO

O prêmio-aposentadoria instituído por norma regulamentar da empresa não está condicionado ao disposto no § 2º do art. 14 da Lei n. 8.036, de 11.5.1990.

Histórico:

Redação original — RA 69/1978, DJ 26.9.1978 *[Revisada pela Res. Adm. do TST (PLENO) n. 121, de 28.10.2003, DJ 19.11.2003, Rep. DJ 25.11.2003]*

73 — DESPEDIDA — JUSTA CAUSA — NOVA REDAÇÃO

A ocorrência de justa causa, salvo a de abandono de emprego, no decurso do prazo do aviso prévio dado pelo empregador, retira do empregado qualquer direito às verbas rescisórias de natureza indenizatória.

Histórico:

Redação original — RA 69/1978, DJ 26.9.1978 *[Revisada pela Res. Adm. do TST (PLENO) n. 121, de 28.10.2003, DJ 19.11.2003, Rep. DJ 25.11.2003]*

74 — CONFISSÃO (ATUALIZADA EM DECORRÊNCIA DO CPC DE 2015) — RES. N. 208/2016, DEJT DIVULGADO EM 22, 25 E 26.04.2016.

I — Aplica-se a confissão à parte que, expressamente intimada com aquela cominação, não comparecer à audiência em prosseguimento, na qual deveria depor. (ex-Súmula n. 74 — RA 69/1978, DJ 26.09.1978)

II — A prova pré-constituída nos autos pode ser levada em conta para confronto com a confissão ficta (arts. 442 e 443, do CPC de 2015 — art. 400, I, do CPC de 1973), não implicando cerceamento de defesa o indeferimento de provas posteriores. (ex-OJ n. 184 da SBDI-1 — inserida em 08.11.2000)

III — A vedação à produção de prova posterior pela parte confessa somente a ela se aplica, não afetando o exercício, pelo magistrado, do poder/dever de conduzir o processo.

75 — FERROVIÁRIO — CANCELADA

É incompetente a Justiça do Trabalho para conhecer de ação de ferroviário oriundo das empresas Sorocabana, São Paulo-Minas e Araraquarense, que mantém a condição de funcionário público. (RA 69/1978, DJ 26.9.1978) *[Cancelada pela Res. Adm. do TST (PLENO) n. 121, de 28.10.2003, DJ 19.11.2003, Rep. DJ 25.11.2003]*

76 — HORAS EXTRAS — CANCELADA

O valor das horas suplementares prestadas habitualmente, por mais de 2 (dois) anos, ou durante todo o contrato, se suprimidas, integra-se ao salário para todos os efeitos legais. (RA 69/1978, DJ 26.9.1978)

Histórico:

Revista pela Súmula n. 291 — Res. n. 1/1989, DJ 14.4.1989 *[Cancelada pela Res. Adm. do TST (PLENO) n. 121, de 28.10.2003, DJ 19.11.2003, Rep. DJ 25.11.2003]*

77 — PUNIÇÃO(*)

Nula é a punição de empregado se não precedida de inquérito ou sindicância internos a que se obrigou a empresa por norma regulamentar. (RA 69/1978, DJ 26.9.1978)

78 — GRATIFICAÇÃO — CANCELADA

A gratificação periódica contratual integra o salário, pelo seu duodécimo, para todos os efeitos legais, inclusive o cálculo da natalina da Lei n. 4.090/1962. (RA 69/1978, DJ 26.9.1978) *[Cancelada pela Res. Adm. do TST (PLENO) n. 121, de 28.10.2003, DJ 19.11.2003, Rep. DJ 25.11.2003]*

79 — TEMPO DE SERVIÇO — CANCELADA

O adicional de antiguidade, pago pela Fepasa, calcula-se sobre o salário-base. (RA 69/1978, DJ 26.9.1978) *[Cancelada pela Res. Adm. do TST (PLENO) n. 121, de 28.10.2003, DJ 19.11.2003, Rep. DJ 25.11.2003]*

80 — INSALUBRIDADE(*)

A eliminação da insalubridade mediante fornecimento de aparelhos protetores aprovados pelo órgão competente do Poder Executivo exclui a percepção do respectivo adicional. (RA 69/1978, DJ 26.9.1978)

81 — FÉRIAS(*)

Os dias de férias gozados após o período legal de concessão deverão ser remunerados em dobro. (RA 69/1978, DJ 26.9.1978)

82 — ASSISTÊNCIA — NOVA REDAÇÃO

A intervenção assistencial, simples ou adesiva, só é admissível se demonstrado o interesse jurídico e não o meramente econômico.

Histórico:

Redação original — RA 69/1978, DJ 26.9.1978 *[Revisada pela Res. Adm. do TST (PLENO) n. 121, de 28.10.2003, DJ 19.11.2003, Rep. DJ 25.11.2003]*

83 — AÇÃO RESCISÓRIA — MATÉRIA CONTROVERTIDA — (INCORPORADA A ORIENTAÇÃO JURISPRUDENCIAL N. 77 DA SBDI-II — RES. N. 137/2005 — DJ 22.8.2005)

I — Não procede pedido formulado na ação rescisória por violação literal de lei se a decisão rescindenda estiver baseada em texto legal infraconstitucional de interpretação controvertida nos Tribunais. (ex-Súmula n. 83 — Res. n. 121/03, DJ 21.11.2003).

II — O marco divisor quanto a ser, ou não, controvertida, nos Tribunais, a interpretação dos dispositivos legais citados na ação rescisória é a data da inclusão, na Orientação Jurisprudencial do TST, da matéria discutida. (ex-OJ n. 77 da SBDI-II— inserida em 13.3.2002).

84 — ADICIONAL REGIONAL — NOVA REDAÇÃO

O adicional regional, instituído pela Petrobrás, não contraria o art. 7º, XXXII, da CF/1988.

Histórico:

Redação original — RA 69/1978, DJ 26.9.1978 *[Revisada pela Res. Adm. do TST (PLENO) n. 121, de 28.10.2003, DJ 19.11.2003, Rep. DJ 25.11.2003]*

85 — COMPENSAÇÃO DE JORNADA (INSERIDO O ITEM VI) — RES. N. 209/2016, DEJT DIVULGADO EM 01, 02 E 03.06.2016

I — A compensação de jornada de trabalho deve ser ajustada por acordo individual escrito, acordo coletivo ou convenção coletiva. (ex-Súmula n. 85 — primeira parte — alterada pela Res. n. 121/2003, DJ 21.11.2003).(***)

II — O acordo individual para compensação de horas é válido, salvo se houver norma coletiva em sentido contrário. (ex-OJ n. 182 da SBDI-1 — inserida em 08.11.2000)(***)

III — O mero não atendimento das exigências legais para a compensação de jornada, inclusive quando encetada mediante acordo tácito, não implica a repetição do pagamento das horas excedentes à jornada normal diária, se não dilatada a jornada máxima semanal, sendo devido apenas o respectivo adicional. (ex-Súmula n. 85 — segunda parte — alterada pela Res. n. 121/2003, DJ 21.11.2003).(***)

IV — A prestação de horas extras habituais descaracteriza o acordo de compensação de jornada. Nesta hipótese, as horas que ultrapassarem a jornada semanal normal deverão ser pagas como horas extraordinárias e, quanto àquelas destinadas à compensação, deverá ser pago a mais apenas o adicional por trabalho extraordinário. (ex-OJ n. 220 da SBDI-1 — inserida em 20.06.2001).(***)

V — As disposições contidas nesta súmula não se aplicam ao regime compensatório na modalidade "banco de horas", que somente pode ser instituído por negociação coletiva.(***)

VI — Não é válido acordo de compensação de jornada em atividade insalubre, ainda que estipulado em norma coletiva, sem a necessária inspeção prévia e permissão da autoridade competente, na forma do art. 60 da CLT.

86 — DESERÇÃO — MASSA FALIDA — EMPRESA EM LIQUIDAÇÃO EXTRAJUDICIAL — (INCORPORADA A ORIENTAÇÃO JURISPRUDENCIAL N. 31 DA SBDI-1 — RES. N. 129/2005 — DJ 20.4.2005)

Não ocorre deserção de recurso da massa falida por falta de pagamento de custas ou de depósito do valor da condenação. Esse privilégio, todavia, não se aplica à empresa em liquidação extrajudicial. (Primeira parte — ex-Súmula n. 86 — RA 69/78, DJ 26.9.1978; segunda parte — ex-OJ n. 31 — Inserida em 14.3.1994)

87 — PREVIDÊNCIA PRIVADA(*)

Se o empregado, ou seu beneficiário, já recebeu da instituição previdenciária privada, criada pela empresa, vantagem equivalente, é cabível a dedução de seu valor do benefício a que faz jus por norma regulamentar anterior. (RA 69/1978, DJ 26.9.1978)

88 — JORNADA DE TRABALHO — INTERVALO ENTRE TURNOS — CANCELADA — RES. 42/1995, DJ 17.2.1995 — LEI N. 8.923/1994 (**)

O desrespeito ao intervalo mínimo entre dois turnos de trabalho, sem importar em excesso na jornada efetivamente trabalhada, não dá direito a qualquer ressarcimento ao obreiro, por tratar-se apenas de infração sujeita a penalidade administrativa (art. 71 da CLT). (RA 69/1978, DJ 26.9.1978)

89 — FALTA AO SERVIÇO(*)

Se as faltas já são justificadas pela lei, consideram-se como ausências legais e não serão descontadas para o cálculo do período de férias. (RA 69/1978, DJ 26.9.1978)

90 — *HORAS IN ITINERE* — TEMPO DE SERVIÇO (INCORPORADAS AS SÚMULAS NS. 324 E 325 E AS ORIENTAÇÕES JURISPRUDENCIAIS NS. 50 E 236 DA SBDI-1 — RES. N. 129/2005 — DJ 20.4.2005)(***)

I — O tempo despendido pelo empregado, em condução fornecida pelo empregador, até o local de trabalho de difícil acesso ou não servido por transporte público regular, e para o seu retorno, é computável na jornada de trabalho. (ex-Súmula n. 90 — RA 80/78, DJ 10.11.1978)(***)

II — A incompatibilidade entre os horários de início e término da jornada do empregado e os do transporte público regular é circunstância que também gera o direito às horas *in itinere*. (ex-OJ n. 50 — Inserida em 1.2.1995)(***)

III — A mera insuficiência de transporte público não enseja o pagamento de horas *in itinere*. (ex-Súmula n. 324 — RA 16/1993, DJ 21.12.1993)(***)

IV — Se houver transporte público regular em parte do trajeto percorrido em condução da empresa, as horas *in itinere* remuneradas limitam-se ao trecho não alcançado pelo transporte público. (ex-Súmula n. 325 — RA17/1993, DJ 21.12.1993)(***)

V — Considerando que as horas *in itinere* são computáveis na jornada de trabalho, o tempo que extrapola a jornada legal é considerado como extraordinário e sobre ele deve incidir o adicional respectivo. (ex-OJ n. 236 — Inserida em 20.6.2001)(***)

91 — SALÁRIO COMPLESSIVO(*)

Nula é a cláusula contratual que fixa determinada importância ou percentagem para atender englobadamente vários direitos legais ou contratuais do trabalhador. (RA 69/1978, DJ 26.9.1978)

92 — APOSENTADORIA(*)

O direito à complementação de aposentadoria, criado pela empresa, com requisitos próprios, não se altera pela instituição de benefício previdenciário por órgão oficial. (RA 69/1978, DJ 26.9.1978)

93 — BANCÁRIO(*)

Integra a remuneração do bancário a vantagem pecuniária por ele auferida na colocação ou na venda de papéis ou valores mobiliários de empresas pertencentes ao mesmo grupo econômico, se exercida essa atividade no horário e no local de trabalho e com o consentimento, tácito ou expresso, do banco empregador. (RA 121/1979, DJ 27.11.1979)

94 — HORAS EXTRAS — CANCELADA

O valor das horas extraordinárias habituais integra o aviso prévio indenizado. (RA 43/1980, DJ 15.5.1980 — Republicada Res. 80/1980, DJ 4.7.1980) *[Cancelada pela Res. Adm. do TST (PLENO) n. 121, de 28.10.2003, DJ 19.11.2003, Rep. DJ 25.11.2003]*

95—PRESCRIÇÃOTRINTENÁRIA—FGTS—(CANCELADA EM DECORRÊNCIA DA SUA INCORPORAÇÃO À NOVA REDAÇÃO DA SÚMULA N. 362 — RES. N. 121/2003, DJ 19, 20 E 21.11.2003)

É trintenária a prescrição do direito de reclamar contra o não recolhimento da contribuição para o Fundo de Garantia do Tempo de Serviço. (RA 44/1980, DJ 15.5.1980) *[Cancelada pela Res. Adm. do TST (PLENO) n. 121, de 28.10.2003, DJ 19.11.2003, Rep. DJ 25.11.2003]*

96 — MARÍTIMO(*)

A permanência do tripulante a bordo do navio, no período de repouso, além da jornada, não importa presunção de que esteja à disposição do empregador ou em regime de prorrogação de horário, circunstâncias que devem resultar provadas, dada a natureza do serviço. (RA 45/1980, DJ 16.5.1980)

97 — APOSENTADORIA — COMPLEMENTAÇÃO(*)

Instituída complementação de aposentadoria por ato da empresa, expressamente dependente de regulamentação, as condições desta devem ser observadas como parte integrante da norma.

Histórico:

Redação original — RA 48/1980, DJ 22.5.1980

98 — FGTS — INDENIZAÇÃO — EQUIVALÊNCIA — COMPATIBILIDADE. (INCORPORADA A ORIENTAÇÃO JURISPRUDENCIAL N. 299 DA SBDI-1 — RES. N. 129/2005 — DJ 20.4.2005)

I — A equivalência entre os regimes do Fundo de Garantia do Tempo de Serviço e da estabilidade prevista na CLT é meramente jurídica e não econômica, sendo indevidos valores a título de reposição de diferenças. (ex-Súmula n. 98 — RA 57/1980, DJ 6.6.1980)

II — A estabilidade contratual ou a derivada de regulamento de empresa são compatíveis com o regime do FGTS. Diversamente ocorre com a estabilidade legal (decenal, art. 492 da CLT), que é renunciada com a opção pelo FGTS. (ex-OJ n. 299 da SBDI-I — DJ 11.8.2003)

99 — AÇÃO RESCISÓRIA — DESERÇÃO — PRAZO — (INCORPORADA A ORIENTAÇÃO JURISPRUDENCIAL N. 117 DA SBDI-II — RES. N. 137/2005 — DJ 22.8.2005)

Havendo recurso ordinário em sede de rescisória, o depósito recursal só é exigível quando for julgado procedente o pedido e imposta condenação em pecúnia, devendo este ser efetuado no prazo recursal, no limite e nos termos da legislação vigente, sob pena de deserção. (ex-Súmula n. 99 — RA 62/1980, DJ 11.6.80 e alterada pela Res. n. 110/02, DJ 11.4.02 e ex-OJ n. 117 da SBDI-II — DJ 11.8.2003)

100 — AÇÃO RESCISÓRIA — DECADÊNCIA (INCORPORADAS AS ORIENTAÇÕES JURISPRUDENCIAIS NS. 13, 16, 79, 102, 104, 122 E 145 DA SDI-II — RES. N. 137/05 — DJ 22.8.2005)

I — O prazo de decadência, na ação rescisória, conta-se do dia imediatamente subsequente ao trânsito em julgado da última decisão proferida na causa, seja de mérito ou não. (ex-Súmula n. 100 — Res. n. 109/01, DJ 20.4.2001).

II — Havendo recurso parcial no processo principal, o trânsito em julgado dá-se em momentos e em tribunais diferentes, contando-se o prazo decadencial para a ação rescisória do trânsito em julgado de cada decisão, salvo se o recurso tratar de preliminar ou prejudicial que possa tornar insubsistente a decisão recorrida, hipótese em que flui a decadência a partir do trânsito em julgado da decisão que julgar o recurso parcial. (ex-Súmula n. 100 — Res. n. 109/01, DJ 20.4.2001).

III — Salvo se houver dúvida razoável, a interposição de recurso intempestivo ou a interposição de recurso incabível não protrai o termo inicial do prazo decadencial. (ex-Súmula n. 100 — Res. n. 109/2001, DJ 20.4.2001).

IV — O juízo rescindente não está adstrito à certidão de trânsito em julgado juntada com a ação rescisória, podendo formar sua convicção através de outros elementos dos autos quanto à antecipação ou postergação do *dies a quo* do prazo decadencial. (ex-OJ n. 102 da SBDI-II — DJ 29.4.2003).

V — O acordo homologado judicialmente tem força de decisão irrecorrível, na forma do art. 831 da CLT. Assim sendo, o termo conciliatório transita em julgado na data da sua homologação judicial. (ex-OJ n. 104 da SBDI-II — DJ 29.4.2003).

VI — Na hipótese de colusão das partes, o prazo decadencial da ação rescisória somente começa a fluir para o Ministério Público, que não interveio no processo principal, a partir do momento em que tem ciência da fraude. (ex-OJ n. 122 da SBDI-II — DJ 11.8.2003).

VII — Não ofende o princípio do duplo grau de jurisdição a decisão do TST que, após afastar a decadência em sede de recurso ordinário, aprecia desde logo a lide, se a causa versar questão exclusivamente de direito e estiver em condições de imediato julgamento. (ex-OJ n. 79 da SBDI-II — inserida em 13.3.2002).

VIII — A exceção de incompetência, ainda que oposta no prazo recursal, sem ter sido aviado o recurso próprio, não tem o condão de afastar a consumação da coisa julgada e, assim, postergar o termo inicial do prazo decadencial para a ação rescisória. (ex-OJ n. 16 da SBDI-II — inserida em 20.9.2000).

IX — Prorroga-se até o primeiro dia útil, imediatamente subsequente, o prazo decadencial para ajuizamento de ação rescisória quando expira em férias forenses, feriados, finais de semana ou em dia em que não houver expediente forense. Aplicação do art. 775 da CLT. (ex-OJ n. 13 da SBDI-II — inserida em 20.9.2000).

X — Conta-se o prazo decadencial da ação rescisória, após o decurso do prazo legal previsto para a interposição do recurso extraordinário, apenas quando esgotadas todas as vias recursais ordinárias. (ex-OJ n. 145 da SBDI-II— DJ 10.11.2004).

101 — DIÁRIAS DE VIAGEM — SALÁRIO — (INCORPORADA A ORIENTAÇÃO JURISPRUDENCIAL N. 292 DA SBDI-1 — RES. N. 129/2005 — DJ 20.4.2005)

Integram o salário, pelo seu valor total e para efeitos indenizatórios, as diárias de viagem que excedam a 50% (cinquenta por cento) do salário do empregado, enquanto perdurarem as viagens. (Primeira parte — ex-Súmula n. 101 — RA 65/1980, DJ 18.6.1980; segunda parte — ex-OJ n. 292 da SBDI-I — Inserida em 11.8.2003)(***)

102 — BANCÁRIO — CARGO DE CONFIANÇA — (MANTIDA — RES. N. 174, 24.5.2011 — DJE/27.5.2011)

I — A configuração, ou não, do exercício da função de confiança a que se refere o art. 224, § 2º, da CLT, dependente da prova das reais atribuições do empregado, é insuscetível de exame mediante recurso de revista ou de embargos. (ex-Súmula n. 204 — alterada pela Res. n. 121/2003, DJ 21.11.2003)

II — O bancário que exerce a função a que se refere o § 2º do art. 224 da CLT e recebe gratificação não inferior a um terço de seu salário já tem remuneradas as duas horas extraordinárias excedentes de seis. (ex-Súmula n. 166 — RA 102/1982, DJ 11.10.1982 e DJ 15.10.1982)

III — Ao bancário exercente de cargo de confiança previsto no artigo 224, § 2º, da CLT são devidas as 7ª e 8ª horas, como extras, no período em que se verificar o pagamento a menor da gratificação de 1/3. (ex-OJ n. 288 da SBDI-1 — DJ 11.8.2003)

IV — O bancário sujeito à regra do art. 224, § 2º, da CLT cumpre jornada de trabalho de 8 (oito) horas, sendo extraordinárias as trabalhadas além da oitava. (ex-Súmula n. 232 — RA 14/1985, DJ 19.9.1985)

V — O advogado empregado de banco, pelo simples exercício da advocacia, não exerce cargo de confiança, não se enquadrando, portanto, na hipótese do § 2º do art. 224 da CLT. (ex-OJ n. 222 da SBDI-1 — Inserida em 20.6.2001

VI — O caixa bancário, ainda que caixa executivo, não exerce cargo de confiança. Se perceber gratificação igual ou superior a um terço do salário do posto efetivo, essa remunera apenas a maior responsabilidade do cargo e não as duas horas extraordinárias além da sexta. (ex-Súmula n. 102 — RA 66/1980, DJ 18.6.1980 e republicada DJ 14.7.1980)

VII — O bancário exercente de função de confiança, que percebe a gratificação não inferior ao terço legal, ainda que norma coletiva contemple percentual superior, não tem direito às sétima e oitava horas como extras, mas tão somente às diferenças de gratificação de função, se postuladas. (ex-OJ n. 15 da SBDI-1 — Inserida em 14.3.1994)

103 — TEMPO DE SERVIÇO — LICENÇA-PRÊMIO — CANCELADA

Os trabalhadores que hajam prestado serviço no regime da Lei n. 1.890, de 13.6.1953, e optado pelo regime estatutário, não contam, posteriormente, esse período para fins de licença-prêmio, privativa de servidores estatutários. (RA 67/1980, DJ 18.6.1980) *[Cancelada pela Res. Adm. do TST (PLENO) n. 121, de 28.10.2003, DJ 19.11.2003, Rep. DJ 25.11.2003]*

104 — FÉRIAS — TRABALHADOR RURAL — CANCELADA

É devido o pagamento de férias ao rurícola, qualquer que tenha sido a data de sua admissão e, em dobro, se não concedidas na época prevista em lei. (RA 70/1980, DJ 21.7.1980) *[Cancelada pela Res. Adm. do TST (PLENO) n. 121, de 28.10.2003, DJ 19.11.2003, Rep. DJ 25.11.2003]*

105 — FUNCIONÁRIO PÚBLICO — QUINQUÊNIOS — CANCELADA

O empregado estatutário que optar pelo regime celetista, com o congelamento dos quinquênios em seus valores à época, não tem direito ao reajuste posterior dos seus níveis. (RA 71/1980, DJ 21.7.1980) *[Cancelada pela Res. Adm. do TST (PLENO) n. 121, de 28.10.2003, DJ 19.11.2003, Rep. DJ 25.11.2003]*

106 — APOSENTADORIA — FERROVIÁRIO — COMPETÊNCIA(*)

É incompetente a Justiça do Trabalho para julgar ação ajuizada em face da Rede Ferroviária Federal, em que ex-empregado desta pleiteie complementação de aposentadoria, elaboração ou alteração de folhas de pagamento de aposentados, se por essas obrigações responde órgão da previdência social. (RA 72/1980, DJ 21.7.1980) *[Cancelada pela Resol. n. 157, de 31.8.2009, DEJT 4.8.2009)*

107 — AÇÃO RESCISÓRIA — PROVA — CANCELADA PELA SÚMULA N. 299 — RES. 9/1989, DJ 14.4.1989 (**)

É indispensável a juntada à inicial da ação rescisória da prova do trânsito em julgado da decisão rescindenda, sob pena de indeferimento liminar. (RA 74/1980, DJ 21.7.1980)

108 — COMPENSAÇÃO DE HORÁRIO — ACORDO — CANCELADA — RES. 85/1998, DJ 20.8.1998 (**)

A compensação de horário semanal deve ser ajustada por acordo escrito, não necessariamente em acordo coletivo ou convenção coletiva, exceto quanto ao trabalho da mulher. (RA 75/1980, DJ 21.7.1980)

109 — GRATIFICAÇÃO DE FUNÇÃO(*)

O bancário não enquadrado no § 2º do art. 224 da CLT, que receba gratificação de função, não pode ter o salário relativo a horas extraordinárias compensado com o valor daquela vantagem.

Histórico:

Redação original — RA 89/1980, DJ 29.8.1980

110 — JORNADA DE TRABALHO — INTERVALO(*)

No regime de revezamento, as horas trabalhadas em seguida ao repouso semanal de 24 horas, com prejuízo do intervalo mínimo de 11 horas consecutivas para descanso entre jornadas, devem ser remuneradas como extraordinárias, inclusive com o respectivo adicional. (RA 101/1980, DJ 25.9.1980)

111 — EQUIPARAÇÃO SALARIAL — (CANCELADA EM DECORRÊNCIA DA SUA INCORPORAÇÃO À NOVA REDAÇÃO DA SÚMULA N. 6 — RES. N. 129/2005 — DJ 20.4.2005)

A cessão de empregados não exclui a equiparação salarial, embora exercida a função em órgão governamental estranho à cedente, se esta responde pelos salários do paradigma e do reclamante. (RA 102/1980, DJ 25.9.1980)

112 — TRABALHO NOTURNO — PETRÓLEO(*)

O trabalho noturno dos empregados nas atividades de exploração, perfuração, produção e refinação do petróleo, industrialização do xisto, indústria petroquímica e transporte de petróleo e seus derivados, por meio de dutos, é regulado pela Lei n. 5.811, de 11.10.1972, não se lhe aplicando a hora reduzida de 52 minutos e 30 segundos prevista no art. 73, § 1º, da CLT. (RA 107/1980, DJ 10.10.1980)

113 — BANCÁRIO — SÁBADO — DIA ÚTIL(*)

O sábado do bancário é dia útil não trabalhado, não dia de repouso remunerado. Não cabe a repercussão do pagamento de horas extras habituais em sua remuneração. (RA 115/1980, DJ 3.11.1980)

114 — PRESCRIÇÃO INTERCORRENTE(*)

É inaplicável na Justiça do Trabalho a prescrição intercorrente. (RA 116/1980, DJ 3.11.1980)(***)

115 — HORAS EXTRAS — GRATIFICAÇÕES SEMESTRAIS — NOVA REDAÇÃO

O valor das horas extras habituais integra a remuneração do trabalhador para o cálculo das gratificações semestrais.

Histórico:

Redação original — RA 117/1980, DJ 03.11.1980 *[Revisada pela Res. Adm. do TST (PLENO) n. 121, de 28.10.2003, DJ 19.11.2003, Rep. DJ 25.11.2003]*

116 — FUNCIONÁRIO PÚBLICO — CEDIDO — REAJUSTE SALARIAL — CANCELADA

Os funcionários públicos cedidos à Rede Ferroviária Federal S.A. têm direito ao reajustamento salarial determinado pelo art. 5º da Lei n. 4.345/1964. (RA 118/1980, DJ 3.11.1980)

Histórico:

Revista pela Súmula n. 252 — Res. n. 18/1985, DJ 13.1.1986 *[Cancelada pela Res. Adm. do TST (PLENO) n. 121, de 28.10.2003, DJ 19.11.2003, Rep. DJ 25.11.2003]*

117 — BANCÁRIO — CATEGORIA DIFERENCIADA(*)

Não se beneficiam do regime legal relativo aos bancários os empregados de estabelecimento de crédito pertencentes a categorias profissionais diferenciadas. (RA 140/1980, DJ 18.12.1980)

118 — JORNADA DE TRABALHO — HORAS EXTRAS(*)

Os intervalos concedidos pelo empregador na jornada de trabalho, não previstos em lei, representam tempo à disposição da empresa, remunerados como serviço extraordinário, se acrescidos ao final da jornada. (RA 12/1981, DJ 19.3.1981)

119 — JORNADA DE TRABALHO(*)

Os empregados de empresas distribuidoras e corretoras de títulos e valores mobiliários não têm direito à jornada especial dos bancários. (RA 13/1981, DJ 19.3.1981)

120 — EQUIPARAÇÃO SALARIAL — DECISÃO JUDICIAL — REDAÇÃO DADA PELA RES. N. 100/2000, DJ 18.9.2000. (CANCELADA EM DECORRÊNCIA DA SUA INCORPORAÇÃO À NOVA REDAÇÃO DA SÚMULA N. 6 — RES. N. 129/2005 — DJ 20.4.2005)

Presentes os pressupostos do art. 461 da CLT, é irrelevante a circunstância de que o desnível salarial tenha origem em decisão judicial que beneficiou o paradigma, exceto se decorrente de vantagem pessoal ou de tese jurídica superada pela jurisprudência de Corte Superior.

121 — FUNCIONÁRIO PÚBLICO — GRATIFICAÇÃO DE PRODUTIVIDADE — CANCELADA

Não tem direito a percepção da gratificação de produtividade, na forma do regime estatutário, o servidor de ex-autarquia administradora de porto que opta pelo regime jurídico da Consolidação das Leis do Trabalho. (RA 15/1981, DJ 19.3.1981) *[Cancelada pela Res. Adm. do TST (PLENO) n. 121, de 28.10.2003, DJ 19.11.2003, Rep. DJ 25.11.2003]*

122 — REVELIA — ATESTADO MÉDICO — (INCORPORADA A ORIENTAÇÃO JURISPRUDENCIAL N. 74 DA SBDI-1 — RES. N. 129/2005 — DJ 20.4.2005)

A reclamada, ausente à audiência em que deveria apresentar defesa, é revel, ainda que presente seu advogado munido de procuração, podendo ser ilidida a revelia mediante a apresentação de atestado médico, que deverá declarar, expressamente, a impossibilidade de locomoção do empregador ou do seu preposto no dia da audiência. (Primeira parte — ex-OJ n. 74 da SBDI-I — Inserida em 25.11.1996; segunda parte — ex-Súmula n. 122, redação dada pela Res. n. 121/2003, DJ 21.11.2003)(***)

123 — COMPETÊNCIA — ART. 106 — DA CF — CANCELADA

Em se tratando de Estado ou Município, a lei que estabelece o regime jurídico (art. 106 da Constituição Federal) do servidor temporário ou contratado é a estadual ou municipal, a qual, uma vez editada, apanha as situações preexistentes, fazendo cessar sua regência pelo regime trabalhista. Incompetente é a Justiça do Trabalho para julgar as reclamações ajuizadas posteriormente à vigência da lei especial. (RA 81/1981, DJ 06.10.1981 — Republicada DJ 13.10.1981) *[Cancelada pela Res. Adm. do TST (PLENO) n. 121, de 28.10.2003, DJ 19.11.2003, Rep. DJ 25.11.2003]*

124 — BANCÁRIO. SALÁRIO-HORA. DIVISOR (ALTERAÇÃO EM RAZÃO DO JULGAMENTO DO PROCESSO TST-IRR-849- 83.2013.5.03.0138) — RESOL. N. 219/2017, DEJT 28.6.2017

I — o divisor aplicável para o cálculo das horas extras do bancário será:

a) 180, para os empregados submetidos à jornada de seis horas prevista no *caput* do art. 224 da CLT;

b) 220, para os empregados submetidos à jornada de oito horas, nos termos do § 2º do art. 224 da CLT.

II — Ressalvam-se da aplicação do item anterior as decisões de mérito sobre o tema, qualquer que seja o seu teor, emanadas de Turma do TST ou da SBDI-I, no período de 27.9.2012 até 21.11.2016, conforme a modulação aprovada no precedente obrigatório firmado no Incidente de Recursos de Revista Repetitivos TST-IRR-849-83.2013.5.03.0138, DEJT 19.12.2016.

125 — CONTRATO DE TRABALHO — ART. 479 DA CLT(*)

O art. 479 da CLT aplica-se ao trabalhador optante pelo FGTS admitido mediante contrato por prazo determinado, nos termos do art. 30, § 3º, do Decreto n. 59.820, de 20.12.1966. (RA 83/1981, DJ 6.10.1981)

126 — RECURSO — CABIMENTO(*)

Incabível o recurso de revista ou de embargos (arts. 896 e 894, *b*, da CLT) para reexame de fatos e provas. (RA 84/1981, DJ 6.10.1981)

127 — QUADRO DE CARREIRA(*)

Quadro de pessoal organizado em carreira, aprovado pelo órgão competente, excluída a hipótese de equiparação salarial, não obsta reclamação fundada em preterição, enquadramento ou reclassificação. (RA 103/1981, DJ 12.11.1981)(**)

128 — DEPÓSITO RECURSAL — (INCORPORADAS AS ORIENTAÇÕES JURISPRUDENCIAIS NS. 139, 189 E 190 DA SBDI-1 — RES. N. 129/2005 — DJ 20.4.2005)

I — É ônus da parte recorrente efetuar o depósito legal, integralmente, em relação a cada novo recurso interposto, sob pena de deserção. Atingido o valor da condenação, nenhum depósito mais é exigido para qualquer recurso. (ex-Súmula n. 128, redação dada pela Res. n. 121/2003, DJ 21.11.2003, que incorporou a OJ n. 139 — Inserida em 27.11.1998)

II — Garantido o juízo, na fase executória, a exigência de depósito para recorrer de qualquer decisão viola os incisos II e LV do art. 5º da CF/1988. Havendo, porém, elevação do valor do débito, exige-se a complementação da garantia do juízo. (ex-OJ n. 189 da SBDI-I — Inserida em 8.11.2000)

III — Havendo condenação solidária de duas ou mais empresas, o depósito recursal efetuado por uma delas aproveita as demais, quando a empresa que efetuou o depósito não pleiteia sua exclusão da lide. (ex-OJ n. 190 da SBDI-I — Inserida em 8.11.2000)

129 — CONTRATO DE TRABALHO — GRUPO ECONÔMICO(*)

A prestação de serviços a mais de uma empresa do mesmo grupo econômico, durante a mesma jornada de trabalho, não caracteriza a coexistência de mais de um contrato de trabalho, salvo ajuste em contrário. (RA 26/1982, DJ 4.5.1982)

130 — ADICIONAL NOTURNO — CANCELADA

O regime de revezamento no trabalho não exclui o direito do empregado ao adicional noturno, em face da derrogação do art. 73 da CLT, pelo art. 157, item III, da Constituição de 18.9.1946. Ex-Prejulgado n. 1. (RA 102/1982, DJ 11.10.1982 e DJ 15.10.1982) *[Cancelada pela Res. Adm. do TST (PLENO) n. 121, de 28.10.2003, DJ 19.11.2003, Rep. DJ 25.11.2003]*

131 — SALÁRIO MÍNIMO — VIGÊNCIA — CANCELADA

O salário mínimo, uma vez decretado em condições de excepcionalidade, tem imediata vigência. Ex-Prejulgado n. 2. (RA 102/1982, DJ 11.10.1982 e DJ 15.10.1982) *[Cancelada pela Res. Adm. do TST (PLENO) n. 121, de 28.10.2003, DJ 19.11.2003, Rep. DJ 25.11.2003]*

132 — ADICIONAL DE PERICULOSIDADE — INTEGRAÇÃO — (INCORPORADAS AS ORIENTAÇÕES JURISPRUDENCIAIS NS. 174 E 267 DA SBDI-1 — RES. N. 129/2005 — DJ 20.4.2005)

I — O adicional de periculosidade, pago em caráter permanente, integra o cálculo de indenização e de horas extras. (ex-prejulgado n. 3). (ex-Súmula n. 132 — RA 102/1982, DJ 11.10.1982/ DJ 15.10.1982 e ex-OJ n. 267 da SBDI-I — Inserida em 27.9.2002)

II — Durante as horas de sobreaviso, o empregado não se encontra em condições de risco, razão pela qual é incabível a integração do adicional de periculosidade sobre as mencionadas horas. (ex-OJ n. 174 da SBDI-I — Inserida em 8.11.2000)

133 — EMBARGOS INFRINGENTES — CANCELADA

Para o julgamento dos embargos infringentes, nas juntas, é desnecessária a notificação das partes. Ex-Prejulgado n. 4. (RA 102/1982, DJ 11.10.1982 e DJ 15.10.1982) *[Cancelada pela Res. Adm. do TST (PLENO) n. 121, de 28.10.2003, DJ 19.11.2003, Rep. DJ 25.11.2003]*

134 — SALÁRIO — MENOR NÃO APRENDIZ — CANCELADA

Ao menor não aprendiz é devido o salário mínimo integral. Ex-Prejulgado n. 5. (RA 102/1982, DJ 11.10.1982 e DJ 15.10.1982) *[Cancelada pela Res. Adm. do TST (PLENO) n. 121, de 28.10.2003, DJ 19.11.2003, Rep. DJ 25.11.2003]*

135 — SALÁRIO — EQUIPARAÇÃO. (CANCELADA EM DECORRÊNCIA DA SUA INCORPORAÇÃO À NOVA REDAÇÃO DA SÚMULA N. 6 — RES. N. 129/2005 — DJ 20.4.2005)

Para efeito de equiparação de salários em caso de trabalho igual, conta-se o tempo de serviço na função e não no emprego. Ex-prejulgado n. 6 (RA 102/1982, DJ 11.10.1982)

136 — JUIZ — IDENTIDADE FÍSICA. (CANCELADA — RES. N. 185/2012 — DEJT 25.9.2012)

Não se aplica às Varas do Trabalho o princípio da identidade física do juiz. Ex-Prejulgado n. 7. (RA 102/1982, DJ 11.10.1982 e DJ 15.10.1982)

137 — ADICIONAL DE INSALUBRIDADE — CANCELADA

É devido o adicional de serviço insalubre, calculado à base do salário mínimo da região, ainda que a remuneração contratual seja superior ao salário mínimo acrescido da taxa de insalubridade. Ex-Prejulgado n. 8. (RA 102/1982, DJ 11.10.1982 e DJ 15.10.1982) *[Cancelada pela Res. Adm. do TST (PLENO) n. 121, de 28.10.2003, DJ 19.11.2003, Rep. DJ 25.11.2003]*

138 — READMISSÃO(*)

Em caso de readmissão, conta-se a favor do empregado o período de serviço anterior, encerrado com a saída espontânea. Ex-Prejulgado n. 9. (RA 102/1982, DJ 11.10.1982 e DJ 15.10.1982)

139 — ADICIONAL DE INSALUBRIDADE. (INCORPORADA A ORIENTAÇÃO JURISPRUDENCIAL N. 102 DA SDI-1 — RES. N. 129/2005 — DJ 20.4.2005)

Enquanto percebido, o adicional de insalubridade integra a remuneração para todos os efeitos legais. (ex-OJ n. 102 da SBDI-I — Inserida em 1.10.1997)

140 — VIGIA(*)

É assegurado ao vigia sujeito ao trabalho noturno o direito ao respectivo adicional. Ex-Prejulgado n. 12. (RA 102/1982, DJ 11.10.1982 e DJ 15.10.1982)

141 — DISSÍDIO COLETIVO — CANCELADA

É constitucional o art. 2º da Lei n. 4.725, de 13.7.1965. Ex-Prejulgado n. 13. (RA 102/1982, DJ 11.10.1982 e DJ 15.10.1982) *[Cancelada pela Res. Adm. do TST (PLENO) n. 121, de 28.10.2003, DJ 19.11.2003, Rep. DJ 25.11.2003]*

142 — GESTANTE — DISPENSA — CANCELADA

Empregada gestante, dispensada sem motivo antes do período de seis semanas anteriores ao parto, tem direito à percepção do salário-maternidade. Ex-Prejulgado n. 14. (RA 102/1982, DJ 11.10.1982 e DJ 15.10.1982) *[Cancelada pela Res. Adm. do TST (PLENO) n. 121, de 28.10.2003, DJ 19.11.2003, Rep. DJ 25.11.2003]*

143 — SALÁRIO PROFISSIONAL(*)

O salário profissional dos médicos e dentistas guarda proporcionalidade com as horas efetivamente trabalhadas, respeitado o mínimo de 50 (cinquenta) horas mensais. Ex-Prejulgado n. 15. (RA 102/1982, DJ 11.10.1982 e DJ 15.10.1982)

144 — AÇÃO RESCISÓRIA — CANCELADA

É cabível a ação rescisória no âmbito da Justiça do Trabalho. Ex-Prejulgado n. 16. (RA 102/1982, DJ 11.10.1982 e DJ 15.10.1982) *[Cancelada pela Res. Adm. do TST (PLENO) n. 121, de 28.10.2003, DJ 19.11.2003, Rep. DJ 25.11.2003]*

145 — GRATIFICAÇÃO DE NATAL — CANCELADA

É compensável a gratificação de Natal com a da Lei n. 4.090, de 1962. Ex-Prejulgado n. 17. (RA 102/1982, DJ 11.10.1982 e DJ 15.10.1982) *[Cancelada pela Res. Adm. do TST (PLENO) n. 121, de 28.10.2003, DJ 19.11.2003, Rep. DJ 25.11.2003]*

146 — TRABALHO EM DOMINGOS E FERIADOS, NÃO COMPENSADO — (INCORPORADA A ORIENTAÇÃO JURISPRUDENCIAL N. 93 DA SBDI-1) — RES. N. 121/2003, DJ 19,20 E 21.11.2003

O trabalho prestado em domingos e feriados, não compensado, deve ser pago em dobro, sem prejuízo da remuneração relativa ao repouso semanal.

Histórico:

Redação original — RA 102/1982, DJ 11.10.1982 e DJ 15.10.1982 *[Revisada pela Res. Adm. do TST (PLENO) n. 121, de 28.10.2003, DJ 19.11.2003, Rep. DJ 25.11.2003]*

147 — FÉRIAS — INDENIZAÇÃO — CANCELADA

Indevido o pagamento dos repousos semanais e feriados intercorrentes nas férias indenizadas. Ex-Prejulgado n. 19. (RA 102/1982, DJ 11.10.1982 e DJ 15.10.1982) *[Cancelada pela Res. Adm. do TST (PLENO) n. 121, de 28.10.2003, DJ 19.11.2003, Rep. DJ 25.11.2003]*

148 — GRATIFICAÇÃO NATALINA(*)

É computável a gratificação de Natal para efeito de cálculo de indenização. Ex-Prejulgado n. 20. (RA 102/1982, DJ 11.10.1982 e DJ 15.10.1982)

149 — TAREFEIRO — FÉRIAS(*)

A remuneração das férias do tarefeiro deve ser calculada com base na média da produção do período aquisitivo, aplicando-se-lhe a tarifa da data da concessão. Ex-Prejulgado n. 22. (RA 102/1982, DJ 11.10.1982 e DJ 15.10.1982)

150 — DEMISSÃO — INCOMPETÊNCIA DA JUSTIÇA DO TRABALHO — CANCELADA

Falece competência à Justiça do Trabalho para determinar a reintegração ou a indenização de empregado demitido com base nos atos institucionais. Ex-Prejulgado n. 23. (RA 102/1982, DJ 11.10.1982 e DJ 15.10.1982) *[Cancelada pela Res. Adm. do TST (PLENO) n. 121, de 28.10.2003, DJ 19.11.2003, Rep. DJ 25.11.2003]*

151 — FÉRIAS — REMUNERAÇÃO — CANCELADA

A remuneração das férias inclui a das horas extraordinárias habitualmente prestadas. Ex-Prejulgado n. 24. (RA 102/1982, DJ 11.10.1982 e DJ 15.10.1982) *[Cancelada pela Res. Adm. do TST (PLENO) n. 121, de 28.10.2003, DJ 19.11.2003, Rep. DJ 25.11.2003]*

152 — GRATIFICAÇÃO — AJUSTE TÁCITO(*)

O fato de constar do recibo de pagamento de gratificação o caráter de liberalidade não basta, por si só, para excluir a existência de ajuste tácito. Ex-Prejulgado n. 25. (RA 102/1982, DJ 11.10.1982 e DJ 15.10.1982)

153 — PRESCRIÇÃO(*)

Não se conhece de prescrição não arguida na instância ordinária. Ex-Prejulgado n. 27. (RA 102/1982, DJ 11.10.1982 e DJ 15.10.1982)

154 — MANDADO DE SEGURANÇA — CANCELADA

Da decisão do Tribunal Regional do Trabalho em mandado de segurança cabe recurso ordinário, no prazo de 10 dias, para o Tribunal Superior do Trabalho. Ex-Prejulgado n. 28. (RA 102/1982, DJ 11.10.1982 e DJ 15.10.1982)

Histórico:

Revista pela Súmula n. 201 — Res. n. 7/1985, DJ 11.07.1985 *[Cancelada pela Res. Adm. do TST (PLENO) n. 121, de 28.10.2003, DJ 19.11.2003, Rep. DJ 25.11.2003]*

155 — AUSÊNCIA AO SERVIÇO(*)

As horas em que o empregado falta ao serviço para comparecimento necessário, como parte, à Justiça do Trabalho não serão descontadas de seus salários. Ex-Prejulgado n. 30. (RA 102/1982, DJ 11.10.1982 e DJ 15.10.1982)

156 — PRESCRIÇÃO — PRAZO(*)

Da extinção do último contrato começa a fluir o prazo prescricional do direito de ação em que se objetiva a soma de períodos descontínuos de trabalho. Ex-Prejulgado n. 31. (RA 102/1982, DJ 11.10.1982 e DJ 15.10.1982)

157 — GRATIFICAÇÃO(*)

A gratificação instituída pela Lei n. 4.090, de 13.7.1962 é devida na resilição contratual de iniciativa do empregado. Ex-Prejulgado n. 32. (RA 102/1982, DJ 11.10.1982 e DJ 15.10.1982)

158 — AÇÃO RESCISÓRIA(*)

Da decisão de Tribunal Regional do Trabalho, em ação rescisória, é cabível recurso ordinário para o Tribunal Superior do Trabalho, em face da organização judiciária trabalhista. Ex-Prejulgado n. 35. (RA 102/1982, DJ 11.10.1982 e DJ 15.10.1982)

159 — SUBSTITUIÇÃO DE CARÁTER NÃO EVENTUAL E VACÂNCIA DO CARGO — (INCORPORADA A ORIENTAÇÃO JURISPRUDENCIAL N. 112 DA SBDI-1 — RES. N. 129/2005 — DJ 20.4.2005)

I — Enquanto perdurar a substituição que não tenha caráter meramente eventual, inclusive nas férias, o empregado substituto fará jus ao salário contratual do substituído. (ex-Súmula n. 159 — Res. n. 121/2003, DJ 21.11.2003)

II — Vago o cargo em definitivo, o empregado que passa a ocupá-lo não tem direito a salário igual ao do antecessor. (ex-OJ n. 112 da SBDI-I — Inserida em 1.10.1997)

160 — APOSENTADORIA POR INVALIDEZ(*)

Cancelada a aposentadoria por invalidez, mesmo após cinco anos, o trabalhador terá direito de retornar ao emprego, facultado, porém, ao empregador, indenizá-lo na forma da lei. Ex-Prejulgado n. 37. (RA 102/1982, DJ 11.10.1982 e DJ 15.10.1982)

161 — DEPÓSITO — CONDENAÇÃO A PAGAMENTO EM PECÚNIA(*)

Se não há condenação a pagamento em pecúnia, descabe o depósito de que tratam os §§ 1º e 2º do art. 899 da CLT. Ex-Prejulgado n. 39. (RA 102/1982, DJ 11.10.1982 e DJ 15.10.1982)

162 — INSALUBRIDADE — CANCELADA — RES. N. 59/1996, DJ 28.6.1996 (**)

É constitucional o art. 3º do Decreto-lei n. 389, de 26.12.1968. Ex-Prejulgado n. 41. (RA 102/1982, DJ 11.10.1982 e DJ 15.10.1982)

163 — AVISO PRÉVIO — CONTRATO DE EXPERIÊNCIA(*)

Cabe aviso prévio nas rescisões antecipadas dos contratos de experiência, na forma do art. 481 da CLT. Ex-Prejulgado n. 42. (RA 102/1982, DJ 11.10.1982 e DJ 15.10.1982)

164 — PROCURAÇÃO. JUNTADA (NOVA REDAÇÃO) — RES. N. 121/2003, DJ 19, 20 E 21.11.2003 (CANCELADA PELA RES. N. 210/2016, DEJT DIVULGADO EM 30.6.2016)

O não-cumprimento das determinações dos §§ 1º e 2º do art. 5º da Lei n. 8.906, de 04.07.1994 e do art. 37, parágrafo único, do Código de Processo Civil importa o não-conhecimento de recurso, por inexistente, exceto na hipótese de mandato tácito.

Histórico:

Redação original — RA 102/1982, DJ 11.10.1982 e DJ 15.10.1982 *[Revisada pela Res. Adm. do TST (Pleno) n. 121, de 28.10.2003, DJ 19.11.2003, Res. DJ 25.11.2003]*

165 — DEPÓSITO — RECURSO — CONTA VINCULADA — CANCELADA — RES. 87/1998, DJ 15.10.1998 — REFERÊNCIA CIRCULAR CEF N. 149/1998 (**)

O depósito, para fins de recurso, realizado fora da conta vinculada do trabalhador, desde que feito na sede do juízo, ou realizado na conta vinculada do trabalhador, apesar de fora da sua sede do juízo, uma vez que permaneça à disposição deste, não impedirá o conhecimento do apelo. Ex-Prejulgado n. 45. (RA 102/1982, DJ 11.10.1982 e DJ 15.10.1982)

166 — BANCÁRIO — CARGO DE CONFIANÇA — JORNADA DE TRABALHO — (CANCELADA EM DECORRÊNCIA DA SUA INCORPORAÇÃO À NOVA REDAÇÃO DA SÚMULA N. 102 — RES. N. 129/2005 — DJ 20.4.2005).

O bancário que exerce a função a que se refere o § 2º do art. 224 da CLT e recebe gratificação não inferior a um terço de seu salário já tem remuneradas as duas horas extraordinárias excedentes de seis. Ex-prejulgado n. 46. (RA 102/1982, DJ 11.10.1982 e DJ 15.10.1982)

167 — VOGAL — INVESTIDURA — RECURSO — CANCELADA

Das decisões proferidas pelos Tribunais Regionais, em processo de impugnação ou contestação à investidura de vogal, cabe recurso para o Tribunal Superior do Trabalho. Ex-Prejulgado n. 47. (RA 102/1982, DJ 11.10.1982 e DJ 15.10.1982) *[Cancelada pela Res. Adm. do TST (PLENO) n. 121, de 28.10.2003, DJ 19.11.2003, Rep. DJ 25.11.2003]*

168 — PRESCRIÇÃO — PRESTAÇÕES PERIÓDICAS — CONTAGEM — CANCELADA PELA SÚMULA N. 294 — RES. 4/1989, DJ 14.4.1989 (**) (CANCELAMENTO MANTIDO — RESOL. 121/2003, DJ 19, 20 E 21.11.2003)

Na lesão de direito que atinja prestações periódicas, de qualquer natureza, devidas ao empregado, a prescrição é sempre parcial e se conta do vencimento de cada uma delas e não do direito do qual se origina. Ex-Prejulgado n. 48. (RA 102/1982, DJ 11.10.1982 e DJ 15.10.1982)

169 — AÇÃO RESCISÓRIA — JUSTIÇA DO TRABALHO — DEPÓSITO PRÉVIO — CANCELADA

Nas ações rescisórias ajuizadas na Justiça do Trabalho e que só serão admitidas nas hipóteses dos arts. 798 a 800 do Código de Processo Civil de 1939, desnecessário o depósito a que aludem os arts. 488, II, e 494 do Código de Processo Civil de 1973. Ex-Prejulgado n. 49. (RA 102/1982, DJ 11.10.1982 e DJ 15.10.1982)

Histórico:

Revista pela Súmula n. 194 — Res. 2/1984, DJ 4.10.1984 *[Cancelada pela Res. Adm. do TST (PLENO) n. 121, de 28.10.2003, DJ 19.11.2003, Rep. DJ 25.11.2003]*

170 — SOCIEDADE DE ECONOMIA MISTA — CUSTAS(*) (MANTIDA RESOL. 121/2003, DJ 19,20 E 21.11.2003)

Os privilégios e isenções no foro da Justiça do Trabalho não abrangem as sociedades de economia mista, ainda que gozassem desses benefícios anteriormente ao Decreto-lei n. 779, de 21.8.1969. Ex-Prejulgado n. 50. (RA 102/1982, DJ 11.10.1982 e DJ 15.10.1982)

171 — FÉRIAS PROPORCIONAIS — CONTRATO DE TRABALHO — EXTINÇÃO — NOVA REDAÇÃO

Salvo na hipótese de dispensa do empregado por justa causa, a extinção do contrato de trabalho sujeita o empregador ao pagamento da remuneração das férias proporcionais, ainda que incompleto o período aquisitivo de 12 (doze) meses (art. 147 da CLT) — Ex-Prejulgado n. 51.

Histórico:

Redação original — RA 102/1982, DJ 11.10.1982 e DJ 15.10.1982 *[Revisada pela Res. Adm. do TST (PLENO) n. 121, de 28.10.2003, DJ 19.11.2003, Rep. DJ 25.11.2003] e republicado em DJ 5.5.2004, em razão de erro material no registro da referência legislativa.*

172 — REPOUSO REMUNERADO — HORAS EXTRAS — CÁLCULO(*) (MANTIDA RESOL. 121/2003, DJ 19, 20 E 21.11.2003)

Computam-se no cálculo do repouso remunerado as horas extras habitualmente prestadas. Ex-Prejulgado n. 52. (RA 102/1982, DJ 11.10.1982 e DJ 15.10.1982)

173 — SALÁRIO — EMPRESA — CESSAÇÃO DE ATIVIDADES(*)

Extinto, automaticamente, o vínculo empregatício com a cessação das atividades da empresa, os salários só são devidos até a data da extinção. Ex-Prejulgado n. 53. (RA 102/1982, DJ 11.10.1982 e DJ 15.10.1982) (Mantida resol. 121/2003, DJ 19,20 e 21.11.2003)

174 — PREVIDÊNCIA — LEI N. 3.841/1960 — APLICAÇÃO — CANCELADA

As disposições da Lei n. 3.841, de 15.12.1960, dirigidas apenas ao sistema previdenciário oficial, não se aplicam aos empregados vinculados ao regime de seguro social de caráter privado. Ex-Prejulgado n. 54. (RA 102/1982, DJ 11.10.1982 e DJ 15.10.1982) *[Cancelada pela Res. Adm. do TST (PLENO) n. 121, de 28.10.2003, DJ 19.11.2003, Rep. DJ 25.11.2003]*

175 — RECURSO ADESIVO — ART. 500 DO CPC — INAPLICABILIDADE — CANCELADA

O recurso adesivo, previsto no art. 500 do Código de Processo Civil, é incompatível com o processo do trabalho. Ex-Prejulgado n. 55. (RA 102/1982, DJ 11.10.1982 e DJ 15.10.1982)

Histórico:

Revista pela Súmula n. 196 — Res. 2/1985, DJ 1.4.1985 — Republicada com correção DJ 12.4.1985 *[Cancelada pela Res. Adm. do TST (PLENO) n. 121, de 28.10.2003, DJ 19.11.2003, Rep. DJ 25.11.2003]*

176 — FUNDO DE GARANTIA — LEVANTAMENTO DO DEPÓSITO — NOVA REDAÇÃO — CANCELADA

A Justiça do Trabalho só tem competência para autorizar o levantamento do depósito do Fundo de Garantia do Tempo de Serviço na ocorrência de dissídio entre empregado e empregador.

Histórico:

Redação original — RA 102/1982, DJ 11.10.1982 e DJ 15.10.1982 *[Revisada pela Res. Adm. do TST (PLENO) n. 121, de 28.10.2003, DJ 19.11.2003, Rep. DJ 25.11.2003] [Cancelada pela Resol. Adm n. 130, do TST, de 5.5.2005 DJ 13.5.2005]*

177 — DISSÍDIO COLETIVO — SINDICATO — REPRESENTAÇÃO — CANCELADA

Está em plena vigência o art. 859 da Consolidação das Leis do Trabalho, cuja redação é a seguinte: "A representação dos Sindicatos para instauração da instância fica subordinada à aprovação de assembleia, da qual participem os associados interessados na solução do dissídio coletivo, em primeira convocação, por maioria de 2/3 dos mesmos, ou, em segunda convocação, por 2/3 dos presentes". Ex-Prejulgado n. 58. (RA 102/1982, DJ 11.10.1982 e DJ 15.10.1982) *[Cancelada pela Res. Adm. do TST (PLENO) n. 121, de 28.10.2003, DJ 19.11.2003, Rep. DJ 25.11.2003]*

178 — TELEFONISTA — ART. 227, E PARÁGRAFOS, DA CLT — APLICABILIDADE(*)

É aplicável à telefonista de mesa de empresa que não explora o serviço de telefonia o disposto no art. 227, e seus parágrafos, da CLT. Ex-Prejulgado n. 59. (RA 102/1982, DJ 11.10.1982 e DJ 15.10.1982)

179 — INCONSTITUCIONALIDADE — ART. 22 DA LEI N. 5.107/1966 — CANCELADA

É inconstitucional o art. 22 da Lei n. 5.107, de 13.9.1966, na sua parte final, em que dá competência à Justiça do Trabalho para julgar dissídios coletivos "quando o BNH e a Previdência Social figurarem no feito como litisconsortes". Ex-Prejulgado n. 60. (RA 102/1982, DJ 11.10.1982 e DJ 15.10.1982) *[Cancelada pela Res. Adm. do TST (PLENO) n. 121, de 28.10.2003, DJ 19.11.2003, Rep. DJ 25.11.2003]*

180 — AÇÃO DE CUMPRIMENTO — SUBSTITUIÇÃO PROCESSUAL — DESISTÊNCIA — CANCELADA

Nas ações de cumprimento, o substituído processualmente pode, a qualquer tempo, desistir da ação, desde que, comprovadamente, tenha havido transação. (Res. n. 1/1983, DJ 19.10.1983)

Histórico:

Revista pela Súmula n. 255 — Res. 3/1986, DJ 2.7.1986 *[Cancelada pela Res. Adm. do TST (PLENO) n. 121, de 28.10.2003, DJ 19.11.2003, Rep. DJ 25.11.2003]*

181 — ADICIONAL — TEMPO DE SERVIÇO — REAJUSTE SEMESTRAL — LEI N. 6.708/1979 — CANCELADA

O adicional por tempo de serviço, quando estabelecido em importe fixo, está sujeito ao reajuste da Lei n. 6.708/1979. (Res. 2/1983, DJ 19.10.1983) *[Cancelada pela Res. Adm. do TST (PLENO) n. 121, de 28.10.2003, DJ 19.11.2003, Rep. DJ 25.11.2003]*

182 — AVISO PRÉVIO — INDENIZAÇÃO COMPENSATÓRIA — LEI N. 6.708, DE 30.10.1979 — REDAÇÃO DADA PELA RES. 5/1983, DJ 9.11.1983(*)

O tempo do aviso prévio, mesmo indenizado, conta-se para efeito da indenização adicional prevista no art. 9º da Lei n. 6.708, de 30.10.1979.

Histórico:

Redação original — Res. 3/1983, DJ 19.10.1983

183 — EMBARGOS — RECURSO DE REVISTA — DESPACHO DENEGATÓRIO — AGRAVO DE INSTRUMENTO — NÃO CABIMENTO — CANCELADA

São incabíveis embargos para o Tribunal Pleno contra decisão em agravo de instrumento oposto a despacho denegatório de recurso de revista, inexistindo ofensa ao art. 153, § 4º, da Constituição Federal. (Redação dada pela Res. n. 1/1984, DJ 28.2.1984)

Histórico:

Revista pela Súmula n. 335 — Res. 27/1994, DJ 12.5.1994 — Redação original — Res. 4/1983, DJ 19.10.1983 *[Cancelada pela Res. Adm. do TST (PLENO) n. 121, de 28.10.2003, DJ 19.11.2003, Rep. DJ 25.11.2003]*

184 — EMBARGOS DECLARATÓRIOS — OMISSÃO EM RECURSO DE REVISTA — PRECLUSÃO(*)

Ocorre preclusão se não forem opostos embargos declaratórios para suprir omissão apontada em recurso de revista ou de embargos. (Res. n. 6/1983, DJ 9.11.1983)

185 — EMBARGOS SOB INTERVENÇÃO DO BANCO CENTRAL — LIQUIDAÇÃO EXTRAJUDICIAL — JUROS — CORREÇÃO MONETÁRIA — LEI N. 6.024/1974 — CANCELADA

Aplicada a Lei n. 6.024/1974, fica suspensa a incidência de juros e correção monetária nas liquidações de empresas sob intervenção do Banco Central. (Res. n. 7/1983, DJ 9.11.1983)

Histórico:

Revista pela Súmula n. 284 — Res. n. 17/1988, DJ 18.3.1988 *[Cancelada pela Res. Adm. do TST (PLENO) n. 121, de 28.10.2003, DJ 19.11.2003, Rep. DJ 25.11.2003]*

186 — LICENÇA-PRÊMIO — CONVERSÃO EM PECÚNIA — REGULAMENTO DA EMPRESA — NOVA REDAÇÃO

A licença-prêmio, na vigência do contrato de trabalho, não pode ser convertida em pecúnia, salvo se expressamente admitida a conversão no regulamento da empresa.

Histórico:

Redação original — Res. 8/1983, DJ 9.11.1983 *[Revisada pela Res. Adm. do TST (PLENO) n. 121, de 28.10.2003, DJ 19.11.2003, Rep. DJ 25.11.2003]*

187 — CORREÇÃO MONETÁRIA — INCIDÊNCIA(*)

A correção monetária não incide sobre o débito do trabalhador reclamante. (Res. n. 9/1983, DJ 9.11.1983)

188 — CONTRATO DE TRABALHO — EXPERIÊNCIA — PRORROGAÇÃO(*)

O contrato de experiência pode ser prorrogado, respeitado o limite máximo de 90 (noventa) dias. (Res. n. 10/1983, DJ 9.11.1983)

189 — GREVE — COMPETÊNCIA DA JUSTIÇA DO TRABALHO — ABUSIVIDADE — NOVA REDAÇÃO

A Justiça do Trabalho é competente para declarar a abusividade, ou não, da greve.

Histórico:

Redação original — Res. n. 11/1983, DJ 9.11.1983 *[Revisada pela Res. Adm. do TST (PLENO) n. 121, de 28.10.2003, DJ 19.11.2003, Rep. DJ 25.11.2003]*

190 — PODER NORMATIVO DO TST — CONDIÇÕES DE TRABALHO — INCONSTITUCIONALIDADE — DECISÕES CONTRÁRIAS AO STF(*)

Ao julgar ou homologar ação coletiva ou acordo nela havido, o Tribunal Superior do Trabalho exerce o poder normativo constitucional, não podendo criar ou homologar condições de trabalho que o Supremo Tribunal Federal julgue iterativamente inconstitucionais. (Res. n. 12/1983, DJ 9.11.1983)

191 — ADICIONAL DE PERICULOSIDADE. INCIDÊNCIA. BASE DE CÁLCULO (CANCELADA A PARTE FINAL DA ANTIGA REDAÇÃO E INSERIDOS OS ITENS II E III) — RESOL. N. 214, DE 28.11.16 (DEJT 30.11.16)

I — O adicional de periculosidade incide apenas sobre o salário básico e não sobre este acrescido de outros adicionais.

II — O adicional de periculosidade do empregado eletricitário, contratado sob a égide da Lei n. 7.369/1985, deve ser calculado sobre a totalidade das parcelas de natureza salarial. Não é válida norma coletiva mediante a qual se determina a incidência do referido adicional sobre o salário básico.

III — A alteração da base de cálculo do adicional de periculosidade do eletricitário promovida pela Lei n. 12.740/2012 atinge somente contrato de trabalho firmado a partir de sua vigência, de modo que, nesse caso, o cálculo será realizado exclusivamente sobre o salário básico, conforme determina o § 1º do art. 193 da CLT.

192 — AÇÃO RESCISÓRIA. COMPETÊNCIA (ATUALIZADA EM DECORRÊNCIA DO CPC DE 2015) — RES. N. 212/2016, DEJT DIVULGADO EM 20, 21 E 22.09.2016

I — Se não houver o conhecimento de recurso de revista ou de embargos, a competência para julgar ação que vise a rescindir a decisão de mérito é do Tribunal Regional do Trabalho, ressalvado o disposto no item II.

II — Acórdão rescindendo do Tribunal Superior do Trabalho que não conhece de recurso de embargos ou de revista, analisando arguição de violação de dispositivo de lei material ou decidindo em consonância com súmula de direito material ou com iterativa, notória e atual jurisprudência de direito material da Seção de Dissídios Individuais (Súmula n. 333), examina o mérito da causa, cabendo ação rescisória da competência do Tribunal Superior do Trabalho. (ex-Súmula n. 192 — alterada pela Res. n. 121/2003, DJ 21.11.2003)

III — Sob a égide do art. 512 do CPC de 1973, é juridicamente impossível o pedido explícito de desconstituição de sentença quando substituída por acórdão do Tribunal Regional ou superveniente sentença homologatória de acordo que puser fim ao litígio.

IV — Na vigência do CPC de 1973, é manifesta a impossibilidade jurídica do pedido de rescisão de julgado proferido em agravo de instrumento que, limitando-se a aferir o eventual desacerto do juízo negativo de admissibilidade do recurso de revista, não substitui o acórdão regional, na forma do art. 512 do CPC. (ex-OJ n. 105 da SBDI-2 — DJ 29.04.2003)

V — A decisão proferida pela SBDI, em agravo regimental, calcada na Súmula n. 333, substitui acórdão de Turma do TST, porque emite juízo de mérito, comportando, em tese, o corte rescisório. (ex-OJ n. 133 da SBDI-2 — DJ 04.05.2004).

193 — CORREÇÃO MONETÁRIA — JUROS — CÁLCULO — EXECUÇÃO DE SENTENÇA — PESSOA JURÍDICA DE DIREITO PÚBLICO — CANCELADA — RES. N. 105/2000, DJ 18.12.2000 (**)

Nos casos de execução de sentença contra pessoa jurídica de direito público, os juros e a correção monetária serão calculados até o pagamento do valor principal da condenação. (Res. n. 15/1983, DJ 9.11.1983)

194 — AÇÃO RESCISÓRIA — JUSTIÇA DO TRABALHO — DEPÓSITO PRÉVIO — REVISÃO DA SÚMULA N. 169 — CANCELADA — RES. N. 142/07 DE 27.9.2007, DJ 11.10.2007

As ações rescisórias ajuizadas na Justiça do Trabalho serão admitidas, instruídas e julgadas conforme os arts. 485 *usque* 495 do Código de Processo Civil de 1973, sendo, porém, desnecessário o depósito prévio a que aludem os respectivos arts. 488, II, e 494. (Res. n. 2/1984, DJ 4.10.1984)

195 — EMBARGOS — AGRAVO REGIMENTAL — CABIMENTO — CANCELADA

Não cabem embargos para o Pleno de decisão de Turma do Tribunal Superior do Trabalho, prolatada em agravo regimental. (Res. n. 1/1985, DJ 1.4.1985)

Histórico:

Revista pela Súmula n. 353 — Res. n. 70/1997, DJ 30.5.1997 *[Cancelada pela Res. Adm. do TST (PLENO) n. 121, de 28.10.2003, DJ 19.11.2003, Rep. DJ 25.11.2003]*

196 — RECURSO ADESIVO — PRAZO — CANCELADA

O recurso adesivo é compatível com o processo do trabalho, onde cabe, no prazo de 8 (oito) dias, no recurso ordinário, na revista, nos embargos para o Pleno e no agravo de petição. (Res. 2/1985, DJ 1.4.1985 — Republicada com correção DJ 12.4.1985)

Histórico:

Revisão do Enunciado n. 175 — RA 102/1982, DJ 11.10.1982 e DJ 15.10.1982. Revista pela Súmula n. 283 — Res. n. 16/1988, DJ 18.3.1988 *[Cancelada pela Res. Adm. do TST (PLENO) n. 121, de 28.10.2003, DJ 19.11.2003, Rep. DJ 25.11.2003]*

197 — PRAZO(*)

O prazo para recurso da parte que, intimada, não comparecer à audiência em prosseguimento para a prolação da sentença conta-se de sua publicação. (Res. 3/1985, DJ 1.4.1985)

198 — PRESCRIÇÃO — CANCELADA PELA SÚMULA N. 294 — RES. 4/1989, DJ 14.4.1989 (**)

Na lesão de direito individual que atinja prestações periódicas devidas ao empregado, à exceção da que decorre de ato único do empregador, a prescrição é sempre parcial e se conta do vencimento de cada uma dessas prestações, e não da lesão do direito. (Res. 4/1985, DJ 1.4.1985)

199 — BANCÁRIO — PRÉ-CONTRATAÇÃO DE HORAS EXTRAS — (INCORPORADAS AS ORIENTAÇÕES JURISPRUDENCIAIS NS. 48 E 63 DA SBDI-1 — RES. N. 129/05 — DJ 20.4.2005)

I — A contratação do serviço suplementar, quando da admissão do trabalhador bancário, é nula. Os valores assim ajustados apenas remuneram a jornada normal, sendo devidas as horas extras com o adicional de, no mínimo, 50% (cinquenta por cento), as quais não configuram pré-contratação, se pactuadas após a admissão do bancário. (ex-Súmula n. 199, alterada pela Res. 41/95, DJ 21.2.1995 e ex-OJ 48 da SBDI-I — Inserida em 25.11.1996)

II — Em se tratando de horas extras pré-contratadas, opera-se a prescrição total se a ação não for ajuizada no prazo de cinco anos, a partir da data em que foram suprimidas. (ex-OJ n. 63 da SBDI-I — Inserida em 14.3.1994)

200 — JUROS DE MORA — INCIDÊNCIA(*)

Os juros de mora incidem sobre a importância da condenação já corrigida monetariamente. (Res. n. 6/1985, DJ 18.6.1985)

201 — RECURSO ORDINÁRIO EM MANDADO DE SEGURANÇA — REVISÃO DA SÚMULA N. 154 — RA 102/1982, DJ 11.10.1982 E DJ 15.10.1982(*)

Da decisão de Tribunal Regional do Trabalho em mandado de segurança cabe recurso ordinário, no prazo de 8 (oito) dias, para o Tribunal Superior do Trabalho, e igual dilação para o recorrido e interessados apresentarem razões de contrariedade. (Res. n. 7/1985, DJ 11.7.1985)

202 — GRATIFICAÇÃO POR TEMPO DE SERVIÇO — COMPENSAÇÃO(*)

Existindo, ao mesmo tempo, gratificação por tempo de serviço outorgada pelo empregador e outra da mesma natureza prevista em acordo coletivo, convenção coletiva ou sentença normativa, o empregado tem direito a receber, exclusivamente, a que lhe seja mais benéfica. (Res. 8/1985, DJ 11.7.1985)

203 — GRATIFICAÇÃO POR TEMPO DE SERVIÇO — NATUREZA SALARIAL(*)

A gratificação por tempo de serviço integra o salário para todos os efeitos legais. (Res. n. 9/1985, DJ 11.7.1985)

204 — BANCÁRIO — CARGO DE CONFIANÇA — CARACTERIZAÇÃO — REDAÇÃO DADA PELA RES. N. 121/03, DJ 21.11.2003 — (CANCELADA EM DECORRÊNCIA DA SUA INCORPORAÇÃO À NOVA REDAÇÃO DA SÚMULA N. 102) — RES. N. 129/05 — DJ 20.4.2005).

A configuração, ou não, do exercício da função de confiança a que se refere o art. 224, § 2º, da CLT, dependente da prova das reais atribuições do empregado, é insuscetível de exame mediante recurso de revista ou de embargos.

205 — GRUPO ECONÔMICO — EXECUÇÃO — SOLIDARIEDADE — CANCELADA

O responsável solidário, integrante do grupo econômico, que não participou da relação processual como reclamado e que, portanto, não consta no título executivo judicial como devedor, não pode ser sujeito passivo na execução. (Res. n. 11/1985, DJ 11.7.1985) *[Cancelada pela Res. Adm. do TST (PLENO) n. 121, de 28.10.2003, DJ 19.11.2003, Rep. DJ 25.11.2003]*

206 — FGTS — INCIDÊNCIA SOBRE PARCELAS PRESCRITAS — NOVA REDAÇÃO

A prescrição da pretensão relativa às parcelas remuneratórias alcança o respectivo recolhimento da contribuição para o FGTS.

Histórico:

Redação original — Res. n. 12/1985, DJ 11.7.1985 *[Revisada pela Res. Adm. do TST (PLENO) n. 121, de 28.10.2003, DJ 19.11.2003, Rep. DJ 25.11.2003]*

207 — CONFLITOS DE LEIS TRABALHISTAS NO ESPAÇO — PRINCÍPIO DA *LEX LOCI EXECUTIONIS*(*) — CANCELADA — RESOL. 181/TST, DEJT 19.4.2012

A relação jurídica trabalhista é regida pelas leis vigentes no país da prestação de serviço e não por aquelas do local da contratação. (Res. n. 13/1985, DJ 11.7.1985)

208 — RECURSO DE REVISTA — ADMISSIBILIDADE — INTERPRETAÇÃO DE CLÁUSULA DE NATUREZA CONTRATUAL — CANCELADA — RES. 59/1996, DJ 28.6.1996 (**)

A divergência jurisprudencial, suficiente a ensejar a admissibilidade ou o conhecimento do recurso de revista, diz respeito à interpretação de lei, sendo imprestável aquela referente ao alcance de cláusula contratual, ou de regulamento de empresa. (Res. n. 14/1985, DJ 19.9.1985)

209 — CARGO EM COMISSÃO — REVERSÃO — CANCELADA — RA 81/1985, DJ 3.12.1985 (**)

A reversão do empregado ao cargo efetivo implica na perda das vantagens salariais inerentes ao cargo em comissão, salvo se nele houver permanecido dez ou mais anos ininterruptos. (Res. n. 14/1985, DJ 19.9.1985 — Republicada DJ 7.10.1985)

210 — RECURSO DE REVISTA — EXECUÇÃO DE SENTENÇA — CANCELADA

A admissibilidade do recurso de revista contra acórdão proferido em execução de sentença depende de demonstração inequívoca de violação direta à Constituição Federal. (Res. n. 14/1985, DJ 19.9.1985)

Histórico:

Revista pela Súmula n. 266 — Res. n. 1/1987, DJ 23.10.1987 e DJ 14.12.1987 *[Cancelada pela Res. Adm. do TST (PLENO) n. 121, de 28.10.2003, DJ 19.11.2003, Rep. DJ 25.11.2003]*

211 — JUROS DE MORA E CORREÇÃO MONETÁRIA — INDEPENDÊNCIA DO PEDIDO INICIAL E DO TÍTULO EXECUTIVO JUDICIAL(*)

Os juros de mora e a correção monetária incluem-se na liquidação, ainda que omisso o pedido inicial ou a condenação. (Res. n. 14/1985, DJ 19.9.1985)

212 — DESPEDIMENTO — ÔNUS DA PROVA(*)

O ônus de provar o término do contrato de trabalho, quando negados a prestação de serviço e o despedimento, é do empregador, pois o princípio da continuidade da relação de emprego constitui presunção favorável ao empregado. (Res. n. 14/1985, DJ 19.9.1985)

213 — EMBARGOS DE DECLARAÇÃO — SUSPENSÃO DO PRAZO RECURSAL — CANCELADA — RES. 46/1995, DJ 20.4.1995 — LEI N. 8.950/1994 (**)

Os embargos de declaração suspendem o prazo do recurso principal, para ambas as partes, não se computando o dia da sua interposição. (Res. n. 14/1985, DJ 19.9.1985)

214 — DECISÃO INTERLOCUTÓRIA — IRRECORRIBILIDADE — NOVA REDAÇÃO — RES. N. 127/2005, DJ 16.3.2005.(*)

Na Justiça do Trabalho, nos termos do art. 893, § 1º, da CLT, as decisões interlocutórias não ensejam recurso imediato, salvo nas hipóteses de decisão: a) de Tribunal Regional do Trabalho contrária à Súmula ou Orientação Jurisprudencial do Tribunal Superior do Trabalho; b) suscetível de impugnação mediante recurso para o mesmo Tribunal; c) que acolhe exceção de incompetência territorial, com a remessa dos autos para Tribunal Regional distinto daquele a que se vincula o juízo excepcionado, consoante o disposto no art. 799, § 2º, da CLT.

215 — HORAS EXTRAS NÃO CONTRATADAS EXPRESSAMENTE — ADICIONAL DEVIDO — CANCELADA — RES. 28/1994, DJ 12.5.1994 — REFERÊNCIA ART. 7º, XVI, CF/1988 (**)

Inexistindo acordo escrito para prorrogação da jornada de trabalho, o adicional referente às horas extras é devido na base de 25% (vinte e cinco por cento). (Res. n. 14/1985, DJ 19.9.1985)

216 — DESERÇÃO — RELAÇÃO DE EMPREGADOS — AUTENTICAÇÃO MECÂNICA DESNECESSÁRIA — CANCELADA — RES. 87/1998, DJ 15.10.1998 (**)

São juridicamente desnecessárias a autenticação mecânica do valor do depósito recursal na relação de empregados (RE) e a individualização do processo na guia de recolhimento (GR), pelo que a falta não importa em deserção. (Res. n. 14/1985, DJ 19.9.1985)

217 — DEPÓSITO RECURSAL — CREDENCIAMENTO BANCÁRIO — PROVA DISPENSÁVEL(*)

O credenciamento dos bancos para o fim de recebimento do depósito recursal é fato notório, independendo da prova. (Res. n. 14/1985, DJ 19.9.1985)

218 — RECURSO DE REVISTA — ACÓRDÃO PROFERIDO EM AGRAVO DE INSTRUMENTO(*)

É incabível recurso de revista interposto de acórdão regional prolatado em agravo de instrumento. (Res. n. 14/1985, DJ 19.9.1985)

219 — HONORÁRIOS ADVOCATÍCIOS. CABIMENTO. (ALTERADA A REDAÇÃO DO ITEM I E ACRESCIDOS OS ITENS IV A VI NA SESSÃO DO TRIBUNAL PLENO REALIZADA EM 15.3.2016) RES. N. 204/2016, DEJT DIVULGADO EM 17, 18 E 21.03.2016(***)

I — Na Justiça do Trabalho, a condenação ao pagamento de honorários advocatícios não decorre pura e simplesmente da sucumbência, devendo a parte, concomitantemente:

a) estar assistida por sindicato da categoria profissional;

b) comprovar a percepção de salário inferior ao dobro do salário mínimo ou encontrar-se em situação econômica que não lhe permita demandar sem prejuízo do próprio sustento ou da respectiva família (art. 14, § 1º, da Lei n. 5.584/1970). (ex-OJ n. 305 da SBDI-I).(***)

II — É cabível a condenação ao pagamento de honorários advocatícios em ação rescisória no processo trabalhista.

III — São devidos os honorários advocatícios nas causas em que o ente sindical figure como substituto processual e nas lides que não derivem da relação de emprego.(***)

IV — Na ação rescisória e nas lides que não derivem de relação de emprego, a responsabilidade pelo pagamento dos honorários advocatícios da sucumbência submete-se à disciplina do Código de Processo Civil (arts. 85, 86, 87 e 90).(***)

V — Em caso de assistência judiciária sindical ou de substituição processual sindical, excetuados os processos em que a Fazenda Pública for parte, os honorários advocatícios são devidos entre o mínimo de dez e o máximo de vinte por cento sobre o valor da condenação, do proveito econômico obtido ou, não sendo possível mensurá-lo, sobre o valor atualizado da causa (CPC de 2015, art. 85, § 2º).(***)

VI — Nas causas em que a Fazenda Pública for parte, aplicar-se-ão os percentuais específicos de honorários advocatícios contemplados no Código de Processo.(***)

220 — HONORÁRIOS ADVOCATÍCIOS — SUBSTITUIÇÃO PROCESSUAL — CANCELADA — RES. 55/1996, DJ 19.4.1996 (**)

Atendidos os requisitos da Lei n. 5.584/1970, são devidos os honorários advocatícios, ainda que o sindicato figure como substituto processual. (Res. n. 14/1985, DJ 19.9.1985)

221 — RECURSO DE REVISTA. VIOLAÇÃO DE LEI. INDICAÇÃO DE PRECEITO (CANCELADO O ITEM II E CONFERIDA NOVA REDAÇÃO NA SESSÃO DO TRIBUNAL PLENO REALIZADA EM 14.9.2012 — RES. N. 185/2012, DEJT DIVULGADO EM 25.9.2012).

A admissibilidade do recurso de revista por violação tem como pressuposto a indicação expressa do dispositivo de lei ou da Constituição tido como violado.

222 — DIRIGENTES DE ASSOCIAÇÕES PROFISSIONAIS — ESTABILIDADE PROVISÓRIA — CANCELADA — RES. 84/1998, DJ 20.8.1998 (**)

Os dirigentes de associações profissionais, legalmente registradas, gozam de estabilidade provisória no emprego. (Res. n. 14/1985, DJ 19.9.1985)

223 — PRESCRIÇÃO — OPÇÃO PELO SISTEMA DO FUNDO DE GARANTIA DO TEMPO DE SERVIÇO — TERMO INICIAL — CANCELADA

O termo inicial da prescrição para anular a opção pelo Fundo de Garantia do Tempo de Serviço coincide com a data em que formalizado o ato opcional, e não com a cessação do contrato de trabalho. (Res. n. 14/1985, DJ 19.9.1985) *[Cancelada pela Res. Adm. do TST (PLENO) n. 121, de 28.10.2003, DJ 19.11.2003, Rep. DJ 25.11.2003]*

224 — COMPETÊNCIA — AÇÃO DE CUMPRIMENTO — SINDICATO — DESCONTO ASSISTENCIAL — CANCELADA

A Justiça do Trabalho é incompetente para julgar ação na qual o sindicato, em nome próprio, pleiteia o recolhimento de desconto assistencial previsto em sentença normativa, convenção ou acordo coletivos. (Res. n. 14/1985, DJ 19.9.1985)

Histórico:

Revista pela Súmula n. 334 — Res. 26/1994, DJ 12.5.1994 *[Cancelada pela Res. Adm. do TST (PLENO) n. 121, de 28.10.2003, DJ 19.11.2003, Rep. DJ 25.11.2003]*

225 — REPOUSO SEMANAL — CÁLCULO — GRATIFICAÇÕES POR TEMPO DE SERVIÇO E PRODUTIVIDADE(*)

As gratificações por tempo de serviço e produtividade, pagas mensalmente, não repercutem no cálculo do repouso semanal remunerado. (Res. n. 14/1985, DJ 19.9.1985)

226 — BANCÁRIO — GRATIFICAÇÃO POR TEMPO DE SERVIÇO — INTEGRAÇÃO NO CÁLCULO DAS HORAS EXTRAS(*)

A gratificação por tempo de serviço integra o cálculo das horas extras. (Res. n. 14/1985, DJ 19.9.1985)

227 — SALÁRIO-FAMÍLIA — TRABALHADOR RURAL — CANCELADA

O salário-família somente é devido aos trabalhadores urbanos, não alcançando os rurais, ainda que prestem serviços, no campo, à empresa agroindustrial. (Res. n. 14/1985, DJ 19.9.1985)

Histórico:

Revista pela Súmula n. 344 — Res. 51/1995, DJ 21.9.1995 *[Cancelada pela Res. Adm. do TST (PLENO) n. 121, de 28.10.2003, DJ 19.11.2003, Rep. DJ 25.11.2003]*

228 — ADICIONAL DE INSALUBRIDADE — BASE DE CÁLCULO. (REDAÇÃO ALTERADA NA SESSÃO DO TRIBUNAL PLENO REALIZADA EM 26.6.08) — RES. N. 148/2008, DJ 4 E 7.7.2008 — REPUBLICADA DJ 8, 9 E 10.7.2008

Súmula cuja eficácia está suspensa por decisão liminar do Supremo Tribunal Federal (Adendo acrescentado pela Res. n. 185/2012, DEJT divulgado em 25.9.2012). A partir de 9 de maio de 2008, data da publicação da Súmula Vinculante n. 4 do Supremo Tribunal Federal, o adicional de insalubridade será calculado sobre o salário básico, salvo critério mais vantajoso fixado em instrumento coletivo.

229 — SOBREAVISO — ELETRICITÁRIOS — NOVA REDAÇÃO

Por aplicação analógica do art. 244, § 2º, da CLT, as horas de sobreaviso dos eletricitários são remuneradas à base de 1/3 sobre a totalidade das parcelas de natureza salarial.

Histórico:

Redação original — Res. n. 14/1985, DJ 19.9.1985 *[Revisada pela Res. Adm. do TST (PLENO) n. 121, de 28.10.2003, DJ 19.11.2003, Rep. DJ 25.11.2003]*

230 — AVISO PRÉVIO — SUBSTITUIÇÃO PELO PAGAMENTO DAS HORAS REDUZIDAS DA JORNADA DE TRABALHO(*)

É ilegal substituir o período que se reduz da jornada de trabalho, no aviso prévio, pelo pagamento das horas correspondentes. (Res. n. 14/1985, DJ 19.9.1985)

231 — QUADRO DE CARREIRA — HOMOLOGAÇÃO PELO CONSELHO NACIONAL DE POLÍTICA SALARIAL — EFICÁCIA — CANCELADA

É eficaz para efeito do art. 461, § 2º, da CLT a homologação de quadro organizado em carreira pelo Conselho Nacional de Política Salarial. (Res. n. 14/1985, DJ 19.9.1985) *[Cancelada pela Res. Adm. do TST (PLENO) n. 121, de 28.10.2003, DJ 19.11.2003, Rep. DJ 25.11.2003]*

232 — BANCÁRIO — CARGO DE CONFIANÇA — JORNADA — HORAS EXTRAS — (CANCELADA EM DECORRÊNCIA DA SUA INCORPORAÇÃO À NOVA REDAÇÃO DA SÚMULA N. 102 — RES. N. 129/2005 DJ 20.4.2005).

O bancário sujeito à regra do art. 224, § 2º, da CLT cumpre jornada de trabalho de 8 (oito) horas, sendo extraordinárias as trabalhadas além da oitava. (Res. n. 14/1985, DJ 19.9.1985)

233 — BANCÁRIO — CHEFE — CANCELADA

O bancário no exercício da função de chefia, que recebe gratificação não inferior a 1/3 do salário do cargo efetivo, está inserido na exceção do § 2º do art. 224 da CLT, não fazendo jus ao pagamento das sétima e oitava horas como extras. (Res. n. 14/1985, DJ 19.9.1985) *[Cancelada pela Res. Adm. do TST (PLENO) n. 121, de 28.10.2003, DJ 19.11.2003, Rep. DJ 25.11.2003]*

234 — BANCÁRIO — SUBCHEFE — CANCELADA

O bancário no exercício da função de subchefia, que recebe gratificação não inferior a 1/3 do salário do cargo efetivo, está inserido na exceção do § 2º do art. 224 da CLT, não fazendo jus ao pagamento das sétima e oitava horas como extras. (Res. n. 14/1985, DJ 19.9.1985) *[Cancelada pela Res. Adm. do TST (PLENO) n. 121, de 28.10.2003, DJ 19.11.2003, Rep. DJ 25.11.2003]*

235 — DISTRITO FEDERAL E AUTARQUIAS — CORREÇÃO AUTOMÁTICA DOS SALÁRIOS — INAPLICABILIDADE DA LEI N. 6.708/1979 — CANCELADA

Aos servidores do Distrito Federal e respectivas autarquias, submetidos ao regime da CLT, não se aplica a Lei n. 6.708/1979, que determina a correção automática dos salários. (Res. n. 15/1985, DJ 9.12.1985) *[Cancelada pela Res. Adm. do TST (PLENO) n. 121, de 28.10.2003, DJ 19.11.2003, Rep. DJ 25.11.2003]*

236 — HONORÁRIOS PERICIAIS — RESPONSABILIDADE — CANCELADA

A responsabilidade pelo pagamento dos honorários periciais é da parte sucumbente na pretensão relativa ao objeto da perícia. (Res. n. 15/1985, DJ 9.12.1985) *[Cancelada pela Res. Adm. do TST (PLENO) n. 121, de 28.10.2003, DJ 19.11.2003, Rep. DJ 25.11.2003]*

237 — BANCÁRIO — TESOUREIRO — CANCELADA

O bancário investido na função de tesoureiro, que recebe gratificação não inferior a 1/3 do salário do cargo efetivo, está inserido na exceção do § 2º do art. 224 da CLT, não fazendo jus ao pagamento das sétima e oitava horas como extras. (Res. n. 15/1985, DJ 9.12.1985) *[Cancelada pela Res. Adm. do TST (PLENO) n. 121, de 28.10.2003, DJ 19.11.2003, Rep. DJ 25.11.2003]*

238 — BANCÁRIO — SUBGERENTE — CANCELADA

O bancário no exercício da função de subgerente, que recebe gratificação não inferior a 1/3 do salário do cargo efetivo, está inserido na exceção do § 2º do art. 224 da CLT, não fazendo jus ao pagamento das sétima e oitava horas como extras. (Res. n. 15/1985, DJ 9.12.1985) *[Cancelada pela Res. Adm. do TST (PLENO) n. 121, de 28.10.2003, DJ 19.11.2003, Rep. DJ 25.11.2003]*

239 — BANCÁRIO — EMPREGADO DE EMPRESA DE PROCESSAMENTO DE DADOS — (INCORPORADAS AS ORIENTAÇÕES JURISPRUDENCIAIS NS. 64 E 126 DA SBDI-1 — RES. N. 129/2005 — DJ 20.4.2005).

É bancário o empregado de empresa de processamento de dados que presta serviço a banco integrante do mesmo grupo econômico, exceto quando a empresa de processamento de dados presta serviços a banco e a empresa não bancárias do mesmo grupo econômico ou a terceiros. (Primeira parte — ex-Súmula n. 239 — Res. n. 15/1985, DJ 9.12.1985; segunda parte — ex-OJs n. 64 — inserida em 13.9.1994 e n. 126 — Inserida em 20.4.1998)

240 — BANCÁRIO — GRATIFICAÇÃO DE FUNÇÃO E ADICIONAL POR TEMPO DE SERVIÇO(*)

O adicional por tempo de serviço integra o cálculo da gratificação prevista no art. 224, § 2º, da CLT. (Res. n. 15/1985, DJ 9.12.1985)

241 — SALÁRIO-UTILIDADE — ALIMENTAÇÃO(*)

O vale para refeição, fornecido por força do contrato de trabalho, tem caráter salarial, integrando a remuneração do empregado, para todos os efeitos legais. (Res. n. 15/1985, DJ 9.12.1985)

242 — INDENIZAÇÃO ADICIONAL — VALOR(*)

A indenização adicional, prevista no art. 9º da Lei n. 6.708, de 30.10.1979 e no art. 9º da Lei n. 7.238 de 28.10.1984, corresponde ao salário mensal, no valor devido na data da comunicação do despedimento, integrado pelos adicionais legais ou convencionados, ligados à unidade de tempo mês, não sendo computável a gratificação natalina. (Res. n. 15/1985, DJ 9.12.1985)

243 — OPÇÃO PELO REGIME TRABALHISTA — SUPRESSÃO DAS VANTAGENS ESTATUTÁRIAS(*)

Exceto na hipótese de previsão contratual ou legal expressa, a opção do funcionário público pelo regime trabalhista implica a renúncia dos direitos inerentes ao regime estatutário. (Res. n. 15/1985, DJ 9.12.1985)

244 — GESTANTE. ESTABILIDADE PROVISÓRIA (REDAÇÃO DO ITEM III ALTERADA NA SESSÃO DO TRIBUNAL PLENO REALIZADA EM 14.9.2012 — RES. N. 185/2012, DEJT DIVULGADO EM 25.9.2012)

I — O desconhecimento do estado gravídico pelo empregador não afasta o direito ao pagamento da indenização decorrente da estabilidade (art. 10, II, "b" do ADCT).

II — A garantia de emprego à gestante só autoriza a reintegração se esta se der durante o período de estabilidade. Do contrário, a garantia restringe-se aos salários e demais direitos correspondentes ao período de estabilidade.

III — A empregada gestante tem direito à estabilidade provisória prevista no art. 10, inciso II, alínea "b", do Ato das Disposições Constitucionais Transitórias, mesmo na hipótese de admissão mediante contrato por tempo determinado.

245 — DEPÓSITO RECURSAL — PRAZO(*)

O depósito recursal deve ser feito e comprovado no prazo alusivo ao recurso. A interposição antecipada deste não prejudica a dilação legal. (Res. n. 15/1985, DJ 9.12.1985)

246 — AÇÃO DE CUMPRIMENTO — TRÂNSITO EM JULGADO DA SENTENÇA NORMATIVA(*)

É dispensável o trânsito em julgado da sentença normativa para a propositura da ação de cumprimento. (Res. n. 15/1985, DJ 9.12.1985)

247 — QUEBRA DE CAIXA — NATUREZA JURÍDICA(*)

A parcela paga aos bancários sob a denominação "quebra de caixa" possui natureza salarial, integrando o salário do prestador de serviços, para todos os efeitos legais. (Res. n. 16/1985, DJ 13.1.1986)

248 — ADICIONAL DE INSALUBRIDADE — DIREITO ADQUIRIDO(*)

A reclassificação ou a descaracterização da insalubridade, por ato da autoridade competente, repercute na satisfação do respectivo adicional, sem ofensa a direito adquirido ou ao princípio da irredutibilidade salarial. (Res. n. 17/1985, DJ 13.1.1986)

249 — AUMENTO SALARIAL SETORIZADO — TABELA ÚNICA — CANCELADA

Legítima é a concessão de aumento salarial por região do país, desfazendo identidade anterior, baseada em tabela única de âmbito nacional. (Res. n. 17/1985, DJ 13.01.1986) *[Cancelada pela Res. Adm. do TST (PLENO) n. 121, de 28.10.2003, DJ 19.11.2003, Rep. DJ 25.11.2003]*

250 — PLANO DE CLASSIFICAÇÃO — PARCELAS ANTIGUIDADE E DESEMPENHO — AGLUTINAÇÃO AO SALÁRIO — CANCELADA

Lícita é a incorporação ao salário-base das parcelas pagas a título de antiguidade e desempenho, quando não há prejuízo para o empregado. (Res. n. 17/1985, DJ 13.1.1986) *[Cancelada pela Res. Adm. do TST (PLENO) n. 121, de 28.10.2003, DJ 19.11.2003, Rep. DJ 25.11.2003]*

251 — PARTICIPAÇÃO NOS LUCROS — NATUREZA SALARIAL — CANCELADA — RES. N. 33/1994, DJ 12.5.1994 — REFERÊNCIA ART. 7º, XI, CF/1988 (**)

A parcela participação nos lucros da empresa, habitualmente paga, tem natureza salarial, para todos os efeitos legais. (Res. n. 17/1985, DJ 13.1.1986)

252 — FUNCIONÁRIO PÚBLICO — CEDIDO — REAJUSTE SALARIAL — CANCELADA

Os funcionários públicos cedidos à Rede Ferroviária Federal S.A. têm direito ao reajustamento salarial previsto no art. 5º da Lei n. 4.345/1964, compensável com o deferido pelo art. 1º da Lei n. 4.564/1964 e observados os padrões de vencimentos, à época dos cargos idênticos ou assemelhados do serviço público, a teor do disposto no art. 20, item I, da Lei n. 4.345/1964 e nos termos dos acórdãos proferidos no DC 2/1966. O paradigma previsto neste último dispositivo legal será determinado através de perícia, se as partes não o indicarem de comum acordo. (Redação dada pela Res. n. 107/2001, DJ 21.3.2001 — Republicada DJ 26.3.2001)

Histórico:

Alteração da Súmula n. 116 — RA 118/1980, DJ 3.11.1980 Redação original — Res. n. 18/1985, DJ 13.1.1986 *[Cancelada pela Res. Adm. do TST (PLENO) n. 121, de 28.10.2003, DJ 19.11.2003, Rep. DJ 25.11.2003]*

253 — GRATIFICAÇÃO SEMESTRAL — REPERCUSSÕES — NOVA REDAÇÃO

A gratificação semestral não repercute no cálculo das horas extras, das férias e do aviso prévio, ainda que indenizados. Repercute, contudo, pelo seu duodécimo na indenização por antiguidade e na gratificação natalina.

Histórico:

Redação original — Res. n. 1/1986, DJ 23.5.1986 *[Revisada pela Res. Adm. do TST (PLENO) n. 121, de 28.10.2003, DJ 19.11.2003, Rep. DJ 25.11.2003]*

254 — SALÁRIO-FAMÍLIA — TERMO INICIAL DA OBRIGAÇÃO(*)

O termo inicial do direito ao salário-família coincide com a prova da filiação. Se feita em juízo, corresponde à data de ajuizamento do pedido, salvo se comprovado que anteriormente o empregador se recusara a receber a respectiva certidão. (Res. 2/1986, DJ 2.7.1986)

255 — SUBSTITUIÇÃO PROCESSUAL — DESISTÊNCIA — CANCELADA

O substituído processualmente pode, antes da sentença de primeiro grau, desistir da ação. (Res. 3/1986, DJ 2.7.1986)

Histórico:

Alteração da Súmula n. 180 — Res. n. 1/1983, DJ 19.10.1983 *[Cancelada pela Res. Adm. do TST (PLENO) n. 121, de 28.10.2003, DJ 19.11.2003, Rep. DJ 25.11.2003]*

256 — CONTRATO DE PRESTAÇÃO DE SERVIÇOS — LEGALIDADE — CANCELADA

Salvo os casos de trabalho temporário e de serviço de vigilância, previstos nas Leis ns. 6.019, de 3.1.1974, e 7.102, de 20.6.1983, é ilegal a contratação de trabalhadores por empresa interposta, formando-se o vínculo empregatício diretamente com o tomador dos serviços. (Res. 4/1986, DJ 30.9.1986)

Histórico:

Revista pela Súmula n. 331 — Res. 23/1993, DJ 21.12.1993 *[Cancelada pela Res. Adm. do TST (PLENO) n. 121, de 28.10.2003, DJ 19.11.2003, Rep. DJ 25.11.2003]*

257 — VIGILANTE(*)

O vigilante, contratado diretamente por banco ou por intermédio de empresas especializadas, não é bancário. (Res. 5/1986, DJ 31.10.1986)

258 — SALÁRIO-UTILIDADE — PERCENTUAIS — NOVA REDAÇÃO

Os percentuais fixados em lei relativos ao salário *in natura* apenas se referem às hipóteses em que o empregado percebe salário mínimo, apurando-se, nas demais, o real valor da utilidade.

Histórico:

Redação original — Res. n. 6/1986, DJ 31.10.1986 *[Revisada pela Res. Adm. do TST (PLENO) n. 121, de 28.10.2003, DJ 19.11.2003, Rep. DJ 25.11.2003]*

259 — TERMO DE CONCILIAÇÃO — AÇÃO RESCISÓRIA(*)

Só por ação rescisória é impugnável o termo de conciliação previsto no parágrafo único do art. 831 da CLT. (Res. n. 7/1986, DJ 31.10.1986)

260 — SALÁRIO-MATERNIDADE — CONTRATO DE EXPERIÊNCIA — CANCELADA

No contrato de experiência, extinto antes do período de 4 (quatro) semanas que precede ao parto, a empregada não tem direito a receber, do empregador, o salário-maternidade. (Res. 8/1986, DJ 31.10.1986 — Republicada com correção DJ 6.11.1986) *[Cancelada pela Res. Adm. do TST (PLENO) n. 121, de 28.10.2003, DJ 19.11.2003, Rep. DJ 25.11.2003]*

261 — FÉRIAS PROPORCIONAIS — PEDIDO DE DEMISSÃO — CONTRATO VIGENTE HÁ MENOS DE UM ANO — NOVA REDAÇÃO

O empregado que se demite antes de completar 12 (doze) meses de serviço tem direito a férias proporcionais.

Histórico:

Redação original — Res. n. 9/1986, DJ 30.10.1986 — Republicada com correção DJ 6.11.1986 *[Revisada pela Res. Adm. do TST (PLENO) n. 121, de 28.10.2003, DJ 19.11.2003, Rep. DJ 25.11.2003]*

262 — PRAZO JUDICIAL. NOTIFICAÇÃO OU INTIMAÇÃO EM SÁBADO. RECESSO FORENSE (REDAÇÃO DO ITEM II ALTERADA NA SESSÃO DO TRIBUNAL PLENO REALIZADA EM 19.05.2014) — RES. 194/2014, DEJT DIVULGADO EM 21, 22 E 23.05.2014

I — Intimada ou notificada a parte no sábado, o início do prazo se dará no primeiro dia útil imediato e a contagem, no subsequente. (ex-Súmula n. 262 — Res. 10/1986, DJ 31.10.1986)(***)

II — O recesso forense e as férias coletivas dos Ministros do Tribunal Superior do Trabalho suspendem os prazos recursais. (ex-OJ n. 209 da SBDI-1 — inserida em 08.11.2000).

263 — PETIÇÃO INICIAL. INDEFERIMENTO. INSTRUÇÃO OBRIGATÓRIA DEFICIENTE (NOVA REDAÇÃO EM DECORRÊNCIA DO CPC DE 2015) — RES. N. 208/2016, DEJT DIVULGADO EM 22, 25 E 26.04.2016.

Salvo nas hipóteses do art. 330 do CPC de 2015 (art. 295 do CPC de 1973), o indeferimento da petição inicial, por encontrar-se desacompanhada de documento indispensável à propositura da ação ou não preencher outro requisito legal, somente é cabível se, após intimada para suprir a irregularidade em 15 (quinze) dias, mediante indicação precisa do que deve ser corrigido ou completado, a parte não o fizer (art. 321 do CPC de 2015).(***)

264 — HORA SUPLEMENTAR — CÁLCULO(*)

A remuneração do serviço suplementar é composta do valor da hora normal, integrado por parcelas de natureza salarial e acrescido do adicional previsto em lei, contrato, acordo, convenção coletiva ou sentença normativa. (Res. n. 12/1986, DJ 31.10.1986)

265 — ADICIONAL NOTURNO — ALTERAÇÃO DE TURNO DE TRABALHO — POSSIBILIDADE DE SUPRESSÃO(*)

A transferência para o período diurno de trabalho implica a perda do direito ao adicional noturno. (Res. n. 13/1986, DJ 20.1.1987)

266 — RECURSO DE REVISTA — ADMISSIBILIDADE — EXECUÇÃO DE SENTENÇA — REVISÃO DA SÚMULA N. 210 — RES. N. 14/1985, DJ 19.9.1985(*)

A admissibilidade do recurso de revista interposto de acórdão proferido em agravo de petição, na liquidação de sentença ou em processo incidente na execução, inclusive os embargos de terceiro, depende de demonstração inequívoca de violência direta à Constituição Federal. (Res. n. 1/1987, DJ 23.10.1987 e DJ 14.12.1987)

267 — BANCÁRIO — VALOR DO SALÁRIO-HORA — DIVISOR — CANCELADA

O bancário sujeito à jornada de 8 (oito) horas (art. 224, § 2º, da CLT) tem salário-hora calculado com base no divisor 240 (duzentos e quarenta) e não 180 (cento e oitenta), que é relativo à jornada de 6 (seis) horas. (Res. 2/1987, DJ 14.12.1987)

Histórico:

Revista pela Súmula n. 343 — Res. 48/1995, DJ 30.8.1995 *[Cancelada pela Res. Adm. do TST (PLENO) n. 121, de 28.10.2003, DJ 19.11.2003, Rep. DJ 25.11.2003]*

268 — PRESCRIÇÃO — INTERRUPÇÃO — AÇÃO TRABALHISTA ARQUIVADA — NOVA REDAÇÃO

A ação trabalhista, ainda que arquivada, interrompe a prescrição somente em relação aos pedidos idênticos.(***)

Histórico:

Redação original — Res. n. 1/1988, DJ 1.3.1988 *[Revisada pela Res. Adm. do TST (PLENO) n. 121, de 28.10.2003, DJ 19.11.2003, Rep. DJ 25.11.2003]*

269 — DIRETOR ELEITO — CÔMPUTO DO PERÍODO COMO TEMPO DE SERVIÇO(*)

O empregado eleito para ocupar cargo de diretor tem o respectivo contrato de trabalho suspenso, não se computando o tempo de serviço desse período, salvo se permanecer a subordinação jurídica inerente à relação de emprego. (Res. 2/1988, DJ 1.3.1988)

270 — REPRESENTAÇÃO PROCESSUAL — MANDATO EXPRESSO — AUSÊNCIA DE FIRMA RECONHECIDA — CANCELADA — RES. 49/1995, DJ 30.8.1995 — LEI N. 8.952/1994 (**)

A ausência de reconhecimento de firma no instrumento de mandato — procuração — torna irregular a representação processual, impossibilitando o conhecimento do recurso, por inexistente. (Res. 3/1988, DJ 1.3.1988)

271 — SUBSTITUIÇÃO PROCESSUAL — ADICIONAIS DE INSALUBRIDADE E DE PERICULOSIDADE — CANCELADA

Legítima é a substituição processual dos empregados associados, pelo sindicato que congrega a categoria profissional, na demanda trabalhista cujo objeto seja adicional de insalubridade ou periculosidade. (Res. 4/1988, DJ 1.3.1988) *[Cancelada pela Res. Adm. do TST (PLENO) n. 121, de 28.10.2003, DJ 19.11.2003, Rep. DJ 25.11.2003]*

272 — AGRAVO DE INSTRUMENTO — TRASLADO DEFICIENTE — CANCELADA

Não se conhece do agravo para subida de recurso de revista, quando faltarem no traslado o despacho agravado, a decisão recorrida, a petição de recurso de revista, a procuração subscrita pelo agravante, ou qualquer peça essencial à compreensão da controvérsia. (Res. 5/1988, DJ 1.3.1988) *[Cancelada pela Res. Adm. do TST (PLENO) n. 121, de 28.10.2003, DJ 19.11.2003, Rep. DJ 25.11.2003]*

273 — CONSTITUCIONALIDADE — DECRETOS-LEIS NS. 2.012/1983 E 2.045/1983 — CANCELADA

São constitucionais os Decretos-leis ns. 2.012/1983 e 2.045/1983. (Res. n. 6/1988, DJ 1.3.1988) *[Cancelada pela Res. Adm. do TST (PLENO) n. 121, de 28.10.2003, DJ 19.11.2003, Rep. DJ 25.11.2003]*

274 — PRESCRIÇÃO PARCIAL — EQUIPARAÇÃO SALARIAL — REDAÇÃO DADA PELA RES. N. 121/2003, DJ 21.11.2003 — (CANCELADA EM DECORRÊNCIA DA SUA INCORPORAÇÃO À NOVA REDAÇÃO DA SÚMULA N. 6) — RES. N. 129/05 — DJ 20.4.2005.

Na ação de equiparação salarial, a prescrição só alcança as diferenças salariais vencidas no período de 5 (cinco) anos que precedeu o ajuizamento.

275 — PRESCRIÇÃO — DESVIO DE FUNÇÃO E REENQUADRAMENTO — (INCORPORADA A ORIENTAÇÃO JURISPRUDENCIAL N. 144 DA SBDI-1 — RES. N. 129/05 — DJ 20.4.2005

I — Na ação que objetive corrigir desvio funcional, a prescrição só alcança as diferenças salariais vencidas no período de 5 (cinco) anos que precedeu o ajuizamento. (ex-Súmula n. 275 — Res. n. 121/03, DJ 21.11.2003)

II — Em se tratando de pedido de reenquadramento, a prescrição é total, contada da data do enquadramento do empregado. (ex-OJ n. 144 da SBDI-I — Inserida em 27.11.1998)

276 — AVISO PRÉVIO — RENÚNCIA PELO EMPREGADO(*)

O direito ao aviso prévio é irrenunciável pelo empregado. O pedido de dispensa de cumprimento não exime o empregador de pagar o respectivo valor, salvo comprovação de haver o prestador dos serviços obtido novo emprego. (Res. n. 9/1988, DJ 1.3.1988)

277 — CONVENÇÃO COLETIVA DE TRABALHO OU ACORDO COLETIVO DE TRABALHO. EFICÁCIA. ULTRATIVIDADE (REDAÇÃO ALTERADA NA SESSÃO DO TRIBUNAL PLENO REALIZADA EM 14.9.2012 — RES. N. 185/2012, DEJT DIVULGADO EM 25.9.2012)

As cláusulas normativas dos acordos coletivos ou convenções coletivas integram os contratos individuais de trabalho e somente poderão ser modificadas ou suprimidas mediante negociação coletiva de trabalho.(***)

278 — EMBARGOS DE DECLARAÇÃO — OMISSÃO NO JULGADO(*)

A natureza da omissão suprida pelo julgamento de embargos declaratórios pode ocasionar efeito modificativo no julgado. (Res. n. 11/1988, DJ 1.3.1988)

279 — RECURSO CONTRA SENTENÇA NORMATIVA — EFEITO SUSPENSIVO — CASSAÇÃO(*)

A cassação de efeito suspensivo concedido a recurso interposto de sentença normativa retroage à data do despacho que o deferiu. (Res. n. 12/1988, DJ 1.3.1988)

280 — CONVENÇÃO COLETIVA — SOCIEDADE DE ECONOMIA MISTA — AUDIÊNCIA PRÉVIA DO ÓRGÃO OFICIAL COMPETENTE — CANCELADA — RES. 2/1990, DJ 10.1.1991 (**)

Convenção coletiva, formalizada sem prévia audição do órgão oficial competente, não obriga sociedade de economia mista. (Res. n. 13/1988, DJ 1.3.1988)

281 — PISO SALARIAL — PROFESSORES — CANCELADA

A instituição do Fundo de Participação dos Estados e Municípios não fez surgir, para os professores, direito a piso salarial. (Res. n. 14/1988, DJ 1.3.1988) *[Cancelada pela Res. Adm. do TST (PLENO) n. 121, de 28.10.2003, DJ 19.11.2003, Rep. DJ 25.11.2003]*

282 — ABONO DE FALTAS — SERVIÇO MÉDICO DA EMPRESA(*)

Ao serviço médico da empresa ou ao mantido por esta última mediante convênio compete abonar os primeiros 15 (quinze) dias de ausência ao trabalho. (Res. n. 15/1988, DJ 1.3.1988)

283 — RECURSO ADESIVO — PERTINÊNCIA NO PROCESSO DO TRABALHO — CORRELAÇÃO DE MATÉRIAS — REVISÃO DA SÚMULA N. 196 — RES. 2/1985, DJ 1.4.1985 — REPUBLICADA COM CORREÇÃO DJ 12.4.1985(*)

O recurso adesivo é compatível com o processo do trabalho e cabe, no prazo de 8 (oito) dias, nas hipóteses de interposição de recurso ordinário, de agravo de petição, de revista e de embargos, sendo desnecessário que a matéria nele veiculada esteja relacionada com a do recurso interposto pela parte contrária. (Res. n. 16/1988, DJ 18.3.1988)

284 — CORREÇÃO MONETÁRIA — EMPRESAS EM LIQUIDAÇÃO — LEI N. 6.024/1974 — CANCELADA

Os débitos trabalhistas das empresas em liquidação de que cogita a Lei n. 6.024/1974 estão sujeitos à correção monetária, observada a vigência do Decreto-lei n. 2.278/1985, ou seja, a partir de 22.11.1985. (Res. n. 17/1988, DJ 18.3.1988)

Histórico:

Revisão da Súmula n. 185 — Res. n. 7/1983, DJ 9.11.1983 Revista pela Súmula n. 304 — Res. 2/1992, DJ 5.11.1992. *[Cancelada pela Res. Adm. do TST (PLENO) n. 121, de 28.10.2003, DJ 19.11.2003, Rep. DJ 25.11.2003]*

285 — RECURSO DE REVISTA. ADMISSIBILIDADE PARCIAL PELO JUIZ-PRESIDENTE DO TRIBUNAL REGIONAL DO TRABALHO. EFEITO (MANTIDA) — RES. N. 121/2003, DJ 19, 20 E 21.11.2003 (CANCELADA, A PARTIR DE 15 DE ABRIL 2016, RES. N. 204/2016, DEJT DIVULGADO EM 17, 18 E 21.03.2016)

O fato de o juízo primeiro de admissibilidade do recurso de revista entendê-lo cabível apenas quanto a parte das matérias veiculadas não impede a apreciação integral pela Turma do Tribunal Superior do Trabalho, sendo imprópria a interposição de agravo de instrumento.

286 — SINDICATO — SUBSTITUIÇÃO PROCESSUAL — CONVENÇÃO E ACORDO COLETIVOS — REDAÇÃO DADA PELA RES. 98/2000, DJ 18.9.2000(*)

A legitimidade do sindicato para propor ação de cumprimento estende-se também à observância de acordo ou de convenção coletivos.

Histórico:

Redação original — Res. n. 19/1988, DJ 18.3.1988

287 — JORNADA DE TRABALHO — GERENTE BANCÁRIO — NOVA REDAÇÃO

A jornada de trabalho do empregado de banco gerente de agência é regida pelo art. 224, § 2º, da CLT. Quanto ao gerente geral de agência bancária, presume-se o exercício de encargo de gestão, aplicando-se-lhe o art. 62 da CLT.

Histórico:

Redação original — Res. 20/1988, DJ 18.3.1988 *[Revisada pela Res. Adm. do TST (PLENO) n. 121, de 28.10.2003, DJ 19.11.2003, Rep. DJ 25.11.2003]*

288 — COMPLEMENTAÇÃO DOS PROVENTOS DA APOSENTADORIA (NOVA REDAÇÃO PARA O ITEM I E ACRESCIDOS OS ITENS III E IV EM DECORRÊNCIA DO JULGAMENTO DO PROCESSO TST-E-ED-RR-235-20.2010.5.20.0006 PELO TRIBUNAL PLENO EM

12.04.2016) — RES. N. 207/2016, DEJT DIVULGADO EM 18, 19 E 20.04.2016

I — A complementação dos proventos de aposentadoria, instituída, regulamentada e paga diretamente pelo empregador, sem vínculo com as entidades de previdência privada fechada, é regida pelas normas em vigor na data de admissão do empregado, ressalvadas as alterações que forem mais benéficas (art. 468 da CLT).

II — Na hipótese de coexistência de dois regulamentos de planos de previdência complementar, instituídos pelo empregador ou por entidade de previdência privada, a opção do beneficiário por um deles tem efeito jurídico de renúncia às regras do outro.

III — Após a entrada em vigor das Leis Complementares ns. 108 e 109, de 29.05.2001, reger-se-á a complementação dos proventos de aposentadoria pelas normas vigentes na data da implementação dos requisitos para obtenção do benefício, ressalvados o direito adquirido do participante que anteriormente implementara os requisitos para o benefício e o direito acumulado do empregado que até então não preenchera tais requisitos.

IV — O entendimento da primeira parte do item III aplica-se aos processos em curso no Tribunal Superior do Trabalho em que, em 12.04.2016, ainda não haja sido proferida decisão de mérito por suas Turmas e Seções.

289 — INSALUBRIDADE — ADICIONAL — FORNECIMENTO DO APARELHO DE PROTEÇÃO — EFEITO(*)

O simples fornecimento do aparelho de proteção pelo empregador não o exime do pagamento do adicional de insalubridade. Cabe-lhe tomar as medidas que conduzam à diminuição ou eliminação da nocividade, entre as quais as relativas ao uso efetivo do equipamento pelo empregado. (Res. 22/1988, DJ 24.3.1988)

290 — GORJETAS — NATUREZA JURÍDICA — AUSÊNCIA DE DISTINÇÃO QUANTO À FORMA DE RECEBIMENTO — CANCELADA

As gorjetas, sejam cobradas pelo empregador na nota de serviço ou oferecidas espontaneamente pelos clientes, integram a remuneração do empregado. (Res. 23/1988, DJ 24.3.1988)

Histórico:

Revista pela Súmula n. 354 — Res. n. 71/1997, DJ 30.5.1997 *[Cancelada pela Res. Adm. do TST (PLENO) n. 121, de 28.10.2003, DJ 19.11.2003, Rep. DJ 25.11.2003]*

291 — HORAS EXTRAS — HABITUALIDADE — SUPRESSÃO — INDENIZAÇÃO — (NOVA REDAÇÃO EM DECORRÊNCIA DO JULGAMENTO DO PROCESSO TST-IUJERR 10700-45.2007.5.22.0101 — RES. N. 174, 24.5.2011, DJE/27.5.2011)

A supressão total ou parcial, pelo empregador, de serviço suplementar prestado com habitualidade, durante pelo menos 1 (um) ano, assegura ao empregado o direito à indenização correspondente ao valor de 1 (um) mês das horas suprimidas, total ou parcialmente, para cada ano ou fração igual ou superior a seis meses de prestação de serviço acima da jornada normal. O cálculo observará a média das horas suplementares nos últimos 12 (doze) meses anteriores à mudança, multiplicada pelo valor da hora extra do dia da supressão.

292 — ADICIONAL DE INSALUBRIDADE — TRABALHADOR RURAL — CANCELADA

O trabalhador rural tem direito ao adicional de insalubridade, observando-se a necessidade de verificação, na forma da lei, de condições nocivas à saúde. (Res. 2/1989, DJ 14.04.1989) *[Cancelada pela Res. Adm. do TST (PLENO) n. 121, de 28.10.2003, DJ 19.11.2003, Rep. DJ 25.11.2003]*

293 — ADICIONAL DE INSALUBRIDADE — CAUSA DE PEDIR — AGENTE NOCIVO DIVERSO DO APONTADO NA INICIAL(*)

A verificação mediante perícia de prestação de serviços em condições nocivas, considerado agente insalubre diverso do apontado na inicial, não prejudica o pedido de adicional de insalubridade. (Res. 3/1989, DJ 14.4.1989)

294 — PRESCRIÇÃO — ALTERAÇÃO CONTRATUAL — TRABALHADOR URBANO(*)

Tratando-se de ação que envolva pedido de prestações sucessivas decorrente de alteração do pactuado, a prescrição é total, exceto quando o direito à parcela esteja também assegurado por preceito de lei. (Res. 4/1989, DJ 14.4.1989)(***)

295 — APOSENTADORIA ESPONTÂNEA — DEPÓSITO DO FGTS — PERÍODO ANTERIOR À OPÇÃO — NOVA REDAÇÃO — CANCELADA RES.TST 152, DE 17.11.2008 DJE — TST 20.11.2008

A cessação do contrato de trabalho em razão de aposentadoria espontânea do empregado exclui o direito ao recebimento de indenização relativa ao período anterior à opção. A realização de depósito na conta do Fundo de Garantia do Tempo de Serviço, de que trata o § 3º do art. 14 da Lei n. 8.036, de 11.5.1990, é faculdade atribuída ao empregador.

Histórico:

. Redação original — Res. 5/1989, DJ 14.4.1989 *[Revisada pela Res. Adm. do TST (PLENO) n. 121, de 28.10.2003, DJ 19.11.2003, Rep. DJ 25.11.2003]*

296 — RECURSO — DIVERGÊNCIA JURISPRUDENCIAL — ESPECIFICIDADE — (INCORPORADA A ORIENTAÇÃO JURISPRUDENCIAL N. 37 DA SBDI-1 — RES. N. 129/05 — DJ 20.4.2005)

I — A divergência jurisprudencial ensejadora da admissibilidade, do prosseguimento e do conhecimento do recurso há de ser específica, revelando a existência de teses diversas na interpretação de um mesmo dispositivo legal, embora idênticos os fatos que as ensejaram. (ex-Súmula n. 296 — Res. n. 6/1989, DJ 14.4.1989)

II — Não ofende o art. 896 da CLT decisão de Turma que, examinando premissas concretas de especificidade da divergência colacionada no apelo revisional, conclui pelo conhecimento ou desconhecimento do recurso. (ex-OJ n. 37 da SBDI-I — Inserida em 1º.2.95)

297 — PREQUESTIONAMENTO — OPORTUNIDADE — CONFIGURAÇÃO — NOVA REDAÇÃO

I. Diz-se prequestionada a matéria ou questão quando na decisão impugnada haja sido adotada, explicitamente, tese a respeito.(***)

II. Incumbe à parte interessada, desde que a matéria haja sido invocada no recurso principal, opor embargos declaratórios objetivando o pronunciamento sobre o tema, sob pena de preclusão.(***)

III. Considera-se prequestionada a questão jurídica invocada no recurso principal sobre a qual se omite o Tribunal de pronunciar tese, não obstante opostos embargos de declaração.

Histórico:

Redação original — Res. n. 7/1989, DJ 14.4.1989 *[Revisada pela Res. Adm. do TST (PLENO) n. 121, de 28.10.2003, DJ 19.11.2003, Rep. DJ 25.11.2003]*

298 — AÇÃO RESCISÓRIA — VIOLAÇÃO A DISPOSIÇÃO DE LEI — PRONUNCIAMENTO EXPLÍCITO — (REDAÇÃO ALTERADA PELO TRIBUNAL PLENO NA SESSÃO REALIZADA EM 6.2.2012) (RESOL. 177, 6.2.2012 — DJE 13, 14 E 15.2.2012)

I — A conclusão acerca da ocorrência de violação literal a disposição de lei pressupõe pronunciamento explícito, na sentença rescindenda, sobre a matéria veiculada.

II — O pronunciamento explícito exigido em ação rescisória diz respeito à matéria e ao enfoque específico da tese debatida na ação, e não, necessariamente, ao dispositivo legal tido por violado. Basta que o conteúdo da norma reputada violada haja sido abordado na decisão rescindenda para que se considere preenchido o pressuposto.

III — Para efeito de ação rescisória, considera-se pronunciada explicitamente a matéria tratada na sentença quando, examinando remessa de ofício, o Tribunal simplesmente a confirma.

IV — A sentença meramente homologatória, que silencia sobre os motivos de convencimento do juiz, não se mostra rescindível, por ausência de pronunciamento explícito.

V — Não é absoluta a exigência de pronunciamento explícito na ação rescisória, ainda que esta tenha por fundamento violação de dispositivo de lei. Assim, prescindível o pronunciamento explícito quando o vício nasce no próprio julgamento, como se dá com a sentença *extra*, *citra* e *ultra petita*.

299 — AÇÃO RESCISÓRIA — DECISÃO RESCINDENDA — TRÂNSITO EM JULGADO — COMPROVAÇÃO — EFEITOS (NOVA REDAÇÃO DO ITEM II EM DECORRÊNCIA DO CPC DE 2015) — RES. N. 211/2016, DEJT DIVULGADO EM 24, 25 E 26.08.2016

I — É indispensável ao processamento da ação rescisória a prova do trânsito em julgado da decisão rescindenda. (ex-Súmula n. 299 — Res. 8/1989, DJ 14, 18 e 19.04.1989)

II — Verificando o relator que a parte interessada não juntou à inicial o documento comprobatório, abrirá prazo de 15 (quinze) dias para que o faça (art. 321 do CPC de 2015), sob pena de indeferimento. (ex-Súmula n. 299 — Res 8/1989, DJ 14, 18 e 19.04.1989)

III — A comprovação do trânsito em julgado da decisão rescindenda é pressuposto processual indispensável ao tempo do ajuizamento da ação rescisória. Eventual trânsito em julgado posterior ao ajuizamento da ação rescisória não reabilita a ação proposta, na medida em que o ordenamento jurídico não contempla a ação rescisória preventiva. (ex-OJ n. 106 da SBDI-2 — DJ 29.04.2003)

IV — O pretenso vício de intimação, posterior à decisão que se pretende rescindir, se efetivamente ocorrido, não permite a formação da coisa julgada material. Assim, a ação rescisória deve ser julgada extinta, sem julgamento do mérito, por carência de ação, por inexistir decisão transitada em julgado a ser rescindida. (ex-OJ n. 96 da SBDI-2 — inserida em 27.09.2002)

300 — COMPETÊNCIA DA JUSTIÇA DO TRABALHO — CADASTRAMENTO NO PIS(*)

Compete à Justiça do Trabalho processar e julgar ações ajuizadas por empregados em face de empregadores relativas ao cadastramento no Programa de Integração Social (PIS). (Res. n. 10/1989, DJ 14.4.1989)

301 — AUXILIAR DE LABORATÓRIO — AUSÊNCIA DE DIPLOMA — EFEITOS(*)

O fato de o empregado não possuir diploma de profissionalização de auxiliar de laboratório não afasta a observância das normas da Lei n. 3.999, de 15.12.1961, uma vez comprovada a prestação de serviços na atividade. (Res. n. 11/1989, DJ 14.4.1989)

302 — PROCESSO ADMINISTRATIVO — CANCELADA

Não cabe recurso ao Tribunal Superior do Trabalho, contra decisão em processo administrativo, proferida por Tribunal Regional do Trabalho, ainda que nele seja interessado magistrado. (Res. n. 1/1990, DJ 2.4.1990)

Histórico:

Revisão da Súmula n. 40 — RA 41/1973, DJ 14.6.1973 — Revista pela Súmula n. 321 — Res. n. 13/1993, DJ 29.11.1993 *[Cancelada pela Res. Adm. do TST (PLENO) n. 121, de 28.10.2003, DJ 19.11.2003, Rep. DJ 25.11.2003]*

303 — FAZENDA PÚBLICA — REEXAME NECESSÁRIO — (NOVA REDAÇÃO EM DECORRÊNCIA DO CPC DE 2015) — RES. N. 211/2016, DEJT DIVULGADO EM 24, 25 E 26.08.2016

I — Em dissídio individual, está sujeita ao reexame necessário, mesmo na vigência da Constituição Federal de 1988, decisão contrária à Fazenda Pública, salvo quando a condenação não ultrapassar o valor correspondente a:

a) 1.000 (mil) salários mínimos para a União e as respectivas autarquias e fundações de direito público;

b) 500 (quinhentos) salários mínimos para os Estados, o Distrito Federal, as respectivas autarquias e fundações de direito público e os Municípios que constituam capitais dos Estados;

c) 100 (cem) salários mínimos para todos os demais Municípios e respectivas autarquias e fundações de direito público.

II — Também não se sujeita ao duplo grau de jurisdição a decisão fundada em:

a) súmula ou orientação jurisprudencial do Tribunal Superior do Trabalho;

b) acórdão proferido pelo Supremo Tribunal Federal ou pelo Tribunal Superior do Trabalho em julgamento de recursos repetitivos;

c) entendimento firmado em incidente de resolução de demandas repetitivas ou de assunção de competência;

d) entendimento coincidente com orientação vinculante firmada no âmbito administrativo do próprio ente público, consolidada em manifestação, parecer ou súmula administrativa.

III — Em ação rescisória, a decisão proferida pelo Tribunal Regional do Trabalho está sujeita ao duplo grau de jurisdição obrigatório quando desfavorável ao ente público, exceto nas hipóteses dos incisos anteriores. (ex-OJ n. 71 da SBDI-1 — inserida em 03.06.1996)

IV — Em mandado de segurança, somente cabe reexame necessário se, na relação processual, figurar pessoa jurídica de direito público como parte prejudicada pela concessão da ordem. Tal situação não ocorre na hipótese de figurar no feito como impetrante e terceiro interessado pessoa de direito privado, ressalvada a hipótese de matéria administrativa. (ex-OJs ns. 72 e 73 da SBDI-1 — inseridas, respectivamente, em 25.11.1996 e 03.06.1996).

304 — CORREÇÃO MONETÁRIA — EMPRESAS EM LIQUIDAÇÃO — ART. 46 DO ADCT/CF(*)

Os débitos trabalhistas das entidades submetidas aos regimes de intervenção ou liquidação extrajudicial estão sujeitos a correção monetária desde o respectivo vencimento até seu efetivo pagamento, sem interrupção ou suspensão, não incidindo, entretanto, sobre tais débitos, juros de mora.

305 — FUNDO DE GARANTIA DO TEMPO DE SERVIÇO — INCIDÊNCIA SOBRE O AVISO PRÉVIO(*)

O pagamento relativo ao período de aviso prévio, trabalhado ou não, está sujeito a contribuição para o FGTS. (Res. 3/1992, DJ 5.11.1992)

306 — INDENIZAÇÃO ADICIONAL — PAGAMENTO DEVIDO COM FUNDAMENTO NOS ARTIGOS 9º DA LEI N. 6.708/1979 E 9º DA LEI N. 7.238/1984 — CANCELADA

É devido o pagamento da indenização adicional na hipótese de dispensa injusta do empregado, ocorrida no trintídio que antecede a data-base. A legislação posterior não revogou os arts. 9º da Lei n. 6.708/1979 — e 9º da Lei n. 7.238/1984. (Res. 4/1992, DJ 5.11.1992) *[Cancelada pela Res. Adm. do TST (PLENO) n. 121, de 28.10.2003, DJ 19.11.2003, Rep. DJ 25.11.2003]*

307 — JUROS — IRRETROATIVIDADE DO DECRETO-LEI N. 2.322, DE 26.2.1987(*)

A fórmula de cálculo de juros prevista no Decreto-lei n. 2.322, de 26.2.1987, somente é aplicável a partir de 27.2.1987. Quanto ao período anterior, deve-se observar a legislação então vigente. (Res. 5/1992, DJ 5.11.1992)

308 — PRESCRIÇÃO QUINQUENAL — (INCORPORADA A ORIENTAÇÃO JURISPRUDENCIAL N. 204 DA SBDI-1) — RES. N. 129/05 — DJ 20.4.2005)

I — Respeitado o biênio subsequente à cessação contratual, a prescrição da ação trabalhista concerne às pretensões imediatamente anteriores a cinco anos, contados da data do ajuizamento da reclamação e, não, às anteriores ao quinquênio da data da extinção do contrato. (ex-OJ n. 204 da SBDI-I — Inserida em 8.11.2000)

II — A norma constitucional que ampliou o prazo de prescrição da ação trabalhista para 5 (cinco) anos é de aplicação imediata e não atinge pretensões já alcançadas pela prescrição bienal quando da promulgação da CF/88. (ex-Súmula n. 308 — Res. n. 6/92, DJ 5.11.1992)

309 — VIGIA PORTUÁRIO — TERMINAL PRIVATIVO — NÃO OBRIGATORIEDADE DE REQUISIÇÃO(*)

Tratando-se de terminais privativos destinados à navegação de cabotagem ou de longo curso, não é obrigatória a requisição de vigia portuário indicado por sindicato. (Res. n. 7/1992, DJ 5.11.1992)

310 — SUBSTITUIÇÃO PROCESSUAL — SINDICATO — CANCELADA — RES. N. 119/2003, DJ 1.10.2003 (**)

I — O art. 8º, inciso III, da Constituição da República não assegura a substituição processual pelo sindicato. II — A substituição processual autorizada ao sindicato pelas Leis ns. 6.708, de 30.10.1979, e 7.238, de 29.10.1984, limitada aos associados, restringe-se às demandas que visem aos reajustes salariais previstos em lei, ajuizadas até 3.7.1989, data em que entrou em vigor a Lei n. 7.788. III — A Lei n. 7.788/1989, em seu art. 8º, assegurou, durante sua vigência, a legitimidade do sindicato como substituto processual da categoria. IV — A substituição processual autorizada pela Lei n. 8.073, de 30.7.1990, ao sindicato alcança todos os integrantes da categoria e é restrita às demandas que visem à satisfação de reajustes salariais específicos resultantes de disposição prevista em lei de política salarial. V — Em qualquer ação proposta pelo sindicato como substituto processual, todos os substituídos serão individualizados na petição inicial e, para o início da execução, devidamente identificados pelo número da Carteira de Trabalho e Previdência Social ou de qualquer documento de identidade. VI — É lícito aos substituídos integrar a lide como assistente litisconsorcial, acordar, transigir e renunciar, independentemente de autorização ou anuência do substituto. VII — Na liquidação da sentença exequenda, promovida pelo substituto, serão individualizados os valores devidos a cada substituído, cujos depósitos para quitação serão levantados através de guias expedidas em seu nome ou de procurador com poderes especiais para esse fim, inclusive nas ações de cumprimento. VIII — Quando o sindicato for o autor da ação na condição de substituto processual, não serão devidos honorários advocatícios. (Res. n. 1/1993, DJ 6.5.1993)

311 — BENEFÍCIO PREVIDENCIÁRIO A DEPENDENTE DE EX-EMPREGADO — CORREÇÃO MONETÁRIA — LEGISLAÇÃO APLICÁVEL(*)

O cálculo da correção monetária incidente sobre débitos relativos a benefícios previdenciários devidos a dependentes de ex-empregado pelo empregador, ou por entidade de previdência privada a ele vinculada, será o previsto na Lei n. 6.899, de 8.4.1981. (Res. 2/1993, DJ 6.5.1993 — Republicada DJ 14.5.1993)

312 — CONSTITUCIONALIDADE — ALÍNEA B DO ART. 896 DA CLT(*)

É constitucional a alínea *b* do art. 896 da CLT, com a redação dada pela Lei n. 7.701, de 21.12.1988. (Res. 4/1993, DJ 22.9.1993)

313 — COMPLEMENTAÇÃO DE APOSENTADORIA — PROPORCIONALIDADE — BANESPA(*)

A complementação de aposentadoria, prevista no art. 106, e seus parágrafos, do regulamento de pessoal editado em 1965, só é integral para os empregados que tenham 30 (trinta) ou mais anos de serviços prestados exclusivamente ao banco. (Res. 5/1993, DJ 22.9.1993)

314 — INDENIZAÇÃO ADICIONAL — VERBAS RESCISÓRIAS — SALÁRIO CORRIGIDO(*)

Se ocorrer a rescisão contratual no período de 30 (trinta) dias que antecede à data-base, observado a Súmula n. 182 do TST, o pagamento das verbas rescisórias com o salário já corrigido não afasta o direito à indenização adicional prevista nas Leis ns. 6.708, de 30.10.1979 e 7.238, de 28.10.1984. (Res. n. 6/1993, DJ 22.9.1993)

315 — IPC DE MARÇO/1990 — LEI N. 8.030, DE 12.4.1990 (PLANO COLLOR) — INEXISTÊNCIA DE DIREITO ADQUIRIDO(*)

A partir da vigência da Medida Provisória n. 154, de 15.3.1990, convertida na Lei n. 8.030, de 12.4.1990, não se aplica o IPC de março de 1990, de 84,32% (oitenta e quatro vírgula trinta e dois por cento), para a correção dos salários, porque o direito ainda não se havia incorporado ao patrimônio jurídico dos trabalhadores, inexistindo ofensa ao inciso XXXVI do art. 5º da CF/1988. (Res. n. 7/1993, DJ 22.9.1993)

316 — IPC DE JUNHO/1987 — DECRETO-LEI N. 2.335/1987 (PLANO BRESSER) — EXISTÊNCIA DE DIREITO ADQUIRIDO — CANCELADA — RES. N. 37/1994, DJ 25.11.1994 (**)

É devido o reajuste salarial decorrente da incidência do IPC de junho de 1987, correspondente a 26,06% (vinte e seis vírgula zero seis por cento), porque este direito já se havia incorporado ao patrimônio jurídico dos trabalhadores quando do advento do Decreto-lei n. 2.335/1987. (Res. 8/1993, DJ 22.9.1993)

317 — URP DE FEVEREIRO/1989 — LEI N. 7.730/1989 (PLANO VERÃO) — EXISTÊNCIA DE DIREITO ADQUIRIDO — CANCELADA — RES. N. 37/1994, DJ 25.11.1994 (**)

A correção salarial da URP de fevereiro de 1989, de 26,05% (vinte e seis vírgula zero cinco por cento), já constituía direito adquirido do trabalhador, quando do advento da Medida Provisória n. 32/1989, convertida na Lei n. 7.730/1989, sendo devido o reajuste respectivo. (Res. n. 9/1993, DJ 22.9.1993)

318 — DIÁRIAS — BASE DE CÁLCULO PARA SUA INTEGRAÇÃO NO SALÁRIO(*)

Tratando-se de empregado mensalista, a integração das diárias no salário deve ser feita tomando-se por base o salário mensal por ele percebido e não o valor do dia de salário, somente sendo devida a referida integração quando o valor das diárias, no mês, for superior à metade do salário mensal. (Res. n. 10/1993, DJ 29.11.1993)

319 — REAJUSTES SALARIAIS ("GATILHOS") — APLICAÇÃO AOS SERVIDORES PÚBLICOS CONTRATADOS SOB A ÉGIDE DA LEGISLAÇÃO TRABALHISTA(*)

Aplicam-se aos servidores públicos, contratados sob o regime da CLT, os reajustes decorrentes da correção automática dos salários pelo mecanismo denominado "gatilho", de que tratam os Decretos-leis ns. 2.284, de 10.3.1986 e 2.302, de 21.11.1986. (Res. n. 11/1993, DJ 29.11.1993)

320 — HORAS *IN ITINERE* — OBRIGATORIEDADE DE CÔMPUTO NA JORNADA DE TRABALHO(*)

O fato de o empregador cobrar, parcialmente ou não, importância pelo transporte fornecido, para local de difícil acesso ou não servido por transporte regular, não afasta o direito à percepção das horas *in itinere*. (Res. n. 12/1993, DJ 29.11.1993)(***)

321 — DECISÃO ADMINISTRATIVA — RECURSO — REVISÃO DA SÚMULA N. 302 — RES. N. 1/1990, DJ 2.4.1990 — CANCELADA — RES. N. 135/2005, DJ 5.7.2005

Das decisões proferidas pelos Tribunais Regionais do Trabalho, em processo administrativo, cabe recurso para o Tribunal Superior do Trabalho tão somente para o exame da legalidade do ato. (Res. n. 13/1993, DJ 29.11.1993)

322 — DIFERENÇAS SALARIAIS — PLANOS ECONÔMICOS — LIMITE(*)

Os reajustes salariais decorrentes dos chamados "gatilhos" e URPs, previstos legalmente como antecipação, são devidos tão somente até a data-base de cada categoria. (Res. n. 14/1993, DJ 21.12.1993)

323 — URP DE ABRIL E MAIO DE 1988 — DECRETO-LEI N. 2.425/1988 — CANCELADA — RES. N. 38/1994, DJ 25.11.1994 (**)

A suspensão do pagamento das URP's de abril e maio de 1988, determinada pelo Decreto-lei n. 2.425, de 7.4.1988, afronta direito adquirido dos trabalhadores e o princípio constitucional da isonomia. (Res. n. 15/1993, DJ 21.12.1993)

324 — HORAS *IN ITINERE* — ENUNCIADO N. 90 — INSUFICIÊNCIA DE TRANSPORTE PÚBLICO — (CANCELADA EM DECORRÊNCIA DA SUA INCORPORAÇÃO À NOVA REDAÇÃO DA SÚMULA N. 90 — RES. N. 129/05 — DJ 20.4.2005)

A mera insuficiência de transporte público não enseja o pagamento de horas *in itinere*. (Res. n. 16/93, DJ 21.12.1993)

325 — HORAS *IN ITINERE* — SÚMULA N. 90 — REMUNERAÇÃO EM RELAÇÃO A TRECHO NÃO SERVIDO POR TRANSPORTE PÚBLICO — (CANCELADA EM DECORRÊNCIA DA SUA INCORPORAÇÃO À NOVA REDAÇÃO DA SÚMULA N. 90 — RES. N. 129/05 — DJ 20.4.2005)

Se houver transporte público regular, em parte do trajeto percorrido em condução da empresa, as horas *in itinere* remuneradas limitam-se ao trecho não alcançado pelo transporte público. (Res. n. 17/93, DJ 21.12.1993)

326 — COMPLEMENTAÇÃO DE APOSENTADORIA — PRESCRIÇÃO TOTAL (NOVA REDAÇÃO — RES. N. 174, 24.5.2011 — DJE 27.5.2011)

A pretensão à complementação de aposentadoria jamais recebida prescreve em 2 (dois) anos contados da cessação do contrato de trabalho.

327 — COMPLEMENTAÇÃO DE APOSENTADORIA — DIFERENÇA — PRESCRIÇÃO PARCIAL — (NOVA REDAÇÃO — RES. N. 174, 24.5.2011 — DJE 27.5.2011)

A pretensão a diferenças de complementação de aposentadoria sujeita-se à prescrição parcial e quinquenal, salvo se o pretenso direito decorrer de verbas não recebidas no curso da relação de emprego e já alcançadas pela prescrição, à época da propositura da ação.

328 — FÉRIAS — TERÇO CONSTITUCIONAL(*)

O pagamento das férias, integrais ou proporcionais, gozadas ou não, na vigência da CF/1988, sujeita-se ao acréscimo do terço previsto no respectivo art. 7º, XVII. (Res. 20/1993, DJ 21.12.1993)

329 — HONORÁRIOS ADVOCATÍCIOS — ART. 133 DA CF/1988(*)

Mesmo após a promulgação da CF/1988, permanece válido o entendimento consubstanciado na Súmula n. 219 do Tribunal Superior do Trabalho. (Res. 21/1993, DJ 21.12.1993)(***)

330 — QUITAÇÃO — VALIDADE(*)

A quitação passada pelo empregado, com assistência de entidade sindical de sua categoria, ao empregador, com observância dos requisitos exigidos nos parágrafos do art. 477 da CLT, tem eficácia liberatória em relação às parcelas expressamente consignadas no recibo, salvo se oposta ressalva expressa e especificada ao valor dado à parcela ou parcelas impugnadas. I — A quitação não abrange parcelas não consignadas no recibo de quitação e, consequentemente, seus reflexos em outras parcelas, ainda que estas constem desse recibo. II — Quanto a direitos que deveriam ter sido satisfeitos durante a vigência do contrato de trabalho, a quitação é válida em relação ao período expressamente consignado no recibo de quitação.

Histórico:

Revisão da Súmula n. 41 — RA 41/1973, DJ 14.6.1973 Explicitação dada pela RA n. 4/1994, DJ 18.2.1994 Redação original — Res. 22/1993 , DJ 21.12.1993

331 — CONTRATO DE PRESTAÇÃO DE SERVIÇOS — LEGALIDADE — (NOVA REDAÇÃO DO ITEM IV E INSERIDOS OS ITENS V E VI À REDAÇÃO — RES. N. 174, 24.5.2011 — DJE/27.5.2011)(***)

I — A contratação de trabalhadores por empresa interposta é ilegal, formando-se o vínculo diretamente com o tomador dos serviços, salvo no caso de trabalho temporário (Lei n. 6.019, de 3.1.1974).

II — A contratação irregular de trabalhador, mediante empresa interposta, não gera vínculo de emprego com os órgãos da Administração Pública direta, indireta ou fundacional (art. 37, II, da CF/1988).

III — Não forma vínculo de emprego com o tomador a contratação de serviços de vigilância (Lei n. 7.102, de 20.6.1983) e de conservação e limpeza, bem como a de serviços especializados ligados à atividade-meio do tomador, desde que inexistente a pessoalidade e a subordinação direta.

IV — O inadimplemento das obrigações trabalhistas, por parte do empregador, implica a responsabilidade subsidiária do tomador dos serviços quanto àquelas obrigações, desde que haja participado da relação processual e conste também do título executivo judicial.

V — Os entes integrantes da Administração Pública direta e indireta respondem subsidiariamente, nas mesmas condições do item IV, caso evidenciada a sua conduta culposa no cumprimento das obrigações da Lei n. 8.666, de 21.6.1993, especialmente na fiscalização do cumprimento das obrigações contratuais e legais da prestadora de serviço como empregadora. A aludida responsabilidade não decorre de mero inadimplemento das obrigações trabalhistas assumidas pela empresa regularmente contratada.

VI — A responsabilidade subsidiária do tomador de serviços abrange todas as verbas decorrentes da condenação referentes ao período da prestação laboral.

332 — COMPLEMENTAÇÃO DE APOSENTADORIA — PETROBRÁS — MANUAL DE PESSOAL — NORMA PROGRAMÁTICA(*)

As normas relativas à complementação de aposentadoria, inseridas no Manual de Pessoal da Petrobrás, têm caráter meramente programático, delas não resultando direito à referida complementação. (Res. 24/1994, DJ 12.5.1994)

333 — RECURSO DE REVISTA E DE EMBARGOS — CONHECIMENTO(*)

Não ensejam recurso de revista decisões superadas por iterativa, notória e atual jurisprudência do Tribunal Superior do Trabalho. (Alterada na sessão do Tribunal Pleno do TST realizada em 18.2.2009, Resol. n. 155, do TST, DEJT 26, 27 e 2.3.2009)

Histórico:

Revisão da Súmula n. 42 — RA 41/1973, DJ 14.6.1973 Redação original — Res. 25/1994, DJ 12.5.1994

334 — COMPETÊNCIA — AÇÃO DE CUMPRIMENTO — SINDICATO — DESCONTO ASSISTENCIAL — CANCELADA — RES. 59/1996, DJ 28.6.1996 (**)

A Justiça do Trabalho é incompetente para julgar ação na qual o sindicato, em nome próprio, pleiteia o recolhimento de desconto assistencial previsto em convenção ou acordo coletivos. (Res. 26/1994, DJ 12.5.1994)

Histórico:

Revisão da Súmula n. 224 — Res. n. 14/1985, DJ 19.9.1985

335 — EMBARGOS PARA A SEÇÃO ESPECIALIZADA EM DISSÍDIOS INDIVIDUAIS CONTRA DECISÃO EM AGRAVO DE INSTRUMENTO OPOSTO A DESPACHO DENEGATÓRIO DE RECURSO DE REVISTA — CANCELADA

São incabíveis embargos para a Seção Especializada em Dissídios Individuais contra decisão proferida em agravo de instrumento oposto a despacho denegatório de recurso de revista, salvo quando a controvérsia se referir a pressupostos extrínsecos do próprio agravo. (Res. 27/1994, DJ 12.5.1994)

Histórico:

Revisão da Súmula n. 183 — Res. 4/1983, DJ 19.10.1983 Revista pela Súmula n. 353 — Res. n. 70/1997, DJ 30.5.1997 *[Cancelada pela Res. Adm. do TST (PLENO) n. 121, de 28.10.2003, DJ 19.11.2003, Rep. DJ 25.11.2003]*

336 — CONSTITUCIONALIDADE — § 2º DO ART. 9º DO DECRETO-LEI N. 1.971, DE 30.11.1982(*)

É constitucional o § 2º do art. 9º do Decreto-lei n. 1.971, de 30.11.1982, com a redação dada pelo Decreto-lei n. 2.100, de 28.12.1983. (Res. 34/1994, DJ 10.10.1994)

337 — COMPROVAÇÃO DE DIVERGÊNCIA JURISPRUDENCIAL — RECURSOS DE REVISTA E DE EMBARGOS (INCLUÍDO O ITEM V) — RES. 220/2017, DEJT DIVULGADO EM 21, 22 E 25.09.2017

I — Para comprovação da divergência justificadora do recurso, é necessário que o recorrente:

a) Junte certidão ou cópia autenticada do acórdão paradigma ou cite a fonte oficial ou o repositório autorizado em que foi publicado; e

b) Transcreva, nas razões recursais, as ementas e/ou trechos dos acórdãos trazidos à configuração do dissídio, demonstrando o conflito de teses que justifique o conhecimento do recurso, ainda que os acórdãos já se encontrem nos autos ou venham a ser juntados com o recurso.

II — A concessão de registro de publicação como repositório autorizado de jurisprudência do TST torna válidas todas as suas edições anteriores.

III — A mera indicação da data de publicação, em fonte oficial, de aresto paradigma é inválida para comprovação de divergência jurisprudencial, nos termos do item I, "a", desta súmula, quando a parte pretende demonstrar o conflito de teses mediante a transcrição de trechos que integram a fundamentação do acórdão divergente, uma vez que só se publicam o dispositivo e a ementa dos acórdãos;

IV — É válida para a comprovação da divergência jurisprudencial justificadora do recurso a indicação de aresto extraído de repositório oficial na internet, desde que o recorrente:

a) transcreva o trecho divergente;

b) aponte o sítio de onde foi extraído; e

c) decline o número do processo, o órgão prolator do acórdão e a data da respectiva publicação no Diário Eletrônico da Justiça do Trabalho.

V — A existência do código de autenticidade na cópia, em formato *pdf*, do inteiro teor do aresto paradigma, juntada aos autos, torna-a equivalente ao documento original e também supre a ausência de indicação da fonte oficial de publicação.

338 — JORNADA DE TRABALHO — REGISTRO — ÔNUS DA PROVA — (INCORPORADAS AS ORIENTAÇÕES JURISPRUDENCIAIS NS. 234 E 306 DA SBDI-1 — RES. N. 129/05 — DJ 20.4.2005)(***)

I — É ônus do empregador que conta com mais de 10 (dez) empregados o registro da jornada de trabalho na forma do art. 74, § 2º, da CLT. A não apresentação injustificada dos controles de frequência gera presunção relativa de veracidade da jornada de trabalho, a qual pode ser elidida por prova em contrário. (ex-Súmula n. 338 — alterada pela Res. n. 121, DJ 21.11.2003)

II — A presunção de veracidade da jornada de trabalho, ainda que prevista em instrumento normativo, pode ser elidida por prova em contrário. (ex-OJ n. 234 —da SBDI-I Inserida em 20.6.2001)

III — Os cartões de ponto que demonstram horários de entrada e saída uniformes são inválidos como meio de prova, invertendo-se o ônus da prova, relativo às horas extras, que passa a ser do empregador, prevalecendo a jornada da inicial se dele não se desincumbir. (ex-OJ n. 306 da SBDI-I — DJ 11.8.2003)

339 — CIPA — SUPLENTE — GARANTIA DE EMPREGO — CF/1988 — (INCORPORADAS AS ORIENTAÇÕES JURISPRUDENCIAIS NS. 25 E 329 DA SBDI-1 — RES. N. 129/2005 — DJ 20.4.2005)

I — O suplente da cipa goza da garantia de emprego prevista no art. 10, II, "a", do ADCT a partir da promulgação da Constituição Federal de 1988. (ex-Súmula n. 339 — Res. 39/1994, DJ 20.12.94 e ex-OJ n. 25 da SBDI-I — Inserida em 29.3.1996)

II — A estabilidade provisória do cipeiro não constitui vantagem pessoal, mas garantia para as atividades dos membros da CIPA, que somente tem razão de ser quando em atividade a empresa. Extinto o estabelecimento, não se verifica a despedida arbitrária, sendo impossível a reintegração e indevida a indenização do período estabilitário. (ex-OJ n. 329 da SBDI-I — DJ 9.12.2003)

340 — COMISSIONISTA — HORAS EXTRAS — NOVA REDAÇÃO

O empregado, sujeito a controle de horário, remunerado à base de comissões, tem direito ao adicional de, no mínimo, 50% (cinquenta por cento) pelo trabalho em horas extras, calculado sobre o valor-hora das comissões recebidas no mês, considerando-se como divisor o número de horas efetivamente trabalhadas.

Histórico:

Revisão da Súmula n. 56 — RA 105/1974, DJ 24.10.1974.

Redação original — Res. 40/1995, DJ 17.02.1995

[Revisada pela Res. Adm. do TST (PLENO) n. 121, de 28.10.2003, DJ 19.11.2003, Rep. DJ 25.11.2003]

341 — HONORÁRIOS DO ASSISTENTE TÉCNICO(*)

A indicação do perito assistente é faculdade da parte, a qual deve responder pelos respectivos honorários, ainda que vencedora no objeto da perícia. (Res. 44/1995, DJ 22.3.1995)

342 — DESCONTOS SALARIAIS — ART. 462 DA CLT(*)

Descontos salariais efetuados pelo empregador, com a autorização prévia e por escrito do empregado, para ser integrado em planos de assistência odontológica, médico-hospitalar, de seguro, de previdência privada, ou de entidade cooperativa, cultural ou recreativo-associativa de seus trabalhadores, em seu benefício e de seus dependentes, não afrontam o disposto no art. 462 da CLT, salvo se ficar demonstrada a existência de coação ou de outro defeito que vicie o ato jurídico. (Res. 47/1995, DJ 20.4.1995)

343 — BANCÁRIO — HORA DE SALÁRIO — DIVISOR (CANCELADA — RES. N. 185/2012, DEJT 25.9.2012)

O bancário sujeito à jornada de 8 (oito) horas (art. 224, § 2º, da CLT), após a CF/1988, tem salário-hora calculado com base no divisor 220 (duzentos e vinte), não mais 240 (duzentos e quarenta). (Res. 48/1995, DJ 30.8.1995)

344 — SALÁRIO-FAMÍLIA — TRABALHADOR RURAL(*)

O salário-família é devido aos trabalhadores rurais somente após a vigência da Lei n. 8.213, de 24.7.1991.

345 — BANDEPE — REGULAMENTO INTERNO DE PESSOAL NÃO CONFERE ESTABILIDADE AOS EMPREGADOS(*)

O Regulamento Interno de Pessoal (RIP) do Banco do Estado de Pernambuco — BANDEPE, na parte que trata de seu regime disciplinar, não confere estabilidade aos seus empregados. (Res. 54/1996, DJ 19.4.1996 — Republicada DJ 9.5.1996)

346 — DIGITADOR — INTERVALOS INTRAJORNADA — APLICAÇÃO ANALÓGICA DO ART. 72 DA CLT(*)

Os digitadores, por aplicação analógica do art. 72 da CLT, equiparam-se aos trabalhadores nos serviços de mecanografia (datilografia, escrituração ou cálculo), razão pela qual têm direito a intervalos de descanso de 10 (dez) minutos a cada 90 (noventa) de trabalho consecutivo. (Res. 56/1996, DJ 28.6.1996)

347 — HORAS EXTRAS HABITUAIS — APURAÇÃO — MÉDIA FÍSICA(*)

O cálculo do valor das horas extras habituais, para efeito de reflexos em verbas trabalhistas, observará o número de horas efetivamente prestadas e a ele aplica-se o valor do salário-hora da época do pagamento daquelas verbas. (Res. 57/1996, DJ 28.6.1996)

348 — AVISO PRÉVIO — CONCESSÃO NA FLUÊNCIA DA GARANTIA DE EMPREGO — INVALIDADE(*)

É inválida a concessão do aviso prévio na fluência da garantia de emprego, ante a incompatibilidade dos dois institutos. (Res. 58/1996, DJ 28.6.1996)

349 — ACORDO DE COMPENSAÇÃO DE HORÁRIO EM ATIVIDADE INSALUBRE, CELEBRADO POR ACORDO COLETIVO — VALIDADE (CANCELADA — RES. N. 174, 24.5.2011 — DJE/27.5.2011)

A validade de acordo coletivo ou convenção coletiva de compensação de jornada de trabalho em atividade insalubre prescinde da inspeção prévia da autoridade competente em matéria de higiene do trabalho (art. 7º, XIII, da CF/1988; art. 60 da CLT).

350 — PRESCRIÇÃO — TERMO INICIAL — AÇÃO DE CUMPRIMENTO — SENTENÇA NORMATIVA(*)

O prazo de prescrição com relação à ação de cumprimento de decisão normativa flui apenas da data de seu trânsito em julgado. (Res. n. 62/1996, DJ 4.10.1996)

351 — PROFESSOR — REPOUSO SEMANAL REMUNERADO — ART. 7º, § 2º, DA LEI N. 605, DE 5.1.1949 E ART. 320 DA CLT(*)

O professor que recebe salário mensal à base de hora-aula tem direito ao acréscimo de 1/6 a título de repouso semanal remunerado, considerando-se para esse fim o mês de quatro semanas e meia. (Res. n. 68/1997, DJ 30.5.1997)

352 — CUSTAS — PRAZO PARA COMPROVAÇÃO — CANCELADA — RES. N. 114/2002, DJ 28.11.2002 — REFERÊNCIA LEI N. 10.537/2002 (**)

O prazo para comprovação do pagamento das custas, sempre a cargo da parte, é de 5 (cinco) dias contados do seu recolhimento (CLT art. 789, § 4º, — CPC art. 185). (Res. n. 69/1997, DJ 30.5.1997)

353 — EMBARGOS — AGRAVO — CABIMENTO (ATUALIZADA EM DECORRÊNCIA DO CPC DE 2015) — RES. N. 208/2016, DEJT DIVULGADO EM 22, 25 E 26.04.2016.

Não cabem embargos para a Seção de Dissídios Individuais de decisão de Turma proferida em agravo, salvo:

a) da decisão que não conhece de agravo de instrumento ou de agravo pela ausência de pressupostos extrínsecos;

b) da decisão que nega provimento a agravo contra decisão monocrática do Relator, em que se proclamou a ausência de pressupostos extrínsecos de agravo de instrumento;

c) para revisão dos pressupostos extrínsecos de admissibilidade do recurso de revista, cuja ausência haja sido declarada originariamente pela Turma no julgamento do agravo;

d) para impugnar o conhecimento de agravo de instrumento;

e) para impugnar a imposição de multas previstas nos arts. 1.021, § 4º, do CPC de 2015 ou 1.026, § 2º, do CPC de 2015 (art. 538, parágrafo único, do CPC de 1973, ou art. 557, § 2º, do CPC de 1973)

f) contra decisão de Turma proferida em agravo em recurso de revista, nos termos do art. 894, II, da CLT.

354 — GORJETAS — NATUREZA JURÍDICA — REPERCUSSÕES(*)

As gorjetas, cobradas pelo empregador na nota de serviço ou oferecidas espontaneamente pelos clientes, integram a remuneração do empregado, não servindo de base de cálculo para as parcelas de aviso prévio, adicional noturno, horas extras e repouso semanal remunerado. (Res. n. 71/1997, DJ 30.5.1997)

355 — CONAB — ESTABILIDADE — AVISO DIREH N. 2 DE 12.12.1984(*)

O aviso DIREH n. 2, de 12.12.1984, que concedia estabilidade aos empregados da CONAB, não tem eficácia, porque não aprovado pelo Ministério ao qual a empresa se subordina. (Res. n. 72/1997, DJ 4.7.1997)

356 — ALÇADA RECURSAL — VINCULAÇÃO AO SALÁRIO MÍNIMO(*)

O art. 2º, § 4º, da Lei n. 5.584, de 26.6.1970 foi recepcionado pela CF/1988, sendo lícita a fixação do valor da alçada com base no salário mínimo. (Res. n. 75/1997, DJ 19.12.1997)

357 — TESTEMUNHA — AÇÃO CONTRA A MESMA RECLAMADA — SUSPEIÇÃO(*)

Não torna suspeita a testemunha o simples fato de estar litigando ou de ter litigado contra o mesmo empregador. (Res. n. 76/1997, DJ 19.12.1997)

358 — RADIOLOGISTA — SALÁRIO PROFISSIONAL — LEI N. 7.394, DE 29.10.1985(*)

O salário profissional dos técnicos em radiologia é igual a 2 (dois) salários mínimos e não a 4 (quatro). (Res. n. 77/1997, DJ 19.12.1997)

359 — SUBSTITUIÇÃO PROCESSUAL — AÇÃO DE CUMPRIMENTO — ART. 872, PARÁGRAFO ÚNICO, DA CLT — FEDERAÇÃO — LEGITIMIDADE — CANCELADA

A federação não tem legitimidade para ajuizar a ação de cumprimento prevista no art. 872, parágrafo único, da CLT na qualidade de substituto processual da categoria profissional inorganizada. (Res. n. 78/1997, DJ 19.12.1997) *[Cancelada pela Res. Adm. do TST (PLENO) n. 121, de 28.10.2003, DJ 19.11.2003, Rep. DJ 25.11.2003]*

360 — TURNOS ININTERRUPTOS DE REVEZAMENTO — INTERVALOS INTRAJORNADA E SEMANAL(*)

A interrupção do trabalho destinada a repouso e alimentação, dentro de cada turno, ou o intervalo para repouso semanal, não descaracteriza o turno de revezamento com jornada de 6 (seis) horas previsto no art. 7º, XIV, da CF/1988. (Res. n. 79/1997, DJ 13.1.1998)

361 — ADICIONAL DE PERICULOSIDADE — ELETRICITÁRIOS — EXPOSIÇÃO INTERMITENTE(*)

O trabalho exercido em condições perigosas, embora de forma intermitente, dá direito ao empregado a receber o adicional de periculosidade de forma integral, porque a Lei n. 7.369, de 20.9.1985, não estabeleceu nenhuma proporcionalidade em relação ao seu pagamento. (Res. 83/1998, DJ 20.8.1998)

362—FGTS. PRESCRIÇÃO (REDAÇÃO ALTERADA) — RES. N. 198/2015, REPUBLICADA EM RAZÃO DE ERRO MATERIAL — DEJT DIVULGADO EM 12, 15 E 16.6.2015

I — Para os casos em que a ciência da lesão ocorreu a partir de 13.11.2014, é quinquenal a prescrição do direito de reclamar contra o não recolhimento de contribuição para o FGTS, observado o prazo de dois anos após o término do contrato;

II — Para os casos em que o prazo prescricional já estava em curso em 13.11.2014, aplica-se o prazo prescricional que se consumar primeiro: trinta anos, contados do termo inicial, ou cinco anos, a partir de 13.11.2014 (STF-ARE-709212/DF).

363 — CONTRATO NULO — EFEITOS — NOVA REDAÇÃO

A contratação de servidor público, após a CF/1988, sem prévia aprovação em concurso público, encontra óbice no respectivo art. 37, II e § 2º, somente lhe conferindo direito ao pagamento da contraprestação pactuada, em relação ao número de horas trabalhadas, respeitado o valor da hora do salário mínimo, e dos valores referentes aos depósitos do FGTS.

Histórico:

Redação dada pela Res. n. 111/2002, DJ 11.4.2002 Redação original — Res. n. 97/2000, DJ 18.9.2000 — Republicada DJ 13.10.2000 — Republicada DJ 10.11.2000 *[Revisada pela Res. Adm. do TST (PLENO) n. 121, de 28.10.2003, DJ 19.11.2003, Rep. DJ 25.11.2003]*

364 — ADICIONAL DE PERICULOSIDADE — EXPOSIÇÃO EVENTUAL — PERMANENTE E INTERMITENTE (INSERIDO O ITEM II) — RES. N. 209/2016, DEJT DIVULGADO EM 01, 02 E 03.06.2016

I — Tem direito ao adicional de periculosidade o empregado exposto permanentemente ou que, de forma intermitente, sujeita-se a condições de risco. Indevido, apenas, quando o contato dá-se de forma eventual, assim considerado o fortuito, ou o que, sendo habitual, dá-se por tempo extremamente reduzido. (ex-OJs da SBDI-1 ns. 05 — inserida em 14.03.1994 — e 280 — DJ 11.08.2003)

II — Não é válida a cláusula de acordo ou convenção coletiva de trabalho fixando o adicional de periculosidade em percentual inferior ao estabelecido em lei e proporcional ao tempo de exposição ao risco, pois tal parcela constitui medida de higiene, saúde e segurança do trabalho, garantida por norma de ordem pública (arts. 7º, XXII e XXIII, da CF e 193, § 1º, da CLT).

365 — ALÇADA — AÇÃO RESCISÓRIA E MANDADO DE SEGURANÇA — (CONVERSÃO DAS ORIENTAÇÕES JURISPRUDENCIAIS NS. 8 E 10 DA SBDI-1 — RES. N. 129/05 — DJ 20.4.2005).

Não se aplica a alçada em ação rescisória e em mandado de segurança. (ex-OJs ns. 8 e 10 da SBDI-I, ambas Inseridas em 1.2.1995)

366 — CARTÃO DE PONTO — REGISTRO — HORAS EXTRAS — MINUTOS QUE ANTECEDEM E SUCEDEM A JORNADA DE TRABALHO (NOVA REDAÇÃO) — RES. N. 197/2015, DEJT DIVULGADO EM 14, 15 E 18.5.2015

Não serão descontadas nem computadas como jornada extraordinária as variações de horário do registro de ponto não excedentes de cinco minutos, observado o limite máximo de dez minutos diários. Se ultrapassado esse limite, será considerada como extra a totalidade do tempo que exceder a jornada normal, pois configurado tempo à disposição do empregador, não importando as atividades desenvolvidas pelo empregado ao longo do tempo residual (troca de uniforme, lanche, higiene pessoal etc.)(***)

367 — UTILIDADES *IN NATURA* — HABITAÇÃO — ENERGIA ELÉTRICA — VEÍCULO — CIGARRO — NÃO INTEGRAÇÃO AO SALÁRIO — (CONVERSÃO DAS ORIENTAÇÕES JURISPRUDENCIAIS NS. 24, 131 E 246 DA SBDI-1 — RES. N. 129/05 — DJ 20.4.2005)

I — A habitação, a energia elétrica e veículo fornecidos pelo empregador ao empregado, quando indispensáveis para a realização do trabalho, não têm natureza salarial, ainda que, no caso de veículo, seja ele utilizado pelo empregado também em atividades particulares. (ex-OJs da SBDI-I n. 131 — Inserida em 20.4.1998 e ratificada pelo Tribunal Pleno em 7.12.00 e n. 246 — Inserida em 20.6.2001)

II — O cigarro não se considera salário utilidade em face de sua nocividade à saúde. (ex-OJ n. 24 da SBDI-I — Inserida em 29.3.1996)

368 — DESCONTOS PREVIDENCIÁRIOS — IMPOSTO DE RENDA — COMPETÊNCIA — RESPONSABILIDADE PELO RECOLHIMENTO — FORMA DE CÁLCULO — FATO GERADOR — (AGLUTINADA A PARTE FINAL DA ORIENTAÇÃO JURISPRUDENCIAL N. 363 DA SBDI-I À REDAÇÃO DO ITEM II E INCLUÍDOS OS ITENS IV, V E VI EM SESSÃO DO TRIBUNAL PLENO REALIZADA EM 26.06.2017) — RESOL. N. 219/2017 — DEJT 28.6.2017

I — A Justiça do Trabalho é competente para determinar o recolhimento das contribuições fiscais. A competência da Justiça do Trabalho, quanto à execução das contribuições previdenciárias, limita-se às sentenças condenatórias em pecúnia que proferir e aos valores, objeto de acordo homologado, que integrem o salário de contribuição. (ex-OJ n. 141 da SBDI-1 — inserida em 27.11.1998).

II — É do empregador a responsabilidade pelo recolhimento das contribuições previdenciárias e fiscais, resultantes de crédito do empregado oriundo de condenação judicial. A culpa do empregador pelo inadimplemento das verbas remuneratórias, contudo, não exime a responsabilidade do empregado pelos pagamentos do imposto de renda devido e da contribuição previdenciária que recaia sobre sua quota-parte. (ex-OJ n. 363 da SBDI-1, parte final)

III — Os descontos previdenciários relativos à contribuição do empregado, no caso de ações trabalhistas, devem ser calculados mês a mês, de conformidade com o art. 276, § 4º, do Decreto n. 3.048/1999 que regulamentou a Lei n. 8.212/1991, aplicando-se as alíquotas previstas no art. 198, observado o limite máximo do salário de contribuição (ex-OJs ns. 32 e 228 da SBDI-1 — inseridas, respectivamente, em 14.03.1994 e 20.06.2001).

IV — Considera-se fato gerador das contribuições previdenciárias decorrentes de créditos trabalhistas reconhecidos ou homologados em juízo, para os serviços prestados até 4.3.2009, inclusive, o efetivo pagamento das verbas, configurando-se a mora a partir do dia dois do mês seguinte ao da liquidação (art. 276, caput, do Decreto n. 3.048/1999). Eficácia não retroativa da alteração legislativa promovida pela Medida Provisória n. 449/2008, posteriormente convertida na Lei n. 11.941/2009, que deu nova redação ao art. 43 da Lei n. 8.212/91.

V — Para o labor realizado a partir de 5.3.2009, considera-se fato gerador das contribuições previdenciárias decorrentes de créditos trabalhistas reconhecidos ou homologados em juízo a data da efetiva prestação dos serviços. Sobre as contribuições previdenciárias não recolhidas a partir da prestação dos serviços incidem juros de mora e, uma vez apurados os créditos previdenciários, aplica-se multa a partir do exaurimento do prazo de citação para pagamento, se descumprida a obrigação, observado o limite legal de 20% (art. 61, § 2º, da Lei n. 9.460/96).

VI — O imposto de renda decorrente de crédito do empregado recebido acumuladamente deve ser calculado sobre o montante dos rendimentos pagos, mediante a utilização de tabela progressiva resultante da multiplicação da quantidade de meses a que se refiram os rendimentos pelos valores constantes da tabela progressiva mensal correspondente ao mês do recebimento ou crédito, nos termos do art. 12-A da Lei n. 7.713, de 22.12.1988, com a redação conferida pela Lei n. 13.149/2015, observado o procedimento previsto nas Instruções Normativas da Receita Federal do Brasil.

369 — DIRIGENTE SINDICAL — ESTABILIDADE PROVISÓRIA — (REDAÇÃO DO ITEM I ALTERADA NA SESSÃO DO TRIBUNAL PLENO REALIZADA EM 14.9.2012 — RES. N. 185/2012 — DEJT DIVULGADO EM 25.9.2012)

I — É assegurada a estabilidade provisória ao empregado dirigente sindical, ainda que a comunicação do registro da candidatura ou da eleição e da posse seja realizada fora do prazo previsto no art. 543, § 5º, da CLT, desde que a ciência ao empregador, por qualquer meio, ocorra na vigência do contrato de trabalho.

II — O art. 522 da CLT foi recepcionado pela Constituição Federal de 1988. Fica limitada, assim, a estabilidade a que alude o art. 543, § 3º, da CLT a sete dirigentes sindicais e igual número de suplentes.

III — O empregado de categoria diferenciada eleito dirigente sindical só goza de estabilidade se exercer na empresa atividade pertinente à categoria profissional do sindicato para o qual foi eleito dirigente.

IV — Havendo extinção da atividade empresarial no âmbito da base territorial do sindicato, não há razão para subsistir a estabilidade.

V — O registro da candidatura do empregado a cargo de dirigente sindical durante o período de aviso prévio, ainda que indenizado, não lhe assegura a estabilidade, visto que inaplicável a regra do § 3º do art. 543 da Consolidação das Leis do Trabalho.

370 — MÉDICO E ENGENHEIRO — JORNADA DE TRABALHO — LEIS NS. 3.999/61 E 4.950-A/66 — (CONVERSÃO DAS ORIENTAÇÕES JURISPRUDENCIAIS NS. 39 E 53 DA SBDI-1 — RES. N. 129/05 — DJ 20.4.2005).

Tendo em vista que as Leis ns. 3.999/61 e 4.950-A/66 não estipulam a jornada reduzida, mas apenas estabelecem o salário mínimo da categoria para uma jornada de 4 horas para os médicos e de 6 horas para os engenheiros, não há que se falar em horas extras, salvo as excedentes à oitava, desde que seja respeitado o salário mínimo/horário das categorias. (ex-OJs ns. 39 e 53 da SBDI-I — Inseridas respectivamente em 7.11.1994 e 29.4.1994)

371 — AVISO PRÉVIO INDENIZADO — EFEITOS — SUPERVENIÊNCIA DE AUXÍLIO-DOENÇA NO CURSO DESTE — (CONVERSÃO DAS ORIENTAÇÕES JURISPRUDENCIAIS NS. 40 E 135 DA SBDI-1 — RES. N. 129/05 — DJ 20.4.2005).

A projeção do contrato de trabalho para o futuro, pela concessão do aviso prévio indenizado, tem efeitos limitados às vantagens econômicas obtidas no período de pré-aviso, ou seja, salários, reflexos e verbas rescisórias. No caso de concessão de auxílio-doença no curso do aviso prévio, todavia, só se concretizam os efeitos da dispensa depois de expirado o benefício previdenciário. (ex-OJs ns. 40 e 135 da SBDI-I — Inseridas, respectivamente em 28.11.1995 e 27.11.1998)

372 — GRATIFICAÇÃO DE FUNÇÃO — SUPRESSÃO OU REDUÇÃO — LIMITES — (CONVERSÃO DAS ORIENTAÇÕES JURISPRUDENCIAIS NS. 45 E 303 DA SBDI-1 — RES. N. 129/05 — DJ 20.4.2005)

I — Percebida a gratificação de função por dez ou mais anos pelo empregado, se o empregador, sem justo motivo, revertê-lo a seu cargo efetivo, não poderá retirar-lhe a gratificação tendo em vista o princípio da estabilidade financeira. (ex-OJ n. 45 da SBDI-I — Inserida em 25.11.1996)(***)

II — Mantido o empregado no exercício da função comissionada, não pode o empregador reduzir o valor da gratificação. (ex-OJ n. 303 da SBDI-I — DJ 11.8.2003)(***)

373 — GRATIFICAÇÃO SEMESTRAL — CONGELAMENTO — PRESCRIÇÃO PARCIAL — (CONVERSÃO DA ORIENTAÇÃO JURISPRUDENCIAL N. 46 DA SBDI-1 — RES. N. 129/05 — DJ 20.4.2005)

Tratando-se de pedido de diferença de gratificação semestral que teve seu valor congelado, a prescrição aplicável é a parcial. (ex-OJ n. 46 da SBDI-I — Inserida em 29.3.1996)

374 — NORMA COLETIVA — CATEGORIA DIFERENCIADA — ABRANGÊNCIA — (CONVERSÃO DA ORIENTAÇÃO JURISPRUDENCIAL N. 55 DA SBDI-1 — RES. N. 129/05 — DJ 20.4.2005)

Empregado integrante de categoria profissional diferenciada não tem o direito de haver de seu empregador vantagens previstas em instrumento coletivo no qual a empresa não foi representada por órgão de classe de sua categoria. (ex-OJ n. 55 da SBDI-I — Inserida em 25.11.1996)

375 — REAJUSTES SALARIAIS PREVISTOS EM NORMA COLETIVA — PREVALÊNCIA DA LEGISLAÇÃO DE POLÍTICA SALARIAL — (CONVERSÃO DA ORIENTAÇÃO JURISPRUDENCIAL N. 69 DA SBDI-1 E DA ORIENTAÇÃO JURISPRUDENCIAL N. 40 DA SBDI-2 — RES. N. 129/05 — DJ 20.4.2005)

Os reajustes salariais previstos em norma coletiva de trabalho não prevalecem frente à legislação superveniente de política salarial. (ex-OJs n. 69 da SBDI-1 — Inserida em 14.3.1994 e n. 40 da SBDI-2 — Inserida em 20.9.2000)

376 — HORAS EXTRAS — LIMITAÇÃO — ART. 59 DA CLT — REFLEXOS — (CONVERSÃO DAS ORIENTAÇÕES JURISPRUDENCIAIS NS. 89 E 117 DA SBDI-1 — RES. N. 129/05 — DJ 20.4.2005)

I — A limitação legal da jornada suplementar a duas horas diárias não exime o empregador de pagar todas as horas trabalhadas. (ex-OJ n. 117 da SBDI-I — Inserida em 20.11.1997)

II — O valor das horas extras habitualmente prestadas integra o cálculo dos haveres trabalhistas, independentemente da limitação prevista no *caput* do art. 59 da CLT. (ex-OJ n. 89 da SBDI-I — Inserida em 28.4.1997)

377 — PREPOSTO — EXIGÊNCIA DA CONDIÇÃO DE EMPREGADO — (NOVA REDAÇÃO. RESOL. N. 146, DE 24.4.08, DJ 5.5.08)

Exceto quanto à reclamação de empregado doméstico, ou contra micro ou pequeno empresário, o preposto deve ser necessariamente empregado do reclamado. Inteligência do art. 843, § 1º, da CLT e do art. 54 da Lei Complementar n. 123, de 14 de dezembro de 2006. (ex-OJ n. 99 — Inserida em 30.5.1997)(***)

378 — ESTABILIDADE PROVISÓRIA — ACIDENTE DO TRABALHO — ART. 118 DA LEI N. 8.213/91 (INSERIDO O ITEM III — RES. N. 185/2012, DEJT DIVULGADO EM 25.9.2012)

I — É constitucional o art. 118 da Lei n. 8.213/1991 que assegura o direito à estabilidade provisória por período de 12 meses após a cessação do auxílio-doença ao empregado acidentado. (ex-OJ n. 105 da SBDI-1 — inserida em 1º.10.1997)

II — São pressupostos para a concessão da estabilidade o afastamento superior a 15 dias e a consequente percepção do auxílio-doença acidentário, salvo se constatada, após a despedida, doença profissional que guarde relação de causalidade com a execução do contrato de emprego. (primeira parte — ex-OJ n. 230 da SBDI-1 — inserida em 20.6.2001)

III — O empregado submetido a contrato de trabalho por tempo determinado goza da garantia provisória de emprego, decorrente de acidente de trabalho, prevista no art. 118 da Lei n. 8.213/91.

379 — DIRIGENTE SINDICAL — DESPEDIDA — FALTA GRAVE — INQUÉRITO JUDICIAL — NECESSIDADE — (CONVERSÃO DA ORIENTAÇÃO JURISPRUDENCIAL N. 114 DA SBDI-1 — RES. N. 129/05 — DJ 20.4.2005)

O dirigente sindical somente poderá ser dispensado por falta grave mediante a apuração em inquérito judicial, inteligência dos arts. 494 e 543, § 3º, da CLT. (ex-OJ n. 114 da SBDI-I — Inserida em 20.11.1997).

380 — AVISO PRÉVIO — INÍCIO DA CONTAGEM — ART. 132 DO CÓDIGO CIVIL DE 2002 — (CONVERSÃO DA ORIENTAÇÃO JURISPRUDENCIAL N. 122 DA SBDI-1) — RES. N. 129/05 — DJ 20.4.2005

Aplica-se a regra prevista no *caput* do art. 132 do Código Civil de 2002 à contagem do prazo do aviso prévio, excluindo-se o dia do começo e incluindo o do vencimento. (ex-OJ n. 122 da SBDI-I — Inserida em 20.4.1998)

381 — CORREÇÃO MONETÁRIA — SALÁRIO — ART. 459 DA CLT — (CONVERSÃO DA ORIENTAÇÃO JURISPRUDENCIAL N. 124 DA SBDI-1 — RES. N. 129/05 — DJ 20.4.2005)

O pagamento dos salários até o 5º dia útil do mês subsequente ao vencido não está sujeito à correção monetária. Se essa data limite for ultrapassada, incidirá o índice da correção monetária do mês subsequente ao da prestação dos serviços, a partir do dia 1º. (ex-OJ n. 124 da SBDI-I — Inserida em 20.4.1998)

382 — MUDANÇA DE REGIME CELETISTA PARA ESTATUTÁRIO — EXTINÇÃO DO CONTRATO — PRESCRIÇÃO BIENAL — (CONVERSÃO DA ORIENTAÇÃO JURISPRUDENCIAL N. 128 DA SBDI-1 — RES. N. 129/05 — DJ 20.4.2005)

A transferência do regime jurídico de celetista para estatutário implica extinção do contrato de trabalho, fluindo o prazo da prescrição bienal a partir da mudança de regime. (ex-OJ n. 128 da SBDI-I — Inserida em 20.4.1998)

383 — RECURSO — MANDATO — IRREGULARIDADE DE REPRESENTAÇÃO — CPC DE 2015, ARTS. 104 E 76, § 2º (NOVA REDAÇÃO EM DECORRÊNCIA DO CPC DE 2015) (REDAÇÃO ALTERADA NA SESSÃO DO TRIBUNAL PLENO PELA RESOL. N. 210, DE 27.6.16, DEJT 1.7.16)

I — É inadmissível recurso firmado por advogado sem procuração juntada aos autos até o momento da sua interposição, salvo mandato tácito. Em caráter excepcional (art. 104 do CPC de 2015), admite-se que o advogado, independentemente de intimação, exiba a procuração no prazo de 5 (cinco) dias após a interposição do recurso, prorrogável por igual período mediante despacho do juiz. Caso não a exiba, considera-se ineficaz o ato praticado e não se conhece do recurso.

II — Verificada a irregularidade de representação da parte em fase recursal, em procuração ou substabelecimento já constante dos autos, o relator ou o órgão competente para julgamento do recurso designará prazo de 5 (cinco) dias para que seja sanado o vício. Descumprida a determinação, o relator não conhecerá do recurso, se a providência couber ao recorrente, ou determinará o desentranhamento das contrarrazões, se a providência couber ao recorrido (art. 76, § 2º, do CPC de 2015).

384 — MULTA CONVENCIONAL — COBRANÇA — (CONVERSÃO DAS ORIENTAÇÕES JURISPRUDENCIAIS NS. 150 E 239 DA SBDI-1 — RES. N. 129/05 — DJ 20.4.2005)

I — O descumprimento de qualquer cláusula constante de instrumentos normativos diversos não submete o empregado a ajuizar várias ações, pleiteando em cada uma o pagamento da multa referente ao descumprimento de obrigações previstas nas cláusulas respectivas. (ex-OJ n. 150 da SBDI-I — Inserida em 27.11.1998)

II — É aplicável multa prevista em instrumento normativo (sentença normativa, convenção ou acordo coletivo) em caso de descumprimento de obrigação prevista em lei, mesmo que a norma coletiva seja mera repetição de texto legal. (ex-OJ n. 239 da SBDI-I — Inserida em 20.6.2001)

385 — FERIADO LOCAL OU FORENSE — AUSÊNCIA DE EXPEDIENTE — PRAZO RECURSAL — PRORROGAÇÃO — COMPROVAÇÃO — NECESSIDADE. (ALTERADA EM DECORRÊNCIA DO CPC DE 2015) — RES. 220/2017, DEJT DIVULGADO EM 21, 22 E 25.09.2017

I — Incumbe à parte o ônus de provar, quando da interposição do recurso, a existência de feriado local que autorize a prorrogação do prazo recursal (art. 1.003, § 6º, do CPC de 2015). No caso de o recorrente alegar a existência de feriado local e não o comprovar no momento da interposição do recurso, cumpre ao relator conceder o prazo de 5 (cinco) dias para que seja sanado o vício (art. 932, parágrafo único, do CPC de 2015), sob pena de não conhecimento se da comprovação depender a tempestividade recursal;

II — Na hipótese de feriado forense, incumbirá à autoridade que proferir a decisão de admissibilidade certificar o expediente nos autos;

III — Admite-se a reconsideração da análise da tempestividade do recurso, mediante prova documental superveniente, em agravo de instrumento, agravo interno, agravo regimental, ou embargos de declaração, desde que, em momento anterior, não tenha havido a concessão de prazo para a comprovação da ausência de expediente forense.

386 — POLICIAL MILITAR — RECONHECIMENTO DE VÍNCULO EMPREGATÍCIO COM EMPRESA PRIVADA — (CONVERSÃO DA ORIENTAÇÃO JURISPRUDENCIAL N. 167 DA SBDI-1 — RES. N. 129/05 — DJ 20.4.2005)

Preenchidos os requisitos do art. 3º da CLT, é legítimo o reconhecimento de relação de emprego entre policial militar e empresa privada, independentemente do eventual cabimento de penalidade disciplinar prevista no Estatuto do Policial Militar. (ex-OJ n. 167 da SBDI-I — Inserida em 26.3.1999)

387 — RECURSO — FAC-SÍMILE — LEI N. 9.800/1999 (ATUALIZADA EM DECORRÊNCIA DO CPC DE 2015) — RES. N. 208/2016, DEJT DIVULGADO EM 22, 25 E 26.04.2016

I — A Lei n. 9.800, de 26.05.1999, é aplicável somente a recursos interpostos após o início de sua vigência. (ex-OJ n. 194 da SBDI-1 — inserida em 08.11.2000)

II — A contagem do quinquídio para apresentação dos originais de recurso interposto por intermédio de fac-símile começa a fluir do dia subsequente ao término do prazo recursal, nos termos do art. 2º da Lei n. 9.800, de 26.05.1999, e não do dia seguinte à interposição do recurso, se esta se deu antes do termo final do prazo. (ex-OJ n. 337 da SBDI-1 — primeira parte — DJ 04.05.2004)

III — Não se tratando a juntada dos originais de ato que dependa de notificação, pois a parte, ao interpor o recurso, já tem ciência de seu ônus processual, não se aplica a regra do art. 224 do CPC de 2015 (art. 184 do CPC de 1973) quanto ao "dies a quo", podendo coincidir com sábado, domingo ou feriado. (ex-OJ n. 337 da SBDI-1 — "in fine" — DJ 04.05.2004)

IV — A autorização para utilização do fac-símile, constante do art. 1º da Lei n. 9.800, de 26.05.1999, somente alcança as hipóteses em que o documento é dirigido diretamente ao órgão jurisdicional, não se aplicando à transmissão ocorrida entre particulares.

388 — MASSA FALIDA — ARTS. 467 E 477 DA CLT — INAPLICABILIDADE — (CONVERSÃO DAS ORIENTAÇÕES JURISPRUDENCIAIS NS. 201 E 314 DA SBDI-1 — RES. N. 129/05 — DJ 20.4.2005)

A Massa Falida não se sujeita à penalidade do art. 467 e nem à multa do § 8º do art. 477, ambos da CLT. (ex-OJs da SBDI-I n. 201 — DJ 11.8.2003 e n. 314 — DJ 8.11.2000)

389 — SEGURO-DESEMPREGO — COMPETÊNCIA DA JUSTIÇA DO TRABALHO — DIREITO À INDENIZAÇÃO POR NÃO LIBERAÇÃO DE GUIAS — (CONVERSÃO DAS ORIENTAÇÕES JURISPRUDENCIAIS NS. 210 E 211 DA SBDI-1 — RES. N. 129/05 — DJ 20.4.2005)

I — Inscreve-se na competência material da Justiça do Trabalho a lide entre empregado e empregador tendo por objeto indenização pelo não fornecimento das guias do seguro-desemprego. (ex-OJ n. 210 da SBDI-I — Inserida em 8.11.2000)

II — O não fornecimento pelo empregador da guia necessária para o recebimento do seguro-desemprego dá origem ao direito à indenização. (ex-OJ n. 211 da SBDI-I — Inserida em 8.11.2000)

390 — ESTABILIDADE — ART. 41 DA CF/1988 —CELETISTA — ADMINISTRAÇÃO DIRETA, AUTÁRQUICA OU FUNDACIONAL — APLICABILIDADE — EMPREGADO DE EMPRESA PÚBLICA E SOCIEDADE DE ECONOMIA MISTA — INAPLICÁVEL — (CONVERSÃO DAS ORIENTAÇÕES JURISPRUDENCIAIS NS. 229 E 265 DA SBDI-1 E DA ORIENTAÇÃO JURISPRUDENCIAL N. 22 DA SBDI-2 — RES. N. 129/05 — DJ 20.4.2005)

I — O servidor público celetista da administração direta, autárquica ou fundacional é beneficiário da estabilidade prevista no art. 41 da CF/1988. (ex-OJ n. 265 da SBDI-1 — Inserida em 27.9.2002 e ex-OJ n. 22 da SBDI-2 — Inserida em 20.9.2000)

II — Ao empregado de empresa pública ou de sociedade de economia mista, ainda que admitido mediante aprovação em concurso público, não é garantida a estabilidade prevista no art. 41 da CF/1988. (ex-OJ n. 229 da SBDI-I — Inserida em 20.6.2001)

391 — PETROLEIROS — LEI N. 5.811/72 — TURNO ININTERRUPTO DE REVEZAMENTO — HORAS EXTRAS E ALTERAÇÃO DA JORNADA PARA HORÁRIO FIXO — (CONVERSÃO DAS ORIENTAÇÕES JURISPRUDENCIAIS NS. 240 E 333 DA SBDI-1 — RES. N. 129/05 — DJ 20.4.2005)

I — A Lei n. 5.811/72 foi recepcionada pela CF/88 no que se refere à duração da jornada de trabalho em regime de revezamento dos petroleiros. (ex-OJ n. 240 da SBDI-I — Inserida em 20.6.2001)

II — A previsão contida no art. 10 da Lei n. 5.811/72, possibilitando a mudança do regime de revezamento para horário fixo, constitui alteração lícita, não violando os arts. 468 da CLT e 7º, VI, da CF/1988. (ex-OJ n. 333 da SBDI-I — DJ 9.12.2003)

392 — DANO MORAL E MATERIAL — RELAÇÃO DE TRABALHO — COMPETÊNCIA DA JUSTIÇA DO TRABALHO — (REDAÇÃO ALTERADA NA SESSÃO DO TRIBUNAL PLENO REALIZADA EM 27.10.2015) — RES. N. 200/ 2015, DEJT 29.10.15)

Nos termos do art. 114, inc. VI, da Constituição da República, a Justiça do Trabalho é competente para processar e julgar ações de indenização por dano moral e material, decorrentes da relação de trabalho, inclusive as oriundas de acidente de trabalho e doenças a ele equiparadas, ainda que propostas pelos dependentes ou sucessores do trabalhador falecido.

393 — RECURSO ORDINÁRIO — EFEITO DEVOLUTIVO EM PROFUNDIDADE — ART. 1.013, § 1º, DO CPC DE 2015 — ART. 515, § 1º, DO CPC DE 1973 — (NOVA REDAÇÃO EM DECORRÊNCIA DO CPC DE 2015) — RES. N. 208/2016, DEJT DIVULGADO EM 22, 25 E 26.04.2016.

I — O efeito devolutivo em profundidade do recurso ordinário, que se extrai do § 1º do art. 1.013 do CPC de 2015 (art. 515, §1º, do CPC de 1973), transfere ao Tribunal a apreciação dos fundamentos da inicial ou da defesa, não examinados pela sentença, ainda que não renovados em contrarrazões, desde que relativos ao capítulo impugnado.

II — Se o processo estiver em condições, o tribunal, ao julgar o recurso ordinário, deverá decidir desde logo o mérito da causa, nos termos do § 3º do art. 1.013 do CPC de 2015, inclusive quando constatar a omissão da sentença no exame de um dos pedidos.

394 — FATO SUPERVENIENTE. ART. 493 DO CPC DE 2015. ART. 462 DO CPC DE 1973 (ATUALIZADA EM DECORRÊNCIA DO CPC DE 2015) — RES. N. 208/2016, DEJT DIVULGADO EM 22, 25 E 26.04.2016

O art. 493 do CPC de 2015 (art. 462 do CPC de 1973), que admite a invocação de fato constitutivo, modificativo ou extintivo do direito, superveniente à propositura da ação, é aplicável de ofício aos processos em curso em qualquer instância trabalhista. Cumpre ao juiz ou tribunal ouvir as partes sobre o fato novo antes de decidir.

395 — MANDATO E SUBSTABELECIMENTO — CONDIÇÕES DE VALIDADE (NOVA REDAÇÃO DOS ITENS I E II E ACRESCIDO O ITEM V EM DECORRÊNCIA DO CPC DE 2015) — RES. N. 211/2016, DEJT DIVULGADO EM 24, 25 E 26.08.2016

I — Válido é o instrumento de mandato com prazo determinado que contém cláusula estabelecendo a prevalência dos poderes para atuar até o final da demanda (§ 4º do art. 105 do CPC de 2015). (ex-OJ n. 312 da SBDI-1 — DJ 11.08.2003)

II — Se há previsão, no instrumento de mandato, de prazo para sua juntada, o mandato só tem validade se anexado ao processo o respectivo instrumento no aludido prazo. (ex-OJ n. 313 da SBDI-1 — DJ 11.08.2003)

III — São válidos os atos praticados pelo substabelecido, ainda que não haja, no mandato, poderes expressos para substabelecer (art. 667, e parágrafos, do Código Civil de 2002). (ex-OJ n. 108 da SBDI-1 — inserida em 01.10.1997)

IV — Configura-se a irregularidade de representação se o substabelecimento é anterior à outorga passada ao substabelecente. (ex-OJ n. 330 da SBDI-1 — DJ 09.12.2003)

V — Verificada a irregularidade de representação nas hipóteses dos itens II e IV, deve o juiz suspender o processo e designar prazo razoável para que seja sanado o vício, ainda que em instância recursal (art. 76 do CPC de 2015).

396 — ESTABILIDADE PROVISÓRIA — PEDIDO DE REINTEGRAÇÃO — CONCESSÃO DO SALÁRIO RELATIVO AO PERÍODO DE ESTABILIDADE JÁ EXAURIDO — INEXISTÊNCIA DE JULGAMENTO EXTRA PETITA — (CONVERSÃO DAS ORIENTAÇÕES JURISPRUDENCIAIS NS. 106 E 116 DA SBDI-1 — RES. N. 129/05 — DJ 20.4.2005)

I — Exaurido o período de estabilidade, são devidos ao empregado apenas os salários do período compreendido entre a data da despedida e o final do período de estabilidade, não lhe sendo assegurada a reintegração no emprego. (ex-OJ n. 116 da SBDI-I — Inserida em 1.10.1997)

II — Não há nulidade por julgamento *extra petita* da decisão que deferir salário quando o pedido for de reintegração, dados os termos do art. 496 da CLT. (ex-OJ n. 106 da SBDI-I — Inserida em 20.11.1997)

397 — AÇÃO RESCISÓRIA — ART. 966, IV, DO CPC DE 2015 — ART. 485, IV, DO CPC DE 1973 — AÇÃO DE CUMPRIMENTO — OFENSA À COISA JULGADA EMANADA DE SENTENÇA NORMATIVA MODIFICADA EM GRAU DE RECURSO — INVIABILIDADE — CABIMENTO DE MANDADO DE SEGURANÇA (ATUALIZADA EM DECORRÊNCIA DO CPC DE 2015 — RES. N. 208/2016, DEJT DIVULGADO EM 22, 25 E 26.04.2016)

Não procede ação rescisória calcada em ofensa à coisa julgada perpetrada por decisão proferida em ação de cumprimento, em face de a sentença normativa, na qual se louvava, ter sido modificada em grau de recurso, porque em dissídio coletivo somente se consubstancia coisa julgada formal. Assim, os meios processuais aptos a atacarem a execução da cláusula reformada são a exceção de pré- executividade e o mandado de segurança, no caso de descumprimento do art. 514 do CPC de 2015 (art. 572 do CPC de 1973). (ex-OJ n. 116 da SBDI-2 — DJ 11.08.2003).

398 — AÇÃO RESCISÓRIA — AUSÊNCIA DE DEFESA — INAPLICÁVEIS OS EFEITOS DA REVELIA — (ALTERADA EM DECORRÊNCIA DO CPC DE 2015) — (RESOL N. 219/2017 — DEJT 28.6.2017)

Na ação rescisória, o que se ataca é a decisão, ato oficial do Estado, acobertado pelo manto da coisa julgada. Assim, e considerando que a coisa julgada envolve questão de ordem pública, a revelia não produz confissão na ação rescisória. (ex-OJ n. 126 da SBDI-2 — DJ 9.12.2003).

399 — AÇÃO RESCISÓRIA — CABIMENTO — SENTENÇA DE MÉRITO — DECISÃO HOMOLOGATÓRIA DE ADJUDICAÇÃO, DE ARREMATAÇÃO E DE CÁLCULOS — (CONVERSÃO DAS ORIENTAÇÕES JURISPRUDENCIAIS NS. 44, 45 E 85, PRIMEIRA PARTE, DA SBDI-II — RES. N. 137/05 — DJ 22.8.2005)

I — É incabível ação rescisória para impugnar decisão homologatória de adjudicação ou arrematação. (ex-OJs ns. 44 e 45 da SBDI-II — ambas inseridas em 20.9.2000)

II — A decisão homologatória de cálculos apenas comporta rescisão quando enfrentar as questões envolvidas na elaboração da conta de liquidação, quer solvendo a controvérsia das partes quer explicitando, de ofício, os motivos pelos quais acolheu os cálculos oferecidos por uma das partes ou pelo setor de cálculos, e não contestados pela outra. (ex-OJ n. 85 da SBDI-II — primeira parte — inserida em 13.3.2002 e alterada em 26.11.2002).

400 — AÇÃO RESCISÓRIA DE AÇÃO RESCISÓRIA — VIOLAÇÃO MANIFESTA DE NORMA JURÍDICA — INDICAÇÃO DA MESMA NORMA JURÍDICA APONTADA NA RESCISÓRIA PRIMITIVA (MESMO DISPOSITIVO DE LEI SOB O CPC DE 1973) — (NOVA REDAÇÃO EM DECORRÊNCIA DO CPC DE 2015 — RES. N. 208/2016, DEJT DIVULGADO EM 22, 25 E 26.04.2016)

Em se tratando de rescisória de rescisória, o vício apontado deve nascer na decisão rescindenda, não se admitindo a rediscussão do acerto do julgamento da rescisória anterior. Assim, não procede rescisória calcada no inciso V do art. 966 do CPC de 2015 (art. 485, V, do CPC de 1973) para discussão, por má aplicação da mesma norma jurídica, tida por violada na rescisória anterior, bem como para arguição de questões inerentes à ação rescisória primitiva. (ex-OJ n. 95 da SBDI-2 — inserida em 27.09.2002 e alterada DJ 16.04.2004)

401 — AÇÃO RESCISÓRIA — DESCONTOS LEGAIS — FASE DE EXECUÇÃO — SENTENÇA EXEQUENDA OMISSA — INEXISTÊNCIA DE OFENSA À COISA JULGADA — (CONVERSÃO DA ORIENTAÇÃO JURISPRUDENCIAL N. 81 DA SBDI-II — RES. N. 137/05 — DJ 22.8.2005)

Os descontos previdenciários e fiscais devem ser efetuados pelo juízo executório, ainda que a sentença exequenda tenha sido omissa sobre a questão, dado o caráter de ordem pública ostentado pela norma que os disciplina. A ofensa à coisa julgada somente poderá ser caracterizada na hipótese de o título exequendo, expressamente, afastar a dedução dos valores a título de imposto de renda e de contribuição previdenciária. (ex-OJ n. 81 da SBDI-II — inserida em 13.3.2002)

402 — AÇÃO RESCISÓRIA — PROVA NOVA — DISSÍDIO COLETIVO — SENTENÇA NORMATIVA. (NOVA REDAÇÃO EM DECORRÊNCIA DO CPC DE 2015) (DIVULGAÇÃO DEJT 20.4.17)

I — Sob a vigência do CPC de 2015 (art. 966, inciso VII), para efeito de ação rescisória, considera-se prova nova a cronologicamente velha, já existente ao tempo do trânsito em julgado da decisão rescindenda, mas ignorada pelo interessado ou de impossível utilização, à época, no processo.

II — Não é prova nova apta a viabilizar a desconstituição de julgado: a) sentença normativa proferida ou transitada em julgado posteriormente à sentença rescindenda; b) sentença normativa preexistente à sentença rescindenda, mas não exibida no processo principal, em virtude de negligência da parte, quando podia e deveria louvar-se de documento já existente e não ignorado quando emitida a decisão rescindenda. (ex-OJ n. 20 da SBDI-2 — inserida em 20.9.2000).

403 — AÇÃO RESCISÓRIA — DOLO DA PARTE VENCEDORA EM DETRIMENTO DA VENCIDA — ART. 485, III, DO CPC — (CONVERSÃO DAS ORIENTAÇÕES JURISPRUDENCIAIS NS. 111 E 125 DA SBDI-II — RES. N. 137/05 — DJ 22.8.2005)

I — Não caracteriza dolo processual, previsto no art. 485, III, do CPC, o simples fato de a parte vencedora haver silenciado a respeito de fatos contrários a ela, porque o procedimento, por si só, não constitui ardil do qual resulte cerceamento de defesa e, em consequência, desvie o juiz de uma sentença não condizente com a verdade. (ex-OJ n. 125 da SBDI-II — DJ 9.12.2003)

II — Se a decisão rescindenda é homologatória de acordo, não há parte vencedora ou vencida, razão pela qual não é possível a sua desconstituição calcada no inciso III do art. 485 do CPC (dolo da parte vencedora em detrimento da vencida), pois constitui fundamento de rescindibilidade que supõe solução jurisdicional para a lide. (ex-OJ n. 111 da SBDI-II — DJ 29.4.2003)

404 — AÇÃO RESCISÓRIA — FUNDAMENTO PARA INVALIDAR CONFISSÃO — CONFISSÃO FICTA — INADEQUAÇÃO DO ENQUADRAMENTO NO ART. 485, VIII, DO CPC DE 1973 — RES. N. 209/2016, DEJT DIVULGADO EM 01, 02 E 03.06.2016

O art. 485, VIII, do CPC de 1973, ao tratar do fundamento para invalidar a confissão como hipótese de rescindibilidade da decisão judicial, referia-se à confissão real, fruto de erro, dolo ou coação, e não à confissão ficta resultante de revelia.

405 — AÇÃO RESCISÓRIA — TUTELA PROVISÓRIA (NOVA REDAÇÃO EM DECORRÊNCIA DO CPC DE 2015 — RES. N. 208/2016, DEJT DIVULGADO EM 22, 25 E 26.04.2016)

Em face do que dispõem a MP 1.984-22/2000 e o art. 969 do CPC de 2015, é cabível o pedido de tutela provisória formulado na petição inicial de ação rescisória ou na fase recursal, visando a suspender a execução da decisão rescindenda.

406 — AÇÃO RESCISÓRIA — LITISCONSÓRCIO — NECESSÁRIO NO POLO PASSIVO E FACULTATIVO NO ATIVO — INEXISTENTE QUANTO AOS SUBSTITUÍDOS PELO SINDICATO — (CONVERSÃO DAS ORIENTAÇÕES JURISPRUDENCIAIS NS. 82 E 110 DA SBDI-II — RES. N. 137/05 — DJ 22.8.2005)

I — O litisconsórcio, na ação rescisória, é necessário em relação ao polo passivo da demanda, porque supõe uma comunidade de direitos ou de obrigações que não admite solução díspar para os litisconsortes, em face da indivisibilidade do objeto. Já em relação ao polo ativo, o litisconsórcio é facultativo, uma vez que a aglutinação de autores se faz por conveniência e não, pela necessidade decorrente da natureza do litígio, pois não se pode condicionar o exercício do direito individual de um dos litigantes no processo originário à anuência dos demais para retomar a lide. (ex-OJ n. 82 da SBDI-II — inserida em 13.3.2002)

II — O Sindicato, substituto processual e autor da reclamação trabalhista, em cujos autos fora proferida a decisão rescindenda, possui legitimidade para figurar como réu na ação rescisória, sendo descabida a exigência de citação de todos os empregados substituídos, porquanto inexistente litisconsórcio passivo necessário. (ex-OJ n. 110 da SBDI-II — DJ 29.4.2003)

407 — AÇÃO RESCISÓRIA — MINISTÉRIO PÚBLICO — LEGITIMIDADE "AD CAUSAM" PREVISTA NO ART. 967, III, "A", "B" E "C" DO CPC DE 2015. ART. 487, III, "A" E "B", DO CPC DE 1973 — HIPÓTESES MERAMENTE EXEMPLIFICATIVAS (NOVA REDAÇÃO EM DECORRÊNCIA DO CPC DE 2015 — RES. N. 208/2016, DEJT DIVULGADO EM 22, 25 E 26.04.2016)

A legitimidade "ad causam" do Ministério Público para propor ação rescisória, ainda que não tenha sido parte no processo que deu origem à decisão rescindenda, não está limitada às alíneas "a", "b" e "c" do inciso III do art. 967 do CPC de 2015 (art. 487, III, "a" e "b", do CPC de 1973), uma vez que traduzem hipóteses meramente exemplificativas (ex-OJ n. 83 da SBDI-2 — inserida em 13.03.2002)

408 — AÇÃO RESCISÓRIA — PETIÇÃO INICIAL — CAUSA DE PEDIR — AUSÊNCIA DE CAPITULAÇÃO OU CAPITULAÇÃO ERRÔNEA NO ART. 966 DO CPC DE 2015 — ART. 485 DO CPC DE 1973 — PRINCÍPIO "IURA NOVIT CURIA" (NOVA REDAÇÃO EM DECORRÊNCIA DO CPC DE 2015) — RES. N. 208/2016, DEJT DIVULGADO EM 22, 25 E 26.04.2016

Não padece de inépcia a petição inicial de ação rescisória apenas porque omite a subsunção do fundamento de rescindibilidade no art. 966 do CPC de 2015 (art. 485 do CPC de 1973) ou o capitula erroneamente em um de seus incisos. Contanto que não se afaste dos fatos e fundamentos invocados como causa de pedir, ao Tribunal é lícito emprestar-lhes a adequada qualificação jurídica ("iura novit curia"). No entanto, fundando-se a ação rescisória no art. 966, inciso V, do CPC de 2015 (art. 485, inciso V, do CPC de 1973), é indispensável expressa indicação, na petição inicial da ação rescisória, da norma jurídica manifestamente violada (dispositivo legal violado sob o CPC de 1973), por se tratar de causa de pedir da rescisória, não se aplicando, no caso, o princípio "iura novit curia". (ex-OJs ns. 32 e 33 da SBDI-2 — inseridas em 20.09.2000)

409 — AÇÃO RESCISÓRIA — PRAZO PRESCRICIONAL — TOTAL OU PARCIAL — VIOLAÇÃO DO ART. 7º, XXIX, DA CF/88 — MATÉRIA INFRACONSTITUCIONAL — (CONVERSÃO DA ORIENTAÇÃO JURISPRUDENCIAL N. 119 DA SBDI-II — RES. N. 137/05 — DJ 22.8.2005)

Não procede ação rescisória calcada em violação do art. 7º, XXIX, da CF/88 quando a questão envolve discussão sobre a espécie de prazo prescricional aplicável aos créditos trabalhistas, se total ou parcial, porque a matéria tem índole infraconstitucional, construída, na Justiça do Trabalho, no plano jurisprudencial. (ex-OJ n. 119 da SBDI-II — DJ 11.8.2003)(***)

410 — AÇÃO RESCISÓRIA — REEXAME DE FATOS E PROVAS — INVIABILIDADE — (CONVERSÃO DA ORIENTAÇÃO JURISPRUDENCIAL N. 109 DA SBDI-II — RES. N. 137/05 — DJ 22.8.2005)

A ação rescisória calcada em violação de lei não admite reexame de fatos e provas do processo que originou a decisão rescindenda. (ex-OJ n. 109 da SBDI-II — DJ 29.4.2003)

411 — AÇÃO RESCISÓRIA — SENTENÇA DE MÉRITO — DECISÃO DE TRIBUNAL REGIONAL DO TRABALHO EM AGRAVO REGIMENTAL CONFIRMANDO DECISÃO MONOCRÁTICA DO RELATOR QUE, APLICANDO A SÚMULA N. 83 DO TST, INDEFERIU A PETIÇÃO INICIAL DA AÇÃO RESCISÓRIA — CABIMENTO — (CONVERSÃO DA ORIENTAÇÃO JURISPRUDENCIAL N. 43 DA SBDI-II — RES. N. 137/05 — DJ 22.8.2005)

Se a decisão recorrida, em agravo regimental, aprecia a matéria na fundamentação, sob o enfoque das Súmulas ns. 83 do TST e 343 do STF, constitui sentença de mérito, ainda que haja resultado no indeferimento da petição inicial e na extinção do processo sem julgamento do mérito. Sujeita-se, assim, à reforma pelo TST, a decisão do Tribunal que, invocando controvérsia na interpretação da lei, indefere a petição inicial de ação rescisória. (ex-OJ n. 43 da SBDI-II — inserida em 20.9.2000)

412 — AÇÃO RESCISÓRIA — REGÊNCIA PELO CPC DE 1973 — SENTENÇA DE MÉRITO — QUESTÃO PROCESSUAL — (NOVA REDAÇÃO EM DECORRÊNCIA DO CPC DE 2015) (DIVULGAÇÃO DEJT 20.4.17)

Sob a égide do CPC de 1973, pode uma questão processual ser objeto de rescisão desde que consista em pressuposto de validade de uma sentença de mérito. (ex-OJ n. 46 da SBDI-2 — inserida em 20.09.2000)

413 — AÇÃO RESCISÓRIA — SENTENÇA DE MÉRITO — VIOLAÇÃO DO ART. 896, "A", DA CLT — (NOVA REDAÇÃO EM DECORRÊNCIA DO CPC DE 2015) — RES. N. 209/2016, DEJT DIVULGADO EM 01, 02 E 03.06.2016

É incabível ação rescisória, por violação do art. 896, "a", da CLT, contra decisão transitada em julgado sob a égide do CPC de 1973 que não conhece de recurso de revista, com base em divergência jurisprudencial, pois não se cuidava de sentença de mérito (art. 485 do CPC de 1973). (ex-OJ n. 47 da SBDI-2 — inserida em 20.09.2000)

414 — MANDADO DE SEGURANÇA — TUTELA PROVISÓRIA CONCEDIDA ANTES OU NA SENTENÇA — (NOVA REDAÇÃO EM DECORRÊNCIA DO CPC DE 2015) DIVULGAÇÃO DEJT 20.4.17)

I — A tutela provisória concedida na sentença não comporta impugnação pela via do mandado de segurança, por ser impugnável mediante recurso ordinário. É admissível a obtenção de efeito suspensivo ao recurso ordinário mediante requerimento dirigido ao tribunal, ao relator ou ao presidente ou ao vice-presidente do tribunal recorrido, por aplicação subsidiária ao processo do trabalho do art. 1.029, § 5º, do CPC de 2015.

II — No caso de a tutela provisória haver sido concedida ou indeferida antes da sentença, cabe mandado de segurança, em face da inexistência de recurso próprio.

III — A superveniência da sentença, nos autos originários, faz perder o objeto do mandado de segurança que impugnava a concessão ou o indeferimento da tutela provisória.

415 — MANDADO DE SEGURANÇA — PETIÇÃO INICIAL — ART. 321 DO CPC DE 2015 — ART. 284 DO CPC DE 1973 — INAPLICABILIDADE — (ATUALIZADA EM

Súmulas do TST

DECORRÊNCIA DO CPC DE 2015) — RES. N. 208/2016, DEJT DIVULGADO EM 22, 25 E 26.04.2016

Exigindo o mandado de segurança prova documental pré-constituída, inaplicável o art. 321 do CPC de 2015 (art. 284 do CPC de 1973) quando verificada, na petição inicial do "mandamus", a ausência de documento indispensável ou de sua autenticação. (ex-OJ n. 52 da SBDI-2 — inserida em 20.09.2000).

416 — MANDADO DE SEGURANÇA — EXECUÇÃO— LEI N. 8.432/92, ART. 897, § 1º, DA CLT — CABIMENTO — (CONVERSÃO DA ORIENTAÇÃO JURISPRUDENCIAL N. 55 DA SBDI-II — RES. N. 137/05 — DJ 22.8.2005)

Devendo o agravo de petição delimitar justificadamente a matéria e os valores objeto de discordância, não fere direito líquido e certo o prosseguimento da execução quanto aos tópicos e valores não especificados no agravo. (ex-OJ n. 55 da SBDI-II — inserida em 20.9.2000)

417 — MANDADO DE SEGURANÇA — PENHORA EM DINHEIRO (ALTERADO O ITEM I, ATUALIZADO O ITEM II E CANCELADO O ITEM III — MODULANDO-SE OS EFEITOS DA PRESENTE REDAÇÃO DE FORMA A ATINGIR UNICAMENTE AS PENHORAS EM DINHEIRO EM EXECUÇÃO PROVISÓRIA EFETIVADAS A PARTIR DE 18.03.2016, DATA DE VIGÊNCIA DO CPC DE 2015) — RES. N. 212/2016, DEJT DIVULGADO EM 20, 21 E 22.09.2016

I — Não fere direito líquido e certo do impetrante o ato judicial que determina penhora em dinheiro do executado para garantir crédito exequendo, pois é prioritária e obedece à gradação prevista no art. 835 do CPC de 2015 (art. 655 do CPC de 1973).

II — Havendo discordância do credor, em execução definitiva, não tem o executado direito líquido e certo a que os valores penhorados em dinheiro fiquem depositados no próprio banco, ainda que atenda aos requisitos do art. 840, I, do CPC de 2015 (art. 666, I, do CPC de 1973). (ex-OJ n. 61 da SBDI-2 — inserida em 20.09.2000).

418 — MANDADO DE SEGURANÇA VISANDO À HOMOLOGAÇÃO DE ACORDO — (NOVA REDAÇÃO EM DECORRÊNCIA DO CPC DE 2015) (RESOL. N. 217, DE 17.4.17, DIVULGAÇÃO DEJT 20.4.17)

A homologação de acordo constitui faculdade do juiz, inexistindo direito líquido e certo tutelável pela via do mandado de segurança.

419 — COMPETÊNCIA — EMBARGOS DE TERCEIRO — EXECUÇÃO POR CARTA PRECATÓRIA. JUÍZO DEPRECADO — (ALTERADA EM DECORRÊNCIA DO CPC DE 2015) — RES. N. 212/2016, DEJT DIVULGADO EM 20, 21 E 22.09.2016

Na execução por carta precatória, os embargos de terceiro serão oferecidos no juízo deprecado, salvo se indicado pelo juízo deprecante o bem constrito ou se já devolvida a carta (art. 676, parágrafo único, do CPC de 2015).

420 — COMPETÊNCIA FUNCIONAL — CONFLITO NEGATIVO — TRT E VARA DO TRABALHO DE IDÊNTICA REGIÃO — NÃO CONFIGURAÇÃO — (CONVERSÃO DA ORIENTAÇÃO JURISPRUDENCIAL N. 115 DA SBDI-II — RES. N. 137/05 — DJ 22.8.2005)

Não se configura conflito de competência entre Tribunal Regional do Trabalho e Vara do Trabalho a ele vinculada. (ex-OJ n. 115 da SBDI-II — DJ 11.8.2003)

421 — EMBARGOS DE DECLARAÇÃO — CABIMENTO — DECISÃO MONOCRÁTICA DO RELATOR CALCADA NO ART. 932 DO CPC DE 2015 — ART. 557 DO CPC DE 1973 — (ATUALIZADA EM DECORRÊNCIA DO CPC DE 2015) — RES. N. 208/2016, DEJT DIVULGADO EM 22, 25 E 26.04.2016

I — Cabem embargos de declaração da decisão monocrática do relator prevista no art. 932 do CPC de 2015 (art. 557 do CPC de 1973), se a parte pretende tão somente juízo integrativo retificador da decisão e, não, modificação do julgado.

II — Se a parte postular a revisão no mérito da decisão monocrática, cumpre ao relator converter os embargos de declaração em agravo, em face dos princípios da fungibilidade e celeridade processual, submetendo-o ao pronunciamento do Colegiado, após a intimação do recorrente para, no prazo de 5 (cinco) dias, complementar as razões recursais, de modo a ajustá-las às exigências do art. 1.021, § 1º, do CPC de 2015.

422 — RECURSO — FUNDAMENTO AUSENTE OU DEFICIENTE — NÃO CONHECIMENTO — (REDAÇÃO ALTERADA, COM INSERÇÃO DOS ITENS I, II E III — RESOL. N. 199, DE 9.6.15, DEJT DIVULGADO EM 24, 25 E 26.6.15)

I — Não se conhece de recurso para o TST se as razões do recorrente não impugnam os fundamentos da decisão recorrida, nos termos em que proferida.

II — o entendimento referido no item anterior não se aplica em relação à motivação secundária e impertinente, consubstanciada em despacho de admissibilidade de recurso ou em decisão monocrática.

III — Inaplicável a exigência do item I relativamente ao recurso ordinário da competência de Tribunal Regional do Trabalho, exceto em caso de recurso cuja motivação é inteiramente dissociada dos fundamentos da sentença.

423 — TURNO ININTERRUPTO DE REVEZAMENTO — FIXAÇÃO DE JORNADA DE TRABALHO MEDIANTE NEGOCIAÇÃO COLETIVA — VALIDADE — (CONVERSÃO DA ORIENTAÇÃO JURISPRUDENCIAL N. 169 DA SBDI-I — RES. N. 139/2006 — DJ 10.10.2006)

Estabelecida jornada superior a seis horas e limitada a oito horas por meio de regular negociação coletiva, os empregados submetidos a turnos ininterruptos de revezamento não têm direito ao pagamento das 7ª e 8ª horas como extras.

424 — RECURSO ADMINISTRATIVO — PRESSUPOSTO DE ADMISSIBILIDADE — DEPÓSITO PRÉVIO DA MULTA ADMINISTRATIVA — NÃO RECEPÇÃO PELA CONSTITUIÇÃO FEDERAL DO § 1º DO ART. 636 DA CLT — (RESOL. N. 160/2009, TST, DEJT 20.11.2009)

O § 1º do art. 636 da CLT, que estabelece a exigência de prova do depósito prévio do valor da multa cominada em razão de atuação administrativa como pressuposto de admissibilidade de recurso administrativo, não foi recepcionado pela Constituição Federal de 1988, ante a sua incompatibilidade com o inciso LV do art. 5º.

425 — *JUS POSTULANDI* NA JUSTIÇA DO TRABALHO — ALCANCE — (RES. N. 165/2010, DEJT 30.4.2010 E 3 E 4.5.2010)

O *jus postulandi* das partes, estabelecido no art. 791 da CLT, limita-se às Varas do Trabalho e aos Tribunais Regionais do Trabalho, não alcançando a ação rescisória, a ação cautelar, o mandado de segurança e os recursos de competência do Tribunal Superior do Trabalho.

426 — DEPÓSITO RECURSAL — UTILIZAÇÃO DA GUIA — GFIP — OBRIGATORIEDADE — (RES. N. 174, 24.5.2011 — DJE 27.5.2011)

Nos dissídios individuais o depósito recursal será efetivado mediante a utilização da Guia de Recolhimento do FGTS e Informações à Previdência Social — GFIP, nos termos dos §§ 4º e 5º do art. 899 da CLT, admitido o depósito judicial, realizado na sede do juízo e à disposição deste, na hipótese de relação de trabalho não submetida ao regime do FGTS.(**)

427 — INTIMAÇÃO — PLURALIDADE DE ADVOGADOS — PUBLICAÇÃO EM NOME DE ADVOGADO DIVERSO DAQUELE EXPRESSAMENTE INDICADO — NULIDADE — (RES. N. 174, 24.5.2011 — DJE/27.5.2011)

Havendo pedido expresso de que as intimações e publicações sejam realizadas exclusivamente em nome de determinado advogado, a comunicação em nome de outro profissional constituído nos autos é nula, salvo se constatada a inexistência de prejuízo.

428 — SOBREAVISO — APLICAÇÃO ANALÓGICA DO ART. 244, § 2º DA CLT — (REDAÇÃO ALTERADA NA SESSÃO DO TRIBUNAL PLENO REALIZADA EM 14.9.2012 — RES. N. 185/2012, DEJT DIVULGADO EM 25.9.2012)

I — O uso de instrumentos telemáticos ou informatizados fornecidos pela empresa ao empregado, por si só, não caracteriza o regime de sobreaviso.

II — Considera-se em sobreaviso o empregado que, à distância e submetido a controle patronal por instrumentos telemáticos ou informatizados, permanecer em regime de plantão ou equivalente, aguardando a qualquer momento o chamado para o serviço durante o período de descanso.

429 — TEMPO À DISPOSIÇÃO DO EMPREGADOR — ART. 4º DA CLT — PERÍODO DE DESLOCAMENTO ENTRE A PORTARIA E O LOCAL DE TRABALHO — (RES. N. 174, 24.5.2011 — DJE 27.5.2011)

Considera-se à disposição do empregador, na forma do art. 4º da CLT, o tempo necessário ao deslocamento do trabalhador entre a portaria da empresa e o local de trabalho, desde que supere o limite de 10 (dez) minutos diários.

430 — ADMINISTRAÇÃO PÚBLICA INDIRETA — CONTRATAÇÃO — AUSÊNCIA DE CONCURSO PÚBLICO — NULIDADE — ULTERIOR PRIVATIZAÇÃO — CONVALIDAÇÃO — INSUBSISTÊNCIA DO VÍCIO — (RES. N. 177, 6.2.2012, DJE 13, 14 E 15.2.2012)

Convalidam-se os efeitos do contrato de trabalho que, considerado nulo por ausência de concurso público, quando celebrado originalmente com ente da Administração Pública Indireta, continua a existir após a sua privatização.

431 — SALÁRIO-HORA — EMPREGADO SUJEITO AO REGIME GERAL DE TRABALHO (ART. 58, CAPUT, DA CLT) — 40 HORAS SEMANAIS — CÁLCULO — APLICAÇÃO DO DIVISOR 200 — (REDAÇÃO ALTERADA NA SESSÃO DO TRIBUNAL PLENO REALIZADA EM 14.9.2012 — RES. N. 185/2012, DEJT DIVULGADO EM 25.9.2012)

Para os empregados a que alude o art. 58, *caput*, da CLT, quando sujeitos a 40 horas semanais de trabalho, aplica-se o divisor 200 (duzentos) para o cálculo do valor do salário-hora.

432 — CONTRIBUIÇÃO SINDICAL RURAL — AÇÃO DE COBRANÇA — PENALIDADE POR ATRASO NO RECOLHIMENTO — INAPLICABILIDADE DO ART. 600 DA CLT — INCIDÊNCIA DO ART. 2º DA LEI N. 8.022/1990 — (RESOL. N. 177, 6.2.2012 — DJE 13, 14 E 15.2.2012)

O recolhimento a destempo da contribuição sindical rural não acarreta a aplicação da multa progressiva prevista no art. 600 da CLT, em decorrência da sua revogação tácita pela Lei n. 8.022, de 12 de abril de 1990.

433 — EMBARGOS — ADMISSIBILIDADE — PROCESSO EM FASE DE EXECUÇÃO — ACÓRDÃO DE TURMA PUBLICADO NA VIGÊNCIA DA LEI N. 11.496, DE 26.6.2007 — DIVERGÊNCIA DE INTERPRETAÇÃO DE DISPOSITIVO CONSTITUCIONAL — (RES. N. 177, 6.2.2012 — DJE 13, 14 E 15.2.2012)

A admissibilidade do recurso de embargos contra acórdão de Turma em recurso de revista em fase de execução, publicado na vigência da Lei n. 11.496, de 26.6.2007, condiciona-se à demonstração de divergência jurisprudencial entre Turmas ou destas e a Seção Especializada em Dissídios Individuais do Tribunal Superior do Trabalho em relação à interpretação de dispositivo constitucional.

434 — RECURSO — INTERPOSIÇÃO ANTES DA PUBLICAÇÃO DO ACÓRDÃO IMPUGNADO — EXTEMPORANEIDADE (CANCELADA) — RES. N. 198/2015, REPUBLICADA EM RAZÃO DE ERRO MATERIAL — DEJT DIVULGADO EM 12, 15 E 16.6.2015.

I — É extemporâneo recurso interposto antes de publicado o acórdão impugnado. (ex-OJ n. 357 da SBDI-1 — inserida em 14.3.2008)

II — A interrupção do prazo recursal em razão da interposição de embargos de declaração pela parte adversa não acarreta qualquer prejuízo àquele que apresentou seu recurso tempestivamente.

435 — DECISÃO MONOCRÁTICA — RELATOR — ART. 932 DO CPC DE 2015 — ART. 557 DO CPC DE 1973 — APLICAÇÃO SUBSIDIÁRIA AO PROCESSO DO TRABALHO — (ATUALIZADA EM DECORRÊNCIA DO CPC DE 2015) — RES. N. 208/2016, DEJT DIVULGADO EM 22, 25 E 26.04.2016

Aplica-se subsidiariamente ao processo do trabalho o art. 932 do CPC de 2015 (art. 557 do CPC de 1973).

436 — REPRESENTAÇÃO PROCESSUAL — PROCURADOR DA UNIÃO, ESTADOS, MUNICÍPIOS E DISTRITO FEDERAL, SUAS AUTARQUIAS E FUNDAÇÕES PÚBLICAS — JUNTADA DE INSTRUMENTO DE MANDATO (CONVERSÃO DA ORIENTAÇÃO JURISPRUDENCIAL N. 52 DA SBDI-I E INSERÇÃO DO ITEM II À REDAÇÃO — RES. N. 185/2012, DEJT DIVULGADO EM 25.9.2012)

I — A União, Estados, Municípios e Distrito Federal, suas autarquias e fundações públicas, quando representadas em juízo, ativa e passivamente, por seus procuradores, estão dispensadas da juntada de instrumento de mandato e de comprovação do ato de nomeação.

II — Para os efeitos do item anterior, é essencial que o signatário ao menos declare-se exercente do cargo de procurador, não bastando a indicação do número de inscrição na Ordem dos Advogados do Brasil.

437 — INTERVALO INTRAJORNADA PARA REPOUSO E ALIMENTAÇÃO — APLICAÇÃO DO ART. 71 DA CLT (CONVERSÃO DAS ORIENTAÇÕES JURISPRUDENCIAIS NS. 307, 342, 354, 380 E 381 DA SBDI-1 — RES. N. 185/2012, DEJT DIVULGADO EM 25.9.2012)(***)

I — Após a edição da Lei n. 8.923/94, a não concessão ou a concessão parcial do intervalo intrajornada mínimo, para repouso e alimentação, a empregados urbanos e rurais, implica o pagamento total do período correspondente, e não apenas daquele suprimido, com acréscimo de, no mínimo, 50% sobre o valor da remuneração da hora normal de trabalho (art. 71 da CLT), sem prejuízo do cômputo da efetiva jornada de labor para efeito de remuneração.

II — É inválida cláusula de acordo ou convenção coletiva de trabalho contemplando a supressão ou redução do intervalo intrajornada porque este constitui medida de higiene, saúde e segurança do trabalho, garantido por norma de ordem pública (art. 71 da CLT e art. 7º, XXII, da CF/1988), infenso à negociação coletiva.

III — Possui natureza salarial a parcela prevista no art. 71, § 4º, da CLT, com redação introduzida pela Lei n. 8.923, de 27 de julho de 1994, quando não concedido ou reduzido pelo empregador o intervalo mínimo intrajornada para repouso e alimentação, repercutindo, assim, no cálculo de outras parcelas salariais.

IV — Ultrapassada habitualmente a jornada de seis horas de trabalho, é devido o gozo do intervalo intrajornada mínimo de uma hora, obrigando o empregador a remunerar o período para descanso e alimentação não usufruído como extra, acrescido do respectivo adicional, na forma prevista no art. 71, *caput* e § 4º da CLT.

438 — INTERVALO PARA RECUPERAÇÃO TÉRMICA DO EMPREGADO — AMBIENTE ARTIFICIALMENTE FRIO — HORAS EXTRAS — ART. 253 DA CLT — APLICAÇÃO ANALÓGICA (RES. N. 185/2012, DEJT DIVULGADO EM 25.9.2012).

O empregado submetido a trabalho contínuo em ambiente artificialmente frio, nos termos do parágrafo único do art. 253 da CLT, ainda que não labore em câmara frigorífica, tem direito ao intervalo intrajornada previsto no *caput* do art. 253 da CLT.

439 — DANOS MORAIS — JUROS DE MORA E ATUALIZAÇÃO MONETÁRIA — TERMO INICIAL — (RES. N. 185/2012, DEJT DIVULGADO EM 25.9.2012)

Nas condenações por dano moral, a atualização monetária é devida a partir da data da decisão de arbitramento ou de alteração do valor. Os juros incidem desde o ajuizamento da ação, nos termos do art. 883 da CLT.

440 — AUXÍLIO-DOENÇA ACIDENTÁRIO — APOSENTADORIA POR INVALIDEZ — SUSPENSÃO DO CONTRATO DE TRABALHO — RECONHECIMENTO DO DIREITO À MANUTENÇÃO DE PLANO DE SAÚDE OU DE ASSISTÊNCIA MÉDICA — (RES. N. 185/2012, DEJT DIVULGADO EM 25.9.2012)

Assegura-se o direito à manutenção de plano de saúde ou de assistência médica oferecido pela empresa ao empregado, não obstante suspenso o contrato de trabalho em virtude de auxílio-doença acidentário ou de aposentadoria por invalidez.

441 — AVISO PRÉVIO — PROPORCIONALIDADE — (RES. N. 185/2012, DEJT DIVULGADO EM 25.9.2012).

O direito ao aviso prévio proporcional ao tempo de serviço somente é assegurado nas rescisões de contrato de trabalho ocorridas a partir da publicação da Lei n. 12.506, em 13 de outubro de 2011.

442 — PROCEDIMENTO SUMARÍSSIMO — RECURSO DE REVISTA FUNDAMENTADO EM CONTRARIEDADE A ORIENTAÇÃO JURISPRUDENCIAL — INADMISSIBILIDADE — ART. 896, § 6º, DA CLT, ACRESCENTADO PELA LEI N. 9.957, DE 12.01.2000 (CONVERSÃO DA ORIENTAÇÃO

JURISPRUDENCIAL N. 352 DA SBDI-1 — RES. N. 185/2012, DEJT DIVULGADO EM 25.9.2012)

Nas causas sujeitas ao procedimento sumaríssimo, a admissibilidade de recurso de revista está limitada à demonstração de violação direta a dispositivo da Constituição Federal ou contrariedade a Súmula do Tribunal Superior do Trabalho, não se admitindo o recurso por contrariedade a Orientação Jurisprudencial deste Tribunal (Livro II, Título II, Capítulo III, do RITST), ante a ausência de previsão no art. 896, § 6º, da CLT.

443 — DISPENSA DISCRIMINATÓRIA — PRESUNÇÃO — EMPREGADO PORTADOR DE DOENÇA GRAVE — ESTIGMA OU PRECONCEITO — DIREITO À REINTEGRAÇÃO — (RES. N. 185/2012, DEJT DIVULGADO EM 25.9.2012)

Presume-se discriminatória a despedida de empregado portador do vírus HIV ou de outra doença grave que suscite estigma ou preconceito. Inválido o ato, o empregado tem direito à reintegração no emprego.

444 — JORNADA DE TRABALHO — NORMA COLETIVA — LEI — ESCALA DE 12 POR 36 — VALIDADE. RES. N. 185/2012, DEJT DIVULGADO EM 25.9.2012)

É valida, em caráter excepcional, a jornada de doze horas de trabalho por trinta e seis de descanso, prevista em lei ou ajustada exclusivamente mediante acordo coletivo de trabalho ou convenção coletiva de trabalho, assegurada a remuneração em dobro dos feriados trabalhados. O empregado não tem direito ao pagamento de adicional referente ao labor prestado na décima primeira e décima segunda horas. (Republicada no DEJT de 26.11.12, por cumprimento a despacho do Exmo. Ministro João Oreste Dalazen)(***)

445 — INADIMPLEMENTO DE VERBAS TRABALHISTAS — FRUTOS — POSSE DE MÁ-FÉ. ART. 1.216 DO CÓDIGO CIVIL — INAPLICABILIDADE AO DIREITO DO TRABALHO — (RESOL. 189, DE 27.2.2013) DEJT DIVULGADO EM 14.3.2013)

A indenização por frutos percebidos pela posse de má-fé, prevista no art. 1.216 do Código Civil, por tratar-se de regra afeta a direitos reais, mostra-se incompatível com o direito do trabalho, não sendo devida no caso de inadimplemento de verbas trabalhistas.

446 — MAQUINISTA FERROVIÁRIO — INTERVALO INTRAJORNADA — SUPRESSÃO PARCIAL OU TOTAL — HORAS EXTRAS DEVIDAS — COMPATIBILIDADE ENTRE OS ARTS. 71, § 4º, E 238, § 5º, DA CLT. RES. N. 193/2013, DEJT DIVULGADO EM 13, 16 E 17.12.2013

A garantia ao intervalo intrajornada, prevista no art. 71 da CLT, por constituir-se em medida de higiene, saúde e segurança do empregado, é aplicável também ao ferroviário maquinista integrante da categoria "c" (equipagem de trem em geral), não havendo incompatibilidade entre as regras inscritas nos arts. 71, § 4º, e 238, § 5º, da CLT.

447 — ADICIONAL DE PERICULOSIDADE — PERMANÊNCIA A BORDO DURANTE O ABASTECIMENTO DA AERONAVE — INDEVIDO — RES. N. 193/2013, DEJT DIVULGADO EM 13, 16 E 17.12.2013

Os tripulantes e demais empregados em serviços auxiliares de transporte aéreo que, no momento do abastecimento da aeronave, permanecem a bordo não têm direito ao adicional de periculosidade a que aludem o art. 193 da CLT e o Anexo 2, item 1, "c", da NR 16 do MTE.

448 — ATIVIDADE INSALUBRE — CARACTERIZAÇÃO — PREVISÃO NA NORMA REGULAMENTADORA N. 15 DA PORTARIA DO MINISTÉRIO DO TRABALHO N. 3.214/78 — INSTALAÇÕES SANITÁRIAS — (CONVERSÃO DA ORIENTAÇÃO JURISPRUDENCIAL N. 4 DA SBDI-1 COM NOVA REDAÇÃO DO ITEM II) — RES. N. 194/2014, DEJT DIVULGADO EM 21, 22 E 23.5.2014

I — Não basta a constatação da insalubridade por meio de laudo pericial para que o empregado tenha direito ao respectivo adicional, sendo necessária a classificação da atividade insalubre na relação oficial elaborada pelo Ministério do Trabalho.

II — A higienização de instalações sanitárias de uso público ou coletivo de grande circulação, e a respectiva coleta de lixo, por não se equiparar à limpeza em residências e escritórios, enseja o pagamento de adicional de insalubridade em grau máximo, incidindo o disposto no Anexo 14 da NR-15 da Portaria do MTE n. 3.214/78 quanto à coleta e industrialização de lixo urbano.

449 — MINUTOS QUE ANTECEDEM E SUCEDEM A JORNADA DE TRABALHO — LEI N. 10.243, DE 19.06.2001 — NORMA COLETIVA — FLEXIBILIZAÇÃO — IMPOSSIBILIDADE — (CONVERSÃO DA ORIENTAÇÃO JURISPRUDENCIAL N. 372 DA SBDI-1) — RES. N. 194/2014, DEJT DIVULGADO EM 21, 22 E 23.5.2014

A partir da vigência da Lei n. 10.243, de 19.06.2001, que acrescentou o § 1º ao art. 58 da CLT, não mais prevalece cláusula prevista em convenção ou acordo coletivo que elastece o limite de 5 minutos que antecedem e sucedem a jornada de trabalho para fins de apuração das horas extras.

450 — FÉRIAS — GOZO NA ÉPOCA PRÓPRIA — PAGAMENTO FORA DO PRAZO — DOBRA DEVIDA — ARTS. 137 E 145 DA CLT — (CONVERSÃO DA ORIENTAÇÃO JURISPRUDENCIAL N. 386 DA SBDI-1) — RES. N. 194/2014, DEJT DIVULGADO EM 21, 22 E 23.5.2014

É devido o pagamento em dobro da remuneração de férias, incluído o terço constitucional, com base no art. 137 da CLT, quando, ainda que gozadas na época própria, o empregador tenha descumprido o prazo previsto no art. 145 do mesmo diploma legal.

451 — PARTICIPAÇÃO NOS LUCROS E RESULTADOS — RESCISÃO CONTRATUAL ANTERIOR À DATA DA DISTRIBUIÇÃO DOS LUCROS — PAGAMENTO PROPORCIONAL AOS MESES TRABALHADOS — PRINCÍPIO DA ISONOMIA — (CONVERSÃO DA ORIENTAÇÃO JURISPRUDENCIAL N. 390 DA SBDI-1) — RES. N. 194/2014, DEJT DIVULGADO EM 21, 22 E 23.5.2014

Fere o princípio da isonomia instituir vantagem mediante acordo coletivo ou norma regulamentar que condiciona a percepção da parcela participação nos lucros e resultados ao fato de estar o contrato de trabalho em vigor na data prevista para a distribuição dos lucros. Assim, inclusive na rescisão contratual antecipada, é devido o pagamento da parcela de forma proporcional aos meses trabalhados, pois o ex-empregado concorreu para os resultados positivos da empresa.

452 — DIFERENÇAS SALARIAIS — PLANO DE CARGOS E SALÁRIOS — DESCUMPRIMENTO — CRITÉRIOS DE PROMOÇÃO NÃO OBSERVADOS — PRESCRIÇÃO PARCIAL — (CONVERSÃO DA ORIENTAÇÃO JURISPRUDENCIAL N. 404 DA SBDI-1) — RES. N. 194/2014, DEJT DIVULGADO EM 21, 22 E 23.5.2014

Tratando-se de pedido de pagamento de diferenças salariais decorrentes da inobservância dos critérios de promoção estabelecidos em Plano de Cargos e Salários criado pela empresa, a prescrição aplicável é a parcial, pois a lesão é sucessiva e se renova mês a mês.

453 — ADICIONAL DE PERICULOSIDADE — PAGAMENTO ESPONTÂNEO — CARACTERIZAÇÃO DE FATO INCONTROVERSO — DESNECESSÁRIA A PERÍCIA DE QUE TRATA O ART. 195 DA CLT — (CONVERSÃO DA ORIENTAÇÃO JURISPRUDENCIAL N. 406 DA SBDI-1) — RES. N. 194/2014, DEJT DIVULGADO EM 21, 22 E 23.5.2014

O pagamento de adicional de periculosidade efetuado por mera liberalidade da empresa, ainda que de forma proporcional ao tempo de exposição ao risco ou em percentual inferior ao máximo legalmente previsto, dispensa a realização da prova técnica exigida pelo art. 195 da CLT, pois torna incontroversa a existência do trabalho em condições perigosas.

454 — COMPETÊNCIA DA JUSTIÇA DO TRABALHO — EXECUÇÃO DE OFÍCIO — CONTRIBUIÇÃO SOCIAL REFERENTE AO SEGURO DE ACIDENTE DE TRABALHO (SAT) — ARTS. 114, VIII, E 195, I, "A", DA CONSTITUIÇÃO DA REPÚBLICA — (CONVERSÃO DA ORIENTAÇÃO JURISPRUDENCIAL N. 414 DA SBDI-1) — RES. N. 194/2014, DEJT DIVULGADO EM 21, 22 E 23.5.2014

Compete à Justiça do Trabalho a execução, de ofício, da contribuição referente ao Seguro de Acidente de Trabalho (SAT), que tem natureza de contribuição para a seguridade social (arts. 114, VIII, e 195, I, "a", da CF), pois se destina ao financiamento de benefícios relativos à incapacidade do empregado decorrente de infortúnio no trabalho (arts. 11 e 22 da Lei n. 8.212/1991).

455 — EQUIPARAÇÃO SALARIAL — SOCIEDADE DE ECONOMIA MISTA — ART. 37, XIII, DA CF/1988 — POSSIBILIDADE — (CONVERSÃO DA ORIENTAÇÃO JURISPRUDENCIAL N. 353 DA SBDI-1 COM NOVA REDAÇÃO) — RES. N. 194/2014, DEJT DIVULGADO EM 21, 22 E 23.5.2014

À sociedade de economia mista não se aplica a vedação à equiparação prevista no art. 37, XIII, da CF/1988, pois, ao admitir empregados sob o regime da CLT, equipara-se a empregador privado, conforme disposto no art. 173, § 1º, II, da CF/1988.

456 — REPRESENTAÇÃO — PESSOA JURÍDICA — PROCURAÇÃO — INVALIDADE — IDENTIFICAÇÃO DO OUTORGANTE E DE SEU REPRESENTANTE — (INSERIDOS OS ITENS II E III EM DECORRÊNCIA DO CPC DE 2015) — RES. N. 211/2016, DEJT DIVULGADO EM 24, 25 E 26.08.2016

I — É inválido o instrumento de mandato firmado em nome de pessoa jurídica que não contenha, pelo menos, o nome do outorgante e do signatário da procuração, pois estes dados constituem elementos que os individualizam.

II — Verificada a irregularidade de representação da parte na instância originária, o juiz designará prazo de 5 (cinco) dias para que seja sanado o vício. Descumprida a determinação, extinguirá o processo, sem resolução de mérito, se a providência couber ao reclamante, ou considerará revel o reclamado, se a providência lhe couber (art. 76, § 1º, do CPC de 2015).

III — Caso a irregularidade de representação da parte seja constatada em fase recursal, o relator designará prazo de 5 (cinco) dias para que seja sanado o vício. Descumprida a determinação, o relator não conhecerá do recurso, se a providência couber ao recorrente, ou determinará o desentranhamento das contrarrazões, se a providência couber ao recorrido (art. 76, § 2º, do CPC de 2015).

457 — HONORÁRIOS PERICIAIS — BENEFICIÁRIO DA JUSTIÇA GRATUITA — RESPONSABILIDADE DA UNIÃO PELO PAGAMENTO — RESOLUÇÃO N. 66/2010 DO CSJT — OBSERVÂNCIA — (CONVERSÃO DA ORIENTAÇÃO JURISPRUDENCIAL N. 387 DA SBDI-1 COM NOVA REDAÇÃO) — RES. N. 194/2014, DEJT DIVULGADO EM 21, 22 E 23.5.2014

A União é responsável pelo pagamento dos honorários de perito quando a parte sucumbente no objeto da perícia for beneficiária da assistência judiciária gratuita, observado o procedimento disposto nos arts. 1º, 2º e 5º da Resolução n. 66/2010 do Conselho Superior da Justiça do Trabalho — CSJT.(***)

458 — EMBARGOS — PROCEDIMENTO SUMARÍSSIMO — CONHECIMENTO — RECURSO INTERPOSTO APÓS VIGÊNCIA DA LEI N. 11.496, DE 22.6.2007, QUE CONFERIU NOVA REDAÇÃO AO ART. 894, DA CLT — (CONVERSÃO DA ORIENTAÇÃO JURISPRUDENCIAL N. 405 DA SBDI-1 COM NOVA REDAÇÃO) — RES. N. 194/2014, DEJT DIVULGADO EM 21, 22 E 23.5.2014

Em causas sujeitas ao procedimento sumaríssimo, em que pese a limitação imposta no art. 896, § 6º, da CLT à interposição de recurso de revista, admitem-se os embargos interpostos na vigência da Lei n. 11.496, de 22.6.2007, que conferiu nova redação ao art. 894 da CLT, quando demonstrada a divergência jurisprudencial entre Turmas do TST, fundada em interpretações diversas acerca da aplicação de mesmo dispositivo constitucional ou de matéria sumulada.

459 — RECURSO DE REVISTA — NULIDADE POR NEGATIVA DE PRESTAÇÃO JURISDICIONAL — (ATUALIZADA EM DECORRÊNCIA DO CPC DE 2015) — RESOL. N. 219/2017 — DEJT 28.6.2017

O conhecimento do recurso de revista, quanto à preliminar de nulidade, por negativa de prestação jurisdicional, supõe indicação de violação do art. 832 da CLT, do art. 489 do CPC de 2015 (art. 458 do CPC de 1973) ou do art. 93, IX, da CF/1988.(***)

460 — VALE-TRANSPORTE — ÔNUS DA PROVA — RES. N. 209/2016, DEJT DIVULGADO EM 01, 02 E 03.06.2016

É do empregador o ônus de comprovar que o empregado não satisfaz os requisitos indispensáveis para a concessão do vale-transporte ou não pretenda fazer uso do benefício.

461 — FGTS — DIFERENÇAS — RECOLHIMENTO — ÔNUS DA PROVA — RES. N. 209/2016, DEJT DIVULGADO EM 01, 02 E 03.06.2016.

É do empregador o ônus da prova em relação à regularidade dos depósitos do FGTS, pois o pagamento é fato extintivo do direito do autor (art. 373, II, do CPC de 2015).

462 — MULTA DO ART. 477, § 8º, DA CLT — INCIDÊNCIA — RECONHECIMENTO JUDICIAL DA RELAÇÃO DE EMPREGO — RES. N. 209/2016, DEJT DIVULGADO EM 01, 02 E 03.06.2016 E REPUB. DEJT 30.6.2016

A circunstância de a relação de emprego ter sido reconhecida apenas em juízo não tem o condão de afastar a incidência da multa prevista no art. 477, § 8º, da CLT. A referida multa não será devida apenas quando, comprovadamente, o empregado der causa à mora no pagamento das verbas rescisórias.

463 — ASSISTÊNCIA JUDICIÁRIA GRATUITA — COMPROVAÇÃO (CONVERSÃO DA ORIENTAÇÃO JURISPRUDENCIAL N. 304 DA SBDI-I, COM ALTERAÇÕES DECORRENTES DO CPC DE 2015) — (RESOL. N. 219/2017 — DEJT 28.6.2017)(***)

I — A partir de 26.06.2017, para a concessão da assistência judiciária gratuita à pessoa natural, basta a declaração de hipossuficiência econômica firmada pela parte ou por seu advogado, desde que munido de procuração com poderes específicos para esse fim (art. 105 do CPC de 2015);

II — No caso de pessoa jurídica, não basta a mera declaração: é necessária a demonstração cabal de impossibilidade de a parte arcar com as despesas do processo.

PRECEDENTES NORMATIVOS DO TRIBUNAL SUPERIOR DO TRABALHO

(DISSÍDIOS COLETIVOS)

ÍNDICE ALFABÉTICO

PRECEDENTES NORMATIVOS DO TRIBUNAL SUPERIOR DO TRABALHO

RESOLUÇÃO ADMINISTRATIVA TST N. 37/92 — APROVA OS PRECEDENTES NORMATIVOS DECORRENTES DA JURISPRUDÊNCIA ITERATIVA DA SEÇÃO DE DISSÍDIOS COLETIVOS (DJ 8.9.92)

EXCLUÍDOS OS CANCELADOS NO PROCESSO N. TST-MA-455213/1998-9 — 2.6.98, COMO TAMBÉM OS CANCELADOS PELA RESOLUÇÃO N. 86, DE 8.10.98 — EXCLUÍDO TAMBÉM O N. 048 (EMPREGADO RURAL — CONCESSÃO DE TERRA) PELA RESOLUÇÃO N. 125/04 — DJ 10.9.04

005 — ANOTAÇÃO DE COMISSÕES (POSITIVO)

O empregador é obrigado a anotar, na CTPS, o percentual das comissões a que faz jus o empregado. (Ex-PN 05)

006 — GARANTIA DE SALÁRIO NO PERÍODO DE AMAMENTAÇÃO (POSITIVO)

É garantido às mulheres, no período de amamentação, o recebimento do salário, sem prestação de serviços, quando o empregador não cumprir as determinações dos parágrafos 1º e 2º do artigo 389 da CLT. (Ex-PN 06)

008 — ATESTADOS DE AFASTAMENTO E SALÁRIOS (POSITIVO)

O empregador é obrigado a fornecer atestados de afastamento e salários ao empregado demitido. (Ex-PN 08)

010 — BANCO DO BRASIL COMO PARTE EM DISSÍDIO COLETIVO NO TRT

Os Tribunais Regionais do Trabalho são incompetentes para processar e julgar Dissídios Coletivos em que sejam partes o Banco do Brasil S/A. e Entidades Sindicais dos Bancários. (Resol. Adm. n. 86/98, 8.10.98, DJ 15.10.98, p. 122).

014 — DESCONTO NO SALÁRIO (POSITIVO)

Proíbe-se o desconto no salário do empregado dos valores de cheques não compensados ou sem fundos, salvo se não cumprir as resoluções da empresa. (Ex-PN 15)

015 — COMISSÃO SOBRE COBRANÇA (POSITIVO)

Se não obrigado por contrato a efetuar cobranças, o vendedor receberá comissões por esse serviço, respeitadas as taxas em vigor para os demais cobradores. (Ex-PN-16)

020 — EMPREGADO RURAL — CONTRATO ESCRITO (POSITIVO)

Sendo celebrado contrato por tarefa, parceria ou meação, por escrito, obriga-se o empregador a fornecer uma via deste ao empregado, devidamente datada e assinada pelas partes. (Ex-PN 24)

022 — CRECHE (POSITIVO)

Determina-se a instalação de local destinado à guarda de crianças em idade de amamentação, quando existentes na empresa mais de 30 (trinta) mulheres maiores de 16 (dezesseis) anos, facultado o convênio com creches. (Ex-PN 22)

024 — DISPENSA DO AVISO PRÉVIO (POSITIVO)

O empregado despedido fica dispensado do cumprimento do aviso prévio quando comprovar a obtenção de novo emprego, desonerando a empresa do pagamento dos dias não trabalhados. (Ex-PN 28)

029 — GREVE — COMPETÊNCIA DOS TRIBUNAIS PARA DECLARÁ-LA ABUSIVA (POSITIVO)

Compete aos Tribunais do Trabalho decidir sobre o abuso do direito de greve. (Ex-PN 41)

031 — PROFESSOR ("JANELAS") — (POSITIVO)

Os tempos vagos (janelas) em que o professor ficar à disposição do curso serão remunerados como aula, no limite de 1 (uma) hora diária por unidade. (Ex-PN 45)

032 — JORNADA DO ESTUDANTE (POSITIVO)

Proíbe-se a prorrogação da jornada de trabalho do empregado estudante, ressalvadas as hipóteses dos artigos 59 e 61 da CLT. (Ex-PN 48)

034 — EMPREGADO RURAL MORADIA (POSITIVO)

Ao empregado que residir no local de trabalho fica assegurada a moradia em condições de habitabilidade, conforme exigências da autoridade local. (Ex-PN 51)

037 — DISSÍDIO COLETIVO — FUNDAMENTAÇÃO DE CLÁUSULAS — NECESSIDADE (POSITIVO)

Nos processos de dissídio coletivo só serão julgadas as cláusulas fundamentadas na representação, em caso de ação originária, ou no recurso. (Ex-PN 55)

041 — RELAÇÃO NOMINAL DE EMPREGADOS (POSITIVO)

As empresas encaminharão à entidade profissional cópia das guias de contribuição sindical e assistencial, com a relação nominal dos respectivos salários, no prazo máximo de 30 (trinta) dias após o desconto. (Ex-PN 60)

042 — SEGURO OBRIGATÓRIO (POSITIVO)

Institui-se a obrigação do seguro, por acidente ou morte, para empregados que transportem valores ou exercem as atividades de vigia ou vigilantes. (Ex PN 63)

047 — DISPENSA DE EMPREGADO (POSITIVO)

O empregado despedido será informado, por escrito, dos motivos da dispensa. (Ex-PN 69)

050 — EMPREGADO RURAL — DEFENSIVOS AGRÍCOLAS (POSITIVO)

O empregador rural é obrigado a possuir o receituário agronômico de defensivos agrícolas e a observar as medidas de prevenção nele contidas. (Ex-PN 76)

052 — RECEBIMENTO DO PIS (POSITIVO)

Garante-se ao empregado o recebimento do salário do dia em que tiver de se afastar para recebimento do PIS. (Ex-PN 78)

053 — EMPREGADO RURAL — RESCISÃO DO CONTRATO DE TRABALHO DO CHEFE DE FAMÍLIA (POSITIVO)

A rescisão do contrato de trabalho rural, sem justa causa, do chefe da unidade familiar, é extensiva à esposa, às filhas solteiras e aos filhos até 20 (vinte) anos de idade, que exerçam atividades na propriedade, mediante opção destes. (Ex-PN 80)

055 — JORNALISTA — CONTRATO DE TRABALHO (POSITIVO)

O empregador é obrigado a mencionar no contrato de trabalho o órgão de imprensa no qual o jornalista vai trabalhar. (Ex-PN 82)

056 — CONSTITUCIONALIDADE (POSITIVO)

São constitucionais os Decretos-leis ns. 2.012/83, 2.024/83 e 2.045/83. (Ex-PN 86)

058 — SALÁRIO — PAGAMENTO AO ANALFABETO (POSITIVO)

O pagamento de salário ao empregado analfabeto deverá ser efetuado na presença de 2 (duas) testemunhas. (Ex-PN 91)

059 — EMPREGADO RURAL — AFERIÇÃO DAS BALANÇAS (POSITIVO)

O instrumento de peso e medida, utilizado pelos empregadores para aferição das tarefas no regime de produção, deverá ser conferido pelo INPM. (Ex-PN 93)

060 — EMPREGADO RURAL — LATÃO DE CAFÉ (POSITIVO)

O latão de café terá capacidade de 60 litros e será padronizado de acordo com as normas do INPM. (Ex-PN 94)

061 — COBRANÇA DE TÍTULOS (POSITIVO)

Salvo disposição contratual, é vedado ao empregador responsabilizar o empregado pelo inadimplemento do cliente, até mesmo quanto a títulos. (Ex-PN 95)

062 — EMPREGADO RURAL — CONSERVAÇÃO DAS CASAS (POSITIVO)

Os empregadores são responsáveis pelos reparos nas residências que cedam aos empregados rurais, desde que os danos não decorram de culpa destes. (Ex-PN 96)

063 — EMPREGADO RURAL — FICHA DE CONTROLE DA PRODUÇÃO (POSITIVO)

Quando da colheita, o café será entregue na lavoura ou no monte, fornecendo-se ao trabalhador uma ficha com o valor da respectiva produção. (Ex-PN 97)

064 — EMPREGADO RURAL — HORÁRIO E LOCAL DE CONDUÇÃO (POSITIVO)

Fornecendo o empregador condução para o trabalho, informará ele aos empregados, previamente, os locais e horários do transporte. (Ex-PN 98)

065 — EMPREGADO RURAL — PAGAMENTO DE SALÁRIO (POSITIVO)

O pagamento do salário será efetuado em moeda corrente e no horário de serviço, para isso é permitido o seu prolongamento até duas horas após o término da jornada de trabalho. (Ex-PN 99)

066 — GARRAFAS "BICADAS" (POSITIVO)

Constituem ônus do empregador aceitar a devolução de garrafas "bicadas" e o extravio de engradados, salvo se não cumpridas as disposições contratuais pelo empregado. (Ex-PN 100)

067 — REMUNERAÇÃO POR PRODUÇÃO (POSITIVO)

Quando o serviço for contratado por produção, a remuneração não poderá ser inferior à diária correspondente ao salário normativo. (Ex-PN 107)

068 — EMPREGADO RURAL — FALTAS AO SERVIÇO — COMPRAS (POSITIVO)

Autoriza-se o chefe de família, se empregado rural, a faltar ao serviço um dia por mês ou meio dia por quinzena, para efetuar compras, sem remuneração ou mediante compensação de horário, mas sem prejuízo do repouso remunerado, desde que não tenha falta injustificada durante o mês. (Ex-PN 108)

069 — EMPREGADO RURAL — PAGAMENTO DE DIA NÃO TRABALHADO (POSITIVO)

O empregado rural fará jus ao salário do dia, quando comparecer ao local de prestação de serviço ou ponto de embarque, se fornecida condução pelo empregador, e não puder trabalhar em consequência de chuva ou de outro motivo alheio à sua vontade. (Ex-PN 109)

070 — LICENÇA PARA ESTUDANTE (POSITIVO)

Concede-se licença não remunerada nos dias de prova ao empregado estudante, desde que avisado o patrão com 72 (setenta e duas) horas de antecedência e mediante comprovação. (Ex-PN 70)

071 — EMPREGADO RURAL — TRANSPORTE — CONDIÇÕES DE SEGURANÇA (POSITIVO)

Quando fornecidos pelo empregador, os veículos destinados a transportar trabalhadores rurais deverão satisfazer as condições de segurança e comodidade sendo proibido o carregamento de ferramentas soltas junto às pessoas conduzidas. (Ex-PN 112)

072 — MULTA — ATRASO NO PAGAMENTO DE SALÁRIO (POSITIVO)

Estabelece-se multa de 10% (dez por cento) sobre o saldo salarial, na hipótese de atraso no pagamento de salário até 20 (vinte) dias, e de 5% (cinco por cento) por dia no período subsequente. (Ex-PN 115)

073 — MULTA — OBRIGAÇÃO DE FAZER (POSITIVO)

Impõe-se multa, por descumprimento das obrigações de fazer, no valor equivalente a 10% (dez por cento) do salário básico, em favor do empregado prejudicado. (Ex-PN 73)

077 — EMPREGADO TRANSFERIDO — GARANTIA DE EMPREGO (POSITIVO)

Assegura-se ao empregado transferido, na forma do artigo 469 da CLT, a garantia de emprego por 1 (um) ano após a data da transferência. (Ex-PN 118)

078 — PROFESSOR — REDUÇÃO SALARIAL NÃO CONFIGURADA (NEGATIVO)

Não configura redução salarial ilegal a diminuição de carga horária motivada por inevitável supressão de aulas eventuais ou de turmas. (Ex-PN 119)

079 — TRABALHADOR TEMPORÁRIO — DESCANSO SEMANAL (POSITIVO)

Concede-se ao trabalhador temporário o acréscimo de 1/6 (um sexto) ao seu salário diário, correspondente ao descanso semanal remunerado, por aplicação analógica do art. 3º da Lei n. 605/49. (Ex-PN 120)

080 — SERVIÇO MILITAR — GARANTIA DE EMPREGO AO ALISTANDO (POSITIVO)

Garante-se o emprego do alistando, desde a data da incorporação no serviço militar até 30 (trinta) dias após a baixa. (Ex-PN 122)

081 — ATESTADOS MÉDICOS E ODONTOLÓGICOS (POSITIVO)

Assegura-se eficácia aos atestados médicos e odontológicos fornecidos por profissionais do sindicato dos trabalhadores, para o fim de abono de faltas ao serviço, desde que existente convênio do sindicato com a Previdência Social, salvo se o empregador possuir serviço próprio ou conveniado. (Ex-PN 124)

082 — DISSÍDIO COLETIVO — GARANTIA DESALÁRIOS E CONSECTÁRIOS (POSITIVO)

Defere-se a garantia de salários e consectários ao empregado despedido sem justa causa, desde a data do julgamento do dissídio coletivo até 90 (noventa) dias após a publicação do acórdão, limitado o período total a 120 (cento e vinte) dias. (Ex-PN 134)

083 — DIRIGENTES SINDICAIS — FREQUÊNCIA LIVRE (POSITIVO)

Assegura-se a frequência livre dos dirigentes sindicais para participarem de assembleias e reuniões sindicais devidamente convocadas e comprovadas, sem ônus para o empregador. (Nova Redação — Res. Adm. n. 123/04, DJ 6.7.04).

084 — SEGURO DE VIDA — ASSALTO (POSITIVO)

Institui-se a obrigação do seguro de vida, em favor do empregado e seus dependentes previdenciários, para garantir a indenização nos casos de morte ou invalidez permanente, decorrentes de assalto, consumado ou não, desde que o empregado se encontre no exercício das suas funções. (Ex-PN 136)

085 — GARANTIA DE EMPREGO — APOSENTADORIA VOLUNTÁRIA (POSITIVO)

Defere-se a garantia de emprego, durante os 12 (doze) meses que antecedem a data em que o empregado adquire direito à aposentadoria voluntária, desde que trabalhe na empresa há pelo menos 5 (cinco) anos. Adquirido o direito, extingue-se a garantia. (Ex-PN 137)

086 — REPRESENTANTES DOS TRABALHADORES — ESTABILIDADE NO EMPREGO (POSITIVO)

Nas empresas com mais de 200 empregados é assegurada a eleição direta de um representante, com as garantias do art. 543, e seus parágrafos, da CLT. (Ex-PN 138)

087 — TRABALHO EM DOMINGOS E FERIADOS — PAGAMENTO DOS SALÁRIOS (POSITIVO)

É devida a remuneração em dobro do trabalho em domingos e feriados não compensados, sem prejuízo do pagamento do repouso remunerado, desde que, para este, não seja estabelecido outro dia pelo empregador. (Ex-PN 140)

089 — REEMBOLSO DE DESPESAS (POSITIVO)

Defere-se o reembolso das despesas de alimentação e pernoite a motorista e ajudante, quando executarem tarefas a mais de 100 (cem) km da empresa. (Ex-PN 142)

091 — ACESSO DE DIRIGENTE SINDICAL À EMPRESA (POSITIVO)

Assegura-se o acesso dos dirigentes sindicais às empresas, nos intervalos destinados à alimentação e descanso, para desempenho de suas funções, vedada a divulgação de matéria político-partidária ou ofensiva. (Ex-PN 144)

092 — GARANTIA DE REPOUSO REMUNERADO — INGRESSO COM ATRASO (POSITIVO)

Assegura-se o repouso remunerado ao empregado que chegar atrasado, quando permitido seu ingresso pelo empregador, compensado o atraso no final da jornada de trabalho ou da semana. (Ex-PN 145)

093 — COMPROVANTE DE PAGAMENTO (POSITIVO)

O pagamento do salário será feito mediante recibo, fornecendo-se cópia ao empregado, com a identificação da empresa, e do qual constarão a remuneração, com a discriminação das parcelas, a quantia líquida paga, os dias trabalhados ou o total da produção, as horas extras e os descontos efetuados, inclusive para a Previdência Social, e o valor correspondente ao FGTS. (Ex-PN 153)

095 — ABONO DE FALTA PARA LEVAR FILHO AO MÉDICO (POSITIVO)

Assegura-se o direito à ausência remunerada de 1 (um) dia por semestre ao empregado, para levar ao médico filho menor ou dependente previdenciário de até 6 (seis) anos de idade, mediante comprovação no prazo de 48 (quarenta e oito) horas. (Ex-PN 155)

097 — PROIBIÇÃO DE ESTORNO DE COMISSÕES (POSITIVO)

Ressalvada a hipótese prevista no art. 7º da Lei n. 3.207/57, fica vedado às empresas o desconto ou estorno das comissões do empregado, incidentes sobre mercadorias devolvidas pelo cliente, após a efetivação de venda. (Ex-PN 157)

098 — RETENÇÃO DA CTPS — INDENIZAÇÃO (POSITIVO)

Será devida ao empregado a indenização correspondente a 1 (um) dia de salário, por dia de atraso, pela retenção de sua carteira profissional após o prazo de 48 (quarenta e oito) horas. (Ex-PN 158)

100 — FÉRIAS — INÍCIO DO PERÍODO DE GOZO (POSITIVO)

O início das férias, coletivas ou individuais, não poderá coincidir com sábado, domingo, feriado ou dia de compensação de repouso semanal. (Ex-PN 161)

102 — ASSISTÊNCIA JURÍDICA AOS VIGIAS (POSITIVO)

A empresa prestará assistência jurídica a seu empregado que, no exercício de função de vigia praticar ato que o leve a responder a ação penal. (Ex-PN 163)

103 — GRATIFICAÇÃO DE CAIXA (POSITIVO)

Concede-se ao empregado que exercer permanentemente a função de caixa a gratificação de 10% (dez por cento) sobre seu salário, excluídos do cálculo adicionais, acréscimos e vantagens pessoais. (Ex-PN 170)

104 — QUADRO DE AVISOS (POSITIVO)

Defere-se a afixação, na empresa, de quadro de avisos do sindicato, para comunicados de interesse dos empregados, vedados os de conteúdos político-partidário ou ofensivo. (Ex-PN 172)

105 — ANOTAÇÃO NA CARTEIRA PROFISSIONAL (POSITIVO)

As empresas ficam obrigadas a anotar na Carteira de Trabalho a função efetivamente exercida pelo empregado, observada a Classificação Brasileira de Ocupações (CBO). (Ex-JN 802)

106 — EMPREGADO RURAL — ATIVIDADE INSALUBRE — FORNECIMENTO DE LEITE (POSITIVO)

Os empregadores que se dedicarem à pecuária leiteira fornecerão, diariamente, 1 (um) litro de leite aos trabalhadores que exerçam atividades insalubres. (Ex-JN 803)

107 — EMPREGADO RURAL — CAIXA DE MEDICAMENTOS (POSITIVO)

Nos locais de trabalho no campo serão mantidos pelo empregador medicamentos e materiais de primeiros socorros. (Ex-JN 805)

108 — EMPREGADO RURAL — ABRIGOS NO LOCAL DE TRABALHO (POSITIVO)

Os empregadores rurais ficam obrigados a construir abrigos rústicos, nos locais de trabalho, para proteção de seus empregados. (Ex-JN 807)

109 — DESCONTO-MORADIA (POSITIVO)

Autoriza-se a desconto da moradia fornecida ao empregado somente quando o imóvel tiver o habite-se concedido pela autoridade competente. (Ex-JN 809)

110 — EMPREGADO RURAL — FERRAMENTAS — FORNECIMENTO PELO EMPREGADOR (POSITIVO)

Serão fornecidas gratuitamente, pelo empregador, as ferramentas necessárias à execução do trabalho. (Ex-JN 812)

111 — RELAÇÃO DE EMPREGADOS (POSITIVO)

Obriga-se a empresa a remeter ao sindicato profissional, uma vez por ano, a relação dos empregados pertencentes à categoria. (Ex-JN 816)

112 — JORNALISTA — SEGURO DE VIDA (POSITIVO)

Institui-se a obrigação do seguro de vida em favor de jornalista designado para prestar serviço em área de risco. (Ex-JN 819)

113 — TRANSPORTE DE ACIDENTADOS, DOENTES E PARTURIENTES (POSITIVO)

Obriga-se o empregador a transportar o empregado, com urgência, para local apropriado, em caso de acidente, mal súbito ou parto, desde que ocorram no horário de trabalho ou em consequência deste. (Ex-JN 821)

115 — UNIFORMES (POSITIVO)

Determina-se o fornecimento gratuito de uniformes, desde que exigido seu uso pelo empregador. (Ex-JN 824)

116 — FÉRIAS — CANCELAMENTO OU ADIANTAMENTO (POSITIVO)

Comunicado ao empregado o período do gozo de férias individuais ou coletivas, o empregador somente poderá cancelar ou modificar o início previsto se ocorrer necessidade imperiosa e, ainda assim, mediante o ressarcimento, ao empregado, dos prejuízos financeiros por este comprovados.

117 — PAGAMENTO DO SALÁRIO COM CHEQUE (POSITIVO)

Se o pagamento do salário for feito em cheque, a empresa dará ao trabalhador o tempo necessário para descontá-lo, no mesmo dia.

118 — QUEBRA DE MATERIAL (POSITIVO)

Não se permite o desconto salarial por quebra de material, salvos nas hipóteses de dolo ou recusa de apresentação dos objetos danificados, ou ainda, havendo previsão contratual, de culpa comprovada do empregado.

119 — CONTRIBUIÇÕES SINDICAIS — INOBSERVÂNCIA DE PRECEITOS CONSTITUCIONAIS

A Constituição da República, em seus arts. 5º, XX e 8º, V, assegura o direito de livre associação e sindicalização. É ofensiva a essa modalidade de liberdade cláusula constante de acordo, convenção coletiva ou sentença normativa estabelecendo contribuição em favor de entidade sindical a título de taxa para custeio do sistema confederativo, assistencial, revigoramento ou fortalecimento sindical e outras da mesma espécie, obrigando trabalhadores não sindicalizados. Sendo nulas as estipulações que inobservem tal restrição, tornam-se passíveis de devolução os valores irregularmente descontados.[(***)]

120 — SENTENÇA NORMATIVA — DURAÇÃO — POSSIBILIDADE E LIMITES — (RESOL. N. 176/2011, DEJT DIVULGADO EM 27, 30 E 31.5.11)

A sentença normativa vigora, desde seu termo inicial até que sentença normativa, convenção coletiva de trabalho ou acordo coletivo de trabalho superveniente produza sua revogação, expressa ou tácita, respeitado, porém, o prazo máximo legal de quatro anos de vigência.

ORIENTAÇÕES JURISPRUDENCIAIS DO TRIBUNAL SUPERIOR DO TRABALHO

TRIBUNAL PLENO

ORIENTAÇÕES JURISPRUDENCIAIS DO TRIBUNAL SUPERIOR DO TRABALHO

TRIBUNAL PLENO

1. PRECATÓRIO. CRÉDITO TRABALHISTA. PEQUENO VALOR. EMENDA CONSTITUCIONAL N. 37/2002. Há dispensa da expedição de precatório, na forma do art. 100, § 3º, da CF/1988, quando a execução contra a Fazenda Pública não exceder os valores definidos, provisoriamente, pela Emenda Constitucional n. 37/2002, como obrigações de pequeno valor, inexistindo ilegalidade, sob esse prisma, na determinação de sequestro da quantia devida pelo ente público. (DJ 9.12.2003 — Parágrafo único do artigo 168 do Regimento Interno do TST)

2. PRECATÓRIO. REVISÃO DE CÁLCULOS. LIMITES DA COMPETÊNCIA DO PRESIDENTE DO TRT. O pedido de revisão dos cálculos, em fase de precatório, previsto no art. 1º-E da Lei n. 9.494/1997, apenas poderá ser acolhido desde que: a) o requerente aponte e especifique claramente quais são as incorreções existentes nos cálculos, discriminando o montante que seria correto, pois do contrário a incorreção torna-se abstrata; b) o defeito nos cálculos esteja ligado à incorreção material ou à utilização de critério em descompasso com a lei ou com o título executivo judicial; e c) o critério legal aplicável ao débito não tenha sido objeto de debate nem na fase de conhecimento, nem na fase de execução. (DJ 9.12.2003 — Parágrafo único do artigo 168 do Regimento Interno do TST)

3. PRECATÓRIO. SEQUESTRO. EMENDA CONSTITUCIONAL N. 30/2000. PRETERIÇÃO. ADIN 1.662-8. ART. 100, § 2º, DA CF/1988. O sequestro de verbas públicas para satisfação de precatórios trabalhistas só é admitido na hipótese de preterição do direito de precedência do credor, a ela não se equiparando as situações de não inclusão da despesa no orçamento ou de não-pagamento do precatório até o final do exercício, quando incluído no orçamento. (DJ 9.12.2003 — Parágrafo único do artigo 168 do Regimento Interno do TST)

4. MANDADO DE SEGURANÇA. DECISÃO DE TRT. INCOMPETÊNCIA ORIGINÁRIA DO TRIBUNAL SUPERIOR DO TRABALHO. Ao Tribunal Superior do Trabalho não compete apreciar, originariamente, mandado de segurança impetrado em face de decisão de TRT. (DJ 17.3.04 — Parágrafo único do artigo 168 do Regimento Interno do TST)

5. RECURSO ORDINÁRIO. CABIMENTO. (Conversão da Orientação Jurisprudencial n. 70 da SBDI-1, Dj 20.4.2005). Não cabe recurso ordinário contra decisão em agravo regimental interposto em reclamação correicional ou em pedido de providência. (ex-OJ n. 70 — inserida em 13.9.1994)

6. PRECATÓRIO. EXECUÇÃO. LIMITAÇÃO DA CONDENAÇÃO IMPOSTA PELO TÍTULO JUDICIAL EXEQUENDO À DATA DO ADVENTO DA LEI N. 8.112, DE 11.12.1990. Em sede de precatório, não configura ofensa à coisa julgada a limitação dos efeitos pecuniários da sentença condenatória ao período anterior ao advento da Lei n. 8.112, de 11.12.1990, em que o exequente submetia-se à legislação trabalhista, salvo disposição expressa em contrário na decisão exequenda. (DJ 25.4.2007)

7. JUROS DE MORA. CONDENAÇÃO DA FAZENDA PÚBLICA. (Nova redação — Res. n. 175, 24.5.2011 — DJe/27.5.2011) I — Nas condenações impostas à Fazenda Pública, incidem juros de mora segundo os seguintes critérios: a) 1% (um por cento) ao mês, até agosto de 2001, nos termos do § 1º do art. 39 da Lei n. 8.177, de 1º.3.1991; b) 0,5% (meio por cento) ao mês, de setembro de 2001 a junho de 2009, conforme determina o art. 1º-F da Lei n. 9.494, de 10.9.1997, introduzido pela Medida Provisória n. 2.180-35, de 24.8.2001. II — A partir de 30 de junho de 2009, atualizam-se os débitos trabalhistas da Fazenda Pública, mediante a incidência dos índices oficiais de remuneração básica e juros aplicados à caderneta de poupança, por força do art. 5º da Lei n. 11.960, de 29.6.2009. III — A adequação do montante da condenação deve observar essa limitação legal, ainda que em sede de precatório.

8. PRECATÓRIO. MATÉRIA ADMINISTRATIVA. REMESSA NECESSÁRIA. NÃO CABIMENTO. Em sede de precatório, por se tratar de decisão de natureza administrativa, não se aplica o disposto no art. 1º, V, do Decreto-lei n. 779, de 21.8.1969, em que se determina a remessa necessária em caso de decisão judicial desfavorável a ente público.

9. PRECATÓRIO. PEQUENO VALOR. INDIVIDUALIZAÇÃO DO CRÉDITO APURADO. RECLAMAÇÃO TRABALHISTA PLÚRIMA. EXECUÇÃO DIRETA CONTRA A FAZENDA PÚBLICA. POSSIBILIDADE. Tratando-se de reclamações trabalhistas plúrimas, a aferição do que vem a ser obrigação de pequeno valor, para efeito de dispensa de formação de precatório e aplicação do disposto no § 3º do art. 100 da CF/88, deve ser realizada considerando-se os créditos de cada reclamante.

10. PRECATÓRIO. PROCESSAMENTO E PAGAMENTO. NATUREZA ADMINISTRATIVA. MANDADO DE SEGURANÇA. CABIMENTO. É cabível mandado de segurança contra atos praticados pela Presidência dos Tribunais Regionais em precatório em razão de sua natureza administrativa, não se aplicando o disposto no inciso II do art. 5º da Lei n. 1.533, de 31.12.1951.

11. RECURSO EM MATÉRIA ADMINISTRATIVA. PRAZO. ÓRGÃO COLEGIADO. OITO DIAS. ART. 6º DA LEI N. 5.584, DE 26.6.1970. Se não houver norma específica quanto ao prazo para interposição de recurso em matéria administrativa de decisão emanada de órgão Colegiado do Tribunal Regional do Trabalho, aplica-se, por analogia, a regra geral dos prazos adotados na Justiça do Trabalho, ou seja, oito dias, conforme estabelecido no art. 6º da Lei n. 5.584, de 26.6.1970. O prazo de dez dias a que alude o art. 59 da Lei n. 9.784, de 29.1.1999, aplica-se somente à interposição de recursos de decisões prolatadas monocraticamente.

12. PRECATÓRIO. PROCEDIMENTO DE NATUREZA ADMINISTRATIVA. INCOMPETÊNCIA FUNCIONAL DO PRESIDENTE DO TRT PARA DECLARAR A INEXIGIBILIDADE DO TÍTULO EXEQUENDO. (DEJT Divulgado em 16, 17 e 20.9.2010) O Presidente do TRT, em sede de precatório, não tem competência funcional para declarar a inexigibilidade do título judicial exequendo, com fundamento no art. 884, § 5º, da CLT, ante a natureza meramente administrativa do procedimento.

13. PRECATÓRIO. QUEBRA DA ORDEM DE PRECEDÊNCIA. NÃO DEMONSTRAÇÃO DA POSIÇÃO DO EXEQUENTE NA ORDEM CRONOLÓGICA. SEQUESTRO INDEVIDO. (DEJT Divulgado em 16, 17 e 20.9.2010) É indevido o sequestro de verbas públicas quando o exequente/requerente não se encontra em primeiro lugar na lista de ordem cronológica para pagamento de precatórios ou quando não demonstrada essa condição.

ORIENTAÇÕES JURISPRUDENCIAIS DA SDI-1 (TST)

ENUNCIADO N. 333

V. Índice das Orientações Jurisprudenciais da SDI-1 — Transitórias

ÍNDICE

A

OJ-SDI-1

S

T

ORIENTAÇÕES JURISPRUDENCIAIS DA SDI-1 (TST)(*)

1. AÇÃO RESCISÓRIA. RÉU SINDICATO. LEGITIMIDADE PASSIVA *AD CAUSAM*. ADMITIDA. (25.11.96) **(Cancelada em decorrência da sua conversão na OJ n. 110 da SBDI-II DJ 29.4.03)**

2. ADICIONAL DE INSALUBRIDADE. BASE DE CÁLCULO. MESMO NA VIGÊNCIA DA CF/88: SALÁRIO MÍNIMO. (29.3.96) (Cancelada na sessão do Tribunal Pleno realizada em 26.6.2008) — Res. 148/2008, DJ 4 e 7.7.2008 — Republicada DJ 8, 9 e 10.7.2008

3. ADICIONAL DE INSALUBRIDADE. BASE DE CÁLCULO, NA VIGÊNCIA DO DECRETO-LEI N. 2.351/87: PISO NACIONAL DE SALÁRIOS. INSERIDA EM 14.3.94. (Cancelada em decorrência da sua conversão na Orientação Jurisprudencial Transitória n. 33 da SBDI-1, DJ 20.4.05)

4. ADICIONAL DE INSALUBRIDADE. LIXO URBANO (Cancelada em decorrência da sua conversão na Súmula n. 448) — Res. 194/2014, DEJT divulgado em 21, 22 e 23.05.2014.

5. ADICIONAL DE PERICULOSIDADE. EXPOSIÇÃO PERMANENTE E INTERMITENTE. INFLAMÁVEIS E/OU EXPLOSIVOS. DIREITO AO ADICIONAL INTEGRAL. Inserida em 14.3.94 (Cancelada em decorrência da sua conversão na Súmula n. 364, DJ 20.4.05)

6. ADICIONAL NOTURNO. PRORROGAÇÃO EM HORÁRIO DIURNO. Inserida em 25.11.96 (Cancelada em decorrência da nova redação conferida à Súmula n. 60, DJ 20.4.05). Cumprida integralmente a jornada no período noturno e prorrogada esta, devido é também o adicional quanto às horas prorrogadas. Exegese do art. 73, § 5º, da CLT.

7. ADVOGADO. ATUAÇÃO FORA DA SEÇÃO DA OAB ONDE O ADVOGADO ESTÁ INSCRITO. AUSÊNCIA DE COMUNICAÇÃO. (LEI N. 4.215/63, § 2º, ART. 56). INFRAÇÃO DISCIPLINAR. NÃO IMPORTA NULIDADE. Inserida em 29.3.96 (inserido dispositivo, DJ 20.4.05). A despeito da norma então prevista no artigo 56, § 2º, da Lei n. 4.215/63, a falta de comunicação do advogado à OAB para o exercício profissional em seção diversa daquela na qual tem inscrição não importa nulidade dos atos praticados, constituindo apenas infração disciplinar, que cabe àquela instituição analisar.

8. ALÇADA. AÇÃO RESCISÓRIA. NÃO SE APLICA A ALÇADA EM AÇÃO RESCISÓRIA. Inserida em 1.2.95 (Cancelada em decorrência da sua conversão na Súmula n. 365, DJ 20.4.05)

9. ALÇADA. DECISÃO CONTRÁRIA À ENTIDADE PÚBLICA. CABÍVEL A REMESSA DE OFÍCIO. DECRETO-LEI N. 779/69 E LEI N. 5.584/70. Inserida em 7.11.94 (Cancelada em decorrência da nova redação conferida à Súmula n. 303, DJ 20.4.05). Tratando-se de decisão contrária à entidade pública, cabível a remessa de ofício mesmo de processo de alçada.

10. ALÇADA. MANDADO DE SEGURANÇA. INSERIDA EM 1.2.95 (Cancelada em decorrência da sua conversão na Súmula n. 365, DJ 20.4.05). Não se aplica a alçada em mandado de segurança.

11. ALÇADA. VINCULAÇÃO AO SALÁRIO MÍNIMO. DUPLO GRAU. RECORRIBILIDADE. O ART. 5º, INC. LV E O ART. 7º, INC. IV, DA CF/88 NÃO REVOGARAM O ART. 2º, § 4º, DA LEI N. 5.584/70. Convertida na Súmula n. 356, Resol. n. 75/97, DJ 19.12.97. (3.6.96)

12. ANISTIA. EMENDA CONSTITUCIONAL N. 26/85. EFEITOS FINANCEIROS DA PROMULGAÇÃO. (Nova redação, DJ 20.4.05). Os efeitos financeiros decorrentes da anistia concedida pela Emenda Constitucional n. 26/85 contam-se desde a data da sua promulgação.

13. APPA. DECRETO-LEI N. 779/69. DEPÓSITO RECURSAL E CUSTAS. NÃO ISENÇÃO (inserido dispositivo) — DEJT divulgado em 16, 17 e 18.11.2010. A Administração dos Portos de Paranaguá e Antonina — APPA, vinculada à Administração Pública indireta, não é isenta do recolhimento do depósito recursal e do pagamento das custas processuais por não ser beneficiária dos privilégios previstos no Decreto-lei n. 779, de 21.8.1969, ante o fato de explorar atividade econômica com fins lucrativos, o que descaracteriza sua natureza jurídica, igualando-a às empresas privadas.

14. AVISO PRÉVIO CUMPRIDO EM CASA. VERBAS RESCISÓRIAS. PRAZO PARA PAGAMENTO. Inserida em 25.11.96 (título alterado e inserido dispositivo, DJ 20.4.05). Em caso de aviso prévio cumprido em casa, o prazo para pagamento das verbas rescisórias é até o décimo dia da notificação de despedida.

15. BANCÁRIO. GRATIFICAÇÃO DE FUNÇÃO SUPERIOR A 1/3 E INFERIOR AO VALOR CONSTANTE DE NORMA COLETIVA. INEXISTÊNCIA DE DIREITO ÀS 7ª E 8ª HORAS. DIREITO À DIFERENÇA DO ADICIONAL, SE E QUANDO PLEITEADA. Inserida em 14.3.94 (Cancelada em decorrência da nova redação conferida à Súmula n. 102, DJ 20.4.05)

16. BANCO DO BRASIL. ACP. ADICIONAL DE CARÁTER PESSOAL. INDEVIDO. Inserida em 13.2.95 (inserido dispositivo, DJ 20.4.05). A isonomia de vencimentos entre servidores do Banco Central do Brasil e do Banco do Brasil, decorrente de sentença normativa, alcançou apenas os vencimentos e vantagens de caráter permanente. Dado o caráter personalíssimo do Adicional de Caráter Pessoal — ACP e não integrando a remuneração dos funcionários do Banco do Brasil, não foi ele contemplado na decisão normativa para efeitos de equiparação à tabela de vencimentos do Banco Central do Brasil.

17. BANCO BRASIL. AP E ADI. Os adicionais AP, ADI ou AFR, somados ou considerados isoladamente, sendo equivalentes a 1/3 do salário do cargo efetivo (art. 224, § 2º, da CLT), excluem o empregado ocupante de cargo de confiança do Banco do Brasil da jornada de 6 horas. **(Inserida em 7.11.94)**

18. COMPLEMENTAÇÃO DE APOSENTADORIA. BANCO DO BRASIL. (redação do item I alterada em decorrência do julgamento dos processos TST-IUJ E-ED-RR-301900 — 52.2005.5.09.0661 e ERR 119900-56.1999.5.04.0751) Res. 175, 24.5.11 — DJe 27.5.11.

I — O valor das horas extras integra a remuneração do empregado para o cálculo da complementação de aposentadoria, desde que sobre ele incida a contribuição à Caixa de Previdência dos Funcionários do Banco do Brasil — PREVI, observado o respectivo regulamento no tocante à integração.

II — Os adicionais AP e ADI não integram o cálculo para a apuração do teto da complementação de aposentadoria; (ex-OJ n. 21 da SBDI-1 — inserida em 13.2.95).

III — No cálculo da complementação de aposentadoria deve-se observar a média trienal; (ex-OJs ns. 19 e 289 ambas da SBDI-1 — inseridas respectivamente em 5.6.95 e 11.8.03).

IV — A complementação de aposentadoria proporcional aos anos de serviço prestados exclusivamente ao Banco do Brasil somente se verifica a partir da Circular Funci n. 436/63; (ex-OJ n. 20 da SBDI-1 — **inserida em 13.2.95**).

V — O telex DIREC do Banco do Brasil n. 5003/1987 não assegura a complementação de aposentadoria integral, porque não aprovado pelo órgão competente ao qual a instituição se subordina. (ex-OJ n. 136 da SBDI-1 — **inserida em 27.11.98**)

19. BANCO DO BRASIL. COMPLEMENTAÇÃO DE APOSENTADORIA. MÉDIA TRIENAL. Inserida em 5.6.95 (Cancelada em decorrência da sua incorporação à nova redação conferida à Orientação Jurisprudencial n. 18 da SBDI-1, DJ 20.4.05)

20. BANCO DO BRASIL. COMPLEMENTAÇÃO DE APOSENTADORIA. PROPORCIONALIDADE SOMENTE A PARTIR DA CIRC. FUNCI N. 436/1963. Inserida em 13.2.95 (Cancelada em decorrência da sua incorporação à nova redação conferida à Orientação Jurisprudencial n. 18 da SBDI-1, DJ 20.4.05)

21. BANCO DO BRASIL. COMPLEMENTAÇÃO DE APOSENTADORIA. TETO. CÁLCULO. AP E ADI. NÃO INTEGRAÇÃO. Inserida em 13.2.95 (Cancelada em decorrência da sua incorporação à nova redação conferida à nova redação conferida à Orientação Jurisprudencial n. 18 da SBDI-1, DJ 20.4.05)

22. BRDE. ENTIDADE AUTÁRQUICA DE NATUREZA BANCÁRIA. LEI N. 4.595/64, ART. 17. RES. BACEN N. 469/70, ART. 8º. CLT, ART. 224, § 2º. CF, ART. 173, § 1º. Inserida em 14.3.94 (Cancelada em decorrência da sua conversão na Orientação Jurisprudencial Transitória n. 34 da SBDI-1, DJ 20.4.05)

23. CARTÃO DE PONTO. REGISTRO. Inserida em 3.6.96 (Cancelada em decorrência da sua conversão na Súmula n. 366, DJ 20.4.05). Não é devido o pagamento de horas extras relativamente aos dias em que o excesso de jornada não ultrapassa de cinco minutos antes e/ou após a duração normal do trabalho. (Se ultrapassado o referido limite, como extra será considerada a totalidade do tempo que exceder a jornada normal).

24. CIGARRO NÃO É SALÁRIO UTILIDADE. Inserida em 29.3.96 (Cancelada em decorrência da sua conversão na Súmula n. 367, DJ 20.4.05)

(*) A data da inclusão da Orientação Jurisprudencial encontra-se ao final de cada texto, em negrito. A inclusão é feita em função da Orientação Jurisprudencial da SBDI-II, de n. 77.

25. CIPA. SUPLENTE. ANTES DA CF/1988. NÃO TEM DIREITO À ESTABILIDADE. Inserida em 29.3.96 (Cancelada em decorrência da nova redação conferida à Súmula n. 339, DJ 20.4.05)

26. COMPETÊNCIA DA JUSTIÇA DO TRABALHO. COMPLEMENTAÇÃO DE PENSÃO REQUERIDA POR VIÚVA DE EX-EMPREGADO. Inserida em 1.2.95 (inserido dispositivo, DJ 20.4.05). A Justiça do Trabalho é competente para apreciar pedido de complementação de pensão postulada por viúva de ex-empregado, por se tratar de pedido que deriva do contrato de trabalho.

27. CONAB. ESTABILIDADE CONCEDIDA POR NORMA INTERNA. NÃO ASSEGURADA. AVISO DIREH 02/88. (Convertida na Súmula n. 355/TST). (5.10.95)

28. CORREÇÃO MONETÁRIA SOBRE AS DIFERENÇAS SALARIAIS. UNIVERSIDADES FEDERAIS. DEVIDA. LEI N. 7.596/87. (Nova redação, DJ 20.4.05). Incide correção monetária sobre as diferenças salariais dos servidores das universidades federais, decorrentes da aplicação retroativa dos efeitos financeiros assegurados pela Lei n. 7.596/87, pois a correção monetária tem como escopo único minimizar a desvalorização da moeda em decorrência da corrosão inflacionária.

29. CUSTAS. MANDADO DE SEGURANÇA. RECURSO ORDINÁRIO. EXIGÊNCIA DO PAGAMENTO. Inserida em 3.6.96 (Cancelada em decorrência da sua conversão na Orientação Jurisprudencial n. 148 da SBDI-2, DJ 20.4.05)

30. CUSTAS. PRAZO PARA COMPROVAÇÃO — (Convertida na Súmula n. 352 — Res. n. 69/97, DJ 30.5.97). (29.3.96)

31. DEPÓSITO RECURSAL E CUSTAS. EMPRESA EM LIQUIDAÇÃO EXTRAJUDICIAL. SÚMULA N. 86. NÃO PERTINÊNCIA. Inserida em 14.3.94 (Cancelada em decorrência da nova redação conferida à Súmula n. 86, DJ 20.4.05)

32. DESCONTOS LEGAIS. SENTENÇAS TRABALHISTAS. CONTRIBUIÇÃO PREVIDENCIÁRIA E IMPOSTO DE RENDA. DEVIDOS. PROVIMENTO CGJT N. 3/84. Inserida em 14.3.94 (Cancelada em decorrência da sua conversão na Súmula n. 368, DJ 20.4.05)

33. DESERÇÃO. CUSTAS. CARIMBO DO BANCO. VALIDADE. O carimbo do banco recebedor na guia de comprovação do recolhimento das custas supre a ausência de autenticação mecânica. **(Inserida em 25.11.96)**

34. DIRIGENTE SINDICAL. ESTABILIDADE PROVISÓRIA. Inserida em 29.4.94 (Cancelada em decorrência da sua conversão na Súmula n. 369, DJ 20.4.05). É indispensável a comunicação, pela entidade sindical, ao empregador, na forma do § 5º, do art. 543, da CLT.

35. DIRIGENTE SINDICAL. REGISTRO DE CANDIDATURA NO CURSO DO AVISO PRÉVIO. NÃO TEM DIREITO À ESTABILIDADE PROVISÓRIA (ART. 543, § 3º, CLT). Inserida em 14.3.94 (Cancelada em decorrência da sua conversão na Súmula n. 369, DJ 20.4.05)

36. INSTRUMENTO NORMATIVO. CÓPIA NÃO AUTENTICADA. DOCUMENTO COMUM ÀS PARTES. VALIDADE. (título alterado e inserido dispositivo, DJ 20.4.05). O instrumento normativo em cópia não autenticada possui valor probante, desde que não haja impugnação ao seu conteúdo, eis que se trata de documento comum às partes.

37. EMBARGOS. VIOLAÇÃO DO ART. 896 DA CLT. Inserida em 1º.2.95 (Cancelada em decorrência da nova redação conferida à Súmula n. 296, DJ 20.4.05). Não ofende o art. 896, da CLT, decisão de turma que, examinando premissas concretas de especificidade da divergência colacionada no apelo revisional, conclui pelo conhecimento ou desconhecimento do recurso.

38. EMPREGADO QUE EXERCE ATIVIDADE RURAL. EMPRESA DE REFLORESTAMENTO. PRESCRIÇÃO PRÓPRIA DO RURÍCOLA. (LEI N. 5.889/73, ART. 10 E DECRETO N.73.626/74, ART. 2º, § 4º) (inserido dispositivo) — DEJT divulgado em 16, 17 e 18.11.2010. O empregado que trabalha em empresa de reflorestamento, cuja atividade está diretamente ligada ao manuseio da terra e de matéria-prima, é rurícola e não industriário, nos termos do Decreto n. 73.626, de 12.02.1974, art. 2º, § 4º, pouco importando que o fruto de seu trabalho seja destinado à indústria. Assim, aplica-se a prescrição própria dos rurícolas aos direitos desses empregados.

39. ENGENHEIRO. JORNADA DE TRABALHO. LEI N. 4.950/66. Inserida em 7.11.94 (Cancelada em decorrência da sua conversão na Súmula n. 370, DJ 20.4.05). A Lei n. 4.950/66 não estipula a jornada reduzida para os engenheiros, mas apenas estabelece o salário mínimo da categoria para uma jornada de 6 horas. Não há que se falar em horas extras, salvo as excedentes à 8ª, desde que seja respeitado o salário mínimo/horário da categoria.

40. ESTABILIDADE. AQUISIÇÃO NO PERÍODO DO AVISO PRÉVIO. NÃO RECONHECIDA. Inserida em 28.11.95 (Cancelada em decorrência da sua conversão na Súmula n. 371, DJ 20.4.05). A projeção do contrato de trabalho para o futuro, pela concessão do aviso prévio indenizado, tem efeitos limitados às vantagens econômicas obtidas no período de pré-aviso, ou seja, salários, reflexos e verbas rescisórias.

41. ESTABILIDADE. INSTRUMENTO NORMATIVO. VIGÊNCIA. EFICÁCIA. Preenchidos todos os pressupostos para a aquisição de estabilidade decorrente de acidente ou doença profissional, ainda durante a vigência do instrumento normativo, goza o empregado de estabilidade mesmo após o término da vigência deste. **(Inserida em 25.11.96)**

42. FGTS. MULTA DE 40%. (nova redação em decorrência da incorporação das Orientações Jurisprudenciais ns. 107 e 254 da SBDI-1, DJ 20.4.05).

I — É devida a multa do FGTS sobre os saques corrigidos monetariamente ocorridos na vigência do contrato de trabalho. Art. 18, § 1º, da Lei n. 8.036/90 e art. 9º, § 1º, do Decreto n. 99.684/90. (ex-OJ n. 107 da SBDI-1 — inserida em 1.10.97)

II — O cálculo da multa de 40% do FGTS deverá ser feito com base no saldo da conta vinculada na data do efetivo pagamento das verbas rescisórias, desconsiderada a projeção do aviso prévio indenizado, por ausência de previsão legal. (ex-OJ n. 254 da SBDI-1 — inserida em 13.3.02)

43. CONVERSÃO DE SÁLARIOS DE CRUZEIROS PARA CRUZADOS. DECRETO-LEI N. 2.284/86. (nova redação, DJ 20.4.05). A conversão de salários de cruzeiros para cruzados, nos termos do Decreto-lei n. 2.284/86, não afronta direito adquirido dos empregados.

44. GESTANTE. SALÁRIO-MATERNIDADE. É devido o salário-maternidade, de 120 dias, desde a promulgação da CF/88, ficando a cargo do empregador o pagamento do período acrescido pela Carta. **(Inserida em 13.9.94)**

45. GRATIFICAÇÃO DE FUNÇÃO PERCEBIDA POR 10 OU MAIS ANOS. AFASTAMENTO DO CARGO DE CONFIANÇA SEM JUSTO MOTIVO. ESTABILIDADE FINANCEIRA. MANUTENÇÃO DO PAGAMENTO. Inserida em 25.11.96 (Cancelada em decorrência da sua conversão na Súmula n. 372, DJ 20.4.05)

46. GRATIFICAÇÃO SEMESTRAL. CONGELAMENTO. PRESCRIÇÃO PARCIAL. Inserida em 29.3.96 (Cancelada em decorrência da sua conversão na Súmula n. 373, DJ 20.4.05)

47. HORA EXTRA. ADICIONAL DE INSALUBRIDADE. BASE DE CÁLCULO. (redação alterada na sessão do Tribunal Pleno em 26.6.08) — (Res. 148/2008, DJ 4 e 7.7.08 — Republicada DJ 8, 9 e 10.7.08). A base de cálculo da hora extra é o resultado da soma do salário contratual mais o adicional de insalubridade.

48. HORAS EXTRAS PACTUADAS APÓS A ADMISSÃO DO BANCÁRIO NÃO CONFIGURA PRÉ-CONTRATAÇÃO. SÚMULA N. 199. INAPLICÁVEL. Inserida em 25.11.96 (Cancelada em decorrência da nova redação conferida à Súmula n. 199, DJ 20.4.05)

49. HORAS EXTRAS. USO DO BIP. NÃO CARACTERIZADO O "SOBREAVISO". (Cancelada em decorrência da sua conversão na Súmula n. 428 do TST Res. 175, 24.5.11 — DJe 27.5.11). O uso do aparelho BIP pelo empregado, por si só, não carateriza o regime de sobreaviso, uma vez que o empregado não permanece em sua residência aguardando, a qualquer momento, convocação para o serviço.

50. HORAS *IN ITINERE*. INCOMPATIBILIDADE DE HORÁRIOS. DEVIDAS. APLICÁVEL A SÚMULA N. 90. Inserida em 1.2.95 (Cancelada em decorrência da nova redação conferida à Súmula n. 90, DJ 20.4.05)

51. LEGISLAÇÃO ELEITORAL. EMPRESAS PÚBLICAS E SOCIEDADES DE ECONOMIA MISTA (título alterado e inserido dispositivo — DEJT divulgado em 16, 17 e 18.11.2010). Aos empregados das empresas públicas e das sociedades de economia mista regidos pela CLT aplicam-se as vedações dispostas no art. 15 da Lei n. 7.773, de 8.6.1989.

52. MANDATO. PROCURADOR DA UNIÃO, ESTADOS, MUNICÍPIOS E DISTRITO FEDERAL, SUAS AUTARQUIAS E FUNDAÇÕES PÚBLICAS. DISPENSÁVEL A JUNTADA DE PROCURAÇÃO. (LEI N. 9.469, de 10 DE JULHO DE 1997) — (Cancelada em decorrência da conversão na Súmula n. 436 — (Res. 186/2012, DEJT divulgado em 25.9.12). A União, Estados, Municípios e Distrito Federal, suas autarquias e fundações públicas quando representadas em juízo, ativa e passivamente, por seus procuradores, estão dispensadas da juntada de instrumento de mandato.

53. MÉDICO. JORNADA DE TRABALHO. LEI N. 3.999/61. Inserida em 29.4.94 (Cancelada em decorrência da sua conversão na Súmula n. 370, DJ 20.4.05). A Lei n. 3.999/61 não estipula a jornada reduzida para os médicos, mas apenas estabelece o salário mínimo da categoria para uma jornada de 4 horas. Não há que se falar em horas extras, salvo as excedentes à 8ª, desde que seja respeitado o salário mínimo/horário da categoria.

54. MULTA. CLÁUSULA PENAL. VALOR SUPERIOR AO PRINCIPAL. (título alterado, inserido dispositivo e atualizada a legislação, DJ 20.4.05). O valor da multa estipulada em cláusula penal, ainda que diária, não poderá ser superior à obrigação principal corrigida, em virtude da aplicação do artigo 412 do Código Civil de 2002 (art. 920 do Código Civil de 1916).

55. NORMA COLETIVA. CATEGORIA DIFERENCIADA. ABRANGÊNCIA. Inserida em 25.11.96 (Cancelada em decorrência da sua conversão na Súmula n. 374, DJ 20.4.05). Empregado integrante de categoria profissional diferenciada não tem o direito de haver de seu empregador vantagens previstas em instrumento coletivo no qual a empresa não foi representada por órgão de classe de sua categoria.

56. NOSSA CAIXA. NOSSO BANCO (CAIXA ECONÔMICA DO ESTADO DE SÃO PAULO). REGULAMENTO. GRATIFICAÇÃO ESPECIAL E/OU ANUÊNIOS. Direito reconhecido apenas àqueles empregados que tinham 25 anos de efetivo exercício prestados exclusivamente à Caixa. **(Inserida em 25.11.96)**

57. PCCS. DEVIDO O REAJUSTE DO ADIANTAMENTO. LEI N. 7.686/88, ART. 1º. Inserida em 14.3.94 (inserido dispositivo, DJ 20.4.05). É devido o reajuste da parcela denominada "adiantamento do PCCS", conforme a redação do art. 1º da Lei n. 7.686/88.

58. PLANO BRESSER. IPC JUN/1987. INEXISTÊNCIA DE DIREITO ADQUIRIDO. Inserida em 10.3.95 (inserido dispositivo, DJ 20.4.05). Inexiste direito adquirido ao IPC de junho de 1987 (Plano Bresser), em face da edição do Decreto-lei n. 2.335/87.

59. PLANO VERÃO. URP DE FEVEREIRO DE 1989. INEXISTÊNCIA DE DIREITO ADQUIRIDO. Inserida em 13.2.95 (inserido dispositivo, DJ 20.4.05). Inexiste direito adquirido à URP de fevereiro de 1989 (Plano Verão), em face da edição da Lei n. 7.730/89.

60. PORTUÁRIOS. HORA NOTURNA. HORAS EXTRAS. (LEI N. 4.860/65, ARTS. 4º E 7º, § 5º). (nova redação em decorrência da incorporação da Orientação Jurisprudencial n. 61 da SBDI-1, DJ 20.4.05).

I — A hora noturna no regime de trabalho no porto, compreendida entre dezenove horas e sete horas do dia seguinte, é de sessenta minutos.

II — Para o cálculo das horas extras prestadas pelos trabalhadores portuários, observar-se-á somente o salário básico percebido, excluídos os adicionais de risco e produtividade. (ex-OJ n. 61 da SBDI-1 — inserida em 14.3.94)

61. PORTUÁRIOS. HORAS EXTRAS. BASE DE CÁLCULO: ORDENADO SEM O ACRÉSCIMO DOS ADICIONAIS DE RISCO E DE PRODUTIVIDADE. LEI N. 4.860/65, ART. 7º, § 5º. Inserida em 14.3.94 (Cancelada em decorrência da sua incorporação à nova redação da Orientação Jurisprudencial n. 60 da SBDI-1, DJ 20.4.05)

62. PREQUESTIONAMENTO. PRESSUPOSTO DE ADMISSIBILIDADE EM APELO DE NATUREZA EXTRAORDINÁRIA. Necessidade, ainda que se trate de incompetência absoluta (republicada em decorrência de erro material) — **DEJT divulgado em 23, 24 e 25.11.2010.** É necessário o prequestionamento como pressuposto de admissibilidade em recurso de natureza extraordinária, ainda que se trate de incompetência absoluta.

63. PRESCRIÇÃO TOTAL. HORAS EXTRAS. PRÉ-CONTRATADAS E SUPRIMIDAS. TERMO INICIAL. DATA DA SUPRESSÃO. Inserida em 14.3.94 (Cancelada em decorrência da nova redação conferida à Súmula n. 199, DJ 20.4.05)

64. PROBAM. SÚMULA N. 239. INAPLICÁVEL. NÃO SÃO BANCÁRIOS SEUS EMPREGADOS. Inserida em 13.9.94 (Cancelada em decorrência da nova redação conferida à Súmula n. 239, DJ 20.4.05)

65. PROFESSOR ADJUNTO. INGRESSO NO CARGO DE PROFESSOR TITULAR. EXIGÊNCIA DE CONCURSO PÚBLICO NÃO AFASTADA PELA CONSTITUIÇÃO FEDERAL DE 1988 (CF/1988, ART. 37, II E 206, V). Inserida em 30.5.94 (inserido dispositivo, DJ 20.4.05). O acesso de professor adjunto ao cargo de professor titular só pode ser efetivado por meio de concurso público, conforme dispõem os arts. 37, inciso II, e 206, inciso V, da CF/88.

66. PROFESSOR. REPOUSO SEMANAL REMUNERADO. LEI N. 605/49, ART 7º, § 2º E ART. 320, DA CLT. (Convertida na Súmula n. 351 — Res. n. 68/97, DJ 30.5.97). (25.11.96)

67. RADIOLOGISTA. SALÁRIO PROFISSIONAL. O salário profissional dos técnicos em radiologia é igual a dois salários mínimos e não a quatro **(LEI N. 7.394/85). (Cancelada em decorrência da sua conversão na Súmula n. 358 — Res. n. 77/97, DJ 19.12.97). (Inserida em 3.6.96)**

68. REAJUSTES SALARIAIS. BIMESTRAIS E QUADRIMESTRAIS (LEI N. 8.222/91). SIMULTANEIDADE INVIÁVEL. Inserida em 28.11.95 (Cancelada em decorrência da sua conversão na Orientação Jurisprudencial Transitória n. 35 da SBDI-1, DJ 20.4.05).

69. REAJUSTES SALARIAIS PREVISTOS EM NORMA COLETIVA. PREVALÊNCIA DOS DECRETOS-LEIS NS. 2.283/86 E 2.284/86. "PLANO CRUZADO". Inserida em 14.3.94 (Cancelada em decorrência da sua conversão na Súmula n. 375, DJ 20.4.05)

70. RECURSO ORDINÁRIO. CABIMENTO. Inserida em 13.9.94 (Cancelada em decorrência da sua conversão na Orientação Jurisprudencial n. 5 do Tribunal Pleno, DJ 20.4.05). Não cabe recurso ordinário contra decisão de agravo regimental interposto em reclamação correicional.

71. REMESSA *EX OFFICIO*. AÇÃO RESCISÓRIA. DECISÕES CONTRÁRIAS A ENTES PÚBLICOS (ART. 1º, INC. V, DO DECRETO-LEI N. 779/69 E INC. II, DO ART. 475, DO CPC). CABÍVEL. Inserida em 3.6.96 (Cancelada em decorrência da nova redação conferida à Súmula n. 303, DJ 20.4.05)

72. REMESSA *EX OFFICIO*. MANDADO DE SEGURANÇA CONCEDIDO. IMPETRANTE E TERCEIRO INTERESSADO PESSOAS DE DIREITO PRIVADO. INCABÍVEL, RESSALVADAS AS HIPÓTESES DE MATÉRIA ADMINISTRATIVA, DE COMPETÊNCIA DO ÓRGÃO ESPECIAL. Inserida em 25.11.96 (Cancelada em decorrência da nova redação conferida à Súmula n. 303, DJ 20.4.05).

73. REMESSA *EX OFFICIO*. MANDADO DE SEGURANÇA. INCABÍVEL. DECISÕES PROFERIDAS PELO TRT E FAVORÁVEIS AO IMPETRANTE ENTE PÚBLICO. INAPLICABILIDADE DO ART. 12 DA LEI N. 1.533/51. Inserida em 3.6.96 (Cancelada em decorrência da nova redação conferida à Súmula n. 303, DJ 20.4.05)

74. REVELIA. AUSÊNCIA DA RECLAMADA. COMPARECIMENTO DE ADVOGADO. Inserida em 25.11.96 (Cancelada em decorrência da nova redação conferida à Súmula n. 122, DJ 20.4.05). A reclamada, ausente à audiência em que deveria apresentar defesa, é revel, ainda que presente seu advogado munido de procuração.

75. SUBSTABELECIMENTO SEM O RECONHECIMENTO DE FIRMA DO SUBSTABELECENTE. INVÁLIDO (ANTERIOR À LEI N. 8.952/94). Inserida em 1.2.95 (inserido dispositivo, DJ 20.4.05). Não produz efeitos jurídicos recurso subscrito por advogado com poderes conferidos em substabelecimento em que não consta o reconhecimento de firma do outorgante. Entendimento aplicável antes do advento da Lei n. 8.952/94.

76. SUBSTITUIÇÃO DOS AVANÇOS TRIENAIS POR QUINQUÊNIOS. ALTERAÇÃO DO CONTRATO DE TRABALHO. PRESCRIÇÃO TOTAL. CEEE. Inserida em 14.3.94 (inserido dispositivo, DJ 20.4.05). A alteração contratual consubstanciada na substituição dos avanços trienais por quinquênios decorre de ato único do empregador, momento em que começa a fluir o prazo fatal de prescrição.

77. TESTEMUNHA QUE MOVE AÇÃO CONTRA A MESMA RECLAMADA. NÃO HÁ SUSPEIÇÃO (Convertida na Súmula n. 357, Resol. n. 76/97, DJ 19.12.97). (29.3.96)

78. TURNOS ININTERRUPTOS DE REVEZAMENTO. JORNADA DE SEIS HORAS. A interrupção do trabalho dentro de cada turno ou semanalmente, não afasta a aplicação do art. 7º, XVI da CF/88. **(Convertida na Súmula n. 360, Resol. n. 79/97, DJ 13.1.98) (30.5.94)**

79. URP DE ABRIL E MAIO DE 1988. DECRETO-LEI N. 2.425/1988. (alterada em decorrência do julgamento do processo TST-RXOFROAR-573062/1999 pelo Tribunal Pleno — certidão de julgamento publicada no DJ de 14.6.2005). Existência de direito apenas ao reajuste de 7/30 de 16,19% a ser calculado sobre o salário de março e incidente sobre o salário dos meses de abril e maio, não cumulativamente e corrigidos desde a época própria até a data do efetivo pagamento.

80. AÇÃO RESCISÓRIA. RÉU SINDICATO. SUBSTITUTO PROCESSUAL NA AÇÃO ORIGINÁRIA. INEXISTÊNCIA DE LITISCONSÓRCIO PASSIVO NECESSÁRIO. (Cancelada em decorrência da sua conversão na Orientação Jurisprudencial n. 110 da SBDI-2, DJ 29.4.03) Quando o sindicato é réu na Ação Rescisória, por ter sido autor, como substituto processual na ação originária, é desnecessária a citação dos substituídos.

81. ART. 462, DO CPC. FATO SUPERVENIENTE. Inserida em 28.4.97 (Cancelada em decorrência da sua conversão na Súmula n. 394, DJ 20.4.05). É aplicável de ofício aos processos em curso em qualquer instância trabalhista.

82. AVISO PRÉVIO. BAIXA NA CTPS. A data de saída a ser anotada na CTPS deve corresponder à do término do prazo do aviso prévio, ainda que indenizado. **(Inserida em 28.4.97)**

83. AVISO PRÉVIO. INDENIZADO. PRESCRIÇÃO. A prescrição começa a fluir no final da data do término do aviso prévio — Art. 487, § 1º, CLT. **(Inserida em 28.4.97)**

84. AVISO PRÉVIO. PROPORCIONALIDADE. (Cancelada — Res. 186/2012, DEJT divulgado em 25.9.12). A proporcionalidade do aviso prévio, com base no tempo de serviço, depende da legislação regulamentadora, visto que o art. 7º, inc. XXI, da CF/88 não é autoaplicável.

85. CONTRATO NULO. EFEITOS. DEVIDO APENAS O EQUIVALENTE AOS SALÁRIOS DOS DIAS TRABALHADOS. (Cancelada em decorrência da sua conversão na Súmula n. 363 — Res. n. 97/00, DJ 18.9.00 — Republicação DJ 13.10.00).

86. DIRIGENTE SINDICAL. EXTINÇÃO DA ATIVIDADE EMPRESARIAL NO ÂMBITO DA BASE TERRITORIAL DO SINDICATO. INSUBSISTÊNCIA DA ESTABILIDADE. Inserida em 28.4.97 (Cancelada em decorrência da sua conversão na Súmula n. 369, DJ 20.4.05)

87. ENTIDADE PÚBLICA. EXPLORAÇÃO DE ATIVIDADE EMINENTEMENTE ECONÔMICA. EXECUÇÃO. ART. 883, DA CLT. É direta a execução contra a APPA e MINASCAIXA (§ 1º do art. 173, da CF/88). **(Nova redação — DJ 16.4.04 — Parágrafo único do artigo 168 do Regimento Interno do TST.**

88. GESTANTE. ESTABILIDADE PROVISÓRIA. (Cancelada em decorrência da nova redação conferida à Súmula n. 244) — DJ 20.4.05. O desconhecimento do estado gravídico pelo empregador não afasta o direito ao pagamento da indenização decorrente da estabilidade. (art. 10, II, "b", ADCT).

89. HORAS EXTRAS. REFLEXOS. Inserida em 28.4.97 (Cancelada em decorrência da sua conversão na Súmula n. 376, DJ 20.4.05). O valor das horas extras habitualmente prestadas integra o cálculo dos haveres trabalhistas, independentemente da limitação prevista no *caput* do art. 59, da CLT.

90. AGRAVO DE INSTRUMENTO. TRASLADO. NÃO EXIGÊNCIA DE CERTIDÃO DE PUBLICAÇÃO DO ACÓRDÃO REGIONAL. RES. 52/96 — INSTRUÇÃO NORMATIVA N. 6/96. Inserida em 30.5.97 (Cancelada em decorrência da nova redação conferida ao art. 897 da CLT pela Lei n. 9.756/98, DJ 20.4.05). Quando o despacho denegatório de processamento de recurso de revista não se fundou na intempestividade deste, não é necessário o traslado da certidão de publicação do acórdão regional.

91. ANISTIA. ART. 8º, § 1º, ADCT. EFEITOS FINANCEIROS. ECT. ROAR 105608/94, SDI-plena. Em 19.5.97, a SDI-plena decidiu, pelo voto prevalente do Exmo. Sr. Presidente, que os efeitos financeiros da readmissão do empregado anistiado serão contados a partir do momento em que este manifestou o desejo de retornar ao trabalho e, na ausência de prova, da data do ajuizamento da ação. **(Inserida em 30.5.97)**

92. DESMEMBRAMENTO DE MUNICÍPIOS. RESPONSABILIDADE TRABALHISTA. Em caso de criação de novo município, por desmembramento, cada uma das novas entidades responsabiliza-se pelos direitos trabalhistas do empregado no período em que figurarem como real empregador. **(Inserida em 30.5.97)**

93. DOMINGOS E FERIADOS TRABALHADOS E NÃO COMPENSADOS. APLICAÇÃO DA SÚMULA N. 146. Inserida em 30.5.97 (Cancelada em decorrência da redação da Súmula n. 146 conferida pela Res. 121/03 — DJ 21.11.03). O trabalho prestado em domingos e feriados não compensados deve ser pago em dobro sem prejuízo da remuneração relativa ao repouso semanal.

94. EMBARGOS. EXIGÊNCIA. INDICAÇÃO EXPRESSA DO DISPOSITIVO LEGAL TIDO COMO VIOLADO. Inserida em 30.5.97 (Cancelada em decorrência da nova redação conferida à Súmula n. 221, DJ 20.4.05). ERR 164691/95, SDI-Plena. Em 19.5.97, a SDI-Plena decidiu, por maioria, que não se conhece de revista (896 "c") e de embargos (894 "b") por violação legal ou constitucional quando o recorrente não indica expressamente o dispositivo de lei ou da Constituição tido como violado.

95. EMBARGOS PARA SDI. DIVERGÊNCIA ORIUNDA DA MESMA TURMA DO TST. INSERVÍVEL. Inserida em 30.5.1997. ERR 125320/1994, SDI-Plena. Em 19.5.97, a SDI-plena, por maioria, decidiu que acórdãos oriundos da mesma Turma, embora divergentes não fundamentam divergência jurisprudencial de que trata a alínea *b*, do art. 894 da Consolidação das Leis do Trabalho para embargos à Seção Especializada em Dissídios Individuais, subseção I. **(30.5.97)**

96. FÉRIAS. SALÁRIO SUBSTITUIÇÃO. DEVIDO. APLICAÇÃO DA SÚMULA N. 159. Inserida em 30.5.97 (Cancelada em decorrência da redação da Súmula n. 159 conferida pela Res. 121/03 — DJ 21.11.03).

97. HORAS EXTRAS. ADICIONAL NOTURNO. BASE DE CÁLCULO. O adicional noturno integra a base de cálculo das horas extras prestadas no período noturno. **(Inserida em 30.5.97)**

98. HORAS *IN ITINERE*. TEMPO GASTO ENTRE A PORTARIA DA EMPRESA E O LOCAL DO SERVIÇO. DEVIDAS. AÇOMINAS. Inserida em 30.5.97 (Cancelada em decorrência da sua conversão na Orientação Jurisprudencial Transitória n. 36 da SDI-1, DJ 20.4.05)

99. PREPOSTO. EXIGÊNCIA DA CONDIÇÃO DE EMPREGADO. Inserida em 30.5.97 (Cancelada em decorrência da sua conversão na Súmula n. 377, DJ 20.4.05). Exceto quanto à reclamação de empregado doméstico, o preposto deve ser necessariamente empregado do reclamado. Inteligência do art. 843, § 1º da CLT.

100. SALÁRIO. REAJUSTE. ENTES PÚBLICOS. Inserida em 30.5.97 (título alterado e inserido dispositivo, DJ 20.4.05). Os reajustes salariais previstos em legislação federal devem ser observados pelos Estados-membros, suas Autarquias e Fundações Públicas nas relações contratuais trabalhistas que mantiverem com seus empregados.

101. REINTEGRAÇÃO CONVERTIDA EM INDENIZAÇÃO DOBRADA. EFEITOS. APLICAÇÃO DA SÚMULA N. 28. Inserida em 30.5.97 (Cancelada em decorrência da nova redação da Súmula n. 28 conferida pela Res. n. 121/03, DJ 21.11.03). AGERR 100357/93, SDI-Plena. Em 19.5.97, a SDI-Plena, por maioria, decidiu que o direito à percepção de salários vencidos e vincendos decorrentes da condenação ao pagamento de indenização dobrada é assegurado até a data da primeira decisão que converteu a reintegração em indenização dobrada.

102. ADICIONAL DE INSALUBRIDADE. INTEGRAÇÃO NA REMUNERAÇÃO. Inserida em 1.10.97 (Cancelada em decorrência da nova redação conferida à Súmula n. 139, DJ 20.4.05). Enquanto percebido, o adicional de insalubridade integra a remuneração para todos os efeitos legais.

103. ADICIONAL DE INSALUBRIDADE. REPOUSO SEMANAL E FERIADOS. (nova redação, DJ 20.4.05). O adicional de insalubridade já remunera os dias de repouso semanal e feriados.

104. CUSTAS. CONDENAÇÃO ACRESCIDA. INEXISTÊNCIA DE DESERÇÃO QUANDO AS CUSTAS NÃO SÃO EXPRESSAMENTE CALCULADAS E NÃO HÁ INTIMAÇÃO DA PARTE PARA O PREPARO DO RECURSO, DEVENDO, ENTÃO, SER AS CUSTAS PAGAS AO FINAL (cancelada em decorrência da sua incorporação à nova redação da Súmula n. 25) — Res. n. 197/2015, DEJT divulgado em 14, 15 e 18.5.2015. Não caracteriza deserção a hipótese em que, acrescido o valor da condenação, não houve fixação ou cálculo do valor devido a título de custas e tampouco intimação da parte para o preparo do recurso, devendo, pois, as custas ser pagas ao final.

105. ESTABILIDADE PROVISÓRIA. ACIDENTE DE TRABALHO. É CONSTITUCIONAL O ART. 118 DA LEI N. 8.213/91. Inserida em 1.10.97 (Cancelada em decorrência da sua conversão na Súmula n. 378, DJ 20.4.05).

106. ESTABILIDADE PROVISÓRIA. PEDIDO DE REINTEGRAÇÃO. CONCESSÃO DO SALÁRIO RELATIVO AO PERÍODO DE ESTABILIDADE JÁ EXAURIDO. INEXISTÊNCIA DE JULGAMENTO *EXTRA PETITA*. Inserida em 1.10.97 (Cancelada em decorrência da sua conversão na Súmula n. 396, DJ 20.4.05)

107. FGTS. MULTA DE 40%. SAQUES. ATUALIZAÇÃO MONETÁRIA. INCIDÊNCIA. Inserida em 1.10.97 (Cancelada em decorrência da sua incorporação à nova redação da Orientação Jurisprudencial n. 42 da SBDI-1, DJ 20.4.05). A multa de 40% a que se refere o art. 9º, § 1º, do Decreto n. 99.684/90, incide sobre os saques, corrigidos monetariamente.

108. MANDATO EXPRESSO. AUSÊNCIA DE PODERES PARA SUBSTABELECER. VÁLIDOS OS ATOS PRATICADOS PELO SUBSTABELECIDO. (ART. 1300, §§ 1º E 2º DO CCB). Inserida em 1º.10.97 (Cancelada em decorrência da sua conversão na Súmula n. 395, DJ 20.4.05)

109. MINASCAIXA. LEGITIMIDADE PASSIVA *AD CAUSAM* ENQUANTO NÃO CONCLUÍDO O PROCEDIMENTO DE LIQUIDAÇÃO EXTRAJUDICIAL. Inserida em 1.10.97 (Cancelada em decorrência da sua conversão na Orientação Jurisprudencial Transitória n. 37 da SBDI-1, DJ 20.4.05)

110. REPRESENTAÇÃO IRREGULAR. PROCURAÇÃO APENAS NOS AUTOS DE AGRAVO DE INSTRUMENTO (CANCELADA EM DECORRÊNCIA DO CPC DE 2015) — RES. N. 212/2016, DEJT DIVULGADO EM 20, 21 E 22.09.2016

A existência de instrumento de mandato apenas nos autos de agravo de instrumento, ainda que em apenso, não legitima a atuação de advogado nos processos de que se originou o agravo.

111. RECURSO DE REVISTA. DIVERGÊNCIA JURISPRUDENCIAL. ARESTO ORIUNDO DO MESMO TRIBUNAL REGIONAL. LEI N. 9.756/98. INSERVÍVEL AO CONHECIMENTO. (nova redação, DJ 20.4.05). Não é servível ao conhecimento de recurso de revista aresto oriundo de mesmo Tribunal Regional do Trabalho, salvo se o recurso houver sido interposto anteriormente à vigência da Lei n. 9.756/98.

112. VACÂNCIA DO CARGO. SALÁRIO DO SUCESSOR. SÚMULA N. 159. INAPLICÁVEL. Inserida em 1.10.97 (Cancelada em decorrência da nova redação conferida à Súmula n. 159, DJ 20.4.05). Vago o cargo em definitivo, o empregado que passa a ocupá-lo não tem direito a salário igual ao do antecessor.

113. ADICIONAL DE TRANSFERÊNCIA. CARGO DE CONFIANÇA OU PREVISÃO CONTRATUAL DE TRANSFERÊNCIA. DEVIDO. DESDE QUE A TRANSFERÊNCIA SEJA PROVISÓRIA. O fato de o empregado exercer cargo de confiança ou a existência de previsão de transferência no contrato de trabalho não exclui o direito ao adicional. O pressuposto legal apto a legitimar a percepção do mencionado adicional é a transferência provisória. **(Inserida em 20.11.97)**

114. DIRIGENTE SINDICAL. DESPEDIDA. FALTA GRAVE. INQUÉRITO JUDICIAL. NECESSIDADE. Inserida em 20.11.97 (Cancelada em decorrência da sua conversão na Súmula n. 379, DJ 20.4.05)

115. RECURSO DE REVISTA. NULIDADE POR NEGATIVA DE PRESTAÇÃO JURISDICIONAL (cancelada em decorrência da sua conversão na Súmula n. 459) — Res. n. 197/2015, DEJT divulgado em 14, 15 e 18.5.2015. O conhecimento do recurso de revista, quanto à preliminar de nulidade por negativa de prestação jurisdicional, supõe indicação de violação do art. 832 da CLT, do art. 458 do CPC ou do art. 93, IX, da CF/1988.

116. ESTABILIDADE PROVISÓRIA. PERÍODO ESTABILITÁRIO EXAURIDO. REINTEGRAÇÃO NÃO ASSEGURADA. DEVIDOS APENAS OS SALÁRIOS DESDE A DATA DA DESPEDIDA ATÉ O FINAL DO PERÍODO ESTABILITÁRIO. Inserida em 20.11.97 (Cancelada em decorrência da sua conversão na Súmula n. 396, DJ 20.4.05)

117. HORAS EXTRAS. LIMITAÇÃO. ART. 59 DA CLT. Inserida em 20.11.97 (Cancelada em decorrência da sua conversão na Súmula n. 376, DJ 20.4.05). A limitação legal da jornada suplementar a duas horas diárias não exime o empregador de pagar todas as horas trabalhadas.

118. PREQUESTIONAMENTO. TESE EXPLÍCITA. INTELIGÊNCIA DA SÚMULA N. 297. Havendo tese explícita sobre a matéria, na decisão recorrida, desnecessário contenha nela referência expressa do dispositivo legal para ter-se como prequestionado este. **(Inserida em 20.11.97)**

119. PREQUESTIONAMENTO INEXIGÍVEL. VIOLAÇÃO NASCIDA NA PRÓPRIA DECISÃO RECORRIDA. SÚMULA N. 297. INAPLICÁVEL. (inserido dispositivo) — DEJT divulgado em 16, 17 e 18.11.2010). É inexigível o prequestionamento quando a violação indicada houver nascido na própria decisão recorrida. Inaplicável a Súmula n. 297 do TST.

120. RECURSO. ASSINATURA DA PETIÇÃO OU DAS RAZÕES RECURSAIS. ART. 932, PARÁGRAFO ÚNICO, DO CPC DE 2015. (ALTERADA EM DECORRÊNCIA DO CPC DE 2015) RES. 212/2016, DEJT DIVULGADO EM 20, 21 E 22.09.2016

I — Verificada a total ausência de assinatura no recurso, o juiz ou o relator concederá prazo de 5 (cinco) dias para que seja sanado o vício. Descumprida a determinação, o recurso será reputado inadmissível (art. 932, parágrafo único, do CPC de 2015).

II — É válido o recurso assinado, ao menos, na petição de apresentação ou nas razões recursais.

121. SUBSTITUIÇÃO PROCESSUAL. DIFERENÇA DO ADICIONAL DE INSALUBRIDADE. LEGITIMIDADE. Inserida em 20.11.97 (nova redação, DJ 20.4.05). O sindicato tem legitimidade para atuar na qualidade de substituto processual para pleitear diferença de adicional de insalubridade.

122. AVISO PRÉVIO. INÍCIO DA CONTAGEM. ART. 125, CÓDIGO CIVIL. Inserida em 20.4.98 (Cancelada em decorrência da sua conversão na Súmula n. 380, DJ 20.4.05). Aplica-se a regra prevista no art. 125, do Código Civil, à contagem do prazo do aviso prévio.

123. BANCÁRIOS. AJUDA ALIMENTAÇÃO. A ajuda alimentação prevista em norma coletiva em decorrência de prestação de horas extras tem natureza indenizatória e, por isso, não integra o salário do empregado bancário. **(Inserida em 20.4.98)** ERR 118739/1994, SDI-Plena em 10.2.98, a SDI-Plena, por maioria, decidiu que ajuda alimentação paga ao bancário, em decorrência de prestação de horas extras por prorrogação de jornada, tem natureza indenizatória e, portanto, não integrativa ao salário.(***)

124. CORREÇÃO MONETÁRIA. SALÁRIO. ART. 459, CLT. Inserida em 20.4.98 (Cancelada em decorrência da sua conversão na Súmula n. 381, DJ 20.4.05). O pagamento dos salários até o 5º dia útil do mês subsequente ao vencido não está sujeito à correção monetária. Se essa data limite for ultrapassada, incidirá o índice da correção monetária do mês subsequente ao da prestação dos serviços.

125. DESVIO DE FUNÇÃO. QUADRO DE CARREIRA (alterado em 13.2.02). O simples desvio funcional do empregado não gera direito a novo enquadramento, mas apenas às diferenças salariais respectivas mesmo que o desvio de função haja iniciado antes da vigência da CF/88. **(Inserida em 20.4.98)**

126. SÚMULA N. 239. EMPRESA DE PROCESSAMENTO DE DADOS. INAPLICÁVEL. Inserida em 20.4.98 (Cancelada em decorrência da nova redação conferida à Súmula n. 239, DJ 20.4.05). É inaplicável a Súmula n. 239 quando a empresa de processamento de dados presta serviços a banco e a empresas não bancárias do mesmo grupo econômico ou a terceiros.

127. HORA NOTURNA REDUZIDA. SUBSISTÊNCIA APÓS A CF/88. O art. 73, § 1º, da CLT, que prevê a redução da hora noturna, não foi revogado pelo inciso IX do art. 7º, da CF/88. **(Inserida em 20.4.98)**

128. MUDANÇA DE REGIME CELETISTA PARA ESTATUTÁRIO. EXTINÇÃO DO CONTRATO. PRESCRIÇÃO BIENAL. Inserida em 20.4.98 (Cancelada em decorrência da sua conversão na Súmula n. 382, DJ 20.4.05). A transferência do regime jurídico de celetista para estatutário implica extinção do contrato de trabalho, fluindo o prazo da prescrição bienal a partir da mudança de regime.

129. PRESCRIÇÃO. COMPLEMENTAÇÃO DA PENSÃO E AUXÍLIO-FUNERAL. A prescrição extintiva para pleitear judicialmente o pagamento da complementação de pensão e do auxílio-funeral é de 2 anos, contados a partir do óbito do empregado. **(20.4.98)**

130. PRESCRIÇÃO. MINISTÉRIO PÚBLICO. ARGUIÇÃO. "CUSTOS LEGIS". ILEGITIMIDADE (atualizada em decorrência do CPC de 2015) — Res. n. 209/2016, DEJT divulgado em 01, 02 e 03.06.2016. Ao exarar o parecer na remessa de ofício, na qualidade de "custos legis", o Ministério Público não tem legitimidade para arguir a prescrição em favor de entidade de direito público, em matéria de direito patrimonial.

131. VANTAGEM *IN NATURA*. HIPÓTESES EM QUE NÃO INTEGRA O SALÁRIO. Inserida em 20.4.98 e ratificada pelo Tribunal Pleno em 7.12.00 (Cancelada em decorrência da sua conversão na Súmula n. 367, DJ 20.4.05). A habitação e a energia elétrica fornecidas pelo empregador ao empregado, quando indispensáveis para a realização do trabalho, não têm natureza salarial.

132. AGRAVO REGIMENTAL. PEÇAS ESSENCIAIS NOS AUTOS PRINCIPAIS. Inexistindo lei que exija a tramitação do Agravo Regimental em autos apartados, tampouco previsão no Regimento Interno do Regional, não pode o agravante ver-se apenado por não haver colacionado cópia de peças dos autos principais, quando o Agravo Regimental deveria fazer parte dele. **(Inserida em 27.11.98)**

133. AJUDA ALIMENTAÇÃO. PAT. LEI N. 6.321/76. NÃO INTEGRAÇÃO AO SALÁRIO. A ajuda alimentação fornecida por empresa participante do Programa de Alimentação ao Trabalhador, instituído pela Lei n. 6.321/76, não tem caráter salarial. Portanto, não integra o salário para nenhum efeito legal. **(Inserida em 27.11.98)**(***)

134. AUTENTICAÇÃO. PESSOA JURÍDICA DE DIREITO PÚBLICO. DISPENSADA. MEDIDA PROVISÓRIA N. 1.360, DE 12.3.96. São válidos os documentos apresentados, por pessoa jurídica de direito público, em fotocópia não autenticada, posteriormente à edição da Medida Provisória n. 1.360/1996 e suas reedições. **(Inserida em 27.11.98)**

135. AVISO PRÉVIO INDENIZADO. SUPERVENIÊNCIA DE AUXÍLIO-DOENÇA NO CURSO DESTE. Inserida em 27.11.98 (Cancelada em decorrência da sua conversão na Súmula n. 371, DJ 20.4.05). Os efeitos da dispensa só se concretizam depois de expirado o benefício previdenciário, sendo irrelevante que tenha sido concedido no período do aviso prévio já que ainda vigorava o contrato de trabalho.

136. BANCO DO BRASIL. COMPLEMENTAÇÃO DE APOSENTADORIA. TELEX DIREC N. 5003/87. NÃO ASSEGURADA. Inserida em 27.11.98 (Cancelada em decorrência da sua incorporação à nova redação da Orientação Jurisprudencial n. 18 da SBDI-1, DJ 20.4.05). O telex DIREC do Banco do Brasil n. 5003/87 não assegura a complementação de aposentadoria integral, porque não aprovado pelo órgão competente ao qual a instituição se subordina.

137. BANCO MERIDIONAL. CIRCULAR N. 34046/1989. DISPENSA SEM JUSTA CAUSA. Inserida em 27.11.98 (Cancelada em decorrência da sua conversão na Orientação Jurisprudencial Transitória n. 38 da SBDI-1, DJ 20.4.05). A inobservância dos procedimentos disciplinados na Circular n. 34046/1989, norma de caráter eminentemente procedimental, não é causa para a nulidade da dispensa sem justa causa.

138. COMPETÊNCIA RESIDUAL. REGIME JURÍDICO ÚNICO. LIMITAÇÃO DA EXECUÇÃO. (nova redação em decorrência da incorporação da Orientação Jurisprudencial n. 249 da SBDI-1, DJ 20.4.05). Compete à Justiça do Trabalho julgar pedidos de direitos e vantagens previstos na legislação trabalhista referente a período anterior à Lei n. 8.112/90, mesmo que a ação tenha sido ajuizada após a edição da referida lei. A superveniência de regime estatutário em substituição ao celetista, mesmo após a sentença, limita a execução ao período celetista. (1ª parte — ex-OJ n. 138 da SBDI-1 — **inserida em 27.11.98**; 2ª parte — ex-OJ n. 249 — **inserida em 13.3.02**)

139. DEPÓSITO RECURSAL. COMPLEMENTAÇÃO DEVIDA. APLICAÇÃO DA INSTRUÇÃO NORMATIVA N. 3/93, II. Inserida em 27.11.98 (Cancelada em decorrência da nova redação conferida à Súmula n. 128, DJ 20.4.05). Está a parte recorrente obrigada a efetuar o depósito legal, integralmente, em relação a cada novo recurso interposto, sob pena de deserção. Atingido o valor da condenação, nenhum depósito mais é exigido para qualquer recurso.

140. DEPÓSITO RECURSAL E CUSTAS PROCESSUAIS. RECOLHIMENTO INSUFICIENTE. DESERÇÃO (nova redação em decorrência do CPC de 2015). (Resol. n. 217, de 17.4.17, divulgação DEJT 20.4.17). Em caso de recolhimento insuficiente das custas processuais ou do depósito recursal, somente haverá deserção do recurso se, concedido o prazo de 5 (cinco) dias previsto no § 2º do art. 1.007 do CPC de 2015, o recorrente não complementar e comprovar o valor devido.

141. DESCONTOS PREVIDENCIÁRIOS E FISCAIS. COMPETÊNCIA DA JUSTIÇA DO TRABALHO. Inserida em 27.11.98 (Cancelada em decorrência da sua conversão na Súmula n. 368, DJ 20.4.05).

142. EMBARGOS DE DECLARAÇÃO. EFEITO MODIFICATIVO. VISTA PRÉVIA À PARTE CONTRÁRIA. (Cancelado o item II em decorrência do CPC de 2015) — Res. 214/2016, DEJT divulgado em 30.11.2016 e 01 e 02.12.2016. É passível de nulidade decisão que acolhe embargos de declaração com efeito modificativo sem que seja concedida oportunidade de manifestação prévia à parte contrária.

143. EMPRESA EM LIQUIDAÇÃO EXTRAJUDICIAL. EXECUÇÃO. CRÉDITOS TRABALHISTAS. LEI N. 6.024/74. A execução trabalhista deve prosseguir diretamente na Justiça do Trabalho mesmo após a decretação da liquidação extrajudicial. Lei n. 6.830/1980, arts. 5º e 29, aplicados supletivamente (CLT, art. 889 e CF/1988, art. 114). **(Inserida em 27.11.98)**

144. ENQUADRAMENTO FUNCIONAL. PRESCRIÇÃO EXTINTIVA. Inserida em 27.11.98 (Cancelada em decorrência da nova redação conferida à Súmula n. 275, DJ 20.4.05).

145. ESTABILIDADE. DIRIGENTE SINDICAL. CATEGORIA DIFERENCIADA. Inserida em 27.11.98 (Cancelada em decorrência da sua conversão na Súmula n. 369, DJ 20.4.05). O empregado de categoria diferenciada eleito dirigente sindical só goza de estabilidade se exercer na empresa atividade pertinente à categoria profissional do sindicato para o qual foi eleito dirigente.

146. FGTS. OPÇÃO RETROATIVA. CONCORDÂNCIA DO EMPREGADOR. NECESSIDADE. Inserida em 27.11.98 (Cancelada em decorrência da sua conversão na Orientação Jurisprudencial Transitória n. 39 da SBDI-1, DJ 20.4.05)

147. LEI ESTADUAL, NORMA COLETIVA OU NORMA REGULAMENTAR. CONHECIMENTO INDEVIDO DO RECURSO DE REVISTA POR DIVERGÊNCIA JURISPRUDENCIAL. (nova redação em decorrência da incorporação da Orientação Jurisprudencial n. 309 da SBDI-1, DJ 20.4.05).

I — É inadmissível o recurso de revista fundado tão somente em divergência jurisprudencial, se a parte não comprovar que a lei estadual, a norma coletiva ou o regulamento da empresa extrapolam o âmbito do TRT prolator da decisão recorrida. (ex-OJ n. 309 da SBDI-1 — inserida em 11.8.03).

II — É imprescindível a arguição de afronta ao art. 896 da CLT para o conhecimento de embargos interpostos em face de acórdão de Turma que conhece indevidamente de recurso de revista, por divergência jurisprudencial, quanto a tema regulado por lei estadual, norma coletiva ou norma regulamentar de âmbito restrito ao Regional prolator da decisão.

148. LEI N. 8.880/94, ART. 31. CONSTITUCIONALIDADE. (nova redação, DJ 20.4.05). É constitucional o art. 31 da Lei n. 8.880/94, que prevê a indenização por demissão sem justa causa.

149. MANDATO. ART. 13 DO CPC. REGULARIZAÇÃO. FASE RECURSAL. INAPLICÁVEL. Inserida em 27.11.98 (Cancelada em decorrência da sua conversão na Súmula n. 383, DJ 20.4.05)

150. MULTA PREVISTA EM VÁRIOS INSTRUMENTOS NORMATIVOS. CUMULAÇÃO DE AÇÕES. Inserida em 27.11.98 (Cancelada em decorrência da sua conversão na Súmula n. 384, DJ 20.4.05). O descumprimento de qualquer cláusula constante de instrumentos normativos diversos não submete o empregado a ajuizar várias ações, pleiteando em cada uma o pagamento da multa referente ao descumprimento de obrigações previstas nas cláusulas respectivas.

151. PREQUESTIONAMENTO. DECISÃO REGIONAL QUE ADOTA A SENTENÇA. AUSÊNCIA DE PREQUESTIONAMENTO. Decisão regional que simplesmente adota os fundamentos da decisão de primeiro grau não preenche a exigência do prequestionamento, tal como previsto na Súmula n. 297. **(Inserida em 27.11.98)**

152. REVELIA. PESSOA JURÍDICA DE DIREITO PÚBLICO. APLICÁVEL. (ART. 844 DA CLT). Inserida em 27.11.98 (inserido dispositivo, DJ 20.4.05). Pessoa jurídica de direito público sujeita-se à revelia prevista no artigo 844 da CLT.

153. ADICIONAL DE INSALUBRIDADE. DEFICIÊNCIA DE ILUMINAMENTO. LIMITAÇÃO. Inserida em 26.3.1999 (Cancelada em decorrência da sua conversão na Orientação Jurisprudencial Transitória n. 57 da SBDI-1). Somente após 26.2.1991 foram, efetivamente, retiradas do mundo jurídico as normas ensejadoras do direito ao adicional de insalubridade por iluminamento insuficiente no local da prestação de serviço, como previsto na Portaria n. 3.751/1990 do Ministério do Trabalho.

154. ATESTADO MÉDICO — INSS. EXIGÊNCIA PREVISTA EM INSTRUMENTO NORMATIVO. (Nova redação, DJ 20.4.05). (Cancelada pela Resol. 158/09, de 21.10.09) A doença profissional deve ser atestada por médico do INSS, se tal exigência consta de cláusula de instrumento normativo, sob pena de não reconhecimento do direito à estabilidade.

155. BANRISUL. COMPLEMENTAÇÃO DE APOSENTADORIA. Inserida em 26.3.99 (Cancelada em decorrência da sua conversão na Orientação Jurisprudencial Transitória n. 40 da SBDI-1, DJ 20.4.05). A Resolução n. 1600/1964, vigente à época da admissão do empregado, incorporou-se ao contrato de trabalho, pelo que sua alteração não poderá prejudicar o direito adquirido, mesmo em virtude da edição da Lei n. 6.435/77. Incidência das Súmulas ns. 51 e 288.

156. COMPLEMENTAÇÃO DE APOSENTADORIA. DIFERENÇAS. PRESCRIÇÃO. (Cancelada em decorrência da nova redação da Súmula n. 327 do TST — Resol. 175, 24.5.11 — DJe 27.5.11) Ocorre a prescrição total quanto a diferenças de complementação de aposentadoria quando estas decorrem de pretenso direito a verbas não recebidas no curso da relação de emprego e já atingidas pela prescrição, à época da propositura da ação.

157. COMPLEMENTAÇÃO DE APOSENTADORIA. FUNDAÇÃO CLEMENTE DE FARIA. BANCO REAL. Inserida em 26.3.99 (Cancelada em decorrência da sua conversão na Orientação Jurisprudencial Transitória n. 41 da SBDI-1, DJ 20.4.05). É válida a cláusula do Estatuto da Fundação que condicionou o direito à complementação de aposentadoria à existência de recursos financeiros, e também previa a suspensão, temporária ou definitiva, da referida complementação.

158. CUSTAS. COMPROVAÇÃO DE RECOLHIMENTO. DARF ELETRÔNICO. VALIDADE. O denominado "DARF eletrônico" é válido para comprovar o recolhimento de custas por entidades da administração pública federal, emitido conforme a IN SRF n. 162, de 4.11.88. **(Inserida em 26.3.99)**

159. DATA DE PAGAMENTO. SALÁRIOS. ALTERAÇÃO. Diante da inexistência de previsão expressa em contrato ou em instrumento normativo, a alteração de data de pagamento pelo empregador não viola o art. 468, desde que observado o parágrafo único, do art. 459, ambos da CLT. **(Inserida em 26.3.99)**

160. DESCONTOS SALARIAIS. AUTORIZAÇÃO NO ATO DA ADMISSÃO. VALIDADE. É inválida a presunção de vício de consentimento resultante do fato de ter o empregado anuído expressamente com descontos salariais na oportunidade da admissão. É de se exigir demonstração concreta do vício de vontade. **(Inserida em 26.3.99)**

161. FERIADO LOCAL. PRAZO RECURSAL. PRORROGAÇÃO. COMPROVAÇÃO. NECESSIDADE. Inserida em 26.3.99 (Cancelada em decorrência da sua conversão na Súmula n. 385, DJ 20.4.05). Cabe à parte comprovar, quando da interposição do recurso, a existência de feriado local que justifique a prorrogação do prazo recursal.

162. MULTA. ART. 477 DA CLT. CONTAGEM DO PRAZO. APLICÁVEL O ART. 132 DO CÓDIGO CIVIL DE 2002. (atualizada a legislação e inserido dispositivo, DJ 20.4.05). A contagem do prazo para quitação das verbas decorrentes da rescisão contratual prevista no artigo 477 da CLT exclui necessariamente o dia da notificação da demissão e inclui o dia do vencimento, em obediência ao disposto no artigo 132 do Código Civil de 2002 (artigo 125 do Código Civil de 1916).

163. NORMA REGULAMENTAR. OPÇÃO PELO NOVO REGULAMENTO. ART. 468 DA CLT E SÚMULA N. 51. INAPLICÁVEIS. Inserida em 26.3.99 (Cancelada em decorrência da nova redação conferida à Súmula n. 51, DJ 20.4.05). Havendo a coexistência de dois regulamentos da empresa, a opção do empregado por um deles tem efeito jurídico de renúncia às regras do sistema do outro.

164. OFICIAL DE JUSTIÇA *AD HOC*. INEXISTÊNCIA DE VÍNCULO EMPREGATÍCIO. Inserida em 26.3.99 (inserido dispositivo, DJ 20.4.05). Não se caracteriza o vínculo empregatício na nomeação para o exercício das funções de oficial de justiça *ad hoc*, ainda que feita de forma reiterada, pois exaure-se a cada cumprimento de mandado.

165. PERÍCIA. ENGENHEIRO OU MÉDICO. ADICIONAL DE INSALUBRIDADE E PERICULOSIDADE. VÁLIDO. ART. 195 DA CLT. O art. 195 da CLT não faz qualquer distinção entre o médico e o engenheiro para efeito de caracterização e classificação da insalubridade e periculosidade, bastando para a elaboração do laudo seja o profissional devidamente qualificado. **(Inserida em 26.3.99)**

166. PETROBRAS. PENSÃO POR MORTE DO EMPREGADO ASSEGURADA NO MANUAL DE PESSOAL. ESTABILIDADE DECENAL. OPÇÃO PELO REGIME DO FGTS. Inserida em 26.3.99 (Cancelada em decorrência da sua conversão na Orientação Jurisprudencial Transitória n. 42 da SBDI-1, DJ 20.4.05). Tendo o empregado adquirido a estabilidade decenal, antes de optar pelo regime do FGTS, não há como negar-se o direito à pensão, eis que preenchido o requisito exigido pelo Manual de Pessoal.

167. POLICIAL MILITAR. RECONHECIMENTO DE VÍNCULO EMPREGATÍCIO COM EMPRESA PRIVADA. Inserida em 26.3.99 (Cancelada em decorrência da sua conversão na Súmula n. 386, DJ 20.4.05). Preenchidos os requisitos do art. 3º da CLT, é legítimo o reconhecimento de relação de emprego entre policial militar e empresa privada, independentemente do eventual cabimento de penalidade disciplinar prevista no Estatuto do Policial Militar.

168. SUDS. GRATIFICAÇÃO. CONVÊNIO DA UNIÃO COM ESTADO. NATUREZA SALARIAL ENQUANTO PAGA. Inserida em 26.3.99 (Cancelada em decorrência da sua conversão na Orientação Jurisprudencial Transitória n. 43 da SBDI-1, DJ 20.4.05). A parcela denominada "Complementação SUDS" paga aos servidores em virtude de convênio entre o Estado e a União Federal tem natureza salarial, enquanto paga, pelo que repercute nos demais haveres trabalhistas do empregado.

169. TURNO ININTERRUPTO DE REVEZAMENTO. FIXAÇÃO DE JORNADA DE TRABALHO MEDIANTE NEGOCIAÇÃO COLETIVA. VALIDADE. (Cancelada em decorrência da sua conversão na Súmula n. 423 — Res. 139/2006) — DJ 10.10.2006. Quando há na empresa o sistema de turno ininterrupto de revezamento, é válida a fixação de jornada superior a seis horas mediante a negociação coletiva.

170. ADICIONAL DE INSALUBRIDADE. LIXO URBANO. Inserida em 8.11.00 (Cancelada em decorrência da sua incorporação à nova redação da Orientação Jurisprudencial n. 4 da SBDI-1, DJ 20.4.05). A limpeza em residências e escritórios e a respectiva coleta de lixo não podem ser consideradas atividades insalubres, ainda que constatadas por laudo pericial, porque não se encontram dentre as classificadas como lixo urbano, na Portaria do Ministério do Trabalho.

171. ADICIONAL DE INSALUBRIDADE. ÓLEOS MINERAIS. SENTIDO DO TERMO "MANIPULAÇÃO". Para efeito de concessão de adicional de insalubridade não há distinção entre fabricação e manuseio de óleos minerais — Portaria n. 3.214 do Ministério do Trabalho, NR-15, Anexo XIII. **(Inserida em 8.11.00)**

172. ADICIONAL DE INSALUBRIDADE OU PERICULOSIDADE. CONDENAÇÃO. INSERÇÃO EM FOLHA DE PAGAMENTO. Condenada ao pagamento do adicional de insalubridade ou periculosidade, a empresa deverá inserir, mês a mês e enquanto o trabalho for executado sob essas condições, o valor correspondente em folha de pagamento. **(Inserida em 8.11.00)**

173. ADICIONAL DE INSALUBRIDADE. ATIVIDADE A CÉU ABERTO. EXPOSIÇÃO AO SOL E AO CALOR. (redação alterada na sessão do Tribunal Pleno realizada em 14.9.2012 — Res. 186/2012, DEJT divulgado em 25.9.12).

I — Ausente previsão legal, indevido o adicional de insalubridade ao trabalhador em atividade a céu aberto, por sujeição à radiação solar (art. 195 da CLT e Anexo 7 da NR 15 da Portaria n. 3.214/78 do MTE).

II — Tem direito ao adicional de insalubridade o trabalhador que exerce atividade exposto ao calor acima dos limites de tolerância, inclusive em ambiente externo com carga solar, nas condições previstas no Anexo 3 da NR 15 da Portaria n. 3.214/78 do MTE.

174. ADICIONAL DE PERICULOSIDADE. HORAS DE SOBREAVISO. INDEVIDO. Inserida em 8.11.00 (Cancelada em decorrência da nova redação conferida à Súmula n. 132, DJ 20.4.05). Durante as horas de sobreaviso, o empregado não se encontra em condições de risco, razão pela qual é incabível a integração do adicional de periculosidade sobre as mencionadas horas.

175. COMISSÕES. ALTERAÇÃO OU SUPRESSÃO. PRESCRIÇÃO TOTAL. (Inserida 8.11.00) (Nova redação em decorrência da incorporação da Orientação Jurisprudencial n. 248 da SBDI-1, DJ 22.11.05). A supressão das comissões, ou a alteração quanto à forma ou ao percentual, em prejuízo do empregado, é suscetível de operar a prescrição total da ação, nos termos da Súmula n. 294 do TST, em virtude de cuidar-se de parcela não assegurada por preceito de lei.

176. ANISTIA. LEI N. 6.683/79. TEMPO DE AFASTAMENTO. NÃO COMPUTÁVEL PARA EFEITO DE INDENIZAÇÃO E ADICIONAL POR TEMPO DE SERVIÇO, LICENÇA-PRÊMIO E PROMOÇÃO. Inserida em 8.11.00 (Cancelada em decorrência da sua conversão na Orientação Jurisprudencial Transitória n. 44 da SBDI-1, DJ 20.4.05)

177. APOSENTADORIA ESPONTÂNEA. EFEITOS. A aposentadoria espontânea extingue o contrato de trabalho, mesmo quando o empregado continua a trabalhar na empresa após a concessão do benefício previdenciário. Assim sendo, indevida a multa de 40% do FGTS em relação ao período anterior à aposentadoria. ERR 628600/00. Tribunal Pleno. Em 28.10.03, o Tribunal Pleno decidiu, por maioria, manter o entendimento contido na Orientação Jurisprudencial n. 177, de que a aposentadoria espontânea extingue o contrato de trabalho, mesmo quando o empregado continua a trabalhar na empresa. **(Inserida em 8.11.00) (Cancelada 30.10.06)**

178. BANCÁRIO. INTERVALO DE 15 MINUTOS. NÃO COMPUTÁVEL NA JORNADA DE TRABALHO. Inserida em 8.11.00 (inserido dispositivo, DJ 20.4.05). Não se computa, na jornada do bancário sujeito a seis horas diárias de trabalho, o intervalo de quinze minutos para lanche ou descanso.

179. (*) BNDES. ARTS. 224/226, CLT. APLICÁVEL A SEUS EMPREGADOS (Cancelada em decorrência da sua conversão na Orientação Jurisprudencial Transitória n. 77 da SBDI-1) — DEJT divulgado em 16, 17 e 18.11.2010). Entidade sujeita à legislação bancária.

(*) Vide *Medida Provisória n. 56, de 18.07.2002 (convertida na Lei n. 10.556/02, de 13.11.2002) que fixa jornada de sete horas para empregados do BNDES e de suas subsidiárias (art. 7º) e de 8 horas para os empregados da FINEP (parágrafo único do art. 8º).*

180. COMISSIONISTA PURO. ABONO. LEI N. 8.178/91. NÃO-INCORPORAÇÃO. Inserida em 8.11.00 (Cancelada em decorrência da sua conversão na Orientação Jurisprudencial Transitória n. 45 da SBDI-1, DJ 20.4.05). É indevida a incorporação do abono instituído pela Lei n. 8.178/91 aos empregados comissionistas.

181. COMISSÕES. CORREÇÃO MONETÁRIA. CÁLCULO. O valor das comissões deve ser corrigido monetariamente para em seguida obter-se a média para efeito de cálculo de férias, 13º salário e verbas rescisórias. **(Inserida em 8.11.00)**

182. COMPENSAÇÃO DE JORNADA. ACORDO INDIVIDUAL. VALIDADE. Inserida em 8.11.00 (Cancelada em decorrência da nova redação conferida à Súmula n. 85, DJ 20.4.05). É válido o acordo individual para compensação de horas, salvo se houver norma coletiva em sentido contrário.

183. COMPLEMENTAÇÃO DE APOSENTADORIA. BANCO ITAÚ. Inserida em 8.11.00 (Cancelada em decorrência da sua conversão na Orientação Jurisprudencial Transitória n. 46 da SBDI-1, DJ 20.4.05). O empregado admitido na vigência da Circular BB-05/66, que passou para a inatividade posteriormente à vigência da RP-40/74, está sujeito ao implemento da condição "idade mínima de 55 anos".

184. CONFISSÃO FICTA. PRODUÇÃO DE PROVA POSTERIOR. Inserida em 8.11.00 (Cancelada em decorrência da nova redação conferida à Súmula n. 74, DJ 20.4.05). Somente a prova pré-constituída nos autos é que deve ser levada em conta para confronto com a confissão ficta (art. 400, I, CPC), não implicando cerceamento de defesa o indeferimento de provas posteriores.

185. CONTRATO DE TRABALHO COM A ASSOCIAÇÃO DE PAIS E MESTRES — APM. INEXISTÊNCIA DE RESPONSABILIDADE SOLIDÁRIA OU SUBSIDIÁRIA DO ESTADO. Inserida em 8.11.00 (inserido dispositivo, DJ 20.4.05). O Estado-Membro não é responsável subsidiária ou solidariamente com a Associação de Pais e Mestres pelos encargos trabalhistas dos empregados contratados por esta última, que deverão ser suportados integral e exclusivamente pelo real empregador.

186. CUSTAS. INVERSÃO DO ÔNUS DA SUCUMBÊNCIA. DESERÇÃO. NÃO OCORRÊNCIA (cancelada em decorrência da sua incorporação da nova redação da Súmula n. 25) — Res. n. 197/2015, DEJT divulgado em 14, 15 e 18.5.2015).

No caso de inversão do ônus da sucumbência em segundo grau, sem acréscimo ou atualização do valor das custas e se estas já foram devidamente recolhidas, descabe um novo pagamento pela parte vencida, ao recorrer. Deverá ao final, se sucumbente, ressarcir a quantia.

187. DÉCIMO TERCEIRO SALÁRIO. DEDUÇÃO DA 1ª PARCELA. URV. LEI N. 8.880/94. Inserida em 8.11.00 (Cancelada em decorrência da sua conversão na Orientação Jurisprudencial Transitória n. 47 da SBDI-1, DJ 20.4.05). Ainda que o adiantamento do 13º salário tenha ocorrido anteriormente à edição da Lei n. 8.880/94, as deduções deverão ser realizadas considerando o valor da antecipação, em URV, na data do efetivo pagamento, não podendo a 2ª parcela ser inferior à metade do 13º salário, em URV.

188. DECISÃO NORMATIVA QUE DEFERE DIREITOS. FALTA DE INTERESSE DE AGIR PARA AÇÃO INDIVIDUAL. Falta interesse de agir para a ação individual, singular ou plúrima, quando o direito já foi reconhecido através de decisão normativa, cabendo, no caso, ação de cumprimento. **(Inserido em 8.11.00)**

189. DEPÓSITO RECURSAL. AGRAVO DE PETIÇÃO. IN/TST N. 3/93. Inserida em 8.11.00 (Cancelada em decorrência da nova redação conferida à Súmula n. 128, DJ 20.4.05). Garantido o juízo, na fase executória, a exigência de depósito para recorrer de qualquer decisão viola os incisos II e LV do art. 5º da CF/1988. Havendo, porém, elevação do valor do débito, exige-se a complementação da garantia do juízo.

190. DEPÓSITO RECURSAL. CONDENAÇÃO SOLIDÁRIA. Inserida em 8.11.00 (Cancelada em decorrência da nova redação conferida à Súmula n. 128, DJ 20.4.05). Havendo condenação solidária de duas ou mais empresas, o depósito recursal efetuado por uma delas aproveita as demais, quando a empresa que efetuou o depósito não pleiteia sua exclusão da lide.

191. CONTRATO DE EMPREITADA. DONO DA OBRA DE CONSTRUÇÃO CIVIL. RESPONSABILIDADE. (Nova redação — Res. 175, 24.5.11 — DJe/27.5.11) Diante da inexistência de previsão legal específica, o contrato de empreitada de construção civil entre o dono da obra e o empreiteiro não enseja responsabilidade solidária ou subsidiária nas obrigações trabalhistas contraídas pelo empreiteiro, salvo sendo o dono da obra uma empresa construtora ou incorporadora.

192. EMBARGOS DECLARATÓRIOS. PRAZO EM DOBRO. PESSOA JURÍDICA DE DIREITO PÚBLICO. DECRETO-LEI N. 779/69. É em dobro o prazo para a interposição de embargos declaratórios por Pessoa Jurídica de Direito Público. **(Inserida em 8.11.00)**

193. EQUIPARAÇÃO SALARIAL. QUADRO DE CARREIRA. HOMOLOGAÇÃO. GOVERNO ESTADUAL. VÁLIDO. Inserida em 8.11.00 (Cancelada em decorrência da redação da Súmula n. 6 conferida pela Res. 104/00, DJ 18.12.00, DJ 20.04.05).

194. FAC-SÍMILE. LEI N. 9.800/99. APLICÁVEL SÓ A RECURSOS INTERPOSTOS NA SUA VIGÊNCIA. INSERIDA EM 8.11.00 (Cancelada em decorrência da sua conversão na Súmula n. 387, DJ 20.4.05). A Lei n. 9.800/99 é aplicável somente a recursos interpostos após o início de sua vigência.

195. FÉRIAS INDENIZADAS. FGTS. NÃO-INCIDÊNCIA. Inserida em 8.11.00 (inserido dispositivo, DJ 20.4.05). Não incide a contribuição para o FGTS sobre as férias indenizadas.

196. GESTANTE. CONTRATO DE EXPERIÊNCIA. ESTABILIDADE PROVISÓRIA. NÃO-ASSEGURADA. Inserida em 8.11.00 (Cancelada em decorrência da nova redação conferida à Súmula n. 244, DJ 20.4.05)

197. GRATIFICAÇÃO SEMESTRAL. REPERCUSSÃO NO 13º SALÁRIO. SÚMULA N. 78 DO TST. APLICÁVEL. Inserida em 8.11.00 (Cancelada em decorrência da redação da Súmula n. 253 conferida pela Res. 121/03, DJ 21.11.03) (DJ 20.4.05)

198. HONORÁRIOS PERICIAIS. ATUALIZAÇÃO MONETÁRIA. Diferentemente da correção aplicada aos débitos trabalhistas, que têm caráter alimentar, a atualização monetária dos honorários periciais é fixada pelo art. 1º da Lei n. 6.899/81, aplicável a débitos resultantes de decisões judiciais. **(Inserida em 8.11.00)**

199. JOGO DO BICHO. CONTRATO DE TRABALHO. NULIDADE. OBJETO ILÍCITO (título alterado e inserido dispositivo) — DEJT divulgado em 16, 17 e 18.11.2010. É nulo o contrato de trabalho celebrado para o desempenho de atividade inerente à prática do jogo do bicho, ante a ilicitude de seu objeto, o que subtrai o requisito de validade para a formação do ato jurídico.

200. MANDATO TÁCITO. SUBSTABELECIMENTO INVÁLIDO. Inserida em 8.11.00 (inserido dispositivo, DJ 20.4.05). É inválido o substabelecimento de advogado investido de mandato tácito.

201. MULTA. ART. 477 DA CLT. MASSA FALIDA. INAPLICÁVEL. Inserida em 8.11.00 (Cancelada em decorrência da sua conversão na Súmula n. 388, DJ 20.4.05)

202. PETROMISA. SUCESSÃO. PETROBRAS. LEGITIMIDADE. Inserida em 8.11.00 (Cancelada em decorrência da sua conversão na Orientação Jurisprudencial Transitória n. 48 da SBDI-1, DJ 20.4.05). Em virtude da decisão tomada em assembleia, a Petrobras é a real sucessora da Petromisa, considerando que recebeu todos os bens móveis e imóveis da extinta Petromisa.

203. PLANO ECONÔMICO (COLLOR). EXECUÇÃO. CORREÇÃO MONETÁRIA. ÍNDICE DE 84,32%. LEI N. 7.738/89. APLICÁVEL. Inserida em 8.11.00 (Cancelada em decorrência da sua conversão na Orientação Jurisprudencial Transitória n. 54 da SBDI-1, DJ 20.4.05)

204. PRESCRIÇÃO. CONTAGEM DO PRAZO. ART. 7º, XXIX, DA CF. Inserida em 8.11.00 (Cancelada em decorrência da nova redação conferida à Súmula n. 308, DJ 20.04.05). A prescrição quinquenal abrange os cinco anos anteriores ao ajuizamento da reclamatória e não os cinco anos anteriores à data da extinção do contrato.

205. COMPETÊNCIA MATERIAL. JUSTIÇA DO TRABALHO. ENTE PÚBLICO. CONTRATAÇÃO IRREGULAR. REGIME ESPECIAL. DESVIRTUAMENTO (Cancelada) — Res. 156/2009, DJe divulgado em 27, 28 e 29.4.09

I — Inscreve-se na competência material da Justiça do Trabalho dirimir dissídio individual entre trabalhador e ente público se há controvérsia acerca do vínculo empregatício.

II — A simples presença de lei que disciplina a contratação por tempo determinado para atender a necessidade temporária de excepcional interesse público (art. 37, inciso IX, da CF/1988) não é o bastante para deslocar a competência da Justiça do Trabalho se se alega desvirtuamento em tal contratação, mediante a prestação de serviços à Administração para atendimento de necessidade permanente e não para acudir a situação transitória e emergencial.

206. PROFESSOR. HORAS EXTRAS. ADICIONAL DE 50%. Excedida a jornada máxima (art. 318 da CLT), as horas excedentes devem ser remuneradas com o adicional de, no mínimo, 50% (art. 7º, XVI, CF/88). **(Inserida em 8.11.00)**

207. PROGRAMA DE INCENTIVO À DEMISSÃO VOLUNTÁRIA. INDENIZAÇÃO. IMPOSTO DE RENDA. NÃO-INCIDÊNCIA. Inserida em 8.11.00 (inserido dispositivo, DJ 20.4.05). A indenização paga em virtude de adesão a programa de incentivo à demissão voluntária não está sujeita à incidência do imposto de renda.

208. RADIOLOGISTA. GRATIFICAÇÃO DE RAIOS X. REDUÇÃO. LEI N. 7.923/89. A alteração da gratificação por trabalho com raios X, de quarenta para dez por cento, na forma da Lei n. 7.923/89, não causou prejuízo ao trabalhador porque passou a incidir sobre o salário incorporado com todas as demais vantagens. **(Inserida em 8.11.00)**

209. RECESSO FORENSE. SUSPENSÃO DOS PRAZOS RECURSAIS (ARTS. 181, I, E 148 DO RI/TST). Inserida em 8.11.00 (Cancelada em decorrência da nova redação conferida à Súmula n. 262, DJ 20.4.05)

210. SEGURO-DESEMPREGO. COMPETÊNCIA DA JUSTIÇA DO TRABALHO. Inserida em 8.11.00 (Cancelada em decorrência da sua conversão na Súmula n. 389, DJ 20.4.05)

211. SEGURO-DESEMPREGO. GUIAS. NÃO-LIBERAÇÃO. INDENIZAÇÃO SUBSTITUTIVA. Inserida em 8.11.00 (Cancelada em decorrência da sua conversão na Súmula n. 389, DJ 20.4.05). O não-fornecimento pelo empregador da guia necessária para o recebimento do seguro-desemprego dá origem ao direito à indenização.

212. SERPRO. NORMA REGULAMENTAR. REAJUSTES SALARIAIS. SUPERVENIÊNCIA DE SENTENÇA NORMATIVA. PREVALÊNCIA. Inserida em 8.11.00 (Cancelada em decorrência da sua conversão na Orientação Jurisprudencial Transitória n. 49 da SBDI-1, DJ 20.4.05). Durante a vigência do instrumento normativo, é lícita ao empregador a obediência à norma coletiva (DC 8948/90), que alterou as diferenças interníveis previstas no Regulamento de Recursos Humanos.

213. TELEX. OPERADORES. ART. 227 DA CLT. INAPLICÁVEL. O operador de telex de empresa, cuja atividade econômica não se identifica com qualquer uma das previstas no art. 227 da CLT, não se beneficia de jornada reduzida. **(8.11.00)**

214. URP'S DE JUNHO E JULHO DE 1988. SUSPENSÃO DO PAGAMENTO. DATA-BASE EM MAIO. DECRETO-LEI N. 2.425/1988. INEXISTÊNCIA DE VIOLAÇÃO A DIREITO ADQUIRIDO. Inserida em 8.11.2000 (Cancelada em decorrência da sua conversão na Orientação Jurisprudencial Transitória n. 58 da SBDI-1). O Decreto-lei n. 2.425, de 7.4.1988, não ofendeu o direito adquirido dos empregados com data-base em maio, pelo que não fazem jus às URP's de junho e julho de 1988.

215. VALE-TRANSPORTE. ÔNUS DA PROVA. (Cancelada Res. 175, 24.5.11 — DJe 27.5.11) É do empregado o ônus de comprovar que satisfaz os requisitos indispensáveis à obtenção do vale-transporte.

216. VALE-TRANSPORTE. SERVIDOR PÚBLICO CELETISTA. LEI N. 7.418/85. DEVIDO. Inserida em 8.11.00 (inserido dispositivo, DJ 20.4.05). Aos servidores públicos celetistas é devido o vale-transporte, instituído pela Lei n. 7.418/85, de 16 de dezembro de 1985.

217. AGRAVO DE INSTRUMENTO. TRASLADO. LEI N. 9.756/1998. GUIAS DE CUSTAS E DE DEPÓSITO RECURSAL. Para a formação do Agravo de Instrumento, não é necessária a juntada de comprovantes de recolhimento de custas e de depósito recursal relativamente ao Recurso Ordinário, desde que não seja objeto de controvérsia no Recurso de Revista a validade daqueles recolhimentos. **(Inserida em 2.4.01)**

218. PLANO COLLOR. SERVIDORES DO GDF. CELETISTAS. LEI DISTRITAL N. 38/89. Inserida em 2.4.01 (Cancelada em decorrência da sua incorporação à Orientação Jurisprudencial n. 241 da SBDI-1 e posterior conversão na Orientação Jurisprudencial Transitória n. 55 da SBDI-1, DJ 20.4.05). Inexiste direito adquirido às diferenças salariais de 84,32% do IPC de março de 1990 aos servidores celetistas da Administração Direta do Distrito Federal.

219. RECURSO DE REVISTA OU DE EMBARGOS FUNDAMENTADO EM ORIENTAÇÃO JURISPRUDENCIAL DO TST. É válida, para efeito de conhecimento do recurso de revista ou de embargos, a invocação de Orientação Jurisprudencial do Tribunal Superior do Trabalho, desde que, das razões recursais, conste o seu número ou conteúdo. **(Inserida em 2.4.01)**

220. ACORDO DE COMPENSAÇÃO. EXTRAPOLAÇÃO DA JORNADA. Inserida em 20.6.01 (Cancelada em decorrência da nova redação conferida à Súmula n. 85, DJ 20.4.05). A prestação de horas extras habituais descaracteriza o acordo de compensação de horas. Nesta hipótese, as horas que ultrapassarem a jornada semanal normal devem ser pagas como horas extras e, quanto àquelas destinadas à compensação, deve ser pago a mais apenas o adicional por trabalho extraordinário.

221. ANISTIA. LEI N. 8.878/94. EFEITOS FINANCEIROS DEVIDOS A PARTIR DO EFETIVO RETORNO À ATIVIDADE. Inserida em 20.6.01 (Cancelada em decorrência da sua conversão na Orientação Jurisprudencial Transitória n. 56 da SBDI-1)

222. BANCÁRIO. ADVOGADO. CARGO DE CONFIANÇA. Inserida em 20.6.01 (Cancelada em decorrência da nova redação conferida à Súmula n. 102, DJ 20.4.05). O advogado empregado de banco, pelo simples exercício da advocacia, não exerce cargo de confiança, não se enquadrando, portanto, na hipótese do § 2º do art. 224 da CLT.

223. COMPENSAÇÃO DE JORNADA. ACORDO INDIVIDUAL TÁCITO. INVÁLIDO. Inserida em 20.6.01 (Cancelada em decorrência da nova redação conferida à Súmula n. 85, DJ 20.4.05)

224. COMPLEMENTAÇÃO DE APOSENTADORIA. REAJUSTE. LEI N. 9.069, DE 29.6.1995. (DEJT divulgado em 16, 17 e 20.9.10)

I — A partir da vigência da Medida Provisória n. 542, de 30.6.1994, convalidada pela Lei n. 9.069, de 29.06.1995, o critério de reajuste da complementação de aposentadoria passou a ser anual e não semestral, aplicando-se o princípio *rebus sic stantibus* diante da nova ordem econômica.

II — A alteração da periodicidade do reajuste da complementação de aposentadoria – de semestral para anual –, não afeta o direito ao resíduo inflacionário apurado nos meses de abril, maio e junho de 1994, que deverá incidir sobre a correção realizada no mês de julho de 1995.

225. CONTRATO DE CONCESSÃO DE SERVIÇO PÚBLICO. RESPONSABILIDADE TRABALHISTA. (nova redação, DJ 20.4.05). Celebrado contrato de concessão de serviço público em que uma empresa (primeira concessionária) outorga a outra (segunda concessionária), no todo ou em parte, mediante arrendamento, ou qualquer outra forma contratual, a título transitório, bens de sua propriedade:

I — em caso de rescisão do contrato de trabalho após a entrada em vigor da concessão, a segunda concessionária, na condição de sucessora, responde pelos direitos decorrentes do contrato de trabalho, sem prejuízo da responsabilidade subsidiária da primeira concessionária pelos débitos trabalhistas contraídos até a concessão;

II — no tocante ao contrato de trabalho extinto antes da vigência da concessão, a responsabilidade pelos direitos dos trabalhadores será exclusivamente da antecessora.(***)

226. CRÉDITO TRABALHISTA. CÉDULA DE CRÉDITO RURAL. CÉDULA DE CRÉDITO INDUSTRIAL. PENHORABILIDADE. Inserida em 20.6.01 (título alterado, DJ 20.4.05). Diferentemente da cédula de crédito industrial garantida por alienação fiduciária, na cédula rural pignoratícia ou hipotecária o bem permanece sob o domínio do devedor (executado), não constituindo óbice à penhora na esfera trabalhista. (Decreto-lei n. 167/67, art. 69; CLT, arts. 10 e 30 e Lei n. 6.830/80).

227. DENUNCIAÇÃO DA LIDE. PROCESSO DO TRABALHO. INCOMPATIBILIDADE. Inserida em 20.6.01 (Cancelada, DJ 22.11.05)

228. DESCONTOS LEGAIS. SENTENÇAS TRABALHISTAS. LEI N. 8.541/92, ART. 46. PROVIMENTO DA CGJT N. 3/84 E ALTERAÇÕES POSTERIORES. Inserida em 20.6.01 (Cancelada em decorrência da sua conversão na Súmula n. 368, DJ 20.4.05). O recolhimento dos descontos legais, resultante dos créditos do trabalhador oriundos de condenação judicial, deve incidir sobre o valor total da condenação e calculado ao final.

229. ESTABILIDADE. ART. 41, CF/1988. CELETISTA. EMPRESA PÚBLICA E SOCIEDADE DE ECONOMIA MISTA. INAPLICÁVEL. Inserida em 20.6.01 (Cancelada em decorrência da sua conversão na Súmula n. 390, DJ 20.4.05)

230. ESTABILIDADE. LEI N. 8.213/91. ART. 118 C/C ART. 59. Inserida em 20.6.01 (Cancelada em decorrência da sua conversão na Súmula n. 378, DJ 20.4.05). O afastamento do trabalho por prazo superior a 15 dias e a consequente percepção do auxílio-doença acidentário constituem pressupostos para o direito à estabilidade prevista no art. 118 da Lei n. 8.213/91, assegurada por período de 12 meses, após a cessação do auxílio-doença.

231. FÉRIAS. ABONO INSTITUÍDO POR INSTRUMENTO NORMATIVO E TERÇO CONSTITUCIONAL. SIMULTANEIDADE INVIÁVEL. Inserida em 20.6.01 (Cancelada em decorrência da sua conversão na Orientação Jurisprudencial Transitória n. 50 da SBDI-1, DJ 20.4.05)

232. FGTS. INCIDÊNCIA. EMPREGADO TRANSFERIDO PARA O EXTERIOR. REMUNERAÇÃO. O FGTS incide sobre todas as parcelas de natureza salarial pagas ao empregado em virtude de prestação de serviços no exterior. **(Inserida em 20.6.01)**

233. HORAS EXTRAS. COMPROVAÇÃO DE PARTE DO PERÍODO ALEGADO. (nova redação, DJ 20.4.05). A decisão que defere horas extras com base em prova oral ou documental não ficará limitada ao tempo por ela abrangido, desde que o julgador fique convencido de que o procedimento questionado superou aquele período.

234. HORAS EXTRAS. FOLHA INDIVIDUAL DE PRESENÇA (FIP) INSTITUÍDA POR NORMA COLETIVA. PROVA ORAL. PREVALÊNCIA. Inserida em 20.6.01 (Cancelada em decorrência da nova redação conferida à Súmula n. 338, DJ 20.4.05). A presunção de veracidade da jornada de trabalho anotada em folha individual de presença, ainda que prevista em instrumento normativo, pode ser elidida por prova em contrário.

235. HORAS EXTRAS. SALÁRIO POR PRODUÇÃO. (redação alterada na sessão do Tribunal Pleno realizada em 16.4.2012) — (Resol. n. 182/TST, de 16.4.12, DEJT 19.4.12). O empregado que recebe salário por produção e trabalha em sobrejornada tem direito à percepção apenas do adicional de horas extras, exceto no caso do empregado cortador de cana, a quem é devido o pagamento das horas extras e do adicional respectivo.

236. HORAS *IN ITINERE*. HORAS EXTRAS. ADICIONAL DEVIDO. Inserida em 20.6.01 (Cancelada em decorrência da nova redação conferida à Súmula n. 90, DJ 20.4.05). Considerando que as horas *in itinere* são computáveis na jornada de trabalho, o tempo que extrapola a jornada legal é considerado como extraordinário e sobre ele deve incidir o adicional respectivo.

237. MINISTÉRIO PÚBLICO DO TRABALHO. LEGITIMIDADE PARA RECORRER. SOCIEDADE DE ECONOMIA MISTA. EMPRESA PÚBLICA (incorporada a Orientação Jurisprudencial n. 338 da SBDI-I) (Redação dada pela Resol. n. 210, de 27.6.16, DEJT 1.7.16)

I — O Ministério Público do Trabalho não tem legitimidade para recorrer na defesa de interesse patrimonial privado, ainda que de empresas públicas e sociedades de economia mista.

II — Há legitimidade do Ministério Público do Trabalho para recorrer de decisão que declara a existência de vínculo empregatício com sociedade de economia mista ou empresa pública, após a Constituição Federal de 1988, sem a prévia aprovação em concurso público, pois é matéria de ordem pública.

238. MULTA. ART. 477 DA CLT. PESSOA JURÍDICA DE DIREITO PÚBLICO. APLICÁVEL. Inserida em 20.6.01 (inserido dispositivo, DJ 20.4.05). Submete-se à multa do artigo 477 da CLT a pessoa jurídica de direito público que não observa o prazo para pagamento das verbas rescisórias, pois nivela-se a qualquer particular, em direitos e obrigações, despojando-se do "jus imperii" ao celebrar um contrato de emprego.

239. MULTA CONVENCIONAL. HORAS EXTRAS. Inserida em 20.6.01 (Cancelada em decorrência da sua conversão na Súmula n. 384, DJ 20.4.05). Prevista em instrumento normativo (sentença normativa, convenção ou acordo coletivo) determinada obrigação e, consequentemente, multa pelo respectivo descumprimento, esta tem incidência mesmo que aquela obrigação seja mera repetição de texto da CLT.

240. PETROLEIROS. HORAS EXTRAS. LEI N. 5.811/72. RECEPCIONADA PELA CF/1988. Inserida em 20.6.01 (Cancelada em decorrência da sua conversão na Súmula n. 391, DJ 20.4.05)

241. PLANO COLLOR. SERVIDORES DE FUNDAÇÕES E AUTARQUIAS DO GDF. CELETISTAS. LEGISLAÇÃO FEDERAL. Inserida em 20.6.01 (Cancelada em decorrência da sua conversão na Orientação Jurisprudencial Transitória n. 55 da SBDI-1, DJ 20.4.05). Inexiste direito adquirido às diferenças salariais de 84,32% do IPC de março de 1990 aos servidores celetistas de Fundações e Autarquias do GDF.

242. PRESCRIÇÃO TOTAL. HORAS EXTRAS. ADICIONAL. INCORPORAÇÃO. Embora haja previsão legal para o direito à hora extra, inexiste previsão para a incorporação ao salário do respectivo adicional, razão pela qual deve incidir a prescrição total. **(Inserida em 20.6.01)**

243. PRESCRIÇÃO TOTAL. PLANOS ECONÔMICOS. Aplicável a prescrição total sobre o direito de reclamar diferenças salariais resultantes de planos econômicos. **(Inserida em 20.6.01)**

244. PROFESSOR. REDUÇÃO DA CARGA HORÁRIA. POSSIBILIDADE. A redução da carga horária do professor, em virtude da diminuição do número de alunos, não constitui alteração contratual, uma vez que não implica redução do valor da hora-aula. **(Inserida em 20.6.01)**

245. REVELIA. ATRASO. AUDIÊNCIA. Inexiste previsão legal tolerando atraso no horário de comparecimento da parte na audiência. **(Inserida em 20.6.01)**

246. SALÁRIO-UTILIDADE. VEÍCULO. Inserida em 20.6.01 (Cancelada em decorrência da sua conversão na Súmula n. 367, DJ 20.4.05). A utilização, pelo empregado, em atividades particulares, de veículo que lhe é fornecido para o trabalho da empresa não caracteriza salário-utilidade.

247. SERVIDOR PÚBLICO. CELETISTA CONCURSADO. DESPEDIDA IMOTIVADA. EMPRESA PÚBLICA OU SOCIEDADE DE ECONOMIA MISTA. POSSIBILIDADE. (Nova redação, res. TST 143/07, DJ 13.11.07). I — A despedida de empregados de empresa pública e de sociedade de economia mista, mesmo admitidos por concurso público, independe de ato motivado para sua validade; II — A validade do ato de despedida do empregado da Empresa Brasileira de Correios e Telégrafos (ECT) está condicionada à motivação, por gozar a empresa do mesmo tratamento destinado à Fazenda Pública em relação à imunidade tributária e à execução por precatório, além das prerrogativas de foro, prazos e custas processuais.

248. COMISSÕES. ALTERAÇÃO. PRESCRIÇÃO TOTAL. SÚMULA N. 294. APLICÁVEL. Inserida em 13.3.02 (Cancelada em decorrência da sua incorporação à Orientação Jurisprudencial n. 175 da SBDI-1, DJ 22.11.05). A alteração das comissões caracteriza-se como ato único e positivo do empregador, incidindo a prescrição total, nos termos da Súmula n. 294 do TST.

249. COMPETÊNCIA RESIDUAL. REGIME JURÍDICO ÚNICO. LEI N. 8.112/90. LIMITAÇÃO. Inserida em 13.3.02 (Cancelada em decorrência da sua incorporação à nova redação da Orientação Jurisprudencial n. 138 da SBDI-1, DJ 20.4.05). A superveniência de regime estatutário em substituição ao celetista, mesmo após a sentença, limita a execução ao período celetista.

250. COMPLEMENTAÇÃO DE APOSENTADORIA. CAIXA ECONÔMICA FEDERAL. AUXÍLIO-ALIMENTAÇÃO. SUPRESSÃO. SÚMULAS NS. 51 E 288. APLICÁVEIS. Inserida em 13.3.02 (Cancelada em decorrência da sua conversão na Orientação Jurisprudencial Transitória n. 51 da SBDI-1, DJ 20.4.05). A determinação de supressão do pagamento de auxílio-alimentação aos aposentados e pensionistas da Caixa Econômica Federal, oriunda do Ministério da Fazenda, não atinge aqueles ex-empregados que já percebiam o benefício.

251. DESCONTOS. FRENTISTA. CHEQUES SEM FUNDOS. É lícito o desconto salarial referente à devolução de cheques sem fundos, quando o frentista não observar as recomendações previstas em instrumento coletivo. **(Inserida em 13.3.02)**

252. EQUIPARAÇÃO SALARIAL. MESMA LOCALIDADE. CONCEITO. ART. 461 DA CLT. Inserida em 13.3.02 (Cancelada em decorrência da nova redação conferida à Súmula n. 6, DJ 20.4.05). O conceito de "mesma localidade" de que trata o art. 461 da CLT refere-se, em princípio, ao mesmo município, ou a municípios distintos que, comprovadamente, pertençam à mesma região metropolitana.

253. ESTABILIDADE PROVISÓRIA. COOPERATIVA. LEI N. 5.764/71. CONSELHO FISCAL. SUPLENTE. NÃO ASSEGURADA. O art. 55 da Lei n. 5.764/71 assegura a garantia de emprego apenas aos empregados eleitos diretores de Cooperativas, não abrangendo os membros suplentes. **(Inserida em 13.3.02)**

254. FGTS. MULTA DE 40%. AVISO PRÉVIO INDENIZADO. ATUALIZAÇÃO MONETÁRIA. DIFERENÇA INDEVIDA. Inserida em 13.3.02 (Cancelada em decorrência da sua incorporação à nova redação da Orientação Jurisprudencial n. 42 da SBDI-1, DJ 20.4.05). O cálculo da multa de 40% do FGTS deverá ser feito com base no saldo da conta vinculada na data do efetivo pagamento das verbas rescisórias, desconsiderada a projeção do aviso prévio indenizado, por ausência de previsão legal.

255. MANDATO. CONTRATO SOCIAL. DESNECESSÁRIA A JUNTADA (atualizada em decorrência do CPC de 2015) — Res. n. 208/2016, DEJT divulgado em 22, 25 e 26.04.2016. O art. 75, inciso VIII, do CPC de 2015 (art. 12, VI, do CPC de 1973) não determina a exibição dos estatutos da empresa em juízo como condição de validade do instrumento de mandato outorgado ao seu procurador, salvo se houver impugnação da parte contrária.

256. PREQUESTIONAMENTO. CONFIGURAÇÃO. TESE EXPLÍCITA. SÚMULA N. 297. Para fins do requisito do prequestionamento de que trata a Súmula n. 297, há necessidade de que haja, no acórdão, de maneira clara, elementos que levem à conclusão de que o Regional adotou uma tese contrária à lei ou à Súmula. **(Inserida em 13.3.02)**

257. RECURSO DE REVISTA. FUNDAMENTAÇÃO. VIOLAÇÃO DE LEI. VOCÁBULO VIOLAÇÃO. DESNECESSIDADE (alterada em decorrência do inciso II do art. 894 da CLT, incluído pela Lei n 11.496/2007) (Resol. n. 182/TST, de 16.4.12, DEJT 19.4.12. A invocação expressa no recurso de revista dos preceitos legais ou constitucionais tidos como violados não significa exigir da parte a utilização das expressões "contrariar", "ferir", "violar" etc.

258. ADICIONAL DE PERICULOSIDADE. ACORDO COLETIVO OU CONVENÇÃO COLETIVA. PREVALÊNCIA. (Convertida na Súmula n. 364, DJ 20.4.05). A fixação do adicional de periculosidade, em percentual inferior ao legal e proporcional ao tempo de exposição ao risco, deve ser respeitada, desde que pactuada em acordos ou convenções coletivos de trabalho (art. 7º, inciso XXVI, da CF/88). **(Inserida em 27.9.02)**

259. ADICIONAL NOTURNO. BASE DE CÁLCULO. ADICIONAL DE PERICULOSIDADE. INTEGRAÇÃO. O adicional de periculosidade deve compor a base de cálculo do adicional noturno, já que também neste horário o trabalhador permanece sob as condições de risco. **(Inserida em 27.9.02)**

260. AGRAVO DE INSTRUMENTO. RECURSO DE REVISTA. PROCEDIMENTO SUMARÍSSIMO. LEI N. 9.957/00. PROCESSOS EM CURSO. I — É inaplicável o rito sumaríssimo aos processos iniciados antes da vigência da Lei n. 9.957/00. II — No caso de o despacho denegatório de recurso de revista invocar, em processo iniciado antes da Lei n. 9.957/00, o § 6º do art. 896 da CLT (rito sumaríssimo), como óbice ao trânsito do apelo calcado em divergência jurisprudencial ou violação de dispositivo infraconstitucional, o Tribunal superará o obstáculo, apreciando o recurso sob esses fundamentos. **(Inserida em 27.9.02)**

261. BANCOS. SUCESSÃO TRABALHISTA. As obrigações trabalhistas, inclusive as contraídas à época em que os empregados trabalhavam para o banco sucedido, são de responsabilidade do sucessor, uma vez que a este foram transferidos os ativos, as agências, os direitos e deveres contratuais, caracterizando típica sucessão trabalhista. **(Inserida em 27.9.02)**

262. COISA JULGADA. PLANOS ECONÔMICOS. LIMITAÇÃO À DATA-BASE NA FASE DE EXECUÇÃO. Não ofende a coisa julgada a limitação à data-base da categoria, na fase executória, da condenação ao pagamento de diferenças salariais decorrentes de planos econômicos, quando a decisão exequenda silenciar sobre a limitação, uma vez que a limitação decorre de norma cogente. Apenas quando a sentença exequenda houver expressamente afastado a limitação à data-base é que poderá ocorrer ofensa à coisa julgada. **(Inserida em 27.9.02)**

263. CONTRATO POR PRAZO DETERMINADO. LEI ESPECIAL (ESTADUAL E MUNICIPAL). INCOMPETÊNCIA DA JUSTIÇA DO TRABALHO. A relação jurídica que se estabelece entre o Estado ou Município e o servidor contratado para exercer funções temporárias ou de natureza técnica, decorrente de lei especial, é de natureza administrativa, razão pela qual a competência é da justiça comum, até mesmo para apreciar a ocorrência de eventual desvirtuamento do regime especial (CF/67, art. 106; CF/88, art. 37, IX). **(Inserida em 27.9.02) (Cancelada — DJ 14.9.04)**

264. DEPÓSITO RECURSAL. PIS/PASEP. AUSÊNCIA DE INDICAÇÃO NA GUIA DE DEPÓSITO RECURSAL. VALIDADE. Não é essencial para a validade da comprovação do depósito recursal a indicação do número do PIS/PASEP na guia respectiva. **(Inserida em 27.9.02)**

265. ESTABILIDADE. ART. 41 DA CF/1988. CELETISTA. ADMINISTRAÇÃO DIRETA, AUTÁRQUICA OU FUNDACIONAL. APLICABILIDADE. Inserida em 27.9.02 (Cancelada em decorrência da sua conversão na Súmula n. 390, DJ 20.4.05). O servidor público celetista da administração direta, autárquica ou fundacional é beneficiário da estabilidade prevista no art. 41 da Constituição Federal.

266. ESTABILIDADE. DIRIGENTE SINDICAL. LIMITAÇÃO. ART. 522 DA CLT. Inserida em 27.9.02 (Cancelada em decorrência da sua conversão na Súmula n. 369, DJ 20.4.05). O art. 522 da CLT, que limita a sete o número de dirigentes sindicais, foi recepcionado pela Constituição Federal de 1988.

267. HORAS EXTRAS. ADICIONAL DE PERICULOSIDADE. BASE DE CÁLCULO. Inserida em 27.9.02 (Cancelada em decorrência da nova redação conferida à Súmula n. 132, DJ 20.4.05). O adicional de periculosidade integra a base de cálculo das horas extras.

268. INDENIZAÇÃO ADICIONAL. LEIS NS. 6.708/79 E 7.238/84. AVISO PRÉVIO. PROJEÇÃO. ESTABILIDADE PROVISÓRIA. Somente após o término do período estabilitário é que se inicia a contagem do prazo do aviso prévio para efeito das indenizações previstas nos artigos 9º da Lei n. 6.708/79 e 9º da Lei n. 7.238/84. **(Inserida em 27.9.02)**

269. JUSTIÇA GRATUITA. REQUERIMENTO DE ISENÇÃO DE DESPESAS PROCESSUAIS. MOMENTO OPORTUNO (INSERIDO ITEM II EM DECORRÊNCIA DO CPC DE 2015) — (RESOL. N. 219/2017 — DEJT 28.6.2017)

I — O benefício da justiça gratuita pode ser requerido em qualquer tempo ou grau de jurisdição, desde que, na fase recursal, seja o requerimento formulado no prazo alusivo ao recurso;

II — Indeferido o requerimento de justiça gratuita formulado na fase recursal, cumpre ao relator fixar prazo para que o recorrente efetue o preparo (art. 99, § 7º, do CPC de 2015).

270. PROGRAMA DE INCENTIVO À DEMISSÃO VOLUNTÁRIA. TRANSAÇÃO EXTRAJUDICIAL. PARCELAS ORIUNDAS DO EXTINTO CONTRATO DE TRABALHO. EFEITOS. A transação extrajudicial que importa rescisão do contrato de trabalho ante a adesão do empregado a plano de demissão voluntária implica quitação exclusivamente das parcelas e valores constantes do recibo. **(Inserida em 27.9.02)**(***)

271. RURÍCOLA. PRESCRIÇÃO. CONTRATO DE EMPREGO EXTINTO. EMENDA CONSTITUCIONAL N. 28/2000. INAPLICABILIDADE. (Alterada, DJ 22.11.05). O prazo prescricional da pretensão do rurícola, cujo contrato de emprego já se extinguira ao sobrevir a Emenda Constitucional n. 28, de 26.5.00, tenha sido ou não ajuizada a ação trabalhista, prossegue regido pela lei vigente ao tempo da extinção do contrato de emprego.

272. SALÁRIO MÍNIMO. SERVIDOR. SALÁRIO-BASE INFERIOR. DIFERENÇAS. INDEVIDAS. A verificação do respeito ao direito ao salário mínimo não se apura pelo confronto isolado do salário-base com o mínimo legal, mas deste com a soma de todas as parcelas de natureza salarial recebidas pelo empregado diretamente do empregador. **(Inserida em 27.9.02)**

273. "TELEMARKETING". OPERADORES. ART. 227 DA CLT. INAPLICÁVEL. (Cancelada Res. 175, 24.5.11 — DJe 27.5.11) A jornada reduzida de que trata o art. 227 da CLT não é aplicável, por analogia, ao operador de televendas, que não exerce suas atividades exclusivamente como telefonista, pois, naquela função, não opera mesa de transmissão, fazendo uso apenas dos telefones comuns para atender e fazer as ligações exigidas no exercício da função.

274. TURNO ININTERRUPTO DE REVEZAMENTO. FERROVIÁRIO. HORAS EXTRAS. DEVIDAS. O ferroviário submetido a escalas variadas, com alternância de turnos, faz jus à jornada especial prevista no art. 7º, XIV, da CF/88. **(Inserida em 27.9.02)**

275. TURNO ININTERRUPTO DE REVEZAMENTO. HORISTA. HORAS EXTRAS E ADICIONAL. DEVIDOS. Inexistindo instrumento coletivo fixando jornada diversa, o empregado horista submetido a turno ininterrupto de revezamento faz jus ao pagamento das horas extraordinárias laboradas além da 6ª, bem como ao respectivo adicional. **(Inserida em 27.9.02)**

276. AÇÃO DECLARATÓRIA. COMPLEMENTAÇÃO DE APOSENTADORIA. É incabível ação declaratória visando a declarar direito à complementação de aposentadoria, se ainda não atendidos os requisitos necessários à aquisição do direito, seja por via regulamentar, ou por acordo coletivo. **(DJ 11.8.03)**

277. AÇÃO DE CUMPRIMENTO FUNDADA EM DECISÃO NORMATIVA QUE SOFREU POSTERIOR REFORMA, QUANDO JÁ TRANSITADA EM JULGADO A SENTENÇA CONDENATÓRIA. COISA JULGADA. NÃO CONFIGURAÇÃO. A coisa julgada produzida na ação de cumprimento é atípica, pois dependente de condição resolutiva, ou seja, da não modificação da decisão normativa por eventual recurso. Assim, modificada a sentença normativa pelo TST, com a consequente extinção do processo, sem julgamento do mérito, deve-se extinguir a execução em andamento, uma vez que a norma sobre a qual se apoiava o título exequendo deixou de existir no mundo jurídico. **(DJ 11.8.03)**

278. ADICIONAL DE INSALUBRIDADE. PERÍCIA. LOCAL DE TRABALHO DESATIVADO. A realização de perícia é obrigatória para a verificação de insalubridade. Quando não for possível sua realização como em caso de fechamento da empresa, poderá o julgador utilizar-se de outros meios de prova. **(DJ 11.8.03)**

279. ADICIONAL DE PERICULOSIDADE. ELETRICITÁRIOS. BASE DE CÁLCULO. LEI N. 7.369/1985, ART. 1º. INTERPRETAÇÃO. (Cancelada pela Resolução n. 214, de 28.11.16, DJE 30.11.16). O adicional de periculosidade dos eletricitários deverá ser calculado sobre o conjunto de parcelas de natureza salarial. **(DJ 11.8.03)**

280. ADICIONAL DE PERICULOSIDADE. EXPOSIÇÃO EVENTUAL. INDEVIDO. DJ 11.8.03 (Cancelada em decorrência da sua conversão na Súmula n. 364, DJ 20.4.05). O contato eventual com o agente perigoso, assim considerado o fortuito, ou o que, sendo habitual, se dá por tempo extremamente reduzido, não dá direito ao empregado a perceber o adicional respectivo.

281. AGRAVO DE INSTRUMENTO. ACÓRDÃO DO TRT NÃO ASSINADO. INTERPOSTO ANTERIORMENTE À INSTRUÇÃO NORMATIVA N. 16/99. DJ 11.8.03 (Cancelada em decorrência da sua conversão na Orientação Jurisprudencial Transitória n. 52 da SBDI-1, DJ 20.4.05). Nos Agravos de Instrumentos interpostos anteriormente à edição da Instrução Normativa n. 16/99, a ausência de assinatura na cópia não a torna inválida, desde que dela conste o carimbo, aposto pelo servidor, certificando que confere com o original.

282. AGRAVO DE INSTRUMENTO. JUÍZO DE ADMISSIBILIDADE *AD QUEM*. No julgamento de Agravo de Instrumento ao afastar o óbice apontado pelo TRT para o processamento do recurso de revista, pode o juízo *ad quem* prosseguir no exame dos demais pressupostos extrínsecos e intrínsecos do recurso de revista, mesmo que não apreciados pelo TRT. **(DJ 11.8.03)**

283. AGRAVO DE INSTRUMENTO. PEÇAS ESSENCIAIS. TRASLADO REALIZADO PELO AGRAVADO. VALIDADE. É válido o traslado de peças essenciais efetuado pelo agravado, pois a sua regular formação incumbe às partes e não somente ao agravante. **(DJ 11.8.03)**

284. AGRAVO DE INSTRUMENTO. TRASLADO. AUSÊNCIA DE CERTIDÃO DE PUBLICAÇÃO. ETIQUETA ADESIVA IMPRESTÁVEL PARA AFERIÇÃO DA TEMPESTIVIDADE (Cancelada pela Resol. n. 217, de 17.4.17, DEJT 20.4.17). A etiqueta adesiva na qual consta a expressão "no prazo" não se presta à aferição de tempestividade do recurso, pois sua finalidade é tão somente servir de controle processual interno do TRT e sequer contém a assinatura do funcionário responsável por sua elaboração. **(DJ 11.8.03)**

285. AGRAVO DE INSTRUMENTO. TRASLADO. CARIMBO DO PROTOCOLO DO RECURSO ILEGÍVEL. INSERVÍVEL (Cancelada pela Resol. n. 217, de 17.4.17, DEJT 20.4.17). O carimbo do protocolo da petição recursal constitui elemento indispensável para aferição da tempestividade do apelo, razão pela qual deverá estar legível, pois um dado ilegível é o mesmo que a inexistência do dado **(DJ 11.8.03)**

286. AGRAVO DE INSTRUMENTO. TRASLADO. MANDATO TÁCITO. ATA DE AUDIÊNCIA. CONFIGURAÇÃO (alterada). Res. 167/2010, DEJT divulgado em 30.4.2010 e 3 e 4.5.2010

I — A juntada da ata de audiência, em que consignada a presença do advogado, desde que não estivesse atuando com mandato expresso, torna dispensável a procuração deste, porque demonstrada a existência de mandato tácito.

II — Configurada a existência de mandato tácito fica suprida a irregularidade detectada no mandato expresso.

287. AUTENTICAÇÃO. DOCUMENTOS DISTINTOS. DESPACHO DENEGATÓRIO DO RECURSO DE REVISTA E CERTIDÃO DE PUBLICAÇÃO (CANCELADA EM DECORRÊNCIA DO CPC DE 2015) (RESOL. N. 219/2017 — DEJT 28.6.2017)

Distintos os documentos contidos no verso e anverso, é necessária a autenticação de ambos os lados da cópia

288. BANCÁRIO. CARGO DE CONFIANÇA. ART. 224, § 2º, CLT. GRATIFICAÇÃO. PAGAMENTO A MENOR. DJ 11.8.03 (Cancelada em decorrência da nova redação conferida à Súmula n. 102, DJ 20.4.05). Devidas são as 7ª e 8ª horas como extras no período em que se verificou o pagamento a menor da gratificação de 1/3.

289. BANCO DO BRASIL. COMPLEMENTAÇÃO DE APOSENTADORIA. MÉDIA TRIENAL. VALORIZADA. DJ 11.8.03 (Cancelada em decorrência da sua incorporação à nova redação da Orientação Jurisprudencial n. 18 da SBDI-1, DJ 20.4.05). Nos cálculos da complementação de aposentadoria há de ser observada a média trienal valorizada.

290. CONTRIBUIÇÃO SINDICAL PATRONAL. AÇÃO DE CUMPRIMENTO. INCOMPETÊNCIA DA JUSTIÇA DO TRABALHO. (Cancelada — DJ 5.7.05). É incompetente a Justiça do Trabalho para apreciar lide entre o sindicato patronal e a respectiva categoria econômica, objetivando cobrar a contribuição assistencial. **(DJ 11.8.03)**

291. CUSTAS. EMBARGOS DE TERCEIRO INTERPOSTOS ANTERIORMENTE À LEI N. 10.537/02. INEXIGÊNCIA DE RECOLHIMENTO. DJ 11.8.03 (Cancelada em decorrência da sua conversão na Orientação Jurisprudencial Transitória n. 53 da SBDI-1, DJ 20.4.05). Tratando-se de embargos de terceiro, incidentes em execução, interpostos anteriormente à Lei n. 10.537/02, incabível o pagamento de custas, por falta de previsão legal.

292. DIÁRIAS. INTEGRAÇÃO AO SALÁRIO. ART. 457, § 2º, DA CLT. DJ 11.8.03 (Cancelada em decorrência da nova redação conferida à Súmula n. 101, DJ 20.4.05). As diárias de viagem pagas, ainda que superiores a 50%, só integram o salário do empregado enquanto perdurarem as viagens.

293. EMBARGOS À SDI CONTRA DECISÃO DE TURMA DO TST EM AGRAVO DO ART. 557, § 1º, DO CPC. CABIMENTO (Cancelada em decorrência da sua conversão na letra F da Súmula n. 353 do TST) — Res. 171/2010 — DEJT divulgado em 19, 22 e 23.11.2010. São cabíveis Embargos para a SDI contra decisão de Turma proferida em Agravo interposto de decisão monocrática do relator, baseada no art. 557, § 1º, do CPC.

294. EMBARGOS À SDI CONTRA DECISÃO EM RECURSO DE REVISTA NÃO CONHECIDO QUANTO AOS PRESSUPOSTOS INTRÍNSECOS. NECESSÁRIA A INDICAÇÃO EXPRESSA DE OFENSA AO ART. 896 DA CLT (CANCELADA EM DECORRÊNCIA DA SUA CONVERSÃO NA ORIENTAÇÃO JURISPRUDENCIAL TRANSITÓRIA N. 78 DA SBDI-1) — RES. 194/2014, DEJT DIVULGADO EM 21, 22 E 23.05.2014

Para a admissibilidade e conhecimento de embargos, interpostos contra decisão mediante a qual não foi conhecido o recurso de revista pela análise dos pressupostos intrínsecos, necessário que a parte embargante aponte expressamente a violação ao art. 896 da CLT. Histórico: Redação original — DJ 11.08.2003

295. EMBARGOS. REVISTA NÃO CONHECIDA POR MÁ APLICAÇÃO DE SÚMULA OU DE ORIENTAÇÃO JURISPRUDENCIAL. EXAME DO MÉRITO PELA SDI (Cancelada em decorrência da sua conversão na Orientação Jurisprudencial Transitória n. 79 da SBDI-1) — Res. 194/2014, DEJT divulgado em 21, 22 e 23.05.2014

A SDI, ao conhecer dos Embargos por violação do art. 896 — por má aplicação de súmula ou de orientação jurisprudencial pela Turma —, julgará desde logo o mérito, caso conclua que a revista merecia conhecimento e que a matéria de fundo se encontra pacificada neste Tribunal.

296. EQUIPARAÇÃO SALARIAL. ATENDENTE E AUXILIAR DE ENFERMAGEM. IMPOSSIBILIDADE. Sendo regulamentada a profissão de auxiliar de enfermagem, cujo exercício pressupõe habilitação técnica, realizada pelo Conselho Regional de Enfermagem, impossível a equiparação salarial do simples atendente com o auxiliar de enfermagem. **(DJ 11.8.03)**

297. EQUIPARAÇÃO SALARIAL. SERVIDOR PÚBLICO DA ADMINISTRAÇÃO DIRETA, AUTÁRQUICA E FUNDACIONAL. ART. 37, XIII, DA CF/1988. O art. 37, inciso XIII, da CF/88 veda a equiparação de qualquer natureza para o efeito de remuneração do pessoal do serviço público, sendo juridicamente impossível a aplicação da norma infraconstitucional prevista no art. 461 da CLT quando se pleiteia equiparação salarial entre servidores públicos, independentemente de terem sido contratados pela CLT. **(DJ 11.8.03)**

298. EQUIPARAÇÃO SALARIAL. TRABALHO INTELECTUAL. POSSIBILIDADE. DJ 11.8.03 (Cancelada em decorrência da nova redação conferida à Súmula n. 6, DJ 20.4.05). Desde que atendidos os requisitos do art. 461 da CLT, é possível a equiparação salarial de trabalho intelectual, que pode ser avaliado por sua perfeição técnica, cuja aferição terá critérios objetivos.

299. ESTABILIDADE CONTRATUAL E FGTS. COMPATIBILIDADE. DJ 11.8.03 (Cancelada em decorrência da nova redação conferida à Súmula n. 98, DJ 20.4.05). A estabilidade contratual ou derivada de regulamento de empresa é compatível com o regime do FGTS. Diversamente ocorre com a estabilidade legal (decenal, art. 492, CLT), que é renunciada com a opção pelo FGTS.

300. EXECUÇÃO TRABALHISTA. CORREÇÃO MONETÁRIA. JUROS. LEI N. 8.177/91, ART. 39, E LEI N. 10.192/01, ART. 15. (nova redação, DJ 20.4.05). Não viola norma constitucional (art. 5º, II e XXXVI) a determinação de aplicação da TRD, como fator de correção monetária dos débitos trabalhistas, cumulada com juros de mora, previstos no artigo 39 da Lei n. 8.177/91 e convalidado pelo artigo 15 da Lei n. 10.192/01.(***)

301. FGTS. DIFERENÇAS. ÔNUS DA PROVA. LEI N. 8.036/90, ART. 17. (Cancelada Res. 175, 24.5.11 — DJe 27.5.11) Definido pelo reclamante o período no qual não houve depósito do FGTS, ou houve em valor inferior, alegada pela reclamada a inexistência de diferença nos recolhimentos de FGTS, atrai para si o ônus da prova, incumbindo-lhe, portanto, apresentar as guias respectivas, a fim de demonstrar o fato extintivo do direito do autor (art. 818 da CLT c/c art. 333, II, do CPC).

302. FGTS. ÍNDICE DE CORREÇÃO. DÉBITOS TRABALHISTAS. Os créditos referentes ao FGTS, decorrentes de condenação judicial, serão corrigidos pelos mesmos índices aplicáveis aos débitos trabalhistas. **(DJ 11.8.03)**

303. GRATIFICAÇÃO. REDUÇÃO. IMPOSSIBILIDADE. DJ 11.8.03 (Cancelada em decorrência da sua conversão na Súmula n. 372, DJ 20.4.05). Mantido o empregado no exercício da função comissionada, não pode o empregador reduzir o valor da gratificação.

304. HONORÁRIOS ADVOCATÍCIOS. ASSISTÊNCIA JUDICIÁRIA. DECLARAÇÃO DE POBREZA. COMPROVAÇÃO (CANCELADA EM DECORRÊNCIA DA SUA AGLUTINAÇÃO AO ITEM I DA SÚMULA N. 463 DO TST) (RESOL. N. 219, DE 6.6.2017 — DEJT 28.6.2017). Atendidos os requisitos da Lei n. 5.584/70 (art. 14, § 2º), para a concessão da assistência judiciária, basta a simples afirmação do declarante ou de seu advogado, na petição inicial, para se considerar configurada a sua situação econômica (art. 4º, § 1º, da Lei n. 7.510/86, que deu nova redação à Lei n. 1.060/50).(***)

305. HONORÁRIOS ADVOCATÍCIOS. REQUISITOS. JUSTIÇA DO TRABALHO (cancelada em decorrência da sua incorporação à nova redação da Súmula n. 219) — Res. n. 197/2015, DEJT divulgado em 14, 15 e 18.5.2015)

Na Justiça do Trabalho, o deferimento de honorários advocatícios sujeita-se à constatação da ocorrência concomitante de dois requisitos: o benefício da justiça gratuita e a assistência por sindicato.

306. HORAS EXTRAS. ÔNUS DA PROVA. REGISTRO INVARIÁVEL. DJ 11.8.03 (Cancelada em decorrência da nova redação conferida à Súmula n. 338, DJ 20.4.05). Os cartões de ponto que demonstram horários de entrada e saída invariáveis são inválidos como meio de prova, invertendo-se o ônus da prova, relativo às horas extras, que passa a ser do empregador, prevalecendo o horário da inicial se dele não se desincumbir.

307. INTERVALO INTRAJORNADA (PARA REPOUSO E ALIMENTAÇÃO). NÃO CONCESSÃO OU CONCESSÃO PARCIAL. LEI N. 8.923/94 (DJ 11.8.2003) (Cancelada em decorrência da aglutinação ao item I da Súmula n. 437 — Res. 186/2012, DEJT divulgado em 25.9.12). Após a edição da Lei n. 8.923/94, a não-concessão total ou parcial do intervalo intrajornada mínimo, para repouso e alimentação, implica o pagamento total do período correspondente, com acréscimo de, no mínimo, 50% sobre o valor da remuneração da hora normal de trabalho (art. 71 da CLT).

308. JORNADA DE TRABALHO. ALTERAÇÃO. RETORNO À JORNADA INICIALMENTE CONTRATADA. SERVIDOR PÚBLICO. O retorno do servidor público (administração direta, autárquica e fundacional) à jornada inicialmente contratada não se insere nas vedações do art. 468 da CLT, sendo a sua jornada definida em lei e no contrato de trabalho firmado entre as partes. **(DJ 11.8.03)**

309. LEI ESTADUAL, NORMA COLETIVA OU REGULAMENTO DE EMPRESA. INTERPRETAÇÃO. ART. 896, "B", DA CLT. DJ 11.8.03 (Cancelada em decorrência da sua incorporação à nova redação da Orientação Jurisprudencial n. 147 da SBDI-1, DJ 20.4.05). Viola o art. 896, "b", da CLT, o conhecimento de recurso por divergência, caso a parte não comprove que a lei estadual, a norma coletiva ou o regulamento da empresa extrapolam o âmbito do TRT prolator da decisão recorrida.

310. LITISCONSORTES. PROCURADORES DISTINTOS. PRAZO EM DOBRO. ART. 229, *CAPUT* E §§ 1º E 2º, DO CPC DE 2015. ART. 191 DO CPC DE 1973. INAPLICÁVEL AO PROCESSO DO TRABALHO (atualizada em decorrência do CPC de 2015) — Res. n. 208/2016, DEJT divulgado em 22, 25 e 26.04.2016. Inaplicável ao processo do trabalho a norma contida no art. 229, *caput* e §§ 1º e 2º, do CPC de 2015 (art. 191 do CPC de 1973), em razão de incompatibilidade com a celeridade que lhe é inerente.

311. MANDATO. ART. 37 DO CPC. INAPLICÁVEL NA FASE RECURSAL. DJ 11.8.03 (Cancelada em decorrência da sua conversão na Súmula n. 383, DJ 20.4.05). É inadmissível, em instância recursal, o oferecimento tardio de procuração, ainda que mediante protesto por posterior juntada, já que a interposição de recurso não pode ser reputada como ato urgente.

312. MANDATO. CLÁUSULA COM RESSALVA DE VIGÊNCIA. PRORROGAÇÃO ATÉ O FINAL DA DEMANDA. DJ 11.8.03 (Cancelada em decorrência da sua conversão na Súmula n. 395, DJ 20.4.05). Válido é o instrumento de mandato com prazo determinado que contém cláusula estabelecendo a prevalência dos poderes para atuar até o final da demanda.

313. MANDATO. CLÁUSULA FIXANDO PRAZO PARA JUNTADA. DJ 11.8.03 (Cancelada em decorrência da sua conversão na Súmula n. 395, DJ 20.4.05). Diante da existência de previsão, no mandato, fixando termo para sua juntada, o instrumento de mandato só tem validade se anexado ao processo dentro do aludido prazo.

314. MASSA FALIDA. DOBRA SALARIAL. ART. 467 DA CLT. INAPLICÁVEL. DJ 11.8.03 (Cancelada em decorrência da sua conversão na Súmula n. 388, DJ 20.4.05). É indevida a aplicação da dobra salarial, prevista no art. 467 da CLT, nos casos da decretação de falência da empresa, porque a massa falida está impedida de saldar qualquer débito, até mesmo o de natureza trabalhista, fora do Juízo Universal da Falência (Decreto-lei n. 7.661/1945, art. 23).

315. MOTORISTA. EMPRESA. ATIVIDADE PREDOMINANTEMENTE RURAL. ENQUADRAMENTO COMO TRABALHADOR RURAL. É considerado trabalhador rural o motorista que trabalha no âmbito de empresa cuja atividade é preponderantemente rural, considerando que, de modo geral, não enfrenta o trânsito das estradas e cidades. **(DJ 11.8.03) (Cancelada, Resol. n. 200/2015, DEJT 29.10.15)**

316. PORTUÁRIOS. ADICIONAL DE RISCO. LEI N. 4.860/1965. O adicional de risco dos portuários, previsto no art. 14 da Lei n. 4.860/1965, deve ser proporcional ao tempo efetivo no serviço considerado sob risco e apenas concedido àqueles que prestam serviços na área portuária. **(DJ 11.8.03)**

317. REPOSITÓRIO DE JURISPRUDÊNCIA AUTORIZADO APÓS A INTERPOSIÇÃO DO RECURSO. VALIDADE. DJ 11.8.03 (Cancelada em decorrência da nova redação conferida à Súmula n. 337, DJ 20.4.05). A concessão de registro de publicação como repositório autorizado de jurisprudência do TST torna válidas todas as suas edições anteriores.

318. AUTARQUIA. FUNDAÇÃO PÚBLICA. LEGITIMIDADE PARA RECORRER. REPRESENTAÇÃO PROCESSUAL. (INCLUÍDO O ITEM II E ALTERADA EM DECORRÊNCIA DO CPC DE 2015) — RES. 220/2017, DEJT DIVULGADO EM 21, 22 E 25.09.2017

I — Os Estados e os Municípios não têm legitimidade para recorrer em nome das autarquias e das fundações públicas.

II — Os procuradores estaduais e municipais podem representar as respectivas autarquias e fundações públicas em juízo somente se designados pela lei da respectiva unidade da federação (art. 75, IV, do CPC de 2015) ou se investidos de instrumento de mandato válido.

319. REPRESENTAÇÃO REGULAR. ESTAGIÁRIO. HABILITAÇÃO POSTERIOR. Válidos são os atos praticados por estagiário se, entre o substabelecimento e a interposição do recurso, sobreveio a habilitação, do então estagiário, para atuar como advogado. **(DJ 11.8.03)**

320. SISTEMA DE PROTOCOLO INTEGRADO. NORMA INTERNA. EFICÁCIA LIMITADA A RECURSOS DA COMPETÊNCIA DO TRT QUE A EDITOU. ART. 896, § 2º, DA CLT. O sistema de protocolo integrado, criado pelos Tribunais Regionais do Trabalho, que autoriza as Varas localizadas no interior do Estado a receberem e a protocolarem documentos de natureza judiciária ou administrativa, destinados a outras Varas ou ao TRT local, tem aplicação restrita ao âmbito de competência do Tribunal que o editou, não podendo ser considerado válido em relação a recursos de competência do Tribunal Superior do Trabalho. **(DJ 11.8.03) (Cancelada — DJ 14.9.04)**

321. VÍNCULO EMPREGATÍCIO COM A ADMINISTRAÇÃO PÚBLICA. PERÍODO ANTERIOR À CF/1988. (nova redação, DJ 20.4.05). Salvo os casos de trabalho temporário e de serviço de vigilância, previstos nas Leis ns. 6.019, de 3.1.1974, e 7.102, de 20.6.1983, é ilegal a contratação de trabalhadores por empresa interposta, formando-se o vínculo empregatício diretamente com o tomador dos serviços, inclusive ente público, em relação ao período anterior à vigência da CF/88.

322. ACORDO COLETIVO DE TRABALHO. CLÁUSULA DE TERMO ADITIVO PRORROGANDO O ACORDO PARA PRAZO INDETERMINADO. INVÁLIDA. Nos termos do art. 614, § 3º, da CLT, é de 2 anos o prazo máximo de vigência dos acordos e das convenções coletivas. Assim sendo, é inválida, naquilo que ultrapassa o prazo total de 2 anos, a cláusula de termo aditivo que prorroga a vigência do instrumento coletivo originário por prazo indeterminado. **(DJ 9.12.2003 — Parágrafo único do artigo 168 do Regimento Interno do TST)**

323. ACORDO DE COMPENSAÇÃO DE JORNADA. "SEMANA ESPANHOLA". VALIDADE. É válido o sistema de compensação de horário quando a jornada adotada é a denominada "semana espanhola", que alterna a prestação de 48 horas em uma semana e 40 horas em outra, não violando os arts. 59, § 2º, da CLT e 7º, XIII, da CF/1988 o seu ajuste mediante acordo ou convenção coletiva de trabalho. **(DJ 9.12.2003 — Parágrafo único do artigo 168 do Regimento Interno do TST)**

324. ADICIONAL DE PERICULOSIDADE. SISTEMA ELÉTRICO DE POTÊNCIA. DECRETO N. 93.412/1986, ART. 2º, § 1º. É assegurado o adicional de periculosidade apenas aos empregados que trabalham em sistema elétrico de potência em condições de risco, ou que o façam com equipamentos e instalações elétricas similares, que ofereçam risco equivalente, ainda que em unidade consumidora de energia elétrica. **(DJ 9.12.2003 — Parágrafo único do artigo 168 do Regimento Interno do TST)**

325. AUMENTO SALARIAL CONCEDIDO PELA EMPRESA. COMPENSAÇÃO NO ANO SEGUINTE EM ANTECIPAÇÃO SEM A PARTICIPAÇÃO DO SINDICATO PROFISSIONAL. IMPOSSIBILIDADE. O aumento real, concedido pela empresa a todos os seus empregados, somente pode ser reduzido mediante a participação efetiva do sindicato profissional no ajuste, nos termos do art. 7º, VI, da CF/1988. **(DJ 9.12.2003 — Parágrafo único do artigo 168 do Regimento Interno do TST)**

326. CARTÃO DE PONTO. REGISTRO. HORAS EXTRAS. MINUTOS QUE ANTECEDEM E SUCEDEM A JORNADA DE TRABALHO. TEMPO UTILIZADO PARA UNIFORMIZAÇÃO, LANCHE E HIGIENE PESSOAL. DJ 9.12.03 (Cancelada em decorrência da sua conversão na Súmula n. 366, DJ 20.4.05). O tempo gasto pelo empregado com troca de uniforme, lanche e higiene pessoal, dentro das dependências da empresa, após o registro de entrada e antes do registro de saída, considera-se tempo à disposição do empregador, sendo remunerado como extra o período que ultrapassar, no total, a dez minutos da jornada de trabalho diária.

327. DANO MORAL. COMPETÊNCIA DA JUSTIÇA DO TRABALHO. DJ 9.12.03 (Cancelada em decorrência da sua conversão na Súmula n. 392, DJ 20.4.05). Nos termos do art. 114 da CF/1988, a Justiça do Trabalho é competente para dirimir controvérsias referentes à indenização por dano moral, quando decorrente da relação de trabalho.

328. EQUIPARAÇÃO SALARIAL. CARGO COM A MESMA DENOMINAÇÃO. FUNÇÕES DIFERENTES OU SIMILARES. NÃO AUTORIZADA A EQUIPARAÇÃO. DJ 9.12.03 (Cancelada em decorrência da nova redação conferida à Súmula n. 6, DJ 20.4.05). A equiparação salarial só é possível se o empregado e o paradigma exercerem a mesma função, desempenhando as mesmas tarefas, não importando se os cargos têm, ou não, a mesma denominação.

329. ESTABILIDADE. CIPEIRO. SUPLENTE. EXTINÇÃO DO ESTABELECIMENTO. INDENIZAÇÃO INDEVIDA. DJ 9.12.03 (Cancelada em decorrência da nova redação conferida à Súmula n. 339, DJ 20.4.05). A estabilidade provisória do cipeiro não constitui vantagem pessoal, mas garantia para as atividades dos membros da CIPA, que somente tem razão de ser quando em atividade a empresa. Extinto o estabelecimento, não se verifica a despedida arbitrária, sendo impossível a reintegração e indevida a indenização do período estabilitário.

330. IRREGULARIDADE DE REPRESENTAÇÃO. SUBSTABELECIMENTO ANTERIOR À PROCURAÇÃO. DJ 9.12.03 (Cancelada em decorrência da sua conversão na Súmula n. 395, DJ 20.4.05). Configura-se a irregularidade de representação se o substabelecimento é anterior à outorga passada ao substabelecente.

331. JUSTIÇA GRATUITA. DECLARAÇÃO DE INSUFICIÊNCIA ECONÔMICA. MANDATO. PODERES ESPECÍFICOS DESNECESSÁRIOS (DJ 09.12.2003) CANCELADA PELA RESOL. N. 210/2016, DEJT DIVULGADO EM 30.6.16. Desnecessária a outorga de poderes especiais ao patrono da causa para firmar declaração de insuficiência econômica, destinada à concessão dos benefícios da justiça gratuita.

332. MOTORISTA. HORAS EXTRAS. ATIVIDADE EXTERNA. CONTROLE DE JORNADA POR TACÓGRAFO. RESOLUÇÃO N. 816/1986 DO CONTRAN. O tacógrafo, por si só, sem a existência de outros elementos, não serve para controlar a jornada de trabalho de empregado que exerce atividade externa. **(DJ 9.12.2003 — Parágrafo único do artigo 168 do Regimento Interno do TST)**

333. PETROLEIROS. TURNO ININTERRUPTO DE REVEZAMENTO. ALTERAÇÃO DA JORNADA PARA HORÁRIO FIXO. ART. 10 DA LEI N. 5.811/72 RECEPCIONADO PELA CF/1988. DJ 9.12.03 (Cancelada em decorrência da sua conversão na Súmula n. 391, DJ 20.4.05). A previsão contida no art. 10 da Lei n. 5.811/72, possibilitando a mudança do regime de revezamento para horário fixo, constitui alteração lícita, não violando os arts. 468 da CLT, e 7º, VI, da CF/1988.

334. REMESSA *EX OFFICIO*. RECURSO DE REVISTA. INEXISTÊNCIA DE RECURSO ORDINÁRIO VOLUNTÁRIO DE ENTE PÚBLICO. INCABÍVEL. Incabível recurso de revista de ente público que não interpôs recurso ordinário voluntário da decisão de primeira instância, ressalvada a hipótese de ter sido agravada, na segunda instância, a condenação imposta.

335. CONTRATO NULO. ADMINISTRAÇÃO PÚBLICA. EFEITOS. CONHECIMENTO DO RECURSO POR VIOLAÇÃO DO ART. 37, II E § 2º, DA CF/88. A nulidade da contratação sem concurso público, após a CF/88, bem como a limitação de seus efeitos, somente poderá ser declarada por ofensa ao art. 37, II, se invocado concomitantemente o seu § 2º, todos da CF/88. **(DJ 4.5.04)**

336. EMBARGOS INTERPOSTOS ANTERIORMENTE À VIGÊNCIA DA LEI N. 11.496/2007. RECURSO NÃO CONHECIDO COM BASE EM ORIENTAÇÃO JURISPRUDENCIAL. DESNECESSÁRIO O EXAME DAS VIOLAÇÕES DE LEI E DA CONSTITUIÇÃO FEDERAL ALEGADAS NO RECURSO DE REVISTA. (Redação alterada pelo Tribunal Pleno na sessão realizada em 6.2.2012) (Resol. 178, 6.2.12 — DJe 13, 14 e 15.2.12). Estando a decisão recorrida em conformidade com orientação jurisprudencial, desnecessário o exame das divergências e das violações de lei e da Constituição alegadas em embargos interpostos antes da vigência da Lei n. 11.496/2007, salvo nas hipóteses em que a orientação jurisprudencial não fizer qualquer citação do dispositivo constitucional.

337. FAC-SÍMILE. LEI N. 9.800/99, ART. 2º. PRAZO. APRESENTAÇÃO DOS ORIGINAIS. DJ 4.5.04 (Cancelada em decorrência da sua conversão na Súmula n. 387, DJ 20.4.05). A contagem do quinquídio para apresentação dos originais de recurso interposto por intermédio de *fac-símile* começa a fluir do dia subsequente ao término do prazo recursal, nos termos do art. 2º da Lei n. 9.800/99, e não do dia seguinte à interposição do recurso, se esta se deu antes do termo final do prazo. Ademais, não se tratando, a juntada dos originais, de ato que dependa de notificação, pois a parte, ao interpor o recurso, já tem ciência de seu ônus processual, não se aplica a regra do art. 184 do CPC quanto ao *dies a quo* do prazo, podendo coincidir com sábado, domingo ou feriado.

338. MINISTÉRIO PÚBLICO DO TRABALHO. LEGITIMIDADE PARA RECORRER. SOCIEDADE DE ECONOMIA MISTA E EMPRESA PÚBLICA. CONTRATO NULO (DJ 04.05.2004) — Incorporada à Orientação Jurisprudencial n. 237 da SBDI-I — Resol. n. 210/2016, DEJT divulgado em 30.6.16. Há interesse do Ministério Público do Trabalho para recorrer contra decisão que declara a existência de vínculo empregatício com sociedade de economia mista ou empresa pública, após a CF/88, sem a prévia aprovação em concurso público.

339. TETO REMUNERATÓRIO. EMPRESA PÚBLICA E SOCIEDADE DE ECONOMIA MISTA. ART. 37, XI, DA CF/1988 (ANTERIOR À EMENDA CONSTITUCIONAL N. 19/98). (nova redação, DJ 20.04.05). As empresas públicas e as sociedades de economia mista estão submetidas à observância do teto remuneratório previsto no inciso XI do art. 37 da CF/1988, sendo aplicável, inclusive, ao período anterior à alteração introduzida pela Emenda Constitucional n. 19/98.

340. EFEITO DEVOLUTIVO. PROFUNDIDADE. RECURSO ORDINÁRIO. ART. 515, § 1º, DO CPC. APLICAÇÃO. DJ 22.6.04 (Cancelada em decorrência da sua conversão na Súmula n. 393, DJ 20.4.05). O efeito devolutivo em profundidade do Recurso Ordinário, que se extrai do § 1º do art. 515 do CPC, transfere automaticamente ao Tribunal a apreciação de fundamento da defesa não examinado pela sentença, ainda que não renovado em contrarrazões. Não se aplica, todavia, ao caso de pedido não apreciado na sentença.

341. FGTS. MULTA DE 40%. DIFERENÇAS DECORRENTES DOS EXPURGOS INFLACIONÁRIOS. RESPONSABILIDADE PELO PAGAMENTO. É de responsabilidade do empregador o pagamento da diferença da multa de 40% sobre os depósitos do FGTS, decorrente da atualização monetária em face dos expurgos inflacionários. **(DJ 22.6.04 — Parágrafo único do artigo 168 do Regimento Interno do TST)**

342. INTERVALO INTRAJORNADA PARA REPOUSO E ALIMENTAÇÃO. NÃO CONCESSÃO OU REDUÇÃO. PREVISÃO EM NORMA COLETIVA. INVALIDADE. EXCEÇÃO AOS CONDUTORES DE VEÍCULOS RODOVIÁRIOS, EMPREGADOS EM EMPRESAS DE TRANSPORTE COLETIVO URBANO (alterada em decorrência do julgamento do processo TST IUJEEDEDRR 1226/2005-005-24-00.1) — Res. 159/2009, DEJT divulgado em 23, 24 e 25.11.2009 (Cancelada. Convertido o item I no item II da Súmula n. 437 — Res. 186/2012, DEJT divulgado em 25.9.12).

I — É inválida cláusula de acordo ou convenção coletiva de trabalho contemplando a supressão ou redução do intervalo intrajornada porque este constitui medida de higiene, saúde e segurança do trabalho, garantido por norma de ordem pública (art. 71 da CLT e art. 7º, XXII, da CF/1988), infenso à negociação coletiva.

II — Ante a natureza do serviço e em virtude das condições especiais de trabalho a que são submetidos estritamente os condutores e cobradores de veículos rodoviários, empregados em empresas de transporte público coletivo urbano, é válida cláusula de acordo ou convenção coletiva de trabalho contemplando a redução do intervalo intrajornada, desde que garantida a redução da jornada para, no mínimo, sete horas diárias ou quarenta e duas semanais, não prorrogada, mantida a mesma remuneração e concedidos intervalos para descanso menores e fracionados ao final de cada viagem, não descontados da jornada.

343. PENHORA. SUCESSÃO. ART. 100 DA CF/88. EXECUÇÃO. É válida a penhora em bens de pessoa jurídica de direito privado, realizada anteriormente à sucessão pela União ou por Estado-membro, não podendo a execução prosseguir mediante precatório. A decisão que a mantém não viola o art. 100 da CF/1988. **(DJ 22.6.04)**

344. FGTS. MULTA DE 40%. DIFERENÇAS DECORRENTES DOS EXPURGOS INFLACIONÁRIOS. PRESCRIÇÃO. TERMO INICIAL. (Mantida Res. 175, 24.5.11 — DJe 27.5.11) O termo inicial do prazo prescricional para o empregado pleitear em juízo diferenças da multa do FGTS, decorrentes dos expurgos inflacionários, deu-se com a vigência da Lei Complementar n. 110, em 30.6.01, salvo comprovado trânsito em julgado de decisão proferida em ação proposta anteriormente na Justiça Federal, que reconheça o direito à atualização do saldo da conta vinculada.

345. ADICIONAL DE PERICULOSIDADE. RADIAÇÃO IONIZANTE OU SUBSTÂNCIA RADIOATIVA. DEVIDO. DJ 22.6.05. A exposição do empregado à radiação ionizante ou à substância radioativa enseja a percepção do adicional de periculosidade, pois a regulamentação ministerial (Portarias do Ministério do Trabalho ns. 3.393, de 17.12.1987, e 518, de 7.4.2003), ao reputar perigosa a atividade, reveste-se de plena eficácia, porquanto expedida por força de delegação legislativa contida no art. 200, *caput*, e inciso VI, da CLT. No período de 12.12.2002 a 6.4.2003, enquanto vigeu a Portaria n. 496 do Ministério do Trabalho, o empregado faz jus ao adicional de insalubridade.

346. ABONO PREVISTO EM NORMA COLETIVA. NATUREZA INDENIZATÓRIA. Concessão apenas aos empregados em atividade. Extensão aos inativos. Impossibilidade. DJ 25.4.07. A decisão que estende aos inativos a concessão de abono de natureza jurídica indenizatória, previsto em norma coletiva apenas para os empregados em atividade, a ser pago de uma única vez, e confere natureza salarial à parcela, afronta o art. 7º, XXVI, da CF/88.

347. ADICIONAL DE PERICULOSIDADE. SISTEMA ELÉTRICO DE POTÊNCIA. LEI N. 7.369, DE 20.9.1985, REGULAMENTADA PELO DECRETO N. 93.412, DE 14.10.1986. EXTENSÃO DO DIREITO AOS CABISTAS, INSTALADORES E REPARADORES DE LINHAS E APARELHOS EM EMPRESA DE TELEFONIA. DJ 25.4.07. É devido o adicional de periculosidade aos empregados cabistas, instaladores e reparadores de linhas e aparelhos de empresas de telefonia, desde que, no exercício de suas funções, fiquem expostos a condições de risco equivalente ao do trabalho exercido em contato com sistema elétrico de potência.

348. HONORÁRIOS ADVOCATÍCIOS. BASE DE CÁLCULO. VALOR LÍQUIDO. LEI N. 1.060, DE 5.2.1950. DJ 25.4.07. Os honorários advocatícios, arbitrados nos termos do art. 11, § 1º, da Lei n. 1.060, de 5.2.1950, devem incidir sobre o valor líquido da condenação, apurado na fase de liquidação de sentença, sem a dedução dos descontos fiscais e previdenciários.(***)

349. MANDATO. JUNTADA DE NOVA PROCURAÇÃO. AUSÊNCIA DE RESSALVA. EFEITOS. DJ 25.4.07. A juntada de nova procuração aos autos, sem ressalva de poderes conferidos ao antigo patrono, implica revogação tácita do mandato anterior.

350. MINISTÉRIO PÚBLICO DO TRABALHO. NULIDADE DO CONTRATO DE TRABALHO NÃO SUSCITADA PELO ENTE PÚBLICO NO MOMENTO DA DEFESA. ARGUIÇÃO EM PARECER. POSSIBILIDADE (alterada em decorrência do julgamento do processo TST IUJERR 526538/1999.2). O Ministério Público do Trabalho pode arguir, em parecer, na primeira vez que tenha de se manifestar no processo, a nulidade do contrato de trabalho em favor de ente público, ainda que a parte não a tenha suscitado, a qual será apreciada, sendo vedada, no entanto, qualquer dilação probatória. IUJ-ERR 526538/1999.2 Min. Aloysio Corrêa da Veiga. Julgado em 18.9.2008 Decisão por maioria"(DEJT 20.11.09)

351. MULTA. ART. 477, § 8º, DA CLT. VERBAS RESCISÓRIAS RECONHECIDAS EM JUÍZO. DJ 25.4.07. Incabível a multa prevista no art. 477, § 8º, da CLT, quando houver fundada controvérsia quanto à existência da obrigação cujo inadimplemento gerou a multa. Legislação: CLT, art. 477, caput, §§ 6º e 8º. **(Cancelada pela Resol. 163/2009 da SJ/TST DEJT, 20.11.09)**

352. PROCEDIMENTO SUMARÍSSIMO. RECURSO DE REVISTA FUNDAMENTADO EM CONTRARIEDADE A ORIENTAÇÃO JURISPRUDENCIAL. INADMISSIBILIDADE. ART. 896, § 6º, DA CLT, ACRESCENTADO PELA LEI N. 9.957, DE 12.01.2000. (Cancelada em decorrência da conversão na Súmula n. 442 (Res. 186/2012, DEJT divulgado em 25.9.12). Nas causas sujeitas ao procedimento sumaríssimo, a admissibilidade de recurso de revista está limitada à demonstração de violação direta a dispositivo da Constituição Federal ou contrariedade a Súmula do Tribunal Superior do Trabalho, não se admitindo o recurso por contrariedade a Orientação Jurisprudencial deste Tribunal (Livro II, Título II, Capítulo III, do RITST), ante a ausência de previsão no art. 896, § 6º, da CLT.

353. EQUIPARAÇÃO SALARIAL. SOCIEDADE DE ECONOMIA MISTA. ART. 37, XIII, DA CF/1988. POSSIBILIDADE (Cancelada em decorrência da sua conversão na Súmula n. 455) — Res. 194/2014, DEJT divulgado em 21, 22 e 23.05.2014

À sociedade de economia mista não se aplica a vedação à equiparação prevista no art. 37, XIII, da CF/1988, pois, ao contratar empregados sob o regime da CLT, equipara-se a empregador privado, conforme disposto no art. 173, § 1º, II, da CF/1988.

354. INTERVALO INTRAJORNADA. ART. 71, § 4º, DA CLT. NÃO CONCESSÃO OU REDUÇÃO. NATUREZA JURÍDICA SALARIAL (DJ 14.03.2008) (Cancelada em decorrência da conversão no item III da Súmula n. 437 — Res. 186/2012, DEJT divulgado em 25.9.12). Possui natureza salarial a parcela prevista no art. 71, § 4º, da CLT, com redação introduzida pela Lei n. 8.923, de 27 de julho de 1994, quando não concedido ou reduzido pelo empregador o intervalo mínimo intrajornada para repouso e alimentação, repercutindo, assim, no cálculo de outras parcelas salariais.

355. INTERVALO INTERJORNADAS. INOBSERVÂNCIA. HORAS EXTRAS. PERÍODO PAGO COMO SOBREJORNADA. ART. 66 DA CLT. APLICAÇÃO ANALÓGICA DO § 4º DO ART. 71 DA CLT. O desrespeito ao intervalo mínimo interjornadas previsto no art. 66 da CLT acarreta, por analogia, os mesmos efeitos previstos no § 4º do art. 71 da CLT e na Súmula n. 110 do TST, devendo-se pagar a integralidade das horas que foram subtraídas do intervalo, acrescidas do respectivo adicional. **(DJ 14.3.08)**

356. PROGRAMA DE INCENTIVO À DEMISSÃO VOLUNTÁRIA (PDV). CRÉDITOS TRABALHISTAS RECONHECIDOS EM JUÍZO. COMPENSAÇÃO. IMPOSSIBILIDADE. Os créditos tipicamente trabalhistas reconhecidos em juízo não são suscetíveis de compensação com a indenização paga em decorrência de adesão do trabalhador a Programa de Incentivo à Demissão Voluntária (PDV). **(DJ 14.3.08)**

357. RECURSO. INTERPOSIÇÃO ANTES DA PUBLICAÇÃO DO ACÓRDÃO IMPUGNADO. EXTEMPORANEIDADE. NÃO CONHECIMENTO (Cancelada em decorrência da sua conversão na Súmula n. 434) (Resol. 178, 6.2.12 — DJe 13, 14 e 15.2.12). É extemporâneo recurso interposto antes de publicado o acórdão impugnado.

358. SALÁRIO MÍNIMO E PISO SALARIAL PROPORCIONAL À JORNADA REDUZIDA. EMPREGADO. SERVIDOR PÚBLICO (redação alterada na sessão do Tribunal Pleno realizada em 16.2.2016) — Res. n. 202/2016, DEJT divulgado em 19, 22 e 23.02.2016

I — Havendo contratação para cumprimento de jornada reduzida, inferior à previsão constitucional de oito horas diárias ou quarenta e quatro semanais, é lícito o pagamento do piso salarial ou do salário mínimo proporcional ao tempo trabalhado.

II — Na Administração Pública direta, autárquica e fundacional não é válida remuneração de empregado público inferior ao salário mínimo, ainda que cumpra jornada de trabalho reduzida. Precedentes do Supremo Tribunal Federal.

359. SUBSTITUIÇÃO PROCESSUAL. SINDICATO. LEGITIMIDADE. PRESCRIÇÃO. INTERRUPÇÃO. A ação movida por sindicato, na qualidade de substituto processual, interrompe a prescrição, ainda que tenha sido considerado parte ilegítima *ad causam.* **(DJ 14.3.08)**

360. TURNO ININTERRUPTO DE REVEZAMENTO. DOIS TURNOS. HORÁRIO DIURNO E NOTURNO. CARACTERIZAÇÃO. Faz jus à jornada especial prevista no art. 7º, XIV, da CF/1988 o trabalhador que exerce suas atividades em sistema de alternância de turnos, ainda que em dois turnos de trabalho, que compreendam, no todo ou em parte, o horário diurno e o noturno, pois submetido à alternância de horário prejudicial à saúde, sendo irrelevante que a atividade da empresa se desenvolva de forma ininterrupta. **(DJ 14.3.08)**

361. APOSENTADORIA ESPONTÂNEA. UNICIDADE DO CONTRATO DE TRABALHO. MULTA DE 40% DO FGTS SOBRE TODO O PERÍODO. A aposentadoria espontânea não é causa de extinção do contrato de trabalho se o empregado permanece prestando serviços ao empregador após a jubilação. Assim, por ocasião da sua dispensa imotivada, o empregado tem direito à multa de 40% do FGTS sobre a totalidade dos depósitos efetuados no curso do pacto laboral. **(DJU 23.5.08)**

362. CONTRATO NULO. EFEITOS. FGTS. MEDIDA PROVISÓRIA N. 2.164-41, DE 24.8.2001, E ART. 19-A DA LEI N. 8.036, DE 11.5.1990. IRRETROATIVIDADE. Não afronta o princípio da irretroatividade da lei a aplicação do art. 19-A da Lei n. 8.036, de 11.5.1990, aos contratos declarados nulos celebrados antes da vigência da Medida Provisória n. 2.164-41, de 24.8.2001. **(DJU 23.5.08)**

363. DESCONTOS PREVIDENCIÁRIOS E FISCAIS. CONDENAÇÃO DO EMPREGADOR EM RAZÃO DO INADIMPLEMENTO DE VERBAS REMUNERATÓRIAS. RESPONSABILIDADE DO EMPREGADO PELO PAGAMENTO. ABRANGÊNCIA (CANCELADA EM DECORRÊNCIA DA AGLUTINAÇÃO DA SUA PARTE FINAL AO ITEM II DA SÚMULA N. 368 DO TST) (RESOL. N. 219/2017 — DEJT 28.6.2017). A responsabilidade pelo recolhimento das contribuições social e fiscal, resultante de condenação judicial referente a verbas remuneratórias, é do empregador e incide sobre o total da condenação. Contudo, a culpa do empregador pelo inadimplemento das verbas remuneratórias não exime a responsabilidade do empregado pelos pagamentos do imposto de renda devido e da contribuição previdenciária que recaia sobre sua quota-parte.

364. ESTABILIDADE. ART. 19 DO ADCT. SERVIDOR PÚBLICO DE FUNDAÇÃO REGIDO PELA CLT. Fundação instituída por lei e que recebe dotação ou subvenção do Poder Público para realizar atividades de interesse do Estado, ainda que tenha personalidade jurídica de direito privado, ostenta natureza de fundação pública. Assim, seus servidores regidos pela CLT são beneficiários da estabilidade excepcional prevista no art. 19 do ADCT. **(DJU 23.5.08)**

365. ESTABILIDADE PROVISÓRIA. MEMBRO DE CONSELHO FISCAL DE SINDICATO. INEXISTÊNCIA. Membro de conselho fiscal de sindicato não tem direito à estabilidade prevista nos arts. 543, § 3º, da CLT e 8º, VIII, da CF/1988, porquanto não representa ou atua na defesa de direitos da categoria respectiva, tendo sua competência limitada à fiscalização da gestão financeira do sindicato (art. 522, § 2º, da CLT). **(DJU 23.5.08)**

366. ESTAGIÁRIO. DESVIRTUAMENTO DO CONTRATO DE ESTÁGIO. RECONHECIMENTO DO VÍNCULO EMPREGATÍCIO COM A ADMINISTRAÇÃO PÚBLICA DIRETA OU INDIRETA. PERÍODO POSTERIOR À CONSTITUIÇÃO FEDERAL DE 1988. IMPOSSIBILIDADE. Ainda que desvirtuada a finalidade do contrato de estágio celebrado na vigência da Constituição Federal de 1988, é inviável o reconhecimento do vínculo empregatício com ente da Administração Pública direta ou indireta, por força do art. 37, II, da CF/1988, bem como o deferimento de indenização pecuniária, exceto em relação às parcelas previstas na Súmula n. 363 do TST, se requeridas. **(DJU 23.5.08)**

367. AVISO PRÉVIO DE 60 DIAS. ELASTECIMENTO POR NORMA COLETIVA. PROJEÇÃO. REFLEXOS NAS PARCELAS TRABALHISTAS. (DJe divulgado em 3, 4 e 5.12.2008). O prazo de aviso prévio de 60 dias, concedido por meio de norma coletiva que silencia sobre alcance de seus efeitos jurídicos, computa-se integralmente como tempo de serviço, nos termos do § 1º do art. 487 da CLT, repercutindo nas verbas rescisórias.

368. DESCONTOS PREVIDENCIÁRIOS. ACORDO HOMOLOGADO EM JUÍZO. INEXISTÊNCIA DE VÍNCULO EMPREGATÍCIO. PARCELAS INDENIZATÓRIAS. AUSÊNCIA DE DISCRIMINAÇÃO. INCIDÊNCIA SOBRE O VALOR TOTAL. (DJe divulgado em 3, 4 e 5.12.2008). É devida a incidência das contribuições para a Previdência Social sobre o valor total do acordo homologado em juízo, independentemente do reconhecimento de vínculo de emprego, desde que não haja discriminação das parcelas sujeitas à incidência da contribuição previdenciária, conforme parágrafo único do art. 43 da Lei n. 8.212, de 24.7.1991, e do art. 195, I, "a", da CF/1988.

369. ESTABILIDADE PROVISÓRIA. DELEGADO SINDICAL. INAPLICÁVEL. (DJe divulgado em 3, 4 e 5.12.2008). O delegado sindical não é beneficiário da estabilidade provisória prevista no art. 8º, VIII, da CF/1988, a qual é dirigida, exclusivamente, àqueles que exerçam ou ocupem cargos de direção nos sindicatos, submetidos a processo eletivo.

370. FGTS. MULTA DE 40%. DIFERENÇAS DOS EXPURGOS INFLACIONÁRIOS. PRESCRIÇÃO. INTERRUPÇÃO DECORRENTE DE PROTESTOS JUDICIAIS (DJe divulgado em 3, 4 e 5.12.2008). O ajuizamento de protesto judicial dentro do biênio posterior à Lei Complementar n. 110, de 29.6.2001, interrompe a prescrição, sendo irrelevante o transcurso de mais de dois anos da propositura de outra medida acautelatória, com o mesmo objetivo, ocorrida antes da vigência da referida lei, pois ainda não iniciado o prazo prescricional, conforme disposto na Orientação Jurisprudencial n. 344 da SBDI-1.

371. IRREGULARIDADE DE REPRESENTAÇÃO. SUBSTABELECIMENTO NÃO DATADO. INAPLICABILIDADE DO ART. 654, § 1º, DO CÓDIGO CIVIL (ATUALIZADA EM DECORRÊNCIA DO CPC DE 2015) — RES. N. 208/2016, DEJT DIVULGADO EM 22, 25 E 26.04.2016. Não caracteriza a irregularidade de representação a ausência da data da outorga de poderes, pois, no mandato judicial, ao contrário do mandato civil, não é condição de validade do negócio jurídico. Assim, a data a ser considerada é aquela em que o instrumento for juntado aos autos, conforme preceitua o art. 409, IV, do CPC de 2015 (art. 370, IV, do CPC de 1973). Inaplicável o art. 654, § 1º, do Código Civil.

372. MINUTOS QUE ANTECEDEM E SUCEDEM A JORNADA DE TRABALHO. LEI N. 10.243, DE 19.06.2001. NORMA COLETIVA. FLEXIBILIZAÇÃO. IMPOSSIBILIDADE (Cancelada em decorrência da sua conversão na Súmula n. 449) — Res. 194/2014, DEJT divulgado em 21, 22 e 23.05.2014

A partir da vigência da Lei n. 10.243, de 19.06.2001, que acrescentou o § 1º ao art. 58 da CLT, não mais prevalece cláusula prevista em convenção ou acordo coletivo que elastece o limite de 5 minutos que antecedem e sucedem a jornada de trabalho para fins de apuração das horas extras.

373. REPRESENTAÇÃO. PESSOA JURÍDICA. PROCURAÇÃO. INVALIDADE. IDENTIFICAÇÃO DO OUTORGANTE E DE SEU REPRESENTANTE (Cancelada em decorrência da sua conversão na Súmula n. 456) — Res. 194/2014, DEJT divulgado em 21, 22 e 23.05.2014.

374. AGRAVO DE INSTRUMENTO. REPRESENTAÇÃO PROCESSUAL. REGULARIDADE. PROCURAÇÃO OU SUBSTABELECIMENTO COM CLÁUSULA LIMITATIVA DE PODERES AO ÂMBITO DO TRIBUNAL REGIONAL DO TRABALHO. (DJe divulgado em 19, 20 e 22.04.2010) É regular a representação processual do subscritor do agravo de instrumento ou do recurso de revista que detém mandato com poderes de representação limitados ao âmbito do Tribunal Regional do Trabalho, pois, embora a apreciação desse recurso seja realizada pelo Tribunal Superior do Trabalho, a sua interposição é ato praticado perante o Tribunal Regional do Trabalho, circunstância que legitima a atuação do advogado no feito.

375. AUXÍLIO-DOENÇA. APOSENTADORIA POR INVALIDEZ. SUSPENSÃO DO CONTRATO DE TRABALHO. PRESCRIÇÃO. CONTAGEM. (DJe divulgado em 19, 20 e 22.04.2010) A suspensão do contrato de trabalho, em virtude da percepção do auxílio-doença ou da aposentadoria por invalidez, não impede a fluência da prescrição quinquenal, ressalvada a hipótese de absoluta impossibilidade de acesso ao judiciário.

376. CONTRIBUIÇÃO PREVIDENCIÁRIA. ACORDO HOMOLOGADO EM JUÍZO APÓS O TRÂNSITO EM JULGADO DA SENTENÇA CONDENATÓRIA. INCIDÊNCIA SOBRE O VALOR HOMOLOGADO. (DJe divulgado em 19, 20 e 22.04.2010) É devida a contribuição previdenciária sobre o valor do acordo celebrado e homologado após o trânsito em julgado de decisão judicial, respeitada a proporcionalidade de valores entre as parcelas de natureza salarial e indenizatória deferidas na decisão condenatória e as parcelas objeto do acordo.

377. EMBARGOS DE DECLARAÇÃO. DECISÃO DENEGATÓRIA DE RECURSO DE REVISTA EXARADO POR PRESIDENTE DO TRT. DESCABIMENTO. NÃO INTERRUPÇÃO DO PRAZO RECURSAL (DEJT DIVULGADO EM 19, 20 E 22.04.2010) (CANCELADA, A PARTIR DE 15 DE ABRIL 2016, RES. N. 204/2016, DEJT DIVULGADO EM 17, 18 E 21.03.2016). Não cabem embargos de declaração interpostos contra decisão de admissibilidade do recurso de revista, não tendo o efeito de interromper qualquer prazo recursal.

378. EMBARGOS. INTERPOSIÇÃO CONTRA DECISÃO MONOCRÁTICA. NÃO CABIMENTO (ATUALIZADA EM DECORRÊNCIA DO CPC DE 2015) — RES. N. 208/2016, DEJT DIVULGADO EM 22, 25 E 26.04.2016. Não encontra amparo no art. 894 da CLT, quer na redação anterior quer na redação posterior à Lei n. 11.496, de 22.06.2007, recurso de embargos interposto à decisão monocrática exarada nos moldes do art. 932 do CPC de 2015 (art. 557 do CPC de 1973) e 896, § 5º, da CLT, pois o comando legal restringe seu cabimento à pretensão de reforma de decisão colegiada proferida por Turma do Tribunal Superior do Trabalho.

379. EMPREGADO DE COOPERATIVA DE CRÉDITO. BANCÁRIO. EQUIPARAÇÃO. IMPOSSIBILIDADE. (REPUBLICAÇÃO EM FACE DE ERRO MATERIAL NO REGISTRO DE REFERENCIA LEGISLATIVA — DEJT DE 29.3.17). Os empregados de cooperativas de crédito não se equiparam a bancário, para efeito de aplicação do art. 224 da CLT, em razão da inexistência de expressa previsão legal, considerando, ainda, as diferenças estruturais e operacionais entre as instituições financeiras e as cooperativas de crédito. Inteligência das Leis ns. 4.595, de 31.12.1964, e 5.764, de 16.12.1971.

380. INTERVALO INTRAJORNADA. JORNADA CONTRATUAL DE SEIS HORAS DIÁRIAS. PRORROGAÇÃO HABITUAL. APLICAÇÃO DO ART. 71, "CAPUT" E § 4º, DA CLT. (DEJT DIVULGADO EM 19, 20 E 22.04.2010) (Cancelada em decorrência da conversão no item IV da Súmula n. 437 — Res. 186/2012, DEJT divulgado em 25.9.12). Ultrapassada habitualmente a jornada de seis horas de trabalho, é devido o gozo do intervalo intrajornada mínimo de uma hora, obrigando o empregador a remunerar o período para descanso e alimentação não usufruído como extra, acrescido do respectivo adicional, na forma prevista no art. 71, "caput" e § 4º, da CLT.

381. INTERVALO INTRAJORNADA. RURÍCOLA. LEI N. 5.889, DE 8.6.1973. SUPRESSÃO TOTAL OU PARCIAL. DECRETO N. 73.626, DE 12.2.1974. APLICAÇÃO DO ART. 71, § 4º, DA CLT. (DEJT divulgado em 19, 20 e 22.4.2010) (Cancelada em decorrência da aglutinação ao item I da Súmula n. 437 (Res. 186/2012, DEJT divulgado em 25.9.12)

A não concessão total ou parcial do intervalo mínimo intrajornada de uma hora ao trabalhador rural, fixado no Decreto n. 73.626, de 12.2.1974, que regulamentou a Lei n. 5.889, de 8.6.1973, acarreta o pagamento do período total, acrescido do respectivo adicional, por aplicação subsidiária do art. 71, § 4º, da CLT.

382. JUROS DE MORA. ART. 1º-F DA LEI N. 9.494, DE 10.9.1997. INAPLICABILIDADE À FAZENDA PÚBLICA QUANDO CONDENADA SUBSIDIARIAMENTE. (DJe divulgado em 19, 20 e 22.4.2010) A Fazenda Pública, quando condenada subsidiariamente pelas obrigações trabalhistas devidas pela empregadora principal, não se beneficia da limitação dos juros, prevista no art. 1º-F da Lei n. 9.494, de 10.9.1997.

383. TERCEIRIZAÇÃO. EMPREGADOS DA EMPRESA PRESTADORA DE SERVIÇOS E DA TOMADORA. ISONOMIA. ART. 12, "A", DA LEI N. 6.019, DE 3.1.1974. (Mantida Res. 175, 24.5.11 — DJe 27.5.11) A contratação irregular de trabalhador, mediante empresa interposta, não gera vínculo de emprego com ente da Administração Pública, não afastando, contudo, pelo princípio da isonomia, o direito dos empregados terceirizados às mesmas verbas trabalhistas legais e normativas asseguradas àqueles contratados pelo tomador dos serviços, desde que presente a igualdade de funções. Aplicação analógica do art. 12, "a", da Lei n. 6.019, de 3.1.1974.

384. TRABALHADOR AVULSO. PRESCRIÇÃO BIENAL. TERMO INICIAL. (CANCELADA PELA RESOL. 186/2012, DEJT divulgado em 25.9.12) É aplicável a prescrição bienal prevista no art. 7º, XXIX, da Constituição de 1988 ao trabalhador avulso, tendo como marco inicial a cessação do trabalho ultimado para cada tomador de serviço.

385. ADICIONAL DE PERICULOSIDADE. DEVIDO. ARMAZENAMENTO DE LÍQUIDO INFLAMÁVEL NO PRÉDIO. CONSTRUÇÃO VERTICAL. (DEJT divulgado em 9, 10 e 11.6.10). É devido o pagamento do adicional de periculosidade ao empregado que desenvolve suas atividades em edifício (construção vertical), seja em pavimento igual ou distinto daquele onde estão instalados tanques para armazenamento de líquido inflamável, em quantidade acima do limite legal, considerando-se como área de risco toda a área interna da construção vertical.

386. FÉRIAS. GOZO NA ÉPOCA PRÓPRIA. PAGAMENTO FORA DO PRAZO. DOBRA DEVIDA. ARTS. 137 E 145 DA CLT. (Cancelada em decorrência da sua conversão na Súmula n. 450) — Res. 194/2014, DEJT divulgado em 21, 22 e 23.05.2014

É devido o pagamento em dobro da remuneração de férias, incluído o terço constitucional, com base no art. 137 da CLT, quando, ainda que gozadas na época própria, o empregador tenha descumprido o prazo previsto no art. 145 do mesmo diploma legal. Redação original — DEJT divulgado em 09, 10 e 11.06.2010.

387. HONORÁRIOS PERICIAIS. BENEFICIÁRIO DA JUSTIÇA GRATUITA. RESPONSABILIDADE DA UNIÃO PELO PAGAMENTO. RESOLUÇÃO N. 35/2007 DO CSJT. OBSERVÂNCIA. (Cancelada em decorrência da sua conversão na Súmula n. 457) — Res. 194/2014, DEJT divulgado em 21, 22 e 23.05.2014. A União é responsável pelo pagamento dos honorários de perito quando a parte sucumbente no objeto da perícia for beneficiária da assistência judiciária gratuita, observado o procedimento disposto nos arts. 1º, 2º e 5º da Resolução n. 35/2007 do Conselho Superior da Justiça do Trabalho — CSJT.

388. JORNADA 12X36. JORNADA MISTA QUE COMPREENDA A TOTALIDADE DO PERÍODO NOTURNO. ADICIONAL NOTURNO. DEVIDO. (DEJT divulgado em 9, 10 e 11.6.10). O empregado submetido à jornada de 12 horas de trabalho por 36 de descanso, que compreenda a totalidade do período noturno, tem direito ao adicional noturno, relativo às horas trabalhadas após as 5 horas da manhã.

389. MULTA PREVISTA NO ART. 1.021, §§ 4º E 5º, DO CPC DE 2015. ART. 557, § 2º, DO CPC DE 1973. RECOLHIMENTO. PRESSUPOSTO RECURSAL. BENEFICIÁRIO DA JUSTIÇA GRATUITA E FAZENDA PÚBLICA. PAGAMENTO AO FINAL. (nova redação em decorrência do CPC de 2015) — Res. n. 209/2016, DEJT divulgado em 01, 02 e 03.06.2016. Constitui ônus da parte recorrente, sob pena de deserção, depositar previamente a multa aplicada com fundamento nos §§ 4º e 5º, do art. 1.021, do CPC de 2015 (§ 2º do art. 557 do CPC de 1973), à exceção da Fazenda Pública e do beneficiário de justiça gratuita, que farão o pagamento ao final.

390. PARTICIPAÇÃO NOS LUCROS E RESULTADOS. RESCISÃO CONTRATUAL ANTERIOR À DATA DA DISTRIBUIÇÃO DOS LUCROS. PAGAMENTO PROPORCIONAL AOS MESES TRABALHADOS. PRINCÍPIO DA ISONOMIA. (Cancelada em decorrência da sua conversão na Súmula n. 451) — Res. 194/2014, DEJT divulgado em 21, 22 e 23.05.2014. Fere o princípio da isonomia instituir vantagem mediante acordo coletivo ou norma regulamentar que condiciona a percepção da parcela participação nos lucros e resultados ao fato de estar o contrato de trabalho em vigor na data prevista para a distribuição dos lucros. Assim, inclusive na rescisão contratual antecipada, é devido o pagamento da parcela de forma proporcional aos meses trabalhados, pois o ex-empregado concorreu para os resultados positivos da empresa.

391. PORTUÁRIOS. SUBMISSÃO PRÉVIA DE DEMANDA A COMISSÃO PARITÁRIA. LEI N. 8.630, DE 25.02.1993. INEXIGIBILIDADE. (DEJT divulgado em 9, 10 e 11.6.10). A submissão prévia de demanda a comissão paritária, constituída nos termos do art. 23 da Lei n. 8.630, de 25.02.1993 (Lei dos Portos), não é pressuposto de constituição e desenvolvimento válido e regular do processo, ante a ausência de previsão em lei.

392. PRESCRIÇÃO. INTERRUPÇÃO. AJUIZAMENTO DE PROTESTO JUDICIAL. MARCO INICIAL. (REPUBLICADA EM RAZÃO DE ERRO MATERIAL) — RES. N. 209/2016, DEJT DIVULGADO EM 01, 02 E 03.06.2016. O protesto judicial é medida aplicável no processo do trabalho, por força do art. 769 da CLT e do art. 15 do CPC de 2015. O ajuizamento da ação, por si só, interrompe o prazo prescricional, em razão da inaplicabilidade do § 2º do art. 240 do CPC de 2015 (§ 2º do art. 219 do CPC de 1973), incompatível com o disposto no art. 841 da CLT.

393. PROFESSOR. JORNADA DE TRABALHO ESPECIAL. ART. 318 DA CLT. SALÁRIO MÍNIMO. PROPORCIONALIDADE. (DEJT divulgado em 9, 10 e 11.6.10). A contraprestação mensal devida ao professor, que trabalha no limite máximo da jornada prevista no art. 318 da CLT, é de um salário mínimo integral, não se cogitando do pagamento proporcional em relação a jornada prevista no art. 7º, XIII, da Constituição Federal.

394. REPOUSO SEMANAL REMUNERADO — RSR. INTEGRAÇÃO DAS HORAS EXTRAS. NÃO REPERCUSSÃO NO CÁLCULO DAS FÉRIAS, DO DÉCIMO TERCEIRO SALÁRIO, DO AVISO PRÉVIO E DOS DEPÓSITOS DO FGTS. (DEJT divulgado em 9, 10 e 11.6.10). A majoração do valor do repouso semanal remunerado, em razão da integração das horas extras habitualmente prestadas, não repercute no cálculo das férias, da gratificação natalina, do aviso prévio e do FGTS, sob pena de caracterização de *bis in idem*.

395. TURNO ININTERRUPTO DE REVEZAMENTO. HORA NOTURNA REDUZIDA. INCIDÊNCIA. (DEJT divulgado em 9, 10 e 11.6.10). O trabalho em regime de turnos ininterruptos de revezamento não retira o direito à hora noturna reduzida, não havendo incompatibilidade entre as disposições contidas nos arts. 73, § 1º, da CLT e 7º, XIV, da Constituição Federal.

396. TURNOS ININTERRUPTOS DE REVEZAMENTO. ALTERAÇÃO DA JORNADA DE 8 PARA 6 HORAS DIÁRIAS. EMPREGADO HORISTA. APLICAÇÃO DO DIVISOR 180. (DEJT divulgado em 9, 10 e 11.6.10). Para o cálculo do salário-hora do empregado horista, submetido a turnos ininterruptos de revezamento, considerando a alteração da jornada de 8 para 6 horas diárias, aplica-se o divisor 180, em observância ao disposto no art. 7º, VI, da Constituição Federal, que assegura a irredutibilidade salarial.

397. COMISSIONISTA MISTO. HORAS EXTRAS. BASE DE CÁLCULO. APLICAÇÃO DA SÚMULA N. 340 DO TST. (DEJT divulgado em 02, 3 e 4.8.2010). O empregado que recebe remuneração mista, ou seja, uma parte fixa e outra variável, tem direito a horas extras pelo trabalho em sobrejornada. Em relação à parte fixa, são devidas as horas simples acrescidas do adicional de horas extras. Em relação à parte variável, é devido somente o adicional de horas extras, aplicando-se à hipótese o disposto na Súmula n. 340 do TST.

398. CONTRIBUIÇÃO PREVIDENCIÁRIA. ACORDO HOMOLOGADO EM JUÍZO SEM RECONHECIMENTO DE VÍNCULO DE EMPREGO. CONTRIBUINTE INDIVIDUAL. RECOLHIMENTO DA ALÍQUOTA DE 20% A CARGO DO TOMADOR E 11% A CARGO DO PRESTADOR DE SERVIÇOS. (DEJT divulgado em 2, 3 e 4.8.2010). Nos acordos homologados em juízo em que não haja o reconhecimento de vínculo empregatício, é devido o recolhimento da contribuição previdenciária, mediante a alíquota de 20% a cargo do tomador de serviços e de 11% por parte do prestador de serviços, na qualidade de contribuinte individual, sobre o valor total do acordo, respeitado o teto de contribuição. Inteligência do § 4º do art. 30 e do inciso III do art. 22, todos da Lei n. 8.212, de 24.07.1991.

399. ESTABILIDADE PROVISÓRIA. AÇÃO TRABALHISTA AJUIZADA APÓS O TÉRMINO DO PERÍODO DE GARANTIA NO EMPREGO. ABUSO DO EXERCÍCIO DO DIREITO DE AÇÃO. NÃO CONFIGURAÇÃO. INDENIZAÇÃO DEVIDA. (DEJT divulgado em 2, 3 e 4.8.2010). O ajuizamento de ação trabalhista após decorrido o período de garantia de emprego não configura abuso do exercício do direito de ação, pois este está submetido apenas ao prazo prescricional inscrito no art. 7º, XXIX, da CF/1988, sendo devida a indenização desde a dispensa até a data do término do período estabilitário.

400. IMPOSTO DE RENDA. BASE DE CÁLCULO. JUROS DE MORA. NÃO INTEGRAÇÃO. ART. 404 DO CÓDIGO CIVIL BRASILEIRO. (DEJT divulgado em 02, 03 e 04.08.2010). Os juros de mora decorrentes do inadimplemento de obrigação de pagamento em dinheiro não integram a base de cálculo do imposto de renda, independentemente da natureza jurídica da obrigação inadimplida, ante o cunho indenizatório conferido pelo art. 404 do Código Civil de 2002 aos juros de mora.

401. PRESCRIÇÃO. MARCO INICIAL. AÇÃO CONDENATÓRIA. TRÂNSITO EM JULGADO DA AÇÃO DECLARATÓRIA COM MESMA CAUSA DE PEDIR REMOTA AJUIZADA ANTES DA EXTINÇÃO DO CONTRATO DE TRABALHO. (DEJT divulgado em 2, 3 e 4.8.2010). O marco inicial da contagem do prazo prescricional para o ajuizamento de ação condenatória, quando advém a dispensa do empregado no curso de ação declaratória que possua a mesma causa de pedir remota, é o trânsito em julgado da decisão proferida na ação declaratória e não a data da extinção do contrato de trabalho.

402. ADICIONAL DE RISCO. PORTUÁRIO. TERMINAL PRIVATIVO. ARTS. 14 E 19 DA LEI N. 4.860, DE 26.11.1965. INDEVIDO. (Mantida Res. 175, 24.5.11 — DJe/27.5.11) O adicional de risco previsto no artigo 14 da Lei n. 4.860, de 26.11.1965, aplica-se somente aos portuários que trabalham em portos organizados, não podendo ser conferido aos que operam terminal privativo.

403. ADVOGADO EMPREGADO. CONTRATAÇÃO ANTERIOR A LEI N. 8.906, DE 4.7.1994. JORNADA DE TRABALHO MANTIDA COM O ADVENTO DA LEI. DEDICAÇÃO EXCLUSIVA. CARACTERIZAÇÃO. (DEJT Divulgado em 16, 17 e 20.9.10) O advogado empregado contratado para jornada de 40 horas semanais, antes da edição da Lei n. 8.906, de 4.7.1994, está sujeito ao regime de dedicação exclusiva disposto no art. 20 da referida lei, pelo que não tem direito à jornada de 20 horas semanais ou 4 diárias.

404. DIFERENÇAS SALARIAIS. PLANO DE CARGOS E SALÁRIOS. DESCUMPRIMENTO. CRITÉRIOS DE PROMOÇÃO NÃO OBSERVADOS. PRESCRIÇÃO PARCIAL. (Cancelada em decorrência da sua conversão na Súmula n. 452) — Res. 194/2014, DEJT divulgado em 21, 22 e 23.05.2014. Tratando-se de pedido de pagamento de diferenças salariais decorrentes da inobservância dos critérios de promoção estabelecidos em Plano de Cargos e Salários criado pela empresa, a prescrição aplicável é a parcial, pois a lesão é sucessiva e se renova mês a mês.

405. EMBARGOS. PROCEDIMENTO SUMARÍSSIMO. CONHECIMENTO. RECURSO INTERPOSTO APÓS VIGÊNCIA DA LEI N. 11.496, DE 22.06.2007, QUE CONFERIU NOVA REDAÇÃO AO ART. 894, II, DA CLT. (Cancelada em decorrência da sua conversão na Súmula n. 458) — Res. 194/2014, DEJT divulgado em 21, 22 e 23.05.2014. Em causas sujeitas ao procedimento sumaríssimo, em que pese a limitação imposta no art. 896, § 6º, da CLT à interposição de recurso de revista, admite-se os embargos interpostos na vigência da Lei n. 11.496, de 22.06.2007, que conferiu nova redação ao art. 894 da CLT, quando demonstrada a divergência jurisprudencial entre Turmas do TST, fundada em interpretações diversas acerca da aplicação de mesmo dispositivo constitucional ou de matéria sumulada.

406. ADICIONAL DE PERICULOSIDADE. PAGAMENTO ESPONTÂNEO. CARACTERIZAÇÃO DE FATO INCONTROVERSO. DESNECESSÁRIA A PERÍCIA DE QUE TRATA O ART. 195 DA CLT. (Cancelada em decorrência da sua conversão na Súmula n. 453) — Res. 194/2014, DEJT divulgado em 21, 22 e 23.05.2014. O pagamento de adicional de periculosidade efetuado por mera liberalidade da empresa, ainda que de forma proporcional ao tempo de exposição ao risco ou em percentual inferior ao máximo legalmente previsto, dispensa a realização da prova técnica exigida pelo art. 195 da CLT, pois torna incontroversa a existência do trabalho em condições perigosas.

407. JORNALISTA. EMPRESA NÃO JORNALÍSTICA. JORNADA DE TRABALHO REDUZIDA. ARTS. 302 E 303 DA CLT. (DEJT divulgado em 22, 25 e 26.10.10). O jornalista que exerce funções típicas de sua profissão, independentemente do ramo de atividade do empregador, tem direito à jornada reduzida prevista no artigo 303 da CLT.

408. JUROS DE MORA. EMPRESA EM LIQUIDAÇÃO EXTRAJUDICIAL. SUCESSÃO TRABALHISTA. (DEJT divulgado em 22, 25 e 26.10.10) É devida a incidência de juros de mora em relação aos débitos trabalhistas de empresa em liquidação extrajudicial sucedida nos moldes dos arts. 10 e 448 da CLT. O sucessor responde pela obrigação do sucedido, não se beneficiando de qualquer privilégio a este destinado.

409. MULTA POR LITIGÂNCIA DE MÁ-FÉ. RECOLHIMENTO. PRESSUPOSTO RECURSAL. INEXIGIBILIDADE. (NOVA REDAÇÃO EM DECORRÊNCIA DO CPC DE 2015) — RES. N. 209/2016, DEJT DIVULGADO EM 01, 02 E 03.06.2016. O recolhimento do valor da multa imposta como sanção por litigância de má-fé (art. 81 do CPC de 2015 — art. 18 do CPC de 1973) não é pressuposto objetivo para interposição dos recursos de natureza trabalhista.

410. REPOUSO SEMANAL REMUNERADO. CONCESSÃO APÓS O SÉTIMO DIA CONSECUTIVO DE TRABALHO. ART. 7º, XV, DA CF. VIOLAÇÃO. (DEJT divulgado em 22, 25 e 26.10.2010) Viola o art. 7º, XV, da CF a concessão de repouso semanal remunerado após o sétimo dia consecutivo de trabalho, importando no seu pagamento em dobro.

411. SUCESSÃO TRABALHISTA. AQUISIÇÃO DE EMPRESA PERTENCENTE A GRUPO ECONÔMICO. RESPONSABILIDADE SOLIDÁRIA DO SUCESSOR POR DÉBITOS TRABALHISTAS DE EMPRESA NÃO ADQUIRIDA. INEXISTÊNCIA. (DEJT divulgado em 22, 25 e 26.10.2010). O sucessor não responde solidariamente por débitos trabalhistas de empresa não adquirida, integrante do mesmo grupo econômico da empresa sucedida, quando, à época, a empresa devedora direta era solvente ou idônea economicamente, ressalvada a hipótese de má-fé ou fraude na sucessão.

412. AGRAVO INTERNO OU AGRAVO REGIMENTAL. INTERPOSIÇÃO EM FACE DE DECISÃO COLEGIADA. NÃO CABIMENTO. ERRO GROSSEIRO. INAPLICABILIDADE DO PRINCÍPIO DA FUNGIBILIDADE RECURSAL (NOVA REDAÇÃO EM DECORRÊNCIA DO CPC DE 2015) — RES. N. 209/2016, DEJT DIVULGADO EM 01, 02 E 03.06.2016. É incabível agravo interno (art. 1.021 do CPC de 2015, art. 557, § 1º, do CPC de 1973) ou agravo regimental (art. 235 do RITST) contra decisão proferida por Órgão colegiado. Tais recursos destinam-se, exclusivamente, a impugnar decisão monocrática nas hipóteses previstas. Inaplicável, no caso, o princípio da fungibilidade ante a configuração de erro grosseiro.

413. AUXILIO-ALIMENTAÇÃO. ALTERAÇÃO DA NATUREZA JURÍDICA. NORMA COLETIVA OU ADESÃO AO PAT. (DEJT DIVULGADO EM 14, 15 E 16.2.12). A pactuação em norma coletiva conferindo caráter indenizatório à verba "auxílio-alimentação" ou a adesão posterior do empregador ao Programa de Alimentação do Trabalhador (PAT) não altera a natureza salarial da parcela, instituída anteriormente, para aqueles empregados que, habitualmente, já percebiam o benefício, a teor das Súmulas ns. 51, I, e 241 do TST. (***)

414. COMPETÊNCIA DA JUSTIÇA DO TRABALHO. EXECUÇÃO DE OFÍCIO. CONTRIBUIÇÃO SOCIAL REFERENTE AO SEGURO DE ACIDENTE DE TRABALHO (SAT). ARTS. 114, VIII, E 195, I, "A", DA CONSTITUIÇÃO DA REPÚBLICA. (Cancelada em decorrência da sua conversão na Súmula n. 454) — Res. 194/2014, DEJT divulgado em 21, 22 e 23.05.2014. Compete à Justiça do Trabalho a execução, de ofício, da contribuição referente ao Seguro de Acidente de Trabalho (SAT), que tem natureza de contribuição para a seguridade social (arts. 114, VIII, e 195, I, "a", da CF), pois se destina ao financiamento de benefícios relativos à incapacidade do empregado decorrente de infortúnio no trabalho (arts. 11 e 22 da Lei n. 8.212/1991).

415. HORAS EXTRAS. RECONHECIMENTO EM JUÍZO. CRITÉRIO DE DEDUÇÃO/ABATIMENTO DOS VALORES COMPROVADAMENTE PAGOS NO CURSO DO CONTRATO DE TRABALHO. (DEJT DIVULGADO EM 14, 15 E 16.2.12). A dedução das horas extras comprovadamente pagas daquelas reconhecidas em juízo não pode ser limitada ao mês de apuração, devendo ser integral e aferida pelo total das horas extraordinárias quitadas durante o período imprescrito do contrato de trabalho.

416. IMUNIDADE DE JURISDIÇÃO. ORGANIZAÇÃO OU ORGANISMO INTERNACIONAL. (DEJT DIVULGADO EM 14, 15 E 16.2.12). As organizações ou organismos internacionais gozam de imunidade absoluta de jurisdição quando amparados por norma internacional incorporada ao ordenamento jurídico brasileiro, não se lhes aplicando a regra do Direito Consuetudinário relativa à natureza dos atos praticados. Excepcionalmente, prevalecerá a jurisdição brasileira na hipótese de renúncia expressa à cláusula de imunidade jurisdicional.

417. PRESCRIÇÃO. RURÍCOLA. EMENDA CONSTITUCIONAL N. 28, DE 26.5.2000. CONTRATO DE TRABALHO EM CURSO. (DEJT DIVULGADO EM 14, 15 E 16.2.12). Não há prescrição total ou parcial da pretensão do trabalhador rural que reclama direitos relativos a contrato de trabalho que se encontrava em curso à época da promulgação da Emenda Constitucional n. 28, de 26.5.2000, desde que ajuizada a demanda no prazo de cinco anos de sua publicação, observada a prescrição bienal.

418. EQUIPARAÇÃO SALARIAL. PLANO DE CARGOS E SALÁRIOS. APROVAÇÃO POR INSTRUMENTO COLETIVO. AUSÊNCIA DE ALTERNÂNCIA DE CRITÉRIOS DE PROMOÇÃO POR ANTIGUIDADE E MERECIMENTO. (DEJT divulgado em 12, 13 e 16.4.2012) Não constitui óbice à equiparação salarial a existência de plano de cargos e salários que, referendado por norma coletiva, prevê critério de promoção apenas por merecimento ou antiguidade, não atendendo, portanto, o requisito de alternância dos critérios, previsto no art. 461, § 2º, da CLT. (***)

419. ENQUADRAMENTO. EMPREGADO QUE EXERCE ATIVIDADE EM EMPRESA AGROINDUSTRIAL. DEFINIÇÃO PELA ATIVIDADE PREPONDERANTE DA EMPRESA. (DJe Divulgado em 28.6.12) Considera-se rurícola empregado que, a despeito da atividade exercida, presta serviços a empregador agroindustrial (art. 3º, § 1º, da Lei n. 5.889, de 8.6.1973), visto que, neste caso, é a atividade preponderante da empresa que determina o enquadramento. **(Cancelada, Resol. n. 200/2015, DEJT 29.10.15)**

420. TURNOS ININTERRUPTOS DE REVEZAMENTO. ELASTECIMENTO DA JORNADA DE TRABALHO. NORMA COLETIVA COM EFICÁCIA RETROATIVA. INVALIDADE. (DJe Divulgado em 28.6.12) É inválido o instrumento normativo que, regularizando situações pretéritas, estabelece jornada de oito horas para o trabalho em turnos ininterruptos de revezamento.

421. HONORÁRIOS ADVOCATÍCIOS. AÇÃO DE INDENIZAÇÃO POR DANOS MORAIS E MATERIAIS DECORRENTES DE ACIDENTE DE TRABALHO OU DE DOENÇA PROFISSIONAL. AJUIZAMENTO PERANTE A JUSTIÇA COMUM ANTES DA PROMULGAÇÃO DA EMENDA CONSTITUCIONAL N. 45/2004. POSTERIOR REMESSA DOS AUTOS À JUSTIÇA DO TRABALHO. ART. 85 DO CPC DE 2015. ART. 20 DO CPC DE 1973. INCIDÊNCIA. (atualizada em decorrência do CPC de 2015) — Res. n. 208/2016, DEJT divulgado em 22, 25 e 26.04.2016. A condenação em honorários advocatícios nos autos de ação de indenização por danos morais e materiais decorrentes de acidente de trabalho ou de doença profissional, remetida à Justiça do Trabalho após ajuizamento na Justiça comum, antes da vigência da Emenda Constitucional n. 45/2004, decorre da mera sucumbência, nos termos do art. 85 do CPC de 2015 (art. 20 do CPC de 1973), não se sujeitando aos requisitos da Lei n. 5.584/1970. (***)

ORIENTAÇÃO JURISPRUDENCIAL DO TRIBUNAL SUPERIOR DO TRABALHO — SEÇÃO DE DISSÍDIOS INDIVIDUAIS — 1 — TRANSITÓRIA

TEMAS REFERENTES A MATÉRIAS TRANSITÓRIAS E/OU DE APLICAÇÃO RESTRITA NO TST OU A DETERMINADO TRIBUNAL REGIONAL

ÍNDICE

ORIENTAÇÕES JURISPRUDÊNCIAIS DA SDI-1 — transitórias

Temas não inseridos na Orientação Jurisprudencial do Tribunal, por tratarem de matérias transitórias e/ou de aplicação restrita no TST ou a determinado Tribunal Regional. Referidas Orientações não estão inseridas no índice geral desta obra, justamente em face da sua transitoriedade e da sua aplicação restrita.

01. FGTS. MULTA DE 40%. COMPLEMENTAÇÃO. INDEVIDA. Inserida em 2.10.97. A rescisão contratual operada antes da vigência da Constituição Federal de 1988, com o pagamento da multa sobre os depósitos do FGTS no percentual de 10%, é ato jurídico perfeito, não se admitindo retroatividade. Assim, indevido o deferimento da complementação, a título de diferenças de multa do FGTS, do percentual de 30%, referente ao período do primeiro contrato rescindindo e pago de acordo com a norma vigente à época. (Lei n. 5.107/66, art. 6º). **(título alterado e inserido dispositivo, DJ 20.4.05)**

02. CSN. LICENÇA REMUNERADA. É devido o valor das horas extras até então habitualmente prestadas. **(inserida em 2.10.1997)**

03. SÚMULA N. 337. INAPLICABILIDADE. A Súmula n. 337 do TST é inaplicável a recurso de revista interposto anteriormente à sua vigência. **(título alterado e inserido dispositivo, DJ 20.4.05)**

04. MINERAÇÃO MORRO VELHO. ADICIONAL DE INSALUBRIDADE. BASE DE CÁLCULO. ACORDO COLETIVO. PREVALÊNCIA. (Cancelada Res. 175, 24.5.11 — DJe/27.5.11). O acordo coletivo estabelecido com a Mineração Morro Velho sobrepõe-se aos comandos da lei, quando as partes, com o propósito de dissipar dúvidas e nos exatos limites de seu regular direito de negociação, livremente acordaram parâmetros para a base de cálculo do adicional de insalubridade.

05. SERVITA. BONIFICAÇÃO DE ASSIDUIDADE E PRODUTIVIDADE PAGA SEMANALMENTE. REPERCUSSÃO NO REPOUSO SEMANAL REMUNERADO. Inserida em 2.10.97. O valor das bonificações de assiduidade e produtividade, pago semanalmente e em caráter permanente pela empresa Servita, visando incentivar o melhor rendimento dos empregados, possui natureza salarial, repercutindo no cálculo repouso semanal remunerado. **(título alterado e inserido dispositivo, DJ 20.4.05)**

06. ADICIONAL DE PRODUTIVIDADE. DECISÃO NORMATIVA. VIGÊNCIA. LIMITAÇÃO. O adicional de produtividade previsto na decisão normativa, proferida nos Autos do Dissídio Coletivo n. DC-TST 6/79, tem sua eficácia limitada à vigência do respectivo instrumento normativo. **(inserida em 19.10.00)**

07. BANRISUL. COMPLEMENTAÇÃO DE APOSENTADORIA. ADI E CHEQUE-RANCHO. NÃO INTEGRAÇÃO. Inserida em 19.10.00. As parcelas ADI e cheque-rancho não integram a complementação de aposentadoria dos empregados do Banrisul. (ex-OJ Transitória n. 8 da SBDI-1 — inserida em 19.10.00. **(nova redação em decorrência da incorporação da Orientação Jurisprudencial Transitória n. 8 da SBDI-I, DJ 20.4.05)**

08. BANRISUL. COMPLEMENTAÇÃO DE APOSENTADORIA. CHEQUE-RANCHO. NÃO INTEGRAÇÃO. Inserida em 19.10.00. **(cancelada em decorrência da sua incorporação à redação da Orientação Jurisprudencial Transitória n. 7 da SBDI-1, DJ 20.4.05)**

09. BNCC. Garantia de emprego. Não assegurada. O Regulamento do BNCC não garante a estabilidade ao empregado nos moldes daquela prevista na CLT, mas apenas a garantia no emprego, ou seja, a garantia contra a despedida imotivada. **(inserida em 19.10.00)**

10. BNCC. JUROS. SÚMULA N. 304/TST. INAPLICÁVEL. A extinção do BNCC não foi decretada pelo Banco Central mas por deliberação de seus acionistas. Portanto, inaplicável a Súmula n. 304/TST e, em seus débitos trabalhistas, devem incidir os juros de mora. **(inserida em 19.10.00)**

11. COMPLEMENTAÇÃO DE APOSENTADORIA. CEAGESP. Para o empregado se beneficiar da aposentadoria integral, prevista no § 1º do art. 16 do Regulamento Geral n. 1/1963, da CEAGESP, o empregado deverá contar com 30 anos ou mais de efetivo serviço à CEAGESP. **(inserida em 19.10.00)**

12. CSN. ADICIONAL DE INSALUBRIDADE E DE PERICULOSIDADE. SALÁRIO COMPLESSIVO. PREVALÊNCIA DO ACORDO COLETIVO. Inserida em 19.10.00. O pagamento do adicional de insalubridade e periculosidade embutido no salário contratual dos empregados da CSN não caracteriza a complessividade salarial uma vez que essa forma de pagamento decorre de acordo coletivo há muitos anos em vigor. **(inserido dispositivo, DJ 20.4.05)**

13. CSN. LICENÇA REMUNERADA. AVISO PRÉVIO. CONCOMITÂNCIA. POSSIBILIDADE. Devido às circunstâncias especialíssimas ocorridas na CSN (Próspera), considera-se válida a concessão de aviso prévio durante o período da licença remunerada. **(inserida em 19.10.00)**

14. DEFENSORIA PÚBLICA. OPÇÃO PELA CARREIRA. Servidor investido na função de defensor público até a data em que foi instalada a Assembleia Nacional Constituinte tem direito à opção pela carreira, independentemente de realização de concurso público (celetista ou estatutário), bastando que a opção tenha sido feita até a data supra. **(inserida em 19.10.00)**

15. ENERGIPE. PARTICIPAÇÃO NOS LUCROS. INCORPORAÇÃO ANTERIOR À CF/1988. NATUREZA SALARIAL. A parcela participação nos lucros, incorporada ao salário do empregado anteriormente à CF/1988, possui natureza salarial e gera reflexos em todas as verbas salariais. **(inserida em 19.10.00)**

16. AGRAVO DE INSTRUMENTO INTERPOSTO NA VIGÊNCIA DA LEI N. 9.756/1998 E ANTERIORMENTE À EDIÇÃO DA IN N. 16/1999 DO TST. TRASLADO DE PEÇAS. OBRIGATORIEDADE. Não há como dizer que a exigência de traslado de peças necessárias ao julgamento de ambos os recursos (o agravo e o recurso principal) somente se tornou obrigatória após a edição da IN n. 16/1999, pois trata-se apenas de meio destinado à interpretação acerca das novas exigências que se tornaram efetivas a partir da vigência da Lei n. 9.756/1998. **(inserida em 13.2.01)**

17. AGRAVO DE INSTRUMENTO INTERPOSTO NA VIGÊNCIA DA LEI N. 9.756/1998. EMBARGOS DECLARATÓRIOS. Para comprovar a tempestividade do Recurso de Revista, basta a juntada da certidão de publicação do acórdão dos Embargos Declaratórios opostos perante o Regional, se conhecidos. **(inserida em 13.2.01)**

18. AGRAVO DE INSTRUMENTO INTERPOSTO NA VIGÊNCIA DA LEI N. 9.756/1998. PEÇA INDISPENSÁVEL. CERTIDÃO DE PUBLICAÇÃO DO ACÓRDÃO REGIONAL. NECESSÁRIA A JUNTADA, SALVO SE NOS AUTOS HOUVER ELEMENTOS QUE ATESTEM A TEMPESTIVIDADE DA REVISTA. A certidão de publicação do acórdão regional é peça essencial para a regularidade do traslado do agravo de instrumento, porque imprescindível para aferir a tempestividade do recurso de revista e para viabilizar, quando provido, seu imediato julgamento, salvo se nos autos houver elementos que atestem a tempestividade da revista. **(inserida em 13.2.01)**

19. AGRAVO DE INSTRUMENTO. INTERPOSTO NA VIGÊNCIA DA LEI N. 9.756/1998. PEÇAS DISPENSÁVEIS À COMPREENSÃO DA CONTROVÉRSIA. DESNECESSÁRIA A JUNTADA. Mesmo na vigência da Lei n. 9.756/1998, a ausência de peças desnecessárias à compreensão da controvérsia, ainda que relacionadas no inciso I do § 5º do art. 897 da CLT, não implica o não-conhecimento do Agravo. **(inserida em 13.2.01)**

20. AGRAVO DE INSTRUMENTO. MINISTÉRIO PÚBLICO. PRESSUPOSTOS EXTRÍNSECOS. Para aferição da tempestividade do AI interposto pelo Ministério Público, desnecessário o traslado da certidão de publicação do despacho agravado, bastando a juntada da cópia da intimação pessoal na qual conste a respectiva data de recebimento (LC n. 75/1993, art. 84, IV). **(inserida em 13.2.01)**

21. AGRAVO DE INSTRUMENTO. TRASLADO. CERTIDÃO. IN N. 6/1996 DO TST. Certidão do Regional afirmando que o AI está formado de acordo com IN n. 6/96 do TST não confere autenticidade às peças. **(inserida em 13.2.01)**

22. AUTENTICAÇÃO. DOCUMENTOS DISTINTOS. CÓPIA. VERSO E ANVERSO. Necessidade. Distintos os documentos contidos no verso e anverso, é necessária a autenticação de ambos os lados da cópia. **(inserida em 13.2.01) (Cancelada em face de sua conversão na Orientação Jurisprudencial n. 287 da SBDI-I — DJ 24.11.03)**

23. AUTENTICAÇÃO. DOCUMENTO ÚNICO. CÓPIA. VERSO E ANVERSO. Inexistindo impugnação da parte contrária, bem como o disposto no art. 795 da CLT, é válida a autenticação aposta em uma face da folha que contenha documento que continua no verso, por constituir documento único. **(inserida em 13.2.01)**

24. ABONO. COMPLEMENTAÇÃO DE APOSENTADORIA. REAJUSTE. CVRD (VALIA). A Resolução n. 7/1989 da CVRD, que instituiu o benefício "abono aposentadoria" (art. 6º), determina que o reajuste seja feito na mesma época e com o mesmo índice aplicado pelo INSS ou observada a variação do IGP ou da OTN, aplicando-se o maior deles. **(DJ 9.12.03)**

25. BANCO MERIDIONAL. COMPLEMENTAÇÃO DE APOSENTADORIA. REAJUSTES. EXTENSÃO. Os reajustes salariais concedidos sobre quaisquer parcelas aos empregados ativos devem ser estendidos aos inativos, com exclusão apenas das parcelas ressalvadas expressamente no Regulamento do Banco. **(DJ 9.12.03)**

26. BANERJ. PLANO BRESSER. ACORDO COLETIVO DE TRABALHO DE 1991. Não é norma programática. É de eficácia plena e imediata o *caput* da cláusula 5ª do Acordo Coletivo de Trabalho de 1991/1992 celebrado pelo Banerj contemplando o pagamento de diferenças salariais do Plano Bresser, sendo devido o percentual de 26,06% nos meses de janeiro a agosto de 1992, inclusive. ***(DJ 9.12.03)***

27. BANRISUL. GRATIFICAÇÃO JUBILEU. PRESCRIÇÃO. A Gratificação Jubileu, instituída pela Resolução n. 1.761/1967, que foi alterada, reduzindo-se o seu valor, pela Resolução n. 1.885/1970, era devida a todo empregado que completasse 25, 30, 35 e 40 anos de serviço no Banco. Era vantagem a ser paga de uma única vez, na data da aposentadoria, fluindo desta data o prazo prescricional, sendo inaplicável o Súmula n. 294 do TST, que é restrito aos casos em que se postulam prestações sucessivas. **(DJ 9.12.03)**

28. CDHU. SUCESSÃO TRABALHISTA. Considerando a moldura fática delineada pelo Regional, conduz-se à ilação de que a CDHU foi a sucessora da CONESP, uma vez que ocupou os imóveis e assumiu os contratos anteriores, dando sequência às obras com o mesmo pessoal. **(DJ 9.12.03)**

29. CEEE. EQUIPARAÇÃO SALARIAL. QUADRO DE CARREIRA. REESTRUTURAÇÃO EM 1991. VÁLIDO. O quadro de carreira implantado na CEEE em 1977 foi homologado pelo Ministério do Trabalho. A reestruturação procedida em 1991, mesmo não homologada, é válida. **(DJ 9.12.03)**

30. CISÃO PARCIAL DE EMPRESA. RESPONSABILIDADE SOLIDÁRIA. PROFORTE. É solidária a responsabilidade entre a empresa cindida subsistente e aquelas que absorverem parte do seu patrimônio, quando constatada fraude na cisão parcial. **(DJ 9.12.03)**

31. PLANO BRESSER E VERÃO. ACORDO COLETIVO AUTORIZANDO A QUITAÇÃO ATRAVÉS DA CONCESSÃO DE FOLGAS REMUNERADAS. CONVERSÃO EM PECÚNIA APÓS A EXTINÇÃO DO CONTRATO DE TRABALHO. INVIABILIDADE. Acordo coletivo celebrado entre as partes autorizando a quitação dos valores devidos a título de Planos Bresser e Verão em folgas remuneradas é válido. Incabível a conversão do valor correspondente às folgas remuneradas em pecúnia quando extinto o contrato de trabalho pelo advento de aposentadoria voluntária. **(DJ 9.12.03)**

32. COMPLEMENTAÇÃO DE APOSENTADORIA. BANCO DO BRASIL. SUCUMBÊNCIA. INVERSÃO. Imposta condenação originária em diferenças de complementação de aposentadoria, por ocasião do julgamento de recurso de revista, imperativo o exame no acórdão, sob pena de negativa de prestação jurisdicional, de postulação aduzida em contestação e/ou em contrarrazões visando à limitação da condenação à média trienal e ao teto, matéria insuscetível de prequestionamento. **(DJ 10.11.04)**

33. ADICIONAL DE INSALUBRIDADE. BASE DE CÁLCULO, NA VIGÊNCIA DO DECRETO-LEI N. 2.351/1987: PISO NACIONAL DE SALÁRIOS. Na vigência do Decreto-lei n. 2.351/1987, o piso nacional de salários é a base de cálculo para o adicional de insalubridade. (ex-OJ n. 3 da SBDI-1 — inserida em 14.3.94). **(conversão da Orientação Jurisprudencial n. 3 da SBDI-I, DJ 20.4.05)**

34. BRDE. ENTIDADE AUTÁRQUICA DE NATUREZA BANCÁRIA. LEI N. 4.595/1964, ART. 17. RES. BACEN 469/1970, ART. 8º. CLT, ART. 224, § 2º. CF, ART. 173, § 1º. O Banco Regional de Desenvolvimento do Extremo Sul — BRDE é uma entidade autárquica de natureza bancária, e, como tal, submete-se ao art. 173, § 1º, da Constituição Federal de 1988. Desta forma, sendo a natureza das atividades por ele exercidas similares às de qualquer instituição financeira, seus empregados são bancários, regendo-se pelas normas especiais a eles referentes, inclusive o art. 224 da CLT. (ex-OJ n. 22 da SBDI-1 — inserida em 14.3.94). **(conversão da Orientação Jurisprudencial n. 22 da SBDI-1, DJ 20.4.05)**

35. REAJUSTES SALARIAIS. BIMESTRAIS E QUADRIMESTRAIS (LEI N. 8.222/1991). SIMULTANEAMENTE INVIÁVEL. Nova antecipação bimestral, na mesma época do reajuste quadrimestral, constitui verdadeiro *bis in idem*, pois o bimestre anterior, que servia como base de cálculo, já teve o INPC considerado para fim do reajuste quadrimestral. (ex-OJ n. 68 da SBDI-1 — inserida em 28.11.95). **(conversão da Orientação Jurisprudencial n. 68 da SBDI-I, DJ 20.4.05)**

36. HORA "IN ITINERE". TEMPO GASTO ENTRE A PORTARIA DA EMPRESA E O LOCAL DO SERVIÇO. DEVIDA. AÇOMINAS. (Mantida Res. 175, 24.5.11 — DJe27.5.11). Configura-se como hora "in itinere" o tempo gasto pelo obreiro para alcançar seu local de trabalho a partir da portaria da Açominas. (ex-OJ n. 98 da SDI-1 — inserida em 30.05.97)(***)

37. MINASCAIXA. LEGITIMIDADE PASSIVA *AD CAUSAM* ENQUANTO NÃO CONCLUÍDO O PROCEDIMENTO DE LIQUIDAÇÃO EXTRAJUDICIAL. A Minascaixa tem legitimidade passiva *ad causam* para figurar nas demandas contra ela ajuizadas enquanto não tiver concluído o processo de liquidação extrajudicial ao qual se encontra submetida. (ex-OJ n. 109 da SBDI-1 — inserida em 1.10.97). **(conversão da Orientação Jurisprudencial n. 109 da SBDI-1, DJ 20.4.05)**

38. BANCO MERIDIONAL. CIRCULAR 34046/1989. DISPENSA SEM JUSTA CAUSA. A inobservância dos procedimentos disciplinados na Circular 34046/1989 do Banco Meridional, norma de caráter eminentemente procedimental, não é causa para a nulidade de dispensa sem justa causa. (ex-OJ n. 137 da SBDI-I — inserida em 27.11.98). **(conversão da Orientação Jurisprudencial n. 137 da SBDI-1, DJ 20.4.05)**

39. FGTS. OPÇÃO RETROATIVA. CONCORDÂNCIA DO EMPREGADOR. NECESSIDADE. A concordância do empregador é indispensável para que o empregado possa optar retroativamente pelo sistema do Fundo de Garantia por Tempo de Serviço. (ex-OJ n. 146 da SBDI-1 — inserida em 27.11.98). **(conversão da Orientação Jurisprudencial n. 146 da SBDI-1, DJ 20.4.05)**

40. BANRISUL. COMPLEMENTAÇÃO DE APOSENTADORIA. A resolução 1600/1964, vigente à época da admissão do empregado, incorporou-se ao contrato de trabalho, pelo que sua alteração não poderá prejudicar o direito adquirido, mesmo em virtude da edição da Lei n. 6.435/1977. Incidência das Súmulas ns. 51 e 288. (ex-OJ n. 155 da SBDI-1 — inserida em 26.3.99). **(conversão da Orientação Jurisprudencial n. 155 da SBDI-1, DJ 20.4.05)**

41. COMPLEMENTAÇÃO DE APOSENTADORIA. FUNDAÇÃO CLEMENTE DE FARIA. BANCO REAL. É válida a cláusula do Estatuto da Fundação Clemente de Faria que condicionou o direito à complementação de aposentadoria à existência de recursos financeiros, e também prévia a suspensão, temporária ou definitiva, da referida complementação. (ex-OJ n. 157 da SDI-1 — inserida em 26.3.99). **(conversão da Orientação Jurisprudencial n. 157 da SDI-I, DJ 20.4.05)**

42. PETROBRAS. PENSÃO POR MORTE DO EMPREGADO ASSEGURADA NO MANUAL DE PESSOAL. ESTABILIDADE DECENAL. OPÇÃO PELO REGIME DO FGTS. (inserido item II à redação) (Resol. n. 182/TST, de 16.4.12, DEJT 19.4.12)

I — Tendo o empregado adquirido a estabilidade decenal, antes de optar pelo regime do FGTS, não há como negar-se o direito à pensão, eis que preenchido o requisito exigido pelo Manual de Pessoal. (ex-OJ n. 166 da SDI-1 — inserida em 26.3.1999)

II — O benefício previsto no manual de pessoal da Petrobras, referente ao pagamento de pensão e auxílio-funeral aos dependentes do empregado que vier a falecer no curso do contrato de trabalho, não se estende à hipótese em que sobrevém o óbito do trabalhador quando já extinto o contrato de trabalho.

43. SUDS. GRATIFICAÇÃO. CONVÊNIO DA UNIÃO COM ESTADO. NATUREZA SALARIAL ENQUANTO PAGA. A parcela denominada "Complementação SUDS" paga aos servidores em virtude de convênio entre o Estado e a União Federal tem natureza salarial, enquanto para, pelo que repercute nos demais créditos trabalhistas do empregado. **(conversão da Orientação Jurisprudencial n. 168 da SBDI-1, DJ 20.4.05)**

44. ANISTIA. LEI N. 6.683/79. TEMPO DE AFASTAMENTO. NÃO COMPUTÁVEL PARA EFEITO DE INDENIZAÇÃO E ADICIONAL POR TEMPO DE SERVIÇO, LICENÇA-PRÊMIO E PROMOÇÃO. O tempo de afastamento do anistiado pela Lei n. 6.683/79 não é computável para efeito do pagamento de indenização por tempo de serviço, licença-prêmio e promoção. (ex-OJ n. 176 da SDI-1 inserida em 8.11.00). **(conversão da Orientação Jurisprudencial n. 176 da SBDI-1, DJ 20.4.05)**

45. COMISSIONISTA PURO. ABONO. LEI N. 8.178/1991. NÃO INCORPORAÇÃO. É indevida a incorporação do abono instituído pela Lei n. 8.178/1991 aos empregados comissionistas. (ex-OJ n. 180 da SBDI-1 — inserida em 8.11.00). **(conversão da Orientação Jurisprudencial n. 180 da SBDI-1, DJ 20.4.05)**

46. COMPLEMENTAÇÃO DE APOSENTADORIA. BANCO ITAÚ. O empregado do Banco Itaú admitido na vigência da Circular BB-05/1966, que passou para a inatividade posteriormente à vigência da RP-40/1974, está sujeito ao implemento da condição "idade mínima de 55 anos". (ex-OJ n. 183 da SBDI-1 — inserida em 8.11.00). **(conversão da Orientação Jurisprudencial n. 183 da SBDI-1, DJ 20.4.05)**

47. DÉCIMO TERCEIRO SALÁRIO. DEDUÇÃO DA 1ª PARCELA. URV. LEI N. 8.880/1994. Ainda que o adiantamento do 13º salário tenha ocorrido anteriormente à edição da Lei n. 8.880/1994, as deduções deverão ser realizadas considerando o valor da antecipação, em URV, na data do efetivo pagamento, não podendo a 2ª parcela ser inferior à metade do 13º salário, em URV. (ex-OJ n. 187 da SBDI-1 — inserida em 8.11.00). **(conversão da Orientação Jurisprudencial n. 187 da SBDI-I, DJ 20.4.05)**

48. PETROMISA. SUCESSÃO. PETROBRÁS. LEGITIMIDADE. Em virtude da decisão tomada em assembleia, a Petrobrás é a real sucessora da Petromisa, considerando que recebeu todos os bens móveis e imóveis da extinta Petromisa. (ex-OJ n. 202 da SDI-1 — inserida em 8.11.00). **(conversão da Orientação Jurisprudencial n. 202 da SDI-1, DJ 20.4.05)**

49. SERPRO. NORMA REGULAMENTAR. REAJUSTES SALARIAIS. SUPERVENIÊNCIA DE SENTENÇA NORMATIVA. PREVALÊNCIA. Durante a vigência do instrumento normativo, é lícita ao empregador a obediência à norma coletiva (DC 8948/1990) que alterou as diferenças interníveis previstas no Regulamento de Recursos Humanos. (ex-OJ n. 212 da SBDI-1 — inserida em 8.11.00). **(conversão da Orientação Jurisprudencial n. 212 da SBDI-1, DJ 20.4.05)**

50. FÉRIAS. ABONO INSTITUÍDO POR INSTRUMENTO NORMATIVO E TERÇO CONSTITUCIONAL. SIMULTANEIDADE INVIÁVEL. O abono de férias decorrente de instrumento normativo e o abono de 1/3 (um terço) previsto no art. 7º, XVII, da CF/1988 têm idêntica natureza jurídica, destinação e finalidade, constituindo-se *bis in idem* seu pagamento simultâneo, sendo legítimo o direito do empregador de obter compensação de valores porventura pagos. (ex-OJ n. 231 da SBDI-1 — inserida em 20.6.01). **(conversão da Orientação Jurisprudencial n. 231 da SBDI-1, DJ 20.4.05)**

51. COMPLEMENTAÇÃO DE APOSENTADORIA. CAIXA ECONÔMICA FEDERAL. AUXÍLIO-ALIMENTAÇÃO. SUPRESSÃO. SÚMULAS NS. 51 E 288. A determinação de supressão do pagamento de auxílio-alimentação aos aposentados e pensionistas da Caixa Econômica Federal, oriunda do Ministério da Fazenda, não atinge aqueles ex-empregados que já percebiam o benefício. (ex-OJ n. 250 da SBDI-1 — inserida em 13.3.02). **(conversão da Orientação Jurisprudencial n. 250 da SDI-1, DJ 20.4.05)**(***)

52. AGRAVO DE INSTRUMENTO. ACÓRDÃO DO TRT NÃO ASSINADO. INTERPOSTO ANTERIORMENTE À INSTRUÇÃO NORMATIVA N. 16/1999. Nos agravos de instrumento interpostos anteriormente à edição da Instrução Normativa n. 16/1999, a ausência de assinatura na cópia não a torna inválida, desde que conste o carimbo aposto pelo servidor certificando que confere com o original. (ex-OJ n. 281 da SBDI-1 — inserida em 11.8.03). **(conversão da Orientação Jurisprudencial n. 281 da SBDI-1, DJ 20.4.05)**

53. CUSTAS. EMBARGOS DE TERCEIRO. INTERPOSTOS ANTERIORMENTE À LEI N. 10.537/2002. INEXIGÊNCIA DE RECOLHIMENTO PARA A INTERPOSIÇAO DE AGRAVO DE PETIÇÃO. Tratando-se de embargos de terceiro, incidentes em execução, ajuizados anteriormente à Lei n. 10.537/2002, incabível a exigência do recolhimento de custas para a interposição de agravo de petiçao por falta de previsão legal. (ex-OJ n. 291 da SBDI-1 — inserida em 11.8.03). **(conversão da Orientação Jurisprudencial n. 291 da SBDI-1, DJ 20.4.05)**

54. PLANO ECONÔMICO (COLLOR). EXECUÇÃO. CORREÇÃO MONETÁRIA. ÍNDICE DE 84,32%. LEI N. 7.738/89. APLICÁVEL. Aplica-se o índice de 84,32%, relativo ao ICP de março de 1990, para a correção monetária do débito trabalhista, por ocasião da execução, nos termos da Lei n. 7.738/89. (ex-OJ n. 203 da SBDI-1 — inserida em 8.11.00). **(conversão da Orientação Jurisprudencial n. 203 da SBDI-1, DJ 20.4.05)**

55. PLANO COLLOR. SERVIDORES CELETISTAS DO GDF. LEGISLAÇÃO FEDERAL. PREVALÊNCIA. Inexiste direito adquirido às diferenças salariais de 84,32% do IPC de março de 1990 aos servidores celetistas da Administração Direta, Fundações e Autarquias do Distrito Federal. (ex-OJs n. 218 e 241 da SBDI-1 — inseridas respectivamente em 2.4.01 e 20.6.01). **(conversão da Orientação Jurisprudencial n. 218 da SDI-1 e incorporada a Orientação Jurisprudencial n. 241 da SBDI-1, DJ 20.4.05)**

56. ANISTIA. LEI N. 8.878/94. EFEITOS FINANCEIROS DEVIDOS A PARTIR DO EFETIVO RETORNO À ATIVIDADE. Os efeitos financeiros da anistia concedida pela Lei n. 8.878/94 somente serão devidos a partir do efetivo retorno à atividade, vedada a remuneração em caráter retroativo. (ex-OJ n. 221 da SDI-1 — inserida em 20.6.01). **(conversão da Orientação Jurisprudencial n. 221 da SDI-1, DJ 20.4.05)**

57. ADICIONAL DE INSALUBRIDADE. DEFICIÊNCIA DE ILUMINAMENTO. LIMITAÇÃO. Somente após 26.2.1991 foram, efetivamente, retiradas do mundo jurídico as normas ensejadoras do direito ao adicional de insalubridade por iluminamento insuficiente no local da prestação de serviço, como previsto na Portaria n. 3751/1990 do Ministério do Trabalho. (ex-OJ n. 153 da SBDI-1 — inserida em 26.3.99). **(conversão da Orientação Jurisprudencial n. 153 da SBDI-1, DJ 20.4.05)**

58. URP'S DE JUNHO E JULHO DE 1988. SUSPENSÃO DO PAGAMENTO. DATA-BASE EM MAIO. DECRETO-LEI N. 2.425/1988. INEXISTÊNCIA DE VIOLAÇÃO A DIREITO ADQUIRIDO. O Decreto-lei n. 2.425, de 7.4.1988, não ofendeu o direito adquirido dos empregados com data-base em maio, pelo que não fazem jus às URP's de junho e julho de 1988. (ex-OJ n. 214 da SBDI-1 — inserida em 8.11.00). **(conversão da Orientação Jurisprudencial n. 214 da SBDI-1, DJ 20.4.05)**

59. INTERBRAS. SUCESSÃO. RESPONSABILIDADE. A Petrobras não pode ser responsabilizada solidária ou subsidiariamente pelas obrigações trabalhistas da extinta Interbras, da qual a União é a real sucessora, nos termos do art. 20 da Lei n. 8.029, de 12.4.1990. **(atual art. 23, em face da renumeração dada pela Lei n. 8.154, de 28.12.1990)**

60. ADICIONAL POR TEMPO DE SERVIÇO. BASE DE CÁLCULO. SALÁRIO-BASE. ART. 129 DA CONSTITUIÇÃO DO ESTADO DE SÃO PAULO (republicada em decorrência de erro material). O adicional por tempo de serviço — quinquênio —, previsto no art. 129 da Constituição do Estado de São Paulo, tem como base de cálculo o vencimento básico do servidor público estadual, ante o disposto no art. 11 da Lei Complementar do Estado de São Paulo n. 712, de 12.4.1993. **DJ 14.3.08 e Republicada no DJe do dia 11.4.11, por ter saído com erro material.**

61. AUXÍLIO CESTA-ALIMENTAÇÃO PREVISTO EM NORMA COLETIVA. CEF. CLÁUSULA QUE ESTABELECE NATUREZA INDENIZATÓRIA À PARCELA. EXTENSÃO AOS APOSENTADOS E PENSIONISTAS. IMPOSSIBILIDADE. Havendo previsão em cláusula de norma coletiva de trabalho de pagamento mensal de auxílio cesta-alimentação somente a empregados em atividade, dando-lhe caráter indenizatório, é indevida a extensão desse benefício aos aposentados e pensionistas. Exegese do art. 7º, XXVI, da Constituição Federal. **(DJ 14.3.08)**(***)

62. PETROBRÁS. COMPLEMENTAÇÃO DE APOSENTADORIA. AVANÇO DE NÍVEL. CONCESSÃO DE PARCELA POR ACORDO COLETIVO APENAS PARA OS EMPREGADOS DA ATIVA. Extensão para os inativos. Artigo 41 do regulamento do plano de benefícios da Petros **(DJe divulgado em 3, 4 e 5.12.2008).** Ante a natureza de aumento geral de salários, estende-se à complementação de aposentadoria dos ex-empregados da Petrobras benefício concedido indistintamente a todos os empregados da ativa e estabelecido em norma coletiva, prevendo a concessão de aumento de nível salarial — "avanço de nível" —, a fim de preservar a paridade entre ativos e inativos assegurada no art. 41 do Regulamento do Plano de Benefícios da Fundação Petrobras de Seguridade Social — Petros.

63. PETROBRAS. COMPLEMENTAÇÃO DE APOSENTADORIA. INTEGRALIDADE. CONDIÇÃO. IDADE MÍNIMA. LEI N. 6.435, DE 15.7.1977 (DJe divulgado em 3, 4 e 5.12.2008). Os empregados admitidos na vigência do Decreto n. 81.240, de 20.1.1978, que regulamentou a Lei n. 6.435, de 15.7.1977, ainda que anteriormente à alteração do Regulamento do Plano de Benefícios da Petros, sujeitam-se à condição "idade mínima de 55 anos" para percepção dos proventos integrais de complementação de aposentadoria.

64. PETROBRAS. PARCELAS GRATIFICAÇÃO CONTINGENTE E PARTICIPAÇÃO NOS RESULTADOS DEFERIDAS POR NORMA COLETIVA A EMPREGADOS DA ATIVA. NATUREZA JURÍDICA NÃO SALARIAL. NÃO INTEGRAÇÃO NA COMPLEMENTAÇÃO DE APOSENTADORIA (DJe divulgado em 3, 4 e 5.12.2008). As parcelas gratificação contingente e participação nos resultados, concedidas por força de acordo coletivo a empregados da Petrobras em atividade, pagas de uma única vez, não integram a complementação de aposentadoria.

65. REPRESENTAÇÃO JUDICIAL DA UNIÃO. ASSISTENTE JURÍDICO. APRESENTAÇÃO DO ATO DE DESIGNAÇÃO (DJe divulgado em 3, 4 e 5.12.2008). A ausência de juntada aos autos de documento que comprove a designação do assistente jurídico como representante judicial da União (art. 69 da Lei Complementar n. 73, de 10.2.1993) importa irregularidade de representação.

66. SPTRANS. RESPONSABILIDADE SUBSIDIÁRIA. NÃO CONFIGURAÇÃO. CONTRATO DE CONCESSÃO DE SERVIÇO PÚBLICO. TRANSPORTE COLETIVO (DJe divulgado em 3, 4 e 5.12.2008). A atividade da São Paulo Transportes S/A — SPTrans de gerenciamento e fiscalização dos serviços prestados pelas concessionárias de transporte público, atividade descentralizada da Administração Pública, não se confunde com a terceirização de mão de obra, não se configurando a responsabilidade subsidiária.

67. TELEMAR. PRIVATIZAÇÃO. PLANO DE INCENTIVO À RESCISÃO CONTRATUAL (PIRC). PREVISÃO DE PAGAMENTO DA INDENIZAÇÃO COM REDUTOR DE 30%. APLICAÇÃO LIMITADA AO PERÍODO DA REESTRUTURAÇÃO. (DJe divulgado em 3, 4 e 5.12.2008). Não é devida a indenização com redutor de 30%, prevista no Plano de Incentivo à Rescisão Contratual da Telemar, ao empregado que, embora atenda ao requisito estabelecido de não haver aderido ao PIRC, foi despedido em data muito posterior ao processo de reestruturação da empresa, e cuja dispensa não teve relação com o plano.

68. BANCO DO ESTADO DE SÃO PAULO S.A. — BANESPA. CONVENÇÃO COLETIVA. REAJUSTE SALARIAL. SUPERVENIÊNCIA DE ACORDO EM DISSÍDIO COLETIVO. PREVALÊNCIA (DJe divulgado em 3, 4 e 5.11.2009). O acordo homologado no Dissídio Coletivo n. TST — DC — 810.950/2001.3, que estabeleceu a garantia de emprego aos empregados em atividade do Banco do Estado de São Paulo S.A. — Banespa e que, portanto, não se aplica aos empregados aposentados, prevalece sobre a fixação do reajuste salarial previsto na convenção coletiva firmada entre a Federação Nacional do Bancos — Fenaban e os sindicatos dos bancários, ante a consideração do conjunto das cláusulas constantes do acordo e em respeito às disposições dos arts. 5º, XXXVI, e 7º, XXVI, da CF/1988.

69. BANCO DO BRASIL. COMPLEMENTAÇÃO DE APOSENTADORIA. ALTERAÇÃO DO PLANO DE CARGOS COMISSIONADOS. EXTENSÃO AOS INATIVOS (DeJT divulgado em 26, 27 e 28.5.10). As alterações na estrutura do Plano de Cargos Comissionados do Banco do Brasil, introduzidas pelas Cartas-Circulares DIREC/FUNCI 96/0904 e 96/0957, dentre as quais a substituição do Abono de Função e Representação (AFR) pelo Adicional de Função (AF) e pelo Adicional Temporário de Revitalização (ATR), não autorizam o pagamento de diferenças de complementação de aposentadoria aos inativos por só abrangerem os empregados em atividade, bem como em razão de o Plano de Incentivo à Aposentadoria da época do jubilamento não conter previsão de aplicação de eventual alteração na estrutura dos cargos comissionados àqueles que se aposentassem.

70. CAIXA ECONÔMICA FEDERAL. BANCÁRIO. PLANO DE CARGOS EM COMISSÃO. OPÇÃO PELA JORNADA DE OITO HORAS. INEFICÁCIA. EXERCÍCIO DE FUNÇÕES MERAMENTE TÉCNICAS. NÃO CARACTERIZAÇÃO DE EXERCÍCIO DE FUNÇÃO DE CONFIANÇA (DeJT divulgado em 26, 27 e 28.5.10). Ausente a fidúcia especial a que alude o art. 224, § 2º, da CLT, é ineficaz a adesão do empregado à jornada de oito horas constante do Plano de Cargos em Comissão da Caixa Econômica Federal, o que importa no retorno à jornada de seis horas, sendo devidas como extras a sétima e a oitava horas laboradas. A diferença de gratificação de função recebida em face da adesão ineficaz poderá ser compensada com as horas extraordinárias prestadas.

71. EMPRESA BRASILEIRA DE CORREIOS E TELÉGRAFOS — ECT. PLANO DE CARGOS E SALÁRIOS. PROGRESSÃO HORIZONTAL POR ANTIGUIDADE. NECESSIDADE DE DELIBERAÇÃO DA DIRETORIA PARA COMPROVAR O EFETIVO CUMPRIMENTO DOS REQUISITOS DO PCCS. CONDIÇÃO PURAMENTE POTESTATIVA PARA A CONCESSÃO DA PROMOÇÃO. INVALIDADE. (DeJT divulgado em 9, 10 e 11.6.10). A deliberação da diretoria da Empresa Brasileira de Correios e Telégrafos — ECT, prevista no Plano de Carreira, Cargos e Salários como requisito necessário para a concessão de progressão por antiguidade, por se tratar de condição puramente potestativa, não constitui óbice ao deferimento da progressão horizontal por antiguidade aos empregados, quando preenchidas as demais condições dispostas no aludido plano.

72. PETROBRAS. DOMINGOS E FERIADOS TRABALHADOS. REGIME DE TURNOS ININTERRUPTOS DE REVEZAMENTO. PAGAMENTO EM DOBRO CONCEDIDO POR LIBERALIDADE DO EMPREGADOR. INCORPORAÇÃO AO CONTRATO DE TRABALHO. SUPRESSÃO UNILATERAL. ACORDO COLETIVO POSTERIOR QUE VALIDA A SUPRESSÃO. RETROAÇÃO DA NORMA COLETIVA. IMPOSSIBILIDADE. (DeJT divulgado em 9, 10 e 11.6.10). O pagamento em dobro, concedido por liberalidade da empresa, dos domingos e feriados trabalhados de forma habitual pelo empregado da Petrobras submetido ao regime de turnos ininterruptos de revezamento não pode ser suprimido unilateralmente, pois é vantagem incorporada ao contrato de trabalho, nos termos do art. 468 da CLT. Assim, o acordo coletivo, posteriormente firmado, somente opera efeitos a partir da data de sua entrada em vigor, sendo incabível a utilização da norma coletiva para regular situação pretérita.

73. VOLKSWAGEN DO BRASIL LTDA. PARTICIPAÇÃO NOS LUCROS E RESULTADOS. PAGAMENTO MENSAL EM DECORRÊNCIA DE NORMA COLETIVA. NATUREZA INDENIZATÓRIA. (DeJT divulgado em 9, 10 e 11.6.10) A despeito da vedação de pagamento em periodicidade inferior a um semestre civil ou mais de duas vezes no ano cível, disposta no art. 3º, § 2º, da Lei n. 10.101, de 19.12.2000, o parcelamento em prestações mensais da participação nos lucros e resultados de janeiro de 1999 a abril de 2000, fixado no acordo coletivo celebrado entre o Sindicato dos Metalúrgicos do ABC e a Volkswagen do Brasil Ltda., não retira a natureza indenizatória da referida verba (art. 7º, XI, da CF), devendo prevalecer a diretriz constitucional que prestigia a autonomia privada coletiva (art. 7º, XXVI, da CF).

74. HOSPITAL DE CLÍNICAS DE PORTO ALEGRE. CUSTAS PROCESSUAIS. RECOLHIMENTO. ISENÇÃO. ART. 15 DA LEI N. 5.604, DE 2.9.1970. (DEJT DIVULGADO EM 2, 3 E 4.8.2010). A isenção tributária concedida pelo art. 15 da Lei n. 5.604, de 2.9.1970, ao Hospital de Clínicas de Porto Alegre compreende as custas processuais, por serem estas espécie do gênero tributo.

75. PARCELA "SEXTA PARTE". ART. 129 DA CONSTITUIÇÃO DO ESTADO DE SÃO PAULO. EXTENSÃO AOS EMPREGADOS DE SOCIEDADE DE ECONOMIA MISTA E EMPRESA PÚBLICA. INDEVIDA. (DEJT divulgado em 2, 3 e 4.8.2010). A parcela denominada "sexta parte", instituída pelo art. 129 da Constituição do Estado de São Paulo, é devida apenas aos servidores estaduais, celetistas e estatutários da Administração Pública direta, das fundações e das autarquias, conforme disposição contida no art. 124 da Constituição Estadual, não se estendendo aos empregados de sociedade de economia mista e de empresa pública, integrantes da Administração Pública indireta, submetidas ao regime jurídico próprio das empresas privadas, nos termos do art. 173, § 1º, II, da Constituição Federal.

76. COMPLEMENTAÇÃO DE APOSENTADORIA. INTEGRALIDADE. EMPREGADO DO ESTADO DE SÃO PAULO ADMITIDO ANTES DA LEI ESTADUAL N. 200, DE 13.5.1974. IMPLEMENTAÇÃO DO REQUISITO RELATIVO AOS 30 ANOS DE SERVIÇO EFETIVO. INCIDÊNCIA DA SÚMULA N. 288 DO TST. (DEJT Divulgado em 16, 17 e 20.9.2010) É assegurado o direito à percepção de complementação de aposentadoria integral ao ex-empregado do Estado de São Paulo que, admitido anteriormente ao advento da Lei Estadual n. 200, de 13.5.1974, implementou 30 anos de serviço efetivo, ante a extensão das regras de complementação de aposentadoria previstas na Lei Estadual n. 1.386, de 19.12.1951. Incidência da Súmula n. 288 do TST.

77. BNDES. ARTS. 224 A 226, CLT. APLICÁVEL A SEUS EMPREGADOS (Conversão da Orientação Jurisprudencial n. 179 da SBDI-1) — DEJT divulgado em 16, 17 e 18.11.2010. Até o advento da Lei n. 10.556, de 13.11.2002, era aplicável aos empregados do BNDES a jornada de trabalho dos bancários prevista nos arts. 224 a 226 da CLT.

78. EMBARGOS À SDI CONTRA DECISÃO EM RECURSO DE REVISTA NÃO CONHECIDO QUANTO AOS PRESSUPOSTOS INTRÍNSECOS. RECURSO INTERPOSTO ANTES DA VIGÊNCIA DA LEI N. 11.496, DE 22.06.2007, QUE CONFERIU NOVA REDAÇÃO AO ART. 894 DA CLT. NECESSÁRIA A INDICAÇÃO EXPRESSA DE OFENSA AO ART. 896 DA CLT (conversão da Orientação Jurisprudencial n. 294 da SBDI-1 com nova redação) — Res. 194/2014, DEJT divulgado em 21, 22 e 23.05.2014

Para a admissibilidade e conhecimento de embargos, interpostos antes da vigência da Lei n. 11.496/2007, contra decisão mediante a qual não foi conhecido o recurso de revista pela análise dos pressupostos intrínsecos, necessário que a parte embargante aponte expressamente a violação ao art. 896 da CLT.

79. EMBARGOS. RECURSO INTERPOSTO ANTES DA VIGÊNCIA DA LEI N. 11.496, DE 22.06.2007, QUE CONFERIU NOVA REDAÇÃO AO ART. 894 DA CLT. REVISTA NÃO CONHECIDA POR MÁ APLICAÇÃO DE SÚMULA OU DE ORIENTAÇÃO JURISPRUDENCIAL. EXAME DO MÉRITO PELA SDI (conversão da Orientação Jurisprudencial n. 295 da SBDI-1 com nova redação) — Res. 194/2014, DEJT divulgado em 21, 22 e 23.05.2014

A SDI, ao conhecer dos embargos, interpostos antes da vigência da Lei n. 11.496/2007, por violação do art. 896 — por má aplicação de súmula ou de orientação jurisprudencial pela Turma —, julgará desde logo o mérito, caso conclua que a revista merecia conhecimento e que a matéria de fundo se encontra pacificada neste Tribunal.

ORIENTAÇÕES JURISPRUDENCIAIS DA SDI-2 (TST)

ÍNDICE

PENHORA

PRAZO

PREQUESTIONAMENTO

PRESCRIÇÃO

RECURSO ORDINÁRIO

REINTEGRAÇÃO

REVELIA

SENTENÇA

VALOR DA CAUSA

ORIENTAÇÕES JURISPRUDENCIAIS DA SDI-2 (TST)(*)

01. AÇÃO RESCISÓRIA. AÇÃO CAUTELAR INCIDENTAL. PLANOS ECONÔMICOS. Inserida em 20.9.00 (Cancelada em decorrência da sua conversão na Súmula n. 405 — Res. 137/2005 — DJ 22.8.05). Procede o pedido de cautelar incidental somente se o autor da ação rescisória, fundada no art. 485, inciso V, do CPC, invocar na respectiva petição inicial afronta ao art. 5º, inciso XXXVI, da Constituição Federal de 1988.

02. AÇÃO RESCISÓRIA. ADICIONAL DE INSALUBRIDADE. BASE DE CÁLCULO. SALÁRIO MÍNIMO. CABÍVEL. Viola o art. 192 da CLT decisão que acolhe pedido de adicional de insalubridade com base na remuneração do empregado. **(20.9.00) (Mantida a redação na sessão do Tribunal Pleno realizada em 26.6.2008) — Res. 148/2008, DJ 4 e 7.7.2008 — Republicada DJ 8, 9 e 10.07.2008**

03. AÇÃO RESCISÓRIA. ANTECIPAÇÃO DE TUTELA DE MÉRITO REQUERIDA EM FASE RECURSAL. RECEBIMENTO COMO MEDIDA ACAUTELATÓRIA. MEDIDA PROVISÓRIA N. 1.906 E REEDIÇÕES. Inserida em 20.9.00. Em face do que dispõe a Medida Provisória n. 1.906 e reedições, é recebido como medida acautelatória em ação rescisória o pedido de antecipação de tutela formulado por entidade pública em recurso ordinário, visando a suspender a execução até o trânsito em julgado da decisão proferida na ação principal. **(Cancelada em decorrência da sua conversão na Súmula n. 405 — Res. 137/2005 — DJ 22.8.05)**

04. AÇÃO RESCISÓRIA. BANCO DO BRASIL. ADICIONAL DE CARÁTER PESSOAL. ACP. Procede, por ofensa ao art. 5º, inc. XXXVI, da CF/88, o pedido de rescisão de julgado que acolheu adicional de caráter pessoal em favor de empregado do Banco do Brasil S.A. **(20.9.00)**

05. AÇÃO RESCISÓRIA. BANCO DO BRASIL. AP E ADI. HORAS EXTRAS. SÚMULA N. 83 DO TST. APLICÁVEL. Não se acolhe pedido de rescisão de julgado que deferiu a empregado do Banco do Brasil S.A. horas extras após a sexta, não obstante o pagamento dos adicionais AP e ADI, ou AFR quando a decisão rescindenda for anterior à Orientação Jurisprudencial n. 17, da Seção de Dissídios Individuais do TST (7.11.94). Incidência das Súmulas ns. 83, do TST e 343, do STF. **(20.9.00)**

06. AÇÃO RESCISÓRIA. CIPEIRO SUPLENTE. ESTABILIDADE. ADCT DA CF/88, ART. 10, II, "A". SÚMULA N. 83 DO TST. INSERIDA EM 20.9.00 (Nova redação Res. 137/2005 — DJ 22.8.05). Rescinde-se o julgado que nega estabilidade a membro suplente de CIPA, representante de empregado, por ofensa ao art. 10, II, "a", do ADCT da CF/88, ainda que se cuide de decisão anterior à Súmula n. 339 do TST. Incidência da Súmula n. 83 do TST.

07. AÇÃO RESCISÓRIA. COMPETÊNCIA. CRIAÇÃO DE TRIBUNAL REGIONAL DO TRABALHO. NA OMISSÃO DA LEI, É FIXADA PELO ART. 678, INC. I, "C", ITEM 2, DA CLT. Inserida em 20.9.00 (Nova redação — Res. 137/2005 — DJ 22.8.05) A Lei n. 7.872/89 que criou o Tribunal Regional do Trabalho da 17ª Região não fixou a sua competência para apreciar as ações rescisórias de decisões oriundas da 1ª Região, o que decorreu do art. 678, I, "c", item 2, da CLT.

08. AÇÃO RESCISÓRIA. COMPLEMENTAÇÃO DE APOSENTADORIA. BANESPA. SÚMULA N. 83 DO TST. Inserida em 20.9.00 (Nova redação — Res. 137/2005 — DJ 22.8.05) Não se rescinde julgado que acolheu pedido de complementação de aposentadoria integral em favor de empregado do BANESPA, antes da Súmula n. 313 do TST, em virtude da notória controvérsia jurisprudencial então reinante. Incidência da Súmula n. 83 do TST.

09. AÇÃO RESCISÓRIA. CONAB. AVISO DIREH 2/84. SÚMULA N. 83 DO TST. APLICÁVEL. Não se rescinde julgado que reconheceu garantia de emprego com base no Aviso DIREH 02/84 da CONAB, antes da Súmula n. 355, do TST, em virtude da notória controvérsia jurisprudencial então reinante. Incidência da Súmula n. 83, do TST. **(20.9.00)**

10. AÇÃO RESCISÓRIA. CONTRATO NULO. ADMINISTRAÇÃO PÚBLICA. EFEITOS. ARTS. 37, II E § 2º DA CF/88. Somente por ofensa ao art. 37, II e § 2º da CF/88, procede o pedido de rescisão de julgado para considerar nula a contratação, sem concurso público, de servidor, após a CF/88. **(20.9.00)**

11. AÇÃO RESCISÓRIA. CORREÇÃO MONETÁRIA. LEI N. 7.596/87. UNIVERSIDADES FEDERAIS. IMPLANTAÇÃO TARDIA DO PLANO DE CLASSIFICAÇÃO DE CARGOS. VIOLAÇÃO DE LEI. SÚMULA N. 83 DO TST. APLICÁVEL. Não se rescinde julgado que acolhe pedido de correção monetária decorrente da implantação tardia do plano de classificação de cargos de Universidade Federal previsto na Lei n. 7.596/87, à época em que era controvertida tal matéria na jurisprudência. Incidência da Súmula n. 83, do TST. **(20.9.00)**

12. AÇÃO RESCISÓRIA. DECADÊNCIA. CONSUMAÇÃO ANTES OU DEPOIS DA EDIÇÃO DA MEDIDA PROVISÓRIA N. 1.577/97. AMPLIAÇÃO DO PRAZO — RES. 208/2016, DEJT DIVULGADO EM 22, 25 E 26.04.2016.

I — A vigência da Medida Provisória n. 1.577/97 e de suas reedições implicou o elastecimento do prazo decadencial para o ajuizamento da ação rescisória a favor dos entes de direito público, autarquias e fundações públicas. Se o biênio decadencial do art. 495 do CPC de 1973 findou após a entrada em vigor da referida medida provisória e até sua suspensão pelo STF em sede liminar de ação direta de inconstitucionalidade (ADIn 1753-2), tem-se como aplicável o prazo decadencial elastecido à rescisória. **(ex-OJ n. 17 da SDI-2 — inserida em 20.09.2000) Orientação Jurisprudencial da SBDI-2**

II — A regra ampliativa do prazo decadencial para a propositura de ação rescisória em favor de pessoa jurídica de direito público não se aplica se, ao tempo em que sobreveio a Medida Provisória n. 1.577/97, já se exaurira o biênio do art. 495 do CPC de 1973. Preservação do direito adquirido da parte à decadência já consumada sob a égide da lei velha. **(ex-OJ n. 12 da SDI-2 — inserida em 20.09.2000)**

13. AÇÃO RESCISÓRIA. DECADÊNCIA. *DIES AD QUEM*. ART. 775 DA CLT. APLICÁVEL. INSERIDA EM 20.9.00 (Cancelada em decorrência da nova redação conferida à Súmula n. 100 — Res. 137/2005 — DJ 22.8.05) Prorroga-se até o primeiro dia útil imediatamente subsequente o prazo decadencial para ajuizamento de ação rescisória quando expira em férias forenses, feriados, finais de semana ou em dia em que não houver expediente forense. Aplicação do art. 775 da CLT.

14. AÇÃO RESCISÓRIA. DECADÊNCIA. *DIES A QUO*. RECURSO INTEMPESTIVO. (Cancelada em decorrência da nova redação conferida à Súmula n. 100, Resol. n. 109/2001, DJ 18.4.01). (20.9.00)

15. AÇÃO RESCISÓRIA. DECADÊNCIA. DUAS DECISÕES RESCINDENDAS. (Cancelada em decorrência da nova redação conferida Súmula n. 100, Resol. n. 109/2001, DJ 18.4.01). (20.9.00)

16. AÇÃO RESCISÓRIA. DECADÊNCIA. EXCEÇÃO DE INCOMPETÊNCIA. Inserida em 20.9.00 (Cancelada em decorrência da nova redação conferida à Súmula n. 100 — Res. 137/2005 — DJ 22.8.05) A exceção de incompetência, ainda que oposta no prazo recursal, sem ter sido aviado o recurso próprio, não tem o condão de afastar a consumação da coisa julgada e, assim, postergar o termo inicial do prazo decadencial para a ação rescisória.

17. AÇÃO RESCISÓRIA. DECADÊNCIA. NÃO CONSUMAÇÃO ANTES DA EDIÇÃO DA MEDIDA PROVISÓRIA N. 1.577/97. AMPLIAÇÃO DO PRAZO. INSERIDA EM 20.9.00 (Cancelada em decorrência da sua incorporação à nova redação da Orientação Jurisprudencial n. 12 da SBDI-II — Res. 137/2005 — DJ 22.8.05) A vigência da Medida Provisória n. 1.577/97 e de suas reedições implicou o elastecimento do prazo decadencial para o ajuizamento da ação rescisória a favor dos entes de direito público, autarquias e fundações públicas. Se o biênio decadencial do art. 495 do CPC findou após a entrada em vigor da referida medida provisória e até sua suspensão pelo STF em sede liminar de ação direta de inconstitucionalidade (ADIn 1753-2), tem-se como aplicável o prazo decadencial elastecido à rescisória.

18. AÇÃO RESCISÓRIA. DECADÊNCIA. UNIÃO. LEI COMPLEMENTAR N. 73/93, ART. 67. LEI N. 8.682/93, ART. 6º. O art. 67 da Lei Complementar n. 73/93 interrompeu todos os prazos, inclusive o de decadência, em favor da União no período compreendido entre 14.2.93 e 14.8.93. **(20.9.00)**

19. AÇÃO RESCISÓRIA. DESLIGAMENTO INCENTIVADO. IMPOSTO DE RENDA. ABONO PECUNIÁRIO. VIOLAÇÃO DE LEI. SÚMULA N. 83 DO TST. APLICÁVEL. Havendo notória controvérsia jurisprudencial acerca da incidência de imposto de renda sobre parcela paga pelo empregador ("abono pecuniário") a título de "desligamento incentivado", improcede pedido de rescisão do julgado. Incidência da Súmula n. 83, do TST. **(20.9.00)**

20. AÇÃO RESCISÓRIA. DOCUMENTO NOVO. DISSÍDIO COLETIVO. SENTENÇA NORMATIVA. INSERIDA EM 20.9.00 (Cancelada em decorrência da sua conversão na Súmula n. 402 — Res. 137/2005 — DJ 22.8.05) Documento novo é o cronologicamente velho, já existente ao tempo da decisão rescindenda, mas ignorado pelo interessado ou de impossível utilização à época no processo. Não é documento novo apto a viabilizar a desconstituição de julgado: a) a sentença normativa proferida ou transitada

(*) A data da inclusão da Orientação Jurisprudencial encontra-se ao final de cada texto, em negrito. A inclusão é feita em função da Orientação Jurisprudencial da SBDI-II, de n. 77.

em julgado posteriormente à sentença rescindenda. b) a sentença normativa preexistente à sentença rescindenda, mas não exibida no processo principal, em virtude de negligência da parte, quando podia e deveria louvar-se de documento já existente e não ignorado quando emitida a decisão rescindenda.

21. AÇÃO RESCISÓRIA. DUPLO GRAU DE JURISDIÇÃO. TRÂNSITO EM JULGADO. INOBSERVÂNCIA. DECRETO-LEI N. 779/69, ART. 1º, V. INCABÍVEL. Inserida em 20.9.00 (Nova redação — Res. 137/2005 — DJ 22.8.05) É incabível ação rescisória para a desconstituição de sentença não transitada em julgado porque ainda não submetida ao necessário duplo grau de jurisdição, na forma do Decreto-lei n. 779/69. Determina-se que se oficie ao Presidente do TRT para que proceda à avocatória do processo principal para o reexame da sentença rescindenda.

22. AÇÃO RESCISÓRIA. ESTABILIDADE. ART. 41, CF/1988. CELETISTA. ADMINISTRAÇÃO DIRETA, AUTÁRQUICA OU FUNDACIONAL. APLICABILIDADE. INSERIDA EM 20.9.00 (Cancelada em decorrência da sua conversão na Súmula n. 390, DJ 20.4.05). O servidor público celetista da administração direta, autárquica ou fundacional é beneficiário da estabilidade prevista no art. 41 da Constituição Federal.

23. AÇÃO RESCISÓRIA. ESTABILIDADE. PERÍODO PRÉ-ELEITORAL. VIOLAÇÃO DE LEI. SÚMULA N. 83 DO TST. APLICÁVEL. Não procede pedido de rescisão de sentença de mérito que assegura ou nega estabilidade pré-eleitoral, quando a decisão rescindenda for anterior à Orientação Jurisprudencial n. 51, da Seção de Dissídios Individuais do TST (25.11.96). Incidência da Súmula n. 83, do TST. **(20.9.00)**

24. AÇÃO RESCISÓRIA. ESTABILIDADE PROVISÓRIA. REINTEGRAÇÃO EM PERÍODO POSTERIOR. DIREITO LIMITADO AOS SALÁRIOS E CONSECTÁRIOS DO PERÍODO DA ESTABILIDADE. Rescinde-se o julgado que reconhece estabilidade provisória e determina a reintegração de empregado, quando já exaurido o respectivo período de estabilidade. Em juízo rescisório, restringe-se a condenação quanto aos salários e consectários até o termo final da estabilidade. **(20.9.00)**

25. AÇÃO RESCISÓRIA. REGÊNCIA PELO CPC DE 1973. EXPRESSÃO "LEI" DO ART. 485, V, DO CPC DE 1973. NÃO INCLUSÃO DO ACT, CCT, PORTARIA, REGULAMENTO, SÚMULA E ORIENTAÇÃO JURISPRUDENCIAL DE TRIBUNAL. (ATUALIZADA EM DECORRÊNCIA DO CPC DE 2015) RES. N. 212/2016, DEJT DIVULGADO EM 20, 21 E 22.09.2016. Não procede pedido de rescisão fundado no art. 485, V, do CPC de 1973 quando se aponta contrariedade à norma de convenção coletiva de trabalho, acordo coletivo de trabalho, portaria do Poder Executivo, regulamento de empresa e súmula ou orientação jurisprudencial de tribunal. (ex-OJ 25 da SDI-2, inserida em 20.09.2000 e ex-OJ 118 da SDI-2, DJ 11.08.2003)

26. AÇÃO RESCISÓRIA. GRATIFICAÇÃO DE NÍVEL SUPERIOR. SUFRAMA. A extensão da gratificação instituída pela SUFRAMA aos servidores celetistas exercentes de atividade de nível superior não ofende as disposições contidas nos arts. 37, XIII e 39, § 1º da CF/88. **(20.9.00)**

27. AÇÃO RESCISÓRIA. HONORÁRIOS ADVOCATÍCIOS. Inserida em 20.9.00 (Cancelada em decorrência da nova redação conferida à Súmula n. 219 — Res. 137/2005 — DJ 22.8.05) Incabível condenação em honorários advocatícios em ação rescisória no processo trabalhista, salvo preenchidos os requisitos da Lei n. 5.584/70.

28. AÇÃO RESCISÓRIA. JUÍZO RESCISÓRIO. RESTITUIÇÃO DA PARCELA JÁ RECEBIDA. DEVE A PARTE PROPOR AÇÃO PRÓPRIA. (Cancelada pela Resol. n. 149, de 17.11.08, DJe TST 21.11.08) Inviável em sede de ação rescisória pleitear condenação relativa à devolução dos valores pagos aos empregados quando ultimada a execução da decisão rescindenda, devendo a empresa buscar por meio de procedimento próprio essa devolução. **(20.9.00)**

29. AÇÃO RESCISÓRIA. MATÉRIA CONSTITUCIONAL. SÚMULA N. 83 DO TST E SÚMULA N. 343 DO STF. INAPLICÁVEIS. Inserida em 20.9.00 (Cancelada em decorrência da redação conferida à Súmula n. 83 pela Res. 121/03, DJ 21.11.03 — Res. 137/2005 — DJ 22.8.05) No julgamento de ação rescisória fundada no art. 485, inciso V, do CPC, não se aplica o óbice das Súmulas ns. 83 do TST e 343 do STF, quando se tratar de matéria constitucional.

30. AÇÃO RESCISÓRIA. MULTA. ART. 920 DO CÓDIGO CIVIL DE 1916 (ART. 412 DO CÓDIGO CIVIL DE 2002). Inserida em 20.9.00 (Nova redação em decorrência da incorporação da Orientação Jurisprudencial n. 31 da SBDI-II — Res. 137/2005 — DJ 22.8.05) Não se acolhe, por violação do art. 920 do Código Civil de 1916 (art. 412 do Código Civil de 2002), pedido de rescisão de julgado que:

a) em processo de conhecimento, impôs condenação ao pagamento de multa, quando a decisão rescindenda for anterior à Orientação Jurisprudencial n. 54 da Subseção I Especializada em Dissídios Individuais do TST (30.5.94), incidindo o óbice da Súmula n. 83 do TST; (ex-OJ n. 30 da SDI-2 inserida em 20.9.00), b) em execução, rejeita-se limitação da condenação ao pagamento de multa, por inexistência de violação literal. (ex-OJ n. 31 da SDI-2 — inserida em 20.9.00)

31. AÇÃO RESCISÓRIA. MULTA. VIOLAÇÃO DO ART. 920 DO CÓDIGO CIVIL. DECISÃO RESCINDENDA EM EXECUÇÃO. Inserida em 20.09.00 (Cancelada em decorrência da sua incorporação à redação da Orientação Jurisprudencial n. 30 da SBDI-II — Res. 137/2005 — DJ 22.8.05) Não se acolhe, por violação do art. 920 do Código Civil, pedido de rescisão de julgado que, em execução, rejeita limitação da condenação ao pagamento de multa. Inexistência de violação literal.

32. AÇÃO RESCISÓRIA. PETIÇÃO INICIAL. CAUSA DE PEDIR. AUSÊNCIA DE CAPITULAÇÃO OU CAPITULAÇÃO ERRÔNEA NO ART. 485 DO CPC. PRINCÍPIO *IURA NOVIT CURIA*. Inserida em 20.09.00 (Cancelada em decorrência da sua conversão na Súmula n. 408 — Res. 137/2005 — DJ 22.8.05) Não padece de inépcia a petição inicial de ação rescisória apenas porque omite a subsunção do fundamento de rescindibilidade no art. 485 do CPC, ou o capitula erroneamente. Contanto que não se afaste dos fatos e fundamentos invocados como causa de pedir, ao Tribunal é lícito emprestar-lhes a adequada qualificação jurídica (*iura novit curia*).

33. AÇÃO RESCISÓRIA. PETIÇÃO INICIAL. VIOLAÇÃO LITERAL DE LEI. PRINCÍPIO *IURA NOVIT CURIA*. Inserida em 20.9.00 (Cancelada em decorrência da sua conversão na Súmula n. 408 — Res. 137/2005 — DJ 22.8.05) Fundando-se a ação rescisória no art. 485, inciso V, do CPC é indispensável expressa indicação na petição inicial da ação rescisória do dispositivo legal violado, não se aplicando, no caso, o princípio *iura novit curia*.

34. AÇÃO RESCISÓRIA. PLANOS ECONÔMICOS — RES. 208/2016, DEJT DIVULGADO EM 22, 25 E 26.04.2016.

I — O acolhimento de pedido em ação rescisória de plano econômico, fundada no art. 485, inciso V, do CPC de 1973, pressupõe, necessariamente, expressa invocação na petição inicial de afronta ao art. 5º, inciso XXXVI, da Constituição Federal de 1988. A indicação de ofensa literal a preceito de lei ordinária atrai a incidência da Súmula n. 83 do TST e Súmula n. 343 do STF.

II — Se a decisão rescindenda é posterior à Súmula n. 315 do TST (Res. n. 07, DJ 22.09.93), inaplicável a Súmula n. 83 do TST.

35. AÇÃO RESCISÓRIA. PLANOS ECONÔMICOS. COISA JULGADA. LIMITAÇÃO À DATA-BASE NA FASE DE EXECUÇÃO. Não ofende a coisa julgada a limitação à data-base da categoria, na fase executória, da condenação ao pagamento de diferenças salariais decorrentes de planos econômicos, quando a decisão exequenda silenciar sobre a limitação, uma vez que a limitação decorre de norma cogente. Apenas quando a sentença exequenda houver expressamente afastado a limitação à data-base é que poderá ocorrer ofensa à coisa julgada. **(20.9.00)**

36. AÇÃO RESCISÓRIA. PREQUESTIONAMENTO. VIOLAÇÃO OCORRIDA NA PRÓPRIA DECISÃO RESCINDENDA. Inserida em 20.9.00 (Cancelada em decorrência da nova redação conferida à Súmula n. 298 — Res. 137/2005 — DJ 22.8.05) Não é absoluta a exigência de prequestionamento na ação rescisória: ainda que a ação rescisória tenha por fundamento violação de dispositivo legal, é prescindível o prequestionamento quando o vício nasce no próprio julgamento, como se dá com a sentença *extra, citra e ultra petita*.

37. AÇÃO RESCISÓRIA. PRESCRIÇÃO QUINQUENAL. MATÉRIA CONSTITUCIONAL. SÚMULA N. 83 DO TST E SÚMULA N. 343 DO STF. INAPLICÁVEIS. Inserida em 20.9.00 (Cancelada em decorrência da redação conferida à Súmula n. 83 pela Res. 121/03, DJ 21.11.03 — Res. 137/2005 — DJ 22.8.05) No julgamento de ação rescisória fundada no art. 485, inciso V, do CPC, não se aplica o óbice das Súmulas ns. 83 do TST e 343 do STF quando se tratar de prazo prescricional com assento constitucional.

38. AÇÃO RESCISÓRIA. PROFESSOR ADJUNTO. INGRESSO NO CARGO DE PROFESSOR TITULAR. EXIGÊNCIA DE CONCURSO PÚBLICO (LEI N. 7.596/87, DECRETO N. 94.664/87 E ART. 206, V, CF/88). A assunção do professor adjunto ao cargo de professor titular de universidade pública, sem prévia aprovação em concurso público, viola o art. 206, inc. V, da Constituição Federal. Procedência do pedido de rescisão do julgado. **(20.9.00)**

39. AÇÃO RESCISÓRIA. REAJUSTES BIMESTRAIS E QUADRIMESTRAIS. LEI N. 8.222/91. SÚMULA N. 83 DO TST. APLICÁVEL. Havendo controvérsia jurisprudencial à época, não se rescinde decisão que aprecia a possibilidade de cumulação das antecipações bimestrais e reajustes quadrimestrais de salário previstos na Lei n. 8.222/91. Incidência da Súmula n. 83 do TST. **(20.9.00)**

40. AÇÃO RESCISÓRIA. REAJUSTES SALARIAIS PREVISTOS EM NORMA COLETIVA. PREVALÊNCIA DA LEGISLAÇÃO DE POLÍTICA SALARIAL QUANDO A NORMA COLETIVA É ANTERIOR À LEI. INSERIDA EM 20.9.00 (cancelada em decorrência da sua conversão na Súmula n. 375, DJ 20.4.05). Os reajustes salariais previstos em norma coletiva de trabalho não prevalecem frente à legislação superveniente de política salarial.

41. AÇÃO RESCISÓRIA. SENTENÇA "CITRA PETITA". CABIMENTO (atualizada em decorrência do CPC de 2015) — Res. n. 208/2016,

OJ-SDI-2

DEJT divulgado em 22, 25 e 26.04.2016. Revelando-se a sentença "citra petita", o vício processual vulnera os arts. 141 e 492 do CPC de 2015 (arts. 128 e 460 do CPC de 1973), tornando-a passível de desconstituição, ainda que não interpostos embargos de declaração.

42. AÇÃO RESCISÓRIA. SENTENÇA DE MÉRITO. COMPETÊNCIA DO TST. ACÓRDÃO RESCINDENDO DO TST. NÃO CONHECIMENTO DE RECURSO. SÚMULA N. 192. NÃO APLICAÇÃO. Inserida em 20.9.00 (Cancelada em decorrência da redação conferida à Súmula n. 192 pela Res. 121/2003 — DJ 21.11.2003 — Res. 137/2005 — DJ 22.8.05) Acórdão rescindendo do TST que não conhece de recurso de embargos ou de revista, seja examinando a arguição de violação de dispositivo de lei, seja decidindo de acordo com súmula de direito material ou em consonância com iterativa, notória e atual jurisprudência de direito material da SDI (Súmula n. 333) examina o mérito da causa, comportando ação rescisória da competência do Tribunal Superior do Trabalho.

43. AÇÃO RESCISÓRIA. SENTENÇA DE MÉRITO. DECISÃO DE TRIBUNAL REGIONAL DO TRABALHO EM AGRAVO REGIMENTAL CONFIRMANDO DECISÃO MONOCRÁTICA DO RELATOR QUE, APLICANDO A SÚMULA N. 83 DO TST, INDEFERIU A PETIÇÃO INICIAL DA AÇÃO RESCISÓRIA. CABIMENTO. Inserida em 20.9.00 (Cancelada em decorrência da sua conversão na Súmula n. 411 — Res. 137/2005 — DJ 22.8.05) Se a decisão recorrida, em agravo regimental, aprecia a matéria na fundamentação, sob o enfoque das Súmulas ns. 83 do TST e 343 do STF, constitui sentença de mérito ainda que haja resultado no indeferimento da petição inicial e na extinção do processo, "sem julgamento do mérito". Sujeita-se, assim, à reforma pelo TST a decisão do Tribunal que, invocando controvérsia na interpretação da lei, indefere a petição inicial de ação rescisória.

44. AÇÃO RESCISÓRIA. SENTENÇA DE MÉRITO. DECISÃO HOMOLOGATÓRIA DE ADJUDICAÇÃO. INCABÍVEL. Inserida em 20.9.00 (Cancelada em decorrência da sua conversão na Súmula n. 399 — Res. 137/2005 — DJ 22.8.05) Incabível ação rescisória para impugnar decisão homologatória de adjudicação.

45. AÇÃO RESCISÓRIA. SENTENÇA DE MÉRITO. DECISÃO HOMOLOGATÓRIA DE ARREMATAÇÃO. INCABÍVEL. Inserida em 20.9.00 (Cancelada em decorrência da sua conversão na Súmula n. 399 — Res. 137/2005 — DJ 22.8.05) Incabível ação rescisória para impugnar decisão homologatória de arrematação.

46. AÇÃO RESCISÓRIA. SENTENÇA DE MÉRITO. QUESTÃO PROCESSUAL. Inserida em 20.9.00 (Cancelada em decorrência da sua conversão na Súmula n. 412 — Res. 137/2005 — DJ 22.8.05) Pode uma questão processual ser objeto de rescisão desde que consista em pressuposto de validade de uma sentença de mérito.

47. AÇÃO RESCISÓRIA. SENTENÇA DE MÉRITO. VIOLAÇÃO DO ART. 896, "A", DA CLT. Inserida em 20.9.00 (Cancelada em decorrência da sua conversão na Súmula n. 413 — Res. 137/2005 — DJ 22.8.05) Incabível ação rescisória, por violação do art. 896, "a", da CLT, contra decisão que não conhece de recurso de revista, com base em divergência jurisprudencial, pois não se cuida de sentença de mérito (art. 485 do CPC).

48. AÇÃO RESCISÓRIA. SENTENÇA E ACÓRDÃO. SUBSTITUIÇÃO. INSERIDA EM 20.9.00 (Cancelada em decorrência da nova redação da Súmula n. 192 — Res. 137/2005 — DJ 22.8.05) Em face do disposto no art. 512 do CPC, é juridicamente impossível o pedido explícito de desconstituição de sentença quando substituída por acórdão regional.

49. MANDADO DE SEGURANÇA. AÇÃO DE CUMPRIMENTO FUNDADA EM DECISÃO NORMATIVA QUE SOFREU POSTERIOR REFORMA, QUANDO JÁ TRANSITADA EM JULGADO A SENTENÇA CONDENATÓRIA PROFERIDA NA AÇÃO DE CUMPRIMENTO. Inserida em 20.9.00 (Cancelada em decorrência da conversão da tese mais abrangente da Orientação Jurisprudencial n. 116 na Súmula n. 397 — Res. 137/2005 — DJ 22.8.05) É cabível o mandado de segurança para extinguir a execução fundada em sentença proferida em ação de cumprimento, quando excluída da sentença normativa a cláusula que lhe serviu de sustentáculo.

50. MANDADO DE SEGURANÇA. ANTECIPAÇÃO DE TUTELA. CABIMENTO. Inserida em 20.9.00 (Cancelada em decorrência da sua conversão na Súmula n. 414 — Res. 137/2005 — DJ 22.8.05) A tutela antecipada concedida antes da prolação da sentença é impugnável mediante mandado de segurança, por não comportar recurso próprio.

51. MANDADO DE SEGURANÇA. ANTECIPAÇÃO DE TUTELA CONCEDIDA EM SENTENÇA. REINTEGRAÇÃO. NÃO CABIMENTO. Inserida em 20.9.00 (Cancelada em decorrência da sua conversão na Súmula n. 414 — Res. 137/2005 — DJ 22.8.05) A antecipação da tutela conferida na sentença não comporta impugnação pela via do mandado de segurança, por ser impugnável mediante recurso ordinário. A ação cautelar é o meio próprio para se obter efeito suspensivo a recurso.

52. MANDADO DE SEGURANÇA. ART. 284, CPC. APLICABILIDADE. Inserida em 20.9.00 (Cancelada em decorrência da sua conversão na Súmula n. 415 — Res. 137/2005 — DJ 22.8.05) Exigindo o mandado de segurança prova documental pré-constituída, inaplicável se torna o art. 284 do CPC quando verificada na petição inicial do *mandamus* a ausência de documento indispensável ou sua autenticação.

53. MANDADO DE SEGURANÇA. COOPERATIVA EM LIQUIDAÇÃO EXTRAJUDICIAL. LEI N. 5.764/71, ART. 76. INAPLICÁVEL. NÃO SUSPENDE A EXECUÇÃO. A liquidação extrajudicial de sociedade cooperativa não suspende a execução dos créditos trabalhistas existentes contra ela. **(20.9.00)**

54. MANDADO DE SEGURANÇA. EMBARGOS DE TERCEIRO. CUMULAÇÃO. PENHORA. INCABÍVEL (ATUALIZADA EM DECORRÊNCIA DO CPC DE 2015) — RES. N. 208/2016, DEJT DIVULGADO EM 22, 25 E 26.04.2016. Ajuizados embargos de terceiro (art. 674 do CPC de 2015 — art. 1.046 do CPC de 1973) para pleitear a desconstituição da penhora, é incabível mandado de segurança com a mesma finalidade.

55. MANDADO DE SEGURANÇA. EXECUÇÃO. LEI N. 8.432/92. ART. 897, § 1º, DA CLT. CABIMENTO. Inserida em 20.9.00 (Cancelada em decorrência da sua conversão na Súmula n. 416 — Res. 137/2005 — DJ 22.8.05) Devendo o agravo de petição delimitar justificadamente a matéria e os valores objeto de discordância, não fere direito líquido e certo o prosseguimento da execução quanto aos tópicos e valores não especificados no agravo.

56. MANDADO DE SEGURANÇA. EXECUÇÃO. PENDÊNCIA DE RECURSO EXTRAORDINÁRIO. Não há direito líquido e certo à execução definitiva na pendência de recurso extraordinário, ou de agravo de instrumento visando a destrancá-lo. **(20.9.00)**

57. MANDADO DE SEGURANÇA. INSS. TEMPO DE SERVIÇO. AVERBAÇÃO E/OU RECONHECIMENTO. Conceder-se-á mandado de segurança para impugnar ato que determina ao INSS o reconhecimento e/ou averbação de tempo de serviço. **(20.9.00)**

58. MANDADO DE SEGURANÇA PARA CASSAR LIMINAR CONCEDIDA EM AÇÃO CIVIL PÚBLICA. CABÍVEL. Inserida em 20.9.00 (Cancelada em decorrência da sua conversão na Súmula n. 414 — Res. 137/2005 — DJ 22.8.05) É cabível o mandado de segurança visando a cassar liminar concedida em ação civil pública.

59. MANDADO DE SEGURANÇA. PENHORA. CARTA DE FIANÇA BANCÁRIA. SEGURO GARANTIA JUDICIAL (NOVA REDAÇÃO EM DECORRÊNCIA DO CPC DE 2015) — RES. N. 209/2016, DEJT DIVULGADO EM 01, 02 E 03.06.2016. A carta de fiança bancária e o seguro garantia judicial, desde que em valor não inferior ao do débito em execução, acrescido de trinta por cento, equivalem a dinheiro para efeito da gradação dos bens penhoráveis, estabelecida no art. 835 do CPC de 2015 (art. 655 do CPC de 1973).

60. MANDADO DE SEGURANÇA. PENHORA EM DINHEIRO. BANCO. Inserida em 20.9.00 (Cancelada em decorrência da sua conversão na Súmula n. 417 — Res. 137/2005 — DJ 22.8.05) Não fere direito líquido e certo do impetrante o ato judicial que determina penhora em dinheiro de banco, em execução definitiva, para garantir crédito exequendo, uma vez que obedece à gradação prevista no art. 655 do CPC.

61. MANDADO DE SEGURANÇA. PENHORA EM DINHEIRO. EXECUÇÃO DEFINITIVA. DEPÓSITO EM BANCO OFICIAL NO ESTADO. ARTIGOS 612 E 666 DO CPC. Inserida em 20.9.00 (Cancelada em decorrência da sua conversão na Súmula n. 417 — Res. 137/2005 — DJ 22.8.05) Havendo discordância do credor, em execução definitiva, não tem o executado direito líquido e certo a que os valores penhorados em dinheiro fiquem depositados no próprio banco, ainda que atenda aos requisitos do art. 666, I, do CPC.

62. MANDADO DE SEGURANÇA. PENHORA EM DINHEIRO. EXECUÇÃO PROVISÓRIA. Inserida em 20.9.00 (Cancelada em decorrência da sua conversão na Súmula n. 417 — Res. 137/2005 — DJ 22.8.05) Em se tratando de execução provisória, fere direito líquido e certo do impetrante a determinação de penhora em dinheiro, quando nomeados outros bens à penhora, pois o executado tem direito a que a execução se processe da forma que lhe seja menos gravosa, nos termos do art. 620 do CPC.

63. MANDADO DE SEGURANÇA. REINTEGRAÇÃO. AÇÃO CAUTELAR. Comporta a impetração de mandado de segurança o deferimento de reintegração no emprego em ação cautelar. **(20.9.00)**

64. MANDADO DE SEGURANÇA. REINTEGRAÇÃO LIMINARMENTE CONCEDIDA. Não fere direito líquido e certo a concessão de tutela antecipada para reintegração de empregado protegido por estabilidade provisória decorrente de lei ou norma coletiva. **(20.9.00)**

65. MANDADO DE SEGURANÇA. REINTEGRAÇÃO LIMINARMENTE CONCEDIDA. DIRIGENTE SINDICAL. Ressalvada a hipótese do art. 494, da CLT, não fere direito líquido e certo a determinação liminar de reintegração no emprego de dirigente sindical, em face da previsão do inciso X do art. 659 da CLT. **(20.9.00)**

66. MANDADO DE SEGURANÇA. SENTENÇA HOMOLOGATÓRIA DE ADJUDICAÇÃO. INCABÍVEL (ATUALIZADO O ITEM I E INCLUÍDO O ITEM II EM DECORRÊNCIA DO CPC DE 2015) RES. N. 212/2016, DEJT DIVULGADO EM 20, 21 E 22.09.2016 .

I — Sob a égide do CPC de 1973 é incabível o mandado de segurança contra sentença homologatória de adjudicação, uma vez que existe meio próprio para impugnar o ato judicial, consistente nos embargos à adjudicação (CPC de 1973, art. 746).

II — Na vigência do CPC de 2015 também não cabe mandado de segurança, pois o ato judicial pode ser impugnado por simples petição, na forma do art. 877, *caput*, do CPC de 2015.

67. MANDADO DE SEGURANÇA. TRANSFERÊNCIA. ART. 659, IX, DA CLT. Não fere direito líquido e certo a concessão de liminar obstativa de transferência de empregado, em face da previsão do inciso IX do art. 659 da CLT. **(20.9.00)**

68. ANTECIPAÇÃO DE TUTELA. COMPETÊNCIA. INSERIDA EM 20.9.00. (nova redação — DJ 22.8.05). Nos Tribunais, compete ao relator decidir sobre o pedido de antecipação de tutela, submetendo sua decisão ao Colegiado respectivo, independentemente de pauta, na sessão imediatamente subsequente. **(20.9.00)**

69. FUNGIBILIDADE RECURSAL. INDEFERIMENTO LIMINAR DE AÇÃO RESCISÓRIA OU MANDADO DE SEGURANÇA. RECURSO PARA O TST. RECEBIMENTO COMO AGRAVO REGIMENTAL E DEVOLUÇÃO DOS AUTOS AO TRT. Recurso ordinário interposto contra despacho monocrático indeferitório da petição inicial de ação rescisória ou de mandado de segurança pode, pelo princípio de fungibilidade recursal, ser recebido como agravo regimental. Hipótese de não conhecimento do recurso pelo TST e devolução dos autos ao TRT, para que aprecie o apelo como agravo regimental. **(20.9.00)**

70. AÇÃO RESCISÓRIA. REGÊNCIA PELO CPC DE 1973. MANIFESTO E INESCUSÁVEL EQUÍVOCO NO DIRECIONAMENTO. INÉPCIA DA INICIAL. EXTINÇÃO DO PROCESSO (atualizada em decorrência do CPC de 2015) — RES. 220/2017, DEJT divulgado em 21, 22 E 25.09.2017. Sob a égide do CPC de 1973, o manifesto equívoco da parte em ajuizar ação rescisória no TST para desconstituir julgado proferido pelo TRT, ou vice-versa, implica a extinção do processo sem julgamento do mérito por inépcia da inicial.

71. AÇÃO RESCISÓRIA. SALÁRIO PROFISSIONAL. FIXAÇÃO. MÚLTIPLO DE SALÁRIO MÍNIMO. ART. 7º, IV, DA CF/88. (Nova redação — DJ 22.11.04). A estipulação do salário profissional em múltiplos do salário mínimo não afronta o art. 7º, inciso IV, da Constituição Federal de 1988, só incorrendo em vulneração do referido preceito constitucional a fixação de correção automática do salário pelo reajuste do salário mínimo. **(Inserida em 8.11.04 e nova redação em 22.11.04 (DJ 22.11.04).**

72. AÇÃO RESCISÓRIA. PREQUESTIONAMENTO QUANTO À MATÉRIA E AO CONTEÚDO DA NORMA, NÃO NECESSARIAMENTE DO DISPOSITIVO LEGAL TIDO POR VIOLADO. Inserida em 8.11.00 (Cancelada em decorrência da nova redação conferida à Súmula n. 298 — Res. 137/2005 — DJ 22.8.05) O prequestionamento exigido em ação rescisória diz respeito à matéria e ao enfoque específico da tese debatida na ação e não, necessariamente, ao dispositivo legal tido por violado. Basta que o conteúdo da norma reputada como violada tenha sido abordado na decisão rescindenda para que se considere preenchido o pressuposto do prequestionamento.

73. ART. 557 DO CPC. CONSTITUCIONALIDADE (cancelada em razão da conversão na Súmula n. 435 — (Res. 186/2012, DEJT divulgado em 25.9.12). Não há como se cogitar da inconstitucionalidade do art. 557 do CPC, meramente pelo fato de a decisão ser exarada pelo Relator, sem a participação do Colegiado, porquanto o princípio da publicidade insculpido no inciso IX do art. 93 da CF/1988 não está jungido ao julgamento pelo Colegiado e sim o acesso ao processo pelas partes, seus advogados ou terceiros interessados, direito preservado pela Lei n. 9.756/1998, ficando, outrossim, assegurado o acesso ao Colegiado através de agravo.

74. EMBARGOS DECLARATÓRIOS CONTRA DECISÃO MONOCRÁTICA DO RELATOR, CALCADA NO ART. 557 DO CPC. CABIMENTO. Inserida em 8.11.00 (Cancelada em decorrência da sua conversão na Súmula n. 421 — Res. 137/2005 — DJ 22.8.05)

I — Tendo o despacho monocrático de provimento ou denegação de recurso, previsto no art. 557 do CPC, conteúdo decisório definitivo e conclusivo da lide, comporta ser esclarecido pela via dos embargos declaratórios, em despacho aclaratório, também monocrático quando se pretende tão somente suprir omissão e não modificação do julgado. II — Postulando o embargante efeito modificativo, os embargos declaratórios deverão ser submetidos ao pronunciamento do Colegiado, convertidos em agravo, em face dos princípios da fungibilidade e celeridade processual.

75. REMESSA DE OFÍCIO. AÇÃO RESCISÓRIA. PREQUESTIONAMENTO. DECISÃO REGIONAL QUE SIMPLESMENTE CONFIRMA A SENTENÇA. Inserida em 20.4.01 (Cancelada em decorrência da nova redação conferida à Súmula n. 298 — Res. 137/2005 — DJ 22.8.05) Para efeito de ação rescisória, considera-se prequestionada a matéria tratada na sentença quando, examinando remessa de ofício, o Tribunal simplesmente a confirma.

76. AÇÃO RESCISÓRIA. AÇÃO CAUTELAR PROPOSTA SOB A VIGÊNCIA DO CPC DE 1973. SUSPENSÃO DA EXECUÇÃO. JUNTADA DE DOCUMENTO INDISPENSÁVEL. POSSIBILIDADE DE ÊXITO NA RESCISÃO DO JULGADO (atualizada em decorrência do CPC de 2015) — Res. 220/2017, DEJT divulgado em 21, 22 e 25.09.2017. É indispensável a instrução da ação cautelar proposta sob a vigência do CPC de 1973 com as provas documentais necessárias à aferição da plausibilidade de êxito na rescisão do julgado. Assim sendo, devem vir junto com a inicial da cautelar as cópias da petição inicial da ação rescisória principal, da decisão rescindenda, da certidão do trânsito em julgado da decisão rescindenda e informação do andamento atualizado da execução.

77. AÇÃO RESCISÓRIA. APLICAÇÃO DA SÚMULA N. 83 DO TST. MATÉRIA CONTROVERTIDA. LIMITE TEMPORAL. DATA DE INSERÇÃO EM ORIENTAÇÃO JURISPRUDENCIAL DO TST. Inserida em 13.3.02 (Cancelada em decorrência da nova redação conferida à Súmula n. 83 — Res. 137/2005 — DJ 22.8.05) A data da inclusão da matéria discutida na ação rescisória, na Orientação Jurisprudencial do TST, é o divisor de águas quanto a ser, ou não, controvertida nos Tribunais a interpretação dos dispositivos legais citados na ação rescisória.

78. AÇÃO RESCISÓRIA. CUMULAÇÃO SUCESSIVA DE PEDIDOS. RESCISÃO DA SENTENÇA E DO ACÓRDÃO. AÇÃO ÚNICA. ART. 326 DO CPC DE 2015. ART. 289 DO CPC DE 1973 (ATUALIZADA EM DECORRÊNCIA DO CPC DE 2015) — RES. N. 208/2016, DEJT DIVULGADO EM 22, 25 E 26.04.2016. É admissível o ajuizamento de uma única ação rescisória contendo mais de um pedido, em ordem sucessiva, de rescisão da sentença e do acórdão. Sendo inviável a tutela jurisdicional de um deles, o julgador está obrigado a apreciar os demais, sob pena de negativa de prestação jurisdicional.

79. AÇÃO RESCISÓRIA. DECADÊNCIA AFASTADA. IMEDIATO JULGAMENTO DO MÉRITO. INEXISTÊNCIA DE OFENSA AO DUPLO GRAU DE JURISDIÇÃO. Inserida em 13.3.02 (Cancelada em decorrência da nova redação conferida à Súmula n. 100 — Res. 137/2005 — DJ 22.8.05) Não ofende o princípio do duplo grau de jurisdição a decisão do TST que, após afastar a decadência em sede de recurso ordinário, aprecia desde logo a lide, se a causa versar questão exclusivamente de direito e estiver em condições de imediato julgamento.

80. AÇÃO RESCISÓRIA. DECADÊNCIA. *DIES A QUO*. RECURSO DESERTO. SÚMULA N. 100/TST. O não-conhecimento do recurso por deserção não antecipa o *dies a quo* do prazo decadencial para o ajuizamento da ação rescisória, atraindo, na contagem do prazo, a aplicação da Súmula n. 100 do TST. **(13.3.02)**

81. AÇÃO RESCISÓRIA. DESCONTOS LEGAIS. FASE DE EXECUÇÃO. SENTENÇA EXEQUENDA OMISSA. INEXISTÊNCIA DE OFENSA À COISA JULGADA. Inserida em 13.3.02 (Cancelada em decorrência da sua conversão na Súmula n. 401 — Res. 137/2005 — DJ 22.8.05) Os descontos previdenciários e fiscais devem ser efetuados pelo juízo executório, ainda que a sentença exequenda tenha sido omissa sobre a questão, dado o caráter de ordem pública ostentado pela norma que os disciplina. A ofensa à coisa julgada somente poderá ser caracterizada na hipótese de o título exequendo, expressamente, afastar a dedução dos valores a título de imposto de renda e de contribuição previdenciária.

82. AÇÃO RESCISÓRIA. LITISCONSÓRCIO. NECESSÁRIO NO POLO PASSIVO E FACULTATIVO NO ATIVO. Inserida em 13.3.02 (Cancelada em decorrência da sua conversão na Súmula n. 406 — Res. 137/2005 — DJ 22.8.05) O litisconsórcio, na ação rescisória, é necessário em relação ao polo passivo da demanda, porque supõe uma comunidade de direito ou de obrigações que não admite solução díspar para os litisconsortes, em face da indivisibilidade do objeto. Já em relação ao polo ativo, o litisconsórcio é facultativo, uma vez que a aglutinação de autores se faz por conveniência, e não pela necessidade decorrente da natureza do litígio, pois não se pode condicionar o exercício do direito individual de um dos litigantes no processo originário à anuência dos demais para retomar a lide.

83. AÇÃO RESCISÓRIA. MINISTÉRIO PÚBLICO. LEGITIMIDADE *AD CAUSAM* PREVISTA NO ART. 487, III, "A" E "B", DO CPC. AS HIPÓTESES SÃO MERAMENTE EXEMPLIFICATIVAS. Inserida em 13.3.02 (Cancelada em decorrência da sua conversão na Súmula n. 407 — Res. 137/2005 — DJ 22.8.05). A legitimidade *ad causam* do Ministério Público para propor ação rescisória, ainda que não tenha sido parte no processo que deu origem à decisão rescindenda, não está limitada às alíneas "a" e "b" do inciso III do art. 487 do CPC, uma vez que traduzem hipóteses meramente exemplificativas.

OJ-SDI-2

84. AÇÃO RESCISÓRIA. AUSÊNCIA DA DECISÃO RESCINDENDA E/OU DA CERTIDÃO DE SEU TRÂNSITO EM JULGADO DEVIDAMENTE AUTENTICADAS. CONCESSÃO DE PRAZO PARA COMPLEMENTAÇÃO DA DOCUMENTAÇÃO. (alterada em decorrência do CPC de 2015) — Res. 220/2017, DEJT divulgado em 21, 22 e 25.09.2017. São peças essenciais para o julgamento da ação rescisória a decisão rescindenda e/ou a certidão do seu trânsito em julgado, devidamente autenticadas, à exceção de cópias reprográficas apresentadas por pessoa jurídica de direito público, a teor do art. 24 da Lei n. 10.522/2002, ou declaradas autênticas pelo advogado na forma do art. 830 da CLT com a redação dada pela Lei n. 11.925/2009. Em fase recursal, verificada a ausência de qualquer delas, cumpre ao Relator do recurso ordinário conceder o prazo de 5 (cinco) dias ao recorrente para que seja complementada a documentação exigível, nos termos do art. 932, parágrafo único, do CPC de 2015.

85. AÇÃO RESCISÓRIA. SENTENÇA HOMOLOGATÓRIA DE CÁLCULO. EXISTÊNCIA DE CONTRADITÓRIO. DECISÃO DE MÉRITO. CABIMENTO. Inserida em 13.3.02 e alterada em 26.11.02 (cancelada — 1ª parte convertida na Súmula n. 399 e parte final (Incorporada à nova redação da Súmula n. 298 — Res. 137/2005 — DJ 22.8.05) A decisão homologatória de cálculos apenas comporta rescisão quando enfrentar as questões envolvidas na elaboração da conta de liquidação, quer solvendo a controvérsia das partes, quer explicitando, de ofício, os motivos pelos quais acolheu os cálculos oferecidos por uma das partes, ou pelo setor de cálculos, e não contestados pela outra. A sentença meramente homologatória, que silencia sobre os motivos de convencimento do juiz, não se mostra rescindível, por ausência de prequestionamento.

86. MANDADO DE SEGURANÇA. ANTECIPAÇÃO DE TUTELA. SENTENÇA SUPERVENIENTE. PERDA DE OBJETO. Inserida em 13.3.02 (Cancelada em decorrência da sua conversão na Súmula n. 414 — Res. 137/2005 — DJ 22.8.05) Perde objeto o mandado de segurança que impugna tutela antecipada pelo fato de haver sido proferida sentença de mérito nos autos originários.

87. MANDADO DE SEGURANÇA. REINTEGRAÇÃO EM EXECUÇÃO PROVISÓRIA. IMPOSSIBILIDADE. Inserida em 13.3.02 (Cancelada — Res. 137/2005 — DJ 22.8.05) O art. 899 da CLT, ao impedir a execução definitiva do título executório, enquanto pendente recurso, alcança tanto as execuções por obrigação de pagar quanto as por obrigação de fazer. Assim, tendo a obrigação de reintegrar caráter definitivo, somente pode ser decretada, liminarmente, nas hipóteses legalmente previstas, em sede de tutela antecipada ou tutela específica.

88. MANDADO DE SEGURANÇA. VALOR DA CAUSA. CUSTAS PROCESSUAIS. CABIMENTO. Incabível a impetração de mandado de segurança contra ato judicial que, de ofício, arbitrou novo valor à causa, acarretando a majoração das custas processuais, uma vez que cabia à parte, após recolher as custas, calculadas com base no valor dado à causa na inicial, interpor recurso ordinário e, posteriormente, agravo de instrumento no caso de o recurso ser considerado deserto. **(13.3.02)**

89. *HABEAS CORPUS*. DEPOSITÁRIO. TERMO DE DEPÓSITO NÃO ASSINADO PELO PACIENTE. NECESSIDADE DE ACEITAÇÃO DO ENCARGO. IMPOSSIBILIDADE DE PRISÃO CIVIL. A investidura no encargo de depositário depende da aceitação do nomeado que deve assinar termo de compromisso no auto de penhora, sem o que, é inadmissível a restrição de seu direito de liberdade. **(27.5.02)**

90. RECURSO ORDINÁRIO. APELO QUE NÃO ATACA OS FUNDAMENTOS DA DECISÃO RECORRIDA. NÃO CONHECIMENTO. ART. 514, II, DO CPC. Inserida em 27.5.02 (Cancelada em decorrência da sua conversão na Súmula n. 422 — Res. 137/2005 — DJ 22.8.05) Não se conhece de recurso ordinário para o TST, pela ausência do requisito de admissibilidade inscrito no art. 514, II, do CPC, quando as razões do recorrente não impugnam os fundamentos da decisão recorrida, nos termos em que fora proposta.

91. MANDADO DE SEGURANÇA. AUTENTICAÇÃO DE CÓPIAS PELAS SECRETARIAS DOS TRIBUNAIS REGIONAIS DO TRABALHO. REQUERIMENTO INDEFERIDO. ART. 789, § 9º, DA CLT. Não sendo a parte beneficiária da assistência judiciária gratuita, inexiste direito líquido e certo à autenticação, pelas Secretarias dos Tribunais, de peças extraídas do processo principal, para formação do agravo de instrumento. **(27.5.02)**

92. MANDADO DE SEGURANÇA. EXISTÊNCIA DE RECURSO PRÓPRIO. Não cabe mandado de segurança contra decisão judicial passível de reforma mediante recurso próprio, ainda que com efeito diferido. **(27.5.02)**

93. PENHORA SOBRE PARTE DA RENDA DE ESTABELECIMENTO COMERCIAL. POSSIBILIDADE. (alterada em decorrência do CPC de 2015) — Res. 220/2017, DEJT divulgado em 21, 22 e 25.09.2017. Nos termos do art. 866 do CPC de 2015, é admissível a penhora sobre a renda mensal ou faturamento de empresa, limitada a percentual, que não comprometa o desenvolvimento regular de suas atividades, desde que não haja outros bens penhoráveis ou, havendo outros bens, eles sejam de difícil alienação ou insuficientes para satisfazer o crédito executado.

94. AÇÃO RESCISÓRIA. COLUSÃO. FRAUDE À LEI. RECLAMATÓRIA SIMULADA EXTINTA. A decisão ou acordo judicial subjacente à reclamação trabalhista, cuja tramitação deixa nítida a simulação do litígio para fraudar a lei e prejudicar terceiros, enseja ação rescisória, com lastro em colusão. No juízo rescisório, o processo simulado deve ser extinto. **(27.9.02)**

95. AÇÃO RESCISÓRIA DE AÇÃO RESCISÓRIA. VIOLAÇÃO DE LEI. INDICAÇÃO DOS MESMOS DISPOSITIVOS LEGAIS APONTADOS NA RESCISÓRIA PRIMITIVA. Inserida em 27.9.02 e alterada — DJ 16.4.04 (Cancelada em decorrência da sua conversão na Súmula n. 400 — Res. 137/2005 — DJ 22.8.05). Em se tratando de rescisória de rescisória, o vício apontado deve nascer na decisão rescindenda, não se admitindo a rediscussão do acerto do julgamento da rescisória anterior. Assim, não se admite rescisória calcada no inciso V do art. 485 do CPC, para discussão, por má aplicação, dos mesmos dispositivos de lei tidos por violados na rescisória anterior, bem como para arguição de questões inerentes à ação rescisória primitiva.

96. AÇÃO RESCISÓRIA. VÍCIO DE INTIMAÇÃO DA DECISÃO RESCINDENDA. AUSÊNCIA DA FORMAÇÃO DA COISA JULGADA MATERIAL. CARÊNCIA DE AÇÃO. Inserida em 27.9.02 (Cancelada em decorrência da nova redação conferida à Súmula n. 299 — Res. 137/2005 — DJ 22.8.05). O pretenso vício de intimação posterior à decisão que se pretende rescindir, se efetivamente ocorrido, não permite a formação da coisa julgada material. Assim, a ação rescisória deve ser julgada extinta sem julgamento do mérito por carência de ação, por inexistir decisão transitada em julgado a ser rescindida.

97. AÇÃO RESCISÓRIA. VIOLAÇÃO DO ART. 5º, II, LIV E LV, DA CONSTITUIÇÃO FEDERAL. PRINCÍPIOS DA LEGALIDADE, DO DEVIDO PROCESSO LEGAL, DO CONTRADITÓRIO E DA AMPLA DEFESA. Inserida em 27.9.02 e alterada em 25.4.03 — DJ 9.5.03 (Nova redação — Res. 137/2005 — DJ 22.8.05) Os princípios da legalidade, do devido processo legal, do contraditório e da ampla defesa não servem de fundamento para a desconstituição de decisão judicial transitada em julgado, quando se apresentam sob a forma de pedido genérico e desfundamentado, acompanhando dispositivos legais que tratam especificamente da matéria debatida, estes sim, passíveis de fundamentarem a análise do pleito rescisório.

98. MANDADO DE SEGURANÇA. CABÍVEL PARA ATACAR EXIGÊNCIA DE DEPÓSITO PRÉVIO DE HONORÁRIOS PERICIAIS. Inserida em 27.9.02 (nova redação — DJ 22.8.2005). É ilegal a exigência de depósito prévio para custeio dos honorários periciais, dada a incompatibilidade com o processo do trabalho, sendo cabível o mandado de segurança visando à realização da perícia, independentemente do depósito.

99. MANDADO DE SEGURANÇA. ESGOTAMENTO DE TODAS AS VIAS PROCESSUAIS DISPONÍVEIS. TRÂNSITO EM JULGADO FORMAL. DESCABIMENTO. Esgotadas as vias recursais existentes, não cabe mandado de segurança. **(27.9.02)**

100. RECURSO ORDINÁRIO PARA O TST. DECISÃO DE TRT PROFERIDA EM AGRAVO REGIMENTAL CONTRA LIMINAR EM AÇÃO CAUTELAR OU EM MANDADO DE SEGURANÇA. INCABÍVEL. Não cabe recurso ordinário para o TST de decisão proferida pelo Tribunal Regional do Trabalho em agravo regimental interposto contra despacho que concede ou não liminar em ação cautelar ou em mandado de segurança, uma vez que o processo ainda pende de decisão definitiva do Tribunal *a quo*. **(27.9.02)**

101. AÇÃO RESCISÓRIA. INCISO IV DO ART. 966 DO CPC DE 2015. ART. 485, IV, DO CPC DE 1973. OFENSA A COISA JULGADA. NECESSIDADE DE FIXAÇÃO DE TESE NA DECISÃO RESCINDENDA (ATUALIZADA EM DECORRÊNCIA DO CPC DE 2015) — RES. N. 208/2016, DEJT DIVULGADO EM 22, 25 E 26.04.2016. Para viabilizar a desconstituição do julgado pela causa de rescindibilidade do inciso IV do art. 966 do CPC de 2015 (inciso IV do art. 485 do CPC de 1973), é necessário que a decisão rescindenda tenha enfrentado as questões ventiladas na ação rescisória, sob pena de inviabilizar o cotejo com o título executivo judicial tido por desrespeitado, de modo a se poder concluir pela ofensa à coisa julgada.

102. AÇÃO RESCISÓRIA. CERTIDÃO DE TRÂNSITO EM JULGADO. DESCOMPASSO COM A REALIDADE. PRESUNÇÃO RELATIVA DE VERACIDADE. DJ 29.4.03 (Cancelada em decorrência da nova redação conferida à Súmula n. 100 — Res. 137/2005 — DJ 22.8.05) O juízo rescindente não está adstrito à certidão de trânsito em julgado juntada com a ação rescisória, podendo formar sua convicção através de outros elementos dos autos quanto à antecipação ou postergação do *dies a quo* do prazo decadencial.

103. AÇÃO RESCISÓRIA. CONTRADIÇÃO ENTRE FUNDAMENTAÇÃO E PARTE DISPOSITIVA DO JULGADO. CABIMENTO. ERRO DE FATO. É cabível a rescisória para corrigir contradição entre a parte dispositiva do acórdão rescindendo e a sua fundamentação, por erro de fato na retratação do que foi decidido. **(DJ 29.4.03)**

104. AÇÃO RESCISÓRIA. DECADÊNCIA. SENTENÇA HOMOLOGATÓRIA DE ACORDO. MOMENTO DO TRÂNSITO EM JULGADO. DJ 29.4.03 (Cancelada em decorrência da nova redação conferida à Súmula n. 100 — Res. 137/2005 — DJ 22.8.05). O acordo homologado judicialmente tem força de decisão irrecorrível, na forma do art. 831 da CLT. Assim sendo, o termo conciliatório transita em julgado na data da sua homologação judicial.

105. AÇÃO RESCISÓRIA. DECISÃO RESCINDENDA. AGRAVO DE INSTRUMENTO. NÃO SUBSTITUIÇÃO. IMPOSSIBILIDADE JURÍDICA. DJ 29.4.03 (Cancelada em decorrência da nova redação conferida à Súmula n. 192 — Res. 137/2005 — DJ 22.8.05) É manifesta a impossibilidade jurídica do pedido de rescisão de julgado proferido em agravo de instrumento que, limitando-se a aferir o eventual desacerto do juízo negativo de admissibilidade do recurso de revista, não substitui o acórdão regional, na forma do art. 512 do CPC.

106. AÇÃO RESCISÓRIA. DECISÃO RESCINDENDA. AUSÊNCIA DE TRÂNSITO EM JULGADO. DESCABIMENTO DE AÇÃO RESCISÓRIA PREVENTIVA. DJ 29.4.03 (Cancelada em decorrência da nova redação conferida à Súmula n. 299 — Res. 137/2005 — DJ 22.8.05). A comprovação do trânsito em julgado da decisão rescindenda é pressuposto processual indispensável ao tempo do ajuizamento da ação rescisória. Eventual trânsito em julgado posterior ao ajuizamento da ação rescisória não reabilita a ação proposta, na medida em que o ordenamento jurídico não contempla a ação rescisória preventiva.

107. AÇÃO RESCISÓRIA. DECISÃO RESCINDENDA DE MÉRITO. SENTENÇA DECLARATÓRIA DE EXTINÇÃO DE EXECUÇÃO. SATISFAÇÃO DA OBRIGAÇÃO (ATUALIZADA EM DECORRÊNCIA DO CPC DE 2015) — RES. 208/2016, DEJT DIVULGADO EM 22, 25 E 26.04.2016. Embora não haja atividade cognitiva, a decisão que declara extinta a execução, nos termos do art. 924, incisos I a IV c/c art. 925 do CPC de 2015 (art. 794 c/c art. 795 do CPC de 1973), extingue a relação processual e a obrigacional, sendo passível de corte rescisório.

108. AÇÃO RESCISÓRIA. FUNDAMENTO PARA INVALIDAR CONFISSÃO. CONFISSÃO FICTA. INADEQUAÇÃO DO ENQUADRAMENTO NO ART. 485, VIII, DO CPC. DJ 29.4.03 (Cancelada em decorrência da sua conversão na Súmula n. 404). O art. 485, VIII, do CPC, ao tratar do fundamento para invalidar a confissão como hipótese de rescindibilidade da decisão judicial, refere-se à confissão real, fruto de erro, dolo ou coação, e não à confissão ficta resultante de revelia.

109. AÇÃO RESCISÓRIA. REEXAME DE FATOS E PROVAS. INVIABILIDADE. DJ 29.4.03 (Cancelada em decorrência da sua conversão na Súmula n. 410 — Res. 137/2005 — DJ 22.8.05). A ação rescisória calcada em violação de lei não admite reexame de fatos e provas do processo que originou a decisão rescindenda.

110. AÇÃO RESCISÓRIA. RÉU SINDICATO. SUBSTITUTO PROCESSUAL NA AÇÃO ORIGINÁRIA. LEGITIMIDADE PASSIVA *AD CAUSAM*. INEXISTÊNCIA DE LITISCONSÓRCIO PASSIVO NECESSÁRIO. DJ 29.4.03 (Cancelada em decorrência da sua conversão na Súmula n. 406 — Res. 137/2005 — DJ 22.8.05). O Sindicato, substituto processual e autor da reclamação trabalhista, em cujos autos fora proferida a decisão rescindenda, possui legitimidade para figurar como réu na ação rescisória, sendo descabida a exigência de citação de todos os empregados substituídos, porquanto inexistente litisconsórcio passivo necessário.

111. AÇÃO RESCISÓRIA. SENTENÇA HOMOLOGATÓRIA DE ACORDO. DOLO DA PARTE VENCEDORA EM DETRIMENTO DA VENCIDA. ART. 485, III, DO CPC. INVIÁVEL. DJ 29.4.03 (Cancelada em decorrência da sua conversão na Súmula n. 403 — Res. 137/2005 — DJ 22.8.05) Se a decisão rescindenda é homologatória de acordo, não há parte vencedora ou vencida, razão pela qual não é possível a sua desconstituição calcada no inciso III do art. 485 do CPC (dolo da parte vencedora em detrimento da vencida), pois constitui fundamento de rescindibilidade que supõe solução jurisdicional para a lide.

112. AÇÃO RESCISÓRIA. VIOLAÇÃO DE LEI. DECISÃO RESCINDENDA POR DUPLO FUNDAMENTO. IMPUGNAÇÃO PARCIAL. Para que a violação da lei dê causa à rescisão de decisão de mérito alicerçada em duplo fundamento, é necessário que o Autor da ação rescisória invoque causas de rescindibilidade que, em tese, possam infirmar a motivação dúplice da decisão rescindenda. **(DJ 29.4.03)**

113. AÇÃO CAUTELAR. EFEITO SUSPENSIVO AO RECURSO ORDINÁRIO EM MANDADO DE SEGURANÇA. INCABÍVEL. AUSÊNCIA DE INTERESSE. EXTINÇÃO (cancelada em decorrência do CPC de 2015) — Res. 220/2017, DEJT divulgado em 21, 22 e 25.09.2017. É incabível medida cautelar para imprimir efeito suspensivo a recurso interposto contra decisão proferida em mandado de segurança, pois ambos visam, em última análise, à sustação do ato atacado. Extingue-se, pois, o processo, sem julgamento do mérito, por ausência de interesse de agir, para evitar que decisões judiciais conflitantes e inconciliáveis passem a reger idêntica situação jurídica.

114. COMPETÊNCIA. EXECUÇÃO POR CARTA. EMBARGOS DE TERCEIRO. JUÍZO DEPRECANTE. DJ 11.8.03 (Cancelada em decorrência da sua conversão na Súmula n. 419 — Res. 137/2005 — DJ 22.8.05) Na execução por carta precatória, os embargos de terceiro serão oferecidos no juízo deprecante ou no juízo deprecado, mas a competência para julgá-los é do juízo deprecante, salvo se versarem, unicamente, sobre vícios ou irregularidades da penhora, avaliação ou alienação dos bens, praticados pelo juízo deprecado, em que a competência será deste último.

115. COMPETÊNCIA FUNCIONAL. CONFLITO NEGATIVO. TRT E VARA DO TRABALHO DE IDÊNTICA REGIÃO. NÃO CONFIGURAÇÃO. DJ 11.8.03 (Cancelada em decorrência da sua conversão na Súmula n. 420 — Res. 137/2005 — DJ 22.8.05) Não se configura conflito de competência entre Tribunal Regional do Trabalho e Vara do Trabalho a ele vinculada.

116. AÇÃO RESCISÓRIA. ART. 485, IV, DO CPC. AÇÃO DE CUMPRIMENTO. OFENSA À COISA JULGADA EMANADA DE SENTENÇA NORMATIVA MODIFICADA EM GRAU DE RECURSO. INVIABILIDADE. DJ 11.8.03 (Cancelada em decorrência da sua conversão na Súmula n. 397 — Res. 137/2005 — DJ 22.8.05) Não procede ação rescisória calcada em ofensa à coisa julgada perpetrada por decisão proferida em ação de cumprimento, em face de a sentença normativa, na qual se louvava, ter sido modificada em grau de recurso, porque em dissídio coletivo somente se consubstancia coisa julgada formal. Assim os meios processuais, aptos a atacarem a execução da cláusula reformada, são a exceção da pré-executividade e o mandado de segurança, no caso de descumprimento do art. 572 do CPC.

117. AÇÃO RESCISÓRIA. DEPÓSITO RECURSAL. PEDIDO RESCISÓRIO PROCEDENTE. CONDENAÇÃO EM PECÚNIA. INSTRUÇÃO NORMATIVA N. 3/93, III. DJ 11.8.03 (Cancelada em decorrência da nova redação conferida à Súmula n. 99 — Res. 137/2005 — DJ 22.8.05) Havendo recurso ordinário em sede de rescisória, o depósito recursal prévio só é exigível quando for julgado procedente o pedido e imposta condenação em pecúnia.

118. AÇÃO RESCISÓRIA. EXPRESSÃO "LEI" DO ART. 485, V, DO CPC. INDICAÇÃO DE CONTRARIEDADE À SÚMULA OU ORIENTAÇÃO JURISPRUDENCIAL DO TST. DESCABIMENTO. DJ 11.8.03 (Cancelada em decorrência da sua incorporação à nova redação da Orientação Jurisprudencial n. 25 da SBDI-II — Res. 137/2005 — DJ 22.8.05) Não prospera pedido de rescisão fundado no art. 485, inciso V, do CPC, com indicação de contrariedade a súmula, uma vez que a jurisprudência consolidada dos tribunais não corresponde ao conceito de lei.

119. AÇÃO RESCISÓRIA. PRAZO PRESCRICIONAL. TOTAL OU PARCIAL. VIOLAÇÃO DO ART. 7º, XXIX, DA CF/88. MATÉRIA INFRACONSTITUCIONAL. DJ 11.8.03 (Cancelada em decorrência da sua conversão na Súmula n. 409 — Res. 137/2005 — DJ 22.8.05) Não procede ação rescisória calcada em violação do art. 7º, XXIX, da CF/88, quando a questão envolve discussão sobre a espécie de prazo prescricional aplicável aos créditos trabalhistas, se total ou parcial, porque a matéria tem índole infraconstitucional, construída, na Justiça do Trabalho, no plano jurisprudencial.

120. MANDADO DE SEGURANÇA. RECUSA À HOMOLOGAÇÃO DE ACORDO. INEXISTÊNCIA DE DIREITO LÍQUIDO E CERTO. DJ 11.8.03 (Cancelada em decorrência da sua conversão na Súmula n. 418 — Res. 137/2005 — DJ 22.8.05) Não comporta mandado de segurança a negativa de homologação de acordo, por inexistir direito líquido e certo à homologação, já que se trata de atividade jurisdicional alicerçada no livre convencimento do juiz.

121. AÇÃO RESCISÓRIA. PEDIDO DE ANTECIPAÇÃO DE TUTELA. DESCABIMENTO. DJ 11.8.03 (Cancelada em decorrência da sua conversão na Súmula n. 405 — Res. 137/2005 — DJ 22.8.05) Não se admite tutela antecipada em sede de ação rescisória, na medida em que não se pode desconstituir antecipadamente a coisa julgada, com base em juízo de verossimilhança, dadas as garantias especiais de que se reveste o pronunciamento estatal transitado em julgado.

122. AÇÃO RESCISÓRIA. DECADÊNCIA. MINISTÉRIO PÚBLICO. *DIES A QUO* DO PRAZO. CONTAGEM. COLUSÃO DAS PARTES. DJ 11.8.03 (Cancelada em decorrência da nova redação conferida à Súmula n. 100 — Res. 137/2005 — DJ 22.8.05) Na hipótese de colusão das partes, o prazo decadencial da ação rescisória somente começa a fluir para o Ministério Público, que não interveio no processo principal, a partir do momento em que tem ciência da fraude.

123. AÇÃO RESCISÓRIA. INTERPRETAÇÃO DO SENTIDO E ALCANCE DO TÍTULO EXECUTIVO. INEXISTÊNCIA DE OFENSA À COISA JULGADA. DJ 11.8.03 (Título alterado) — Res. 137/2005 — DJ 22.8.05) O acolhimento da ação rescisória calcada em ofensa à coisa julgada supõe dissonância patente entre as decisões exequenda e rescindenda, o que não se verifica quando se faz necessária a interpretação do título executivo judicial para se concluir pela lesão à coisa julgada.

124. AÇÃO RESCISÓRIA. ART. 966, INCISO II, DO CPC DE 2015. ART. 485, INCISO II, DO CPC DE 1973. ARGUIÇÃO DE INCOMPETÊNCIA ABSOLUTA. PREQUESTIONAMENTO INEXIGÍVEL. (atualizada em decorrência do CPC de 2015) — Res. 208/2016, DEJT divulgado em 22, 25 e 26.04.2016. Na hipótese em que a ação rescisória tem como causa de rescindibilidade o inciso II do art. 966 do CPC de 2015 (inciso II do art. 485 do CPC de 1973), a arguição de incompetência absoluta prescinde de prequestionamento.

125. AÇÃO RESCISÓRIA. ART. 485, III, DO CPC. SILÊNCIO DA PARTE VENCEDORA ACERCA DE EVENTUAL FATO QUE LHE SEJA DESFAVORÁVEL. DESCARACTERIZADO O DOLO PROCESSUAL. (Cancelada em decorrência da sua conversão na Súmula n. 403 — DJ 22.8.05). Não caracteriza dolo processual, previsto no art. 485, III, do CPC, o simples fato de a parte vencedora haver silenciado a respeito de fatos contrários a ela, porque o procedimento, por si só, não constitui ardil do qual resulte cerceamento de defesa e, em consequência, desvie o juiz de uma sentença não-condizente com a verdade. **(DJU 9.12.03)**

126. AÇÃO RESCISÓRIA. AUSÊNCIA DE DEFESA. INAPLICÁVEIS OS EFEITOS DA REVELIA. (Cancelada em decorrência da sua conversão na Súmula n. 398 — DJ 22.8.05). Na ação rescisória, o que se ataca na ação é a sentença, ato oficial do Estado, acobertado pelo manto da coisa julgada. Assim sendo e, considerando que a coisa julgada envolve questão de ordem pública, a revelia não produz confissão na ação rescisória. **(DJU 9.12.03)**

127. MANDADO DE SEGURANÇA. DECADÊNCIA. CONTAGEM. EFETIVO ATO COATOR. Na contagem do prazo decadencial para ajuizamento de mandado de segurança, o efetivo ato coator é o primeiro em que se firmou a tese hostilizada e não aquele que a ratificou. **(DJU 9.12.03)**

128. AÇÃO RESCISÓRIA. CONCURSO PÚBLICO ANULADO POSTERIORMENTE. APLICAÇÃO DA SÚMULA N. 363 DO TST. O certame público posteriormente anulado equivale à contratação realizada sem a observância da exigência contida no art. 37, II, da Constituição Federal de 1988. Assim sendo, aplicam-se à hipótese os efeitos previstos na Súmula n. 363 do TST. **(DJU 9.12.03)**

129. AÇÃO ANULATÓRIA. COMPETÊNCIA ORIGINÁRIA. Em se tratando de ação anulatória, a competência originária se dá no mesmo juízo em que praticado o ato supostamente eivado de vício. **(DJ 4.5.04)**

130. AÇÃO CIVIL PÚBLICA. COMPETÊNCIA. LOCAL DO DANO. LEI N. 7.347/1985, ART. 2º. CÓDIGO DE DEFESA DO CONSUMIDOR, ART. 93 (redação alterada na sessão do Tribunal Pleno realizada em 14.9.2012 — (Res. 186/2012, DEJT divulgado em 25.9.12)

I — A competência para a Ação Civil Pública fixa-se pela extensão do dano.

II — Em caso de dano de abrangência regional, que atinja cidades sujeitas à jurisdição de mais de uma Vara do Trabalho, a competência será de qualquer das Varas das localidades atingidas, ainda que vinculadas a Tribunais Regionais do Trabalho distintos.

III — Em caso de dano de abrangência suprarregional ou nacional, há competência concorrente para a Ação Civil Pública das Varas do Trabalho das sedes dos Tribunais Regionais do Trabalho.

IV — Estará prevento o juízo a que a primeira ação houver sido distribuída.

131. AÇÃO RESCISÓRIA. AÇÃO CAUTELAR PARA SUSPENDER EXECUÇÃO DA DECISÃO RESCINDENDA. PENDÊNCIA DE TRÂNSITO EM JULGADO DA AÇÃO RESCISÓRIA PRINCIPAL. EFEITOS. A ação cautelar não perde o objeto enquanto ainda estiver pendente o trânsito em julgado da ação rescisória principal, devendo o pedido cautelar ser julgado procedente, mantendo-se os efeitos da liminar eventualmente deferida, no caso de procedência do pedido rescisório ou, por outro lado, improcedente, se o pedido da ação rescisória principal tiver sido julgado improcedente. **(DJ 4.5.04)**

132. AÇÃO RESCISÓRIA. ACORDO HOMOLOGADO. ALCANCE. OFENSA À COISA JULGADA. Acordo celebrado — homologado judicialmente — em que o empregado dá plena e ampla quitação, sem qualquer ressalva, alcança não só o objeto da inicial, como também todas as demais parcelas referentes ao extinto contrato de trabalho violando a coisa julgada, a propositura de nova reclamação trabalhista. **(DJ 4.5.04)**

133. AÇÃO RESCISÓRIA. DECISÃO EM AGRAVO REGIMENTAL. APLICAÇÃO DA SÚMULA N. 333. JUÍZO DE MÉRITO. DJ 4.5.04 (Cancelada em decorrência da nova redação conferida à Súmula n. 192 — Res. 137/2005 — DJ 22.8.05) A decisão proferida pela SDI, em sede de agravo regimental, calcada na Súmula n. 333, substitui acórdão de Turma do TST, porque emite juízo de mérito, comportando, em tese, o corte rescisório.

134. AÇÃO RESCISÓRIA. DECISÃO QUE DECLARA PRECLUSA A OPORTUNIDADE DE IMPUGNAÇÃO DA SENTENÇA DE LIQUIDAÇÃO. PRODUÇÃO DE COISA JULGADA FORMAL. IRRESCINDIBILIDADE. (alterada em decorrência do CPC de 2015) — Res. 220/2017, DEJT divulgado em 21, 22 e 25.09.2017. A decisão proferida em embargos à execução ou em agravo de petição que apenas declara preclusa a oportunidade de impugnação da sentença de liquidação não é rescindível, em virtude de produzir tão-somente coisa julgada formal.

135. AÇÃO RESCISÓRIA. VIOLAÇÃO DO ART. 37, *CAPUT*, DA CF/1988. NECESSIDADE DE PREQUESTIONAMENTO. A ação rescisória calcada em violação do art. 37, *caput*, da Constituição Federal, por desrespeito ao princípio da legalidade administrativa exige que ao menos o princípio constitucional tenha sido prequestionado na decisão. **(DJ 4.5.04)**

136. AÇÃO RESCISÓRIA. ERRO DE FATO. CARACTERIZAÇÃO (ATUALIZADA EM DECORRÊNCIA DO CPC DE 2015) — RES. 208/2016, DEJT DIVULGADO EM 22, 25 E 26.04.2016. A caracterização do erro de fato como causa de rescindibilidade de decisão judicial transitada em julgado supõe a afirmação categórica e indiscutida de um fato, na decisão rescindenda, que não corresponde à realidade dos autos. O fato afirmado pelo julgador, que pode ensejar ação rescisória calcada no inciso VIII do art. 966 do CPC de 2015 (inciso IX do art. 485 do CPC de 1973), é apenas aquele que se coloca como premissa fática indiscutida de um silogismo argumentativo, não aquele que se apresenta ao final desse mesmo silogismo, como conclusão decorrente das premissas que especificaram as provas oferecidas, para se concluir pela existência do fato. Esta última hipótese é afastada pelo § 1º do art. 966 do CPC de 2015 (§ 2º do art. 485 do CPC de 1973), ao exigir que não tenha havido controvérsia sobre o fato e pronunciamento judicial esmiuçando as provas.

137. MANDADO DE SEGURANÇA. DIRIGENTE SINDICAL. ART. 494 DA CLT. APLICÁVEL. Constitui direito líquido e certo do empregador a suspensão do empregado, ainda que detentor de estabilidade sindical, até a decisão final do inquérito em que se apure a falta grave a ele imputada, na forma do art. 494, *caput* e parágrafo único, da CLT. **(DJ 4.5.04)**

138. MANDADO DE SEGURANÇA. INCOMPETÊNCIA DA JUSTIÇA DO TRABALHO. COBRANÇA DE HONORÁRIOS ADVOCATÍCIOS. CONTRATO DE NATUREZA CIVIL. (Cancelada — DJ 10.5.06) A Justiça do Trabalho é incompetente para apreciar ação de cobrança de honorários advocatícios, pleiteada na forma do art. 24, §§ 1º e 2º, da Lei n. 8.906/94, em face da natureza civil do contrato de honorários. Legislação: CF/88, art. 114, Lei n. 8.906/94, art. 24, § 1º. **(DJ 4.5.04). (Cancelada — DJ 10.5.2006)**

139. MANDADO DE SEGURANÇA. LIMINAR EM AÇÃO CIVIL PÚBLICA. SENTENÇA DE MÉRITO SUPERVENIENTE. PERDA DE OBJETO. DJ 4.5.04 (Cancelada em decorrência da sua conversão na Súmula n. 414 — Res. 137/2005 — DJ 22.8.05) Perde objeto o mandado de segurança que impugna liminar em ação civil pública substituída por sentença de mérito superveniente.

140. MANDADO DE SEGURANÇA CONTRA LIMINAR, CONCEDIDA OU DENEGADA EM OUTRA SEGURANÇA. INCABÍVEL. (ART. 8º DA LEI N. 1.533/51). Não cabe mandado de segurança para impugnar despacho que acolheu ou indeferiu liminar em outro mandado de segurança. **(DJ 4.5.04)**

141. MANDADO DE SEGURANÇA PARA CONCEDER LIMINAR DENEGADA EM AÇÃO CAUTELAR. DJ 4.5.04 (Cancelada em decorrência da sua conversão na Súmula n. 418 — Res. 137/2005 — DJ 22.8.2005) A concessão de liminar constitui faculdade do juiz, no uso de seu poder discricionário e de cautela, inexistindo direito líquido e certo tutelável pela via do mandado de segurança.

142. MANDADO DE SEGURANÇA. REINTEGRAÇÃO LIMINARMENTE CONCEDIDA. Inexiste direito líquido e certo a ser oposto contra ato de Juiz que, antecipando a tutela jurisdicional, determina a reintegração do empregado até a decisão final do processo, quando demonstrada a razoabilidade do direito subjetivo material, como nos casos de anistiado pela da Lei n. 8.878/94, aposentado, integrante de comissão de fábrica, dirigente sindical, portador de doença profissional, portador de vírus HIV ou detentor de estabilidade provisória prevista em norma coletiva. Legislação: CLT, art. 659, inciso X. **(DJ 4.5.04 — Parágrafo único do art. 168 do Regimento Interno do TST)**

143. *HABEAS CORPUS*. PENHORA SOBRE COISA FUTURA E INCERTA. PRISÃO. DEPOSITÁRIO INFIEL (redação alterada na sessão do Tribunal Pleno realizada em 17.11.2008, Resol. 151, do TST, DJe/TST 20, 21 e 24.11.08). Não se caracteriza a condição de depositário infiel quando a penhora recair sobre coisa futura e incerta, circunstância que, por si só, inviabiliza a materialização do depósito no momento da constituição do paciente em depositário, autorizando-se a concessão de *habeas corpus* diante da prisão ou ameaça de prisão que sofra.

144. MANDADO DE SEGURANÇA. PROIBIÇÃO DE PRÁTICA DE ATOS FUTUROS. SENTENÇA GENÉRICA. EVENTO FUTURO. Incabível. DJ 22.6.04 (nova redação) — Res. 137/2005 — DJ 22.8.05) O mandado de segurança não se presta à obtenção de uma sentença genérica, aplicável a eventos futuros, cuja ocorrência é incerta.

145. AÇÃO RESCISÓRIA. DECADÊNCIA. NÃO ESGOTAMENTO DAS VIAS RECURSAIS. PRAZO LEGAL DO RECURSO EXTRAORDINÁRIO.

DJ 10.11.04 (Cancelada em decorrência da nova redação conferida à Súmula n. 100 — Res. 137/2005 — DJ 22.8.05) Conta-se o prazo decadencial da ação rescisória, após o decurso do prazo legal previsto para a interposição do recurso extraordinário, apenas quando esgotadas todas as vias recursais ordinárias.

146. AÇÃO RESCISÓRIA. INÍCIO DO PRAZO PARA APRESENTAÇÃO DA CONTESTAÇÃO. ART. 774 DA CLT (ATUALIZADA EM DECORRÊNCIA DO CPC DE 2015) — RES. 208/2016, DEJT DIVULGADO EM 22, 25 E 26.04.2016. A contestação apresentada em ação rescisória obedece à regra relativa à contagem de prazo constante do art. 774 da CLT, sendo inaplicável o art. 231 do CPC de 2015 (art. 241 do CPC de 1973).

147. AÇÃO RESCISÓRIA. VALOR DA CAUSA. O valor da causa, na ação rescisória de sentença de mérito advinda de processo de conhecimento, corresponde ao valor da causa fixado no processo originário, corrigido monetariamente. No caso de se pleitear a rescisão de decisão proferida na fase de execução, o valor da causa deve corresponder ao montante da condenação. **(DJ 10.11.04 — Parágrafo único do art. 168 do Regimento Interno do TST) (Cancelada — Res. N. 142/2007 — DJ 10.10.2007)**

148. CUSTAS. MANDADO DE SEGURANÇA. RECURSO ORDINÁRIO. EXIGÊNCIA DO PAGAMENTO. (conversão da Orientação Jurisprudencial n. 29 da SBDI-1, DJ 20.4.05). É responsabilidade da parte, para interpor recurso ordinário em mandado de segurança, a comprovação do recolhimento das custas processuais no prazo recursal, sob pena de deserção. (ex-OJ n. 29 — inserida em 20.9.00)

149. CONFLITO DE COMPETÊNCIA. INCOMPETÊNCIA TERRITORIAL. HIPÓTESE DO ART. 651, § 3º, DA CLT. IMPOSSIBILIDADE DE DECLARAÇÃO DE OFÍCIO DE INCOMPETÊNCIA RELATIVA. (DJe divulgado em 3, 4 e 5.12.2008). Não cabe declaração de ofício de incompetência territorial no caso do uso, pelo trabalhador, da faculdade prevista no art. 651, § 3º, da CLT. Nessa hipótese, resolve-se o conflito pelo reconhecimento da competência do juízo do local onde a ação foi proposta.

150. AÇÃO RESCISÓRIA. REGÊNCIA PELO CPC DE 1973. DECISÃO RESCINDENDA QUE EXTINGUE O PROCESSO SEM RESOLUÇÃO DE MÉRITO POR ACOLHIMENTO DE COISA JULGADA. CONTEÚDO MERAMENTE PROCESSUAL. IMPOSSIBILIDADE JURÍDICA DO PEDIDO (atualizada em decorrência do CPC de 2015) Res. 212/2016, DEJT divulgado em 20, 21 e 22.09.2016. Reputa-se juridicamente impossível o pedido de corte rescisório de decisão que, reconhecendo a existência de coisa julgada, nos termos do art. 267, V, do CPC de 1973, extingue o processo sem resolução de mérito, o que, ante o seu conteúdo meramente processual, a torna insuscetível de produzir a coisa julgada material.

151. AÇÃO RESCISÓRIA E MANDADO DE SEGURANÇA. PROCURAÇÃO. PODERES ESPECÍFICOS PARA AJUIZAMENTO DE RECLAMAÇÃO TRABALHISTA. IRREGULARIDADE DE REPRESENTAÇÃO PROCESSUAL. FASE RECURSAL. VÍCIO PROCESSUAL SANÁVEL. (nova redação em decorrência do CPC de 2015) — Res. 211/2016, DEJT divulgado em 24, 25 e 26.08.2016. A procuração outorgada com poderes específicos para ajuizamento de reclamação trabalhista não autoriza a propositura de ação rescisória e mandado de segurança. Constatado, todavia, o defeito de representação processual na fase recursal, cumpre ao relator ou ao tribunal conceder prazo de 5 (cinco) dias para a regularização, nos termos da Súmula n. 383, item II, do TST.

152. AÇÃO RESCISÓRIA E MANDADO DE SEGURANÇA. RECURSO DE REVISTA DE ACÓRDÃO REGIONAL QUE JULGA AÇÃO RESCISÓRIA OU MANDADO DE SEGURANÇA. PRINCÍPIO DA FUNGIBILIDADE. INAPLICABILIDADE. ERRO GROSSEIRO NA INTERPOSIÇÃO DO RECURSO (DJe divulgado em 3, 4 e 5.12.2008). A interposição de recurso de revista de decisão definitiva de Tribunal Regional do Trabalho em ação rescisória ou em mandado de segurança, com fundamento em violação legal e divergência jurisprudencial e remissão expressa ao art. 896 da CLT, configura erro grosseiro, insuscetível de autorizar o seu recebimento como recurso ordinário, em face do disposto no art. 895, "b", da CLT.

153. MANDADO DE SEGURANÇA. EXECUÇÃO. ORDEM DE PENHORA SOBRE VALORES EXISTENTES EM CONTA SALÁRIO. ART. 649, IV, DO CPC DE 1973. ILEGALIDADE. (atualizada em decorrência do CPC de 2015) — Res. 220/2017, DEJT divulgado em 21, 22 e 25.09.2017. Ofende direito líquido e certo decisão que determina o bloqueio de numerário existente em conta salário, para satisfação de crédito trabalhista, ainda que seja limitado a determinado percentual dos valores recebidos ou a valor revertido para fundo de aplicação ou poupança, visto que o art. 649, IV, do CPC de 1973 contém norma imperativa que não admite interpretação ampliativa, sendo a exceção prevista no art. 649, § 2º, do CPC de 1973 espécie e não gênero de crédito de natureza alimentícia, não englobando o crédito trabalhista.

154. AÇÃO RESCISÓRIA. ACORDO PRÉVIO AO AJUIZAMENTO DA RECLAMAÇÃO. QUITAÇÃO GERAL. LIDE SIMULADA. POSSIBILIDADE DE RESCISÃO DA SENTENÇA HOMOLOGATÓRIA DE ACORDO APENAS SE VERIFICADA A EXISTÊNCIA DE VÍCIO DE CONSENTIMENTO. (DeJT divulgado em 9, 10 e 11.6.10). A sentença homologatória de acordo prévio ao ajuizamento de reclamação trabalhista, no qual foi conferida quitação geral do extinto contrato, sujeita-se ao corte rescisório tão somente se verificada a existência de fraude ou vício de consentimento.

155. AÇÃO RESCISÓRIA E MANDADO DE SEGURANÇA. VALOR ATRIBUÍDO À CAUSA NA INICIAL. MAJORAÇÃO DE OFÍCIO. INVIABILIDADE. (DeJT divulgado em 9, 10 e 11.6.10). Atribuído o valor da causa na inicial da ação rescisória ou do mandado de segurança e não havendo impugnação, nos termos do art. 261 do CPC, é defeso ao Juízo majorá-lo de ofício, ante a ausência de amparo legal. Inaplicável, na hipótese, a Orientação Jurisprudencial da SBDI-2 n. 147 e o art. 2º, II, da Instrução Normativa n. 31 do TST.

156. *HABEAS CORPUS* ORIGINÁRIO NO TST. SUBSTITUTIVO DE RECURSO ORDINÁRIO EM *HABEAS CORPUS*. CABIMENTO CONTRA DECISÃO DEFINITIVA PROFERIDA POR TRIBUNAL REGIONAL DO TRABALHO. (DeJT divulgado em 9, 10 e 11.6.2010). É cabível ajuizamento de *habeas corpus* originário no Tribunal Superior do Trabalho, em substituição de recurso ordinário em *habeas corpus*, de decisão definitiva proferida por Tribunal Regional do Trabalho, uma vez que o órgão colegiado passa a ser a autoridade coatora no momento em que examina o mérito do *habeas corpus* impetrado no âmbito da Corte local.

157. AÇÃO RESCISÓRIA. DECISÕES PROFERIDAS EM FASES DISTINTAS DE UMA MESMA AÇÃO. COISA JULGADA. NÃO CONFIGURAÇÃO. (ATUALIZADA EM DECORRÊNCIA DO CPC DE 2015) — RES. 208/2016, DEJT DIVULGADO EM 22, 25 E 26.04.2016. A ofensa à coisa julgada de que trata o inciso IV do art. 966 do CPC de 2015 (inciso IV do art. 485 do CPC de 1973) refere-se apenas a relações processuais distintas. A invocação de desrespeito à coisa julgada formada no processo de conhecimento, na correspondente fase de execução, somente é possível com base na violação do art. 5º, XXXVI, da Constituição da República.

158. AÇÃO RESCISÓRIA. DECLARAÇÃO DE NULIDADE DE DECISÃO HOMOLOGATÓRIA DE ACORDO EM RAZÃO DE COLUSÃO (ART. 485, III, DO CPC). MULTA POR LITIGÂNCIA DE MÁ-FÉ. IMPOSSIBILIDADE. (DeJT divulgado em 12, 13 e 16.4.2012). A declaração de nulidade de decisão homologatória de acordo, em razão da colusão entre as partes (art. 485, III, do CPC), é sanção suficiente em relação ao procedimento adotado, não havendo que ser aplicada a multa por litigância de má-fé.

ORIENTAÇÕES JURISPRUDENCIAIS DA SDC (TST)

ÍNDICE

ORIENTAÇÕES JURISPRUDENCIAIS DA SDC (TST)

01. ACORDO COLETIVO. DESCUMPRIMENTO. EXISTÊNCIA DE AÇÃO PRÓPRIA. ABUSIVIDADE DA GREVE DEFLAGRADA PARA SUBSTITUÍ-LA. O ordenamento legal vigente assegura a via da ação de cumprimento para as hipóteses de inobservância de norma coletiva em vigor, razão pela qual é abusivo o movimento grevista deflagrado em substituição ao meio pacífico próprio para a solução do conflito. **(Cancelada pela SDC em 19.5.04, DJ 22.6.04)**

02. ACORDO HOMOLOGADO. EXTENSÃO A PARTES NÃO SUBSCREVENTES. INVIABILIDADE. É inviável aplicar condições constantes de acordo homologado nos autos de dissídio coletivo, extensivamente, às partes que não o subscreveram, exceto se observado o procedimento previsto no art. 868 e seguintes, da CLT.

03. ARRESTO. APREENSÃO. DEPÓSITO. PRETENSÕES INSUSCETÍVEIS DE DEDUÇÃO EM SEDE COLETIVA. São incompatíveis com a natureza e finalidade do dissídio coletivo as pretensões de provimento judicial de arresto, apreensão ou depósito.

04. DISPUTA POR TITULARIDADE DE REPRESENTAÇÃO. INCOMPETÊNCIA DA JUSTIÇA DO TRABALHO. A disputa intersindical pela representatividade de certa categoria refoge ao âmbito da competência material da Justiça do Trabalho. **(Cancelada pela SDC — 18.10.06)**

05. DISSÍDIO COLETIVO. PESSOA JURÍDICA DE DIREITO PÚBLICO. POSSIBILIDADE JURÍDICA. CLÁUSULA DE NATUREZA SOCIAL (Redação alterada na sessão do Tribunal Pleno realizada em 14.9.2012 — (Res. 186/2012, DEJT divulgado em 25.9.12). Em face de pessoa jurídica de direito público que mantenha empregados, cabe dissídio coletivo exclusivamente para apreciação de cláusulas de natureza social. Inteligência da Convenção n. 151 da Organização Internacional do Trabalho, ratificada pelo Decreto Legislativo n. 206/2010.

06. DISSÍDIO COLETIVO. NATUREZA JURÍDICA. IMPRESCINDIBILIDADE DE REALIZAÇÃO DE ASSEMBLEIA DE TRABALHADORES E NEGOCIAÇÃO PRÉVIA. O dissídio coletivo de natureza jurídica não prescinde da autorização da categoria, reunida em assembleia, para legitimar o sindicato próprio, nem da etapa negocial prévia para buscar solução de consenso. **(Cancelada pela SDC em 10 de agosto de 2000, DJ 23.3.01)**

07. DISSÍDIO COLETIVO. NATUREZA JURÍDICA. INTERPRETAÇÃO DE NORMA DE CARÁTER GENÉRICO. INVIABILIDADE. Não se presta o dissídio coletivo de natureza jurídica à interpretação de normas de caráter genérico, a teor do disposto no art. 313 do RITST.

08. DISSÍDIO COLETIVO. PAUTA REIVINDICATÓRIA NÃO REGISTRADA EM ATA. CAUSA DE EXTINÇÃO. A ata da assembleia de trabalhadores que legitima a atuação da entidade sindical respectiva em favor de seus interesses deve registrar, obrigatoriamente, a pauta reivindicatória, produto da vontade expressa da categoria.

09. ENQUADRAMENTO SINDICAL. INCOMPETÊNCIA MATERIAL DA JUSTIÇA DO TRABALHO. O dissídio coletivo não é meio próprio para o Sindicato vir a obter o reconhecimento de que a categoria que representa é diferenciada, pois esta matéria — enquadramento sindical — envolve a interpretação de norma genérica, notadamente do art. 577 da CLT.

10. GREVE ABUSIVA NÃO GERA EFEITOS. É incompatível com a declaração de abusividade de movimento grevista o estabelecimento de quaisquer vantagens ou garantias a seus partícipes, que assumiram os riscos inerentes à utilização do instrumento de pressão máximo.

11. GREVE. IMPRESCINDIBILIDADE DE TENTATIVA DIRETA E PACÍFICA DA SOLUÇÃO DO CONFLITO. ETAPA NEGOCIAL PRÉVIA. É abusiva a greve levada a efeito sem que as partes hajam tentado, direta e pacificamente, solucionar o conflito que lhe constitui o objeto.

12. GREVE. QUALIFICAÇÃO JURÍDICA. ILEGITIMIDADE ATIVA *AD CAUSAM* DO SINDICATO PROFISSIONAL QUE DEFLAGRA O MOVIMENTO. NÃO SE LEGITIMA O SINDICATO PROFISSIONAL A REQUERER JUDICIALMENTE A QUALIFICAÇÃO LEGAL DE MOVIMENTO PAREDISTA QUE ELE PRÓPRIO FOMENTOU. **(Cancelada — Res. 166/2010, DEJT divulgado em 30.4.2010 e 3 e 4.5.2010)**

13. LEGITIMAÇÃO DA ENTIDADE SINDICAL. ASSEMBLEIA DELIBERATIVA. *QUORUM* DE VALIDADE. ART. 612 DA CLT. Mesmo após a promulgação da Constituição Federal de 1988, subordina-se a validade da assembleia de trabalhadores que legitima a atuação da entidade sindical respectiva em favor de seus interesses à observância do *quorum* estabelecido no art. 612 da CLT. **(Cancelada pela SDC em 9.10.03 — DJ 24.11.03).**

14. SINDICATO. BASE TERRITORIAL EXCEDENTE DE UM MUNICÍPIO. OBRIGATORIEDADE DA REALIZAÇÃO DE MÚLTIPLAS ASSEMBLEIAS. Se a base territorial do sindicato representativo da categoria abrange mais de um município, a realização de assembleia deliberativa em apenas um deles inviabiliza a manifestação de vontade da totalidade dos trabalhadores envolvidos na controvérsia, pelo que conduz à insuficiência de *quorum* deliberativo, exceto *quando* particularizado o conflito. **(Cancelada pela SDC em 13.11.03 — DJ 2.12.03)**

15. SINDICATO. LEGITIMIDADE *AD PROCESSUM*. IMPRESCINDIBILIDADE DO REGISTRO NO MINISTÉRIO DO TRABALHO. A comprovação da legitimidade *ad processum* da entidade sindical se faz por seu registro no órgão competente do Ministério do Trabalho, mesmo após a promulgação da Constituição Federal de 1988.

16. TAXA DE HOMOLOGAÇÃO DE RESCISÃO CONTRATUAL. ILEGALIDADE. É contrária ao espírito da lei (art. 477, § 7º, da CLT) e da função precípua do sindicato a cláusula coletiva que estabelece taxa para homologação de rescisão contratual, a ser paga pela empresa a favor do sindicato profissional.

17. CONTRIBUIÇÕES PARA ENTIDADES SINDICAIS. INCONSTITUCIONALIDADE DE SUA EXTENSÃO A NÃO ASSOCIADOS. As cláusulas coletivas que estabeleçam contribuição em favor de entidade sindical, a qualquer título, obrigando trabalhadores não sindicalizados, são ofensivas ao direito de livre associação e sindicalização, constitucionalmente assegurado, e, portanto, nulas, sendo passíveis de devolução, por via própria, os respectivos valores eventualmente descontados.(***)

18. DESCONTOS AUTORIZADOS NO SALÁRIO PELO TRABALHADOR. LIMITAÇÃO MÁXIMA DE 70% DO SALÁRIO-BASE. Os descontos efetuados com base em cláusula de acordo firmado entre as partes não podem ser superiores a 70% do salário-base percebido pelo empregado, pois deve-se assegurar um mínimo de salário em espécie ao trabalhador.

19. DISSÍDIO COLETIVO CONTRA EMPRESA. LEGITIMAÇÃO DA ENTIDADE SINDICAL. AUTORIZAÇÃO DOS TRABALHADORES DIRETAMENTE ENVOLVIDOS NO CONFLITO (INSERIDO DISPOSITIVO) — DEJT DIVULGADO EM 16, 17 E 18.11.2010. A legitimidade da entidade sindical para a instauração da instância contra determinada empresa está condicionada à prévia autorização dos trabalhadores da suscitada diretamente envolvidos no conflito.

20. EMPREGADOS SINDICALIZADOS. ADMISSÃO PREFERENCIAL. CONDIÇÃO VIOLADORA DO ART. 8º, V, DA CF/88 (inserido dispositivo) — DEJT divulgado em 16, 17 e 18.11.2010. Viola o art. 8º, V, da CF/1988 cláusula de instrumento normativo que estabelece a preferência, na contratação de mão de obra, do trabalhador sindicalizado sobre os demais.

21. ILEGITIMIDADE *AD CAUSAM* DO SINDICATO. AUSÊNCIA DE INDICAÇÃO DO TOTAL DE ASSOCIADOS DA ENTIDADE SINDICAL. INSUFICIÊNCIA DE *QUORUM* (ART. 612 DA CLT). (Cancelada pela SDC em 13.11.03 — DJ 2.12.03)

22. LEGITIMIDADE *AD CAUSAM* DO SINDICATO. CORRESPONDÊNCIA ENTRE AS ATIVIDADES EXERCIDAS PELOS SETORES PROFISSIONAL E ECONÔMICO ENVOLVIDOS NO CONFLITO. NECESSIDADE (inserido dispositivo) — DEJT divulgado em 16, 17 e 18.11.2010. É necessária a correspondência entre as atividades exercidas pelos setores profissional e econômico, a fim de legitimar os envolvidos no conflito a ser solucionado pela via do dissídio coletivo.

23. LEGITIMIDADE *AD CAUSAM*. SINDICATO REPRESENTATIVO DE SEGMENTO PROFISSIONAL OU PATRONAL. IMPOSSIBILIDADE. A representação sindical abrange toda a categoria, não comportando separação fundada na maior ou menor dimensão de cada ramo ou empresa.

24. NEGOCIAÇÃO PRÉVIA INSUFICIENTE. REALIZAÇÃO DE MESA-REDONDA PERANTE A DRT. ART. 114, § 2º, DA CF/88. VIOLAÇÃO. (Cancelada pela SDC em 11.12.03, DJ 16.4.04)

25. SALÁRIO NORMATIVO. CONTRATO DE EXPERIÊNCIA. LIMITAÇÃO. TEMPO DE SERVIÇO. POSSIBILIDADE. Não fere o princípio da isonomia salarial (art. 7º, XXX, da CF/88) a previsão de salário normativo tendo em vista o fator tempo de serviço.

26. SALÁRIO NORMATIVO. MENOR EMPREGADO. ART. 7º, XXX, DA CF/88. VIOLAÇÃO. Os empregados menores não podem ser discriminados em cláusula que fixa salário mínimo profissional para a categoria.

27. CUSTAS. AUSÊNCIA DE INTIMAÇÃO. DESERÇÃO. CARACTERIZAÇÃO. A deserção se impõe mesmo não tendo havido intimação, pois incumbe à parte, na defesa do próprio interesse, obter os cálculos necessários para efetivar o preparo.

28. EDITAL DE CONVOCAÇÃO DA AGT. PUBLICAÇÃO. BASE TERRITORIAL. VALIDADE. O edital de convocação para a AGT deve ser publicado em jornal que circule em cada um dos municípios componentes da base territorial.

29. EDITAL DE CONVOCAÇÃO E ATA DA ASSEMBLEIA GERAL. REQUISITOS ESSENCIAIS PARA INSTAURAÇÃO DE DISSÍDIO COLETIVO. O edital de convocação da categoria e a respectiva ata da AGT constituem peças essenciais à instauração do processo de dissídio coletivo.

30. ESTABILIDADE DA GESTANTE. RENÚNCIA OU TRANSAÇÃO DE DIREITOS CONSTITUCIONAIS. IMPOSSIBILIDADE (Republicada em decorrência de erro material — DEJT divulgado em 19, 20 e 21.9.11). Nos termos do art. 10, II, *b*, do ADCT, a proteção à maternidade foi erigida à hierarquia constitucional, pois retirou do âmbito do direito potestativo do empregador a possibilidade de despedir arbitrariamente a empregada em estado gravídico. Portanto, a teor do artigo 9º da CLT, torna-se nula de pleno direito a cláusula que estabelece a possibilidade de renúncia ou transação, pela gestante, das garantias referentes à manutenção do emprego e salário.(***)

31. ESTABILIDADE DO ACIDENTADO. ACORDO HOMOLOGADO. PREVALÊNCIA. IMPOSSIBILIDADE. VIOLAÇÃO DO ART. 118, LEI N. 8.213/91. Não é possível a prevalência de acordo sobre legislação vigente, quando ele é menos benéfico do que a própria lei, porquanto o caráter imperativo dessa última restringe o campo de atuação da vontade das partes.

32. REIVINDICAÇÕES DA CATEGORIA. FUNDAMENTAÇÃO DAS CLÁUSULAS. NECESSIDADE. APLICAÇÃO DO PN 37 DO TST. É pressuposto indispensável à constituição válida e regular da ação coletiva a apresentação em forma clausulada e fundamentada das reivindicações da categoria, conforme orientação do item VI, letra *e*, da IN n. 04/93.

33. AÇÃO RESCISÓRIA. MINISTÉRIO PÚBLICO. LEGITIMIDADE RESTRITA. HIPÓTESES DO ART. 487, INCISOS I E III DO CPC. A teor do disposto no art. 487, incisos I e III, do CPC, o Ministério Público apenas detém legitimidade para propor ação rescisória nas hipóteses em que tenha sido parte no processo no qual proferida a decisão rescindenda; nas quais deixou de manifestar-se ou intervir na lide, quando por previsão legal expressa deveria tê-lo feito, ou ainda naquelas em que a sentença resultou de colusão das partes, com o intuito de fraudar a lei. **(Cancelada, DJ 22.8.05)**

34. ACORDO EXTRAJUDICIAL. HOMOLOGAÇÃO. JUSTIÇA DO TRABALHO. PRESCINDIBILIDADE. É desnecessária a homologação, por tribunal trabalhista, do acordo extrajudicialmente celebrado, sendo suficiente, para que surta efeitos, sua formalização perante o Ministério do Trabalho (art. 614 da CLT e art. 7º, inciso XXVI, da Constituição Federal).

35. EDITAL DE CONVOCAÇÃO DA AGT. DISPOSIÇÃO ESTATUTÁRIA ESPECÍFICA. PRAZO MÍNIMO ENTRE A PUBLICAÇÃO E A REALIZAÇÃO DA ASSEMBLEIA. OBSERVÂNCIA OBRIGATÓRIA. (inserida em 7.12.1998). Se os estatutos da entidade sindical contam com norma específica que estabeleça prazo mínimo entre a data de publicação do edital convocatório e a realização da assembleia correspondente, então a validade desta última depende da observância desse interregno.

36. EMPREGADOS DE EMPRESA DE PROCESSAMENTO DE DADOS. RECONHECIMENTO COMO CATEGORIA DIFERENCIADA. IMPOSSIBILIDADE. É por lei e não por decisão judicial, que as categorias diferenciadas são reconhecidas como tais. De outra parte, no que tange aos profissionais da informática, o trabalho que desempenham sofre alterações, de acordo com a atividade econômica exercida pelo empregador.

37. EMPREGADOS DE ENTIDADES SINDICAIS. ESTABELECIMENTO DE CONDIÇÕES COLETIVAS DE TRABALHO DISTINTAS DAQUELAS ÀS QUAIS SUJEITAS AS CATEGORIAS REPRESENTADAS PELOS EMPREGADORES. IMPOSSIBILIDADE JURÍDICA. ART. 10 DA LEI N. 4.725/65. O art. 10 da Lei n. 4.725/65 assegura, para os empregados de entidades sindicais, as mesmas condições coletivas de trabalho fixadas para os integrantes das categorias que seus empregadores representam. Assim, a previsão legal expressa constitui óbice ao ajuizamento de dissídio coletivo com vistas a estabelecer para aqueles profissionais regramento próprio. **(Cancelada pela SDC — 18.10.06)**

38. GREVE. SERVIÇOS ESSENCIAIS. GARANTIA DAS NECESSIDADES INADIÁVEIS DA POPULAÇÃO USUÁRIA. FATOR DETERMINANTE DA QUALIFICAÇÃO JURÍDICA DO MOVIMENTO. É abusiva a greve que se realiza em setores que a lei define como sendo essenciais à comunidade, se não é assegurado o atendimento básico das necessidades inadiáveis dos usuários do serviço, na forma prevista na Lei n. 7.783/89.

ÍNDICE ALFABÉTICO-REMISSIVO

Índice Alfabético e Remissivo

✓ da CLT,
✓ da Legislação pertinente,
✓ das Súmulas do STF, do STJ, do ex-TFR (atual STJ), do TST,
✓ das Orientações Jurisprudenciais do Pleno do TST, SDI-I, SDI-II, SDC e Precedentes Normativos do Tribunal Superior do Trabalho,
✓ das Ementas Normativas e Precedentes Administrativos do Ministério do Trabalho e Emprego e dos Dispositivos da CF/88 contidos neste volume.
✓ As disposições do Código Civil que têm pertinência com as relações de Trabalho foram também inseridas neste Índice com a menção "CC" a frente do título
✓ As disposições do Código do Processo Civil de 2015 (Lei n. 13.105, de 16.2.15) que têm pertinência com o processo do trabalho também foram inseridas neste Índice com a menção "CPC/15" a frente do título. Alertamos, no entanto, que haverá muita controvérsia sobre a aplicação ou não das normas do novo CPC no processo do trabalho em face do que dispõe o art. 15, do novo CPC e o art. 769 da CLT, de forma que só o tempo trará a necessária pacificação desejada por todos os operadores do direito. Duas Instruções Normativas do TST, as de n. 39 e 40, que estão inseridas nesta obra procuram sem exaurimento estabelecer as normas do CPC/2015 aplicáveis e não aplicáveis no processo do trabalho.
✓ A Lei n. 13.467, de 13.7.2017, que altera vários artigos da Consolidação das Leis do Trabalho — CLT, denominada Reforma Trabalhista, cujas normas irão vigorar depois de 120 dias da publicação da referida Lei. Houve também modificações nas Leis ns. 6.019, de 3.1.1974 (Trabalho Temporário e Terceirização), 8.036, de 11.5.1990 (Fundo de Garantia do Tempo de Serviço-FGTS) e 8.212, de 24.7.1991 (Custeio da Previdência Social). Portanto, as novas regras passam a vigorar a partir de 11 de novembro de 2017, se não houver outra interpretação em contrário.
✓ Necessário se fez também manter as normas ora vigentes e as modificadas a partir da vigência da nova lei, até porque teremos situações a serem apreciadas pela Justiça do Trabalho em duas situações, ou seja, as normas que vigoraram até 10 de novembro de 2017 e as que sucederam em virtude da aplicação do princípio da irretroatividade das leis que impera na ordem jurídica brasileira (Constituição Federal, art. 5º, XXXVI)

(Obs.: no tocante à ação rescisória e mandado de segurança, ter presente também o índice das Orientações Jurisprudenciais da SDI-2 constante da p. 1012)

IDENTIFICAÇÃO
SÚMULAS DO TST
ORIENTAÇÃO JURISPRUDENCIAL DA SDI DO TST = OJ-SDI-1
ORIENTAÇÃO JURISPRUDENCIAL DA SDI-1(T) — OJ-SDI-1 (TRANSITÓRIAS)
ORIENTAÇÃO JURISPRUDENCIAL DA SDI DO TST = OJ-SDI-2
ORIENTAÇÃO JURISPRUDENCIAL DA SDC DO TST = OJ-SDC
PRECEDENTE NORMATIVO DO TST = PN-TST
CONSOLIDAÇÃO DOS PROVIMENTOS DA CORREGEDORIA GERAL DA JUSTIÇA DO TRABALHO = CPCGJT
CÓDIGO CIVIL = CC
CÓDIGO DE PROCESSO CIVIL = CPC

AÇÃO CAUTELAR

AÇÃO CIVIL PÚBLICA

AÇÃO COLETIVA

AÇÃO CONSTITUTIVA

AÇÃO DE CONSIGNAÇÃO EM PAGAMENTO (CPC/15)

AÇÃO DE CUMPRIMENTO

AÇÃO DE EXIGIR CONTAS (CPC/15)

AÇÃO DECLARATÓRIA

AÇÃO DIRETA DE INCONSTITUCIONALIDADE

AÇÃO EXECUTIVA

AÇÃO MONITÓRIA (CPC/15)

AÇÃO TRABALHISTA

ACESSO

ACIDENTE DO TRABALHO

Índice Alfabético e Remissivo

ACORDO DE COMPENSAÇÃO DE HORÁRIO

ACORDO EXTRAJUDICIAL

ACORDO JUDICIAL

ACUMULAÇÃO

ACÚMULO DE FUNÇÕES

AÇOUGUES

BANCO DE HORAS

BANCOS

BANDEPE

BARBEIRO

BEBEDOUROS

BEBIDAS ALCOÓLICAS

BEM DE FAMÍLIA

BLOCO

BNCC

BNDS

BENEFICIÁRIOS

BENEFÍCIOS DA PREVIDÊNCIA SOCIAL

CADASTRO DO TRABALHADOR

— nacional; instituição: Dec. n. 97.936, 10.7.89, p. 522

— registro de empregados — Port. GM/MTPS n. 3.626, 13.11.91, p. 523

Índice Alfabético e Remissivo

COOPERATIVA DE CRÉDITO

COOPERATIVISMO

CORREÇÃO MONETÁRIA

CORREGEDOR DA JUSTIÇA DO TRABALHO

CORREGEDORIA GERAL DA JUSTIÇA DO TRABALHO

CORREGEDOR REGIONAL

DOMICÍLIO (CC)

DOMINGOS E FERIADOS

DONO DA OBRA

DUPLO GRAU DE JURISDIÇÃO (ENTES PÚBLICOS)

DURAÇÃO DO TRABALHO

E

EDIFICAÇÕES

EDITAL

EDUCAÇÃO

EDUCAÇÃO FÍSICA

EFEITO DEVOLUTIVO

Índice Alfabético e Remissivo

ENUNCIADOS

EQUIDADE

EQUIPAGEM DE TREM

EQUIPAMENTOS DE PROTEÇÃO INDIVIDUAL

EQUIPAMENTOS, MÁQUINAS E INSTALAÇÕES

EQUIPARAÇÃO SALARIAL

ERGONOMIA

ERRADICAÇÃO DO TRABALHO EM CONDIÇÃO ANÁLOGA À DE ESCRAVO

ERRO MATERIAL

ESCADAS

ESCALA DE REVEZAMENTO

ESCALA DE SERVIÇOS BANCÁRIOS

ESCAVAÇÕES

ESCOLA NACIONAL DE FORMAÇÃO E APERFEIÇOAMENTO DE MAGISTRADOS DO TRABALHO

ESCOLAS

ESCRIVÃES

ESTABELECIMENTO (CC)

ESTABELECIMENTOS

Índice Alfabético e Remissivo

Índice Alfabético e Remissivo

GRATIFICAÇÃO

GRATIFICAÇÃO DE NATAL

GRATIFICAÇÃO POR TEMPO DE SERVIÇO

GRATIFICAÇÃO SEMESTRAL

GRATUIDADE DA JUSTIÇA (CPC/15)

GRAVIDEZ

GREVE

GRUPO ECONÔMICO

GRUPOS RACIAIS, ÉTNICOS OU RELIGIOSOS

GUARDA JUDICIAL (CRIANÇA E ADOLESCENTE)

H

Índice Alfabético e Remissivo

INVENÇÕES DO EMPREGADO

INVIOLABILIDADE

ISENÇÕES FISCAIS

J

JARDINS DE INFÂNCIA

JOGO DE AZAR

JORNADA DE TRABALHO

Índice Alfabético e Remissivo

MANDADO DE SEGURANÇA COLETIVO

MANDATO (CC)

Índice Alfabético e Remissivo

Índice Alfabético e Remissivo

Índice Alfabético e Remissivo

PRESCRIÇÃO (CC)

PRESTAÇÃO DE SERVIÇOS

PRESTAÇÕES *IN NATURA*

PREVENÇÃO DA FADIGA

PREVIDÊNCIA COMPLEMENTAR PARA OS SERVIDORES PÚBLICOS FEDERAIS

PROCESSO DE JURISDIÇÃO VOLUNTÁRIA PARA HOMOLOGAÇÃO DE ACORDO EXTRAJUDICIAL

PROCURAÇÃO — PROCURADOR

PROCURADOR

PROCURADORIA DA JUSTIÇA DO TRABALHO

PRODUTIVIDADE

PRODUTOR RURAL

PROFESSOR (ES)

PROFISSIONAL LIBERAL

PROFISSÕES REGULAMENTADAS

Índice Alfabético e Remissivo

RECLAMANTE

RECONSIDERAÇÃO

RECONVENÇÃO (CLT)

RECONVENÇÃO (CPC)

RECUPERAÇÃO JUDICIAL — EMPRESÁRIO E SOCIEDADE EMPRESÁRIA

RECUPERAÇÃO EXTRAJUDICIAL— EMPRESÁRIO E SOCIEDADE EMPRESÁRIA

RECURSO

RECURSO ADESIVO

RECURSO DE EMBARGOS (TST)

RECURSO DE REVISTA

RECURSO EXTRAORDINÁRIO (STF) ESPECIAL (STJ)

RECURSO ORDINÁRIO

Índice Alfabético e Remissivo

REGISTRO SINDICAL

REGULAMENTO DE EMPRESA

REGULARIDADE FISCAL E TRABALHISTA

REGISTRO DE EMPREGADOS

REINTEGRAÇÃO

REINTEGRAÇÃO DE POSSE (CPC/15)

RELAÇÃO ANUAL DE EMPREGADOS

RELAÇÃO ANUAL DE INFORMAÇÕES DAS COOPERATIVAS DE TRABALHO — RAICT

RELAÇÃO DE EMPREGO

RELAÇÕES DE TRABALHO

REMESSA *EX OFFICIO* OU NECESSÁRIA

REMIÇÃO

REMUNERAÇÃO

RENDA MENSAL INICIAL (RMI)

REPENTISTA

REPRESENTAÇÃO PROCESSUAL

REPRESENTAÇÃO DOS EMPREGADOS

REPRESENTAÇÃO SINDICAL

REPRESENTANTE SINDICAL

REPRESENTANTES COMERCIAIS AUTÔNOMOS

RESCISÃO DO CONTRATO DE TRABALHO

RESOLUÇÃO DE DEMANDAS REPETITIVAS (STJ) — CPC/15

RESPONSABILIDADE CIVIL

RESPONSABILIDADE CIVIL (CC)

RESPONSABILIDADE OBJETIVA

RESPONSABILIDADE SOLIDÁRIA OU RESPONSABILIDADE SUBSIDIÁRIA

RETORNO DE EMPREGADO

RESTAURAÇÃO DOS AUTOS (CPC/15)

REVELIA

REVERSÃO

REVEZAMENTO

REVISTA

RIGOR EXCESSIVO

RISCOS AMBIENTAIS

RITO SUMARÍSSIMO

RURAIS — RURÍCOLA

S

SÁBADO

SAFRISTAS

SALÁRIO

Índice Alfabético e Remissivo

Índice Alfabético e Remissivo

Índice Alfabético e Remissivo

TRABALHO DE IGUAL VALOR

TRABALHO DECENTE

TRABALHO DO MENOR

TRABALHO DOMÉSTICO

TRABALHO DOMICILIAR

TRABALHO EM ATIVIDADES PETROLÍFERAS, PETROQUÍMICAS E DE TRANSPORTE DE PETRÓLEO E DERIVADOS

TRABALHO EM DIA FERIADO

TRABALHO EM DOMINGOS E FERIADOS

TRABALHO EM MINAS DE SUBSOLO

TRABALHO ESCRAVO

TRABALHO EM REGIME DE TEMPO PARCIAL

TRABALHO FORÇADO

TRABALHO INFANTIL

TRABALHO INTELECTUAL

TRABALHO INTERMITENTE

TRABALHO MARÍTIMO, PESQUEIRO E PORTUÁRIO

TRABALHO NO EXTERIOR

TRABALHO NOTURNO

TRABALHO PORTUÁRIO

TRABALHO RURAL

Índice Alfabético e Remissivo

ÍNDICE CRONOLÓGICO DA LEGISLAÇÃO COMPLEMENTAR CONTIDA NESTE VOLUME

Índice Cronológico

RESOLUÇÃO ADMINISTRATIVA DO TST

N.	DATA	DOU	Pág.
874	01.07.02	04.07.02	766
940	30.06.09	02.07.09	767
958	02.10.03	09.10.03	768
1.276	22.11.07	27.11.07	763
1.340	01.06.09	08.06.09	764
1.418	30.08.10	31.08.10	765
1.470	24.08.11	29.08.11	777
1.589	04.02.13	08.02.13	789

RESOLUÇÃO DO CONSELHO SUPERIOR DA JUSTIÇA DO TRABALHO

N.	DATA	DOU	Pág.
8	27.10.05	03.11.05	767
66	10.06.10	15.06.10	765
78	02.06.11	06.06.11	766
185	24.03.17	05.04.17	784

RESOLUÇÃO DO CONSELHO NACIONAL DA JUSTIÇA

N.	DATA	DOU	Pág.
8	29.11.05	06.12.05	797
127	15.03.11	18.03.11	782
232	13.07.16	14.07.16	797
233	13.07.16	14.07.16	798
234	13.07.16	14.07.16	799
235	13.07.16	14.07.16	800
236	13.07.16	14.07.16	804

Produção Gráfica e Editoração Eletrônica: Graphien Diagramação e Arte
Projeto de Capa: Fabio Giglio
Impressão: Paulus Gráfica e Editora